ÄNEMARK
OSTSEE
Puttgarden
Sassnitz
Stralsund
Rügen
Rostock
Greifs
ter
Mecklenburg-Vorpommern
Schwerin
Neubran
Neustrelitz
eburg
Wittenberge
Brandenburg
olfsburg
Potsdam
Berlin
Berlin
Frankfurt
(Oder)
POLEN
hweig
Magdeburg
Sachsen-Anhalt
Dessau
Cottbus
Halle
Leipzig
Görlitz
gen
Dresden
furt
Weimar
Jena
Sachsen
ch
Chemnitz
ND
Zwickau
Prag
(Praha)
TSCHECHIEN
Bayreuth
Erlangen
Nürnberg
bach
Bayern
Regensburg
Ingolstadt
Passau
Donau
Niederösterreich
Krems
Wien
SLOWAKEI
Linz
St. Pölten
Wien
Bratislava
Dachau
München
Oberösterreich
Baden
Steyr
Eisenstadt
Rosenheim
Salzburg
Garmisch-
Partenkirchen
Burgenland
Leoben
Bruck a. d. Mur
Innsbruck
Salzburg
Steiermark
Tirol
ÖSTERREICH
Graz
UNGARN
Kärnten
Klagenfurt
Villach
SLOWENIEN
ITALIEN
Laibach
(Ljubljana)
KROATIEN

SANSEIDOS
NEUES WÖRTERBUCH
CONCISE
JAPANISCH-DEUTSCH

新コンサイス
和独辞典

[編修代表]
国松孝二
真鍋良一・藤田五郎・栗原兵吾
岩崎英二郎・若林光夫・早川東三

三省堂

© Sanseido Co., Ltd. 2003
First published, under the title
Sanseidos CONCISE Japanisch-Deutsches Wörterbuch 1966
Second Edition (*with Addenda*) 1976
First published, under the present title
SANSEIDOS NEUES WÖRTERBUCH CONCISE
JAPANISCH-DEUTSCH 2003
Printed in Japan

編　者

国　松　孝　二

真　鍋　良　一
藤　田　五　郎
栗　原　兵　吾
岩　崎　英　二　郎
若　林　光　夫
早　川　東　三

校正協力

今井　千景	荻原　耕平	櫻井　麻美
竹腰　祐子	畠山　寛	山口　倫代
	吉村　創	

地　図：平凡社地図出版
装　丁：三省堂デザイン室

初版緒言

わが国とドイツとの関係は,戦前におけるよりも戦後においてこそ,いよいよ距離をちぢめるとともに,ますます接触面をひろげ深めてきた観がある.戦後世界の一般的な現象であるとはいえ,とりわけ共に焦土から立ち上がってめざましい復興をとげつつある日独両国間の交通は,時とともに頻繁となり,産業や文化の諸方面における交渉と交流は,年を追うて密接となってきているのが現状である.従って,単にドイツ語を読むだけでなく,書き話すことの必要性が近時いちじるしく増大しつつあることは,衆目の視るところであり,また誰しも痛感するところであろう.大学においても,この趨勢に呼応して,飛躍的に増加しつつあるドイツ語学習者の関心は次第に書き話すことに向かい,ドイツ語教育もまたおのずから,そこに重点を漸次移しつつある.本辞典は現下のこの要請にこたえるために,携帯に便利なコンサイス型を保持しながらも,現代ドイツ語を書き話すのに必要にして十分な和独辞典たることを目標にして編修されたものであって,この目標を達成するために,特に次の諸点に周到な配慮をした.

第一は内容の豊富なことである.本辞典は学生諸氏はもとより,それぞれの職場にある一般社会人が現在日常使用している語彙・句・文をできるかぎり多く蒐集して,それに生きた現代ドイツ語による適切な訳をほどこし,語義の相違による訳し分けや訳語のニュアンスの差異の指示をおこない,さらに表現の多様性にも留意した.もちろん,紙幅に制限があるために,所期の意図を完全に実現できたとはいえないが,種々の技術的な工夫をこらすことによって,ほぼ大辞典に近い内容を盛ることができたといってよいだろう.

第二は内容の鮮度の高いことである.戦後日本においては,ドイツにあっても同様であるが,社会生活全般が急変するのにともなって,言語生活も大きく変貌し,新語・新語義が続出し,とりわけ外来語が氾濫しつつある.このことの是非はさておき,本辞典はそれらの新しい語彙とその用例を可及的に採録して,これに妥当な訳を与え,文字どおりアップ・ツー・デートな和独辞典たることに努めた.収載された新語・外来語の若干,例えば団地,非行少年,右折禁止,前輪駆動,宇宙飛行士,秒読み,ヘリポート,チューナー,ダンプカー,カリキュラム,モノレール,キャンセル,ブルドーザー,パートタイム,ゼッケン,ユーターン,

チャンネル, オーバーホールなどを挙げただけでも, 本辞典の内容の鮮度の高さが推察されるだろう.

　第三は会話書の役目をはたすことである. このために本辞典は会話用語や会話文, さらに広く口語的表現や俗語的な言いまわしにも極力注意をはらい, スペースの許すかぎりその面の充実をはかった. 訳語・訳句において, 煩をいとわず語のアクセントの所在と当該母音の長短をいちいち示し, しかもなお発音の困難な語, 特に外来語については, 音標文字をもって発音を表記したのも, 同じ主旨に添うものであり, これによって, 単に書くためだけの辞典ではなく, 話すための辞典でもあろうとする本辞典の特色は, なおいっそう強化されたと思う.

　第四は独和辞典や文法書を改めて参照する必要がないことである. 和独辞典を引いてみたものの, ただ訳語や訳句がわかるだけで, さらに独和辞典を調べ文法書を見返す労を取らなければ, 実際に活用することができないとしたら, それは不便きわまることであり, 和独辞典としての不適格性を裏書きすることになろう. 本辞典はこの点にかんがみ, 例えば名詞の性・単数二格・複数一格, 形容詞・副詞の不規則な比較変化を明記し, 動詞が不規則動詞であればその都度これを指示し, 自動詞が完了の助動詞として sein を取れば必ずこれを付記し, sein と haben のいずれをも取る場合にはその使い分けを説明したことなどはもちろんであるが, 特に, 動詞や形容詞がいかなる格を支配し, いかなる前置詞と結びつくかを詳細に表示し, 必要に応じて用法上文法上の注解をほどこして, 各語・句が有機的なドイツ語の体系内において持つ機能を明らかにした.

　本辞典は三省堂コンサイス辞典シリーズの一環として, 「最新コンサイス独和辞典」の姉妹篇をなすものであるが, 着手したのはそれよりも早く, 昭和三十年のことであった. すなわち, 同年一月編修の委嘱を受けた国松が基本方針を定め執筆要項を立案し, 四月真鍋, 藤田, 栗原の三名が執筆者として原稿の作成にとりかかったのである. 昭和三十二年秋には当時ドイツ遊学から帰国した岩崎が, 翌三十三年春には若林がこれに加わって, 原稿作成の仕事は次第に進捗したが, 三十四年春不幸にして栗原が病歿したために, さらに早川が三十六年春に参加した. 執筆者は, 中道にして斃れた栗原を別とすれば, 滞独歴四か年近くの若林をはじめとして, いずれも長期にわたる滞独経験者であるが, 執筆開始後も真鍋が三回, 藤田が二回, 早川が二回渡独するなど, 絶えず新知識の吸収に努めつつ, 前後十年余をついやして, ようやくここに本辞典を完成するにいたったのである. それにつけても, この長い歳月のあいだ終始熱意と寛容をもって本辞典の完成を見守ってくれた三省堂の諸賢, わ

けても，最初の発案者である辞書出版部長河上武寿氏と，同氏を助けて原稿の整理や校正などに献身的な努力を惜しまなかった篠田益実氏，さらにまた困難な活字の新鋳と組版その他の仕事に日夜尽瘁した三省堂三鷹工場の諸氏に，衷心から感謝の意を表したい．

昭和四十一年一月二十五日

国 松 孝 二

真 鍋 良 一
藤 田 五 郎
栗 原 兵 吾
岩 崎 英二郎
若 林 光 夫
早 川 東 三

第二版緒言

本辞典は幸いにして上梓以来，時代の要望に叶った最新の和独辞典として江湖の歓迎を受け，年々増刷を繰返しつつ今日に及んだ．この信頼に応えるために，これまでも機会あるごとに，誤植その他の遺漏を補正して，内容の改善を計ってきたが，何分にも，初版刊行後すでに十年近くの歳月が流れ，この間社会情勢も急速に推移し，文物も著しく変わったために，言語生活にもその影響が現われて，各種の新語彙が頻出し，ときには新語義が生まれるに至った．これに鑑みて，今回諸家の寄せられた助言を参照して全面的な再校訂の仕事に着手するとともに，人間営為の諸分野にわたって語彙2000有余を新たに採集追加し，これを補遺として巻末に添えて，時代の歩みに即応するように努めた．本辞典がこれによってますますその鮮度と実用性を高め，従来にも増してアップ・ツー・デートな和独辞典となることを期待してやまない．

昭和五十年八月八日   国 松 孝 二

新版緒言

　第二版刊行以来，27年を閲した．この間，世紀が変わり，戦後史的観点から言えば東西ドイツの統一が成り，EU の成立を見，世界の有りようも大きく変わった．言語もまた然りであり，世界を写す言葉の変容はかつてないほどのスピードで進行している．日々生み出される多様かつ多量の情報に対処するため本書の改訂も計画された．廃れた語彙の削除，IT 関連・環境用語など新語彙・新語義の積極的採集，見出し語の見直し等，現代生活に対応するために為すことは山積していた．短期間でこれらを成し遂げられたのは，やはりコンピューターを駆使した情報処理技術の進歩に負うところ大であろう．

　本改訂のその他の主なポイントは次のとおりである．

- 見出し語の配列を五十音順に改めた．
- ドイツ語の新正書法表記を全面的に採用した．
- 用例のうち，複合語に相当するものは‖で区切ってまとめて示すことにより，一層の見易さ，検索のし易さを目指した．

　なお，この冊子体の辞書に若干先行して，同じ内容を収録する電子辞書が発行されていることを付言しておきたい．

　最後ながら，この短期間によく難しい編集作業を遂行してくれた三省堂辞書出版部のスタッフに深謝する．

2003年5月20日

国 松 孝 二

使用上の注意

1 見出し語

見出し語は五十音順に配列し，外来語はカタカナで示した．

ただし，

a) 「ー」をもって表す外来語の長音は，直前の母音がア・イ・ウ・エ・オのいずれであるかによって，それぞれの音を表すかなに置き換えた位置に配列した．

例: **しいる** 強いる
　　シール

b) 接辞は次のような順序で配列した．

例: **はん** 半
　　はん- 汎-　(接頭辞)
　　-はん -犯　(接尾辞)

c) 見出し語の一部を〔 〕で包んだ場合は，〔 〕の中まで含めた位置に並べた．

例: **パレード**
　　バレー〔ボール〕

d) 濁音・半濁音がきた場合には，清音→濁音→半濁音の順に配列した．

例: **へん** 変
　　べん 弁
　　ペン

e) 促音・拗音がきた場合には，直音の後に配列した．

例: **さつき**
　　さっき 殺気
　　しよう 枝葉
　　しょう 賞

2 語　義

a) 語義の区分・限定，使用範囲などの一般的指示には [ ] を用いた．これらは訳語の前に置いた．また，語義が著しく異なる場合には，❶，❷，❸ …と大分類した．

例: **あるいは** ❶ [または] oder; ...　❷ [多分] vielleicht; ...
　　あいする 愛する ❶ [v.] lieben⁴; ...　❷ [a.] lieb; ...

b) 位相・専門語の指示には《 》を用いた．略語を用いたものもある．「略語表」参照．

c) 用法上・文法上・意味上の注釈をするときには《 》を用いた．原則として《 》は直前の訳語に関連する．なお，《同上》は，直前の説明と同じであることを意味する．

例: **いぬ** 犬 ❶ Hund *m.* -[e]s, -e 《特に雄》; Rüde *m.* -n, -n 《雄》; Hündin *f.* -dinnen 《雌》; ein junger Hund 《小犬》; ...
　　げじゅん 下旬 ... Ende (*n.* -s) des Monats
　　いけ 池 ... Bassin *n.* -s, -s 《噴水池》; Becken *n.* -s, - 《同上》; ...

3 訳　語

訳語の区切りには；を用い，用例の区切りには/を用いた．

名詞

原則として冠詞をつけずに名詞だけをあげ，次のように性，単数2格(女性名詞では省く)，複数1格を示した．

例: Vater *m.* -s, ⸚; Sohn *n.* -[e]s, ⸚e; Kind *n.* -[e]s, -er; Frau *f.* -en

『注』例えば，Vater は男性名詞で，単数2格は Vaters，複数1格は Väter となるという意味である．

ただし，

a) 形容詞や分詞を名詞化したものには，der を付して，その単数2格と複数1格を示し，語の右肩に * を付した．

例: der Kranke*, -n, -n

b) 動詞の不定詞を名詞化したものには，das を付して，その2格を示し，語の右肩に * を付した．

例: das Komponieren*, -s

c) 複数だけの名詞には《*pl*》をつけた．

例: Eltern《pl》; Ferien《pl》
  d) 地名(国名,山・川の名など)は,常に定冠詞を必要とする男性,女性,複数のものにかぎり定冠詞をつけ,複数のものにはさらに《pl》をつけた.
    例: die Schweiz; der Rhein, -[e]s; die Niederlande《pl》
  e) 同一の見出し語の中に,同じ訳語が再出する場合には,原則として性,単数2格,複数1格の表示を省いた.また,冠詞や形容詞の語尾変化で自明のときは,性の表示を省いた.
  f) 人間を表す名詞は,原則として一般形としての男性形を示した.ふつう女性形を作る場合には男性形に -in をつける.

代名詞・数詞

語形変化する語には,その右肩に * をつけた.
  例: ich*; dieser*; der Erste*

動詞

  a) 不規則変化をする動詞にはその右肩に * を,規則・不規則両方の変化をする動詞にはその右肩に (*) をつけた.
    例: gehen*; schallen(*)
  ただし,sein と werden と haben には原則的に * を省いた.
  b) 完了の助動詞として sein を用いる自動詞には ⓢ をつけ,sein と haben の両方を用いる動詞には適宜 ⓢ,ⓗ あるいは ⓗ,ⓢ をつけた.
    例: sterben* ⓢ; schwimmen* ⓗ,ⓢ
  ただし,sein と werden は頻出するために ⓢ の表示を省略した.
  c) 分離動詞には | を間に入れた.
    例: an|deuten
  d) 非人称動詞には主語 es をつけて示した.
    例: es regnet
  e) 再帰動詞には sich をつけた.
    例: ⁴sich erinnern

4 格の表示

上付き数字の ¹, ², ³, ⁴ を用いて,下記のような方式で格を示した.
¹ は1格を,² は2格を,³ は3格を,⁴ は4格を示す.
  a) ある語が何格であるかを示すためには,その語の左肩に ¹, ², ³, ⁴ をつけた.
    例: ¹Arzt werden; erster ²Klasse fahren; 20 ⁴Jahre alt sein; ³sich an|eignen; ⁴sich beeilen
  b) ある語が何格の補足語を取るかを示すためには,その語の右肩に ¹, ², ³, ⁴ をつけた.
  また,前置詞との結びつきは《 》の中に入れて示した.
    例: wert² sein; während²; an|passen³; mit³; ⁴sich erkundigen《nach³》; stolz《auf⁴》; durch⁴; erdenken⁴
  ただし,
    i) 格支配が一定しない場合には,双方を併記し,原則としてよりまれな方を( )で囲んだ.
      例: trotz²(³); ⁴sich erinnern⁽²⁾《an⁴》; spotten⁽²⁾《über⁴》
      【注】 例えば,spotten⁽²⁾《über⁴》は,spotten über がふつうであるが,spotten² の場合もあるという意味である.
    ii) 意味の相違にしたがって3格を支配したり4格を支配したりする前置詞は ³ と ⁴ の間に・をはさんだ.
      例: auf³・⁴
    iii) 同時に二つの補足語を取る場合には,³ と ⁴ あるいは ⁴ と ⁴ などの双方をそのまま併記した.
      例: opfern³・⁴; nennen*⁴・⁴; trennen⁴《von³》
      【注】 例えば,opfern³・⁴ は,人〔に〕,あるいは何〔のために〕,人,あるいは何を犠牲にするという意味である.
    iv) 補足語の一方が「人」であることを特に示す必要があるときは,次のように示した.
      例: lehren《jn ⁴et》; bitten《jn um⁴》
    v) 自動詞と他動詞の両方の用法がある場合には,⁽⁴⁾を用いて次のように示した.
      例: debattieren ⁽⁴⁾《über⁴》
    vi) ある名詞が,付加語として2格の名詞,または前置詞句どちらも取ることが可能な場合は,次のように示した.
      例: im Verlauf⁽²⁾《von³》

『注』 これは例えば, im Verlauf eines Jahres, im Verlauf von einem Jahr の双方の表現が可能であるという意味である.

5 用　例

a) 用例は, 訳語の後に見出し語の派生的語を, その後に複合語を並べた. 複合語の始まりには ‖ を置いた.
b) 見出し語に訳語を与えず直ちに用例を示す場合, 見やすさを考慮し ¶ を使用した. また, その見出し語特有の用例の始まりにも ¶ を用いた.
c) 品詞の変わる用例の前には ── を使用したところもある.
　　例: **どくしょ** 読書　── 読書する
d) 用例が諺の場合は, 訳語を, ' '内に示した.
　　例: **いそぐ** … 急がば回れ ‚Eile mit Weile.'

6 記　号

〔　〕 省略可能を示す.
　　例: 〔Stell〕vertretung = Stellvertretung; Vertretung
　　　〔auf dem〕 Klavier spielen ≈ auf dem Klavier spielen; Klavier spielen
《　》 用法上・文法上・意味上の注解. →2 c), 3 c) d), 4 b)
[　] 日本語の語義の区分を示す. →2 a)
(　) 代替可能を示す.
　　例: Musik lieben (gern haben) ≈ Musik lieben; Musik gern haben
【　】 文法説明を示す.
-　a) 不可欠のハイフン.
　　例: U-Bahn
　b) 反復記号. 次の二つの記号を参照.
⋮　a) 合成語を列挙するときに使う.
　　例: Sprach⋮forschung (-kunde) = Sprachforschung; Sprachkunde
　　　Fest⋮mahl (Gast-) = Festmahl; Gastmahl
　b) 訳文の代替可能を示す.
　　例: Eintritt verboten! ⋮ Betreten untersagt!
|　分離動詞の分節点を示す.
　　例: umher|gehen* (-|schweifen; -|treiben*) = umher|gehen*; umher|schweifen; umher|treiben*
　　この場合, | は上記 ⋮ の働きを兼ねる.
/　用例の切れ目を示す.
⇨　「参照」を示す.
❖　特に注意させたい補足的説明.
¶　→5 b)
*(*)　→3
od.　「または」の意味で, 言い換え可能を表す.

略 語 表

品詞など

a.	Adjektiv 形容詞		*js*	jemandes
adv	Adverb 副詞		*m.*	maskulines Substantiv 男性名詞
conj	Konjunktion 接続詞		*n.*	neutrales Substantiv 中性名詞
^1et	etwas の一格		*od.*	oder
^2et	etwas の二格		*pl*	Plural 複数
^3et	etwas の三格		*p.p.*	Partizip Perfekt 過去分詞
^4et	etwas の四格		*präp*	Präposition 前置詞
f.	feminines Substantiv 女性名詞		*pron*	Pronomen 名詞
inf.	Infinitiv 不定詞		*sing*	Singular 単数
j.	jemand		*v.*	Verb 動詞
jm	jemandem		*v.i.*	intransitives Verb 自動詞
jn	jemanden		*v.t.*	transitives Verb 他動詞

使用域など

《学》	学生語		《比》	比喩
《戯》	戯語		《蔑》	蔑称
《古》	古語		《方》	方言
《俗》	俗語		《略》	略語
《卑》	卑語		《話》	話語

専門分野(五十音順)

《医》	医学		《宗》	宗教
《印》	印刷		《修》	修辞学
《運》	スポーツ		《商》	商業
《映》	映画		《織》	織物, 紡績
《園》	園芸		《植》	植物学, 植物名
《化》	化学		《心》	心理学
《解》	解剖		《数》	数学
《海》	海語		《生》	生物学
《貝》	貝類		《聖》	聖書
《楽》	音楽		《地》	地理, 地質
《株》	株式		《鳥》	鳥名, 鳥学
《気》	気象		《鉄》	鉄道
《魚》	魚名, 魚学		《哲》	哲学
《漁》	漁業		《天》	天文
《経》	経済		《電》	電気
《芸》	芸術		《電算》	コンピューター
《劇》	演劇		《動》	動物学, 動物名
《建》	建築		《美》	美術
《言》	言語学		《兵》	兵語
《鉱》	鉱物		《法》	法律, 法律学
《工》	工学		《冶》	冶金
《航》	航空		《薬》	薬学
《坑》	鉱山		《理》	物理学
《昆》	昆虫		《料》	料理
《裁》	裁縫		《猟》	狩猟
《詩》	詩学, 詩語		《倫》	倫理学
《史》	歴史		《論》	論理学
《写》	写真			

あ

あ ach!; o!; Mein Gott!/あ、あそこにいる Ach, da ist er!/あ、ほら、いまの見た Ach, da! Gesehen?!/あ、verflixt!/ Ach, mein Gott!/ Ach, du meine liebe Zeit!/あ、そうそう... Ach, ja ..../あ、すっかり忘れていた Mein Gott, ich hab's völlig vergessen (verschwitzt)!/あ、大変 O, Himmel!/あっと言わす /あっという間に im Nu; wie mit einem Schlag; im Handumdrehen.

ああ ❶ [感動] ach!; ah!; o!; aber《強意を示す》/ああ、いいなお君は O, ich beneide dich!/ああ、かわいそうに O, ein armes Ding!/ああ、困ったO, was tun, was tun!/ああ、うれしい Bin aber froh!/ああ、ようやくすんだ Ah, endlich wären wir fertig! ❷ [うけこたえ] ああ、いいですとも Aber gewiss!; ああ、そうですわ Ach so!

ああ so; solch'; so ein'; ein solcher'; solch ein'; auf diese (jene; solche) Weise/ああこうだと考える es hin und her überlegen/ああ言えばこう言う nie um eine Ausrede verlegen sein/あったりこうしたりして auf eine oder andere Weise; bald dies, bald jenes machend/ああでもないこうでもない Ein ewiges Hin und Her!/《不決断》/ああまでひどいとは思わなかった So schlimm habe ich mir's nicht vorgestellt./ああいうや方では何をやっても成功しない Auf solche Weise wird er nichts erreichen./あの男はああいう流儀だ Das ist so seine Art./あの男もとうとうああいうことになった Endlich ist es um ihn geschehen./あれはああいう男だ Er ist so ein Mann.

アーカイブ Archiv n. -s, -e.
アークとう アーク灯 Bogenlampe f. -n (-licht n. -[e]s, -e[r]).
アーケード Arkade f. -n.
アース〔電〕Erdschluss m. -es, ¨e; Erdung f. -en; Erdleitung f. -en.
アーチ Bogen m. -s, -; Gewölbe n. -s, -; Bogen aus grünen Zweigen《緑門》/アーチ形の bogenförmig; gewölbt.
アーチェリー Bogenschießen n. -s, -; Bogenschützenkunst f. ¨e.
アート Kunst f. ¨e ‖ アート紙 Kunstdruckpapier n. -s, -e.
アーメン Amen n. -s; Amen!
アーモンド Mandel f. -n.
あい 愛 Liebe f. -n; Anhänglichkeit f. -en;〔Zu〕neigung f. -en/愛の神 Amor m. -s; Eros m. -; Kupido m. -s/愛のささやき Liebesgeflüster n. -s, -/愛の睦語 das intime Gespräch, -[e]s, -e; Liebesgespräch n. -[e]s, -e/愛のしるし Liebes|bezeichnung f. -en (-gabe f. -n; -zeichen n. -s, -/愛の巣を営む in den Hafen der Ehe ein|laufen* ³sich einen eignen Herd gründen/愛をかち得る js Herz gewinnen*/愛を告白する eine Liebeserklärung machen; einer Frau seine Liebe erklären《女性に》/夫婦の愛 Gattenliebe f./朋友の愛 Freundschaft f. -en; Brüderschaft f./神の愛 Gottesgnade f. -n; Gottes Huld f./骨肉の愛 Liebe zu den Blutsverwandten; Geschwisterliebe《兄弟姉妹の》; Elternliebe《両親の》. ── 愛らしい lieblich; zierlich; süß; entzückend; niedlich; zum Küssen schön. ‖ 同性愛 Homosexualität f. -en; die lesbische Liebe《女同士》. ⇒あいする.

あい 藍 Indigo m. -s, -s; Indigoblau n. -s/藍色の indigo farbig; dunkelblau/藍ねずの blaugrau ‖ 藍染料 Indigofarbe f. -n/藍玉 Indigokugel f.

あいあい 和気藹々としている einander harmonisch zugetan sein; ein Herz und eine Seele sein; miteinander in gutem Einvernehmen leben; Brüderliche Eintracht herrscht da.

あいあいがさ 相合傘で gemeinsam unter einem Regenschirm《m. -s, -e》.

あいいく 愛育する hegen⁴ und pflegen⁴; auf|ziehen**⁴; züchten⁴; dressieren⁴.

あいいれない 相容れない widersprechen*³; ab|weichen* ⓢ《von³》; zuwider sein; ³sich nicht vertragen*《mit³》/あの人は私と相容れないところがある Er ist mir in der Seele zuwider./彼女の意見は互に相容れない Ihre Meinungen weichen stark voneinander ab./それは私たちの考え方と相容れない Das widerspricht unserer ³Auffassung.

あいえんか 愛煙家 (ein starker) Raucher, -s, -; Tabakfreund m. -[e]s, -e.

あいおい 相生の nebeneinander aufwachsend/相生の松 Zwillingskiefer f. -n; die gabelförmige Kiefer, -n《二また》.

あいか 哀歌 Klagelied n. -[e]s, -er; Elegie f. -n.

あいかぎ 合鍵 Nachschlüssel m. -s, -.
あいかわらず 相変わらず wie sonst; wie immer; nach wie vor/相変わらず元気でやっている Nach wie vor ist er wie sonst./彼は相変わらずしょっちゅう病身だ Er ist wie sonst immer gekränkelt.

あいがん 哀願 das Flehen*, -s; die innige Bitte, -n/哀願的に flehentlich; inständig/哀願するよう jm flehen《um ⁴et》; jn an|flehen《um ⁴et》; jn bewegen bitten*《um ⁴et》; beschwören*⁴.

あいがん 愛玩 あいこう ‖ 愛玩動物 Lieblingstier n. -[e]s, -e.

あいぎ 間着 Übergangskleidung f. -en.

あいきゃく 相客 Reisegefährte m. -n, -n

(-gefährtin f. ..tinnen); der Mitreisende*, -n, -n; Stuben|nachbar m. -n, -n (-nachbarin f. ..rinnen)/…と相客になるందの部屋 (die Kabine; das Abteil) mit jm teilen.

あいきょう 愛嬌 Anmut f.; Grazie f. -n; Liebenswürdigkeit f. -en; Liebreiz m. -es; Scharm m. -s/愛嬌を売りものにしているSie geht mit ihren Reizen hausieren./愛嬌たっぷりの物腰でIhr Gehaben zeigt Anmut./御愛嬌に im Freude zu machen/愛嬌をふりまく mit jedem sehr liebenswürdig um|gehen*; jm Äugelchen machen; ⁴sich gefällig zeigen. ― 愛嬌のある anmutig; ansprechend; entzückend; einnehmend; graziös; holdselig; liebreizend; scharmant / 愛嬌のない trocken; brüsk; reizlos; steif; zugeknöpft; geziert 《すました》. 愛嬌ある Spaßvogel m. -s, :-; Dreikäsehoch m. -s 《ちびさん》/愛嬌笑いの einnehmende (leutselige) Lachen*, -s.

あいきょうしん 愛郷心 Heimatliebe f.; Lokalpatriotismus m. ‖《お国自慢》.

あいくち 匕首 [短刀] Dolch m. -(e)s, -e; Stilett n. -(e)s, -e.

あいくるしい 愛くるしい nett; niedlich; lieblich; entzückend; reizend; anmutig; anziehend.

あいけん 愛犬 Lieblingshund m. -(e)s, -e ‖ 愛犬家 Hundliebhaber m. -s, :-.

あいこ 愛顧 Gunst f. -en; die freundliche Gesinnung, -en; Gewogenheit f. -en/愛顧を受ける bei jm in Gunst stehen*/愛顧を得る ³sich jm gewogen machen; js Gunst erwerben*.

あいこ ❶ [勝負なし] unentschieden; remis; 試合はあいこだった Das Spiel endete unentschieden. Die Partie wurde remis.《チェスなどの場合》. ❷ [優劣なし] ebenbürtig; gleich|wertig (-stehend).

あいこう 愛好 Liebe f.; Vorliebe f.; Huld f.; Geschmack m. -(e)s, :-e/愛好の得意している; beliebt; geliebt. ― 愛好する gern (lieb) haben⁴; Vorliebe haben (für⁴); hätscheln⁴ ‖ 愛好者 Liebhaber m. -s, -; Amateur m. -s, -e; Schwärmer m. -s, -; Enthusiast m. -en, -en.

あいこうしん 愛校心 die Liebe (Anhänglichkeit) für seine Schule.

あいこく 愛国 Vaterlandsliebe f.; Patriotismus m. -/愛国の patriotisch ‖ 愛国運動 die patriotische Bewegung, -en/愛国者 Patriot m. -en, -en; Chauvinist m. -en, -en/愛国心 die patriotische Gesinnung, -en; Vaterlandsliebe/愛国団体 der patriotische Verein, -e.

あいことば 合言葉 Losung f. -en; Losungswort (Pass-) n. -(e)s, :-er; Parole f. -n.

アイコン Icon n. -s, -s.

あいさい 愛妻 js liebe (geliebte; teu(e)re) Frau; js bessere (schönere) Hälfte f. ‖ 愛妻家 ein der Gattin hofierender (treu hingegebener) Mann, :-er/彼は非常な愛妻家です Er vergöttert seine Frau.: Er liebt seine Frau abgöttisch.

あいさつ 挨拶 ❶ Gruß m. -es, :-e; Begrüßung f.; Kompliment n. -(e)s, -e; Verbeugung f. -en 《お辞儀》; Salut m. -(e)s, -e 《敬礼》/挨拶回りをする Höflichkeitsbesuche machen 《bei³》/挨拶なしに ohne ⁴sich zu verabschieden; ohne Abschied zu nehmen; ohne weiteres 《無造作に》; ohne Umschweife 《挨拶ぬきで》/挨拶をする (be)grüßen⁴; jm eine Verbeugung machen 《vor³》; jm ein Kompliment machen; jm salutieren. ❷ Antwort f. -en 《回答》; Bescheid m. -(e)s, -e 《沙汰》. ❸ Ansprache f. -n 《テーブルスピーチ》/挨拶を述べる eine Ansprache halten*.

あいじ 愛児 das geliebte Kind, -(e)s, -er; Lieblingskind n. -(e)s, -er 《特に愛している》.

アイシャドー Lidschatten m. -s.

あいしゅう 哀愁 Wehmut f.; Trauer f.; Betrübnis f. ..nisse; Trübsal f. -e; Herzeleid n. -(e)s; Kummer m. -s/哀愁におそわれる Wehmut beschleicht jn./哀愁に閉ざされる in tiefer Trauer sein*; traurig sein*; dem Trübsinn verfallen* ‖ 哀愁を感じる ⁴sich trübselig (traurig) fühlen/哀愁をそそる jn mit Wehmut erfüllen.

あいしょう 相性 Wesensähnlichkeit f. -en; Geistesverwandtschaft f. -en; Kongenialität f. -en; Sympathie f. -n《相性がよい(わるい)》Ihre Charakteranlagen passen gut (schlecht) zueinander.

あいしょう 愛称 Kosename m. -ns, -n.

あいしょう 愛誦する gern rezitieren⁴.

あいじょう 愛情 Liebe f.; Zuneigung f. -en; Herzlichkeit f. -en/愛情のある liebevoll; warmherzig; zärtlich.

あいじん 愛人 der (die) Geliebte, -n, -n; der (die) Verehrte, -n, -n; Schatz m. -es, :-e 《女にも使う》; Liebchen n. -s, -.

あいず 合図 Zeichen n. -s, -; Signal n. -s, -e; Wink m. -(e)s, -e; 銃声《鐘》をひだしに auf den Signalschuss (die Signalglocke) に合図する ein Signal (Zeichen) geben*; winken/合図のラッパを吹く ein Signal blasen*/目 (指, 手, 頭) で合図する mit den Augen (dem Finger, der Hand, dem Kopf) einen Wink geben*.

アイスクリーム (Speise)eis n. -es; das Gefrorene*, -n.

アイスコーヒー (eine Tasse) Kaffee (m. -s) mit Roheis.

アイスホッケー Eishockey n. -s ‖ アイスホッケーリンク Eishockeyspielfeld n. -(e)s, -er.

アイスランド Island n. -s/アイスランドの isländisch ‖ アイスランド人 Isländer m. -s, -.

あいする 愛する ❶ [v.] lieben⁴; gern (lieb) haben⁴; (zu)geneigt sein⁴; Gefallen (Vergnügen) finden* (an³)/深く愛する von Herzen (innig; treu) lieben⁴; jm sehr ans Herz gewachsen sein; ins Herz geschlossen haben⁴; eine tiefe Zuneigung fassen

あいせき 愛惜 der schwere (traurige) Abschied, -(e)s, -e /愛惜の情 der Schmerz (-es, -en) der Trennung.

アイゼン [登山用] Steigeisen n. -s; Flügelnagel m. -s, ¨ (一つ一つの).

あいそ 哀訴 die flehentliche Bitte, -n; Beschwerde f. -n /哀訴する jm seine Not klagen; 4sich beschweren (bei jm über4); ein Bittgesuch ein|reichen.

あいそう 愛想 Artigkeit f. -en; Geselligkeit f. -en; Leutseligkeit f. -en; Liebenswürdigkeit f. -en; Umgänglichkeit f. -en; Gastfreundlichkeit f. -en (歓待)/愛想のない unfreundlich; barsch; grob; rücksichtslos /愛想のよい entgegenkommend; gesellig; gefällig; gastfreundlich; zuvorkommend; aufmerksam; umgänglich /愛想をつかす(がつきる) genug (satt) haben4; nichts mehr wissen wollen* (von3) /愛想をよくする jm entgegenkommend sein; 4sich am Warm halten*; 4sich gefällig zeigen; jm nach dem Mund (zu Gefallen) reden /愛想うかしを言う 4sich von jm los|sagen; auf jm bestehen* || 愛想笑い das versöhnliche Lachen*, -s.

あいぞう 愛憎 Lieb und Hass; Neigung und Abneigung /愛憎の念が深い sehr parteiisch sein.

あいぞう 愛蔵する sorgfältig auf|bewahren4 /愛蔵の書 das wie ein Schatz aufbewahrtes Buch, -(e)s, ¨er.

アイソトープ Isotop n. -s, -e.

あいた 開いた、空いた ❶ offen; auf /戸があいている Die Tür ist auf. /あいた口がふさがらない sprachlos sein; mit offenem Mund (verdutzt) da|stehen*. ❷ leer (から); frei /その席はあいている Der Platz ist frei.

あいた 愛他的 altruistisch; uneigennützig || 愛他主義者 Altruist m. -en, -en /愛他心、(主義) Altruismus m. -; Nächstenliebe f.

あいだ 間 ❶ [時間] 1) [präp] in3 (der Kriegszeit 戦争の); über4 (Nacht 夜じゅう); während3 (des Sommers 夏の); (den ganzen Tag) hindurch (一日じゅう); unter3 (ちゅうに); auf4; für4 (3 Jahre 三年の予定で); zwischen3. 2) [conj] während; solange (...しているうちに) /私の生きている間は solange ich lebe /今日から一年の間 binnen heute und einem Jahr. 3) [中間時] Zwischenzeit f.; Weile f.; Intervall n. -s, -e. ❷ [間隔] 1) [n.] Abstand m. -(e)s, ¨e; Distanz f. -en; Zwischenraum m. -(e)s, ¨e. 2) [präp] zwischen3 (...と...の間) / 間をあける einen Zwischenraum (Spielraum) lassen4 /間をとる Distanz (Abstand) halten* (von3) /二メートルの間をおいて in 2 Meter Abstand; in einer Entfernung von 2 Metern /約百キロの間にわたる Erstreckung (im Umfang) von etwa 100 Kilometern /その辺何キロの間かは荒野である Da erstreckt sich kilometerweit die Heide. ❸ [中間] Mitte f. -n; mitten (in, auf, an, unter などの前置詞と結合して用いる); zwischen3,4 (両者の); unter3,4 (多者の) /二つの部屋の間 zwischen zwei Zimmern /...の間に置く(はさむ・押し込む) legen4 (stecken4; schieben*4; ein|schieben*4; ein|rücken4; ein|schalten4) /愛想の〈zwischen4〉. ❹ [期間] Zeitdauer f.; Frist f. -en; Zeitabschnitt m. -(e)s, -e /長い間には耐えらるない Auf die Dauer ist es nicht zu ertragen. ❺ [間柄] ⇒あいだから /ふたりの間を裂く einen Keil zwischen die beiden treiben*; 間に入る dazwischen kommen* /親子(夫婦)の間でも sogar zwischen Vater und Sohn (Mann und Frau) /間に立って vermitteln*; unterhandeln (für jn über4et); ein|schreiten* (zwischen4). /[その間に] [adv] inzwischen; indessen (また conj); dazwischen.

あいたい 相対で persönlich; unmittelbar; unter vier 3Augen.

あいだがら 間柄 Verhältnis n. ...nisses, ...nisse; Beziehung f. -en /血縁の間柄である (bluts)verwandt sein (mit3) /親しい間柄である mit jm auf gutem (vertrautem) Fuß[e] stehen*; mit jm in vertraulicher Beziehung stehen* /彼女とはどういう間柄ですか In welcher Beziehung [In welchem Verhältnis] stehen Sie zu ihr? /彼らは恋人の間柄です Sie haben ein Verhältnis (haben es) miteinander.

あいたずさえて 相携えて zusammen (mit jm); Hand in Hand; Schulter an Schulter.

あいちゃく 愛着 Anhänglichkeit f. -en; Zuneigung f. -en; Vorliebe f. -n /愛着を感じる 4sich (sein 4Herz) an jn hängen; jn ins Herz schließen* /jm innig von Herzen zugetan sein; große Anhänglichkeit für jn zeigen; jm sehr zugetan sein.

あいちょう 哀調 die traurige (trübsinnige) Melodie f. -n; herzzerreißende Töne (pl) || 愛鳥 Lieblingsvogel m. -s, ¨ || 愛鳥家 Vogelliebhaber m. -s, -.

あいつ er*; sie*; es*; est*; die*; das*; der da; Kerl m. -(e)s, -e; Teufelskerl m. -(e)s, -e 《あの野郎》; Dingsda m. (f., n.) -; Kauz m. -es, ¨e.

あいついで 相次いで einer* nach dem andern*; auf|einander (nach-; hinter-); auf|einander folgend; in rascher Folge; gleich danach (kurz hinterher) 《すぐ引続いて》/相次いで起こった Ein Unglück folgte auf das andere. /相次いでやって来た Es kam einer nach dem andern. /吉(凶)の相次いで届く Es kommen gute (schlimme) Nachrichten in rascher Folge.

あいづち 合槌を打つ jm bei|stimmen; jm Recht geben*; mit dem Kopf (zustimmend) nicken; jm zum (nach dem) Mund(e) reden.

あいて 相手 ❶ [仲間] Kamerad m. -en, -en; Gefährte m. -n, -n; Gefährtin f. ...tinnen 《女》; Kollege m. -n, -n 《同僚》/酒の相手 Zechfreund m. -(e)s, -e /酒の相手をする jm zusammen trinken*. ❷ [敵手] Gegner m. -s, -; Wider sacher m. -s, -,

アイディア (-part *m.* -(e)s, -e); Gegenspieler *m.* -s, -; Konkurrenz *f.* -en/相手になる jm Gesellschaft leisten《お相手》; den Handschuh auf|nehmen*《挑戦をうける》；[匹敵する] jm gleich|kommen* (können*)/相手にならない《比較にならない》jm nicht gewachsen sein;《weit》hinter jm zurück|stehen*; nicht ebenbürtig sein/相手にする es mit jm zu tun haben; von jm Notiz nehmen*《気にとめる》; jm den Handschuh hin|werfen*《挑戦する》/相手にしない《とり合わぬ》gar nicht ernst nehmen*⁴; es mit jm nichts zu tun haben wollen*; von jm keine Notiz nehmen*; ⁴sich mit jm nicht ab|geben wollen*／相手ども gegen jm einen Prozeß an|strengen; jm bei Gericht klagen; gegen jm gerichtlich ein|schreiten*. ‖ 遊び相手 Spielkamerad *m.* -en, -en; Gespiele *m.* -n, -n／相談相手 Beistand *m.* -(e)s, ⸚e; Berater (Ratgeber) *m.* -s, -／話相手 Gesellschafter *m.* -s, -.

アイディア Idee *f.* -n.

アイティー IT Informationstechnologie *f.* -n.

アイデンティティー Identität *f.*

あいとう 哀悼 Beileid *n.* -(e)s; Kondolenz *f.* -en／哀悼の意を表する jm sein Beileid bezeigen (aus|sprechen*); jm kondolieren；哀悼する人 der Trauernde*, -n;《遺族》Beileidsbesucher *m.* -s, -;《弔問客》der Kondolierende*, -n;《会葬者》. ── 哀悼する um js Tod trauern.

あいとうしん 愛党心 Parteigeist *m.* -(e)s, -er; Parteisinn *f.* -(e)s／《党派心》.

あいどく 愛読する gern lesen*⁴; mit wachsendem Interesse lesen*⁴; regelmäßig halten*⁴《新聞などを》/この本は子供に愛読される Dieses Buch findet eine große Resonanz unter den Kindern.／私はトーマス・マンを愛読する Thomas Mann ist mein Lieblingsautor.／愛読作家 Lieblingsautor *m.* -s, -en／愛読者 Leser *m.* -s, -; Leserkreis *m.* -es, -e; Abonnent *m.* -en, -en／この本は多くの愛読者をもった Das Buch fand beim Publikum gute Aufnahme.／愛読書 Lieblingsbuch *n.* -(e)s, ⸚er (Lieblingsautor *m.* -s, -en).

アイドリング Leerlauf *m.* -(e)s／《自動車の》.

アイドル Idol *n.* -s, -e.

あいにく 生憎と unglücklicherweise; leider; ungelegen; zu ungelegener Zeit《生憎の時》/生憎の時に人が来た Der Besuch kam mir sehr ungelegen.／お生憎様 Bedauere sehr!

アイヌ Aino (Ainu) *m.* -(s), -(s) ‖ アイヌ語 Aino-Sprache *f.*／アイヌ民族 Aino-Volk *n.* -(e)s, ⸚er.

あいのこ 合の子 Mischling *m.* -s, -e; Bastard *m.* -s, -e; Mischrasse *f.* -n; Zwischending *n.* -(e)s, -e／《物》.

あいのて 合の手 Zwischenspiel *n.* -(e)s, -e; Begleitung *f.*; Takt *m.* -(e)s, -e／《囃子》／合の手を入れる im (nach dem) Takt begleiten*⁴《auf³ 伴奏》; einen Zwischenruf rufen*／《やじ》.

あいのり 相乗りする zu zweit fahren*《s》; zu zweien in einem Wagen gehen*《s》.

あいば 愛馬 Lieblingspferd *n.* -s, -e.

アイバンク Augenbank *f.*

あいびき 逢い引き Stelldichein *n.* -(s), -(s); Rendezvous *n.* -／あいびきをする mit jm ein Stelldichein haben* (verabreden); ³sich mit jm ein Rendezvous geben*.

あいぶ 愛撫 Liebkosung *f.* -en; Gekose *n.* -s; Zärtlichkeit *f.* -en／愛撫する (lieb)kosen⁴; streicheln⁴.

あいふく 合服 Übergangskleidung *f.* -en; Frühjahrsanzug (Herbstanzug) *m.* -(e)s, ⸚e.

あいふだ 合札 Marke *f.* -n; Garderobenmarke *f.* -n《クロークの》; Gepäckschein *m.* -(e)s, -e《手荷物預かり証》／合札をつける das Gepäck mit einem Anhänger versehen*.

あいべつ 哀別 der schwere (traurige) Abschied, -(e)s; die schmerzliche Trennung, -en.

あいぼ 愛慕する lieben⁴; verehren⁴; jm zugetan (angetan) sein.

あいぼう 相棒 ❶《仕事上の》Mitarbeiter *m.* -s, -. ❷《仲間》Gefährte *m.* -n, -n; Genosse *m.* -n, -n; Partner *m.* -s, -. ❸《悪事の》Helfershelfer *m.* -s, -; Kumpan *m.* -s, -e; Komplice *m.* -n, -n.

あいま 合間 Zwischenzeit *f.* -en; Intervall *n.* -s, -e; Pause *f.* -n; Muße *f.*《ひまをかけて》／合間に in der Zwischenzeit; in der freien Zeit／合間合間に mit Muße《ひまをかけて》;《折々》dann und wann; von Zeit zu Zeit.

あいまい 曖昧 Unbestimmtheit *f.* -en; Undeutlichkeit *f.* -en; Unklarheit *f.* -en; Doppelsinn *m.* -(e)s, -e／曖昧な unbestimmt; unsicher; undeutlich; unklar; dunkel; doppelsinnig; unzuverlässig《信頼できぬ》／曖昧な言い訳をする eine vage Ausflucht (Ausreden) machen／曖昧に言う ⁴sich undeutlich aus|drücken.

あいよう 愛用する mit Vorliebe gebrauchen⁴ (benutzen⁴)／愛用の Lieblings-《例: Lieblingspfeife 愛用のパイプ》.

あいよく 愛欲 Leidenschaft *f.* -en; Lüste 《*pl*》; Sexualität *f.* -en／愛欲におぼれる seinen Leidenschaften freien Lauf lassen*／愛欲盛んな lüstern.

アイライナー Eyeliner *m.* -s, -.

アイルランド Irland *n.* -s／アイルランドの irisch*; irländisch*／アイルランド語 die irische Sprache／アイルランド人 Irländer *m.* -s, -; Ire *m.* -n, -n.

あいろ 隘路 Engpaß *m.* -es, ⸚e; Hohlweg *m.* -(e)s, -e／生産の隘路 Engpässe in der Erzeugung.

アイロニー Ironie *f.* -n.

アイロン Bügeleisen *n.* -s, -; Plätte *f.* -n／アイロンをかける bügeln⁴; auf|bügeln⁴; aus|bügeln⁴; plätten⁴／アイロン板 Bügelbrett *n.* -s, -er／アイロン台 Bügeltisch *m.* -(e)s, -e.

あいわ 哀話 die traurige (tragische) Ge-

あう 会う ❶ [面会する] sehen*⁴; besuchen*; empfangen*⁴ 《来訪者に》; interviewen*; ein Interview haben 《mit³》; sprechen*⁴. ❷ [出会う] treffen*⁴; zusammen|treffen* ⓢ 《mit³》: Er ist mir unbekannt./あの人にあわぬ顔はない Ich schäme mich, ihn zu treffen. / Ihm kann ich nicht ins Gesicht sehen./二人を会わせてやれた I habe eine Zusammenkunft zwischen den beiden bewerkstelligt. ❸ [遭遇] begegnen³ ⓢ; an|treffen*⁴; finden*⁴; stoßen ⓢ 《auf⁴》; feindlich zusammen|treffen* ⓢ 《mit³》; in ⁴Gefahr kommen* ⓢ 《危険に》; verunglücken 《事故に》. ❹ 経験する]; erleben 《体験する》; [er-]leiden*⁴ 《難に》.

あう 合う ❶ [一致] 1) [事物が] überein|kommen* ⓢ 《mit³》; übereinstimmen* ⓢ 《mit³》; im Einklang stehen* 《mit³》; entsprechen*³ / 事実に合わない mit einer Tatsache / in ⁴Konflikt geraten* ⓢ / 彼は人相書と合っている Er entspricht der Beschreibung im Steckbrief. 2) [気が] gleich gesinnt (gleichartig) sein; in ³Eintracht leben; einander passen; sympathisieren 《-n》 mit jm. ❷ 《適合》 passen⁽³⁾ 《auf⁴; in⁴; für⁴; zu³》; angemessen sein 《für⁴》; bekommen*³; [an]stehen*³ / この帯はその着物に合わない Dieser Gürtel passt schlecht zu dem Kimono./土地に合う Bodenbeschaffenheit gemäß sein. ❸ [計算が] stimmen / 勘定が合っていない Die Rechnung stimmt nicht. Die Zahlen stimmen nicht überein. ❹ [時計が] richtig (genau; tadellos) gehen* ⓢ / この時計は合っていない Diese Uhr geht falsch (nicht richtig). ❺ [調子が] stimmen; in ³Einklang sein / この楽器は調子が合っていない Dieses Instrument ist verstimmt. ❻ [もうかる] ⇨ ひきあう.

アウト aus; out/アウトになる aus dem Spiel sein; nicht mehr im Spiel sein.

アウトサイダー Außenseiter m. -s, -.

アウトプット Ausgabe f. -n; Output m. (n.) -s, -s.

あえぐ 喘ぐ keuchen; jappen; japsen; pusten; schnaufen / 喘ぎ喘ぎ keuchend; pustig; außer Atem; atemlos / 喘ぎ喘ぎ物を言う keuchend (pustig) sprechen* / 重荷を負って喘ぐ unter einer schweren ³Last keuchen.

あえて 敢て wagemutig; beherzt; unverzagt; entschlossen / 敢てする(言う) wagen, ⁴et zu tun (sagen); ³sich getrauen 《⁴sich unterstehen*》; ⁴sich erdreisten*, ⁴et zu tun (sagen).

あえない 敢無い最期を遂げる einen elenden Tod sterben* ⓢ; um|kommen* ⓢ; unglücklich ins Gras beißen müssen*.

あえん 亜鉛 Zink n. -(e)s / 亜鉛びきの mit Zink überzogen; galvanisiert / 亜鉛めっき Verzinkung f. -en / 亜鉛めっきの verzinkt ‖ 亜鉛凸版 der anastatische Druck, -(e)s / Photozinkographie f. -n; Zinkotypie f. -n 《印物》/ 亜鉛板 Zinkblech n. -(e)s, -e / 亜鉛版 Zinkographie f. -n.

あお 青 Blau n. -s; Azur m. -s; Grün n. -s 《緑》; Blässe f. 《蒼白》/ 青々した grünend; blaugrün / 青い blau; azurblau; blaugrün / blass 《蒼白》; bleich / 青い鳥 „Der Blaue Vogel". —— 青くなる blau (grün) werden; blauen; grünen; mit Grün bedeckt werden 《樹木など》; blass (bleich) werden; erblassen; erbleichen 《顔が》; erschrecken* 《über⁴》恐怖で / 青くする blau machen 《färben⁴》; bläuen*.

あおい 葵 Stock|malve f. -n (-rose f. -n).

あおいき 青息を吐く seufzen; einen tiefen (schweren) Seufzer tun* 《aus|stoßen*》/ 青息吐息で in einem kläglichen Zustand(e); vollkommen mutlos; mit [knapper] Mühe und Not.

あおいろしんこく 青色申告 Umsatzsteuererklärung f. -en / 青色申告をする eine Umsatzsteuererklärung ab|geben*.

あおうなばら 青海原 die blaue Weite 《-n》des Meeres; Ozean m. -s.

あおうめ 青梅 die unreife (grüne) Pflaume, -n.

あおがい 青貝 Perl|mutter f. (-mutt n. -s).

あおがえる 青蛙 Grün|frosch (Laub-) m. -es.

あおかび 青かび Penicillium n. -s; Pinselschimmel m. -s; Brotschimmel.

あおぎり 青桐 eine Art der Paulownia, -nien.

あおぐ 扇ぐ fächeln; schwingen*⁴ 《もみがらを》/ 扇ぎたてる [火を] das Feuer (die Flamme) an|fachen; [an]schüren⁴; [扇動] an|reizen⁴; auf|hetzen⁴; auf|wiegeln⁴.

あおぐ 仰ぐ ❶ auf|sehen* (zu³); auf|blicken 《zu³》; in die Höhe sehen*. ❷ [依頼] ab|hängen* 《von³》; abhängig sein 《von³》; angewiesen sein 《auf⁴》; ⁴sich verlassen* 《auf⁴》/ 外国に仰ぐ ⁴et aus dem Ausland beziehen* 《品物などを》. ❸ [求める] bitten* 《jn (um⁴)》; fragen 《jn (nach³)》; ⁴sich wenden* 《an jn (um⁴)》. ❹ [尊敬] [hoch] achten*⁴; respektieren*⁴; verehren*⁴ / 仰ぎ願わくは Ich flehe (Wir flehen) dich [an] 《um⁴》. Ich bitte (Wir bitten) dich flehentlich 《um⁴》. Ich ersuche (Wir ersuchen) dich 《um⁴》./ 陛下の御出席を仰いで In der Gegenwart Seiner Majestät des Kaisers.

あおくさい 青臭い von ³Grasduft geschwängert; [未熟] grün; unerfahren; unreif.

あおぐろい 青黒い dunkelblau.

あおさぎ 青鷺 《鳥》Reiher m. -s, -.

あおざめる 青ざめる fahl (blass; bleich) werden.

あおじゃしん 青写真 Lichtpause f. -n; Lichtpausverfahren n. -s, -; Zyanotypie f. -n.

あおじろい 青白い blass; aschgrau; fahl; kränklich.

あおしんごう 青信号 Grünlicht n. -(e)s, -er; Grün n. -s, -(s)/青信号がついた Die Ampel zeigt Grün (steht auf Grün)./青信

あおすじ 青筋 Zornader *f.* -n/額に青筋を立てて vor ⁴Zorn schäumend (schnaufend).

あおすだれ 青すだれ der grüne Bambusvorhang, -[e]s, ..-e.

あおぞら 青空 der blaue Himmel, -s, -; das blaue Himmelsgewölbe, -s, -;《詩》Himmelszelt *n.* -[e]s, -e ‖ 青空の下 unter freiem Himmel (in freier Luft).

あおだいしょう 青大将 eine gestreifte Schlangenart, -en.

あおだけ 青竹 der grüne Bambus, ..busses, ..busse ‖ 青竹色の bläulichgrün.

あおだたみ 青畳 die (funkel)nagelneue Tatami, -(Matte, -n.

あおな 青菜 Grünkraut *n.* -[e]s, -̈er; Raps *m.* -es, -e (あぶらな); Rübe *f.* -n (かぶらな) ‖ 青菜に塩をかけたよう wie ein begossener Pudel; kleinlaut; niedergeschlagen.

あおにさい 青二才 Gelbschnabel *m.* -s, -̈; Bürschchen *n.* -s, -; Kiekindiewelt *m.* -s, -s; Milchbart *m.* -s, -̈e; Rotzjunge *m.* -n, -n;《俗》junges Gemüse, -s, - / 青二才の grün; unerfahren; unreif.

あおのり 青海苔 die essbare Grünalge, -n.

あおば 青葉 das grüne Blatt, -[e]s, -̈er; das grüne Laub, -[e]s.

あおばえ 青蠅 Schmeißfliege *f.* -n.

あおばな 青ばな der grüne Nasenschleim, -[e]s; Rotz *m.* -es, -e.

あおびかり 青光り das grünlich-blaue (phosphoreszierende) Licht, -[e]s, -er/青光りがする grünlich-blaues (phosphoreszierendes) Licht von ³sich geben*; stahlblau leuchten.

あおびょうたん 青びょうたん ein kränklich gelbliches (ein leichenbleiches) Gesicht, -[e]s, -er.

あおぶくれ 青ぶくれの bläulich (blass; bleich; fahl; kränklich) geschwollen.

あおみ 青味 Bläue *f.*; ein leichter Anflug (-[e]s, -̈e) (Schimmer, -s) von Blau (Grün)/青味がかった bläulich; mit einem Stich ins Bläuliche; grünlich (緑).

あおみどろ《植》Spirogyra *f.* ..ren.

あおむく 仰向く aufsehen* (-|blicken, -|schauen) (*zu*¹); empor|sehen* (-|blicken, -|schauen) (*zu*¹); den Kopf in den Nacken werfen*.

あおむけ 仰向けに rücklings; auf dem Rücken/あおむけに倒れる rücklings (auf den Rücken) fallen*.⁅s⁆

あおむし 青虫 die grüne Raupe *f.* -n.

あおもの 青物 das (frische) Gemüse, -s, -; Grünwaren *(pl)*; Grünzeug *n.* -[e]s ‖ 青物市場 Gemüsemarkt *m.* -[e]s, -̈e/青物屋 Gemüsehandlung *f.* -en《店》 Gemüsehändler *m.* -s, -《人》.

あおやぎ 青柳 ❶《木》die grüne (aufkeimende) Weide, -n. ❷《ばか貝》Trogmuschel *f.* -n.

あおり 煽り ❶ Schlag *m.* -[e]s, -̈e; das Flattern*, -s. ❷《巻き添え》Mitleiden-schaft *f.*/煽りを…に in ⁴Mitleidenschaft gezogen werden; von dem gleichen Übel wie der andere erfasst werden; in den wirbelnden Luftstrom (eines vorbeibrausenden Zuges) hineinzogen werden.

あおる 煽る ❶ schlagen*; flattern (戸・旗など); in flatternde (bäumelnde) Bewegung setzen*. ❷ ⇨ **あおぐ**(扇ぐ). ❸《馬を》 einem Pferd die Sporen geben*; galoppieren lassen*⁴. ❹《市場・市価などを》auf Hausse (das Steigen) spekulieren*; durch ⁴Kniffe (*pl*) beeinflussen*. ❺《がぶがぶ飲む》hinunter|schlucken*⁴; in großen Schlucken trinken*⁴.

あか 赤, 紅 ❶ Rot *n.* -[e]s; Röte *f.*; Rosa *n.* -s《淡紅》; Purpur *m.* -s《深紅》; Scharlachrot (緋)《一》/赤で陰影をつける rot schraffieren/赤いく, に) rot; rötlich; hell rot (tief-; scharlach-)/赤くなる rot werden; erröten/赤くなったり青くなったり bald rot, bald blass werden/彼女は顔を赤くした Sie errötete. Die Röte stieg (Das Blut schoss) ihr ins Gesicht.: Ihre Wangen erglühten.《vor Scham 恥らって, vor Zorn 怒って》. ❷《思想上の》die Roten (*pl*); der Linksradikale*, -n, -n; Kommunist *m.* -en, -en; Bolschewist *m.* -en, -en/赤い rot (kommunistisch) sein; nach links gerichtet sein; zur Linken an|gehören/赤くなる kommunistisch werden/⁴sich rot an|stecken (染まる). ❸《赤の他人》der völlige Fremde*, -n, -n.

あか 垢 Schmutz *m.* -es; Dreck *m.* -[e]s; Abschaum *m.* -[e]s; Bodensatz *m.* -es《水垢》/垢にまみれた(だらけの)schmutzig; dreckig; unsauber; ungewaschen.

あか 淦《船底の》Bilge|wasser (Schlag-) *n.* -s; Grundsuppe *f.*/淦を掻く das Boot aus|schöpfen; aus|lösen/淦汲み Schöpfeimer *m.* -s, -.

あかいわし 赤鰯《魚》die vertrocknete Sardine, -n;《刀》das verrostete Schwert, -[e]s, -er.

あかえい 赤えい《魚》Stachelrochen *m.* -s, -.

あかがい 赤貝 Archenmuschel *f.* -n.

あかがえる 赤蛙 der braune Frosch, -es, -̈e.

あかがね 銅 Kupfer *n.* -s /銅色の kupferrot; tüchtig sonn[en]verbrannt《皮膚の》.

あがき ❶《馬など》das Scharren (Stampfen), -s. ❷《もがくこと》das Zappeln* (Strampeln*), -s/あがきがとれない in der Patsche (Klemme) sein (sitzen)*; im Schlamm stecken/借金であがきがとれない bis an den Hals (bis über die Ohren) in Schulden stecken/狭くてあがきがとれない eingeengt sein.

あかぎれ 皹 Schrunde *f.* -n/あかぎれのきれたschrundig /あかぎれがきれる(をきらす)Die Haut wird rissig (springt auf).

あがく ❶《馬など》stampfen*; scharren. ❷《もがく》strampeln; zappeln; ⁴sich winden*.

あかぐつ 赤靴 der braune (rotbraune)

あかぐま 赤熊 Braunbär *m.* -en, -en.
あかぐろい 赤黒い dunkelrot.
あかげ 赤毛 das rote Haar, -[e]s, -e/赤毛の rothaarig.
あかざ〘植〙Gänsefuß *m.* -es, ⁼e.
あかざとう 赤砂糖 brauner Zucker, -s, -.
あかさび 赤錆 Rost *m.* -es, -.
あかし 証 ❶〘宗教の〙Zeugnis *n.* ..nisses, -nisse/汝いつわりの証を立てることなかれ Du sollst kein falsches Zeugnis geben. ❷〘証拠〙Beweis *m.* -es, -e; Beweisführung *f.* -en/身の証を立てる ⁴sich rein waschen* 《*von³* 例: von dem Verdacht (der Schuld)》; die Unschuld beweisen* (nachweisen*).
あかじ 赤字〘欠損・不足〙Fehlbetrag *m.* -[e]s, ⁼e; Defizit *n.* -s, -e; Verlust *m.* -[e]s, -e;〘俗〙die rote Zahl, -en/赤字を出す(出している) Verluste erleiden*;〘俗〙in roten Zahlen (rot) schreiben* (sein); das Jahr mit einem Verlust (roten Zahlen) ab|schließen* / 赤字を埋める ein Defizit decken ‖ 赤字公債 Ausgleichsfonds *m.* -, -/赤字財政 ein Defizit im Staatshaushalt/赤字予算 das unausgeglichene Budget, -s, -s.
アカシヤ Akazie *f.* -n.
あかしんごう 赤信号 das rote [Warnungs-] signal, -s, -e.
あかす 明かす ❶〘夜を〙übernachten; die ganze ⁴Nacht auf|bleiben* (auf|sitzen*)/語り(泣き)明かす eine Nacht verplaudern (verweinen). ❷〘秘密・真実を〙*jm* ⁴*et* an|vertrauen (gestehen*); beichten⁴〘会話〙/意中の物を ⁴sich an|vertrauen 《*jm*》; ⁴sich aus|sprechen*; seine Liebe erklären《恋を》.
あかずり 赤刷り Druck 《*m.* -[e]s, -e》in Rot im Rot drucken.
あかちゃ 赤茶[色]Rotbraun *n.* -s/赤茶色の rotbraun/赤茶ける rotbraun werden; rötlich braun an|laufen*.
あかチン 赤チン Quecksilberchrom *n.* -s.
あかつき 暁 Morgen|dämmerung *f.* -en (-grauen *n.* -s); Tagesanbruch *m.* -[e]s, ⁼e/暁近く vor Tau und Tag/暁に in aller Frühe; bei Anbruch des Tages/…の暁には im Falle, dass …; falls; wenn/成功の暁には wenn ich eine glänzende Karriere gemacht habe, …/戦争の暁には im Fall des Kriegs.
あがったり 上がったりだ Es ist mit *jm* aus. ganz auf den Hund[e] sein/とり会社はもあがったりだ Die Firmen machen so gut wie keine Geschäfte. /今のところ〘俗〙Wir sind augenblicklich sehr klamm.
あかつち 赤土 rote Erde, -; der rote Ton, -[e]s (Lehm, -[e]s, -e).
アカデミー Akademie *f.* -n.
あかとんぼ 赤蜻蛉 die rote Libelle, -n.
あがない 贖い ❶〘贖罪〙Buße *f.* -n; Versöhnung *f.* -en; Sühne *f.* -n/贖い主 Erlöser *m.* -s, -; Heiland *m.* -[e]s, -e. ❷〘賠償〙Ersatz *m.* -es, -/贖い手 Entgelt *n.* -[e]s, -e.

あがなう 贖う büßen⁴; versöhnen⁴; sühnen⁴; ersetzen⁴; entschädigen⁴/死をもって罪を贖う den Schuld mit dem Tod sühnen/損害を贖う Schaden ersetzen.
あかぬ 飽かぬ unermüdlich; unersättlich; unverdrossen / 飽かぬ眺めだ Das Auge kann sich nicht satt sehen an diesem Ausblick. /飽かぬ別れを告げた Die Trennung berührte ihn schmerzlich. /二人は飽かぬ仲である Sie haben einander ewige Liebe geschworen.
あかぬけ 垢ぬけした elegant; fesch; raffiniert; schick; verfeinert; sauber; gesittet; poliert.
あかね 茜〘植〙Krapp *m.* -[e]s.
あかはじ 赤恥 die große (ungeheure) Schande, -n; Schmach *f.* /赤恥をかく in Schmach und Schande geraten* ⓢ; Schmach und Schande auf ⁴sich nehmen*; ⁴sich unsterblich blamieren; vor Scham krebsrot werden / 赤恥をかかす *jm* eine arge Schmach an|tun* (bereiten; zu|fügen); *jn* öffentlich lächerlich machen/赤恥かいて mit Schande beladen; mit Schmach bedeckt.
あかはた 赤旗 die rote Fahne, -n.
あかぼう 赤帽 Gepäckträger *m.* -s, -.
あかみ 赤味 die rote Färbung, -en (Nuance, -n; Schattierung, -en)/赤味がかった rötlich; mit etwas Rot belebt; nicht abgetönt.
あかみ 赤身 mageres Fleisch, -[e]s〘肉〙; Kernholz *n.* -es, -er〘心材〙.
あがめる 崇める ❶〘神の如く・神を〙vergöttern⁴; zum Gott weihen⁴; an|beten⁴. ❷〘尊敬する〙verehren⁴; [hoch] achten⁴; respektieren⁴; mit Verbietung betrachten⁴. ❸〘賛美する〙rühmen⁴; preisen*⁴; hervor|heben⁴; verherrlichen⁴.
あからがお 赤ら顔 das rote (rötliche) Gesicht, -er.
あからさま あからさまな ❶〘明白な〙klar; deutlich; ausdrücklich. ❷〘腹蔵なく〙offen[herzig]; aufrichtig; frisch von der Leber weg/あからさまに言えば offen gestanden/um ehrlich zu sein; wenn ich deutsch reden darf.
あかり 明り ❶〘灯〙Licht *n.* -[e]s, -er; Lampe *f.* -n/明りが薄暗い Das Licht ist schwach. /明りがさし込む Das Licht strömt hinein./明りがつく(消える) zünden (aus|gehen* ⓢ)/明りに向ける ⁴*et* gegen das Licht halten*/明りをつける das Licht an|zünden (an|knipsen; an|drehen; an|machen)/明りを消す das Licht aus|löschen (aus|knipsen; aus|drehen; aus|machen)/明り先きに立つ *jm* im Licht stehen*〘明とり〙Luke *f.* -n; Oberlicht *n.* -[e]s, -er〘天窓〙. ❷〘無実・潔白の〙Unschuld *f.* ⇨晶証.
あがり ❶〘上り高・収入〙Ertrag *m.* -[e]s, ⁼e; Einnahme *f.* -n; Erlös *m.* -[e]s, -e; Gewinn *m.* -[e]s, -e; Kasseneingänge 《*pl*》. ❷〘仕上り〙die letzte Feile, -n/色のあがりがよい Die Farbe fällt gut aus. ❸〘すごくの〙Ziel *n.* -[e]s, -e.

あ

-あがり ¶ 雨あがりの nach dem Regen／病気あがり eben von einer Krankheit wiederhergestellt; Rekonvaleszent *m.* -en, -en 《人》／軍人あがり der frühere Soldat, -en, -en／湯あがり gerade aus dem Bad heraus.

あがりおり 上がり下り Auf und Ab (Nieder) *n.*／上がり下りする auf- und ab|fahren* [s]; hinauf- und hinab|steigen* [s]; hinauf- und hinab|gehen* [s].

あがりぐち 上がり口 Eingang *m.* -[e]s, ⸗e; Haustür *f.* -en; Freitreppe *f.* -n 《出入口の階段》; Antritt *m.* -[e]s, -e 《階段の》; Aufstieg *m.* -s, -e 《山の》.

あがりこむ 上がり込む bei *jm* ein|treten* [s]; hinein|treten* (-|kommen*) [s].

あがりさがり 上がり下がり das Steigen und Fallen*; das Auf- und Ab|steigen*／上がり下がりする steigen* und fallen* [s]; auf- und absteigen* [s] 《値段・温度など》／物価の上がり下がりがひどい Die Preise schwanken sehr.／相場が上がり下がりする Aktien steigen und fallen.

あがりだん 上がり段 Treppe *f.* -n; Steige *f.* -n; Stufe *f.* -n; Trittbrett *n.* -[e]s, -er 《自動車の》; Fußtritt *m.* -[e]s, -e 《馬車などの踏み段》.

あがりめ 上がり目 ❶ schräg stehende Augen 《*pl*》. ❷ [物価の] die steigende Tendenz 《-en》 der Preise; die Tendenz des Preisaufschlags. ❸ [運の] die glückliche Wendung des Schicksals.

あがる 上がる ❶ [登る・上昇する] auf|gehen* [s]; auf|fahren* [s]; auf|steigen* [s]; auf|fliegen* [s]／凧(たこ)が上がる Der Drachen steigt. ❷ [山などに] steigen* [s] 《auf den Berg; auf den Baum》; besteigen*^{4}; hinauf|gehen*^{4} [s]. ❸ [物価が] steigen* [s]; auf|schlagen*; ^{4}sich erhöhen／物価が上がるにつれて mit der Preiserhöhung／来月から家賃が10万円に上がる Die Miete wird vom nächsten Monat auf 100 000 Yen steigen. ❹ [完結] fertig werden; zu Ende kommen* [s]; zustande (zu Stande) kommen* [s]; [gut] aus|fallen* [s]. ❺ [家・学校に] ein|treten* [s]; herein|kommen* [s]／学校に上がる in die Schule gehen* (kommen*) [s]／大学に上がる eine Universität beziehen*. ❻ [金銭いくらで] aus|reichen 《*mit*^{3}》; aus|kommen* [s] 《*mit*^{3}》／この商売は月に…円上がる Das Geschäft bringt monatlich … Yen. ❼ [証拠が] ermittelt werden／証拠がたくさん上がっている Viele Beweise liegen vor. ❽ [犯人が] verhaftet (gefasst) werden. ❾ [のぼせる] Lampen¦fieber (Rampen-) bekommen*; ^{4}sich auf|regen. ❿ [位が] auf|rücken [s] 《*zu*^{3}》; zu ^{3}*et* befördert werden. ¶ 花火が上がる Raketen steigen auf.／火の手が上がる Die Flammen lodern auf.／給料が上がる Das Gehalt steigt.／歓声が上がる Ein Freudengeschrei erhebt sich.／効果が上がる ^{4}sich bewähren; mit ^{3}*et* Erfolg haben／気温が十五度に(だけ)上がった Die Temperatur ist auf (um) 15 Grad [an]gestiegen.／御灯明が上がっている Die Altarleuchter brennen.／成績が上がる in ^{3}*et* Fortschritte machen; eine bessere Zensur bekommen*／席順が二つ上がった Er ist [um] zwei Plätze heraufgekommen. ⇨あげる.

あかるい 明るい ❶ [部屋など] hell; licht／明るい部屋 das helle (hell beleuchtete) Zimmer, -s, -／明るいうちに während es noch Tag ist; bevor es dunkel wird. ❷ [気分] heiter; froh; freudig. ❸ [通暁する] in ^{3}*et* beschlagen (bewandert; erfahren) sein; ^{2}*et* kundig (mit ^{3}*et* vertraut) sein／その道に明るい人 der Sachverständige* (Sachkundige*), -n, -n／事情に明るい wohl unterrichtet sein 《*über*^{4}; *von*^{3}》／彼はドイツの習慣に明るい Er ist mit den deutschen Gewohnheiten wohl vertraut.／彼はこの辺の地理に明るい Er kennt sich hier aus.¦Er kennt diese Gegend wie seine [linke] Westentasche.／彼は音楽(芸術)に明るい Er ist Musiker von Fach (Er ist Kunstkenner).

あかるみ 明るみ die helle Stelle, -n; Licht *n.* -[e]s, -er; Tageslicht *n.* -[e]s, -er／明るみへ出す ^{4}*et* an den Tag (vor die Welt; in die Öffentlichkeit; ans Licht) bringen*; auf ^{4}*et* Licht werfen*／明るみに出る an den Tag (ans Licht) kommen* [s]; zu Tage (an die Öffentlichkeit) treten* [s].

あかるむ 明るむ hell werden; ^{4}sich erhellen; es dämmert／東の空が明るむ Der Tag (Morgen; Himmel) graut.¦Es wird Tag.

あかんたい 亜寒帯 Subpolarzone *f.* -n.

あかんぼう 赤ん坊 Säugling *m.* -s, -e; Wiegenkind *n.* -[e]s, -er／赤ん坊時代に(から) in meiner ersten Kindheit (von der Wiege an)／彼は全く赤ん坊だ Er ist [wie] ein großes Kind.

あき 飽き Überdruss *m.* -es; Langweile *f.* ⇨あきる.

あき 秋 Herbst *m.* -[e]s, -e; Spätjahr *n.* -[e]s, -e／秋の(らしい) herbstlich／秋の雨(秋風) Herbstregen *m.* -s, - (Herbstwind *m.* -[e]s, -e) ‖ 秋口 Herbstanfang *m.* -[e]s, ⸗e／秋日和, 秋晴 das schöne Herbstwetter, -s, -; der klare Herbsttag, -[e]s, -e.

あき 空き ❶ [余地] Raum *m.* -[e]s, ⸗e; Spielraum *m.* -[e]s, ⸗e; Platz *m.* -[e]s, ⸗e; Rand *m.* -[e]s, ⸗er 《余白など》／空きをふさぐ den Raum aus|füllen. ❷ [欠員] [freie] Stelle *f.* -n; Vakanz *f.* -en. ❸ [空虚] Leere *f.* -n; Lücke *f.* -n.

あきあき 飽々する von ^{3}*et* genug haben; von ^{3}*et* satt werden.

あきじかん 空き時間 die freie Zeit, -en (Stunde, -n).

あきすねらい 空巣狙い Klingelfahrer *m.* -s, -; Stibitzer *m.* -s, -／空巣狙いにはいられた Bei mir ist während meiner Abwesenheit eingebrochen worden.

あきたらぬ 飽き足らぬ nicht befriedigend (unbefriedigt; unzufrieden; nicht zufriedenstellend) sein／飽き足らぬ所がある Es lässt noch etwas zu wünschen übrig.

あきち 空地 das freie (leere) Grundstück, -es, -e; Baulücke *f.* -n 《建物の間の空地》.

あきっぽい 飽きっぽい ❶ [*v.*] leicht von ^{3}*et*

あきない 商い Handel m. -s; Geschäft n. -[e]s, -e; Klein|handel (Einzel-) m. 《小売》/《卸売》Großhandel; Engrosgeschäft/《手堅い》商いをしている ein (solides) Geschäft betreiben*／商い上手《下手》 sich gut (schlecht) aufs Geschäft verstehen*／商い上手な人 ein tüchtiger (kluger) Geschäftsmann, -[e]s, ..leute.

あきなう 商う ⇨しょうばい.

あきま 空間 das freie (leere) Zimmer, -s, -/空き間あり Zimmer zu vermieten!《掲示》.

あきや 空家 das freie (leere) Haus, -es, "er/空き家あり Haus zu vermieten!《掲示》/それは空き家だ Das Haus ist unbewohnt.

あきやすい 飽きやすい ⇨あきっぽい.

あきらか 明らか(に) ❶ klar; deutlich; offen(bar)／月明らかな夜 die mondhelle Nacht, -, ¨e. ❷《確かに》klar; augenscheinlich; einleuchtend; sichtbar／明らかな証拠 der klare Beweis, -es, -e. ❸《疑いなく》ohne Zweifel; gewiss; sicher; unbezweifelt. ── 明らかである offen zu Tage (klar auf der Hand) liegen*; sonnenklar (selbstverständlich) sein《極めて》／明らかなる jm ein|leuchten; jm klar werden／明らかにする ʰet im Klare bringen*; ʰet klar|machen (auf|klären)／それで事が明らかになる Das erklärt die Sache.／立場を明らかにする js Standpunkt klar|machen.

あきらめ 諦め Entsagung f. -en; Verzicht m. -[e]s, -e 《auf⁴》; das Aufgeben*, -s, -《断念》; Ergebung f. -en 《黙従》／諦めがよい(わるい) leicht (schwer) dem Schicksal anheim stellen (geben*); ʰsich leicht (schwer) mit dem Schicksal ab|finden*.

あきらめる 諦める auf|geben*⁴; verzichten 《auf⁴》; entsagen³; ʰsich ʰet unterwerfen*; ʰet verloren geben*; hin|nehmen*; ʰsich gefallen lassen*／助からぬものと病人を諦める den Kranken verloren geben*／だめと諦める als rettungslos (hoffnungslos; unwiederbringlich; verloren) auf|geben*／これが将来と諦める alles so hin|nehmen*, wie die Dinge nun einmal liegen*／大学の入学を諦める (darauf) verzichten, die Universität zu beziehen.

あきる 飽きる ❶《倦う》む müde werden 《von³》; Interesse verlieren 《an³》; keine Lust mehr haben 《an³》. ❷《飽く》jm Überdruss werden, über ʰet verdrießlich werden; ʰet satt haben; ʰet übersättigen 《von³》／飽きるほど mehr als genug; zur Genüge／飽きるほど食う bis zum Hals essen*⁴;／飽きるほど食う satt essen*《an³》／飽くことを知らぬ Er kann nicht genug haben.／Er wird gar nicht satt werden.／いくら見ても飽きない Das Auge kann sich nicht satt sehen 《an³》.

アキレスけん アキレス腱 Achillessehne f. -n.

あきれる 呆れる ❶ bass erstaunen 《über⁴》; verblüfft sein; sprachlos sein 《über⁴》vor Erstaunen (Verblüffheit); von ʰet verblüfft／呆れてものが言えぬ Ich bin einfach sprachlos.／Das bleibt mir die Spucke weg. ❷《愛想がつきる》ʰet überdrüssig sein; jm verleidet werden (sein); aufgebracht werden 《über⁴》／呆れたこと das Unerhörte*, -n, -n; Unverschämtheit f. -en; Ungereimtheit f. -en／呆れたやつだ Freches Stück! Unverschämter Kerl!／呆れたね! Unerhört!〔Zum〕Donnerwetter〔noch einmal〕!／お前のばかにも呆れた Du bist des Kuckucks!／彼の厚かましいのには呆れた《愛想がつきた》Seine Unverschämtheit hat mich arg verdrossen.

あく 悪 Übel n. -s, -; das Böse*, -n; Schlechtigkeit f. -en; Bosheit f. -en; Lasterhaftigkeit f. -en; Laster n. -s, -／悪に勝つ die Untugend besiegen／悪に染まる in Laster versinken*〔s〕; dem Laster verfallen*〔s〕／善と悪とをわきまえる das Gute und das Böse unterscheiden*.

あく 灰汁 ❶ Lauge f. -n／あく洗いする laugen; beuchen. ❷《野菜など》Herbheit f./あくを抜く Herbheit weg|schaffen 《-|tun*》.

あく 明く, 開く, 空く ❶〔ひらく〕ʰsich öffnen; ʰsich auf|schließen; auf|fliegen*《ぱっと》／戸があいている Die Tür steht offen.／幕があく Der Vorhang geht auf.／第二幕あいている Der zweite Akt läuft. ❷ leer (frei) werden《空になる》／この席はあいています Ist dieser Platz frei?／その家はあいている Das Haus ist unbewohnt. ❸〔使用済み〕nicht im Gebrauch haben*⁴; fertig sein 《mit³》／その本はあきましたか Sind Sie fertig mit dem Buch?／それは今あいています Ich brauche es jetzt nicht. ❹〔時間・手が〕frei haben (sein)／明日はあいている Ich habe morgen frei.／明日は手があかない Ich kann mich für morgen nicht frei machen. ❺〔満期〕ab|laufen*〔s〕／年季があく Die Lehrzeit läuft ab.
⇨あいた (開いた、空いた), あき (空き).

アクアラング Taucher|gerät (Druckluft-; Spül-) n. -[e]s, -e.

あくい 悪意 Übelwollen n. -s; Böswilligkeit f. -en; Bosheit f. -en; Groll m. -[e]s; die böse Absicht, -en; Arglist f. -en／悪意ある bös|artig (-gesinnt; -willig); boshaft／悪意で mit böser Absicht; aus Groll／悪意にとる übel nehmen*⁴／悪意をもつ es böse mit jm meinen／悪意から出たことだ Es war alles in böser Absicht gemacht.

あくうん 悪運 das widrige Geschick, -[e]s; das schwere Schicksal, -s, -e; Verhängnis n. -nisses, ..nisse, Unglück n. -[e]s／悪運が強い Der Teufel ist auf seiner Seite./Dem kann nichts passieren.／悪運が尽きる Das Glück hat ihm den Rücken gekehrt (ihn verlassen).

あくえき 悪疫 Seuche f. -n; Pest f. -en; Epidemie f. -n; die ansteckende (bösartige; virulente; perniziöse) Krankheit, -en／悪疫が猖獗(しょうけつ)する Die Pest wütet.‖悪疫流行 die verseuchte Gegend, -en.

あくえん 悪縁 die verhängnisvolle Fügung 《-en》(des Schicksals); die unheilschwan-

あくかんじょう 悪感情 Groll m. -[e]s; Widerwille m. -ns, -n; Missgunst f. /悪感情をいだく〔gegen⁴ とともに〕einen Groll hegen; einen Widerwillen haben; Abneigung empfinden*.

あくぎゃく 悪逆 Verruchtheit f. -en; Ruchlosigkeit f. -en; Teufelei f. -en; Hochverrat m. -[e]s/悪逆な verrucht; ruchlos; teuflisch; verräterisch ‖ 悪逆無道 Gräueltat f. -en; Teufelei.

あくぎょう 悪行 Übeltat (Un-; Misse-) f. -en; Verbrechen n. -s, -; Unrecht n. -[e]s 《ちょっとした》/悪事を働く ein Unrecht tun* 《不正》; ein Verbrechen begehen* 《犯罪》; eine Missetat verüben/悪事千里を走る Schlimme Botschaft kommt stets zu früh. Böse Nachrichten verbreiten sich schnell.

あくしつ 悪疾 ⇨あくえき.

あくしつ 悪質 die böse Natur, -en; die schlechte (untergeordnete) Qualität, -en 《悪質の》/悪質な: lasterhaft; unmoralisch; mangelhaft; verdorben 《書籍など》.

あくしゅ 握手 ❶ Händedruck m. -[e]s; das Händeschütteln*, -s. ❷ Aussöhnung f. -en 《和解》/握手を求める jm die Hand bieten*. ── 握手する ❶ jm die Hand drücken (geben*; schütteln). ❷ 〔比喩的〕〔mit jm とともに〕⁴sich auslsöhnen (versöhnen); ⁴sich über ⁴et vergleichen* 《和解》; im Einvernehmen stehen*; ⁴sich verbinden*; einen Vertrag schließen* 《協定》.

あくしゅう 悪臭 der schlechte Geruch, -[e]s; Gestank m. -[e]s/悪臭のある stinkend/悪臭を放つ es stinkt (nach³; wie¹).

あくしゅう 悪習 die schlechte Gewohnheit, -en; der schlechte (Ge)brauch, -[e]s/-e; die schlechte Sitte, -n.

あくしゅみ 悪趣味 der schlechte Geschmack, -[e]s, -e(r); Geschmacklosigkeit f. -en.

あくじゅんかん 悪循環 ¶ 物価(賃金)の悪循環 Preisspirale (Lohnspirale) f. -n.

あくしょ 悪所 Bordell n. -s, -e; 〔俗〕 Puff m. 〈n.〉 -s, -s/悪所通いをする in Bordellen viel verkehren.

あくしん 悪心 der böse Gedanke, -ns, -n; die böse Absicht, -en; das böse (üble) Vorhaben, -s, -; Tücke f. -n.

あくせい 悪声 ❶ die schlechte (raue; heisere; misstönige) Stimme, -n. ❷ 〔悪評〕 Schmähung f. -en; Verleumdung f. -en ⇨あくひょう/悪声を放つ jn verleumden; von jm schlecht sprechen*; jn in üblen (schlechten) Ruf bringen*.

あくせい 悪政 Missverwaltung f. -en 《-regierung f. -en; -wirtschaft f. -en》/悪政に苦しむ unter der Missverwaltung leiden*/悪政を施す schlecht regieren (verwalten).

あくせい 悪性 die böse Natur, -en; Bosheit f. -en; Bösartigkeit f. -en/悪性の bosheit; bösartig; schädlich; 〔疾患〕 virulent; perniziös/悪性のチフス der perniziöse Typhus, - ‖ 悪性インフレ die böse Inflation, -en.

あくぜい 悪税 die schlechte (ungerechte) Steuer, -n.

あくせく 齷齪 emsig; ruhelos; rappelig; nervös/あくせく働く ⁴sich schinden* und plagen; ⁴sich [ab]rackern; schuften/小事にあくせくする an Lappalien immer zu nörgeln haben; ⁴sich mit Kleinigkeiten ablquälen.

アクセサリー Schmuck m. -[e]s, -e; Accessoires (pl).

アクセス 〔電算〕 Zugriff m. -[e]s, -e/アクセスする zulgreifen* (auf⁴).

アクセル Gashebel m. -s, - 《-pedal n. -s, -》/アクセルを踏む Gas geben*; das Pedal treten*.

あくせん 悪戦(苦闘) der verzweifelte (harte) Kampf, -[e]s, -e/悪戦苦闘する einen verzweifelten (erbitterten); blutigen Kampf kämpfen; auf Leben und Tod kämpfen; ⁴es ³sich sauer werden lassen* 《苦心惨胆する》.

あくせん 悪銭身につかず ,Wie gewonnen, so zerronnen.' ,Unrecht Gut gedeiht nicht.'

アクセント Akzent m. -[e]s, -e; Betonung f. -en; Tonfall m. -[e]s, -e/アクセントをつける betonen; akzentuieren/アクセントのある betont; akzentuiert/アクセントのない unbetont; unakzentuiert.

あくたい 悪態 Geschimpfe n. -s/悪態をつく beschimpfen⁴; Schimpfworte gebrauchen⁴; jn aus den Lumpen schütteln; (fluchen und) schimpfen.

あくだま 悪玉 Bösewicht m. -[e]s, -e(r); Schurke m. -n, -n.

あくたれ ❶ Flegelei f. -en; Ungezogenheit f. -en. ❷ 〔子供〕 das unartige (ungezogene) Kind, -er, -er; Rowdy m. -s, -s 《乱暴者》/あくたれの unartig; ungezogen; händelsüchtig.

あくたれる unartig sein; Unfug treiben*.

あくたろう 悪太郎 Spitzbube m. -n, -n; Lausbub m. -en, -en; Kobold m. -[e]s, -e; der kleine Schelm, -[e]s, -e.

あくてんこう 悪天候 Unwetter n. -s; raue Witterung, -en.

あくどい ❶ ermüdend 《くどくどしい》; herrlich 《しつこい》. ❷ 〔濃厚〕 schwer 《料理》; grell 《色》; aufgedonnert 《てかてか》; schreiend 《けばけばしい》; aufgeputzt 《飾りたてた》. ❸ 〔悪辣〕 arglistig; garstig; schmutzig.

あくとう 悪党 Schuft m. -[e]s, -e; Halunke m. -n, -n; Raufbold m. -[e]s, -e; Straßenlümmel m. -s, -; Teufelsbrut f. -en; Rowdy m. -s, -s.

あくどう 悪童 Lausbub m. -en, -en; Spitzbube m. -n, -n.

あくとく 悪徳 Untugend f. -en; Laster n. -s, -; Fäulnis f.; Verderbnis f. ..nisse; Verwesung f. -en ‖ 悪徳記者 der gewissenlose (lasterhafte) Journalist, -en, -en/悪徳新聞 Schundblatt (Skandal-) n.

-[e]s, ¨er.
あくにち 悪日 der schwarze Tag, -[e]s, -e; Unglückstag m. -[e]s, -e.
あくにん 悪人 der üble Mensch, -en, -en; Bösewicht m. -[e]s, e(r); Schurke m. -n, -n.
あくば 悪罵 Fluch m. -[e]s, ¨e; Beschimpfung f. -en/悪罵を浴びせる fluchen «auf»⁴; beschimpfen⁴.
あくび 欠伸 das Gähnen*, -s/あくびする gähnen/あくびをかみ殺す mit Gähnen kämpfen; Gähnen unterdrücken/あくびはうつる nen steckt an./大あくびをする ⁴sich weit auf|tun* «人前».
あくひつ 悪筆 die schlechte Handschrift, -en; Kritzelei f. -en/悪筆である eine schlechte Handschrift haben; eine schlechte Hand schreiben* ‖ 悪筆家 ein schlechter Schreiber, -s, -; Kritz(l)er m. -s, -.
あくひょう 悪評 ❶ die scharfe Kritik, -en; die übel wollende (gehässige) Kritik (悪意ある)/悪評する schlecht machen⁴; kritisieren⁴; durch den Kakao ziehen⁴*; bekritteln⁴. ❷ [悪い評判] der schlechte Ruf, -[e]s, -e; Verruf m. -[e]s, -e; eine schlechte Presse (haben)/悪評高き berüchtigt «wegen»²⁽³⁾; verrufen; notorisch.
あくふう 悪風 die üble (schlechte) Gewohnheit, -en; die entartete Sitte, -n/悪風に染まる schlechte Gewohnheiten annehmen*; in schlechter Gesellschaft verderben*.
あくへい 悪弊 Übel n. -s; die schlechte Gewohnheit, -en.
あくへき 悪癖 die schlechte (böse; üble) [Ang]ewohnheit, -en; Mangel m. -s, ¨ (欠陥)/悪癖を改める(やめる) eine schlechte Gewohnheit ab|stellen⁴; ³sich ab|gewöhnen⁴ 《例: das Rauchen 喫煙の, das Trinken 飲酒の》.
あくま 悪魔 Teufel m. -s, -/悪魔の, -[e]s, -e; Lügenfürst m. -en, -en/悪魔払い Besprechung f. -en; Teufelsaustreibung f. -en; Geisterbeschwörung f. -en/悪魔払いをする(を調伏する) die bösen Geister aus|treiben* (bannen)/悪魔の如く teuflisch; diabolisch; verflixt ‖ 悪魔派 die satanische Schule, -n.
あくまで 飽くまで beharrlich; hartnäckig; unentwegt (頑強に); durchaus (徹底的に); unter allen Umständen (どんなことがあっても); bis zum Äußersten (徹底的に) ・なお mag kommen, was da wolle のような「たとえ何でも」といった訳文を使って表現する/飽くまでやる [上掲の副詞とともに] durch|halten*⁴ (-|setzen⁴) (やり通す); durch|kämpfen⁴ (戦いぬく); ⁴sich durch|schlagen* (切り抜ける).
あくむ 悪夢 ❶ der beängstigende (schwere) Traum, -[e]s, ¨e ❷ [夢魔] Alb m. -[e]s, -e; Albdrücken n. -s; Nachtmahr m. -[e]s, -e.
あくむ 倦む ²et müde (überdrüssig) werden/捜し倦む müde suchen⁴/待ち倦む des

Wartens müde sein/考え倦む ³sich lange den Kopf zerbrechen*.
あくめい 悪名 der schlechte Ruf, [e]s, -e/悪名をきせる jn in üblen Ruf bringen*; jn als ³et brandmarken; js Namen beflecken (besudeln).
あくやく 悪役 Bösewichtsrolle f. -n.
あくゆう 悪友 der schlechte (falsche) Freund, -[e]s, -e; Zechbruder m. -s, ¨ (飲仲間)/悪友と交わる mit einem falschen Freunde verkehren/僕にとっては悪友だからね Du bist mir ein schöner Freund.《皮肉》
あくよう 悪用 Missbrauch m. -[e]s, -e; der falsche Gebrauch, -[e]s, ¨e/悪用する missbrauchen⁴; von ³et falschen (schlechten) Gebrauch machen.
あぐら 胡座をかく einen Schneidersitz machen (sitzen*); die Beine übereinander schlagend sitzen*/彼は座ぶとんの上にどっかとあぐらをかいてすわった Er setzte sich mit untergeschlagenen Beinen auf das Sitzkissen nieder.
あくらつ 悪辣な tückisch; arglistig; bubenhaft; niederträchtig; unverschämt.
あくりょう 悪霊 der böse Geist, -[e]s, -er/悪霊につれている vom bösen Geist besessen sein.
あくりょく 握力 Griff m. -[e]s, -e ‖ 握力計 Kraftmesser m. -s, -.
アクリル [樹脂] Acrylharze (pl) ‖ アクリル酸 Acrylsäure f.
あくる 翌る 翌朝早く nächsten Tag in der Frühe/翌る二十五日に am folgenden 25./翌る日 der Tag darauf; der nächste (folgende) Tag/翌る年 das nächste (folgende) Jahr.
あくれい 悪例 das schlechte Beispiel, -[e]s, -e/悪例を残す mit bösem Beispiel voran|gehen* [s].
あくれい 悪霊 der böse Geist, -[e]s, -er/悪霊につかれる vom Teufel; Teufel m. -s, -/悪霊につかれる vom Teufel besessen (in Gewalt böser Geister) sein.
アグレマン Agrément n. -s, -s.
アクロバット Akrobat m. -en, -en.
アクロマイシン Achromycin n. -s.
あけ 朱に染まって in seinem Blut (liegen*) ❖ im Blut としないこと.
あけ 明け ❶ 明けの明星 Morgenstern m. -[e]s, -e; Venus f. -/ Ablauf m. -[e]s, ¨e/休会明けの国会 das Parlament (-[e]s, -e) nach den Ferien / 勤務明けの日 der [dienst]freie Tag, -[e]s, -e.
あげ [服の] Querfalte f. -n/あげをする(下ろす) eine Querfalte auf|halten (aus|lassen⁴; ab|schaffen⁴.
あげあし 揚足をとる auf js Missreden sticheln; mäkeln «an»³; jn bekritteln/彼は言いそこなって揚足をとられた Er hat sich versprochen und sich darauf aufmerksam machen lassen.
あげおろし ❶ das Heben* und Senken*/箸のあげおろしにも小言を言う an Kleinigkeiten kleben und mäkeln; Haare klauben; jm in seinen Kram hinein|reden. ❷ [荷物の] das Auf- und Abladen*.
あけがた 明け方 ⇨ あかつき.
あげく 揚句(挙句)の果てに ❶ [ついに] letzten

あげしお 上げ潮 Flut f. -en; die steigende Flut/今上潮だ Die Flut steigt (kommt)./上げ潮になる Es flutet.

あけすけ あけすけに言う ⁴sich 〔offen〕 aus|sprechen*; offen und gerade sagen*; platt (runde) heraus|sagen; frisch (frei) von der Leber weg reden.*

あげぞこ 上げ底 der erhöhte Boden, -s, ¨; Betrüger m. -s, -, 《(びんの)》.

あけたて 明けたて das Auf- und Zuschließen f., des - und -s.

～あげて ～挙げて ¶ 全力をあげて mit ganzer (voller) Kraft; alle Kräfte anspannend/一家あげて mit der gesamten Familie; mit Kind und Kegel.

あけても 明けても暮れても Tag und Nacht; morgens und abends; ohne Unterlass.

あげは 揚羽ちょう Schwalbenschwanz m. -es, ¨e.

あけはなす 明け放す ❶ auf|reißen*⁴; weit öffnen; ❷ auf|lassen offen lassen*⁴; auf|halten*⁴/明け放し無用 Bitte, zu! 《掲示》.

あけはらう 明け払う ❶ ⇒あけはなす。❷ =たちのく。

あげぶた 上蓋 Klappe f. -n; Falltür f. -en.

あけぼの 曙 Dämmer|licht n. -(e)s (-schein m. -(e)s). ⇒あかつき。

あげもの 揚げ物 das Gebackene*, -n; Pfannengericht n. -(e)s, -e.

あける 明ける, 開ける ❶ 《開く》öffnen; auf|machen*⁴; auf|binden*⁴ 《ほどいて》; auf|brechen*⁴ 《こじあけて》; auf|blättern*⁴ 《ページをめくる》; auf|drehen*⁴ 《ひねって》; auf|knöpfen 《ボタンをはずして》; auf|reißen*⁴ 《さっと》; auf|rollen*⁴ 《巻いたものを; 巻き上げて》; auf|schließen*⁴ 《鍵で, 一般に閉じているものを》; auf|schneiden*⁴ 《切って》; auf|wickeln*⁴ 《ひろげて》; auf|ziehen*⁴ 《引いて》; entkorken*⁴ 《コルクの栓を》。❷ 《道・席などを》Platz machen; den Weg (die Bahn) frei machen; aus dem Wege gehen* 〔s〕。❸ 《部屋・家・土地などを》räumen*⁴; evakuieren*⁴; aus|ziehen* 〔s〕 《aus³》。❹ 《空にする》aus|leeren*⁴; ent|leeren*⁴。❺ 《穴を》bohren*⁴; lochen*⁴ 《水を》aus|gießen*⁴; ab|lassen*⁴; aus|schütten*⁴ 《空白・余地などを》frei lassen*⁴; frei|halten*⁴/一行すつあけて書く auf jede zweite Zeile schreiben*/二行すつあける je zwei Zeilen leer lassen*/ここは日付を書き込むようにあけておいて下さい Lassen Sie diesen Raum für das Datum frei./その他はあなたのためにあけておきます Ich werde diese Stelle für Sie freihalten./その日はその日はあけておきます Den Tag werde ich mir freihalten. ❽ 《不在》nicht zu Hause sein 《家を》。❾ 《満期》ab|laufen* 〔s〕/年季があける Seine Lehrjahre laufen ab./つゆがあける(た) Die Regenzeit geht (ist) zu Ende. ❿ 〔推移〕年が明ける Das neue Jahr beginnt./夜が明ける Der Tag bricht an (dämmert).

あげる 上げる ❶ 〔上に〕(er)heben*⁴; auf|heben*⁴; auf|setzen⁴ 《-llegen⁴》《のせる》; hoch |halten*⁴ 《かざす》。❷ 《旗・帆などを》(auf)|hissen⁴; hoch|ziehen*⁴; auf|ziehen*⁴ ❸ 《陸揚げする》aus|laden*⁴; aus|schiffen*⁴ ❹ 《凧を》einen Drachen steigen lassen. ❺ 《花火を》das Feuerwerk laufen lassen*. ❻ 《祭壇などに》dar|bieten*⁴; opfern⁴; weihen⁴. ❼ 〔物価を〕erhöhen*⁴; steigern*⁴. ❽ 〔昇給・任用〕erhöhen 《das Gehalt》; be|fördern 《zu³》. ❾ 〔例証などを〕an|führen (nennen*; geben*) 《ein Beispiel》; an|geben* 《Gründe》; an|führen 《einen Beweis》. ❿ 〔寝床を〕weg|räumen (auf|räumen) 《das Bett》. ⓫ 《犯人を》fassen*⁴; verhaften*⁴; fest|nehmen*⁴. ⓬ 〔学校に〕schicken*⁴ (in die Schule). ⓭ 〔謙譲〕schenken*⁴; geben*³⁴ ⇒しんじょう。 ⓮ 〔競技で点数を〕gewinnen* 《Punkte》. ⇒あがる。

あげわたし 明け渡し ❶ 〔撤退〕das Räumen, -s; Evakuation f. -en; Rückzug m. -(e)s, ¨e. ❷ 《城などの》Übergabe f. -n; Kapitulation f. -en.

あけわたす 明け渡す ❶ 《家などを》räumen*⁴; jm ab|treten*⁴/明け渡し命令 Räumungsbefehl m. -(e)s, -e. ❷ 《城などを》jm übergeben*⁴; evakuieren*⁴.

あご 顎 Kinn n. -(e)s, -e; Kiefer m. -s, -; Kieme f. -n 《魚の》/顎でものを言う jn von oben herab behandeln/顎をはずす ³sich den Kiefer aus|renken/顎をはずして笑う aus vollem Hals(e) lachen/顎を撫でる ³sich das Kinn streichen* (reiben*)/顎が干上る am Hungertuch nagen; verhungern/顎で使われる auf js ⁴Wink folgen*/顎で人を使う herum|kommandieren*⁴; jm den Ring durch die Nase ziehen* ‖ 上(下)顎 Ober-kiefer (Unterkiefer) m. -s, -.

アコーディオン die Ziehharmonika ...ken (-s).

あこがれ 憧れ ❶ 〔切望〕Sehnsucht f. ¨e; das Sehnen*, -s; das sehnsüchtige (heiße) Verlangen, -s, -/憧れがとうとう実現した Meine Sehnsucht wurde endlich gestillt. ❷ 〔敬慕〕Verehrung f. -en; Bewunderung f. -en/憧れの sehnlich; sehnsüchtig; ersehnt.

あこがれる 憧れる ❶ 〔切望〕³sich sehnen 《nach³》; Sehnsucht haben 《nach³》; schmachten 《nach³》. ❷ 〔敬慕〕verehren*⁴; an|beten*⁴; bewundern*⁴.

あごひげ あごひげ Kinn|bart (Ziegen-) m. -(e)s, ¨e.

あごひも 顎ひも Kinn|riemen m. -s, -.

あこやがい あこや貝 Perlenmuschel f. -n.

あさ 麻 Hanf m. -(e)s/麻の hanfen/麻の葉 Hanfblatt n. -(e)s, ¨er ‖ 麻糸 Hanfgarn n. -(e)s, -e/麻裏草履 (¨n) mit Hanfsohlen 《pl》 die Strohsandale (-n) mit Hanfsohlen 《pl》/麻糸 Hanffaser f. -n/麻縄 Hanfstrick m. -(e)s, -e (-tau n. -(e)s, -e)/麻布 Hanfleinen n. -s, -/麻袋 Hanfsack m. -(e)s, ¨e.

あさ 朝 Morgen *m.* -s; Morgendämmerung *f.* 《暁》/朝になって gegen ⁴Morgen/朝早く frühmorgens; am frühen Morgen/bei ³Anbruch des Tages; beim Morgengrauen; des Morgens früh/朝から晩まで vom Morgen bis zum Abend (bis in die Nacht); von [morgens] früh bis [abends] spät/朝9時に um 9 [Uhr] morgens/朝の/早朝の/朝間の morgendlich/朝の間中 den ganzen Morgen/朝の祈り(勤行) Morgengebet *n.* -[e]s, -e/朝の礼拝 Frühgottesdienst *m.* -[e]s, -e/ある朝 (e)s Morgens; des Morgens/晴れた朝に an einem schönen Morgen/ある月曜日の朝 am Morgen des ...; Montagmorgen 《月曜の》/明日の朝 morgen früh (明日の); am folgenden Morgen (翌朝)/彼は朝が早い Er ist ein Frühaufsteher. ‖ 朝晩, 朝夕 morgens und abends.

あざ 字 Einzeldorf (*n.* -[e]s, -"er) [einer ²Dorfgemeinde].

あざ 痣 〖Mutter〗mal *n.* -[e]s, -e (-"er); blauer Fleck, -[e]s, -e/《打撲の》Strieme *f.* -n, 《みみずばれ》Striemen *m.* -s, ―《同上》 Beule *f.* -n《血まめ》/黒左の目 blaues Auge, -s, -n/痣ができるほど打つ braun und blau schlagen* (*jn*).

あさい 浅い ❶ [川・思考・皿など] seicht/考えが浅い人 ein beschränkter Mensch, -en, -en. ❷ [淡い] leicht; leise/浅い眠り ein leiser Schlaf, -[e]s, -"e. ❸ [度合] schwach; unbedeutend/交際が浅い *jm* nicht näher (nur flüchtig) bekannt sein/...してから日が浅い Es ist noch nicht lange her, dass (seitdem) .../春未だ浅し Der Frühling ist noch nicht vorgerückt (hat erst angefangen).

あさうきぼり 浅浮彫 Bandrelief *n.* -s, -s (-e)/Flach[bild]werk *n.* -s, -e.

あさおき 朝起き das Frühaufstehen*, -s; Frühaufsteher *m.* -s, -/《人》は三文の得 ‚Morgenstunde hat Gold im Munde.'

あさがお 朝顔 Trichterwinde *f.* -n.

あさかすみ 朝霞 Morgendunst *m.* -[e]s, -e (-duft *m.* -[e]s, -"e).

あさからぬ 浅からぬ nicht unbedeutend; gründlich; inhaltsvoll; tief/浅からぬ因縁 starke Wahlverwandtschaften (*pl*).

あさぎ 浅黄 Hellgelb *n.* -[e]s, -e/浅黄の hellgelb; gelblich.

あさぎ 浅葱 Hellblau *n.* -s/浅葱の hellblau; bläulich.

あさぎり 朝霧 Morgennebel *m.* -s, -.

あさぐろい 浅黒い dunkel; schwarzbraun; schwärzlich; sonnenverbrannt.

あざけり 嘲り [嘲弄《ろう》] Hohn *m.* -[e]s; Spott *m.* -[e]s, -e; [嘲笑] Verhöhnung *f.* -en; Verspottung *f.* -en; [軽い嘲り] Fopperei *f.* -en; Neckerei *f.* -en; Spöttelei *f.* -en; Stichelei *f.* -en; Schabernack *m.* -[e]s, -e; [悪ふざけ] /世の嘲りをうける zum Gespött der Leute werden; den Leuten zum Hohngelächter werden; ⁴sich dem Gelächter der Leute bloß|stellen. ― 嘲りの spöttisch; höhnisch.

あざける 嘲る spotten(²) (*über*⁴); [ver]höhnen⁴; verspotten⁴; [からかう] foppen⁴; necken⁴; spötteln (*über*⁴); [侮辱する] beleidigen⁴; beschimpfen⁴ /嘲り笑う hohn|lachen⁽³⁾ (hohnlächeln⁽³⁾) (*über*⁴); verlachen⁴; lächerlich machen⁴; ins Lächerliche ziehen*⁴.

あさせ 浅瀬 Sandbank *f.* -"e; Untiefe *f.* -n /浅瀬に乗り上げる auf den Strand geraten* ⟨s⟩ (getrieben werden); stranden*.

あさづけ 浅漬 der frisch eingesalzene Rettich, -[e]s, -e (《大根の》...).

あさって 明後日 übermorgen.

あさつゆ 朝露 Morgentau *m.* -[e]s.

あさなぎ 朝凪 Morgenwindstille *f.*

あさね 朝寝をする in den Tag hinein schlafen*; spät auf|stehen* ⟨s⟩; ⁴sich verschlafen* ‖ 朝寝坊 Langschläfer *m.* -s, -; Schlafmütze *f.* -n.

あさはか 浅はかな leichtfertig; albern; einfältig; oberflächlich; seichtköpfig; töricht.

あさひ 朝日 (die Strahlen (*pl*) der) Morgensonne (*f.*); die aufgehende Sonne.

あさましい 浅ましい schändlich; armselig; elend; erbärmlich; niedrig; unedel; widerlich (いとわしい).

あさましがる ⁴sich schämen (*über*⁴); ⁴sich erbärmlich fühlen.

あざみ 薊〖植〗Distel *f.* -n.

あざむく 欺く betrügen*⁴; hintergehen*⁴; prellen⁴; täuschen⁴; überlisten⁴; übervorteilen⁴; hinters Licht (aufs Glatteis) führen⁴ / 花を欺く美人 die blühende Schönheit, -en, -en/昼を欺く電灯 eine taghelle elektrische Beleuchtung *f.* -en.

あさめし 朝飯 Frühstück *n.* -[e]s, -e/朝飯を食べる frühstücken; das Frühstück ein|nehmen*; 朝飯前である 《容易》 kinderleicht sein; ein Kinderspiel sein; ³sich ⁴nichts aus ⁴et machen (Lat *jn* zu Bärtissen).

あさやか 鮮かな [鮮明な] hell; klar (und deutlich); [冴えた] glänzend; licht; strahlend; [いきいきした] frisch; lebendig; lebhaft; [巧みな] geschickt; gewandt; [みごとな] schön; tadellos/鮮かな印象 lebendiger Eindruck, -[e]s, -e /鮮かな勝利 glänzender Sieg, -[e]s, -e /鮮かにやってのける geschickt (gut; sauber) ...

あさやけ 朝焼け Morgen|rot *n.* -[e]s (-röte *f.* -n).

あざらし 海豹 Seehund *m.* -[e]s, -e; Robbe *f.* -n; Seal *m.* (*n.*) -s, -s/海豹の皮 Robbenfell *n.* -[e]s, -e/Sealskin *m.* -s, -s.

あさる 漁る suchen (*nach*³); auf die Suche gehen* ⟨s⟩ (*nach*³); Jagd machen (*auf*⁴); kramen (*nach*³ 掻き捜す) /古本を漁る in antiquarischen Büchern suchen/ゴミバケツを漁る im Mülleimer kramen/新聞の種を漁る nach den neuesten Nachrichten (*pl*) jagen/食物を漁る nach Lebensmitteln (*pl*) auf die Jagd gehen* ⟨s⟩; nach Fressalien (*pl*) umher|streifen.

あし 蘆〖植〗Schilfrohr *n.* -[e]s, -e/蘆の多い schilfreich.

あし 足. 脚 ❶ [踝《くるぶし》より下] Fuß *m.* -es, -"e;

あ

〔股から足首まで〕Bein *n.* -〔e〕s, -e; Glied *n.* -〔e〕s, -er; Schenkel *m.* -s, -《腰から踝まで》; 〔動物の〕Pfote *f.* -n; Tatze *f.* -n; Klaue *f.* -n 《鉤爪のある〔前〕脚》/足の甲 Fußrücken *m.* -s, -; Rist *m.* -es, -e/足の指 Zeh *m.* -s, -en; Zehe *f.* -n/足が軽(重)い leichtfüßig (schwerfüßig) sein; leichten (schweren) Fußes sein/足腰がたたぬ lahm; krüppelhaft; verkrüppelt/足に任せて **1**) mit voller Geschwindigkeit; so schnell wie irgend möglich. **2**) immer der Nase nach gehen* /足速の schnellfüßig; flink/足の速い人 Schnellläufer *m.* -s, -/足の遅い von langsamem Schritt〔e〕/足の遅い人 ein träger Fußgänger, -s, -/足の長い langbeinig/足の達者な人 ein guter Fußgänger/足が達者だ Er ist gut zu Fuß./足の裏〔Fuß〕sohle *f.* -n/足を踏み外す aus|gleiten* (-|rutschen) [s]/足を速(緩)める den Gang beschleunigen (verlangsamen); schneller (langsamer) gehen* [s]/足を組んでいすにかける mit übereinander geschlagenen Beinen auf einem Stuhl〔e〕sitzen*/…に足をさらわれる ¹*et* reißt die Füße fort./足をとどめる verweilen; ⁴sich〔vorübergehend〕auf|halten*/大森へ行った足で叔母さんの所へ立ち寄った Auf dem Rückweg〔e〕von Omori sprach ich bei meiner Tante vor. ❷〔テーブル台などの〕〔Tisch〕bein *n.* -〔e〕s, -e/三本足の dreibeinig. ❸〔盃の〕Stiel *m.* -〔e〕s, -e. ❹〔歩度〕Schritt *m.* -〔e〕s, -e; Geschwindigkeit *f.* -en 《速さ》/足を揃える〔gleichen〕Schritt halten* 《*mit*³》. ¶ 足が付く(行方が知れる) verfolgt (gewittert) werden können*; eine Spur 《-en》 hinter|lassen*; 《der ³Polizei》 einen Anhaltspunkt 《-e》 geben*/足を洗う(廃業する) 《ein Geschäft》 auf|geben*; fahren lassen*; 《auf ein Gewerbe》 verzichten; Gemeinheiten 《*pl*》 ab|legen; ³sich Rohheiten 《*pl*》 ab|gewöhnen 《よからぬことの》/足を出す **1**) Beine 《*pl*》 aus|strecken. **2**)〔不足する〕einen Kostenanschlag überschreiten*; ⁴sich nicht nach der Decke strecken können*. **3**) ⇨ばきゃく.

あじ 味 ❶〔食物〕Geschmack *m.* -〔e〕s, ⸚e〔r〕/味がよい gut (lecker; delikat) schmecken; schmackhaft (wohlschmeckend) sein/味がわるい schlecht (gar nicht) schmecken; fade sein/味がかわる an Geschmack verlieren*; verderben*; sauer (fade; schal) werden/味がわかる〔et〕was vom Essen verstehen*; wählerisch mit dem Essen sein; näschig sein/味をみる ab|schmecken⁴; probieren⁴; kosten⁴/味をつける würzen⁴ 《*mit*³》; salzen⁽*⁾⁴;〔ver〕süßen⁴/…の味がする nach ³*et* (wie ¹*et*) schmecken. ❷〔趣味など〕味をおぼえる an ³*et* Geschmack finden*; auf (hinter) den Geschmack kommen* (geraten*) [s]/味をしめる von einem Glücksfall verwöhnt sein/味のある geschmackvoll; geistreich; gewinnend ⇨あじな/味のない geschmacklos; fade; geistlos; langweilig; ledern/味を知っている in ³*et* Erfahrung haben; nicht fremd sein/付合うほど味が出る Er gewinnt bei näherer Bekanntschaft./彼には貧乏の味はわからぬ Er weiß nicht, was Armut ist./彼女は今では貧乏の味も知っている Sie hat nun Erfahrung im Leiden.

あじ 鯵 Stachelmakrele *f.* -n.

アジ Agitation *f.*/アジ演説をぶつ eine Agitationsrede halten*/アジる agitieren⁽⁴⁾; auf|wiegeln⁴; auf|hetzen⁴; wühlen⁽⁴⁾.

アジア〔大陸〕Asien *n.* -s/アジアの asiatisch ‖ アジア人 Asiat *m.* -en, -en/アジア人種 die asiatische Rasse, -n.

アジア・アフリカ Afro-Asien *n.* -s ‖ アジア・アフリカ会議 Bandungkonferenz *f.*; die afroasiatische Konferenz.

あしあと 足跡〔Fuß〕spur *f.* -en; Fuß¦tapfe *f.* -n (-tapfen *m.* -s, -).

あしおと 足音 Schritt *m.* -〔e〕s, -e; Getrampel *n.* -s/足音を盗んで heimlich; mit verhaltenen Schritten 《*pl*》.

あしか 海驢〔動〕Seelöwe *m.* -n, -n.

あしがかり 足掛かり ⇨**あしば**.

あしかけ 足掛け ❶ Tritt *m.* -〔e〕s, -e; Trittbrett *n.* -〔e〕s, -er. ❷〔およそ〕足掛け五年 ⁴sich über fünf Kalenderjahre ausdehnend/ここへ来てから足掛け五年になる Es ist (sind) etwa fünf Jahre〔her〕, dass (seitdem) ich hier bin.

あしかせ 足枷〔Fuß〕fesseln 《*pl*》; Beinschellen 《*pl*》; Block *m.* -〔e〕s, ⸚e/足枷をはめる in ⁴〔Fuß〕fesseln legen⁴; *jm* Beinschellen an|legen/鎖つきの金属球の足枷 der Klotz 《-es, ⸚e》 am Bein.

あしからず 悪しからずおぼしめし下さい Ich bitte Sie, es mir (mir's) nicht übel zu nehmen. Ich wollte, Sie nähmen es günstig auf! Nichts für ungut!

あしくび 足首 Fußknöchel *m.* -s, -/深さ足首までの雪 fußknöchelhoher Schnee, -s.

あしげ 蘆毛 Grauschimmel *m.* -s, -.

あしげ 足蹴にする mit dem Fuß〔e〕treten*⁴ (stoßen*⁴); *jm* einen Fußtritt geben* (versetzen).

あじけない 味気ない abgeschmackt; langweilig; leer; monoton; fade; eintönig; trost¦los (freuden-)/味気なく暮らす ein trostloses, ödes Leben führen; des Lebens überdrüssig sein/人生は味気ない Das Leben ist öde und leer.

あじさい 紫陽花 Hortensie *f.* -n.

あししげく 足しげく häufig; oft; des Öfteren; wiederholt/足しげく通う häufig (öfters) besuchen⁴; ein- und aus|gehen* [s] 《*in*³; *bei*³》; frequentieren⁴.

アシスタント Assistent *m.* -en, -en.

あしずり 足摺り das Stampfen*, -s.

あした 明日 morgen/明日の朝(晩) morgen früh (Abend).

あしだい 足台 Fuß¦bank *f.* ⸚e (-bänkchen *n.* -s, -; -gestell *n.* -〔e〕s, -e; -schemel *m.* -s, -).

あしでまとい 足手纏い Last *f.* -en; Belastung *f.* -en; Belästigung *f.* -en; Bürde *f.* -n; Hindernis *n.* ..nisses, ..nisse/足手纏いになる zur Last fallen*³ [s]; lästig³ sein;

⁴sich schleppen 〈mit³〉.

アジト [共産党の] Agitationspunkt *m.* -(e)s, -e.

あしどめ 足止め Haft *f.*; Hemmung *f.* -en／足止めされる Befehl erhalten* (einem wird befohlen), nicht auszugehen (ihn zu besuchen)‖足止め策 Maßnahmen 〈*pl*〉, *jn* an einen Ort zu fesseln; Lockmittel 〈*pl*〉, Arbeiter 〈*pl*〉 zu halten.

あしどり 足取り die Art 〈-en〉, wie man geht; Gang *m.* -(e)s, :e; Schritt *m.* -(e)s, -e; Hausse und Baisse, -n und -n 〈相場の〉／元気な足取りで mit festen Schritten 〈*pl*〉.

あじな 味な geschickt; flott; patent; raffiniert; schlagfertig; wendig／味なことをする ⁴*et* ganz raffiniert machen müssen; ⁴*et* mit Takt behandeln／味なことを言う pointiert bemerken; einen patenten Einfall haben.

あしなみ 足並み Schritt *m.* -(e)s, -e; Tritt *m.* -(e)s, -e／足なみ揃えて in gleichem Schritt und Tritt; gleichen Schritt halten* 〈*mit³*〉／足なみ揃えて歩く ⇨あし④.

あしば 足場 Baugerüst *n.* -(e)s, -e; Halt *m.* -(e)s, -e; Stand *m.* -(e)s, :e; Stützpunkt *m.* -(e)s, -e／足場をかける ein Gerüst auf|richten (errichten).

あしびょうし 足拍子 das Taktieren* 〈-s〉 mit den Füßen.

あしぶみ 足踏み das Stampfen*, -s. ── 足踏みする ❶ auf der Stelle treten*. ❷ 〈会議などが〉zum Stillstand kommen* ⓢ; ins Stocken kommen* 〈geraten*〉 ⓢ.

あしもと 足下, 足元 der Platz 〈*m.*〉, der Raum, -(e)s, :e／足の下／足もとから鳥の立つように urplötzlich; ehe man ³sich's versieht／足もとに zu (vor den) Füßen 〈*pl*〉／足もとの明るいうちに ehe es dunkel (finster) wird; ehe die Polizei Wind davon bekommt 〈犯人について〉／足もとを見る aus *js* Stand (Schwäche) Vorteil ziehen*／…では彼の足もとにも及ぶ者はない Keiner ist ihm gewachsen in³ ….／Man kann keinen Vergleich aushalten mit ihm in³ ….／足もとにご用心 Achtung, Stufe!

あしょうさん 亜硝酸 die salpetrige Säure, -n／亜硝酸ソーダ Natriumnitrit *n.* -(e)s, -e.

あしよわ 足弱 der schlechte Fußgänger, -s, -／marschunfähig.

あしらい Behandlung *f.* -en; Behandlungsweise *f.* -n; Aufnahme *f.* -n; Empfang *m.* -(e)s, :e 〈接待〉; Aufwartung *f.* -en; Bedienung *f.* -en 〈客扱い〉／あの店では らいあしらい(わるい) In dem Laden wird gut (schlecht) bedient.

あしらう ❶ 〈待遇〉 behandeln⁴; empfangen⁴ ⓢ; entgegennehmen⁴; unterhalten*⁴／人を鼻あしらう *jn* geringschätzig (verächtlich) behandeln. ❷ 〈操縦〉 handhaben⁴ (handhabte, gehandhabt); leiten⁴; um|gehen* 〈*mit³*〉; fertig werden 〈*mit³*〉. ❸ 〈取り合わせ〉 garnieren⁴〈*mit³*〉 飾りつに〉; hinzu|fügen⁴／添える.

あじろ 網代 Flechtwerk *n.* -(e)s, -e aus Bambus; Bambuskorb 〈*m.* -(e)s, :e〉 zum Fischfang.

あじわい 味わい ⇨あじ(味)／味わいのある [ことば・表現など] bedeutsam; tiefsinnig; suggestiv.

あじわう 味わう kosten⁴ 〈食物など〉; probieren⁴; ab|schmecken⁴ 〈試食〉; erfahren*⁴ 〈経験〉; (kennen) lernen⁴ 〈わかる〉; genießen*⁴ 〈楽しむ〉; 〈wert〉schätzen⁴ 〈玩び味〉; studieren⁴ 〈研究〉.

あずかり 預かり ❶ 〈受託〉 Aufbewahrung *f.* -en; Verwahrung *f.* -en. ❷ 〈預かり証〉 Aufbewahrungsschein *m.* -(e)s, -e; Depositenschein 〈預金の〉; Gepäckschein 〈手荷物の〉; Lagerschein 〈倉荷証券〉. ❸ 〈勝負の〉 unentschiedenes Spiel, -(e)s, -e; Remis *n.* -, -(en). ── 預かりにする unentschieden lassen*／勝負は預かりだ Das Spiel ist remis.‖預かり金 Depositum *n.* -s, ..ta 〈..sita〉; eingezahltes Geld, -(e)s, -er／預かり物 Depositorium *n.* -s, ..rien／預かり物 anvertrautes Gut, -(e)s, :er; Depositum; das Hinterlegte*, -n, -n／預かり人 Aufbewahrer *m.* -s, -; Verwahrer *m.* -s, -; Depositar (Depositär) *m.* -s, -e; Verwalter *m.* -s, - 〈管理人〉.

あずかる 預かる ❶ 〈保管する〉 auf|bewahren⁴; in ³Verwahrung haben⁴; verwahren⁴ 〈管理する〉 verwalten⁴; 〈監督する〉 in ⁴Obhut bekommen*⁴ 〈nehmen*⁴〉; die Sorge übernehmen* 〈für *jn*〉. ❷ 〈さし控える〉 ²sich enthalten*²; zurück|halten*⁴ 〈*mit³*〉. ❸ 〈勝負〉 unentschieden lassen*⁴. ❹ 〈店を〉 die Leitung eines Geschäfts übernehmen*. ❺ 〈招待に〉 mit einer Einladung beehrt werden.

あずかる 与る ❶ 〈関与する〉 teil|nehmen* 〈⁴Anteil nehmen*〉; ⁴sich beteiligen 〈*an³*〉; an|gehen* (betreffen*) 〈*jn*〉／与って力がある bei|tragen* 〈*zu³*〉; zustatten kommen* ⓢ 〈*jm*〉／相談に与る um Rat gefragt werden／それは僕の与り知ったことではない Es geht mich nichts an.／Ich habe nichts damit zu tun. ❷ 〈受ける〉 bekommen*⁴; empfangen*⁴; 褒美に与る den Preis bekommen*.

あずき 小豆 Mungobohne *f.* -n／小豆色の rotbraun; rötlich braun.

あずけ 預け物 anvertrautes Gut, -(e)s, :er; das Hinterlegte*, -n, -n／預け主(人) Deponent *m.* -en, -en; Hinterleger *m.* -s, -; Einzahler *m.* -s, - 〈預金者〉.

あずける 預ける verwahren 〈*jm et*〉; be⁻trauen 〈*jn mit³*〉; in ⁴Verwahrung (zur Aufbewahrung; zum Verwahren) geben* 〈*jm et*〉; deponieren (ein|zahlen; ein|legen; hinterlegen) 〈⁴Geld auf (in) der ³Bank〉; in ⁴Obhut geben* 〈zur Besorgung übergeben*〉 〈*jm in js* 監督を頼む〉／手荷物を預ける das Gepäck auf|geben* 〈託送する〉／金を君に預けてよいか Kann ich dir das Geld anvertrauen?／彼は銀行に金を〔十万円〕預けている Er hat Geld auf der Bank (liegen). (Er hat hunderttausend Yen auf der Bank. : Er hat ein Bankkonto von hunderttausend Yen.)

アスパラガス Spargel *m.* -s, -.

アスピリン Aspirin *n.* -s《商標名》.

アスファルト Asphalt *m.* -〔e〕s, -e／アスファルトを敷く asphaltieren^4; eine Straße《-n》mit ^{3}Asphalt pflastern.

アスベスト Asbest *m.* -〔e〕s, -e.

あずまや Laube *f.* -n; Garten¦haus *n.* -es, ⸚er (-laube *f.* -n); Kiosk *m.* -〔e〕s, -e; Pavillon *m.* -s, -s.

あせ 汗 Schweiß *m.* -es, -e; das Schwitzen*, -s《発汗》; Schaum *m.* -〔e〕s, ⸚e《馬の》／汗ばんだ verschwitzt; schweißig／汗がしみる mit Schweißtropfen《*pl*》befleckt (beschmutzt)／汗みどろになって durchschwitzt; schweißdurchtränkt; 〔wie〕 in ^{3}Schweiß gebadet／汗水流して働く《あくせく働く》^{4}sich 〔um einen Hungerlohn〕 ab|rackern (ab|schinden*); ^{4}sich schinden*／汗のしみ Schweiß¦fleck *m.* -〔e〕s, - (-flecken *m.* -s, -)／汗を一杯かいて von Schweiß durchdrungen; indem der Schweiß aus allen Poren《*pl*》bricht／汗をかく, 汗ばむ schwitzen; aus|dünsten [s]; in ^{4}Schweiß kommen* (geraten*) [s]; *jn* schwitzt; Der Schweiß rinnt von der Stirn.／汗を出させる die Ausdünstung fördern (verursachen); Schweiß treiben*／汗を出してかぜを治す die Erkältung aus|schwitzen／額に汗して得た金 das im Schweiß〔e〕 seines Angesichts erworbene Geld, -〔e〕s, -er; das ehrlich verdiente Geld／玉の汗 Schweiß¦tropfen *m.* -s, - (-perle *f.* -n)／彼の額に汗が玉となっていた Schweißperlen standen ihm auf der Stirn. ‖ 汗かき einer*, der gewaltig (übermäßig) schwitzt／汗仕事 Schufterei *f.* -en.

あぜ 畔 〔Acker〕rain *m.* -〔e〕s, -e; Ackerfurche *f.* -n ‖ 畔道 Feldweg *m.* -〔e〕s, -e; Fußsteig *m.* -〔e〕s, -e.

あせいそうけん 亜成層圏 Substratosphäre *f.*

あせしらず 汗しらず Talkumpuder *n.* -s, -.

アセチレン Azetylen (Acetylen) *n.* -s ‖ アセチレンガス Azetylengas *n.* -es.

アセテート Azetat (Acetat) *n.* -s, -e; [絹] Acetatseide *f.* -n.

あせも Hitzbläschen *n.* -s, -／あせもが出る an Hitzbläschen《*pl*》leiden*.

あせる 焦る ^{4}sich über|stürzen; ^{4}sich überstürzt drängen; hasten [s]; ^{4}sich übereilen; ungeduldig werden; große Eile (Hast) haben; ^{4}sich beunruhigen《気を揉む》／焦らない es mit ^{3}*et* nicht eilig haben; keine Eile haben《*mit*^{3}》／ひどく焦る in größter (voller; wilder) Hast sein／焦るには及ばぬ Nur keine jüdische Hast!／成功を焦るな Sei nicht so lüstern nach Erfolg!

あせる 褪せる verblassen [s]; ^{4}sich entfärben; ^{4}sich verfärben／褪せない nicht verbleichend; 〔licht〕echt; haltbar／褪せやすい leicht verbleichend; empfindlich.

アゼルバイジャン Aserbaidschan *n.* -s／アゼルバイジャンの aserbaidschanisch ‖ アゼルバイジャン人 Aserbaidschaner *m.* -s, -.

あぜん 唖然として gaffend; Maulaffen feilhaltend; 〔bass〕 erstaunt《*über*^{4}》; verblüfft; mit geöffnetem Mund〔e〕 (offenem Maul); mit weit aufgerissenen Augen. ── 唖然とする wie vom Blitz getroffen (wie vom Donner gerührt) vor Erstaunen sprachlos werden; seinen ^{3}Augen (Ohren) kaum trauen; an seinen eigenen ^{3}Sinnen zweifeln; Mund und Nase auf|reißen* (auf|sperren).

あそこ jener Ort, -〔e〕s, -e; jener Platz, -es, ⸚e; jener Teil, -〔e〕s, -e; jenes Haus, -es, ⸚er《あの家》／あそこに dort (da); dort (da) draußen (drüben; unten)／あそこにもここにも hier und dort; hie〔r〕 und da; überall.

あそばす 遊ばす [敬語] geruhen; so gnädig sein, ^{4}*et* zu tun／遊ばせことばを使う ^{4}sich gewählt (höflich; vornehm) aus|drücken／皇帝が御来臨遊ばされた Seine Majestät der Kaiser haben geruht, uns seine kostbare Gegenwart zu schenken.

あそび 遊び ❶ Spiel *n.* -〔e〕s, -e; Sport *m.* -〔e〕s, -e; [娯楽] Kurzweil *f.*; Spaß *m.* -es, ⸚e; Vergnügen *n.* -s, -; Zeitvertreib *m.* -〔e〕s, -e; [訪問] Besuch *m.* -〔e〕s, -e; das Aufsuchen*, -s; [行楽] Ausflug *m.* -〔e〕s, ⸚e; Lustreise *f.* -n; Spritzfahrt *f.* -en. ❷ [酒色] Ausschweifung *f.* -en; Liederlichkeit *f.* -en; Schwelgerei *f.* -en; Völlerei *f.* -en. ── 遊びに行く ❶ ^{3}sich einen freien (guten) Tag machen; eine Lustreise《-n》machen. ❷ [酒色] sinnliche Vergnügungen《*pl*》suchen; ^{4}sich in sinnliche Freuden stürzen. ¶ いつか遊びに来たまえ Besuchen Sie mich einmal, wenn Sie Zeit und Lust haben.／遊びがてら, 遊び半分 spaßes¦halber (vergnügungs-); um der Ablenkung (Zerstreuung) willen; zur Erholung; zum Spaß; 〔halb〕 zum Vergnügen.

あそびあいて 遊び相手 [男] Gespiele *m.* -n, -n; Spiel¦gefährte *m.* -n, -n (-kamerad *m.* -en, -en); [女] Gespielin *f.* ..linnen; Spiel¦gefährtin *f.* ..tinnen (-kameradin *f.* ..dinnen).

あそびごと 遊び事 Spielerei *f.* -en.

あそびじかん 遊び時間 [学校の] Erholungsstunde *f.* -n; Pause *f.* -n.

あそびずき 遊び好き Genussmensch *m.* -en, -en; Tagedieb *m.* -〔e〕s, -e; Wollüstling *m.* -s, -e／遊び好きの aushäusig; genusssüchtig.

あそびなかま 遊び仲間 ⇨あそびあいて.

あそびば 遊び場 Spielplatz *m.* -es, ⸚e; Sportfeld *n.* -〔e〕s, -er《運動場》.

あそぶ 遊ぶ ❶ spielen／遊び戯れる lustig (vergnügt) spielen; ^{4}sich unterhalten*《*bei*^{3}》; fröhlich (vergnügt) hüpfen／トランプをして遊ぶ Karten《*pl*》spielen. ❷ [楽しむ] ^{4}sich amüsieren《*mit*^{3}》; ^{4}sich belustigen《*an*^{3}》; ^{4}sich ergötzen《*an*^{3}; *über*^{4}》; Vergnügen haben《*an*^{3}》／遊ばせる *jn* unterhalten*《*mit*^{3}》; *jn* bei guter Laune halten*; *jn* eine schöne (vergnügte) Zeit verleben lassen*／おもしろく遊ぶ eine schöne (vergnügte) Zeit verleben. ❸ [散歩] bummeln; umher|schlendern [s]; spazieren ge-

あだ　17　あたまかぶ

hen⁵; ぶらぶら遊んで歩く ⁴sich herum|treiben*; einen Bummel machen; einen gemächlichen Spaziergang machen. 《漫遊》besuchen⁴; einen Ausflug (eine Reise) machen 《nach³》. ❺ 《なまける》die Zeit vertrödeln; müßig hin|bringen⁴/遊び暮らす die Zeit mit ³Nichts- tun hin|bringen⁴ (verstreichen lassen*). ❻ 《失職》arbeitslos (stellungslos) sein; außer ³Arbeit (³Stellung) sein; keine Arbeit haben. ❼ 《酒色に耽(ふけ)る》⁴sich sinnlichen Genüssen 《pl》ergeben*; ⁴sich Sinnenfreuden 《pl》hin|geben*. 金を遊ばせておく Geld unbenutzt auf die hohe Kante legen.

あだ 仇 ❶ 《敵・かたき》Feind m. -(e)s, -e; Gegner m. -s, -; 《復讐》Rache f. -n; Ahndung f. -en. ❷ 《怨み》Groll m. -s; Hass m. -es; Feindseligkeit f. -en/仇を報いる ⁴sich rächen 《an jm für ⁴et》; die Rache nehmen* 《an jm für ⁴et (wegen ²et)》; jn rächen 《ある人のために》/仇を恩で返す Böses mit Gutem vergelten*; feurige Kohlen auf js Haupt sammeln/恩を仇で返す an jm undankbar handeln.

アダージオ《楽》Adagio n. -s, -s; adagio 《adv》.

あたい 値 ❶ ⇨かかく/値なしに frei; kostenlos; umsonst; unentgeltlich; für ³nichts. ❷ ⇨かち(価値)/...に値する wert⁴ sein; würdig²⁽⁴⁾ sein; verdienen⁴/百円に値する Es kostet hundert Yen.

あだうち 仇討 Rache f. -n; Revanche f. -n; Wiedervergeltung f. -en.

あたえる 《贈与》geben*³⁴; schenken³⁴; beschenken 《jn mit³》; ein Geschenk 《-(e)s, -e》machen¹⁴ 《geben*³⁴》; zum Geschenk machen¹⁴; 《授与》erteilen³⁴; gestatten³⁴; gewähren³⁴; spenden³⁴; zuteil werden lassen* 《jm et》; zuerkennen*³⁴ 《jm et》; ⁴zu|sprechen*³⁴; bewilligen³⁴ 《許与》; 《分与》verteilen 《unter⁴; an⁴》; aus|teilen 《unter⁴; an⁴》; zu|teilen¹⁴; 《刑罰・損害など》verfügen⁴ 《über jn》; zu|fügen¹⁴.

あだおろそかに あだおろそかに思われない/受けた恩を Dank verpflichtet fühlen 《gegen jn》; ⁴sich seiner ³Verpflichtung erinnern.

あたかも 恰も 《ごとく》/あたかも...のごとく ebenso wie (als); genau so wie/あたかも...のごとく ebenso wie (als) gleich als ob (wenn).

あたたかい 暖かい warm; mild; freundlich; herzlich 《心の》/暖かい冬 der milde Winter, -s, -/暖かい人 der gut|herzige (warm-) (gütige) Mensch, -en, -en/暖かい家庭 das gemütliche Heim, (e)s, e; der häusliche Friede(n), -(n)s, -n..dens, -den; Familienglück n. -(e)s, -e/暖かい友情 die innige (herzliche; warme) Freundschaft, -en/段々暖かくなる Es wird täglich (immer) wärmer./懐が暖かい eine wohlgefüllte (wohl gefüllte) (gespickte) Börse haben.

あたたかみ 暖かみ Milde f.; Wärme f.; Freundlichkeit f. -en; Herzlichkeit f. -en 《家庭の暖かみを知らない nicht wis- sen*, was ein gemütliches Heim (häuslicher Friede(n); Familienglück) ist》/心に暖かみのあるよう warmherzig (kaltherzig).

あたたまる 暖まる warm (wärmer) werden; ⁴sich (er)wärmen 《an³》.

あたためる 暖める ❶ (er)wärmen⁴; an|wärmen⁴; warm machen⁴; erhitzen⁴ 《高温度に》; wieder auf|wärmen⁴ 《温めかえす》. ❷ 《友情など》eine alte Freundschaft 《-en》erneuern (wieder her|stellen).

アタッシェ Attaché m. -s, -s ‖ アタッシェケース Botschaftertasche f. -s.

あだっぽい 婀娜っぽい kokett; fesselnd; gefallsüchtig; lockend.

あだな 綽名 Spitz|name (Neck-; Spott-; Bei-) m. -ns, -n/綽名をつける einen Spitznamen geben*¹⁴ 《jm》/綽名で呼ぶ mit dem Necknamen nennen* 《jn》.

あだな 婀娜な 《無駄な》eitel; flüchtig; vergänglich; vergeblich; unnütz; müßig; fromm.

あだなみ あだ波 plätschernde Wellen 《pl》; Laune f. -n 《移り気》.

あたふた あたふたと逃げる in ängstlicher Hast fliehen*⁵; kopflos die Flucht ergreifen*.

アダプター Adapter m. -s, -.

あたま 頭 ❶ Kopf m. -(e)s, ¨e; Haupt n. -(e)s, ¨er; Spitze f. -n/頭のつっかの上 ober|lastig⁽¹⁾/頭の蓋(ふた) Schädel m. -s, -; Hirnschale f. -n/頭《天辺》から足の《爪》先まで vom Scheitel bis zur Sohle; von ³Kopf bis ⁴Fuß./頭をかく ³sich hinterm Ohr kratzen/頭を下げて mit gesenktem Kopf⁵; unter ³Verbeugungen 《pl》ehrerbietig; höflich 《恭しく》; flehend; flehentlich 《嘆願して》. ❷ 《頭髮》Haar n. -(e)s, -e/頭を刈ってもらう ³sich die Haare (das Haar) schneiden lassen*. ❸ 《頭脳》Verstand m. -(e)s; Kopf; Intelligenz f./頭へ来る 《酒など》1) 《v.》in den ³Kopf 《zu ³Kopf(e)》steigen* 《sein》⁵. 2) 《a.》zu Kopf steigend/頭がよい einen guten (klaren) Kopf (Verstand) haben; kein Narr sein; schlagfertig sein; viel Intelligenz haben; ein gutes (starkes) Gedächtnis haben 《強記》/頭がわるい einen geringen Verstand haben; schwach im Kopf sein; schwachköpfig sein/頭のよいわるい der helle (blöde) Kopf/頭の変なきが wirr im Kopf sein/頭の疲れ die geistige Erschöpfung/頭を働かす den Geist betätigen/頭を絞る ³sich den Kopf zerbrechen*; lange und angestrengt nach|denken*³ 《über⁴》. ❹ 《頭数》⁴sich kleinmütig ducken 《vor jm》; 畑こなしに erbarmungslos; hart; rücksichtslos 《schonungs-》; unerbittlich/頭かくして尻かくさず es machen wie der Vogel-Strauß; Vogel-Strauß-Politik f./頭から von Anfang (Anbeginn) an; 《gleich》von vornherein; rundweg; rücksichtslos 《容赦なく》/頭割りにする gleichmäßig verteilen⁴ 《unter⁴》 《zu|messen*³⁴》; zu|teilen¹⁴.

あたまかぶ 頭株 hauptsächlichstes (vornehmstes; wichtigstes) Mitglied 《-(e)s, -er》; Führer m. -s, -.

あだめく 婀娜めく bezaubernd schön (kokett; charmant; verführerisch) sein.

あたい 可憎 teuer; kostbar; O weh! →おしい.

あたらしい 新しい neu; frisch 《新鮮》; neuartig 《新式》; funkel(nagel)neu 《真新しい》; zeitgemäß 《先端的》/新しがりや Pseudomodernist m. -en, -en; der selbst ernannte Neuerer, -s, -/新し物好きである in Neuheiten (pl) vernarrt sein; (von) neugieriger Natur sein; hinter ³Neuheiten (pl) her sein; den Modernismus an|beten/新しい女 eine neue Frau, -en/その光景が記憶に新しい Der Anblick ist jm lebhaft im Gedächtnis zurückgeblieben. Ich erinnere mich noch lebhaft an den Auftritt. — 新しく aufs Neue; von neuem; auf andere Art/新しくできた家 das neu gebaute Haus, -es, ⸚er/新しく始める aufs Neue (von neuem) an|fangen* (beginnen*⁴)/新しくする erneuern; renovieren.

あたり 辺り ❶ [n.] Nachbarschaft f. -en; Nähe f.; Umgebung f. -en/あたりかまわず ohne auf die Anwesenden (pl) Acht zu geben; unbekümmert um die andern ringsum; rücksichtslos/あたりの景色 die umgebende Landschaft, -en/あたりを見まわす un⁴sich⁴her.../...のあたりに in der Nähe von ...; nahe (an³; bei³); um ⁴et (herum) / その学校は上野あたりにある Die Schule befindet sich in der (Um)gegend von Ueno. ❷ [adv] etwa; ungefähr/次の月曜日あたりに etwa (ungefähr) nächsten Montag.

あたり 当たり ❶ [的中] das Treffen*, -s. ❷ [成功] das Gelingen*, -s; der große Erfolg, -(e)s, -e. ❸ [愛想] 当たりのよい(わるい)人 der leutselige (widersprechende; mürrische) Mensch, -en, -en. ‖ 当たり年 1)[人の] das erfolgreiche (glückliche) Jahr, -(e)s, -e 《für³》. 2) [作物の] das fruchtbare (ergiebige) Jahr (an Äpfeln りんごの)/今年はりんごの当たり年だ Dieses Jahr haben wir eine gute (reiche) Apfelernte./当たりはずれ 1) Gelingen* oder Misslingen*. 2) Möglichkeiten (pl) zum Fehlschlagen/当たりはずれがある ungewiss (schwankend; prekär) sein.

-あたり -当たり ¶ ひとり当たり 《使用量など》 pro ⁴Kopf; auf je einen Menschen.

あたりきょうげん 当たり狂言 das wirksame Bühnenstück, -(e)s, -e; das Stück, -s, das dem Publikum gefallen hat.

あたりくじ 当たりくじ Gewinnlos n. -es, -e; Treffer m. -s, -/当たりくじを引く das große (Lotterie)los ziehen* (gewinnen*); beim Glücksspiel(e) gewinnen*.

あたりさわり 当たり障りのない(当たらず障らず)のごとを言う so handeln, dass man andere nicht kränkt (verletzt); zurückhaltend sein.

あたりまえ 当たり前の ❶ [当然の] natürlich; naturgemäß; vernünftig 《合理的》; verdient 《そうあるべき》/当たり前のことと思う für eine Selbstverständlichkeit (-en) halten*. ❷ [普通の] gewöhnlich; gebräuchlich; üblich. ❸ [常規の] normal.

あたる 当たる ❶ [命中する] treffen*⁴; schlagen* (gegen⁴); stoßen* (auf⁴)/当たろうと当たるまいとやってみよう Mag's treffen oder fehlschlagen, ich will's versuchen./頭に当たった Es hat gegen (auf) meinen Kopf geschlagen (gestoßen). ❷ [触れる] berühren⁴; streifen (an⁴ 擦過). ❸ [予言など] sich bewahrheiten; ⁴sich als wahr (richtig) erweisen* (bestätigen⁴)/当たらずといえども遠からず Das hätte beinahe das Ziel getroffen. Sie haben zwar nicht richtig, aber beinahe richtig erraten. ❹ [くじなど] das Haupttreffer (Lotterie)los (den Haupttreffer) gewinnen*. ❺ [日光が] die Sonne scheint (auf⁴); ⁴sich sonnen 《日向ぼっこする》. ❻ [火に] ⁴sich wärmen (an³). ❼ [対抗する] ⁴sich entgegen|setzen³ (entgegen|stellen³); Trotz (die Stirn) bieten*³; Widerstand leisten⁴/攻撃の衝(%)に当たる im Brennpunkt der Schlacht stehen* (kämpfen). ❽ [方向の] liegen* (im Westen von³ ...の西に); ⁴sich befinden* (in der Richtung von³). ❾ [時日が] fallen* (auf⁴)/2003 年の元日は水曜日に当たる Der Neujahrstag fällt 2003 auf Mittwoch. ❿ [相当する] entsprechen*³; gleichwertig sein (mit³); das Äquivalent sein (für⁴)/そのことばに当たるドイツ語が見出せない Mir fällt die deutsche Entsprechung dieses Wortes (das deutsche Äquivalent für dieses Wort) nicht ein. ⓫ [足る] verdienen⁴; wert⁴ sein; würdig³ sein/驚くに当たらない Man braucht sich nicht darüber zu wundern. ⓬ [中毒する] ⁴sich vergiften (mit³); infiziert werden; schlecht bekommen* (jm). ⓭ [成功] erfolgreich sein; Erfolg haben (erzielen). ⓮ [靴などが] drücken (jm an³). ⓯ [八つ当たりする] unfreundlich (lieblos) behandeln⁴; an|kanurren⁴; ⁴et auszusetzen haben (an³); hart (gefühllos) sein (gegen⁴). ⓰ [果実が] Fleck (m. -(e)s, -e) bekommen*. ‖ 当たって砕けろ Versuchen wir's immerhin, auf den Erfolg kommt es uns nicht an!/数人に当たってみたが皆同じことを言った Ich erkundigte mich bei einigen danach, worauf sie mir dasselbe zur Antwort gaben.

アチーブメントテスト Leistungs|test (Fähigkeits-) m. -(e)s, -s (-e).

あちこち [あちこち] hin und her; auf und ab; hier und dort; hie und da; umher 《動詞と結合して umher|...her, umher|blicken のように用いる》/あちこちから von allen Seiten; von nah und fern/あちこち捜す in allen Winkeln und Ecken suchen⁴/あちこち旅行する umher|reisen (s). ❷ [転々と] von Ort zu Ort.

あちら ❶ [あれ] der da; der drüben; der andere 《もうひとりの方》; das*; jenes*. ❷ [反対側の] die andere Seite, -n; jenseits. ❸ [位置・方向] drüben; dort; da; あちらへ dahin; dorthin; [hin]weg-, hin-《動詞と結合して用いる》/あちらへ持って行く [hin]weg|nehmen*⁴/あちらへ着くしだい hin|bringen*⁴/あちらへ着きしだい

sobald ich dorthin komme.

あつい 熱い, 暑い〔sehr〕warm; heiß/暑苦しい schwül; drückend (erstickend) heiß. ― 熱くする erwärmen^4; erhitzen^4/段々と熱くなる〔immer〕heißer (wärmer) werden/女に熱くなる ^{4}sich toll in eine Frau verlieben.

あつい 厚い, 篤い ❶ dick; dicht; schwer; stark. ❷ [情の] herzlich; aufrichtig; teilnehmend; warm; warmherzig/情義に篤い einem Freund treu bleiben* [s]; 〔von〕 warmherziger Natur sein.

あついた 厚板 Planke *f.* -n; Bohle *f.* -n; das dicke (starke) Brett, -〔e〕s, -er ‖ 厚板ガラス Flachglas *n.* -es, ¨-er; Glasplatte *f.* -n.

あっか 悪化 Verschlechterung *f.* -en; Verschlimmerung *f.* -en; Entartung *f.* -en; Entsittlichung *f.* -en《風俗などの》/更に情況の悪化が加わった Es kamen erschwerende Umstände hinzu. ― 悪化する schlechter (schlimmer) werden; ^{4}sich verschlechtern; ^{4}sich verschlimmern; ^{4}sich erschweren/天候(経済, 政治情勢)が悪化した Das Wetter (Die wirtschaftliche Lage, Die politische Lage) hat sich verschlechtert./両者の感情が悪化する Die Beziehung zwischen den beiden wird immer gespannter.

あつかい 扱い ❶ Behandlung *f.* -en/客扱いがわるい schlechte Dienste《*pl*》leisten^3; ungast〔freund〕lich sein/老人扱いする wie einen kindischen Greis behandeln^4. ❷ [処理] Handhabung *f.* -en; Bearbeitung *f.* -en/扱い方 die Art und Weise, wie ^{1}*et* zu handhaben (bearbeiten) ist; Bearbeitungsweise *f.* -n.

あつかう 扱う ❶ [遇する] behandeln^4; bewirten^4; empfangen*^{4}. ❷ [取り扱う] handhaben^4; bearbeiten^4; betreiben*^{4}; führen^4; leiten^4; um|gehen* [s]《*mit*^{3}》; mit ^{3}*et* zu tun haben/巧みに扱う mit *jm* taktvoll umzugehen wissen*; mit ^{3}*et* geschickt zu tun haben.

あつかましい frech; schamlos; schändlich; uneingeschüchtert; unverschämt/あつかましさ Frechheit *f.* -en; Schamlosigkeit *f.* -en, Unverschämtheit *f.* -en/あつかましくも…する frech (unverschämt) genug sein, ^{4}*et* zu tun; die Stirn (Unverschämtheit) haben, ^{4}*et* zu tun; ^{3}sich die Freiheit erlauben, ^{4}*et* zu tun《自分のことを言うとき》/あつかましいお願いですが…して下さいませんか Ich fürchte, ich könnte Ihnen zu viel zumuten, aber würden Sie vielleicht so freundlich sein, ^{4}*et* zu tun?

あつがみ 厚紙 Pappe *f.* -n; Karton *m.* -s, -s (-e); Kartonpappe *f.* -n.

あつがり 暑がり der gegen (für) ^{4}Hitze 〔über〕empfindliche Mensch, -en, -en; einer*, der ^{4}sich über ^{4}Hitze beklagt.

あつがる 暑がる gegen (für) ^{4}Hitze 〔über-〕 empfindlich sein; vor ^{3}Hitze schmachten.

あっかん 悪漢 Schuft *m.* -〔e〕s, -e; Schurke *m.* -n, -n; Schelm *m.* -〔e〕s, -e; Gauner *m.* -s, -; Halunke *m.* -n, -n; Verbrecher *m.* -s, -.

あっかん 圧巻の演技 die einmalig gute Darstellung, -en/それは圧巻だ Das setzt allem die Krone auf./当日の圧巻であった Das war das Beste von dem Tag.

あっき 悪鬼 der böse Geist, -〔e〕s, -er; Teufel *m.* -s, -; Dämon *m.* -s, -en; Satan *m.* -s, -e/悪鬼のような teuflisch; satanisch.

あつぎ 厚着 die dicke Kleidung, -en/厚着する dick (schwer) gekleidet sein; ^{4}sich dick (schwer) an|ziehen*.

あっけ 呆気にとられる einfach sprachlos (verblüfft) sein《*über*^{4}》; starr da|stehen*《*vor*^{3}》; einfach starr sein《*über*^{4}》.

あっけい 悪計 das böse Vorhaben, -s, -; der böse Vorsatz, -es, ¨-e; böse Absichten《*pl*》; die teuflische List, -en; Ränke《*pl*》/悪計をめぐらす zu einer teuflischen List greifen*; heimliche (hinterlistige; finstere; arge) Ränke schmieden.

あつげしょう 厚化粧 die dicke (starke; übertriebene) Schminke, -n; das gekünstelte Sich-Zurechtmachen*, -s/厚化粧をした dick (stark; übertrieben) geschminkt; übertrieben gepudert. ― 厚化粧する eine dicke (starke; übertriebene) Schminke auf|legen; ^{4}sich gekünstelt zurecht|machen.

あっけない 呆気ない enttäuschend; zu wenig (schnell; kurz)/あっけないものですよ Viel kann man nicht sehen./こりゃあっけない Das ist aber zu wenig.

あっこう 悪口 ⇨**わるくち**/悪口雑言する *jn* mit einer Flut (einem Schwall) von Schimpfwörtern (Schimpfworten) überschütten; auf *jn* fluchen (schimpfen).

あつさ 熱さ, 暑さ Hitze *f.*; Wärme *f.*; Temperatur *f.* -en《温度》/暑さあたり Hitzschlag *m.* -〔e〕s, ¨-e; Sonnenstich *m.* -〔e〕s, -e; Erkrankung《*f.* -en》durch ^{4}Wärmestauung/暑さにあたる unter der〔Sommer〕hitze leiden*; vom Hitzschlag getroffen werden; den Sonnenstich bekommen*/この暑さでは bei dieser ^{3}Hitze.

あつさ 厚さ Dicke *f.*/厚さ五センチ 5cm dick ❖ 鉱山では dick でなく mächtig.

あっさく 圧搾 das Drücken*, -s; Druck *m.* -〔e〕s, ¨-e; Kompression *f.* -en; das Zusammen|drücken* (-pressen*), -s. ― 圧搾する drücken^4; komprimieren^4; zusammen|pressen^4; zusammen|drücken^4《圧縮》. ‖ 圧搾器 Kompressor *m.* -s, -en; Presse *f.* -n; Pressluftmaschine *f.* -n; Verdichter *m.* -s, -/圧搾空気(ガス) Press|luft *f.* (-gas *n.* -es); komprimierte Luft (komprimiertes Gas).

あっさつ 圧殺する erdrosseln^4; erwürgen^4; zu ^{3}Tod〔e〕drücken^4.

あっさり あっさりと einfach; kurz; leicht; auf leichte Weise; schlechthin《さっぱりと》/あっさり片づける kurzen Prozess machen《*mit*^{3}》/あっさり断る glatt (rundweg) ab|schlagen*^{4} / あっさりした食事 einfaches (bekömmliches; leichtes; leicht verdauliches) Essen, -s/あっさり…する nicht zu weit treiben*^{4}; ^{4}sich bescheiden* 《*mit*^{3}》; mäßig sein 《*in*^{3}》/僕等はあっさりと降参した Wir ergaben uns nur allzu bereitwillg.

あっし 圧死 der durch ^{4}Druck verursachte Tod, -〔e〕s, -e/圧死する zu ^{3}Tod〔e〕 gedrückt werden; erdrosselt (erwürgt; erdrückt) werden.

あっしゅく 圧縮 Zusammenziehung *f.* -en; Konstriktion *f.* -en. ── 圧縮する zusammen|ziehen*^{4}; konstringieren^{4}. ‖ 圧縮器 Kompressor *m.* -s, -en/圧縮計 Piezometer *n.* -s, -.

あっする 圧する 〔unter〕 drücken^{4}; ein|schüchtern^{4} 《威圧》; Ehrfurcht ein|flößen^{3} (gebieten*^{3}) 《同上》/四海を圧する die ganze Welt beherrschen.

あっせい 圧制 Unterdrückung *f.* -en; Bedrückung *f.* -en; Despotismus *m.* ; Tyrannei *f.*/圧制に苦しむ unter ^{3}Bedrückung leiden* (ächzen; stöhnen). ── 圧制的[に] unterdrückend; 〔be〕drückend; despotisch; tyrannisch; gewalttätig; grausam. ── 圧制する unterdrücken^{4}; bedrücken^{4}; tyrannisieren^{4}; gewaltsame (gewalttätige) Maßnahmen 《*pl*》 ergreifen* (treffen*). ‖ 圧制者 Unterdrücker *m.* -s, -; Bedrücker *m.* -s, -; Despot *m.* -en, -en; Tyrann *m.* -en, -en.

あっせん 斡旋 ❶ [尽力] Hilfe *f.* -n; Beistand *m.* -〔e〕s, ⸚e; Unterstützung *f.* -en; Verwendung *f.* -en; Empfehlung *f.* -en 《推薦》/某氏の斡旋により von ^{3}Herrn N.N. gütigst unterstützt; durch gefälligen (geneigten) Beistand von Herrn N.N. ❷ [仲裁] Vermittlung *f.* -en; Fürbitte *f.* -n; Schlichtung *f.* -en. ── 斡旋する ❶ [尽力] helfen* 《*jm bei*^{3}》; bei|stehen* 《*jm bei*^{3} (*in*^{3})》; Dienste 《*pl*》 leisten 《*jm*》; empfehlen*^{34}. ❷ [仲裁] vermitteln 《*zwischen*^{3}》; für|bitten* 《bei *jm für*^{4}》〖不定詞のみ用いる〗; schlichten^{4}. ‖ 斡旋者 〔Ver-〕mittler *m.* -s, - 《男》; 〔Ver〕mittlerin *f.* ..-rinnen 《女》; Agent *m.* -en, -en 《男》; Agentin *f.* ..tinnen 《女》.

あっと あっと驚く auf|fahren* [s]; vor ^{3}Erstaunen den Atem an|halten*/あっと言わせる überraschen^{4}; verblüffen^{4}; in ^{4}Erstaunen setzen^{4}/あっという間に blitzschnell; ehe man sich's versieht.

あっとう 圧倒する überwältigen^{4}; nieder|werfen*^{4}; überwinden*^{4}; unterdrücken*^{4}/圧倒的大多数で当選する mit einer überwältigenden Mehrheit 〔ins Parlament〕 gewählt werden/圧倒的な勢い die überwältigende (niederschmetternde; unwiderstehliche) Macht, ⸚e (Gewalt, -en) ‖ 圧倒的勝利 der überwältigende Sieg, -〔e〕s, -e.

アッパーカット 〖ボクシング〗 Kinnhaken *m.* -s, -.

あっぱく 圧迫 Druck *m.* -〔e〕s, ⸚e; Bedrängnis *f.* ..nisse; Bedrängung *f.* -en; Überwältigung *f.* -en 《圧倒》; Unterdrückung *f.* -en; Zwang *m.* -〔e〕s, ⸚e/その筋の圧迫 die Unterdrückung von oben her (seitens der Behörden). ── 圧迫する drücken^{4}; bedrängen^{4}; unterdrücken^{4}; überwältigen^{4}; zwingen*^{4}.

あっぱっぱ ein Hauskleid 《*n.* -〔e〕s, -er》 für ^{4}Frauen.

あっぱれ あっぱれ〔な〕 herrlich; bewundernswert; glänzend; prächtig; vorzüglich; 〖俗〗 fabelhaft; famos; großartig / あっぱれ見事 Bravo! Bravissimo! Brav (Gut; Wacker) gemacht!

アップグレード アップグレードする ein Upgrade machen ‖ アップグレード版 Upgrade *n.* -s, -s.

アップデート Update *n.* -s, -s.

アップリケ Applikationsstickerei *f.* -en.

アップルパイ Apfelstrudel *m.* -s, -.

あつまり 集まり ❶ [集合] Versammlung *f.* -en; Gesellschaft *f.* -en; Sitzung *f.* -en; Tagung *f.* -en; Zusammenkunft *f.* ⸚e; Gemeinde *f.* -n 《教会の》/集まりを催す eine Versammlung 〔ab|〕halten*. ❷ [群] Menge *f.* -n; Gesellschaft *f.* -en; Gruppe *f.* -n; Haufe〔n〕 *m.* ..fens, ..fen.

あつまる 集まる ❶ ^{4}sich 〔ver〕sammeln (scharen); in einem Schwarm schwärmen 《群がって》; zusammen|laufen* (-|strömen; -|treten*) [s]/集まれ Angetreten! 《号令》. ❷ [集中] ^{4}sich vereinigen; ^{4}sich konzentrieren 《*auf*^{4}; *um*^{4}; *in*^{3}》/一同の視線が彼に集まった Aller Augen richteten sich auf ihn. ❸ [金銭など] eingesammelt (〔ein〕kassiert) werden.

あつめる 集める ❶ 〔ver〕sammeln^{4}; zusammen|bringen*^{4} (-|häufen^{4}; -|ziehen*^{4}); eine Sammlung machen 《収集》; zusammen|rufen*^{4} 《呼集》/人望を集めている Gegenstand allgemeiner Verehrung sein. ❷ [集中] vereinigen^{4} 《*auf*^{4}》; konzentrieren^{4} 《*auf*^{4}》; beschäftigen (in ^{4}Anspruch nehmen*^{4}) 《*js* Aufmerksamkeit》. ❸ [金銭など] ein|treiben*^{4}; ein|ziehen*^{4}; erheben*^{4}/寄付金を集める zu einer Beisteuer heran|ziehen*^{4}.

あつらえ 誂え Bestellung *f.* -en; Order *f.* -n / 誂えの bestellt; beordert ‖ 誂え服 ein nach Maß angefertigter Anzug, -〔e〕s, ⸚e.

あつらえむき 誂え向きの geeignet 《*für*^{4}; *zu*^{3}》; 〔gerade〕 angemessen^{3}; passend 《*für*^{4}; *zu*^{3}》; 〔gerade〕 richtig; wie angegossen; willkommen 《*jm*》/誂え向きの人だ Er ist dazu gemacht (geboren; geschaffen). Er hat das Zeug dazu./誂え向きの天気だ Kein Wetter ist erwünschter als dies.

あつらえる 誂える bestellen^{4} 《bei *jm*》; einen Antrag 《-〔e〕s, ⸚e》 machen^{3} (stellen^{3}); ^{3}sich vorher bestellen^{4} 《予約》.

あつりょく 圧力 Druck *m.* -〔e〕s, ⸚e/圧力を加える Druck aus|üben 《*auf*^{4}》; bedrücken^{4} ‖ 圧力釜 Druckkessel *m.* -s, -; Autoklav *m.* -s, -en/圧力計 Druckmesser *m.* -s, -; Manometer *m.* -s, -/圧力試験 Druckprobe *f.* -n.

あつれき 軋轢 Reibung *f.* -en; Hader *m.* -s; Misshelligkeit *f.* -en 《ふつう *pl*》; Streit *m.* -〔e〕s, -e; Uneinigkeit *f.* -en; Zwietracht *f.*; Zwist *m.* -es, -e/軋轢がある in ³Zwist und Hader sein ⟨miteinander⟩; im Widerspruch stehen* ⟨*mit*³⟩.

あて 当て, 宛. ❶ [信頼] Ver|trauen ⟨Zu-⟩ *n.* -s; Zuversicht *f.*/当てになる vertrauenswürdig; authentisch; glaubwürdig; sicher; zuverlässig; zuversichtlich/当てにならない unglaubwürdig; unsicher; unzuverlässig; fragwürdig; unbeständig; launisch ⟨気まぐれな⟩. ❷ [期待] Erwartung *f.* -en; Hoffnung *f.* -en/当てがはずれる enttäuscht werden; ⁴sich getäuscht sehen*; in js ³Erwartungen ⟨Hoffnungen⟩ getäuscht werden ⟨*sich enttäuschen*⟩/当てにならぬ事を当てにする am Grab⟨e⟩ noch die Hoffnung aufpflanzen; hoffen, wo nichts ⟨mehr⟩ zu hoffen ist. ❸ [目的] Ziel *n.* -⟨e⟩s, -e; Zweck *m.* -⟨e⟩s, -e/当てなしに, 当て所なく ziel⟨zweck-⟩; 当てもなく Man weiß nicht, wohin ⟨an wen⟩ man sich wenden soll. ❹ [手掛かり] Anhaltspunkt *m.* -⟨e⟩s, -e; Schlüssel *m.* -s, -; Spur *f.* -en. ❺ [手紙の宛先] Adresse *f.* -n/A 氏宛の手紙 ein Brief ⟨adressiert*⟩ an Herrn A ⟨ein an ⁴Herrn A adressierter Brief⟩/B 氏宛の為替をくむ einen Wechsel auf ⁴Herrn B aus|stellen ⟨ziehen*⟩/詳細は某宛に問合せられたい Nähere Auskunft ist bei N.N. zu erfragen. — ... ¶ 宛に [信頼] im Vertrauen auf⁴; ⁴Glauben schenkend³; auf gut ⁴Glück. ❷ [期待] in ³Erwartung / 当てにする bauen ⟨*auf*⁴⟩; rechnen ⟨*auf*⁴⟩; vertrauen⟨³⟩ ⟨*auf*⁴⟩; ⁴sich verlassen* ⟨*auf*⁴⟩; zählen ⟨*auf*⁴⟩.

あてがい Anteil *m.* -⟨e⟩s, -e ⟨分前⟩; Verteilung ⟨Zu-⟩ *f.* -en; Gehalt *n.* -⟨e⟩s, ¨er; Lohn *m.* -⟨e⟩s, ¨e ⟨給与⟩/あてがい扶持⟨住⟩ Ration *f.* -en ⟨食物⟩; Besoldung *f.* -en ⟨給料⟩.

あてがう gleichmäßig verteilen⁴ ⟨aus|teilen³⁴⟩; zu|teilen³⁴⟩; zu|messen*³⁴ ⟨-weisen*³⁴⟩; *jm* eine bestimmte Summe ⟨-¹⟩ aus|setzen ⟨zukommen lassen*⟩ ⟨金⟩/仕事をあてがう eine Arbeit ⟨-en⟩ an|weisen*.

あてぎ 当て木 ⟨Holz⟩latte *f.* -n; Leiste *f.* -n.

あてぎれ 当て布 Flicken *m.* -s, -; Lappen *m.* -s, -.

あてこすり 当てこすり Anzüglichkeit *f.* -en; Andeutung *f.* -en ⟨*an*⁴; *auf*⁴⟩; die ⟨versteckte⟩ Anspielung, -en ⟨*auf*⁴⟩; die andeutende ⟨indirekte⟩ Rüge, -n; Stichelei *f.* -en; der leise Wink, -⟨e⟩s, -e.

あてこする 当てこする Anzüglichkeiten ⟨*pl*⟩ machen ⟨*auf*⁴⟩; [hämisch] an|deuten ⟨*an*⁴; *auf*⁴⟩; [versteckt] an|spielen ⟨*auf*⁴⟩; versteckt ⟨indirekt⟩ rügen*; sticheln ⟨auf *jn*⟩; einen leisen Wink geben*⟩.

あてこむ 当て込む bauen ⟨*auf*⁴⟩; ⁴sich verlassen* ⟨*auf*⁴⟩; erwarten⁴/...を当てこんで voller Erwartung, in der Hoffnung ⟨*auf*⁴⟩; auf einen großen Gewinn hoffend ⟨儲けようと⟩.

あてじ 当て字 die orthographisch falsche Schreibung, -en; Behelfsschriftzeichen *n.*

-s, -.

あてずいりょう 当て推量 eine ⟨vage⟩ Mutmaßung, -en ⟨Vermutung, -en⟩; eine ⟨unbestimmte⟩ Annahme, -n. — 当て推量をする ⟨vag⟨e⟩⟩ mutmaßen⁴ ⟨vermuten⁴⟩; ins Blaue hinein raten*⁴; ⁴sich Gerätewohl an|nehmen*⁴.

あてずっぽう aufs Gerätewohl das Unternehmen ⟨-s, -⟩ aufs Gerätewohl ⟨auf gut ⁴Glück; in den Tag hinein⟩/当てずっぽうな ziellos; zufällig; aufs Gerätewohl; auf gut Glück; in den Tag hinein/当てずっぽうを言う aufs Gerätewohl ⟨auf gut Glück; in den Tag hinein⟩ sagen; auf alle Fälle antworten ⟨*auf*⁴⟩.

あてつけ 当てつけ ⇨ **あてこすり**.

あてつける 当てつける ¶ あまり当てつけないでね Solche Anzüglichkeiten verbitte ich mir. ⟨Lass mich doch vor Neid vergehen⟩.

あてど 当て所もなく ziel⟨zweck-⟩; blindlings.

あてな 宛名 Adresse *f.* -n; Anschrift *f.* -en /宛名の人 Adressat *m.* -en, -en; Empfänger *m.* -s, -; Adressatin *f.* ...innen; Empfängerin *f.* ...innen ⟨女⟩. — 宛名を書く einen Brief ⟨adressieren⟨*an*⟩⟩; einen Brief mit ¹Adresse ⟨versehen*⟩. ¶ 宛名印刷機 Adressiermaschine *f.* -n.

アデノイド 【医】 adenoid.

あてはまる 当てはまる ❶ [適用される] anwendbar sein ⟨*auf*⁴⟩; ⁴sich anwenden lassen* ⟨*auf*⁴⟩; gebraucht werden können* ⟨*zu*³⟩. ❷ [該当する] ⁴sich an|passen ⟨*an*³⟩; entsprechen*³; unter ⁴*et* fallen* [s]. ❸ [適切である] angemessen sein ⟨*für*⁴⟩.

あてはめる 当てはめる an|wenden*⟨⁴⟩ ⟨*zu*³⟩; gebrauchen⁴ ⟨*zu*³⟩/規則に当てはめて der ³Vorschrift gemäß / 規則に当てはまって getreu der ³Vorschrift.

あでやか graziös; anmutig; bestrickend; hinreißend; strahlend.

あてられる 当てられる ❶ getroffen werden. ❷ [閉口] ⁴sich ärgern ⟨*über*⁴⟩; ⁴sich unangenehm getroffen fühlen ⟨*durch*⟩; ⟨hart⟩ mitgenommen werden ⟨*von*³⟩. ❸ [先生に] aufgefordert werden ⟨zu 不定詞句, 例: zu lesen「読め」と⟩. ❹ [陽気に] ⟨寒さ⟩に当てられる unter der Hitze ⟨Kälte⟩ leiden*; Die Hitze ⟨Kälte⟩ hat *jn* stark entkräftet ⟨erschöpft⟩; mitgenommen.

あてる 宛・当・充てる ❶ adressieren⁴ ⟨手紙を⟩; richten⁴ ⟨*an*⁴⟩. ❷ [触れる] berühren⁴ ⟨mit der Hand⟩; an|fassen⁴; an|setzen⁴⟨³⁴⟩; auf|legen⟨die Hand auf die Brust⟩/顔に手を当てて泣く sein Gesicht in die Hände vergraben* und weinen. ❸ [命中する] treffen*⁴. ❹ [成功する] es treffen*; einen Erfolg erzielen; einen Glückskauf machen. ❺ [曝す] aus|setzen³⁴. ❻ [言い当てる・解く] ⟨er⟩raten*⁴; ⟨ein Rätsel⟩ lösen; das Richtige heraus|bringen*; ins Schwarze treffen*. ❼ [充当る] verwenden*⁴ ⟨Geld *auf*⁴ ⟨*für*⁴; *zu*³⟩/火曜日を面会日にあてる Dienstag zum Empfangstag bestimmen ⟨als Empfangstag fest|setzen⟩. ❽ [布

あ

切を]〔zusammen|〕flicken; einen Flicken auf|setzen《auf⁴》; an|setzen《an⁴》. ❾ [先生が]《einen Schüler》auf|fordern《zu 不定詞句, 例: zu lesen「読め」と》.

あと 跡, 後 ❶ [印痕] Eindruck *m.* -〔e〕s, ⸚e; das Gedruckte*, -n; Mal *n.* -〔e〕s, -e; Makel *m.* -s, -《汚点》; 〔Schmutz〕fleck *m.* -〔e〕s, -e《同上》. ❷ [痕跡] Spur *f.* -en; Zeichen *n.* -s, -; Beweis *m.* -es, -e《証拠》; Narbe *f.* -n《傷の》; Schramme *f.* -n《同上》. ⇨あとかた. ❸ [獣・車・船などの通った] Fuß〔s〕tapfe *f.* -n (Fuß〔s〕tapfen *m.* -s, -); Fährte *f.* -n; Gleis *n.* -es, -e; Spur *f.* -en. ❹ [建物の] Stelle *f.* -n. ❺ [うしろ] die hintere Seite, -n; Hintergrund *m.* -〔e〕s, ⸚e; Rückseite *f.* -n. ❻ [残り] Rest *m.* -〔e〕s, -e (-er); Überbleibsel *n.* -s, -. ❼ [家督] Erbschaft *f.* -en; Nachfolge *f.* -n. ❽ [結果] Folge *f.* -n; Ergebnis *n.* ..nisses, ..nisse; Wirkung *f.* -en. ── 後で nachher; später; nachdem. ── 後に(へ) nach³; hinten; rückwärts／後には妻と子供二人が残っている Den Verstorbenen überleben seine Frau und zwei Kinder.／後になる zurück|bleiben* [s]／後について行く folgen³ [s]; begleiten⁴. ── 後の ❶ nachherig; hinter; später; früher; rückwärtig. ❷ letzt; nächst; 〔nach〕folgend. ❸ übrig bleibend; zurückbleibend. ── …の後から ❶ hinter *jm* ³*et* her; *jm* ³*et* auf dem Fuß〔e〕 folgend. ❷ ⇨…の後で. ── …の後で nach³ …; … folgend³; wenn ¹*et* vorbei (vorüber) ist. ¶ 後をひく nach mehr schmecken《食物などが》／後を追う **1**) nach|laufen*³ [s]; nach|jagen³. **2**) bald nach dem Tod〔e〕 des (der) Geliebten sterben* [s] (⁴sich töten)《恋人の死の》／後をつける〔nach|〕folgen³ [s]; nach|schleichen*³ [s]; unbemerkt verfolgen⁴; *jm* auf den Fersen (Hacken) folgen [s]; *jm* auf den Fersen (Hacken) sein (bleiben* [s])／後五年すれば nach fünf Jahren／後から後から einer* nach dem anderen; in rascher Folge; ununterbrochen／後にも先にもなかった beispiellos; unerhört; noch nicht da gewesen／後になり先になり bald vorausgehend, bald hinterherkommend／後は野となれ山となれ Nach uns die Sündflut!／後の祭 zu spät; post festum／後の祟(たた)りが恐ろしい Man zittert für (um) schlimme Folgen.¦Das wird man teuer bezahlen müssen.／跡が絶える aus|sterben* [s]; erlöschen* [s]; auf|hören zu existieren／跡をくらます keine Spur hinterlassen*／跡をたどる der ³Fährte (Spur) folgen [s]; die Fährte (Spur) verfolgen／…の跡がある eine Spur zurück|lassen*／鉛筆で消した跡 eine Spur, die ein Bleistift nach dem Ausradieren hinterlassen hat.

あとあし 後足 Hinter¦fuß *m.* -es, ⸚e (-bein *n.* -〔e〕s, -e)／後足で砂をかける ⁴sich als undankbarer Mensch erweisen*, indem man *jn* einfach im Stich lässt.

あとおし 後押し ❶ das Nachdrängen*, -s; Nachschub *m.* -〔e〕s, ⸚e. ❷ [後援] Beistand *m.* -〔e〕s, ⸚e; das 〔Unter〕stützen*, -s; Unterstützung *f.* -en; Helfer *m.* -s, -《後援者》; Hintermann *m.* -〔e〕s, ⸚er. ❸ [扇動] Ansporn *m.* -〔e〕s, -e; Anstiftung *f.* -en; Aufhetzerei *f.* -en; Begünstigung *f.* -en; Anstifter *m.* -s, -《扇動者》; Aufhetzer *m.* -s, -《同上》. ── 後押しする nach|drängen⁴ (-|schieben*⁴).

あとかた 跡形もない [足跡が] keine Spur (Fuß〔s〕tapfen) hinter|lassen*; spurlos verschwinden* [s].

あとかたづけ 後片づけをする das Herumliegende wieder in ⁴Ordnung bringen*; wieder ordnen⁴. ⇨あとしまつ.

あとがま 後がま Nachfolger *m.* -s, -／後がまにすわる *jm* 〔im Amt〔e〕〕 nach|folgen [s]; *jn* verdrängen《強引に》; ⁴sich als Nachfolger an *js* ⁴Stelle setzen; in *js* ⁴Fuß〔s〕tapfen treten* [s].

あとくち 後口 [後味] Nachgeschmack *m.* -〔e〕s, ⸚e／後口が苦い einen bitteren Nachgeschmack hinterlassen*／後口を直す den Geschmack neutralisieren.

あどけない あどけない(なく) unschuldig; unbefleckt; kindlich; unbefangen／あどけないまなざし offener Blick《-〔e〕s, -e》 mit Freimut der Unschuld／あどけなく物を言う unbefangen wie ein Kind sprechen*／あどけなく笑う in aller ³Unschuld lächeln.

あとさき 後先 ❶ vorn und hinten; vorn und achtern《船の》; der Erste* und Letzte*／話が後先になりましたが Ich hätte es Ihnen vorher sagen sollen. ❷ die beiden Enden《*pl* 両端》; Reihenfolge *f.* -n《順序》; Zusammenhang *m.* -〔e〕s, ⸚e《前後関係》／後先の考えなく gedankenlos; leichtfertig; unbedacht; unbesonnen／後先になる keine richtige Reihenfolge bilden.

あとざん 後産 Nachgeburt *f.* -en; Mutterkuchen *m.* -s, -.

あとじあん 後思案 der spätere Einfall, -〔e〕s, ⸚e.

あとしまつ 後始末 das In-Ordnung-Bringen*《-s》 des Geschehenen／後始末をする das Geschehene*《-n》〔wieder〕 in ⁴Ordnung bringen*.

あとずさり 後ずさりする ❶ rückwärts gehen* (schreiten*) [s]. ❷ [尻込み] zurück|fahren* (-|schrecken*) [s]《*vor*³》; ⁴sich zurück|ziehen*《*von*³》.

あととり 跡取り Nachfolger *m.* -s, -《男》; Nachfolgerin *f.* ..rinnen; Erbe *m.* -n, -n《男》; Erbin *f.* ..binnen《女》.

あとばら 後腹 Nachwehen《*pl*》; die üble Nachwirkung, -en／後腹を病む an ³Nachwehen leiden*; üble Nachwirkungen über ⁴sich ergehen lassen müssen*.

あとばらい 後払い Nachzahlung *f.* -en.

アドバルーン Reklame¦ballon (Werbe-) *m.* -s, -s (-e).

アトピー Atopie *f.* -n.

あとまわし 後回しにする auf|schieben*⁴ (hinaus|-); verschieben*⁴; bis später auf|heben*⁴; vorübergehend ein|stellen⁴; zurück|stellen⁴.

あとめ 跡目 Erbschaft *f.* -en; Erbe *n.* -s

‖跡目相続 das Ererben*, -s. ⇨かとく.
あともどり 後戻り ❶ das Zurückgehen* (-weichen*; -ziehen*), -. Rückzug m. -(e)s, ¨e. ❷ [病気などの] Rückfall m. -(e)s, ¨e. ❸ [退歩] Rückschritt m. -(e)s, -e; Umkehrung f. -en; Entartung f. -en《退化》.
—— 後戻りする ❶ [auf demselben Weg(e)] zurück|gehen* (-|weichen*; -|ziehen*) ⓢ. ❷ [再発] rückgängig werden; einen Rückfall bekommen* (erleiden*; haben). ❸ [退歩] rückwärts gehen*; um|kehren ⓢ. entarten ⓢ.
アトラクション Attraktion f. -en.
アトリエ Atelier n. -s, -s; Studio n. -s, -s.
アドレス Adresse f. -n; Anschrift f. -en/アドレスはどちらですか Was ist Ihre Adresse?
あな 穴 ❶ Loch n. -(e)s, ¨er; Höhle f. -n《洞穴》; Öffnung f. -en《口》; Grube f. -n《坑》; [隙間の] Ritze f. -n; Spalte f. -n/[パン・チーズなどの] Auge n. -s, -n; Leck n. (m.) -s, -e/穴をあける ein Loch machen (in⁴); lochen⁴; aus|höhlen⁴; [durch]bohren⁴/穴のあくほど見る ³sich nach jm (³et) die Augen ausschauen⁴/穴があったら入りたい ⁴sich in den Erdboden hineinschämen; vor Scham fast in die Erde (in den Boden) sinken⁵/ボタン穴を [aus]nähen⁴; umstechen*; [破損による穴を] stopfen⁴/人をのろわば穴二つ ,Wer anderen eine Grube gräbt, fällt selbst hinein.'; ,,Der betrogene Betrüger." ❷ [欠陥] Lücke f. -n/彼が死んでために大きな穴があいた Sein Tod hat eine große Lücke hinterlassen. ❸ [不足] Verlust m. -(e)s, -e; Defizit n. -s, -e/穴をあける veruntreuen⁴; unterschlagen*⁴/出納係が大きな穴をあけた Der Zahlmeister hat große Geldsummen veruntreut.
アナーキスト Anarchist m. -en, -en.
アナーキズム Anarchismus m. -.
あなうめ 穴埋め Lückenbüßer m. -s, -/欠損の穴埋めをする einen Verlust (Schaden; Fehlbetrag) decken.
アナウンサー Sprecher m. -s, -; Ansager m. -s, -.
あながち 強ち nicht immer; nicht notwendigerweise; nicht gänzlich/強ちそうとも限らない Das ist nicht immer der Fall./強ち悪い所ばかりでもない Immerhin hat er auch seine guten Seiten./強ち不可能でもないが, 困難だ Es ist schwierig, um nicht zu sagen unmöglich.
あなぐま 穴熊 Dachs m. -es, -e.
あなぐら 穴倉 Keller m. -s, -/ Grotte f. -n.
アナクロニズム Anachronismus m. -, ..men.
あなご Meeraal m. -(e)s, -e.
あなた ❶ [あそこ] da; drüben; dort. ❷ [二人称] Sie*; du*/あなたの Ihr*; dein*/あなた方(あなたたち) Sie* (pl); ihr* (pl)/あなた方の(あなたたちの) euer*; eure*.
あなどり 侮り Verachtung f. -en; Spott m. -(e)s, -e; Gespött n. -(e)s, -e; Hohn m. -(e)s, -e; Geringschätzung f. -en. ⇨けいべつ.
あなどる 侮る verachten⁴; missachten⁴; herab|sehen*⁴; gering schätzen⁴; un-

beachtet lassen*⁴; spotten (über⁴); jn links liegen lassen*; über jn die Nase rümpfen/侮って verächtlich; höhnisch; anmaßend; mit Verachtung/侮りがたい nicht zu verachten [sein]; furchtbar.
あなふさぎ 穴ふさぎ Lückenbüßer m. -s, -.
アナログ アナログ計算機 Analogrechengerät n. -(e)s, -e.
あに 兄 der ältere Bruder, -s, ¨ ‖ 兄嫁 Schwägerin f. ..rinnen《弟嫁にも》.
あに 豈図らんや zu meiner großen Überraschung; aber Gott hat es anders gewollt und ...; das Schicksal fügte es anders und ...; wie es das Schicksal haben wollte.
アニメーション [映画] Zeichentrickfilm m. -(e)s, -e.
アニリン Anilin n. -s.
あね 姉 die ältere Schwester, -n ‖ 姉婿 Schwager m. -s, ¨《妹婿にも》/姉娘 die ältere Tochter, ¨.
あねったい 亜熱帯 Subtropen (pl)/亜熱帯の subtropisch.
アネモネ Anemone f. -n.
あの jener*; dort/あの日/あの人 er*; sie*; jener Herr m. -n, -en; der Herr da; jene Frau f. -en/あの木 der Baum -(e)s, -¨e/dort drüben/あのままにしておく die Dinge liegen lassen*, wie sie liegen/あのころは damals; seinerzeit; zu jener Zeit.
あのてこのて あの手この手を使う alle möglichen Tricks (pl) an|wenden(*) (für⁴).
あのね übrigens; ich sag wollte; Wissen Sie was?
あのよ あの世 die (künftige) Welt; die andere Welt; Jenseits n. -; die bessere Welt 《楽土》; Unterwelt f. 《冥府》/あの世 im Himmel/あの世から aus dem Totenreich/あの世の人となる dahin|gehen* ⓢ; in die Grube (gen ⁴Himmel) fahren* ⓢ/あの世でまた会おう Auf Wiedersehen im besseren Leben!
アノラック Anorak m. -s, -s.
アパートメント ❶ [部屋] Gemach n. -(e)s, ¨er; [das möblierte] Zimmer, -s, -. ❷ [建物] [Miet]wohnung f. -en.
あばく 暴く [秘密・罪悪などを] auf|decken⁴; enthüllen⁴; verraten*⁴; ans Licht (zutage) bringen*⁴/いんちきをあばく eine abgekartete Sache auf|decken/秘密をあばく ein Geheimnis enthüllen; aus|plaudern⁴ 《しゃべり回る》/正体をあばく die Maske ab|reißen*; demaskieren⁴/醜聞をあばく einen Skandal ans Licht bringen*. ❷ [墓を] das Grab auf|brechen* (aus|legen*, wühlen), aus|graben*⁴ 《古墳を》; exhumieren⁴ 《死体を》.
あばずれ あばずれた gerieben; durchtrieben; dreist; unverschämt; schamlos/あばずれ [女] das ausgekochte Weibsstück, -(e)s, -e; das geriebene Weibsbild, -(e)s, -er; die böse Sieben/あばずれている mit allen Wassern gewaschen (von allen Hunden gehetzt) sein.
あばた Pocken|narbe (Blatter-) f. -n/あばたのある pocken|narbig (blatter-)/あばたもえ

あばよ Ade!⇨さようなら。

あばら 肋 Rippe *f.* -n/彼は肋骨を折った Er hat ³sich eine Rippe gebrochen.

あばらや 荒ら家 das verfallene (verwitterte; baufällige) Haus, -es, ¨-er; die verwahrloste Kate, -n/あばら家ですが... Meine Wohnung ist der reinste Stall, aber ….

アパルトヘイト Apartheid *f.*

あばれ- 暴れ- ¶ 暴れっ子 das ungebärdige (wilde) Kind, -es, -er; der ungezogene Bengel, -s; -; Spitzbube *m.* -n, -n; Lausbub *m.* -en, -en/暴れ者 der Wilde⁴, -n, -n; Raufbold *m.* -[e]s, -e; Krakeeler *m.* -s, -/ Handelsucher *m.* -s, -/暴れ馬 das durchgehende (störrige) Pferd, -[e]s, -e.

あばれこむ 暴れ込む eindringen* s (*in*⁴); ein|brechen* s (*in*⁴)/彼らはどたばたこの家の中に暴れ込んで来た Sie drangen lärmend in das Haus ein.

あばれだす 暴れ出す wild (gewalttätig; wütend; rasend) werden; störrig werden《馬が》.

あばれまわる 暴れ回る durchtoben⁴《ある場所を》; umher|rasen s 《あちこちと》/暴れは少しも衰えに暴れ回って The Sturm raste in unverminderter Stärke umher./暴徒は町中を暴れ回った Das wilde Gesindel durchtobte die ganze Stadt.

あばれる 暴れる toben; rasen h,s; wüten; ³sich wild (ungebärdig) benehmen*; ⁴sich aufgeregt gebärden; wildes Unwesen treiben*/彼は阿修羅のように暴れた Er tobt wie ein Berserker./彼は怒って暴れた Er raste vor Wut.

アバンチュール (Liebes)abenteuer *n.* -s, -.

アピール Appell *m.* -s, -e; Aufruf *m.* -[e]s, -e/アピールする appellieren《*an*⁴》; auf|rufen*⁴.

あびきょうかん 阿鼻叫喚の巷(ちまた) der zetermordio schreiende Wirrwarr, -s; der marternde Hexenkessel, -s, -.

あひさん 亜砒酸 Arseniksäure *f.* -n.

あびせかける 浴びせかける⇨浴びせる。

あびせる 浴びせる ❶ [水を] mit ³Wasser übergießen*⁴《überschütten》. ❷ [砲火を] Feuer geben*《*jm*》; schweres Geschütz auf|fahren*. ❸ [非難を] mit ³Vorwürfen überhäufen⁴《*jn*》 mit ³Fragen bestürmen. ❹ [一太刀を] *jm* einen Hieb mit dem Schwert versetzen (ein|hauen*). ❺ [喝采を] mit Beifall klatschen《*jm*》.

あひる 家鴨 Hausente *f.* -n/あひるが鳴く Hausenten gackern (gacksen; schnattern)/あひるのように歩く watscheln s; torkeln s.

あびる 浴びる ❶ [水などを] ³sich übergießen*《*mit*³》; baden;《³sich》 duschen. ❷ [波を] von ³Wellen geschlagen (gepeitscht) werden. ❸ [砲火を] ins Kreuzfeuer genommen werden; mitten im Feuer stehen*. ❹ [非難を] mit Vorwürfen überschüttet werden. ❺ [喝采を] mit ³Beifall begrüßt werden. ❻ [月光を] Mondlicht gebadet sein (liegen*; stehen*.

あぶ 虻 Bremse *f.* -n; Bremsenfliege *f.* -n/虻蜂(あぶはち)取らずになる ³sich zwischen zwei ⁴Stühle setzen.

アフォリズム Aphorismus *m.* -, -men.

アフガニスタン Afghanistan *n.* -s/アフガニスタンの afghanisch ‖ アフガニスタン人 Afghane *m.* -n, -n.

あぶく 泡 Schaum *m.* -[e]s, ¨-e ‖ 泡銭 unverdientes Geld, -[e]s, -er; ein ungeahntes Einkommen, -s. ⇨あわ。

アプサン Absinth *m.* -[e]s.

アフターケアー ❶ [病後保護] Nachbehandlung *f.* -en. ❷ [保護観察] Fürsorge *f.* ❸ [アフターサービス] Kundendienst *m.* -[e]s, -.

アフターサービス Kundendienst *m.* -[e]s.

アプトしき アプト式 Abt-System *n.* -s, -e ‖ アプト式鉄道 Zahnradbahn *f.* -en.

あぶない 危ない ❶ [危険な] gefährlich; Gefahr bringend; Gefahr bergend; gefahrdrohend; unglückschwanger/危ない！ Vorsehen!/危ない目にあう ⁴sich einer ³Gefahr aus|setzen (preis|geben*)/危ない命を拾った Um ein Haar hätte er sein Leben eingebüßt./危ない所だった Mit knapper Not bin ich der ³Gefahr entkommen(entgangen; entronnen). ❷ [冒険的] abenteuerlich; gewagt; halsbrecherisch; riskant; tollkühn; verwegen/危ない企業 das bedenkliche, gewagte Unternehmen, -s, -/危ないスピードで mit halsbrecherischer ³Geschwindigkeit/危ないことだ Das hängt an einem Haar. ❸ [不安な] unsicher; bedenklich; unzuverlässig; zweifelhaft/危ない会社 die unzuverlässige Firma, -, -men ., 危ない商売 zweifelhafte Geschäfte 《*pl*》/危ない天気もよう die unsichere Wetterlage, -n/病気後で足取りが危ない Seine Beine sind noch unsicher nach der Krankheit. ❹ [病状・生命など] kritisch; ernst; in ³Gefahr/病状が危ない健康状態にある Seine Gesundheitslage ist kritisch./子供は危ない病状にある Das Kind ist ernstlich krank./ Das kranke Kind schwebt in äußerster Gefahr.

あぶながる 危がる ❶ [不安] ⁴sich unsicher fühlen; das unsichere Gefühl haben; für ⁴*et* fürchten; für (um) ⁴*et* für gefährlich halten; für (um) ⁴*et* in besorgt sein. ❷ [疑惑] in (im) Zweifel sein《*über*⁴》; einen Zweifel hegen《*über*⁴》; ein Bedenken haben (hegen; tragen⁴》.

あぶなく 危なく ❶ [ほとんど] um ein Haar; um Haaresbreite; beinahe; bald; fast; schier/危なくお溺れるところだった Ich war nahe daran, zu ertrinken./Ich wäre beinahe ertrunken./危なくやるところだった Es fehlte nicht viel, so hätte ich es getan. ❷ [やっと] mit knapper Not. ⇨あぶない。

あぶなっかしい 危なっかしい unsicher; bedenklich; ungewiss; unzuverlässig; 危

あぶみ 鐙 Steigbügel *m.* -s, -.
あぶら 油, 脂 Öl *m.* -[e]s, -e〔液体〕; Erdöl〔石油〕; Fett *n.* -[e]s, -e〔脂肪〕; Pomade *f.* -n〔ポマード〕; Salbe *f.* -n〔軟膏(う)〕; Schmalz *n.* -es, -e〔豚の〕; Talg *m.* -[e]s, -e〔牛・羊の〕; Schmiere *f.* -n〔グリース〕; Tran *m.* -[e]s, -e〔魚油〕/油でいためる braten⁴; backen⁽*⁾⁴〔揚げる〕/ 油が乗る 1)〔肉に〕⁴Fett an|setzen. 2)〔気乗りする〕Interesse haben*, ⁴et zu tun; ⁴sich für ⁴et sehr interessieren /油がのっている 1)〔肉や魚に〕fett・durchwachsen (von Fett durchgesetzt) sein. 2)〔好調にある〕auf der Höhe (auf glatter Bahn; gut im Zug[e]; in seinem Fett) sein /油ぎる fettig (ölig; schmierig) werden /油をかける(注ぐ) Öl ins Feuer gießen*; an|stacheln⁴; auf|hetzen⁴ /油を塗る(差す) mit ⁴Öl (Fett) schmieren⁴; fetten⁴; [ein|]ölen⁴; ein|fetten⁴; ein|schmieren⁴; auf|fetten⁴〔表面に薄く〕; Öl in ⁴et gießen*〔差す〕/油をしぼる 1) Öl aus|pressen. 2)〔叱る〕*jm* den Kopf waschen* (zurecht|setzen); *jm* zurecht|weisen*; *jn* in der Mache haben; *jn* in die Zange nehmen* /油を売る〔怠る〕faulenzen; auf den Händen sitzen*; ⁴sich aalen; müßig umher|lungern ⓗ·ⓢ (gehen* ⓢ). ━ 油まみれの〔じみた〕schmierig; öfleckig /油っぽい fettig; ölig; schmierig; öl・haltig; fett〔油っこい〕.

あぶらあせ 脂汗 Angstschweiß *m.* -es, -e〔心配の〕/あぶら汗をかいて mit saurem Schweiß〔苦しみの〕.

あぶらえ 油絵 Öl|gemälde *n.* -s, - (-malerei *f.* -en) /油絵の具 Ölfarbe *f.* -n /油絵を描く mit Ölfarben malen ‖ 油絵画家 Ölmaler *m.* -s, -.

あぶらかす 油粕 Raps|kuchen (Öl-) *m.* -s, -; Leinsamenmehl *n.* -[e]s.

あぶらがみ 油紙 Ölpapier *n.* -s, -e.

あぶらぎ 油気 Fettigkeit *f.* -en; Fettheit *f.* -en; Ölig|keit *f.* -en /油気のある ölig; fettig; schmierig; fett; schmalzig; schwer〔しつこい〕/油気のない fettlos; mager; leicht〔あっさりした〕; rau〔かさかさした〕; trocken〔ひからびた〕.

あぶらげ 油揚 der gebackene Bohnenstich, -[e]s, -e.

あぶらさし 油差し〔器〕Öler; Schmierbüchse *f.* -n; Ölkanne *f.* -n.

あぶらしぼり 油しぼり Ölpresse *f.* -n; Ölge・winnung *f.* -en〔しぼること〕.

あぶらとり 脂取り Puderpapier *n.* -s, -e〔化粧用の〕.

あぶらな 油菜 Raps *m.* -es, -e.

あぶらみ 脂身 Speck *m.* -[e]s, -e.

あぶらむし 油虫〔Küchen〕schabe *f.* -n〔ごきぶり〕; Blattlaus *f.* ⸚e〔ありまき〕/油虫のような奴 Schmarotzer *m.* -.

あぶり- 焙り- ¶ 焙り出し das mit sympathetischer Tinte geschriebene (gemalte) Papier, -s, -e /焙り肉 Braten⁴ rost *m.* -[e]s, -e; Brat|rost *m.* -[e]s, -e /焙りもの geröstetes (gebratenes) Fleisch, -[e]s〔肉〕; Bratfisch *m.* -[e]s, -e〔魚〕.

アフリカ Afrika *n.* -s /アフリカの afrikanisch ‖ アフリカ人 Afrikaner *m.* -s, -.

アプリケーションソフト Anwender|pro・gramm (Anwendungs-) *n.* -s, -e.

あぶる 焙る, 炙る ❶〔肉などを〕brätelen⁴, bra・ten⁴; rösten⁴; auf|setzen⁴〔ans Feuer・火にかける〕. ❷〔手足などを〕am Feuer wär・men⁴; ans Feuer halten* ⁴. ❸〔服などを〕am Feuer trocknen⁴.

アフレコ Synchronisierung *f.* -en; Syn・chronisation *f.* -en /アメリカ映画に日本語のアフレコをする einen amerikanischen Film in japanischer Sprache synchronisieren.

あふれる 溢れる über|fließen* ⓢ; über|laufen* ⓢ; überschwemmen⁴ /溢れるばかりの übervoll〔になっている〕; zum Überlaufen voll; von ³et strotzend /同情の念に溢れる voll in・nigsten Mitleids sein /感謝の念に溢れる vor (von) Dankergüssen über|fließen*〔予期〔幸福, 喜び〕に溢れる voll Hoffnung (Glück, Freude) sein /別れを涙に溢れる Ein Fluss tritt über die Ufer über. /車に乗客が溢れている Der Wagen ist überfüllt. /目に涙が溢れる Die Augen laufen *jm* über. /雑踏で町が溢れている Die Straßen wimmeln von Menschen.

あぶれる keine Arbeit kriegen (bekom・men*; finden*); mit leeren Händen kom・men* ⓢ; ohne Arbeit (arbeitslos; ge・schäftslos) sein.

あべこべ あべこべの(に) umgekehrt; gegentei・lig; entgegengesetzt; verkehrt; anders herum /あべこべの事をする den Gaul beim Schwanz auf|zäumen; die Pferde hinter den Wagen spannen /あべこべにする um|wenden⁽*⁾⁴〔裏返す〕; auf den Kopf stellen⁴〔さかさまにする〕. ⇨きゃく, はんたい.

アベック Liebespaar *n.* -[e]s, -e〔恋人同士〕; Ehepaar *n.* -[e]s, -e〔夫婦〕/アベックで行く mit avec gehen* ⓢ (nach³: in⁴; auf⁴) /いつもアベックのあんちゃん ein kecker Kerl -[e]s, -), immer mit avec.

アペリチフ Aperitif *m.* -s, -s (-e).

あへん 阿片 阿片をのむ Opium 《*n.* -s》 rauchen ‖ 阿片喫飲者 Opiumraucher *m.* -s, - /阿片窟 Opium|kneipe *f.* -n) -spelunke *f.* -n) /阿片戦争〔史〕Opiumkrieg *m.* -[e]s /阿片中毒 Opiumvergiftung *f.* -en /阿片チンキ(エキス) O・piumtinktur *f.* -en (-extrakt *n.* -[e]s).

あほう Dumm|kopf (Schwach-; Schafs-; Stroh-) *m.* -[e]s, ⸚e; Dummerjan *m.* -s, -e; Simpel *m.* -s, -[e]s /あほうな dumm; blöd[e]; stupid; doof.

あほうどり あほう鳥 Albatros *m.* -, ..trosse.

アボカド Avocado *f.* -s.

あほらしい albern; dumm; töricht; unsin-

あま 亜麻 Flachs m. -es/亜麻の flächsern ‖ 亜麻布 Leinen n. -s, -.

あま 尼 ❶ Nonne f. -n/尼になる ins Kloster gehen* [s]. Nonne werden. ❷〚罵語〛Weibsbild n. -[e]s, -er; Schlampe f. -n; Petze f. -n/このあま! Du, alte Hexe! ‖尼寺 Nonnenkloster n. -s, -.

あま 海人 Fischerfrau f. -en/〚女〛; 〚海女〛 Taucherin f. -rinnen.

あまい 甘い ❶ [zucker]süß; wenig gesalzt 〈甘塩〉/甘い味がする süß schmecken/甘い物 Süßigkeit f. -en; Bonbon m. (n). -s, -s/彼女は甘い物が好き Sie ist ein Leckermäulchen (Naschkätzchen). ❷ [おろかな] einfältig; simpel; unreif 〈未熟〉/甘い奴 Einfaltspinsel m. -s, -/あの男はまだ甘い Er ist noch gelb (grün) in dem Schnabel. Er ist noch nicht ganz trocken hinter den Ohren./すいも甘いも心得ている Nichts Menschliches ist ihm fremd. ❸ 〚寛大な〛nicht streng; nachsichtig; schlaff 〈取締りなどが〉/甘いことば süße (schmeichelnde) Worte 《pl》; glatte Zunge f. -n/甘い母親 eine nachsichtige (hätschelnde) Mutter. ⁻/女に甘い weich gegen Frauen sein; einer Frau nachgiebig sein/女に甘くする hofieren⁴; jm den Hof machen〈意を迎える〉; in ein Mädel verknallen 〚いちどく〛. ❹ 〔ゆるい〕locker; lose〈ねじが〉; stumpf〈刃が〉.

あまえっこ 甘えっ子 Schoßkind n. -[e]s, -er; ein verwöhntes Kind n. -[e]s, -er.

あまえる 甘える ❶ [子供が] ⁴sich an jm schmiegen 〔すがりつく〕. ❷ [女などが] jm schmeicheln; liebeln (mit³); jn streicheln; knutschen⁴〔いちゃつく〕. ❸ [好意・親切などに] durch js Freundlichkeit ermutigt werden; ³sich js Güte zunutze (zu Nutze) machen.

あまおおい 雨覆い Regen|decke (Zelt-) f. -n; Zeltbahn f. -en; Plane f. -n.

あまがえる 雨蛙 Regen|frosch (Wetter-, Laub-) m. -[e]s, ⁻e.

あまがさ 雨傘 Regenschirm m. -[e]s, -e.

あまがっぱ 雨合羽 Regen|mantel m. -s, ⁻ (-haut f. ⁻e).

あまく 甘く ❶ süß werden; reifen〈果物が〉. ❷ 〚寛大に〛nachsichtig (schonend) werden. ❸ 〔ねじ・刃が〕locker (lose) werden; stumpf werden/甘くする 1)〔味を〕süß machen⁴; versüßen⁴. 2) [子供を] verwöhnen⁴; verziehen⁴; hätscheln⁴〈いちゃつく〉. ❸ [好意・親切などに] durch js Freundlichkeit ermutigt werden/甘く見る rosig an|sehen⁴〈事態などを〉; von ³et (jm) nicht viel halten*/そう甘く見るなよ Ich bin nicht von gestern.

あまぐ 雨具 Regenmantel und -schirm m. /雨具の用意をして zum Regen [aus]gerüstet. ⇨あまじたく.

あまくだり 天下りの von oben herab; befehlerisch; befehlshaberisch/天下り人事 befehlshaberische Personalverwaltung f. -en; befehlerische Personalwechsel, -s, - 〔人事異動〕/なんでも天下りな Alles kommt von oben herab, uns fragt man ja nicht.

あまくち 甘口 ❶ schöne Worte 《pl》; glatte Zunge f. -n/甘口で glattzüngig; mit Engelszungen/甘口なめる um den Bart gehen*; jm Honig um den Bart (um den Mund; ums Maul) schmieren. ❷ [甘口の] mild 〚たばこ〛; nicht herb 〚酒〛.

あまぐつ 雨靴 Regenschuh m. -[e]s, -e.

あまぐも 雨雲 Regenwolke f. -n; Regen schwangere Wolken 《pl》.

あまぐもり 雨曇り der trüb bedeckte (bewölkte) Himmel. -s, -; der Regen schwangere (regendrohende) Himmel/雨曇りだ verdächtig (ziemlich) nach Regen aus|sehen*.

あまぐり 甘栗 süß geröstete Kastanien 《pl》.

あまげた 雨下駄 Regenholzschuh m. -[e]s, -e.

あまごい 雨乞 Gebet 〔n. -[e]s, -e〕um Regen/雨乞する um Regen beten.

あまざらし 雨ざらしにする(なる) dem Regen aus|setzen⁴ (im Regen stehen*)/雨ざらしにされた der freien Luft ausgesetzt; verwittert.

あまじお 甘塩の leicht (schwach) gesalzt (gesalzen).

あまじたく 雨支度 Regenschirm und Mantel, des, - und -s/雨支度する einen Regenschirm (einen Regenmantel) mit|nehmen*; ⁴sich auf Regen ein|richten; ⁴sich zum Regen [aus]rüsten. ⇨あまぐ.

あます 余す übrig lassen⁴; übrig haben⁴; erübrigen⁴; [er]sparen⁴; zurück|legen⁴ 〔のけておく〕/...まで余す所僅かに三日 Es bleibt nur noch drei Tage, bis .... ⇨のこす.

あまた 数多・許多の [sehr] viel; zahl|reich (-lose); eine große Anzahl (von³); eine [ganze] Menge (von³); ein Haufen (von³); verschieden 〔種々雑多の〕.

あまだれ 雨だれ Regentropfen m. -s, -; Traufe f. -n/雨だれ石をもうがつ Steter Tropfen höhlt den Stein.

あまちゃ 甘茶 Hortensie-Tee m. -s, -s.

アマチュア Amateur m. -s, -e; Liebhaber m. -s, -/〔下手な〕Dilettant m. -en, -en.

あまつさえ 剰え überdies; obendrein; außerdem; dazu noch; auch noch dazu; und was noch mehr ist; 〔なお悪いことに〕um das Unglück voll zu machen; um die Sache noch zu verschlimmern.

あまったるい 甘ったるい honigsüß; zuckerig; süßlich; sentimental/甘ったるいことば zuckersüße Worte 《pl》/甘ったるいメロディ eine einschmeichelnde Melodie, -n.

あまど 雨戸 Brettertür f. -en; Fensterladen m. -s, ⁻.

あまどい 雨樋 Dachrinne (Regen-) f. -n; Fallrohr n. -[e]s, -e 〔たて樋〕.

あまとう 甘党 Nascher (Näscher) m. -s, -/Naschkatze f. -n (-maul n. -[e]s, ⁻er)/甘党の naschhaft; näschig.

あまに 亜麻仁 Leinsamen m. -s, - ‖ 亜麻仁油 Leinöl n. -s, -e.

あまねく 普く allgemein; im Allgemeinen 〔一般に〕; weit [und breit] 《広く》; überall

《到る所》／über die ganze Welt《世界に轟く》／轟く人の知る所である Das ist eine überall bekannte Sache./Das weiß alle Welt.

あまのがわ 天の川 Milchstraße *f*.

あまのじゃく 天邪鬼 Querkopf *m*. -[e]s, ¨e; Verschrobenheit *f*./あまのじゃくの querköpfig; widerhaarig; verschroben.

あまみ 甘味 *f*./der süße Geschmack, -s, ¨e; Süßigkeit *f*. -en《甘菓子》／甘味が出る süß (reif) werden/甘味をつける versüßen*⁴; süß machen*⁴.

あまみず 雨水 Regenwasser *n*. -s.

あまもり 雨漏り Leck *n*. -[e]s, -e/雨漏りする Es leckt durch das Dach.

あまやかす 甘やかす verwöhnen*⁴; (ver)hätscheln*⁴; verzärteln*⁴; verderben*⁴/甘やかして育てる ein Kind nachsichtig aufziehen*/彼は子供を甘やかしすぎる Er hat eine Affenliebe zu seinen Kindern.

あまやどり 雨宿りする *sich* unter¦stellen vor Regen (*in³; unter³*); vor (gegen) Regen Schutz suchen《unter einem Baum 木の下に》.

あまやむ 雨止みをまつ ab¦warten, dass es aufhört zu regnen (dass es mit dem Regen aufhört).

あまよけ 雨よけ Vordach *n*. -[e]s, ¨er; Regendecke *f*. -n; Plane *f*. -n; Schutz *m*. -es, -e《gegen Regen》.

あまり 余り ❶《残部》Rest *m*. -[e]s, -e(r); Überrest *m*. -[e]s, -e; die Übrigen (*pl*)《残物》Reste(*n*)(*pl*); Überbleibsel (*pl*);《剰》Überschuß *m*. -es, -sse;《残高》Saldo *m*. -s, ...den／余りの rückständig; überschüssig／余りの小銭 etwas übriges Kleingeld, -[e]s/まだ二つ余っている Ich habe noch zwei Stück davon übrig／余りがない Ich habe nichts übrig.《以上》mehr als; über／五十年余り mehr als (über) 50 Jahre; einige 50 Jahre／百円余り Hundert und einige Yen／二週間余り 14 Tage und darüber／余り余る etwas über 60.

あまり 余り(に) ❶《非常に》zu; allzu; zu sehr; allzu sehr; allzu viel; übermäßig; übertrieben; ungemein; bis zum Übermaß; über alle Maßen/余り重くて余りすぎる Es ist zu schwer zu tragen.／余り大きくて持歩きに困る Zum Hinschleppen ist es allzu groß.／彼は余りよがりだ Er ist allzu sehr gehürzig. ❷《...の結果》vor³; in³; so ..., dass ...／嬉しさの余り vor Freude; so froh, dass ...／急いだ余り in Eile; ich beeile mich so, dass ... ❸《そんなに...でない》nicht so; nicht besonders; selten／余り良いとは思わない Ich finde es nicht besonders schön.／彼は余り姿を見せない Er lässt sich nur selten sehen.

¶ あまりに余りある Sehr gut kann ich es mir vorstellen./Das kann ich ihm nur allzu gut nachfühlen.／余りのことに辛棒しかねた Da war es mir zu viel.／余りといえば彼は事を乱しすぎる Er treibt es zu bunt.

アマリリス Amaryllis *f*. ...llen.

あまる 余る《残る》übrig bleiben* ⓢ; übrig sein／一つ余る Es ist ein Stück zu viel.／

五から三引けば二余る 5 weniger 3 bleibt 2.／まだ少し時間が余っている Es ist noch etwas Zeit übrig./Ich habe noch einige Zeit.／余り余る ⁴*et* in Hülle und Fülle haben. ⇨のこる. ❷《過》zu viel (mehr als genug) sein; übermäßig (überflüssig) sein／力に余る über *js* Kraft gehen* ⓢ／身に余る etwas mehr als verdient.

あまんじる 甘んじる ❶《...でしようとする》⁴*sich* begnügen 《mit³》; ³*sich* zufrieden geben* 《mit³》. ❷《甘受する》⁴*sich* ⁴*et* gefallen lassen*; ⁴*et* über ⁴*sich* ergehen lassen*; ⁴*et* hin¦nehmen*／甘んじて ruhig; resigniert; willig; befriedigt／薄給に甘んじる sich mit einem kleinen Gehalt begnügen／彼女はなんでも甘んじて受ける Sie lässt alles über sich ergehen.

あみ 網 Netz *n*. -es, -e; Netzwerk *n*. -[e]s, -e; Haarnetz *n*. -es, -e《ヘアネツ》; Schleppnetz *n*. -es, -e《引き網》; Warfnetz *n*. -es, -e《投げ網》; Fallnetz *n*. -es, -e《落とし網》／網を編むein Netz machen; Netzarbeit machen／網にかかる ins Netz gehen* ⓢ《テニス》; *jm* ins Netz gehen*《in die Falle fallen*》 ⓢ《術中に陥る》／網にかける *jn* ins Netz ziehen*《陥れる》／網で捕らえる mit einem Kordon bilden《非常線》.

あみあげ 編上靴 Schnurstiefel *m*. -s, -.

あみあわせる 編み合わせる ineinander schlingen*⁴; verflechten*⁴; durchflechten*⁴.

あみうち 網打ち Netzfischerei *f*.

あみがさ 網笠 Binsenkorbhut *m*. -[e]s, ¨e.

あみざいく 網細工 Netzwerk *n*. -[e]s, -e; Netzarbeit (Filet-) *f*. -en; Flechtwerk *n*.

あみだ 阿弥陀 Amita *m*./帽子をあみだにかぶる den Hut burschikos (zurückgeschoben) tragen*／阿弥陀仏 Amita Buddha *m*. -s.

あみだす 編み出す《案出する》⁴*sich* aus¦denken*⁴; erdenken*⁴; erfinden*⁴; ersinnen*⁴.

あみだな 網棚 Gepäcknetz *n*. -es, -e.

あみど 網戸 Maschentür *f*. -en; Moskitofenster *n*. -s, -《網戸の窓》.

アミノさん アミノ酸 Aminosäure *f*. -n.

あみのめ 網の目 [Netz]masche *f*. *n*/網の目の様な weitmaschig; maschig／網の目のあらい(細かい) weitmaschig (engmaschig)／網の目の様な鉄道(運河) Eisenbahn¦netz (Kanal-) *n*. -es, -e.

あみばり 編針 Stricknadel *f*. -n.

あみぶくろ 編袋《買物用》Einkaufsnetz *n*. -es, -.

あみぶね 網船 Boot《*n*. -[e]s, o》zur Netzfischerei.

あみぼう 編棒 Strick¦nadel (Häkel-; Flecht-; Filet-) *f*. -n.

あみめ 網目 Masche *f*. -n ‖ 編版 Autotypie *f*. -n; Netzätzung *f*. -en; Rasterätzung *f*. -en.

あみめ 編み目 Masche *f*. -n.

あみもの 編物 das Stricken (Häkeln*), -s; Strick¦arbeit (Häkel-) *f*. -en／編物をする stricken; häkeln ‖ 編物機械 Strickma-

アミューズメントセンター Vergnügungspark *m.* -s, -s.

あめ 雨 Regen *m.* -s, -/雨が降る es regnet; es gießt 《ざあざあ》; es rieselt (sprüht) 《しとしと》; es strömt 《どしゃぶり》/雨は降り始める Es beginnt (fängt an) zu regnen./この雨天では This Wetter wird einen um./雨に変わる Es will in Regen umschlagen./雨になりそうだ Es sieht nach Regen aus./雨がやむ Der Regen hört auf./雨が小降りになる Der Regen lässt nach./雨にあう Regen bekommen/雨が降り続く Es regnet in einem fort (ununterbrochen)./雨が漏る Es leckt durchs Dach./雨が吹き込む Es regnet herein./雨が多い(少ない) viel (wenig) Regen haben/雨の少ない夏 ein trockener Sommer, -s, -/雨降って地固まる „Auf Regen folgt Sonnenschein.‟/皆が雨を待ちこがれる Alles lechzt nach Regen. ¶ 花(非難)の雨だ Es regnet Blumen (Vorwürfe)./キスの雨を浴びせる Regen *m.* -s, -/von Küssen. ‖ 大雨 strömender (heftiger; starker) Regen/霧雨 Sprühregen *m.* -s, -/小雨 feiner Regen/《雅》雨 Staubregen *m.* -s, -/にわか雨(驟(シウ)雨) Schauer *m.* -s, -; Platzregen.

あめ 飴 Bonbon *m. (n.)* -s, -s/飴色の hellbraun; bernsteinfarbig/飴を食わす 1)《勝負事で》jn absichtlich gewinnen lassen*. 2)《甘言でだます》jm Honig um den Bart (um den Mund; ums Maul) schmieren; 《Galle im Herzen, Zucker auf der Zunge.‟ ‖ 飴屋 Bonbon-Verkäufer *m.* -s, -.

あめあがり 雨上がり(に) gerade nach einem Regenfall/雨上がりですから weil es bis jetzt geregnet hat.

アメーバ Amöbe *f.* -n, -/アメーバ赤痢 Amöbenruhr *f.* -.

あめがち 雨がちの regnerisch; nass.

あめつづき 雨続きの anhaltender Regen, -s, -(長雨); das anhaltende Regenwetter, -s.

あめふり 雨降り Regenfall *m.* -(e)s, ¨e (-wetter *n.* -s, -)/雨降りに外出する im Regen aus|gehen* 国.

あめもよう 雨模様の regnerisch/雨模様です Es ist bewölkt und regnerisch./Es droht zu regnen./Es scheint regnen zu wollen.

アメリカ Amerika *n.*; die Vereinigten Staaten von Amerika (US(A))/《合衆国》/アメリカの amerikanisch/アメリカ化された amerikanisiert ‖ アメリカインディアン Indianer *m.* -s, -/アメリカ英語 amerikanisches Englisch/アメリカ気質《気質》 Amerikanismus *m.* -; Yankeetum *n.* -s/Yankee-Art *f.*/アメリカ人 Amerikaner *m.* -s, -/《蔑》Yankee *m.* -s, -s/《俗》Ami *m.* -s, -s/アメリカたばこ die amerikanische Zigarette, -n/アメリカ訛りの amerikanischer Akzent, -(e)s, -e.

アメンボ《昆》Wasserläufer *m.* -s, -.

あや 綾、文 ❶《綾模様》Damast *m.* -(e)s, -e; Muster *n.* -s, -. ❷《ことばの》Rede|blume *f.* -n (-floskel *f.* -n). ❸《意味の》Abschattung *f.* -en; Nuance *f.* -n; Schattierung *f.* -en. ❹《しくみ》その事件はいろいろ綾がある Die Geschichte ist recht verwickelt (kompliziert).

あやうい 危い ⇨あぶない/危くする gefährden; in "Gefahr bringen"⁴; aufs Spiel setzen⁴. —— 危くけがする所だった Wenig fehlte, so hätte ich mich verletzt./危くおぼれるところだった Um ein Haar wäre ich ertrunken./危く逃げて来た Wir sind mit knapper Not entkommen.

あやおり 綾織 Köper *m.* -s, -; Köpergewebe *n.* -s, - (綾織物); Köperstoff *m.* -(e)s, -e.

あやかる arten (schlagen*) ⓢ (*nach*³); (eben) so glücklich sein wollen 《mögen*》 wie …/あやかり者 Glückskind *n.* -(e)s, -er/彼にあやかりたい Sein Glück möchte ich mir auch wünschen.

あやしい 怪しい ❶ [嫌疑] verdächtig; fraglich; zweifelhaft/怪しいと思う zweifeln 《*an*³》; bezweifeln⁴; beargwöhnen 《*jn wegen*²⁽³⁾》; verdächtigen 《*jn ²et*》; in Verdacht haben⁴; *jn* fragwürdig einschätzen⁴/《事物を主語として》怪しい天気 ein 《mit ³Regen》drohendes Wetter, -s, -. ❷ [不信] unglaublich; zweifelhaft/彼のラテン語はあ しいものだ Mit seinem Latein ist's nicht weit her. ⇨おぼつかない。 ❸ [奇異] seltsam; befremdlich; fremdartig; eigentümlich; merkwürdig; sonderbar; wunderlich.

あやしげ 怪しげな nicht geheuer; Argwohn erweckend; unsicher; verdachterregend; zweideutig 《不明瞭》.

あやしむ 怪しむ ❶ [嫌疑] zweifeln 《*an*³》. ❷ [不信] misstrauen³. ❸ [奇異] ⁴sich verwundern 《*über*⁴》; ⁴sich wundern 《*über*⁴》/怪しむに足らず kein Wunder, dass 《wenn》…; es nimmt *jn* nicht wunder, dass 《wenn》…; es wundert *jn* nicht, dass 《wenn》….

あやす liebkosen⁴ 《非分離: *p.p.* [ge]liebkost》; hätscheln⁴; herzen⁴; unterhalten*⁴; bei guter Laune halten*⁴/泣く子をあやす ein schreiendes Kind in den Armen wiegen (auf den Knie(*n*) schaukeln*; hüpfen lassen*).

あやつりにんぎょう 操り人形 (Draht)puppe *f.* -n; Marionette *f.* -n.

あやつる 操る ❶ [船などを] lenken⁴; steuern⁴; 櫓(ロ)を操る das Ruder führen⁴; am Ruder sein (sitzen*). ❷ [言語を] beherrschen⁴; bemeistern⁴; kundig² sein/ドイツ語を自由に操る in der deutschen Sprache vollkommen bewandert sein. ❸ [人を] wie einen Puppe behandeln⁴; am Gängelband führen⁴ (leiten⁴); zu seinem Werkzeug machen⁴.

あやとり 綾取り《遊び》Schnurspiel (Faden-(abnehmen)spiel) *n.* -(e)s, -e.

あやどる 彩る mustern⁴; ineinander weben*⁽⁴⁾; verweben*⁽⁴⁾; färben⁴; kolorieren⁴.

あやにしき 綾錦 der gemusterte Brokat, -(e)s, -e.

あやぶむ 危ぶむ ⁴sich fürchten 《*vor*³》; Angst haben 《*vor*³》; Bedenken hegen (tragen*) 《*vor*³》; beargwohnen⁴ (bearg-

あやふや あやふやな ❶ [不確実] unbestimmt; ungewiss; unsicher; zweifelhaft. ❷ [あいまい] zweideutig; doppelsinnig; vag(e); verschwommen / あやふやな事を言う doppelzüngig reden; Ausflüchte 《pl》 gebrauchen / あやふやな返事をする eine ausweichende (vage) Antwort geben 《auf⁴》; ⁴sich beim Antworten doppelsinnig ausdrücken.

あやまち 過ち ❶ Fehler m. -s, -; Fehltritt m. -(e)s, -e; Irrtum m. -s, ⁼er; Schnitzer m. -s, -; Versehen n. -s, - / 過ちを改める ⁴sich bessern; gesitteter werden / 過ちは人の常 Irren ist menschlich. ❷ [事故] Unfall m. -(e)s, ⁼e; Unglücksfall m. -(e)s, ⁼e.

あやまつ 過つ ⇨ **あやまる**(誤る) / 過って aus ³Versehen; irrtümlich(erweise); unbeabsichtigt; von ungefähr 《偶然》; zufällig 《同上》/ 過っている Unrecht haben; im Unrecht sein / 過って改めるにはばかるなかれ Zur Besserung (Zum Bessern) ist's nie zu spät.

あやまり 誤り ⇨ **あやまち**/ 誤りを正す einen Fehler verbessern (korrigieren) / 筆の誤り Schreibfehler m. -s, - / 印刷の誤り Druckfehler m. -s, -; Fehldruck m. -s, -e.

あやまり 謝り Entschuldigung f. -en 《wegen²⁽³⁾》; Abbitte f. -n 《wegen²⁽³⁾》; Rechtfertigung f. -en 《弁明》‖ 謝り証文 Entschuldigungs|schreiben n. -s, - (-zettel m. -s, -).

あやまる 誤る ³sich irren 《in³》; ⁴sich täuschen 《in³; über》; einen Fehler begehen*; missverstehen*⁴ 《zu要するに》; missverstanden, p.p. missverstanden) / 方針を誤る einen falschen Weg ein|schlagen*; ein unrichtiges Verfahren an|wenden⁽*⁾ / 弘法も筆を誤る, Auch Homer schläft bisweilen.¹ Verspricht sich doch der Prediger auf der Kanzel. —— 誤らす [迷わす] irre|führen⁴ 《⁽*⁾|-leiten⁴》; missleiten⁴; verführen⁴; verleiten⁴. —— 誤った falsch; irrend 《人について》; irrig; irrtümlich; missverstanden; unrecht; unrichtig.

あやまる 謝る jn um ⁴Entschuldigung (Vergebung; Verzeihung) bitten* 《wegen²⁽³⁾》; ⁴sich entschuldigen (bei jm um⁴) / きっと謝ります Ich werde gewiss Abbitte tun ; es tut mir wahrhaftig leid.

あやめ 綾目 ❶ [模様] Figur f. -en; Muster n. -s, -; Köper m. -s, - 《綾織》. ❷ [差別] Unterscheidung f. -en; Unterschied m. -(e)s, -e; das unterscheidende Merkmal, -(e)s, -e.

あゆ 鮎 [eine Art] Forelle 《f. -n》.

あゆみ 歩み das Gehen* (Schreiten*; Treten*), -s; Gang m. -(e)s; Schritt m. -(e)s, -e; Tritt m. -(e)s, -e‖ 歩み板 Laufplanke f. -n / 歩み方 Gangart f. -en.

あゆみあい 歩み合い Kompromiss m. 《n.》 -es, -e; Übereinkunft f. ⁼e. ⇨ **だきょう**

あゆみあう 歩み合う einen Kompromiss [ab]schließen* (ein|gehen* 《mit jm》); überein|kommen*⁽s⁾ 《mit jm über⁴》; Übereinkommen (eine Übereinkunft) treffen* 《mit jm》.

あゆみよる 歩み寄る [近寄る] ⁴sich nähern; heran|treten*⁽s⁾ 《an⁴》;[妥協する] ⇨ **あゆみあう**.

あゆむ 歩む ⇨ **あるく**.

あら ah! ; oh!; lieber Himmel!; du meine Güte!; 不思議な Wie sonderbar!; Gottes Wunder!

あら [魚の] Abfälle (Knochenteile) 《pl》 eines Fisches.

あら [欠点] Fehler m. -s, -; Gebrechen n. -s, - 《肉体上の》; Makel m. -s, -; Mangel m. -s, ⁼; Schandfleck m. -(e)s, -e 《汚点》; Unvollkommenheiten 《pl》/ あらを搜す kritteln 《an¹》; mäkeln 《an³》; nörgeln 《an³》‖ あら捜し Krittelei f. -en; Mäkelei f. -en; Nörgelei f. -en.

あらあらしい 荒々しい rau; grimmig; grob; heftig; ungestüm; wild.

あらい 荒い《粗い》 ❶ rau; grob; barsch; wild; derb 《粗野》; gewaltsam 《乱暴》/ 地の粗い織物 grobes (raues) Tuch, -(e)s, -e / 金使いが荒い verschwenderisch sein; das Geld durchs Fenster werfen* / 気の荒い人 der hitzige (leicht erregbare) Kopf, -(e)s, ⁼e. ❷ [目の粗い] großmaschig / 目の粗い網 ein Netz 《n. -es, -e》 mit großen Maschen.

あらい 洗い ❶ das Waschen*, -s; Wäsche f. -n / 洗いがきく waschecht sein; waschbar sein / 洗いがきかない nicht waschecht sein; nicht waschbar sein / 洗いに出す in die (zur) Wäsche geben* (schicken) / 洗い落とす aus|waschen*⁴. ❷ [鮮魚の] aufgeschlitzte rohe Fische 《pl》; Schnitte 《pl》 roher Fische 《pl》.

あらいがみ 洗い髪 das frisch gewaschene Haar, -(e)s, -e.

あらいぐま 洗い熊 Waschbär m. -en, -en.

あらいざらい 洗いざらい gänzlich; insgesamt; alles* ohne ⁴Ausnahme; alles*, aber auch alles*.

あらいざらし 洗いざらしの verwaschen; durch ⁴Waschen verbraucht (mitgenommen).

あらいそ 荒磯 dio rauo (folsige; ödo; wildo; Brandung benagte) Küste, -n.

あらいはり 洗い張り das Waschen* und Mangeln*, des- und -s‖ 洗い張り屋 Mangeler m. -s, - 《人》; Mangelerei f. 《店》.

あらう 洗う ❶ [洗濯] waschen*⁴; aus|spülen*⁴ / 洗い落とす ab|waschen*⁴ 《|-spülen*》/ 洗うと縮む beim Waschen ein|laufen⁽s⁾ (ein|schrumpfen) ⁽s⁾ / 髪を洗う ³sich das Haar waschen*; schampunieren⁴ / 水で体 (顔)を洗う ³sich das 《Gesicht》 waschen* / 《物》 をよく洗う gründlich waschen*. ❷ [浄める] reinigen⁴; säubern⁴ / 罪の汚れを洗う ⁴sich von aller Sünde 《-n》 rein|waschen*. ❸ [波などが] waschen*; schlagen* 《über⁴》; überströmen / 波が甲板を洗う Die Wellen schlagen über das Deck.

あらうま 荒馬 das wilde (nicht (nie) gerittene; unzugerittene) Pferd, -[e]s, -e.

あらうみ 荒海 das stürmische (heftig bewegte) Meer, -[e]s, -e; die wilde See, -.

あらかじめ 予め im (zum) Voraus; eher; früher; vorher; zuvor/あらかじめ通知する vorher bekannt machen[3,4]; zuvor benachrichtigen (im von[3] über[4])/あらかじめ用意して置く [4]sich vor[ ]bereiten (auf[4]); Vorbereitungen (pl) treffen[*] (zu[3]).

あらかせぎ 荒稼ぎ das unverdiente Geldeinsacken[*], -s; Raub m. -[e]s 《強奪》.

あらかた ❶ 《大抵》 meistens; größtenteils; in der Hauptsache; meistenteils; zum größten Teil. ❷ 《一般に》 im Allgemeinen; im Großen und Ganzen; im großen Ganzen. ❸ 《殆ど》 fast; beinahe; nahezu; ungefähr; faktisch 《事実上》.

あらがね 粗金 Erz n. -es, -e; das rohe (unverarbeitete) Metall, -s, -e.

あらかべ 粗壁 der erste [Wand]bewurf, -[e]s, ≈e/粗壁を塗る eine Wand (≈e) mit grobem Verputz bewerfen[*].

アラカルト à la carte.

あらくれ 荒くれ男 Rohling m. -s, -e; Lümmel m. -s, -; Raufbold m. -[e]s, -e 《乱暴者》.

あらげ 粗毛 Borste f. -n.

あらけずり 粗削り das raue [Ab]hobeln[*], -s/粗削りの rau [ab]gehobelt; rau behauen; ungeschliffen.

あらごと 荒事 Kriegsszene f. -n ‖ 荒事師 ein Schauspieler 《m. -s, -》, der eine Kriegerrolle spielt.

あらし 嵐 Sturm m. -[e]s, ≈e; Sturmwind m. -[e]s, -e; Unwetter n. -s, -; ⇒ぼうふう(う)/嵐の日 ein stürmischer Tag, 《m. -es, -e》/嵐の前の静けさ die [Wind]stille vor einem Sturm/嵐がありそうだ Es lässt sich an, als ob es stürmisch wird./Vorboten eines Gewitters melden sich./Ein Sturm droht./嵐にあう von einem Sturm überrascht werden.

あらし 荒し Raub m. -[e]s ‖ 銀行荒し Bankräuber m. -s, -.

あらしごと 荒仕事 die grobe (mühselige) Arbeit, -en.

あらす 荒らす verwüsten[4]; verheeren[4]; Verheerung 《f. -en》 an[ ]richten[4]; vernichten[4]; zerstören[4]; zugrunde (zu Grunde) richten[4]; verwirren[4]; in [Un]ordnung bringen[*,4] 《乱す》; verderben[*,4] 《だいなしにする》; auf[ ]springen lassen[*,4] 《皮膚を》.

アラスカ Alaska n. -s.

あらすじ 粗筋 Ab[ ]riss (Um-) m. -es, -e; Auszug m. -[e]s, ≈e; Hauptpunkte (pl); eine kurze Inhaltsübersicht, -en; Resümee n. -s, -s; Synopse (Synopsis) f. -/-psen.

あらそい 争い ❶ Zank m. -[e]s; Zankerei f. -en; Kabbelei f. -en; Streit m. -[e]s, -e; Zwist m. -es, -e 《けんか》; Kontroverse f. -n; Wortstreit 《論争》; Fehde f. -n; Hader m. -s 《紛議》; Wortwechsel m. -s; Wechsel zorniger [2]Worte (pl); Uneinigkeit f. -en; Misshelligkeit f. -en; Zerwürfnis n. ..nisses, ..nisse 《不和》/争いが起こる Es kommt zum einem Zank (Krach). 《zwischen[3]》/争いの種 Zankapfel m. -s, ≈; Streitobjekt n. -[e]s, -e/争い好きな streitsüchtig; strittig/学問(科学)上の akademische (wissenschaftliche) Kontroverse. ❷ 《競争》 Wettbewerb m. -[e]s, -e (-streit m. -[e]s, -e); Konkurrenz f. -en; Rivalität f. -en.

あらそう 争う ❶ zanken (streiten[*]) 《mit jm über[4] (um[4])》; hadern (disputieren; rechten) 《mit jm über[4] (um[4])》; [4]sich ent[ ]zweien (mit[3]); [4]Streit haben (um[4]); in [4]Streit geraten [旦]; [3]sich uneinig sein/争うべからざる unanfechtbar; unbestreitbar; unbestritten; unleugbar; unstreitig; unumstößlich; fest[ ]gestellt (-stehend); fraglos. ⇨きそう(競う). ❷ 《奪いあう》 ringen[*] (wett[ ]eifern) 《mit jm um[4]》; es mit jm auf[ ]nehmen[*]/争い得ようとする [4]sich eifrig bewerben[*] (um[4]); [4]sich reißen[*] (um[4]); als erster Besitz ergreifen wollen[*] (von[3])/先を争う [4]sich um den Vortritt streiten[*] (mit jm).

あらた 新たな neu; frisch; neuartig/新たに aufs Neue; von neuem; von vorn; noch einmal 《再び》. — 新たになる [4]sich er[ ]neuern (verjüngen)/新たにする erneuern[4]; renovieren[4].

あらたか あらたかな wirksam; erstaunlich; kräftig; übernatürlich; wunderbar.

あらだつ 荒立つ ❶ 《気などが》 [4]sich auf[ ]regen; erbittert ([an]gereizt; erregt) werden. ❷ 《語気が》 [4]sich scharf (bitter) werden. ❸ 《波が》 hoch gehen[*]; grob (bewegt) werden 《die See》.

あらだてる 荒立てる ❶ 《気を》 erbittern[4]; [an]reizen[4]; auf[ ]bringen[*,4]; auf[ ]regen[4]; erhitzen[4]. ❷ 《事を》 Dinge verschlimmern (verwickeln)/事を荒だてる durch entgegenseitige Einräumung schlichten[4].

あらたまる 改まる ❶ 《一新》 erneuert (renoviert) werden; ein neues Aussehen an[ ]nehmen[*] (erhalten[*]). ❷ 《一変》 [4]sich ver[ ]ändern ([um]ändern); Veränderungen (pl) erfahren[*] / 町の面目は改まった Die Stadt sieht jetzt völlig verändert aus. ❸ 《改善》 [4]sich [ver]bessern; besser werden; reformiert (vervollkommnet) werden. ❹ 《改正》 verbessert (neu bearbeitet) revidiert werden. ❺ 《病患悪化》 [4]sich ver[ ]schlimmern; eine Wendung (-en) zum Schlechten nehmen[*]. ❻ 改って förmlich; formell; feierlich; steif; umständlich; zeremoniell/いやに改まっていますね Wie zeremoniell Sie sind!; Ach, Ihre Umständlichkeit!/そう改まらなくてもよい Weg mit deinen Förmlichkeiten!

あらためて 改めて ❶ aufs Neue; von neuem; noch einmal; wiederum/改めて言う事はない Ich habe nichts Besonderes zu sagen. ❷ wieder [einmal]/いずれ改めてお話しましょう Das wollen wir wieder [einmal] besprechen. ❸ auf eine eigen-

あらためる 改める ❶ [一新] erneuern⁴; renovieren⁴. ❷ [変更] verändern³; (um-)ändern⁴; um|formen⁴; um|wandeln⁴; verwandeln⁴/服装を改める die Kleider 《pl》 wechseln⁴/制度を改める die Einrichtungen 《pl》 verändern. ❸ [矯正] korrigieren⁴; zurecht|weisen*⁴. ❹ [改訂] verbessern⁴; neu bearbeiten⁴; revidieren⁴/版を改める eine neue Auflage veröffentlichen (heraus|geben)*; ein Buch revidieren. ❺ [改善] verbessern⁴; besser machen⁴; vervollkommnen⁴/素行を改める ⁴sich bessern; ⁴sich zum Besseren wandeln. ❻ [調査] prüfen⁴; besichtigen⁴; mustern⁴; untersuchen⁴; js Haus (Tasche) durch|suchen⁴《家(バッグ)を》/乗車券を改める eine Fahrkarte 《-n》 kontrollieren. ❼ [容儀] förmlich (zeremoniell) werden; auf ⁴Äußerlichkeiten 《pl》 Wert legen.

あらっぽい 荒っぽい ⇨あらあらしい.

あらて 新手 frische Streitkräfte 《pl》; der neu Angekommene, -n, -n; ein neuartiges Verfahren, -s, -/新手を投入しての攻撃 mit Einsatz neuer Truppen den Angriff erneuern.

あらなみ 荒波 heftig bewegte (aufwallende, stürmische) Wellen (Wogen) 《pl》; Brandung f. -en/人生の荒波にもまれる von den wilden Wogen des Lebens umhergetrieben werden.

あらなわ 粗縄 das grobe Strohseil, -[e]s, -e.

あらぬ あらぬ疑いをかけられる in falschen Verdacht geraten* (kommen*) ⁵/あらぬ疑いをかける jn ohne Grund (zu Unrecht) verdächtigen.

あらぬい 粗縫 das lose Nähen*, -s; das Heften*, -s; die lose Näharbeit, -en.

あらぬり 粗塗 das Berappen*, -s/壁を粗塗りする eine Wand mit Berapp bewerfen*.

アラビア Arabien n. -s/アラビア(ふう)のarabisch f-/アラビア馬 Araber m. -s, -/アラビア語 das Arabische*, -n; Arabisch n. -[s]/アラビアゴム Gummiarabikum n. -s/アラビア数字 die arabische Ziffer, -n/アラビア人(民族) Araber m. -s.

アラブ アラブ首長国連邦 die Vereinigten Arabischen Emirate/アラブ人 Araber m. -s, -; Araberin f. -rinnen/《女》/アラブ連盟 Arabische Liga.

あらぼり 粗彫り das grobe Schnitzen*, -s/粗彫りの grob geschnitzt.

あらまし ❶ [概略] flüchtig; kurz; zusammenfassend. ❷ ⇨あらかた.

あらむしゃ 荒武者 der furchtlose (wilde) Kämpe, -n, -n.

アラモード à la mode.

あらもの 荒物 Küchen|gerät (-geschirr) n. -[e]s, -e 【荒物屋】Küchengerät|händler (Küchengeschirr-) m. -s, -; Küchengerät|laden (Küchengeschirr-) m. -s, ⸗.

あらゆる aller*; jeder*; allerhand; allerlei; jederlei; alles Mögliche*/あらゆる手段を尽くす sein Möglichstes tun*; alle Minen

springen lassen*; kein Mittel (nichts) unversucht lassen*.

あらりょうじ 荒療治 ❶ [治療] eine Operation 《-en》 wider alle Regeln der ärztlichen Kunst; ein tollkühnes (drastisches) Heilmittel, -s, -; [処置] tollkühne Maßnahmen (Maßregeln) 《pl》. — 荒療治をする ❶ [施す] tollkühn (drastisch) behandeln*; ein tollkühnes (drastisches) Heilmittel an|wenden*¹ 《auf⁴》; zu (nach) tollkühnen Maßnahmen (Maßregeln) greifen* 《処置》. ❷ [受ける] ⁴sich tollkühnen Maßnahmen (Maßregeln) unterziehen*.

あられ 霰 Hagel m. -s; Hagelkorn n. -[e]s, ⸗er; Schloße (Schlosse) f. -n/霰が降る Es hagelt (schloßt)./雨霰と降る heftig wie Hagelkörner (Schloßen) 《pl》 (her)nieder|fallen* ⁵/雨霰と石と降る Es hagelt ⁴Steine 《pl》.

あらわす 現わす, 表わす, 著わす ❶ [示す・発揮する] zeigen⁴; entfalten⁴; zur Schau stellen⁴/名を著わす ⁴sich einen Namen machen; ⁴sich aus|zeichnen; berühmt (bekannt) werden/手腕をあらわす seine Fähigkeit (seine Geschicklichkeit; sein Vermögen) (an den Tag) legen⁴; etw. ⁴zu Wege bringen*; auf|tauchen ⁵; zum Vorschein kommen* ⁵/手柄をあらわす ⁴sich durch Tapferkeit 《-en》 aus|zeichnen; glänzende (verdienstvolle) Leistungen 《pl》 vollbringen*/感謝の表わしようもありません Ich weiß wirklich nicht, wie ich mich erkenntlich zeigen soll./この es は何を表わしていますか Was bedeutet dieses „es"?/Worauf ist dieses „es" zu beziehen?/これは彼の性格をよく表わしている Dies ist für ihn sehr bezeichnend (kennzeichnet ihn sehr). ❷ [隠れたものを] enthüllen⁴; entlarven⁴; offenbaren⁴; verraten*⁴; ans Licht bringen*⁴; an den Tag legen⁴/正体を現わす seine Maske ab|nehmen*; ⁴sich demaskieren. ❸ [著述] schreiben*⁴; heraus|geben*⁴; veröffentlichen⁴《発表・出版》; redigieren⁴《編集》.

あらわに 露わに ❶ [公然に] offen; öffentlich; offenkundig; publice. ❷ [露骨に] freimütig; direkt; frei und offen heraus; schlankweg; ohne Vorbehalt/すねもあらわに mit entblößten Beinen 《gehen*》 ⁵/胸をあらわに出す die Brust entblößen (bloß machen).

あらわれ 現われ Zeichen n. -s, -; Äußerung f. -en; Symptom n. -s, -e; Ausdruck m. -[e]s, ⸗e《表現》, Offenbarung f. -en 《示顕》.

あらわれる 現われる, 著われる ❶ erscheinen* ⁵; auf|treten* ⁵; heraus|kommen* ⁵; ⁴sich melden 《bei*》顔を出す》; sich zeigen; zum Vorschein kommen* ⁵/顔に現われている Sein Gesicht verrät es. ❷ [目に見えて来る] in ⁴Sicht kommen* ⁵; sichtbar werden; zu sehen sein; auf|tauchen ⁵《水中などから》; auf|schnellen ⁵; hoch|schnellen ⁵《ひょっくり》. ❸ [発覚] entdeckt (entblößt; enthüllt; entlarvt) werden. ❹ [署名] be-

あらんかぎり 有らん限り aufs äußerste; bis zum Äußersten; nach (besten) Kräften 《pl》; so gut es nur (irgend) möglich/有らん限りの aller*; best; äußerst/有らん限りの力を出して aus Leibeskräften 《pl》; mit äußerster Kraftanstrengung; unter ³Aufgebot all seiner Kräfte/有らん限りの声で叫ぶ aus vollem Hals(e) (voller Kehle) schreien*/金の有らん限り bis auf den letzten Pfennig; bei (auf) Heller und Pfennig.

あり 蟻 Ameise f. -n/蟻のはい出る隙間もない aufs Dichteste eingeschlossen (umzingelt) werden ‖ 蟻塚, 蟻の塔 Ameisenhaufen m. -s, -(-hügel m. -s, -).

アリア 〔楽〕Arie f. -n.

ありあけ 有明 Morgendämmerung f.; Tagesanbruch m. -(e)s, ¨-e/有明の月 der Mond 《-(e)s》 beim Morgengrauen; der verblassende (blasse; erlöschende) Mond beim Morgengrauen.

ありあまる 有り余る ❶ 〔v.〕in Hülle und Fülle haben*; im Überfluss haben*; mehr als genug haben. ❷ 〔a.〕überreich; sattsam; überschwänglich; übervoll.

ありあり ありありと deutlich; klar; lebendig; lebhaft; greifbar; handgreiflich.

ありあわせ 有り合わせ was man gerade bei der (zur) Hand hat; was zufällig da ist/有りあわせの商品 die Waren 《pl》, die man auf ³Lager hat; vorrätige Waren./〔食品の〕was es gerade (zu essen) gibt/有りあわせのものでご馳走するから来なさい Willst du mit dem, was es gerade (zu essen) gibt, fürlieb (vorlieb) nehmen, so komm doch mit!

ありうる können*; mögen*; möglich sein/ありうべき（ありうべからざる） ⇨ありそうな.

ありか 有処 der zeitweilige Aufenthalt. -(e)s. -e (Wohnort, -(e)s, -e); wo j. (¹et) ist (⁴sich befindet); js Nest n. -(e)s, -er 〔果辞〕/ありかを見つける suchen*/有処ある場所を突きとめる; einen Ort ausfindig machen; nachspüren³.

ありかた 在り方 Seinsart f./民主主義の在り方 wie Demokratie 《f. -n》 sein soll.

ありがたい 有難い ❶ [感謝すべき] dankenswert; dankwürdig; gnädig (君主など); gesegnet (神仏など); außergewöhnlich (特別の); willkommen; zusagend/ありがたい仕事 die dankbare Arbeit, -en. ❷ [感謝する] dankbar; erkenntlich/ありがたがる dankbar sein 《im für⁴》; Dankbarkeit 《f.》 bezeigen (an den Tag legen)/ありがたいことには ³Gott sei ¹Dank!; glücklicherweise; zum Glück/ありがたく, ありがたがって dankend; mit ³Dank; voll Dankbarkeit/ありがとう Vielen Dank! Danke bestens! ! Verbindlichsten Dank! Ich bin Ihnen sehr verbunden 《für⁴》./これはありがたい Gottlob!

ありがたなみだ ありがた涙 Dankestränen 《pl》; aus ³Dankbarkeit geweinte Tränen 《pl》.

ありがたみ Wert m. -(e)s, -e 〔価値〕; Wonne f. -n; Segnung f. -en.

ありがためいわく ありがた迷惑 die unwillkommene (unerwünschte) Gunst (Gewogenheit); die falsch angebrachte Gefälligkeit, -en/ありがた迷惑 Dann wird's auch ohne Sie gehen.

ありがちの ありがちの ❶ [普通] häufig; gebräuchlich; üblich. ❷ [...しがち] geneigt sein, ⁴et zu tun/事故はありがちのことだ Unfälle kommen immer wieder vor.

ありがね 有り金 flüssige Gelder 《pl》, über die man sofort verfügt/有り金を懐中にして in die Tasche stecken, was man gerade an Geld hat.

ありきたり 在りきたり (Ge)brauch m. -(e)s, ¨-e; Gewohnheit f. -en; Herkommen n. -s; Sitte f. -n/ありきたりの gebräuchlich; gewöhnlich; herkömmlich; konventionell; üblich ⇨ありふれた.

ありくい 蟻食い 〔動〕Ameisen|fresser m. -s, - (-bär m. -s, -en).

ありさま 有様 der Stand m. -(e)s, ¨-e; die Dinge; Sachverhalt m. -(e)s, -e; Situation f. -en; Umstände 《pl》; missliche (schlimme; traurige) Lage, -n 〔苦境〕/日下のありさまは so, wie die Dinge jetzt stehen; beim gegenwärtigen Stand der Dinge.

ありじごく 蟻地獄 Ameisenlöwe m. -n, -n.

ありしひ 在りし日 die vergangenen (entschwundenen) Tage 《pl》; die frühere Zeit, -en/在りし日の事とも die Vergangene*, -n; alte Erinnerungen 《pl》.

ありそうな leicht möglich; vermutlich; wahrscheinlich/ありそうもない unmöglich; undenkbar; unwahrscheinlich.

ありたい hoffentlich; ich hoffe; ich möchte.

ありだか 有高 Bestand m. -(e)s, ¨-e ‖ 現金有高 Kassenbestand m. -(e)s, ¨-e.

ありつく bekommen*⁴; erhalten*⁴; erreichen⁴; erwerben⁴; gewinnen⁴; kriegen⁴; verdienen⁴ 〔儲ける〕/どこでそれにありついたのですか Wo haben Sie das her?

ありったけ alles* und jedes*; es gibt (was man hat); alles* zusammen; sämtlich.

ありてい 有り体 ⇨ありのまま.

ありのまま 有りの儘 die nackte (offene; schlichte; ungeschminkte) Wahrheit, -en; die wahre Sachlage, -n/有りのままに offen; freimütig; wahrhaftig; (gerade) wie es ist; ohne ⁴Übertreibung/有りのままに話す um es offen zu sagen; (³sich) offenherzig Rechenschaft ablegen (geben*) 《über⁴》.

アリバイ Alibi n. -s, -s/アリバイを立証する sein Alibi erbringen* (beweisen*; nachweisen*); ein Alibi haben.

ありふれた 有りふれた gewöhnlich; alltäglich; herkömmlich; platt; banal 〔平凡〕; abgedroschen; abgenutzt 〔陳腐〕; landläufig; veraltet; häufig vorkommend.

ありもしない eingebildet; imaginär; nicht vorhanden (existierend).

ありゅう 亜流 Epigone m. -n, -n; [un-

schöpferischer〕Nachahmer *m.* -s, -.
ありゅうさん 亜硫酸 die schwef〔e〕lige Säure ‖ 亜硫酸塩 Sulfit *n.* -s, -e/亜硫酸ソーダ Natriumsulfit *n.* -s, -e.
ありんさん 亜燐酸 die phosphorige Säure, -n.
ある 或る〔irgend〕ein*; ein* gewisser*《名などわかっていても言わぬ場合に》; irgendetwas (irgendwelcher*)《なにかしら或る, だれかしら或るなどさだかには知らぬ場合》/或る意味からいえば in einem〔gewissen〕Sinne/或る所で irgendwo; an einer〔gewissen〕Stelle《-n》/或る生徒はドイツ語を習い或る生徒は英語を習う Die einen Schüler lernen Deutsch, während die anderen Englisch lernen./或る時 **1**) zu einer〔gewissen〕Zeit, -en; bei irgend einer Gelegenheit《-en》. **2**)［かつて］einmal; einst〔mals〕‖ 或る日 eines Tages; einst / 或る人 irgendeiner*; irgendjemand*; irgendwer*; eine gewisse Person, -en.
ある 有る, 在る ❶［存在］sein* [s]; existieren; vorhanden sein; es gibt; leben《生存》/在るかなきかの winzigst《最高級》; bis zur Unwahrnehmbarkeit klein《極微の》/有るにまかせて ohne zu sparen; ohne Einschränkung《-en》; uneingeschränkt; rücksichtslos《無分別に》/ 罪は私に在る Mich trifft die Schuld《an[3]》. ❷［位置を占める］befindlich; liegen*; stehen*. ❸［見付かる］gefunden werden/どこを捜してもありません Es lässt sich nirgend〔s〕wo finden./きっと引出しの中にありますよ Sie finden es bestimmt in der Schublade./お訪ねする暇がありません Ich kann keine Zeit finden, Sie zu besuchen. ❹［所有］haben*/だれしも長所はあるものです Ein jeder hat seine Stärke./ネクタイがありますか《販売》Führen (Haben) Sie Schlipse? / もはや一文もありませんでした Da hatte ich keinen einzigen Pfennig mehr. ❺［経験］erfahren sein《in[3]》; viel Erfahrung《-en》haben《in[3]》;〘具体的内容を示す動詞の過去分詞とともに〙haben (sein)/富士山へ登ったことがありますか Haben Sie einmal den Fuji bestiegen? ❻［発生］[4]sich ereignen; geschehen* [s]; vor|fallen* [s]; aus|brechen* [s]. ❼［挙行］〔ab〕gehalten werden; statt|finden* / 祝賀会はいつありますか Wann findet die Feier statt?/午後は学校はありません Heute Nachmittag ist keine Schule. ❽［…である］sein* [s]/利口である klug sein. ❾［数・量が…ある］messen*; wiegen*; zählen[4]/あの人は百七十三センチある Er ist 173cm groß.
あるいは ❶［または］oder/今日かあるいは明日に entweder heute oder morgen. ❷［多分］vielleicht; vermutlich; wahrscheinlich; wohl;〔es〕mag sein.
アルカリ Alkali *n.* -s, -en/アルカリ性の alkalisch ‖ アルカリ性 die alkalische Eigenschaft, -en/アルカリ反応 die alkalische Reaktion, -en; das alkalische Verhalten, -s.
あるく 歩く gehen* [s]; zu Fuß gehen*; laufen* [s]; bummeln [s]《ぶらぶら》; herum|schlendern [s]; spazieren gehen* [s]《散歩》; einher|stolzieren [s]《威張って》; sich mühsam fort|schleppen《とぼとぼ》; trippeln [s]《ちょこちょこ》; wandern [s]《てくてく歩く・ハイキングする》/歩かせる〔ein Pferd〕gehen lassen*; führen[4]; geleiten[4]; spazieren führen[4]/歩き回る umher|gehen* (-|schweifen) [s]; [4]sich umher|treiben*; umher|wandern [s]/町を歩く auf der Straße gehen*/駅まで歩いてほんの五分だ Zum Bahnhof braucht man nur fünf Minuten zu laufen./さんざん歩きまくった Ich habe mich halb tot gelaufen./歩き方, 歩き振り Gang *m.* -〔e〕s, ⸚e; Gangart *f.* -en《馬の》; Schritt *m.* -〔e〕s, -e.
アルコール Alkohol *m.* -s, -e; Spiritus *m.* -, - (..tusse)/アルコール性の alkoholisch/アルコール漬にする in [3]Alkohol auf|bewahren[4] (konservieren[4]) ‖ アルコール飲料 alkoholische (geistige) Getränke《*pl*》; Spirituosen《*pl*》/アルコール中毒 Alkoholismus *m.* -; Trunksucht *f.*/アルコールランプ Alkohol¦lampe (Spiritus-) *f.* -n.
あるじ 主 ❶［一家の］Hausherr *m.* -n, -en; Familien〔ober〕haupt *n.* -〔e〕s, ⸚er. ❷［旅館などの］〔Gast〕wirt, -〔e〕s, -e《男》;〔Gast-〕wirtin *f.* ..tinnen《女》; Gastgeber *m.* -s, -. ❸［夫］〔Ehe〕mann *m.* -〔e〕s, ⸚er; Gatte *m.* -n, -n. ❹［店などの］Eigentümer *m.* -s, -; Besitzer *m.* -s, -; Inhaber *m.* -s, -.
アルジェリア Algerien *n.* -s/アルジェリアの algerisch ‖ アルジェリア人 Algerier *m.* -s, -.
アルゼンチン Argentinien *n.* -s.
アルツハイマー アルツハイマー病 Alzheimerkrankheit *f.*
アルト〘楽〙Alt *m.* -〔e〕s, -e ‖ アルト歌手 Altist *m.* -en, -en《男》; Altistin *f.* ..tinnen《女》.
アルバイト Job *m.* -s, -s; Nebenarbeit *f.* -en/アルバイトをする jobben/夏休み中アルバイトをしなければならない [3]sich durch die Sommerferien〔hindurch〕den Lebensunterhalt erarbeiten (Geld verdienen) müssen* ‖ アルバイト学生 Werkstudent *m.* -en, -en.
アルパカ Alpaka *n.* -s, -s.
アルバニア Albanien *n.* -s/アルバニアの albanisch ‖ アルバニア語 Albanisch *n.* -〔s〕/アルバニア人 Albanier *m.* -s, -.
アルバム Album *n.* -s, ..ben.
アルファ α線 Alphastrahlen《*pl*》.
アルファベット Alphabet *n.* -〔e〕s, -e/アルファベット順に alphabetisch; in alphabetischer〔Reihen〕folge.
アルプス［アルプス山脈］die Alpen《*pl*》/アルプス〔山〕の alpin; alpisch ‖ 日本アルプス die Japanischen Alpen《*pl*》.
アルマイト Alumit *n.* -〔e〕s, -e ‖ アルマイト製品 Alumitware *f.* -n.
あるまじき unschicklich; ungeeignet; unpassend; unwahrscheinlich《無さそうな》; unmöglich《無いはずの》/学生としてあるまじき行いだ Für einen Studenten ist eine solche Handlung unerlaubt.
アルマジロ Gürteltier *n.* -〔e〕s, -e.

アルミニウム Aluminium n. -s ‖ アルミニウム製品 Aluminiumware f. -n.

アルメニア Armenien n. -s/アルメニアの armenisch ‖ アルメニア人 Armenier m. -s, -.

あれ [感嘆] sieh!; da!; nanu!; Donnerwetter!/あれまあ Nein, so was!

あれ jener; er*/あれほど, あれくらい, あれだけ so; solcher*; wie jener/あれほど金があっても bei all seinem Reichtum/あれほど言って聞かせたのに trotz allem Zureden; wie tüchtig ich ihn zugeredet haben mag/ありえば wie es ist (liegt; steht); wie es war (lag; stand)/あれっきり seitdem; nicht mehr; nicht wieder/あれっきり便りがない Von da an habe ich keine Nachricht von ihm bekommen. / あれやこれや dieses* und jenes*/忙しいやら病気やら, あれやこれやで teils durch meine Arbeit in Anspruch genommen, teils mit einem Kranken zu Hause beschäftigt.

あれ 荒れ ❶ [皮膚などの] Hautriss m. -es, -e; die rissige Haut, ¨e. ❷ ⇒あらし (嵐), あれもよう, ぼうふうう.

あれい 亜鈴 Hantel f. -n ‖ 亜鈴体操 Hantelübung f. -en.

あれくるう 荒れ狂う stürmen [h.s]; rasen [h.s]; toben; tosen [h.s]; wüten.

アレグレット allegretto.

アレグロ allegro.

アレゴリー Allegorie f. -n.

あれしき あれしきの事(奴) so (et)was (so einer*); so ein Ding n. -(e)s, -e (so ein Kerl m. -(e)s, -e)/あれしきの事でなければ wenn das alles wäre, was Sie wünschen; falls Ihnen das allein genügen sollte.

あれしょう 荒れ性の rissig.

あれち 荒れ地 Wüste f. -n; Einöde f. -n; Ödland n. -(e)s; das unbebaute Land, -(e)s; Heide f. -n; das wenig erträgreiche Land《不毛の地》.

あれの 荒野 Wildnis f. ...nisse; Heide f. -n. ⇒あれち.

あれはてる 荒れ果てる verfallen [s]; in 4Verfall geraten [s]; zur Ruine werden/荒れ果てた verfallen [s]; öde; wüst; verwüstet.

あれもよう 荒れ模様 ein stürmisches Wetter, -s, -; ein [mit Regen] drohendes Wetter, -s, -/荒れ模様だ Ein Gewitter zieht auf (ist im Anzug).

あれる 荒れる ❶ [荒廃] veröden [s]; öde (verlassen) werden/家が荒れている Das Haus ist baufällig (droht einzustürzen)./庭が荒れている Der Garten liegt verödet (öde und leer) da. ⇒あれはてる. ❷ [海・天候が] stürmisch (wild) werden. ❸ [皮膚が] rissig werden/洗濯で手が荒れた Durch Waschen haben meine Hände Risse bekommen.

アレルギー Allergie f. -n.

アレルゲン Allergen n. -s, -e.

アレンジ アレンジする arrangieren.

アロハシャツ Aloha-Hemd n. -(e)s, -en.

アロマテラピー Aromatherapie f. -n.

あわ 粟 Kolbenhirse f.

あわ 泡 Schaum m. -(e)s, ¨e; Blase f. -n; Gischt m. -(e)s, -e (f. -en); Blume f. -n 《ビールの》; Leerheit f. 《空虚》; Nichtigkeit f. -en 《同上》/泡だつ schaumig; schäumend; perlend; sprudelnd; mit Blasen/泡のたたないビール flaues (schales) Bier, -(e)s/泡だつ, 泡を吹く schäumen; brodeln; sprudeln ‖ 2Schaum schlagen*; Blasen werfen*/卵白を泡立てる Eiweiß zu Schnee schlagen*. ¶ 泡を食う den Kopf verlieren*; außer 3Fassung geraten* [s] ⇒あわてる/水の泡となる zu Schaum (Wasser) werden.

あわい 淡い blass; bleich; düster; matt《色》; trübe《光》; undeutlich《色》; dünn; verdünnt; wäss(e)rig《味》; flüchtig; vergänglich《はかない》/淡い悲しみ der flüchtige Kummer, -s/淡い望み die leiseste Hoffnung, -en.

あわせ 合わせ, 袷 der leicht gefütterte Kimono, -s, -s.

あわせめ 合わせ目 Fuge f. -n; Naht f. ¨e/合わせ目がゆるむ aus den (allen) Fugen gehen* [s].

あわせる 合わせる ❶ vereinigen4; verbinden4; verknüpfen4; zusammenfügen4 (-|setzen4)/合わせて alles zusammen; im Ganzen/力を合わせて mit vereinigten Kräften/...と合わせて verbunden 《mit3》; eingerechnet; einschließlich; noch dazu; obendrein. ❷ [重ねる] auflegen4 (auf4)/auf|setzen4 (auf4); falten4《手を》; zusammen|legen4《たたむ》. ❸ [加える] hinzu|fügen4 (-|tun4)《zu3》; addieren4《zu3》/A と B を合わせたほど so viel (groß) wie A und B zusammen (genommen). ❹ [併合] ein|verleiben3,4 (p.p. einverleibt) ein|fügen4 (in4); verschmelzen*4《mit3; in4》. ❺ [正しくする] ab|stimmen4 (auf4); ein|stellen4 (auf4); richtig stellen4/時計を合わせる die Uhr (den Zeiger der Uhr) stellen. ❻ [身体部分] falten4/手を合わせて mit gefalteten (gefalteten) Händen. ❼ [調子を] stimmen4; bei|stimmen3《迎合》; zu|stimmen3《同上》/js 4Horn blasen*《同上》/ピアノに合わせて vom Klavier begleitet/...の節(曲)に合わせて nach der Melodie (dem Lied) von .... ❽ [比較対照] vergleichen*4《mit3》; gegeneinander halten*4.

あわただしい 慌しい bestürzt; eilig; flüchtig; rastlos (ruhe-); übereilt; unstet/あわただしい人生 das flüchtige (vergängliche) Leben, -s/あわただしく in aller (größter) Eile; in ängstlicher Hast.

あわだてき 泡立て器 Schneebesen m. -s, -; Schaumschläger m. -s, -.

あわてる 慌てる bestürzt (betroffen; verwirrt) werden; den Kopf (die Fassung; die Geistesgegenwart) verlieren*. ── あわてて Hals über Kopf; holterdiepolter; das Hinterste zu vörderst; das Oberste zu unterst. ‖ あわて者 Spatzenkopf (Wirr-) m. -(e)s, ¨e; der hastige (leichtsinnige; unbesonnene) Mensch, -en, -en.

あわび 鮑 Seeohr n. -(e)s, -en.

あわや ach!; o Gott!; Du lieber Himmel!/あわやとみるまに urplötzlich; im Nu; im Hand-

あわゆき 淡雪 der leichte (lockere) Schnee, -s; Pulverschnee m. -s.

あわくば wenn möglich; wenn jm das Glück gewogen (günstig; hold) ist.

あわれ 哀れ ❶ [同情] Mitleid n. -(e)s; Erbarmen n. -s; Rührung f. -en/哀れな arm; armselig; dürftig; elend; herzzerreißend; jämmerlich; kläglich; mitleiderregend; mitleidig; rührend; traurig/哀れに思う⇔あわれむ. ❷ [はかなさ] das Gefühl der Vergänglichkeit. ¶ 哀れ O weh!¦ach!¦leid! ¦Armer Kerl!/物の哀れを感じる Zartgefühl haben 《für⁴》; poetische Empfindlichkeit haben 《für⁴》.

あわれみ 憐れみ Mitleid n. -(e)s; Erbarmen n. -s; Anteilnahme f.; Barmherzigkeit f.; Gnade f. -n/憐れみ深い mitfühlend (-leidig); teilnehmend; sympathisch. ── 憐れみをかける Erbarmen fühlen 《mit³》; Mitleid schenken¹; j. tut jm Leid.

あわれむ 憐れむ Mitleid (Erbarmen) haben 《mit³》; bemitleiden⁴; sich erbarmen⁽²⁾ 《über⁴》. ── 憐れむべき armselig; beklagenswert; dürftig; elend; herzzerreißend; mitleiderregend; rührend; traurig; unglücklich.

あん 案 ❶ [提案] Vorschlag m. -(e)s, ⁻e; Antrag m. -(e)s, ⁻e 《提議》; Gesetzesvorlage f. -n 《法案》/案を出す ⁴et vorschlagen*; einen Vorschlag machen; ⁴et einen Antrag stellen; ⁴et in Vorschlag bringen*/政府の増税案 Regierungsantrag 《m. -(e)s, ⁻e》 auf Steuererhöhung/案を採択する einen Vorschlag aufnehmen*/私の案によって auf meinen Vorschlag. ❷ [草案] Entwurf m. -(e)s, ⁻e; Kladde f. -n 《草稿》/案を立てる entwerfen*⁴; einen Entwurf (vor)legen/案をいれる(拒否する) einen Entwurf annehmen* (ablehnen*). ❸ [計画] Plan m. -(e)s, ⁻e; Vorhaben n. -s, -; Vorsatz m. -es, ⁻e/案を立てる einen Plan entwerfen* (aufstellen; fassen; schmieden (練る); ausdenken 《考え出す》)/案を遂行する den Plan ausführen (durchsetzen)/案を取りやめる den Plan fallen lassen* (aufgeben*). ❹ [意見・思いつき] Einfall m. -(e)s, ⁻e; Idee f. -n; Ansicht f. -en; Meinung f. -en; Gedanke m. -ns, -n/それは名案 Das ist eine Idee./それはだれの妙案か Wer ist auf diesen glücklichen Einfall (Gedanken) gekommen./案に違わず wie erwartet, wie zu erwarten war/案に相違して anders als erwartet/案に相違の返事だった Es war eine Antwort, auf die ich mich nicht gefasst war.

あん 庵 Hütte f. -n; Baracke f. -n; Klause f. -n; Eremitage f. -n.

あんあんり 暗々裡に insgeheim; im Geheimen; heimlich; auf geheime Art/彼らは暗々裡に了解をとげた Sie haben sich im Geheimen verständigt.

あんいつ 安逸 Gemächlichkeit f.; Behaglichkeit und Lässigkeit f.; Müßiggang m. -(e)s/安逸をむさぼる in behaglichen Verhältnissen leben; seine Tage mit süßem Nichtstun verbringen*; müßig umhersitzen*.

あんうん 暗雲 dunkle (finstere) Wolken 《pl》/政界の暗雲 (trübe) Wolken am politischen Himmel.

あんえい 暗影 Schatten m. -s, -; Düsterheit f.; Trübsinn m. -(e)s; Schwermut m. -(e)s/暗影を投じる einen Schatten fallen lassen* (werfen*) 《auf⁴》/彼の顔に暗影がさした Ein Schatten überzog (flog) über sein Gesicht./Er zog die Stirn in düstere Falten./未来は暗影に閉ざされている Die Zukunft liegt dunkel vor uns.

あんか 安価な billig; preiswert; wohlfeil; kitschig 《安っぽい》/安価な品物 ein billiger Artikel. -s, -; wohlfeile Waren 《pl》; Kitsch m. -(e)s 《安物》.

アンカー 《運》der letzte Läufer 《-s, -》 《der Staffel》.

あんがい 案外にも unerwartet(erweise); wider Erwarten; unvermutet; unvorhergesehen/案外やさしい leichter als erwartet (als man sich vorgestellt hat; als man gefürchtet hat). ⇔いがい(意外).

あんかっしょく 暗褐色の dunkelbraun.

あんかん 安閑と müßig; träge; faul/安閑としている die Hände in die Tasche (in den Schoß) legen; ⁴sich auf die faule Haut legen/安閑としていられぬ Die Zeit (Die Not) drängt./Die Zeit (Die Not) verlangt rasches Handeln.

あんき 安危 Sicherheit f.; Schicksal n. -s, -e; Fatum n. -s, ...ta/...の安危に関する lebenswichtig; verhängnisvoll; Unheil bringend/国家の安危に関する問題 ist die Lebensfrage des Staates./Das Schicksal des Staates hängt davon ab, wie man diese Frage löst.

あんき 暗記 das Auswendiglernen*, -s. ── 暗記する auswendig lernen⁴; auswendig aufsagen (hersagen⁴; wissen*⁴) 《そら で言える》/彼はそれを暗記している Er sagt es aus dem Kopf auf./Er kann es an den Fingern hersagen. ‖ 暗記力 Gedächtnis n. -nisses, -nisse.

あんぎゃ 行脚 Wallfahrt f. -en/行脚する pilgern ⓢ; wallfahren ⓢ; wandern ⓢ ‖ 行脚僧 Pilger m. -s, -; Pilgrim m. -s, -e; Pilgermönch m. -(e)s, -e.

あんきょ 暗渠 Abzugskanal m. -s, ⁻e; Abflussrohr n. -(e)s, -e; Kanalisation f. -en.

アングラ アングラ映画 Underground-Film m.

あんぐり あんぐり口を開いて gaffend; mit offenem Mund; Maulaffen feilhaltend.

アンケート Enquete f. -n; Rundfrage f. -n; Fragebogen m. -s, -/《用紙》.

あんこう 鮟鱇《魚》Seeteufel m. -s, -.

あんごう 暗号 ❶ Chiffre f. -n; Geheimschrift f. -en; Kode m. -s, -s/暗号を解読する entziffern; entschlüsseln⁴/暗号を使う chiffrieren⁴; verschlüsseln⁴; verziffern^{4}. ❷ [合いことば] Parole *f.* –n; Kennwort *n.* –〔e〕s, ¨–er; Erkennungszeichen *n.* –s, –. ❸ [合図] Signal *n.* –s, –e; Wink *m.* –〔e〕s, –e; Zeichen *n.* –s, –. ‖ 暗号機 Chiffriermaschine *f.* –n/暗号電報 ein Chiffre-Telegramm *n.* –s, –e; ein verschlüsseltes (chiffriertes) Telegramm/暗号文 Chiffre-Schrift *f.* –en (–Text *m.* –es, –e).

あんごう 暗合 eine〔zufällige〕Übereinstimmung, –en; das Zusammentreffen* (Zusammenfallen*), –s/妙な暗合ですね Was für ein merkwürdiges Zusammentreffen! ── 暗合する übereinstimmen; zusammen|treffen* (–|fallen*) [s].

アンコール Dakapo *n.* –s, –s; Dakaporuf *m.* –〔e〕s, –e; Zugabe *f.* –n/アンコールを浴びせる Dakapo rufen*; um eine Zugabe bitten* 《*jn*》/アンコールが所望された Das Stück wurde Dakapo verlangt./アンコールに応じて歌手は三つ歌った Der Sänger gab drei Lieder zu.

あんこく 暗黒 Dunkel *n.* –s; Dunkelheit *f.*; Finsternis *f.* ..nisse; Nacht *f.* ¨–e/暗黒の dunkel;〔stock〕finster;〔pech〕schwarz ‖ 暗黒時代 die finsteren Zeiten 《*pl*》; das〔finstere〕Mittelalter, –s 《欧州中世の》/暗黒面 die Schattenseite 《–n》 der Dinge 《事物の》 (des Stadtlebens 《都会生活の》; des Lebens 《人生の》).

アンゴラ Angola *n.* –s/アンゴラの angolanisch

アンゴラ アンゴラ兎 Angorakaninchen *n.* –s, –./アンゴラ山羊 Angoraziege *f.* –n.

あんさつ 暗殺 Meuchelmord *m.* –〔e〕s, –e; Ermordung *f.* –en/暗殺を計る einen〔bösen〕Anschlag (einen Mordanschlag) auf *js* ^{4}Leben machen ‖ 暗殺者〔Meuchel-〕mörder *m.* –s, –; Attentäter *m.* –s, – 《刺客》.

あんざん 安産 eine leichte Geburt, –en; eine glückliche (leichte) Entbindung, –en (Niederkunft, ¨–e)/安産する glücklich entbunden werden 《von einem Jungen 男児を》.

あんざん 暗算 das Kopfrechnen*, –s/暗算する im Kopf〔aus|〕rechnen (im Stillen kalkulieren).

あんざんがん 安山岩 Andesit *m.* –s, –e.

アンサンブル Ensemble *n.* –s, –s 《音楽・服装の》.

あんじ 暗示 Andeutung *f.* –en; Eingebung *f.* –en; Einflüsterung *f.* –en/暗示を与える an|deuten$^{(3)4}$; ein|geben*^{34}; ein|flüstern^{34}/暗示的 andeutend; suggestiv; andeutungsvoll 《暗示に富んだ》.

あんしつ 暗室 Dunkelkammer *f.* –n ‖ 暗室ランプ Dunkelkammerlampe *f.* –n.

あんじゅう 安住 ein geruhsames Leben, –s, –/安住する den Wohnsitz auf|schlagen*; ^{4}sich nieder|lassen*/宗教に安住の地を見出す in Religion Trost und Frieden finden*; aus Religion Trost schöpfen.

あんしゅつ 案出 Erfindung *f.* –en; Ersinnung *f.* –en/案出する erfinden*^{4}; ersinnen*^{4}; erdenken*^{4}; ^{3}sich aus|denken*^{4}; aus|brüten^{4}; aus|hecken^{4}.

あんしょう 暗礁 eine blinde Klippe, –n; ein verborgenes〔Felsen〕riff, –e; ein unerwartetes Hindernis 《障害》/暗礁に乗り上げる auf einer Klippe scheitern [s]; auf ein verborgenes〔Felsen〕riff gestoßen (getrieben; geworfen) werden (geraten* [s]); auf den toten Punkt kommen* [s] 《行詰まり》/人生の暗礁に乗り上げる Schiffbruch im Leben〔er〕leiden^{4}; nur noch ein Wrack sein.

あんしょう 暗誦 das Her|sagen* (Auf–), –s; Rezitation *f.* –en/暗誦する auswendig (aus dem Kopf) her|sagen^{4}; auf|sagen^{4}; rezitieren^{4}.

あんじる 案じる ^{4}sich ängstigen 《*um*^{4}》; ^{3}sich Sorge machen 《*um*^{4}; *wegen*$^{2(3)}$》; ^{4}sich beunruhigen 《*um*^{4}; *wegen*$^{2(3)}$》; ängstlich 《*um*^{4}》 (besorgt 《*für*^{4}; *um*^{4}》) sein; es ist *jm* bange 《*um*^{4}》; befürchten^{4}/案じ暮らす in ständiger Sorge (in Furcht) leben / 案ずるより生むが易し Wagen gewinnt.¦Wer wagt, gewinnt.

あんしん 安心 ❶ Seelen¦ruhe (Geistes–) *f.*; Beruhigung *f.* –en; Erleichterung *f.* –en 《ほっとすること》; Gemütsruhe *f.*; Kummer¦losigkeit (Sorgen–) *f.*/安心させる beruhigen^{4}; von ^{3}Kummer und ^{3}Sorgen befreien^{4}/安心して beruhigt; unbesorgt; sorgenfrei; sorgenlos; mit ruhigem Herzen; ohne ^{4}Sorge〔n〕/ご安心下さい Bekümmern Sie sich nicht darum.¦Machen Sie sich keine Sorgen darüber (darum).¦Seien Sie〔deswegen〕unbesorgt./それを見て安心した Bei diesem Anblick fühlte ich mich beruhigt (erleichtert).¦Als ich das sah, ist mir ein〔Mühl〕stein vom Herzen gefallen. ❷ [安全] Sicherheit *f.* –en/安心のできない容態 ein bedenklicher (gefährlicher; kritischer) Zustand, –〔e〕s, ¨–e/病人はもう安心だ Nun hat der Kranke die Krise überstanden./ここなら襲われる心配はなくて安心だ Hier sind wir sicher vor einem Überfall. ❸ [信頼] Vertrauen (Zutrauen) *n.* –s/安心できる人 ein Mensch, dem man〔ver-〕trauen kann; ein Mensch, auf den man Vertrauen setzen kann; ein zuverlässiger Mensch, –en, –en/この車は安心ですか Kann man sich auf den Wagen verlassen? ‖ 安心立命 größter Seelenfriede〔n〕, ..dens, ..den; das seelenruhige Sichfügen* in sein Schicksal.

あんず 杏〘植〙Aprikose *f.* –n/あんずの砂糖づけ die eingezuckerte Aprikose.

あんせい 安静 Ruhe *f.*; Stille *f.*/安静に ruhig; still; in ^{3}Ruhe/安静を保つ Ruhe halten*; ruhig liegen*; ^{4}sich still (ruhig) verhalten*/絶対安静をお守りなさい Halten Sie absolute Ruhe.

あんぜん 安全 Sicherheit *f.* –en; Gefahrlosigkeit *f.* ── 安全な sicher; gefahrlos; frei von ^{3}Gefahr; zuverlässig 《あてになる》/安全に in ^{3}Sicherheit; außer ^{3}Gefahr/安全にする sichern^{4}; sicher machen^{4}; sicher|stellen^{4}; in ^{4}Sicherheit bringen*^{4}/これで彼の生命は安全だ Nun ist er seines Lebens sicher. ‖ 安全かみそり Sicherheitsrasiermesser *n.* –s, –/安全感 Sicherheitsgefühl *n.* –〔e〕s, –e/安全器 〖電〗 Sicherheitsausschalter *m.* –s, –/安全週間 Sicherheitswoche *f.* –n/安全錠 Sicherheitsschloss *n.* –es, ⸗er/安全装置 Sicherung *f.* –en 《銃の》/銃の安全装置をかける(外す) ein Gewehr sichern (entsichern)/安全第一 Sicherheit vor allem./安全地帯 Schutz¦insel (Sicherheits–) *f.* –n; Sicherheitssteig *m.* –〔e〕s, –e/安全灯 Sicherheitslampe *f.* –n/安全ピン Sicherheitsnadel *f.* –n/安全ベルト Sicherheitsgurt *m.* –〔e〕s, –e/安全弁 Sicherheitsventil *n.* –s, –e/安全保障条約 Sicherheits¦pakt *m.* –〔e〕s, –e (–vertrag *m.* –〔e〕s, ⸗e)/安全保障理事会 Sicherheitsrat *m.* –〔e〕s, ⸗e/安全率 Sicherheitsgrad *m.* –〔e〕s, –e.

あんそく 安息 Rast *f.* –en; Ruhe *f.* ‖ 安息所 Ruhe¦statt *f.* (–stätte *f.* –n); Frei¦statt (–stätte); Zufluchtsort *m.* –〔e〕s, –e/安息日 Sabbat *m.* –s, –e; Ruhetag *m.* –〔e〕s, –e.

あんだ 安打 sicherer Schlag, –〔e〕s, ⸗e/ショートオーバーの安打 ein sauberer Schlag über den Halbspieler.

アンダーウェア Unterwäsche *f.*

アンダーシャツ Unterhemd *n.* –〔e〕s, –en.

アンダーライン Unterstreichung *f.* –en; Linie 《*f.* –n》〔unter einem Wort〕/アンダーラインを引く unterstreichen^{*4}.

あんたい 安泰 Friede〔n〕 *m.* ..dens; Wohlergehen *n.* –s/国家安泰を祈願する zu ^{3}Gott um ^{4}Landesfrieden beten.

あんたん 暗憺たる dunkel; düster; finster; trostlos; trüb〔e〕.

アンダンテ Andante *n.* –〔s〕, –s/アンダンテで andante.

あんち 安置 Aufstellung *f.*; Aufbahrung *f.* /安置する auf|stellen; auf|bahren 《遺骸を》; als Heiligtum verwahren.

アンチテーゼ Antithese *f.* –n.

アンチノックざい アンチノック剤 Antiklopfmittel *n.* –s, –.

アンチヒーロー Antiheld *m.* –en, –en.

アンチモン Antimon *n.* –s/アンチモン酸 Antimonsäure *f.*

あんちゃく 安着 gute (glückliche) Ankunft, ⸗e/安着する wohlbehalten (glücklich) an|kommen* [s] 《*in*^{3}; *an*^{3}》.

あんちゃん 兄んちゃん ❶ [兄] ein 〔älteres〕 Brüderchen, –s, –. ❷ [若者] ein junger Mann, –〔e〕s, ⸗er.

あんちゅう 暗中 im Dunkeln; im Finstern/暗中飛躍をする heimlich mit Ränken um|gehen* [s]; hinter der Kulisse intrigieren/暗中模索する im Finstern (im Dunkeln) nach ^{3}*et* tappen.

あんちょく 安直な ❶ [廉価] billig; preiswert; wohlfeil. ❷ einfach; anspruchslos; minderwertig; schmucklos.

あんちょこ [本] Eselsbrücke *f.* –n 《虎の巻》.

アンチョビー Anschovis *f.* –.

あんてい 安定 stabiles Gleichgewicht; Stabilität *f.*/生活の安定 fester Lebensunterhalt; gesicherte Existenz, –en/通貨の安定 Stabilisierung *f.* –en; Festigung 《*f.* –en》 der Wahrung/安定を保つ(失う) das Gleichgewicht halten* (verlieren*); ^{4}sich im Gleichgewicht befinden* (aus dem Gleichgewicht kommen* [s]) ‖ 安定勢力 stabilisierende Macht, ⸗e.

アンティグア・バーブーダ Antigua und Barbuda *n.* – – –s.

アンテナ Antenne *f.* –n/アンテナを張る eine Antenne 〔in der Luft〕 auf|stellen ‖ アンテナ回路 Antennenkreis *m.* –es, –e.

あんてん 暗転 〖劇〗 Szenenwechsel 《*m.* –s, –》 im Dunkeln.

あんど 安堵 ⇨**あんしん**/安堵の胸をなでおろす *jm* fällt ein Stein vom Herzen.

あんとう 暗闘 geheime (heimliche; verborgene) Feindseligkeit, –en (Streitigkeit, –en; Zwietracht).

アンドラ Andorra *n.* –s/アンドラの andorranisch ‖ アンドラ人 Andorraner *m.* –s, –.

あんどん 行灯 eine japanische Holzlaterne, –n.

あんな あんな〔ein〕 solcher*; solch ein*; derartig*; derlei ⇨**ああ**/あんなふうに auf diese Weise; in dieser Weise; so/あんな魅力のある少女 so〔lch〕 ein reizendes Mädchen 《–s, –》〔wie sie〕/あんなもの etwas Derartiges/あんなことを言う(する) auf diese Weise (in dieser Weise) sprechen* (handeln; ^{4}sich betragen*).

あんない 案内 ❶ [導き] 〔Ein〕führung *f.* –en; Begleitung *f.* –en; Leitung *f.* –en/…の案内で unter *js* Führung; von *jm* begleitet/(名所の)案内者を雇う *jn* zum Führer nehmen*. ❷ [取次] 案内も請わずに ohne ^{4}sich angemeldet zu haben 《*bei*^{3}》; ohne Anklopfen*/案内を請う Einlass begehren; an die Tür klopfen. ❸ [招待] Einladung *f.* –en/お茶に案内する *jn* zu einer Tasse Tee ein|laden*. ❹ [様子] Lage *f.* –n; Verhältnisse 《*pl*》/土地の案内に詳しい人 ein Mensch, der ^{4}sich an dem Ort auskennt/私はこの方面は不案内です Ich weiß in dem Fach keinen Bescheid. ❺ [通報] Mitteilung *f.* –en; Auskunft *f.* ⸗e; Bericht *m.* –〔e〕s, –e; Nachricht *f.* –en. ── 案内する führen^4; begleiten^4; ein|führen^4; leiten^4/彼に博物館の案内をした Ich habe ihn durch das Museum geführt./彼は私をクラブへ案内してくれた Er hat mich in den Klub eingeführt. ‖ 案内者 Führer; Cicerone *m.* –〔s〕, –s (..ni); Fremden¦führer *m.* –s, –/案内書 Führer *m.* –s, –/案内所 Auskunft *f.*; Information *f.* –en; Auskunftsbüro *n.* –s, –s/案内状 Einladungs¦brief *m.* –〔e〕s, –e (–karte *f.* –n)/旅行案内 Kursbuch *n.* –〔e〕s, ⸗er; Reiseführer.

あんに 暗に andeutungsweise; indirekt; stillschweigend/暗に解らせる an|deuten^4; an|spielen 《*auf*^{4}》; *jm* zu verstehen geben^{*4} (bei|bringen^{*4}); *jm* einen Wink geben^{*4}/彼は暗に自分の思惑をほのめかした Er spielte geheimnisvoll auf seine Absicht an./報酬を期待してもよいと暗にほのめかした Er deutete mir an, dass ich eine Belohnung erwarten könne./それは暗に私の前言をさして

あんねい いるのだ Er spielt auf meine frühere Bemerkung an./彼らの間には暗に了解があるのだ Es besteht ein stillschweigendes Einvernehmen zwischen ihnen.

あんねい 安寧 der öffentliche Friede(n), ..dens; Ruhe und Friede(n)/安寧を乱す(保つ) den öffentlichen Frieden stören (aufrecht|erhalten*)/安寧秩序 Ruhe und Ordnung.

あんのん 安穏 Ruhe f.; Friede(n) m. ..dens, ..den; Sicherheit f. -en.

あんば 鞍馬 [体操用具] Pferd n. -(e)s, -e.

あんばい ❶ [調味] Würze f.; Geschmack m. -(e)s, -e(r)/あんばいする würzen*; salzen(*)(4); schmackhaft machen4/あんばいをみる kosten4; [ab]schmecken4; probieren4/ちょっとあんばいをみてごらん Probiere mal diese Kostprobe./あんばいはいかが? Wie schmeckt's Ihnen? ❷ [状態・容態] das Befinden*, -s/ [Gesundheits]zustand m. -(e)s, -e; Beschaffenheit f./...あんばいはいかがですか Wie befinden Sie sich?/Ist das Bad heiß genug?《おふろの》/このあんばいでは unter diesen Verhältnissen; wenn es so weiter geht/よいあんばいに glücklicherweise; zum Glück. ❸ [仕方] Weise f. -n; Art f. -en/Art und Weise/こういうあんばいに auf diese Weise. ❹ [按排・配置] [An]ordnung f. -en/ちゃんとあんばいする an|ordnen4; in Ordnung bringen*4; auf|räumen4.

アンバランス Ungleichgewicht n. -(e)s, -e; Unausgeglichenheit f. -en/アンバランスな unausgeglichen.

あんぴ 安否 das Befinden*, -; der körperliche Zustand, -(e)s, ⸚e; das Ergehen*, -s《遭難などの際》/安否を気遣う um js 4Ergehen/4Sorge haben 《hegen》; wegen js Schicksals besorgt sein/安否を知らせる mit|teilen4, wie es jm geht/安否を尋ねる 4sich nach js 3Befinden erkundigen; fragen4, ob es jm gut geht oder nicht. ⇨あんじる.

アンプ Verstärker m. -s, -.

アンフェタミン Amphetamin n. -s, -e.

アンプル Ampulle f. -n.

あんぶん 按分する in ein Verhältnis setzen4; proportional ab|messen4 (bemessen4)/按分で proportional; verhältnismäßig ‖ 按分比例 verhältnismäßige Teilung, -en/按分比例でわける verhältnismäßig aus|teilen4 (an4).

アンペア 《電》 Ampere n. -(s), -.

あんぽ 安保条約 Sicherheitspakt m. -(e)s, -e; Sicherheitsvertrag m. -(e)s, ⸚e.

あんぽう 罨法 Umschlag m. -(e)s, ⸚e; Bähung f. -en; Kataplasma n. -s, ..men/罨法をする einen Umschlag machen (um4); ein nasses Tuch um|schlagen; mit 3Kataplasma behandel4/温(冷)罨法 warmer (kalter) Umschlag.

あんま 按摩 Massage f. -n; [人] Masseur m. -s, -e; Masseuse f. -n/按摩する massieren4; kneten4《もむ》.

あんまく 暗幕 Verdunklungsvorhang m. -(e)s; Verdunklung f. -en.

あんまり ❶ ⇨あまり(余り)/話があんまりうますぎますね Es ist zu schön, um wahr zu sein. ❷ [過度] zu hart; unbillig.

あんみん 安眠 der ruhige (gesunde; gute) Schlaf, -(e)s/安眠を妨害する js Schlaf stören; im Schlaf[e] stören4. ─ 安眠する ruhig (gesund; gut) schlafen4; einen festen Schlaf haben/安眠しない schlaflos bleiben* [s]; unruhig schlafen4/安眠している fest schlafen*; in tiefem Schlaf[e] liegen* ‖ 安眠妨害 Ruhestörung zur Nachtzeit.

あんもく 暗黙のうちに stillschweigend; nach stillschweigender Übereinkunft.

アンモニア Ammoniak n. -s.

アンモニウム Ammon[ium] n. -s.

あんやく 暗躍 Umtriebe (pl); geheimes (heimliches) Manöver, -s, -/暗躍する Umtriebe machen; im Geheimen (heimlich) manövrieren; hinter den Kulissen tätig sein.

あんらく 安楽 Behaglichkeit f. -en; Annehmlichkeit f. -en; Bequemlichkeit f. -en; Gemütlichkeit f. -en; Komfort m. -(e)s. ── 安楽な behaglich; angenehm; bequem; gemütlich/安楽な境遇で in guten Verhältnissen/安楽に感じる 4sich behaglich fühlen/安楽に暮らす ein behagliches Leben führen ‖ 安楽いす Sessel m. -s, -; Lehnstuhl m. -(e)s, ⸚e; Sofa n. -s, -s《長いす》.

あんりゅう 暗流 Unterströmung f. -en; die Strömung unter 3Wasser; die nicht bemerkbare Richtung, -en《抽象的に》/暗流が横たわっている Da ist eine Unterströmung.

あんるい 暗涙にむせぶ stille (heimliche) Tränen (pl) weinen (vergießen*); heimlich (im Stillen) weinen/暗涙にむせびながら unter stillen (heimlichen) Tränen.

い

い 藺《植》die (große) Binse, -n; Flatterbinse f. -n; Simse f. -n ‖ 藺草 Binse f. -n/藺草を敷いた mit Binsen gestreut.

い 胃 Magen m. -s, -(⸚); Kropf m. -(e)s, ⸚e《鳥類の》; Pansen m. -s, -《反芻(½)動物の第一胃》/胃の Magen-; Gastro-/胃が痛い Der Magen tut jm weh; Magen|schmerzen (pl) haben ‖ 胃トニー Magenatonie f./胃液 Magensaft m. -(e)s/胃潰瘍(⅔) Magengeschwür n. -(e)s, -e.

い 位 Stelle *f.* -n; Rang *m.* -(e)s, ⸚e/第一位を占める die erste Stelle ein|nehmen*; den ersten Rang inne|haben/正(従)三位の o-bere (untere) Klasse (Stufe) des dritten Hofrang(e)s.

い 威を振るう ³sich geltend machen; ³sich ⁴Ansehen zu verschaffen wissen*/虎の威を借る狐 der Esel ⟨-s, -⟩ in der Löwenhaut/威あって猛(⸚)からず würdevoll bleiben* (⟨⟩), ohne arrogant zu sein.

い 井の中の蛙(⸚)大海を知らず Der Frosch, der im Brunnen hockt, hat keine Ahnung, was das Meer sei.

い 意のごとく befriedigend; nach seinem Sinn; wie es einer* will/意に介しない ³sich nichts machen ⟨aus⟩; keine Rücksicht nehmen* ⟨auf⁴⟩; ³sich nicht zu kümmern ⟨um⁴⟩; ³sich nicht zu Herzen nehmen*/意に適う gefallen* ⟨*jm*⟩; befriedigen ⟨*jm*⟩; Behagen verursachen; Freude bereiten ⟨*jm*⟩; willkommen sein ⟨*jm*⟩/意に反する gegen *js* ⁴Willen (Wunsch) handeln; *js* Willen (³Wunsch) nicht entsprechen* (nicht gerecht sein können*)/意のままに行う nach seinem Willen handeln; tun*, wie einem beliebt / 意を決する ⁴sich entschließen*; einen Entschluss fassen; ³sich ein Herz fassen ⇨けっしん/意を迎える ⁴sich einschmeicheln (bei *jm*); ⁴sich in die Gunst ein|schleichen* ⟨bei³⟩; um *js* Gunst buhlen/意を強くする ⁴sich ermutigt (ermuntert) fühlen; *jm* wird frischer Antrieb gegeben / 意を通じる ⁴sich verständlich machen; zu verstehen geben*/意とするに足らず ⁴sich nicht zu [be]kümmern brauchen; eine Geringfügigkeit (Kleinigkeit) darstellen/彼女は彼を意のままにしている Sie wickelt ihn um den (kleinen) Finger.

い 医を業とする von ⁴Beruf (Profession) ¹Arzt sein; als ¹Arzt (Doktor) praktizieren/医は仁術なり Bei der ärztlichen Tätigkeit handelt es sich um Humanität.

イ ⟨楽⟩ *a n.* -, -‖イ短調 a-Moll *n.* -/⟨記号: a⟩/イ長調 A-Dur *n.* -/⟨記号: A⟩.

いあつ 威圧 Zwang *m.* -(e)s (Nötigung *f.* -en); Unterdrückung *f.* -en) durch ⁴Autorität/威圧する durch Autorität zwingen* (nötigen; unterdrücken) ⟨*jn*⟩.

いあわせる 居合わせる [zufällig] anwesend (da; gegenwärtig; zugegen) sein/居合わせた人はみな子供に同情した Alle, die da waren, hatten Mitleid mit dem Kind.

いあん 慰安 Trost *m.* -es, Tröstung *f.* -en; Behagen *n.* -s; Erholung *f.* -en; Erquickung *f.* -en; Komfort *m.* -[e]s; Vergnügen *n.* -s, -/慰安[的]の tröstlich; behaglich; erquicklich; komfortabel; vergnüglich. ── 慰安する trösten ⟨*jn*⟩; erquicken ⟨*jn*⟩; vergnügen ⟨*jn*⟩; [慰安を与える] Torst ein|flößen (spenden; ein|sprechen zu|sprechen*) ⟨*jm*⟩; Behagen (Erquickung; Erholung; Vergnügen) geben* ⟨*jm*⟩. ‖ 慰安会 Gesellschaft ⟨*f.* -en⟩ zur Unterhaltung / 慰安所 [Volks]vergnü-gungsplatz *m.* -es, ⸚e/慰安婦 Soldatendirne *f.* -n.

いい ⇨よい/いいことがある Ich habe dir was Schönes zu erzählen./いい所で遭ったね Das trifft sich ja großartig!Gut, dass wir uns treffen!/彼女は声がいい Sie hat eine angenehme (schöne; süße) Stimme./いいことをする 1) Gutes* tun*; einen Dienst (eine Gefälligkeit) erweisen* ⟨*jm*⟩. 2) Glück (Dusel) haben/いいあんばいに glücklicherweise; zum Glück; zu meinem Glück/いいあんばい[具合][の] (⟨⟩) glücklich; gelegen; günstig; recht/いい子 das liebe (artige) Kindchen, -s, -; das liebe kleine Ding, -[e]s, -er (Wesen, -s, -). ── いい人 ❶ ein guter Mann, ⸚er, Prachtkerl *m.* -[e]s, ⸚e. ❷ [適任者] der richtige (passende; geeignete) Mann ⟨zu³⟩. ❸ [情人] der (die) Geliebte*, -n, -; Liebchen *n.* -s, -; Liebe *f.* -n; Schatz *m.* -es, ⸚e; Schätzchen *n.* -s, -/いい男 Hauptkerl (Mords-; Pracht-) *m.* -[e]s, -e [好漢]; der hübsche (gut aussehende) Mann, -en, ⸚er [好男子]; der gutmütige (gefällige) Mann [親切者]/いい女 die schöne (hübsche; nette) Frau, -en; die Schöne*, -n, -n; Schönheit *f.* -en/いい仲である ein Liebesverhältnis haben ⟨mit *jm*⟩; einander lieben. ── いい顔をする ein freundliches Gesicht (eine freundliche Miene) machen; zufrieden (einverstanden) aus|sehen* ⟨mit³⟩ / いい気持ちである ⁴sich wohl fühlen; entzückt (fröhlich) sein; Wie angenehm (süß)!/いい⁴Form sein; mit ³sich selbst zufrieden sein. ── いい気味だ Das geschieht ihm [ganz] recht./Das gönne ich ihm./いい面の皮だ Was für ein Narr war ich!; Armer Kerl!/[他人のとき]/いい馬鹿のような Narren gehalten werden; ⁴sich blamieren; ⁴sich lächerlich machen. ── いいかね Verstanden?; Wissen Sie./いいね Das ist ja großartig!; Ausgezeichnet!; Hurra! / いいとも Gewiss!; Einverstanden!; Mit Vergnügen!; Willkommen!/いいよ Gut!; Schön!; Ganz richtig! ── まあいいじゃありませんか [客を引き止める] Können Sie nicht noch einen Augenblick bleiben?; Müssen Sie so eilig gehen? Hoffentlich haben Sie es nicht eilig./もう一度来てもいい Ich habe nichts dagegen, noch einmal zu kommen. Ich kann noch einmal kommen./してもいい Meinetwegen können Sie es tun.; Nun ja, ich werde es tun./それでいい Das ist mir [ganz] recht./Das genügt. [たくさんだ]; Genug davon! (もういい)/...しなくてもいい Es ist nicht nötig, dass .../Es ist kein Grund vorhanden, dass .../...[方]がいい Besser ist es, dass .../... Du tust besser ....

いいあい 言い合い Wortwechsel *m.* -s, -; Für und Wider *n.* - und -; Krach *m.* -[e]s ⟨*zwischen³*⟩; Streit *m.* -[e]s, -e; Zank *m.* -[e]s/言い合いする einen Wortwechsel haben; für und wider sprechen*; Krach (Streit) haben ⟨mit *jm*⟩; ⁴sich zanken

いいあてる 言い当てる ⇨あてる⑥.

いいあやまり 言い誤り Ausdrucksfehler *m.* -s, -; Fehldruck *m.* -[e]s, =e; die falsche Darstellung, -en.

いいあやまる 言い誤る falsch aus|drücken*; ungenau dar|stellen*; *4*sich im Sprechen irren; *4*sich versprechen*.

いいあらためる 言い改める *4*sich verbessern (korrigieren); rückgängig machen* (取り消す); widerrufen** *4* (同上); zurück|nehmen** *4* (撤回する).

いいあらわす 言い表わす aus|drücken*; aus|sagen*; äußern*; aus|sprechen**; beschreiben*; dar|stellen*; schildern*; in Worte kleiden*; zum Ausdruck bringen** / 言い表わすことのできない悲しさ die unbeschreibliche (namenlose) Wehmut; die unsagbare (unsägliche) Trauer / 言い表わし方がうまい Das ist treffend ausgedrückt.

いいあわせる 言い合わせる im (zum) Voraus verabreden* (mit *jm*); vorher ab|machen*/言い合わせたように wie verabredet; verabredetermaßen; einmütig.

いいえ nein; doch/いいえ, どう致しまして Bitte sehr! Gern geschehen! Keine Ursache! /あの人を知っていませんね。——いいえ知っています Kennen Sie ihn nicht? — Doch, ich kenne ihn.

いいおき 言い置き Testament *n.* -[e]s, -e; der letzte Wille, -ns (まれに -n), (Willen, -s, -). ⇨いいのこす2.

いいおくる 言い送る schreiben* (*jm*; an *jn*); eine Botschaft senden* (*jm*; an *jn*); benachrichtigen (*jn von* *3*) (*über* *1*); in *4*Kenntnis setzen (*jn von* *3*).

いいおとす 言い落とす zu sagen* vergessen*; aus|lassen** *4* (fort|-; weg|-); übergehen** *4*; ungesagt lassen** *4*; unterlassen** *4*.

いいおよぶ 言い及ぶ zu sprechen kommen* *8* (*auf* *4*); aufmerksam machen* (*auf* *4*); erwähnen*; Erwähnung tun* *2*.

いいおわる 言い終わる zu sagen* auf|hören*; seine Rede zu Ende bring(ig)en. ⇨おわる.

いいがい 言い甲斐のない nicht der *2*Rede wert sein; nicht erwähnenswert (redenswert) sein; keiner *2*Erwähnung würdig sein/言い甲斐があった Mein Rat war nicht ohne Wirkung. Meine Worte waren keine verlorenen Worte (waren nicht verloren).

いいかえす 言い返す scharf und bestimmt antworten (*jm*); entgegnen* (*jm*; *auf* *4*); erwidern* (*jm*; *auf* *4*); widersprechen* (*jm*).

いいかえる 言い換える anders aus|drücken*; mit (in) anderen Worten sagen*; in andere Worte kleiden*; um|schreiben** *4*/言い換えれば anders ausgedrückt; mit (in) anderen Worten (gesagt); das heißt (略: d.h.); um es in andere Worte zu kleiden.

いいがかり 言い掛かりをつける eine falsche Anklage (Beschuldigung; Beschwerde) erheben* (*gegen jn*).

いいかける 言いかける zu sprechen an|fangen* (beginnen*); das Wort nehmen** (ergreifen*).

いいかげん いい加減 ❶ nachlässig; oberflächlich; unbegründet. ❷ =ずいぶん. ❸ eine ganze (große; gute) Menge ⇨ずいぶん. —— いい加減に aufs Geratewohl; blindlings; auf gut Glück; ins Blaue hinein/いい加減にやる alles nur halb (halbwegs) tun*/もういい加減愛想がつきた Dessen bin ich nun überdrüssig. Darüber empfinde ich jetzt Ekel.

いいかた 言い方 Ausdrucks|weise (Rede-; Sprech-) *f.* -n; die Art (-en) zu reden (sprechen); Phraseologie *f.* -n; [Rede-]wendung *f.* -en/巧みな言い方 die geistreiche (gescheite) Art, *4*sich auszudrücken; die gewandte Weise, womit *1et* vorgebracht wird/彼は言い方がうまい Er weiß sich treffend auszudrücken.

いいがたい 言いがたい unbeschreiblich; unaussprechlich; unsagbar; unsäglich.

いいかねる 言いかねる nicht über die Lippen bringen können** *4*; nicht *4*et auszusprechen; es schwierig finden*, *4et* zu sagen; kaum sagen können*.

いいかわす 言い交す *3*einander Treue geloben (schwören*)/言い交した仲 die Geliebten* (*pl*), die einander Treue geschworen haben.

いいき いい気な =むし(虫のいい)/いい気になって die Stirn (Unverschämtheit) haben, ... zu tun; frech (unverschämt) genug sein, ... zu tun/いい気になって...つけあがる いい気になって...する *3*sich an|maßen*, ... zu tun; frech (unverschämt) genug sein, [um] zu ... / いい気になって Weg mit deiner Selbstzufriedenheit!

いいきかせる 言い聞かせる ein|prägen *3* *4*; bescheiden* (*jn*); instruieren*; überreden (*jn zu* *3*); überzeugen (*jn von* *3*)/よく言い聞かせてやめさせた Ich habe ihm abgeraten, es zu tun. Das habe ich ihm ausgeredet.

いいきる 言い切る ausdrücklich (bestimmt) sagen*; entschieden behaupten*; beteuern*; versichern* *2* (*jn*); zu Ende sagen* (言い終わる).

いいぐさ 言い草 *js* Angabe *f.* -n; *js* Vorgeben *n.* -s; was einer* behauptet.

いいくるめる 言いくるめる sophistisch dar|stellen* (verdrehen*); blauen Dunst vor|machen* (*jm*)/鷺を烏と言いくるめる den Reiher durch Wort so schwarz machen wie einen Raben; ein X für ein U [vor|]machen* (*jm*).

いいこ いい子になる *1*sich auf *4*Kosten anderer verdient machen (*um* *4*); der Wolf im Schafspelz sein/いい子だからおとなしくしなさい Sei nur artig, du liebes Kind!

いいこめる 言いこめる durch *4*Reden schlagen* (besiegen*); durch schlagende Gründe widerlegen* (*jn*); überführen zum (Still)schweigen bringen** (*jn*). ⇨やりこめる.

イージーオーダー Maßkonfektion *f.* -en.

いいしぶる 言い渋る ⇨**いいなやむ**.

いいすぎる 言い過ぎる ^{4}sich zu stark aus|drücken; über das Ziel hinaus|schießen*; übertreiben*^{4}; zu viel sagen; zu weit gehen* [s] 〔und behaupten^4〕; ^{4}sich vergaloppieren/…と言っても言い過ぎでない Es ist nicht zu viel gesagt, dass ….⁄完全な失敗だと言ったのは言い過ぎだった Es war eine Übertreibung, dass man es als einen vollkommenen Misserfolg bezeichnete.

イースター Ostern《*pl*》《ふつう 無冠詞》.

いいすてる 言い捨てる im Vorbeigehen (Weggehen) bemerken^4 (ein Wort hin|werfen*).

イースト〔きん〕 イースト〔菌〕Hefe *f.* –n.

イーゼル Staffelei *f.* –en; Gestell *n.* –s, –e.

いいそこない 言い損い das falsche Sprechen*, –s; der falsche Zungenschlag, –〔e〕s, ¨–e; Sprechfehler *m.* –s, –; das Sich-Versprechen *n.* –s, –.

いいそこなう 言い損う ❶ falsch sprechen*^{4} (dar|stellen^4); einen Sprechfehler machen; ^{4}sich versprechen*. ❷ [言いそびれる] zu sagen^4 versäumen (vergessen*).

いいだす 言い出す ❶〔zu sprechen〕an|fangen* (beginnen*). ❷ [申し出る] vor|schlagen*^{4}《*jm*》; einen Vorschlag machen; beantragen^4; Gelegenheit bieten*/誰も言い出す気力がなかった Keiner wagte einen Wink zu geben.¦Niemand hatte den Mut, darauf hinzudeuten.

いいちらす 言い散らす ❶ frei (vorbehaltlos) sprechen*; alles Mögliche sagen《*von*^{3}》; prahlen; mit übertriebenen Gesten reden; ^{4}sich rühmen. ❷ ⇨**いいふらす**.

いいつくす 言い尽くす alles gründlich bereden; ^{4}sich aus|lassen* (–|reden; –|sprechen*)《*über*^{4}》; nichts unerwähnt lassen*/言い尽くされない unbeschreiblich; unaussprechlich; unsagbar; unsäglich.

いいつくろう 言い繕う beschönigen^4; bemänteln^4; einen falschen Anstrich geben*^{3}; lindern^4; vertuschen^4.

いいつけ 言い付け〔An〕weisung *f.* –en; Anleitung *f.* –en; Anordnung *f.* –en; Bestellung *f.* –en; Direktive *f.* –n; Verhaltungsregel *f.* –n/言い付けを守る gehorchen《*jm*》; auf ^{4}Geheiß tun*^{4}.

いいつける 言い付ける ❶〔an|〕weisen*《*jn zu*^{3}》; an|leiten《*jn zu*^{3}》; an|ordnen^4; bestellen^4; heißen*^{4}《*jn*》. ❷ [陰口] an|zeigen《*jn*》; denunzieren《*jn*》;〘俗〙petzen《*jn*》.

いいつたえ 言い伝え [伝説] Sage *f.* –n; die 〔mündliche〕Überlieferung –en. ⇨**でんせつ**.

いいつたえる 言い伝える ❶ überliefern^{34}; 〔der ^{3}Nachkommenschaft〕mündlich weiter|geben*^{4}/…と言い伝えられている Die Sage lautet, dass ….¦In der Überlieferung heißt es, dass …. ❷ [伝言] eine Botschaft senden$^{(*)}$《*jm*》; benachrichtigen《*jn von*^{3}》. ⇨**いいおくる**.

いいつのる 言い募る zu hitzigen (zornigen) Worten kommen* [s]; Die Worte werden erregt〔er〕.

いいとおす 言い通す bestehen*《*auf*^{3}》; beteuern^4; dabei bleiben* [s]; an seiner Meinung fest|halten*; sein Recht behaupten. ⇨**いいはる**.

いいとし いい年をして trotz seines vorgerückten (reifen) Alters/いい年をしてあんな事をするなんてばかな奴だ Mit seinem vorgerückten Alter diese Dummheit!¦Welch ein Dummkopf! Er sollte an sein vorgerücktes Alter denken.¦Alter schützt vor Torheit nicht!

いいなおす 言い直す ^{4}sich verbessern; den unrichtigen Ausdruck richtig stellen; seine Worte widerrufen* (zurück|nehmen*). ⇨**いいあらためる**.

いいなずけ 許嫁 [男] der Verlobte*, –n, –n; Bräutigam *m.* –s, –e; [女] die Verlobte*, –n, –n; Braut *f.* ¨–e/許嫁になる ^{4}sich verloben《mit *jm*》/許嫁にする verloben《*jn* mit *jm*》/許嫁の仲である verlobt sein《mit *jm*》/二人は許嫁の仲である Sie sind miteinander verlobt./中村君は私の妹と許嫁になった Nakamura hat sich mit meiner jüngeren Schwester verlobt.

いいなやむ 言い悩む es schwierig finden*, ^{4}*et* zu sagen; stottern《言いよどむ》. ⇨**いいかねる**.

いいならわし 言い習わし Sprachgebrauch *m.* –〔e〕s, ¨–e; 〔Sprach〕eigentümlichkeit *f.* –en; die 〔stehende〕Redensart, –en; Spruch *m.* –〔e〕s, ¨–e《格言》.

いいにくい 言いにくい schwer zu sagen; bedenklich; delikat; heiklig; unangenehm/言いにくそうに zögernd; stotternd; wie wenn es mit Handschuhen anzufassen wäre/言いにくいことですが Ich bedau〔e〕re, Ihnen sagen zu müssen, dass ….

いいぬけ 言い抜け eine ausweichende Antwort, –en; Ausflucht *f.* ¨–e; Ausrede *f.* –n; die falsche Entschuldigung, –en; Vorwand *m.* –〔e〕s, ¨–e/言い抜けのうまい aalglatt ausweichend; geschickt Ausflüchte machend/言い抜けをする ^{4}sich 〔mit ^{3}Ausreden〕entschuldigen; Ausflüchte machen; ^{4}sich rein|waschen*; Vorwände brauchen.

いいね 言い値 der 〔vom Verkäufer〕geforderte (verlangte) Preis, –es, –e/言い値で auf den geforderten (verlangten) Preis 〔hin〕.

いいのがれ 言い逃れ ⇨ **いいまぎらす**.

いいのこす 言い残す ❶ [言い落とす] ungesagt lassen*^{4}; zu sagen vergessen*^{4}. ❷ [言い置く] eine Anweisung《–en》(einen Bescheid, –〔e〕s, –e) hinterlassen*.

いいはなす 言い放す entschieden erklären^4; beteuern^4; versichern^4; außer ^{3}Zweifel stellen^4.

いいはる 言い張る bestehen*《*auf*^{3}》; beharren《*bei*^{3}》; bleiben* [s]《*bei*^{3}》; fest|halten*《*an*^{3}》; seiner ^{3}Meinung treu bleiben*.

いいひらき 言い開き Rechtfertigung *f.* –en; Ehrenrettung *f.* –en; Entschuldigung *f.* –en; Verteidigung *f.* –en/言い開きをする ^{4}sich rechtfertigen; seine eigene Ehre ret-

いいふくめる 言い含める im (zum) Voraus Weisungen geben* ⟨*jm*⟩; an|weisen*³·⁴; ein|prägen³·⁴; instruieren³; unterweisen* ⟨*jn in*³⟩.

いいふせる 言い伏せる ⇨いいこめる.

いいふらす 言いふらす aus|sprengen⁴; verbreiten⁴; vor|geben** ⟨⁴自称する⟩.

いいぶり 言い振り Ausdrucks|weise (Sprech-) f. -n; die Art ⟨-en⟩ zu sprechen (vorzutragen).

いいぶん 言い分 ❶ was einer⁴ zu sagen hat; Behauptung f. -en; Rede f. -n/双方の言い分をまず聞くことにしよう Lassen wir in erster Linie die beiden sich aussprechen. ❷ ⟨言いわけ⟩ Vorwand m. -(e)s, -̈e; Entschuldigung f. -en. ❸ ⟨異議⟩ Einwand m. -(e)s, -̈e; Beanstandung f. -en; Kritik f. -en/言い分がない tadel|los (makel-); fehler|frei (einwand-); stilgerecht; vollkommen; zufrieden stellend/こちらには言い分はない Wir haben nichts dagegen. Unser(er)seits ist nichts dagegen einzuwenden.

いいまかす 言い負かす ⇨いいこめる.

いいまぎらす 言い紛らす zweideutig reden; durch Redensarten Schwierigkeiten bemänteln; flunkern; die Wahrheit umgehen*.

いいまくる 言いまくる ⇨いいこめる.

いいまわし 言い回し Redewendung f. -en; Ausdrucks|weise (Darstellungs-) f. -n; Diktion f. -en; Fassung f. -en; Wort|laut m. -(e)s (-wahl f. -en)/言い回しのじょうずな(へたな)人 der geschickte (ungeschickte) Sprecher, -s, -.

いいまわす 言い回す ⁴sich verschlagen aus|drücken; schlau in Worte fassen*.

イーメール E-Mail f. -s ► **イーメールアドレス** E-Mail-Adresse f. -n.

いいもらす 言い漏らす ⇨いいおとす.

イーユー EU EU f.

いいよう 言いよう ⇨いいかた/なんと言ってよいか言いようが ない unaussprechlich (unbeschreiblich; über alle Beschreibung) sein; alle Beschreibung ⁴übersteigen*/ものも言いようでかどが立つ Harte Worte, harte Wirkungen.

いいよる 言い寄る den Hof (die Cour) machen ⟨einer ³Frau⟩; ⁴sich bemühen ⟨um eine Frau⟩; ⁴sich bewerben* ⟨um eine Frau⟩; buhlen ⟨um eine Frau⟩; schön|tun* ⟨einer ³Frau⟩; freien ⟨um eine Frau⟩; um die Hand einer Frau werben* ⟨求婚する⟩.

いいわけ 言い訳 [弁解] [Ehren]verteidigung f. -en; Apologie f. -n; Rechtfertigung f. -en; Schutzrede f. -n; [詫び] Entschuldigung f. -en; Abbitte f. -n/言い訳に ⁴sich verteidigend; als (zur) Entschuldigung/言い訳がたたない nicht zu verteidigend; unentschuldbar; Da ist keine Möglichkeit mehr, sich zu verteidigen (zu entschuldigen). ── 言い訳する ⁴sich

⟨seine Ehre⟩ verteidigen; apologisieren⁴; ⁴sich rechtfertigen; eine Schutzrede ⟨-n⟩ halten*; ⁴sich entschuldigen; eine Abbitte ⟨-n⟩ tun* ⟨*jm*⟩.

いいわたし 言い渡し ❶ ⟨命令⟩ Befehl m. -(e)s, -e; Anordnung f. -en. ❷ ⟨宣告⟩ Urteil n. -s, -e; Erkenntnis n. ..nisses, ..nisse; Rechtsspruch m. -(e)s, -̈e.

いいわたす 言い渡す ❶ ⟨命令する⟩ befehlen*³·⁴; an|ordnen³·⁴. ❷ ⟨宣告する⟩ ein Urteil fällen ⟨aus|sprechen*⟩ ⟨*über*⁴⟩; erklären ⟨*jn für*⁴⟩; Recht sprechen* ⟨*über*⁴⟩; einen Rechtsspruch tun* ⟨*über*⁴⟩; den Stab brechen* ⟨*über*⁴⟩; verdammen ⟨*jn zu*¹⟩/無罪を言い渡す frei|sprechen* ⟨*von*³⟩; für unschuldig erklären ⟨*jn*⟩; auf ⁴Freisprechung erkennen* ⟨*jn*⟩.

いいん 医員 Assistenz|arzt (Hilfs-) m. -es, -̈e; [Medizinal]stab m. -(e)s, -̈e ⟨全体⟩; der Stab ⟨-(e)s, -̈e⟩ eines Krankenhauses.

いいん 医院 Privatklinik f. -en/西川医院 Dr.Nishikawas Klinik; „Dr.Nishikawa ⟨Internist⟩" ⟨内科⟩; „Dr.Nishikawa ⟨Chirurg⟩" ⟨外科⟩/医院長 der Chef ⟨-s, -s⟩ einer Privatklinik.

いいん 委員 ❶ ⟨全体⟩ Komitee n. -s, -s; Kommission f. -en; Ausschuss m. -es, -̈e. ❷ ⟨一員⟩ Komitee|mitglied (Kommissions-; Ausschuss-) n. -(e)s, -er/委員をしているのは何人ですか Wie viele Mitglieder zählt das Komitee? ‖ 委員会 1) ⟨組織⟩ Komitee; Kommission; Ausschuss. 2) ⟨集会⟩ Komitee|sitzung (Kommissions-; Ausschuss-) f. -en/委員長 der Vorsitzende* ⟨-n, -n⟩ eines Komitees/委員付託 die Überweisung ⟨-en⟩ ⟨das Übergeben*, -s⟩ an ein Komitee/執行委員 das geschäftsführende Komiteemitglied/小委員会 das kleine Komitee/常任委員 das ständige Komiteemitglied/中央執行委員 das zentrale geschäftsführende Komitee.

いう 言う ❶ ⟨ことばに出す⟩ sagen⁽⁴⁾; äußern⁴; aus|sprechen*⁽⁴⁾; reden⁽⁴⁾; ⁴sich unterhalten* ⟨語り合う⟩/言うに言われぬ unsagbar; unaussprechlich/言うに足らぬ unbedeutend; un|beträchtlich; nichts sagend/言うまでもなく natürlich; freilich; selbstverständlich/と言うのは denn; weil ...; da .../言いたいことを言う ⁴sich aus|sprechen* ⟨言いつくす⟩; das Herz auf der Zunge haben ⟨無遠慮に⟩/言うことがない nichts dagegen sagen ⟨言い分がない⟩; Es lässt nichts zu wünschen übrig. ⟨十分に⟩/言うに及ばない es ist nicht (kaum) nötig zu sagen, dass .../は言うに及ばず nicht zu sagen; geschweige (denn)/一言も言わずに ohne ein ⁴Wort zu sagen/独言を言う vor ⁴sich hin sprechen*; mit ⁴sich selbst reden/言い訳を言う ⁴sich entschuldigen/口から出まかせを言う ins Blaue hinein reden (schwatzen)/下らぬことを言う Kohl (Blech) reden/小声(大声)で言う leise (laut) sprechen* (sagen)/言うは易く行うは難し Leichter gesagt als getan/そんなことは言うべきではない So [et]was soll man nicht sagen./あなたの言う通りです

Sie haben Recht./何を言ってやがる Was sagt du denn?/言わぬが花 Gewisse Dinge darf man nicht beim Namen nennen. ❷ [告げる] sagen³,⁴; mit|teilen³,⁴; melden³,⁴; erzählen³,⁴/言ってやる sagen lassen*³ /[言い送る]; Bescheid geben*³ [同上]; er|mahnen*³〈叱る〉; ins Gebet nehmen*⁴ [同上]/言うことを聞く〈jm 従順である〉, gehorchen〈jm 従順である〉; gehorsam sein [同上]/ついでに言うと beiläufig gesagt; nebenbei bemerkt/僕の言うことがわかる Verstehst du, was ich sage?/名を言え Sag, wer du bist!/言うとおり十分だ Das ist genug gesagt./人に言わないで下さい Sagen Sie es niemand!; Halten Sie es geheim!/御両親によろしく言って下さい Grüßen Sie Ihre Eltern bestens von mir. ❸ [言明する] erklären⁴; aus|sagen⁴; offenbaren⁴; an|geben*⁴; versichern⁴; behaupten⁴〈主張する〉; wollen〈同上〉; bestehen* (auf⁴ et 同上); an|tragen⁴〈言い出す〉; vor|schlagen*⁴〈同上〉; bekennen*⁴〈告白する〉; gestehen*⁴〈同上〉; an|erkennen*⁴〈是認する〉, gewähren⁴〈同上〉; klagen〈über⁴ 訴える〉/金持だと言う für reich aus|geben* 〈jn〉/頭が痛いと言う über⁴ Kopfschmerzen klagen/彼はそれを見なかったと言う Er gibt sich für krank aus. ❹ [言い表わす] aus|drücken⁴; äußern⁴; aus|sprechen*⁴; beschreiben*⁴; dar|stellen*⁴; bedeuten*⁴〈意味する, 事物が〉; meinen*⁴〈同上, 人が〉; sprechen* 〈von³ 言及する〉; *⁴sich beziehen* 〈auf⁴ 同上〉; er|wähnen*⁴〈同上〉; an|spielen〈auf⁴ 当てつける〉; an|führen*⁴〈挙げる〉/控え目に言って das mindeste zu sagen/一言で言えば mit einem Wort/ことばをかえて言うと mit anderen Worten/…であるとは言わない it ist nicht gesagt, dass …/詩人の言を借りて言えば um mit dem Dichter zu reden/…と言えば man kann sagen, dass …/おはようを言う guten Morgen sagen〈jm〉/さよならを言う Lebewohl sagen〈jm〉/おじぎを言う Komplimente machen〈jm〉/前に言ったように wie (oben) gesagt/一体あなたは何を言っているのです Was sagen (meinen) Sie denn?/何と言ったらよいか Wie soll ich sagen?/Wie kann man dazu sagen? ❺ [称する] nennen*⁴; heißen*⁴/山田という an Mann namens Yamada; ein Mann mit Namen Yamada/この花はドイツ語で何というのですか Wie (Was) heißt diese Blume auf Deutsch?/生きるということは戦うということだ Leben heißt kämpfen/〈…と称する, 評する〉sprechen* (reden) 〈von³〉; [...というそうである〉 man sagt; sie sagen; es heißt; sollen*〔動詞ととも〕/よく{よいと言う} gut (schlecht) sprechen 〈von³〉/よく言われるように wie man zu sagen pflegt/彼は金持だと言われている Er gilt für reich./彼の伯父はアメリカで死んだと言うことだ Ihr Onkel soll in Amerika gestorben sein.

いえ 家 ❶ Haus n. -es, ⸚er; Gebäude n. -s, -; Wohnung f. -en; vier Wände 〈pl〉/家にいない nicht zu ³Hause sein; von ³Hause fort sein; abwesend (verreist) sein/家にいるす ³Hause (anwesend) sein/家をあける 1) ein Haus (aus)räumen ((aus))leeren). 2) [外泊] aus|bleiben* 〈s〉; draußen bleiben* 〈s〉; nicht zu Hause sein/家をもつ einen eigenen Haushalt führen; *⁴sich häuslich ein|richten; *⁴sich nieder|lassen*/家があく Der Mieter (Der Insasse) eines Hauses zieht um./Ein Haus wird leer (frei). ❷ [家庭] Heim n. -[e]s, -e; eigener Herd, -[e]s; Häuslichkeit f. ❸ [家族] Familie f. -n/家の子 die Sein[ig]en 〈pl〉; Anhang m. -[e]s, ⸚e; Anhänger m. -s, -; Gefolgsmann (Lehns-) m. -[e]s, ⸚er (..leute)/家を興す eine Familie gründen.

いえがら 家柄 Familien|stand m. -[e]s, ⸚e (-Abstammung f. -en); Ab|kunft (Her-) f. ⸚e; Abstammung f. -en/家柄がわるい von niedr[ig]er Geburt (Abkunft) sein; aus schlechter Familie sein/家柄がよい von hoher (edler; guter; vornehmer) Geburt (Abkunft) sein; aus guter Familie sein.

いえごと 家毎に in (an; vor) jedem Hause; von ³Tür zu ³Tür.

イエス＝キリスト Jesus Christus 〈Jesu Christi, Jesu Christo, Jesum Christum, 呼 Jesu Christe; 今日では無変化〉.

いえすじ 家筋 Stammbaum m. -[e]s, ⸚e; Genealogie f. -n.

いえつき 家付の娘 Erbin f. ..binnen; Erbtochter f. ⸚.

いえつづき 家続き die ununterbrochene Häuserreihe, -n; die fortlaufende Flucht (⸚e) von Häusern.

いえで 家出 das seinem Heim Entlaufen*, -s; das Durchbrennen*, -s; das [mit dem Geliebten] den Eltern Entflieh[r]en*, -s/家出した少年 der ausgerissene Junge, -n, -n; Durchbrenner m. -s, -. —— 家出する seinem Heim entfliehen* 〈s〉; durch|brennen* 〈s〉; [mit dem Geliebten] den Eltern entflieh[r]en* 〈s〉.

～いえども ¶ ...とはいえども ob|gleich (-schon; -wohl; -zwar); dennoch; gleichwohl; trotz²⁽³⁾; trotzdem; ungeachtet²; wenn ... auch; wennglich/婦女子といえども selbst (sogar) Frauen und Kinder/無学といえども unwissend, wie er auch ist; seiner ³Unwissenheit zum Trotz.

いえなき 家無しの heimat|los (obdach-).

いえなみ 家並み Häuserreihe f. -n; eine Flucht (⸚e) von Häusern.

いえばと 家鳩 Haustaube f. -n.

イエメン Jemen n. -s (m. -[s])/イエメンの Jemenitisch‖ イエメン人 Jemenit m. -en, -en.

いえもち 家持ち ❶ Haus|besitzer m. -s, - (-halter 〈-hälter〉 m. -s, -; -herr m. -n, -en; Familienoberhaupt n. -[e]s, ⸚er〔家長〕. ❷ [家政] Haushaltung f. -en/家持ちが上手だ Sie ist eine gute Haushälterin (Wirtschafterin).

いえもと 家元 die Gründer|familie (Stifter-) (-n) einer Kunstschule (Re-

いえやしき 家屋敷 Haus und Hof, des - und -[e]s; js Besitzung f.

いえん 胃炎 Magenentzündung f. -en.

いおう 硫黄 Schwefel m. -s; Sulfur n. -s/硫黄の schwef[e]lig; schwef[e]licht ‖硫黄ガス Schwefeldampf m. -[e]s, ⁼e (-dunst m. -[e]s, ⁼e)/硫黄泉 Schwefelquelle f. -n/天然硫黄 der gediegene Schwefel.

いおとす 射落とす ab|schießen*⁴.

イオニア Ionien n. -s/イオニアの ionisch.

イオニューム 〖化〗 Ionium n. -s (記号: Io).

いおり 庵 Einsiedelei f. -en (隠者の); Eremitage f. -n (同上); Klause f. -n (僧房など); Hütte f. -n (小屋).

イオン 〖化〗〖電〗 Ion n. -s/イオン化 Ionisation f. -en; Ionisierung f. -en/イオン化する ionisieren ⟨~⟩/イオン圏(電離層) Ionosphäre f./イオン療法 Ionentherapie f. -n/陰イオン Anion n. -s, -en; das negative Ion/陽イオン Kation n. -s, -en; das positive Ion.

いか 烏賊〖動〗 Tintenfisch m. -[e]s, -e; die gemeine Sepia (Sepie), -n.

いか 以下 ❶ [...より下] unter³; unterhalb²; weniger (minder) als/四歳以下の unter (unterhalb von) vier Jahren; das Alter von vier Jahren und darunter/零度以下に下がる unter ⁴Null sinken* ⓢ. ❷ [下記の] das Folgende¹, -n; das Untenbenannte⁴ (-stehende⁴), -n/以下のごとし wie folgt; folgendermaßen (-gestalt; -weise)/以下次号 Fortsetzung folgt./Wird fortgesetzt./以下省略 Der Rest wird ausgelassen.

いか 医科 die medizinische Fakultät, -en ‖ 医科大学 die medizinische Hochschule, -n.

いが Klette f. -n; Stachelhülle f. -n; die stachelige Hülle ‖ いが栗 die Kastanie ⟨-n⟩ in der Schale/いが栗頭 der kurzgeschorene Kopf, -[e]s, ⁼e.

いかい 位階 Hofrang m. -[e]s, ⁼e.

いがい 遺骸 Leiche f. -n; Leichnam m. -[e]s, -e; Gebeine (pl).

いがい 貽貝 〖貝〗 Miesmuschel f. -n.

いがい 意外な unerwartet; überraschend; unverhofft; unvermutet; unvorhergesehen; zufällig ‖ 意外な (いきなりの) 出来事 der unvorhergesehene Vorfall, -[e]s, ⁼e/意外な知らせ die überraschende Nachricht, -en (Neuigkeit, -en)/意外な効果 die unerwartete Wirkung, -en (Folge, -n)/意外にも wider (alles) ⁴Erwarten; gegen (alle) ⁴Erwartungen; unerwarteterweise/意外に手間取った Das nahm viel mehr Zeit in Anspruch, als ich vorhergesehen hatte./申込者は意外にもほとんどなかった Zu unserer Enttäuschung hat sich fast keiner gemeldet.

-いがい -以外に(の) ❶ [除外] abgesehen ⟨von³⟩; ausgenommen²; außer³; mit ³Ausnahme (Ausschluss) ⟨von³⟩; ohne⁴; uneingerechnet⁴ ‖ 僕以外に生き残った者はなかった Außer mir blieb keiner am Leben./降伏するより以外に逃れ道はなかった Es gab keinen Ausweg, es sei denn, dass man sich ergäbe. ❷ [追加] außerdem; auch noch; darüber hinaus; ferner; noch dazu; überdies; zudem ‖ 毎月のあてがい以外に五千円くらいは使う Über mein Monatsgeld hinaus gebe ich etwa 5 000 Yen aus.

いかいよう 胃潰瘍 Magengeschwür n. -[e]s, -e.

いかが wie?/was?/ボルドーを一杯いかがですか Darf ich Ihnen ein Glas Bordeaux anbieten?/御きげんいかがですか Wie geht es Ihnen?/Wie befinden Sie sich?/Wie steht's?/こんどの日曜日はいかがですか Wie wäre es mit dem nächsten Sonntag?/Ist Ihnen der nächste Sonntag recht?/今日はからだはいかがですか Wie fühlen Sie sich heute?

いかがわしい ❶ bedenklich; anrüchig; fraglich; fragwürdig; verdächtig; verdachterregend; zweifelhaft. ❷ [みだらな] unanständig; anstößig; schlüpf[e]rig; unpassend; unschicklich; unflätig.

いかく 威嚇 Androhung (Bedrohung) f. -en; Abschreckung f. -en; Einschüchterung f. -en. — 威嚇的に androhend; bedrohend; bedrohlich; abschreckend; einschüchternd. — 威嚇する an|drohen (jm ⁴et); bedrohen (jn mit³); ab|schrecken (jn von³); ein|schüchtern (jn); Furcht ein|jagen (jm); ins Bockshorn jagen (jn); Drohungen (pl) aus|stoßen*/殺すと威嚇する mit dem Tod bedrohen (jn); den Tod androhen (jm); mit den Worten, ihn ums Leben zu bringen, drohen (jm). ‖ 威嚇手段 Einschüchterungsmittel n. -s, -/威嚇政策 Einschüchterungssystem n. -s, -e/威嚇砲撃 Einschüchterungsfeuer n. -s, - (-bombardement n. -s, -s).

いがく 医学 Medizin f. -en; die medizinische Wissenschaft, -en; Heilkunde f. -/医学上の medizinisch; was die ⁴Medizin [an]betrifft ‖ 医学界 die medizinischen Kreise (pl); die medizinische Welt/医学校 die medizinische Fachschule, -n (Akademie, -n)/医学書 das medizinische Buch, -[e]s, ⁼er/医学生 Mediziner m. -s, -/医学博士 Doktor der Medizin (略: Dr. med.)/医学部 die medizinische Fakultät.

いかくちょう 胃拡張 Magendilatation f. -en (-erweiterung f. -en).

いかけ 鋳掛屋 der [wandernde] Kesselflicker, -s, -/鋳掛する einen Kessel (eine Pfanne) flicken.

いかさま das Gefälschte⁴, -n; Fälschung f. -en; die Unecht⁴, -n/いかさまの gefälscht; falsch; unecht.

いかす 生かす ins Leben [zurück]bringen*⁴ (zurück|rufen*⁴); neu (wieder) beleben⁴; wiederaufleben lassen*⁴/生かしておく leben (am Leben) lassen* (jn); das Leben schenken (jm)/金を生かして使う von seinem Gelde guten Gebrauch machen; Geld zweckmäßig gebrauchen; mit Geld gut umzugehen wissen*.

いかすい 胃下垂 Gastroptose f. -n; die Sen-

いかぞく 遺家族 die hinterlassene Familie, -n; die Hinterlassenen* ⟨pl⟩.

いかだ 筏 [Holz]floß n. -es, ″e ‖ 筏乗り, 筏師 [Holz]flößer m. -s, -; Floß|meister m. -s, - (-führer m. -s, -).

いがた 鋳型 Matrize f. -n; Gieß|form f. -n (-mutter f. -n); Kokille f. -n/鋳型を入れる in eine [Guss]form gießen*⁴/鋳型に入れた ような stereotyp; abgedroschen; herkömmlich; schablonenhaft ‖ 鋳型師 Former m. -s, -; Gießer m. -s, -.

イカタル 胃カタル Magenkatarr(h) m. -s, -e.

いかつい salbungsvoll; feierlich; förmlich; geziert; steif.

いかに 如何に wie; wie [sehr] auch immer ⟨認容的⟩; was immer ⟨同上⟩. ⇨とんな.

いかにも wirklich; in der Tat; tatsächlich; wahrlich/いかにも気持のよさそうなす der in Wirklichkeit bequem aussehende Stuhl, -[e]s, ″e.

いかみあう auf dem Kriegsfuße (auf sehr gespanntem Fuße) stehen* ⟨mit³⟩; einander Todfeind (Todfeinde) sein; miteinander heftig verfeindet sein; ³sich feindlich gegenüber|stehen*/いかみあい Streit m. -[e]s, -e; Uneinigkeit f. -en; Zwietracht f.

いかめしい 厳めしい feierlich; ernst; gesetzt; gewichtig; hoheits|voll ⟨weihe-; würde-⟩.

いかもの Fälschung f. -en; Falsifikat n. -[e]s, -e; Humbug m. -s ‖ いかもの食いの Essen und Trinken grillenhafte Mensch, -en, -en; der* ungewöhnliche Essbarkeiten ⟨pl⟩ genießt/いかもの師 (Ver-)fälscher m. -s; Marktschreier m. -s.

いからす 怒らす erzürnen ⟨jn⟩; ärgern ⟨jn⟩; ärgerlich machen ⟨jn⟩; aus dem Häuschen bringen ⟨jn⟩; in ⁴Harnisch bringen* ⟨jn⟩; verletzen ⟨jn⟩; zornig machen ⟨jn⟩/目を怒らして mit zornigem (grimmigem; wildem; wütendem) Blick.

いかり 錨 Anker m. -s, - ‖ 錨を上げる den Anker lichten/錨を降ろす vor ⁴Anker gehen* [s] ankern; ⁴sich vor ⁴Anker legen ‖ 錨綱 Ankertau m. -[e]s, -e; Kabel n. -s, -.

いかり 怒り Zorn m. -[e]s; Ärger m. -s; Entrüstung f. -en; Erbitterung f. -en; Grimm m. -[e]s; Unwille[n] m. ..willens; Verdruss m. -es, -e; Wut f./怒りは in leidenschaftlicher Wut, vor ⟨aus⟩ ³Zorn/怒りが解ける besänftigt werden; ⁴sich erweichen lassen*/seinen eigenen Zorn beschwichtigen/怒りに燃える vor Zorn glühen; auf|brausen; in ³Wut entbrennen*/怒りをなだめる js Zorn lindern (besänftigen; beschwichtigen)/怒りを抑え ihm seinen Zorn unterdrüken (ein|dämmen; hinunter|würgen; zurück|halten*); seine Gefühle in ⁴Zaum ⟨in ⁴Schranken⟩ halten*/人の怒りを買う js Zorn auf ⁴sich laden*; zur Empörung reizen ⟨jn⟩.

いかる 怒る zürnen ⟨jm; auf jn; mit jm⟩; ⁴sich ärgern ⟨über⁴⟩; ärgerlich sein ⟨über⁴; wegen²⁽³⁾⟩; ⁴sich entrüsten ⟨über⁴⟩ [s]; ⟨⁴sich⟩ erbittern ⟨gegen⁴⟩ ⟨über⁴⟩ ⟨自動詞⟩; erbittert sein ⟨gegrimmen [s]⟨auf⁴; gegen⁴; über⁴⟩; Feuer und Flammen speien* in ⁴Zorn ⟨⁴Harnisch⟩ geraten* [s]; verdrießlich werden/ 怒りやすい leicht erregbar; cholerisch; heißblütig; hitzig; hitz|köpfig ⟨jäh-⟩; zornmütig; jähzornig.

いかん 遺憾 Bedauern n. -s; Betrübnis f. ..nisse; Leidwesen n. -s; Verdruss m. -es, -e/遺憾ながら Ich bedau[e]re, dass ..../zu meinem Leidwesen (Bedauern)/遺憾なく zufrieden stellend; nach ³Herzenslust/遺 憾がない ³nichts zu wünschen übrig lassen*; vollkommen zufrieden stellen ⟨jn⟩/ 遺憾千万だ Es ist ein wahrer Jammer, dass ..../実に遺憾にたえない Wie [jammer]schade!/遺憾とすべき bedauerlich; zu bedauernd; beklagens|wert (bejammerns-)/遺 憾とする bedauern⁴; bejammern⁴; beklagen⁴; Reue und Leid empfinden* ⟨über⁴⟩/私のましたことを遺憾とする Es tut mir wirklich Leid, es getan zu haben.

いかん 偉観 Prachtanblick m. -[e]s, -e; der grandiose (herrliche; majestätische) Anblick, -[e]s, -e; Herrlichkeit f. -en.

いかん 尉官 Subalternoffizier m. -s, -e.

いかん 移管する die [Ober]aufsicht (Geschäftsführung; Leitung; Verwaltung) [einer Einrichtung] übergeben* ⟨an|vertrauen⟩ ⟨jm⟩.

いかん 医官 Amts|arzt (Kreis-) m. -es, ″e; Physikus m. .. ..kusse.

いかん 如何ともすべからず Dagegen ist nichts zu machen. Es lässt sich nicht ändern./ ...如何による ab|hängen* ⟨von³⟩; mitbestimmt werden ⟨von³⟩/それは事情の如何 によります Das ist von den jeweiligen Umständen abhängig.

いがん 胃癌 Magen|karzinom n. -s, -e (-krebs m. -es, -e).

いがん 依願免官 die Amtsentlassung ⟨-en⟩ (die Amtssetzung, -en; der Abschied, -[e]s, -e) auf eigenen Wunsch (auf eigenes Ersuchen).

いき 息 Atem m. -s, -; Atemzug m. -[e]s, ″e; das Atmen*, -s ⟨呼吸すること⟩; Atmung f. -en; Hauch m. -[e]s, -e; Odem m. -s/息 もたえだえに fast außer ³Atem; heftig keuchend; mehr tot als lebendig/息もつかずに ohne ⁴Atem zu holen ⟨zu ⁴schöpfen⟩; in einem (auf einen) Atem/息のあるうちに noch während man atmet; noch ehe man den letzten Atem aushaucht/息を切って in atemloser Hast; nach ³Luft schnappend; schnaufend/息を忍ばせて außer ³Atem; atemlos; nach ³Luft schnappend; schnaufend/息を殺して(飲んで) den Atem anhaltend (verhaltend); mit angehaltenem (verhaltenem) Atem/息がくさい Sein Atem verbreitet einen unangenehmen Geruch.

いき /息が切れる den Atem verlieren*; außer ³Atem kommen* ⓢ; nicht mehr atmen können* ⓢ /息が絶える (sein Leben) aus|atmen; die Seele (das Leben) aus|hauchen; sterben* ⓢ /息の根を止める des Atems berauben (jn); erwürgen (jn); gewaltsam töten (jn); ums Leben bringen* (jn) /息をかける an|hauchen*; seinen Atem (Hauch) blasen (an⁴) /息を殺す den Atem an|halten* (unterdrücken; verhalten*) /息をとめる die Luft zum Atmen entziehen*; erdrosseln (jn) /息をつく **1**) [ほっとする] erleichtert auf|atmen; einen Seufzer der Erleichterung tun* (aus|stoßen*). **2**) [一休みする] ³sich eine Pause gönnen; ³sich ⁴Ruhe schaffen* /息を吹き返す auf|atmen; von neuem atmen; wieder zu ³Atem kommen* ⓢ /息を引き取る den letzten Atem aus|hauchen (ziehen*); den letzten Atemzug tun*; die Seele hin|geben* (aus|hauchen).

いき **意気** Mut m. -[e]s; Courage f.; Herz n. -ens, -en; Mumm m. -[e]s; Schneid f. (m. -[e]s); Moral f. 《志気》; voll Mutes; frischen Mutes; voll unbezähmbaren Mutes; triumphierend; voller Schneid /意気軒昂たり in gehobener ³Stimmung sein; Kopf hoch stolzieren /意気消沈する niedergeschlagen sein; die Flügel hängen lassen*; den Mut verlieren* /意気投合する Sympathie empfinden* (mit jm); ³sich gleich gesinnt fühlen 《mit jm》 /人生意気に感ず Was wäre das Leben ohne Begeisterung?

いき 粋 Schick m. -[e]s; Eleganz f.; Feinheit f.; Geschmack m. -[e]s /粋な schick; elegant; fein; geschmackvoll.

いき 位記 Ehrenbrief m. -[e]s, -e; die Bescheinigung (-en) (das Diplom, -s, -e) des Hofrangs /位記を返上する seinen Hofrang ab|legen (weg|-); auf seinen Hofrang verzichten /位記を賜う einem einen Hofrang verleihen* (gewähren) (jn); mit einem Hofrang beehren (jn).

いき 遺棄 das Aufgeben*, -s; Aufgabe f. -n; das Im-Stich-Lassen*, -s; das Verzichten*, -s; Verzichtleistung f. -en /遺棄する auf|geben*⁴; im Stich lassen*⁴; verzichten (auf⁴); Verzicht leisten (auf⁴) ‖遺棄物 das herrenlose Gut, -[e]s, -er; Wrack n. -[e]s, -e (od -s) 《海上の》.

いき 域 ❶ Bezirk m. -[e]s, -e; Bereich m. -[e]s, -e; Gebiet n. -[e]s, -e; Region f. -en; Sphäre f. -n. ❷ [状態] (Zu)stand m. -[e]s, ⸚e. ❸ [程度] Grad m. -[e]s, -e; Stadium n. -s, ...dien; Stufe f. -n /...の域に達する an das Niveau heran|reichen; eine hohe Stufe erreichen.

いき 生きがよい lebendig; lebhaft; quick; rege /生きがよい altbacken; abgestanden.

いき 意義 Bedeutung f. -en; Sinn m. -[e]s, -e; Bedeutsamkeit f. 《重要性》 /意義深い bedeutend; sinnvoll.

いき 異議 Einwand m. -[e]s, ⸚e; Einrede f. -n (-sprache f. -n); Einspruch m. -[e]s, ⸚e; Protest m. -[e]s, -e; 《法》 Rechtseinwand m. -[e]s, ⸚e /異議なく ohne ⁴Einwand /満場異議なく ohne dass jemand Einwand erhoben hätte; einmütig; einstimmig; über°einstimmend /異議を申立てる einen Einwand (eine Einsprache; einen Einspruch; einen Protest) erheben* (bei jm gegen⁴); Einwände (pl) machen (vor|bringen*) (gegen⁴); ein|wenden*⁽⁴⁾ (gegen jn); ein|sprechen* (gegen jn 《et》); protestieren (gegen⁴) /「異議あり!」 „Einwand!" ‖「Einspruch!" /異議なし „Einwandfrei!" ‖異議申立人 der*, den Rechtseinwand erhebt.

いき 威儀 Würde f.; die würdevolle Miene, -n /威儀堂々と würdevoll; hehr; hoheitsvoll; majestätisch; vornehm 《上品に》 /威儀を正して mit entsprechender Würde; auf würdevolle Weise; höflich 《礼儀正しく》.

いきあたりばったり 行き当たりばったりの aufs Geratewohl; in den Tag hinein /行き当たりばったりに事をする auf gut Glück tun*⁴; nicht mit den Tatsachen rechnen; von ungefähr handeln.

いきいき 生き生きした lebendig; animiert; belebt; frisch; lebhaft; munter; rege /生き生きと voller Lebensfrische.

いきうつし 生き写しである wie aus den Augen (dem Gesicht) geschnitten sein; ähnlich wie ein Ei (ein Tropfen Wasser) dem anderen sein; täuschend ähnlich sein /母に生き写しである Sie ist das leibhaftige Ebenbild ihrer Mutter.Die Mutter lebt noch in ihren Zügen.

いきうま 生馬の目を抜くような über und über klug; superklug; äußerst schlau.

いきうめ 生き埋めになる lebend begraben (mit ³Erde verschüttet) werden /生き埋めにする lebend begraben* (mit ³Erde verschütten) (jn).

いきおい 勢い ❶ [意気] Tatkraft f.; Energie f. -n; Schneid f. -en; Schneidigkeit f.; Wucht f. -en /勢いのない saft- und kraftlos; energielos; impotent; leistungsunfähig; unvermögend /勢いのよい voll Saft und Kraft; tatkräftig; energisch; schneidig; wuchtig. ❷ [威力] Einfluss m. -es, ⸚e; Geltung f. -en; Prestige n. -s, ⸚e; Neigung f. -en; Strömung f. -en; Tendenz f. -en; Zug m. -[e]s, ⸚e /自然の勢い der natürliche Lauf der Dinge; Naturnotwendigkeit f. -en. ❹ [はずみ] Antrieb m. -[e]s, -e; Stoß m. -es, ⸚e. ❺ [adv 必然的に] [natur]notwendig; unvermeidlich; zwangsläufig /いやもおうすも言わさずに durch die Umstände gezwungen; schicksalhaft; unabwendbar /勢い反対せざるをえなくなる Sie lassen mir keine andere Wahl, als sie zu bekämpfen.

いきおいづく 勢いづく ❶ aufgemuntert (ermutigt) werden. ❷ zur Macht gelangen ⓢ.

いきおいづける 勢いづける ❶ auf|muntern

いきがい 生き甲斐がある des Lebens würdig (wert); lebens|würdig (-wert).
いきかえす 生き返らせる wieder zum Bewusstsein bringen* (jn); wiederbeleben (jn); wieder ins Leben zurück|bringen* (zurück|rufen*) (jn).
いきかえる 生き返る wieder zum Bewusstsein (zu ³sich [selbst]) kommen* [s]; wieder|auf|leben [s]; wiederbelebt werden; wieder ins Leben zurück|kommen* [s].
いきがみさま 生神様 der Gott (-es, ¨er) in ³Person; der leibhaftige (inkarnierte; verkörperte) Gott.
いきぎれ 息切れする schwer (kurz) atmen; den Atem verlieren*; keuchen.
いきぐるしい 息苦しい schlecht (schwer) atembar; stickig.
いきごみ 意気込み Eifer m. -s; Enthusiasmus m. -; Feuer n. -s; Hingabe f.; Lust (f.) und Liebe (f.); Tatenlust f. -drang m. -(e)s/의意気込みな成功扱いなし Deine inbrünstige Hingabe lässt keinen Zweifel über das Gelingen aufkommen.
いきごむ 意気込む versessen (erpicht) sein (auf⁴); voll Begeisterung sein (für⁴)/意気込んで mit ⁴Eifer; eifrig; voll ³Tatenlust; vom Tatendrang getrieben.
いきさつ 経緯 ❶ [事情] die (näheren) Umstände (pl); das Nähere (Genauere); die nähere Auskunft, ¨e; Einzelheiten (pl 詳細). ❷ [紛糾] Verwick(e)lung f. -en; Schwierigkeit f. -en; Verwirrung f. -en.
いきじびき 生き字引 das wandelnde Lexikon, -s, ..ka (..ken) (Wörterbuch, -(e)s, ¨er).
いきた 生きた lebendig; lebend; wirklich (実際の)/生きた手本 ein lebendes (lebendiges) Vorbild, -(e)s, -er (Muster, -s, -).
いきち 生血 das dem lebenden Körper entnommene Blut, -(e)s; Lebensblut n.
いきづかい 息づかい das Atmen*, -s; Atmung f. -en; das Hauchen*, -s.
いきづまる 息詰まる ersticken; erstickt werden; den Atem verschlagen* (jm)/息詰まるような erstickend; stickig; atem[be-]raubend; aufregend 《興奮して》; spannend 《同上》.
いきどおり 憤り Empörung f. -en; Ärger m. -s; Entrüstung f. -en; Verdruss m. -es, -e; Wut f.; Zorn m. -(e)s. ⇨ふんがい.
いきどおる 憤る ⁴sich empören (gegen⁴; wider³); Ärger haben (mit³; über²); ⁴sich entrüsten (über⁴); wütend (zornig) werden; in ⁴Harnisch (Hitze) kommen* (geraten*) [s]. ⇨ふんがい.
いきながらえる 生き長らえる länger als andere leben / 夫人よりも五年生き長らえた Er lebte fünf Jahre länger als seine Frau.
いきなり (ur)plötzlich; unvermittelt; unvermutet; unversehens; auf einmal; wie ein Blitz aus heiterm Himmel.
いきにんぎょう 生き人形 die lebende (lebenswahre; naturgetreue) Puppe, -n.
いきぬき 息抜き ❶ [換気孔] Luftloch n. -(e)s, ¨er; Lüfter n. -s; Lüftungsvorrichtung f. -en. ❷ [休息] Ruhepause f. -n; Entspannung f. -en; Erfrischung f. -en; Erholung f. -en/息抜きする ³sich eine Ruhepause gönnen; ⁴sich von der Arbeit erholen.
いきのこる 生き残る überleben⁴; überdauern⁴; am Leben bleiben* [s]; dem Tod(e) entgehen* (s]/生き残った人 der Überlebende, -n, -n; der dem Tod(e) Entgangene*, -n, -n.
いきはじ 生き恥をさらす leben, um ausgelacht zu werden; in ³Schmach und ³Schande leben.
いきぼとけ 生仏 der leibhaftige Buddha, -s.
いきまく 息巻く aufgebracht (wütend) sein; auf|fahren* [s]; in ⁴Zorn geraten* [s]; vor ³Wut schäumen.
いきむ 息む ³sich an|strengen; ⁴sich ab|mühen.
いきもの 生き物 [Lebe]wesen n. -s, -; Geschöpf n. -(e)s, -e; Kreatur f. -en.
いきょう 異郷 das fremde Land, -(e)s, ¨er; Ausland n. -(e)s; Fremde f.
いきょう 異教 Heidentum n. -s; Häresie f. -n; Irrglaube m. -ns (-gläubigkeit f.-)/-lehre f. -n; Ketzerei f. -en; Ketzerglaube f -ns; 異教の heidnisch, häretisch, irrgläubig; ketzerhaft; ketzerisch/異教国 Heidentum n. -s (総称); das heidnische Land, -(e)s, ¨er/異教徒 Heide m. -n, -n; Heidenvolk n. -(e)s, ¨er; Häretiker m. -s, -; der Irrgläubige*, -n, -n; Ketzer m. -s, -.
いぎょう 遺業 ¶ ⁴父の遺業を大成する das von seinem Vater hinterlassene unvollendete Werk 《-(e)s, -e》 vollenden.
いぎょう 医業 der ärztliche Beruf, -(e)s, -e; die Tätigkeit 《-en》 eines Mediziners/医業を営む als Arzt praktizieren; die ärztliche Praxis aus|üben.
いぎょう 偉業を成就する Erstaunliches leisten; Beispielloses* voll|bringen.
いきょく 委曲 die Einzelheiten (pl); das Einzelne* (Nähere*), -n; Detail n. -s, -s; die näheren Umstände 《-e》/委曲を尽くす näher (weiter) aus|führen (an|geben*⁴; auseinander setzen⁴; bezeichnen⁴); im Einzelnen näher (haarklein) schildern⁴; ins Einzelne (Kleinste; Detail) gehen* [s]; auf ⁴Einzelheiten ein|gehen* [s].
イギリス ⇨えいこく ¶ イギリス海峡 der (Ärmel)kanal, -s.
いきりたつ 熱立つ von dem finstern, rächenden Geist eines noch Lebenden verflucht (verwünscht) sein.
いきる 生きる leben/幸福(平和)に生きる glücklich (in ³Frieden) leben/生きている am Leben sein; [frisches] Leben haben (verraten*)/...を食って生きている leben (von³).
いきれ Schwüle f.; Dumpfheit f./いきれ

いきわかれ 生き別れ der lebenslängliche Abschied, -(e)s, -e / 生き別れる auf lebenslang Abschied nehmen* 《von *jm*》; ⁴sich trennen, um ⁴sich nie wiederzusehen.

いくい 居食する ohne zu arbeiten seine Tage verbringen*; durch Nichtstuerei sein Vermögen verschwenden.

いくえ 幾重にも vielfach; vielfältig. ❶ [繰返し] wiederholt; immer wieder / 幾重にもわびる vielmals (wiederholt) um Entschuldigung (Verzeihung) bitten* 《*jn*》. ❸ [せつ] ernst(lich); in vollem Ernst; demütig.

いくえい 育英事業 die Tätigkeit 《-en》(die Beschäftigung, -en) der Jugenderziehung / 日本育英会 der Japanische Verein 《-(e)s》für ⁴Jugenderziehung.

いくさ ❶ [戦闘] Schlacht *f.* -en; Gefecht *n.* -(e)s, -e; Treffen *n.* -s, - 《会戦》; Handgemenge *n.* -s, - 《白兵戦》. ❷ [戦役] Krieg *m.* -(e)s, -e; Kampagne *f.* -n; Feldzug *m.* -(e)s, ⁻e 《出征》. ⇨ **せんそう、せんえき**.

いくじ 育児 das Großziehen 《-s》des Kindes; Kinder|pflege 《Säuglings-》*f.* ‖ 育児院 Kinder|heim *n.* -(e)s, -e 《-hort *m.* -(e)s, -e》《託児所》; Findel|haus 《Waisen-》*n.* -es, ⁻er 《孤児院》/ 育児室 Kinderstube *f.* -n / 育児法 die Methode 《-n》der Kinderpflege; die Art und Weise, wie ein Kind großzuziehen ist.

いくじ 意気地のない memmenhaft; feige; hasenherzig; mut|los (schwung-); zaghaft / 意気地のないやつ Memme *f.* -n; Feigling *m.* -s, -e; Hasenherz *n.* -ens, -en; Schlappschwanz *m.* -es, ⁻e; Weichling *m.* -s, -e.

いくせい 育成 das Auf(er)ziehen 《Großziehen*》, -s; Pflege *f.* -n.

いくせんにん 幾千人もの人々 Tausende 《*pl*》von ⁴Menschen; unzählige Menschen 《*pl*》.

いくつ 幾つ ❶ wie viel; wie viele. ❷ [歳] wie alt / 年は幾つかしら Wie alt mag er sein? Welches Alter hat er wohl?

いくど 幾度 wie oft; wievielmal; wie viele Male / 幾度も oft; einmal über das andere; häufig; immer wieder; zu wiederholten Malen / 幾度となく unzählige ⁴Male; Ach zum wievielten Male!

いくどうおん 異口同音に einstimmig; mit einer Stimme; wie aus einem Mund(e) / 異口同音に賛成する einstimmig bei|stimmen 《zu|-》《*jm*》.

いくとおり 幾通り wie viele Arten (Weisen) / 幾通りにも解釈できる Es kann verschiedenartig ausgelegt werden. Es lässt verschiedene Auslegungen zu.

いくねん 幾年 wie viele Jahre / 幾年も幾年も jahrelang; viele ⁴Jahre lang (dauernd).

いくび 猪首 Stiernacken *m.* -s, -; der gedrungene (breite und starke) Nacken / 猪頸の stiernackig; mit gedrungenen (breitem und starkem) Nacken.

いくぶん 幾分 etwas; teilweise / 幾分か in (um) etwas; bis zu einem gewissen Grad(e); in gewissem Grad(e) 《Maß(e)》; zum Teil / 幾分かよくなった Es geht ihm in (klein) bisschen besser. Er befindet sich in einer ein wenig besseren Verfassung.

いくら ❶ wie viel; wie viele / これはいくらですか Was (Wie viel) kostet es? / 値段(料金)はいくらですか Was ist der Preis (die Gebühr) dafür? / いくらでも 1) so viel (wie) man will (einem gefällt). 2) wenn es noch so viel wäre. ❷ [どんなに] いくら...でも um jeden Preis; wie (sehr) auch immer / 一生懸命になっても wie angestrengt Sie auch immer sein mögen; wenn Sie auch noch so angestrengt sind / いくら多くても höchstens / いくら遅くとも spätestens / いくらよくても im besten Falle.

イクラ Lachslaich *m.* -(e)s, -e.

いくらか ein wenig; in (um) etwas; bis zu einem gewissen Grad(e); in gewissem Grad(e) 《Maß(e)》; teilweise; zum Teil / いくらかの einige*; ein paar; manche*; mehrere*.

いくん 遺訓 die von einem Verstorbenen hinterlassenen Instruktionen (Anweisungen; Verhaltungs(maß)regeln; Vorschriften) 《*pl*》/ 祖先の遺訓 die von den Vätern her erbliche Richtschnur.

いくん 偉勲 ⇨ **いこう**(偉功).

いけ 池 Teich *m.* -(e)s, -e; Bassin *n.* -s, -s 《噴水池》; Becken *n.* -s, - 《同上》; Reservoir *n.* -s, -e 《貯水池》; Weiher *m.* -s, - 《養魚池》.

いけい 畏敬 Ehrfurcht *f.*; Verehrung *f.* -en / 畏敬すべき ehrfurchtgebietend (Ehrfurcht gebietend); verehrungswürdig / 畏敬させる Ehrfurcht ein|flößen 《*jm*》; Verehrung empfinden lassen* 《*jm*》/ 畏敬する Ehrfurcht empfinden* 《für *jn*》; Verehrung erweisen* 《dar|bieten*》《*jm*》; in höchster Bewunderung hoch achten 《*jn*》.

いけいれん 胃痙攣 [医] Gastralgie *f.* -n; Magenkrampf *m.* -(e)s, ⁻e.

いけがき 生垣 Hecke *f.* -n; Hag *m.* -(e)s, -e; der lebende (lebendige) Zaun, -(e)s, ⁻e / 生垣で隔てられた durch eine lebende Hecke getrennt werden (sein) / 生垣を作る eine Hecke (einen Hag; einen Zaun) pflanzen.

いけす 生洲 Fisch|teich *m.* -(e)s, -e 《-behälter *m.* -s, -》; Weiher *m.* -s, -.

いけすかない widerlich; abgeschmackt; abscheulich; ekelhaft; garstig; hässlich; unangenehm; unschön.

いげた 井桁 ❶ Brunnen(ein)fassung *f.* -en. ❷ [図柄] das projizierte Parallelmuster *n.*

いけどり 生け捕り das Gefangennehmen*, -s; Gefangennahme *f.* -n / 生け捕りになる (lebendig) gefangen genommen werden; in ⁴Gefangenschaft geraten* ⓢ / 生け捕る lebendig fangen** 《*jn*》; lebendig fangen** 《動物を》.

いけない ❶ [禁止] nicht dürfen (müssen;

いけばな 生け花 [芸] das Blumenstecken (Blumenbinden*), -s; [花] die gesteckten (gebundenen) Blumen (pl).

いける 1 [火を〜て] Feuer mit ³Asche be|decken. ❶ [埋める] begraben*⁴.

いける 生ける 1 [a.] lebend; lebenslebhaft; leibhaftig; wirklich (実際の)/生けるがごとく lebens[ge]treu (natur-); als ob es wirklich lebte/生ける屍(以)の der lebende Leichnam, -[e]s, -e; der innerlich tote Mensch, -en, -en/生きとし生ける者 alles*, was Leben hat (was lebt und webt); alles Fleisch, -[e]s. ❷ [花を花びんに] Blumen in eine Vase stecken (in einer Vase arrangieren).

いける ¶ 彼はいける口だ Er kann einen Stiefel voll (einen guten Stiefel) vertragen./酒を少しはいけます Sake trinke ich nur ein klein bisschen.

いけん 違憲 Verfassungs|verletzung f. -en (-widrigkeit f. -en)/違憲の verfassungs|verletzend (-widrig).

いけん 意見 ❶ Meinung f. -en; Ansicht f. -en; Auffassung f. -en; Idee f. -n; Standpunkt (Gesichts-) m. -[e]s, -e; 意見の対立 Meinungsstreit m. -[e]s, -e; der Gegensatz (-es, -̈e) der Meinungen/僕の意見では meiner ³Meinung (Ansicht) nach; ich bin der Meinung, dass ...; meine Meinung (Ansicht) ist, dass ...; 意見が一致する einer (derselben) Meinung sein; die gleiche Meinung teilen ⟨mit jm⟩; überein|stimmen ⟨mit jm in³⟩/Unsere Meinungen sind gleich (einig)./意見を異にする anderer (verschiedener) Meinung sein; Unsere Meinungen sind geteilt (gehen weit auseinander.)/意見を曲げない auf seiner Meinung (seinem Kopf) beharren*; bei seiner Ansicht beharren; an seinem Standpunkt fest|halten*/意見をたたく nach js Meinung fragen; sich nach js Ansicht orkundigon ⟨boi jm⟩. ❷ [忠告] Rat|schlag m. -[e]s, -̈e; Tipp m. -s, -s; [警告] Ermahnung f. -en; [比責] Verweis m. -es, -e/意見に従う js ⁴Rat folgen (gehorchen*; Folge leisten); js ⁴Rat beherzigen/人の意見を受けつけない Er ist gegen jeden Rat taub. Er nimmt keinen Rat an. — 意見する ermahnen ⟨jn zu³⟩; verweisen*⁴ ⟨jm⟩; die Leviten lesen* ⟨jm⟩.

いげん 威厳 Würde f.; Erhabenheit f.; Gravität f. -en; Majestät f./威厳を保つ seine Würde bewahren (aufrecht|erhalten*); nichts von seiner Würde lassen*; eine feierliche Haltung an|nehmen*/そんな馬鹿げたことの仲間入りをすると威厳にかかわる Auf eine solche Dummheit einzugehen, halte ich für unter meiner Würde./威厳のある würde|voll; erhaben; gravitätisch; hehr; majestätisch/威厳のない würdelos; unwürdig; erbärmlich.

いご 囲碁 Go-Spiel n. -[e]s, -e ⇒ご(碁).

いご 以後 ❶ [今後] von jetzt (nun) an (ab); hernach; [zu]künftig; später; in ³Zukunft/以後の kommend; [zu]künftig; folgend ⟨その後の⟩. ❷ [以来] nach³; seit³; seit|dem (-her)/五月十日以後 nach dem 10. Mai/それ以後 danach; nach|her (seit-); seit der Zeit; von dem an.

いこう 偉功 das große (erstaunliche) glänzende; unsterbliche) Verdienst, -[e]s, -e; die hervorragende Leistung, -en; Heldentat f. -en.

いこう 威光 Würde f.; Ansehen n. -s; Einfluss m. -es, -̈e; Geltung f.; Machtstellung f. -en; Prestige n. -s.

いこう 遺稿 das hinterlassene (nachgelassene; post[h]ume) Manuskript, -[e]s, -e (Werk, -[e]s, -e); das nach dem Tod[e] aufgefundene Manuskript (Werk); Nachlass m. -es, -e (-̈e).

いこう 意向 Absicht f. -en; Vorhaben n. -s, -; Vorsatz m. -es, -̈e; Hang m. -[e]s, -̈e; Lust f. ⟨気乗り⟩/意向を探る js Gedanken (pl) zu erfahren (erforschen; ergründen) suchen; sondieren ⟨jn⟩; auf den Zahn (an den Puls) fühlen ⟨jm⟩; auf den Busch klopfen ⟨遠回しに⟩.

いこう 以降 nach³; ab³; seit³; von³ ... an (ab).

いこう 移行する ⁴sich hinüber|schieben*; ⁴sich verlagern; ⁴sich verschieben*; verschoben werden.

イコール gleich/五たす三イコール八 Fünf und drei gleich (ist) macht acht.

いこく 異国 das fremde Land, -[e]s, -̈er; Ausland n. -[e]s; Fremde f. ‖ 異国情緒 das Exotische* (Ausländische*); Befremdende*), -n.

いごこち 居心地のよい behaglich; angenehm; bequem; gemütlich; traulich; wohnlich/居心地のわるい unbehaglich; unangenehm; unbequem; ungemütlich; nicht traulich; unwohnlich.

いこじな verstockt; eigensinnig; halsstarrig; hartnäckig; störrisch (störrig); wider|borstig (haarig; opcnstig)/いこじになって in ³Verstocktheit (Eigensinnigkeit); Halsstarrigkeit; Hartnäckigkeit; Störrigkeit; Widerborstigkeit; Widerhaarigkeit; Widerspenstigkeit).

いこつ 遺骨 die Gebeine (pl); die letzten Reste (pl); Asche f. -n/遺骨を拾う js Gebeine sammeln (zusammen|tragen*).

いころす 射殺 erschießen*⁴ ⟨jn⟩; tot|schießen*⁴ ⟨jn⟩; durch einen Schuss töten ⟨jn⟩; schießen*⁴ ⟨例: ein Wild 猟物を⟩.

いこん 遺恨 Groll m. -[e]s; Grimm m. -[e]s;

Erbitterung *f.* -en; Hass *m.* -es; Rachsucht *f.* ⸚e; Feindschaft *f.* -en《敵がい心》; Feindseligkeit *f.* -en《同上》/遺恨をふくむ einen Groll haben (fassen; hegen)《auf *jn*》; erbittert (ergrimmt) sein《gegen (über) *jn*》; von Rachsucht erfüllt sein《gegen *jn*》; Feindschaft (Feindseligkeit) hegen《gegen *jn*》. ⇨**うらみ**.

いざ [さあ] Nun! Wohlan!/いざとなれば im letzten (entscheidenden) Augenblick (Moment); in der ^{3}Not; im Notfall/いざという時の用意をしておく ^{4}sich auf (für) die Zeit der Not vor|bereiten/…はいざ知らず abgesehen von^{3}/人はいざ知らず私は für meine Person; meinetwegen.

いさい 委細 Einzelheiten《*pl*》; Detail *n.* -s, -s; Besonderheiten《*pl*》; das Nähere* (Weitere*), -n, -n; [事情] die näheren (besonderen) Umstände / 委細は次のとおりだ Näheres folgt/委細を述べる auf (in) die Einzelheiten ein|gehen* [s]; das Nähere auseinander setzen/委細を知る Näheres (das Nähere) erfahren*/委細文(ぶ)《電文》Brief folgt/委細は近々面談の上 Alles Weitere demnächst, mündlich, besorge ich. ── 委細の(に) ausführlich; genau; umständlich.

いさい 異彩ある glänzend; bemerkenswert; hervorragend; auffallend / 異彩を放つ ^{4}sich hervor|tun*; die Aufmerksamkeit auf ^{4}sich lenken; glänzen《*in*^{3}》.

いさい 偉才 der große (ausgezeichnete; bemerkenswerte; vorzügliche) Mann, -[e]s, ⸚er.

いざかや 居酒屋 Kneipe *f.* -n; Schenke *f.* -n; Ausschank *m.* -[e]s, ⸚e; Budike *f.* -n.

いさぎよい 潔い(く) [潔白な] rein; unbefleckt; unschuldig; [男らしい] mannhaft; männlich; [勇ましい] tapfer; mutig; kühn; [淡白な] offen[herzig]; [未練のない] ohne ^{4}Zögern; [正しい] aufrichtig; gerecht/…するをいさぎよしとしない zu stolz sein (^{4}sich schämen)《^{4}*et* zu tun》/いさぎよく戦う tapfer kämpfen/いさぎよく負ける männlich seine Niederlage an|erkennen*/いさぎよく謝罪する offen Abbitte tun* (leisten)《bei *jm* für ^{4}*et*》.

いさく 遺作 das nachgelassene (hinterlassene) Werk, -[e]s, -e.

いざこざ ⇨ごたごた.

いささか ein wenig (bisschen); etwas; ein Körnchen; ein Krümchen/いささかも…しない nicht im Geringsten (Mindesten); ganz und gar nicht; durchaus (überhaupt) nicht; keineswegs/僕はいささか疲れた Ich bin etwas müde./それにはいささかの疑いもありません Daran kann kein Zweifel sein.

いざなう 誘う ❶ ⇨**まねく**. ❷ ⇨**ゆうわく**.

いさましい 勇ましい(く) tapfer; mutig; [大胆な] kühn; herzhaft; beherzt; [健気な] brav; wacker; [男らしい] mannhaft; männlich; [鼓舞する] aufmunternd; herzbewegend/勇ましい兵士 der tapfere Soldat, -en, -en/勇ましく戦う tapfer kämpfen.

いさみはだ 勇み肌 Tapferkeit *f.*; das ritterliche Wesen, -s/勇み肌の男 der brave Junge, -n, -n.

いさむ 勇む Mut fassen; ^{3}sich ^{4}Mut machen; ^{4}sich ermutigen; mutig (tapfer) werden; [激する] aufgeregt werden; [意気が揚る] in gehobene Stimmung geraten* [s]; [馬が] ^{4}sich bäumen/勇んで in gehobener ^{3}Stimmung; froh; guten Mutes; leichten Herzens.

いさめ 諫め [Er]mahnung *f.* -en; das Zureden*, -s; [警告] [Ver]warnung *f.* -en; [忠告] Rat *m.* -[e]s; Belehrung *f.* -en.

いさめる 諫める [er]mahnen《*jn zu*^{3}》; [警告する] [ver]warnen《*jn von*^{3}》; [非難する] tadeln《*jn wegen*$^{2(3)}$》; [忠告する] raten*《*jm*》; einen Rat geben*《*jm*》/危険に注意するよう諫める vor einer ^{3}Gefahr warnen《*jn*》/それについて多くのことを話さぬよう諫めた Ich habe ihn gewarnt, viel davon zu sprechen.

いざよい 十六夜 die sechzehnte Nacht des ^{2}Mondmonats/十六夜の月 der sechzehn ^{4}Tage alte Mond, -[e]s.

いざる ^{4}sich sitzend vorwärts bewegen; kriechen* [h, s].

いさん 遺産〘法〙Erbe *n.* -s; Erbgut *n.* -[e]s, ⸚er; Erbschaft *f.* -en; Nachlass *m.* -es, ⸚e; Hinterlassenschaft *f.* -en/遺産を継ぐ *js* Vermögen erben《von *jm*》/[大きな]遺産を残す ein [großes] Vermögen (Eigentum) nach|lassen* (hinterlassen*) ‖ 遺産管理 Erbschaftsverwaltung *f.* -en/遺産管理人 Erbschafts¦verwalter *m.* -s, -《男》(-verwalterin *f.* ..rinnen《女》)/遺産相続 Erbfolge *f.*/遺産相続税 Erbschaftssteuer *f.* -n/遺産相続人 Erbe *m.* -n, -n《男》; Erbin *f.* ..binnen《女》/世界文化・自然遺産 Weltkultur- und Naturerbe *n.* -s.

いさん 違算 die falsche Rechnung, -en; Rechenfehler *m.* -s, -; Verrechnung *f.* -en/違算する falsch rechnen; einen Fehler begehen*.

いさん 胃酸 Magensäure *f.* -n ‖ 胃酸過多症〘医〙Hyperazidität *f.*; [胸やけ] Sodbrennen *n.* -s.

いし 遺志 der Wille《-ns, -n》eines ^{2}Verstorbenen* (Toten*); *js* letzter Wille/亡父の遺志により dem Willen meines Vaters zufolge/故人の遺志を継ぐ dem Willen eines Verstorbenen folgen.

いし 意思 Wille *m.* -ns, -n; Absicht *f.* -en; Vorsatz *m.* -es, ⸚e; Vorhaben *n.* -s, -; Gedanke *m.* -ns, -n; Idee *f.* -n; Gesinnung *f.* -en/意思が通じる verstanden werden《von *jm*》/意思の疎通を計る ^{4}sich verständigen《mit *jm über*^{4}》/…する意思はない keine Absicht (Lust) haben《^{4}*et* zu tun》‖ 意思表示 Willens¦äußerung *f.* -en (-erklärung *f.* -en)/意思表示する seinen Willen äußern (erklären)《*jm*》.

いし 意志 Wille *m.* -ns, -n; [意欲] das Wollen*, -s/意志の自由 Willensfreiheit *f.*/意志力 Willenskraft *f.*/意志の強い(弱い)人 ein Mensch《*m.* -en, -en》von starkem (schwachem) Willen/自由意志で aus freiem Willen/私の意志に反して wider (gegen)

いし meinen Willen/意志を貫徹する seinen Willen durch|setzen/他人の意志に従う dem fremden Willen gehorchen/意志ある所道あり ,Wo ein Wille ist, ist auch ein Weg.' ‖ 意志能力 Willensvermögen n. -s/意志薄弱 Willensschwäche f./意志薄弱な wellensschwach.

いし 縊死 das Sicherhängen*, -s. ⇨ くびくくり.

いし 石 Stein m. -[e]s, -e; Kiesel m. -s, -; 《小石》Edelstein《宝石》; Stein《碁石》/石の steinern/石の多い steinig/石のような steinartig/石を敷く mit ³Steinen pflastern⁴/石にかじりついても unter allen ³Umständen/それは焼け石に水も同然だ Es ist wie ein Tropfen《Wasser》auf einen(den)heißen Stein.

いし 医師会 Ärztekammer f. -n.

いじ 遺児 das Kind -[e]s, -er eines Gestorbenen*; Waisenkind n. -[e]s, -er.

いじ 維持 Erhaltung f. -en; Bewahrung f. -en; Instandhaltung f. -en; Unterhaltung f. -en; Unterstützung f. -en. — 維持する aufrecht|erhalten[er]halten*⁴; bewahren⁴; erhalten*⁴; instand (in Stand) halten*⁴; unterhalten*⁴; unterstützen⁴/体面を維持する den Schein ⁴bewahren/彼の面子を保たせた den Anschein aufrecht|erhalten*. ‖ 維持会員 das unterstützende Mitglied, -[e]d, -er/維持者 Erhalter; Beschützer; Bewahrer; Unterstützer; Verteidiger 《以上どれも m. -s, -》/維持費 Erhaltungskosten (Unterhaltungs-)《pl》.

いじ 意地 ❶ [根性] Temperament n. -[e]s, -e; Charakteranlage f. -n; Gemütsart f. -en; Gesinnung f. -en; Hang m. -[e]s, -e; Neigung f. -en/意地のきたない gierig; gefräßig/意地のわるい boshaft; bösartig; gehässig; übelwollend; zynisch/意地悪く **1)** auf eine boshafte (bösartige) Weise; kratzbürstig. **2)** [あいにく] unglücklicherweise; zum Unglück. ❷ [片意地] Halsstarrigkeit f.; Eigen|sinn (Starr-) m. -[e]s; Starrköpfigkeit f.; Hart|näckigkeit (Steif-) f./意地の悪い halsstarrig; eigen|sinnig (starr-); hart|näckig (steif-); starrköpfig/意地になって ais ³Halsstarrigkeit/意地を張る(通す)seine Ansicht (Meinung) durch|setzen/auf seinem Willen (Kopfe) beharren (bestehen)*; an seiner Behauptung fest|halten*; Recht haben wollen*; rechthaberisch sein. ❸ [意気地] das Selbctgefühl《(o)o, o》(der Stolz, ea) eines Mannes*; Selbstbewusstsein n. -s; Wille《n》 m. Willens, Willen.

いしう 石臼 Steinmühle f. -n; der steinerne Mörser, -s, -.

いしがき 石垣 Stein|mauer f. -n (-wall m. -[e]s, ä-e).

いしがけ 石崖 Steinwall m. -[e]s, ä-e.

いしき 意識 Bewusstsein n. -s; Besinnung f. -en/十分意識して bei vollem Bewusstsein/意識不明になる ohnmächtig (bewusstlos) werden/意識がはっきり(もうろう)としている ein klares (verworrenes) Bewusstsein haben/意識が戻る(回復する)[wieder] zum Bewusstsein kommen*; das Bewusstsein wieder|gewinnen*/意識を失う des Bewusstseins《die Besinnung》verlieren*; bewusstlos werden/罪の意識がある schuldbewusst sein/患者は意識がはっきりしている Der Kranke hat einen klares Bewusstsein. — 意識的な(に) bewusst; absichtlich《故意の(に)》/無意識的に unbewusst. — 意識する bewusst² werden;《気づく》wahr|nehmen*⁴; gewahr⁴⁽²⁾ werden. ‖ 潜在意識 Unterbewusstsein n. -s.

いしき 違式 Formwidrigkeit f. -en《手続きなどの》; Formfehler m. -s, -《同上》; der Bruch《-[e]s, ä-e》der Zeremonie (Etikette)《儀礼の》/違式の formwidrig; gegen die ⁴Etikette verstoßend.

いしきり 石切り das Stein|brechen* (-klopfen*), -s; [石割り工] Stein|klopfer (-brecher) m. -s, -; [石工] Steinmetz m. -en, -en (-hauer m. -s, -)/石切り場 Steinbruch m. -[e]s, ä-e.

いしくず 石くず Stein|bruchstück n. -[e]s, -e (-splitter m. -s, -).

いじけた zusammen|geschrumpft (ein-); bedrückt; gelähmt; niedergeschlagen; starr; verderbt; verkümmert; verkrüppelt.

いじける zusammen|schrumpfen (ein|-) 《s》; verkümmern 《s》; ⁴sich zusammen|kauern.

いしころ 石ころ Kiesel m. -s, -; Stein m. -[e]s, -e; [川原石] Geröll《e》 n. -röll[e]s, ..rölle/石ころだらけの kieselig; steinig ‖ 石ころ道 der kieselige (steinige) Weg, -[e]s, -e.

いしざいく 石細工 Stein|werk n. -[e]s, -e (-metzarbeit f. -en).

いしずえ 礎 Grund|stein (Fundament-) m. -[e]s, -e; [隅石] Eckstein m. -[e]s, -e.

いしだたみ 石畳 Steinpflaster n. -s, -; der steinerne Fußboden, -s, ö-.

いしだん 石段 die steinerne Treppe, -n; Steinstufe f. -n.

いしつ 遺失 das Verlieren*, -s; Verlust m. -[e]s, -e/遺失する verlieren*⁴; zurück|lassen*⁴ ‖ 遺失届 die [An]meldung《-en》eines Verlustes/遺失物 die verlorene Sache, -n/遺失物取扱所 Fundbüro n. -s, -s.

いしつ 異質の heterogen; andersgeartet; ungleichartig; fremdstoffig.

いしづか 石塚 Steinhaufen m. -s, -.

いしづくり 石造りの steinern; Stein-/石造りの家 Steinhaus n. -es, ä-er.

いしどうろう 石灯籠 die steinerne Laterne, -n.

いしなげ 石投げ Steinwurf m. -[e]s, ü-e; Steinwerfen*, -s, -.

いしばい 石灰 Kalk m. -[e]s, -e ‖ 石灰[焼き]がま Kalkofen m. -s, ö-.

いしばし 石橋 die steinerne Brücke, -n/石橋をたたく ganz sicher gehen wollen*; sehr vorsichtig sein.

いしべい 石塀 Steinmauer *f.* –n; die steinerne Mauer, –n.

いしぼとけ 石仏 das steinerne Buddhabild, –〔e〕s, –er.

いじめる 苛める misshandeln[4]; belästigen[4]; drangsalieren[4]; kujonieren[4]; martern[4]; arg (übel) mit|spielen[3]; placken und schinden*[4]; plagen[4]; quälen[4].

いしや 石屋 [石商] Steinhändler *m.* –s, –; [店] Steinhandlung *f.* –en; [石工] Stein¦metz *m.* –en, –en (–hauer *m.* –s, –).

いしゃ 医者 Arzt *m.* –es, ⸚e; 〚俗〛Doktor *m.* –s, –en; der praktische Arzt《開業医》; Hausarzt《かかりつけの》/藪(やぶ)医者 Quacksalber *m.* –s, –/はやる医者 der gesuchte Arzt/医者にかかる(みてもらう) einen Arzt konsultieren (zu [3]Rate ziehen*)/医者にかかっている in ärztlicher Behandlung sein/医者にかける von einem Arzt behandeln lassen*《*jn*》/医者になる [1]Arzt werden/医者を開業する eine ärztliche Praxis an|fangen*/医者を呼ぶ einen Arzt rufen* (holen lassen*)/医者にみてもらいなさい Sie müssen sich an einen Arzt wenden.

いしゃ 慰藉 Trost *m.* –es; Beruhigung *f.* –en; Erquickung *f.* –en/…に慰藉を求める Trost finden*《*in*[3]》; Trost schöpfen《*aus*[3]》/慰藉する trösten《*jn wegen*[2(3)]》; beruhigen[4] ‖ 慰藉料 Schmerzensgeld *n.* –〔e〕s, –er/慰藉料を請求する das Schmerzensgeld fordern.

いしゅ 異種 die verschiedene Art (Gattung), –en; die verschiedene Sorte, –n; [変種] Abart *f.* –en/異種の verschiedenartig; andersgeartet von verschiedener Gattung.

いしゅ 意趣 [恨み] Groll *m.* –〔e〕s; [敵意] Feindschaft *f.* –en; [憎悪] Hass *m.* –es/意趣返し Rache *f.* –n; Vergeltung *f.* –en/意趣を含む einen Groll hegen《gegen *jn*》; einen Groll haben《auf *jn*》/意趣を晴らす [4]sich rächen《an *jm* für [4]*et*》; vergelten*《*jm* [4]*et*》⇨ふくしゅう(復讐).

いしゅう 異臭 〔Ge〕stank *m.* –〔e〕s; der schlechte (üble) Geruch, –〔e〕s, ⸚e/異臭を放つ stinken*; schlecht (übel) riechen*/異臭紛々たる stinkend; übel riechend.

いじゅう 移住 Auswanderung *f.* –en《外地へ》; Einwanderung *f.* –en《外地から》; Übersied〔e〕lung *f.* –en《植民》; Wand〔e〕rung *f.* –en《移動》; Zug *m.* –〔e〕s, ⸚e《鳥などの》. ── 移住する aus|siedeln (ein|–; über|–) [s]; [4]sich an|siedeln (besiedeln); kolonisieren《植民》; ziehen* [s]《渡り鳥が》/アメリカへ移住する nach [3]Amerika aus|wandern (emigrieren) [s]. ‖ 移住者 Aus¦wanderer (Ein–) *m.* –s, –; Kolonist *m.* –en, –en; Pflanzer *m.* –s, –; 〔An〕siedler *m.* –s, –.

いしゅく 萎縮 das 〔Ver〕welken* (Einschrumpfen*), –s; Verschrumpfung *f.* –en; 〚医〛Schrumpfung *f.* –en; Atrophie *f.* –n. ── 萎縮する 〔ver〕welken; ein|schrumpfen; verschrumpfeln; 〚医〛schrumpfen; atrophieren《以上どれも [s]》. ‖ 萎縮腎 Schrumpfniere *f.*/肝萎縮 Leberatrophie *f.*

いしゅく 畏縮する zusammen|fahren* [s]; zurück|schrecken[(*)] (–|weichen*) [s]; eingeschüchtert (entmutigt) werden《人が》.

いしゅつ 移出 Verschiffung *f.* –en; Ausfuhr *f.* –en/移出する verschiffen[4]; aus|führen[4].

いじゅつ 医術 Medizin *f.*; Heil¦kunde (–kunst) *f.*; die medizinische Kunst/医術上の medizinisch; was die Heilkunde (Heilkunst) 〔an〕betrifft.

いしゆみ 石弓 Wurfmaschine *f.* –n; Schleuder *m.* –s, –; Armbrust *f.* ⸚e (–e).

いしょ 遺書 Testament *n.* –〔e〕s, –e; der letzte Wille, –ns, –n; [遺著] das hinterlassene Werk, –〔e〕s, –e; [書き置き] das hinterlassene Schreiben*, –s/遺書を書く sein Testament machen.

いしょ 医書 das medizinische Buch, –〔e〕s, ⸚er; das Buch über [4]Medizin.

いしょう 衣装 Kleidung *f.* –en; Kleid *n.* –〔e〕s, –er; Gewand *n.* –〔e〕s, ⸚er; Anzug *m.* –〔e〕s, ⸚e《特に男の》; Toilette *f.* –n《特に女の》; Garderobe *f.* –n《所有する衣装全部》; Kostüm *n.* –s, –e; 〔Theater〕kostüm *n.* –s, –e《芝居の》/衣装をつける ein Kleid (Kostüm) an|legen/彼女は衣装持ちだ Sie hat eine wunderbare Garderobe./馬子にも衣装 ‚Kleider machen Leute.' ‖ 衣装方 Garderobenaufseher *m.* –s, –; Ankleider *m.* –s, –/衣装部屋 Garderobenzimmer *n.* –s, –/貸し衣装 das auszuleihende Kleid/貸し衣装屋 Kleiderverleiher *m.* –s, –/嫁入衣装 Brautkleid *n.* –〔e〕s, –er.

いしょう 意匠 Muster *n.* –s, –; Zeichnung *f.* –en; Dessin *n.* –s, –s; [趣向] Entwurf *m.* –〔e〕s, ⸚e; Plan *m.* –〔e〕s, ⸚e/斬新な意匠 das neue Muster/意匠を作る(考案する, こらす) entwerfen*[4]; ein Muster zeichnen (aus|denken*, aus|arbeiten) ‖ 意匠家 Musterzeichner *m.* –s, –/意匠登録 die Eintragung《–en》eines Musters.

いじょう 囲繞する ⇨かこむ.

いじょう 異常な ❶ [正常でない] un¦gewöhnlich (außer–); abnorm; nicht regelrecht; regelwidrig; ungemein. ❷ [すばらしい] beispiellos; einzigartig; erstaunlich; ungeheuerlich; unvergleichlich/異常な発達をとげる merkwürdige (überraschende) Fortschritte《*pl*》machen. ‖ 異常児 das abnorme Kind, –〔e〕s, –er.

いじょう 以上 ❶ [上記の] oben; zuvor/以上の如く wie oben (zuvor) gesagt (erwähnt). ❷ […よりも多く, …よりすぐれて] mehr (besser; höher) als …; darüber hinaus; jenseit〔s〕; nicht weniger (minder) als/二つ以上 mehr als zwei; zwei oder 〔noch〕 mehr/三分の二以上の多数 die Mehrheit (Majorität) von mehr als zwei Drittel/三十歳以上の人 ein Mensch《–en, –en》, der seine Dreißig überschritten (hinter [3]sich) hat; ein mehr als dreißig Jahre alter Mensch. ¶ …した以上は nun; da ja; jetzt da (wo)/からだがまたよくなった以上あなたは働かねばならぬ Jetzt, wo Ihre Ge-

いじょう 異状 etwas Ungewöhnliches*, -en; Störung f. -en; das abnorme Symptom, -s, -e; Unpässlichkeit f. -en/異状のある unordentlich; verwirrt; abnorm〈異常の〉/異状がある ist nicht in ³Ordnung; mit ³et ist es nicht richtig bestellt/異状がない ¹et ist in ³Ordnung (in guter Verfassung); mit ³et ist es richtig bestellt/精神に異状を呈する geistesgestört (verrückt) werden; aus dem Häuschen sein; nicht bei Trost* sein/異状は認められなかった Da war nichts Ungewöhnliches zu bemerken.

いじょうふ 偉丈夫 der große Mann, -[e]s, "er; Gigant m. -en, -en; Hüne m. -n, -n; Recke m. -n, -n; Riese m. -n, -n.

いしょく 移植 Umpflanzung f. -en; Verpflanzung f. -en;〔医〕Transplantation f. -en〈皮膚組織などの〉/移植する umpflanzen⁴; verpflanzen⁴;〔医〕transplantieren⁴ ‖ 心臓移植 Herzverpflanzung f. -en.

いしょく 衣食 Nahrung und Kleidung;〔生計〕Lebensunterhalt m. -[e]s; das Auskommen, -s/衣食の道 das Mittel (-s, -) des Auskommens; Lebensunterhalt/衣食に窮する〈事足りる〉ein knappes (gutes; anständiges) Auskommen haben/衣食を給する mit Nahrung und Kleidung versehen⁴ ⟨jn⟩/衣食足って礼節を知る Wohlgenährt, wohlerzogen ‖ 衣食住 die Nahrung, Kleidung und Wohnung.

いしょく 委嘱〔依頼〕Bitte f. -n;〔委任〕Auftrag m. -[e]s, "e; das Anvertrauen*, -s; Übertragung f. -en;〔全権〕Vollmacht f. -en/委嘱により auf ⁴Bitte (Ersuchen) ⟨von³⟩/委嘱する jn bitten* ⟨⁴et zu tun⟩; jm den Auftrag geben*|anvertrauen ⟨jm ⁴et⟩; jm Vollmacht geben* ⟨zu³⟩.

いしょく 異色のある einzig(artig); auffallend; eigenartig / 異色のある人物 ein Mensch ⟨m. -en, -en⟩ von ³Charakter.

いじらしい ❶〔愛らしい〕lieblich; herzig; liebenswürdig (-wert); reizend; scharmant. ❷〔かわいそうな〕kläglich; bemitleidenswert; ergreifend; mitleiderregend; rührend.

いじる (be)fühlen⁴; an|fühlen⁴; befingern⁴; berühren⁴; betasten⁴; handhaben⁴; spielen ⟨mit³⟩.

いしわた 石綿 Asbest m. -es, -e; Steinflachs m. -es.

いしわり 石割り das Steinbrechen*, -s.

いしん 維新〔土政復古〕Restauration f. -en;〔革新〕Erneuerung f. -en.

いしん 威信 Ansehen n. -s; Würde f. -n; Autorität f. -en;〔名声〕Ruf m. -[e]s/威信を傷つける die Würde (die Prestige) verletzen/威信を保つ seine Würde behalten* (bewahren)/威信を失う sein Ansehen verlieren*.

いじん 異人 der Fremde*, -n, -n; Ausländer m. -s, - ‖ 異人種 die fremde Rasse, -n / 異人種間の zwischen verschiedenen Rassen/異人種間の結婚 Mischehe f. -n.

いじん 偉人 der große Mann, -[e]s, "er; Held m. -en, -en.

いしんでんしん 以心伝心 Telepathie f. -n; das Fernfühlen*, -s; das stillschweigende Einverständnis, ..nisses, ..nisse/以心伝心で telepathisch; im stillschweigenden Einverständnis.

いす 椅子 ❶〔腰掛〕Stuhl m. -[e]s, "e/椅子に腰掛ける ⁴sich auf einen Stuhl setzen/椅子をすすめる einen Stuhl an|bieten* ⟨jm⟩. ❷〔地位〕Stelle f. -n; Stellung f. -en; Sitz m. -es, -e; Posten m. -s, -; Amt n. -[e]s, "er/椅子を狙う auf eine Stelle erpicht sein/大臣の椅子に着く ins Ministerium (ein|-) treten* ⓢ. ‖ 椅子カバー Stuhlbezug m. -[e]s, "e/安楽(肘掛)椅子 [Lehn]sessel m. -s, -; Lehnstuhl m. -[e]s, "e; Armsessel/折り畳み椅子 Falt|stuhl (-hocker m. -s, -)/回転椅子 Drehstuhl/長椅子 Bank f. "e; Sofa m. -s, -s/揺り椅子 Schaukelstuhl.

いすか〔鳥〕Kreuzschnabel m. -s, -.

いずまい 居住いは die Haltung (-en) beim Sitzen*/いずまいを正す ⁴sich gerade (auf|recht) setzen.

いずみ 泉 Quelle f. -n; Brunnen m. -s, -.

イスラエル Israel n. -s/イスラエル人の israelitisch/イスラエルの israelitisch ‖ イスラエル人 Israelit m. -en, -en.

イスラム イスラム教 Islam m. -s; Mohammedanismus m. -/イスラム教の islamitisch; mohammedanisch/イスラム教徒 Mohammedaner m. -s, -.

いずれ 何れ ❶〔どちら〕welcher*;〔どのみち〕irgendwie; auf alle Fälle; jedenfalls ⇒どちら/いずれも jeder*; die beiden*〔両方〕; weder ... noch ...〔否定〕/いずれの点でも in jeder Hinsicht/いずれの場合にも in allen Fällen; unter allen Umständen. ❷〔やがて〕bald; in ³kurzem;〔早晩〕früher oder später/いずれ良からしよう Ich werde bald seine Antwort erhalten.

いすわる 居座る〔留任する〕³Amt (in der ³Stelle) bleiben* ⓢ;〔定住する〕⁴sich fest|setzen, ⁴sich ansässig machen; ansässig werden; fest sein〔相場さの〕/居座り戦術 Sitzstreik m. -[e]s, -s.

いせい 遺精 der unwillkürliche Samenabgang, -[e]s, "e.

いせい 威勢〔勢力〕Macht f.; Kraft f.; Einfluss m. -[e]s,"e; Autorität f. -en;〔元気〕Mut m. -[e]s;〔声望〕Ansehen n. -s/威勢のある mächtig; bedeutend; einflussreich; ansehnlich/威勢のない munter; lebhaft; energisch / 威勢のない mutlos; kraftlos; matt/威勢をつける beleben⁴; auf|muntern⁴; ermutigen⁴ / 威勢のよい若者 der schneidige (tapfere) Junge, -n, -n.

いせい 異性 das andere (gegenteilige) Geschlecht, -[e]s;〔化〕Isomerie f. -/異性を知(に接する) eine Frau (-en) (einen Mann "er) (kennen*/彼は異性にもてる Er ist beim schönen Geschlecht beliebt.

いせい 以西 westlich ⟨von³⟩.

い

いせえび 伊勢海老 Languste *f.* -n.

いせき 遺跡 Ruine *f.* -n; Trümmer《*pl*》; Überrest *m.* -[e]s, -e/遺跡を訪ねる eine Ruine besuchen.

いせつ 異説 die verschiedene (andere; entgegengesetzte) Meinung, -en (Ansicht, -en); [異端] Häresie *f.* -n; Ketzerei *f.* -en.

いせん 緯線 Breiten¦kreis (Parallel-) *m.* -es, -e.

いぜん 以前 ❶ [...前] vor³; vorher《後置される》; seit³《...以来》; bevor; ehe《従属接続詞》/二三年以前 vor einigen ³Jahren; einige ⁴Jahre vorher/〔第一次〕世界大戦以前 vor dem 〔ersten〕 Weltkrieg. ❷ [かつて] früher; einst; ehemals; ehedem; vormals; einmal/以前あなたにお目にかかりました Ich habe Sie einmal gesehen./以前彼は弁護士でした Früher war er Rechtsanwalt. ── 以前の früher; vorig; ehemalig; vergangen《過去の》/ずっと以前の vor langer Zeit/以前の如く wie sonst (früher)/私は以前の私ではない Ich bin nicht mehr, was ich war.

いぜん 依然〔として〕 immer noch; noch immer; nach wie vor; wie früher (sonst)/依然として変わらない unverändert bleiben* [s]/旧態依然である Es bleibt beim Alten./彼女は依然として美しい Sie ist immer noch schön.

いそ 磯 Strand *m.* -[e]s, ⸗e; Meeres¦küste *f.* -n (-ufer *n.* -s, -)/磯うたいに am Strand entlang; längs des Ufers.

いそいそ いそいそと freudig; froh; fröhlich; leichten Herzens; [かいがいしく] bereitwillig; eifrig; [急いで] eilig; in ³Eile (Hast)/いそいそと人を迎える *jn* herzlich willkommen heißen*.

いそう 移送 Fortschaffung *f.* -en; Beförderung *f.* -en; Versendung *f.* -en; Transport *m.* -[e]s, -e/移送する fort|schaffen⁴; befördern⁴; versenden*⁴; transportieren⁴.

いそう 位相〘理〙Phase *f.* -n ‖ 位相幾何学〘数〙Topologie *f.*/位相差 Phasendifferenz *f.* -en.

いぞう 遺贈 Vermächtnis *n.* ..nisses, ..nisse; Legat *n.* -[e]s, -e/遺贈する vermachen⁴ ‖ 遺贈者〘法〙Vermächtnisaussetzer *m.* -s, -.

いそうろう 居候 Schmarotzer *m.* -s, -; Parasit *m.* -en, -en; 〘俗〙Nassauer *m.* -s, -/居候する schmarotzen《bei *jm*》; ein Schmarotzer werden; 〘俗〙nassauern《bei *jm*》.

いそがしい 忙しい ❶ [*v.*] beschäftigt (gedrängt) sein《*mit*³》; ⁴sich beschäftigen《*mit*³》; in ⁴Anspruch genommen sein《*von*³》/目が回るほど忙しい mit Geschäften überhäuft sein/僕は今忙しい Ich bin jetzt beschäftigt./彼は一日じゅう猛烈に忙しかった Er hatte den ganzen Tag viel Geschäfte. ❷ [*a., adv*] beschäftigt; geschäftig; rührig/忙しそうに geschäftig; rührig/忙しく暮らす ein geschäftiges Leben führen.

いそがせる 急がせる [事物を] beschleunigen⁴; beeilen⁴; [人を] zu Eile an|treiben⁴; drängen⁴.

いそぎ 急ぎ Eile *f.*; Hast *f.*; Schnelligkeit *f.*; Eilfertigkeit *f.*/急ぎの eilig; hastig; [緊急の] dringend/急ぎの用 das dringende Geschäft, -[e]s, -e; die dringende Angelegenheit, -en/大急ぎで in (mit) größter (aller) ³Eile (Hast).

いそぎあし 急ぎ足で mit eiligen ³Schritten; eilenden Fußes.

いそぎんちゃく 磯巾着〘動〙Seeanemone *f.* -n.

いそぐ 急ぐ eilen [s,h]〘場所の移動を示すとき [s]〙; ⁴sich beeilen; ⁴sich fördern; [早める] beschleunigen⁴; befördern⁴/急いでいる ⁴Eile haben; eilen/急いで eilig; hastig; schnell; hurtig; in ³Eile/できるだけ急ぐ ⁴sich so sehr wie möglich eilen; möglichst eilen/できるだけ急いで mit möglichster ³Eile; so eilig wie möglich/道を急ぐ seine Schritte《*pl*》beschleunigen (verdoppeln)/仕事を急ぐ seine Arbeit beschleunigen (befördern)/急がないと列車に乗り遅れますよ Beeilen Sie sich, sonst werden Sie den Zug versäumen!/急がば回れ ‚Eile mit Weile.'/急げ Schnell!¦Hurtig!/彼は帰りを急いだ Er eilte nach Hause./なぜそんなにお急ぎですか Warum eilen Sie so?¦Warum haben Sie solche Eile?/お急ぎでしたらどうぞお先に Bitte gehen Sie voran, wenn Sie sich beeilen!/それは急ぐに及ばない Damit hat es keine Eile./そう急ぎなさんな Nur nicht so eilig!

いぞく 遺族 der Hinterbliebene* (Hinterlassene*), -n, -n; die Nachgelassenen《*pl*》/遺族扶助の為に zur Unterstützung der ²Hinterlassenen/彼の遺族は生活に困っていない Seine Familie ist in gesicherten Verhältnissen zurückgelassen worden. ‖ 遺族扶助料〔Witwen- und Waisen〕pension *f.* -en.

いそこなう 射損なう das Ziel verfehlen.

いそしむ 勤しむ ⇨はげむ.

イソップものがたり イソップ物語 Äsops Fabeln《*pl*》.

いぞん 依存 Abhängigkeit *f.* -en; das Angewiesensein*, -s/依存する ab|hängen*《*von*³》; abhängig sein《*von*³》; angewiesen sein《*auf*⁴》‖ 相互依存 die gegenseitige Abhängigkeit, -en.

いぞん 異存 ⇨いぎ(異議).

いた 板 Brett *n.* -[e]s, -er; Planke *f.* -n《厚板》; Bohle *f.* -n《同上》; Platte *f.* -n《金属板》; Tafel *f.* -n; Diele *f.* -n《床板》/板を張る mit ³Brettern belegen (beschlagen*); täfeln⁴. ¶ 彼の先生ぶりは板についてきた Er ist im Lehren ganz zu Hause.

いたい 痛い ❶ [*a.*] schmerzhaft; weh; stechend《ひりひりする》/ああ痛い Au〔weh〕!¦Au ah!/痛い所 die schmerzhafte Stelle, -n/痛い所に触れる an einer empfindlichen ³Stelle treffen*《*jn*》/痛くて泣く vor ³Schmerz weinen/頭が痛い Kopfschmerzen (Kopfweh) haben/歯が痛い Der Zahn tut mir weh.¦Ich habe Zahnschmerzen./喉が痛みます Mir tut der Hals weh./おなかが

いたい 痛いのですか Haben Sie Magenschmerzen (Leibschmerzen)? ❷ [ひどい] 痛い目にあう eine bittere Erfahrung haben/痛い目にあわせる arg (hart; grausam; übel) mit|spielen 〈jm〉/耳の痛いことを言う sticheln 〈auf jn〉/そんなことは痛くもかゆくもない Das berührt mich gar nicht.

いたい 遺体 Leiche f. -n; Leichnam m. -[e]s, -e.

いだい 偉大な groß; mächtig.

いたいけ いたいけな [可愛い] lieblich; [いじらしい] rührend; [無邪気な] unschuldig.

いたいたしい 痛々しい bedauerlich; jämmerlich; kläglich; elend.

いたがこい 板囲い der Bretterzaun m. -[e]s, =e/板囲いする mit einem Bretterzaun ein|schließen*4 (umgeben*).

いたがね 板金 Blech n. -[e]s, -e; Blechanze f. -n.

いたがみ 板紙 Pappe f. -n; Karton -s, -s (-e).

いたガラス 板ガラス Spiegel|glas (Scheiben-; Tafel-) n. -es, =er.

いたがる 痛がる über 4Schmerz klagen. ⇨いたい(痛い).

いたく 委託 Auftrag m. -[e]s, =e; Übertragung f. -en; Kommission f. -en; Konsignation f. -en (販売の). —— 委託する beauftragen 〈jn mit3〉; an|vertrauen 〈jm 4et〉; kommittieren 〈jn mit3〉; überweisen*4 〈jm 4et〉. ‖ 委託金 Auftragsgeld m. -[e]s, -er/委託者 Auftraggeber m. -s, -; Kommitent m. -en, -en/委託販売 Kommissionsverkauf m. -[e]s, =e/委託販売品 Kommissionsartikel m. -s, -.

いだく 抱く [心に] im Herzen tragen*4; hegen4; nähren4; pflegen4/敵意を抱く eine Feindschaft hegen 〈gegen jn〉; nachträgerisch sein/疑いを抱く余地がない Das über jeden (allen) Zweifel erhaben. Darüber kann man gar keinen Zweifel hegen.

いたけだか 居丈高になる eine drohende Haltung an|nehmen*.

いたご 板子 Deckplanken (pl)/舟乗りは板子一枚下が地獄だ .Nur ein Brett trennt die Seefahrer von dem Tode'.

いたさ 痛さ Schmerz m. -es, -en; Weh n. -[e]s, -e; Qual f. -en. ⇨いたみ.

いたしかゆし 痛し痒しである in der (einer schönen) 3Klemme sein (sitzen*; stecken); in 3Verlegenheit sein.

いたじき 板敷き Bretterboden m. -s, =; der gediegte Fußboden.

いたじきり 板仕切り Bretter|verschlag m. -[e]s, =e 〈-wand f. =e〉.

いたす 致す 1 [行う] tun*4 ⇨する/どう致しましょうか Was soll ich tun?/御無沙汰致しましたWir haben uns lange nicht gesehen./どう致しまして Bitte sehr (schön)./Keine Ursache!/Gern geschehen! ❷ [招来する] herbei|führen4; hervor|bringen*4; mit 3sich bringen*4; führen 〈zu3〉; verursachen4/それは私の不徳の致す所です Ich bin daran schuld. Das ist meine Schuld.

いたずら 悪戯 (Buben)streich m. -[e]s, -e; Bubenstück n. -[e]s, -e; Mutwille m. -ns; [悪ふざけ] Schabernack m. -[e]s, -e; Possen m. -s, -; Neckerei f. -en; [不行儀] Unart f. -en; Ungezogenheit f. -en; [不品行] Unsittlichkeit f. -en; Sittenlosigkeit f. -en; Unzucht f. -en/いたずらな mutwillig; possenhaft übermütig; ausgelassen; unartig; ungezogen; unsittlich; sittenlos; unzüchtig/いたずらに aus (im; zum) Scherz (Spaß)/いたずら半分に halb im (zum) Scherz (Spaß)/いたずら盛りの in unartigstem Alter. —— いたずらする einen Streich machen 〈jm〉; dummes Zeug machen 〈jm〉; Schabernack (Possen) treiben*4 〈弄(もてあそ)ぶ〉 spielen 〈mit3〉; [eine 4Frau] verführen 〈女性に〉; いたずらな Sei artig!/Mach keine Streiche! ‖ いたずら書 Gekritzel n. -s/いたずら書きする kritzeln n. -[e]s, -er; das unartige Kind, Balg m. 〈n.〉 -[e]s, -er; Unart f. -en; Spitzbube m. -n, -n; Schalk m. -[e]s, -e 〈=e〉 [しばしば愛称の意で]; Schelm m. -[e]s, -e 〈同上〉.

いたずらに 徒に [無益に] vergebens; vergeblich; umsonst; zwecklos; nutzlos; erfolglos; [あてもなく] ohne 4Ziel; ziellos; [ぼんやりと] müßig; untätig; mit Nichtstun/いたずらに日を暮らす in den Tag hinein leben/いたずらに時間を過す seine Zeit mit Nichtstun verbringen/いたずらに金を使う Geld verschwenden (vergeuden)/いたずらに待つ umsonst warten 〈auf4〉.

いただき 頂 [山などの] Gipfel m. -s, -; Spitze f. -n; [山の] Wipfel m. -s, -; Krone f. -n; [頭の] Scheitel m. -s, -.

いただく 戴く ❶ [戴ぐ] auf|setzen4/雪を戴く山 der schneebedeckte Berg, -e -e/冠を戴く die Krone tragen*; gekrönt sein. ❷ [頂戴する] haben*4; erhalten*4; bekommen*4; empfangen*4; nehmen*4; essen*4 [食事を]; trinken*4 [飲物を]/ありがとう, もう戴けません Danke, ich kann nichts mehr essen (trinken)./いくら戴けますか Wie viel kann ich bekommen?/充分戴きました Ich habe reichlich gegessen (getrunken)./一個百円戴きます Hundert Yen pro Stück, bitte!/水を一杯戴けますか Geben Sie mir bitte ein Glas Wasser! ❸ [推戴する] 総帥に戴く zum Präsidenten haben 〈jn〉. ❹ [...して もらう] *4sich tun lassen* ⇨もらう❷/...して 戴けます(ません)か Seien Sie so freundlich, zu ...? ‖ Würden Sie ...?/すぐにいらして戴けますか Würden Sie bitte sofort kommen?/それを彼に話して戴けますか Könnten Sie so gut sein, es ihm zu sagen?

いたたまれない 居たたまれない nicht bleiben können*; [wie] auf (glühenden) 3Kohlen sitzen* (stehen*) / 暑くて部屋にいたたまれなかった Die Hitze trieb mich aus dem Zimmer. / 恥しくてその場にいたたまれなかった Vor Scham konnte ich da nicht bleiben.

いたち 【動】 Wiesel n. -s, -.

いたちょこ 板チョコ1枚 eine Tafel Schokolade, -n.

いたって 至って sehr; außerordentlich; äußerst; höchst; recht; beträchtlich; unermesslich; unbedingt／私の学生時代は至ってのんきだった Meine Studentenzeit war sehr sorglos.

いたで 痛手 [重傷] die schwere Wunde, -n; [大打撃] der starke (heftige; harte; schwere) Schlag, -〔e〕s, ¨e／心の痛手 der Herzenskummer, -s／痛手を負う schwer verwundet werden 《*von*^{3}》／彼は痛手をこうむるだろう Er wird eine Schlappe erleiden (erhalten).／彼がいないのは大きな痛手だ Er wird sehr vermisst.

いたのま 板の間 der gedielte (hölzerne) Boden, -s, ¨ ‖ 板の間稼ぎ Badehausdieb *m.* -〔e〕s, -e.

いたばさみ 板挟み Klemme *f.* -n; Dilemma *n.* -s, -s／板挟みになっている in der ^{3}Klemme sein (stecken; sitzen*); ^{4}sich in einem Dilemma befinden*／板挟みになる in die Klemme kommen* (geraten*) [s]／義理と人情の板挟みになる ^{4}sich in einem Konflikt zwischen ^{3}Liebe und ^{3}Pflicht befinden*.

いたばし 板橋 Holz¦brücke (Bretter-) *f.* -n.

いたばり 板張り Täf〔e〕lung *f.* -en; Verschalung *f.* -en; Bretterwerk *n.* -〔e〕s, -e.

いたぶき 板葺 Schindelbedachung *f.* -en／板葺の mit ^{3}Schindeldach／板葺にする mit ^{3}Schindeln decken^4 ‖ 板葺屋根 Schindeldach *n.* -〔e〕s, ¨er.

いたべい 板塀 Bretterzaun *m.* -〔e〕s, ¨e.

いたまえ 板前 Koch *m.* -〔e〕s, ¨e.

いたましい 痛ましい [哀れな] erbärmlich; erbarmenswert; arm; rührend; [悲しい] traurig; betrübt; betrübend; schmerzlich; tragisch; [嘆くべき] bedauerns¦wert (bejammerns-; beklagens-); [悲惨な] unglücklich; elend／痛ましく思う bedauern^4／痛ましいことに彼は昨日亡くなった Zu meinem Bedauern ist er gestern gestorben.

いたましさ 痛ましさ Erbärmlichkeit *f.*; Traurigkeit *f.*; Betrübnis *f.*; Misere *f.*; Armseligkeit *f.*

いたみ 痛み ❶ [苦痛] Schmerz *m.* -es, -en; Weh *n.* -〔e〕s, -e; Pein *f.*; Qual *f.* -en; [心痛] Leid *n.* -〔e〕s; Kummer *m.* -s; Betrübnis *f.* ..nisse／痛みをこらえる Schmerzen 〔er〕leiden* (〔er〕dulden; ertragen*)／痛みを和らげる Schmerzen lindern／痛みを感じる Schmerz empfinden*／彼女は痛みのあまり黙っていた Sie war stumm vor Schmerz. ❷ [損傷] Schaden *m.* -s, ¨; Verlust *m.* -〔e〕s, -e; Nachteil *m.* -〔e〕s, -e; Beschädigung *f.* -en; Fäule *f.* -n 《食品の》.

いたみいる 痛み入る ⇨きょうしゅく.

いたむ 痛む ❶ [痛む] schmerzen 《*jn*; *jm*》; Schmerzen (einen Schmerz) fühlen (empfinden*; haben)／ひりひりと痛む brennen* 《*jn*; *jm*》／ちくちく痛む stechen* 《*jm*》; es sticht *jn* (*jm*) 《*in*^{3}》／目がちくちく痛む Die Augen brennen mir.／どこが痛いのですか Wo haben Sie Schmerzen?／足がひどく痛むのです Die Füße schmerzen mich.¦Mir schmerzen die Füße.／横腹がちくちく痛む Es sticht mich (mir) in der Seite. ❷ [損傷する] beschädigt (verletzt) werden; [腐る] verderben* [s]; verfaulen [s]; faul (schlecht) werden／いたんだ果物 beschädigte Früchte 《*pl*》／このりんごはいたんでいる Diese Äpfel sind schlecht.

いたむ 悼む trauern (klagen) 《*um*^{4}》; jammern 《*über*^{4}; *um*^{4}》; [悲しむ] ^{4}sich grämen 《*um*^{4}; *über*^{4}》; trauern 《*um*^{4}》; [嘆く] klagen (jammern) 《*über*^{4}》.

いため 板目 Maser *f.* -n.

いためる 炒める rösten^4; braten*^{4}.

いためる 痛(傷)める ❶ [損なう] verletzen^4; verwunden^4; schaden^3; schädigen^4; Schaden zu¦fügen^3; beschädigen^4; verderben*^{4}／足をいためる ^{4}sich am Bein verletzen／腹をいためている Magenschmerzen haben. ❷ [苦しめる] quälen^4; peinigen^4; foltern^4; plagen^4; betrüben^4; belästigen^4／頭を痛める ^{3}sich den Kopf zerbrechen* 《*mit*^{3}》／心を痛める ^{3}sich zu ^{3}Herzen nehmen*^{4}.

いたらない 至らない unvoll¦kommen (-ständig); mangelhaft; unerfahren 《未熟な》; sorglos 《不注意な》; unvorsichtig 《同上》.

いたり 至り ¶ お気の毒の至りである äußerst bedauerlich sein／若気の至りで vom Feuer der Jugend getrieben／それは愚の至りだ Das ist 〔barer (reiner)〕 Unsinn.／お出でを頂きまことに光栄の至りでございます Ich fühle mich durch Ihr Erscheinen äußerst geehrt.

イタリア Italien *n.* -s／イタリアの italienisch ❖italisch は古代イタリアについていう ‖ イタリア語 das Italienische*; die italienische Sprache／イタリア人 Italiener *m.* -s, -; Italienerin *f.* ..rinnen 《女》.

イタリック 〘印〙 Kursiv¦schrift (Schräg-) *f.* -en; Kursive *f.* -n／イタリックの kursiv／イタリックで in ^{3}Schrägdruck; kursiv／イタリックにする in ^{3}Kursivschrift (kursiv) drucken.

いたる 至る ❶ [到達する] an¦kommen* [s] 《*in*^{3}》; an¦langen [s]; gelangen [s]; erreichen^4／この道は郵便局に至る Dieser Weg führt zum Postamt. ❷ [及ぶ] kommen* [s]; gelangen [s] 《*zu*^{3}》; ^{4}sich erstrecken 《*auf*^{4}; *bis*^{4}》／…に至るまで zu^3; bis zu^3／初めから終わりに至るまで von ^{3}Anfang bis zu ^{3}Ende／今日に至るまで bis heute／上から下に至るまで von oben bis unten. ❸ [なる] werden* [s] 《*zu*^{3}》／死に至らしめる *js* ^{4}Tod herbei¦führen／信ずるに至る zu dem Glauben kommen* [s]. ❹ [結果が…になる] erfolgen [s]／貧乏するに至る in ^{4}Armut geraten* [s]／不幸にも大事に至った Unglücklicherweise nahm die Sache eine schlimme Wendung.

いたるところ 至る所〔で，に〕 überall; allerorten; allenthalben; weit und breit; in allen ^{3}Ecken und ^{3}Enden; auf Schritt und Tritt; allerwärts; allerwegs; in jeder ^{3}Gegend／日本中至る所で überall in Japan; in ganz Japan.

いたれりつくせり 至れり尽くせりの [完全な] vollkommen; vollständig; vollendet; perfekt; [欠点のない] fehlerfrei; fehlerlos; tadellos; [徹底的な] gründlich; durchdringend／ここのサービスは至れり尽くせりだ Der Dienst hier lässt nichts zu wünschen üb-

いたわる 労わる freundlich (gut) behandeln[4] 《大事にする》; trösten[4] 《慰める》; Mitleid haben 《mit[4] 同情する》; [4]Sorge tragen[*] 《für[4] 気づかう》/老人を労わる für einen Alten Sorge haben.

いたん 異端 Ketzerei f. -en; Häresie f. -n; Irrlehre f. -n; Heterodoxie f. -n/異端の ketzerisch; häretisch; heterodox ‖ 異端者 Ketzer m. -s, -; Häretiker m. -s, -; Irrlehrer m. -s, -.

いち 位置 Lage f. -n; Situation f. -en; Stelle f. -n; Stellung f. -en; Standort m. -[e]s, -e; Stätte f. -n; Bauplatz m. -es, ⸚e 《敷地》/位置なその Lage bestimmen; einen Ort ausfindig machen/学校はよい位置を占めている Die Schule (Das Schulgebäude) erfreut sich einer guten Lage.

いち 市 Markt m. -[e]s, ⸚e; Marktplatz m. -es, -e; Messe f. -n; Markttag m. -[e]s, -e 《市日》/市へ出す auf den Markt (zu Markt) bringen[*4]/門前市をなす Vor seinem Tor[e] wimmelt es von Besuchern.

いち 一 eins; Eins f. -en/の ein[*]; erst; Mono-; mono-/第一者 der (die) das) erste ⇒だいいち. ¶ 一か八かやってみる alles auf eine Karte (auf einen Wurf) setzen; sein Glück versuchen; va banque spielen/一から十まで von A bis Z; von A[lpha] bis O[mega]; von Anfang bis (zu) Ende/一も二もなく ohne [Bedenken]; direkt; ohne weiteres; unmittelbar; willig 《欣(!)然》/一二を争う 人物 Koryphäe m. -n, -n; Kapazität f. -en/一を聞いて十を知る äußerst leicht und schnell verstehen[*4]; sehr scharfsinnig sein.

いち 《植》Eibe f. -n; Taxus m. -, -.

いちい 一位に位する an der Spitze stehen[*]; an erster Stelle rangieren 《unter[3]》; die erste Stelle einnehmen 《unter[3]》.

いちいせんしん 一意専心 mit dem Einsatz der ganzen Persönlichkeit; aus vollem Herzen; von ganzem Herzen; mit [3]Leib und [3]Seele/一意専心仕事をする Er ist von seiner Arbeit besessen.

いちいち 一々 eins nach dem anderen; eins ums andere; jedes[*] einzeln; gesondert 《別々に》; separat 《同上》; ins Einzelne gehend 《詳細に》.

いちいん 一員 Mitglied n. -[e]s, -er; der Mitbeteiligte[*], -n, -n/彼はその一員だ Er zählt auch ihn. Er zählt zu den Mitgliedern.

いちいん 一院制 Einkammersystem n. -s, -e/一院制の議会 die eine Kammer.

いちえん 一円 das Ganze[*], -n; Gesamtheit f.; überall 《到る処》/九州一円に in ganz Kyushu/その辺一円に weit und breit; auf [4]Schritt und [3]Tritt.

いちおう 一応 jedenfalls; allerdings; immerhin/今一応 wieder einmal; noch einmal/今一応確かめ wieder versichern[*4]/一応もっともだ in gewissem Sinne Recht haben; anscheinend wahr sein.

いちがい 一概に ❶ im Großen [und] Ganzen; als [1]Ganzes; im Ramsch; in [1]Bausch und [3]Bogen; [einzig und allein]. ❷ [—律に] unterschiedslos; gleichmäßig/一概に悪いとは言えない Das alles kann man nicht wahllos verwerfen.

いちがつ 一月 Januar m. -[s], -e《略: Jan.》.

いちがんレフ 一眼レフ 《写》eine einäugige Spiegelreflexkamera, -s.

いちぎょう 一行 eine Zeile, -n/一行おきに書く auf jeder zweiten Linie schreiben[*4].

いちぐう 一隅 [Zimmer]ecke f. -n; [Schlupf]winkel m. -s, -.

いちげき 一撃 ein [einziger] Schlag, -[e]s (Hieb, -[e]s; Streich, -[e]s)/一撃の下に auf einen [einzigen] Schlag/一撃を加える einen Schlag versetzen 《jm》.

いちげん 一元 die einzige Quelle; der einzige Ursprung, -[e]s, -e/一元的 monistisch ‖ 一元化 Vereinheitlichung f. -en; Zentralisation f. -en/一元化する vereinheitlichen[*4]; zentralisieren[*4]/ 一元説 《生》Monogenesis f.; Monogenese f. -n/一元論《哲》Monismus m. -/一元論者 Monist m. -en, -en.

いちげん 一見の客 Laufkunde m. -n, -n.

いちげんきん 一弦琴 Monochord n. -[e]s, -e.

いちご 一期 js ganzes Leben, -s; js Erdentage 《pl》/二十五歳を一期として死ぬ im Alter von 25 Jahren, noch in der Blüte des Lebens, sterben[*s].

いちご 一語 ein einziges Wort, -[e]s/一語も聞き落とすまいと um kein Wort zu verlieren (vermissen; verpassen)/一語ものがさじと聞いていた Er war ganz Ohr.

いちご 苺《植》Erdbeere f. -n; Erdbeerpflanze f. -n 《苺の草木》‖ 苺エキス Erdbeeressenz f. -en.

いちごん 一言 ein [einziges] Wort, -[e]s/一言で［言えば］in einem Wort/一言も言わずに ohne ein [einziges] Wort zu sagen/一言の下に mit einem [einzigen] Wort; kurz; ohne weiteres; grob 《素気なく》/男子の一言 'Ein Mann, ein Wort.'/一言一句もいやしくせぬ edes Wörtlein ab[wägen][*4]/一言もない; 一言半句も出ない kein Wort kennen[*], um [4]sich selbst zu entschuldigen; gar keinen Vorwand haben. — 一言言う ein Wort sagen (vor[bringen][*]). ‖ 一言居士 j., der seinen Senf dazu geben muss.

いちざ 一座 ❶ [座席全体の人] die ganze Gesellschaft; alle anwesenden Menschen 《pl》; alle[*], die beisammen sind/一座に白けたった Alle Anwesenden wurde ungemütlich zumute. ❷ [俳優などの] Truppe f. -n; Schauspielergesellschaft f. -en; Theaterpersonal n. -s.

いちじ 一時 ❶ [ある時] einmal; einst; zu einer Zeit/一時は生命も脅かされた Damals zweifelte man an seinem Leben. ❷ [当分] einstweilen; eine [4]Zeit lang; für jetzt; provisorisch; vorläufig. — 一時的 einstweilig; provisorisch; vorläufig; zeitweilig/一時の考え die vorübergehende Laune, -n. — 一時に ⇒いちどに《一度に》. ‖

いちじ 一次の ❶ erst; primär/第一次世界大戦 der Erste Weltkrieg, -(e)s. ❷《数理》einfach; Primär-. ‖ 一次回路 Primärkreis m. -es, -e/一次電流 Primärstrom m. -(e)s, ⸗e/一次方程式 die einfache Gleichung, -en.

いちじ 一事が万事 ‚Auch das Kleinste lässt auf das große Ganze schließen.'

いちじく 無花果【植】Feigenbaum m. -(e)s, ⸗e《木》; Feige f. -n《果実》.

いちじつ 一日 ❶ ein (einziger) Tag, -(e)s/一日の長ある ein (ganz klein) wenig übertreffen* (*jn in³*); um einen Grad überlegen sein (*jm in³*). ❷[ある日] eines Tages《過去・未来ともに》; einst《同上》.

いちじゅん 一巡する eine Runde machen (*um⁴*); einen Rundgang (eine Rundreise) machen (*um⁴*).

いちじょ 一助 ¶ ... の一助となる ein ¹Hilfe kommen* ⓈＣ (*jm*); Hilfe leisten (*jm*); bei|steuern⁴ (*zu³*); sein Scherflein bei|tragen* (spenden) (*zu³*).

いちじょう 一条 ❶[ひとすじ] eine Linie; ein Streifen m. -s, -; ein Strich m. -s, -. ❷[一件] Angelegenheit f. -en;《俗》Geschichte f. -n. ❸[法令の] Artikel m. -s, -/日本国憲法第一条 der Artikel 1 des Japanischen Verfassungsrecht(e)s.

いちじょう 一場の演説をする eine Rede halten*; an einer Versammlung das Wort richten.

いちじるしい 著しい bedeutend; ansehnlich; auffallend; ausnehmend; außerordentlich; beachtlich; eindrucksvoll; hervorragend; markiert; maßgebend/著しく変化した Eine starke Veränderung ist eingetreten.

いちじん 一陣の風 Windstoß m. -es, ⸗e; Bö f. -en.

いちず 一途に ganz und gar; absolut; platterdings; mit ganzer Seele; blindlings《盲目的に》/一途に思い込む von einer (einzigen) Idee besessen sein; ³sich in den ⁴Kopf setzen/⁴成功すると一途に思う Er ist seines Erfolgs absolut sicher. Er zweifelt keinen Augenblick an seinem Erfolg.

いちぜん 一膳 ❶[一杯] eine Schüssel [gekochter Reis]. ❷[箸(⇔)一組] ein Paar (n. -(e)s) [Ess]stäbchen.

いちぞく 一族 ⇨いちもん〔一門〕.

いちぞん 一存で nach seinem Belieben (Gutdünken); auf seine Verantwortung [hin].

いちだい 一代 *eine Generation; js Lebenszeit f. (-dauer f.)*《一生》/一代で in einer Generation/人は一代名は末代 Wenn der Leib in Staub zerfallen, lebt der große Name noch. ‖ 一代記 Biografie f. -n; Lebens|beschreibung f. -en (-geschichte f. -n).

いちだいじ 一大事 das ernste (schwerwiegende) Ereignis, ..nisses, ..nisse; etwas sehr Ernstes* (Schwerwiegendes*), -n.

いちだん 一段 Stufe f. -n; Grad m. -(e)s, -e; Rang m. -(e)s, ⸗e; der kurze Abschnitt, -(e)s, -e《文章の》/一段と umso mehr als; besonders; insbesond(e)re; noch mehr (weiter);《俗》ziemlich hübsch.

いちだん 一団 Gruppe f. -n; Bande f. -n; Horde f. -n; Rotte f. -n; Trupp m. -s, -s; Truppe f. -n.

いちだんらく 一段落 Abschnitt m. -(e)s, -e; (Ab)schluss m. -es, ⸗e; Ruhe n. -es, -n; Pause f. -n/これで仕事も一段落ついた Hiermit ist die Arbeit vorläufig abgeschlossen.

いちど 一度 ❶ einmal; ein Mal/一度限り nur einmal; ein für allemal; für dieses eine Mal; für diesmal/一度ならず mehr als einmal; einmal ums andere; immer wieder; zu wiederholten Malen. ❷[一回] ⇨いったん. ――一度は ❶[同時に] gleichzeitig; zugleich; zu gleicher Zeit; zusammen. ❷[一時に] auf einmal; mit einem Male; in einem Zug (Atem)《一気に》.

いちどう 一同 alle*[und jede*]; alle Anwesenden*; alle betreffenden Personen (*pl*).

いちどき 一時に ⇨いちど(一度に②).

いちどく 一読する einmal durch|lesen*⁴ (durchlesen*⁴); einmal durchsehen*⁴《目を通す》.

いちにち 一日 ❶ ein Tag m. -(e)s/一日一日と ¹Tag für ⁴Tag; täglich; von ³Tag zu ³Tag/一日に付き pro ⁴Tag; für den (jeden) Tag; täglich/一日置きに alle zwei ⁴Tage; jeden zweiten Tag/一日三度の食事 drei Mahlzeiten den Tag (täglich). ❷[ある日] eines Tages; an einem Tag(e). ❸[終日] den ganzen Tag; von morgens früh bis abends spät/一日の仕事 Tagesarbeit f.

いちにん 一任する an|vertrauen*⁴ (*jm*); betrauen (*jn mit³*); der Obhut eines anderen übergeben*; zu treuen Händen überlassen*; freie Hand geben* (*jm* 自由裁量).

いちにん 一人 eine Person; jeder*; -en/一人に付き pro ⁴Kopf (Nase)/一人前金五千円 5 000 Yen pro Kopf/一人乗人力車 die einsitzige (Jin)rikscha f.

いちにんまえ 一人前 ❶[一人分] eine Portion; der zugemessene [An]teil (*an³*). ❷[おとな] Mannes|alter n. -s (-ehre f. -n); Männlichkeit f. ――一人前の ❶[一人分] für eine Person; eine Portion《例: Sushi》. ❷[成人] erwachsen; [独立] unabhängig; auf ⁴sich selbst gestellt; selbstständig; flügge; der Rute entwachsen/一人前の人 der Unabhängige*, -n, -n; der auf ⁴sich selbst Gestellte*, -n, -n; der aus ⁴sich selbst der Rute Entwachsene*, -n, -n; der Erwachsene* (Selbstständige*), -n, -n/一人前になる das Mannesalter erreichen; großjährig (mündig) werden; unabhängig (selbstständig) werden.

いちねん 一念 die ganze Seele; das innigste Begehren*, -s; der heißeste Wunsch,

-(e)s/一念凝って wenn der inbrünstige Wunsch in Erfüllung geht.

いちねん 一年 ein Jahr n. -(e)s; die erste 〔Schul〕klasse 〈学級〉/一年ごとに jedes Jahr; ⁴Jahr für ⁴Jahr; 〔all〕jährlich/一年一回の jedes Jahr einmalig/一年一度〔と〕 ⁴Jahr um ⁴Jahr; von ¹Jahr zu ³Jahr; ein ⁴Jahr nach dem anderen, ein ⁴Jahr置きに alle zwei ⁴Jahre; jedes zweite ⁴Jahr ‖一年生 der Schüler ⟨-s, -⟩ der ersten Klasse; Fuchs m. -es, ⸚e 〈大学の〉/一年生植物 die einjährige Pflanze, -n.

いちば 市場 Markt m. -(e)s, ⸚e; Marktplatz m. -es, ⸚e ‖魚市場 Fischmarkt m.

いちはつ 〔植〕Iris f. -; Schwertlilie f. -n.

いちはやく 逸早く flink; geschwind; sogleich; auf der Stelle; stehenden Fußes.

いちばん 一番 ❶ der Erste*, -n, -n; Nr. 1 (Eins); meist 〔最も〕; unter anderen; vor allem 〈なかんずく〉/一番後で zu allerletzt; am Ende (Schlusse); in letzter Linie; zuletzt/一番先に来た人 der zuerst Kommende*, -n, -n/一番よいもの das 〔Aller〕beste*, -n, -n/一番よいもの das ersten Ankommende*, -n, -n/一番よいもの das 〔Aller〕beste*, -n, -n. ❷ 〔勝負〕Partie f. -n; Runde f. -n 〈ボクシング〉. ‖一番勝負 das in einer einzigen Partie (Runde) zu entscheidende Spiel, -(e)s, -e/一番早打ち der erste Schläger, -s, -/一番鶏(𝑓) der erste Hahnenschrei, -s, -/一番列車 der erste Zug, -(e)s, ⸚e.

いちぶ 一部 ❶ ein Teil m. -(e)s; ein Bruchstück n. -(e)s; eine Kleinigkeit. ❷ [ある部分] teilweise; zum Teil. ❸ [書物] Exemplar n. -s (略: Ex.); Band m. -(e)s (略: Bd.).

いちぶいちりん 一分一厘 bis auf das Geringste/一分一厘も違わない haargenau (auf ein Haar genau) sein; in ³nichts verschieden sein 〈von³〉.

いちぶしじゅう 一部始終 die ganze Geschichte; die näheren Einzelheiten (Umstände) ⟨pl⟩ ⟨über⁴⟩.

いちべつ 一瞥 der flüchtige Blick, -(e)s; das flüchtige Sehen, -s/一瞥して auf den ersten Blick; beim ersten Anblick/一瞥する einen flüchtigen Blick werfen* ⟨auf⁴⟩; flüchtig anjsehen*⁴.

いちべついらい 一別以来 seit wir uns zum letzten Mal gesehen haben; seit unserer Trennung.

いちまい 一枚 ein Stück n. -(e)s; ein Blatt n. -(e)s/紙一枚 ein Stück Papier/いたずらにかけては彼の方が一枚上だ Er ist ein Schalk, und zwar eine Idee mehr als du. ‖一枚絵 ein Gemälde ⟨n. -s, -⟩ in einem einzelnen Stück/一枚看板 〔Bühnen〕star (Film-) m. -s, -s 〈花形俳優〉; Primadonna f. ..donnen 〈第一歌手〉; Paradeanzug m. -(e)s, ⸚e 〈衣服の〉.

いちまつ 一抹の煙 ein Rauchwölkchen n. -s, -;/一抹の Ringel|chen ⟨n. -s, -⟩ Rauch/一抹の不安を感じる ⁴sich ein bisschen (ein bissel) unberuhigt fühlen.

いちまつ 市松模様 Karo|muster (Schachbrett-) n. -s, -/市松模様の gehästelt; 〔bunt〕kariert; schachbrettartig.

いちみ 一味の [mit]verschworen; konspiriert ‖一味徒党 die [Mit]verschworenen ⟨pl⟩; die Konspiranten ⟨pl⟩; die Meuterer ⟨pl⟩.

いちみゃく 一脈 ‖...と一脈相通ずるものがある eine gewisse Ähnlichkeit ⟨⁴etwas Gemeinsames⟩ haben ⟨mit³⟩.

いちめい 一命 ⇒いち.

いちめい 一名 ❶ eine Person; jeder*/一名に付き pro ⁴Kopf (Nase). ❷ [別名] ein anderer Name, -ns; alias; anders; oder auch ... genannt.

いちめん 一面 ❶ [全面] die ganze Oberfläche/一面に über und über; in allen Ecken und Enden; auf ⁴Schritt und ⁴Tritt; überall; weit und breit; wo man auch hinsieht/一面の水の広い weite (ausgedehnte) Wasserfläche. ❷ [一方] die eine Seite/一面においては auf der einen Seite/一面においては auf der ander(e)n Seite.

いちめんしき 一面識 eine flüchtige Bekanntschaft/一面識も無い人 ein wildfremder (vollkommen unbekannter) Mensch, -en, -en/一面識しかない nur eine flüchtige Bekanntschaft (Grußbekanntschaft) haben.

いちもうだじん 一網打尽に検挙する mit einem Wurf verhaften ⟨jn⟩; eine Massenverhaftung ausführen.

いちもく 一目 ❶ ein Blick m. -(e)s/一目して auf den ersten Blick; flüchtig überblickend/一目瞭然 auf den ersten Blick klar sein; ⁴sich von selbst verstehen*; über jeden (allen) Zweifel erhaben sein. ❷ [囲碁の] ein Stein m. -(e)s. ¶一目置く 1) den ersten Stein aufs Go-Brett setzen. 2) [下手に出る] klein beigeben*³; seine Unterlegenheit an|erkennen*.

いちもくさん 一目散に ⁴Hals über ³Kopf; mit ³Volldampf/一目散に逃げる Hals über Kopf (kopflos) fliehen*.

いちもつ 逸物 ❶ etwas Vorzügliches (Ausgezeichnetes); Meisterstück n. -(e)s, -e 〈傑作〉. ❷ [馬] das stolze Ross, -es, -e; Vollblutpferd n. -(e)s, -e; Vollblut n. -s; Vollblüter m. -s, -.

いちもつ 一物 ein Ding n. -(e)s; ein (gewisses) Etwas, -; eine Sache/腹に一物がある im Schilde führen*; eigennützige Zwecke verfolgen; geheime Absichten haben.

いちもん 一門 die ganze Sippe (Familie), -n; das 〔ganze〕 Geschlecht, -(e)s.

いちもん 一文 ein Pfennig m. -(e)s; ein Batzen m. -s; ein Heller m. -s/一文なしの ohne ein Pfennig Geld; keinen roten Heller habend/一文の価値もない keinen (roten) Heller wert sein; keinen Heller dafür geben können*/一文惜しみの百失い „Geizig im Kleinen und verschwenderisch im Großen".

いちもんじ 一文字 die 〔schnur〕gerade Linie/一文字に in 〔schnur〕gerader Linie/口を一文字に結ぶ die Lippen fest zusammen|beißen*; den Mund fest 〔ver〕schlie-

Ben*.

いちや 一夜 ❶ eine (einzige) Nacht. ❷ [終夜] die ganze *Nacht (hindurch); die ganze *Nacht dauernd/一夜のうちに in einer (einzigen) Nacht; über *Nacht/一夜の宿 Nachtlager n. -s, - (-quartier n. -s, -e); das Unterkommen (-s, -) für eine Nacht.

いちやく 一躍[して] mit einem Satz[e] (Sprung); mit einem mal/一躍有名になる (ur)plötzlich berühmt werden; über *Nacht Berühmtheit erlangen.

いちゃつく tändeln (mit *jm*); liebeln (mit *jm*); neckend liebkosen (*jm*); schäkern (mit *jm*); auf nette Art schwerenötern.

いちやづけ 一夜漬けの über *Nacht eingesalzen (野菜など); behelfsmäßig (応急の); Notbehelfs-/一夜漬けの勉強 Einpaukerei *f.* -en/一夜漬けの勉強をする *sich durch Einpaukerei zur Prüfung vor|bereiten.

いちゆう 意中 *js* Gedanke *m.* -ns, -n; *js* Ansicht *f.* -en; *js* Meinung *f.* -en; *js* Vorhaben *n.* -s, -/意中の人 der Mensch (-en, -en), dem man im Sinne hat; der Mensch, dem *js* Neigung gilt/意中を明す *sich an|vertrauen (*jm*); sein Herz aus|schütten (*jm*).

いちょ 遺著 das hinterlassene (post(h)ume) Werk (-(e)s, -e) eines Schriftstellers; die nachgelassenen Schriften (*pl*).

いちよう 一様の gleich:mäßig (-artig, -förmig); einheitlich; uniformiert; unterschiedslos/一様にする gleich|machen*; über einen Leisten schlagen** / 一律にする uniformieren*; vereinheitlichen*; keinen Unterschied machen (*zwischen*³).

いちょう 銀杏 Ginkgo (Ginko) *m.* -s, -s. ⇨ぎんなん.

いちょう 胃腸 Magen und Darm; Eingeweide *n.* -s, -/胃腸をやられる an ³Magen und ³Darm leiden*; Verdauungsstörungen haben ‖ 胃腸カタル【医】Gastroenteritis *f.* ..riden/胃腸病 Gastroenteropathie *f.* -n; Magen- und Darmkrankheit *f.* -en/胃腸病院 das Krankenhaus (-es, ⸗er) für ³Magen- und ³Darmkrankheiten.

いちょう 移調 (eine Behörde) in *Kenntnis setzen (*von*³); benachrichtigen*; eine Nachricht übermitteln (*jm*).

いちょう 医長 Oberarzt *m.* -es, ⸗e.

イチョウ イ調【楽】A-Dur *n.* — (長調, 記号: A); a-Moll *n.* — (短調, 記号: a).

いちようらいふく 一陽来復 die Wiederkehr (die Ankunft) des Frühlings; das Wiederaufleben*, -s.

いちらん 一覧 ein (Über)blick *m.* -(e)s; Ansicht *f.*; Durchsicht *f.*/一覧後 nach ³Sicht /一覧後3か月払いの支払 die Zahlung nach ³Ablauf von drei Monaten nach Sicht. ── 一覧する durch|sehen** ; durchsehen**(auf**⁴); durch|lesen**; durchlesen**; einen Blick werfen* (*auf*⁴); überblicken**/一覧払い die Zahlung (-en) auf *Sicht (bei ³Sicht)/一覧払い手形 Sichtwechsel *m.* -s,

-/一覧表 die übersichtliche Tabelle, -n; Liste *f.* -n; Schema *n.* -s, -s (..mata); Synopsis *f.* ..opsen; Übersicht *f.* -en.

いちり 一理ある teilweise Recht haben; einen gewissen plausibeln Grund haben (*zu*³); Es ist zwar wahr, aber ...

いちりいちがい 一利一害は世の常だ Wie es zu gehen pflegt, bringt ein Vorteil zwangsläufig einen Nachteil mit sich. „Keine Rose ohne Dornen."/一利一害だ Das hat zugleich seine Licht- und Schattenseite. Das ist keine ungemischte Freude.

いちりつ 一律に gleichmäßig; ohne *Unterschied; unterschiedslos; alles über einen Kamm scheren* (über einen Leisten schlagen*).

いちりづか 一里塚 Meilenstein *m.* -(e)s, -e; Wegmal *n.* -(e)s, -e.

いちりゅう 一流 der erste Rang, -(e)s/一流の erst klassig (-rangig); führend; leitend; ersten Ranges; Haupt-/一流の劇作家 der Dramatiker (-s, -) ersten Ranges (erster Klasse)/一流の俳優 Bühnen|größe (Theater-) *f.* -n/彼一流のやり方 die ihm eigentümliche Weise, -n; die für ihn bezeichnende Art.

いちりょうじつ 一両日[間] auf ein oder zwei Tage; auf ein paar Tage/一両日中に in ein oder zwei Tagen; in ein paar Tagen.

いちりん 一輪 eine (einzige) Blume, -n/一輪の einblütig (花の); einrädrig (車の)/一輪咲きの einblütig ‖ 一輪挿し【花瓶】die kleine Vase für eine einzige Blume/一輪車 Schub|karre (Schieb-) *f.* -n; Schub|karren (Schieb-) *m.* -s, -.

いちる 一縷の eine schwache Hoffnung; Hoffnungsschimmer *m.* -s, -/一縷の望みを抱いて待つ am Grab[e] noch die Hoffnung auf|pflanzen.

いちるい 一塁【野球】das erste [Lauf]mal, -(e)s.

いちれい 一例 ein Beispiel *n.* -(e)s, -e; ein Exempel *n.* -s, -; ein Muster *n.* -s, -《範例》/一例を挙げれば zum Beispiel (Exempel) (略: z.B.); um ein Beispiel anzuführen.

いちれん 一連の eine Reihe (eine Serie) von³.

いちれんたくしょう 一蓮托生 miteinander das gleiche Schicksal teilen; auf dem gleichen Boot sein (sitzen*); *sich in der gleichen Lage befinden*.

いちろ 一路...に向かう *sich direkt (unmittelbar) nach ... begeben*.

いちろくしょうぶ 一六勝負 Glücks|spiel (Hasard-; Würfel-) *n.* -(e)s, -e; Spekulation *f.* -en; Wagnis *n.* ..nisses, ..nisse; Wagestück *n.* -(e)s, -e.

いつ 何時 wann; zu welcher ³Zeit/いつお帰りですか Wann kommen Sie zurück?/出発はいつですか Wann reisen Sie ab?/いつごろ wann; welche Zeit/いつなんどき jeden Augenblick (Moment) / いつになく ungewöhnlich; außerordentlich / いつのまにか

いつう 胃痛 Magenschmerzen 《pl》; [医] Gastralgie f. -n.

いつか 《昨秋》 einmal; einst; [過去の] neulich; kürzlich; vor ³kurzem/いつかまたお目にかかりましょう Hoffentlich sehen wir uns wieder!

いっか 一家 ❶ [家族] Familie f. -n/一家にそって die ganze Familie; all die Sein(ig)en/一家の働き手 der Ernährer 《-s, -》 (die Stütze) der Familie; Brot|verdiener (Geld-) m. -s, -. ❷ [流派] 優に一家をなすeine Autorität (Kapazität) sein 《auf³》; eine Klasse für ⁴sich sein.

いっか 一価の 〖化〗einwertig.

いっかい 一階 Erdgeschoss n. -es, -e; das ebenerdige Stockwerk, -[e]s, -e/Parterre n. -s, -s.

いっかい 一回 einmal; ein [einziges] Mal, -[e]s/一回の表 [野球] die erste Hälfte des ersten Spielabschnitts 〘‖〙/一回戦 das erste Dransein (Treffen), -s.

いっかい 一介 einfach; schlicht; gewöhnlich/一介の書生 ein einfacher (gewöhnliche; schlichte) Studierende*, -n, -n; nichts als ein Student, -en.

いっかくじゅう 一角獣 Einhorn n. -[e]s, ⁼er.

いっかくせんきん 一獲千金 der auf einen (mit einem) Wurf erzielte Riesengewinn, -[e]s, -e/一獲千金的な nach leicht verdientem Geld gierig; 一獲千金を夢みるGlückspilz werden wollen*; davon träumen, plötzlich ein Millionär zu werden.

いっかつ 一喝 das Andonnern*, -s, -/das schmetternde Schimpfwort, -[e]s, -e (⁼er); die ausgestoßene Drohung, -en/一喝する an|donnern 《jn》; mit schmetternder Stimme schimpfen 《jn》; eine Drohung aus|stoßen*.

いっかつ 一括する ❶ in ⁴Bündel packen⁴ (zusammen|binden*⁴); zusammen|packen⁴/一括して im Großen [und Ganzen]; in ³Bausch und ³Bogen|im Ramsch; en bloc. ❷ [要略] zusammen|fassen⁴; in ein Ganzes vereinigen⁴. ‖ 一括購入 Pauschalkauf m. -[e]s, ⁼e/一括払い Pauschalzahlung f. -en.

いつから von welcher ³Zeit an; wie lange/いつからドイツ語を習っていますか Wie lange lernen Sie Deutsch?

いっかん 一環 ¶ ...の一環を成す ein Glied in der Kette ab|geben*.

いっかん 一貫した folgerichtig; konsequent; streng durchgeführt/一貫して vom Anfang bis zu Ende/終始一貫して傍観者であった Er war und blieb ein Zuschauer. ‖ 一貫して sich nicht beeinflussen und blieb ein Zuschauer. ‖ 一貫作業 von Material bis Fertigware durchgehende Produktionsweise.

いっき 一騎 der einzelne Reiter, -s, -/一騎当千の士 der einzig dastehende (unvergleichliche) Haudegen, -s, -; ein

Kämpe 《-n, -n》, der es mit tausend Gegnern aufnehmen kann/一騎打 Zweikampf m. -[e]s, ⁼e.

いっき 一揆 [Volks]auflauf m. -[e]s, ⁼e; Aufruhr m. -s, -e; Aufstand m. -[e]s, ⁼e; Empörung f. -en; Erhebung f. -en; Meuterei f. -en; Putsch m. -es, -e; Tumult n.-[e]s, -e/一揆を起こす Zusammenrottung f. -en/一揆を起こす einen [Volks]auflauf (Aufruhr; Aufstand) erheben*) 《gegen⁴》; meutern; putschen; tumultuieren; ⁴sich zusammen|rotten/一揆が起こる Ein Aufstand bricht aus./一揆が鎮められた Der Aufstand ist unterdrückt (bekämpft; niedergehalten) worden.

いっき 一気に in einem [Atem]zug; mit einem Mal; mit einem Schlag/一気に飲みます auf einen Zug (in einem Zug) trinken*/一気[呵成]に arbeiten/一気に in einem [Zuge]; in einem Atem; mit einem Male; eiligst 《速やかに》.

いっきいちゆう 一喜一憂 das gemischte Gefühl 《-[e]s, -e》 von Freud und Leid; das bald freudige, bald traurige Gefühl/些細なことに一喜一憂する Selbst bei Kleinigkeiten fühlt er sich jetzt gehoben, jetzt niedergeschlagen.

いっきょ 一挙に auf einen Schlag (Hieb); mit einem Schlage (Hiebe) /一挙両得 zweierlei auf einmal erledigen; mit einer Klappe zwei Fliegen schlagen* (töten).

いっきょいちどう 一挙一動 Tun* und Lassen*, des - und -s; jede einzelne Handlung; alles* was man tut/一挙一動を見守る scharf beobachten, wie ⁴sich einer aufführt.

いっきょう 一興 Spaß m. -es; Belustigung f. -en; Unterhaltung f. -en/...もまた一興であろう Es würde uns einen Spaß machen, wenn...Es wäre recht unterhaltend, wenn...

いっきょしゅ 一挙手一投足 jede einzelne Handlung, -en (Bewegung, -en)/jeder Schritt und Tritt, jeden - und -[e]s/一挙手一投足の労にすぎない ohne ⁴Mühe (mühelos) getan (erledigt) werden können*; einer braucht sich nur ein klein wenig anzustrengen.

いつく 居着く ⁴sich nieder|lassen*; ⁴sich an|siedeln; ansässig werden/彼は家族とその町に居着いた Er hat sich mit seiner Familie in der Stadt niedergelassen.

いつくしみ 慈しみ Liebe f.; Zuneigung f. -en; Wohlwollen n. -s/いつくしみ深い liebevoll; gütig; herzlich; wohlwollend; mitleidsvoll; gnädig.

いつくしむ 慈しむ lieben⁴; [愛撫する] [lieb-] kosen⁴; [大事にする] sorgen 《für⁴》; ⁴Sorge tragen* 《同上》; [憐れむ] bedauern⁴; bemitleiden⁴.

いっけい 一系 die ununterbrochene Linie, -n; der einzige Stamm, -[e]s, ⁼e‖万世一系 eine Dynastie seit undenklichen Zeiten.

いっけつ 一決する zum Schluss (zu einer

Entscheidung; einem Entschluss) kommen* (gelangen) [s].

いっけん 一件 Angelegenheit *f.* -en; Affäre *f.* -n; Sache *f.* -n.

いっけん 一見する an|blicken^{4}; einen Blick werfen* 《*auf*^{4}》; flüchtig (plötzlich) 〔er-〕blicken^{4}; ins Auge fassen^{4}／一見したところ dem Anschein nach; anscheinend; äußerlich; wie es scheint／一見して auf den ersten Blick; beim ersten Anblick; augenscheinlich 《明らかに》／一見親切そうな老人 ein freundlich aussehender alter Mann, -〔e〕s, ⸚er; ein wie es scheint liebenswürdiger Alter*, ..ten, ..ten／百聞は一見にしかず ‚Sehen ist Glauben.'

いっけん 一軒建の allein stehend; einsam; einzeln／一軒置いて隣りの家 das übernächste Haus, -es, ⸚er／森の中の一軒家 ein einsames Haus im Walde; ein im Walde einzeln stehendes Haus.

いっこ 一戸 Haus *n.* -es, ⸚er; Haushalt *m.* -〔e〕s, -e; Familie *f.* -n／一戸を構える〔^{3}sich〕 einen eigenen Herd gründen; ^{4}sich häuslich ein|richten.

いっこ 一個 Stück *n.* -〔e〕s, -e; ein einzelnes Ding, -〔e〕s, -e／一個百円 100 Yen das (für; pro) ^{4}Stück／一個の教師 ein 〔bloßer; einfacher〕 Lehrer, -s, -.

いっこ 一己 〔man〕 selbst／私一己の考え meine eigene Meinung, -en; mein eigenes Urteil, -s, -e; mein freier Wille, -ns (-s), -n (Willen, -s, -)／私一己の考えでは待った方がよいと思う Ich für mich (Ich für mein〔en〕 Teil; Ich für meine Person; Ich persönlich) bin der Meinung, wir sollten lieber warten.

いっこ 一顧 〔Be〕achtung *f.*; Berücksichtigung *f.*／一顧の価値もない keiner ^{2}〔Be〕achtung (Berücksichtigung) würdig (wert) sein; nicht einen Pfennig (keinen Pfifferling) wert sein; vollkommen wertlos sein.

いっこう 一行 Gesellschaft *f.* -en; Begleitung *f.* -en; Gefolge *n.* -s, -; Suite *f.* -n; Truppe *f.* -n 《俳優などの》／徳川氏の一行 Tokugawa und seine Begleiterschaft／一行に参加する ^{4}sich an die Gesellschaft an|schließen*.

いっこう 一向〔に〕 absolut (durchaus; gar; längst; überhaupt) nicht; nicht im Entferntesten (Geringsten; Leisesten); am 〔aller〕wenigsten; auf keine (in keiner) Weise; um alles in der Welt nicht／一向にかまわない völlig gleich〔gültig〕 (vollkommen egal) sein 《*jm*》; das geht *jn* nichts an／一向に知らない keine 〔blasse〕 Ahnung haben 《*von*^{3}》; nichts wissen* 《*von*^{3}》／なんべんやっても一向にうまくいかぬ Trotz wiederholten Versuchen will es mir gar nicht gelingen.¦Vergebens versuchte ich es zu wiederholten Malen.

いっこく 一刻 eine 〔kleine; kurze〕 Weile; eine 〔kurze〕 Spanne Zeit; Augenblick *m.* -〔e〕s, -e; Moment *m.* -〔e〕s, -e／一刻も早く so bald (schnell) wie nur 〔irgend〕 möglich; ohne jede Verzögerung／一刻千金の宵 ein köstlicher Abend, an dem jeder Augenblick tausend Goldstücke wert ist; eine himmlische Abendstunde, -n／一刻千秋の思い vor Ungeduld wie auf Kohlen sitzen* (stehen*); Sekunden verstreichen so langsam wie ebenso viele Jahre.／一刻を争うことだ Da ist keine Minute (kein Augenblick) zu verlieren.¦Das leidet keinen Aufschub mehr.

いっこく いっこくな widerspenstig; eigensinnig; halsstarrig; hartnäckig; störrisch; unbeugsam; verstockt; unduldsam 《寛容でない》.

いっこじん 一個人 der Einzelne*, -n, -n; Einzelwesen *n.* -s, -; Individuum *n.* -s, -en／一個人の資格で als Privatperson; in seiner Eigenschaft als Privatmann.
⇨**こじん**(個人).

いっさい 一切 ❶ [*n.*] alles; das Ganze*, -n; Ganzheit *f.*; alles und jedes. ❷ [*a.*] all〔e〕; ganz; gänzlich; gesamt; völlig／一切の aller*; jeder*; ganz／一切…しない gar (überhaupt; durchaus; ganz und gar) nicht; keineswegs／彼女とはもう一切関係はない Ich habe mit ihr nichts mehr zu tun.／あなたに一切お任せします Ich überlasse Ihnen alles.／貸売一切お断り Kredit wird keinesfalls gewährt. ‖ 一切合財 alles; alle Dinge; alles Mögliche*.

いつざい 逸材 der große Charakter, -s, -e; Talent *n.* -〔e〕s, -e／彼は逸材だ Er ist ein 〔Mann von〕 Charakter.

いっさいたふ 一妻多夫 Polyandrie *f.*; Vielmännerei *f.*／一妻多夫の polyandrisch; vielmännig.

いっさく 一策 ein Plan *m.* -〔e〕s; ein Rat *m.* -〔e〕s; ein Notbehelf *m.* -〔e〕s 《窮余の》／一策を講じる Rat schaffen$^{(*)}$ 《*für*^{4}》.

いっさく- 一昨- ¶ 一昨晩 [*adv*] vorgestern Abend; [*n.*] der vorgestrige Abend, -s／一昨日 [*adv*] vorgestern; [*n.*] der vorgestrige Tag, -〔e〕s／一昨年 vorletztes (vorvoriges) ^{4}Jahr; im vorletzten (vorvorigen) ^{3}Jahr; [*n.*] das vorletzte (vorvorige) Jahr, -〔e〕s／一昨々年 [*adv*] vorvorletztes ^{4}Jahr; im vorvorletzten Jahre; [*n.*] das vorvorletzte Jahr／一昨々夜 [*adv*] vorvorgestern Nacht; [*n.*] die vorvorletzte Nacht.

いっさつ 一札 ein Dokument *n.* -〔e〕s; ein Beleg *m.* -〔e〕s; ein Schein *m.* -〔e〕s; [借用証] ein Schuldschein *m.* -〔e〕s／一札入れる eine Urkunde unterschreiben*.

いっし 一糸乱れず in bester (guter) ^{3}Ordnung／一糸もまとわず splitternackt.

いっし 一矢を報いる erwidern^{4}; vergelten*^{4}; einen Schlag (eins) auf die Nase geben* 《*jm*》.

いっしき 一式 Garnierung *f.* -en／茶道具一式 ein vollständiges Teeservice, - (-s)／嫁入り道具一式 eine vollständige Ausstattung.

いっしゃせんり 一瀉千里に mit großer Schnelligkeit (Geschwindigkeit); blitzschnell.

いっしゅ 一種 eine Art (Sorte); eine Gattung/一種の(…の一種) eine Art …/一種の学者 eine ¹Art ¹Gelehrter/一種独特の von einer besonderen ³Art.

いっしゅ 一首 ein Gedicht, -[e]s/歌を一首書く ein Gedicht schreiben*.

いっしゅう 一周 eine Runde; ein Kreis *m.* -es; ein Kreislauf *m.* -[e]s; ein Zirkel *m.* -s; Umseg[e]lung *f.* -en 《船の》; Umfahrt *f.* -en; Umschiffung *f.* -en. ── 一周する eine Runde machen; in der ³Runde gehen* [s]; umsegeln⁴ 《船で》; umschiffen⁴ 《同上》; kreisen [h,s] 《*um*⁴》; ⁴sich drehen 《*um*⁴》/彼らは夏休みに世界を一周した Sie reisten in den Sommerferien um die Welt. ‖ 一周忌 die erste Wiederkehr *js* Todestages/一周年 der erste Jahrestag, -[e]s/一周年記念祭 die Feier 《-n》 zum ersten Jahrestag/一周旅行 Rund≀fahrt (Um-) *f.* -en; Rundreise *f.* -n/世界一周旅行 Weltreise *f.* -n; die Reise 《-n》 um die Welt.

いっしゅう 一週[間] eine Woche; acht Tage 《*pl*》/一週間前(後) vor (nach) einer ³Woche (acht ³Tagen)/一週に一(二)度 einmal (zweimal) in der ³Woche; wöchentlich einmal (zweimal).

いっしゅう 一蹴する [拒否する] ab|sagen⁴; ab|lehnen⁴; aus|schlagen*⁴; [勝つ] leicht besiegen 《*jn*》.

いっしゅん 一瞬 ein Augenblick *m.* -[e]s; ein Moment *m.* -[e]s/一瞬間 für einen Augenblick (Moment)/一瞬に in einem Augenblick (Moment); augenblicks/一瞬の augenblicklich; momentan/彼の姿は一瞬にして消えていた Er war in einem Augenblick verschwunden.

いっしょ 一緒に ❶ [共々に] zusammen; mit [einander]; […と共に] [zusammen] mit³; samt³/一緒に来る(行く) mit|kommen* [s] (mit|gehen* [s])/みんな一緒に alle zusammen/自由と放縦を一緒くたにする Freiheit mit ³Ungebundenheit verwechseln/一緒に住む zusammen|leben/一緒にいらっしゃい Kommen Sie mit!/子供と一緒に散歩をします Mit meinem Kind mache ich einen Spaziergang./一緒に映画に行く気はないかい Hast du keine Lust, mit mir ins Kino zu gehen? ❷ [同時に] gleichzeitig; zu gleicher ³Zeit/一緒に着く gleichzeitig an|kommen* [s]/盆と正月が一緒に来たようだ *Das ist, wie wenn Ostern und Pfingsten auf einen Tag fallen.* ❸ [まとめて] alle[s] zusammen; in Bausch und Bogen; alles in allem [zusammengenommen]/勘定は全部一緒で一万円です Die Rechnung beträgt alles zusammen 10 000 Yen. ── 一緒にする zusammen|bringen*⁴ (-|tun*⁴); [結婚させる] verheiraten 《*jn* mit *jm*》; [混同する] verwechseln⁴ 《*mit*³》/御一緒していい Kann ich mit[gehen]?/彼と一緒になるつもりです Ich will ihn heiraten.

いっしょう 一生 das ganze Leben, -s; die Lebenszeit/一生の lebenslänglich/一生[の間] für das ganze Leben; Zeit seines Lebens; auf lebenslang; das ganze ⁴Leben hindurch (lang)/一生の仕事 *js* Lebens≀werk *n.* -[e]s, -e (-arbeit *f.* -en)/一生に一度 einmal im Leben/一生を棒にふる das Leben unnütz vergeuden/一生をささげる sein ganzes Leben widmen³/一生のお願いだから聞いておくれ Ich beschwöre dich, mich anzuhören!

いっしょう 一笑 ein Lachen* *n.* -s/一笑する lachen/一笑に付する lachend hinweg|gehen* [s] 《über ⁴*et*》.

いっしょうけんめい 一生懸命に aus allen (vollen) ³Kräften; aus Leibeskräften; mit aller ³Kraft; aus aller (ganzer) Kraft; [命がけで] mit Leib und Leben; auf ⁴Leben und ⁴Tod; [専心して] mit Leib und Seele; von ganzem Leben; sehr eifrig (ernstlich)/一生懸命になる alle Kräfte an|strengen; alle Kräfte (⁴alles [Mögliche]) auf|bieten*/一生懸命にやる sein ⁴Bestes (Möglichstes) tun*/一生懸命逃げる so schnell wie möglich fliehen* [s]/一生懸命に勉強する fleißig (emsig) studieren (arbeiten)/一生懸命に働く angestrengt arbeiten.

いっしょくそくはつ 一触即発 die bedenkliche (gefährliche) Situation 《-en》 (Sachlage, -n).

いっしん 一身 ¶ 一身上の都合により wegen der persönlichen ²Angelegenheiten/一身[上]の persönlich; privat/一身上の事 die persönliche Angelegenheit/一身を賭(と)して auf ⁴Leben und ⁴Tod.

いっしん 一新する reformieren⁴; erneuern⁴; verändern⁴; innovieren⁴/人心を一新する die Volksstimmung ändern/面目を一新する ein anderes Aussehen bekommen*; ⁴sich vollständig [ver]ändern.

いっしん 一審で in der ersten ³Instanz.

いっしん 一心に von ganzem Herzen; mit ³Leib und ³Seele; eifrig; ernstlich/一心になる ⁴sich ganz vertiefen 《*in*⁴》; ⁴sich ergeben*³; ⁴sich hin|geben*³/一心同体である eins (identisch) sein 《*mit*³》/夫婦は一心同体である Mann und Frau sind eins.

いっしんいったい 一進一退である schwankend (in der ³Schwebe) sein/一進一退の接戦を演じる einen heftigen Kampf führen/彼の病状は一進一退です Sein Krankheitszustand schwankt.

いっしんきょう 一神教 Monotheismus *m.* -/一神教の *monotheistisch* ‖ 一神教徒 Monotheist *m.* -en, -en.

いっすい 一睡する ein Schläfchen machen (halten*)/昨夜は一睡もできなかった Diese Nacht konnte ich gar nicht schlafen./一睡もせずに夜を明かす eine schlaflose Nacht verbringen*.

いっする 逸する verpassen⁴; versäumen⁴; vorübergehen lassen*⁴; [失う] verlieren*⁴/常軌を逸する exzentrisch (überspannt) sein/機会を逸する eine Gelegenheit 《-en》 verpassen (versäumen; vorübergehen lassen*)/婚期を逸する Heiratsalter versäumen/好機逸すべからず Ergreife die Gelegenheit beim Schopfe!

いっすん 一寸先も見えない stockfinster sein/一寸の虫にも五分の魂 Selbst (Auch) der

Wurm krümmt sich, wenn er getreten wird./一寸先は闇だ Man weiß nicht, was die nächste Zukunft bringt. ‖ 一寸法師 Zwerg *m.* -〔e〕s, -e; Pygmäe *m.* -n, -n; Däum〔er〕ling *m.* -s, -e《童話の》.

いっせい 一世 [その時代] die Zeit; das〔Zeit-〕alter, -s; [一代] eine Generation; ein Alter *n.* -s; [一生] eine Lebens|zeit (-dauer); ein Leben, -s/オットー一世 Otto I. (der Erste*) /一世を驚かす die〔ganze〕Welt in ⁴Erstaunen setzen.

いっせい 一斉に alle zusammen; [同時に] gleichzeitig; zu gleicher ³Zeit; [異口同音に] einstimmig; mit einer ³Stimme/皆一斉に拍手をした Alle zusammen klatschten in die Hände. ‖ 一斉検挙 Massenverhaftung *f.* -en/一斉射撃 Salve *f.* -n; Salvenfeuer *n.* -s, -/一斉射撃する eine Salve ab|geben*.

いっせいき 一世紀 ein Jahrhundert *n.* -〔e〕s《略: Jh.》. ⇨せいき(世紀).

いっせいちだい 一世一代の lebenslang; *js*〔letztes und〕größtes Meisterstück, -〔e〕s, -e《傑作》/一世一代の作 *js* Lebenswerk *n.* -〔e〕s, -e.

いっせき 一夕 [*adv*] eines Abends; eine ⁴Nacht; [*n.*] ein Abend *m.* -s; eine Nacht.

いっせき 一席弁じる eine Rede halten*.

いっせきにちょう 一石二鳥である zwei ⁴Fliegen mit einer ³Klappe schlagen*.

いっせつ 一説では nach einer ³Ansicht.

いっせん 一閃 ¶ 電光一閃 ein Blitzstrahl *m.* -〔e〕s/電光一閃の間に〔schnell〕wie der ¹Blitz; im Blitz.

いっせん 一線を画する〔scharf〕ab|grenzen⁴《*gegen*⁴》.

いっせん 一戦 eine Schlacht; ein Kampf *m.* -〔e〕s; [将棋などの] eine Partie/一戦交える kämpfen《*mit*³》.

いっそ lieber; besser; eher; [かえって] vielmehr/いっそ…の方がよい es wäre besser《⁴*et* zu tun》; ich möchte lieber …/いっそここで彼の返事を待ちなさい Warten Sie lieber hier seine Antwort ab!/彼を失うくらいならいっそのこと死んでしまいたい Ich möchte lieber sterben, als ihn zu verlieren. ⇨むしろ.

いっそう 一層 mehr; noch mehr/一層努力する ⁴sich noch mehr an|strengen/それだけ一層 desto mehr; umso mehr/この俳優は以前よりも一層人気がある Der Schauspieler ist mehr beliebt als je./欠点が多いだけに彼女が一番好きだ Ich liebe sie umso mehr, als sie viele Schwächen hat.

いっそう 一掃する weg|fegen⁴ (-|kehren⁴; -|treiben*⁴); reinigen⁴; ab|fegen⁴; [根絶する] aus|rotten⁴; [除く] beseitigen⁴/腐敗分子を一掃する die verdorbenen Elemente《*pl*》aus|rotten/いろいろな障害を一掃する Hindernisse《*pl*》beseitigen.

いっそく 一足 ¶ 靴一足 ein Paar《*n.* -〔e〕s》Schuhe/靴下一足 ein Paar Strümpfe/一足とびに mit einem Sprung.

いったい 一体 ❶ ein Körper *m.* -s; ein Leib *m.* -〔e〕s; ein Fleisch *n.* -〔e〕s/一体となって in einem Körper; als ein ¹Körper/夫婦は一体である Mann und Frau sind ein Fleisch. ❷ [実際] in der Tat; tatsächlich; wirklich; eigentlich/一体君がよくないよ Du hast wirklich nicht Recht. ❸ [一体全体] denn; nun; wer (was; wie; wo) in aller ³Welt/君は一体どうしたのだ Was ist denn mit dir los?/お前は一体何者なのだ Wer bist du denn〔in aller Welt〕? ── 一体に [概して] im Allgemeinen; im Großen und Ganzen; überhaupt; in der ³Regel/一体に日本人は勤勉だ Im allgemeinen arbeiten die Japaner fleißig.

いったい 一帯 eine Zone; eine Gegend/関東一帯に über ganz Kanto/その辺一帯 die ganze Nachbarschaft/…一帯に durch⁴ … ganz; über³·⁴ … ganz《…に地名を入れる》; überall in³.

いつだつ 逸脱 Abweichung *f.* -en; das Abweichen*, -s/逸脱する ab|weichen* [s]《*von*³》; ab|gehen* [s]《*von*³》.

いったん 一端 [一つの端] ein Ende *n.* -s; [一部] ein Teil *m.* (*n.*) -〔e〕s; [あらまし] ein Umriss *m.* -es; eine ungefähre Vorstellung; eine Skizze/事件の一端 die Hauptpunkte eines Ereignisses.

いったん 一旦 einmal/一旦緩急あれば im Notfall; notfalls; nötigenfalls/一旦約束したことは守らなければいけないよ Du sollst es halten, was du einmal versprochen hast.

いっち 一致 ❶ [合致] Übereinstimmung *f.* -en; das Übereinkommen*, -s; Übereinkunft *f.* ⸗e; Einigkeit *f.*; Eintracht *f.*; Einklang *m.* -〔e〕s; [対応] Entsprechung *f.* -en/…と一致して in ³Übereinstimmung (Eintracht)《*mit*³》. ❷ [協同] Einstimmigkeit *f.* -en; das Zusammenwirken*, -s; Zusammenarbeit *f.* -en; Kooperation *f.* -en; Vereinigung *f.* -en; Einigkeit *f.*/一致して vereinigt; zusammen/一致の態度をとる eine einheitliche Haltung an|nehmen*. ❸ [同意]〔Über〕einstimmung *f.* -en; [賛成] Zustimmung *f.* -en; Einwilligung *f.* -en. ── 一致する ❶ [合致] überein|stimmen (-|kommen* [s])《*mit*³》; einig sein《*mit*³》; im Einklang stehen* (sein) [s]《*mit*³》; [対応] entsprechen*³/需要と供給が一致する Nachfrage und Angebot stimmen〔miteinander〕überein./彼の言行は一致していない Seine Worte und seine Taten stehen nicht miteinander in Einklang. ❷ [協同]〖*mit*³ とともに〗ein|stimmen; mit|wirken; einstimmig (einmütig) sein; ⁴sich vereinigen; einig (eins) sein. ❸ [同意]〔über〕ein|stimmen《*mit*³》; [賛成] zu|stimmen³; ein|willigen《*in*⁴》/彼らはその点についてまだ意見が一致しない Sie sind sich darüber noch nicht einig. ‖ 一致団結 Gemeinsamkeit *f.*/満場一致 Einstimmigkeit *f.*/満場一致で einstimmig.

いっちゃく 一着 ❶ [競走の] der erste Platz, -es; der (die) Erste*《人》/一着になる den ersten Platz gewinnen* (nehmen*)/彼は一着だった Er war der Erste. ❷ [服の] ein Anzug *m.* -〔e〕s/去年冬の洋服を一着作りました Ich habe mir im letzten Winter einen

いっちょう Anzug machen lassen.
いっちょう 一事あれば im Ernstfall (Notfall); notfalls／一朝一夕に in einem Tage; von heute auf morgen.
いっちょういったん 一長一短がある seine Vor- und Nachteile haben.
いっちょうら 一張羅 das einzige Feiertagskleid; in gerader ³Linie; gerade(aus).
いっちょくせん 一直線 eine gerade Linie/一直線に in gerader ³Linie; gerade(aus).
いっつい 一対 ein Paar, -[e]s／一対の絵 ein Paar ¹Bilder／一対になって(ずつ) paarweise.
いっつう 一通 ein Dokument, -[e]s (写し) eine Kopie; [手紙] ein Brief m. -[e]s.
いつつご 五つ子 Fünflinge (pl).
いって 一手に ausschließlich; ganz allein; exklusiv／一手に引き受ける ganz allein übernehmen*⁴ ∥ 一手販売 Allein|verkauf m. -[e]s, =e (-vertrieb m. -[e]s)／一手販売をする Alleinhandel treiben*.
いってい 一定の bestimmt; gewiss; ausgemacht; fest[stehend]; [一定不変に] be|ständig; dauernd; stetig; konstant; unveränderlich; [標準的] normal; musterhaft／一定の現金収入 das feste Einkommen, -s, - (pl は Einkünfte の方がよい)／一定の時間に zur be|stimmten (festgesetzten) Zeit／一定の目的の為に für einen bestimmten Zweck. — 一定にする bestimmen⁴; entscheiden*⁴; fest|setzen⁴.
いってき 一滴 ein Tropfen m. -s／一滴ずつ tropfenweise／大海の一滴 ein Tropfen im Ozean／一滴も飲まない Er trinkt gar nicht.
いってつ 一徹 Hartnäckigkeit f.; Halsstarrigkeit f.; Starrköpfigkeit f.; Eigensinn m. -[e]s／一徹な hartnäckig; halsstarrig; starrköpfig; eigensinnig ∥ 一徹者 Starr|kopf (Dick-) m.
いつでも zu jeder ³Zeit; jederzeit; jedes Mal; immer [常に]; stets (同上)／いつでもいらっしゃい Kommen Sie jederzeit zu mir!
いってん 一点 ein Punkt m. -[e]s; ein Fleckchen n. -s; [一個 eins*] ein Stück, -[e]s／空には一点の雲も見られなかった Am Himmel war kein einziges Wölkchen zu sehen／それについては一点の疑いもない Daran ist nicht der geringste Zweifel.／一点の非のうちどころなない tadel|frei (vorwurfs-; einwand-) sein.
いってん 一転して plötzlich (auf einmal) ändern／彼は心機一転した Er hat seine Gesinnung plötzlich geändert.
いってんばり 一点張りである bestehen* (auf⁽⁴⁾); beharren (auf³; bei³; in³)／頑固一点張りの eigensinnig; starrköpfig／勉強一点張りで durch eisernen Fleiß／知らぬ存ぜぬの一点張りである steif und fest bei der ³Verneinung verharren.
いっと 一途 ¶ …の一途あるのみ es gibt keinen anderen Weg, als …／…の一途をたどる ständig zu|nehmen*.
いっとう 一刀の下に切り捨てる mit einem [Schwert]schlag nieder|hauen*⁴.
いっとう 一等 ❶ die erste Klasse, -n; der erste Rang, -[e]s, =e; der erste Platz, -es, =e; der erste Grad, -[e]s／一等の erst|klas|sig; des ersten Ranges; vom ersten ³Rang／罪／一等を減じる die Strafe um einen Grad vermindern. ❷ [等] meist; best. ∥ 一等切符 die Fahrkarte ⟨-n⟩ erster ²Klasse／一等国 Großmacht f. =e; die Macht ⟨-⟩ ersten Ranges／一等車 Wagen ⟨-s, -⟩ erster ²Klasse／一等[車]に旅行する erster ²Klasse fahren* (reisen*) ∥ 一等星 ein Stern m. -[e]s, -e／一等席 erster ²Größe／一等席 der erste Platz, -es, =e／一等船室 die erste Kajüte, -n.
いっとう 一頭地を抜く ⁴sich hervor|tun* (vor³); ⁴sich hervor|ragen (vor³); ⁴sich aus|zeichnen (vor³).
いっとうだて 一頭立ての馬車 Einspänner n. -s, -; der einspännige Wagen, -s, -.
いっとく 一得一失 ein Vor- und Nachteil, -[e]s; ein Gewinn ⟨m. -[e]s⟩ und ein Verlust ⟨m. -[e]s⟩.
いつに 一つに lediglich; bloß; ganz [und gar]; völlig／それに…は私の責任です ich bin allein schuld daran.
いっぱ 一派 Schule f. -n [流派]; Sekte f. -n [宗派]; Konfession f. -en [キリスト教の宗派]; Partei f. -en [党派]; Anhänger m. -s, - [同類].
いっぱい 一杯 ❶ [分量] ein Becher ⟨m.⟩ [voll] … [盃で]; ein Eimer ⟨m.⟩ [voll] … [バケツで]; eine Flasche ⟨f.⟩ [voll] … [瓶で]; ein Glas ⟨n.⟩ [voll] … [グラスで]; ein Korb ⟨m.⟩ [voll] … [籠で]; ein Löffel ⟨m.⟩ [voll] … [スプーンで]／一杯のビール ein Glas Bier／バケツ一杯の水 ein Eimer voll Wasser／コーヒー一杯 eine Tasse Kaffee. ❷ [充満] 一杯の voll; überfüllt [あふれそうに]／一杯にする voll füllen⁴; voll machen⁴; überfüllen⁴ [あふれるほど]／一杯になる angefüllt werden ⟨mit³⟩; voll (überfüllt) werden ⟨von³⟩ (酒などを)一杯につぐ voll gießen⁴ ⟨mit³⟩／一杯につめこむ voll packen⁴ ⟨mit³⟩; aus|füllen⁴ ⟨mit³⟩／一杯の人だかり eine Menge Menschen; Gedränge n. -s／彼女は目に一杯の涙をためていた Ihre Augen standen voll von Tränen.／広場は一杯の人だった Der Platz war ⟨von Menschen⟩ überfüllt.／電車は一杯の満員だった Die Elektrische war voll [besetzt] (überfüllt).／ぼくは悲しくて胸が一杯 Mir schwillt das Herz vor Trauer.／腹一杯食べる ⁴sich satt essen／ぼくは腹一杯だ Ich bin satt (voll). (礼儀正しい表現では ich habe genug). ❸ [酒] Trank m. -[e]s, =e／一杯飲む trinken*; eins neh|men*; einen Schluck nehmen ⟨tun*⟩／一杯やりながら beim Wein／一杯機嫌で berauscht／一杯やりませんか Wollen wir eins trinken! ❹ [全部] 今年一杯 bis zum Ende dieses Jahres／精一杯やる sein Bestes tun*／彼は力一杯働いた Er arbeitete mit aller Kraft.／一杯一杯の生活をする ein knappes Leben führen. ❺ [だます] 一杯くわせる jm einen Streich spielen; jn an|führen／一杯くう(くわされる) ⁴sich an|führen (täuschen)

いっぱく 一杯くわされたぞ Angeführt!
いっぱく 一泊 das Übernachten*, -s/一泊する *sich über eine Nacht auf|halten* (bei *jm*; in *3et*)/この部屋は一泊いくらですか Was kostet dieses Zimmer die Nacht?
いっぱつ 一発 ein Schuss m. -es/一発で仕める mit einem Schuss töten*/一発くらう(らわす) einen Schuss bekommen* (versetzen)/一発撃つ einen Schuss ab|feuern.
いっぱん 一般 allgemein; [通常の] gewöhnlich; üblich; gebräuchlich/一般に allgemein; im Allgemeinen; gewöhnlich; üblich; [概して] in der ³Regel; im Ganzen. ¶ 一般に公開する der ²Öffentlichkeit unterbreiten*. ‖ 一般化 Verallgemeinerung f. -en/一般化する verallgemeinern⁴; [普及させる] populär machen⁴/一般会計 die allgemeine Rechnung, -en/一般ം税 Allgemeinwert m. -(e)s, -e/一般教養 Allgemeinbildung f. -en/一般投票 Volksabstimmung f. -en/一般民衆 das gewöhnliche Volk, -(e)s.
いっぱん 一班 [部分] ein Teil m. (n.) -(e)s/[組] eine Klasse; eine Gruppe; eine Sektion; eine Truppe/一班を見て全容を推す das Ganze nach einem Teil beurteilen.
いっぱん 一版 eine Auflage; [初版] die erste Auflage; der erste Druck.
いっぴょう 一票 eine Stimme/賛成(反対)の一票を投じる für⁴ (wider⁴) stimmen.
いっぴん 逸品 der vortreffliche Artikel, -s, -; [傑作] Meisterwerk n. -(e)s, -e.
いっぴん 一品料理 Gericht n. -(e)s, -e/一品料理で à la carte.
いっぷいっぷ 一夫一婦 Monogamie f./一夫一婦の monogamisch ‖ 一夫一婦主義者 Monogamist m. -en, -en.
いっぷう 一風変わった exzentrisch; sonderbar; eigenartig/一風変わった男 Sonderling m. -s, -e.
いっぷく 一服 ❶ [薬] eine Dosis/丸薬一服 eine Dosis der ²Pillen/一服盛る vergiften*; *Gift mischen (*jm*)/この薬を一時間ごとに一服病人に飲ませて下さい Geben Sie dem Patienten stündlich eine Dosis von dieser Medizin! ❷ [喫煙] eine Pfeife. ❸ [休息] Schnaufpause f. -n. ── 一服する ❶ [喫煙] eine Pfeife rauchen. ❷ [休む] *sich aus|ruhen; eine Pause machen.
いっぷう 鋳潰す ein|schmelzen⁴*.
いっぷたさい 一夫多妻 Polygamie f./一夫多妻の polygamisch ‖ 一夫多妻主義者 Polygamist m. -en, -en.
いっぺん 一遍 einmal ⇨いちど/義理一遍の aus bloßem Pflichtgefühl/通り一遍の挨拶をする einen flüchtigen Gruß zu|nicken³.
いっぺん 一変する *sich vollständig (plötzlich) verändern; ganz anders werden; ein neues Aussehen (einen neuen Aspekt) ein|nehmen*/状勢は一変した Die Lage hat sich auf einmal verändert.
いっぺん 一片 ein Stück n. -(e)s; [切片] ein Schnitzel n. (m.) -s; [小片] ein Schnittchen n. -s; eine Flocke (雪・花・灰などの)/一片の同情 ein Funke Mitleid n. -(e)s.

いっぺん 一編 ein Stück n. -(e)s/一編の詩 ein Gedicht n. -(e)s.
いっぺんとう 一辺倒 Vorliebe f.; Manie f. -n/一辺倒である Vorliebe haben (zeigen) (für⁴); vernarrt sein (in⁴).
いっぽ 一歩 ein Schritt m. -(e)s ⇨[歩]/一歩一歩 ⁴Schritt für ⁴Schritt/一歩進む einen Schritt vor|treten*⁵/一歩を誤る einen Fehltritt tun⁸/一歩退く einen Schritt zurück|treten⁵/一歩も...に weichen* (*jm*)/彼は一歩も譲らなかった Er wich nicht um ein Haar zurück./今日は一歩も外に出られた Ich bleibe heute den ganzen Tag zu Hause./一歩前へ Einen Schritt vorwärts!
いっぽう 一方 ❶ [方向] eine Richtung; [片方] eine Seite; [他方] die andere Seite/一方では...他方では... einerseits ... andererseits .../一方に偏する einseitig sein. ❷ [対手] eine Partei (片方); die andere Partei (他方)/一方的の einseitig/一方的な判断 die einseitige Beurteilung, -en. ❸ [...ばかりである] 物価は上る一方だ Die Preise steigen immer weiter./病状は悪くなる一方です Der Zustand des Kranken wird immer schlimmer. ❹ [話変わって] während; indessen/彼女はピアノを弾いている，一方彼は本を読んでいる Sie spielt Klavier, während er liest.
いっぽう 一報する benachrichtigen (*jn* von³); ein paar Zeilen schreiben* (*jm*); Bescheid geben* (*jm* von³).
いっぽん 一本 ein*; ein Stück n. -(e)s/ビール一本 eine Flasche Bier/筆一本 ein Pinsel m. -s/白墨一本 ein Stück Kreide/一本マストの einmastig/一本取る einen Hieb geben* (*jm* 剣術で); besiegen (*jm* やっつける)/一本参る einen Hieb bekommen* (剣術で); besiegt werden (von *jm*)/それには一本参った Das ist mir zu hoch!
いっぽんぎ 一本気の redlich; aufrichtig.
いっぽんだち 一本立ちの selbstständig; unabhängig/一本立ちになる selbstständig (unabhängig) werden; [³sich] einen eigenen Hausstand gründen.
いっぽんちょうし 一本調子の eintönig; monoton; [単純な] einfältig; [気転のきかない] steif; ungeschmeidig; taktlos.
いっぽんみち 一本道 der gerade Weg, -(e)s, -e.
いつまで bis wann; wie lange/いつまで当地においでですか Wie lange bleiben Sie hier?/いつまでも für immer; für alle Zeiten; ewig/いつまでに (bis) wann.
いつも immer; stets; jederzeit; gewöhnlich/いつもの gewöhnlich; alltäglich/いつも彼は家に居ない Immer ist er unterwegs (nicht zu Hause).
いつわ 逸話 Anekdote f. -n/逸話の多い voll von (reich an) Anekdoten.
いつわり 偽り [虚言] Lüge f. -n; Falschheit f. -en; Unwahrheit f. -en; [虚偽] Betrug m. -(e)s; Täuschung f. -en/偽りの lügenhaft; falsch; unwahr; betrügerisch; täuschend/まっかな偽り die grobe (faustdi-

いつわる 射手座〔天〕Schütze *m*. -n.

cke; glatte〕Lüge/偽りを言う lügen*; die Unwahrheit sagen/偽りを申し立てる eine falsche Äußerung tun*.

いつわる 偽る〔嘘を言う〕lügen*; eine Lüge sagen; belügen* 《*jn*》die Unwahrheit sagen;〔欺く〕betrügen**⁴; täuschen*; hintergehen**⁴;〔装う〕⁴sich stellen; ⁴sich ausgeben* 《für *jn*》/名を偽って unter einem falschen (angenommenen) Namen/事実を偽る die Tatsache falsch darstellen/警官と偽る ⁴sich für einen Polizisten ausgeben*/彼は病と偽った Er stellte sich krank.

いて 射手座〔天〕Schütze *m*. -n.

イデオロギー Ideologie *f*. -n/イデオロギーの ideologisch.

いでたち 出で立ち〔扮装〕Kostüm *n*. -s, -e; Tracht *f*. -en; Schminke *f*. -n《メーキャップ》; Ausrüstung *f*. -en《装備》; Ausstattung *f*. -en; Garnitur *f*. -en《軍装》; Rüstzeug *n*. -(e)s, -e.

いてもたっても 居ても立っても居られない (wie) auf〔glühenden〕Kohlen sitzen* (stehen*); in höchster Ungeduld sein.

いてん 移転〔転居〕Umzug *m*. -(e)s, ⁻e; Wohnungswechsel *m*. -s, - (veränderung *f*. -en);〔権利などの〕Übertragung *f*. -en. —— 移転する [um]ziehen* [s]; seine Wohnung verändern《転居》/彼は渋谷に移転した Er ist nach Shibuya [um]gezogen. ‖ 移転先 die neue Adresse, -n/移転通知 die Mitteilung (-en) vom Umzug/移転日 Umzugstag *m*. -(e)s, -e/移転料 Umzugs|kosten (-gelder) (*pl*).

いでん 遺伝 Vererbung *f*. -en; Erblichkeit *f*./遺伝の(した) [ver]erblich; hereditär; vererbt/遺伝性 Heredität *f*.; Erblichkeit *f*./あの家にはガンの遺伝がある Dieser Familie liegt (steckt) Krebs im Blute. Krebs ist in dieser Familie erblich. —— 遺伝する vererben⁴; ⁴sich vererben《von *jm* auf *jn*》; [ver]erblich; hereditär; vererbt sein. ‖ 遺伝学 Erb|lehre (Vererbungs-) *f*. -n; Vererbungs|wissenschaft *f*. -en/遺伝〔病〕子 Gen *n*. -s, -e/遺伝子銀行 Genbank *f*. -en, -e/遺伝子工学 Gen|technologie *f*./遺伝子操作 Gen|manipulation *f*. -en/遺伝子治療 Gen|therapie *f*. -n/遺伝情報 eine genetische Information, -en/遺伝(学)説 Vererbungs|theorie *f*. -n/遺伝病 Erbkrankheit *f*. -en.

いと 糸 Faden *m*. -s, ⁻; 〔つむぎ糸〕Garn *n*. -(e)s, -e; 〔撚り糸〕Zwirn *m*. -(e)s, -e;〔結び糸〕Schnur *f*. ⁻e;〔釣糸〕Leine *f*. -n;〔弦〕Saite *f*. -n/糸の玉 Knäuel *m*. (*n*.) -s, -/命の糸 Lebensfaden *m*. -s, ⁻/糸のような die fadendünne Stimme, -n/糸を引く ⁴sich in Fäden ziehen* 《液体状》; die Fäden in seiner 'Hand halten*〔陰で〕/針に糸を通す eine Nadel ⁴ein|fädeln/糸を紡ぐ (ein) Garn spinnen*/糸をとる〔撚る〕 das Garn zwirnen (drehen)/彼女は糸が引く*結び目 Sie ist so dünn wie ein Faden. ‖ 糸車 Spinn|rad *n*. -(e)s, ⁻er/麻糸 Leinen|garn *n*. -(e)s, -e/絹糸 Seiden|faden *n*./木綿糸 Baumwoll|garn *n*.

いと 意図 Absicht *f*. -en; Plan *m*. -(e)s, ⁻e; Vorsatz *m*. -es, ⁻e; Vorhaben *n*. -s, -/…の意図で in (mit) der Absicht zu …/それは私の意図ではなかった Es lag nicht in meiner Absicht.

いど 緯度 die〔geographische (geografische)〕Breite, -n; Breitengrad *m*. -(e)s, -e ‖ 高(低, 中)緯度 die hohe (niedere, mittlere) Breite.

いど 井戸 Brunnen *m*. -s, -/井戸車 Brunnen|rad *n*. -(e)s, ⁻er/井戸さらい《aus Brunnen》 reinigen* (-fegen*), -s《行為》; Brunnen reiniger (-feger) *m*. -s, -/井戸端会議 Weiberge|schwätz *n*. -es; das Durchnehmen* (-s) der Tages|chronik/井戸掘り das Brunnen|graben* (-bauen*), -; (er)bohren*; -machen*; -s《行為》; Brunnen|gräber (-macher) *m*. -s, -/井戸ポンプ Brunnen|pumpe *f*. -n/井戸水 Brunnen|wasser *n*. -s, -.

いとう 以東に östlich 《*von*³》/京都以東 östlich von Kyoto.

いとう 厭う ❶〔嫌う〕nicht mögen**⁴ (leiden**⁴); können**⁴); verabscheuen⁴;〔飽きる〕überdrüssig² 《müde²》sein; Ekel bekommen* 《*vor*³》/費用を厭わず ohne ⁴Rücksicht auf die Kosten/労を厭わない keine Mühe scheuen/…しようと厭わぬ覚悟である bereit〔willig〕sein 《zu³》/私は彼女のためなら水火も厭わない Ich würde für sie durchs Feuer gehen. ❷〔労(に)わる〕⁴sich sorgen 《*um*⁴》; Sorge tragen 《*für*⁴》/我が身を厭う ⁴sich in Acht nehmen*; ⁴sich schonen 《病を》.

いどう 移動〔Fort〕bewegung *f*. -en; Orts|veränderung *f*. -en; das Wandern*, -s. —— 移動する ⁴sich [fort]bewegen; den Ort verändern; von Ort zu Ort ziehen* [s]. ‖ 移動起重機 Eisenbahn|kran (Lauf-) *m*. -(e)s, ⁻e/移動警察 Eisenbahn|polizei *m*./移動証明 die Bescheinigung (-en) des Wohnungs|wechsels/移動中告 die Angabe (-n) der Wohnungsveränderung; Umzugs|meldung *f*. -en/移動診療所 Wander|klinik *f*. -en/移動性高気圧〔圏〕〔気〕wandernde Antizyklone, -n/移動展覧会 Wander|ausstellung *f*. -en/移動図書館 Wander|bibliothek *f*. -en/移動病院 Ambulanz *f*. -en; der umher|fahrende Krankenwagen, -s, -.

いどう 異動 (Ver)änderung *f*. -en; Wechsel *m*. -s, -/人事の異動 Personen|wechsel *m*. -s, -/内部の異動 Personenwechsel im Innern eines Büros (Amts)/内閣の異動 Kabinetts|umbildung *f*. -en.

いどう 異同 Unterschied *m*. -(e)s, -e; Differenz *f*. -en; das unterschiedende Merkmal, -(e)s, -e.

いとおす 射通す durch|schießen**⁴.

いときりば 糸切歯 Eck|zahn (Augen-/ Spitz-) *m*. -(e)s, ⁻e.

いとく 威徳 Erhabenheit *f*. -en; Würde *f*. -n; Ansehen *n*. -s; Tugend *f*. -en.

いとぐつ 遺徳 Nachruhm *m*. -(e)s, -e.

いとぐち 糸口 ❶〔糸の端〕das Ende (-s, -n) eines Fadens. ❷〔発端〕Anfang *m*. -(e)s,

いとぐるま 糸車 Spinnrad n. -[e]s, ¨er.

いとこ [従兄弟] Vetter m. -s, -n; Cousin m. -s, -s; [従姉妹] Kusine (Cousine) f. -n/またいとこ der Vetter (die Kusine) zweiten ²Grades.

いどころ 居所 Wohnort m. -[e]s, -e; Aufenthalt m. -[e]s, -e; js Adresse f. -n; Anschrift f. -en/彼の居所を知らせてくれ Lass mich wissen, wo er sich jetzt aufhält.

いとしい 愛しい lieb; geliebt; teuer; liebst; [不憫(な)と] bedauerns¦wert (mitleidens-)/いとしい人の Liebe*, -n.

いとしご 愛し子 Lieblings¦kind (Schoß-) n. -[e]s, ¨er; das liebe Kind, -[e]s, -er.

いとすぎ 糸杉 Zypresse f. -n.

いとなみ 営み Geschäft n. -[e]s, -e; Beschäftigung f.; Betrieb m. -[e]s, -e.

いとなむ 営む ❶ [為す] machen⁴; tun⁴; ❷ [執行する] veranstalten⁴; [ab]halten*⁴/法事を営む eine Totenfeier ⟨-n⟩ halten*. ❸ [営業する] be|treiben**; aus|üben; praktizieren《医業など》/弁護士を営む ¹Rechtsanwalt tätig sein/医業を営む als ¹Arzt praktizieren (in Praxis sein)/生計を営む seinen Lebensunterhalt verdienen (erwerben*); Geschäfte unterhalten*.

いとま 暇 ❶ [時間] Zeit f. -en; [閑暇] die freie Zeit; Muße f./枚挙に暇がない unzählbar sein/彼は散歩する暇がない Er hat keine Zeit spazieren zu gehen. ❷ [解雇] Entlassung f. -en/; Abschied m. -[e]s, -e/暇を出す entlassen*⁴ ⟨jn⟩; verabschieden ⟨jn⟩/暇を乞う um den Abschied bitten*⁴ ⟨jn⟩. ❸ [賜暇] Urlaub m. -[e]s, -e/暇を与える Urlaub geben* ⟨jm⟩/暇を取る Urlaub nehmen*. ❹ [告別] Abschied m. -[e]s, -e; Verabschiedung f.; Lebewohl n. -[e]s, -e ⟨-s⟩; Adieu n. -s, -s/暇を告げる Abschied nehmen* ⟨von³; bei⟩; ⁴sich empfehlen* ⟨jm⟩; Adieu (Lebewohl; ade) sagen ⟨jm⟩/暇を告げずに ohne ⁴Abschied zu nehmen/お暇しなければなりません Ich muss gehen./お暇させて下さい Darf ich mich verabschieden?

いとまき 糸巻 Spule f. -n; Haspel f. -n; Garnrolle f. -n; [糸巻枠] Garn|winde f. -n/糸巻に巻く spulen⁴; haspeln⁴.

いとまごい 暇乞い Abschieds¦besuch m. -[e]s, -e ⟨das Lebewohl|sagen* (Adieu-), -s/暇乞いに行く Abschieds¦besuch machen ⟨bei jm⟩/暇乞いをする Abschied nehmen* ⟨vom jm⟩; Lebewohl (Adieu) sagen* ⟨jm⟩/暇乞いをせずに去る französischen Abschied nehmen*; ⁴sich (auf) französisch empfehlen* (verabschieden).

いどむ 挑む ❶ [挑戦] heraus|fordern ⟨jn⟩; in die Schranken fordern ⟨jn⟩; die Spitze (Trotz) bieten* ⟨jm⟩; Streit herauf|beschwören* (vom Zaun[e] brechen*). ❷ [女子に] einer Dame den Hof machen. ⇨ いよる.

いとやなぎ 糸柳 Trauerweide f. -n.

いな 否 Nein n. -s; [adv] nein/否断じて否 Nein und abermals nein!/否と答える mit nein (einem Nein) antworten.

いな 〖魚〗Meeräsche f. -n.

いない 以内の(に) innerhalb²⁽³⁾; binnen³; [以下] weniger als; unter³/一時間以内に unter einer Stunde/二週間以内に innerhalb vierzehn Tage[n].

いなおす 鋳直す um|gießen*⁴ ⟨-|schmelzen*¹,⁴⟩.

いなおる 居直る ❶ [すわり直す] ⁴sich anders setzen. ❷ [態度を変える] seine Haltung ändern. ❸ [泥棒など] eine drohende Haltung an|nehmen*; ⁴sich in einen Räuber verwandeln.

いなか 田舎 Land n. -[e]s; [地方] Provinz f. -en; [故郷] Heimat f. -en/田舎の ländlich; vom Lande; provinziell; heimisch/田舎風(のに) ländlich; bäuerlich/田舎育ちの auf dem Land[e] aufgewachsen (erzogen)/田舎じみた bäurisch; ländlich/田舎回りをする über ⁴Land gehen* (reisen) ⓢ/田舎へ行く aufs Land gehen* ⓢ/田舎に住む auf dem Land[e] leben (wohnen) ⓢ/田舎を出る vom Land[e] weg|ziehen* ⓢ/僕には町より田舎生いの方がいい Ich lebe lieber auf dem Land[e] als in der Stadt./田舎はどちらですか Woher sind (stammen; kommen) Sie? ‖ 田舎ことば (弁) die (ländliche) Mundart, -en; Bauern¦sprache f. -n/田舎住まい Landleben n. -s/田舎なまりの (ländliche) Mundart, -en/田舎道 Landweg m. -[e]s, -e/田舎者 Landmann m. -[e]s, ..leute ◆Landsmann は同国(郷)人をいう; Tölpel m. -s, -; 《無骨者》田舎娘 Landmädchen n. -s, -; eine Unschuld vom Lande.

いなご 蝗 Heuschrecke f. -n.

いなさく 稲作 Reis¦bau m. -[e]s ⟨-ernte f. -n⟩.

いなだ 〖魚〗Gelbschwanz m. -es, ¨e.

いなづま 稲妻 ⇨ いなびかり.

いななき 嘶き das Wiehern*, -s; Gewieher n. -s.

いななく 嘶く wiehern ⟨馬が⟩; iahen ⟨ろばが⟩.

いなびかり 稲光 Blitz m. -es, -e; Blitz¦strahl m. -[e]s, -en/稲光がする Es blitzt./一晩じゅう稲光がした Es hat die ganze Nacht geblitzt.

いなほ 稲穂 Reis¦ähre f. -n.

いなむら 稲叢 Miete f. -n; Schober m. -s,

〜いなや 〜否や = sobald ...; kaum ⟨dass⟩ .../彼の姿を見つけるや否や彼女は彼のところに駆け寄った Sobald sie ihn sah, lief sie auf ihn zu./夜が明けるや否や彼は出発した Der Morgen war kaum angebrochen, als er sich auf den Weg machte.

いならぶ 居並ぶ in einer Reihe sitzen*; [列席] anwesend sein/居並ぶ人々 die Anwe-

いなん 以南 südlich 《*von*³》／東京以南 südlich von Tokio.

イニシアチブ Initiative *f.* -n／イニシアチブをとる die Initiative ergreifen 《*in*³》.

イニシアル Anfangsbuchstabe *m.* -ns, -n; Initial *n.* -s, -e.

いにゅう 移入 Einfuhr *f.* -en; Import *m.* -e, -e; Einfühlung *f.* -en《感情移入》／移入する einführen*; importieren*.

いにん 委任 Anvertrauen *n.* -s; Auftrag *m.* -[e]s, ⸚e《委任された仕事》; Beauftragung *f.* -en; Kommission *f.* -en; Mandat *n.* -[e]s, -e《全権》; Vollmacht *f.* -en《同上》; Bevollmächtigung *f.* -en《権能を与えること》; Ermächtigung *f.* -en《権能を与えること》; Überweisung *f.* -en《譲渡すること》. ── 委任する an|vertrauen⁴ 《*jm*》; *jm* den Auftrag (Vollmacht) geben*; beauftragen*《mit ³*et*》. 委任者 Mandant *m.* -en, -en; Auftrag[geber (Vollmacht-) *m.* -s, -／委任状 Vollmacht *f.* -en; Vollmachtsbrief *m.* -[e]s, -e；委任統治 Mandat *n.* -[e]s, -e 委任統治国 Mandatsverwaltung *f.* -en／委任統治 Mandatsstaat *m.* -[e]s, -en；委任統治地域 Mandatsgebiet *n.* -[e]s, -e／白紙委任状 Blankovollmacht *f.* -en.

いぬ 犬 ❶ Hund *m.* -[e]s, -e《特に雄》; Rüde *m.* -n, -n《雄》; Hündin *f.* ..dinnen《雌》; ein junger Hund《小犬》; Welpe *m.* -n, -n《同上》; Wauwau *m.* -s, -s《小児語: わんわん》／番犬 Wach|hund (Hof-)／猟犬 Rüde; Blut|hund (Hetz-; Schweiß-／ポインター・セッター》; Hühnerhund《特にしゃこ猟用の》; Pointer *m.* -s, -《ポインター》; Setter *m.* -s, -《セッター》／のら犬 Köter *m.* -s, -／犬の首輪 [Hunde]halsband *n.* -[e]s, ⸚er／犬の口輪 [Hunde]maulkorb *m.* -[e]s, ⸚e／犬の綱 [Hunde]leine *f.* -n; Hunderiemen (Schweiß-)《特に大型犬用の》 *m.* -s, -／犬[畜生]のような hündisch／犬の鑑札 Hundemarke *f.* -n／犬の品種 Hundeschlag *m.* -[e]s, ⸚e／犬を飼う ³sich einen Hund halten*／ほえる犬はかまない Bellende Hunde beißen nicht.／その夫婦は犬と猿の仲だ Die Eheleute leben wie Hund und Katze.／犬も歩けば棒にあたる Eine blinde Henne findet auch wohl ein Korn. ❷ [スパイ] Spion *m.* -s, -e; Angeber *m.* -s, -《密告者》.『 犬小屋 Hunde|hütte *f.* -n -haus *n.* -es, ⸚er; -stall *m.* -[e]s, ⸚e.

いぬく 射ぬく schießen* 《*durch*⁴》.

いぬじに 犬死にする ⁴sich vergeb[en]s (umsonst) opfern.

いね 稲 Reis *m.* -es; Reispflanze *f.* -n／稲を刈る den Reis ernten (schneiden*).

いねかぶ 稲株 Reisstoppeln (*pl*).

いねかり 稲刈り Reisernte *f.* -n.

いねこき 稲こき das Reishecheln*, -s; Reishechelbock *m.* -[e]s, ⸚e《機械》.

いねむり 居眠り das Einnicken*, -s; Nickerchen *n.* -s, -; Schläfchen *n.* -s, -／居眠りする ein|nicken ⓢ; im Sitzen ein|schlummern ⓢ.

いねんまく 胃粘膜 Magenschleimhaut *f.*

いのこり 居残り [残業] Überstunde *f.* -n; [学校の罰として] das Nachsitzen*, -s／居残る zurück|bleiben* (hinter|-) ⓢ; Überstunden machen (leisten); nach|sitzen*.

いのしし 猪 Wildschwein *n.* -[e]s, -e ‖ 猪武者 Wagehals *m.* -es, ⸚e.

いのち 命 Leben *n.* -s, -／命の長い lang lebend (-lebig), von langer Dauer／命の短い kurzlebend (-lebig)／命のある lebend／命のない leblos; tot《死んだ》／命のある限り solange man lebt／命の親 Lebensretter *m.* -s, -／命の糧 die Lebensmittel (*pl*)／命の危険 Lebensgefahr *f.* -en／命の源泉 Lebensquelle *f.* -n／命の綱 Lebensstütze *f.* -n／命の洗濯をする ⁴sich erholen／命にかかわる tödlich; lebensgefährlich／命にかけて bis an sein Leben／命にたえても für sein Leben／命を危くする *js* Leben in Gefahr bringen*／命を縮める *js* Leben verkürzen／命を捨てる sein Leben hin|geben*; ⁴sich um|bringen*《自殺する》; ⁴sich töten《同上》; Selbstmord begehen*《同上》／命を捧げる sein Leben (Leib und Leben) hin|geben*《*für*⁴》; sein Leben opfern 《*für*⁴》／命を惜しむ den Tod scheuen／命を助ける *js* Leben retten; *js* Leben schonen《殺さずにおいてやる》／かろうじて命だけを救い出す nur das nackte Leben retten／命を奪う *jn* ums Leben bringen*; *jm* das Leben (*js* Leben) rauben; um|bringen*⁴; töten*／命をとられる umgebracht werden／命を失う ums Leben kommen* ⓢ; sein Leben verlieren*; sterben* ⓢ／命をねらう *jn* nach dem Leben trachten／命を大切にする sein Leben (Leib und Leben) ein|setzen／命から二番目に大切なもの wie das Leben teuer halten*⁴／ぼくは命が惜しい Das Leben ist mir zu teuer.／命ばかりはお助け下さい Verschonen Sie mich doch!／命あっての物種だ Dabei handelt es sich nur um das Leben.／彼は私にとっては命の親だ Ihm verdanke ich mein Leben.

いのちがけ 命懸けの lebensgefährlich／命がけで mit Lebensgefahr; unter Lebensgefahr und Tod; aus allen Kräften《力の限り》／命がけとなる das Leben aufs Spiel setzen／これは命がけだ Es geht uns Leben.

いのちからがら 命からがら逃げる mit dem [nackten] Leben davon|kommen* ⓢ; das nackte Leben davon|tragen*.

いのちごい 命乞いする um sein Leben bitten*《flehen》《*jn*》.

いのちしらず 命知らず Wagehals *m.* -es, ⸚e; Draufgänger *m.* -s, -／命知らずの wag[e]halsig; verwegen.

いのちとり 命取り tödlich／この病気は命とりになる Diese Krankheit kann oft zum Tod[e] führen.

いのちびろい 命拾いする knapp mit seinem Leben (mit knapper Not) davon|kommen* ⓢ.

イノベーション Innovation *f.* -en.

いのり 祈り Gebet *n.* -[e]s, -e; [祈願] Anrufung *f.* -en; Invokation *f.* -en／朝の祈り Morgen|gebet -gottesdienst *m.* -[e]s, -e／食前(後)の祈り Tischgebet／夕べの祈り A-

いのる bend; gebet (-gottesdienst); Vesper *f.* -n/祈りを捧げる beten (*zu*³); ein Gebet halten* (verrichten); das Tischgebet sprechen* 食前(後)に.

いのる 祈る beten (*zu*³); sein Gebet halten* (verrichten) [祈願する] an|rufen*⁴; [切願する] flehen (*zu*³); [呪う] verfluchen⁴; [希望する] hoffen⁴; [願望する] wünschen (*jm* ⁴*et*)/神に祈る zu ³Gott beten/神の恵みを祈る Gott um ⁴Gnade bitten*/成功を祈る Guten Erfolg!/御全快をお祈りいたします Ich wünsche Ihnen gute Besserung!

いはい 位牌 Totentafel *f.* -n.

いばしょ 居場所 ❶ ⇒いところ. ❷ [空所] Raum *m.* -(e)s, =e/僕の居場所がない Da ist kein Raum für mich.

いはつ 遺髪 das von einem Toten hinterlassene Haar, -(e)s, -e.

いはつ 衣鉢 ¶師の衣鉢を伝えた Er ist in seiner Tätigkeit seinem Meister nachgefolgt.

いばら 茨 Dorn *m.* -(e)s, -(=er); Dornbusch *m.* -es, =e; Rose *f.* -n (ばら)/茨の冠 Dornen|krone *f.* -n (-kranz *m.* -es, =e)/茨の道を行く einen Dornenpfad (einen mit Dornen besäten Pfad) wandeln ⓢ.

いばる 威張る hochmütig (stolz) sein; ˚sich stolz erheben*; ˚sich ein Ansehen geben* (wollen*); ⁴sich breit (dick; groß; wichtig) machen; eine stolze Miene an|nehmen* (大面をする); großsprecherisch sein (口で); das große Wort führen (口上); Theater machen 気取る. — 威張った hochmütig; stolz; großsprecherisch (口で)/威張って einher|gehen* (-|schlendern; -|schreiten* / -|stolzieren; -|stehen*) ⓢ.

いはん 違反 Vergehen *n.* -s, -; Übertretung *f.* -en; Verletzung *f.* -en; Verstoß *m.* -es, =e gegen⁴; wider⁴; entgegen³/規則違反だ Das ist vorschriftswidrig. — 違反する ⁴sich vergehen* (*gegen*⁴; *wider*¹); ein Vergehen begehen⁴; übertreten*⁴; verletzen⁴; verstoßen* (*gegen*⁴; *wider*⁴). ‖ 違反者 der sich Vergehende*, -n, -; Übertreter *m.* -s, -; Verletzer *m.* -s, -/法律違反 Rechts|widrigkeit (Gesetz-) *f.* -en; die Verletzung (Verletzung) des Rechts (eines Gesetzes).

いびき 鼾 das Schnarchen*, -s; Geschnarche *n.* -s, -/(不断の)鼾をかく schnarchen.

いびつ 歪な verdreht; entstellt; krumm; verbogen.

いびょう 意表に出る (をつく) eine Überraschung bereiten (*jm*); Unerwartetes* verwirklichen; verblüffen (*jn*).

いびょう 胃病 Magen|krankheit *f.* -en (-leiden *n.* -s, -).

いびる misshandeln (*jn*); schlecht behandeln (*jn*); drangsalieren (*jn*); foltern (*jn*); kujonieren (*jn*); schikanieren (*jn*).

いふ 委付 [法] Abandon *m.* -s, -s/委付する Abandonnement *n.* -s, -s/委付する abandonnieren⁴.

いぶ 慰撫 Befriedung *f.* -en; Beruhigung *f.* -en; Besänftigung *f.* -en; Stillung *f.* -en/慰撫する befrieden (*jn*); beruhigen (*jn*); besänftigen (*jn*); stillen 例:*js* Schmerzen).

いふう 威風 Stattlichkeit *f.*; Erhabenheit *f.*; Majestät *f.*; Würde *f.*/威風堂々たる stattlich; Ehrfurcht gebietend; erhaben; imposant; imponierend; majestätisch; würdevoll.

いふう 遺風 alte Sitten und Gebräuche (*pl*); das ewig Gestrige* (Herkömmliche*), -n; Tradition *f.* -en/これは古代の遺風だ Dieser Brauch ist uralt./Dieses Herkommen stammt aus uralten Zeiten.

いぶき 息吹 Atem *m.* -s, -; Hauch *m.* -(e)s, -e/春の息吹を感じる den leisen Hauch des Frühlings verspüren.

いふく 衣服 die Kleider (*pl*); Kleidung *f.* -en. ⇒きもの.

いぶくろ 胃袋 Magen *m.* -s, -.

いぶし 燻し [Aus]räucherung *f.* -en; Oxydierung *f.* -en/燻しをかける durch (Aus-)räucherung schwärzlich färben⁴; ausräuchernd neuen Glanz verleihen*³ (Silber); oxydieren⁴.

いぶす 燻す ⁴[aus] räuchern⁴; verräuchern⁴; mit ³Rauch erfüllen⁴; oxydieren⁴ (酸化)/燻した [aus]geräuchert⁴; verräuchert; mit ³Rauch erfüllt; oxydiert (酸化).

いぶつ 遺物 Überrest *m.* -(e)s, -e (-er); Reste (*pl*); Überbleibsel *n.* -s, -; Erbstück *n.* -(e)s, -e (先祖からの); Reliquie *f.* -n (聖徒の); das Überleben*, -s (生残ること); der Überlebende*, -n, -/平安時代の遺物 (Über)reste aus der Heian-Periode / 前世紀の遺物だ Er hat sich selbst überlebt.

イブニングドレス Gesellschaftskleid (Abend-) *n.* -(e)s, -er.

いぶる 燻る rauchen; räuchern; rauchig sein; dunsten; qualmen; schwelen.

いぶん 異聞 das seltsame (merkwürdige; sonderbare; wunderliche) Gerücht, -(e)s, -e; die seltsame Episode, -, -n.

いぶんし 異分子 fremde (heterogene) Elemente (*pl*); Außenseiter *m.* -s, -.

いへき 胃壁 Magenwand *f.* =e.

イベリアはんとう イベリア半島 die Iberische Halbinsel.

いへん 異変 Unfall *m.* -(e)s, =e; Katastrophe *f.* -n (災難); das schwere Missgeschick, -(e)s, -e; Notfall *m.* =e (急変).

いぼ 疣 Warze *f.* -n; Wärzchen *n.* -s, -.

いほう 彙報 der (kurze) Bericht, -(e)s, -e; die kurze Bekanntmachung, -en.

いほう 違法 Rechts|widrigkeit (Gesetz-) *f.* -en; Illegalität *f.* -en; Ungesetzlichkeit *f.* -en; Unrechtmäßigkeit *f.*; Widerrechtlichkeit *f.* -en/違法の rechts|widrig (gesetz-); illegal; ungesetzlich; unrechtmäßig; widerrechtlich ‖ 違法行為 die rechtswidrige (gesetzwidrige) Handlung,

いぼがえる -en; Illegalität f. -en/違法者 der Übertreter ⟨-s, -⟩ (Verletzer, -s, -) eines Gesetzes.

いぼがえる 疣蛙 Kröte f. -n.

いぼきょうだい 異母兄弟 Halbbruder (Stief-) m. -s, ⸚.

いぼく 以北 nördlich ⟨von³⟩.

いぼじ 疣痔 《俗》Hämorrhoidenblinde f.

いま 居間 Gemach n. -(e)s, ⸚er (-e)/Wohnzimmer n. -s, -, (-stube f. -n).

いま 今 ❶ [たった今] (gerade (eben)) jetzt; augenblicklich; [今や現在] heutzutage; gegenwärtig; in der Gegenwart / 今では im Augenblick; in der Jetztzeit / 今から von nun (jetzt) an ⟨ab⟩; (künftighin; nächstens; später; dereinst / 今でも bis jetzt; bisher; bislang; bis zu diesem Zeitpunkt / 今なお、今でも jetzt noch; noch jetzt; immer noch; noch immer; selbst (sogar) jetzt / 今の jetzige; bestehend; gegenwärtig; heutig; momentan; vorliegend / 今のところ(では) für jetzt; einstweilen; vorderhand; vorläufig / 今しがた soeben; eben erst; ganz vor kurzem; vor einem Augenblick; vor ganz kurzer Zeit / 今か今かと待つ voller Ungeduld erwarten⁴; jeden Augenblick warten ⟨auf⁴⟩ / 今までにもないほど wie nie zuvor; nicht noch dagewesen; beispiellos; unerhört; unvergleichlich / 今にして思えば wenn ich mich jetzt daran erinnere; denke ich jetzt daran zurück / 今や jetzt; nun; gegenwärtig; in diesem Augenblick / 今も遅しと voller Ungeduld; ungeduldig; wie auf Kohlen sitzend / 時は今だ Jetzt gilt es. Jetzt oder nie. / 今までのところでは無事だったBis jetzt ist es uns wohl ergangen. Bis daher haben wir keine Unannehmlichkeiten gehabt. ❷ [すぐに] bald (eher, am ehesten); auf der Stelle; auf einmal; im Nu; sogleich; stehenden Fußes / 今にも jeden Augenblick (Moment); alle Augenblicke / 今すぐ jetzt gleich; jetzt; augenblicklich; momentan; ohne ⁴Verzug; unverzüglich / 今にも⋯せんとする drohen ⟨zu⟩ tun; auf dem Punkte (Sprunge) stehen*, ... zu tun; im Begriff sein (stehen*), ... zu tun; nahe daran sein, ... zu tun / 彼女は今にも泣き出しそうだった Wenig fehlte, so wäre sie in Tränen ausgebrochen. Sie war nahe daran zu weinen.

いまいましい 忌々しい verdammt; verflucht; verteufelt; verwünscht; 《俗》verflixt; abscheulich; 《いやらしい》ekelhaft; scheußlich; widerlich / いまいましがる ⁴sich ärgern ⟨über⁴⟩; Ärger haben ⟨mit³; über⁴⟩; ärgerlich sein ⟨auf⁴; über⁴⟩; böse sein ⟨auf⁴⟩; ⁴sich gekränkt (gedemütigt) fühlen ⟨durch⁴⟩; in ⁴Harnisch gebracht werden ⟨durch⁴⟩.

いまごろ 今頃 ungefähr jetzt (um diese Stunde); um diese Zeit; etwa in diesem Augenblick.

いまさら 今更 nun die Dinge so weit sind; jetzt, wo es mit den Dingen so verhält / 今更できない zu spät sein ⟨für⁴⟩; jetzt nicht mehr möglich sein.

いまじぶん 今時分 ⇒いまごろ.

いましめ 戒め ❶ [教訓] Belehrung f. -en; [An]weisung f. -en; Instruktion f. -en; [戒告] (Er)mahnung f. -en; Warnung f. -en. ❷ [けん責] Tadel m. -s; Rüge f. -n; Verweis m. -es, -e; Vorhaltung f. -en; Vorwurf m. -(e)s, ⸚e; Zurechtweisung f. -en.

いましめ 縛め Fesseln (pl); Band n. -(e)s, -e; Kette f. -n; Gefangenschaft f. 〖禁固〗/ いましめの縄 Strick m. -(e)s, -e; Bande (pl) / いましめを解く ⁴sich entfesseln; die Fesseln ab[nehmen]*; ⁴sich von den Fesseln befreien.

いましめる 戒める ❶ [教訓] belehren ⟨ü̈ber⁴⟩; [an]weisen* ⟨jn⟩; instruieren ⟨jn⟩. ❷ [戒告] (er)mahnen ⟨jn zu³⟩; warnen ⟨jn vor³⟩. ❸ [けん責] tadeln ⟨wegen²⁽³⁾⟩; rügen ⟨an jm⟩; verweisen*³⁴; vor[halten*³⁴; zurecht[weisen* ⟨jn⟩.

いましめる 縛める fesseln ⟨jn⟩; binden* ⟨jn⟩; in ⁴Fesseln (Bande; Ketten) legen (schlagen*).

いまどき 今時 heute; heutzutage; in jetziger Zeit; 今時の heutig; von heute; jetzig; modern 《現代の》.

いまに 今に in (naher) Zukunft; bald; binnen kurzem; demnächst; dieser Tage; früher oder später; gleich; in absehbarer Zeit; in ⁴Bälde; in nächster Zeit; nächstens.

いまよう 今様 der moderne (neueste; zeitgemäße) Stil, -(e)s, -e; die neueste Mode, -n / 今様の neuest; neumodisch; zeitgemäß / 今様にする modernisieren; (auf) neu her[richten⁴; nach der neuesten Mode ein[richten⁴.

いまわしい 忌しい abscheulich; ekelhaft; scheußlich; verabscheuungswürdig; widerlich / いまわしい風聞 Skandal m. -s, -e; die ärgerliche (häßliche; schmutzige) Geschichte, -n; Schandgeschichte f.

いみ 意味 Bedeutung f. -en; Sinn m. -(e)s, -e; Tragweite f.; Wichtigkeit f. 《重要性》/ 意味ありげな bedeutsam; bedeutungsvoll; vielsagend / 意味の深い、意味深長の bedeutungsreich ⟨-schwer; -voll⟩; sinnreich ⟨-voll⟩; von tiefer Bedeutung; von tiefem Sinn / 意味のない bedeutungslos ⟨sinn-⟩; ohne ⁴Bedeutung / ある意味では zu gewissem (einem gewissen) Sinne; gewissermaßen / ...の意味で in dem Sinne nach; des Inhalts, dass ... / 狭い(厳密な、広い、文字どおりの)意味で in eng(er)em (genau(er)en, weit(er)en, wörtlichem) Sinne; in eng(er)er (genau(er)er, weit(er)er, wörtlicher) Bedeutung / 意味を取り違える die Bedeutung (den Sinn) falsch verstehen*; missverstehen*⁴; verwechseln⁴⟨mit³⟩ / どういう意味かね Was meinen Sie (damit)? / 金がほしいという意味にとられては困る Sie sollten mich nicht so verstehen, als ob ich

いみあけ 忌明け die Beendigung 《-en》 der Trauerzeit.

いみきらう 忌み嫌う verabscheuen⁴; abgeneigt³ sein; hassen⁴; voller Abscheu von 《sich weisen》⁴. ⇨きらう.

いみことば 忌言葉 das fatale (unglückliche, widerwärtige) Wort, -(e)s, =er.

イミテーション Nachahmung f. -en; Imitation f. -en.

いみょう 異名 Bei|name (Deck-; Neck-; Spitz-) m. -ns, -n; der andere (angenommene) Name; Pseudonym m. -s, -e.

いみん 移民 ❶〔移住〕Emigration f. -en; Auswanderung f. -en《外国へ》; Einwanderung f. -en《外国から》. ❷〔移住者〕Emigrant m. -en, -en; Auswanderer m. -s, -《外国への》; Einwanderer m. -s, -《外国からの》. — 移民する aus|wandern 《nach⁴ 外国へ》; ein|wandern ⓢ 《in⁴ 外国から》.
‖ 移民会社 Auswanderungsgesellschaft f. -en/移民官 der Beamte* 《-n, -n》 für Auswanderungsangelegenheiten.
⇨いじゅう.

いむ 医務 Medizinalwesen n. -s; die medizinischen Angelegenheiten 《pl》‖ 医務局 das Büro 《-s, -s》 (die Abteilung, -en) für medizinische Angelegenheiten/医務室 Apotheke f. -n.

いめい 遺命 der letzte Wille, -ns, -n (Willen, -s, -); die letztwillige Verfügung, -en; Testament n. -(e)s, -e.

いめい 威名 der klingende Name, -ns, -n (Ruf, -(e)s); der weitverbreitete Ruhm, -(e)s.

イメージ Vorstellung f. -en; Bild n. -(e)s, -er; Image n. -(s), -s.

いも 芋 Taro m. -s, -s 〔里芋〕; Zehrwurzel f. -n《同上》; Kartoffel f. -n《じゃが芋》; Batate f. -n《さつま芋》; Süßkartoffel《同上》; Knolle f. -n《球根》‖ 芋がら der getrocknete Taro|stengel, -(e)s, -/芋蔓(ﾂﾙ) der Ausläufer 《-s, -》 der Batate.

いもうと 妹 die jüngere (kleine) Schwester, -n/妹分 eine wie eine Schwester vertraute weibliche Person, -en. ‖ 妹婿(ﾑｺ) Schwager m. -s, =; der Ehegatte 《-n, -n》 (Ehe)mann, -(e)s, =er/妹娘 die jüngere (kleinere) Tochter/妹娘 die jüngere Tochter, =.

いもの 鋳物 ❶ Guss m. -es, =e; Gussstück n. -(e)s, -e. ❷〔品物〕Gussware f. -n.
‖ 鋳物師〔Metall〕gießer m. -s, -.

いむし 芋虫 die grüne Raupe, -n.

いもん 慰問 Trostbesuch m. -(e)s, -e; Tröstung f. -en; Beileid n. -(e)s〔弔慰〕; die liebevolle Unterstützung, -en/子供を失った母を慰問する einer ³Mutter zu ihres Kindes Tod sein Beileid aus|drücken; einer ³Mutter wegen Verlust(e)s ihres Kindes seine Teilnahme aus|sprechen* ‖ 慰問事業 Hilfswerk n. -(e)s, -e/慰問品 Liebesgabengeschenk n. -(e)s, -e/慰問袋 Liebesgabenpaket n. -(e)s, -e.

いや 否 nein; 〔俗・方〕ne; doch ❖ 質問者の予期に反する答をするとき/否, そうだ Ja, so ist es. / 否とは言わせない ⁴sich nicht abweisen lassen*/いやどういたしまして Bitte sehr! Keine Ursache!

いや 嫌 ❶ こんな料理は嫌だ Solche Speise ist mir zuwider. / そんなことをするのは絶対に嫌だ Das will ich unbedingt nicht tun. —— 嫌な unangenehm; widerlich; widerwärtig (-willig); verhasst; ekelhaft; verdrießlich;〔悪い〕schlecht; übel;〔飽きる〕〔述語的にのみ〕überdrüssig²; satt²; müde²/嫌な奴 der abscheuliche Kerl, -(e)s, -e/嫌な気分 die unangenehme Stimmung, -en/何て嫌な天気だ Welch abscheuliches Wetter!/嫌な顔をする ein unfreundliches Gesicht machen 《jm》. —— 嫌に〔ひどく〕schrecklich; furchtbar; abscheulich; verflucht; verdammt;〔奇妙に〕wunderlich; sonderbar/嫌に暑い schrecklich (furchtbar) heiß. —— 嫌がる nicht mögen*⁴《wollen*⁴》; satt sein haben; nicht leiden können*; keine Lust haben 《zu¹》/彼女は仕事を嫌がる Sie liebt die Arbeit nicht. —— 嫌になる zuwider werden 《jm》; ⁴Abneigung (Widerwillen) hegen 《gegen¹》;〔飽きる〕überdrüssig² 《müde²; satt²》werden/ああ, 嫌になっちゃった Ach, ich hab's über.

いやいや 嫌々ながら ungern; unwillkürlich; mit Widerwillen; gezwungen《しいられて》/嫌々笑う〔承知する〕gezwungen lachen (zu|stimmen 《jm》).

いやおうなし 否応なしに man mag (mag man) wollen oder nicht; gern oder ungern (nicht);〔無理に〕gezwungen; mit ³Gewalt/否応なしに逮捕する mit Gewalt fest|nehmen* 《jn》.

いやがらせ 嫌がらせを言う etwas Unangenehmes sagen 《jm》.

いやき 嫌気 Widerwille m. -ns; Abneigung f. -en; Abscheu m. -(e)s/嫌気がさす jm zuwider werden; überdrüssig 《satt²》werden.

いやく 意訳 die freie Übersetzung, -en/意訳する frei übersetzen⁴.

いやく 医薬 Arznei f. -en; 〔Arznei〕mittel n. -s, -; Medizin f. -en ‖ 医薬分業 die Absonderung 《-en》 der Apotheke und der ärztlichen ²Behandlung.

いやく 違約〔契約の〕Vertragsbruch (Kontrakt-) m. -(e)s, =e;〔約束の〕Wortbruch m. -(e)s, =e; der Bruch 《-(e)s, =e》 des Versprechens. —— 違約する einen Vertrag

(Kontrakt) brechen*; sein Wort brechen*; sein Versprechen nicht halten*. ‖ 違約金 Abstand *m*. -[e]s, ⸚e; Abstandsgeld *n*. -[e]s, -er.

いやしい 卑しい ❶ [下賤な] niedrig; gemein; unedel; pöbelhaft; gering; minderwertig／卑しいことばうかい der gemeine Ausdruck, -[e]s, ⸚e／品性の卑しい人 ein Mann 《*m*. -[e]s, ⸚er》 von niedriger Gesinnung／身分が卑しい von niedriger Herkunft (Geburt) sein. ❷ [卑劣な] verächtlich; nichtswürdig; geringschätzig. ❸ [恥ずべき] schändlich; schmachvoll. ❹ [野卑な] roh; grob; wild; garstig; tierisch; barbarisch; vulgär.

いやしくも überhaupt; durchaus; gänzlich; wenn [überhaupt] / いやしくも…以上は wenn [einmal]／いやしくも一旦始めたら wenn ich es einmal tue／いやしくもやるからにはベストを尽くせ Tu dein Bestes, wenn du es überhaupt tust!／いやしくもしない vorsichtig sein 《*in*³; *mit*³》; viel aus ³*et* machen／いやしくも先生ならそんなことはすまい Ein Lehrer würde es nicht tun.

いやしみ 卑しみ Verachtung *f*. -en; Herabsetzung *f*. -en; Geringschätzung *f*. -en.

いやしむ 卑しむ verachten⁴; gering schätzen⁴; herab|setzen⁴; verschmähen; erniedrigen; demütigen⁴／卑しむべき verächtlich; geringschätzig; niedrig; niederträchtig; gemein.

いやしめる 卑しめる ⇨**いやしむ**.

いやす 癒す heilen⁴; kurieren⁴; ärztlich behandeln⁴／傷を癒す eine Wunde heilen／渇きを癒す den Durst stillen (löschen).

いやはや Ach (Mein; Ach du lieber; Großer) ¹Gott! ⁞ [Ach] du meine ¹Güte (Zeit)! ⁞ O (gütiger) Himmel!／いやはやどうも Ich bitte Sie!／いやはや困った Ach Gott! Was soll ich tun!

イヤホン Kopfhörer *m*. -s, -.

いやみ 嫌味 [皮肉] Ironie *f*. -n; Stachelrede *f*. -n; die bissige Bemerkung, -en; [あてつけ] Anspielung *f*. -en; [不快] Unannehmlichkeit *f*. -en; Anstößigkeit *f*. -en; [けばけばしさ] das Flitterhafte*, -n／嫌味を言う ⁴sich ironisch aus|drücken; bissige Bemerkungen machen; sticheln 《*auf*⁴》／彼にはどこか嫌味がある Es ist etwas Abstoßendes *an ihm*. ── 嫌味のある ironisch; beißend; [不快な] unangenehm; anstößig; [けばけばしい] flitterhaft. ── 嫌味のない angenehm; [洗練された] verfeinert.

いやらしい 嫌らしい ❶ ⇨**いや**(嫌な). ❷ [卑猥な] unanständig; schlüpfrig; unzüchtig; unflätig; zotig.

イヤリング Ohrring *m*. -[e]s, -e.

いゆう 畏友 der werte (verehrte) Freund, -[e]s, -e.

いよいよ ❶ [ますます] immer (noch; je) mehr; mehr und mehr ⇨**ますます**／いよいよ多く(少く)なる immer mehr (weniger) werden. ❷ [遂に] endlich; zuletzt; schließlich; am Ende／いよいよという時に[は] im letzten (entscheidenden; kritischen) Augenblick (Moment); in der Not; im Notfall; in der ³Klemme／いよいよとならぬと仕事をしない erst im letzten Augenblick an die Arbeit gehen* [s]／いよいよ僕らの休みが来週始まる Nächste Woche beginnen endlich unsere Ferien! ❸ [本当に] wirklich; [確実に] gewiss; sicherlich; [実際に] tatsächlich; in der Tat; [絶対に] absolut; unbedingt／いよいよ暑く(寒く)なった Es ist wirklich heiß (kalt) geworden.

いよう 異様な fremd[artig]; eigenartig; befremdlich; sonderbar; wunderlich; ungewöhnlich／異様な人物 die ungewöhnliche Gestalt, -en／異様に聞こえる fremd (sonderbar) klingen*／異様な感じを与える ein befremdendes Gefühl erregen.

いよく 意欲 das Wollen*, -s.

いらい 依頼 [委任] Auftrag *m*. -[e]s, ⸚e; [願い] Bitte *f*. -n; [頼ること] Abhängigkeit *f*.／御依頼により auf Ihre Bitte／依頼に応じる *js* ³Wünschen nach|kommen* [s]. ── 依頼する beauftragen⁴ 《*mit*³》; bitten*⁴ 《*um*⁴》; abhängig sein 《*von*³》; [あてにする] ⁴sich verlassen* 《*auf*⁴》; rechnen 《*auf*⁴》; [信頼する] sein Vertrauen setzen 《*auf*⁴》／一つ御依頼したいことがあるのですが Ich möchte Sie um eine Gefälligkeit bitten. ‖ 依頼状 die schriftliche Bitte／依頼心 Abhängigkeitsgefühl *n*. -[e]s, -e／彼は依頼心が強い Er rechnet zu viel auf andere.／依頼人 Auftraggeber *m*. -s, -; Klient *m*. -en, -en 《弁護の》.

いらい 以来 ❶ seit; seitdem; von da an／それ以来 seitdem; von da an; seit jener ³Zeit／彼が東京を離れて以来三か月になる Es ist drei Monate her, seitdem er Tokio verließ.／それ以来彼にお会いになりましたか Haben Sie ihn seitdem wiedergesehen?／彼女を知って以来というもの, 彼女はいつも病気だった Seitdem ich sie kenne, ist sie immer krank gewesen. ❷ [今後] in ³Zukunft; künftig; von nun an.

いらいら 苛々する [苛立つ] gereizt (erregt; nervös) werden; [焦る] ungeduldig werden; die Geduld verlieren*／いらいらさせる reizen⁴; auf|regen⁴／彼女はいつもいらいらしていた Sie war immer in gereizter Stimmung.／彼はいらいらして彼女の来るのを待っていた *Er wartete ungeduldig auf sie.*

イラク Irak *n*. -s (*m*. -[s])／イラクの irakisch ‖ イラク人 Iraker *m*. -s, -.

いらくさ 刺草 〖植〗 Brennnessel *f*. -n.

イラスト Illustration *f*. -en.

イラストレーター Illustrator *m*. -s, -en.

いらだつ 苛立つ ⁴sich auf|regen 《*über*⁴》; gereizt (nervös) werden; ⁴sich ärgern; die Geduld verlieren*.

いらだてる 苛立てる auf|regen⁴; [auf|]reizen⁴; erzürnen⁴.

いらっしゃい [Kommen Sie] herein (hierher)!; [ようこそ] Willkommen!／近いうちにまたいらっしゃい Kommen Sie bald wieder!／よくいらっしゃいました Seien Sie mir (uns) willkommen!

いらぬ 要らぬ unnötig; unwichtig; unwe-

イラン　74　いる

sentlich überflüssig《余計な》; unnütz《無用の》; nutzlos《同上》; entbehrlich《無くて済む》/要らぬ心配をする ³sich unnütze Sorge machen/要らぬ口出しをする ⁴sich unnütz machen.

イラン Iran n. -s (m. -(s)) /イランの iranisch ‖ イラン人 Iran(i)er m. -s, -.

いり 入り ❶ [月・日の] Untergang m. -(e)s, ⸗e/日の入りどきに beim Sonnenuntergang. ❷ [収入] Einkünfte (pl) Einkommen n. -s, -. ❸ [出費] Ausgabe f. -n. ❹ [入場者] Besucher m. -s, -; Publikum n. -s/入りがよい(わるい) viel (schlecht) besucht werden/その芝居は入りがわるい Das Theater war schlecht besucht. ❺ [容量] Inhalt m. -(e)s/一万円入りの財布 das Portemonnaie (Portmonee)《-s, -s》mit 10 000 Yen Inhalt/ルビー入りの指輪 ein Rubin besetzter Ring《-(e)s, -e》/五十リットル入りの樽 ein 50 Liter (haltendes) Faß n. -es, ⸗er. ❻ [始まり] Anfang m. -(e)s, ⸗e; Beginn m. -(e)s/彼岸の入り der Beginn der Tagundnachtgleiche.

いりあい 入相の鐘 Vesperglocke f. -n.
いりうみ 入り海 Bucht f. -en; Meerbusen m. -s, -; Meeresarm m. -(e)s, ⸗e《入江》.
いりえ 入り江 Bucht f. -en; Meeresarm m. -(e)s, ⸗e/海岸がノルウェー海岸のフィヨルドの様にそこでは入り江になっている Da bildet das Meer eine Bucht.
いりぐち 入口 Eingang m. -(e)s, ⸗e; Einfahrt f. -en《車寄せ》; Einlaß m. -es, ⸗e《小門・潜り門》; Zugang m. -(e)s, ⸗e《通路であることを主とした》; Tür f. -en《戸口・ドア》; Tor n. -(e)s, ⸗e《門》; Schwelle f. -n《しきい》; Sperre f. -n《改札口》/港の入口の Einfahrt zum Hafen/トンネルの入口 der Zugang zum Tunnel/入口のところで am Eingang/入口は通りに面している Die Tür führt auf die Straße.
いりくむ 入り組む ⁴sich verwickeln (mischen); kompliziert werden. ── 入り組んだ kompliziert; verwickelt; labyrinthisch《迷宮のような》; verworren《混乱した》; rätselhaft《なぞのような》/入り組んだ事件 ein komplizierter (verwickelter) Fall, -(e)s, ⸗e/入り組んだ事情 eine komplizierte Sachlage, -n/入り組んだ話 eine verwickelte Geschichte, -n.
いりこむ 入り込む ein|treten*; hinein|gehen*; herein|kommen*; ein|dringen*《無理に》; durch|dringen*《しみて》; ⁴sich ein|schleichen*《こっそりと》; hinein|schlüpfen《するりと》《以上どれも in⁴ [S]》/海が陸地深く入り込んでいる Der Meeresarm erstreckt sich tief ins Land./彼は群衆の中に入り込んだ Er mischte sich unter das Volk.
いりごめ 炒り米 der geworfene Reis《-es》.
イリジウム《化》Iridium n. -s.
いりたまご 炒り玉子 Rührei n. -(e)s, ⸗er.
いりに 入り荷 die eingelaufenen (empfangenen) Güter《pl》.
いりひ 入り日 die untergehende Sonne.
いりびたり 入り浸りになる ein Dauergast《m.》sein《bei³》.

いりふね 入り船 das einfahrende (ankommende) Schiff, -(e)s, -e; die Ankunft《⸗e》(das Ankommen, -s; das Eintreffen, -s) des Schiffes《船の入港すること》.
いりまじる 入り交じる ⁴sich durcheinander mischen/入り交じっている vermischt (bunt durcheinander) sein/彼らは男女入り交じって着席していた Sie machten bunte Reihe bei Tisch.
いりまめ 炒り豆 die gerösteten Bohnen《pl》.
いりみだれる 入り乱れる ⁴sich wirr vermengen/入り乱れて in Verwirrung; in Unordnung; bunt durcheinander/入り乱れて戦う miteinander im Schlachtgetümmel kämpfen.
いりむこ 入り婿 Einheirat f. -en《入り婿すること》; der Eingeheiratete*, -n. -n《入り婿した男》/入り婿になる《⁴sich》in eine Familie hinein|heiraten.
いりゅう 慰留する vom Rücktritt ab|raten《jm》; den Rücktritt aus|reden《jm》.
いりゅう 遺留する zurück|lassen*⁴; hinter|lassen*⁴《財産などを》; nach|lassen*⁴《同上》; vererben⁴《同上》‖ 遺留品 die liegen gelassenen (zurückgelassenen) Sachen《pl》.
いりよう 入り用 nötig; erforderlich; notwendig《不可欠な》; unentbehrlich《同上》/もしご入り用なら wenn Sie ⁴et nötig haben/金が少し入り用です Ich brauche etwas Geld.
いりょう 医療 die ärztliche Behandlung, -en/医療を受ける ⁴sich behandeln lassen*; ⁴sich einer ärztlichen* Behandlung unterziehen* ‖ 医療機械 das ärztliche Instrument, -(e)s, -e.
いりょう 衣料 Anzugskosten《pl 衣料費》. ⇒いるい.
いりょく 威力 Macht f. ⸗e; Kraft f. ⸗e; Stärke f. -n; Autorität f. -en; [効果] Wirkung f. -en/威力のある mächtig; kräftig; einflussreich/威力をもって durch die Ausübung seiner ²Macht; mit ³Gewalt/威力をふるう eine Macht aus|üben; seinen Einfluss geltend machen.
いる 煎る rösten⁴; dörren⁴; brennen*⁴; braten*⁴《油で》/コーヒーを煎る Kaffee rösten (brennen*).
いる 射る schießen*⁴⁽¹⁾ / 射殺す erschießen*⁴/的を射る schießen* nach der ³Scheibe schießen*/弓で射る mit ³einem Bogen schießen*⁴/将を射んとするものは先ず馬を射よ ˌWer die Tochter haben will, halt' es mit der Mutter.˙
いる 要る [必要とする] brauchen⁴; nötig haben⁴; erfordern⁴; bedürfen*²; [必要である] nötig (erforderlich) sein/返事は要りません Ist eine Antwort nicht nötig?/今日は傘が要ります Sie müssen heute einen Regenschirm mitnehmen./他になにか要る物はありますか Brauchen Sie sonst etwas?/もうそれは要りません Ich brauche es nicht mehr./それ以上の説明は要らない Es bedarf keiner weiteren Erklärung./それには是非とも勇気が要る Mut gehört nun mal dazu./それには金がたくさん要る Dazu braucht

man viel Geld.
いる 入る〔はいる〕hinein|gehen* ⓢ (*in*⁴); ein|treten* ⓢ (*in*⁴); hinein|kommen* ⓢ (*in*⁴); ein|steigen* ⓢ (*in*⁴); an|fangen*⁴〔話などに〕; öffnen⁴〔会議などに〕/仏門に入る zum Buddhismus über|treten* ⓢ /夜に入る es wird ¹Nacht/無用の者入るべからず Unbefugten ist der Zutritt verboten!/諸車入るべからず Für Wagen verboten!
いる 鋳る gießen*⁴; prägen⁴〔貨幣を〕; schlagen*⁴; münzen⁴〔貨幣に〕/青銅で像を鋳る die Statue aus ³Erz gießen
いる 居る ❶〔存在〕 (da) sein* ⓢ; es gibt*; vorhanden sein; ⁴sich (be)finden*; existieren (in); 〔状態〕stehen*〔立って〕; liegen*〔横になって〕; sitzen*〔座って〕; hocken (うずくまって); bleiben*〔留まって〕; weilen³〔同上〕; ⁴sich auf|halten/ 彼女は今日家に居ます Sie ist heute zu Hause./このクラスには三十人の生徒が居る Es sind dreißig Schüler in dieser Klasse./いつまで東京に居ますか Bis wann bleiben Sie in Tokio?/山田さんは居ますか Ist Herr Yamada zu sprechen?/〈面会したいとき〉/ここにだれかドイツ語を話す人居ませんか Ist hier jemand, der Deutsch spricht? ❷〔住んでいる〕 wohnen; leben; ⁴sich auf|halten*; bewohnen⁴/僕は伯母の所に居ます Ich wohne bei meiner Tante./君はいちから居るのですか Wie lange bist du schon in dieser Stadt? ❸〔...している〕〈一般に動詞の現在形で表わす〉彼は仕事をして居る Er ist bei der Arbeit./この子の母親は台所で(外で)働いて居る Die Mutter dieses Kindes arbeitet in der Küche (draußen)./弟はまだ学校にいって居ます Mein jüngerer Bruder geht noch in die Schule.
いるい 衣類 Kleider (*pl*); Anzug *m.* -(e)s, ⸚e; Kleidung *f.* -en; Kleidungsstücke (*pl*); Gewand *n.* -(e)s, ⸚er; Tracht *f.* -en.
いるか 海豚 Delphin *m.* -s, -e.
いるす 居留守を使う ⁴sich verleugnen lassen*〔vor *jm*〕.
イルミネーション Illumination *f.* -en; Festbeleuchtung *f.* -en.
いれい 異例の beispiellos; unerhört; regelwidrig; ungewöhnlich.
いれいさい 慰霊祭 Gedenkgottesdienst *m.*
いれかえ 入れ替え das Ersetzen* (Wechseln*). -s ‖ 入れ替え線〔鉄〕Abstellgleis *n.* -es, -e.
いれかえる 入れ替える wechseln⁴; an die Stelle (*²et*) bringen*⁴ setzen⁴; ersetzen⁴ (*durch*); auf ein Nebengleis bringen*⁴〔列車を〕⇒とりかえる/ 茶を入れ替える Tee von neuem bereiten/空気を入れ替える frische Luft ein|lassen*/部屋の空気を入れ替える den Zimmer lüften/新しい生活に入れ替える einen neuen Lebenswandel beginnen*/ ⁴sich bessern.
いれかわり 入れ代り Wechsel *m.* -s; das Wechseln*. -s〔入れ代ること〕; Ablösung *f.* -en〔同上〕/入れ代わりに an der Stelle (*von*³; *²et*) / 入れ代わり立ち代わり hintereinander; einer nach dem andern.

いれかわる 入れ代わる den Platz wechseln (*mit*³); *js* Platz ein|nehmen*〔代って入る〕; ersetzen (*jn* 代理する); ab|lösen (*jn* 交替してやる); *jm* Platz geben*〔代って出る〕.
いれげ 入れ毛 falsches Haar haben.
いれずみ 入れ墨 Tätowierung *f.* -en; das Tätowieren*. -s〔同上〕; 入れ墨する〔人に〕tätowieren *jn* tatauieren;〔自分で〕⁴sich tätowieren.
いれぢえ 入れ知恵 Andeutung *f.* -en〔暗示〕; Eingebung *f.* -en〔同上〕; Anstiftung *f.* -en〔教唆〕; Einflüsterung *f.* -en〔同上〕/入れ知恵する *jm* ein|geben*⁴ (ein|flüstern⁴); *jm* an|deuten⁴〔暗示する〕; an|reizen (*zu*³ そそのかす) /彼女はきっと彼に入れ知恵されたに違いない Ihr ist bestimmt von ihm eingeflüstert worden.
いれちがい 入れ違い das Verstellen* (Versetzen*). -s/入れ違いをする an eine falsche Stelle legen (setzen); verlegen⁴; versetzen⁴/入れ違いに gerade als *j.* hineintritt/ぼくと入れ違いに彼は出て行った Er ging fort, gerade als ich hineintrat.
いれば 入れ歯 das künstliche (falsche) Gebiss. -es, -e;〔個々の〕der künstliche (falsche) Zahn. -(e)s, -e/入れ歯をする ³sich künstliche Zähne einsetzen lassen*/私に入れ歯はまったく欠けている Ich habe ein vollständig falsches Gebiss.
いれめ 入れ目〔義眼〕das künstliche Auge. -s, -n; Glasauge *n.* -s, -n /入れ目をしている ein künstliches Auge haben.
いれもの 入れ物 Behälter *m.* -s, -〔貯蔵器〕; Gefäß *n.* -es, -e〔特に液体用〕; Etui *n.* -s, -s〔タバコ・めがねなどの〕; Besteck *n.* -s, -e〔ケース・サック類〕; Futteral *n.* -s, -e /なにかこれを入れもの入れものありませんか Haben Sie irgendetwas, worin ich es hintragen kann?
いれる 入れる, 容れる ❶〔物を〕bringen*⁴ (*in*⁴); (hinein|)tun*⁴; ein|setzen⁴ (*in*⁴); ein|stellen⁴ (*in*⁴); ein|setzen⁴ (*in*⁴〔受け入れる〕); ein|schließen*⁴〔しまいこむ〕; ein|gießen*⁴ (*in*⁴ 注ぎ入る); (ein|)packen⁴〔詰める〕/空気を入れる frische Luft ein|lassen*/水をバケツに入れる Wasser in den Eimer gießen⁴/手紙をポストに入れる einen Brief (in den Postkasten) ein|werfen*/ポケットに手を入れる ³sich die Hände in die Taschen stecken/本を本棚に入れる einen Bücherschrank mit Büchern packen/リンゴを箱に入れて送る Äpfel in den Kasten schicken/この中になにを入れましょうか Was soll ich darein tun?/手に入れる〔取得する〕〔in die Hand〕bekommen*⁴; in Besitz bekommen*⁴/頭に入れておく im Kopf behalten*⁴. ❷〔はめ込む〕 ein|legen⁴; ein|legen⁴〔象嵌する〕/宝石を指輪に入れる einen Edelstein in einen Ring ein|setzen/ダイヤモンドを入れた指輪 ein Brillanten besetzter Ring. -(e)s, -e. ❸〔挿入する〕(hinein|)legen⁴ (*in*⁴); ein|setzen⁴ (*in*⁴); ein|stopfen⁴ mit Watte füttern. ❹〔入らせる〕ein|lassen* (*jn*); *jn* eintreten lassen*/客間に入れる *jn* ins Emp-

fangszimmer führen/中へ入れてくれ Lassen Sie mich hinein!/❺ [収容する] auf|nehmen*⁴; fassen⁴ [劇場など]; unter|bringen*⁴ [宿などを]; beherbergen⁴ [同上]; *jn* ein|liefern (*in*⁴) [牢獄・病院などへ]/この講堂は三千人を容れられる Diese Aula fasst 3 000 Personen./Dieser Hörsaal nimmt 3 000 Personen auf./学校が生徒を入れる Die Schule nimmt Schüler auf./親が子を学校へ入れる Die Eltern schicken ihr Kind in die Schule. ❻ [承認する] hören⁴ [聞き入れる]; an|nehmen*⁴ [願い・申し出などを]; erlauben⁴ [許す]; billigen⁴ [賛成する]/人の説を容れる auf js*⁴ Ansicht ein|gehen* [s]; *js* Meinung zu|geben* / 願いを容れる eine Bitte erhören (gewähren)/忠告を容れる *js* Rat an|nehmen* [hören]/それは疑いを容れる余地がない Es lässt keinen Zweifel zu. ❼ [雇う] *jn* in Dienst nehmen*; an|stellen* (ein|-); engagieren*/当社には お客を容れる空きがないので Unsere Firma hat keine Stelle frei, Sie anzustellen. ❽ [包含する] ein|schließen*⁴ /...も入れて einschließlich² /...は入れないで ausschließlich² [使全を入れて五人 5 Personen, einschließlich der Dienerschaft/利息を入れて(入れないで)五万ユーロ 50 000 Euro, einschließlich (ausschließlich) der Zinsen/勘定に入れる (入れない) ein|rechnen⁴ (nicht mit|rechnen⁴)/考慮に入れる in Betracht nehmen*⁴. ❾ [仲間に加える] *jn* auf|nehmen* (*in*⁴)/君を仲間に入れてやろう Wir nehmen Sie in unseren Verein auf./彼は世間に入れられない Niemand will mit ihm etwas zu tun haben. ❿ [お茶を] eine Tasse Tee [zu]|bereiten. ⓫ [票を] ab|stimmen (*für*⁴ 賛成; *gegen*⁴ 反対); seine Stimme ab|geben*; stimmen.

いろ 色 ❶ [色彩など] Farbe *f.* -n [色全般・色合い・彩色・染め色・染料・顔料・塗料・絵の具など]; Färbung *f.* -en [色合い・彩色・着色など]/色あい 色合い ⇒いろあい/色調 Farbton *m.* -(e)s, "e [色調]; Tinte *f.* -n [色合い・濃淡]; Farbenabstufung *f.* -en [同上]; Farbensuite *f.* -n [同上]; Schattierung *f.* -en [同上]; Glanz *m.* -es [光沢]; Farbkörper *m.* -s, - [顔料・絵の具など]; Farbenauftrag *m.* -(e)s, "e [塗られた色]/あくどい色 grelle (schreiende) Farbe/淡い色 helle (lichte) Farbe/あざやかな色 frische (lebhafte) Farbe/ぼかされた色 stumpfe (matte, weiche) Farbe/毒々しい色 giftige Farbe/はでな色 bunte Farbe/半透明の色 durchscheinende Farbe / けばけばしい色 kräftige (harte) Farbe/くすんだ(暗い)色 dunkle (satte) Farbe/さめにくい色 echte Farbe/色が...である von ... Farbe sein/色が濃い von tiefer (dunkeler) Farbe sein/色のある farbig /色のない farblos/色のはなやかな farbenprächtig /色のさまざまな bunt/色のさわない farbecht; Farben haltend (farbenhaltig)/色のついた gefärbt/色が変わる die Farbe ändern/色があせる an Farbe verlieren*; ⁴sich verfärben /色があせない Farbe halten*; ⁴sich verfärben /色があせにくい ⁴sich schwer färben /色がさまざまに変わる in allen Farben spielen

/色をつける färben⁴/色をごてごて塗る die Farben stark auf|tragen*/色をぼかす die Farbe ab|stufen/色を付ける ent|färben*⁴ /...色を ... färben⁴ /...は何色ですか Welche Farbe ist es?/髪の毛をブロンドに染めてほしい Ich will mir die Haare blond gefärbt haben./この色に似合わない Diese Farbe passt nicht dazu. ❷ [肌など] Farbe *f.* -n [顔色・血色・肌の色など]; Teint *m.* -s, -s [同上]; Gesichtsfarbe *f.* -n [顔の]; Hautfarbe [皮膚の]/色が白い (黒い) eine weiße (dunkle) Haut haben/(日に焼けて)色が黒くなる (von der Sonne) gebräunt werden/日焼けで色の黒い sonnengebrannt/顔の色がいい Farbe haben [人が主語]. ❸ [顔つき] Aussehen *n.* -s; Ausdruck *m.* -(e)s, "e /色を失う Farbe verlieren* (wechseln) /色をとりもどす wieder Farbe bekommen*/喜び(怒り)の色を浮かべる eine fröhliche (zornige) Miene machen/彼の顔には困窮の色が見えた Die Not schaute ihm aus dem Gesicht./彼は憤然として色をなした Er rötete sich vor Zorn./彼女は疲労の色を示していた Sie sah erschöpft aus./彼は喜びの色を大げさに誇張する übertreiben*⁴ [話を誇張する]; aus|schmücken⁴ [話を飾る]; zu|schlagen*⁴ [割増しをする]/色よい günstig; freundlich. ❺ [情事] Liebelei *f.* -en; Liebe *f.* -n; Wollust *f.* "e /色を好む liederlich; sinnlich/色っぽい kokett. ❻ [情人] ⇒こいびと.

いろあい 色合い Farbe *f.* -n; Färbung *f.* -en; Farbton *m.* -(e)s, "e; Tinte *f.* -n; Schattierung *f.* -en; Nuance *f.* -n.

いろあげ 色揚げする nach|färben⁴.

いろいろ 色々な verschieden[artig]; allerlei [無変化]; mannigfaltig; mannigfach; [雑多の] zusammengewürfelt; bunt; [多くの] viel; vielerlei [無変化]/色々な理由で aus verschiedenen ³Gründen/色々やってみる alle erdenklichen (die äußersten) Mittel an|wenden*⁴; kein Mittel unversucht lassen*/色を手を尽くす jedes mögliche Mittel versuchen/色々話したいことがある viel zu erzählen haben/僕は今日はまだ色々なことがある Ich habe heute noch viel zu tun./彼は色々世の中の苦労をしてきている Er hat sich in der Welt versucht.

いろう 慰労する *js* Dienste an|erkennen* ‖ 慰労金 die Belohnung ⟨-en⟩ für *js* Dienste; Ehrengabe *f.* -n; Prämie *f.* -n.

いろう 遺漏 Auslassung *f.* -en; Fehler *m.* -s, - [手落ち]; Versehen *n.* -s, - [同上]; Versäumnis *n.* ..nisses, ..nisse [手抜かり]/遺漏なく ohne ⁴Auslassung [抜けたところなく]; ohne Fehler [見落としなく]; ohne Versehen [同上]; fehlerlos [同上]; gründlich [徹底的に]/この件につき関係当局は遺漏なく調査した Die zuständige Behörde untersuchte diese Angelegenheit gründlich.

いろえんぴつ 色鉛筆 Farbstift *m.* -(e)s, -e.

いろおとこ 色男 [情夫] Liebhaber *m.* -s, -; Buhle *m.* -n, -n; [好男子] der hübsche Mann, -(e)s, "er.

いろおんな 色女 Mätresse *f.* -n; die Geliebー

いろか 色香 Farbe 《*f.* -n》 und Duft 《*m.* -(e)s, *"*e》/《花の》 Schönheit *f.*; [魅力] Zauber *m.* -s, -; Reiz *m.* -es, -e/女の色香に迷う vom Reiz einer Frau bezaubert werden.

いろがみ 色紙 Buntpapier *n.* -s, -e.

いろガラス 色ガラス das bunte Glas, -(e)s, *"*er; Farbenglas *n.* -(e)s, *"*er.

いろがわり 色変わり ❶ [変色] Farb(en)wechsel *m.* -s, -; Entfärbung *f.* -en. ❷ [変わり色] die ungewöhnliche (seltsame) Farbe, -n/[変種] die seltsame Art, -en (Sorte, -n)/色変わりの von ungewöhnlicher Art (Sorte).

いろけ 色気 ❶ [色調] Farbton *m.* -(e)s, *"*e; Farbe *f.* -n; Färbung *f.* -en/色気のない farblos. ❷ [色情] die sinnliche Lust, *"*e; die geschlechtliche Liebe, -n/色気のある kokett 《女性のみ》; gefallsüchtig 《同上》/色気のない unschuldig; arglos/色気うった mannbar 《女性にも》/色気たっぷりの女 die wollüstige Frau, -en/色気づく die Pubertät erreichen*. ❸ [意向] Neigung *f.* -en; Lust *f.* *"*e/…に色気のある Neigung (Lust) haben 《*zu*³》. ❹ [面白味] Poesie *f.* -n/色気のない返事 die trockene Antwort, -en.

いろけし 色消し ❶ [理] Achromatismus *m.* -; Achromasie *f.* ❷ [無粋] Geschmacklosigkeit *f.*; Nüchternheit *f.*; Taktlosigkeit *f.*/色消しな geschmacklos; nüchtern; taktlos/色消しなことをする *jm* das Spiel verderben* 《興をそぐ》.

‖ **色消しレンズ** die achromatische Linse, -n; Achromat *m.* -(e)s, -e.

いろごと 色事 Liebschaft *f.* -en; Liebesverhältnis *n.* ..nisses, ..nisse (-handel *m.* -s)‖ **色事師** Liebesritter *m.* -s, -; Hofmacher *m.* -s, -.

いろじかけ 色仕掛け unter dem Schein (der Maske) der Liebe.

いろしゅうさ 色収差 [理] chromatische Aberration, -en.

いろじろ 色白 von (mit) weißem Teint; zart.

いろずり 色刷り Farben|druck (Bunt-) *m.* -(e)s, -e; [絵] Farbendruck/色刷りの farbig; gefärbt.

いろづく 色づく *⁴*sich färben; gefärbt werden/木の葉はすでに色づいている Die Blätter färben sich schon.

いろつけ 色つけ ⇨ **さいしき**.

いろっぽい 色っぽい gefallsüchtig; kokett; wollüstig 《好色な》/色っぽい女 die Gefallsüchtige*, -n, -n; die kokette (wollüstige) Frau, -en.

いろつや 色艶 [肌・皮膚の] Teint *m.* -s, -s; [Haut]farbe *f.*; [光沢] Glanz *m.* -es, -e; Glätte *f.* -; Politur *f.* -en/色艶のわるい blass; bleich; ungesund/色艶のよい blühend; frisch; gesund; glanzvoll; glänzend; poliert 《磨かれて》.

いろどり 彩り Färbung *f.* -en; Kolorit *n.* -(e)s, -e.

いろどる 彩る färben*⁴; malen*⁴ 《画く》; streichen*⁴ 《色を塗る》/その季節は自然をはなやかに彩る Die Jahreszeit färbt die Natur bunt.

いろは いろは das [japanische] Alphabet, -(e)s; ABC *n.* -; Anfang *m.* -(e)s, *"*e/いろはから習う von *³*Anfang an studieren*⁴)/いろはの字も知らない ganz unwissend sein/いろはから学ぶ von Anfang an lernen*⁴/お前は料理のいろはも知らないのだ Du hast ja keine Ahnung vom Kochen!

いろまち 色町 das konzessionierte Viertel, -s, -; Bordellviertel *n.*

いろめ 色目 der verliebte Blick, -(e)s, -e/色目を使う [verliebte] Augen machen 《*jm*》; verliebter Blicke zu|werfen*⁴ 《*jm*》

いろめがね 色眼鏡 die gefärbte Brille, -n/色めがねで見る durch eine gefärbte Brille sehen*⁴; mit *⁴*Vorurteil blicken*⁴.

いろめく 色めく ❶ [色うく] *⁴*sich färben. ❷ [活気づく] lebhaft (lebendig) werden. ❸ [興奮する] *⁴*sich auf|regen 《*über*⁴》; in *⁴*Aufregung geraten* 《s》; aufgeregt werden.

いろもの 色物 die gefärbte Ware, -n.

いろり 囲炉裏いたべ am [Feuer]herd 《*m.* -(e)s, -e》.

いろん 異論 [異説] die andere (entgegengesetzte) Meinung, -en (Absicht, -en 《反対》 Einwendung *f.* -en; Einspruch *m.* -(e)s, *"*e; Einwurf *m.* -(e)s, *"*e/異論なく einstimmig 《満場一致で》/異論を唱える ein|wenden*⁴ 《*gegen*⁴》/それには私は何の異論もありません Ich habe nichts dagegen [einzuwenden].

いろんな いろんな ⇨ **いろいろ**.

いわ 岩 Fels *m.* -en, -en; Felsen *m.* -s, -; [断崖] Klippe *f.* -n; [暗礁] Riff *n.* -(e)s, -e/岩の(多い) felsig/岩の裂け目 Felsenkluft *f.* *"*e; Felsenriss *m.* -es, -e.

いわい 祝い [祝詞] Gratulation *f.* -en; Beglückwünschung *f.* -en; Glückwunsch *m.* -(e)s, *"*e; [祭典] Feier *f.* -n; Fest *n.* -(e)s, -e/[祝宴] Schmaus *m.* -es, -e; Festessen *n.* -s, - (-mahl *n.* -(e)s, -e)/…の祝いに zur Feier² ‖ **祝い金** Glückwunschgeschenk *n.* -(e)s, -e/祝い酒 das Trinken* 《-s》 zur Feier.

いわう 祝う [賀す] gratulieren 《*jm zu* *³*et》; beglückwünschen*⁴; 《*jm*》; [祝祭を行う] feiern*⁴; ein Fest be|gehen* (feiern; geben*)/…を祝って zur Feier²/誕生日を祝う *jm* zum Geburtstage gratulieren 《他人の》; einen Geburtstag feiern 《自分の》/結婚を祝う *jm* zur Hochzeit gratulieren/御結婚を御祝いします Meine herzliche Gratulation zu Ihrer Vermählung!

いわく 日くつきの女 eine Frau 《-en》 mit *³*Vergangenheit/日くがあって aus einem gewissen Grund; nicht ohne *⁴*Grund/これには日くがある Es steckt etwas dahinter.

いわし 鰯 Sardine *f.* -n.

いわしみず 岩清水 Felsenquelle *f.* -n.

いわつばめ 岩燕 Felsenschwalbe *f.* -n.

いわな 岩魚 Saibling *m.* -s, -e; Rotforelle *f.* -n.

いわば 言わば [約言すれば] mit einem Wort; [um es] kurz [zu sagen]; [例えば] sozusagen; gleichsam; gewissermaßen; so genannt〈いわゆる〉/言わば生き字引きだ Er ist sozusagen ein wandelndes Lexikon.

いわや 岩屋 Höhle *f.* -n; Grotte *f.* -n〈特に人工の〉.

いわゆる 所謂 so genannt; angeblich (vor-); wie man zu sagen pflegt.

いわれ 謂れ ❶ [わけ] Grund *m.* -[e]s, =e; Ursache *f.* -n〈原因〉/いわれのない(なく)grundlos; unbegründet; ohne ⁴Grund (Ursache); [道理のない] unvernünftig; vernunftlos／僕は彼からそうされるいわれがない Ich habe das nicht von ihm verdient. ❷ [由来] Geschichte *f.* -n.

いわんばかり 言わんばかりに als ob (wie) man sagen wollte; als ob …／いわんばかりに als wäre es wirklich wahr.

いわんや 況んや geschweige denn; um nicht zu sagen (erwähnen); umso mehr; viel mehr (weniger)／この家は夏に住みにくい、いわんや冬においてをやDieses Haus ist im Sommer unbewohnbar, geschweige denn im Winter.

いん 印 Siegel *n.* -s, -; Stempel *m.* -s, -; Petschaft *n.* -[e]s, -e／印を押す stempeln³; siegeln⁴; das Siegel aufdrücken³; das Siegel drücken (auf ⁴*et*).

いん 韻 Reim *m.* -[e]s, -e／韻のある(ない) reimhaft (reimlos); 韻を踏んだ gereimt／韻を踏む ⁴sich reimen. ⇨とういん(頭韻),きゃくいん(脚韻).

いん 陰 heimlich; im ³Geheimen; verstohlen／陰にこもった dumpf; melancholisch／陰に陽に ganze offentlich.

いんい 陰萎 Impotenz *f.* -en.

いんイオン 陰イオン Anion *n.* -s, -en; das negative Ion, -s, -en.

いんいん 殷々たる dröhnend; donnernd／殷々たる砲声 das Donnern (-s) der Geschütze.

いんうつ 陰鬱な ⇨いんき.

いんえい 陰影 Schatten *m.* -s, -; Schattierung *f.* -en／陰影をつける schattieren⁴ ‖ 陰影ర Schatten.

いんか 引火する ⁴sich entzünden; Feuer fangen*／引火性の entzündbar; entzündlich ‖ 引火点 Entzündungspunkt *m.* -[e]s, -e.

いんが 陰画【写】Negativ *n.* -s, -e; Negativbild *n.* -[e]s, -er.

いんが 印画 Abzug *m.* -[e]s, =e; Kopie *f.* -n ‖ 印画紙 fotografisches Papier, -s, -e.

いんが 因果 ❶[原因結果] Ursache und Wirkung, en; Kausalität *f.* -en〈因果関係〉／前世の因果 Karma[n] *n.* -s/なんの因果で…なのであろう Woran bin ich schuld, dass …!／親の因果が子に報いる"Wie die Alten sungen, so zwitschern [auch] die Jungen." ❷ [運命] Schicksal *n.* -[e]s, -e; Geschick *n.* -[e]s, -e; Verhängnis *n.* ..nisses, ..nisse 〈特に不運〉; Unglück *n.* -[e]s〈不運〉／因果の子 ein unglückliches Kind, -[e]s, -er／因果とあきらめる⁴sich in sein Schicksal ergeben*／因果な目に遭う Unglück (Pech; Panne) haben／議長は会長に因果を含めて退職させた Der Vorsitzende überredete ihn zum Rücktritt. —— 因果な unglücklich／因果な職業 ein unerfreulicher Beruf, -[e]s, -e／因果なことには wie es das Unglück will; das Unglück will es, dass …‖因果応報 Wie man sich bettet, so schläft man.／因果性 Kausalität／因果律 Kausalgesetz *n.* -es, -e.

いんがい 院外の außerhalb des Bundestags〈ドイツの〉; außerhalb des Parlaments ‖ 院外運動 Lobbying *n.* -s, -s; Lobbyismus *m.* -／院外団 Lobbyist *m.* -en, -en.

いんかしょくぶつ 隠花植物 Kryptogame *f.* -n; Sporenpflanze *f.* -n.

いんかん 印鑑 Abdruck 〈-[e]s, =e〉 des Petschafts ‖ 印鑑証明書 die Bescheinigung 〈-en〉 des Siegels.

いんき 陰気 ❶ [事物について] Düsterheit *f.* -en; Dunkelheit *f.* -en. ❷ [人について] Trübsinn *m.* -[e]s; Traurigkeit *f.* -en; Schwermut *f.*; Melancholie *f.* —— 陰気な ❶ [事物について] düster; dunkel; finster／陰気な天気 das düstere Wetter, -s ❷ [人について] trüb[e]; traurig; schwermütig; trübsinnig; melancholisch／陰気な顔をする ein finsteres Gesicht ziehen*.

いんぎ 院議 Parlamentsbeschluss *m.* -es, =e.

いんきょ 隠居 Rücktritt *m.* -[e]s, -e; Pensionierung *f.* -en〈定年などで〉; der Pensionierte, -n, -n〈人〉／隠居する ⁴sich pensionieren lassen*; in den Ruhestand treten*.

いんぎょう 印形 Petschaft *n.* -[e]s, -e; Siegel *n.* -s, -.

いんきょく 陰極 der negative Pol, -s, -e; Kathode *f.* -n ‖ 陰極線 die Kathodenstrahlen 〈*pl*〉.

いんきん 陰金〈田虫〉Ringelflechte *f.*

いんぎん 慇懃 Höflichkeit *f.* -en〈ていねい〉; Artigkeit *f.* -n〈同上〉; Herzlichkeit *f.* -en〈ねんごろ〉; Bescheidenheit *f.* -en〈謙遜〉／いんぎんに höflich; artig; herzlich; bescheiden／いんぎんにあいさつする(礼をする) höflich grüßen⁴ (danken〈*jm für*⁴〉).

インク Tinte *f.* -n／印刷用インク Druckerfarbe *f.* -n／インクのしみ インクのしみ Tintenfleck *m.* -[e]s, -e (-klecks *m.* -es, -e)／インク消し Entfärbungsmittel *n.* -s, -／インクつぼ(スタンド) Tintenfass *n.* -es, =er.

いんけい 陰茎 Penis *m.* -, ..nisse〈..nes〉; das männliche Glied, -[e]s, -er; Phallus *m.* -, -\〈Phalli, Phallen〉.

いんけん 陰険 Hinterlist *f.* -en; Hinterlistigkeit *f.* -en; [Heim]tücke *f.* -n; List *f.* -en〈ずるさ〉; Listigkeit *f.* -en〈ずるいこと〉; Schlauheit *f.* -en〈同上〉; Verschlagenheit *f.* -en〈同上〉／陰険な hinterlistig; heimtückisch; [ずるい] listig; schlau; verschlagen; verschmitzt.

いんけん 引見する empfangen*⁴; intervie-

wen⁴《新聞記者などが》.
いんげんまめ 隠元豆 Schminkbohne *f.* -n; die gemeine Bohne, -n.
いんこ〘鳥〙Sittich *m.* -〔e〕s, -e; Papagei *m.* -〔e〕s (-en), -en《おうむ》.
いんご 隠語 Geheimsprache *f.* -n; Argot *n.* -e《盗賊・乞食などの》; Bettlersprache *f.* -n《乞食の》; Gaunersprache *f.* -n《盗賊の》; Rotwelsch *n.* -es《同上》; Jargon *m.* -s, -s《各種職業独特の》; Slang *m.* -s, -s《同上》.
いんこう 咽喉 ❶ [のど] Kehle *f.* -n/咽喉を痛めている Halsweh haben. ❷ [要害の地] Schlüsselstellung *f.* -en.
‖ 咽喉カタル Kehlkopfkatarr〔h〕*m.* -s, -e.
いんごう 因業な hartnäckig《がんこな》; unbarmherzig《無慈悲な》/因業おやじ ein unbarmherziger Alter*, -en, -en.
いんこく 印刻 Gravieren *n.* -s, -; Gravierung *f.* -en/印刻する ein Siegel gravieren.
いんさつ 印刷 Druck *m.* -〔e〕s, -e/印刷する drucken⁴/印刷の誤り Druckfehler *m.* -s, -/印刷が鮮明である(まずい) deutlich (schlecht) gedruckt/印刷に付せられる in ⁴Druck gehen* [s]/印刷に付する in ⁴Druck geben*⁴
‖ 印刷インキ Druckfarbe *f.* -n/印刷機 Druck¦maschine *f.* -n (-erpresse *f.* -n)/印刷工 Drucker *m.* -s, -/印刷術〔Buch〕druckerkunst *f.*; Typographie (Typografie) *f.* -n/印刷所 Druckerei *f.* -en/印刷費 Druckkosten《*pl*》/印刷物 Druck¦sache *f.* -n (-schrift *f.* -en)/印刷用紙 Druckpapier *n.* -s, -e.
いんし 因子 ⇨**いんすう**(因数).
いんし 印紙 Stempelmarke *f.* -n; Stempel *m.* -s, -; Steuermarke *f.* -n《収入印紙》/印紙をはる mit einer Stempelmarke versehen*《⁴*et*》‖ 印紙売捌(うりさばき)所 Stempelmarkenverkaufsstelle *f.* -n/印紙税 Stempelsteuer *f.* -n.
いんじゃ 隠者 Einsiedler *m.* -s, -; Eremit *m.* -en, -en; Klausner *m.* -s, -; Anachoret *m.* -en, -en《隠修士》.
いんしゅ 飲酒 das Trinken*, -s ‖ 飲酒家 Trinker *m.* -s, -; [大酒家] Zecher *m.* -s, -; Säufer *m.* -s, -/飲酒癖 Trunksucht *f.* ⇨**さけ**(酒).
いんしゅう 因襲 das Herkommen*, -s; Konvention *f.* -en; Tradition *f.* -en/因襲的な konventionell; herkömmlich; traditionell/因襲を打破する mit dem alten Herkommen brechen*/因襲に捉われている konventionell sein.
インシュリン Insulin *n.* -s, -.
いんじゅんこそく 因循姑息な temporisierend; zögernd《ぐずな》.
いんしょう 印象 Eindruck *m.* -〔e〕s, ⸚e; Impression *f.* -en/印象的な eindrucksvoll; nachdrücklich/第一印象 der erste Eindruck/深い(忘れられない)印象 der tiefe (unauslöschliche) Eindruck/よい(わるい)印象を与える einen guten (schlechten) Eindruck machen《auf *jn*》/よい(わるい)印象を受ける einen guten (schlechten) Eindruck empfangen*/彼はみんなによい印象を与えた Er machte auf alle einen günstigen Eindruck. ‖ 印象主義 Impressionismus *m.* -/印象主義者 Impressionist *m.* -en, -en/印象派 die impressionistische Schule.
いんしょう 印章 Siegel *n.* -s, -; Petschaft *n.* -〔e〕s, -e; Stempel *m.* -s, -.
いんしょう 引証 Bezugnahme *f.* -n; [引証文] Beleg *m.* -〔e〕s, -e; [引用文] Zitat *n.* -〔e〕s, -e; Anführung *f.* -en/引証する belegen⁴; zitieren⁴; an¦führen⁴.
いんしょく 飲食 Essen und Trinken/飲食する essen* und trinken* ‖ 飲食物 Speise und Trank; [食料品] Lebensmittel *n.* -s, -/飲食店 Restaurant *n.* -s, -s; Speisehaus *n.* -es, ⸚er.
いんしん 陰唇 Schamlippe *f.* -n/大(小)陰唇 die große (kleine) Schamlippe.
いんすう 因数 Faktor *m.* -s, -en/因数に分解する in Faktoren auf¦lösen (zerlegen)
‖ 因数分解 die Auflösung《-en》(die Zerlegung《-en》) in Faktoren/素因数 ein einfacher (unteilbarer) Faktor.
いんすう 員数 Zahl *f.* -en; Stärke *f.* -n.
インスタント インスタントコーヒー Instant¦kaffee (Pulver-) *m.* -s, -s/インスタント食品 Fertiggericht *n.* -〔e〕s, -e.
インストール Installation *f.* -en/インストールする installieren⁴.
インスピレーション Erleuchtung *f.* -en; Inspiration *f.* -en; Eingebung *f.* -en/インスピレーションを受ける eine Inspiration bekommen*.
いんせい 陰性 Negativität *f.* -en/陰性の negativ; düster《気質が》‖ 陰性反応 die negative Reaktion, -en.
いんぜい 印税 Tantieme *f.* -n.
いんせき 隕石 Meteorit *m.* -〔e〕s, -e; Meteorstein *m.* -〔e〕s, -e.
いんせき 姻戚 der Verwandte*《-n, -n》durch ⁴Heirat.
いんせきじしょく 引責辞職する die ⁴Verantwortung für ⁴*et* auf ⁴sich nehmen* und sein ⁴Amt nieder¦legen.
いんぜん 隠然とした versteckt; verborgen; heimlich/隠然とした勢力をもっている einen unsichtbaren Einfluss haben《*auf*⁴》.
いんそつ 引率する〔an〕führen⁴; leiten⁴ ‖ 引率者 Leiter *m.* -s, -;〔An〕führer *m.* -s, -.
インターチェンジ Autobahn¦einfahrt (-auffahrt) *f.*; Autobahn¦ausfahrt (-zufahrt); Zubringerstraße *f.* -n; Zubringer *m.* -s, -.
インターナショナル Internationale *f.* -n《国際労働総同盟; インターナショナル労働歌》.
インターネット Internet *n.* -s ‖ インターネットアドレス Internetadresse *f.* -n/インターネットカフェ Internetcafé *n.* -s, -s/インターネットショッピング Internetshopping *n.* -s, -s/インターネットユーザー Internetnutzer *m.* -s, -.
インターフェイス〘電算〙Schnittstelle *f.* -n.
インターフェロン Interferon *n.* -s, -e.
インターポール [国際刑事警察機構] Interpol *f.*
インターホン Haussprechanlage *f.* -n; das interne Telefonsystem, -s, -e.
インターン Praktikant *m.* -en, -en.
いんたい 引退 Zurück¦ziehung *f.* -en (-tre-

い

ten *n.* -s, -)/引退する zurück|treten* [s]; ⁴sich zurück|ziehen*/舞台生活(仕事)から引退する ⁴sich von der Bühne (vom Geschäft ins Privatleben) zurück|ziehen*/役職から引退する vom Amt zurück|treten*.

インタビュー Interview *n.* -s, -s; Pressekonferenz *f.* -en《記者会見》/インタビューする interviewen⁴.

いんち 引致する verhaften⁴; in ⁴Haft bringen*⁴; in ⁴Gewahrsam nehmen*⁴.

インチ Zoll *m.* -[e]s, -/一(二)インチの einzöllig (zweizöllig)/五フィート六インチ fünf Fuß sechs Zoll.

いんちき Schwindel *m.* -s; Betrug *m.* -[e]s; Kitsch *m.* -[e]s 《芸術上の》/いんちきな schwindlerisch; kitschig/いんちきにひっかかる in *js* Schwindel hinein|fallen* [s] ‖ いんちき会社 Schwindelgesellschaft *f.* -en.

いんちょう 院長 Direktor *m.* -s, -en.

インディアペーパー Dünndruckpapier *n.* -s.

いんてつ 隕鉄 Meteoreisen *n.* -s, -.

インデックス Index *m.* -[es], -e (..dizes).

インテリ der Intellektuelle*, -n, -n; Intelligenzler *m.* -s, -; Intelligenz *f.* -en《インテリ階級》/彼はなかなかのインテリだ Er ist recht intelligent.

インテリア Innenausstattung *f.* -en; Interieur *n.* -s, -s ‖ インテリアデザイナー Innenarchitekt *m.* -en, -en.

いんでんき 陰電気 die negative Elektrizität.

インド Indien *n.* -s/インドの indisch ‖ インド藍 Indigo *m.* (*n.*) -s, -s/インド語 das Indische*, -n; Indisch *n.* -[s]/インド人 Inder *m.* -s, -; Inderin *f.* ..rinnen《女》/インド洋 der Indische Ozean, -s.

インドアスポーツ Hallensport *m.* -[e]s.

いんとう 咽頭 Schlund *m.* -[e]s, ⸚e; Schlundkopf *m.* -[e]s, ⸚e; Rachen *m.* -s, - ‖ 咽頭炎 Rachenbräune *f.* -n.

いんとう 淫蕩 Ausschweifung *f.* -en; Liederlichkeit *f.* -en/淫蕩な liederlich.

いんどう 引導を渡す eine Seelenmesse ab|halten*; [断わりの予告をする] kündigen⁴; [殺す] töten⁴; zugrunde (zu Grunde) richten⁴.

いんとく 隠匿する verstecken⁴; verbergen*⁴; verhehlen⁴《隠 蔽》; verheimlichen⁴《秘密にする》; auf|nehmen*⁴《人をかくまう》.

イントネーション Intonation *f.* -en; Tonfall *m.* -[e]s.

インドネシア Indonesien *n.* -s ‖ インドネシア共和国 die Republik Indonesien/インドネシア人 Indonesier *m.* -s, -.

いんとん 隠遁 Zurückziehung *f.* -en; Abgeschiedenheit *f.* -en/隠遁した *abgeschieden*; eingezogen/静かな(幸福な)隠遁生活をする in ruhiger (glücklicher) Geborgenheit leben (ruhen; sein). ── 隠遁する ⁴sich von der Welt zurück|ziehen*; ⁴sich ab|scheiden*《*von*³》; der ³Welt entsagen《世を捨てる》.

いんないそうむ 院内総務 Fraktionsleiter *m.* -s, -; Einpeitscher *m.* -s, -.

いんにく 印肉 Stempelfarbe *f.* -n; Stempelkissen *n.* -s, -《容器》.

いんにん 隠忍 Geduld *f.*; Ausdauer *f.*/隠忍する Geduld haben《*mit*³; *in*³》; geduldig sein; aus|halten*⁴; ertragen*⁴; erdulden⁴; vertragen*⁴/隠忍して待つがよい Besser müssen Sie geduldig warten.

いんねん 因縁 ❶ Schicksalsfügung *f.* -en《摂理》; Karma[n] *n.* -s《因果》; Grund *m.* -[e]s, ⸚e《理由》; Ursache *f.*《原因》. ❷ [宿命] Schicksal *n.* -s, -e; Geschick *n.* -[e]s; Verhängnis *n.* ..nisses, ..nisse/因縁とあきらめる ⁴sich in sein Schicksal ergeben*/これもなにかの因縁であろう Das Schicksal hätte es wohl bestimmt. ❸ [由来] Ursprung *m.* -[e]s, ⸚e; Herkunft *f.* ❹ [ゆかり] Zusammenhang *m.* -[e]s, ⸚e; Beziehung *f.* -en; Verwandtschaft *f.* -en; Verbindung *f.* -en/深い因縁がある unlöslich verknüpft sein《*mit*³》/因縁をつける einen Vorwand suchen《zu 不定詞句》; *jn* zwingen*, einander zu zanken《けんかを売る》.

いんのう 陰嚢 Hodensack *m.* -[e]s, ⸚e; Skrotum *n.* -s, ..rota.

いんばい 淫売 die [geheime] Prostitution; Hurerei *f.* -en/淫売をする ⁴sich prostituieren; huren ‖ 淫売婦 die Prostituierte*, -n, -n; Hure *f.* -n; Dirne *f.* -n; Straßenmädchen *n.* -s, -/淫売宿 Bordell *n.* -s, -e; Dirnen¦haus (Huren-) *n.* -es, ⸚er.

いんぶ 陰部 Scham¦teile (Geschlechts-)《*pl*》.

いんぷ 印譜 Stempelalbum *n.* -s, ..ben.

いんぷ 淫婦 die liederliche (unzüchtige; schamlose) Frau, -en.

いんぷう 淫風 Unsittlichkeit *f.* -en; Sittenlosigkeit *f.* -en; Immoralität *f.* -en.

インフェリオリティー インフェリオリティーコンプレックス Inferioritätskomplex *m.* -es, -e.

インフォメーション Information *f.* -en; Auskunft *f.* ⸚e.

インプット Eingabe *f.* -n; Input *n.* -s, -s.

インフラストラクチャー Infrastruktur *f.* -en.

インフルエンザ Influenza *f.*; Grippe *f.* -n.

インフレ Inflation *f.* -en/インフレの inflationistisch ‖ インフレ景気 Inflationskonjunktur *f.* -en/インフレ時代 Inflationszeit *f.*/インフレ政策 Inflationspolitik *f.*

いんぶん 韻文 Verse《*pl*》; Reimprosa *f.*; Gedicht *n.* -[e]s, -e/韻文で in ³Versen.

いんぺい 隠蔽 Verheimlichung *f.* -en; Verbergung *f.* -en; Geheimhaltung *f.* -en. ⇨かくす.

いんぼう 陰謀 Anschlag *m.* ⸚e; Komplott *n.* -[e]s, -e; Intrige *f.* -n; Ränke《*pl*》; Verschwörung *f.* -en/陰謀を企てる einen Anschlag machen《*auf*⁴; *gegen*⁴》; *intrigieren*; Ränke schmieden (spinnen*); komplottieren⁴/陰謀をくつがえす einen Anschlag zunichte machen ‖ 陰謀家 Ränkeschmied *m.* -[e]s, -e; Intrigant *m.* -en, -en.

インポテンツ Impotenz *f.* -en.

いんぼん 淫奔な unzüchtig; lüstern; liederlich.

いんもう 陰毛 die Schamhaare 《pl》.

いんもん 陰門 Schamspalte *f.* -n.

いんゆ 隠喩 Metapher *f.* -n/隠喩的な metaphorisch.

いんよう 引用 Anführung *f.* -/引用する an|führen⁴ 《aus³》; zitieren⁴ 《aus³》/引用書目 Literatur *f.* -en/引用符 Anführungszeichen *n.* -s, -/ Gänsefüßchen *n.* -s, -/引用文(句) Anführung *f.*; Zitat *n.* -[e]s, -e.

いんよう 陰陽 das Positive⁎ 《-n》 und das Negative⁎ 《-n》/積極と消極、プラスとマイナス; das männliche und das weibliche Prinzip; 《男性と女性》.

いんよう 飲用の zum Trinken; trinkbar ‖飲用水 Trinkwasser *n.* -s.

いんよく 淫欲 Sinnen|lust (Fleisch-) *f.*; Sinnlichkeit *f.*/淫欲にふける⁴ sich der Sinnlichkeit ergeben⁎.

いんらん 淫乱 Wollust *f.* ⁻e; Geilheit *f.*; Lüsternheit *f.*; Unzüchtigkeit *f.*/淫乱な wollüstig; geil; lüstern; unzüchtig.

いんりつ 韻律 Rhythmus *m.* -, ..men; Metrum *n.* -s, ..tren (..tra) /韻律学 Metrik *f.* -/Verslehre *f.* -.

いんりょう 飲料 Getränk *n.* -s, -e; Trank *m.* -[e]s, ⁻e; [アルコール性の] Drink *m.* -[s], -s/飲料水 Trinkwasser *n.* -s/清涼飲料水 das kühlende (erfrischende) Getränk; Erfrischung *f.*

いんりょく 引力 《理》 Anziehungskraft *f.* ⁻e 《物質間の》; Gravitation *f.* 《宇宙の》; Schwerkraft *f.* 《同上》/万有引力 Universalgravitation *f.*

いんれき 陰暦 Mondkalender *m.* -/陰暦で数える nach dem Mondkalender zählen.

いんわい 淫猥な obszön; unanständig; schamlos; schlüpfrig.

う

う 鵜 〘鳥〙 Kormoran *m.* -s, -e/鵜を使う 《鵜飼御漁》/鵜の目鷹の目で mit scharfen ³Augen/鵜のまねする鳥 （は）は溺れる Der Rabe, der den Kormoran nachmacht, ertrinkt im Wasser. ‖鵜飼い Kormoranfischerei *f.* -; Kormoranfischer *m.* -s, - 《鵜を使う漁師》.

ウィークエンド Wochenende *n.* -s, -/ウィークエンドに am Wochenende.

ウィークデー Wochen|tag (Werk-) *m.* -[e]s, -e 《仕事日》.

ウィークポイント Schwäche *f.* -n.

ウィークリー 《週刊誌》 Wochen|blatt *n.* -[e]s, ⁻er (-zeitschrift *f.* -en).

ういういしい 初々しい unschuldig; keusch; frisch; naiv 《素朴な》.

ういきょう 茴香 〘植〙 Fenchel *m.* -s.

ういざん 初産 erste Geburt. -en.

ういじん 初陣 *js* erster Feldzug, -[e]s, ⁻e; Feuertaufe *f.* 《砲火の洗礼》.

ウィスキー Whisky *m.* -s, -s ‖ スコッチウイスキー Schottischer Whisky.

ういた 浮いた 《快活な》 heiter; [陽気な] lustig; fröhlich; [軽薄な] leichtsinnig; [浮気っぽい] liederlich; ausschweifend/浮いた噂 Skandal *m.* -s, -e.

ウィット Witz *m.* -es, -e 《きち》 《機知》.

ういてんぺん 有為転変 Wechselfälle 《pl》; Vergänglichkeit *f.* 《無常》.

ういまご 初孫 *js* erstes Enkelkind, -[e]s, -er.

ウイルス Virus *n.* -, Viren ‖ ウイルス病 Viruskrankheit *f.* -en.

ウインカー Blinker *m.* -s, -.

ウインク Wink *m.* -[e]s, -e; das Blinzeln⁎ -s/ウインクをする *jm* [mit den ³Augen] winken (blinzeln).

ウイング Flügel *m.* -s, -.

ウインタースポーツ Wintersport *m.* -[e]s, -e.

ウインチ Winde *f.* -n; Haspel *f.* -n.

ウインドーショッピング Schaufensterbummel *m.* -s, -/ウインドーショッピングをする ³sich Schaufenster an|sehen⁎.

ウインドサーフィン Windsurfing *n.* -s/ウインドサーフィンをする windsurfen.

ウインナ ウインナソーセージ Wiener Wurst *f.* ⁻e/ウインナワルツ Wiener Walzer *m.* -s, -.

ウーステッド Kammgarn *n.* -[e]s, -e; Kammgarnstoff *m.* -[e]s, -e.

ウーリー wollig; wollartig; wollen ‖ ウーリーナイロン das wollartige Nylon, -s.

ウール Wolle *f.* -n/ウールの wollen; Woll-; 《ウールのような》/ウールのシャツ Wollhemd *n.* -[e]s, -en.

ウーロンちゃ ウーロン茶 Oolongtee *m.* -s.

うん ❶ [返事] Nein! Nee! ❷ [うなり声] cas Stöhnen⁎, -s/うんといって倒れる mit einem Stöhnen um|fallen⁎ ⁽s⁾.

うえ 上 ❶ [上部] Oben *n.* -s; das Obere⁎, -n; Oberteil *m.* -[e]s, -e 《上部》; die obere Seite, -n 《上側》; Oberfläche *f.* -n 《表面》; Gipfel *m.* 《頂上》/上の ober; Ober-; höher 《より高い》; älter 《年上の》/上の段の die obere (höhere) Stufe, -n/一番上の子供 das älteste Kind, -[e]s, -er/上に oben 《の上に》; über³ 《離れて上方に》; oberhalb² 《上部(方)に》/山の上に auf (über) dem Berg / 右の上に oberhalb rechten ²Auges 《...の上へ》 auf⁴; über⁴/上から von oben/上から下まで von oben bis unten/上に向かって aufwärts; nach oben; hinauf/上に oben 《vorher》 《schon erwähnt》/上を下す 《軽蔑的に》 *jn* von oben an|sehen⁎/上

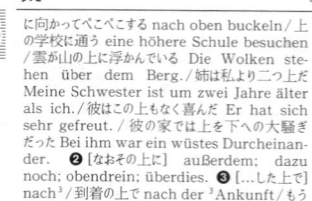

うえ に向かってぺこぺこする nach oben buckeln／上の学校に通う eine höhere Schule besuchen／雲め上に浮かんでいる Die Wolken stehen über dem Berg.／姉は私より二つ上だ Meine Schwester ist um zwei Jahre älter als ich.／彼はこの上もなく喜んだ Er hat sich sehr gefreut.／彼の家では上を下への大騒ぎだった Bei ihm war ein wüstes Durcheinander. ❷〔なおその上に〕außerdem; dazu noch; obendrein; überdies. ❸〔…した上で〕nach³／到着の上で nach der ³Ankunft／もうこうなった上は打つ手がない Jetzt kann man nichts mehr machen.

うえ 飢え Hunger m. -s／飢えに苦しむ Hunger leiden*／飢えを癒す Hunger stillen. ⇒くうふく.

ウェーター Kellner m. -s, -; Ober m. -s, -.
ウェーデルン das Wedeln.
ウェートレス Kellnerin f. ..rinnen; Serviererin f. ..rinnen; Fräulein n. -s, -《主として呼び掛け》.
ウェーブ ウェーブをかける《髪に》wellen; ondulieren⁴.
うえかえる 植え替える um|pflanzen⁴; verpflanzen⁴; um|setzen⁴; versetzen⁴／活字の組を植え替える einen Schriftsatz um|setzen／老木は植え替えるべからず Alte Bäume soll man nicht verpflanzen.
うえき 植木 Gartenpflanze f. -n; Topfpflanze f. -n《鉢植の》‖植木鉢 Blumentopf m. -[e]s, ⸚e; Blumenkübel m. -s, -《木製の大鉢》／植木屋 Gärtner m. -s, -《庭師》; Blumenzüchter m. -s, -《花作り》.
うえこみ 植込み Gartenbusch m. -es, ⸚e.
うえした 上下に oben und unten; auf und ab (nieder)《上へ下へ》／上下を間違える oben und unten verwechseln／上下になっている verkehrt [herum] sein.
うえに 飢え死に Hungertod m. -[e]s; das Verhungern*; verhungern*《ぐ》²Hungers (vor ³Hunger) sterben*《ぐ》; verhungern《ぐ》.
ウェスト Taille f. -n.
うえつけ 植付け [Ein]pflanzung f. -en; Verpflanzung f. -en《移植》／植え付ける ein|pflanzen⁴《in⁴》; verpflanzen⁴《in⁴》《植える》; jm [ein]impfen⁴《思想・習慣などを植え付ける》jm üble Gewohnheiten ein|impfen.
ウエディング ウエディングケーキ Hochzeitskuchen m. -s, -／ウエディングドレス Hochzeitskleid n. -[e]s, -er.
ウエハース Waffel f. -n.
ウェブサイト Website f. -n.
うえる 植える ❶〔草木を〕pflanzen⁴; setzen⁴《Blumen, Gemüse など》／庭に木を植える den Garten mit ³Bäumen bepflanzen. ❷〔活字を〕setzen⁴. ❸〔種痘〕jm ein|impfen《mit³》; jm ein|impfen.
うえる 飢える ❶〔空腹〕Hunger leiden*; Hunger haben; hungrig sein; verhungern《ぐ》《餓死》／飢えた hungrig; verhungert. ❷〔渇望〕hungern; hungrig sein; schmachten《以上とも nach³》.
ウエルターきゅう ウエルター級《ボクシング》Weltergewicht n. -[e]s.

うえん 迂遠な weit|läufig (-schweifig)《まわりくどい》; unpraktisch《非実用的な》; weltfremd《世間離れした》.
うお 魚 Fisch m. -[e]s, -e／魚が水を得たようである wieder in seinem Element sein／魚心あれば水心あり ,Freundlichkeit erzeugt wieder Freundlichkeit.' ‖魚市場 Fischmarkt m. -[e]s, ⸚e／魚座《天》Fische《pl》／魚商 Fischhandel m. -s, ⸚《店》; Fischhändler m. -s, -《人》／魚釣り ⇒つり.
うおうさおう 右往左往する hin und her laufen*《ぐ》; durcheinander geraten《ぐ》《混乱状態におちる》.
ウォーター ウォーターシュート Wasserrutschbahn f. -en／ウォーターポロ《水球》Wasserball m. -[e]s, ⸚e.
ウォーミングアップ ウォーミングアップする ⁴sich auf|wärmen.
うおがし 魚河岸 der Fischmarkt《-[e]s, ⸚e》am Fluss.
ウォッカ Wodka m. -s, -s.
うおのめ 魚の目《医》Hühnerauge n. -s, -n.
ウォルフラム《化》Wolfram n. -s《タングステン, 記号; W》.
うかい 迂回 Umgehung f. -en; Umleitung f. -en《交通標識などの》; Umweg m. -[e]s, -e《迂路》／迂回する umgehen*⁴／einen Umweg machen; einen großen Bogen machen《um⁴ 避けて通る》.
うかい 鵜飼い ⇒《鵜》.
うがい das Gurgeln. -s／うがいをする gurgeln; ³sich den Hals gurgeln; ³sich den Mund aus|spülen《口をゆすぐ》; den Mund spülen《同上》‖うがい水 Gurgel|wasser (Mund-) n. -s.
うかうか ⇒うっかり／うかうか時を過ごす müßig (untätig) dahin|leben; die Zeit vertrödeln／さあうかうかしてはいられないぞ Jetzt muss man was unternehmen.
うかがい 伺い〔訪問〕Besuch m. -[e]s, -e;〔見舞い〕Erkundigung f. -en;〔問い合せ〕Anfrage f. -n;〔質問〕Frage f. -n／伺いを立てる jn um »Rat (seine Meinung) fragen; jn konsultieren／ちょっとお伺いしたいことあるのですが Darf ich Sie etwas fragen? / Ich möchte (würde) Sie gerne etwas fragen. ‖御機嫌伺い die Erkundigung nach js ³Befinden.
うかがう 伺う ❶〔訪問する〕jn besuchen; zu jm kommen*《gehen*》／今晩お宅に行ってもよいですか Darf ich heute Abend zu Ihnen kommen? ❷〔問い合せる〕jn fragen《nach³; über³; um⁴; wegen²(³)》;《nach³》／御機嫌を伺う ⁴sich nach js ³Befinden erkundigen／ちょっと伺いですが Entschuldigen Sie! ❸〔聞き及ぶ〕hören*／そのことは伺っておりました Das habe ich gehört.
うかがう 窺う ❶〔狙う〕auf|passen⁴; ab|passen⁴／機会を窺う auf eine [passende] Gelegenheit lauern／天下の形勢を窺う die Lage (den Lauf) der Welt beobachten.
うかされる 浮かされる besessen sein《von³ 憑⦅⸙⦆れる》; hingerissen werden《熱に魅了される》／熱に浮かされる im Fieber fantasieren《譫言⦅⸙⦆を言う》; vom Fieber gepackt

うかす 浮かす ⇨うかべる.

うかつ 迂闊 [不注意] Unaufmerksamkeit f.; Fahrlässigkeit f.; [放心] Gedankenlosigkeit f.; [愚かさ] Zerstreutheit f.; [愚かさ] Dummheit f.; [無分別] Unvorsichtigkeit f. — 迂闊な(に) unaufmerksam; gedankenlos; unvorsichtig/それは私が迂闊でした Es war unaufmerksam (dumm) von mir./迂闊なんかするな Sei vorsichtig!‖ ein unaufmerksamer Mensch, -en, -en; ein zerstreuter Professor, -s, -en; Dussel|kopf (Dumm-) m. -[e]s, ¨e.

うがつ 穿つ ❶ bohren⁴(in⁴; durch⁴); graben⁴(in⁴)/板に穴を穿つ ein Loch in (durch) das Brett bohren/点滴岩を穿つ 'Steter Tropfen höhlt den Stein.' [真相を] auf den Grund gehen*³ (〈事を究める〉); die Wahrheit (das Richtige; ins Schwarze) treffen* (〈正鵠を射る〉). ❷ [物事を穿って言う] Seine Bemerkungen sind immer treffend./それはいささか穿ち過ぎですよ Da haben Sie ein bisschen zu viel hineingedeutet.

うかと ⇨うかうか.

うかぬ 浮かぬ ein traur[i]ges (verdrießliches) Gesicht, -[e]s. -er/浮かぬ顔をする ein trauriges (verdrießliches) Gesicht machen; [俗] ein ⁴Gesicht wie sieben Tage Regenwetter machen; düster drein|schauen (-|sehen*).

うかびあがる 浮かび上がる auf|tauchen ⓢ.

うかぶ 浮かぶ ❶ [水・空気に] schwimmen* [h.s]; schweben [h.s]; treiben* [h.s] (〈漂う〉); auf|tauchen ⓢ (〈浮上する〉)/雲が空に浮かぶ Die Wolken schweben am Himmel./水の上に油が浮かんだ Öl schwimmt auf dem Wasser. ❷ [念頭に] jm ein|fallen* ⓢ; jm [in den Sinn] kommen* ⓢ/そのときうまい考えが浮かんだ Da kam mir eine schöne Idee./そのことが私の心に浮かんだ Das kam mir in den Sinn./疑惑が彼の心に浮かんだ Es stiegen ihm Zweifel auf. ❸ [表情などが] zeigen. ❹ [涙が] 彼女の目に涙が浮かんだ Es kamen ihr Tränen in die Augen. ❺ [成仏] 死んでも浮かばれない ⁴sich im Grab[e] um|drehen.

うかべる 浮かべる schwimmen (schweben) lassen*⁴/思い浮かべる ³sich vor|stellen⁴; ⁴sich erinnern an⁴ 思い出す); ³sich ins Gedächtnis zurück|rufen*⁴ (〈同上〉)/微笑を浮かべる lächeln/当惑の色を浮かべる Verlegenheit zeigen/目に涙を浮かべる ⁴Tränen in den Augen haben/彼女は満面に喜びの色を浮かべていた Sein Gesicht strahlte vor Freude.

うかれる 浮かれる in heiterer (lustiger) ³Stimmung sein; lustig sein; vor ³Freude außer ³sich geraten* ⓢ (〈有頂天になる〉)/浮かれ歩く bummeln gehen* ⓢ/浮かれて暮らす lustig (flott) leben.

うがん 右岸 am rechten Ufer/ラインの右岸に rechts (auf der rechten Seite) des Rheins (vom Rhein).

ウガンダ Uganda n. -s/ウガンダの ugandisch ‖ ウガンダ人 Uganderm. -s, -.

うき 雨季 Regenzeit f. -en.

うき 浮 Schwimmer m. -s, -; 〈釣の〉 Bo[j]e f. -n. ⇨うきぶくろ.

うきあがる 浮き上がる auf|tauchen ⓢ; an die Oberfläche (des Wassers) kommen* ⓢ/浮き上らせる〈座礁した船などを〉flott machen⁴; bergen*⁴; heben*⁴/くっきり浮き上って見える ⁴sich ab|heben*.

うきあげ 浮き上げ [作業] das Flott|machen*, -s; Bergung f. -en.

うきあし 浮足立つ ins Wanken geraten* ⓢ; ⁴sich mit ⁴Fluchtgedanken tragen*.

うきうき 浮き浮きと flott; lustig; leichtherzig; leichtsinnig (〈軽率に〉)/喜びの余り浮き浮きとして schwimmend vor ³Freude (Glück).

うきおり 浮織 Gewebe (n. -s, -) mit erhabenem Muster.

うきがし 浮貸し gesetzwidriges Darleh[e]n, -s, -.

うきくさ 浮草 [植] Wasserlinse f. -n/浮草のような生活 ein nomadenhaftes Leben, -s.

うきぐも 浮雲 schwebende (schwimmende) Wolken (pl).

うきごし 浮腰になる schwanken; unschlüssig werden.

うきさんばし 浮桟橋 eine schwimmende Landungsbrücke, -n.

うきしずみ 浮き沈み ⇨ふちん(浮沈).

うきしま 浮島 eine schwimmende Insel, -n.

うきしろ 浮城 eine schwimmende Festung, -en/Kriegsschiff n. -[e]s, -e.

うきだつ 浮き立つ in froher (freudiger; gehobener) Stimmung sein; heiter (lebhaft) sein; ⁴sich erheitern; belebt werden. — 浮き立たせる beleben*⁴; erheitern⁴; ermuntern⁴.

うきでる 浮き出る ❶ ⇨うきあがる. ❷ [浮彫] erhaben sein.

うきドック 浮ドック Schwimmdock n. -[e]s, -e (-s); U-Dock n. -[e]s, -e (-s).

うきな 浮名 を流す wegen seiner Liebesverhältnisse ins Gerede kommen* ⓢ/彼は到るところで浮名を流している Überall spricht man von seinen Verhältnissen.

うきばかり 浮秤 Senkwaage f. -n; Aräometer n. -s, -.

うきはし 浮橋 Ponton|brücke (Schiff-) f. -n.

うきぶくろ 浮袋 ❶ [魚の] Schwimmblase f. -n. ❷ [水泳用の] Schwimmring m. -[e]s, -e; Schwimmgürtel m. -s, - (〈身体にまきつけるもの〉); [救助用の] Rettungs|ring m. -[e]s, -e (-gürtel m. -s, -); Schwimmweste f. -n.

うきぼり 浮彫 Relief n. -s, -s (-e); erhabene Arbeit, -en.

うきみ 憂き身 ¶ ...に憂き身をやつす ⁴sich hin|geben*³; ⁴sich leidenschaftlich beschäftigen (mit³); schwelgen ⓢ (in³).

うきめ 憂き目 eine bittere Erfahrung, -en; Not f. ¨e/憂き目を見る eine bittere Erfahrung machen; Not leiden* (haben; erfahren*).

うきよ 浮世 diese Welt; die vergängliche

Welt; irdisches Leben, -s; [憂き世] Jammertal *n.* -[e]s/浮世の weltlich; irdisch/浮世離れした weltfremd/浮世がいやになる des ²Lebens müde sein; das Leben satt haben (sein)/浮世を棄てる der ³Welt entsagen; ein zurückgezogenes Leben führen/これが浮世の常だ So ist das Leben. ¦ So geht es halt in der Welt.

うきよえ 浮世絵 Ukiyoe-Holzschnitt *m.* -[e]s, -e; [風俗画] Genre¦bild *n.* -[e]s, -er (-malerei *f.* -en).

うきょく 迂曲 Windung *f.* -en; Krümmung *f.* -en/迂曲する ⁴sich winden*; ⁴sich krümmen; ⁴sich schlängeln.

うきわ 浮輪 Schwimm¦ring (Rettungs-) *m.* -[e]s, -e.

うく 浮く ❶ [浮かぶ] schwimmen*; schweben《空中に》; [浮上する] auf|tauchen [s]; an die Oberfläche kommen* [s]. ❷ [歯が] *jm* auf die Nerven fallen* (gehen*) [s]/歯の浮くような話だ Die Geschichte fällt mir auf die Nerven. ❸ [気が] ⇨**うきたつ**, **うかぬ**. ❹ [余る] erspart werden; übrig bleiben* [s]/月に一万円浮く monatlich 10 000 Yen erspraren.

うぐい 〖魚〗Weißfisch *m.* -es, -e.

うぐいす 鶯 Grasmücke *f.* -n.

ウクライナ die Ukraine/ウクライナの ukrainisch ‖ ウクライナ人 Ukrainer *m.* -s, -.

ウクレレ Ukulele *f.* (*n.*) -, -n.

うけ 受け ❶ [受けるもの] Behälter *m.* -s, -《容器》; Stütze *f.* -n《支え》. ❷ [気受け] Aufnahme *f.*; Ruf *m.* -[e]s《評判》; Beliebtheit *f.*《人気》; Popularität *f.*《同上》/受けがよい(悪い) eine gute (schlechte) Aufnahme finden*; einen guten (schlechten) Ruf haben; beliebt (unbeliebt) sein《bei *jm*》. ‖ 受け皿 Untersatz *m.* -es, ⸚e; Untertasse *f.* -n《茶碗の》/軸受け〖工〗Lager *n.* -s, -.

うけ 有卦に入る ⁴Glück haben; vom Glück begünstigt sein/彼はこのところ有卦に入っている Zur Zeit ist das Glück ihm gnädig (hold).

うけあい 請合 [確言] Versicherung *f.* -en; [保証] Gewährleistung *f.* -en; das Garantieren*, -s/請合の garantiert; sicher.

うけあう 請け合う [確言する] *jm* versichern⁴ (beteuern⁴); *jn* ²*et* versichern; [保証する] die Gewähr (Garantie) übernehmen*《*für*⁴》; Gewähr leisten (gewährleisten)《*für*⁴》; garantieren⁴; bürgen《*für*⁴》; ein|stehen*《*für*⁴》/請け合って bestimmt; sicher / 彼はそれが事実であると請け合った Er versicherte mir, dass es Tatsache sei./この情報の確かさは請け合いません Diese Auskunft wird ohne Gewähr gegeben./請け合うよ Ich garantiere. ¦ *Sei versichert!*

うけい 右傾する nach rechts tendieren; eine Rechtstendenz haben.

うけいれ 受け入れ An¦nahme (Auf-) *f.* -n; Empfang *m.* -[e]s, ⸚e.

うけいれる 受け入れる an|nehmen*⁴ (auf|-); empfangen*⁴/要求を受け入れる eine Forderung akzeptieren; einer ³Forderung entsprechen*《従う》.

うけうり 受け売りする ❶ ⇨**こうり**. ❷ [他人の知識を] aus zweiter Hand erzählen⁴; *jm* nach|erzählen⁴/知識を受け売りする ⁴Kenntnisse, die nicht von einem stammen, an den Mann bringen*/そいつは受け売りさ Das stammt nicht von ihm.

うけおい 請負 Akkord *m.* -[e]s, -e; Verding *m.* -[e]s, -e; Verdingung *f.* -en; [契約] Vertrag *m.* -[e]s, ⸚e; Kontrakt *m.* -[e]s, -e/請負で仕事をする auf (in) ³Akkord arbeiten ‖ 請負契約 Akkord¦vertrag (Verdingungs-) *m.* -[e]s, ⸚e; Bauvertrag *m.* -[e]s, ⸚e《土木建築の》/請負師 Bauunternehmer *m.* -s, -/請負仕事 Akkord¦arbeit (Stück-) *f.* -en/請負賃金 Akkord¦lohn (Stück-) *m.* -[e]s, ⸚e.

うけおう 請け負う〔auf (in) ³Akkord〕übernehmen*⁴; [契約を結ぶ] einen Vertrag schließen*/建築を請け負う den Bau übernehmen*; den Bauvertrag schließen*.
── 請け負わせる *jm* in ³Akkord geben*⁴; *jm* verdingen⁽*⁾⁴; [委託する] *jm* den Auftrag geben*/建築を請け負わせる *jm* den Bauauftrag geben*.

うけざら 受皿 Untertasse *f.* -n.

うけだす 請け出す ❶ [落籍] *jn* los|kaufen; *jn* frei|kaufen; *jn* aus|lösen. ❷ [質請け] ein|lösen⁴.

うけだち 受太刀になる in die Defensive geraten* [s] (gedrängt werden).

うけたまわる 承る ❶ [聞く] hören⁴; vernehmen*⁴; [聞き知る] erfahren*⁴/承るところによれば wie ich höre. ❷ [命令を] empfangen*⁴; erhalten*⁴/承りました Es wird gemacht. ¦ Ja, das geht in Ordnung.

うけつぐ 受け継ぐ [相続する] erben⁴; [貰(もら)う] bekommen*⁴; erhalten*⁴; [引き継ぐ] übernehmen*⁴; [後に続く] *jm* (auf *jn*) folgen [s]/母親から才能を受け継ぐ die Begabung von seiner ³Mutter erben.

うけつけ 受付 Empfang *m.* -[e]s, ⸚e; [受理] Annahme *f.* -n ‖ 受付所 Empfangs¦raum (Melde-) *m.* -[e]s, ⸚e; Annahmestelle *f.* -n; [案内所] Auskunftsbüro *n.* -s, -s.

うけつける 受け付ける empfangen*⁴; in ⁴Empfang nehmen*⁴; [受理する] an|nehmen*⁴/受け付けない《拒否する》nicht an|nehmen*⁴; ab|lehnen⁴; ab|weisen*⁴; verweigern⁴.

うけとめる 受け止める auf|fangen*⁴; parieren⁴.

うけとり 受取 Empfang *m.* -[e]s, ⸚e; Annahme *f.* -n; [受領証] Empfangsschein *m.* -[e]s, -e; Quittung *f.* -en ‖ 受取帳 Annahme¦buch (Quittungs-) *n.* -[e]s, ⸚er/受取人 Empfänger *m.* -s, -; Remittent *m.* -en, -en《手形の》.

うけとる 受け取る ❶ *[受領する]* *empfangen**⁴; erhalten*⁴; bekommen*⁴; [受納する] an|nehmen*⁴/代金受け取り後 nach ³Eingang des Betrages. ❷ [...と解する] halten*⁴《*für*⁴》/真面目に受け取る ernst nehmen*⁴/本当の話と受け取る für wahr halten*⁴.

うけながす 受け流す parieren⁴; [防御] ab|wehren⁴; [回避] aus|weichen*³ ⟨s⟩/軽く受け流す nicht ernst nehmen*⁴; nicht ernstlich ein|gehen* ⟨s⟩ ⟪auf⁴⟫.

うけにん 請人, Gewährsmann *m*. -(e)s, -er; Bürge *m*. -n, -n.

うけみ 受身 ❶ [守勢] Defensive *f*. -n; [消極性] Passivität *f*./受身の defensiv; passiv. ❷ 《文法》Passiv *n*. -s, -e; Passivum *n*. -s, -va ⟨⟨-va⟩⟩; Leideform *f*. -en/受身の助動詞 Hilfsverb ⟨*n*. -(e)s, -en⟩ des Passivs.

うけもち 受持 [所管] Zuständigkeit *f*. -en; [世話] Betreuung *f*. -en; [監督] Aufsicht *f*. -en; [義務] Obliegenheit *f*. -en; [任務] Aufgabe *f*. -en; [引受] Übernahme *f*. -en; [委託] Auftrag *m*. -(e)s, -e/私のクラス上 Klasse *f*. -n/受持時間はどのくらいですか Wie viel Stunden müssen Sie unterrichten?/これは私の受持です Dafür bin ich zuständig. ‖ 受持教師 Klassenlehrer *m*. -s, -; Ordinarius *m*. -, -rien/受持区域 *js* Aufgabengebiet *n*. -(e)s, -e; *js* [Zuständigkeits]bereich *m*. -(e)s, -e; *js* [Verwaltungs]bezirk *m*. -(e)s, -e.

うけもつ 受持 [受持つ] [引受] übernehmen*⁴; [世話] betreuen⁴; [監督] die Aufsicht haben (führen) ⟪über⁴⟫; [管轄] zuständig sein ⟪für⁴⟫/受持たせる *jm* zu|weisen*⁴.

うけもどす 受戻す ⇨うけだす.

うける 受ける ❶ [貰(もら)う] bekommen*⁴; erhalten*⁴; empfangen*⁴; kriegen*⁴; [享受する] genießen*⁴/[注文⋅委託]を受ける eine Bestellung (einen Auftrag) bekommen*⁴/訪問を受ける Besuch bekommen*/歓迎を受ける eine freundliche (herzliche) Aufnahme finden*; freundlich (herzlich) aufgenommen werden*/許可を受ける die Erlaubnis bekommen* (erhalten*)/信頼(尊敬)を受けた Vertrauen (Achtung) genießen*/[招待]を 諾する] an|nehmen*⁴; akzeptieren*⁴/この招待をお受けすることはできません Diese Einladung kann ich nicht annehmen. ❷ [こうむる] bekommen*⁴; [er]leiden*⁴/侮辱(ひどい扱い)を受ける beleidigt (schlecht behandelt) werden*/嫌疑を受ける in ⁴Verdacht kommen* (geraten*) ⟨s⟩/損害を受ける Schaden bekommen* (erleiden*). ❸ [治療⋅手術など] *sich unterziehen*³/盲腸の手術を受ける ⁴*sich einer Blinddarmoperation unterziehen*/⁴*sich den Blinddarm herausnehmen lassen*. ❹ [検査⋅試験など] ⁴*sich prüfen lassen*; ⁴*sich einer Prüfung (einem Examen) unterwerfen (unterziehen)*; ein Examen machen. ❺ [と解する] 真に受ける ernst nehmen*⁴; für wahr halten*⁴. ❻ [⋯を受け止める] auf|fangen*⁴. ❼ [球や太刀先を受け止める] auf|fangen*⁴. ❽ [人気に投じる] große Popularität genießen*; ⁴*sich großer Beliebtheit erfreuen*; populär (beliebt) sein. ❾ [⋯に関係する] ⁴*sich beziehen ⟪auf⁴⟫*/この関係代名詞は主文の主語を受ける Dieses Relativpronomen bezieht sich auf das Subjekt des Hauptsatzes. ❿ [引き継ぐ] erben*⁴.

うけわたし 受渡し [Ab]lieferung *f*. -en; Aus|händigung (Ein-) *f*. -en; Übergabe *f*. -n/受渡しする [ab]liefern*⁴; aus|händigen³⁴ (ein|-); übergeben*³⁴ ‖ 受渡期限 Liefer[ungs]zeit *f*. -en (-frist *f*. -en).

うげん 右舷 《海》 Steuerbord *n*. -(e)s, -e; die rechte Schiffsseite, -n/右舷前方に歓の潜水艦見ゆ Voraus an Steuerbord feindliches U-Boot!

うご 雨後の筍のように wie die Pilze nach dem Regen.

うごう 烏合の衆 ein bunt zusammengewirfelter Haufen, -s, -.

うごかす 動かす bewegen⁴; in ⁴Bewegung setzen⁴; rühren⁴; regen⁴; rücken⁴ (押す); in ⁴Gang bringen*⁴ (機械などを); in ⁴Betrieb setzen (同上); verändern⁴ (変更する); beeinflussen⁴ (影響を与える); erschüttern⁴ (揺り動かす)/機械を動かす eine Maschine in Betrieb setzen (in Gang bringen*)/心を動かす *jn* bewegen (rühren; ergreifen; erschüttern; beeinflussen)/指一本動かさない (怠けものの) keinen Finger regen (rühren)/机を傍に動かす einen Tisch zur Seite rücken/彼女は眉毛一つ動かさなかった Sie verzog keine Miene./彼は他人に動かされやすい Er ist leicht beeinflussbar. —— 動かしうる bewegbar; beweglich. —— 動かし難い nicht bewegbar; unbeweglich; unveränderlich ⟪不可変の⟫; unerschütterlich ⟪揺がない⟫; unleugbar ⟪否認しえぬ⟫.

うごき 動き Bewegung *f*. -en; Regung *f*. -en ⟪気持⋅心の⟫; Gang *m*. -(e)s, -e ⟪歩み⋅成行⟫; Lauf *m*. -(e)s, -e ⟪同上⟫; Tendenz *f*. -en ⟪傾向⟫/物価の動き die Tendenz der Preise/動きがとれない nicht wegkommen können*; in der ³Klemme sein (sitzen*).

うごく 動く ⁴*sich bewegen*; ⁴*sich rühren*; ⁴*sich regen*; gehen* ⟨s⟩ ⟪時計などの⟫; in ³Betrieb sein ⟪運転中である⟫/動き出す ⁴*sich in ⁴Bewegung setzen*; in ⁴Gang kommen* ⟨s⟩/君の時計は動いていない Deine Uhr steht.

うこさべん 右顧左眄する bald nach rechts, bald nach links sehen*; schwanken; zögern; unschlüssig sein.

うごめく ⁴*sich bewegen* (動く); kriechen* ⟨h.s⟩ (這う); ⁴*sich krümmen (winden)* (のたくる); von ³*et* wimmeln ⟪⋯がうようよしている⟫/鼻をうごめく Nüstern ⟨*pl*⟩ blähen.

うこん 鬱金 《植》 Kurkuma *f*. -, -men/鬱金色の kurkumagelb.

うさ 憂さ Schwermut *f*.; Düsterkeit *f*. -en; Düsterheit *f*. -en; Trübsinn *m*. -(e)s; Langeweile *f*. ⟪退屈⟫; Melancholie *f*. -n; Traurigkeit *f*. -en ⟪悲哀⟫; Schmerz *m*. -es, -en ⟪心痛⟫; Kummer *m*. -s ⟪心配⟫/憂さを晴らす den Kummer (die Sorgen) vertreiben*; trübe Gedanken aus dem Herzen verbannen; ⟨⟨⟨⟩⟩⟩*sich (jn) ablenken*/憂さ晴らしに zur Erholung (Abwechslung); abwechslungshalber/酒で憂さを晴らす den Schmerz durch Trinken betäuben.

うさぎ 兎 Kaninchen *n*. -s, -; 《野兎》Hase *m*. -n, -n; Häsin *f*. ⟪…sinnen⟫ ⟪⟫; Häschen *n*. -s, - 《子うさぎ》/兎狩りに行く auf

う

die Hasenjagd gehen* [s].

うさん うさん臭い verdächtig／うさん臭い人 eine verdächtige Person, –en; der faule Kunde, –n, –n／黙っているところがどうもうさん臭い Sein Schweigen kommt mir verdächtig vor.／どうもうさん臭いところがある Ein Verdacht besteht doch.／うさん臭そうに argwöhnisch; misstrauisch.

うし 牛 Rind *n.* –[e]s, –er《一般》; Kuh *f.* ¨e《めす》; Stier *m.* –[e]s, –e; Ochse *m.* –n, –n《おす》; Bulle *m.* –n, –n《種牛》; Kalb *n.* –[e]s, ¨er《仔牛》; Rindvieh *n.* –s《牛類》／牛の群れ eine Herde Rinder; Rinderherde *f.* –n／牛を飼う ³sich Kühe halten*／牛の歩みの如く im Schneckengang (Schneckentempo)／牛のよだれのような langwierig und ermüdend／牛を馬にのりかえる um|satteln [s] ‖ 牛飼(牛追・牛方) Kuh¦hirt (Rinder–) *m.* –en, –en／牛小屋 Kuhstall *m.* –[e]s, ¨e／牛盗人 Viehdieb *m.* –[e]s, –e.

うじ 氏 [家系] Geschlecht *n.* –[e]s, –er; Familie *f.* –n; Geburt *f.*《生まれ》／氏がよい aus guter Familie sein／氏より育ち Bildung ist wichtiger als Geburt.

うじ 蛆 Made *f.* –n／蛆のわいた madig／死体は蛆だらけだった Die Leiche wimmelte von Maden.

うしお 潮 Gezeit *f.* –en《ふつう *pl*》; Flut *f.* –en《あげ潮・高潮》／潮のように wie Flutwellen／大群衆が潮のように議事堂に押し寄せた Eine große Menschenmenge flutete (strömte wie Flutwellen) zum Parlamentsgebäude [heran].

うじがみ 氏神 Schutzgott《*m.* –[e]s, ¨er》eines Geschlechtes.

うじこ 氏子 [Tempel]gemeinde *f.*《総称》; Gemeindemitglied *n.* –[e]s, –er.

うしなう 失う verlieren*⁴《*an*³》; ein|büßen⁽⁴⁾《*an*³》; nicht mehr finden*⁴; kommen* [s]《*um*⁴》; verlustig² gehen* [s]; [なくなる] verloren gehen* [s]; abhanden kommen* [s]; [置き忘れる] liegen lassen*⁴; verlegen⁴; verkramen⁴／地位を失う seine Stellung verlieren*／地歩(名声)を失う viel an Boden (an Ansehen) verlieren*／機会を失う eine Gelegenheit verpassen (versäumen)／色を失う Bleich werden《*vor*³》; erblassen《*vor*³》／平静を失う die Beherrschung verlieren*／理性を失う aller ²Vernunft bar sein; ⁴sich wahnsinnig auf|regen／洪水で家を失う durch die Flut wohnungslos werden／正気を失う von Sinnen sein; bewusstlos (besinnungslos; ohnmächtig) werden.

うしみつどき 丑三つ時に in tiefsten (späten) Nachtstunden; in der Geisterstunde.

うじゃうじゃ schwarm¦weise (massen–); in ³Scharen／うじゃうじゃいる wimmeln《*von*³》／食料部屋は蟻がうじゃうじゃしていた Die Speisekammer wimmelte von Ameisen.

うしろ 後 Hinter¦seite *f.* –n (–teil *n.* –[e]s, –e); Rückseite *f.* –n／後で hinter³《*präp*》; hinten《*adv*》／後へ hinter⁴《*präp*》; nach hinten; hinterwärts; hintenüber《あおむけに》／後から von hinten [her]; hinterher; hinterdrein; hintenherum; hinterrücks／後に hintenan; hintennach; im Hintergrund／後の hinter³; Hinter-／後からついて行く hinter *jm* her|gehen* [s]; *jm* nach|folgen／後に倒れる zurück|fallen* [s]; auf den Rücken (rücklings) fallen* [s]／後に乗る auf dem Sozius sitzen* (fahren* [s])《オートバイの》／後にまわる hinter *jn* (⁴*et*) kommen* [s] ([⁴sich] schleichen*); *jm* in den Rücken fallen* [s]《背後をつく》／後をふりむく hinter ⁴sich blicken／敵に後を見せる dem Feind den Rücken zeigen／後の席 Hintersitz *m.* –es, –e《自動車などの》; Soziussitz *m.* –es, –e《オートバイの》／後むきになる den Rücken kehren³; ⁴sich um|drehen.

うしろあし 後足 Hinterbein *n.* –[e]s, –e／後足で立つ ⁴sich auf die Hinterbeine stellen.

うしろあわせ 後合せに[すわる] Rücken gegen Rücken [sitzen*].

うしろがみ 後髪を引かれる思いがする die Trennung sehr schmerzlich finden*; Die Trennung fällt *jm* recht schwer (berührt *jn* sehr schmerzlich).

うしろがわ 後側 Hinterseite *f.* –n; Rückseite *f.* –n《背面》／後側の部屋 das hintere (nach hinten gelegene) Zimmer, –s, –／樹木の後側から見る hinter einem Baum hervor|blicken／後側の部屋に住む hinten hinaus wohnen《裏側に面して》.

うしろぐらい 後暗い [すねに傷もつ] schämig; schuldbewusst; selbstanklägerisch; [いかがわしい] anrüchig; zweifelhaft; verdächtig／後暗く思う ein böses (schuldbeladenes) Gewissen haben; schuldbewusst sein／彼は後暗いことはしない人だ Er gebraucht nie eine Hinterlist.／私は何ら後暗いところはない Ich habe ein reines Gewissen.

うしろすがた 後姿 Figur (Gestalt)《*f.* –en》von hinten／後姿を見送る *jm* nach|blicken (nach|sehen*)／後姿がおとうさんそっくりだ Von hinten gesehen sind Sie Ihrem Vater sehr ähnlich (sind Sie von Ihrem Vater sehr schwer zu unterscheiden).

うしろだて 後楯 [後援] Unterstützung *f.* –en; Beistand *m.* –[e]s; Patronat *n.* –[e]s, –e《特に教会・学校の》; Patronage *f.*; [後援者] Unterstützer *m.* –s, –; Patron *m.* –s, –e; Gönner *m.* –s, –; Schirm¦herr (Schutz–) *m.* –n, –en; Anhänger *m.* –s, –《支援者・ひいき》; Hintermann *m.* –[e]s, ¨er《黒幕的人物》. —— 後楯になる unterstützen⁴; schirmen⁴; *js* Patron (Gönner; Beschützer) sein《後楯である》.

うしろで 後手に縛る *jm* die Hände hinten auf dem Rücken binden*.

うしろまえ 後前に着る [プルオーバーを] (einen Pullover) verkehrt an|ziehen*／君は帽子を後前にかぶっているよ Du hast den Hut verkehrt auf.

うしろむき 後向きになる den Rücken kehren (um|wenden⁽*⁾)／後向きになって mit dem Rücken gegen *jn*／さあ, 後向きになって《診察のときなど》Bitte, drehen Sie sich um!

うしろめたい 後めたい気持がする schuldbewusst sein; ein böses (schlechtes) Ge-

wissen haben; ⁴sich über die Schuld beunruhigen.
うしろゆび 後指をさされる ³sich 〔etwas〕 Übles nachsagen (nachreden) lassen*; ⁴sich in üblen Ruf bringen*; in Verruf kommen* (geraten*) [s].
うす 臼 Mörser *m.* -s, -; Holzmörser *m.* -s, -《日本式の》; Mühle *f.* -n《ひきうす》; Mühlstein *m.* -〔e〕s, -e《臼石》/臼でひく mit der ³Mühle mahlen⁴ (zerreiben*⁴)/臼でつく im Mörser zerstampfen⁴.
うすあかり 薄明り der matte Lichtschein, -〔e〕s, -e; Schimmer *m.* -s, -; [未明・薄暮] Dämmerung *f.* -en; Zwielicht *n.* -〔e〕s/薄明りで im matten Licht.
うすあかるく 薄明るくなる allmählich hell〔er〕 (grau〔er〕) werden; [未明] es dämmert; es graut.
うすい 薄い ❶ [厚さ] dünn; schwach/薄いベール der dünne Schleier, -s, -/薄い壁 die schwache Mauer, -n. ❷ [色] hell/薄い色 die helle Farbe, -n/薄い色の hellfarbig/薄い赤 das helle Rot, -s. ❸ [濃度] schwach; dünn; wäss〔e〕rig 《水っぽい》/薄い茶 der schwache Tee, -s, -s/薄いコーヒー der dünne Kaffee, -s/髪が薄い Sein Haar ist dünn. ❹ [少ない] 望みが薄い Die Aussichten sind trüb.¦Es sind nur wenige Aussichten vorhanden.¦fast aussichtslos sein/人情の薄い gefühllos; gefühlskalt; fischblütig; gemütsarm/薄く dünn; hellfarbig; schwach/上に薄く下に厚く 《ボーナスなど》 weniger nach oben, mehr nach unten. ― 薄くなる dünn werden; bleichen [s, h]《色があせる》; ⁴sich lichten《髪の毛が》. ― 薄くする dünn〔er〕 machen⁴《厚さを》; ab|stumpfen⁴; erhellen⁴《色を》; verdünnen⁴《濃度を》; verwässern⁴《水で》.
うすいた 薄板 das dünne Brett, -〔e〕s, -er; [金属の] Folie *f.* -n; 〔das dünne〕 Blech, -〔e〕s, -e.
うすいろ 薄色の hellfarbig/薄色の服 das helle Kleid, -〔e〕s, -er.
うすうす 薄々 dunkel; blass; schwach《ぼんやり》; etwas; nur ein wenig《少し》/薄々感づく irgendwie fühlen⁴; riechen*⁴; Wind (Witterung) bekommen* (kriegen) 《*von*³》; wittern⁴/薄々おぼえている ⁴sich dunkel erinnern 《*an*⁴》; *jm* nur blass (schwach) *in Erinnerung sein*/薄々しか知らない nur eine blasse Ahnung haben 《*von*³》.
うずうず うずうずする [...したくて] es juckt *jn* in den Fingern《zu 不定詞句》/足がうずうずする Es juckt mich in den Beinen.《走りたくて・おどりたくて》.
うすがみ 薄紙 das dünne Papier, -s, -e《*pl* は種類をいうとき》/薄紙をはぐように病気がよくなる nach und nach wiederhergestellt werden; allmählich (keinen Rückfall erleidend) gesund werden.
うすかわ 薄皮 die dünne Haut, ⸚e; Häutchen *n.* -s, -; der dünne Überzug, -〔e〕s, ⸚e; Membran〔e〕 *f.* ..nen《膜》/薄皮が張る Es bildet sich ein 〔feines〕 Häutchen./薄皮の dünn¦häutig (-schalig); mit einem Häutchen überzogen (bedeckt).
うすぎ 薄着をする ⁴sich leicht an|ziehen*; ein leichtes Kleid an|haben* (an|legen; an|ziehen*).
うすぎたない 薄汚い unsauber; schmutzig; schmuddelig; verdreckt 《どろで》; verstaubt 《ほこりで》; verschwitzt 《汗で》; ungepflegt; schlampig《手入れしてない》.
うすぎぬ 薄絹 die leichte Seide, -n; der dünne Seidenstoff, -〔e〕s, -e.
うすきみ 薄気味〔の〕わるい unheimlich; nicht geheuer; gruselig/薄気味のわるい部屋 das düstere (grauenhafte) Zimmer, -s, -/薄気味わるくなる eine unerklärliche Furcht empfinden*.
うすぎり 薄切り Aufschnitt *m.* -〔e〕s, -e《ソーセージや肉など》/薄切りにする auf|schneiden*⁴; in 〔dünne〕 Scheiben schneiden*⁴.
うずく 疼く es tut weh 〖または痛む場所が三語〗; es sticht (beißt)/ひきつるように(きりきりと)疼く Es sind ziehende (bohrende) Schmerzen.
うずくまる 蹲る ⁴sich ducken; 〔hin|〕hocken; 〔⁴sich〕 kauern.
うすぐも 薄雲 die leichte Wolke, -n.
うすぐもり 薄曇りの leicht bewölkt (bedeckt).
うすぐらい 薄暗い dämmerig; dämmergrau; dunkel; düster; trüb/薄暗くなる Es fängt an, düster zu werden; dunkel werden.
うすくらがり 薄暗がり Halbdunkel *n.* -s/薄暗がりで im Halbdunkel; im trüben Licht.
うすげしょう 薄化粧をする ⁴sich leicht zurecht|machen (schminken; pudern)/薄化粧した顔 das leicht gepuderte Gesicht, -〔e〕s, -er.
うすごおり 薄氷 das dünne Eis, -es/薄氷がはる dünn zu|frieren* [s] 〖川などが主語〗.
うすじお 薄塩の leicht gesalzen (eingesalzen).
うすずみ 薄墨 die dünne Tusche, -n/薄墨色の grau.
うずたかく 堆く haufenweise; in Haufen/うずたかく積み重ねる haufenweise schichten⁽⁴⁾; einen Haufen Bücher auf|schichten《本を》; auf einen großen Haufen legen*⁴/うずたかい書類の山 große Stöße Akten.
うすちゃ 薄茶 ❶ Aufguss《*m.* -es, ⸚e》 von Pulvertee. ❷ [薄茶色] Hellbraun *n.* -s/薄茶色の hellbraun.
うすっぺら 薄っぺらな sehr dünn; [浅薄な] oberflächlich; äußerlich; leichtfertig.
うすで 薄手 [陶磁器] das leichte (dünne) Porzellan, -s, -e; die dünne Keramik, -en/薄手の dünn; 〔besonders〕 dünn bearbeitet (hergestellt; gebacken 《せんべいなど》) ‖ 薄手焼 das leichte Porzellan.
うすのろ 薄のろ Dumm〔e〕rian *m.* -s, -e; Dummerjan *m.* -s, -e; Trottel *m.* -s, -; der Schwachsinnige*, -n, -n.
うすば 薄刃 Messer《*n.* -s, -》 mit dünner ³Klinge; Hackmesser *n.* -s, -《台所用》.

うすび 薄日 der schwache Sonnenstrahl, -(e)s, -e; die bleiche Sonne, -/薄日が差し始める Die Sonne durchdringt allmählich die Wolken (den Nebel). Die Sonne beginnt, sanft zu scheinen.

ウズベキスタン Usbekistan n. -s/ウズベキスタンの usbekisch ‖ ウズベキスタン人 Usbeke m. -n, -n; Usbekin f. ..kinnen《女》.

うすべに 薄紅 das helle Rot, -s; Rouge n. -s, -/薄紅をつけた rötlich geschminkt/頬に薄紅をつける ein bisschen Rot (Schminke) auflegen.

うすべり 薄縁 die (dünne) Binsenmatte, -n.

うずまき 渦巻 Wirbel m. -s, -; Strudel m. -s, -; Neer f. -en;〔螺線形〕Spirale f. -n; Schneckenlinie f. -n;〔建築〕Schnecke f. -n; Volute f. -n/渦巻形の wirb(e)lig; spiral; schneckenförmig/渦巻の中にまきこまれる in den Wirbel des Stroms hineingezogen werden/水は渦巻きをなして(渦を巻いて)動いている Das Wasser ist in wirbeliger Bewegung.《電気洗濯機など》; Der Strom wirbelt.《川など》.

うずまく 渦巻く wirbeln [h.s.]; strudeln [h.s.]

うずまる 埋まる ⇨うずむ.

うすめ 薄目をあけて見る die Augen halb geöffnet sehen*[4].

うすめる 薄める ⇨うすい（薄くする).

うずめる 埋める ⇨うずむ.

うすもの 薄物 der leichte (dünne) Stoff, -(e)s, -e; Flor m. -s, -e《紗》.

うずもれる 埋もれる ❶ 世に埋もれる in Vergessenheit geraten*[s]; ganz zurückgezogen (in der Verborgenheit) leben《隠遁生活》/雪に埋もれる im Schnee begraben werden/道は全く雪に埋もれている Die Wege sind ganz verschneit.

うずら 鶉〔鳥〕Wachtel f. -n.

うすらぐ 薄らぐ verblassen [s]《色が》; schwach (trüb) werden《光が》; nachlassen*《痛みが》; ²sich abkühlen《興奮・情熱などが》/愛情が薄らぐ Die Liebe vergeht./私は彼に対する尊敬の念が薄らいだ Meine Achtung gegen ihn ließ nach.

うすらさむい 薄ら寒い ziemlich kalt.

うずらまめ 鶉豆 Dickbohne f. -n.

うすれる 薄れる ⇨うすらぐ.

うすわらい 薄笑いを浮かべる schmunzeln; feixen.

うせつ 右折する nach rechts ab|biegen*[s] ‖ 右折禁止 Abbiegen nach rechts verboten.

うせもの 失せ物 der vermisste Gegenstand, -(e)s, -e; Fundsache f. -n《拾得物》.

うせる 失せる ❶〔消失〕dahin|schwinden* [s]; verschwinden*[s]; entschwinden*[s]《記憶から》js. ²Gedächtnis entschwinden*/彼女の色香は失せた Ihre Schönheit ist dahingeschwunden./希望はすべて失せた Alle unsere Hoffnungen schwunden dahin./さっさと失せろ Mach, dass du fortkommst! Hinweg mit dir! ❷〔紛失〕verloren gehen*[s]; abhanden kommen*[s]. ⇨ふんしつ.

うそ〔鳥〕Gimpel m. -s, -.

うそ 嘘 Lüge f. -n; Verlogenheit f. -; Lügengewebe n. -s, -;〔だまし〕Täuschung f. -en;《まやかし》;〔つくりごと〕Erdichtung f. -en; Märchen n. -s, -; Finte f. -n;《悪気のない・罪のない》Flunkerei f. -en; die fromme Lüge, -n;《まっかの》Mordslüge f. -n; die grobe Lüge, -n;《大きな》die faustdicke (handgreifliche) Lüge, -n;〔見えすいた〕die leicht zu durchschauende Lüge, -n; die schamlose Lüge, -n/嘘の lügenhaft; lügnerisch; unwahr; verlogen; erfunden《ぺっ造した》/嘘のような話 die unglaubliche Geschichte, -n/嘘のかたまり Lügen|gewebe (Trug)- n. -s, -/嘘をつく die Unwahrheit sagen; an|lügen*[4]《「ある人に」が4格を》; flunkern; verhohlen*《かつぐ》/嘘も方便 Die Notlüge ist〔auch〕ein Auskunftsmittel./嘘から出たまこと ,Aus Scherz wird Ernst.'/嘘は泥棒のはじまり ,Wer lügt, der stiehlt.'; ,Junger Lügner, alter Dieb.'/嘘八百 von A bis Z gelogen/嘘八百を一般に lauter Märchen erzählen/嘘の皮はすぐはげる ,Lügen haben kurze Beine.'/途方もない嘘を言う das Blaue vom Himmel herunter|lügen*; lügen*, dass °sich die Balken biegen; jm die Jacke voll lügen*/まことしやかに（見て来たような）嘘をつく wie gedruckt lügen*/平気で嘘を言う男だ Um eine Lüge ist er nie verlegen./まんざら嘘でもないらしい Etwas Wahres wird doch an der Geschichte sein./そうしなければ嘘だ Es ist töricht, es zu unterlassen./途中であきらめるのは嘘だ Es ist unklug, halbwegs darauf zu verzichten. ‖ 嘘発見器 Lügendetektor m. -s, -en.

うそうむぞう 有象無象 Krethi und Plethi; Hinz und Kunz; Hans und Franz; Pöbel m. -s, -; Krämervolk n. -(e)s, "er.

うそつき 嘘つき Lügner m. -s, -; Flunkerer m. -s, -; Märchenerzähler m. -s, -.

うそぶく ❶ ⇨とぼける. ❷〔ほえる〕brüllen; heulen.

うた 歌 ❶〔歌謡〕Lied n. -(e)s, -er; Gesang m. -(e)s, "e; Ballade f. -n/歌の先生 Gesanglehrer m. -s, -/歌を習う Gesangstunden nehmen*; singen lernen/歌を歌う《ein Lied》singen*[4]; summen[4]《小声で》. ❷〔広義〕Dichtwerk n. -(e)s, -e《一般》; Gedicht n. -(e)s, -e《個々の》; das japanische Kurzgedicht, -(e)s, -e《和歌》/歌を作る dichten; Gedichte verfassen (schreiben*); ein Gedicht machen.

うたあわせ 歌合せ das Wettdichten, -s.

うたい 謡 Rezitation (f. -en) des No-Dramas. ⇨ようきょく《謡曲》.

うたいて 歌い手 Sänger m. -s, -; Sängerin f. ..rinnen《女性》. ⇨かしゅ《歌手》.

うたいもんく 歌い文句 Schlagwort n. -(e)s, -e (-er).

うたう 歌う singen*[4]; summen[4]《小声で》; rezitieren[4]《朗吟》; lallen[4]《歌詞なしでラララと》/歌を歌って子供をねかす das Kind in den Schlaf hinein|summen.

うたかい 歌会 Versammlung (f. -en) zum Wettdichten ‖ 新年お歌会《宮中の》Neujahrs-Versammlung zum Wettdichten im Hof.

うたがい 疑い Zweifel *m.* -s, -; [疑念] das Bedenken*, -s; [不信] Misstrauen *n.* -s; [嫌疑] Verdacht *m.* -[e]s; Argwohn *m.* -(e)s; [疑問] Frage *f.* -n/疑い深い zweifelsüchtig; misstrauisch; argwöhnisch; skeptisch《懐疑的な》/疑い深い人 der argwöhnische (skeptische) Mensch, -en, -en/疑いのない zweifellos; zweifelsfrei; fraglos; unanfechtbar; unbezweifelbar; unbestreitbar; unumstößlich; unverkennbar; unzweifelhaft; ohne ⁴Zweifel; zweifelsohne; unstreitig; außer allem Zweifel; über allen Zweifel erhaben/疑いをいだく in Zweifel ziehen*⁴/ Bedenken tragen* (hegen; haben) 《zu 不定詞句, 自信がないこと》; Misstrauen hegen (gegen⁴); in Verdacht haben⁴; Verdacht hegen (gegen⁴; über³) 《疑いをかける》/ in verdächtigen²; den Verdacht auf jn lenken (wälzen) 《嫌疑の転嫁》/疑いをうける in Verdacht kommen* (geraten*)⁴ ⁴sich ziehen*; ⁴sich verdächtig machen/疑いをかける *jm* auf|sitzen* ⓢ《主語として》; misstrauisch (argwöhnisch) werden; Verdacht erregen (erwecken)《事が主語》/疑いを晴らす einen Zweifel (Bedenken; Verdacht) zerstreuen (beseitigen)/疑いをいれる余地のない Darüber herrscht (besteht; ist) nicht der geringste (mindeste; leiseste) Zweifel./疑いは彼にかかった Der Verdacht fiel auf ihn./それで彼に疑いがかかった Dies warf einen Verdacht auf ihn.

うたがう 疑う zweifeln (an³); an|zweifeln⁴; bezweifeln⁴; in Frage stellen⁴; misstrauen³《信用しない》; [嫌疑] Verdacht schöpfen (hegen) (gegen⁴); jn verdächtigen²; argwöhnen(⁴); Argwohn hegen (gegen⁴)/...は疑う余地がない Es unterliegt keinem Zweifel, dass .../君の成功を疑わない Ich zweifle nicht an deinem Erfolg./私は自分の目を疑った Ich traute meinen Augen nicht./私は自分の耳を疑った Ich dachte, mein Ohr habe sich wohlgetäuscht.

うたがわしい 疑わしい zweifelhaft; fraglich; fragwürdig; bedenklich; verdächtig; [不確実] unsicher; ungewiss; dubiös; ominös.

うたごころ 歌心 die dichterische Veranlagung, -/歌心のある dichterisch veranlagt (begabt) sein; eine dichterische Ader haben.

うたた gar; mächtig; enorm; in hohem Maß; [何となく] irgendwie; ich weiß nicht wie/うたた感慨無量 Unzählige Erinnerungen aus vergangenen Zeiten stiegen in mir auf.

うたたね うたた寝 Schlummer *m.* -s; das Dösen*, -s; Nickerchen *n.* -s, -/うたた寝する schlummern; dösen; nicken/本を読みながらうたた寝する über dem Buch ein|schlummern (-|nicken) ⓢ.

うだつ うだつが上がらない es weit nicht bringen können*; keine Chancen haben*/あの人はあまりうだつが上がりそうもない Es ist nicht viel los mit ihm.

うだる 茹る kochen; vor ³Hitze verschmachten ⓢ《暑さに苦しむ》/茹るような暑さ eine drückende (lähmende) Hitze. ⇨ゆであがる.

うたれる 打(撃)たれる ⇨うつ/雨に打たれる dem Regen ausgesetzt sein; vom Regen durchnässt werden《びしょぬれ》/雷に打たれる vom Blitz getroffen werden; vom Donner gerührt werden/恐怖に打たれる von Grauen ergriffen werden; ¹Schauer überfällt (ergreift) ¹in/胸を打たれる [感動する] (sehr) beeindruckt werden; gerührt werden (von³); gerührt sein (über⁴)/美しさに打たれる von *js* Schönheit beeindruckt werden.

うたわれる 謳われる lobgesungen (gerühmt; verherrlicht) werden (als); allbekannt (in aller Mund) sein (als); berüchtigt sein (als 悪名を)/世界にその名を謳われる als ¹ei weltbekannt (weltberühmt) sein.

うち 家 Haus *n.* -es, ᵉer; Heim *n.* -[e]s, -e, Wohnung *f.* -en 《住居》/家の人 mein Mann *m.* -[e]s 《夫》/家の者 meine Familie 《家族》; die Meinigen 《一族郎党》; meine Frau 《妻》/家で(に) zu ²Haus(e)/家に居る zu ²Haus(e) bleiben* (sein) ⓢ/家へ帰る nach ²Haus(e) gehen* ⓢ/家に手紙を書く nach ²Haus(e) schreiben*/家を持つ《世帯を》 ein Heim (einen Haushalt) gründen/家を追い出す aus dem Haus(e) jagen⁴/僕は彼女を家まで送って来た Ich brachte (begleitete) sie nach Hause./家に帰りたい Ich möchte nach Haus./Ich habe Heimweh./家から直接参りました Ich komme direkt von zu Hause.

うち 内, 中 das Innere*, -n/内側 Innenseite *f.* -n; die innere Seite, -n. ⇨ない(内).

うち の(うちには) in³; innerhalb³; während³/...しないうちに bevor; ehe; vor³/一両日のうちに in einigen Tagen/一週間のうちに innerhalb einer ²Woche 《日》/そうするうちに inzwischen/若いうちは wenn man noch jung ist/暗くならないうちに bevor es dunkel wird; vor ³Eintritt der ²Dunkelheit/ふりをくまないうちに ehe ich Zeit hatte, mich umzudrehen.

うち の裡に in³; unter³/貧苦の裡に育つ in ³Armut und Not auf|wachsen* ⓢ/彼は涙の裡に罪を白状した Unter Tränen gestand er seine Schuld.

うちあい 打ち合い Schlägerei *f.* -en 《なぐり合い》; Feuergefecht *n.* -[e]s, -e 《火器の》; Schießerei *f.* -en 《同上》/打ち合いする Schläge (Hiebe) wechseln 《なぐり合う》; aufeinander schießen* 《射ち合う》; Schüsse wechseln 《同上》.

うちあげ 打ち上げ ❶ 《花火・ロケットなどの》 das Abschießen*, -s; Abschuss *m.* -es, ᵉe/打ち上げ花火 Rakete *f.* -n. ❷ 《興行の》 ⇨うちどめ.

うちあける 打ち明ける *jm* offenbaren⁴ (an|vertrauen⁴); *jm* im Vertrauen sagen (mit|teilen⁴); *jm* gestehen*⁴《白状する》/秘

う

密を打ち明ける *jm* ein Geheimnis an|vertrauen (offenbaren)／心中を打ち明ける ⁴sich *jm* an|vertrauen (offenbaren); *jm* sein Herz öffnen (offenbaren; aus|schütten)／打ち明けて申し上げますと offen gestanden; um es offen zu gestehen; im Vertrauen gesagt／彼は私に何もかも打ち明けた Er hat mir alles erzählt. ¦ Er hat mir nichts verheimlicht.

うちあげる 打ち上げる ❶ [花火などを] ab|schießen*⁴／人工衛星を打ち上げる einen Erdsatelliten ab|schießen*. ❷ [波が] treiben*⁴; spülen⁴／溺死体が岸辺に打ち上げられた Die Wogen spülten einen Ertrunkenen an den Strand. ❸ [興行を] ⇨**うちどめ**.

うちあみ 打網 Wurfnetz *n.* –es, –e.

うちあわせ 打ち合わせ Verabredung *f.* –en; Vorbesprechung *f.* –en《下相談》; Beratung *f.* –en《協議》; Besprechung *f.* –en《同上》.

うちあわせる 打ち合わせる ⁴sich mit *jm* verabreden; verabreden⁴; ⁴sich 〔vorher〕 mit *jm* besprechen* (beraten*)《*über*⁴》; besprechen*⁴／日取りを打ち合わせる ein Datum verabreden／そのことは既に打ち合わせました Darüber haben wir uns schon besprochen.

うちいり 討ち入り das Eindringen*, –s; Einbruch *m.* –〔e〕s, ⸚e; Überfall *m.* –〔e〕s, ⸚e《襲撃》.

うちいる 討ち入る ein|dringen* (–|brechen*) [s]《*in*⁴》; überfallen*⁴.

うちいわい 内祝い Familienfest *n.* –〔e〕s, –e; das Geschenk《–〔e〕s, –e》beim Familienfest《贈り物》.

うちうち 内々 ⇨**うちわ**(内輪).

うちうみ 内海 Binnenmeer *n.* –〔e〕s, –e.

うちおとす 打(撃)ち落とす herunter|schlagen*⁴; ab|schlagen*⁴《刀で》; ab|hauen*⁴《同上》; ab|schießen*⁴《飛び道具で》／鳥(飛行機)を撃ち落とす einen Vogel (ein Flugzeug) ab|schießen*.

うちかえす 打ち返す zurück|schlagen* (–|hauen*).

うちかつ 打ち勝つ besiegen⁴; überwinden*⁴; bestehen*《耐える》／己れに打ち勝つ ⁴sich überwinden*; ⁴sich beherrschen《抑制する》／試練に打ち勝つ eine Prüfung (Probe) bestehen*／障害に打ち勝つ ein Hindernis überwinden*.

うちがね 打金《銃の》Hahn *m.* –〔e〕s, ⸚e／打金を起こす den Hahn spannen.

うちがわ 内側 Innenseite *f.* –n; die innere Seite, –n／内側の inner; Innen-／内側に innen／内側から von innen; von der ³Innenseite.

うちき 内気 Schüchternheit *f.*; Scheu *f.*／内気な schüchtern; scheu.

うちきず 打傷 Prellung *f.* –en.

うちきり 打ち切り Unterbrechung *f.* –en; Abbruch *m.* –〔e〕s, ⸚e／打ち切る unterbrechen*⁴; ab|brechen*⁴／交渉を打ち切る eine Verhandlung ab|brechen*.

うちきん 内金 Angeld *n.* –〔e〕s, –er; Drauf¦geld (Hand-) *n.* –〔e〕s, –er; Anzahlung *f.* –en ‖ 内金払い Anzahlung *f.* –en; Teilzahlung *f.* –en《分割払い》.

うちくだく 打ち砕く zerschlagen*⁴; zerschmettern⁴; zertrümmern⁴／窓ガラスを打ち砕く eine Fensterscheibe ein|schlagen*／希望を打ち砕く eine Hoffnung vernichten (zerstören).

うちくび 打首 Enthauptung *f.* –en; das Köpfen*, –s／打首にする *jm* den Kopf ab|schlagen*; *jn* enthaupten (köpfen).

うちくるぶし 内踝 der innere Knöchel, –s, –.

うちけし 打ち消し Verneinung *f.* –en; Negation *f.* –en; Ableugnung *f.* –en; Dementi *n.* –s, –s.

うちけす 打ち消す verneinen⁴; negieren⁴; ab|leugnen⁴; dementieren⁴; in ⁴Abrede stellen⁴／噂を打ち消す ein Gerücht dementieren.

うちゲバ 内ゲバ der Kampf《–〔e〕s, ⸚e》untereinander; Bruder¦krieg (Bürger-), –〔e〕s, –e.

うちこむ 打ち込む ❶ [釘や杭を] 〔ein|〕schlagen*⁴《*in*⁴》; 〔ein|〕treiben*⁴《*in*⁴》／釘を壁に(杭を地面に)打ち込む einen Nagel in die Wand (einen Pfahl in den Boden) ein|schlagen*／楔(くさび)を打ち込む einen Keil treiben* (schlagen*)《*in*⁴; *zwischen*⁴》. ❷ [弾丸を] schießen*⁴《*in*⁴》／心臓に弾丸を打ち込む *jm* die Kugel ins Herz schießen*. ❸ [テニスで] 〔den Ball〕 schmettern. ❹ [没頭する] ⁴sich hin|geben*; ⁴sich widmen³; auf|gehen* [s]《*in*³》／彼はこのことに全身全霊を打ち込んでいる Er widmet sich der Sache mit Leib und Seele.

うちころす 打ち殺す [撲殺] erschlagen*⁴; tot|schlagen*⁴; [射殺] erschießen*⁴; tot|schießen*⁴.

うちじに 討ち死に Tod《*m.* –〔e〕s》auf dem Schlachtfeld (im Kampf〔e〕)／討ち死にする fallen* [s]／お国の為に討ち死にする für das Vaterland fallen*.

うちじゅう 家中 ❶ [家の中全部] das ganze Haus, –es《建物》; die ganze Wohnung《住居》. ❷ [家族全部] die ganze Familie; alle Familienmitglieder《*pl*》.

うちすえる 打ち据える ⇨**うちのめす**.

うちそこなう 打(撃)ち損う daneben|treffen* (–|hauen*); daneben|schießen*《飛道具で》; entkommen lassen*⁴《逃がす》.

うちそと 内外 ⇨**ないがい**.

うちたおす 打ち倒す nieder|schlagen*⁴; zu ³Boden schlagen*⁴; nieder|hauen*⁴.

うちだし 打ち出し ❶ [興行の] Schluss *m.* –es, ⸚e; Theaterschluss *m.* –es, ⸚e《劇場の》. ❷ [模様の] eine getriebene Arbeit, –en.

うちだす 打ち出す ❶ [発砲] Feuer eröffnen. ❷ [興行を] eine Aufführung schließen*. ❸ [模様を] ein Muster treiben*《*in*⁴》.

うちつける 打ちつける ¶ 釘を壁に打ちつける einen Nagel in die Wand 〔ein|〕schlagen*／板を釘で打ちつける ein Brett an|nageln／頭を壁に打ちつける mit dem Kopf gegen die Wand schlagen*.

うちでし 内弟子 Privatschüler *m.* -s, -; Lehrling *m.* -s, -e.

うちでのこづち 打出の小槌 Wunschhammer *m.* -s, -. ❖ 上記は直訳で、ドイツにない。ドイツでこれに類するものといえば Zauberstab *m.* -[e]s, -̈e か Wunschring *m.* -[e]s, -e であろう。

うちとける 打ち解ける mit *jm* vertraulich tun*; aus seiner Zurückhaltung hervor|treten* [s]; *sich *jm* eröffnen [打ち解けたして] vertraut; vertraulich; offenherzig; offen; frei/打ち解けない zurückhaltend; reserviert; verschlossen; fremd; distanziert/打ち解けて話をする mit *jm* gemütlich plaudern; *sich mit *jm* frei unterhalten*.

うちどめ 打ち止め Schluss *m.* -es, -̈e; Ende *n.* -s, -n/打ち止めにする schließen*⁴; zu ³Ende bringen*⁴.

うちとめる 打ち止める ⇨ うちとる.

うちとる 打ち取る erschlagen*⁴〔打ち殺す〕; tot|schlagen*⁴〔同上〕; erschießen*⁴〔射殺する〕; tot|schießen*⁴〔同上〕; ermorden⁴〔殺す〕.

うちに 打荷 Seewurf *m.* -[e]s, -̈e; das Überbordwerfen*, -s.

うちにわ 内庭 Hof *m.* -[e]s, -̈e.

うちぬく 打ち抜く ❶〔貫通〕durchbohren⁴; durchschießen*⁴〔射貫く〕/板に穴を打ち抜く ein Loch in (durch) das Brett bohren/板は弾丸に打ち抜かれた Das Brett wurde von Kugeln durchbohrt. ❷〔型で〕aus|stanzen⁴/ブリキに穴を打ち抜く aus einem Blech ein Loch stanzen.

うちのばす 打ち延ばす aus|hämmern⁴; dünn hämmern⁴; platt schlagen*⁴.

うちのめす 打ちのめす nieder|schlagen*⁴; zu Boden schlagen*⁴/拳固で散々に打ちのめす durch|prügeln⁴; verhauen*⁴.

うちばらい 打払 ⇨ うちはらう.

うちはらう 打ち払う ❶〔撃退〕zurück|schlagen*⁴〔撃退〕; vertreiben*⁴〔駆逐〕; unter|werfen*⁴〔征服〕. ❷ ⇨ はらう.

うちひも 打紐 Bindfaden *m.* -s, -̈; Schnur *f.* -̈e; Kordel *f.*.

うちぶ 打歩〔商〕Agio *n.* -s; Aufgeld *n.* -[e]s, -er; Prämie *f.* -n.

うちぶところ 内懐 die innere Brusttasche, -n 〔内ポケット〕; Busen *m.* -s, - 〔胸〕/内懐に持っている im Busen tragen*⁴/内懐を見透かす *jn* durchschauen*.

うちべんけい 内弁慶 Im Hause ein Held, draußen ein Hasenfuß./あの子は内弁慶って Das Kind ist nur im Hause mutig.

うちポケット 内ポケット Innentasche *f.* -n.

うちぼり 内堀 Innengraben *m.* -s, -̈; innerer Burggraben, -s.

うちまく 内幕 Innenseite *f.* -n 〔内側〕; der wahre Sachverhalt, -[e]s 〔実状〕; Wahrheit *f.* -en 〔真相〕/内幕を覗く hinter den Vorhang (die Kulisse) sehen*; einen Blick hinter die Kulissen werfen*.

うちまくる 撃ちまくる d[a]rauflos schießen*.

うちまた 内股 die innere Seite des Oberschenkels/内股に歩く〔歩くときに〕die Füße nach innen setzen ‖ 内股膏[う]/内股薬 *f.* -/内股薬師 Achselträger *m.* -s, - / Achselträgerisch.

うちみ 打身 Prellung *f.* -en.

うちみず 打水 das Begießen*〔Besprengen*〕, -s / 打水をする 〔mit ³Wasser〕be|gießen*⁴〔besprengen⁴〕; Wasser gießen*〔sprengen〕〔auf⁴〕.

うちもの 打物 Schmiedeware *f.* -n 〔鍛造物〕; Waffe *f.* -n 〔武器〕; Schwert *n.* -s, -er 〔刀〕‖ 打物師 Schmied *m.* -[e]s, -e 〔鍛冶屋〕; Waffenschmied *m.* -[e]s, -e 〔刀鍛冶〕.

うちゅう 宇宙 Welt|raum *m.* -[e]s (-al. -s); Kosmos *m.* -; Universum *n.* - / 宇宙の kosmisch; universal. ‖ 宇宙医学 Raummedizin *f.* / 宇宙学 Kosmologie *f.* / 宇宙誌 Kosmographie *f.* / 宇宙塵 kosmischer Stab, -[e]s / 宇宙進化論 Kosmogonie *f.* / 宇宙ステーション Raumstation *f.* -en / 宇宙船 Raumschiff *n.* -[e]s, -e / 宇宙線 kosmische Ultrastrahlung, -en / 宇宙速度 Fluchtgeschwindigkeit *f.* / 宇宙飛行士 Raumpilot *m.* -en, -en / 宇宙病 Raumkrankheit *f.* -en / 宇宙服 Raumanzug *m.* -[e]s, -̈e / 宇宙物理 Astrophysik *f.* / 宇宙問題 Weltraumfrage *f.* / 宇宙旅行 Raumfahrt *f.* -en / 宇宙旅行者 Weltraumausflug *m.* -[e]s, -̈e (-spaziergang *m.* -s, -̈e) / 宇宙ロケット Raumrakete *f.* -n / 宇宙論 Kosmologie *f.* / 大(小)宇宙 Makrokosmos (Mikrokosmos) *m.* -.

うちょうてん 有頂天 Entzückung *f.* -en; Begeisterung *f.* 〔熱狂〕; Ekstase *f.* - / 有頂天になる ⁴Entzücken (Ekstase) geraten*/ vor ³Freude außer ³sich geraten*/ 有頂天である entzückt (begeistert) sein 〈*an*⁴〉; vor ³Freude außer ³sich sein; überglücklich (überselig) sein / 彼は有頂天だった Er war wie im siebenten Himmel.

うちよせる 打ち寄せる 〔波が〕rollen (schlagen*) 〈*an*⁴; *gegen*⁴〉/ 大波が岸に打ち寄せた Die Wogen schlugen an den Strand.

うちわ 団扇 Fächer *m.* -s, - / うちわを使う ⁴sich fächeln / うちわで暮らす im Wohlstand (im Überfluss) leben.

うちわ 内輪 ❶〔内部〕Familienkreis *m.* -es 〔家族の中〕; ein enger Kreis, -es 〔狭い範囲〕/ 内輪もめ Familien|zwist (Bruder-) *m.* -es, -e / 内輪のこと eine private Angelegenheit, -en / 内輪の privat; vertraulich / 内輪に処理する diskret (vertraulich) behandeln⁴/ ごく内輪だけで im engsten Kreis / 内輪の話です unter uns gesagt. ❷〔控え目〕内輪に〔少に〕mäßig; bescheiden / 内輪に暮らす bescheiden leben / 内輪に見積もる niedrig veranschlagen⁴.

うちわけ 内訳〔書〕Einzel|posten *m.* -s, - (-angabe *f.* -n)/内訳する einzeln an|geben*⁴ (verzeichnen⁴).

うちわたし 内渡し Anzahlung *f.* -en / 内渡しする als ⁴Angeld zahlen⁴.

うつ 鬱を散じる seinem Herzen (seiner Schwermut; seinem Zorn) Luft machen.

うつ 打(撃・討)つ ❶ [打撃] schlagen^{*4}; hauen^{*4}; klopfen 《an^4; auf^4》; [平手で] ohrfeigen^4; eine knallen^3; [ぴしゃりと] klatschen 《in^4; mit^3》; [棒などで] prügeln^4; [むちで] peitschen^4; geißeln^4; [穀物を] dreschen^4; [ハンマーで] hämmern^4 ⇨なぐる, たたく / 太鼓を打つ die Trommel schlagen* / 顔(背中)を打つ *jm* ins Gesicht (auf den Rücken) schlagen* 《mit^3》/ 波が岸を打つ Die Wellen schlagen ans Ufer. ¦ Die Wogen branden an die Küste. / 打ち倒す nieder|schlagen^{*4}; um|hauen^{*4} / 打ったり蹴ったりする Stöße mit der Faust und dem Fuße geben*. ❷ [鉄砲を] feuern 《auf^4》; schießen^{*4} 《auf^4》; ab|schießen^{*4}. ❸ [打ち込む] ein|schlagen^{*4} 《in^4》; hinein|treiben^{*4} / 壁に釘を(杭を地面に)打つ einen Nagel in die Wand (einen Pfahl in den Boden) ein|schlagen*. ❹ [時計が] schlagen* / 時計が十二時を打った Die Uhr schlug zwölf. ❺ [心を] beeindrucken^4; bewegen^4; *jm* zu Herzen gehen* [s]; rühren^4 / 非常に心を打たれた Das bewegte mich tief. / 恐怖にうたれる mit Furcht erfüllen^4 〘物が主語〙. ❻ [攻撃する] an|greifen^{*4}; erobern^4 《征服する》/ 不意を打つ überraschen^4; überrumpeln^4. ¶ 刀を打つ ein Schwert schmieden / 仇を討つ ⇨かたき, あだ(仇) / 脈が打つ Der Puls schlägt (hämmert; klopft; pocht). / そばを打つ Buchweizennudeln machen / 手金を打つ *jm* ein Handgeld geben* / タイプライターを打つ tippen; mit der Maschine schreiben^{*4}.

うつうつ 鬱々として trübselig; schwermütig; trübsinnig; verdüstert; melancholisch; verdrießlich 《不機嫌》; niedergeschlagen 《意気消沈》/ 鬱々として楽しまない Trübsal blasen*; trübselig und trostlos sein.

うっかり aus ^{3}Zerstreutheit (Gedankenlosigkeit; Unvorsichtigkeit); ohne ^{4}Absicht; ohne es zu wollen; unbewusst; aus ^{3}Versehen / うっかりしておりました Es war unaufmerksam von mir. / うっかりしてはいけませんよ Seien Sie vorsichtig! ¦ Passen Sie auf!

うつくしい 美しい ❶ [美麗] schön; hübsch; [絵のように] bildschön; malerisch; [愛らしい] entzückend; reizend / 美しいながめ die schöne (herrliche) Aussicht, -en; der schöne Anblick, -[e]s, -e / 美しい声 die schöne (süße; wohlklingende) Stimme, -n / 美しくする verschönern^4; verschönen^4 / 目が彼女を美しくしている Die Augen verschönen ihr Gesicht. ❷ [心が] edelgesinnt; von vornehmer (edler) Gesinnung / 美しい心の人 der Reine*, -n, -n.

うっけつ 鬱血 Blutstauung *f.* -en.

うつし 写し *Kopie f.* -n; Durchschlag *m.* -[e]s, ⸗e; Duplikat *n.* -[e]s, -e; *Ablichtung f.* -en 《写真版コピー》; Abschrift *f.* -en 《書写物》; Pause *f.* -n 《透写物》/ 写しをとる eine Kopie (eine Abschrift; einen Durchschlag) machen (an|fertigen); ab|lichten^4; ablichten lassen^{*4}; pausen^4 [lassen*].

うつしみ 現身 das irdische Dasein, -s; die irdische Existenz, -en; das menschliche Wesen, -s.

うつしよ 現世 das irdische Leben, -s; Diesseits *n.* -.

うつす 移す ❶ [物を] verlegen^4; übertragen^{*4} 《aus^3; in^4》; [人を] versetzen^4《in^4; $nach^3$》; 〘その他「から」von^3, aus^3 と方向規定 an^4, auf^4, in^4, nach^3 などを伴って〙 bewegen^4; bringen^{*4}; rücken^4; schieben^{*4} 《押して》; tragen^{*4} / 住居を移す den Wohnsitz verlegen 《von^3; $nach^3$》/ 籍を移す《個人の》 den Personenstand um|registrieren [lassen*] / 東京から大阪へ移す《転任》 *jn* von Tokio nach Osaka versetzen. ❷ [液体などを] um|gießen^{*4}; leeren^4《in^4》/ バケツからたらいに移す den Eimer in eine Wanne leeren. ❸ [感染させる] *jn* an|stecken 《mit^3》; übertragen^{*4} 《auf^4 病気が目的語》/ かぜをうつされる mit einer Erkältung angesteckt werden 《von^3》. ❹ [向ける] ab|lenken^4; ab|wenden$^{(*)4}$ / 注意を他に移す *js* Aufmerksamkeit ab|lenken 《von^3; auf^4》/ 目を移す den Blick ab|wenden$^{(*)}$ 《von^3; auf^4》.
¶ 時を移さず unverzüglich; stehenden Fußes 《すぐその足で》.

うつす 映(写)す ❶ [謄写] kopieren^4; ab|schreiben^{*4}; ab|zeichnen^4 《絵を》; pausen^4 《透写》; ab|lichten^4 《コピー》. ❷ [模写] nach|ahmen^4 (-|bilden^4); nach|malen^4 《絵を》; nach|schreiben^{*4} 《字を》; nach|zeichnen^4 《絵・図面を》. ❸ [鏡・水などに] [ab|-] spiegeln^4; wider|spiegeln^4 / 鏡に姿を映す ^{4}sich im Spiegel besehen* / 地上に影を映す auf die Erde Schatten werfen* / 水に映った雲の影 die Schatten der Wolken auf dem Wasserspiegel. ❹ [写真を] fotografieren^4 (photographieren^4); auf|nehmen^{*4}; eine Aufnahme machen; knipsen; einen Schnappschuss machen 《スナップ》; [映画の撮影] filmen^4; drehen^4; projizieren^4 《映写する》; [写させる] [^{3}sich] eine Aufnahme machen (^{4}sich fotografieren) lassen*. ❺ [描写] beschreiben^{*4}; schildern^4; dar|stellen^4 / 筆紙に写しえない jeder ^{2}Beschreibung spotten / 筆紙に写しえない程美しい über alle Beschreibung schön.

うっすら うっすらと dünn; leicht / うっすらとした顔の赤らみ 《化粧・恥らい》 [leichter] Anflug 《-[e]s, ⸗e》 von Röte / うっすらとぼかした [leicht] [ab]schattiert; nuanciert / うっすらと目をあける ein klein bisschen die Augen öffnen.

うっすり うっすりと ⇨うっすら.

うっせき 鬱積 das Stauen* (Verhalten*), -s / 鬱積する ^{4}sich stauen / 鬱積した怒り der verhaltene Zorn, -[e]s / 忿懣(ふんまん)(憤怒)が長いこと彼の心中に鬱積していた Der Ärger (Die Wut) hat sich lange Zeit in ihm gestaut.

うっそう 鬱蒼とした dicht; dicht belaubt (-bewachsen); üppig; wuchernd / 鬱蒼と茂る wuchernd üppig wachsen* [s] / 鬱蒼と茂った木々 die dichtbelaubten Bäume 《*pl*》.

うったえ 訴え ❶ [告訴] [An]klage *f.* -n; [訴訟] Prozess *m.* -es, -e; Rechtsstreit *m.* -[e]s, -e. ❷ [訴願] Gesuch *n.* -[e]s, -e;

Antrag *m.* -(e)s, ⁻e; Beschwerde *f.* -n 〈不平〉.

うったえる 訴える ❶〔告訴〕eine Klage an|stellen (anhängig machen)《gegen⁴》; an|klagen⁴《wegen²⁽³⁾, または二格と》; Anklage erheben⁴《gegen⁴; wegen²⁽³⁾》verklagen⁴《wegen²⁽³⁾; auf⁴》;〔訴訟〕einen Prozess an|strengen (anhängig machen)《gegen⁴》; einen Prozess führen《mit³; um¹》; den Rechtsweg beschreiten*/損害賠償を訴える jm auf Schadenersatz verklagen. ❷ 〔不平・苦情〕klagen³⁴; klagen《über¹》; Klage führen《gegen⁴; über⁴》/ ³sich beschweren (beklagen)《bei³; über⁴》/ 苦痛を訴える jm über Schmerzen klagen/窮状を訴える jm seine Not klagen. ❸〔頼る〕appellieren《an³》; greifen*《zu³》/ 国民に訴える an das Volk appellieren/最後の手段に訴える zum letzten Mittel greifen*/暴力に訴える Gewalt an|wenden*(⁴)(üben)《gegen⁴》/ 心に訴える〔物が主語〕jn tief bewegen⁴; jm zu Herzen gehen*⃝/理性に訴える jm Vernunft predigen.

うっちゃり うっちゃりを食わす im letzten Augenblick j*n* den Sieg entreißen*.

うっちゃる うっちゃる ❶〔捨てる〕weg|werfen*⁴ (-|schmeißen*⁴); *jn* in Stich lassen*《見捨てる》; auf|geben*⁴《試合などは》. ❷〔放任〕vernachlässigen⁴; hintan|setzen⁴ (-|stellen⁴) /うっちゃっておく/うっちゃってある〔物を〕auf ⁴sich beruhen lassen*⁴; stehen und liegen lassen*⁴;〔成行など〕*et* freien Lauf geben* (lassen*⁴);〔物でも人でも〕⁴sich nicht kümmern《um⁴》; auf die lange Bank schieben*⁴《をまわしにする》/うっちゃっといて Lass mich! Lass mich allein (in Ruhe)!/Lass mich aus dem Spiel!《係り合うのはご免だ》/うっちゃっておきなさい Kümmern Sie sich nicht darum!/Machen Sie sich keine Gedanken darüber!

うつつ ❶〔現実〕Wirklichkeit *f.* -en. ❷〔正気〕das Bewusstsein, -s. ❸〔夢ごこち〕Geistesabwesenheit *f.*; Verträumtheit *f.*; Träumerei *f.* -en; Dämmerzustand *m.* -(e)s, ⁻e/うつつをぬかす〔女に〕⁴sich vernarren (verknallen)《in⁴》; einen Narren fressen*《an³》;〔熱中する〕ganz erwärmen《für⁴》; ganz besessen sein《von³》;〔夢心地〕die Engel im Himmel pfeifen hören⃝/夢にもうつつにも im Wachen und Träumen.

うって 討手 Streitkräfte《*pl*》; Strafexpedition *f.* -en 〈征伐など大がかりの〉/討手を向ける Streitkräfte schicken《gegen⁴; nach³》.

うってかかる 打ってかかる los|schlagen*《auf⁴》; los|fahren*⃝《auf⁴》; her|fallen*⃝《über⁴》.

うってかわる. 打って変わる ⁴sich vollkommen (völlig) verändern/打って変わった態度に出る eine völlig veränderte Haltung an|nehmen*《gegen⁴》/打って変わった人となった Er ist vollkommen anders geworden./Er hat sich völlig verändert.

うってつけ 打ってつけの〔wie〕geschaffen [sein]《für⁴; zu³》; berufen sein《zu³》/彼は教師として打ってつけだ Er ist zum Lehrer wie geschaffen./その仕事(その役)は彼に打ってつけだ Die Arbeit (Die Rolle) ist wie für ihn geschaffen./Er ist für diese Arbeit (für diese Rolle) wie geschaffen./それには彼が打ってつけだ Er ist dazu berufen (von Natur dazu geschaffen)./その提案はまさに打ってつけだ Der Vorschlag entspricht genau meinem Zweck./打ってつけのことを言う der Nagel auf den Kopf treffen*; mit ³*et* ins Schwarz treffen*.

うってでる 打って出る ❶〔出撃〕einen Ausfall machen《aus³》; an|fallen⁴; an|fliegen*⁴《飛行機で》; an|gehen*⃝《gegen⁴》; an|greifen*⁴. ❷〔選挙などに〕kandidieren《für⁴》/ ⁴sich bewerben《um⁴》/選挙に打って出る für die Wahl kandidieren/政界に打って出る in politische Leben ein|treten*⃝ die politische Laufbahn ein|schlagen*/歌手として打って出る ³sich als Sänger einen Namen machen wollen* als Sänger zur Bühne gehen*⃝.

うっとうしい お天気が düster; trüb; verhangen; schwül《むし暑い》; unfreundlich;〔気分が〕düster drückend; gedrückt; schwermütig; verdrießlich; lästig/うっとうしい雨 der düstere Regen, -s, -/うっとうしい気分 die düstere (gedrückte) Stimmung, -en/髪をそんなにたらして、うっとうしいでしょう Sie lassen die Haare so auf der Stirn hängen. Ist es Ihnen nicht lästig?

うっとり うっとりと verträumt; träumerisch; dösig;〔恍惚（ミョシ）〕verzückt; entzückt; gefesselt; hingerissen/うっとりするような美しさ die hinreißende Schönheit /⁴sich ganz entzückt an|sehen*⁴;〔物を主語にして〕*et* fesselt alle Blicke/うっとりする in Verzückung (in Entzücken) geraten*⃝; wie verzückt sein《vor³》; entzückt werden《von³; durch³》.

うつびょう 鬱病 Melancholie *f.* -n.

うつぶせ 俯せになる ⁴sich auf den Bauch legen; auf dem Bauch liegen*〈状態〉.

うっぷん 鬱憤 Groll *m.* -(e)s; Erbitterung *f.* -en/鬱憤を晴らす seinem Groll ⁴Luft machen.

うつぼかずら〔植〕Kannenstrauch *m.* -(e)s, ⁻e.

うつぼつ 鬱勃たる unbändig; unwiderstehlich《おさえがたい》; verhalten/鬱勃たる元気 die verhaltene Energie, -n.

うつむき 俯きに mit dem Gesicht nach unten/俯きに長くなって横たわって nach vorne lang hin|gestreckt/俯きに倒れる ⁴sich auf den Bauch legen/俯きに倒れる nach vorne hin|fallen*⃝.

うつむく 俯く ⁴sich bücken《nach³》; die Augen nieder|schlagen*; den Blick senken; den Kopf hängen lassen*⃝ 〈うなだれる〉/俯いて物を言う den Blick senkend (die Augen nach unten schlagend) sprechen*.

うつむける 俯ける nach vorne (nach unten) neigen⁴/顔を俯ける den Kopf hängen lassen*⃝.

うつらうつら ⇒うとうと.

うつり 映(写)り ❶ [反映] 〔Wider〕spiegelung *f.* -en; Druck *m.* -〔e〕s, -e《印刷の》/僕は写真の写りがしごくわるい Ich sehe im Foto immer schlecht (furchtbar) aus.¦Ich bin gar nicht fotogen. ❷ [配合] Harmonie *f.* -n《調和》; Wirkung *f.* -en《効果》/映りがよい gut passen《*zu*^{3}》; *jm* gut stehen*.

うつりが 移り香 der Duft《-〔e〕s, ⸗e》, der eine schöne Frau begleitet.

うつりかわり 移り変わり Veränderung *f.* -en; Wechsel *m.* -s, -; Wandel *m.* -s, -/時代の移り変わり der Wandel der Zeiten/四季の移り変わり der Wechsel der Jahreszeiten/春から夏への移り変わり der Übergang vom Frühling zum Sommer/故郷ではいろいろと移り変わりがありました In der Heimat hat sich vieles gewandelt.

うつりかわる 移り変わる ^{4}sich verändern; wechseln; ^{4}sich wandeln; über|gehen* [s].

うつりぎ 移り気 Laune *f.* -n; Grille *f.* -n《ふつう *pl*》; Schrulle *f.* -n/移り気な launenhaft; launisch; grillenhaft; grillig; schrullenhaft; schrullig; wankelmütig.

うつりやすい 移りやすい ❶ [変わりやすい] veränderlich; unbeständig; [特に気持が] launisch; kapriziös; wankelmütig. ❷ [伝染しやすい] leicht ansteckend (übertragbar)/この病気はうつりやすい Diese Krankheit ist leicht ansteckend.

うつる 移る ❶ [移転] um|ziehen* [s]; ziehen* [s]《*in*^{4}; *nach*^{3}》/新築の家へ(東京へ, 田舎へ)移る in ein neugebautes Haus (nach Tokio; aufs Land) um|ziehen*. ❷ [変わる・転じる] ^{4}sich verändern; wechseln; ^{4}sich wandeln; über|gehen* [s]《*von*^{3}; *zu*^{3}》/人手に移る in andere Hände (in *js* ^{4}Besitz) über|gehen*/攻撃に移る zum Angriff über|gehen* (vor|gehen*) [s]/時が移る Die Zeit vergeht (verfließt; schwindet dahin)./次の問題に移ろう Nehmen wir die nächste Frage auf!¦Gehen wir weiter zur nächsten Frage!/場面は今度は大阪に移った Der Schauplatz wurde jetzt nach Osaka verlegt./話がそれからそれへと移った Die Unterhaltung entwickelte sich ganz abwechslungsreich. ❸ [感染する]〔^{4}sich〕an|stecken〖病気が主語〗; ^{3}sich zu|ziehen*^{4}; ^{3}sich holen^{4}; angesteckt werden《*von*^{3}》〖人が主語〗/チフスはうつる Typhus steckt an./幼稚園で子供にかぜがうつった Vom Kindergarten hat das Kind eine Erkältung geholt (zugezogen). ❹ [香が] noch duften (riechen*)《*nach*^{3}》/箱にコーヒーの香が移った Die Kiste riecht noch nach Kaffee. ❺ [延焼する] über|greifen*《*auf*^{4}》; ^{4}sich aus|breiten; Feuer fangen*〖うつされた物が主語〗/火が彼の家にうつった *Das Feuer griff auf* sein Haus über.¦Sein Haus fing Feuer.

うつる 映(写)る ❶ [投影] ^{4}sich 〔ab|〕spiegeln; ^{4}sich wider|spiegeln; [影が] fallen* [s]《*auf*^{4}》; ^{4}Schatten werfen*《*auf*^{4}》/月が水にうつっている Der Mond spiegelt sich im Wasser 〔wider〕./木の影が地面にうつっている Der Baum wirft Schatten auf die Erde./壁に影がうつっている Man sieht den Schatten (das Schattenbild) an der Wand. ❷ [写真が] aufgenommen werden; aufs Bild kommen* [s]/この写真はよく写っている Diese Aufnahme ist sehr gut (hat gut geklappt)./あなたも一緒に写っています Sie sind mit auf dem Bild.¦Sie sind mit aufs Bild gekommen./あなたがよく写っています Sie sind schön 〔im Bild〕 getroffen. ❸ [配合がよい] zueinander passen; zusammen|passen; ^{4}sich vertragen*; harmonieren《*mit*^{3}》/青と緑は映りがわるい Die Farben Blau und Grün vertragen sich schlecht (passen nicht zueinander). ❹ [似合う] *jm* gut stehen*/彼女には白服が映る Ihr steht ein weißes Kleid gut.

うつろ Höhle *f.* -n; Höhlung *f.* -en; Vertiefung *f.* -en《くぼみ》; Leere *f.* -n《空虚》/うつろな hohl; leer/うつろな目 die ausdruckslosen Augen《*pl*》.

うつわ 器 ❶ [容器] Behälter *m.* -s, -; Gefäß *n.* -es, -e; Geschirr *n.* -〔e〕s, -e. ❷ [能力・人柄] Fähigkeit *f.* -en; Format *n.* -〔e〕s, -e; Kaliber *n.* -s, -/器が大きい(小さい) eine Persönlichkeit vom 〔großen〕 Format (vom kleinen Kaliber) sein/その器ではない nicht der Mann dazu sein.

うで 腕 ❶ Arm *m.* -〔e〕s, -e; Oberarm *m.* -〔e〕s, -e《上腕》; Unterarm *m.* -〔e〕s, -e《前腕》/腕ずくで mit ^{3}Gewalt/腕を広げる die Arme aus|breiten/腕を貸す *jm* den Arm bieten* (reichen); *jm* helfen* (bei|stehen*)《助ける》/腕を組む die Arme verschränken; ^{4}sich bei *jm* ein|haken (ein|hängen)《他人と》/腕を組んで行く《他人と》Arm in Arm (eingehakt) gehen* [s]《mit *jm*》/腕をまくる ^{3}sich die Ärmel auf|krempe〔l〕n/腕を伸ばす den Arm aus|strecken/腕を折る(脱臼する) ^{3}sich den Arm brechen* (verrenken)/子供を腕に抱く ein Kind auf dem Arm haben (tragen*)/僕は腕が鳴っている Es juckt mir in den Fingern. ❷ [技量] Fähigkeit *f.* -en; Geschick *n.* -〔e〕s《熟練》; Geschicklichkeit *f.* -en《同上》/腕のある fähig; tüchtig; geschickt/腕次第で je nach der Fähigkeit/腕を振るう(みがく) seine Fähigkeiten zeigen (erhöhen; üben)/腕をためす *js* Fähigkeiten prüfen/彼女は腕に撚りをかけて料理をした Sie tat ihr Bestes, um zu kochen./今こそ君の腕を見せるべき時だ Jetzt gilt es, zu zeigen, was du kannst./自動車の運転なら腕に覚えがあります Autofahren kann ich gut.

うでぎ 腕木 Trägerarm *m.* -〔e〕s, -e.

うできき 腕利き ein fähiger (tüchtiger) Mensch, -en, -en; ein fähiger Kopf, -〔e〕s, ⸗e《頭脳》/腕利きの fähig; tüchtig/彼女はなかなかの腕利きだ Sie ist eine Frau von großen Fähigkeiten.

うでぐみ 腕組をする die Arme verschränken (kreuzen)/腕組をして mit verschränkten (gekreuzten) Armen.

うでくらべ 腕比べ Wett¦kampf *m.* -〔e〕s, ⸗e (-bewerb *m.* -〔e〕s, -e).

うでずもう 腕相撲 Armkraftprobe *f.* -n.

うでたてふせ 腕立て伏せ 〖体操〗Liegestütz

うでだめし 腕試し Fähigkeitsprobe *f.* -n; Kraftprobe *f.* -n 《力試し》/腕試しをする seine Fähigkeit (Kraft) erproben.

うでっぷし 腕っ節が強い starke Arme haben; stark sein.

うでどけい 腕時計 Armbanduhr *f.* -en.

うでまえ 腕前 ⇨うで❷.

うでまくり 腕まくりをする die Ärmel auf|krempe(l)n/腕まくりして mit aufgekrempelten Ärmeln.

うでる 茹でる ⇨ゆでる.

うでわ 腕輪 Arm|band *n.* -[e]s, -̈er 〔-reif *m.* -[e]s, -e; -ring *m.* -[e]s, -e; -spange *f.* -n〕.

うてん 雨天 Regenwetter *n.* -s, -/雨天の場合は神か雨天の場合は雨天順延 Bei Regen bis zum nächsten schönen Tag verschoben./雨天体操場 Turnhalle *f.* -n/雨天続きの慢性的な Regenwetter.

うど 独活の大木 was nur groß, dabei aber nichtsnutzig ist.

うとい 疎い ❶ [不案内] nur wenig wissen* 《von³》; keine Ahnung haben 《von³》; schlecht unterrichtet (informiert) sein 《von³; über²》/時勢に疎い der gegenwärtigen Umstände (der aktuellen Fragen) unkundig sein/世事に疎い nur wenig von der Welt wissen*; nicht weltklug (weltgewandt) sein ❷ [疎遠] entfremdet/彼らは互いに疎くなった Sie sind einander entfremdet worden./彼らは日々に疎し „Aus den Augen, aus dem Sinn."

うとうと うとうとする dösen; nicken; schlummern/うとうと寝入る ein|dösen 〔-|nicken; -|schlummern〕 S.

うどん [japanische Nudel, -n]うどん粉 Weizenmehl *n.* -[e]s.

うとんじる 疎んじる vernachlässigen⁴; ⁴sich nicht mehr 〔ordentlich〕 kümmern 《um⁴》; links liegen lassen*⁴; die kalte Schulter zeigen³; hintan|setzen⁴/僕は幸運に疎んじられたようだ Das Glück scheint mich zu meiden./彼女は彼に疎んじられているように感じる Sie fühlt sich von ihm vernachlässigt.

うながす 促す ❶ drängen 《zu²》; dringen 《auf⁴》; dringen* 《in ⁴et zu tun》; *jn* treiben 《zu²》; [動告] *jn* mahnen 《zu²》; *jm* zu|reden 《zu²》; [要求] *jn* auf|fordern 《zu²》; [刺激] *jn* an|regen 《zu²》; [促進] fördern⁴; beschleunigen⁴/注意を促す *jn* aufmerksam machen 《auf⁴》/支払[返事]を促す auf ⁴Zahlung (eine Antwort) drängen 《dringen²》/食欲を促す Appetit an|regen (auf⁴)/父親は子供にすべてを白状するよう促した Der Vater drang in sein Kind, alles zu gestehen.

うなぎ 鰻 Aal *m.* -[e]s, -e/鰻のかば焼 gebratener Aal/鰻上りに steil aufwärts [nach oben].

うなされる [夢に] Alpdrücken haben; einen [furchtbaren] Traum haben.

うなじ 項 Nacken *m.* -s, -; Genick *n.* -[e]s, -e.

うなずき das Nicken*, -s.

うなずく [mit dem Kopfe] nicken; [ある人に向かって] *jm* zu|nicken/同意してうなずく zustimmend nicken/それはうなずけない Das sehe ich nicht ein./Ich bin damit nicht einverstanden./聞く人をうなずかせる説明 eine überzeugende Darlegung.

うなだれる den Kopf hängen lassen*; niedergeschlagen sein/うなだれて mit hängendem Kopf; niedergeschlagen.

うなばら 海原 das weite Meer, -[e]s.

うならせる 唸らせる *jn* in ⁴Erstaunen bringen* (versetzen); *jn* beeindrucken/それは見物人をうならせた Das rief unter den Zuschauern Erstaunen hervor.

うなり 唸り [呻]き das Stöhnen*, -s; Gestöhne *n.* -s; [犬や猫の] das Knurren*, -s; Geknurre *n.* -s; [熊・蜂・甲虫・はえ・こまなどの] das Brummen*, -s; Gebrumme *n.* -s; [猛獣・大砲の] das Brüllen*, -s; Gebrüll *n.* -[e]s; [猛獣・風・サイレンなどの] das Heulen*, -s; Geheul *n.* -[e]s; [ぶんぶんいう音・機械の回転音など] das Surren*, -s; Gesurre *n.* -s; [蜂・蚊・蚊・ブザーなどの] das Summen*, -s; Gesumme *n.* -s; [風・矢・弾丸・回転する車などの] das Sausen*, -s; Gesause *n.* -s.

うなる 唸る [呻]く stöhnen; [犬や猫が] knurren; [熊・昆虫・こまが] brummen; [猛獣・大砲が] brüllen; [猛獣・風・サイレンが] heulen; [機械・昆虫は] surren; [昆虫・ブザーが] summen; [風・飛び道具、機械が] sausen/唸るほど金を持っている ⁴Geld wie ⁴Dreck 〔Heu〕 haben; im Geld schwimmen*; steinreich sein.

うに 海胆 [動] Seeigel *m.* -s, -.

うに 雲丹 gesalzene Seeigeleier 《pl 食品》.

うぬぼれ 自惚れ Einbildung *f.* -/自惚れの強い *m.* -[e]s; Selbstgefälligkeit *f.* -/自惚れの強い eingebildet; dünkelhaft; selbstgefällig eingebildet sein.

うぬぼれる 自惚れる ³sich etwas (viel) ein|bilden 《auf⁴》; eingebildet 〔eitel〕 sein 《auf⁴》; ⁴(³)sich wichtig (etwas Großes) dünken/彼は自惚れすぎる Er bildet sich zu viel ein./彼女は美人だと自惚れている Sie dünkt sich selbst schön./Sie bildet sich ein eine Schönheit zu sein.

うね 畝 Bodenerhöhung 《*f.* -en》 zwischen ³Ackerfurchen.

うねうね うねうねと[した] schlängelnd; geschlängelt; [起伏して] wellenförmig/道はうねうねと山を回っている Der Weg schlängelt sich um den Berg.

うねり [大波の] Dünung *f.* -en; [起伏] eine wellenförmige Bewegung, -en. ⇨くっきよく.

うねる [波が] wogen; [起伏する] ⁴sich wellenförmig bewegen. ⇨くっきよく.

うのはな 卯の花 Deutzienblüte *f.* -n.

うのみ 鵜呑みにする verschlingen*⁴; herunter|schlucken⁴ 〔hinunter-〕/他説を鵜呑みにする die Meinung blindlings übernehmen* (akzeptieren).

うは 右派 die Rechte*, -n, -n ‖ 右派政党

うば 乳母 Amme *f.* -n; Kinderfrau *f.* -en ‖ 乳母車 Kinderwagen *m.* -s, -.

うばう 奪う ❶［略奪］ jn weg|nehmen*⁴ (rauben*); jn berauben²; jn entreißen*⁴《ひったくる》/命を奪う js Leben (jm das Leben) rauben; jn ermorden/官職を奪う js seines Amtes entheben*⁴ (entsetzen)/権利を奪う jm ein Recht entziehen*/敵の陣地を奪う eine feindliche Stellung nehmen* (besetzen). ❷［心・注意などを］ gefangen nehmen*⁴《捉える》; fesseln*⁴《呪縛する》/注意を奪う js Aufmerksamkeit fesseln (erregen)/心を奪う jn gefangen|nehmen*《魅せられる》/心を奪う jn bezaubern《魅する》; jn entzücken《恍惚たらしめる》/...に気を奪われて abgelenkt 《von²》.

うばざくら 姥桜 eine verblühte Schönheit (Frau), -en.

うぶ 初心 Unerfahrenheit *f.*《未経験》; Unreife *f.*《未熟》; Unschuld *f.*《無垢》; Keuschheit *f.*《純潔》; Reinheit *f.*《清浄》; Einfachheit *f.*《素朴》. ── うぶな unerfahren; unreif; unschuldig; keusch; rein; einfach.

うぶぎ 産着 Säuglingskleidung *f.* -en《一般的に》; Jäckchen *n.* -s, -.《上着》; Hemdchen *n.* -.《胴衣》.

うぶげ 産毛 Woll|haar (Flaum-) *n.* -[e]s, -e.

うぶごえ 産声 der erste Schrei 〔-[e]s, -e〕eines neugeborenen Kindes/産声をあげる geboren werden; zur Welt kommen*.

うぶひげ 産鬚 Flaum *m.* -[e]s; Flaumbart *m.* -[e]s, ⸚e/彼のあごのまわりに産髯が生えている Ihm sprießt der erste Flaum ums Kinn.

うぶゆ 産湯を使わせる〔ein neugeborenes ⁴Kind〕zum erstenmal baden.

うへん 右辺 die rechte Seite, -n《等式の》.

うま 馬 Pferd *n.* -[e]s, -e; Ross *n.* -es, -e;〔駄馬〕Gaul *m.* -[e]s, ⸚e;〔牡馬〕Hengst *m.* -[e]s, -e; Wallach *m.* -[e]s (-en), -e(n)〔去勢された〕;〔牝馬〕Stute *f.* -n;〔仔馬〕Füllen *n.* -s, -; Fohlen *n.* -s, -/馬で行く ²zu ³Pferde/馬で行く reiten*[S]/馬から落ちる vom Pferd fallen* (stürzen)[S]/馬から降りる vom Pferd steigen*[S]/馬に拍車をかける das Pferd an|spornen/馬に乗る aufs Pferd steigen*[S]; das Pferd besteigen*/馬に乗っている zu Pferd sein (sitzen*)/馬に飛び乗る ⁴sich aufs Pferd schwingen*; aufs Pferd springen*[S]/馬を調教する ein Pferd zu|reiten*/馬を走らせる ein ⁴Pferd in ⁴Galopp setzen/馬を飼う ein Pferd halten*/馬を馴らす ein Pferd zähmen (bändigen). ¶ 馬の耳に念仏 tauben ³Ohren predigen/うまが合わない mit *jm* schlecht (nicht gut) aus|kommen*[S] ‖ 馬小屋 Pferdestall *m.* -[e]s, ⸚e ‖ 馬泥棒 Pferdedieb *m.* -[e]s, -e.

うまい ❶［美味な］schmackhaft; wohlschmeckend; lecker; köstlich; delikat/これはうまい Das schmeckt gut. Das ist lecker. ❷［上手な］geschickt; gewandt; geübt; tüchtig;［優れた・素晴らしい］gut; schön; ausgezeichnet; vorzüglich; vortrefflich;［適切な］passend; treffend; glücklich/うまい趣向 eine gute Idee, -n; ein glücklicher Einfall, -[e]s, ⸚e/うまい表現 ein passender Ausdruck, -[e]s, ⸚e/彼は演説がうまい Er ist ein guter (vorzüglicher) Redner. / 彼女はダンス(運転)がうまい Sie tanzt (fährt) gut./そいつはうまい Das ist gut! ❸［もうかる］Gewinn bringend/うまい汁を吸うden Rahm ab|schöpfen/でも話がうますぎる Das ist aber zu schön, um wahr zu sein.

うまいち 馬市 Pferdemarkt *m.* -[e]s, ⸚e.

うまかた 馬方 Pferde|treiber *m.* -s, - (-führer *m.* -s, -).

うまく 旨く ❶［上手に］geschickt; gewandt; gut/うまく立ち回る geschickt handeln/ドイツ語をうまく話す gut Deutsch sprechen*. ❷［首尾よく］gut; glücklich; mit ³Erfolg;［円滑に］glatt;［すばらしく］schön; ausgezeichnet; vorzüglich; vortrefflich/うまくいって bestenfalls/うまくいく gut (glatt) gehen*[S]/うまくいかない schief gehen*/うまく逃げおおせる glücklich davon|kommen*[S].

うまごやし〔植〕Sichelklee *m.* -s.

うまそうな 旨そうな appetitlich; lecker (schmackhaft) aussehend/これはうまそうだ Das sieht appetitlich aus.

うまづら 馬面 Pferdegesicht *n.* -[e]s, -er.

うまとび 馬跳び das Bockspringen*, -s/馬跳びをする über den Bock springen*[S].

うまのり 馬乗りになる rittlings sitzen* *auf*³).

うまみ 旨味 Wohlgeschmack *m.* -[e]s; Geschmack *m.* -[e]s/旨味のある schmackhaft; geschmackvoll / 旨味のない unschmackhaft; geschmacklos;［味気ない］trocken.

うまや 厩〔Pferde〕stall *m.* -[e]s, ⸚e ‖ 厩番 Stallknecht *m.* -[e]s, -e〔職業としての〕; Stalldiener *m.* -[e]s, -e〔厩勤務〕.

うまる 埋まる ❶［物が］begraben werden/埋まっている begraben sein (liegen*). ❷［穴が］angefüllt (vollgestopft) werden (sein)/大地は死者で埋まっていた Der Boden lag voll von Toten.

うまれ 生まれ Geburt *f.* -en;［素性］Abkunft *f.* -e; Herkunft *f.* -e; Abstammung *f.* -en / 生まれのよい(いやしい) von hoher (niedriger) ³Geburt/彼は貴族の生まれだ Er ist von adliger Herkunft. Er ist (stammt) von Adel./お生まれはどちらですか Wo sind Sie geboren? Wo ist Ihr Geburtsort?/私はベルリン生まれです Ich bin in Berlin geboren (gebürtig aus Berlin).

うまれかわり 生まれ変わり Wiedergeburt *f.* -en.

うまれかわる 生まれ変わる wieder (neu) geboren werden/僕はまるで生まれ変わったような気がする Ich fühle mich wie neugeboren.

うまれこきょう 生まれ故郷 *js* Geburtsort *m.* -[e]s; *js* Heimat *f.*

うまれたて 生まれたての gerade (eben) geboren; neugeboren.

うまれつき 生まれつき〔angeborene〕Natur;

Charakter *m.* -s, -e《性格》; Anlage *f.* -n《素質》; Konstitution *f.* -en《体質》/生まれつきの angeboren; natürlich/生まれつきの性質 eine angeborene Eigenschaft, -en.
⇨うまれながら.

うまれつく 生まれつく ⇨せいらい/彼は芸術家(詩人)に生まれついている Er ist ein geborener Künstler (Dichter).

うまれながら 生まれながら von ³Geburt (Natur); von ³Haus〔e〕 aus/生まれながらの〔an-〕geboren; natürlich/生まれながらの詩人 der geborene Dichter, -s, -.

うまれる 生まれる geboren werden; zur Welt kommen* [s]; das Licht der ²Welt erblicken/生まれた家 Geburtshaus *n.* -es, ⸚er/生まれたばかりの neugeboren/彼には息子が生まれた Es wurde ihm ein Sohn geboren./彼は 1940 年 10 月 24 日に生まれた Er ist am 24. Oktober 1940 geboren./彼が生まれたときは戦争の最中だった Als er zur Welt kam, war es mitten im Krieg.

うみ 膿 Eiter *m.* -s/膿状の eiterig; eiterartig/膿を出す Eiter heraus|drücken《押して》/膿を持つ eitern [s]; eiterig sein; schwären.

うみ 海 Meer *n.* -〔e〕s, -e; See *f.* -n; [大洋] Ozean *m.* -s, -e/海の絵 See¦stück (Marine-) *n.* -〔e〕s, -e/海の神 Meergott *m.* -〔e〕s, ⸚er/海の幸 Seeprodukt *n.* -〔e〕s, -e/炎の海 Flammenmeer *n.* -〔e〕s, -e/海が荒い Die See geht hoch./今年の夏は海に行きます Ich werde diesen Sommer an die See (ans Meer) fahren.

うみ 生みの母 *js* leibliche (echte) Mutter, ⸚; Initiator *m.* -s, -en《創始者》/生みの苦しみ Geburtswehen《*pl*》/生みの親より育ての親 Erziehung ist mehr wert als Geburt.

うみおとす 生みおとす ⇨うむ(生む).

うみかぜ 海風 Seewind *m.* -〔e〕s, -e.

うみがめ 海亀 Seeschildkröte *f.* -n.

うみすずめ 海雀〘鳥〙Alk *m.* -〔e〕s, -e.

うみせんやません 海千山千 ¶ 彼は海千山千だ Er ist durch alle Wasser geschwommen. | Er ist mit allen Wassern gewaschen.

うみだす 生み出す ⇨さんしゅつ(産出).

うみたて 生み立ての卵 ein frisch gelegtes Ei, -〔e〕s, -er.

うみつける 生みつける [卵を] 〔Eier〕 legen.

うみつばめ 海燕〘鳥〙 See¦schwalbe (Sturm-) *f.* -n.

うみどり 海鳥 See¦vogel (Meer-) *m.* -s, ⸚.

うみねこ 海猫 Seemöwe *f.* -n.

うみべ 海辺 Meeres¦küste (See-) *f.* -n; Meeres¦strand (See-) *m.* -〔e〕s, ⸚e; Meeres¦ufer (See-) *n.* -s, -/海辺にて am Meer; an der See; [浜辺で] an der Küste; am Strand.

うみへび 海蛇 See¦schlange (Meer-) *f.* -n.

うみぼうず 海坊主 See¦ungeheuer (Meer-) *n.* -s, -.

うむ 有無 ❶ [在否] Sein oder Nichtsein; vorhanden sein oder nicht vorhanden sein; [存在] das Vorhandensein*, -s; Existenz *f.* -en/有無相通じる ⁴sich gegenseitig ergänzen / 金の有無を確かめる fest|stellen, ob das Geld vorhanden ist oder nicht. ❷ [諾否] ja oder nein/有無を言わさず ohne *jn* erst zu fragen; ohne weiteres; ohne weitere ⁴Umstände; einfach/有無を言わさず持って来てしまったよ Das habe ich einfach mitgenommen.

うむ 生む ❶ [子を] gebären*⁴; zur Welt bringen*⁴; [男・牡が生殖する] zeugen⁴; [獣が仔を] werfen*⁴/子供を生む ein Kind gebären* (zeugen)/猫がかわいい仔を六匹生んだ Die Katze hat sechs niedliche Junge geworfen. ❷ [卵を] legen⁴; [蛙・魚などが] laichen/すべての鳥は卵を生む Alle Vögel legen Eier. ❸ [生じる] erzeugen⁴; hervor|bringen*⁴; produzieren⁴; mit ³sich bringen*⁴《もたらす》/利子を生む Zinsen bringen*.

うむ 膿む eitern [s]; eiterig werden; schwären / 傷口が膿む Die Wunde eitert (schwärt).

うむ 熟む ⇨じゅくす①.

うむ 倦む ⇨あきる/倦まずたゆまず unermüdlich; unverdrossen; beharrlich.

ウムラウト〘文法〙Umlaut *m.* -〔e〕s, -e/ウムラウトさせる um|lauten⁴.

うめ 梅 Pflaumenbaum *m.* -〔e〕s, ⸚e/梅の花 Pflaumenblüte *f.* -n/梅の実 Pflaume *f.* -n.

うめあわせ 埋め合わせ Ersatz *m.* -es; Entschädigung *f.* -en; Entgeltung *f.* -en; Wiedergutmachung *f.* -en; Ausgleich *m.* -〔e〕s, -e/損害の埋め合わせ Schadenersatz *m.* -es/埋め合わせをする ersetzen⁴; Ersatz leisten《*für*⁴》; *jm* entschädigen⁴; *jm* entgelten*⁴; wieder gut|machen⁴; aus|gleichen*⁴/この埋め合わせはいつかきっとするよ Ich mache es schon mal wieder in Ordnung.

うめき 埋め木をする feineres Holz ein|legen《*in*⁴》‖ 埋め木細工 eine eingelegte Arbeit, -en.

うめき 呻き das Stöhnen* (Ächzen*), -s.

うめく 呻く stöhnen; ächzen/苦痛に呻く vor ³Schmerzen stöhnen (ächzen).

うめくさ 埋草 Lückenbüßer *m.* -s, -; Füllsel *n.* -s, -.

うめしゅ 梅酒 Pflaumenschnaps *m.* -es.

うめず 梅酢 Pflaumensaft *m.* -〔e〕s, ⸚e.

うめたて 埋立 das Zuschütten*, -s; Trockenlegung *f.* -en ‖ 埋立工事 Trockenlegung *f.* -en; Landgewinnung *f.* -en/埋立地 durch ⁴Trockenlegung gewonnenes Neuland, -〔e〕s; trockengelegtes Land, -〔e〕s.

うめたてる 埋立てる [土地を] 〔ein Land〕 trocken|legen; [池などを] 〔einen Teich〕 zu|schütten.

うめぼし 梅干 Dörrpflaume *f.* -n ‖ 梅干婆 eine verhutzelte alte Frau, -en.

うめる 埋める ❶ [埋葬する] begraben*⁴; beerdigen⁴; [宝物などを] vergraben*⁴《*in*⁴》. ❷ [充填(じゅうてん)する] füllen⁴; aus|füllen⁴ (zu|-); 〔zu|〕stopfen⁴; [特に歯腔などを] plombieren⁴; [埋め込む] ein|legen⁴; [土砂などで] verschütten⁴; zu|schütten⁴. ❸ [損害などを] decken⁴ ⇨うめあわせ. ❹ [熱い湯を] Wasser

うもう 羽毛 Feder f. -n; Flaum m. -[e]s《綿毛》.

うもれぎ 埋れ木 Sumpfholz n. -es, ⸚er; versteinertes (fossiles) Holz/埋れ木の生活をする im Verborgenen leben.

うもれる 埋れる ⇨うずもれる.

うやうやしい 恭々しい(しく) ehrerbietig; ehrfurchtsvoll; achtungsvoll; demutsvoll; demütig; ehrfürchtig; untertänig/恭々しい態度 die ehrerbietige Haltung/恭々しく一礼する sich ehrerbietig verbeugen.

うやまい 敬い ⇨そんけい.

うやまう 敬う [ver]ehren⁴; an|beten⁴; zu jm bewundernd auf|sehen*; hoch|achten⁴; voller Ehrfurcht sein (gegen⁴); [神として] verklären⁴; vergöttern⁴/神を敬う Gott an|beten ([ver]ehren)/師を敬う den Lehrer ehren (achten)/師と敬う jn als Lehrer hoch|achten. — 敬うべき ehrenhaft; ehrwürdig; hochachtbar.

うやむや うやむやに vertuschen⁴; 'sich um 'et herum|drücken; verdunkeln⁴/うやむやな返事をする eine unklare Antwort geben/うやむやな言い方をする 'sich verschwommen aus|drücken/事実をうやむやにする einen Tatbestand verdunkeln (verschleiern)/醜聞(汚職)をうやむやに葬る einen Skandal (eine Korruption) vertuschen.

うゆう 烏有に帰する eingeäschert (niedergebrannt) werden; in Flammen auf|gehen* ⓢ; ein Raub der Flammen werden.

うよう うようよする wimmeln (von³); schwärmen h.s (von³)/通りは人でうようよしている Die Straßen wimmeln von Menschen./蜂が木のまわりによようよする Die Bienen schwärmen um den Baum.

うよきょくせつ 紆余曲折を経て nach vielem Wenn und Aber; nach vielem Hin und Her.

うよく 右翼 ❶ der rechte Flügel, -s, -《隊形の》; 〚兵〛die rechte Flanke, -n; Rechtsfeldspieler m. -s, -《野球の右翼手》; Rechtsaußen m. -s, -《サッカーのライトウィング》. ❷ 〔思想〕 die Rechte, -n; 〔人〕der Rechtsstehende*, -n, -n/右翼の rechts:parteiisch (-stehend)/右翼がかっている rechts eingestellt sein/相当右翼である sehr weit rechts stehen*.

うら 裏 ❶ 〔裏面〕 Rückseite (Kehr-) f. -n; 〔内側〕die innere Seite, -n; 〔後側〕 Hinterseite/足の裏 〔Fuß〕sohle f. -n/ことばの裏 die verborgene Bedeutung, -en/靴の裏 〔Schuh〕sohle f. -n/舞台裏で hinter den ³Kulissen/裏をかく 'sich aus|kennen* (in³); nicht nur die äußere, sondern auch die innere Seite kennen*/…の裏をかく vereiteln⁴《挫折させる》/法律の裏をくぐる durch die Maschen des Gesetzes schlüpfen/裏を覗く hinter die Kulisse sehen*/の裏を見抜く jn durchschauen/その裏には何かがある Dahinter steckt etwas./私は裏から入って来た Ich bin von hinten hereingekommen. ❷ 〔衣服の〕 Futter n. -s/裏をつける füttern⁴. ❸ 〔反対〕 Gegenteil n. -[e]s, -e/裏を言う das Gegenteil von dem sagen, was man meint.

うら 浦 ❶ 〔入江〕 Bucht f. -en. ❷ 〔海辺〕Küste f. -n; Strand m. -[e]s, ⸚e; 〚詩〛Gestade n. -s, -.

うらうち 裏打 Futter n. -s; Auskleidung f. -en/裏打をする füttern⁴ (mit³); aus|kleben⁴ (mit³《箱の内側などを》; aus|kleiden⁴ (mit³《炉の内側などを》.

うらおもて 裏表 Vorder- und Rückseite f. -n/裏表のある《不誠実》doppelzüngig; hinterhaltig/裏表のある人 Augendiener m. -s, -/裏表に通じている ⁴et in- und auswendig kennen*/物には裏表がある Jedes Ding hat zwei Seiten.

うらかいどう 裏街道 Nebenstraße f. -n.

うらがえす 裏返す um|drehen⁴ (-|kehren⁴; -|wenden⁴); 〔服を〕 wenden⁴/裏返しの(に) verkehrt/手の平を返す die Hand um|drehen/それは裏返した Das ist verkehrt herum.

うらがき 裏書き 〚経〛Giro n. -s, -s; Indossament n. -[e]s, -e. — 裏書する girieren⁴; indossieren⁴; 〔保証として〕 bestätigen⁴; garantieren⁴. ‖ 裏書人 Girant m. -en, -en; Indossant m. -en, -en/被裏書人 Girat m. -en, -en; Indossat m. -en, -en.

うらぎり 裏切り Verrat m. -[e]s ‖ 裏切り者 Verräter m. -s, -.

うらぎる 裏切る verraten*⁴; 〔変説する〕 anderen Sinnes werden; den Sinn ändern; um|schwenken; 〔期待などを〕 [ent]täuschen⁴/祖国(友達)を裏切る sein Vaterland (seinen Freund) verraten*; einen Verrat am Vaterland (an seinem Freund) begehen*/信頼を裏切る js Vertrauen täuschen (missbrauchen)/期待を裏切る js Erwartung täuschen/この本にはすっかり期待を裏切られた Das Buch hat mich sehr enttäuscht./予想は彼が負けてしまった Unerwarteterweise ist er besiegt worden.

うらぐち 裏口 Hintertür f. -en/裏口から逃がしてやる jn durch die Hintertür hinaus|lassen*/裏口入学する hintenherum (in die Schule) aufgenommen werden ‖ 裏口営業 Hintertürgeschäft n. -[e]s, -e; Schwarzhandel m. -s, -《やみ取引》.

うらごえ 裏声 Fistelstimme f. -n/裏声で歌う mit Fistelstimme singen*; fisteln; jodeln.

うらごし 裏ごし Seihe f. -n; Seiher m. -s, -; Seihtuch n. -[e]s, ⸚er/裏ごしにする [durch|-]seihen⁴.

うらさく 裏作 die zweite Ernte, -n.

うらじ 裏地 Futterstoff m. -[e]s, -e; Futter n. -s, -.

うらじろ 裏白 〔歯朶(シ)〕Farnkraut n. -[e]s, ⸚er; Farn m. -[e]s, -e.

うらだな 裏店 ‖ 裏店住まいをする in einem Hinterhof wohnen.

うらづけ 裏づけ Unterstützung f. -en《支援》; Stütze f. -n《支え》; Beweis m. -es, -e;

Nachweis m. -es, -e; Anhalt m. -[e]s, -e/裏付けをしてやる jm seine Unterstützung für das Leben zu|sichern/法律上の裏付けがない im Gesetz keine Stütze finden*/あるものの裏付けをする einen Beweis für ⁴et geben; einen Nachweis für ⁴et liefern/この資料では嫌疑に対する十分な裏付けにならない Das Material bietet keinen zuverlässigen Anhalt für den Verdacht.

うらづける 裏付ける bestätigen⁴; bezeugen⁴; garantieren⁴; unterstützen⁴ 〈生活を〉.

うらて 裏手 Hinterseite f. -n/家の舞台の〉裏手で hinter dem Haus (den Kulissen).

うらどおり 裏通り Nebengasse f. -n.

うらない 占い Wahrsagerei f. -en; Weissagung f. -en; Prophezeiung f. -en ‖ 占い師 Weissager (Wahr-) m. -s, -/ Hellseher m. -s, - 〈千里眼〉.

うらなう 占う wahr|sagen⁽⁴⁾; weissagen³⁴; prophezeien⁴/占ってもらう ⁴sich wahrsagen lassen*/トランプ(手相)で占う aus Karten (Handlinien) wahr|sagen.

うらながや 裏長屋 Reihenhaus (n. -es, ⁼er) in Seitengässchen.

ウラニウム →ウラン.

うらにわ 裏庭 Hinterhof m. -[e]s, ⁼e; Hausgarten m. -s, ⁼.

うらはら 裏腹の entgegengesetzt (³et); widersprechend (³et)/彼の主張は彼の行為とまさに裏腹だ Seine Behauptung steht mit seiner Tat in krassem Widerspruch.

うらばり 裏張り Rückstoff m. -[e]s, -e; Futter n. -s, -/ Rückseite f. -n 〈裏側〉/裏張りする füttern* ⁴et.

うらばんぐみ 裏番組 das Programm 〈-s, -e〉 im Konkurrenzsender (Rivalsender).

うらぶれる herunter|kommen* ⓢ; verlottern ⓢ; verarmen ⓢ.

うらぼん 盂蘭盆 Bon-Fest n. -[e]s, -e; 〈灯籠祭〉Lampenfest n. -[e]s, -e.

うらまち 裏町 Nebenstraße f. -n; Hintergasse f. -n; Elendsviertel n. -s, - 〈〈ごみごみした裏町〉〉.

うらまど 裏窓 Rückfenster n. -s, -.

うらみ 恨み ❶ Groll m. -[e]s, -e; Aufsässigkeit f. -en; Ressentiment n. -s, -s; Verbitterung f. -en; Hass m. -es 〈〈憎悪〉〉; Rachgefühl n. -[e]s, -e/恨みを抱く einen Groll hegen (gegen⁴); einen Groll haben (auf⁴)/誰々に恨みがある böse auf (mit jm) sein/恨みを忘れる den Groll gegen jn vergessen lassen*/恨みを晴らす rächen (jn; ⁴et an jm); ⁴sich rächen (an jm für ⁴et); jm heim|zahlen*; ⁴et entgelten lassen**/恨みを言う jm klagen⁴; ⁴sich beschweren (bei³; über⁴); jammern (um⁴); ein Lamento machen (um⁴)/恨み重なる unversöhnlich; bitter; todfeind*/恨みを買う ⁴sich Hass zu|ziehen*; js Hass auf ⁴sich ziehen* (laden*)/恨み骨髄に徹する Diese Verbitterung geht jm durch Mark und Bein. 〈〈俗〉〉durch Mark und Pfennige./恨みに報いるに徳をもって Böses mit Gutem vergelten*. ❷ 〈残念〉 das Bedauern*, -s/まだトリとは言えぬ恨みがある Das lässt noch etwas zu wünschen übrig.

うらみち 裏道 Seitengässchen n. -s, -; Seitenweg (Hinter-) m. -[e]s, -e; Hintertür f. -en 〈逃げ道・抜け道〉.

うらむ 恨む ❶ böse sein (auf jn; mit jm) [mit] jm grollen; jm ⁴et nach|tragen*; einen Groll hegen (gegen⁴); einen Groll haben (auf⁴); jm ⁴et verübeln; jm ⁴et übel|nehmen*; jm ⁴et verargen/そう恨むなよ Sei nicht so böse./Nimm es mir nicht so übel!/あれ以来彼は僕を恨んでいる Seitdem ist er mir nicht mehr grün. ❷ 〈遺憾〉 bedauern (zu 不定句); dass...); leider (adv)/事ここに至ったのを恨むのみだ Ich bedauere nur (Es ist nur zu bedauern), dass es so weit gekommen ist.

うらめしい 恨めしい nach|tragend (-trägerisch); grollend; verbittert; bedauerlich 〈〈残念な〉〉/恨めしく思う einen Groll hegen (gegen⁴); jm ⁴et nach|tragen*/恨めしそうな顔つき die saure Miene.

うらもん 裏門 Hinter|pforte f. -n (-pförtchen n. -s, -).

うらやましい 羨ましい ❶ beneidenswert; neidisch. ❷ [v.] beneiden⁴ (um⁴); zu beneiden sein; neidisch sein (auf⁴)/羨ましそうに neidisch; neiderfüllt; missgünstig; scheelsüchtig/あの人は羨ましい Er ist zu beneiden./Ich beneide ihn./羨ましがらせる den Neid erregen (erwecken).

うらやむ 羨む beneiden⁴ (um⁴); jm neidisch sein; neidisch auf⁴ sein; [他た]neidisch sehen*⁴ (um⁴); ein missgünstiges Auge (scheele Blicke) auf jm werfen*; jn mit scheelen Augen (Blicken) betrachten; schielen (nach³ ほしそうに)/彼はもうとても羨んでいる Er weiß nicht Neid nicht zu lassen./Er platzt vor Neid (gegen⁴)/彼は私の幸運を羨んでいる Er beneidet mich um mein Glück.

うららか うららかな(に) freundlich; heiter; hell; klar; sonnig; strahlend; glänzend/うららかな春の日和 das freundliche Frühlingswetter, -s, -/うららかな四月のある朝に an einem sonnenhellen Morgen im April.

ウラル ウラルアルタイ語族 die uralaltaische Sprachfamilie; uralaltaische Sprachen/ウラル山脈 das Uralgebirge, -s.

うらわかい うら若い im Backfisch-Alter (im blühenden Alter) sein.

ウラン Uran n. -s 〈記号: U〉‖ ウランアイソトープ Uranisotop n. -s, -e/ウラン雲母 Uranglimmer m. -s, -/ウラン原子 Uranatom n. -s, -e/ウラン原子炉 Uran|brenner m. -s, - (-pile m. -s, -s)/ウラン爆弾 Uranbombe f. -n/ウラン放射線 Uranstrahlen 〈pl〉.

うり 瓜 Melone f. -n/瓜二つである ³sich (einander) wie ein Ei dem andern gleichen*/瓜の蔓に茄子はならぬ „Der Apfel fällt nicht weit vom Stamm."

うり 売り Verkauf m. -[e]s, ⁼e/売りに出す

うりあげ 売上 Erlös *m.* -es, -e; Ertrag *m.* -[e]s, =e; Umsatz *m.* -es, =e; Gewinn *m.* -[e]s, =e; Einnahme *f.* -n/その日の売上げ der Verkauf des Tages; Tageseinnahme *f.* 《一日の》/一日の売上平均は一万円になる Die täglichen Verkäufe belaufen sich durchschnittlich auf 10 000 Yen. ‖ 売上勘定 Verkaufsberechnung *f.* -en/売上仕切書 Verkaufsrechnung *f.* -en/売上高 Umsatzbetrag *m.* -[e]s, =e; Ertrag *m.* -[e]s, =e/売上帳 Verkaufsbuch *n.* -[e]s, =er/売上歩合 Abschlussprovision *f.* -en.

うりあげる 売り上げる aus|verkaufen⁴.

うりあるく 売り歩く hausieren [gehen⁵] (*mit³*); höckern (*mit³*); Geschäftsmöglichkeiten suchen 《注文取》.

うりいえ 売り家 Haus (*n.* -es, =er) zu verkaufen.

うりいそぐ 売り急ぐ ⁴sich mit dem Verkaufe beeilen; so bald und so rasch als möglich ab|setzen⁴.

うりおしみ 売り惜しみをする mit dem Verkauf zurück|halten⁵; nicht gern verkaufen⁴.

うりオペ[レーション] 売りオペ[レーション] die Offenmarktpolitik mittels ²Verkaufs von ³Wertpapieren; der Verkauf von ³Geldmarktpapieren.

うりかい 売り買い ⇨ばいばい.

うりかけ 売掛 Verkauf (*m.* -s, =e) auf Kredit. —— 売掛ける auf Kredit (Borg; Rechnung; Zeit) geben⁴. ‖ 売掛勘定 Rechnung *f.* -en; Ausstand (Außen-) *m.* -[e]s, =e/売掛代金 Kredit *m.* -[e]s, -e; Forderung *f.* -en.

うりかた 売り方 ❶ [術] Vertriebsmethode *f.* -n (-system *n.* -s, -e). ❷ [人] Verkäufer *m.* -s, -; Baissepartei *f.* 《株式》.

うりきる 売り切る aus|verkaufen⁴; ab|setßen⁴.

うりきれ 売り切れ ‖ 本日売り切れ Ausverkauft für heute.

うりきれる 売り切れる ausverkauft werden (sein); von ³et nichts mehr vorrätig sein 《品切れ》/席は全部売切れている売り切れました Alle Plätze, sogar Notsitze, sind schon ausverkauft. / 座席は売り切れました Alle Plätze sind schon gebucht.

うりぐい 売り食いする durch Veräußerung seiner Habseligkeiten seinen Lebensunterhalt erwerben⁴ (sein Leben fristen).

うりくずす 売り崩す den Markt drücken (durch große Zufuhren 供給過剰による); Kurse drücken (mit Manöver der Baissepartei 値嵩を下落させる策略》; in großer Menge billig ab den Markt bringen⁴; zu Schleuderpreisen verkaufen⁴ 《投売》.

うりこ 売り子 Verkäufer *m.* -s, -; Verkäuferin *f.* ..rinnen 《女》; Ladengehilfe *m.* -n, -n; Ladengehilfin *f.* ..finnen 《女》; Ladenmädchen *n.* -s, - (-tochter *f.* =) 《女》 ‖ 新聞売り子 Zeitungsverkäufer *m.* -s, -.

うりごえ 売り声 der Ruf 《-[e]s, -e》 des Hökers; der Aufruf 《-[e]s, -e》 des Marktschreiers.

うりことば 売りことばに買いことば Ein Wort gibt das andere./売りことばに買いことばでなぐり合いになった Rede und Gegenrede führte zu einer Prügelei.

うりこみ 売り込み Vertrieb *m.* -[e]s, -e; Werbung *f.* -en 《広告宣伝》; Werbedienst *m.* -[e]s, -e.

うりこむ 売り込む ❶ [売る] verkaufen⁴; an|bringen⁴; vertreiben⁴. ❷ [広告·宣伝] werben⁴ (*für⁴*); Reklame machen (*für⁴*)/名前を売り込む *jm* einen Namen ein|prägen.

うりさき 売り先 Käufer *m.* -s, -; Kunde *f.* -n 《買手·客筋》; Markt *m.* -[e]s, =e 《捌(さ)け口》; 《販路》 Absatzfeld *n.* -[e]s, -er (-gebiet *n.* -[e]s, -e).

うりざねがお 瓜実顔 das ovale (länglich runde) Gesicht, -[e]s, -er.

うりさばき 売捌き Vertrieb *m.* -[e]s, -e; Verkauf *m.* -[e]s, =e ‖ 売捌所 Verkaufsagentur *f.* -en; Vertriebsvertretung *f.* -en; Verkaufsstelle *f.* -n/売捌人 Verkaufsagent *m.* -en, -en (-vermittler *m.* -s, -).

うりさばく 売り捌く verkaufen⁴; vertreiben⁴; ab|setzen⁴.

うりすぎ 売過ぎ das Verkaufen⁴ 《-s》 über den Bestand; Baissemarkt *m.* -[e]s, =e 《株式市況》.

うりすぎる 売り過ぎる zu viel (über den Bestand) verkaufen⁴.

うりぞめ 売初め der erste Verkauf, -[e]s, =e (Vertrieb, *m.* -[e]s, =e); Inaugurationsausverkauf *m.* -[e]s, =e 《開店売出し》; die erste [Aus]lieferung, -en 《初荷など》.

うりだか 売高 Verkauf *m.* -[e]s, =e/売上高は...になる Der Verkauf beläuft sich auf⁴ …. (auf die あとは金額でもより) ⇨ うりあげ.

うりだし 売出し Verkauf *m.* -[e]s, =e; Großausverkauf *m.* -[e]s, =e 《大売出し》/売出し(発売)...日より Verkauf ab ….; Vorverkauf ab ….《前売》/売出し中の作家 der bergauf gehende Schriftsteller, -s, - ‖ 季末売出し Saisonschlussausverkauf *m.* -[e]s, =e/棚卸し売出し Inventurausverkauf *m.* -[e]s, =e/棚卸し特価大売出し Lagerräumung! Großausverkauf zu besonders niedrigen Preisen! 《どうなどで》/夏物見切売出し Sommerschluss-Ausverkauf *m.* -[e]s, =e.

うりだす 売り出す ❶ feil|bieten⁴; zum Verkauf bringen⁴ (an|bieten⁴; auf den Markt bringen⁴. ❷ [名前を] ³sich einen Namen machen; ⁴sich berühmt machen.

うりたたく 売り叩く einen Baisseangriff machen 《相場》.

うりつくす 売り尽くす aus|verkaufen⁴; den Bestand (das Lager) räumen.

うりつける 売り付ける an den Mann bringen⁴; *jm* auf|nötigen⁴ 《押しつける》; *jm* an|drehen⁴ 《だまして》; *jm* auf|schwatzen

《口先で》.

うりて 売り手 Verkäufer *m.* -s, -; Baissier *m.* -s, -《相場》 Baissepartei *f.* -en《売方》.

うりとばす 売り飛ばす ablgeben*⁴; veräußern*⁴; unter|bringen*⁴; zu Geld machen⁴/二束三文に売り飛ばす um (für) ein Butterbrot verkaufen.

うりどめ 売止めにする den Verkauf ab|schließen*⁴; Feierabend machen.

うりぬし 売り主 Verkäufer *m.* -s, -; Abgeber *m.* -s, -.《株式》

うりね 売値 Verkaufs|preis (Laden-) *m.* -es, -e.

うりば 売場 Ladentisch *m.* -[e]s, -e; Verkaufstheke *f.* -n《店の内部の》; Verkaufsstelle *f.* -n; Stand *m.* -[e]s, -e; Kiosk *m.* -s, -e《屋台》; Kasse *f.* -n《劇場、駅の切符売場》 Fahrkartenausgabe *f.* -n ‖売場係 Verkaufsleiter *m.* -s, -/家庭用品売場《百貨店の》Haushaltsabteilung *f.* -en.

うりはらう 売り払う zu Geld machen⁴; für Geld her|geben*⁴; ab|stoßen*⁴/彼は捨値で在庫品を売り払った Er stieß das Lager zu Schleuderpreisen ab.

うりひかえる 売り控える mit dem Verkauf zurück|halten*/彼は値上を予想して売り控える mit seinen Verkäufen in Erwartung besserer Preise zurück|halten*.

うりひろめる 売り広める neue Absatzwege erschließen*; neue Absatzgebiete eröffnen; seinen Geschäftskreis aus|dehnen; sein Absatzgebiet erweitern; in großen Mengen auf den Markt werfen*⁴《ダンピング》.

うりもの 売物 Verkaufsgegenstand *m.* -[e]s, -e; Zu verkaufen!《広告》/売物に出ている am Platze zu kaufen sein; zu verkaufen (zu kaufen) sein; verkäuflich sein/美貌を売物に Vorteile aus seiner Schönheit herausschlagen wollen*/親切を売物にする zu viel Dank für seine Freundlichkeit erwarten/この家は売物ではありません Das Haus ist nicht zum Verkauf.

うりや 売り家 [ein] Haus zu verkaufen. ⇨うりいえ.

うりょう 雨量 Regenmenge *f.* -n; Niederschlag *m.* -[e]s, -e; Regen *m.* -s, - ‖雨量計 Regenmesser *m.* -s, -; Pluriometer *n.* -s, -.

うりわたし 売渡し Verkauf *m.* -[e]s, -e; Veräußerung *f.* -en ‖売渡し証 Verkaufsbeleg *m.* -[e]s, -e/売渡し人 Verkäufer *m.* -s, -.

うりわたす 売り渡す verkaufen⁴; ab|setzen; veräußern⁴; 「売り払う」ab|stoßen*⁴; los|schlagen*⁴; zu Geld machen⁴《換金する》; begeben*⁴《手形》/商品は格安に売り渡された Die Ware wurden zu Spottbilligen Preisen abgesetzt./彼は在庫品を捨て値で売り渡した Er stieß das Lager zu Schleuderpreisen ab.

viel gelernt.《学ぶところ》; Wir haben viel Nutzen aus ³et (von ³et) gezogen.《後に立つ, 利益を得る》

うる 売る verkaufen⁴; veräußern⁴; vertreiben*⁴; feil|bieten*⁴; feil|halten*⁴《売物に出す》; ab|setzen⁴; um|setzen⁴《売りさばく》; an|bieten⁴《オファーする》; an den Mann bringen*⁴《売り込む》; auf den Markt bringen*⁴《市場へ出す》; zu Geld machen⁴《金に換える》/もうけて(損して)売る mit Gewinn (mit Verlust) verkaufen/高く(安く)売る teuer (billig; wohlfeil; preiswert) verkaufen/定価で(割引値段で)売る zu festem Preis (zu ermäßigtem Preis) verkaufen/百円で売る für (um) 100 Yen verkaufen/一個五十円で売る das Stück für 50 Yen (für 50 Yen je Stück) verkaufen/ダースで(ぼら)売って、ばらで売る dutzendweise (la-schenweise, lose) verkaufen/あの店で売っている Sie können es in dem Laden da kaufen./Der Laden dort führt es. ‖金を身を売る⁴sich [für Geld] verkaufen (hin|geben.*) /名を売る ³sich einen Namen machen/国を売る sein Vaterland verraten*/けんかを売る einen Streit vom Zaun brechen*/あの人に身を売るようなものだ Das heißt, sich ihm mit Haar und Haut zu verschreiben.

うるう 閏の Schalt-. ⇨うるうづき, うるうどし.

うるうづき 閏月 Schaltmonat *m.* -[e]s, -e.

うるうどし 閏年 Schaltjahr *n.* -[e]s, -e/二月は閏年には二十九日ある Der Februar hat im Schaltjahr 29 Tage.

うるおい 潤い ❶[湿気] Feuchtigkeit *f.* -en; Feuchte *f.* -n. ❷[利益] Nutzen *m.* -s, -; Gewinn *m.* -[e]s, -e; Vorteil *m.* -[e]s, -e. ❸[滋味] Anmut *f.*; Reiz *m.* -es, -e/潤いのある anmutig; geschmackvoll liebreizend; holdselig/潤いのある声 die liebliche Stimme, -n /潤いのない trocken. kahl; prosaisch/潤いのない話し方 die trockene Redensweise, -n/相当の潤いがあった 《利益》Daraus konnten wir einen beträchtlichen Nutzen ziehen.

うるおう 潤う ❶[湿る] feucht (nässlich) werden. ❷[富む] reich werden; gedeihen* [s]; Nutzen ziehen* (*aus*); [潤っている] im Wohlstand leben; ein Wohlleben führen.

うるおす 潤す ❶[湿らす] an|feuchten⁴; [be]feuchten⁴; be|netzen⁴; begießen⁴; benässen⁴; bewässern⁴《灌水する》/のどを潤す ³sich die Kehle anfeuchten; den Durst stillen (löschen⁽*⁾)/雨あ乾いた土地を潤す Der Regen begießt die trockene Erde. ❷[富ます] bereichern⁴; gedeihen lassen*⁴/民を潤す das Volk [auf den Weg] zur Wohlfahrt (zum Wohlstand) bringen*.

ウルグァイ Uruguay *n.* -s ‖ウルグァイ人 Uruguayer *m.* -s, -.

うるさい [めんどうな] lästig; beschwerlich; belastend; belästigend; beschwerend; störend; unbequem; [いやな] ermüdend; mühsam; mühselig; verdrießlich; [しつこい] be-

うるさがた うるさ型 Krittler m. -s, -; Nörgler m. -s, -; Mäkler m. -s, -; Kritikaster m. -s, -; Lästermaul n. -[e]s, ⸗er; Lästerzunge f. -n. ⇨うるさい

うるし 漆 Lack m. -[e]s, -e; Lackbaum m. -[e]s, ⸗e/漆にかぶれる sich durch Lack vergiften; ³sich eine Lackvergiftung holen/漆を塗る lackieren⁴ ‖ 漆工 Lackierer m. -s, -/漆細工 Lackarbeit f. -en; Lackwaren (pl)/漆細工屋 Lackwarengeschäft n. -[e]s, -e.

うるち 粳 Reis m. -es (普通の食用米).

うるみ 潤み Trübheit f.; Mattheit f.; Undurchsichtigkeit f. 《不透明》; Feuchtigkeit f. -en 《しめり》.

うるむ 潤む feucht werden; benetzt sein; ⁴sich betrüben/潤んだ feuchtig; benetzt; betaut; trüb; feucht und diesig/涙で潤む Tränen in den Augen haben; von Tränen benetzt sein/潤んだ目 das weinende (tränenbenetzte) Auge, -s, -n.

うるわしい 麗しい bild:schön (wunder-); strahlend schön; prächtig; glanzvoll/麗しい声 die süße (schöne; wohlklingende; melodische) Stimme, -n/ご機嫌麗しい 《元気·健康》 ⁴sich einer strahlenden Gesundheit erfreuen/《上機嫌》 gehobener Stimmung sein; guter Laune (lustig und guter Dinge) sein.

うれあし 売れ足 ⇨うれゆき.

うれい 憂い, 愁い ❶ 《心配》 Sorge f. -n; Besorgnis f. ..nisse; Furcht f.; Unsicherheit f. -en; Angst f. ⸗e/憂い顔 das sorgenschwere Gesicht, -[e]s, -er/憂い顔をしている besorgt aus|sehen*/...の憂いがある Es besteht Gefahr, daß ....; Es ist leicht möglich, daß .... ❷ 《心痛》 Kummer m. -s; Gram m. -[e]s; Betrübnis f. ..nisse; Qual f. -en/愁い顔 die betrübte Miene, -n; das traurige Gesicht, -[e]s, -er/愁いに沈む voller Trauer (in tiefer Trauer) sein; jn in tiefe Trauer versetzen《事を主語》.

うれえる 憂える ❶ 《心配する》 fürchten⁴ 《für⁴; um⁴》; ⁴befürchten 《daß ...; zu 不定句句》; ⁴sich ängstigen 《um⁴》; ⁴sich sorgen 《um⁴》; ³sich Gedanken machen 《über⁴》; ³sich Sorgen machen 《um⁴; über⁴》; besorgt sein 《für⁴; um⁴》. ❷ 《心を痛める》 ⁴sich härmen 《über⁴; um⁴》; ³sich Kummer machen 《über⁴》; ⁴sich betrüben 《über⁴; um⁴》; ⁴sich quälen 《mit⁴》/憂うべき状態 die schlimme (ernste; gefährliche) Lage, -n (Situation, -en).

うれくち 売れ口 ❶ 《市場·販路》 Markt m. -[e]s, ⸗e; Absatzgebiet n. -[e]s, -e; Hinterland n. -[e]s, ⸗er; Verkaufsmöglichkeit f. -en. ❷ 《売れ行き》 Absatz m. -es, ⸗e/売れ口を捜す(開拓する) einen neuen Markt (ein Absatzgebiet) für ⁴et suchen (erschließen*)/売れ口が悪い ⁴sich schlecht (nur langsam) verkaufen.

うれしい 嬉しい ❶ 《a.》 froh; erfreut; glücklich; 《嬉しげな》 fröhlich; frohmütig; freudig; erfreulich. ❷ 《v.》 ⁴sich freuen 《an³ 現在のこと; über³ 現在·過去のこと; auf⁴ 未来のこと》; jn freuen 《es また事物を主語にして》; froh (erfreut) sein 《über⁴》/嬉しいことには zu meiner großen Freude/嬉しさのあまり vor 《ausgelassener》 Freude/まあ嬉しい Bin aber froh!/僕は嬉しいとは思わないな Ich kann keine Freude darüber empfinden.

うれしがらせ 嬉しがらせを言う ⇨うれしがる《嬉しがらせる》.

うれしがる 嬉しがる ⁴sich (er)freuen; frohlocken; jubeln 《以上 über⁴》; ⁴sich erbauen 《an³》; ⁴sich ergötzen 《an³》/独りで嬉しがる ⁴sich geschmeichelt fühlen/その知らせをきいて嬉しがった Diese Nachricht hat ihm eine große Freude bereitet./子供たちは小おどりして嬉しがった Die Kinder hüpften vor (ausgelassener) Freude. ── 嬉しがらせる ❶ 《jm Freude machen》 jn glücklich machen. ❷ 《嬉しがるように誘導する》 jm schmeicheln; jm um den Bart gehen*《s》; jm Honig um den Mund (ums Maul) schmieren; jm zu Gefallen reden; schön|reden (-ltun*).

うれしさ 嬉しさ Freude f. -n; Fröhlichkeit f.; Froh|mut m. -[e]s (-sinn m. -[e]s)/嬉しさのあまり vor Freude/嬉しさのあまり我を忘れる vor Freude außer ³sich sein.

うれしそう 嬉しそうな freudig; erfreulich; glückselig/嬉しそうな顔 das vor Freude strahlende Gesicht, -[e]s, -er.

うれしなき 嬉し泣きする vor Freude weinen.

うれしなみだ 嬉し涙にむせぶ vor Freude Tränen vergießen*; Tränen der Freude weinen.

うれだか 売れ高 Absatz m. -es, ⸗e; Umsatz m. -es, ⸗e 《金高》. ⇨うれゆき.

うれっこ 売れっ子 Löwe 《m. -n, -n》 des Tages (der Gesellschaft); Günstling m. -s, -e; Favorit m. -en, -en/売れっ子である große Popularität genießen*; ³sich einer großen³Popularität erfreuen.

うれのこり 売れ残り Ladenhüter m. -s, -; die unverkäufliche Ware, -n/《本の》 Restauflage f. -n; 《俗》 Krebs m. -es, -e.

うれのこる 売れ残る unverkauft (unbegeben) liegen bleiben*《s》 auf Lager bleiben*《s》; sitzen bleiben*《s》《娘か》.

うれゆき 売行 Absatz m. -es, ⸗e; Umsatz m. -es, ⸗e 《売高》; Verkauf m. -es, ⸗e; Bedarf m. -[e]s; Nachfrage f. -n 《需要》.

売行がよい ⁴sich gut verkaufen; ⁴sich schnell verkaufen lassen*; großen (guten) Absatz haben (finden*); einen großen (starken) Umsatz haben; rasche Umsätze bringen*; Es besteht (herrscht) eine rege (lebhafte; starke) Nachfrage《*nach*³; *in*³》. / 最近は技師の売行がよい Ingenieure sind heutzutage sehr gesucht. / 売行がわるい ⁴sich schlecht verkaufen; ⁴sich schwer (langsam) verkaufen lassen*; schlechten (langsamen) Absatz finden* (haben); Es herrscht (besteht) wenig (schwache) Nachfrage《*nach*³; *in*³》.

うれる 売れる ❶ [売行がよい] ⁴sich〔gut〕verkaufen; ⁴sich〔gut〕verkaufen lassen*;〔einen〕guten Absatz finden* / よく売れる Es herrscht großer Bedarf (eine starke Nachfrage)《*nach*³》. Es besteht lebhafte Nachfrage《*nach*³; *in*³》. einen großen (reißenden) Absatz finden* / 売れない ⁴sich schwer (langsam) verkaufen lassen*; Es herrscht (besteht) wenig (schwache) Nachfrage《*nach*³; *in*³》. schlechten Absatz haben / 最もよく売れる本 das am besten verkäufliche Buch, -〔e〕s, ⸚er《ベストセラー》. ❷ [ある価に] für (um⁴; zu³) ... verkauft werden《前置詞のあとに値段を入れる》/ 相当高く売れました Ich habe es ziemlich teuer verkaufen können. ❸ [売品になる] zu verkaufen sein; absatzfähig (marktfähig; gangbar) sein / なかなかよく売れる ⁴sich als sehr gangbar erweisen*《売り出してみたら立派に売り物になる》. ❹ [名前・顔が] ³sich einen Namen machen; berühmt (populär) werden; überall bekannt (stadtbekannt) sein.

うろ 雨露 Regen und Tau *m.* des – und –s / 雨露をしのぐ ⁴sich vor dem Regen schützen; vor dem Regen unters Dach kommen* [s]; ⁴sich unter|stellen《雨宿り》/ 雨露をしのぐ所を探す ein schützendes Dach auf|suchen; Obdach suchen.

うろ [洞・穴] Höhle *f.* –n; Loch *n.* –〔e〕s, ⸚er; Grotte *f.* –n.

うろうろ うろうろする ❶ ⇨うろつく. ❷ ⇨うろたえる.

うろおぼえ うろ覚え die blasse (schwache) Erinnerung, –en / うろ覚えにしか覚えておりません Ich kann mich nur schwach〔daran〕erinnern (entsinnen).

うろこ 鱗 Schuppe *f.* –n / 鱗のある schuppig / 鱗のない schuppenlos / 鱗を落とす〔ab|-〕schuppen⁴.

うろこがた 鱗形の dachziegelartig (-förmig)〔übereinander liegend〕.

うろこぐも 鱗雲 Zirrokumulus *m.* –, ..lusse (..li); Schäfchenwolke *f.* –n.

うろたえる durcheinander geraten* [s]; durcheinander gebracht werden; aus der Fassung kommen* [s] (gebracht werden); verwirrt sein; den Kopf verlieren* / うろたえない ruhig Blut behalten*; den Kopf oben behalten*; die Fassung bewahren / うろたえて ganz verwirrt; aufgeregt; bestürzt / うろたえるな〔Nur〕ruhig Blut! / 彼はすっかりうろたえている Er ist ganz durcheinander.

うろつく herum|lungern [s]; umher|streichen* (–|streifen; –|schweifen) [s]; ⁴sich〔müßig〕herum|treiben*.

うろん うろんな verdächtig; verfänglich; Galgenbraten–; Galgenvogel– / うろんな奴 der verdächtige Kerl, –〔e〕s, –e; Galgenbraten *m.* –s, –《ろくでなし》/ うろんな目つき der verfängliche Blick, –〔e〕s, –e / うろんに思う *jm* in Verdacht haben; Verdacht (Argwohn; Misstrauen) hegen《*gegen*⁴》; misstrauisch (argwöhnisch) sein.

うわあご 上顎 Oberkiefer *m.* –s, –; Gaumen *m.* –s, –《口蓋》/ のどがかわいて舌が上顎にくっついてしまった Die Zunge klebt mir am Gaumen〔vor Durst〕.

うわえ 上絵 das handgemalte Bild, –〔e〕s, –er《布地や陶器にかく》/ 上絵をかく ein Bild auf dem Stoff (auf der Keramik) malen

うわおおい 上被い Decke *f.* –n; Bedeckung *f.* –en; Überzug *m.* –〔e〕s, ⸚e《いすなどの》; Gehäuse *n.* –s, –《機械などの》/ 上被いをする bedecken⁴《*mit*³》; decken⁴《*mit*³》; eine〔Schutz〕hülle überziehen*《*über*⁴》.

うわがき 上書き Anschrift (Auf–) *f.* –en; Adresse *f.* –n; Überschrift *f.* –en / 上書きをかく die Anschrift schreiben*; adressieren; mit Anschrift versehen*.

うわかわ 上皮 Oberhaut *f.* ⸚e;〖生〗Epidermis *f.* ..men; Kutikula *f.* –s (..len)《動・植》; Film *m.* –〔e〕s, –e; Häutchen *n.* –s, –《液体のうす皮》; Kruste *f.* –n; Knust *m.* –es, –e (⸚e)《パンの》; Rinde *f.* –n《パン・樹木の》.

うわき 浮気 [移り気] Wankelmut *m.* –〔e〕s; Flattersinn *m.* –〔e〕s, –e; Laune *f.* –n; [恋の] Liebelei *f.* –en; Seitensprung *m.* –〔e〕s, ⸚e; die kleine Ausschweifung, –en / 浮気をする einen Seitensprung machen; seine Frau (ihren Mann) betrügen*; den Frauen nach|laufen* [s]. ── 浮気な wankelmütig; flatterhaft; launisch; launenhaft; ausschweifend《放らつな》. ‖ 浮気者 der launenhafte (wankelmütige) Mensch, –en, –en; [男性] Schürzenjäger *m.* –s, –; Schwerenöter *m.* –s, –; Don Juan *m.* – –s, – –s; Frauenheld *m.* –en, –en; [女性] Kokette *f.* –n.

うわぎ 上着 Rock *m.* –〔e〕s, ⸚e《男性の》; Sakko *m.* (*n.*) –s, –s《背広の》; Jacke *f.* –n《一般に》/ 上着を着せてやる(脱がせてやる) *jm* in die Jacke (den Rock ausziehen) helfen* / 上着を脱いで in Hemd〔s〕ärmeln (Hemdsärmeln).

うわぐすり 上薬 Glasur *f.* –en; Schmelz *m.* –es, –e; Email *n.* –s, –s / 上薬をかける glasieren⁴; mit Glasur überziehen*⁴.

うわくちびる 上唇 Oberlippe *f.* –n.

うわぐつ 上靴 ⇨うわばき.

うわごと 譫言 das Delirieren*, –s / 譫言を言う delirieren; irre|reden in Delirium (in Fieberwahn).

うわさ 噂 Gerücht *n.* –〔e〕s, –e《*über*⁴》; Gerede *n.* –s, –; Stadtgespräch *n.* –〔e〕s, –e; Klatsch *m.* –es, –e; das Hörensagen*, –s /

うわじき 噂がたっている Es geht das Gerücht, dass ....; Gerüchte sind im Umlauf, dass ....; Es spricht sich herum, dass ....; Es wird geredet, dass ....; in aller Leute Munde sein/噂に聞く vom Hörensagen wissen* (kennen*⁴); hören ⟨von³⟩/噂によれば wie das Gerücht behauptet; wie man hört; wie ich höre; Ein Gerücht besagt, dass ....; Gerüchtweise verlautet, dass ..../噂に上る ins Gerede kommen* ⟨s⟩; ⟨zum⟩ Stadtgespräch werden; in aller Leute Mund kommen* ⟨s⟩/噂を立てる jn ins Gerede ⟨der Leute⟩ bringen* ⟨ある人の⟩; Klatsch herum|tragen* (verbreiten) ⟨über⁴⟩; ein Gerücht verbreiten/...という噂だ Man sagt, dass ....; Es heißt, dass ....; ...sollen 《いわゆる「噂のని사하다고」》/彼は大金持ちだという噂だ Er soll steinreich sein./町中の噂だ Die ganze Stadt spricht davon./ Die Spatzen pfeifen es von den Dächern./根も葉もない噂 ein bloßes Gerücht (Gerede)/ 噂をすれば影 .Wenn man den Teufel an die Wand malt, dann kommt er.'; Wenn man einen Esel nennt, da kommt er gerannt.'/ 人の噂も七十五日 Gerüchte haben eine kurze Lebensdauer.; In acht Tagen spricht kein Mensch mehr davon. — 噂する sprechen* ⟨von³⟩; reden ⟨von³⟩; schwatzen ⟨über⁴⟩.

うわしき 上敷き Binsenmatte f. -n 《ござ》; Teppich m. -s, -e 《じゅうたん》; ⟨敷布⟩ Bettuch n. -[e]s, ⸚er; Laken n. (m.) -s, -.

うわすべり 上滑り die oberflächlich; seicht; seichtköpfig; fahrlässig ⟨不注意の⟩; flatterhaft ⟨腰のおちつかぬ⟩.

うわずみ 上澄み die überstehende Flüssigkeit, -en/上澄みをとる eine über stehende Flüssigkeit an|schöpfen (ab|gießen*).

うわずる ⟨声が⟩ kreischend (krächzend, quäkend) werden/うわずった声 Kopfstimme f. -n.

うわつく ⟨そわそわ⟩ unruhig werden (sein); wie auf Nadeln sitzen*; kein Sitzfleisch haben; ⟨軽率⟩ leichtfertig sein ⇒うわちょうし.

うわっちょうし 上っ調子な leicht|fertig (-sinnig); voreilig ⟨そっかしい⟩; oberflächlich/うわっすべり 上っ調子の男だ Er hat eine leichte Ader.

うわつつみ 上包み Verpackung f. -en; Umhüllung f. -en; Packpapier n. -s, -e ⟨紙⟩/上包みをする verpacken* ⟨mit³⟩; ein|schlagen*⁴ ⟨in⁴⟩; umhüllen* ⟨mit³⟩.

うわつら 上っ面 Oberfläche f. -n ⟨表面⟩; das Äußere*. -n ⟨外面⟩; Schein m. -[e]s, -e ⟨うわべ⟩/物事の上っ面ばかり見る an der Oberfläche haften (bleiben* ⟨s⟩; schwimmen* ⟨s,h⟩); nach dem Äußeren urteilen ⟨über⁴⟩.

うわっぱり 上っ張り Kittel m. -s, -; Arbeitskittel m. -s, -. ⟨仕事用⟩; Spielkittel m. -s, - ⟨子供用⟩.

うわづみ 上積み die obere Ladung (Last), -en/上積みにする oben auf|laden*⁴.

うわて 上手 der besser Geübte*, -n, -n/⟨ずっと⟩うわてである jm ⟨weit⟩ überlegen sein ⟨an³⟩ ⟨in um vieles; bei weitem; weit⟩; übertreffen* ⟨an³; bei³; in³; durch⁴⟩/うわてに出る die Oberhand bekommen* (nehmen*; gewinnen*) ⟨über⁴⟩; ⟨相手を見下して⟩ jn von oben herab an|sehen* (behandeln)/その点では君の方が僕よりうわてだ Darin kann (muss) ich von dir lernen.

うわに 上荷 die obere Last (Ladung), -en.

うわぬり 上塗 Anstrich m. -[e]s, -e; Überzug m. -[e]s, ⸚e; Glasur f. -en ⟨陶器の⟩/上塗りをする ⟨fertig⟩ an|streichen*⁴ ⟨an|pinseln⟩ ⟨mit³⟩; glasieren⁴ ⟨陶器に⟩; lasieren*⁴ ⟨ワニスなどで⟩/ワニスで上塗りをする mit Firnis überziehen*⁴ ⟨an|streichen*⁴⟩/恥の上塗りをする ⁴sich doppelt (wieder einmal) blamieren; um seine Blamage zu vervollständigen, noch einen Fehler machen.

うわのそら 上の空で abwesend; zerstreut; nicht dabei (bei der Sache) ⟨sein⟩/上の空で聞く nur auf einem Ohr hören; nicht ganz dabei sein/ 人の言うことも上の空である js Worte in den Wind schlagen*; gegen js Worte taub sein; jm das Ohr verschließen*; auf js Worte nicht hören wollen*.

うわばき 上履き Pantoffel m. -s, -n; Hausschuh m. -[e]s, -e.

うわばみ Riesenschlange f. -n; Python m. -s, -s ⟨-en⟩; Boa f. -s, -.

うわばり 上張り Verkleidung f. -en/上張りする verkleiden⁴ ⟨mit³⟩; belegen⁴ ⟨mit³⟩; täfeln⁴ ⟨タイルなどで⟩; tapezieren⁴ ⟨壁紙などで⟩.

うわびょうし 上表紙 Schutzumschlag m. -[e]s, ⸚e ⟨カバー⟩; Einband m. -[e]s, ⸚e; Vorderdeckel m. -s, -.

うわべ 上辺 Oberfläche f. -n ⟨表面⟩; Außenseite f. -n ⟨外側⟩; Äußerlichkeit f. -en; das Äußere*, -n ⟨外観⟩ Anschein m. -[e]s; Aussehen n. -s; Schein m. -[e]s, -e/うわべだけ見れば oberflächlich betrachtet; bei oberflächlicher Betrachtung; nach dem Anschein urteilt/うわべを飾る ⟨das Äußeren⟩ Schein wahren; sein Licht leuchten lassen*⁴ ⟨よい所をひけらかす⟩/うわべを繕うため des Scheines halber; nur zum Schein/うわべを重んじる auf Äußerlichkeiten großen Wert legen/うわべだけ気どりをしているのだよ Er stellt sich nur so./ 彼の親切はうわべだけだ Seine Freundlichkeit ist nur [zum] Schein. /うわべだけではわからぬものだ .Der Schein trügt ⟨oft⟩.' — うわべの⟨に⟩ oberflächlich; äußerlich; zum Schein; scheinbar ⟨うわべだけの⟩; anscheinend; anscheinlich; dem ⟨An⟩schein nach.

うわまえ 上前 ❶⟨衣類の⟩ Vorderseite f. -n; der obere Saum, -[e]s, ⸚e. ❷⟨金の⟩ Schwänzelpfennig m. -[e]s, -e; Provision f. -en ⟨口銭⟩/上前をはねる ³sich Schwänzelpfennig machen; eine Provision nehmen* ⟨von³⟩.

うわまぶた 上瞼 das obere Augenlid, -[e]s, -er.

うわまわる 上回る ⟨金額が⟩ mehr als ... be-

うわむき 上向き ❶ 上向きの鼻 Stülpnase f. -n/上向きになる auf dem Rücken liegen*. ⇨ あおむけ. ❷ 〔騰貴〕die steigende Tendenz, -en; Haussebewegung f. -en/〔特に株式で〕上向き市場 der steigende Markt, -e, ⸗e; Haussemarkt m. ⸗e, ⸗e.

うわむく 上向く ❶ das Gesicht nach oben richten; ⁴sich nach oben biegen* 〔ぞる〕; ⁴sich um|drehen und auf dem Rücken liegen* 〔寝返りを打って〕. ❷〔物価などが〕eine steigende Tendenz haben; eine Hausse-Stimmung herrscht 〔株価〕; lebhaft werden 〈Konjunktur f. 景気が〉; an|fangen*, aufzuschlagen 〈Preis m. 相場が〉.

うわめ 上目を使う den Blick in die Höhe richten; die Augen nach oben richten.

うわやく 上役 der Vorgesetzte*, -n, -n; Chef m. -s, -s 〔直属の〕.

うわよる 上寄る hoch eröffnen 〔株式〕.

うわる 植わる 〔植物が〕 gepflanzt werden 〈in⁴〉; 〔庭などが〕bepflanzt werden 〈mit³〉.

うん ja; hm/うんと言う ja sagen ⇨ しょうだく/うんともすんとも言わぬ still|schweigen*; keinen Laut von ³sich geben*; ⁴sich ganz still|halten.

うん 運〔運命〕Schicksal n. -s, -e; Geschick n. -[e]s, -e; Los n. -es, -e; 〔幸運〕Glück n. -[e]s, 〔不運〕Unglück n. -[e]s; Verhängnis n. ‥nisses, ‥nisse; 〔好機〕Gelegenheit f. -en; Chance f. -n/運を試す sein Glück versuchen/運を天に任せる ⁴sich auf sein Glück verlassen*; ⁴sich dem Schicksal überlassen* 〔anheim stellen〕/運を天に任せて auf gut ⁴Glück/運に見放された Das Glück hat ihn verlassen./Das Glück hat ihm den Rücken gekehrt./彼は運がついている Das Glück ist ihm gewogen (hold)./彼の運は尽きた Sein Schicksal ist besiegelt (entschieden)./彼は不運にあり Unser Schicksal ist in Gottes Händen./運の悪いことに近くにはそのとき誰ひとりとしていなかった Das Unglück wollte, dass sich in dem Augenblick niemand in der Nähe befand. — 運の良い(悪い) glücklich (unglücklich), 〔有(不)利な〕günstig (ungünstig)/運よく(悪く)zum Glück (Unglück); glücklicherweise (unglücklicherweise)/運がよい(悪い) Glück (Pech) haben.

うんえい 運営 Leitung f. -en; Direktion f. -en; Führung f. -en; 〔管理〕Verwaltung f. -en. ― 運営する leiten⁴; führen⁴; verwalten⁴.

うんか 〔昆〕Kleinzirpe f. -n.

うんか 雲霞 ¶ 雲霞の如くに大勢 in großen ³Scharen; scharen|weise (schwarm-).

うんが 運河 Kanal m. -s, ⸗e/運河を作る einen Kanal bauen ‖ 運河通航税 Kanalabgabe f. -n; Durchfahrtsgebühren 〈pl〉/水門[式]運河 Schleusenkanal m. -s, ⸗e/パナマ(スエズ)運河 Panamakanal (Suezkanal) m. -s.

うんこう 運行 Bewegung f. -en; Um lauf m. -[e]s, ⸗e/天体の運行 die Bewegung der Himmelskörper/運行する ⁴sich bewegen; um|laufen*〈なる〉/地球は太陽のまわりを運行する Die Erde bewegt sich um die Sonne.

うんこう 運航 Fahrt f. -en/運航する fahren*.

うんざり うんざりする überdrüssig² sein (werden); satt haben¹/うんざりして Die Nase voll haben 〈von³〉/考えただけでうんざりする Ein bloßer Gedanke macht mich krank (widert mich an)./うんざりさせる jn an|ekeln; jn ar|widern; jn langweilen 〔退屈させる〕/うんざりするような anwidernd; langweilig 〔退屈な〕.

うんさんむしょう 雲散霧消する in alle Winde zerstreut werden und verschwinden*.

うんしほう 運指法〔楽〕Fingersatz m. -es -e; Applikatur f. -en.

うんしゅう 雲集する ⇨ むらがる.

うんすい 雲水 ein reisender Priester, -s, -; Wanderpriester m. -s, -.

うんせい 運勢 Schicksal n. -s, -e; 〔運〕Glück n. -[e]s, 〔星〕Stern m. -[e]s, -e/運勢を見る js Schicksal lesen*; jm das Horoskop stellen 〔星占いによって〕/彼は運勢がよい Er ist unter einem glücklichen Stern geboren./Das Glück ist ihm gewogen (hold). ‖ 運勢占い Schicksalsdeutung f. -en.

うんそう 運送 Transport m. -[e]s, -e; Beförderung f. -en; Spedition f. -en. ― 運送する transportieren⁴; befördern⁴; spedieren⁴. ‖ 運送会社 Transportgesellschaft f. -en; Speditionsfirma f. ‥men/運送業 Transportgewerbe n. -s, -; Speditionsgeschäft n. -[e]s, -e/運送業者 Spediteur m. -s, -e; Fuhrunternehmer m. -s, -/運送状 Frachtbrief m. -[e]s, -e/運送船 Transportschiff n. -[e]s, -e/運送店(屋) Speditionsgeschäft n. -[e]s, -e; Spediteur/運送人 Transporteur m. -s, -e/運送費 Transportkosten (Speditions-) 〈pl〉; Fracht f. -en.

うんそう 運漕 ⇨ かいそう(回漕).

うんちく 蘊蓄 tiefe (viele) Kenntnisse 〈pl〉/蘊蓄を積む Kenntnisse an|häufen (sammeln)/蘊蓄を傾ける seine gesamten (sämtlichen) Kenntnisse an|wenden*¹ 〈auf⁴〉/彼は蘊蓄のある人だ Er ist ein Mann von hervorragenden Kenntnissen.

うんちん 運賃 Frachtkosten (Transport-) 〈pl〉; Frachtgeld n. -[e]s/ベルリンからミュンヘンまでの貨物運賃は ‥ である Die Fracht von Berlin nach München beträgt ‥‥ ‖ 運賃表(率) Tarif m. -s, -e/旅客運賃 Fahrgebühr f. -en, -en; Fahrpreis m. -es, -e.

うんでい 雲泥の差 ein großer (himmelweiter) Unterschied, -[e]s, -e; ein Unterschied wie Tag und Nacht/雲泥の差がある ganz (himmelweit) verschieden sein*¹ 〈von³〉/彼らの間には雲泥の違いがある Zwischen ihnen ist ein sehr großer Unterschied.

うんてん 運転 ❶ [機械などの] Betrieb m. -[e]s, -e; Gang m. -[e]s, ⸚e; Tätigkeit f. -en/運転中である in ³Betrieb (Tätigkeit) sein; im Gang(e) sein/運転を始める in ⁴Betrieb (Tätigkeit) setzen⁴; in ⁴Gang bringen⁴·⁴/運転を休止しているaußer ³Betrieb sein. ❷ [乗物の] das Fahren*, -s; [操縦] Lenkung f. -en; Steuerung f. -en. — 運転する ❶ [機械などを] in ⁴Betrieb (Tätigkeit) setzen¹; in ⁴Gang bringen⁴·⁴. ❷ [乗物を] fahren*⁴; [操縦する] lenken*; steuern*·⁴/自動車を(トラックを)運転する ein Auto (einen Lastwagen) fahren*/その自動車は女性が運転していた In dem Auto saß eine Frau am Steuer. ‖ 運転士 [海] Steuermann m. -[e]s, ⸚er (..leute)/運転手 Führer m. -s, -; [自動車の] Fahrer m. -s, -; [運転を している人] Chauffeur m. -s, -e 《職業上の》; [機関車の] Lokomotivführer (Lokführer) m. -s, -; [タクシーの] Taxi/fahrer (-chauffeur)/運転台 Führer|stand m. -[e]s, ⸚e (-sitz m. -es, -e)/運転免許証 Führerschein m. -[e]s, -e.

うんと sehr; ganz besonders; ungemein; über alle Maßen; tüchtig/うんと努力する ³sich große Mühe geben*/うんと食べる ⁴sich sehr an|strengen/うんと食べる tüchtig (sehr viel) essen*/うんと叱る jn heftig (tüchtig) schelten* (schimpfen); jn aus|schimpfen/彼は金をうんと持っている Er hat eine Stange (sehr viel) Geld.

うんどう 運動 ❶ [物体の] Bewegung f. -en/運動のエネルギー Bewegungsenergie f. -en, kinetische Energie, -n/運動の法則 Bewegungsgesetz n. -es, -e. ❷ [身体の] Bewegung f. -en; [体育] Leibesübung f. -en; [スポーツ] Sport m. -[e]s, -e/運動好き Sport|liebhaber m. -s, - (-freund m. -[e]s, -e)/運動をする ⁴sich bewegen; ³sich ⁴Bewegung machen; Sport treiben*. ❸ [政治・社会・宗教的] Bewegung f. -en; Kampagne f. -n; Feldzug m. -[e]s, ⸚e. ❹ [奔走] (Be)werbung f. -en/選挙運動をする ⁴Stimmen werben*/就職運動をする ⁴sich um eine Stelle (Stellung) bewerben* (bemühen). — 運動する ⁴sich bewegen [物体など]; [奔走する] ³sich bemühen (um⁴); werben* (um⁴); ⁴sich bewerben* (um⁴). ‖ 運動家 Sportler m. -s, -; Sportsmann m. -[e]s, ..leute/運動会 Sportfest n. -[e]s, -e/運動学 Bewegungslehre f.; Kinematik f./運動靴 Sportschuh m. -[e]s, -e/運動具店 Sport(artikel)geschäft n. -[e]s, -e/運動場 Sportplatz m. -es, ⸚e/運動神経 Bewegungsnerv m. -s, -en/運動服 Sportanzug m. -[e]s, ⸚e 《男子の》; Sportkleid n. -[e]s, -er 《女子の》/運動不足 Mangel (m. -s) an ³Bewegung/運動帽 Sportmütze f. -n/運動用具 Sportgerät n. -[e]s, -e/運動量 Bewegungsgröße f. -n; Impuls m. -es, -e/学生運動 Studentenbewegung f. -en/政治(宗教)運動 eine politische (religiöse) Bewegung/賃金値上げ運動 Kampagne für höhere Löhne/等(加)速運動 eine gleich-förmige (beschleunigte) Bewegung.

うんぬん 云々 so und so; [等々] und so weiter (略: usw.); [云々する (略: usf.)/云々する das und das (so und so) sagen; viel reden (*über*⁴); [批評する] kritisieren⁴; [口をはさむ] dazwischen|reden.

うんばん 運搬 Transport m. -[e]s, -e; Be-förderung f. -en/運搬する transportieren⁴; befördern⁴ ‖ 運搬費 Transportkosten m. -s, - (Beförderungs-) 《pl》. ⇨そうそう(運送).

うんぴつ 運筆 Pinselführung f. -en.

うんぷてんぷ 運否天賦 dem Schicksal überlassen*⁴; auf gut Glück versuchen⁴/運否天賦で aufs Geratewohl; auf gut Glück.

うんめい 運命 Schicksal n. -s, -e; Geschick n. -[e]s, -e; Los n. -es, -e; Fatum n. -s, ..ta/運命の寵児 Liebling (m. -s, -e) des Glückes; Glückskind n. -[e]s, -er/過酷(数奇)な運命 grausames (sonderbares) Schicksal/運命に甘んじる sein Schicksal auf ⁴sich nehmen*; ⁴sich in sein ⁴Schicksal ergeben*; sein Los geduldig tragen*/運命に翻弄される ein Spielball des Schicksals sein/運命を決する js Schicksal bestimmen (entscheiden*)/運命を逃れる seinem Schicksal entgehen* ⒮/ある人と運命を共にする js ⁴Los mit jm teilen/彼は教師となるべく運命うけられている Ihm ist bestimmt, ein Lehrer zu werden. ‖ 運命論 Fatalismus m. -/運命論者 Fatalist m. -en, -en.

うんも 雲母 [鉱] Glimmer m. -s, -.

うんゆ 運輸 [運送] Transport m. -[e]s, -e; [交通] Verkehr m. -s ‖ 運輸会社 Transportgesellschaft f. -en/運輸機関 Transportmittel (Verkehrs-) n. -s, -.

うんよう 運用 Anwendung f. -en; [実施] Durchführung f. -en/運用する an|wenden(*)·⁴; durch|führen⁴; in die Praxis um|setzen⁴.

え

え wie? ¡ha! ¡Mein Gott! ¡nun? Nun, und? ¡unglaublich! ¡was?

え 絵 ❶ Bild n. -[e]s, -er 《一般に》; Gemälde n. -s, - 《着色画》; Zeichnung f. -en 《線画》; Skizze f. -n 《写生・略図》; Abbildung f. -en 《さし絵》; Figur f. -en 《図形》; Schema n. -s, -s (..mata) 《説明画》; Vignette f. -n 《ぼかし絵》; Holzschnitt m. -[e]s, -e 《木版さし絵》; Kupferstich m. -[e]s, -e 《銅版画》; Abzug m. -[e]s, ⸚e 《模写》/海の絵

Seestück n. -[e]s, -e; das eine Seegegend (eine Szene auf der See) vorstellende Gemälde/山水の絵 Landschaftsmalerei f. -en/絵をかく ein Bild entwerfen*; in einem Bild dar|stellen⁴; malen⁴; zeichnen⁴ ⇨はがく/本に絵を入れる ein Buch bebildern (illustrieren; mit Bildern schmücken). ❷ [画法] Malerei f. -en; Malkunst f. Kunst des Malens/彼は絵がうまい Er malt (zeichnet) gut (geschickt). — 絵の [絵にかいた] gemalt; gezeichnet. malerisch; wie ein Bild; pittoresk. — 絵の ❶ [絵にかいた] bebildert; gemustert (模様のある); illustriert; mit Bildern geschmückt.

え 柄 Griff m. -[e]s, -e; Handhabe f. -n; Heft n. -[e]s, -e (ナイフなど道具の); Kurbel f. -n (曲柄); Schaft m. -[e]s, -e (槍の); Schwengel m. -s, -s (ポンプの); Stiel m. -[e]s, -e (箒¹⁾などの)/柄をつける einem Griff[e] versehen*⁴.

え 餌 Futter n. -s, -; Fraß m. -es, -e; Köder m. -s, - (おびく); [Lock]speise f. -n /餌をやる füttern (mit³); mästen (mit³); dem Vieh Futter geben* (schütten)/餌に用いる als Köder gebrauchen* (benützen⁴) /釣針に餌をつける einen Haken beködern (mit Köder versehen*) ‖ 餌袋 Kropf m. -[e]s, "e; Vogelmagen m. -s, -.

-え 重 -fach; -fältig/二重の zweifach; zweifältig; doppelt/三重の dreifach; dreifältig.

エアコン Klimaanlage f. -n.
エアバス Airbus m. -ses, -se.
エアバッグ Airbag m. -s, -s.
エアブレーキ Luftbremse f. -n.
エアポケット Abwärts|bö (Fall-) f. -en; Luftloch n. -[e]s, "er.
エアメール Luftpost f. -en; Luftpostbrief m. -[e]s, -e/エアメールで mit (per) Luftpost; par avion (仏語).
エアログラム Aerogramm n. -s, -e.
エアロビクス Aerobic n. -s.

えい pah! eh! ei! ei! (重ねて用いる)/えいそっ Hol's der Teufel! Verflucht! Zum Kuckuck damit!

えい 嬰 [楽] Kreuz n. -es, -e (記号: #).

えい 栄 ¶ ...の栄を得る die Ehre haben, ⁴et zu tun; beehrt werden (mit³).

えい [魚] Rochen m. -s, -; Roche m. -ns, -n.

えいい 鋭意 eifernd; eifrig; ernst[lich]; allen (alles) Ernstes; in allem (vollem) Ernst; hitzig; unverdrossen/鋭意...に従う ⁴sich mit vollem Einsatz der Persönlichkeit widmen³.

えいえい 営々 たるとして eifrig; fleißig; geschäftig; emsig; mit [unermüdlichem] Fleiß; mit ³Bienenfleiß; rast- und ruhelos; unentwegt; unverdrossen/ ⁹Eifer entfaltet.

えいえん 永遠 Ewigkeit f. -en; Permanenz f.; Zeitlosigkeit f. -en. — 永遠の ewig; bleibend; permanent; zeitlos; [furt]dauernd /永遠の計 die Politik (-en) auf ewige Sicht; der wei- testreichende (weitestgetragende) Plan, -[e]s, "e. — 永遠に auf immer; für immer (und ewig); in Äonen; in Zeit und Ewigkeit; in alle Ewigkeit/永遠に伝える einen unsterblichen Namen hinterlassen*/seinen Ruhm verewigen.

えいか 英貨 die englische Währung f.; Pfund Sterling n. -, - (£5) ‖ 英貨公債 Sterlinganleihe f. -n/英貨手形 Sterlingwechsel m. -s, -.

えいが 映画 Film m. -[e]s, -e; Kino n. -s, -s /映画を撮る einen Film drehen/映画を見に 行く ins Kino gehen* ‖ 映画化する verfilmen ‖ 映画音楽 Filmmusik f. -en/映画界 Filmwelt f.; Filmbranche f.; Filmkreise (pl)/映画界に入る zum Film gehen*/映画館 Kino n. -s, -; Kino|theater (Film-) n. -s, -/映画監督 Filmregisseur m. -s, -e/映画脚本 Drehbuch n. -[e]s, "er; Filmmanuskript n. -[e]s, -e/映画脚本作家 Drehbuchautor m. -s, -en/映画ドラマ Filmdrama n. ...men/映画検閲 Filmzensur f. -en/映画祭 Filmfestspiele (pl)/映画スター Filmstar m. -s, -s (女について); Filmgröße f. -n (同上); Filmdiva f. -s (..ven) (女)/映画製作 Filmproduktion f. -en/映画製作所 [Film]atelier n. -s, -s/映画俳優 Filmschauspieler (-künstler) m. -s, -/映画ファン Filmfreund m. -[e]s, -e/映画プロデューサー Filmproduzent m. -en, -en/映画編集 Filmmontage f. -n.

えいが 栄華 Herrlichkeit f. -en; Pracht und Herrlichkeit; Glanz m. -es; Luxus m. -; Wohlleben n. -s/栄華をきわめる auf großem Fuße leben; in üppiger Pracht und Herrlichkeit leben/栄華をきわめた herrlich; glanzvoll; luxuriös; prächtig.

えいかく 鋭角 der spitze Winkel, -s, - ‖ 鋭角三角形 das spitzwink[e]lige Dreieck, -[e]s, -e.

えいがく 英学 die englische Philologie; die englische Kulturwissenschaft.

えいかん 栄冠 Sieges|kranz (Lorbeer-) m. -es, "e; Sieger|krone (Lorbeer-) f. -n; Lorbeer m. -s, -en (月桂冠)/勝利の栄冠を戴く Sieg geehrt sein.

えいき 鋭気 der feurige Geist, -[e]s; Feuer m.; Hitze f. /鋭気をくじく mutlos stimmen (jn); js feurigen Geist nieder|drücken/鋭気を養う wieder zu Kräften bringen* (jn); ⁴sich erholen.

えいきゅう 永久 ⇨えいえん.

えいきゅうし 永久歯 der feste Zahn, -[e]s, "e; der zweite Zahn; das zweite Gebiss, -es, -e.

えいきょう 影響 Einfluss m. -es, "e; Effekt m. -[e]s, -e; (Nach)wirkung f. -en/影響を受ける unter js ⁴Einfluss geraten*/悪い影響を受ける schlecht beeinflusst werden (von³)/重大な影響を及ぼす schwerwiegende Einflüsse (pl) aus|üben (auf⁴)/種々の影響を受けて unter verschiedenen Einflüssen (pl)/大戦の影響で苦しむ unter den Folgeerscheinungen des

えいぎょう 営業 Gewerbe n. -s, -; Geschäft n. -[e]s, -e; Handel m. -s, - 〜する ein Gewerbe aus|üben [(be)treiben]*; ein Geschäft [einen Handel] [be]treiben*. ‖ 営業案内 Geschäftsprogramm n. -s, -e/営業課目 Geschäftszweig m. -[e]s, -e/営業鑑札 Gewerbeschein m. -[e]s, -e/営業機具 Betriebsmaschine f. -n/営業禁止 Geschäftsverbot n. -[e]s, -e/営業組合 Gewerbe|verein (Handwerker-) m. -[e]s, -e/営業時間 Geschäftsstunden 《pl》/営業所 Geschäftsstelle f. -n/営業税 Geschäfts|steuer (Betriebs-) f. -n/営業停止 das zeitweilige (provisorische) Geschäftsverbot, -[e]s, -e/営業年度 Geschäftsjahr n. -[e]s, -e/営業費 Geschäfts|kosten (-spesen) 《pl》/営業部 Geschäfts|abteilung f. -en/営業部主任 der Leiter (-s, -) der Geschäfts|abteilung, Prokurist m. -en, -en/営業報告 Geschäftsbericht m. -[e]s, -e/営業方針 Geschäftsprinzip n. -s, -pien.

えいこ 栄枯(盛衰) Wechselfälle 《pl》; Aufstieg und Verfall, und -[e]s; Gedeihen* und Verderben*, des - und -s.

えいご 英語 Englisch n. -[s]; das Englische*, -n; die englische Sprache/英語の englisch; [auf] Englisch geschrieben/英語の学力 js Kenntnisse 《pl》 im Englischen/英語の先生 der Lehrer 〈-s, -〉 des Englischen/英語で話す [auf] Englisch sprechen*/英語がよくできる gut Englisch können*; Englisch beherrschen; der englischen Sprache bewandert sein; des Englischen kundig sein/英語に訳す ins Englische übersetzen⁴ / Englisch zu sprechen können*/犬は英語で何といふか Wie heißt „inu" auf Englisch? ‖ 英語学 Anglistik f.; die englische Sprachwissenschaft.

えいこう 曳航する bugsieren⁴; am Tau schleppen*; ins Schlepptau nehmen*; treideln (川船を岸から).

えいごう 永劫 Äon m. -s, Äonen; Ewigkeit f. -en; der unendlich lange Zeitraum, -[e]s, ⁼e/未来永劫に äonenlang; in ⁴Äonen; in [alle] Ewigkeit.

えいこうだん 曳光弾 Licht|spurgeschoss (Leucht-) n.

えいこく 英国 England n. -s; Großbritannien n. -s; Vereinigtes Königreich, -[e]s 《United Kingdom》; Britisches Reich, -[e]s 《大英帝国, 連合王国》. — 英国の englisch; britisch; großbritannisch/英国の英語 das englische Englisch, -s. ‖ 英国嫌い Englandfeindschaft f. -en; Englandhass m. -es, ⁼e; Anglophobie f./英国皇太子 die englische Kronprinz, -en, -en/英国国旗 die National|flagge (Reichs-) von Großbritannien/英国人 Engländer m. -s, -; Brite m. -n, -n/英国人気質 das englische Wesen, -s; die englische Gemütsart/英国びいき(心酔) Engländerei f. -en; Anglomanie f. /英国びいきの人(心酔者) Englandfreund m. -[e]s, -e; Anglomane m. -n, -n.

えいさい 英才 [才能] Geistesfunke[n] m. -ns, ..ken; Genie n. -s, -s; [人]der große Geist, -[e]s, -er; Genie; Welterleuchter m. -s, -.

えいじ 英字 die englischen (europäischen) Buchstaben 《pl》 ‖ 英字新聞 die [auf] Englisch redigierte Zeitung, -en -en.

えいじ 嬰児 das neugeborene Kind, -[e]s, -er; Kleinstkind, -[e]s, -er; Säugling m. -s, -e; Wickelkind f. ‖ 嬰児殺し [犯行] Kindes|mord (Kinder-) m. -[e]s, -e; Kindestötung f. -en; [犯人] Kindesmörder m. -s, -.

えいしゃ 映写 Vorführung f. -en. — 映写する einen Film 〈-[e]s, -e〉 vor|führen; im Film zeigen⁴. ‖ 映写機 Vorführapparat m. -[e]s, -e/映写技師 Vorführer m. -s, -/映写室 Vorführraum m. -[e]s, ⁼e/映写幕 Leinwand f. ⁼e; [Bild]schirm m. -[e]s, -e.

えいじゅう 永住 das ständige Wohnen*, -s; Ansässigkeit f. — 永住する ständig wohnen (in³); ansässig sein (in³). ‖ 永住権 Bürgerrecht n. -[e]s, -e; Dauerwohnrecht/永住地 der Ort 〈-[e]s, -e〉, wo man ständig wohnt (ansässig ist)/永住民 der ständige Bewohner, -s, -; der Ansässige*, -n, -n.

えいしょう 詠唱 Arie f. -n; Aufsagung f. -en; Rezitation f. -en.

えいじる 詠じる [作る] dichten; in Versen verfassen⁴; [歌う] rezitieren⁴; singen*⁴.

えいじる 映じる ⁴sich wider|spiegeln (zurück|-); ⁴Schatten 《pl》 werfen* (auf⁴); scheinen* 《印象を与える》; Eindruck 〈-[e]s, ⁼e〉 machen (auf⁴) / 目に映じた in js Augen; wie ⁴et von jm gesehen wird/今日の日本は外人の目にどう映じるか Wie wird das heutige Japan Ausländern erscheinen?/Welchen Eindruck macht das jetzige Japan auf Ausländer?

えいしん 栄進 Beförderung f. -en; Avancement n. -s, -s; Rangerhöhung f. -en/栄進する befördert (im Rang erhöht) werden 《zu³》; avancieren ⒮; empor|kommen* ⒮.

エイズ Aids n. - ‖ エイズウイルス Aidsvirus n. -s/エイズ患者 Aidskranke* m. (f.) -n, -n/エイズ検査 Aidstest m. -[e]s, -s (-e).

えいせい 衛星 Satellit m. -en, -en; Trabant m. -en, -en ‖ 衛星国家 Satellitenstaat m. -[e]s, -/衛星中継 Satellitenübertragung f. -en/衛星都市 Satelliten|stadt (Trabanten-) f. ⁼e/気象衛星 Wettersatellit m. -en, -en/人工衛星 der künstliche [Erd]satellit, -en, -en/通信衛星 Nachrichtensatellit m. -en, -en.

えいせい 衛生 Gesundheitspflege f.; Hygiene f.; Sanität f. / 衛生的な gesundheitlich; gesundhaft; hygienisch; sanitär/衛生によい gesundheitsfördernd; bekömmlich; wohltuend; zuträglich/衛生に悪い gesundheitsschädlich (-widrig); unbekömmlich; ungesund; verderblich.

えいせいちゅうりつ 永世中立国 der auf ewig neutralisierte Staat, -[e]s, -en.

えいぜん 営繕する〔auf〕bauen und reparieren⁴｜営繕費 Bau- und Reparaturkosten (pl).

えいそう 営倉 Arrest|gebäude n. -s, -(-haus n. -es, -er)｜営倉禁足 Kasernenarrest m. -es, -e.

えいぞう 映像 [Spiegel]bild n. -[e]s, -er; Schatten|bild, Silhouette f. -n 《影法師》.

えいぞうぶつ 営造物 Bau m. -[e]s, -er; Baulichkeit f. -en; Bauwerk n. -[e]s, -e; Gebäude n. -s, -.

えいぞく 永続 Dauer|haftigkeit f. (-bestand m. -[e]s), das Fortbestehen⁎, -s; Fortdauer f. (-); Permanenz f. (-); das Verharren⁎, -s. ━ 永続的な dauerhaft; [fort-]dauernd; [be]ständig; bleibend; fortwährend; permanent; unausgesetzt. ━ 永続する ange〔fort〕dauern; an|dauern; aus|halten⁎〔持ちこたえる〕; bestehen bleiben⁎〔s〕; [fort]währen.

えいたい 永代借地権 das ewige Pachtrecht, -[e]s, -e｜永代借地人 der ewige Pächter (Grundstückmieter), -s, -｜永代所有権 das ewige Besitzrecht; der zeitlich unbegrenzte Besitz, -es, -e.

えいたつ 栄達 die glänzende Laufbahn, -en; die große Karriere, -n; das Vorwärtskommen⁎ (-s) im Leben.

えいだん 営団 Korporation f. -en; Körperschaft f. -en; Verband m. -[e]s, ⁼e.

えいだん 英断 der entscheidende (ausschlaggebende) Schritt, -e; die drastische Maßnahme, -n｜英断を下す einen entscheidenden (ausschlaggebenden) Schritt tun⁎ (ergreifen⁎); drastische Maßnahmen (pl) treffen⁎ (ergreifen⁎).

えいち 英知 Weisheit f.; die tiefste Einsicht, -en; Intelligenz f. -en.

えいてん 栄転 die ehrenvolle Versetzung, -en (in⁴)｜栄転する mit Ehren in eine höhere Stellung befördert und versetzt werden.

エイト Achter m. -s, - 《ボートの》.

えいどく 英独 englisch-deutsch.

エイトン 英トン die englische Tonne, -n.

えいびん 鋭敏 ❶ 〔感覚〕 empfindlich; empfänglich; fein[fühlig]; scharf[sinnig]; zartfühlend｜鼻〔耳〕が鋭敏である einen guten Geruch (ein gutes Gehör) haben. ❷ 〔才知〕 gescheit; gewandt; scharf｜頭が鋭敏である einen klaren (hellen) Kopf (Verstand) haben.

えいぶつ 英仏 englisch-französisch.

えいぶん 英文 der englische [Auf]satz, -es, ⁼e; Englisch n. -(s)｜英文の手紙 der [auf] Englisch geschriebene Brief, -es｜英文科 1) die Abteilung ((-en)) der englischen Literatur. 2) 〔科目〕 der Kursus ((-, Kurse)) der englischen Sprache und Literatur｜英文学 die englische Literatur (Dichtung)｜英文学史 die Geschichte der englischen Literatur (Dichtung)｜英文学者 Anglist m. -en, -en; der Kenner der ((au⁎)) englisch schreibende Journalist, -er, -en｜英文欄 die englische Rubrik, - (Spalte, -n; Kolumne, -n)｜英文和訳 die Übersetzung ((-en)) aus dem Englischen ins Japanische｜日本英文学会 der japanische Verein für englische Literatur. ⇨ とくぶん.

えいへい 衛兵 [Schild]wache f. -n; Wachmannschaft f. -en; Wacht f. -en｜衛兵勤務 Wachtdienst m. -[e]s.

えいべい 英米 Angloamerika n. -s; England und Amerika, des - und -s ／ 英米の angloamerikanisch｜英米人 Angloamerikaner m. -s, -; Engländer und Amerikaner, des - und -s, - und -.

えいほう 英法 das englische Recht, -[e]s, -e.

えいほう 鋭鋒 der heftige Anstoß, -es, ⁼e; der Brennpunkt (-[e]s, -e) des Angriffs｜鋭鋒をくじく den heftigen Anstoß (Anprall) seiner Schärfe berauben.

えいまい 英邁 hervorragend; ausgezeichnet; erlaucht; glänzend.

えいみん 永眠する zur (ewigen) Ruhe [ein|]gehen⁎〔s〕; in die Ewigkeit ein|gehen⁎〔s〕; den ewigen Schlaf schlafen⁎.

えいめい 英名 der gute Ruf, -[e]s; der hohe Ruhm, -[e]s; Glanz m. -[e]s.

えいやく 英訳 die englische Übersetzung, -en (Übertragung, -en; Wiedergabe, -n)｜英訳の im Englischen übersetzt (übertragen; wiedergegeben); in englischer Übersetzung (Übertragung; Wiedergabe). ━ 英訳する ins Englische übersetzen⁴ (übertragen⁎⁴).

えいゆう 英雄 Held m. -en, -en; Heros m. -, -roen 《神話の》｜英雄崇拝 Helden|verehrung f. -en (-kult m. -[e]s, -e; -kultus m. -, -kulte)｜英雄の行為 Heldentat f. -en.

えいよ 栄誉 Ehre f. -n; Beehrung f. -en; 栄誉礼を受ける mit einer ⁴Ehrenkompanie empfangen werden.

えいよう 栄養 Ernährung f. -en; Nahrung f. -en｜栄養のある [er]nährend; nahrhaft｜栄養のよい gut ernährt｜栄養失調になる an ³Unterernährung (schlechter Ernährung) leiden⁎｜栄養価 Nähr|wert (Ernährungs-) m. -[e]s, -e｜栄養学校 die Schule ((-n)) für ⁴Diätetik｜栄養学者 Diätetiker m. -s, -; der Erforscher f. der Diätetik｜栄養過多 Überernährung f. -en｜栄養研究所 das Forschungsinstitut ((-[e]s, -e)) für Diätetik｜栄養士 der Praktiker (-s, -) der Diätetik｜栄養素 Nahrungs|stoff m. -[e]s, -e

えいり (-mittel n. -s, -); Nährmittel (-stoff)/栄養不良(失調) Unterernährung, -en f.; die schlechte Ernährung, -en; Oligotrophie f. / 栄養不良(失調)の unterernährt; schlecht ernährt; oligotroph/栄養療法 Diätkur f. -en; Ernährungstherapie f.

えいり 営利 [Geld]erwerb m. -[e]s, -e; [Geld]profit m. -[e]s, -e/営利に汲々とする auf *[Geld]gewinn ([Geld]profit) erpicht (aus; versessen) sein; nur auf *[Geld]gewinn ([Geld]profit) sehen* ‖ 営利事業 das gewinnbringende (Gewinn bringende) Unternehmen, -s, -/営利主義 Handelsgeist m. -[e]s.

えいり 絵入りの illustriert; bebildert ‖ 絵入り新聞 die illustrierte (bebilderte) Zeitung, -en.

えいり 鋭利 Schärfe f. -n; Schneide f. -n; das Schneidende*, -n/鋭利な scharf; schneidend; einschneidend (痛切なる).

えいりょう 英領 das englische Staatsgebiet, -[e]s, -e; die Kronkolonien (pl 直轄植民地); die Dominions (pl 自治領).

えいりん 営林 Forst|wirtschaft f. -en (-kultur f. -n, Betreuung f. -en, -s, -) ‖ 営林局 Forstverwaltungsbehörde f. -n.

えいりん 映倫 Ausschuss m. -es, "e für Sittlichkeitskontrolle der Kinofilme.

えいれい 英霊 die abgeschiedene Seele, -n; der Geist -[e]s, -er) eines Toten* (von Toten*); Helden|seele f. -n (-sinn m. -[e]s).

えいわ 英和 englisch-japanisch ‖ 英和辞典 das englisch-japanische Wörterbuch, -[e]s, "er/英和対訳の dem englischen Original gegenübergestellte Übersetzung, -en.

ええ ja! :O ja! :jawohl!

エージェント Agent m. -en, -en.

エース Ass n. -es, -e.

ええっと Moment, lassen Sie mich mal überlegen. :Was ich sagen wollte.

エーテル Äther m. -s.

エーピーつうしん AP通信 die Nachrichtenagentur AP.

エープリルフール Aprilnarr m. -en, -en (《人》); der erste April 《四月馬鹿の日》; Aprilscherz m. -es, -e (《四月馬鹿のいたずら》).

エール [Sport]hurra n. -s, -s/エールを交換する einander mit einem (dreifachen) Hurra begrüßen.

えがお 笑顔 das lächelnde (glückliche) Gesicht, -[e]s, -er; das Lächeln*, -s/笑顔で迎える jn lächelnd grüßen; jn mit lächelndem (glücklichem) Gesicht[e] willkommen heißen*/笑顔を見せる lächeln; schmunzeln; vor Freude strahlen (glänzen); lachendes Gesicht machen/無理に笑顔をする ³sich ein Lächeln ab|ringen*.

えがく 描く ❶ malen (彩色); skizzieren 《写生・略記》; zeichnen (線画). ❷ [絵にかく] ein Bild (eine Skizze; eine Zeichnung) entwerfen*. ❸ [描写する] (anschaulich) beschreiben*⁴; dar|stellen⁴; schildern⁴. ❹ [心に] ³sich ein|bilden⁴; ³sich denken*⁴;

³sich vor|stellen⁴.

えがたい 得難い schwer zu erreichen; nicht leicht zu erlangen; selten (まれな); unschätzbar (非常に貴重な).

えがらっぽい えがらっぽい prickelnd scharf.

えかんばん 絵看板 das gemalte [Aushänge]schild, -[e]s, -er.

えき 液 Flüssigkeit f. -en; Lösung f. 《溶液》; Saft m. -[e]s, "e 《樹液》.

えき 易 [うらない] Wahr|sagung (Weis-) f. -en; Wahrsagerei (Weis-) f. -en/易を立てる wahrsagen (weis|-) ‖ 易学 Wahrsagekunde f. -n/易者 Wahr|sager (Weis-) m. -s, -.

えき 駅 Bahnhof m. -[e]s, "e; Station f. -en ‖ 貨物駅 Güterbahnhof/始発駅, 終着駅 End|bahnhof (-station) ◆「始・終」を区別しない/中央駅 Hauptbahnhof.

えき 益 ❶ [有用] Nutzen m. -s, -; Nützlichkeit f. ❷ [利得] Gewinn m. -[e]s, -e; Profit m. -[e]s, -e; Verdienst m. -[e]s, -e; Vorteil m. -[e]s, -e. — 益のある nützlich; gewinnbringend (Gewinn bringend); profitabel; verdienstlich; vorteilhaft. — 益のない unnütz[lich]; nutzlos; gewinnlos; unprofitabel. — 益する nützen; gewinnen*; profitieren; von ³Nutzen (Gewinn; Profit; Vorteil) sein.

えきいん 駅員 der Bahn[hofs]angestellte*, -n, -n; der Bahn|beamte* (Stations-), -n, -n.

えきか 液化 Verflüssigung f. -en; Liquefaktion f. -en; Schmelzung f. -en /液化する verflüssigen⁴; liquoszieren⁴; flüssig machen⁴; schmelzen*⁴ ‖ 液化石油ガス (LPG) verflüssigtes Petroleumgas, -es, -e; verflüssigtes Erdgas; liquides Stein|ölgas/石炭液化 Kohlenverflüssigung.

エキサイト エキサイトする ³sich auf|regen (über⁴).

えきしょう 液晶 ein flüssiger Kristall, -[e]s, -e ‖ 液晶ディスプレー LCD n. -s, -s; Flüssigkristallanzeige f. -n.

エキス Extrakt m. (n.) -[e]s, -e; Auszug m. -[e]s, "e; Essenz f. -en 《素》‖ 牛肉エキス Rindfleischextrakt.

エキストラ Statist m. -en, -en.

エキスパート Experte m. -n, -n; der Sachverständige*, -n, -n (in³; ²et)/水泳のエキスパート ein hervorragender Schwimmer, -s, -.

エキセントリック エキセントリックな exzentrisch.

エキゾチック エキゾチックな exotisch.

えきたい 液体 Flüssigkeit f. -en; das Flüssige*, -n 《液状のもの》; Fluid n. -s, -e 《液体》; Fluidum n. -s, ..ida 《同上》‖ 液体空気 die flüssige Luft/液体燃料 der flüssige Brennstoff, -[e]s, -e.

えきちゅう 益虫 das nützliche Insekt, -s, -en.

えきちょう 駅長 Bahnhofsvorstand (Stations-) m. -[e]s, ..stände; Bahnhofsvorsteher (Stations-) m. -s, -.

えきちょう 益鳥 der nützliche Vogel, -s, ".

えきでん 駅伝(競走) Staffellauf m. -(e)s, -e ‖ 駅伝走者 Staffel f. -n.

えきばしゃ 駅馬車 Post|kutsche f. -n (-wagen m. -s, -).

えきびょう 疫病 Seuche f. -n; Epidemie f. -n/その地方の epidemische Krankheit, -en; Pest f.; Pestilenz f. -en.

えきべん 駅弁 Bahnhofslunch m. -(e)s (-), -(e)s (-).

えきり 疫痢 Kinderruhr f.

えきりょう 液量 Flüssigkeitsmaß n. -es, -e.

エクアドル Ecuador n. -s / エクアドル人 Ecuadorianer m. -s, -.

えぐい えぐい味の ätzend; beißend; stechend.

エクスタシー Ekstase f. -n.

えくぼ 靨 Grübchen n. -s, -/えくぼができる(を作る) Grübchen bekommen* (bilden (auf*)).

えぐる 抉る aus|höhlen⁴; aus|drücken³⁴ 《目玉などを》/腸(はらわた)をえぐるような ins Herz schneidend; Mark und Bein erschütternd.

エクレア [菓子] Eclair n. -s, -s.

エゴ Ego n. -s, -s.

エゴイスト Egoist m. -en, -en.

えこう 回向 Toten|messe f. -n (-feier f. -n; -gebet n. -s, -e)/回向する eine Totenmesse lesen* (zelebrieren); eine Totenfeier begehen* (veranstalten); ein Totengebet verrichten.

えごころ 絵心がある zu malen wissen* (verstehen*); so etwas wie ein Maler (ein leidlicher Maler) sein; ein Auge (Sinn) für Gemälde haben.

エコシステム Ökosystem n. -s, -e.

エコノミークラス Economyklasse f. -n 《飛行機の》 ‖ エコノミークラス症候群 Economyklassen-Syndrom n. -s.

えこひいき 依怙贔屓 Parteilichkeit f.; Günstlingswesen n. -s; Voreingenommenheit f. (für⁴); die besondere Vorliebe, (für⁴). —— えこひいきの parteiisch; unfair; voreingenommen; voller Vorurteil/えこひいきのない unparteiisch; fair; unvoreingenommen; vorurteilslos. —— えこひいきする in Vorurteilen (Voreingenommenheit) befangen sein/えこひいきしない von Vorurteilen (Voreingenommenheit) frei sein.

エコロジー Ökologie f.

エコロジスト Ökologe m. -n, -n.

えさ 餌 **❶** Futter n. -s; Köder m. -s, -. **❷** [おびき寄せる物] Lock|speise f. -n (-mittel n. -s, -); Lockung f. -en. ¶ …のえさになる zur Beute (zum Opfer) fallen*³ ⓢ. ⇨えば(餌).

えさがし 絵捜し Bilderrätsel n. -s, -; Rebus m. (n.) -, -busse.

えしき 会式 das religiöse Fest, -(e)s, -e / 日蓮の Jahrestag (-(e)s, -e) zum Andenken (Gedenken) des Todes Nichirens.

えじき 餌食 Beute f. -n; Futter m. -s, -《家畜の》; Köder m. -s, -《釣るための》; Lockspeise f. -n《同上》; Opfer n. -s, -《いけにえ》; Raub m. -(e)s / 大砲のえじき Kanonenfutter/えじきとなる zur Beute (zum Opfer; zum Raub) fallen*³ ⓢ.

エジプト Ägypten n. -s ‖ エジプト人 Ägypter m. -s, -.

えしゃく 会釈 Gruß m. -es, ⸗e; Begrüßung f. -en; Verbeugung f. -en; Verneigung f. -en. ⇨あいさつ①.

えず 絵図 Zeichnung f. -en; Abbildung f. -en; Diagramm n. -s, -e 《線図》; (Grund)riss m. -es, -e; Illustration f. -en 《図解》/絵図を引く einen Plan (ein Diagramm (e)) (Grundriss) zeichnen); illustrieren⁴ 《図解する》.

エスエフ SF scientific fiction; wissenschaftliche Fiktion, -en ‖ SF小説(映画) SF-Roman, -e (SF-Film m. -(e)s).

エスオーエス SOS 《遭難信号》 SOS n. /エスオーエスを発する ein SOS ab|senden(*).

エスカレーター Rolltreppe f. -n.

エスキモー エスキモーの eskimoisch ‖ エスキモー(人) Eskimo m. -s, -s.

エステル Ester n. -s, -.

エストニア Estland n. -s / エストニアの estländisch ‖ エストニア人 Este m. -n, -n.

エスピー SP レコード Normalplatte f. -n.

エスプリ Esprit m. -s, -s; der feine Geist m. -(e)s; (Mutter)witz m. -es, -e.

エスペラント Esperanto n. -s / エスペランティスト Esperantist m. -en, -en.

えせ pseudo-; falsch; angeblich; den Anschein erweckend; gefälscht; nachgemacht; sein wollend; vermeintlich; vorgeblich ‖ えせ学者 der Pseudo|gelehrte*(After-*), -n, -n《一知半解の徒》/えせ紳士 Snob m. -s, -s/えせ者 der Vornehm|tuer* m. -s, -/えせ法師 der Schein|heilige*, -n, -n; der heuchlerische (gleisnerische) Priester, -s, -/えせ者 Hypokrit m. -en, -en; Gleisner m. -s, -; Heuchler m. -s, -; Tartüff m. -s, -e; der Wolf (-(e)s, ⸗e) im Schafspelz/えせ物 Nachahmung f. -en; Imitation f. -en; das Unechte*, -n -/えせ者 der Pseudo|gelehrte*(After-*), -n, -n.

えそ 壊疽 [医] Gangrän n. -(e)s, -e; Gangräne f. -n; Nekrose f. -n; Nekrosis f. -...krosen.

えぞぎく えぞ菊 die chinesische Aster, -n.

えぞまつ えぞ松 Rottanne f. -n; Fichte f. -n.

えだ 枝 Zweig m. -(e)s, -e; Ast m. -es, ⸗e 《大枝》; Gerte f. -n 《若枝》; Reis n. -es, -er《小(若枝)》; Rute f. -n 《長小枝》; Spross m. -es, -e 《若枝》; Sprössling m. -s, -e / 枝を払う einen Zweig beschneiden* (ab|schneiden*; stutzen); aus|schneiden⁴ 《刈り込み》.

えたい 得体の知れない verdächtig; befremdlich; geheimnisvoll; mysteriös; rätselhaft; schwer beschreibbar.

えだおれ 枝折れ Zweigbruch m. -(e)s, ⸗e / 柳に枝折れなし Die nachgiebige Weide kann mit ungebrochenen Zweigen dastehen, Besser biegen als brechen.

えだは入る 枝葉に入る ⁴sich über ⁴Unbedeutendheiten verbreiten; ⁴sich in Ne-

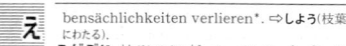

えだぶり 枝ぶりのよい松 eine Kiefer 《-n》mit wohlgeformten Zweigen (mit anmutiger Zweigbildung).

えたり 得たり(かしこし)と die [günstige] Gelegenheit je schneller desto besser beim Schopfe fassend; mit freudigstem Entgegenkommen/得たりとばかり…する die Gelegenheit mit größter Bereitwilligkeit ergreifen*, um … zu tun; den Vorschlag bereitwilligst an|nehmen*, um … zu tun.

エチオピア Äthiopien n. -s ‖ エチオピア人 Äthiopier m. -s, -.

エチケット Etikette f. -n; der gute (feine) Ton, -(e)s/それはエチケットにそむく Das hieße der Etikette (dem guten [feinen] Ton) gerade ins Gesicht schlagen.

エチュード Etüde f. -n; Studie f. -n.

エチルアルコール Äthylalkohol m. -s, -e.

エチレン Äthylen n. -s.

えつ 悦に入る ²sich's wohl sein lassen*; ⁴sich der Fröhlichkeit überlassen; ganz entzückt sein 《über⁴》/ひとり悦に入っている ²sich ins Fäustchen lachen; allein in ³Wonne schwimmen*.

えっきょう 越境 Grenzübertritt m. -(e)s, -e /越境する auf ein fremdes Gebiet über|treten* [s]; die Grenze 《-n》überschreiten*.

えづく 餌付く Futter (n. -s, -) nehmen* 《von³》; an|beißen* 《魚の場合》; nach dem Köder schnappen/よく餌付する，餌付きがよい gut an|beißen* (den Köder schnappen).

エックスせん エックス線 die X-Strahlen 《pl》; die Röntgenstrahlen ‖ エックス線写真 X-Strahlen|fotografie (Röntgenstrahlen-) f. -n/エックス線療法 X-Strahlentherapie f. -n.

えっけん 謁見 Audienz f. -en; Gehör n. -(e)s; Vorlassung f. -en ‖ えいえつ 謁見所 Audienzsaal m. -(e)s, ..säle.

えっけん 越権 Anmaßung f. -en; Eigenmächtigkeit f. -en; Überheblichkeit f. -en; das Hinausgehen* über js ²Befugnis /越権の処置をとる ³sich an|maßen*; Maßnahmen, die über js Befugnis hinausgehen, ergreifen*.

えっする …に謁するin ³Audienz empfangen werden 《von³》; [geneigtes] Gehör finden* 《bei³》; vorgelassen werden 《jm》.

エッセー Essay m. (n.) -s, -s.

エッセンス Essenz f. -en.

エッチング Ätzung f. -en; Radierung f. -en 《術》; Ätzzeichnung f. -en; Radierung f. -en 《作品》.

えっとう 越冬する überwintern⁴; den Winter überdauern.

えつどく 閲読 das Durchlesen n. -s; Durchlesung f. -en; Durchsicht f. -en/閲読する [sorgfältig] durch|lesen* (durchlesen*; durchsehen*).

えつねん 越年する vom alten Jahr Abschied nehmen*; glücklich über das Jahresende hinweg|kommen* [s].

えっぺい 閲兵 Heer|schau (Truppen-) f. -en; die Musterung 《-en》 der Truppen; Parade f. -n; Revue f. -n.

えつらく 悦楽 Ergötzen n. -s; Entzücken, -s; Lust f. ⸚e; das große Vergnügen, -s.

えつらん 閲覧 Durchsicht f. -en; das Lesen*, -s; die Prüfung 《-en》 von etwas Geschriebenem. — 閲覧する durchsehen*⁴; lesen*⁴; etwas Geschriebenes* prüfen.

‖ 閲覧室 Lese|zimmer n. -s, - (-saal m. -(e)s, ..säle)/閲覧人 Leser m. -s, -/閲覧票 (券) Eintrittsschein m. -(e)s, -e /[für eine Bibliothek]/閲覧料 Benutzungsgebühren 《zu einer Bibliothek》.

えて 得手 Stärke f. -n; die starke Seite, -n; Hauptbegabung f. -en; Spezialität f. -en; Vorzüge 《pl》.

えてかって 得手勝手 Egoismus m. -; Eigen|sinn (Selbst-) m. -(e)s; Ich|sucht (Eigen-; Selbst-) f. — 得手勝手な egoistisch; eigen|sinnig (selbst-); ich|süchtig (eigen-; selbst-)/得手勝手な人 Egoist m. -en, -en; Ichmensch m. -en, -en; Selbstling m. -s, -e; der nur an sich selbst denkende Mensch/得手勝手をする seine eigenen Gedanken machen; ⁴sich um ⁴niemand kümmern.

えと 干支 die zwölf Zeichen 《pl》 des Tierkreises 《m.》; Sternzeichen n. -s, -; Konstellation f. -en /私の干支は…です Ich bin unter dem Himmelszeichen von … geboren. Mein Sternzeichen ist ….

えとき 絵解き Bildererklärung f. -en 《描१てある絵の》; Illustration f. -en 《さし絵》; Be|bilderung f. -en 《同上》/絵解きする erklären⁴ 《jm》, was ein Bild zu bedeuten hat; illustrieren⁴.

えとく 会得する verstehen*⁴; begreifen*⁴; ³sich ²et bewusst sein; ein|sehen*⁴; erfassen*⁴; klar sehen*⁴/会得し難い schwer zu verstehen (begreifen; erfassen); schwer einzusehen; schwer verständlich (begreiflich; einzusehen; erfassbar) sein.

えどっこ 江戸っ子 der geborene Tokio(t)er, -s, -/生粋の江戸っ子 das [wasch]echte Edo-Kind, -(e)s, -er; der hundertprozentige Tokio(t)er; eine echte Tokio(t)er Pflanze, -n ‖ 江戸っ子かたぎ der „Edokko"-Geist, -(e)s.

えな 胞衣《解》Mutterkuchen m. -s, -; Plazenta f. -s (..ten).

エナメル Emaille f. -n; Email n. -s; Schmelz m. -es, -e; Schmelzfluss m. -es, ⸚e.

えにしだ 《植》Ginster m. -s, -.

エネルギー Energie f. -n/エネルギーに富んだ reich an ³Energie; energisch/エネルギーの不滅 die Erhaltung der Energie ‖ エネルギー危機 Energiekrise f. -n/エネルギー供給 Energieversorgung f. -en/エネルギー源 Energiequelle f. -n/エネルギー政策 Energiepolitik f./エネルギー保存の法則 Energieprinzip n. -s (-satz m. -es)/核エネルギー

エネルギッシュ エネルギッシュな energisch.

えのき 榎 der chinesische Nesselbaum, -e, -n.

えのぐ 絵の具 〔Mal〕farbe f. -n; Ölfarbe (油絵の) / 絵の具を塗る Farben (pl) auf|tragen*; färben⁴; kolorieren⁴; malen⁴ ‖ 絵の具箱〔圧〕Pinsel m. -s, -; 絵の具箱 Farb(en)kasten (Mal-) m. -s, ¨.

えはがき 絵葉書 Ansichts〔post〕karte f. -n ‖ 絵葉書帳 das Album 〈-s, ...ben〉 (mit) Ansichtskarten.

えび 海老, 蝦 Languste f. -n; Hummer m. -s, -〔n〕(伊勢蝦); Krabbe f. -n 〈小蝦〉; Garnele f. -n 〈車蝦〉/蝦で鯛を釣る 略す言 Wurst nach der Speckseite (dem Schinken) werfen*; ,Schenken heißt angeln.'/ 蝦色の rot/braun (karmin-).

えびす 恵比須 der Schutzgott f. -〔e〕s der Reichtümer ‖ えびす顔 das vor ³Glück (Freude) strahlende (glänzende) Gesicht. -〔e〕s, -er.

エピソード Episode f. -n; Einschiebsel n. -s, -; die eingeschobene Nebenhandlung, -en; Zwischenspiel n. -〔e〕s, -e.

えびちゃ えび茶 bräunlichrot; kastanienbraun.

エピローグ Epilog m. -s, -e.

エフエム FM Frequenzmodulation f. ‖ FM 受信機 UKW-Empfänger m. -s, -/FM 放送 UKW-Sendung f. -en.

えふで 絵筆 〔Maler〕pinsel m. -s, -.

えぶみ 絵踏 das Mit-Füßen-Treten* 〈-s〉 eines Christusbild〔e〕s (Marienbild〔e〕s) ⇨えみ.

エプロン Schürze f. -n; Schurz m. -es, ¨e; Schurzfell n. -〔e〕s, -e 〈革製の〉.

えへん hem! hem! hum! hum! / えへんえへんやる 〔⁴sich〕räuspern; hüsteln.

えほう 恵方 Glücksrichtung f. -en; die glückliche Richtung, -en/恵方参りをする in der Glücksrichtung befindlichen Schrein 〈-〔e〕s, -e〉 besuchen*.

えぼしがい 烏帽子貝 Entenmuschel f. -n.

エポック Epoche f. -n; Zeitraum m. -〔e〕s, ¨e; der Anfang 〈-〔e〕s, ¨e〉 eines Zeitabschnitt〔e〕s/エポックを画す eine Epoche machen; einen neuen Zeitabschnitt ein|leiten ‖ エポックメイキング Epoche machend; epochal; bahnbrechend.

エボナイト Ebonit m. -s, -e; Hartkautschuk m. (n.) -s, -e.

えほん 絵本 Bilderbuch n. -〔e〕s, ¨er; das illustrierte Buch, -〔e〕s, ¨er 〈絵入りの〉.

えま 絵馬 Votivgemälde 〔eines Pferdes〕n. -s, -; Votiv|bild n. -〔e〕s, -er 〔-tafel f. -n〕; Weihbild; Exvoto n. -s, -s 〈..ten〉 ‖ 絵馬堂 Votivbildergalerie f. -n.

えまきもの 絵巻物 Bilderrolle f. -n.

えみ 笑み Lächeln n. -s; Schmunzeln n. -s/ 笑みを浮かべて mit einem Lächeln (Schmunzeln) ⇨えがお〔笑顔〕.

エメラルド Smaragd m. -〔e〕s, -e; Smaragdfarbe f. -n.

えもいわれぬ unbeschreiblich; unsagbar;

unsäglich; jeder Beschreibung spottend.

えもの 獲物 ❶〔猟鳥・猟獣〕〔Jagd〕beute f. -n; Fang m. -〔e〕s, ¨e; 〔Jagd〕trophäe f. -n/獲物が多い einen guten Fang machen (tun*). ❷〔分捕品〕〔Kriegs〕beute f. -n; Siegesbeute; Raub m. -〔e〕s, (まれに -e).

えもん 衣紋を繕う js ⁴Kleidung zurecht|machen ‖ 衣紋掛 Kleider|bügel m. -s, - 〈-gestell n. -〔e〕s, -e; -halter m. -s, -〉.

えら 鰓 Kieme f. -n; Kiemenspalte f. -n 〈鰓孔〉.

エラー Fehler m. -s, -/エラーをする einen Fehler begehen* (machen).

えらい 偉い ❶ groß; außerordentlich; einzigartig / 偉い人 der Große*, -n, -n; Heldenmensch m. -en, -en; Koryphäe m. -n 〈大立者〉; Persönlichkeit f. -en. ❷〔大した〕ernsthaft; ernst zu nehmend; bedeutend; 〔ge〕wichtig / えらいめに遭う seine große (liebe) Not haben (mit³); schlimm dran sein/えらいことをしでかした Da hast du 〔et〕was Sauberes getan! ❸〔卓越〕hoch bedeutend; überragend; vortrefflich.

えらそう 偉そうな eine große Miene annehmend; ⁴sich breit (dick; groß; wichtig) machend; stolzierend; überheblich/偉そうなことを言う 〔⁴sich〕auf|blasen*; groß sprechen*; blauen Dunst vor|machen (jm); den Mund voll nehmen*.

えらぶ 選ぶ 〔aus〕wählen*; 〔aus〕erwählen⁴; 〔aus〕lesen*⁴ 〔aus〕sondern⁴ 〈選別〉; heraus|lesen*⁴ 〔-|suchen*〕; lieber wollen*⁴ 〈よしとして選ぶ〉; 〔lieber〕mögen*⁴ 〈同上〉; vor|ziehen*⁴³ 〈同上〉; fest|machen (einen Tag など).

えらぶる 偉ぶる ³sich auf ⁴sich selbst viel ein|bilden (eingebildet sein); auf hohem Ross sitzen*; eine große Miene an|nehmen*; eine große Meinung von ³sich selbst haben; ⁴sich breit (dick; groß; wichtig) machen; ⁴sich zu hoch ein|schätzen; ⁴sich in die Brust werfen*; ⁴sich in ⁴Positur setzen; ⁴sich nicht wenig fühlen; ⁴sich wichtig machen (nehmen*).

えり 襟 ❶〔頸〕Nacken m. -s, -; Hals m. -es, ¨e; Genick n. -〔e〕s, -e. ❷ Kragen m. -s, - 《カラー》. ── 襟を正す ❶ ⁴sich zurecht|machen. ❷〔畏れる〕von Ehrfurcht (Scheu) ergriffen werden/襟を正させるような Ehrfurcht einflößend.

えりあし 襟足 Nackenlinie f. -n.

エリート Elite f. -n.

えりがみ 襟がみ Nacken m. -s, -.

えりくび 襟首 Genick n. -〔e〕s, -e/襟首をつかむ beim Genick fassen⁴ (jn).

えりごのみ 選り好み wählerisch sein 〈in³〉; eigen im Geschmack sein; schwer zu befriedigen sein; mäkeln (an¹).

えりしょう 襟章 Kragen|abzeichen 〈-merkzeichen〉n. -s, -.

エリトリア Eritrea n. -s/エリトリアの eritreisch ‖ エリトリア人 Eritreer m. -s, -.

えりとる 選り取る heraus|suchen⁴ 〈-|le-

えりぬき 選り抜き Elite f. -n; Auslese f. -n; Auswahl f. -n; Ausbund m. -[e]s, ²e ⟨von³⟩; das Beste* (Feinste*), -n; Feinwahl f. -en. —— 選り抜きの auserlesen; auserwählt; ausgewählt; best; feinst; fein gewählt.

えりぬく 選り抜く ⟨unter³ とともに⟩ Auslese halten* (treffen*); aus|lesen**⁴; eine Auswahl treffen*; aus[er]wählen⁴.

えりまき 襟巻 Schal m. -s, -e; Umschlag⟨e⟩tuch (Hals-) f. ²er; Pelerine n. -n ⟨ケープ⟩; Umhang m. -[e]s, ²e ⟨肩上⟩; [Feder]boa f. -s ⟨羽毛の⟩; Halspelz m. -es, -e ⟪毛皮の⟫.

えりもと 襟元 Nackengegend f. -en ⟨-teil m. -[e]s, -e⟩.

えりわける 選り分ける sortieren⁴; auseinander ordnen⁴ (teilen⁴); ein|teilen⁴ ⟨in⁴⟩; gliedern⁴; sichten⁴.

える 得る ⇨うる⟨得る⟩.

エルエスディー LSD Lysergsäurediethylamid n. -[e]s, -e; ein Halluzinationen erzeugendes Rauschgift, -[e]s, -e.

エルサルバドル El Salvador n. -s/エルサルバドルの salvadorianisch ∥ エルサルバドル人 Salvadorianer m. -s, -.

エルピー LP レコード Langspielplatte f. -n.

エルピージー LPG liquides Petroleumgas, -es, -e; das verflüssigte Erdgas.

エレガント エレガントな elegant.

エレキギター elektrische Gitarre ⟨-n⟩ ⟨mit Verstärker⟩.

エレクトロニクス Elektronik f. -.

エレクトロン Elektron n. -s, -en.

エレジー Elegie f. -n; Klagelied n. -[e]s, -er; das wehmütige Lied.

エレベーター ❶ Lift m. -[e]s, -e ⟨-s⟩; Aufzug m. -[e]s, ²e; Fahrstuhl m. -[e]s, ²e /エレベーターで上る(下る) in einem Lift hinauf|fahren* (hinunter|-) ⓢ. ❷ ⟨貨物用⟩ Lastaufzug.

エロ Erotik ⟪性愛の⟫ f. /エロな erotisch ⟪好色の⟫.

えん 縁 ❶ ⟨縁側⟩ Veranda f. ..den; Vorlaube f. -n; die überdeckte, [halb] offene Vorhalle, -n /縁の下の力持ちをする⁴ sich für andere an|strengen, ohne dass die Verdienste anerkannt werden; hart arbeiten, ohne öffentlich mit ³Anerkennung belohnt zu werden. ❷ ⟨宿縁⟩ Schicksal n. -s, -e; Fügung f. -en; Karma[n] n. -s. ❸ ⟨人間の関係⟩ [Bluts]verwandtschaft f. -en; Blutsfreundschaft f. -en; Affinität f. -en; das Band ⟪-[e]s, -er⟫ des Blutes; Beziehung f. -en; Bündnis n. ..nisses, ..nisse/縁がある mit ³jm verbunden sein ⟨mit³⟩ /縁が遠い zur Ehelosigkeit verhängt; von Hymen wenig begnadet. /縁を切る alle Beziehungen lösen ⟨mit³⟩; ⁴sich los|sagen ⟨von³⟩; zum Bruch kommen* ⟨mit³⟩; ⁴sich nichts zu tun haben wollen* ⟨mit³⟩; nichts mehr wissen wollen* ⟨von³⟩ /親子の縁を切る sein Kind verstoßen*; Er (Sie) ist sein Sohn (seine Tochter) gewesen. /縁を結ぶ eine Ehe schließen* ⟪結婚⟫; miteinander verbunden werden /...が縁となって auf ⁴Veranlassung ⟨²et⟩; veranlasst ⟨von³; durch³⟩ /...の縁となる führen⁴ ⟨zu³⟩ / 不思議な縁で durch die wundersame Vorsehung Gottes; wie es der unberechenbare Zufall wollte/あの人とはくされ縁だ Das Schicksal scheint mich mit ihm (ihr) unauflöslich verbunden zu haben. /縁があったら会いましょう So Gott will, sehen wir uns wieder. /縁は縁もゆかりもない Er ist mir wildfremd. Er ist weder mein Freund noch mein Verwandter. / 縁は異なもの味なもの Wie unerklärlich und doch süß knüpft sich das Band der Liebe! / 金の切れめが縁の切れ ,Not ist der Liebe Tod.': Solange Glück an der Tafel sitzt, sitzen dort auch Freunde.

えん 円 ❶ ⟨円形⟩ Kreis m. -es, -e; Zirkel m. -s, - /円を描く einen Kreis (Zirkel) bilden (schließen*; ziehen*). ❷ ⟨貨幣単位⟩ Yen m. -s, -s ⟨記号:¥⟩. ∥ 円運動 Kreisbewegung f. -en/円貨予示 Yen-Wechsel m. -s, -/円為替 Yen-Anweisung f. -en/円軌道 Kreisbahn f. -en/円借款 ⟨貸付け⟩ Darlehen ⟨f. -n⟩ auf Yen-Basis; ⟨借入れ⟩ Anleihe ⟨f. -n⟩ auf Yen-Basis/円高(安) der hohe (tiefe) Yen-Kurs, -es, -e/円ブロック der Yen-Block, -[e]s.

えん 宴 [Fest]mahl n. -[e]s, -e; Bankett n. -[e]s, -e; Festessen n. -s, -; [Fest-]schmaus m. -es, ²e; Gastmahl; das [festliche] Gelag[e], -[e]s, -e; Prunkmahl, Festtafel f. -n/宴を張る ein [Gast]mahl [ab]|halten*; einen Schmaus geben*; ein Festessen zum Besten geben*.

えんいん 延引 Verzug m. -[e]s; Verzögerung f. -en; Aufschub m. -[e]s, ²e. —— ...を延引する auf|schieben**⁴; hinaus|schieben**⁴; verschieben**⁴; zögern ⟨mit³⟩. —— ...が延引する in ⁴Verzug kommen* (geraten*) ⓢ ⟨mit³⟩; ⁴sich verziehen*; einen Aufschub erfahren*; aufgeschoben (hinausgeschoben; verschoben) werden.

えんいん 遠因 die entfernte [mittelbare]; schwache; unbedeutende] Ursache, -n.

えんえき 演繹 Deduktion f. -en; [Schluss-]folgerung f. -en/演繹的 deduktiv; folgernd. —— 演繹する deduzieren⁴; folgern ⟨aus³⟩; schließen*⁴ ⟨aus³⟩; ab|leiten⁴ ⟨her|-⟩ ⟨von³⟩. ∥ 演繹法 die deduktive Methode, -n.

えんえん 蜿蜒たる ⁴sich schlängelnd; geschlängelt; in ³Serpentinen; mäandernd; mäandrisch; schlangenförmig; ⁴sich windend/川は蜿々として流れる Der Fluss fließt in Windungen und Krümmungen. Der Fluss schlängelt (windet) sich [mäandert).

えんえん 炎々たる [empor]flammend; auf-flammend; auf|brennend; in hellem Feuer (in hellen Flammen) [auf|loderne (stehend); lichterloh /建物は炎々と燃え上

えんえん 奄々 ¶ 気息奄々としている schwer atmen (keuchen); in den letzten Zügen (im Sterben) liegen*; nach ³Luft schnappen.

えんか 円価 Yen-[Wechsel]kurs m. -es, -e; Yen-Preis m. -es, -e; Yen-Wert m. -[e]s, -e／円価を支持する den Yen-Kurs [vor weiterem Fall] wahren.

えんか 塩化 [化] das Chlorieren*, -s; das in Chloride Verwandeln*, -s／塩化銀[ナトリウム] Silberchlorid (Natriumchlorid)／塩化銀法 Silberchloridverfahren n. -s／塩化鉛[鉄] Bleichlorid (Eisenchlorid) n. -[e]s, -e／塩化物 Chlorid n. -[e]s, -e.

えんか 嚥下 das Verschlucken*, -s; das Verschlingen*, -s.

えんか 演歌 (japanischer) Bänkelsang m. -[e]s, -e; Moritatenlied n. -[e]s, -er／演歌師 Gassensänger m. -s, -; Straßenmusikant m. -en, -en.

えんかい 沿海 [See]küste f. -n; [Meeres]ufer n. -s, -‖沿海漁業 Küstenfischerei f. -en／沿岸海運 Küstenhandel m. -s, -／沿海航路 Küstenschifffahrt f. -en; Küstenschifffahrtslinie f. -n.

えんかい 延会 Vertagung f. -en; Verlegung (Verschiebung) [-en] einer Sitzung auf einen anderen Tag (auf später)／延会する eine Sitzung [-en] vertagen (auf einen anderen Tag [auf später] verlegen).

えんかい 宴会 Tischgesellschaft f. -en [昼(タ・午)餐会]; Abendgesellschaft [夕餐会]; Bankett n. -[e]s, -e; Festessen n. -s, -; Fest[mahl] (Gast-) n. -[e]s, -e[(ä)r]／宴会を開く eine Tischgesellschaft veranstalten; ein Bankett geben*.

えんかい 遠海 ⇨えんよう‖遠海魚 Hochseefisch m. -[e]s, -e.

えんがい 円蓋 Kuppel f. -n; Dom m. -[e]s, -e; Kuppeldach n. -[e]s, -er; [Kuppel]gewölbe n. -s, -; Wölbung f. -en.

えんがい 煙害 Rauchschaden m. -s, -̈.

えんがい 塩害 der von salzhaltigem Wasser (Wind) (von salzhaltiger Luft) verursachte Schaden, -s, -̈; Salzschaden.

えんかく 沿革 Chronik f. -en; Entwicklungsgeschichte f. -n‖沿革誌 Zeitbuch n. -[e]s, -̈er.

えんかく 遠隔の abgelegen; entlegen; entfernt; fern; weit weg ⇨とおい①‖遠隔制御 Fernlenkung f. -en.

えんかつ 円滑 Glattheit f. -en; Glätte f. -n; Reibungslosigkeit f. -／円滑に glatt; reibungslos; ohne ⁴Anstoß (Stockung; Reibungen).

えんがわ 縁側 Veranda f. ..den; Vorbau m. -[e]s, -ten; Vorlaube f. -n ⇨えん(縁)①.

えんかん 鉛管 Bleirohr n. -[e]s, -e; Bleirohrleitung f. -en.

えんがん 沿岸 Küste f. -n; Küstenstrich m. -[e]s, -e‖沿岸から die Küste hin [entlang]; Küsten-‖沿岸港 Küstenhafen m. -s, -̈／沿岸州 Küsten|provinz f. -en (-land n. -[e]s, -er)／沿岸貿易 Küstenhandel m. -[e]s, -／沿岸貿易船 Küsten|fahrer m. -s, - (-schiff n. -[e]s, -e)／沿岸防衛 Küstenverteidigung f. -en.

えんがん 遠眼 die Brille (-n) mit Konvexlinsen (bei Weitsichtigkeit).

えんき 延期 Aufschub m. -[e]s, -̈e; das Hinausschieben*, -s; Verlegung (f. -en) auf später; Verschiebung f. -en／延期する auf|schieben*⁴; verschieben*⁴; zurück|stellen⁴ [hinter⁴].

えんき 塩基 [化] Base f. -n／塩基性の basisch‖塩基性塩 basisches Salz, -es, -e.

えんぎ 縁起 ❶ [Vor]zeichen n. -s, -; Omen n. -s, Omina; Schicksalswink m. -[e]s, -e; Vorbedeutung f. -en／縁起のよい Glück bringend (verkündend); günstig; Gutes verheißend; von guter Vorbedeutung／縁起の悪い Unglück bringend (verkündend); ungünstig; Übles verheißend; von übler Vorbedeutung／縁起直しに um das Schicksal zu wenden; um ein besseres Glück herbeizuwünschen／縁起を祝う viel Glück wünschen [jm]. ❷ [由来] [Entstehungs]geschichte f. -n; Chronik f. -en; Ursprung m. -[e]s, -̈e‖縁起棚 der Familienaltar (-[e]s, -̈e) für einen Glücksgott／法隆寺縁起 die [Entstehungs]geschichte des Tempels Horyuji.

えんぎ 演技 Schauspielkunst f.; Darstellung f. -en.

えんきょく 婉曲 な glimpflich; beschönigend; euphemistisch; mildernd; verblümt; verzuckert／婉曲に言う durch die Blume (um den Brei herum) sagen*; das Kind nicht beim rechten (wahren) Namen nennen*; geschickt zu verstehen geben*⁴ [jm]／婉曲法 Glimpfwörter [pl]; die beschönigende (euphemistische; mildernde; verblümte; verzuckerte) Ausdrucksweise, -n; Euphemismus m. -, ..men; die sprachliche Verhüllung, -en.

えんきょり 遠距離に in der Ferne; auf [eine] große Entfernung [hin]; weit entfernt 《von³》.

えんきり 縁切り Abbruch m. -[e]s, -̈e; Bruch 《mit³》; [Auf]lösung (f. -en) [der Verhältnisse]; Trennung f. -en; Ehescheidung f. -en 《離婚》. ⇨えん(縁)❸.

えんきん 遠近 Ferne und Nähe [pl -n und -n]; Entfernung f. -en／遠近にかかわらず wie fern (entfernt) es sein mag‖遠近画法 die perspektivische Darstellung, -en／遠近観 [写] Perspektive f.

えんぐみ 縁組 Ehe|schließung f. -en (-bund m. -[e]s, -̈e); Heirat f. -en; Verheiratung f. -en; Verschwägerung f. -en; [養子縁組] Adoption f. -en; Kindesannahme f. -n.――縁組する eine Ehe (Heirat) schließen*; in eine Familie [hinein]heiraten; ⁴sich verschwägern 《mit jm》; adoptieren [jn]; an Kindes Statt an|nehmen*⁴ [jn].

えんぐん 援軍 Verstärkung f. -en; Nachschub *m.* –〔e〕s; Zuzug *m.* –〔e〕s, ⸚e; Entsatz *m.* –es《解囲》/援軍を送る verstärken⁴; nach|schieben*⁴; zu|ziehen*; entsetzen⁴《eine Festung》.

えんけい 遠景 Aussicht *f.* –en; Ausblick *m.* –〔e〕s, –e; Aus¦schau (Fern–) *f.*; Fernsicht *f.* –en; Perspektive *f.* –n; Hintergrund *m.* –〔e〕s, ⸚e.

えんけい 円形 Kreis¦form (Zirkel–) *f.* –en/円形の rund; kreis¦förmig (zirkel–); zirkulär; Kreis–.

えんげい 演芸 Aufführung *f.* –en; Darstellung *f.* –en; die schauspielerische Leistung, –en; Unterhaltung *f.* –en ‖ 演芸会 Varietéaufführung; Liebhaberaufführung《素人の》/演芸記者 der Journalist《–en, –en》(der Reporter《–s, –》) für ⁴Unterhaltungsbeilagen/演芸者 der ausübende Künstler, –s, –; Artist *m.* –en, –en/演芸場 Vergnügungshalle *f.* –n; Kleinbühne *f.* –n; Tingeltangel *m.* (*n.*) –s, –; Varietéschaubühne *f.* –n/演芸放送 Unterhaltungssendung *f.* –en/演芸目録 Unterhaltungsprogramm *n.* –s, –e; Repertoire *n.* –s, –s《レパートリー》; Spielplan *m.* –〔e〕s, ⸚e/演芸欄 Unterhaltungsteil *m.* –〔e〕s, –e; der bunte Teil; Feuilleton *n.* –s, –s.

えんげい 園芸 Garten¦bau *m.* –〔e〕s, (–arbeit *f.* –en; –kunst *f.* ⸚e); 〔Kunst〕gärtnerei *f.* –en; Hortikultur *f.* –en ‖ 園芸家 Gartenbautechniker *m.* –s, –; Garten¦ingenieur *m.* –s, –e (–künstler *m.* –s, –); 〔Kunst〕gärtner *m.* –s, –; Hortikulturist *m.* –en, –en/園芸場 Baum¦schule (Pflanz–) *f.* –n/園芸植物 Gartenpflanze *f.* –n/園芸用具 Gartengerät *n.* –〔e〕s, –e; Handwerksgerät zum Gartenbau.

えんげき 演劇 Theater *n.* –s, –; 〔Theater-〕vorstellung *f.* –en; 〔Bühnen〕spiel *n.* –〔e〕s, –e/演劇をする Theater (ein Drama; ein Schauspiel) spielen; ein Stück geben* (auf|führen) ‖ 演劇界 Theater¦welt (Bühnen–) *f.*/演劇論 Dramaturgie *f.* –n.

エンゲルけいすう エンゲル係数 Engel-Koeffizient *m.* –en, –en; der Anteil《–s, –e》der Lebensmittelkosten《*pl*》am gesamten Einkommen《*n.* –s, –》.

えんげん 淵源 〔Ur〕quelle *f.* –n; 〘詩〙〔Ur-〕quell *m.* –〔e〕s, –e; Anfang *m.* –〔e〕s, ⸚e; Herkunft *f.* ⸚e; Ursprung *m.* –〔e〕s, ⸚e.

えんこ 縁故 Verbindungen《*pl*》; Beziehungen《*pl*》; Konnexionen《*pl*》; Verschwägerung *f.* –en《親戚》; Verwandtschaft *f.* –en《同上》‖ 縁故者 der Bekannte* (Verwandte*), –n, –n.

えんご 援護 [助ける] 〔Bei〕hilfe *f.* –n; Beistand *m.* –〔e〕s, ⸚e; Rückendeckung *f.* –n; Unterstützung *f.* –en. — 援護する 〔bei|-〕helfen*《*jm*》; 〔bei|〕stehen*《*jm*》; *js* Rücken decken; unterstützen⁴; Schutz angedeihen lassen* (gewähren)《*jm*》.

えんご 掩護 [味方を守る] 〔Be〕deckung *f.* –en; Schutz *m.* –〔e〕s/側面を掩護する flankieren⁴; die Seite (den Flügel) einer Truppe decken/退却を掩護する *js* Rückzug《*m.* –〔e〕s, ⸚e》decken ‖ 掩護射撃 Sperrfeuer *n.* –s, –.

えんごく 遠国 Ferne *f.* –n; Ausland *n.* –〔e〕s; Weite *f.* –n.

えんざい 冤罪 die falsche Anschuldigung, –en (Bezichtigung, –en); das unschuldiges Schuldigsein*, –s/冤罪をこうむる falsch (fälschlich) angeschuldigt (beschuldigt; bezichtigt) werden; unschuldig für schuldig erklärt werden.

えんさき 縁先 Verandarand *m.* –〔e〕s, ⸚er.

えんさん 塩酸 Chlor¦säure (Salz–) *f.* ‖ 塩酸カリ Chlorkali *n.* –s, –s.

えんし 遠視 Weit¦sichtigkeit (Fern–) *f.*; Hypermetropie *f.*/彼は遠視だ Er ist weitsichtig (fernsichtig; hypermetropisch).

えんじ 園児 das im Kindergarten betreute Kind, –〔e〕s, –er.

えんじ 臙脂色 Karmin *n.* –s; Karmesin *n.* –s / 臙脂色の karmin¦rot (karmesin–); bräunlich rot; braunrot.

えんじつてん 遠日点 Aphelium *n.* –s; Sonnenferne *f.*

エンジニア Ingenieur *m.* –s, –e.

えんしゅう 演習 Übung *f.* –en; Feld〔dienst〕übung; Scheingefecht *n.* –〔e〕s, –e《模擬戦》; Manöver *n.* –s, –《機動演習》; 〔Universitäts〕seminar *n.* –s, –e《大学の》.

えんしゅう 円周 Peripherie *f.* –n; 〔Kreis-〕umfang *m.* –〔e〕s, ⸚e; Umkreis *m.* –es, –e ‖ 円周率〘数〙das Zahlenverhältnis《..nisses, ..nisse》des Kreisumfang〔e〕s zum Durchmesser; Kreiszahl *f.* –en; die Zahl π.

えんじゅく 円熟 Reife *f.*; Ausgereiftheit *f.*; Durchgebildetheit *f.*; Vollendung *f.* –en. — 円熟した reif; ausgereift; durchgebildet; vollendet/円熟した作家 ein Schriftsteller《–s, –》in seiner Reife (Vollendung). — 円熟する reif werden; ausgereift (durchgebildet; vollendet) sein; zur Reife kommen* (gelangen) [s].

えんしゅつ 演出 die 〔künstlerische〕 Darstellung, –en; Darbietung *f.* –en; Inszenierung *f.* –en; Vorstellung *f.* –en; Wiedergabe *f.* –n. — 演出する auf die Bühne bringen*⁴; 〔künstlerisch〕 dar|stellen⁴; dar|bieten*⁴; inszenieren⁴; vor|stellen; wieder|geben*⁴; das Spiel leiten. ‖ 演出者 Regisseur *m.* –s, –e; Spiel¦leiter (–führer) *m.* –s, –/演出法 Darstellungsweise *f.* –n; Inszenierungsmethode *f.* –n.

えんしょ 艶書 Liebesbriefchen *n.* –s, –; Liebesbrief *m.* –〔e〕s, –e; ein süßes Briefchen, –s, –.

えんしょ 炎暑 die brennende (glühende) Hitze. ⇨えんねつ.

えんじょ 援助 Beistand *m.* –〔e〕s, ⸚e; 〔Bei-〕hilfe *f.* –n; *Hilfeleistung f. –en;* Mitwirkung; das 〔Unter〕stützen*, –s; Unterstützung *f.* –en/援助を求める um ⁴Beistand (Beihilfe; Mitwirkung; Unterstützung) bitten*《*jn*》. — 援助する bei|stehen*《*jm bei³* (*in³*)》; behilflich sein《*jm in³*》; bei|helfen*《*jm*》; Hilfe (Beistand) leisten《*jm* *bei*^{3} (*in*^{3})》; mit|wirken 《*bei*^{3}, *zu*^{3}, *an*^{3}》; unterstützen^4.

えんしょう 炎症 Entzündung *f.* -en; Inflammation *f.* -en／炎症を起こす ^{4}sich entzünden; eine Entzündung herbei|führen (verursachen).

えんしょう 延焼する Das Feuer (Der Brand) greift (frisst) um sich.

えんじょう 炎上する verbrennen* [s]; durch Feuer zugrunde (zu Grunde) gehen* [s]; ein Raub der Flammen werden; in ^{4}Asche fallen* [s]; in ^{4}Flammen auf|gehen* [s].

えんじる 演じる spielen^4; auf|führen^4; dar|stellen^4; produzieren^4; vor|führen^4／醜態を演じる ^{4}sich lächerlich machen; zum Gespött dienen 《*jm*》.

えんじん 円陣を作る ^{4}sich im Kreis〔e〕(Zirkel) sammeln; einen Kreis (Zirkel) bilden; im Kreis〔e〕(Zirkel) sitzen* (stehen*).

エンジン Motor *m.* -s, -en／エンジンをかける den Motor an|stellen／エンジンに故障を起こした Der Motor läuft nicht mehr richtig (ist nicht in Ordnung).

えんしんりょく 遠心力 Zentrifugalkraft *f.* ⸚e.

えんずい 延髄 das verlängerte Rückenmark, -〔e〕s, -e.

えんすいけい 円錐形 Kegel *m.* -s, -／円錐形の kegelförmig.

えんせい 厭世 Weltschmerz *m.* -es, -en; Lebens¦überdruss *m.* -es (-unzufriedenheit *f.*; -verneinung *f.* -en); Pessimismus *m.* -／厭世的 weltschmerzlich; lebens¦überdrüssig (-verneinend); grau in grau; pessimistisch ‖ 厭世家 Weltschmerzler *m.* -s, -; Pessimist *m.* -en, -en; Schwarzseher *m.* -s, -／厭世観 die pessimistische Lebensanschauung; die düstere Ansicht 《-en》 des Lebens; Pessimismus.

えんせい 遠征 Expedition *f.* -en; Feld¦zug (Kriegs-) *m.* -〔e〕s, ⸚e; Heerfahrt *f.* -en; Invasion *f.* -en 《侵入》. ── 遠征する auf eine Expedition gehen* [s]; einen Feldzug (einen Kriegszug; eine Heerfahrt) machen; eine Entdeckungs¦reise (Forschungs-) machen; invadieren [s] 《*in*^{4} 侵入》. ‖ 遠征隊 Expeditions¦truppen 《*pl*》 (-mannschaft *f.* -en).

えんぜい 塩税 Salzsteuer *f.* -n; Salzzoll *m.* -〔e〕s, ⸚e.

えんせき 宴席 Bankettsaal *m.* -〔e〕s, ..säle; Tisch¦gesellschaft (Abend-) *f.* -en／宴席に列する einer Tischgesellschaft (Abendgesellschaft) bei|wohnen; bei einer Tischgesellschaft anwesend sein.

えんぜつ 演説 Rede *f.* -n; die 〔feierliche〕 Ansprache, -n 《儀礼的演説》; das 〔öffentliche〕 Sprechen*, -s; Vortrag *m.* -〔e〕s, ⸚e. ── 演説する eine Rede (eine Ansprache; einen Vortrag) halten*; an eine Versammlung das Wort richten; ^{4}sich redend an die Öffentlichkeit wenden*. ‖ 演説会 Rede¦versammlung (Vortrags-) *f.* -en／演説者 Redner *m.* -s, -; Orator *m.* -s, -en; der Sprechende*, -n, -n; der Vortragende*, -n, -n／演説法 Rede¦kunst (Redner-) *f.*; Beredsamkeit *f.* 《雄弁》; Rhetorik *f.*

えんせん 沿線 ¶ 鉄道沿線の各町村 die Städte und Dörfer an der Eisenbahn〔linie〕.

えんそ 塩素 Chlor *n.* -s.

えんそう 演奏 das 〔musikalische〕 Spiel, -〔e〕s, -e; die musikalische Darbietung, -en (Aufführung, -en). ── 演奏する spielen; 〔musikalisch〕 vor|tragen*^{4} (dar|bieten*^{4}). ‖ 演奏会 Konzert *n.* -〔e〕s, -e; Musikabend *m.* -s, -e; 〔Solo〕vortrag *m.* -〔e〕s, ⸚e／演奏法 Spiel¦weise *f.* -n (-art *f.* -en); Vortragstechnik *f.* -en／演奏目録 Programm *n.* -s, -e; Repertoire *n.* -s, -s 《レパートリー》; Spielplan *m.* -〔e〕s, ⸚e／演奏旅行 die musikalische Tournee, -s (-n) (Gastreise, -n; Konzertreise, -n; Vortragsreise, -n).

えんそく 遠足 Ausflug *m.* -〔e〕s, ⸚e; Exkursion *f.* -en; 〔Fuß〕wanderung *f.* -en; Wanderfahrt *f.* -en; Abstecher *m.* -s, -／遠足に行く einen Ausflug (Abstecher) machen; eine Exkursion unternehmen*; auf 〔Fuß〕wanderung (Wanderfahrt) gehen* [s].

えんたい 延滞 Aufschub *m.* -〔e〕s, ⸚e; Saumseligkeit *f.* -en; Verzögerung *f.* -en; Verzug *m.* -〔e〕s. ── 延滞する auf|schieben*^{4}; saumselig sein; verzögern^4; im Rückstand (Verzug) sein (bleiben* [s]) 《*mit*^{3}》; die Frist versäumt haben. ‖ 延滞金 Rückstand *m.* -〔e〕s, ⸚e; die rückständige Summe, -n／延滞日歩 das tägliche Prozent 《-〔e〕s, -e》 der Verzugszinsen; Deport *m.* -s, -s (-e).

えんだい 縁台 Bank *f.* ⸚e.

えんだい 演題 Vortragstitel *m.* -s, -; das Thema 《-s, ..men (-ta)》 (der Gegenstand, -〔e〕s, ⸚e; der Stoff, -〔e〕s, -e) eines Vortrags 《⸚e》 (einer Vorlesung, -en); Überschrift *f.* -en／…の演題で unter dem Vortragstitel „…" 《sprechen》 ‖ 演題未定 der Vortragstitel 〔noch〕 unbestimmt.

えんだい 遠大な weit¦reichend (-tragend); grandios; großartig／遠大な計画 der hochfliegende Plan, -〔e〕s, ⸚e／遠大の志 die hohe Gesinnung, -en; das große Ideal, -s, -e.

えんたく 円卓 der runde Tisch, -〔e〕s, -e; die runde Tafel, -n ‖ 円卓会議 Rundtischsitzung *f.* -en; Rundtafelkonferenz *f.* -en.

えんだん 縁談 Heiratsantrag *m.* -〔e〕s, ⸚e; Werbung *f.* -en／縁談がある einen Heiratsantrag erhalten*; umworben sein／縁談をまとめる eine Heirat 《-en》 〔glücklich〕 zustande (zu Stande) bringen*; die Rolle eines Ehestifters spielen／縁談を持ち込む einen Heiratsantrag machen 《*jm*》; um die Hand einer Tochter an|halten*; werben* 《um *jn*》.

えんだん 演壇 Rednerbühne *f.* -n; 〔Rede-〕kanzel *f.* -n; 〔Redner〕tribüne *f.* -n／演壇に

登る die Rednerbühne besteigen*; auf die Rednerbühne steigen* [s].

えんちてん 遠地点 Apogäum *n.* -s, ..äen; der am weitesten entfernte Punkt 《-es》 von der Erde auf der Satellitenbahn 《衛星》 (Planetenbahn 《遊星》); Erdferne *f.*

えんちゃく 延着 Verspätung *f.* -en; Verzögerung *f.* -en／延着する eine Verspätung haben; nicht fahrplanmäßig ein|treffen* [s] 《列車など》; über ⁴Erwartung ausgeblieben sein; überfällig sein.

えんちゅう 円柱 Säule *f.* -n; Walze *f.* -n; Zylinder *m.* -s, -／円柱状の säulen¦förmig (walzen-); zylindrisch.

えんちょう 延長 〔Aus〕dehnung *f.* -en; Erweiterung *f.* -en; Verlängerung *f.* -en. ― 延長する verlängern⁴; aus|dehnen⁴. ‖ 延長線 die verlängerte Linie, -n/延長戦 die verlängerte Wettspielzeit, -en.

えんちょう 園長 der Direktor 《-s, -en》 (Chef *m.* -s, -s) eines Kindergartens (eines Zoo〔s〕).

えんちょく 鉛直の senk¦recht (lot-); perpendikulär; 〖坑〗 scheitelrecht; seiger.

えんづく 縁付く heiraten 《*jn*》; ⁴sich verheiraten (vermählen) 《mit *jm*》; zur Frau (zum Manne) nehmen* 《*jn*》; eine Ehe ein|gehen* [s] (schließen*) 《*mit*³》; 〔⁴sich〕 in eine Familie ein|heiraten.

えんづける 縁付ける einen Sohn (eine Tochter) verheiraten (vermählen) 《*an*⁴, *mit*³》; eine Tochter zur Frau geben* 《*jm*》; eine Frau unter die Haube (an den Mann) bringen*; einen Gatten (eine Gattin) finden* 《für *jn*》.

えんてん 炎天 die versengende (brennende) Sonne; die glühende Sonnenhitze.

えんでん 塩田 Salz¦feld *n.* -〔e〕s, -er (-garten *m.* -s, ⸗); Meersaline *f.* -n／塩田化する ein Salzfeld (einen Salzgarten) an|legen 《*aus*³》.

えんとう 円筒 Zylinder *m.* -s, -; Walze *f.* -n ‖ 円筒缶 der zylindrische 〔Dampf〕kessel, -s, -.

えんどう 豌豆 Erbse *f.* -n／いりたての豌豆まめ heiß geröstete Erbsen 《*pl*》.

えんどう 沿道の an der Landstraße gelegen; an beiden Seiten des Weges; am Wege entlang.

えんどく 鉛毒 Blei¦vergiftung (-krankheit) *f.* -en／鉛毒にかかっている an ³Bleivergiftung (Bleikrankheit) leiden*.

えんどく 煙毒 Rauchvergiftung *f.* -en 《炭酸ガスなどの》.

えんとつ 煙突 Rauchfang *m.* -〔e〕s, ⸗e; Esse *f.* -n; Kamin *m.* -s, -e; Schlot *m.* -〔e〕s, -e (⸗e); Schornstein *m.* -〔e〕s, -e ‖ 煙突掃除 das Schornsteinfegen* (Essenkehren*), -s/煙突掃除人 Schornsteinfeger *m.* -s, -; Essenkehrer *m.* -s, -.

エントリー buchen; in die Liste ein|tragen*; registrieren／彼は選手としてエントリーされている Er ist als Spieler in der Liste eingetragen.¦Er ist in der Spielerliste registriert (gebucht).

エントロピー Entropie *f.* -n.

えんにち 縁日 Messe *f.* -n; Basar *m.* -s, -e; Jahrmarkt *m.* -〔e〕s, ⸗e; Ladenstraße *f.* -en; Buden 《*pl*》 anlässlich eines Tempelfest〔e〕s／縁日の店 Mess¦bude (Markt-) *f.* -n／縁日の商人 Budenleute 《*pl*》; 〔Jahr-〕marktleute 《*pl*》.

えんねつ 炎熱 die brennende (drückende; glühende; wahnsinnige) Hitze; versengende Sonnenstrahlen 《*pl*》／炎熱焼くがごとし Die Sonne sendet brennend heiße Strahlen aus.

えんばん 鉛版 Stereotypplatte *f.* -n; Plattendruck *m.* -〔e〕s, -e.

えんばん 円盤 〖運〗〔Wurf〕scheibe *f.* -n; Diskus *m.* -, ..ken (..kusse) ‖ 円盤投げ das Diskuswerfen*, -s; Diskuswurf *m.* -〔e〕s, ⸗e/空飛ぶ円盤 eine fliegende Untertasse, -n; UFO (Ufo) *n.* -〔s〕, -s.

えんぴつ 鉛筆 Bleistift *m.* -〔e〕s, -e／鉛筆の芯 Mine *f.* -n ‖ 鉛筆けずり Bleistiftspitzer *m.* -s, -; Anspitzgerät *n.* -〔e〕s, -e/赤(青)鉛筆 Rotstift (Blaustift)/色鉛筆 Buntstift; Farbstift.

えんびふく 燕尾服 Frack *m.* -〔e〕s, -s (⸗e); 〖俗〗 Schwalbenschwanz *m.* -es, ⸗e.

えんぶ 円舞 Reigen *m.* -s, -; Reihen¦tanz (Rund-) *m.* -es, ⸗e; Walzer *m.* -s, - ‖ 円舞曲 Walzer.

えんぷく 艶福 Liebesglück *n.* -〔e〕s; erfolgreiche galante Abenteuer 《*pl*》 ‖ 艶福家 der von Frauen Angebetete*, -n, -n; Galan *m.* -s, -s; Liebesheld *m.* -en, -en.

えんぶじょう 演舞場 Varietétheater *n.* -s, -; Varietéschaubühne *f.* -n; Schauspielhaus *n.* -es, ⸗er.

えんぶん 塩分 Salz¦gehalt *m.* -〔e〕s, -e (--haltigkeit *f.*); Salzigkeit *f.*／塩分を多量に含んだ salzreich; reich an ³Salz〔gehalt〕.

えんぶん 艶聞 Liebesaffäre *f.* -n; die galante Affäre; Liebesgeschichte *f.* -n.

えんぺい 援兵 ⇨えんぐん.

えんぼう 遠望 Ausblick *m.* -〔e〕s, -e; die weite Aussicht, -en; der Blick in die Ferne; Fern¦schau *f.* -en (-sicht *f.* -en); die perspektivische Schau (Sicht).

えんぼう 遠謀 Weitblick *m.* -〔e〕s; die Weite 《-n》 des Blickes; Weitsichtigkeit *f.*; die weitreichende Überlegung, -en; Vorbedacht *m.* -〔e〕s.

えんぽう 遠方 die weite Ferne, -n; die große Weite, -n; der weit entfernte Ort, -〔e〕s, -e; der lange Weg, -〔e〕s, -e／遠方の fern; abgelegen; entfernt; entlegen; weit／遠方に ⇨えんきょり(遠距離).

えんま 閻魔 Yama *m.* -; der höchste Richter des Hades; Totengott *m.* -〔e〕s ‖ 閻魔顔 das hässlich verdrehte, finstere Gesicht, -〔e〕s, -er; der durch ⁴Zorn und Unmut verzerrte Gesichtsausdruck, -〔e〕s, ⸗e; die ins Widerliche verzogene Miene, -n/閻魔帳 die schwarze Liste, -n; das Zensurbuch 《-〔e〕s, ⸗e》 des Lehrers.

えんまく 煙幕 Nebel¦schleier *m.* -s, - (-wand *f.* ⸗e); Rauch¦vorhang *m.* -〔e〕s, ⸗e

(–wand *f.* ⸗e) / 煙幕を張る ein|nebeln⁴; vernebeln⁴; den Nebelschleier breiten (ziehen*) 《*über*⁴》; nichts Ausdrückliches sagen 《比喩的》.

えんまん 円満 Vollendung *f.* –en; Vollkommenheit *f.* –en 《完成》; Eintracht *f.*; Harmonie *f.*; Verträglichkeit *f.* 《調和》; Glätte *f.*; Glattheit *f.* –en 《円滑》; Friede〔n〕 *m.* ..dens, ..den. ── 円満な vollendet; vollkommen; einträchtig; harmonisch; verträglich; glatt / 円満な人格 der in ³sich geschlossene Charakter, –s, –e / 円満な解決 die befriedigende Lösung, –en; der zufrieden stellende Ausgleich, –〔e〕s, –e; der friedliche Abschluss, –es, ⸗e / 円満な家庭 die einträchtige Familie, –n; das gemütliche Heim, –〔e〕s, –e; Eheglück *n.* –〔e〕s 《夫婦》/ 円満な教育 die vielseitige Erziehung, –en / 円満に暮らす in 〔süßer〕 Eintracht leben; ein einträchtiges Leben führen / 円満にいかない nicht in Frieden leben 《mit *jm*》; nicht fertig werden 《*mit*³》; ⁴sich miteinander nicht vertragen*. ‖ 円満辞職 die freiwillige Niederlegung eines Amtes 《seitens *js*》.

えんむ 煙霧 Rauchnebel *m.* –s, –.

えんむすび 縁結び Liebesbund *m.* –〔e〕s, ⸗e; Eheschließung *f.* –en.

えんゆうかい 園遊会 Garten¦fest *n.* –〔e〕s, –e (–gesellschaft *f.* –en).

えんよう 遠洋 Ozean *m.* –s, –e; Welt¦meer *n.* –〔e〕s, –e (–see *f.* –n) ‖ 遠洋漁業 Hochseefischerei *f.* –en / 遠洋航海 Ozean¦schifffahrt (Hochsee–) *f.* –en; Überseefahrt / 遠洋航路 Ozean¦linie (Übersee–) *f.* –n.

えんらい 遠雷 der in weiter Ferne rollende Donner, –s, –; das Grollen* 《–s》 des fernen Donners.

えんらい 遠来の客 der Besucher 《–s, –》 (Besuch, –〔e〕s, –e) aus weiter Ferne (aus einem entfernten Ort).

えんりょ 遠慮 Zurückhaltung *f.* –en; Beherrschung *f.*; Bescheidenheit *f.* / 遠慮深い zurückhaltend; beherrscht; bescheiden; reserviert; verhalten; Distanz haltend / 遠慮なく ohne ⁴Umstände (Zurückhaltung); freimütig; ohne ⁴sich zu genieren; ohne ³sich Zwang anzutun; ohne Anstand zu nehmen / 御遠慮なく召上がって下さい Langen (Greifen) Sie zu! ¦ Nehmen Sie an! ¦ Bedienen Sie sich! / 遠慮会釈なく schonungslos; erbarmungslos; rücksichtslos; unbarmherzig; unnachsichtig / 遠慮のない aufrichtig; ehrlich; offen. ── 遠慮する ❶ ⁴sich enthalten*⁽²⁾ von³; viel Umstände machen; ⁴sich zurück|halten* 《*von*³》. ❷ [人の感情に対して] Nachsicht üben 《*mit*³》; Rücksicht nehmen* 《*auf*⁴》. ❸ [座をはずす] ⁴sich zurück|ziehen* 《*von*³》; ab|treten* [s] 《*von*³》; ⁴sich entfernen 《*von*³》; zurück|treten* [s] 《*von*³》.

えんるい 塩類 die Salze 《*pl*》.

えんろ 遠路 der lange (weite) Weg, –〔e〕s, –e; die große Entfernung, –en / 遠路の労を謝す für die Mühe, einen langen (weiten) Weg gemacht zu haben, danken 《*jm*》; *jm* Dank dafür sagen, dass sich *j.* bemüht hat, von weither zu kommen.

お

お 尾 Schwanz *m.* –es, ⸗e; Lunte *f.* –n 《狐などの》; Rad *n.* –〔e〕s, ⸗er 《七面鳥などの広げた》; Rute *f.* –n 《犬・狐・狼などの》; Schweif *m.* –〔e〕s, –e 《孔雀・彗星などの》; Stutzschwanz 《兎・鹿などの》; Wedel *m.* –s, – 《長く揺曳(ᵉⁱ)するもの》/ 尾を振る mit dem Schwanz wedeln; schweifwedeln; liebedienern 《機嫌をとる》; um den Bart streichen* 《*jm* 同上》/ 尾をまく den Schwanz ein|ziehen* (hängen lassen*).

お 緒 Schnur *f.* ⸗e; 〔Bind〕faden *m.* –s, ⸗; Kordel *f.* –n; 〔Leder〕riemen *m.* –s, –; Strick *m.* –〔e〕s, –e.

お 苧 Hanf *m.* –〔e〕s; Hanffaser *f.* –n / 苧がら der entschälte Hanfstengel, –s, –.

オアシス Oase *f.* –n.

おい 老い Alter *n.* –s, –; Lebens¦abend *m.* –s, –e (–herbst *m.* –〔e〕s, –e); der Alte*, –n, –n 《老人》/ 老いを養う seinen Lebensabend in Ruhe verbringen* / 老いも若きも Alt und Jung (Jung und Alt).

おい 甥 Neffe *m.* –n, –n / 甥の子 Großneffe *m.* –n, –n.

おい hallo! ¦ he! ¦ Weißt du was? ¦ Sieh mal an! ¦ Mensch!

おいえ お家 Herrscher¦haus *n.* –es, ⸗er (–familie *f.* –n) / お家の大事 die Notlage 《–n》 (der Notstand, –〔e〕s, ⸗e) der herrschaftlichen 〔Feudal〕familie ‖ お家騒動 Familien¦zwist *m.* –es, –e (–streitigkeiten 《*pl*》).

おいえげい お家芸 *js* starke Seite, –n; *js* Spezialstrecke *f.* –n; *js* besondere Fähigkeit, –en.

おいおい 追々 ❶ [だんだんと] allmählich; langsam; nach und nach; schleppend; ⁴Schritt für ⁴Schritt; schritt¦weise (stufen–); im Zeitlupentempo. ❷ [やがて, そのうちに] mit der Zeit; nachgerade; im 〔Ver-〕lauf der Zeit.

おいおい おいおい泣く bitterlich (herzzerreißend) weinen; heulen 《子供が》.

おいかえす 追い返す zurück|weisen* 《*jn*》; an die Luft setzen 《*jn*》; den Laufpass geben* 《*jm*》; heim|leuchten 《*jm*》; verweisen* 《*jn*》.

おいかける 追いかける nach|folgen 《*jm*》 (–|-

eilen; –|laufen*; –|rennen* 《jm》) [s]; verfolgen 《jn》.

おいかぜ 追風 der gute (günstige) Wind, –[e]s, –e; der Wind von achtern; Schiebewind *m.* –[e]s, –e. ⇨**おいて**.

おいこし 追越禁止 Überholen verboten! 《掲示》.

おいこす 追い越す überholen⁴; hinter ³sich lassen*⁴; vorbei|gehen* [s] 《an³》; übertreffen*⁴ 《凌駕(りょうが)する》; überbieten*⁴ 《同上》/学業で友人を追い越した Ich habe im Studium meinen Freund übertroffen.

おいこみ 追込み〖劇〗Galerie *f.* –n/最後の追込み Endspurt *m.* –s, –e (–s) ‖ 追込記事 Kurzartikel *m.* –s, –.

おいこむ 追い込む hinein|treiben*⁴ (–|jagen⁴; –|zwängen⁴). ⇨**おいつめる**.

おいこむ 老い込む altern [s]; altersschwach werden; vor ³Alter schwächlich werden; seine [früheren] Lebenskräfte (seinen [früheren] Lebensmut) verlieren*.

おいさき 生い先長い(短い) noch lange (kurze) [Zeit] zu leben haben; lange (kurze; wenige) Lebenstage vor ³sich haben.

おいしい lecker; appetitlich; delikat; fein; herrlich; köstlich; mundgerecht; schmackhaft; süß; wohlschmeckend (wohl schmeckend)/おいしい物 Delikatesse *f.* –n; Feinkost *f.*; Gaumenweide *f.* –n; Hochgenuss *m.* –es, ⸚e; Leckerei *f.* –en; Leckerbissen *m.* –s, – / ああおいしい Schmeckt das köstlich! ¦ Wie das schmeckt! ¦Das ist ein Hochgenuss.

おいしげる 生い茂る wild (geil; üppig) wachsen* [s]; strotzen 《von³》; wuchern/生い茂った wild (geil; üppig) wachsend; strotzend 《von³》; wuchernd; dicht belaubt 《こんもりと》/八重むぐらの生い茂った mit wildem Gestrüpp überwachsen.

おいすがる 追い縋る *jm* hinterher|laufen* [s]; ⁴sich an *js* Fersen heften.

おいそれと ohne weiteres; direkt; auf der Stelle; im Handumdrehen; ⁴Knall und Fall; mit einem Mal; promt; rasch; sofort; sogleich / この仕事はそうおいそれとは片がつかない Diese Arbeit lässt sich nicht von heute auf morgen erledigen.

おいだす 追い出す ❶ fort|treiben* (hinaus|–; weg|–) 《jn》《以上 –|treiben の代わりに –|jagen, –|scheuchen も用いる》. ❷ [解雇] entlassen*; ab|bauen; fort|jagen; kündigen; auf die Straße setzen; auf das Pflaster werfen* 《以上 *jn*》; den Abschied geben* 《jm》; den Stuhl vor die Tür setzen 《jm》.

おいたち 生立ち Wachstum *n.* –s; Kindheit *f.* 《幼時》; Kinderzeit *f.* 《同上》; Erziehung *f.* –en 《しつけ》/生立ちの記 Kindheitserinnerungen 《pl》; Memorien 《pl》 aus *js* Kindheit.

おいたつ 生いたつ groß werden.

おいたて 追いたてをくう hinausgeworfen (vertrieben; weggetrieben) werden.

おいたてる 追いたてる weg|jagen⁴ (fort|–; hinaus|–) (*od.* –|treiben*⁴); aus|stoßen*⁴; verjagen⁴; [aus dem Besitz] vertreiben*⁴.

おいちらす 追い散らす auseinander treiben*⁴ (jagen⁴); in alle [vier] Winde vertreiben*⁴ (jagen⁴); zersprengen⁴; in die Flucht schlagen* 《jn 潰(かい)走させる》.

おいつおわれつ 追いつ追われつのシーソーゲーム ein harter (heftiger; scharfer) wechselvoller [Wett]kampf, –[e]s, ⸚e; ein zäher Kampf.

おいつかう 追い使う [ab|]hetzen (–|plagen; –|placken; –|schinden*) 《jn》; missbrauchen 《jn》/こう追い使われてはたまらない So eine Schinderei kann ich gar nicht ertragen.

おいつく 追い付く ein|holen (auf|–) 《jn》; erreichen 《jn》; nach|holen⁴ 《遅れを取り戻す》; nicht mehr nach|stehen* 《jm ひけをとらぬ》/今さら後悔しても追い付かない Vorgetan und nachbedacht hat manchem [schon] viel (großes) Leid gebracht.

おいつめる 追い詰める ❶ in die Enge (Ecke) treiben* 《jn》; in Schach halten* 《jn》. ❷ [追跡して] dicht auf den Fersen sein 《jm》; auf der Ferse folgen [s] 《jm》.

おいて 追風 der gute (günstige) Wind, –[e]s, –e; Segelwind *m.* –[e]s, –e/追風に帆を上げる vor dem Wind[e] segeln [s,h]; im günstigen Wind[e] die Segel hoch|ziehen* (hissen)/追風に帆を上げたわけだ Das war Wind in seine Segel.

〜おいて in³ 《空間・時間的》; an³ 《同上》; zu³ 《同上》; auf³ 《島・山・公開の場所など》/講堂において in unserem Hörsaal/この時代において in diesem Zeitalter/この箇所において an dieser Stelle/この時期において an diesem Zeitabschnitt/市場において auf dem Markt/神田において zu Kanda/ここにおいて hier; hierauf; darauf; nun 《今や》.

おいで おいで下さい Kommen Sie bitte zu mir!¦Besuchen Sie mich, bitte!/おいでをお待ちします Ich erwarte Sie.¦Sie sind [bei] mir (uns) willkommen. / お父さんはおいでですか Ist Ihr Vater zu Hause?/さあ, おいで Komm mal her!/よくおいで下さいました Es freut mich, Sie bei mir empfangen zu können. ¦Ihr Kommen freut mich sehr.

おいてきぼり 置いてきぼりにする schmählich verlassen* 《jn》; einsam und hilflos lassen* 《jn》; im Stich lassen* 《jn》; seinem Schicksal überlassen* 《jn》/置いてきぼりを食う schmählich verlassen werden; einsam und hilflos gelassen werden; im Stich gelassen werden; seinem Schicksal überlassen werden.

おいとま お暇 ⇨**いとま**.

おいはぎ 追剥 [人] Wegelag[e]rer *m.* –s, –; Straßenräuber *m.* –s, –; [行為] Wegelagerung *f.* –en; Straßenraub *m.* –[e]s, (まれに –e)/この山中には追剥がしきりに出る Wegelag[e]rer (Straßenräuber) treiben in den Bergen ihr Unwesen.

おいはらう 追い払う ⇨**おいちらす**.

おいぼれ 老耄れ Alters¦schwäche *f.* –n (–blödsinn *m.* –[e]s; –marasmus *m.* –); das Kindischwerden*, –s; die zweite Kind-

おいまくる heit; der Altersschwäche*, -n, -n《人》; der kindische Greis, -es, -e《人》/おいぼれる alters|schwach (-blödsinnig) werden; kindisch werden; in seiner zweiten Kindheit sein.

おいまくる 追い捲る energisch auseinander jagen⁴ (zerstreuen⁴; verfolgen³); in die wilde Flucht jagen³〔潰(☆)走させる〕.

おいまわす 追い回す nach|laufen*³ (-|folgen³)〔s〕; auf den Fuß〔Fuße〕 nach|gehen* (jm); auf Schritt und Tritt folgen³〔s〕; hartnäckig〔überallhin〕 verfolgen⁴/彼女を追い回している Er bleibt immer an ihr hängen./警察は犯人を追い回している Die Polizei ist hinter dem Täter her.

おいやる 追い遣る weg|treiben* (fort|-)〔od. -|schicken〕(jn).

おいらくのこい 老いらくの恋 die Liebe (-n) am Lebensabend; das späte Liebesfeuer, -s, -; Johannistrieb m. -〔e〕s, -e.

おいる 老いる altern〔s〕; alt〔weiß〕 werden; ergrauen〔s〕/老いて益々盛んである ⁴sich eines rüstigen Greisenalters erfreuen; trotz dem Alter immer noch rüstig bleiben*〔s〕.

オイル Öl n. -〔e〕s, -e ‖ オイル交換 Ölwechsel m. -s, - /オイルサーディン Ölsardine f. -n/オイルシルク Wachstaf〔f〕et m. -〔e〕s, -e/オイルタンク Ölbehälter m. -s, -/オイルフェンス Ölwand f. ¨e/オイルペーパー Ölpapier n. -s, -/サンオイル Sonnenöl.

おいわけ 追分け Scheide|weg〔Kreuz-〕m. -〔e〕s, -e; Gebelung f. -en;〔Wege〕kreuzung f. -en; Wegescheide f. -.

おう 王 ❶ König m. -〔e〕s, -e; Königin f. ...ginnen〔女王〕; Monarch m. -en, -en〔君主〕; Fürst m. -en, -en/小国の;比喩的には王者の意/花の王 die Königin der Blumen /百獣〔鳥〕の王 der König der Tiere〔Vögel〕/王にふさわしい königlich; fürstlich; majestätisch/王に属する der Könige gehörig; königlich.〔将棋の〕König m. -s, -e/王を詰める den König〔schach〕matt setzen〔machen〕/王手詰だ Schach und matt sein〔s〕. ❷〔...王〕-könig; -magnat m. -en, -en/鉱山王 Kohlenmagnat m. Minenkönig.

おう 追う ❶〔駆逐〕vertreiben*⁴; verjagen⁴; verscheuchen⁴; aus|weisen*⁴; aus|stoßen*⁴/職を追われる seines Amtes entheben werden/故国を追われた人々 die Heimatvertriebenen (pl). ❷〔家畜などを〕treiben*⁴/家畜を牧場に追う das Vieh auf die Wiese treiben*. ❸〔追いかける・従う〕folgen³〔s〕; nach|gehen*〔s〕; jagen⁽⁴⁾〔nach³, v.i.のとき h.s〕/順を追って nach der ³Reihe nach〕gehen*〕/日を追って von ³Tag zu ³Tag/跡を追う js ⁴Spur verfolgen⁴; js ⁴Spur folgen〔nach|gehen*〕〔s〕/快楽を追う Genuss jagen; dem Vergnügen nach|gehen*/仕事に追われる ⁴Arbeit gehetzt werden/彼女は常に流行を追っている Sie macht jede Mode mit.

おう 負う ❶〔担う〕tragen*⁴/重荷を背に負う eine schwere Bürde〔Last〕auf dem Rücken tragen*. ❷〔引き受ける〕auf ⁴sich nehmen*⁴; übernehmen⁴/義務を負う die Verpflichtung übernehmen*/責任は私が負います Ich übernehme die Verantwortung. ❸〔手傷を〕bekommen*⁴; er|leiden*⁴/重傷を負う schwer verwundet werden. ❹〔依る〕jm ⁴et verdanken⁴/私はすべてを父に負っている Ich habe alles meinem Vater zu verdanken.

おうい 王位 Thron m. -〔e〕s, -e; Herrscherstuhl m. -〔e〕s, ¨e/王位に登る den Thron besteigen*; auf den Thron steigen*〔kommen*〕〔s〕; gekrönt werden; ⁴sich krönen〔lassen*〕; zur Krone gelangen〔s〕/王位につける auf den Thron erheben*〔setzen〕(jn) /王位を争う um den Thron〔die Krone, den Herrscherstuhl〕streiten*/王位を継ぐ auf den Thron folgen (jm) erben/王位を奪う den Thron〔die Krone〕usurpieren an ⁴sich reißen*)/王位を譲る den Thron ab|treten*(jm); vom Thron steigen*〔s〕; dem Thron entsagen.

おういつ 横溢する überfüllt sein〔von³〕; über|laufen*〔s〕〔von³〕; übervoll sein〔von³〕; strotzen〔von³〕‖ 活気横溢 Lebensfülle f. -. (-flusses m. -ses)/活気横溢している voll von Leben sein; vom Lebenskraft strotzen.

おういん 押韻する das Reimen*, -s; Reimerei f. -en/押韻した gereimt/押韻する reimen⁴; in Reime bringen*⁴.

おうえん 応援〔Bei〕hilfe f. -n; Beistand m. -〔e〕s, ¨e; das Einspringen*, -s; Hilfeleistung f. -en; Unterstützung f. -en; Ermutigungszuruf m. -〔e〕s, -e〔声援〕; das Beifallklatschen〔s〕, -s, -〔拍手〕; Verstärkung f. -en〔援兵〕. —— 応援する bei|helfen*〔jm〕; bei|stehen*〔jm〕; ein|springen*〔s〕〔für jn〕; Hilfe leisten〔jm〕; ermutigend zu|rufen〔jm〕; Beifall klatschen〔geben*〕〔jm〕; verstärken⁴〔援兵を〕‖ 応援演説〔選挙の〕die Unterstützungsrede (-n) beim Wahlfeldzug/応援者 Beistehler m. -s, -/der Hilfeleistende*, -n, -n; Unterstützer m. -s, -/Ermutigungszurufer m. -s, -〔声援〕; das Beifallklatschen m. -s, -/応援団 eine Gruppe (-n) Beifallsrufer; die organisierten Beifallklatscher (pl)/応援団長 der Führer (-s, -) einer Gruppe Beifallrufer; der Anführer (-s, -) beim organisierten Beifallklatschen.

おうおう 往々 manchmal; mitunter; dann und wann; ab und zu;〔しばしば〕öfters; oft; häufig/そのようなことは往々にして起こりがちだ Das kommt leicht vor.

おうおう 怏々として楽しまず trostlos (untröstlich; unglücklich) sein.

おうか 欧化〔主義〕 Europäisierung f. -en; das Europäisieren*, -s/欧化する europäisieren⁴.

おうか 謳歌する verherrlichen⁴; bis in den Himmel preisen*⁴; ein Loblied singen*; lob|preisen*⁴; lob|singen*⁴〔jm〕; mit Lob überschütten⁴.

おうが 横臥する längelang (der Länge nach) liegen*; flach liegen*.

おうかく 凹角 der einspringende Winkel, -s, -.

おうかくまく 横隔膜 〖解〗Zwerchfell n. -(e)s, -e; Diaphragma n. -s, ..men.

おうかん 王冠 Krone f. -n; Diadem n. -s, -e.

おうぎ 扇 (Falt)fächer m. -s, -/扇の骨 Fächerstäbchen n. -s, -/扇形の fächer|artig (-förmig)/扇を使う mit dem Fächer wedeln.

おうきゅう 応急 Not-; (Aus)hilfs-; Behelfs-; Versuchs- ‖ 応急修理 die zeitweilige Reparatur, n. -s, -/応急策 m. -(e)s, -e/応急手段 (Not)behelf m. -(e)s, -e; das provisorische Mittel, -s, -; Provisorium n. -s, ..rien; Interimlösung f. -en/応急手当 die erste Hilfe; die behelfsmäßige Behandlung, -en; Notverband m. -(e)s, =e 《仮包帯》.

おうぎょく 黄玉 〖鉱〗Topas m. -es, -e.

おうけん 王権 die königliche (Ober)gewalt (Oberhoheit); die königlichen Rechte (pl); Königtum n. -s; Königs|würde (-privileg(ium)) n. -s).

おうこう 王侯 die Könige (pl); Herzöge (pl); Fürsten (pl); die Fürstlichkeiten (pl) ‖ 王侯貴族 die Personen (pl) von königlichem und adligem Geblüt[e]; die im Purpur Geborenen* (pl).

おうこう 横行する ❶ einher|schreiten* (-l-stelzen; -lstolzen; -lstolzieren; -lstrampfen) ⓈⒼ; pomphaft auf|treten* ⓈⒼ. ❷ [賊などが] sein Unwesen treiben*; Verheerungen (pl) an|richten.

おうこく 王国 Königreich n. -(e)s, -e; Monarchie f. -, -en (君主国).

おうごん 黄金 Gold n. -(e)s, -; Geld n. -(e)s, -er; Mammon m. -s, - ‖ 黄金の golden; gold(e)ne Kalb, -(e)s ‖ 黄金時代 das gold[e]ne Zeitalter, -s, -/黄金崇拝 Mammonsdienst m. -(e)s, -e; Geldanbetung f. -en/黄金政策 Bestechungs|politik (Korruptions-) f. -en/黄金万能主義 Mammonismus m. -/黄金の舞 der Tanz (-es, =e) ums Gold|eine Kalb.

おうざ 王座 Thron m. -(e)s, -e/王座につく den Thron besteigen*/王座を占める den ersten Platz ein|nehmen*.

おうし 横死 ein unnatürlicher (gewaltsamer) Tod, -(e)s/横死を遂げる eines gewaltsamen Todes sterben* ⓈⒼ; um|kommen* ⓈⒼ.

おうし 牡牛座 〖天〗Stier m. -(e)s, -e.

おうじ 皇子, 王子 der kaiserliche (königliche) Prinz, -en, -en.

おうじ 往時 die vergangenen Zeiten (Tage) (pl)/往時を語る von längst vergangenen Zeiten (Tagen) erzählen/往時を偲ぶ 〈an〉sich an vergangene Zeiten (Tage) zurück|erinnern.

おうしかん 欧氏管 〖解〗Eustachische Röhre, -n.

おうしつ 王室 die königliche Familie, -n.

おうじて 応じて ⇨おうしる.

おうじゃ 王者 König m. -s, -e.

おうしゅう 欧州 Europa n. -s/欧州の europäisch ‖ 欧州議会 das Europäische Parlament, -(e)s/欧州共同体 Europäische Gemeinschaft/欧州経済共同体 Europäische Wirtschaftsgemeinschaft/欧州原子力共同体 Euratom f. 《Europäische Atom[energie]gemeinschaft の略》/欧州人 Europäer m. -s, -/欧州石炭鉄鋼共同体 Montanunion f./欧州復興計画 《マーシャルプラン》 Europäisches Wiederaufbauprogramm, -s/欧州防衛共同体 Europäische Verteidigungsgemeinschaft/欧州列強 die europäischen Mächte (pl)/欧州連合 die Europäische Union. ⇨ヨーロッパ.

おうしゅう 応酬 Beantwortung f. -en; Erwiderung f. -en; Entgegnung f. -en; Antwort f. -en 《答》. — 応酬する antworten 〈auf⁴〉; beantworten⁴; erwidern⁴; entgegnen 〈auf⁴〉.

おうしゅう 押収 Beschlagnahme f. -n/押収する beschlagnahmen⁴ (p.p. ..nahmt); Beschlag legen 〈auf⁴〉; mit ³Beschlag belegen⁴.

おうじょ 皇女, 王女 die kaiserliche (königliche) Prinzessin, -innen.

おうしょう 応召する dem Gestellungsbefehl ⁴Folge leisten; zum Militärdienst einge-zogen werden ⒼⓈ ‖ 応召兵 ein durch ⁴Gestellungsbefehl eingezogener Soldat, -en, -en.

おうしょう 王将 König m. -s, -e 《将棋の》.

おうじょう 往生する ❶ 《死ぬ》 das Zeitliche segnen; im Herrn entschlafen* ⓈⒼ; in ein besseres Dasein abberufen werden/大往生を遂げる seelenruhig aus dem Leben (der Welt) scheiden* ⓈⒼ. ❷ 《屈服》 nach|geben*³; ⁴sich beugen 〈vor³〉; ⁴sich ducken 〈vor³〉; ⁴sich fügen; ⁴sich unterwerfen*³; unterliegen*³/往生させる zur Unterwerfung überreden 〈jn〉; mit Worten zum Nachgeben zwingen* 〈jn〉. ❸ 《困り》 in ⁴Verlegenheit (in die Enge) getrieben werden; nicht ein noch aus wissen*; weder hin noch her wissen*; ³sich keinen Rat wissen*; ³sich nicht mehr zu raten und zu helfen wissen*/実に往生した Ich war mit meinem Latein zu Ende. ‖ 往生際 das Verhalten (-s, -), dem Tod[e] ins Angesicht zu schauen.

おうしょく 黄色人種 die gelbe Rasse.

おうじる 応じる ❶ 《応答・受諾》 antworten 〈auf⁴〉; erwidern⁴; an|nehmen*⁴ 《受諾する》/挑戦に応じる eine Herausforderung an|nehmen*/質問に応じる auf eine Frage antworten; eine ⁴Frage beantworten*/招待に応じる einer Einladung folgen; eine Einladung an|nehmen*. ❷ 《相応》 entsprechen*³/ ...に応じて entsprechend³; gemäß³; nach³/身分に応じた暮らし ein standesgemäßer Unterhalt, -(e)s/気候に応じた服装を着る die dem Klima entsprechende ⁴Kleidung tragen*.

おうしん 往診 Kranken|besuch m. -(e)s, -e (-visite f. -n). — 往診する einen Kranken besuchen. ‖ 往診時間 Krankenbesuchs-

おうすい ‖zeit f. -en/往診料 das Honorar (-s, -e) für Krankenvisite.

おうすい 王水《化》Königswasser n. -s.

おうずる 応ずる ⇨おうじる.

おうせ 逢瀬を楽しむ ein Rendevous genießen*.

おうせい 王政 Monarchie f. -n ‖ 王政復古 Restauration f. -en.

おうせつ 応接 Empfang m. -[e]s, ⸚e; Audienz f. -en (謁見)/Interview m. -s (会見) ‖ 応接時間 Empfangszeit f. -en; Sprechstunde f. -n (医者・教授の)/応接日 Empfangstag m. -[e]s, ⸚e/応接間 Empfangszimmer n. -s, -; Gesellschaftsraum m. -[e]s, ⸚e.

おうせん 横線 eine horizontale Linie, -n ‖ 横線小切手 ein gekreuzter Scheck, -s, -s; Verrechnungsscheck m. -s, -s.

おうせん 応戦する das Feuer erwidern.

おうぞく 王族 die königliche Familie.

おうだ 殴打 Tätlichkeit f. -en; die tätliche Beleidigung, -en; Schlag m. -[e]s, ⸚e/殴打する tätlich werden (gegen jn); tätlich beleidigen (jn); schlagen* (jn).

おうたい 応対 Empfang m. -[e]s, ⸚e; Behandlung f. -en (待遇)/ひどい応対を受ける schlecht (gemein) behandelt werden/応対する empfangen*⁴(jn).

おうたい 横隊 Linie f. -n/横隊に[で] in ³Linie formieren.

おうたいホルモン 黄体ホルモン Gelbkörperhormon (Corpus-leuteum-Hormon) n. -s, -e; Progesteron n. -s.

おうだん 黄疸 Gelbsucht f.; Ikterus m. -.

おうだん 横断 Überquerung f. -en; das Über|queren (Durch-), -s; [Durch]kreuzung f. -en; das Durch|queren⁴, -s; -- 横断する überqueren⁴; durchqueren⁴; durchkreuzen⁴; durchschneiden⁴; durchfahren*⁴; durchreisen⁴ ‖ 横断歩道 Zebrastreifen m. -s, -; [Fußgänger]übergang m. -[e]s, ⸚e/横断面 Quer|schnitt (Durch-; Kreuz-) m. -[e]s, -e/太平洋横断飛行 der transpazifische Flug, -[e]s, ⸚e/大陸横断鉄道 die transkontinentale Eisenbahn, -en.

おうちゃく 横着 ❶ [怠慢・ずるいこと] Pflichtvergessenheit f. -en (-versäumnis, -nisse, -nisse); Indolenz f.; Lässigkeit f. -en; Trägheit f. -/横着をする ⁴es mit seiner Pflicht nicht genau nehmen/auf der faulen Haut liegen*; ³sich kein Bein aus|reißen*. ❷ [厚顔] Unverschämtheit f. -en; Unverfrorenheit f. -en; Schamlosigkeit f. -en. -- 横着な ❶ [怠慢・ずるい] pflichtvergessen; indolent; lässig; träg[e]. ❷ [厚顔] unverschämt; unverfroren; schamlos.

おうちょう 王朝 Dynastie f. -n.

おうて 王手 Schach n. -s/王手を差す dem König Schach bieten* (geben*).

おうと 嘔吐 das Erbrechen* (Kotzen), -s/嘔吐を催す Ekel haben (vor³)/嘔吐を催すような ekelhaft. -- 嘔吐する ⁴sich erbrechen*; ⁴sich übergeben*; kotzen. ‖ 嘔吐

剤 Brechmittel n. -s, -.

おうど 黄土 der [gelbe] Ocker, -s, -.

おうとう 応答 Antwort f. -en; Erwiderung f. -en ‖ 質疑応答 Fragen und Antworten (pl).

おうどう 王道 die gerechte Herrschaft; die Herrschaft des Gerechten/学問に王道なし In den Wissenschaften gibt es keinen mühelosen Weg zum Erfolg.

おうどうこう 黄銅鉱 Kupferkies m. -es; Chalkopyrit m. -s.

おうとつ 凹凸 Unebenheit f. -en/凹凸のある uneben/凹凸のある道 eine unebene Straße, -n; ein holperiger Weg, -[e]s, -e.

おうねん 往年 vergangene Jahre (pl); frühere Zeiten (pl)/彼には往年の元気が見られない Ich vermisse bei ihm seine frühere Energie.

おうのう 懊悩 Herzeleid n. -[e]s; Seelenschmerz m. -es, -en; Qual f. -en/懊悩する ⇨もだえる.

おうひ 王妃 Königin f. -, -ginnen.

おうふく 往復 Hin- und Herweg (Hin- und Rückweg) m. -[e]s, -e ((-weg の代わりに) -fahrt f. -en, -reise f. -n, -flug m. -[e]s, ⸚e); das Hin und her (zurück)/手紙の往復 Brief|wechsel m. -s, - (-verkehr m. -s)/ボン往復一枚下さい Bitte einmal Bonn hin und zurück!/事務所への往復に三時間かかる Zu meinem Büro brauche ich hin und zurück drei Stunden. -- 往復する hin- und her|gehen* [s] (od. -|fahren* [s]; -|fliegen* [s] -|reisen [s]; regelmäßig verkehren. ‖ 往復切符 Rückfahrkarte f. -n/往復葉書 die Postkarte (-n) mit Rückantwort/往復郵便 Hin- und Herflug (Hin- und Rückflug) m. -[e]s, ⸚e/定時往復 der fahrplanmäßige (regelmäßige) Verkehr, -s.

おうぶん 欧文 die europäische Schrift, -en; der europäische Text, -es, -e.

おうぶん 応分の entsprechend; angemessen; gebührend; passend; schicklich; dem Anstand (den Verhältnissen; dem Vermögen) entsprechend/応分の力を添え 安当なる助けをする (jm); auf angemessene (in angemessener) Weise bei|stehen* (jm).

おうへい 横柄な hochmütig; anmaßend; arrogant; dünkelhaft; herrisch; überheblich/横柄に振舞う ⁴sich hochmütig benehmen; den Herrn spielen.

おうべい 欧米 Europa und Amerika, des- und -/欧米の europäisch und amerikanisch; okzidental ‖ 欧米人 die Europäer und die Amerikaner (pl); die Okzidentalen (pl)/欧米漫遊 die Tour (-en) durch ⁴Europa und ⁴Amerika.

おうぼ 応募 Bewerbung f. -en 〈志願・申込〉; Subskription f. -en 〈株式などの〉; Zeichnung f. -en. -- ...に応募する ⁴sich bewerben* (um⁴); subskribieren⁴ 〈公債などに〉/公債に応募する eine Anleihe zeichnen. ‖ 応募額 die gezeichnete (subskribierte) [Gesamt]summe/応募資本 das ge-

おうほう 応報 Vergeltung *f.* -en; Nemesis *f.*; Schicksalsstrafe *f.* -n. ⇨いんが(因果).

おうほう 横暴 Eigenmächtigkeit *f.* -en; Faustrecht *n.* -[e]s; das Recht ([-(e)s, -e) des Stärkeren; Selbstherrlichkeit *f.* /横暴を極める Eigenmächtigkeit (Selbstherrlichkeit) bis zum Äußersten treiben*; Faustrecht (das Recht des Stärkeren) in höchstem Maße geltend machen/横暴な限りを極めた男だ Seine Herrschsucht kennt keine Grenzen. ―― 横暴な eigenmächtig; Faustrecht (das Recht des Stärkeren) geltend machend; selbstherrlich.

おうま 牡馬 Hengst *m.* -es, -e; Wallach *m.* -[e]s (-[e]s, -e) (去勢した).

おうむ 鸚鵡【鳥】Papagei *m.* -en, -en; Kakadu *m.* -s, -s.

おうむがい おうむ貝 Nautilus *m.* -, - (..lusse).

おうめん 凹面の konkav ‖ 凹面鏡 Hohlspiegel *m.* -s, -; der konkave Spiegel, -s, -/凹面レンズ Hohllinse *f.* -n.

おうよう 応用 [praktische] Anwendung, -en; Nutzanwendung. ―― 応用する an|wenden[(*)4] 《*auf*[4]》/学問を実地に応用する eine Wissenschaft auf die Praxis an|wenden[(*)]. ‖ 応用化学 die angewandte Chemie/応用問題 eine angewandte Aufgabe, -n (自然科学関係); eine unvorbereitete Aufgabe.

おうよう 鷹揚な großmütig; weitherzig; großmütig [gesinnt]; ruhig (落ち着いた)/鷹揚に構える [sich] wichtig machen (気どる); [sich] großtun*/彼はお金に割合鷹揚だ Er knausert nicht so sehr mit seinem Geld.

おうらい 往来 ❶〔行き来〕Verkehr *m.* -s/ここは往来が激しい Hier herrscht starker (lebhafter) Verkehr. ❷〔交際〕Verkehr. ❸〔道路〕Straße *f.* -n; Weg *m.* -[e]s (-[e]s, -e)/往来に面している an der Straße liegen*; auf der Straße gehen* 图. ―― 往来する ❶〔行き来〕verkehren; gehen* und kommen* 图. ❷〔交際〕verkehren 《*mit*[3]》.

おうりょう 横領 Unterschlagung *f.* -en; Veruntreuung *f.* -en/横領する unterschlagen[*4]; veruntreuen[4] ‖ 横領罪 Unterschlagung.

おうりょくしょく 黄緑色の gelbgrün.

おうりん 黄燐 gelber (weißer) Phosphor, -s.

おうレンズ 凹レンズ Hohllinse *f.* -n.

おうろ 往路 Hinweg *m.* -[e]s, -e.

おえらがた お偉方〔いわゆる名士〕Honoratioren *m.* -n, -; Notabeln *f.* -n; Prominenz *f.* -; Größe *f.* -n; Parteigröße *f.* -n 《政党》; große Herren (*pl*), die ...., die in der Regierung und in den obersten Behörden sitzen* 《政府官庁の》; Autorität *f.* -en 《権威》.

おえる 終える beend[ig]en*[4]; erledigen[4]; fertig stellen[4]; zu Ende bringen*[4]/学校を卒える eine Schule absolvieren (durch|machen).

おお o! | oh! ⇨あ.

おおあじ 大味な [味] fade; labberig; ungewürzt; wäss[e]rig; [性格] langweilig; geistlos; hausbacken.

おおあせ 大汗をかく [wie] in Schweiß gebadet sein; von Schweiß triefen*[*].

おおあたり 大当たり Bombenerfolg *m.* -[e]s, -e; der große Erfolg; das große Glück, -[e]s, -e; der große Schlager, -s, - 《書物・流行歌など》; der große Treffer, -s, - 《劇・くじなど》/大当たりを取る einen Bombenerfolg (großen Erfolg) haben (erzielen); ein großer Schlager (Treffer) sein; [*es] zum Bombenerfolg bringen*; ein|schlagen*.

おおあな 大穴 ❶ Schlagloch *n.* -[e]s, ⸚er. ❷〔欠損〕eine große Lücke, -n; ein großer Riss, -es, -e (Verlust, -[e]s, -e)/競馬で大穴をあける beim [Pferde]rennen einen großen Verlust erleiden*/財布に大穴があいた Das hat in meine Brieftasche einen großen Riss gemacht.

おおあめ 大雨 ⇨あめ(雨)/昨日はたいへんな大雨であった Gestern hat es [wie mit Mollen; wie mit Kübeln] gegossen. | Der Himmel öffnete gestern seine Schleusen.

おおあらし 大嵐 der heftige (furchtbare, schwere) Sturm, -[e]s, ⸚e (Sturmwind, -[e]s, -e); Sturmgebraus[e] *n.* ..ses; Regen|sturm (Gewitter-).

おおあれ 大荒れ ⇨おおあらし.

おおい 覆い Decke *f.* -n; Bedeckung *f.* -en; Überzug *m.* -[e]s, ⸚e/覆いをする [be]decken[4]; überziehen*[4] 《*mit*[3]》.

おおい 多い viel 《数・量》; zahlreich 《数》; eine Menge (eine Fülle) 《*von*[3]》 数・量》; groß; stark; häufig (度数)/...より多い mehr als .../...する者が多い Es gibt viele [Menschen], die ..../アメリカには石油が多い Amerika ist reich an Öl. | In Amerika kommt reichlich Öl vor./多い程よい Je mehr, desto besser.

おおい hallo! | hedal! | he [halt]! | ho! | ahoi! 《船を呼ぶ声》| Hol über! 《対岸で船を呼ぶ声》.

おおいそぎ 大急ぎ die große Eile (Hast)/大急ぎで in großer Eile (Hast); hastig; gehetzt; gejagt; *Hals über [Kopf/大急ぎで逃げる die Beine unter die Arme (in die Hand) nehmen*; den Weg unter die Füße (zwischen die Beine) nehmen*.

おおい 大いに sehr; ansehnlich; beachtlich; beträchtlich; höchlich; viel; weidlich; wesentlich/大いに勉強する viel arbeiten/大いに増える um ein bedeutendes zu|nehmen*.

おおいばり 大威張りで mit großem Stolz; emporgehobenen (erhobenen) Hauptes (Kopfes); hochgemut; triumphierend (勝ち誇って); mit wichtigtuender Miene (尊大).

おおいり 大入り das volle Haus, -es; der große Andrang (Zudrang; Zulauf; Zustrom), -[e]s; das große Gedränge, -s/大入りをとる ein großes Publikum heran|zie-

おおう 覆う, 蔽う, 掩う bedecken*⁴; [ein]hüllen*⁴ 〔包む〕; verschleiern*⁴ 〔ベールで〕; verdecken*⁴ 〔隠す〕; verhüllen*⁴ 〔同上〕; [be]schützen*⁴ 〔庇う〕/顔を両手で蔽う das Gesicht mit den Händen bedecken/罪を蔽い隠す die Schuld verdecken/雪(氷)で蔽われている мір ³Schnee (Eis) bedeckt sein/谷は霧に蔽われている Das Tal ist in Nebel eingehüllt.

おおうけ 大受けである beifällig (begeistert) aufgenommen werden; [großen] Beifall finden* (ernten); große Popularität genießen*.

おおうそ 大嘘 eine grobe (glatte; reine) Lüge, -n.

おおうつし 大写し Groß|aufnahme (Nah-) f. -n.

おおうなばら 大海原 das weit ausgedehnte Meer, -[e]s, -e; Ozean m. -s, -e.

おおうりだし 大売出し ein großer Ausverkauf, -[e]s, ¨e‖夏(冬)物一掃大売出し Sommerschlussverkauf (Winterschlussverkauf) m. -[e]s, ¨e.

おおおく 大奥 der innere Palast, -es, ¨e.

おおおじ 大伯(叔)父 Großonkel m. -s, -.

おおおとこ 大男 ein großer Mann, -[e]s, ¨er; Riese m. -n, -n/大男総身に知恵が回りかね Ein großer Mann hat manchmal ein kleines Gehirn.

おおおば 大伯(叔)母 Großtante f. -n.

おおがかり 大がかりの großangelegt; von großem Maßstab; Riesen-/大がかりな舞台装置 die großartige Bühnen|anlage, -n 《舞台全体》-dekoration f. -en (舞台の).

おおかぜ 大風 der starke (heftige) Wind, -[e]s, -e; Sturmwind m. -[e]s, -e; Windsturm m. -[e]s, ¨e.

おおかた 大方 ❶ 〔大部分〕 größtenteils; zum größten Teil; hauptsächlich; der Hauptsache nach; meistens; im Groben 〔あらまし〕. ❷ 〔たぶん〕 wahrscheinlich; möglicherweise; vermutlich; vielleicht; wohl; dem Anschein nach 〔見たところ〕. ❸ 〔世間の人々〕 Publikum n. -s, -; Allgemeinheit f.; Öffentlichkeit f.; 大方の賛助を得て unter der Zustimmung weiter Kreise.

おおがた 大型 das große Format, -[e]s, -e/大型の von großem Format/大型の人物 ein Mann (m. -[e]s, ¨er) von großem Kaliber.

おおがねもち 大金持ち der steinreiche Mensch, -en, -en; Millionär m. -s, -e 〔百万者〕; Multimillionär m. -s, -e 〔千万者〕; Milliardär m. -s, -e; Billionär m. -s, -e 〔億万長者〕; Krösus m. -; -susse.

おおかみ 狼 Wolf m. -[e]s, ¨e.

おおがら 大柄 の ❶ 〔模様の〕 großgemustert. ❷ 〔体格の〕 von großem Wuchs von großer Gestalt (Statur); hoch gewachsen (hochgewachsen).

おおかれ 多かれ少かれ mehr oder weniger (minder)/それは多かれ少なかれあなたの得となります Das wird Ihnen mehr oder weniger (minder) nutzen (nützen).

おおきい 大きい ❶ groß. ❷ 〔偉大〕 groß; gewaltig; mächtig. ❸ 〔巨大・莫大〕 riesig; riesen|artig (-groß; -haft); enorm; gigantisch; immens; ungeheuer. ❹ 〔かさばる〕 massig; umfangreich; voluminös. ❺ 〔音の〕 laut. ❻ 〔激しい〕 heftig; schwer. ❼ 〔どっしりした〕 dick. ── 大きく im großen Maßstab; im Großen. ⇒おおさに. ── 大きくなる groß (größer) werden; an ³Größe zu|nehmen*; *sich vergrößern; vergrößert werden; *[大きく成長する] auf|wachsen* [s]; in die Höhe wachsen* [s]; 〔重大化する〕 ernst er werden; eine ernste Wendung nehme*. ── 大きくする groß (größer) machen*⁴; vergrößern*⁴ 〔拡大〕; aus|dehnen*⁴ 〔拡張〕; erweitern*⁴ 〔膨張〕; vermehren*⁴ 〔増加〕; auf|wachsen lassen*⁴ 〔成長〕.

おおきさ 大きさ Größe f. -n; Umfang m. -[e]s, 〔¨e〕; Ausdehnung f. -en〔広がり〕/大きさに従って je nach der Größe/大きさが同じである dieselbe Größe haben; von derselben Größe sein; in Bezug auf die Größe gleich sein 《mit³》/大きさが違う verschiedene Größe haben; von verschiedener Größe sein; in Bezug auf die Größe verschieden sein 《von³》/...ぐらいの大きさである ungefähr so groß sein wie ...; etwa die gleiche Größe haben wie ....

おおきな 大きな ⇒おおきい.

オーきゃく O脚 die O-Beine 《pl》/O脚 O-beinig; säbelbeinig.

おおぎり 大切り die letzte Szene, -n; Nachspiel n. -[e]s, -e; Ende n. -s, -n.

おおく 多く(は) meist(ens); am meisten; meistenteils; zumeist; größtenteils; zum größten Teil; im Großen [und Ganzen]; in der Regel; in der Mehrzahl der Fälle/多くの viele 〔数〕; viel 〔量〕; eine Men|ge (Anzahl; Reihe; Unzahl) 《von³》; zahlreich (-los) 〔数〕; un|zählig (-zählbar); das meiste 〔過半〕/家の多くは崩壊した Die meisten Häuser sind eingestürzt./多くとも höchstens; im äußersten Fall[e].

おおぐい 大食い ⇒たいしょく(大食).

オークション Auktion f. -en; Versteigerung f. -en.

おおぐち 大口 ❶ der große (offene; weit aufgerissene) Mund, -[e]s, ¨e(=e(r))/大口を開いて mit weit aufgerissenem (offenem) Mund(e)/大口をたたく ein großes Maul haben. ❷ 〔多額〕 die große Menge (Quantität; Summe)/大口の注文 die große Bestellung, -en; Engrosbestellung/大口の寄付 die reiche Spende, -n.

おおぐまざ 大熊座 〔天〕der Große Bär, -en; Ursa Major.

おおくら 大蔵省 Finanzministerium n. -s,

おおけ 126 **オーナー**

..rien; Schatzkammer f. -n《イギリスの》/大蔵大臣 Finanzminister (Schatz-) m. -. Schatzkanzler m. -s, -.《イギリスの》. ⇨さいむ《財務省》

おおけ 王家 die königliche Familie, -n.

オーケー alles in Ordnung; prima in Ordnung!; ganz richtig!; ganz einverstanden!/オーケーと言う an|erkennen*⁴ ◆ 非分離に用いるのはやや破格; billigen⁴; für gut befinden*⁴; auf|heißen*⁴.

おおげさ 大袈裟な übertrieben; exorbitant; maßlos; übermäßig/おおげさな話 Großsprecherei f. -en; Angeberei f. -en; Aufschneiderei f. -en/おおげさなことを言う an|geben*; auf|schneiden*/おおげさに吹聴する eine übertriebene Reklame machen《mit³》.

オーケストラ Orchester n. -s, ‖ オーケストラボックス Orchesterraum m. -[e]s, ⸚e.

おおごえ 大声 die laute (stark; erhobene) Stimme, -n/大声で laut; mit lauter (großer; erhobener) Stimme/そんなに大声を出さなくてもよい Sie brauchen gar nicht so laut zu sprechen.Wozu die erhobene Stimme?

おおごしょ 大御所 Magnat m. -en, -en; die hohe Tier, -[e]s, -e; die große Autorität, -en/文壇の大御所 Dichterfürst m. -en, -en.

おおごと 大事 Ernst m. -es; die todernste Angelegenheit, -en; Notstand m. -[e]s, ⸚e/これは大事だ Damit ist gar nicht zu spaßen.

おおざけ 大酒を飲む unmäßig trinken*; saufen*‖ おおざけのみ Säufer m. -s, -.

おおざっぱ 大ざっぱ ⇨ **おおまか**.

おおさわぎ 大騒ぎ eine große Aufregung, -en《心配》/学校中が大騒ぎになる》. Die ganze Schule geriet in große Aufruhr. /彼女はつまらぬことに大騒ぎをする Sie macht von Kleinigkeiten viel Aufhebens. Sie macht um (wegen) Kleinigkeiten ein Theater.

おおしい 雄々しい männlich; mannhaft; viril.

おおしお 大潮 Springflut f. (-hochwasser n. -s).

おおじか 大鹿《動》Elch m. (n.) -[e]s, -e; Elen m. (n.) -s, -; Elentier n. -s, -e.

おおしかけ 大仕掛けの[で] großangelegt; in großem Maß[stab]; von großem Format (Kaliber).

おおじぬし 大地主 Großgrundbesitzer m. -s, -.

オーストラリア Australien n. -s/オーストラリアの australisch ‖ オーストラリア人 Australier m. -s, -; Australierin f. ..rinnen《女》.

オーストリア Österreich n. -s/オーストリアの österreichisch ‖ オーストリア人 Österreicher m. -s, -; Österreicherin f. ..rinnen《女》.

おおせ 仰せに従い auf js ⁴Geheiß [Befehl; Anweisung]/[まったくの]仰せの通りです Sie haben [vollkommen] recht.

おおぜい 大勢で in großer ³Menge (Anzahl)/大勢の viel; zahlreich/大勢の人々 viele (zahlreiche) Menschen《pl》; eine große Anzahl von ³Menschen/大勢の家族 eine zahlreiche Familie, -n.

おおそうじ 大掃除 Großreinemachen n. -s.

オーソドックス オーソドックスな orthodox.

おおぞら 大空 Himmel m. -s, -; Himmelsgewölbe n. -s, -; Firmament n. -[e]s, -e/大空に am Himmel.

オーソリティー Autorität f. -en.

オーダーメード nach Maß angefertigt (gemacht). ⇨ **ちゅうもん**.

おおだてもの 大立物 Hauptperson f. -en (-persönlichkeit f. -en); das hohe Tier, -[e]s, -e; die tragende Figur, -en; Große f. -n; Löwe m. -n, -n; Stern m. -[e]s, -e;《映画界の》Star m. -s, -s; Diva f. -s (..ven)《女》;《政界の》der Löwe der politischen Kreise.

おおぴら 大っぴらに öffentlich; allbekannt; vor aller Augen (Welt); coram publico / おおっぴらに出歩く Ich darf nicht am helllichten Tag[e] ausgehen.

おおづめ 大詰め Schlussakt m. -[e]s, -e《終幕》; Schlussszene f. -n《最終場面》; Katastrophe f. -n《悲劇の》/大詰めに近づくdem Ende entgegen|gehen*⒮.

おおで 大手を広げて mit ausgestreckten (offenen) Armen; die Arme weit ausstreckend/大手を振って voller Stolz; siegesfroh; triumphierend; in ³Triumph.

オーディオ オーディオビジュアルな audiovisuell.

オーディション オーディションを受ける vor|spielen; vor|sprechen*; vor|singen*《歌》; vor|tanzen《踊り》.

おおでき 大出来 Bombenerfolg m. -[e]s, -e; das großartige Ergebnis, ..nisse, -/大出来, 大出来 Bravo! ; Sehr gut gemacht! ; Recht so!

オーデコロン Kölnischwasser n. -s.

おおてすじ 大手筋 ein großer (führender) Spekulant, -en, -en.

おおどうぐ 大道具［芝居の］Bühnenausstattung f. -en (-gerät n. -[e]s, -e); Utensilien 《pl》‖ 大道具方 Kulissenschieber m. -s, -.

おおどおり 大通り Hauptstraße f. -n; Allee f. -n《並木のある》; Chausee f. -n《田舎の》; die breite Straße.

オートクチュール Haute Couture f. -.

オードトワレ Toilettenwasser n. -, ⸚.

オートバイ Motorrad n. -[e]s, ⸚er.

オードブル Vorspeise f. -n; Hors d'œuvre n. -s, -s.

オートマチック Automatik f. -en/オートマチックの automatisch.

オートミール Haferflocken《pl》(-grütze f. -n)‖ オートミール粥 Haferflocken breim. -[e]s, -e.

オートメーション Automation f. -en ‖ オートメーション時代 das Zeitalter 《-s》der Automation.

オートレース Autorennen n. -s, -《自動車の》; Motorradrennen n. -s, -《オートバイの》.

オーナー Besitzer m. -s, -; Eigentümer m. -s, -‖ オーナードライバー Herrenfahrer m. -s, -.

おおなた 大鉈 ein großes Beil, -[e]s, -e/予算緊縮の大鉈を振う das Budget (den Etat) drastisch kürzen.

おおなみ 大波 Woge f. -n; große Welle, -n ‖ 大波小波 große und kleine Wellen.

オーバー オーバー[コート] Mantel m. -s, -; Überzieher m. -s, -/毛皮のオーバー Pelzüberzieher (-mantel).

オーバーオール Overall m. -s, -s.

オーバーシューズ Überschuh m. -[e]s, -e; Galoshe f. -n.

オーバーブッキング Überbuchung f. -en.

オーバーホール Überholung f. -en/オーバーホールする überholen⁴; prüfen⁴.

オーバーラップ [映画・テレビ] Überblenden n. -s; Überschneidung f. -en; [工] Überlappung f. -en/オーバーラップする überblenden⁴ (…させる); ⁴sich überschneiden* (mit³); [工] überlappen⁴.

オーバーローン [経] Kapitalüberziehung f. -en; Überziehungskredit m. -s.

オーバーワーク Überarbeit f. -en; Überstunde f. -n 《超過勤務》.

おおばか 大馬鹿 Erzdummkopf m. -[e]s, ⸚e -(narr m. -en, -en); ein Narr (m. -en, -en) von Format.

おおばこ [植] Wegerich m. -[e]s, -e.

おおはずれ 大外れ ❶ [失敗] der vollständige Missgriff (Fehl-), -[e]s, -e; das totale (absolute) Versagen, -s, -. ❷ [錯誤] der grobe Fehler, -s, -; Kardinalfehler m. -s, -/大外れた Du bist völlig auf (auf völlig) falscher Fährte. Da hast du weit am Ziel vorbeigeschossen.

おおはば 大幅の bedeutend; ansehnlich; beachtlich; wesentlich/大幅に in bedeutendem Maß[e]; um vieles/大幅の値下り(値上り)die bedeutende Preissenkung, -en (-steigerung, -en) ‖ 大幅削減 die drastische Verkürzung, -en.

おおばらい 大祓 die halbjährigen Shinto-Riten der Teufelsbannung (Geisterbeschwörung).

おおばん 大判 Großformat n. -[e]s, -e; Folioformat 《紙》.

オービー die Alten Herren (pl) 《略:A.H.》/東大 OB 対京大 OB サッカー戦 das Fußballspiel f. -[e]s, -e/-[e]s, -e der Universität Tokyo gegen die A.H. der Universität Kyoto.

おおびけ 大引け [取引所の]Börsen]schluss m. -es, ⸚e 《取引所の》.

おおひろま 大広間 der [große] Saal, -[e]s, Säle; die [große] Halle, -n.

おおぶね 大船 ‖ 大船に乗った気になる fühlen wie in Abrahams Schoß sitzen* (ruhen; schlafen*).

おおぶり 大降り Regenguss m. -es, ⸚e.

おおぶろしき 大風呂敷 ❶ ein großes Einwick[e]ltuch (Einschlag-), -[e]s, -e. ❷ [誇張] Aufschneiderei f. -en; Angeberei f. -en; Prahlerei f. -en; Tamtam n. -s/大風呂敷を広げる das große Wort führen; die Farben stark auf[tragen]*.

オーブン Backofen m. -s, ⸚.

オープン オープンアカウント laufende Rechnung, -en; Kontokorrentrechnung f. -en/オープンな in offener Wagen, -s, -/オープンマーケット Offenmarkt m. -[e]s, ⸚e.

オーボエ Oboe f. -n ‖ オーボエ奏者 Oboist m. -en, -en.

おおまか 大まかな ❶ [大ざっぱ] flüchtig; annähernd; ungefähr; ungenau/大まかに見積もる in Bausch und Bogen veranschlagen⁴ (veranschlagte, veranschlagt). ❷ [鷹揚な] freigebig; gebefreudig; generös; nicht knauserig; spendabel/彼は金銭には大まかだ In pekuniärer Hinsicht hat er eine offene Hand. Er ist keine knauserige Seele.

おおまけ 大負け ❶ [値段の] die drastische (große, starke) [Preis]ermäßigung, -en; der drastische (große, starke) [Preis]nachlass, -es, -e (⸚e) (Abzug, -[e]s, ⸚e); Rabatt m. -[e]s, -e. ❷ [敗北] die schwere Niederlage, -n; die vollständige (gänzliche; vernichtende) Niederlage 《完敗》.

おおまた 大股 der weite Schritt, weitausgreifende Schritt, -[e]s, -e/大股に歩く mit weiten (langen; weitausgreifenden) Schritten gehen* [s].

おおまわり 大回りする einen großen Umweg (Abweg) f. -[e]s, -e (⸚e) machen.

おおみきり 大見切り der große Ausverkauf, -[e]s, ⸚e.

おおみず 大水 → こうずい.

おおみそか 大晦日 Silvester n. -s, -; Neujahrsabend m. -s, -e der letzte Tag (-[e]s) im Jahre; 大晦日に zu Silvester; am Neujahrsabend (letzten Tag im Jahre).

オーム [電] Ohm n. -(s) 《記号: Ω》/オームの法則 das ohmsche Gesetz, -es.

おおむかし 大昔から seit uralten Zeiten/大昔に in uralten Zeiten.

おおむぎ 大麦 Gerste f. -n; Gerstenkorn n. -[e]s, ⸚er 《大麦の粒》.

おおむこう 大向こう Galerie f. -n/大向こうの見物人 Galerie f. 《総称的》/大向こうをならせる von der Galerie beklatscht werden.

おおめ 大目に見る 大目に han[nehmen]*⁴ (jm); durch die Finger sehen*⁴ (jm); durchgehen lassen*⁴ (jm); ein Auge zu[drücken]; fünf gerade sein lassen*; Nachsicht üben (mit jm); übersehen*⁴.

おおもうけ 大儲けする einen großen Verdienst (Gewinn; Nutzen; Profit) ziehen* (haben) (aus³); großartig verdienen gewinnen*; profitieren.

おおもじ 大文字 Großbuchstabe m. -ns, -n.

おおもて 大持てである sehr beliebt sein (bei jm); viel umworben sein.

おおもの 大物 ❶ ein großes Ding, -[e]s, -e (-er). [人物] eine führende Persönlichkeit, -en; ein Mann (m. -[e]s, ⸚er) von ³Format; 大物/大物を仕留める ein großes Ding fangen*/彼はなかなかの大物だ Er hat Format.

おおや 大家 Hausbesitzer m. -s, -; Vermieter m. -s, -.

おおやけ 公けの öffentlich 《公然の》; offiziell

《官公の》; amtlich《同上》; förmlich《正式の》/公けになる ans Licht (unter die Leute) kommen* [s]; öffentlich bekannt werden/公けにする ans Licht (unter die Leute) bringen*^{4}; in die Öffentlichkeit bringen*^{4}; öffentlich bekannt geben*^{4}; veröffentlichen^4《書物などを》.

おおやすうり 大安売 Verkauf《*m.* -[e]s, ⸚e》 zu ^{3}Schleuderpreisen; Schleudergeschäft *n.* -[e]s, -e.

おおゆき 大雪 ¶ 昨晩は大雪だった Heute Nacht schneite es sehr stark.

おおよろこび 大喜びで mit [großen] Freuden; sehr gern/大喜びである große Freude haben《*an*^{3}》; ^{4}sich sehr freuen《*über*^{4}》; entzückt sein《*über*^{4}》. ⇨よろこぶ.

オーライ ❶ [承諾] Alles in Ordnung! ⁝ Jawohl! ⁝ Gut! ⁝ Recht so! ❷ [出発の合図] Fertig! ⁝ Ab!

オール Ruder *n.* -s, -《ボートの》.

オール all; All- ‖ オールウエーブ受信機 Allwellenempfänger *m.* -s, -/オールオアナッシング Alles oder Nichts/オール日本チーム die japanische Nationalmannschaft/オールバック zurückgekämmtes Haar, -[e]s, -e/オールマイティ Allmächtigkeit *f.*

オールドミス eine alte Jungfer, -n.

オーロラ Aurora *f.* -s; Polarlicht *n.* -[e]s, -er.

おおわらい 大笑い lautes (herzliches) Lachen, -s; lautes (schallendes) Gelächter, -s, -/大笑いする laut (herzlich) lachen; aus vollem Hals[e] lachen; ^{4}sich tot|lachen; in Gelächter aus|brechen* [s]《どっと笑う》.

おおわらわ 大童になって eifrig; mit ganzer (voller) Kraft; in Hemdärmeln《腕まくりして》.

おか 陸 Land *n.* -[e]s/陸で an ^{3}Land; zu ^{3}Lande.

おか 丘 Hügel *m.* -s, -; Anhöhe *f.* -n; Erhebung *f.* -en《丘陵》; Hügelchen *n.* -s, -《小丘》; Grab⁝hügel (Erd-)《塚》.

おかあさん お母さん Mutter *f.* ⸚; Mutti *f.* -s; Mama *f.* -s.

おがくず おが屑 Sägemehl *n.* -[e]s, -e.

おかげ お陰 *js* wohlwollende Unterstützung (Hilfsbereitschaft); *js* Liebenswürdigkeit *f.* (Wohlwollen *n.* -s)/お陰さまで durch Ihre wohlwollende Unterstützung (Hilfsbereitschaft); von Ihnen liebenswürdigerweise (wohlwollenderweise) unterstützt/…のお陰で dank^3; durch^4; mit Hilfe [von^3]/お陰である zu verdanken^3 sein/万事あなたのお陰です Alles das habe ich Ihnen zu verdanken./彼のお陰でえらい目にあった Die schöne Bescherung ist ihm zuzuschreiben.《反語的に》.

おかしい ❶ [おもしろい] amüsant; lustig; spaßhaft; spaßig. ❷ [笑うべき] lächerlich; zum Lachen. ❸ [こっけいな] komisch; drollig; possierlich; ulkig. ❹ [妙な] wunderlich; kurios; merkwürdig; seltsam; sonderbar/おかしな様子の wunderlich (seltsam) aussehend; von verdächtigem (zweifelhaftem) Aussehen/おかしな話だが Das mag zwar seltsam klingen, aber ....⁝ sonderbarerweise/おかしな奴だ Er ist ein komischer Kauz (wunderlicher Heiliger; Sonderling).

おかしがる ^{4}sich belustigen《*an*^{3}; *über*^{4}》; amüsant (lustig; spaßhaft) finden*^{4}; lächerlich finden*^{4}《笑止だと思う》.

おかしさ ❶ [滑稽] Komik *f.*; Drolligkeit *f.* -en; Possierlichkeit *f.* -en; Ulkigkeit *f.* -en/おかしさをこらえる ^{4}sich des Lachens enthalten* (erwehren); das Lachen unterdrücken; ^{3}sich das Lachen verbeißen*/おかしさを堪えかねる nicht umhin können* zu lachen; ^{4}sich des Lachens nicht enthalten (erwehren) können*; ^{3}sich das Lachen nicht verbeißen können*. ❷ [奇異] Wunderlichkeit *f.* -en; Kuriosität *f.*; Merkwürdigkeit *f.* -en; Seltsamkeit *f.* -en; Sonderbarkeit *f.* -en.

おかしな ⇨おかしい.

おかす 犯す [罪を] begehen*^{4}; ^{4}sich schuldig^2 machen; verüben^4; [法律などを] verletzen^4; überschreiten*^{4}; übertreten*^{4}; verstoßen*《*gegen*^{4}》; [婦女を] vergewaltigen^4《eine Frau》; Gewalt an|tun*《einer Frau》; schänden^4《eine Frau》; schwächen^4《eine Jungfrau》.

おかす 冒す [危険を] Gefahr laufen*; einer Gefahr entgegen|treten* [s]; riskieren^4; Trotz (die Stirn) bieten*^{3}; trotzen^3; wagen^4/風雨を冒して bei Wind und Wetter; trotz Wind und Regen; unbekümmert um den Sturm. —— 病に冒される von einer Krankheit befallen (erfasst) werden/私は病に冒されている Eine Krankheit hat mich befallen!

おかす 侵す ❶ [土地を] ein|dringen* (-|fallen*) [s]《*in*^{4}》; einen Einfall unternehmen*; an|greifen*^{4}; überfallen*^{4}. ❷ [権利などを] übergreifen*《*in*^{4}》; übertreten*^{4}; Übergriffe tun*《*in*^{4}》; ein|greifen*《*in*^{4}》; Eingriffe machen《*in*^{4}》; verletzen^4/人権を侵す in *js* Menschenrechte ein|greifen*; *js* Menschenrechte verletzen.

おかず Zu⁝kost *f.* (-speise *f.* -n); Beilage *f.* -n.

おかっぱ おかっぱ[頭] Pagenkopf *m.* -[e]s, ⸚e; Ponyfrisur *f.* -en/おかっぱ頭の女の子 ein Mädchen《*n.* -s, -》 mit Ponyfrisur; ein Mädchen, das einen Pagenkopf trägt.

おかどちがい お門違い ¶ それはお門違いだ Damit bist du hier (bei mir) an die falsche (verkehrte) Adresse gekommen (geraten).⁝Du bist damit an den Unrechten gekommen.

おかぶ お株 Steckenpferd *n.* -[e]s, -e; Hobby *n.* -s, -s; Liebhaberei *f.* -en; Lieblingsthema *n.* -s, ..men (-ta)/お株をとられる ^{4}sich gerade in seiner starken Seite übertroffen sehen*《von einem anderen》.

おかぼ 陸稲 ⇨りくとう.

おかぼれ 岡惚れする ^{4}sich in eines (einer) anderen Geliebte[n] verlieben (verliebt sein); eine Neigung zu der (dem) Geliebten eines (einer) anderen haben.

おかみ 内儀〔Haus〕wirtin〔Gast-〕f. ..tinnen.

おがむ 拝む ❶〔an|〕beten⁴; verehren⁴.〔拝観〕andächtig an|sehen*⁴; eine besondere Erlaubnis bekommen*, um ³sich ⁴et anzusehen. ¶ 拝み倒す mit Bitten überhäufen〔jn〕/拝んでお願いする mit Bitten zur Einwilligung nötigen〔jn〕/拝み打ちにする mit einem〔Schmetter〕schlag nieder|hauen*〔jn〕.

おかめ 傍目 der lästige Zuschauer, -s, - ‖ 傍目八目 Ein Kiebitz kann unvoreingenommen urteilen.

おかめ ❶〔おかめ顔〕die stumpfnasige Frau《-en》mit mondförmigem Gesicht. ❷〔醜い女〕die hässliche Frau.

おかやき 岡焼 die unberechtigte Eifersucht; Eifersüchtelei f. -en; der grundlose Neid, -(e)s/岡焼きする eine unberechtigte Eifersucht (einen grundlosen Neid) hegen〔gegen jn〕‖ 岡焼連中 eine Gruppe (eine Gesellschaft) unberechtigt Eifersüchtige(r)* (grundlos Neidische(r)*).

オカリナ Okarina f.

オカルト オカルト m. okkult.

おがわ 小川 Bach m. -(e)s, ⸚e; Bächlein n. -s, -/ Flüsschen n. -s, -; Wässerchen n. -s, -/小川のささやき das Rauschen* (Murmeln*; Säuseln*)〔s〕eines Baches.

おかわり お替り die zweite Portion, -en《食物の》; das zweite Glas, -es, ⸚er《飲物》/御飯のお替りをどうぞ Bitte um eine andere Schüssel Reis!

おかん 悪寒を感じる frösteln; Schüttelfrost haben; Es überläuft jn kalt.

おき 沖 die hohe (offene) See/沖渡し価段 der Lieferungspreis (-es, -e) auf hoher See/沖に auf die hohe (offener) See; weg von der Küste/横浜の沖に auf der Höhe von Yokohama/沖を航走する auf hoher (offener) See segeln h.s.

おき 熾〔火の〕Herdfeuer n. -s, -; Glut f. -en.

～おき ～置きに in Abständen von³/五メートル置きに in fünf Meter (5 m) Abstand/二日置きに alle drei ⁴Tage; jeden dritten Tag/三日置きに alle vier ⁴Tage; jeden vierten Tag/一週間置きに alle acht Tage/一行置きに書くよう alle zweite (auf jeder zweiten) Zeile schreiben*⁴.

おぎ 荻〔植〕〔Schilf〕rohr n. -(e)s, -e.

おきあがりこぼし 起き上がり小法師 Stehaufmännchen n. -s, -.

おきあがる 起き上がる ⁴sich auf|stehen*〔s〕; ⁴sich auf|richten; auf|springen*〔s〕; ⁴sich erheben*/床の中に起き上がる ⁴sich im Bett auf|richten.

おきかえる 起き返る ⁴sich auf|richten; ⁴sich in die Höhe richten.

おきかえる 置き換える um|stellen⁴; verstellen⁴; den Ort (die Lage)〔ver〕ändern; neu ordnen*; ersetzen⁴〔durch⁴ 代用する〕.

おきざり 置去りする ❶ hinter ³sich liegen〔stehen〕lassen*⁴; zurück|lassen*⁴. ❷〔見捨てる〕auf|geben*⁴; allein lassen*⁴; hilflos im Stich lassen*⁴; preis|geben*⁴; seinem Schicksal überlassen*⁴.

オキシダント Oxydationsmittel n. -s, -;〘話〙Fotochemischer Smog, -(s), -s; Giftgase《pl》; Abgase ‖ オキシダント濃度 Kondensation〔f. -en〕der Oxydationsmittel.

オキシフル Wasserstoffsuperoxyd n. -es.

おきちがえる 置き違える versetzen⁴; verstellen⁴; auf einen falschen Platz (an eine unrechte Stelle) legen⁴ (setzen⁴; stellen⁴).

おきて 掟 Gesetz n. -es, -e; Regel f. -n; Satzung f. -en; Norm f. -en; Vorschrift f. -en/掟に従う(を破る) ein Gesetz befolgen (übertreten*; verletzen). ⇨ほうりつ, きそく(規則).

おきてがみ 置手紙 der zurückgelassene (hinterlassene) Brief, -e (Zettel, -s, -)/置手紙をする einen Brief (Zettel) zurück|lassen* (hinterlassen*).

おきどけい 置時計 Tisch(steh)-〔Standuhr〕f. -en; die kleine Standuhr.

おぎない 補い Ersatz m. -es; Ergänzung f. -en; Nachtrag m. -(e)s, ⸚e《増補》; Vervollständigung f. -en《補充》; Zusatz m. -es, ⸚e/補いになる ersetzend; nachträglich; vervollständigend; zusätzlich.

おぎなう 補う ersetzen⁴; ergänzen⁴; nach|tragen*⁴; vervollständigen⁴; zu|setzen⁴/発言を補う js Aussage ergänzen.

おきなおす 置き直す ❶ ⇨おきかえる(置き換える). ❷〔もとの所へ〕an den alten Ort (in die alte Lage) zurück|stellen⁴.

おきにいり お気に入り ⇨きにいり.

おきぬけ 起き抜けに gleich nach dem Aufstehen; unmittelbar nach dem Aufstehen; unmittelbar nach dem Verlassen des Bett(e)s; sobald man aufgestanden ist/起き抜けに来客がある Kaum hatte ich das Bett verlassen, als ich einen Besuch hatte.

おきば 置場 Hinterlegungs:ort (Aufbewahrungs-, -en〔-(e)s, -e〕od. -stelle f. -en-; Depositorium n. -s, ..rien; Niederlage f. -n; Raum m. -(e)s, ⸚e《余地》/...の置き場がない keinen Raum haben《für⁴》; keinen Platz finden《für⁴》‖ 自動車置場 Parkplatz m. -es, ⸚e《駐車場》/木材置場 Holz:lager n. -s, - (-platz).

おきまり お決まり Herkommen n. -s; das Althergebrachte*, -n; Brauch m. -(e)s, ⸚e; Brauchtum n. -(e)s, ⸚er; Konvention f. -en; Routine f. -/お決まりの〔alt〕her'kömmlich (-gebracht); dem Brauch gemäß; gebräuchlich; konventionell; üblich; routiniert《日々繰り返す》; gang und gäbe/彼のお決まりだ Bei ihm ist es immer die alte Leier.

おきみやげ 置土産 das zurückgelassene Geschenk《-(e)s, -e》als Andenken, -s; das zurückgelassene Souvenir, -s, -s/置土産にくれた Beim Weggehen hat er dies als Geschenk zurückgelassen./大変な置土産だ Er hat uns eine schöne Bescherung zurückgelassen!《反語》.

おきもの 置物 ❶ Schmuckgegenstand *m.* -[e]s, ⸗e; Tafelaufsatz *m.* -es, ⸗e《食卓の》. ❷ [名ばかりの頭領] Repräsentationsfigur *f.* -en; Puppe *f.* -n.

おきる 起きる ❶ [起床する] auf|stehen* [s]; ^{4}sich aus dem Bett auf|richten; das Bett verlassen*/起きている auf sein; auf|bleiben* [s]; wach sein《眠らないでいる》; wachen《同上》/早く起きる früh (zeitig) auf|stehen*/病気で起きられない wegen $^{2(3)}$Krankheit nicht aufstehen können* (das Bett hüten müssen*); zu krank sein, als dass man aufstehen könnte. ❷ [目をさます] auf|wachen [s]; wach sein《目をさましている》. ❸ [起き直る] ^{4}sich auf|richten; ^{4}sich empor|heben*; ^{4}sich auf die Beine stellen. ❹ [問題・事件などが] geschehen* [s]; erfolgen [s]; passieren [s]; ^{4}sich ereignen; statt|finden*; aus|brechen* [s]《勃発する》/火事が起きる Ein Feuer bricht aus./重大事件が起こった Etwas Ernstes ist los.

おきわすれる 置き忘れる vergessen*^{4}; liegen (stehen) lassen*^{4} ❖ 立った感じのものの とき stehen lassen を用いる; unachtsam zurück|lassen*^{4}/どこかに傘を置き忘れてきた Ich habe meinen Schirm irgendwo stehen lassen.

おく 億 hundert Millionen/十億 Milliarde *f.* -n; tausend Millionen.

おく 奥 das Innere* (Innerste*), -n; der innere (innerste) Raum, -[e]s, ⸗e; die innere (innerste) Halle, -n; das hinterste Ende, -s, -n; Vertiefung *f.* -en《凹み》/それは心の奥から出ている Das kommt aus dem tiefsten Herzen./奥の院 der innerste Schrein, -[e]s, -e/奥の間 das innere (hintere) Zimmer, -s, -; Hinter¦stube *f.* -n (-zimmer).

おく 置(措)く ❶ legen^4《平たく》; setzen^4《比較的小さいものを横にして》; stellen^4《比較的大きいものを立てて》; ordnen^4《並べる》; [zurück|]lassen*^{4}《残して置く》; nieder|legen^4《筆などを》/戸を開けておく die Tür offen lassen*/そのままにしておけ Lass es so sein, wie es ist. ❷ [中止] auf|hören^4; ab|lassen*《von^3》; ein|stellen^4; fallen lassen*^{4}; an den Nagel hängen^4. ❸ [雇う] halten*《jn》; an|stellen《jn》; engagieren《jn》; in Dienst nehmen*《jn》/召使(番犬)を置く ^{3}sich einen Bedienten (Wach[t]hund) halten*. ❹ [下宿人などを] beherbergen《jn》; ein|logieren (-|quartieren)《jn bei jm》; Quartier geben*《jm》; unter|bringen*《jn bei jm》/もうこの家には置けない Er soll nicht länger bei uns wohnen (bleiben). ❺ [設置する] errichten^4; eröffnen^4; etablieren^4; organisieren^4. ❻ [任命する] ernennen*《jn zu^3》. ❼ [駐屯させる] stationieren^4; auf|stellen^4. ❽ [保存] この肉は明日まで置けます Das Fleisch hält sich bis morgen. ❾ [除外] これをおいて他に打つ手はない Wir haben kein Mittel als dies.

〜おく 〜置く [放置] sein (bleiben) lassen*^{4}/捨て置く unterlassen*^{4}; bewenden lassen*^{4}/予め注意しておくが Ich warne euch ein für allemal [im Voraus] ..../ちょっと申しあげておくのですが Ich möchte mir erlauben, Ihnen zu sagen, ... ❖ 上記二例の ein für allemal および ich möchte mir erlauben の中に「おく」という気分が含まれる.

おくがい 屋外 das Freie*, -n; die freie Luft/屋外の Außen-. ── 屋外で im Freien; in der freien (frischen) Luft; [dr]außen; an der Luft; bei Mutter Natur (Grün); in der Natur; in Wald und Feld; unter freiem Himmel. ‖ 屋外演説 die Rede《-n》im Freien/屋外劇場 Freilicht¦bühne *f.* -n (-theater *n.* -s, -)/屋外プール Freibad *n.* -[e]s, ⸗er/屋外遊戯(運動) die Spiele《*pl*》(die Sporte《*pl*》) im Freien.

おくぎ 奥義 die letzten (esoterischen) Geheimnisse《*pl*》[einer Kunst]; die geheimnisvollen Prinzipien《*pl*》[einer Kunst]/奥義をきわめる der letzten (esoterischen) Geheimnisse (der geheimnisvollen Prinzipien) [einer Kunst] Herr werden; in die letzten (esoterischen) Geheimnisse (die geheimnisvollen Prinzipien) [einer Kunst] eingeweiht werden.

おくざしき 奥座敷 der innere Raum, -[e]s, ⸗e; die gute Hinterstube, -n.

おくさま 奥様 [eines anderen] Gattin *f.* ..-tinnen; Gemahlin *f.* ..linnen; Madame *f.* Mesdames (略:Mme., *pl* Mmes.); gnädige Frau!《呼び掛け》; Madame!《同上》/山田の奥様 Frau Yamada.

おくじょう 屋上で auf dem Dach[e]/屋上屋を架す das fünfte Rad am Wagen sein ‖ 屋上庭園 Dachgarten *m.* -s, ⸗.

おくする 臆する schüchtern (blöde; mutlos; scheu) sein; ^{4}sich genieren; nicht den Mut (die Stirn) haben; ohne ^{4}Selbstvertrauen sein《自信なし》; Umstände machen; unschlüssig sein《決断なし》; zaudern《ためらう》; zögern《同上》; zurück|schrecken* [s]《*vor*^{3}》《尻ごむ》/臆する色もなかった Jede Spur von Furcht war ihm fern./臆せず furchtlos; beherzt; herzhaft; unerschrocken; mutig.

おくせつ 臆説 Vermutung *f.* -en; Annahme *f.* -n; Mutmaßung *f.* -en; Hypo¦these (-thesis) *f.* ..thesen《仮説》.

おくそく 憶測 das Hin-und-her-Raten* (Rätseln*; Rätselraten*), -s; Mutmaßung *f.* -en; Vermutung *f.* -en/憶測に過ぎない nichts als eine bloße Mutmaßung (Vermutung) sein; eine bloße Mutmaßung (Vermutung) bleiben* [s]/憶測を試みる Mutmaßungen (Vermutungen) an|stellen《*über*^{4}》. ── 憶測する hin und her raten*; rätseln; ein Rätsel (an einem Rätsel) raten*; mutmaßen^4《mutmaßte, gemutmaßt》; vermuten^4.

おくそこ 奥底のない offen[herzig]; aufrichtig; ehrlich; frank; frei; unverstellt/奥底の知れない人物 ein undurchdringlicher (rätselhafter; geheimnisvoller) Mensch, -en, -en; Sphinx *f.* -e/心の奥底では im tiefsten Innern des Herzens; im tiefsten Grund[e] der Seele.

オクターブ〘楽〙Oktave *f.* -n.
オクタン Oktan *n.* -s ‖ オクタン価 Oktanzahl *f.* -en/オクタン価の高い von hoher Oktanzahl.
おくち 奥地 das Innere* (-n) eines Landes; Hinterland *m.* -[e]s.
おくづけ 奥付《本の》Kolophon *m.* -s, -e; Schlussstück *n.* -[e]s, -e.
おくて 晩稲 die spätreife Reissorte, -n.
おくない 屋内 das Innere* (-n) eines Hauses/屋内の Haus-; Hallen-; Innen-; Zimmer-/屋内の温度 Zimmertemperatur *f.* -en; die Temperatur im Zimmer/屋内で im (zu) Hause; im Innern eines Hauses ‖ 屋内勤務 Innendienst *m.* -[e]s, -e/屋内スポーツ Hallensport (Zimmer-) *m.* -es, -e/屋内体操場 Turnhalle *f.* -n/屋内プール Hallen(schwimm)bad *n.* -[e]s, -"er/屋内遊戯 Gesellschaftsspiel *n.* -[e]s, -e/屋内労働 Hausarbeit *f.* -en.
おくにじまん お国自慢をする ein Loblied seiner eigenen Heimat an|stimmen; seine eigene Heimat in allen Tonarten besingen*; ³sich in Lobeserhebungen über seine eigene Heimat ergehen*.
おくにわ 奥庭 der hintere Garten, -s, -; Hintergarten *m.* -s, -".
おくのて 奥の手 der letzte (feinste) Kniff, -[e]s, -e (Kunstgriff, -[e]s, -e; Pfiff, -[e]s, -e; der letzte Trumpf, -[e]s, -"e/奥の手である über den letzten (feinsten) Kniff verfügen; den letzten (feinsten) Kniff im Hinterhalt haben/奥の手を打つ den letzten (feinsten) Kniff zur Geltung bringen* (geltend machen); den letzten Trumpf [aus]spielen.
おくば 奥歯 Back[en]zahn *m.* -[e]s, -"e/奥歯に挟まる zwischen den Backzähnen stecken. ¶ 奥歯に物が挟まったような話し方をする auf eine nicht uninteressante Weise zu verstehen geben*⁴ *(jm)*.
おくび das Aufstoßen*, -s; Rülps *m.* -es, -e; das Rülpsen*, -s/おくびにも出さない ³sich nicht das Geringste anmerken lassen*; kein Sterbenswort (Sterbenswörtchen) sagen *(von³)*; 〘戯〙in sieben Sprachen schweigen*.
おくびょう 臆病 Furchtsamkeit *f.*; Ängstlichkeit *f.*; Feigheit *f.*; Mutlosigkeit *f.*; Verzagtheit *f.*/臆病風にさそわれる von einer panikartigen Furcht ergriffen werden; Eine panikartige Furcht wandelt ihn an. —— 臆病な furchtsam; ängstlich; feig[e]; mutlos; verzagt. ‖ 臆病者 Feig|ling (Schwäch-; Weich-) *m.* -s, -e; Hasenherz *n.* -ens, -en; Memme *f.* -n.
おくぶかい 奥深い tief (liegend); bodenlos; weit hinein; [深遠] tiefgründig; unergründlich/奥深い家 ein Haus (*n.* -es, -"er) mit vielen Hinterzimmern (Hinterräumen); ein sich weit nach hinten erstreckendes Haus/奥深い森 der tiefe Wald, -es, -"er.
おくまった 奥まった abgelegen; entlegen; weit entfernt (weg).

おくまんちょうじゃ 億万長者 Milliardär *m.* -s, -e.
おくめん 臆面もなく schamlos; 〘dummdreist; frech; keck; rücksichtslos; unverschämt; voll 〘schnell〙.
おくやま 奥山 das innerste Gebirge, -s, -/奥山で tief im Gebirge.
おくゆかしい 奥床しい zurückhaltend; vornehm; fein; gewählt; höflich (〘丁重な〙/奥床しい態度 das artige Benehmen, -s.
おくゆき 奥行 Tiefe *f.* -n/奥行のある tief/奥行三メートル drei Meter tief; die Tiefe von drei Meter[n]/彼の知識には奥行がない Seine Kenntnisse sind oberflächlich und seicht.
おくらす 遅らす auf|schieben*⁴; verschieben*⁴; vorübergehend ein|stellen⁴; zurück|stellen⁴ (nach|-) 〘時計を〙.
おくりさき 送り先 Bestimmung *f.* -en; Bestimmungsort *m.* -[e]s, -e; Adresse *f.* -n; Empfänger *m.* -s, - 〘受人〙〘略:Empf.〙; Warenempfänger *m.* -s, - 〘荷受人〙.
おくりじょう 送り状 Faktur *f.* ..ren; Frachtbrief *m.* -[e]s, -e/送り状をつける fakturieren⁴; mit einem Frachtbrief versehen*⁴.
おくりな 諡 der post(h)ume Name, -ns, -n (Titel, -s, -).
おくりにん 送り人 Ab|sender (Über-) *m.* -s, - 〘略:Abs.〙; 〘Waren〙versender 〘荷送り人〙.
おくりび 送り火 das heilige, die Totenseelen begleitende Feuer (-s) 〘beim Bon-Fest〙.
おくりもの 贈物 Geschenk *n.* -[e]s, -e; Aufmerksamkeit *f.* -en; Gabe *f.* -n; Spende *f.* -n/クリスマスの贈り物 Weihnachtsgeschenk, -s, -e/誕生日の贈り物 Geburtstagsgeschenk; Angebinde *n.* -s, - ❖ 昔これを子供の首または腕に結びつけた/贈り物をする ein Geschenk machen (geben*) (*jm*); schenken⁴ (*jm*); beschenken (*jn mit³*).
おくる 贈る ❶ 〘贈呈〙Geschenk (*jm*); beschenken (*jn mit³*); ein Geschenk machen (*jm mit³*); als Geschenk geben* (*jm*); bescheren (*jm* ⁴*et*; *jn mit³*); spenden⁴ (*jm*); [zuteil] werden lassen*⁴ (*jm* 位勲など). ❷ 〘授与〙verleihen*⁴ (*jm* 位勲など); erteilen⁴ (*jm* ⁴-); überreichen⁴ (*jm* 賞品など); zu|eignen⁴ (*jm*).
おくる 送る ❶ schicken⁴ (*jm*); senden(*)⁴ (*jm*); ab|schicken⁴ (-|senden(*)⁴) (an *jn* 発送する); zu|schicken (-|senden(*)⁴ 〘同じ 送付する〙; ab|gehen lassen*⁴; expedieren⁴; remittieren⁴ 〘金銭など〙; übersenden(*)⁴ 〘同上〙/送り出す 1) 〘人を〙hinaus|begleiten (*jn*); ab|sehen* (*jn*). 2) 〘荷物など〙spedieren⁴; ab|schicken⁴ (-|senden(*)⁴)/送り返す zurück|schicken⁴ (-|senden(*)⁴). ❷ 〘派遣〙weg|schicken⁴ (fort|-) (od. -|senden(*)⁴). ❸ 〘護衛・護送〙geleiten (*jn*) eskortieren (*jn*); nach Hause bringen* (begleiten) (*jn*)/送り込む, 送り届ける 1) schützend nach Hause bringen* (begleiten) (*jn*). 2) 〘物を〙nach Hause schicken⁴ (sen-

おくれ 遅れを取る nach|stehen* 《jm》; ⁴es nicht aufnehmen können* 《mit jm》; nicht mitkommen können* 《mit jm》; unter|liegen* 《jm》; zu kurz kommen* ⓢ; zurück|bleiben* ⓢ (-|stehen*) 《hinter jm in³》; besiegt (übertroffen) werden 《von jm 勝負で負ける》/日本の学術は今日外国の学術に比して後れをとらない Die japanischen Wissenschaften stehen heutzutage den ausländischen (in) nichts nach.

おくれげ 後れ毛 die losen (wehenden; wirren) Haare *pl*.

おくればせ 遅れ馳せの nachträglich; im Nachhinein; nachhinkend; saumselig; verspätet; wenn alle Sünden vergeben sind/遅れ馳せながら obwohl nach fest sum (in zwölfter Stunde); nach ³(Tor)schluss.

おくれる 遅れる ❶ [時間に] ⁴sich verspäten; zu spät kommen* ⓢ; unpünktlich sein; den Anschluss verpassen; die Zeit verfehlen; überfällig sein 《列車・船・飛行機などが》; eine Verspätung haben 《同上》/学校に遅れる zu spät in die Schule kommen*; ⁴sich beim Unterricht verspäten/列車に遅れる einen Zug verpassen (versäumen). ❷ [時計] nach|gehen* ⓢ; zurück|bleiben* (-|sein) ⓢ /二十分遅れている [um] 20 Minuten zurück|bleiben* (zurück|sein) /この時計は一日に十分遅れる Diese Uhr geht täglich [um] 10 Minuten nach. ❸ [時勢・流行などに] zurück|bleiben* ⓢ 《hinter³》; rückständig (unmodern) sein; aus der Mode sein; keinen Schritt mit der Zeit halten*. ❹ [人後に落ちる] 彼はドイツ語の力がとても遅れている Er ist in Deutsch sehr zurückgeblieben. ⇒おくれ.

おけ 桶 Kübel *m*. -s, -; Eimer *m*. -s, -; [深い桶] [Holz]kufe *f*. -n (大桶); Tönnchen *n*. -s, -; Kufe *f*. -n (大桶); Tönnchen *n*. -s, -; Wasserbehälter *m*. -s, - (溜め桶) /桶いっぱいの水 ein Eimervoll Wasser ‖ 桶屋 [人] Kübler *m*. -s, -; Böttcher *m*. -s, -; Küfer *m*. -s, -; [店] Böttcherei *f*. -en; Küferei *f*. -en/風呂桶 Badewanne *f*. -n.

おけら 《昆》Maulwurfsgrille *f*. -n.

～おける 於ける ❶ ～に於ける 《場所・日時》 in³; an³; auf³ 《公開の場所》; zu³ 《比較的狭い場所》. ❷ 《に有て》zu³/水の魚における如き空気の人における如し Was dem Fisch Wasser ist, [das] ist dem Menschen Luft.

おこがましい ❶ lächerlich; albern; geistlos; töricht. ❷ [生意気] naseweis; anmaßend; vorwitzig.

おこす 熾す 《火を》 entbrennen (erglühen) lassen*; entflammen*; lustig brennen lassen*⁴; Feuer [an|]machen; [an|]schü-

ren⁴ 《auf|-》 《かきおこす》.

おこす 起こす ❶ [起こし立てる] auf|richten⁴ (empor|-) (od. -|heben*⁴); in die Höhe richten⁴; auf die Beine stellen⁴/転んだ人を起こす einem Gefallenen⁴ auf|helfen* (auf die Beine helfen*)/卑賤より身を起こす von der Pike auf dienen; ⁴sich von der untersten Stufe an empor|arbeiten/身代を起こす ³sich ein Vermögen erwerben*; ⁴es zum Reichtum bringen*. ❷ [呼び醒ます] auf|wecken⁴; (er)wecken⁴; auf|rufen⁴ (-|rütteln) 《jn》; munter (wach) machen 《jn》; aus dem Schlaf[e] [an|]rufen⁴ (rütteln) / 明日は何時に起こしましょうか Wann soll ich Sie morgen früh wecken?/いくら起こしても起きなかった Trotz wiederholten Ruf[e]s wurde er nicht wach. ❸ [惹(ﾋ)起こ] verursachen⁴; bewirken⁴; herauf|beschwören⁴; herbei|führen⁴; hervor|rufen⁴; veranlassen⁴ (veranlasste, veranlasst); errichten⁴ (stiften⁴) 《よからぬことを》/ 反感を起こさせる js Feindschaft (Feindseligkeit) heraus|fordern (herauf|beschwören*)/興味を起こす Interesse nehmen* 《an³》 (haben 《für⁴》); ⁴sich interessieren 《für⁴》/好奇心を起こさせる js Neugier[de] erwecken; js Wißbegier[de] wach|rufen*/問音を起こす Zwiespalt entfachen/謀反を起こす ⁴sich verschwören*; eine Verschwörung (Meuterei) an|zetteln. ❹ [創始する] an|fangen⁴*; beginnen*⁴; den Anfang machen; in Angriff nehmen*⁴; in ⁴Gang setzen⁴; ins Leben rufen*⁴; in die Welt leiten⁴. ❺ [設立する] [be|]gründen⁴; eröffnen⁴; errichten⁴; etablieren⁴; stiften⁴. ❻ [助長する] [be|]fördern⁴; Vorschub leisten⁴; verhelfen*³ 《zu³》. ❼ [再興する] erneuern⁴; neu her|richten⁴ (ein|richten⁴); renovieren⁴; wieder beleben*⁴ (um|wühlen). ❽ [土を] die Erde auf|wühlen (um|wühlen).

おごそか 厳かな feierlich; ehrfurchtgebietend (Ehrfurcht gebietend); erhaben; ernst; hehr; hoheitsvoll; würdig.

おこたり 怠り Nachlässigkeit *f*.; Faulheit *f*.; Säumigkeit *f*.; Saumseligkeit *f*.; Trägheit *f*.; Unterlassung *f*. -en; Vernachlässigung *f*. -en; Versäumnis *n*. -nisses, .. nisse / 怠りがちな leicht zur Nachlässigkeit (Faulheit; Säumigkeit; Saumseligkeit; Trägheit; Unterlassungen; Vernachlässigung; Versäumnissen) neigend /怠りなく unverzüglich (即座に); fleißig (勤勉に); unverdrossen (倦(ｳ)まずに); gewissenhaft 《忠実に》.

おこたる 怠る vernachlässigen⁴; nachlässig sein; faul (träge) sein; versäumen⁴; seine Pflicht vergessen* (versäumen); ⁴sich nicht kümmern 《um⁴》/家賃を怠る die Hausmiete schuldig sein (nicht bezahlen)/勉強を怠るな Lerne (Studiere) doch fleißig!

おことば お言葉 Ihre werten Worte (*pl*); Ihre werte Meinung (Ansicht; Bemerkung); Ihre Einwände (*pl* 反対意見)/お こ

とばに甘えて mir Ihre werten Worte zunutze (zu Nutze) machend; von Ihrer werten Meinung Gebrauch machend／おことばを返すようですが Obwohl ich fürchte, Ihrer werten Meinung zu widersprechen, ...

おこない 行い ❶[行為] Tat *f.* –en; das Tun*, –s; Akt *m.* –[e]s, –e; Handlung *f.* –en; das Handeln*, –s. ❷[挙動] Benehmen *n.* –s; Auftreten *n.* –s; Betragen *n.* –s; Manieren《*pl* 行儀》; Verhalten *n.* –s／行いがわるい von schlechtem Benehmen sein; schlechte (keine) Manieren haben; ^{4}sich nicht zu benehmen wissen*／行いを改める ^{4}sich bessern; seinen Lebenswandel bessern／行いを慎む ^{4}sich schicklich (manierlich; [wohl]anständig) benehmen* (betragen*); ^{4}sich [wohl] gesittet zu benehmen (betragen) wissen*.

おこなう 行う ❶[為(な)す] tun*; handeln; betreiben*^{4}《業務・わざなど》; aus|üben^4《術など》; erfüllen^4《約束など》; bewerkstelligen^4《仕事を実行に移す》; vollziehen*^{4}; vollstrecken^4《命令どおりに》; ^{4}sich benehmen*《振舞う》; begehen*^{4}《悪事を》／言うはやすく行うは難し Das ist bald gesagt, aber schwer getan. ❷[実施] aus|führen^4 (durch|–); zur Ausführung (Durchführung) bringen*^{4}; in die Tat um|setzen^4; praktisch an|wenden$^{(*)4}$. ❸[挙行] ab|halten*^{4}《会を》; feiern^4《式を》.

おこなわれる 行われる ❶ getan (betrieben; ausgeübt) werden. ❷[挙行] statt|finden*; abgehalten werden《会が》; gefeiert werden《式が》. ❸[流行] im Schwang[e] sein; [die] Mode sein. ❹[実施される] ausgeführt (durchgeführt) werden; zur Ausführung (Durchführung) gebracht werden; in die Tat umgesetzt werden; praktisch angewendet (angewandt) werden.

おこらせる 怒らせる zornig (ärgerlich; wütend) machen《*jn über*^{4}》; ärgern《*jn durch*^{4}》; auf|bringen*《*jn über*^{4}》; erbosen《*jn über*^{4}》; Ärgernis verursachen《bei *jm über*^{4}》; in Zorn (Harnisch; die Hitze) bringen*《*jn durch*^{4}》; zum Zorn reizen《*jn durch*^{4}》.

おこり 起こり [初め・起因] Ursprung *m.* –[e]s, ⸚e; Anfang *m.* –[e]s, ⸚e; Ausgangspunkt *m.* –[e]s, –e; Beginn *m.* –[e]s; Entstehung *f.* –en; Quelle *f.* –n; Ursache *f.* –n／ことの起こりはこうだ… Die Ursache liegt darin, dass ....

おごり 奢り Luxus *m.* –; der große Aufwand, –[e]s; Herrenleben *n.* –s, –／奢りにふける ^{4}sich dem Luxus ergeben*; auf großem Fuß leben／奢りをいましめる vor ^{3}Luxus warnen《*jn*》; einen mahnenden Finger gegen ^{4}Luxus erheben*／奢りをきわめる einen überspitzten (übertriebenen) Luxus treiben*; ein Herrenleben führen／奢りを慎しむ Luxus auf|geben*; ^{4}sich vom Luxus fern halten*／彼の奢りはきわまりなかった Sein Luxus kannte keine Grenzen.

おこりじょうご 怒り上戸 der zänkische Säufer, –s, –.

おこりっぽい 怒りっぽい jähzornig; aufbrausend; cholerisch; heißblütig; hitz[köpf]ig; leicht erregbar; zornmütig.

おこりんぼ 怒りんぼ Hitz¦kopf (Brause–) *m.* –[e]s, ⸚e; Choleriker *m.* –s, –; Heißsporn *m.* –[e]s, –e; Kampfhahn *m.* –[e]s, ⸚e;〖戯〗Zornebock *m.* –[e]s, ⸚e.

おこる 起こる ❶[発生する] geschehen* [s]; ^{4}sich begeben*; ein|treten* [s]; entstehen* [s]; ^{4}sich ereignen; erfolgen [s]; passieren [s]; statt|finden*; vor|fallen* [s]; vor|kommen* [s]; ^{4}sich zu|tragen*; aus|brechen* [s]《勃発する》; erzeugt werden《電気など》／どんな事が起こっても Geschehe nun, was da wolle.／一体何事が起こったのか Was ist denn passiert? ¦ Was hat's gegeben? ❷[起因する] seinen Ursprung haben (nehmen*)《*in*^{3}》; ^{4}sich ableiten (herleiten) [lassen*]《*von*^{3}》; ab|stammen《*von*^{3}》; entspringen*^{3}; her|kommen* [s] (–|rühren)《*von*^{3}》／その病気は突然起こった Die Krankheit ist plötzlich aufgetreten.／そのよって起こるところは遠い Das lässt sich von weit her ableiten (herleiten).

おこる 興る empor|kommen* [s]; ^{4}sich auf|schwingen*; einen Aufschwung nehmen*; Erfolg haben; hoch kommen* [s]; zur Macht gelangen [s]《権力を握る》.

おこる 怒る zornig (ärgerlich; wütend) werden《*über*^{4}》; böse werden《*auf*^{4}》; ^{4}sich ärgern《*über*^{4}》; ^{4}sich erbosen《*über*^{4}》; Ärgernis nehmen*《*an*^{3}》; in ^{4}Zorn (Harnisch) geraten* [s]《*über*^{4}》／かっと怒る aus der Haut fahren* [s]; Feuer und Flammen speien*; vor Zorn außer ^{4}sich geraten*／真赤になって怒る vor ^{3}Zorn glühen (rot werden); vor ^{3}Wut sieden* (kochen)／真青になって怒る vor ^{3}Zorn (Wut) zittern (erblassen* [s]; die Farbe verlieren*)／ぷんと怒る Anstoß nehmen*《*an*^{3}》; einen inneren Unmut hegen／怒ったはずみに im Zornanfall; in einem zornigen Augenblick／怒って im (aus; vor) Zorn; in (aus; vor) ^{3}Wut.

おこる 熾る [火が] entbrennen* [s]; ^{4}sich entflammen; erglühen [s]; lustig brennen*.

おごる 驕る ❶[驕(きょう)慢] ^{4}sich überheben*; eingebildet sein; mit falschem Stolz behaftet sein; ^{4}sich arrogant benehmen*／驕る者は久しからず ‚Hochmut kommt vor dem Fall.' ❷[贅沢(ぜいたく)] Luxus treiben*; ^{3}sich eine Extravaganz leisten／おごった生活 das üppige Leben, –s／口が驕っている im Essen wählerisch sein. ❸[御馳走] bewirten《*jn*》; frei|halten*《*jn*》; traktieren《*jn*》; zahlen《für *jn*》; ^{3}sich leisten^4《自分のためにふんぱつする》／ビールを一杯おごってくれた Er hat mich zu einem Glas Bier eingeladen.／今日は僕がおごる Sie sind heute mein Gast.

おさ 筬 Weber¦kamm *m.* –[e]s, ⸚e (–blatt *n.* –[e]s, ⸚er).

おさえ 押(抑)え ❶[おもし] Beschwerer *m.* –s, –; Briefbeschwerer *m.* –s, –《文鎮》. ❷

おさえる 押(抑)える ❶ [下に] nieder|halten*⁴; nieder|drücken⁴ (unter|-) 《おさえつける》; zu ³Boden zwingen*⁴ 《押し倒す》. ❷ [抑圧・鎮圧] unterdrücken⁴; nieder|halten*⁴ / 反乱をおさえる den Aufstand nieder|drücken (unterdrücken). ❸ [制御・抑制] beherrschen*⁴; nieder|halten*⁴ (zurück|-); unterdrücken⁴ / あくびをおさえる das Gähnen unterdrücken / 怒りをおさえる seinen Zorn zurück|halten / 情熱をおさえる seine Leidenschaft im Zaum halten*. ❹ [手でしっかり持つ] mit den Händen (in der Hand) halten*⁴; fest|halten*⁴ / ここをちょっとおさえていて下さい Bitte, halten Sie das hier fest! ❺ [捕らえる] fangen*⁴; fest|nehmen*⁴ / 犯人をおさえる den Täter fest|nehmen*⁴.

おさおさ 押おさ怠りなく ⁴sich mit ³Eifer an die Vorbereitungen machen.

おさがり お下り [衣服] der alte Anzug 《von meinem Vater などをつけて言う》; das alte Kleid 《-(e)s, -er》 (das alte Kostüm 《-s, -e》) von meiner Schwester; [供物] die abgetragene Opfergabe, -n.

おさき お先に失礼します Darf ich mal vorangehen?; Darf ich mich früher verabschieden?《辞去》/ どうぞお先に Nach Ihnen! Bitte, gehen Sie voran! / 前途はお先真暗だ Ich sehe schwarz für die Zukunft. / 彼はお先真暗な男だ Er hat einen engen Horizont.

おさきぼう お先棒をかつぐ zum Werkzeug *js* werden; Handlangerdienst leisten 《für *jn*》.

おざしき 御座敷 Empfangszimmer *n*. -s, -; [Wohn]zimmer *n* / 御座敷がかかる gerufen werden.

おさと お里が知れる *js* Herkunft (*js* Vorleben) verraten*; ⁴sich selbst verraten* 《Lebenswandel *m*. 行状・身持ち; Sprache *f*. 言葉; Benehmen *n*. 振舞などを主語として》.

おさない 幼い ❶ [幼少] klein; jung / 私の幼い頃 in meiner Kindheit; als ich noch klein war / 幼時から von ³Kindheit an (auf); von klein auf. ❷ [幼稚] kindlich 《子供らしい》; kindisch 《子供じみた》; naiv 《素朴な》.

おさながお 幼顔 ¶ 彼にはまだ幼顔が残っている Er hat immer noch sein Kindergesicht.

おさなご 幼児 ein kleines Kind, -(e)s, -er.

おさなごころ 幼心 ein kindliches Gemüt, -(e)s, -er; eine kíndliche Seele, -n.

おさななじみ 幼馴染 Jugendfreund *m*. -(e)s, -e.

おさなり 幼なりを言ってごまかす ⁴sich mit ³Lügen behelfen*.

おさまり 納まり ⇨**らくちゃく** / 納まりがつかない keine Lösung finden*; nicht zu ³Ende bringen können*⁴ / このままではもはや納まりがつかない So geht es nicht mehr.

おさまる 治まる ❶ [平和] in ³Frieden [regiert] sein; ruhig werden 《平和になる》; zur Ruhe kommen* [s] / 争いはやがて治まった Der Streit ist bald beigelegt worden. ❷ [風などが] ⁴sich legen; auf|hören; nach|lassen* / 嵐も治まってきた Der Sturm ließ nach. ❸ [病気などが] besser werden / 痛みが治まった Der Schmerz ist jetzt weg.

おさまる 納まる ¶ 鞘(さや)に納まる in der ³Scheide stecken 《刀が》 / 結局すべて元の鞘に納まった Schließlich blieb alles beim Alten.

おさまる 治まる ❶ [国・家を] regieren⁴; herrschen 《*über*⁴》; verwalten⁴ 《管理する》. ❷ [平定する] befrieden⁴ 《国を》; zur Ruhe bringen*⁴ 《鎮圧する》; unterdrücken⁴ 《同上》; beilegen⁴ 《調停する》.

おさめる 納める ❶ [納入] (be)zahlen⁴ 《金銭を》; liefern⁴ 《品物を》/ 税を納める Steuern zahlen / 商品を納める Waren liefern. ❷ [献納] schenken⁴; spenden*⁴; stiften*⁴; weihen*⁴ 《奉納する》. ❸ [しまう] hinein|tun*⁴ (-|legen⁴) 《入れる》; lagern⁴ 《倉庫に》; stecken⁴ 《鞘(さや)に》/ 刀を納める das Schwert in die Scheide stecken. ❹ [終結] beenden*; beendigen⁴ / 干戈(かんか)を納める den Krieg beenden / 歌い納める bis zu ³Ende singen*.

おさめる 収める ❶ [収穫] [ein]ernten⁴. ❷ [収納] an|nehmen*⁴ 《受けとる》; gewinnen*⁴ 《獲得する》/ 成功を収める guten Erfolg erzielen (haben) / 勝利を収める den Sieg gewinnen* (davon|tragen*).

おさめる 修める lernen⁴; studieren⁴ 《大学で》; erwerben*⁴ 《知識を》; ⁴sich aus|bilden 《*in*³》/ 外国語を修める eine fremde Sprache lernen / 法律を修める Jura studieren / 身を修める seinen Charakter bilden.

おさらい お浚い ❶ [復習] Wiederholung *f*. -en; Repetition *f*. -en. ❷ [稽古] Übung *f*. -en. ❸ [芝居の] Probe *f*. -n.

おさらば Auf Wiedersehen! / おさらばする *jm* Auf (auf) Wiedersehen sagen; Abschied nehmen* 《*von*³》.

おし 押しがきく einen Druck ausüben können* 《*auf*⁴》; von [großem] Einfluss sein / 押しが強い aufdringlich (zudringlich) sein.

おし 圧しをする mit einem Gewicht beschweren⁴.

おじ 伯父、叔父 Onkel *m*. -s, -; Oheim *m*. -s, -e / テオドール伯父さん Onkel Theodor.

おしあいへしあい 押し合いへし合い Gedränge *n*. -s, -; Drängerei *f*. -en.

おしあう 押し合う ⁴sich [aneinander] drängen.

おしあける 押し開ける gewaltsam öffnen⁴; auf|brechen*⁴; auf|zwingen*⁴; auf|zwängen*⁴.

おしあげる 押し上げる hinauf|schieben*⁴ (-|stoßen*⁴) ‖ 押し上げポンプ Druckpumpe *f*. -n.

おしい 惜しい ❶ [残念な] bedauerlich / 惜しいことに zu *js* ³Bedauern; leider / 惜しいところで im letzten Augenblick (Moment); um ein Haar 《間一髪の差で》/ 惜しいなあ Wie schade! ❷ [貴重な] teuer; kostbar／惜しい人を失ったものだ Sein Tod ist ein großer Verlust. ❸ [もったいない] zu gut; zu schade／この靴はこんな天気にはくのは惜しい Die Schuhe sind zu schade für solches Wetter.

おじいさん お爺さん Groß¦vater *m.* -s, ⸚ (-papa *m.* -s, -s); Opa *m.* -s, -s《祖父》; der Alte*, -n, -n; Greis *m.* -es, -e《老人》.

おしいる 押し入る ein|brechen* [s]; ein|dringen* [s]; ⁴sich ein|zwängen《以上 *in*⁴》.

おしいれ 押入れ Wandschrank *m.* -[e]s, ⸚e.

おしうり 押売り Hausierer *m.* -s, -《行商人》／押売りする *jm* eine Ware auf|drängen (auf|zwingen*); hausieren《行商する》.

おしえ 教え Lehre *f.* -n; Belehrung *f.* -en《教訓》; Unterweisung *f.* -en《指図》; Vorschrift *f.* -en《掟》／孔孟の教え die Lehren von Konfuzius und Menzius／…の教えを受ける bei *jm* lernen (Unterricht haben); bei *jm* studieren《大学で》‖ 教え子 Schüler *m.* -s, -／教え方 Lehrmethode *f.* -n; Unterrichtsmethode《授業法》.

おしえこむ 教え込む ein|üben《*jm* ⁴*et*》; trainieren《*jn in*³》; schulen《*jn in*³》; ein|hämmern《*jm* ⁴*et*》; ein|trichtern《*jm* ⁴*et*》.

おしえる 教える ❶ [教授する] lehren《*jn* ⁴*et*》; unterrichten《*jn in*³》; Unterricht geben* (erteilen)《*jm in*³》; bei|bringen*³⁴; unterweisen*《*jn in*³》／ドイツ語を教える Deutsch lehren《*jn*》; im Deutsch unterrichten《*jn*》／読み書きを教える lesen und schreiben lehren《*jn*》. ❷ [教示する] zeigen³⁴; sagen³⁴《言う》; erklären³⁴《説明する》／道を教える den Weg《*nach*³》zeigen《*jm*》／あなたが誰か教えて下さい Sagen Sie mir bitte, wer Sie sind!／この秘密は教えるわけにはいかぬ Das Geheimnis kann ich nicht verraten.

おじおじ 怖々する ⁴sich ständig beängstigt fühlen; in ständiger Angst (Furcht) sein.

おじか 雄(牡)鹿 Hirschbock *m.* -[e]s, ⸚e.

おしかえす 押し返す zurück|schieben*⁴ (-|stoßen*⁴); zurück|drängen⁴《撃退する》.

おしかけきゃく 押し掛け客 ein ungebetener Gast, -[e]s, ⸚e.

おしかける 押し掛ける ungebeten gehen* [s]《zu *jm*》; ⁴sich auf|drängen《*jm*》; in ³Massen (in großer Menge) gehen* (kommen*) [s]《大勢で》.

おしがる 惜しがる ⇨**おしむ**.

おじぎ お辞儀 Verbeugung *f.* -en; Verneigung *f.* -en; Bückling *m.* -s, -e／お辞儀する eine Verbeugung (einen Bückling) machen; ⁴sich verbeugen ([ver]neigen)／丁寧にお辞儀する eine höfliche Verbeugung (Verneigung) machen; einen höflichen Bückling machen; ⁴sich höflich verbeugen ([ver]neigen).

おじぎそう 〖植〗Mimose *f.* -n; Sinnpflanze *f.* -n.

おしきる 押し切る [mit ³Gewalt] durch|führen⁴／反対を押し切って trotz der ²Einwendungen.

おじけ 怖気がつく eingeschüchtert werden; beängstigt werden; ins Bockshorn gejagt werden; von ³Angst (Furcht) ergriffen werden.

おしげなく 惜気なく freigebig; großzügig; verschwenderisch《浪費》.

おじける 怖気る ⁴sich einschüchtern lassen*; kleinlaut werden; Angst (Furcht) bekommen*《*vor*³》; vor ³Angst (Furcht) nervös werden; allen Mut verlieren*.

おしこみごうとう 押し込み強盗 Einbruch *m.* -[e]s, ⸚e; Einbrecher *m.* -s, -《人》.

おしこむ 押し込む hinein|stoßen*⁴ (-|drängen⁴)《*in*⁴》.

おしこめる 押し込める ❶ hinein|schieben*⁴ (-|drücken⁴; -|pressen⁴)《*in*⁴》; stopfen⁴《*in*⁴ 詰め込む》／無理に押し込める hinein|zwängen⁴. ❷ [監禁] ein|sperren⁴.

おしすすめる 押し進める ⇨**すいしん**(推進).

おしそう 惜しそうに mit ³Widerwillen; ungern.

おしたおす 押し倒す um|stoßen*⁴ (nieder|-); um|werfen*⁴.

おしだし 押し出し das Äußere*, -n; die äußere Erscheinung; Aussehen *n.* -s／彼は押し出しがりっぱだ Er ist eine stattliche Erscheinung.

おしだす 押し出す hinaus|schieben*⁴ (-|stoßen*⁴; -|drängen⁴); heraus|drücken⁴《押しつぶして中身を》／土俵から押し出す aus dem Ring hinaus|stoßen*⁴／膿(うみ)を押し出す Eiter heraus|drücken.

おしたてる 押し立てる auf|richten⁴ (empor|-); unterstützen⁴《支持》／旗を押し立てて進む mit wehenden ³Fahnen marschieren [s].

おしだま 押玉〖ビリヤード〗Nachläufer *m.* -s, -.

おしつけがましい 押し付けがましい aufdringlich; zudringlich.

おしつける 押し付ける ❶ [壁・床などに] drücken⁴《*an*⁴; *gegen*⁴》／枕に顔を押しつける sein Gesicht in die Kissen drücken. ❷ [強制] auf|drängen³⁴; auf|nötigen³⁴; auf|zwingen*³⁴／品物を押しつける eine Ware auf|drängen³.

おしつぶす 圧し潰す erdrücken; zerdrücken; zermalmen⁴; zerquetschen⁴.

おしつまる 押し詰まる Das Jahr nähert sich seinem Ende.《年が》.

おしつめる 押し詰める ⇨**おしこめる**.

おしとおす 押し通す durch|führen⁴《遂行》; durch|setzen⁴《貫徹》; beharren (bestehen*)《*auf*³ 固執》／独身で押し通す ledig bleiben* [s].

おしとどめる 押し留める zurück|halten*⁴ (ab|-)《*von*³》.

おしどり 鴛鴦 Braut¦ente (Mandarinen-) *f.* -n.

おしながす 押し流す fort|schwemmen⁴ (weg|-); fort|treiben* (weg|-).

おしなべて 押し並べて im Allgemeinen; im Ganzen; durchschnittlich《平均》.

おしぬぐう 押し拭う ab|wischen⁴／涙を押し拭う ³sich Tränen ab|wischen.

おしのける 押しのける beiseite schieben*⁴; weg|stoßen*⁴ (-|drängen⁴)／群衆を押しのけ

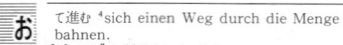

おしのび お忍びで heimlich.
おしはかる 推し量る ⇨すいりょう(推量).
おしば 押し花 eine gepresste Pflanze, -n／押し花を作る Blumen pressen.
おしひろげる 押し広げる ⇨広げる.
おしひろめる 押し広める aus|dehnen⁴; erweitern⁴／推し広めて言えば in erweiterten Sinne.
おしべ 雄蕊【植】Staubblatt n. -(e)s, ¨e.
おしボタン 押しボタン Druckknopf m. -(e)s, ¨e; Klingelknopf《呼鈴の》.
おしまず 惜しまず ⇨おしげなく／骨を惜しまず働く fleißig arbeiten; keine Mühe sparen (scheuen).
おしむ 惜しむ ❶ [残念に思う] bedauern⁴; trauern《um²》. ❷ [名っむ] ungern geben⁴⁴; sparen⁽⁴⁾《mit³》; kargen《mit³》／労を惜しむ die Mühe scheuen／費用を惜しまない keine Kosten sparen (scheuen). ❸ [大切にする] schätzen⁴／名を惜しむ auf seine Ehre halten⁴.
おしもおされぬ 押しも押されぬ anerkannt; allgemein geschätzt／彼は押しも押されぬ物理学者だ Er ist als Physiker weit und breit anerkannt.
おしもどす 押し戻す zurück|stoßen⁴⁴ (-|schieben⁴⁴); zurück|weisen⁴⁴《断る》.
おしもんどう 押問答 Wortgefecht n. -(e)s, -e; das Hin- und Herreden⁴, -s.
おしゃく お酌 das Einschenken⁴, -s／お酌する ein|schenken⁴《jm ⁴et》.
おしゃぶり Beißring m. -(e)s, -e.
おしゃぶる 押し破る auf|brechen⁴⁴; ein|brechen⁴⁴／戸を押し破る die Tür auf|brechen⁴／押し破って出る (入る) aus|brechen⁴ (ein|-) 国.
おしゃべり ❶ Geschwätz n. -es, -e; Geplauder n. -s; Geplapper n. -s; Gerede n. -s; Klatsch m. -es, -e《噂話》; おしゃべりな geschwätzig; plauderhaft; plapperhaft; klatschhaft／おしゃべりする plaudern; schwatzen; plappern; klönen; klatschen《噂話をする》. ❷ [饒冠多家] Schwätzer m. -s, -; Plauderer m. -s, -; Plapperhans m. -es, -e／おしゃべり女 Schwätzerin f. .-nen; Plauderin f. .-rinnen; Klatschbase f. -n.
おしやま altklug; unkindlich; frühreif.
おしやる 押し遣る [側へ] auf die Seite schieben⁴⁴; beiseite schieben⁴⁴.
おしゃれ お洒落 [男] Stutzer m. -s, -; Geck m. -en, -en; Dandy m. -s, -s; Modenarr m. -en, -en; [女] Stutzerin f. .-rinnen; Modepuppe f. -n／おしゃれな eitel; stutzerhaft; geckenhaft／おしゃれする ⁴sich putzen⁴; ⁴sich schön machen⁴; ⁴sich schmücken.
おじゃん zu Wasser (Essig; nichts) werden; zugrunde (zu Grunde) gehen⁴ 国; fruchtlos (erfolg-; nutz-) bleiben⁴ 国／それはおじゃんになった Damit ist es Essig!; Damit ist es aus (vorbei; nichts)!
おしょう 和尚 Bonze m. -n, -n; ein buddhistischer Priester, -s, -.

おじょうさん お嬢さん Ihr(e) Fräulein Tochter; die junge Dame, -n; Miss f. -es／お嬢さん育ち die verhätschelte (verwöhnte; verzärtelte) junge Dame; die lebensfremde (lebensunerfahrene) junge Dame《世間知らず》／お嬢さん【Gnädiges】 Fräulein!《呼びかけ》.
おじょうばん お相伴 ¶ お相伴する teil|nehmen (teil|haben) dürfen⁴⁴《an³》; ⁴sich beteiligen dürfen⁴⁴《an³; bei³》; mit|machen dürfen⁴⁴; mit eingeladen werden《zu³; bei³》; einen (Gewinn)anteil《an³》haben.
おしょく 汚職 Korruption f. -en ∥ 汚職事件 Korruptions|affäre (Bestechungs-) f. -n.
おじょく 汚辱 Schande f. -n; Schmach f. -; Demütigung f. -en; Unehre f. -n; Verruf m. -(e)s《悪評》; die üble Nachrede《同上》; Schandfleck m. -(e)s, -e《汚点》. ── 汚辱を加える eine Schande (Schmach) an|tun⁴《jm》; demütigen《jn》; Unehre machen《jm》; in ⁴Verruf (in üble Nachrede) bringen⁴⁴《jn》; einen Schandfleck an|hängen《jm》.
おしよせる 押し寄せる ⁴sich vor|drängen; vor|dringen⁴⁴ 国; ⁴sich heran|drängen《こちらに》; heran|rücken 国《同上》.
おしろい 白粉 Schminkweiß n. -es; Puder m. -s, -／おしろいをつける ⁴sich pudern; ⁴sich schminken ∥ おしろい入れ Puderdose f. -n／おしろい刷毛{ハケ} Puderquaste f. -n.
オシログラフ【理】Oszillograph m. -en, -en.
おしわける 押し分ける auseinander schieben⁴⁴ (-|drängen⁴)／群衆を押し分けて進む ⁴sich durch eine Menschenmenge durch|drängen.
おしわりむぎ 押割り麦 gepresste Gerste, ↑ -n.
おす 雄; 牡 Männchen n. -s, -／雄の豚 ein männliches Schwein, -(e)s, -e; Eber m. -s, -.
おす 押す stoßen⁴⁴; schieben⁴⁴; drängen⁴; drücken⁴／ボタンを押す auf den Knopf drücken／車を押す einen Karren (Wagen) schieben⁴／スタンプを押す den Stempel drücken; stempeln／彼は肘で私の脇腹を押した Er stieß mich mit dem Ellbogen in die Seite.
おす 推す ❶ [推定] folgern⁴《aus³》; schließen⁴⁴《aus³》／…から推して判断する beurteilen⁴《nach³》／他は推して知るべし Das andere lässt sich leicht denken. ❷ [推薦] empfehlen⁴⁴; vor|schlagen⁴⁴／候補者に推す jn als ⁴Kandidaten vor|schlagen⁴.
おすい 汚水 schmutziges Wasser, -s; Schmutzwasser n. -s, ¨; Abwasser／汚水溜{ため} Senkgrube f. -n.
おずおず おずおずとした) ängstlich; furchtsam; scheu; schüchtern／おずおずする scheu (schüchtern) sein／おずおずしたまなざし ein scheuer Blick, -(e)s, -e.
おすまし お澄まし ¶ 彼女はおすましだ Sie tut spröde.
オセアニア Ozeanien n. -s.
おせじ お世辞 Kompliment n. -(e)s, -e; Artigkeit f. -en; Höflichkeit f. -en; Schmei-

chelei *f.* -en《おべっか》/お世辞に aus ³Höflichkeit/お世辞を言う *jm* Komplimente machen; *jm* Artigkeiten sagen; *jm* schmeicheln《おべっか》‖ お世辞屋 Schmeichler *m.* -s, -; Speichellecker *m.* -s, -《おべっか使い》.

おせっかい お節介 Einmischung *f.* -en ⇨**かんしょう**(干渉)/おせっかいする ⁴sich ein|mischen (ein|mengen)《*in*⁴》; die Nase stecken《*in*⁴》/彼はおせっかい屋だ Er mischt sich gern in fremde Angelegenheiten ein.

おせん 汚染 Verunreinigung *f.* -en; Verschmutzung *f.* -en; Bedudelung *f.* -en; Verseuchung *f.* -en ‖ 水銀汚染 Verpestung《*f.*》mit Quecksilber/大気汚染 Luft¦verseuchung (-verpestung).

おそい 遅い ❶ [時期・時刻] spät; verspätet《遅刻》/夜遅く spät nachts (in der Nacht)/〔夜〕遅くまで bis spät 〔in die Nacht〕/遅くとも spätestens/遅かれ早かれ früher oder später; über kurz oder lang/もう遅い Es ist schon 〔zu〕 spät./近頃彼はいつも帰りが遅い In letzter Zeit kommt er immer spät nach Hause. ❷ [緩慢] langsam/足が遅い einen langsamen Schritt haben/彼は解りが遅い Er ist langsam von Begriff.

おそう 襲う ❶ an|greifen*⁴; an|fallen*⁴; befallen*⁴《病気など》; überfallen*⁴《不意に》/不安の念に襲われる von Angst ergriffen werden/眠気に襲われる vom Schlaf befallen (überfallen) werden. ❷ [継承] *jm* 〔nach|〕folgen [s]; erben⁴.

おそざき 遅咲きの spätblühend/遅咲きのバラ eine späte Rose, -n.

おそなえ お供え Opfer *n.* -s, -; Weihgabe *f.* -n/お供えする ⇨**そなえる**(供える).

おそまき 遅蒔きながら obwohl (zwar) etwas verspätet/それはいささか遅蒔きだったね Das war ein bisschen zu spät.

おそらく 恐らく wahrscheinlich《たぶん》; vermutlich; möglicherweise; vielleicht《ひょっとしたら》; voraussichtlich《予想》/恐らく誰もこの提案に反対しないだろう Voraussichtlich wird niemand dem Vorschlag widersprechen./恐らく彼はもう立去ってしまったかもしれない Ich fürchte, er ist schon fort.

おそるおそる 恐る恐る schüchtern; scheu; ängstlich; unsicher; ehrerbietig《恭しく》; ehrfurchtsvoll《同上》.

おそるべき 恐るべき ⇨**おそろしい**.

おそれ 恐れ, 怖れ, 畏れ Furcht *f.*《恐怖・懸念》; Befürchtung *f.* -en《同上》; Angst *f.* ⸚e《不安》; Schrecken *m.* -s, -《驚愕(ｶﾞｸ)》; Besorgnis *f.* ..nisse《心配》; Ehrfurcht *f.*《畏敬》/状勢が悪化する恐れがある Es ist zu befürchten, dass die Lage sich verschlimmert./彼はすっかり恐れをなしてしまった Er ist vollkommen eingeschüchtert.

おそれいる 恐れ入る ¶ 彼の厚かましいのには全く恐れ入るよ Seine Aufdringlichkeit ist geradezu verblüffend./恐れ入りますが, お火を拝借させて下さい Entschuldigen Sie, darf ich Sie um Feuer bitten?/どうも恐れ入りました Ich danke Ihnen sehr./これは恐れ入った Ich bin ganz sprachlos.

おそれおおい 畏れ多い ⇨**もったいない**.

おそれおののく 恐れ戦く vor ³Angst (Furcht) zittern (beben).

おそれながら 畏れながら ehrfurchtsvoll.

おそれる 恐れる〔be〕fürchten⁴; ⁴sich fürchten《*vor*³》; Furcht (Angst) haben《*vor*³》; scheuen⁴; ⁴sich scheuen《*vor*³》/…を恐れて aus ³Angst (Furcht)《*vor*³》.

おそろい お揃いで〔alle〕zusammen; alle beide《二人の場合》; allesamt; vollzählig《全員そろって》/お揃いで散歩する alle (beide) miteinander einen Spaziergang machen/お揃いで写真をとる beide beieinander fotografieren lassen*/お揃いの服を着る die gleichen Anzüge tragen*.

おそろしい 恐しい [*a.*] furchtbar; fürchterlich; schrecklich; scheußlich; entsetzlich; gräßlich; grausig/恐しい暑さ eine furchtbare (fürchterliche) Hitze/恐しい犯罪 ein gräßliches (grauenhaftes; schreckliches) Verbrechen, -s, -/恐しい奴 ein scheußlicher (schrecklicher) Kerl, -〔e〕s, -e.

おそろしく 恐しく furchtbar; schrecklich; wahnsinnig/恐しく寒い furchtbar kalt/恐しく高い《値段が》wahnsinnig (unverschämt) teuer.

おそろしさ 恐しさ Furchtbarkeit *f.* -en; Schrecklichkeit *f.* -en/恐しさの余り vor ³Furcht (Angst; Schrecken).

おそわる 教わる ⇨**ならう**(習う).

オゾン〖化〗Ozon *n.* -s/オゾン層を破壊しない(にやさしい) ozonfreundlich ‖ オゾン層 Ozonschicht *f.*/オゾンホール Ozonloch *n.* -〔e〕s, ⸚er.

おたがい お互い ⇨**たがい**.

おたずねもの お尋ね者 der strafrechtlich Verfolgte*, -n, -n.

おだて 煽て Aufhetzerei *f.* -en; Aufhetzung *f.* -en; Anstiftung *f.* -en; Verhetzung *f.* -en; das in den Himmel 〔Er〕heben*, -s《もち上げること》; Schmeichelei *f.* -en《おべっか》/おだてに乗る ⁴sich durch Schmeicheln bewegen lassen*《*zu*³》; ⁴sich durch glatte Worte überreden lassen*《*zu*³》; in den Himmel 〔empor〕gehoben (erhoben) werden. ── おだて〔上げ〕る durch Schmeicheln bewegen《*jn zu*³》; durch glatte Worte überreden《*jn zu*³》; in den Himmel 〔er〕heben*《*jn*》/おだてられて委員長になった Durch glatte Worte begeistert (überredet), nahm er den Posten des Vorsitzenden an.

おたふく お多福 ⇨**おかめ** ‖ おたふく風邪 Ziegenpeter *m.* -s; Mumps *m.* -.

おだぶつ お陀仏になる〖俗〗bei Petrus an|klopfen; ⁴sich mit Petrus bekannt machen; [くたばる] krepieren [s].

おだまき 苧環 ❶ [糸巻]〔Garn〕spule *f.* -n. ❷〖植〗Akelei *f.* -en; Aglei *f.* -en.

おたまじゃくし お玉杓子 Kaulquappe *f.* -n.

おたまや お霊屋 Mausoleum *n.* -s, ..leen.

おためごかし お為ごかしに ⁴Freundlichkeit heuchelnd.

おだやか 穏やかな(に) ruhig; friedfertig;

おだわらひょうじょう 小田原評定 Palaver *n*. -s, -; das zwecklose Gerede, -s, -; die endlose Hin- und Hergerede.

おち 落ち ❶ [手落ち] Ausfall *m*. -(e)s, =e; Lücke *f*. -n; das Übergehen*, -s; Unvollständigkeit *f*.; das Übersehen*, -s ⟨見落とし⟩/ohne⁴ lückenlos; ⟨ab⟩geschlossen; erschöpfend; komplett; vollständig. ❷ [話の落ち] Pointe *f*. -n; Creme *f*. -s; [Haupt]witz *m*. -es, -e; Würze *f*. -n/話の落ちがわかる⟨わからぬ⟩die Pointe der Geschichte verstehen* ⟨vermissen⟩. ❸ [結果] Ende *n*. -s, -n; Ausgang *m*. -(e)s, =e; Ergebnis *n*. ...nisses, ...nisse/...するのが落ちだ Die Folge ist, daß ...; hinaus|laufen* ⓢ ⟨auf⁴⟩.

おちあい 落ち合い das Zusammenkommen* ⟨-treffen*⟩, -s; Rendezvous *n*. -, -; das Zusammen|fließen*, ⟨s⟩-strömen*⟩, -s ⟨川の⟩.

おちあう 落ち合う [会う] zusammen|kommen* ⟨-|treffen*⟩ ⓢ ⟨mit jm⟩; ⁴sich versammeln; treffen* ⟨jn⟩; begegnen ⓢ ⟨jm 偶然に⟩.

おちいる 陥る fallen* ⓢ; geraten* ⓢ; verfallen* ⓢ ⟨in⁴⟩/危険に陥る in ⁴Gefahr kommen* ⟨geraten*⟩ ⓢ/誘惑に陥る in Versuchung fallen* ⟨kommen*⟩ ⓢ.

おちうど 落人 Flüchtling *m*. -s, -e; Ausreißer *m*. -s, -.

おちおち おちおち眠れない keinen ruhigen Schlaf genießen können*; nur schlecht schlafen*.

おちかさなる 落ち重なる aufeinander ⟨übereinander⟩; in ⟨Haufen⟩ fallen* ⓢ/落ち重なっている aufeinander ⟨übereinander⟩ gefallen* ⟨in Haufen⟩ liegen*.

おちこち 遠近に nah und fern; weit und breit.

おちこむ 落ち込む hinein|fallen* ⟨-|geraten*⟩ ⓢ ⟨in⁴⟩; ein|sinken* ⟨versinken*⟩ ⟨in⁴⟩/落ち込んだ hohl; eingefallen ⟨くぼんだ⟩; tief liegend; versunken ⟨水中などに⟩.

おちつき 落ち着き ❶ [Gemüts]ruhe *f*.; Ausgeglichenheit *f*.; Fassung *f*.; Gefasstheit *f*.; Gelassenheit *f*.; Gesetztheit *f*.; Gleichgewicht *n*. -(e)s; Sicherheit *f*.; das sichere Wesen, -s; Geistesgegenwart *f*. ⟨沈着⟩/落ち着きのある ⟨gemüts⟩ruhig; ausgeglichen; voller Fassung; gefasst; gelassen; gesetzt; mit ³Gleichgewicht; sicher; geistesgegenwärtig ⟨沈着な⟩/落ち着きのない ⟨gemüts⟩unruhig; ruhelos; unausgeglichen; ohne ⁴Fassung ⟨Gleichgewicht⟩; nervös; ungeduldig; unsicher; erregt ⟨興奮した⟩; geistesabwesend ⟨放心した⟩. ❷ [調和] 落ち着きがよい überein|stimmen ⟨*mit*³⟩; zueinander passen.

おちつきはらう 落ち着きはらう stoische Seelenruhe bewahren*; nicht aus seiner Seelenruhe gebracht werden.

おちつく 落ち着く ❶ [住む] ⁴sich nieder|lassen* ⟨*in*³⟩; ⁴sich ⟨häuslich⟩ ein|richten; Heimat finden*; sesshaft werden; Wohnung nehmen* ⟨zur Miete⟩; ruhig zu Hause bleiben* ⓢ/結婚して落ち着く in den ruhigen Hafen der Ehe ein|laufen* ⓢ/宿に落ち着く ⁴sich ein|quartieren; Quartier nehmen*/この土地に落ち着いた Ich habe mich an diesem Ort festgesetzt ⟨eingenistet⟩./落ち着く先 Bestimmungsort *m*. -(e)s, -e; Reise|ziel ⟨Marsch-⟩ *n*. -(e)s, -e. ❷ [鎮まる] ruhig werden; ⁴sich legen; ⁴sich mildern; nach|lassen* ⓢ/天気が落ち着いてきた Das Wetter ist jetzt beständig. ❸ [心が] zur Ruhe kommen* ⓢ; seine Geistesgegenwart gewinnen*; seine fünf Sinne wieder beisammen haben*; ⁴sich zusammen|nehmen*/気が落ち着く Vernunft an|nehmen*; zur Vernunft kommen*; ⁴sich befreit fühlen ⟨安心する⟩; ⁴sich gemütlich fühlen ⟨くつろぐ⟩/気が落ち着かない ⁴sich unruhig ⟨unbehaglich⟩ fühlen. ❹ [調和する] überein|stimmen ⟨*mit*³⟩; zueinander passen. —— 落ち着いて auf ruhige ⟨in ruhiger⟩ Weise.

おちつける 落ち着ける beruhigen ⟨*jn*⟩; besänftigen ⟨*jn*⟩; stillen ⟨*jn*⟩; zur Ruhe bringen* ⟨besänftigen⟩/気を落ち着ける ⁴sich beruhigen ⟨besänftigen⟩; ⁴sich wieder in die Hand bekommen*; ⁴sich selbst besiegen; zur Ruhe kommen* ⓢ.

おちど 落度 Fehler *m*. -s, -; Fehl *m*. -(e)s, -e ⟨持続的⟩; Makel *m*. -s, -; Mangel *m*. -s, =; Schuld *f*. ⟨過失⟩/落度のない Fehler los ⟨makel-; schuld-⟩ ⟨*od*. -frei⟩; mangelfrei; frei von Fehlern ⟨Fehl; Makel; Mängeln; Schuld⟩ / 落度を捜す bekritteln*; bemäkeln⁴; bemängeln⁴; nörgeln ⟨*an*³⟩; etwas auszusetzen haben ⟨*an*³⟩/人の落度にする Schuld ⟨die Schuld⟩ geben* ⟨*jm*⟩; die Schuld auf andere ab|wälzen.

おちのびる 落ち延びる das Weite suchen; ⁴sich dem Feind⟨e⟩ entziehen*.

おちば 落葉 die ⟨ab⟩gefallenen Blätter ⟨*pl*⟩ / 落葉が地に散りちいている Verwelkte Blätter liegen verstreut auf dem Boden.

おちぶれる 落ちぶれる herunter|kommen* ⓢ; auf den Hund ⟨die Räder⟩ kommen* ⓢ; auf die abschüssige Bahn geraten* ⓢ; ruiniert werden; vollständig fertig sein/落ちぶれて乞食になる an den Bettelstab kommen*.

おちぼ 落穂 die liegen gebliebenen Ähren ⟨*pl*⟩/落穂を拾う Ähren lesen* ‖ 落穂拾い das Ährenlesen*, -s ⟨動作⟩; Ährenleser *m*. -s, - ⟨人⟩.

おちむしゃ 落ち武者 der entflohene ⟨ausgerissene; geflüchtete⟩ Krieger, -s, -.

おちめ 落ち目 Verfall *m*. -(e)s; das Sinken*, -s/彼は落ち目だ Er ist dem absteigenden Ast.: Es geht mit ihm

おちゃ お茶 Tee *m.* -s, -s; der grüne Tee 《日本茶》; der schwarze Tee《紅茶》; Teepflanze *f.* -n〈-strauch *m.* -(e)s, ¨e(樹)〉/Tee|kult *m.* -(e)s, -e 〈-zeremonie *f.* -n〉《茶道》. ¶ 茶の子 etwas bis zum Lächerlichen Leichtes*; Lappalie *f.* -n/お茶にする《比》die Nase rümpfen《*über*⁴》; wegwerfend (geringschätzig) behandeln⁴; verächtlich ab|tun*⁴/お茶をひく **1)** Tee mahlen(*. **2)** ohne ⁴Beschäftigung herum|sitzen*/お茶をにごす*es auf Flickerei ankommen lassen*; die letzten Konsequenzen nicht ziehen*.

おちゃっぴい お茶っぴい das liederliche Mädchen, -s, -; das freche (vorlaute) Weibsbild, -(e)s, -er 〈-stück, -(e)s, -e〉/お茶っぴいな少女 die Jungfer Naseweis; Frechdachs *m.* -es, -e.

おちゆく 落ち行く die Flucht ergreifen; das Weite suchen.

おちょぼぐち おちょぼ口 der aufgeworfene Mund, -(e)s, ¨e(r); die aufgeworfenen Lippen 〈*pl*〉.

おちる 落ちる ❶〔落下〕nieder|fallen* 〖s〗〈nieder|stürzen〖s〗; einen Fall tun*/船から落ちる über ⁴Bord fallen*〉; aus einem Schiff (ins Wasser) stürzen/階段から落ちる die Treppe hinunter|fallen* (herunter|-) 〖s〗/木から落ちる von einem Baum stürzen (fallen*)/こちらへ落ちる herunter|fallen* (-|stürzen) 〖s〗/向こうへ落ちる hinunter|fallen* (-|stürzen) 〖s〗/飛行機が落ちた Ein Flugzeug stürzte ab. 〔重量などのために〕zusammen|fallen* (ein|-) (*od.* -|stürzen) 〖s〗/洪水で落ちる〈橋など〉weggewaschen werden/屋根が落ちた Das Dach ist eingestürzt./重みで床が落ちた Der Fußboden hat dem Gewicht nachgegeben. ❸〔滴る〕tropfen 〖h.s〗; tröpfeln 〖h.s〗; triefend fallen* 〖s〗. ❹〔脱落〕fehlen; weg|fallen* (-|bleiben*) 〖s〗; 〔⁴sich〕vermissen lassen*/彼の名が落ちている Sein Name fehlt.: Ich vermisse seinen Namen. ❺〔日·月が〕unter|gehen* 〖s〗; ⁴sich neigen; sinken* 〖s〗/日が落ちかかっている Die Sonne geht eben zur Neige. ❻〔離れ落ちる〕ab|fallen* (weg|-) 〖s〗/ふけが落ちる〈Kopf〉schuppen fallen ab. ❼〔落第〕〈im Examen〉durch|fallen* 〖s〗; sitzen bleiben* 〖s〗〈〖原級留年〗〉. ❽〔遁亡〕das Weite suchen; ⁴sich (auf und) davon machen. ❾〔潮·風などが〕fallen* 〖s〗; sinken* 〖s〗; nach|lassen*; ⁴sich legen; schwächer werden. ❿〔劣る〕ab|fallen* 〈*gegen*⁴〉; unterlegen (untergeordnet) sein〈*jm*〉; dem Wasser reichen können*/この商品ははくらく落ちる Diese Waren fallen stark ab gegen jene. ⓫〔手中·わなどに〕fallen* 〖s〗〈*jm*〉; erwischt werden. ⓬〔城などが〕erobert (eingenommen) werden. ⓭〔取れる〕この顔料は洗ってもなかなか落ちない Diese Schminke lässt sich schwer abwaschen. ⓮〔衰える〕人気が落ちかかっている Seine Beliebtheit ist im Schwinden begriffen./うちの鶏はみな落ちた〔死んだ〕Unsere Hühner sind alle verendet.

おつ 乙〈なに〉fein; elegant; schick; schmuck/乙なことを言う witzige Bemerkungen machen/乙にすます spröde tun*; vornehm tun*.

おつき お付き〔貴人の〕Kammerdiener *m.* -s, -; Kammermädchen *n.* -s, -《腰元》. ⇨つきそい.

おっくう 億劫な lästig; beschwerlich; fatal; misslich; unbequem/...するのを億劫がる es lästig finden*, ⁴*et* zu tun, der Mühe(n) zu vermeiden suchen, ⁴*et* zu tun.

おつげ お告げ〔神の〕Orakel *n.* -s, -《神託》; Offenbarung *f.* -en《啓示》.

おっちょこちょい leichtfertig; vorschnell; leichtlebig; flatterhaft.

おっつかっつ fast gleich〈*wie*〉; ungefähr dasselbe.

おっつけ 追っ付け ⇨やがて.

おって 追手 Verfolger *m.* -s, -/追手をかける verfolgen*〖s〗; nach|jagen³〖s〗.

おって 追って später; nachher/追って沙汰あるまで bis auf weiteres.

おっと 夫〔Ehe〕mann *m.* -(e)s, ¨er; Gatte *m.* -n, -n; Gemahl *m.* -(e)s, -e/私の夫 mein Mann/私は夫のある身です Ich bin verheiratet.

おっと oh!/おっとどっこい《転びそうになったときな》hoppla!

おっとせい Seelöwe *m.* -n, -n.

おっとり おっとりした ruhig; still; sanft.

おてあげ お手上げである ratlos; hilflos; aufgeschmissen; in der Klemme《以上いずれも sein》.

おでこ die gewölbte (hervorstehende) Stirn(e), ..nen; einer* mit gewölbter (hervorstehender) Stirn(e)《人》.

おてだま お手玉 Stoffbällchen *n.* -s, -/お手玉をする Stoffbällchen spielen.

おてのもの お手の物 ¶ 計算は彼のお手の物だ Rechnen ist seine Stärke (starke Seite)./それは私のお手の物です Da bin ich zu Hause.

おてやわらか お手柔かに sanft; milde; nachsichtig《後文に》/お手柔かにどうぞ Bitte, nicht zu hart!

おてん 汚点 Fleck *m.* -s, -e; Makel *m.* -s, -; Klecks *m.* -es, -e/汚点のない fleckenlos; makellos.

おてんば おてんば娘 ein wildes Mädchen, -s, -;《俗》Range *f.* -n; Wildfang *m.* -(e)s, ¨e; Backfisch *m.* -(e)s, -e.

おと 音 Ton *m.* -(e)s, ¨e; Schall *m.* -(e)s, -e (¨e); Laut *m.* -(e)s, -e; Klang *m.* -(e)s, -e (¨e); Geräusch *n.* -es, -e (騒音)/音もなく lautlos; geräuschlos/音に聞こえた weit|bekannt (-berühmt)/やかましい音をたてる einen großen Krach (Lärm) machen/戦車のやって来る音がする Ich höre einen Panzer herkommen.

おとうさん お父さん Vater *m.* -s, ¨; Vati *m.* -s, -s《小児語》; Papa *m.* -s, -s《同上》.

おとうと 弟 js〔jüngerer〕Bruder, -s, =/あれは私の弟です Das ist mein Bruder.

おどおど おどおどする, おどおどしている ängstlich (bange; kleinmütig; schüchtern; zaghaft) sein; in nervöser Unruhe sein/おどおどして in Angst (Bangigkeit; Schüchternheit) befangen; angstbefangen; in nervöser Unruhe.

おどかし 威し ⇒おどし.

おどかす 威かす ⇒おどす.

おとぎ お伽話 Märchen n. -s, -/お伽話をする Märchen erzählen/お伽の国 Märchenland n. -[e]s; Feenland《妖精の国》.

おどけ Scherz m. -es, -e; Posse f. -n; Possen m. -s, -; Schwank m. -[e]s, =e; Schnurre f. -n; Spaß m. -es, =e;《俗》Jux m. -es, -e/おどけて in 〔aus; zum〕Scherz (Spaß); scherz|hafterweise (spaß-) ‖ おどけ者 Scherz|macher (Spaß-) m. -s, -; Possen|macher (-reißer) m. -s, -.

おとこ 男 ❶[男性] Mann m. -[e]s, =er; das männliche (starke) Geschlecht, -[e]s/男と女 Mann und Frau/男のような女 eine männliche Frau, -en; Mannweib n. -[e]s, -er. ❷[一般的に人間・奴など] Mensch m. -en, -en《人間》; Mann《男》; Kerl m. -[e]s, -e《奴》; Geselle m. -n, -n/美貌の(強い)男 ein schöner (starker) Mann/才能のある男 ein Mann von ³Talent/恥しらずの男 ein unverschämter Kerl/奴は実にいい男だ Er ist ein Prachtkerl. ❸[下男] Diener m. -s, -; Knecht m. -[e]s, -e. ❹[男子の本領] 男の中の男 ein Mann unter ³Männern/男を上げる(上げる) einen guten Ruf verlieren⁴ (³sich einen guten Ruf erwerben*)/男を磨く seinen männlichen Charakter bilden/男を見せる (sich als ⁴Mann zeigen (erweisen))/彼は男の意気を示した Er hat sich als Mann bewährt. ⇒おとこらしい. ❺[情夫] der Geliebte*, -n, -n; Liebhaber m. -s, -/男をこしらえる ³sich einen Liebhaber ver|schaffen.

おとこぎ 男気, 俠気 Männerherz n. -ens, -en; Mannesmut m. -[e]s.

おとこぎらい 男嫌い Männerscheu f.

おとこぐるい 男狂いをする mannstoll (mannssüchtig) sein; männertoll (männersüchtig) sein.

おとこごころ 男心 Männerherz n. -ens, -en; Männerliebe f. -n《気まぐれ》.

おとこざかり 男盛り ‖ 彼は今男盛りだ Er ist jetzt in seinem besten Mannesalter.

おとこじょたい 男所帯 Junggesellen|wirtschaft f. -en; ein frauenloser Haushalt, -[e]s, -e.

おとこずき 男好きのする anziehend; berückend; bestrickend; betörend; aufreizend; gewinnend;〔性的に〕adrett; appetitlich/男好きのする顔 ein Gesicht (n. -[e]s, -er) von berückender Liebreiz.

おとこたらし 男蕩し Kokette f. -n; Vamp m. -s, -s; Sirene f. -n; Circe f. -n.

おとこなき 男泣きに泣く nach ³Mannesart weinen; Männestränen weinen.

おとこのこ 男の子 Junge m. -n, -n; Bub m. -en, -en《主として南ドイツで》; Knabe m. -n, -n; Sohn m. -[e]s, =e《息子》.

おとこぶり 男振り ‖ 彼は男振りがよい Er sieht gut aus./ Er ist ein hübscher (schöner) Mann.

おとこまさり 男勝りの女 eine männliche Frau, -en; Mannweib n. -[e]s, -er; A-mazone f. -n.

おとこみょうり 男冥利につきる Das ist das Schönste, was ein Mann erleben kann.

おとこめかけ 男妾 der Geliebte*, -n, -n; Beischläfer m. -s, -.

おとこもち 男持ちの für ⁴Männer; für ⁴Herren; Herren-/男持ちの品 Herrenartikel m. -s, -/男持ちの帽子 Herrenhut m. -[e]s, =e.

おとこもの 男物 ⇒おとこもち.

おとこやもめ 男鰥 Witwer m. -s, -.

おとこらしい 男らしい《く》männlich; mannhaft; wie ein Mann/男らしく振舞う ⁴sich männlich benehmen*/男らしくしろ Sei ein Mann!

おとさた 音沙汰 ⇒おんさた《便り》.

おどし 威し [Be]drohung f. -en; Androhung f. -en; Erpressung f. -en《ゆすり》 ‖ 威し文句 Drohworte 《pl》; drohende Worte 《pl》.

おとしあな 落とし穴 Fallgrube f. -n; Falle f. -n/落とし穴にはまる in eine Fallgrube hinein|fallen* ⓢ; in eine Falle geraten* ⓢ.

おとしいれる 陥れる ❶[だます] belügen*⁴; hinein|legen⁴ (herein|-); eine Falle stellen³《陥れようとする》; einen Falle locken《同上》/人を陥れようとする者は自らかえる陥る Wer andern eine Grube gräbt, fällt selbst hinein. ❷[城などを] erobern⁴; ein|nehmen*⁴.

おとしだね 落とし胤 js uneheliches Kind, -[e]s, -er; Bastard m. -[e]s, -e.

おとしだま お年玉 Neujahrsgeschenk n. -[e]s, -e.

おとしばなし 落とし話 Witz m. -es, -e/落とし話をする Witze erzählen.

おとしもの 落とし物 eine verlorene Sache, -n; ein verlorener Gegenstand, -[e]s, =e/何か落とし物をなさいませんでしたか Haben Sie nicht etwas verloren?

おとす 落とす ❶ fallen lassen*⁴;〔なくす〕verlieren*⁴/生命を落とす das Leben verlieren⁴/金を落とす Geld verlieren⁴. ❷[抜かす] aus|lassen*⁴; übersehen*⁴《見落とす》. ❸[城などを] erobern⁴; ein|nehmen*⁴. ❹[取り除く] beseitigen⁴; entfernen⁴/しみを落とす einen Fleck entfernen⁴/髭(?)を落とす ³sich den Bart ab|rasieren. ❺[品位・名誉を落とす] jn erniedrigen; jn entehren/彼は威信を落とした Er hat sein Ansehen eingebüßt. ❻[競売で] ³sich erwerben*. ❼[音を] leiser machen⁴/声を落とす Stimme senken (dämpfen).

おどす 威す drohen《jm》; an|drohen⁴《jm》; bedrohen⁴《jn mit³》; erpressen⁴《von jm 強要する》/威してもすかしても weder durch Drohungen noch [durch] Schmeicheleien/威して従わせる durch Drohungen zum Ge-

おととい 一昨日 vorgestern／一昨日の朝(晩) vorgestern Morgen (Abend)／一昨日おいで Verschwinde!／Weg mit dir!

おととし 一昨年 vorvoriges (vorletztes) Jahr, -e, -e.

おとな 大人 der Erwachsene*, -n, -n; ein erwachsener Mensch, -en, -en／大人になる zum Mann (zur Frau) heran|wachsen*⦅s⦆／大人びている früher reif sein／大人ぶる *sich wie ein Erwachsener benehmen*.

おとなげない 大人気ない kindisch ⦅子供っぽい⦆; engherzig ⦅狭量な⦆.

おとなしい 大人しい ❶ sanft ⦅柔和⦆; gehorsam ⦅従順⦆; artig ⦅行儀よい⦆; ruhig ⦅静かな⦆ おとなしい動物 ein zahmes Tier, -(e)s, -e／おとなしくする sich ruhig verhalten*／artig sein／おとなしくなさい Sei doch artig! ⦅子供に向かって⦆.

おとめ 乙女 Mädchen n. -s, -; Mädel n. -s, - ⦅主として南ドイツで⦆;【詩】Maid f. -en; Jungfrau f. -en ⦅処女⦆‖乙女座【天】Jungfrau.

おとり 囮 Lock|vogel m. -s, - (-mittel n. -s, -)／囮に使うas a*Lockvogel benutzen⁴.

おどり 踊り Tanz m. -es, =e; das Tanzen. -s‖踊りの師匠 Tanzmeister m. -s, -.

おどりあがる 躍り上る auf|springen* (-lfahren)⦅s⦆; in die Höhe springen* (fahren*)⦅s⦆／躍り上って喜ぶ vor (aus; in)³Freude springen* (tanzen); hüpfen.

おどりかかる 躍りかかる an|springen*⁴; springen* ⦅gegen⁴⦆; los|stürzen ⦅auf⁴⦆／ライオンは水牛に躍りかかった Der Löwe sprang den Büffel an.

おどりこ 踊り子 Tänzerin f. ..rinnen.

おどりこむ 踊り込む hinein|platzen (-l springen*)⦅s⦆; -|stürzen⦅s⦆「こちらへ」の代は herein|- を用いる.

おどりば 踊り場 ⦅階段の⦆ Absatz ⦅m. -es, =e⦆ einer Treppe; Treppenabsatz; Podest n. (m.) -s, -e.

おとる 劣る nach|stehen*³; zurück|stehen* ⦅hinter³⦆; unterlegen sein³／劣らない nicht nach|stehen*³; gleich|kommen*³ ⦅an³⦆／君は知力では彼に劣る Du stehst ihm an Intelligenz nach.／彼は他のだれにも引けを取らず万事に人と互角に立ちむかえる Er kann es mit jedem aufnehmen.／〈彼の父は厳格であったが〉彼の母もそれに劣らず厳しかった Seine Mutter war nicht weniger (minder) streng.

おどる ❶ ⦅踊る⦆ tanzen; einen Tanz tanzen. ❷ ⦅躍る⦆ springen*⦅s.h.⦆; hoppen; hopfeln; hop(p)sen⦅s⦆; hüpfen⦅s⦆／嬉しさに胸が躍った Mir hüpfte das Herz vor Freude.

おとろえる 衰える schwächer werden; schwinden⦅s⦆; sinken*⦅s⦆; nach|lassen*⦅s⦆; ab|nehmen*; verfallen*⦅s⦆; ⦅痩せ衰える⦆ ab|magern⦅s⦆／食欲が衰える Der Appetit lässt nach.／記憶力が衰える Das Gedächtnis lässt nach (nimmt ab).／彼の人気も衰え始めた Seine Popularität begann zu schwinden.／彼女は既に色香も衰えている Sie ist schon verblüht.

おどろかす 驚かす ❶ überraschen ⦅jn⦆; ⁴Bewunderung erregen (ein|flößen) ⦅jm⦆; in ¹(Er)staunen (Verwunderung) [ver]setzen ⦅jn⦆; verblüffen ⦅jn⦆. ❷ ⦅恐怖⦆ erschrecken ⦅jn⦆; Schrecken ein|flößen ⦅jm⦆; ins Bockshorn jagen ⦅jn⦆.

おどろき 驚き Überraschung f. -en ⦅意外⦆; Bewunderung f. -en ⦅驚嘆⦆; Erstaunen n. -s ⦅呆れ⦆; Schrecken m. -s, - ⦅恐れ⦆; Verwunderung f. -en ⦅怪訝(けげん)⦆; Wunder n. -s, - ⦅驚嘆⦆／驚きの目を見張るか *¹Überraschung (Bewunderung; Erstaunen; Schrecken; Verwunderung) große Augen machen; verwundert (erstaunt; verwundert) an|starren⁴.

おどろく 驚く überraschen (erstaunt) sein; bewundern⁴; einen Schrecken bekommen*; ⁴sich verwundern; erschrecken*⦅s⦆ ⦅über⁴⦆ ⦅驚いて仰天⦆／驚いたことには zu js ³Überraschung (Bewunderung; Verwunderung; Verwunderung; Verblüfftheit)／驚くべき überraschend; bewundernswert; bewunderungswürdig; Schrecken erregend; verwunderlich; verblüffend ⦅驚いて逃げる überrascht (erschreckt) fort|laufen* (-weg|-)⦅s⦆／驚くに足らず Kein Wunder, dass ...／Man braucht sich nicht zu [ver]wundern, dass ...／Wie sollte man [darüber] staunen, dass .../実に驚いた War das ein Wunder!／Welche Überraschung!／Wie war ich erstaunt (darüber)!／驚いて vor (in; aus js) ³Überraschung (Bewunderung; Schrecken; Verwunderung; Verblüffung; Verblüfftheit).

おないとし 同い年である in demselben (gleichen) Alter sein; gleich alt sein／彼は私と同い年だ Er ist eben so alt wie ich.／Er ist (steht) in meinem Alter.

おなか お腹 Bauch m. -(e)s, =e; Leib m. -(e)s, -er; Magen m. -s, - ⦅胃⦆／おなかが痛い Ich habe Bauchweh (Magenschmerzen).／彼女はおなかが大きい Sie ist schwanger (guter Hoffnung).／おなかがとてもすいた Ich habe [großen] Hunger. Ich bin [sehr] hungrig.

おながざる 尾長猿 ein langschwänziger Affe, -n -n; Langschwanzaffe m. -n, -n.

おなが どり 尾長鶏 ein japanisches langschwänziges Haushuhn, -(e)s, =er; Langschwanzhuhn.

おなが れ お流れになる aus|fallen*⦅s⦆ ⦅行われない⦆; unterbrochen werden ⦅中絶⦆; verschoben werden ⦅延期⦆.

おなじ 同じ ❶ ⦅一つ⦆ derselbe*; nämlich; identisch; gleich／同じ時に zu derselben (zu gleicher) Zeit／彼女はまた同じ服を着た Sie zog wieder dasselbe Kleid an.／それは結局同じことだ Es kommt auf eins (aufs Gleiche) hinaus. ❷ ⦅同等・同様の⦆ gleich; ähnlich／彼らは皆同じ意見だ Sie sind alle derselben (dergleichen) Ansicht.／彼は僕と同じくらい背が高い Er ist so groß wie ich.／彼らが来なくても僕にとっては同じことだ Es ist mir gleich, ob sie kommt oder nicht.／私も同じ

オナニー 142 **おひつじ**

ようなケースを知っています Ich kenne auch einen ähnlichen Fall.
オナニー Onanie f. -.
おなら [abgehende] Blähung, -en; Wind m. -[e]s, -e; Furz m. -es, ⸚e; Pup m. -[e]s, -e /おならをする einen Wind (Winde (pl)) lassen*; furzen; pupen.
おなんどいろ お納戸色 die graublaue (stahlblaue) Farbe, -n.
おに 鬼 ❶ Teufel m. -s, -; Dämon m. -s, -en; Satan m. -s, -e /鬼のような teuf[e]lisch; satanisch; unmenschlich /鬼のような行い Teufelei f. -en; eine teuf[e]lische Tat, -en /鬼のいぬ間に洗濯『Wenn die Katze fort ist, tanzen die Mäuse.』/これで鬼に金棒だ Jetzt haben wir nichts mehr zu fürchten. ❷ 〔鬼鬼〕 Gläubiger m. -s, -.
おにがわら 鬼瓦 Firstziegel m. -s, -.
おにごっこ 鬼ごっこ das Haschen*, -s; Zeck m. (n.) -[e]s; 《お国なまり》Blindekuh f. (盲人ごっこ遊び).
おにばば 鬼婆 eine alte Teufelin, ..linnen; Hexe f. -n 《魔女》.
おにび 鬼火 Irrlicht n. -[e]s, -er.
おにゆり 鬼百合 Tigerlilie f. -n.
おね 尾根 〔Gebirgs〕kamm m. -[e]s, ⸚e; Grat m. -[e]s, -e.
おねじ 雄螺子 Schraubenspindel f. -n.
おの 斧 Axt f. ⸚e; Beil n. -[e]s, -e.《手斧》
おのおの 各々 ⇨ かくじ.
おのずから 自ずから von ³〔sich〕 selbst; unwillkürlich 《思わず》; automatisch 《自動的に》/それはおのずから明らかだ Das versteht sich 〔von selbst (am Rande)〕.
おののく 戦く 〔er〕zittern; 〔er〕beben; 〔er〕schaudern /怖れ戦く vor ³Angst (Furcht) zittern.
おのぼり お上りさん Provinzler 《m. -s, -》 in der Großstadt.
おのれ 己 ⇨ じこ /己自身を(に) ⁴〔³〕sich selbst /己に勝つ ³sich überwinden*; ⁴sich beherrschen /己を知る ⁴sich 〔er〕kennen*; 己の欲せざる所之を人に施すことなかれ Was man sich selbst nicht wünscht, soll man auch anderen nicht antun.
おば 伯母、叔母 Tante f. -n; Muhme f.《古めかしい言い方》/フリーダ伯母さん Tante Frieda /ちょっと伯母さん《中年の婦人に向かい》Hallo, Tantchen!
おばあさん お婆さん ❶ 〔祖母〕Großmutter f. ⸚; Großmütterchen n. -s, -《お婆ちゃん》; Oma f. -s《小児語》. ❷ 〔老女〕die alte Frau, -en; Greisin f. ..sinnen.
オパール Opal m. -s.
おばけ お化け Gespenst n. -es, -er; Schreckbild n. -[e]s, -er; Spuk m. -[e]s, -e; der schwarze (böse) Mann, -[e]s, -er /お化けが出る Es spukt.; Es ist nicht geheuer. ◆ 必ず否定の nicht を伴う /お化け! Pfui, der schwarze (böse) Mann!/あの女は全くお化けのようだ Sie ist wahrhaftig ein Monstrum (Schreckbild). ∥ お化け〔の出る〕屋敷 Gespenster|haus (Spuk-) n. -es, -er.
おはこ Steckenpferd n. -[e]s, -e; Hobby n. -s, -s; die eigene Marke, -n; Spezialität f. -en; [Haupt]stärke f. -n /おはこを出す sein

Steckenpferd reiten*; sein Hobby heraus|kehren /あの人のおはこだ Da ist er in seinem Element (Fahrwasser).
おはじき 御弾き Murmel (Marmel) f. -n; Marbel (Märbel) f. -n /おはじき遊び Murmel|spiel (Märbel-; Marmel-; Marbel-) n. -[e]s, -e /おはじきをする mit Murmeln (Marbeln) spielen; murmeln; marbeln.
おはち 御鉢 Reis|kübel m. -s, - (-zuber m. -s, -). ¶ お鉢が回って来るお鉢の順番 an die Reihe kommen* 〔s.〕; an der Reihe sein /やがて君にお鉢が回って来るよ Bald kommst du d[a]ran.
おばち 雄蜂 Drohn m. -en, -en; Bienenmännchen n. -s, -.
おばな 尾花〔植〕Stielblütengras n. -es, ⸚er《すすき》; eine Art Steppengras.
おばな 雄花〔植〕die männliche Blüte, -n.
おはよう お早う Guten Morgen!
おはらい お祓い Besprechung f. -en /お祓いをする besprechen*.
おはらいばこ お払い箱になる [hinaus]|fliegen* 〔s.〕; abgebaut (hinausgejagt) werden; auf die Straße gesetzt (auf das Pflaster geworfen) werden.
おはり お針 ❶〔裁縫〕Näharbeit f. -en; Näherei f. -en. ❷〔人〕Näherin f. ..rinnen; Näh|mädchen n. -s, - (-mamsell f. -en).
おび 帯 Gürtel m. -s, -; Gurt m. -[e]s, -e; Band n. -[e]s, ⸚e; Leib|binde f. -n《書物の》; Schärpe f. -n《飾り帯》; Zingulum n. -s, -s(..la)《白衣の》; Obi m. -s, -s /帯を巻きつける(締める) ³sich einen Obi um|gürten; ⁴sich mit einem Obi umgürten /帯を締めて つけ〕る den Gürtel fest machen /帯を解く den Gürtel los|binden /帯に短し襷(たすき)に長 し für das eine zu gut, für das andere [wieder] zu schlecht sein; nicht wissen*, wo ¹er seine richtige Anwendung finden soll /帯揚げ Gürtelhalter m. -s, - /帯-留 Gürtelschnalle f. -n /帯地 Gürtelstoff m. -[e]s, -e /帯留 Gürtelband n. -[e]s, ⸚er.
おびえる 怯える ³sich bangen 《vor³; für⁴; um⁴》; es ist jm bang[e]《vor³; um⁴》; auf|schrecken⁴《強度に》; beängstigt werden; die Nachtmahr (das Alpdrücken) haben 《睡眠中に》.
おびがわ 帯皮 Leder|gürtel m. -s, - (-band n. -[e]s, ⸚er)《皮帯》; [Treib]riemen m. -s, -《調皮》.
おひきずり お引き摺り Schlumpe f. -n; Schlampe f. -n; Schluntze f. -n; Schmutzliese f. -n; Vettel f. -n; das schlott[e]rige Weibsstück, -[e]s, -e.
おびく 誘く 〔ver〕locken⁴; an|locken⁴; [an|]ködern⁴; kirren⁴ /誘き出す heraus|locken⁴ 《aus³》/誘き入れる ins Garn (in die Falle) [hinein|]locken⁴.
おびただしい 夥しい unermesslich; enorm; immens; unzählig; zahllos /夥しい量 eine riesige (gewaltige) Menge /ビルの数は夥しい Hochhäuser gibt es in Hülle und Fülle.
おひつ お櫃 Reis|kübel m. -s, - (-zuber m. -s, -).
おひつじ 牡羊座〔天〕Widder m. -s, -.

おひとよし お人好し ❶ der Gutmütige* (Einfältige*), -n, -n. ❷ [少し足りない人] Einfaltspinsel m. -s, -; Gimpel m. -s, -; Simpel m. -s, -; Tropf m. -s, ¨e.

おびふう 帯封 Kreuz|band (Streif-) n. -(e)s, ¨er; Umschlagstreifen m. -s, -/帯封をする ein Kreuzband anlegen; mit ³sich/ein Kreuzband versehen⁴/帯封で送る unter ³Kreuzband schicken⁴.

おひや お冷 das kalte Wasser, -s.

おびやかす 脅かす drohen 〈jm〉; bedrohen 〈jn〉; ein|schüchtern 〈jn〉; erschrecken 〈jn〉; Schrecken ein|flößen 〈jm〉; mit der Faust drohen 〈jm こぶしをふりまわして〉; ins Bockshorn jagen 〈jn〉; bluffen⁴ 〈恐喝する〉; erpressen⁴ 〈[von]jm〉 〈同上〉/彼は脅かそぞと言って私を脅した Er drohte mir den Tod (mit dem Tod).

おひゃくど お百度を踏む ❶〈お宮に〉einen Schrein hundertmal besuchen. ❷〈人の家などへ〉jm das Haus (die Tür) ein|laufen⁴; mit Besuchen bestürmen 〈jn〉.

おひらき お開きにしましょう Machen wir jetzt Feierabend (Schluss).

おびる 帯びる ❶〈剣など〉tragen*⁴; mit ³sich führen⁴/勲章を帯びている Er trägt einen Orden auf der Brust. ❷〈任務を〉beauftragt werden (sein); einen Auftrag (eine Aufgabe) haben; inne|haben*⁴/官職を帯びている ein Amt bekleiden. ❸〈有る〉[in ³sich] haben⁴; enthalten*⁴/怒りを帯びた in ärgerlichem (entrüstetem; zornigem) Ton(e)/酒気を帯びて leicht betrunken/胸に勲章を帯びている einen Affen habend/目に憂いを帯びた [mit] Kummer (Sorge) im Blick/赤身を帯びている rötlich gefärbt sein; einen Anstrich von Rot haben/怒気を帯びている ärgerlich (entrüstet; zornig) aus|sehen*/苦みを帯びている einen bittern Beigeschmack haben 〈von³〉.

おぶれ 尾鰭を übertreiben*⁴/尾鰭をつけて話す zu hoch an|geben*⁴; zu stark betonen⁴; dick auf|tragen*⁴.

おひろめ お披露目 Debüt n. -s, -s; das erste Auftreten, -s/ Erstauftritt m. -(e)s, -e/この女優は昨日お披露目した Die Schauspielerin hat gestern debütiert.

オフィス (Geschäfts)büro n. -s, -s.

おぶう 負ぶう auf dem Rücken (huckepack) tragen*⁴. ⇨お(負)う.

オブザーバー Beobachter m. -s, -; Zuschauer m. -s, -.

オフサイド Abseits n. -, -/オフサイドトラップ Abseitsfalle f. -n.

オプション Option f. -en.

オフセット [印] Offsetdruck m. -(e)s, -e ‖ オフセット印刷機 Offset|presse f. -n/-(druck)maschine f. -n).

おふだ お札 Amulett|gehenk (Schutz-) n. -(e)s, -e; Amulett n. -(e)s, -e; Talisman m. -(e)s, -e.

おぶつ 汚物 Dreck m. -(e)s; Fäkalien 〈pl〉; Kot m. -(e)s; Mist m. -(e)s; Müll m. -s; Unflat m. -(e)s, ¨e ‖ 汚物運搬車 Müll[abfuhr]wagen (Kot-) m. -s, -/汚物運搬人 Müllfuhrmann

m. -(e)s, ¨er; Schundkönig m. -s, -e.

オブラート Oblate f. -n/オブラートで包んだ薬 das in eine Oblate gehüllte Mittel, -s.

オフレコ(ード) [公式] ohne Protokoll n.; [私的] unter uns [bleiben*] 〈口〉/会談はオフレコということになった Das Gespräche ist nicht ins Protokoll gekommen.

おべっか Schmeichelei f. -en; Kriecherei f. -en; Liebedienerei f. -en; Lobhudelei f. -en; Speichelleckerei f. -en/おべっかを使う schmeicheln 〈jm〉; kriechen* 〈vor jm〉; liebedienern; lobhudeln/かれはあの十八番だ Beim Schmeicheln ist er in seinem Fahrwasser (Element). ‖ おべっか者 Schmeichler m. -s, -; Kriecher m. -s, -; Liebediener m. -s, -; Lobhud(e)ler m. -s, -; Speichellecker m. -s, -.

オペラ Oper f. -n/オペラを聞きに行く in die Oper gehen* 旬 ‖ オペラ歌手 Opernsänger m. -s, -/Opernsängerin f. -...rinnen 〈女〉/オペラグラス Opernglas n. -es, -er/オペラ劇団 Opernhaus n. -es, ¨er/オペラハット Klapp-Zylinderhut m. -(e)s, ¨e/グランドオペラ Große Oper/国立オペラ[劇場] Staatsoper f.

オペレーションリサーチ Operationsresearch f. - 〈略: O.R.〉; Unternehmensforschung f.; Optimalplanung f.; mathematische Entscheidungsvorbereitung f.

オペレーター Operator m. -s, -en 〈コンピューターの〉.

オペレッタ Operette f. -n.

おぼえ 覚え ❶ [記憶] Gedächtnis n. ..nisses, ..nisse 旬 ⇨きおく/覚えがいい ein gutes (starkes) Gedächtnis haben/覚えがわるい ein schlechtes (schwaches; kurzes) Gedächtnis (ein Katzengedächtnis) haben. ❷ [回想] Erinnerung f. -en/身に覚えがある〈自覚〉auf dem Gewissen haben*/身に覚えのない böses Gewissen haben/腕に覚えのある ⁴sich auf ³sich selbst verlassen können*/...した覚えがない 〈経験〉frei von jeder Schuld sein; reine Hände haben/一度も出会った覚えない Ich glaube nicht, dass er mir je überhaupt begegnet ist. ❸ [寵(ちょう)] Gunst f.; Huld f.; 覚えがたかい in 〈bei jm〉 in Gunst stehen*; bei jm lieb Kind 〈wohl gelitten〉sein; js Günstling sein.

おぼえがき 覚え書 Memorandum n. ..da; Denkschrift f. -en; Memo n. -s, -s 〈覚え書の紙片〉; Notiz f. -en; Vermerk m. -(e)s, -e 〈書き留め〉.

おぼえず 覚えず ⇨おもわず.

おぼえる 覚える ❶ [記憶] ³sich merken⁴; ³sich hinter die Ohren schreiben*⁴; ³sich ins Gedächtnis ein|prägen⁴; ⁴sich notieren⁴; nicht vergessen*⁴/覚えている im Gedächtnis (Kopfe) haben⁴ (behalten*⁴); eingedenk* sein; erinnerlich sein; gegenwärtig sein 〈jm〉/自分の覚えているところでは wenn meine Erinnerung mich nicht täuscht; wenn ich mich recht erinnere (entsinne); soviel ich mich erinnere (entsinne); soviel ich weiß/まだ覚えているかい Weißt du noch?/それを覚えている人はまだたくさんいる Es leben noch viele, die sich daran erinnern 〔können〕./覚えていろ Du wirst es noch an dir selbst fühlen! ❷ [暗記] auswendig lernen^{4}; ein|pauken^{4} 《叩き込む》; ein|studieren^{4} 《覚えこむ》; ein|üben^{4} 《同上》; das Gedächtnis beschweren (beladen*); dem Gedächtnis ein|prägen^{4}/覚えにくい schwer zu behalten sein; dem Gedächtnis eine schwere Last bedeuten/あの芝居をよく覚えこんだものだ Wie gut das Stück eingeübt ist! ❸ [回想] ^{4}sich erinnern$^{(2)}$ 《an^{4}》; ^{4}sich entsinnen*^{2}. ❹ [学ぶ] 〔er〕lernen^{4}/要領を覚える Kunstgriffe kennen lernen. ❺ [感じる] fühlen^{4}; empfinden*^{4}; gewahr$^{4(2)}$ werden; spüren^{4}/結果をひどく身に覚える die Folgen davon schwer an ^{3}sich selbst empfinden*/寒さを覚える Kälte fühlen (empfinden*; spüren).

オホーツク オホーツク海 das Ochotskische (Tungusische; Lamutische) Meer, -〔e〕s.

おぼこ ❶ Jungfernschaft *f.*; Jungfräulichkeit *f.* ❷ [処女] Jungfer *f.* -n; Jungfrau *f.* -en/おぼこな jungfräulich; keusch; unberührt; unschuldig; weltfern 《世間知らずの》.

おぼしい 覚しい ¶ 真夜中と覚しい頃のことだった Es geschah so gegen (um) Mitternacht.

おぼしめし 思召し ❶ [御意見] Ihre 〔werte〕 Meinung (Ansicht). ❷ [御希望] Ihr Wille〔n〕 *m.* Willens, Willen (Wunsch *m.* -〔e〕s, ⸗e; Anliegen *n.* -s, -)/思召しどおりに Ihrem Wunsch gemäß; ganz nach Ihrem Wunsch; wie Sie 〔es〕 wünschen. ❸ [お好み] Ihr Belieben (Ermessen; Gutdünken) *n.* -s; Ihre Wahl/思召しに適う Ihrem Belieben entsprechen* ....

おぼしめす 思し召す der ^{2}Meinung (Ansicht) sein 〔,dass ...〕/どう思し召しますか Wie ist Ihre werte Meinung (Ansicht) darüber?

おぼつかない 覚束無い fraglich; fragwürdig; unsicher; zweifelhaft/おぼつかない足取りで wackligen Schrittes; mit wackelnden Schritten/彼の会話はおぼつかない Bei der Konversation sitzt er nicht fest im Sattel.

おぼらす 溺らす ❶ ertränken^{4}; ersäufen^{4}. ❷ [耽(ふけ)らす] *jn* hingegeben sein lassen*^{3}; *jn* nicht loskommen lassen* 《*von*^{3}》.

おぼれじに 溺れ死に ⇨できし.

おぼれる 溺れる ❶ [水に] ertrinken* [s]; ersaufen* [s]; den Tod in den Wellen (im nassen Element) finden* 《詩的表現》/溺れる者はわらをもつかむ ‚Der Ertrinkende greift nach einem Strohhalm.' ❷ [酒色などに] ^{4}sich hin|geben*^{3}; ^{4}sich ergeben*^{3}; ^{4}sich überlassen*^{3}; nicht los|kommen* [s] 〔können*〕 《*von*^{3}》/飲酒に全く溺れている Er ist vom Suff völlig besessen.

おぼろげ 朧気に(な) dunkel; unbestimmt; undeutlich; unklar; vag〔e〕; verschleiert; verschwommen/朧気に記憶している eine blasse (dunkle) Erinnerung haben 《*an*^{4}》; Die Erinnerung wird verschwommen.

おぼろづき 朧月 der durch Wolken (Nebel) hindurch schimmernde Mond, -〔e〕s ‖ 朧月夜 die wolkige (neblige) Mondnacht, ⸗e.

オマーン Oman *n.* -s/オマーンの omanisch.

おまいり お参り der Besuch 《-〔e〕s, -e》 der Kirche; Wallfahrt *f.* -en 《巡礼》.

おまえ お前 du*/お前の dein*/お前たち ihr* 《*pl*》/お前たちの euer*.

おまけ Zusatz *m.* -es, ⸗e; Zu¦lage (Bei-) *f.* -n; Zu¦gabe (Bei-) *f.* -n; Prämie *f.* -n 《賞品》; Rabatt *m.* -〔e〕s, -e/おまけする rabattieren^{4}; Preisermäßigungen 《*pl*》 gewähren 《*jm*》/おまけをつけて話す übertreiben*^{4}; auf|bauschen^{4}; dick auf|tragen*; aus einer Mücke einen Elefanten machen 《針小棒大》. —— おまけに außerdem; dazu 〔auch〕 noch; darüber hinaus; nicht zuletzt; obendrein; überdies; zudem; zusätzlich; um allem die Krone aufzusetzen; schlimmer noch 《更に悪いことには》.

おまもり お守り Amulett *n.* -〔e〕s, -e; Zauber¦band (Schutz-) *n.* -〔e〕s, ⸗er (*od.* -zeichen *n.* -s, -).

おまる [便器] Nacht¦stuhl (-topf) *m.* -〔e〕s, ⸗e.

おまわり お巡り 〖俗〗 Packan *m.* -〔s〕, -〔s〕.

おみき お神酒 der heilige, den Göttern geweihte Sake, -s, -s; der edle Sake 《酒の美称》.

おみくじ お神籤 Tempelorakelzettel *m.* -s, -; schriftliches Orakel, -s, -/お神籤を引く ein heiliges Los ziehen*.

おみそれ お見逸れしました [気付かぬとき] Ach, entschuldigen Sie! Ich habe Sie nicht gleich erkannt. [予想外の能力に対し] Ich hätte es Ihnen nicht zugetraut.

オミット Auslassung *f.* -en.

おむつ Windel *f.* -n/赤ん坊をおむつにくるむ einen Säugling in ^{4}Windeln wickeln (ein|binden*).

オムニバス オムニバス映画 Kurzfilmserie *f.* -n.

オムレツ Omelette *f.* -n.

おめ お目にかかる sehen* 《*jn*》; empfangen* 《*jn*》; sprechen* 《*jn*》; zusammen|kommen* [s] 《mit *jm*》; die Ehre (die Freude) haben, *jn* zu sehen/お目にかける zeigen^{4} 《*jm*》; präsentieren^{4} 《*jm*》; sehen lassen*^{4} 《*jn*》; vor|führen^{4} (-|weisen*^{4}; -|zeigen^{4}) 《*jm*》; einen Einblick geben* (gewähren) 《*jm in*^{4}》/お目にかかってうれしいです Ich freue mich sehr, Sie zu sehen./お目にかけましょうか Darf ich es Ihnen mal zeigen?

おめい 汚名 Schand¦fleck *m.* -〔e〕s, -e (-mal *n.* -〔e〕s, -e (⸗er)); Brand¦mal (Kains-); Schande *f.* -n; Schimpf *m.* -〔e〕s, -e; Schmach *f.*; Stigma *n.* -s, ..men (-ta); Unehre *f.*; Verruf *m.* -〔e〕s/汚名を被る Schande auf ^{4}sich laden*; in ^{4}Schimpf und ^{4}Schande geraten* [s]; schmachbedeckt (schmachbeladen) sein; stigmatisiert (bemakelt; gebrandmarkt; angeprangert; gestempelt; gezeichnet) werden; in ^{4}Verruf kommen* [s]/汚名をそそぐ ^{4}sich von Schande (Schmach; Unehre) frei machen; ^{3}sich den schlechten Namen ab|tun* (ab|wischen); wieder in seine

Ehre kommen*; seinen guten Namen wieder|gewinnen*; seine Ehre wieder erlangen.

おめおめ schamlos; schmachvoll; schimpflich; schmählich; mit ³Schimpf und ³Schande; unverrichteter Dinge (Sache); ohne auch nur zu erröten (顔も赤らめずに).

おめし お召し ❶ Aufforderung f. -en; Vorladung f. -en; Bestellung f. -en. ❷ [着物] die Omeshi-Kreppseide. — お召しになる ❶ geneigt sein, ⁴sich ⁴et anzuschaffen (お買上); geneigt sein, ⁴et anzuziehen (着用) / ビールをお召しになりますか Bier gewünscht (erwünscht; gefällig)? / このコートをちょっとお召しになって下さい Wollen Sie gefälligst diesen Mantel anprobieren? ❷ [お招き] auffordern; vor|laden*; bestellen (引見).

おめしかえ お召し替え ❶ [衣服] Kleiderwechsel m. -s, -; das Sich-Umziehen*, -s. ⇒される. ❷ [乗り物] Wagenwechsel m. -s, -; das Umsteigen*, -s.

おめずおくせず 怯めず臆せず ohne ⁴Furcht und ⁴Scheu; mit unerschütterlichem Selbstvertrauen; felsenfest; unerschrocken.

おめだま お目玉を頂戴する einen Verweis bekommen*; [俗] einen Rüffel kriegen; eine Nase bekommen* / お目玉をくわせる einen Verweis erteilen (geben*) ⟨jm⟩; auf die Pfote klopfen ⟨jm⟩; den Kopf waschen* ⟨jm⟩; einen Denkzettel mit|geben* ⟨jm⟩; ins Gebet nehmen* ⟨jn⟩.

おめでた [祝事] das zu beglückwünschende Ereignis, -nisses, -nisse / Glück n. -(e)s / 奥さんがおめでたださうですね Ihre Frau soll gesegneten Leibes sein?

おめでたい おめでたい男 Simpel m. -s, -; Einfaltspinsel m. -s, -; Gimpel m. -s, -; Naivling m. -s, -e.

おめでとう Ich gratuliere (Ihnen)! / Herzliche Glückwünsche! / 新年おめでとう Viel Glück zum neuen Jahr! / Prosit Neujahr! / お誕生日おめでとうございます Ich beglückwünsche Sie zu Ihrem Geburtstage.

おめみえ お目見え ❶ [謁見] Audienz f. -en. ❷ [使用人の] Probe f. -n / お目見えに雇う auf ⁴Probe nehmen*⁴. ❸ [初登場] js erstes Auftreten, -s; Debüt n. -s, -s.

おもい 重い ❶ [目方] schwer(wiegend) / 重い荷 die schwere Last, -en. ❷ [重大な] ernst(haft); bedeutend; bedeutsam; [ge]wichtig; seriös / 重い病気 die schwere (ernste; heftige) Krankheit, -en / 重い罪 die schwere (strenge) Strafe, -n / 重い地位 die (hoch)wichtige (bedeutsame; einflussreiche; maßgebende) Stellung, -en. ❸ [気分] nieder|geschlagen (-gedrückt); bedrückt; deprimiert; entmutigt / 重い心を抱いて schweren Herzens; mit schwerem Herzen; von ³Angst bedrückt / 重い足を引きずる ⁴sich mühsam fort|schleppen / mühsam zu Fuß gehen* ⟨s⟩; schweren Schrittes gehen*.

おもい 思い ❶ [思考] Gedanke m. -ns, -n; Idee f. -n; Meinung f. -en / 思い半ばに過ぎる

⁴sich leicht begreifen lassen*; mühelos vorstellbar sein / 思いに悩む ⁴sich Gedanken machen ⟨über⁴⟩; ⁴sich kümmern ⟨um⁴⟩ / 思いを凝らす nach|denken*⁽³⁾ ⟨über⁴⟩ / ⁴in ⁴Gedanken vertieft sein; mit ³sich selbst zu Rate gehen* ⟨s⟩. ❷ [感情] Gefühl n. -(e)s, -e; Gemütsbewegung f. -en; Herz n. -ens, -en; Liebe f. -n / 思いを寄せる lieb haben ⟨jn⟩; Gefallen finden* ⟨an³⟩; ⁴sich verlieben ⟨in jn⟩. ❸ [意志] Wille(n) m. Willens, Willen; Vorsatz m. -es, ⸚e; Vorhaben n. -s, -; Absicht f. -en / 思いのままに振舞う so handeln, wie man will; seinen eigenen Willen durch|setzen. ❹ [願望] Wunsch m. -(e)s, ⸚e; Sehnsucht f. ⸚e; Verlangen n. -s, - / 思いが届く(かなう) js Wunsch geht in Erfüllung (wird erfüllt, realisiert; verwirklicht). / 思いを遂げる(果す) seine (Liebes)begierde befriedigen (stillen) ⟨an jm⟩; js Liebe wird erwidert (findet Erwiderung). ❺ [期待] Erwartung f. -en; das Erwarten*, -s / 思いの外(に) unerwartet; wider ⁴Erwarten (Erwartung); mehr ... als man erwartet hat / 思いも寄らぬ unerwartet; ungeahnt; unverhofft; unvermutet; unvorhergesehen / 思いも寄らぬ人 die unerwartete Person, -en; die am wenigsten erwartete Person, -en; die unverhofft erschienene Person / 思いも寄らず...ということになった Durch einen reinen Zufall ist es dazu gekommen, dass .... / Ein reiner Zufall wollte es, dass .... / ... とは思いも寄らなかった Wer sollte daran denken, dass ...? / Ich hatte keine Ahnung, dass ....

おもいあがる 思い上がる ⇒つけあがる.

おもいあたる 思い当たる [事が主語] ein|fallen* ⟨s⟩ ⟨jm⟩; an|wandeln ⟨jn⟩; [人が主語] auf den Gedanken (die Idee) kommen*; Einfälle (pl) haben; ⁴sich einfallen lassen*⁴; ⁴sich erinnern⁽²⁾ ⟨an⁴⟩; ⁴sich entsinnen*⁽²⁾ kommen* ⟨auf⁴⟩; spüren*⁴ ⟨感うつく⟩.

おもいあまる 思い余る ⁴sich keinen Rat wissen*; nicht aus noch ein (wo aus und wo ein) wissen*; mit seinem Latein (seiner Kunst; seiner Weisheit) am Ende sein.

おもいあわせる 思い合わせる hinzu|denken*⁴; einen anderen Gedanken heran|ziehen*.

おもいいれ 思い入れ [劇] Geste f. -n; Gebärde f. -n.

おもいうかぶ 思い浮かぶ [物が主語] in den Sinn kommen* ⟨s⟩; [人が主語] eine Idee (einen Einfall) haben.

おもいうかべる 思い浮かべる ⇒おもいだす.

おもいおもい 思い思い(に) jeder nach seinem Geschmack (Belieben); wie er einem das gefällt (passt; recht ist); nach ³Belieben; so, wie jeder es für gut (be)findet / 思い思いの事 nahezu jeden Geschmack m. -(e)s, ⸚e ([戯] ⸚er).

おもいがけない 思いがけない unerwartet; un-

おもいきり 思い切り ❶ [あきらめ] Entsagung *f.* -en; Verzicht *m.* -[e]s, -e (*auf*⁴); Resignation *f.* -en; Selbstüberwindung *f.* -en/思い切りのよい entsagungsvoll; verzichtend; resigniert; selbstüberwindend; [gott]ergeben; ergebungsvoll/思い切りのわるい unentschlossen; unentschieden; unschlüssig; wankelmütig; zögernd. ❷ [決心] Entschluss *m.* -es, ⸗e; Entschließung *f.* -en; Entscheidung *f.* -en. ❸ [思う存分] nach *js* Herzenslust; so viel wie es einem gefällt.

おもいきる 思い切る ❶ [あきらめ] entsagen³; verzichten (*auf*⁴); resignieren (*auf*⁴); ⁴sich selbst überwinden*; auf|geben*⁴/女を思い切る ⁴es nicht mehr mit einer Frau zu tun haben wollen*; sich mit einer Frau brechen*. ❷ [決心] ⁴sich entschließen* (*zu*³); beschließen*⁴; ⁴sich ein Herz fassen (*zu*³); zum Entschluss kommen* ⓢ. —— 思い切った verwegen; keck; tollkühn; drastisch/思い切った大きな声で aus voller Kehle (Lunge); mit lautester Stimme/思い切ってやってみた Ohne Zögern habe ich mich daran gewagt.

おもいこがれる 思い焦がれる schmachten; in Liebe dursten (dürsten) (*nach*³); gelüsten (*nach*³) ❖ 非人称的に es gelüstet *jn* nach³ と使うことが多い; lechzen (*nach*³); ⁴sich verzehren; in ⁴Liebe vergehen* ⓢ.

おもいこむ 思い込む ❶ [深く思う] von fester Überzeugung sein; fest überzeugt sein (*von*³); festen Glaubens sein; fest glauben (*an*⁴)/私はそう思い込んでおります Von diesem Gedanken bin ich ganz erfüllt. ❷ [一心になる] sein Herz hängen (verlieren) (*an* ein (*et*⁴))/彼は一途な娘を思い込んだ Er hat an dem Mädchen einen Narren gefressen. ❸ [思いに捕われる] ³sich vor|stellen*; ³sich denken*⁴; sich ein|bilden⁴; von einer Illusion eingenommen werden* [妄想に].

おもいしらせる 思い知らせる seinen Denkzettel weghaben lassen*; an ³sich selbst fühlen lassen*; *jm* einen gehörigen Denkzettel geben* [erteilen; verpassen; verabreichen]/思い知らせてやろう Er soll noch das Geschehene verwünschen. Er wird seine Tat noch zu bereuen haben.

おもいしる 思い知る einen Denkzettel erhalten* (bekommen*; weg|haben*) (*für* ⁴*et*); sein Fett weg|haben*⁴/思い知った! Da hast du dein Fett!

おもいすごす 思い過ごす ⁴sich zu sehr kümmern (*um*⁴); ³sich Gedanken machen (*über*⁴); zu viel Wesens machen (*von*³騒ぎ回る2).

おもいせまって 思い迫って zur Verzweiflung (in die Enge) getrieben; da man mit seinem Latein zu Ende ist; da man weder aus noch ein weiß.

おもいだしわらい 思い出し笑い ⸗をする in Erinnerungen schwelgend lächeln; erinnerungsträchtig in sich hinein|lachen.

おもいだす 思い出す ⁴sich erinnern⁽²⁾ (*an*⁴); ⁴sich besinnen* (*auf*³); ⁴sich entsinnen*²; die Vergangenheit lebendig machen; in der Vergangenheit leben; wieder ein|fallen* (*jm*) ⓢ; noch wissen*⁴; zurück|denken* (*an*⁴)/思い出しましたか Wissen Sie's noch?/彼女を見ると私の叔母を思い出す Sie erinnert mich an meine Tante./思い出したように zeit|weise (-weilig); ab und zu; anfallweise; dann und wann; hin und wieder; periodisch; sporadisch; stoßweise; von Zeit zu Zeit/思い出したように時々働く ruckweise (unregelmäßig; in Abständen) arbeiten. —— 思い出させる erinnern (*jn an*⁴); [ge]mahnen (*jn an*⁴); aufmerksam machen (*jn auf*⁴).

おもいたつ 思い立つ in den Kopf setzen⁴; beabsichtigen⁴; ins Auge fassen⁴; in ⁴Aussicht nehmen*⁴; einen Plan fassen; ⁴*et* zu tun gedenken*/思い立ったが吉日 Morgen ist es zu spät.

おもいちがい 思い違い ⇨かんがえちがい.

おもいつき 思いつき Einfall *m.* -[e]s, ⸗e; Gedanke *m.* -ns, -n; Idee *f.* -n; Eingebung *f.* -en; Plan *m.* -[e]s, ⸗e/全くよい思いつきだ Das ist eine Prachtidee!

おもいつく 思いつく [物が主語] ein|fallen* ⓢ (*jm*); in den Sinn kommen* ⓢ (*jm*); an|wandeln (*jn*); [人が主語] auf den Gedanken (die Idee) kommen*; Einfälle (*pl*) haben; ³sich einfallen lassen*⁴; verfallen* ⓢ (*auf*⁴)/病気かもしれないということは思いつかなかった Der Gedanke, dass er vielleicht krank sein könnte, war mir fern. Ich hätte nicht daran gedacht, dass er vielleicht krank sein könnte.

おもいつめる 思い詰める brüten (*über*⁴⁽³⁾); in ⁴sich gekehrt sein.

おもいで 思い出 Erinnerung *f.* -en; Erinnerungszeichen *n.* -s, - 《思い出の品》; Andenken *n.* -s, - (*pl* は記念品)/思い出記 Lebenserinnerungen (*pl*); Denkwürdigkeiten (*pl*); Aufzeichnungen (*pl*); Tagebuch *n.* -[e]s, ⸗er/思い出多い denkwürdig; erinnerungsvoll/旅の思い出にお以めおき下さい Wollen Sie dies bitte als ein Erinnerungszeichen an unsere Reise behalten.

おもいどおり 思いどおりの wünschenswert; erwünscht; passend; willkommen; seinem Geschmack entsprechend/思いどおりに wie es einem gefällt; nach ³Wunsch (Belieben)/思いどおりでない Das entspricht meinem Wunsch nicht. Das bleibt hinter meinen Erwartungen zurück.

おもいとどまる 思い止まる den Gedanken (⁴*et* zu tun,) über Bord werfen* (fallen lassen); auf den Plan verzichten; Abstand nehmen* (*von*³)/思い止まらせる ab|raten* (*jm von*³); von seiner Absicht ab|bringen* (*jn*); ab|reden⁴ (*jm*).

おもいなおす 思い直す ⇨かんがえなおす.

おもいなしか 思いなしか Wohl könnte mich

meine Einbildungskraft täuschen, doch ....¦Zwar könnte ich mich irren, aber ....¦Wohl durch meine Fantasie irregeführt, jedoch ....

おもいのこす 思い残す事は更にない keinen Wunsch mehr haben, der nicht in Erfüllung gegangen ist; auf nichts mehr mit Bedauern zurückblicken müssen*; in völliger Seelenruhe und Zufriedenheit das Zeitliche segnen können*《死ぬ人について》.

おもいみだれる 思い乱れる von verschiedenen Gedanken gequält werden; verworrene Gedanken haben.

おもいめぐらす 思い巡らす grübeln; nach|denken*(3) (–|sinnen*(3)); sinnen*《以上 *über*[4]》; meditieren; in [4]Gedanken vertieft sein.

おもいやり 思い遣り Mitgefühl *n*. –[e]s, –e; Mitleid *n*. –[e]s; Rücksicht *f*. –en; Rücksichtnahme *f*.; Sympathie *f*. –n; [An]teilnahme *f*./思い遣りのある nachsichtig; schonend; glimpflich/思い遣りのない mitleids¦-los (gefühl–; herz–; rücksichts–); kaltblütig.

おもいやる 思い遣る mit|fühlen《mit *jm*》(–|empfinden*[4]); [An]teilnahme (Mitempfinden; Mitgefühl; Mitleid) haben《mit *jm*》; nach|empfinden*《*jm*》; Rücksicht nehmen*《auf *jn*》.

おもいわずらう 思い煩らう [4]sich [be]kümmern《*um*[4]》; besorgt sein《*für*[4]》; [3]sich Gedanken (Sorgen) machen《*über*[4]》/思い煩い Kummer *m*. –s; Sorge *f*. –n ⇨**しんぱい**.

おもう 思う ❶ [考える] denken*/我思う故に我あり Ich denke, also bin ich. ❷ [...と思う] denken*; glauben; meinen; für [4]*et* (*jn*) halten*[4]《...とみなす》/ 僕の思うには ich denke (glaube); meines Erachtens; nach meiner [3]Meinung (Ansicht)/よく(わるく)思う gut (schlecht) denken*《von *jm*》/君はどう思う Wie denkst du?¦Was sagst du dazu?/僕は君を僕の友人と思っている Ich halte dich für meinen Freund./悪く思うなよ Nichts für ungut!¦Nimm es mir nicht übel!/天気はやがてよくなると思います Ich glaube, dass das Wetter bald besser wird. ❸ [予期] erwarten[4]; vermuten[4]/思った通り wie erwartet/思いがけなく unvermutet/思ったほど寒くない Es ist nicht so kalt, wie ich dachte. ❹ [願望] wünschen[4]; hoffen[4]; wollen*/すべては思うとおりにいった Alles ging ganz nach Wunsch./彼が来ればよいがと思っている Ich hoffe, dass er kommt. ❺ [慕い思う] denken*《an *jn*》; lieben《*jn*》; [4]sich sehnen《*nach*[3]》/故郷のことを思う an die Heimat denken*; Sehnsucht nach der Heimat haben. ❻ [懸念] fürchten/彼はもう立去ったのではないかと思う Ich fürchte, er ist schon weg. ❼ [想像] [3]sich denken*[4]; [3]sich vor|stellen[4]/思っても見給え, 彼女が僕に手紙をくれたんだ Stelle dir mal vor, sie hat mir geschrieben!

おもうつぼ 思う壺にはまる genau nach Wunsch gehen* [s] (aus|fallen* [s]); wunschgemäß verlaufen* [s] (ab|laufen* [s]); wie am Schnürchen klappen.

おもおもしい 重々しい würdevoll《威厳のある》; ernst《厳粛な》; feierlich《荘重な》/重々しい口調で in ernstem (feierlichem) Ton.

おもかげ 面影 Bild *n*. –[e]s, –er; das Charakteristische*, –n; Gesichts¦bildung *f*. –en (–züge《*pl*》)《面ざし》; Spur *f*. –en《痕跡》/昔の面影はさらにない nur noch ein Schatten seiner selbst sein《人》; all seinen Wohlstand verloren haben《都市など》/東京には昔の江戸の面影はほとんど残っていない In Tokio gibt es kaum etwas, was an das ehemalige Edo erinnert.

おもかじ 面舵を取る nach rechts steuern/面舵 Steuerbord!《号令》.

おもき 重きをなす einflussreich (angesehen; autoritativ; führend; maßgebend; tonangebend) sein; in hohem Ansehen stehen*; von großem Einfluss sein; ins Gewicht fallen* [s]; zur Geltung kommen* [s]/重きをなす人 eine einflussreiche (angesehene; autoritative; führende; maßgebende; tonangebende) Persönlichkeit, –en; ein Mann《*m*. –[e]s, ¨er》von hohem Ansehen (von [3]Gewicht; von großem Einfluss); Autorität *f*. –en; Koryphäe *f*. –n; Leuchte *f*. –n; Spitze *f*. –n/...に重きを置く Wert (Gewicht) legen《*auf*[4]》; große Stücke halten*《*von*[3]》; viel halten*《*von*[3]》/重きを置くに足らぬ nichts auf [3]sich haben; nichts zu bedeuten (sagen) haben; von keiner Bedeutung sein/彼のことばはいつも重きをなす Seine Worte fallen immer schwer in die Waagschale (ins Gewicht).

おもく 重くなる ❶ schwer[er] werden. ❷ [悪化] schlechter (schlimmer; gefährlicher; kränker) werden《病気など》; eine Wendung zum Schlechten nehmen*. —— 重くする ❶ schwer[er] machen[4]. ❷ [悪化] schlechter (schlimmer; gefährlicher kränker) machen[4]; verschlechtern[4]; verschlimmern[4]. —— 重く見る ⇨**おもんじる**/重く用いる eine wichtige Stellung verleihen*《*jm*》; zu einem wichtigen Posten erheben*《*jn*》.

おもくるしい 重苦しい schwer《食物など》; schwerfällig《鈍重な》; lästig《衣服など》; düster《天気など》; drückend《雰囲気など》/胸が重苦しい [4]sich schwer bedrückt (beengt) fühlen; eine bedrückende Last auf der Brust (Seele) haben/会談は終始重苦しい雰囲気の中で行われた Die Verhandlung ist von Anfang bis Ende in bedrückender Atmosphäre vor sich gegangen (verlaufen).

おもさ 重さ Gewicht *n*. –[e]s, –e《目方》; Schwere *f*. –n《重味》/罪の重さ die Schwere der Straftat (des Verbrechens)/...の重さを量る wiegen*[4]/彼は重さが百二十ポンドある Er ist 120 Pfund schwer.¦Er wiegt 120 Pfund.

おもざし 面差し Gesicht *n*. –[e]s, –er; Gesichtszüge《*pl*》.

おもし 重石 Gewicht *n*. –[e]s, –e/重石がきく schwer wiegen*; viel gelten*.

おもしろい 面白い lustig《楽しい》; amüsant《同上》; spaßhaft (spaßig)《同上》; interessant《興味ある》; drollig《滑稽な》; ulkig《同上》; unterhaltend (unterhaltsam)《慰みになる》/そこが面白い所さ Das ist der Witz dabei.

おもしろがる 面白がる ⁴sich amüsieren; ⁴sich interessieren (für⁴). ── 面白がらせる amüsieren⁴; interessieren⁴; Spaß machen《冗談を言って》.

おもしろくない 面白くない unerfreulich《不愉快な》; unangenehm《同上》; langweilig《退屈な》; uninteressant《興味のない》; ungünstig《思わしくない》/彼の態度はどうも面白くない Sein Benehmen gefällt mir nicht.

おもしろそう 面白そうな [anscheinend] interessant; vielversprechend (viel versprechend); einladend《面白そうに》interessiert; mit Interesse; lustig《楽しそうに》; fröhlich《同上》.

おもしろはんぶん 面白半分に aus (zum) Spaß; spaßeshalber;《オーストリアで》aus Hetz; hetzhalber.

おもしろみ 面白味 Reiz m. -es, -e《魅力》; Witz m. -es, -e《面白い点》/面白味のない uninteressant; banal.

おもだった 主だった führend; leitend; dominant; dominierend; tonangebend; überragend; Haupt-/主だった人々 die führenden Persönlichkeiten (pl).

おもちゃ 玩具 Spielzeug n. -[e]s, -e; Spielsachen (-waren) (pl)/おもちゃの自動車 Spielzeug|wagen m. -s, -《auto n. -s, -s》/おもちゃにする spielen (mit³); seine Spielereien treiben*《mit³》; tändeln《mit³》∥ おもちゃ屋 Spielwarenhändler m. -s, -《人》; Spielwaren|handlung f. -en (-laden m. -s, ⸚《店》.

おもて 表 ❶ [表面] [Ober]fläche f. -n; die rechte Seite《布地などの》. ❷ [前面] Vorderseite f. -n; Front f. -en; Fassade f. -n. ❸ [外面] Außenseite f. -n; das Äußere*, -n/表を飾る den äußeren Schein retten (wahren). ❹ [外部・戸外] draußen/表が騒がしい Man hört draußen Lärm./表へ出ろ Komm heraus!

おもて 面 Gesicht n. -[e]s, -er. ⇒かお.

おもてぐち 表口 Haupteingang m. -[e]s, ⸚e; die vordere Haustür, -en.

おもてげんかん 表玄関 Haupteingang m. -[e]s, ⸚e.

おもてざしき 表座敷 Vorderzimmer n. -s, -; ein [repräsentatives] Gastzimmer, -.

おもてさた 表沙汰にする öffentlich bekannt machen⁴; in (vor) die Öffentlichkeit bringen⁻⁴; vor ⁴Gericht bringen**⁴《裁判沙汰にする》.

おもてどおり 表通り Hauptstraße f. -n.

おもてむき 表向き[の] öffentlich; offen; offenbar; offiziell; [表面上] äußerlich; scheinbar; angeblich.

おもてもん 表門 Haupt|tor (Vorder-) n. -[e]s, -e.

おもな 主な Haupt-《この合成語が用いられることが多い》; hauptsächlich; wichtig《重要な》; wesentlich《本質的な》/主な原因 Hauptursache f. -n.

おもながの 面長の顔 ein ovales (längliches) Gesicht, -[e]s, -er.

おもに 重荷 Last f. -en; Bürde f. -n; Sorge f. -n《心配》/重荷をおろす ³sich eine Last (Sorge) ab|wälzen; eine Last (Sorge) los|werden*《s》/重荷となる zur Last fallen*《s》《jm》.

おもに 主に hauptsächlich《主として》; vornehmlich《同上》; meistens《大部分》; zum größten Teil.

おもねる 阿る ⇒へつらう.

おもはゆい 面映ゆい beschämend; Schamgefühl erregend.

おもみ 重み ❶ [重量] Gewicht n. -[e]s, -e; Schwere f. /…の重みを受けて unter dem Gewicht (dem Druck) von …. ❷ [威厳] Würde f. -n/この役には彼ではまだ重みが足りない Zu diesem seinem Amt fehlt es ihm noch an Würde. ── 重みのある ❶ [重量] schwer[wiegend]; ein schweres Gewicht habend. ❷ [威厳] schwerwiegend; gewichtig; würdevoll; würdig; gravitätisch. ── 重みのない ❶ [重量] nicht schwer[wiegend]; unschwer; leicht. ❷ [威厳] würdelos; nichts sagend; trivial. ── 重みをつける ❶ [重量] beschweren《mit³》; schwer[er] machen⁴. ❷ [威厳] ³sich ein Ansehen geben*; würdevoll auf|treten*《s》.

おもむき 趣 ❶ [趣旨] Inhalt m. -[e]s, -e; Bedeutung f. -en; Sinn m. -[e]s, -e/…の趣の電報を受け取る ein Telegramm empfangen*, des (folgenden) Inhalts, dass …; ein Telegramm erhalten*, das folgendermaßen lautet: …. ❷ [様子] Aussehen n. -s; Gepräge n. -s, -; Typ m. -s, -en (Typus m. -, ..pen)/趣の異なる羽装をしている verschiedenes Aussehen haben; von verschiedenem Typ[us] sein*《s》. ❸ [雅趣] Geschmack m. -[e]s; Eleganz f.; Feinheit f.; Form|vollendetheit (-vollendung) f. /趣のある geschmackvoll; elegant; fein; formvollendet/趣のない geschmack|los (geist|stil-); abgeschmackt; unfein; vulgär《俗悪な》/趣のない映画だ Der Film ist kitschig.

おもむく 赴く ❶ [往く] gehen*《s》《nach³; zu¹; in⁴》; ⁴sich begeben*《nach³; in⁴》/敵地に赴く ins feindliche Land ziehen*《s》. ❷ [向かう・なる] ⁴sich wenden*⁽*⁾《zu³》; werden*《s》/快方に赴く ⁴sich zum Guten wenden*; besser werden*.

おもむろに 徐に langsam《ゆっくりと》; allmählich《漸次》; bedächtig《慎重に》; geduldig《焦らずに》; Schritt für Schritt《一歩一歩》.

おももち 面持 Miene f. -n; Aussehen n. -s; [Gesichts]ausdruck m. -[e]s, ⸚e/怪訝(ゖ)そうな面持ち mit befremdeter Miene.

おもや 母屋 Hauptgebäude n. -s, -.

おもやつれ 面窶れのした顔 ein abgezehrtes Gesicht, -〔e〕s, -er; verhärmte Gesichtszüge《*pl*》.
おもゆ 重湯 dünner Reisschleim, -〔e〕s, -e.
おもり 錘 ❶［秤の］Gewicht *n.* -〔e〕s, -e. ❷［測鉛］Senkblei *n.* -〔e〕s, -e; Lot *n.* -〔e〕s, -e. ❸［釣用の］Senker *m.* -s, -; Senkel *m.* -s, -.
おもわく 思惑 ❶［考え·期待］Gedanke *m.* -ns, -n《考え》; Hintergedanke *m.* -ns, -n《底意》; Absicht *f.* -en《意図》; Erwartung *f.* -en《期待》; Hoffnung *f.* -en《希望》/思惑通りに wie erwartet; nach ^{3}Wunsch/何らの思惑なしに ohne jeden Hintergedanken; ohne irgendeine Absicht/思惑が外れる ^{4}sich in seinen ^{3}Erwartungen täuschen. ❷［意見］Meinung *f.* -en; Ansicht *f.* -en/人の思惑を考えて in Rücksicht auf die Meinung der Leute. ❸［投機］Spekulation *f.* -en. ‖ 思惑違い eine verfehlte Spekulation/思惑買い Spekulations¦kauf (Meinungs-) *m.* -〔e〕s, ⸚e.
おもわしい 思わしい befriedigend《満足な》; wünschenswert《望ましい》/彼の健康はどうも思わしくない Mit seiner Gesundheit steht es nicht gerade gut./結果はあまり思わしくなかった Das Ergebnis ließ viel zu wünschen übrig.
おもわず 思わず ohne es zu wollen; unwillkürlich; instinktiv《本能的に》; unbewusst《無意識に》; unabsichtlich《故意でなく》.
おもわせぶり 思わせ振り Anspielung *f.* -en; Andeutung *f.* -en/思わせぶりな anspielend; andeutend / 思わせぶりをする an|spielen《*auf*^{4}》; an|deuten^{4}.
おもわせる 思わせる ❶［想起させる］*jn* erinnern (mahnen)《*an*^{4}》/彼の目は彼の亡き母を思わせる Seine Augen erinnern mich an seine verstorbene Mutter. ❷［信じさせる］glauben machen (lassen*)《*jn* ^{4}*et*》/彼にそう思わせておけよ Lass ihn bei seinem Glauben (in seinem Irrtum)!
おもわれる 思われる ❶［見える］scheinen*; vor|kommen* [s]《*jm*》; aus|sehen*/雨が降りそうに思われる Es sieht nach Regen aus./それは私にはどうも怪しいように思われる Das kommt mir verdächtig vor. ❷［愛される］geliebt werden《von einer ^{3}Frau (einem Mädchen)》.
おもんじる 重んじる〔hoch〕achten^{4}《尊重する》;〔hoch〕schätzen^{4}《同上》; Gewicht legen《*auf*^{4} 重きを置く》; halten*《*auf*^{4} 同上》;〔ver〕ehren^{4}《尊敬する》/名誉を重んじる auf seine Ehre halten*/生命よりも自由の方を重んじる die Freiheit höher schätzen als das Leben.
おもんばかり 慮り Gedanke *m.* -ns, -n《考え》; Rücksicht *f.* -en《顧慮》; Vorsicht *f.*《先慮》.
おもんばかる 慮る denken*《*an*^{4} …のことを考える》; bedenken*^{4}; berücksichtigen^{4}《顧慮する》; in ^{4}Betracht ziehen*^{4}《同上》.
おや 親 Eltern《*pl* 両親》; Vater *m.* -s, ⸚《父親》; Mutter *f.* ⸚《母親》/親のない elternlos; verwaist/命の親 Lebensretter *m.* -s, -/生みの(養い)親 leibliche Eltern (Pflegeeltern)/親の脛(すね)をかじる den Eltern auf der ^{3}Tasche liegen*; auf ^{4}Kosten der Eltern leben/親を敬う seine Eltern verehren/彼は親の威光をかさに着ている Er fühlt sich stark unter dem Schutz der väterlichen Autorität.
おや ah! ¦ ach! ¦ oh! ¦ ei!/おや君か Ah, du bist es?/おや, もう十二時だ Mein Gott, es ist schon zwölf!/おや戸が開いているぜ Guck mal! Die Tür ist auf!
おやがいしゃ 親会社 Dach¦gesellschaft (Spitzen-) *f.* -en.
おやがかり 親がかりでいる ⇨おや(親の脛をかじる).
おやかぎ 親鍵 Hauptschlüssel *m.* -s, -.
おやかた 親方 Meister *m.* -s, -/左官屋の親方 Maurermeister. ⇨おやぶん.
おやかぶ 親株〘株〙alte Aktie, -n.
おやぎんこう 親銀行 Mutterbank *f.* -en.
おやこうこう 親孝行の〔den Eltern gegenüber〕pietätvoll / 彼はとても親孝行だ Er denkt immer an seine Eltern.
おやごころ 親心 Elternliebe *f.*; Vater¦liebe (Mutter-) *f.* ⇨おもいやり.
おやごろし 親殺し Elternmord *m.* -〔e〕s, -e; Vater¦mord (Mutter-).
おやじ ❶［父］Vater *m.* -s, ⸚; der Alte*, -n, -n/俺のおやじ mein Alter. ❷［老爺(ろうや)］der Alte*, -n, -n; ein alter Mann, -〔e〕s, ⸚er/頑固おやじ ein〔alter〕Dickkopf, -〔e〕s, ⸚e/助平おやじ ein〔alter〕Bock, -〔e〕s, ⸚e.
おやしらず 親知らず ❶［険所］eine sehr gefährliche Stelle, -n. ❷［歯］Weisheitszahn *m.* -〔e〕s, ⸚e.
おやすみ お休みなさい Gute Nacht! ¦ Schlafen Sie gut! ¦ Angenehme Ruhe!
おやだま 親玉 ⇨おやぶん.
おやつ お八つ Nachmittags¦kaffee *m.* -s, -s (-tee *m.* -s, -s)《午後のコーヒー(お茶)》.
おやばか 親馬鹿 ¶ 彼は親馬鹿だ Was seine eigenen Kinder betrifft, ist er wie ein Blinder.
おやふこう 親不孝の〔den Eltern gegenüber〕pietätlos.
おやぶね 親船 Mutterschiff *n.* -〔e〕s, -e.
おやぶん 親分〔Ober〕haupt *n.* -〔e〕s, ⸚er; Boss *m.* -es, -e; Chef *m.* -s, -s; Häuptling *m.* -s, -e.
おやま 女形 ⇨おんながた.
おやゆずり 親譲り ein elterliches Erbe, -s/親譲りの ererbt/親譲りの財産 ein ererbter Besitz, -es, -e; Erbgut *n.* -〔e〕s/彼の頑固さは親譲りだ Den Eigensinn hat er von seinem Vater〔geerbt〕.
おやゆび 親指 Daumen *m.* -s, -;［足の］die große Zehe, -n.
およぎ 泳ぎ das Schwimmen*, -s/泳ぎに行く baden gehen* [s]/君は泳ぎがとてもうまい Du bist ein sehr guter Schwimmer. ‖ 泳ぎ手 Schwimmer *m.* -s, -/平(背, 横)泳ぎ das Brust¦schwimmen* (Rücken-, Seiten-).
およぐ 泳ぐ schwimmen* [s.h]; baden《水浴》/泳ぎ上(下)る gegen den Strom (mit dem Strom) schwimmen*/あおむけに泳ぐ auf dem Rücken schwimmen*/バタフライで泳ぐ

im Schmetterlingsstil schwimmen*/世の中を巧みに泳ぎ渡る durch die Welt lavieren.

およそ ❶[だいたい] etwa; ungefähr; zirka《略: ca.》; annähernd; gegen/およその見積もりでは nach annähernder (ungefährer) Schätzung/およそ五キロメートル etwa (ungefähr) fünf Kilometer/およそ五時頃に 〔so〕 gegen 5 Uhr/およそ二週間程したらまた来ます Ich komme in etwa 14 Tagen wieder. ❷[まったく] ganz〔und gar〕; überhaupt/彼にはおよそ信用できない Man kann ihm überhaupt nicht glauben.

およばずながら 及ばずながら so gut ich kann.

およばない 及ばない ❶ ⇨およぶ. ❷[要がない] nicht brauchen/心配するには及ばない Du brauchst dir keine Sorgen zu machen./それには及ばないよ Das ist nicht nötig.¦Das braucht man nicht.

および 及び und; sowie; sowohl ... als 〔auch〕 ....

およびごし 及び腰になる ^{4}sich bücken; ^{4}sich ducken; ^{4}sich krümmen.

およぶ 及ぶ ❶[達する] reichen; erreichen^4; ^{4}sich aus|dehnen; ^{4}sich erstrecken/及ぶ限り nach besten Kräften/目の及ぶ限り soweit das Auge reicht/及ぶだけのことをする sein Bestes tun*/砂漠は数キロに及んでいる Die Wüste erstreckt sich kilometerweit./それは想像も及ばない Das kann ich mir gar nicht vorstellen (denken). ❷[匹敵] gleich|kommen*^{3} [s]; es mit *jm* auf|nehmen*/私は彼には及ばない Ich kann es mit ihm nicht aufnehmen.

およぼす 及ぼす aus|dehnen^4; aus|üben^4/悪影響を及ぼす einen nachteiligen Einfluss haben (aus|üben)《*auf*^{4}》/健康に害を及ぼす der ^{3}Gesundheit schaden.

オラトリオ 〘楽〙Oratorium *n.* –s, ..rien.

オランダ Holland *n.* –s; die Niederlande《*pl*》/オランダ〔語〕の holländisch; niederländisch ‖ オランダ語 die holländische Sprache; das Holländische*, –n; Holländisch *n.* –〔s〕/オランダ人 Holländer *m.* –s, –; Niederländer *m.* –s, –/さまよえるオランダ人 der fliegende Holländer.

おり 折《菓子·弁当などの》Schachtel *f.* –n; Kästchen *n.* –s, –.

おり 折 Zeit *f.* –en; Zeitpunkt *m.* –〔e〕s, –e; Gelegenheit *f.* –en《機会》/...の折 wenn; als ❖ 過去にのみ用いる/折あしく unglücklicherweise; zum Unglück/折があったら wenn ^{4}sich eine ^{1}Gelegenheit bietet/折があり次第 bei der ersten besten Gelegenheit/折から, 折しも eben zu dieser Zeit; gerade in dem Augenblick/折をみて gelegentlich; bei〔passender〕Gelegenheit/折よく glücklicherweise; zum Glück/折を逸する die Gelegenheit (die Zeit; den Zeitpunkt) verpassen (versäumen)/あの方にお会いになる折がありましたら wenn Sie ihn gelegentlich sehen/彼を訪ねた折に als ich bei ihm zu Besuch war.

おり 滓 Bodensatz *m.* –es, ⸚e; Hefe *f.* –n.

おり 檻 ❶[獣の] Käfig *m.* –s, –e; Zwinger *m.* –s, –《猛獣の》. ❷[監房] Zelle *f.* –n; Gefängnis *n.* ..nisses, ..nisse《牢獄》.

おり 澱〔Boden〕satz *m.* –es, ⸚e; Hefe *f.* –n; Niederschlag *m.* –〔e〕s, ⸚e《沈殿した》; Kaffeesatz《コーヒーの》; Weinhefe《ワインの》.

おりあい 折り合い Kompromiss *m.* (*n.*) –es, –e《妥協》; Vergleich *m.* –〔e〕s, –e《示談》; Übereinkommen *n.* –s, –《協定》; Einigung *f.* –en《合意》/折り合いがつく ^{4}sich einigen《*mit*^{3}》; zu einem Übereinkommen gelangen [s]/折り合いをつける ein〔en〕 Kompromiss schließen*/彼らは折り合いがよくない Sie können sich nicht vertragen.

おりあう 折り合う ^{4}sich einigen《*mit*^{3}》; ^{4}sich vergleichen*《*mit*^{3}》; ^{4}sich verständigen《*mit*^{3}》.

おりいす 折りいす Klapp¦stuhl (Falt–) *m.* –〔e〕s, ⸚e.

おりいって 折り入って inständig; dringend; ernstlich/折り入ってお願いしたいことがあるのですが Ich habe eine große (dringende) Bitte an Sie.

おりいと 織糸 Garn *n.* –〔e〕s, –e.

オリーブ 〘植〙Öl¦baum (Oliven–) *m.* –〔e〕s, ⸚e; Olive *f.* –n《実》/オリーブ色の oliven¦-farben (–farbig) ‖ オリーブ油 Olivenöl *n.* –〔e〕s, –e.

おりえり 折襟 Umleg〔e〕¦kragen (Klapp–) *m.* –s, –.

オリエンテーション Orientierung *f.* –en.

オリエンテーリング Orientierungslauf *m.* –〔e〕s, ⸚e.

オリエント Orient *m.* –〔e〕s.

おりおり 折々 ⇨ときどき.

オリオン オリオン座〘天〙Orion *m.* –s.

おりかえし 折り返し ❶[手紙など] umgehend; postwendend/折り返し御返事ください Schreiben Sie mir bitte postwendend! ❷[詩歌の] Kehrreim *m.* –〔e〕s, –e; Refrain *m.* –s, –s. ❸[上着などの] Aufschlag *m.* –〔e〕s, ⸚e; Revers *m.* –es, –e. ❹ 折り返し運転 Pendelverkehr *m.* –s.

おりかえす 折り返す um|schlagen*^{4}; um|krempeln^4; um|klappen^4.

おりかさなる 折り重なる übereinander liegen*/折り重なって übereinander.

おりかさねる 折り重ねる übereinander legen^4.

おりかばん 折鞄 Akten¦tasche *f.* –n (–mappe *f.* –n).

おりがみ 折紙 Faltpapier *n.* –s, –e; [技術] Papierfaltkunst *f.*

おりがみつき 折紙付の garantiert《保証付の》; allgemein anerkannt《定評ある》; berüchtigt《悪党など》.

おりこ 織子 Weberin *f.* ..rinnen.

おりこみ 折り込み eine Beilage《–n》in der ^{3}Zeitung《新聞の》.

おりこむ 織り込む ein|weben$^{(*)4}$《*in*^{4}》/金糸を織り込んだ mit ^{3}Goldfäden durchwebt (durchwirkt)/話の中に織り込む in eine Erzählung ein|weben$^{(*)4}$.

おりこむ 折り込む ein|biegen*^{4}《縁を》; ein|schlagen*^{4}《同上》; gefaltet hinein|legen^4《広告などを》 ‖ 折り込み広告 Reklamebeilage *f.* –n.

オリジナリティー Originalität *f.* -en.
オリジナル Original *n.* -s, -e.
おりじゃく 折り尺 Zollstock *m.* -[e]s, ⸚e; Klappmeter *m.* -s, -.《スイスで》.
おりたたみの 折り畳みの faltbar; zusammen|klappbar (-legbar) ‖ 折り畳み傘 Klappstuhl *m.* -[e]s, ⸚e/折り畳み傘 Knirps *m.* -es, -e/折り畳みボート Faltboot *n.* -[e]s, -e (..böte).
おりたたむ 折り畳む zusammen|falten⁴ (-|-klappen⁴; -|legen⁴).
おりづめ 折詰め das Essen《-s》in einer Holzschachtel.
おりど 折戸 Falttür *f.* -en; eine faltbare Tür.
おりほん 折り本 Faltbuch *n.* -[e]s, ⸚er.
おりまげる 折り曲げる um|biegen⁴/身体を折り曲げる ⁴sich krümmen.
おりめ 折り目 Falte *f.* -n; Kniff *m.* -[e]s, -e; Eselsohr *n.* -[e]s, -en 《書物の》/ズボンの折り目 Bügelfalte *f.* 《アイロンによる》/本のページに折り目をつける Eselsohren in ein Buch machen/彼は折り目正しい男だ Er ist ein pünktlicher Mann.
おりめ 織目 Gewebe *n.* -s, -/織目があらい locker gewebt (gewoben).
おりもと 織元 Textilfabrikant *m.* -en, -en.
おりもの 織物 Gewebe *n.* -s, -/ Webwaren 《pl》; Textilwaren 《pl》; Textilien 《pl》 ‖ 織物産業工業 Textilindustrie *f.* -n/織物製造業者 Textilfabrikant *m.* -en, -en.
おりもの 下り物 Ausfluss *m.* -es, ⸚e 《分泌》; Menstruation *f.* -en 《月経》; Nachgeburt *f.* -en 《後産》; Mutterkuchen *m.* -s, -《同上》.
おりる 降りる ❶ 《下に》 hinab|steigen* (herab|-) 《s》; hinunter|gehen* 《s》; herunter|kommen* 《s》/山から降りる vom Berg herab|steigen*/階段を降りる die Treppe hinunter|gehen*/馬から降りる vom Pferd[e] steigen* 《s》. ❷ 《電車・自動車から》 aus|steigen*《s》/僕らは大阪で降りた Wir sind in Osaka ausgestiegen. ❸ 《着陸》 landen 《s》. ❹ 《霜が》 fallen*/昨夜は霜が降りた Heute Nacht hatten wir Frost. ❺ 《脱退》 aus dem Geschäft aus|steigen* 《s》 《競技・入札などにも》.
オリンピック 《競技(大会)》 Olympische Spiele 《pl》; Olympiade *f.* -n ‖ オリンピック出場選手 Olympia|kämpfer *m.* -s, -/ 《-teilnehmer *m.* -s, -》/オリンピック聖火 das Olympische Feuer, -s/オリンピック村 das Olympische Dorf, -[e]s/国際オリンピック委員会, Internationales Olympisches Komitee, -s/冬期オリンピック大会 Olympische Winterspiele 《pl》.
おる 折る ❶ [ab|]brechen*⁴/腕を折る ³sich den Arm brechen*/木の枝を折る einen Zweig vom Baum ab|brechen*/話の腰を折る jn unterbrechen*⁴. ❷ [たたむ] ⇨おりたたむ. ❸ [曲げる] biegen*⁴.
おる 織る weben[*]⁴.
オルガスムス Orgasmus *m.* -, ..men.
オルガン Orgel *f.* -n 《パイプオルガン》; Harmonium *n.* -s, ..nien 《小型の》 ‖ オルガン奏者

Orgelspieler *m.* -s, -.
オルグ Organisator *m.* -s, -en.
オルゴール Spieldose *f.* -n.
おれ 俺 ich*/俺の mein*/俺たち wir* 《pl》/俺たちの unser*.
おれあう 折れ合う miteinander ein[en] Kompromiss schließen*/zu einem Übereinkommen gelangen 《s》 《mit jm》.
おれくぎ 折れ釘 [鉤(⁽ᵏᵃᵍⁱ⁾)形の釘] Haken *m.* -s, -; [折れた釘] ein abgebrochener Nagel, -s, ⸚.
おれる 折れる ❶ brechen* 《s》; abgebrochen werden/船のマストが折れた Der Mast des Schiffes ist gebrochen. ❷ [折りたためる] ⁴sich falten lassen*; zusammenklappbar sein. ❸ [譲歩する] nach|geben*³/⁴sich versöhnlich zeigen.
オレンジ Orange *f.* -n; Apfelsine *f.* -n/オレンジ色の orange; orange|farben (-farbig).
おろおろ おろおろする ratlos (hilflos) sein; den Kopf verlieren*/おろおろ声 eine zitternde Stimme, -n.
おろか 愚かな dumm; töricht; blöde; närrisch; albern; einfältig 《単純な》/愚かにも töricht|erweise (dummer-)/…は愚か…も… geschweige denn …; nicht zu sprechen 《von》; nicht nur …, sondern [auch] ….
おろし 卸[売業] Großhandel *m.* -s, ⸚; Engrosgeschäft *n.* -[e]s, -e ‖ 卸売 Engrosverkauf *m.* -[e]s, -e/卸売する en détail (en gros) verkaufen⁴/卸商人 Großhändler (Engros-) *m.* -s, -/卸値 Großhandelspreis *m.* -es, -e.
おろし 颪 ‖ 赤城颪 der Wind 《-[e]s, -e》, der vom Berg Akagi herüberweht.
おろしがね 卸し金 《大根・わさびなどの》 [料] Reibeisen *n.* -s, -; Reibe *f.* -n.
おろす 下[降]ろす ❶ [持って降りる] hinunter|bringen*⁴ (herunter|-); hinab|bringen* (herab|-). ❷ [取りおろす] herab|nehmen*⁴ (herunter|-). ❸ [幕・カーテンなどを] herab|lassen* (herunter|-). ❹ [帆・旗などを] nieder|holen⁴ (ein|-). ❺ [錨(⁽ⁱᵏᵃʳⁱ⁾)を] werfen*⁴. ❻ [掟(⁽ᵒᵏⁱ⁾)を] verschließen*⁴. ❼ [下車させる] ab|setzen⁴; aussteigen lassen*⁴. ❽ [荷を] ab|legen⁴ [肩の荷を]; ab|laden*⁴ 《den Wagen》. ❾ [ボートを] aus|setzen⁴. ❿ [胎児を] ab|treiben*⁴. ⓫ [資本金を] Geld an|legen 《in⁴》; investieren⁴. ⓬ [大根・わさびを] 《mit dem Reibeisen》 reiben*⁴.
おろそか 疎かに[な] nachlässig; unvorsichtig; unaufmerksam/疎かにする vernachlässigen⁴; versäumen⁴.
おわい 汚穢 Mist *m.* -[e]s; Jauche *f.* -n ‖ 汚穢溜(⁽ᵈᵃᵐᵉ⁾) Mist|grube (Jauchen-) *f.* -n.
おわせる 負わせる ❶ [担ぎがら] *jn* ⁴et tragen lassen*. ❷ [罪を] beschuldigen 《*jn* ²et》; belasten⁴ 《*jn*》; zu|schieben*³⁴ 《負担させる》 auf|erlegen³⁴; auf|bürden³⁴/義務を負わせる *jm* eine Pflicht auf|erlegen; *jn* verpflichten/責任を負わせる *jm* eine Verantwortung auf|bürden; *jn* verantwortlich machen 《für⁴》. ❸ [傷を] *jm* eine Wunde bei|bringen* (schlagen*).
おわらいぐさ お笑い草までに Hoffentlich

macht es Ihnen Freude (Spaß).

おわり 終わり Ende *n.* -s, -n; 〔Ab〕schluss *m.* -es, ⸗e; Ausgang *m.* -〔e〕s, ⸗e/終わりの《最後の》 letzt/終わりに am Ende; zum Schluss; zuletzt/初めから終わりまで von ^{3}Anfang bis ^{4}Ende/月の終わりに ^{4}Ende des Monats/終わりを告げる zu ^{3}Ende kommen* (gehen*) [s]; zum 〔Ab〕schluss kommen*/さあもう終わりにしろよ Mach Schluss! Nun aber Schluss!/この行の終わりに一語抜けている Am Schluss (Ausgang) dieser Zeile fehlt ein Wort.

おわる 終わる enden; zu ^{3}Ende kommen* [s]; 〔^{4}sich〕 schließen*; zum 〔Ab〕schluss kommen*; zu ^{3}Ende sein 《終わっている》; aus (vorbei; vorüber) sein 《同上》/芝居が終わった Das Theater ist aus./夏も終わった Der Sommer ist vorbei (vorüber)./仕事はもう終わったかい Bist du schon fertig 〔mit der Arbeit〕?

おん 音 Ton *m.* -〔e〕s, ⸗e; Laut *m.* -〔e〕s, -e 《声音》/音の高低(強弱) Tonhöhe *f.* -n (Tonstärke *f.* -n).

おん 恩 Gnade *f.* -n 《恩恵》; Gunst *f.* 《同上》; Wohltat *f.* -en 《善行》; Freundlichkeit *f.* 《親切》; Wohlwollen *n.* -s 《好意》/親の恩 Elternliebe *f.*/恩に着る dankbar (verbunden) sein 《*jm*》/恩に着せる Dank erwarten (verlangen) 《von *jm*》/恩を仇(あだ)で返す eine Wohltat mit ^{3}Undank (^{4}Gutes mit ^{3}Bösem) vergelten*/恩を感じる ^{4}sich zu ^{3}Dank verpflichtet fühlen 《*jm*》; dankbar sein 《*jm*》/恩を施す eine Gunst (Gnade; Wohltat) erweisen* 《*jm*》/恩を知らない undankbar sein/恩を受けている Dank schuldig sein 《*jm*》.

おんあい 恩愛 Liebe *f.* 《愛情》; Anhänglichkeit *f.* 《愛着》/恩愛のきずな die Fesseln 《*pl*》 der Liebe.

おんい 恩威 Milde und Strenge.

おんいき 音域 Umfang *m.* -〔e〕s, ⸗e/彼は音域が広い Seine Stimme hat einen großen Umfang.

おんいん 音韻 Laut *m.* -〔e〕s, -e ‖ 音韻学 Phonologie *f.* -n/音韻学者 Phonologe *m.* -n, -n/音韻論 Lautlehre *f.* -n.

おんが 温雅な anmutig; elegant; graziös; mild.

おんかい 音階 Tonleiter *f.* -n; 〔Ton〕skala *f.* ..len ‖ 全音階 Ganztonleiter/半音階 die chromatische Tonleiter.

おんがえし 恩返しに als Dank; zum Dank; aus ^{3}Dankbarkeit/恩返しをする eine Wohltat vergelten* 《*jm*》.

おんがく 音楽 Musik *f.*; Tonkunst *f.*/音楽的な musikalisch/音楽の夕べ Musikabend *m.* -s, -e/彼は音楽的素質がある Er hat eine musikalische Veranlagung./僕は音楽が好きです Ich höre gerne Musik. ‖ 音楽愛好家 Musikfreund *m.* -〔e〕s, -e; Musikliebhaber *m.* -s, -/音楽映画 Musikfilm *m.* -〔e〕s, -e/音楽家 Musiker *m.* -s, -/音楽会 Konzert *n.* -〔e〕s, -e/音楽学 Musikwissenschaft *f.*/音楽学校 Musikhochschule *f.* -n; Konservatorium *n.* -s, ..rien/音楽教育 Musikerziehung *f.* -en/音楽教師 Musiklehrer *m.* -s, -/音楽コンクール Musik-Wettbewerb *m.* -s, -e/音楽祭 Musik|fest *n.* -〔e〕s, -e (-festspiele 《*pl*》)/音楽史 Musikgeschichte *f.*/音楽通 Musikkenner *m.* -s, -/音楽堂 Musik|saal *m.* -〔e〕s, ..säle (-halle *f.* -n; -pavillon *m.* -s, -s)/音楽美学 Musikästhetik *f.*/教会音楽 Kirchenmusik/軽音楽 eine leichte Musik; Unterhaltungsmusik *f.*/古典(近代)音楽 die klassische (moderne) Musik/宗教音楽 die geistliche Musik/伴奏音楽 Begleitmusik *f.*/無調音楽 die atonale Musik.

おんかん 音感 Tonempfindung *f.* -en ‖ 音感教育 Gehör|bildung *f.* -en (-schulung *f.* -en).

おんがん 温顔 ein sanftes (freundliches) Gesicht, -〔e〕s, -er.

おんぎ 恩義がある ^{4}Dank schuldig sein 《*jm*》; zu ^{3}Dank verpflichtet sein 《*jm*》. ⇨おん(恩).

おんきゅう 恩給 Pension *f.* -en; Ruhegehalt *n.* -〔e〕s, ⸗er/恩給を受ける Pension beziehen*/恩給生活に入る in ^{4}Pension gehen* [s] ‖ 恩給受領者 Pensionär *m.* -s, -e; Pensionist *m.* -en, -en/恩給制 Pensionswesen *n.* -s, -/恩給法 Pensionsgesetz *n.* -es, -e.

おんきょう 音響 Schall *m.* -〔e〕s, -e (⸗e); Ton *m.* -〔e〕s, ⸗e; Klang *m.* -〔e〕s, ⸗e; Geräusch *n.* -es, -e 《騒音》/音響的な(に) akustisch ‖ 音響学 Schalllehre *f.*; Akustik *f.*/音響効果 〔Raum〕akustik *f.*/このホールは音響効果がすばらしい(悪い) Dieser Saal hat eine ausgezeichnete (schlechte) Akustik.

おんきょく 音曲 Musik *f.* 《音楽》; Musikstück *n.* -〔e〕s, -e 《楽曲》 ‖ 音曲停止 Musikverbot *n.* -〔e〕s, -e.

おんけい 恩恵 Gnade *f.* -n; Gunst *f.*; Wohltat *f.* -en/恩恵を施す eine Gnade (Gunst; Wohltat) erweisen* 《*jm*》/恩恵に浴する einer ^{2}Gnade (Gunst; Wohltat) teilhaftig werden; eine Gnade (Gunst; Wohltat) genießen*.

おんけつどうぶつ 温血動物 Warmblüter *m.* -s, -; ein warmblütiges (gleichwarmes) Tier, -〔e〕s, -e.

おんけん 穏健な mäßig; gemäßigt; maßvoll; nüchtern/穏健な説 eine gemäßigte Ansicht, -en.

おんこ 恩顧 Gunst *f.*; Gönnerschaft *f.*/恩顧を受ける *js* ^{4}Gunst genießen*.

おんこう 温厚な sanft 〔mütig〕; mild; freundlich.

おんさ 音叉 〖楽〗 Stimmgabel *f.* -n ‖ 音叉時計 Stimmgabeluhr *f.* -en.

おんし 恩師 *js* 〔geehrter; guter〕 Lehrer, -s, -; ein Lehrer, dem man viel verdankt.

おんし 恩賜 eine kaiserliche Schenkung, -en; ein kaiserliches Geschenk, -〔e〕s, -e/恩賜の vom Kaiser geschenkt.

おんしつ 音質 Tonqualität *f.* -en/音質がよい einen guten (schönen) Ton (Klang) haben.

おんしつ 温室 Treib|haus (Gewächs-) *n.*

おんしゃ 恩赦 Amnestie *f.* -n; Begnadigung *f.* -en; Straferlass *m.* -s; 恩赦を与える amnestieren⁴; begnadigen⁴.

おんじゅん 温順 sanftmütig; gehorsam 《従順な》.

おんしょう 温床 Mistbeet *n.* -[e]s, -e; Nährboden *m.* -s, -《培養地》; Brutstätte *f.* 《孵化場》/悪の温床 ein Nährboden für ⁴Laster; eine Brutstätte des Verbrechens.

おんしょう 恩賞 Belohnung *f.* -en /莫大な恩賞にあずかる reichlich belohnt werden 《für》.

おんじょう 温情 Warmherzigkeit *f.* -en; Wärme *f.*; Milde *f.*/温情ある warmherzig; warm; mild/温情ある処置をとる eine milde Maßnahme 〔gegen〕 treffen⁴.

おんしょく 音色 Klangfarbe *f.* -n.

おんしらず 恩知らず Undankbarkeit *f.* -en; Undank *m.* -[e]s/恩知らずな人 ein undankbarer Mensch, -en, -en 《人》/恩知らずの undankbar.

おんしん 音信 [消息] Nachricht *f.* -en; Mitteilung *f.* -en; [通信] Korrespondenz *f.* -en; Briefwechsel *m.* -s/音信ある nichts hören 《von *jm*》/音信する Nachricht geben*; von ˙sich hören lassen*. ⇨たより[便り]

おんじん 恩人 Wohltäter *m.* -s, /彼は私の命の恩人だ Er hat mir das Leben gerettet.

オンス Unze *f.* -n.

おんせい 音声 Stimme *f.* -n ∥ 音声学 Phonetik *f.*/音声学者 Phonetiker *m.* -s, -.

おんせつ 音節 Silbe *f.* -n/音節の syllabisch; Silben- /一音節の einsilbig (zweisilbig) /音節に分ける syllabieren⁴.

おんせん 温泉 eine heiße Quelle, -n; ein heißes Quellenbad, -[e]s, =er ∥ 温泉客 Kurgast *m.* -[e]s, =e/温泉場 Badeort *m.* -[e]s, -e; Bad *n.* -[e]s, =er/伊東温泉 Bad Ito.

おんそ 音素 Phonem *n.* -[e]s, -e.

おんそく 音速 Schallgeschwindigkeit *f.* ∥ 超音速 Überschallgeschwindigkeit/超音速戦闘機 Überschalljäger *m.* -s, -.

おんぞん 温存する aufbewahren⁴; reservieren⁴; sparen⁴.

おんたい 温帯 die gemäßigte Zone, -n.

おんたく 恩沢 Wohltat *f.* -en 《善行》; Nutzen *m.* -s 《利益》; Vorteil *m.* -[e]s, -e 《同上》/恩沢に浴する eine Wohltat genießen*; Vorteil (Nutzen) ziehen* 《*aus³, von³*》.

おんだん 温暖 Wärme *f.* /温暖な warm; mild /温暖な気候 ein mildes Klima, -ta (-s) ∥ 温暖前線《気》 Warmfront *f.* -en.

おんち 音痴の unmusikalisch.

おんちゅう 御中 ¶ シュミット商会御中 An die Firma Schmidt; Herren Schmidt und Co.

おんちょう 音調 Ton *m.* -[e]s, =e; Tonhöhe *f.* 《高低》; Melodie *f.* -n 《曲調》.

おんちょう 恩寵 Gnade *f.* -n; Gunst *f.* / 神の恩寵 die Gnade Gottes /恩寵をこうむる in ³Gnade[n] (Gunst) stehen* 〔bei *jm*〕/恩寵を失う *js* ⁴Gnade (Gunst) verlieren*.

おんてい 音程《楽》Intervall *n.* -s, -e; Stufe *f.* -n.

おんてん 恩典 Begünstigung *f.* -en /恩典を与える 《besondere》Begünstigungen gewähren; *jm* begünstigen.

おんど 温度 Temperatur *f.* -en; Wärmegrad *m.* -s, -e/温度は急に上昇した Die Temperatur ist plötzlich gestiegen. / 昨夜の温度は氷点下に下った Heute Nacht ist die Temperatur unter Null gesunken. ∥ 温度計 Thermometer *n.* -s, -; Wärmemesser *m.* -s, - /最高最低温度 die höchste (niedrigste) Temperatur/室内温度 Zimmertemperatur *f.*; die Temperatur im Zimmer /絶対温度 die absolute Temperatur/平均温度(標準温)度 die durchschnittliche (normale) Temperatur.

おんど 音頭を取る den Ton an|geben*; die Führung übernehmen* ∥ 音頭取り der Tonangebende*, -n, -n; Führer *m.* -s, -《指導者》; Urheber *m.* -s, -《首唱者》.

おんとう 穏当な vernünftig; billig; richtig 《正しい》; [適当な] angemessen; angebracht; geeignet; passend /それは穏当ではない Das gehört sich nicht.

おんどく 音読する laut lesen*⁴.

おんどり 雄鶏 Hahn *m.* -[e]s, =e.

オンドル die koreanische Fußbodenheizungsanlage, -n.

おんな 女 ❶ Frau *f.* -en 《主として既婚の》; Weib *n.* -[e]s, -er《軽蔑的に》; Frauenzimmer *n.* -s, -《同上》; das weibliche (schöne; schwache; zarte) Geschlecht, -[e]s《女性》; Dame *f.* -n 《貴婦人》/女らしい frauenhaft; weiblich/女らしくない unweiblich /女みたいな《女々しい》weibisch/女らしさ Fraulichkeit (Weib-) *f.* /女の子 Mädchen *n.* -s, -; Mädel *n.* -s, -《主として南ドイツで》; Tochter *f.* = 《息子の対》/女の人 eine weibliche Person, -en /女の先生 Lehrerin *f.* ..rinnen /町の女 Straßenmädchen (Strich-) /女になる ¹Frau werden*. ❷ 《恋人・情婦》die Geliebte*, -n, -n; Mädchen; Freundin *f.* ..dinnen /女をしている sich eine Liebste (Freundin; Dame) an|schaffen /彼には女がいる Er hat ein Verhältnis mit einer Frau.

おんなあるじ 女主 Hausherrin *f.* ..rinnen; Hausfrau *f.* -en; Wirtin *f.* ..tinnen《おかみ》.

おんながた 女形 ein Schauspieler 〈-s, -〉, der ausschließlich Frauenrollen spielt.

おんなぎらい 女嫌い ❶ Frauenfeind (Weiber-) *m.* -[e]s, -e /女嫌いな Frauenhasser (Weiber-) *m.* -s, -. ❷《女を嫌うこと》Frauenhass (Weiber-) *m.* ..es-es /女嫌いの weiberhaft.

おんなぐるい 女狂いの weibertoll.

おんなごころ 女心 Frauenherz *n.* -ens, -en; Weiberherz *n.* 《気まぐれ》.

おんなことば 女言葉 Frauensprache *f.* -n.

おんなごろし 女殺し ❶ Frauenmord *m.*

おんなざかり 女盛り ¶ 彼女は女盛りである Sie ist jetzt in ihren besten Jahren.

おんなじむいん 女事務員 die Büroangestellte*, -n, -n.

おんなじゅじん 女主人 ⇨おんなあるじ.

おんなずき 女好き Weiberfreund m. -[e]s, -e; Schürzenjäger m. -s, -; Lüstling m. -s, -e《好色漢》/ 女好きのする男 ein Liebling 《m. -s, -e》der Frauen.

おんなたらし 女たらし Herzenbrecher m. -s, -; Herzensdieb m. -[e]s, -e; Weiberheld m. -en, -en; Frauen|jäger (Schürzen-) m. -s, -; Don Juan m. -s, - -s.

おんなてんか 女天下 Frauen|herrschaft (Weiber-) f. -en; [俗] Pantoffelregiment n. -[e]s, -e《嬶(ﾅヵ)天下》.

おんなどうらく 女道楽 Frauen|jagd (Weiber-) f.; Schürzenjägerei f.; Liebschaft f. -en《情事》.

おんなもち 女持ちの für "Damen; Damen-/女持ちの品物 Damenartikel m. -s, -/女持ちの手袋 Damenhandschuh m. -[e]s, -e.

おんのじ 御の字 ¶ こんな仕事なら十日もあれば御の字だ Für so eine Arbeit sind zehn Tage mehr als genug (genug und übergenug; mehr als ausreichend).

おんぱ 音波 Schallwelle f. -n ‖ 超音波 Ultraschall m. -[e]s.

おんぴょう 音標文字 eine phonetische Schrift, -en; Lautschrift f. -en.

おんびん 音便 Stammauslaut-Änderung 《f. -en》bei der Wortzusammensetzung.

おんびん 穏便な(に) friedlich; freundlich/穏便に片づける friedlich (im Stillen) erledigen⁴.

おんぶ ⇨おぶう.

おんぷ 音符〖楽〗Tonschrift f. -en; Note f. -n ‖ 三連音符 Triole f. -n/四分(八分,十六分)音符 Viertelnote (Achtelnote, Sechzehntelnote) f. -n/全(二分)音符 eine ganze (halbe) Note/付点音符 eine punktierte Note.

おんぷ 音譜 ⇨がくふ(楽譜).

オンブズマン Ombudsmann m. -[e]s, ≡er (-leute).

おんめい 恩命 ein gnädiger Befehl, -[e]s, -e; gnädige Worte《pl》.

おんやく 音訳 Transkription f. -en.

オンライン オンラインの online/その口座はオンラインになっている Das Konto ist online. ‖ オンラインサービス Onlinedienst m. -[e]s, -e/オンラインシステム Online-System n. -s, -e.

おんりつ 音律〖楽〗Stimmung f. -en.

おんりょう 音量 Laut|stärke (Klang-) f. -/音量調節 Lautstärkeregelung f. -en/音量調節器 Lautstärkeregler m. -s, -.

おんりょう 怨霊 ein racheschreiender (rachedurstiger) Geist, -[e]s, -er; Gespenst n. -es, -er《幽霊》.

おんりょう 温良な ⇨おんじゅん.

おんわ 温和な mild; sanft; ruhig《穏やかな》; gutmütig《善良な》/温和な気候 ein mildes Klima, -s, -ta (-s)/温和な性格 ein sanftes Wesen, -s.

か

か 科 ❶〔動・植物の〕Familie *f*. -n. ❷〔学校の分科〕Abteilung *f*. -en; Fakultät *f*. -en; 〔Lehr〕fach *n*. -(e)s, "-er. ❸〔兵科〕Waffen|gattung *f*. -en〔-art *f*. -en〕; Waffe *f*. -n‖歩兵科 Infanterie *f*. -n; Fußtruppe *f*. -n.

か 蚊 Moskito *m*. -s, -s; Schnake *f*. -n; (Stech)mücke *f*. -n/蚊に刺される von einem Moskito gestochen werden.

か 課 ❶〔Unter〕abteilung *f*. -en; Department *n*. -s, -s (-e). ❷〔学科〕Lektion *f*. -en/第三課 Lektion 3; die 3. (dritte) Lektion. ‖人事課 Personal|abteilung (-amt *n*. -(e)s, "-er).

か 可とする dafür sein; billigen⁴; gut|heißen*⁴; zu|stimmen³ / 可もなく不可もなくweder gut noch schlecht; leidlich; mittelmäßig; passabel; so ziemlich.

～か ❶〔疑問〕あなたは私といっしょに行きますか Wollen Sie mit mir zusammen hingehen? /いつあなたは行きますか Wann gehen Sie hin? /彼はどういう人ですか Was für ein Mann ist er?/これはあなたの万年筆ですか Is this Her Füller?; Gehört Ihnen diese Füllfeder?/私のステッキはどれですか Wo steht mein Stock? ❷〔提案〕では公園に行こうか Lass(t) uns also in den Park gehen!; Wollen wir also in den Park [gehen]! ❸〔…かどうか〕⇒ **～かどうか**.

が ❶〔しかし〕aber; allein; doch; jedoch; indessen; dagegen; (da)hingegen;〔従属文を用いて〕während; wo|gegen (wohin-);〔にも拘らず〕dennoch; dessen ungeachtet; nichtdestoweniger; trotzdem;〔であるのに〕obgleich; obschon; obwohl; wenngleich; wiewohl; wenn … auch; wenn … selbst … /彼の所に行ったのだが、彼には会わなかった Ich war bei ihm, allein ich traf ihn nicht an./収入は大したことはないが、食ってはは行ける Wenn mein Einkommen auch nicht groß ist, kann ich doch davon leben./彼は金持だが幸福ではない Obgleich er reich ist, ist er nicht glücklich. ❷〔単なる文と文との結合〕und; der*; welcher*; wo/昨日会があったのだが、大変愉快な一晩だった Gestern haben wir eine Versammlung gehabt, und es war ein sehr netter Abend./列車は三時に着くはずなのだが、実に来ない Der Zug, der eigentlich um drei Uhr ankommen soll, kommt noch nicht./私の友人の山田というのは、無名の俳優ですがのびると思うよ〔同格名詞を用いて〕Mein Freund Yamada, ein noch unbekannter Schauspieler, wird noch, glaube ich. /〔僕の甥(が)〕目下会社に勤めているが、今度いい娘を見付けました Mein Neffe, zur Zeit bei einer Firma angestellt, hat neulich eine nette Braut gefunden. ❸〔文意を受ける場合〕was; wie es …; dergleichen /左へ回すのだ! というのは、つまり同じことになるのだが、反対に回すとだ! Links drehen! Das heißt, um das dasselbe hinausläuft, anders herum!/その翻訳を引き受けたんだが、それがそろそろ重荷になって来てね Die Übersetzung habe ich übernommen, was mir allmählich zur Last fällt./その一件は彼が私に話してくれたが、そんな話俺は生まれてはじめてだよ Er erzählte mir diese Angelegenheit, dergleichen ich noch nie gehört habe. ❹〔断り書的挿入句〕um … zu; ohne … zu; damit; dass/正直に申しますが um ehrlich zu sein/あの人のことをとやかく言う積もりではないがohne ihn kritisieren zu wollen /お耳に入れておきますが〔過去分詞を用いて〕damit Sie es nur wissen/ここだけの話だが unter uns gesagt /ついでに申し上げるが nebenbei bemerkt. ❺〔主格関係〕頭が痛い Ich habe Kopfschmerzen./ある点が先任者に似ているIn einer gewissen Hinsicht erinnert er uns an seinen Vorgänger./ドイツ語が非常にできる Er ist des Deutschen mächtig./ダンスがある Es wird getanzt.〔前置詞を用いて〕大きさが同じである gleich an Größe sein/肩幅が広い breit an den Schultern sein/肝臓が悪い an Leber krank sein/片目が見える auf einem Auge blind sein/交際がじょうずだ im Umgang gewandt sein/暮らし向きがいい in guten Verhältnissen leben. ❻〔仮定〕時間さえあれば、やってあげたいのだが Das würde ich für Sie gerne tun, wenn ich nur Zeit hätte.

が 蛾 Nacht|falter *m*. -s, - (-schmetterling *m*. -s, -er); Motte *f*. -n.

が 我を折る jm nach|geben* ⟨in³⟩; klein bei|geben*; ⁴sich daran geben*; ⁴sich erweichen lassen*/我を通す auf ³of (auf seinem Kopf[e]) bestehen*; den Willen durch|setzen; unbeugsam bleiben* ⓢ; mit dem Kopf an die Wand rennen wollen*/我の強い bockig; eigenwillig; halsstarrig; hartnäckig; starrsinnig;〔俗〕stur; querköpfig; unnachgiebig.

カー Auto *n*. -s, -s; (Kraft)wagen *m*. -s, - /Privatwagen《自家用車》‖カーフェリー Autofähre *f*. -n/カーラジオ Autoradio *n*. -s, -s.

があがあ があがあ鳴く krächzen; quaken; quäken; quapsen; unken.

カーキー カーキー色の khakifarben/カーキー服を着た in Khaki(uniform).

ガーゼ Gaze *f*. -n.

カーソル Cursor *m*. -s, -s.

ガーター Strumpfband *n*. -es, "-er ‖ガーター勲章 Hosenbandorden *m*. -s, -.

カーテン Vorhang *m*. -(e)s, "-e; Gardine *f*. -n/〔史〕鉄のカーテン der Eiserne Vorhang/

カーテンコール ¶ 何度もカーテンコールを受ける《俳優が》viele Vorhänge haben.

カード 〔Kartei〕karte f. -n ‖ カードケース Karteikasten m. -s, ¨; Kartenfach n. -[e]s, ¨er/カード索引 Kartothek f. -en; Kartei f. -en; Kartenverzeichnis n. ..nisses, ..nisse/カード方式 Karteisystem n. -s, -e.

ガード ❶ Straßenüberführung f. -en; Überführung f. -en《高架線の》. ❷ Wächter m. -s, -《番人》; Leibwache f. -n《ボディーガード》.

ガードマン 〔privater〕 Wächter, -s, -e; Wachmann m. -[e]s, ¨er (..leute)‖ ガードマン会社 Wachmanngesellschaft f. -en.

カートリッジ Patrone f. -n; Tintenpatrone f. -n《万年筆の》.

ガードレール Leitplanke f. -n.

カートン ボール紙の箱 Karton m. -s (-e)/カートンの箱に詰める in einen Karton pack*en*.

ガーナ Ghana n. -s/ガーナの ghanaisch ‖ ガーナ人 Ghanaer m. -s, -.

カーニバル Karneval m. -s, -e; Fasching m. -s, -e (-s); Fastnacht f.

カーネーション 〔Garten〕nelke f. -n.

カーバイド Karbid n. -[e]s, -e.

カービン カービン銃 Karabiner m. -s, -.

カーブ Kurve f. -n; Biegung f. -en; Krümmung f. -en/道はここでカーブしている Der Weg macht (bildet) hier eine Kurve.

カーペット Teppich m. -s, -e.

ガーベラ Gerbera f. -s.

カーボベルデ Kap Verde n. - -s/カーボベルデの kapverdisch ‖ カーボベルデ人 Kapverdier m. -s, -.

カーボン カーボン紙 Kohle|papier (Durchschlag-; Durchschreib-) n. -s, -e.

ガーリック Knoblauch m. -[e]s.

カーリング Curling n. -s.

カール Kraushaar n. -[e]s, -e; Locke f. -n/髪をカールする die Haare kräuseln lassen*.

ガール ガールスカウト Pfadfinderin f. -nen/ガールフレンド Freundin f. -nen; die Geliebte*, -n《愛人》.

かい 甲斐〔効果〕Wirkung f. -en; Effekt m. -[e]s, -e; Ergebnis n. ..nisses, ..nisse; Erfolg m. -[e]s, -e;〔価値〕Wert m. -[e]s, -e;〔益〕Nutzen m. -s, -; Vorteil m. -[e]s, -e.
── 甲斐のある lohnend; nützlich《役にたつ》; nutzbringend (Nutz bringend)《有益な》; gewinnbringend (Gewinn bringend)《有利な》; wirkungsvoll《効果ある》;〔成果の挙がる〕fruchtbar; frucht|reich (-bringend; Frucht bringend)/甲斐のない vergeblich; nutzlos《役にたたぬ・無益な》; unnütz《同上》; wirkungslos《効果のない》; ergebnislos《成果のない》; fruchtlos《同上》/甲斐がある der ²Mühewert sein; ²*et* wert sein; es lohnt ⁴sich/私は骨折ってみたが、その甲斐もなく帰って来た Er kehrte unverrichteter ²Dinge (ergebnislos; mit leeren Händen; ohne Erfolg) zurück. /熱心に努力した甲斐もなく彼は遂に失敗した Bei allem Fleiß (Trotz aller Bemühung) ist es ihm doch nicht gelungen.

かい 貝 Muschel f. -n; Schaltier n. -[e]s, -e; Muschelschale f. -n《貝殻》‖ 貝塚 Muschelhaufen m. -s, - /貝柱 Muschelmuskel m. -s, -n (f. -n)/貝ボタン Perlmutterknopf m. -[e]s, ¨e; Knopf《m. -[e]s, ¨e》aus Muschelschale/貝類学 Muschelkunde f.

かい 櫂 Ruder n. -s, -; Riemen m. -s, -; Paddel f. -n《両端に水掻のある》/櫂をつかう die Riemen (Ruder) (*pl*) aus|legen/櫂をはずす die Riemen (Ruder) ein|ziehen*/櫂でこぐ rudern* h.s.; das Ruder führen; paddeln《カヌーなど》.

かい 界 Welt f. -en; Kreis m. -es, -e; Bereich m. -[e]s, -e; Reich n. -[e]s, -e/動物(植物)界 Tierreich (Pflanzenreich) n. -[e]s /経済界(財界) die wirtschaftliche Welt/政界 die politische Welt; die politischen Kreise (*pl*)/学界 die wissenschaftliche Welt; die gelehrten Kreise (*pl*).

かい 戒 Gebot n. -[e]s, -e; Vorschrift f. -en /戒を破る gegen die Gebote verstoßen*/十戒 die Zehn Gebote; Dekalog m. -[e]s.

かい 会 ❶〔集会〕Versammlung f. -en; Zusammenkunft f. ¨e;〔会議〕Besprechung f. -en; Konferenz f. -en; Tagung f. -en; Sitzung f. -en;〔舞踏会〕Tanz|gesellschaft f. -en (-abend m. -s, -e); Ball m. -[e]s, ¨e/会を催す eine Versammlung veranstalten; eine Konferenz [ab]halten*/会を召集する zusammen|rufen*; ein|berufen*. ❷〔団体〕Verein m. -[e]s, -e《協会》; Verband m. -[e]s, ¨e《連盟》; Gesellschaft f. -en《協会》; Klub m. -s, -s《クラブ》. ── 会する ⁴sich versammeln; zusammen|kommen* s.

かい 回〔度数〕Mal n. -[e]s, -e;〔競技の〕Partie f. -n; Gang m. -[e]s, ¨e; Spiel n. -[e]s, -e /一回 ein Mal; einmal/二回 zwei Mal; zweimal/数回 einige Male /三回勝負 ein dreimaliger Wettkampf, -[e]s, ¨e; ein dreimaliges Spiel/第一(二)回 das erste (zweite) Mal /試合は回を重ねるごとに激しくなった Je weiter das Spiel schritt, desto hitziger wurde es gekämpft.

かい 階 Stockwerk n. -[e]s, -e; Stock m. (*n*.) -[e]s, - (-e); Etage f. -n; Geschoss n. -es, -e/一階 Erdgeschoss n. -es, -e; Parterre n. -s, -s/二(三)階 erster (zweiter) Stock; erste (zweite) Etage. ⇨いっかい〔一階〕.

かい 下位 niedriger Rang, -[e]s, ¨e; untergeordnete Stellung, -en/下位の untergeben; untergeordnet; vom niedrigen Range/下位の人 der Untergeordnete* (Untergebene*; Niedrigstehende*), -n, -n /...の下位にある *jm* untergeben sein; *jm* im Range nach|stehen*/下位を占める eine untergeordnete Stellung ein|nehmen* (inne|haben*).

がい 街 Straße *f.* -n; Avenue *f.* -n; Allee *f.* -n/ボンファー街(ケーニヒ街)六番地 Boniverstraße (Königsallee) 6 ‖ 繁華街 Hauptgeschäftsstraße.

がい 我意 Eigen|wille *m.* -ns (-sinn *m.* -(e)s). ⇨がい(我を折る).

がい 害 Schaden *m.* -s, =; Harm *m.* -(e)s; Leid *n.* -(e)s; Schädigung *f.* -en; Unheil *n.* -(e)s/害をこうむる Schaden leiden*; Unglück (Schaden; Verlust) davon|tragen*; zu Schaden kommen* ⓢ/害を加える *jm* ein Leid (Schaden; Böses) zu|fügen; *jm* Unrecht an|tun*; *jm* Unheil stiften; *jm* Schaden verursachen (an|richten)/害になる schädlich³; abträglich³; nachteilig³; zum Unheil bringend³ (Verlust) verderblich; zerstörend/害のある nachteilig; schädlich; verderblich/害のない harmlos; unschädlich / 健康に害のある gesundheitswidrig; unbekömmlich; ungesund. ──害する schaden*; beeinträchtigen⁴; benachteiligen⁴; (be)schädigen⁴; [感情などを] verletzen⁴; ärgern⁴; erzürnen⁴; kränken⁴.

がい- 該- der besagte* (betreffende*; bezeichnete*; genannte*; obige*; in Rede stehende*), *jm*; その人物(該当の) [Mann]/さて該件について言及するならば um nun auf besagten Hammel (auf den Gegenstand) zurückzukommen.

-がい -外 außerhalb³; außer³; abweichend ⟨*von*³⟩; nicht gemäß³/規格外の von der Norm abweichend/問題外の nicht in Frage (Betracht) kommend/屋外で im Freien; draußen/市外に(で) außerhalb der ²Stadt; in der Vorstadt/時間外勤務(手当) Überstunde *f.* -n (Überstundenzuschlag *m.* -(e)s, =e).

かいあおる 買い煽る den Preis durch ⁴Aufkauf in die Höhe treiben*; auf Hausse spekulieren.

かいあく 改悪する zum Nachteil verändern⁴; verschlechtern⁴; verschlimmern⁴; verderben*⁴; verballhornen*⁴/労働法の改悪 schädliche (nachteilige) Revision ⟨-en⟩ des Arbeitsgesetzes.

がいあく 害悪 Übel *n.* -s, -n; das Böse*, -n; Schaden *m.* -s, =; Unheil *n.* -(e)s/[悪影響]の böse (unheilvolle, unheilvollen) Einfluss *m.* -es; *die* böse Wirkung, -en/害悪を流す Unheil bringen* (an|richten; an|stiften); (einen) nachteiligen Einfluss aus|üben ⟨*auf*⁴⟩.

かいあげ 買い上げ An|kauf (Ein-) *m.* -es, =e; Beschaffung (An-) *f.* -en/買い上げる ein|kaufen⁴; [an]kaufen⁴ ‖ 買上価格 Anschaffungs|preis (Einkaufs-; Kauf-) *m.* -es, -e.

ガイアナ Guyana *n.* -s/ガイアナの guyanisch ‖ ガイアナ人 Guyaner *m.* -s, -.

かいい 怪異な fremdartig; seltsam; ungewöhnlich; wunderlich; mysteriös; verdächtig ⟨怪しい⟩; geisterhaft ⟨幽霊のような⟩; unheimlich ⟨不気味な⟩; grausig ⟨怖ろしい⟩.

かいい 魁偉な eindrucksvoll; imposant; überwältigend/容姿魁偉の男 ein Mann ⟨*m.* -(e)s, =er⟩ mit eindrucksvollem Gesicht; ein Mann von imponierendem (kraftstrotzendem) Aussehen.

かいいぬ 飼い犬 Haushund *m.* -(e)s, -e/飼い犬に手を咬まれる von eigenem Hund(e) in die Hand gebissen werden; eine Schlange am Busen nähren.

かいいれ 買入れ Einkauf *m.* -(e)s, =e; Besorgung *f.* -en/買入れ値段 Einkaufspreis *m.* -es, -e/古本高価買入れ Zahle gute Preise für alte (antiquarische) Bücher. ⟨掲示⟩/買入れる ein|kaufen⁴; besorgen⁴.

かいいん 開院 ❶ [議会の] Eröffnung ⟨*f.* -en⟩ des Reichstags (des Kongresses; des Parlaments). ❷ [施設の] Eröffnung einer ²Anstalt. ── 開院する ❶ [議会を] den Reichstag (den Kongress; das Parlament) eröffnen. ❷ [施設を] eine Anstalt eröffnen. ‖ 開院式 Eröffnungsfeier *f.* -n.

かいいん 海員 Seemann *m.* -(e)s, ..leute; [乗組員] Bemannung *f.* -en; Schiffsmannschaft ⟨*f.* -en⟩ (die ²besatzung *f.* -en) ‖ 海員協会 Seemannsverein *m.* -s, -e/海員宿泊所 Seemannsheim *n.* -s, -e (-haus *n.* -es, =er)/海員生活 Seemannsleben *n.* -s, -/海員養成所 Seemannsschule *f.* -n; Schiffsakademie *f.* -n.

かいいん 会員 Mitglied *n.* -(e)s, -er; Mitgliedschaft *f.* ⟨総称⟩/会員制度による nur für ⁴Mitglieder (Subskribenten, Abonnenten) zulässig; nur durch ⁴Subskription (Abonnement) / 会員の会員 Mitgliedschaft (Abonnement) *f.* -en/会員証 Mitgliedskarte *f.* -n ⟨予約会員券⟩/会員章 Mitgliedsabzeichen *n.* -s, -/会員名簿 Mitgliedsausweis *m.* -es, -e/会員名簿 Mitgliederverzeichnis *n.* ..nisses, ..nisse/正(準, 賛助, 維持, 終身)会員 ein ordentliches (außerordentliches, förderndes, unterstützendes, lebenslängliches) Mitglied/特別会員 ein Sondermitglied *n.* -(e)s, -er/名誉会員 ein Ehrenmitglied *n.* -(e)s, -er.

かいいん 改印 ein rechtsgültiges Siegel [ver]ändern ‖ 改印届 Meldung ⟨*f.* -en⟩ der Siegeländerung.

かいうける 買い受ける ab|kaufen⁴; von *jm* übernehmen*⁴ ‖ 買受代金 Anschaffungskosten ⟨*pl*⟩; Kaufpreis *m.* -es, -e/買受人 Käufer *m.* -s, -; Abnehmer *m.* -s, -.

かいうん 開運 Besserung ⟨*f.*⟩ des Schicksals; Wendung ⟨*f.*⟩ zum Besseren*/開運のお守り Glücksamulett *n.* -(e)s, -e/開運のきざし Silberstreif ⟨*m.* -(e)s, -e⟩ am Horizont.

かいうん 海運 Seetransport *m.* -(e)s, -e; Verschiffung *f.* -en; Verfrachtung *f.* -en ‖ 海運界 die Schiffskreise ⟨*pl*⟩; Schiffwesen *n.* -s/海運業者 Schiffs|spediteur *m.* -s, -e/海運業者 Schiffsreeder *m.* -s, -; -en, -/海運協定 Frachtvertrag *m.* -(e)s, =e.

かいえん 開演 Anfang *m.* -(e)s, =e; Beginn ⟨*m.* -s⟩ der Aufführung; Beginn ⟨*m.* -s⟩ der Vorstellung/開演中である Die Vorstellung läuft./開演

がいえん 外苑 Außenanlage f. -n; Parkanlage f. des Meiji-Tempels 明治神宮の).

がいえん 外延〔論〕Extension f. -en;Ausdehnung f. -en《ひろがり》/外延的 extensiv.

かいおうせい 海王星〔天〕Neptun m. -s.

かいおき 買置きの品〔Lager〕vorrat m. -(e)s, ⸗e; Lagerbestand m. -(e)s, ⸗e《買置きする》einlagern⁴; einkaufen⁴ und aufspeichern⁴;《俗》hamstern⁴.

かいおん 諧音 Konsonanz f. -en; Einklang m. -(e)s, ⸗e; Harmonie f. -n《和音》Euphonie f. -n.

かいか 開化 Aufgeklärtheit f.; Zivilisation f. -en;〔文化〕Kultur f.;〔教養〕Bildung f. -;〔開明〕Aufklärung f./開化した aufgeklärt; zivilisiert; gesittet; gebildet; kultiviert.

かいか 開花 das Aufblühen n. -s; Effloreszenz f. -en; Blüte f. -n/開花する aufblühen ⓢ; Die Blume entfaltet sich. ‖ 開花期 Blütezeit f. -en; Effloreszenz f.

かいか 怪火 ungewöhnliches (wunderliches; seltsames) Feuer, -s, -《異様な火》; Irrlicht n. -(e)s, -er《鬼火》ein verdächtiges Feuer《疑わしい火・火事》.

かいか 階下の(で) unten〔im Haus(e)〕; im Parterre; parterre; im unteren Stockwerk /階下へ行く nach unten gehen* ⓢ: hinunterlgehen* (herunter|-) ⓢ/階下に落ちる die Stiege (die Treppe) hinabfallen* (hinabstürzen) (od. herab|-) ⓢ.

かいが 絵画 Gemälde n. -s, -; Bild n. -(e)s, -er; Zeichnung f. -en《ペン・鉛筆画》; Skizze f. -n《素描》; Aquarell n. -s, -e《水彩画》; Bildnis n. ⸗nisses, ⸗nisse《肖像画》‖ 絵画芸術 Malerei f. -en; Malkunst (Zeichen-) f./絵画陳列館 Gemäldegalerie f. -n/絵画展覧会 Bilderausstellung (Kunst-) f. -en.

がいか 凱歌 Siegeslied (Triumph-) n. -(e)s, -er; Siegesgesang (Triumph-) m. -(e)s, ⸗e; Siegesgeschrei (Triumph-) n. -s《勝どき》/ 凱歌をあげて siegigekrönt (-reich); im Triumph; triumphierend/凱歌をあげる den Sieg《über jn》davonitragen* (erringen*; gewinnen*); ein dreifaches Sieg Heil rufen*.

がいか 外貨 ❶〔貨幣〕das ausländische Geld, -(e)s, -; die fremde Währung, -en; Devise f. -n《外国為替》. ❷〔貨物〕die fremden Waren (pl.). ‖ 外貨保有高 Devisenreserve f. -n.

ガイガー ガイガー計数管 Geiger-Müller-Zähler m. -s, -; Geigerzähler m. -s, -.

かいかい 開会 Eröffnung (f.) der Versammlung (Sitzung; Session《議会の》)/ 開会の辞 Eröffnungsrede f. -n (-ansprache f. -n)/唯今開会中です Man hält nun die Sitzungen ab. Die Sitzung ist im Gang. —— 開会する eine Versammlung (Tagung; Konferenz; Sitzung) eröffnen. ‖ 開会式 Eröffnungsfeier f.

かいがい 海外 Übersee f.; überseeische Länder (pl); Ausland n. -(e)s《外国》; fremde Länder (pl 同上)/海外へ行く ins Ausland (nach Übersee) gehen* (fahren*; reisen) ⓢ. —— 海外の überseeisch; ausländisch; fremdländisch/海外へ nach Übersee; nach dem Ausland/海外から von Übersee/海外は über Meer; übers Meer/ 名を挙げる einen internationalen Ruhm《-es, -e》(Ruf, -es, -e) erlangen (gewinnen*). ‖ 海外市場 Auslandsmarkt m. -(e)s, ⸗e/海外事情 überseeische (ausländische) Verhältnisse (pl)/海外投資 überseeische Kapitalanlegung f. -en (-anlage f. -n)/海外特派員 Auslandskorrespondent m. -en, -en/海外版 Überseeausgabe f. -n/海外放送 Auslandssendung f. -en/ 海外留学生 der im Ausland Studierende*, -n, -n/海外旅行 Auslandsreise f. -n.

かいがい 外界 Außenwelt (Erscheinungs-; Sinnen-) f.; die physische Welt《精神界に対し》/外界との交通《連絡》が途絶する von der (Außen)welt abgesperrt werden/外界から nach außen her.

がいかい 外海 die offene (hohe) See, -n.

かいがいしい ❶〔まめまめしく〕eifrig; fleißig; willig. ❷〔勇ましく〕tapfer; brav; wacker; tüchtig. ❸〔忠実に〕treu; pflichtgetreu. ❹〔元気よく〕frisch; munter; lebhaft; flink /かいがいしいでたちで mit imponierender Ausstattung; in heroischer Ausrüstung; schnell beweglich gekleidet.

かいかく 改革 ❶ Reform f. -en; Reformation f. -en; Reorganisation f. -en; Umgestaltung f. -en; Umbildung f. -en; Neugestaltung f. -en. ❷〔革新〕(Er)neuerung f. -en; Renovation f. -en.❸〔改正〕Neuordnung f. -en; Revision f. -en. —— 改革する ❶ reformieren⁴; umgestalten⁴; umbilden⁴. ❷〔革新する〕(er)neuern⁴. ❸〔改正する〕neuordnen⁴; revidieren⁴. ‖ 改革者 Reformator m. -s, -en; Erneu(er)er m. -s, -.

がいかく 外角 Außenwinkel m. -s, -.

がいかく 外郭 Außenwand f. ⸗e; Einzäunung f. -en; Ringmauer f. -n; Umwalung f. -en ‖ 外郭団体 die angegliederte Verband, -(e)s, ⸗e.

かいかた 買方 ❶〔人〕(Ein)käufer m. -s, -e; Ankäufer; Haussier m. -s, -s《株の》. ❷〔方法〕Einkaufskniffe (pl).

かいかつ 快活な heiter; munter; lustig; fröhlich; lebhaft; freudig; lebensfroh; aufgeweckt; aufgeräumt/快活さ Munterkeit f.; Heiterkeit f.; Fröhlichkeit f.; Freudigkeit f.; Lustigkeit f.; Aufgewecktheit f.

がいかつ 概括 Zusammenfassung f. -en (-stellung f. -en); Abriss m. -es, -e《摘要》; Resümee n. -s, -s; Schlussbetrachtung f. -en/概括的に im Allgemeinen; generell. —— 概括する zusammenfassen⁴ (-|stellen⁴); resümieren⁴; kurz wiederholen⁴/概括して言えば alles in allem; in

Bausch und Bogen; [knapp] zusammengefasst; kurz gefasst; kurz und gut; allgemein ausgesprochen; um es kurz zu sagen.

かいかぶる 買いかぶる überschätzen⁴; zu hoch schätzen⁴; eine zu hohe Meinung von ³et haben.

かいがら 貝殻 Muschelschale f. -n ∥ 貝殻細工 Muschelarbeit f. -en/貝殻山 [肩甲骨] Schulterblatt n. -[e]s, ⸚er.

かいかん 怪漢 ein verdächtiger Mensch, -en, -en (Kerl, -e, -e); [暴漢] ein roher (brutaler) Mensch; Gewalttäter m. -s, -.

かいかん 開館 Eröffnung (f.) des Museums 〈博物館・美術館の〉 (der Ausstellungshalle 〈f. 展覧会場の〉; der Bibliothek 〈f. 図書館の〉/午前九時開館 Geöffnet ab 9 Uhr Vormittags (vormittags). 〈掲示〉.

かいかん 快感 angenehmes Gefühl, -(e)s, -e; Lust f. ⸚e; Lustgefühl (Wohl-) n. -(e)s, -e; Lustempfindung f. -en 〈感覚〉; [angenehmer] Reiz, -es, -e 〈同上〉/快感を覚える ⁴sich wohl fühlen; ein angenehmes Gefühl haben; Lustgefühl empfinden*; einen [angenehmen] Reiz empfinden*.

かいかん 会館 Gesellschaftshaus n. -es, ⸚er; Vereinsgebäude n. -s; Klubhaus n.

かいがん 海岸 ❶ Küste f. -n; See|küste (Meeres-) f. -n. ❷ [汀] [Meeres]strand m. -es, ⸚e; Gestade n. -s, -/海岸で[に] am (auf dem) Strand; an der Küste; an dem Gestade/海岸に出る an den (zum) Strand gehen*〈家から〉; an das Meer gehen*. ∥ 海岸警備船 Küstenwachtschiff n. -(e)s, -e/海岸警備隊 Küstenwache f. -n/海岸線 Küstenstrich m. -(e)s, -e; Küstenbahn f. -en 〈鉄道の〉/海岸通り Strandweg m. -(e)s, -e; Küstenstraße f. -n; Kai m. -s, -s/海岸防御 Küstenverteidigung f.

がいかん 外患 die außenpolitische Spannung (Verwicklung), -en; die erschwerenden äußeren Umstände (pl) Konflikt (m. -(e)s, -e) mit dem Ausland; Schwierigkeit (f. -en) der äußeren Angelegenheiten. ⇨なお内患（内憂外患）.

がいかん 概観 Über|blick m. -(e)s, -e (-blick m. -(e)s, -e); Umriss m. -es, -e 〈輪郭・梗概〉/概観的に説明する einen knappen Umriss geben*; in groben Umrissen dar|stellen*/. 概観する〈見た所で〉 überblicken*⁴; übersehen*⁴; ⁴et aus der Vogelschau betrachten.

がいかん 外観 Aussehen n. -s; Anschein m. -(e)s, -e; Aufmachung f. -en; das Äußere*, -n; Erscheinung f. -en; das Schein n. -(e)s, -e; Äußerlichkeit f. -en 〈皮相・形式〉/外観上 anscheinend; anscheinlich; dem Schein nach; äußerlich 〈外観のみは〉; scheinbar 〈見た所で〉/外観を飾る auf Äußerlichkeiten großen Wert legen/外観をつくろう den Schein wahren/外観上は昔と少しも変わっていない Äußerliches bleibt er der Alte.

かいき 買い気 Kauflust f.; Kauffreude f.

かいき 怪奇 Sonderbarkeit f.; Geheimnis n. ..nisses, ..nisse; Rätsel n. -s, - 〈なぞ〉/怪奇小説 Mysteriengeschichte f. -n; Kri-

minalroman m. -s, -e 〈推理小説〉.

かいき 会期 Session f. -en 〈議会の〉; Sitzung f. -en; [Lauf]zeit f. 〈展覧会などの〉/会期中に während der ²Session/会期を延長する die Sitzung(sdauer) verlängern*.

かいき 開基 Gründung (f.) (Stiftung f. -en) (einer Kirche; (eines Klosters)/開基する gründen*. ∥ 開基者 Gründer m. -s, -; Stifter m. -s, -.

かいき 回帰 Wiederkehr f.; Wiederkunft f.; Rückkunft f. — 回帰する wieder kehren [s]; zurück|kehren [s]; ⁴sich wenden. ∥ 回帰線 Wendekreis m. -es, -e/回帰帯 die Tropen (pl)/回帰電路 Rückstromkreis m. -es, -e; Rückleitung f. -en/回帰熱 Rückfall|fieber (Rekurrenz-) n. -s/回帰熱帯 Kalmenzone f. -n/北[南]回帰線 Wendekreis des Krebses (des Steinbocks).

-かいき -回忌 ¶ 三回忌 der dritte Todestag; Zweijahreamt n. -(e)s, ⸚er/七回忌を営む den siebten Todestag feiern [ab|halten*); das Sechsjahreamt ab|halten* (feiern).

かいぎ 会議 Beratung f. -en; Besprech|ung f. -en; Sitzung f. -en; Tagung f. -en; Konferenz f. -en; Kongress m. -es, -e; Versammlung f. -en 〈集会〉/会議にかける zur Debatte (f. -n) (Diskussion f. -en) stellen⁴; in die Diskussion werfen*⁴; der Konferenz (Tagung; Sitzung) unterbreiten⁴; einer ³Konferenz (Tagung; Sitzung) vor|legen⁴ (anheim stellen*〈承認を求める〉); in ⁴Beratung ziehen*⁴ / 会議を開く eine Konferenz (Besprechung, Sitzung; Versammlung) ab|halten* (eröffnen); ein|berufen* 〈召集する〉. — 会議する konferieren (mit jm über ⁴et); ⁴sich beraten (mit jm über ⁴et); eine Konferenz (Tagung; Sitzung) ab|halten* (über*). ∥ 会議室 Sitzungssaal m. -(e)s, ..säle; Konferenzzimmer n. -s, -; Besprechungsraum m. -(e)s, -e/商工会議所 Handelskammer f. -n/平和(軍縮)会議 Friedenskonferenz (Abrüstungskonferenz) f.

かいぎ 懐疑(心) Zweifel m. -s, -; Skepsis f.; das Bedenken*, -s/懐疑的 skeptisch ∥ 懐疑説 Skeptizismus m. /懐疑家〈学派〉 Skeptiker m. -s, -.

がいき 外気 die frische (freie) Luft/外気にあたる an die Luft gehen* [s]; in frischer Luft sein/外気にあてる an die Luft setzen⁴; lüften⁴.

かいきしょく 皆既食 die totale Verfinsterung, -en ∥ 皆既日(月)食 die totale Sonnenfinsternis (Mondfinsternis), ..nisse.

かいぎゃく 諧謔 Scherz m. -es, -e; Spaß m. -es, ⸚e; Witz m. -es, -e; Humor m. -s, -/諧謔的な humoristisch; witzig; scherzhaft; spaßhaft; humorvoll ∥ 諧謔小説 eine humoristische Erzählung, -en; Humoreske f. -n/諧謔家 Spaßmacher m. -s, -; Spaßvogel m. ⸚; Witzbold m. -(e)s, -e.

かいきゅう 懐旧 Rückerinnerung f. -en; Rückblick (m. -(e)s, -e) auf die Vergangenheit/懐旧談をする von den alten Zeiten (pl) sprechen*/懐旧の情にふける ³Erinnerungen (pl) nach|hängen; ⁴sich seiner ³Erinnerung hin|geben*‖ 懐旧談 Erinnerungen (pl).

かいきゅう 階級 Klasse f. -n; Stand m. -(e)s, ⸚e; [位階] Rang m. -(e)s, ⸚e; Rangstufe f. -n; Grad m. -(e)s, -e; die Rangordnung auf|stellen ‖ 階級意識 Klassenbewusstsein n. -s, -/階級心理 Klassenpsychologie f./階級制度 Klassensystem n. -s, -e/階級打破 die Aufhebung der Klassenunterschiede (des Klassengegensatzes)/階級闘争 Klassenkampf m. -(e)s, ⸚e/下層階級 die unteren (niederen) Klassen (pl)/die unteren Schichten (pl); die niederen Stände (pl)/貴族階級 der Adelsstand/市民階級 der Bürgerstand; die Bürgerschaft/上流階級 die höheren (vornehmen) Klassen (Kreise) (pl)/die oberen Zehntausend/中流階級 der Mittelstand/農民階級 der Bauernstand; die Bauernklasse.

かいきょ 快挙 ein imponierendes (gewaltiges; imposantes; herrliches; glänzendes) Unternehmen, -s, -; Helden|tat (Groß-) f. -en; begeisternde Tat, -en.

かいきょ 開渠 offene (unbedeckte) Rinne, -n; offener (unbedeckter) Durchsich, -(e)s, -e (Kanal, -s, ⸚e).

かいきょう 回教 Mohammedanismus m. -; Islam m. -s; Islamismus m. - ‖ 回教圏 mohammedanischer Kreis, -es; mohammedanische Welt/回教寺院 Moschee f. -n/回教徒 Mohammedaner m. -s, -; Islamist m. -en, -en, Mohammedanerin f. -n, -nen; Muselmann m. -(e)s, ..männer, Muselmanin f. ..ninnen 《女》; Moslem m. -s, -s.

かいきょう 懐郷 Heimweh n. -(e)s; Nostalgie f.; Sehnsucht (f.) nach der ³Heimat/懐郷の情に耐えぬ starkes Heimweh haben; von starkem Heimweh überwältigt werden.

かいきょう 海峡 Meerenge f. -n; (Meer)straße f. -n/英仏海峡 der (Britische) Kanal, -s/津軽海峡 die Meerenge von Tsugaru.

かいぎょう 開業 Geschäftseröffnung f. -en; Eröffnung (f. -en) einer Praxis (医師・弁護士の). — 開業する ein Geschäft (n. -(e)s, -e) eröffnen (an|fangen*); praktizieren (医師・弁護士が)/医者を開業する ⁴sich als Arzt nieder|lassen*; [商店を創立する] ein Geschäft an|legen (gründen).
‖ 開業医 praktizierender Arzt, -es, ⸚e; praktischer Arzt (病院勤務でない医師)/開業免許状 Approbation f. -en; Zulassungsurkunde (f. -n) zum Praktizieren.

がいきょう 概況 die allgemeinen Umstände (pl); die allgemeine Lage, -n; der allgemeine Stand, -(e)s, ⸚e; die allgemeine Aussicht, -en 《見込み》; die allgemeine Tendenz, -en 《傾向》/概況は心配すべきものではない Die Lage ist im Allgemeinen nicht beunruhigend./現在の概況では wie die Dinge im Allgemeinen liegen; nach dem jetzigen Stand der Dinge im Allgemeinen.

がいきょう 外局 Sonderamt (n. -(e)s, ⸚er) des Ministeriums.

かいきる 買い切る [買い占める] auf|kaufen⁴; kornern⁴; [予約を] voraus|bestellen⁴; reservieren⁴ ‖ 買切席 ein reservierter (abonnierter) Platz, -es, ⸚e.

かいきん 解禁 Aufhebung (f. -en) des Verbotes/解禁になった Die Schonzeit ist [nun] aus. — 解禁する das Verbot (-(e)s, -e) auf|heben*. ‖ 解禁期 Jagd|zeit (Angel-) f. 《狩猟の》.

かいきん 皆勤 regelmäßiger Besuch, -(e)s, -e; regelmäßige Teilnahme, -n. — 皆勤する regelmäßig teil|nehmen* ⟨an³⟩; regelmäßig bei|wohnen³; keinen Tag versäumen. ‖ 皆勤者 regelmäßiger Besucher, -s, - (Teilnehmer, -s, -); einer, der keinen einzigen Tag fehlte.

かいきん 開襟シャツ Hemd (n. -(e)s, -en) mit offenem Kragen (Schillerkragen).

がいきん 外勤 Außendienst m. -(e)s, -e/彼は外勤です Er ist im Außendienst[e] (außerhalb) tätig. ‖ 外勤員 Kundenwerber m. -s, -; Abonnentensammler m. -s, -.

かいぐい 買い食いする Geld vernaschen.

かいぐん 海軍 (Kriegs)marine f. -n; Seemacht f. ⸚e; Streitkräfte (pl) zur See/海軍のMarine-/海軍を志願する ⁴sich zur Marine melden ‖ 海軍基地 Marinestation f. -en/Flotten|stützpunkt m. -(e)s (-base f. -n; -basis f. ..basen)/海軍将校 Marineoffizier m. -s, -e/海軍大臣 Marineminister m. -s, -/海軍兵学校 Marineschule f. -n/海軍士官学校 Seekadettenanstalt f. -en/海軍国 Seemacht f.

かいけい 会計 Rechnungs|wesen (Finanz-) n. -s. — 会計する ❶ für die Kasse führen; Buch führen. ❷ [支払う] die Rechnung (be)zahlen. ‖ 会計課 Rechnungsabteilung f. -en/会計係 Buchhalter m. -s, -; Rechnungsführer m. -s, -; Kassierer m. -s, -; [出納係] Zahl|meister (Schatz-) m. -s, -; Kassenwart m. -(e)s, -e/会計学 Buchhaltungs|kunde (Buchführungs-) f. -/会計官 Finanz|beamter (Rechnungs-), -n, -/会計検査 Rechnungsprüfung f. -en; Bücherrevision f. -en/会計検査院 Rechnungshof m. -(e)s (-kammer f.)/会計検査官 Rechnungs|prüfer m. -s, - (-revisor m. -s, -)/会計年度 Finanz|jahr (Rechnungs-) n. -(e)s, -e/会計簿 Rechnungs|buch (Konto-) n. -(e)s, ⸚er/会計法 Finanzgesetz n. -es, -e/会計報告 Rechnungs|bericht (Finanz-) m. -(e)s, -e/Bilanz f. -en/一般会計 der allgemeine (ordentliche) Haushalt, -(e)s/特別会計 der außerordentliche Haushalt.

かいけい 塊茎 《植》 Knolle f. -n; Knollen m. -s, -.

がいけい 外形 die äußere Form, -en; Kontur f. -en 《ふつう pl 輪郭》; Äußerlichkeit f.

-en／外形上の äußerlich; formal／外形にこだわらない Er gibt nichts auf Äußerlichkeiten.／外形だけの信心だ Er ist nur äußerlich fromm.

がいけい 外径 der äußere Durchmesser, -s, -.

かいけつ 解決 Lösung *f.* -en; [困難の排除] das Hinwegräumen*, -s; Beseitigung *f.* -en; [整理·調整] Regelung *f.* -en; [決着をつけること] Entscheidung *f.* -en; Abrechnung *f.* -en. ── 解決する [問題を] lösen^4; [困難を] hinweg|räumen^4; aus dem Weg räumen^4; beseitigen^4; [争などを] aus|gleichen*^{4}《調停する》; schlichten^4《同上》; [決着させる] aus|machen^4; entscheiden^4; [清算する] mit *jm* über ^{4}*et* ab|rechnen.

かいけつびょう 壊血病 Skorbut *m.* -[e]s; Scharbock *m.* -s／壊血病の skorbutisch.

かいけん 懐剣 Dolch *m.* -[e]s, -e.

かいけん 会見 Interview *n.* -s, -s《「会見談」の意にも》; Unterredung *f.* -en／会見を申込む um ein Interview (eine Unterredung) bitten*／会見を許す *jm* ein Interview gewähren; *jn* zu einer ^{3}Visite (Unterredung) vor|lassen*. ── 会見する mit *jm* ein Interview haben; *jn* interviewen. ‖ 会見者 Interviewer *m.* -s, -.

かいげん 改元 die Änderung des Äranamens／改元する den Namen der Ära ändern.

がいけん 外見 ⇨**がいかん**(外観).

かいげんれい 戒厳令 Ausnahmezustand *m.* -[e]s, ⸚e; Kriegs¦recht (Stand-) *n.* -[e]s, -e／戒厳令を布く(解く) das Standrecht verhängen (auf|heben*).

かいこ 蚕 Seidenwurm *m.* -[e]s, ⸚er／蚕を飼う Seidenwürmer《*pl*》züchten. ⇨**ようさん**.

かいこ 解雇 Entlassung *f.* -en; Abbau *m.* -[e]s; Abdankung *f.* -en; Entsetzung *f.*; Enthebung *f.*; das Absetzen*, -s; Absetzung *f.*; Ausscheidung *f.*; Pensionierung *f.*《定年退職》／解雇を予告する *jm* kündigen. ── 解雇する [官吏] *jn* seines Amtes entheben*; *jn* aus seinem Amt entlassen*; *jn* von einem Amt ab|setzen; *jn* destituieren; [使用人] *jn* aus dem Dienst entlassen*; *im* den Abschied geben*, *jn* ab|danken; *jn* pensionieren《定年退職させる》. ‖ 解雇手当 Entlassungsentschädigung *f.* -en; Entlassungsgeld *n.* -[e]s, -er／解雇予告 Kündigung *f.* -en.

かいこ 回顧 Rück¦blick *m.* -[e]s, -e (-schau *f.*)《*auf*^{4}》; Reminiszenz *f.*《*an*^{4}》; Erinnerung *f.*《*an*^{4}》／回顧録 Denkwürdigkeit *f.* -en. ── 回顧する einen Rückblick werfen*《*auf*^{4}》(tun*《*in*^{4}》); zurück|blicken《*auf*^{4}; *in*^{4}》; zurück|sehen*《*auf*^{4}》; zurück|denken*《*an*^{4}》; ^{4}sich erinnern《*an*^{4}》.

かいこ 懐古する ❖ 上記「回顧する」の項の前置詞 an^4, auf^4, in^4 の補足語として Vergangenheit を補う.

かいご 海語 Seemannsausdruck *m.* -[e]s, ⸚e; Seemannssprache *f.* -n.

かいご 悔悟 Reue *f.*; Reuegefühl *n.* -[e]s, -e; Zerknirschtheit *f.* -en; [良心の呵責] Gewissensbisse《*pl*》; Buße *f.*《宗教上の》／悔悟の涙を流す Tränen der Reue vergießen*; in ^{4}Tränen der Reue aus|brechen* [s]. ── 悔悟する bereuen^4; Reue haben (fühlen; empfinden*)《über ^{4}*et*》; ^{4}sich reuen; es reut *jn*; Buße tun*《für ^{4}*et*》; Gewissensbisse《*pl*》haben; büßen《für ^{4}*et*》; reuig (reuevoll; reumütig; zerknirscht; bußfertig) sein. ‖ 悔悟者 der Bußfertige* (Büßende*), -n, -n; Büßer *m.* -s, -; zerknirschter Sünder, -s, -.

かいご 介護 Pflege *f.*／介護保険 Pflegeversicherung *f.* -en.

かいこう 開校する eine Schule eröffnen; eine Schule gründen《創立する》‖ 開校記念日 der Eröffnungstag einer Schule／開校式 die Eröffnungsfeierlichkeit (Einweihung) einer Schule.

かいこう 回航 [巡航] Rund¦fahrt (Kreuz-) *f.* -en; [帰航] Rück¦fahrt *f.* -en (-reise *f.* -n)／船を回航させる ein Schiff aus dem Hafen bringen* (schaffen); ein Schiff nach Hause bringen*.

かいこう 海口 Einfahrt《*f.* -en》in einen Hafen《港への》(einen Kanal《運河への》; eine Bucht《湾への》).

かいこう 開講 Beginn《*m.* -s》der ^{2}Vorlesung《*f.* -en》／開講する die Vorlesung an|fangen* (beginnen*); an|fangen* zu lesen.

かいこう 開港 Öffnung《*f.* -en》eines Hafens〔für den Außenhandel〕／開港する einen Hafen dem Außenhandel öffnen.

かいこう 邂逅する ⇨**めぐりあう**.

かいごう 会合 Zusammenkunft *f.* ⸚e; das Zusammenkommen*, -s; Versammlung *f.* -en; Begegnung *f.* -en; das Treffen*, -s／会合する ^{4}sich versammeln; zusammen|kommen* (-|treten*; -|treffen*) [s]; Versammlung ab|halten*.

がいこう 外交 ❶ Diplomatie *f.* -n; die diplomatische Beziehung, -en《外交関係》; Außenpolitik *f.* -en《外交政策》／外交の, 外交的な diplomatisch／外交は国際関係の調整を事とする Die Außenpolitik befasst sich mit der Regelung (der Pflege) der zwischenstaatlichen Beziehungen.／当時は外交の優先ということがよく言われた Damals hat man gern von einem „Primat der Außenpolitik“ gesprochen.／少し外交的な手を使いたまえ Sie müssen ein bisschen diplomatisch vorgehen. | Sie brauchen die Suppe nicht so heiß zu essen, wie sie gekocht wird. ❷ [保険などの] Außendienst *m.* -[e]s, -e. ‖ 外交員 Kundenwerber *m.* -s, -; Abonnentensammler *m.* -s, -／外交家 Diplomat *m.* -en, -en; Taktiker *m.* -s, -《策士》／外交界 die diplomatischen Kreise《*pl*》／外交官 Diplomat; der Beamte*《-n》des auswärtigen Dienstes／まだ駆出しの外交官だ Er ist noch ein angehender Diplomat.／外交官試験 Diplomatenprüfung *f.* -en／外交官補 Attaché *m.* -s, -s／外交機関 die diplomatische Maschinerie,

がいこう
-n/外交使節団 die diplomatische Mission, -en/外交(的)手段 das diplomatische Mittel, -s, -; der diplomatische Weg, -(e)s, -e/外交(的)手腕 der diplomatische Takt, -(e)s, -e; die diplomatischen Fähigkeiten (*pl*)/Kunst (*f*. ¨-e) der Diplomatie/外交の手腕を振う seine diplomatische Fähigkeiten zeigen/外交政策 Außenpolitik; die auswärtige Politik, -, -; der diplomatische Korps, -, -; die fremden Gesandten (*pl* die fremde 外交使節)/外交談判 die diplomatische Unterhandlung (Verhandlung), -en (*wegen²⁽³⁾*; *über⁴*)/外交文書 das diplomatische Dokument, -(e)s, -e; Memorandum *n*. -s, ..den (..da) 〔覚書〕; Protokoll *n*. -s, -e 〔議定書〕; Weißbuch *n*. -(e)s, ¨er 〔白書〕/外交問題 die diplomatische Frage, -n.

がいこう 外向的な extrovertiert/外向性の人 extrovertierter Mensch, -en, -en.

かいこういちばん 開口一番 am (zu) Beginn einer ²Rede; 〔zu〕 allererst.

かいこく 開国 ❶〔建国〕Reichs¦gründung (Staats-) *f*. -en; Gründung (*f*. -en) eines Reiches (*n*. -(e)s, -e) (eines Staates *m*. -(e)s, -en). ❷〔外国との交通〕Öffnung (*f*.) eines Landes zum Verkehr mit dem Ausland. ── 開国する ein Land (dem Verkehr) öffnen.

かいこく 海国 Insel¦reich *n*. -(e)s, -e (-staat *m*. -(e)s, -en)‖海国民 Seevolk *n*. -(e)s, ¨er.

かいこく 戒告 〔Ver〕warnung *f*. -en; Mahnung *f*. -en/戒告する *jn* warnen (mahnen); *jm* Mahnung erteilen (geben*).

がいこく 外国 Ausland *n*. -(e)s; das fremde Land, -(e)s, ¨er. ── 外国の ausländisch; fremd; fremdartig; exotisch/外国製の im Ausland gefertigt; ausländisch; importiert/外国生まれの im Ausland geboren/外国行きの für das Ausland (nach dem Ausland) bestimmt; ins Ausland gehend/外国へ行く ins Ausland (in die Fremde) gehen* ⓢ; aus¦wandern ⓢ 《国外移住》/外国から帰る aus dem Ausland zurück¦kommen* (zurück¦kehren) ⓢ/外国で暮らす im Ausland leben.‖外国語 die fremde Sprache, -n; Fremdsprache *f*./外国航空(船) -s, -; Ozeandampfer)/外国語大学 Hochschule (*f*. -n) für Fremdsprachen *pl*/外国産 das ausländische Produkt, -(e)s, -e; die Importe (*pl*)/外国市場 der ausländische Markt, -(e)s, ¨e/外国人 ⇨がいこくじん/外国崇拝(かぶれ) Ausländerei *f*. -en/外国船 das ausländische Schiff, -(e)s, -e/外国電報 Kabeltelegramm *n*. -s, -e; Überseekabel *n*. -s, -/外国訛りの der fremde Akzent *m*./外国品 Auslandsware *f*. -n; ausländische Erzeugnisse (*pl*)/外国品商(海外品商) (Übersee-) *m*. -s, -/外国旅行 Auslandsreise *f*. -n.

がいこくかわせ 外国為替 Devise *f*. -n ‖ 外国為替管理 Devisenbewirtschaftung *f*. -en/外国為替市場 Devisenmarkt *m*. -(e)s,

¨e/外国為替相場 Devisenkurs *m*. -es, -e/外国為替取引 Devisengeschäft *n*. -(e)s, -e/外国為替割当 Devisenzuteilung *f*. -en.

がいこくじん 外国人 Ausländer *m*. -s, -; der Fremde*, -n, -n/外国人嫌いの Fremdenhaß *m*. -es/外国人は登録する義務がある Die Ausländer unterliegen der Meldepflicht. / 話振りで外国人ということがわかる Man hört ihm den Ausländer an./外国人客 der Vergnügungsreisende* 〈-n, -n〉 aus der Fremde/外国人客の der fremde Tourist, -en, -en/外国人客を招致する den Fremdenverkehr heben*/外国人部隊 Fremdenlegion *f*. -en/外国人労働者 ausländischer Arbeiter, -s, -.

がいこつ 骸骨 Skelett *n*. -(e)s, -e; Gerippe *n*. -s, -; Knochengerüst *n*. -(e)s, -e/骸骨のようにやせている Er ist zum Skelett abgemagert.; Er ist nichts als Haut und Knochen.

かいこむ 買い込む 〔ein〕kaufen⁴; an¦schaffen⁴; besorgen⁴; Einkäufe (Besorgungen) (*pl*) machen; auf¦kaufen⁴ 《買い占める》/たくさん買い込む große Einkäufe machen; große Vorräte (*pl*) ein¦kaufen; auf ²Vorrat kaufen.

かいこむ 掻い込む ⁴*et* unter den Arm nehmen*/掻い込んでいる ⁴*et* unter dem Arm halten* (tragen*).

かいごろし 飼殺しにする *jn* lebenslang (bis zum Tod(e)) versorgen (unterhalten*); *jn* lebenslang bei ²sich haben.

かいこん 悔恨 ⇨こうかい(後悔).

かいこん 開墾 Urbarmachung *f*.; Reuterung *f*.; Rodung *f*.; Anbau *m*. -(e)s. ── 開墾する urbar machen⁴; roden⁴; reuten⁴; an¦bauen⁴; bebauen⁴. ‖ 開墾事業 Rodungs¦arbeit (Anbau-) *f*. -en/開墾者 Anbauer (Bebauer) *m*. -s, -/開墾地 Neubruch *m*. -(e)s, ¨e; Reut *n*. -(e)s, -e; Reutfeld *n*. -(e)s, ¨er; Schwende *f*. -n; Rodeland *n*. -(e)s; Rodung *f*. -en; urbares Land, -(e)s.

かいさい 皆済 Vollbezahlung *f*. -en; Begleichung *f*. -en; Tilgung 〔借金の〕 *f*. -en/皆済する ganz (voll) bezahlen⁴; Schulden tilgen (begleichen*).

かいさい 開催する 〔ab〕halten⁴; veranstalten⁴; 〔開く〕eröffnen⁴.

かいさい 快哉を叫ぶ einen Freudenruf 〈-(e)s, -e〉 aus¦stoßen*; Bravo 〈*n*. -s, -s〉 rufen*; auf¦jubeln; auf¦jauchzen.

かいざい 介在する dazwischen¦liegen* 〈-(e)s, -〉ⓢ, -stehen*〉ⓢ; zwischen (unter) ²*et* sein*; 〔干渉する〕 dazwischen¦treten* 〈-¦kommen*〉 ⓢ; in (auf) *js* Weg stehen* (liegen*) ⓢ.

がいさい 外債 die Anleihe 〈-n〉 vom Ausland; die Schulden (*pl*) im Ausland, ausländischer Kredit, -(e)s, -e/外国で発行した公社(債等)/外債を募る eine fremde Anleihe 〈-n〉 machen (auf¦nehmen*).

かいさく 改作 Umbildung *f*. -en; Bearbeitung (Umarbeitung) *f*. -en; 〔剽窃〕 Plagiat *n*. -(e)s, -e/改作する um¦arbeiten⁴; um¦bilden⁴; bearbeiten⁴; revidieren⁴; 〔剽窃する〕

かいさく 開削 [道路・運河・トンネルなど] Durchstich m. -[e]s, -e; Durchbruch m. -[e]s, -e; Einschnitt m. -[e]s, -e; [井戸など] Ausgrabung f. -en; [縦坑など] Aufbruch m. -[e]s, -e 《下から》; Abteufung f. -en 《上から》; das Aushöhlen -s. ― 開削する [道路・運河・トンネルなど] durch|stechen*⁴; durch|brechen*⁴; 〈|brechen*⁴〉; [建設する] [er]bauen⁴; [井戸・縦坑など] bohren⁴; ab|teufen⁴; auf|brechen*⁴; auf|fahren*⁴ [坑道を]; aus|höhlen⁴.

かいさつ 改札する Fahrkarten (Billette) ⟨pl⟩ kontrollieren; Karten [stechen]*⁴ 〈|brechen⁴〉 (lochen) [鋏を入れる] ‖ 改札係 Bahnsteigschaffner m. -s, -/改札口 [Bahnsteig-]sperre f. -n/自動改札機 Entwerter m. -s, -.

かいさん 開山 ⇨かいせ (開祖).

かいさん 解散 Auflösung f. -en 《議会・会合・会社・軍隊などの》; Zerstreuung f. -en 《群衆の》; Entlassung f. -en 《隊伍の》. ― 解散する 《会合者》auf|brechen*⃟; auseinander gehen*⃟; ⁴sich zerstreuen 《群衆が》. ― 解散させる auf|lösen*⁴ 《軍隊・会社・議会などを》; entlassen*⁴ 《隊伍を》.

かいざん 改竄 [Ver]fälschung f. -en/改竄する (ver)fälschen*⁴; verdrehen*⁴; [改変する] [ab]ändern*⁴; verändern*⁴; [書き変える] um|schreiben*⁴.

がいさん 概算 Überschlag m. -[e]s, ⸚e; die ungefähre Schätzung (Berechnung). -en 〈費用概算は次の通り Die annähernde Berechnung der Unkosten ergab was folgt./費用は概算…になる Nach einem flüchtigen Überschlag (Nach ungefährer Schätzung) werden sich die Kosten auf … belaufen./来場者は概算一万を数える Die Anzahl der Besucher beträgt schätzungsweise 10 000. Es waren zehntausend Besucher da. ❖ 半端なしの数を文字で書いたときは「概算」「約」の意をもつ. ― 概算する einen Überschlag machen ⟨von³⟩; annähernd (ungefähr) veranschlagen⁴.

かいさんぶつ 海産物 die Seeprodukte ⟨pl⟩ ‖ 海産物業 Seeproduktenindustrie f./海産物商 Seeproduktenhändler m. -s, -.

かいし 開始 Anfang m. s, ⸚e; Beginn m. -s, -; Start m. -s, -; Eröffnung f. -en.

かいし 怪死 verdächtiger (seltsamer) Tod, -[e]s, -e.

かいじ 怪事 eine seltsame (außergewöhnliche) Sache, -n; eine seltsame (unheimliche) Begebenheit, -en.

かいじ 海事 Marineangelegenheiten ⟨pl⟩; Seegeschäfte ⟨pl⟩; Seeanlsangelegenheiten ⟨pl⟩; Marinewesen n. -s ‖ 海事協会 Marinegenossenschaft f. -en/海事局 Seeamt n. -[e]s, ⸚er/海事審判所 Marinegericht n. -[e]s, -e.

かいじ 快事 angenehme (erfreuliche) Sache, -n 〈Angelegenheit, -en〉; Annehmlichkeit f. -en; [喜び] Freude f. -n/困難を征服することは人生の快事である Schwierigkeiten zu überwinden ist eine Freude des Lebens.

がいし 外資 das fremde Kapital, -s, -e ⟨..lien⟩ ‖ 外資導入 Einführung ⟨f. -en⟩ fremen Kapitals/外資流入 das Einströmen ⟨-s⟩ fremden Kapitals.

がいし 碍子 Isolator m. -s, -en.

がいじ 外耳 das äußere Ohr, -[e]s, -en; Ohrmuschel f. -n 〈耳殻〉/外耳炎 Außenohrentzündung f. -en.

がいじ 外事 die ausländischen Angelegenheiten ⟨pl⟩/外事課 Abteilung ⟨f. -en⟩ für ausländische Angelegenheiten; Auslandsabteilung f.; Liaison Office n. -, -s 〈渉外課〉.

かいしき 解式 Lösung f. -en 〈答〉; Schlüssel m. -s, - 〈手引き〉.

がいしんぶん 外字新聞 die fremdsprachige Zeitung, -en ❖ 具体的に the englische Zeitung; die deutsche Zeitung (外国の新聞)とする方がよい.

がいして 概して im Allgemeinen; im Großen und Ganzen [genommen]; im Ganzen [genommen]; alles in allem; meistenteils; durchschnittlich (平均して); gewöhnlich (通常); in der Regel (通例).

かいしめ 買占め Aufkauf m. -[e]s, ⸚e; das Aufkaufen, -s; 〈株〉Korner m. -s, -; Schwänze f. -n/買占める auf|kaufen⁴; 〈相場投機のため〉auf|schwänzen⁴; kornern⁴.

かいしゃ 会社 Gesellschaft f. -en; Firma f. ..men (略 Fa.); Handelsgesellschaft f. -en 〈商社〉 / 会社を組織する eine Gesellschaft gründen (errichten)/会社に入る in eine Gesellschaft ein|treten*⃟ (aufgenommen werden)/会社に勤める in einer Gesellschaft angestellt (tätig) sein ⟨als⟩ ‖ 会社員 der Angestellte* ⟨-n, -n⟩ einer Gesellschaft; der Büroangestellte*, -n, -n/会社法 Gesellschaftsrecht n. -s, -e/会社組織 Gesellschafts|wesen n. -s, -⟨-system n. -s, -e⟩.

かいしゃ 膾炙 ¶ 人口に膾炙する in aller ²Leute ³Munde sein; zum Schlagwort (Alltagswort) geworden sein; [der ³Welt] wohl bekannt sein.

かいしゃく 解釈 ❶ Auslegung f. -en; Interpretation f. -en; Auffassung f. -en; Deutung f. -en/解釈の相違 Verschiedenheit f. ⟨f. Auffassung (Deutung, ²Auslegung). ❷ [説明] Erklärung f. -en; Erläuterung f. -en; Darlegung f. -en; Ausführung f. -en. ❸ [注釈] Anmerkung f. -en; Kommentar m. -s, -e. ― 解釈する ❶ auf|fassen⁴; deuten⁴; verstehen*⁴ ⟨als⟩; aus|legen⁴; interpretieren⁴/悪意に解釈する ungünstig aus|legen⁴; übel|nehmen*⁴; js ⁴et vom Bösen verdrehen; jm ⁴et verargen; jm ⁴et krumm nehmen*. ❷ [説明する] erklären⁴; erläutern⁴; auseinander setzen⁴. ❸ [注釈する] kommentieren⁴; mit Anmerkungen versehen*.

かいしゅう 会衆 Publikum n. -s, die Zuhörer ⟨pl⟩ die Zuschauer ⟨pl⟩; Zuhörerschaft f.; Versammlung f.; die Anwe-

かいしゅう 改宗 Bekehrung f. -en (zu ³); Glaubenswechsel m. -s, -; Konversion f. -en. ── 改宗する ⁴sich bekehren (zu³); über|treten* ⁴(von ³et zu ³et); den Glauben (das Bekenntnis) wechseln; ⁴sich zu einer anderen Religion bekennen*; konvertieren. ‖ 改宗者 der Bekehrte*, -n, -n; Konvertit m. -en, -en.

かいしゅう 回収 das Einziehen*, -s; Einsammlung f.; [撤回] Zurück|ziehung (Ein-) f.; [買戻] Einlösung(sauffoderung) (f.) der ²Anleihen / 売掛の回収 Einziehung der Rechnungen / 廃品の回収 Einsammlung der ²Abfälle (pl). ── 回収する [金を] zurück|ziehen*⁴; ein|ziehen*⁴ (-|kassieren⁴; -|sammeln⁴).

かいしゅう 改修 Ausbesserung f. -en; Reparatur f. -en / 改修をする reparieren⁴; aus|bessern⁴; flicken⁴ ‖ 河川改修工事 Uferbau m. -(e)s, -ten.

かいじゅう 怪獣 Ungeheuer n. -s, -; Scheusal n. -(e)s, -e; Fabeltier n. -(e)s, -e.

かいじゅう 懐柔する zähmen⁴; besänftigen⁴; gewöhnen⁴ (an⁴ 慣らす); [買収する] bestechen⁴; [味方にする] gewinnen⁴ (für⁴); [なだめすかす] beschwichtigen⁴ / 懐柔策をとる versöhnende Maßnahmen (pl) treffen*.

がいしゅつ 外出 das Ausgehen*, -s; Ausgang m. -(e)s, =e; Urlaub m. -(e)s, -e / 外出時 Ausgehzeit f. ── 外出する aus|gehen* (-)/外出しないで zu Hause bleiben*; das Haus hüten. ‖ 外出着 Ausgeh|anzug (Sonntags-; Gesellschafts-) m. -(e)s, =e / 外出禁止令 Ausgehverbot n. -(e)s, -e/外出証 Urlaubsschein m. -(e)s, -e / 外出日 Ausgehtag m. -(e)s, -e; Urlaubstag m. / 次の外出日はいつですか Wann bekommen Sie den nächsten Urlaub?

かいしゅん 改悛 Reue f. -; Buße f. -; Zerknirschung f. -/改悛の情が顕著な Seine Zerknirschung ist augenscheinlich. /改悛する bereuen; Reue empfinden* (über⁴); [悔い改める] ⁴sich bessern; seine ⁴Lebensführung (-en) bessern.

かいしょ 楷書 Quadrat|schrift (Regel-) f. -en.

かいじょ 解除 Aufhebung f. -en; [Auflösung f. -en; [責任・命令・役目の] Enthebung f. -en; Entbindung f. -en; Befreiung f. -en (von³). ── 解除する auf|heben*⁴; (auf|)lösen⁴; [責任・役目を] von ³et entheben* (befreien; entbinden*) (jn)/武装解除を entwaffnen⁴; ab|rüsten⁴. ‖ 契約解除 Lösung (f. -en) des Vertrags.

かいじょ 解消 Auflösung f. -en; Liquidation f. -en / 発展的解消 Auflösung zum Besseren; [解決] Erledigung f. -en; [解約] Widerrufung f. -en; Reklamation f. -en; Lösung f. -en. ⇨ **かいけつ**. ── 解消する (auf|)lösen⁴; ungültig machen⁴; widerrufen⁴; reklamieren⁴ / 婚約を解消する eine Verlobung lösen (rückgängig machen)/契約を解消する einen Vertrag (-(e)s, =e) widerrufen* (lösen).

かいしょう 海床 Meeres|boden m. -s, = (-grund m. -(e)s, =e).

かいしょう 会商 Unterhandlung f. -en; Verhandlung f. -en; Negoziation f. -en/ 会商する unterhandeln.

かいしょう 回章 ⇨ **かいらん**(回覧).

かいしょう 改称 Änderung (f. -en) des Namens (des Titels; der Benennung)/改称する den Namen (Titel) ändern; um|benennen*⁴; um|taufen⁴.

かいしょう 快勝する einen glänzenden (glorreichen; großen) Sieg davon|tragen*.

かいしょう 甲斐性のある fähig; tüchtig; tauglich; vermögend 〈能力・資産のある〉; erwerbsfähig 〈生計能力のある〉/甲斐性のない unfähig; untauglich; ohne ⁴Mittel 〈資力のない〉; erwerbsunfähig.

かいじょう 回状 das Rundschreiben*, -s; Zirkular n. -s, -e / 回状を出す 〈ある事で〉 durch Rundschreiben mit|teilen⁴ (benachrichtigen⁴).

かいじょう 会場 Versammlungs|saal m. -s, ..säle (-halle f. -n; -raum m. -(e)s, =e; [集会場] Versammlungs|ort m. -(e)s, =e)/ 会場はどこですか 〈集会〉 Wo kommt man zusammen? ❖ 〈展覧会場〉には Ausstellungs- 用いる.

かいじょう 開場 Eröffnung f. -en; Einweihung f. -en 〈初めての〉 / 午後二時開場 Einlass ab zwei Uhr nachmittags. /開場する (er)öffnen; ein|weihen 〈初めて〉 ‖ 開場式 Eröffnungs|feier (Einweihungs-) f. -n/開場中 offen sein; Offen! 〈掲示〉 Geöffnet! 〈掲示〉.

かいじょう 開城 Übergabe f. -n; Kapitulation f. -en / 開城する eine Festung (-en) übergeben*; kapitulieren.

かいじょう 海上 auf (der) See; auf dem Meere; zur See / 海上の Marine-; See- / 海上の覇王 die Königin (..ginnen) der Meere ‖ 海上勤務 Seedienst m. -(e)s, -e /海上権 Herrschaft (f.) über die See (das Meer); Seeherrschaft f./海上生活 Seeleben n. -s, -; das Leben (-s, -) auf dem Schiff/海上封鎖 Seeblockade f. -n/海上保安庁 Marinesicherheitsamt n. -(e)s, =er/ 海上法 See(fahrts)gesetz n. -es, -e; Seerecht n. -(e)s, -e/海上保険 Seeversicherung f. -en/海上保険会社 Seeversicherungsgesellschaft f. -en.

かいじょう 塊状の knollig; knollicht; klumpig; klümperig 〈小塊からなる〉; bollig 〈塊塞状の〉 ‖ 塊状岩 Massiv m. -s, -e.

かいじょう 階上 das obere Stockwerk, -(e)s, -e/階上で(の) im oberen Stockwerk; oben (im Haus(e)/階上へ die Treppe hinauf; nach oben.

がいしょう 外傷 die äußere Verletzung, -en/外傷を負う(受ける) eine äußere Verletzung bekommen* (erhalten*) ‖ 外傷患者 Externist m. -en, -en.

がいしょう 街娼 Prostituierte f. -n; Strich|mädchen (Straßen-) n. -s, -; Hure f. -n.

かいしょく 海食 Meereserosion *f.* -en.
かいしょく 会食 das gemeinsame Essen, -s; Tischgesellschaft *f.* -en; Diner *n.* -s, -s/会食する mit jm (zusammen) essen*.
かいしょく 解職 Entlassung (*f.* -en) aus einem Amt; Amtsenthebung *f.* -en; Abschied *m.* -(e)s, -e; Abdankung *f.* -en; Verabschiedung *f.* -en/解職を予告する jm [den Dienst] auflsagen; jm kündigen; auflkündigen⁴. ― 解職する jn aus seinem Amt entlassen*; jn seines Amtes entheben* (entbinden*); ab|danken⁴; ab|bauen⁴; ab|setzen⁴; verabschieden⁴; jn der ²Ämter (*pl*) entkleiden; jm Laufpass geben*; jn an die Luft setzen.‖解職手当 Entlassungsentschädigung *f.* -en; Abschiedsgeld *n.* -er.
かいしょく 外食する außerhalb essen*.
かいしん 海心 ⇨かいしん(海神).
かいしん 海深 Meerestiefe *f./*海深を測る die Meerestiefe loten (sondieren); ab|messen⁴; peilen).
かいしん 改新 (Er)neuerung *f.* -en; Neugestaltung *f.* -en/改新する erneuern⁴; neu gestalten⁴; renovieren⁴. ⇨かいりょう.
かいしん 改心 Bekehrung (*f.*) [zum Guten]; Besserung *f.* -en; Wandel (*m.* -s, -) zum Guten/改心の見込がない unheilbar (unverbesserlich) sein; jm nicht zu helfen sein; ein hoffnungsloser Fall sein. ― 改心する ⁴sich bessern; einen neuen Lebenswandel (ein besseres Leben) beginnen*.
かいしん 会心の友 der wahlverwandte Freund, -(e)s, -e; Busenfreund *m.* -(e)s, -e; Blutsfreund *m.* -(e)s, -e 《血盟の友》/会心の作 das jn befriedigende Werk/会心の笑 をもらす befriedigt (selbstzufrieden) lächeln.
かいしん 回診 Krankenbesuch *m.* -(e)s, -e; Visite *f.* -n/回診する seine Kranken* (seine Patienten) (*pl*) besuchen; Visite machen.
かいじん 海神 Meergott *m.* -(e)s, ¨er; Poseidon 《ギリシャ神話の》; Neptun 《ローマ神話の》.
かいじん 灰燼に帰する in einen Aschenhaufen verwandeln⁴.
がいしん 外臣 der fremde Untertan, -s (-en), -en.
がいしん 外信 Nachrichten (*pl*) (Informationen) (*pl*) aus dem Ausland; ausländische Nachrichten (*pl*)‖外信部(新聞社の) Abteilung (*f.* -en) (Büro *n.* -s, -s) für ausländische Nachrichten.*
がいじん ⇨がいこくじん.
かいず 海図 Seekarte *f.* -n/海図にのせる(のっている) auf den ³Seekart ein|zeichnen⁴ (verzeichnet sein)/海図を調べる die Seekarte nach|sehen*; (zurate (zu Rate) ziehen*)‖海図室 Navigationsraum *m.* -(e)s, ¨e.
かいすい 海水 See[wasser (Meer-)] *n.* -s ‖海水着 Badeanzug *m.* -(e)s, ¨e; Badeho-

se *f.* -n 《海水パンツ》/海水帽 Badekappe *f.* -n; Badehaube *f.* -n 《婦人用の》.
かいすいよく 海水浴 Seebad *n.* -(e)s, ¨er/海水浴する in der See baden/海水浴に行く in ein Seebad (an den Strand) gehen*‖海水浴場 Strandbad *n.*; Badestrand *m.* -(e)s, ¨e.
かいすう 回数 Häufigkeit *f.* -en/回数を重ねる manches Mal wiederholen⁴; zu verschiedenen Malen (*pl*) wiederholen⁴‖回数券 Fahrkartenheft *n.* -(e)s, -e; Sammelfahrkarten (*pl*).
がいすう 概数 die ungefähre Zahl, -en, die runde Zahl 《端数のない数》/概数四千 etwa (ungefähr; rund) 4 000. ⇨がいさん.
かいする 買い過ぎる zu viel (über Bedarf) kaufen (*von*).
かいする 解する ❶ [理解] verstehen*⁴; begreifen⁴; heraus|finden⁴; ⁴sich einen Begriff machen (*von*)³. [鑑賞] verstehen*⁴; (richtig) (ein)schätzen⁴/彼は音楽の美を解する Er weiß die Schönheit der Musik zu würdigen. ❸ ⇨かいしゃく.
かいする 介する ❶ ...を介して durch⁴; durch Vermittlung (*von*³); über³; vermittelst². ❷ [気に] ⁴sich kümmern (*um*⁴); sorgen (*um*⁴); ⁴sich zu Herzen nehmen*; nicht gleichgültig sein (*gegen*⁴)/彼は何事も意に介さない Nichts geht ihn etwas an.
かいする 会する zusammen|kommen* [s] (-|-treffen*); ⁴sich treffen*; [会談する] tagen; konferieren.
がいする 害する ⇨がい(害).
かいせい 快晴 heiteres Wetter, -s, -; klares (schönes; gutes) Wetter; wolkenfreier (aufgeräumter) Himmel, -s.
かいせい 改姓 ⇨かいめい(改名).
かいせい 改正 Revision *f.* -en; Verbesserung *f.* -en; [変更] Änderung *f.* -en; Abänderung *f.* -en; Umänderung *f.* -en 《全面的に》. ― 改正する [修正する] revidieren⁴; verbessern⁴; [改める] (ab)ändern⁴; umländern⁴ 《全面的に》. ‖改正案 Verbesserungsvorschlag *m.* -(e)s, ¨e/改正定価 der geänderte Preis, -es, -e.
かいせき 会席 Ort *m.* -(e)s, -e) der Zusammenkunft; Versammlungsort *m.* -(e)s, -e -(halle *f.* -n) ‖ 会席料理 das Festessen*, -s; Dinner *n.* -s, -s.
かいせき 解析 Analysis *f.;* Analyse *f.* -n ‖解析幾何 analytische Geometrie *f.*
がいせき 外戚 der Verwandte (*-n, -n*) mütterlicherseits.
かいせつ 解説 Erklärung *f.* -en; Erläuterung *f.* -en; Interpretation *f.* -en; Auslegung *f.* -en; Kommentar *m.* -s, -e 《注釈》; kurze Darstellung, -en 《抄説》. ― 解説する erklären⁴; erläutern⁴; interpretieren⁴; aus|legen⁴ [学説・教義などを]; kommentieren⁴ 《注釈》. ‖解説者 Erklärer *m.* -s, -; Erläuterer *m.* -s, -; Interpret *m.* -en, -en; Ausleger *m.* -s, -; Kommentator *m.* -s, -en 《注釈の》.
かいせつ 回折 [理] Beugung *f.* -en; Diffraktion *f.* -en ‖回折格子(スペクトル) [Beu-

gungs〕gitter *n.* -s, - (Beugungsspektrum *n.* -〔e〕s).

かいせつ 開設 〔Be〕gründung *f.* -en; Stiftung *f.* -en; Errichtung *f.* -en; Eröffnung *f.* -en/開設する 〔be〕gründen⁴; etablieren⁴; stiften⁴; errichten⁴; eröffnen⁴.

がいせつ 概説する in 〔großen〕 Umrissen dar|stellen⁴ (dar|legen⁴); über ⁴*et* einen Überblick geben*.

がいせつえん 外接円 Umkreis *m.* -es, -e/外接円を画く einen Kreis um|schreiben*.

かいせん 開戦 Kriegsausbruch *m.* -〔e〕s, ⸗e; Eröffnung 《*f.* -en》 der Feindseligkeiten. ―― 開戦する Krieg an|fangen* 《*mit*³》; Feindseligkeiten eröffnen 《*gegen*⁴》; [戦闘開始] zum Gefecht kommen* [s] 《*mit*³》; Aktionen 《*pl*》 an|fangen*; [宣戦する] den Krieg erklären 《*mit*³; *gegen*⁴》.

かいせん 海戦 See¦schlacht *f.* -en (-gefecht *n.* -〔e〕s, -e) ‖ 日本海海戦 Schlacht 《*f.*》 auf dem Japanischen Meer (bei Tsushima).

かいせん 会戦 Zusammenstoß *m.* -es, ⸗e; Schlacht *f.* -en; das Treffen*, -s; Gefecht *n.* -〔e〕s, -e/会戦する ⇨たたかう.

かいせん 回線 〘電〙 Stromkreis *m.* -es, -e; Leitung *f.* -en.

かいせん 改選 〔Neu〕wahl *f.* -en/改選する 〔von neuem〕 wählen⁴.

かいせん 疥癬 Krätze *f.* -n; Räude *f.* -n 《犬・馬などの》.

かいせん 回旋 Rotation *f.* -en; Umlauf *m.* -〔e〕s, ⸗e; Drehung *f.* -en ‖ 回旋起重機 Schwenkkran *m.* -s, ⸗e.

かいせん 回船問屋 Schiffs¦spediteur *m.* -s, - (-agent *m.* -en, -en).

かいぜん 改善 Verbesserung *f.* -en; Änderung 《*f.* -en》 zum Vorteil; Richtigstellung *f.* -en/それは大いに改善の余地がある Es lässt noch viel zu wünschen übrig. ―― 改善する 〔ver〕bessern⁴; besser machen⁴. ‖ 生活改善 Verbesserung der Lebensweise (Lebenshaltung).

がいせん 外線 Drahtleitung 《*f.* -en》 draußen; Drahtnetz 《*n.* -es, -e》 draußen (im Freien); Freileitung *f.* -en; 〘兵〙Außenlinie *f.* -n/この電話は外線にかかりますか Bekommt man die Außenverbindung mit diesem Apparat? ‖ 外線工事 Installation 《*f.* -en》 außerhalb des Hauses; Drahtlegung 《*f.*》 draußen.

がいせん 凱旋 Triumph *m.* -〔e〕s, -e; die siegreiche Rückkehr. ―― 凱旋する triumphieren; sieggekrönt (siegreich; als Sieger) zurück|kommen* [s]. ‖ 凱旋行進 Sieges¦marsch (Triumph-) *m.* -es, ⸗e; Sieges¦zug (Triumph-) *m.* -〔e〕s, ⸗e 《行列》/凱旋式 Sieges¦feier *f.* -n (-fest *n.* -〔e〕s, -e)/凱旋将軍 der sieggekrönte (siegreiche) General, -s, -e (⸗e); Triumphator *m.* -s, -en/凱旋門 Sieges¦bogen (Triumph-) *m.* -s, -; Triumph¦pforte (Ehren-) *f.* -n.

がいぜん 蓋然性 Wahrscheinlichkeit *f.* -en/蓋然論 Wahrscheinlichkeitslehre *f.*

かいせんきょ 開船渠 Flutdock *n.* -〔e〕s, -e (-s); Tidebecken *n.* -s, -.

かいそ 改組 Reorganisation *f.* -en; Umbau *m.* -〔e〕s, -ten (-e); Umarbeitung *f.* -en; Umgestaltung *f.* -en; Umbildung *f.* -en/改組する um|organisieren⁴ (-|gestalten⁴; -|gliedern⁴).

かいそ 開祖 Gründer *m.* -s, -; Stifter *m.* -s, -; Urheber *m.* -s, -; Schöpfer *m.* -s, -; Initiator *m.* -s, -en.

かいそう 改装 Renovierung *f.* -en; Renovation *f.* -en; Erneuerung *f.* -en; Um¦gestaltung *f.* -en (-bildung *f.* -en; -modelung *f.* -en)/改装する um|bauen⁴ (-|modeln⁴; -|arbeiten⁴; -|gestalten⁴); erneuern⁴; renovieren⁴.

かいそう 回送する [手紙など] nach|senden*⁴; weiter|leiten⁴ 《*an*⁴》 ‖ 回送車 Zug 《*m.* -〔e〕s, ⸗e》 zum Rangieren.

かいそう 回漕 Seetransport *m.* -〔e〕s, -e; Verschiffung *f.* -en; Verfrachtung 《*f.* -en》 per Schiff/回漕する verschiffen; als Schiffsfracht (per Schiff) senden*⁴ ‖ 回漕業 Schiffsspediteur *m.* -s, -e.

かいそう 回想 〔Rück〕erinnerung *f.* -en 《*an*⁴》; Rückblick *m.* -〔e〕s, -e 《*auf*⁴》; Reminiszenz *f.* -en; Memoire *n.* -s, -s. ―― 回想する ⁴sich 〔zurück|〕erinnern² 《*an*⁴》; einen Rückblick werfen* 《*auf*⁴》; ³sich ins Gedächtnis 〔zurück|〕rufen*; zurück|schauen 《*auf*⁴》; zurück|denken* 《*an*⁴》. ‖ 回想録 Reminiszenzen; Memoiren; Erinnerungen; Denkwürdigkeiten 《以上どれも *pl*》.

かいそう 会葬 Teilnahme 《*f.* -n》 an dem Begräbnis/会葬する an einem Begräbnis teil|nehmen*; einen Toten* zum Grab〔e〕 geleiten; zu *js* Trauerfeier gehen* [s] ‖ 会葬者 Teilnehmer 《*m.* -s, -》 an einer ³Beerdigung; Besucher 《*m.* -s, -》 bei der ³Trauerfeier.

かいそう 海藻 See¦pflanze *f.* -n (-gras *n.* -es, ⸗er); 〔Meeres〕alge *f.* -n.

かいそう 改葬 Leichenüberführung *f.* -en; Umbettung 《*f.* -en》 eines Toten*/改葬する 〔den Toten*〕 um|betten (um|legen); an einen anderen Ort über|führen.

かいそう 潰走 wilde Flucht, -en/潰走する in die Flucht (ins Debakel) geschlagen werden; in heillose Verwirrung geraten* [s] (gebracht werden)/敵を潰走させる den Feind in die Flucht (vernichtend) schlagen*; den Feind in heillose Verwirrung bringen*.

かいぞう 改造 Umbildung *f.* -en; Umgestaltung *f.* -en; Reformierung *f.* -en; Neugestaltung *f.* -en; Reorganisation *f.* -en; [再建] Neubildung *f.* -en; Wiederaufbau *m.* -〔e〕s. ―― 改造する neu gestalten⁴ (bilden⁴); um|bilden⁴ (-|bauen⁴; -|formen⁴; -gestalten⁴).

かいぞえ 介添え Helfer *m.* -s, -; Beistand *m.* -〔e〕s, ⸗e; Beisteher *m.* -s, -; [決闘の] Sekundant *m.* -en, -en; [花嫁の] Brautführer *m.* -s, -; Brautjungfer *f.* -n 《女性の》; [花婿の] die rechte Hand des Bräutigams. ―― 介添えする bei|stehen*³ [s]; helfen*³;

かいそく 快速[力] hohe Schwindigkeit; große Schnelligkeit/快速の von hoher Geschwindigkeit; Express-/快速力で mit größter Geschwindigkeit; in großer Schnelligkeit ‖ 快速船 Schnell|dampfer *m*. -s, - (-boot *n*. -(e)s, -es); Klipper *m*. -s, - 《快速帆船》/快速列車 Schnell|zug (Express-) *m*. -(e)s, ⸗e.

かいそく 会則 Statuten (Satzungen) 《*pl*》eines Vereins (einer Gesellschaft); Vereinssatzungen 《*pl*》.

かいぞく 海賊 Seeräuber *m*. -s, -; Pirat *m*. -en, -en/海賊を働く Seeräuberei (Piraterie) treiben*; seeräubern ‖ 海賊船 Seeräuber|schiff (Piraten-) *n*. -(e)s, -e/海賊版 Raubausgabe *f*.

かいそふ 外祖父(母) der Großvater 《-s, ⸗》 mütterlicherseits (die Großmutter 《-, ⸗》 mütterlicherseits.

かいそん 海損 Havarie *f*. -n; Schiffsschaden *m*. -s, - ‖ 海損清算 Dispache *f*. -n/海損清算人 Dispacheur *m*. -s, -e/共同海損 die gemeinschaftliche Havarie/大小、特別海損 die große (kleine, besondere) Havarie.

かいだ 快打を放つ einen wohlgezielten Schlag aus|senden* 《ボクシング》; einen guten Treibschlag haben* 《ゴルフ》; einen sauberen Treffer (ins Feld) erzielen 《野球》.

かいたい 拐帯 das Durchbrennen, - 《*mit*³》; ab|brennen* durch|brennen* 《*mit*³》; ⁴sich aus dem Staub[e] machen 《*mit*³》.

かいたい 解体 ❶ [分解] Zerlegung *f*. -en; Auseinanderlegung *f*. -en; [飛行機など] Demontierung *f*. -en; Abbau *m*. -[e]s. ❷ [解散] Auflösung *f*. -en; Entflechtung *f*. -en. ― 解体する [会などを] auf|lösen⁴; [機械などを] demontieren⁴; auseinander nehmen*⁴; ab|bauen⁴; zerlegen⁴ 《*in*⁴》/解体して運ぶ in einzelnen Teilen 《*pl*》transportieren⁴; [解剖する] sezieren⁴; zergliedern⁴. ‖ 財閥解体 Auflösung des Konzerns.

かいだい 解題 ❶ Erläuterung 《*f*. -en》 eines Themas; Bücherbeschreibung *f*. -en; Erläuterung eines Buches. ❷ [梗概] Synopse *f*. -n; Übersicht 《*f*. -en》 des Inhalts; Inhaltsübersicht *f*. -en. ❸ [序言] Einleitung *f*. -en; Vorwort *n*. -es, -e; [あとがき] Nachwort.

かいだい 改題する den Titel ändern/改題して unter neuem (verändertem) Titel.

かいたく 開拓[開墾] Urbarmachung *f*. -en; Rodung *f*. -en; Anbau *m*. -[e]s; [資源の] Ausbeutung *f*. -en; Ausnutzung *f*. -en; [拓殖] Siedel[un]g *f*. -en; Kolonisation *f*. -en. ― 開拓する ❶ [開墾する] urbar machen⁴; roden⁴; bebauen⁴; erschließen*⁴ 《ein Land》/新天地を開拓する ein neues Land erschließen* / 道を開拓する ³sich einen Weg bahnen/販路を開拓する einen neuen Markt (ein neues Absatzgebiet) erschließen* (finden*). ❷ [資源を] aus|nutzen⁴; aus|beuten⁴. ❸ [拓殖する] besiedeln⁴; kolonisieren⁴. ‖ 開拓者 Bahn|brecher *m*. -s, -; Pionier *m*. -s, -e; Anbauer *m*. -s, - / [拓殖者] Kolonist *m*. -en, -en; Ansiedler *m*.

かいだく 快諾する gern (auf der Stelle) ein|willigen 《*in* ⁴*et*》; ein herzliches Jawort geben*³; bereitwillig (freudig) zu|stimmen³; entgegenkommend bewilligen⁴.

かいだし 買出し [大量の] Einkauf 《*m*. -es, ⸗e》im Großen; Engroseinkauf *m*. -[e]s, ⸗e; [日用食品などの] Einkauf; Besorgung *f*. -en; [食糧品の] Lebensmittelsuche *f*. -n/買出しする engros (auf Vorrat) [ein]kaufen⁴ 《大量に》; ein|kaufen gehen* 〚s〛; Einkäufe machen.

かいだす 掻い出す aus|schöpfen⁴ 《*aus*³》; entwässern⁴ 《Felder》.

かいだめ 買い溜める hamstern⁴; ³sich mit ³*et* ein|decken; auf|häufen⁴ 《*et*⁴》; ⁴sich ein|decken/買溜め Hamsterkauf *m*. -[e]s, ⸗e; Hamsterung *f*. -en.

かいだん 階段 Treppe *f*. -n; Stufe *f*. -n 《一段》; Treppen|haus *n*. -es, ⸗er (-absatz *m*. -es, ⸗e) 《同上》; Stiege *f*. -n 《狭い急な階段》.

かいだん 怪談 Geister|geschichte (Spuk-; Gespenster-) *f*. -n; gruselige Geschichte, -n.

かいだん 会談 Gespräch *n*. -es, -e; Unterhaltung *f*. -en; [協議・会議] Besprechung *f*. -en; Konferenz *f*. -en; Beratung *f*. -en; Verhandlung *f*. -en; [記者会談] Interview *n*. -s, -s. ― 会談する mit *jm* über ⁴*et* sprechen; mit *jm* 《über ⁴*et*》ein Gespräch führen; [協議する] mit *jm* über ⁴*et* beraten⁴ (verhandeln); mit *jm* ⁴*et* besprechen*; [記者が会見する] interviewen. ‖ 四巨頭会談 das Treffen 《-s》der vier Großen.

かいだん 快談する ⁴sich mit *jm* behaglich (lebhaft) unterhalten⁴.

がいたん 慨嘆する bedauern⁴; beklagen⁴; bereuen⁴; ⁴sich grämen 《*über*⁴》; ³sich ⁴*et* zu Herzen nehmen*/慨嘆すべき bedauerns|wert (beklagens-)/こんなことになって全く慨嘆のいたりだ Ich bedaure sehr diesen Vorfall (diese Wendung).

かいだんじ 快男子 ein ganzer Bursche, -n, -n; ein famoser (fabelhafter) Kerl, -s, -e; Haupt|kerl (Pracht-) *m*. -s, -e / ein Prachtmensch *m*. -en, -en.

ガイダンス Ein|führung *f*. -en (-leitung *f*. -en).

がいち 外地 Übersee *f*.; Ausland *n*. -(e)s; fremde Länder 《*pl*》/外地の überseeisch; Übersee-, Auslands-/外地から aus (von) Übersee 外地輸移 Überseeeinkauf (Auslands-) *m*. -(e)s, ⸗e /外地向け商品 Waren 《*pl*》nach (für) Übersee.

かいちく 改築 Umbau *m*. -(e)s, -ten (-e); Renovierung *f*. -en; Wiederaufbau *m*. -(e)s 《再建》; [修繕] Ausbesserung *f*. -en; Reparatur *f*. -en. ― 改築する um|bauen⁴; renovieren⁴; erneuern⁴; [修繕する] aus|bessern⁴; reparieren⁴; wieder|her|stellen⁴. ‖ 改築工事 Umbau *m*. -(e)s, -ten (-e); Renovierung *f*.

かいちゅう 懐中 Busen m. -s, -; Tasche f. -n. ―懐中する in den Busen (in die Tasche) stecken*⁴/懐中している in der Tasche tragen*⁴ (führen⁴). ‖ 懐中鏡 Taschenspiegel m. -s, -/懐中電灯 Taschenlampe f. -n/懐中時計 Taschenuhr f. -en/懐中日記 Taschenkalender m. -s, -. ⇨ポケット.

かいちゅう 回虫 Askaris f. ..riden; Spulwurm m. -s, ⸚er.

かいちゅう 改鋳 Umprägung f. -en (貨幣の); Umguss m. -es, ⸚e (鐘・大砲など)/改鋳する umprägen (貨幣を); um|gießen (鐘・大砲などを).

かいちゅう 海中(の) im Meer; in der See; [水面下] unter dem Meer; unter der See/海中(へ)棄てる ins Meer (in die See) werfen*⁴/über Bord werfen*⁴ (船上から).

がいちゅう 害虫 das schädliche Insekt, -en; Schädling m. -s, -e; Ungeziefer n. -s, -. ‖ 害虫駆除 Schädlingsbekämpfung f.

かいちょう 諧調 Euphonie f. -n; Harmonie f. -n; Wohlklang m. -s, ⸚e.

かいちょう 回腸 【解】Krummdarm m. -s, ⸚e; Ileum n. -s, -.

かいちょう 開帳 die öffentliche Ausstellung der Tempelheiligtümer; [賭博の] Eröffnung des Hasardspiels (Würfelspiels). ― 開帳する die Tempelheiligtümer öffentlich zeigen (aus|stellen); ein Hasardspiel eröffnen (veranstalten) (賭博を).

かいちょう 海鳥 Seevogel m. -s, ⸚. ‖ 海鳥糞 Guano m. -s; Vogeldünger m. -s, -.

かいちょう 会長 der Vorsitzende*, -n, -n; Vorstand m. -[e]s, ⸚e (会社の); Präsident m. -en, -en/会長になる den Vorsitz (m. -es) übernehmen*; den Vorsitz haben (führen); zum Vorsitzenden (Präsidenten) gewählt werden.

かいちょう 開庁 Eröffnung (f. -en) eines Amtes (eines Büros).

かいちょう 快調である nichts zu wünschen übrig lassen*; glatt vor sich gehen*⸨s⸩/健康は快調です Meine Gesundheit lässt nichts zu wünschen übrig./Es fehlt nichts an meiner Gesundheit./事業は快調です Das Unternehmen geht glatt vor sich.

がいちょう 害鳥 der schädliche Vogel, -⸚; Schädling m. -s, -e.

かいちょう 開陳する aus|sagen⁴ (-|sprechen*⁴); äußern⁴/意見を開陳する seine Meinung aus|sprechen* (äußern⁴); ⁴sich über *et äußern. ⇨ひれき.

かいつう 開通 Eröffnung (f. -en) (Freigabe f. -n) für den Verkehr. ― 開通する ❶ [新線が] eröffnet werden; für den Verkehr freigegeben werden. ❷ [不通箇所が] wieder eröffnet werden; für den Verkehr); Der Verkehr wird wiederhergestellt. ❸ この家に電話が開通した In dem Fernsprechanschluss ist in diesem Haus(e) gelegt worden. ‖ 開通式 Eröffnungsfeier (f.) (einer Bahnlinie).

かいつけ 買いつけ Ankauf m. -[e]s, ⸚e; Anschaffung f. -en/買いつける an|kaufen⁴;

³sich an|schaffen⁴; [買馴れている] zu kaufen pflegen; beziehen*/買いつけの店 ein Laden (m. -s, ⸚), wo man zu kaufen pflegt; Stammladen m. -s, ⸚.

かいつぶり 【鳥】 Zwergsteißfuß m. -es, ⸚e; Tauchentchen n.

かいつまむ 掻いつまむ kurz zusammen|fassen⁴/掻いつまんで言えば kurz [und gut]; kurz gefasst (gesagt); um es kurz zu sagen (fassen).

かいて 買い手 ⇨かいぬし(買い主)/買手があまりない (多い) Die Nachfrage (nach³) ist gering (stark)./買手がよく続く raschen Absatz finden*; gut gehen*⸨s⸩.

かいてい 改訂 Revision f. -en; Bearbeitung f. -en/改訂する revidieren; bearbeiten⁴/改訂版 revidierte (neu bearbeitete) Ausgabe, -n.

かいてい 海底 Meeres|grund m. -[e]s, ⸚e (-boden m. -s, ⸚)/海底の unterseeisch; Unter|see-‖ 海底火山 unterseeischer Vulkan, -s, -e/海底地震 unterseeisches Erdbeben, -s, -; Seebeben n. -s, -/海底電信 Kabel(tele)gramm n. -s, -e/海底電信を打つ kabeln/海底電線 unterseeisches Kabel, -s, -/海底トンネル unterseeischer Tunnel, -s, -.

かいてい 開廷 Eröffnung (f. -en) des Gerichts (der Gerichtssitzung, der Gerichtsverhandlung)/開廷する Gerichtssitzung eröffnen; Gericht halten*; zu ³Gericht sitzen* (über⁴)/開廷期日 Gerichtstermin m. -s, -e (-tag m. -[e]s, -e).

かいてき 快適 [愉快な・好ましい] angenehm; erfreulich; [のんびりした・気楽な] behaglich; bequem; gemächlich; [爽快な] erfrischend; erquickend.

がいてき 外敵 das feindliche (feindselige) Ausland, -[e]s; Feind (m. -[e]s, -e) des Vaterlands.

かいてん 回転 Umdrehung f. -en (Achsen|drehung); Rotation f. -en; [周航] Um|lauf (Kreis-, m. -[e]s, ⸚e; Zirkulation f. -en. ― 回転する ⁴sich (um|)drehen (um⁴); kreisen (um *et herum); um|kreisen⁴ (die Achse 軸の周りを). ‖ 回転いす Drehstuhl m. -s, ⸚e; Drehsessel m. -s, - (もたれのある)/回転画廊 Kreisbewegung f. -en/回転儀 Gyroskop n. -s, -e/回転計 Gyrometer m. -s, -e/回転資金 umlaufender Fonds, -, -; Umlaufskapital n. -s, -/回転書架 drehbares Bücherregal, -s, -e/回転数 Umdrehungszahl f. -en; Drehzahl f. -en (車輪の)/回転扉 Drehtür f. -en/回転偏光 Zirkular|polarisation (Rotations-) f. -en/回転椅子 Drehfenster n. -s, -/回転木馬 Karussell n. -s, -e (-s).

かいてん 開店 Geschäftseröffnung f. -en/開店する einen Laden (ein Geschäft) eröffnen (auf|machen); [創立する] ein Geschäft gründen ‖ 開店休業 Geschäft ohne ⁴Geschäft/開店披露 Bekanntmachung (f. -en) der Geschäftseröffnung.

がいでん 外電 Überseetelegramm *n.* -〔e〕s, -e; Kabel *n.* -s, -; Kabelnachricht *f.* -en/外電を打つ kabeln^{34}/外電の伝える所によれば nach dem Kabel《*aus*^{3}》.

がいでん 外伝 Zusatz *m.* -es, ¨e《*zu*^{3}》; Nachtrag *m.* -〔e〕s, ¨e《*zu*^{3}》.

ガイド [人] Fremden¦führer (Reise-) *m.* -s, - ‖ ガイドブック〔Reise〕führer.

かいとう 怪盗 geheimnisvoller (rätselhafter) Dieb, -〔e〕s, -e.

かいとう 解答〔Auf〕lösung *f.* -en; Antwort *f.* -en/解答する〔auf|〕lösen^{4}; beantworten^{4}.

かいとう 回答 ⇨へんじ(返事).

かいとう 快刀 das scharfe Schwert, -〔e〕s, -er/快刀乱麻を断つ den gordischen Knoten durchhauen*.

かいとう 会頭 Präsident《*m.* -en, -en》(der Vorsitzende*, -n, -n; Direktor *m.* -s, -en) eines Vereins (einer Gesellschaft; einer Firma; der Handelskammer).

かいとう 解凍する auf|tauen^{4}.

かいどう 街道 Landstraße *f.* -n; Chaussee *f.* -n; Hochstraße *f.* -n ‖ ロマンティック街道 die Romantische Straße.

かいどう 会堂 ❶ [教会] Kirche *f.* -n; Gotteshaus *n.* -es, ¨er; Kapelle *f.* -n《礼拝堂》. ❷ [公会堂]〔Versammlungs〕halle *f.* -n;《町村の》Gemeindehalle *f.* -n; städtische Halle, -n《市の》; Stadthalle《同上》.

がいとう 外套 Mantel *m.* -s, ¨; Überzieher *m.* -s, -; Ulster *m.* -s, - ‖ 外套掛け Kleider¦ständer (Garderobe-) *m.* -s, -; Kleider¦leiste *f.* -n (-haken *m.* -s, -).

がいとう 街頭 Straße *f.* -n/街頭で auf der Straße/街頭に進出する auf die Straße gehen* [s]/数日間暴徒が街頭を占拠した Die Aufständischen beherrschten einige Tage die Straße. ‖ 街頭演説 Straßenrede *f.* -n; Wahlrede《選挙の》/街頭演説者 Straßenredner *m.* -s, -; Volksredner; Wahlredner/街頭行進 Straßenaufzug *m.* -s, ¨e/街頭商人 Straßenhändler *m.* -s, -/街頭宣伝 Straßenpropaganda *f.*/街頭募金 Straßensammlung *f.* -en/街頭録音 Straßenaufnahme *f.* -n.

がいとう 街灯 Straßenlaterne *f.* -n.

がいとう 該当する zu|treffen*; gehören《*unter*^{4}》; [適用] anwendbar sein; ^{4}sich an|wenden lassen*; [適応] entsprechen*^{3}; ^{4}sich eignen《*zu*^{3}; *für*^{4}》; gelten*《*für*^{4}》; [関係] betreffen*^{4}; ^{4}sich beziehen*《*auf*^{4}》/該当する箇所に下線を施せ Das Zutreffende zu unterstreichen!/該当しない箇所は消して下さい Nicht Zutreffendes bitte durchstreichen!/該当する人物が見つからない Die in Frage kommende Person ist nicht zu finden./この場合その規則は該当しない In diesem Fall ist die Regel nicht anwendbar./この場合それは該当しない Das gehört nicht hierher./それは第一条に該当する Es gehört unter Artikel 1./それは君にも該当するのだ Das betrifft dich auch.¦Das gilt auch für dich./彼の見方はちょうど僕の見解に該当する Seine Ansichten entsprechen genau den meinen./何か該当するものがありましたか Haben Sie etwas Passendes gefunden?/それは死刑に該当する Darauf steht Todesstrafe.

かいどく 解読する entziffern^{4}; dechiffrieren^{4}.

かいどく 回読する nach der ^{3}Reihe (der Reihe nach) lesen* ‖ 雑誌回読会 Lesezirkel《*m.* -s, -》(Lesegesellschaft *f.* -en)〔für Zeitschriften〕.

がいどく 害毒 Übel *n.* -s, -; Gift *n.* -〔e〕s, -e; Schaden *m.* -s, ¨; Unheil *n.* -〔e〕s/害毒を流す〔einen〕giftigen Einfluss aus|üben《*auf*^{4}》; gute Sitten verderben*.

かいとる 買い取る an|kaufen$^{(4)}$; käuflich erwerben*$^{(4)}$; *jm* ab|kaufen^{4}; von *jm* erwerben*^{4}.

かいならす 飼い馴らす〔be〕zähmen^{4}; domestizieren^{4}; bändigen^{4}.

かいなん 海難 See¦not *f.* ¨e (-unfall *m.* -〔e〕s, ¨e); [破船] Schiffbruch *m.* -〔e〕s, ¨e/海難の救助 Rettung《*f.* -en》(Bergung *f.* -en) der Schiffbrüchigen*《*pl*》; Seenotdienst *m.* -〔e〕s, -e/海難に会う einen Schiffbruch erleiden* ‖ 海難救助船 Rettungsboot *n.* -〔e〕s, -e/海難信号 Seenotsignal *n.* -s, -e/海難審判〔所〕Seeamt *n.* -〔e〕s, ¨er; Seedisziplinarhof *m.* -〔e〕s, ¨e.

かいにゅう 介入 das Dazwischentreten*, -s《仲裁・調停》; [仲裁・干渉] Intervention *f.* -en; Einmischung *f.* -en/介入する dazwischen|treten* [s]; ^{4}sich ein|mischen; intervenieren.

かいにん 解任 Entlassung《*f.* -en》〔aus dem Amt〕/解任する *jn* aus seinem Amt entlassen*; *jn* seines Postens entheben*; *jm* den Abschied geben*; *jn* zurück|〔be-〕rufen*《使臣などを召還する》.

かいにん 懐妊 Schwangerschaft *f.*《状態》; Empfängnis *f.* ..nisse. ⇨**にんしん**.

かいにんき 買い人気 Kauflust *f.*

かいぬし 飼い主 Besitzer *m.* -s, -; Herr *m.* -n, -en.

かいぬし 買い主〔An〕käufer *m.* -s, -.

かいね 買い値〔Ein〕kaufs¦preis (Anschaffungs-; Netto-) *m.* -es, -e.

かいねこ 飼い猫 Hauskatze *f.* -n.

がいねん 概念 Begriff *m.* -〔e〕s, -e; Bild *n.* -〔e〕s; Grundgedanke *m.* -ns, -n; Vorstellung *f.* -en; Konzeption *f.* -en/概念的 begrifflich; abstrakt; ideell; gedanklich/…の概念を得る ^{3}sich einen Begriff (ein Bild; eine Vorstellung) von ^{3}*et* machen ‖ 概念論 Konzeptionalismus *m.* -,

かいば 飼い葉〔Trocken〕futter *n.* -s, -; Furage *f.*/馬に飼い葉をやる ein Pferd《*n.* -es, -e》füttern/飼い葉桶(おけ) Futtertrog *m.* -es, ¨e; Krippe *f.* -n.

かいはい 改廃 Reorganisation *f.* -en; Umgestaltung *f.* -en/改廃する reorganisieren; neu|gestalten; um|gestalten.

がいはく 該博な gelehrt; belesen《*in*^{3}》; bewandert《*in*^{3}》; kenntnisreich/該博な知識の所有者だ Er ist Polyhistor《*m.* -s; -en》.¦Er ist ein Mann von großer Gelehrsamkeit.

がいはく 外泊 das Ausbleiben*, -s/外泊する außerhalb übernachten (schlafen*)/今日は外泊します Ich komme heute (Abend) nicht nach Hause. ‖ 外泊日 der zweitägige Ausgang, -(e)s (Urlaub, -(e)s) 《軍隊などの》.

かいはつ 開発 ❶ [開墾] Urbarmachung f. -en; Kultivierung f. -en; [資源の] Erschließung (f. -en) [der Bodenschätze (pl)]; [植民地の] Kolonisation f. -en/開発を促進せる die Erschließung befördern. ❷ [啓発] Entwicklung f. -en; Aufklärung f. -en; Entfaltung f. -en. ― 開発する [開墾] unbar machen⁴; roden⁴; kultivieren⁴; [資源を] nutzbar (zugänglich) machen⁴; erschließen⁴; [植民地を] kolonisieren⁴; [知能を] die geistige Veranlagung entwickeln. ‖ 開発援助 Entwicklungshilfe f. -n/開発銀行 Entwicklungsbank f. -en/開発途上国 Entwicklungsland n. -(e)s, ⸚er/開発者 Ausbeuter m. -s, -; Erschließer m. -s, -/経済開発 die ökonomische Entwicklung, -en.

かいばつ 海抜 über dem Meeresspiegel 《略: ü. d. M.》; Meereshöhe f. -n.

かいはん 改版 Neu|druck m. -(e)s, -e (-auflage f. -n); die neue Ausgabe, -n; Revision f. -en; die revidierte (durchgesehene) Ausgabe, -n/改版する neu drucken (heraus|geben*).

かいはん 解版 das Ablegen* (-s) der Typen/解版する die Typen ab|legen.

かいひ 会費 [集会の] Beitrag m. -s, ⸚e; [会員の] Mitgliedsbeitrag. -(e)s, ⸚e; Vereinssteuer f. -n.

かいひ 回避 das Ausweichen* (Umgehen*), -s; 回避する aus|weichen*³ (-biegen*³) 〔s〕; umgehen*⁴ (ver)meiden*⁴; ⁴jet aus dem Weg gehen*³〔s〕; ⁴sich entziehen*³/質問を回避する einer Frage aus|biegen* (aus|weichen*)〔s〕/責任を回避する ⁴sich seinen ³Verbindlichkeiten (pl) entziehen*; seinen ³Verbindlichkeiten (der ³Verantwortung) aus|weichen*〔s〕; die Verantwortung ablehnen*; die Verantwortung ablehnen.

かいひ 外皮 Außen|haut (Ober-) f. ⸚e; Hülle f. -n; Hülse f. -n (殻·さや); Kruste f. -n (パンの); Rinde f. -n (樹皮); Schale f. -n (穀物の); Schote f. -n (さや).

かいびゃく 天地開闢以来 seit Menschengedenken.

かいひょう 開票 das Öffnen* (-s) der Stimmzettel (Wahlzettel); Stimmzählen/開票する die Stimmen zählen; den Stimmzettel 《m. -s, -》 (Wahlzettel) öffnen/開票立会人 der Zeuge 《-n, -n》 bei der Stimmzählung.

かいひょう 解氷する (auf|)tauen; eisfrei werden*/解氷期 die Zeit der Eisschmelze.

がいひょう 概評 die allgemeine Rezension, -en; Durchsicht f. -en; Überblick m. -(e)s, -e.

かいひん 海浜 Küste f. -n; Strand m. -(e)s, ⸚e; Seeküste (Meeres-) f. -n; Seestrand (Meeres-) m. -(e)s, ⸚e.

かいふ 回付する ⁴jm nach|schicken⁴ (nach|senden*⁴; über|weisen*⁴).

かいふ 外部 Außenseite f. -n; das Äußere*, -n; die äußere Welt, -en; Außenwelt 《外界》; Oberfläche f. -n/外部の äußer(lich); außen stehend; Außen-/外部に außen; draußen/外部から von außen (her)/外部へ nach außen (hin)/外部の人 Außenseiter m. -s, -.

かいふう 海風 See|wind (Meeres-) m. -(e)s, -e; Seebrise f. -n (微風).

かいふう 開封する das Siegel 《-s, -》 lösen; [einen Brief] öffnen.

かいふく 回復 Wiederherstellung f. -en; Restitution f. -en; Restauration f. -en; [取り戻すこと] Wiedergewinnung f. -en; [健康の] Wiederherstellung f. -en; Heilung f. -en; Genesung f. -en; [景気などの] das Wiederaufleben*, -s; Wiederbelebung f. -en; [名誉の] Rehabilitation f. -en; [権利の] Wiedererlangung (Wiedergewinnung) (f.) der Rechte; [天候の] Besserung f. -en des Wetters. ― 回復する [取り返す] wieder|erlangen (-be|kommen*); [損害を] wieder|gut|machen; [原状に復す] in den früheren Zustand zurück|versetzen⁴; [名誉を] ⁴sich rehabilitieren; [健康を] wieder gesund werden*; [信用を] das Vertrauen 《-s, -》 wieder|her|stellen (wieder|gewinnen*). ‖ 回復期 Rekonvaleszenz f.

かいぶし 蚊いぶし Moskitoausräucherer m. -s, - (道具); Moskitoausräucherungsmittel n. -s, - (薬)/蚊いぶしをする die Moskitos ausräuchern.

かいぶつ 怪物 Ungeheuer n. -s, -; Monstrum n. -s, ..stren (..stra); die unheimliche Erscheinung, -en 《妖怪·変化》; [幽霊] Gespenst n. -es, -er; Geist m. -es, -er; Scheusal n. -s, -e 《妖怪》; Fabeltier n. -s, -e《神話·伝説などの動物》; ein rätselhafter Mensch, -en 《得体の知れぬ人物》.

かいぶん 怪聞 das seltsame Gerücht, -es, -e; Skandal m. -s, -e.

がいぶん 外聞 Ruf m. -(e)s 《名声》; Ehre f. 《名誉》; Ansehen n. -s 《世間体》; Leumund m. -(e)s 《評判》; Gerücht n. -(e)s, -e 《噂》/外聞の悪い anrüchig; anstandswidrig; ehrenrührig; entehrend; gemein; niederträchtig; skandalös; verrufen/外聞の悪い事 Ehrlosigkeit f. -en; Niederträchtigkeit f. -en; Skandal m. -s, -e/外聞をはばかる das Gerede der Leute scheuen/外聞にかかわる jn in schlechtes Licht setzen; ins Gerede bringen⁴; js Ehre in Gefahr bringen*; ⁴sich bloß|stellen; ⁴sich kompromittieren/もう恥かき続けているから外聞もない Nun habe ich nichts mehr zu verlieren haben.

かいぶんしょ 怪文書 eine verdächtige Urkunde, -n; ein skandalöses Schriftstück, -es, -e; eine strafbare Veröffentlichung, -en.

かいへい 海兵 Marinesoldat m. -en, -en; Matrose m. -n, -n ‖ 海兵団(隊) Marine-

かいへい 皆兵 ¶ 国民皆兵制 allgemeine Wehrpflicht (Konskription).

かいへい 開平 《数》das Ausziehen* 〈-s〉 der Quadratwurzel/開平する die Quadratwurzel aus|ziehen*.

かいへい 開閉 das Auf- und Zumachen* (Auf- und Zuschließen*), -s;〔電流の〕das Ein- und Ausschalten* (An- und Abschalten), -s‖開閉器〔Aus〕schalter m. -s, -; Umschalter m./開閉装置 Verschluss m. -es, -e/開閉橋 Zug|brücke (Zieh-, Schalt-) f. -n; Schwenkbrücke《横に開く橋》.

かいへん 改編 ❶〔著作物の〕Revision f. -en. ❷〔組織の〕Umorganisierung f. -en/改編する――改編する❶〔著作物を〕revidieren⁴; um|ändern⁴. ❷〔組織を〕um|organisieren⁴; neuorganisieren⁴; um|bilden⁴.

かいへん 改変〔Ver〕änderung f. -en; Um|änderung (Ab-) f. -en; Neuerung f. -en/改変する〔ver〕ändern⁴; um|ändern⁴ (ab|-); neu|ern⁴.

かいへん 外辺 Außenseite f. -n; Kante f. -n; Rand m. -[e]s, ⸚er; Saum m. -[e]s, ⸚e; Peripherie f. -n.

かいほう 海法 See〔fahrts〕gesetz (Schifffahrts-) n. -es, -e.

かいほう 開放 ❶〔門戸の〕Aufschließung f. -en; Erschließung f. -en; das Öffnen*, -s/開放的な人 ein offenherziger Mensch, -en, -en. ❷〔戸の開け放し〕das Offenlassen* 〈-s〉 einer ²Tür. ―― 開放する ❶〔門戸を〕auf|schließen*⁴; erschließen*⁴; öffnen⁴. ❷〔戸の開け放し〕offen stehen lassen*⁴. ❸〔公衆に〕der ³Öffentlichkeit über|geben*⁴; der Öffentlichkeit bringen*⁴; veröffentlichen⁴.‖門戸開放主義(政策) die Politik der offenen ²Tür.

かいほう 快報 frohe (erfreuliche; freudige) Nachricht, -en (Botschaft, -en); Freuden|post f. -en (-botschaft f. -en).

かいほう 解放 Befreiung f. -en; Freilassung f. -en. ―― 解放する von|jm⁴ bet freien⁴; frei|lassen*⁴; in ⁴Freiheit setzen⁴; entlassen*⁴《囚人を》.‖解放軍 Befreiungsarmee f. -n/解放戦線 Befreiungsfront f./解放戦争 Befreiungskrieg m. -[e]s, -e/解放組織 Befreiungsorganisation f. -en/奴隷解放 Sklaven|befreiung f. -en (-emanzipation f.).

かいほう 介抱 Pflege f.; Wartung f. -en/介抱する〔病人を〕einen Kranken¹ pflegen.

かいほう 会報 Vereinsbericht m. -[e]s, -e; Bulletin n. -s, -s; Mitteilungen 〈pl〉.

かいほう 快方に向かう auf dem Weg der Besserung sein; in der ³Besserung (Genesung) begriffen sein; eine glückliche (gute) Wendung nehmen*; eine Wendung zum Bessern nehmen*/病人は次第に快方に向かっています Es geht dem Kranken allmählich besser.

かいぼう 解剖 ❶〔生物体の〕Zergliederung f. -en; Zerlegung f. -en; Sektion f. -en; das Sezieren*, -s;〔法医学上の〕Obduktion f. -en; Autopsie f. -en; Leichenöffnung f. -en《死体の》. ❷〔分析〕Analyse f. -n. ―― 解剖する ❶ zergliedern⁴; sezieren⁴; obduzieren⁴; analysieren⁴《分析》; zerlegen⁴《文章構造を》/問題を解剖する das Problem (die Frage) im Detail zergliedern (zerlegen).‖解剖学 Anatomie f./解剖学者 Anatom m. -en, -en; Anatomiker m. -s, -/解剖室 Sezier|saal m. -[e]s, -e/解剖台 Seziertisch m. -[e]s, -e/解剖刀 Seziermesser n. -s.

かいぼう 外貌 Aussehen n. -s; das Äußere*, -n, ⸚e; Anschein m. -s; Ausdruck m. -[e]s, ⸚e《表情》; Aufmachung f.《押出し》; Erscheinung f. -en《人品・風采》; Miene f. -n《顔貌》/外貌から判断する nach dem Äußeren urteilen.

がいまい 外米 der ausländische Reis, -es, -e《pl は品種の場合》.

かいまき 掻い巻き eine wattierte kimonoförmige Bettdecke.

かいまく 開幕 das Aufziehen* 〈-s〉 des Vorhangs; Anfang m. -[e]s, ⸚e (Beginn m. -[e]s, -e/Aufführung f. -en《Beginn m.》)/午後六時開幕 Die Vorstellung beginnt um 6 Uhr.―― 開幕する um 6 Uhr beginnen*.《掲示》/開幕中に während der ²Vorstellung.

かいまくる 買いまくる〔株〕[durch Haussekauf] Preise hoch|treiben*; auf Hausse spekulieren.

かいまみる 垣間見る verstohlen blicken (gucken; sehen) 〈nach〉.

かいみょう 戒名 der posthume buddhistische Name, -ns, -n.

かいむ 皆無 das Nicht[vorhanden]sein*, -s; nichts/応募者は皆無だった Keiner (Nicht einer) hat sich dazu gemeldet./彼は法律上の知識が皆無だ Er hat nicht einmal die geringsten Kenntnisse der Gesetze.

がいむ 外務 die auswärtigen (äußeren) Angelegenheiten 〈pl〉‖外務次官 der Vizeminister des Äußeren/外務事務官 Sekretär m. -s, -e des Auswärtigen Amtes/外務省 das Auswärtige Amt, -[e]s, ⸚er; Außenministerium n. -s, ...rien/彼は外務省に勤めている Er steht in diplomatischen Diensten./外務大臣 Außenminister m. -s, -; der Minister ²des Äußeren/外務通訳官 Dolmetscher 《m. -s, -》 des Auswärtigen Amtes.

かいめい 解明 Erläuterung f. -en; Erklärung f. -en, Aufschluss m. -es, ⸚e/解明する erläutern⁴; auseinander|legen⁴ (setzen⁴); klar|machen⁴.

かいめい 改名 den Namen [ver]ändern⁴; ⁴sich um|taufen lassen*.

かいめつ 壊滅 Vernichtung f. -en; Verwüstung f. -en; Zerstörung f. -en; Ruin m. -s《崩壊》; Umsturz m. -es, ⸚e; Zusammenbruch m. -[e]s, ⸚e/壊滅の打撃 ein vernichtender Schlag, -[e]s, ⸚e. ―― 壊滅する zu ³Staub zerfallen* 〈s〉; zerstört (verwüstet) werden; zusammen|brechen*. ── 壊滅させる verheeren⁴; völlig zerstören⁴.

かいめん 海綿 Schwamm *m.* -[e]s, ⸚e/海綿質(状)の schwamm[art]ig.

かいめん 海面 Meeres¦spiegel *m.* -s (-oberfläche *f.* -n).

がいめん 外面 Außenseite *f.* -n; das Äußere*, -n; Äußerlichkeit *f.* -en《うわべ・形式》/外面だけは貴婦人だ Nur ihrem Äußeren nach ist sie eine Dame./彼は外面に重きをおかない Er gibt nichts auf Äußerlichkeiten./外面の außen befindlich; Außen-; äußer; äußerlich《うわべの》; körperlich《精神的に対し》; auswärtig《国外の》.

かいもく 皆目 ganz; gänzlich; völlig; ganz und gar; durchaus; schlechterdings; schlechthin / 私は皆目見当がつかない Ich habe keine Ahnung [davon].

かいもどし 買戻し Rückkauf *m.* -[e]s, ⸚e; Wiedererwerbung *f.* -en/買戻す wieder|kaufen⁴ (zurück|-).

かいもの 買物 Einkauf *m.* -[e]s, ⸚e; Besorgung *f.* -en; das Einkaufen*, -s/買物をする Einkäufe (Besorgungen) machen; ein|kaufen; einkaufen gehen* [s]《買物に行く》‖ 買物袋 Einkaufsnetz *n.* -es, -e《網状の》/買物バッグ Einkaufstasche *f.* -n.

かいもん 開門する das Tor《-[e]s, -e》öffnen/午前六時開門 Das Tor wird morgens um 6 Uhr geöffnet.

がいや 外野 Außenfeld *n.* -[e]s, -er《野球》.

かいやく 解約 Vertrags[auf]kündigung *f.* -en; Aufhebung《*f.* -en》eines Vertrags/解約する einen Kontrakt (Vertrag) kündigen (auf|heben*); das Versprechen zurück|nehmen*.

かいゆ 快癒 vollständige Genesung, -en (Heilung, -en)/快癒する vollständig genesen* [s]; vollständig geheilt (wiederhergestellt) werden; wieder gesund werden.

かいゆう 回遊 ⇨しゅうゆう.

がいゆう 外遊 Auslandsreise *f.* -n/外遊三年の後帰朝した Nach dreijährigem Aufenthalt im Ausland kehrte er zurück (heim)./外遊する ins Ausland gehen* (reisen) [s].

かいよう 海洋 See *f.*; Meer *n.* -[e]s, -e; Ozean *m.* -s, -e; Weltmeer *n.* -[e]s, -e ‖ 海洋学 Meereskunde *f.*; Ozeanographie *f.*/海洋気象 ozeanisches Klima, -s, -ta (-s)/海洋気象台 See[wetter]warte *f.* -n/海洋小説 Seeroman *m.* -s, -e/海洋地質学 ozeanische Geologie *f.*

かいよう 潰瘍〖医〗Geschwür *n.* -[e]s, -e/潰瘍を切開する ein Geschwür auf|stechen* (auf|schneiden*) ‖ 胃潰瘍 Magengeschwür *n.* -[e]s, -e.

がいよう 概要を述べる ⁴*et* im Auszug sagen (erzählen; mit|teilen). ⇨がいりゃく.

がいよう 外用の [薬など] für den (zum) äußerlichen Gebrauch/外用のみ《内服せぬよう》Nur zum äußerlichen Gebrauch! ‖ 外用薬 Arznei《*f.* -en》für den äußerlichen Gebrauch.

かいらい 傀儡 [人形] Puppe *f.* -n; Marionette *f.* -n; [道具] Werkzeug *n.* -s, -e; Handlanger *m.* -s, -/…の傀儡となる *jm* als Werkzeug dienen; [黒幕] Drahtzieher *m.* -s, -; Hintermann *m.* -[e]s, ⸚er; der Mensch《-en, -en》hinter den Kulissen/運命の傀儡 das Spiel《-s, -e》des Geschickes (des Schicksals) ‖ 傀儡師 Puppen¦-spieler (Marionetten-) *m.* -s, -/傀儡政府 Marionettenregierung *f.* -en.

がいらい 外来の ❶ ausländisch; exotisch; fremd; importiert. ❷ [患者] ambulant; ambulatorisch. ‖ 外来患者 der ambulatorische Patient, -en, -en/外来語 Fremdwort *n.* -[e]s, ⸚er; Lehnwort《借用語》/外来思想 die fremde (importierte) Idee, -n/外来診察 Poliklinik *f.* -en; Ambulatorium *n.* -s, ..rien《診療所》.

かいらく 快楽 Lust *f.* ⸚e; Genuss *m.* -es, ⸚e; [満足] Vergnügen *n.* -s, -; [喜び] Freude *f.* -n/快楽を追う dem Vergnügen nach|gehen* [s] (frönen)/快楽を追う人 der Vergnügungssüchtige*, -n, -n; Epikureer *m.* -s, -; Genussmensch *m.* -en, -en; Genüssling *m.* -s, -e; Genießer *m.* -s, -; Feinschmecker *m.* -s, - ‖ 快楽主義者 Hedoniker *m.* -s, -; Hedonist *m.* -en, -en; Epikureer *m.* -s, -/快楽説 Hedonismus *m.* -; Epikureismus *m.* -.

かいらん 壊乱 [風俗の] Verderbnis *f.* ..nisse; Entsittlichung *f.* -en; Demoralisierung *f.* -en; Unsittlichkeit *f.* -en/風俗壊乱のかどで aufgrund (auf ⁴Grund) der ²Unsittlichkeit; wegen der ²Zerstörung der guten ²Sitte. ── 壊乱する [風俗を] verderben*⁴; entsittlichen⁴/敵軍を壊乱させる die feindliche Truppe ins Debakel schlagen*.

かいらん 回覧 Zirkular *n.* -s, -e; das Rundschreiben*, -s, -/回覧する herumgehen lassen*⁴; lesen* und weiter|geben*⁴ ‖ 回覧図書 Leihbibliothek *f.* -en/回覧板 das Rundschreiben*.

かいらん 解纜 das Absegeln* (Ankerlichten*), -s; Ausfahrt *f.* -en; das Abfahren*, -s/解纜する den Anker lichten; unter ⁴Segel gehen* [s]; aus|fahren* [s]; ab|fahren* (-|gehen*) [s]; verlassen*《einen Hafen》.

かいり 解離 Auflösung *f.* -en;〖化〗Dissoziation *f.*/解離する〖化〗dissoziieren.

かいり 海狸〖動〗Biber *m.* -s, -.

かいり 海里 Seemeile *f.* -n; Knoten *m.* -s, -.

かいりき 怪力 herkulische (erstaunliche) [Körper]kraft, ⸚e; Riesenstärke *f.*/怪力の男 ein Herkules *m.* -s, ..lesse; der reine Herkules; ein Simson *m.*; der bärenstarke Kerl, -[e]s, -e.

かいりく 海陸 Land und Meer, des - und -[e]s; Wasser und Land, des - und -[e]s/海とも陸に zu ³Land und zu ³Wasser.

かいりつ 戒律 die religiöse Vorschrift, -en; die buddhistischen Gebote《*pl*》.

がいりゃく 概略 Umriss *m.* -es, -e; Auszug

かいりゅう m. -(e)s, ¨e; Hauptinhalt m. -(e)s, -e; Inhaltsangabe f. -n; Kompendium n. -dien; Resümee n. -s; Skizze f. ..pen; Überblick m. -(e)s, -e; ..『pen; Überblick m. -(e)s, -e 概略を言えば kurz gesagt; summarisch gesagt / 概略を述べる(記す) im Umriss darstellen⁴; nur die Hauptpunkte anführen 《von³; über⁴》; kurz zusammenfassen⁴; resümieren⁴; skizzieren⁴.

かいりゅう 海流 Meeresströmung f. -en (-strom m. -(e)s, ¨e).

かいりょう 改良 (Ver)besserung f. -en; [改革] Reform f. -en; Reformierung f. -en; [改造] Umgestaltung (Neu-) f. -en. 改良する verbessern⁴; reformieren⁴; umgestalten⁴; [改造する] neu gestalten⁴; reorganisieren⁴. ‖ 綴字改良運動 Bewegung 《f. -en》 zur Reform der Orthographie / 社会改良 Sozialreform f. -en / 改良種 veredelte Rasse, -n; Zuchtauswahl f. -en.

かいりんざん 外輪山 der äußere Kraterrand, -(e)s, ¨e.

がいしょう 外塁 Außenwerk (Vor-) n. -(e)s, -e; Palisade f. -n (砦柵).

かいれい 回礼する die Runde der Höflichkeitsbesuche machen / 年始の回礼をする eine Runde der Neujahrsbesuche machen / 回礼客 die Neujahrsgratulanten pl.

かいれき 改暦 ❶ [暦法改正] Kalenderreform f. -en. ❷ [新年] ⇒しんねん(新年).

かいろ 懐炉 Handwärmer m. -s, -. ‖懐炉灰 die Kohle für ⁴Taschenwärmer.

かいろ 海路 Seeweg m. -(e)s, -e / 海路で ³zu See; per ³Schiff / 海路を行く per (mit dem) Schiff fahren⁴ s; zu See gehen⁴ s / 待てば海路の日和あり Gut Ding bringt Rosen. ‚Kommt Zeit, kommt Rat.'

かいろ 回路 〖電〗 Stromkreis m. -es, -e; Leitung f. -en / 回路遮断器 Stromkreisabschalter m. -s, -.

がいろ 街路 Straße f. -n; Gasse f. -n; [並木道] Allee f. -n; Avenue f. -n / 街路樹 Straßenbaum m. -(e)s, ¨e; Baumreihe (f. -n) der Straße (並木).

かいろう 回廊 Korridor m. -s, -e; Galerie f. -n; Veranda f. -den.

カイロプラクティック Chiropraktik f.

がいろん 概論 Einleitung f. -en 《in⁴》; das Allgemeine*, -n 《über⁴》.

かいわ 会話 Gespräch n. -(e)s, -e; Konversation f. -en; Unterhaltung f. -en / 《会話語》; [対話] Dialog m. -s, -e; Zwiegespräch n. -(e)s, -e / 会話を始める ein Gespräch mit jm anknüpfen / ⁴sich in ein Gespräch einlassen⁴ 《mit³》 / 会話の本 Konversationsbuch n. -(e)s, ¨er / ..会話する sprechen⁴ 《mit³; von³; über⁴》; ⁴sich unterhalten 《mit³》 ein Gespräch führen 《mit³》 / ドイツ語で会話する auf Deutsch unterhalten 《mit³》. ‖ 会話術 die Kunst (die Kniffe pl.) der Unterhaltung (des Sprechens).

かいわい 界隈 Nachbarschaft f. -en; Umgebung f. -en; Gegend f. -en / この界隈に in der ³Nachbarschaft; in dieser ³Gegend / 界隈の人々 die Leute 《pl》 in der Nachbarschaft; die Nachbarn 《pl》 / 丸の内の界隈で in der Gegend von Marunouchi.

かいわん 怪腕を発揮する eine erstaunliche Fähigkeit zeigen; ⁴sich ungemein fähig zeigen.

かいん 下院 Unterhaus (Abgeordneten-) n. -es; Parlament n. -s / 下院を通過する das Unterhaus passieren; vom Unterhaus angenommen (verabschiedet) werden ‖ 下院議員 der Abgeordnete*, -n, -n; Mitglied 《n. -(e)s, -er》 des Kongresses.

かいん 課員 der Beamte* 《-n, -n》 (der Angestellte*, -n, -n; Personal n. -s, -e) einer Unterabteilung.

かう 飼う [飼い置く] (³sich) halten⁴; züchten⁴ (飼養する); hüten⁴ [世話する/猫[馬, 犬]を飼う eine Katze (ein Pferd, einen Hund) halten / 羊[蚕]を飼う Schafe (Seidenraupen 《pl》) züchten.

かう 買う ❶ [ein]kaufen⁴; erhandeln⁴; erstehen⁴ / 百円で買う für 100 ⁴Yen kaufen / 現金で買う für bar⁴ / 掛けで買う auf Borg (Kredit) nehmen⁴ (kaufen⁴) / 月賦で買う auf monatliche Abzahlung (Ratenzahlung) kaufen⁴. ❷ [招く] ⁴sich zuziehen⁴; auf ⁴sich laden⁴ / 人の恨み(不興)を買う js ⁴Groll (Ungnade) auf ⁴sich laden⁴ (ziehen⁴); ³sich js ⁴Groll (Ungnade) zuziehen⁴ / けんかを買う einen Zank (Streit) herbeiführen (heraufbeschwören⁴; provozieren; suchen); einen Streit vom Zaum brechen⁴. ❸ [認める] anerkennen⁴; jm 《³et》 gerecht werden; richtig [ein]schätzen 《評価する》 / 彼の態度は買ってやるべきだ Wir müssen seinen Eifer gebührend schätzen.

かう 支う abstützen⁴; pfählen⁴.

カウボーイ Cowboy m. -s, -s; Kuhhirt m. -en, -en (-junge m. -n, -n).

かうん 家運 Schicksal 《n. -s, -e》 (Glück und Verfall) einer ²Familie / 家運を挽回する die häuslichen Verhältnisse wiederherstellen / 彼の家運は傾いている Seine Familie ist im Verfall begriffen.

ガウン Robe f. -n; Talar m. -(e)s, -e.

カウンセラー Berater m. -s, -.

カウンセリング Beratung f. -en.

カウンター [店の] Ladentisch m. -(e)s, -e; [飲み屋などの] Theke f. -n; Kasse f. -n; [勘定方] Kassierer m. -s, -.

カウント das Zählen⁴ (Rechnen⁴), -s / カウントを取る aufzählen⁴ / 《ボクシング》 ‖ カウントダウン Countdown m. (n.) -(s), -s.

かえ 替え ⇔かわり(代り)①. ‖ 替え歌 Umdichtung f. -en; nachgedichteter Gesang, ¨e, ¨e; parodistische Nachdichtung, -en; Parodie f. -n; Burleske f. -n / 替え刃 Ersatzklinge f. -n.

かえす 返す ❶ [返却] zurückgeben⁴ (-stellen⁴) / 借金を返す die Schulden tilgen (zahlen) / 金を返す das Geld zurückzahlen (zurückerstatten) / 恩を返す eine Wohltat vergelten*/仇を返す rächen; revanchieren; Vergeltung üben; ^{4}sich rächen 《an^3》. ❷ [返送] zurück|schicken^4 (–|senden*^{4}). ❸ [元の所へ] an die alte Stelle zurück|setzen^4 (zurück|stellen^4).

かえすがえす 返すがえすも wirklich; wahrlich; in der Tat; in Wahrheit; außerordentlich; tausendmal.

かえだま 替え玉 Ersatz *m.* –es; 〔Stell〕vertreter *m.* –s, –; Stroh¦mann (Ersatz–) *m.* –〔e〕s, ⸚er; Surrogat *n.* –〔e〕s, –e/替え玉を使う einen Strohmann benutzen (schicken; ein|setzen); *jn* als Strohmann gebrauchen (ein|setzen)/替え玉になる *jm* als Strohmann dienen.

かえって 却って ❶ im Gegenteil; umgekehrt. ❷ [むしろ] vielmehr; eher; lieber; gar sehr/歩いたら却って気分がよくなった Das Wandern hat mir doch wohl getan./却って進歩を妨げた Es hat eher den Fortschritt gehemmt.

かえで 楓〖植〗Ahorn *m.* –s, –e.

かえり 帰り Rück¦kehr (–kunft; –reise; –fahrt) (*od.* Heim–) 《以上どれも*f.*》/帰り道に auf dem Heimweg (Rückweg)/帰りがけに beim Abschied (Abschiednehmen*)/帰りがおそい spät zurück|kommen* (heim|kommen*) [s]; ^{4}sich verspäten/帰りを急ぐ zurück|eilen (heim|–) [s]; nach Hause eilen [s]; schnell nach Hause gehen* [s]/帰り車で mit dem rückfahrenden Wagen/学校からの帰り道に auf dem Heimweg von der Schule.

かえりうち 返り討にする den Rächer (Bluträcher) töten [s]/返り討にされる Der Rächer wird bei dem Racheakt (bei der Revanche) getötet.

かえりざき 返り咲き das Wiederaufblühen*, –s; das Aufblühen* zum zweiten Mal〔e〕; [復活] das Wieder¦aufkommen* (–aufstehen*; –auftauchen*), –s; 〔Wieder〕auferstehung *f.* –en; Wiederaufstieg *m.* –〔e〕s, –e. ── 返り咲く wieder auf|blühen (auf|kommen*; auf|tauchen; auf|treten*) [s].

かえりみる 顧みる ❶ [振り向く] ^{4}sich um|sehen*; ^{4}sich um|wenden$^{(*)}$; ^{4}sich um|drehen. ❷ [留意する] beachten^4 (berücksichtigen^4); in Betracht ziehen*^{4} (nehmen*^{4}); Rücksicht nehmen* 《auf^4》; bedenken*^{4}/…に顧みて in Betracht^2; aus Rücksicht auf ^{4}*et*; mit Rücksicht auf ^{4}*et*. ❸ [回顧する] zurück|denken* 《an^4》; zurück|blicken 《auf^4》; ^{3}sich ins Gedächtnis zurück|rufen*^{4}; ^{4}sich erinnern$^{(2)}$ 《an^4》.

かえる 蛙 Frosch *m.* –es, ⸚e/蛙が鳴く Der Frosch quakt./蛙の面に水 〔ohne ^{4}Wirkung〕 wie das Wasser auf dem Öl/蛙の子は蛙 ‚Art lässt nicht von Art.' ‖ 蛙泳ぎ das Brustschwimmen*, –s/食用蛙 Ochsenfrosch *m.* –es, ⸚e.

かえる 変える 〔ver〕ändern^4; ab|ändern^4; ab|wandeln^4; um|wandeln^4; [形を] um|modeln^4; um|formen^4; um|gestalten^4; um|bilden^4; wechseln; [日時を] verschieben*^{4}; [姿を] ^{4}sich verkleiden 《in^4》/姿を変えて verkleidet 《*als*》; [説を] die Meinung (die Ansicht) ändern; [調子を] in einen anderen Ton fallen* (über|gehen*) [s]/調子を変えて in einem anderen Ton; [場所を] den Ort wechseln/道を変える einen anderen Weg ein|schlagen*.

かえる 帰る ❶ [帰来] heim|kehren [s]; zurück|kommen* (heim|–) [s]; nach ^{3}Hause kommen* [s]/学校から帰る von der Schule zurück|kommen*/彼は国を出て二度と帰らなかった Er verließ seine Heimat (sein Land), um nie mehr zurückzukommen. ❷ [去る] weg|gehen* [s]; verlassen*^{4}; von *jm* Abschied nehmen*; ^{4}sich bei *jm* verabschieden/とっとと帰れ Weg 〔da〕! ¦ Fort mit dir!/もうお帰りになるのですか Gehen Sie schon 〔fort〕?/もう帰らねばなりません Nun muss ich mich empfehlen (verabschieden). ❸ [引き返す] ^{4}sich um|kehren; ^{4}sich wenden$^{(*)}$; ^{4}sich um|wenden$^{(*)}$; kehrt|machen; zurück|kehren [s]. ❹ [復帰する] zurück|kehren/元の職に返る in *js* altes Geschäft zurück|kehren/我に返る wieder zu ^{3}sich kommen*.

かえる 換える ❶ [交換] 〔aus|〕tauschen^4; um|tauschen^4; vertauschen^4 《以上 mit^3; $gegen^4$; $für^4$》; 〔um|〕wechseln^4 《mit^3; $gegen^4$》; aus|wechseln^4 《$gegen^4$》/金に換える ein|wechseln^4; ein|lösen^4; zu Geld〔e〕 machen^4; in ^{4}Geld um|setzen^4; realisieren^4; ins Geld konvertieren^4. ❷ [代替] an die Stelle^2 setzen^4; ein|setzen^4 《$für^4$》; ersetzen^4 《$durch^4$》; *jn* vertreten*; die Stelle *js* (*js* Stelle) ein|nehmen* (aus|füllen).

かえる 孵える brüten; ausgebrütet werden/孵えす aus|brüten/雌鳥が卵を孵えしている Die Henne brütet 〔auf den Eiern〕.

かえん 火炎 Flamme *f.* –n/火炎に包まれる in Flammen stehen* ‖ 火炎放射器 Flammenwerfer *m.* –s, –.

かお 顔 ❶ Gesicht *n.* –〔e〕s, –er; 〖詩〗Angesicht; 〖詩〗Antlitz *n.* –es, –e/顔を赤くする erröten [s]; rot werden/顔を赤くして mit einem Erröten; errötend; über und über rot/顔を向き合わせて von ^{3}Angesicht zu ^{3}Angesicht; unter vier ^{3}Augen 《二人だけで》. ❷ [顔付] Miene *f.* –n; Aussehen *n.* –s; Gebärde *f.* –n; 〔Gesichts〕züge 《*pl*》/変な顔をする ein langes Gesicht machen (ziehen*). ❸ [面目] Ansehen *n.* –s; Ehre *f.* –n/顔にかかわる die Ehre verlieren* (verletzen); um die Ehre kommen* [s]/顔を立てる sein Ansehen (seine Ehre) retten (wahren)/彼の顔をつぶすわけにはいかない Sie dürfen seinem Ansehen keinen Eintrag tun. ¶ 顔が広い(顔が売れている) ^{4}sich eines großen Bekanntenkreises erfreuen; weit und breit bekannt sein/顔を借せ Kann ich dich ein paar Minuten sprechen? ¦ Deine Gegenwart als Zeuge ist erwünscht./顔を出す ^{4}sich ein|finden* 《bei *jm*》; ^{4}sich anmelden lassen* 《bei *jm*》; einen Besuch ab|statten (machen) 《*jm*; bei *jm*》; mit einem Besuch beehren 《*jn*》; erscheinen* [s];

かおあわせ 顔合わせ Zusammenkunft *f.* 〈会合〉; das Bekanntmachen*, -s 〈紹介〉; das Auftreten 〈-s〉 in (ein und) demselben (Theater)stück〈役者が舞台を〉.

かおいろ 顔色 ❶ Gesichtsfarbe (Haut-) *f.* -n; Teint *m.* -s, -s/顔色がよい wohl (blühend; frisch) aus|sehen*/顔色がわるい unwohl (blass; bleich) aus|sehen*. ❷ ⇨かお②/顔色を変える die Gesichtsfarbe wechseln; bleich werden/顔色を読む spähen, wie *j.* aussieht; sich Gedanken machen, wie *js* Miene zu deuten ist.

かおかたち 顔形 ⇨かおだち.

かおく 家屋 Gebäude *n.* -s, -; Bauwerk *n.* -(e)s, -e; Haus *n.* -es, ⁼er ‖ 家屋税 Gebäude|steuer (Haus-) *f.* -n.

かおぞろえ 顔揃え die Auswahl der Besten; die Versammlung 〈-en〉 talentierter Geister.

かおだち 顔立ち Gesichtszüge 〈*pl*〉; Gesichtsausdruck *m.* -(e)s, ⁼e; Miene *f.* -n; Physiognomie *f.* -n/顔立ちのよい von gut geschnittenen Gesichtszügen; angenehm von ³Gesicht.

かおつき 顔付き ⇨かお②.

かおつなぎ 顔繋ぎ die Pflege des Kontakt(e)s/顔繋ぎをする den Kontakt pflegen 〈zu *jm*〉/顔繋ぎの会は久し振り Es ist lange her, dass ich an einer solchen Party zur Pflege des Kontakt(e)s teilgenommen habe.

かおぶれ 顔触れ Personal *n.* -s, -; die Anwesenden* 〈*pl*〉; Rollenbesetzung *f.* -en 〈-verteilung *f.* -en〉〈配役〉.

かおまけ 顔負けする verdutzt (baff; konsterniert; sprachlos; verblüfft) werden.

かおみせ 顔見せ ❶ 〈初日〉der erste Abend 〈-s, -e〉〈während des Spielzeits eines Theaterstücks〉. ❷ 〈初舞台〉Debüt *n.* -s, -s; das erste Auftreten.

かおむけ 顔向けできない unmöglich machen; ⁴sein Ansehen unter|graben*; ⁴sich arg bloß|stellen.

かおやく 顔役 „der Alte"*, -n, -n; Anführer *m.* -s, -; Chef *m.* -s, -s; der Einflussreiche*, -n, -n; der tonangebende Mann, -(e)s, ⁼er; 〖戯〗ein hohes Tier, -(e)s, -e.

かおり 薫り ⇨におい.

かおる 薫る duften; einen lieblichen (angenehmen) Geruch von ³sich geben*/風に薫る im Wind(e) duften; die Luft wohlriechend machen.

かおう 呵々大笑する laut 〈auf〉|lachen; in ein Gelächter aus|brechen*; herzlich lachen.

がか 雅歌 das Hohe Lied 〈Hohenlied(e)s Salomo(ni)s 〈旧約〉.

がか 画架 Staffelei *f.* -en; Feldstaffelei; Gestell *n.* -(e)s, -e.

がか 画家 〈Kunst〉maler *m.* -s, -; Grafiker *n.* -s, -/〈版画家〉.

がが 峨々たる jäh; felsig; schroff; zackig; erhaben; überragend hoch.

かかあ 嚊 Frau *f.* -, -en; die Alte*, -n, -n; 〈悪妻〉Hausdrache *m.* -n, -(kreuz *n.* -es, -e); Böse Sieben *f.*; Xanthippe *f.*/嚊の尻に敷かれている unter dem Pantoffel stehen*; ein Pantoffelheld 〈*m.* -en, -en〉 sein ‖ 嚊天下 Pantoffelregiment *n.* -s, -e.

かがい 加害 Angriff *m.* -es, -e; Gewalt|tat *f.* -en 〈-tätigkeit *f.* -en; -samkeit *f.* -en〉; 〖謀殺〗Attentat *n.* -(e)s, -e ‖ 加害者 〈Übel〉täter *m.* -s, -; Missetäter; 〖殺害者〗Mörder *m.* -s, -; Attentäter *n.* -s, -.

かがい 課外 außerhalb des Lehrplans stehend; besonder*; außer-/課外の読物 Nebenlektüre *f.* -n ‖ 課外講義 Sondervorlesung *f.* -en; Extrastunde *f.* -n.

かかい 瓦解 Zusammenbruch *m.* -s, ⁼e; Desorganisation *f.* -en; Fall *m.* -(e)s, ⁼e; Sturz *m.* -es, ⁼e; Untergang *m.* -(e)s, ⁼e; Zerrüttung *f.* -en. — 瓦解する zusammen|brechen*; desorganisiert werden; fallen*; stürzen*; unter|gehen* *s*; zerrüttet werden/企業は瓦解した Das Unternehmen ist zusammengebrochen./社会は戦争で完全に瓦解した Die Wirtschaft ist durch den Krieg vollkommen zerrüttet worden.

かかえ 抱え 〈太さ〉紙一抱えの紙 ein Arm voll Papier *n.* -s, -/一抱えもある so dick, dass man es kaum mit beiden Armen umschließen kann/五抱え余りもある樹木 ein Baum, der mehr als fünf Armspannen misst. ❷ 〖雇用人〗Personal *n.* -s, -/私の抱え Privatdienst. ‖ 抱え車 Privatwagen *m.* -s, -/抱え主 Dienstherr *n.* -n, -en.

かかえる 抱える ❶ 〈小脇に〉unter dem Arm (in den Armen) halten*⁴ 〈tragen*⁴〉; 〖抱く〗umarmen; 腹を抱えて笑う ³sich vor Lachen die Seiten halten*/頭を抱える den Kopf auf die Arme stützen. ❷ 〖雇っ〗in ⁴Dienst nehmen*; an|stellen*; 〈雇い〉beschäftigen⁴/抱えられている beschäftigt sein; angestellt sein; in ³Diensten stehen*/以上 bei *jm*/娘は四人の子供を抱えている Meine Tochter hat für vier Kinder zu sorgen./大きな腹を抱えている in den letzten Monaten 〈der Schwangerschaft〉 sein 〈stehen*〉.

カカオ Kakao *m.* -s, -s.

かかく 価格 Preis *m.* -es, -e; Wert *m.* -(e)s, -e 〈価値〉/価格をつける den Wert (Preis) bestimmen; Preis nennen*〈つけ値する〉/価格に応じて gemäß dem Preise; ad valorem ‖ 価格協定 Preisbindung *f.* -en/価格表 Preisliste *f.* -n/価格表記 Wertangabe *f.* -n/価格表記郵便物 Wert|brief *m.* -(e)s 〈-paket *n.* -(e)s, -e〉/希望小売り価格 Preisempfehlung *f.* -en/生産者価格 Erzeuger-

かかく 消費者価格 Verbraucher|preis/見積価格 Angebots|preis m. -es, -e 〔-wert m. -(e)s, -e〕/見積もる Schätzungswert m. -(e)s, -e.

かがく 化学 Chemie f./化学的(上)の chemisch/化学記号 chemisches Symbol, -s, -e (Zeichen, -s, -)/化学現象 chemische Erscheinung, -en/化学元素 chemisches Element, -(e)s, -e; chemischer Urstoff, -(e)s, -e/化学合成 chemische Synthese, -n/化学工業 chemische Industrie, -n/化学式 chemische Formel, -, -n/化学者 Chemiker m. -s, -/化学繊維 Chemiefaser f. -, -n/化学戦争 chemischer Krieg, -s, -e/化学調味料 chemisches Gewürz, -es, -e/化学的性質 chemische Eigenschaft, -en/化学肥料 chemischer (künstlicher) Dünger, -s, -; Kunstdünger s. -, -/化学兵器 chemische Waffe, -, -n/化学変化(反応、作用) chemische Veränderung, -en (Reaktion, -en, Wirkung, -en)/化学方程式 chemische Gleichung, -en/化学薬品 Chemikalien ⦅pl⦆/化学療法 Chemotherapie f./応用化学 die angewandte Chemie/有機(無機)化学 die organische (anorganische) Chemie.

かがく 科学 Wissenschaft f. -, -en/科学的(上)の wissenschaftlich/科学の一部門 ein Zweig (m. -es, -e) der Wissenschaft ‖ 科学技術 Technologie f. -, -n/科学時代 das wissenschaftliche Zeitalter, -s, -/科学者 Wissenschaftler m. -s, -/科学者会議 die Konferenz (-en) der Wissenschaftler/科学書 ein wissenschaftliches Buch, -(e)s, "er/科学的研究方法 die wissenschaftliche Forschungsmethode, -n/科学博物館 das Museum (-s, ..seen) für Wissenschaften/科学万能 die Allmacht der Wissenschaften/自然(社会)科学 Naturwissenschaft (Sozialwissenschaft) f. -en/精神科学 Geisteswissenschaft f. -en.

かがく 雅楽 Hofmusik f. -.

かかげる 掲げる ❶ ［看板などを］ aus|hängen⁴; ［旗などを］ hinaus|hängen⁴; hissen⁴; ［要求を］ auf|werfen*⁴. ❷ ［掲載する］ auf|nehmen*⁴ ⦅in⁴⦆; setzen⁴; ein|rücken⁴ ⦅in⁴⦆; veröffentlichen⁴ ⦅in⁴⦆.

かかし 案山子 Vogelscheuche f. -, -n; Popanz m. -es, -e; Strohmann m. -(e)s, "er ⦅名ばかりの人⦆.

かかと 踵 Ferse f. -, -n; Absatz m. -es, "e ⦅靴の⦆; Hacke f. -, -n ⦅足、靴、靴下の⦆/踵の低いっつ Schuhe ⦅pl⦆ mit niedrigen Absätzen.

かがみ 鑑 Vorbild n. -(e)s, -er; Muster n. -s, -; Ideal n. -s, -e; Musterbeispiel n. -(e)s, -e; Modell n. -s, -e/女の鑑 ein Vorbild der Frauen ⦅pl⦆; ein Muster der weiblichen Tugenden.

かがみ 鏡 Spiegel m. -s, -/鏡を見る in einen Spiegel sehen* (schauen; gucken); ⁴sich in einem Spiegel an|sehen*/鏡のような spiegelglatt. /樽の Deckel m. -s, -/鏡を抜く den Deckel ab|nehmen*; dem Fass den Boden aus|schlagen* (durch|stoßen*).

かがみいた 鏡板 Paneel n. -s, -e; Getäfel n.

-s, -; Tafelwerk n. -(e)s, -e.

かがむ ⁴sich b‌eugen; ⁴sich bücken; ⁴sich neigen; ⁴sich ducken ⦅こっそり⦆; hocken; ⁴sich krümmen ⦅痛みに⦆; ⁴sich biegen* ⦅おかしさに⦆; ［膝を］ das Knie beugen; kauern.

かがやかす 輝かす beleuchten⁴; erleuchten⁴; erhellen⁴; belichten⁴; auf|leuchten lassen**⁴/名声を世界に輝かす Weltrufe bekommen*/喜びに顔を輝かして mit vor Freude strahlenden Gesicht; freudestrahlend.

かがやき 輝き Schein m. -(e)s, -e; Glanz m. -es, -e; das Strahlen*, -s; ⦅閃光⦆ Gefunkel n. -s; das Funkeln*, -s; Schimmer m. -s, -/弱い輝き.

かがやく 輝く ❶ scheinen*; glänzen; strahlen; leuchten; schimmern ⦅微光を放つ⦆; glimmen* ⦅同上⦆; blitzen ⦅電光を放つ⦆; funkeln ⦅きらめく⦆; glitzern ⦅ぴかつく⦆; glimmern ⦅ちらちら光る⦆; blinken ⦅ひらめく⦆; blinzeln ⦅同上⦆; gleißen* ⦅やすっぽく光る⦆/輝き遺る glänzend (blendend) scheinen*; weithin glänzen (scheinen*). ❷ ⦅顔が⦆ hell werden; ⁴sich auf|klären; ⁴sich auf|hellen/彼女の顔に輝いた Ihr Gesicht klärte sich auf vor Freude. Ihr Gesicht glänzte (strahlte) vor Freude.

かかり 係 ❶ ［担当］ Amt n. -(e)s, "er; Aufgabe f. -, -n; Obliegenheit f. -en/…の係をする für ⁴et verantwortlich (zuständig) sein; mit ³et betraut sein. ［担当者］ der Beamte*, -n, -n; verantwortliche Person, -en; der Zuständige*, -n, -n; Sachbearbeiter m. -s, -/係長 der zweite Abteilungschef, -s, -s/五人掛かりの仕事 eine fünf Personen beanspruchende Arbeit. ❸ ［費用］ Unkosten ⦅pl⦆; Haushaltungskosten ⦅pl 家の⦆. ❹ ［文章の］ Bezug m. -(e)s, "e.

-がかり ❶ ［人用］ 五人がかりの仕事 die Arbeit (-en), wozu man fünf Mann braucht. ❷ ［世話を受ける］ 親がかりの身である seinem Vater (seinen Eltern) ⦅noch⦆ auf der Tasche liegen*. ❸ ［類似］ 芝居がかりの theatralisch; schwülstig; unnatürlich; gesucht/芝居がかりの仕草 theatralische Gebärden ⦅pl⦆. ❹ ［ついでに］ 通りがかりに立ち寄る auf dem Weg ⦅nach³; zu¹⦆ vorbei|kommen* ⦅bei³⦆.

かかりあい 掛かり合い ［関係］ Verhältnis n. -nisses, -nisse; Beziehung f. -en; ⦅犯罪などの⦆ Verwicklung f. -en ⦅in³⦆; ［関与］ Teilnahme f. -, -n ⦅an³⦆/掛かり合いになる ⁴sich verwickeln; hineingezogen werden; verwickelt werden; ⁴sich hinein|reiten* ⦅以上 in³⦆. ―――― 掛かり合う ⁴sich beteiligen ⦅an³⦆; teil|haben* ⦅an³⦆; teil|nehmen* ⦅an³⦆; in ³Beziehung stehen* ⦅zu³⦆; im Verhältnis stehen* ⦅mit³⦆; ⁴es zu tun haben ⦅mit³⦆; ⁴sich ein|lassen* ⦅auf ⁴et in³⦆.

かかりつけ 掛かり付けの医者 Hausarzt m. -es, "e.

かがりび 篝り火 Wachtfeuer (Lager-) n. -s, -; ⦅祝の⦆ Freudenfeuer; ⦅キャンプの⦆ Lagerfeuer; ⦅合図の⦆ Signalfeuer; Fanal n. (n.) -s, -e.

かかる 掛かる solcher*; ein solcher*; solch ein*; so einer* wie ... 《人》; so etwas wie ... 《物》/かかる場合に so ein Fall; in solchem Fall/かかる所へ eben in diesem Augenblick/かかる次第で da es sich so verhält; unter diesen Umständen 《*pl*》.

かかる 懸(掛)かる ❶ [ぶらさがる] hängen* (hangen*) 《*an*^{3}》; aufgehängt sein. ❷ [覆いかかっている] über|hängen*; hinüber|ragen 《*über*^{4}》. ❸ [水などが] spritzen 《*auf*^{4}》/雨がかかる dem Regen ausgesetzt sein/塵がかかる bestaubt werden. ❹ [負担・税が] *jm* auferlegt (aufgebürdet) werden; *jm* zur Last fallen* [s]; besteuert werden 《税が》/税のかかる steuer|pflichtig (zoll–); zu versteuernd (verzollend). ❺ [依存する・養われる] ab|hängen* 《*von*^{3}》; abhängig sein 《*von*^{3}》; angewiesen sein 《*auf*^{4}》. ❻ [要する] brauchen^4; in ^{4}Anspruch nehmen*^{4}; kosten^4; erfordern^4; nötig haben^4/金がかかる Es kostet viel./時間(手間)がかかる Es erfordert viel Zeit (viel Mühe)./三時間かかる Es dauert 3 Stunden. | Es nimmt 3 Stunden in Anspruch. ❼ [着手] an|fangen*; beginnen*; ^{4}sich an ^{4}*et* machen; in die Hand nehmen*^{4}; Hand legen 《*an*^{4}》; [仕事に] an die Arbeit gehen* [s]; die Arbeit auf|nehmen*/…しかかる, …しかかっている im Begriff (nahe daran) sein/家が今にも倒れかかっている Das Haus will jeden Augenblick zusammenstürzen./彼は死にかかっている Er liegt im Sterben. ❽ [芝居・サーカスなど] laufen* [s]; es gibt^4; aufgeführt (gezeigt) werden/そのオペラはいつからかかりますか Wann wird die Oper aufgeführt? ❾ [架される] gebaut (geschlagen) werden/ここに橋がかかる Hier wird eine Brücke geschlagen./この川には橋が二つかかっている Zwei Brücken führen über diesen Fluss. ❿ [目方がある] wiegen*. ⓫ [呼ばれる] 口がかかる *jm* eine Stelle angeboten werden/声がかかる angerufen werden; [電話] 山本さんから電話がかかりました Herr Yamamoto will Sie am Telefon sprechen. ⓬ [対抗する] ^{4}sich entgegen|stellen; kämpfen 《*gegen*^{4}》/彼には二人かからないと負ける Zwei müssen gegen ihn kämpfen, sonst verliert man den Wettkampf. ⓭ [攻撃する] an|greifen*^{4}; her|fallen* 《*über*^{4}》/敵にかかる den Feind an|greifen*; über den Feind her|fallen*/打ってかかる los|gehen* [s] 《auf *jn*》/さあ, かかってこい Los! Komm heran! ⓮ [さしかかる] 印刷にかかっている im Druck sein/山道にかかる an einen Berg kommen* [s]. ⓯ [医者に] ^{4}sich an einen Arzt wenden*; einen Arzt konsultieren. ⓰ [係わる] ⇨かかわる. ¶ お目にかかる das Vergnügen haben, *jn* zu sehen (*js* ^{4}Bekanntschaft zu machen)/気にかかる *jn* beunruhigen; *jm* große Sorge machen (verursachen; bereiten); ^{4}sich kümmern 《*um*^{4}》/鼻にかかる durch die Nase sprechen*; näseln.

かかる 罹る ❶ [病気に] krank werden; eine Krankheit bekommen*; von einer ^{3}Krankheit befallen werden; ^{3}sich eine Krankheit holen (zu|ziehen*) an einer ^{3}Krankheit leiden*; eine Krankheit haben; [感染する] von einer ^{3}Krankheit angesteckt werden/感冒にかかる ^{3}sich eine Erkältung zu|ziehen*; ^{4}sich erkälten/病気にかかりやすい anfällig. ❷ [被害・遭難] betroffen (befallen) werden 《*von*^{3}》; geraten* [s] 《*in*^{4}》; erleiden*^{4}/町は兵火にかかって灰燼に帰した Die Stadt ist vom Kriegsbrand betroffen und vollkommen zu Asche niedergebrannt worden./人手にかかって死ぬ von *jm* getötet werden/彼は刺客の毒手にかかった Er fiel dem Dolch des Meuchelmörders zum Opfer./わなにかかる in eine Falle geraten*; ^{4}sich in einer Schlinge fangen*.

かがる [縁を] (ein|)säumen^4; mit einem Hohlsaum nähen^4 (ein|fassen^4); [破れを] flicken^4; stopfen^4 《靴下の破れを》/ボタン穴をかがる Knopflöcher 《*pl*》 machen/綻びをかがる eine aufgegangene Naht schließen*

-がかる –haftig; –haft; –artig/芝居がかった schauspielartig/伝説がかった sagenhaft. ☞ 色の場合は後に –lich をつける/青みがかった bläulich/赤味がかった rötlich/茶がかった bräunlich 《a, o, u, au は変音する》/緑がかった grünlich/黄色がかった gelblich/白がかった weißlich/赤味がかった茶色のコート ein rötlichbrauner Mantel, –s, –.

〜かかわらず 〜拘らず ❶ [にも拘らず] trotz$^{2(3)}$; ungeachtet^2; dessen ungeachtet; nichtsdestoweniger; gleichwohl; dennoch; trotzdem; jedoch; bei alledem; was ... auch (immer) ...; obwohl; obschon; obgleich; ob (wenn) ... auch/非常な骨折にも拘らず trotz aller Mühe; bei aller ^{3}Mühe/あれほどの欠陥があるにも拘らず trotz all seiner ^{2}Mängel 《*pl*》; bei all seinen ^{3}Mängeln/雨天にも拘らず trotz des Regenwetters; obwohl es regnet. ❷ [...に関係なく] unabhängig 《*von*^{3}》; ohne ^{4}Rücksicht 《*auf*^{4}》/私の忠告にも拘らず ohne auf meinen Rat Rücksicht zu nehmen (zu hören)/結果の如何に拘らず unabhängig von den Folgen/男女に拘りなく ohne Rücksicht auf das Geschlecht/年齢(大小)に拘りなく ohne Unterschied des Alters (der Größe)/晴雨に拘りなく ob es regnet oder nicht

かかわり ⇨かんけい/かかわりなく ⇨〜かかわらず ❷.

かかわる ❶ [関係する] mit ^{3}*et* zu tun haben; ^{3}sich mit ^{3}*et* zu schaffen machen; ^{4}sich (ein|)mischen 《*in*^{4}》; ^{4}sich befassen 《*mit*^{3}》. ❷ [拘泥する] ^{4}sich fest|halten* 《*an*^{3}》; ^{4}sich fest|klammern 《*an*^{3}》; gebunden (gefesselt) sein 《*an*^{4}》. ❸ [影響する] an|gehen*^{4}; betreffen*^{4}; beeinflussen^4; eine Wirkung aus|üben 《*auf*^{4}》/名誉にかかわる Es geht *js* Ehre an. | Das ist (*js*) Ehrensache. [危うくする] gefährden^4; aufs Spiel setzen^4; kompromittieren^4; in ^{4}Gefahr setzen^4 (bringen*^{4})/生死にかかわる大事 eine Sache auf ^{4}Leben und Tod; eine Lebensfrage, –n.

かかん 花冠 ❶ 〚植〛 Blumenkrone *f.* –n. ❷

[花輪] ⇨はなわ(花輪).
かかん 果敢な[断固たる] (kurz) entschlossen; entschieden; resolut; [大胆な] dreist; kühn; beherzt; [動ぜぬ] unerschrocken.
かき 柿 Kakifeige f. -n.
かき 牡蠣 《貝》 Auster f. -n ‖ かきフライ die gebackene Auster/かき養殖 Austernzucht f. ˶e/かき養殖場 Austern|park m. -s, ˶e (-bank f. ˶e).
かき 垣 Zaun m. -(e)s, ˶e; Umzäunung f. -en; Gehege n. -s, -; Gatter (Gitter) n. -s, -/[四つ目垣] Hecke f. -n/[生垣]; Geländer n. -s, -/[手摺]/垣をめぐらす mit einem Zaun umgeben*⁴; umzäunen⁴; ein|fried(ig)en⁴; ein|hegen⁴; umhecken⁴.
かき 花卉 Blume f. -n; Blumenpflanze f. -n ‖ 花卉栽培 Blumenzucht f. ˶e; Gartenbau m. -(e)s.
かき 花季 Blüte|zeit (Blumen-) f. -en.
かき 火器 Schuss|waffen (Feuer-) (pl).
かき 火気 Feuer n. -s; Hitze f.
かき 夏期 Sommer m. -s ‖ 夏期休暇 Sommer|ferien (pl)/夏期大学 Sommerkursus m. -, .kurse 〔講習会〕.
かき 下記の folgend; nachstehend/下記のとおり wie folgt.
かき (Blumen)vase f. -n 〔花びん〕.
かぎ 鈎 Haken m. -s, -/鈎形の haken|förmig/鈎にかかる angehakt werden/鈎にかけ る an den Haken hängen*⁴/鈎でかける mit dem Haken hängen* (an⁴).
かぎ 鍵 Schlüssel m. -s, -/鍵であける mit dem Schlüssel öffnen⁴ (auf|schließen*⁴)/鍵をかける zu|schließen*⁴ (ab|-); ver|schließen*⁴ ‖ 鍵穴 Schlüsselloch n. -(e)s, ˶er/鍵束 Schlüsselbund n. -(e)s, -e (˶e)/鍵っ子 Schlüsselkind n. -(e)s, -er.
がき 餓鬼 ❶ Hungerlieder (m. -s, -) in der Unterwelt; die hungrige Seele, -n 〔詩篇 107·9〕; Tantalus/餓鬼道の苦しみ Tantalus|qualen (pl). ❷ [子供] Range m. -n (f. -n); Balg m. (n.) -(e)s, -er (˶er); Knirps m. -es, -e; Schelm m. -(e)s, -e/この餓鬼め Du Igel! Kleiner Schlem! ‖ 餓鬼大将 der kleine Rädelsführer, -s, -; Hauptanführer (m. -s, -) in der Schule.
かきあげる 書き上げる fertig schreiben*³; fertig malen⁴ 〔画〕; fertig zeichnen⁴ 〔図面〕.
かきあげる 掻き上げる (³sich) die Haare hoch|kämmen 〔髪を〕.
かきあつめる 掻き集める zusammen|scharen⁴ (-|harken⁴; -|kratzen⁴; -|raffen⁴; -|rechen⁴); ⁴et mit Mühe sammeln.
かきあやまり 書き誤り Schreibfehler m. -s, -/書き誤る ³sich verschreiben*⁴; falsch schreiben*⁴; einen Schreibfehler machen.
かきあらわす 書き表す [schriftlich] be|schreiben*⁴ (dar|stellen⁴; schildern⁴)/書き表せない nicht zu beschreiben (schildern⁴) sein; unbeschreiblich sein.
かきあわせる 掻き合わせる [衣服・えりなどを] ordnen⁴; zurecht|machen.

かきいれ 書き入れ Einschreibung f. -en; Eintragung f. -en; Notiz n. -en; Ausfüllung f. -en 〔空欄に〕; Randbemerkung f. -en 〔欄外などの〕. ― 書き入れる ein|schreiben*⁴ (in⁴); ein|tragen*⁴ (in⁴); aus|füllen⁴; notieren⁴ 〔記入〕; ³sich eine Notiz machen; eine Bemerkung ein|fügen (zu³)/名前を表に書き入れる den Namen in die Liste ein|tragen*⁴/収支を帳簿に書き入れる Einnahmen und Ausgaben in das Buch ein|schreiben*⁴/用紙に書き入れる ein Formular (einen Vordruck) aus|füllen. ‖ 書き入れ時 Hauptbetriebszeit f. -en/書き入れ日 der gewinnbringende (Gewinn bringende; erfolgversprechende) Tag, -(e)s, -e.
かきうつす 書き写す ab|schreiben*⁴; kopieren⁴; ab|tippen⁴ 〔タイプで〕.
かきおき 書置 der hinterlassene Brief, -(e)s, -e; [遺言状] Testament n. -(e)s, -e; der letzte Wille, -ns, -n. ― 書き置きする einen Brief (eine Notiz) hinterlassen*; den letzten Willen schreiben*; ein Testament auf|setzen (errichten). ⇨かきのこす.
かきおくる 書き送る schreiben*⁴ (jm; an jn); einen Brief schreiben* (jm; an⁴); ⁴et schriftlich mit|teilen.
かきおとし 書き落とし Auslassung (Unterlassung; Weglassung) f. -en 《beim Schreiben》; Lücke f. -n/書き落とす aus Versehen (versehentlich) aus|lassen*⁴; fort|lassen*⁴; weg|lassen*⁴; unterlassen*⁴./写すとき一箇所(一語)書き落とした Beim Abschreiben habe ich aus Versehen eine Stelle (ein Wort) fortgelassen (ausgelassen).
かきおとす 掻き落とす ab|kratzen⁴; ab|reißen*⁴; herunter|kratzen⁴.
かきおろし 書き下し das neu geschriebene Stück, -(e)s, -e/書き下す ein neues (Theater)stück verfassen; ein neues Stück (Drama; einen neuen Roman) schreiben*/彼は今新しい小説を書き下している Er schreibt jetzt einen (neuen) Roman.
かきおわる 書き終わる fertig schreiben*⁴; zu Ende schreiben*⁴.
かきかえ 書き替え Umschreibung f. -en; Übertragung f. -en; Umbuchung f. -en 〔登記の〕. ― 書き替える um|schreiben*⁴ (auf⁴); übertragen*⁴ (auf⁴)/株式の名義を書き替える eine Aktie auf einen anderen Namen um|schreiben (auf einen anderen Inhaber übertragen*)/手形を書き替える einen Wechsel über|tragen* (um|schreiben*)/絵を書き替える ein Bild (ein im einem anderen) über|malen 〔書いた絵の上へ〕.
かきかた 書き方 Schreibkunst f. ˶e 〔習字〕; Schreib|art f. -en (-weise f. -en); die Reihenfolge (-n) des Schreibens 《筆の運び方》.
かきぐあい 書き具合 ‖ この万年筆は甚だ書き具合がよい Mit diesem Füller schreibt es sich sehr gut.
かきくだす 書き下す nieder|schreiben*⁴ (-|legen⁴)/すらすらと書き下す mit flüchtiger

かきくもる かき曇る ¶ 一天にわかにかき曇る Der Himmel trübt sich plötzlich.

かきくどく かき口説く 〔涙に〕sich blind weinen; zum Stein(e)erweichen (zum Gotterbarmen) weinen; in Tränen schwimmen* ⓢ,h.

かきけす 掻き消す ab|reiben*⁴; ab|kratzen*⁴; aus|löschen*⁴ / 掻き消すごとく消え失せる plötzlich von der Bildfläche verschwinden* ⓢ.

かきことば 書き言葉 die geschriebene Sprache; Schreibsprache.

かきこみ 書き込み ⇨ かきいれ.

かきこむ 書き込む herein|kratzen*⁴ (-|rechen*⁴); 〔飯を〕in den Mund schieben*⁴; 〔hinunter〕schlingen*⁴.

かきざき 鉤裂き (dreieckiger) Riss, -es, -e / 鉤裂きする 〔in〕; zerreißen*⁴ / 少年は新しいズボンを釘で鉤裂きした Der Junge hat sich die neuen Hosen an einem Nagel zerrissen.

かきさし 書きさしの halb geschrieben (angefangen) / 手紙はまだ書きさしです Der Brief liegt nur (noch) halb angefangen. Der Brief ist noch nicht fertig geschrieben.

かきしるす 書き記す schreiben*⁴ 〔in⁴〕; auf|zeichnen⁴; auf|schreiben*⁴; an|merken⁴ 〔in〕; notieren⁴; 〔eine〕Notiz machen 〔von³〕; 〔schriftlich〕 fest|halten*⁴; nieder|legen⁴ (-|schreiben*⁴); ein|tragen*⁴; verzeichnen*⁴; zu Papier bringen*⁴.

かきそえる 書き添える hinzu|fügen (-|schreiben*⁴) (-|setzen)⁴; eine Nachschrift (ein Postskriptum) an|fügen 〔手紙など〕/ 彼は手紙に長い追伸を書き添えて来た Er hat an seinen Brief eine lange Nachschrift angefügt.

かきそこない 書き損ない ⇨ かきあやまり.

かきぞめ 書き初め das erste Schönschreiben* 〈-s〉im Neujahr.

かきだし 書き出し ❶ Anfangszeile f. -n; der erste Satz, -es, ⸚e / 書き出す die Feder zum Schreiben an|setzen⁴. ❷ 〔勘定書〕Rechnung f. -en.

かきたてる 書き立てる Aufsehen erregend (auffällig; übertrieben; sensationell) schreiben*⁽⁴⁾ 〔über⁴〕; in großer Aufmachung schreiben*; 〔新聞・雑誌・筆者など〕heraus|streichen*⁴; hervor|heben*⁴; in den Vordergrund stellen*⁴ 〔以上好意的〕; herab|setzen*⁴; an|greifen*⁴; drein|schlagen*⁴; herab|würdigen⁴ 〔以上攻撃的・けなす〕.

かきたてる 掻き立てる 〔an〕|schüren*⁴; auf|rühren⁴ 〔心・感情などを〕; 〔それ以外は〕het-zen*⁴; auf|reizen⁴; auf|wiegeln⁴.

かきたばこ 嗅ぎたばこ Schnupftabak m. -s / 嗅ぎたばこをかぐ eine Prise Tabak schnupfen.

かきちらす 書き散らす kritzeln; schmieren; hin|schreiben*⁴ (-|kratzen⁴; -|schmieren⁴).

かきちん 書賃 Schreibgebühr f. -en.

かきつかれる 書き疲れる ⁴sich müde schreiben*.

かきつけ 書付 etwas Schriftliches; Note f. -n; Vermerk m. -(e)s, -e 〈〔控〕Memorandum n. -s, ..da (..den) 〈含書〉; Rechnung f. -en 〔勘定書〕/ 書付にする⁴et schriftlich nieder|legen; ⁴et in die schriftliche Form bringen*.

かきつたえる 書き伝える schriftlich überliefern*⁴.

かきつばた 杜若 Iris f. -.

かきつける 書付ける das Einschreiben*, -s; Einschreib(e)sendung f. -en 〔郵便物〕; 書留にする ein|schreiben*⁴; einschreiben lassen*⁴ / この手紙は書留にしましょう Lassen Sie diesen Brief einschreiben. ‖ 書留郵便 Einschreib(e)brief m. -(e)s, -e / 書留郵便小包 (Einschreib(e)paket n. -(e)s, -e) / それは書留小包にして送って下さい Bitte, schicken Sie es mir in eingeschriebenem Paket! / 書留料 Einschreib(e)gebühr f. -en; Einschreib(e)geld n. -(e)s, -er.

かきとめる 書き留める ³sich eine Notiz (Aufzeichnung) machen 〈von³〉; notieren*; auf|schreiben*⁴ (-|zeichnen⁴); ⁴schriftlich festhalten*; vermerken*; verzeichnen*⁴ / 忘れないように書き留めておきましょう Ich werde es aufzeichnen (aufschreiben), um es nicht zu vergessen.

かきとり 書き取り Diktat n. -(e)s, -e / 書き取りをする jm ⁴et in die Feder (in die Maschine) diktieren 〔ペン・タイプで書き取らせ〕; nach Diktat schreiben*⁴; Diktat auf|nehmen* 〔書き取る〕.

かきとる 書き取る ab|schreiben*⁴ 〔写す〕; nach|schreiben*⁴; mit|schreiben*⁴ 〔講義などを〕. ⇨ かきとめる.

かきなおす 書き直す um|schreiben*⁴; noch einmal schreiben*⁴; ins Reine schreiben*⁴ 〔浄書〕.

かきながす 書き流す hinunter|schreiben*⁴; mit flüchtiger (eilender) Feder schreiben*⁴.

かきなぐる 書きなぐる hin|schreiben*⁴ -|schmieren⁴; liederlich schreiben*⁴ 〔ぞんざいに〕.

かきならす 掻き鳴らす die Saiten zupfen erklingen lassen*⁽⁴⁾/ ハープを掻鳴らす Harfe spielen.

かきにくい 書きにくい schlecht schreiben*⁴; schwer sein, zu schreiben / このペンは〔このタイプライターは〕書きにくい Diese Feder (Diese Schreibmaschine) schreibt schlecht. ❖「タイプライターを打つ」も Maschine schreiben* / この状は書きにくい Auf diesem Papier schreibt es sich schlecht (nicht gut). / この論文の題は書きにくい Einen Aufsatz über dieses Thema zu schreiben ist schwer.

かきぬき 書き抜き Auszug m. -(e)s, ⸚e; Extrakt m. -(e)s, -e 〔抜粋〕; Exzerpt n. -(e)s, -e; Rolle f. -n. — 書き抜く Auszug aus ³et machen; einen Teil von ³et ab|schreiben*; ⁴et exzerpieren* / 大切な所を書き抜く das Wesentliche aus ³et heraus|ziehen* / 芝居の台詞を書き抜く

かきね 垣根 ⇨**かき**(垣).

かきのける 掻きのける weg|rechen⁴ 〔熊手などで〕; ab|kratzen⁴ 〔掻いて取りのける〕; beiseite schieben*⁴ 〔押しのける〕.

かきのこす 書き残す ❶ 〔schriftlich〕 hinter|lassen*⁴; eine Notiz (Bescheid) hinter|lassen*⁴ /すぐ帰って来ると書き残して行った Er hat schriftlich hinterlassen, dass er bald wiederkomme. ❷ 〔書き洩らす〕 unterlassen* (vergessen*; versäumen), ⁴et zu schreiben; 〔einen Satz; eine Stelle〕 aus|lassen* (fort|lassen*; weg|lassen*) /まだ書き残したことがたくさんありますが, それは次便で Ich könnte noch viel mehr schreiben, aber das im nächsten Brief.

かきのて 鉤の手になった recht|eckig (-winklig).

かきばな 鉤鼻 Hakennase f. -s; Adlernase f. -n 《鷲鼻》.

かきばり 鉤針 Haken m. -s, -; Häkelnadel f. -n 〔編み物の〕; Angelhaken m. -s, - 〔釣針〕.

かきまぜる 掻き混ぜる ein|rühren⁴; durcheinander kneten⁴ 〔こねる〕; durcheinander schaufeln⁴ 〔シャベルで〕; manschen⁴; 〔混和〕 vermengen⁴; vermischen⁴.

かきまわす 掻き回す rühren⁴ (mit³); um|rühren⁴; wühlen⁴; 〔探し回る〕 durch|stöbern⁴ (durchstöbern⁴) ⇨**かきまぜる**.

かきみだす 掻き乱す verwirren*⁴/⁴; durcheinander machen⁴ (werfen*⁴); stören⁴; in Unordnung bringen*⁴; zerrütten⁴; aus der Fassung bringen*⁴ 〔人の心を〕 /戦争で経済はすっかり掻き乱されてしまった Die Wirtschaft ist durch den Krieg völlig zerrüttet worden.

かきむしる 掻きむしる 〔zer〕kratzen⁴; zer|reißen*⁴; scharren⁴ / 掻きむしってとがめた ⁴sich (die Haut) wund kratzen /やけになって頭の毛を掻きむしる ³sich vor Verzweiflung die Haare raufen (aus|raufen) /それを見て胸を掻きむしられる思いだった Dieser Anblick zerriss mir das Herz.

かきもの 書き物 〔Nieder〕schrift f. -en; Schriftstück n. -[e]s, -e; 〔古文書〕 Handschrift f. -en; Urkunde f. -n / 何かこう書き物にしていただきたいのですが Geben Sie mir etwas Schriftliches. /書き物にしておいて下さい Legen Sie es schriftlich nieder.

かぎゃく 可逆 umkehrbar; umsteuerbar; reversibel f. /可逆反応 reversible (umkehrbare) Reaktion, -en.

かきゃくせん 貨客船 Fracht- und Fahrgastschiff n. -[e]s, -e; Passagier- und Frachtschiff; Passagierfrachter m. -s, -.

かきゅう 火急 Dringlichkeit f. -en /火急の dringend; dring[ent]lich; drängend; brennend; drohend; eilig /火急の場合には im Falle von großer Dringlichkeit; im Notfall[e] /こと火急を要する Die Zeit (Die Not) drängt. /その金が火急に必要だ Ich habe das Geld brennend (dringend) nötig.

かきゅう 下級 die untere Klasse, -n (Stufe, -n); der niedere Rang, -[e]s, ⸗e /下級の unter; nieder ‖ 下級官吏 der niedere Beamte*, -n, -n/下級裁判所 Untergericht n. -[e]s, -e/下級生 der Schüler 〈-s, -〉 der unteren Klasse; Fuchs m. -es, ⸗e 《大学の一年生》.

かぎゅう 蝸牛 Schnecke f. -n/蝸牛の角 Schneckenfühler m. -s, -/蝸牛角上の争い ein Sturm ⟨m. -s, ⸗e⟩ im Wasserglas'/蝸牛の殻 Schneckenhaus n. -es, -/蝸牛の歩み Schneckentempo n. -s, -s.

かきゅうてき 可及的 möglichst; so ... wie möglich; nach [besten] Kräften /可及的すみやかに so bald (schnell; früh) wie möglich (wie [es] nur irgend möglich [ist]); mit größtmöglicher Beschleunigung; baldmöglichst.

かきょう 佳境 die schöne (herrliche) Landschaft, -en 《風致》; der fesselnde (mitreißende; packende; spannende) Teil, -[e]s, -e 《der Erzählung 物語の》/物語は益々佳境に入る Die Erzählung wird immer spannender.

かきょう 架橋 Brückenbau m. -[e]s, -ten /架橋する eine Brücke schlagen* (bauen). ⇨**はし**(橋).

かきょう 華僑 Auslandschinese m. -n, -n; die chinesischen Kaufleute 〈pl〉 in fremden Ländern.

かぎょう 課業 Unterricht m. -[e]s; Pensum n. -s, ..sen (..sa); [日課・宿題] Aufgabe f. -n; Hausarbeit f. -en 《学校の》.

かぎょう 家業 Geschäft n. -[e]s, -e; Gewerbe n. -s, -; Beruf m. -[e]s, -e /家業に励む seinem Geschäft mit ³Fleiß (eifrig) nach|gehen*/家業に精を出す fleißig sein Gewerbe betreiben*/家業を継ぐ das Gewerbe des Vaters (des Hauses) weiter|führen.

かきよせる 掻き寄せる zusammen|scharren⁴. ⇨**かきあつめる**.

かぎり 限り Grenze f. -n; Schranke f. -n; Einschränkung f. -en; Beschränkung f. -en. ── 限りある 〔eng〕begrenzt; beschränkt; eingeschränkt/限りなき unbegrenzt; unbeschränkt; schrankenlos; grenzenlos; ohne ⁴Grenzen; ohne Einschränkung; endlos; unendlich; nicht gebunden /欲には限りがない Habsucht kennt keine Grenzen. /...は□の限りにあらず mit Ausnahme von; ausgenommen⁴; es sei denn, dass .... ¶ 見渡す限り soweit das Auge (der Blick) reicht; soweit man sehen kann /力のあらん限り so weit (soweit) die Kräfte reichen /あらん限りの力を尽くす alle Kräfte auf|bieten* 〈an|spannen〉; alles auf|bieten*⁴; nach Kräften tun*⁴ 〈⁴sich bemühen〉; ⁴sich aufs Äußerste anstrengen; sein Bestes (Möglichstes) tun*/あらん限りの声で so laut wie möglich; aus voller Kehle / 私の知っている限りでは 〔in〕sofern (insoweit) wie (als) ich weiß ...; sofern (soweit) ich weiß; soweit mir bekannt ist /今度限り nur dieses eine Mal; nur (für) diesmal /別に規定のない限り wenn keine andere Bestimmung《-en》(Vorschrift, -en) *da ist …; soweit nicht anders bestimmt* wird (ist) …/この場限りの話だが nur vertraulich (im Vertrauen) gesagt …; unter uns gesprochen/通用当日限り gültig nur für den Tag der Ausgabe.

かぎる 限る ❶ begrenzen⁴; ab|grenzen⁴ (ein|-); beschhränken⁴; ein|schränken⁴; ab|schranken⁴ (ab|schränken⁴); die Grenze《-n》ziehen* (fest|setzen; setzen)/日を限る einen Tag (Termin) fest|setzen/ …に限る nur; bloß; allein/入場者は大人に限る Zutritt nur für Erwachsene*/太田君に限って…しない Herr Ota ist der letzte … zu tun./今日に限って gerade (eben; nur) heute/…ないとも限らない es kann (mag) wohl sein, dass …; es ist wohl möglich, dass …; man kann nicht wissen, ob … nicht …; es ist nicht ausgeschlossen, dass …/…とは限らない nicht immer …; nicht sicher (ausgemacht), dass (ob) …/輝く物必ずしも黄金とは限らない Es ist nicht alles Gold, was glänzt./賢人すべて偉いとは限らない Nicht alle Weisen sind groß. ❷ [一番よい] Nichts geht über ⁴*et.* ¦ über ⁴alles gehen* [s]; am allerbesten sein; am besten sein/これに限る Nichts geht darüber. ¦ Es ist das Beste, das …./この役は彼に限る Diese Rolle passt allein für ihn.

かきわける 掻き分ける beiseite schieben*⁴; mit Ellbogen stoßen*⁴; ⁴sich drängen《*durch*⁴》; ⁴sich zwängen《*durch*⁴》/人を掻分けて進む ⁴sich durch die Menge drängen (zwängen).

かきわり 書き割り [舞台の] Hintergrund *m.* -[e]s, ⸗e; Dekoration *f.* -en; Dekorationsstück *n.* -[e]s, -e; Prospekt *m.* -[e]s, -e.

かきん 家禽 Geflügel *n.* -s; Federvieh *n.* -s.

かく 核 ❶ [果実の] Kern *m.* -[e]s, -e; Stein *m.* -[e]s, -e. ❷ Zellkern *m.* -[e]s, -e《細胞核》; Atomkern《原子核》/核の Kern-; nuklear/核エネルギーの平和利用 friedliche Verwendung《-en》der Kernenergie. ‖ 核拡散防止条約 Atomwaffensperrvertrag *m.* -[e]s/核家族 Kernfamilie *f.*/核実験 Atomversuch *m.* -s, -e/核戦争 Atomkrieg *m.* -[e]s, -e/核装備 die nukleare Ausrüstung, -en/核弾頭 Kernsprengkörper *m.* -s, -/核燃料 Kernbrennstoff *m.* -[e]s, -e/核廃棄物 Atommüll *m.* -s/核爆発 Kern¦-explosion *f.* -en (-zertrümmerung *f.* -en)/核反応 Kernreaktion *f.* -en/核物理学 Kernphysik *f.*/核分裂 Kernspaltung *f.* -en/核兵器 die nukleare Waffe, -n; Kernwaffe *f.* -n/核保有国 Atommacht *f.* ⸗e/核融合 Kern¦fusion *f.* -en (-verschmelzung *f.* -en).

かく 角 ❶ [四角] Viereck *n.* -[e]s, -e; Quadrat *n.* -[e]s, -e/角ばった eckig; kantig; winklig/角の(に) viereckig; rechtwinklig; vierkantig/木を角に切る Holz vierkantig zu|schneiden*/肉を角切りにする Fleisch in Würfeln schneiden*/二寸角 2 Zoll im Quadrat. ❷ [角度] Winkel *m.* -s, -. ❸ [将棋の] Läufer *m.* -s, -.

かく 画 [文字の] Strich *m.* -[e]s, -e/一字一画もゆるがせにしない aufs Haar genau schreiben*⁴; ⁴Strich für ⁴Strich ganz genau schreiben*.

かく 格 ❶ [地位] Rang *m.* -[e]s, ⸗e; Stand *m.* -[e]s, ⸗e; Stelle *f.* -n; [Rang]klasse *f.* -n; [Rang]stufe *f.* -n. ❷ [程度] Niveau *n.* -s, -s; Bildungsstufe *f.* -n; die geistige Höhe, -n; Wert *m.* -[e]s, -e/格が昇る [zum höheren Rang] befördert werden; [in eine höher Stelle (Klasse)] auf|rücken; vorwärts kommen* [s]《*in*³》/格が下がる [zum niedrigeren Rang] herabgesetzt werden; herabwürdigt (degradiert) werden/格が違う [dem Rang nach] höher stehen*; das höhere Niveau wahren《レベルが高い》; nicht auf gleicher Höhe (auf einer Stufe) stehen*; auf einem anderen Niveau stehen*《程度が違う》; ein ganz anderer Mensch sein《人間としての》; nicht mit *jm* auf dieselbe Stufe stellen⁴《同格には扱えぬ》/この小説はなかなか格が高い Dieser Roman hat Niveau. ❸ [資格] Eigenschaft *f.* -en/大臣の格で in seiner Eigenschaft als Minister. ❹ [規格] Norm *f.* -en; Regel *f.* -n《規準》; Schablone *f.* -n《型》/格にはずれた außergewöhnlich; ungebräuchlich/彼は格にはずれたことは決してしない Er bleibt immer bei der alten Schablone. ❺〖文法〗Fall *m.* -[e]s, ⸗e; Kasus *m.* -, -. ‖ 格変化〖文法〗Deklination *f.* -en; Beugung *f.* -en.

かく 斯く so; derart[ig]; solch*; folgendermaßen; auf diese Weise/かくかく[の] der und der; so und so ⇨**かっかく**/かくばかり(かくまで) so; so weit; bis zu solchem Grad/かくのごとき solch*; so ein*; wie dieses/かくなる上は wenn (da) die Verhältnisse nun einmal so sind; wenn es nun einmal nicht anders ist (geht); nachdem es nun so weit gekommen ist/かく言えば wenn ich so sage/かくのごときもの我いまだ知らず Derartiges habe ich noch nie erlebt.

かく 掻く ❶ [引っ掻く] kratzen⁴; scharren⁽⁴⁾/頭を掻く ⁴sich hinter den Ohren kratzen/犬が戸をがりがり掻く Der Hund scharrt an der Tür. ❷ [熊手などで] rechen⁴; harken⁴/干し草を掻き集める das Heu zusammen|rechen. ❸ [水を] mit dem Ruder einen [Durch]zug führen《オールで》; die Arme durchs Wasser (im Wasser) [durch|]ziehen* (nach abwärts hindurch|-ziehen*)《泳いで・手で》; Schwimmfüße hin- und herbewegen《水かきで》. ❹ [雪を] weg|schaufeln⁴; schippen⁴. ❺ [耳を] [das Ohr] mit dem Ohrlöffel reinigen. ❻ [首を] köpfen⁴; enthaupten⁴; *jm* einen Kopf kürzer machen.

かく 書く, 描く ❶ schreiben*⁽⁴⁾《*über*⁴; *von*³ …について》❖ 以下の句により具体的に: an *jn* …宛に, an die Tafel 黒板に, an einem Drama 脚本を[執筆中], auf ein Blatt Papier 紙片に, auf (mit) der Maschine タイプで, in Druckschrift 印刷書体で, ins Notizbuch

かく ノートに, für eine Zeitung 新聞に, mit Tinte und Feder インクとペンで; nieder|schreiben*⁴; zu Papier bringen*; aufs Papier werfen*⁴ / 嘘つくな, ちゃんと顔に書いてある Lüge nicht! Die Wahrheit steht dir auf der Stirn geschrieben. / 何も書いてない紙 das unbeschriebene Papier, -s, -e / 新聞はこう書いている So steht es in der Zeitung geschrieben / 手紙は下記のように書いてある Der Brief lautet folgendermaßen. ❷ [描写] beschreiben*⁴; dar|stellen*⁴; schildern*. ❸ [著述] verfassen*⁴; dichten*; schriftstellern/論文(小説)を書く eine Abhandlung (einen Roman) schreiben*. ❹ [絵を] malen⁴ / Die Welt wird in Wasserfarben 水彩で; in Pastell パステルで); zeichnen⁽⁴⁾ / 図面の場合も/それは定規もコンパスも使わずに概略を書いたものです Das ist nur schematisch freihändig (aus freier Hand) gezeichnet. / 彼は好んで静物をかく Er malt gern Stillleben.

かく 欠く ⇨かける(欠ける)/欠くべからざる unentbehrlich; [unbedingt] notwendig; unbedingt nötig; nichts anderes als nötig; unausbleiblich / 欠かさず nie verfehlen, *et zu tun; laufend; regelmäßig / 彼はまじめさに欠ける所がある Er lässt es an rechtem Ernst fehlen. / 彼のやり方には何も欠くるがなかった Dabei hat er es an nichts fehlen lassen. ¶ 義理を欠く 、at den gesellschaftlichen Pflichten nicht so genau nehmen*.

-かく -郭 ¶ 一郭をなす einen abgegrenzten Bezirk (ein abgesondertes Viertel) bilden; ein Sonderviertel (Sondergebiet) sein.

かく 家具 Möbel *m.* -s, -; Mobiliar *n.* -s, -e; Zimmereinrichtung *f.* -en /家具一個 Möbelstück *n.* -[e]s, -e /家具付の部屋 ein möbliertes Zimmer, -s, - ‖ 家具屋 Möbelladen *m.* -s, ⸗ (-); Möbelhändler *m.* -s, -〈人〉.

かく 嗅ぐ riechen*⁴; [be]schnüffeln⁴; [be]schnuppern⁴; [be]schnobern⁴; beschnopern⁴ / 嗅ぎつける wittern⁴; auf|spüren⁴; erspüren⁴; Wind von ³et bekommen* (kriegen); auf die Spur kommen* ⓢ /犬に嗅ぎつけさせる einen Hund auf die Spur setzen.

かく 学 Wissenschaft *f.* -en; Wissen *n.* -s; [学識] Kenntnis *f.* ..nisse (ふつう *pl*); Gelehrsamkeit *f.* /[研学] Studium *n.* -s, ..dien /学に志す studieren wollen* /学を修める seinen Studien ob|liegen*.

かく 号 Kelch *m.* -[e]s, -e ‖ 号片 Kelchblatt *n.* -[e]s, ⸗er.

かく 楽 Musik *f.* /楽を奏する Musik machen; musizieren /妙なる楽の音⁽ⁿ⁾ eine anmutende(??) Melodie, -n.

かく 額 ❶ [掛額] Wandbild *n.* -[e]s, -er (-gemälde *n.* -s, -). [またはしたに] Gemälde *n.* -s, - 〈絵画〉; Kalligraphie *f.* -en〈字額〉. [内容に従って] Porträt *n.* -s, -s 〈肖像〉; Stillleben *n.* -s, -〈静物〉; Ölgemälde ❖ 特に額縁がついていることを強調する時だけ 《は額を形容詞としてつける》Tafel *f.* -n〈扁額〉; Votivbild *n.* -[e]s, -er〈奉納画〉/ 額に入れる ein|rahmen⁴; in einen Rahmen fassen⁴/ 額をかける ein Bild auf|hängen (*auf*⁴). ❷ [分量] Betrag *m.* -[e]s, ⸗e; Summe *f.* -n / ...の額になる aus|machen⁴; *sich belaufen⁶ (*auf*⁴); betragen*⁴ /勘定はどれ程の額になりますか Wie hoch beläuft sich die Rechnung? /全部で五千円の額になる Die Summe beträgt 5 000 Yen. /Der gesamte Betrag macht 5 000 Yen aus.
‖ 額縁 Rahmen *m.* -s, -. ❖ ⇨そうけい(総計).

かくい 各位 Sie* (*pl*); jeder* von Ihnen; [呼びかけ] Sehr verehrte Anwesende (Damen und Herren)! /〈御出席の各位〉*pr.* (praemissis praemittendis)⁽¹⁾〈「各位へ」回章などで〉; an alle Mitglieder〈会員各位へ〉.

かくい 隔意 Entfremdung *f.* -en; Distanzierung *f.* -en; Zurückhaltung *f.* -en /隔意が生じる einander fremd werden; *sich entfremden (*von*²); Die Freundschaft wird kühler. /隔意なく(なく) offen; freimütig; offenherzig; [副詞的に] frank und frei; freiheraus; geradezu.

がくい 学位 der akademische Grad, -[e]s, -e; Doktorat *n.* -[e]s, -e; Doktor|titel *m.* -s, - (-würde *f.* -en)〈博士の〉/学位を取る den Doktor machen; den Doktortitel (Doktorhut) erwerben*; promovieren (*bei*³) /私はベルリン大学のN教授の許で学位を得ました Ich habe bei Herrn Prof. N an der Universität Berlin promoviert. ‖ 学位論文 Doktorarbeit *f.* -en; Dissertation *f.* -en.

かくいつ 画一 Uniformität *f.* -en; Einheitlichkeit *f.* /画一的な(に) einheitlich; genormt; uniformiert /何もかも画一的に行う alles über ein(en) Leisten schlagen* /画一化する uniformieren⁴; vereinheitlichen⁴; normen⁴; normalisieren⁴.

かくいん 閣員 ⇨かくりょう.

かくいん 客員 Ehren|mitglied (Gast-) *n.* -[e]s, -er; Gastredakteur *m.* -s, -e〈新聞の〉‖ 客員教授 Gastprofessor *m.* -s, -en.

かくう 架空の ❶ [空中に架した] Hänge-; Luft-; Schwebe-; hängend; schwebend. ❷ [空想的] imaginär; ausgedacht; erfunden; erdacht; erdichtet; utopisch; aus der Luft gegriffen /架空の人物 die imaginäre (erdichtete) Person, -en.

かくう 仮寓 vorübergehender Wohnsitz, -es, -e; zeitweilige (provisorische) Wohnung, -en; zeitweiliger Aufenthaltsort, -[e]s, -e / 仮寓する vorübergehend wohnen (*in*³; *bei*³); *sich auf|halten* (*in*³; *bei*³).

がくえん 学園 Schule *f.* -n; Erziehungs|anstalt (Lehr-) *f.* -en / 学園の自由 die akademische Freiheit, -en.

がくおん 楽音 der musikalische Ton, -[e]s, ⸗e.

かくかい 各界 alle (verschiedene) Gebiete ❖ der Kunst der Wissenschaft und der Politik に限定をつけて具体的に用いる方がよい.

かくがい 格外の ungewöhnlich; ausnehmend; außerordentlich; außergewöhnlich; nicht üblich.

かくかく 赫々・斯々 ⇨かっかく.
かくがり 角刈り die eckig geschnittene Frisur, -en／Bürstenschnitt *m*. -[e]s, -e／角刈りにする einen Bürstenschnitt machen lassen*⁴《刈ってもらう》.

かくぎ 閣議 Kabinettssitzung *f*. -en; Ministerrat *m*. -[e]s, -e／閣議に付する dem Ministerrat vor|legen⁴ (*zu³* …のために、*zur* Prüfung) ‖ 定例(臨時)閣議 Normalkabinettssitzung (Sonderkabinettssitzung) *f*. -en.

がくぎょう 学業 Studium *n*. -s, ..dien; Schularbeit *f*. -en《課業》／学業を終える seine Studien absolvieren (beeden; ab|schließen*) ‖ 学業の方はどうです Wie leistet das Kind Schularbeiten?

がくげい 学芸 Kunst und Wissenschaft (厳格: der - und -; von - und -) ‖ 学芸会 Schulaufführung *f*. -en; Schülervorstellung *f*. -en《学校劇》／学芸欄 Feuilleton *n*. -s, -s.

がくげき 楽劇 Musikdrama *n*. -s, ..men; Oper *f*. -n; Operette *f*. -n; Singspiel *n*. -[e]s, -e; Oratorium *n*. -s, ..rien (オラトリオ)

かくげつ 隔月 ⇨かくじつ(隔日).

かくげん 確言 Versicherung *f*. -en; Bekräftigung *f*. -en; Beteuerung *f*. -en; Zusicherung *f*. -en／確言する versichern⁴; beteuern⁴; bekräftigen⁴; zu|sichern⁴.

かくげん 格言 [Denk]spruch *m*. -[e]s, ⸚e; Kern|spruch (Lehr-; Sinn-); Sprichwort *n*. -[e]s, ⸚er (諺); Sentenz *f*. -en; das geflügelte Wort, -[e]s, -e; Maxime *f*. -n; Aphorismus *m*. -, ..men.

かくご 覚悟 Bereitschaft *f*. -en; Entschluss *m*. -es, ⸚e; das Gefasstsein*, -s; Entschlossenheit *f*. -; Entsagung *f*. -en／覚悟の上だ Es kann auch jetzt nichts mehr erschüttern.《驚かぬ》／覚悟の自殺 der vorsätzliche Selbstmord, -[e]s, -e／最悪の場合の覚悟もできている Ich bin [schon] auf das Schlimmste gefasst.／覚悟する ⁴sich gefasst machen (*auf*⁴); ⁴sich ent|schließen* (*zu*³); ⁴sich bereit machen (*zu*³); [alle Hoffnungen] auf|geben* (あきらめる)／覚悟している gefasst sein (*auf*⁴); entschlossen sein (*zu*³); bereit sein (*zu*³); vorbereitet sein (*auf*⁴)／すっかり覚悟のようだった Er schien, auf alles gefasst zu sein.

かくざ 擱座する stranden ⓢ; auf Grund fahren* ⓢ／auf Strand laufen* ⓢ; auf den Klippen (auf einer Sandbank; auf einem Riff) scheitern ⓢ.

かくざい 角材 Kantholz *n*. -es, ⸚er; Balken *m*. -s, -.

がくさい 学際の interdisziplinär.

かくさく 画策 Plan *m*. -[e]s, ⸚e; Planung *f*. -; Vorhaben *n*. -s, -／画策する planen⁴; ins Auge fassen⁴; Pläne machen; Ränke (Pläne) schmieden; im Sinne haben⁴.

かくざとう 角砂糖 Würfelzucker *m*. -s, -. ❖ 複数は zwei (drei) Stück Würfelzucker のようにし、Stück は *pl* にしない.

かくさん 拡散 (光の) Diffusion *f*. -en.
かくさん 核酸 Nukleinsäure *f*. -n.

かくし 客死 des Ablebens* (-s) im Ausland／客死する im Ausland sterben* ⓢ.

かくじ 各自 jeder, -s; jedermann, -s／各自弁当持参のこと Jeder soll das Essen mitbringen.／彼らは別れを告げて各自家へ帰った Sie verabschiedeten sich und gingen jeder nach Hause.／A と B は各自一隅に陣どった A und B setzten sich jeder an eine Ecke. ❖ 以上二例のように複数、または二個以上の名詞は同格的な「各」は、性・数に関係なく常に男性 jeder を用いる／各自喜捨に応じて喜捨した Jeder spendierte, je nachdem wie es seine Mittel ihm erlaubten.

がくし 学士 der Universitätsabsolvierte*, -n, -n ‖ 学士会館 Akademikerklub *m*. -s, -s／学士号 Gakushi-Titel *m*. -s, -; Bachelor *m*. -[s], -s／日本学士院 Japan-Akademie *f*. -n.

がくし 楽士 Musiker *m*. -s, -; Musikant *m*. -en, -en.

がくし 学資 Schul|geld (Studien-) *n*. -[e]s, -er; Stipendium *n*. -s, ..dien (奨学資金).

がくじ 学事 ❶ (Schul-; Unterrichts-) gelegenheiten (*pl*). ❷ [学問] Studium *m*. -s, ..dien.

かくしき 格式 Rang *m*. -[e]s, ⸚e (位); Formalität *f*. -en; Zeremoniell *n*. -s, -e; Eigenschaft *f*. -en (資格)／格式の高い von hohem Rang; von hoher Abkunft／格式ばった zeremoniös; zeremoniell; feudal; förmlich.

がくしき 学識 Gelehrsamkeit *f*. -; Belesenheit *f*. -; Gelehrtheit *f*. -; Kenntnis *f*. -nisse; das Wissen*, -s／学識ある gelehrt; belesen; bewandert (*in*³); beschlagen (*in*³) ‖ 学識経験者 ein Mann *m*. -[e]s, ⸚er von Gelehrsamkeit und Erfahrungen.

かくしげい 隠し芸 Paradestückchen *n*. -s, -; die private Überraschung, -en.

かくしご 隠し子 das uneheliche Kind, -[e]s, -er; das Kind der Liebe.

かくしごと 隠し事 Geheimnis *n*. ..nisses, ..nisse.

かくしだて 隠し立て Verheimlichung *f*. -en; Geheimtuerei *f*. -en／隠し立てする (vor) *jm* verheimlichen⁴ [vor] *jm* verhehlen⁴; vor *jm* geheim halten*⁴; geheim tun*⁴／隠し立てしない kein[en] Hehl machen (*aus*³)／何も隠し立てすることはあるまい Da gibt's doch nichts zu verheimlichen!／君には隠し立てなどしないよ Vor dir verhehle ich nichts.

かくしつ 確執 ❶ [不和] Fehde *f*. -n; Zwist *m*. -[e]s, -e; Hader *m*. -s; Unfriede[n] *m*. ..dens; Feindschaft *f*. -en／確執ある *jm* と *jm* in Fehde liegen*; mit *jm* in Zwist leben; mit *jm* Zwist haben. ❷ [固執] das Beharren*, -s (*auf*³). ⇨こしつ(固執).

かくしつ 角質の hornartig; Horn-.

かくじつ 隔日 an allen zwei Tage (Monate, Jahre); jeden zweiten Tag (Monat, jedes zweite Jahr); einen Tag um den

かくじつ anderen (einen Monat um den anderen, ein Jahr um den andere).

かくじつ 確実 Gewissheit *f.* -en; Bestimmtheit *f.* -en; Sicherheit *f.* -en; Zuverlässigkeit *f.* -en — 確実な(に) gewiss; authentisch; bestimmt; fest; sicher; ungefährlich; verbürgt; zuverlässig; [副詞としての] 確実に gewisslich; sicherlich; ohne Zweifel/絶対確実間違いなし (Das ist) so gewiss, wie die Nacht dem Tage folgt./確実な筋から入手した(聞いた)ものです Ich habe es aus zuverlässiger Quelle.

かくじつねつ 隔日熱 Tertianfieber *n.* -s, -; Tertiana *f.*

かくしど 隠し戸 Geheimtür *f.* -en.

がくしゃ 学者 der Gelehrte*, -n, -n; Akademiker *m.* -s, -〈以下同じ〉; Forscher; Kenner; Wissenschaftler/古典языに造詣の深い学者だ Er ist ein gründlicher Kenner der klassischen Sprachen. ‖ 大学者 ein Mann (*m.* -(e)s, ⸚er) von großer Gelehrsamkeit (von hervorragenden Kenntnissen).

かくしゃく 赫々たる (er)strahlend; glänzend; glühend 〈灼熱の〉.

かくしゃく 矍鑠たる rüstig; gesund und munter/まだ矍鑠たるものがある Er ist noch rüstig./彼は年寄ってもまだ矍鑠たるものがある Er hat noch Mumm in den Knochen.

かくしゅ 馘首 [免職] Entlassung *f.* -en; [Personal]abbau *m.* -(e)s; Absetzung *f.* -en/馘首する entlassen*⁴; ab|setzen⁴; *jn* seiner ²Stellung entheben*/その役人は馘首された Der Beamte wurde entlassen (abgesetzt).

かくしゅ 各種 jede Art (Sorte)/各種の allerlei; vielerlei; von allerlei (verschiedenen) Arten (Sorten)/電気器具各種取揃えてございます Wir haben [eine] große (reiche) Auswahl von elektrischen Geräten.

かくしゅ 鶴首して待つ einen langen Hals machen; mit Schmerzen warten 《auf⁴》.

かくしゅう 隔週に vierzehntägig; alle 14 Tage; alle zwei Wochen; jede zweite Woche.

かくじゅう 拡充 Verstärkung *f.* -en; Vergrößerung *f.* -en; Erweiterung *f.* -en/拡充する verstärken⁴; vergrößern⁴; aus|dehnen⁴; erweitern⁴.

がくしゅう 学習 das Lernen*, -s; Übung *f.* -en. — 学習する lernen⁴; studieren⁴; [習いおぼえる] erlernen⁴; ³sich ein|lernen⁴; [³sich] ein|studieren⁴; [³sich] ein|üben⁴; [学校で] die Schulbank drücken.

がくじゅつ 学術 Wissenschaft *f.* -en; Lehre *f.* -n 〈学説〉/学術上の (学術的に) wissenschaftlich; experimentell 《実験に基づく》; quellenmäßig 《文献に基づく》; methodisch 《方法的に》; systematisch 《体系的に》/学術上の研究 [wissenschaftliche] Forschung, -en; Studium *n.* -s, ..dien/学術上の業績 die wissenschaftliche Leistung, -en/[Arbeit, -en]/学術上一般に認められている点から考えればそれでいいでしょう Nach dem allgemein geltenden Lehren wäre es so richtig./そこでは学術上のあらゆる分野の研究が行われている Es werden dort alle Wissenschaften getrieben./彼は一生を学術研究に捧げた Er hat sein Leben der Wissenschaften geweiht. ‖ 学術語 der technische Ausdruck, -(e)s, ⸚e/学術講演 der wissenschaftliche Vortrag, -(e)s, ⸚e/学術振興会 die Gesellschaft zur Förderung der Wissenschaften/学術審議会 wissenschaftlicher Beratungsausschuss, -es, ⸚e; Beratungsausschuss für die Wissenschaften/学術用語 Fachausdruck *m.* -(e)s, ⸚e.

かくしょ 各所に(で) überall; aller/orten (-enden; -wärts; -wege); nah und fern; weit und breit; an allen Enden; auf der ganzen Welt; im ganzen Land; in Dorf und Stadt.

かくしょう 確証 der sichere (deutliche; schlagende; schlüssige; sprechende; unbestrittene) Beweis, -es, -e; der unwiderlegbare (unwiderlegliche) Nachweis, -es, -e/確証を与える einen sicheren (schlüssigen) Beweis bei|bringen* (führen; liefern; geben*)《für⁴》/それには確証があっている Das ist als sicher erwiesen./Der Beweis ist erdrückend. — 確証する schlagkräftig beweisen*; urkundlich beweisen* (belegen) 《文書・証書などによって》; bestätigen⁴ 〈確実であることを証する〉.

かくじょう 各条 jeder Artikel; jeder Paragraph (jede Klausel)/各条審議する ⁴Artikel für ⁴Artikel (einen Paragraphen nach dem anderen) überprüfen.

がくしょう 楽章 Satz *m.* -es, ⸚e/交響楽は大体四楽章からなる Eine Sinfonie pflegt vier Sätze zu haben.

かくしん 革新 Reform *f.* -en; Erneuerung *f.* -en; Neu|gestaltung (Um-) *f.* -en; Reformation *f.* -en/革新的 reformatorisch. — 革新する reformieren⁴; erneuern⁴; neu gestalten⁴; um|gestalten⁴. ‖ 革新運動 Reformbewegung *f.* -en/革新者 Reformator *m.* -s, -en; Erneuerer *m.* -s, -.

かくしん 確信 [feste] Überzeugung, -en; Zuversicht *f.*; Vertrauen *n.* -s/確信を持つ -ns 〈信念〉/彼は自分の将来に確信をもっている Er blickt mit Zuversicht in die Zukunft./彼は自分の腕に確信をもっている Er vertraut seinem Können. — 確信する ⁴sich überzeugen 《von³》; fest überzeugt sein 《von³》; vertrauen⁽³⁾《auf⁴ 確信をもって期待する》; an ⁴et glauben 〈存在・実現を〉/私はそれを確信をもって des(sen)) überzeugt./私は魂の不滅を確信している Ich glaube an die Unsterblichkeit der Seele./彼の援助を確信してやったのだ Ich tat es im Vertrauen auf seine Hilfe.

かくしん 核心 Kern *m.* -(e)s, -e; Kernpunkt *m.* -(e)s, -e; Angelpunkt *m.* -(e)s, -e; Mark *n.* -(e)s/問題(事件の核心)の核心 der (innerste) Kern der Frage (der tiefere Kern der Angelegenheit)/核心に触れる den Kern einer Sache berühren.

かくじん 各人 jeder*; jedermann, -s; jeder Einzelne/各人一人一人の動きが物をいう Es kommt auf jeden Einzelnen an.

かくす 隠す ❶ verbergen*⁴; verstecken⁴; verhehlen*⁴; verdecken⁴; verhüllen⁴／姿を隠す verschwinden* [s]; sich verbergen*⁴; ⁴sich 〔heimlich〕 davon machen; *jm* entweichen* [s]; durch|brennen* [s]《逃亡》. ❷ [秘密にする] verheimlichen³⁴; verschweigen*⁴; geheim halten*⁴; hinter dem Berg halten*《*mit*³》; für ⁴sich behalten*⁴／隠さずに unverhohlen; freimütig; offen; frank und frei／隠さず話す alles offen heraus|sagen. ❸ ⇨かくまう.

かくすい 角錐 Pyramide, *f.* -n／角錐形(の) Pyramide- (pyramidal; pyramidenförmig).

かくする 画する (eine Grenze) ziehen*《境界を》; teilen⁴; ein|teilen⁴《区分する》／彼の発明は新時代を画した Seine Erfindung machte Epoche (war bahnbrechend).

かくせい 廓清 Säuberung *f.* -en／廓清する säubern⁴ ‖ 廓清工作 Säuberungs¦aktion *f.* -en (-unternehmen *n.* -s, -).

かくせい 覚醒 das Erwachen*, -s; Erweckung *f.* -en; Neubelebung *f.* -en《活気を取戻すこと》. ── 覚醒する erwachen [s]《*aus*³; *von*³》; auf|wachen《*von*³ 眠りから》; ⁴sich wieder|finden*《元気を取戻す》／妄念から覚醒する aus einem Wahn erwachen. ── 覚醒さす erwecken⁴《*von*³》; auf|rütteln⁴《*aus*³》; zum Erwachen bringen*⁴; wach|rufen*⁴／惰眠(迷い)から覚醒させる *jn* aus der Trägheit heraus|reißen* (*jn* aus einem Wahn reißen*; *jm* den Star stechen*). ‖ 覚醒剤 Belebungsmittel *n.* -s, -.

かくせい 隔世 das andere Zeitalter, -s, -／隔世の感がある Es ist, als ob Generationen dazwischenlägen. ‖ 隔世遺伝 Atavismus *m.* -, ..men.

がくせい 楽聖 der angesehene (berühmte) Musiker, -s, -; der allbekannte (weltbekannte) Komponist, -en, -en.

がくせい 学生 Schüler *m.* -s, -; Schülerin *f.* ..rinnen《女》; Student *m.* -en, -en《大学生》; Studentin *f.* ..tinnenen《女子大学生》; Gymnasiast *m.* -en, -en《Gymnasium の》; Seminarist *m.* -en, -en《神学生》; Stipendiat *m.* -en, -en《給費生・奨学金受領生》. ── 学生らしい(風の・式の) studentisch; burschikos. ‖ 学生運動 Studentenbewegung *f.* -en／学生街 Studentenviertel *n.* -s, -／学生気質 Studententum *n.* -s; Burschikosität *f.* -en／学生語 Schüler¦sprache (Studenten-) *f.* -n／学生参加 Mitbestimmung《*f.* -en》〔der Studenten〕／学生時代 Schul¦jahre (Studenten-)《*pl*》／学生主事 Schüler¦aufseher (Studenten-) *m.* -s, -／学生新聞 Studentenzeitung *f.* -en; Schülerzeitung《高校生以下の》／学生生活 Studentenleben *n.* -s, -／学生騒動 Studentenunruhen《*pl*》／学生服 Uniform *f.* -en／学生寮 Studentenwohnheim *m.* -〔e〕s, -e.

がくせい 学制 Schulwesen *n.* -s; Erziehungs¦system (Unterrichts-) *n.* -s, -e ‖ 学制改革 Reform《*f.* -en》des Schulwesens; Schulreform *f.* -en.

かくせいき 拡声機 Lautsprecher *m.* -s, -.

がくせき 学籍簿 Schülerliste *f.* -n; Matrikel (Matrike) *f.* -n／学籍に入れる immatrikulieren⁴; in die Matrikel ein|schreiben*⁴／学籍から除く exmatrikulieren⁴; aus der Matrikel streichen*⁴.

かくぜつ 隔絶する ab|sondern⁴《*von*³》; isolieren⁴《*von*³》; trennen⁴《*von*³》／隔絶した abgesondert; abgeschlossen; isoliert; ganz getrennt; [遠隔] abgelegen; entlegen; gottverlassen.

がくせつ 学説 Theorie *f.* -n; Doktrin *f.* -en; Lehre *f.* -n; Prinzip *n.* -s, ..pien《原理》／学説を立てる eine Theorie auf|stellen／自己の学説を主張する(譲らない) auf seiner Theorie bestehen*.

かくぜん 確然たる definitiv; entscheidend; bestimmt／確然と mit Bestimmtheit (Sicherheit); ausdrücklich.

かくぜん 画然たる(と) deutlich; unverkennbar; augenfällig; sichtbar; scharf; schneidend／画然たる相違がある gegen ⁴*et* (von ³*et*) ab|stechen*／画然と区別する streng auseinander halten*⁴.

がくぜん 愕然として bestürzt; erschreckt; entsetzt; versteinert; 〔wie〕 aus den Wolken gefallen; 〔wie〕 vom Blitz getroffen; von panischem Schrecken ergriffen; von Furcht betäubt; zu Tode erschrocken／愕然として色を失う bestürzt die ⁴⁽¹⁾Farbe verlieren* (erblassen [s]; erbleichen [s]).

がくそく 学則 Schul¦regel *f.* -n (-gesetz *n.* -es, -e; -ordnung *f.* -en); Schulverfassung *f.* -en《校規》; Statut *n.* -〔e〕s, -en《法律的》.

かくだい 拡大 Vergrößerung *f.* -en; Ausdehnung *f.* -en; Ausweitung *f.* -en; Erweiterung *f.* -en; Verstärkung *f.* -en. ── 拡大する vergrößern⁴; aus|dehnen⁴; aus|weiten⁴; erweitern⁴; verstärken⁴ ❖「大きくなる」の意の時は ⁴sich vergrößern のように, 以上どれも ⁴sich とともに用いる／商売は大いに拡大された Das Geschäft hat sich sehr vergrößert. ‖ 拡大鏡 Lupe *f.* -n／拡大再生産 Wiederhervorbringung《*f.* -en》von größerem Umfang.

がくたい 楽隊 Kapelle *f.* -n; Blas¦kapelle (Militär-; Tanz-) *f.* -n; Jazzband *f.* -s／楽隊がワルツを演奏する Die Kapelle spielt einen Walzer.

がくだい 楽台 Notenpult *n.* -〔e〕s, -e.

かくたん 喀痰 Auswurf *m.* -〔e〕s, ⸗e; Sputum *n.* -s, ..ta.

かくだん 格段の(に) 〔himmel〕weit; bei weitem; um vieles; wesentlich《本質的な》; bemerkenswert《顕著な》; enorm; gewaltig《非常な》／格段の相違 der gewaltige (himmelweite; wesentliche) Unterschied, -〔e〕s, -e／格段の進歩をした Er hat sich 〔darin〕 selbst weit übertroffen. ⇨かくべつ.

がくだん 楽壇 die musikalische Welt, -en; Musikszene *f.*

がくだん 楽団 Kapelle *f.* -n; Orchester *n.* -s, -; Philharmonie *f.* -n.

かくち 各地 jeder Ort, -(e)s; jede Gegend / 各地で allerorten; an allen (aller) Orten und Enden; in Dorf und Stadt; wo man auch hinkommt; überall《到る所》; an verschiedenen Orten; in verschiedenen Gegenden《方々で》.

かくちょう 拡張 Erweiterung *f*. -en; Ausdehnung *f*. -en; Ausweitung *f*. -en; Vergrößerung *f*. -en; Verstärkung *f*. -en《強化》/拡張する erweitern⁴; ausdehnen⁴; ausweiten⁴; vergrößern⁴; verstärken⁴ / 権力を拡張する seine Macht ausdehnen.

かくちょう 学長 Rektor *m*. -s, -en; Magnifizenz *f*. -en.

かくちょう 楽長 Kapellmeister *m*. -s, -; Dirigent *m*. -en, -en; Musikdirektor *m*. -s, -en.

かくづけ 格付け Abstufung *f*. -en; Sortierung *f*. -en; Sortiment *n*. -(e)s, -e / 格付けする (in Rangklassen) ab|stufen⁴; sortieren⁴.

かくてい 確定 Fest|setzung *f*. -en (-legung *f*.; -stellung *f*. -en; Ausweisung *f*. -en; Entscheidung *f*. -en / 確定的(確定した) endgültig; bestimmt; entschieden; fest|gesetzt (-gestellt); unabänderlich; unwiderruflich / 確定的なことは申し上げられない Ich kann es nicht bestimmt sagen. — 確定する fest|setzen⁴ (-|legen⁴; -|stellen⁴); bestimmen⁴; entscheiden⁴⁄まだ何も確定していない Noch ist nichts entschieden. / 日取りは確定しました Der Termin ist festgesetzt (fest angesetzt) worden. ‖ 確定申告(税の) Steuer|erklärung *f*. -en (-deklaration *f*. -en).

カクテル Cocktail *m*. -s, -s ‖ カクテルドレス Cocktailkleid *n*. -(e)s, -er⁄カクテルパーティー Cocktailparty *f*. -s, ..ties.

かくど 角度 Winkel *m*. -s, - / 急角度に曲がる in scharfem Winkel (scharfwinklig) ab|biegen⁴ ⓢ《*nach*³》; scharf ab|zweigen《*nach*³ 道路が》/ あらゆる角度から(別の角度から)考察する *et von allen Seiten (von einem anderen Standpunkt) betrachten ‖ 角度計 Winkelmesser *m*. -s, -; Goniometer *n*. -s, -.

がくと 学徒 Hochschüler *m*. -s, -; Hochschülerin *f*. ..rinnen《女》; Student *m*. -en, -en; Studentin *f*. ..tinnen; Anhänger *m*. -s, -《門下》.

かくとう 確答 die bestimmte (entscheidende) Antwort, -en; der endgültige Bescheid, -e / まだ確答に接していない Ich habe noch keinen endgültigen Bescheid (keine bestimmte Antwort) erhalten (bekommen). / 確答する eine (die) bestimmte Antwort (einen (den) endgültigen Bescheid) geben⁴.

かくとう 格闘 Hand|gemenge *n*. -s, - (-greiflichkeit *f*. -en); Balgerei *f*. -en; Rauferei *f*. -en; Tätlichkeit *f*. -en / 格闘する ⁴sich balgen《*mit*³》; ⁴sich raufen《*mit*³》/ 格闘による tätlich (handgreiflich) werden; zu Tätlichkeiten über|gehen* ⓢ《人が主語》; in Tätlichkeiten aus|arten ⓢ

《けんか・争いなどが主語》.

がくどう 学童 Schulkind *n*. -(e)s, -er; Schüler *m*. -s, -; Schülerin *f*. ..rinnen《女》.

かくとく 獲得 Erwerb *m*. -(e)s, -e; Erlangung *f*. -en; Besitznahme *f*. — 獲得する erwerben*⁴; erlangen⁴; erobern⁴; erreichen*⁴; gewinnen*⁴;《努力して》erkämpfen⁴; erringen*⁴; erzielen⁴; in Besitz nehmen*⁴ 《取得する》; von ³*et* Besitz ergreifen*《法律上》/ 翻訳権(出版権)を獲得する das Übersetzungsrecht (das Verlagsrecht) erwerben⁴ ⁄新市場を獲得する ³sich einen neuen Absatzmarkt erobern / 社会的地位を獲得する eine gesellschaftliche Stellung erringen*.

がくない 学内 in der Schule (Universität); in der Schulanlage / 学内のことには干渉してもらいたくない Man mische sich nicht in die Angelegenheiten in der Schule ein.

かくにん 確認 Bestätigung *f*. -en; Beglaubigung *f*. -en; Bekräftigung *f*. -en; Fest|stellung *f*. -en / 確認する bestätigen⁴; beglaubigen⁴; bekräftigen⁴; fest|stellen⁴ / その報道は確認された Die Nachricht hat sich bestätigt. / 彼の無実は確認された Seine Unschuld wurde festgestellt.

かくねん 隔年 ⇨かくじつ(隔日).

がくねん 学年 Schul|jahr (Studien-) *n*. -(e)s, -e; [Schul]klasse *f*. -n / 新学年は四月一日に始まる Das neue Schuljahr beginnt am 1. April. / 一学年上(下)である eine Klasse über (unter) *jm* sein ‖ 学年試験 Jahresprüfung *f*. -en.

かくのうこ 格納庫 Flugzeug|halle *f*. -n (-schuppen *m*. -s, -); Hangar *m*. -s, -s.

かくは 各派 jede Partei; jede Fraktion; jede Sekte《宗派》; jede Schule《流派・学派》; alle (verschiedene) Parteien (Fraktionen; Sekten; Schulen) / 各派の家元が集まった Die Vertreter aller (verschiedener) Schulen haben sich versammelt.

がくは 学派 Schule *f*. -n ‖ ヘーゲル学派 die Hegelsche Schule.

がくばつ 学閥 die akademische Clique, -n / 学閥をつくる eine akademische Clique bilden.

かくはん 攪拌する [um]|rühren⁴; mischen⁴ 《混ぜる》; auf|wiegeln⁴《扇動・挑発する》; unruhigen⁴《動揺させる》; stören⁴《乱す》.

かくはん 各般の準備を整える allerlei Vorbereitungen (Vorkehrungen) treffen*.

がくひ 学費 Schul|geld (Lehr-) *n*. -(e)s, -er / 彼女は子供たちの学費を支弁しなければならない Sie muss für das Schulgeld ihrer Kinder aufkommen.

かくひつ 擱筆する die Feder nieder|legen; [einen Brief] schließen*.

かくぶ 各部 jeder Teil, -(e)s, -e《部分》; jede Abteilung《部局》.

がくふ 楽譜 Noten《*pl*》; Noten|blatt *n*. -(e)s, ..er (-heft *n*. -(e)s, -e); Partitur *f*. -en / 楽譜を見て歌う(歌う) nach Noten (vom Blatt) spielen⁴ (singen*⁴) / 楽譜なしに演奏する ohne ⁴Noten spielen.

がくふ 学府 Bildungs|anstalt (Lehr-) f. -en ¶ 最高学府 die höchste Lehranstalt; Universität f. -en; Alma Mater f.

がくふ 岳父 Schwiegervater m. -s, ⸚.

がくぶ 学部 [大学の] Fakultät f. -en; Abteilung f. -en ¶ 学部長 Dekan m. -[e]s, -e; Spektabilität f. -en《敬称》/文[教育, 医, 法, 経済, 工, 農, 理]学部 die literalische (pädagogische, medizinische, juristische, wirtschaftliche, technische, landwirtschaftliche, naturwissenschaftliche) Fakultät.

かくふう 学風 Einstellung (f. -en) zur Wissenschaft; die wissenschaftliche Richtung, -en; Forschungsmethode f. -n《研究法》/ [校風] Schul|geist m. -[e]s, -er (-tradition f.).

かくふく 確報する所によれば wie wir aus guter (sicherer; zuverlässiger) Quelle erfahren (erfahren haben).

かくへき 隔壁 Verschlag m. -[e]s, -e; Teilwand (Zwischen-) f. ⸚e; Schott n. -[e]s, -e (Schotte f. -n).

かくべつ 格別[の] besonders; besonder (a.); insbesondere; eigens; extra; speziell; vorwiegend; vornehmlich; vorzugsweise; überwiegend; ausnahmsweise《例外的に》; ungewöhnlich《異常の》/格別のこともなかった Dabei war [es] nichts Besonders. ⁝ Ich habe nichts Neues (kaum etwas Besonderes) gehört.《聞かなかった》/格別これといって希望はありません Ich habe keine besonderen Wünsche.《格別の何も引立て恐れ入ります Wir danken Ihnen vielmals für Ihre ungewöhnliche Unterstützung./ …ならば格別 denn; es sei denn; außer wenn / 生まれ変わって様々な人間になったのなら格別 Es sei denn, dass er sich gründlich besserte. ⸱ Er müsste sich denn gründlich bessern.

かくほ 確保する ³sich sichern⁴; sicherstellen³ ⁴ / 座席を確保する ³sich einen [Sitz]platz sichern / 選手権を確保する die Meisterschaft in ³et gewinnen* (erringen*)《獲得する》(verteidigen《防衛する》).

かくほう 確報 die zuverlässige Nachricht, -en (von²) / まだ確報に接していない Die Nachricht bestätigt sich noch nicht (ist noch nicht bestätigt).

かくぼう 角帽 die eckige Mütze, -n; Barett n. -[e]s, -e.

がくぼう 学帽 Schüler|mütze (Studenten-) f. -n.

かくほうめん 各方面 jede Richtung (Gegend; Stelle); jedes Gebiet; alle (verschiedene) Richtungen (Gegenden; Stellen; Gebiete) / 各方面から見積書が提出された Von allen Seiten sind Angebote eingereicht worden.

かくまう jm Zuflucht (Obdach) gewähren; jn unter die Fittiche nehmen*; jn in Schirm und Schutz nehmen*.

かくまく 隔膜 Scheidewand f. ⸚e; Diaphragma n. -s, ..men.

かくまく 角膜 Hornhaut f. ⸚e; Kornea f. - ¶ 角膜移植 Hornhautübertragung f. -en / 角膜炎 Hornhautentzündung f. -en / 角膜潰瘍(ﾖｳ) Hornhautgeschwür n. -[e]s, -e.

がくむ 学務 Schul|angelegenheiten (pl) (-wesen n. -s) ¶ 学務委員会 Schul|ausschuss m. -es, -e (-kommission f. -en); [委員] Mitglied (n. -[e]s, -er) des Schulausschusses / 学務局 die Abteilung für ⁴Schulangelegenheiten.

かくめい 革命 Revolution f. -en; Revolte f. -n; Umsturz m. -es, -e; Umwälzung f. -en / 革命を起こす revolutionieren; revoltieren《gegen⁴》 / eine Umwälzung herbeiführen《惹起する》 / 革命が起る Eine Revolution bricht aus. / 革命を鎮圧する eine Revolution unterdrücken / 革命[的]の revolutionär; umwälzend; epochemachend《画期的の》 / 文学上の一革命 eine Revolution der Literatur / ペニシリンの発見は医学の革命であった Die Entdeckung des Penizillins bedeutete eine Umwälzung in der Medizin. ¶ 革命家 Revolutionär m. -s, -e / 革命政府 Revolutionsregierung f. -en / フランス革命 die Französische Revolution.

がくめい 学名 der wissenschaftliche Name, -ns, -n; Fachname m. -ns, -n; [全体として] Nomenklatur f. -en; Terminologie f. -n.

がくめん 額面 ❶ ⇨がく(額)2. ❷ [額面価格] Nennwert m. -[e]s; Pari n. - / 額面同価で zum Nennwert; zu pari; 額面以上で (以下で) über pari (unter pari) / 額面以上を保つ über pari stehen* / 額面以下で下がる unter pari sinken* / 相場は額面以下である Der Kurs ist unter pari. / 鉄道株はひけ際に額面以下下がった Die Eisenbahnen sind bei Schluss unter pari gesunken. / 債券の償還は額面どおりに行われた Die Einlösung der Schuldverschreibungen erfolgt zum Nennwert. ¶ それを額面どおりには受け取れません《頭から信じられない》 Ich kann es nicht für bare Münze nehmen.

がくもん 学問 Wissenschaft f. -en; [学識] Belesenheit f.; Gelehrsamkeit f.; Kenntnis f. ..nisse《ふつう pl》; das Wissen*, -s; [勉学] Studium n. -s, ..dien; das Studieren*, -s. ― 学問のある gelehrt; bewandert《in³》; belesen; gebildet; gut erzogen《教育のある》 / 彼はなかなか学問のある人だ Er ist ein Mann von hervorragenden Kenntnissen (von großer Gelehrsamkeit) / ギリシア語にかけては大した学問がある Er hat eine vorzügliche Kenntnis des Griechischen. / あの男は学問[のあること]を鼻にかける所が気に食わない Dass er mit seinen Kenntnissen Staat macht, gefällt mir nicht (stinkt mir). ― 学問のない unerzogen《無教育な》; ungebildet; ungelehrt. ― 学問する studieren⁽⁴⁾; eine Wissenschaft treiben*; wissenschaftlich arbeiten; ⁴sich wissenschaftlich betätigen; [身を入れる] ⁴sich auf eine Wissenschaft legen (werfen*); ⁴sich einer Wissenschaft weihen《献身》.

がくや 楽屋 ❶ Künstlerzimmer n. -s, -;

Garderobe *f.* -n; Ankleide¦raum (Schmink-) *m.* -[e]s, ⸚e/楽屋裏で hinter der Kulisse. ❷ [内幕] Hintergrund *m.* -[e]s, ⸚e; Kulisse *f.* -n; Wirklichkeit *f.* -en; Wahrheit *f.* -en/組閣の楽屋裏をのぞく einen Blick hinter die Kulissen der Kabinettsbildung tun*/それには政治的楽屋裏があるのだ Die Sache hat einen politischen Hintergrund. ❸ 楽屋落ち Fachsimpelei *f.* -en. ‖ 楽屋口 Bühneneingang *m.* -[e]s, ⸚e/楽屋雀 Kulissenklatscher *m.* -s, -.

かくやす 格安な billig; preis¦wert (-würdig); wohlfeil. ── 格安に買う billig (zu billigem Preis) kaufen⁴; [ばかに安く] halb umsonst (fast geschenkt; um ein Butterbrot; zu Schleuderpreis) kaufen (an|schaffen⁴); ramschen⁴ [s]. ‖ 格安品 Ramsch *m.* -es, -e; Schleuderware *f.* -n/格安品売出し Ramschausverkauf *m.* -[e]s, ⸚e.

がくゆう 学友 Mitschüler *m.* -s, -; Schul¦freund *m.* -[e]s, -e (-kamerad *m.* -en, -en); Kommilitone *m.* -n, -n ‖ 学友会 Studentenschaft *f.* -en; Studentenverein *m.* -[e]s, -e/学友会報 Nachrichten《*pl*》der Studentenschaft.

がくようひん 学用品 Schulsachen《*pl*》.

かぐら 神楽 der Kagura-Tanz *m.* -es, ⸚e; kultischer Tanz des Shintoismus ‖ 神楽堂 eine Halle《-n》für den Kagura-Tanz.

かくらん 攪乱 Beunruhigung *f.* -en; das Stören*, -s; Verwirrung *f.* -en/攪乱する beunruhigen⁴; in Unordnung bringen*⁴; stören⁴; verwirren⁽*⁾⁴.

かくり 隔離 Isolierung *f.* -en; Absonderung *f.* -en; Quarantäne *f.* -n《船の検疫のため》. ── 隔離する isolieren⁴; ab|sondern⁴; unter Quarantäne stellen⁴/船は隔離された Das Schiff ist in Quarantäne gekommen./病気の猿は他の猿から隔離された Der kranke Affe wurde von den anderen abgesondert. ‖ 隔離室 Isolierraum *m.* -[e]s, ⸚e/隔離病院 Isolierkrankenhaus *n.* -es, ⸚er/隔離病棟 Isolier¦station *f.* -en (-abteilung *f.* -en).

がくり 学理 Theorie *f.* -n; der wissenschaftliche Grundsatz *m.* -es, ⸚e/学理上[の] wissenschaftlich; theoretisch.

かくりつ 確率 Wahrscheinlichkeit *f.* -en; Probabilität *f.* -en ‖ 確率論 Wahrscheinlichkeitsrechnung *f.* -en.

かくりつ 確立 Gründung *f.* -en; Aufstellung *f.* -en; Einrichtung (Errichtung) *f.* -en; Festlegung *f.* -en/確立する gründen⁴; auf|stellen⁴; ein|richten⁴ errichten⁴; fest|legen⁴/ある原則を確立する einen Grundsatz auf|stellen/財団法人を確立する eine Stiftung gründen (errichten)/販売政策を確立する eine Verkaufspolitik fest|legen.

かくりょう 閣僚 Minister *m.* -s, -; Kabinettsmitglied *n.* -[e]s, -er ‖ 閣僚席 Ministerbank *f.* ⸚e.

がくりょく 学力 das Wissen*, -s; Fähigkeit *f.* -en; Gelehrsamkeit *f.* -en; Kenntnis *f.* ..nisse; das Können*, -s/学力がある(ない) gut (schlecht) beschlagen sein《in ³*et*; auf einem Gebiet》; mächtig² sein《einer ²Sprache》/あの人の数学の学力はなかなかしっかりしている Er besitzt gute Kenntnisse in der Mathematik./彼はラテン語に優秀な学力をもっている Er hat eine vorzügliche Kenntnis der Lateinischen./彼はまだまだ学力不足だ Mit seinem Wissen ist es nicht weit her./中等学校卒業以上の学力ある者 diejenigen, die mindestens Mittelschule-Kenntnisse《*pl*》besitzen (haben) ‖ 学力試験《「学力」に促われずに》Prüfung *f.* -en; Examen *n.* -s, -.

かくれい 閣令 Ministerialerlass *m.* -es, -e.

がくれい 学齢 das schulpflichtige Alter, -s; Schulalter *n.* -s/子供たちは学齢に達している(達していない) Die Kinder sind (noch nicht) im schulpflichtigen Alter. ‖ 学齢児童 schulpflichtige Kinder《*pl*》.

かくれが 隠れ家(隠れ場) Versteck *n.* -[e]s, -e; Freistatt *f.* ⸚en; Nest *n.* -[e]s, -er; Schlupfwinkel *m.* -s, -; Unterschlupf *m.* -[e]s, ⸚e; Zufluchtsort *m.* -[e]s, -e; Einsiedelei *f.* -en《隠棲所》; Klause *f.* -n《庵室》.

がくれき 学歴 Schulbildung *f.* -en;《「歴」に促われずに》Schule *f.* -n; Studium *n.* -s, ..dien; die akademische Bildung, -en; Erziehung *f.* -en/彼は学歴に欠ける所がある Er hat eine mangelhafte Schulbildung./どういう学歴ですか Welche Schule[n] hat er besucht? ¦ Was (Wo) hat er studiert?

かくれもない 隠れもない wohl bekannt; all¦bekannt (stadt-; welt-); viel besprochen; viel genannt; namhaft; jedermann geläufig; [悪名が] berüchtigt; verrufen; [評判などが] weit verbreitet.

かくれる 隠れる ⁴sich verbergen*; ⁴sich verstecken; verschwinden* [s]; zu *jm* seine Zuflucht nehmen*/隠れている ⁴sich verborgen (versteckt) halten*/隠れた verborgen; versteckt; latent; unbekannt; anonym; namenlos; ohne ⁴Namen/隠れて verborgen; versteckt; im Geheimen; heimlich; hintenherum; unter der Hand; unterm Ladentisch.

かくれんぼう 隠れん坊をする Versteck《*n.* -[e]s, -e》spielen.

かくろん 各論 [die näheren] Einzelheiten《*pl*》; Spezielles《*über*⁴》.

がくわり 学割 Rabatt《*m.* -[e]s, -e》für Schüler und Studenten; Fahrgeldermäßigung《*f.* -en》für Schüler und Studenten《運賃の》‖ 学割証明書 Antrag《*m.* -[e]s, ⸚e》auf Fahrgeldermäßigung für Schüler und Studenten《鉄道運賃学生割引申込書》.

かくん 家訓 Haus¦gesetz *n.* -es, -e (-ordnung *f.* -en).

かけ 賭け ❶ [賭け事] das Wetten*, -s; Wette *f.* -n; Hasard *n.* -s; Hasard¦spiel (Glücks-) *n.* -s, -e/賭をする eine Wette ab|schließen* (ein|gehen* [s]; machen); um Geld spielen/賭に勝つ(負ける) eine Wette gewinnen* (verlieren*; verwet-

かけ 欠け ❶ [かけら] Bruchstück n. -(e)s, -e; Splitter m. -s, -; Fragment n. -(e)s, -e; Scherbe f. -n. ❷ [かけ目] Riss m. -es, -e; Ritze f. -n; Sprung m. -(e)s, "e; Bruch m. -(e)s, "e; Fehler m. -s, -《紙》.

かけ 掛 Kredit m. -(e)s, -e; Borg m. -(e)s /掛けにする auf Kredit geben*/ 掛けで売る auf ⁴Borg geben*⁴; 掛けで ⁴Kredit verkaufen⁴/ 掛けで買う auf Kredit nehmen*⁴; auf Borg kaufen*; anschreiben lassen*⁴.

-かけ -掛 ❶ [道具] 帽子掛 Hutständer m. -s, -/ Kleiderhaken m. -s, -; Hutriegel m. -s /衣紋掛 Kleider|ständer m. -s, -《-gestell n. -s, -e; -halter m. -s, -》. ❷ [未了の動作] 吸いかけのたばこ angerauchte Zigarette, -n /書きかけの本 ein halb fertiges Buch, -(e)s, -er / やりかけの仕事 eine unvollendete Arbeit, -en.

かげ 影 ❶ [暗影] Schatten m. -s, -; Silhouette f. -n / 水に影がうつる ⁴sich spiegeln 《auf³; in³》/影がさす Schatten werfen* / 障子にうつる影 die Silhouette an der Papierschiebetür / 影の様な schattenhaft / 影の様にやせ衰えた zum Schatten abgemagert. ❷ [姿] Gestalt f. -en; [映像] Spiegelbild n. -(e)s, -er; [Ab]spiegelung f. -en / 見る影もなくやつれて帰って来た Er kam zurück wie zum Schatten abgemagert. / 影も形もなくなっていた Es blieb keine Spur davon. / Es fehlte jede Spur. / Nichts davon bleib zurück. / Er war spurlos verschwunden. / Er ließ keine Spur zurück. / 影を隠す ⁴sich verbergen⁴; ⁴sich verstecken; ⁴sich nicht blicken lassen*; verschwinden* ⓢ. ¶ 疑いの影もない Keine Spur von Verdacht《von Zweifel》. / Es liegt richts vor, was einen Verdacht erwecken könnte.

かげ 陰 ❶ Schatten m. -s, -/ 陰の多い schattig; schattenreich / 木の陰で im Schatten eines Baumes; (陰になる beschattet《verdeckt; verhüllt》 werden / 陰をつける schattieren⁴; ab|schatten⁴. ❷ [背後] 山の陰に太陽が沈む Die Sonne geht hinter den Bergen unter. / 陰になり日向になり offen(kundig 《öffentlich》 wie heimlich; offiziell wie privat / あの人は陰が薄い Er 《Sein Gesicht》 ist beschattet von Kummer. — 陰で hinter js ³Rücken; hinter den ³Kulissen 《pl》; im Geheimen; insgeheim; heimlich; versteckt / 陰でokを引く hinter ³et stecken; die Fäden in der Hand haben; die geheime Oberleitung haben; ins Geheim leiten⁴; Ränke schmieden 《陰謀をめぐらす》.

がけ 崖 Abgrund m. -(e)s, "e; Kliff n. -(e)s, -e; Klippe f. -n; Kluft f. "e / das steile Felsengestade, -s, -; die jähe Felstiefe, -n ‖ 崖くずれ Erdrutsch m. -es, -e; Bergsturz m. -es, "e.

-がけ -掛 ❶ [倍] -mal /四つ掛ぐらいの大きさである etwa viermal so groß wie ... sein. ❷ [率] Prozent n. (m.) -(e)s, -e《略: Proz.; v.

H.)/ 八掛で zu achtzig Prozent / 定価の七掛で売る zu siebzig Prozent des Preises verkaufen.

-がけ ❶ [賭けて] 命がけで auf Leben und Tod; mit eigener Lebensgefahr; sein Leben aufs Spiel setzend. ❷ [途中帰りがけに] auf dem Rückweg; bei der Rückkehr / 泊りがけで行く gehen* 《aus|fahren*》, um 《bei jm; in einem Hotel》 zu übernachten / 通りがけに vorübergehend; im Vorübergehen 《Vorbeigehen》/ 行きがけに auf dem Hinweg; auf dem Weg 《nach》; bei der Abreise《Abfahrt》; beim Weggehen. ❸ [掛けて] たすきがけで in Hemdsärmeln; hemdsärmelig《元来は「上着を脱いで」の意》.

かけあい 掛合い ❶ [交渉] Verhandlung f. -en 《⇨交渉》. だんぱん. ❷《話・歌など》 Wechsel|gesang m. -es, "e -(rede f. -n); Rede und Gegenrede. ‖ 掛合い万才 "Tünnis und Scheel"-Gespräch n. -(e)s, -e.

かけあう 掛け合う verhandeln《mit³; über³》; unterhandeln《mit³; über³》.

かけあがる 駆け上がる hinauf|laufen* (-|eilen; -|stürzen; -|rennen*)《od. herauf|》 ⓢ.

かけあし 駆足 Geschwind|schritt (Lauf-) m. -(e)s, -e; Trab m. -(e)s 《馬の》/ 駆足で im Geschwindschritt (Laufschritt); im Trabe / 駆足で読む überfliegen*⁴; diagonal lesen*⁴.

かけあわせる 掛け合わせる ❶ [乗じる] multiplizieren⁴《mit³》. ❷ [交合] kreuzen《mit³》; durch Kreuzung (Mischung) hervor|bringen*⁴.

かけい 家系 Geschlecht n. -(e)s, -er; Stamm m. -(e)s, "e; Familie f. -n ⇨けい.

かけい 火刑にする zum Scheiterhaufen verurteilen⁴. ⇨ひあぶり.

かけい 家計 Wirtschaft f. -en; Haus|halt m. -(e)s, -e; -haltung f. -en 《⇨かじ（家事）/ 家計をたてる die Wirtschaft (die Hauswirtschaft; den Haushalt) führen; 《³sich》 sein Brot (seinen Unterhalt) verdienen《自ら》/ 家計豊かである ⁴es gut haben; warm sitzen*/ 家計困難である Es geht jm wirtschaftlich sehr schlecht; nicht auf Rosen gebettet sein / 彼女は相当に家計をきりつめている Sie spart sehr mit ihrem Haushaltungsgeld. ‖ 家計簿 Haushaltungsbuch n. -(e)s, "er.

かけうり 掛売り Verkauf《m. -(e)s》 auf Kredit / 掛売りをする auf Kredit verkaufen⁴; jm ⁴et auf Kredit (auf Borg) geben*⁴.

かげえ 影絵 Schattenriss m. -es, -e; Silhouette f. -n.

かけおち 駆落ち das Durchgehen*, -s / 駆落ちをした駆落ちをした駆け落ちをする Paar, -(e)s, -e. —— 駆落ちする durch|gehen* ⓢ; mit dem Geliebten entfliehen* ⓢ; ⁴sich von jm entführen lassen*/ 恋人同士は駆落ちした Das Liebespaar ging durch. / 彼女は恋人と駆落ちした Sie ließ sich von ihrem Geliebten entführen.

かけおりる 駆おりる hinunter|laufen* ⓢ

《あちらへ》; herunter|laufen* [s]《こちらへ》.
かけがえ 掛替え Ersatz *m.* –es; Surrogat *n.* –〔e〕s, –e; Reserve *f.* –n/掛替えのない unersetzlich (unersetzbar); nicht mit Gold aufzuwiegen.
かけがね 掛け金〔Tür〕klinke *f.* –n; Schließhaken *m.* –s, –; Schnalle *f.* –n/掛け金をかける(はずす) ein|klinken⁴; zu|klinken⁴ (auf|klinken⁴).
かげき 歌劇 Oper *f.* –n; Singspiel *n.* –〔e〕s, –e ‖ 歌劇場 Opernhaus *n.* –es, ¨er/歌劇団 Operntruppe *f.* –n/歌劇俳優 Opernsänger *m.* –s, –; Opernsängerin *f.* ..rinnen《女》/喜歌劇 Operette *f.* –n; Opera buffa.
かげき 過激な 〔極端な〕 radikal; extrem; äußerst; ultra–; drastisch《激しい》; 〔急進的〕 radikal ‖ 過激思想 gefährliche Gedanken《*pl*》; revolutionäre Gefühle《*pl*》; Bolschewismus *m.* –/過激派 die Radikalisten; die Bolschewisten; die Extremen*; die Radikalen*; die Bolschewiken; die Linksradikalen; die Äußerstlinken*《以上どれも *pl*》/過激分子 ein radikales Element, –〔e〕s, –e.
かけきん 掛金 Rate *f.* –n; Ab|zahlung (Teil–) *f.* –en; Prämie *f.* –n《保険の》/掛金をする ratenweise zahlen⁴; in Raten ab|zahlen⁴.
かけきん 賭金 Einsatz《*m.* –〔e〕s, ¨e》〔beim Spiel〕; Einlage *f.* –n.
かげぐち 陰口 üble Nachrede, –n; das boshafte Geschwätz, –es, –; Verleumdung *f.* –en/陰口する Böses nach|reden《*jm*》; Schlechtes sprechen*《über *jn*》; hinter *js* ³Rücken schlecht sprechen*.
かけごえ 掛け声〔Zu〕ruf *m.* –〔e〕s, –e; Schrei *m.* –〔e〕s, –e/掛け声をかける nach dem Takt rufen* (schreien*)《拍子をとって》; *jm* Beifall 〔zu|〕rufen*《ほめて》/掛け声ばかりで仕事ははかどらない Trotz großem Tamtam kommt man in der Arbeit nicht vorwärts.
かけこす 駆け越す überholen⁴; *jn* hinter ³sich lassen*.
かけごと 賭け事 das Wetten*, –s; Glücksspiel *n.* –〔e〕s, –e. ⇨かけ(賭け).
かけことば 掛けことば Wortspiel *n.* –〔e〕s, –e; Kalauer *m.* –s, –《駄じゃれ》.
かけこむ 駆け込む ❶〔あちらへ〕 hinein|laufen* (–|stürzen) [s]; 〔こちらへ〕 herein|laufen* (–|stürzen) [s]《以上どれも *in*⁴》. ❷〔保護・救いを求めて〕〔seine〕 Zuflucht suchen (finden*)《*bei*³》; Schutz suchen《*bei*³》/雷雨を避けてとある小屋に駆けこんだ Wir suchten eilfertig in einer Hütte Zuflucht vor dem Gewitter./警察へ駆けこんだ Er rannte (lief) zur Polizei.
かけざお 掛竿 Bambusrohr *n.* –〔e〕s, –e; Stange *f.* –n.
かけざん 掛算 Multiplikation *f.* –en.
かけじく 掛軸 ⇨かけもの.
かけす 〖鳥〗〔Eichel〕häher *m.* –s, –.
かけず 掛図 Wandkarte *f.* –n.
かげぜん 陰膳を据える den Tisch für einen Abwesenden* (Verstorbenen*) decken.

かけだし 駆け出し Anfänger *m.* –s, –; Grünschnabel *m.* –s, ¨; Neuling *m.* –s, –e/駆け出しの angehend; ahnungslos; unerfahren; uneingeweiht/駆け出しの医者 der angehende Arzt, –es, ¨e.
かけだす 駆け出す hinaus|laufen* [s]《外へ》; an|fangen*, zu laufen (zu rennen)《走りはじめる》; starten [s.h]《スタート》; an|laufen* [s].
かけちがう かけ違う ⁴sich kreuzen《手紙などが》; *jn* verfehlen; verpassen⁴/どうもかけ違いまして Es tut mir Leid. Wir hatten uns (einander) verfehlt.; 〔電話〕 Verzeichung! Ich habe eine falsche Nummer gewählt. Verzeihung, falsch verbunden!
かけぢゃや 掛茶屋 Rasthaus《*n.* –es, ¨er》(Teestube *f.* –n) am Wege.
かけつ 可決 das Durchgehen*, –s; Bewilligung *f.* –en; Verabschiedung *f.* –en/可決する durch|bringen*⁴; verabschieden⁴《法律・法案を》; an|nehmen*⁴《採択》; bewilligen⁴/可決される durch|gehen* [s]; angenommen (verabschiedet) werden; bewilligt werden/動議は八十対二十で可決された Der Antrag ging mit 80 zu 20 Stimmen durch (wurde mit 80 zu 20 Stimmen angenommen). /法案は国会で可決された Die Gesetzvorlage wurde vom Parlament verabschiedet.
かけつける 駆けつける eilen《*nach*³; *zu*³》; angelaufen kommen* [s]《*nach*³; *zu*³》; 〖その他 gleich; sofort などの副詞とともに〗 laufen* [s]; fahren* [s]; fliegen* [s]; reisen [s]《*nach*³》/すぐその足で私は彼女の病床(現場)に駆けつけた Stehenden Fußes eilte ich an ihr Krankenlager (zu dem Ort).
かけっこ 駆けっこ Wettlauf *m.* –〔e〕s, ¨e; das Wettrennen*, –s/駆けっこをする wett|laufen* [s]; einen Wettlauf machen.
〜かけて ❶〔時間・空間〕 von³ ... bis⁴; von³ ... an⁴ (in⁴; nach³; zu³)/午後から夜にかけて von nachmittags bis in die Nacht hinein/ホンコンからインドにかけて von Hongkong bis nach Indien/週末にかけて übers Wochenende. ❷〔誓い〕 聖書(神, 名誉)にかけて誓う auf das Evangelium (bei Gott, bei seiner Ehre) schwören*.
〜かけては in³; bei³; für⁴; was ⁴*et* 〔an〕betrifft; in Hinsicht auf⁴/数学にかけては彼は誰にもまけない In 〔der〕 Mathematik steht er hinter niemandem zurück.
かけとり 掛取り Einkassierung *f.* –en; Einsammler *m.* –s, –《人》/掛取りをする die Außenstände ein|ziehen* (ein|treiben*; ein|kassieren).
かけぬける 駆け抜ける überholen⁴《追い越す》; vorbei|laufen* [s]《側を》; laufen* [s]《*durch*⁴ ...の中を》.
かけね 掛け値 Über|forderung *f.* –en (–teuerung *f.* –en); Übertreibung *f.* –en《誇張》/掛け値をする überfordern⁴; überteuern⁴; übertreiben*⁴《誇大する》/掛け値なし Feste Preise!/掛け値のない所 um ganz ehrlich zu sein; ich übertreibe nicht, 〔wenn ich sage ...〕/掛け値などは申しません Ich überfordere Sie nicht. Ich verlange keinen zu hohen

(übertriebenen) Preis.

かけのぼる 駆けのぼる hinauf|laufen*《あちらへ》[s]; herauf|laufen*《こちらへ》[s].

かけはし 懸け橋 Laufbrett *n.* -[e]s, -er; Laufbohle *f.* -n《板などを渡したもの》; Notbrücke *f.* -n《仮橋》; Hängebrücke《吊橋》; Luftbrücke《空の懸け橋》/懸け橋になる《仲介する》überbrücken⁴.

かけはなれる かけ離れる weit entfernt sein《*von*³》; weit weg sein《*von*³》; abgelegen (entlegen) sein; [相違] sehr verschieden (abweichend) sein《*von*³》; stark ab|weichen*《*von*³》. ── かけ離れた weit entfernt; abgelegen; entlegen; sehr verschieden; stark abweichend/かけ離れた所にある村だ Es ist ein abgelegenes (entlegenes) Dorf./彼の意見は私と非常にかけ離れている Seine Meinung weicht stark von meinen Ansichten ab./とてもかけ離れた所に住んでいるのです Ich wohne ganz am Ende der Welt.

かけひき 駆引き ❶ [策略] Taktik *f.* -en; Strategie *f.* -n; Diplomatie *f.* -n; Kniff *m.* -[e]s, -e《こつ》; Kunstgriff *m.* -[e]s, -e《手》. ❷ [値段の] das Handeln* (Feilschen*; Schachern*), -s/駆引きのある taktisch; diplomatisch; politisch; abgefeimt; gewitzigt; schlau / 商売の駆引き Geschäftskniff *m.* -[e]s, -e. ── 駆引きをする ❶ [策略] Kniffe und Pfiffe (Kunstgriffe) an|wenden(*)《um ... zu ...》. ❷ [値段の] handeln《*mit*³; *um*⁴》; feilschen《*mit*³; *um*⁴》.

かげひなた 陰日向のある doppelzüngig; heuchlerisch; falsch; hinterlistig/陰日向のない ehrlich; treu[herzig]; zuverlässig; redlich; wacker/陰日向のある[奉公]人 Augendiener *m.* -s, -; Doppelrollenspieler *m.* -s, -/陰日向のあることをする doppeltes Spiel treiben*.

かけぶとん 掛け布団 [Bett]decke *f.* -n; Steppdecke.

かげべんけい 陰弁慶 ein Held《*m.* -en, -en》hinter dem Ofen; Pantoffelheld.

かげぼうし 影法師 Schattenbild *n.* -[e]s, -er; Schattenriss *m.* -es, -e; Silhouette *f.* -n.

かげぼし 陰干しにする im Schatten trocknen⁴.

かけまわる 駆けまわる umher|laufen* (herum|-) [s]; umher|fahren* (herum|-) [s]《車で》; umher|reisen (herum|-) [s]《旅行して》; umher|reiten* (herum|-) [s]《馬で》; ⁴sich tummeln; ⁴sich beschäftigen《*mit*³ 奔走》/子どもたちが運動場で駆けまわっている Die Kinder tummeln sich auf dem Spielplatz [umher].

かげみ 影身に添う immer hinter *jm* her|laufen* [s]; wie sein Schatten folgen [s,h]《*jm*》.

かげむしゃ 影武者 ❶ [替玉] Double《*n.* -s, -s》[eines Generals]. ❷ [黒幕] der Mann《-[e]s, ⸗er》hinter den Kulissen《*pl*》; Hintermann *m.* -[e]s, ⸗er; Drahtzieher *m.* -s, -.

かけめ 欠け目 ⇨かけ(欠け)②.

かけめ 掛け目 Gewicht *n.* -[e]s, -e/掛け目が軽い(少ない, 正しい, たっぷり) leichtes (unzureichendes, richtiges, gutes) Gewicht haben/掛け目で売る(買う) nach dem Gewicht verkaufen⁴ (kaufen⁴)/掛け目をごまかす(よくする) zu knapp (gut) wiegen*⁴.

かけもち 掛け持ちする zwei (mehrere) Ämter bekleiden (inne|haben*); zwei Posten haben/数校掛け持ちをしている Er liest in (auf) mehreren Schulen.

かけもの 掛物 Kakemono *m.* -s, -s; Hänge-bild (Roll-) *n.* -[e]s, -er.

かけよる 駆け寄る zu|laufen* [s]《*auf*⁴》; zu|eilen《*auf*⁴》/彼女は子供のところへ駆け寄って抱き上げた Sie eilte auf das Kind zu und hob es in die Höhe.

かけら ⇨かけ(欠け)①.

かける 駆ける laufen* [s,h]; rennen* [s,h]; traben [s,h]《犬や馬など》; galoppieren [s,h]《馬が》/駆けて来る gelaufen (gerannt) kommen* [s]/矢のように(早く)駆ける wie ein geölter Blitz (wie der Teufel) laufen*.

かける 欠ける ❶ [破損] ab|brechen* [s]; ab|bröckeln [s]; [stückweise] ab|fallen* [s]/歯がかけた Ein Zahn ist abgebrochen./ナイフの刃がかけた Die Klinge des Messers ist ausgebrochen (hat Scharten bekommen). ❷ [不足] fehlen; mangeln; ab|gehen* [s]; entbehren; ermangeln²; gebrechen*; hapern; vermisst sein/…が欠けている(ない) es fehlt (mangelt; gebricht)《*jm* an ³*et*》; es hapert bei *jm*《*an*³; *in*³》/素質の欠ける所は勤勉で補っている Was ihm an Begabung abgeht, ersetzt er durch Fleiß./一人欠けている(足りない) Einer fehlt. ¦ Einer ist vermisst./実行力に欠ける所がある Er ermangelt der ²Tatkraft. ❸ 月がかける Der Mond nimmt ab.

かける 賭ける wetten《*auf*⁴》; setzen⁴《*auf*⁴》; aufs Spiel setzen⁴; zum Pfand setzen⁴/命(名誉)を賭ける sein Leben (seinen ehrlichen Namen) aufs Spiel setzen/ダークホースに賭ける auf einen Außenseiter wetten; Geld auf einen Außenseiter setzen/金を賭けて勝負事をする um Geld spielen.

かける 掛ける ❶ [つるす] hängen⁴《*an*⁴; *auf*⁴; *über*⁴》; auf|hängen⁴《*an*³⁴; *auf*⁴》; aus|hängen⁴《看板などを》/掛け看板 Aushängeschild *n.* -[e]s, -er/洗たく物をひもに掛ける die Wäsche auf die Leine hängen; die Wäsche auf|hängen/上着をいすの背に掛ける den Rock über die Stuhllehne (Rückenlehne) hängen. ❷ [かぎなどで] [an|]haken⁴; zu|haken《ホックを》; zu|knöpfen《ボタンを》. ❸ [のせる] decken⁴; bedecken⁴《*mit*³》; zu|decken⁴《ふとんなどを》; [an|]setzen⁴《*auf*⁴》; [auf|]legen⁴《*auf*⁴》/テーブル掛けを掛ける den Tisch decken《食事の用意》; das Tischtuch auf|legen/よくふとんをお掛けなさい Decke dich gut zu!/煮物を火に掛ける Essen [ans Feuer] an|setzen/レコードを掛ける eine Schallplatte auf|legen; [³sich] eine Platte an|hören《掛けて聞く》. ❹ [立て掛ける] lehnen《*an*⁴; *auf*⁴》; an|lehnen⁴ (-|legen⁴)《*an*⁴》/木にはしごを掛ける die Leiter an dem Baum an|legen/自転車を塀に立て

掛ける das Fahrrad an die Mauer lehnen. ❺ [水などを] gießen^{*4} 《*auf*^{4}; *in*^{4}》; begießen^{*4} 《*mit*^{3}》; besprengen^{4} 《*mit*^{3}》; streuen^{4} 《*auf*^{4}》; schütten^{4} 《*auf*^{4}; *in*^{4}》/花に水を掛ける Blumen begießen*/火に水を掛ける Waser aufs Feuer gießen*. ❻ [費やす] 〔Geld〕 an|legen 《*in*^{3}》; 〔Geld〕 aus|geben* 《*auf*^{4}; *für*^{4}》; 〔Zeit; Geld〕 verwenden$^{(*)}$ 《*auf*^{4}》; es ^{3}sich ^{4}*et* kosten lassen*/仕事に時間を掛ける auf die Arbeit 〔viel〕 Zeit verwenden$^{(*)}$/彼はずい分金を掛けた Er ließ es sich viel Geld kosten. ❼ [医者に] *jn* zum Arzt schicken; einen Arzt kommen lassen*. ❽ [税を] *jn* (^{4}*et*) besteuern; eine Steuer auf ^{4}*et* auf|erlegen (erheben*); einen Zoll auf ^{4}*et* erheben* 《税関》/彼の家には高い税が掛けられた Sein Haus wurde hoch besteuert. ❾ [腰掛ける] ^{4}sich setzen 《*auf*^{4}》. ❿ [身につける] tragen^{*4} 《一般に》; auf|haben^{*4} 《die Brille》; um|haben^{*4} 《eine Halskette》. ⓫ [時計を] auf|ziehen^{*4}. ⓬ [ことばを] an|reden^{4}; an|sprechen^{*4}. ⓭ [電話を] *jn* 〔telefonisch〕 an|rufen*; an|läuten^{4}; [ラジオを] 〔das Radio〕 an|stellen; ein|schalten. ⓮ [なぞを] 〔Rätsel〕 auf|geben*; an|deuten* 《ほのめかす意味で》. ⓯ [かまを] *jm* eine verfängliche Frage stellen/かまをかけてとうとう泥を吐かした Ich habe ihm verfängliche Fragen gestellt und endlich ihm die Würmer aus der Nase gezogen. ⓰ [ぺてんに] *jn* übers Ohr hauen*; *jn* hinters Licht führen. ⓱ [会議に] ^{4}*et* zur Besprechung vor|legen. ⓲ [錠を] ab|schließen^{*4}; verschließen^{*4}. ⓳ [橋を] eine Brücke schlagen* (bauen). ⓴ [やまを] ^{4}sich für Steckenpferde 〔des Lehrers; des Prüfers〕 besonders vor|bereiten; ^{4}sich auf ein bestimmten Prüfungsgebiet besonders vor|bereiten.

かける 書ける ¶ このペンはよく書ける Diese Feder schreibt gut./この紙はよく書けない(書ける) Es schreibt sich schlecht (gut) auf diesem Papier.

かける [乗じる] multiplizieren^{4} 《*mit*^{3}》/かけ算 Multiplikation *f*. -en.

-かける gerade an|fangen*; drohen; wollen*; im Begriff sein; nahe daran sein 《過去形で》/その老婦人は九十歳で死にかけている Die alte Frau will mit neunzig sterben./塀が崩れかけている Die Mauer droht (ist im Begriff) einzustürzen./彼はおぼれかけた Er war nahe daran zu ertrinken./だんだんわかりかけてきた Ich komme allmählich dahinter.

かげる 陰る ^{4}sich verdunkeln; ^{4}sich verfinstern; dunkel (dunkler; beschattet) werden; ^{4}sich verschleiern; [日・月が] von ^{3}Wolken bedeckt werden; ^{4}sich in den ^{3}Wolken verlieren*.

かげろう ❶ [蜉蝣] Eintagsfliege *f*. -n/蜉蝣の命 ein ephemerisches (flüchtiges; vergängliches) Leben. ❷ [陽炎] flimmernde Luft 〔bei der Hitze〕.

かけん 家憲 ⇨かほう(家法).

かげん 加減 ❶ [数] Addition 《*f*. -en》 und Subtraktion 《*f*. -en》. ❷ [程度] Grad *m*. -〔e〕s, -e; Maß *n*. -es, -e/湯加減はどう Wie ist das Bad? ❸ [健康] das Befinden*, -s/加減が悪い unwohl sein; ^{4}sich unwohl fühlen/お加減いかがですか Wie geht es Ihnen? ❹ [調整] Reg〔e〕lung *f*. -en; Regulation *f*. -en. ❺ [影響] 彼の病気は陽気の加減かもしれない Er leidet wohl unter dem Wetter?! ❻ [味の] 加減をみる kosten^{4}; probieren; ab|schmecken^{4} / 加減はどうですか Wie schmeckt es Ihnen? ── 加減する [数学] addieren und subtrahieren; hinzu|zählen und ab|ziehen*; [調整する] regeln^{4}; regulieren^{4}; ab|messen^{*4} 《音を》; [調理] salzen$^{(*)4}$; würzen^{4}; [適度] 物事を程よく加減して行う das richtige Maß ein|halten*; nicht zu weit gehen* [s]/手加減する berücksichtigen^{4}; nachsichtig verfahren* 《*mit*^{3}》 (behandeln^{4})/いい加減にする verpfuschen^{4}/いい加減な返事をする ausweichend antworten/いい加減にしろ Ermäßige dich! ⁞ Geh nicht zu weit! ⁞ Nicht so hitzig! ⁞ Ach, Quatsch! 《ばか言うな》 ‖ 加減乗除(四則) die vier Regeln 《*pl*》 der Arithmetik.

かげん 下弦の月 der abnehmende Mond, -〔e〕s, -e.

かこ 過去 ❶ Vergangenheit *f*.; das Einst*, -; Vorleben *n*. -s 《前歴・素生》/過去の vergangen; ehemalig; einstig; früher; veraltet; verflossen/過去において in der Vergangenheit; früher; ehemals; einst/暗い過去 die dunkle Vergangenheit/過去十年間 während der vergangenen zehn Jahre/過去のことは問わない Lass das Vergangene ruhen 〔Schwamm drüber〕!/過去をもつ女だ Die Frau hat eine Vergangenheit 〔hinter sich〕./警察は彼の過去を洗った Die Polizei hat sein Vorleben durchforscht. ❷ [文法] Vergangenheit; Imperfekt *n*. -〔e〕s, -e/この動詞は過去形にしなければいけない Dieses Zeitwort muss in die Vergangenheit gesetzt werden. ‖ 過去分詞 〖文法〗 das Mittelwort 《-〔e〕s, ⸗e》 der Vergangenheit; das Partizip Perfekt.

かご 加護 der Schutz 《-es》 (die Hilfe, -n) der Götter (des Buddha); die Gnade 《-n》 (die Beschirmung, -en) Gottes; göttliche Vorsehung, -en/神仏の加護により durch die Gnade der Götter und Buddhas; dank der göttlichen ^{3}Vorsehung (Fügung).

かご 籠 Korb *m*. -〔e〕s, ⸗e; Henkelkorb *m*. -〔e〕s, ⸗e 《柄付の》; Tragkorb 《運搬用の》/籠に飼う im Käfig (Vogelbauer) halten^{*4}/籠一杯の der Korb voll ‖ 籠細工 Korb⁞werk *n*. -〔e〕s, -e (-geflecht *n*. -〔e〕s, -e)/鳥籠 Käfig *m*. -s, ⸗e; 〔Vogel〕bauer *n*. -s, -.

かご 駕籠 Sänfte *f*. -n; Trag⁞sessel *m*. -s, - (-stuhl *m*. -s, ⸗e)/かごに乗る in eine Sänfte ein|steigen* [s]; auf einen Tragsessel steigen* [s]; auf einem Tragsessel sitzen*; ^{4}sich auf eine Sänfte setzen/かごをかつぐ eine Sänfte (einen Tragsessel; einen Tragstuhl) tragen* ‖ かごかき Sänftenträger *m*. -s, -.

がご 雅語 das poetische (künstlerische)

かこい 囲い Einfriedigung *f.* -en; Einzäunung (Um-) *f.* -en/庭の囲いの Zaun (〈-[e]s, ¨e〉 um den Garten/囲いをする ein|fried[ig]en⁴ (*mit³*); ein|mauern⁴; um|mauern⁴ (壁·塀で); ein|pfählen⁴ (杙([い])や柵で).

かこう 加工 Bearbeitung *f.* -en; Verarbeitung *f.* -en; Fertigung *f.* -en/この金属の加工は楽です Dieses Metall ist leicht bearbeitbar. — Dieses Metall lässt sich leicht verarbeiten. ── 加工する bearbeiten⁴; verarbeiten⁴; fertigen⁴. ‖ 半加工品 Halberzeugnis *n.* -nisses, -nisse.

かこう 河口 (Fluss)mündung *f.* -en.

かこう 火口 (Vulkan)krater *m.* -s, -; (Vulkan)trichter *m.* -s, -.

かこう 河港 Flusshafen *m.* -s, ¨.

かこう 下降する herab|gehen* (-|kommen*-|fahren*; -|fliegen*; -|gleiten*)〈s〉/飛行機では herab- の代わりに herunter- を使う. これらの場合は「下降して来る」の意, hinab-; hinunter- は「下降して行く」の意/飛行機は そろそろ下降し始める Das Flugzeug geht allmählich hinunter.

かこう 囲う ❶ ⇨かこむ. ❷ ein|fassen 《*mit³*》; ein|fried[ig]en⁴ 《*mit³*》; um|schließen*⁴; umgeben*⁴. ⇨かこい. ❸ 〔貯蔵〕auf|speichern⁴; ein|lagern⁴; auf Lager haben⁴. ❹ 〔妾(めかけ)を〕es mit einer Konkubine halten*.

かごう 化合 chemische Verbindung. ── 化合する ⁴sich 〔chemisch〕 verbinden* 《*mit³*》. ‖ 化合物 eine chemische Verbindung; eine chemische Zusammensetzung, -en; ein zusammengesetzter Körper, -s, -/化合力 chemische Verwandtschaft, -en.

ごうう 雅号 Künstlername *m.* -ns, -; Schriftstellername *m.* (ペンネーム); Pseudonym *n.* -[e]s, -e.

かこうがん 花崗岩 Granit *m.* -[e]s, -e.

がごうそう 鵞口瘡 Aphthen 〈*pl*〉; (〈*pl*〉) Mundfäule *f.*

かこく 苛酷 Härte *f.* -n; Strenge *f.* -n; Unbarmherzigkeit *f.*; Unerbittlichkeit *f.*; Unnachsichtigkeit *f.*; Brutalität *f.*; 〔残酷〕/法の過酷さを思い知らせ Er bekam die ganze Härte des Gesetzes zu spüren. ── 過酷に(な) hart; streng; unbarmherzig; unerbittlich; unnachsichtig/過酷に mit eiserner Faust; ohne ⁴Nachsicht; mit rücksichtsloser Härte.

かこつ 託つ klagen 《*über⁴*》; ⁴sich beklagen 《*über⁴*》; mucksen; murren 《*gegen⁴*》.

かこつけ 託つけ Vorwand *m.* ¨e; Ausflucht *f.* ¨e; Ausrede *f.* -n; Entschuldigung *f.* -en; Vorspiegelung *f.* -en/…にかこつけ *⁴et* zum Vorwand nehmen*; *⁴et* als Entschuldigung vor|bringen*; ⁴sich mit ³*et* (auf *⁴et*) entschuldigen; *⁴et* als Vorwand (Ausrede für *⁴et*) berufen*/vor|schützen⁴/…にかこつけて unter dem Vorwand; unter dem vorgeschützten Grund/病気にかこつけて来なかった Er kam nicht unter dem Vorwand, dass er krank sei. ‖ Er berief sich auf Krankheit als Ausrede für seine Abwesenheit.

かごぬけ 籠抜けする eines anderen ⁴Haus zu ³Betrugszwecken benutzen.

かこみ 囲み Belagerung *f.* -en; Einschließung *f.* -en/囲みを解く die Belagerung auf|heben* (auf|geben*); 囲みを破る die Belagerung durch|brechen* (durch|stoßen*); durch die Belagerung durch|kommen*〈s〉.

かこむ 囲む ❶ ein|schließen*⁴; um|schließen*⁴; umgeben*⁴. ❷ 〔攻囲〕belagern⁴; ein|kreisen⁴; umkreisen⁴; ein|zingeln⁴/町は山に取り囲まれている Die Stadt ist von Bergen umgeben./猟師たちが獲物を囲む 〔捕らえるため〕Die Jäger kreisen das Wild ein./…先生を囲む夕べ(会) Aussprach-eabend (*m.* -s, -e) mit Herrn Prof. …; Versammlung (*f.* -en) mit Herrn Prof. … als Gastsprecher.

かこん 禍根 die Wurzel (-n) des Übels; die Quelle (-n) des Übels/禍根をつく ein Übel an der Wurzel fassen (packen); einem Übel an die Wurzel gehen*〈s〉.

かごん 過言 Übertreibung *f.* -en/…といっても過言でない man kann (darf) ruhig sagen, dass …; es geht nicht zu weit, wenn ich sage, dass …; es ist keine Übertreibung, von ³*et* … zu sprechen.

かさ 嵩 ❶〔容積〕Umfang *m.* -[e]s, ¨e; 〔Raum〕inhalt *m.* -[e]s, -e; Volumen *n.* -s, - (..mina). ❷ 〔量〕Quantität *f.* -en; Menge *f.* -n. ‖ 嵩にかかる durch ⁴Autorität unterdrücken 《*jn*》. ⇨かさばる.

かさ 笠·傘·蓋 ❶〔日傘〕Sonnenschirm *m.* -[e]s, -e; 〔雨傘〕Regenschirm; 〔一般に〕Schirm *m.* -[e]s, -e/傘をさす(広げる) den Schirm auf|spannen (auf|machen)/傘をたたむ (巻く) den Schirm zu|machen (schließen*)/傘を立てておく den Schirm stehen lassen*/傘はお預け願います Bitte die Schirme abgeben*! ❷〔農民などがかぶる笠〕Bambus[hut (Binsen-) *m.* -[e]s, ¨e. ❸〔電灯·ランプの〕Schirm *m.* -[e]s, -e; Lampenschirm (Licht-); Lampenglocke *f.* -n (球形の). ❹〔茸(きのこ)の〕Pilz[hut *m.* -[e]s, ¨e. ❺〔暈〕Hof *m.* -[e]s, ¨e; Strahlenkranz *m.* -es, ¨e/今晩は月が暈をかぶっている Heute hat der Mond einen Hof. ¶ 親の威光を笠に着る den Nimbus des elterlichen Einflusses geltend machen; hinter und unter dem elterlichen Ansehen groß|tun*.

‖ 傘立 Schirmständer *m.* -s, -/傘張り〔屋〕Schirm[macher *m.* -s, - (-fabrikant *m.* -en, -en; -händler *m.* -s, -)/傘骨 Schirmrippe *f.* -n.

かさ 瘡 〔梅毒〕Lustseuche *f.* -n; Syphilis *f.*; die venerische (französische) Krankheit, -en/瘡かきの Lustseuchen-; der an ³Lustseuche Leidende*, -n, -n; Syphilitiker *m.* -s, -/瘡をかく die Lustseuche ab|kriegen; ³sich die Lustseuche holen (zu|ziehen*).

かざあな 風穴 Luft¦loch (Zug–) *n.* –[e]s, ⸗er; [通風坑] Wetter¦schacht (Luft–) *m.* –[e]s, –e (⸗e).

かさい 火災 [Schaden]feuer *n.* –s, –; Brand *m.* –[e]s, ⸗e; Feuersbrunst *f.* ⸗e/家に火災保険をつける ein Haus gegen ^{4}Feuer versichern/火災の危険 Feuersgefahr *f.* –en/火災にかかる Feuer fangen*; in ^{4}Flammen (Rauch) auf|gehen* [s]; ab|brennen* (nieder|–) [s]; von einer Feuersbrunst (einem Brand) befallen werden/火災を起こす ein Feuer (einen Brand) verursachen (an|richten; herbei|führen; hervor|rufen*) ‖ 火災報知機 Feuermelder *m.* –s, –/火災保険 Feuerversicherung *f.* –en/火災保険会社 Feuerversicherungs¦gesellschaft *f.* –en (–anstalt *f.* –en)/火災保険契約 Feuerversicherungsvertrag *m.* –[e]s, ⸗e/火災保険証書 Feuerversicherungsschein *m.* –[e]s, –e.

かざい 家財 Hab und Gut, des – und –[e]s; Eigentum *n.* –s, ⸗er; [家具] Möbel *n.* –s, –; Hausgerät *n.* –[e]s, –e; Habseligkeiten 《*pl*》/家財をまとめて引っ越す mit Sack und Pack um|ziehen* [s]/火事を避けて家財を持出す Hab und Gut retten 《vor (aus) dem Feuer 火中から》.

がさい 画才 Anlage 《*f.* –n》 (Begabung *f.* –en; Talent *n.* –[e]s, –e) zum Malen (Zeichnen)/その子は画才がある Der Junge hat Anlage zum Zeichnen.

かざおれ 風折れした durch den Wind gebrochen; windbrüchig.

かさかさ かさかさ鳴る rascheln; rauschen/かさかさと raschelnd; rauschend; mit einem Rascheln (Rauschen).

がさがさ rau; rauhaarig 《髪が》; rissig; ritzig 《ひび・赤ぎれで》; roh 《布地など》; ungeschliffen 《みがいてない》/がさがさ音がする rascheln; rauschen; säuseln.

かざかみ 風上 Wind¦seite (Wetter–) *f.* –n; [船の] Luv *f.*; Luvseite/風上へ wind¦wärts (luv–)/風上に船首を向ける den Wind ab|kneifen*/風上に出る die Luv gewinnen*, beim Wind auf|kreuzen. ¶ 風上に置けない奴 der verächtliche Kerl, –s, –e/彼は人の風上に置けない Er ist nicht wert, wie unseresgleichen behandelt zu werden.

かさく 家作 Miet[s]haus *n.* –es, ⸗er; das zu vermietende Haus, –es, ⸗er/家作持ち der Besitzer 《–s, –》 von Miet[s]häusern; Haus¦besitzer *m.* –s, – (–wirt *m.* –[e]s, –e).

かさく 佳作 Meister¦stück (Glanz–) *n.* –[e]s, –e; die glänzende Leistung, –en.

かざぐるま 風車 Windmühle *f.* –n.

かざごえ 風邪声 verschnupfte Stimme, –n; näselnde Stimme 《鼻声》; heisere Stimme 《嗄声》.

かささぎ 鵲 〖鳥〗 Elster *f.* –n.

かざしも 風下 《船の》 Lee *f.*; Leeseite *f.* –n/風下に unter dem Wind; leewärts/風下へ出る 《船が》 vom Wind ab|kommen* [s].

かざす hin|halten*^{4} 《*über*^{3,4}》; über den Kopf heben*; über dem Kopf halten*^{4}/小手をかざす die Hand über die Stirn halten*/太刀をかざす mit dem Schwert aus|holen/明りにかざして見る gegen das Licht halten*^{4}.

がさつ grob; bäurisch; rau; roh ungebildet; unhöflich; unmanierlich; unvorsichtig; ungezogen ‖ がさつ者 Grobian *m.* –[e]s, –e; Bauer *m.* –n, –n; Lümmel *m.* –s, –.

かさなる 重なる ❶ ^{4}sich auf|häufen (–|schichten; –|stapeln; –|türmen); ^{4}sich akkumulieren; aufeinander (übereinander) liegen*/重なって auf¦gehäuft (–geschichtet; –gestapelt; –getürmt); in ^{3}Haufen (Schichten; Stapeln)/重なって倒れた Sie fielen einer auf (über) den anderen. ¦ Sie stürzten haufenweise. ❷ [度重なる] ^{4}sich wiederholen; wiederholt werden; nochmal vor|kommen* [s]; repetieren. ❸ [月日が] fallen* [s] 《*auf*^{4}》/日曜と祭日と重なる Der Feiertag fällt auf einen Sonntag.

かさね 重ね ❶ [堆積] Haufe[n] *m.* ..fens, ..fen; Anhäufung *f.* –en. ❷ [数層] Schichten 《*pl*》. ❸ [一揃] Anzug *m.* –[e]s, ⸗e.

かさねがさね 重ね重ねの wiederholt; abermalig; aufeinander folgend; häufig; sukzessiv/重ね重ねの不幸 Pechsträhne *f.* –n; Unglückskette *f.* –n/重ね重ね御親切様です Sie häufen Freundlichkeit auf Freundlichkeit.

かさねぎ 重ね着する Kleider 《*pl*》 übereinander tragen*.

かさねて 重ねて ❶ aufeinander; übereinander; einer* auf (über) dem anderen*; in ^{3}Schichten. ❷ [繰り返して] wiederholt; immer wieder; mehrmals; öfters; viele ^{4}Male; vielfach/重ねて言うが絶対に不可能だ Ich wiederhole, das ist absolut unmöglich. ¦ Das ist, nochmals gesagt, eine reine Unmöglichkeit. ❸ [新たに] aufs Neue; von neuem.

かさねる 重ねる ❶ aufeinander (übereinander) legen^{4} (setzen^{4}; stellen^{4}); auf|häufen^{4} (–|schichten^{4}; –|stapeln^{4}; –|türmen). ❷ [繰り返す] wiederholen^{4}; repetieren^{4}/版を重ねる Auflagen 《*pl*》 erleben/苦労を重ねる viele Mühseligkeiten durch|machen; es ^{3}sich sauer werden lassen*/失敗を重ねたあげく病気になった Nach vielen wiederholten Misserfolgen ist er schließlich krank geworden.

かさばる 嵩張る an ^{3}Umfang gewinnen* (zu|nehmen*); umfangreich werden; viel ^{4}Raum in ^{4}Anspruch nehmen*/嵩張った umfangreich; dick; groß; massig; voluminös.

カザフスタン Kasachstan *n.* –s/カザフスタンの kasachisch ‖ カザフスタン人 Kasache *m.* –n, –n; Kasachin *f.* ..chinnen 《女》.

かさぶた 瘡ぶた Schorf *m.* –[e]s, –e; Gnatz *m.* –es, –e; Grind *m.* –[e]s, –e/瘡ぶたができる einen Schorf bilden.

かざみ 風見 Wetterhahn *m.* –[e]s, ⸗e; Wetter¦fahne (Wind–) *f.* –n.

かさむ 嵩む ⇨**かさばる**/借金が嵩む immer tiefer in ^{4}Schulden geraten* [s]; ^{4}Schulden um ^{4}Schulden auf|häufen.

かざむき 風向 ❶ Windrichtung *f.* –en/風

かざり 向が変わる Der Wind dreht ⁴sich. /風向を知る wissen*, woher der Wind weht. ❷ [形勢][Sach]lage f. -n; Situation f. ; [機嫌] Stimmung f. -en; Laune f. -n. —— 風向きより[形勢] bei guter ³Laune (³Stimmung) sein; gut gelaunt (aufgeräumt) sein. ―― 風向きが悪い[形勢] Die [Sach]lage ist jm ungünstig./風向きが悪くなって来た Die Lage wendet ⁴sich gegen mich. ; [機嫌] übler (schlechter) ²Laune sein; in übler (schlechter) Stimmung sein.

かざり 飾り Verzierung f. -en; Ausschmückung f. -en; [飾り物] Schmuck m. -[e]s, -e; Zierrat m. -[e]s, -e; Zierde f. ; Verzierung f. -en/飾りの dekorativ; schmückend; Zier-; Schmuck-/正月のお飾り Neujahrsschmuck m.

かざりけ 飾り気のある gesucht; gekünstelt; geziert; affektiert; unnatürlich (不自然な) /飾り気のない schmucklos; schlicht; ungeziert; ungestellt; ungekünstelt; natürlich; [率直な] offen[herzig]; ungeschminkt; unverhohlen.

かざりつけ 飾りつけ Aufmachung f. -en; [Aus]schmückung f. -en.

かざりボタン 飾りボタン Zierknopf m. -[e]s, ⸗e.

かざりまど 飾り窓 Schaufenster n. -s, -; Auslage f. -n/飾り窓に陳列する im Schaufenster aus|stellen⁴.

かざる 飾る ❶ schmücken⁴; [ver]zieren⁴; dekorieren⁴; [飾りつける (立てる)] aus|schmücken⁴; ornamentieren⁴; reichlich dekorieren⁴; garnieren⁴; in großer Aufmachung heraus|bringen*⁴; [陳列する] aus|stellen⁴; aus|legen⁴; zur ³Schau stellen⁴. ❷ [気取る] affektieren⁴; sich zieren; zimpern; zimperlich tun*/うわべを飾る Aufschneider m. -s, -; Angeber m. -s, -; Stutzer m. -s, -; Geck m. -en, -en/飾らぬ人 ein schlichter (offener) Mensch, -en, -en. ❸ [欠点をごまかす] beschönigen⁴; bemänteln⁴; übertünchen⁴. ❹ [盛装する] ⁴sich auf|putzen; ⁴sich heraus|putzen; ⁴sich aus|staffieren; im vollen Staat[e] sein; [しゃれをする] ⁴sich geckenhaft kleiden 《男が》; ⁴sich schön zurecht|machen.

かさん 加算 ❶ Addition f. -en; Zusammenzählung f. -en/加算する addieren⁴; zusammen|zählen⁴; zu|zählen³⁴. ❷ [算入] Einrechnung f. -en /加算機 Additionsmaschine f. -n/加算税 die hinzugerechnete Steuer, -n.

かさん 家産 Eigentum n. -s, ⸗er; Hab und Gut; Habseligkeiten ⟨pl⟩; das ererbte Vermögen, -s/家産を使いなくす all sein Familienvermögen vergeuden (verschwenden).

かざん 火山 Vulkan m. -s, -e /火山の活動 (爆発) Tätigkeit ⟨f. -en⟩ (Ausbruch m. -[e]s, ⸗e) eines Vulkans ‖ 火山学 Vulkankunde f. -/火山学者 Vulkanforscher m. -s, -/火山岩 vulkanisches Gestein, -[e]s, -e; Lava f. ..ven ⟨溶岩⟩/火山群 Vulkangruppe f. -n/火山帯 vulkanische Zone, -n/火山弾 vulkanische Bombe, -n/火山灰 vulkanische Asche, -n/火山噴出物 Auswurf ⟨m. -[e]s, ⸗e⟩ eines Vulkans/火山脈 Vulkankette f. -n/活[死, 休]火山 der aktive (tote, ruhende) Vulkan.

がさん 画賛 Lobpreisung ⟨f. -en⟩ (Lobschrift f. -en) auf dem Gemälde.

かさんか 過酸化作用 ⟨化⟩ Oxydierung f. -en/過酸化物 Superˈoxydase (Per-) f. -n/過酸化水素 Wasserstoffˈsuperoxyd (-peroxyd)/過酸化物 Superˈoxyd (Per-) n. -[e]s, -e.

かし 河岸 Flussˈufer (Strom-) n. -s, -; Flussseite (Strom-) f. -n/河岸の権利 Uferrechte ⟨pl⟩/魚河岸のあんちゃん連 die braven Brüderchen auf dem Fischmarkt. ¶ 河岸をかえる ⁴sich mit einer anderen Beschäftigung befassen; ⁴sich in ein anderes Vergnügungslokal begeben*⟨遊興のさいに⟩. ‖ 魚河岸 Fischmarkt m.

かし 菓子 Kuchen m. -s, -; Keks m. (n.) -(-es), - (-e); Naschˈwerk (Zucker-) n. -[e]s, -e ⟨総称⟩; Süßigkeit f. -en ⟨甘いもの⟩ /菓子[折] Kuchenschachtel f. -n (Kuchenkasten m. -s, ⸗)/菓子鉢⟨皿⟩ Kuchenschüssel f. -n (Kuchenteller m. -s, -) / 菓子屋[店] Kuchenbäckerei (Fein-; Zucker-) f. -; Konditorei f. -en/[人] Kuchenbäcker (Fein-; Zucker-) m. -s, -; Konditor m.

かし 貸し Leihe f. -n; das [Aus]leihen*, -s; Darlehen n. -s, -; ⟨俗⟩ das Verpumpen, -s; das [Ver]mieten*, -s ⟨賃貸し⟩; das [Ver]pachten*, -s/貸し借りの das Leihen* und Borgen*, des - und -/貸し借りを差引く den Saldo ziehen*; aus|gleichen⁴; begleichen*⁴/貸し借りを清める Die Rechnung ist beglichen./貸し売りお断り Hier wird nicht gepumpt. /私はあなたに一万円貸しがあります Ich habe eine Forderung von zehntausend Yen an Sie. ¦ Sie sind mir zehntausend Yen schuldig. ¦ 貸衣裳 Kleider ⟨pl⟩ zum Verleihen.

かし 歌詞 Text m. -es, -e; Worte ⟨pl⟩ ‖ 歌詞某作 Text von N.N./某歌詞並びに作曲 Text und Melodie von N.N.

かし 下肢 das untere Glied, -[e]s, -er; Unterschenkel m. -s, -; Bein n. -[e]s, -e.

かし 下賜 die kaiserliche Schenkung, -en (Gabe, -n)/下賜される vom Kaiser verliehen bekommen*⁴; eine kaiserliche Schenkung (Gabe) bekommen* ‖ 御下賜金 das vom Kaiser geschenkte Geld, -[e]s, -er.

かし 樫 Eiche f. -n; 樫材 Eichenholz n. -es, -/樫の実 Eichel f. -n.

かし 仮死[状態] Scheintod m. -[e]s, -e; Asphyxie f. -n/仮死[状態] Dämmerzustand m. -[e]s, ⸗e; Starre f. ; die anhaltende Bewusstlosigkeit.

かし 下士[官] Unterofˈfizier m. -s, -e; Deckoffizier ⟨海軍⟩ /下士官兵 Unteroffiziere und Gemeine ⟨pl⟩.

かし 華氏32度 32°F (=zweiunddreißig Grad Fahrenheit).

かじ 火事 Feuer *n.* -s, -; Brand *m.* -[e]s, ⸚e; Feuersbrunst *f.* ⸚e《大火》/火事である es brennt/火事が起こる Ein Feuer bricht aus./火事を出す Feuer verursachen; durch ein Feuer vernichtet (zerstört) werden; ab|brennen* [s]/火事になる〔焼けるものが主語〕in Brand geraten*; Feuer fangen*/火事だ Es brennt!¦Feuer! Feuer!/東京には火事が多い In Tokio brennt es oft.¦Feuer sind häufig in Tokio. ‖ 火事装束 der feuersichere Anzug, -s, ⸚e; die Uniform《-en》(Ausrüstung *f.* -en) der Feuerwehrleute/火事場 Brand¦stätte *f.* -n (-stelle *f.* -n)/火事場泥棒 Dieb《*m.* -es, -e》an der ^{3}Brandstätte/火事見舞 Beileidsbesuch《*m.* -[e]s, -e》nach einem Feuer.

かじ 家事 häusliche Angelegenheiten; Familienangelegenheiten; häusliche Geschäfte《以上 *pl*》; [家政] Haushalt *m.* -[e]s; Haushaltung *f.* -en/家事を取締る einen Haushalt führen; haus|halten*/家事をてつだう im Haushalt helfen*/家事に追われる von häuslichen Angelegenheiten in ^{4}Anspruch genommen sein/家事の都合で wegen einer ^{2}Familienangelegenheit ‖ 家事経済 häusliche Ökonomie *f.*

かじ 加持 das Besprechen*, -s; Besprechung *f.* -en; Beschwörung *f.* -en. ── 加持する gesund beten*; besprechen*^{4}; durch ^{4}Zaubersprüche heilen^4 (beseitigen^4); beschwören*^{4}《einen Geist》. ‖ 加持祈祷 Beschwörung und Gebet/加持祈祷者 Geistesbeschwörer *m.* -s, -; Besprecher *m.* -s, -.

かじ 舵 Steuer *n.* -s, -; Steuerruder *n.* -s, -; [舵柄] Helm *m.* -s, -e; Ruderspinne *f.* -n; [舵輪] Steuerrad *n.* -[e]s, ⸚er/舵がきく ^{4}sich leicht lenken lassen*; Das Steuer wirkt (arbeiter) gut./舵をとる steuern; das Ruder führen; lenken ‖ 舵取り Steuermann *m.* -[e]s, ..leute; [Rennboot]führer *m.* -s, -《競艇の》.

かじ 鍛冶 [Grob]schmied *m.* -[e]s, -e; Schmiedearbeit *f.* -en《業》‖ 鍛冶場 Schmiedewerkstatt *f.* ⸚e; Schmiede *f.* -n/鍛冶屋 Schmiedemeister *m.* -s, -.

がし 餓死 Hungertod *m.* -[e]s, -s/餓死線上にある Unsere Lage grenzt an Verhungern./餓死する verhungern [s]; vor Hunger sterben* [s]; den Hungertod sterben*; ^{4}sich tot (zu Tode) hungern/まさに餓死せんとしている Wir stehen an der Schwelle (an den Pforten; am Rande) des Hungertodes.

かしうり 貸売り der Verkauf《-[e]s, ⸚e》auf ^{4}Borg (Kredit)/貸売りする auf Borg (Kredit) verkaufen^4.

カシオペア *カシオペア座*《天》*Kassiopeia f.*

かじか 河鹿《動》der singende Frosch, -es, ⸚e.

かじか 鰍《魚》Kaulkopf *m.* -[e]s, ⸚e; Spinnenfisch *m.* -[e]s, -e.

かしかた 貸方 Kreditseite *f.* -n; [Gut]haben *n.* -s; Gutschrift *f.*/貸方に記入する gut|schreiben*^{4}《*jm*》; als Guthaben ein|tragen*^{4}; kreditieren^4 ‖ 貸方勘定 Kreditrechnung *f.* -en/貸方票 Kreditnote *f.* -n; Gutschriftausgabe *f.* -n.

かじかむ starr (steif; gefühllos) werden《vor ^{3}Kälte》.

かじき《魚》Schwertfisch *m.* -[e]s, -e.

かしきり 貸切の reserviert; eigens bestellt; vorbehalten ‖ 貸切車 der reservierte Wagen, -s, -; Sonder¦wagen (Extra-) *m.* -s, -/貸切積み Sonder¦wagenladung (Extra-) *f.* -en《貨車の》.

かしきん 貸金 Darlehen *n.* -s, -; Darleihung *f.* -en; [Geld]vorschuss *m.* -es, ⸚e《用立金》‖ 長(短)期貸金 das langfristige (kurzfristige) Darlehen/当座貸金 das Darlehen auf tägliche Kündigung.

かしきんこ 貸金庫 Tresorfach *n.* -[e]s, ⸚er.

かしぐ 傾ぐ [船が] krängen; ^{4}sich auf die Seite legen; ^{4}sich neigen; Schlagseite haben.

かじく 花軸 Blumen¦stängel *m.* -s, - (-stiel *m.* -[e]s, -e); [樹木の] Blüten¦stängel (--stiel).

かしこい 賢い weise《賢明》; verständig《聡明》; denkfähig《発明》; intelligent《怜悧》; klug《利発》; gescheit《気のきいた》/それは賢いことでした Das war klug (vernünftig) von Ihnen.

かしこうせん 可視光線 sichtbare Strahlen《*pl*》.

かしこさ 賢さ Weisheit *f.*; Verstand *m.* -[e]s; Denkfähigkeit *f.*; Intelligenz *f.*; Klugheit *f.*; Gescheitheit *f.* ⇨かしこい.

かしこし 貸越し Außenstände《*pl*》/当座貸越 Überziehung *f.* -en; Debetsaldo *m.* -s, ..den (-s, ..di)/貸越しになる Geld ausstehen haben.

かしこまる 畏まる ❶ [正座] auf manierliche Weise da|sitzen*; voller Ehrfurcht auf seinem Platz hocken. ❷ [まじめくさる] ^{4}sich feierlich (förmlich; mit [aller] Würde; steif; umständlich; zeremoniös) benehmen*/畏りました Zu Befehl!¦Jawohl! Wie Sie befehlen!¦Geht in Ordnung!

かしさげ 貸し下げ die Verleihung《-en》durch die Regierung/貸し下げる einen Regierungsbesitz verleihen*《*jm*》; die Erlaubnis geben*, von einem Staatsbesitz Gebrauch zu machen.

かしざしき 貸座敷《売春宿》Bordell *n.* -s, -e; Dirnen¦haus (Freuden-; Huren-; Lust-) *n.* -es, ⸚er; das öffentliche Haus.

かしじどうしゃ 貸自動車 Miet¦auto *n.* -s, -s (-wagen *m.* -s, -).

かしせき 貸席 der zu vermietende Versammlungssaal, -[e]s, ..säle.

かしだおれ 貸倒れ das tote Darlehen, -s, -; die uneintreibbare (faule) Schuld, -en.

かしだし 貸出し das Verleihen* (Ausleihen*; Darlehen*), -s; Darleihung *f.* -en;《俗》das [Ver]pumpen*, -s/非常貸出し Notdarlehen *n.* -s/書物を貸出す ein Buch《*n.* -[e]s, ⸚er》leihweise überlassen*《*jm*》.

かしち 貸地 Pacht¦grundstück *n.* -[e]s, -e (-gut *n.* -[e]s, ⸚er).

かしちゅうしゃじょう 貸駐車場 Mietpark-

かしちん 貸賃 Miete *f.* -n; Miet|geld *n.* -(e)s, -er 〈-preis *m.* -es, -e; -zins *m.* -es, -e〉; Pacht *f.* -en.

かしつ 過失 ❶ Fehler *m.* -s, -; Fehltritt *m.* -(e)s, -e; Missgriff *m.* -(e)s, -e; Vergehen *n.* -s, -; Versehen *n.* -s, -; Irrtum *m.* -s, ⸚er 《間違い》; Schnitzer *m.* -s, - 《同上》/過失で aus ³Versehen; von ungefähr/過失の versehentlich; fälschlich; fehlerhaft; irrtümlich/過失を犯す einen Fehler begehen* (machen). ❷《法》Fahrlässigkeit *f.* -en. ‖ 過失傷害 die fahrlässige Körperverletzung. ‖ 過失致死 die Verletzung durch ⁴Fahrlässigkeit/過失致死罪 die fahrlässige Tötung, -en; die Tötung durch Fahrlässigkeit.

かじつ 果実 Frucht *f.* ⸚e; Obst *n.* -(e)s, - 《果物》; Nuss *f.* ⸚e 《堅果》; Beere *f.* -n 《漿(ｼｮｳ)果》/果実を生じる Früchte tragen*/野生の果実 die wilde Frucht ‖ 果実酒 Fruchtwein 〈Obst-〉 *m.* -(e)s, -e.

かじつ 過日 vor einigen Tagen; neulich; vor kurzem; kürzlich; dieser ²Tage *(pl)*/過日来 seit einigen Tagen *(pl)*; seit kurzem.

がしつ 画室 Atelier *n.* -s, -s.

かしつけ 貸付け Darleihung *f.* -en; Verleihung *f.* -en. ── 貸付ける darl|eihen**⁴; ausl|eihen**⁴ 〈verleihen**⁴〉; ein Darlehen geben* (machen) 《以上 *jm*》. ‖ 貸付係 der Darlehenkassenbeamte*, -n, -n/貸付金 das Geld 《-(e)s, -er》 zum Darleihen/貸付銀行 Darlehensbank *f.* -en.

かして 貸手 ⇨ かしぬし.

かしぬし 貸主 Gläubiger *m.* -s, -; Verleiher *m.* -s, -; Vermieter *m.* -s, - 《家・土地などの》; der Verpachtende*, -n, -n 《同上》.

カジノ Kasino *n.* -s, -s; Spielkasino *n.* -s, -s.

かしばしゃ 貸馬車 Mietfuhre *f.* -n; Miet|wagen *m.* -s, - 〈-kutsche *f.* -n〉; Lohnkutsche *f.* -n.

かしぶね 貸船 Miets|boot 〈Leih-〉 *n.* -(e)s, -e; Boote *(pl)* zu verleihen.

かしべや 貸部屋 Zimmer 《*n.* -s, -》 zu vermieten 《貸間 幹枕語》 Zimmervermittlung *f.* -en/貸間案内 Zimmerangebot *n.* -(e)s, -e.

かしぼう 梶棒 Deichsel *f.* -n/《馬車の》Gabeldeichsel *f.* -n; Fabelschaft *m.* -(e)s, -e.

かしほん 貸本 das auszuleihende Buch, -(e)s, ⸚er; das ausgeliehene Buch 《借りた》/貸本する Bücher verleihen**⁴ ‖ 貸本屋 Leih|bücherei *f.* -en 〈-bibliothek *f.* -en〉; der Inhaber 《-s, -》 〈der Besitzer, -s, -〉 einer Leihbücherei 《主人》.

かしま 貸間 Miet|zimmer *n.* -s, - 〈-wohnung *f.* -en〉/貸間あり 《Hier ist》 ein Zimmer zu vermieten! 《掲示》.

カシミヤ Kaschmir *m.* -s, -e.

かしや 貸家 Miethaus *n.* -es, ⸚er 《建物全体》; Mietwohnung *f.* -en 《建物の一部》/貸家あり Zu vermieten! 《掲示》 ‖ 貸家探し Wohnungs|suche 〈Miethaus-〉 *f.*/のべつ貸家探しをやっているがだれも貸家紹介 Wohnungsvermittlung *f.* -en/貸家造り die unsolide Bauweise, -n/Bruchbude *f.* -n 《安普請》/貸家拡張 Wohnungsnot *f.* -e; der Mangel 《-s, -》 an Miethäusern/造作付貸家 das möblierte Miethaus; das Miethaus mit Möbeln.

かしゃ 貨車 Güter|wagen *m.* -s, - 〈-waggon *m.* -s, -s〉 ‖ 有蓋貨車 der gedeckte 〈geschlossene〉 Güterwagen/無蓋貨車 der offene Güterwagen.

かしゃく 仮借 Schonung *f.*; Milde *f.*; Nachsicht *f.*; Rücksicht *f.* -en; Verzeihung *f.*/仮借すべき mildernd; entschuldbar; nachfühlbar; verzeihlich; zu rechtfertigend/仮借なき schonungs|los 〈erbarmungs-〉; gefühl-; mitleid-; rücksichts-); ohne ⁴Rücksicht 〈Nachsicht; Schonung〉. ── 仮借する schonen*; Milde walten lassen*; Nachsicht üben; ein Auge zu|drücken 〈schließen〉 《gegen⁴》; durch die Finger sehen**; fünf gerade sein lassen**⁴; sorgsam behandeln*; verzeihen**⁴.

かしゃく 呵責 Folter *f.* -n; Marter *f.* -n; Peinigung *f.* -en; Quälerei *f.* -en; Tortur *f.* -en 《良心の呵責 Gewissens|bisse *(pl)* 〈-angst *f.* ⸚e; -not *f.* ⸚e; -pein *f.*; -qual *f.* -en; -wurm *m.* ⸚er〉; Reue *f.*; Schuldgefühl *n.* -(e)s, -e 〈-bewusstsein *n.* -s〉; Zerknirschung *f.*/良心の呵責を受ける Gewissensbisse haben 〈empfinden*; fühlen〉; vom Gewissenswurm genagt werden. ── 呵責する foltern; martern; peinigen; quälen; auf die Folter spannen 《以上 *jn*》.

かしゅ 果酒 Obst|wein 〈Frucht-〉 *m.* -(e)s, -e 《*pl* は種類を示すとき》; Most *m.* -s, -e 《南独で》.

かしゅ 歌手 Sänger *m.* -s, - ‖ オペラ歌手 Opernsänger *m.* -s, -.

かじゅ 果樹 Obstbaum *m.* -(e)s, ⸚e ‖ 果樹園 Obstgarten *m.* -s, ⸚/果樹栽培 Obstbau *m.* -(e)s, -e/果樹栽培者 der Obstzüchter *m.* -s, -.

がしゅ 雅趣 feiner 〈eleganter; sublimer〉 Geschmack, -(e)s, ⸚e/雅趣に富む von elegantem Geschmack sein; reich an feinem Geschmack sein; voll von sublimem Geschmack sein.

カジュアル カジュアルな salopp ‖ カジュアルウェア Alltagskleid *n.* -(e)s, -er.

かしゅう 歌集 Gedichtsammlung *f.* -en; Anthologie *f.* -n; die Auswahl 《-en》 kleiner Gedichte; Blumenlese *f.* -n; Liederbuch *n.* -(e)s, ⸚er 《唱歌集》.

かじゅう 過重 Übergewicht *n.* -(e)s; Überlastung *f.* -en/過重の zu schwer; überlastend; drückend/月給取りに対する税金は過重である Die Steuern auf die Gehaltsempfänger sind zu hoch.

かじゅう 荷重 Last *f.* -en; Belastung *f.*/全荷重での Vollbelastung; vollbelastet ‖ 安全荷重 zulässige Beanspruchung *f.*; Höchstbelastung *f.*

かじゅう 果汁 Fruchtsaft *m.* -[e]s, ⸚e.
がしゅう 我執 Eigen|sinn *m.* -[e]s (-wille[n] *m.* ..lens); Starrköpfigkeit *f.*; Widerspenstigkeit *f.*/我執の強い eigen|sinnig (-willig); hartnäckig; starrköpfig; widerspenstig.
かしょ 箇所 Stelle *f.* -n; Fleck *m.* -[e]s, -e; Ort *m.* -[e]s, -e; Punkt *m.* -[e]s, -e/この箇所を訂正せねばならぬ Diese Stelle muss verbessert (korrigiert) werden./三箇所から同時に火の手が上がった Der Brand ist zu gleicher Zeit an drei Stellen ausgebrochen.
かしょう 仮称 die provisorische (temporäre) Bezeichnung, -en.
かじょう 箇条 Artikel *m.* -s, -; Paragraph *m.* -[e]s, -en; Klausel *f.* -n/箇条書にする einzeln auf|führen⁴; listenmäßig an|geben⁴⁴ /要求を箇条書にして出しなさい Geben Sie mir Ihre Forderungen im Einzelnen an.∥箇条書 Angabe (*f.* -n) der einzelnen Punkte; Einzelangabe *f.*
かじょう 過剰 Überfluss *m.* -es; Übermaß *n.* -es; Überschuss *m.* -es, ⸚e/過剰の übermäßig; überreich; mehr als genug; allzu viel; überflüssig; überschüssig ∥ 過剰人口 Übervölkerung *f.*/過剰生産 Überproduktion *f.*
かじょう 下情に通じている mit dem Volksleben sehr vertraut sein; mit den Verhältnissen der niederen Schichten bekannt sein; weit in der Welt herumgekommen sein《広く世間を見ている》; viel vom Leben gesehen haben《いろいろな経験を持っている》.
がしょう 画商 Gemälde|händler (Kunst-) *m.* -s, -.
がしょう 臥床している《病臥》Krank [darnieder]liegen; krank [im Bett] liegen*/臥床する ins Bett legen; zu (ins) Bett gehen* ⓈⓃ《就寝》.
がじょう 牙城 Bollwerk *n.* -[e]s, -e; Bastion *f.* -en; [Haupt]burg *f.* -en; Zitadelle *f.* -n/牙城に迫る das Bollwerk stürmen; Schach bieten*《王手を差す》/この要塞が国の最後の牙城だ Diese Festung ist die letzte Burg des Landes./デモクラシーの牙城 Bollwerk der Demokratie.
がじょう 賀状 Glückwunschschreiben *n.* -s, - ∥ 年賀状 Neujahrskarte *f.* -n.
かしら 頭 ❶[頭部] Haupt *n.* -[e]s, ⸚er ⇨たま/頭右(左) Augen rechts! (Die Augen links)《号令》. ❷[首長] Haupt; der "Alte", -n, -n; Boss *m.* -es, -; Chef *m.* -s, -s; Führer *m.* -s, -; Häuptling *m.* -s, -e; Rädelsführer *m.* -s, -《首魁》; Anführer *m.* -s, - 《ボス》/頭だった hauptsächlichst; erst; höchst; oberst; vornehmst; wichtigst; Chef-; Führer-; Haupt-.
〜かしら Ich möchte wissen, ob (wie; wann; was; wie; wo) ....∥Wüßte ich nur, ob ....∥雨が降るかしら Glaubst du, dass es regnet?∥Ob es regnen wird?/本当かしら Kann es wahr sein?∥Ich fürchte, dass es nicht wahr sein kann./何時かしら Ich möchte gern wissen, wie spät es jetzt ist./買おうかしら Ich möchte mir überlegen, ob

ich es kaufen soll.
かしらもじ 頭文字 ❶[姓名の] der (große) Anfangs|buchstabe (Initial-), -n[s], -n; Initiale *f.* -n. ❷[花文字の] der große Buchstabe (Großbuchstabe), -n[s], -n; Majuskel *f.* -n; Zierbuchstabe /頭文字で書き始める einen großen Anfangsbuchstaben verwenden*; groß schreiben*; mit einer Initiale an|fangen*.
かじりつく ❶[歯で] die Zähne fest|beißen* (*in*⁴); ⁴sich ein|beißen*; ⁴sich [fest]beißen* (*in*⁴); ⁴sich verbeißen* (*in*⁴ 仕事に). ❷[すがりつく] ⁴sich [fest]klammern (*an*³); ⁴sich fest|halten* (*an*³) /人の首玉にかじりつく seine Arme um *js* Hals schlingen*; *jm* um den Hals fallen* Ⓢ/地位にかじりつく ⁴sich an sein Amt (seine Stellung) klammern.
かじる ❶ nagen (*an*³); benagen⁴; [少しずつかじって食べる] knabbern (*an*³); beißen* (*in*⁴); [かじりとる] ab|beißen*; ab|nagen. ❷ [少し知っている] eine oberflächliche Kenntnis haben (*von*³); ein bisschen wissen* (*von*³); nur gerade hineingerochen haben (*in*⁴).
かしわ 柏 Eiche *f.* -n; Eichenbaum *m.* -[e]s, ⸚e.
かしわで 仮名 かしわ手を打つ(betend) in die Hände (zweimal) klatschen.
かしわもち 柏餅 der mit einem Eichenblatt umwickelte Reiskuchen, -s, -.
かしん 家臣 Lehns|mann (Gefolgs-) *m.* -[e]s, ⸚er (..leute); Dienstmann *m.* -[e]s, -en; Vasall *m.* -en, -en.
かしん 過信する blind[lings] vertrauen (*auf*⁴); zu großes Vertrauen haben (*gegen*) (*zu*³); den blinden Glauben schenken⁴; ⁴sich zu viel verlassen* (*auf*⁴).
かじん 歌人 (Waka)dichter *m.* -s, -; [Waka]dichterin *f.* ..rinnen.
かじん 家人 Hausgenossen (*pl*); Familienmitglieder (*pl*); Familie *f.* -n.
かじん 佳人 schöne Frau, -en; schönes Mädchen, -s, -; die Schönheit, -en ∥ 佳人薄命 Schönheit und Glück vertragen sich selten.
かす 滓, 澤, 粕 Ausschuss *m.* -es, ⸚e; Abfall *m.* -[e]s, ⸚e; [ふつう粕] Abhub *m.* -[e]s, -e; Abschaum *m.* -[e]s《浮滓》; Auswurf *m.* -[e]s, ⸚e; Bodensatz *m.* -es, ⸚e《沈殿物》; Hefe *f.* -n《滓汁》; Rückstand *m.* -[e]s, ⸚e /人間の滓 der Abschaum (der Auswurf) der Menschheit; die Hefe des Volkes/糟をしぼる den Bodensatz (die Hefe) aus|pressen ∥ 糟漬 das in ³Sake-Hefe Eingemachte*, -n.
かす 嫁す ❶〈嫁ぐ〉in eine Familie einheiraten; eine Tochter zur Frau geben* (*jm*); heiraten (*jn*); ⁴sich verheiraten (*mit jm*)/彼女は若くして嫁した Sie ist jung unter die Haube gekommen. ❷ [責任・負担などを] laden⁴⁴; schieben*⁴; wälzen⁴《以上 auf *jn*》; ⁴sich [von einer Schuld] befreien.
かす 貸す ❶ leihen*⁴ (*jm*); aus|leihen*

(dar|-) ⟨jm⟩; beleihen*⁴ ⟨jm 信用で⟩; (ver)pumpen⁴ ⟨jm⟩. ❷ ⟨家など⟩; verpachten⁴ ⟨jm⟩ ⟨土地⟩. ❸ ⟨耳を⟩ Gehör leihen* (geben*; schenken) ⟨jm⟩; sein Ohr leihen* ⟨jm⟩/彼は遠くの長物語に耳を貸してくれた Er hat meiner langen Rede ein williges (geneigtes) Ohr geliehen.

かず 数 Zahl *f.* -en/数多く viel; in großer ³Anzahl; in Menge/数限りなく unzählbar; unzählig; zahllos; ohne ⁴Zahl/数ならぬ id unbedeutend; unwichtig; nichts sagend/数ある中の… einer⁴ unter vielen /数でこなす die ⁴Qualität durch ⁴Quantität ersetzen; Kleiner Nutzen, aber kleinster Absatz./物の数とも思わぬ gering|achten⁴; ³sich an ³*et* ⟨*jm*⟩ nichts machen/それは物の数にはいらない keine Rolle spielen*/数に入れない jn (*et*) nicht mit|zählen ⟨mit⟩; nicht mit|rechnen ⟨mit⟩. /そんなことは物の数ではない Das zählt nicht [mit]. /それは数に入らない Das zählt für nichts.

ガス Gas *n.* -es, -e/ガス灯のほや Gaslampenglocke *f.* -n/ガス状の gasig/ガス化する vergasen⁴/ガスを作る Gas her|stellen (erzeugen)/ガスを引く Gas legen/ガスに火をつける Gas an|zünden/ガスを消す Gas zu|drehen/ガスが漏る Gas entweicht ⟨läuft aus⟩. /お宅にはガスがありますか Haben Sie die Gaseinrichtung zu Hause? ‖ ガス会社 Gasgesellschaft *f.* -en/ガス業 Gaswerk *n.* -[e]s, -e ⟨工場⟩/ガス管 Gas|rohr *n.* -[e]s, -e (-schlauch *m.* -[e]s, ⁼e); Gashauptleitung *f.* -en ⟨本管⟩/ガスこんろ Gaskocher *m.* -s, -/ガスストーブ Gas[heiz]ofen *m.* -s, ⁼/ガス栓 Gashahn *m.* -[e]s, ⁼e/ガスタービン Gasturbine *f.* -n/ガスタンク Gasbehälter *m.* -s, -/ガス中毒 Gasvergiftung *f.* -en, -/ガスの火口 Gasbrenner *m.* -s, -/ガス爆発 Gasexplosion *f.* -en/ガスボンベ Gasflasche *f.* -n/ガスマスク Gasmaske *f.* -n/ガスメートル Gasuhr *f.* -en/ガスライター Gasfeuerzeug *n.* -[e]s, -e/ガスレンジ Gasherd *m.* -[e]s, -e/天然ガス Naturgas *n.* -es, -e/毒ガス Giftgas *n.* -es, -e/燃料ガス Brenngas (Kraft-; Treib-) *n.* -es.

かすい 河水 Fluss|wasser (Strom-) *n.* -s, -.
かすい 下垂 Das Senken*; das Hängen*, -s ‖ 胃下垂 Gastroptose *f.*; Magensenkung *f.*/脳下垂体 Hypophyse *f.* -n; Hirnanhang *m.* -[e]s, ⁼e.
かすいぶんかい 加水分解 《化》 Hydrolyse *f.* -n.

かすか かすかな leise; schwach; undeutlich; unklar; unvernehmbar (unvernehmlich); vag(e); verschwommen/かすかな響きの leiser Ton, -[e]s, ⁼e/かすかに聞こえる楽の音 die ferne Musik, die kaum hörbar zu Ohren kommt; ⟨色が⟩ matt; trübe/かすかな光 Schimmer *m.* -s, -; Flimmer *m.* -s, -/《詩》 Glast *m.* -es, -e; Glimmer *m.* -s, -/かすかに記憶する eine sehr unbestimmte Erinnerung haben ⟨an⁴⟩.

かすがい 鎹 [Eisen]klammer *f.* -n; Krampe *f.* -n; Bankeisen *n.* -s, -. 《腰掛などを壁に固定するための》/ は夫婦の鎹 Kinder sind die [Eisen]klammer zwischen den Eheleuten. Erst Kinder machen eine Ehe unauflös-

bar.
かずかず 数々の zahlreich; viel; vielerlei 《多種の無大化》.
カスタネット Kastagnette *f.* -n.
かすづけ 粕漬 in Sakehefe (Weinhefe) eingemachtes Gemüse, -s, - (Fleisch, -[e]s, -e).
カステラ eine Art Napfkuchen.
かすとり 粕取り Trebserschnaps *m.* -es, ⁼e; grober Schnaps, -es, ⁼e.
かずのこ 数の子 Heringsrogen *n.* -s, -.
かすみ 霞 Dunst *m.* -[e]s, -e; Nebel *m.* -s, -; Höhenrauch (Herauch *m.*) *m.* -[e]s, -e/霞のかかった dunstig; neb[e]lig; diesig/霞がかかっている es ist dunstig; es nebelt; in Dunst (Nebel) gehüllt sein; verschleiert sein/遠く霞の中に in fernen Nebeln; in nebliger Ferne.
かすむ 霞む ❶ es wird dunstig; es nebelt; in Nebel (Dunst) gehüllt sein. ❷ ⟨目が⟩ trübe werden; blödäugig (mattäugig) werden/私の目が涙でかすんだ Meine Augen waren durch Tränen [wie] verschleiert.
かすめる 掠める ❶ → うばう. ❷ 表面を掠めて行く leicht berühren; streifen ⟨s⟩ ⟨jn (*et*)⟩; dicht vorbei huschen (fliegen*) [s]; hin|gleiten* [s] ⟨über³⟩. ❸ 〈人の目を掠めて〉 geheim; im Geheimen; heimlich; verstohlen; verborgen; unbeobachtet/親の目を掠めて hinter dem Rücken der Eltern. ❹ 〔ちょろまかす〕 *jm* stehlen*⁴ (stibitzen⁴; mausen⁴); lange Finger machen.
かずら 葛 《植》 Ranke *f.* -n.
かすり 絣 gesprenkeltes Muster, -s, -.
かすりきず かすり傷 Streifwunde *f.* -n; Streifhieb *m.* -[e]s, -e ⟨刀の⟩.
かする 課する ❶ 〔税を〕 besteuern; (eine Steuer) legen ⟨auf⁴⟩. ❷ 〔仕事を〕 *jm* (eine Arbeit) auf|erlegen (zu|teilen; zu|messen*); 〔問題を〕 *jm* eine Aufgabe geben* (zu|teilen; an|weisen*). ❸ 〔罰を〕 *jm* eine Strafe auf|erlegen; Strafe verhängen ⟨über *jn*⟩. ❹ 〔責任を〕 *jm* die Verantwortung zu|schieben* (auf|bürden).
かする 化する ❶ ⁴sich verwandeln ⟨in⁴; zu³⟩; ⁴sich ³verändern ⟨zu³; in⁴⟩; ⁴sich um|bilden ⟨in⁴⟩/石に化する ⁴sich in einen Stein verwandeln; versteinern. ❷ 〔感化〕 beeinflussen⁴/西洋化する verwestlichen⁴; europäisieren⁴; europäisch machen/米（日本, ドイツ, 東洋）化する amerikanisieren (japanisieren⁴, germanisieren⁴, orientalisieren⁴).
かする 掠る streifen ⟨an⁴⟩; leicht berühren; 〔わずかにそれる〕 dicht an *jm* (³*et*) vorbei|schießen*.
がする 賀する ❶ *jn* beglückwünschen ⟨zu³⟩; *jm* Glück wünschen ⟨zu³⟩; *jm* gratulieren ⟨zu³⟩. ❷ 〔お祝いをする〕 feiern⁴; festlich begehen*⁴; ein Fest ab|halten*.
かすれ かすれ声の raue (heisere) Stimme, -n.
かすれる heiser (rau) werden ⟨声が⟩; kratzig (kritzelig) werden ⟨ペンなどが⟩.
かせ 桎 Hand|fesseln (-schellen) ⟨*pl* 手の⟩; Fuß|fesseln (-schellen) ⟨*pl* 足の⟩; Joch *n.*

-〔e〕s, -e 《首の》/枷をかける fesseln⁴; in ⁴Fesseln (Schellen) schlagen*⁴ (legen⁴).

かぜ 風 Wind *m.* -〔e〕s, -e; [微風] Lüftchen *n.* -s, -; Windhauch *m.* -〔e〕s, -e; leichter (sanfter) Wind; Brise *f.* -n; [透間風] Zug⁝wind *m.* -〔e〕s (-luft *f.* ⸚e); Zug *m.* -〔e〕s, ⸚e; [暴風] Sturm *m.* -〔e〕s, ⸚e; Sturm⁝wind *m.* -〔e〕s, -e; [烈風] scharfer Wind; [台風] Orkan *m.* -s, -e; [旋風] Wirbelwind; Windwirbel *m.* -s, -; [突風] Stoßwind; Windstoß *m.* -es, ⸚e; Bö *f.* -en 《海上の》/向かい風 Gegenwind; ungünstiger Wind/追い風 guter (günstiger) Wind; Fahrtwind/風の神 Windgott *m.* -es; Äolus *m.* -/風に逆って gegen den Wind; gerade in den Wind/風を通す lüften⁴; ventilieren⁴ ⇨**かぜとおし**/風に当てる an die Luft bringen*⁴; der ³Luft aus|setzen⁴/風のある windig/風のない windstill/風が出る Es erhebt ⁴sich ein Wind./風が凪ぐ Der Wind legt ⁴sich./風がひどい Es ist stark windig.⁝Es geht (weht) ein starker Wind./風が弱る Der Wind wird schwächer (flaut ab)./風を切ってとぶ durch den Wind (die Luft) fliegen* [s]. ¶ 風を喰って逃げる ⁴sich aus dem Staube machen/風の便りに聞いた Mein kleiner Finger hat mir gesagt, dass .... ⁝ Ich habe ein Vögelchen davon singen hören, dass ..../どこ吹く風と聞きながす ⁴*et* in den Wind schlagen*.

かぜ 風邪 Erkältung *f.* -en; Schnupfen *m.* -es, - 《鼻かぜ》; 〔Nasen〕katarr〔h〕 *m.* -s, -e 《鼻カタル》; [流行性感冒] Influenza *f.*; Grippe *f.* -n/かぜをひく ⁴sich erkälten; ³sich eine Erkältung zu|ziehen*; [鼻かぜをひく] den Schnupfen bekommen*; ³sich einen Schnupfen holen/かぜをひいている an einer ³Erkältung leiden*; den Schnupfen haben.

かぜあたり 風当たりが強い dem Wind〔e〕 stark augesetzt sein; *jm* gegenüber streng sein 《比喩的》/高い木には風当たりが強い ‚Ein hoher Baum fängt viel Wind.'

かせい 化成 Umformung *f.* -en; Verwandlung *f.* -en; Transformation *f.* -en; Metamorphose *f.* -n/化成する transformieren⁴; 〔chemisch〕 um|gestalten⁴ (verwandeln⁴) ‖ 化成工業 die chemisch-synthetische Industrie, -n/化成炉 Konverter *m.* -s, -.

かせい 火勢 Feuers⁝kraft *f.* ⸚e (-gewalt *f.* -en)/火勢が衰えた Das Feuer (Der Brand) hat nachgelassen (hat sich gelegt).

かせい 火星 Mars *m.* - ‖ 火星人 Marsbewohner *m.* -s, -/火星飛行 der Flug 《-〔e〕s, ⸚e》 zum Mars.

かせい 加勢 ❶ [援助] 〔Bei〕hilfe *f.* -n; Beistand *m.* -〔e〕s, ⸚e; Unterstützung *f.* -en. ❷ [援兵] Verstärkung *f.* -en; Hilfstruppen 《*pl*》; Entsatz *m.* -es 《解囲》. ── 加勢する helfen*; bei|springen* [s]; bei|stehen*; Hilfe leisten (gewähren); an die Hand geben* [s]; den Daumen (die Stange) halten*; in die Hände arbeiten; zu ³Hilfe kommen* [s] 《以上どれも *jm*》; unterstützen 《*jm*》.

かせい 家政 〔Haus〕wirtschaft *f.*; Haus⁝halt *m.* -〔e〕s, -e (-haltung *f.* -en; -stand *m.* -〔e〕s, ⸚e; -wesen *n.* -s, -); Haushalts⁝führung (Wirtschafts-) *f.*/家政を執る haus|halten*; Haushalt (Wirtschaft) führen; wirtschaften/家政を整理する die Hauswirtschaft (den Haushalt) regeln (regulieren; ordnen; in Ordnung bringen*); in der Hauswirtschaft (dem Haushalt) Ordnung schaffen* ‖ 家政科 der Kursus 《-; Kurse》 (Lehrgang, -〔e〕s, ⸚e) der Haushaltung; die Abteilung 《-en》 für ⁴Haushaltungskunde (Haushaltungslehre)/家政学 Haushaltungs⁝kunde *f.* (-lehre *f.*; -kunst *f.*)/家政学校 die Schule 《-n》 für Haushaltungskunst/家政整理 die Regelung 《-en》 (Regulierung, -en) der Hauswirtschaft; das Ordnen* 《-s》 des Haushalt〔e〕s/家政婦 Haushälterin *f.* ..rinnen; Wirtschafterin *f.* ..rinnen.

かせい 火成の durch unterirdisches Feuer hervorgebracht; plutonisch; von Feuerbergen herrührend; vulkanisch ‖ 火成岩 Eruptivgestein *n.* -〔e〕s, -e.

かせい 苛性の 〖化〗 kaustisch ‖ 苛性アルカリ kaustische Alkalien 《*pl*》/苛性化 Kaustisierung *f.* -en; Kaustizierung *f.* -en/苛性カリソーダ die kaustische Pottasche/苛性石灰 der ungelöschte Kalk, -〔e〕s, -e/苛性ソーダ die kaustische Soda (das kaustische Soda), -s/苛性度 Kaustizität *f.* -en.

かせい 河清 ¶ 百年河清を待つ Hundert Jahre mögen vergehen, ehe sich die Flüsse gereinigt haben.

かぜい 課税 Besteuerung *f.* -en; Steuerveranlagung *f.* -en 《税額査定》; [租税] Steuer *f.* -n; Abgabe *f.* -n. ── 課税する *jm* Steuern auf|〔er〕legen (erheben*). ‖ 課税所得 steuerpflichtiges Einkommen, -s/課税標準 Besteuerungsgrundlage *f.* -n/課税品 steuerpflichtige (zu versteuernde) Ware, -n/課税免除 Steuererlass *m.* -es, -e (⸚e)/非課税 Steuerfreiheit *f.*/非課税の steuerfrei.

かぜい 苛税 schwere (drückende) Steuer, -n; drückende Steuerlast *f.*/苛税に苦しむ unter dem Druck der ²Steuern leiden*/苛税を課する schwere Steuern auf|hängen (auf|erlegen; auf|bürden) 《auf *jn*》.

かせいこうぎょう 化成工業 die chemische und synthetische Industrie, -n.

カゼイン Kasein *n.* -s.

かせき 化石 [石化] Fossilienbildung *f.* -en; Petrifikation *f.* -en; Versteinerung *f.* -en; [石] Fossil *n.* -s, ..lien; Petrefakt *n.* -〔e〕s, -e〔n〕; Versteinerung ‖ 化石学 Fossilien⁝beschreibung *f.* -en (-kunde *f.*; -lehre *f.*); Petrefakten⁝kunde (Versteinerungs-) *f.*/化石学者 der Fossilien⁝kundige* (Petrefakten-), -n, -n (*od.* -kenner *m.* -s, -).

かせぎ 稼ぎ Broterwerb *m.* -〔e〕s, -e; Beschäftigung *f.* -en/稼ぎ高 Verdienst *m.* -〔e〕s, -e; Einkommen *n.* -s, -; Einkünfte 《*pl*》/稼ぎに行く auf 〔die〕 Arbeit gehen* [s];

かせぐ ⁴sich auf seinen Erwerb (seine Beschäftigung) legen/出稼ぎに行く aus|wandern ⟨s⟩; seinen Lebensunterhalt im Ausland suchen ‖ 稼人, 稼ぎ手 Broterwerber *m*. -s, -; Erhalter *m*. -s, -; Ernährer *m*. -s, -/稼ぎ高 Gelderwerb; das Geldverdienen*, -s.

かせぐ 稼ぐ [Brot] erwerben*⁴; Einnahmen (Einkünfte) haben; erarbeiten¹; verdienen⁴/時を稼ぐ Zeit gewinnen*; an ³Zeit sparen/稼ぐに追いつく貧乏なし Ein fleißiger Arbeiter kennt keine Armut.: Wer fleißig arbeitet, dem kann die Armut nichts antun./一日に八千円稼ぐ Sein Tag(e)lohn beträgt 8 000 Yen.: Er verdient täglich 8 000 Yen./毎日せっせと稼ぐ Jeden Tag ist er auf seinen Erwerb bedacht.: Er verdient täglich recht viel.

かぜぐすり 風邪薬 Arznei ⟨*f*. -en⟩ gegen (für) ⁴Erkältung.

かぜけ 風邪気 leichte Erkältung ⟨-en⟩; eine Spur ⟨-en⟩ (ein Anflug *m*. -[e]s) von ³Erkältung.

かせつ 佳節 der hocherfreuliche Festtag, -[e]s, -e; die freudevolle Zeremonie, -n.

かせつ 架設 Bau *m*. -[e]s, -e; Errichtung *f*. -en; Konstruktion *f*. -en; das Legen*, -s. ── 架設する bauen¹; errichten¹; konstruieren⁴; legen⁴/電話を架設する das Telefon legen lassen*/鉄橋を架設する eine eiserne Brücke schlagen*.

かせつ 仮設の erdacht; erträumt; imaginär; unwirklich; provisorisch ⟪一時的な⟫.

カセット Kassette *f*. -n/カセットテープ [Tonband]kassette *f*. -n/カセットデッキ Kassettendeck *n*. -s, -s/カセットレコーダー Kassettengerät *n*. -[e]s, -e; Kassettenrekorder *m*. -s, -.

かぜとおし 風通し Lüftung *f*. -en; Ventilation *f*. -en/風通しのよい zugig; luftig/風通しの悪い schlecht ventiliert; stickig.

かぜよけ 風除け Windbrecher *m*. -s, - ⟨樹木・塀などによる⟩; Windschirm *m*. -[e]s, -e ⟪屏風類及び飛行機の⟫; Windschutzscheibe *f*. -n ⟪自動車の⟫.

かせん 河川 Gewässer *n*. -s, -; Ströme und Flüsse ⟨*pl*⟩/河川改修 Flussregulierung *f*. -en ⟨-verbesserung *f*. -en⟩/河川行政 Flussverwaltung *f*. -en/河川航行 Fluss[schiff]fahrt *f*. -en/河川工事 Flussbau *m*. -[e]s, -e; die Regulierung ⟨-en⟩ des Flusslauf[e]s.

かせん 架線 Oberleitung *f*. -en ⟪電車の⟫.
かせん 下線 ⇨アンダーライン.
かせん 化線 ⇨かか ⟪化学essay⟫.
かせん 寡占 Marktbeherrschung *f*. -en/寡占の marktbeherrschend.

がぜん 俄然 plötzlich; auf einmal; mit einem Mal; flugs; jählings; unerwartet(erweise).

がせんし 画仙紙 Zeichenpapier *n*. -s, -e.
かせんしき 河川敷 Flussbett *n*. -[e]s, -en.

かそ 可塑性の plastisch ‖ 可塑性物質 plastische Materialien.

かそう 下層 Unterschicht *f*. -en; die untere (niedere; tiefe) Schicht, -en ‖ 下層流 Unterströmung *f*. -en; der Sog ⟨-[e]s, -e⟩ der Brandung ⟪海岸の⟫/下層社会 die untere (niedere; tiefe) [Gesellschafts]schicht (Volksschicht); die Unterschicht der Gesellschaft (des Volkes).

かそう 火葬 Leichenverbrennung *f*. -en; Einäscherung *f*. -en; Feuerbestattung *f*. -en; Kremation *f*. -en/火葬にする verbrennen*⁴; ein|äschern⁴; kremieren⁴ ‖ 火葬場 Verbrennungs[halle (Einäscherungs-) *f*. -n; Krematorium *n*. -s, ..rien.

かそう 仮装 Verkleidung *f*. -en; Verkappung *f*. -en; Vermummung *f*. -en; Kostümierung *f*. -en/仮装して in ³Verkleidung; verkleidet. ── 仮装する ⁴sich verkleiden; ⁴sich vermummen; ⁴sich kostümieren. ‖ 仮装会 Mummenspiel *n*. -[e]s, -e ⟨-schanz *m*. -es, -e⟩/仮装行列 Maskenzug *m*. -[e]s, -e (-parade *f*. -n)/仮装服 Maskenanzug *m*. -[e]s, -e, Maskenkleid (Kostüm-) *m*. -s ⟨*od*. -[e]s, -e⟩, -er; Maskerade *f*. -n.

かそう 仮想の angenommen; fiktiv; imaginär; mutmaßlich; vermutlich ‖ 仮想敵 der angenommene (imaginäre; vermutliche) Feind, -[e]s, -e.

がぞう 画像 Porträt *n*. -s, -s; Abbild *n*. -[e]s, -er; Bildnis *n*. ..nisses, ..nisse.

かぞえうた 数え歌 Abzählreim *m*. -[e]s, -e.
かぞえどし 数え年 数え年五十歳である in seinem fünfzigsten [Kalender]jahr sein.

かぞえる 数える zählen; rechnen ⟪計算する⟫/数え上げる(立てる) auf|zählen⁴; her|zählen⁴ (ab|-)/数え違える ⁴sich verzählen; falsch (irrig) zählen; ⁴sich verrechnen ⟪計算を誤る⟫/数え直す nach|zählen⁴ (-|rechnen⁴)/数え込む [mit] ein|rechnen⁴; ein|zählen⁴ [mit]-)/数え切れない unzählbar; ungezählt; zahllos/指折り数える an den ³Fingern zählen [ab|zählen; her|zählen]/...の中に数えられる für ⁴et ⟨jn⟩ gehalten werden; unter ³et mitgerechnet werden; gelten* als einer* von³ (der²).

かぞく 家族 Familie *f*. -n; [Mit]glieder ⟨*pl*⟩ der Familie ⟪家族の人々⟫/家族の一員 Familien[mit]glied *n*. -[e]s, -er/家族が多い(少ない) eine große (kleine) Familie haben/家族の一員である zur Familie gehören/私の家族 meine Familie; meine Angehörigen ⟨*pl*⟩; die Meinigen ⟨*pl*⟩/五人家族 eine Familie mit 5 Personen ‖ 家族会議 Familienrat *m*. -[e]s, -e/家族制度 Familiensystem *n*. -s, -e/家族手当 Familienzuschuss *m*. -es, ¨-e/家族扶助 Familienunterstützung *f*. -en.

かぞく 華族 Adel *m*. -s; der Adlige*, -n, -n/華族に列せられる in den Adelsstand erhoben werden/華族をやめる den Adelsstand aufgeben*; ⁴sich begeben* (verzichten) auf die ²Ehre des Adelsstandes/華族entkleiden ‖ 華族階級 Adelsstand *m*. -[e]s, ¨-e.

がぞく 雅俗 das Vornehme* und das Gemeine*, des -n und -n; die gehobene und familiäre Sprache, -n《言語の》; Schrift- und Umgangssprache, -n《文語と会話調》‖ 雅俗混交 Mischmasch 《m. -es, -e》von Klassischem und Vulgärem.

かそくど 加速度 Beschleunigung f. -en; die zunehmende Geschwindigkeit, -en/加速度の beschleunigend.

かそちたい 過疎地帯 eine Gegend 《-en》mit sinkender ³Bevölkerungszahl.

ガソリン Benzin n. -s; Gasolin n. -s/自動車にガソリンを入れる den Wagen tanken ‖ ガソリンカー Triebwagen m. -s, -; Triebwagenzug m. -(e)s, "e 《列車》/ガソリンスタンド Tankstelle f. -n/ガソリンタンク Benzinbehälter m. -s, - 《-tank m. -s, -e》.

かた 過多 Überfluss m. -es, "e; Übermaß n. -es; Überschuss m. -e; Überfülle f. /過多の überflüssig; übermäßig; überreich(lich); Hyper-; Über- ‖ 供給過多 Überangebot n.-(e)s, -e/脂肪過多《症》Fettsucht f.-(leibigkeit f.); Adipositas f./生産過多 Überproduktion f. -en.

かた 肩 Schulter f. -n; Achsel f. -n/肩にする 《auf》schultern⁴; auf die Schulter nehmen*⁴; auf der Schulter tragen*⁴/肩にして mit ³et über 《auf》der ³Schulter/肩にかける über die Schulter hängen⁴/肩をぬぐ die Schulter entblößen⁴/肩をそびやかす die Schulter hoch 《gerade》tragen⁴/肩をすくめる die Achseln 《mit den ³Achseln》zucken/肩を怒らせて mit hochgezogenen 《hochgetragenen》Schultern/肩がこる in der Schulter steif sein; eine steife Schulter haben; [比喩的に] einen steifen Eindruck bekommen*/肩のこらない会にしましょう Es soll ganz zwanglose Versammlung werden./肩が軽くなる leicht in den Schultern leicht werden; ⁴sich erleichtert fühlen《³責任がとれて》/肩幅の広い《肩の張った》breitschulterig/肩を並べる 1)[力で] ³sich mit jm messen* 《in³; an³》; ⁴es auf|nehmen* 《mit³》/肩 gewachsen sein. 2)[位で] jm gleich stehen*; mit jm ³et rivalisieren; jm gegen ³et 《für jn》Partei nehmen* 《ergreifen*》《für jn》; jn unterstützen/彼はいつもドイツの肩を持った Er war immer für Deutschland. /肩を風に切る einher|schlendern; ⁴sich spreizen; ⁴sich brüsten/肩で息をつく schwer atmen; nach ³Atem ringen《あえぎながら息をする》.

かた 型 [形式・形状] Form f. -en; Figur f. -en; Fasson f.; Gestalt f. -en; Schnitt m. -(e)s, -e/型がくずれる die Form verderben*; die Figur verderben*. ❷[大きさ] Größe f. -n; Format n. -(e)s, -e/大型の von großem Format. ❸[様式] Stil m. -(e)s, -e; Typus m. -, ..pen; Mode f. -n; Modus m. -, ..di. ❹[雛型] Muster n. -s, -; Vorbild n. -(e)s, -er; Modell n. -s, -e; Vorlage f. -n; Schablone f. -n; Schnittmuster n. -s, -. ❺[模様] Muster n. -s, -; Musterzeichnung f. -en; Figur f. -en; Dessin n. -s, -s/型をつける mit Mustern 《Figuren》schmücken; ein Muster ab|drucken 《auf⁴》. ❻[鋳型] Gussform f. -en; Matrix f. ..trizen 《..trizes》《活字の》; Gipsmodell n. -s, -e《石膏(ᠻ)の》/型に入れて鋳る Form gießen*. ❼[慣例] Brauch m. -(e)s, "e; Sitte f. -n; Gewohnheit f. -en; Regel f. -n; Konvention f. -en/型のごとくに konventionell; stereotyp(isch); wie gebräuchlich; wie üblich; nach der ³Regel; gewohnheitsmäßig; mechanisch/型に捉われない unbefangen; frei; unkonventionell /型破りの außer Rand und Band/型を破る gegen die Gewohnheit verstoßen*; die Bande des Herkömmlichen durchbrechen*. ❽[抵当] 《Unter》pfand n. -(e)s, "er; Bürgschaft f. -en. ❾ 柔道の型 eine Figur im Judo.

かた 方 ❶[方角] Richtung f. -en/東の方に in der Richtung nach Osten; gegen Osten. ❷[側] Seite f. -n; Partei f. -en/母方の伯父 Onkel 《m. -s, -》von mütterlicher Seite 《mütterlicherseits》/敵方 feindliche Partei. ❸[頃] 明け方に gegen ³Tagesanbruch; gegen Morgen /暮れ方に gegen Abend; gegen Anbruch der Nacht. ❹[宅] bei³; per Adresse²/N 氏方 M 様 Herrn M bei Herrn N. ‖ Herrn M per Adresse Herrn N. ❺[始末] 方がつく fertig werden 《mit³》; zum Schluss 《in ⁴Ordnung》kommen* s 《mit³》/方をつける ein Ende machen³; in ⁴Ordnung bringen*⁴; fertig machen³. ❻[仕方] Methode f. -n; die Art und Weise; Art f. -en; Weise f. -n/考え方 Denkart f.; Denkweise f./歩き方 Gangart; die Art zu laufen/教え方 Unterrichts|methode 《-weise》/手紙の書き方 Wie man einen Brief schreibt. ❼[呼称] この方《男性》dieser Herr /あの方《女性》jene Dame /方々 meine Herrschaften.

-がた -型 Typ m. -s, -en; Form f. -en; Stil m. -(e)s, -e/まさに戦後世代そのものの様な女だ Sie ist der ausgesprochene Typ einer Nachkriegsfrau./関西型の商人だ Er ist der Kaufmann vom Kansai-Stil./最新型の自動車 der neueste Typ 《die neueste Form》eines Autos.

-がた -方 ❶[ころ] bei³; gegen⁴/明け方に bei Anbruch des Tages/暮れ方に 《so》gegen Abend. ❷[だけ] um⁴/二割方騰貴する 《下落する》um 20 Prozent steigen* 《sinken*》s.

かたあげ 肩上げ Aufnäher 《m. -s, -》《Einschlag m. -(e)s, "e》an der Schulter.

かたあし 片足 der eine Fuß, -es; das eine Bein, -(e)s, -e/片足の人 der Einbeinige*, -n, -n/片足で立つ auf einem Bein stehen*.

かたあて 肩当て Schulterunterlage f. -n; Schulterfutter m. -s, -.

カタール Katar n. -s/カタールの katarisch ‖ カタール人 Katarer m. -s, -.

かたい 堅《固》い ❶[一般に] hart; solid. ❷[硬い] steif; papieren; hölzern《以上どれも文章が》; zäh《肉が》; [こわばった] steif; starr; [きつい] fest; eng/この靴は堅過ぎる Diese Schuhe sind zu eng. ❸[強固な] stark; fest;

solid; unverrückbar; unentwegt/堅い決心 unerschütterlicher (fester) Entschluss, -es, -e/堅い約束 Ehrenwort n. -[e]s, "er/festes Versprechen, -s, -. ❹ [手堅い] gesund; vernünftig; sicher; zuverlässig (信用できる)/堅い商売 ein solides (sicheres) Geschäft, -[e]s. ❺ [厳重な] streng; rigoros; rigorös. ❻ [着実な] ernst; ehrlich; aufrichtig ‖ 堅い人 ein zuverlässiger Mann, -[e]s, "er; ein Mensch (m. -en, -en) mit strengem Pflichtbewusstsein; ein sittenstrenger (tugendhafter) Mann. ❼ [方正な] treu; tugendhaft; züchtig; sittlich. ❽ [断固とした] entschlossen; entschieden; resolut. ❾ [頑固な] hartnäckig; stur; starrköpfig. [頑迷な] hartköpfig (dick-); starrsinnig; verstockt. ── 堅く交る stark aus|ringen* (das Wasser aus dem Tuch)/堅く縛る fest|binden*⁴/堅く決心する ⁴sich [unerschütterlich] fest entschließen*⁴/堅く禁じる streng verbieten*⁴/堅く誓う heilig (feierlich; bei Gott) schwören* (geloben)/堅く断る positiv ab|schlagen*⁴; entschieden (bestimmt) [ver]weigern*/固くとって動かない ⁴auf *et bestehen*; auf (bei; in) ³et beharren; an ³et fest|halten*; hartnäckig behaupten⁴; ⁴sich keinen Zoll von der Stelle abbringen lassen*. ──堅くなる steif (seriös) werden; nervös (unruhig) werden* (あがる); Lampenfieber bekommen*/堅くならぬ ungezwungen (ungeniert) sein (bleiben* ⓢ); wie zu Hause sein/ここでは堅くならなくてよい Du brauchst dich hier wie zu Hause benehmen. ¦ Hier kannst du dich es ruhig bequem (leicht) machen.

-がたい -難い ⇨-かたい.

かたい 下腿 Unterschenkel m. -s, -.

かだい 課題 Aufgabe f. -n; Obliegenheit f. -en; Auftrag m. -[e]s, "e; Pflicht f. -en; Thema n. -s, ..men (-ta); Angelegenheit f. -en; Problem n. -s, -e; Frage f. -n; [練習問題] Übungs|aufgabe (-stück n. -[e]s, -e); [宿題] Haus|aufgabe (-arbeit f. -en).

かだい 過大の übermäßig; unmäßig; maßlos; übertrieben; allzu groß; ungeheuer ‖ 過大に見積もる überschätzen⁴ ‖ 過大評価 Überschätzung f. -en.

-がたい -難い schwer; unmöglich; es ist schwer (unmöglich), zu ...∕得がたい unglaubhaft; unglaublich/耐えがたい unanstehlich; unverträglich/言うはやいが行いがたい Das ist leicht gesagt, aber schwer getan. ¦ Das ist leichter gesagt als getan./離れがたい思いで彼女と別れた Er konnte sich nur schwer von ihr trennen./応じがたい条件を出した Er stellte eine unmögliche Bedingung./それは承服しがたい Ich kann unmöglich darauf eingehen.

がだい 画題 Sujet (n. -s, -s) eines Gemäldes; Motiv (n. -s, -e) eines Gemäldes; der als Thema behandelte Gegenstand, -[e]s, "e.

かたいじ 片意地 [意地張り] Widerspenstigkeit f.; Halsstarrigkeit f.; Hartnäckigkeit f./片意地な widerspenstig; halsstarrig; eigensinnig; dickköpfig; verstockt/片意地を張る störrisch sein (werden)《その他上掲の形容詞とともに用いる》.

かたいなか 片田舎 abgelegener (entlegener) Ort, -[e]s, -e; einsames Dorf, n. "er; ferner Winkel, -s, -.

かたいれ 肩入れ unterstützen⁴; befördern⁴.

かたうで 片腕 js ❶ der eine Arm, -[e]s. ❷ [腹心の者] js rechte Hand; der unentbehrliche Helfer, -s, -.

かたおち 片落ち der jähe (starke) Sturz (Kurssturz [株式の]; Preissturz [物価の]) m. -es, "e; das plötzliche Sinken*. -s/物価(株価)ががた落ちした Die Preise (Die Kurse) sind stark (plötzlich) gesunken./この小説は彼の前の作品と比べるとがた落ちだ Dieser Roman hält keinen Vergleich mit seinen früheren Werken aus.

かたおもい 片思い unerwiderte (einseitige) Liebe; unglückliche Liebe《失恋》/片思いである js Liebe wird nicht erwidert (bleibt unerwidert).

かたおや 片親 eins (einer) der ²Eltern.

かたがき 肩書 Titel m. -s, -; Würde f. -n; Rang m. -es/肩書ある tituliert sein; einen Titel haben (tragen*)/学士の肩書を振りまわす den Doktorhut spielen lassen*.

かたかけ 肩掛 Schal m. -s, -e (-)/肩掛をかける einen Schal um|legen.

がたがた がたたいう klappern; knarren; poltern; rasseln; rattern/がたがたふるえる klappern; [heftig] zittern/がたがたの車 der klapprige Wagen, -s -/あらしが窓をがたがたいわせる Der Sturm rüttelt an den Fensterladen./歯ががたがたいわせてふるえている Er zittert, dass ihm die Zähne klappern./車が舗装の上をがたがたと行く Der Wagen rattert über das Pflaster. ¦ Die Räder des Wagens knarren auf dem Pflaster./寒くて[こわくて]がたがた震える Ich klappre (zittere) vor Kälte (vor Angst)./そうがたがたさせて赤ん坊を起こさないでくれ Klappre bitte den Säugling nicht aus dem Schlaf.

かたかな 片仮名 Katakana-Schriftzeichen n. -s, -.

かたがみ 型紙 Schablone f. -n; Musterpapier n. -s, -e [捺染の]; Schnittmuster n. -s, - [洋服の]; Modellierbogen, m. 《子供のための切抜用型紙》.

かたがわ 片側 die eine Seite ‖ 片側通行禁止 Durchgang auf dieser Seite verboten!《掲示》.

かたがわせ 片為替 einseitige Wechselbilanz, -en.

かたがわり 肩替り Unterschiebung f. -en; Subrogation f. -en; Übertragung f. -en. ── 肩替りする jm unterschieben*⁴; jm ab|treten*⁴; jm übertragen*⁴; subrogieren⁴; [引き受ける] übernehmen*⁴; auf

かたき 敵 ⇨仇(敵)/敵役を勤める die Rolle eines Bösewichts spielen ‖ 敵討ち 〔Blut〕rache f. -n; Revanche f. -n; Vergeltung f. -en/敵討ちをする ⁴sich rächen 《an jm》; jm (für ⁴et) rächen; jm ⁴et vergelten⁴/商売敵 Konkurrenz f. -en; Konkurrent m. -en 《人》/恋敵 Nebenbuhler m. -s, -.

かたぎ 気質 Charakter m. -s, -e; Wesensart f. -en; Artung f. -en; Temperament n. -[e]s, -e; Geist m. -[e]s 《精神》‖ アメリカ気質 Amerikanismus m. /商人気質 Kaufmannsgeist m. -[e]s/書生気質 studentische Art/ドイツ気質 Deutschtum n. -s; deutscher Geist/武士気質 Rittertum n. -s; Ritterwesen n. -s 〈-geist m. -[e]s〉.

かたぎ 堅気な solid; fest; 〔律気な〕ehrlich; ehrenhaft; rechtschaffen; 〔道徳堅固な〕moralisch; sittlich; tugendhaft; 〔まじめな〕ernst[haft]; ernsthaft sein / 堅気になる solid werden; ³sich die Hörner ab|laufen⁴ (ab|stoßen⁴).

かたく 家宅 Haus n. -es, ¨er; Wohnung f. -en; Wohnhaus n. -es, ¨er/家宅捜査をする bei jm Haussuchung vor|nehmen⁴/家宅へ侵入する jm ein|dringen⁴ ‖ 家宅侵入 Hausfriedensbruch m. -[e]s, ¨e; das unbefugte Betreten⁴ 〈-s〉eines Hauses/家宅侵入者 Hausfriedensstörer m. -s, -.

かたくち 片口 Napf m. -[e]s, ¨e.
かたくな 頑な ⇨がんこ.
かたくり 片栗 〔植〕Hundszahn m. -[e]s, ¨es ‖ 片栗粉 aus Hundszahn gewonnenes [Stärke]mehl, -s.

かたくるしい 堅苦しい steif; förmlich; zeremoniös; streng; feudal; 〔やかましい〕sittenstreng; umständlich/堅苦しい態度 das formelle〈gezwungene〉Benehmen, -s; die steife Haltung, -en/堅苦しい人 Holzkopf m. -[e]s, ¨e; die schwerfällige Person, -en; Formenmensch m. -en, -en/堅苦しいこと Formalitäten 《pl》; Umständlichkeit f. -en/堅苦しくする sehr förmlich sein/堅苦しくせずに ohne viel ⁴Umstände.

かたぐるま 肩車に乗る auf ³Schultern reiten¹.
かたごし 肩越し über die Schulter her[hin].

かたこと 片言 〔不完全なことば〕Gelalle n. -s; Geplapper n. -s; Gepappel n. -s/片言交じりのドイツ語 gebrochenes Deutsch/片言を言う lallen; plappern; pappeln; radebrechen⁴《外国語などを》.

かたさ ❶ 〔堅〕Härte f.; Festigkeit f.; Solidität f. ❷ 〔硬〕Steife f.; Starrheit f.; Steifheit f.

かたさき 肩先 Schulter f. -n/肩先を切りつけられる einen 〔Schwert〕hieb auf die Schulter bekommen⁴.

かたじけない 忝い ⇨ありがたい/忝くも gnädig; geruhen, ⁴et zu tun/忝する beehrt werden 《mit³》.

かたず 固唾をのんで mit großer Spannung; den Atem anhaltend; mit Hangen und Bangen 《はらはらして》; voller Erwartung.

かたずし 肩すかしを食わす raffiniert aus|weichen⁴ 《s》《jm》.

かたすみ 片隅 eine Ecke; ein Winkel m. -s. ⇨スミ(隅).

かただより 片便り einseitige Korrespondenz, -en/片便りに終わる Der Brief bleibt ohne Antwort.

かたち 形 Form f. -en; Fasson f. -s; Gestalt f. -en; Figur f. -en; Aussehen n. -s/形がよい eine gute schöne Figur〈Gestalt〉haben; wohlgestaltet〈schön geformt〉sein/形がわるい unförmig sein; ungestaltet sein 〈aus|sehen⁴〉/形の整った wohlgestaltet; schön geformt/形がくずれている außer ³Fasson sein; zerknüllt〈zerrauft〉sein《髪の型の》/形づくる formen⁴; gestalten⁴; bilden⁴; modellieren⁴《塑像を》‖ 顔形 Gesichtszüge《pl》; persönliche Erscheinung f.

かたづく 片づく ❶ 〔整頓〕in ⁴<³>Ordnung kommen⁴《s》《ein》; wohl geordnet werden〈sein〉; aufgeräumt werden〈sein〉. ❷ 〔解決〕erledigt werden〈sein〉; ⁴sich erledigen; fertig werden〈sein〉《mit³》. ❸ 〔終結〕endigen《mit³》; zum Abschluss〈zu Ende〉kommen⁴《s》. ❹ 〔嫁に行く〕heiraten⁴; ⁴sich verheiraten/よい所へ片づく in eine gute Familie heiraten.

かたつく wack[e]lig sein; wackeln; gebrechlich sein; baufällig sein; 〔機械などの音〕rattern; rumpeln/いすがたつく Der Stuhl wackelt. /あの会社はがたついている Die Firma wackelt〈steht〉wackelig 〈auf schwachen Füßen〉. /この家はたうがたついていて住めない Dieses Haus ist schon baufällig und unbewohnbar.

かたづける 片づける ❶ 〔整理〕in ⁴Ordnung bringen⁴; ordnen⁴; auf|räumen⁴; zurecht|legen⁴ 〈-|bringen⁴; -|machen⁴〉. ❷ 〔除ける〕weg|räumen⁴ 〈ab|-〉; weg|schaffen⁴ 〈-|legen⁴; -|tun⁴⁴〉; 〔傍へ移す〕beiseite bringen⁴ 〈schaffen⁴; legen⁴; räumen⁴〉. ❸ 〔処理する〕erledigen⁴; ab|tun⁴⁴. ❹ 〔終わらす〕³et ein Ende machen; ab|schließen⁴; beendigen⁴; zu ⁴Ende bringen⁴; fertig machen⁴〈stellen⁴〉/借金を片づける eine Schuld erledigen; Schulden tilgen/紛争を片づける einen Streit erledigen〈beilegen; aus|gleichen⁴; schlichten〉/さっさと片づける kurz ab|tun⁴⁴. ❺ 〔嫁にやる〕verheiraten⁴《an⁴; mit³》; zur Frau geben⁴³⁴. ❻ 〔殺す〕aus der Welt schaffen⁴; jn aus dem Weg räumen⁴; jn ins Jenseits befördern⁴; ab|murksen⁴; beseitigen⁴.

かたっぱし 片端から einer nach dem andern; samt und sonders; ohne `Ausnahme / 出てくる料理を片端から平らげる jede Speise, die jm vorgelegt wird, eine nach der anderen verschlingen⁴.

かたつむり 蝸牛 Schnecke f. -n.
かたて 片手 die eine Hand /片手の einhändig.

かたてま 片手間に in den freien Minuten; in den Mußestunden; neben der eigenen

Arbeit《本業以外に》; nebenbei《ついでに》 ‖ 片手間仕事 Neben¦arbeit *f.* -en (-beschäftigung *f.* -en); Arbeit (*f.* -en) in den Mußestunden.

かたとき 片時も ⇨いっこく(一刻)/片時もあなたのことを忘れたことはない Ihr Bild kommt mir nie aus dem Sinn.

かたどる 型どる modellieren; formen; gestalten; bilden《以上 *nach*³》; kneten《粘土を》; gießen*《型に注ぎこむ》; kopieren⁴; nach|bilden⁴ (-|machen⁴).

かたな 刀 Schwert *n.* -〔e〕s, -er; Degen *m.* -s, -; Klinge *f.* -n《刃》; Säbel *m.* -s, -; Dolch *m.* -〔e〕s, -e《匕首》/刀を研ぐ ein Schwert schärfen/刀を抜く(鞘(さや)に納める) das Schwert ziehen* (in die Scheide stecken)/刀を振り上げる das Schwert schwingen*; mit dem Schwert aus|holen/刀にかけて誓う bei dem Schwert schwören*⁴ ‖ 刀架け Schwertständer *m.* -s, -/刀鍛冶, 刀研師 Schwertfeger *m.* -s, -/刀傷 Schwerthieb *m.* -〔e〕s, -e.

かたなし 形なし ⇨だいなし/先生も形なしだ Das Ansehen des Lehrers ist gänzlich vernichtet.

かたならし 肩ならしする ⁴sich auf|wärmen《ウォームアップ》; probieren⁴《試みる》; vor|üben⁴《下稽古》.

かたは 片刃の einklingig.

かたば 片刃 ⇨かたは.

かたはし 片端 das eine Ende, -s; [片側] die eine Seite/片端から einer* nachdem anderen*; samt und sonders; alle* und jeder*.

かたはだ 片肌脱ぐ eine Schulter entblößen; [助力する] *jm* helfen*³ (bei|stehen*³ [s]); *jm* ⁴Hilfe (Beistand) leisten; *jm* an die Hand gehen* [s]; unterstützen⁴《*bei*³; *in*³》.

かたはら 片腹痛い höchst lächerlich (unsinnig).

カタパルト Katapult *m.* (*n.*) -〔e〕s, -e/カタパルトから発射する katapultieren.

かたパン 堅パン hart gebackenes Brot, -〔e〕s, -e; Schiffszwieback *m.* -〔e〕s, -e.

かたひざ 片膝を立てる ein Knie auf|richten/片膝をつく auf einem ³Bein〔e〕 knien.

かたひじ 片肘をつく die einen Ellbogen stützen《*auf*⁴》.

がたぴし がたぴしいう音 Gerassel *n.* -s; Geklapper *n.* -s; Gepolter *n.* -s/がたぴしいわす klappern; rasseln《an der Tür 戸を, mit der Türklinke 取手を》.

かたひま 片暇に in Mußestunden; dann und wann.

かたびょうし 堅表紙 ein harter 〔Buch〕deckel, -s, -.

かたびら 帷子 dünnes Sommerkleid《-es, -er》aus ³Leinen.

かたぶつ 堅物 ein sittenstrenger Mensch, -en, -en.

かたぶとり 堅太りである Muskelpaket《*n.* -〔e〕s, -e》sein.

かたほ 片帆を揚げる ein Segel ein|ziehen* (reffen).

かたほう 片方 ❶ [一対の片方] der eine* eines Paares; die eine Partei und die andere Partei《組の片方と他方》. ❷ [片側] die eine Seite; die andere Seite. ❸ [二者の一] der eine*; der andere*; der eine von beiden.

かたぼう 片棒をかつぐ ⁴sich beteiligen《*an*⁴; *bei*³》; teil|nehmen*《*an*⁴》; mit|machen《*v.i.* として》.

かたぼうえき 片貿易 einseitiger Außenhandel, -s, ⸚.

かたまり 塊 [土など] Klumpen *m.* -s, -; Scholle *f.* -n; Kloß *m.* -es, ⸚e; [小塊] Klümpchen *n.* -s, -; Knolle *f.* -n; Knollen *m.* -s, -; [大量] Haufe〔n〕 *m.* ..fens, ..fen; Gruppe *f.* -n/土(血)の塊 Erdklumpen (Blutklumpen) *m.* -s, -/欲の塊 Ausbund《*m.* -〔e〕s, ⸚e》von Habsucht/一塊になって《人が》in einer geschlossenen Gruppe/彼は欲の塊りだ Er ist die verkörperte Selbstsucht.

かたまる 固まる ❶ [凝結] erstarren; gerinnen* [s]《血・乳などが》; gefrieren* [s]《凍結》; ⁴sich verdichten《濃くなる》. ❷ [固くなる] hart werden; ⁴sich verhärten; [固定する] ⁴sich fest|setzen; fest werden. ❸ [集まる] ⁴sich 〔ver〕sammeln; einen Haufen bilden《群をなす》; [寄り集まる] ⁴sich zusammem|scharen; ⁴sich zusammem|drängen. ❹ [安定する] 彼の肺病はもう固まった Seine Lungenkrankheit ist zum Stillstand gekommen./天気が固まった Das Wetter ist beständig geworden. ── かたまって in Gruppen; in einer Gruppe; gruppenweise; in Haufen; auf einem Haufen; haufenweise.

かたみ 魚の片身 die eine Hälfte eines Fisches.

かたみ 形見 Andenken *n.* -s, -; Erinnerungszeichen *n.* -s, -/形見にする als ⁴Andenken behalten*⁴ (bewahren⁴)/形見わけ Verteilen*《*n.* -s》von Andenken/形見にもらう zum Andenken《*an*⁴》geschenkt bekommen*.

かたみ 肩身がひろい ⁴sich stola (geehrt; erhoben) fühlen/肩身が狭い ⁴sich blamiert (beschämt; klein) fühlen/これで肩身が広くなる Das erhöht mein Selbstgefühl.

かたみち 片道 Hinweg *m.* -〔e〕s; Hinfahrt *f.*《乗り物の》‖ 片道乗車券 einfache Fahrkarte, -n/片道乗車券三枚下さい Dreimal einfach (geradeaus) bitte!

かたむき 傾き ❶ [傾向] Neigung *f.* -en; Tendenz *f.* -en/…の傾きがある〖zu 不定詞句とともに〗geneigt sein; Neigung haben; neigen/悪の傾きがある Neigung zum Bösen haben. ❷ [傾斜] Neigung *f.* -en; Gefälle *n.* -s, -; Schräge *f.* -n/傾きをなおす gerade auf|richten (machen). ❸ [性癖] Hang *m.* -〔e〕s, ⸚e; Disposition *f.* -en; Vorliebe *f.*; Neigung *f.*

かたむく 傾く ❶ [傾斜] ⁴sich neigen; schräg (schief) liegen*; ⁴sich auf die Seite legen《飛行機が》; Schlagseite bekommen*《船が》/四十五度傾いている eine Neigung von fünfundvierzig Grad haben/傾いている schief stehen*; zur Seite geneigt sein. ❷ [衰える] zur Neige (auf die Neige) gehen* [s]; ⁴sich zum Untergang neigen/家

かたむける 傾ける ❶ neigen*; schräg (schief) legen* (stellen*); kippen*; [ein *Schiff] kielholen〔船底手入れのために〕; [首を傾ける]den Kopf (das Haupt) neigen*/杯を傾ける Wein trinken*; den Becher neigen. ❷ [こぼす] auf die schiefe Ebene (Bahn) bringen*⁴; ruinieren*; zu ³Grunde (zugrunde) richten⁴/国を傾ける ein Land zu Grunde richten/財を傾ける *js* Vermögen vergeuden. ❸〔傾注〕*sich befleißigen*²; *sich widmen*³; *sich vertiefen* 〈in⁴〉/心を傾けて勉強する *sich dem Studium widmen* (ergeben*)/ある人に心を傾ける〔zu〕neigung gewinnen* 〈zu *jm*〉; *jm* sein *Herz schenken*/耳を傾ける *jm* zu|hören; *jm* Gehör leihen* (schenken); *jm* an den ³Lippen hängen*.

かため 片目 das eine Auge, -s/片目の einäugig/片目の人 der Einäugige*, -n, -n/片目で見る mit einem Auge (an)sehen*/彼は片目だ Er ist auf einem Auge blind.

かため 固め ❶〔防御〕Verteidigung f. -en; Befestigung f. -en; Abwehr f. -en; Bewachung f. -en/城の固めを厳重にする die Verteidigung eines Schlosses verstärken/固めのない unbefestigt; wehrlos; unbewaffnet〔武装のない〕. ❷〔誓約〕Gelübde n. -s, -; Bürgschaft f. -en/夫婦固めの杯をする als Ehegelübde aus einem Becher wechselseitig trinken*.

かためる ❶ hart machen⁴; (ver)härten⁴; [凝固させる] gefrieren (gerinnen) lassen*⁴. ❷〔強める〕(ver)stärken⁴; (be)festigen. ❸〔身を〕heiraten; [³sich] einen eigenen Herd gründen; *²sich niederlassen*〔家などを持って〕; [堅気になる] solid leben*/拳を固める die Faust ballen; 鎧に身を固める die volle Rüstung (einen Panzer) an|legen. ❹〔雪を〕Schnee fest|treten*〔踏み固める〕; Schnee ballen〔握り固める〕.

かためん 片面 die eine Fläche; die eine Seite/片面の einseitig.

かたやぶり 型破りの einzig in seiner Art/型破りの人物 Unikum n. -s, -s 〈..ka〉.

かたより 片寄り ❶〔偏倚〕Inklination f. -en. ❷〔偏光〕〔Licht〕polarisation f. -en.

かたよる 片寄る〔傾く〕*sich* (hin)neigen 〈zu³〉; eine Vorliebe haben 〈für⁴〉. ❷ [偏する] parteiisch (befangen; voreingenommen; einseitig; tendenziös) sein*/片寄らない unparteiisch (unbefangen) sein.

かたり 騙り Betrug m. -[e]s; Betrügerei f. -en; Schwindel m. -s, -; Schwindelei f. -en; Täuschung f. -en; [人] Betrüger m. -s, -; Schwindler m. -s, -; Gauner m. -s, -; Täuscher m. -s, -/騙りに遭う betrogen (beschwindelt) werden.

かたり bardauz (pardauz)!; bums!/車ががたりと止まる Mit einem plötzlichen Stoß (Ruck) stoppt der Wagen./がたりという物音で目がさめた Durch ein dumpfes Geräusch wurde ich wach.

かたりあう 語り合う *sich mit jm unterhalten*; ein Gespräch 〈*über*¹〉 führen; mit *jm* sprechen 〈*von*³〉/身の上を語り合う Erlebnisse aus|tauschen 〈*mit*³〉.

かたりあかす 語り明かす die Nacht verplaudern; die ganze Nacht plaudern; eine Nacht mit ³Gesprächen verbringen*.

かたりぐさ 語り草 Stoff 〈m. -[e]s, -e〉 einer Unterhaltung; Gegenstand 〈m. -[e]s, ⸗e〉 eines Gesprächs/これは後世まで語り草になるだろう Diese Geschichte wird in der Nachwelt weiter erzählt werden.

かたる 騙る schwindeln; betrügen*⁴ 〈*um*⁴〉; beschwindeln⁴ 〈*um*⁴〉; täuschen⁴ 〈*um*⁴〉; beschwatzen⁴〔言いくるめる〕/名前を騙る einen anderen Namen an|nehmen*; *sich für einen anderen aus|geben*/金を騙る *jn* um ⁴Geld betrügen* (beschwindeln; prellen).

かたる 語る ❶ sprechen 〈*von*³; *über*⁴〉; reden 〈*von*³; *über*⁴〉; erzählen 《物語る》. ❷〔義太夫・浪花節など〕rezitieren/語るに落ちる *sich in der Erzählung verraten*.

カタル〔医〕Katarr[h] m. -s, -e‖カタル性肺炎 die katarrhalische Pneumonie, -en.

カタログ Prospekt m. -[e]s, -e; Katalog m. -s, -e; Inventar n. -s, -e.

かたわき 片脇に ❶〔小脇に〕unter dem Arm. ❷〔一方に〕auf der einen Seite/片脇に寄せる zur Seite schieben*⁴ (ziehen*⁴).

かたわら 傍らに ❶〔側に〕nebenher; nebenan; seitlich; neben⁴; bei³; an³⁽⁴⁾/道の傍らに am Wege[n]/井戸の傍らに neben dem Brunnen/人の傍らに寄る an *js* ⁴Seite treten*⁽ˢ⁾; an *jn* heran|treten* ⁽ˢ⁾/人の傍らにすわる *sich* neben *jn* setzen/母の傍らに寝る bei der ³Mutter (an der ³Seite der ²Mutter) schlafen*/彼は本を傍らに置いた Er legte das Buch neben sich (beiseite). ❷ [...する一方] neben³; neben|bei (-her); während²/彼は昼間働く傍ら夜学校に通う Während er tagsüber arbeitet, besucht er abends die Schule./彼は英語の傍らドイツ語をやっている Er treibt Deutsch neben dem Englischen.

かたわれ 片割れ ❶〔破片〕Bruchstück n. -[e]s, -e; Fragment n. -[e]s, -e. ❷〔一味〕Helfershelfer m. -s, -; Kumpan m. -s, -e; der Mitverschworene*, -n, -n/二人組強盗の片割れ einer der beiden Räuber.

かたん 加担する〔援助する〕helfen*³; unterstützen⁴; [味方になる] Partei ergreifen* 〈für *jn*〉; [加わる] teil|nehmen*〈*an*³〉; *sich beteiligen* 〈*an*³; *bei*³〉; *sich* 〈mit〉 *verschwören* 〈*mit jm*〉‖加担者 der Beteiligte* ((Mit)verschworene* 《共謀者》), -n, -n; Komplize (Komplize) m. -n, -n.

カタン カタン糸 Baumwollgarn n. -[e]s, -e.

かだん 花壇 [Blumen]beet n. -[e]s, -e; Blumenanlage f. -n.

かだん 歌壇 die Kreise 〈*pl*〉 der Kurzgedichtdichter (Wakadichter); die Spalte 《-n》 für Kurzgedicht 《新聞の》.

かだん 果断 die schnelle Entscheidung, -en; Entschlossenheit *f.* ── 果断な entschlossen; resolut; beherzt; entschieden／果断な処置 die strenge Maßregel, -n (Maßnahme, -n)／果断な人 ein entschlossener Mann, -[e]s, ⸗er; ein Mann von schnellen Entschlüssen.

がだん 画壇 Malerkreis *m.* -es, -e; Künstlerschaft *f.* -en.

かち 勝ち Sieg *m.* -[e]s, -e 《über *jn* (^{4}*et*)》; Überwindung *f.* -en; Besiegung *f.* -en; Eroberung *f.* -en; Bewältigung *f.* -en; Überwältigung *f.* -en／勝ちを得る einen Sieg davon|tragen* (erringen*); die Oberhand erlangen (bekommen*; gewinnen*); ein Spiel gewinnen* 《über *jn*》／早い者勝ち ‚Wer zuerst kommt, mahlt zuerst.'

かち 価値 Wert *m.* -[e]s, -e; Geltung *f.* -en; die Güte; die Würde; Verdienst *n.* -[e]s, -e. ── 価値のある wertvoll; kostbar 《高価な》; [価値相当の] verdient; gebührend; geziemend／価値のない wertlos; entwertet; nutzlos 《無用な》; unwürdig 《無資格の》／…する価値がある verdienen; wert (würdig) sein 《以上 ^{4}*et* zu tun》／彼は賞賛の価値がある Er verdient Lob. ┊ Er ist lobenswert.／…の価値を知る, 認める bewerten^4; schätzen^4; an|erkennen^{*4}; würdigen／読む価値のある本 ein lesenswertes Buch, -[e]s, ⸗er／莫大な価値のある絵 ein Gemälde 《*n.* -s, -》 von unschätzbarem (sehr hohem) Wert.

がち 雅致 Feinheit *f.* -en; Anmut *f.*; Eleganz *f.*; Grazie *f.*; der gute Geschmack, -[e]s, ⸗e／雅致のある fein; anmutig; elegant; geschmackvoll; graziös／雅致のない geschmacklos; extravagant; übertrieben.

-がち ❶ geneigt sein 《*zu*^{3}》; disponiert sein 《*zu*^{3}》; in Gefahr sein; 〖副詞を用いて〗 leicht; oft (öfters); meist／病気がちである kränklich (gebrechlich; schwächlich) sein; auf schwachen Füßen stehen*／降りがちの季節 die regnerische Jahreszeit 《-en》 (Saison, -s); Regenperiode *f.* -n／曇りがちの wolkig; bewölkt; trübe／黒目がちの dunkeläugig／欠席がちである öfters abwesend sein 《*von*^{3}》; häufig fehlen 《*in*^{3}》／不在がちである meist unterwegs (nicht zu Haus[e]) sein; meist verreist sein 《旅行がち》／このごろはおけいこを怠りがちです Jetzt versäume ich öfters den Unterricht.／悪天候で列車は遅れがちです Wegen des Unwetters gibt es viele Zugverspätungen. ❷ 我がちに逃げ出す in wilder Unordnung davon|laufen* [s].

かちあう かち合う zusammen|stoßen* (-|-prallen); gegeneinander (aufeinander) stoßen* [s] 《以上 *mit*^{3}》; zusammen|fallen* [s] 《*mit*^{3} 日時が》／天皇誕生日と日曜がかちあう Der Geburtstag des Kaisers fällt auf einen Sonntag.

かちいくさ 勝ちいくさ Sieg *m.* -[e]s, -e 《*über*^{4}》; gewonnene Schlacht, -en; siegreicher Kampf, -[e]s, ⸗e.

かちえる かち得る gewinnen^{*4}; kriegen^4; erwerben^{*4}; erlangen^4; erreichen^4; erzielen^4; erkämpfen^4; erzwingen^{*4} 《einen Sieg》／成功をかち得る Erfolg 《*m.* -s, -e》 in ^{3}*et* haben.

かちかち [時計の音] ticktack; das Ticken*, -s; [拍子木の音] klipp, klapp; Geklapper *n.* -s.

かちかち かちかちになる [乾いて] hart|trocknen; ausgetrocknet werden; [緊張で] vor Spannung starr werden (erstarren).

かちき 勝気な unbeugsam; unnachgiebig; hartnäckig; fest; unzugänglich; brav; wacker.

かちく 家畜 Vieh *n.* -s, -e (-er); [犬猫など] Haustier *n.* -s, -e; [鳥類] Federvieh *n.* -s, -e (-er)／家畜の群 Viehherde *f.* -n／家畜の頭数 Viehstand *m.* -[e]s ‖ 家畜市場 Viehmarkt *m.* -[e]s, ⸗e／家畜車 Viehwagen *m.* -s, -／家畜病院 Tierklinik *f.* -en.

かちこす 勝ち越す voran|gehen* [s]; *jm* in ^{3}*et* voraus sein; *jn* in ^{3}*et* überbieten* (übertreffen*; führen); einen Vorsprung *jm* gegenüber haben; Gewinn auf seiner ^{3}Seite haben／僕は君に三番勝ち越している Ich bin dir drei Gewinne voraus.／日本はオーストラリアに十点勝ち越している Japan liegt Australien um zehn Punkte voraus. ┊ Japan hat einen Vorsprung von zehn Punkten gegenüber Australien.

かちとおす 勝ち通す immer siegreich sein (bleiben* [s]); einen Sieg nach dem anderen (^{4}Sieg über ^{4}Sieg) erringen* (gewinnen*; erlangen; erkämfen); erfolgreich durch|kämpfen.

かちどき 勝鬨を挙げる ein Triumphgeschrei 《*n.* -s》 erheben*; über einen Sieg jubeln (jauchzen; triumphieren); in ein Triumphgeschrei aus|brechen* [s].

かちまけ 勝ち負け Sieg 《*m.* -[e]s, -e》 oder Niederlage 《*f.* -n》; der Ausgang 《-[e]s》 des [Wett]kampfs.

かちめ 勝ち目 gute Aussichten 《*pl*》; Chance *f.* -n; Überlegenheit *f.*; günstige Lage, -n; Übermacht *f.*／この勝負には勝ち目がある(ない) Wir haben gute (keine guten) Aussichten in diesem Kampf (Wettstreit).／彼には勝ち目がない Er hat keine Chance [zum Sieg]. ┊ Die Aussichten sind gegen ihn.

がちゃがちゃ がちゃがちゃする klappern; klirren 《窓などが》; rasseln 《鎖・車・機械などが》; ratteln (rattern) 《車両などが》.

がちゃん がちゃんと klappernd; klirrend krachend; rasselnd; ratternd; zerplatzend／がちゃんと戸がしまった Krach! war die Tür zu. ┊ Klaps! fiel die Tür ins Schloss.

かちゅう 火中に(へ) im (ins) Feuer／火中に投じる [物を] ins Feuer werfen^{*4} (tun^{*4}; legen^4); [身を] ^{4}sich ins Feuer (in die Flammen 《*pl*》) stürzen.

かちゅう 渦中 ¶ …の渦中に捲込まれる in einen Trubel (Wirbel; Strudel) geraten* (kommen*; verwickelt werden) [s]; ^{4}sich in ^{4}*et* ein|mischen (ein|mengen).

かちょう 家長 Familienhaupt *n.* -[e]s, ⸗er;

かちょう Patriarch *m.* -en, -en; Hausherr *m.* -n, -en/ここでは家長が専制だ Hier herrscht Patriarchat. ‖家長政治 die patriarchalische Regierung; Vaterherrschaft *f.*

かちょう 花鳥 (die) Blumen und Vögel (*pl*)/花鳥風月を楽しむ die Schönheiten der Natur genießen*; ⁴sich an den ³Schönheiten der Natur erfreuen*; ⁴sich im Genuss der Naturschönheiten ergehen*.

かちょう 課長 Abteilungs|leiter *m.* -s, - (-vorsteher *m.* -s, -; -chef *m.* -s, -s).

がちょう 鵞鳥 Gans *f.* ⁼e; Ganser *m.* -s, -; Gänserich *m.* -s, -e (雄).

がちょう 画帳 Album *n.* -s, ..ben; Bilderbuch *n.* -(e)s, ⁼er; Zeichenbuch *n.* -(e)s, ⁼er (スケッチ帳).

かつ 活 Wiederbelebungsschlag *m.* -(e)s, ⁼e/活を入れる *jm* Wiederbelebungsschlag geben*; wieder|beleben⁴; *jn* auf|muntern/死中に活を求める ³sich einen Weg bahnen, indem man das Leben einsetzt; einen Weg aus der verzweifelten Lage heraus|finden*.

かつ 渇 Durst *m.* -(e)s/渇を覚える durstig sein; Durst haben/渇をいやす den Durst löschen (stillen).

かつ 且 überdies; außerdem. ⇒そのうえ

かつ 勝つ ❶ [敵を破る] besiegen⁴; siegen (*über*⁴); [(nieder|)schlagen*⁴; bezwingen*⁴; überwinden*⁴; [勝利を得る] den Sieg davon|tragen* (erringen*); gewinnen*; siegreich sein. ❷[自己に] ⁴sich (selbst) überwinden*⁴; Herr über ⁴sich sein; ⁴sich beherrschen. ❸ [困難に] die Not (die Schwierigkeiten) überwinden*. ❹ [優る] übertreffen*⁴ (*an*³; *in*³); überlegen³ sein (*an*³; *in*³); [優勢である] überwiegen*⁴; die Oberhand haben (*über*⁴)/私には荷が勝ちすぎる Das geht über meine Kraft./彼も年には勝てなくなった Das Alter hat ihn allmählich mitgenommen.

カツ Kotelett *n.* -s, -s ‖チキンカツ Hühnerfleischkotelett *n.* -s, -s/ポークカツ Schweinekotelett *n.* -s, -s.

かつあい 割愛する ❶ [分け与える] verteilen⁴ (*unter*⁴); teilen⁴ (*mit jm*). ❷ [思い切る] auf|geben*⁴; verzichten (*auf*⁴); opfern⁴/時間の都合により割愛します Aus Zeitmangel verzichten wir darauf.

かつお 鰹 Bonito *m.* -s, -s ‖鰹節 der getrocknete Bonito.

かっか 閣下 Exzellenz *f.* -en; eure Exzellenz 《人称》(略: Ew.); seine Exzellenz 《三人称》.

がっか 学課 Lektion *f.* -en; Pensum *n.* -s, ..sen (..sa); Schularbeit *f.* -en; [Lehr-]stunde *f.* -n; Unterricht *m.* -(e)s, -e/音楽の学課 Musikstunde *f.* -n/彼は彼女の所で学課を見てもらっている Er nimmt bei ihr Nachhilfstunden./彼は毎日の学課の予習復習をちゃんとする Er erledigt regelmäßig sein tägliches Pensum. ‖学課時間表 Stundenplan *m.* -(e)s, ⁼e.

がっか 学科 ❶ [Lehr]fach *n.* -(e)s, ⁼er; Unterrichts|gegenstand (Lehr-) *m.* -(e)s, ⁼e; Wissenschaftsgebiet *n.* -(e)s, -e/あなたの専門の(得意の)学科は何ですか Was ist Ihr Spezialfach (Lieblingsfach)?/この学科は随意科目です(必修です) Dieser Lehrgegenstand ist wahlfrei (obligatorisch). ❷[課程] Lehrgang *m.* -(e)s, ⁼e; Kursus *m.* -, Kurse/高校の学科課程は終えました Den Oberschulelehrgang habe ich durchgemacht./その学校の学科課程は次のとおりです Die Unterrichtsgegenstände dieser Schule sind wie folgt: ....

がっかい 学界 Gelehrten|kreis *m.* -es, -e (-stand *m.* -(e)s; -welt *f.* -en); die akademische (wissenschaftliche) Welt, -en/学界に貢献する viel für die Wissenschaft leisten*; ³sich große Verdienste um die Wissenschaft erwerben*.

がっかい 学会 ❶ die wissenschaftliche Gesellschaft, -en; Akademie *f.* -n; Institut *n.* -(e)s, -e; Kollegium *n.* -s, ..gien. ❷ [会議・集会] Tagung *f.* -en; Sitzung *f.* -en; Versammlung *f.* -en/次の医学会は京都で開かれる Die nächste medizinische Tagung findet in Kyoto statt. ‖日本独文学会 Die Japanische Gesellschaft für Germanistik.

かっかく 赫々たる glänzend; glorreich; ruhmreich; rühmlich/赫々たる勝利 der glorreiche (rühmliche) Sieg, -(e)s, -e.

かっこ 斯々の der und der*; so und so/斯々の人 ein Herr Soundso/事情は斯々と話した Ich habe ihm erzählt, dass sich die Sache so und so verhält.

かっかざん 活火山 der tätige Vulkan, -(e)s, -e.

かつっ gerade; eben; knapp; mit knapper ³Not; notdürftig/かつかつその日を送る aus der ³Hand in den Mund leben; knapp aus|kommen* (*mit*)/かつかつで列車に間に合う den Zug noch im letzten Augenblick erwischen.

がつがつ gierig; fressgierig; gefräßig; heißhungrig/がつがつ食う gierig essen*⁴ (verschlingen*⁴)/僕はその本をがつがつと読んだ Ich habe das Buch verschlungen (begierig gelesen).

がっかり がっかりする ❶ [落胆] entmutigt sein; enttäuscht sein (*über* ⁴*et*; in *jm* (³*et*)); nieder|gedrückt (-geschlagen; -geschmettert) sein; in den Erwartungen getäuscht sein; den Mut verlieren* (sinken lassen*); aus allen Wolken (Himmeln) gefallen sein; den Kopf (die Flügel) hängen lassen*; die Flinte ins Korn werfen*; verzagen; verzweifeln (*an*³) ‖/みんながっかりしている Sie sind alle niedergeschlagen (verzagt)./彼はがっかりした Er verlor den Mut. Es nahm ihm allen Mut./そうがっかりするな, 元気を出せ Lass den Kopf nicht so hängen! Kopf hoch! ── がっかりさせる entmutigen⁴; enttäuschen⁴; *jm* den Mut (die Hoffnung, die Lust) nehmen* (erschüttern); deprimieren⁴; nieder|drücken; *jm* die Freude verderben*; *jn* verzagt (verzweifelt) machen/この報告には全くがっかりさせられる Die Berichte lauten sehr

かっかん entmutigend./あの男にはすっかりがっかりさせられた Ich bin von ihm sehr enttäuscht.│Er hat mich sehr enttäuscht. ❷ [疲れる] völlig müde (entkräftet; ermattet; erschöpft) sein; fertig (todmüde; übermüdet; schmachtend; zerschlagend) sein; abgearbeitet (abgehetzt; abgequält; abgerackert; abgespannt) sein/疲れがっかりした Ich bin fertig (völlig erschöpft)./骨抜きになったようにがっかりとした Es überkam mich eine grenzenlose Abspannung.

かっかん 活観 Scharfblick *m.* -[e]s, -e/活眼を開いて見せる mit offenen (unvoreingenommenen) Augen betrachten*.

がっかん 学監 Schul|inspektor *m.* -s, -en (-rat *m.* -[e]s, ..räte).

かっき 活気 Leben *n.* -s; Lebenskraft *f.* ⸚e; Lebendigkeit *f.*; Lebensgeister 〈*pl*〉; Lebhaftigkeit *f.*/彼は活気が横溢している Er ist voller Leben./彼はもうさっぱり活気がない Es ist kein Hauch (kein Funke; keine Spur) von Leben mehr in ihm./商売は活気を失っていく Die Geschäfte gehen flau./財界は再び活気を取戻した In der Finanzwelt belebte sich wieder. — 活気のある lebhaft; lebendig; belebend; lebenskräftig; energisch; kräftig/活気のない leblos; flau; matt; schlaff; langweilig/講演のあとで活気ある議論が交わされた An den Vortrag schloss sich eine lebhafte Diskussion an. — 活気づける beleben⁴; beseelen⁴; auf|muntern⁴; in ⁴ef Leben bringen*/あの男が来て家の中が活気づいた Er brachte Leben ins Haus./彼はまた活気づいてきた Seine Lebensgeister wurden wieder wach (geweckt).

がっき 楽器 (Musik)instrument *n.* -[e]s, -e ‖ 楽器商 Instrumentenhändler *m.* -s, -.

がっき 学期 Semester *n.* -s, - ‖ (二期制) Trimester *n.* -s, - ‖ (三期制) 学期試験 Semestralprüfung *f.* -en/学期初め(末) Semesteranfang *m.* -[e]s, ⸚e (Semesterschluss *m.* -es, ⸚e).

かっきてき 画期的 epochemachend; epochal; bahnbrechend.

かつぎや 担ぎ屋 ❶ [迷信家] eine abergläubische Person, -, -en ❷ [闇商人] Schmuggler *m.* -s, -; Schleich|händler (Schwarz-) *m.* -s, -.

がっきゅう 学級 (Schul)klasse *f.* -n ‖ 学級主任 Klassenlehrer *m.* -s, -.

がっきゅう 学究 der Gelehrte*, -n, -n; Forscher *m.* -s, -; Wissenschaftler *m.* -s, -/学究的 wissenschaftlich; gelehrt; wissenschaftsmäßig.

かっきょ 割拠 ⁴sich fest|setzen; festen Fuß fassen; sein Herrschaftsgebiet behaupten/群雄割拠の有様であった Viele mächtige Feudalherren behaupteten sich in ihrem Herrschaftsgebiet.

かっきょう ¶ 商売は多少活況を呈してきた Das Geschäft gewinnt schon etwas gewisse Lebhaftigkeit./今日の株式取引所は中々の活況であった Die Börse war heute sehr belebt.

かっきょく 楽曲 Musikstück *n.* -[e]s, -e; Melodie *f.* -n.

かっきり ⇨きっちり

かつぐ 担ぐ ❶ [auf den Schultern] tragen*⁴; auf (über) die Schulter nehmen*⁴; schultern*⁴/釣竿を担いで mit einer Angelrute auf der ³Schulter/担ぎ回る herum|tragen*⁴/担ぎ出す hinaus|tragen*⁴ (heraus|-)/担ぎ上げる hinauf|tragen*⁴ (herauf|-)/候補者に担ぎ上げる als ⁴Kandidaten vor|schlagen*⁴ (auf|stellen⁴). ❷ [迷信] abergläubisch sein. ❸ [推戴する] an die Spitze setzen⁴ (stellen⁴); vor|schlagen*⁴ (zu³). ❹ [だます] betrügen*⁴; täuschen*⁴; hintergehen*⁴; an|führen*; beschwindeln*⁴; hereinfallen (hineinfallen) lassen*⁴.

かっくう 滑空 Gleitflug *m.* -[e]s, ⸚e/滑空する gleiten* [s].

かっけ 脚気 Beriberi *f.*

かつげき 活劇 eine stürmische Szene, -, -n; ein heftiger Auftritt, -[e]s, -e; Spektakel *m.* (*n.*) -s, -; Spektakelstück *n.* -[e]s, -e ‖ 〈芝居〉活劇を演じる eine Szene machen/猛烈な活劇が演じられた Ein heftiger Auftritt fand statt.

かっけつ 喀血 Blutspucken *n.* -s; Hämoptoe *f.*/喀血する Blut spucken (husten).

かっこ 括弧 Klammer *f.* -n; Parenthese *f.* -n/括弧つけて Klammer auf!/括弧とじて Klammer zu!/括弧で囲む in Klammern setzen⁴ (ein|schließen*⁴)/備考は括弧に入れて付加して下さい Setzen Sie die Bemerkungen in Klammern hinzu./括弧の中を先に計算するのです Lösen Sie die Klammer zuerst auf!│Rechnen Sie zuerst das, was in der Klammer steht! ‖ 丸(角, 二重)括弧 die runde (eckige, doppelte) Klammer.

かっこ 各戸 an jedem Haus ❖ 前置詞は文脈に応じて bei, vor など適宜に用いる.

かっこ 確固たる standhaft; entschieden; entschlossen; (felsen)fest; unerschütterlich; unentwegt/確固たる意志 der eiserne Wille, -ns, -n/確固たる決心 die feste Entschlossenheit/確固たる態度をとる eine entschiedene Haltung ein|nehmen*/確固たる所の人だ Er ist ein standhafter Mensch.

かっこう 格好 Form *f.* -en; Gestalt *f.* -en; Figur *f.* -en; Haltung *f.* -en; Körperbau *m.* -[e]s; Wuchs *m.* -es, ⸚e/格好な passend; angemessen; geziemend; schicklich; [値段など好] anständig; preiswert/格好のよい wohl|geformt (-gestaltet, -proportioniert); eine schöne (gute) Form haben/格好がわるい unförmig; ungeschlachtet; ungestaltet; eine plumpe (hässliche) Form haben/格好をつける ⁴in gehörige Form bringen*⁴/値段は格好だ Der Preis ist anständig./おかしな格好をする Er gibt eine komische Figur ab./いい格好の女だ Sie hat eine hübsche Figur./ちょうど格好なやつを見つけた Ich habe gerade ein Passendes gefunden./四十格好の男 ein Mann (*m.* -[e]s, ⸚er) von ungefähr 40 Jahren.

か

かっこう 滑降〖スキー〗Abfahrt *f.* -en ‖ 滑降競技 Abfahrtlauf *m.* -[e]s, ⸗e/滑降コース Abfahrtpiste *f.* -n/直滑降 Schussfahrt *f.* -en.

かっこう 郭公 Kuckuck *m.* -s, -e.

がっこう 学校 Schule *f.* -n; Lehr¦anstalt (Erziehungs-) *f.* -en; Grund¦schule (Volks-)《小学校》; Mittelschule《中学校》; Oberschule《高校》; Hochschule《単科大学》; Universität *f.* -en《総合大学》/学校友だち Schul¦freund *m.* -[e]s, -e (-kamerad *m.* -en, -en; -kollege *m.* -n, -n)/学校へあげる *jn* in die (zur) Schule schicken/学校へ行く in die (zur) Schule gehen* [s]; eine Schule besuchen《通学》/学校に行っている《生徒である》in (auf) der Schule sein; die Schulbank drücken/どこの学校へ行っていますか Welche Schule besuchen Sie?/どういう学校へ行きましたか Was für eine Schulbildung haben Sie?/学校を終える die Schule durch|machen/学校は八時に始まり三時に終わる Die Schule fängt um 8 Uhr an und ist um 3 aus./今日は学校は休みです Heute ist keine Schule.¦Wir haben heute schulfrei./彼は学校を休んだ Er bleibt der Schule fern.¦Er hat die Schule geschwänzt.《さぼった》/今日は学校の遠足です Die Schule macht heute einen Ausflug./みんな学校で同級生でした Wir saßen alle auf derselben Schulbank. ‖ 学校医 Schularzt *m.* -es, ⸗e/学校かばん Schulmappe *f.* -n; Schultasche *f.* -n/学校給食 Schulspeisung *f.* -en/学校教育 Schul¦bildung *f.* -en (-erziehung *f.* -en; -unterricht *m.* -[e]s, -e)/学校校舎 Schul¦gebäude *n.* -s, - (-haus *n.* -es, ⸗er)/学校構内 Schulanlage *f.* -n/学校時代 Schul¦zeit *f.* -en (-jahre《*pl*》)/学校生活 Schulleben *n.* -s, -/学校制度 Schulsystem *n.* -s, -e; Schulwesen *n.* -s/学校用品 Schulsachen《*pl*》.

かっこく 各国 jedes Land, -[e]s; jeder Staat, -[e]s ‖ 各国大公使 diplomatische Repräsentanten《*pl*》aller Länder und Staaten.

がっこつ 顎骨 Kinn¦backen *m.* -s, - (-lade *f.* -n).

かっさい 喝采 Beifall *m.* -[e]s; Beifalls¦bezeigung *f.* -en (-ruf *m.* -[e]s, -e; -sturm *m.* -[e]s, ⸗e); das Beifallsklatschen*, -s; Applaus *m.* -es, -e; das Zujauchzen*, -s/喝采裡に unter [3]Beifall (Applaus; Zujauchzen); vom Beifall (Applaus) umbraust (umrauscht; umstürmt; umtost)/熱狂的喝采 phrenetischer Beifall (Applaus)/喝采を博する Beifall finden* (ernten); Applaus bekommen* (erhalten*); *applaudiert (bejubelt; mit [3]Beifall aufgenommen)* werden; es wird *jm* zugejauchzt (zugejubelt)/彼の演説は満堂の大喝采を博した Seine Rede löste den Beifallssturm des ganzen Saales aus. ── 喝采する Beifall klatschen (spenden; zollen)《*jm*》; Applaus spenden《*jm*》; applaudieren《*jm*; *jn*》; bejubeln《*jn*》; mit [3]Beifall auf|nehmen*《*jn*》; zu|jauchzen《*jm*》; zu|jubeln《*jm*》.

がっさい 合切 alles; ganz/一切合切 [*n.*] der ganze Kram, -[e]s, -e;〖俗〗der ganze Salat, -[e]s, -e; [*adv*] alles mögliche; samt und sonders; mit Stumpf und Stiel ‖ 合切袋 Handtasche *f.* -n; Necessaire *n.* -s, -s.

がっさく 合作 Gemeinschafts¦arbeit (Zusammen-) *f.* -en; Gemeischaftsproduktion *f.* -en《合作映画》. ── 合作する gemeinschaftlich aus|arbeiten[4] (bauen[4]; erzeugen[4]; fabrizieren[4]; fertigen[4]; her|stellen[4]; produzieren[4]; verfassen[4])《合作の目的物によって動詞を替える》. ‖ 合作者 Mitarbeiter *m.* -s, -; der Mitwirkende*, -n, -n.

かっさつ 活殺自在である Gewalt über Leben und Tod haben; *jn* in der Tasche (fest in der Hand) haben《思いのままにできる》; *jm* Daumen aufs Auge halten* (drücken; setzen).

がっさん 合算 das Zusammen¦zählen* (--rechnen*), -s/合算する zusammen|zählen[4] (-|rechnen[4]); summieren[4].

かつじ 活字 Type *f.* -n; Letter *f.* -n; Schrift *f.* -en/十二ポイント活字 12 Punkte/活字を組む〔Schrift〕setzen/活字の誤り Druck¦fehler (Setz-) *m.* -s, -/活字に組む ab|setzen[4]/活字の番号 Schriftgrad *m.* -[e]s, -e/肉太(肉細)の活字 fette (magere) Schrift ‖ 活字鋳造所 Schriftgießerei *f.* -en/活字盤 Schrift¦kasten (Setz-) *m.* -s, ⸗.

かっしゃ 滑車 Spule *f.* -n; Flaschenzug *m.* -[e]s, ⸗e; Rolle *f.* -n.

がっしゅうこく 合衆国 die Vereinigte Staaten《*pl*》〔von Amerika〕; die USA《*pl*》.

がっしゅく 合宿する zusammen|wohnen ‖ 合宿所 Mannschaftslogis *n.* -, -; Logierhaus《*n.* -es, ⸗er》der Sportmannschaft.

かつじょう 割譲 Abtretung *f.* -en; Zession *f.* -en/割譲する *jm* (an *jn*) ab|treten*[4]; zedieren[4] ‖ 割譲地区 das abgetretene Gebiet, -[e]s, -e.

がっしょう 合唱 Chor *m.* -[e]s, ⸗e; Chorgesang *m.* -[e]s, ⸗e. ── 合唱する im Chor singen*[4]; Chor singen*. ‖ 合唱指揮者 Chorleiter *m.* -s, -/合唱団(隊) Chor; Kirchenchor *m.* -[e]s, ⸗e《教会の》; Gesangverein *m.* -[e]s, -e; Sängerchor *m.* -[e]s, ⸗e/合唱団員 Chorsänger *m.* -s, -; Chorist *m.* -en, -en; Chor¦knabe (Sänger-) *m.* -n, -n《児童の》/男声合唱団 Männerchor *m.* -[e]s, ⸗e.

がっしょう 合掌する die Hände zum Gebet falten.

かっしょく 褐色の braun; blond《淡褐色の》.

がっしり がっしりと fest; zäh; [鉄のごとく] ehern; eisern; stählern; [精神的] entschlossen; standhaft; [体格・建物など] stark; robust; massiv; bombenfest/彼はそいつの胸倉をがっしりとつかまえた Er packte (fasste) den Kerl fest an der Brust.

かつじんが 活人画 ein lebendes Bild, -[e]s, -er.

かっすい 渇水 Dürre f. ‖ 渇水期 Trockenperiode f. -n; die trockene Zeit, -en; die Periode (Zeit) des Regenmangels.

かっする 渇する ⇨かわく.

がっする 合する ⁴sich verbinden* (*mit*³); ⁴sich vereinigen (*mit*³); [与する・合流する] ⁴sich anschließen* (*an*⁴); ⁴sich zu|gesellen (*zu*³); [合算する] summieren⁴; [合わせる] verbinden*⁴; vereinigen⁴; zusammen|zählen⁴; [混ぜる] vermischen⁴ (*mit*³); zusammen|setzen⁴.

かっせい 活性の 〖化〗 aktiv/活性化する aktivieren⁴ ‖ 活性炭 Aktivkohle f. -n.

かっせん 合戦 Schlacht f. -en; Gefecht n. -(e)s, -e; Treffen n. -s, -.

かっせん 活栓 Hahn m. -(e)s, ⸗e (-en).

かっせん 割線 〖数〗 Sekante f. -n.

かつぜん 豁然と ❶〖突然〗 wie ein Blitz; plötzlich; jäh; mit einem Schlag/彼は豁然として悟った Die Wahrheit ging ihm plötzlich (blitzartig) auf. 彼は豁然と目が開かれた Es fiel ihm wie Schuppen von den Augen. ❷〖広々と〗 weit(läufig); ausgedehnt.

かっそう 滑走 das Gleiten*, -s; das [An-]rollen* (Abrollen*) (-s) auf der Erde (auf dem Grund(e)); das Im-Gleitflug-Niedergehen*, -s. —— 滑走する gleiten* [h.s.] auf der Erde (auf dem Boden) [an]rollen; im Gleitflug nieder|gehen* [s]. ‖ 滑走台 Anlaufbahn f. -en/滑走艇 Gleitboot n. -(e)s, -e/滑走路 Gleit|bahn (Start-)/空中滑走 Gleitflug m. -(e)s, ⸗e/旋回滑走 Spiralgleitflug; der Gleitflug in Spiralen.

がっそう 合奏 Konzert n. -(e)s, -e; das Zusammenspielen*, -s; das ⁴zusammen|spielen (*mit*³)/四部合奏 Quartett n. -(e)s, -e/二部合奏 Duett n. -(e)s, -e; Duo n. -s, -s/合奏をする Sie spielen Duo.

がっそう 合葬する zusammen|begraben*; alle zusammen zur letzten Ruhe geleiten ‖ 合葬墓地 Massengrab n. -(e)s, ⸗er.

カッター ❶〖裁断機〗 Schneidemaschine f. -n; Schrämmaschine f. (採炭用). ❷〖ボート〗 Kutter m. -s, -.

がったい 合体 の ⇨がっぺい/解体後の合体 Rückverflechtung f.

かったん 褐炭 Braunkohle f. -n; Lignit m. -(e)s, -e.

がっち 合致 das Übereinkommen*, -s, -; Übereinstimmung f. -en.

かっちゅう 甲冑 Rüstung f. -en; Harnisch m. -es, -e; Panzer m. -s, -/甲冑一揃[(い)] die volle Rüstung/甲冑に身を固めている in voller ³Rüstung; bis an die Zähne bewaffnet.

がっちり がっちりした [しっかりした] fest; standhaft; straff; [こまかい] peinlich genau; minuziös; pedantisch, penibel; [けちな] geschäftstüchtig (商売熱心); knauserig, [抜けがらない] pfiffig; schlau; verschlagen; [食えない] abgefeimt; ausgekocht; gerieben/がっちり屋 der filzige Kerl, -s, -/がっちりしたやつだよ Er ist ein pfiffiger Bursche./商売の方ではがっちりしすぎている Er ist zu sehr geschäftstüchtig.

かつて einst(mals); einmal; vormals; ehemals; früher; [いつか] jemals; je; 〖否定〗 nie(mals)/かつて食べたこともない菓子だ Dies ist der köstlichste Kuchen, den ich je genossen habe./かつては結構な暮らしをしていた人だ Er hat früher bessere Tage gesehen./かつて見たこともない美しい娘だ 〖wie+代名詞の形で〗 Das ist ein schönes Mädchen, wie ich noch keines (eines noch nie) gesehen habe.

かって 勝手 ❶〖台所〗 Küche f. -n. ❷〖事情〗(private) Verhältnisse (*pl*); Umstand m. -(e)s, ⸗e/勝手を知っている ⁴sich auskennen* (*in*³; *an*³); vertraut sein (*mit*³); den Rummel kennen*/勝手向きがよい(わるい) es gut (schlecht) haben. ❸〖便宜〗 Bequemlichkeit f. -en/勝手のよい bequem; handlich [手頃な・扱い易い]/勝手のわるい unbequem; unhandlich [扱いにくい]. ❹〖わがまま〗 Eigen|wille m. -ns -sinn m. -sucht f.; -/勝手気(気儘)な [利己的な] eigen|süchtig (selbst-); [気儘な] eigen|sinnig (-willig). —— 勝手に ❶〖自由に〗 nach Belieben; aus eigener Bequemlichkeit (都合の良さから); nach eigenem Gutdünken (自分勝手の解釈から)/勝手に召上れ Langen Sie bitte zu!/勝手にしろ Schere dich zum Teufel!/...するのは君の勝手だ Es steht Ihnen frei. (*zu* 不定詞句). ❷〖自ら進んで〗 aus freiem Willen; aus freiem (eigenem) Antrieb(e); aus freien ³Stücken (*pl*). ❸〖無断で〗 ohne ⁴Erlaubnis. ❹〖独断で〗 eigenmächtig; aus eigener Initiative. ❺〖ひとりでに〗 von selbst. ❻〖手前勝手に〗 eigen|nützig (-süchtig)/ある事をある人の勝手に任せる *jn* über ⁴*et* verfügen lassen*; *jm* freie ⁴Hand lassen* (*in* ³*et*)/勝手にさせる *jn* seinen ²Wege gehen lassen*; *jn* zufrieden lassen*/勝手ながら...する ⁴sich die Freiheit nehmen* (*zu* 不定詞句); ⁴sich erlauben⁴/勝手にお使い下さい Das steht zu Ihrer Verfügung./それはあなたの御勝手です Das steht in Ihrem Belieben.; Das können Sie machen, wie Sie wollen.; 御勝手でない Tun (Machen) Sie es, wie Sie wollen (wie es Ihnen beliebt)! ‖ 勝手口 Kücheneingang m. -(e)s, ⸗e; die hintere Tür (裏口)/勝手道具 Küchen|gerät n. -(e)s, -e; (-geschirr n. -(e)s, -)/勝手向 Lebens|lage f. (-unterhalt m. -(e)s, -e).

がってん 合点 ⇨がてん ¶ 合点だ Einverstanden!; Prima, in Ordnung!; Ausgezeichnet!〖ようし〗.

かっと 〖怒って〗 in ⁴Zorn aus|brechen* [s]; auf|brausen; [逆上して] plötzlich ⁴auf|regen; [怒り易い] jähzornig; aufbrausend; reizbar; heißblütig; hitzig.

ガット Darmsaite f.

かっとう 葛藤 Verwicklung f. -en; Verflechtung f. -en; Knoten m. -s, -; [難局] Schwierigkeit f. -en; [衝突・闘争] Konflikt m. -(e)s, -e; Streit m. -(e)s, -e; [不和] Zwist m. -es, -e; Zwiespalt m. -(e)s, ⸗e; 〖確執〗 Fehde f. -n/葛藤を生じる in ⁴Konflikt (Streit; Zwiespalt) geraten* [s] (*mit*

かつどう 活動 Tätigkeit f. -en; Wirksamkeit f.; Aktivität f.; [作用][Aus]wirkung f. -en/活動を止めさせる außer Tätigkeit (Betrieb; Gang) setzen⁴/活動的な tätig; aktiv; betriebsam; energisch (tatkräftig)《活動力のある》. ― 活動する tätig (geschäftig; betriebsam) sein; wirken; ⁴sich betätigen; [機械・身体・機関などが] funktionieren; in Tätigkeit sein/活動している in ³Wirksamkeit sein/盛んに活動している in voller Tätigkeit sein/活動させる in Tätigkeit (Wirksamkeit; Betrieb; Gang) setzen⁴. ‖ 活動家 der tätige (aktive; energische; tatkräftige) Mensch, -en, -en/活動力 Energie f. -n; Tatkraft (Lebens-) f. ⁼e.

カットグラス Kristallglas n. -es, ⁼er.

かっぱ 合羽 Regen|mantel (Gummi-) m. -s, ⁼; der imprägnierte Mantel m. -s, ⁼.

かっぱ 河童 ❶ ein Amphibium (n. -s, -ien) der japanischen Sage/河童の川流れ, „Auch der beste Schwimmer kann ertrinken.'; „Auch der beste Wagen kann umstürzen.'❷ [断髪] Bubikopf m. -[e]s, -e.

かっぱ 喝破する gründlich erklären⁴; klar|stellen⁴; proklamieren⁴; verlautbaren⁴.

かっぱつ 活発 Lebendigkeit f.; Aktivität f.; Behändigkeit f.; Flottheit f.; Lebhaftigkeit f.; Regsamkeit f./活発な lebendig; aktiv; behändig; flott; rege/活発な遊びの lebendige Sport, -[e]s, -e; das lebhafte Spiel, -[e]s, -e/活発な市場 der lebhafte (muntre) Markt, -[e]s, ⁼e.

かっぱらい [行為] das Wegpraktizieren⁴, -s; das [Weg]stibitzen⁴, -s; Mauserei f. -en; [人] Langfinger m. -s, -; Ladendieb m. -[e]s, -e.

かっぱらう weg|praktizieren⁴; [weg]stibitzen⁴; mausen⁴; verschwinden lassen⁴⁴.

かっぱん 活版 Buchdruckerkunst f. ⁼e; Buchdruckerei f. -en; Typographie f. -n ⇨いんさつ/活版刷の [mit Lettern] gedruckt/活版を組む die Lettern [zum Satz] zusammen|fügen; setzen⁴/活版に付する drucken lassen⁴; in ⁴Druck geben⁴⁴ ‖ 活版屋 [Buch]drucker m. -s, -; Druckereibesitzer m. -s, -/ 活版所 Druckerei f. 〈店〉.

がっぴょう 合評 Besprechung f. -en 《über⁴》; Diskussion f. -en.

カップ Pokal m. -s, -e; Becher m. -s, -; Humpen m. -s, -; Kelch m. -[e]s, -e ‖ 優勝カップ Pokal.

かっぷく 恰幅のよい von kräftigem (starkem) Körperbau; mit breiten Schultern.

カップル Pärchen n. -s, -/カップルで als ¹Pärchen.

がっぺい 合併 Vereinigung f. -en; Amalgamierung f. -en; Eingemeindung f. -en 《市町村などの》; Einverleibung f. -en; Fusion f. -en; Vergesellschaftung f. -en 《会社の》 Verschmelzung f. -en; Zusammenschluss m. -es, ⁼e. ― 合併する vereinigen⁴; amalgamieren⁴; annektieren⁴; ein|gemeinden⁴ 《p.p. eingemeindet》; ein|verleiben⁴; fusionieren⁴; verbinden⁴⁴; vergesellschaften⁴; verschmelzen⁴⁴; zusammen|schließen⁴⁴/二社は合併した Die beiden Firmen haben sich vereinigt (vergesellschaftet)./その都市は郊外を合併した Die Stadt hat den Vorort eingemeindet (annektiert). ‖ 合併号/Doppelheft n. -[e]s, -e 《雑誌の》/合併症 Komplikation f. -en/独墺合併 [史] der Anschluss Österreichs ans Deutsche Reich.

かっぽ 闊歩する einher|stolzieren ⓢ (-|-)schreiten* ⓢ; -|stelzen ⓢ; feierlich (gemessen) schreiten*; mit weit ausgreifenden Schritten gehen* ⓢ/大道を闊歩する in den feierlich (gemessen) schreiten Straßen umher|stolzieren.

かつぼう 渇望 Sehnsucht f.; Durst m. -[e]s, ⁼e; heftige Begierde, -n/渇望する 《nach³ とともに》 ⁴sich sehnen; Sehnsucht haben; dürsten (dustern).

かっぽう 割烹 das Kochen⁴, -s; Küche f. -n/割烹の Koch-; Küchen-; kulinarisch; gastronomisch 《食道楽の》 ‖ 割烹着 Küchen|kleid n. -[e]s, -er 《-schürze f. -n》/割烹術 Kochkunst f. ⁼e; die kulinarische Kunst, ⁼e; Gastronomie f. -n 《食道楽》.

がっぽん 合本 Sammelband m. -[e]s, -e/合本する Hefte ein|binden*; Hefte in einen Band binden*.

かつもく 刮目する die Augen weit auf|machen; aufmerksam (interessiert) betrachten⁴; mit gespannter Aufmerksamkeit beobachten⁴/刮目して待つ gespannt (mit ³Spannung) erwarten⁴/刮目に価する js aufmerksame ⁴Beobachtung verdienen.

かつやく 活躍 Tätigkeit f. -en; Wirksamkeit f. -en; Aktivität f. -en; Geschäftigkeit f. 《忙しく立働くこと》/活躍する eine aktive (wichtige) Rolle spielen 《in³》; sehr tätig (wirksam) sein.

かつやくきん 括約筋 [解] Schließmuskel m. -s, -n.

かつよう 活用 ❶ [Nutz]anwendung f. -en; [利用] Verwendung f. -en; Gebrauch m. -s, ⁼e; Verwertung f. -en; Auswertung f. -en. ❷ [文法] Flexion f. -en; Beugung f. -en; Deklination f. -en 《名詞・形容詞などの》; Konjugation f. -en 《動詞の》. ― 活用する ❶ praktisch anwenden⁴; gebrauchen⁴; nützlich verwenden⁴; verwerten⁴/大いに活用する größtmöglichen Vorteil ziehen⁴ 《aus³》. ❷ [文法] flektieren⁴; beugen⁴; deklinieren⁴ 《名詞・形容詞などの》; konjugieren⁴ 《動詞の》. ‖ 活用例 Paradigma n. -s, ..men (-ta).

かつようじゅ 闊葉樹 breitblättriger Baum, -[e]s, ⁼e.

かつら 鬘 Perücke f. -n; das falsche Haar, -[e]s, -e 《入髪》/鬘をつけている eine Perücke (falsches Haar) tragen* ‖ 鬘師 Perückenmacher m. -s, -.

かつら 桂 [植] Japanischer Judasbaum, -[e]s, ⁼e.

かつりょく 活力 Lebenskraft f. ⁼e; Lebensdrang m. -[e]s, -e 《生活意欲》; [生活力] Lebens|trieb m. -[e]s, -e (-energie f. -n).

かつれい 割礼 Beschneidung *f.* -en/割礼を行う *jn* beschneiden*/割礼を受けた人 der Beschnittene*, -n, -n.

カツレツ Kotelett *n.* -s, -s.

かつろ 活路を開く〈見出す〉 ³sich einen Ausweg bahnen; ³sich einen Weg bahnen 《durch⁴》; einen Weg heraus|finden* 《aus³》.

かて 糧 Speise *f.* -n; Nahrung *f.* -en; Lebensmittel 《*pl*》/心の糧 die geistige Speise (Nahrung)/日々の糧 das tägliche Brot, -(e)s, -e.

かてい 家庭 Heim *n.* -(e)s, -e; Familie *f.* -n; Haus *n.* -es, -e; Herd *m.* -(e)s, -e/家庭で am häuslichen Herd(e); im häuslichen Kreis(e); im Kreis der Familie/家庭 の häuslich; Familien-; altüberliefert, häuslich; anheimelnd《我が家のように気楽な》; heimelig/家庭を作る sein eigenes Haus (Haus)|stand gründen; Haushalt) gründen; ⁴sich häuslich ein|richten/家庭の平和 Hausfriede *m.* -ns, -n/家庭の事情 Familienverhältnisse 《*pl*》/家庭生活を送る ein häusliches Leben führen/家庭の都合により aus familiären Rücksichten/円満な家庭 eine glückliche Familie/年少者の堕落は多くの場合家庭の罪である Der Verderb der Jugend ist in den meisten Fällen der Familie zuzuschreiben.‖家庭科 Haushaltungskunde *f.* -n, -e/家庭教育 Familienerziehung (Haus-) *f.* -en/家庭教師 Hauslehrer *m.* -s, -; Gouvernante *f.* -n/《女》/家庭劇 Familienstück *n.* -(e)s, -e/家庭裁判所 Familiengericht *n.* -(e)s, -e/家庭薬 Hausapotheke *f.* (-arznei *f.* -en)/家庭生活 Familienleben (Haus-) *n.* -s, -/家庭争議 Familienzwist *m.* -es, -e; Hauskreuz *n.* -es, -e/家庭用品 Haushalts|bedarf *m.* -(e)s -/家庭欄 Spalte 《*f.* -n》für Familien- und Erziehungsangelegenheiten.

かてい 過程 Prozess *m.* -es, -e; Verlauf *m.* -(e)s, -e; Vorgang *m.* -(e)s, -e/生成発展の過程 Werdegang *m.* -(e)s, -e‖生産過程 Produktionsprozess *m.* -es, -e; (-verlauf *m.* -s, -e; -gang; -verfahren *n.* -s, -).

かてい 課程 Lehr|kursus *m.* -, ..kurse (-kurs *m.* -es, -e; -gang *m.* -(e)s, -e; Studium *n.* -s, ..dien/全課程を終わる den ganzen Kurs durch|machen‖課程表 Lehrplan (Studien-) *m.* -(e)s, -e《カリキュラム》.

かてい 仮定 Annahme *f.* -n; Voraussetzung *f.* -en; Hypothese *f.* -n《仮説》;《哲》Postulat *n.* -(e)s, -e《必然の仮定》;《法》Fiktion *f.* -en/仮定的な hypothetisch; mutmaßlich; angenommen; vorausgesetzt;《法》fiktiv; präsumtiv;《仮の》provisorisch; vorläufig/仮定法《文法》Konjunktiv *m.* -s, -e《略: Konj. 接続法》. — 仮定する an|nehmen*; voraus|setzen; supponieren; assumieren/…と仮定すれば unter der ³Voraussetzung, dass …; angenommen ((voraus)gesetzt), dass …; in der ³Annahme, dass ….

カテーテル Katheter *m.* -s, -/カテーテルを挿入する einen Katheter ein|führen 《*in*⁴》.

カテゴリー Kategorie *f.* -n.

かてて かてて加えて außerdem; überdies; zudem; dazu noch.

-がてら ¶ 遊びがてら zum Zeitvertreib; belustigungshalber /遊びがてらの旅行 Vergnügungsreise *f.* -n/旅行がてら reisenderweise; auf der Reise 《nach³》/買い物がてら auf dem (beim) Spaziergang /用事がてらそこへ遊びに行った Halb geschäftlich habe ich dort besucht.

かでん 家伝の妙薬 ein altes, gutes Hausmittel, -s, -; ein altüberliefertes, wunderwirkendes Familienrezept, -(e)s, -e.

がてん 合点 ❶〈理解〉das Begreifen* (Erfassen*), -s; Verständnis *n.* ..nisses, ..nisse / 合点のいかぬ unbegreiflich; unverständlich; rätselhaft (nebel-) *n.* ..s, ..;〈承知〉Einverständnis *n.* ..nisses, ..nisse; Einvernehmen *n.* -s, -; das Übereinkommen, -s, -; Vereinbarung *f.* -en. — 合点する ❶〈理解する〉begreifen*⁴; ein|sehen* 《*in*⁴》. ein|leuchten《物が主語》; verstehen*⁴. ❷〈承知する〉sich mit ⁴*et* einverstanden erklären; ein|willigen 《*in*⁴》; *jm* zu|stimmen (³*j*).

がてんいんすい 我田引水の eigennützig; selbstsüchtig; selbstisch/我田引水をする seinen eigenen Vorteil suchen; sein Schäfchen ins Trockene bringen*.

カデンツァ《楽》Kadenz *f.* -en/カデンツァを弾く kadenzieren.

かど 過度 Übermaß *n.* -es; Unmäßigkeit *f.*; Maßlosigkeit *f.*; Übertriebenheit *f.* — 過度の übermäßig; unmäßig; unverhältnismäßig; maßlos; schrankenlos; ohne ⁴Maß; über alle Maßen; zu viel; allzu sehr; ungeheuer; ausschweifend; 《俗》sehr; ungeheuer; ausschweifend.

かど 角 ❶〈角(隅)〉Ecke *f.* -n; Winkel *m.* -s, -/《角》・〈角度〉にも》. ❷〈曲り角〉Straßenecke *f.* -n (-biegung *f.* -en)/角を右に(左に) 曲がる um die Ecke rechts (links) biegen*⁵; in die Straße rechts (links) ein|biegen*⁵/家は角を曲った所にある Das Haus steht um die Ecke. — 角のある ❶ eckig; kantig. ❷〈性質・態度〉eckig; unfreundlich; rau; scharf; schroff; barsch; beißend; ungeschliffen; ungehobelt/角のある所を円くする die Ecken abrunden (abgeschliffen) werden*; ⁴sich die Hörner ab|laufen* 《*s*》/角のとれた人 ein gewandter Mensch; ein Mann 《*m.* -(e)s, *-*"er》 von guten Manieren; ein milde Person; ein nachsichtiger Mensch / 目に角をたてて 〔mit Wut〕 funkelnden Augen/ことばに角が立つ es klingt unfreundlich 《hart, rau》.

かど 廉 ¶ …の廉で auf Grund⁽²⁾ (aufgrund⁽²⁾) 《*gen*》; wegen⁽²⁾; in Anbetracht⁽²⁾; im Hinblick auf ⁴*et*;《罪状で》auf Grund (aufgrund) der ²Beschuldigung.

かとう 果糖 Fruchtzucker *m.* -s.

かとう 下等 Minderwertigkeit *f.* -en; geringerer Grad, -(e)s, -e《程度》; geringerer

Rang, -[e]s, ⸗e《階級》; geringere Qualität, -en (Güte, -n)《品質》; Grobheit *f.*《粗野》; [下品] Gemeinheit *f.*; Vulgarität *f.*; Pöbelhaftigkeit *f.* ── 下等の minderwertig; gering[er]; niedrig; [下品な・下賤な] nieder; niedrig; gemein; pöbelhaft; vulgär; lümmelhaft; rüde; [粗雑な] grob; rau; derb; [品質の悪い] von geringerer Qualität (Güte)／下等の人間 der gemeine Mensch, -en, -en. ‖ 下等動物(植物) das Tier《-[e]s, -e》(die Pflanze, -n) niedriger ²Ordnung／下等品 minderwertige Ware, -n.

かとう 過当な unverdient; ungehörig; unangemessen／過当な要求(報酬) ungehöriger Anspruch, -[e]s, ⸗e; übermäßige Forderung, -en (unverdienter Lohn, -[e]s, ⸗e).

かどう 稼動 Betrieb *m.* -[e]s ‖ 稼働率 [機会の] der Prozentsatz《-es》der in Betrieb befindlichen Maschinen.

かどう 歌道 Dichtkunst *f.*; die Kunst des 31 silbigen Kurzgedichtes.

かどう 華道 die Kunst des Blumen¦ordnens (-stellens; -arrangements).

かどう 可動の ⇨**かどうせい**.

〜かどうか ob; ob ... oder／彼が行くかどうかは知らない Ich weiß nicht, ob er geht oder nicht.／彼が金持か貧乏かが問題なのだ Es ist die Frage, ob er reich ist oder arm.

かどうせい 可動性 Beweglichkeit *f.*; Bewegbarkeit *f.*; Mobilität *f.*／可動性の bewegbar; beweglich; mobil.

かとうせいじ 寡頭政治 Oligarchie *f.* -n／寡頭政治の oligarchisch.

かとき 過渡期 Übergangs¦zeit *f.* -en (-periode *f.* -n)／過渡期の状態 Übergangszustand *m.* -[e]s, ⸗e／過渡期の様式 Übergangsstil *m.* -[e]s, -e.

かとく 家督 [相続人] Erbe *m.* -n, -n; [相続財産] Erbe *n.* -s; Erbschaft *f.* -en; [遺産] Vermächtnis *n.* ..nisses, ..nisse; Hinterlassenschaft *f.* -en; [相続権] Erb[folge-]recht *n.* -[e]s, -e／家督を相続する eine Erbschaft an|treten* ‖ 法定家督相続人 der gesetzliche Erbe.

かどぐち 門口 Hauseingang *m.* -[e]s, ⸗e; Haustor *n.* -[e]s, -e; Schwelle *f.* -n.

かどごと 門ごとに vor jedem Haus[e] (Eingang; Tor); von Haus zu Haus.

かどちがい 門違いする [人の家を] an die falsche Tür klopfen; das Haustor《-[e]s, -e》verwechseln; [比喩的に] an den Falschen kommen* [s]; ⁴sich an den Falschen wenden*; den unrechten Baum an|bellen; eine falsche Spur verfolgen／お門違いです *Da kommen Sie an den Unrechten!* ¦ Da haben Sie das Ziel verfehlt!

かどで 門出 Aufbruch *m.* -[e]s, ⸗e; Abreise *f.* -n; Auszug *m.* -[e]s, ⸗e; das Scheiden, -s, -; Start *m.* -[e]s, -s; Abmarsch *m.* -es, ⸗e／門出の杯 Abschiedstrunk *m.* -[e]s, ⸗e／門出の宴 Abschiedsfeier *f.* -n／人生の門出 der erste Schritt《-[e]s, -e》ins Leben.

かどまつ 門松 Neujahrskiefer *f.* -n／門松を立てる die Neujahrskiefer auf|stellen; den Hauseingang mit [den] Neujahrskiefern schmücken.

カドミウム Kadmium *n.* -s.

かとりせんこう 蚊取線香 Moskito Räucher-stab *m.* -[e]s, ⸗e.

カトリック カトリック教 Katholizismus *m.* -; die römisch-katholische Kirche《カトリック教会》／カトリック教の katholisch／カトリック教に改宗する katholisch werden; ⁴sich zum Katholizismus bekennen*／カトリック教徒 Katholik *m.* -en, -en.

かな 仮名 die japanische Silbenschrift, -en.

かなあみ 金網 Draht¦netz *n.* -es, -e (-geflecht *n.* -[e]s, -e).

かない 家内 ❶ Familie *f.* -n; Familienkreis *m.* -es, -e／家内の Familien-; Haus-; häuslich／家内中で mit der ganzen Familie; mit Kind und Kegel. ❷ [妻] meine Frau ⇨**つま(妻)**. ‖ 家内安全 der häusliche Friede[n], ..dens, ..den; das Wohl《-[e]s》der Seinen／家内工業 Hausindustrie *f.* -n.

かなう 敵う *jm* gewachsen sein《*an*³》; *jm* gleich|kommen* [s]《*an*³》; *jm* nicht nach|stehen*《*an*³》／体力では彼に敵わない An Körperkraft bin ich ihm nicht gewachsen (komme ich ihm nicht gleich).／前任者にはとうてい敵わない Er kann seinem Vorgänger nicht das Wasser reichen.／あいつの口にかかっちゃ敵わない Eine böse (giftige; spitze; scharfe) Zunge ist er!

かなう 適う entsprechen*³; ⁴sich geziemen⁽³⁾《*für*⁴》; ⁴sich eignen《*für*⁴; *zu*³》; ⁴sich schicken《*für*⁴》; ⁴sich gehören; angemessen³ (gemäß³) sein; passen《*in*³; *zu*³》; zu|kommen*³ [s]; zu|stehen*³／願ったり適ったりだ Das entspricht gerade meinem Wunsch und meiner Erwartung.／礼儀作法(場所柄)に適った立居ふるまいをするんですよ Benimm dich, wie es sich geziemt (sich gehört; sich schickt)!／働きに適った報酬だ Das Honorar ist angemessen (entspricht der Leistung).／この仕事はあなたの能力(柄)に適ったものだ Diese Arbeit kommt (steht) Ihnen zu.

かなう 叶う in ⁴Erfüllung gehen* [s]; ⁴sich erfüllen ⇨**かなえる**／かなわぬ望み der fromme (nie erfüllbare) Wunsch, -[e]s, ⸗e／かなわぬ恋 eine hoffnungslose Liebe.

かなえ 鼎 Dreifuß *m.* -es, ⸗e／鼎の沸くような騒ぎ ein wirres, tumultuarisches Durcheinander, -s／鼎の軽重を問う *js* Fähigkeit in Zweifel ziehen*／鼎の軽重を問われる Das ist eine Prestigefrage《*für*⁴》.

かなえる 叶える [eine Bitte; einen Wunsch] erfüllen; befriedigen⁴; erhören⁴; gewähren⁴／彼はどんな望みも叶えてくれる Er lässt keinen Wunsch offen.／私の望みは叶わなかった Mein Wunsch hat sich nicht erfüllt.

かなきりごえ 金切声 die schneidende (gellende; grelle; kreischende; schrille) Stimme, -n; Gekreisch *n.* -es／金切声をたてる die kreischende Stimme erschallen lassen*; einen gellenden Schrei stoßen*;

kreischen / 静けさをやぶって金切り声が聞こえた Ein gellender Schrei zerriss die Stille.

かなきん 金巾 Kaliko m. -s, -s.

かなぐ 金具 Beschlag m. -[e]s, -e《建具・家具などの》; Schnalle f. -n《締金・尾錠・バックルなど》/ 金具をつける mit einem Beschlag versehen*⁴.

かなくぎ 金釘流 die kritzelige Handschrift, -en; Gekritzel n. -s; Kritzelei f. -en / 金釘流に書く (be)kritzeln⁴.

かなくそ 金屎 Schlacke f. -n; Abstrich m. -[e]s, -e.

かなけ 金気 der metallische Beigeschmack, -[e]s, ¨e / 金気がある metallhaltig; eisenhaltig 《鉄気》/ 金気があるような味 Es schmeckt nach Eisen. | Es hat einen Anflug vom metallischen Geschmack.

かなしい 悲しい traurig; betrübt; kummervoll; schmerzerfüllt; 《やるせない》 elend; trostlos; 《暗澹たる》düster; schwermütig / 悲しい声で het mit trauriger (klagender) Stimme / 悲しい物語 eine traurige Erzählung, -en (Geschichte, -n) / 悲しそうな(に) kläglich; jammernd; klagend / 悲しい思う(なる) traurig sein; Es ist mir weh ums Herz. | jm tut das Weh 《wenn ...》./ 悲しいことには es ist traurig, dass ...; zu meinem Bedauern; zu meinem großen Leidwesen; leider [Gottes] ⇒いかん《遺憾》/ うれしいにつけ悲しいにつけ in Freud' und Leid.

かなしさ 悲しさ ⇒**かなしみ** / 子を失った悲しさから母は死んだ Die Mutter starb aus Gram (Kummer) über den Verlust ihres Kindes. / 泳ぎのできない悲しさ weil er nicht schwimmen kann; Leider Gottes! Schwimmen kann er gerade nicht.

かなしそう 悲しそう ⇒**かなしい**.

かなしみ 悲しみ Trauer f.; Traurigkeit f.; Betrübnis f. ..nisse; Gram m. -[e]s; Jammer m. -s; Kummer m. -s; Leid n. -[e]s, -en; Trübsal f. -e; Weh n. -[e]s, -e; Wehmut f. (-klage f.) / 悲しみのあまり vor Kummer (Jammer); aus Gram / 悲しみに沈む voller Trauer über ⁴et sein; in tiefer Trauer sein / 母が死んで彼女は悲しみに打ち沈んだ Der Tod ihrer Mutter hat sie in tiefe Trauer versetzt. / 私にも人知れぬ悲しみがある Ich auch habe einen stillen Gram (einen geheimen Kummer).

かなしむ 悲しむ trauern 《über⁴; um⁴》; betrauern; sich betrüben 《über⁴》; sich grämen 《über⁴》; ⁴sich härmen 《über⁴》; jammern 《über⁴; um⁴》; beklagen 《über⁴》; beklagen⁴; beweinen⁴; ³sich ⁴et zu Herzen nehmen / 悲しむべき traurig; bejammerns|wert (beklagens-) 《遺憾》/ 悲しみて traurig; kläglich; kummervoll / 彼の死を悲しむ über den Tod seiner Mutter traurig (voller Trauer) sein; den Tod seiner Mutter betrauern / そう悲しんではいけません Nehmen Sie es nicht so zu Herzen.
—— 悲します betrüben⁴; traurig machen⁴;

in Trauer versetzen.

かなた ⇒**あちら** / はるかかなたに weit in der Ferne / はるかかなたを見る weit in die Ferne sehen*⁴ / はるかかなたから来る aus weiter Ferne kommen*⁴.

カナダ Kanada n. -s / カナダの kanadisch ‖ カナダ人, Kanadier m. -s, -.

かなだらい 金盥 Metallbecken n. -s, -; Waschbecken aus Messing.

かなづち 金槌 Hammer m. -s, ¨ ❖「金」は訳すにおよばず、特に区別する時のみ Holzhammer (木槌), Eisenhammer (鉄槌) とする; Fäustel m. -s, -《石工・坑内夫用》; Schlegel (Schlägel) m. -s, - / 金槌で打つ mit dem Hammer schlagen*⁴ (klopfen⁽⁴⁾) 《an⁴; auf⁴》.

カナッペ Kanapees 《pl》.

かなてこ 鉄梃 Brech|eisen (Hebe-) n. -s, -; Brechstange f.

かなでる 奏でる spielen⁽⁴⁾ 《auf³》; musizieren 《一般に音楽》.

かなとこ 鉄床 Amboss m. -es, -e.

かなのぞう 金仏 Buddhastatue 《f. -n》 aus Bronze (Eisen).

かなぼう 金棒 ❶ Metallstab m. -[e]s, ¨e; Eisenstab m. -[e]s, ¨e; Eisenstange f. -n / 鬼に金棒だ Die Kräfte sind verdoppelt. | Es lässt nichts mehr zu wünschen übrig. ❷ 《体操の》 Reck n. -[e]s, -e.

かなぼうひき 金棒引 《おしゃべりな人》Plaudertasche f. -n《男女とも》; Klatschbruder m. -s, -; Klatschbase f. -n《女》; Zuträger m.

かなめ 要 ❶《扇の》Niet m. -[e]s, -e; Nietnagel m. -s, -. ❷《要点》der Kern 《-[e]s, -e》 der Sache; des Pudels Kern; Angelpunkt m. -[e]s, -e; der wesentliche Punkt, -[e]s, -e; Nabel m. -s, -.

かなめいし 要石 Schlussstein m. -[e]s, -e; Nabel m. -s, -.

かなもの 金物 Eisen|waren (Metall-)《pl》 ⇒**かなぐ** ‖ 金物屋 Eisen|warenhändler (Metall-) m. -s, -.

かならず 必ず bestimmt; gewiss; sicher[lich]《確かに》; notwendigerweise《必然的に》; unvermeidlich《不可避的に》; immer; stets《常に》; auf jeden Fall; auf alle Fälle 《いずれにせよ》❖ その他 (1) 否定文＋関係代名詞＋否定詞 (2) 否定詞 zu ... 否定文 (3) 否定文＋ohne dass＋接続法第二式 (4) jeder; all を用いて表わす、以下の例文参照. / 必ず参ります Ich komme bestimmt (ganz sicher). / 台風が来れば必ず被害がある Kein Taifun kommt, der keinen Schaden anrichtet. / 彼は必ず子供たちにおみやげを持って帰る Nie kommt er nach Haus(e), ohne etwas den Kindern zu bringen (ohne dass er etwas den Kindern brächte). / 物には必ず二面ある Jedes Ding hat zwei Seiten. | Alles hat seine zwei Seiten. / 御依頼の件必ずお伝えいたします Ich werde nie verfehlen, den Auftrag auszurichten. / それは必ずやってもらわねば困る Es muss auf jeden Fall gemacht werden. / 金が入り用なら必ず送りします Ich will Ihnen auf alle Fälle etwas Geld schicken. / 何か事があれば、あいつは必ず顔を出している

Wenn etwas los ist, ist er immer dabei.
かならずしも 必ずしも; nicht immer; nicht alles (allein); jeder*; ganz; überall; nicht gerade; nicht notwendig(erweise); nicht ohne weiteres ❖ その他 (1) 또는 ともに darum, deshalb, deswegen, jedoch を用いる方法 (2) nicht brauchen (müssen)「『…の必要なし』」を利用する方法 (3) nicht etwa, dass …; nicht (etwa), als ob …を接続法第二式とともに用いる方法がある, 以下の例文参照。¶ 光る物必ずしも黄金ではない Es ist nicht alles Gold, was glänzt./民主主義を口にする者必ずしも民主主義者ではない Nicht jeder, der von Demokratie spricht, ist ein Demokrat./必ずしもまちがいではないが, そういう言い方は避けた方がよい Das ist nicht gerade falsch, aber vermeide Sie lieber diesen Ausdruck. ❖「まちがいとは必ずしもいえないが…」と falsch を強調して文頭に出すときは Falsch ist das gerade nicht, aber …の ように gerade nicht を用いる/富める者必ずしも幸福ではない Der Reiche ist nicht immer glücklich. Wer reich ist, ist darum (deswegen) nicht glücklich. Man kann reich sein, ohne deshalb (zugleich) glücklich zu sein./この仕事をやっているのは, 必ずしも博士になりたいから(なれるから)というのでなくて, 興味があるからだ Ich beschäftige mich mit dieser Arbeit, nicht etwa, dass ich damit meinen Doktor machen wollte (als ob ich damit den Doktortitel erwerben könnte), sondern weil ich mich dafür interessiere.

かなり ziemlich; befriedigend《満足できる程度》; einigermaßen; erträglich; leidlich《まあまあ》; verhältnismäßig《割に》; ganz; recht『アクセントをおかずに adv として』; schlecht und recht《なかなか》; hübsch;《量を示すとき》/かなりの財産 ein ziemliches (hübsches) Vermögen, -s, - /かなりの額 ein hübsches Sümmchen, -s, -; ein schönes Stück Gold/かなりの損害だ Der Verlust ist recht ernst./かなりドイツ語がうまい Er spricht ganz (recht; verhältnismäßig) gut Deutsch./かなりの暮らしをしている Sein Zustand ist leidlich (erträglich).《悪くない程度》/あの男もかなりやっていますよ Er schlägt sich schlecht und recht durchs Leben./もうかなりの年でしょうね Er hätte schon ein schönes Alter erreicht.

カナリヤ Kanarienvogel m. -s, - ‖ カナリヤ諸島 die Kanarischen Inseln 《pl.》

かに 蟹 Krabbe f. -n;〔Taschen〕krebs m. -es, -e/蟹のはさみ〔Krebs〕schere f. -n/蟹の甲 Schild n. -〔e〕s, -e/蟹を煮る das Krabbenschiff (-〔e〕s, -e) mit Konservenanlage/蟹座《天》Krebs m. -es, -e.

がにまた がに股の O-beinig; säbelbeinig; grätschbeinig.

かにゅう 加入 Ein|tritt (Bei-) m. -〔e〕s, -e; Anschluss m. -es, "e; Aufnahme f. -n; Beteiligung f. -en. —— 加入する ein|treten* 〔s〕(in*); bei|treten* 〔s〕; *sich an|schließen* (an*); *sich beteiligen (an*); aufgenommen werden (in*); 'Mitglied

('Teilnehmer) werden; Mitgliedschaft (Teilnehmerschaft) erlangen. ‖ 加入金 Eintritts|gebühr f. -en (-geld n. -〔e〕s, -er)/加入申込 die Bewerbung 《-en》 um *Eintritt; die Anmeldung 《-en》 zur Erlangung der Mitgliedschaft/加入者 Mitglied n. -〔e〕s, -er; der Beteiligte*, -n, -n; Subskribent m. -en, -en; Teilnehmer m. -s, -.

カヌー Kanu m. -s, -s.

かね 金 ❶〔金属〕Metall n. -s, -e/金のメタル- ; metallen; metallisch《主として「見た目」「響き」が》。❷〔金銭〕Geld n. -〔e〕s, -er; Münze f. -n《貨幣》; Vermögen n. -s《財産》; Mittel n. -s《ふつう pl 資力》; Summe f. -n; Betrag m. -〔e〕s, "e《金額》; Kosten 《pl 費用》; Mammon m. -s. ¶ 金の Geld-; geldlich; pekuniär; Finanz-; finanziell/金がある〔viel〕Geld haben; reich sein; bei Kasse sein《工面がよい》; gut daran sein《暮らし向きがよい》/うなるほど金がある im Geld schwimmen* 〔s.h〕(ersticken, wühlen); Geld wie Heu (in Hülle und Fülle) haben/金がない kein (wenig) Geld haben; arm sein; schlecht bei Kasse sein; es geht bei jm knapp her《暮らし向きが苦しい》/金をもうける Geld verdienen; zu Geld kommen* 〔s〕; mit *et Geld machen; Geld zusammenraffen《かき集める》/金をためる Geld auf die hohe Kante legen/金を使う Geld aus|geben*; Geld verschwenden (vergeuden)《浪費》/湯水のように金を使う Geld 〔mit vollen Händen〕zum Fenster hinaus|werfen*; viel Geld springen lassen*/金を出す Geld anlegen《投資》; die Kosten bestreiten* (tragen)《費用を負担する》; für jn (*et) bezahlen/金がかかる viel Geld (viel Geld; eine Stange Geld; ein Heidengeld) kosten; Das läuft ins Geld./金がなくなる Das Geld wird knapp. Pleite gehen* 〔s〕 (machen)《俗に使い果たす》/金に困る in Geldnot (Geldklemme; Geldverlegenheit) sein/金で買えぬ〔auch〕für Geld und gute Worte nicht zu bekommen sein / 金 に な る einträglich; gewinnbringend (Gewinn bringend); rentabel/金にする *et zu Geld machen《売る》/金がものをいう世の中《人間万事金の世の中、 地獄の沙汰(さた)も金次第》Mit Geld kommt man überall durch.《Geld regiert die Welt.》《Wer gut schmiert, der gut fährt.》/金の切れ目が縁の切れ目《Freunde in der Not gehen hundert auf ein Lot.》/金は天下の回りもの Das Geld gehört niemandem, es rollt bloß./ちょっとした金がかかりました《相当かかった》Das hat ein nettes (hübsches) Sümmchen gekostet./金に糸目はつけません Ich scheue keine Kosten. Die Kosten spielen keine Rolle./ 我が婆さんは金をもっている Diese Alte ist nicht ohne Mittel./金のことはわからん男です Mit Geldsachen ist er nicht vertraut./もう一文も分かせない Ich habe keinen roten Heller mehr./彼はそれに莫大な金をかけた Er hat es sich dafür eine enorme Summe kosten lassen.

かね 鐘 Glocke f. -n; Schelle f. -n/鐘の音

Geläut *n.* -[e]s, -e; Geläute *n.* -s, -; Glockenschall *m.* -[e]s, -e (⸗e)／鐘を鳴らす die Glocke läuten (ziehen*); die Glocke anschlagen* 《つく》／鐘が鳴る Die Glocke läutet.／鐘つき堂 Glockenturm *m.* -[e]s, ⸗e／鐘つき[男] Glöckner *m.* -s, -.

かねいれ 金入れ Geldbeutel *m.* -s, -; Portemonnaie (Portmonee) *n.* -s, -s 《財布》; Geld¦tasche (Brief-) *f.* -n 《紙入れ》; Kasse *f.* -n 《銭箱》; Sparbüchse *f.* -n 《貯金箱》.

かねかし 金貸し Geldverleiher *m.* -s, -; [Geld]wucherer *m.* -s, - 《高利貸》／金貸をする Geld verleihen*³; Wucher treiben* ‖ 金貸業 Geldverleih¦geschäft (Wucher-) *n.* -[e]s, -e.

かねがね ⇨かねて(予て).

かねじゃく 曲尺 Winkelmaß *n.* -es, -e; der [gewöhnliche] Shaku 《30.3cm》.

かねずく 金ずくでやったのではない Des Geldes wegen habe ich es nicht getan.／金ずくではあの男は動かない 《うんと言わぬ》 Für Geld und gute Worte ist er nicht zu bewegen.

かねつ 加熱 Erhitzung *f.* -en; Heizung *f.* -en／加熱する erhitzen⁴; heizen⁴; erwärmen⁴ ‖ 加熱殺菌 die Sterilisation 《-en》 durch Erhitzen.

かねつ 過熱する überheizen⁴; überhitzen⁴; heiß|laufen* [s]／モーターの過熱 das Heißlaufen* 《-s》 des Motors ‖ 過熱器 [Dampf]überhitzer *m.* -s, -.

かねづかい 金使いのあらい verschwenderisch／金使いのあらい人 Verschwender *m.* -s, -; 〖俗〗 Scheinwerfer *m.* -s, -／金使いがあらい flott mit dem Geld um|gehen* [s]; nicht mit Geld umgehen können* 《使い方を知らぬ》; viel Geld springen lassen*; mit dem Geld um ⁴sich werfen* (schmeißen*). ⇨かねばなれ.

かねづまり 金詰り Geldknappheit *f.*; die finanzielle Gedrücktheit *f.*

かねづる 金蔓 Geldgeber *m.* -s, -; Financier *m.* -s, -s／やっと金蔓をつかんだ Endlich hat er einen Geldgeber ausfindig gemacht.

かねて 兼ねて ⇨かねる.

かねて 予て vorher; im Voraus; bereits; schon; [かつて] früher; damals; einst／かねてから seit kurzem (langem); von früher her; die ganze Zeit her／かねての約束どおり wie [schon] verabredet／かねての計画どおり wie früher geplant.

かねばなれ 金離れがよい eine milde (offene) Hand haben; mit dem Geld großzügig (freigebig) sein; die Spendierhosen an|haben*; flott mit dem Geld um|gehen* [s]／金離れがわるい nicht gern den Beutel ziehen*; am Geld[sack] hängen* (kleben); nicht gern in die Tasche greifen*; die Hände auf der Tasche haben; einen gefrorenen Beutel haben.

かねまわり 金回りがよい(わるい) gut (schlecht) bei Kasse sein.

かねめ 金目 Wert *m.* -[e]s, -e／金目のもの Wertgegenstand *m.* -[e]s, ⸗e; Kostbarkeit *f.* -en／金目にして千ユーロの品物 die Ware 《-n》 im Wert von 1 000 Euro.

かねもうけ 金儲け Gelderwerb *m.* -[e]s, -e／金儲けをする mit ³*et* Geld machen (verdienen); ³sich Geld erwerben*; gute Geschäfte machen／この商売は金儲けにならぬ Dieses Geschäft trägt (bringt) wenig ein.

かねもち 金持 der Reiche*, -n, -n; der reiche (vermögende) Mann, -[e]s, Leute; Millionär *m.* -s, -e 《百万長者》; Milliardär *m.* -s, -e 《億万長者》／金持である reich sein; vermögend (wohlhabend) sein; mit Glücksgütern gesegnet sein; im Fett (in der Wolle) sitzen*; [大金持] steinreich (stockreich) [wie ein Krösus] sein; Geld wie Heu (Sand) haben; Kesten und Kasten voll haben; im Geld schwimmen* [s,h] (ersticken; wühlen); ⁴sich im Gold wälzen; [förmlich] im Gold wühlen／金持になる reich werden; zu Geld (zu einem Vermögen) kommen* [s]; ⁴sich bereichern／金持に生まれる reich geboren sein／金持と結婚する reich heiraten⁴; [nach] Geld heiraten 《お金目当て》／金持も貧しい人も reich und arm; Reiche und Arme, der -n und -n.

かねる 兼ねる ❶ [兼職·兼備] mit ³*et* verbinden* 《結合する》 ❖ その他 zugleich, gleichzeitig 《同時に》; auch 《もまた》; ebenso ... wie 《同様に》; sowohl ... als (wie) auch 《並びに》, または数詞を用いて表わす／二つの職を兼ねる zwei Ämter bekleiden (versehen*; verwalten)／商用と保養を兼ねて旅行する geschäftlich und zugleich zur Erholung reisen [s]; eine Geschäftsreise verbunden mit Erholung machen／彼女は才色兼ね備えている Sie ist ebenso gebildet wie schön.／この方面では彼はりっぱな知識と豊富な経験を兼ね備えている Auf diesem Gebiet besitzt (hat) er sowohl gute Kenntnisse als auch viel Erfahrung.／柔と剛を兼ねている男だ Bei ihm ist Geschmeidigkeit mit Härte verbunden.／書斎は応接間を兼ねている Das Arbeitszimmer ist zugleich als Empfangsraum benutzt.／秘書は旅行中は通訳の役も兼ねた Der Sekretär hatte auf der Reise auch das Amt des Dolmetschers zu versehen.／大は小を兼ねる Das Große schließt das Kleine in sich. ❷ [不可能·困難·ためらい] nicht können*; schwer 《副詞として》／解り兼ねます Da kann ich nicht mit.／何ともいたし兼ねます Ich kann leider nichts dafür.／は? ちょっと聞きとり兼ねるのですが Bitte? Ich kann Sie nur schwer hören.／待ちかねたぜ Ich habe dich mit Ungeduld erwartet. ¦ Höchste Zeit, dass du kommst!／彼は何でもし兼ねない Er scheut sich vor nichts.

かねん 可燃性 Brenn¦barkeit (Entzünd-) *f.*／可燃性の [ver]brennbar; [leicht] entzündbar ‖ 可燃物 der feuergefährliche (entzündbare) Stoff, -[e]s, -e (Gegenstand, -[e]s, ⸗e).

かの 彼の jener*; der*; der besagte* (genannte*).

かのう 化膿 Eiterung *f.* -en; Puruleszenz *f.* -en; Suppuration *f.* -en; Vereiterung *f.* -en／化膿性の eit[e]rig; eiternd; purulent;

suppurativ / 化膿する Eiter bilden; eit〔e〕rig werden; schwären; vereitern [s].

かのう 可能〔性〕 Möglichkeit *f.* -en; Wahrscheinlichkeit *f.* -en / 一か月以内には復旧の可能性がある Es besteht die Möglichkeit, dass alles binnen einem Monat wiederhergestellt wird. ⁝ Möglicherweise kommt alles binnen vier Wochen wieder in Ordnung. / 早急に回復の可能性はない Man kann keine Möglichkeit absehen, dass alles schnell wieder in Ordnung ist. ⁝ Unmöglich kann alles schnell wiederhergestellt werden.

かのうきん 仮納金 Hinterlegung *f.* -en; Depositum *n.* -s, ..siten (..sita).

かのこ 鹿の子絞り der gescheckte (gesprenkelte) Stoff, -〔e〕s, -e / 鹿の子まだらの mit Weiß besät; weiß punktiert.

かのこそう かのこ草 〖植〗 Baldrian *m.* -s; Katzenkraut *n.* -〔e〕s.

かのじょ 彼女 sie*; die Liebe*, -n 《恋人》/ 彼女の ihr* / 彼女たち(彼女ら) sie* 《*pl*》/ 彼女たち(彼女ら)の ihr*.

かば 樺 Birke *f.* -n; Birkenbaum *m.* -〔e〕s, ⸗e.

かば 河馬 Fluss⁝pferd (Nil-) *n.* -〔e〕s, -e; Hippopotamus *m.* -, -.

がば がばと起き上がる auf|fahren* [s] 《aus dem Schlaf (Bett) 寝床から; vom Stuhl いすから; vor Zorn いきどおって》; in die Höhe fahren* [s]; auf|springen* [s]; auf die Füße springen* [s].

カバー Decke *f.* -n; Hülle *f.* -n; 〔Schutz-〕umschlag *m.* -〔e〕s, ⸗e 《本の》.

かばう 庇う 〔be〕schützen[4]; 〔be〕schirmen[4]; decken[4]; die Stange halten* 《*jm*》; in [4]Schutz (Schirm) nehmen* 《*jn*》; Partei ergreifen* 《für *jn*》; unter die Fittiche nehmen*[4]; zur Seite gehen* [s] (stehen*) 《*jm*》.

かはく 仮泊する zeitweilig (vorläufig) vor Anker gehen* [s] (ankern); den Anker zeitweilig 〔aus|〕werfen*.

かばり 蚊鉤 die künstliche 〔Angel〕fliege, -n.

かはん 河畔 〔Fluss〕ufer *n.* -s, - / 河畔の家 ein Haus 《*n.* -es, ⸗er》 am Fluss〔e〕/ 河畔の土手 Ufer⁝böschung *f.* -en (-damm *m.* -〔e〕s, ⸗e).

かはん 過半 der größere Teil, -〔e〕s, -e; über die Hälfte.

かはん 過般 vor einiger [3]Zeit; vor kurzem; neulich / 過般来 seit einiger [3]Zeit; seit kurzem.

かばん 鞄 ❶ [手提用] 〔Schul〕mappe *f.* -n; 〔Akten〕tasche *f.* -n; [折鞄] Portefeuille *n.* -s, -s. ❷ *[旅行用] 〔Reise〕koffer m. -s, -;* Mantelsack *m.* -〔e〕s, ⸗e; Reisetasche. ❸ [背負いの] 〔Schul〕ranzen *m.* -s, -.

がばん 画板 Zeichen⁝brett (Reiß-) *n.* -〔e〕s, -er.

かはんしん 下半身 Unterkörper *m.* -s, -.

かはんすう 過半数 Mehrheit *f.*; Mehrzahl *f.*; Majorität *f.* / 過半数を制する überwiegende Mehrheit gewinnen* (erreichen; finden*) / 過半数の投票によって決する durch 〔die〕 Stimmenmehrheit entscheiden*[(4)].

かひ 可否 ja oder nein; [当否] geeignet oder nicht; [賛否] für oder wider (gegen); Pro und Kontra / 可否を論じる über das Für und Wider disputieren; das Pro und Kontra erörtern (diskutieren).

かび 黴 Schimmel *m.* -s, -; Moder *m.* -s; Kahm *m.* -〔e〕s, -e 《酒・ビールなどの》/ 黴だらけの verschimmelt / 黴がいっぱいはえた mit Schimmel überzogen (bedeckt) / 黴のはえた話 die abgedroschene (abgenutzte; abgestandene; veraltete; verstaubte) Geschichte, -n / 黴臭い schimm〔e〕lig; mod〔e〕rig / 黴臭くなる schimm〔e〕lig (mod〔e〕rig) werden.

かび 華美 Pracht *f.*; Herrlichkeit *f.* -en; Luxus *m.* -; Pomp *m.* -〔e〕s; Prunk *m.* -〔e〕s; 〔Schau〕gepränge *n.* -s / 華美な prächtig; prachtvoll; herrlich; luxuriös; prunkhaft.

かひつ 加筆 Bearbeitung *f.* -en; Verbesserung *f.* -en / 加筆する bearbeiten; verfeinern; verbessern.

がびょう 画鋲 Reiß⁝nagel *m.* -s, - (-zwecke *f.* -n).

かびる 黴びる 〔ver〕schimmeln [s]; 〔ver〕modern [s]; schimm〔e〕lig (mod〔e〕rig) werden; Schimmel (Moder) setzt sich an. / 黴びた verschimmelt; vermodert; mit [3]Schimmel (Moder) überzogen (bedeckt).

かびん 花瓶 〔Blumen〕vase *f.* -n.

かびん 過敏な über⁝empfindlich (-empfänglich); allzu sensibel (nervös); leicht erregbar (reizbar) / 神経過敏な病人 der überempfindliche (nervöse) Kranke*, -n, -n.

かふ 家譜 Stammbaum *m.* -〔e〕s, ⸗e; Genealogie 《*f.* -n》 einer Familie; Geschlechtsregister *n.* -s, -.

かふ 火夫 Heizer *m.* -s, -; Feuermann *m.* -〔e〕s, ⸗er (..leute).

かふ 寡婦 Witwe *f.* -n / 寡婦である verwitwet sein ‖ 寡婦扶助金 Witwen⁝rente *f.* -n (-geld *n.* -〔e〕s, -er).

かふ 下付 ❶ [交付] Aushändigung *f.* -en; Ausgabe *f.* -n; das Aus⁝stellen* (-geben*), -s. ❷ [免許] Gewährung *f.* -en; Bewilligung *f.* -en; Verleihung *f.* -en. ── 下付する ❶ [交付する] aus|händigen; aus|stellen; geben*; verleihen*. ❷ [免許を] bewilligen; gewähren. ‖ 下付金 Geldspende *f.* -n; Hilfsgelder 《*pl* 補助金》.

かぶ 株 ❶ [切株] 〔Baum〕stumpf *m.* -〔e〕s, ⸗e. ❷ [株式] Aktie *f.* -n; Anteil *m.* -〔e〕s, -e; Anteilschein *m.* -〔e〕s, -e; Effekten 《*pl* 有価証券》/ 株に手を出す in Aktien spekulieren (gewagte Geschäfte machen) / ...の株を買う [3]sich Aktien an|schaffen / 彼の株が上がった(下がった) Seine Aktien sind gestiegen (gefallen). 《比喩的にも》. ❸ [営利上の特権] Kundschaft *f.* -en 《総称的》; Kundenkreis *m.* -es, -e 《同上》; Auftraggeber *m.* -s, -. ‖ 新株 junge (neue) Aktie / 普通株 Stammaktie *f.* -n. ⇨かぶしき.

かぶ 歌舞 das Singen* und Tanzen*, des - und -s ‖ 歌舞音曲 Singen* und Tanzen* mit Musik; Lustbarkeit *f.* -en; Vergnügen *n.* -s.

かぶ 蕪 die (weiße) Rübe. -n.

かぶ 下部 Unterteil *n.* (*m.*) -(e)s, -e ‖ 下部構造 Unterbau *m.* -(e)s, -ten/下部組織 eine untergeordnete Organisation, -en (Stelle, -n); [官吏] untere Dienststelle, -n.

かぶ 画譜 Bilder|buch *n.* -(e)s, -er (-album *n.* -s, ..ben).

がふ 画布 (Maler)leinwand *f.* -e; Kanevas *m.* -(..vasses), -(..vasse).

かふう 家風 Familienbrauch *m.* -s, ⸚e; die Gebräuche (Gewohnheiten) ⟨*pl*⟩ in einer Familie; Familientradition *f.* -en/家風に合わない in den Rahmen des Haushalts nicht passen; ⁴sich nicht den ³Gebräuchen der Familie an|passen (an|bequemen); gegen (wider) die Tradition der Familie sein. ⇨かほう(家法).

がふう 画風 Stil *m.* -(e)s, -e) der Malerei; Genre ⟨*m.* (*n.*)⟩ -s, -s) des Gemäldes.

カフェイン Koffein (Kaffein) *n.* -s ‖ カフェイン中毒 Koffein|vergiftung *f.* (-sucht *f.*) -.

カフェテリア Cafeteria *f.* ..rien.

がぶがぶ がぶがぶ飲む gierig trinken*⁴; hinunter|trinken*⁴; hinunter|gießen*⁴; einen kräftigen Zug tun*; [wie ein Loch] saufen*⁴.

かぶき 歌舞伎 Kabuki *n.* -s; Kabuki-Spiel *n.* -(e)s, -e; Kabuki-Theater *n.* -s, -.

かぶきもん 冠木門 das mit einem Dach versehene Tor, -e.

かぶきん 株金 das in Gestalt einer Aktie angelegte Geld, -(e)s, -er/株金の払込 die Einzahlung (-en) (Einlegung, -en) der Aktiensumme/株金を払い込む das Aktiengeld ein|zahlen (ein|legen).

かぶく 禍福 Glück und Unglück; Wohl und Weh; Auf und Ab; Wechselfälle ⟨*pl*⟩ /禍福はあざなえる縄のごとし ‚Wen das Glück erhebt, den stürzt es wieder.'‚Glück und Unglück wechseln miteinander.'

かぶく 下腹部 Unter|leib *m.* -(e)s, -er (-leibsgegend *f.* -en).

かぶしき 株券 Aktien|brief *m.* -(e)s, -e (-urkunde *f.* -en); Dividendenschein *m.* -(e)s, -e.

かぶさる 被さる decken⁴; bedecken⁴ ⟨*mit*³⟩; über|hängen* (-|hängen*) ⟨*über*³⟩; [色·画面を]übergreifen* (fließen*) ⟨*über*³⟩; übergreifen*; überblenden ⟨映画の画面が⟩.

かぶしき 株式 Aktie *f.* -n; Aktien|brief *m.* -(e)s, -e (-urkunde *f.* -n); Anteilschein *m.* -(e)s, -e/株式を募集する Aktien auf|legen (aus|schreiben*); an|bieten*) ‖ 株式会社 Aktiengesellschaft *f.* -en ⟨略: AG⟩/株式市場 Aktienmarkt *m.* -(e)s, ⸚e/株式指数 Aktienindex *m.* -s, ..indizes/株式資本 Aktien|kapital *n.* -s, -e (-fonds *m.* -s, -)/株式相場 Aktienkurs *m.* -es, -e/株式取引 Aktienhandel *m.* -s/株式取引所 Aktien-börse *f.* -n/株式発行 Aktienausgabe *f.* -n/株式分割 Aktiensplit *m.* -s, -s/株式法 Aktiengesetz *n.* -es, -e/株式引受 Aktienzeichnung *f.* -en.

カフス Manschette *f.* -n ‖ カフスボタン Manschettenknopf *m.* -(e)s, ⸚e.

かぶせる 被せる zu|decken⁴; über|hängen (-|ziehen*); ab|decken⁴ ⟨以上 *mit*³⟩; legen⁴ (aus|breiten⁴; setzen⁴ ⟨以上 *auf*⁴⟩; [ver]hüllen⁴; [ver]hüllen*⁴; ein|hüllen⁴ ⟨以上 *mit*³; *in*⁴⟩/皿に布を被せる den Teller mit einem Tuch zu|decken.

カプセル Kapsel *f.* -n.

かぶそく 過不足 weder zu viel noch zu wenig; eben (gerade) genügend; gerade richtig; [適度に] mit Maßen; Maß haltend; maßvoll; gemäßigt.

かぶと 兜 Helm *m.* -(e)s, -e/兜を脱ぐ den Helm ab|nehmen* (ab|legen); [降參する] die Waffen strecken; die Segel streichen*; [尊敬する] vor *jm* den Hut ab|nehmen* / 敵ながら兜の緒を取れ! Sei auch nach dem Sieg auf der Hut!

かぶとがに 兜蟹 Molukkenkrebs *m.* -es, -e.

かぶとむし 甲虫 Käfer *m.* -s, -; Hirschkäfer *m.* -s, - ⟨鍬形虫⟩.

かぶぬし 株主 Aktionär *m.* -s, -e; Aktien|besitzer *m.* -s, - (-inhaber *m.* -s, -); Anteilhaber *m.* -s, - ‖ 株主総会 Hauptversammlung *f.* -en; die Generalversammlung (-sitzung *f.* -en) der Aktionäre/株主団体 Aktionärsvereinigung *f.* -en/株式配当金 Dividende ⟨*f.*⟩ -n (Gewinnanteil *m.* -(e)s, -e) für den Aktionär/株主名簿 das Verzeichnis (..nisses, ..nisse) (die Liste, -n) der Aktionäre.

かぶや 株屋 Aktien|händler (Effekten-) *m.* -s, -; Aktienmakler *m.* -s, - ⟨仲買人⟩; Winkelbörsenspekulant *m.* -en, -en ⟨もぐりの⟩.

がぶり がぶりと飲む einen kräftigen Schluck tun* (nehmen*); hinter|schlingen*⁴; verschlucken⁴ / がぶりとかむ [kräftig] [an]beißen*⁴.

かぶりもの 被り物 Kopfbedeckung *f.* -en. ⇨ぼうし(帽子).

かぶる 被る ❶ tragen*⁴; auf|setzen*; auf|haben*⁴; [den Kopf] bedecken⁴ ⟨*mit*³⟩/帽子を被ったままで mit dem Hut [auf dem Kopf]; mit dem aufgesetzten Hut; ohne den Hut (die Mütze) abzuziehen/帽子を被らずに立っている barhaupt (barhäuptig; mit entblößtem Kopf) stehen*. ❷ [浴びる] ³sich kaltes Wasser über den Kopf gießen* ⟨水を⟩; ⁴sich verstäuben ⟨埃を⟩. ❸ [罪を]被る ⁴sich nehmen*.

かぶれる ❶ [うるしなどに] durch (äußere) Vergiftung einen Hautausschlag bekommen*. ❷ [感化を受ける] beeinflusst (bezaubert; angesteckt; eingenommen) werden ⟨*von*³⟩; behext werden ⟨*durch*⁴⟩.

かふん 花粉 [Blüten]staub *m.* -(e)s, -e ⟨-e⟩;

かふん Pollen *m.* -s, -/花粉をかける ⁴Blütenstaub streuen 《*auf*⁴》; mit Blütenstaub überschütten⁴ ‖ 花粉症 Pollenallergie *f.* -n.

かぶん 寡聞な kenntnisarm; schlecht unterrichtet.

かぶん 過分の über/mäßig (un-); allzu viel; ausschweifend; maßlos; ungebührend; unverdient ‖ 過分に思う ⁴sich ungebührlich belohnt fühlen; hocherfreut sein 《*über*⁴》; über die Maßen zufrieden gestellt sein 《*von*³》.

かべ 壁 Wand *f.* =e《屋内の》; Mauer *f.* -n《屋外の》/壁に耳あり ,Wände haben Ohren.' ‖ 壁掛け Wand|behang *m.* -[e]s, =e; -[teppich *m.* -s, -e/壁掛け鏡 Wandspiegel *m.* -s, -/壁掛けカレンダー Wandkalender *m.* -s, -/壁紙 Tapete *f.* -n/壁紙を張る tapezieren⁴/壁新聞 Wandzeitung *f.* -en/壁土 [Wand]bewurf *m.* -[e]s, =e; Mörtel *m.* -s, -/壁ランプ Wandleuchter *m.* -s, -.

かへい 貨幣 Geld *n.* -[e]s, -er; Münze *f.* -n;《硬貨》Metall|geld *n.* -[e]s, -er (Hart-); -[stück *n.* -[e]s, -e/貨幣を鋳る Münzen prägen; münzen ‖ 貨幣価値 Geldwert *m.* -[e]s, -e/貨幣経済 Geldwirtschaft *f.*/貨幣制度 Münz|system *n.* -s, -e (-wesen *n.* -s, -)/貨幣本位 Münzwährung *f.* -en/補助貨幣 Scheidemünze *f.* -n; Kleingeld *n.* -[e]s, -e.

かへい 寡兵 kleine Streit|macht (Heer-), =e; die kleine (geringe) Truppenstärke/寡兵を以て攻める mit wenig Truppen an|greifen⁴.

がべい 画餅に帰する auf unfruchtbaren Boden fallen*《§》; zu nichts (Wasser; Schaum; Essig) werden; ins Wasser fallen*; mit ³et ist es Essig; Schiffbruch erleiden*.

かへん 可変の ❶ veränderlich; wandelbar; wandlungsfähig. ❷《取換える》wechselbar; vertauschbar.

かべん 花弁 Blumen|blatt (Blüten-) *n.* -[e]s, =er.

かほう 加法 Addition *f.* -en; das Zusammenzählen*, -s.

かほう 果報 ❶《応報》[Wieder]vergeltung *f.* -en; Entgeltung *f.* -en; Erwiderung *f.* -en; Heimzahlung *f.* -en《報復》. ❷《幸運》[unerwarteter] Glücksfall, -[e]s, =e; Glück *n.* -[e]s, -e; der Segen《-s, -》[Gottes]/果報は寝て待て ,Den Seinen gibt der Herr im Schlaf.' — 果報な glücklich; gesegnet; unter einem glücklichen Stern geboren. ‖ 果報者 Glückskind *n.* -[e]s, -er; Glückspilz *m.* -es, -e; Sonntagskind.

かほう 家法 Hausgesetz *n.* -es, -e; Hausordnung *f.* -en《家の規則》; Familientradition *f.* -en.

かほう 家宝 Erbstück *n.* -[e]s, -e; Hausschatz *m.* -es, =e (Familien-).

かほう 加俸 [Gehalts]zulage *f.* -n; Zuschuss *m.* -es, =e; dreizehntes Gehalt, -[e]s (-[e]s, =er); Urlaubsgeld *n.* -[e]s.

かほう 芽胞 Spore *f.* -n.

がほう 画報 die Illustrierte*, -n, -n; die illustrierte Zeitung, -en (Zeitschrift, -en).

がほう 画法 Malerkunst *f.* =e; Malerei *f.* -en; Grafik *f.* -en.

かぼちゃ 南瓜〔Garten〕kürbis *m.* -bisses, -bisse.

ガボン Gabun *n.* -s/ガボンの gabunisch ‖ ガボン人 Gabuner *m.* -s, -.

かま 釜 ❶〔Koch〕kessel *m.* -s, -; Kochtopf *m.* -[e]s, =e《料理用》; Tee|kessel (Wasser-) *m.* -s, -《湯わかし》; Dampfkessel *m.*《汽罐》/釜を火にかける einen Kessel ans Feuer setzen; 釜の下を焚きつける das Feuer unter dem Kessel schüren/釜をたく heizen*《ボイラーの》/釜たき Heizer *m.* -s, -/同じ釜の飯を食った仲だ Wir haben doch miteinander unter einem Dach gewohnt. ❷〔窯〕(Brenn)ofen *m.* -s, =; Tiegelofen; Tiegel *m.* -s, -《るつぼ》.

かま 鎌 Sichel *f.* -n; Sense *f.* -n《大鎌》/鎌で刈る sicheln⁴; sensen⁴; mit der Sichel (Sense) mähen (ab|schneiden*)/鎌状の si|chel|förmig (haken-). ¶ 鎌をかける *jm* eine verfängliche Frage stellen.

かまう 構う ❶〔介意〕⁴sich [be]kümmern《*um*⁴》; für *jn* sorgen; ⁴sich *js* an|nehmen*; es ³sich angelegen sein lassen*/… に構わず trotz²⁽³⁾; ungeachtet²; ohne ⁴Rücksicht《*auf*⁴》/構いません Schon gut! Es macht nichts. ¦ Lass gut sein! ¦ Mach dir nichts draus! ¦ Schon in Ordnung! ¦ Kümmern Sie sich nicht darum! ¦ 私はそれで構いません Ich habe nichts dagegen. ¦ Von mir aus ja (nichts dagegen). ¦ Meinetwegen! /あなたさえ構わねば wenn Sie nichts dagegen haben; wenn es Ihnen bloß recht ist /どうでも構わぬ Das ist mir gleichgültig (einerlei; egal;《俗》Wurst). ¦ Es kann mir gestohlen bleiben (sein). ❖ 主語を人にすれば「あんなやつは…」の意/子供たちのこともちょっとは構ってやりなさい Kümmere doch dich ein bisschen um die Kinder! /外見などにはほとんど構わぬ人だ Er gibt nun wenig auf das Äußere./『助動詞を用いて』もう帰っても構いませんか Darf ich schon gehen? /お出でなくっても一人も構いません Sie können ruhig kommen. /何を言おうと構わぬ〔言いたいことを言わしておけ〕Mag er sagen, was er will. ❷〔干渉〕⁴sich ein|mischen (ein|mengen); ⁴sich ab|geben*《*mit*⁴》; ⁴sich ein|lassen*《*in*⁴, *auf*⁴》/他人の事に構うな Mische dich nicht in anderer Leute Sachen ein! /些細なことは一切構いつけぬ男だ Er gibt sich mit Kleinigkeiten nicht ab./あんなやつの事をあまり構いすぎるなよ Lass dich nicht zu weit mit ihm ein. ❸〔待遇〕*jm* Gesellschaft leisten《お相手する》; gastfreundlich sein; *jn* bewirten; *ein offenes Haus haben*《うふれ》/客が多いときはどうぞお構いなく Bitte machen Sie [meinetwegen] keine Umstände! /何もお構いできませんでした Leider war die Bewirtung nur bescheiden. ❹〔からかう〕necken⁴; zum Besten haben⁴. ⇒かちかう.

かまえ 構え ❶〔建物の〕Bau *m.* -[e]s, -ten; Bau|art *f.* -en (-weise *f.* -n); Stil *m.* -[e]s, -e; das Äußere*, -n《外観》/その家はがっちりした

かまえる 構える ❶ [建てる] [auf]bauen*/堅固な城を構える ³sich ein festes Schloss bauen/一戸を構える ³sich einen eigenen Herd (Haushalt) gründen. ²sich in Positur stellen《フェンシング・ボクシングなど》; ²sich bereit machen《zu³》; ⁴sich bereit|halten*/彼は平然と構えていた Er blieb gelassen. ❸ [準備する] Vorbereitungen treffen*《zu³; für³》/事を構える Anschläge (Ränke) schmieden. ❹ [偽る] vor|geben*⁴ (-|schieben⁴); heucheln*/事を構える ⁴et zum Vorwand nehmen/病気を構えて来なかった Er gab (schützte) Krankheit vor und kam nicht. | Er kam nicht unter dem Vorwand, dass er krank sei.

ガマガエル Kröte f. -n.

かまきり [昆] Gottesanbeterin f. ..rinnen; Fang[heu]schrecke f. -n.

かまぐち がま口 Geldbeutel m. -s, -; Portemonnaie (Portemonée) n. -s, -s.

かまくび へびが鎌首をもたげる Die Schlange [er]hebt den Kopf.

かまける in Anspruch genommen werden (sein)《von³; durch³》; beschäftigt sein《mit³》; ³sich beschäftigen《mit³》/例の仕事にかまけて来られなかった Ich war so stark durch diese Arbeit in Anspruch genommen, dass ich nicht kommen konnte.

-がましい wie ... klingen*; schmecken《nach³》; riechen《nach³》/勝手がましい eigennützig/差出がましい zudringlich/未練がましく彼について回る Sie folgt ihm immer noch, ohne der Hoffnung aufzugeben.

かます 叺 Strohsack m. -[e]s, ..säcke.

かます [魚] Hechtbarsch m. -es, -e (=e).

かまたき 罐焚き Heizer m. -s, -.

かまち 框 Rahmen m. -s, -; Fensterrahmen m. -s, -《窓の》; Türrahmen《戸口の》.

かまど Herd m. -[e]s, -e; Koch[gelegenheit f. -en (-stelle f. -n, -ofen m. -s, =).

かまぼこ 蒲鉾 Fischwurst f. =e/かまぼこ型の bogenförmig ‖かまぼこ屋根 Tonnengewölbe n. -s, -/かまぼこ型兵舎 (bogenförmige) Wellblechhütte, -n.

がまん 我慢 [忍耐] Geduld f.; Ausdauer f.; das Aushalten*, -s; [寛容] Duldsamkeit f.; Langmut f.; [自制] Selbstbeherrschung f./我慢強い geduldig; duldsam; langmütig; beherrscht/我慢できない das ist unerträglich.|Das ist nicht auszuhalten.|Die Geduld geht jm aus./あの男にも我慢できない Es ist nicht zum Aushalten mit ihm./そいつは我慢できない Das lasse ich nicht von mir sagen (auf mir sitzen)./とうとう我慢できずに泣きくずれた Sie konnte sich nicht mehr beherrschen und zerschmolz in Tränen. ━ 我慢する geduldig sein《mit³》; Geduld (Ausdauer) haben《mit³》; erdulden⁴; ertragen*⁴; duldsam (langmütig) sein; beherrscht sein; [甘んじる] ³sich ⁴et gefallen lassen*; ⁴sich mit ⁴et begnügen; ³sich ⁴et sagen lassen*; ⁴et auf ³sich sitzen lassen*; ⁴et [mit] in Kauf nehmen*/それでうちは我慢しよう Wollen wir uns damit zufrieden geben./それぐらいのことは我慢しなくちゃ So etwas musst du mit in Kauf nehmen.

かマンガンさん 過マンガン酸 Per[mangan]säure (Über-) f. -n ‖ 過マンガン酸カリ Permangansaures Kali, -s, -s; Kaliumpermanganat n. -[e]s, -e.

かみ 神 Gott m. -[e]s, =er ❖ キリスト教の神のときは常に無冠詞; Göttin f. ..tinnen《女神》; Gottheit f. -en; der Allmächtige*, -n《全能の神》; Vorsehung f. -en; Schöpfer m. -s, -《造物主》; Allah m. -s《回教の》; [主の意で] der Herr, des -n; der himmlische Vater, -s; [der] Herr Jesus, [des] -n - /神よ Herr des Himmels!/神の Gottes-; Götter-; göttlich; geistlich《宗教・教会の》/神かけて bei Gott; im Namen Gottes; Gott ist mein Zeuge!/神のような gott[ähnlich (-gleich]/神に祀(ま)る vergotten⁴; zum Gott erheben*⁴;《神を祭る》einen Tempel weihen《els 祀る》/神を崇める einen Gott verehren (an[beten])/神がかりの [wie] besessen《von³》; wie gebannt/神かくしにあう hinweggezaubert werden; spurlos verschwinden [s]/苦しいときの神だのみ ,Not lehrt beten.'

かみ 紙 Papier n. -s, -e/一枚〔一帖、一連〕の紙 ein Blatt (ein Buch, ein Ries) Papier ❖ 二・三枚などの場合も Blatt では複数にせず drei Blatt Papier のように用いる/紙を張る ⁴et mit Papier überziehen* (bekleben)/紙を貼る ein Blatt Papier an (auf) ⁴et kleben/手すき紙は一枚一枚手ですくのです Das Büttenpapier wird Blatt für Blatt handgeschöpft.

かみ 髪 Haar n. -[e]s, -e/Locke f. -n《巻き毛》; Haartracht f. -en《髪のかたち》/ブロンドの《茶色の、半白の、白くなった、染めた》髪 blondes (braunes, halb ergrautes, graues, gefärbtes) Haar/くせのない〔きれいになでつけた、手入れの行き届いた、細かれた、くせのある、巻いた、もじゃもじゃの〕髪 die schlichten (glatten, [wohl]gepflegten, krausen, welligen, lockigen, struppigen) Haare. ¶ 髪を結う ³sich die Haare machen (auf[stecken]; frisieren; richten) ❖ 結ってもらうときは動詞のあとに lassen を加える/髪を刈る [刈り込む、丸刈りにする] Haare schneiden* [stutzen, scheren] (lassen*)/髪をすく die Haare kämmen;⁴sich kämmen《自分の》; jn kämmen《他人の》/髪を解く die Haare auf[lösen/髪をなでつける [編む、結ぶ] die Haare glatt kämmen (flechten*, binden*)/髪を縮らす die Haare brennen (lassen*)/Wellen legen (lassen*)/髪をセットするパーマをかける、ウェーブを出す] die Haare legen (lassen*)《Dauerwellen machen (lassen*)》, die Haare ondulieren (lassen*)/髪を[茶色に染める] (漂白する) die Haare [braun] färben (lassen*)《bleichen (lassen*)》/髪を束ねているお下げにしている、ポニーテールにしている] einen Dutt (einen Zopf, einen Pferdeschwanz) tragen*/髪を分ける

einen Scheitel ziehen*/髪の毛を引っぱる *jn* an den Haaren ziehen*/髪のセットに行く zum Legen (zum Auskämmen) gehen* [s] /彼女は髪を長くのばして, そのまま《束ねずに》垂らしている Sie lässt die Haare lang wachsen und trägt sie offen./恐怖のあまり髪の毛がさかだった Vor Schreck richteten sich seine Haare empor (stiegen seine Haare zu Berge)./絶望して髪の毛をかきむしった Er raufte sich vor Verzweiflung die Haare 〔aus〕./彼は髪を左側で(右側で, 真中で)分けている Er trägt den Scheitel links (rechts, in der Mitte).

かみ 上 das Oben*, -s; das Obere*, -n; der obere Teil, -〔e〕s, -e/上の ober; höher/上に oben; oberhalb²/上に立つ者 der Obere* (Vorgesetzte*), -n, -n/人の上に立つ *jm* vor|stehen* (vor|sitzen*); über *jm* stehen*; leiten⁴; verwalten⁴; regieren⁴/上王侯より下民に至るまで von dem Fürsten bis herab zum Volk/川口の少し上に橋がある Ein bisschen oberhalb der Mündung dieses Flusses ist eine Brücke./滝はこの川のずっと上の方にある Der Wasserfall ist ganz oben am Oberlauf dieses Flusses. ── お上 Regierung *f.* -en《政府》; Behörde *f.* -n; Amtsstelle *f.* -n《お役所》/お上の命令により auf Befehl von oben.

かみ 加味する würzen⁴《*mit*³》; färben⁴; salzen⁽*⁾⁴ 《塩気·辛辣(しんらつ)さを》; an|machen⁴ 《*mit*³ 食物などの味つけ》/演説に辛辣さを加味する eine Rede salzen⁽*⁾; eine Rede scharf (beißend) machen.

がみ 雅味 ⇨がち.

かみあい 噛み合い Beißerei *f.* -en; Handgemenge *n.* -s, -《つかみ合い》; das Ineinandergreifen*, -s《歯車の》; Verzahnung *f.* -en《歯車などの噛み合せ》.

かみあう 噛み合う ⁴sich miteinander beißen*; ineinander greifen*《歯車が》; ⁴sich verzahnen《ぎざぎざの部分が》.

かみあぶら 髪油 Haar¦öl *n.* -〔e〕s, -e (-fett *n.* -〔e〕s, -e); Pomade *f.* -n; Brillantine *f.* 《チック》.

かみいれ 紙入れ Brieftasche *f.* -n.

かみかざり 髪飾り Haarschmuck *m.* -〔e〕s, -e.

かみかぜ 神風 Götterwind *m.* -〔e〕s, -e.

がみがみ がみがみ言う *jn* barsch an|fahren*; an|schnauzen⁴; heftig aus|schelten*⁴ (herunter|machen⁴); *jm* tüchtig den Kopf waschen*; *jm* grob die Leviten lesen*; *jm* den Marsch blasen*/上役からがみがみ言ってやっつけられた Ich habe von meinem Vorgesetzten einen furchtbaren Anschnauzer bezogen (so 'ne große Zigarre bekommen). / そうがみがみ言うなよ Fahre mich nicht so 〔hart〕 an!

かみきず 咬み傷 Biss *m.* -es, -e; Bisswunde *f.* -n.

かみきり 紙切り Papiermesser *n.* -s, -; Brieföffner *m.* -s, -.

かみきる 噛み切る ab|beißen*⁴/舌を噛み切る ³sich die Zunge ab|beißen*/紐を噛み切る den Strick entzwei|beißen*.

かみきれ 紙きれ Zettel *m.* -s, -; Zettelchen *n.* -s, -; Papierfetzen *m.* -s, -.

かみくず 紙屑 Papier¦abfall *m.* -〔e〕s, ⸚e (-schnitzel *m.* (*n.*) -s, -; -fetzen *m.* -s, -) ‖ 紙屑かご Papierkorb *m.* -〔e〕s, ⸚e/紙屑拾い Lumpensammler *m.* -s, -.

かみくだく 噛み砕く zerbeißen*⁴; zerkauen⁴; zerknirschen⁴; mit den Zähnen zermalmen⁴/噛み砕いて説明する leicht verständlicherweise erklären⁴ 《やさしく》; *jn* durch Vernunftgründe überzeugen《事を分けて解らす》.

かみこなす 噛みこなす 〔zer〕kauen⁴; verdauen⁴《理解》; beherrschen⁴《使いこなす》.

かみころす 噛み殺す erbeißen*⁴; tot|beißen*⁴/笑い(あくび)を噛み殺す mit dem Lachen (mit dem Gähnen) kämpfen; ³sich die Lippen beißen*, um nicht zu lachen (gähnen).

かみざ 上座 Ehren¦platz *m.* -〔e〕s, ⸚e (-seite *f.* -n)/上座に案内する den Ehrenplatz an|weisen*《*jm*》.

かみざいく 紙細工 Papierarbeit *f.* -en.

かみしばい 紙芝居 Geschichtenerzähler 《*m.* -s, -》 mit Bildern.

かみしめる 噛みしめる gut kauen⁴; [熟考] ³sich ⁴*et* überlegen; erwägen*⁴; ³sich durch den Kopf gehen lassen*⁴; [玩味] ein|schätzen⁴; verdauen⁴.

かみすき 紙漉き Papierherstellung 《*f.* -en》 durch Handschöpfung; Schöpfer *m.* -s, -《人》‖ 紙漉き場 Papiermühle *f.* -n.

かみせい 紙製の Papier-; papieren; aus Papier ‖ 紙製品 Papiererzeugnisse 《*pl*》 ❖ ただし一般に Papierwaren 《*pl*》「文房具類」, Papierblume *f.* -n「紙製造花」のように具体的にいう方がよい.

かみそり 剃刀 Rasiermesser *n.* -s, -/かみそり砥 Streichriemen *m.* -s, -《革の》/かみそりの様な scharf〔sinnig〕; schneidend/かみそりをとぐ das Rasiermesser ab|ziehen*《革で》 (schärfen) ‖ 安全かみそり Rasierapparat *m.* -〔e〕s, -e/安全かみそりの刃 Rasierklinge *f.* -n/電気かみそり Trockenrasierer *m.* -s, -.

かみだな 神棚 Hausaltar *m.* -s, ⸚e.

かみだのみ 神頼み ⇨かみ(神).

かみたばこ 噛みたばこ Kautabak *m.* -s, -e 《*pl* は種類を示すとき》.

かみつく 噛み付く beißen*⁽⁴⁾ 《*an*⁴; *in*⁴》; an|beißen*⁽⁴⁾; zu|beißen*; schnappen 《*nach*³》/餌に噛み付く an den Köder beißen*/噛み付くようにものを言う grob 〔hart〕 an|fahren*⁴; an|fauchen⁴/あの女に噛み付くようにがみがみやられた Sie hat mich ganz schön angefaucht.

かみつぶす 噛み潰す mit den Zähnen zermalmen⁴/苦虫を噛み潰したような顔をする eine saure Miene (ein Gesicht wie drei Tage Regenwetter) machen.

カミツレ ⇨カモミール.

かみて 上手 [舞台の] die linke Seitenbühne ❖ 舞台の左手, 日本では観客席から見ていうから die rechte S. となる/下手に窓, 上手奥にストーブあり Rechts ein Fenster; links im Hintergrund ein Ofen.

かみでっぽう 紙鉄砲 Knallbüchse f. -n.

かみなり 雷 Donner m. -s, -; /雷の音 Donner|gebrüll n. -s, -gedröhn n. -s, -gepolter n. -s, -geroll n. -[e]s, -geschmetter n. -s, -gerolle n. -[e]s, -schlag m. -[e]s, "e)/雷が鳴る Es donnert. / Der Donner rollt (grollt)./雷が落ちる Der Blitz schlägt ein ⟨in⁴⟩/彼は雷に打たれたように驚いた Er stand wie vom Blitz getroffen. ∥ 雷おやじ Donnerer m. -s, -/雷除(²)け Blitzableiter m. -s, - 《避雷針》; das Amulett ⟨-[e]s, -e⟩ gegen Blitzschlag 《護符》.

かみばこ 紙箱 Karton m. -s, -s ⟨-e⟩; Pappschachtel f. -n.

かみばさみ 紙挟み Büroklammer f. -n; Brief|mappe ⟨Schriften-; Kolleg-⟩ f. -n; Schnellhefter m. -s, -.

かみはんき 上半期 die erste Hälfte des Jahres ⟨des Kalenderjahrs; des Rechnungsjahres⟩.

かみひとえ 紙一重の差 der verschwindend kleine Unterschied, -s, -e; die mikroskopische Verschiedenheit, -en/紙一重の差で勝つ um Haaresbreite siegen; mit Handschlag siegen《水泳のタッチの差》.

かみびょうし 紙表紙 Pappeinband m. -[e]s, "e/紙表紙の kartoniert.

かみや 紙屋 Papierhändler m. -s, -《人》; Papierhandlung f. -en《店》.

かみやすり 紙やすり Sand|papier ⟨Glas-; Schmirgel-⟩ n.

かみゆい 髪結い das Frisieren*, -s《結髪》;《人》Friseur m. -s, -e; Friseuse f. -n; Frisör m. -s, -e; Frisörin f. -rinnen《女》/髪結床 Frisiersalon m. -s, -s.

かみよ 神代 die mythologische Zeit, -en; die Zeit der Götter.

かみわける 噛み分ける gut kauen⁴ und es sich schmecken lassen*; [道理を]verstehen*; unterscheiden*⁴ ⟨von³⟩/すいも甘いも噛み分ける sehr weltmännlich ⟨ein Mann von Welt⟩ sein.

かみわざ 神業 Wunder n. -s, -; Mirakel n. -s, -; die göttliche Vorsehung, -en《神慮》.

かむ 噛(咬)む beißen*⟨⁴⟩⟨an⁴; auf⁴; in⁴⟩; nagen⟨⁴⟩⟨an³⟩; kauen⟨⁴⟩⟨an³⟩/唇を噛む³sich auf ⟨in⟩ die Lippen beißen/怒涛〔⁽²⁾〕岩を噛む Die Brandung nagt an den Felsen. /食物をよく噛んで Speisen gut kauen/爪を噛む die Nägel ⟨an den Nägeln⟩ kauen/犬に咬まれる von einem Hund gebissen werden.

かむ ¶ 鼻をかむ ⟨³sich⟩ die Nase schnäuzen ⟨putzen; wischen⟩.

ガム Kaugummi n. ⟨m.⟩ -s, -s.

がむしゃら がむしゃらな [dumm]dreist; rücksichtslos; übermütig; verwegen/がむしゃらに blindlings/がむしゃらな人 Himmelsstürmer m. -s, -; Tausendsasa m. -s, -[s]; Tollkopf m. -[e]s, "e; Wagehals m. -[es], "e.

カムフラージュ Tarnung f. -en/カムフラージュする tarnen⁴; verschleiern⁴/事実をカムフラージュする Tatsachen tarnen.

かめ 瓶 Krug m. -[e]s, "e; Kruke f. -n; Karaffe f. -n《ガラスの》; Topf m. -[e]s, "e《壺》; Urne f. -n《骨壺》.

かめ 亀 Schildkröte f. -n/亀の甲 Rückenschild n. -[e]s, -er/亀の甲より年の功の功 Erfahrung ist die beste Lehrmeisterin. / Die Jahre lehren mehr als Bücher.

かめい 加盟 Beitritt m. -[e]s, -e. — 加盟する bei|treten*³ ⟨s⟩; ein|treten*⟨s⟩⟨in⁴⟩; ⁴sich an|schließen*⟨³⟩⟨an⁴⟩; Mitglied werden ⟨in³⟩/日本は国連に加盟した Japan ist Mitglied in den Vereinten Nationen geworden. / Japan hat die Mitgliedschaft der Vereinten Nationen erworben. ∥ 国連加盟国 das Mitglied ⟨n. -[e]s, -er⟩ der Vereinten Nationen.

かめい 家名 die Ehre ⟨f.⟩ ⟨der Ruf, -s⟩ der Familie; Familienname m. -ns, -n《氏・姓》/家名を傷ける die Ehre der Familie beflecken; den Namen der Familie besudeln/家名をあげる dem Namen seiner Familie Ehre machen『人が主語』; sich einen Namen machen《氏・姓・家族名などが主語》/家名は汚さぬようにしなければならぬ Die Ehre der Familie muss gewahrt bleiben.

かめい 下命 Befehl m. -[e]s, -e; Auftrag m. -[e]s, "e《用命》; Bestellung f. -en《注文》/下命する jm einen Befehl ⟨einen Auftrag⟩ geben* ⟨erteilen⟩/御下命により《商》Ihrem Auftrag gemäß.

かめい 仮名 unter falschem Namen; anonym; inkognito/仮名で暮らす unter falscher Flagge segeln ⟨s. h⟩.

カメラ Kamera f. -s; Fotoapparat m. -[e]s, -e/カメラマンは A である An ⟨Hinter⟩ der Kamera steht A. /《映画》カメラにおさめる fotografieren⁴;《俗》knipsen⁴; einen Schnappschuss machen《スナップ》; einen Film drehen《映画》; verfilmen⁴《映画化する》∥ カメラマン Fotograf m. -en, -en《写真師》; Bildberichter m. -s, -; Bildberichterstatter m. -s, - 《ニュースカメラマン》; Kameramann m. -[e]s, - ⟨..leute⟩; Operateur m. -s, -e《映画の》/使い捨てカメラ Einwegkamera.

カメルーン Kamerun n. -s/カメルーンの kamerunisch ∥ カメルーン人 Kameruner m. -s, -.

カメレオン Chamäleon n. -s, -s.

かめん 仮面 Maske f. -n; Larve f. -n; Schein m. -[e]s, -e《まやかし》; Verstellung f. -en《偽り》/友情の仮面の下に unter der Maske der Freundschaft; unter dem Schein der Kameradschaft/仮面を被る ⁴sich als ⁴et maskieren (vermummen)/仮面をはぐ[正体を現わす] die Maske von ³sich werfen* ⟨fallen lassen*⟩; [正体をあばく] jm die Maske vom Gesicht reißen*; jm die Maske ⟨die Larve⟩ ab|reißen*.

がめん 画面 Bildfläche f. -n; Bild n. -[e]s, -er《絵・写真・映画など》; Bildschirm m. -s, -e.

かも 鴨 ❶ [Wild]ente f. -n; Enterich m. -s, -e《雄》. ❷ [だまされやすい人] Gimpel m.

~かも ~かもしれぬ 〘助動詞を用いて〙dürfen*; können*; mögen*; werden; 〘副詞を用いて〙vielleicht; eventuell; möglicherweise; unter Umständen; vermutlich; wohl; 〘es ist zusammen mit〙annehmbar; denkbar; nicht ausgeschlossen 《dass ...; zu ...》/そうかもしれない Es kann sein. : Es mag sein. : Es dürfte wohl so sein./明日は天気になるかもしれない Morgen wird wohl schönes Wetter sein./彼は今日にも来るかもしれない Es ist nicht ausgeschlossen 《Es ist wohl möglich》, dass er heute noch kommt. : Vielleicht kommt er noch heute.
かもい 鴨居 Wandleiste f. -n; Stutzbalken m. -s, -.
かもく 科目 Gegenstand m. -(e)s, =e; Posten m. -s, -/項目》. ⇔かもく(課目)
かもく 課目 Fach n. -(e)s, =er; Fachgebiet n. -(e)s, -e; Pensum n. -s, ..sa; Lehrplan m. -(e)s, =e; Gegenstand m. -(e)s, =e/《研究などの》/選択(必修)科目 das fakultative (obligatorische) Fach / 試験課目 Prüfungsgebiet n. -(e)s, -e.
かもじ 髢 in Büscheln 《m. (n.) -s, -》 von falschen Haaren.
かもしか 〘動〙Antilope f. -n; Gämse f. -n.
かもす 醸す ❶ [醸造] brauen*. ❷ [惹起] *sich brauen; herbeiführen*; zuwege (zu Wege) bringen** / 何かいやなことが醸し出されている気配だ Es braut sich etwas Unheilvolles zusammen. / それは不幸を醸すことになる Das muss ein Unglück herbeiführen. ⇔ぶつぎ(物議).
かもつ 貨物 Fracht f. -en; Fracht;gut n. -(e)s, =er -stück n. -(e)s, -e; Gut n. -(e)s, =er; Ladung f. -en; Last f. -en/貨物を積荷する die Waren verfrachten (verladen)**, verschiffen* 《in⁴ 船に》/貨物を輸送する die Güter》 befördern*, transportieren*. ⇔かしゃ(貨車) / 貨物運賃表 Güterfrachttarif m. -(e)s, -e/貨物駅 Güterbahnhof m. -(e)s, =e/貨物運賃表 Frachtbrief m. -(e)s, -e/貨物自動車 Lastkraftwagen m. -s, - 《略: LKW》/貨物船 Fracht;dampfer m. -s, - 《-schiff n. -(e)s, -e》/貨物列車 Güterzug m. -(e)s, =e/瀰大(ｶﾞﾝ)貨物 Sperrgut n. -(e)s, =er/急行便貨物 Eil;gut (Express-) n. -(e)s, =er/航空貨物 Flugfracht f. -en/別送貨物 die unbegleitete Fracht, -en.
かものはし 〘動〙Schnabeltier n. -(e)s, -e.
カモミール Kamille f. -n.
かもめ 鴎 Möwe f. -n.
かもりょう 鴨猟 Enten;fang m. -(e)s, -e 《-jagd f. -en》/ 鴨猟池 Enten;pfuhl m. -(e)s, =e.
かもん 家門 Familie f. -n; Geschlecht n. -(e)s, -er 《Clan m. -(e)s, -e》; Sippe f. -n/家門の誉 die Ehre 《-n》《der Stolz, -》der Familie.
かもん 家紋 Familienwappen n. -s, -.
かや 茅〘植〙Schilf n. -(e)s, -e / 茅ぶきの屋根 Schilfdach n. -(e)s, =er.

かや 蚊帳を吊る《はずす》ein Moskitonetz 《n. -s, -e》aufspannen 《abnehmen*》.
がやがや geräuschvoll; lärmend; laut; schreiend/がやがや騒ぐ Lärm machen; Radau machen.
かやく 火薬 Sprengstoff m. -(e)s, -e; 〘Schieß〙pulver n. -s, -/火薬をつめる mit Pulver laden*⁴ ‖ 火薬庫 Pulver;magazin n. -s, -e; Pulverkammer f. -n 《艦船の》/火薬製造所 Pulverfabrik f. -en/無煙火薬 raucharmes Pulver.
カヤック Kajak m. 《n.》-s, -e.
かゆ 粥 Brei m. -(e)s, -e; Grütze f. -n 《ひきわり麦の》; Reisbrei m. -(e)s, -e 《米の》/粥をすすってくらす kümmerlich sein Leben 《kaum das nackte Leben》 fristen.
かゆい 痒い 《a., adv》juckend; kratzend; [v.] jucken; kribbeln; kitzeln / 痒い所に手が届く nichts zu wünschen übrig lassen*; ⁴es an nichts fehlen lassen*/背中がかゆい Es juckt mir 《mich》 《kitzelt mich》auf dem Rücken./痒いところをかく《自分の》⁴sich jucken; ⁴sich kratzen; 《他人の》jucken*; kitzeln⁴ / 痛くも痒くもない ¹et berührt jn nicht; gleichgültig sein 《gegen⁴》.
かよい 通い ❶ [交通・往来] 《täglicher》 Verkehr, -s; [通勤] der tägliche Gang, -(e)s, =e 《Besuch, -(e)s》; -er; Amtsbesuch m. -(e)s, -e; das häufige Besuchen*, -s 《度々行くこと》. ❷ [運行] regelmäßige Fahrt, -en; regelmäßiger Verkehr, -s.
かよう 歌謡 Lied n. -(e)s, -er ‖ 歌謡曲 populärer 《volkstümlicher》Gesang, -(e)s, =e; Schlager m. -s, - 《ヒット曲》.
かよう solch ein*; so ein*; 〘ein〙solcher*; derartig; dergleichen/かような場合に in dergleichen ³Fällen; in solchem 《dem》 Fall《e》/かような状態(事情)では unter solchen 《diesen》Umständen. —— かように so; auf solche Weise 《Art》; in solcher ³Weise; derart; dergestalt.
かよう 通う ❶ [往来する] hin und her fahren* 《gehen*》. ❷ [度々行く] häufig 《oft》 verkehren 《besuchen》/通いつめる häufig 《täglich》besuchen⁴. ❸ [通学・通勤] 学校に通う die Schule besuchen; zur Schule gehen* ⓢ/郊外から市内の事務所に通う者が多い Viele fahren von der Vorstadt in ihre Büros in der Stadt. ❹ [血液などが] zirkulieren; um;laufen* ⁴; kreisen ʰ.ˢ. ❺ [舟・車が] fahren* ⓢ 《zwischen³》; verkehren 《zwischen³》. ❻ [開通] für den Verkehr freigegeben werden; befahrbar 《zugänglich》sein; verbunden sein 《mit³》. ❼ [電流が] unter Strom sein. ❽ [血液が] Das Blut pulsiert 《im Leibe》. ; [息が] atmen; ⁴Lebenszeichen zeigen; 〘心が〙innerlich verbunden sein 《mit³》; ⁴sich verstehen* 《mit³》/私の心は先方に通わなかった Er hatte (zeigte) kein Verständnis für mich!
がようし 画用紙 Zeichenpapier n. -s, -e.
かようせい 可溶性 Löslichkeit f.; Auflösbarkeit f.; Schmelzbarkeit f./可溶性の löslich; auflösbar; schmelzbar 《鉱物》.
かようび 火曜日 Dienstag m. -(e)s, -e.

がよく 我欲 Eigennützigkeit *f.*; Selbstsucht *f.*; Egoismus *m.* –.

かよわい か弱い zart; schwach; hilflos;〔病弱の〕kränklich; hinfällig; gebrechlich; schwächlich/かよわい子供たち zarte (hilflose) Kinder (*pl*).

かよわせる 通わせる〔流通〕zirkulieren lassen*⁴;〕in Umlauf setzen*⁴;〔電流を〕unter Strom setzen*⁴; elektrisieren;〔血液を〕beleben (*jn*);〔心で〕sich verständigen (*mit*³);〔学校へ〕in die Schule schicken*⁴.

から 殻 ❶〔穀類の〕Hülle *f.* -n; Hülse *f.* -n; Schale *f.* -n; Schote *f.* -n.❷〔貝殻〕Schale *f.* -n.❸〔堅果の〕Nussschale *f.* -n.❹〔脱け殻〕die abgeworfene (von ³abgeworfene) Haut, ⁼e.❺〔卵の〕Eierschale *f.* -n.

から 空 の leer; hohl; unausgefüllt; unbewacht; unbewohnt/空になる leer werden; entleert werden; ⁴leeren die Schule (*ren*); alle werden/空にする leer machen*⁴; (aus)leeren*⁴; entleeren*⁴.

〜から〔場所〕von³; aus³; weg; zu³…hinaus/いすから落ちる vom Stuhl hinunter|fallen*/階段の上から落ちる die Treppe hinunter|stürzen (hinab|fallen*)/街道からちょっと脇へはいった所 ein Stück Weg(es) von der Straße ab; ein wenig abseits der ²Straße/海外から帰る aus dem Ausland (aus der Fremde) zurück|kommen*/雲間から出る hinter den Wolken hervor|treten* (-|brechen*)/雲の切れ間から日が差す durch die Wolken durch|brechen*⁴/急斜面を下る den steilen Abhang hinunter|stürzen/窓から眺める zum Fenster hinaus|sehen* (-|gucken*)/室内(戸口)から出て来る zum Zimmer (zur Tür) heraus|treten* (s)/馬から落ちる vom Pferd(e) fallen*⁴ (stürzen) (s).❷〔出所〕von³; aus³/学校から出ての eben von der Schule gekommen/玄関から起こる von der Pike (von unten) auf dienen/国からの手紙 der Brief (-[e]s, -e) aus der Heimat/先生から教わる vom Lehrer lernen*⁴/誰からかで Von wem hast du's erfahren? ❸〔起源〕aus³/…から始める an|fangen* (beginnen*) (*von*³); entstehen*⁴ (*aus*³).❹〔起点〕von³…(nach³).❺〔時日〕/八時から始まる um acht ¹Uhr an|fangen* (beginnen*)/〜に…①初めから終わりまで von Anfang bis ¹Ende; von A bis Z/一から十まで von eins bis zehn; alle ohne ⁴Ausnahme; samt und sonders/ここからずいぶん遠く離れて/右から左へ von rechts nach links; mühelos; ohne ⁴Schwierigkeit/東京から名古屋を経て大阪まで von ³Tokio über ³Nagoya bis ³Osaka (bis nach ³Osaka)/次から次へと einer nach dem anderen; hintereinander/安藤さんから始めて von Herrn Ando angefangen.❺〔根拠〕nach³/外見から判断する nach dem Äußeren (Aussehen) schließen*⁴ (urteilen*)/評判から判断する (um) nach Gerüchten zu urteilen; nach Hörensagen geurteilt/事実から推す von einer Tatsache ab|leiten*⁴/何たんなうわさが広

まったのか Woher hat sich das Gerücht verbreitet? ❻〔動機〕von³/親を喜ばせたいために aus kindlicher Zuneigung zu den Eltern; um den Eltern Freude zu bereiten/崇高な動機から行動する aus edlem (hochsinnigem; vornehmem) (Beweg)grund handeln/彼はただ嫉妬からあんなことをと言うのだ So (et)was sagt er bloß aus Eifersucht. ❼〔原因・理由〕wegen²⁽³⁾; durch⁴; infolge³; da; weil; nun; denn/何か不明の原因から衰微する infolge gewisser unbekannter Ursachen verfallen* (in Verfall geraten*)/職務怠慢から免職になる wegen²⁽³⁾ Nachlässigkeit im Dienst seine Stellung verlieren*/こういう次第だから da (weil) es mit den Dingen so ist; nun die Dinge so sind/…だからいけないのだ Es geht (deshalb) nicht, weil …/〔原料・材料〕aus³; von³/母親の古い服から子供の物をつくる aus alten Kleidern der Mutter Kleidung für die Kinder machen/米から作る aus ³Reis (zu)bereiten*/この金物は銅と錫からできている Dieses Metall ist Kupfer und Zinn legiert. ❽〔経路〕durch⁴; von³/玄関からはいる durch die Haustür (zur Haustür) hinein|gehen*(s)/窓からまたは窓の外へ durchs Fenster (zum Fenster) herein|scheinen*/耳から耳へ抜ける zu dem einen Ohr hinein, zum anderen (wieder) hinaus. ❿〔以来〕seit³; von³/一月一日から vom ersten Januar (an)/三年前から seit drei Jahren. ⓫〔以後・引続き〕von³; ab³/本月十日から向こう二週間〔auf〕vierzehn ⁴Tage vom ersten d. M. an (ab) (auf)/子供の時から von klein (Kindheit) an (auf)/今日から(は) von heute an (ab)/以前から(ずっと) immer; stets; zu Jeder Zeit. ⓬〔後〕nach³; nachdem/十時からさき nach zehn Uhr/意地悪をしてから詫びても甲斐がない Es hat keinen Zweck, dass du mich um Verzeihung bittest, nachdem du dich so gemein gegen mich benommen hast. ⓭〔方角〕in³/東から昇る im Osten auf|gehen* (s)/四方八方から立昇る in allen Ecken und Enden auf|steigen* (s).

から 柄 ❶〔模様〕Muster *n.* -s, -/この生地の柄はおもしろみがない(おとない、見てくれといわんばかりだ) Das Muster dieses Stoffes ist zu einfach (freundlich, zu anspruchsvoll)/新しい服の柄は碁盤縞(縞もの、細縞、格子縞、杉綾、梨地)にした Ich habe für meinen neuen Anzug ein gewürfeltes (gestreiftes, feingestreiftes, kariertes, Fischgräten-) gewähltes) Muster gewählt. ❷〔体格〕Körperbau *m.* -(e)s, -e; Figur *f.* -en; Gestalt *f.* -en/大柄の von hoher Gestalt; von großem Körperbau/彼女は小がらですらりとした柄だ Sie hat eine schlanke Figur. ❸〔性質・分際〕Charakter *m.* -s, -e; Natur *f.* -en; Format *n.* -(e)s, -e; Typus *m.* -, -pen (Typ *m.* -s, -en)/柄が悪い gemein; gewöhnlich; ungesittet/柄にもなく frecherweise (nase-); unberufen/柄にもなく仲人役をやりたがる Frecherweise habe ich die Rolle des Vermittlers gespielt./柄にもないことをする ⁴et, was *jm* nicht passt (nicht geeignet ist), tun*; aus der Rolle fallen* [s]/柄にもないことをするな ‚Schuster, bleib bei deinem Leisten!' ¦ Halte dich in den Grenzen!/それは私の柄じゃない Ich bin nicht der 〔richtige〕 Mann dazu. ¦ Das schlägt nicht in mein Fach.

-がら -柄 ❶ 場所柄 Örtlichkeit *f.* -en; Landläufigkeit *f.* -en/場所柄をわきまえる(わきまえない) ⁴sich zu benehmen wissen* (nicht wissen*)/場所柄何もございませんが So ziemlich abgelegen von der Stadt, kann ich Ihnen nichts besonderes anbieten./あそこは場所柄何でも高い So günstig gelegen, kostet dort alles viel. ❷ 日柄 Tag *m.* -〔e〕s, -e/金曜日は日柄が悪い Freitag ist ein schwarzer Tag (ein Unglückstag)./結婚式には日柄のよい日を選ぶ Man wählt einen Glückstag für die Hochzeit. ❸ 人柄 Charakter *m.* -s, -e; Persönlichkeit *f.* -en/りっぱな人柄です Er ist eine Persönlichkeit./あいつは人柄がわるい Er ist ein übler Geselle. ❹ 家柄 Geschlecht *n.* -〔e〕s, -er (-e); Familie *f.* -n; Herkunft *f.* ⸗e/家柄がよい aus guter Familie (Herkunft) sein; einem vornehmen Geschlecht entstammen. ❺ 時節柄 Zeit und Umstände《二格: von – und –》/時節柄お祭り騒ぎはやめましょう Machen wir kein Fest daraus, weil Zeit und Umstände es verlangen (erfordern)./御時節柄ですな Das sind Zeiten! ❻ 商売柄なかなか機転がきく Geschäftstüchtig wie er ist, ist er sehr taktvoll./商売柄(職業柄)すぐに気がついた Berufstreu, wie er ist, hat er es sofort gemerkt./これも商売柄です Geschäft ist Geschäft. ❼ 土地柄 Landesübligkeit *f.* -en/これも土地柄です Ländlich, sittlich! ⇨ばしょ, ひがら.

カラー 〔Hemd〕kragen *m.* -s, -; Rockkragen/カラーは何番ですか Welche Kragenweite (Kragengröße; Kragennummer) tragen Sie? ‖ カラーボタン Kragenknopf *m.* -〔e〕s, ⸗e.

カラー ⇨しきさい ‖ カラー映画(フィルム) Farbfilm *m.* -〔e〕s, -e/カラー写真 Farbfoto *n.* -s, -s/カラーテレビ Farbfernsehen *n.* -s; Farbfernsehgerät *n.* -〔e〕s, -e《受像器》.

がらあき がら空き ¶ 小屋《劇場》はがら空きだった Im Theater war gähnende Leere./広間はがらあきである Der Saal ist (steht) ganz leer.

からい 辛い ❶ [からしなど] scharf; beißend; gepfeffert; prickelnd; stechend. ❷ [塩辛い] salzig; salzicht; gesalzen《塩のきいた》/辛くする salzen⁽*⁾⁴; mit ³Salz versehen*⁴. ❸ [点が] streng; strikt/あの先生は点が辛い Der Lehrer erteilt (gibt) strenge (strikte) Zensuren.

からいばり 空威張り der Esel《-s, -》in der Löwenhaut; Aufgeblasenheit *f.* -en; Groß¦tuerei (Wichtig-) *f.* -en; das Groß¦tun* (Wichtig-), -s/空威張りする den Esel in der Löwenhaut spielen; ⁴sich auf|blasen*; groß|tun*; wichtig tun*.

からかう necken⁴; auf|ziehen*⁴; einen Bart machen; foppen⁴; hänseln⁴; Narretei treiben*《mit *jm*》; zum Besten halten* (haben; machen); zum Narren haben《*jm*》/子供をからかう Possen mit Kindern treiben*; Kindern ⁴*et* zum Possen tun*/女をからかう mit einer Frau kokettieren (liebeln; schäkern; scharmieren); Süßholz raspeln.

からかさ 唐傘 der 〔japanische〕 Papierregenschirm, -〔e〕s, -e.

からかぜ 空風 der trockene Wind, -〔e〕s, -e.

からかみ 唐紙 die verschiebbare Tapetentür, -en; die Schiebetür aus ³Papier.

からから からからの trocken; 〔aus〕gedörrt; 〔aus〕getrocknet; dürr; verdorrt; vertrocknet/からからになる vertrocknen [s]; aus|dörren (-|trocknen) [s]; verdorren [s].

からから からから鳴る klappern; klippern; rasseln/からからと笑う laut lachen; in lautes Gelächter aus|brechen* [s]; 〖俗〗eine gewaltige Lache auf|schlagen*.

がらがら ❶ [音] Geklapper *n.* -s; Gerassel *n.* -s/がらがら鳴る klappern; poltern; rasseln; ratteln; rattern/がらがら声をしている eine 〔raue〕 Stimme wie ein Reibeisen haben. ❷ [玩具] Klapper *m.* -s, -. ❸ [空虚] ⇨がらあき. ❹ [人柄] geschwätzig; plapperhaft《おしゃべりの》; frei¦herzig (offen-); kunstlos; ungekünstelt; rückhaltlos《ありのままの》. ── がらがらする ❶ [うがい] 〔³sich〕 den Hals gurgeln. ❷ [のどが] Der Hals ist mir heiser (trocken; rau; entzündet); einen rauen (bösen) Hals wie ein Reibeisen haben.

がらがらへび がらがら蛇 Klapperschlange *f.* -n.

からくさ 唐草 Arabeske *f.* -n; Rankenlinien《*pl*》; Ringelranken《*pl*》‖ 唐草模様 Arabeskenmuster *n.* -s, -.

からくじ 空くじ Niete *f.* -n; Fehllos *n.* -es, -e; Versager *m.* -s, -.

がらくた Klamotte *f.* -n; Gerümpel *m.* -s《古道具類》; Abfall *m.* -〔e〕s, ⸗e《廃物》; Ausschuss *m.* -es, ⸗e《きず物》; Kram *m.* -〔e〕s, ⸗e; Plunder *m.* -s; Ramsch *m.* -es, -e《ろうず物》; Schlacke *f.* -n《屑鉄》; Schund *m.* -〔e〕s, -《いか物》; Schutt *m.* -〔e〕s《瓦礫(がれき)》; Trödel *m.* -s; die sieben Sachen《*pl*》《持ち物いっさいがっさい》. ── がらくたの abgenutzt《使い古した》; ab¦getragen (-gelegen)《着古した》; abgespielt《楽器など》; verstimmt《調子の狂った》.

からくち 辛口のワイン trockener Wein, -〔e〕s, -e.

からくり ❶ [仕掛] die 〔selbsttätige〕 Vorrichtung, -en; Getriebe *n.* -s, -; Maschinerie *f.* -n; Mechanismus *m.* -, ..men. ❷ [工夫] Kniff *m.* -〔e〕s, -e; Finte *f.* -n; Kunstgriff *m.* -〔e〕s, -e; der vorteilhafte Handgriff, -〔e〕s, -e/からくりをする von Kniffen Gebrauch machen; der unsichtbare Drahtzieher (Urheber) sein. ❸ [ごまかし] Täuschung *f.* -en; Taschenspielerei *f.* -en.

からぐるま 空車 der leere (entladene; un-

besetzte) Wagen, -s, -.
からげいき 空景気 die unsolide Hochkonjunktur, -en; Scheinblüte *f.* -n; die unsichere Wirtschaftsblüte, -n.
からげる ❶ [束ねる] ein|packen⁴; verschnüren⁴; zusammen|binden*⁴. ❷ [捲くる] auf|schürzen⁴ (-|stecken⁴) 〘den Rock〙 höher gürten.
からげんき 空元気 der scheinbare Schwung, -(e)s, -̈e; der falsche Schmiss, -es, -e.
からころ × mit dumpfem „Klirr! Klirr!"/からころ鳴る in dumpfes „Klirr! Klirr!" von ³sich geben*.
カラザ 〘卵の〙 Chalaza *f.*; Chalazium *n.* -s; Schalenhaut *f.*
からざお 殻竿で打つ mit einem 〘Dresch〙flegel schlagen*⁴.
からさわぎ 空騒ぎ viel Lärm 《*m.* -(e)s〙 um nichts; viel Geschrei 《*n.* -s〙 und wenig Wolle 《*f.*》; viel Getue 《*n.* -s〙 um nichts und wieder nichts/空騒ぎする viel Lärm um nichts machen (schlagen*).
からし 芥子 Senf *m.* -(e)s; Mostrich *m.* -s 〘葡萄汁に加えて薬味としたもの〙 ∥ 芥子入れ Senf|büchse *f.* (-napf *m.*, -topf *m.* -(e)s, -̈e) 〘芥子粉 Senfmehl *n.* -(e)s, -e 〘*pl* は種類を示すとき〙/芥子匙 Senflöffel *m.* -s, - 〘芥子種 Senfsame[n] *m.* -mens, -men/芥子ソース Senfsoße *f.* -n (-tunke *f.* -n)/芥子漬 Senfpickels 《*pl*》/芥子粒 Senfkorn *n.* -(e)s, -̈er 〘種類を示すとき: -e).
からじまん 空自慢 Prahlerei *f.* -en; Angabe *f.* -n; Großsprecherei *f.* -en; Ruhmredigkeit *f.* -en/空自慢する prahlen; an|geben*; das Maul auf|reißen*; ein großes (das große) Maul machen; großsprechen*; ⁴sich ohne ⁴Gründe rühmen.
からす 鴉 Krähe *f.* -n; Rabe *m.* -n (わたり鴉)/烏が鳴く Eine Krähe krächzt./烏鳴きからすが Krähen krächzen ominös (Unglück verkündend).; Alles sieht ominös (Unglück verkündend). aus.
からす 枯らす welken machen⁴ (lassen*⁴); aus|dorren⁴; dürr machen⁴; vertrocknen machen⁴.
からす 涸らす trocknen⁴; trocken|legen⁴; entwässern⁴ 〘den Teich〙.
からす 嗄らす ⁴sich heiser sprechen*; *js* Stimme erschöpfen.
ガラス Glas *n.* -es, -̈er; Kristall *m.* -s, -e 〘上質の〙/ガラスの Glas-; gläsern 《*f.*》/ような glasig; glasartig/ガラスをはめる, ガラス張りにする mit Glasscheiben versehen⁴ (be-decken⁴); verglasen⁴/ガラス състорья н наблюдения mit Glasbaustein pflastern⁴ ∥ ガラス器 Glasgeschirr *n.* -(e)s, -e/ガラス ware Glas|waren (Kristall-) 《*pl*》/ガラス切り Glas|diamant *m.* -en, -en (-schneider *m.* -s, -)/ガラス工 Glasarbeiter *m.* -s, -/ガラス工業 Glasindustrie *f.* -n/ガラス工場 Glasfabrik *f.* -en/-hütte *f.* -n/ガラス繊維 Glasfaser *f.* -n/ガラス扉 Glastür *f.* -en/ガラス瓶 Kristallflasche (Glas-) *f.* -n/ガラス屋 Glasla-

den *m.* -s, -̈ 〘店〙/Glaser *m.* -s, -/〘人〙/網入りガラス Drahtglas *n.* -es, -̈er/色ガラス das bunte Glas/くもり(すり)ガラス das matte Glas/防弾(風)ガラス Sicherheitsglas/窓ガラス Fensterscheibe *f.* -n.
からすうり 烏瓜 Schlangenkürbis *m.* ..bisses, ..bisse.
からすがい 烏貝 〘貝〙 Teichmuschel *f.* -n.
からすぐち 烏口 Reiß|feder (Zieh-) *f.* -n; Tintenzirkel *m.* -s, - 〘製図用〙.
からすみ der getrocknete (Fisch)rogen, -s, -.
からすむぎ 烏麦 Hafer *m.* -s.
からせき 空咳 der kurze, trockene Husten, -s, -/空咳する kurz und trocken husten.
からせじ 空世辞 Lippendienst *m.* -es, -e; das leere Kompliment, -(e)s, -e; schöne Dinge 《*pl*》.
からだ 体 ❶ 〘身体〙 Körper *m.* -s, -; Körperbau *m.* -(e)s; Leib *m.* -(e)s, -er; Statur *f.*; Wuchs *m.* -es, -̈e/体じゅう am ganzen Körper (Leibe)/よい体の wohl|gebaut (-gebildet)/体が小さい von kleinem Körperbau (Wuchs) sein; von kleiner Statur (Gestalt) sein/体が丈夫である dünn (schlank) sein. ❷ 〘体質・体力〙 Körper|beschaffenheit (Leibes-) *f.*; Gesundheit *f.*; Konstitution *f.* -en; Leibeskraft *f.* 〘体力〙/体が続かない die Anstrengung 《-en》 nicht aushalten (ertragen) können/体にされる der ⁴Gesundheit schaden; schädlich auf die Gesundheit wirken/体の為になる heilsam (gesundheitsfördernd; zuträglich) sein; heilsam (fördernd) auf die Gesundheit wirken; gut bekömmlich sein 《*jm*》/体の具合が悪い ⁴sich nicht wohl (unpässlich; unwohl) fühlen; es geht 《*ist*》 schlecht (nicht gut; übel) 《*jm*》. — 体の körperlich; leiblich; physisch.
からたち 枳殻 〘植〙 die bengalische Quitte, -n; der bengalische Quittenbaum, -(e)s, -̈e.
からだつき 体つき 〘Körper〙haltung *f.* -en; Positur *f.* -en; Stellung *f.* -en.
からっと からっとした性格の人 ein Mensch 《*m.* -en, -en》, der nicht so leicht aus der Ruhe zu bringen ist.
カラット Karat *n.* -(e)s, -e/十八カラットの金 das 18 karätige Gold, -(e)s.
からつゆ 空梅雨 die trockene Regenzeit, -en; die Niederschlagszeit ohne viel ⁴Regen.
からて 空手で 〘手土産なしに〙 mit leeren Händen; ohne ein Geschenk mitzubringen; 〘空しく〙 unverrichteter ²Sache; erfolg|los (ergebnis-).
からて 空手 〘武技〙 Karate *n.* -s, -.
からてがた 空手形 Keller|wechsel (Reit-) *m.* -s, -; Wechselreiterei *f.* -en/空手形に終わる in ein leeres Versprechen aus|laufen* 〘§〙; ⁴sich als ein leeres Versprechen erweisen*/空手形を振り出す einen Kellerwechsel aus|stellen; Wechselreiterei treiben*.

からとう 辛党 Alkoholfreund *m.* -〔e〕s, -e; Bacchus¦bruder (Schluck-) *m.* -s, ⸗; Gewohnheitstrinker *m.* -s, - 《飲酒常習者》; Säufer *m.* -s, -.

[か]

からとりひき 空取引 die vorgegebene (erdichtete) Transaktion, -en; Schiebung *f.* -en; das unsaubere Geschäft, -〔e〕s, -e.

からに 空荷 Ballast *m.* -〔e〕s, -e; die tote Last, -en／空荷で nur mit ³Ballast beladen 《船が》.

〜からには nun〔da〕; da ja; jetzt, wo (da)／はるばる来たからには最後までいるつもりだ Ich bleibe hier bis zu Ende, habe ich doch einen weiten Weg bis hierher gemacht.

からねんぶつ 空念仏 schöne aber leere (hohle) Worte 《*pl*》 (Phrase *f.* -n); Schnack *m.* -〔e〕s, -e (⸗e); Wortgeklingel *n.* -s, -.

からふと 樺太 Sachalin *n.* -s.

からぶり 空振りする ins Leere (in die Luft) schlagen*.

からまつ 唐松〖植〗Lärche *f.* -n.

からまる 絡まる ⇨**からむ.**

からまわり 空回りする leer laufen* [s]; aus|glitschen [s] 《車が》; aus|rutschen [s] 《同上》.

からみ 辛味 ❶ [薬味] die scharfe (beißende) Würze, -n (Zutat, -en); der scharfe (beißende) Geschmack, -〔e〕s, ⸗e (〖戯〗⸗er). ❷ [塩味] der salzige Geschmack.

-がらみ〔so〕ungefähr; etwa; so ... um／四十がらみのでっぷり肥えた男 ein wohlbeleibter Mann 《-〔e〕s, ⸗er》 wohl ungefähr 40 im Alter／百ユーロがらみ so um 100 Euro herum.

からみつく 絡みつく ⁴sich〔um〕schlingen* 《*um*⁴》; ⁴sich〔um〕winden* 《*um*⁴》; ⁴sich verfangen* 《*in*³》.

からむ 絡む ⁴sich verflechten*; ⁴sich verfilzen; ⁴sich verhaspeln; ⁴sich verschlingen*; ⁴sich verwickeln; ineinander schlingen*; an|rempeln 《*jn* 挑発的言辞を述べる》; aufs Blut reizen 《*jn*》; vor den Kopf stoßen* 《*jn*》／義理に絡まれる von Pflichtgefühlen (moralischen Bedenken) gefesselt werden／絡みあう ineinander schlingen*; [もつれる] verfangen (verwickelt) werden 《*in*⁴》. ⇨**からみつく.**

からめて 搦め手 das Hintertor 《-〔e〕s, -e》 eines Schlosses; das hintere Burgtor, -〔e〕s, -e.

からめる 搦める fesseln⁴; binden*⁴; knebeln⁴／搦め捕る verhaften; arretieren; dingfest machen; fest|nehmen*; gefangen|nehmen* 《以上どれも *jn*》.

からやくそく 空約束 das nicht gehaltene Wort, -〔e〕s.

からり からりと völlig; absolut; durch und durch; durchaus; rundweg; vollkommen／からりと晴れた空 der heitere (klare; wolkenlose) Himmel, -s／からりと晴れた Der Himmel (Das Wetter) hat sich völlig aufgehellt (aufgeheitert; aufgeklärt).／からりとした [性格] offen〔herzig〕; frei〔mütig〕; heiter;〔kreuz〕fidel;〔lebens〕lustig.

がらり がらりと ❶ [全然] ganz; gänzlich; durchaus; völlig; vollkommen; vollständig; von Kopf bis Fuß. ❷ [突然] plötzlich; auf einmal; mit eins; mit einmal; im Handumdrehen. ❸ がらりと戸を開ける die Tür auf|reißen*.

かられる 駆られる〔voran〕getrieben werden; ⁴sich〔voran〕treiben lassen*; angespornt (angestachelt; bewegt; genötigt; fortgerissen; hingerissen) werden／好奇心に駆られて aus ³Neugier〔de〕; von ³Neugier〔de〕 getrieben／感情に駆られて行動する triebhaft (impulsiv) handeln; ⁴sich von Leidenschaften beherrschen lassen*.

がらん 伽藍 Dom *m.* -〔e〕s, -e; Kathedrale *f.* -n; Münster *n.* (*m.*) -s, -; Heiligtum *n.* -s, ⸗er.

がらん leer; verlassen; unbewohnt.

がらんどう hohl; leer／あいつの頭の中はがらんどうだ 《愚昧(ぐまい)》 Er ist ein hohler Kopf.／あの木は中ががらんどうだ Das ist ein hohler Baum.

かり 雁 Wildgans *f.* ⸗e／雁の鳴きわたる声 das Geschrei 《-s》 ziehender Wildgänse.

かり 狩 ❶〔Hetz〕jagd *f.* -en; Pirsch *f.* -en; Hatz *f.* -en; Hetze *f.* -n; Jägerei *f.* 《狩猟術》／狩の獲物 Jagdbeute *f.*／狩に行く auf die Jagd gehen* [s]／狩をする jagen 《*nach*³; *auf*⁴》; pirschen; hetzen. ❷ [採賞] das Sammeln*, -s; Ausflug *m.* -〔e〕s, ⸗e; Exkursion *f.* -en; Schau *f.* -en; Wanderung *f.* -en. ❸ [犯人など] Streif¦jagd (Diebs-; Verbrecher-); Razzia *f.* -s (Razzien); Verfolgung *f.* -en. ‖ 狩場 Jagd¦bezirk *m.* -〔e〕s, -e (-gebiet *n.* -〔e〕s, -e; -gründe 《*pl*》; -revier *n.* -s, -e)／きのこ狩 das Pilzsammeln*, -s／桜狩 Kirschblütenschau *f.* -en／紅葉(もみじ)狩 die Besichtigung herbstroter (herbstlicher) Ahornblätter.

かり 借り Schuld *f.* -en; die geldlichen (pekuniären) Verpflichtungen 《*pl*》; Passiva (Passiven) 《*pl*》; Soll *n.* -〔s〕, -〔s〕; das Dargeliehene*, -n／借りがある Schulden haben; in *js* Schuld stehen*; in der Kreide stehen*; eine Summe schulden 《*jn*》; verpflichtet sein 《*jm*》／借りをこしらえる in ⁴Schulden geraten* [s]; ⁴sich in ⁴Schulden stürzen／借りを返す eine Schuld begleichen* (ab|〔be〕zahlen; ab|tragen*; tilgen).

かり 仮の vorläufig; einst¦weilig (zeit-); provisorisch; temporär; vorübergehend; zeitlich／仮の契りを結ぶ in den zeitweiligen Ehestand treten* [s]; eine Probeehe ein|gehen*; einstweilen ehelich verbunden werden／仮の世 die vergängliche (irdische) Welt; das Vergängliche* (Irdische*), -n. ── 仮に auf kurze ⁴Zeit; bis auf weiteres; für den Augenblick; versuchsweise 《試みに》; zur Probe 《同上》／仮に石鹸を使ってみよう Versuchen wir's probeweise mit Seife.／仮にその規則でやっていきましょう Bleiben wir einstweilen (für jetzt) bei dieser Regel.／仮に…としても auch (selbst) wenn ...; angenommen〔dass ...〕.

— 仮にも selbst wenn eine Zeit lang; selbst wenn zum Scherz (scherzweise) 《戯れにも》.

カリ 《化》Kali *n*. -s; Kalium *n*. -s∥カリ石鹸 Kaliseife *f*. -n/カリ塩 Kalisalz *n*. -es, -e/カリ石灰 Kalikalk *m*. -[e]s, -e/カリ肥料 Kalidünger *m*. -s, -/カリ[-]düngemittel *n*. -[e]s, -/カリ明礬 Kalialaun *m*. -[e]s, -e.

かりあつめる 駆り集める zusammen|treiben*⁴ (auf-); zusammen|bringen*⁴.

かりいしょう 仮衣裳 Verkleidung *f*. -en.

かりいれ 刈入れ Ernte *f*. -n/刈入れ時 Erntezeit *f*. -en/刈り入れる [abl]ernten⁴; ein|lernten⁴; [abl]mähen⁴.

かりいれ 借入れ ⇨ かりる「借入勘定 Debetposten *m*. -s, -.

かりうけきん 仮受金 das provisorisch bezahlt erhaltene Geld, -[e]s, -er.

かりうけとりしょう 仮受証 die vorläufige Empfangsbescheinigung, -en (Quittung, -en) Interimsschein *m*. -[e]s, -e.

かりうけにん 借受人 Borger *m*. -s, -; Entlehner *m*. -s, -; Entleiher *m*. -s, -; Mieter *m*. -s, -; Pächter *m*. -s, -. ⇨ かりぬし.

カリウム Kalium *n*. -s 《記号: K》.

かりえいぎょうしょ 仮営業所 die zeitweilige Geschäftsstelle, -n; das provisorische Büro, -s.

カリエス 《医》Karies *f*.; Knochenfraß *m*. -es, -e∥脊椎カリエス Rückenmarkkaries.

かりかえ 借換え die Umwandlung (-en) einer Schuld (Anleihe); Konversion *f*. -en 《公債などの》; Umschuldung *f*. -en/借り換える eine Schuld erneuern; konvertieren; um|schulden⁴/公債をもって借り換える in eine öffentliche Anleihe konvertieren.

かりかし 借貸し das Borgen* und Leihen*, des - und -s; das Mieten* und Vermieten*, des - und -s ⇨ たいしゃく.

かりかた 借方 Soll *n*. -[s], -[s]; Debet *n*. -s, -s; Debetseite *f*. -n 《元帳の》; Passiva (Passiven) 《pl》/借方に記入する mit einer Summe belasten 《js Konto》; ins Soll ein|tragen*⁴ ∥ 借方勘定 Debet|posten (Schuld-) *m*. -s, -/借方票 Debetnotiz *f*. -en.

カリカチュア Karikatur *f*. -en; Zerr|bild (Spott-) *n*. -[e]s, -er.

かりかぶ 刈株 Stoppel *f*. -n; Halmrest *m*. -[e]s, -e.

かりかぶけん 仮株券 Interims|aktie *f*. -n (-schein *m*. -[e]s, -e).

かりかり かりかりかじる zernagen⁴, zerkauen⁴/かりかりする 《食物が》knusp[e]rig sein.

がりがり 我利我利 eigen|nützig (-süchtig); gefräßig; geizig; habsüchtig; nimmersatt; auf Geld besessen ∥がりがり亡者 Nimmersatt *m*. - (-[e]s), -; der habsüchtige Geizhammer, -s, -; Mammonsdiener *m*. -s, -; Pfennigfuchser *m*. -s, -.

がりがり がりがりかじる zernagen⁴; zerkauen⁴/がりがりする 《食物が》knusp[e]rig sein.

がりがり がりがりかじる zernagen⁴; zerkauen⁴/がりがりかじる zernagen⁴; zerkirnschen⁴; zerfressen⁴/《引っ搔く》heftig (tüchtig) kratzen⁴; schaben⁴; scharren⁴/犬が戸をがりがり引っ搔く Der Hund kratzt tüchtig an der Tür./がりがり音をたててひげをそっている Er schabt sich mit Geräusch den Bart.

かりかんじょう 仮勘定 Interimskonto *n*. -s, ..ten (-s, -..ti).

かりぎ 借着 das geborgte Kleid, -[e]s, -er; fremde Federn 《pl》.

かりぎちょう 仮議長 der stellvertretende Vorsitzende*, -n, -n.

カリキュラム Lehrplan *m*. -[e]s, -̈e.

かりきる 借り切る ³sich den ganzen Wagen (das ganze Haus) reservieren.

かりけいやく 仮契約 ein provisorischer Vertrag, -[e]s, -̈e.

かりこうじ 仮工事 der provisorische Bau, -[e]s, -e; Behelfswerk *n*. -[e]s, -e.

かりこし 仮越し die ausstehende Schuld, -en; Außenstände 《pl》/借越しになっている Die Schuldposten übersteigen die Guthaben.

かりこみ 狩込み Razzia *f*. Razzien; Streif|jagd (Diebs-; Verbrecher-) *f*. -en 《不良・犯罪人などの》.

かりこみ 刈り込み das Beschneiden* [(Ab-)schneiden*; Abmähen*; Ausputzen*; Scheren*; Stutzen*], -s/刈込み三千円 Haarschneiden [kostet] 3 000 Yen.

かりこむ 刈り込む beschneiden*⁴; [abl]schneiden*⁴; abl|hauen*⁴; aus|putzen⁴; scheren*⁴; stutzen⁴/髪を刈り込ます die Haare schneiden* (scheren*; stutzen).

かりごや 仮小屋 Baracke *f*. -n; Bude *f*. -n; Hütte *f*. -n; Kabache *f*. -n; Schuppen *m*. -s, -.

かりさいよう 仮採用する(になる) probeweise ein|stellen 《jn》 (*j.* wird probeweise eingestellt) ∥ 仮採用者 der probeweise Eingestellte*, -n, -n.

かりさしおさえ 仮差押え die provisorische Beschlagnahme, -n.

かりしっこう 仮執行 die provisorische Vollstreckung, -en/仮執行する provisorisch vollstrecken⁴.

かりじむしょ 仮事務所 ⇨かりえいぎょうしょ.

かりしゅつごく 仮出獄 die provisorische Freilassung (Entlassung, -en); die Freilassung (Entlassung) auf ⁴Ehrenwort / 仮出獄を許される provisorisch frei|gelassen (entlassen) werden; auf Ehrenwort frei|gelassen (entlassen) werden; noch unter Polizei|aufsicht stehen* ∥ 仮出獄状 der Schein (-[e]s, -e) für provisorische Freilassung/仮出獄人 der provisorisch Freigelassene* (Entlassene*), -n, -n; der Freigelassene* (Entlassene*) auf Ehrenwort; der noch unter ³Polizei|aufsicht Stehende*, -n, -n 《要保護観察人》.

かりしょうしょ 仮証書 das provisorische Zeugnis, ..nisses, ..nisse; der provisorische Beweisschein, -[e]s, -e.

かりしょぶん 仮処分 《法》die provisorische Maßregel, -n (Maßnahme, -n; Anord-

かりしんきゅう 仮信給 die probeweise Versetzung, -en; die Versetzung auf *Probe/仮信給にする probeweise (auf Probe) versetzen 《in》.

カリスマ Charisma *n*. -s, ..men.

かりずまい 仮住い das Verweilen*, -s; der vorübergehende (zeitweilige) Aufenthalt(sort), -[e]s, -e/仮住いする 《sich》 verweilen; *sich vorübergehend (zeitweilig) auf|halten*.

かりせいふ 仮政府 Interimsregierung *f*. -en; die provisorische Regierung.

かりそめ 仮初め [ささいな] geringfügig; trivial; unbedeutend; unendlich klein; [一時の] vorübergehend; temporär; vergänglich; zeitlich/かりそめにする wenig schätzen*; auf die leichte Schulter nehmen**; außer Acht lassen*; für unwichtig halten** (betrachten*); *sich nichts machen 《aus*》; wenig halten* 《von*》/かりそめにも …せぬ keinesfalls; auf keinen (in keinem) Fall; bestimmt (absolut; durchaus; ganz und gar) nicht; keineswegs; nicht im Geringsten; nie(mals); nimmer(mehr); unter keinen Umständen; zu keiner Zeit.

かりだす 狩り出す heraus|jagen* (-|hetzen*; -|treiben*).

かりたてる 狩り立てる hetzen*; Jagd machen 《auf*》; jagen*; jagend verfolgen*.

かりち 借地 das gemietete (gepachtete) Grundstück, -[e]s, -e.

かりちょういん 仮調印する einen Vertrag (-[e]s, -e) paraphieren.

かりちん 借賃 Miete *f*. -n; Pacht *f*. -en; [Pacht]zins *m*. -es, -e.

かりて 刈手 Mäher *m*. -s, -; Schnitter *m*. -s, -.

かりて 借手 ⇨かりぬし.

かりていかん 仮定款 die zeitweilige Satzung, -en; das provisorische Statut, -[e]s, -en.

かりとる 刈り取る ❶【刈り】[ab]|mähen*; [ab-] schneiden**. ❷【刈り入れる】[ab]|ernten*; ein|ernten*.

かりにげ 借り逃げする *sich aus dem Staube machen, ohne seine Schulden bezahlt zu haben; *sich auf französisch empfehlen* 〖食い逃げ〗.

かりにゅうがく 仮入学 die probeweise Zulassung 〈-en〉 eines Studenten, die Aufnahme (-n) eines Studenten auf *Probe/仮入学を許す einen Studenten probeweise (auf *Probe) zu|lassen* 《zu*》 (auf|nehmen* 《in*》).

かりぬい 仮縫い das Heften*, -s; Anprobe *f*. -n/仮縫いする heften*; 仮縫いができ上がる zur Anprobe fertig sein.

かりぬし 借主 Borger *m*. -s, -; Entleiher *m*. -s, -; Entlehner *m*. -s, -; [負債者] Schuldner *m*. -s, -; Debitor *m*. -s, -en; [賃借人] Mieter *m*. -s, -; [借地人] Pächter *m*. -s, -.

かりね 仮寝する ein Schläfchen (Ni-ckerchen) 《*n*. -s, -》 machen.

かりのうぜい 仮納税 die provisorische Steuerzahlung, -en; die Steuerzahlung unter ³Protest.

かりはいとう 仮配当 Interimsdividende *f*.

かりばし 仮橋 Not|brücke (Behelfs-) *f*. -n; die provisorische Brücke, -n; Pontonbrücke (船橋).

かりばらい 仮払い die vorläufige [Be]zahlung, -en; An|geld (Dran-; Hand-) *n*. -[e]s, -er; Anzahlung *f*. -en.

カリフラワー Blumenkohl *m*. -[e]s, -e.

かりほ 刈穂 die (ein)geerntete (gemähte) Reisähre, -n.

かりほうこく 仮報告 der provisorische Bericht, -[e]s, -e.

かりまいそう 仮埋葬 das einstweilige Begräbnis, ..nisses, ..nisse/仮埋葬にする einstweilig begraben* 《*jn*》.

かりめんきょ 仮免許(証) die Fahrerlaubnis (..nisse) mit ²Auflagen 〈自動車の〉.

かりめんじょう 仮免状 die provisorische Zeugnis, ..nisses, ..nisse 〈Diplom, -s, -e〉; die provisorische Bescheinigung, -en.

かりもの 借物 etwas Geborgtes* (Fremdes*); fremde Federn 《pl》.

かりゅう 下流 Unterlauf *m*. -[e]s, -e/下流に(へ) strom|abwärts (fluss-); den Strom (Fluss) hinunter.

かりゅう 花柳の巷に出入する ein häufiger Besucher der Halbwelt (Demimonde) sein; *sich öfters (häufig) in der Halbwelt (Demimonde) sehen lassen* ‖ 花柳界 Halbwelt *f*.; Demimonde *f*./花柳病 Geschlechts|krankheit (Franzosen-) *f*. -en.

かりゅう 顆粒状の körnig.

がりゅう 我流 die formwidrige eigene Art, -en; die regelwidrige eigene Art und Weise; Eigenbrötelei *f*. -en; Eigenmächtigkeit *f*./彼は何でも我流で押し通す Er ist ein Eigenbrötler (eigenbrötlerisch). Er will sich nie an Regeln kehren. Er handelt nach seiner Willkür./あれは彼の我流の泳ぎ方だ Das ist seine selbst erlernte Schwimmart.

がりゅうてんせい 画竜点睛 die letzte Hand legen 《an*》; ³et den letzten Schliff geben*/画竜点睛を欠く Der letzte Schliff (Das i-Tüpfelchen) fehlt [noch].

かりょう 科料 Geld|strafe *f*. -n (-buße *f*. -n)/二万円の科料に処せられる zu 20 000 Yen [Geldstrafe] verurteilt werden.

かりょう 下僚 der Unter|beamte* (-geordnete*), -n, -n.

かりょう 加療中 unter (in) [ärztlicher] Behandlung sein 〈stehen*〉; in ³Kur sein 《bei *jm*》.

かりょう 雅量 Großmut *f*.; Edelmut *m*. -[e]s; Hoch|herzigkeit (Weit-) *f*.; Nachsicht *f*./雅量のある groß|mütig (edel-); hoch|herzig (weit-); nachsichtig.

かりょく 火力 ❶ Feuer|kraft (Heiz-) *f*. -e/❷ 火力発電 die Erregung (Erzeugung) der Elektrizität durch Kohlenverbrennung/

かりりょうしゅうしょ 火力発電所 [Dampf]kraftwerk n. -[e]s, -e. ❷ ⇨かせい(火勢).

かりりょうしゅうしょ 仮領収書 Interimsschein m. -[e]s, -e.

かりる 借りる borgen⁴ (von jm); ³sich ausleihen*⁴ ([von] jm); entlehnen⁴ ([von] jm); ³sich verschulden⁴ (jm); Schulden machen (負債); ³sich mieten⁴ (賃借り); pachten⁴ (ein Gut 土地を); chartern⁴ (ein Schiff 船を).

かりん 花梨 [植] Quitte f. -n; Quittenbaum m. -[e]s, -bäume.

かりんさんせっかい 過燐酸石灰 [化] Superphosphat n. -[e]s, -e; das überphosphorsaure Salz, -es, -e.

かる 刈る [ab]mähen⁴; [ab]ernten⁴; einlernten⁴; schneiden*⁴ (穀物を); scheren*⁴ (羊毛などを)/髪を短く刈る die Haare (das Haar) kurz schneiden lassen*.

かる 駆る [an]treiben*⁴; vorwärts treiben*⁴ (voran!); an|spornen⁴ (馬を); die Sporen geben*³ (馬に)/車を駆る einen Wagen fahren*.

-がる ¶ えらがる wichtig (dick) tun*; gern blähen (wie der Frosch in der Fabel)/聞きたがる begierig (erpicht) sein, zu hören (sehen, gehen); großes Verlangen tragen*, zu hören (sehen, gehen)/聞きたがる(知りたがる) neugierig (fragselig, wissbegierig) sein/寒がる leicht frieren*/感じ易すぎる empfindlich gegen Kälte sein/得意がる die Nase hoch tragen*; stolz sein (auf⁴)/嬉しがる ⁴sich riesig freuen (über⁴); hocherfreut (überglücklich) sein (über⁴).⇨うれしがる.

かるい 軽い ❶ leicht; nicht schwer; von geringem Gewicht/軽い荷物 die leichte Bürde, -n (Last, -en)/軽い読物 die leichte (unterhaltende) Lektüre, -n. ❷ [微軽] leicht; unbedeutend; ungefährlich/軽い感冒 der leichte Schnupfen, -s, -/軽い傷 die leichte Wunde, -n (Verletzung, -en). ❸ [軽薄] leichtfertig (-sinnig); frivol/尻の軽い娘 das leichte Mädchen, -s, -. ❹ [飲食物の] leicht; einfach; bekömmlich (Speise f. -n). ❺ [身分などの] leicht; unbedeutend/軽い身分 die unbedeutende Stellung, -en. ❻ [量目の不足] weniger als/私の方が彼よりも三キロ軽い Ich wiege [um] 3 kg weniger als er. —軽く leicht; sanft; schwach; ein wenig/軽く撫でる sanft streicheln⁴/軽く打つ sanft klopfen⁴. —軽くする leichter machen⁴; erleichtern⁴; lindern⁴ (Schmerzen⁴ (pl) / 苦痛を軽くする Schmerzen (pl) lindern (erleichtern); mäßigen).

かるいし 軽石 Bimsstein m. -[e]s, -e; Bims m. -s, -e.

かるがる 軽々と leicht; mit Leichtigkeit; mühelos; ohne ⁴Mühe ⇨やすやす/軽々しい unvorsichtig; achtlos; hastig; übereilt; unachtsam; unbesonnen; unklug.

カルキ [化] Chlorkalk m. -[e]s.

かるくち 軽口 ❶ [洒落] Witz m. -es, -e; Witzigkeit f. -en; Faxe f. -n (ふつう pl); Geistesfunke[n] m. -..kens, -..ken; Humor m. -s, (まれに) -e; Jux m. -es, -e; Kalauer m. -s, (下らぬ) -; Scherz m. -es, -e; Spaß m. -es, -e; die treffende Bemerkung, -en; Wortspiel n. -[e]s, -e/軽口をたたく Witze los|lassen* (machen; reißen*). ❷ [多弁] Redseligkeit f.; Geschwätzigkeit f.; Gesprächigkeit f.; Plauder|haftigkeit (Schwatz- f.); Zungenfertig|keit (-geläufigkeit) f.

カルケット Brezel f. -n.

カルシウム Kalzium n. -s (記号: Ca).

かるた [Spiel]karte f. -n/かるた一組 ein Spiel (-[e]s) Karten/かるた六組 ein Pack (-[e]s) Karten/かるたを切る [die] Karten mischen/かるたを配る [die] Karten geben* (jm) (verteilen (an jn))/かるたをする Karten spielen/かるた占いをする Karten legen (schlagen*)/かるた遊び Kartenspiel n. -[e]s, -e/かるた占師 Kartenleger m. -s, - (-schläger m. -s, -)/かるた会 Kartenspielabend m. -s, -e (-nachmittag m. -[e]s, -e; -gesellschaft f. -en).

カルチャーショック Kulturschock m. -[e]s.

カルテ Kranken|bogen m. -s, - (-blatt n. -[e]s, -̈er).

カルテット [楽] Quartett n. -[e]s, -e.

カルテル [経] Kartell n. -[e]s, -e; Firmenzusammenschluss m. -es, -̈e.

かるはずみ 軽はずみ Leichtsinn m. -[e]s; Gedankenlosigkeit f. -en [Nachlässigkeit f. -en; Fahrlässigkeit f. -en; Übereiltheit f. -en; Unbesonnenheit f. -en/軽はずみな leichtsinnig; gedankenlos; [nach]lässig; fahrlässig; übereilt; unbesonnen/軽はずみなことをしない nichts Leichtsinniges tun*; vorsichtig handeln.

かるめ 軽めに etwas; ein wenig; ein bisschen/軽めにワインをついで下さい Gießen Sie bitte mir [klein] wenig Wein zu!

カルメラ カルメラ焼 Karamell m. -s; Karamellzucker m. -s.

かるやき 軽焼 das leichte (leicht gebackene) Gebäck, -s.

かるわざ 軽業 Akrobatik f.; die akrobatischen Kunststücke (pl) / das Geschicklichkeitsturnen, -s/軽業をする akrobatische Kunststücke geben*³ (vor|führen)¶ 軽業師 Akrobat m. -en, -en; Geschicklichkeitsturner m. -s, -.

かれ 彼 er*; der Liebe*, -n (恋人) / 彼の彼女 seine Sie* (pl) / 彼のもの (sein) das ihr*.

かれい 鰈 [魚] Plattfisch m. -[e]s, -e; [Stein]butt m. -[e]s, -e.

かれい 華麗な prächtig; prachtvoll; herrlich.

カレー Curry m. (n.) -s ‖ カレー粉 Currypulver m. -s, -/カレーライス Curryreis m. -es.

ガレージ Garage f. -n.

かれえだ 枯枝 der dürre (kahle; nackte; tote; welke) Zweig, -[e]s, -e.

かれき 枯木 der dürre (kahle; nackte; tote;

がれき welke(r) Baum, -[e]s, ¨e/枯木も山の賑い Etwas ist immerhin besser als [gar] nichts.

がれき 瓦礫 Schutt *m.* -[e]s; Geböckel *n.* -s; Trümmer ⟪*pl*⟫/瓦礫の山 Schutthalde *f.* -n/~(haufen *m.* -s, -; ~kegel *m.* -s, -.

かれくさ 枯草 das trockene (getrocknete) Gras, -es, ¨er; Heu *n.* -[e]s.

かれごえ 嗄声 die heisere (belegte) Stimme, -n.

かれこれ ❶ [彼と此] dieser* und jener*; der* und der*. ❷ [およそ] etwa; annähernd; circa (zirka) ⟪略:ca.⟫; fast; gegen; nahezu; rund; schätzungsweise; [so] an die …; um … [herum]; ungefähr/かれこれ十個の人を殴った in Stücker zehn/かれこれ二三十人ばかり einige Dutzend Menschen; zwanzig, dreißig Menschen. ❸ [何やかや] かれこれ言う etwas dagegen zu sagen haben; an allem etwas auszusetzen haben; immer was zu nörgeln haben; kritisieren*; nörgeln⁴/かれこれしているうちに mittlerweile; indes[sen]; inzwischen; unterdes[sen]/かれこれと用事ができる Ich muss mich mit dem und dem beschäftigen.

かれの das winterlich tote Feld, -[e]s, -er; Einöde *f.* -n; Wildnis *f.* ..nisse.

かれは 枯葉 das dürre (welke; verwelkte) Blatt, -[e]s, ¨er.

かれる 枯れる [樹木などが] verwelken ⓢ; ab|sterben* (-|welken) ⓢ; welk werden; [草木が] aus|wittern ⓢ; trocknen ⓢ; [熟成] 彼の筆跡は枯れている Seine Hand(schrift) ist hochfein.

かれる 涸れる ❶ [水などが] aus|trocknen ⓢ; trocken werden; versiegen ⓢ; vertrocknen ⓢ/井戸水がかれる Die Quelle versiegt. /牛の乳がかれる Die Kuh gibt keine Milch mehr. ❷ [資金などが] alle werden; verbraucht werden/資力がかれた Mein Vermögen ist nun alle geworden.

かれる 嗄れる [声が] heiser werden.

かれん 可憐な [かわいい] liebenswürdig; charmant; hübsch; nett; niedlich; süß; [哀れな] erbärmlich; jämmerlich; kläglich; mitleiderregend (Mitleid erregend).

カレンダー Kalender *m.* -s, -.

カレント カレントトピックス die neuesten (aktuellen) Gesprächsgegenstände ⟪*pl*⟫/カレントニュース Tagesneuigkeiten ⟪*pl*⟫.

かろう 過労 Über|arbeit (Ab-) *f.* -en; Über|anstrengung *f.* -en (-|spannung *f.* -en)/過労する *sich überarbeiten*; *sich ab|arbeiten*; *sich überanstrengen* (ü-berspannen).

かろう 画廊 [Gemälde]galerie *f.* -n; Gemäldenhalle *f.* -n.

かろうじて 辛うじて kaum; eben gerade; mit knapper Not; nur mit Mühe [und Not]; schwerlich ⇨やっと❷/辛うじて間に合う gerade noch zur rechten Zeit kommen* ⓢ/辛うじて逃れる mit knapper (genauer) Not entkommen*³ (davon|kommen*) ⓢ/辛うじて溺死を免れた Beinahe (Um ein Haar) wäre er ertrunken.

カロチン [化] Karotin *n.* -s.

カロリー Kalorie *f.* -n/高カロリーの kalorienreich/低カロリーの kalorienarm ‖ カロリー含有量 Kaloriengehalt *m.* -[e]s, -e.

ガロン Gallone *f.* -n.

かろんじる 軽んじる verachten⁴; beiseite setzen⁴; den Rücken zeigen³; die kalte Schulter zeigen; gering achten⁴ (schätzen⁴); links liegen lassen* ⟨*jn*⟩; missachten⁴ (*p.p.* missachtet); missachten⁴ (*p.p.* gemissachtet); nicht viel übrig haben ⟨*für*⁴⟩; versäumen⁴; verschmähen⁴; vernachlässigen⁴.

かわ 佳話 feine (hübsche; schöne) Geschichte, -n (Anekdote, -n).

かわ 側 Seite *f.* -n; [列立・並] Reihe *f.* -n; [時計の] Gehäuse *n.* -s, -/両側に auf den beiden Seiten/外(内)側 Außenseite (Innenseite) *f.* -n/左(右)側に auf der linken (rechten) Seite/東(西)側 Ostseite (Westseite)/向こう側 die andere (gegenüberliegende) Seite.

かわ 川(河) Fluss *m.* -es, ¨e; Strom *m.* -[e]s, ¨e [大河]; Bach *m.* -[e]s, ¨e [小川]/川沿いの家 das Haus ⟨-es, ¨er⟩ am Fluss/川を上る(下る) stromauf[wärts] (stromab[wärts]) fahren*; den Fluss hinauf|fahren* (hinab|-)/川を渡る einen Fluss überqueren (durchqueren)/川が氾濫した Der Fluss ist übergetreten. ‖ 利根川 der (Fluss) Tone.

かわ 皮(革) [人間・動物物の] Haut *f.* ¨e; [樹皮] Rinde *f.* -n; Borke *f.* -n; Schale *f.* -n; [果物の] [毛皮] Fell *n.* -[e]s, -e; Pelz *n.* -es, -e [戯語として人間にも]; Leder *n.* -s, - [なめし革]; [パンの] Kruste *f.* -n/皮を剥ぐ [ab]|häuten*; [ab]|schälen⁴ (果 物 の); schinden⁴/芋も皮一重 Schönheit ist bloß etwas Äußerliches./骨と皮であるzum Skelett abgemagert sein; nur Haut und Knochen sein ‖ 革製品 Lederware *f.* -n.

かわ 側 ❶ [局外] Außenseite *f.* -n/側の者 Außenseiter *m.* -s, -; Zuschauer *m.* -s, -. ❷ [側面] Seite *f.* -n ⇨かわ(側)/両側に auf beiden Seiten/ドイツ側の提案 ein Vorschlag ⟨*m.* -[e]s, ¨e⟩ von deutscher Seite/消費者側で(政府側で) auf Seiten der Verbraucher (der Regierung). ‖ 敵側 die feindliche (gegnerische) Seite/反対側 die entgegengesetzte (gegenüberliegende) Seite/東(西、南、北)側 Ost|seite (West-, Süd-, Nord-)/右(左、外、内)側 die rechte (linke, äußere, innere) Seite.

かわあそび 川遊び das Planschen* (Planschen*) ⟨-s⟩ im Fluss [子供などの]; [舟遊び] Rudersport *m.* -s; Boot|fahrt (Wasser-) *f.* -en; Lustfahrt auf dem Fluss[e].

かわいい 可愛い [親愛なる] lieb; teuer; [愛らしい] lieblich; liebenswürdig; hold; anmutig [愛嬌のある]; [魅力のある] reizend; entzückend; süß [甘美な]; nett [感じのよい]; hübsch [愛嬌のある]; schön [美しい]/可愛い人 [愛人] der Geliebte*, -n, -n; Schatz *m.* -es/可愛い娘 ein reizendes Mädchen, -s, - (Mädel, -s, -)/可愛い男の子 ein netter kleiner Junge, -n, -n (Bub, -en, -en)/可愛い

かわいがる 可愛がる zärtlich lieben⁴; lieb haben; liebkosen⁴ 《愛撫する》; hätscheln《子供をあやす》; auf den ¹Händen tragen*⁴《掌中の玉』と》/可愛がられる『上記動詞の受動の他』in Gunst stehen* 《bei³》.

かわいげ 可愛げ 可愛気がある liebenswert; lieblich/可愛気のない unliebenswürdig; barsch.

かわいさ 可愛さ ¶ 可愛さ余って憎さ百倍 in Hassliebe sein.

かわいそう 可哀想な ❶［憐れむべき］arm; erbärmlich; bemitleidenswert; jämmerlich; kläglich; elend; armselig; traurig; 可哀そうな孤児 die arme Waise, -n/可哀そうな境遇在 kläglichen Verhältnissen⟨pl⟩/可哀そうな話 eine rührselige (traurige) Geschichte, -n. ❷［感動的な］rührend; ergreifend. ❸［残酷な］grausam; unbarmherzig; roh/そんな可哀そうなことをするものではない Sei nicht so grausam! ¶ 可哀そうに! Ach, der Arme*!; Gott erbarm[e]!/可哀そうに思う Mitleid (Erbarmen) haben 《mit³》; bemitleiden⁴; bedauern⁴ ¶ 可哀そうに思って aus ³Mitleid; aus Erbarmen.

かわいた 乾いた trocken; dürr 《乾ききった》; getrocknet 《乾燥された》; durstig 《のどが》.

かわうお 川魚 Flussfisch m. -[e]s, -e; Süßwasserfisch m. -[e]s, -e 《淡水魚》.

かわうそ 河獺［動］〔Fisch〕otter m. -s, -.

かわかす 乾かす［aus〕trocknen⁴; trocken machen⁴/火で〔日に〕乾かす am Feuer (an der ³Sonne) trocknen⁴.

かわかみ 川上に［am］Oberlauf 《m. -[e]s, ⸚e》/川上へ den Fluss hinauf; flussauf[wärts]/川上から den Fluss herunter.

かわき 乾(渇)き ❶ Trockenheit f. -en; Regenmangel m. -s, ⸚; Dürre f. -n. ❷［喉の］Durst m. -[e]s; Durstigkeit f./渇きを覚える Durst bekommen*. ⇨かつ(渇).

かわぎし 川岸 Flussufer n. -s, -; Böschung f. -en 《土手・堤》.

かわきり 皮切り［第一歩］der erste Schritt, -[e]s, -e;［始まり］Anfang m. -s, ⸚e; Beginn m. -s;［開会］Eröffnung f. -en 《開始》;［率先者］Bahnbrecher m. -s, -; Urheber m. -s, -/皮切りをする die ersten Schritte tun* 《in ³et》; *et in die Wege leiten.

かわく 乾(渇)く ❶［物が］trocknen ⓢ; trocken werden;［aus〕trocknen ⓢ. ❷［のどが］Durst haben (bekommen*; leiden*); durstig sein.

かわぐち 川口［Fluss〕mündung f. -en.

かわぐつ 革靴 Lederschuh m. -[e]s, -e.

かわこうば 革工場 Gerberei f. -en.

かわざいく 革細工 Leder|arbeit f. -en 《-werk n. -[e]s, -e》.

かわさや 革鞘 Lederscheide f. -n; Pistolenhalfter f. -n 《ピストルの》.

かわざんよう 皮算用 ¶ 捕らぬ狸の皮算用 Man soll das Fell nicht verkaufen, ehe man den Bären hat.

かわしも 川下 Unterlauf m. -[e]s, ⸚e/川下へ strom|ab[wärts]〔fluss-〕.

かわジャン(パー) 革ジャン(パー) Lederjacke f. -n.

かわじり 川尻［川口］〔Fluss〕mündung f. -en;［川下］Unterlauf m. -[e]s, ⸚e.

かわす 交す wechseln; aus|tauschen⁴;／身を交す を交す Worte wechseln 《mit³》/身を交す aus|weichen°.

かわず 蛙 Frosch m. -es, ⸚e ⇨かえる(蛙) ¶ 蛙飛び Bockspringen, -s; Bocksprung m. -s, ⸚e.

かわすじ 川筋 Flusslauf m. -[e]s, ⸚e/川筋に沿って den Fluss[lauf] entlang; entlang des Flusses.

かわせ 為替［郵便為替］Post|anweisung 〔Geld-〕f. -en;［銀行の］Postüberweisung f. -en; Rimesse f. -n;［銀行の］Bankanweisung f./為替で送金 Geldanweisung f. -en 《送金の》/一万円の為替を組む eine Postanweisung von 10 000 Yen zu 《ziehen*》/為替で送金する jm Geld durch Post überweisen* (durch ⁴Postanweisung übersenden*)/為替の裁定 Arbitrium《n. -s, ..trien (..tria)》 des Wechsels; Wechselarbitrage f. ¶ 為替受取人 Wechselnehmer m. -s, -; 為替管理 Devisen|kontrolle f. -n 《-bewirtschaftung f. -en》/為替差益 Kursgewinn m. -[e]s, -e/為替差損 Kursverlust m. -[e]s, -e/為替相場 Wechselkurs m. -es, -e/為替手形 der gezogene Wechsel, -s, -; Tratte f. -n 《-s, -》 (Trassant m. -en -[e]s, -en 《eines Wechsels》)/為替取引[業] Wechselhandel m. -s;/外国為替 Auslandswechsel m. -s, -; Devise f. -n/郵便為替 Postanweisung f. -en.

かわせみ 川蝉［鳥］Eisvogel m. -s, ⸚.

かわぞい 川沿いの am Fluss, an der ³Böschung/川沿いに den Fluss entlang; entlang des Flusses am Fluss.

かわぞこ 川底 Grund 《m. -[e]s, -e》 des Flusses; Flussbett n. -[e]s, -en; Flussboden m. -s, ⸚.

かわった 変わった verändert; geändert; [違った] verschieden; [異常な] ungewöhnlich; außergewöhnlich; [奇妙な] sonderbar; seltsam; wunderlich; eigentümlich; [元来の今様の] originell; [特別な] besonder; [色々の] verschieden[artig], mannigfaltig/彼女はいつも変わった帽子を被っている Sie trägt immer einen außerordentlichen Hut.

かわづり 川釣り Flussfischerei f. -en.

かわと 革砥 Streichriemen m. -s, -.

かわどこ 川床 Fluss|bett 〔Strom-〕n. -[e]s, -en.

かわどめ 川止め Verbot 《n. -[e]s, -e》 der ²Flussüberquerung; Stilllegung f. -en des Fährdienstes.

かわなめし 革なめし Gerber m. -s, -; Gerberei f. -en 《業》.

かわばた 川端 Flussufer n. -s, - 《川岸》; Böschung f. -en 《土手・堤》/その家は川端にあった Das Haus lag an einem Fluss.

かわはば 川幅 Breite 《f.》 eines Flusses/川幅は二十メートルある Der Fluss ist 20 M breit.

かわひも 革紐 (Leder)riemen *m.* -s, -; Lederstreifen *m.* -s, -.

かわぴょうし 革表紙 der lederne Deckel, -s, -; Leder(ein)band *m.* -[e]s, ..bände.

かわびらき 川開き Sommerfest 《*n.* -[e]s, -e》auf dem Fluss《*m.*》.

かわベルト 革ベルト Ledergürtel *m.* -s, -.

かわまた 川股 Flussgabelung *f.* -, -en.

かわも 川面 ¶川面をわたる風 ein über den Fluss herüberwehender Wind, -[e]s, -e.

かわや 皮屋 Lederhändler *m.* -[e]s, -; Pelzhändler 《毛皮屋》.

かわやなぎ 川柳 Weide 《*f.* -n》am Fluss.

かわら 瓦 Ziegel *m.* -s, -; Ziegelstein *m.* -[e]s, -e《煉瓦》; Dachziegel *m.* -s, -《屋根瓦》/瓦で屋根をふく ein Dach mit Ziegeln bedecken 《瓦ぶき》/瓦焼き場 Ziegelei 《-brennerei *f.* -en》/瓦工 Ziegler *m.* -s, -/瓦屋根 Ziegelbrenner *m.* -s, -/瓦屋根 Ziegeldach *n.* -[e]s, ..dächer.

かわら 川原 ausgetrocknetes Flussbett, -[e]s, -en; ausgetrocknete Ufer 《*pl*》¶かわらなでしこ wilde Nelke, -, -n.

かわらけ ⇨つやき.

かわり 変わり ❶ [変化] Wechsel *m.* -s, -; Umschlag *m.* -[e]s; Verwandlung *f.* -, -en; (Ver)änderung *f.* -, -en. ❷ [異種] Verschiedenartigkeit *f.*; Abweichung *f.* -, -en; [相違] Unterschied *m.* -[e]s, -e; Differenz *f.* -, -en; Verschiedenheit *f.* -, -en. ❸ [変更] (Ver)änderung *f.* -, -en. ❹ [変状] 《変事》Ereignis *n.* ..nisses, ..nisse; Unfall *m.* -[e]s, ..fälle; Störung *f.* -, -en; etwas Schlimmes; ¶別に変わりありませんか――ええ別に変わりありません Wie geht es Ihnen? (Wie befinden Sie sich?)——Danke, mir geht es gut. /変わりなく[不変] unverändert sein (bleiben* ⓢ); beständig (unveränderlich) sein; unwandelbar (stet; fest) sein/彼はいつも変わりがない Er bleibt sich gleich (treu)./彼は十年前と少しも変わりがない Er ist noch derselbe wie vor zehn Jahren. ❷ [異状なし] in Ordnung sein/別に変わりはない Es gibt nichts Neues./肺には別に変わりはありません Ihre Lunge zeigt keine Anomalie. ❸ [相違なく] ohne Unterschied (unterschiedslos) sein; so gut wie das andere sein; ¶他の品と変わりはない es besteht kein Unterschied 《*in*》/いずれにしても結局に変わりはない Jedenfalls läuft es auf eins (das Gleiche) hinaus. /二人とも満足していることに変わりはない Sie sind beide gleicherweise zufrieden.

かわり 代り ❶ [代理] [S-]ellvertretung *f.* -, -en; [代理人] [Stell]vertreter *m.* -s, -; Substitut *m.* -[e]s, -en 《代用物》Ersatz *m.* -es; Ersatzmittel *n.* -s, -; Surrogat *n.* -[e]s, -e; Ersatzteil *m.* -s, -e¶代りをする *jn* vertreten* ⓢ /…の代りに an *js* Stelle treten ⓢ; auftreten* ⓢ 《für—*jn*》; einspringen* ⓢ 《für *jn*》; *js* Lücke ausfüllen; an *js* Statt kommen ⓢ /代りの ein anderer*; neu; stellvertretend; Ersatz-/代りに statt *js*; an Stelle《²》《von *jm*》; im Namen *js* 《von *jm*》. ❷ [代償] Ersatz *m.* -es; Vergütung *f.* -en; Entgelt *n.* -[e]s, -e/…の代りとして zum Ersatz (zur Entschädigung) 《für*》. ❸ [食物の] die zweite Vorlage/彼はビールのお代りをした Er ließ sich ein neues (anderes) Glas Bier bringen. ❹ [けれども] [zwar], andererseits; dafür/この品は高い代りものがよい Diese Sorte ist zwar teuer, aber auch gut./勉強すること はつらい代りに大へん役に立つ Studieren macht mir viel Mühe, andererseits (dafür) bringt es mir viel Nutzen.

かわりだね 変わり種 eine besondere Sorte, -n; 《動・植》Abart (Spielart) *f.* -, -en; [雑種・混生] Bastard *m.* -[e]s, -e; Bastardart *f.* -, -en.

かわりばえ 代り映え ¶彼は前任者と少しも代り映えしない Er ist um nichts besser als sein Vorgänger.

かわりはてる 変わり果てる ganz anders werden; *sich völlig verändern.

かわりめ 変わり目 Wendepunkt *m.* -[e]s, -e; Wendung *f.* -, -en; Wende *f.* -, -n; Wechsel *m.* -s, -/時候の変わり目 Wechsel der Jahreszeiten /芝居の変わり目 Programmwechsel *m.* -[e]s, -/学期の変わり目に beim Wechsel des Semesters; bei dem Semesterwechsel.

かわりもの 変わり者 Sonderling *m.* -s, -e; Original *n.* -s, -e; eigentümlicher (exzentrischer) Mensch, -en, -en; wunderlicher (närrischer; schnurriger) Kauz, -e; Querkopf *m.* -[e]s, ..köpfe 《へそ曲り》.

かわりやすい 変わりやすい ❶ [変化しやすい] (ver)wandelbar; veränderlich; unsicher; schwankend; unstet; wechselnd; unbeständig; vergänglich. ❷ [心の] wechselnd; wechselhaft; unstetig; unruhig; schwankend; unbeständig. ❸ [浮薄な] launisch; wankelmütig; unbeständig; unberechenbar; launenhaft; mutwillig; kapriziös.

かわる 変わる ❶ anders werden; *sich [ver]ändern; wechseln; [変形する] *sich verwandeln 《*in*》; übergehen* ⓢ 《*in*》; [変更される] abgeändert (umgeändert; verändert; geändert) werden; [多端に] variieren; wechseln/風が南に変わった Der Wind hat sich nach Süden gedreht./彼の意見が変わった Er hat seine Meinung (Ansichten) geändert./それを聞いたら彼の顔色が変わった Bei diesen Worten wechselte seine Gesichtsfarbe./彼はまるで人が変わったようだ Er ist ganz anders geworden. ❷ [異なる] anders (andersgeartet) sein; verschieden sein 《*von*》; *sich unterscheiden 《*von*》/所変われば品変わる „Ländlich, sittlich." 《Anderer Ort, andere Sitte.》 ❸ [移る] つる《移る》. ——変わらない unverändert sein (bleiben ⓢ); unveränderlich; unwandelbar; beständig; fest) sein《不変である》; [永久不変の] ewig (immer) unveränderlich; ständig; bleibend.

かわる 代る [交替する] mit *jm* ab|wechseln; *jn* ab|lösen; [代り合う] miteinander ab|-

wechseln/代る代る, 代り番に abwechselnd; der ³Reihe nach; einer nach dem anderen; wechselweise. ⇨**かん代り(代)**

かん 感 Gefühl *n.* -[e]s, -e; Empfindung *f.* -en (感覚); Eindruck *m.* -[e]s, -e (印象); Feingefühl *n.* -[e]s, -e (敏感); Rührung *f.* -en (感動); Sinn *m.* -[e]s, -e (感覚・感受性); Bewunderung *f.* -en ‖ 責任感 Verantwortungsbewusstsein *n.* -s/感きわまって泣く zu Tränen gerührt sein/感わきってことばに出ない vor Rührung (Bewegung) nicht sprechen können*/...の感を与える den Eindruck erwecken, als ob .../...の感を禁じえない ⁴sich des Eindrucks nicht erwehren können*, dass .../寂寞[孤独]の感に襲われる ⁴sich einsam und verlassen fühlen/第六感を働かせて den sechsten Sinn zu Hilfe nehmen*. ‖ 義務感 Pflichtgefühl *n.* -[e]s, -e/美感 Schönheitssinn *m.* -[e]s, -e.

かん 勘 Spürsinn *m.* -[e]s, -e; Fingerspitzengefühl *n.* -[e]s, -e; die feine Nase, -n; Spürnase *f.* -n; Witterung *f.* -en; Instinkt *m.* -[e]s, -e (本能); 勘が鋭い einen raschen Kopf haben; scharfsinnig sein (盲人の勘が鈍い langsam von Begriff sein; mit langsamem Verstand sein; stumpfsinnig sein/それには一種の勘といったものが必要なのだ Dazu gehört ein gewisses Fingerspitzengefühl.

かん 巻 Band *m.* -[e]s, "e (略: Bd., *pl* Bde.); Buch *n.* -[e]s, "er; Filmspule *f.* -n (映画); Rolle *f.* -n (映画・巻物・軸など) ‖ 五巻物 das fünfbändige Werk, -e.

かん 缶 Büchse *f.* -n; Kanne *f.* -n; Kanister *m.* -s, - (四角の小型石油缶の類); Tonne *f.* -n (ドラム缶); Konservenbüchse *f.* -n (缶詰の).

かん 管 Rohr *n.* -[e]s, -e; Röhre *f.* -n ‖ ガス管 Gasleitung *f.* -en.

かん 桿 Stab *m.* -[e]s, "e; Stange *f.* -n; Hebel *m.* -s, - (槓桿); Kolben *m.* -s, - (ピストン桿).

かん 観 ❶ (外観) Anschein *m.* -[e]s; Ansehen *n.* -s; Aussehen *n.* -s; das Äußere*, n. ❷ (眺め) Ausblick *m.* -[e]s, -e ❸ (見解) Anschauung *f.* -en; Auffassung *f.* -en ‖ ...の観がある es sieht aus, als ob (wie ...); es hat den Anschein, als ob .../彼には今まで別人の観がある Er hat sich aber verändert; Man kennt ihn gar nicht mehr. ‖ 人生観(世界観) Lebensanschauung (Weltanschauung) *f.* -en.

かん 簡 einfach; kurz ⇨**かんたん(簡単)**‖簡にして要を得た kurz und bündig; kurz und klar.

かん 癇 Hitzköpfigkeit *f.*; Jähzorn *m.*; Zornmütigkeit *f.*; Erregbarkeit *f.*; Reizbarkeit *f.*; Nervosität *f.*; 癇の強い hitzig; jähzornig; zornmütig; erregbar; reizbar; nervös; feurig (馬の)/癇を起こす hitzig werden; die Galle regt sich bei *jm.*; *jm.* läuft die Galle über. 癇を起こしている(癇が高ぶっている) Gift und Galle sein (speien*; spucken); in gereizter Stimmung sein.

かん 棺 Sarg *m.* -[e]s, "e/片足を棺に突っ込んでいる mit einem Fuß im Grab[e] (mit einem Bein am Rand des Grabes) stehen*.

かん 寒 Kälte *f.* (寒気); die kälteste Jahreszeit. (季節).

かん 燗 (をつける(する) Sake warm stellen; Sake wärmen.

かん 官につく ein ⁴Amt an|treten*/官についている das Amt bekleiden/官を免じる seines Amtes entheben* (entsetzen) /官を退く vom Amt zurück|treten* [s]; das Amt nieder|legen (auf|geben*); ab|danken.

かん 間 ❶ [時] während²; ... lang/五日間 fünf ⁴Tage; fünf Tage lang/一週間 in einer Woche; binnen einer ²Woche/過去十年間 während der vergangenen 10 Jahre/幾時間も stundenlang/幾日(年)間も tagelang (jahrelang). ❷ [所] zwischen³(⁴) ; unter³(⁴)/東京大阪間 zwischen Tokio und Osaka; von Tokio bis nach Osaka/両党間を斡旋する zwischen zwei Parteien vermitteln/山間の孤村 ein einsames Dorf (-[e]s, "er) in den Bergen/三日間で仕上げる in drei Tagen fertig machen. ❸ [時間の予定] auf⁴; für⁴/三日の予定で auf(für) drei Tage. ‖ 間髪を容れず kaum ..., als ...; kaum ..., so (da) ... (やいなや) ❖ kaum の文章は過去完了, als 以下は副文で過去若干後置, so (da) 以下は主文で過去定形倒置; im Nu; im Handumdrehen; blitzschnell./一間一髪 um ein Haar; bei einem Haar/間一髪のところで命拾いをした Um ein Haar hätte ich mein Leben eingebüßt./間一髪で列車に間に合った Er erreichte den Zug mit knapper Not (noch im letzten Augenblick)./Um ein Haar hätte er den Zug verpasst (乗遅れる所だった).

がん 雁 Wildgans *f.* "e.

がん 癌 ❶ Krebs *m.* -es, -e; Karzinom *n.* -s, -e/癌の早期発見 Krebsfrüherkennung *f.* -en/癌を抑制する krebshemmend/発癌性の krebserregend (Krebs erregend). ❷ [腫瘍] die Wucherungen ("-") des Übels; Krebsschaden *m.* -s, "; 癌細胞 Krebszelle *f.* -n/癌組織 Krebsgewebe *n.* -s, -/癌治療 Krebstherapie *f.* -n.

がん 願 Wunsch *m.* -[e]s, "e; Gebet *n.* -[e]s, -e; Anflehen*, n.; Anliegen *n.* -s, -/願をかなえる *js* Wunsch erfüllen (erhören; gewähren)/願をかける ein Gelübde (ein Gelöbnis) ab|legen (ablegen*)/願がかなう Gott hat *js* Gebet (*js* Wunsch) erhört.

がん 頑として bockig; halsstarrig; hartmäulig (-näckig); steifköpfig; starrsinnig; widerspenstig; [断固として] entschlossen; charakterfest.

かんい 簡易 Einfachheit *f.*/簡易な einfach; leicht; bequem; schlicht (簡素)/簡易化 Vereinfachung *f.* -en; Erleichterung *f.* -en (容易化)/簡易化する vereinfachen⁴; einfacher machen*; erleichtern⁴ ‖ 簡易裁判 Schnellverfahren *n.* -s/簡易住宅 Kleinwohnung *f.* -en/簡易食堂 Imbisshalle *f.*

–n; Schnellbüfett *n.* -〔e〕s, -e/簡易生活 das einfache Leben, -s/簡易図書館 Volksbibliothek *f.* -en/簡易保険 die Versicherung 《-en》 bei der Post.

かんい 官位 der〔amtliche〕Rang, -〔e〕s, ⸚e; Amt und Rang, des - und -〔e〕s/官位を剥奪する *jn* seines Ranges verlustig erklären.

かんいっぱつ 間一髪 ⇨**かん**(間).

かんいん 姦淫 Ehebruch *m.* -〔e〕s, ⸚e/姦淫する ehebrechen〖不定形のみ, 実際上は ich breche die Ehe; ich habe die Ehe gebrochen; die Ehe zu brechen のように die Ehe brechen* と同じに変化して用いる〗; Ehebruch begehen* (treiben*) ‖ 姦淫者 Ehebrecher *m.* -s, -《男》; Ehebrecherin *f.* ..rinnen《女》.

かんえい 官営の Staats-; staatlich; staatlich unterstützt; unter staatlicher Aufsicht/官営にする verstaatlichen^{4}; in staatlichen Besitz (unter staatliche Aufsicht) bringen^{*4}.

かんえん 肝炎 〖医〗Leberentzündung *f.* -en; Hepatitis *f.* ..itiden.

がんえん 岩塩 Steinsalz *n.* -es, -e.

かんおうかい 観桜会 die Zusammenkunft 《⸚e》 zur Kirschblütenschau; Kirschblütenfest *n.* -〔e〕s, -e.

かんおけ 棺桶 Sarg *m.* -〔e〕s, ⸚e; Pracht¦-sarg (Prunk-; Stein-) *m.* -〔e〕s, ⸚e; Sarkophag *m.* -s, -e; Toten¦kiste *f.* -n (-lade *f.* -n)/棺桶に片足突っ込んでいる Er steht schon mit einem Fuß (Bein) im Grab〔e〕.¦Er ist dem Tod〔e〕 sehr nahe.

かんか 感化〔力〕Einwirkung *f.* -en; Beeinflussung *f.* -en; Einfluss *m.* -es, ⸚e/感化する auf *jn* ein|wirken; beeinflussen^{4}; auf *jn* Einfluss üben (aus|üben).

かんか 管下の unter der Jurisdiktion 《*von*^{3}》. ⇨**かんかつ**.

かんか 看過する übersehen^{*4}; übergehen^{*4}; hinweg|sehen* 《*über*^{4}》/彼はそれを黙って看過した《大目に見た》 Er hat es mit Stillschweigen übergangen.¦Er hat es absichtlich übersehen.《見て見ぬふりをした》.

かんが 閑雅な anmutig; graziös; geschmackvoll; stilvoll.

がんか 眼科 Ophthalmologie *f.*; Augenheilkunde *f.* ‖ 眼科医 Augenarzt *m.* -es, ⸚e; Ophthalmologe *m.* -n, -n/眼科医院 Augenklinik *f.* -en.

がんか 眼下に unter ^{3}sich; unter *js* Augen 《ふつう「眼前で」の意》/眼下に見下ろす **1**) überblicken^{4}; überschauen^{4}; beherrschen^{4}; überragen^{4}. **2**) 〔人を〕*jn* von oben herab an|sehen* (behandeln); *jn* über die Achsel blicken (an|sehen*)/眼下に景色を見渡す高地 die Landschaft beherrschenden Höhen 《*pl*》; Aussichtspunkt *m.* -〔e〕s, -e 《展望台》/教会の塔は町の屋根を眼下に見下ろしてそびえている Der Kirchturm überragt (beherrscht) die Dächer der Stadthäuser. /この山頂からはその地方一帯を眼下に展望できる Von diesem Berggipfel überschaut man die ganze Gegend.

かんかい 官界 Beamtenkreis *m.* -es, -e; Beamtenschaft *f.* -en/官界はすっかりだらけている Der ganze Beamtenapparat ist sehr schlaff (taugt überhaupt nichts). ‖ 官界刷新 die Erneuerung (Umbildung) 《-en》 der Beamtenschaft.

かんがい 灌漑 Bewässerung *f.* -en; Berieselung *f.* -en/灌漑の便がある leicht zu bewässern sein 《しやすい》; 〔gut〕 bewässert sein 《既存》/灌漑する bewässern^{4}; berieseln^{4} ‖ 灌漑溝 Bewässerungsgraben *m.* -s, ⸚.

かんがい 干害 der durch Trockenheit (Dürre) entstandene Schaden, -s, ⸚.

かんがい 感慨 Bewegung *f.* -en; Rührung *f.*/感慨無量である Mein Herz ist voll 〔von Erinnerungen aus der Vergangenheit〕.

かんがい 管外の außerhalb der ^{2}Jurisdiktion; außerhalb seiner Befugnis (Kompetenz)《権限外》.

がんかい 眼界 Gesichtskreis *m.* -es, -e; Seh¦feld *n.* -〔e〕s, -er (-raum *m.* -〔e〕s, ⸚e; -weite *f.* -n)/眼界内にある(ない) in (außer) Sehweite sein/眼界を広める *js* Gesichtskreis erweitern/眼界に入る in den Gesichtskreis treten* [s]; in Sicht kommen* [s]/眼界より去る aus dem Gesichtskreis verschwinden* (entschwinden*) [s]/素晴らしく眼界が開けた Da breitete sich eine chöne Landschaft vor uns aus.¦Da bot sich eine herrliche Aussicht vor uns.

かんかいん 感化院 Besserungs¦anstalt (Korrektions-) *f.* -en.

かんがえ 考え ❶ 〔思考〕 das Denken*, -s; Gedanke *m.* -ns, -n; das Nachdenken*, -s 《思考》; Vorstellung *f.* -en 《想像》/考えなしの(に) gedankenlos; leicht¦fertig (-sinnig); übereilt; unbesonnen/考え深い ⇨**かんがえぶかい**/考えに沈む in Gedanken vertieft (versunken; versponnen) sein; ganz in Gedanken sein/考えのある人間のやり方とは思われぬ Seine Handlungsweise sieht einem besonnenen Menschen nicht ähnlich./今考えをねっている所だ Ich gehe gerade mit dem (einem) Gedanken um./気を散じなさい, そうすればまたいい考えが浮かぶというものだ Zerstreue dich! Dann kommst du auf bessere Gedanken./全然まちがった考えで日本にやって来た Er ist mit vollkommen falscher Vorstellung nach Japan gekommen. ❷ 〔考慮〕 das Überlegen*, -s; Überlegung *f.* -en; Erwägung *f.* -en; Betrachtung *f.* -en 《考察》; Rücksicht *f.* -en 《顧慮》; Nachsicht *f.* 《思いやり》/大した考えもなくやる ohne große ^{4}Überlegung tun^{*4}/彼の健康状態も考えに入れねばならない Wir müssen auf seinen Gesundheitszustand auch Rücksicht nehmen (seinen Gesundheitszustand mit berücksichtigen). ❸ 〔熟慮·思案·反省〕 Gedanke *m.* -ns, -n; Erwägung *f.* -en; Überlegung *f.* -en; das Nach¦denken* (-sinnen*), -s/…という考えから in der Erwägung, dass …/よく考えてみる ^{3}sich ^{4}*et* durch den Kopf gehen lassen*/よく考えた上で nach reiflicher Überlegung. ❹ 〔観念·思いつき〕 Gedanke *m.* -ns, -n; Begriff

かんがえあたる

m. -(e)s, -e; Idee f. -n; Einfall m. -(e)s, ¨e /そりゃいい考えだ Das ist eine Idee./なかなかいい考えだ Der Einfall ist nicht schlecht./それこそいい考えだ Das ist die Idee./我々の考えも及ばぬことだ Das übersteigt (alle) unsere Begriffe. ❺ [意見] Meinung f. -en; Ansicht f. -en; Auffassung f. -en; Vorschlag m. -(e)s, ¨e 《提案》/考えを言う 4sich äußern; seine Meinung (Ansicht) äußern; jm seine Auffassung nahe legen; eines Vorschlag nehmen; Stellung nehmen* 《zu¹》/考えをもつ eine Meinung (Auffassung) haben; der ³Ansicht (²Meinung) sein/考えが変わる ⁴sich eines Bessern (eines anderen) besinnen*/考えを変えさせる jn eines Bessern (eines anderen) belehren/他人の考えに従う nach js Meinung fragen; jn um Rat tragen 《相談する・知恵をかりる》/私の考えでは nach meiner Meinung (Ansicht); meiner Meinung (Ansicht) nach ⇨⑥/あなたのお考えはいかがですか Was ist Ihre Meinung dazu? Was halten Sie davon? Wie denken Sie darüber?/私の考えは変わりません Ich bleibe bei der Ansicht./私は彼と考えが違うのですが Sie erlauben mir, anderer Meinung zu sein./それについては彼は彼としての考えがあるのだ Er hat darüber seine eigene Meinung. ❻ [判断・見解] Urteil n. -s, -e; das Erachten* (Ermessen*). -s, — /私の考えでは meines (²Erachtens (Ermessens); meinem Erachten nach/君の考えにまかす Ich überlasse es Ihrem Urteil (Ermessen). Ich stelle es in Ihr (freies) Ermessen. ❼ [つもり] Absicht f. -en 《意向》; Erwartung f. -en 《期待》; Rechnung f. -en 《見当》/そういう考えはなかった Es lag nicht in meiner Absicht./ Es war nicht meine Absicht./我々の考えどおりにやってくれた Er hat unseren Erwartungen entsprochen./それは考えに入れなかった Das habe ich nicht in Rechnung gezogen./ Damit habe ich nicht gerechnet.

かんがえあたる 考えあたる einfallen* [s]; in den Sinn kommen* [s]; auf den Gedanken kommen* 《考えつく》. ⇨**おもいあたる**.

かんがえかた 考え方 ❶ [方法] Denkart f. -en, Denkweise (Betrachtungs-) f. -n. ❷ [見方] Anschauung f. -en, Einstellung f. -en; Gesichtspunkt m. -(e)s, -e; Mentalität f. -en; Stellungnahme f. -n 《態度》/それは私の考え方からいうとおかしい Es gehört sich nicht, die Dinge so zu betrachten./Sie verstehen die Sache völlig falsch./ Sie haben einen verkehrten Begriff von der Sache.

かんがえごと 考え事 das Nachdenken*. -s, — /考え事をする ³(tiefes) Nachdenken versinken* [s]; seinen Gedanken nach|hängen*

かんがえこむ 考え込む ⁴sich in Gedanken vertiefen; nach|sinnen* 《über⁴》; ⁴sich seinen Gedanken nach|hängen*/考え込んでいる ganz in Gedanken sein; in tiefe Betrachtung versunken sein; in Gedanken (Nachdenken) vertieft (verloren, versunken, versponnen) sein.

かんがえだす 考え出す ❶ [案出] ⁴sich aus|denken*⁴; erdenken*⁴; erfinden*⁴; ersinnen*⁴ 《以上に「捏(ち)造」の意》/いいことを考え出す sich etwas Feines aus|denken*. ❷ [想起] ⇨**おもいだす**.

かんがえちがい 考え違い Irrtum m. -s, ¨er; Missverständnis n. ..nisses, ..nisse; Verwechslung f. -en/考え違いする ⁴sich irren 《in³》; missverstehen*⁴; verkennen*⁴; verwechseln*⁴/考え違いをするんじゃないよ 《心得違い》 Mache (Begehe) mir doch keine Dummheiten!

かんがえなおす 考え直す ³sich anders überlegen⁴; ⁴sich eines anderen (eines Bessern; anders) bedenken*⁴; [再考] überdenken*⁴; ³sich noch einmal überlegen⁴/考え直してやめました Ich habe mir's anders überlegt und darauf verzichtet.

かんがえぶかい 考え深い bedächtig; bedachtsam; behutsam; besinnlich; besonnen; umsichtig.

かんがえもの 考え物 Denkaufgabe f. -n; Rätsel n. -s, -; Puzzlespiel n. -(e)s, -e/それも考えものだ Es wäre unklug von Ihnen, so zu handeln.

かんがえよう 考え様 ⇨**かんがえかた**/物は考え様だ Es kommt [mehr oder weniger] darauf an 《Das hängt davon ab》, wie man es nimmt.

かんがえる 考える ❶ denken*¹ 《an⁴; von³; über⁴》; nachdenken* 《über⁴》; bedenken*⁴; erwägen*⁴; sinnen* 《über⁴》; ⁴sich überlegen⁴; grübeln 《über⁴》 《よくよく》/考えてみましょう Ich werde es mir überlegen./その件は真剣に考えます Ich werde diese Sache ernsthaft erwägen./心の中じゃそうは考えていない Im Grund seines Herzens denkt er anders./そんなことは考えられない Das ist undenkbar (unbegreiflich)./So etwas hast du noch nie gemacht/よく考えてみるとどうも話が違うようだ Bei näherer Überlegung (Betrachtung) sieht die Sache anders aus./よけいなこと考えるなよぞんなムダを Mache dir keine unnötigen Gedanken darüber! ❷ [沈思] nachdenken*³ (-|sinnen*³) 《über⁴》; ⁴sich besinnen*; ⁴sich sammeln; ⁴sich versunken 《in¹》; seine Gedanken sammeln; mit ³sich zu Rate gehen* 《る》/ある問題をよく考える 《検討する》 《über eine Frage》 nach|denken*/彼の言ったことを長いこといろいろと考えてみた Ich habe lange seinen Worten nachgesonnen./彼女は何か考えることがあるみたいだ Sie hat etwas auf dem Herzen. ❸ [回想] (zurück-)denken* 《an⁴》; gedenken*²; ⁴sich erinnern 《an⁴》; ⁴sich zurück|erinnern 《an⁴》/あのことをよく考えたものです Ich habe sehr oft an Sie gedacht./考えてみるともう十年も前のことですね Wenn ich mich recht erinnere, ist das ja schon 10 Jahre her. ❹ [想像] ³sich vor|stellen⁴; ⁴sich ein|bilden 《うぬぼれる》; [...と思う] an|nehmen*⁴; glauben; vermuten/まあ考えてもごらんなさい Stelle dir mal

かんかく vor!/それは君がかってにそう考えているだけのことさ Du bildest dir das nur ein/ありうることと考えられる Ich nehme an (denke; vermute), dass es doch möglich ist. ❺〔意図〕来週彼に出ようと考えていた Ich denke, nächste Woche zu verreisen./本気でおどす考えじゃなかったのだ Meine Drohung war gar nicht ernst gemeint. ❻〔予期〕考えよりやさしかった Das war leichter, als ich gedacht (erwartet) hatte. ❼〔覚悟・用意〕万一の場合を考えて手配をする für den äußersten (schlimmsten) Fall Vorsorge treffen*. ❽〔…と見なす〕*et* (*jn*) halten* (für⁴); sehen*⁴ (als⁴); meinen; nehmen*⁴ (für⁴; als⁴); sehen*⁴ (in³)/悪く考えないで下さい Nehmen Sie es nicht für ungut!/Nehmen Sie es nicht übel./あの男をいい競争相手と考える Ich sehe in ihm meinen guten Wetteifer. Ich halte ihn für meinen guten Wettbewerber. ⇨**かんがえ**.

かんかく 間隔 ❶ Abstand *m*. -(e)s, ¨e; Zwischenraum *m*. -(e)s, ¨e; Weite *f*. -, -n; Distanz *f*. -, -en/間隔をおく Abstand halten*《一定間隔を保つ》; einen Zwischenraum lassen*/五メートル間隔で in 5 Meter Abstand《立つ場合》; 置くば stellen; ついて行く *jm* folgen など/間隔をつめる den Abstand verkleinern. ❷〔時間的のみについて〕Zeitabstand *m*. -(e)s, ¨e; Zwischenzeit *f*. -, -en; Weile *f*. -, -n; Pause *f*. -, -n/一定間隔をおいて噴出する温泉を間歇(カンケツ)泉という Eine heiße Quelle, die in bestimmten [Zeit]abständen sprudelt, nennt man Geyser (Geiser). ❸〔印刷〕Spatienbreite *f*. -, -n/〔活(字)間〕間隔をあける spatieren*⁴ (spatiinieren; spationieren)〔行間・字間の〕/一(二)行間隔で書く《タイプなど》/タイプなど》 (zwei Zeilen) Abstand schreiben*/そこで三行ばかり間隔をあけて下さい Lassen Sie da etwa drei Zeilen leer.

かんかく 感覚 Sinn *m*. -(e)s, -e;〔Sinnes-〕wahrnehmung *f*. -, -en; Gefühl *n*. -(e)s, -e; Empfindung *n*. -, -en/感覚的 sensuell; sensorisch/彼は芸術家的感覚を備えている Er hat ein künstlerisches Gefühl./感覚を失う kein Gefühl mehr haben; Empfindungsfähigkeit verlieren*; starr (empfindungslos) werden; betäubt sein. —— 感覚のない(無感覚な) unempfindlich; gefühllos; stumpf《触覚》; apathisch/指に全然感覚がない Mein Finger ist ganz gefühllos./彼は暑さには無感覚だ Er ist unempfindlich gegen Hitze./芸術に対しては全く無感覚だ Er hat gar keinen Sinn für die Kunst. ‖ 感覚器 Sinnesorgan *n*. -s, -e/感覚神経 Empfindungsnerv *m*. -s, -en/感覚中枢 Sensorium *n*. -s, ...rien/感覚論(主義) Sensualismus *m*. -/感覚論者 Sensualist *m*. -en, -en/残留感覚 Nachempfindung *f*. -, -en.

かんがく 漢学 die chinesische Klassik (Literatur *f*. -en); Sinologie *f*. ‖ 漢学者 der Forscher 《-s, -》 der chinesischen Klassik; Sinologe *m*. -n, -n.

かんがく 官学 die staatlich Hochschule, -n (Universität, -en) ‖ 官学派 die Clique《-n》der Ab|solvierten der staatlichen Hochschulen.

かんかつ 管轄(権) Zuständigkeit *f*. -, -en; Kompetenz *f*. -, -en; Befugnis *f*. -, ...nisse; Jurisdiktion *f*. -, -en; Kontrolle *f*. -, -n. —— 管轄する verwalten⁴; über ⁴*et* die Kontrolle haben; 管轄に属する 1)〔事件などを主語として〕 zur Befugnis (Kompetenz; Zuständigkeit) *js* gehören; in *js* Kompetenz liegen*; unter der Jurisdiktion *js* stehen*. 2)〔管轄者を主語として〕zu ⁴*et* befugt sein; für ⁴*et* zuständig (kompetent) sein. ‖ 管轄争い der Streit 《-(e)s, -e》 um die Kompetenz (Zuständigkeit; Befugnisse)/管轄官庁 die zuständige Behörde, -n (Instanz, -en)/管轄区域 Zuständigkeitsbereich *m*. -(e)s, -e/管轄内(外) innerhalb (außerhalb) der Jurisdiktion.

かんがっき 管楽器 Blasinstrument *n*. -(e)s, -e.

かんがみる 鑑みる in Betracht ziehen*⁴;³sich an ³*et* ein Beispiel nehmen*; auf ⁴*et* Rücksicht nehmen*/…に鑑みて in Anbetracht³; im Hinblick 《auf⁴》; mit Rücksicht 《auf⁴》/この情勢に鑑み bei dieser Sachverhältnis; mit Rücksicht auf diese Sachlage.

カンガルー Känguru *n*. -s, -s.

かんかん ❶日がかんかん照る Die Sonne scheint weiß. (じりじり); Die Sonne brennt (glüht).《焼きつくように》. ❷ かんかんになって怒る in Zorn aus|brechen*《gegen⁴》; vor Wut kochen (sieden; platzen; schäumen); Feuer und Flamme speien*/実際ちうかんかんにならざるをえなかったよ《しゃくにさわった時などの言い方》Das war zum Aus-der-Haut-Fahren (um aus der Haut zu fahren; um die Wände hochzugehen)! ❸〔鐘の音〕kling, klang!; bim bam!; bim, bam, bum! ❹〔鐘の音〕

かんがん 宦官 Eunuch *m*. -en, -en; Haremswächter *m*. -s, -.

かんがん 汗顔の至りです Ich muss mich (bis) in die Seele (in die Erde hinein) schämen.

がんがん bimbam!; bimbum!/がんがん鳴る bimbum läuten (ertönen); bimmeln/耳ががんがんする Es gellt mir in den Ohren./耳元でがんがんやられたのでまだ耳ががんがんする Man hat mir die Ohren voll geschrien (voll gelärmt), so klingen die Ohren immer noch./頭ががんがんする Ich habe rasende Kopfschmerzen.〔頭痛〕; Mir dröhnt (saust) der Kopf.〔仕事のことなどで頭が一杯で〕

カンカンおどり カンカン踊り Cancan *m*. -s, -s.

かんかんがくがく 侃々諤々の論をなす heftig diskutieren.

かんかんしき 観艦式を行う eine Flottenparade 《-n》ab|halten*《in³》.

かんかんぼう かんかん帽〔俗〕Kreissäge *f*. -, -n.

かんき 換気 Lüftung *f*. -en; Luftwechsel *m*. -s, -/換気の(よい悪い)家 ein Haus 《-es, ¨er》 mit guter (schlechter) Lüftung; ein mit guter

かんき (schlechter) Lüftungsanlage versehenes Haus/このへやは換気がわるい Dieses Zimmer ist schwül (muffig; muffig). — 換気する lüften; die Luft wechseln; frische Luft zu|führen*⁴ [s]; ventilieren. ⇨つうふう(通風).

かんき 官紀(振粛) die Straffziehung 〈-en〉 der behördlichen Disziplin; die strenge Durchführung «des sittlichen Verhaltens innerhalb der Regierungskreise.

かんき 乾季 die trockene Jahreszeit, -en.

かんき 寒気 Kälte f.; Frost m. -[e]s, -¨e; Frosttreter n. -s, -. ⇨さむさ.

かんき 歓喜 Freude f. -n; Freudentaumel m. -s; Entzücken n. -s; Frohlockung f. -en; Gejauchze n. -s, -; Jubel m. -s; Wonne f. -n《歓喜する⁴sich freuen⁽²⁾ 《über⁴》; vor ³Freude taumeln; hoch entzückt sein 《von³》; frohlocken 《über⁴》; jauchzen; jubeln; in [eitel] ³Wonne schwimmen [s.h.]

かんき 喚起する hervor|rufen*⁴; aus|lösen*⁴; bewirken⁴; erwecken⁴; erzeugen⁴; herbei|führen⁴; hervor|bringen*⁴; verursachen⁴; zeitigen⁴/世論を喚起する die öffentliche Meinung [er]wecken (auf|rütteln).

がんき 雁木 Zickzack m. -[e]s, -e; Schneedach n. -[e]s, -¨er《雪よけの》; Treppe f. -n《防波堤の》; Schrotsäge f. -n《大目鋸》.

かんぎく 観菊 Chrysanthemenschau f. -en ∥ 観菊会 Chrysanthemenfest n. -[e]s, -e.

かんきつるい 柑橘類 Citrus f.; Zitronengewächse 《pl》.

かんきゃく 観客 Zuschauer m. -s, -; der Anwesende*, -n, -n; Beobachter m. -s, -; der Dabeistehende*, -n, -n; Publikum n. -s《総称的》; Zuschauerschaft f.《同上》/多数の観客 eine große [An]zahl (Menge, Unzahl) Zuschauer ∥ 観客席 Zuschauerraum m. -[e]s, -¨e《劇場などの》; Zuschauertribüne f. -n《スタンド》.

かんきゃく 閑却する vernachlässigen⁴; außer Acht lassen*⁴; beiseite lassen*⁴; gering schätzen⁴; in den Wind schlagen*⁴; liegen lassen*⁴; missachten⁴; nicht beachten⁴; über die Achsel an|sehen*⁴; übergehen*⁴; versäumen⁴.

かんきゅう 官給 Regierungslieferung f. -en∥官給品 die von der Regierung gelieferte Sache, -n.

かんきゅう 感泣する vor ³Rührung Tränen vergießen*⁴; tief gerührt in ein heftiges Weinen aus|brechen*⁴ [s]; zu Tränen gerührt werden.

がんきゅう 眼球 Augapfel m. -s, -¨.

かんきょ 官許を得て mit staatlicher (amtlicher; behördlicher) Genehmigung (Erlaubnis; Ermächtigung; Konzession).

かんきょ 閑居する ❶[引退する] zurückgezogen (einsam; weltabgeschlossen) leben; ein zurückgezogenes (einsames; weltabgeschlossenes) Leben führen; in ³Zurückgezogenheit (Einsamkeit; Weltabgeschlossenheit) leben. ❷[怠ける] müßig gehen* [s]; dem Müßiggang verfallen* [s]; auf der Bärenhaut 《auf der faulen Haut》liegen*; die Hände in die Tasche stecken; die Zeit tot|schlagen*《töten》; ⁴sich aufs Ohr legen/小人閑居して不善をなす „Müßiggang ist aller Laster Anfang.; Ist ein gewöhnlicher Sterblicher ohne Arbeit, tut er nichts Gutes.

かんきょう 艦橋 (Kommando)brücke f. -n.

かんきょう 感興 Interesse n. -s, -n 《an³; für³》; Lust f. 《zu³》; Teilnahme f. 《an³》; Verlangen n. 《nach³》/感興をそそる js Interesse erwecken (erregen); js Verlangen wach|rufen* (entflammen)/感興をそぐ die Lust verderben*《jm》; des Interesses (Vergnügens) berauben 《jn》.

かんきょう 環境 Umwelt f. -en; Milieu n. -s, -s; die umgebende Welt; Umgebung f. -en; (Lebens)umstände 《pl》/環境に優しい umweltfreundlich / 環境汚染に配慮した umweltbewusst/環境を汚染する umweltfeindlich/環境に支配される von der Umwelt (dem Milieu) beherrscht (beeinflusst) werden; von der Umgebung ab|hängen*; ⁴sich von den Außendingen beherrschen lassen*∥環境汚染 Umweltverschmutzung f. -en/環境会議 Umweltkonferenz f. -en/環境省 Umweltministerium n. -s/環境税 Umweltsteuer f. -n/環境破壊 Umweltzerstörung f. -en/環境破壊者 Umweltsünder m. -s, -/環境保護 Umweltschutz m. -es/環境保護政策 Umweltpolitik f. -en/環境保護論者 Umweltschützer m. -s, -/環境保全 die Bewachungen 《pl》 der Umwelt/環境問題 Umweltfrage f.

かんぎょう 勧業 die Förderung 《-en》 der Industrie ∥ 勧業博覧会 Industrieausstellung f. -en.

かんぎょう 官業 Regierungsunternehmen n. -s, -; die staatliche Unternehmung, -en; die staatlich unterstützten Industrien 《pl》/イギリスの炭鉱業は昔官業であった Der englische Bergbau war einst staatlich. ⇨かんえい.

がんきょう 頑強な(に) hartnäckig; beharrlich; halsstarrig; störrig; unbeugsam; unnachgiebig; verbissen; [強情] eigen|sinnig (-willig)/彼は強情頑強に主張を曲げなかった Er blieb mit verbissener Hartnäckigkeit bei seiner Behauptung.

かんきり 缶切り Büchsen|öffner (Dosen-) m. -s, -.

かんきん 官金 die öffentlichen Gelder 《pl》; Staatsgelder 《pl》/官金に手を出す öffentliche Gelder an|greifen*《für³》/官金を費消する öffentliche Gelder veruntreuen (unter|schlagen*); einen Griff in die öffentliche Kasse tun*.

かんきん 監禁 Haft f.; Einkerkerung f. -en; Einsperrung f. -en; Freiheitsberaubung f. -en; Gefangennahme f. -n; Internierung f. -en/監禁する in ⁴Haft (Gewahr-

かんきん sam) nehmen* 〈jn〉; einkerkern (-sperren) 〈jn〉; der ²Freiheit berauben 〈jn〉; gefangen nehmen* 〈jn〉; internieren 〈jn〉.

かんきん 換金する ⁴in ⁴Geld um¦setzen⁴.

がんきん 元金 Kapital n. -s, -e (..lien).

かんく 艱苦 Mühe (f.) und Not f.; Quälerei f. -en; Bedrängnis f. ..nisse; Beschwerlichkeit f. -en; Drangsal f. -e (まれに n. -[e]s, -e); hartes (schweres) Stück (Arbeit); Mühsal n. -[e]s, -e; Not f. ⸗e; Strapaze f. -n/艱苦をなめる ⁴sich jeder Mühe unterziehen*; ⁴sich hart ab¦quälen 〈mit³〉; alle Bedrängnisse (Beschwerlichkeiten) 〈pl〉 über ⁴sich ergehen lassen*; unter allerlei Drangsalen (Mühsalen) zu stöhnen haben; mit einem harten (schweren) Stück Arbeit zu kämpfen haben; ⁴sich strapazieren.

かんく 管区 Revier n. -s, -e.

がんぐ 玩具 Spielzeug n. -[e]s, -e; Tand m. -[e]s.

がんくつ 巌窟 (Felsen)höhle f. -n; Grotte f. -n《ふつう人工の》.

がんくび 雁首 Pfeifenkopf m. -[e]s, ⸗e.

かんぐる 勘ぐる beargwöhnen 〈jn〉.

かんぐん 官軍 die kaiserliche Heer, -[e]s, -e/勝てば官軍 „Macht geht vor Recht." ,Die Welt richtet nach dem Erfolge."

かんけい 奸計 List f. -en; Ränke 〈pl〉; Machenschaft f. -en《ふつう pl》; Kniff m. -[e]s, -e/奸計をめぐらす Ränke schmieden 〈gegen*〉; 奸計を用いる zu einer List greifen*; eine List an¦wenden⁴.

かんけい 関係 ❶【関連】Beziehung f. -en; Bezug m. ⸗e; Verbindung f. -en; Verhältnis n. ..nisses, ..nisse; Zusammenhang m. ⸗e/関係がない in keiner Beziehung stehen*; in keinem Zusammenhang stehen*; ⁴et nichts zu tun haben; es geht jn 〈⁴et〉 nichts an/関係を結ぶ in Beziehung treten* ⓢ 〈zu³〉; in Verbindung treten* 〈mit³〉/関係を断つ die Beziehung (die Verbindung; den Umgang; den Verkehr) ab¦brechen* 〈mit³〉; brechen* 〈mit³〉; ⁴sich trennen 〈von³〉/関係をつける in Verbindung bringen* 〈mit³〉/前後の関係《文章の》Satzzusammenhang m. -[e]s, ⸗e; Kontext m. -[e]s, -e/外交関係の断絶 der Abbruch -[e]s, -e/⸗e der diplomatischen Beziehungen. ❷【関与・利害関係】Interesse n. -s, -n; Belang m. -[e]s, -e; Anteil m. -[e]s, -e 〈an³〉; Teilnahme f. -n; Verwicklung f. -en 〈in⁴〉; Beteiligung f. -en《参加》. ❸【影響】Einfluss m. -es, ⸗e 〈auf⁴〉; Einwirkung f. -en 〈auf⁴〉/大した関係はない Das macht mir fast gar nichts aus.; Das stört mich nicht. ❹【関係】Verhältnis n. ..nisses, ..nisse; Liebschaft f. -en; die wilde Ehe, -n; Beischlaf m. -[e]s, -e. ── 関係する〔ある〕❶【関連する】⁴sich beziehen 〈auf⁴〉; in Bezug (Beziehung) stehen* 〈mit³〉; in Verbindung (Zusammenhang) stehen* 〈mit³〉; Beziehungen haben 〈zu³〉; zusammen¦hängen* 〈mit³〉; mit ⁴et zu tun haben; es geht jn 〈⁴et〉 an. ❷【関与・利害関係】für jn von Interesse (Belang) sein; an ³et interessiert (Teilhaber) sein; ⁴sich beteiligen 〈an³〉; 〔mit〕beteiligt sein 〈an³〉; in ⁴et verwickelt (hinein gezogen) werden (sein)《連座》/そういう連中とは関係しない方がよい Halten Sie sich von solcher Gesellschaft fern! ❸【影響する】beeinflussen⁴; ein¦wirken 〈auf⁴〉; Einfluss üben 〈auf⁴〉. ❹【男女】mit jm schlafen*. ‖ 関係官庁 die zuständige Behörde, -n/関係者 der Beteiligte*, -n, -n; Interessent m. -en, -en/関係書類 Unterlage f. -n/関係者は自身出頭ありたし Interessenten werden gebeten, persönlich zu erscheinen./関係代名詞 Relativpronomen n. -s, - (..mina); Relativ n. -s, -e/親戚関係 Verwandtschaft f. -en.

かんげい 歓迎 Willkommen n. (m.) -s, -; Willkomm m. -s, -e; die freundliche Aufnahme, -n; Begrüßung f. -en; das Entgegenkommen, -s; der freundliche Empfang, -[e]s, ⸗e/歓迎の辞 Begrüßungsrede f. -n; Willkommsgruß m. -es, ⸗e. ── 歓迎する willkommen heißen*⁴; freundlich auf¦nehmen*⁴; begrüßen⁴; freundlich empfangen*⁴; einen guten Empfang bereiten; in Empfang nehmen*⁴; ein¦holen⁴《奉迎する》/その御提案は自分等の大いに歓迎する所だ Wir begrüßen sehr diesen Vorschlag von Ihnen.∣Dieser Vorschlag von Ihnen ist uns sehr willkommen./熱狂的に歓迎した Man hieß ihn stürmisch willkommen. ‖ 歓迎委員 Empfangsausschuss m. -es, ⸗e/歓迎会 Empfang m. -[e]s, ⸗e; Willkommsmahl n. -[e]s, -e (⸗er).

かんげいこ 寒稽古 Übung (f. -en) (Training n. -s; Ertüchtigung f. -en) in kalter Saison (in der Winterkälte).

かんげき 観劇 Theaterbesuch m. -[e]s, -e/観劇中である im Theater sitzen* ‖ 観劇 Theater¦abend m. -s, -e (-nachmittag m. -[e]s, -e).

かんげき 感激 Begeisterung f. -en; Bewegung f. -en; Ergriffenheit f.; Erschütterung f. -en; Rührung f. -en. ── 感激させる jn begeistern; bewegen⁴; ergreifen⁴; erschüttern⁴; packen⁴. ── 感激する ⁴sich begeistern; tief bewegt (ergriffen; erschüttert; gerührt) werden/彼の言葉に感激した Er ist von seinen Worten tief ergriffen./彼は何にでもすぐ感激する Er begeistert sich leicht für alles./彼の劇に感激した Das Theaterstück hat mich gepackt.

かんげき 間隙 Lücke f. -n; Spalt m. -[e]s, -e; Spalte f. -n; Spielraum m. -[e]s, ⸗e; Unterbrechung f. -en《中断》/十分な間隙がとってある genügenden (ausreichenden) Spielraum haben/細い間隙から光が洩れる Das Licht dringt durch einen schmalen Spalt herein.

かんげざい 緩下剤 das leichte Abführmittel, -s, -.

かんけつ 完結 (Ab)schluss m. -es, ⸗e; Beendigung f. -en; Vollendung f. -en/完結

する ^{4}sich ab|schließen*; abgeschlossen (beendigt; vollendet) werden; zum 〔Ab-〕schluss kommen* (gelangen) [s].

かんけつ 簡潔 Kürze *f*.; Bündigkeit *f*.; Gedrängtheit *f*.; Knappheit *f*.; Kurzstil *m*. -〔e〕s, -e; die kurze, treffende Ausdrucksweise, -n/簡潔な kurz; bündig; kurz und bündig; knapp; kurz und treffend ausgedrückt.

かんけつ 間欠 Unterbrechung *f*. -en; Absatz *m*. -es, ⸚e/間欠的に mit Unterbrechungen (Pausen); unterbrechend; Absätze machend; einzeln vorkommend; in Absätzen; sporadisch; stellenweise; vereinzelt ‖ 間欠泉 Geysir (Geiser) *m*. -s, -/間欠熱 Wechselfieber *n*. -s, -; Malaria *f*. ..rien.

かんけん 管見 ❶ die einseitige (beschränkte; voreingenommene) Meinung, -en (Ansicht, -en). ❷ [私見] *js* unmaßgebliche Meinung (Ansicht); *js* Gesichts¦punkt (Stand-) *m*. -〔e〕s, -e. ‖ 新時代管見 die Auslegung 《-en》 (Deutung, -en) der neuen Zeit (Ära).

かんけん 官憲 Obrigkeit *f*. -en; Amt *n*. -〔e〕s, ⸚er; Autorität *f*. -en; 〔Verwaltungs〕behörde *f*. -n; Polizeibehörde 《警察》/官憲の obrigkeitlich; amtlich; autoritativ; 〔verwaltungs〕behördlich; polizeibehördlich 《警察の》.

かんげん 還元 〘化〙 Reduktion *f*. -en/還元する reduzieren^4 ‖ 還元剤 Reduktionsmittel *n*. -s, -.

かんげん 管弦 Blas- und Saiteninstrumente 《*pl*》 ‖ 管弦楽 Orchester *n*. -s, - 《「楽団」の意にも》.

かんげん 甘言 die schönen (süßen; verfänglichen) Worte 《*pl*》; Schmeichelei *f*. -en; Vorspiegelung *f*. -en/甘言をもってあざむく *jm* schöne Worte machen und ihn betrügen*; *jn* durch süße Worte gefügig machen; *jm* ^{4}*et* vor|spiegeln; *jn* zu ^{3}*et* beschwätzen; *jm* ^{4}*et* ab|schmeicheln 《甘言でまき上げる》.

かんげん 諫言 Zurechtweisung *f*. -en; 〔Er-〕mahnung *f*. -en; Warnung *f*. -en; Verweis *m*. -es, -e; Vorhaltung *f*. -en; Vorstellung *f*. -en; die harten Worte 《*pl*》/諫言する zurecht|weisen*^{4}; ermahnen^4 《*zu*^{3}》; mahnen^4 《*an*^{4}》; *jm* ^{4}*et* verweisen*; *jm* ^{4}*et* vor|halten*; *jm* Vorhaltungen machen; *jm* ins Gewissen reden; *jm* Vernunft predigen; versuchen, den Kopf zurechtzusetzen.

かんげん 換言すれば mit anderen Worten; anders ausgedrückt; das heißt; das will sagen (besagen); oder.

がんけん 頑健な kerngesund; gesundheit〔kraft〕strotzend; robust und gesund; rüstig.

かんこ 鹹湖 Salzsee *m*. -s, -n; Haff *n*. -〔e〕s, -e; Lagune *f*. -n.

かんこ 歓呼 Jubel *m*. -s; Freudenbezeugung *f*. -en; Freuden¦geschrei (Triumph-) *n*. -s; Gejauchze *n*. -s; das Jauchzen*, -s/歓呼の中に unter 〔lebhaftem〕 Jubel; von 〔lebhaftem〕 Jubel umrauscht/歓呼の声を浴びせる stürmischen (tosenden) Beifall spenden (zollen) 《*jm*》; eine stürmische (tosende) Ovation darbringen* 《*jm*》. ── 歓呼する jubeln; Freude bezeugen; Freudengeschrei (Triumphgeschrei) erheben* (machen); jauchzen.

かんご 漢語 das chinesische Lehnwort 《-〔e〕s, ⸚er》 in Japan; das chinesische Wort, das die japanische Lautentwicklung mitgemacht hat.

かんご 看護 Krankenpflege *f*. -n ⇨**かんびょう** ‖ 看護士 Krankenpfleger *m*. -s, -/看護婦 Kranken¦schwester *f*. -n (-pflegerin *f*. ..rinnen)/看護婦長 Oberschwester *f*. -n/看護兵 Sanitäter *m*. -s, -; Sanitätssoldat *m*. -en, -en.

かんご 監護 〘法〙 Bewachung *f*. -en.

がんこ 頑固 Eigensinn *m*. -〔e〕s; Eigensinnigkeit *f*.; Halsstarrigkeit *f*.; Hartnäckigkeit *f*.; Starr¦sinn *m*. -〔e〕s (-sinnigkeit *f*.) /あの女もあれでなかなか頑固だ Sie ist ein kleiner Eigensinn. ── 頑固な(に) bockbeinig; eigensinnig; halsstarrig; hartnäckig; quer¦köpfig (-steif); starrsinnig; störrig; trotzig; widerspenstig/彼は頑固な病気に悩んでいる Er leidet an einer hartnäckigen Krankheit.

かんこう 刊行 Herausgabe *f*.; Drucklegung *f*.; Edition *f*. -en; Publikation *f*. -en; Publizierung *f*. -en; Veröffentlichung *f*. -en. ── 刊行する heraus|geben*^{4}; edieren^4; erscheinen lassen*^{4}; publizieren^4; veröffentlichen^4. ‖ 定期刊行物 die in regelmäßigen Zeitabständen erscheinende Zeitschrift, -en; Magazin *n*. -s, -e.

かんこう 甘汞 〘化〙 Kalomel *n*. -s; Quecksilberchlorür *n*. -s, -e.

かんこう 感光 das Lichtempfindlichmachen*, -s; Lichtempfindlichkeit *f*. 《感光度》. ── 感光させる belichten^4; exponieren^4/感光する belichtet (exponiert) werden/感光性を与える, 感光し易くする lichtempfindlich machen^4; sensibilisieren^4. ‖ 感光剤 das lichtempfindlichmachende Mittel, -s, -/感光紙 das lichtempfindliche Papier, -s, -e/感光板 die lichtempfindliche Platte, -n.

かんこう 敢行する wagen^4; ^{4}sich erdreisten; ^{4}sich erkühnen; ^{4}sich unterfangen*; ^{4}sich vermessen*^{2}; durch ^{4}Feuer und ^{4}Wasser gehen* [s]; den Teufel nicht fürchten; in die Schanze schlagen*^{4}; wagehalsig (wagemutig) sein.

かんこう 観光する Sehenswürdigkeiten 《*pl*》; besichtigen (auf|suchen; besuchen) ‖ 観光ガイド Touristenführer *m*. -s, -/観光客 Tourist *m*. -en, -en; der Schaulustige* (Vergnügungsreisende*), -n, -n/観光事業 Fremdenverkehr *m*. -s, (まれに -e)/観光船 Touristenschiff *n*. -〔e〕s, -e/観光団 Touristengesellschaft *f*. -en; Wandergruppe *f*. -n/観光バス Tourenbus *m*. ..busses, ..-

かんこう busse/観光旅行 Tour f. -en; Vergnügungsreise f. -n/国際観光局 das Internationale Touristenbüro (Reisebüro) n.

かんこう 慣行の üblich; gebräuchlich.

がんこう 眼光 Blick m. -[e]s, -e/鋭い眼光 Adlerblick (Scharf-) m. -[e]s, -e; der durchbohrende Blick/眼光の鋭い adleräugig; scharfsichtig/眼光紙背に徹する zwischen den Zeilen lesen*.

がんこう 雁行する nebeneinander gehen* (fahren*/fliegen*) [s]; Seite an Seite gehen*; mit jm Schritt halten*.

かんこうちょう 官公庁 die staatlichen und kommunalen Behörden (pl).

かんこうへん 肝硬変 《医》Leberzirrhose f. -.

かんこうり 官公吏 der Staats- und Gemeindebeamte*, -n, -n.

かんこうれい 箝口令 der Befehl (-[e]s, -e), alles zu verschweigen (reinen Mund zu halten); die Auferlegung (-en) der Schweigepflicht.

かんこく 韓国 die Republik Korea ‖ 韓国人 Südkoreaner m. -s, -. ⇨ちょうせん(朝鮮).

かんこく 勧告 ❶ Rat m. -[e]s; Ratschlag m. -[e]s, ...schläge; Ausweisung f. -en; Fingerzeig m. -[e]s, -e; Wink m. -[e]s, -e/医師の勧告に従って auf ärztlichen Rat hin; dem Rat des Doktors folgend (gehorchend; gemäß)/勧告する raten* (jm); einen Rat erteilen (jm); Andeutungen (Fingerzeige; Winke) geben* (jm); nicht undeutlich zu verstehen geben* (jm). ❷ 〔警告〕Warnung f. -en; Ermahnung f. -en (いましめ). ‖ 勧告書 (Er)mahnungsschreiben n. -s, -; Exhortatorium n. -s, ...rien/辞職勧告 die Anweisung (-en), das Amt niederzulegen (vom Amt zurückzutreten).

かんごく 監獄 Gefängnis n. ..nisses, ..nisse; Zuchthaus n. -es, ̈er. ⇨けいむしょ.

かんこつ 顴骨 Backenknochen m. -s, -; Jochbein n. -s, -e.

かんこどり 閑古鳥 Kuckuck m. -[e]s, -e/あの医者は門前閑古鳥が鳴いている Der Arzt hat sehr wenig Zuspruch. Bei dem Doktor geht die Praxis sehr schlecht.

かんこんそうさい 冠婚葬祭 Hauptzeremonien (pl) (der Mündigkeitserklärung, der Hochzeit, des Begräbnisses und Ahnenkultus); die feierlichen Angelegenheiten (pl) im Menschenleben.

かんさ 監査 Aufsicht f. -en; Beaufsichtigung f. -en; Inspektion f. -en; Revision f. -en; Überwachung f. -en ‖ 監査課 Aufsichtsabteilung (Inspektions-; Revisions-) f. -en/監査役 Aufseher m. -s, -; Inspektor m. -s, -en (会計の).

かんさい 完済する die Schulden (pl) tilgen (借金を).

かんざい 寒剤 Kältemischung f. -en.

かんさいき 艦載機 Schiffsflugzeug n. -[e]s, -e; das auf einem Schiff mitgeführte Flugzeug, -[e]s, -e.

かんざいにん 管財人 Verwalter m. -s, -; Administrator m. -s; Verweser m. -s, -; Konkursverwalter m. -s, - (破産財団の).

かんさく 間作 Zwischenernte f. -n.

かんざし 簪 Schmuck/haarnadel f. -n (haarpfeil m. -[e]s, -e).

かんさつ 監察 Ober/aufsicht f. -en (-leitung f. -en); 監察する Oberaufsicht führen (über⁴). ‖ 監察官 Oberaufseher m. -s, -; der Oberaufsichtsführende*, -n, -n/監察制 Oberaufsichtswesen n. -s, -/-system n. -s, -e.

かんさつ 観察 Beobachtung f. -en; Betrachtung f. -en; Überwachung f. -en. ── 観察する beobachten⁴; im Auge behalten*⁴; überwachen⁴. ‖ 観察眼 Beobachtungsgabe f. -n; Scharfsinn m. -[e]s/観察者 Beobachter m. -s, -; der Betrachter m. -s, -; der Beobachtende* (Betrachtende*), -n, -n/観察点 Gesichts/punkt (Stand-) m. -[e]s, -e/観察力 Beobachtungs/kraft (Betrachtungs-) f. ̈e (od. -vermögen) f. -, -).

かんさつ 鑑札 Erlaubnisschein (Genehmigungs-) m. -[e]s, -e/鑑札を受ける erlaubt (genehmigt) werden; einen Erlaubnisschein ausgestellt bekommen* ‖ 鑑札料 die Gebühr (-en, -en) für einen Erlaubnisschein.

かんざらし 寒晒し das feine Reismehl, -[e]s/寒晒しの ausgewintert; dem Frost ausgesetzt; in kältester Jahreszeit hergestellt.

かんさん 閑散 ❶〔ひま〕Muße f. -; Freizeit f.; die freie (unbeschäftigte) Stunde, -n. ❷〔静寂〕Stille f. -; Ruhe f.; Untätigkeit f. -/閑散な müßig; ruhig; still; unbeschäftigt; [商況不振] flau; geschäftlich still; mager; tot. ‖ 閑散期 Nach/saison (Zwischen-) f. -s; die tote (magere) Zeit, -en; Sau(e)rgurkenzeit (Saure-Gurken-Zeit) f. -en.

かんさん 換算する um/rechnen⁴ (in⁴; zu⁴)/ユーロを円に換算する ⁴Euro in ⁴Yen um/rechnen/摂氏零度は華氏になおすと 32 度になる In Fahrenheit sind 0°C 32°(F). ⇨かんし(華氏). ‖ 換算表 Umrechnungstabelle f. -n/換算率 Umrechnungskurs m. -es, -e (-satz m. -es, ̈e).

かんし 監視 ❶《法》(Polizei)aufsicht f. -en; die (polizeiliche) Beobachtung, -en. ❷〔取締・見張〕Kontrolle f. -n; (Ober)aufsicht; der Einsatz f. -es, ̈e (-en) von ³Streikposten《争議の》; Überwachung f. -en. ── 監視する ❶ unter (steter) Kontrolle halten*⁴; patrouillieren⁴ (巡察する). ❷ beaufsichtigen⁴; überwachen⁴; die Obersicht führen (über⁴); überwachen⁴. ‖ 監視員〔労働争議の時の〕Streikposten m. -s, -/監視所 Wachtstelle f. -n (-posten m. -s, -); Schilderhaus n. -es, ̈er/監視人 (Ober)aufseher m. -s, -; Kontrolleur m. -s, -e; Wächter m. -s, -; (Gefängnis)wärter m. -s, -/監視兵 Wache f. -n; Posten m. -s, -; der Wache haltende Soldat, -en, -en/山林監視人 Förster m. -s, -; Forst/wächter

かんし 冠詞 〖文法〗 Artikel m. -s, -; Geschlechtswort n. -[e]s, -er ‖ 定(不定)冠詞 der bestimmte (unbestimmte) Artikel.

かんし 漢詩 das chinesische Gedicht, -[e]s, -e; die chinesische Dichtkunst.

かんし 環視する in den Brennpunkt der Beobachtung setzen (stellen)⁴ ‖ 衆人環視の中に vor aller ³Augen; die Aufmerksamkeit aller auf ⁴sich ziehend/衆人環視の的となる ⁴sich in den Brennpunkt allgemeiner Beobachtung setzen (stellen); von allen eifrig beobachtet werden.

かんじ 感じ ❶ [感覚] Gefühl n. -[e]s, -e; Empfindung f. -en; Sinn n. -[e]s, -e; Tastsinn m. -[e]s, -e (触覚); Empfänglichkeit f. -en; Empfindlichkeit f. 〈感受性〉/感じの鋭い scharfsinnig; feinspürig; geistreich/感じの鈍い stumpfsinnig; abgestumpft; unempfindlich/感じがない kein Gefühl haben〔例: in der verletzten Hand けがした手に〕; unempfindlich (gefühllos) sein/…の感じがする Es ist mir, als ob …｜Ich habe das Gefühl, als ob …/zumute (zu Mute) sein/寒さで指に感じがなくなった Mir sind die Finger starr vor Kälte./全く荘重森厳な感じだった Mir war ganz weihevoll zumute (zu Mute). ❷ [印象] Eindruck m. -[e]s, e; Effekt m. -[e]s, -e/感じのよい sympathisch; angenehm; ansprechend; einnehmend; nett/感じの悪い unangenehm; widerwärtig/よい感じを与える einen guten Eindruck machen (auf⁴)/よい感じを受ける einen guten Eindruck erhalten* (von³)/妙な感じがした Es kam mir sonderbar vor, dass …/その描写はなかなか実際の感じが出ている Die Schilderung ist auch gefühlsmäßig sehr gegenwartsnah.

かんじ 監事 Aufsichtsrat m. -[e]s, ⸚e; Rechnungsprüfer m. -s, -.

かんじ 幹事 Geschäftsführer m. -s, -; Sekretär m. -[e]s, -e; Betreuer m. -s, - 〈世話人〉; Festordner m. -s, - 《宴会などの》/今日の幹事は誰ですか Wer arrangiert heute die Gesellschaft?/幹事長 Chefsekretär m. -[e]s, -e, o/党幹事 Parteisekretär m. -[e]s, -e.

かんじ 漢字 die chinesische [Wort]schrift, -en; die chinesische Charakter, -s, -; das chinesische Schriftzeichen, -s, - ‖ 漢字制限 die Gebrauchsbeschränkung der chinesischen Schriften/当用漢字 die [gebräuchlichsten] chinesischen Schriften für den Alltagsgebrauch.

かんしき 鑑識 ❶ [批評眼] das kritische Talent, -[e]s, -e; ein Auge (für⁴); Kennerblick m. -[e]s, -e; Sachkenntnis f. -[s]se; Urteilskraft f. ⸚e; Verständnis n. ..nisses, ..nisse. ❷ ⇨かんてい①. ‖ 鑑識課《警察の》die Abteilung (-en) für Identifikation.

かんしき Schneereifen m. -s, -.

かんしき 眼識 Auge n. -s, -n; Einsicht f. -en; Scharfsinn m. -[e]s; Unterscheidungsvermögen n. -s; Urteilskraft f. ⸚e; Verständnis n. ..nisses, ..nisse/眼識がある Augen (Verstand⁴) für haben/眼識のある男だ Er ist ein Mann von scharfem Urteil (Urteilsvermögen).

かんじつ 元日 Neujahrstag m. -[e]s, -e. ⇨がんじつ.

かんじつげつ 閑日月 Muße f.; Mußestunde f. -n; Gemütsruhe f.; Zeit und Muße (zu³)/英雄閑日月あり Der große Geist [be]kümmert sich nicht um kleinliche Dinge.

かんして 関して ⇨かんする(関する).

かんしゃ 官舎 Amts｜wohnung (Dienst-) f. -en (od. -haus n. -en, ⸚er).

かんしゃ 感謝 Dank m. -[e]s; Dankbarkeit f.; Dankgefühl n. -[e]s; Erkenntlichkeit f. -en; Verbundenheit f./感謝の意 Dank (gefühl f. -en) (-empfindung f. -en)/感謝のことば Dankesworte (pl); die Worte (pl) der Erkenntlichkeit/感謝の歌 Danklied n. -[e]s, -er/感謝のことばを知らぬ Ich weiß wirklich nicht, wie ich meinen Dank aussprechen (bekunden) soll. = 感謝する danken (jm für⁴); dankbar (erkenntlich) sein (jm für⁴); zu ³Dank verpflichtet (verbunden) sein (jm); den Dank aussprechen* (jm für⁴). ‖ 感謝祭 (Ernte-) dankfest n. -[e]s, -e/感謝状 Dank｜brief m. -[e]s, -e; -schreiben n. -s, -/die Urkunde (-n) der Dankbarkeit.

かんじゃ 患者 Patient m. -en, -en; der Kranke*, -n, -n/あの医者は患者が多い Der Arzt hat eine große Praxis. ‖ 患者名簿 Krankenliste f. -n/外来患者 Sprechstundenpatient; der ambulant behandelte Kranke/入院患者 Krankenhauspatient m. -en, -en; der klinische (stationäre) Patient.

かんしゃく 癇癪 [Jäh]zorn m. -[e]s; der heftige Gefühlsausbruch, -[e]s, ⸚e; Reizbarkeit f.; ⸗を起こす vor ³Wut außer ³sich geraten* ⓢ; heftig (wütend) werden; plötzlich in ⁴(Jäh)zorn geraten* ⓢ/癇癪を押さえる ⁴sich beherrschen; die Ruhe behalten*, (Jäh)zorn unterdrücken ‖ 癇癪玉 1) [Jäh]zorn m. -[e]s; der plötzliche Wutanfall, -[e]s, ⸚e/癇癪玉が破裂した Bei ihm hat es ausgehakt.｜Ihm ist der Kragen vor Ärger geplatzt. 2) 〔玩具〕 Frosch m. -es, ⸚e; Schwärmer m. -s, -/癇癪持ち der (Jäh)zornige*, -n, -n/癇癪持ち der Heißsporn m. -[e]s, -e; der Hitzige*, -n, -n; Hitzkopf m. -[e]s, ⸚e; der (leicht) Reizbare*, -n, -n/癇癪持ちの jähzornig; cholerisch; heißblütig; hitzig; (leicht) reizbar/癇癪持ちの血統である [Jäh]zorn liegt ihm im Blut[e].

かんじやすい 感じやすい〔敏感〕 empfindlich (gegen⁴); feinfühlig; 〔気のやさしい〕 zartfühlend (-besaitet); mimosenhaft; nervös (神経質); empfindsam (センチな); gefühlvoll (多感); rührselig (涙もろい); sentimental.

かんしゅ 監守 Bewachung f. -en; Hut f.; Verwahrung f. -en;〔人〕Hüter m. -s, -; Kustos m. -, ..stoden; Wächter m. -s, -/

かんしゅ 監守する bewachen⁴; hüten⁴; verwahren⁴.

かんしゅ 看守 Gefängnis|wärter (Gefangenen-) m. -s, -; Kerkermeister m. -s, -; Zuchthausaufseher m. -s, -/看守する Wache haben (bei³); bewachen⁴ ‖ 看守長 der oberste Gefängniswärter.

かんしゅ 艦首 Bug m. -(e)s, ⸚e.

かんしゅ 看取する einsehen⁴; durchschauen⁴; hinein|blicken (in⁴); klar sehen⁴.

かんじゅ 感受 das Empfinden, -s; Empfindung f. -en. ― 感受する empfinden⁴; den Eindruck haben; fühlen⁴; wahr|nehmen⁴ ‖ 感受性 Empfänglichkeit f. -en; Empfindlichkeit f. -en/感受性の強い empfänglich; fein|fühlig (-nervig); zartfühlend.

かんじゅ 甘受する ⁴et ohne ⁴sich ergehen lassen*; ⁴sich ⁴et gefallen lassen*; ein|stecken⁴; hin|nehmen*⁴; schlucken⁴; ⁴et in Kauf nehmen*; schweigen* (zu³).

かんしゅう 観衆 Zuschauer m. -s, - (bei³); der Anwesende*, -n, -n; Besucher m. -s, -; der Dabeistehende* (Um-), -n, -n; Publikum n. -s (絞称的).

かんしゅう 慣習 Brauch m. -(e)s, ⸚e; Gewohnheit f. -en 〈ちゅうしゅう(習慣)〉慣習法 Gewohnheitsrecht n. -(e)s, -e.

かんしゅう 監修 die Oberaufsicht (-en) bei der Zusammenstellung eines Buches; Schriftleitung f. -en/某氏監修 zusammengestellt unter der Oberaufsicht von N.N. ― 監修する bei der Zusammenstellung die Oberaufsicht führen.

かんしょ 寒暑 die Kälte und die Hitze; Wetter|wechsel (Witterungs-) m. -s, -/寒暑のあいさつ es hat jedem Wetterwechsel gewechselten Grüße (pl)

かんしょ 漢書 das chinesische Buch, -(e)s, ⸚er; die chinesischen Klassiker (pl).

かんしょ 甘蔗 Zuckerrohr n. -(e)s, -e ‖ 甘蔗糖 Rohrzucker m. -s, - (pl は種類を示すと).

かんしょ 甘薯 Batate f. -n; die süße Kartoffel, -n.

かんじょ 官女 Hofdame f. -n.

がんしょ 願書 Gesuch n. -(e)s, -e; Bitt|schreiben (-schrift f. -en)/願書を出す ein Gesuch an|bringen* (ein|reichen, stellen).

かんしょう 奸商 der unsaubere (unehrliche) Kauf|mann (Geschäfts-), -(e)s, ⸚-leute; Schieber m. -s, -.

かんしょう 官省 Regierungs|behörde (Verwaltungs-) f. -n.

かんしょう 鑑賞〔Wert〕schätzung f. -en; Genuss m. -es, ⸚e/鑑賞的〔wert〕schätzend; genießerisch. ― 鑑賞する wert|schätzen⁴; genießen*⁴. ‖ 映画鑑賞会 Filmdarbietung f. -en.

かんしょう 干渉 Einmischung f. -en; Ein|mengung f. -en; Dazwischenkunft f. ⸚e; das Dazwischentreten*, -s; Eingriff m. -(e)s, -e; Intervention f. -en/干渉する ⁴sich ein|mischen (in⁴); ⁴sich ein|mengen (in⁴); da|zwischen|kommen* (-|treten*) s; ein|greifen*⁴ (in⁴); intervenieren/干渉しない in Ruhe lassen* (jn); freie Hand (freies Spiel) lassen* (jm)/干渉好きな人 der Auf|dringliche* (Zu-), -n, -n; Naseweis m. -es, -e; der Vorwitzige*, -n, -n; der* ⁴sich gern in fremde Angelegenheiten mischt.

かんしょう 感傷(主義) Empfindsamkeit f. -en; Gefühls|elei f. -en (-schwärmerei f. -en); Rührseligkeit f. -en; Sentimentalität f. -en/感傷的な empfindsam; gefühlsbetont; rührselig; schwärmerisch; sentimental ‖ 感傷主義者 der Empfindsame* (Sentimentale*), -n, -n.

かんしょう 環礁 Atoll n. -s, -e; die ringförmige Koralleninsel, -n.

かんしょう 緩衝 die Ausgleichung aufeinander stoßender Kräfte; das Brechen* (-s) einer Stoßkraft ‖ 緩衝器 Puffer m. -s, -; Pufferapparat m. -(e)s, -e/緩衝地帯 Pufferzone f. -n; das neutrale Gebiet.

かんしょう 観賞 die liebevolle Zuschauen*, -s, - ‖ 観賞植物 Zier|pflanze (Garten-) f. -n.

かんしょう 管掌する verwalten⁴; handhaben⁴ 《弱変化》; leiten⁴; in seiner Obhut (unter seiner Aufsicht) haben.

かんじょう 感状 Anerkennungsbrief m. -(e)s, -e; Ehrendiplom n. -s, -e.

かんじょう 感情 Gefühl n. -(e)s, -e; Empfindung f. -en; Gemüt n. -(e)s 《情緒》; Leidenschaft f. -en (情熱); Bewegung f. -en (感動); Rührung f. (感動); Empfindsamkeit f. -en (情操)/感情の衝突 Zwiespalt m. -(e)s, -e; Unstimmigkeit f. -en/感情がたかまる aufgeregt (nervös) werden; hoch|gehen* s; auf|brausen; ⁴sich über den Kopf verlieren*; ⁴sich dazu hinreißen lassen* 《例えば von Zorn》, ⁴et zu tun.; außer ³sich geraten*; seinen Leidenschaften freien Lauf lassen*/感情をもてあそぶ mit den js heiligsten Gefühlen spielen/感情を抑える ⁴sich beherrschen; an ³sich halten*/感情を害する jn kränken; jn (js Gefühl) verletzen; es mit jm verderben*/君があんなことを言ったので彼はいささか感情を害しているDeine Bemerkung hat ihn etwas empfindlich getroffen./人間は結局感情の動物だLetzten Endes ist der Mensch von den Gefühlen beherrscht (geleitet). ― 感情的な(に) leidenschaftlich; erregt; empfindsam; leicht erregbar (a.); gefühls|selig (rühr-). ‖ 感情移入 Einfühlung f./感情家 Gefühlsmensch m. -en, -en.

かんじょう 勘定 ❶ 〔計算〕 das Rechnen*, -s; Berechnung f. -en. ❷ 〔数えること〕 das Zählen* (Aufzählen)*; Nachzählen*; Zählung f. -en. ❸ 〔支払〕 Bezahlung f. -en; Begleichung f. -en (返済); Ausgleich m. -(e)s, -e (未払金の); Entrichtung f. -en (借金などの); Abrechnung f. -en (清算) / 勘定違い Rechenfehler m. -s, -; die falsche Rechnung, -en/勘定違いする ⁴sich ver-

かんじょう rechnen; falsch [be]rechnen⁴/勘定をすます eine Rechnung (Schuld) bezahlen (begleichen*)/勘定を持つ für jn mit bezahlen*; den Aufwand (die Kosten) bestreiten* (tragen*)/勘定は私が持ちましょう Lassen Sie mich bezahlen./勘定に合う (引合う) ⁴sich [gut] bezahlt machen; ⁴sich lohnen/勘定高い berechnend; gewinnsüchtig/勘定に入れる mit ³et rechnen; ⁴et mit berücksichtigen; ⁴et [mit] in Rechnung ziehen* (stellen)/勘定の方には入って下さい Das geht auf meine Rechnung./勘定書はあとで送ってもらう場合) Schreiben Sie alles auf meine Rechnung.! Stellen Sie die Rechnung auf meinen Namen aus!(勘定書をあとで送ってもらう場合)/出納の勘定が合わない Die Kasse stimmt nicht. ── 勘定する ❶ [計算する] rechnen⁴); berechnen⁴. ❷ [数える] zählen⁴; auf|zählen⁴ (nach|-). ❸ [支払う] [be]zahlen⁴; begleichen⁴⁴; aus|gleichen⁴⁴; entrichten⁴; ab|rechnen⁴/勘定してみて下さい Bitte zählen Sie nach! ‖ 勘定方 Zahlmeister; Kassierer; Buchhalter m. -s/勘定日 Zahl|tag (Löhnungs-) m. -(e)s, -e; Verfallstag m. -(e)s, -e (手形等の満期日).

かんじょう 環状の kreis|förmig (ring-); rund ‖ 環状線 Ringbahn f. -en/環状道路 Ringstraße f. -n.

かんじょう 冠状の kronenartig; kranzförmig; Kronen-; Kranz-.

かんじょう 管状の röhrenförmig; Röhren- ‖ 管状花 Röhrenblüt[l]er m. -s, -.

がんじょう 岩礁 Felsenriff n. -(e)s, -e; Riff n. -(e)s, -e; Klippe f. -n.

がんじょう 岩漿 Magma n. -s, ..men.

がんじょう 頑丈な fest; gediegen; handfest; massiv; robust; solid; stämmig; stark; vierschrötig; zäh.

かんじょうきん 桿状菌 Stäbchenbakterie f. -n.

かんしょく 官職 Amt n. -(e)s, ⁻er; Regierungsposten m. -s, -/官職につく ein Amt an|treten*; mit einem Amt bekleidet werden.

かんしょく 寒色 die kalte Farbe, -n

かんしょく 閑職 das [einträgliche] Ruhepöstchen, -s, -; das mühelose Amt, -(e)s, ⁻er; Sinekure f. -n/閑職にある人 der ein Ruhepöstchen innehat.

かんしょく 間色 Mittelfarbe (Zwischen-) f. -n.

かんしょく 感触 [Tast]gefühl n. -(e)s, -e; Tastsinn m.

かんしょく 間食する einen Imbiss nehmen*; zwischen den Mahlzeiten essen*.

がんしょく 顔色 ⇔かおいろ/顔色ならしめる aus|stechen⁴⁴; überstrahlen⁴; jn in den Schatten stellen.

かんじる 感じる fühlen⁴; ⁴sich fühlen (自分を…と感じる); empfinden⁴; [ver]spüren⁴; wahr|nehmen⁴; merken⁴ (気づく); ahnen⁴ (予感がする); den Eindruck haben (von³; dass … 印象をうける); beeindruckt sein (durch⁴; von³); [感動する] ⇔かんどう(感動)/責任を感じる ⁴sich verantwortlich fühlen (für⁴); /不便を感じる es unbequem finden*/痛切に感じる ⁴es sehr schwer empfinden*/感ずべき anerkenns|wert (bewunderns-; lobens-)/感ずるあちこって心の内なる声に従って; der Stimme des Herzens folgend; aus einem persönlichen Grund(e)/意気に感じて von seinem Mut beeindruckt; auf seinen Mut erwidernd.

かんしん 関心 Interesse n. -s, -n; [An]teilnahme f. -n/関心事 eine wichtige Angelegenheit, -en; eine Sache (-n) von allgemeinem Interesse/関心的になる das allgemeine Interesse auf ⁴sich ziehen*; 'Gegenstand allgemeiner [An]teilnahme werden/関心をもつ interessiert sein (an³); ⁴Interesse haben (an³; für⁴); ⁴sich interessieren (für⁴)/関心を持たぬ gleichgültig (indifferent; teilnahmslos) sein (gegen⁴); kein Interesse (keine [An]teilnahme) haben (an³)/⁴et lässt jn unberührt.

かんしん 感心な bewunderns|wert (anerkennens-; lobens-); brav; geschätzt; löblich; tüchtig; wacker/感心 zu js Bewunderung (Anerkennung)/感心して mit Bewunderung (Anerkennung); staunend/感心感心 Brav (Gut) gemacht!‖ Bravo!/感心覚えているだけ感心 Dass du es im Kopf behalten hast, hat immerhin etwas für ⁴sich. ── 感心する bewundern⁴; anerkennen⁴⁴; beeindruckt werden (von³); für brav (tüchtig; wacker) halten⁴⁴; schätzen⁴/感心しない unzufrieden sein (mit³); missbilligen⁴; unbefriedigt sein (von³); seine Unzufriedenheit äußern/それは感心しませんね Das findet keinen Anklang bei mir./ Daraus mache ich mir nichts.

かんしん 歓心を買う ⁴sich einschmeicheln (bei jm); ⁴sich in js Gunst ein|schleichen (bei jm); schön|tun (jn).

かんしん 寒心すべき beklagens|wert (bejammerns-); bedauerlich; beunruhigend; entsetzlich; schrecklich; ⁴sich selbst über die Ursache genug haben, um jm eine Gänsehaut bekommen zu lassen (um jm das Blut gerinnen zu lassen)/寒心に堪えない von ³Grauen ergriffen werden; beunruhigt werden; entsetzt sein (über⁴); von ³Schauder überfallen werden.

かんじん 勧進 das Spendensammeln⁴ (-s) [zu frommen Zwecken] ‖ 勧進帳 Subskriptionsbuch n. -(e)s, ⁻er/勧進元 Veranstalter m. -s, -; Impresario m. -s, -.

かんじん 肝心の wesentlich; ausschlaggebend; Haupt-; hauptsächlich; maßgebend; wichtig/肝心なこと das Wesentliche*, -n; Hauptsache f. -n; Kern (m. -(e)s, -e) (der Sache); Angelpunkt m. -(e)s, -e; das Wichtigste*, -n/肝心な時に来ない Er kommt nicht, wo wir ihn gerade brauchen./肝心な点は見過ごしている Er hat alles Wesentliche verpasst./そこが肝心な所だ Das ist gerade die Hauptsache.‖ Das ist

かんすい 鹹水 Salzwasser *n.* -s; Lake *f.* -n; Sole *f.* -n ‖ 鹹水魚 Salzfisch *m.* -(e)s, -e / 鹹水湖 Salzsee *m.* -s, -n.

かんすい 完遂 Vollendung *f.* -en; die erfolgreiche Vollziehung, -en/完遂する vollenden⁴; erfolgreich vollziehen⁴*.

かんすい 冠水 das Unter|tauchen* 〈-sinken*; -gesunkensein〉, -s/冠水する unter ⁴Wasser gesetzt werden; überschwemmt sein ‖ 冠水地帯 das unter Wasser gesetzte Gebiet, -(e)s, -e; die überschwemmte Zone, -n.

がんすい 含水 wäss(e)rig; wasserhaltig; hydratisiert ‖ 含水層 die wasserführende Schichte, -n/含水炭素 Kohlenhydrat *n.* -(e)s, -e/含水量 Wassergehalt *m.* -(e)s.

かんすう 関数 〖数〗Funktion *f.* -en ‖ 代数関数 die algebraische Funktion.

かんする 関する an|gehen⁴*; an|(be)langen⁴; an|betreffen⁴*; betreffen⁴* ⇨ **かんけい**(関係). ...に関するに関して; に関しては in Hinblick auf⁴; in Bezug auf⁴; hinsichtlich²; mit Rücksicht auf⁴; was *et* angeht (anbelangt; [an]betrifft); im Zusammenhang mit³; betreffend⁴; betrifft⁴; betreffs² 〈どれも略: betr.〉; von²; über⁴; zu³ / …に関せず ungeachtet²; trotz²⁽³⁾; ohne Rücksicht auf⁴; obgleich; trotzdem 〈dass〉/これに関して in dieser Beziehung (Hinsicht); davon; darüber; dazu; hierzu/私に関しては What was mich angeht (betrifft), so erkläre ich, dass ..../私に関する限りは Soweit (Sofern) es mich angeht ([an]betrifft), so ..../私の名誉に関すること Es geht meine Ehre an./五月五日付弊社書信に関し... Unter Bezug (Bezugnahme) auf unser Schreiben vom 5. Mai und .... / Im Nachgang zu unserem Schreiben vom 5. Mai ..../この件に関しては上司と相談いたします Über diese Angelegenheit will ich mich mit meinem Vorgesetzten besprechen./それに関する意見は留保したいと思います Ich möchte mir meine Stellungnahme dazu vorbehalten.

かんずる 感ずる ⇨ **かんじる**.

かんせい 喊声 Kriegs|geschrei (Schlacht-) *n.* -s 〈*od.* -ruf *m.* -(e)s, -e〉; das tosende Geschrei, -s.

かんせい 乾性 trocken 〔von ³Natur〕; von trockener Natur/私の皮膚は乾性だ Meine Haut ist trocken 〔von Natur〕. ‖ 乾性助膜炎 die Pleuritis 〈..ten〉 sicca; die trockene Pleuritis.

かんせい 慣性 〖理〗Trägheit *f.*; Beharrungsvermögen *n.* -s/慣性で durch ⁴Trägheit/慣性の法則 Trägheitsgesetz *n.* -es.

かんせい 完成 Vollendung *f.* -en; Ausarbeitung *f.* -en; Vervollkommnung *f.* -en; Vervollständigung *f.* -en. ─ 完成する vollenden⁴; zur Vollendung bringen⁴*; aus|arbeiten⁴; vervollkommnen⁴; vervollständigen⁴. ‖ 完成品 Fertigprodukt *n.* -(e)s, -e/自己完成 die Vollendung *js* eigenen Ich(s).

かんせい 歓声 Freuden|ruf (Beifalls-; Hoch-) *m.* -(e)s, -rufe; Hoch *n.* -s, -rufe; Hurra *n.* -s, -s/歓声をあげる Freudenrufe ⟨*pl*⟩ erheben⁴*; Hurra schreien*.

かんせい 閑静 Stille *f.*; Ruhe *f.*; Friedlichkeit *f.*/閑静な still; ruhig; friedlich.

かんせい 官制改革 die Reform ⟨(-en)⟩ (die Umbildung, -en; die Umformung, -en) des Regierungssystems (der Regierungsorganisation).

かんせい 官製 von der Regierung gemacht (hergestellt; produziert; verfertigt) ‖ 官製葉書 die offizielle Postkarte, -n.

かんせい 管制塔 Kontrollturm *m.* -(e)s, -̈e / 灯火管制 Verdunkelung *f.* -en/報道管制 Nachrichtensperre *f.* -n/報道管制をしく eine Nachrichtensperre verhängen (*über* ⁴).

かんぜい 関税 Zoll *m.* -(e)s, -̈e/関税なしの zollfrei/関税のかかる zollpflichtig/関税をかする Zoll legen ⟨*auf*⁴⟩ ‖ 関税改正 Zollreform *f.* -en/関税協定 Zollabkommen *n.* -s/関税局 Zollbüro *n.* -s, -s/関税自主権 Zollautonomie *f.* -n (-selbstbestimmung *f.* -en)/関税障壁 Zollhindernis *n.* ..nisses, ..nisse ⟨-schranke *f.* -n⟩/関税申告 Zollanmeldung *f.* -en/関税戦争 Zollkrieg *m.* -(e)s, -e/関税定率 Zolltarif *m.* -s, -e/関税同盟 Zoll|verein *m.* -(e)s, -e ⟨-union *f.* -en⟩ -verband *m.* -(e)s, -̈e/関税吏 der Zollbeamte*, -n, -n/関税率 Zoll|satz *m.* -es, -̈e.

がんせいひろう 眼精疲労 Ermüdung (*f.*) der ²Sehnerven (Augennerven).

かんせいゆ 乾性油 Pflanzen|öl *n.* -(e)s, -e (Lein-).

がんせき 岩石 Fels *m.* -en, -en; Felsen *m.* -s, -; Gestein *n.* -(e)s, -e; Stein *m.* -(e)s, -e/岩石の多い felsig; steinreich.

かんせつ 関節 Gelenk *n.* -(e)s, -e/関節がはずれた Ein Gelenk hat sich verrenkt (ausgerenkt). ‖ 関節炎 Arthritis ..tiden; Gelenkentzündung *f.* -en/関節鼠⁽ʳ⁾ Gelenkmaus *f.* -̈e/関節動物 Annelide *f.* -n; Ringelwurm *m.* -(e)s, -̈er/関節リューマチ Gelenkrheumatismus *m.* -, ..men/可動関節 das freie (bewegliche) Gelenk/人工関節 das künstliche Gelenk.

かんせつ 間接の mittelbar; indirekt; auf Umwegen; aus zweiter (durch dritte) Hand; durch ⁴Vermittlung/直接にも間接にも影響する Das ist sowohl von unmittelbarem als auch mittelbarem Einfluss./Das übt sowohl direkt als auch mittelbar Einflüsse aus. ‖ 間接税 die indirekte Steuer, -n/間接選挙 die indirekte Wahl, -en/間接伝染 die indirekte Kontagion, -en/間接目的 das indirekte Objekt, -(e)s, -e; die mittelbare Satzergänzung, -en/間接話法 die indirekte Rede.

かんぜつ 冠絶する einzig in seiner Art sein; ³allen über sein; das gibt es nicht wieder

がんぜない 頑是無い unschuldig; arglos; harmlos; naiv; unbefangen; unbefleckt.

かんせん 感染 Ansteckung f. -en; Infektion f. -en; Kontagion f. -en; Übertragung f. -en; Verseuchung f. -en. ― 感染する ❶ [v.] angesteckt (infiziert; verseucht) werden『人が主語』; (⁴sich) anstecken; übertragen*『病が主語』 ❷ [a.] ansteckend (infektiös; übertragbar) sein (伝染性の). ‖ 感染経路 Infektionsweg m. -[e]s, -e/感染源 Infektionsquelle f. -n/感染症 Infektionskrankheit f. -en/感染率 Infektionsrate f. -n.

かんせん 汗腺 Schweißdrüse f. -n.

かんせん 幹線 Haupt[bahn]strecke f. -n (-linie f. -n) ‖ 幹線道路 die Landstraße erster Ordnung.

かんせん 艦船 die Schiffe (pl) aller Arten; See- und Flussfahrzeuge (pl).

かんせん 官選弁護人 der vom Gericht bestimmte (Rechts)anwalt, -[e]s, =e/官選の offizielle Verteidiger, -s, -/官選仲裁人 der offizielle Schiedsrichter, -s, -.

かんせん 観戦 bei Schlachten zu|schauen; ⁴sich als bloßer Zuschauer einer Armee an|schließen*.

かんぜん 完全 Vollkommenheit f. -en; Vollendetheit f.; Vollständigkeit f. ― 完全な vollkommen; vollendet; vollständig. ― 完全になる vollkommen (vollendet; vollständig) werden; ⁴sich vervollkommnen (vollenden; vervollständigen). ― 完全にする vollkommen (vollendet; vollständig) machen⁴; vervollkommnen⁴ (vervollständigen⁴). ‖ 完全雇用 Vollbeschäftigung f./完全主義 Perfektionismus m. -/完全主義の perfektionistisch; -/完全主義者 Perfektionist m. -en, -en/完全犯罪 ein vollkommenes Verbrechen, -s, -/不完全雇用 Teilbeschäftigung f. -en; teilweise Arbeitslosigkeit f.

かんぜん 敢然と kühn; entschlossen; furchtlos; tapfer; mutig.

かんぜん 間然するところなし *et* lässt nichts zu wünschen übrig. *et* ist tadellos.

がんぜん 眼前で vor [unter] *js* Augen; vor *js* Nase/みんなの眼前で vor aller Augen/君の眼前にあるよ Das liegt vor deiner Nase.

かんぜんちょうあく 勧善懲悪 die Förderung des Guten⁴ und die Bestrafung des Bösen⁴; die poetische (dichterische) Gerechtigkeit; Didaktik f.; Moralisierung f. -en ‖ 勧善懲悪劇 das moralisierende Drama, -s, ..men; Moralität f.

かんそ 簡素 Einfachheit f.; Schmucklosigkeit f.; 簡素な einfach; schlicht; schmucklos / 行政機構の簡素化 die Vereinfachung 《-en》 der Verwaltungsorganisation / 簡素化する vereinfachen⁴; handlicher gestalten⁴; unkompli-ziert machen⁴.

がんそ 元祖 Gründer m. -s, -; Stifter m. -s, -; Urheber m. -s, -; Vater m. -s, =.

かんそう 乾燥 das Vertrocknen*, -s; Trockenheit f. -/乾燥した trocken; vertrocknet; dürr /乾燥無味の trocken; abgeschmackt; fade; geschmacklos; platt; schal. ― 乾燥する trocknen*⁴. ‖ 乾燥器 Trockner m. -s, -; Trocken|apparat m. -[e]s, -e (-gerät, -[e]s, -e)/乾燥剤 Trockenmittel n. -s, -/乾燥室 Trocken|boden m. -s, - (-haus n. -es, =er; -kammer f. -n)/乾燥装置 Darrofen m. -s, =/麦芽の/乾燥野菜 Trockengemüse n. -s, -/乾燥卵 Trockenei n. -[e]s, -er/乾燥りんご der vertrocknete Apfel, -s, =.

かんそう 感想 Gedanken m. pl.; Ideen f. pl.; Gefühle⁴ n. pl.; ...について感想を述べる seinen Eindrücken Worte verleihen* 《"über"⁴》/ seine Eindrücke erwähnen; seiner Eindrücke Erwähnung tun* 《"über"⁴》/感想はいかがですか Was meinen Sie dazu?/感想をお聞かせ下さい! ‖ 感想録 die Aufzeichnung 《-en》 des Gedankens (Gefühlten).

かんそう 観相[術] Physiognomik f.; Ausdrucks|deutung f. (-forschung f.) ‖ 観相者 Physiognom m. -en, -en; Ausdrucks|deuter m. -s, - (-forscher m. -s, -).

かんそう 歓送 mit herzlichen Glückwunsch ab|schicken 《*jn*》; gute Reise wünschen 《*jm*》; herzlich Lebewohl sagen 《*jm*》 ‖ 歓送会 Abschiedsfeier f. -n.

かんぞう 肝臓 Leber f. -n / 肝臓炎 Leber|entzündung f. -en; Hepatitis f. ..titiden / 肝臓癌 Leberkrebs m. -es.

かんぞう 甘草 〔植〕Süßholz n. -es, =er; Lakritze f. -n / 甘草液 Lakritzensaft m. -[e]s, =e.

がんぞう 贋造 Fälschung f. -en; Nachahmung f. -en; Nachbau m. -[e]s, -e[n] ohne ⁴Lizenz (機械など) / 贋造の falsch; Fälsch-; nachgeahmt; unecht. ― 贋造する fäl|schen*⁴; nachahmen⁴; unberechtigt nach|bauen⁴; falsch|münzen (貨幣を) / 手形紙幣を贋造する Wechsel (Banknoten) fälschen⁴. ‖ 贋造貨幣(紙幣) Falschmünze f. -n; das falsche Geld, -[e]s, -er; die falsche Banknote, -n / 贋造者 Fälscher m. -s, -; Falschmünzer m. -s, - / 贋造品 Fälschung f. -en; Falsifikat n. -[e]s, -e; Nachbildung f.

かんそうきょく 間奏曲 Intermezzo n. -s, -s (..mezzi); Zwischenspiel n. -[e]s, -e.

かんそく 観測 Beobachtung f. -en; Observation f. -en. ― 気象(気象、天文)を観測する meteorologische (barometrische, astronomische) Beobachtungen an|stellen.

‖ 観測者 Beobachter m. -s, -; Observator m. -s, ..toren / 観測所 Observatorium n. -s, ..rien; Beobachtungsstelle f. -n; Warte f. -n / 気象観測所 Wetterwarte f.

かんそん 寒村 das gottverlassene (abgelegene; entlegene; einsame) Dorf, -[e]s,

かんそんみんぴ 官尊民卑 die Elitenidee der Bürokraten; die Wichtigtuerei des Beamtentums.

カンタータ〖楽〗Kantate *f.* -n.

カンタービレ〖楽〗Kantabile *n.* -s, -.

かんたい 歓待 Gastfreundschaft *f.*; Gastlichkeit *f.*; die freundliche (gütige; herzliche; warme) Aufnahme; der freundliche Empfang. -する offenes Haus; der Gastfreundschaft (Gastlichkeit) üben; freundlich (gütig; herzlich; warm) auf|nehmen* (empfangen*)〔*jn*〕; offenes Haus halten〔*jm*〕.

かんたい 艦隊 (Kriegs)flotte *f.* -n; Flotille *f.* -n《小艦隊》; Geschwader *n.* -s, -《分艦隊》‖ 艦隊旗艦 Flagg|schiff (Admiral-) *n.* -(e)s, -e/艦隊根拠地 Flotten|base *f.* -n (-stützpunkt *m.* -[e]s, -e)/主力艦隊 Haupt|flotte (-geschwader).

かんたい 寒帯 die kalte (arktische) Zone, -n; Polarkreis *m.* -es, -e《極圏》‖ 寒帯動(植)物 die Tierwelt (Pflanzenwelt) der kalten Zone; die arktische Fauna, ..nen (Flora, ..ren).

かんだい 寛大 ❶〔寛容〕Nachsicht *f.* -en; Milde *f.*; Hochherzigkeit *f.*; Edelmut *m.* -[e]s/Groß|mut (Lang-; Sanft-) *f.* ❷〔度量の大きいこと〕Groß|zügigkeit *f.* (-figkeit *f.*). —— 寛大な nachsichtig; nachsichtsvoll; mild(e); hochherzig; edel|mütig (groß-; lang-; sanft-); groß|zügig (-herzig); weitherzig/寛大な処置を乞う *jn* um Nachsicht (Gnade) bitten*/寛大な判決であった Das Gericht urteilte milde./もう一度だけ寛大な処置をとろう Ich werde noch einmal und nur dieses Mal Milde (Gnade; Schonung) walten lassen. —— 寛大に扱う *jn* nachsichtig (mit Nachsicht) behandeln; milde mit *jm* verfahren*; *jm* hochherzig (nachsichtig; großmütig; milde; großzügig) begegnen.

がんたい 眼帯 Augenklappe *f.* -n/眼帯を右目につける eine Augenklappe für das rechte Auge um|binden*.

かんだかい 甲高い schrill; grell; gellend; kreischend; schneidend.

かんたく 干拓 Trockenlegung *f.* -en; Entwässerung *f.* -en‖ 干拓事業 Trockenlegungs|unternehmen (Entwässerungs-), -s, -.

かんたる 冠たる alles andere* (alle anderen*) übertreffend / 世界に冠たるドイツ Deutschland über *alles.

かんたん 簡単 Einfachheit *f.*; Bündigkeit *f.*; Kürze *f.*; Schlichtheit *f.* —— 簡単な einfach; bündig; kurz; schlicht; leicht〔手軽な〕/簡単に〔in〕Kürze; in kurzen Worten; mit wenig Worten; ohne viel *Worte/簡単言って vereinfachen*; [abl]kürzen*; kurz und bündig machen*/簡単にやれ Fass dich kurz!/Nur kurz [gemacht]!/Ohne Umschweife! zur Sache!

かんたん 肝胆を砕く [3]sich den Kopf zerbrechen*; [4]es [3]sich große Mühe kosten lassen*[4]; viel Sorge (Sorgfalt) verwenden (auf[4]); 肝胆を披瀝する sein Herz aus|schütten〔*jm*〕; [4]sich an|vertrauen (entdecken; eröffnen)〔*jm*〕/肝胆相照す die beiden stehen miteinander in bester Freundschaft./Beide hängen mit allen Fasern ihres Herzens aneinander.

かんたん 感嘆 bewundern[4]; an|staunen[4]; ohne [4]Einschränkung an|erkennen[4]/感嘆すべき bewunderns|wert (an-staunens-) (*od.*-würdig); erstaunlich; fabelhaft; wunderbar ‖ 感嘆詞 Ausrufe|wort (Empfindungs-); Interjektion *f.* -en/感嘆符 Ausruf(e)|zeichen (Ausrufungs-) *n.* -s, -.

かんだん 寒暖 Kälte und Wärme, der - und -; Temperatur *f.* -en‖ 寒暖計 Thermometer *n.* -s, -/寒暖計は日中(日向)で三十度を示している Das Thermometer zeigt 30 Grad〔Wärme〕im Schatten (in der Sonne)./最高(最低)寒暖計 Maximum-Thermometer (Minimum-Thermometer)/摂氏(列氏)(華氏)寒暖計 Celsius-Thermometer (Reaumur-Thermometer, Fahrenheit-Thermometer).

かんだん 閑談 Plauderei *f.* -en; [freundschaftliche] Gespräch, -[e]s, -e; [die gemütliche] Unterhaltung, -en/閑談に時を過ごす [seine Zeit] verplaudern; seine Zeit mit Gespräch gemütlich zu|bringen*◆Zeit の代わりに den ganzen Tag (日中), die halbe Nacht (夜遅くまでなど)или四格の名詞を随意に用いる. —— 閑談する plaudern; schwatzen; [4]sich gemütlich unter|halten*.

かんだん 間断なき(なく) ununterbrochen; unablässig; unaufhörlich; ohne [4]Unterbrechung (Unterlass); anhaltend; fort|gesetzt (-während); nicht enden wollend.

かんだん 歓談 sich in den Tag (ins Blaue) hinein schwatzen (plaudern).

かんたん 元旦 der erste Tag (-[e]s, -e) des Jahres; Neujahrstag *m.* -[e]s, -e/Neujahr *n.* -[e]s, -e.

かんち 奸知 Arglist *f.*; Hinterlist *f.*; [Heim]tücke *f.* -n; Verschmitztheit *f.*/奸知にたけた arg|listig (hinter-); intrigant; [heim]tückisch; verschmitzt.

かんち 感知 Empfindung *f.* -en; Ahnung *f.* -en; Wahrnehmung *f.* -en/感知する emp|finden*[4]; ahnen[4]; [4]be|merken[4]; spüren[4]; wahr|nehmen[4]; wittern[4].

かんち 関知 angehen*[4]; [4]sich kümmern (*um*[4])/関知しない nichts zu tun haben (*mit*[3]); *jn* nichts angehen*【物が主語】/それは私の関知する所でない Das ist nicht meine Sache.

かんち 閑地につく in den Ruhestand treten*[s]; ins Privatleben zurück|kehren*[s]/閑地にある in Ruhestand sein; außer Dienst zurückgezogen leben.

かんちがい 勘違い Missverständnis *n.* ..nisse, ..nisse; Irrtum *m.* -s, ¨er; Verkennung *f.* -en; Verwechslung *f.* -en/勘違い

がんちく 含蓄 Tiefsinn m. -(e)s; Gedankenfülle f. (-tiefe f.)/含蓄のある bedeutsam; bedeutungsvoll; gedankenreich (inhalts-); sinnvoll; tief; tiefgründig; vielsagend/それは含蓄のある言葉だ Das lässt tief blicken./Das spricht Bände./Diese Worte haben einen tiefen Sinn./含蓄のない oberflächlich; flatterhaft; gehaltlos; gedankenarm.

かんちゅう 寒中 in der kältesten Winterzeit.

かんちゅう 眼中に im Auge/眼中におかない außer Acht lassen*4; nicht in Betracht ziehen*4; keine Aufmerksamkeit schenken (erweisen*) (auf*4); links liegen lassen*4; über die Achsel ansehen*4/彼女にとって彼などまったく眼中になかった Sie hat ihn ganz links liegen lassen./家の窮状などあの男の眼中にない Die Not der Familie geht ihn nichts (einen Dreck) an.

かんちょう 灌腸 Klistier n. -s, -e; (Darm-)einlauf m. -(e)s, =e/灌腸する einen Einlauf (ein Klistier) geben* (machen); klistieren4 ‖ 灌腸器 Klistierspritze f. -n/灌腸剤 Klistier.

かんちょう 管長 das Oberhaupt (-(e)s, =er) einer Sekte; Oberpriester m. -s, -.

かんちょう 館長 Vorsteher m. -s, -; Direktor m. -s, -en; Leiter m. -s, - ‖ 図書館長 Chefbibliothekar m. -s, -e.

かんちょう 官庁 Amt n. -(e)s, =er; Behörde f. -, -n; Ministerium n. -s, ..rien; Regierungsgebäude n. -s, -/官庁の amtlich; behördlich; obrigkeitlich; offiziell ‖ 官庁風 Bürokratismus m. -; Beamtentum n. -s, -.

かんちょう 間諜 der (heimliche) Kundschafter, -s, -/間諜を放つ einen Spion aussenden* (ausschicken). ⇒スパイ.

かんちょう 艦長 Kapitän m. -s, -e; Kommandant m. -en, -en.

かんちょう 干潮 Ebbe f. -n/干潮だ Es ist Ebbe. Es ebbt./干潮になる Es tritt Ebbe ein.

かんつう 貫通 das Durchbrechen* (-bohren*; -dringen*), -s/貫通する durchbrechen*4; durchbohren*4; durchdringen*4; durchgehen*4 (s) (durch*4); durchstoßen*4; (durch)lochen*4《穿孔する》; perforieren*4 ‖ 貫通銃創 die Durchschusswunde, -n (-verletzung, -en).

かんつう 姦通 Ehebruch m. -(e)s, =e《姦通罪の意にも》; das Ehebrechen*, -s; Eheirrung f. -en ⇒かんいん/姦通する ehebrechen ❖ 不定詞以外では ich brech die Ehe などの形を用いる; die Ehe brechen; Ehebruch begehen* (treiben*) (mit jm).

カンツォーネ 《楽》Kanzone f. -n.

かんづく 感づく ahnen*4; eine Ahnung (Witterung) bekommen*; eine böse Vorgefühl haben (von*3); die Lunte (den Braten) riechen* (以上 von*3); Verdacht fassen (hegen) (gegen*4).

かんづめ 缶詰 (Büchsen)konserve f. -n; Konserveninhalt m. -(e)s, -e/⟨内容⟩の konserviert, Konserven-, -; eingemacht; eingekocht/鮭の缶詰 Konservenlachs m. -es, -e. ━ 缶詰にする ❶ konservieren4; einmachen4 (-kochen4). ❷ [人を] einsperren (jn); gefangen halten* (jn). ‖ 缶詰牛肉 Konservenrindfleisch n. -(e)s/缶詰業者 Konserven|macher m. -s, - (-fabrikant m. -en, -en)/缶詰工業 Konservenindustrie f. -n/缶詰工場 Konservenfabrik f. -en.

かんてい 官邸 Amts|wohnung (Dienst-) f. -en.

かんてい 鑑定 ❶ [判定] Gutachten n. -s, -; Begutachtung f. -en; Beurteilung f. -en; Urteil n. -s, -e. ❷ [訴訟の] die rechtskundige Beratung, -en (Konsultation f. -en). ❸ [ねうみ] Bewertung f. -en; Ab|schätzung (Ein-) f. -en; Veranschlagung f. -en; Schätzung f. -en. ━ 鑑定する ❶ [判定する] ein Gutachten ab|geben*; begutachten4; beurteilen4; ein (fachmännisches) Urteil (aus)sprechen* (ab|geben*; fällen). ❷ [法律的] juristischen Rat erteilen (jm). ❸ [ねうみする] bewerten4; (ab|)schätzen4; ein|schätzen4; veranschlagen*4/鑑定に付する begutachten (beurteilen, (ab)schätzen) lassen*4/鑑定してもらう um sachverständige (fachmännische) Begutachtung (Beurteilung) bitten* (jn); einen Sachverständigen konsultieren.

‖ 鑑定家 [美術品の] (Kunst)kenner m. -s, -/鑑定価格 Schätzungswert m. -(e)s, -e; der (ab)geschätzte Wert/鑑定官 Taxator m. -s, -en/鑑定書 Begutachtungsurkunde f. -n; die schriftliche Begutachtung, -en/鑑定人 der Sachverständige*, -n, -n; Gutachter m. -s, -; Koster m. -s, - 《酒などの》; Schmecker m. -s, - 《同上》/鑑定料 die Gebühren (pl) für Begutachtung (Konsultation).

がんてい 眼底出血 Blutung (f. -en) des Augenhintergrundes; Augengrundblutung f. -en.

かんてつ 貫徹 Durch|setzung f. -en (-führung f. -en); Ausführung f. -en; Durchmeisterung f. -en/貫徹する durch|setzen4 (-führen4); ausführen4; bemeistern4; bewältigen4; 'Herr'2 werden*; das Ziel erreichen*; zu Ende führen4/初志を貫徹する das einmal gesteckte Ziel erreichen (konsequent zu erreichen suchen).

カンテラ die Hand(l)ampe, -n.

かんてん 観点 Gesichts|punkt (Stand-) m. -(e)s, -e; Stellungnahme f. ⇒けんち.

かんてん 寒天 ❶ [食品] Agar-Agar m. (n.) -s; die gelatinartige Droge (aus) aus Rotalgen. ❷ [寒空] das kalte Wetter, -s, -; Frostwetter n. -s, -.

かんてん 旱天 Dürre f. -n/まさにそれは旱天の慈雨ともいうべきもの das wahre Manna sein (für einen Durstigen); wie eine willkommene Oase in der Wüste sein (für*4).

かんでん 感電 der elektrische Schlag, -(e)s, ¨e/感電する einen elektrischen Schlag bekommen*; durch elektrischen Schlag getötet werden《感電死》.

かんでんち 乾電池 Trockenbatterie f. -n.

かんど 感度 Empfindlichkeit f. -en; Sensibilität f./感度がよい(わるい) empfindlich (unempfindlich).

かんとう 巻頭 der Eingang (-(e)s, ¨e) eines Buch(e)s; die (aller)erste Seite, -n/巻頭の辞 Vor|wort n. -(e)s, -e (-rede f. -n); Einführung f. -en; Einleitung f. -en ‖ 巻頭論文 die eingangs stehende Abhandlung, -en (einer Zeitschrift).

かんとう 官等 die Rangordnung (-en) der Beamten*; der offizielle Dienstgrad, -(e)s, -e; der Rang f. -(e)s eines Beamten*.

かんとう 敢闘する tapfer (entschlossen; mutig) kämpfen; wie ein Verzweifelter* kämpfen ‖ 敢闘精神 Kampfgeist m. -(e)s.

かんとう 生死の関頭に立つ zwischen ³Leben und ³Tod schweben; es gilt ⁴Leben oder ⁴Tod.

かんどう 感動 Ergriffenheit f.; Erschütterung f. -en; Bewegung f. -en; Bewegtheit f.; Rührung f.; Eindruck m. -(e)s, ¨e 《感銘》; Begeisterung f. -en 《感激》/私は感動のあまり涙が出た Ich war zu Tränen gerührt./感動を与えるような ergreifend; erschütternd; bewegend; packend; rührend/感動的な演説 die [herz]ergreifende Rede, -n/感動し易い leicht erregbar; empfänglich. —— 感動する ergriffen sein (von³); bewegt (gerührt) sein (von³); sehr beeindruckt sein (von³); begeistert sein (von³)/彼は彼女のたばつきのお礼を言った Er dankte mit bewegten Worten../あの映画を見て非常に感動した Ich war von diesem Film sehr beeindruckt.

かんどう 勘当 Enterbung f. -en; Verstoßung f. -en/勘当する enterben*; verstoßen*⁴/勘当される enterbt (verstoßen) werden.

かんどう 間道 Schleichweg m. -(e)s, -e; Schleich|pfad (Jäger-) m. -(e)s, -e.

かんどうし 間投詞《文法》Interjektion f. -en; Ausrufewort n. -(e)s, ¨er.

かんとく 監督 ❶ [Ober]aufsicht f. -en; Beaufsichtigung f. -en; Kontrolle f. -n; Überwachung f. -en. ❷ [人] [Ober]aufseher m. -s, - der Aufsichtführende* (Beaufsichtigende*), -n; Kontrolleur m. -s, -e (-s); Bischof m. -s, ¨e《新教の》; Direktor m. -s, -en; Leiter m. -s, - 《競技の》; Regisseur m. -s, -e《映画の》; [Werk]meister m. -s, -《工員の》. —— 監督する die [Ober]aufsicht führen; beaufsichtigen⁴; ein Auge haben (auf⁴); im Auge behalten*⁴; kontrollieren⁴; maßgebend beeinflussen⁴; überwachen⁴. ‖ 監督官庁 Aufsichtsbehörde f. -n; die zuständige Behörde, -n/監督教会 Episkopalkirche f. -n.

かんどころ 勘所 ❶ 《楽器の》Fingersatz m. -es, ¨e; Applikatur f. -en. ❷ [急所] Pointe f. -n; Angelpunkt m. -(e)s, -e; der springende Punkt, -(e)s, ¨e; der rote Faden, -s, ¨. ⇨かくしん《核心》.

かんドック ドライ・ドック Trockendock n. -s, -s.

かんどっくり 燗徳利 Sake-Flasche (f. -n) [zum Wärmen].

カントリークラブ ein Klubhaus (-es, ¨er) auf dem Lande (im Golfspielfeld).

かんな 鉋 Hobel m. -s, - ‖ 鉋屑 1) [Hobel]späne (pl) 2) [詰物用の] Holzwolle f. -n (pl は種類を示すとき).

カンナ《植》Kanna f. -s.

かんない 管内(に) innerhalb (im Innern) des [Amts]bezirk(e)s (Aufgabenkreises).

かんなん 艱難 ⇨かんく《艱苦》.

かんにん 堪忍 ❶ ⇨がまん、にんたい/堪忍袋の緒が切れる die Geduld verlieren*; Die Geduld reißt jm./et wird jm zu bunt; über die Hutschnur gehen* ⓢ (jm) /堪忍は無事長久の基 Kurze Geduld bringt langen Frieden. Geduld ist der Grundstein zum andauernden Wohlsein. ❷ ⇨ゆるす.

カンニング Abschreiberei f. -en; Mogelei f. -en/カンニングする ab|schreiben*⁴; mogeln; ab|gucken.

かんぬき 閂 Riegel m. -s, -; Querholz n. -es, ¨er/閂を外す auf|riegeln⁴; den Riegel auf|machen (zurück|schieben*) /閂をかける verriegeln⁴; den Riegel zu|machen (vor|schieben*).

かんぬし 神主 Shintopriester m. -s, -; der shintoistische Schreinhüter, -s, -.

かんねん 観念 ❶ Idee f. -n; Anschauung f. -en; Vorstellung f. -en ‖ 観念的 ideell; nur gedacht. ❷ [意識] Sinn m. -(e)s; Bewusstsein n. -s; Gefühl n. -(e)s, -e/時間の観念がない Er hat keinen Sinn für Zeit. Ihm fehlt es an Zeitgefühl. ❸ [覚悟] Bereitschaft f. (zu³); Entschluss m. -es, ¨e; Fassung f. -en; Resignation f. —— 観念する 'sich bereit finden* (lassen*); 'sich gefasst machen (auf⁴); zu einem (mehr oder weniger negativen) Entschluss kommen* ⓢ; resignieren; 'sich überwunden haben/観念しろ Finde dich mit deinem Schicksal ab! ‖ 観念作用 Ideenwirkung f. -en/観念実在 Idealrealismus m. -/観念力 Denkkraft f. ¨e/観念論 Idealismus m. -/時間(義務、国家、距離)概念 Zeit (Pflicht-, Staats-, Entfernungs-) -begriff (od. -bewusstsein, -gefühl).

がんねん 元年 das erste Jahr, -(e)s, -e 《Meiji; Showa など》.

かんのう 官能 Sinn m. -(e)s, -e; Sinnlichkeit f. /官能的な die Sinne betreffend; sinnlich《肉感的な》‖ 官能障害 Sinnesstörung f. -en.

かんのう 完納 die völlige [Ab]bezahlung, -en; die vollständige Ablieferung, -en/完納する völlig [ab]bezahlen⁴; vollständig ab|liefern⁴/会費を完納する den Mitgliedsbeitrag (¨e) voll ein|bezahlen/供出米を完納する die Reisquote vollständig ab|liefern.

かんのう 感応 ❶ [神仏の] die göttliche (Wirkungs)kraft, ~e. ❷ [理] Induktion f, -en. ❸ Wirkung f, -en; Effekt m, -e, -e. — 感応する [神仏が] js Gebet 〈-e〉 erhören; js Gebet[e] Gehör verleihen*, ~. ❷ [理] induzieren⁴. ❸ wirken 〈auf⁴〉; effizieren⁴.

かんのん 観音 Kwannon f.

かんぱ 寒波 Kälte|welle f, -n 〈-einbruch m, -s/-e〉/寒波日本を襲う Die Kältewelle sucht Japan heim.

かんぱ 看破 durchschauen⁴; durchsehen*⁴; ausfindig machen⁴; ein|sehen*⁴; in das Geheimnis ein|dringen* ⓢ.

カンパ ⁴Geld 〈n.〉 für die gemeinsame Kasse stiften.

かんぱい 乾杯(の辞) Toast m, -es, -e 〈-s〉; Gesundheit f.; [Lebe]hoch n, -s, -rufe; Trinkspruch m, -s, ~e/乾杯する toasten 〈auf jn〉; einen Toast (ein Hoch, einen Trinkspruch) aus|bringen* 〈auf jn〉; auf js ⁴Gesundheit trinken* (an|stoßen*)/乾杯! Prosit! Prost! Zum Wohl!

かんばしい 芳しい ❶ [芳香] aromatisch; balsamisch; duftend; wohlriechend; würzig. ❷ [美味] schmackhaft; wohlschmeckend; lecker. ❸ [評判など] gut; ausgezeichnet; vorzüglich; nicht schlecht/結果は芳しくなかった Das Ergebnis war nicht zufrieden stellend./あの人の評判はあまり芳しくない Er erfreut sich keines guten Rufes.

かんばしった 甲走った kreischend; schneidend. ⇒かんだかい.

カンバス [Mal]leinwand f.; Kanevas m. 〈-ses〉, -; Segeltuch n, -[e]s, ~e.

かんばつ 旱魃 Trockenheit f, -en; Dürre f, -n.

かんぱつ 渙発 Verkünd|igung f, -en; Bekannt|gabe f, (-machung f, -en); Erlass m, -es, ~e (-e); Proklamation f, -en.

かんぱつ 煥発 ¶ 才気煥発の a. der findige (schlagfertige) Mensch, -en, -en; der Mensch mit hervorsprudelnden Geisteskräften.

がんばる 頑張る ❶ [耐えぬく・負けない] aus|halten* (durchh.⁴); stand|h.⁴; aus|harren; auf ein Ziel los|steuern; ⁴sich nicht klein kriegen lassen*. ❷ [主張] ¹sich behaupten; auf ³et bestehen*; auf seinem Willen beharren, den Kopf oben behalten* (darauf setzen)/頑張り屋 der Hartnäckige, -n, -n; Haberecht m, -[e]s, -e; Ochs'el m, ..en, ..en 〈糞勉強家〉.

かんばん 看板 Schild n, -[e]s, -er; Aushänge|schild n, -[e]s, -er (掛看板); Büroschild 〈医者・弁護士などの〉; Firmen|schild 〈Laden-, Reklame-〉 〈会社、店、広告の〉; An|schlag m, -[e]s, ~e; Plakat n, -[e]s, -e 〈ポスター・プラカード〉; Transparent n, -[e]s, -e 〈街路の上に張った、デモ行進などに用いる横長の布製の〉/看板を降ろす das Schild ein|ziehen*/親切を看板にして unter dem Deckmantel der Freundlichkeit/サービスが手前どもの看板です Kundendienst ist unser Motto./看板に偽りなし Unser Schild lügt nicht. ‖ 看板娘 die schöne Verkäuferin 〈..rinnen〉, die Kunden herbeilockt; Lockvogel m.

かんばん 乾板 [写] 〈Trocken〉platte f, -n ‖ 乾板法 〈Trocken〉plattenverfahren n, -s /普通(迅速)乾板 die gewöhnliche (schnelle) 〈Trocken〉platte.

かんぱん 甲板 [Ver]deck n, -[e]s, -e ‖ 甲板客 Deckpassagier m, -s, -e/甲板長 [Oben]bootsmann m, ..leute; Maat m, -[e]s, -e(-en) /甲板積荷 Deck|ladung f, -en (-fracht f, -en)/甲板渡し Lieferung frei Deck; frei an ³Bord (略: fob)/後甲板 Hinterdeck; das hintere Deck/下甲板 Unterdeck; das untere Deck/上甲板 Oberdeck; das obere Deck/中甲板 Mitteldeck; das mittlere Deck/飛行甲板 Flugdeck/前甲板 Vorder|deck 〈Vor-〉; das vordere Deck.

カンパン 乾パン der ungesüßte Keks, -es, -e 〈ふつう pl〉. ⇒クラッカー.

がんばん 岩盤 Felsengrund m, -[e]s, ~e; Felsboden m, -s, ~; felsiger Untergrund.

かんび 艦尾 Heck n, -[e]s, -e. ⇔せんび〈船尾〉‖ 艦尾砲 Heckgeschütz n, -es, -e.

かんび 完備 Voll|ständigkeit f. 〈-kommenheit f.〉/完備した vollständig; komplett (vollkommen) eingerichtet 〈-räumt〉/冷房(暖房)完備の mit einer Klimaanlage (mit einer Zentralheizungsanlage) ausgerüstet. — 完備する vollständig(en)*⁴; vervollkommnen⁴; komplett machen⁴; vollständig ein|richten⁴ 〈ausstatten⁴〉.

かんび 甘美な süß; lieb(lich); wonnig.

かんぴ 官費 Regierungs|[un]kosten 〈Staats-〉 〈pl〉 〈官費生 der auf Regierungs|[un]kosten Studierende*, -n, -n/官費留学生 der auf Regierungs|[un]kosten hin im Ausland Studierende*, -n, -n.

ガンビア Gambia n, -s/ガンビアの gambisch ‖ ガンビア人 Gambier m, -s, -.

かんビール 缶ビール Büchsenbier n, -s.

かんピし 雁皮紙 Ôidenpapier n, -s.

かんびょう 看病 Krankenpflege f, -n/看病する in einen Kranken pflegen 〈warten〉; im Krankenbett wachen.

がんびょう 眼病 Augenkrankheit f, -en.

かんぶ 患部 Herd m, -[e]s, -e; die entzündete Stelle, -n 〈外部の場合〉; die wunde Stelle 〈けがの場合〉 ❖ その他 die gerötete Stelle 〈赤くなった部分〉のように具体的にいうのがふつう.

かんぶ 幹部 Direktion f, -en; Direktorium n, -s, ..rien; Vorstand m, -[e]s, ~e; Vorstandsmitglied n, -[e]s, -er 〈その一人〉; Stamm m, -[e]s, ~e; Stab m, -[e]s, ~e/幹部の die führende Mitglied, -[e]s, -er/幹部の決定により auf Beschluss des Vorstandes (der Direktion).

かんぷ 還付 [Zu]rückgabe f, -n; Wieder|gabe f, -n 〈-erstattung f, -en〉/還付する zurück|geben*³⁴; wieder|geben*³⁴ 〈-er-

かんぷ 姦夫(姦婦) Ehebrecher m. -s, - (Ehebrecherin f. ..rinnen).

かんぷ 完膚なきまでに schonungslos (erbarmungs-; mitleids-; rücksichts-); nichts schonend; ohne Schonung; [完全に] völlig; vollständig.

かんぷう 寒風 der kalte (frostige) Wind, -(e)s, -e/寒風の吹きすさぶ中を vom schneidend kalten Wind(e) gejagt.

かんぷく 官服 Amts|kleidung (—kleid n. -(e)s, -er); die offizielle Uniform, -en.

かんぷく 感服 Bewunderung f. -en; die begeisterte Anerkennung, -en/感服する bewundern⁴; begeistert an|erkennen*⁴; an|staunen⁴; beeindruckt werden ⟨von³⟩.

かんぶつ 乾物 die getrockneten Fische und Gemüse ⟨pl⟩ Spezereiwaren (Kolonial-; Material-) ⟨pl⟩ 乾物屋 Spezereihandel m. -s, -; Kolonialwarenladen m. -s, "; Spezerei|händler (Kolonialwaren-; Material|waren-) m. -s, - ⟨人⟩.

カンフル Kampfer m. -s 《 カンフル注射 Kampferspiritus m. -s, ..tusse.

かんぶん 漢文 der chinesische Satz, -es, "e; die chinesische Schrift, -en. ⇨かんがく (漢学).

かんぺいしき 観兵式 Parade f. -n; Heer|schau (Truppen-) f. -en 観兵式場 Paradeplatz m. -es, "e.

かんぺき 完璧 Vollkommenheit f. -en; das Beste*, -n; Fehler|losigkeit (Makel-; Tadel-) f.; Vollendetheit f.; Vollendung f. -en/完璧な vollkommen; best; fehler|los (makel-; tadel-); vollendet/完璧の域に達する ⁴es zu höchster Vollendung bringen⁴; frei von allen Fehlern (Makeln) sein; nichts zu wünschen übrig lassen*.

がんぺき 岸壁 Kai m. -s, -s; Werft f. -en; Hafendamm m. -(e)s, "e/船が岸壁に横づけになる Das Schiff vertäut sich (geht vor Anker). 岸壁使用料 Kaigeld n. -(e)s, -er.

かんべつ 鑑別 Unterscheidung f. -en; Differenzierung f. -en/鑑別する unterscheiden*⁴ ⟨von³⟩; beurteilen⁴; differenzieren⁴; begutachten⁴ ⟨鑑定⟩.

かんべん 勘弁 Verzeihung f. -en; Duldung f. -en; Duldsamkeit f. (寛容) Geduld f. ⟨がまん⟩. —勘弁する entschuldigen⁴ ⟨許す⟩; jm verzeihen*⁴; [大目に見る] Nachsicht haben (üben) ⟨mit³⟩; hingehen lassen**⁴; dulden* ⟨über⁴⟩; hingehen lassen**⁴; dulden⁴ ⟨がまんする⟩ *sich mit ³et begnügen 《...でよしとする》/われらこのことは彼に黙って分けてくれるまEr duldet so etwas stillschweigend./それで勘弁しておこう Wollen wir uns damit begnügen./勘弁ならぬ Es lässt sich nicht entschuldigen.

かんべん 簡便 Einfachheit f./簡便な praktisch und einfach; bequem; handlich.

かんぺん 官辺から von Seiten der Regierungskreise (Beamtenkreise) ⟨pl⟩; von den betreffenden Behörden her.

252

かんぼう 官房 Kanzlei f. -en; Sekretariat n. -(e)s, -e; Sekretarium n. -s, ..rien 官房長官 der Vorsteher ⟨-s, -⟩ der Kanzlei; Kanzler m. -s, -/大臣官房 die Kanzlei des Ministers.

かんぼう 監房 Zelle f. -n.

かんぼう 感冒 Influenza f.; Grippe f. -n. ⇨かぜ(風邪).

かんぼう 観望 《 形勢を観望する die Wendung der Lage beobachten; sehen*, wie der Hase läuft (wie der Wind weht); eine abwartende Haltung ein|nehmen*.

かんぽう 漢方医 der Heilkundige* ⟨-n, -n⟩ der altchinesischen Schule; Kräuter|doktor m. -s, -en/漢方薬 die altchinesische Medizin, - (Arznei, -en); das alt|chinesische Heilmittel, -s, -.

かんぽう 官報 Amtsblatt n. -(e)s, "er; Staatsanzeiger m. -s, -/官報に載せる im Amtsblatt bekannt geben*⁴ (machen⁴).

がんぼう 願望 Wunsch m. -(e)s, "e; Begehr m. ⟨n.⟩ -s, -e; Sehnsucht f. "e; Verlangen n. -s, -; das Wollen*, -s; [Wunsch]traum m. -(e)s, "e.

かんぼうしゃげき 艦砲射撃 die Beschießung durch ein Kriegsschiff.

かんぼく 灌木 Strauch m. -(e)s, "e(r); Staude f. -n 灌木叢 (-s) Busch m. -es, "e; Gebüsch n. -es, -e.

カンボジア Kambodscha n. -s/カンボジアの kambodschanisch 《 カンボジア人 Kambodschaner m. -s, -.

かんぼつ 陥没 [Bodenein]senkung f. -en; Einsturz m. -es, "e; Bergschaden m. -s, " ⟨鉱害⟩/陥没する sinken* ⟨S⟩; sich senken; ein|stürzen ⟨S⟩ 陥没地震 Einstur zbeben n. -s, -.

かんぽん 完本 das vollständige Exemplar, -s, -e; die vollständige Handschrift, -en; das vollständige Manuskript, -(e)s, -e.

ガンマ ガンマ線 Gammastrahlen ⟨pl⟩.

かんまつ 巻末 das Ende ⟨-s, -n⟩ der Schluss, -es, "e eines Buches (eines Bandes) 《 巻末参照 Vergleiche den Schlussteil dieses Buches!

かんまん 緩慢 Langsamkeit f.; Schlaffheit f.; Schneckengang m. -(e)s; Schwerfälligkeit f.; Trägheit f.; Untätigkeit f./緩慢な langsam; lax; schlaff; schneckenhaft; schwerfällig; träg(e); untätig 《 金融緩慢 Flauheit f.; Flaue f.; Flaute f. -n; Geschäftsstille f.

かんまん 干満 Ebbe ⟨f.⟩ und Flut ⟨f.⟩; das Steigen* und Fallen* der Flutwellen/干満の差 der [Höhen]unterschied zwischen *Ebbe und Flut.

かんみ 甘味 ❶ [甘い味] der süße Geschmack, -(e)s, "e; süße Kost f. ❷ [菓子] Süßigkeiten ⟨pl⟩ Süßes*, -en; Zucker|werk (Nasch-) n. -(e)s, -e.

がんみ 玩味 Verdauung f. -en; Erwägung f. -en; Würdigung f. -en/玩味する ver|dauen⁴; erwägen*⁴; ein|schätzen⁴; [料理を] kosten⁴; schmecken⁴.

かんみん 官民 die Regierung und das allge-

かんむり 冠 Krone *f.*; Kranz *m.* -es, ¨e/冠を曲げる gekränkt werden; wider den Kopf stoßen* 《*jm*》.

かんめ 貫目 ❶〔重量〕Gewicht *n.* -(e)s, -e; Schwere *f.* ❷〔威厳〕Geltung *f.* -en; Ansehen *n.* -s; Einfluss *m.* -es, ¨e; Machtstellung *f.* -en; Prestige *n.* -s. ¶ 貫目が足りない 1)⁴es an ³Gewicht fehlen lassen*; Das Gewicht reicht nicht zu. 2)wenig Geltung (Ansehen) haben; einflusslos sein.

かんめい 官名 Amts|titel *m.* -s, - (-be|zeichnung *f.* -en).

かんめい 官命 Amts|befehl (Dienst-/Regierungs-/Staats-) *m.* -(e)s, -e (od. -auf|trag *m.* -(e)s, ¨e)/官命をおびて auf Amts|befehl (hin); von Amts wegen; ex officio.

かんめい 簡明 ⇨かんけつ(簡潔).

かんめい 感銘 der (große (tiefe)) Eindruck, -(e)s, ¨e; Einprägung *f.* -en/感銘する〔tief〕beeindruckt werden; ³sich unauslöschlich dem Gedächtnis ein|prägen⁴; von einem tiefen (unauslöschlichen) Eindruck überwältigt werden.

かんめい 頑迷 Halsstarrigkeit *f.*; Eigensinnigkeit *f.*; Hartnäckigkeit *f.*; Starrsinnigkeit *f.*;〔宗教上の〕Bigotterie *f.*, Frömmelei *f.* ── 頑迷な(に) hartnäckig; eigensinnig; halsstarrig; starrsinnig (-gläubig); störrig; widerspenstig; bigott; vorurteilsvoll.

がんめん 顔面 Gesicht *n.* -(e)s, -er/顔面を硬直させて mit gespannter Aufmerksamkeit; mit starren Augen ‖ 顔面神経痛 Gesichtsnervenschmerz *m.* -es, -en.

かんもう 冠毛 ❶〔動〕Kamm *m.* -(e)s, ¨e; Schopf *m.* -(e)s, ¨e. ❷〔植〕Feder|krone (Samen-) *f.* -, -n; Pappus *m.* -, - (Pappusse).

がんもう 願望 ⇨がんぼう.

がんもく 眼目 Haupt|punkt *m.* -(e)s, -e (-sache *f.* -n); Kern *m.* -(e)s, -e; Sinn *m.* -(e)s, -e; das Wesentliche*, -n/眼目はそうゆうもんじゃないのだ Im Wesentlichen ist es dasselbe. / あの件の眼目がよくわからない Der eigentliche Kern der Angelegenheit ist mir dunkel.

かんもん 関門 Gattertor *n.* -(e)s, -e; Barriere *f.* -n.

かんもん 喚問〔法〕Vorladung *f.* -en; Auf|forderung (Vor-) *f.* -en; Bestellung *f.* -en/喚問する(zur Untersuchung) vor|laden* (auf|fordern (vor-); bestellen) 《*jn*》.

かんやく 簡約 Kürze *f.*; Bündigkeit *f.*; Gedrängtheit *f.*; Kleinformat *n.* -(e)s, -e; Kurzstil *m.* -(e)s, -e; Zusammenfassung *f.* -en/簡約する (ab)kürzen⁴; kurz und bündig machen⁴; vereinfachen⁴; zusam-men|fassen⁴.

かんやく 漢訳 die chinesische Übersetzung, -en (Übertragung, -en; Version, -en).

がんやく 丸薬 Pille *f.* -n; Arzneikügelchen *n.* -s, -.

かんゆ 換喩〔修〕Metonymie *f.* -n.

かんゆ 肝油 Lebertran *m.* -(e)s, -e.

かんゆう 勧誘 Werbung *f.* -en; Aufforderung *f.* -en; Einladung *f.* -en; die Propaganda|machen* (Reklame-), -s; Überredung *f.* -en. ── 勧誘する werben* 《*für*⁴》; auf|fordern (ein|laden)* 《*jn zu*³》; Propaganda (Reklame) machen 《*für*⁴》; überreden 《*jn zu*³》. ‖ 勧誘員 Werber *m.* -s, -; der Auffordernde*, -n, -n; Ausschreier *m.* -s, -; Propaganda|macher (Reklame-) *m.* -s, -; der Überredende*, -n, -n/勧誘状 Werbeschrift *f.* -en; Einladung *f.* -en; Propaganda *f.*; Reklame *f.* -n; Werbung *f.* -en.

かんゆう 官有 Staats|besitz (Regierungs-) *m.* -es, -e/官有の dem Staat(e) (der Regierung) gehörig; Staats-; Regierungs- ‖ 官有地 Staats|ländereien (Regierungs-) *f.* -en/官有物 Staats|eigentum (Regierungs-) *n.* -s, -er (od. -gut *n.* -(e)s, ¨er; -vermögen *n.* -s, -)/官有林 Staatsforst (Regierungs-) *m.* -(e)s, -e.

がんゆう 含有 enthalten*⁴; haben*⁴; in ³sich schließen*⁴/アルコールを含有する(しない) alkoholhaltig (alkoholfrei) ‖ アルコール含有量 Alkoholgehalt *m.* -(e)s.

かんよ 関与する teil|nehmen* 《*an*³》; Anteil nehmen* 《*an*³》; ⁴sich beteiligen 《*an*³; *bei*³》; ⁴es zu tun haben 《*mit*³》; mit|machen* 《*bei*³》/この事件に関与した人は二十人以上あった Mehr als zwanzig Menschen wurden in diese Affäre (hinein)verwickelt.

かんよう 肝要 ⇨しゅよう.

かんよう 寛容 Nachsicht *f.* -en; Duldsamkeit *f.*; Duldung *f.* -en; Edelmut *m.* -(e)s; Großmut *f.*; Hochherzigkeit *f.*; Milde *f.*; Schonung *f.* -en; Toleranz *f.*.

かんよう 涵養 Pflege *f.* -n; Förderung *f.* -en; das Hegen*, -s/涵養する pflegen⁴; fördern⁴; hegen⁴.

かんよう 官用 Regierungs|geschäft *n.* -(e)s, -e (-gebrauch *m.* -(e)s, -e)/官用を帯びて in Regierungs|geschäften; im Regierungsauftrag(e); von Amts wegen ‖ 官用簿記 Regierungs|buchführung *f.* -en (-haltung *f.* -en).

かんよう 慣用の gebräuchlich; gang und gäbe; gewohnt; gewöhnt; herkömmlich; landläufig; üblich; idiomatisch〔語句の〕/慣用される in gewöhnlichem Gebrauch sein; gang und gäbe sein ‖ 慣用語 die gebräuchliche Sprechweise, -n; Redensart *f.* -en; Sprachgebrauch *m.* -(e)s, ¨e; Idiom *n.* -(e)s, -e/慣用語法研究 das Studium 《-s, ...dien》der gebräuchlichen Redensarten/慣用手段 der Kniff, -(e)s, -e; der bekannte Kunstgriff, -(e)s, -e; der übliche Schlich, -(e)s, -e.

かんようしょくぶつ 観葉植物 Blattpflanze *f.* -n.

がんらい 元来 eigentlich; ursprünglich, im Grund; in Wahrheit; in Wirklichkeit; von Natur〔aus〕《生まれつき》; wesentlich; [なかんずく] vor allen Dingen; in erster Linie (Stelle) / その語の元来の意味はまだわからない Die eigentliche (ursprüngliche) Bedeutung dieses Wortes ist noch unbekannt. / それは元来こういう話なのだ In Wirklichkeit ist die Sache die, dass.... ¦ In Wirklichkeit liegt die Sache so. / 元来ならあの人のことを真っ先に考えなきゃいけなかったのだ Wir hätten ihn in erster Linie berücksichtigen sollen. / 元来内気なたちだ Er ist von Natur schüchtern.

かんらく 歓楽〔Lebens〕freude *f.* -n; Lust *f.* ⸚e; Vergnügen *n.* -s, -; Vergnügung *f.* -en / 歓楽に酔う aus dem Freudenbecher trinken*; ^{4}sich ^{3}Vergnügungen hin|geben* / 歓楽を追う ^{3}Freuden nach|gehen* [s]; den Pfad der Freude wandeln [s]; ^{3}Vergnügungen frönen ‖ 歓楽街 Vergnügungs¦viertel *n.* -s, - (-ort *m.* -〔e〕s, -e; -zentrum *n.* -s, ..tren).

かんらく 陥落 ❶ [土地などの] Fall *m.* -〔e〕s, ⸚e; 〔Ein〕senkung *f.* -en; 〔Erd〕sturz *m.* -es, ⸚e; Rutsch *m.* -〔e〕s, -e《地すべり》. ❷ [城などの] Fall *m.* -〔e〕s, ⸚e; Kapitulation *f.* -en; Übergabe *f.* -n. ── 陥落する ❶ [土地などが] ^{4}sich 〔ein|〕senken; stürzen [s]; rutschen [s]《すべる》. ❷ [城などが] fallen* [s]; kapitulieren; ^{4}sich übergeben*.

かんらくそ 乾酪素 Kasein *n.* -s; Käsestoff *m.* -〔e〕s, -e.

かんらん 橄欖〖植〗Olive *f.* -n; Öl¦baum (Oliven-) *m.* -〔e〕s, ⸚e ‖ 橄欖石 Olivin *n.* -〔e〕s; Peridot *m.* -s.

かんらん 観覧 das Besichtigen* (Anschauen*), -s ‖ 観覧券 Eintritts¦karte (Einlass-) *f.* -n / 観覧車 Riesenrad *n.* -〔e〕s, ⸚er; die russische Schaukel, -n / 観覧席 Zuschauer¦bank *f.* ⸚e (-sitz *m.* -es, -e); [建物] Tribüne *f.* -n; Sitzstufe *f.* -n; Stadion *n.* -s, ..dien / 観覧人 Zuschauer *m.* -s, -; Besucher *m.* -s, -; Publikum *n.* -s《総称的》/ 観覧料 Eintritts¦geld (Einlass-) *n.* -〔e〕s, -er (*od.* -gebühr *f.* -en).

かんり 管理 ❶ 〔Geschäfts〕führung *f.* -en; Leitung *f.* -en; Verwaltung *f.* -en. ❷ [取締] 〔Ober〕aufsicht *f.* -en; Kontrolle *f.* -n. ── 管理する ❶ führen^4; leiten^4; verwalten^4 / 財産(事務)を管理する das Vermögen (das Geschäft) verwalten. ❷ [取締る] beaufsichtigen^4; Aufsicht haben (führen)《*über*^{4}》; kontrollieren^4. ‖ 管理人 Geschäftsführer *m.* -s, -; Leiter *m.* -s, -; Verwalter *m.* -s, - / 遺書管理人 Testamentsvollstrecker *m.* -s, - / 国際管理 die internationale Kontrolle / 国家管理 die staatliche Kontrolle; Staatskontrolle *f.* -n.

かんり 官吏 der 〔Staats〕beamte*, -n, -n; Beamtenstand *m.* -〔e〕s, ⸚e《官吏階級》; Beamtenwelt *f.*《官界》.

がんり 元利 Kapital und Zinsen / 元利合計三千ユーロ請求いたします Unser Guthaben beläuft sich mit Kapital und Zinsen auf 3 000 Euro.

かんりつ 官立の staatlich; amtlich; offiziell; Staats-; Amts- ‖ 官立学校 die staatliche Schule, -n; Staatsschule, -n.

かんりゃく 簡略 Einfachheit *f.*; Bündigkeit *f.*; Knappheit *f.*; Kürze *f.*; Schlichtheit *f.* / 簡略な einfach; bündig; knapp; kurz; schlicht; summarisch; zusammengefasst / 簡略にする vereinfachen^4; 〔ab|〕kürzen^4; verkürzen^4; handlicher gestalten^4; klarer formulieren^4; unkompliziert machen^4.

かんりゅう 還流 Rückfluss *m.* -es, ⸚e;〖電〗Rückstrom *m.* -〔e〕s, ⸚e / 資金の還流 der Rückfluss des Kapitals / 還流する zurück|fließen* (-|strömen) [s].

かんりゅう 乾溜 die trockene Destillation, -en.

かんりゅう 寒流 der kalte 〔Meeres〕strom, -〔e〕s, ⸚e; die kalte 〔Meeres〕strömung, -en.

かんりゅう 貫流する durch|fließen* [s]《*durch*^{4}》; durchfließen*^{4}; durch|strömen [s]《*durch*^{4}》; durchströmen^4.

かんりょう 完了 Vollendung *f.* -en; Abschluss *m.* -es, ⸚e; Fertigmachung *f.* -en. ── 完了する [終える] vollenden^4; zum Abschluss bringen*^{4}; fertig machen^4; [終わる] vollendet werden; zum Abschluss kommen* [s]; fertig gemacht werden. ‖ 過去完了〖文法〗Plusquamperfekt〔um〕; Vorvergangenheit *f.* / 現在完了〖文法〗Perfekt *n.* -〔e〕s, -e; Perfektum *n.* -s, ..ta; Vorgegenwart *f.* / 完了時制〖文法〗die perfektivischen Zeitformen (Tempora)《*pl*》.

かんりょう 官僚 Bürokratie *f.*; Beamtentum *n.* -s / 官僚的 bürokratisch; vom grünen Tisch aus (herab) / 官僚的精神 der bürokratische Geist, -〔e〕s ‖ 官僚政治 Bürokratismus *m.* -; Beamten¦herrschaft (Feder-) *f.*; der grüne Tisch, -〔e〕s.

がんりょう 顔料 ❶ Schminke *f.* -n; Schönheitsmittel *n.* -s, -. ❷ [絵の具] Farbe *f.* -n; Pigment *n.* -〔e〕s, -e.

がんりょく 眼力 Ein¦blick *m.* -〔e〕s, -e (-sicht *f.* -en); Scharf¦blick *m.* -〔e〕s, -e (-sinn *m.* -〔e〕s); Sehkraft *f.*《視力》/ 彼の眼力は何ものをも見のがさない Seinem Scharfblick entgeht nichts.

かんりん 官林 Staats¦forst *m.* -〔e〕s, -e (-wald *m.* -〔e〕s, ⸚er). ⇨かんゆう(官有林).

かんるい 感涙に咽ぶ Tränen der Rührung vergießen*; in ^{4}Tränen der Dankbarkeit zerfließen* [s].

かんれい 慣例 Herkommen *n.* -s; 〔Ge-〕brauch *m.* -〔e〕s, ⸚e; Gewohnheit *f.* -en; Präzedenzfall *m.* -〔e〕s, ⸚e; Usus *m.* -, - / 慣例の herkömmlich; gebräuchlich; gewöhnlich; üblich; usuell; nach ^{3}Brauch und ^{3}Sitte / 慣例に従う dem Herkommen folgen (Folge leisten; entsprechen*); die Gewohnheit gelten lassen* / 慣例を破る dem Herkommen (der Gewohnheit) Ab-

かんれい 寒冷 Kälte *f*. -; Frost *m*. -(e)s, =e/寒冷な kalt; frostig; eisig ‖ 寒冷前線〖気〗Kaltfront *f*. -en.

かんれいしゃ 寒冷紗 Batist *m*. -(e)s, -e.

かんれき 還暦 *js* sechzigster Geburtstag, -(e)s ‖ 還暦祝 die Feier (-n) *js* sechzigsten Geburtstag(e)s.

かんれん 関連する zusammen|hängen*; im Zusammenhang stehen* (*mit*³)/関連づける in Beziehung bringen* (*auf*⁴)/…と関連している in ³Zusammenhang (Verbindung) mit³ in ³Beziehung zu³.

かんろ 甘露 Nektar *m*. -s; das süße zuckerhaltige Getränk, -(e)s; Sirup *m*. -s, -e〖糖蜜〗/甘露のような süß wie Nektar; honigsüß; köstlich; wohlschmeckend〖美味の〗‖ 甘露甘露 Wie schmackhaft!

がんろう 玩弄する tändeln (*mit*³);〖愚弄〗foppen⁴; hänseln⁴; lächerlich machen⁴; zum Besten (zum Narren) halten*⁴ ‖ 玩弄物 Tand *m*. -(e)s, Nippsachen (*pl*); Puppe *f*. -n.

がんろく 貫禄 Ansehen *n*. -s; Geltung *f*./貫禄のある人 ein Mann (*m*. -(e)s, =er) von ⁴Ansehen (hoher Geltung).

かんわ 閑話 Klatsch *m*. -es, -; Geplauder *n*. -s, -; Geschwätz *n*. -es, -e; das dumme Gerede, -s; die endlose Rederei, -en; Plauderei *f*. -en ‖ 閑話休題 um wieder auf besagten Hammel [zurück]zukommen.

かんわ 緩和する mäßigen⁴; [ab]schwächen⁴; erleichtern⁴; lindern⁴; mildern⁴/情勢を緩和する die Spannung der Situation lindern ‖ 緩和剤 Linderungsmittel *n*. -s, -/緩和策 Ausgleichsversuch *m*. -(e)s, -e.

き

き 気 ❖ 気がつく; 気がきく; 気をつける; 気に入る; 気にする; 気の毒; 気それぞれの項を、また気がつまる; 気が移る; 気を配る; 気を晴らす; 気の長い(短い); 気の強い(弱い)はきまり、きうつり、うつりき、きくばり、きばらし、きながの項、きずよわいの項を参照. ❶ 気は心 Eine kleine Aufmerksamkeit zeigt *js* guten Willen. ｜ Kleine Geschenke erhalten die Freundschaft. ❷ 気が気でない unruhig (nervös) sein; [wie] auf Nadeln sitzen*〖じっとしていられぬ気持〗/気がこもる〖部屋に〗dumpf (dumpfe Luft) sein (*in*³)/気が合う ⁴sich [gut] mit *jm* vertragen*; gut Freund miteinander (mit *jm*) sein/気が向く、進む zu ³*et* aufgelegt sein; zu ⁴*et* gestimmt sein (*für*⁴)/気がない keine rechte Lust zu ³*et* haben; zu ⁴*et* nicht aufgelegt sein/気が乗る ⁴sich interessieren ⇨きのり/気が晴れる Die [trübe] Stimmung heitert sich auf. ｜ Das Herz geht *jm* auf./気がすむ zufrieden sein (*mit*³)/気のむくまま ⁴sich nach Herzenslust aus|toben/気が休まる zur Ruhe (Ruhe) kommen*/気が散る ⁴sich nicht sammeln können/気がひける ⁴sich befangen (unfrei; gehemmt) fühlen〖偉人の前などで〗/気が咎めて ⁴sich beschämt fühlen (beschämt sein)〖「つまらない物を差上げて」といった場合〗/気が咎める Gewissensbisse haben (fühlen)/気がふさぐ niedergedrückt [in] gedrückter Stimmung sein/気がめいる in trüber Stimmung sein; Trübsal blasen*; den Kopf (die Ohren) hängen lassen*; *jm* sind die Felle fortgeschwommen./気が転倒する den Kopf verlieren*/気が遠くなる einer Ohnmacht nahe sein*; in Ohnmacht fallen*〖きぜつ〗⇨きぜつ/気が遠くなった Da habe ich mich hingesetzt./気おける ⁴sich befangen (gehemmt; unfrei) fühlen/気おけない Er ist wie zu Hause fühlen (*bei*³)/今晩は気のおけない会合です Wir kommen heute Abend zwanglos zusammen./気が小さい kleinmütig (nervenschwach) sein; Angsthase sein/気がある zu ³*et* Lust haben; ⁴*et* übers Herz bringen*; geneigt sein (⁴*et* zu tun); *jm* zugetan sein〖憎からず思う〗/気がない keine Lust zu ³*et* haben; ⁴*et* nicht übers Herz bringen*; kein Interesse haben (*für*⁴) ⇨❺ 気のない/気が変わる es ³sich anders überlegen; ³sich anders besinnen⁴/気の変わる、多い wankelmütig; launisch; grillenhaft/気が抜ける schal werden 〖ビールなど〗; flau gehen* ⓢ〖相場・市場〗⇨きぬけ/気の抜けた schal; flau; fade. ❸ 気を張りつめる jeden Nerv an|spannen/気を張りつめて mit angespannter Aufmerksamkeit/気を引き立てる auf|heitern⁴; ermuntern⁴; ermutigen⁴/気を引く auf den Busch klopfen (*bei*³); *jm* auf den Zahn fühlen/気を落ち着ける, 鎮める ⁴sich sammeln (fassen); ⁴sich beruhigen (besänftigen); die Aufregung (die Gemüter; den Zorn) besänftigen/気を許す *jm* Argwohn hegen (haben); Verdacht (Argwohn) schöpfen (*gegen*⁴)/気を許さぬ nicht interessieren; vorsichtig sein (*vor*³)/気をゆるめる [in ³Anstrengungen; im Eifer; in *js* Aufmerksamkeit などとともに] nach|lassen*; die Spannung lockern; die Nerven entspannen/気をもむ ⁴sich beunruhigen; ⁴sich beängstigen; ⁴sich beunruhigen/気のもめる beunruhigend; beängstigend/気を失う ohnmächtig werden*; in Ohnmacht fallen*〖きぜつ〗; bewusstlos werden*; das Bewusstsein verlieren*/気を落とす den Mut verlieren*; entmutigt sein;

⁴sich enttäuscht fühlen/気を腐らす den Kopf (die Ohren) hängen lassen*; den Mut sinken lassen*; gedrückter Stimmung sein/気を悪くする〔自身が〕 ⁴sich beleidigt (gekränkt; verletzt) fühlen; *jm* ⁴*et* übel|nehmen*;〔他人が〕*jn* kränken (verletzen)/彼はোけっこう)気を悪くしている Er ist einer wie die gekränkte Leberwurst. (Er ist leicht gekränkt.)/気に(に)病む ³sich ⁴*et* zu Herzen nehmen* ⇨きやみ/気を確かにもって standhaft sein (bleiben*); ⁴sich fassen/気をとりなおす den Mut (wieder) zusammen|raffen (fassen); ⁴sich auf|raffen; ⁴sich ermannen/気を呑まれる ⁴sich vor *jm* klein (winzig) fühlen; von *jm* in Furcht gehalten werden; vor *jm* zurück|schaudern/気をとられる auf|geben* 〘*in*³〙; ⁴sich vertiefen 〘*in*³ 没頭〙; abgelenkt (zerstreut) sein; über ³*et* verges-sen*⁴/他の事に気をとられている)遊びに気をとられて仕事を忘れる über dem Spiel die Arbeit vergessen. ❹ 気にとめる ⁴*et* achten; Notiz nehmen* 《*von*³》; denken* 《*an*⁴》/気にさわる unangenehm berühren⁴; bei *jm* anstoßen* ⇨③ 気を悪くする/気にさわることばをする anstößige Worte 《*pl*》. ❺ 気の大きい〔物惜しみしない〕 freigebig; generös《気前のよい》nobel《金ばなれのよい》gebefreudig;《寛大な》groß|zügig (-mütig); weit|herzig (hoch-) /気の小さい klein|mütig; mutlos; zaghaft; schüchtern/気の狭い klein|lich; eng|herzig (-mütig); launisch; philiströs/気の重い schwermütig; trübsinnig; düster/気のよい gut|mütig (-herzig); herzens|gut/気の早い hitzig; ungeduldig; voreilig/気の荒い ungestüm; wild; rau; roh/気の荒いを青年 von der jugendlichen Greis, -e, -e/気の合った kongenial; gleich beseelt; geistesverwandt/気の合った友の gute Kamerad, -en, -en/気のきく aufmerksam; zuvorkommend 《気のきく》; achtsam; sorgsam《注意深い》; rücksichtsvoll《いろいろと気を配る》; fürsorglich《念入りな》; überlegt《慎重な》/よく気のつく人だ Er ist ein aufmerksamer Mensch. : Der hört die Flöhe husten (niesen)./気のつかない〔人〕 fahr|lässig (nach-); lässig;〔物〕 unbeachtet;〔場所〕 abgelegen/気のない uninteressiert; kühl; gleichgültig; teilnahmslos/気のない返事 die kühle Antwort, -en.

き 機 ❶〔機会〕 Gelegenheit *f.* -en; Chance *f.* -n; Anlass *m.* -es, ̈e; Zeit *f.* -en《時》/機に乗る eine 〘günstige〙 Gelegenheit benutzen (wahr|nehmen*); ergreifen*)/機を失う eine Gelegenheit versäumen (verpassen; vorbei|gehen lassen*)/機を待つ eine Gelegenheit ab|warten; warten, bis die rechte Zeit dazu kommt《機の熟するを》/...を機に auf (aus) Anlass von ³*et*; anlässlich² /機を見るに敏である ²sich keine Gelegenheit entgehen lassen*/この〔好〕機会にてなるものか Diese〔gute〕Gelegenheit soll mir nicht entgehen. ❷〔飛行機〕 Flugzeug *n.* -[e]s, -e; Maschine *f.* -n/三機(六機)編隊で in dreier (sechser) Verband im Ket-tenkeil / 九機編隊 der neuner Verbandsflug (-[e]s, ̈e) im Staffelkolone der neuner Staffelverband, -[e]s, ̈e.

き 忌 Trauer *f.*; Trauer|jahr *n.* -[e]s, -e (-zeit *f.* -en)/七回忌 der siebente (siebte) Todestag, -[e]s, -e∥忌中 in Trauer.

き 騎 Reiter *m.* -s, -; Kavallerist *m.* -en, -en/百騎 ein hundert Reiter.

き 期 Zeit *f.* -en; Zeitalter *n.* -s, -《時代》; Periode *f.* -n; Frist *f.* -en《期間・期限》; Termin *m.* -s, -e《期日》; Stadium *n.* -s, ..dien《段階》/第一期 die erste Periode; das erste Stadium/第六期生 der sechste Absolvent, -en, -en.

き 木 Baum *m.* -[e]s, ̈e《樹木》; Holz *n.* -es, -er《材木》/木の hölzern; Holz-; aus Holz/木の茂った bewaldet; waldig; holzreich/木の実 Nuss *f.* Nüsse; Frucht *f.* ̈e/木の葉 Blatt *n.* -[e]s, ̈er/木の精 Waldnymphe *f.* -n/木によって魚を求める Bratwürste aus dem Wasser angeln wollen⁴/木を見て森を見ない den Wald vor lauter Bäumen nicht sehen*/木で鼻をくったような返事をする auf hölzerne Mauser antworten/木から落ちた猿のよう wie in eine Sackgasse geraten *p.p.*

き 記 Aufzeichnung *f.* -en; Notiz *f.* -en; Bericht *m.* -[e]s, -e/記する auf|zeichnen⁴; ³sich eine Aufzeichnung (Notiz) machen 《*von*³》.

き 奇を好む Nichtalltägliches lieben; alles, was aus dem Rahmen fällt, lieben; Einfälle wie ein altes Haus haben/奇てらう人 ein überspanntes Wesen zur Schau tragen*.

き 生の unverdünnt; unvermischt; rein; roh《なまの》; rein (unverdünnt) trinken*⁴ /生で飲む 《Whisky などの》. ⇨いっぱい.

ぎ 議 ❶〔討議〕 Beratung *f.* -en; Besprechung *f.* -en; Debatte *f.* -n; Diskussion *f.* -en; Auseinandersetzung *f.* -en/議に付す beraten*⁴; zur Besprechung bringen*⁴; an die Tagesordnung setzen⁴. ❷〔協議〕 Sitzung *f.* -en; Konferenz *f.* -en; Konsultation *f.* -en; Meinungsaustausch *m.* -[e]s. ❸〔提議〕 Vorschlag *m.* -[e]s, ̈e; Antrag *m.* -[e]s, ̈e; der zur Annahme empfohlene Plan, -[e]s, ̈e/議が出る Es wird vorgeschlagen, dass …. : Man stellt den Antrag, dass …. ── 議する 《⁴sich》 beraten* 《mit *jm* über⁴》; ⁴sich besprechen* 《mit *jm* über⁴》; debattieren 《mit *jm* über⁴》; diskutieren 《mit *jm* über⁴》; auseinander setzen 《mit *jm* über⁴》.

ぎ 儀 ⇨さしえ.

ぎ 義 ❶ Gerechtigkeit *f.*; Billigkeit *f.*; Redlichkeit *f.*; Rechtmäßigkeit *f.*; Rechtschaffenheit *f.* 〔Pflicht〕treue *f.* 〔信義〕; Ehrlichkeit *f.* 《同上》; Pflicht *f.* -en《義理》; Menschlichkeit *f.* -en《人情》/義に厚い recht und billig; pflichttreu; rechtschaffene 人 ein gerechter (pflichteifriger) Mensch, -en, -en/義のために gerechte Sache alles auf|bieten*; bereit sein, für die Gerechtigkeit zu kämpfen/義を見てせざる勇なきなり Es heißt Feige, das Seine nicht zu tun, wo es gilt, für die Gerechtigkeit einzutreten. ❷〔関係〕 Verwandt-

ぎ schaft f. -en; Beziehung f. -en; Band n. -(e)s, -e; Bündnis n. ..nisses, ..nisse/兄弟の義を結ぶ ⁴sich verbrüdern; ⁴sich brüderlich vereinigen; als Brüder die Hand zum Bund(e) geben.

ぎ 技 das Können*, -s; Kunst f.⸚e [Kunst]fertigkeit f. -en; Geschicklichkeit f. -en; Gewandtheit f./技を磨く ⁴sich einer Kunst befleißigen; ⁴sich eifrig in einer Kunst Fertigkeit anzueignen suchen.

ギア Zahnrad n. -(e)s, ⸚er; Triebwerk n. -(e)s, -e/ギアを入れる das ⁴Triebwerk in ⁴Gang setzen ‖ ギアチェンジ Gangschaltung f. -en; Umschaltung (f. -en) des Ganges (m.)/ギアチェンジする den Gang um|schalten.

きあい 気合 ❶ [掛声] Schrei m. -(e)s, -e; [Kampf]ruf m. -(e)s, -e/気合をかける zu|schreien*³; jm den Nacken steifen [がんばるように]; Dampf dahinter [hinter ³et] machen [仕事をするように]. ❷ [気分] Stimmung f. -en; Gemütsart f. -en [気質]. ❸ [呼吸] Atem m. -s/気合を見計らって gerade zur rechten Zeit; in dem Augenblick, wo es darauf ankommt/気合が合っている einmütig sein (in³).

きあけ 忌明け das Ende (-s, -n) der Trauer(zeit).

きあつ 気圧 Luft|druck (Atmosphären-) m. -(e)s; Atmosphäre f. -n [気圧の単位]/気圧の谷 Tiefausläufer m. -s, - ‖ 気圧計 Baro|meter n. -s, - (-graph m. -en, -en); 高気圧 Hochdruck m. -(e)s; Hoch n. -s, -s; der hohe Luftdruck/高(低)気圧圏 Hochdruckgebiet n. -(e)s, -e (Tiefdruckgebiet)/低気圧 Tiefdruck m. -(e)s; Tief n. -s, -s; der niedrige Luftdruck/標準気圧 Der mittlere Luftdruck.

きあわせる 居合せる zufällig kommen* ⓢ; zufällig da sein/来合せている/来合せた人 eine Person, die zufällig (vorbei) kam ✤ Person の所には具体的な Mann, Frau を用いる方がよい.

きあん 起案する einen Plan (-(e)s, ⸚e) auf|stellen (entwerfen*).

ぎあん 議案 [Gesetzes]vorlage f. -n; Gesetz|antrag m. -(e)s, ⸚e (-entwurf m. -(e)s, ⸚e); Konzept n. -(e)s, -e (草案)/議案を提出する eine [Gesetzes]vorlage (einen Antrag) ein|bringen/議案は通過しなかった Die [Gesetzes]vorlage (Der Antrag) ist abgelehnt worden. ‖ 議案通過 die Annahme (-n) einer [Gesetzes]vorlage.

きい 忌諱 Ärger m. -s; Unwille(n) m. -wellens; Verdruss m. -es/忌諱に触れる Anstoß (Ärger; Unwillen; Verdruss) ✤ bereiten (jm) (erregen).

きい 奇異な wunderlich; befremdend; fremdartig; kurios; merkwürdig; fantastisch; seltsam; sonderbar/奇異な思いをする ⁴sich verwundern (über³); bass erstaunt sein (über³); stutzig werden (bei³; über¹; vor³); verblüfft sein (durch⁴; über⁴); verwundert sein (über⁴); ⁴sich nicht fassen können*; seinen Augen nicht trauen können*/奇異に思った Das mich seltsam berührt. Es war mir sonderbar zumute (zu Mute).

きいきい [v.] knarren; kreischen (鋸($\frac{のこ}{ぎり}$)など が); quietschen; [a.] knarrend; quietschend; quieken (甲高い声を出す)/きいきい声 die knarrende (kreischende; quietschende) Stimme, -n.

ぎいぎい ぎいぎい鳴く quietschen; knirschen; kreischen.

キーステーション Schlüsselsender m. -s, -; Hauptanstalt f. -en.

きいたふう 利いたふうな口をきく naseweis bemerken; vorlaut meinen.

きいちご 木苺 Himbeere f. -n ‖ 木苺酒 Himbeerwein m. -(e)s, -e (pl は種類を示すとき).

きいつ 帰一 (Ver)einigung f. -en; Vereinheitlichung f. -en.

きいっぽん 生一本 一本の〔酒など〕rein; echt; genuin; unverfälscht; unvermischt;灘の生一本 der echte Nada-Sake, -s; [性格の] aufrichtig; bieder; offen(herzig); redlich; unverdorben.

きいと 生糸 Rohseide f. -n; die rohe Seide/生糸を取る von dem Kokon Seide ab|haspeln (ab|wickeln) ‖ 生糸検査所 Rohseidenprüfungsanstalt f. -en, -/生糸商人 Rohseidenhändler m. -s, -/生糸相場 Rohseidenkurs m. -es, -e.

キーパンチャー Locher m. -s, -; Kodierer m. -s, -.

キーポイント Schlüssel m. -s, -.

キーボード Tastatur f. -en; Keyboard n. -s, -s.

キーホルダー Schlüsselanhänger m. -s, -.

きいろ 黄色 Gelb n. -(e)s; Gelbe f.; das Gelbe*, -n/黄色の gelb; von gelber Farbe/黄色がかった gelblich. ¶ 黄色い声を出して mit schriller (gellender; greller) Stimme.

キーワード Schlüsselwort n. -(e)s, ⸚er.

きいん 起因 Ursprung m. -(e)s, ⸚e; Ausgangspunkt m. -(e)s, -e; Ursache f. -n/起因する seinen Ursprung nehmen* (von³); seine Ursache haben (in³); verursacht werden (durch⁴); her|kommen* ⓢ (von³); zurück|zuführen sein (auf⁴); zu|zuschreiben³ sein; ⁴sich ableiten lassen* (von³).

ぎいん 議員 der Abgeordnete*, -n, -n; Mitglied n. -(e)s, -er; Parlamentarier m. -s, -; Volksvertreter m. -s, - ‖ die beiden Häuser 〔総称的に両院議員〕 ‖ 議員候補 [Wahl]kandidat m. -en, -en/議員席 Abgeordnetensitz m. -es, -e; Sitzungssaal m. -(e)s, ..säle (議場)/議員控室 Abgeordnetenzimmer n. -s, -/議員会館 die Wandelhalle (-n) im Abgeordnetenhaus.

ぎいん 議院 Volksvertretung f. -en; [Abgeordneten]haus n. -es, ⸚er; Kammer f. -n; Landtag m. -(e)s, -e; Parlament n. -(e)s, -e; Reichstag (帝国議会); Bundestag (連邦議会).

きう 気宇広大〔狭小〕な großmütig; hochherzig (kleinmütig; kleinherzig).

キウイ [鳥] Kiwi *m.* -s, -s; [植物] Kiwi *f.* -, -s.

きうけ 気受け Beliebtheit *f.*; Popularität *f.*; Ruf *m.* -(e)s 《評判》／気受けのよい beliebt; populär; von gutem Ruf／気受けのわるい unbeliebt; berüchtigt 《悪評のある》／気受けがよい beliebt sein; populär sein; einen guten Ruf haben; im guten Ruf stehen*／気受けがわるい unbeliebt (unpopulär) sein; einen schlechten Ruf haben; im schlechten Ruf stehen*.

きうつしょう 気鬱症 Melancholie *f.*; Schwermut *f.*; Bedrücktheit *f.*; Trübsinn *m.* -s; Düsterkeit *f.*; Depression *f.*

きうつり 気移り Wankel|mut *m.* -(e)s (-mütigkeit) *f.*; Launenhaftigkeit *f.*; Unbeständigkeit des Gemütes／気移りのする wankelmütig; launenhaft; launisch; wechselnd; wetterwendisch; unbeständig; wandelbar; unstet; veränderlich／気移りがする wankelmütig (launenhaft; unbeständig; wetterwendisch) sein; wanken; [迷う] schwanken, unschlüssig sein; ⁴sich nicht entschließen (entscheiden) können*; nicht mit ³sich einig werden; zaudern／気移りがして決められない Ich schwanke hin und her und weiß nicht, wozu ich mich entschließen soll. Ich bin unschlüssig, welches ich wählen soll.‚Wer die Wahl hat, hat die Qual.'

きうん 気運 ❶ 《運命》 Schicksal *n.* -s, -e; Los *n.* -es. ❷ 《傾向》 Tendenz *f.* -en; Neigung *f.* -en; Richtung *f.* -en; 《時期》 günstige Gelegenheit *f.* -en; Zeit *f.* -en／機運の熟すのを待つ eine günstige Gelegenheit ab|passen (ab|warten)／気運の熟したる Nun ist die Zeit gekommen! Jetzt gilt es!

きえ 帰依 Hingebung *f.*, -en; Bekehrung *f.* -en.――帰依する ⁴sich ³et hin|geben*; ⁴sich bekehren (bekennen)* 《zu³ 例：zum Christentum 《キリスト教に》); glauben 《an⁴》／帰依して《帰依・信仰の in³ を用いて》主の御許に安らかに死ぬ》; ein Leben in Gott führen 《神に帰依した生活をする》. ‖ 帰依者 der Gläubige* (Bekehrte*), -n; Anhänger *m.* -s, -.

きえい 気鋭の energisch; kräftig; kraftvoll; lebhaft; mutig; kühn／年少気鋭の jung und energisch／気鋭の少壮の学者 der angehende, tüchtige Gelehrte*, -n, -n／いずれも気鋭の若者ばかりだ Es sind alles junge, kräftige Leute.

きえい 帰営 帰営するzur Kaserne zurück|kehren [s]‖ 帰営時間 Zapfenstreich *f.* -s／帰営時間に遅れる über den Zapfen wichsen (schlagen)*.

きえいる 消え入る ohnmächtig (bewusstlos) werden; in Ohnmacht fallen* [s]／消え入りたい思いをする《恥じる》⁴sich in Grund und Boden (in die Erde) hinein|schämen 《für⁴; vor³; mit³》.

きえる 消える ❶ [火・灯が]《消》löschen [s]; verlöschen* [s]; aus|gehen* [s]; ausgelöscht werden 《火事など》; ausgeblasen werden 《風で》／火《ランプ，灯火，ろうそく，葉巻、タバコ》が消える Das Feuer (die Lampe, das Licht, die Kerze, die Zigarre, die Zigarette) geht aus (verlischt)．／火を消えないようにする das Feuer nicht ausgehen lassen*; das Feuer unterhalten*／火の消えたよう静かさだ Es herrscht Totenstille. ❷ [消滅する] vergehen* [s]; verfliegen* [s] 《雲の様が》; unter|gehen* [s] 《没落・滅亡》; ab|sterben* [s] 《死滅》. ❸ [溶ける] 《auf》tauen [s.h]; zerfließen* [s]; zergehen* [s]; verschmelzen* [s]／消え残る雪 Firnschnee *m.* -s 《山頂などの》; Schneematsch *m.* -es, -e 《雲の様が畑の》; Firn *m.* -(e)s, -e 《万年雪・前年雪の》. ❹ [消失する] 《ver》schwinden* [s]; verklingen* [s] 《音の》; verrauchen* [s] 《煙のように》／消え失せる entschwinden* [s]; hin|schwinden* [s]; verschwinden* [s]／船が水平線の彼方に消える Das Schiff verschwindet am Horizont.／彼の怒りはすぐに消えた Sein Zorn war schnell verraucht. ❺ [磨滅] verwaschen sein; verwittert sein; verschwimmen* [s]／碑銘が消えていて読めない Die Inschrift ist verwaschen (verwittert) und unleserlich.／字が消えていてよく読めない Die Buchstaben sind verschwommen, und ich kann sie nicht entziffern. ❻ [だめになる] 水の泡と消える zu Wasser werden; ins Wasser fallen*.

きえん 奇縁 eine seltsame (wunderbare) Fügung des Schicksals (des Himmels; Gottes); die Ironie des Schicksals; der seltsame (glückliche) Zufall, -(e)s, ²e.

きえん 気炎 die gehobene Stimmung, -en 《意気》; Groß|sprecherei (-tuerei) *f.* -en; Wind|macherei (-beutelei) *f.* -en; Ruhm|rediger *f.* -en／気炎をあげる die Werbetrommel (die große Trommel) rühren (schlagen)*; groß sprechen*; den Mund (das Maul) voll nehmen*; das große Wort (große Reden) führen; dicke (große) Töne reden*...万丈の気炎をあげる mit ⁴et ungeheures Aufsehen erregen／気炎ありさん [in] gedrückter (matter) Stimmung sein; Trübsal blasen*.

ぎえん 義捐 Beisteuer *f.* -n; Beitrag *m.* -(e)s, ²e; Kontribution *f.* -en; Liebesgabe *f.* -n; ²Spende *f.* -n ‖ 義捐金 Beitragssumme *f.* -n, Subskriptionsbeitrag *m.* (e)s, ²e／義捐金を集める Almosen 《pl》 [ein]sammeln; Geld zusammen|bringen*／義捐金を募る mit ⁴Beisteuern (²Beiträge) werben*.

きえんさん 希塩酸 die verdünnte Salzsäure *f.*

きおう 既往 das Vergangene* (Dagewesene*; Verflossene*; Verstrichene*; Verwichene*), -(e)n／既往の vergangen; dagewesen; verflossen; verstrichen; verwichen／既往に遡る auf die Vergangenheit zurück|wirken; das Vergangene zurück|verfolgen／既往は問わず Lass das Vergangene ruhen! Lass das Geschehene geschehen sein! ‖ 既往症 Anamnese (Anamnesis) *f.* ..nesen; die Krankheitsgeschichte einer Person; die Vorgeschichte einer

Krankheit.

きおう 気負う übereifrig sein/…とは一寸ばかり気負いすぎた In seinem Übereifer ging er so weit, … 《zu 不定詞句》.

きおく 記憶 Gedächtnis *n.* ..nisses, ..nisse; 〔Rück〕erinnerung *f.* -en/記憶がよい ein gutes (starkes; scharfes; zähes; zuverlässiges) Gedächtnis haben/記憶の誤り Gedächtnisfehler *m.* -s, -/記憶がわるい ein schlechtes (kurzes; schwaches) Gedächtnis (ein Katzengedächtnis) haben/記憶を呼び起こす das Gedächtnis auf|frischen; ^{3}sich ins Gedächtnis zurück|rufen*^{4}. ── 記憶すべき denk¦würdig (merk-); memorabel; nicht zu vergessend. ── 記憶する ❶ [記憶している] im Gedächtnis (in ^{3}Erinnerung) haben; 〘事件などを主語にして〙 behalten sein; unvergesslich bleiben* [s]. ❷ [思い出す] gedenken*^{3}; ^{4}sich erinnern$^{(2)}$ 《an^4》; ^{4}sich entsinnen*^{2}. ❸ [暗記する] auswendig lernen^4; das Gedächtnis beladen* (beschweren) 《mit^3》; ein|lernen^4. ❹ [コンピューター] speichern. ‖ 記憶術 Mnemotechnik *f.*; Gedächtniskunst *f.*/記憶障害 Gedächtnisstörung *f.* -en/記憶喪失 Gedächtnisschwund *m.* -〔e〕s/記憶装置 Speicherröhre *f.* -n/記憶素子 Speicherelement *n.* -〔e〕s, -e/記憶力 Gedächtnis; Gedächtnis¦kraft *f.* ¨e (-vermögen *n.* -s) (*od.* Erinnerungs-) / 記 憶 力 減 退 Gedächtnisschwäche *f.*; Amnesie *f.* -n; Vergesslichkeit *f.*/記憶容量 Speicherkapazität *f.*

きおくれ 気後れがする verzagen; den Mut (die Fassung) verlieren*; die Hoffnung auf|geben* (fahren lassen*); den Kopf (die Flügel) hängen lassen*; mutlos sein; ^{4}sich furchtsam (eingeschüchtert) fühlen; Lampenfieber bekommen* 《舞台で》/彼は気後れした Das Herz ist ihm in die Hosen gefallen.

キオスク Kiosk *m.* -〔e〕s, -e.

きおち 気落ち Entmutigung *f.* -en; Niedergeschlagenheit *f.*; Verzagtheit *f.* -en/気落ちする entmutigt (niedergeschlagen; verzagt) sein.

きおん 気温 die 〔atmosphärische〕 Temperatur, -en.

ぎおん 擬音 Schall¦nachahmung (Klang-; Laut-) *f.* -en; Tonmalerei *f.* -en; Onomatopöie *f.* -n.

きか 帰化 Naturalisation *f.* -en; Einbürgerung *f.* -en/帰化する ^{4}sich naturalisieren (einbürgern) lassen*; in den Staatsverband aufgenommen werden/帰化米人 der naturalisierte (eingebürgerte) Amerikaner, -s, -.

きか 気化 Verdampfung *f.* -en; Verdunstung *f.* -en; Verflüchtigung *f.* -en; Vergasung *f.* -en/気化する verdampfen [s]; verdunsten [s]; ^{4}sich verflüchtigen; ^{4}sich vergasen ‖ 気化器 Vergaser *m.* -s, -/気化熱 Verdampfungswärme *f.*

きか 麾下 Gefolgsmann *m.* -〔e〕s, ¨er (..leute); der Untergebene*, -n, -n; Vasall *m.* -en, -en/…の麾下に加わる *js* ^{3}Banner folgen [s]; ^{4}sich unter dem Banner *js* sammeln 《多勢が》.

きか 奇禍 Un〔glücks〕fall *m.* -〔e〕s, ¨e; Unglück *n.* -〔e〕s, -e; das schwere Missgeschick, -〔e〕s, -e; Schicksalsschlag *m.* -〔e〕s, ¨e.

きか 幾何〔学〕 Geometrie *f.*/幾何学的〔に〕 geometrisch ‖ 幾何学者 Geometer *m.* -s, -/幾何学模様 Geometriemuster *m.* -s, -/幾何画法 die deskriptive Geometrie/幾何級数 die geometrische Progression, -en (Reihe, -n)/解析幾何 die analytische Geometrie/平面幾何 Planimetrie *f.*/立体幾何 Stereometrie *f.*

きが 飢餓 Hunger *m.* -s; Hungersnot *f.* ¨e; das Verhungern*, -s/飢餓に瀕する am Hungertuch nagen; nahe am Verhungern sein; Hunger leiden*/飢餓に苦しむ人 Hungerleider *m.* -s, -.

きが 起臥を共にする mit *jm* unter einem Dach wohnen.

きかい 機会 Gelegenheit *f.* -en; die Gunst des Augenblicks; der günstige Augenblick, -〔e〕s, -e/機会のあり次第に bei der ersten 〔besten〕 Gelegenheit; sobald eine Gelegenheit da ist (^{4}sich bietet)/機会を与える Gelegenheit geben 《*jm zu*^{3}》/機会を待つ eine Gelegenheit ab|warten/機会を利用する die günstige Gelegenheit benützen (benutzen)/機会を捕らえる eine Gelegenheit ergreifen* (wahr|nehmen*)/機会を失う eine Gelegenheit verpassen (versäumen; vorübergehen lassen*)/家を売るのにこんなよい機会は二度とありませんよ Sie haben nie eine bessere Gelegenheit, das Haus zu verkaufen./この機会を逃してはだめだ Sie dürfen diese Gelegenheit nicht vorbeigehen lassen. ‖ 機会均等主義 der Grundsatz 《-es, ¨e》 (das Prinzip, -s, ..pien) der Gleichberechtigung (Gleichstellung)/機会主義 Opportunismus *m.* -; Anpassungs¦sinn (Nützlichkeits-) *m.* -〔e〕s; Gesinnungslumperei *f.*

きかい 器械 Instrument *n.* -〔e〕s, -e; Apparat *m.* -〔e〕s, -e; Gerät *n.* -〔e〕s, -e; Werkzeug *n.* -〔e〕s, -e ‖ 器械室 《理化学の》 Instrumentenraum *m.* -〔e〕s, ¨e/器械製作人 Instrumenten¦bauer *m.* -s, - (-macher *m.* -s, -)/器械商 Instrumentenhändler *m.* -s, -/器械体操 Geräteturnen *n.* -s/自動器械 die selbsttätige Vorrichtung, -en; Automat *m.* -en, -en.

きかい 機械 Maschine *f.* -n; Maschinerie *f.* -n 《機械仕掛》; Mechanismus *m.* -; Werk *n.* -〔e〕s, -e 《仕掛》. ── 機械的な maschinell; maschinenmäßig; mechanisch; automatisch 《自動的な》; selbsttätig 《同上》/機械的に wie eine Maschine; von selbst 《自動的に》/機械的に働く automatisch (von selbst) arbeiten/機械縫の maschinengenäht/機械化する motorisieren^4. ‖ 機械油 Maschinenöl *n.* -〔e〕s, -e/機械編み das Maschinenweben*, -s/機械印刷 Maschinendruck *m.* -〔e〕s, -e/機械科 der Kursus 《-, Kurse》 der Mechanik/機械係り Maschinist *m.* –en, –en; Maschinenwärter *m.* –s, –/機械学 Mechanik *f.*; Maschinenkunde *f.* (–lehre *f.*)/機械学者 Mechaniker *m.* –s, –; der Maschinenkundige*, –n, –n/機械化部隊 die motorisierte Einheit, –en (Truppe, –n)/機械観 die mechanistische Weltanschauung, –en; Mechanismus *m.* –/機械技師 Maschineningenieur *m.* –s, –e/機械組立工 Maschinenbauarbeiter *m.* –s, –/機械工 Maschinenarbeiter *m.* –s, –/機械工学 Ingenieurwesen *n.* –s; Maschinenbaukunst *f.*/機械工業 Maschinenindustrie *f.* –n/機械工場 Maschinenfabrik *f.* –en/機械織機 der mechanische Webstuhl, –〔e〕s, ¨e/機械製造 Maschinenbau *m.* –〔e〕s, –e/機械装置 Maschinerie *f.* –n/機械文明 Maschinenzivilisation *f.* –en/機械〔紡〕糸 Maschinengarn *n.* –〔e〕s, –e/機械力 Maschinenkraft *f.* ¨e/機械論 Mechanismus *m.* –.

きかい 奇怪な befremdend; befremdlich; geheimnisvoll; mysteriös; rätselhaft; unheimlich; unergründlich; verwunderlich; unverzeihlich《聞き捨てならない》.

きがい 危害 Schaden *m.* –s, ¨; Verletzung *f.* –en/危害を加える Schaden zu|fügen^3; *jn* schädigen; *jn* verletzen; *jn* verwunden; *jm* ^{4}*et* an|haben*《たいがいの場合否定で》/危害を免れる unversehrt (unverletzt; mit heiler Haut) davon|kommen* [s]; ^{3}*et* glücklich entkommen* [s].

きがい 気概 Schneid *m.* –〔e〕s (*f.*); der 〔kecke〕 Mut, –〔e〕s; Rückgrat *n.* –〔e〕s, –e; 〚俗〛Mumm *m.* –〔e〕s/気概のある schneidig; mannhaft; 〚俗〛forsch/気概のある男 ein Mann《*m.* –〔e〕s, ¨er》mit schneidigem Charakter; ein forscher (schneidiger) Bursche, –n, –n/気概のある所を見せる ein forsches Wesen zeigen / 気概がある Schneid haben; Rückgrat haben; Mumm 〔in den Knochen〕 haben.

ぎかい 議会 Volksvertretung *f.* –en《一般的》; Bundestag (Reichs–; Land–) *m.* –〔e〕s, –e《独》; Parlament *n.* –〔e〕s, –e《日・独》; Kongress *m.* –es, –e《米》/議会の Volksvertretungs–; Bundestags– (Reichs–; Land–); Parlaments–; Kongress–/第七十五議会 die 75. Session (Tagung) des Bundestags (Parlaments); der 75. Bundestag; das 75. Parlament/今議会 die laufende (gegenwärtige) Session (Tagung〔szeit〕)/議会を召集する den Bundestag zusammen|rufen*/議会を解散する den Bundestag auf|lösen/明日議会がある Morgen hält das Haus eine Tagung 〔ab〕. ‖ 議会政治 Parlamentarismus *m.* –; das parlamentarische System, –s, –e.

きがえ 着替え ein anderes Kleid, –〔e〕s, –er ❖Kleid の代りに場合に応じて Anzug *m.* –〔e〕s, ¨e; Kleidung *f.* –en; Kleidungsstück *n.* –〔e〕s, –e などを用いる/着替えをする ^{4}sich um|ziehen* ⇨**きかえる**.

きかえる 着替える ^{4}sich um|kleiden; ^{4}sich um|ziehen*; ^{4}sich anders kleiden; andere Kleider《*pl*》an|legen; Kleider《*pl*》wechseln; ^{4}sich anders an|ziehen*/和服に着替える ^{4}sich in ^{4}Kimonos um|kleiden.

きがかり 気懸り Sorge *f.* –n; Angst *f.* ¨e; Besorgnis *f.* ..nisse《以上 *um*^{4}》; Unruhe *f.*《*wegen*$^{2(3)}$》/気懸りな beängstigend; beklemmend; beunruhigend; bedenklich/気懸りになる unruhig werden; *jm* ängstlich 〔zumute (zu Mute)〕 werden/気懸りである ^{3}sich Sorge machen; Sorge (Angst) haben; ^{4}sich sorgen; besorgt sein《以上 *um*^{4}》; 〚物を主語として〛beängstigen^4; beunruhigen^4; *jm* das Herz beklemmen; *jm* Sorge machen; *jm* am Herzen liegen*; es ist *jm* angst《*um*^{4}》; es bangt *jm*《*um*^{4}; *vor*^{3}》/それが一番の気懸りだ Das ist meine größte Sorge./そこにまだ二三気懸りな点がある Da habe ich noch einige Bedenken./なかなか帰って来ないので気懸りだ Sein langes Ausbleiben beunruhigt mich.

きかかる 来かかる zufällig (durch ^{4}Zufall) vorbei|kommen* [s]; Es trifft sich, dass *j.* vorbeikommt.

きがきく 気がきく aufmerksam (zuvorkommend; taktvoll) sein; jedes Winkes gewärtig sein《召使などが》/気がきかない beschränkt (taktlos) sein; 〚俗〛doof (unterbelichtet) sein; eine lange Leitung haben /気のきいた aufmerksam; zuvorkommend《よく気がつく》; klug; gescheit《利口》; adrett《抜目ない》; schmuck《いきな》; taktvoll; flott; geschickt《如才ない》; geschmackvoll《味のある》; elegant/気のきかない beschränkt; stumpfsinnig《鈍な》; dämlich; doof《ぼんやり》; taktlos《へまな》; altmodisch《陳腐な》. ⇨**きてん**(気転).

きかく 規格 Norm *f.* –en/規格外の nichtnormiert ‖ 規格化 Normung *f.* –en; Normierung *f.* –en/規格化する normen^4; normieren^4/規格判 Normalgröße *f.* –n/規格品 die normierte Ware, –n; der normierte 〔Gebrauchs〕artikel, –s, –.

きかく 企画 Plan *m.* –〔e〕s, ¨e; das Plänemachen* (Planen*), –s; Planung *f.* –en; Projekt *n.* –〔e〕s, –e; Vorhaben *n.* –s, –/企画する planen^4; projizieren^4; vor|haben*^{4} ‖ 企画部 Planungsabteilung *f.* –en.

きがく 器楽 Instrumentalmusik *f.*

きがけ 来がけに auf dem Weg 〔hierher〕; beim Hinausgehen《出しなに》; unterwegs《途中で》.

きかげき 喜歌劇 die komische Oper, –n.

きかざる 着飾る ^{4}sich 〔aus|〕schmücken; ^{4}sich putzen; ^{4}sich fein machen; in ^{4}Gala werfen*; Staat an|legen.

きかせる 聞かせる ❶ [知らせる] hören lassen《*jn von*^{3}》; benachrichtigen《*jn von*^{3}》; informieren^4; Bescheid (Nachricht) geben*《*jm von*^{3} (*über*^{4})》. ❷ [読み(歌って)聞かせる] vor|lesen*^{4}《*jm*》; vor|singen*^{4}《*jm*》; vor|spielen^4《*jm*》《演奏して》; vor|tragen*^{4}《*jm*》.

きかつ 飢渇 Hunger und Durst, des – und –〔e〕s/飢渇に苦しむ unter Hunger und Durst leiden*; am Hungertisch nagen; darben; verhungern/飢渇に迫る von Hunger und Durst gequält werden/飢渇を凌ぐ

きがつく 気がつく ❶ (be)merken⁴; spüren⁴ 〈感〉る; wittern¹; von ³et Witterung bekommen* 〈かぎつける〉; wahrnehmen*⁴; gewahr⁴⁽²⁾ werden; die Flöhe husten hören 〈こまかいことまでも〉. ❷ [正気づく] zum Bewusstsein (zu ³sich) kommen* ⓢ.

きがね 気兼ね Befangenheit f. -en; Unfreiheit f. -en [窮屈]; [遠慮] Geniertheit f. -en; Zurückhaltung f. -en; [顧慮] Rücksicht f. -en; Bedenken n. -s. 気兼ねする ⁴sich befangen fühlen; ⁴sich genieren, schüchtern (zurückhaltend) sein; auf ⁴et Rücksicht nehmen*; ⁴Bedenken tragen* (hegen) (⁴et zu tun)/他人に気兼ねする [zu sehr] auf die Meinung anderer Rücksicht nehmen*/気兼ねなさらずにお立寄り下さい Bitte, kommen Sie ungeniert vorbei.

きがまえ 気構え Bereitschaft f. -en; Erwartung f. -en; Vorwegnahme f. -n/いつでもお役にたつ気構えでおりますIch werde mich bereit halten, mich Ihnen zu jeder Zeit zur Verfügung zu stellen.

きがる 気軽な[に] leicht|blütig (-herzig); unbeschwert; fröhlich; sorgenlos; leichtlebig [多少軽率の気分が加わる]; leichtfüßig [気軽に行動する].

きかん 機関 ❶ [Dampf]maschine f. -n. ❷ [手段・施設] Organ n. -s, -e; Maschinerie f. -n; Mittel n. -s, -; Vorrichtung f. -en/機関庫 Lokomotiv|schuppen (Lok-) m. -s, -; Maschinenhaus n. -es, -er/機関雑誌 Organ, das als Sprachrohr dienende Zeitschrift, -en/機関士 Lokomotiv|führer (Lok-) m. -s, -/機関紙 Organ; das als Sprachrohr dienende Zeitung, -en/機関室 Führerhaus n. -es, -er [-stand m. -[e]s, -e]/機関車 Lokomotive f. -n/機関手 Unterlokomotivführer (Lok-) m. -s, -/機関科 Maschinenwesen n. -s/機関長 Oberingenieur m. -s, -e/機関部(課) [Dampf]maschinenabteilung f. -en/機関兵(員) Heizer m. -s, -/立法(行政, 司法, 執行, 諮問)機関 die gesetz|gebende (verwaltende, gerichtliche, vollziehende, beratende) Organisation, -en.

きかん 汽缶 Dampf|kessel (Lokomotiv-) m. -s, -.

きかん 奇観 das wundervolle Schauspiel, -[e]s, -e; der wunderliche Anblick, -[e]s, -e.

きかん 器官 Organ n. -s, -e || 感覚器官 Sinnesorgan n. -s, -e.

きかん 帰還 Rück|kehr (Heim-; Wieder-) f.; Rück|kunft (Heim-) f. -/帰還する zurück|kehren (heim|-; wieder|-) ⓢ || 帰還者 Heimkehrer m. -s, -/帰還兵 der heimgekehrte Soldat, -en, -en.

きかん 期間 Frist f. -en; Termin m. -s, -e. ⇒きげん [期限].

きかん 気管 Trachee f. -n; Luftröhre f. -n || 気管支 Bronchus m. -, ..chi/気管支炎 bronchial/気管支炎 Bronchitis f. -/気管支炎を患う an ³Bronchitis ⟨f.⟩ leiden*/気管支カタル Bronchialkatarr(h) m. -s, -e/気管支肺炎 Bronchopneumonie f. -/気管切開 Tracheotomie f. -; Luftröhrenschnitt m. -[e]s, -e.

きかん 旗艦 Flagg|schiff (Admirals-) n. -[e]s, -e.

きかん 亀鑑 Vor|bild (Muster-; Spiegel-) n. -[e]s, -er; Exemplar n. -s, -e; Muster n. -s, -; Musterbeispiel n. -[e]s, -e/教育者の亀鑑 in vorbildlicher Erzieher, -s, -.

きかん 既刊の bisher erschienen; schon (bereits) veröffentlicht (herausgegeben) || 既刊号 die alten Nummern ⟨pl⟩.

きかん 季刊の vierteljährlich; Vierteljahrs- || 季刊雑誌 Vierteljahrsschrift f. -en.

きかん 基幹産業 Hauptindustriezweig m. -[e]s, -e; Schlüsselindustrie f. -n.

きがん 祈願 das Beten*, -s; Andacht f. -en; Gebet n. -[e]s, -e/祈願する zu Gott beten (um et⁴); sein Gebet (seine Andacht) verrichten / 平和を祈願する [inbrünstig] um Frieden beten.

ぎかん 技官 der technische Beamte*, -n, -n.

ぎがん 義眼 Glasauge n. -s, -n; das künstliche Auge, -s, -n.

きかんき きかん気の dreist; halsstarrig, hartnäckig; unnachgiebig; verstockt; verwegen; trotzig.

きかんじゅう 機関銃 Maschinengewehr n. -[e]s, -e || [重]機関銃 das schwere (leichte) Maschinengewehr. ⇒じゅう.

きき 毀棄 Zerstörung f. -en; Niederreißung f. -en; [法] die (vorsätzliche) Beschädigung, -en/毀棄する zerstören⁴; nieder|reißen*⁴; [vorsätzlich] beschädigen⁴.

きき 危機 Krise (Krisis) f. -n; der entscheidende Augenblick, -[e]s, -e; Entscheidungs|punkt (Höhe-; Wende-) m. -[e]s, -e/危機一髪で um ein Haar; bei einem Haar; mit knapper (genauer) Not/危機に臨んで angesichts dieser ⁴Krise (Krisis), in diesem kritischen Augenblick/危機に瀕している einer ³kritischen Lage gegenüber gestellt sein, am Rand[e] des Unterganges stehen*/危機を乗り越す eine Krise überwinden*/危機一髪のところをやっと逃れた Ich wäre ums Haar zugrunde (zu Grunde) gegangen. / Ich bin mit knapper Not davongekommen. / 事態は危機一髪に迫っている Unser Schicksal hängt an einem dünnen (seidenen) Faden. / Noch ein Schlag, dann ist es aus mit uns. || 危機管理 Krisenmanagement n. -s/通貨危機 Währungskrise f. -n.

きき 嬉々として fröhlich; freudig; hoch|gemut (wohl|-); froh(mütig); [kreuz]fidel; in bester Stimmung.

きき 鬼気人に迫る Es überläuft jn kalt. ; Es ist so schauderhaft, dass j. davon die

Gänsehaut bekommt.

ぎぎ 疑義 Zweifel *m*. -s, -; Bedenken *n*. -s, -/疑義を抱く ⁴Zweifel (⁴Bedenken) hegen (haben; tragen*) ⟨*an*³⟩; bezweifeln⁴. ⇨たがい.

ききあきる 聞き飽きる ⁴sich satt hören ⟨*an*³⟩; die vielen Wiederholungen wachsen (wachsen) *jm* (beim Hören bald) zum Hals(e) heraus.

ききあわせる 聞き合わせる ⁴sich erkundigen ⟨*nach*³⟩; Erkundigungen (Auskünfte; Informationen) (*pl*) ein|ziehen* (-|holen) ⟨*über*⁴⟩; ⁴sich um|hören (-|tun*) ⟨*nach*³⟩; Umfrage halten*; ⁴sich wenden(*) ⟨*an jn*⟩.

ききいる 聞き入る andächtig (aufmerksam) zu|hören³; ganz ¹Ohr sein; an den Lippen hängen* ⟨*jm*⟩. ⇨ききほれる.

ききいれる 聞き入れる bewilligen⁴ ⟨*jm*⟩; ein|willigen ⟨*in*³⟩; erhören⁴; genehmigen⁴; sein Einverständnis geben* ⟨*jm*⟩; ⁴sich einverstanden erklären ⟨*mit*³⟩; willfahren ⟨*jm*³⟩; zu|stimmen ⟨*jm*⟩.

ききうで 利腕 der rechte Arm, -(e)s, -e.

ききおく 聞き置く im Kopf (Geist) behalten*⁴; ³sich merken⁴; ³sich hinter die Ohren schreiben*⁴.

ききおぼえ 聞き覚え ❶ das Erfahrene*, -n; Gedächtnis *n*. ..nisses, ..nisse/あの声は聞き覚えがあるようだ Die Stimme kommt mir wie bekannt vor. Ich glaube, ich habe die Stimme schon einmal gehört. ❷ das Lernen* (-s) durchs Ohr/聞き覚える durchs Ohr (Hören*) lernen⁴; auf|schnappen⁴.

ききかいかい 奇々怪々 wunderlich; abenteuerlich; befremdend; grotesk; fantastisch; seltsam; verschroben.

ききかじり 聞きかじり Halbwisserei *f*.; Halb|wissen (Schein-) *n*. -s; Halbbildung *f*.; die aufgeschnappte (oberflächliche) Kenntnis, ..niss/聞きかじりの Halb(wegs)-wissend; halb(wegs)gebildet; aufgeschnappte (oberflächliche) Kenntnisse habend/聞きかじり屋 Halbwisser *m*. -s, -; der Halbgebildete*, -n, -n. —— 聞きかじる halbwegs wissen*⁴; nur aufgeschnappte (oberflächliche) Kenntnisse haben; nur von außen her unterrichtet sein ⟨*in*³⟩.

ききぐるしい 聞き苦しい unangenehm (anstößig; ekelerregend (Ekel erregend)) unerfreulich; unliebsam; widerlich) anzuhören; weitherholend ⟨例: Entschuldigung, -en⟩.

ききこむ 聞き込む zu hören bekommen*⁴; erfahren* ⟨*von*³⟩; informiert (in Kenntnis gesetzt; unterrichtet) werden ⟨*mit*³⟩; Es kommt *jm* zu Ohren dass, ...

ききざけ 利酒する einen Reiswein probieren (kosten).

ききすてる 聞き捨てにする (absichtlich) überhören⁴; aus der Acht (außer Acht) lassen*⁴; nicht beachten⁴; unbeachtet lassen*⁴; ignorieren⁴/聞き捨てならぬ unverzeihlich.

ききすます 聞き澄ます auf|horchen ⟨*auf*⟩; zu|horchen³; 〔andächtig〕 lauschen*; jedes Wort verschlingen* ⟨*in* ⁴sich auf|nehmen⟩.

ききそこない 聞き損い das Misshören*, (Missverstehen*), -s; Missverständnis *n*. ..nisses, ..nisse.

ききそこなう 聞き損う ❶ ⇨ききもらす. ❷ falsch (unrichtig) hören⁴ (erfahren*; informiert werden); unterrichtet werden); misshören⁴ (missverstehen*⁴; ⁴sich verhören.

ききたがる 聞きたがる neugierig (gespannt) sein ⟨*auf*⁴⟩; zu wissen verlangen⁴.

ききだす 聞き出す erfragen⁴; durch ⁴Fragen erfahren*; entlocken; heraus|bekommen*⁴. ⇨ききこむ.

ききただす 聞き糺す auf|fest|stellen⁴; an|fragen ⟨*jn* (bei *jm*) *nach*³ (*um*⁴)⟩; konstatieren⁴; nach|fragen³; zu erfahren suchen⁴; ⁴sich vergewissern³.

ききちがい 聞き違い das Verhören*, -s. ⇨ききそこない.

ききつける 聞きつける ❶ zu hören bekommen*⁴; vernehmen*⁴. ❷ ⇨ききなれる.

ききつたえ 聞き伝え Hörensagen *n*. -s/聞き伝える durch andere erfahren*⁴; vom Hörensagen wissen*⁴.

きき て 聞き手 〔Zu〕hörer *m*. -s, -; Zuhörerschaft *f*. 《聴衆》; Publikum *n*. -s 《同上》.

ききとがめる 聞き咎める an *js* Worten etwas auszusetzen haben; *js* Worte bemäkeln (bemängeln).

ききどころ 聞き処 ❶ die schönste Stelle, -n 《例: eines Gedichtes》; Hauptstück *n*. -(e)s, -e. ❷ des Pudels Kern *m*. -(e)s, -e; der springende Punkt, -(e)s, -e; das Wesentliche*, -n.

ききとどける 聞き届ける ⇨ききいれる.

ききとる 聞き取る vernehmen*⁴; mit dem Gehör erfassen⁴; wahr|nehmen*⁴ /聞き取れない unhörbar; unvernehmbar; unvernehmlich/聞き取り Nachschreibeprüfung *f*. -en 《試験》.

ききなおす 聞き直す wieder fragen ⟨*jn*⟩; noch einmal zu sagen bitten* ⟨*jn*⟩; die Frage wiederholen.

ききながす 聞き流す keine Notiz (Kenntnis) nehmen* ⟨*von*³⟩; kein Gehör schenken⁴; kein Ohr leihen*³; nicht Acht geben* ⟨*auf*⁴⟩; nicht hören wollen⁴; absichtlich überhören⁴.

ききなれる 聞き慣れる zu hören pflegen (gewohnt sein); den Ohren wohl bekannt (vertraut) sein; gewohnheitsmäßig hören⁴. —— 聞き慣れない den Ohren unbekannt (nicht vertraut); fremd; 〔人を主語にして〕 den Schall (des Schalls) nicht gewohnt sein.

ききにくい 聞きにくい ❶ schwer zu hören; kaum hörbar (vernehmbar); beinahe unvernehmbar (unvernehmlich). ❷ 〔聞きかねる〕 Es würde unhöflich sein, wenn ich frage, ob .... ❸ ⇨ききくるしい.

ききばえ 聞き栄え がする gut klingen*; ⁴sich zu seinem Vorteil hören lassen*.

ききほれる 聞き惚れる berauscht (bezaubert; entzückt; hingerissen; wie verzaubert; trunken; wie im Rausch) zu|hören³ /甘美な音楽に聞き惚れた Die süße Musik fesselte meine ganze Aufmerksamkeit.

ききみみ 聞き耳 die Ohren spitzen; auf|horchen (auf⁴); zu|horchen³; an den Lippen hängen* (jm); ganz ¹Ohr sein.

ききめ 効き目 Wirkung f. -en; Wirksamkeit f. -en; Effekt m. -e; Erfolg m. -e, -e; Kraft f. ⁼e/ききめがある wirken; Wirkung tun*; zur Wirkung kommen* (s); an|schlagen (durch); ⁴sich aus|wirken; Erfolg (Effekt) haben/治療・などによるききめがあらわれない Bei mir hat die Kur gar nicht angeschlagen.

ききもの 聞きものである wert sein, [um] angehört zu werden.

ききもらす 聞き漏らす überhören⁴; nicht vernehmen*⁴; zu hören versäumen*.

ききゅう 気球 (Luft)ballon m. -s, -s (-e) ‖観測気球 Versuchsballon m. -s, -s (-e)/係留気球 Fesselballon m. -s, -s (-e)/阻塞気球 Sperrballon m. -s, -s (-e)/気球阻塞 Ballonsperre f. -n.

ききゅう 危急 Not f. ⁼e; Notlage f. -n; der ernste Augenblick, -e, -e; die schwere Zeit, -en/危急の bedenklich; brenzlich 《怪しい》; drohend; ernst; gefährlich; kritisch; verfänglich; zugespitzt/危急なる im Notfall[e] sein; auf der Kippe (auf Messers Schneide) stehen*; in drohender Gefahr sein/危急を救う aus der ³Not (Gefahr) retten (jm); der ³Not (Gefahr) entreißen* (jn)/危急存亡の時 der Ernst Zeit; Notzeit f. -en; wo es auf ⁴Tod und ⁴Leben geht; wo (wenn) Not am Mann ist.

ききゅう 帰休 Urlaub m. -[e]s, -e; Beurlaubung f. -en/帰休된다 Urlaub nehmen* (erhalten*); auf ⁴Urlaub gehen* (s); ³Urlaub sein/三週間の帰休で Ich habe drei Wochen Urlaub.

ききょ 起居 Befinden n. -s; Ergehen n. -s; das tägliche Leben/起居を共にする gemeinsam (unter einem ³Dach) leben (mit jm); ein gemeinsames Leben führen (mit jm)

ききょう 桔梗 [植] die chinesische Glockenblume, -n/桔梗色の violettblau.

ききょう 奇矯 Exzentrizität f. -en; Absonderlichkeit f.; Überspanntheit f.; Verschrobenheit f. -en/奇矯な exzentrisch; absonderlich; überspannt; verschroben.

ききょう 帰京 die Rückkehr nach der Hauptstadt (Tokio)/帰京する nach der Hauptstadt (Tokio) zurück|kehren [s].

ききょう 帰郷 ⇨きせい(帰省).

ききょう 企業 Unternehmung f. -en; Unternehmen n. -s, -; -/企業を起こす ein Unternehmen gründen (ins Leben rufen*)/企業を解体(整理清算、中止)する ein Unternehmen auf|lösen (liquidieren, eingehen lassen*)/企業に出資する ein Unternehmen finanzieren/企業化する ein Unternehmen auf Großerzeugung (Serienfertigung) um|stellen⁴ ‖企業家 Unternehmer m. -s, -; der Industrielle*, -n, -n/企業価値 Unternehmenswert m. -[e]s, -e/企業契約 Unternehmensvertrag m. -[e]s, ⁼e/企業結合 Kartell n. -s, -e/企業合同 Trust m. -[e]s, -e (-s)/企業コンサルタント Unternehmensberater m. -s, -/企業戦略 Unternehmensstrategie f. -n/企業秘密 Betriebsgeheimnis n. ..nisses. ..nisse/企業連合 Unternehmenszusammenschluss m. -es, ⁼e/公共企業 das gemeinnützige Unternehmen, -s, -/私企業 Privatunternehmen n. -s, -/大企業 ein großes Unternehmen, -s, -.

ききょう 機業 Textilindustrie f. -n; Weberei f. -en ‖機業家 der Textilindustrielle*, -n, -n.

ぎきょう 義侠 Ritterlichkeit f.; Edelmütigkeit f.; Großmut f.; Heldenmut m. -[e]s ‖義侠心 Rittersinn m. -[e]s, -e/義侠の(行為): die ritterliche Tat, -en/義侠的な ritterlich; edelmütig (groß-; helden-).

ぎきょうだい 義兄弟 Schwager m. -s, ⁼; die intimen Freunde im brüderlichen Bunde 《盟友》.

ききょうりょうほう 気胸療法 [医] Pneumothoraxbehandlung f. -en.

ききょく 危局 ⇨きょく(危機).

ぎきょく 曲劇 Drama n. -s, ..men; Schauspiel n. -[e]s, -e; [Bühnen]stück n. -[e]s, -e ‖戯曲作家 Dramatiker m. -s, -; Bühnenschriftsteller m. -s, -; Dramen|dichter (Bühnen-) m. -s, -.

ぎきん 木片 ein Stück 《-[e]s, -e》 Holz; Holzklotz m. -es, ⁼e.

ききわけ 聞き分け Vernunft f.; Verstand m. -[e]s; die geistige Reife/聞き分けのない unverständig; ungefügig; ungelehrig/聞き分けのある vernünftig; verständig; gefügig; gelehrig. — 聞き分ける ❶ vernünftig (verständig) sein/ ⁴sich vernünftig (verständlich) benehmen* (betragen*) ❷ [区別する] nach dem Gehör unterscheiden*; den Unterschied herausbekommen*.

ききん 基金 Fonds m. -, -; -/Grundstock m. -[e]s; -/-vermögen n. -s ‖基金募集 Fonds|sammlung (Grundstock-; Grundvermögen-) f. -en/国際通貨基金 der Internationale Währungsfonds.

ききん 飢饉 Hungersnot f. ⁼e; Missernte f. -n; Teuerung f. -en ‖飢饉救済資金 Hungersnothilfsfonds m. -, -/飢饉年 Hungerjahr (Fehl-; Not-) n. -[e]s, -e/水飢饉 Wassernot f. ⁼e/-mangel m. -s, -/Dürre f. -n.

ききんぞく 貴金属 die edlen Metalle, -s, -(pl).

きく 規矩 Richt|linie f. -n (-maß n. -es, -e; -schnur f. -en); Maßstab m. -[e]s, ⁼e; Norm f. -en; Kriterium n. -s, ..rien.

きく 菊 Chrysantheme f. -n; Goldblume f.

-n/菊の紋 Chrysanthemum¦wappen *n.* -s, - (-figur *f.* -en) ‖ 菊人形 die Puppe《-n》aus Chrysanthemen; Chrysanthemenpuppe *f.* -n.

きく 聞く ❶[響き·話を] hören^{4}; vernehmen^{*4}/聞く所によれば wie ich höre; nach dem, was ich gehört habe; Ich habe gehört, dass .... ¦ Es ist mir gesagt (berichtet; erzählt) worden, dass .... ❷[聞知] erfahren^{*4}; unterrichtet sein《*von*^{3}; *über*^{4}》. ❸[傾聴] horchen^{3}; an|hören^{4}; lauschen^{3}; zu|hören^{3}/一生懸命に聞いている andächtig (aufmerksam; ergriffen) zu|hören^{3}; gespannten Ohres lauschen^{3}. ❹[従う] gehorchen^{3}; befolgen^{4}; folgen^{3}; Folge leisten^{3}; ^{4}sich fügen^{3}/言うことを聞かない ungehorsam; halsstarrig; starr¦köpfig (-sinnig); unfolgsam; unfügsam; unnachgiebig; widerspenstig; trotzig/親の言うことを聞く den Eltern gehorsam sein/友の忠告を聞く dem Rat des Freundes folgen [s] (gehorchen); den Rat des Freundes an|nehmen*. ❺[許可] gewähren^{4}; gestatten^{4}; zu|geben^{*4}; zu|lassen^{*4}/おまえの希望を聞くかどうかわからない Ich bin nicht ganz sicher, ob man es dir gewährt. ❻[尋ねる] fragen《*jn nach*^{3} (*über*^{4})》; ^{4}sich erkundigen《*nach*^{3}》.

きく 利く ❶[効能] wirken; Wirkung tun*; zur Wirkung kommen* [s]; an|schlagen* (durch|-); ^{4}sich aus|wirken; Erfolg (Effekt) haben/薬は徐々に利きだした Die Arznei kam allmählich zur Wirkung (wirkte allmählich). ❷[反応がある] bewirken^{4}; beeinflussen^{4}; bestimmen^{4}; Einfluss haben (gewinnen*)《*auf*^{4}》; ein|wirken《*auf*^{4}》; empfänglich machen《*für*^{4}》/父の叱言はよく利いた Die Schelte des Vaters wirkte sehr. ❸[味が] stark (salzig; süß) genug sein; stechen*《芥子などが》; beißen*《同上》; brennen$^{(*)}$《同上》/唐辛子が利く Der Paprika beißt auf der Zunge. ❹[気転が] spitzfindig (aufgeweckt; scharfsinnig) sein. ❺[ブレーキなどが] gut arbeiten (funktionieren; in Ordnung sein).

きぐ 器具 Gerät *n.* -〔e〕s, -e; Werkzeug *n.* -〔e〕s, -e《工具類》; Geschirr *n.* -〔e〕s, -e; Utensilien《*pl* 道具類》; Aggregat *n.* -〔e〕s, -e《器械類》; Vorrichtung *f.* -en《工場のジグ》.

きぐ 危惧 Befürchtung *f.* -en; die bange Ahnung, -en; Besorgnis *f.* ..nisse; Ängstlichkeit *f.* -en/危惧の念を抱く befürchten^{4}; in Sorge ahnen^{4}; ^{3}sich Gedanken machen《*über*^{4}》/私の危惧したとおりだった Meine bange Ahnung hat sich erfüllt (hat mich nicht getrogen).

きくいも 菊芋 Topinambur *f.* -en.

きぐう 奇遇 die zufällige Begegnung, -en; das zufällige Zusammentreffen*, -s/これは奇遇だ Das ist (war) eine Überraschung (ein wunderlicher Zufall)!

きぐう 寄寓する bei *jm* 〔zu Miete〕 wohnen; die Beine unter fremden Tisch stecken《居候》/とうとう彼の所に寄寓させてもらうことになった Endlich habe ich bei ihm ein Unterkommen (eine Unterkunft) gefunden.

きぐすり 生薬 Droge *f.* -n; Chemikalien《*pl*》. ⇨くすり.

きぐち 木口 die Qualität《-en》des Holzes/非常に木口がよい Dieses Holz ist von ausgezeichneter Güte.

きぐつ 木靴 Holzschuh *m.* -〔e〕s, -e.

きくばり 気くばり ❶ Wachsamkeit *f.* -en; Aufmerksamkeit *f.* -en; Bewachung *f.* -en; Obacht *f.* ❷[配慮] 〔Für〕sorge *f.*; Umsicht *f.* ── 気くばりをする ❶ wachen《*auf*^{4}》; wachsam (aufmerksam) sein《*auf*^{4}》; auf|merken《*auf*^{4}》; bewachen^{4}; Obacht geben* (haben)《*auf*^{4}》. ❷[配慮] sorgen《*für*^{4}》; Sorge tragen*《*für*^{4}》; Fürsorge treffen*《*für*^{4}》; umsichtig sein.

きくばん 菊判 Oktav *n.* -s, -e《略: 8°》; Oktav¦band *m.* -〔e〕s, ¨e (-format *n.* -〔e〕s, -e) ‖ 菊判半截(ᵗᵃ) Halboktav *n.* -s, -e.

きぐらい 気位 Stolz *m.* -es/気位が高い stolz (hochmütig) sein/彼は気位が高いからとてもそんなことはしない Er ist zu stolz, um so etwas zu tun.

きくらげ 木くらげ 〘植〙Judasohr *n.* -〔e〕s, -en.

ぎくり einen Schrecken《-s》bekommen*; einen Stich《-〔e〕s》im Herzen fühlen; einen Gewissensbiss haben (bekommen*)/ぎくりとさせる *jn* erschrecken; *jm* das ^{4}Herz heftig klopfen machen (lassen*); *jn* einen Gewissensbiss fühlen lassen*.

きぐろう 気苦労 Sorge *f.* -n; Belastung *f.* -en; Beklemmung *f.* -en/気苦労がある 〔bange; drückende; quälende〕 Sorge〔n〕 haben; ^{3}sich Gedanken machen《*über*^{4}》; belasten^{4} 〘物を主語として〙/気苦労が絶えぬ Mehrere Sorgen lassen mir keine Ruhe.¦ Mehrere Sorgen drücken (plagen) mich dauernd./財産のあるのも気苦労の種だ Der große Besitz ist eine unnötige Belastung./それで彼は気苦労をしている Das belastet ihn.

きけい 奇形 Miss¦bildung *f.* -en (-form *f.* -en; -gebilde *n.* -s, -); Miss¦gestalt (Un-) *f.* -en ‖ 奇形児 das miss¦gebildete (-geformte; -gestalte〔te〕) Kind, -〔e〕s, -er; die Laune《-n》der Natur; Naturspiel *n.* -〔e〕s, -e.

きけい 詭計 Kabale *f.* -n; Intrige *f.* -n; Manöver *n.* -s, -; Ränke《*pl*》; Schikane *f.* -n.

きけい 奇計 Pfiff *m.* -〔e〕s, -e; Kniff *m.* -〔e〕s, -e; Kunst¦griff (Hand-) *m.* -〔e〕s, -e; Trick *m.* -s, -s.

きけい 奇警な urwüchsig; erfinderisch; findig; geistreich; originell; witzig.

ぎけい 義兄 Schwager *m.* -s, ¨; der Ehemann der älteren Schwester; der ältere Bruder《-s, ¨》des Ehegatten (der Ehegattin).

ぎげい 技芸 〔Kunst〕fertigkeit *f.* -en; Kunst *f.* ¨e; das Können*, -s ‖ 技芸学校 Kunstgewerbeschule *f.* -n; Polytechnikum *n.* -s, ..ken《高等技芸学校》.

きげき 喜劇 Lustspiel *n.* -〔e〕s, -e; Komödie

きけつ 帰結 Schluss *m.* -es, (Schluss:)folgerung *f.* -en / 帰結に達する zum Schluss (zur [Schluss]folgerung) kommen" (gelangen); den Schluss ziehen".

きけつ 既決 feststehend; bestimmt; entschieden; nicht zu ändern; überführt 〔罪の〕 既決囚 der überführte Missetäter, -s, -; Sträfling *m.* -s, -e; Zuchthäusler *m.* -s, -.

ぎけつ 議決 Beschluss *m.* -es, "e; Beschluss:fassung *f.* -en (-nahme *f.* -n); Entscheidung *f.* -en; Resolution *f.* -en; Abstimmung *f.* -en (票決). —— 議決する beschließen"⁴; einen Beschluss fassen; zum Beschluss vorlegen"; entscheiden"⁴; resolvieren"〔票決する〕ab|stimmen《über⁴》; zur Abstimmung bringen"⁴; votieren〔für⁴〕. ‖ 議決権 Stimmrecht *n.* -[e]s, -e; Votum *n.* -s, -ten (..ta).

きけん 棄権 Verzichtleistung *f.* -en; Entsagung *f.* -en; Lossagung *f.* -en; Resignation *f.* -en; Stimmenthaltung *f.* -en (票決). —— 棄権する Verzicht leisten (verzichten)《auf⁴》; entsagen³; ⁴sich los|sagen《von³》; resignieren〔auf⁴〕; ⁴sich der ²Stimme enthalten"《投票を》. ‖ 棄権者 der Verzichtleistende"; der Entsagende"; der ⁴sich Lossagende"; der Resignierende"〔投票の〕; der ⁴sich der ²Stimme Enthaltende"〔以上に共に〕, -n, -n; 棄権率 der Prozentsatz 〈-es, "e〉 der Verzichtleistenden.

きけん 貴顕 die Vornehmen〈*pl*〉; die A[d]eligen〈*pl*〉; die Fürstlichkeiten〈*pl*〉; hohe Herrschaften〈*pl*〉; die Hochgestellten〈*pl*〉; Würdenträger *m.* -s, -.

きけん 危険 ❶ Gefahr *f.* -en; Gefährlichkeit *f.* -en; 〔詩〕Fährnis *f.* ..nisse; Unsicherheit *f.* -en / 危険な gefährlich; gefahrdrohend (Gefahr drohend), gefahrvoll/危険下りな äußerst (ganz besonders; höchst; überaus) gefährlich/危険にさらす in "Gefahr bringen"⁴〔gefährden"⁴〕; aufs Spiel setzen"⁴; daran|setzen"⁴/危険である〔危険がある〕 gefährlich (gefahrvoll) sein; Es droht Gefahr《von³》. 2)〔被害のおそれ〕in "Gefahr sein; ⁴Gefahr laufen"s; auf dem Spiel stehen"/彼の生命は危険である Sein Leben ist gefährdet ("Gefahren ausgesetzt). ❷ 〔冒険〕Abenteuer *n.* -s, -; Risiko *n.* -s 〈..ken〉. Wagnis *n.* ..nisses, ..nisse; Wag[e]stück *n.* -[e]s, -e/危険を冒す auf ⁴Abenteuer aus|gehen"s; riskieren"⁴; wagen"⁴/危険を承知で ankommen lassen"〔auf⁴〕. ❸ 〔危機〕Krise (Krisis) *f.* Krisen. ‖ 危険地域 Krise *f.* -n/危険区域 Gefahrenzone *f.* -n; das gefährliche Gebiet, -[e]s, -e/危険思想 der gefährliche Gedanke, -ns, -n; die gefährliche Idee, -n/危険思想にかぶれている彼 Er ist von gefährlichen Gedanken (Ideen) erfüllt (besessen)./危険信号 Notsignal *n.* -s, -e/危険人物 der gefährliche Mensch, -en, -en (Charakter, -s, -e)/危険物 etwas Gefährliches" (Gefahrbringendes").

きげん 紀元 Gründung《*f.* -en》eines Reichs〈建国〉; Christi Geburt *f.* -en〔キリスト誕生〕/紀元以来 seit Gründung Japans / 彼の作品は日本文学に新紀元を画した Sein Werk machte Epoche in der japanischen Literatur. ‖ 紀元前(後) vor (nach) Christi Geburt《略: v. n. Chr. G.》.

きげん 機嫌 ❶〔安否〕das Befinden", -s; Gesundheitszustand *m.* -[e]s, "e/機嫌を伺う nach js Befinden fragen; "nach js Befinden erkundigen; jm eine Aufwartung machen〈伺候〉. ❷〔気分〕Stimmung *f.* -en; Laune *f.* -n; Verfassung *f.* -en; Gemütszustand *m.* -[e]s, "e/機嫌を損う js Gefühl" verletzen; jm die Laune verderben"; verstimmen"⁴/機嫌を直す wieder zufrieden sein《*mit*³》;〔wieder〕befriedigt sein/ほろよい機嫌〔一杯機嫌〕 leicht angeheitert sein; beschwipst (weinselig) sein.
—— 機嫌がよい〔lustig und〕guter Dinge sein; guter Laune〔bei〔guter〕Laune; in Laune〕sein;〔in〕guter〔froher; freudiger〕Stimmung sein; ⁴sich in guter Verfassung befinden"〈身心ともに〉/機嫌よく fröhlich und heiter; frohmütig; sonnig; gut gelaunt; aufgeräumt. —— 機嫌が悪い übler Laune sein;〔in〕übler (gereizter; gedrückter) Stimmung sein; übel gelaunt (verstimmt) sein; ⁴sich in einer schlechten Verfassung befinden"〈身心ともに〉.
—— 機嫌をとる erheitern"⁴; schäkern³〔泣く子などの〕; jn unterhalten"〈お相手をして〉; jn zerstreuen〈気をはらす〕;〔調子をあわせる〕jm zu Gefallen reden; jm nach dem Mund reden;〔諂う〕jm um den Bart gehen"s; jn umschmeicheln; jm〔取り入る、こびる〕にjm den Hof machen"; mit jm schön tun";〔喜ばす〕jm ergötzen"⁴; jm Freude machen; jn fröhlich machen.

きげん 起源 Ursprung *m.* -[e]s, "e; Quelle *f.* -n; Wiege *f.* -n; Entstehung *f.* -en; Anfang *m.* -[e]s, "e〔初め〕; Herkunft *f.* "e〈由来〉/...に起源する seinen Ursprung haben《*in*³》; die Quelle《*n*》von ⁴et sein; ⁴sich her|leiten《*von*³》; entspringen"s《*aus*³》; herrühren"〈*aus*³》; entstammen³/この語はギリシャ語に起源をもつ Dieses Wort wird vom Griechischen abgeleitet./あの一族はZ家に起源する Das Geschlecht leitet sich von Familie Z her.

きげん 期限 Termin *m.* -s, -e; Frist *f.* -en; Zeitpunkt *m.* -[e]s, -e ⇒ **まんき**/期限を定める einen Termin fest|setzen (an|beraumen); eine Frist fest|setzen/期限になる〔が来る〕 Die Frist läuft ab. 〈ab|laufen"s〉; fällig werden"; verfallen"s

きげんかい 《手形など》/期限が過ぎた abgelaufen sein; überfällig (verfallen *p.p.*) sein 《手形など》/期限を守る den Termin ein|halten (wahr|nehmen*)/期限を忘れる(に遅れる) den Termin versäumen/期限を延ばす den Termin verlängern (vertagen 《一定の日に》; ab|setzen 《不定の日に》)/期限をつける eine Frist setzen (*für*"); befristen⁴ ‖ 期限内(後) innerhalb der Frist (nach Ablauf der Frist)/期限満了 Ablauf (*m.* -[e]s) der Frist/支払期限 Zahlungstermin *m.* -s, -e (-frist *f.* -en)/有効期限 Gültigkeitsdauer *f.*

きげんかい 機嫌買い Schmeichelei *f.* -en; Lobhudelei *f.* -en.

ぎこ 擬古の klassizistisch; die Antike nachahmend; antikisierend ‖ 擬古主義 Klassizismus *m.* -; die Nachahmung der Antike.

きこう 紀行 Reise *f.* -n; Reise|beschreibung *f.* -en (-bericht *m.* -[e]s, -e; -tagebuch *n.* -[e]s, -̈er).

きこう 起工 die Grundlegung 《-en》(das An|legen*, -s) eines Baues; das Auf|legen 《-s》 eines Schiff(e)s. —— 起工する den Grund zu einem Bau legen; einen Bau an|legen; ⁴sich an die Bauarbeit machen; ein Schiff auf|legen (auf Stapel legen). ‖ 起工式 《船の》 die Feierlichkeit 《-en》(die Zeremonie, -n) der Grundlegung (des Anlegens) eines Baues (des Aufstapelegens eines Schiff(e)s).

きこう 奇行 Wunderlichkeiten; Grillen; Lächerlichkeiten; Launen; Seltsamkeiten 《以上 *pl*》/奇行百出の男である Sein Betragen ist wirklich launenhaft. / Seine Tat (Handlung) ist launenhafter als die andere.

きこう 奇効 die sonderbare (wunderbare) Wirkung, -en (Wirksamkeit, -en).

きこう 起稿 Entwurf *m.* -[e]s, -̈e; Konzept *n.* -[e]s, -e; Niederschrift *f.* -en/起稿する entwerfen*⁴; konzipieren*⁴; in ein Konzept machen; nieder|schreiben*⁴.

きこう 帰航 die Heim|fahrt 《Rück-》《-en》 eines Schiff(e)s/帰航する heimwärts fahren* 嵐; zurück|fahren* 嵐; die Heimfahrt 《Rückfahrt》 an|treten*.

きこう 気候 ❶ *Klima n,* -s, -ta (-s); Witterungsverhältnisse 《*pl*》/温和な気候 das milde Klima; mäßige Witterungsverhältnisse 《*pl*》/気候がよい Das Klima ist gut (mild; heilsam)./気候がわるい Das Klima ist schlecht (rau; unheilsam). ❷ ⇨ **じこう** (時候).

きこう 気孔 Pore *f.* -n; Atemöffnung *f.* -en 《動物の》; Stigma *n.* -s, -men 《同上》; Spaltöffnung *f.* -en 《植物の》.

きこう 機構 die 《innere》 Einrichtung, -en; Gefüge *n.* -s, -; Mechanismus *m.* -, ..men; Organismus *m.* -, ..men; Organisation *f.* -en; Struktur *f.* -en/国際機構 die internationale Organisation/社会機構 das gesellschaftliche Gefüge, -[e]s; die soziale Einrichtung (Struktur).

きこう 寄稿 Beitrag *m.* -[e]s, -̈e; Mitarbeit 《*f.* -en》《der Zeitung (Zeitschrift)》/...に寄稿する einen Beitrag (Artikel) für eine Zeitung (Zeitschrift) schreiben* (liefern; ein|schicken); mit|arbeiten 《an einer Zeitung (Zeitschrift)》 ‖ 寄稿者 Beiträger *m.* -s, -; Mitarbeiter *m.* -s, -.

きこう 寄港する einen Hafen an|laufen* (-berühren) ‖ 寄港地 Anlaufhafen *m.* -s, -̈.

きこう 帰港する in den Hafen zurück|kehren 嵐.

きこう 帰校する in die Schule zurück|kehren 嵐.

きごう 記号 Zeichen *n.* -s, -; Symbol *n.* -s, -e; Notenschlüssel *m.* -s, -/記号する 《目印の》記号をつける bezeichnen⁴ 《*mit*³》; an|zeichnen⁴ 《*mit*³》; Zeichen machen 《*auf*⁴》; an|haken⁴ 《*mit*³》; an|kreuzen⁴ 《×で》; das Zeichen des Dreiecks machen 《△で》 ‖ 記号論 Semiotik *f.*/記号論理学 die symbolische Logik/化学記号 chemische Zeichen 《*pl*》.

きごう 揮毫 das Schreiben* (Malen*); Schreiben* 《mit Pinsel》/揮毫する 《mit Pinsel》 schreiben*⁴; malen⁴ ‖ 揮毫料 Honorar 《*n.* -s, -e》 für den Schreiber.

きこう 技巧 Kunst *f.* -̈e; Kunstfertigkeit *f.* -en; die künstlerische Feinheit 《-en》 《Tüchtigkeit, -en》; Finesse *f.* -n; Kunstgriff *m.* -[e]s, -e 《こつ》; Künstelei *f.* -en 《非難して》/技巧を弄する ⁴es auf Kunstgriffe ankommen lassen*; ⁴sich ²Kunstgriffe befleißigen ‖ 技巧主義 Manieriertheit *f.* -en; Gekünsteltheit *f.* -en.

きこうし 貴公子 der junge Ad[e]lige*, -n, -n; Junker *m.* -s, -; Prinz *m.* -en, -en.

きこうしょ 稀観書 ein seltenes Buch, -[e]s, -̈er.

きこうぶたい 機甲部隊 Panzereinheit *f.* -en.

きこえ 聞こえがよい 〔wohl〕anständig; sauber; wohlklingend/聞こえがわるい unanständig; unschicklich; schlechtklingend/それは聞こえがよくない Das gereicht mir nicht gerade zum Ruhme.

きこえよがしに 聞こえよがしに wie um gehört zu werden; als ob es in einer Absicht läge, gehört zu werden; in *js* Gegenwart.

きこえる 聞こえる ❶ 〔聞きうる〕 hören⁴ 〔können*〕; vernehmen*⁴; 〔mit dem Ohr〕 wahr|nehmen*⁴·⁴; 〔「音」を主語にして〕 hör|bar 《vernehm-; wahrnehm-》 sein; gehört werden können*; zu Ohren kommen* 嵐 《*jm*〕 langen〕 嵐 《*jm*》/聞こえますか Hören Sie? Können Sie 〔genau〕 hören, was ich sage?/聞こえる(聞こえない)所で言いなさい Sagen Sie es in seiner Gegenwart (Abwesenheit). ❷ 〔響く〕 klingen*/それは変に聞こえるかもしれないが Seltsam wie es klingen mag, ... / Das hört sich zwar sonderbar an, doch .... ❸ 〔有名である〕 berühmt 《namhaft; 〔wohl〕bekannt》 sein; in aller Munde sein; Weltruf haben/彼の名は世には聞こえている Er ist weltberühmt. / Er genießt Weltruf.

きこく 帰国 Heim|kehr *f.* (-kunft *f.*)/賜暇

ぎごく 疑獄 der komplizierte Kriminalprozess, -es, -e; 疑獄事件に連座する in einen komplizierten Kriminalprozess (einen Skandal) verwickelt werden.

きごこち 着心地のよい bequem zu tragen (sein)／着心地のよい服 die bequeme Kleidung, -en.

きごころ 気心 Sinnesart f. -en; Gesinnung f. -en; Mentalität f. -en; Einstellung f. -en／気心の知れた vertraut; intim／気心の知れる fern stehend／互いに気心の知れている sich einander (gut) verstehen*; auf vertrautem Fuß miteinander stehen* (leben)／あの男の気心はよく解っている Ich kenne ihn in- und auswendig.

ぎこちない steif; linkisch; schwerfällig; unbeholfen; ungelenk(ig); ungeschickt; ungewandt.

きこつ 気骨 Charakterstärke (Mannes-)f. Bravheit f.; Kernhaftigkeit (Mann-)f.;《俗》Mumm m. -s; Schneid m. -(e)s／気骨のある charakterstark (mannes-); kernhaftig (mann-); schneidig／気骨降々たる人物の人 ein Mann m. -(e)s, "er von festem (starkem) Charakter; ein Geist (m. -(e)s, -er) von fester (scharf geprägter) Haltung／彼は気骨がある Er hat Charakter (Rückgrat).

きこなし 着こなしの妙 die Art, wie j. ⁴sich anzuziehen weiß／洋服の着こなしがうまい Er trägt Anzüge auf eine stilvolle Weise．；In Kleidern kennt er seinen Stil.

きこなす 着こなす elegant gekleidet sein; seine Kleidung elegant zu tragen wissen*; elegant wirken.

きこり 樵 Holzfäller m. -s, - (-hacker m. -s, -／-hauer m. -s, -); Holzer m. -s, -.

きこん 既婚 verheiratet; verehelicht; vermählt／既婚者 der Verheiratete*, -n, -n.

きざ 跪座する auf die Knie fallen* [s]; auf die Knie sinken* [s]《行為》; auf den ³Knien legen*《状態》.

きざ 気障 ❶《気取った》affektiert; geckenhaft; geziert; geschraubt; gekünstelt; abgeschmackt; eingebildet; affig; theatralisch／気障な話し方をする eine geschraubte Art und Weise sprechen*; eine geschraubte (erkünstelte) Redeweise haben／気障なネクタイ eine geckenhafte Krawatte, -n／あいつは気障な奴 Er hat mit seiner auf eine abstoßende Weise affektiert (eingebildet). ❷《不愉快》unangenehm; widerlich; widerwärtig; abstoßend; arrogant; anmaßend; dünkelhaft; affig／気障な奴 ein widerlicher Mensch, -en, -en; ein widerlicher Bursche, -n, -n. ❸《けばけばしい》auffallend; aufdringlich;

---

auffällig; prunkhaft; pompös.

きさい 奇才 das merkwürdige (eigentümliche; seltsame; sonderbare; gewöhnliche) Talent, -(e)s, -e.

きさい 記載 Eintragung f. -en; Beschreibung f. -en; Darstellung f. -en; Vermerk m. -(e)s, -e／別項記載の通り wie anderswo (an einer anderen Stelle; in einem anderen Paragraphen) dargestellt (vermerkt). — 記載する eintragen*⁴《in⁴》; beschreiben*⁴; darstellen⁴; vermerken⁴.

きさい 起債 die Aufnahme (-n) einer Anleihe; die Herausgabe (-n) von Hypothekenbriefen／起債する eine Anleihe (-n) aufnehmen*; den Weg der Anleihe beschreiten*《生硬な表現》; Hypothekenbriefe (pl) herausgeben*.

きさい 既済の voll (aus)bezahlt; abgezahlt; beglichen; entrichtet; getilgt.

きざい 器材 Gerät n. -es, -e; Utensilien (pl)《道具》.

ぎざぎざ Zacke f. -n; Zacken m. -s, -; Auszackung f. -en; Einschnitt m. -(e)s, -e《刻み目》; Kerb m. -es, -e《同上》; Kerbe f. -n《同上》; Zahnschnitt m. -(e)s, -e／ぎざぎざをつける einschneiden*⁴; zähnen⁴; rändeln《貨幣に》／ぎざぎざの zackig; (aus)gezackt; (ein)gekerbt; eingeschnitten; gezähnt; gerändelt《貨幣》.

きさく 気さくな freimütig; aufrichtig; frank; natürlich; offen(herzig); frei(herzig); ungekünstelt.

きさく 戯作 die humoristische Erzählung, -en (Novelle, -n n); der humoristische Roman, -s, -e／戯作者 der mit Humor schreibende Dichter, -s, -; Humorist m. -en, -en; der humoristische Erzähler (Romanschreiber), -s, -.

ぎさく 偽作 Fälschung f. -en; das gefälschte (verfälschte; nachgeahmte; nachgemachte) Werk, -(e)s, -e.

きさご《貝》Uferschnecke f. -n.

きざし 兆し ❶《徴候》〔An〕zeichen n. o, -; Symptom n. -s, -e; 〔前兆〕Vorzeichen (Au-) n. -s, -; Omen n. -s, Omina／…の兆となる Anzeichen eines Dings sein; ein Vorzeichen sein《für⁴》／それは豊年の兆してある Das ist ein Vorzeichen einer guten Ernte．；Das deutet auf eine gute Ernte. ❷〔萌芽〕Keim m. -(e)s, -e; Sproß m. -es, -e.

きざす 萌す Anzeichen(²)《von³》geben* (haben); hindeuten《auf⁴》; zum Vorschein kommen* [s]《草木など》sprießen*⁴; keimen; aufkeimen*⁴；⁴Keime treiben*; hervorwachsen* [s].

きざみ 刻み ❶ Einschnitt m. -(e)s, -e; Kerbe f. -n／刻み目をつける einschneiden*⁴; einkerben／刻み足で歩く mit kleinen (trippelnden) Schritten gehen* [s]; trotteln; trappeln／刻みたばこ der geschnittene Tabak, -s, -.

きざむ 刻む ❶《細かく切る》fein (klein) schneiden*⁴ (hacken⁴); zerschneiden*⁴;

きさん zerhacken⁴; [肉などを] schaben⁴; klein hacken⁴/たばこを刻む Tabak schneiden*. ❷ [彫刻する] [ein]schnitzen*; schneiden*⁴ 《in》; ein|graben*; gravieren*/像を刻む eine Statue schnitzen/印を刻む ein Siegel gravieren (schneiden*)/石に名を刻む den Namen in [den] Stein hauen* (graben*)/心に刻む ⁴sich [ins Gedächtnis] ein|prägen⁴/時計が時を刻む Die Uhr tickt.

きさん 起算する von ... aus rechnen² (zählen⁴) ‖ 起算日 der Tag (-[e]s, -e), von dem aus ein Zeitraum berechnet wird; der Anfangstag (-[e]s, -e) der Rechnung.

きし 騎士 ❶ Ritter m. -s, -; Kavalier m. -s, -e. ❷ [騎手] Reiter m. -s, -.

きし 岸 Ufer n. -s, -; Meeres|ufer (See-; Fluss-; Strom-) n. -s, -; Küste f. -n; Meeres|küste (See-) 《浜辺》; Gestade n. -s, -; 《詩》磯辺); Reede f. -n 《湾、河口の》; Strand m. -[e]s 《砂浜》; Rand m. -[e]s, ¨er 《池などの》/岸の方へ ans Ufer (Land); an die Küste; ufer|wärts (land-; küsten-).

きし 旗幟を鮮明にする Farbe bekennen*; das Kind beim [rechten] Namen nennen*; der Wahrheit die Ehre geben*; offen heraus sagen*; ⁴sich [klar und] bestimmt erklären 《für⁴; gegen⁴》.

きじ 記事 ❶ ⇨きじゅつ《記述》. ❷ 《文》Artikel m. -s, -; Abhandlung f. -en; Aufsatz m. -es, ¨e; Aufzeichnung f. -en; Beitrag m. -[e]s, ¨e; Bericht m. -[e]s, -e; Schriftsatz/記事を差し止める die Veröffentlichung 《-en》verbieten*. ‖ 記事文 Kurzbericht m. -[e]s, -e; Reportage f. -n/記事体 Kurz|bericht|stil (Reportage-) m. -[e]s.

きじ 雉子 Fasan m. -[e]s, -en ‖ 雉子鳩 Turtel|taube f. -n.

きじ 木地、生地 ❶ [木理] Maserung f. -en; Maser f. -n; Holzmusterung f. -en. ❷ [素地] das unlackierte Holz, ¨es, ¨er 《塗物の》; Stoff m. -[e]s, -e 《織物などの》; das unglasierte Porzellan, -s, -e 《陶器の》; Biskuit n. -[e]s, -e 《同上》; Materie f. -n 《材料》. ❸ [本質] Wesensgrund m. -[e]s, ¨e/生地のまま naturhaft; unverfälscht; so wie einer ist.

ぎし, 義姉 Schwägerin f. ..rinnen; die E|hefrau des älteren Bruders; die ältere Schwester des Ehegatten (der Ehegattin).

ぎし 義肢 ⇨ぎそく.

ぎし 義歯 der falsche (künstliche) Zahn, -[e]s, ¨e.

ぎし 技師 Ingenieur m. -s, -e; Baumeister m. -s, -; Brücken|ingenieur (Wege-); Zivilingenieur; der technische Experte, -n, -n ‖ 技師長 Ober|ingenieur (Chef-).

ぎし 義士 der [ge]treue Samurai; der [ge]treue Gefolgs|mann (Lehns-), -[e]s, ¨er (..leute).

ぎじ 議事 Verhandlung f. -en; Besprechung f. -en; Sitzungsberichte 《pl 議事録》/議事の進行を計る die Verhandlung 《-en》glatt vonstatten gehen lassen* ‖ 議事堂 Parlaments|gebäude (Bundestags-; Reichstags-) n. -s, -; Kon|gresspalast m. -es, ¨e; der Plan 《-[e]s, ¨e》der Beratung; die Reihenfolge 《-n》der von einer Sitzung zu behandelnden Fragen/議事妨害 die Obstruktion 《-en》-Verhinderung 《-en》der Beschlussfassung.

ぎじ 疑似 Pseud[o-]; Quasi-; Schein-; falsch; gefälscht; scheinbar; un|echt; vermeintlich/疑似コレラ Cholera 《f.》indigena.

きしかいせい 起死回生の霊薬 Allheil|mittel (Wunder-) n. -s, -; die Wunder wirkende Arznei, -en; Elixier m. -s.

ぎしき 儀式 Feierlichkeit f. -en; Zeremonie f. -n; Fest n. -[e]s, -e; Festlichkeit f. -en; Ritual n. -s 《祭式》; Ritus m. -, ..ten 《同上》; Etikette f. -n 《作法・礼式》; Äußerlichkeiten 《pl》《形式》; Förm|lichkeit f. -en 《同上》/儀式の feierlich; ze|remoniell; festlich; rituell; äußerlich; förmlich/儀式ばらずに ohne ⁴Umstände; drauf los; mir nichts dir nichts; mit der Tür ins Haus fallen*⁵; locker《気楽に》/儀式ばる Umstände machen; feierlich (ze|remoniös; formell; förmlich; peinlich) sein (werden)/儀式ばるのをやめる ohne steif sein ⁴Feierlichkeiten (Zeremonien; Förmlichkeiten) fertig werden; auf Feier|lichkeiten (Zeremonien; Förmlichkeiten) verzichten.

ぎしぎし ぎしぎし鳴る knarren; kreischen.

きじく 機軸 ❶ [工夫] Plan m. -[e]s, ¨e; Entwurf m. -[e]s, ¨e; Methode f. -n; Projekt n. -[e]s, -e; Vorhaben n. -s, -. ❷ [中心] Achse f. -n; Zentrale f. -n. ❸ 新機軸 die neue Erfindung, -en; die eigenartige (noch nicht dagewesene) Idee, -n; Origi|nalität f. -en.

きしつ 気質 Charakter|anlage f. -n; Disposition f. -en; Gemüts|art (Sinnes-) f. -en; Temperament n. -[e]s, -e; Veranlagung f. -en.

きじつ 期日 der festgesetzte Tag, -[e]s, -e; Frist f. -en; Termin m. -s, -e/会議の期日を決めよう Wir wollen den Tag der Konfe|renz festsetzen. ‖ 期日厳守 Der Termin muss eingehalten werden. ⇨きげん《期限》.

きしぼじん 鬼子母神 die Göttin der Kinder.

きしゃ 記者 Journalist m. -en, -en; Bericht|erstatter m. -s, -; Korrespondent m. -en, -en《通信記者》; [Zeitungs]schreiber m. -s, -;《Zeitungs》reporter m. -s, -;《通信員》; Redakteur m. -s, -e《主筆》‖ 記者会見 Pressekonferenz f. -en/記者団(クラブ) Journalisten|verband m. -[e]s, ¨e/新聞記者席 Presse|tribüne (Journalisten-) f. -n 《od. -galerie f. -n/..loge f. -n》/特派記者 Sonderbericht|erstatter m. -s, -.

きしゃ 汽車 [Eisenbahn]zug m. -[e]s, ¨e/..wagen (..wagens, -)/汽車で mit (auf) [der] Eisen|bahn; mit dem [Eisenbahn]zug/汽車に間に合う (乗り遅れる) den Zug erreichen; mit dem Zug zurecht|kommen* S (den Zug verpassen; den Zug nicht erreichen, zu spät zum Zug〔e〕 kommen* [s]/汽車に乗る **1**) mit dem Zug〔e〕 fahren* [s] (reisen [s]). **2**) [乗り込む] in den Wagen ein|steigen* [s]. **3**) [乗用する] den Zug (die 〔Eisen-〕bahn) nehmen* (benutzen; benützen)/汽車を降りる aus dem Zug〔e〕 aus|steigen* (ab|-) [s]/汽車を〔非常ブレーキで〕停める 〔durch die Notbremse〕 den Zug zum Stehen bringen*/汽車が出る(停る, 着く) Der Zug fährt ab (hält, kommt an)./汽車が五十分遅れた Der Zug hat eine Verspätung von fünfzig Minuten. / 汽 車 に 注 意 Achtung! Eisenbahn!/汽車の車室 〔Eisenbahn〕abteil *n.* -〔e〕s, -e ‖ 汽車線路 〔Eisen〕bahnlinie *f.* -n; 〔Eisen〕bahn¦gleis *n.* -es, -e (-schiene *f.* -n) 《レール》/汽車賃 Fahr¦geld *n.* -〔e〕s, -er (-preis *m.* -es, -e)/汽車発着表 Fahrplan *m.* -〔e〕s, ⸚e/汽車旅行 Eisenbahn¦fahrt *f.* -en (-reise *f.* -n)/夜汽車 Nachtzug *m.*

きしゅ 騎手 Reiter *m.* -s, -; Reitersmann *m.* -〔e〕s, ⸚er (..leute); [競馬の] Jockei *m.* -s, -s; Rennreiter *m.* -s, -.

きしゅ 機首 Vorderteil 《*m.* -s, -e》 (Nase *f.* -n) eines Flugzeugs; Bug 《*m.* -es, ⸚e》 eines Flugzeugs 《特に飛行艇の》/機首を東に向ける den Kurs nach Osten nehmen*; die Nase (den Bug) nach Osten wenden*/機首を上(下)に向ける die Nase (den Bug) nach oben (unten) wenden*.

きしゅ 旗手 Fähnrich *m.* -〔e〕s, -e; Fahnen¦träger (Standarten-) *m.* -s, -; Standartenjunker *m.* -s, -.

きしゅ 気腫 〖医〗 Emphysem *n.* -s, -e.

きじゅ 喜寿 *js* siebenundsiebzigster Geburtstag, -〔e〕s, -e.

ぎしゅ 義手 die künstliche (falsche) Hand, ⸚e; der künstliche (falsche) Arm, -〔e〕s, -e; Prothese *f.* -n 《義肢》.

きしゅう 奇襲 Überfall *m.* -〔e〕s, ⸚e; Über¦rumpelung *f.* -en (-raschung *f.* -en); Handstreich *m.* -es, -e; [個人に対する] Attentat *n.* -〔e〕s, -e; Anschlag *m.* -es, ⸚e. ── 奇襲する überfallen*^{4}; überrumpeln^4; plötzlich an|greifen*^{4}; überraschen^4. ‖ 奇襲隊 Streifkorps *n.* -, -; das fliegende Korps, -, -.

きしゅう 奇習 seltsamer Brauch, -〔e〕s, ⸚e; seltsame Sitte; wunderliche Gebräuche 《*pl*》; sonderbare Überlieferung, -en.

きじゅう 機銃 Maschinengewehr *n.* -〔e〕s, -e/機銃掃射する mit Maschinengewehren beschießen*^{4}. ⇨きかんじゅう.

きじゅうき 起重機 〔Auslege〕kran *m.* -〔e〕s, ⸚e; Derrick¦kran (Dreh- und Wipp-) ‖ 移動(走行)起重機 Laufkran/定置起重機 Festkran.

きしゅく 寄宿 Logis *n.* -, -. ── 寄宿する bei *jm* wohnen; bei *jm* in Pension (in Kost) sein; ^{4}sich bei *jm* in Pension geben*^{3}; bei *jm* logieren. ‖ 寄宿舎 Logier¦haus (Kost-) *n.* -es, ⸚er; [学校の] Internat *n.* -〔e〕s, -e; [女子の] Pension *f.* -en/寄宿人 Kostgänger *m.* -s, -; Kostgängerin *f.* ..rinnen 《女》; Pensionär *m.* -s, -; Pensionärin *f.* ..rinnen 《女》; der (die) Interne*; Alumne *m.* -n, -n; Alumnus *m.* -, ..nen; Alumna *f.* ..nae 《女》; Kostschüler *m.* -s, -/寄宿料 Kostgeld *n.* -〔e〕s, -er; Pensionpreis *m.* -es, -e.

きじゅつ 奇術 Taschen¦spielerei *f.* -en (-spielerkunst *f.* ⸚e; -spieler〔kunst〕stück *n.* -〔e〕s, -e; -spielerstreich *m.* -〔e〕s, -e); Gaukelei *f.* -en; Zauberkunst *f.* ⸚e ‖ 奇術師 Taschenspieler *m.* -s, -; Gaukler *m.* -s, -; Jongleur *m.* -s, -e; Zauberkünstler *m.* -s, -.

きじゅつ 記述 Beschreibung *f.* -en; Darstellung *f.* -en; Deskription *f.* -en; Schilderung *f.* -en/記述的 beschreibend; darstellend; deskriptiv; schildernd/記述する beschreiben*^{4}; dar|stellen^4; schildern^4.

ぎじゅつ 技術 Kunst *f.* ⸚e; Kunst¦fertigkeit (Hand-) *f.* -en; Kunst 《*f.*》 und Gewerbe 《*n.*》; Technik *f.* -en/技術の technisch; kunstgerecht/技術提携して im technischen Einverständnis 《*mit*^{3}》 ‖ 技術家 der Kunstsachverständige*, -n, -n; der technische Experte, -n, -n/技術者 Techniker *m.* -s, -; der Kunstfertige*, -n, -n.

きじゅん 基準 Norm *f.* -en; Maßstab *m.* -〔e〕s, ⸚e; Richt¦linie *f.* -n (-schnur *f.* -en) ‖ 基準線 Fundamental¦linie (Grund-) *f.* -n.

きじゅん 帰順 Unterwerfung *f.* -en; Ergebung *f.* -en; Huldigung *f.* -en/帰順の意を表わす den Wunsch äußern (aus|sprechen*), ^{4}sich zu unterwerfen; seiner Unterwürfigkeit Ausdruck verleihen* (geben*). ── 帰順する ^{4}sich unterwerfen* (ergeben*) 《*jm*》; huldigen 《*jm*》.

きじょ 鬼女 Teufelin *f.* ..linnen.

きしょう 気性 [性質] Charakter *m.* -s, -e; Geistes¦art (Wesens-) *f.* -en; das geistige Gepräge, -s, -; Naturanlage *f.* -n; Naturell *n.* -s, -e/気性の勝った von leidenschaftlicher (feuriger; hitziger) Natur/負けぬ気性 von unnachgiebiger (nicht weichender; unbeugsamer) Natur.

きしょう 気象 [気候] die meteorologischen Erscheinungen 《*pl*》; Wetter *n.* -s, - ‖ 気象衛星 Wettersatellit *m.* -en, -en/気象学 Meteorologie *f.*; Wetterkunde *f.*/気象学者 Meteorologe *m.* -n, -n; Wetterforscher *m.* -s, -/気象観測 die meteorologische Beobachtung, -en; Wetterbeobachtung *f.* -en/気象観測器械 das meteorologische Instrument, -〔e〕s, -e/気象図 die meteorologische Karte, -n; Wetterkarte *f.* -n/気象台 Wetterwarte *f.* -n; die meteorologische Station, -en/気象通報 Wetterbericht *m.* -e/気象統計 die meteorologische Statistik, -en/気象レーダー Wetterradar *n.* (*m.*) -s, -s/中央気象台 Zentralwetterwarte; die meteorologische Zentralstation.

きしょう 起床 das Aufstehen*, -s; das Verlassen* 《-s》 des Bett〔e〕s/起床する auf|stehen* [s]; das Bett verlassen*; ^{4}sich 〔aus dem Bett〕 erheben*.

きしょう 記章 Ab¦zeichen (Kenn-) *n.* -s, -;

Emblem *n.* -s, -e/記章をつける ein Abzeichen tragen*.

きじょう 軌条 (Eisenbahn)schiene *f.* -n; Laufschiene ‖ 軌条接目 Schienenstoß *m.* -es, ..stöße.

きじょう 気丈 herzhaft; beherzt; brav; standhaft; starkherzig; wacker/気丈を呈する《市況などが》Der Kurs steht fest auf./なかなか気丈な女性です Sie ist eine recht herzhafte Person.

きじょう 机上の am (vom) grünen Tisch; auf dem Papier nach „euren" Büchern; rein theoretisch/机上の空論 die bloße (reine) Theorie, -n; Buchweisheit *f.*; Bücherwelt *f.* -en ‖ 机上の計画 der undurchführbare Plan, -[e]s, ..̈e; 机上の空論 Gedankengespinst *n.* -[e]s, -e/机上メモ Terminkalender *m.* -s, -.

ぎしょう 偽証 Meineid *m.* -[e]s, -e; der wesentliche Falscheid, -[e]s, -e; das falsche Zeugnis, ..nisses, ..nisse. ─ 偽証をする einen Meineid leisten; falsch schwören*; meineidig werden. ‖ 偽証罪 Meineid *f.*/偽証罪を犯す einen Meineid schwören*/偽証者 der Meineidige*, -n, -n.

ぎしょう 偽称する einen falschen Namen an|nehmen* (an|geben*).

ぎじょう 議場 ❶ Sitzungs|saal (Verhandlungs)- *m.* -[e]s, ..säle. ❷ [議会の] Kammer *f.* -n; Abgeordnetensitz *m.* -es, -e 《議席》/議場が混乱に陥った Der Sitzungssaal geriet in heilloses Durcheinander.

ぎじょう 議定 Abkommen *n.* -s; Übereinkommen *n.* -s; Übereinstimmung *f.* -en; Vereinbarung *f.* -en; Verständigung *f.* -en. ─ 議定する *sich beraten* und Vereinbarungen treffen* (zu einer Verständigung kommen* ⓘ); unterhandeln《mit *jm* über *⁴et*》 und miteinander im Einverständnis sein. ‖ 議定官 Rat *m.* -[e]s, ..̈e; Ratsherr *m.* -n, -en (-mitglied *n.* -[e]s, -er). ⇒ぎてい.

ぎじょう 儀杖 (Ehren)gefolge *n.* -s, -; (Ehren)geleit *n.* -[e]s, -e. 〔Ehrenwache *f.* -n 《wacht *f.* -en》/儀仗兵 Ehrenwache *f.* -n/儀仗兵を閲兵する die ⁴Front der ²Ehrenkompanie《*f.* -n》ab|schreiten*.

きしょうかち 希少価値 Seltenheitswert *m.* -[e]s, -e.

きじょうぶ 気丈夫である、気丈夫に思う *sich ermutigt fühlen*《*durch*⁴》; *sich nicht scheuen*《*vor*³》.

きしょく 気色のわるい unangenehm; misslich; unsympathisch; widerlich/気色がわるい *sich* schlecht (unwohl) fühlen; es ist *jm* schlecht zumute (zu Mute).

きしょく 喜色満面に溢れる vor ³Freude strahlen; voll²⁽³⁾ Freude lächeln/喜色満面で Freude strahlend; mit freudestrahlendem Gesicht; voll Freude lächelnd.

きしょく 寄食する bei *jm* schmarotzen; bei *jm* umsonst wohnen (und essen*); auf ²anderer ⁴Kosten leben; 《俗》nassauern ‖ 寄食者 Schmarotzer *m.* -s, -; Parasit *m.* -en, -en; Schnorrer *m.* -s, -; Abhängiger *m.* -s, -; Abhängling *m.* -s, -e;《俗》Nassauer *m.* -s, -.

きしる 軋る knarren; knirschen; quieken; quietschen.

きしん 鬼神 die Gottheiten《*pl*》; die göttlichen Wesen《*pl*》.

きしん 寄進 Beisteuer *f.* -n; Beitrag *m.* -[e]s, ..̈e; Opfer *n.* -s, -; Schenkung *f.* -en; Stiftung *f.* -en/寄進する beisteuern³⁽⁴⁾ (-|tragen*³⁴); kontribuieren³⁽⁴⁾; opfern³⁴; stiften*³ ‖ 寄進者の Beisteuernde*《Beitragende*》, -n, -n; Schenker *m.* -s, -; Stifter *m.* -s, -.

きしん 帰心矢の如し ein ungestümes Heimweh empfinden*; ⁴sich so nach Hause sehnen, dass es keinen Halt mehr gibt.

きしん 奇人 Sonderling *m.* -s, -e; das besondere Exemplar, -s, -e; Eigenbrötler *m.* -s, -; Kauz *m.* -es, ..̈e; Original *n.* -s, -e.

きじん 貴人 Edelmann *m.* -[e]s, ..leute; der Ad[e]lige*, -n, -n; Aristokrat *m.* -en, -en; der hohe Herr, -en, -en; die hohe Persönlichkeit, -en; Patrizier *m.* -s, -.

ぎしん 疑心 Argwohn *m.* -[e]s; Misstrauen *n.* -s; Verdacht *m.* -[e]s, -e,《まれに》-e; Zweifel *m.* -s, -/疑心暗鬼を生む Argwohn erweckt Furcht.｜Durch Misstrauen werden Schreckbilder wach.

ぎじん 義人 der gerechte (edelherzige; gemeinnützige; selbstlose; für ⁴Gerechtigkeit alles aufbietende) Mensch, -en, -en.

ぎじん〔ほう〕 擬人〔法〕《修》Personifikation *f.* -en; Personifizierung *f.* -en; Verkörperung *f.* -en; Vermenschlichung *f.* -en.

キス Kuss *m.* -es, ..̈e; Schmatz *m.* -es, -e; Busse[r]l *n.* -s, -《Kusshand *f.* ..̈e《投げキス》; Handkuss *m.*《手にするキス》/キスする *jm* einen Kuss geben*;《俗》schnäbeln (miteinander); busseln;《俗》schmusen;《俗》turteln/キスを投げる *jm* eine Kusshand zu|werfen*/唇にキスする *jm* auf den Mund (die Lippen) küssen/別れのキスをする zum Abschied küssen; einen Abschiedskuss geben*³/長いキス《俗》Dauer|brenner (Fünfminuten-) *m.* -s, -.

きず 傷〔創・瑕〕❶ 〔負傷〕Wunde *f.* -n; Verletzung *f.* -en; Verwundung *f.* -en; Blessur *f.* -en;《医》Trauma *n.* ..men(..mata)《外傷》; wunde Stelle, -n《傷のある所》/傷の手当をする die Wunde〔ärztlich〕behandeln/傷つける ⇒きずつける/傷がつく ⇒きずつく. ❷〔品物の〕Schaden *m.* -s, ..̈; Bruch *m.* -[e]s, ..̈e; Makel *m.* -s, -; Fleck *m.* -[e]s, -e; Fehler *m.* -s, -; Verletzung *f.* -en; schadhafte Stelle, -n; 〔ひび〕Sprung *m.* -[e]s, -e; Riss *m.* -es, -e; 〔果物の〕Druckstelle *f.* -n; Fleck *m.* -s, -e. ❸〔欠点〕Mangel *m.* -s, ..̈; Fehler *m.* -s, -; Gebrechen *n.* -s, -;〔弱点〕Schwäche *f.* -n; schwache Seite, -n. ‖ 脛に傷を持つ／脛に傷持つ身 mit bösem Gewissen《*n.*》; bösen ²Gewissens; mit schlechtem (unruhigem) Gewissen;

きすい schlechten (unruhigen) Gewissens／きずをつける beschädigen⁴; verderben⁴; ruinieren⁴; ramponieren⁴;《俗》verschandeln⁴／玉にきず der Fleck in der ³Perle; der einzige, bedauerliche Fehler／酒を飲むのが玉にきず Trinken ist sein einziger Fehler.／彼は家名にきずをつけた Er hat seiner ³Familie Unehre gemacht.／それでは彼にきずがつく Das geht gegen seine Ehre. ‖ 傷痕(〜) Wund(en)mal n. -s, -e; Narbe f. -n／打ち傷 Quetschung f. -en／掻き傷 Schramme f. -n; Kratzwunde f. -n; Kratzer m. -s, -; Ritze f. -n／切り傷 Schnittwunde f. -n; Hieb m. -[e]s, -e; Schmarre f. -n (特に顔の); Schmiss m. -es, -e (とくに決闘の); Hiebwunde f. -n／挫き傷 [Zer]quetschung f. -en／裂き傷 die klaffende Wunde／刺し傷 Stichwunde f. -n; Stich m. -[e]s, -e.

きすい 既遂の vollendet; vollbracht; vollführt／既遂の事実 die vollendete Tatsache, -n ‖ 既遂犯 das vollendete Verbrechen, -s, -.

きずいせん 黄水仙《植》Jonquille f. -n; Binsennarzisse f.

きすう 奇数 ungerade Zahl, -en／奇数の ungerad[e] ‖ 奇数日 der ungerade Tag, -[e]s, -e.

きすう 基数 Grund|zahl (Kardinal-) f. -en.

きすう 帰趨 Tendenz f. -en; Neigung f. -en; Schluss m. -es, ¨-e《結末》／帰趨を同じくする die gleiche Tendenz zeigen; zu gleichem Schluss gelangen⁶; auf das Gleiche (dasselbe; eins) hinaus|laufen* ⓢ.

きすうほう 記数法 Zahlensystem n. -s, -e.

ぎすぎす steif; starr; förmlich; gezwungen; unnatürlich.

きずく 築く (auf|)bauen⁴; bilden⁴; errichten⁴／ダムを築く einen Damm (einen Deich; eine Talsperre) auf|bauen⁴／土台を築く Grund legen／身代を築く ³sich ein Vermögen erwerben*／人山を築く Eine Menge neugieriger ²Menschen 《pl》sammelt ⁴sich.／The Neugierigen《pl》bilden eine Mauer《um⁴》.

きずぐすり 傷薬 Salbe f. -n; Balsam m. -s, -e; Pflaster n. -s, -《貼り薬》.

きずぐち 傷口 die (offene) Wunde, -n／傷口にふさをする Die Wunde schließt sich.／傷口を縫う Die Wunde zu|nähen.

きずつく 傷つく verwundet (verletzt; beschädigt) werden⁴; Schäden erleiden*／傷ついた心 das verwundete (verletzte) Herz, -ens, -en.

きずつける 傷つける verwunden⁴; verletzen⁴; beschädigen⁴; jm eine Wunde bei|bringen*; [比喩的に] verderben⁴; ruinieren⁴; jm Schaden tun⁴⁴; verletzen⁴; beschädigen⁴／名誉を傷つける js Ehre verletzen; jn an seiner ³Ehre kränken; js Ehre an|greifen*／感情を傷つける jn kränken; jn beleidigen; js Gefühl verletzen; jn empfindlich treffen* (verwunden)／家名を傷つけた seiner ³Familie Unehre machen; die Ehre der Familie verletzen (beeinträchtigen); seinen Familiennamen beflecken.

きずな 絆 Fessel f. -n; Band n. -[e]s, ¨-e／絆を断つ die Fesseln sprengen (ab|werfen*); die Bande zerreißen* (sprengen); die Beziehung zu jm lösen／恩愛の絆に縛られて in den Banden der Liebe [und Verpflichtung] gefesselt.

きずもの 傷物 beschädigte (fehlerhafte) Ware, -n; Ware zweiter ²Wahl (わざわきのある品物)／Brüchling m. -s, -e《陶器の》／傷物にする beschädigen⁴; verderben⁴; ruinieren⁴; lädieren⁴;《娘を》verführen⁴; entehren⁴; schänden⁴／彼女は傷物になった Sie hat ihre Unschuld verloren.

きずり 木摺 Latte f. -n／木摺をつける ⁴et be|latten.

きする 記する ⇨しるす.

きする 期する ❶ [期待する] erwarten⁴; entgegen|sehen**⁴;an|nehmen**⁴《仮定的に》; gewärtigen⁴《予期する》; ³sich eines Dinges gewärtigen《同上》; für sich erhalten*⁴《確実視する》; ³sich versprechen*⁴《von³同上》; überzeugt sein《von³同上》. ❷ [当てにする] rechnen《mit³》; zählen (bauen)《auf⁴》. ❸ [希望する] hoffen⁴; erhoffen⁴; erträumen⁴; erharren⁴; Hoffnungen hegen. ❹ [悪いことを予想する] fürchten⁴; befürchten⁴; 《nichts Gutes》ahnen⁴; vorher|sehen**⁴; kommen sehen**⁴; voraus|sehen**⁴; errechnen⁴. ❺ [決心する] ³sich entschließen*《zu³》; vorbereitet sein《auf⁴ 覚悟する》. ❻ 《志を》ins Auge fassen⁴; im Auge haben⁴. ❼ [定める] bestimmen⁴; fest|setzen⁴. ── 近き将来を期して in naher Zukunft; in nächster Zeit／再会を期して mit dem Versprechen, ⁴sich wiederzusehen／必勝を期して戦う vom Sieg überzeugt kämpfen／多くを期する a viel von ³et《jm》erwarten／それは期しがたい Das lässt ⁴sich kaum hoffen (erwarten).

きする 帰する ❶ [...になる] führen《zu³》; hinaus|laufen* ⓢ《auf⁴》; hinaus|kommen* ⓢ《auf⁴》; enden《in³》; ⁴sich ergeben*; ⁴et zur ³Folge haben／失敗に帰む mit einem Misserfolg endjigen; misslingen* ⓢ／期待された Erfolg bleibt aus; misslingen* ⓢ／水泡に帰じる zu ³Wasser (zunichte; vereitelt) werden／灰燼に帰する zu ³Asche werden; ³sich in ⁴Asche verwandeln; eingeäschert werden／結局〜に帰する schließlich; letztlich; am Ende；／両者の帰する所は同じだ Beides läuft auf dasselbe hinaus.／すべては徒労に帰した Die ganze Mühe war vergeblich (umsonst). ❷ [原因を...に] jm ⁴et zu|schreiben* (bei|messen⁴; zu|eignen); jm ⁴et zu|rechnen; [...に原因する] auf ⁴et zurück|führen*⁴; in ³et seinen Grund haben; durch ³et veranlasst sein; auf ⁴et beruhen;《罪を》jm die Schuld zu|schreiben⁴; auf jn die Schuld zu|schieben*／彼の失敗は不注意に帰すべきだ Sein Misserfolg ist auf Nachlässigkeit zurückzuführen. ❸ [ある人のものになる] jm ⁴et zu|fallen*; jm zuteil werden⁴; jm in die Hände fallen*; in js ⁴Besitz kommen*; jm anheim fallen*《以

ぎする 議する 国事を議する ⁴sich über die hohe Politik beraten*/問題を議する die Frage besprechen*; [über] ein Problem diskutieren.

ぎする 擬する ❶ [まねる] nach|ahmen³⁴ (-|äffen³⁴; -|bilden³⁴; -|machen³⁴); kopieren⁴; eine Kopie machen⁴ [扮する] vor|stellen⁴; dar|stellen⁴; verkörpern⁴. ❷ [仮想] als (für) ⁴et an|sehen*⁴; für ⁴et halten*⁴; in ³et erblicken⁴; meinen⁴; wähnen⁴ / A 氏は次の内閣の財務大臣に擬せられている Man erblickt in Herrn A den Finanzminister des nächsten Kabinetts.

きせい 規正 Aufbesserung f. -en; Wiederregulierung f. -en ‖ 消費規正 die Aufbesserung (Wiederregulierung) der Konsumtion (des Verbrauchs).

きせい 気勢 Schneid m. -[e]s (南独では f.); Bravour f.; Mumm m. -s; Mut m. -[e]s; Tapferkeit f. / 気勢をあげる in gehobener Stimmung sein/気勢があがらない in niedergedrückter Stimmung sein.

きせい 寄生 Parasitismus m. -; Parasitentum n. -s; Schmarotzertum n. -s (-wesen n. -s)/寄生の parasitär; parasitenhaft; parasitisch; schmarotzerhaft; Parasiten-; Schmarotzer-. 寄生する schmarotzen; ein parasitenhaftes Leben führen; auf ⁴Kosten anderer zehren. ‖ 寄生根 Schmarotzerwurzel f. -n; die parasitäre Wurzel, -n/寄生植物 Parasit f. -n; die parasitäre Pflanze/寄生虫 Parasit m. -en, -en; Schmarotzer m. -s, -/寄生動物 Parasit m.; Schmarotzertier n. -[e]s, -e; das parasitäre Tier, -[e]s, -e.

きせい 既成(製)の bestehend; existierend; fertig; herrschend; [schon] vollendet/既成の事実 die vollendete Tatsache, -n; Fait accompli n. --, -s -s/既成の通念 die herrschende Meinung, -en ‖ 既成作家 der Schriftsteller (-s, -) von fest begründetem Ruhm/既成政党 die bestehende politische Partei, -en/既成道徳 die bestehenden Sitten und Gebräuche (pl)/既製品 Fertigware f. -n; Konfektionsartikel m. -s, -/既製[品の]洋服 Fertigkleid n. -[e]s, -er. [Konfektionsanzug m. -[e]s, ..e].

きせい 帰省する heim|kehren (-[fahren*)-] / in die Heimat zurück|kehren ⓢ.

ぎせい 犠牲 [抽象的] Opfer n. -s, - ; [Auf-]opferung f. -en; [具象的] Opfertier n. -[e]s, -e; Schlachttier; Beute f. (餌食); Sündenbock m. -[e]s, ⁚e (身代り)/犠牲に供する [auf|]opfern⁴; hin|opfern⁴; zum Opfer bringen*; den Sündenbock machen /...の犠牲となる [auf|]geopfert (hin|geopfert) werden; ⁴sich [auf|]opfern (hin|opfern); zum Opfer fallen* (werden) ⓢ/どんな犠牲を払っても im Notfall unter allen Umständen; wie teuer es auch zu stehen komme/...を犠牲にして auf Kosten²; mit einem Aufwand (an³); mit einem Opfer (von³); unter Verlust (von³) ‖ 犠牲者 Opfer; Dulder m. -s, -; der Leidtragende*, -n, -n.

ぎせい 擬制 Fiktion f. -en; Annahme f. -n /法律の擬制 die juristische Fiktion/擬制資本 das fiktive Kapital, -s, -e (..lien).

きせいご 擬声語 Onomatopoetikon n. -s, ..ka; das schall|nachahmende (klang-) Wort, -[e]s, ⁚er.

きせいどうめい 期成同盟 der Bund -[e]s, ⁚e) zur Erreichung eines bestimmten Zweck; der zweckbestimmte Bund.

きせき 奇跡 Wunder n. -s, -; das Wunderbare*, -n /奇跡的に wie durch ein Wunder/奇跡を行う Wunder (pl) tun* (wirken) / 奇跡を信ずる an ⁴Wunder glauben/今日では もはや奇跡は起らない Es geschehen heute keine Wunder mehr.

きせき 軌跡 《数》 der geometrische Ort, -[e]s, -e /軌跡を求める einen geometrischen Ort ermitteln.

ぎせき 議席 Abgeordnetensitz m. -es, -e; Sitzungssaal m. -[e]s, ..säle (総称)/議席を持つ Sitz und Stimme haben (im Rat).

きせずして 期せずして unverhofft; zufällig; durch ⁴Zufall; unvermutet; ungeahnt; unversehens; unvorhergesehen; überraschend; aus heiterem Himmel; plötzlich; unerwartet; jäh; jählings/期せずして...す Es trifft sich, dass ....

きせつ 季節 Jahreszeit f. -en; [Haupt]zeit f.; [Haupt]geschäftszeit (-verkehrszeit); Saison f. -, -s /季節の盛り die Höhe der Jahreszeit; Hochsaison/桜(桃)の季節 Kirschblütenzeit (Pfirsich-) f./海水浴の季節 Badesaison f.; [See]badezeit f./この季節に in dieser Jahreszeit (Saison) ‖ 季節売出し Saisonausverkauf m. -[e]s, ⁚e/季節外れの 死期 (magere; stille) Zeit; Saureregurkenzeit (Saure-Gurken-Zeit)/季節外れに außerhalb der ²Saison; nicht der ³Jahreszeit gemäß; nicht saisonmäßig; zur Unzeit/トマトはいま季節外れです Jetzt sind Tomaten nicht in der Saison/季節風 Monsun m. -s, -e/季節物 Saisonartikel m. -s, -/季節労働者 Saisonarbeiter m. -s, -.

きせつ 既設の [schon] konstruiert (aufgebaut); errichtet; eingerichtet (無形の); bestehend (現存の).

きぜつ 気絶 Ohnmacht f. -en; Bewusstlosigkeit f. -en/気絶[にたいして] bewusstlos; ohnmächtig. —— 気絶する in Ohnmacht fallen* ⓢ; das Bewusstsein verlieren*; ohnmächtig (bewusstlos) werden; flau werden; Es wird einem* bunt vor den ³Augen. | ab|sacken; zusammen|klappen; 《俗》 ins Ohmfass fallen* ⓢ/気絶させる jn in Ohnmacht versetzen; ohnmächtig (bewusstlos) werden lassen*; betäuben (薬で、または頭を打って).

ぎぜつ 義絶する verleugnen⁴; verstoßen*⁴ (子女を); pflichtmäßig mit jm brechen*; die verwandtschaftlichen (freundschaftlichen) Beziehungen zu jm ab|brechen*.

キセノン Xenon n. -s.

きせる 煙管 die japanische [Tabaks]pfeife,

-n/煙管をくわえて eine Pfeife (mit einer Pfeife) im Mund[e] ‖ 煙管差し(筒) Pfeifenfutteral n. -s, -e.

きせる 着せる ❶ an|ziehen* ⟨*jn*⟩; (an)kleiden ⟨*jn*⟩; bekleiden ⟨*jn*⟩; bedecken⁴; mit ³Kleidung versehen* ⟨*jn*⟩. ❷ [罪を着せる] an|klagen (beschuldigen; bezichtigen) ⟨*jn* eines Verbrechens⟩; die Schuld auf|bürden (bei|messen*; zu|schreiben*) ⟨*jm*⟩; verantwortlich machen ⟨*jn für*⁴⟩; zeihen* ⟨*jn* eines Verbrechens⟩; zur Last legen* ⟨*jm*⟩/人に悪名を着せる eine Schmach an|tun* ⟨*jm*⟩; einen Schandfleck an|hängen* ⟨*jm*⟩.

きぜわしい 気忙しい rastlos; ruhelos; sehr geschäftig; unnötig geschäftig; aufgeregt; nervös; quecksilbrig; hektisch/気忙しい世の中 die raschlebige Welt/彼は気忙しい人だ Er hat nimmer Ruhe. Er ist eine auf die Nerven fallende Person. Er ist ein Zappler. Er ist ein Zappelphilipp. 《俗》Er hat kein Sitzfleisch./小鳥が気忙しく鳴く Die Vöglein singen aufgeregt (fieberhaft; nervös; ruhelos).

きせん 貴賤 hoch und niedrig; vornehm und gering/貴賤の別なく ohne ⁴Rücksicht auf ⁴Standesunterschied; ohne Ansehen der Person; seien es Vornehme, seien es Geringe.

きせん 汽船 Dampfschiff n. -[e]s, -e (-boot n. -[e]s, -e); Dampfer m. -s, -; Passagierdampfer m. -s, -《定期船》/汽船で in mit einem Dampfschiff (Dampfer)/汽船に乗る an ⁴Bord eines Dampfschiff[e]s (Dampfers) gehen* ⟨s⟩; ⁴sich an ⁴Bord eines Dampfschiff[e]s (Dampfers) begeben* ‖ 汽船会社 Dampfschiffgesellschaft f. -en/汽船日本丸 der Dampfer Nihonmaru; die Nihonmaru, ein Dampfschiff.

きせん 機先を制する zuvor|kommen* ⟨s⟩ ⟨*jm*⟩; einen Schritt eher tun* als ein anderer; verhindern⁴; vor|beugen³.

きせん 基線 [測量] Basis f. Basen; Standlinie f. -n.

きぜん 毅然として standhaft; fest, entschlossen; unerschrocken; entschieden 《決然として》/毅然たる態度 unerschrockene (standhafte; entschlossene) Haltung, -en.

ぎぜん 偽善 Heuchelei f. -en; Frömmelei f. -en; Gleisnerei f. -en; Scheinfrömmigkeit f. -en (-heiligkeit f. -en)/偽善的な heuchlerisch; frömmlerisch; gleisnerisch; scheinfromm (-heilig)/ Frömmigkeit heuchelnd ‖ 偽善者 Heuchler m. -s, -; Frömmler m. -s, -; Frömmling m. -s, -e; Gleisner m. -s, -; der Scheinfromme* (Scheinheilige*), -n, -n.

きそ 起訴 [An]klage f. -n; Verklagung f. -en; [告訴] Anzeige f. -n; Meldung f. -en/起訴猶予される Die Anklage gegen *jn* wird fallen gelassen. — 起訴する *jn* eines Verbrechens an|klagen (beschuldigen; zeihen*) *jn* gerichtlich (strafrechtlich) verfolgen (belangen); gegen *jn* gerichtlich vor|gehen* ⟨s⟩; gerichtliche Schritte gegen *jn* unternehmen*; [告訴する] an|zeigen; *jn* an die Polizei melden (an|zeigen); *jn* bei Gericht an|zeigen/彼は暴行の故をもって起訴される Er wird körperlicher ²Misshandlung beschuldigt. ‖ 起訴者 [An]kläger m. -s, -; Anzeiger m. -s, -; 《告訴人》/起訴状 Anklageschrift f. -en (-akte f. -n)/起訴項目 Anklagepunkt m. -[e]s, -e.

きそ 基礎 Grundlage f. -n; Basis f. Basen; Fundament n. -[e]s, -e; Grund m. -[e]s, =e/基礎的な fundamental; grundlegend; wesentlich/基礎のない grundlos; ohne Grundlage/基礎を置く den Grundstein (-[e]s, -e) legen; den Grund zu ³*et* legen; 基礎を固める seinen Grund (seine Grundlage) befestigen (sichern; bestärken); auf eine gesunde Basis stellen* ³/…の基礎として auf Grund (aufgrund) von³ …/…の基礎になっている einer ⁴Sache zu Grunde (zugrunde) liegen*; etwas als Grundlage ⟨*zu*³⟩; Grundlage bilden ⟨*für*⁴⟩/…の基礎をゆるがす ⁴*et* in seinen Grundfesten erschüttern/…を基礎としている ⁴sich gründen (fußen) ⟨*auf*⁴⟩; beruhen ⟨*auf*³⟩; seinen Grund in ³*et* haben/基礎がしっかりしている einen festen Grund haben; auf einem festen Grund stehen* ⟨liegen*⟩; beruhen; sein/それは国家の基礎を危くする Das erschüttert den Staat in seinen Grundfesten./何事も基礎からなければかからねばならない Eine gesunde Grundlegung ist das Notwendigste für alles. ⇨きほん ‖ 基礎学科 Elementarlehrfach n. -[e]s, =er/基礎学習 Anfangslehrgegenstand m. -[e]s, =e/基礎工事 Grund[bau] (Unter-) m. -es, -en/基礎控除 Grundabzug m. -es, =e/基礎地代 Grundumsatz m. -es, =e/基礎知識 fundamentale (grundlegende; elementare) Kenntnis, -nisse; Elementarkenntnis f. -nisse.

きそう 起草する entwerfen*⁴; ab|fassen ⟨文書⟩ ‖ 起草者 Entwerfer m. -s, -; Abfasser m. -s, -/法律起草委員会 der mit dem Entwurf des Gesetzes beauftragte Ausschuss, -es, -/起草法案 Gesetzausschuss, -es, -/起草法律 des Gesetzes.

きそう 奇想 ¶ 奇想天外より落つ Das ist eine originelle Idee. / Da hast du einen wunderlichen Einfall. / Gott hat mir einen wunderbaren Gedanken eingegeben.

きそう 競う mit *jm* wetteifern ⟨*in*³; *an*³⟩ 能力·性質·品質を競う; mit *jm* wetteifern ⟨*um*⁴ 獲得を競う⟩ (konkurrieren); *jm* ⁴Konkurrenz (f. -en) machen 《競争する》; mit *jm* konkurrieren (rivalisieren) 《同上》/勇を競う mit *jm* an ³Mut wetteifern/権力を競う um die Obergewalt streiten*/第一位を競う um den ersten Platz wetteifern/研〔美〕を競う miteinander an ³Schönheit wetteifern/技術者たちは互いに技を競った Die Techniker überboten sich in ihren Leistungen.

きぞう 寄贈 Schenkung f. -en; Beitrag m. -[e]s, =e; Gabe f. -n; Spende f. -n; Stif-

ぎそう tung f. -en; Bescherung f. -en; Geschenk n. -(e)s, -e; Widmung f. -en; Dedikation f. -en; Zueignung f. -en. —— 寄贈する schenken⁴; spendieren⁴; stiften⁴; widmen⁴; dedizieren⁴; zu ³et bei|tragen* (-|steuern). ‖ 寄贈者 Stifter m. -s, -; Schenker m. -s, -; der Beitragende (Beisteuernde*), -n, -n/寄贈本の寄付された Bücher (pl 図書館への); die eingesandten (zugestellten) Bücher (pl 雑誌社・新聞社への); Dedikations exemplar (Widmungs-) n. -s, -e/(個人への)寄贈品 Stiftung f. -en; Geschenk n. -(e)s, -e; Gabe f. -n.

ぎそう 艤装 Ausrüstung f. -en; Ausstattung f. -en; Betak(el)ung f. -en; Equipierung f. -en/艤装する in ein Schiff aus|rüsten (aus|statten; betakeln; equipieren).

ぎそう 擬装 Tarnung f. -en; das Tarnen*, -s; Camouflage f. -n.

ぎぞう 偽造 (Ver)fälschung f. -en; das (Ver)fälschen*, -s; Nachmachung f. -en; das Nachmachen*, -s; Unterschiebung f. -en/偽造の falsch; gefälscht; verfälscht; nachgemacht; unecht; untergeschoben. —— 偽造する (ver)fälschen⁴; nach|machen⁴; unter|schieben*⁴. ‖ 偽造罪 Fälschung f. -en/偽造紙幣 ein falscher Schein, -(e)s, -e/偽造者 (Ver)fälscher m. -s, -; Nachmacher m. -s, -/文書偽造 Urkundenfälschung f. -en; die Nachahmung echter Dokumente.

きそうきょく 綺想曲【楽】Kapriccio n. -s, -s.

きそく 規則 Regel f. -n; Norm f. -en; [規定] Vorschrift f. -en; Bestimmung f. -en; [規約・定款] Satzung f. -en; Statut n. -(e)s, -en/規則を守る eine Regel (die Vorschrift) befolgen (beobachten); nach (der Regel) handeln/規則を立てる eine Regel auf|stellen/規則を破る gegen die Vorschriften verstoßen*; der ³Bestimmung (der Vorschrift) zuwider handeln/規則に従う(よる) ³sich nach den ³Vorschriften (Bestimmungen) richten/規則を適用する die Vorschriften an|wenden⁴*¹/規則を無視する die Vorschriften ignorieren; die Vorschriften (Statuten) unbeachtet lassen*/規則を改正する die Bestimmungen (Vorschriften) ändern (erneuern); die Vorschriften (Statuten) ab|ändern⁴ (-|ändern⁴)/…を規則にする ³sich ⁴et zur Regel machen. —— 規則的な regelmäßig; vorschriftsmäßig; ordentlich.
—— 規則的に der ³Regel nach; regelmäßig; vorschriftsmäßig; pünktlich (几帳面に).
—— 規則に反する regel|widrig (vorschrifts-). ‖ 規則違反 Regel widrigkeit (Vorschrifts-) f. -en; Verstoß (m. -es, ²e) gegen die Regeln (Vorschriften)/規則動詞 Vorschrift f. -en; die Statuten (pl 大学の); Prospekt m. -es, -e 〈趣意書〉/規則動詞【文法】 das regelmäßige Zeitwort, -es, ²er (Verbum n. -s, ..ba).

きそく 気息奄々たる auf den letzten ¹Loch pfeifen*; in den letzten Zügen (pl) liegen*; nach ¹Luft schnappen; im Sterben liegen*.

きそく 驥足を伸ばす seine Fähigkeiten entfalten.

きぞく 貴族 ❶ [地位または総称] Adel m. -s; Aristokratie f.; Adelsstand m. -(e)s, ²e. ❷ [人] der Adl(e)ige*, -n, -n; Aristokrat m. -en, -en/貴族の ad(e)lig; vornehm/貴族的 aristokratisch; nobel; ritterlich; rassig; feudal/貴族と平民 hoch und niedrig; vornehm und gering; Vornehme* (pl) und Geringe* (pl)/貴族の生まれである von Adel sein; ad(e)lig sein; von vornehmer ³Geburt sein; von adliger ³Herkunft sein /貴族ぶる vornehm (adlig) tun⁴; den Vornehmen* (Adligen*) spielen/貴族に列せられる in den Adelsstand erhoben werden.
‖ 貴族社会 Aristokratie f.; Adel m.; Adelsstand m. -(e)s, ²e; die vornehme Welt, -en/貴族政治 Aristokratie f.; Adelsherrschaft f.

きぞく 帰属 das Heimfallen* (Anheimfallen*; Zurückfallen*); Heimfall m. -(e)s; [所属] Angehörigkeit f./帰属すべき heimfällig/…に帰属する jm (an jn) heim|fallen* ⓢ; an jn zurück|fallen* ⓢ; [所属する] jm an|gehören.

ぎそく 義足 das künstliche Bein, -(e)s, -e; Stelz|bein (Holz-); Prothese f. -n 〈義肢〉.

きぞめ 生染めの ³Wolle gefärbt/生染めする in der Wolle färben⁴.

きそん 毀損 ❶ [名誉など] Verletzung f. -en; Entwürdigung f. -en; Verlästerung f. -en; Kränkung f. -en; Demütigung f. -en; Erniedrigung f. -en; Beleidigung f. -en. ❷ [物品など] Beschädigung f. -en; Verstümmelung f. -en; Schädigung f. -en; Entstellung f. -en. —— 毀損する ❶ [名誉などを] verletzen⁴; besudeln⁴; entwürdigen⁴; beleidigen⁴; kränken⁴; erniedrigen⁴/ある人の名誉を毀損する js ⁴Ehre verletzen; jn an seiner ⁴Ehre kränken; jm an die Ehre greifen*; jm bei der Ehre an|greifen*. ❷ [物品などを] beschädigen⁴; schaden³; verderben⁴*; verstümmeln⁴; entstellen⁴.
‖ 物品毀損 Sachbeschädigung f. -en/名誉毀損 Ehr(en)verletzung f. -en; Ehrenbeleidigung f. -en; Kränkung f. -en; Demütigung f. -en.

きた 北 Norden m. -s; Nord m. -(e)s/北の nördlich; Nord-/北方の nordisch; im Norden/北へ nach Norden; nordwärts/北の方 die nördliche Richtung/北方に位する nach Norden gelegene Haus, -es, ²er/北から南へ von Nord nach Süd/その町は京都の北にある Die Stadt liegt nördlich (im Norden) von Kyoto. ‖ 北風 Nordwind m. -(e)s, -e/北側 die nördliche Seite, -n; Winterseite f.

ギター Gitarre f. -n; Zupfgeige f. -n/ギターを弾く die Gitarre spielen ‖ ギター弾き Gitarrenspieler m. -s, -.

きたい 気体 Gas n. -es, -e/気体の gas|förmig (-artig); gasig ‖ 気体測定 Aerometrie f./気体力学 Aerodynamik f.; Aeromechanik *f.*

きたい 期待 Erwartung *f.* -en; das Erwarten*, -s; [希望] Hoffnung *f.* -en; Traum *m.* -[e]s, ⸚e; [見込] Aussicht *f.* -en; 《確かな》 Zuversicht *f.* 《同上》; Vertrauen *n.* -s; [漠然とした] Ahnung *f.* -en; Vorgefühl *n.* -[e]s, -e; [不安な] Spannung *f.* -en; [不当な] Zumutung *f.* -en; das Ansinnen*, -s/期待どおり wie erwartet/期待に反して wider ^{4}Erwarten; gegen (wider) alle ^{4}Erwartungen/期待以上に über alles ^{4}Erwarten; über alle ^{4}Erwartungen/期待に添う eine Erwartung erfüllen/期待を裏切られる ^{4}sich in seiner ^{3}Erwartung (Hoffnung) enttäuscht sehen*/...を期待して in der ^{3}Hoffnung 《*auf*^{4}》/それはまず期待できない Das lässt sich kaum erwarten (hoffen). /彼からは余り期待できない Man kann von ihm nicht viel erwarten (hoffen)./彼は私の期待にそむいた Ich habe eine Enttäuschung an ihm erlebt. ¦ Er vereitelte meine Hoffnung, die ich auf ihn gesetzt hatte. ── 期待する erwarten^4; [希望する] hoffen 《*auf*^{4}》; [当てにする] 〖*auf*^{4} とともに〗 rechnen; zählen; bauen; ^{4}sich verlassen*. ⇨ **きする**(期する).

きたい 機体 [飛行機の] Rumpf 《*m.* -es, ⸚e》 [eines Flugzeugs].

きだい 希代の außer¦gewöhnlich (-ordentlich); ausbündig; ausnehmend; beispiellos; bemerkenswert; einzigartig; einzig in seiner Art; hervorragend; ohnegleichen; ohne ^{4}Vorgang; selten; ungewöhnlich; unerhört/彼は希代の大学者だそうだ Er soll ein wahrer Ausbund von Gelehrsamkeit sein./彼女は希代の美人である Sie ist eine Frau von ausnehmender Schönheit.

ぎだい 議題 das Thema 《-s, ..men (-ta)》 der Besprechung; der zu besprechende Gegenstand, -[e]s, ⸚e; Tagesordnung *f.* 《全体》.

きたえる 鍛える ❶ [刀剣を] tempern^4; härten^4; schmieden^4 《鉄を》/鉄を鍛える Eisen 《*n.* -s》 schmieden. ❷ [身心を] tränieren^4; stählen^4; üben^4; ^{4}sich aus|arbeiten/体を鍛える den Körper stählen 《*gegen*^{4}》/胆力を鍛える seinen Mut stählen; ^{4}sich zur Geistesgegenwärtigkeit erziehen*/皮膚を寒さに対して鍛える die Haut gegen die Kälte ab|härten. ❸ [軍隊などを] drillen^4; dressieren*^{4}; exerzieren^4; ein|exerzieren^4; [新兵を] bimsen^4; ab|richten^4; [教えこむ] ein|üben^4; gründlich aus|üben^4 (aus|bilden^4). ❹ [技術を] vervollkommnen^4; ein|studieren^4; schleifen*^{4}; *jn* in ^{3}*et* (*jm* ^{4}*et*) ein|pauken/...の腕を鍛える ^{4}sich schulen 《*in*^{3}》; ^{4}sich üben 《*in*^{3}》; ^{4}sich tränieren.

きたく 帰宅 Heimkehr *f.*; das Heimkommen*, -s; Rückkunft *f.* ⸚e/帰宅する nach ^{3}Hause kommen* [s]; heim|kehren (-|kommen*) [s]; zurück|kommen* [s]; nach ^{3}Hause gehen* [s] 《帰って行く》; heim|gehen* [s]; zu ^{3}Hause an|kommen* [s] 《帰り着く》; [^{4}sich] zurück|finden* (heim|-)/帰宅の途中で auf dem Heimweg; auf dem Rückweg nach Hause/帰宅の途につく den Heimweg an|treten*; ^{4}sich auf den Heimweg begeben*.

きたく 寄託 Deposition *f.* -en; Verwahrung *f.* -en; Deponierung *f.* -en; Hinterlegung *f.* -en; Depot *n.* -s, -s/寄託を受ける in ^{4}Verwahrung nehmen*^{4}. ── 寄託する deponieren^4 《*bei*^{3}》; *jm* in Verwahrung geben*^{4}; hinterlegen^4 《bei *jm*》; *jm* an|vertrauen^4; in *js* ^{4}Obhut geben*^{4}/貴重品を寄託する ^{4}Wertsachen 《*pl*》 in ^{4}Verwahrung geben* (verwahren lassen*). ‖ 寄託者 Deponent *m.* -en, -en; Depositeur *m.* -s, -e; Hinterleger *m.* -s, -; der Hinterlegende*, -n, -n/寄託金 Depositengelder 《*pl*》; Depositen 《*pl*》; Depositum *n.* -s/寄託証書 Depositenschein *m.* -[e]s, -e; Depotschein *m.* -[e]s, -e/寄託物 Depositum *n.* -s, ..siten (..sita); Depot *n.* -s, -s; das Hinterlegte*, -n.

きたす 来たす hervor|rufen*^{4}; verursachen^4; bewirken^4; herbei|führen^4; herauf|beschwören*^{4}; veranlassen^4; nach ^{3}sich ziehen*^{4}; mit ^{3}sich bringen*^{4}; zur Folge haben^4; hinaus|laufen*^{4} [s] 《*auf*^{4}》; führen^4 《*zu*^{3}》/それが呼吸困難を来たした Das verursachte die Atemnot. ¦ Es rief die Atemnot hervor. ¦ Das hatte die Atemnot zur Folge.

きたたいせいよう 北大西洋 das Nordatlantische Meer, -[e]s; Nordatlantik *m.* -s ‖ 北大西洋条約 Nordatlantikpakt *m.* -es/北大西洋条約機構 Organisation 《*f.*》 des Nordatlantikpaktes.

きたて 来たての soeben angekommen; eben eingetroffen/田舎から来たてのお手伝いさん das Dienstmädchen 《-s, -》 frisch vom Land[e].

きだて 気立て Natur *f.* -en; Gemüt *n.* -[e]s, -er; Temperament *n.* -[e]s, -e; Wesen *n.* -s, -/気立てのよい gut¦artig (-herzig; -mütig)/気立の悪い bösartig; boshaft; hämisch/気立てがよい(やさしい) ein gutes (liebevolles) Gemüt haben.

きたない 汚ない ❶ [不潔な] schmutzig; unsauber; unrein; dreckig; beschmutzt/汚ない頭髪 struppiges Haar, -es, -e; unordentliches (liederliches; ungepflegtes) Haar. ❷ [卑猥な] unanständig; gemein; unflätig; obszön; zotig/汚ない話 unanständiges (gemeines; ordinäres) Gespräch, -es, -e/汚ないことを言うな Sprich nicht von solchen ekelhaften Dingen! ❸ [卑劣な] gemein; niedrig; verächtlich; ekelhaft; hässlich; feige 《卑怯な》; falsch 《不正直な》; schändlich 《恥ずべき》/心の汚ない人 eine Person 《-en》 mit niedriger (gemeiner) Gesinnung, -en/汚ない勝負をする unehrlich (falsch; unrichtig) spielen/汚ない勝ち方をする unehrlich gewinnen*; auf betrügliche (unehrliche) Weise gewinnen*. ❹ [金銭に] geizig; filzig; knaus[e]rig; knick[e]rig.

きたる 来る ❶ [次の] kommend; nächst / 来る月曜日に am nächsten Montag. ❷ [...から起こる] her|leiten《*von*^{3}》; beruhen《*auf*^{3}》; seinen Grund haben《*in*^{3}》; zurückzuführen sein《*auf*^{4}》; veranlasst sein《*durch*^{4}》/ 来るべき voraussichtlich《予測できる》; zu erwartend《期待できる》; zu hoffend《望まれる》. ⇨くる(来る).

きたん 忌憚なき offen〔herzig〕; aufrichtig; ehrlich; unverblümt; rückhaltlos / 忌憚なく ohne ^{4}Rückhalt; geradeheraus; unverblümt; aufrichtig; offen〔herzig〕/ 忌憚なく言えば offen gesagt; um offen zu sein; ehrlich gesprochen; um es offen zu sagen; ohne ein Blatt vor den Mund zu nehmen / 忌憚のない意見を聞かせて下さい Sagen Sie mir Ihre ehrliche (aufrichtige) Meinung!

きだん 奇談 die merkwürdige (seltsame) Geschichte, -n; Abenteuer *n*. -s, -.

きち 機知 Witz *m*. -es, -e; Findigkeit *f*.; Schlagfertigkeit *f*. / 機知に富む witzig (schlagfertig) sein; viel Mutterwitz haben; voll von sprühendem Witz sein《機知縦横》/ 機知に富んだ人 der witzige (findige) Kopf, -〔e〕s, ¨e.

きち 危地 Gefahr *f*. -en; die kritische (bedrohende; gefährliche) Lage, -n; Krise *f*. -n; der Rachen《-s, -》des Todes《死地》/ 危地に陥る in Gefahr kommen* [s] / 危地に赴く ^{4}sich in Gefahr begeben* / 危地を脱する〔mit knapper Not〕der Gefahr entgehen* (entkommen*; entrinnen*) [s].

きち 吉 der gute Stern, -〔e〕s, -e; Glück *n*. -〔e〕s / 吉の glücklich; Glück verkündend (bringend; verheißend).

きち 基地 Stützpunkt *m*. -〔e〕s, -e ‖ 原爆基地 Atombasis *f*. ..basen / 航空基地 Luft¦stützpunkt (-basis *f*. ..basen) / 作戦基地 Operationbasis.

きち 既知の bekannt; gegeben / 既知の事実 die bekannte Tatsache, -n ‖ 既知数 die bekannte (gegebene) Größe, -n.

きちじ 吉事 das frohe (fröhliche; glückliche) Ereignis, ..nisses, ..nisse; Fest *n*. -〔e〕s, -e; Festlichkeit *f*. -en.

きちにち 吉日 der glückliche (Glück bringende) Tag, -〔e〕s, -e.

きちゃく 帰着する ❶ zurück|kommen* (heim|-; wieder|-) [s]《*nach*^{3}》; nach Hause kommen* [s]. ❷ [帰結する] zu dem Schluss kommen*, dass ...; ^{4}sich aus ^{3}*et* ergeben*, dass ...; ^{3}*et* zuzuschreiben sein; auf ^{4}*et* zurückzuführen sein; auf ^{4}*et* hinaus|laufen* [s].

きちゅう 忌中〔である〕in Trauer〔sein〕.

きちょう 几帳 Wandschirm *m*. -〔e〕s, -e.

きちょう 基調 Grund¦ton *m*. -〔e〕s, ¨e (-lage *f*. -n) / ...を基調とする ^{4}*et* zum Grundton (zum Grundsatz) von ^{3}*et* machen; auf ^{4}*et* stützen ‖ 基調演説 die grundlegende Rede, -n / 経済基調 die wirtschaftliche Grundlage.

きちょう 帰朝 Rückkehr《*f*.》vom Ausland; Heimkehr *f*. / 帰朝の途につく nach der Heimat ab|reisen [s]; die Rückreise nach Japan an|treten* / 帰朝を命ぜられる von seinem Posten im Ausland (vom Ausland) abgerufen werden. ― 帰朝する vom Ausland zurück|kehren (-|kommen*) [s]; heim|kommen* [s]. ‖ 帰朝者 der Zurückgekehrte*《-n, -n》vom Ausland.

きちょう 貴重な kostbar; wertvoll; hochwertig; edel; unschätzbar; unersetzlich《かけがえのない》/ それは金で買えない貴重なものだ Das ist nicht mit Gold aufzuwiegen. ¦ Das kann man käuflich nicht ersetzen. ‖ 貴重品 Wertgegenstand *m*. -〔e〕s, ¨e; Kostbarkeit *f*. -en / 貴重品室 Tresor *m*. -s, -e; Stahlkammer *f*. -n.

きちょう 記帳する ein|tragen*^{4}《*in*$^{4(3)}$; *auf*^{3}》; buchen^{4}《*in*^{3}; *auf*^{4}》❖ in と auf の格支配に注意.

きちょう 機長 Flugkapitän *m*. -s, -e; Pilot *m*. -en, -en; der erste Flugzeugführer, -s, - ‖ 副機長 Ko-Pilot.

ぎちょう 議長 der Vorsitzende*, -n, -n; Präsident *m*. -en, -en; Sprecher *m*. -s, -《英・米議会の》/ 議長となる den Vorsitz haben (führen); das Präsidium übernehmen* (führen); präsidieren^{3} / 議長! Herr Vorsitzender (Präsident)!

きちょうめん 几帳面な korrekt; genau; ordentlich; sorgsam《行き届いた》; sorgfältig《慎重》; pünktlich《時間に正確な》; penibel; peinlich genau《過度に几帳面な》; gewissenhaft《良心的》; pedantisch《重箱の隅をつつく様な》/ 几帳面な人 der korrekte Mensch, -en, -en; der sehr ordentliche Mensch / あの男は几帳面すぎてやりきれない Er ist ungemein penibel. Da kann ich einfach nicht mit.

きちれい 吉例 der alte Brauch, -〔e〕s, ¨e; die ehrwürdige Überlieferung, -en (Tradition, -en; Gewohnheit, -en) / 吉例により nach altem Brauch; der ehrwürdige Tradition gemäß.

きちんと [正確] genau; akkurat; exakt; korrekt; [時間] pünktlich; fristgemäß; [遅滞なく] unverzüglich; unverweilt; ohne ^{4}Verzug; wie verabredet《約束どおり》; regelmäßig《規則正しく》; [服装など] ordentlich; sorgfältig; tadellos; sauber; adrett; anständig / きちんと支払う pünktlich zahlen; die Zahlungsfrist ein|halten* / きちんとしている《秩序整然》in bester (schönster) Ordnung sein / 会計がきちんと合う Die Kasse stimmt aufs Haar. / 彼女はきちんとした服装をしていた Sie war ganz sauber (tadellos) angezogen. / きちんとした字体(仕事) die saubere Schrift (Arbeit), -en.

きちんやど 木賃宿 die einfache Herberge, -n; Schlafstätte *f*. -n; 〖俗〗Penne *f*. -n.

きつい ❶ [性格] stark; tapfer; mutig; mannhaft; charaktervoll / きつい女性 eine charaktervolle (standhafte; feste) Frau, -en《しっかりした女性》; eine rechthaberische Frau, -en《負けず嫌いの女性》. ❷ [目付] grimmig; scharf; streng; schrecklich; fürchterlich; wütend / きつい目 der grim-

きつえん 277 **ぎっしり**

mige (strenge; fürchterliche) Blick, -(e)s, -e. ❸ [はげしい] stark; feurig; heftig; streng; schwer/きつい寒さ die strenge (heftige) Kälte/きつい酒 der starke (schwere; feurige) Wein, -s, -e, -e/きつい仕事 die schwere Arbeit, -en/きつい煙草 der starke (schwere) Tabak, -s, -e/きつい非難 der schwere Vorwurf, -(e)s, -̈e (Tadel, -s, -). ❹ [窮屈な] eng; knapp; schmal/きつい靴 die engen Schuhe 〈pl〉/この靴はきつい Dieser Schuh drückt mich./このカラーは私にはつきすぎる Dieser Kragen ist mir zu eng./栓がきつすぎる Der Pfropfen sitzt zu fest.

きつえん 喫煙 das (Tabak)rauchen*, -s/喫煙する (Tabak) rauchen ‖ 喫煙禁止 (Hier ist) Rauchen verboten. (掲示)/喫煙室 Rauchzimmer n. -s, -/喫煙車 Raucherabteil n. -s, -e; Raucher (掲示)/喫煙者 Raucher m. -s, -.

きつおん 吃音 das Stottern* (Stammeln*), -s; Stotterei f. -en/吃音を矯正する jn vom Stottern heilen.

きつかい 気遣い Furcht f.; Angst f.; [心配] Unruhe f. -n; Sorge f. -n; Besorgnis f. ..nisse/そんな気遣いは必要ない Das ist nicht zu befürchten.

きづかう 気遣う ⁴sich ängstigen (um⁴); ⁴sich fürchten (vor³); bange sein (vor³); ³sich Sorge machen; ⁴sich sorgen (um⁴); besorgt sein (für⁴; um⁴)/...を気遣って aus ³Furcht (vor³)/彼女は子供の健康を気遣っている Sie ist um die Gesundheit ihres Kindes besorgt./何も気遣うことはありません Sie brauchen sich darüber keine Sorge zu machen./気遣いながら一夜を明かした Wir haben eine unruhige Nacht verbracht./Wir konnten vor Angst die ganze Nacht kein Auge schließen. 《まんじりともしなかった》.

きっかけ Gelegenheit f. -en; Anlass m. -es, -̈e; der günstige (richtige) Augenblick, -(e)s, -e; die Gunst des Augenblicks; die passende Zeit; Ansatz m. -es, -̈e 《発端》/これをきっかけに成功した Da trat ich mit meinen Erfolgsweg (meine erfolgreiche Laufbahn; meine Karriere) an.

きっかり genau; exakt; pünktlich/三時きっかりです Es ist genau drei Uhr./Punkt (Schlag) drei (Uhr)./Glockenschlag drei./勘定はきっかり合っている Die Rechnung stimmt haargenau; Er stimmt, weder ein Pfennig mehr noch weniger. ⇨きっちり①.

きづかれ 気疲れ geistige Ermüdung (Müdigkeit)/気疲れがする geistig ermüdet (ermattet) werden.

きづかわしい 気遣わしい ❶ bedenklich; fraglich; zweifelhaft. ❷ [危険な] gefährlich; heikel; misslich; brenzlich; brenzlig. ❸ [不安な] ängstlich; bange; unruhig/気遣わしげに ängstlich; bange; mit ängstlichem Blicken/その気遣わしげなご様子/mit besorgtem Aussehen/私は息子の将来が気遣わしい Ich mache mir Sorge über die Zukunft meines Sohnes./Ich bin wegen der ²Zukunft meines Sohnes besorgt (in Sorge). ❹ [不確かな] unsicher; ungewiss; prekär; mulmig.

きっきょう 吉凶 Glück und Unglück, des- und -s; Wohl und Wehe, des- und -s; Schicksal n. -s, -e/吉凶を占う wahrsagen (wahrsagen) 〈jm〉; prophezeien 〈jm〉.

キック キックする einen Ball stoßen* ‖ キックオフ Anstoß m. -es, -̈e/ゴールキック Abstoß m. -es, -̈e/フリーキック Freistoß m. -es, -̈e/ペナルティーキック Strafstoß m. -es, -̈e.

きづく 気付く [be]merken⁴; wahrnehmen*⁴; gewahren⁴⁽²⁾; gewahr⁴⁽²⁾ werden; achten 〈auf⁴〉; Notiz nehmen* 〈von³〉; an|merken⁴/気が付く [思いつく] auf einen Gedanken kommen* 〈s〉; ein|fallen*〈s〉; [感づく] wittern⁽⁴⁾; Wind bekommen* 〈von³〉; spüren; innewerden²; heraus|finden*⁴; erkennen*⁴; fühlen⁴ ⇨気(き)付く/気付かれる bemerkt (entdeckt) werden/人に気付かれずに unbemerkt; unvermerkt; heimlich; verborgen; versteckt; unerkannt; unter der Hand/ふと気付くと私は病院に寝ていた Als ich zu mir kam, lag ich in dem Bett eines Krankenhauses.

キックボクシング Kickboxen n. -s.

ぎっくりごし ぎっくり腰 der (plötzliche) Hexenschuss, -es, -e.

きつけ 気付け [薬] Wiederbelebungs|mittel (Stärkungs-) n. -s, -/気つけ薬 Riechfläschchen n. -s, -.

きつけ ⁴sich das Ankleiden*, -s/着付けが上手だ ⁴sich gut (geschickt; schick) [an]|kleiden/着付けは W 夫人[による] gekleidet von ³Frau W.

きづけ 気付 [名宛の] bei³; per Adresse/山田様気つけ bei Herrn Yamada; per Adresse Herrn Yamada. ⇨かた(方)④.

きっこう 拮抗 Wett|bewerb m. -(e)s (-eifer m. -s; -kampf m. -(e)s, -̈e; -streit m. -(e)s, -e); Konkurrenz f. -en; Nebenbuhlerschaft f. -en; Rivalität f. -en/拮抗する kämpfen 〈mit jm um⁴〉; Nebenbuhler sein; rivalisieren/拮抗して相譲らず Sie messen sich mit erbitterter Feindschaft.

きっさき 切先 Schwertspitze f. -n; Spitze 〈f. -n〉 eines Schwertes 〈n. -es, -er〉/切先鋭く切りこむ mit dem Schwert scharf drein|schlagen* (hauen); einen starken Schlag mit dem Schwert geben*; auf jn mit dem Schwert stürmisch vorgehen*.

きっさてん 喫茶店 Kaffeehaus n. -es, -̈er; Café n. -s, -s; Teestube f. -n; Konditorei f. -en 《菓子屋兼業の》; Espresso n. -s, -s 《スタンド》.

ぎっしり dicht; gedrängt (gestopft) voll; geschlossen; vollgestopft; vollgepfropft; in ³Hülle und ³Fülle; im Überfluss/ぎっしり詰め込む bis zum Rand[e] voll|stopfen⁴ 〈aus|stopfen⁴; aus|füllen⁴〉; voll|pfropfen/ぎっしり詰め込まれている dicht gedrängt wie die Heringe stehen*; wie Ölsardinen eingepfercht sein; wie Schafe zusammengepfercht sein.

きっすい 生粋の echt; rein; lauter／生粋の江戸っ子 der echte Tokio(t)er, -s, -; Vollbluttokio(t)er m. -s, -; die echte Tokio(t)er Pflanze, -n／ドイツ生粋の echtdeutsch (kern-).

きっすい 喫水 Tiefgang m. -(e)s, ¨e／喫水の浅い(深い)船 Schiff n. -(e)s, -e) mit geringem (großem) Tiefgang／喫水は三メートルある einen Tiefgang von 3 Meter haben ‖ 喫水線 Wasser|linie (Bord-) f.

きっそう 吉相 das gute〔Glück verheißende〕Omen, -s, Omina; Glück verheißende Physiognomie, -n (面相).

きづた 木蔦〔植〕Efeu m. -s.

きづち 木槌 Schlegel m. -s, -; hölzerner Hammer, -s, -; Klöppel m. -s, -.

キッチュ Kitsch m. -(e)s／キッチュな kitschig.

きっちょう 吉兆 das gute (glückliche; günstige) Vorzeichen, -s, -; das gute Omen, -s, Omina; die gute Vorbedeutung, -en／吉兆を示す eine gute Vorbedeutung sein (für⁴).

きっちり ❶［時間が］pünktlich; genau; präzis(e)／きっちり三時間 gerade drei Stunden／きっちり二時に genau (pünktlich) um zwei Uhr／一分遅わずきっちり時間に auf die Minute pünktlich. ❷［服装が］genau passend (ちょうど似合う); jm wie angegossen sitzen* (大きさがぴったりの);［整っている］ordentlich; sorgfältig; proper; adrett; korrekt. ❸［ふたなどが］fest; genau／きっちりとふたに genau passender Deckel, -s, -／きっちりふたをする fest zu|decken⁴; fest mit einem Deckel verschließen*⁴／数(金額)がきっちり合う Die Zahl (Der Betrag) stimmt genau. ❹［厳密に］scharf; streng; genau／genauから区別する streng unterscheiden*⁴; eine scharfe Grenze ziehen* (zwischen³).

キッチン Küche f. -n.

きつつき 〔鳥〕Specht m. -(e)s, -e.

きって 切手 Brief|marke f. -n／ Marke f. -n／八十円切手 Briefmarke von 80 Yen; die 80 Yen-Marke, -n／切手を貼る eine Marke auf|kleben; frankieren⁴; frei|machen⁴; mit einer Briefmarke versehen* ‖ 切手研究 Briefmarkenkunde f. ／切手収集 Briefmarkensammlung f. -en;／切手収集家 Briefmarkensammler m. -s, -; Philatelist m. -en, -en／切手帳 Briefmarken|album n. -s, ..ben (-heft n. -(e)s, -e)／切手道楽 Briefmarkenliebhaberei f. -en; Philatelie f.／記念切手 Sonder[brief]marke f. -n.

〜きって 関西きっての富豪 der reichste Mann in Kansai／省内きっての敏腕家 der tüchtigste Mann im ganzen Ministerium.

きっと sicher; gewiss; bestimmt; unfehlbar;［疑もなく］zweifel; zweifellos;［ぜひ］auf jeden Fall; auf alle Fälle; unbedingt; notwendig／きっとそうですか―きっとそうです Sind Sie sicher? ― Es ist ganz bestimmt so.／きっと忘れるな Vergiss es auf keinen Fall!／きっと受け合います Ich stehe dafür ein. Ich verspreche es Ihnen. Ich gebe Ihnen die bestimmte Versicherung.／きっと来い Kommen Sie auf jeden Fall! Vergisst nicht zu kommen!

きっと ernst werden;［顔つき］eine ernste Miene (Haltung) an|nehmen*／きっと見る scharf hin|sehen* (auf⁴)／きっと形を改める eine entschiedene Haltung an|nehmen*／きっとにらみつける einen scharfen (strengen) Blick werfen* (auf⁴).

キッド Chevreau n. -s, -s; Glacé n. -, -; Chevreau|leder (Glacé-) n. -s, -／キッドの手袋 Glacéhandschuh m. -(e)s, -e.

きつね 狐 Fuchs m. -es, ¨e; Füchsin f. -sinnen (雌狐)／狐の穴 Fuchsbau m. -(e)s, -e／狐の皮 Fuchsbalg m. -(e)s, ¨e／狐にばかされる vom Fuchs bezaubert (betrogen) werden／狐が鳴く Vom Fuchse bessesen werden／狐が鳴く Ein Fuchs bellt.／狐につままれたような気がする Mir ist, als ob ich den Verstand verloren hätte. Ich bin sprachlos vor Verwunderung. Ich bin verblüfft. ‖ 狐色 Fuchs|rot n. -(e)s (-braun n. -s); Braun n. -s／狐色の fuchsrot; braun／狐狩り Fuchsjagd f. -en／きつき狩 (vom Fuchs) Besessene*, -n, -n／狐火 Irrlicht n. -(e)s, -er; Irrwisch m. -(e)s, -e.

きっぱり(と) ❶［明白］klar; deutlich; eindeutig; klipp und klar; unmissverständlich. ❷［断然］entschieden; ausdrücklich; bestimmt; definitiv; ein für allemal; energisch; entschlossen; freimütig; frei und offen heraus; schlechtweg／きっぱり断る glatt (rundweg) ab|schlagen*⁴／きっぱり断る (verweigern⁴; ab|lehnen) (jm).

きっぷ 切符〔Fahr〕karte f. -n; Fahr|schein (Gepäck-; Liefer-) m. -(e)s, -e; Schein m. -(e)s, -e; Billet[t] n. -(e)s, -s (-e); Eintritts|karte (Einlass-) f. -n／切符をあらためる die〔Fahr〕karten kontrollieren (nach|prüfen)／切符を買う eine〔Fahr〕karte lösen (nehmen*)／切符を切る eine〔Fahr〕karte lochen (knipsen) ‖ 切符売口 Schaltertafel f. -n／切符売場 Fahrkarten|schalter m. -s, - (-ausgabe f. -n) (乗車券などの); Theaterkasse f. -n (劇場の)／切符切り Loch|zange (Knips-) f. -n (はさみ); (Bahnsteig)schaffner m. -s, - (人)／切符制度〔Fahr〕kartensystem n. -s, -e／切符発売係 der Fahrkartenschalterbeamte* m. -n, -n／切符売 Fahrkartenverkäufer m. -s, -／切符ブローカー Fahrkarten|zwischenhändler (Fahrschein-) m. -s, - (od. -vermittler m. -s, -)／往復切符 Rückfahrkarte f. -n; Retourbillett n. -(e)s, -e (-s)／片道切符 die〔Fahr〕karte für die Hin- und Rückfahrt／片道切符 die einfache〔Fahr〕karte／切取切符 Coupon (Kupon) m. -s, -s／直通切符 die direkte〔Fahr〕karte／当日切符 die eintägige〔Fahr〕karte／通し切符 die durchgehende〔Fahr〕karte.

きっぷ きっぷのよいやつ ein aufgeschlossener Mensch, -en, -en.

きっぽう 吉報 Freudenbotschaft f. -en; die gute (erfreuliche) Mitteilung, -en (Nachricht, -en).

きづまり 気詰りである befangen sein (jm gegenüber); ⁴sich geniert (gehemmt) fühlen; es ist jm unbehaglich／彼の前に出ると

きつもん 気詰りだ In seiner Gegenwart fühle ich mich gehemmt.; Vor ihm fühle ich mich geniert.

きつもん 詰問 Befragung *f.* -en; das Befragen*, -s; [尋問] Verhör *n.* -(e)s, -e; Kreuzverhör *n.* -(e)s, -e/詰問する *jn* zur Rede stellen (setzen); *jn* befragen (aus|fragen); *jn* verhören (尋問する).

きづよい 気強い ❶ [鼓舞的な] aufmunternd; ermutigend; ermunternd; [心強い] beruhigend; überzeugend. ❷ [気丈な] standhaft; beherzt; herzhaft; mannhaft. ❸ [強情な] hartnäckig unverbrüchlich; fest; beharrlich; eigensinnig; zäh[e]. ❹ [気強く思う] *sich sicher fühlen*; *Zutrauen zu* ³*haben*; von *Zutrauen erfüllt sein*; *sich ermutigt fühlen*.

きつりつ 屹立する empor|ragen; *sich auf|türmen*; aufrecht stehen*.

ぎて 技手 der Gehilfe 《-n, -n》 des Ingenieurs.

きてい 基底 Grundlage *f.* -n; Basis *f.* Basen; Grund *m.* -(e)s, ⸚e; Grund|bau (Unter-) *m.* -es, -ten; Unterlage *f.* -n; Fundament *n.* -(e)s, -e; Postament *n.* -(e)s, -e 《台座,礎》.

きてい 規定 Bestimmung *f.* -en; Festsetzung *f.* -en; Anordnung (Verordnung) *f.* -en; Regelung *f.* -en; [An]weisung *f.* -en; Verfügung *f.* -en; [規則] Vorschrift *f.* -en; Regel *f.* -n; [条項] Klause *f.* -n; Artikel *m.* -s, -/規定の vorgeschrieben; bestimmt; verordnet; angeordnet; festgesetzt; regelmäßig/規定どおりに bestimmungsgemäß; vorschriftsmäßig; der ³Vorschrift entsprechend / 規定違反の vorschriftswidrig (regel-)/規定を破る gegen die Vorschriften verstoßen*; der ³Regel zuwider|handeln/規定に従う *sich nach der* ³*Vorschrift* (³*Regel*) *richten*/現行の規定では nach der jetzigen ³Bestimmung/第五条の規定に従い in Übereinstimmung mit Artikel 5 der Verordnung. — 規定する bestimmen*; vor|schreiben**; verordnen*; an|ordnen*; fest|setzen*/これは法律によって規定されている Das ist gesetzlich bestimmt.‖ 規定書 Vorschrift *f.* -en/服務規定 Dienstvorschrift (Vorschrift-) *f.* -en.

きてい 既定の [schon] bestimmt; vorher bestimmt; festgesetzt; vollendet; entschieden/既定の事実 vollendete Tatsache, -n/既定の結論 der vorgedachte (vorgeahnte) Schluss, -es, ⸚e/既定の方針にそって nach dem bestimmten (vorher überlegten) Plan.

ぎてい 義弟 Schwager *m.* -s, ⸚; der Ehemann der jüngeren Schwester; der jüngere Bruder 《-s, ⸚》 des Ehegatten (der Ehegattin).

ぎていしょ 議定書 Protokoll *n.* -s, -e; Sitzungsbericht *m.* -(e)s, -e; Verhandlungsprotokoll *n.* -s, -e 《議定》.

きてき 汽笛 Dampfpfeife *f.* -n; Sirene *f.* -n 《サイレン》/汽笛をならす die Dampfpfeife er-tönen lassen*.

きてん 基点 Haupt|punkt (Angel-) *m.* -es, -e ‖ 方位基点 die Kardinalpunkte des Kompasses; die vier Punkte des Horizonts.

きてん 起点 Ausgangs|punkt (Ansatz-) *m.* -es, -e/...を起点とする starten ⓢ 《*von*³》; aus|laufen ⓢ 《*von*³ 船が》; ab|reisen ⓢ 《*von*³》; als Ausgangspunkt [an]|nehmen**⁴.

きてん 気転 Schlagfertigkeit *f.*; der rasche Witz, -es, -e/気転がきく schlagfertig sein; vom raschen Witz sein; geistreich (taktisch); findig; schlau; wendig; glatt; diplomatisch; gelenkig) sein; aufmerksam sein 《気がつく》/気がきく Er ist sehr aufmerksam (schlau). 《気がきく》; Er hat raschen Witz. 《頓知がよい》; Er ist sehr schlagfertig. 《同上》; Er weiß sich zu helfen. 《うまく処置する》/気転がきかない dumm; stumpf[sinnig]; einfältig; taktlos; schwer vom Begriff sein/気転をきかす *sich taktvoll zeigen*; *es* ³*sich gesagt sein lassen** 《皆まで言わず》.

きでんりょく 起電力 die elektromotorische Kraft.

きと 帰途 auf dem Heimweg; auf der Heimreise 《旅行からの》; auf dem Rückweg nach Hause/帰途につく den Heimweg an|treten*; *sich auf den Heimweg begeben**; die Schritte heimwärts lenken.
⇨きたく(帰宅).

きと 企図 Vorhaben *n.* -s, -; Vorsatz *m.* -es, ⸚e; Plan *m.* -(e)s, ⸚e; Entwurf *m.* -(e)s, ⸚e; Absicht *f.* -en 《意図》/企図する planen*; entwerfen**; sinnen* 《*auf*⁴》; beabsichtigen*; die Absicht haben; vor|haben**; ins Auge fassen*; im Sinne haben; im Schild[e] führen*; unternehmen**; *et zu tun gedenken**.

きと 喜怒 Freude und Zorn, der - und des -s; Gemütsbewegung *f.* -en; Gefühle *n.* -(e)s, -e/喜怒を色に表わす seine Gefühle verraten* (zeigen).

きど 木戸 Pforte *f.* -n; Pförtchen *n.* -s -《小門》; Gartentür *f.* -en 《庭の》; Eingang *m.* -(e)s, ⸚e; Ein|lass (Durch-) *m.* -es, ⸚e 《門のくぐり戸》; Sperre *f.* -n 《見出し小見などの》/木戸御免である freien Zutritt haben* ‖ 木戸銭 Einlass|geld (Eintritts-) *n.* -(e)s, -er/木戸番 Kontrolleur *m.* -s, -e 《am Eingang》/木戸札 Einlassmarke *f.* -n 《入》/木戸券 Einlass|karte (Eintritts-) *f.* -n 《入場券》.

きとう 祈祷 ❶ Gebet *n.* -(e)s, -e; Tischgebet *n.* -(e)s, -e 《食前・食後の》. ❷ [おはらい] Teufelsaustreibung *f.* -en; Exorzismus *m.* -, -men; Beschwörung *f.* -en. — 祈祷する ❶ beten*; ein Gebet verrichten (sagen); das Tischgebet sprechen** 《食前・食後の》; Gott an|rufen* / 神に祈祷する zu ³Gott an|rufen*. ❷ [おはらいをする] den Teufel beschwören* (aus|treiben*). ‖ 祈祷会 Betstunde *f.* -n; Gebetsversammlung *f.* -en; Andachtsstunde *f.* -n/

きとう 祈祷師 Gesund|beter *m.* -s, - (-beterin *f.* ..rinnen)/祈祷者 Beter *m.* -s, -; Beterin *f.* ..rinnen; der Betende*, -n/祈祷の言葉 Gebets|buch (Andachts-) *n.* -(e)s, ⸚er/祈祷 療法 das Gesundbeten*, -s; Gesundbeterei *f.* -en; Szientismus *m.*

きとう 気筒 Zylinder *m.* -s, -; Walze *f.* -n ‖ 四気筒発動機 4 zylinderischer Motor, -s, -.

きとう 亀頭 Eichel *f.* -n.

きどう 軌道 ❶ [天体の] (Planeten)bahn *f.* -en. ❷ [鉄路] Geleise *n.* -s, -; Gleis *n.* -es, -e; Schienenweg *m.* -(e)s, -e; Eisenbahn|linie [列車の] (Straßenbahn- /市電の) *f.* -n; Schiene *f.* -n《レール》/軌道を逸する ent|gleisen ⓢ 《脱線》; aus dem Geleise (Gleis) kommen* ⓢ; vom rechten Weg ab|kommen* (ab|irren) ⓢ/軌道に乗る einen guten Anlauf nehmen*; richtig ins Gleis kommen* ⓢ/軌道に乗せる ins Gleis bringen*⁴; auf eine Umlaufbahn bringen*⁴《例: einen Erdsatelliten》.

きどう 機動 Manöver *n.* -s, - ‖ 機動演習 Truppenübung *f.* -en; Manöver *n.*/機動 性 Beweglichkeit *f.* -; Manöver *n.*/機動戦 Bewegungskrieg *m.* -(e)s, -e/機動部隊 Kampfgruppe *f.* -n (für Sonderunternehmen)/ 機動力 Manövrierfähigkeit *f.* -en.

きどう 起動 das Anlassen*, -; ⁴起動する an|lassen*⁴《例: den Motor (モーター)を》 ‖ 起動機 Anlasser *m.* -s, -/起動抵抗 Anlasswiderstand *m.* -(e)s, ⸚e/起動電流 Anlassstrom *m.* -(e)s, ⸚e/起動力 die bewegende Kraft, ⸚e; Betriebskraft *f.*

きどうしゃ 気動車 Triebwagen *m.* -s, -.

きどうらく 着道楽 Putzsucht *f.*; Kleider|narr *m.* -en, -en《人》/着道楽の putzsüchtig; kleidernärrisch.

きとく 奇特な lobens|wert (-würdig); löblich;《慈悲深い》barm|herzig (warm-).

きとく 既得の erworben ‖ 既得権 erworbenes Recht, -es, -e.

きとく 危篤の gefährlich; ernstlich; kritisch; bedenklich; hoffnungslos《絶望的》/ 危篤に陥る in einen gefährlichen (hoffnungslosen) Zustand kommen* ⓢ; eine kritische Wendung nehmen*/母の病気は危篤である Meine Mutter befindet sich in einem bedenklichen (kritischen) Zustand. / Meine Mutter liegt auf dem Totenbett. / Meine Mutter ist ernstlich krank.

きどる 気取る ❶ ⁴sich zieren; affektiert (gekünstelt; geziert; zimperlich) tun*; ⁴sich auffällig benehmen*. ❷ [上品ぶる] vornehm tun*; ³sich ein vornehmes Ansehen geben*. ❸ [高慢な] den Gernegroß spielen; ⁴sich wichtig machen; versuchen, ⁴sich in ein gutes Licht zu stellen. ❹ [めかす] ⁴sich heraus|putzen; ⁴sich fein machen; voll auf sein Äußeres geben*; mit ³et Staat machen; schniegeln; ⁴sich für ⁴et aus|geben*《…気取る》/夫婦気取りである Sie spielen sich für ein Ehepaar aus.: Sie tun, als ob sie verheiratet wären. ── 気取った affektiert; gekünstelt; geziert; gesucht《Wort *n.*, Stil *m.* などに対してのみ》; geschmackvoll [und gebügelt]《おつにすまして》; prüde; spröde; zimperlich《とりすまして》/気取って歩く(話す) geziert gehen*(sprechen*)/気取った艶 な女だ Sie spielt die Zimperliche. ‖ 気取屋 der affektierte (gezierte; gekünstelte) Mensch, -en, -en;《俗》Lackaffe *m.* -n, -n; Salonlöwe *m.* -n, -n《社交界の花形気取り》.

キナ Chinin *n.* -s ‖ キナ皮 Chinarinde *f.* -n/キナ酒 Chinawein *m.* -(e)s, -e《*pl* は種類を示すとき》/キナ樹 Chinarindenbaum *m.* -(e)s, ⸚e/キナチンキ Chinatinktur *f.* -en.

きなが 気長な langmütig; duldsam; geduldig; phlegmatisch/気長な人 der Langmütige*, -n, -n; der langsame Mensch, -en, -en; kein Eiferer *m.* -s, -/気丈に mit Langmut (Geduld; Phlegma)/実に気長な男だ Er ist drei Meilen hinterm Mond.

きながし 気流し ohne (einen) Hakama zu tragen; im Negligé (Hauskleid).

きなくさい きな臭い brenzlig; nach verbranntem Papier (Zeug) riechend.

きなこ 黄粉 das gedörrte Bohnenmehl, -s, -e《*pl* は種類を示すとき》.

きなん 危難 Gefahr *f.* -en; Klippe *f.* -n; Notlage *f.* -n/危難に陥る in ⁴Gefahr (in die Klemme; in die Patsche) kommen* (geraten*) ⓢ.

ギニア Guinea *n.* -s/ギニアの guineisch ‖ ギニア人 Guineer *m.* -s, -.

ギニアビサウ Guinea-Bissau *n.* -s.

キニーネ Chinin *n.* -s ‖ キニーネ中毒 Chinin|vergiftung *f.* -en.

きにいり 気に入り Günstling (Lieb-) *m.* -s, -e/彼は特に彼女のお気に入りだ Er ist bei ihr besonders beliebt.: Er steht in ihrer besonderen Gunst.

きにいる 気に入る《対象を主語として》*jm* ge|fallen*; (ganz) nach *js* Geschmack sein; bei *jm* in Gunst stehen*《寵愛されている》/ 気に入らぬ(気に食わぬ) *jm* nicht gefallen*; gegen *js* Geschmack sein; unzufrieden《*mit*³》/この絵は気に入った Das Bild ge|fällt mir. / あの娘が気に入った Das Mädchen da sticht mir in die Augen (Nase). /お前の気に入るようにしなさい Ganz wie es dir beliebt! / みんなの気に入るようにするのは無理だ Allen zu gefallen ist unmöglich. /彼は誰にでも気に入られるようにしてやる Er kann es jedem recht machen.

きにかける 気にかける ⇨きにする.

きにする 気にする ⁴*et* zu Herzen nehmen*; ⁴sich quälen《*um*⁴》; ⁴sich be(kümmern《*um*⁴》; ³sich Sorge machen《*um*⁴; *für*⁴》; ⁴sich ängstigen《*um*⁴》.

きになる 気になる《気になるものを主語として》 *jm* am Herzen liegen*; bekümmern《*jm*》 Sorge machen.

きにゅう 記入 Eintragung *f.* -en; Buchung *f.* -en; das Einschreiben*, -s; Vermerk *m.* -(e)s, -e/記入洩れ Auslassung (Weg-) *f.* -en/記入済 (Schon) Eingetragen. ── 記入する ein|tragen*⁴; auf|schreiben*⁴《-l-

きにん 帰任 die Rückkehr zu seinem Posten/帰任する auf seinen Posten zurück|kehren ⓢ.

きぬ 絹 Seide f. -n/絹の seiden; aus ³Seide; Seiden-/絹張りの aus ³Seide gemacht (fabriziert; hergestellt); seidenüberzogen; mit Seide bezogen/絹張りの傘 Seidenschirm m. -(e)s, -e/絹漉しの durch ein seidenes Tuch geseiht; feinkörnig; raffiniert/絹の光沢 Seidenglanz m. -es, -e/絹のような seidenartig; seidig; wie Seide ‖ 絹糸 Seiden|faden m. -s, ¨- (-garn m. -(e)s, -e)/絹糸草 Seidengras n. -es, ¨er/絹糸巣 Seidenröllchen n. -s, -/絹裏の mit Seide gefütterte; seidengefüttert/絹織 Seidengewebe n. -s, -/絹地 Seidenstoff m. -(e)s, -e/絹刺繍(工場) Seidenstickerei f. -en/絹染工 Seidenfärber m. -s, -/絹製の Seiden|zeug n. -(e)s, -e (-arbeit f. -en; -stoffe (pl); -ware f. -n)/絹(物)工場 Seidenweberei f. -en/絹物商 Seidenhandel m. -s, -(業)/絹レース Seidenspitze f. -(人)/

きぬけ 気抜けのした ❶ [気力のない] geknickt; abgespannt; entmutigt; mutlos; niedergeschlagen; verzagt. ❷ [茫然] zerstreut (abgelenkt; entrückt; geistesabwesend; verträumt. —— 気抜けがする ❶ [気力のない] geknickt (abgespannt; entmutigt; mutlos; niedergeschlagen; verzagt) sein. ❷ [茫然とする] zerstreut (abgelenkt; entrückt; geistesabwesend) werden.

きぬずれ 衣ずれの音 das Rauschen* (-s) (das Rascheln*, -s) von Kleidern.

きぬた 砧 Walk|hammer m. -s, ¨- (-schlegel m. -s, -); das Geräusch (-es, -e) des Walkhammers (Walkschlegels)(音).

きね 杵 Mörserkeule f. -n; Stößel m. -s, -/Stoßarm m. -(e)s, -e.

きねん 記念 Andenken n. -s; [詩] Angedenken n. -s; Erinnerung f. -s; Gedächtnis n. -s; nisses, nisse; Gedenken n. -s/記念の 【記念の】 Ge. Gedächtnis-/計念にこの本をお納め下さい Behalten Sie bitte das Buch als Andenken. —— 記念する gedenken*² () ein Andenken bewahren (feiern); erinnern²⁾ (an*). ‖ 記念はがき die Ansichtskarte (-n) als Andenken; Erinnerungsansichtskarte/記念演説 Gedenk|rede (Gedächtnis- f. -n/記念会 Gedächtnisversammlung f. -en/記念会ceremonie f. -zeremonie f. -en/(式典)/記念切手 Sondermarke f. -n; Gedenk|postmarke (Erinnerungs- f.)/記念号 die Nummer zur Erinnerung an⁴ ...(-)/記念祭 Gedenk|gabe f. -n (-schrift f. -en)/記念祭 Gedenk|feier (Erinnerungs-; Gedächtnis f. -n/Jahres-; Jubel-) f. -n; Jubiläum n. -s, ..läen/記念スタンプ Gedenk|poststempel (Erinnerungs-; Jubiläums- f.)/記念帳 Gedenkblatt n. -(e)s, ¨er; Erinnerungsbuch n. -(e)s, ¨er/記念碑 [詩] -e); Gedenkstein m. -(e)s, -e; Monument n. -(e)s, -e/記念日 Gedenktag (Gedenk-) m. -(e)s, -e; Jahrestag (年例の)/記念物(品) Andenken n. -s, -; Denk|zeichen (Erinnerungs-; Gedächtnis-) n. -s, -; etwas zum Andenken Dienendes*, -en/記念論文集 Festschrift f. -en/記念論文集を出版する eine Festschrift heraus|geben*/結婚記念日 der Jahrestag (-(e)s, -e) der Hochzeit/戦勝記念日 Siegeserinnerung (-gedächtnis)/戦勝記念碑 Siegesdenkmal.

ぎねん 疑念 Zweifel m. -s, -; Argwohn m. -(e)s/(猜疑(³⁾)); Bedenken n. -s, -(懸念); Befürchtung f. -en(危惧); Besorgnis f. -nisse (憂慮); Misstrauen n. -s (不信用); Skrupel m. -s, -(狐疑); Unsicherheit f. -en(不安); Verdacht m. -(e)s(嫌疑).
⇨ ぎわく.

きのう 機能 Funktion f. -en; Verrichtung f. -en/機能を果たす funktionieren; (seine Verrichtung) erfüllen (tun*) ‖ 機能検査 [医] Funktionsprüfung f. -en/機能障害 [医] Funktionsstörung f. -en/機能障害を起こす in seiner Funktion gestört werden/機能動詞 [文法] Funktionsverb n. -s, -en/肝臓機能 Leberfunktion f. -en/身体機能 Körperfunktion f. -en.

きのう 気嚢 Ballonhülle f. -n (気球の); Luftsack m. -(e)s, ¨e(同上); Luftraum m. -(e)s, ¨e(鳥の); Luft|blase (Schwimm-) f. -n(魚の).

きのう gestern/昨日の gestrig; von gestern/昨日の朝 gestern Morgen (Früh)/昨日の新聞 die gestrige Zeitung, -en.

きのう 帰納 Induktion f. -en/帰納的 induktiv/帰納的する induzieren ‖ 帰納的の論理 die induktive Logik/帰納法 die induktive Methode.

きのう 帰農する sein früheres Bauernleben wieder führen; wieder Bauer werden; zu seinem Bauernhof zurück|kehren ⓢ ‖ 帰農運動 die Bewegung (-en): Zurück zu dem Bauernleben!

きのう 技能 Fähigkeit f. -en; [Kunst]fertigkeit f. -en; Geschicklichkeit f. -en; Gewandtheit f. -en; Können n. -s; Talent n. -(e)s, -e; Vermögen n. -s, -/技能のある fähig; befähigt; [kunst]fertig; geschickt; gewandt; talentiert; talentvoll.

きのこ 茸 der essbare Pilz, -e (食用); Champignon m. -s, -s (食用); Schwamm m. -(e)s, ¨e; Giftpilz (有毒).

きのどく 気の毒な bedauernswert (bejammerns-; bemitleidens-); bedauerlich; mitleiderregend (Mitleid erregend); erbärmlich/気の毒に(も) unglücklicherweise; zu meinem Leidwesen/気の毒にあの男も実にいろいろ苦労をしたよ Der Arme (Der

きのぼり 木登り das Baumklettern*, -s/木登りをする auf einen Baum (¨e) klettern [h.s.].

きのみ 着のみ着のままで spärlich gekleidet, wie j. ist; mit nacktem Leben [davon]kommen* [s].

きのめ 木の芽 (Blätter)knospe f.; Auge n. -s, -n/木の芽が出る knospen; ⁴Knospen treiben* [an]setzen); ¹Knospen platzen auf [brechen*; entfalten ⁴sich; sprießen* [hervor].

きのり 気乗り Interesse n. -s, -n; Anteilnahme f.; Lust f.; Neigung f. -en/...に気乗りがする(しない) (kein) Interesse (keine Anteilnahme) haben (an³; für³); ⁴Lust (Neigung) haben (zu³)/気乗り簿 Mangel (m. -s, ¨) an ³Interesse; Lauheit f./全然気乗りしないな Dazu bin ich gar nicht aufgelegt.

きば 牙 Fang m. -[e]s, ¨e; Fang|zahn (Reiß-; Eck-〈犬などの〉; Hau-) m. -[e]s, ¨e; Hauer m. -s, - 〈猪などの〉; Stoßzahn m. -[e]s, ¨e〈象などの〉/牙を鳴らす knurren〈犬などが〉; brummen 〈猛獣が〉/牙にかける ⁴et in den Fängen haben.

きば 木場 Holz|platz m. -es, ¨e (-markt m. -[e]s, ¨e).

きば 騎馬の(で) beritten; geritten; zu Pferde/騎馬で行く zu Pferde gehen* [s]/騎馬で来る gerittenen kommen* [s]/騎馬巡査 der berittene Polizist, -en, -en; die berittene Polizei, -en.

きはく 気魄 Geist m. -[e]s, -er; Geistigkeit f./あの男には気魄がある Er ist ein starker (kühner) Geist./Er hat einen starken Geist.

きはく 希薄な dünn 〈水っぽい; また人口にも〉; verdünnt 〈薄めた〉; schwach 〈茶や酒が〉; spärlich 〈人口〉; nicht kräftig 〈スープなどが〉/希薄な空気 die dünne Luft, -e/人口が希薄な dünn (spärlich) bevölkert/その国は人口が希薄である Das Land hat eine dünne Bevölkerung.

きばく 起爆剤 Zündmaterial n. -s, ..lien/起爆装置 Zünder m. -s, -.

きばさみ 木鋏 Baumschere f. -n.

きばち 黄蜂 Wespe f. -n.

きはつ 揮発 Verflüchtigung f. -en/揮発する ⁴sich verflüchtigen ‖ 揮発性 Flüchtigkeit f. -en/揮発性の flüchtig/揮発分〈石灰の〉 der flüchtige Bestandteil/揮発油 das flüchtige Öl, -s, -e; Naphtha n. -s (f. -); Benzin n. -s, -e.

きはつ 奇抜な originell; eigenartig; eigentümlich; merkwürdig; seltsam; ungewöhnlich; apart; bizarr; nicht alltäglich; aus dem Rahmen fallend.

きばむ 黄ばむ gelblich werden; allmählich gelb werden/黄ばんだ gelblich/木の葉が黄ばむ Das Laub färbt sich.

きばらし 気晴らし Kurzweil f.; Ablenkung f. -en; Zeitvertreib m. -[e]s, -e; Lustbarkeit f. -en; Zerstreuung f. -en; Erholung f. -en 〈休養〉; Vergnügung f. -en 〈娯楽〉/気晴らしに zur Kurzweil (Abwechslung); zur Ablenkung; zur Erholung/気晴らしをする Kurzweil treiben*; ⁴sich Luft machen; ⁴sich ab|lenken (zerstreuen); ⁴sich belustigen; ⁴sich erholen/彼は気晴らしをしたがっている Er will sich zerstreuen./Er sucht Ablenkung (Zerstreuung).

きばる 気張る ❶ 〔奮発する〕 ⁴sich an|strengen; ⁴sich bemühen; ³sich Mühe geben*; ³sich angelegen sein lassen*. ❷ 〔買う〕 ⁴sich leisten⁴; ³sich zu|legen⁴; ³sich großmannen. ❸ 〔おごる〕 ⁴sich nobel (spendabel) zeigen. ❹ 〔便通〕 ⁴sich bei Darmentleerung (den Atem ausstoßend) anstrengen.

きはん 羈絆 Bande (pl); Fessel f. -n 〈ふつう pl〉; Joch n. -[e]s, -e (¨er); Kette f. -n; Zwang m. -[e]s, (-e) -lage/外国の羈絆 das Joch der Fremdherrschaft/羈絆を脱する die Bande lösen (sprengen; zerreißen); die Fesseln sprengen (ab|werfen*); das Joch ab|schütteln; seine Ketten zerbrechen* (zerreißen*).

きはん 帰帆 Rücksegelung f. -en.

きはん 規範 Muster n. -s, -; Vorbild n. -[e]s, -er; Beispiel n. -[e]s, -e/規範とすべき musterhaft; vorbildlich.

きはん 規範 Norm f. -en; Richtschnur f. -en.

きばん 基盤 Basis (Base) f. ..sen; Fundament n. -[e]s, -e; Grund|fläche f. -n (--platte f. -n; -lage f. -n 〈基礎〉)/...を基盤とする gegründet sein (beruhen) (auf³)/長年の経験を基盤とする auf langjährigen Erfahrungen fußen/柱は大きな基盤の上に立っている Die Säule hat eine große Basis (Grundfläche).

きはんせん 機帆船 Motorsegler m. -s, -.

きひ 忌避 ❶ 〔徴兵・義務などを〕 das Ausweichen³ (Umgehen⁴), -s; Entziehung f. -en; Drückebergerei f. -en 〈徴兵忌避〉. ❷ 〔裁判官などを〕 im Verwerfung f. -en 〈証人を〉; Perhorreszenz f. -en. ── 忌避する ❶ 〔徴兵・義務などを〕 auch weichen*³ [s]; umgehen*⁴; ³sich entziehen*³; ⁴sich drücken (von³; um⁴)/徴兵を忌避する die [Militär]dienstpflicht umgehen⁴/⁴責任を忌避する ⁴sich seiner Verpflichtungen entziehen*; ⁴sich um die Pflicht drücken. ❷ 〔裁判官などを〕 ab|lehnen⁴; verwerfen*⁴; perhorreszieren⁴ 〈以上目的語としては einen Richter (判事を), einen Zeugen (証人を) など〉/どうもあの男は私を忌避しているらしい Es scheint, als ob er mich stets umginge.

‖ 徴兵忌避者 Drückeberger m. -s, -.

きび 黍 Hirse f. -n.

きび 機微 Geheimnis n. ..nisses, ..nisse;

きび Feinheit f. -en; die heikle Natur der Dinge/機微にふれる [a.] delikat; heikel [v.]; lebens微に通じている Einblick in menschliche Natur haben; um tiefere Geheimnisse wissen*; in den tieferen Kern der Sache eingeweiht sein.

きび 驥尾に付す ⁴sich dem Führenden anschließen*.

きびき 忌引 der Urlaub, -(e)s wegen der Trauer.

きびきび きびきびした [精神面] geist|voll (-reich); lebens|voll (temperament-); [動作] lebhaft; munter; tätig; flink (すばしこい); behänd (敏捷).

きびしい 厳しい streng; hart; scharf/厳しい暑さ die glühende Hitze/厳しい寒さ die beißende (schneidende) Kälte/厳しい批評 die scharfe Kritik, -en/厳しく𠮟る jn in strenge Zucht nehmen*/厳しく罰する hart (streng) bestrafen⁴/厳しく𠮟責する jm bittere Vorwürfe (Vorhaltungen) machen.

きびす 踵 Ferse f. -n; Absatz m. -s, ⸚/踵を返す to wend|kehren (s)/踵を接して (jm) (dicht) auf den Fersen (auf dem Fuß) folgend; in rascher Folge; aufeinander folgend; hinter|einander (nach-).

ぎひつ 偽筆 die verfälschte (gefälschte, nachgemachte, unechte) Handschrift, -en/das verfälschte (gefälschte, nachgemachte) Gemälde, -s, -/偽筆する in verfälschter (gefälschter) Handschrift/偽筆の verfälscht; gefälscht; nachgemacht; unecht/偽筆する nach|machen⁴; [ver]fälschen⁴ ‖ 偽筆者 [Ver]fälscher m. -s, -; Nachahmer m. -s, -.

きびょう 奇病 eine seltsame Krankheit, -en.

きひん 貴賓 Ehrengast m. -(e)s, ⸚e ‖ 貴賓室 Zimmer (n. -s, -) für ⁴Ehrengäste/貴賓席 Ehrenplatz m. -es, ⸚e.

きひん 気品 Adel m. -s; Vornehmheit f. -en; Noblesse f. -n; Würde f. -n; Grazie f. -n (優雅)/気品のある ad(e)lig; edel; erhaben; vornehm; würdig; anmutig.

きびん 機敏[な] ❶ [行動] flink; behänd; flott. ❷ [明敏] [auf]geweckt; adrett; findig; gescheit; gewitzt; schlagfertig/機敏である einen aufgeweckten Kopf haben.

きふ 寄付 Beitrag m. -(e)s, ⸚e; Beisteuer f. -n; Spende f. -n; Stiftung f. -en/寄付を募る (Spenden) sammeln (für⁴). — する einen (Geld)beitrag leisten (zu³); bei|tragen⁴ (zu³); bei|steuern⁴ (zu³); Spenden geben⁴ (für⁴); stiften⁴. ‖ 寄付金 Geldbeitrag m.; Beisteuer f./相当な寄付金があった Es gingen reiche Spenden ein./寄付者 der Beitragende, -n, -n; Spender m. -s; Stifter m. -s; -; Subskribent m. -en, -en/寄付者(者)名簿 Subskriptionsliste f. -n.

ぎふ 義父 Schwiegervater m. -s, ⸚ (舅); Adoptivvater (Pflege-) (養父); Stiefvater (継父).

きふう 気風 Art f. -en; Blut n. -(e)s; Charakter m. -s, -e; Charaktereigenschaft f. -en; Gemütsart f. -en; Natur f. -en; Naturell n. -s (-en) (-anlage f. -en); Wesen n. -s, -; Wesens|art f. -en (-anlage f. -en); Temperament n. -(e)s, -e/それが彼の家の気風なのだ Das steckt (sitzt; liegt) ihm im Blut./それが我が校の気風です Das ist so die Art unserer Schule.

きふく 帰服 Ergebung f. -en; Unterwerfung f. -en/帰服する ⁴sich (auf Gnade und Ungnade) ergeben*³; ⁴sich unterwerfen*³; kapitulieren; den Eid der Treue leisten (忠誠を誓う).

きふく 起伏 das Auf und Ab, des- und -s; Unebenheit f. -en; Welle f. -n (波形)/起伏のある uneben; gewellt; hügelig; wellig; wellenförmig; holperig (凹凸のある); gefurcht (皺状に)/起伏のある土地の起伏の多い(welligy) Gelände, -s, -/土地の起伏 die [wechselnden] Wellen des Bodens. — する [起伏する] Wellen schlagen*; ⁴sich wellen.

きふじん 貴婦人 Dame f. -n; die vornehme Frau, -en die Adlige*, -n, -n (貴族).

ギプス Gips m. -es, -e.

きぶつ 器物 Gefäß n. -es, -e (容器); Gerät n. -(e)s, -e (道具); Utensilien (pl) (以上器具・什器など); Möbel m. -n. - (家具・調度類).

キブツ Kibbuz m. -, -im (イスラエルの集団農場).

きぶるし 着古し das alte (abgetragene) Kleid, -(e)s, -er/着古しの abgetragen; abgenutzt; verschlissen; fadenscheinig (着古して糸目の見える).

キプロス Zypern n. -s/キプロスの zyprisch; zypriotisch/キプロス人 Zyprer m. -s, -.

きぶん 気分 [Gemüts]stimmung f. -en; Laune f. -n; Atmosphäre f. -n (雰囲気); das Befinden, -s (身体の具合); Verfassung f. -en (精神的にも肉体的にも用いる)/気分がよいわるい ⁴sich wohl (unwohl) fühlen/気分がよくなる ⁴sich wohler fühlen/気分を出す die richtige Stimmung bringen** eine Stimmung schaffen*³/気分を変えに箱根に行く zur Abwechslung nach Hakone gehen* [s]/町はもうクリスマス気分です Es herrscht schon die Weihnachtsstimmung in der Stadt./皆はしゃいだ気分でした Sie waren alle in ausgelassener Stimmung./画家は朝の気分をよく描き出している Der Maler hat die Morgenstimmung gut getroffen./そういう気分になっていないだ Ich bin nicht in Stimmung (bei Laune) dazu.

ぎふん 義憤 die aus Gerechtigkeitsgefühl empfundene Entrüstung, -en (Empörung, -en); der gerechte Zorn, -(e)s/義憤を発して in gerechtem Zorn; indem jn ins Gerechtigkeitsgefühl aufgebracht hat; indem j. in gerechten Zorn gebracht wird.

きへい 騎兵 Kavallerie f. -n; Reiterei f. -en (総称); Kavallerist m. -en, -en; Reiter m. -s, - ‖ 騎兵学校 Kavallerieschule f. -n/騎兵砲 die reitende Artillerie, -n.

きへき 奇癖 die merkwürdige Angewohnheit, -en; die sonderbare Gewohnheit, -en; Überspanntheit f. -en.

きべん 詭弁 Sophisterei f.; Trugschluss m. -es, ..e; Vernünftelei f. -en; Klügelei f. -en; Spitzfindigkeit f. -en/詭弁の sophistisch; trügerisch; spitzfindig/それは君の詭弁だよ Das ist ein Trugschluss von dir./詭弁を弄する vernünfteln*(⁴); die Worte verdrehen; einen Trugschluss ziehen*⟨aus³⟩; sophistisch darstellen*⁴∥詭弁家 Sophist m. -en, -en; Wortverdreher m. -s, -.

きぼ 規模 Umfang m. -[e]s, ..e; Ausmaß n. -es, -e; Ausdehnung f. -en; Dimension f. -en; Maßstab m. -[e]s, ..e/大きな規模を有する einen großen Umfang (große Dimensionen; Ausmaße; Ausdehnungen) haben*; ⁴sich vergrößern/商売は規模が大きくなった Das Geschäft hat an Ausdehnung (Umfang) gewonnen. ── 大規模の, で in (von) großem Umfang; in großem Maßstabe; in weitem Ausmaß; von großer Ausdehnung.

ぎぼ 義母 Schwiegermutter f. ..⸚《姑》; Adoptiv|mutter (Pflege-)《養母》; Stief|mutter《継母》.

きほう 気泡 (Luft)blase f. -n.

きほう 記法 Bezeichnung f. -en; Notation f. -en; Bezeichnungssystem n. -s, -e.

きほう 既報のとおり wie [schon (bereits)] gemeldet《新聞などで》; wie bekannt gegeben《お役所などが》; wie bereits (früher schon) erwähnt (gesagt)《手紙などで》.

きぼう 希望 Hoffnung f. -en; Wunsch m. -[e]s, ..e《望み》; Erwartung f. -en《期待》; Sehnsucht f. ..e《憧れ》/希望の曙光 Hoffnungsschimmer m. -s, -《一縷の望み》; der Silberstreifen ⟨-s⟩ am Horizont; Hoffnungsanker m. -s, -/希望どおりに [ganz; je] nach Wunsch; wie erwartet《期待どおりに》; wie Sie wollen; wie es Ihnen gefällt《ご希望どおりに》/⁴Wunsch entsprechend《何某の希望により》/希望に添う ⟨s⟩³Wunsch (Wünschen) nach|kommen*⟨s⟩⟨entgegen|kommen*⟨s⟩; entsprechen*; willfahren; begegnen ⟨s⟩; js ⁴Wunsch erfüllen《かなえる》; Wunsch geben; jm Hoffnung auf ⁴et machen/希望が消える Die Hoffnung wird zunichte (zu Wasser)./希望に生きる in der Hoffnung leben*/..を希望して in der Hoffnung, dass ...; indem ich hoffe und wünsche, dass .... ── 希望する hoffen*⁽⁴⁾⟨auf⁴⟩; wünschen*; erwarten*; Hoffnungen auf ⁴et setzen《希望をかける》∥希望者 Bewerber m. -s, -; Kandidat m. -en, -en／希望的観測 Wunschtraum m. ..e.

ぎほう 偽報 die falsche Mitteilung, -en; Ente f. -n; Zeitungslüge f. -n.

ぎぼうしゅ 擬宝珠 der Zierknauf ⟨-[e]s, ..e⟩ am Brückengeländer.

きぼうほう 喜望峰 das Kap der Guten Hoffnung.

きぼね 気骨の折れる nervenaufreibend; ärgerlich; lästig; quälend/気骨が折れる für jn eine geistige Anstrengung sein; die Nerven an|strengen/全く気骨の折れる仕事です Diese Arbeit ist einfach nervenaufreibend. | Diese Arbeit strengt die Nerven sehr an./ほんとうに気骨の折れる子供だ Dieses Kind ist ein richtiger Quälgeist.

きぼり 木彫 Holzplastik f. -en; -schnitzerei《品物》-en/木彫りの in Holz (aus Holz) geschnitzt；《人形》aus Holz/木彫りの人形 Holzpuppe f. -n／像は木彫の像をこしらえた Er schnitzte eine Figur aus Holz.

きほん 基本 Grund m. -[e]s, ..e; Grundlage f. -n; Fundament n. -[e]s, ..e; Norm f. -en ／基本の(基本的) Grund-; grundlegend; fundamental; wesentlich／これが全ての学問の基本だ Das ist das Fundament aller Wissenschaften. ∥ 基本給 Grund|gehalt n. -[e]s, -er (-lohn m. -[e]s, ..e)/基本金(財産) Fonds m. -, -; Grundkapital n. -s, -e (..lien)/基本原理 Grundprinzip n. -s, -pien; das grundlegende Prinzip／基本語彙 Grundwortschatz m. -es, ..e／基本料金 Grundgebühr f. -en／基本ルール Grundregel f. -n／ドイツ連邦共和国基本法 Grundgesetz ⟨n. -es, -e⟩ für die Bundesrepublik Deutschland.

ぎまい 義妹 Schwägerin f. ..rinnen; die Ehefrau des jüngeren Bruders; die jüngere Schwester des Ehegatten (der Ehegattin).

きまえ 気前 ❶ Gemüts|art (Sinnes-; Wesens-) f. -en; Gemüts|anlage f. -n (-verfassung f. -en); Charakter m. -s, -e; Geblüt n. -[e]s; Naturell n. -s, -e; Temperament n. -[e]s, -e. ❷ Freigebigkeit f. -en; Gastfreundlichkeit f.; Großmütigkeit f. (-züggigkeit f.)/freigebig; gastfreundlich; generös; großmütig (-zügig); spendabel／気前を見せる seine Freigebigkeit zur Schau stellen; eine offene Hand haben; ⁴sich freigebig benehmen*; nicht knausern; tief in die Tasche greifen*.

きまかせ 気任せに wann es jm beliebt (gefällt); nach ³Belieben (Gefallen); nach ³Muße; nur wenn j. die Absicht hat, ⁴et zu unternehmen (zu tun).

きまぐれ 気まぐれ Laune f. -n; Grille f. -n; Schrulle f. -n; der [wunderliche] Einfall, -[e]s, ..e／気まぐれな launen|haft (-isch); -schullen); launisch; schrullig; kapriziös／気まぐれ者 Grillenfänger m. -s, -; der Launenhafte, -n, -n; der komische Kauz, -es, ..e／気まぐれを起こす Grillen⟨pl⟩ fangen*; ³sich Grillen ⟨pl⟩ machen; Launen ⟨pl⟩ haben.

きまじめ 生真面目な vollkommen ernst; todernst; keinen Spaß verstehend.

きまずい 気まずい unangenehm; peinlich; unbehaglich; ungemütlich／彼に気まずい思いをさせようと努力した Ich gab mir Mühe, dass er unangenehm berührt werde.

きまつ 期末 Jahresabschluss *m.* -es, ⸚e ‖ 期末試験 Semesterprüfung *f.* -en/期末手当 die Gratifikation《-en》zum Ende des Haushaltsjahr[e]s.

きまった 決まった ❶ festgesetzt; [ab]geschlossen; bestimmt; entschieden; erledigt. ❷ geordnet; regel¦mäßig (-recht).

きまって 決まって immer; stets [und ständig]; unter allen Umständen; unfehlbar.

きまま 気儘 ⇨わがまま.

きまよい 気迷い Wankelmut *m.* -[e]s; Unentschlossenheit *f.*; Zögern *n.* -s; Unschlüssigkeit *f.*; Schwanken *n.* -s《市況》.

きまり 決まり ❶ [決定] Festsetzung *f.* -en; [Ab]schluss *m.* -es, ⸚e; Bestimmung *f.* -en; Entscheidung *f.* -en; Erledigung *f.* -en/決まりがつく festgesetzt ([ab]geschlossen; bestimmt; entschieden; erledigt) werden; zur Festsetzung (Bestimmung; Entscheidung; Erledigung) (zum [Abschluss) kommen* (gelangen) [s]/決まりをつける fest|setzen^{4}; [ab|]schließen*^{4}; bestimmen^{4}; entscheiden*^{4}; erledigen^{4}. ❷ [秩序] Ordnung *f.* -en; Regelmäßigkeit *f.* -en/決まりのない ungeordnet; unordentlich; unregelmäßig; nicht ordnungsmäßig (regelrecht); regelwidrig. ❸ [規則] Regel *f.* -n; Satzung *f.* -en; Vorschrift *f.* -en. ❹ [習慣] Gewohnheit *f.* -en; Brauch *m.* -[e]s, ⸚e; Herkommen *n.* -s, -; Sitte *f.* -n/決まり文句 die abgedroschene (leere) Redensart, -en (Phrase, -n).

きまり きまりがわるい ^{4}sich befangen (beschämt verlegen) fühlen; ^{4}sich genieren; ^{4}es nicht über ^{4}sich bringen* (gewinnen*); ^{4}sich nicht gehen lassen*; ^{4}sich scheuen《*vor*^{3}》/きまりわるそうに mit befangener (beschämter; verlegener) Miene; wie wenn *j.* ^{4}sich schämt; ^{4}sich genierend; scheu; unbeholfen《ぎこちなく》.

きまりきった ❶ [一定] gewohnheitsmäßig; ewig; fest[gesetzt]; immer wiederkehrend; konstant; stereotyp; unvermeidlich; alltäglich. ❷ [明白] klar; deutlich; selbstverständlich; unstreitig; unbestreitbar.

きまる 決まる festgesetzt (abgeschlossen; bestimmt; entschieden; erledigt) werden. ⇨きまり(決まり).

ぎまん 欺瞞 Betrug *m.* -[e]s, Betrügerei *f.* -en; Täuschung *f.* -en ‖ 自己欺瞞 Selbstbetrug *m.* -[e]s.

きみ 君 ❶ [君主] Herrscher *m.* -s, -; Herr *m.* -n, -en; Landes¦herr (Ober-) *m.* -n, -en; Landesfürst *m.* -en, -en; Souverän *m.* -s, -e; Staatsoberhaupt *n.* -[e]s, ⸚er. ❷ [あなた] du*/君の dein*/君たち ihr*《*pl*》/君たちの euer*.

きみ 気味 ❶ [心持] Gefühl *n.* -[e]s, -e; Empfindung *f.* -en/気味の悪い unheimlich; düster; grausig; nicht geheuer; scheußlich/薄気味が悪い leicht unbehaglich; ungemütlich; ein wenig gruselnd/いい気味だ Ich gönne es dir. ¦ Es geschieht dir recht./彼が落第したのはいい気味だ Zu meiner großen Schadenfreude ist er im Examen durchgefallen. ❷ [やや] ein Anflug (Anstrich; Hauch)《*von*^{3}》; eine Idee (Spur)《*von*^{3}》; ein Stich《*in*^{4}》/風邪の気味だ ^{3}sich eine leichte Erkältung holen (zu|ziehen*); leicht erkältet sein.

きみ 黄身《卵の》[Ei]dotter *m.* (*n.*) -s, -; Eigelb *n.* -[e]s.

きみがよ 君が代 die Nationalhymne Japans; Kimigayo.

きみじか 気短かな ❶ hitz[köpf]ig; leicht aufflammend. ❷ [せっかちな] ungeduldig; eilfertig; rasch; vorschnell.

きみつ 機密 Geheimnis *n.* ..nisses, ..nisse; das Verschwiegene*, -n/機密の geheim; heimlich; verschwiegen; vertraulich/機密を守る ein Geheimnis bewahren; geheim halten*^{4}; ein Geheimnis mit ins Grab nehmen*《死後まで》/機密を洩らす ein Geheimnis verraten* (aus|plaudern; aus|schwatzen; entschlüpfen lassen*)/政治の機密にあずかる an hochpolitischen Geheimnissen teil|nehmen*; um hochpolitische Geheimnisse mit|wissen* ‖ 機密書類 die geheime (vertrauliche) Urkunde, -n; das geheime (vertrauliche) Dokument, -[e]s, -e/機密費 Dispositions¦fonds *m.* -, -(-gelder《*pl*》).

きみつ 気密な luftdicht ‖ 気密室 ein luftdichter Raum, -[e]s, ⸚e/気密服 ein luftdichter Anzug, -[e]s, ⸚e.

きみゃく 気脈を通じる in geheimer Verbindung (in geheimem Einverständnis) stehen*《mit *jm*》; an einem Karren ziehen*《mit *jm*》; unter einem Hut[e] stecken (stehen*)《mit *jm*》.

きみょう 奇妙な sonderbar; absonderlich; kurios; merkwürdig; seltsam; wunderlich/奇妙に思う sonderbar berührt werden《*von*^{3}》; verwundert sein《*über*^{4}》.

ぎむ 義務 Pflicht *f.* -en《倫理的必然性》; Obliegenheit *f.* -en《自発的または他から課された》; Schuldigkeit *f.* -en《他へ果たすべき》; Verantwortlichkeit *f.* -en《責任》; Verbindlichkeit *f.* -en《拘束力》; Verpflichtung *f.* -en《法関係による》/義務を尽くす seine Pflicht beobachten (erfüllen; leisten)/...する義務がある müssen*; ^{4}sich verpflichten《*zu*^{3}》; verpflichtet sein《*zu*^{3}》; schuldig^{4} sein. ── 義務的な Pflicht-; pflichtmäßig; bindend; obligatorisch; verbindlich; verpflichtend; vorgeschrieben; Zwangs-. ‖ 義務感 Pflichtgefühl *n.* -[e]s/義務教育 Schulzwang *m.* -[e]s; der pflichtmäßige Schulbesuch, -[e]s; die allgemeine Schulpflicht, -en/義務年限 die obligatorische Amtszeit, -en/義務論 Pflichtenlehre *f.* -n; Deontologie *f.*

きむずかしい 気難しい ❶ wählerisch; anspruchsvoll; schwer zu befriedigend; verwöhnt. ❷ [陰鬱(うつ)な] [gries]grämlich; mürrisch; verdrießlich; unwirsch. ❸ [怒りっぽい] reizbar; ärgerlich; cholerisch; erregbar.

きむすめ 生娘 Jungfrau *f.* -en; das keu-

ギムナジウム Gymnasium *n.* -s, ..sien／ギムナジウムの生徒 Gymnasiast *m.* -en, -en; Gymnasiastin *f.* ..tinnen 〔女〕.

きめ 木目 Ader *f.* -n〔木理〕; Strich *m.* -[e]s, -e〔同上〕; Holzmaserung *f.* -en〔同上〕; Hautgewebe *n.* -s, -〔肌理〕/木目のあらい rau; grobkörnig／木目の細かい fein[körnig].

きめい 記名 Namens|zeichen *n.* -s, -（-zug *m.* -[e]s, ⁻e）; [Namens]unterschreibung *f.* -en（-unterschrift *f.* -en; -zeichnung *f.* -en）; Signatur *f.* -en; Subskription *f.* -en／記名調印する unterschreiben⁴（unterzeichnen）und siegeln⁴. — 記名する unterschreiben⁴; unterzeichnen⁴; signieren; subskribieren. ‖ 記名式投票 die namentliche Abstimmung, -en.

ぎめい 偽名 der falsche (angenommene) Name, -ns, -n; Deckname -ns, -n; Pseudonym *n.* -s, -e／偽名で unter einem falschen (angenommenen) Namen／偽名を使う einen falschen Namen an|nehmen⁴; unter falscher (fremder) Flagge segeln ⟨s. h.⟩.

きめこむ 決め込む ❶ als selbstverständlich an|nehmen⁴; für erwiesen halten⁴. ❷〔振りをする〕tun⁴, als ob ...; den Fall (⁻e) setzen; es mit der Wahrheit nicht genau nehmen⁴; heucheln⁴; ⁴sich verstellen; vor|täuschen⁴.

きめつける 決めつける aus|schelten⁴ ⟨*jn*⟩; hart (übel) an|lassen⁴ ⟨*jn*⟩; ins Gebet nehmen⁴ ⟨*jn wegen*²⁽³⁾⟩; die Leviten lesen⁴ ⟨*jm*⟩.

きめて 決め手 ein entscheidender Schlag, -[e]s, ⁻e.

きめる 決める ❶ bestimmen⁴; fest|setzen⁴／分量を決めて飲む eine bestimmte (festgesetzte) Dosis ein|nehmen⁴（trinken⁴; zu ³sich nehmen⁴）⟨*Getränk* などを⟩. ❷〔決心〕⁴sich entschließen⁴（*zu*³）; entscheiden⁴⁴; zum Entschluss kommen⁴ ⟨s⟩; ³sich ein Herz fassen. ❸〔時日・場所などを〕ab|machen⁴; an|heraumen⁴; arrangieren⁴; fixieren⁴; vereinbaren⁴ ⟨mit *jm* 申しあわせ⟩／決めた時間に zur verabredeten Zeit. ❹〔限定〕begrenzen⁴.

きも 肝 ❶〔肝臓〕Leber *f.* -n; Gallenblase *f.* -n〔胆嚢〕. ❷〔度胸〕Mut *m.* -[e]s; Beherztheit *f.*; Courage *f.*; Kühnheit *f.*; Mumm *m.* -[e]s; Schmiss *m.* -es, -e; Schneid *m.* -[e]s／肝の小さい mutlos; feig[e]; feig|herzig（hasen-）; kleinmütig; memmen|haft（zag-）; pulverscheu／肝の太い mutig; beherzt; herzhaft; kühn; schmissig; schneidig; tapfer; verwegen／肝に銘じる durchs Herz（durch die Seele; durch Mark und Bein）gehen lassen⁴; '*et* gräbt ⁴sich *jm* tief ins Herz （Gedächtnis）; tief beeindruckt werden ⟨*von*³⟩／肝を冷やす die Haut schaudert ⟨*jm*⟩; eine Gänsehaut bekommen⁴; *jn* überläuft es kalt; vor ³Grauen schaudern／肝をつぶす in（höchstes）Erstaunen gesetzt werden; baff（platt）werden; verblüfft werden; (verdutzt); verwundert werden; vor ³Verwunderung sprachlos werden; wie vom Donner getroffen werden／いや肝をつぶしたよ Ach du mein Schrecken!

きもいり 肝煎り Geschäftsführer *m.* -s, -; Veranstalter *m.* -s, -〔主催者〕; Vermittler *m.* -s, -〔仲介者〕; Verwalter *m.* -s, -〔管理者〕; Förderer *m.* -s, -〔促進者〕; Gönner *m.* -s, -〔愛顧者〕／某氏の肝煎りで unter der ³Leitung von Herrn N.N.

きもち 気持 Gefühl *n.* -[e]s, -e; Stimmung *f.* -en／気持のよい angenehm; behaglich; erfrischend; gemütlich; mollig／気持よく〔進んで〕willig; willfährig／気持がよい ⁴sich angenehm（behaglich; erfrischt; gemütlich; mollig）fühlen; glücklich sein／ここは気持がよい Hier ist hier gut leben.／気持がわるい ⁴sich unangenehm（unbehaglich; unerfrischt; ungemütlich; nicht mollig）fühlen; gegen（wider）den Strich sein（gehen⁴）／人の気持をわるくする einen anderen verletzen（beleidigen; kränken）／気持がする ❶〔...と〕fühlen; Es ist *jm* so und so zumute（zu Mute）./ Es kommt *jm* vor.／病人のような気持がする Es ist mir zumute（zu Mute）, als ob ich krank wäre.／泣き出したい気持がする Ich habe Lust zu weinen. ❷〔らしく〕scheinen⁴; erscheinen⁴ ⟨s⟩; aus|sehen⁴; den Anschein haben.

きもの 着物 Kimono *m.* -s, -s; Kleidung *f.* -en〔総称〕; Kleid *n.* -[e]s, -er〔一枚〕; Kleidungsstück *n.* -[e]s, -e〔同上〕; Tracht *f.* -en〔服装〕; Gewand *n.* -[e]s, -er／着物を着る Kleider an|ziehen⁴（an|legen）; ⁴sich [an]kleiden; ⁴sich fertig machen／着物を着てみる Kleider an|probieren（zur Probe an|ziehen⁴）／着物を脱ぐ Kleider aus|ziehen⁴; ab|legen（-|streifen, -|werfen）; ⁴sich aus|ziehen⁴（aus|kleiden; entkleiden）; ⁴sich der Kleider entledigen; ⁴sich frei machen／着物をたくさん持っている einen reichen Kleiderbestand（eine reiche Garderobe）besitzen⁴.

きもん 鬼門 Teufelstor *n.* -[e]s, -e; die notdürftige, verhängnisvolle（Unglück verheißende; ominöse）[Himmels]richtung.

ぎもん 疑問 Frage *f.* -n; Problem *n.* -s, -e; Zweifel *m.* -s／疑問を抱く bezweifeln⁴; einen Zweifel hegen ⟨*über*⁴⟩; im Zweifel sein ⟨*über*⁴⟩; in ⁴Frage stellen⁴. —— 疑問の fraglich; fragwürdig; problematisch; ungewiss; unsicher; zweifelhaft. ‖ 疑問形容詞 das interrogative（fragende）Adjektiv, -s, -e（Adjektivum, -s, ..va; Beiwort）／疑問代名詞 Interrogativ *n.* -s, -e; Interrogativum *n.* -s, ..va; Interrogativpronomen *n.* -s, ..mina; das fragende Fürwort, -[e]s, ⁻er／疑問符 das Fragezeichen *n.* -s, -／疑問副詞 das interrogative（fragende）Adverb, -s, ..bien（Adverbium, -s, ..bia; Umstandswort/疑問文 Fragesatz (Interrogativ) m. -es, ⸚e.

きゃ きゃっと叫ぶ schrill auf|schreien*; kreischen.

ギヤ ⇨ **ギア**.

ぎゃあぎゃあ ぎゃあぎゃあ泣く heulen; (gellend) auf|schreien*; laut schreien*; miauen 《猫が》.

きゃく 規約 Abkommen n. -s; Kontrakt m. -(e)s, -e; Vertrag m. -(e)s, ⸚e; Verabredung f. -en; Vergleich m. -(e)s, -e/規約を結ぶ ein Abkommen (eine Verabredung) treffen* 《mit jm》; einen Kontrakt (Vertrag) ab|schließen*/規約に違反する gegen das Abkommen verstoßen*/規約を破る einen Kontrakt (Vertrag) brechen*/規約に従って nach (gemäß) dem Abkommen (Vertrage, Kontrakt)/規約に反して dem Abkommen zuwider.

きゃく 客 [訪客] Besucher m. -s, -; Besuch m. -(e)s, -e; Gast m. -(e)s, ⸚e《賓客・旅客》; der Fremde*, -n, -n《旅客》; [顧客] Kunde m. -n, -n; Käufer m. -s, -; Klient m. -en, -en《弁護士の》; Patient m. -en, -en《医師の》; [乗客] Fahrgast m. -(e)s, ⸚e; Passagier m. -s, -e; der Reisende*, -n, -n; der Gesellschaftsreisende*, -n, -n《団体旅行の客》/客がある Besuch (Gäste) haben; Gesellschaft haben (bekommen*)《たくさんの》/客を招く Gäste ein|laden*/客を迎える die Gäste empfangen*/客をする ein Gastmahl (n.) geben*/客に行く jn besuchen; jm einen Besuch machen (ab|statten); jm eingeladen werden 《招かれる》/客好きである gesellig sein《客に来ている》be jm zu Besuch sein/客を引く Kunden an|locken; ⁴Gäste an|locken 《旅館が》.

きゃく 脚 Bein n. -(e)s, -e; Fahrgestell n. -s, -e《飛行機の》.

ぎゃく 逆 das Umgekehrte*, -n; Verkehrtheit f. -en《さかま》; das Entgegengesetzte*, -n; Gegensatz m. -es, ⸚e; Gegenteil n. -(e)s, -e《反対》; Rückseite f. -n《裏》; [数] Umkehrung f. -en/逆の《さかさまの》umgekehrt; verkehrt; 《反対の》entgegengesetzt, gegensätzlich (-teilig); [相対する] gegenüber|liegend (-stehend); widersprechend《矛盾する》; [植] gegenständig《対生の》/逆に《さかさまに》entgegengesetzt; sachgemäß(?); gegensätzlich; gegenteilig; im Gegenteil; …と逆に im Gegensatz 《zu》; rückseits《裏向きに》; rückwärts《後方に》/逆の方法で auf andere Weise/逆の方向へ in die entgegengesetzte Richtung/逆に um|kehren*; verkehren*《方向を》; um|wenden*⁴《上下・表裏を》/逆にとる falsch (verkehrt) verstehen*⁴/逆をつく einen Gegenschlag führen 《gegen⁴》/逆を行く andere Wege gehen*/逆もまた真なり Die Umkehrung ist auch wahr.

ギャグ Gag m. -(s), -s; Improvisation f.

きゃくあし 客足 Kundschaft f. -en/客足が近い(遠い) viel (wenig) Kunden (Kundschaft) haben; gute Geschäfte machen (よく売れる)/客足がつく Kunden bekommen* (an|ziehen*)/客足が減る die Kundschaft verlieren*.

きゃくあしらい 客あしらい Empfang m. -(e)s, ⸚e; Aufnahme f. -n; Bedienung f. -en《旅館などの》; Bewirtung f. -en《饗応》/客あしらいがよい gastfreundlich (-schaftlich); gastlich; wirtlich; ein gewandter Gastgeber sein/客あしらいがわるい ungastlich; ungastfreundlich; unwirtlich/あの店は客あしらいがよい(わるい) Die Bedienung ist in dem Laden ist gut (schlecht)./Jener Laden versteht sich (versteht sich nicht) auf den Kundendienst.

きゃくいり 客入りがよい(わるい) viel (wenig) Kunden (Kundschaft) haben.

きゃくいん 脚韻 Reim m. -s, -e/脚韻を踏む [Verszeilen] reimen.

きゃくいん 客員 Ehrenmitglied n. -(e)s, -er ∥ 客員教授 Gastprofessor m. -s, -en.

きゃくご 客語 ❶ [目的語] Objekt n. -(e)s, -e. ❷ [賓詞] Prädikat n. -(e)s, -e/客語的 prädikativ.

ぎゃくこうか 逆効果 Gegenwirkung (Rück-) f. -en《「逆」にとらわれずに》; das entgegengesetzte Ergebnis, ..nisses, ..nisse/逆効果を来たす ungünstig (nachteilig) wirken 《auf⁴》.

ぎゃくコース 逆コース rückschrittlich; reaktionär/逆コースの人 Rückschrittler m. -s, -; Reaktionär m. -s, -e/逆コースを行く die entgegengesetzte Richtung (f. -en) ein|schlagen*; in entgegengesetzten Richtungen vor|rücken* [s]; denselben Weg rückwärts gehen* [s].

ぎゃくさつ 虐殺 das Schlachten, -s, -; Blutbad n. -(e)s, ⸚er; Gemetzel n. -s, -/虐殺する schlachten⁴; nieder|metzeln⁴ ∥ 虐殺者 Schlachter (Schlächter) m. -s, -.

ぎゃくさよう 逆作用 Gegenwirkung (Rück-) f. -en/Reaktion f. -en.

きゃくさん 客死 Tod (m. -(e)s) im fremden Land(e)/客死する im fremden Land(e) sterben* [s]; auf der Reise sterben*《旅行中に》.

きゃくしつ 客室 Fremdenzimmer n. -s, -《ホテルなどの》; Kabine f. -n《船・飛行機の》∥ 客室乗務員 Flugpersonal n. -s, -.

きゃくしゃ 客車 Personenwagen m. -s, -; Personenzug m. -(e)s, ⸚e.

ぎゃくしゅう 逆襲 Gegenangriff m. -(e)s, -e《-zug m. -s, -züge m. -(e)s, ⸚e》; Wiedervergeltung f. -en《逆ねじ》/逆襲する einen Gegenangriff machen; den Spieß um|drehen (um|kehren)《gegen jn 逆ねじを食わす》; es jm zurück|geben* 《同上》.

ぎゃくじょう 逆上する außer ⁴sich geraten* [s]《vor³》.

きゃくしょうばい 客商売 Hotel- und Restaurantwesen n. -s, -; Hotel- und Restaurantgewerbe n. -s, -.

きゃくしょく 客色 Dramatisierung f. -en;

ぎゃくしん Bearbeitung (f. -en) für die Bühne (芝居の); Bearbeitung (f. -en) für den Film (zum Drehbuch)(映画の)/脚色 B 氏 Bühnenbearbeitung von B (芝居の); Drehbuch von B für den Film (映画の). ― 脚色する dramatisieren[4]; für die Bühne bearbeiten[4] (芝居の); verfilmen[4] (映画の). ‖ 脚色家 Bearbeiter m. -s, - für die Bühne (芝居の); Bearbeiter für den Film (映画の).

ぎゃくしん 逆進 Rückwärtsbewegung f. -en.

ぎゃくしん 逆臣 Empörer m. -s, -; Meuterer m. -s, -; Rebell m. -en, -en; Verräter m. -s, - (裏切者); Putschist m. -en, -en (反逆者).

ぎゃくすう 逆数 der reziproke Wert, -(e)s, -e; Kehrwert m. -(e)s, -e. 逆数方程式 die reziproke Gleichung, -en.

ぎゃくすじ 客筋 Kunde m. -n, -n. ⇨きゃくだね.

ぎゃくせい 虐政 Gewaltherrschaft f. -en; Tyrannei f. -en; Willkürherrschaft; Despotie f. -n.

ぎゃくせい 逆性石鹸 umgekehrte Seife, -n; Desinfektionsseife (f. -n) mit positivem Ion.

きゃくせき 客席 Sitz (m. -es, -e) (Platz m. -es, ¨e) für den Gast/客席に侍する den Gästen (pl) auf|warten; die Gäste bedienen.

ぎゃくせつ 逆説 Paradox n. -es, -e; Paradoxon n. -s, ..xa; Paradoxie f. -n (逆説的なこと)/逆説的な paradox.

ぎゃくせん 逆船 Passagier|schiff n. -(e)s, -e (-boot n. -(e)s, -e; -dampfer m. -s, -) (汽船).

ぎゃくせんでん 逆宣伝 Gegenpropaganda f.; Demagogie f. -n.

きゃくせんび 脚線美 die Schönheit der Beinlinien.

ぎゃくせんぷう 逆旋風 Antizyklone f. -n.

ぎゃくそう 逆漕する rückwärts rudern (h.s).

きゃくそう 逆送する zurück|senden[4]*[1,4].

ぎゃくたい 虐待 Misshandlung f. -en/虐待する misshandeln[4]; schlecht behandeln[4].

きゃくだね 客種がよい(わるい) gute (schlechte) Kundschaft haben.

きゃくちゅう 客注 Fußnote f. -n/脚注した施す[3]Fußnoten versehen*.

ぎゃくちょう 逆潮 Gegenströmung f. -en.

ぎゃくてん 逆転 Umdrehung (Umkehrung) f. -en/形勢が逆転した Der Wind hat sich gedreht. Die Sache nahm (bekam) eine andere Wendung. Eine Wendung zum Besseren (Schlechteren) trat ein./逆転する um|drehen[4] (-|kehren[4])/形勢を逆転する (俗) den Spieß (her)um|drehen.

きゃくどめ 客止め das volle Haus, -es, ¨er (大入り); "Ausverkauft!" (掲示)/客止めする die Besucher zurück|weisen*.

ぎゃくひき 逆引 Kunden|werber m. -s, -; Schlepper m. -s, -/逆引きをする die Kunden an|locken.

ぎゃくひれい 逆比例 das umgekehrte Verhältnis, ..nisses, ..nisse/逆比例の umgekehrt proportional (zu[3])/逆比例する im umgekehrten Verhältnis stehen* (zu[3]).

ぎゃくふう 逆風 Gegenwind m. -(e)s, -e; der ungünstige (widrige) Wind, -(e)s, -e.

きゃくぶんすう 仮分数 (数) der einfache Bruch, -(e)s, ¨e.

きゃくほん 脚本 Theater|stück (Bühnen-) n. -(e)s, -e; Schauspiel n. -(e)s, -e; Drama n. -s, ..men; Textbuch n. -(e)s, ¨er (オペラの) Operntext m. -es, -e; Libretto n. -s (..tti); (映画の) Drehbuch/脚色化する dramatisieren[4]; dramatisch bearbeiten[4]; für die Bühne bearbeiten[4] (映画の) für den Film bearbeiten[4]; verfilmen[4] ‖ 脚本家 Dramatiker m. -s, -; Schauspieldichter m. -s, -; (映画の) Drehbuchschreiber m. -s, -/脚本朗読 Filmschriftsteller m. -s, -; Deklamation (f. -en) eines Theaterstückes.

きゃくま 客間 (応接室) Empfangszimmer n. -s, -; (客室) Gast|zimmer n. -s, - (-stube f. -n; -kammer f. -n); Fremdenzimmer n. -s, -; (社交室) Salon m. -s, -s; Gesellschaftszimmer.

ぎゃくもどり 逆戻り Zurück|kehren n. -s, - (-kommen n. -s, -); Umkehr f.; Umkehrung f. -en/逆戻りする zurück|kehren (-|kommen*) s; rückwärts gehen* s/もう逆戻りできない Kein Zurück mehr!

ぎゃくゆしゅつ 逆輸出 Wiederausfuhr f. -en/逆輸出する wieder aus|führen[4].

ぎゃくゆにゅう 逆輸入 Rückeinfuhr f. -en; Wiedereinführung f. -en/逆輸入する wieder ein|führen[4].

ぎゃくよう 逆用する aus|nutzen[4].

ぎゃくりゅう 逆流 Gegenstrom m. -(e)s, ¨e; Gegenströmung f. -en (潮流の); Rückfluss m. -es, ¨e/逆流する gegen den Strom gehen* s (rudern h.s); mit[3] Schwierigkeiten kämpfen (比喩的)/逆流する zurück|fließen* s (-|strömen s).

きゃしゃ 華奢な zart; fein; delikat; schlank (ほっそりした); schwächlich (弱々しい) (華奢な娘 ein zartes (schlankes) Mädchen, -, -/華奢な体 delikate Konstitution; schlanker (schwächlicher) Körperbau, -(e)s, -ten/華奢な家 ein leicht gebautes Haus, -es, ¨er/華奢な手 eine feine Hand, -, ¨e.

きゃすい 気さくな人 ein Mensch (m. -en, -en), mit dem man leicht Kontakt haben kann; ein zugänglicher (behaglicher) Mensch.

キャスター Rolle f. -n (家具の)/キャスター付きのテーブル ein Tisch auf Rollen.

キャスティングボート die entscheidende Stimme, -n/キャスティングボートを握っている die Entscheidung in der Hand haben.

キャスト Rollenverteilung f. -en; (Rollen-) besetzung f. -en.

きやすめ 気休め ein (leidiger) Trost, -es; Beruhigung f. -en; Tröstung f. -en; (なだめ) Besänftigung f. -en; Beschwichtigung f. -en/口先だけの気休めの Trost in bloßen Worten; Vertröstung f. -en; leerer

Trost/気休めに zum Trost〔e〕; um das Gewissen zu beruhigen/気休めを言う *jm* Trost zu|sprechen*.

きゃたつ 脚立 Rock¦leiter (Stufen–) *f.* –n.

キャタピラ Raupe *f.* –n; Raupenkette *f.* –n.

きゃつ 彼奴 dieser Kerl, –s, –e; dieser Bursche, –n, –n; er*《男性》; sie*《女性》; der* da《あそこにいる奴》.

きゃっか 却下 Zurückweisung *f.* –en; Abweisung *f.* –en; Verwerfung *f.* –en; Reprobation *f.* –en; Ablehnung *f.* –en. ── 却下する zurück|weisen*^{4} (ab|–); verwerfen*^{4}; ab|lehnen^4/請願〔書〕を却下する eine Petition (Bittschrift) zurück|weisen*/上告を却下する eine Revision ab|weisen*/彼の最高裁への上告は却下された Seine Revision an die höchste Instanz wurde abgewiesen.

きゃっかん 客観性 Objektivität *f.*/客観的 objektiv; sachlich; gegenständlich/客観的妥当性 objektive Gültigkeit *f.*/客観的描写 sachliche Schilderung, –en/客観的に見る objektiv betrachten^4; sachlich an|sehen*^{4} ‖ 客観主義 Objektivismus *m.* –.

きゃっきゃっ きゃっきゃっと笑う kreischend lachen/きゃっきゃっと騒いで遊ぶ sehr lustig sein; ausgelassen sein/さるがきゃっきゃっと鳴く Ein Affe《*m.* –en, –en》schreit.

ぎゃっきょう 逆境 Missgeschick *n.* –〔e〕s, –e; Unglück *n.* –〔e〕s; Not *f.* ¨e/逆境にある in Not sein; in einer schlimmen Lage sein/逆境に陥る in Not geraten*/逆境と戦う gegen die Not an|kämpfen; die Not bekämpfen.

きゃっこう 脚光 Rampe *f.* –n; Rampenlichter《*pl*》/脚光を浴びる [人が] die Bühne betreten*; auf die Bühne treten* [s]; auf der Bühne erscheinen* [s]; Aufmerksamkeit der Welt an ^{4}sich ziehen*; [脚本が] über die Bühne gehen* [s]; aufgeführt werden.

ぎゃっこう 逆行 Rück¦bewegung *f.* –en (–gang *m.* –〔e〕s, ¨e); 〘天〙Rücklauf *m.* –〔e〕s, ¨e; das Rückwärtsgehen*, –s《後戻り》; Rückschritt *m.* –〔e〕s, –e《後退・反動》/逆行の rückgängig; 〘天〙rückläufig (retrograd); rückschreitend ── 逆行する ^{4}sich rückwärts bewegen (gehen* [s]); 〘天〙eine rückläufige ^{4}Bewegung machen; rückwärts fahren* [s]《車が》/時代に逆行する gegen (wider) den Strom schwimmen [s]; ^{4}sich der herrschenden Meinung widersetzen. ── 逆行させる rückwärts fahren《mit dem Auto 自動車を》.

ぎゃっこうか 逆効果 ⇨**ぎゃくこうか**.

ぎゃっこうせん 逆光線 〘写〙Gegenlicht *n.* –〔e〕s, –e.

ぎゃっコース 逆コースの ⇨**ぎゃくコース**.

キャッシュ Bargeld *n.* –〔e〕s/キャッシュで支払う in bar bezahlen^4/キャッシュレスの bargeldlos ‖ キャッシュカード Scheckkarte *f.* –n.

キャッチ 〔auf|〕fangen*^{4}.

キャッチフレーズ Schlagwort *n.* –〔e〕s, –e (¨er); Werbeslogan *m.* –s, –s.

キャッチボール Fangball *m.* –s, ¨e.

キャッチャー [野球の] Fänger *m.* –s, – ‖ キャッチャーボート〔Wal〕fangboot *n.* –〔e〕s, –e《捕鯨の》/名キャッチャー ein meisterhafter Fänger.

キャップ Kappe *f.* –n; Mütze *f.* –n《帽子》; 〔Bleistift〕hülse *f.* –n《鉛筆の》; 〔Flaschen-〕kapsel *f.* –n《びんの》; [指導者]〔An〕führer *m.* –s, –.

ギャップ Kluft *f.* ¨e.

キャディー Golfjunge *m.* –n, –n.

ギャバジン Gabardine *m.* –s (*f.*).

きゃはん 脚絆 Gamasche *f.* –n/脚絆をつけている in ^{3}Gamaschen sein ‖ 巻脚絆 Wickelgamasche *f.* –n.

キャビア Kaviar *m.* –s, –e.

キャピタル [頭字] großer Buchstabe, –ns, –n.

キャビネ Kabinett *n.* –s, –e ‖ キャビネ型 Kabinettformat *n.* –〔e〕s, –e/キャビネ型写真 Kabinett¦bild *n.* –〔e〕s, –er (–fotografie *f.* –n)/キャビネ判 Kabinettausgabe *f.* –n.

キャビン Kabine *f.* –n; Kajüte *f.* –n; Schiffskabine *f.* –n.

キャプション [標題] Überschrift *f.* –en; [絵の説明文] Bildunterschrift *f.* –en; [字幕] Untertitel *m.* –s, –.

キャプテン Kapitän *m.* –s, –e《船長》; Mannschaftsführer *m.* –s, –《競技チームの》.

キャブレター Vergaser *m.* –s, –.

ぎゃふん ぎゃふんとなる verblüfft (verdutzt) werden《面くらう》; eins auf die Nase bekommen*《鼻をくじかれる》; kleinlaut werden; vor *jm* den Hut ab|nehmen*; die Segel streichen*/ぎゃふんと言わす *jn* in die Enge treiben*; *jm* den Wind aus den Segel nehmen*.

キャベツ Kohl *m.* –s, –e ‖ キャベツ巻 Kohlwickel *m.* –s, –.

きやみ 気病み Trübsinn *m.* –〔e〕s; Schwermut *f.*; Melancholie *f.*; Hypochondrie *f.*; Depression *f.*; die eingebildete Krankheit, –en《自分で思いこんだ病気》/気病みする in gedrückter ^{3}Stimmung sein; an ^{3}Depression (Hypochondrie) leiden*; trübsinnig (melancholisch; schwermütig) sein.

きゃら 伽羅 〘植〙Adlerholz *n.* –es, –; Aloeholz *n.* –es, –.

ギャラ ❶ [保証・担保] Bürgschaft *f.* –en, Sicherheit *f.* –en. ❷ [出演料] Honorar *n.* –s, –e; Gage *f.* –n.

キャラコ Kaliko *m.* –s, –s; Kattun *m.* –s, –e/キャラコの von ^{3}Kaliko; kattunen.

キャラバン Karawane *f.* –n.

キャラメル Karamel *m.* –s; Zucker¦kulör (–couleur) *f.* ‖ チョコレートキャラメル Schokoladenkaramelle *f.* –n/ミルクキャラメル Karamelle *f.* –n.

ギャラリー Galerie *f.* –n.

きやり 木遣り Arbeitslied《*n.* –〔e〕s, –er》des Holzarbeiters.

キャリアウーマン Karrierefrau *f.* –en.

ギャロップ Galopp *m.* –s, –e/ギャロップで走る galoppieren [h, s].

きゃんきゃん きゃんきゃん鳴く kläffen.

ギャング Gangster *m.* –s, –; Gang *m.* –s, –s

《ギャング団》.

キャンセル rückgängig machen^4; annullieren^4; stornieren^4.

キャンデー Kandis *m.* –; Süßigkeiten《*pl*》; Bonbon *m.* (*n.*) –s, –s.

キャンバス Kanevas *m.* ..vasses, ..vasse; 〔Maler〕leinwand *f.*

キャンパス Campus *m.* –, –.

キャンプ 〔Zelt〕lager *n.* –s, –; Zeltplatz *m.* –es, ¨e《キャンプ場》/キャンプする zelten; kampieren; das Lager auf|schlagen*/キャンプに行く zum Zelten (zum Lagern) gehen* [s] ‖ キャンプ生活 Zeltleben *n.* –s; Camping *n.* –s/キャンプファイヤー Lagerfeuer *n.* –s, –.

ギャンブル Glückspiel *n.* –〔e〕s, –e.

キャンペーン Kampagne *f.* –n.

きゆう 杞憂 die eingebildete Angst, ¨e; die unnötige Sorge, –n; die grundlose (unbegründete) Furcht/杞憂を抱く grundlose (unbegründete) Angst (Furcht) haben; ^{3}sich unnötige Sorge machen; Gespenster sehen*/杞憂にすぎない nur ein Schreckgespenst sein.

きゅう 灸 Moxa *m.* –s, –; Moxakur *f.* –en/灸をすえる Moxakur machen 〔lassen*〕; [罰する] *jm* ^{4}*et* zu fühlen geben*; 〔be〕strafen^4《*mit*^{3}》.

きゅう 球 Kugel *f.* –n; Ball *m.* –〔e〕s, ¨e; Globus *m.* – (..busses), ..ben (..busse)《地球儀など》; Sphäre *f.* –n《天球》; Birne *f.* –n《電球》. ⇨きゅうけい(球形).

きゅう 級 Klasse *f.* –n; Rang *m.* –〔e〕s, ¨e; Stufe *f.* –n; Ordnung *f.* –en; [比喩的に] Format *n.* –〔e〕s, –e; Kaliber *n.* –s, –; Qualität *f.* –en/級を分ける in Klassen ein|teilen^4; nach Rang (Größe) ordnen^4; in Rangklassen ab|stufen^4/第一級の芸術家 ein Künstler《*m.* –s, –》erster Klasse/第二級の文士 ein Schriftsteller《*m.* –s, –》zweiten Rang〔e〕s/第一級道路 Straße《*f.* –n》erster Ordnung/五千トン級の船 ein Schiff《*n.* –〔e〕s, –e》der 5 000–Tonnen–Klasse/大臣級の大物 eine Persönlichkeit《–en》von Minister–Format.

きゅう 急 ❶ [危急] Gefahr *f.* –en; Krise (Krisis) *f.* Krisen; Not *f.* ¨e; Notfall *m.* –〔e〕s, ¨e/〔危〕急の場合には bei Gefahr; im Notfall; notfalls/急に備える für Notfälle Vorsorge treffen* (vor|sorgen); ^{4}sich auf jede Gefahr (alle möglichen Fälle; alle Möglichkeiten) vor|bereiten; ^{4}sich auf das Schlimmste gefasst machen/急を救う *jm* in der Not bei|stehen* (helfen*); *jn* aus der Not retten/急を告げる alarmieren^4; Alarm schlagen* (blasen*)《警報》; *jm* ^{4}*et* melden (mit|teilen) ❖ その他一般に「知らせる」の内容をもつ語 an|rufen^4; ein|telefonieren^4 などを文脈に応じて用いる; die Notbremse ziehen*《列車の中で》; [急迫] kritisch sein; eine kritische Wendung nehmen*〖Lage *f.* –n などを主語として〗; Die Zeit (Die Not) drängt《*zu*^{3}》./政界風雲急を告げる Die politische Spannung《*zwischen*^{3}》wird ernst. | Es ist Gefahr im Verzug〔e〕, dass die politische Entwicklung zum Krieg treibe./国家の急に赴く dem Ruf des Vaterlands folgen; ^{4}sich für das Vaterland in Not ein|setzen. ❷ [緊急] Dringlichkeit *f.* –en; Eile *f.* ❸ [険阻な] steil; jäh; [急速な] reißend《流れ》. ── 急な(に) dringend; dringlich; drängend; eilig; [突然の] plötzlich; unerwartet; aus heiterem Himmel; Knall und Fall; von heute auf morgen; [速やかに] sofort; auf der Stelle/急な用事で in (wegen) einer dringenden Angelegenheit/急なカーブで in scharfer Kurve (Biegung). ‖ 急傾斜 das starke Gefälle, –s, –; die steile Lagerung, –en《岩層の》/急流 der reißende Strom, –〔e〕s, ¨e.

きゅう 旧の alt; früher; vorherig; gewesen; einmalig ‖ 旧正月 das Neujahr《–〔e〕s, –e》nach dem Mondkalender.

きゅう きゅうと鳴る knarren; knirschen.

きゅう 九 ⇨く(九).

キュー ❶ [ビリヤードの] Queue *n.* –s, –s; Billardstock *m.* –〔e〕s, ¨e. ❷ [放送で] キューする einen Wink geben*^{3}.

ぎゆう 義勇 ❶ [忠義と勇気] Staatstreue und Heldenmut, der – und des –〔e〕s; Untertanentreue und Heldengeist, – und –〔e〕s. ❷ [国への献身的犠牲] das für das Beste des Staates (Volksganzen) dargebrachte selbstlose Opfer, –s, –/義勇奉公の精神 Vaterlandsliebe *f.*; Patriotismus *m.* –/義勇公に奉じる ^{4}sich für das Beste des Staates (Volksganzen) opfern; fürs Vaterland sein Blut vergießen*. ‖ 義勇軍 das freiwillige Korps, –, –; Volksheer *n.* –〔e〕s, –e/義勇兵 der Freiwillige*, –n, –n; Volontär *m.* –s, –e; Milizsoldat *m.* –en, –en《民兵》.

きゅうあい 求愛 das Hofmachen* (Liebeswerben*), –s/求愛する *jm* den Hof machen; um Liebe (um eine Frau) werben*; um *jn* buhlen; um *jn* freien《求婚》.

きゅうあく 旧悪 das frühere Vergehen, –s, –; die dunkle Vergangenheit, –en; die alte Wunde, –n/旧悪をあばく *js* dunkle Vergangenheit enthüllen; eine wunde Stelle wieder auf|reißen*/旧悪が露見する *js* früheres Vergehen kommt ans Licht./旧悪は露見するものだ ‚Es ist nichts so fein gesponnen, 〔es〕 kommt doch an das Licht der Sonnen.'《天網恢々疎にして漏らさず》.

きゅういん 吸引する ab|saugen$^{(*)4}$ (auf|–; ein|–) ‖ 吸引力 Anziehungskraft *f.*《魅力》.

ぎゅういんばしょく 牛飲馬食する unmäßig (viel) essen* und trinken*; fressen* und saufen*.

ぎゅうえき 牛疫 Rinderpest *f.* –en (–seuche *f.* –n).

きゅうえん 旧怨 der alte Groll, –〔e〕s; der lang gehegte Hass, –es/旧怨を晴らす seine Rache befriedigen (stillen).

きゅうえん 休演する geschlossen sein《劇場が》; nicht auf|treten* [s]《俳優が》.

きゅうえん 救援 Hilfe *f.* –n; Hilfeleistung *f.* –en; Rettung *f.* –en. ── 救援する Hilfe leisten^3; zu〔r〕 Hilfe kommen*^{3} [s]; Rettung bringen*^{3}; *jn* zu Hilfe schicken^3. ‖ 救援活動 Hilfsaktion *f*. -en/救援軍 Hilfstruppe *f*. -n; Verstärkung *f*. -en/救援作業 Hilfsaktion *f*. -en/救援措置 Notstands¦maßnahme (Hilfs-) *f*. -n/救援隊 Hilfsexpedition *f*. -en/救援物資 Hilfsmittel 《*pl*》.

きゅうおん 旧恩 die einst erwiesene Wohltat, -en; *js* Gunst 《*f*. ¨e》 in der Vergangenheit; die alte Freundlichkeit, -en/旧恩に報いる die einst erwiesene Wohltat (Gunst; Freundlichkeit) vergelten*.

きゅうおん 吸音 〖理〗 Schallabsorption *f*./吸音性の Schall absorbierend.

きゅうか 休暇 Ferien 《*pl*》; Urlaub *m*. -〔e〕s, -e; Feiertag *m*. -〔e〕s, -e/休暇を許す *jm* Urlaub gewähren (bewilligen; genehmigen)/休暇をとる Urlaub (Ferien) nehmen* (erhalten* 《もらう》); auf Urlaub gehen* (sein) [s]/休暇になる《学校などが》Die Schule schließt. ¦ Die Ferien beginnen./二三日休暇を貰いたい Ich möchte gern einen zwei- oder dreitägigen Urlaub erhalten./次の月曜から休暇をとります Am nächsten Montag gehe ich auf Urlaub. ‖ 夏期休暇 Sommerferien 《*pl*》/春期休暇 Osterferien 《*pl*》/冬期休暇 Weihnachtsferien 《*pl*》/病気休暇 Krankheitsurlaub *m*. -〔e〕s, -e.

きゅうカーブ 急カーブ die scharfe Kurve, -n.

きゅうかい 休会 Parlamentsferien 《*pl*》; Vertagung *f*. -en/休会明けの nach den Ferien/休会する ^{4}sich vertagen; in die Ferien gehen* [s]/休会にする das Parlament vertagen; die Sitzung schließen*; Ferien machen.

きゅうがい 級外の ranglos.

きゅうかく 嗅覚 Geruchs¦empfindung *f*. -en (-sinn *m*. -〔e〕s, -e)/嗅覚が鋭い eine feine Nase haben.

きゅうがく 休学 das zeitweilige Fernbleiben* (Ausbleiben*) 《-s》 von der Schule/休学する zeitweilig von der Schule fern|bleiben* (aus|bleiben*) [s] 《*wegen*$^{2(3)}$》; eine Zeit lang auf den Besuch der Schule verzichten 《*wegen*$^{2(3)}$》.

きゅうかくど 急角度に in scharfen Winkel; scharfwink〔e〕lig/急角度に上昇する〖航〗hoch|reißen* (-|ziehen*) [s] ‖ 急角度上昇 das Hochziehen*, -s.

きゅうかざん 休火山 der untätige Vulkan, -s, -e.

きゅうかぶ 旧株 〖株〗 die alten Aktien 《*pl*》.

きゅうかん 旧刊 die alte Nummer, -n 《雑誌の》; die alte Ausgabe, -n 《旧版》.

きゅうかん 旧慣 alte Sitten und Gebräuche 《*pl*》; der alte Brauch, -〔e〕s, ¨e; das Althergebrachte*, -n.

きゅうかん 休刊 Einstellung 《*f*. -en》 der Herausgabe/休刊する die Herausgabe 〔auf einige Zeit〕 ein|stellen/明日休刊 Morgen keine Zeitung. ¦ Morgen keine Herausgabe unserer Zeitung.

きゅうかん 休閑 Brache *f*. -n/休閑する brach|liegen* 《耕さずにおく》; brachen^4 《耕地を》 ‖ 休閑期 Brachzeit *f*. -en/休閑地 Brach¦feld *n*. -〔e〕s, -er (-weide *f*. -n).

きゅうかんちょう 九官鳥 Dohle *f*. -n.

きゅうきゅう 救急〔法〕 die erste Hilfe, -n; Unfallshilfe *f*. -n ‖ 救急車 Unfallwagen *m*. -s, -; Sanitätsauto *n*. -s, -s; Ambulanz *f*. -en/救急所 Sanitätswache *f*. -n; Unfallstation *f*. -en/救急箱 Sanitätskasten *m*. -s, ¨.

きゅうきゅう きゅうきゅういう(鳴る) quieke〔r〕n; quietschen.

きゅうきゅう 汲々として ❶ fleißig; emsig; arbeitsam; unermüdlich; strebsam; unverdrossen. ❷ [「野心」を含めた意味では] streberhaft; streberisch; ehrgeizig; ehrsüchtig/汲々としている nur an ^{4}*et* denken*; unermüdlich streben 《*nach*^{3}》; an|streben^4; versessen sein 《*auf*^{4}》/名利に汲々としている eifrig nach Ruhm und Reichtum streben.

きゅうきゅう [金詰り] in großer Geldverlegenheit sein; ^{4}sich spärlich durchs Leben bringen*; ein kümmerliches Dasein (sein Leben) fristen 《食うや食わず》/今のところきゅうきゅうだ Vorläufig habe ich die Schwindsucht im Beutel./きゅうきゅういう knirschen 《靴など》; kreischen 《ドアなど》.

きゅうぎゅう 九牛の一毛 ein Tropfen vom Meer; verschwindend wenig.

ぎゅうぎゅう ぎゅうぎゅういう(鳴る) knarren 《戸など》; knistern 《絹布など》; knitschen 《戸・靴など》; knirschen 《砂・雪などを踏みつけて》/ぎゅうぎゅういわせる(いう目にあわせる) *jn* arg mit|nehmen*; *jm* hart (schlimm; übel) mit|spielen; *jm* arg zu|setzen/ぎゅうぎゅう詰め込む hinein|zwängen^4/ぎゅうぎゅう詰めの gepfropft (gestopft) voll; dicht gepresst; wie die Heringe geschichtet 《満員の》.

きゅうきょ 旧居 *js* frühere Wohnung, -en.

きゅうきょ 急遽 in aller (größter) Eile; mit möglichster Eile; schleunigst; schnellstens; eilends.

きゅうきょう 窮境 Not *f*. ¨e; gedrückte Verhältnisse 《*pl*》; beschränkte Umstände 《*pl*》; Armut *f*. 《以上むしろ金銭上の》; missliche Umstände 《*pl*》; Klemme *f*. -n; Notlage *f*. -n; Miss¦stand (Übel-; Tief-) *m*. -〔e〕s, ¨e; Zwangslage *f*. -n 《以上困難・苦境》/窮境にある in Not (Nöten) sein; in große Not geraten* [s] 《陥る》; auf Schwierigkeiten stoßen* 《困難に逢着する》; in der Klemme sein (sitzen*); in die Klemme kommen* (geraten*) [s] 《陥る》 in großer Geldverlegenheit sein 《金銭上の》; in einer verzweifelten (schlimmen; aussichtslosen) Lage sein.

きゅうきょう 旧教 Katholizismus *m*. -/旧教の katholisch ‖ 旧教徒 Katholik *m*. -en, -en.

きゅうぎょう 休業する schließen*; geschlossen sein 《店など》; feiern; von der Arbeit ruhen; Feiertag machen/本日休業 Heute geschlossen. ¦ Heute Ruhetag./棚卸しにつ

[き]

きゅうきょく 窮極 das Äußerste* (Letzte)*, -n/窮極の (aller)letzt; äußerst; endgültig/窮極において letzten Endes; endlich; schließlich; im Grund.

きゅうきん 球菌〔バクテリア〕der kugelförmige (eiförmige) Spaltpilz, -es, -e; Mikrokokkus m. -, ..kokken.

きゅうくつ 窮屈 a eng; beengt; knapp《衣服など》; schmal《くつなど》; steif《固苦しい》; förmlich《形式的で》; feudal《上品すぎて》; streng《厳格な》; befangen《気詰り》; unfrei; gehemmt《抑圧》; gebunden《拘束》/服が窮屈になった Der Anzug ist mir nicht sehr knapp (zu eng) geworden./知らない人がいると窮屈だ Ich werde (fühle mich) in Gegenwart fremder Leute befangen.

きゅうけい 休憩 Rast f. -en; Ruhepause f. -n; Pause f. -n《幕間》. ― 休憩する rasten; ruhen; eine Rast halten* (machen); eine Pause machen/十分間小休憩をする eine Stunde (10 Minuten) Pause machen. ‖ 休憩時間 Pause f. -n; Erholungszeit f. -en; Zwischenpause f. -n/休憩室(所) Erfrischungsraum m. -(e)s, "e《喫茶などのできる》; Rauchzimmer n. -s, -《喫煙室》.

きゅうけい 求刑 Forderung (f. -en) einer Strafe/求刑する eine Strafe fordern/検事は三年の禁固(死刑)を求刑した Der Staatsanwalt forderte 3 Jahre Gefängnis (die Todesstrafe).

きゅうけい 球形 Kugelform f. -en/球形のkugelförmig (-rund); kug(e)lig.

きゅうけいしゃ 急傾斜 Steile f. -n; Abschüssigkeit f./急傾斜の steil; abschüssig; jäh/道はここから急傾斜の登り(降り)になる Der Weg führt von hier an steil aufwärts (hinab). ⇨きゅうけいしゃ.

きゅうげき 急激な plötzlich; jäh; schlagartig; ruckartig; drastisch.

きゅうけつき 吸血鬼 Vampir m. -s, -e; Blutsauger m. -s, -.

きゅうご 救護 Hilfe (f. -n) und Schutz (m. -es)/Hilfeleistung f. -en. ― 救護する helfen⁴; in Sicherheit bringen*⁴; aus Gefahr bergen*; die erste Hilfe leisten/罹災者を救護する die vom Unglück Betroffenen* (die Verunglückten*) betreuen. ‖ 救護作業 Hilfsaktion f. -en/救護班 Sanitätswache f. -n; Sanitäterformation f. -en; Rettungstrapp m. -s, -s.

きゅうこう 旧交 die alte Freundschaft, -en/旧交を温める die alte (unwandelbare) Freundschaft vertiefen; das Wiedersehen feiern.

きゅうこう 旧稿 das alte Manuskript, -(e)s, -e; die frühere (ältere) Ausgabe, -n.

きゅうこう 休校する die Schule schließen*/休校になる geschlossen sein《Schule f. -n を主語にして》/今日は休校です Die Schule fällt heute aus.

きゅうこう 急航する eilen s; ⁴sich schleunigst begeben* ⟨nach³; zu³⟩《船を主語として》.

きゅうこう 急行 Eile f.; Hast f./七時の急行で行きます Ich fahre mit dem 7-Uhr-D-Zug. ― 急行する eilen s; schnell gehen* (fahren*; fliegen*); ⁴sich schleunigst begeben*《以上 nach³; zu³》. ― 急行させる jn eilig senden* ⟨-n⟩ (schicken). ‖ 急行券 D-Zug-Karte f. -n; Platzkarte f. -n《特急用》/急行便 Eilbeförderung f. -en; (als) Eilgut f. -(e)s, -er《荷物に貼付けるとき》/〔列車〕Schnellzug m. -(e)s, "e; D-Zug (Durchgangszug) m. -(e)s, "e; Eilzug m. -(e)s, "e《ふつう準急》 ◆ 料金のいらない快速列車は Nahverkehrszug (ohne Zuschlag)という/急行料金 D-Zug-Zuschlag m. -(e)s, "e/特別急行列車 L-Zug (Luxuszug) m. -es.

きゅうこう 休講する die Vorlesung ausfallen lassen*/A 教授は今日は休講です Die Vorlesung von Herrn Prof. A fällt heute aus.| Herr Prof. A liest heute nicht.

きゅうこう 躬行する in die Tat (Praxis) umsetzen; gemäß ³et (treu nach³) handeln (leben).

きゅうごう 糾合 Zusammenberufung f. -en/糾合する sammeln⁴; zusammen|berufen*⁴/反対派を糾合する die Gleichgesinnten*⁴ an|werben* (ein|stellen; sammeln).

きゅうこうか 急降下 Sturz m. -es, "e; Sturzflug m. -(e)s, "e/急降下する stürzen⁴; einen Sturzflug aus|führen (machen) ‖ 急降下爆撃 Sturzangriff m. -(e)s, -e/急降下爆撃する im Sturz (mit Bomben) angreifen*/急降下爆撃機 Sturzkampfflugzeug n. -(e)s, -e; Stuka n. 《短縮形》.

きゅうこうばい 急勾配 die steile Neigung, -en/Steilheit f.; Steile f. -n; Steilhang m. -(e)s, "e; Abschüssigkeit f. ⇨きゅうけいしゃ.

きゅうこく 救国 Vaterlandsverteidigung f. -en; Rettung (f. -en) des Vaterlands in ³Gefahr.

きゅうこく 急告 die dringende Ankündigung (Bekanntmachung), -en.

きゅうこん 求婚 Heiratsantrag m. -(e)s, "e; Freite f. -n; Werbung f. -en. ― 求婚する jm einen Heiratsantrag machen; jn freien; um jn werben*; um die Hand der Frau (um jn) an|halten*; jm seine Hand an|tragen*. ‖ 求婚広告 Heiratsannonce f. -n; Heiratsinserat n. -(e)s, -e/求婚者 Werber m. -s, -; Freier m. -s, -.

きゅうこん 球根 Knolle f. -n; Knollen m. -s, -.

きゅうさい 救済〔助〕Abhilfe f. -n; Rettung f. -en; Unterstützung f. -en; Befreiung f. -en《解放》; Erlösung f. -en《特に宗教上の》. ― 救済する ab|helfen*⁴; jm Hilfe leisten; jm helfen* ⟨aus³; in³⟩; retten⁴ ⟨aus³⟩; unterstützen⁴; befreien⁴ ⟨aus³; von³⟩; erlösen⁴ ⟨aus³; von³⟩《特に宗教上の》/寄付金を集めて救済する den Armen und Kranken durch Geldspenden helfen*/財政難を救済する der finanziellen Belastung ab|helfen*. ‖ 救済会(組合) Hilfsorganisation f. -en; Unterstützungsverein m. -(e)s, -e/救済基金 Hilfsfonds (Unterstützungs-) m. -, -; Hilfskasse (Unterstützungs-) f. -n/

救済策 Hilfsmaßnahme *f.* -n/救済事業 Hilfs|werk *n.* -〔e〕s, -e (-dienst *m.* -es, -e).

きゅうさい 休載する nicht ein|rücken^4 《*in*^{3}》; zurück|setzen^4.

きゅうさく 窮策 Notbehelf *m.* -〔e〕s, -e 《応急の》; der letzte (verzweifelte) Ausweg, -〔e〕s, -e 《逃げ道》; die letzte Möglichkeit, -en 《手段》.

きゅうざひょう 球座標 sphärische Koordinaten 《*pl*》.

きゅうし 急使 Eilbote *m.* -n, -n; Kurier *m.* -s, -e.

きゅうし 急死 der plötzliche Tod, -〔e〕s/急死する plötzlich sterben* [s].

きゅうし 休止 Pause *f.* -n; Unterbrechung *f.* -en; Einstellung *f.* -en; Aussetzung *f.* -en; Halt *m.* -〔e〕s, -e; Einhalt *m.* -〔e〕s, -e. ── 休止する eine Pause machen; inne|halten* 《*mit*^{3}》; unterbrechen*^{4}; ein|stellen^4; aus|setzen 《*mit*^{3}》; halt|machen; ein|halten* 《*mit*^{3}》. ‖ 休止符 Pausezeichen *n.* -s, -/運転〔一部〕休止 Verkehr 〔teilweise〕 eingestellt! 《交通》; Außer Betrieb! 《エレベーター》/四分(八分)休止符 Viertelpause (Achtelpause) *f.* -n/全(二分)休止符 eine ganze (halbe) Pause, -n.

きゅうし 臼歯 Back〔en〕zahn *m.* -〔e〕s, ⸚e.

きゅうし 旧師 der frühere (ehemalige) Lehrer, -s, - ❖ 前後関係でわかるときは Lehrer だけの方がよい.

きゅうし 九死に一生を得る 〔der ^{3}Todesgefahr〕 mit knapper Not entkommen* [s]; Um ein Haar wäre ich gestorben (ums Leben gekommen). 《得た》.

きゅうじ 給仕 [食堂の] Kellner *m.* -s, -; Ober *m.* -s, -; Ganymed *m.* -s, -e; [事務所の] Bürojunge *m.* -n, -n; Laufbursche *m.* -n, -n; [ホテルの] Page *m.* -n, -n; Hotelboy *m.* -s, -s; Steward *m.* -s, -s 《船・飛行機の》; 〔Schlaf〕wagendiener *m.* -s, - 《列車の》; [少年の] Boy *m.* -s, -s; Junge *m.* -n, -n. ── 給仕する bedienen^4; auf|warten^3 《*bei*^{3}》; servieren^4.

ぎゅうし 牛脂 Rinder|fett *n.* -〔e〕s, -e (-talg *m.* -〔e〕s, -e); Rindstalg.

きゅうしき 旧式の alt|modisch (fränkisch); vorgestrig; unzeitgemäß; vorsintflutlich.

きゅうしそう 旧思想 der veraltete (altmodische; überholte; rückständige; vorgestrige) Gedanke, -ns, -n.

きゅうしつ 吸湿性の hygroskopisch.

きゅうじつ 休日 Feiertag *m.* -〔e〕s, -e; der freie Tag, -〔e〕s, -e; Ruhetag *m.* -〔e〕s, -e; Dies 〔academicus〕 《大学の》/今日はお手伝いさんの休日です Heute hat das Mädchen Ausgang.

ぎゅうしゃ 牛車 Ochsenwagen *m.* -s, -.

きゅうしゅう 旧習 der alte Brauch, -〔e〕s, ⸚e.

きゅうしゅう 吸収 Aufsaugung *f.* -en; Absorption *f.* -en; Einsaugung *f.* -en. ── 吸収する auf|saugen$^{(*)4}$; absorbieren^4; ein|saugen$^{(*)4}$; ein|ziehen*^{4}; zu Eigen machen^4; in *js* Wesen hinein|nehmen*^{4}; ^{3}sich ein|verleiben und ein|verseelen^4 《血となし肉となす》/海綿は水分を吸収する Der Schwamm saugt die Flüssigkeit auf. ‖ 吸収剤 Absorbierungsmittel *n.* -s, -/吸収力 Aufsaugfähigkeit *f.* -en.

きゅうしゅう 急襲 Überraschungsangriff *m.* -〔e〕s, -e/急襲する überraschen^4.

きゅうじゅう 九十 neunzig/第九十 der (die; das) neunzigste*/九十代の人 der Neunzigjährige*, -n, -n; Neunziger *m.* -s, -; Neunzigerin *f.* ..rinnen.

きゅうしゅきょうぎ 鳩首協議する die Köpfe beratend zusammen|stecken.

きゅうじゅつ 救恤 Hilfe *f.* -n; Unterstützung *f.* -en ‖ 救恤金 Unterstützungs|fonds (Hilfs-) *m.* -, -/救恤する Hilfe leisten^3; unterstützen^4/救恤事業 Hilfswerk *n.* -〔e〕s, -e; Notstandsarbeiten 《*pl*》.

きゅうじゅつ 弓術 das Bogenschießen*, -s.

きゅうしょ 急所 ❶ der edle Körperteil, -〔e〕s, -e; die empfindliche Stelle, -n. ❷ [問題などの] Angelpunkt *m.* -〔e〕s, -e 《要点》; Kern *m.* -〔e〕s, -e 《核心》; das Wesentliche*, -n 《本質》/急所を突く den Finger auf die 〔offene; brennende〕 Wunde legen 《痛い所を》; *jn* an seiner schwächsten Stelle treffen*/問題の急所にふれる den Kernpunkt (die wunde Stelle) der Frage berühren/急所の痛手 die Wunde 《-n》 am edlen Körperteil/急所をにぎっている *jn* in der Tasche haben.

きゅうじょ 救助 Rettung *f.* -en; Befreiung *f.* -en; Hilfe *f.* -n; Bergung *f.* -en/救助を求める um Hilfe rufen* (schreien*; bitten*). ── 救助する retten^4; befreien^4 《*aus*^{3}》; helfen*^{3} 《*aus*^{3}》; bergen*^{4}; erretten^4 《*aus*^{3} 救出》/人命を救助する *jm* das Leben retten; *jn* vom Tod〔e〕 erretten. ‖ 救助作業 Rettungsarbeiten 《*pl*》/救助信号 Notsignal *n.* -s, -e; SOS *n.*/救助隊 Rettungstruppe *f.* -n/人命救助 Lebensrettung *f.* -en.

きゅうしょう 旧称 der frühere Name, -ns, -n; früher so und so genannt.

きゅうじょう 球場 Fußball|stadion (Baseball-; Handball-) *n.* -s, ..dien; [その他] Baseballspielfeld *n.* -〔e〕s, -er 《ダイヤモンド》; Fußball|platz (Handball-; Tennis-) *m.* -es, ⸚e 《競技場》.

きゅうじょう 旧情 ⇨**きゅうこう**(旧交).

きゅうじょう 窮状 Not *f.* ⸚e; Bedrängnis *f.* ..nisses; Elend *n.* -〔e〕s; Notstand *m.* -〔e〕s, ⸚e/窮状にある in einer elenden Lage sein/窮状を訴える *jm* seine Not klagen. ⇨**きゅうきょう**(窮境).

きゅうじょう 弓状の bogenförmig; bogig.

きゅうじょう 球状の kugelförmig; sphärisch; kugelrund.

きゅうじょう 休場する schließen*; geschlossen sein 《劇場などが》; nicht auf|treten* [s] 《俳優が》; nicht ringen* (kämpfen) 《相撲が》.

きゅうしょく 休職 Beurlaubung *f.* -en; Disposition *f.* -en/休職にする beurlauben^4; zur Disposition stellen^4; vorübergehend

きゅうしょく 求職 Stellungssuche (Stellen-) f. -/Stellengesuch n. -[e]s, -e 〔申込〕‖ 求職広告 Stellenangebot n. -[e]s, -e 〔雇主側から〕‖ 求職者 Stellensuchender (-jäger) m. -s, -/求職広告欄 die Spalte (-n, -) für Stellenangebote (Stellengesuche).

きゅうしょく 給食 Versorgung (f. -en) mit Proviant/給食する mit Nahrungsmitteln versorgen⁴; proviantieren⁴; Schüler speisen⁴‖ 給食車 Proviantwagen m. -s, -/学校給食 Schulspeisung f.

きゅうじる 牛耳る das Zepter schwingen*; die Zügel führen; die erste Geige spielen; das Heft (die Zügel) in der Hand haben; eine große Rolle (die Hauptrolle) spielen (in³); den Ton an|geben* (in einer ³Gesellschaft)/党を牛耳る die Zügel der Partei (in Händen) haben.

きゅうしん 休診 [本日休診〕[Heute] keine Sprechstunde.

きゅうしん 急進的 radikal; extrem; rücksichtslos; zugespitzt‖ 急進主義 Radikalismus m. -/急進党 Radikalpartei f. -en/急進党員 der Radikale*, -n, -n.

きゅうしん 求心的 zentripetal‖ 求心力 Zentripetalkraft f. -̈e.

きゅうじん 求人 Stellenangebot n. -[e]s, -e‖ 求人応募者 Stellenbewerber m. -s, -/求人広告 Stellenanzeige f. -n/求人主 Stellenanzeiger m. -s, -.

きゅうじん 九仞の功を一簣(いっき)に欠く versäumen, die letzte Hand an³ et zu legen; im letzten Augenblick scheitern.

きゅうしんけい 嗅神経 Geruchsnerv m. -s, -en.

きゅうす 急須 Teekanne f. -n.

きゅうすい 給水 Wasserversorgung (-speisung) f. -en/給水する mit Wasser versorgen⁴ (speisen⁴)/時間給水をする Wasser rationieren‖ 給水管 Wasserrohr n. -[e]s, -e/給水車(船) Wasserwagen m. -s, - (Wasserschiff n. -[e]s, -e); Wassertankanhänger m. -s, - (トレーラー)/給水所 Wasserstelle f. -n/給水ポンプ Speisepumpe f. -n.

きゅうすい 吸水 das Wassersaugen*, -s‖ 吸水管 Saugheber m. -s, -/吸水ポンプ Saugpumpe f. -n.

きゅうすう 級数 Reihe f. -n‖ 等差(等比)級数 die arithmetische (geometrische) Reihe.

きゅうする 給する versorgen⁴ (mit³); speisen⁴ (mit³), jm verschaffen⁴ (mit³); jm zur Verfügung stellen⁴; beliefern⁴ (mit³); jm liefern⁴ (in⁴; an⁴); jm gewähren⁴ 〔許し与える〕.

きゅうする 窮する ❶ [当惑] in Verlegenheit sein; nicht wissen*, was zu tun; ⁴sich nicht mehr zu (raten noch zu) helfen wissen*; mit seinem Latein zu (am) Ende sein/彼は返答〔言逃れ〕に決して窮しない Er ist um eine Antwort (eine Ausrede) nie verlegen. ❷ [難局] in der Klemme sein; nicht aus noch ein wissen*; in Notlage sein/窮すれば通ず ,Not kennt kein Eisen.' ,Not macht erfinderisch.' ,Not macht aus Steinen Brot.' ❸ [貧窮] in Geldverlegenheit sein; in dürftigen (gedrückten, ärmlichen) Verhältnissen (Umständen) sein/金に窮している Er hat Geldsorgen.: Er ist nicht (schlecht) bei Kasse.

きゅうせい 旧姓 der frühere Name, -ns, -n; Mädchenname m. -ns, -n〔女性の結婚時の〕/旧姓今井、佐藤夫人 Frau Sato, geb. (geborene) Imai.

きゅうせい 救世 Erlösung f. -en; Seligmachung f. -en‖ 救世軍 Heilsarmee f. -n/救世軍人 Heilsarmist m. -en, -en; Heilsarmistin f. -tinnen〔女〕/救世主 Erlöser m. -s; Heiland m. -s; Messias m. -.

きゅうせい 急逝 ⇨きゅうし(急死).

きゅうせい 急性 akut‖ 急性肺炎 die akute Lungenentzündung, -en (Pneumonie f. -n).

きゅうせかい 旧世界 die Alte Welt, -en.

きゅうせきい 旧跡 der geschichtlich bekannte Ort, -[e]s, -e; das alte Schlachtfeld, -s, -er; Ruine f. -n 〔例: einer alten ²Burg〕; Überrest m. -[e]s, -e 〔例: einer alten Festung〕〔以上の三語には「…の」と具体的の説明をつけて用いる〕.

きゅうせつ 急設する schleunig[st] (ungesäumt) ein|richten⁴ (an|legen⁴; ein|bauen⁴; installieren⁴)‖ 急設家屋 Notwohnung f. -en 〔被災地などの〕.

きゅうせっき 旧石器時代 Paläolithikum n. -s.

きゅうせん 休戦 Waffenstillstand m. -[e]s; Waffenruhe f. 〔停戦〕/死傷者収容のため休戦が協定された Es wurde zur Bergung der Gefallenen und Verwundeten eine Waffenruhe vereinbart. ── 休戦する einen Waffenstillstand schließen*; eine Waffenruhe vereinbaren; den Kampf (die Feindseligkeiten) ein|stellen‖ 休戦旗 die weiße Flagge, -n/休戦記念日〔第一次大戦の〕Waffenstillstandstag m. -[e]s.

きゅうせんぽう 急先鋒 Rädelsführer m. -s, -; Hauptanreger m. -s, -; Schrittmacher m. -s, -/...の急先鋒である an⁴³ der Vorhut (im Vordergrund) stehen*.

きゅうそ 泣訴 der flehentliche Bitte, -n/泣訴する kniefällig bitten*⁴ (um⁴).

きゅうそ 窮鼠 die in die Enge getriebene Maus, -̈e/窮鼠猫をかむ ,Der gestellte Hirsch stellt sich den Hunden.' ,Not bricht Eisen.'

きゅうそう 急送する durch Eilboten schicken⁴; mit Eilfracht senden(*)⁴.

きゅうぞう 急造する in Eile bauen⁴; im Tempo her|stellen⁴/急造の schnell gebaut (hergestellt); behelfsmäßig 〔間に合せの〕.

きゅうぞう 急増する ⁴sich rasch (in raschem Tempo; wie die Kaninchen) vermehren;

schnell zu|nehmen* 《*an*[3]》; rasch wachsen* [s]/川の水が急増した Der Fluss ist in raschen Tempo gewachsen.

きゅうそく 急速 Schnelligkeit *f.*; Geschwindigkeit *f.* / 急速な(に) schnell; rasch; geschwind; wie mit Dampf; im Tempo / 急速な進歩をする rasche Fortschritte machen.

きゅうそく 休息 Ruhe *f.*; Rast *f.* -en; das Ausruhen*, -s, Schlaf *m.* -[e]s/休息する eine Pause machen; ruhen; zur Ruhe liegen*; [4]sich aus|ruhen; [4]sich aus|spannen / ここはよい休息場所だ Hier ruht sich's gut.

きゅうたい 旧態 der alte (vorige) Stand, -[e]s, ⁼e 《der Dinge》; der alte (frühere) Umstand, -[e]s, ⁼e/全て旧態依然だ Es bleibt alles beim Alten. 《旧態を存する意味にも》.

きゅうだい 及第する [eine (in einer) Prüfung] bestehen*; [in die nächsthöhere Klasse] versetzt werden 《進級》/優秀な成績で試験に及第した Ich habe die Prüfung (das Examen) mit Auszeichnung (mit sehr gut) bestanden. ‖ 及第者 der bestandene Prüfling, -s, -e/及第点 die genügenden Zensuren 《*pl*》.

きゅうたいせい 旧体制 die alte Ordnung, -en.

きゅうたん 給炭 Kohlen¦versorgung (-speisung) *f.* -en.

きゅうだん 糾弾 [öffentliche] Anklage, -n; Rüge *f.* -n; Verweis *m.* -es, -e/糾弾する an|klagen[4]; zur Verantwortung ziehen*[4]; *jm* einen Verweis (eine [scharfe] Rüge) erteilen.

きゅうち 旧知 der alte Bekannte*, -n, -n.

きゅうち 窮地 Notlage *f.* -n; Bedrängnis *f.* ..nisse; Ratlosigkeit *f.* -en; Schwierigkeit *f.* -en; Klemme *f.* -n/窮地に陥れる in die Enge treiben*[4]; an die Wand drängen[4]/窮地に陥っている schön (eklig) in der Klemme sein. ⇨**きゅうきょう**(窮境).

きゅうちゅう 宮中 Hof *m.* -[e]s, ⁼e ‖ 宮中慣例 Hof[ge]brauch *m.* -[e]s, ⁼e/宮中席次 Rangordnung 《*f.* -en》 im Hof.

きゅうちょう 級長 Klassensprecher *m.* -s, -, der Klassenerste*, -n, -n 《首席》.

きゅうてい 宮廷 der Kaiserliche (Königliche) Hof, -[e]s, ⁼e; Hof¦haltung *f.* -en (-staat *m.* -[e]s, -en)/宮廷で bei (am) Hofe ‖ 宮廷音楽 Kammermusik *f.*

きゅうてい 休廷する kein Gericht halten* (ab|halten*)/今日は休廷である Heute wird kein Gericht gehalten.

きゅうていしゃ 急停車する plötzlich halten* /急停車さす plötzlich (auf kürzestem Bremswege) zum Stillstand bringen*[4].

きゅうてき 仇敵 Todfeind *m.* -[e]s, -e; der geschworene Feind, -[e]s, -e; der alte Feind, -[e]s, -e 《旧敵》.

きゅうてん 急転する eine plötzliche Wendung nehmen*; [4]sich jählings wenden[(*)]/事態は急転直下悪化した Der Lauf der Dinge hat sich mit einem Mal[e] zum Bösen gewandt (gewendet).

きゅうでん 宮殿 Palast *m.* -es, ⁼e; Schloss *n.* -es, ⁼e.

きゅうとう 旧套を脱する vom Althergebrachten* ab|gehen* [s].

きゅうとう 急騰 das Emporschnellen* 《-s》 [der Preise]; das schnelle Steigen*, -s; die plötzliche Hausse, -n/物価が急騰する Die Preise schnellen empor.

きゅうどう 弓道 das Bogenschießen*, -s.

きゅうどう 求道者 der Seelenheilsuchende*, -n, -n.

ぎゅうとう 牛痘 Kuhpocken 《*pl*》; Vakzin *n.* -s, -e 《牛痘種》.

ぎゅうとう 牛刀を以って鶏を割く mit Kanonen nach Spatzen schießen*.

きゅうなん 救難 Rettung *f.* -en; Bergung *f.* -en; Rettungs¦dienst (Bergungs-) *m.* -[e]s, -e 《救難作業のことも》 ‖ 救難車 Bergungswagen *m.* -s, - 《航空》/救難船 Rettungsschiff *n.* -[e]s, -e.

ぎゅうにく 牛肉 Rindfleisch *n.* -[e]s ‖ 牛肉屋 Fleischerladen *m.* -s, ⁼ 《店》; Fleischer *m.* -s, - 《人》.

きゅうにゅう 吸入 Einatmung *f.* -en; Einsaugung *f.* -en; Inhalation *f.* -en/吸入する ein|atmen[4] (-saugen[(*)4]); inhalieren[4] ‖ 吸入器 Inhalationsgerät *n.* -[e]s, -e/酸素吸入器 Sauerstoffatemgerät *n.* -[e]s, -e.

ぎゅうにゅう 牛乳 [Kuh]milch *f.* ‖ 牛乳配達(運搬)車 Milchwagen *m.* -s, -/牛乳パック Milchtüte *f.* -n/牛乳びん Milchflasche *f.* -n/牛乳屋 Milchhändler *m.* -s, -; Milchmann *m.* -[e]s, ⁼er 《牛乳売り·配達人》; Milchwirtschaft *f.* -en 《搾乳所》; Milchgeschäft *n.* -[e]s, -e 《売店》.

きゅうねん 旧年 das letzte (vergangene) Jahr, -[e]s, -e.

きゅうは 旧派 die alte Schule, -n/旧派の von der alten Schule.

きゅうは 急派する schleunigst ab|senden[(*)4]; unverzüglich hin|schicken[4].

きゅうば 急場 Notfall *m.* -[e]s, ⁼e; Bedrängnis *f.* ..nisse; Krise *f.* -n; Notlage *f.* -n; Schwierigkeit *f.* -en/急場の dringend; brennend; unaufschiebbar; eilig/急場の処置 Notbehelf *m.* -[e]s, -e; Notmaßnahme *f.* -n; Ausweg *m.* -[e]s, -e/急場をしのぐ [glücklich] hinweg|kommen* [s] 《*über*[4] 例: über Schwierigkeiten など》; [4]sich hinweg|helfen* 《*über*[4]》/急場を救う *js* Not (Schwierigkeiten) beheben*; *jm* in der Not helfen*; eine Krise überwinden*/それじゃ急場に間に合わない Das kann diesem dringenden Fall nur wenig (gar nichts) nützen.

キューバ Kuba *n.* -s/キューバの kubanisch ‖ キューバ人 Kubaner *m.* -s, -.

ぎゅうば 牛馬のように使う schinden* 《*jn*》; ab|hetzen 《*jn*》; aus|beuten 《*jn* 搾取する》.

きゅうはく 急迫 Dringlichkeit *f.*; Unaufschiebbarkeit *f.*; Drang *m.* -[e]s, ⁼e/急迫した dringend; dringlich; drängend; unaufschieb¦bar (-lich) / 欧州政情の急迫 Gespanntheit der politischen Lage in Europa.

きゅうはく 窮迫 Not f. ¨e; Armut f.; Armseligkeit f. -en; Dürftigkeit f.; die beschränkten Umstände (pl)/彼の財政は窮迫している Er befindet sich in finanzieller Bedrängnis. ⇨こんきゅう(困窮).

きゅうばく 旧幕 Shogunatsregierung f. -en/旧幕時代に in der Zeit der Shogunatsregierung.

きゅうはん 旧版 die frühere (alte) Ausgabe, -n; die bisherige Auflage, -n.

きゅうばん 吸盤 Saug|schale f. -n (-napf m. -[e]s, ¨e).

きゅうひ 給費 Geld|hilfe f. -n (-unterstützung f. -en); Subvention f. -en; Stipendium n. -s, ..dien/給費を受けて mit Geld unterstützen⁴; subventionieren⁴ ‖ 給費生 Stipendiat m. -en, -en.

ぎゅうひ 牛皮 Ochsenhaut f. ¨e; Rind[s]leder n. -s, -.

キュービズム Kubismus m. -.

キューピッド Cupido.

きゅうびょう 急病 die plötzliche Erkrankung, -en/急病の場合には im Fall der plötzlichen Erkrankung / 急病にかかる unerwarteterweise von einer Krankheit befallen werden.

きゅうひん 救貧 Armen|pflege f. -n (-unterstützung f. -en) ‖ 救貧院 Armen|haus n. -es, ¨er (-anstalt f. -en)/救貧事業 Armenwesen n. -s, -/救貧法 Armengesetz n. -es, -e.

きゅうふ 給付 Überreichung f. -en; Eingabe f. -n; Lieferung f. -en; Leistung f. -en; Versorgung f. -en. ── 給付する überreichen³⁴; ein|geben³·⁴; liefern⁴; Leistung bewirken; versorgen⁴ (mit³) ‖ 医療給付 die medizinische Versorgung, -en/反対給付 Gegenleistung f. -en.

きゅうふ 休符 ⇨きゅうし(休止符).

きゅうぶん 旧聞 die veraltete Nachricht, -en; die alte Geschichte, -n; (俗) die alte Jacke, -n/旧聞に属する Das ist eine alte Geschichte (die ist sehr alt).

きゅうへい 旧弊 üble Sitten und Gebräuche (pl 複数); das altmodische Wesen, -s, -; Konservatismus m. -/旧弊な alt|modisch (-väterisch; -fränkisch); veraltet; unzeitgemäß ‖ 旧弊人 der rückständige Mensch, -en, -en; (蔑) Fossil n. -s, ..lien; der alte Knacker, -s, -.

きゅうへん 旧弊 die plötzliche Änderung, -en; die unerwartete Wendung, -en (事態の); Unfall m. -[e]s, ¨e; Zwischenfall m. -[e]s, ¨e (事故) / 急変する ⁴sich plötzlich ändern; plötzlich um|schlagen* (um|springen*)/(天気·話題) eine plötzliche Wendung nehmen* (⁴zum Besseren よい方に, zum Schlimmern 悪い方に).

きゅうほう 急報 die eilige Nachricht, -en; die dringende Mitteilung, -en/急報する schnellstens (dringend; so rasch wie möglich) mit|teilen³·⁴; so eilige Nachricht bringen*·³ (senden*·³). ⇨きゅうこく(急を告げる).

きゅうほう 臼砲 Mörser m. -s, -.

きゅうぼう 窮乏 Not f.; Armut f.; Bedürftigkeit f.; Dürftigkeit f.; Knappheit f.; Mangel m. -s, -. / 窮乏している Bei jm geht es jm knapp her.

きゅうほせんじゅつ 牛歩戦術 Verzögerungstaktik f. -en; Schneckengangtaktik f. -en.

きゅうむ 急務 Dringlichkeit f.; das dringende Geschäft, -[e]s, -e; die akute (dringende) Frage, -n; die dringende Angelegenheit, -en/刻下の急務 die überaus wichtige Frage der Gegenwart.

きゅうめい 救命 Lebensrettung f. -en; Rettungsdienst m. -[e]s, -e ‖ 救命浮き輪 Rettungsring m. -[e]s, -e/救命帯 Schwimmweste f. -n; Rettungs|gürtel m. -s, - (-ring m. -[e]s, -e; -boje f. -n)/救命網 Rettungstau n. -[e]s, -e / 救命胴着 Rettungsweste f. -n/救命ブイ Rettungsboje f. -n / 救命ボート Rettungsboot n. -[e]s, -e/救命用具 Rettungsgerät n. -[e]s, -e.

きゅうめい 旧名 der frühere Name, -ns, -n. ⇨きゅうせい(旧姓).

きゅうめい 糾明する jn genaustens verhören; jn aus|fragen; jn aus|forschen (über⁴); jn aus|holen; jn zur Rede stellen.

きゅうめい 究明する erforschen⁴; ergründen⁴; ermitteln⁴/その真相を究明してみましょう Ich werde versuchen, den tatsächlichen Sachverhalt zu ermitteln.

きゅうめん 球面 Kugeloberfläche f. -n ‖ 球面鏡 Konkavspiegel m. -s, - (凹面); Konvexspiegel m. -s, - (凸面)/球面三角形 das sphärische Dreieck, -[e]s, -e.

きゅうもん 糾問 Kreuzverhör n. -e/糾問する jn ins Kreuzverhör nehmen*; jn in Verhör an|stellen. ⇨きゅうめい(糾明).

きゅうやくせいしょ 旧約聖書 die Alte Testament, -es, -e.

きゅうゆ 給油 Öl|zufuhr (-zuführung) f. -en; Ölversorgung f. -en (供給); das Tanken*, -s, -. ── 給油する tanken⁽⁴⁾; auf|tanken⁽⁴⁾; nach|tanken⁽⁴⁾; mit Öl (Kraftstoff) versorgen⁴ ‖ 給油機 Tankflugzeug n. -[e]s, -e/給油車 Tankwagen m. -s, -/給油所 Tankstelle f. -n/給油船 Tankschiff n. -[e]s, -e; Tanker m. -s, -.

きゅうゆう 級友 Klassenkamerad m. -en, -en; Mitschüler m. -s, -.

きゅうゆう 旧友 der alte Freund, -[e]s, -e; der alte Bekannte*, -n, -n.

きゅうよ 給与 ❶ [給料] Bezüge (pl); Lohn m. -[e]s, ¨e; Gehalt n. -[e]s, ¨er; Besoldung f. -en. ❷ [支給] Versorgung f. -en; Belieferung f. -en; Ration f. -en (配給·割当). ── 給与する versorgen⁴ (mit³); beliefern⁴ (mit³); rationieren⁴ (mit³)/給与する ある). ‖ 給与水準 Tariflohn m. -[e]s, ¨e; Lohnsatz m. -es, ¨e/給与引き上げ Aufbesserung f. -en/現物給与 Natural|lohn m. -[e]s, ¨e/-給与 -leistung f. -en; -einkommen n. -s (収入)/特別給与 Extrazahlung f. -en; Zuschuss m. -es, ¨e.

きゅうよ 窮余の一策 der letzte Behelf, -[e]s,

–e; das letzte Mittel, –s, –/窮余の策をとる zu den letzten Mitteln greifen*.

きゅうよう 急用 die dringende Angelegenheit, –en; ein Fall 《–[e]s, ⸚e》 von [großer] Dringlichkeit/急用で in (wegen) einer dringenden Angelegenheit.

きゅうよう 休養 Erholung *f.* –en; Ausspannung (Entspannung) *f.* –en; Erfrischung *f.* –en; Rast *f.* –en; Ruhe *f.*/休養のため温泉に行く zur Erholung in ein Bad gehen* [s]/医者が暫く休養をすすめる Der Arzt empfiehlt *jm* eine längere Ausspannung. **—** 休養する ^{4}sich erholen 《*von*^{3}》; [^{4}sich] aus|spannen; ^{4}sich entspannen; ruhen; ^{4}sich aus|ruhen; Ferien machen; ^{4}sich erfrischen. ‖ 休養旅行 Erholungsreise *f.* –n.

きゅうらい 旧来の alt; althergebracht; lang gewohnt; [alt] herkömmlich; überliefert; von alters her; seit alters/旧来の陋習を破る die alten schlechten Bräuche ab|schaffen; vom schlechten Althergebrachten ab|gehen* [s].

きゅうらく 及落 Bestehen und Durchfallen 《*n.* des – und –s》 des Examens; Prüfungsergebnis *n.* ..nisses, ..nisse.

きゅうり 究理 [Er]forschung 《*f.* –en》 des Naturgesetzes (der Wahrheit).

きゅうり 胡瓜 Gurke *f.* –n/胡瓜の酢漬 Sauergurke *f.* –n/胡瓜のサラダ Gurkensalat *m.* –[e]s, –e.

きゅうりゅう 急流 der reißende Strom, –[e]s, ⸚e; Stromschnelle *f.* –n; Strudel *m.* –s, – 《早瀬》.

きゅうりょう 給料 Lohn *m.* –[e]s, ⸚e; Gehalt *n.* –[e]s, ⸚er; Bezüge 《*pl*》; Sold *m.* –[e]s, –e/給料を払う *jm* sein Gehalt (seinen Lohn) zahlen (aus|zahlen)/給料をもらう [sein] Gehalt ([seinen] Lohn) beziehen* (erhalten*)/給料が高い(安い) gut (schlecht) bezahlen 〖払い手が主語〗; gut (schlecht) bezahlt sein 〖取得者が主語〗; *js* Bezüge sind hoch (niedrig)/給料があがった Mein Gehalt wurde erhöht. ‖ 給料日 Zahltag *m.* –[e]s, –e. ⇨**ほうきゅう**.

きゅうれい 旧例 der alte Brauch, –[e]s, ⸚e; Sitten und Gebräuche 《*pl*》; der frühere Fall, –[e]s, ⸚e.

きゅうれき 旧暦 Mondkalender *m.* –s, –/旧暦の正月 Neujahrsfest 《*n.* –[e]s, –e》 nach dem Mondkalender.

きゅうろう 旧臘 Dezember 《*m.* –s, –》 vorigen Jahres; gegen Ende des letzten Jahres.

ぎゅっと fest/ぎゅっと押す heftig stoßen*^{4}/ぎゅっとしばる fest binden*^{4}/ぎゅっと手を握る *jm* die Hand drücken/ぎゅっとつかむ fest greifen*^{4}.

キュラソー Curaçao *m.* –[s], –s.

きよ 毀誉 Lob und Tadel; Kritik *f.* –en ‖ 毀誉褒貶 Lob 《*n.* –[e]s》 und Tadel 《*m.* –s》/毀誉褒貶の上に超然としている ^{4}sich nicht um Lob und Tadel kümmern/毀誉褒貶を超越している über Lob und Tadel erhaben sein; ^{4}sich um die Kritik der ^{2}Welt nicht kümmern.

きよ 寄与 ⇨**こうけん**(貢献).

きょ 虚 Leere *f.*; Leerheit *f.*; das Leere*, –n; Nichts; [仮象] Schein *m.* –[e]s, –e; Schatten *m.* –s, –; [不備] das Unvorbereitetsein, –s; [油断] Unachtsamkeit *f.* –en; [弱点] Schwäche *f.* –n; schwache Seite, –n/虚に乗じる unversehens überfallen* (überraschen)/虚を衝かれる überrumpelt werden/敵の虚を衝く den Feind an seiner schwachen Seite an|greifen*; den unvorbereiteten Feind überrumpeln/一犬虚に吠えて万犬実を伝う Wenn ein Hund etwas Unwahres bellt, so verbreiten es zehntausend Hunde als Wahrheit. ¦ Unwahre Gerüchte verbreiten sich schnell.

きょ 挙 Handlung *f.* –en; das Handeln*, –s; Tat *f.* –en; das Tun*, –s; [企て] Unternehmen *n.* –s, –; Vorsatz *m.* –es, ⸚e; Anschlag *m.* –[e]s, ⸚e 《よからぬ》/不穏の挙に出る einen Anschlag vor|bereiten (aus|führen; verüben) 《*auf*^{4}》/軽率の挙に出る leichtsinnig handeln.

きょ 居 Wohn¦sitz *m.* –es, –e (–ort *m.* –[e]s, –e); Wohnung *f.* –en; [居宅] Wohnhaus *n.* –es, ⸚er; Wohnung *f.* –en/居を移す seinen Wohnsitz verlegen 《*nach*^{3}》; um|ziehen* [s]/居は気を移す Der Mensch ist das Geschöpf seiner Umgebung.

きょ- 虚- ¶ 虚数 imaginäre Nummer, –n.

きよい 清い rein; sauber; klar; [潔白な] unschuldig; keusch; unverdorben schuldlos; unbescholten; [高潔な] edel; edelmütig; platonisch 《恋愛の》/清い水 das reine Wasser, –s/清い心 das reine (unschuldige) Herz, –ens, –en/清い乙女 das keusche (unschuldige) Mädchen, –s, –/清い一票 eine ehrliche Wahlstimme, –n.

きよう 器用 Geschicktheit *f.*; Geschicklichkeit *f.*; Gewandtheit *f.*; Finger¦fertigkeit (Hand–) *f.*; erfinderische (kunstvolle) Anlage, –n/器用な gewandt; geschickt; gelenkig; fingerfertig (hand–); klug/器用に世渡りする ^{4}sich klug (gewandt; gelenkig) [durchs Leben] bringen*; praktisch begabt sein/それはなかなか器用にできています Es ist sehr geschickt gemacht./手先が器用だ geschickt mit den ^{3}Händen 《*pl*》 sein; handfertig (fingerfertig 《指先が》) sein.

きよう 紀要 Bulletin *n.* –s, –s; Bericht *m.* –[e]s, –e; Programm *n.* –s, –e.

きよう 起用する ernennen*^{4} 《*zu*^{3}》; berufen*^{4} 《*zu*^{3}》; *jn* an|stellen 《*als*^{4}》; *jn* ein|setzen 《*in*^{4}; *zu*^{3}; *als*^{4}》/松田氏は課長に起用された Herr Matsuda ist zum Abteilungsleiter ernannt worden.

きょう 凶 Unglück *n.* –s; Missgeschick *n.* –es, –e; Unheil *n.* –s; Übel *n.* –s, –/凶年 Unglücksjahr *n.* –[e]s, –e; das Jahr 《–[e]s, –e》 der Missernte/凶の unglücklich; unheilvoll.

きょう 興 [興味] Interesse *n.* –s, –n; [快楽] Lust *f.*; Freude *f.* –n; Fröhlichkeit *f.*; Vergnügen *n.* –s, –; [娯楽] Belustigung *f.* –en; Unterhaltung *f.* –en; Kurzweil *f.*/興がある

interessant (von ³Interesse) sein/興を添え zur Unterhaltung bei|tragen*/興に乗じ im Überfluss der Fröhlichkeit; von ³Begeisterung getrieben; hoch begeistert /興に乗る lustig (mitgerissen) werden/興 を尽くす *sich reichlich amüsieren/興をそぐ jm die Freude an ⁴et verleiden*; jm die Freude an ³et verderben‡.

きょう 経 Sutra n. -s, -s (..tren); die [buddhistische] Heilige Schrift, -en/経を読む Sutras rezitieren (lesen*)/経を上げる Sutras vor|tragen*/お経を読むように herunterleiernd; eintönig; monoton/門front;の小僧習わぬ経を読む Wenn man in der richtigen Umgebung lebt, lernt man die Dinge ganz von selbst. ‖ 経蔵 Magazin (n. -s, -e) der Sutren.

きょう 京 Hauptstadt f. ¨e; Residenz f. -en; Residenzstadt f. ¨e.

きょう 卿 Lord m. -s, -s; [大臣] Minister m. -s, -; [敬称] die Erlaucht, -en.

きょう 強 [強者] der Starke* (Mächtige), -n, -n; [強国] [Groß]macht f. ¨e; [強敵] starker Feind, -es, -e; -es, -e; starker Gegner, -s, -.

きょう 今日 dieser Tag, -[e]s; heutiger Tag; heute; diesen Tag/今日の今日/今日の午前 heute Vormittag/来(先)週の今日 heute über ein ⁴Tage (vor acht ³Tagen)/来(去)年の今日 heute über ein ³Jahr (vor einem Jahr)/今日の新聞 heutige Zeitung, -en/今日から von heute an/今日まで bis heute; bis auf den heutigen Tag/今日中に heute; noch; noch heute/今日は何日ですか Den wievielten Tag haben wir heute? Welches Datum haben wir heute?/今日は何曜日ですか Welchen Wochentag haben wir heute?/今日は四月八日です Heute ist der achte April./今日は土曜日です Heute ist Sonnabend (Samstag).

きょう 峡 [Berg]schlucht f. -en.

きょう 狂 [マニア] Manie f. -n; Sucht f. ¨e 《病的な》; [熱狂者] Fanatiker m. -s, -; Enthusiast m. -en, -en; Schwärmer m. -s, -. ‖ 映画狂 Kinoschwärmer m. -s, -/色情狂 Erotomanie f.; Liebes|wahnsinn m. -[e]s (-wut f.); der Liebeswahnsinnige*, -n, -n 《人》.

-きょう -強 etwas mehr als; etwas über/ 十キロメートル強 etwas mehr als 10 Kilometer; über 10 km.

ぎょう 行 ❶ [文章の一行] Zeile f. -n/三行目 die dritte Zeile/行を変える einen Absatz machen. ❷ [詩の] Vers m. -es, -e; Verszeile f. -n. ❸ [修行] Askese f.; Kasteiung f. -en/行う Gottesdienst m. -es, -e/[動行]/行をする ⁴sich kasteien.

きょうあい 狭隘な eng; eingeengt; schmal; eingeschränkt; beschränkt; [度量などが] eng/herzig (-stirnig; -sichtig); beschränkt; kleinlich. ⇨ せまい (狭い).

きょうあく 凶悪な ruchlos; gottlos; verrucht; [残忍な] brutal; grausam; [恐ろしい] grässlich; fürchterlich; scheußlich/凶悪性 Gott|losigkeit (Ruch-) f.; Grausamkeit

f.; Brutalität f./凶悪性を帯びている einen Anstrich von ³Brutalität haben.

きょうあつ 強圧的 bedrückend; unterdrückend; zwanghaft; zwingend; gewaltsam; Gewalt-; Zwangs-/強圧手段 Zwangsmittel n. -s, -/強圧を加える bedrücken⁴; unterdrücken⁴; zwingen*⁴; 強圧 をかける、In Zwang nehmen⁴.

きょうあん 教案 Lehrplan m. -[e]s, ¨e/教案 を立てる einen Lehrplan entwerfen*.

きょうい 驚異 Wunder n. -s, -; Verwunderung f. -en/驚異的 wunderbar; erstaunlich; erstaunenswürdig; aufsehenerregend (Aufsehen erregend)/驚異の目をみはる starr (stumm) vor Staunen sein; aus dem Staunen nicht heraus|kommen* ⓖ (können*); [俗]〈große〉 Augen machen.

きょうい 胸囲 Brustumfang m. -[e]s, ¨e.

きょうい 脅威 Drohung f. -en; [Be]ängstigung f. -en《不安》; Androhung f. -en《威嚇》/不断の脅威 die bleibende Drohung.

きょういき 境域 Grenzgebiet n. -[e]s, -e; Mark f. -en. ⇨きょうかい (境界).

きょういく 教育 Erziehung f. -en; Ausbildung f. -en《養成》; Schulung f. -en《訓練》; Unterricht m. -[e]s《授業》; Unterweisung f. -en《指導》/教育上の erzieherisch; pädagogisch; Erziehungs-; Unterrichts-. — 教育のある(ない) gut erzogen; wohlerzogen; gebildet (schlecht erzogen; unerzogen; ungebildet). — 教育する erziehen⁴ (zu³); aus|bilden⁴ (zu³); schulen⁴ (als⁴); unterrichten⁴ (in³); Unterricht geben*³ (erteilen³) (in³); unterweisen⁴ (in³)/教育をうける erzogen (ausgebildet) werden (zu³); unterrichtet werden (in³); Unterricht nehmen* (in³); studieren⁴ (bei³)/ 彼らは自主独立の精神をもつように教育された Sie sind zur Selbstständigkeit (Selbstständigkeit) erzogen worden./学校教育をうけていない Er hat keine Schulbildung. ‖ 教育委員会 Erziehungs|ausschuss m. -es, -e (-rat m. -[e]s, ¨e)/教育映画 Lehr|film (Unterrichts-) m. -[e]s, -e/教育家(者) Erzieher m. -s, -; Pädagoge m. -n, -n; Schulmann m. -[e]s, -er (-leute)/教育界 Erziehungswesen n. -s; die Kreise (pl) der Pädagogen/ 教育学 Pädagogik f.; Erziehungswissenschaft f. -en/教育機関 Erziehungsanstalt f. -en/Schule f. -n/教育制度 Erziehungswesen (Schul-) n. -s, -/教育大学 die pädagogische Hochschule, -n/教育庁 Schulverwaltung f. -en/教育年限 die Dauer der Schulausbildung; Schulzeit f. -en/教育費 Schulgeld n. -[e]s, -er; Erziehungskosten (pl)/教育(方)法 Erziehungsmethode f. -n/教育の義務 Schul|pflicht f. (-zwang m. -[e]s, ¨e)/子供たちは義務教育の年限に達していない Die Kinder sind im schulpflichtigen Alter./成人教育 Erwachsenenbildung f. -en/大学教育 die akademische Bildung, -en.

きょういん 教員 [Schul]lehrer m. -s, -; [全体] Lehrerkollegium n. -s, ..gien; Lehrerschaft *f.* –en ⇨きょうし(教師) ‖ 教員組合 Lehrerverein *m.* –〔e〕s, –e/教育検定試験 Staatsexamen《*m.* –s, ..mina》für ^{4}Lehrer/教員免〔許〕状 Lehrerdiplom *n.* –s, –e/教員養成所 Lehrer¦seminar *n.* –s, –e (..rien) (–bildungsanstalt *f.* –en《師範学校》).

きょうえい 競泳 das 〔Wett〕schwimmen*, –s.

きょうえき 共益 Gemein¦nutz *m.* –en (–wohl *n.* –〔e〕s); das öffentliche Interesse, –s, –n (Wohl, –〔e〕s)/共益〔の為〕の gemein¦nützig (–nützlich) für alle ‖ 共益事業 das gemeinnützige Unternehmen, –s, –; der öffentliche Versorgungsbetrieb, –〔e〕s, –e《ガス・水道・電気など》. ⇨こうえき(公益).

きょうえつ 恐悦 Freude *f.* –n; Aufgeräumtheit *f.*; die gute Laune, –n; Vergnüglichkeit *f.*

きょうえん 饗宴 Festmahl *n.* –〔e〕s, ⸚er; Schmaus *m.* –es, ⸚e; Fest *n.* –〔e〕s, –e/饗宴を催す einen Schmaus geben*; ein Festmahl bereiten/饗宴に招く zum Schmaus laden*^{4} ‖ 饗宴場 Festsaal *m.* –〔e〕s, ..säle.

きょうえん 競演 Wetteifer《*m.* –s》auf der Bühne《*mit*^{3}》/競演する auf der Bühne wetteifern《*mit*^{3}》.

きょうえん 共演する mit *jm* spielen《in einem Stück》; mit von der Partie sein〘共演者 *pl* を主語として〙‖ 共演者 Mitspieler *m.* –s, –.

きょうおう 饗応 Bewirtung *f.* –en; Einladung *f.* –en; Empfang *m.* –〔e〕s; Festlichkeit *f.* –en; Gesellschaft *f.* –en/饗応をうける zum Essen (zum Festessen; zum Tee) eingeladen werden; an einem Gastmahl teil|nehmen*. ── 饗応する〔gastlich〕bewirten^4; zum Essen (zu Gast) ein|laden*^{4} (laden*^{4}); ein Gastmahl geben*; einen Empfang geben*《パーティーなど》.

きょうおん 強音〔符〕Akzent *m.* –〔e〕s, –e.

きょうか 教科 Lehrgang *m.* –〔e〕s, ⸚e; Lehrfach *n.* –〔e〕s, ⸚er ‖ 教科書 Lehr¦buch (Schul–) *n.* –〔e〕s, ⸚er/教科書版 Schulausgabe *f.* –n.

きょうか 教化 Erziehung *f.* –en; Aufklärung *f.* –en; Kultivierung *f.* –en; Bekehrung *f.* –en. ── 教化する erziehen*^{4}; auf|klären^4; der ^{3}Kultur zugänglich machen^4; bekehren^4; zivilisieren^4; einer höheren Gesittung zu|führen^4/教化しやすい(難い) leicht (schwer) aufzuklären〔d〕; leicht (schwer) gesittet zu machen〔d〕; leicht (schwer) erziehbar.

きょうか 狂歌 Scherzgedicht *n.* –〔e〕s, –e; Satire *f.* –n.

きょうか 強化 Verstärkung *f.* –en/強化する verstärken^4 ‖ 強化食品 besonders nahrhafte Lebensmittel《*pl*》/強化選手 ein verstärkter Sportler, –s, –.

きょうかい 境界 Grenze *f.* –n; Demarkation *f.* –en/境界を定める eine Grenze ziehen* (fest|setzen)/境界を接する grenzen《*an*^{4}》/その小川が境界だ Der Bach ist (bildet) die Grenze. ‖ 境界線 Grenz¦linie (Demarkations–) *f.* –n/境界標 Grenz¦mal *n.* –〔e〕s, –e (–stein *m.* –〔e〕s, –e《石》; –pfahl *m.* –〔e〕s, ⸚e《杭(くい)》).

きょうかい 教会 Kirche *f.* –n; Gotteshaus *n.* –es, ⸚er; Kapelle *f.* –n《礼拝堂》; Kathedrale *f.* –n《本聖堂》; Dom *m.* –〔e〕s, –e《大会堂》/教会の kirchlich; Kirch〔en〕–/教会に行く in die (zur) Kirche gehen* [s]/教会で結婚する ^{4}sich kirchlich (in der Kirche) trauen lassen*; kirchlich getraut werden ‖ 教会政治 Kirchenregierung *f.* –en/福音(改革, カトリック)教会 die evangelische (reformierte, katholische) Kirche.

きょうかい 教戒 Vermahnung *f.* –en; Zurechtweisung *f.* –en; Predigt *f.* –en/教戒する vermahnen^4; zurecht|weisen*^{4}; predigen^4《例: ^{4}Buße; ^{4}Moral など》; ins Gewissen (zur Vernunft) reden ‖ 教戒師 der Gefängnisgeistliche*, –n, –n.

きょうかい 協会 Gesellschaft *f.* –en; Verein *m.* –〔e〕s, –e; Institut *n.* –〔e〕s, –e《研究所的意味で》.

ぎょうかい 業界 Geschäftswelt *f.*; Industriekreise《*pl*》.

きょうかく 夾角〘数〙eingeschlossener Winkel, –s, –.

きょうかく 侠客 der ritterlich gesinnte Plebejer, –s, –.

きょうがく 共学 die Gemeinschaftserziehung, –en; Koedukation *f.* –en/共学の学校 Gemeinschaftsschule *f.* –n ❖ Simultanschule *f.* (各宗派の子弟を収容する学校)と区別する必要があるときは後に mit Koedukation を加える.

きょうがく 驚愕 das 〔Er〕staunen*, –s; Entsetzen *n.* –s; Schreck *m.* –〔e〕s, –e; Schock *m.* –〔e〕s, –s《ショック》; Bestürzung *f.* –en《狼狽を交えた》; Betroffenheit *f.*《当惑を交えた》; Überraschung *f.* –en《不意を打たれて》; Sprachlosigkeit *f.*《呆然自失》/驚愕する erstaunen [s]《*über*^{4}》; erschrecken* [s]《*über*^{4}》〘以上二語は ^{4}sich とともに再帰的にも用いる〙; staunen; bestürzt (erstaunt; überrascht) sein《以上どれも *über*^{4}》; ^{4}sich entsetzen《*vor*^{3}; *bei*^{3}》; in Schrecken geraten* [s]. ⇨おどろく.

ぎょうかく 仰角 Erhöhungswinkel *m.* –s, –《射角》; Elevation *f.* –en; Elevationswinkel.

きょうかたびら 経帷子 Totenhemd *n.* –〔e〕s, –en; Sterbe¦kleid (Toten–) *n.* –〔e〕s, –er.

きょうかつ 恐喝 Drohung *f.* –en; Be¦drohung (An–) *f.* –en; Einschüchterung *f.* –en; Erpressung *f.* –en/恐喝して奪う *jm* (^{4}*et* von *jm*) erpressen. ── 恐喝する〔be-〕drohen^4《*mit*^{3}》; *jm* ^{4}*et* an|drohen; ein|schüchtern^4. ‖ 恐喝者 Erpresser *m.* –s, –.

きょうかん 叫喚〔Zeter〕geschrei *n.* –s; Zetermordio *n.* –s; Gekreisch〔e〕*n.* ..sches.

きょうかん 教官 Lehrer *m.* –s, –; Schul¦mann *m.* –〔e〕s, ⸚er (–meister *m.* –s, –); Dozent *m.* –en, –en; Lektor *m.* –s, –en; Studienrat *m.* –〔e〕s, ⸚e《高校の》.

きょうかん 凶漢 [犯人・犯罪者] Täter *m.* –s, –; Misse¦täter (Über–) *m.* –s, –; Verbrecher *m.* –s, –; [殺人犯] Mörder *m.* –s, –;

き

Mordbube *m.* -n, -n; Meuchelmörder *m.* -s, -《暗殺者》; [悪漢] Schuft *m.* -[e]s, -e; Schurke *m.* -n, -n/凶漢の手にたおれる einem Attentat zum Opfer fallen* [s].

きょうかん 共感 Mitgefühl *n.* -[e]s, -e; das Mitempfinden, -s; Sympathie *f.* -n; Teilnahme *f.* -n.

ぎょうかん 行間の文字を読む zwischen den Zeilen lesen*^{4}《言外の意をくむ》; zwischen die Zeilen hinein|lesen*《こじつけて・曲解して読む》.

きょうかんふくいんしょ 共観福音書 Synopse *f.* -n; Synopsis *f.* ..psen.

きょうき 狭軌 Schmalspur *f.* -en ‖ 狭軌鉄道 Schmalspurbahn *f.* -en.

きょうき 侠気 Ritterlichkeit *f.*; die ritterliche Gesinnung, -en/侠気ある ritterlich [gesinnt]; hilfsbereit.

きょうき 凶器 Mordwaffe *f.* -n; Kampfmittel *n.* -s, -/凶器をたずさえた mit ^{3}*et* bewaffnet.

きょうき 強記 das gute (zähe) Gedächtnis, ..nisses, ..nisse/博覧強記である Er ist belesen und hat ein zähes Gedächtnis.

きょうき 狂喜 Freuden¦rausch *m.* -es, ⸚e (-taumel *m.* -s, -); das Frohlocken*, -s/狂喜のあまり vor ausgelassener Freude/狂喜する außer sich vor Freude sein; vor Freude springen* [s] (hüpfen [s]; tanzen); frohlocken《*über*^{4}》; vor Freude [herum|-] tollen [s,h].

きょうぎ 経木 Span *m.* -[e]s, ⸚e.

きょうぎ 競技 [Kampf]spiel *m.* -[e]s, -e《主として団体競技》; Sport *m.* -[e]s, -e; [sportlicher] Wettbewerb, -s, -e; Wett¦kampf *m.* -[e]s, ⸚e (-spiel)/競技をする Sport treiben*; ein Spiel spielen; an einem Wettkampf teil|nehmen*/競技に勝つ(負ける) ein Spiel gewinnen* (verlieren*)/競技は終了した Das Spiel ist aus. ‖ 競技会 Sportfest *n.* -[e]s, -e; das sportliche Ereignis (Sportereignis), ..nisses, ..nisse; Sportveranstaltung *f.* -en; Meisterschaft *f.* -en《選手権の》/競技者 Spieler *m.* -s, -; Wettkämpfer *m.* -s, -; Teilnehmer *m.* -s, -《競技の参加者》; Mitbewerber *m.* -s, -; Athlet *m.* -en, -en/競技場 Stadion *n.* -s, ..dien; Sportplatz *m.* -es, ⸚e; Sporthalle *f.* -n《室内の》/十種競技 Zehnkampf *m.* -[e]s, ⸚e/水上競技 Wassersport *m.* -[e]s, -e《ボートレースなどを含めて広義で》; Schwimmsport *m.* -[e]s, -e《水泳競技》/陸上競技 Leichtathletik *f.*

きょうぎ 教義 Lehre *f.* -n《例: die christliche Lehre キリスト教の教義》; Doktrin *f.* -en; Dogma *n.* -s, ..men; Glaubens¦satz (Lehr-) *m.* -es, ⸚e/教義上の zur Lehre gehörig; doktrinär; dogmatisch.

きょうぎ 協議 Verhandlung *f.* -en; Berat[schlag]ung *f.* -en; Besprechung *f.* -en; Rücksprache *f.* -n; Unterredung *f.* -en《「…に関する」にはどれも *über*^{4} を用いる》/協議にかける ^{4}*et* zur Sprache bringen*/協議が調う ^{4}sich verständigen《*mit*^{3}》; einig werden《*über*^{4}》; ^{4}sich einigen《*über*^{4}》/協議の上 nach Verhandlung (Beratschlagung). ── 協議する verhandeln《*mit*^{3}; *über*^{4}》; ^{4}sich beraten*《*über*^{4}》; besprechen*^{4}《*mit*^{3}》; eine Rücksprache nehmen* (haben)《*mit*^{3}; *über*^{4}》; ^{4}sich unterreden《*mit*^{3}; *über*^{4}》; zu Rate gehen* [s]《*mit*^{3}》; Rat halten*《*mit*^{3}》. ‖ 協議員 der Beratende*, -n, -n; Mitglied《*n.* -[e]s, -er》der Ratsversammlung; Ratsmitglied *n.* -[e]s, -er; Rat *m.* -[e]s, ⸚e/協議会 Rat *m.* -[e]s, ⸚e; Ratsversammlung *f.* -en; Konferenz *f.* -en; Ratssitzung *f.* -en/協議事項 Gegenstand《*m.* -[e]s, ⸚e》der Verhandlung (Beratung)/協議離婚 Ehescheidung《*f.* -en》auf Billigkeitsansprüche/経済協議会 Wirtschaftsrat *m.* -[e]s, ⸚e/労資協議会 Rat《*m.* -[e]s, ⸚e》der Arbeitgeber und -nehmer.

きょうぎ 狭義の im engeren Sinn/狭義に解釈すれば im engeren Sinn ausgelegt.

ぎょうぎ 行儀 Benehmen *n.* -s; Betragen *n.* -s; Verhalten *n.* -s《ふるまい》; Etikette *f.* -n; Manieren《*pl* 作法》/行儀のよい artig; höflich; manierlich; von gutem (feinem) Ton/行儀の悪い unartig; unhöflich; unmanierlich; ohne Benehmen/行儀を心得ている(いない) gute (keine) Manieren haben/行儀よくする ^{4}sich gut benehmen*/彼は行儀が悪い Er weiß sich nicht zu benehmen. /他人行儀はよせよ Keine Umstände! ¦ Sei kein Frosch!/彼女は他人行儀だ Sei benimmt sich sehr formell.

きょうきゅう 供給 Versorgung *f.* -en; Belieferung *f.* -en; Angebot *n.* -[e]s, -e. ── 供給する *jn* versorgen《*mit*^{3}》; *jm* ^{4}*et* versorgen; speisen^{4}《*mit*^{3}》; *jn* beliefern《*mit*^{3}》; liefern^{4}《引渡す》; verschaffen^{34}; beschaffen^{34}《調達してやる》; *jn* versehen*《*mit*^{3} あてがう》/町にガス, 電気, 水道を供給する eine Stadt mit Gas, Elektrizität, Wasser versorgen (speisen). ‖ 供給過剰 die überreiche Zufuhr, -en; Überfüllung《*f.* -en》des Marktes; Überangebot *n.* -[e]s, -e/供給者(国) Versorger *m.* -s, -; Lieferant *m.* -en, -en/供給不足 die mangelhafte Versorgung (Belieferung).

きょうぎゅう 狂牛病 Rinderwahnsinn *m.* -[e]s; BSE-Seuche *f.* -n.

ぎょうぎょうしい 仰々しい ❶ [誇大な話しぶりなど] bombastisch; übertrieben; prahlerisch; theatralisch/仰々しく言う übertreiben*^{4}; zu stark betonen^{4}. ❷ [目立つ] auffällig; auffallend/仰々しい服装で auffallend gekleidet; mit seinem ganzen Staat/仰々しいふるまいをする ^{4}sich auffällig benehmen*; ein Theater machen. ❸ [もったいぶった] hochtrabend/仰々しい肩書き der hochtrabende Titel, -s, -.

きょうきん 胸襟を開く ^{4}sich *jm* offenbaren (an|vertrauen); ^{4}sich (sein Herz) aus|schütten/胸襟を開いて語る ^{4}sich mit *jm* über ^{4}*et* aus|sprechen*; offen sprechen* (reden; heraus|sagen^{4}); offenherzig sprechen*《*über*^{4}》; frei von der Leber weg (freimütig; ohne ^{4}Rückhaft) sprechen*

きょうく 狂句 Scherzvers m. -es, -e.

きょうく 教区 Kirch[en]gemeinde (Pfarr-) f. -n ‖ 教区会 Gemeindeversammlung f. -en; Kirchenrat m. -[e]s, -e/教区民 Pfarrkind n. -[e]s, -er; Gemeindemitglied n. -[e]s, -er/教区吏 Kirchenvogt m. -[e]s, ⁼e.

きょうく 恐懼して mit Ehrfurcht; ehrfurchtvoll; ehrerbietig/おこに恐懼おく所を知らず Diese Worte flößten mir Ehrfurcht ein.

きょうぐう 境遇 ❶ Verhältnisse 《pl》; Umstände 《pl》/気の毒な境遇にある in dürftigen (gedrückten; ärmlichen) Verhältnissen leben (sein)/結構な境遇にある in guten (behaglichen) Umständen leben (sein). ❷ [環境] Umgebung f. -en; Umwelt f. -en; Lebenskreis m. -es, -e; Milieu n. -s, -s/境遇は大切ですからね Die Macht der Verhältnisse ist stark. ¦ Die Umgebung macht viel aus.

きょうくん 教訓 Lektion f. -en; Lehre f. -n; Belehrung f. -en; Moral f. -en; Ermahnung f. -en 《戒め》. —— 教訓的な belehrend; lehrhaft; instruktiv; erzieherisch; didaktisch/寓話の教訓 die Moral der Fabel/教訓とする aus ³*et* eine Lehre ziehen*/ˢich ⁴*et* zur Lehre dienen lassen*/これをよい教訓としよう Das soll mir eine gute Lehre sein. —— 教訓する eine Lektion erteilen³ (geben*³); belehren⁽²⁾⁴ 《über⁴》.

きょうげき 挟撃する von beiden Seiten an|greifen* (an|fallen⁴ 《動物を》); auf dem Rückweg abschneidend an|greifen* ‖ 挟撃作戦 Zangen|operation f. -en (-angriff m. -[e]s, -e).

きょうけつ 凝結 das Gefrieren* (Gerinnen*), -s; Erstarrung f. -en; Koagulation f. -en; Kondensation f. -en. —— 凝結する dick (fest) werden; gerinnen* ⓢ; gefrieren* ⓢ 《水結する》; ˢich kondensieren. ‖ 凝結器 Gefrierapparat m. -[e]s, -e; Kondensator m. -s, -en/凝結熱 Kondensationswärme f. -n.

ぎょうけつ 凝血 das geronnene Blut, -[e]s; Blutgerinnsel n. -s, -.

きょうけん 強健 die eiserne Gesundheit f.; Rüstigkeit f.; Vollkraft f./強健な kräftig; robust; rüstig; kräftig und gesund, auf dem Damm.

きょうけん 狂犬 der tolle (tollwütige) Hund, -[e]s, -e ‖ 狂犬病 Toll|wut (Hunds-) f.

きょうけん 強権を発動する eine Gewaltmaßnahme ergreifen*; eine Gewaltmaßregel treffen*; ein Zwangsmittel an|wenden⁽*⁾.

きょうげん 狂言 ❶ [演劇] Bühnenstück n. -[e]s, -e; Schauspiel n. -[e]s, -e; Schwank m. -[e]s, ⁼e 《道化芝居》; Posse f. -n 《茶番》/狂言に仕組む für die Bühne (als Schauspiel) bearbeiten⁴; dramatisieren⁴. ❷ [詐り] Streich m. -[e]s, -e; Theater n. -s, -; Betrug m. -[e]s/狂言をする einen Schwank auf|führen 《茶番する》; eine Rolle spielen 《als 一役割》; [詐りごとをする] ein Theater machen; tun⁴; als ob … 《接続法第二式》. ‖ 狂言師 Komiker m. -s, -; Komödiant m. -en, -en 《俳優を軽蔑するときにも》/狂言自殺 Selbstmordposse f. -n/彼女の自殺は狂言だった Ihr Selbstmordversuch war nur ein Theater./当たり狂言 Zugstück n. -[e]s, -e; Reißer m. -s, -/替り狂言 das neue Programm, -s, -e.

きょうこ 強固な fest; hart; eisern; ehern; haltbar; solide; unerschütterlich; unverwüstlich; unzerstörbar/強固な意志 der feste (eiserne, stählerne, unbeugsame) Wille, -ns, -n/強固な基礎にたつ festen Boden unter den Füßen haben; auf einer gesunden Basis stehen*/強固にする festigen⁴; erhärten⁴; bekräftigen⁴; verstärken⁴/地盤を強固にする festen Boden (Fuß) fassen.

きょうこ 凝固 das Festwerden*, -s; Verdichtung f. -en 《凝縮》; Verdickung f. -en ‖ 凝固点 Gefrierpunkt m. -[e]s, -e.

きょうこう 恐慌 Panik f. -en; Krise f. -n; Bestürzung f. -en 《驚愕・狼狽》/経済界の恐慌 Wirtschaftskrise f. -n/恐慌をきたす von einer Panik (von panischen Schrecken) ergriffen werden; in panischer Angst sein die Panik entsteht 《unter³; wegen²⁽¹⁾》.

きょうこう 凶行 Schreckenstat (Blut-; Gewalt-) f. -en; Gewalttätigkeit f. -en; Gräuel m. -s, -; Mordtat f. -en; das Blutvergießen*, -s ‖ 凶行現場 der Tatort 《-[e]s, -e》 einer Gräuel/凶行者 Übeltäter m. -s, -; Frevler m. -s, -.

きょうこう 強行する erzwingen*⁴; durch|setzen⁴/あらゆる苦難を排してプランを強行する einen Plan gegen alle Widerwärtigkeiten durchsetzen / 強行手段に訴える(強行措置をとる) eine erzwungene Maßregel treffen* (ergreifen*) / 強行採決する 《trotz des Auszugs der Gegner》 zur 『Abstimmung schreiten* ⓢ ‖ 強行軍 Eil|marsch 《Dauer-》 m.-[e]s, ⁼e.

きょうこう 強硬な beharrlich; hartnäckig; standhaft; unnachgiebig; verbissen; 《容赦しない》 durchgreifend; unnachsichtlich; rücksichtlos/強硬手段をとる ein drastisches (durchgreifendes) Mittel an|wenden⁽*⁾/強硬な態度をとる eine feste Stellung ein|nehmen*; ˢmit verbissener Hartnäckigkeit auf ³*et* bestehen* 《頑張る・主張する》/強硬に反対する ³*et* 《jm》 hartnäckig widersprechen*; ˢich ⁴*et* entschieden widersetzen / 強硬に自説を固持する unnachgiebig bei der Stange bleiben* ⓢ; bei seiner Behauptung (seiner Meinung) beharren.

きょうごう 校合 Kollation f. -en; Vergleichung f. -en/校合する kollationieren⁴; durchgehen*⁴; durch|sehen*⁴ 《校閲・検討》/この計算をもう一度校合してみましょう Wir wollen diese Rechnung noch einmal durchgehen.

きょうごう 強豪 Veteran *m.* -en, -en; der Erprobte*, -n, -n/強豪の erprobt; erfahren; herumgekommen; in allen Sätteln gerecht.

ぎょうこう 僥倖 Glück *n.* -(e)s; das unerwartete Glück/僥倖なことに glücklicherweise; zum Glück.

きょうこく 強国 Groß|macht *f.* ¨e (-staat *m.* -(e)s, -en); der mächtige Staat, -(e)s, -en.

きょうこく 峡谷 (Tal)schlucht *f.* -en; Kluft *f.* ¨e; Canon *m.* -s, -s.

きょうこつ 胸骨 Brustbein *n.* -(e)s, -e.

きょうさ 教唆 Anstiftung *f.* -en; Anreiz *m.* -es, -e/...に教唆される be anstiften zu³ / 教唆する an|stiften⁴ (zu³); auf|stiften⁴ (zu³); an|reizen⁴ (zu³) ‖ 教唆罪 Anstiftung *f.* -en/教唆者 Anstifter *m.* -s, -.

きょうさい 恐妻家 Pantoffelheld *m.* -en, -en.

きょうさい 共済 die gegenseitige Unterstützung, -en ‖ 共済組合 Wohlfahrtsverein (Unterstützungs-) *m.* -(e)s, -e; Hilfskasse *f.* -n/共済事業 Hilfswerk (*n.* -(e)s, -e) auf Gegenseitigkeit.

きょうざい 教材 Lehrstoff *m.* -(e)s, -e.

きょうさく 凶作 Missernte *f.* -n; die schlechte Ernte, -n/凶作である eine schlechte Ernte ergeben* (an³); Die Ernte ist (sehr) schlecht ausgefallen.

きょうさく 狭窄 Vereng(er)ung *f.* -en; Einengung *f.* -en; Zusammenziehung *f.* -en ‖ 骨盤狭窄 Beckenverengung *f.* -en/尿道狭窄 Harnröhrenverengung *f.* -en.

きょうざつぶつ 夾雑物 fremde Teile (*pl*); das unreine Gemisch, -es, -e; das fremde Mitteilig, -es, -er.

きょうざめ 興ざめる plötzlich ganz nüchtern werden; seinen Rausch nehmen* (*jm*).

きょうさんしゅぎ 共産主義 Kommunismus *m.* -/共産主義的 kommunistisch ‖ 共産主義者 (党員) Kommunist *m.* -en, -en/共産党 die Kommunistische Partei, -en/共産党宣言 das Kommunistische Manifest, -es/国際共産党 die Kommunistische Internationale*, -n.

きょうさん 協賛 ¶ ...の協賛を得て催す mit Zustimmung (*f.* -en) von *jm* veranstalten⁴.

ぎょうさん 仰山 ❶ [おおぎょうな] bombastisch; übertrieben/仰山な人 Lärmmacher *m.* -s, -/仰山に言う übertreiben*, -. ❷ [たくさんの] viel (数); groß (量).

きょうし 教師 Lehrer *m.* -s, -; Schul|mann *m.* ¨er (-meister *m.* -s, -); Dozent *m.* -en, -en; Studienrat *m.* -(e)s, ¨e (高校の) ‖ 家庭教師 Hauslehrer *m.* -s, -; Hofmeister *m.* -s, -; Pädagoge *m.* -n, -n (皮肉にも); Meister *m.* -s, -(匠)/教師をする Unterricht geben* (*in*³ 例: in Deutsch ドイツ語の); Lehrer(in) (*für*⁴) sein/数学の教師 Lehrer der Mathematik / ドイツ語の教師 Lehrer für Deutsch; Deutschlehrer *m.* -s, -/教師用指導書 Schlüssel (*m.* -s, -) für Lehrer.

きょうし 教旨 Lehre *f.* -n; Lehrmeinung *f.* -en.

きょうし 狂詩 Parodie *f.* -n. ⇨きょうか(狂歌).

きょうじ 教示 Unterweisung *f.* -en; Hinweis *m.* -es, -e/教示する *jn* unterweisen* (*in*³); *jn* hin|weisen* (*auf*⁴); *jn* belehren (*von*³); *jn* unterrichten (*über*⁴).

きょうじ 凶事 Unglück *n.* -(e)s, -e; Unfall *m.* -(e)s, ¨e; Unheil *n.* -(e)s.

きょうじたい 共時態[言] Synchronie *f.* / 共時的な synchronisch.

ぎょうし 凝視する an|starren⁴; starren (*auf*⁴).

ぎょうじ 行事 Begebenheit *f.* -en; Ereignis *n.* ..nisses, ..nisse/年中行事 Jahres|feier *f.* -n (-fest *n.* -(e)s, -e) (祭).

きょうしつ 教室 Klassenzimmer *n.* -s, -; Hörsaal *m.* ..säle; Auditorium *n.* -s, ..rien (大学の); Aula *f.* -s (..len) (講堂).

きょうしゃ 驕奢 Pracht *f.*; Luxus *m.* -. ⇨ごうしゃ(豪奢).

きょうしゃ 強者 der Starke*, -n, -n; der starke Mann, -(e)s, ¨er.

きょうしゃ 経師屋 Tapezierer *m.* -s, -.

きょうしゃ 業者 Ladenbesitzer *m.* -s, -; Handels|mann (Kauf-) *m.* -(e)s, ..leute; Fabrikant *m.* -en, -en; Produzent *m.* -en, -en; Lieferant *m.* -en, -en; Unternehmer *m.* -s, -. ◆ 具体的には「...業者」という方がよい。

ぎょうじゃ 行者 Asket *m.* -en, -en.

きょうじゃく 強弱 Stärke und Schwäche, der - und -/強弱を争う ⁴sich messen⁴ (*mit*³); es auf|nehmen⁴ (*mit*³).

きょうしゅ 教主 (Be)gründer (*m.* -s, -) (Stifter *m.* -s, -) einer Sekte.

きょうしゅ 凶手に斃れる einem Meuchelmörder zum Opfer fallen* [s]; eines gewaltsamen Todes sterben* [s].

きょうしゅ 拱手する die Arm verschränken/拱手傍観する mit verschränkten (untergeschlagenen) Armen zu|sehen*³; die Hände in den Schoß legen.

きょうじゅ 享受 Genuss *m.* -es, -e/享受する genießen*⁴; ⁴sich erfreuen².

きょうじゅ 教授 ❶ Unterricht *m.* -(e)s, -e; Lektion *f.* -en; Kolleg *n.* -s, -(..gien); Vorlesung *f.* -en (以上二語は「講義」); Stunde *f.* -n (個人教授など). ❷ [教師] Professor *m.* -s, -en (*als*¹; *für*⁴); Ordinarius *m.* -, ..rien; Fakultät *f.* -en (教授団)/彼は K 大学の教授に招かれていた Er wurde als Professor an die Universität K berufen./彼に教授のいすが提供された Es ist ihm eine Professur angeboten worden. ─ 教授する Unterricht geben*³ (*in*³); unterrichten⁴ (*in*³); (ein Kolleg) lesen* (*über*⁴); eine Vorlesung halten* (*über*⁴); Stunden geben*/教授をうける Stunden (Lektionen) nehmen*³ (*bei*³); Unterricht nehmen* (*in*³) /ドイツ語を教授をうける Unterricht in der deutschen Sprache (deutsche Stunden) geben* (*nehmen**) ‖ 教授会 Fakultätssitzung *f.* -en/教授法 Lehrmethode *f.* -n/教授要目 Lehrplan *m.* -(e)s, ¨e/個人

ぎょうしゅ 授 Privatstunde f. -n/助教授 der außerordentliche Professor/名誉教授 Ehrenprofessor m. -s, -.

ぎょうしゅ 業種 Betriebsart f. -en; Geschäftszweig (Industrie-) m. -[e]s, -e.

きょうしゅ 強襲 der stürmende Angriff, -[e]s, -e; der wilde Andrang, -[e]s, "̈e; Hetzjagd f. -en/強襲する heftig angreifen⁴; stürmisch angreifen⁴; d(a)reinschlagen*.

きょうしゅ 郷愁 Heimweh n. -[e]s; Nostalgie f.

ぎょうしゅう 凝集 Kohäsion f. 《分子間の》; Agglutination f. -en 《バクテリアなどの》/凝集性の kohärent/凝集する kohärieren; agglutinieren ‖ 凝集状態 Aggregatzustand m./《物質の》凝集力 Kohärenz f.

きょうしゅうじょ 教習所 Ausbildungsanstalt (Fortbildungs-) f. ..en/自動車教習所 Fahrschule/ダンス教習所 Tanzschule f. -n.

きょうしゅく 恐縮する ⁴sich (zu Dank) verpflichtet fühlen; jm für ⁴et sehr verbunden sein (感謝); ⁴sich schämen (恥じる・⁴für⁴; ⁴vor¹); ⁴sich geniert fühlen (遠慮する・恥ずかしがる)/恐縮ですが wenn ich Sie bitten dürfte; wenn Sie die Güte haben wollen/どうも恐縮です (Ich bin Ihnen) sehr verbunden! /そんなことで恐縮するにはあたらない Sie brauchen sich deswegen doch nicht zu schämen.

ぎょうしゅく 凝縮 Verdichtung f. -en; Kondensation f. -en/凝縮する ⁴sich verdichten.

きょうしゅつ 供出 Lieferung f. -en/供出する liefern⁴ (an¹)/超過供出 Überlieferung f. -en/割当供出 Lieferquote f. -n.

きょうじゅつ 供述(書) Aussage f. -n; die [eidesstattliche] Erklärung, -en/供述する aussagen* ⟨gegen⁴⟩; zugeben*⁴; zu Protokoll geben*⁴/供述者 Zeuge m. -n, -n.

きょうじゅん 恭順 Ergebenheit f.; Gehorsam m.; Untertänigkeit f./恭順な ergeben; gehorsam; untertänig/恭順の意を表す einen Huldigung leisten; jm huldigen; zu Kreuz kriechen* s.h.

きょうしょ 教書 Botschaft f. -en (an¹) ‖ 大統領教書 die Botschaft (-en) des Präsidenten.

きょうしょう 協商 Entente f. -n; Abkommen n. -s, -; Staatenbündnis n. ..nisses, ..nisse; das Einvernehmen*, -s ‖ 協商国 Ententemächte 〈pl〉/三国協商 Dreibund m. -[e]s, "̈e.

きょうじょう 凶状 Verbrechen n. -s, -; Frevel m. -s, - ‖ 凶状持ち Verbrecher m. -s, -; Frevler m. -s, -.

きょうじょう 教場 Klassenzimmer n. -s, -. ⇨きょうしつ.

ぎょうしょう 行商 das Hausieren*, -s; Hausierhandel m. -s/行商する hausieren ⟨mit³⟩; hausieren gehen* s ⟨mit³⟩/行商人 Hausierer m. -s, -.

ぎょうじょう 行状 Benehmen n. -s; Betragen n. -s; Verhalten n. -s/行状がよい(悪い) ⁴sich gut (schlecht) führen; einen makellosen (schlechten) Lebenswandel führen/行状を改める seinen Lebenswandel bessern/彼は行状が悪くて解雇された Er wurde wegen schlechter Führung entlassen.

きょうじょうしゅぎ 教条主義 Prinzipienreiterei f./教条主義にひからたまる ⁴sich von Prinzipienreiterei leiten lassen⁴.

きょうしょく 教職 ❶ Lehramt n. -[e]s, "̈er (-beruf m. -[e]s, -e/-stuhl m. -[e]s, "̈e); Professur f. -en 《大学の》/教職にある [von Beruf] Lehrer sein; das Amt eines Lehrers bekleiden/教職につく das Lehramt antreten*; ins Lehramt kommen* s/教職を退く sein Lehramt aufgeben* (niederlegen). ❷ 〖宗教〗 das geistliche Amt, -[e]s, "̈er; der Religionsausübende*, -n, -n ‖ 教職員 Lehrkörper m. -s, -; Dozentschaft f.

きょうじる 興じる ⁴sich amüsieren; ⁴sich belustigen; ⁴sich ergötzen; ⁴sich unterhalten 《以上 mit³》/この話に笑い興じた Diese Geschichte stimmte uns recht heiter.

きょうしん 強震 das starke Erdbeben, -s, -; die heftige Erderschütterung, -en.

きょうしん 狂信 Fanatismus m. -; (die religiöse) Schwärmerei f. -en/狂信的な fanatisch; schwärmerisch ‖ 狂信者 Fanatiker m. -s, -; Glaubensschwärmer m. -s, -.

きょうしん 共振 〖理〗 Resonanz f. -en/共振する mit(schwingen); in Resonanz kommen* s/共振器 Resonator m. -s, -ren.

きょうじん 強靱な zäh; sehnig; ausdauernd /皮のように強靱な zäh wie Leder.

きょうしんかい 共進会 Schaustellung f. -en; Ausstellung (f. -en) auf Wettbewerb/犬の共進会 Hundeausstellung f. -en.

きょうしんざい 強心剤 das herzstärkende Mittel, -s, -.

きょうしんしょう 狭心症 Herzkrampf m. -[e]s, "̈e; Angina pectoris f. -.

ぎょうずい 行水 das Baden*, -s; Wannenbad n. -[e]s, "̈er/行水をする ein Wannenbad nehmen*.

きょうすいびょう 恐水病 Wasserscheu f.; Hydrophobie f.; Tollwut f. 《狂犬病》.

きょうする 供する ❶ ⇨ていきょう(する). ❷ 《提供する》 [an]bieten⁴; beschenken ⟨mit³⟩; schenken⁴; vorlegen⁴; zur Verfügung stellen⁴/茶菓を供する Tee und Kuchen servieren/参考に供する jm ⁴et zur Ansicht (Durchsicht) vorlegen/一般の縦覧に供する für ⁴Allgemeinheit auslstellen⁴.

きょうせい 強勢 Akzent m. -[e]s, -e; Betonung f. -en; Nachdruck m. -[e]s, "̈e; Emphase f. -n/強勢をおく den Akzent legen ⟨auf⁴⟩; betonen⁴; [einen] Nachdruck legen ⟨auf⁴⟩/強勢がある Der Akzent (Die Betonung) liegt ⟨auf³⟩.

きょうせい 強制 Zwang m. -[e]s, "̈e; Nötigung f. -en; Druck m.; — 強制的に gezwungen; erzwungen; genötigt; durch

きょうせい 強制 Zwang (Nötigung) 《強制されて》; zwangsweise/ gewaltsam; mit Gewalt 《無理に》/ 強制的な Zwangs-; 強制する ⟨zu³, または zu 不定詞句とともに⟩ zwingen*⁴; nötigen⁴; erzwingen*⁴. ‖ 強制結婚 die erzwungene Ehe, -n / 強制執行 Zwangsvollstreckung f. -en / 強制処分 Zwangsmaßnahme f. -n / 強制着陸 die erzwungene Landung, -en / 強制労働 Zwangsarbeit f. -en.

きょうせい 強請 Erpressung f. -en / 強請的 erpresserisch / 強請する erpressen⁴ ⟨von³⟩; jm ab|zwingen*⁴; erzwingen*⁴ ⟨von³⟩.

きょうせい 矯正 Besserung f. -en; Verbesserung f. -en; Heilung f. -en. ― 矯正する bessern⁴; verbessern⁴; heilen⁴ ⟨von³⟩; berichtigen⁴ / 悪弊を矯正する ein Übel heilen (ab|helfen*) / 悪癖を矯正する jn von schlechten Gewohnheiten heilen.

ぎょうせい 行政 Verwaltung f. -en; Administration f. -en / 行政上の administrativ; verwaltend; Verwaltungs-. ‖ 行政官 der Verwaltungsbeamte*, -n, -n / 行政官庁 Verwalter m. -s, - / 行政機関 Verwaltungsbehörde f. -n / 行政区域 Verwaltungsbezirk m. -[e]s, -e / 行政警察 Verwaltungspolizei f. -en / 行政裁判所 Verwaltungsgericht n. -[e]s, -e / 行政指導 die administrative Anleitung, -en / 行政処分 behördliche Verfügung (Anweisung), -en / 行政整理 Verwaltungsmaßregel f. -n / 行政訴訟 Verwaltungsreformen (pl) / 行政訴訟 Verwaltungsstreitverfahren n. -s, - / 行政的手腕 administrative Fähigkeiten (pl) / 行政部 Administration (Verwaltung) / 行政法[権] Verwaltungsabteilung f. -en / 行政法[権] Verwaltungsrecht n. -[e]s, -e.

ぎょうせき 業績 Leistung f. -en / 業績を上げる viel leisten ‖ 学問的業績 seine wissenschaftlichen Leistungen.

ぎょうせき 行跡 Betragen n. -s; Aufführung f. -en.

きょうそ 教祖 Stifter ⟨m. -s, -⟩ (Oberhaupt ⟨n. -[e]s, ⸚-er⟩) einer Religion.

きょうそう 競漕 Regatta f. ..gatten 《一般》; Ruder|regatta (Segel-) f. ..gatten 《ボート・ヨット》; das Motorboot[s]rennen*, -s, - 《モーターボートの場合》. ‖ 競漕用ボート Rennboot n. -[e]s, -e.

きょうそう 競争 Konkurrenz f. -en; Wettbewerb (-streit) m. -[e]s, -e; Rivalität f. -en 《含い》; Ausschreibung f. -en 《入札》; Nebenbuhlerschaft f. -en 《拮抗》/ 当社の商品はここでは競争にならない Unsere Waren sind hier nicht konkurrenzfähig. ― 競争する konkurrieren ⟨mit³⟩; wetteifern ⟨mit³⟩; im Wettbewerb stehen* ⟨mit³⟩; rivalisieren ⟨mit³⟩; nachleifern.⁴ ‖ 競争会社 Konkurrenzfirma f. ..men / 競争価格 Konkurrenzpreis m. -es, -e / 競争者 Wettbewerber m. -s, -; Nebenbuhler m. -s, -; Konkurrent m. -en, -en; Rivale m. -n, -n / 競争心 der nacheifernde Kampfgeist, -[e]s, -er / 競争入札 Konkurrenzausschreibung f. -en / 競争力 Konkurrenzfähigkeit f. -en / 自由競争 der freie Wettbewerb, -s, -e.

きょうそう 競走 Wett|lauf m. -[e]s, ⸚-e; das Wettlaufen*, -s; das Wettrennen*, -s 《犬・馬の場合》/ 次の競走に出場します Ich starte am nächsten Lauf [mit]. ― 競走する um die Wette laufen* ⟨s⟩; wett|laufen*⟨s⟩; wett|rennen*⟨s⟩ 《犬・馬の》. ‖ 競走路[Lauf]bahn f. -en; Rennbahn f. -en 《犬・馬の》/ 百メートル競走 100-Meter-Lauf m. -[e]s, ⸚-e.

きょうそう 狂想曲 Rhapsodie f. -n.

きょうそう 強壮な stark; kräftig; gesund; robust ‖ 強壮剤 Stärkungsmittel n. -s, -; das belebende Mittel, -s, -; Analeptikum n. -s, ..ka.

きょうそう 狂噪な lärmend; ungestüm; wild; rasend.

きょうぞう 胸像 Büste f. -n.

きょうぞう 鏡像 Spiegelbild n. -[e]s, -er.

きょうそうきょく 協奏曲 Konzertstück n. -[e]s, -e.

きょうそく 教則 Lehrordnung f. -en; Unterrichtsnorm f. -en; Schulregel f. -n 《校則》.

きょうそく 脇息 [Arm]lehne f. -n.

きょうそくほん 教則本 [Klavier]übungsbuch n. -[e]s, ⸚-er 《ピアノの》.

きょうそん 共存 das Mitdasein*, -s; Koexistenz f. -en; das Leben-und-Lebenlassen*, -s / 共存する koexistieren; zugleich (zusammen) da sein; leben und leben lassen* ‖ 共存共栄 die gemeinsame Wohlfahrt.

きょうだ 強打 der starke Schlag, -[e]s, ⸚-e / 強打する stark (heftig) schlagen*⁴ ‖ 強打者 der gefährliche Schläger, -s, -.

きょうたい 狂態 Schamlosigkeit f. -en; Unanständigkeit f. -en; Perversität f. -en / 《性的な》狂態を演じる ⁴sich unmöglich benehmen*; ⁴sich schamlos (unanständig) betragen*; ⁴sich lächerlich machen.

きょうたい 嬌態 Koketterie f. -n; Gefallsucht f.

きょうだい 兄弟 Bruder m. -s, ⸚ 《男性の》; Schwester f. -n 《女性の》; Geschwister 《pl 兄弟姉妹》; Gebrüder 《pl 男性の》; Mitbruder m. -s, ⸚ 《同胞 仲間》; Kamerad m. -en, -en 《兄弟分》/ 兄弟の brüderlich / 兄弟のよしみ Brüderlichkeit f; Brüderschaft f. -en; Brudertum n. -s / 兄弟のよしみを結ぶ ⁴sich verbrüdern; fraternisieren; Brüderschaft schließen* (machen; trinken) / 一人を兄弟の中に引き入れる jn 《以上とも mit³ とともに》/ 兄弟げんか Bruderzwist m. -es, -e; Zank und Streit (des- und -[e]s) unter den Brüdern / 兄弟は八人です Wir sind acht Geschwister. / I have sieben Geschwister. ◆ 数に注意. ‖ 異母(父)兄弟 Halb|bruder m. -s, ⸚ (-schwester f. -n) / 乳兄弟 Milch|bruder m. -s, ⸚ (-schwester f. -n).

きょうだい 鏡台 Putz|tisch (Toiletten-) m. -[e]s, -e; Toilette f. -n.

きょうだい 強大な groβmächtig; gewaltig.
ぎょうたい 業態 Geschäftsverhältnisse 〈pl〉

きょうたく 供託 Deposition f. -en; Hinterlegung f. -en. ―供託する deponieren⁴; in Depositum geben⁴⁴; hinterlegen⁴ 〈以上 bei³〉; verwahren lassen⁴⁴; an|vertrauen³ ‖ 供託金 Depositengeld n. -es, -er/供託者 Deponent m. -en, -en; Hinterleger m. -s, -/供託所 Depositär m. -s. -e 〈預け主〉; Depositorium n. -s, -rien/供託物 Depositum n. -s, ..ten.

きょうたん 驚嘆 Bewunderung f. -en; das Anstaunen*, -s/驚嘆すべき bewundernswert; erstaunlich/驚嘆する bewundern⁴; an|staunen⁴.

きょうだん 教壇 Podium n. -s, ..dien; Katheder n. -s/ -.

きょうだん 教団 Orden m. -s, -; ein religiöser Verband, -[e]s, ⸚e.

きょうち 境地 Zustand m. -[e]s, ⸚e; Lage f. -n/…の境地に達する den Zustand von ³et erreichen.

きょうちくとう 夾竹桃〔植〕Oleander m. -s, -.

きょうちゅう 胸中 js Busen m. -s, -; js Herz n. -ens, -en; js Inneres*, -n; js Gefühle 〈pl 情感〉; js Absicht f. -en 〈意図〉; js Wunsch m. -[e]s, ⸚e 〈考え〉; js Gedanken m. -ens, -/ 胸中に秘めて置く bei ³sich behalten⁴/胸中を察する jm nach|fühlen⁴; Mitgefühl (n.) haben 〈mit jm〉; js Gedanken (Absicht) erraten⁴⁴/胸中を打明ける sein Herz aus|schütten 〈entdecken〉; ⁴sich jm entdecken; ³sich jm an|vertrauen.

きょうちょ 共著 Mitarbeit f. -en; Mitwirkung f. -en/…と共著で unter ³Mitarbeit von jm ‖ 共著者 Mitarbeiter m. -s, -; Mitautor m. -s, -en; Mitverfasser m. -s, -.

きょうちょう 凶兆 böses Omen, -s, ..mina; unglückliches (schlechtes) Vorzeichen, -s, -.

きょうちょう 協調〔協力〕Zusammen|wirkung (Mit-) f. -en; [協同] Eintracht f.; Einigkeit f. -en; Einvernehmen n. -s, -; [調和] Harmonie f. -n; [調停] Versöhnung f. -en; Aussöhnung f. -en; Ausgleich m. -[e]s, -e; [妥協] Kompromiß m. ..sses, ..sse/協調を保つ in gutem Einvernehmen stehen*/協調を欠く der ²Eintracht (der Harmonie) ermangeln/目的を労資の協調による Der Zweck ist, den Konflikt zwischen Kapital und Arbeit auszugleichen. ― 協調的 zusammenwirkend (mit-); [和解的] versöhnend; ausgleichend. ― 協調する zusammen|wirken (mit|-); einträchtig (einig; in Einvernehmen) handeln; [妥協する] ⁴sich kompromittieren ‖ 労資協調 Zusammenwirkung von ³Kapital und ³Arbeit; Ausgleich zwischen ³Kapital und ³Arbeit.

きょうちょう 強調 Betonung f. -en; Emphase f. -n; [rhetorischer] Nachdruck, -[e]s 〈修辞的〉; 〔文法〕 Akzent m. -es, -e/ 強調する betonen⁴; akzentuieren⁴; her|vor|heben⁴⁴; unterstreichen⁴⁴; bekräftigen⁴.

きょうつう 胸痛を覚える Brustschmerzen 〈pl〉 fühlen.

きょうつう 共通の gemein; gemeinsam; gemeinschaftlich; allgemein/共通である jm 〈pl 例: allen〉gemeinsam sein/共通のところが多い(少ない) viel(es) (wenig) mit jm gemein haben/共通の利害 das allgemeine (gemeinsame; beiderseitige) Interesse, -s. / その欠点は彼らに共通している Diese Schwäche ist ihnen gemein./我々共通の利害に関することだ Das ist eine Sache unseres gemeinsamen Interesses.

きょうてい 協定 Vereinbarung f. -en; das Abkommen*, -s; Abmachung f. -en; Abrede f. -n; Absprache f. -n; Übereinkunft f. ⸚e/協定を守る die Vereinbarung ein|halten*; die Abmachung für (als) bindend betrachten/協定に違反する gegen die Abmachung verstoßen*/協定に違反する eine Vereinbarung treffen*(ein Abkommen; eine Abmachung) treffen* 〈mit jm über ⁴et〉; vereinbaren⁴ 〈mit³〉. ‖ 協定価格 der verabredete Preis, -es, -e / 協定書 Verhandlungsschrift f. -en, -en; Protokoll n. -s, -e/協定賃 (税) 率 der vertragsmäßige (vereinbarte) Tarif, -s, -e. / 通商協定 Handelsabkommen n. -s, -/防共協定 Antikominternpakt m. -[e]s, -e.

きょうてい 教程 Kursus m. -, Kurse〈課程〉; Lehrplan m. -[e]s, ⸚e〈教案〉; Lehrbuch n. -[e]s, ⸚er〈教本〉.

きょうてい 胸底に in tiefstem Herzen/胸底に秘める ⁴et geheim halten* und nicht verraten*; ⁴sich behalten*/胸底に秘めた恋 die stille (heimliche) Liebe.

きょうてい 競艇 Motorbootrennen n. -s, -.
きょうてき 強敵 der gefährliche Feind, -[e]s, -e; der scharfe (gefährliche) Gegner, -s, -.

きょうてん 教典 Kanon m. -s, -s; Koran m. -s, -e〈回教の〉.
きょうてん 経典 die Buddhistische Heilige Schrift, -en; Sutra n. -[s], -s.

きょうてん 仰天する erstaunen⁴; 〔驚く〕⁴über⁴; ⁴sich entsetzen〈bei³; vor³〉; überrascht (bestürzt; verblüfft) sein〈über⁴〉.

きょうてんどうち 驚天動地の entsetzenerregend (Entsetzen erregend); weltbewegend; die ganze Welt auf den Kopf stellend.

きょうと 凶徒 Aufrührer m. -s, -; Raufbold m. -[e]s, -e; Halunke m. -n, -n.
きょうと 教徒 der Gläubige*, -n, -n; Anhänger m. -s, - ‖ 回教徒 Mohammedaner m. -s, -/カトリック教徒 Katholik m. -en, -en/キリスト教徒 Christ m. -en, -en/新教徒 Protestant m. -en, -en/仏教徒 Buddhist m. -en, -en.

きょうど 強度 Intensität f. -en; Stärke f. -n/光線の強度 Lichtstärke f. -n/強度の

きょうど 郷土 Heimat f. -en; Heimat|land (Geburts-; Vater- 〈故国〉) n. -[e]s, ⸚er; 郷土の heimatlich; Heimat- ‖ 郷土芸術 Heimatkunst f./郷土史 Geschichte 《f. -n》 der Heimat/郷土誌 Heimatkunde f.

きょうとう 教頭 Oberstudienrat m. -[e]s, ⸚e; Hauptlehrer m. -s, -; Studiendirektor m. -s, -en 〈高校の〉; Konrektor m. 〈小・中学校の〉

きょうとう 郷党 Landsmann m. -[e]s, ..leute ❖Landmann は田舎者; Heimatgenosse m. -n, -n.

きょうとう 驚倒する in Erstaunen setzen⁴; [großes; ungeheures] Aufsehen erregen 《mit³》; Sensation erregen 《mit³》/一世を驚倒するのganze Welt hin|reißen* 《zu³ 例: zur Bewunderung, zum Entsetzen》.

きょうとう 共闘 ein gemeinsamer Kampf, -[e]s, ⸚e 《gegen⁴》.

きょうどう 教導 Anleitung f. -en 《in³》; Einführung f. -en 《in⁴》; Schulung f. -en; Unterweisung f. -en 《in³》/教導する an|leiten⁴ 《in³》; ein|führen⁴ 《in⁴》; heran|bilden⁴; schulen⁴; unterweisen*⁴ 《in³》; in Zucht nehmen*⁴.

きょうどう 嚮導 Führung f. -en; Führerschaft f. -en; Leitung f. -en; Geleit n. -[e]s, -e/嚮導する [an]|führen⁴; leiten⁴; voran|gehen* s; lotsen⁴ 〈水先案内する〉 ‖ 嚮導者 Führer m. -s, -; Wegweiser m. -s, -; Lotse m. -n, -n.

きょうどう 共(協)同 Gemeinschaft f. -en; Gemeinsamkeit f. -en; Zusammenarbeit f. -en; Partnerschaft f. -en; Teilhaberschaft f. -en 《共同出資・共同経営》/共同の精神 Gemeinsinn m. -[e]s; Gemeinschaftsgeist (Korps-) m. -[e]s; Solidarität f. -en/共同計算で auf gemeinschaftliche Rechnung/共同謀議する eine Verschwörung 《-en》 an|zetteln/共同声明をする mit jm gemeinsam eine Erklärung 《-en》 ab|geben*/共同戦線を張る eine geschlossene Front 《-en》 bilden; gemeinsame Sache mit jm in Front machen/共同責任がある für ⁴et mitverantwortlich sein; Mitverantwortung haben (tragen*) 《für⁴》/彼は名前だけの共同経営者です Er ist nur stiller Teilhaber./あの男と共同では仕事ができない Mit ihm ist nichts gemeinsam anzufangen. —— 共同の gemeinschaftlich; gemeinsam; gemein 《共通の》; allgemein 《一般の》; öffentlich 《公共の》; Mit- (mit-); für alle. —— 共同して zusammen; miteinander; vereinigt; verbunden; gemeinsam; gemeinschaftlich; geschlossen; Arm in Arm; Hand in Hand/共同一致して einmütig; einträchtig; gleich gestimmt; übereinstimmend; geschlossen; solidarisch. —— 共同する ⁴sich vereinigen 《mit³》; in Gemeinschaft tun*⁴ 《mit³》; mit|arbeiten 《mit³》; mit|wirken 《an³; in³; bei³》; ⁴sich an|schließen*⟨³⟩ 《an jn》. ‖ 共同アンテナ Gemeinschaftsantenne f. -n/共同海損 《商》 die große Havarie, -n/共同管理 Mitverwaltung f. -en; die gemeinsame Verwaltung, -en/共同組合 Genossenschaft f. -en/共同経済 Gemeinwirtschaft f. -en/共同権利 das gemeinschaftliche (gemeinsame) Recht, -e/共同作戦 die gemeinsame Operation, -en/共同事業 die gemeinschaftliche Unternehmung, -en; Gemeinbetrieb m. -[e]s, -e 《共同経営》/共同社会 Gemeinschaft f. -en; Gemeinwesen n. -s, -/共同住宅 Mietskaserne f. -n/共同生活 das Zusammenleben* (Beisammenwohnen*), -s/共同声明 ein gemeinsames Kommuniqué, -s, -s/共同体 Gemeinschaft f. -en; Gemeinde f. -n/共同物 (財産) Miteigentum n. -[e]s, ⸚er; Gemeingut n. -[e]s, ⸚er/共同便所 die öffentliche Bedürfnisanstalt, -en/共同募金 Wohltätigkeitsfonds m. -, -/共同墓地 Gemeindefriedhof m. -[e]s, ⸚e.

きょうとうほ 橋頭堡 Brückenkopf m. -[e]s, ⸚e.

きょうねん 凶年 Missjahr (Not-) n. -[e]s, -e; Unjahr n. -[e]s, -e 《einer Missernte.

きょうねん 享年 ¶ 享年六十四歳 im Alter von 64 Jahren sterben* s.

きょうは 教派 Sekte f. -n; Religionsgemeinschaft f. -en.

きょうばい 競売 Auktion f. -en; Versteigerung f. -en. —— 競売する versteigern; zur Versteigerung bringen*; verauktionieren. ‖ 競売価格 Auktionspreis m. -es, -e/競売広告 Auktionsanzeige f. -n/競売所 Auktionslokal n. -s, -e/競売手続(手段料) Auktionsverfahren n. -s, -/競売費 (Auktionsgebühren 《pl》)/競売人 Versteigerer m. -s, -; Auktionator m. -s, -en/最低競売価格 Vorbehaltspreis 《m. -es, -e》 bei ³Versteigerungen.

きょうはく 強迫 Zwang m. -[e]s; Nötigung f. -en 《強要》. —— 強迫する zwingen*⁴; nötigen*⁴; jm Zwang an|tun⁴ (auf|er|legen). ‖ 強迫観念 Verfolgungswahn m. -[e]s; Furcht f. 《vor³》; Zwangsvorstellung f. -en/強迫観念に襲われる in einem Verfolgungswahn befangen sein; von einer fixen Idee heimgesucht werden⁴.

きょうはく 脅迫 Drohung f. -en; Bedrohung f. -en; Androhung f. -en; Einschüchterung f. -en; Erpressung f. -en 《恐喝》/脅迫的な drohend; bedrohlich. —— 脅迫する drohen³ 《mit³》; bedrohen⁴; jm ⁴et an|drohen; ein|schüchtern⁴; jm ⁴et erpressen/殺すぞと言って脅迫した Er drohte ihm mit dem Tod(e). ‖ 脅迫罪 Drohung f. -en; Bedrohung f. -en; Einschüchterung f./脅迫者 Droher m. -s, -/脅迫状 Drohbrief m. -[e]s, -e.

きょうはん 共犯[罪] Mitschuld f.; Mittäterschaft f./共犯の疑い濃厚である der ²Mitschuld stark verdächtig sein ‖ 共犯

Mittäter *m*. -s, -; Kumpan *m*. -s, -e《ぐる》.

きょうび 今日び heutzutage; diese ^{4}Tage; heute; jetzt; gegenwärtig; in der Gegenwart.

きょうふ 恐怖 Furcht *f*.; das Grauen* (Grausen*), -s; Schrecken *m*. -s, -; Bange *f*. 《不安から来る》/死に対する恐怖 Furcht vor dem Tod〔e〕/戦争の恐怖 die Schrecken《*pl*》des Krieges/恐怖にかられて von Schrecken ergriffen. ── 恐怖する fürchten^4; erschrecken* [s]《*vor*^{3}》; einen Schrecken bekommen*; es graut mir (ich graue mich)《*vor*^{3}》; es graust mir (mich); es ergreift (erfasst; überläuft; überkommt) *jn* ein Grauen; Blut schwitzen《不安で》; Mich gruselt's (Es gruselt mir).《身の毛がよだつ》; zittern《*vor*^{3}》. ── 恐怖させる *jm* einen Schrecken ein|jagen; *jm* Furcht ein|flößen. ‖ 恐怖時代 Schreckenszeit *f*. -en/恐怖症 Phobie *f*. -n/恐怖政治 Schreckensherrschaft *f*. -en.

きょうふ 教父 Pate *m*. -n, -n《名親》; Pater *m*. -s, - (..tres)《神父, 略: P., *pl*: PP》.

きょうぶ 胸部 Brust *f*.; Busen *m*. -s, -; Brustgegend *f*. -en《昆虫の》‖ 胸部疾患 Brustkrankheit *f*. -en/胸部大動脈 Brustaorta *f*. ..ten.

きょうふう 強風 der starke (heftige) Wind, -〔e〕s, -e; Bö *f*. -en《突風》‖ 強風注意警報 Warnmeldung《*f*. -en》vor starkem Wind.

きょうへき 胸壁〖兵〗Brustwehr *f*. -en; Brüstung *f*. -en;〖医〗Brust *f*. ¨e.

きょうへん 凶変 Unglück *n*. -〔e〕s, -e; Unheil *n*. -〔e〕s; Unglücksfall *m*. -〔e〕s, ¨e; Katastrophe *f*. -n; Meuchelmord *m*. -〔e〕s, -e《暗殺》.

きょうべん 強弁 Sophisterei *f*. -en; Spitzfindigkeit *f*. -en; [屁理屈] Vernünftelei *f*. -en; Klügelei *f*. -en/強弁する Sophisterei treiben*; vernünfteln.

きょうべん 教鞭をとる als Lehrer wirken (tätig sein); ^{4}sich dem Lehrerberuf widmen; unterrichten.

きょうへんか 強変化 [動詞] die starke Konjugation; [名詞] die starke Deklination ‖ 強変化動詞 ein stark dekliniertes Verb, -s, -en.

きょうほ 競歩〖運〗das Gehen*, -s ‖ 競歩選手 Geher *m*. -s, -.

きょうぼ 教母 Patin *f*. ..tinnen; Taufzeugin *f*. ..ginnen.

きょうほう 凶報 Hiobsbotschaft *f*. -en; die schlechte (〔be〕trübe〔nde〕; traurige) Nachricht, -en; die schlechte (schreckliche) Botschaft, -en.

きょうぼう 凶暴〔性〕Brutalität *f*. -en; Grausamkeit *f*. -en; Blutdurst *m*. -〔e〕s《殺伐》/凶暴性を発揮する seine Brutalität zeigen/凶暴な brutal; grausam; blutdürstig; gewalttätig.

きょうぼう 狂暴〔性〕Wildheit *f*. -en; Wut *f*.; das Toben*, -s; Raserei *f*. -en/狂暴になる toben; wüten; rasen/狂暴な wild; wütend; tobend; rasend; ungestüm.

きょうぼう 共謀 Verschwörung *f*. -en; Komplott *n*. -es, -e; geheimer Anschlag, -〔e〕s, ¨e; heimliches Einverständnis, ..nisses, ..nisse; [共犯] Mitschuld *f*.; Teilnahme *f*./共謀して in ^{3}Verschwörung《mit *jm*》; in ^{3}Mitschuld《von *jm*》; unter ^{3}Teilnahme《von *jm*》. ── 共謀する ^{4}sich verschwören*《mit *jm zu*^{3}》; ^{4}sich verständigen《mit *jm über*^{4}》; ein Komplott schmieden (an|zetteln)《mit *jm zu*^{3}》. ‖ 共謀者 der Verschworene* (Mitverschworene*), -n, -n; Komplice *m*. -n, -n; der Mitschuldige*, -n, -n.

きょうぼく 喬木〔hoher〕Baum, -〔e〕s, ¨e/喬木風強し Hohe Bäume fangen viel Wind auf. ¦ Je höher der Baum, desto näher der Blitz.

きょうほん 狂奔する ^{4}sich mit Eifer betätigen《*an*^{3}; *bei*^{3}》; ^{4}sich viel ab|geben*《*mit*^{3}》; ^{4}sich verzweifelt beschäftigen《*mit*^{3}》; auf der Jagd sein《*nach*^{3} あるものを求めて》.

きょうまく 胸膜 Brustfell *n*. -〔e〕s, -e; Pleura *f*. ..ren.

きょうみ 興味 Interesse *n*. -s, -n; Anteil *m*. -〔e〕s, -e; Anteilnahme *f*. -n/興味のある interessant; unterhaltend; kurzweilig; anregend; [注目すべき] bemerkens¦wert (beachtens-; wissens-)/興味のない uninteressant; langweilig; nichts sagend; belanglos/興味をもつ ^{4}sich interessieren《*für*^{4}》; Interesse haben《*für*^{4}; *an*^{3}》; Interesse (Anteil) nehmen*《*an*^{3}》/興味を起こさせる *jn* interessieren《*für*^{4}》; an|regen^4〖本などが主語〗/興味をそぐ *jm* das Vergnügen (den Spaß, die Lust) verderben*; uninteressant machen^4/興味を失う Interesse《*an*^{3}; *für*^{4}》verlieren*/興味を示す Interesse zeigen《*für*^{4}》/興味を以て見守る mit Interesse verfolgen^4/興味本位の Unterhaltungs-; nur zur Unterhaltung/興味津々である höchst spannend (sehr anziehend; köstlich) sein/その本を興味深く読んだ Ich habe das Buch mit wachsendem Interesse gelesen./その本の興味は失せた Das Interesse an dem Buch ließ nach.

きょうむ 教務 Schulangelegenheit *f*. -en ‖ 教務課 Schulleitung *f*. -en.

きょうむ 業務 Geschäft *n*. -〔e〕s, -e/業務にいそしむ seinen Geschäften nach|gehen* [s] ‖ 業務管理 Geschäftsführung *f*. -en/業務管理者 Geschäftsführer *m*. -s, -/業務規則 Geschäftsordnung *f*. -en/業務時間 Geschäftszeit *f*. -en/業務提携者 Geschäftspartner *m*. -s, -.

きょうめい 共鳴 ❶ [反響] Resonanz *f*. -en; das Mittönen*, -s; Nachklang *m*. -〔e〕s, ¨e. ❷ [共感] Sympathie *f*. -n; Widerhall *m*. -〔e〕s, -e/共鳴者がある einen Widerhall (eine Resonanz) finden*《*in*^{3}》; Anklang finden*《*bei*^{3}》; viele Anhänger haben. ── 共鳴する ❶ resonieren; mit|tönen; nach|klingen*. ❷ [他の人に] bei|stimmen^3; bei|pflichten^3; *js* Meinung teilen;

き

〔völlig〕js ²Meinung sein;《俗》in js Horn (das gleiche Horn) blasen* (stoßen*; tuten). ‖ 共鳴板(箱) Resonanzboden m. -s, ¨ (Resonanzkasten m. -s, ¨e).

きょうめい 嬌名を馳(は)せる(うたわれる) für ihr Liebreiz weit bekannt (wegen ihres Liebreizes berühmt) sein; eine viel genannte Schönheit sein.

きょうもう 狂猛 wild; brutal; blutgierig.

きょうもん 経文 die Buddhistische Heilige Schrift; Sutra n. -, -s 《ふつう pl》.

きょうやく 共訳 die gemeinsame Übersetzung, -en/A, B 共訳 Übersetzt von A und B ❖ ふつう具体的に Deutsch von ... (独訳), Japanisch von ... (和訳)とする.

きょうやく 協約 das Abkommen*, -s; Vertrag m. -(e)s, ¨e; Pakt m. -(e)s, -e; Entente f. -n. ‖ きょうやくてい(協定)‖ 紳士協約 Gentlemans Abkommen.

きょうゆう 共有 Gemeinschaft f. -en; Mitbesitz m. -es, -e/共有の gemeinschaftlich; gemeinsam/それは共有物だ Das gehört uns allen. Das ist etwas für uns alle. ── 共有する in Gemeinschaft haben⁴; mit|besitzen*⁴; gemeinsam besitzen*⁴ ‖ 共有財産 Gemeineigentum n. -s, ¨er; Gemeingut n. -(e)s/共有者 Mitbesitzer m. -s, -.

きょうゆう 享有 Besitz m. -es, -e; Genuss m. -es, ¨e/享有する besitzen*⁴; Genuss haben 《aus³》; sich³ erfreuen².

きょうよう 教養 Bildung f. -en; Kultur f. -en; die feine Lebensart, -en; Kultiviertheit f./教養ある gebildet; wohlerzogen; kultiviert/教養のない ungebildet; ohne *Bildung (Kultur); roh; von keiner Kultur beleckt ‖ 教養学部 Abteilung (Fakultät) (f. -en) für allgemeine Bildung.

きょうよう 共用の für den gemeinsamen Gebrauch, in Gemeinschaft (haben)/庭は二軒で共用だ Der Garten ist beiden Häusern gemein.

きょうよう 強要 Erpressung f. -en; die übermäßige Anforderung, -en/強要する erpressen*《von³; jm》; ein|treiben*《借金などの支払を》; erzwingen*⁴《von³》; zwingen*《jn zu³》; zu|muten³⁴/この仕事を彼に強要するわけにはゆかない Man kann ihm diese Arbeit nicht zumuten.

きょうらく 享楽 Genuss m. -es, ¨e; das Vergnügen*, -s; Schwelgerei f. -en/享楽好きの genuss-süchtig (vergnügungs-); lebenslustig. ── 享楽する genießen*⁴; schwelgen《in³》‖ 享楽気分 Vergnüglichkeit f.; die genießerische Stimmung, -en/享楽主義 Epikur(e)ismus m. -; Hedonismus m. -./享楽主義者 Genussmensch m. -en, -en; Genüssling m. -s, -e; Epikureer m. -s, -; Hedoniker m. -s, -.

きょうらん 狂乱 Wahnsinn m. -(e)s; Geistesverwirrung f. -en; Wildheit f. -(e)s/狂乱する wahnsinnig werden《vor³》; ganz wild sein; *sich wie ein Wilder gebärden; außer ³sich geraten*《vor³》.

きょうらん 狂瀾怒涛 die tobende Wut des Meeres; die brandenden (brausenden) Wogen《pl》/狂瀾怒涛を既倒にかえさんとする gegen die Flut an|kämpfen.

きょうり 郷里 Heimat f. -en; Geburtsort m. -(e)s, -e; Land n. -(e)s, ¨er.

きょうり 教理 Lehrsatz (Glaubens-) m. -es, ¨e; Dogma n. -s, ..men; Doktrin f. -en.

きょうりつ 共立の gemeinschaftlich; öffentlich; Gemeinde-.

きょうりゅう 恐竜《動》Dinosaurier m. -s, -.

きょうりょう 狭量 Engherzigkeit f. -en; Kleinlichkeit f. -en/狭量な engherzig; kleinlich.

きょうりょく 協力 Zusammenarbeit f. -en; Mitwirkung f. -en; Mitarbeit f. -en; Unterstützung f. -en/御協力お願いします Ich bitte (Wir bitten) um Ihre freundlichen Unterstützungen/...と協力して in Zusammenarbeit《mit³》; unter Mitwirkung《von³》── 協力する zusammen|arbeiten《mit³》; mit|arbeiten《an³》; mit|wirken《zu³; an³; bei³; in³》; jm bei|stehen*《助力》; unterstützen⁴《支持・支援》. ‖ 協力者 der Mitwirkende, -n, -n; Unterstützer m. -s, -.

きょうりょく 強力な mächtig; machtvoll; gewaltig; stark; kräftig; kraftvoll.

きょうれつ 強烈な heftig; hitzig《言葉など》; feurig《酒》; [色] grell; schreiend.

ぎょうれつ 行列 ❶ [行進] Aufzug m. -(e)s, ¨e; Parade f. -n; Prozession f. -en《特に宗教的な》; Zug m. -(e)s, ¨e/行列する in Parade marschieren [s]. ❷ [順番を待つ人の] Schlange f. -n/行列する Schlange stehen*; ⁴Queue (f. -s) bilden; in einer Reihe an|stehen*. ❸《数》Matrix f. ..trizen (..rizes).

きょうれん 教練 Exerzierausbildung f. -en; Drill m. -(e)s/教練する exerzieren⁴; drillen⁴.

きょうわ 協和 Harmonie f. -n; Friedlichkeit f./協和する (miteinander) gut harmonieren; einander gut verstehen* ‖ 協和音 Konsonanz f. -en; Wohlklang m. -(e)s, ¨e.

きょうわ 共和 republikanisch ‖ 共和国 Republik f. -en; Freistaat m. -(e)s, -en/共和政治 das republikanische Regime, -s, -s; die republikanische Regierung, -en/共和政体 die republikanische Staatform (Regierungsform), -en/共和党 die republikanische Partei, -en/共和党員(主義者) Republikaner m. -s, -/ドイツ連邦共和国 die Bundesrepublik Deutschland, der --.

きょえい 虚栄 Eitelkeit f. -en; Einbildung f. -en《自惚》/虚栄の市 Eitelkeitsmarkt m. -(e)s, ¨e ‖ 虚栄心 Eitelkeit f./虚栄心の強い eitel [wie ein Pfau]; eingebildet; putzsüchtig《gefall-》/虚栄心の強い女だ Sie ist recht eitel.

ぎょえん 御苑 der kaiserliche Garten, -s, ¨.

きょか 許可 Erlaubnis f. ..nisse; Genehmigung f. -en; [承諾・同意] Bewilligung f.

-en; Billigung *f.* -en; Einwilligung *f.* -en; Bejahung *f.* -en; Zusage *f.* -n; [承認] Gewährung *f.* -en; Zulassung *f.* -en; Zugeständnis *n.* ..nisses, ..nisse; [権利などの許可] Autorisierung *f.* -en; Lizenz *f.* -en/…の許可を得て mit *js* Erlaubnis (Genehmigung; Einverständnis). ── 許可する erlauben^{34}; gestatten^{34}; bewilligen^{34}; billigen^{34}; ein|willigen《*in*^{3}》; genehmigen^{4}; gewähren^{34}; zu|lassen*^{4}; autorisieren^{4}. ‖ 許可証 Erlaubnisschein *m.* -〔e〕s, -e/許可制 Genehmigungspflicht *f.* -en.

きょかい 巨魁 Rädelsführer *m.* -s, -; Hauptanführer *m.* -s, -.

きょかい 巨蟹宮〘占星〙Krebs *m.* -es, -e.

ぎょかい 魚介 Fische und Schaltiere (Muscheln)《*pl*》; Seeprodukte《*pl* 海産物》.

きょがく 巨額 die große (ungeheure) Summe, -n; die beträchtliche (erhebliche; stattliche) Summe《少なからざる》; das nette (hübsche) Sümmchen, -s, -《皮肉に》/巨額に達する enorm sein〘額が主語〙; eine ungeheure Summe kosten; ^{4}sich auf einen ungeheuren Betrag von^{3} … belaufen*; kolossal viel betragen*.

ぎょかく 漁獲 Fischfang *m.* -〔e〕s, ⸚e; Fischerei *f.* -en. ── 漁獲する fischen$^{(4)}$. ‖ 漁獲禁止 Fischverbot *n.* -〔e〕s, -e《育魚上の》/漁獲権 Fischereirecht *n.* -〔e〕s, -e/漁獲高 Zug *m.* -〔e〕s, ⸚e; Fischfang *m.* -〔e〕s, ⸚e.

きょかん 巨艦 Riesenkriegsschiff *n.* -〔e〕s, -e.

ぎょがん 魚眼レンズ Weitwinkelobjektiv *n.* -s, -e.

きょぎ 虚偽 Lüge *f.* -n; Unwahrheit *f.* -en; Trug *m.* -〔e〕s; Falsch *m.* -es; Falschheit *f.* (-aussage *f.* -n《虚偽の陳述》). ── 虚偽の falsch; unwahr; gelogen; erlogen; lügenhaft; lügnerisch; trügerisch; verlogen; nicht den Tatsachen entsprechend; aus der Luft gegriffen《根も葉もない》; erfunden《虚構の》/虚偽の申立てをする eine falsche Aussage machen; [偽証する] einen Meineid leisten; meineidig werden.

ぎょき 漁期 Fischzeit *f.* -en.

ぎょぎょう 漁業 Fischerei *f.* -en; Fischfang *m.* -〔e〕s, ⸚e ‖ 漁業組合 Fischergilde *f.* -n; Fischerinnung *f.* -en; Fischereiverein *m.* -〔e〕s, -e/漁業権 Fischereirecht *n.* -〔e〕s, -e; Fischfanggerechtsame *f.* -n; Fischerei.

きょきん 醵金 Beisteuer *f.* -n; Beitrag *m.* -〔e〕s, ⸚e; Geldsammlung *f.* -en《以上 *zu*^{3}》/醵金する bei|steuern《*zu*^{3}》; einen〔Geld-〕beitrag leisten; sammeln《*für*^{4} 募金》/…のために醵金運動をする Es wird für … gesammelt./各人その割当を醵金せねばならぬ Jeder muss seinen Anteil beisteuern.

きょく 曲 ❶ [音曲] Musik *f.*; Stück *n.* -〔e〕s, -e; Melodie *f.* -n; Tonfolge *f.* -n/一曲演奏する ein Stück spielen. ❷ [面白味] Takt *m.* -〔e〕s, -e; Kurzweil *f.*/曲がない taktlos; langweilig; prosaisch. ❸ ⇨**きょくちょく**(曲直).

きょく 極 ❶ Pol *m.* -s, -e《der Erde 地球の, eines Magneten 磁石の, einer elektrischen Batterie 電池の》. ❷ [極度] Extrem *m.* -s, -e; Gipfel *m.* -s, -; Höhepunkt *m.* -〔e〕s, -e; Zenit *m.* -〔e〕s/…の極に達する auf dem ^{3}Gipfel (^{3}Höhepunkt)《des (der) …》stehen* (sein); im Zenit stehen〘その他 höchst, äußerst を用いてあらわす〙/愚の極 der Gipfel der Torheit/疲労の極にある Ich bin äußerst müde (völlig erschöpft).

きょく 局 ❶ [事務の区分·庁舎] Amt *n.* -〔e〕s, ⸚er; Dienststelle *f.* -n; Abteilung *f.* -en. ❷ [当局]〔die zuständige〕Behörde, -n; Amtsstelle *f.* -n; Autorität *f.* -en; Zuständigkeit *f.* -en《任務》/局に当たる übernehmen*^{4}《担当する》; auf ^{4}sich nehmen*^{4}《引きうける》; leiten^{4}《つかさどる》; für ^{4}*et* zuständig sein《係りである》; ^{4}sich mit ^{3}*et* befassen《たずさわる》; mit ^{3}*et* kämpfen《難局などに》/局に当たる者 der Zuständige*, -n, -n; Sacharbeiter *m.* -s, -. ❸ [局面] Lage *f.* -n; Situation *f.* -en. ❹ [終局] Ende *n.* -s, -n; Schluss *m.* -es, ⸚e/局を結ぶ ein Ende nehmen*.

ぎょく 漁区 Fischplatz *m.* -es, ⸚e. ⇨**ぎょじょう**.

ぎょぐ 漁具 Fisch〔er〕gerät *n.* -〔e〕s, -e; Fischzeug *n.* -〔e〕s, -e.

きょくいん 局員 Büropersonal *n.* -s, -; [その他具体的に] der Postbeamte*, -n, -n《郵便》; der Telegrafenbeamte*《電信》; der Fernsprechbeamte*《電話》;〔Fern〕senderspersonal *n.* -s, -《〔テレビ〕放送》❖ その他 Mitglied *n.* -〔e〕s, -er または der Angestellte*, -n, -n を用いる, 例: Mitglied der Sendestation《放送》.

きょくう 極右 der Ultrarechte*, -n, -n; der Rechtsradikale*, -n, -n ‖ 極右主義 Rechtsradikalismus *m.* -, ..men.

きょくがい 局外 Außenseite *f.* -n/局外に立つ ^{4}sich fern halten*《*von*^{3}》; neutral bleiben* [s]; es mit keiner Partei halten*/局外から観察する von außen〔her〕betrachten^{4} ‖ 局外者 Außenseiter *m.* -s, -; der Dritte*, -n, -n; Nichtinteressent *m.* -en, -en/局外中立 Neutralität *f.* -en.

きょくがく 曲学阿世の徒 der weltkluge (weltgewandte; weltmännische) Gelehrte*, -n, -n.

きょくげい 曲芸 Kunststück *n.* -〔e〕s, -e; Kunst *f.* ⸚e; Akrobatik *f.*; Balancierkunst *f.* ⸚e《綱渡り·逆立ち·積重ねなど》; Trapezkunst *f.* ⸚e《空中ブランコの》; Werf- und Fangkunst《剣の投合いなど》; Kunstreiterei *f.* -en《馬上の》‖ 曲芸師 Akrobat *m.* -en, -en; Jongleur *m.* -s, -e; Balancierkünstler *m.* -s, -; Kunstreiter *m.* -s, -; Seiltänzer *m.* -s, -《綱渡り師》.

きょくげん 極限〔値〕〘数〙die〔äußerste〕Grenze, -n; Grenzwert *m.* -〔e〕s, -e; Limes *m.* -.

きょくげん 極言する so weit gehen*《[s]》, zu behaupten, dass …; es so weit treiben*, bis er sagt, dass …; ^{4}sich zur Behauptung (Äußerung) versteigen*, dass …/極言すれば wenn ich einen überstiegenen Aus-

きょくごま 曲独楽 Kreiseltreibkunst f. =e.
きょくさ 極左 der Ultralinke* (Linksradikale*), -n, -n/彼は極左である Er ist (ist) politisch sehr weit links.：Er ist sehr weit links eingestellt (orientiert).‖ 極左主義 Linksradikalismus m. -, -men.
ぎょくざ 玉座 Thron m. -[e]s, -e.
ぎょくさい 玉砕する einen ehrenvollen Tod sterben* s.
きょくじつ 旭日 die aufgehende Sonne, -n/旭日昇天の勢である Sein Stern ist im Aufgehen. Er fährt (läuft) mit vollen Segeln.‖ 旭日章 Orden (m. -s, -) der Aufgehenden Sonne.
きょくしゃ 曲射 Steilfeuer n. -s/曲射砲 Steilfeuer[geschütz (Luftziel-) n. -es, -e.
きょくしょ 局所麻酔 Lokalanästhesie f.; die örtliche Betäubung, -en.
きょくしょう 極小の kleinst; minimal; Minimal-; infinitesimal (=unendlich klein)‖ 極小値 Minimalwert m. -[e]s, -e/極小(量) Minimum n. -s, Minima.
きょくせき 跼蹐する ¹sich krumm (gebeugt) halten*; ¹sich bücken; ¹sich beugen;[狭い所に] eingeschlossen (eingesperrt) sein (in³).
きょくせきこんこう 玉石混交する die Spreu vom Weizen nicht sondern.
きょくせつ 曲折 Windung f. -en; Krümmung f. -en; Wechselfälle (pl)《人生・運命の》; Verwicklung f. -en《紛糾・葛藤》/曲折の多い 曲折の多い 曲折の多い wendend; gewunden; geschlängelt; schlängelnd; [人生] bewegt; ereignisvoll; mit vielem Auf und Ab/人生の紆余曲折 das Auf und Ab (Wechselfälle) des Lebens/その曲折は存じております Ich kenne alle Einzelheiten der Sache.—曲折する ¹sich schlängeln; ¹sich krümmen*; ¹sich winden*.
きょくせん 曲線 Kurve f. -n; Krummlinie f. -n‖ 曲線美 Linienschönheit f. -en; die schöne (biegsame) Figur, -en 《身体の》.
きょくだい 極大の größt; maximal; Maximum-/極大[量・数] Maximum n. -s, ..ma.
きょくたん 極端 Extrem n. -s, -e; Extremität f. -en; das Äußerste*, -n; Übermaß n. -es 《過度》.—極端な(に) extrem; übermäßig; überspannt; überspitzt; verstiegen ◆「極端に」はそのほか zu; allzu; zu viel; peinlich などを用いて表わす/極端に走る in Extreme verfallen⁽ˢ⁾; *et bis zum Äußersten (ins Extrem; zu weit) treiben*/極端な考え方 die (recht) verstiegene (überspannte) Ansicht, -en/極端に小心な(親切な) allzu ängstlich (freundlich)/極端にきちょうめんな peinlich genau/自分の利益を考える奴だ Er ist allzu sehr auf den eigenen Vorteil bedacht./極端なことを言う男だ Er geht immer mit seiner Behauptung (Äußerung) zu weit.
きょくち 極地 Polargegend f. -en; Polarland n. -[e]s/⁼er‖ 極地帯 Polargürtel m.

-s, -/極地探検 Polar[expedition f. -en (-fahrt f. -e; -forschung f. -en)/極地探検家 Polarforscher m. -s, -.
きょくち 極致 Vollendung f. -en; Vollkommenheit f. -en/höchste Hinaufpultra f. -s, -en; Kulmination f. -en/美の極致 die vollendete (vollkommene) Schönheit.
きょくち 局地 Örtlichkeit f. -en; Lokal n. -[e]s, -e/局地的に解決する eine Angelegenheit örtlich regeln.
きょくちょう 局長 Abteilungschef m. -s, -s; Ministerialdirektor m. -s, -en《各省の》; Postdirektor m.《郵便局長》.
きょくちょく 曲直 recht und unrecht; Gut und Böse/曲直をわきまえる zwischen recht und unrecht unterscheiden* (können*)/曲直を争う streiten*, wer Recht hat (wer im Recht ist; auf welcher Seite das Recht ist).—ごくびゃく.
きょくてん 極点 Höhepunkt m. -[e]s, -e; Gipfel m. -s, -; Scheitelpunkt m. -[e]s, -e; Zenit m. -[e]s.
きょくど 極度 Extrem n. -s, -e; das Äußerste*, -n/極度の(に) extrem; äußerst; bis zum Äußersten; höchst; [その他「非常に」の強い意味で] enorm; ungeheuer; ungemein; verflucht; verteufelt; übertrieben/極度に恐れている Höllenangst haben (vor³)/極度に緊張している äußerst (aufs Äußerste) gespannt sein.
きょくとう 極東 der Ferne Osten, des -n -s; Ostasien n. -s‖ 極東政策 Politik (f. -en) des Fernen Ostens.
きょくどめ 局留 postlagernd/エッセン局留にする einen Brief an jn postlagernd Essen adressieren/局留で出して下さい Schreiben Sie mir postlagernd.
きょくのり 曲乗り Kunstreiterei f. -en《馬の》; Fahrradkunststück《自転車の》; (Flug)kunststück《飛行機の》.
きょくば 曲馬 Kunstreiterei f. -en; Zirkus m. -, ..kusse‖ 曲馬師 Kunst[reiter (Zirkus-) m. -s, -/曲馬団 Zirkus.
きょくばん 局番 《電話》 Amts[nummer (Vor-) f. -.
きょくぶ 局部 ❶ Teil m. -[e]s, -e《一部》; Stelle f. -n《箇所》. ❷ [患部] der befallene (erkrankte) Teil, -e; die kranke Gegend, -en. ❸ [陰部] Scham[teile (Geschlechts-) 《pl》/局部に lokal; örtlich; Teil-/局部的な begrenzt; beschränkt; teilweise (adv)/局部に限定する局部化する lokalisieren⁴ (auf⁴); begrenzen⁴ (auf⁴); beschränken⁴ (auf⁴).‖ 局部限定 Lokalisation f. -en; Begrenzung f. -en; Beschränkung f. -en/局部麻酔 Lokalanästhesie f.; die örtliche Betäubung, -en.
きょくほく 極北の Nordpolarkreis m. -es, -e; Arktis f.; der hohe Norden, -《欧州の最北部》.
きょくめん 曲面 die krumme (Ober)fläche, -n.
きょくめん 局面 Lage (der Dinge) f. -n; Sach[lage f. -n (-verhalt m. -[e]s, -e); Stand (m. -[e]s, =e) der Dinge; Situation

f. -en/局面が一変した Die Sache hat eine andere Wendung genommen (bekommen). ¦ Die Dinge haben eine neue Wendung genommen./局面は緊迫している Es herrscht eine spannende Lage./この小事件で新局面が開けた Dieser Zwischenfall schuf eine neue Lage.

きょくもく 曲目 Programm *n.* -s, -e; Repertoire *n.* -s, -s; Musikstück *n.* -〔e〕s, -e.

きょくりつ 曲率 Krümmung *f.* -en ‖ 曲率円 Krümmungskreis *m.* -es, -e/曲率中心 Krümmungsmittelpunkt *m.* -〔e〕s, -e/曲率半径 Krümmungsradius *m.* -, ..dien.

きょくりょう 極量 Maximaldosis *f.* ..sen; die höchste zulässige Gabe, -n.

きょくりょく 極力 nach besten Kräften; intensiv; wie es 〔nur irgend〕 möglich ist/極力やってみたが so sehr ich mich auch bemühte; ich habe 〔zwar〕 mein Bestes (Möglichstes) getan, aber ...; trotz aller Bemühungen/彼に極力助力しましょう Ich werde ihn nach besten Kräften unterstützen. ¦ Ich werde ihm helfen, wie es 〔mir〕 nur irgend möglich ist.

きょくろん 極論 die extreme (überspitzte; übertriebene) Argumentation, -en/極論する die Argumentation aufs Äußerste (bis zum Äußersten) treiben*; so weit gehen* 《[s]》, zu behaupten, dass .... ⇨**きょくげん**(極言).

ぎょぐん 魚群 Fisch¦schwarm *m.* -〔e〕s, ⸚e (-zug *m.* -〔e〕s, ⸚e).

ぎょけい 魚形の fisch¦artig (-förmig) ‖ 魚形水雷 〔Fisch〕torpedo *m.* -s, -s.

きょこう 虚構 Erfindung *f.* -en; Erdichtung *f.* -en; Fiktion *f.* -en; Fabelei *f.* -en; Ente *f.* -n; Märchen *n.* -s, -/虚構の erfunden; erdichtet; erlogen; aus der Luft gegriffen.

きょこう 挙行する 〔ab|〕halten*^{4}; begehen*^{4}; feiern^{4}; veranstalten^{4}/挙行される statt|finden* (-|haben*); veranstaltet werden/十年祭を挙行する das 10. Jubiläum begehen*; das zehnjährige Bestehen 《*von*^{3}》 feiern.

ぎょこう 漁港 Fischereihafen *m.* -s, ⸚.

きょこく 挙国一致して mit dem Einsatz der ganzen Nation; eine geschlossene Front bildend 〖国民が主語〗/挙国一致でその政策を支持する Das 〔ganze〕 Volk unterstützt diese Politik 〔wie ein Mann〕.

きょこつ 距骨 Sprungbein *n.* -〔e〕s, -e.

きょこん 虚根 〖数〗die imaginäre Wurzel, -n.

きょし 挙止 Benehmen *n.* -s; Betragen *n.* -s; Verhalten *n.* -s; Formen 《*pl*》; Manieren 《*pl*》/挙止端麗である feine Manieren (gute Formen) haben.

きょし 巨視的な(に) makroskopisch.

きょしき 挙式 Abhaltung 《*f.* -en》 der Feier (der Zeremonie). ⇨**しき**(式).

きょしじょう 鋸歯状の sägezähnig; gezackt; gezähnt; zackig; sägeförmig.

きょじつ 虚実 Sein und Schein, des - und -〔e〕s; Wahrheit und Falschheit, der - und -; Wahrheit *f.* 《真相》.

ぎょしゃ 御者 Kutscher *m.* -s, -; Fuhrmann *m.* -〔e〕s, ..leute ‖ 御者台 Kutsch〔er-〕bock *m.* -〔e〕s, ⸚e.

きょじゃく 虚弱 Körperschwäche *f.*; Schwächlichkeit *f.* -en; Kränklichkeit *f.* -en; Gebrechlichkeit *f.* -en. ── 虚弱な schwächlich; kränklich; gebrechlich; hinfällig; anfällig 《*für*》/身体虚弱である einen schwachen Körper haben; von anfälliger (empfindlicher; zarter) Gesundheit sein.

きょしゅ 挙手 das Hand〔auf〕heben*, -s/挙手の礼 der militärische Gruß, -es, ⸚e/挙手の礼をする salutieren^{3}; militärisch (mit der Hand an der Mütze) grüßen^{4}/挙手で賛否をきめる durch Handaufheben ab|stimmen 《*über*^{4}》.

きょしゅう 去就 Einstellung *f.* -en; das Für und Wider; Verhalten *n.* -s; Haltung *f.* -en; Stellungnahme *f.* -n; Handlungsweise *f.* -n/去就を決する Farbe bekennen*; ^{4}sich dafür (dagegen) erklären (entscheiden*)/去就に迷う ^{4}sich weder dafür noch dagegen entscheiden können*.

きょじゅう 居住 das Wohnen*, -s; Wohnung *f.*; Niederlassung *f.* ── 居住する wohnen; sitzen*; seinen Wohnsitz haben; ansässig (wohnhaft) sein; ^{4}sich 〔wohnhaft〕 nieder|lassen* 《以上 *in*^{3}; *auf*^{3}; *bei*^{3}》. ‖ 居住権 Wohnrecht *n.* -〔e〕s, -e/居住者 Bewohner *m.* -s, -; der Ansässige*, -n, -n; Anlieger *m.* -s, - 《道路添い居住者》/居住地 Wohn¦ort *n.* -〔e〕s, -e (-sitz *m.* -es, -e).

きょしょ 居所 〔Wohn〕sitz *m.* -es, -e; Wohnort *m.* -〔e〕s, -e; Aufenthalt〔sort〕 *m.* -〔e〕s, -e; Adresse *f.* -n ‖ 居所不明 vermisst; nicht zu finden.

きょしょう 巨匠 Meister *m.* -s, -; Größe *f.* -n; Berühmtheit *f.* -en; Prominenz *f.* -en.

ぎょじょう 漁場 Fischfangstelle *f.* -n; Fischplatz *m.* -es, ⸚e; Fischerei *f.* -en.

きょしょく 虚飾 Gepränge *n.* -s; Staat *m.* -〔e〕s/虚飾の prunkhaft; Staat machend/虚飾のない natürlich; ungekünstelt/虚飾を好む gern mit ^{3}*et* Staat machen; mit ^{3}*et* prunken ‖ 虚飾家 Stutzer *m.* -s, -; Gigerl *m.* -s, -〔n〕; Elegant *m.* -s, -s.

ぎょしょく 魚食者 Fischesser *m.* -s, -; Ichthyophage *m.* -n, -n.

きょしん 虚心 Unbefangenheit *f.*; Unparteilichkeit *f.*; Freimütigkeit *f.* 《率直》/虚心坦懐に naiv; unbefangen; unparteiisch; unvoreingenommen; [率直に] offen; freimütig.

きょじん 巨人 Riese *m.* -n, -n; Hüne *m.* -n, -n; Koloss *m.* -es, -e; Gigant *m.* -en, -en; Titan〔e〕 *m.* ..nen, ..nen/巨人のような riesenhaft; gigantisch; titanenhaft; riesengroß/工業界の巨人 Industriemagnat *m.* -en, -en.

きょすう 虚数 〖数〗die imaginäre Zahl, -en.

ぎょする 御する ❶ [人を] beherrschen^{4}; len-

き

きょせい 去勢 Kastrierung *f.* -en; Verschneidung *f.* -en; Entmannung *f.* -en/去勢された人 Kastrat *m.* -en. — 去勢する ❶ kastrieren⁴; verschneiden⁴; entmannen⁴. ❷ [意気をそぐ] verweichlichen⁴; enervieren⁴; entnerven⁴. ‖ 去勢牛 Ochse *m.* -n, -n/去勢術 Kastration *f.* -en/去勢鶏 Kapphahn *m.* -s, ¨e; Kapaun *m.* -(e)s, -e/去勢馬 Wallach *m.* -(e)s, -e/去勢羊 Hammel *m.* -s, ¨-.

きょせい 虚勢 Bluff *m.* -s, -s; der blaue Dunst, -(e)s, -e; Schreckschuss *m.* -es, ¨e/虚勢を張る bluffen⁴; ⁴sich auf|plustern; mit dem Säbel rasseln; ⁴sich dicke tun*; eine Stange an|geben*.

きょぜつ 拒絶 Ablehnung *f.* -en; Absage *f.* -n; Abweisung *f.* -en; die abschlägige Antwort, -en, -en; (Ver)weigerung *f.* -en. — 拒絶する ab|lehnen⁴; ab|sagen⁴; ab|weisen*⁴/⁴eine abschlägige Antwort geben* ⟨*auf*⁴⟩; ⁴sich (ver)weigern³⁴/手形の引受を拒絶する einen Wechsel (eine Tratte) protestieren/入場を拒絶された Der Eintritt wurde mir ⟨uns⟩ verwehrt. ‖ 拒絶証書 Protest *m.* -(e)s, -e ⟨手形の⟩/拒絶反応 Abwehrreaktion *f.* -en.

きょせん 巨船 Riesenschiff *n.* -(e)s, -e; Leviathan *m.* -s, -e.

ぎょせん 漁船 Fischer|boot *n.* -(e)s, -e ⟨-kahn *m.* -(e)s, ¨e⟩; Schmack(e) *f.* ..ken ⟨いけす付きの⟩; Fischerfahrzeug *n.* -(e)s, -e ⟨一般的に⟩.

きょぞう 巨像 Koloss *m.* -es, -e; Riesenstatue *f.* -n.

きょぞう 虚像 das virtuelle Bild, -(e)s, -er.

ぎょそん 漁村 Fischerdorf *n.* -(e)s, ¨er.

きょたい 巨体 der riesengroße Körper, -s, -; Koloss *m.* -es, -e; Gigant *m.* -en, -en.

きょだい 巨大な ungeheuer (groß); gigantisch; kolossal; monströs; riesig; titanisch; Riesen-/Monster-/巨大工事 Riesenbau *m.* -(e)s, -ten.

きょだく 許諾 ❶ [許可] Erlaubnis *f.* ..nisse; Bewilligung *f.* -en; Genehmigung *f.* -en. ❷ [承認] Zustimmung *f.* -en; Einwilligung *f.* -en; Einverständnis *n.* ..nisses, ..nisse. — 許諾する bewilligen⁴; genehmigen⁴; zu|stimmen³; ein|willigen ⟨*in*⁴⟩; ⁴sich einverstanden erklären ⟨*mit*³⟩/父は遂に彼女の結婚を許諾した Ihr Vater gab endlich seine Einwilligung zu ihrer Heirat ⟨willigte endlich in ihre Heirat ein⟩.

ぎょたく 魚拓 Fischabdruck *m.* -(e)s, ¨e ⟨zum Andenken eines Angelerfolgs⟩/魚拓をとる einen Abdruck des geangelten Fisches machen.

きょだつ 虚脱[状態] Kollaps *m.* -es, -e/戦後の虚脱状態 das geistige Vakuum ⟨-s, ..kua (..kuen)⟩ der Nachkriegszeit/虚脱に陥る kollabieren.

きょだん 巨弾 das schwere Geschoss, -es, -e/巨弾を浴びせる ein schweres Geschütz gegen jn auf|fahren* ⟨lassen*⟩ ⟨比喩的にも⟩.

ぎょっ Donnerwetter! | Du, lieber Gott! | Du, lieber Himmel!/ぎょっとさせる erschrecken⁴; überraschen⁴/ぎょっとする ⁴sich erschrecken ⟨*v.i.* のとき s⟩.

きょつかい 曲解 Verdrehung *f.* -en; Entstellung *f.* -en; Missdeutung *f.* -en; die gewaltsame Auslegung, -en/曲解する verdrehen⁴; entstellen⁴; missdeuten⁴; übel aus|legen⁴.

きょってい 極刑 Todesstrafe *f.* -n/極刑に処する *jn* an (Leib und) Leben strafen; *jn* zum Tode verurteilen.

きょっこう 極光 Polarlicht *n.* -(e)s, -er; Nord|licht ⟨北極の⟩ ⟨Süd- ⟨南極の⟩⟩ *n.* -(e)s, -er.

ぎょてい 魚梯 Fischleiter *f.*

きょてん 拠点 Stützpunkt *m.* -(e)s, -e.

きょとう 巨頭 die führende Persönlichkeit, -en; die (große) Kanone, -n/工業界の巨頭 der führende (einflussreiche; profilierte) Industrielle, -n, -n. ‖ 三巨頭会談 das [Zusammen]treffen ⟨-s, -⟩ der drei Großen.

きょどう 挙動 Verhalten *n.* -s; Benehmen *n.* -s; Betragen *n.* -s; Gebaren *n.* -s; Gehaben *n.* -s/挙動不審の verdächtig aussehend; verdächtig/挙動不審で疑われた Sein Verhalten brachte ihn in Verdacht.

きょとんと きょとんとして verblüfft; wie vor den Kopf geschlagen.

ぎょにく 魚肉 Fisch *m.* -(e)s, -e ‖ 魚肉中毒 Fischvergiftung *f.* -en; Ichthysmus *m.* -/魚肉料理 Fischgericht *n.* -(e)s, -e.

きょねん 去年 das vorige (letzte; vergangene) Jahr, -(e)s, -e/去年の今日 heute vor einem Jahr/去年の夏 letzten Sommer/去年は(に) im vorigen Jahr; letztes Jahr.

きょひ 拒否 ❶ Ablehnung *f.* -en; Absage *f.* -n; Abweisung *f.* -en; die abschlägige Antwort, -en, -en; Versagung *f.* -en; (Ver)weigerung *f.* -en; Zurückweisung *f.* -en/拒否的態度をとる ⁴sich ablehnend verhalten*; eine ablehnende Haltung ein|nehmen*. ❷ [法案などの] Veto *n.* -s, -s; Vetorecht *n.* -(e)s, -e/拒否権/拒否権を行使する *js* Vetorecht aus|üben. — 拒否する ab|lehnen⁴; ab|sagen⁴; *jm ⁴et* ab|schlagen*; ab|weisen*⁴; versagen⁴; *jm ⁴et* ⟨⁴sich *jm*⟩ verweigern; *jm ⁴et* ⟨⁴sich⟩ weigern; *js* Veto ein|legen ⟨*gegen*⟩/一切の責任をきっぱり拒否する jede Verantwortung glatt ⟨rundweg⟩ ab|lehnen/同行を拒否する ⁴sich weigern, mitzukommen.

きょひ 許否 Zu- und Absage *f.* - und - ⟨単数二格: der Zu- und Absage⟩; das Ja und ⟨das⟩ Nein, des - und -/許否を問合せる *jn* fragen, ob *j.* mit ³*et* einverstanden ⟨oder nicht⟩ ist; fragen⁴ ⟨bitten*⁴⟩ ⟨*um*⁴⟩. ◆ 第一例の ob に対して文面に応じて bewilligen³⁴; in ³*et* ein|willigen; erlau-

きょひ 拒否 ben³⁴; genehmigen³⁴; jm in ³et zu|stimmen などを適宜に用いる.第二例の um のあとに Billigung f. en; Bewilligung f. -en; Einwilligung f. -en; Einverständnis n. -nisses, -nisse/Zusage f. -n; Zustimmung f. -en などを入れる.その場合は「否」の方は訳さず,「許諾を問合せる」と訳す.

きょひ 巨費 die großen Kosten (pl); das große Kapital, -s, -e (..lien)/巨費を投じて mit großen Kosten (bestreiten); 巨費を投じる ⁴sich erheblich kosten lassen*; ein erhebliches Kapital an|legen; großes Kapital stecken (in⁴).

ぎょふ 漁夫 Fischer m. -s, -/漁夫の利を占める im Trüben fischen*; der lachende Dritte sein; bei dem Streit zweier anderer ⁴Nutzen haben.

ぎょふん 魚粉 Fischmehl n. -(e)s.

きょへい 挙兵する Soldaten (Truppen) aus|heben*; Geld wie Heu (Sand) haben.

きょほ 巨歩を進める große Schritte (pl) machen (進歩); einen großen Schritt tun* (zu³ mit Erfolg); in langen Schritten vorwärts kommen* s.

きょほう 虚報 falsche Nachricht, -en (Meldung, -en)/その報道は虚報(捏造記事)であることが解った Die Nachricht hat sich als eine Ente erwiesen.

きょほう 巨砲 das schwere Geschütz, -e.

きょまん 巨万 の Milliarden (Millionen) von³ ...; eine Unmasse (Unmenge) von³ ...; enorm; ein ungeheuer Vermögen/巨万の富を積む ein ungeheures Vermögen an|häufen/巨万の富を持つ reich wie ein Krösus sein.

きよみず 清水 ∥ 清水の舞台から飛び降りる ⁴sich zum Äußersten entschließen*.

ぎょみん 漁民 Fischer (pl) ∥ 漁民組合 Fischergilde f. -n (-innung f. -en).

きょむ 虚無 das Nichts, -; das Nichtssein*, -s ∥ 虚無思想 der nihilistische Gedanke, -ns, -n/虚無主義 Nihilismus m. -/虚無主義者 Nihilist m. -en - en.

きよめ 清め Reinigung f. -en; Säuberung f. -en; Läuterung f. -en; Weihe f. -n (祓め) Absolution f. -en (免罪).

きょめい 虚名 der eitle (falsche; nichtige) Ruhm, -(e)s; der leere Name, -ns. -n; Schall und Rauch, des- und -(e)s/虚名を求める nach Ruhm (Titeln; Effekt) haschen; ⁴sich im Ansehen gefallen wollen*; ruhmsüchtig sein; nach Orden (Stern; Titeln) jagen.

きよめる 清める reinigen⁴; säubern⁴; läutern⁴; ein|weihen⁴ (祓う)/罪を清める jn von ³Sünden reinigen/心を清める das Herz von ³Sünden reinigen.

きょもう 虚妄 Falschheit f. -en; Lüge f. -n (虚偽の) falsch; unwahr; grundlos; unbegründet/虚妄の説 die unbegründete Behauptung, -en.

きょもう 虚網 Fisch(er)netz n. -es, -e; (Fisch)garn n. -(e)s, -e.

ぎゆ 魚油 Fischöl n. -(e)s (-tran m. -(e)s).

きょよう 許容 ❶ [許可] Erlaubnis f. -nisse; Billigung f. -en; Bewilligung f. -en; Einverständnis n. -nisses, Zustimmung f. -en. ❷ [容赦] Duldung f. -en; Entschuldigung f. -en. —— 許容する ❶ [許可] erlauben³⁴; billigen⁴; bewilligen³⁴; einverstanden sein (mit³); gewähren³⁴; zu|stimmen³. ❷ [容赦] dulden⁴; entschuldigen⁴/ 黙って許容する stillschweigend dulden; jm durch die Finger sehen* (大目に見る).

きょよう 挙用する ernennen*⁴ (zu³); berufen*⁴ (auf⁴; in⁴); befördern⁴ (zu³); an|stellen⁴.

きょらい 去来する ❶ hin und her laufen* (gehen*) s; ⁴sich auf und ab (hin und her) bewegen. ❷ [心中に] immer wieder ins Gedächtnis zurück|kommen* s; in js Kopf spuken [Gedanke m. -ns, -n などを主語とする].

ぎょらい 魚雷 Torpedo n. -s, -s/魚雷を発射する ein Torpedo ab|schießen*/魚雷艇 Torpedoboot n. -(e)s, -e. ⇨ぎょけい.

きょらか 清らかな ⇨きよい.

ぎょらん 魚卵 Fischei n. -(e)s, -er (ふつう pl); Fischlaich m. -(e)s, -e; Fischrogen m. -s, - (はらご).

きょり 距離 Entfernung f. -en; Abstand m. -(e)s, ¨e; Distanz f. -en; Zwischenraum m. -(e)s, ¨e/ある距離に(ある)距離を離れて entfernt sein (von³)/二キロの距離に(が)ある zwei Kilometer entfernt sein (von³); Die Entfernung (Der Abstand) beträgt 2 Kilometer./距離を保つ Abstand halten* (一定の距離に); ⁴sich in einiger Entfernung (in einer gewissen Distanz) halten* (von³)/距離を測る die Entfernung messen*/村までどれくらい距離があるか Wie weit ist es bis zum Dorf?/大した距離ではない Es ist nicht weit entfernt./車で十分くらいの距離にある Es ist etwa 10 Minuten Fahrt von hier. ∥ 距離計 [写] Entfernungsmesser m. -s, -/距離標 Distanzpfahl m. -(e)s, ¨e.

きょり 巨利を博す einen enormen Gewinn ziehen* (aus³); einen großen (gewaltigen) Gewinn haben (aus³); große Gewinne ein|streichen* (占める).

きょりゅう 居留 Aufenthalt m. -(e)s, -e; Unterkunft f. -¨e. —— 居留する wohnen (in³); ⁴sich auf|halten* (in³; bei³); seinen Sitz haben (ansässig (sesshaft) sein. ∥ 居留外国人 der ansässige Ausländer, -s, -/居留地 Wohnsitz m. -es, -e; Niederlassung f. -en; Sied(e)lung f. -en; Konzession f. -en (租界)/居留民 der Ansässige*, -n, -; Bewohner m. -s, -; Kolonie f. -n (集団).

ぎょりょう 漁猟 der Fischfang (-(e)s, ¨e) und die Jagd (f. -); Fischerei f. -en.

ぎょるい 魚類 Fische (pl 総称) ∥ 魚類学 Fischkunde f.; Ichthyologie f./魚類学者 Fischkenner m. -s, -; Ichthyologe m. -n, -n.

きょれい 虚礼 Förmlichkeit f. -en; Formalität f. -en; die leere (bloße) Form, -en; Äußerlichkeit f. -en/虚礼に流れる an Förmlichkeiten (Äußerlichkeiten) hängen*/虚礼を廃するauf leere Förmlichkeiten (Förmlichkeiten) verzichten.

ぎょろう 漁労 Fischerei f. -en.

きょろきょろ neugierig; staunend; vorwitzig/きょろきょろ眺める〔vorwitzig〕umher|blicken 《nach³》; umher|gaffen 《nach³》; glotzen 《auf⁴》/目をきょろきょろさせる die Augen rollen 《vor³》; mit den Augen rollen.

ぎょろぎょろ ぎょろぎょろ見る glotzen 《auf⁴》; an|glotzen⁴/ぎょろぎょろした目 Glotzauge n. -s, -n.

きよわい 気弱い ängstlich; furchtsam; schüchtern; scheu; kleinlaut; zaghaft; befangen; verzagt/そんな気弱いことでどうする So viel Schüchternheit ist im Leben nicht angebracht!

きら Pracht|kleid (Staats-) n. -(e)s, -er; die prachtvolle (feierliche; festliche) Kleidung, -en; Gala f.; Kleiderpracht f./きらを飾る prachtvoll (feierlich; festlich) gekleidet sein; in ³Gala (im höchsten Staat(e); in (vollem) Wichs) sein; vollständige Festtracht angezogen haben/きら星のごとく gleich funkelnden (glitzernden; leuchtenden) Sternen; in herrlicher Kleiderpracht.

きらい 機雷 [See]mine f. -n/機雷を敷設する Minen (pl) legen (werfen*) ‖ 機雷原 Minenfeld n. -(e)s, -er.

きらい 嫌い ❶ Abneigung f. -en 《gegen⁴》; Abscheu m. -(e)s (f.) 《vor³》; Antipathie f. -n 《gegen⁴》; Aversion f. -en 《gegen⁴》; Ekel m. -s 《vor³》; Hass m. -es 《auf⁴; gegen⁴》; Widerwillen m. ...willens, ...willen 《gegen⁴》. ❷ 〔気味〕 ...の嫌いがあるNeigung (Hang; Tendenz) haben 《zu³》; Anflug (Anstrich) haben 《von³》; neigen 《zu³》; tendieren 《zu³》/彼は大切なことを忘れる嫌いがある Er vergisst leicht wichtige Dinge. ―嫌いな unangenehm; abstoßend; missfällig; misslich; unbehaglich; unerwünscht; unsympathisch; verdrießlich; verhasst; widerlich 《嫌らしい》/嫌いだ nicht lieben⁴; nicht ausstehen können⁴; nicht (gern) mögen⁴; nicht leiden können⁴; nicht gewogen (grün) sein 《jm》; hassen⁴ 《憎む》; verhasst³ (zuwider³) sein.

きらう 嫌う ⁴Abneigung empfinden* 《gegen⁴》; Abscheu haben 《vor³》; Widerwillen haben 《gegen⁴》.⇨ **きらい**(嫌い).

きらきら きらきら〔と〕 glitzernd; funkelnd; glänzend; leuchtend; strahlend. ⇨ **きらめく**.

ぎらぎら ぎらぎらする [v.] glitzern; blenden; glänzen; strahlen; [a.] glitzernd; glänzend; strahlend.

きらく 気楽な leichtlebig; behäbig; behaglich; bequem; flott; leichtsinnig; sorgenlos; unbekümmert; unbesorgt/気楽に暮らす in ³Behaglichkeit (sorgenfrei; sorgenlos) dahin|leben; ein behagliches Leben (Dasein) führen; ⁴es ³sich im Leben gut gehen lassen*/人を気楽にさせる ⁴es ³sich bequem sein lassen* 《jn》; wie zu Hause fühlen lassen* 《jn》 ‖ 気楽者 Leichtlebige* (Leichtsinnige*), -n, -n; der sorgenfreie (sorgenlos) Dahinlebende*, -n, -n.

きらす 切らす keinen Vorrat mehr (nichts mehr vorrätig) haben; alle werden; aus und gar sein; aufgekauft (ausverkauft) haben/燃料を切らしてしまった Uns ist der Brennstoff ausgegangen./食糧品のストックを切らさないように気をつけなさい Hüten Sie sich, dass der Vorräte an Lebensmitteln nicht ausgehen./息を切らしている außer ³Atem (atemlos) sein; die Luft (den Atem) verlieren*; keuchen; nach Luft chnappen; nach Luft (Atem) ringen*.

きらびやか きらびやかな prachtvoll; aufgeputzt; glänzend; pomphaft; pompös; prunkend; prunk|haft (-voll).

きらぼし 綺羅星の如く居並ぶ wie Perlen (pl) aneinander gereiht sein. ⇨ **きら**.

きらめき Glanz m. -es, -e 《強い》; das Blinken*, -s 《閃光》; Geflimmer n. -s 《明滅》; Gefunkel n. -s 《同上》.

きらめく ❶ [v.] glänzen 《強い》; blinken 《閃光》; flimmern 《明滅》; funkeln 《同上》/きらめかす 上記の動詞+lassen* (machen). ❷ [a.] glänzend; glitzernd; blinkend; flimmernd; funkelnd.

きり 霧 Nebel m. -s, -; Dunst m. -(e)s, ⸗e/霧の深い neb|elig; nebelhaft; nebel|um|hüllt (-verhüllt)/霧のない nebelfrei; frei von Nebel/霧の帯 Nebelstreif m. -(e)s, -e/たなびく霧 Nebel|bank f. ⸗e (-schicht f. -en)/霧が晴れる Der Nebel klärt sich auf./霧がかかっている Der Nebel hängt (lagert; schwebt)/霧が濃くなる Der Nebel verdichtet sich./霧が出る Der Nebel steigt./山に霧がたちこめている Der Berg steht im Nebel.

きり 錐 [Hand]bohrer m. -s, -; Ahle f. -n 《皮革用》; Pfriem m. -(e)s, -e (Pfrieme f. -n; Pfriemen m. -s, -) 《同上》; Drillbohrer 《金属用》; Krauskopf m. ⸗e 《菊鐘; Nagelbohrer 《木工用》; Schneckenbohrer 《ねじれ錐》; Spiralbohrer 《螺旋〔ら〕錐》; Zentrumbohrer 《センター錐》/錐で穴をあける mit einem Bohrer ein Loch (pl pl -er) bohren 《in⁴; durch⁴》/飛行機が錐揉み状態になる Das Flugzeug kommt ins Trudeln (trudelt). ‖ 錐揉み降下 [航] das Trudeln; Spiralfall m. ⸗e.

きり 桐 Paulownia f. ...nien; Kaiserbaum m. -(e)s, ⸗e/桐の紋 Paulownia Wappen n. -s, -.

きり きりのない endlos; ohne ⁴Ende; grenzen|los (schranken-); nicht enden wollend; uferlos; endlos; unbeschränkt; unendlich.

-きり ❶ ~だけ/僕と君きりの話だが unter uns gesagt/日本人は私きりです Ich bin hier der einzige Japaner. Außer mir lebt (ist)

ぎり hier kein Japaner. ❷ [以来] あれっきり会わない Seitdem habe ich ihn nie gesehen./あれっきり何の消息もない Seitdem hat er uns kein Lebenszeichen von sich gegeben. Seitdem hat er nichts von sich hören lassen.

ぎり 義理 ❶ Verpflichtung f. -en; Muss n. -; die gesellschaftliche Bindung, -en; das bindende Übereinkommen, -s. ❷ [意味] Bedeutung f. -en; Sinn m. -[e]s, -e. ❸ [交際] Umgang m. -[e]s; Verkehr m. -s, -e. ❹ [血族類似の関係] blutsverwandtschaft(s)ähnliche Verhältnisse (pl)／義理固い gewissenhaft; pflichttreifig; pflichtge(ge)treu／義理一遍の rein formell; anstandshalber／義理の兄弟 Schwager m. -s, -; der Ehemann (-[e]s, ¨er) der Schwester; der Bruder (-s, ¨) des Ehegatten (der Ehegattin)／義理知らず ein undankbarer (dankvergessener) unerkenntlicher) Mensch, -en, -en／義理一点張で〔に絡まれて〕 aus lauter ³Pflichtgefühl; durch ⁴Verpflichtung gezwungen／義理を欠く ⁴es an ³Anständigkeit fehlen lassen⁴; seine Pflicht vergessen⁴ (versäumen⁴)／義理と人情の板ばさみになる zwischen ³Pflicht und ³Liebe schwanken／友人に義理をたてる an seinem Freund[e] seine Pflicht (Schuldigkeit) tun⁴／義理にもそうしなければならない Ich fühle mich verpflichtet, es zu tun.

きりあい 斬合い das Kreuzen⁴ (-s) der Klingen; das Schlagen⁴ (-s) mit blanken Schwertern.

きりあう 斬合う die Klingen kreuzen⁴; ⁴sich mit blanken Schwertern schlagen⁴.

きりあげ 切り上げ [円の] die Aufwertung des Yen[s] ‖ 切り上げ率 Aufwertungssatz m. -es, ¨e.

きりあげる 切り上げる [終わりにする] ein|stellen⁴; ab|brechen⁴ [s] auf|geben⁴; auf|hören (mit³); beend[ig]en⁴; schließen⁴; Schluss machen (mit³); weg|geben⁴; an den Nagel hängen⁴; einen Punkt machen (setzen); Feierabend machen; 〔事を〕 die Arbeit einstellen, Feierabend machen.／0,5 以上を切り上げる die Bruchzahlen (pl) nicht niedriger als 0,5 als 1 rechnen／仕事を切り上げる Arbeitsschluss machen; zu arbeiten aufhören; die Arbeit einstellen, Feierabend machen.

きりいし 切石 Quader m. -s, - (f. -n); Quaderstein m. -[e]s, -e; Steinplatte f. -n.

きりいる 切り入る ein|hauen⁴ (in⁴); hauend ein|dringen⁴ [s] (auf⁴; in⁴).

きりうり 切り売り stückweise (in kleinen Teilen; in kleinen Mengen) verkaufen⁴ (an jn)／学問の切り売りをする krämerhaft sein Wissen (seine Wissenschaft) zu Geld[e] machen.

きりおとす 切り落とす ab|schneiden⁴ (-|-hauen⁴; -|kerben⁴); hinunter|schneiden⁴ (herunter|-) (od. -|hauen⁴; -|kerben⁴).

きりかえる 切り替える [ver]ändern⁴; Änderung bewirken; sein Leben ändern 《生活

を》; um|formen⁴; um|schalten⁴ 〔電流を〕 verwandeln⁴; wechseln 〔両替する〕／切り替え [Ver]änderung f. -en; Umformung f. -en; Umschaltung f. -en; Verwandlung f. -en; Wechsel m. -s, -.

きりかかる 斬りかかる los|hauen⁴ (-|schlagen⁴) (auf⁴); einen Schlag führen (auf⁴; gegen⁴); an|greifen⁴ (jn).

きりかぶ 切株 [Baum]stumpf m. -[e]s, ¨e; [Baum]strunk m. -[e]s, ¨e; Stummel m. -s, -; Stumpf m. -[e]s, ¨e; Stoppel f. -n; 〔穀物の〕.

きりきざむ 切り刻む zerhauen⁴; zerhacken⁴; zerlegen⁴; zerschneiden⁴; in ⁴Stücke hauen⁴ (schneiden⁴).

きりきず 切傷 Schnittwunde (Hieb-) f. -n; Schnitt m. -[e]s, -e; Hieb m. -[e]s, -e; Schmarre f. -n; Schmiss m. -es, -e.

ぎりぎり ❶ ぎりぎり歯をかむ mit den Zähnen knirschen; die Zähne aufeinander beißen⁴ (zusammen|beißen⁴). ❷ ぎりぎりの äußerst; extrem; an die Grenze der Möglichkeit angrenzend／ぎりぎりの生活 höchst knappe Leben, -s, -／ぎりぎり決着のところ das Minimum zu nennen; Das ist das Mindeste, was ich verlangen muss.／ぎりぎりの値段だ Das nenne ich ja einen Schlagerpreis.; Das ist ja der allerniedrigste Preis, für den ich es verkaufen kann.

きりぎりす [Feld]grille f. -n; Heimchen n. -s, -／きりぎりすが鳴いている Grillen (Heimchen) zirpen.

きりくず 切屑 Schnitzel n. -s, -; Abfälle (pl); das abgeschnittene Stückchen, -s, -; Fetzen m. -s, -; Lappen m. -s, -; Splitter m. -s, -.

きりくずす 切り崩す zerstückeln⁴; nieder|reißen⁴; untergraben⁴; unterhöhlen⁴; unterminieren⁴／反対党の結束を徐々に切り崩す das Solidaritätsgefühl der Opposition allmählich unterminieren.

きりくち 切口 [Ein]schnitt m. -[e]s, -e; 〔木などの〕; die offene Wunde, -n 〔傷口〕.

きりこ 切子 Facette f. -n ‖ 切子ガラス das geschliffene Glas, -es, ¨er.

きりこうじょう 切り口上 Höflichkeitsformel f. -n; die formelle (förmliche; steife) Ausdrucksweise, -n (Redensart, -en); Üblichkeitsausdruck m. -[e]s, ¨e／切り口上で言う Höflichkeitsformeln (pl) an|wenden⁴; ⁴sich in formellen (förmlichen; steifen) Redensarten (pl) aus|drücken; ⁴sich allgemeiner ⁴Üblichkeitsausdrücke (pl) bedienen.

きりこむ 切り込む ❶ ein|schneiden⁴ (-|hauen⁴; -|kerben) (in⁴; auf⁴). ❷ 〔襲う〕 ein|fallen⁴ (-|dringen⁴) (in⁴) [s]; ein|stürmen⁴ (-|stürmen (auf⁴).

きりころす 斬り殺す nieder|hauen⁴ (jn); erschlagen⁴ (jn); tot|schlagen⁴ (jn); über die Klinge springen lassen⁴ (jn).

きりさげ 切り下げ [円の] die Abwertung des Yen[s] ‖ 切り下げ率 Abwertungssatz m. -es, ¨e.

きりさげる 切り下げる herab|setzen⁴ (-|mindern^4); reduzieren^4; vermindern^4; verkleinern^4; [通貨を] ab|werten^4.

きりさめ 霧雨 Niesel¦regen (Staub–) *m.* –s/霧雨が降っている Es nieselt.

ギリシャ Griechenland *n.* –s; Hellas《古名》‖ ギリシャ語 Griechisch *n.* –〔s〕; das Griechische*, –n; die griechische Sprache/ギリシャ人 Grieche *m.* –n, –n; Hellene *m.* –n, –n; das griechische Volk, –〔e〕s《総称》/ギリシャ神話(哲学) die griechische Mythologie (Philosophie)/ギリシャ正教 die griechisch-katholische Kirche; die griechisch-orthodoxe Kirche/ギリシャ彫刻 die griechische Bildhauerkunst, ⸗e (Skulptur, –en)/ギリシャ文学 die griechische Dichtung (Literatur)/ギリシャ文明 die griechische (hellenische) Zivilisation.

きりすてる 切り捨てる weg|schneiden^{*4} (–|hauen^{*4}; –|schlagen^{*4}); weg|lassen^{*4} (aus|–; fort|–).

キリスト Jesus Christus ❖ 今日では各格ともこの形を用いる; 古形では二格以下: Jesu Christi; Jesu Christo; Jesum Christum; der Erlöser, –s; der Gesalbte*, –n; der Heiland, –〔e〕s; der Messias, –; der Sohn《–〔e〕s》Gottes/キリストの再臨 die Wiederkunft des Christus (Christi)/幼児キリスト Christ¦kind *n.* –〔e〕s (–kindchen *n.* –s; –kindlein *n.* –s) ‖ キリスト教 Christentum *n.* –s; der christliche Glaube, –ns; die christliche Religion/キリスト教の christlich; christentümlich; Christen–/キリスト教徒の精神 das christliche Wesen, –s; Christensinn *m.* –〔e〕s/キリスト教化する zum Christentum bekehren《*jn*》; zum Christen machen《*jn*》; christianisieren^4/キリスト教国 das christliche Land, –〔e〕s, ⸗er/キリスト教国民 Christenvolk *n.* –〔e〕s, ⸗er/キリスト教社会主義 der christliche Sozialismus, –/キリスト教青年(女子青年)会 der christliche Verein《–〔e〕s, –e》junger Männer (Mädchen)/キリスト教徒 Christ *m.* –en, –en; der christliche Mensch, –en, –en; die christliche Seele, –n; Christen¦mensch (–seele); Christenheit *f.*《総称》/キリスト教徒迫害 Christenverfolgung *f.* –en/キリスト再来論者 Adventist *m.* –en, –en/反キリスト Anti¦christ (Gegen–; Wider–) *m.* –es (–en), –e〔n〕.

きりたおす 伐り倒す fällen^4; um|hauen^{*4} (nieder|–).

きりだし 切り出し 〔Schneide〕messer *n.* –s, –; Federmesser.

きりだす 切り出す ❶ [伐り出す] brechen^{*4}《石を》; gefällte (umgehauene) Bäume《*pl*》aus den Bergen herunter|holen. ❷ [言い出す] zu sprechen an|fangen* (beginnen*)《*von*^{3}》; das Eis brechen*; das Gespräch auf einen Gegenstand bringen* (lenken).

きりつ 規律 ❶ Ordnung *f.* –en; Disziplin *f.* –en; 〔Manns〕zucht *f.*/規律のある ordnungs¦gemäß (–mäßig); geordnet; diszipliniert; zuchtvoll/規律のない ordnungswidrig; ungeordnet; undiszipliniert; zuchtlos. ❷ [規定] Vorschrift *f.* –en; Bestimmung *f.* –en; Regel *f.* –n; Satzung *f.* –en/規律を守る(に背く) eine Vorschrift befolgen (verletzen). ‖ 規律家 Zuchtmeister *m.* –s, –; der strenge Vorgesetzte*, –n, –n.

きりつ 起立する auf|stehen* [s]; ^{4}sich auf|richten; ^{4}sich 〔er〕heben*/賛否を起立に問う durch das Aufstehen vom Sitz abstimmen lassen*《*über*^{4}》‖ 起立投票 die Abstimmung《–en》durch das Aufstehen vom Sitz.

きりつける 斬りつける ein|schneiden* (–|hauen*)《*auf*^{4}》; los|schneiden* (–|hauen*)《*auf*^{4}》.

きりっと sauber und ordentlich; adrett; schmuck; schnicker; sauber (scharf) geschnitten《輪郭の》.

きりづま 切妻 Giebel *m.* –s, – ‖ 切妻屋根 Giebel¦dach (Sattel–) *n.* –〔e〕s, ⸗er.

きりつめる 切り詰める kürzen^4; beschneiden^{*4}; drosseln^4; ein|schränken^4; herab|setzen^4; schmälern^4; vermindern^4; verringern^4.

きりど 切り戸 〔Garten〕pförtchen *n.* –s, –; Durchlass《*m.* –es, ⸗e》〔innerhalb eines Tor〔e〕s〕.

きりどおし 切り通し Scharte *f.* –n; Einschnitt *m.* –〔e〕s, –e; Hohlweg *m.* –〔e〕s, –e《隘路》; der schmale Pass, –es, ⸗e; Törl *n.* –〔e〕s, –e.

きりとりせん 切取線 die perforierte (durchlochte; durchlöcherte) Linie, –n.

きりとる 切り取る ab|schneiden^{*4} (weg|–) (*od.* –|hauen^{*4}); kupieren^4.

きりぬき 切り抜き 〔Zeitungs〕ausschnitt *m.* –〔e〕s, –e ‖ 切り抜き絵 das ausgeschnittene Bild, –〔e〕s, –er/切り抜き帳 Einklebe¦buch (Sammel–) *n.* –〔e〕s, ⸗er.

きりぬく 切り抜く 〔her〕aus|schneiden^{*4}; einen Ausschnitt《–e》machen《*aus*^{3}》/丸く切り抜く rund (ein rundes Stück) 〔her-〕aus|schneiden*《*aus*^{3}》/新聞から切り抜く 〔^{3}sich〕Ausschnitte《*pl*》aus ^{3}Zeitungen《*pl*》machen.

きりぬける 切り抜ける ^{4}sich durch|schlagen*; ^{4}sich durch|bringen*; ^{4}sich durch|helfen*; durch|kommen* [s]《以上どれも *durch*^{4}》; hinter ^{4}sich bringen^{*4}; hinweg|kommen* [s]《*über*^{4}》; los$^{2(4)}$ werden/彼はどうやら難場を切り抜けた Mit knapper Not schlug er sich durch./うまいかけひきをして難局を切り抜けることができた Mit einem geschickten Manöver wusste ich mich aus der Schlinge zu ziehen.

きりばこ 霧箱〖理〗(ウィルソンの)〔die Wilsonsche〕Nebelkammer *f.* –n.

キリバス Kiribati *n.* –s.

きりばな 切り花 Schnittblume *f.* –n; die für das Binden abgeschnittene Blume, –n; die Blume zum Stellen in eine Vase.

きりはなす 切り離す ab|schneiden^{*4} (weg|–); ab|trennen^4 (weg|–); ab|sondern^4; los|lösen^4; separieren^4; zerschneiden^{*4}; zertrennen^4《以上 *von*^{3}》.

きりはめ 切り嵌め〔細工〕Mosaik *n.* –s, –e; Mosaik¦arbeit (Musiv–) *f.* –en; Einlegearbeit *f.* –en; die eingelegte (musivische)

Arbeit, -en.
きりはめる 切り嵌める ein|legen⁴ (*mit³*).
きりはらう 切り払う ab|hauen*⁴ (weg|-) 《*von³*》; ab|schlagen*⁴ 《*von³*》; schneidend beseitigen⁴ (entfernen⁴).
きりばり 切り張りをする mit ³Papierstück zu|sammen|flicken⁴.
きりひらく 切り開く auf|schneiden*⁴; bahnen⁴ 《道を》; ebnen⁴ 《同上》; ⁴sich durch|schlagen* 《人生を》.
きりふき 霧吹器 Zerstäuber *m*. -s, -; Spritzgerät *n*. -(e)s, -e.
きりふだ 切札 [トランプの] Trumpf *m*. -(e)s, ⸚e; Trumpfkarte *f*. -n/切札の1 Trumpfass *n*. -es, -e/切札のキング Trumpfkönig *m*. -s, -e/切札で切る mit einem Trumpf stechen*⁴/最後の切札を出す den letzten Trumpf aus|spielen⁴/切札は何か Was ist Trumpf?/スペードの切札だ Pik (Grün) ist Trumpf./彼はすべての切札を手に持っている Er hat alle Trümpfe in der Hand (in den Händen).
きりまくる 斬りまくる um ⁴sich schlagen* (hauen*); in die Kreuz und Quer(e) schlagen* (hauen*) 《縦横に》; umher|schlagen* (-|hauen*).
きりまわす 切り回す schalten und walten 《*über⁴; mit³*》; bewirtschaften⁴; freie Hand haben 《*in³*》; Haushalt führen 《家政を》; leiten⁴; lenken⁴; verwalten⁴.
きりみ 切身 Scheibe *f*. -n; Schnitt *m*. -(e)s, -e; Schnittchen *n*. -s, -; Schnitte *f*. -n; Stück *n*. -(e)s, -e/Stückchen *n*. -s, -.
きりむすぶ 斬り結ぶ aufeinander (gegeneinander) los|hauen* (-|schlagen*); Schwerter 《*pl*》 zusammen|schlagen*; die Degen kreuzen 《mit *jm*》.
きりめ 切り目 Kerbe *f*. -n; (Ein)schnitt *m*. -(e)s, -e.
きりもみ 錐揉み ⇨きり(錐).
きりもり 切り盛りする ⇨きりまわす.
きりゃく 機略に富む (spitz)findig; erfindungsreich; nie um einen Ausweg verlegen/機略縦横の人 der an ³Spitzfindigkeiten (Kniffen und Pfiffen) 《*pl*》 überreiche⁴, -¹n; der³ bei den allerlei Kunstgriff(e) (Manöver) 《*pl*》 hervorsprudeln.
きりゅう 気流 Luft|strom *m*. -(e)s, ⸚e; -ung *f*. -en/上昇[下降]気流 der aufsteigende (absteigende) Luftstrom; die aufsteigende (absteigende) Luftströmung; Aufwind (Abwind) *m*. -(e)s, -e/上層気流 der Luftstrom (die Luftströmung) in der höheren Schicht; obere Luft.
きりゅう 寄留 der provisorische (vorübergehende; einstweilige; zeitweilige) Aufenthalt, -(e)s, -e; Verweilen *n*. -s.
── する ⁴sich provisorisch (vorübergehend; zeitweilig) auf|halten* 《*in³*》; verweilen 《*in³*》; eine ⁴Weile seine ⁴Wohnung nehmen* 《bei *jm*》. ∥ 寄留地 der provisorische (vorübergehende; zeitweilige) Aufenthaltsort, -(e)s, -e/寄留届 die Anmeldung 《-en》 des provisorischen (vorübergehenden; zeitweiligen) Aufenthalt(e)s/寄留人 der ⁴sich provisorisch (vorübergehend; zeitweilig) Aufhaltende-, -n.
きりゅうさん 希硫酸 die verdünnte Schwefelsäure, -n.
きりょう 器量 ❶《容貌》〔Gesichts〕züge 《*pl*》; Aussehen *n*. -s; das Äußere*, -n; (Gesichts)bildung *f*. -en; Mienen 《*pl*》/器量のよい von guten (Gesichts)zügen; von gutem Aussehen (Äußeren); schön; hübsch; angenehm; nett; niedlich; [s]charmant/器量のよくない unschön; hässlich; reizlos; von schlechtem Aussehen (Äußeren). ❷〔才能〕(Natur)gabe *f*. -n; Anlage *f*. -n; Begabung *f*. -en; Fähigkeit *f*. -en; Können *n*. -s; Talent *n*. -(e)s, -e; Vermögen *n*. -s, -/器量のある begabt; fähig; talentiert; talentvoll; tüchtig.
ぎりょう 技量 Fähigkeit *f*. -en; Geschicklichkeit *f*. -en; Können *n*. -s; Tauglichkeit *f*. -en; Tüchtigkeit *f*. -en; Vermögen *n*. -s, -/技量のある fähig 《*für⁴; zu³*》; geschickt 《*in³*》; tauglich 《*zu³*》.
きりょく 気力 Geistes|kraft (Lebens-; Tat- 《*pl* なし》) *f*. ⸚e; Energie *f*. -n; Vitalität *f*./気力ある geistes|kräftig (lebens-; tat-); energisch; vital/気力のない energie|los (kraft-; mark-); entkräftet; entnervt; matt; ohne ⁴Rückgrat; schlapp; lethargisch/気力が衰える Geistes|kraft verlieren*; nicht mehr geistes|kräftig (lebens-; tat-) sein; entkräftet (entnervt) werden.
きりん 麒麟 Giraffe *f*. -n; Kameleopard *m*. -(e)s 〈-en〉, -en〉 ∥ 麒麟児 Wunderkind *n*. -(e)s, -er; Genie *n*. -s, -s; der hervorragende Geist *m*. -(e)s, -er.
きる 着る ❶〔衣服を〕an|ziehen*⁴; an|kleiden⁴; bekleiden⁴; Kleider 《*pl*》 an|legen⁴; ⁴sich fertig machen; fahren 《*in⁴* さっと着る》; 〔着ている〕an|haben*⁴; gekleidet sein 《*in³*》; tragen*⁴. ❷〔罪を〕angeklagt (beschuldigt; bezichtigt) werden 《eines Verbrechens》; ¹es wird zur Last gelegt 《*jm*》; ¹sich für schuldig erklären.
きる 切る ❶〔刃物で〕schneiden*⁴; auf|schlitzen⁴ 《切り割く》; ein|kerben⁴ 《切れ目をつける》; (zer)hauen*⁴ 《切り刻む》; (zer)hacken⁴ 《同上》/直角に切る rechtwinklig (im rechten Winkel) schneiden*⁴/二つに切る entzwei (auseinander) schneiden*⁴; in zwei Stücke schlagen*⁴. ❷〔切り倒す〕fällen*⁴; hauen*⁴; um|hauen*⁴ (nieder|-). ❸〔切断する〕ab|schneiden*⁴ (-|hauen⁴; -|schlagen*⁴). ❹〔横切る〕kreuzen⁴; durch|schneiden*⁴; quer durch ⁴*et* gehen* 〜/行列を成す eine Prozession (einen Zug) unterbrechen*⁴. ❺ ab|klingen⁴ 《電話を》; den Hörer an|hängen (auf|legen) 《同上》; ab|stellen⁴ 《テレビを》; ab|knipsen⁴ 《電灯を》; ab|schalten⁴ 《電流を》. ❻〔日を〕(限る) einen Tag (Termin) fest|setzen (an|beraumen). 切っても切れぬ仲である un(zer)trennbar (unzertrennlich) miteinander

verbunden sein.
-**きる** fertig bringen*⁴; fertig werden (sein) 《*mit*³》; zu ³Ende bringen*⁴ (schaffen); können*; vermögen*; wagen／言いうるを言うに wagen; offen und frei heraussagen*／断りきれない unmöglich abschlagen*⁴; nicht übers Herz bringen können*, abzulehnen⁴ (nein zu sagen)／数えきれない unzählbar (unzählig; ungezählt) vorhanden sein; zu viel, als dass es gezählt werden könnte／読みきる bis zum Ende lesen*⁴; ⁴sich durchlesen⁴《例: durch ein Buch》; fertig lesen*⁴.
キルギス Kirgistan *n*. -s／キルギスの kirgisisch ‖ キルギス人 Kirgise *m*. -n, -n; Kirgisin *f*. ..sinnen《*女*》
キルティング Stepperei *f*. -en.
ギルド Zunft *f*. ⸚e; Innung *f*. -en; Gilde *f*. -n ‖ ギルド社会主義 Gildensozialismus *m*. -.
きれ 切れ ❶《小片》Stück *n*. -(e)s, -e; Stückchen *n*. -s, -; Bissen *m*. -s, -; Bisschen *n*. -s, -; Brocken *m*. -s, -; Bruchstück *n*. -(e)s, -e; Fragment *n*. -(e)s, -e《同上》Happen *m*. -s, -《一口》; Scheibe *f*. -n《切片》; Schnitt *m*. -(e)s, -e《同上》Schnitte *f*. -n《薄片》Schnitzel *n*. (*m*.) -s, -; Splitter *m*. -s, -《裂片》／切れ切れにin ³Stücke(Fetzen; Scherben); zerfetzt／紙(パン)の切れ ein Stück Papier (Brot)／木の切れ ein Holzsplitter *m*. -s, -／肉の切れ ein Schnitt Fleisch. ❷《布片》Tuch *n*. -(e)s, ⸚er; Stoff *m*. -(e)s, -e; Zeug *n*. -(e)s, -e; Lappen *m*. -s, -.《布片の小部分》
きれあじ 切れ味 Schärfe *f*. -n／切れ味のよい scharf; schneidend／切れ味のわるい stumpf; abgestumpft; unscharf／切れ味の鋭いやり口だ Die Maßnahme ist von einschneidender Wirkung.
きれい 奇麗な ❶ schön; hübsch《小奇麗な》; nett《同上》; niedlich《同上》; angenehm; fair《公正な》; fein《美しい》; herrlich《華麗な》; prächtig《同上》; [s]charmant《魅力のある》; zierlich《優美な》. ❷《清潔な》rein; reinlich; klar; sauber; säuberlich／奇麗好きな人 einer*, der viel auf ⁴Reinlichkeit (Sauberkeit) hält; einer*, dem viel an ³Reinlichkeit (Sauberkeit) gelegen ist. ── きれいに《すっかり》vollkommen; durchaus; durch und durch; ganz; gänzlich; ganz und gar; rein(weg); rund; total; völlig; vollständig／きれいに負ける völlig geschlagen (besiegt) werden; eine vollkommene Niederlage erleiden*／きれいさっぱりと断る glatt (rundweg) ablschlagen*⁴ (ablehnen)⁴《*jm*》; ein für allemal (ohne weiteres) verweigern⁴《*jm*》／きれいに忘れていた Ich habe das glatt vergessen.／Wie vergesslich bin ich!／きれいさっぱり知りません Ich habe gar keine Ahnung davon.／きれいに食べてしまった Er hat alles aufgegessen (restlos verzehrt). ── 奇麗にする ❶ schön machen*; verschönern⁴;《飾る》[auf]putzen⁴; [auf]schmücken⁴; dekorieren⁴; [ver]zieren⁴. ❷《清潔にする》rein (klar; sauber) machen⁴; reinigen⁴; rein machen⁴; säubern⁴;《整頓する》ordnen⁴; in ⁴Ordnung bringen*⁴.
きれい 儀礼 Formlichkeit *f*.; Höflichkeit *f*.; Entgegenkommen *n*. -s; Zuvorkommenheit *f*. ‖ 儀礼的訪問 Höflichkeitsbesuch (Anstands-) *m*. -(e)s, -e.
きれいごと 奇麗事 die scheinbare Gewissenhaftigkeit; Gleisnerei *f*. -en; Heuchelei *f*.／そんな奇麗事をしていては世の中は渡れない Mit der heuchlerischen (gleisnerischen) "inneren Stimme" kannst du im Leben nicht vorwärts kommen.
きれぎれ 切れ切れの (ab)gebrochen; bruchstückhaft《断片的》; fragmentarisch; zusammenhang(s)los／切れぎれに in ³Absätzen (kleinen Stücken); dann und wann; ruckweise; unregelmäßig／話を切れぎれに聞く ⁴Bruchstücke《*pl*》einer Rede aufschnappen.
きれじ 切れ地 Stoff *m*. -(e)s, -e; Zeug *n*. -(e)s, -e.
きれじ 切れ痔 blutende Hämorrhoiden《*pl*》.
きれつ 亀裂 Kluft *f*. ⸚e;《Erd》riss *m*. -es, -e;《Erd》spalt *m*. -(e)s, -e; Erdspalte *f*. -n; Sprung *m*. -(e)s, -e／亀裂を生じる einen 'Kluft entsteht; einen Riss (Spalt; Sprung) (eine Spalte) bekommen*.
-**きれない**-切れない nicht ... können*; mehr ... als ... sein; zu ... als dass《接続法を続ける》／ びんにはいり切れぬ程の酒の Wein, als die Flasche fassen (enthalten) kann／いくらはめても誉め切れない Ich kann ihn nicht genug loben.／この本は読みにくれない Ich kann dieses Buch nicht zu Ende lesen.
きれめ 切れ目 Spalt *m*. -(e)s, -e; Spalte *f*. -n; Riss *m*. -es, -e; Ritz *m*. -es, -e; Ritze *f*. -n; Schlitz *m*. -es, -e; Sprung *m*. -(e)s, ⸚e《ひび》. ❷《区切り》Pause *f*. -n; Intervall *n*. -s, -e; Zwischenraum *m*. -(e)s, ⸚e. ❸《中断》Unterbrechung *f*. -en.
きれもの 切れ者 der Hecht《-(e)s, -e》im Karpfenteich; die Seele《-n》des Geschäftes.
きれる 切れる ❶《よく切れる》[gut] schneiden*; scharf sein《鋭利》／切れない nicht schneiden*; nicht scharf (unscharf; abgestumpft) sein／よく切れない小刀 ein Messer《*n*. -s, -》, das stumpf ist (nicht schneidet; nur schlecht schneidet). ❷《ちぎれる》ablreißen*《durch|-》[s]; ablbrechen*[s]; [zer]reißen*《同上》. ❸《ぶっつりと》zerspringen*《同上》. ❸《擦り切れる》⁴sich abltragen* (-|nutzen)／ズボンの裾が切れている Die Hosen sind zerfranst. ❹《期限が》auflhören; abllaufen*[s]; enden[s]; fällig werden; ungültig werden《無効になる》／定期券の期限が切れている Die Dauerkarte ist ungültig geworden (abgelaufen). ❺《尽きる》gänzlich erschöpft sein; alle werden; keinen Vorrat mehr (nichts mehr vorrätig) haben. ❻《堤防が》brechen*[s]; einlstürzen[s]; ins Wasser fallen*[s]／堤防が切れたことを

聞きましたか Haben Sie von dem Dammbruch gehört? ❼ 〔電話が〕abgestellt (unterbrochen) werden. ❽ 〔機敏〕tüchtig; anstellig; 〔作業能力〕brauchbar; perfekt; tauglich; verwendbar; scharfsinnig. ❾ 〔金を惜しまぬ〕freigebig; eine offene Hand habend; großzügig; nicht knauserig; spendabel.

きろ 岐路 Scheide|weg (Kreuz-) m. -[e]s, -e; Weg|gabelung f. -en 〔-verzweigung f. -en〕/人生の岐路に立つ am Scheidewege (-n) (am Wendepunkt) des Lebens stehen*.

きろ 帰路 Heim|weg (Rück-) m. -[e]s, -e. ⇨きと(帰途)に.

キロ ❶〔目方〕Kilogramm n. -s, -e 《記号: kg》. ❷〔距離〕Kilometer m. -s, -e 《記号: km》/時速四十キロ 40 Stundenkilometer. ❸〔キロワット〕Kilowatt n. -s, - 《記号: kW》/キロワット時 Kilowattstunde f. -n 《記号: kWh》. ❹〔少ない分量〕Kiloliter n. (m.) -s, - 《記号: kl》. ‖ キロトンMetertonne f. -n/キロバイト Kilobyte n. -[s], -[s] 《記号: kByte》/キロビット Kilobit n. -[s], -[s] 《記号: kBit》/キロヘルツ Kilohertz n. -, - 《記号: kHz》/キロボルト Kilovolt n. -[-(e)s], -《記号: kV》.

きろく 記録 ❶ Urkunde f. -n; Akte f. -n; Archiv n. -[e]s, -e 〔記録の集成〕; Aufzeichnung f. -en; Dokument n. -[e]s, -e 〔公文書〕; Schriftstück n. -[e]s, -e 〔同上〕; Protokoll n. -s, -e 〔議事録〕; Sitzungs|bericht (Verhandlungs-) m. -[e]s, -e 〔会報など〕; Rekord m. -[e]s, -e 〔競技の〕; Höchstleistung f. -en 〔同上〕/記録に存する registriert (niedergeschrieben; verzeichnet) sein; geschichtlich (urkundlich) nachweisbar (nachgewiesen; festgestellt) sein; eine historische Tatsache sein/記録を保持する einen Rekord (eine Höchstleistung) halten* (inne|haben*)/記録をつくる(破る) einen Rekord (eine Höchstleistung) auf|stellen (brechen*; schlagen*) ⇨レコード①. ❷〔年代記〕Annalen 《pl》; Chronik f. -en. — 記録する auf|zeichnen*⁴; auf|schreiben*⁴; buchen⁴; protokollieren⁴; registrieren⁴ 〔Schriftführer sein〕; schriftlich nieder|legen⁴; verzeichnen⁴. ‖ 記録映画 Dokumentarfilm m. -[e]s, -e/記録係 Urkundenbewahrer m. -s, -; Schrift|führer (Protokoll-) m. -s, -; Anschreiber m. -s, -/《競技の》記録保持者 Rekord|träger m. -s, - (-halter m. -s, -).

ギロチン Guillotine f. -n; Fallbeil n. -[e]s, -e/ギロチンの露と消える das Opfer der Guillotine (des Fallbeils) werden; durch das Fallbeil enden (hingerichtet werden).

ぎろん 議論 Rede (f. -n) und Gegenrede; Auseinandersetzung f. -en; Aussprache f. -n; Debatte f. -n; Diskussion f. -en; Disputation f. -en; Erörterung f. -en; Kontroverse f. -n; Meinungsaustausch m. -[e]s, -e; Polemik f. -en 〔論争〕; Streit m. -[e]s, -e 〔争論〕; Verhandlung f. -en 〔談

判〕/議論好きな disputiersüchtig; polemisch; streitsüchtig/議論に勝つ(負ける) in der Auseinandersetzung gut (schlecht) abgeschnitten haben/議論を戦わす ein Wortgefecht (einen Wortkampf; eine heftige Diskussion) führen 《mit jm》; die Meinung von jm bestreiten* 《über⁴》/議論の余地がない Das ist ganz unstreitig. Das ist (steht) außer Frage. — 議論する ⁴sich auseinander setzen 《mit jm》; ⁴sich aus|sprechen* 《mit jm》; debattieren 《mit jm über⁴》; disputieren 《mit jm über⁴》; erörtern*⁴ 《mit jm》; Meinungen aus|tauschen 《mit jm》; verhandeln 《über⁴》.

きわ 際 Rand m. -[e]s, -e; Kante f. -n/海際に am Strand/崖の際に am Rande eines Abgrundes/水際に am Wasser ⇨まぎわ(間際)/いまわの際に beim Sterben; auf dem Totenbett; in der Todesstunde; beim Verscheiden.

きわく 疑惑 ⇨ぎねん(疑念)/疑惑をいだく Zweifel 《pl》hegen (haben) 《über⁴》; in (im) Zweifel sein 《sich befinden*》《über⁴》; Zweifel 《pl》setzen 《in⁴》; Zweifel steigen auf./疑惑を招く Argwohn erwecken; Misstrauen erregen (verursachen); Verdacht erregen (erwecken).

きわだつ 際立つ ⁴sich ab|heben*; ab|stechen* 《von³》; hervor|tun* 〔-|heben〕; ⁴sich aus|zeichnen 《in⁴》; in die Augen fallen* ⓢ; auffallend sein; die Aufmerksamkeit auf ⁴sich ziehen*; hervor|ragen; 〔頭角を現わす〕⁴sich aus|zeichnen 〔hervor|tun*〕; sich geltend machen; hervor|ragen/際立たせる hervortreten lassen*; abstechen lassen*/彼は弟とは際立って違っている Er sticht sehr von seinem Bruder ab./彼の勉強ぶりは際立っている Sein Fleiß überragt alle./彼女の色の白い肌が髪の黒さを際立たせる Ihre weiße Haut hebt die Schwärze ihrer Haare hervor. — 際立った hervorstechend; auffallend; hervorragend; auffällig; aufsehenerregend (Aufsehen erregend); abstechend.

きわどい gefährlich; riskant; gewagt; verwegen; abenteuerlich; 〔わいせつな〕bedenklich; kitzlich; heikel; unanständig; unflätig; unzüchtig; zotig; 〔間一髪の〕kritisch; heikel; krisenhaft/きわどい勝負 ein harter (scharfer) Kampf; der lange unentschiedene Kampf/きわどい所で im kritischen Augenblick; im letzten Augenblick; um ein ⁴Haar/きわどい問題 ein bedenkliches (heikles) Problem, -s, -e; eine heikle Geschichte, -n; die delikate Frage, -n/今は全くきわどい所 Es hängt jetzt alles an einem Haar./きわどい所まですすめた Ich wagte die delikate Frage zu berühren.

きわまる 極まる ❶〔際限〕極まる所を知らない alle Grenzen überschreiten*; alle Maße überschreiten*; keine Grenze kennen*; grenzenlos (endlos) sein; auf die Ewigkeit hinaus|laufen*; ewig dauern/進退きわまる

in der Klemme sein; weder aus noch ein wissen*/感極まってことばが出ない vor Rührung nicht sprechen können*/感極まって泣く zu Tränen gerührt werden. ❷ [この上ない] höchst; äußerst; ungemein/危険極まる äußerst gefährlich/豪華極まる höchst luxuriös/高慢極まる ungemein stolz.

きわみ 極み Extrem *n.* -s, -e; das äußerste Ende, -s, -n; die äußerste Grenze, -n; Spitze *f.* -n; Höhe *f.* -n; das Äußerste*, -n/喜びの極み die höchste (äußerste) Freude, -n/極みなき endlos; unendlich; grenzenlos; ewig.

きわめて 極めて sehr; ungemein; außerordentlich; ausnehmend; besonders; im höchsten Grad〔e〕; äußerst; übermäßig 《法外に》; auffallend 《いちじるしく》.

きわめる ❶ [研究する] gründlich erforschen^{4} (studieren^{4}); forschen^{4}; untersuchen^{4}; nach|forschen^{3}. ❷ [熟達する] ^{3}sich ^{4}*et* bemeistern; Meister 《*m.* -s, -》 einer ^{2}Sache werden; beherrschen^{4}; meistern^{4}; Meisterschaft erwerben* 《*in*^{3}》/うんちくをきわめる ^{3}sich eines Dinges gründlich bemeistern; eingehend durchforschen^{4}; Meister einer ^{2}Sache werden/真相をきわめる einer ^{3}Sache auf den Grund gehen* [s]; zur Wahrheit gelangen* [s]. ❸ [極度にする] ^{4}*et* aufs ^{4}Äußerste treiben*; ^{4}*et* auf die Spitze (auf den Gipfel) treiben*; bis zum Äußersten gehen* [s] 《*in*^{3}》/頂上をきわめる den Gipfel (die Spitze) des Berges erreichen (erklimmen*; ersteigen*)/ぜいたくをきわめる außerordentlichen Luxus treiben*/暴虐をきわめる die höchste (äußerste) Grausamkeit verüben/位人臣をきわめる zu den höchsten ^{3}Würden gelangen*; die höchste Stelle eines Untertans erklimmen*/口をきわめてほめる viel ^{2}Rühmens machen 《*von*^{3}》; bis in den Himmel (bis an die Sterne) erheben*; mit ^{3}Lob überschütten.

きわもの Kitsch *m.* -〔e〕s; Schund *m.* -〔e〕s; Schmarren *m.* -s, -; Schnulze *f.* -n; der saisonmäßige Artikel, -s, -/きわもの小説 Kitschroman *m.* -s, -e/きわもの的 sensationell.

きをつける 気をつける ❶ [注意する] auf|passen 《*auf*^{4}》; Acht geben* 《*auf*^{4}》; ^{4}*et* in Acht nehmen*; auf|merken 《*auf*^{4}》; aufmerksam sein 《*auf*^{4}》. ❷ [用心する・慎重になる] vorsichtig sein 《*in*^{3}; *mit*^{3}》; behutsam (sorgfältig) sein; ^{4}sich hüten 《*vor*^{3}》. ❸ [世話・配慮する] ^{4}sich 〔be〕kümmern 《*für*^{4}; *um*^{4}》; sorgen 《*um*^{4}》; Sorge tragen* 《*um*^{4}; *für*^{4}》.

きん 金 ❶ [鉱物] Gold *n.* -〔e〕s/金〔色〕の golden; von goldener Farbe ⇨**おうごん**. ❷ [金位] Karat *n.* -〔e〕s, -e/十八金の鎖 eine achtzehnkarätige 〔Uhr〕kette, -n.

きん 禁 Verbot *n.* -〔e〕s, -e; Bann *m.* -〔e〕s, -e; Interdikt *n.* -〔e〕s, -e; Untersagung *f.* -en; [通商の] Embargo *n.* -s, -s; Handelssperre *f.* -n/禁を犯す das Verbot brechen* (übertreten*); gegen das Verbot handeln. ⇨**きんじる**.

きん 菌 Bazillus *m.* -, ..llen ‖ 菌毒 Pilz¦gift (Schwamm-) *n.* -〔e〕s, -e/菌類 Pilze 《*pl*》; Schwämme 《*pl*》.

きん 斤 Kin *n.* -s; Pfund *n.* -〔e〕s, -e (数量を示すとき: -)/斤目 Gewicht *n.* -〔e〕s, -e.

きん 筋 ⇨**きんにく** ‖ 筋萎縮 Muskelschwund *m.* -〔e〕s/筋炎 Myositis *f.*; Muskelentzündung *f.* -en/筋ジストロフィー Muskeldystrophie *f.* -n.

ぎん 銀 Silber *n.* -s. ── 銀の ❶ [銀製] Silber-; aus (von) ^{3}Silber; silbern/銀の器 Silber¦gerät *n.* -〔e〕s, -e (-geschirr *n.* -〔e〕s, -e; -ware *f.* -n). ❷ [色] silbern; silber¦farben (-farbig; -glänzend; -grau; -hell; -weiß). ‖ 銀塊 Silberklumpen *n.* -s, -; Klumpensilber *n.* -s; Silberbarre *f.* -n 《延べ棒》; Silberbarren *m.* -s, - 《同上》.

きんあつ 禁圧 Unterdrückung *f.* -en; Erstickung *f.* -en; Niederhaltung *f.* -en/禁圧する unterdrücken^{4}; nieder|halten*^{4}.

きんいつ 均一 Einheitlichkeit *f.*; Gleich¦artigkeit *f.* -en (-förmigkeit *f.*; -mäßigkeit *f.* -en); Uniformität *f.* -en/均一の einheitlich; gleich¦artig (-förmig; -mäßig); uniform/千円均一 Einheitspreis 《-es, -e》 von 1 000 Yen pro ^{4}Stück. ── 均一にする gleich|machen^{4}; alles gleich (gleichartig; gleichförmig; gleichmäßig) machen; vereinheitlichen; über einen Kamm scheren*^{4}; uniformieren^{4}. ‖ 均一食 Einheitsessen *n.* -s, -; Eintopf *m.* -〔e〕s, ¨e/均一定価 Einheitspreis *m.* -es, -e/均一料金 Einheitstarifgebühr *f.* -en 《電話などの》; Einheitsfahrgeld *n.* -〔e〕s, -er 《交通機関などの》/価格均一制度 Einheitspreissystem *n.* -s, -e.

きんいん 近因 die unmittelbare (direkte; nahe) Ursache, -n.

きんえん 禁煙 Rauchverbot *n.* -〔e〕s, -e; Rauchen verboten! 《掲示》. ── 禁煙する das Rauchen verbieten*; [自分が] ^{3}sich das Rauchen ab|gewöhnen; das Rauchen auf|geben*; ^{4}sich des Rauchens entwöhnen; ^{4}sich des Rauchens (von Rauchen) enthalten* 《節煙》. ‖ 禁煙室 Nichtraucher¦abteil *n.* -〔e〕s, -e (-raum *m.* -〔e〕s, ¨e) 《列車の》.

きんか 金貨 Gold¦münze *f.* -n (-stück *n.* -〔e〕s, -e) ‖ 金貨国 ein Staat 《*m.* -〔e〕s, -en》, in dem Goldmünzen im Umlauf sind/金貨制 Goldmünzsystem *n.* -s, -e/金貨本位 Goldwährung *f.* -en.

きんか 近火 das in der Nähe ausgebrochene Feuer, -s, -; der in der Nähe ausgebrochene Brand, -〔e〕s, ¨e.

ぎんか 銀貨 Silber¦münze *f.* -n (-geld *n.* -〔e〕s)/銀〔貨〕本位 Silberwährung *f.* -en; Silbermünzsystem *n.* -s, -e 《制度》.

ぎんが 銀河 Milchstraße *f.* ‖ 銀河系 〖天〗 Milchstraßensystem *n.* -s; Galaxis *f.*/銀河系の galaktisch.

きんかい 近海 die See 《-n》 in der Nähe; das nahe Gewässer, -s, -; die benachbarte (angrenzende) See/近海で an der Küste

きんかい 金塊 Gold┊barren *m.* -s, - (-klumpen *m.* -s, -; -masse *f.* -n; -stange *f.* -n; -stück *n.* -(e)s, -e) ‖ 金塊相場 der Kurs (-es, -e) der Goldbarren; Goldmarkt *m.* -(e)s, =e/金塊取引 Goldhandel *m.* -s, =.

きんかい 禁戒 Gebot *n.* -(e)s, -e; Befehl *m.* -(e)s, -e.

きんかいきん 金塊禁 die Aufhebung 《-en》der Goldausfuhrsperre/金塊禁をする die Goldausfuhrsperre auf┊heben*.

きんかぎょくじょう 金科玉条 das A und O; das*, worauf es vor allen Dingen ankommt.

きんがく 金額〔Geld〕summe *f.* -n (-betrag *m.* -(e)s, =e; -summe *f.* -n, -).

きんがみ 金紙 Goldpapier *n.* -s, -e; das vergoldete Papier.

ぎんがみ 銀紙 Silberpapier *n.* -s, -e; Stanniol *n.* -s, -e.

きんかん 金柑 Goldorange *f.* -n.

きんかん 金冠 die goldene Krone, -n《王冠》; die Krone von (aus) ³Gold《同上》; Goldkrone (懐の) *f.* -n/金冠をかぶせる eine Goldkrone aufsetzen《einem Zahn》.

きんかん 金環 ❶ Gold┊ring *m.* -(e)s, -e (-reif *m.* -(e)s, -e); der goldene Ring (Reif); der Ring (Reif) von Gold. ❷〔天〕Korona *f.* ..nen; Strahlenkranz *m.* -es, =e ‖ 金環食 die ringförmige Sonnenfinsternis, ..nisse.

きんかん 近刊〔書籍〕das neu erschienene Buch, -(e)s, =er; Neuerscheinung *f.* -en/近刊の 1) neu erschienen. 2) im Erscheinen begriffen《近日出版の》/近刊の某誌 eine gewisse neu erschienene Zeitschrift/近刊(の予定)In Vorbereitung《広告》/近刊(もうじき発行)Kürzlich erscheint!《広告》‖ 近刊紹介 die Besprechung 《-en》《Kritik, -en》neu erschienener Bücher/近刊目録 der Katalog -(e)s, -e/近刊書 neu erschienener Bücher.

きんかん 金管楽器 Blechinstrument *n.* -(e)s, -e.

きんがん 近眼 Kurz┊sichtigkeit (Schwach-) *f.*; Myopie *f.* / 近眼の kurz┊sichtig (schwach-); myopisch ‖ 近眼鏡 die Brille 《-n》für ³Kurzsichtige*《Myopen》; die konkaven Gläser《*pl*》/近眼者 der Kurz┊sichtige* (Schwach-), -n, -n; Myope *m.* -n, -n.

きんかんばん 金看板 das beste Stück, -(e)s, -e.

きんかん 欣歓 Freude *f.* -n; Freudentaumel *m.* -s; Frohlocken *n.* -s/欣歓雀躍をなす vor ³Freude tanzen; außer ³sich sein; frohlocken; in gehobener Stimmung sein.

きんき 禁忌 Tabu *n.* -s, -s ‖ 禁忌症状 Kontraindikation *f.* -en.

きんきせ 金着せの gold┊überzogen (-plattiert); vergoldet.

ぎんぎつね 銀狐 Silberfuchs *m.* -es, =e/銀狐の毛皮 Silberfuchspelz *m.* -es, -e.

きんきゅう 緊急の dringend; brennend; dringlich; eilig; nahe bevorstehend; unaufschiebbar/緊急の事に eine dringende Dringlichkeitsantrag stellen (ein┊bringen*)‖ 緊急対策 Not┊maßnahme (Behelfs-) *f.* -n (od. -maßregel *f.* -n, -en)/緊急動議 Dringlichkeitsantrag *m.* -(e)s, =e/緊急発進 Blitzstart *m.* -(e)s, -e.

きんぎゅう 金牛宮〔占星〕Stier *m.* -(e)s, -e.

きんぎょ 金魚 Goldfisch *m.* -(e)s, -e ‖ 金魚草 Löwenmaul *n.* -(e)s, =er/金魚鉢 Goldfisch┊becken *n.* -s, - (-behälter *m.* -s, -/金魚藻 Wasser┊hornhaut *f.* =e (-zinken *m.* -s, -)/Hornblatt *n.* -(e)s, =er/金魚屋 Goldfischhändler *m.* -s, -.

きんきょう 近況 das gegenwärtige Befinden*《Ergehen*》, -s; der jetzige Zustand, -(e)s, =e/近況お知らせ下さい Lassen Sie mich bitte wissen, wie es Ihnen augenblicklich (er)geht.

きんきょり 近距離 die kurze Entfernung, -en《Distanz, -en; Strecke, -n》. ⇨たんきょり.

きんきん 近々 nächstens; bald; binnen kurzem; demnächst; dieser Tage; in absehbarer Zeit; in ³Bälde《Kürze》; in nächster Zeit; über ein kurzes; über kurz oder lang.

きんきん 僅々 nur; bloß; kaum; nicht mehr als/生徒数は僅々五十名にすぎない Die Schüler zählen nur noch fünfzig.

きんく 禁句 das verpönte Wort, -(e)s, -e/それは禁句だ So etwas sagt man nicht. Das etwas darf man nicht sagen.

キング König *m.* -s, -e.

きんぐさり 金鎖 die goldene Kette, -n; die Kette von ³Gold; Goldkette *f.* -n.

きんぐち 金口の mit ³Goldmundstück versehen/金口たばこ die Zigarette mit Goldmundstück.

きんけん 金権 Mammon *m.* -s; Geldmacht *f.*; die allmächtige Geld, -(e)s ‖ 金権政治 Plutokratie *f.* -n; Geldherrschaft *f.*; Mammonismus *m.* -.

きんけん 勤倹 die mit Fleiß verbundene Wirtschaftlichkeit (Sparsamkeit); Emsigkeit und Sparsamkeit, der -und -/勤倹な zugleich fleißig und wirtschaftlich (sparsam); emsig und sparsam ‖ 勤倹貯蓄 Sparen*《-s》durch Fleiß (Emsigkeit) und Wirtschaftlichkeit.

きんけん 近県 die nahe Provinz, -en ‖ 近県旅行 der Ausflug 《-(e)s, =e》in nahe Provinzen; eine kurze Reise, -n.

きんげん 金言 der [goldene] Spruch, -(e)s, =e; Denk┊spruch (Kern-; Leib-; Merk-; Sinn-; Wahl-) *m.* -(e)s, =e; Devise *f.* -n; Maxime *f.* -n ‖ 金言集 Spruch┊buch *n.* -(e)s, -er (-sammlung *f.* -en); die Sammlung von Devisen und Maximen; ‚Goldene-

きんげん 謹厳な ernst(haft); gemessen; gesetzt; (ge)streng; (ge)wichtig.

きんこ 金庫 ❶ Geldschrank m. -(e)s, ¨e; Safe m. -s, -s; Stahl|fach m. -(e)s, ¨er (-kassette f. -n.); Tresor m. -s, -e. ❷ (Spar)kasse f. -n. ‖ 金庫破り das Aufbrechen* (Knacken*) (-s) eines Geldschrank(e)s/Geldschrankknacker m. -s, - /人/市金庫 die städtische Kasse, -n/中央金庫 Zentralkasse f. -n.

きんこ 禁固 Gewahrsam m. -(e)s, -e; Einsperrung f. -en; Gefängnis n. -nisses, -nisse; Verwahrung f. -en/禁固にする in ⁴Gewahrsam nehmen* (bringen*; setzen) ⟨jn⟩; ein|sperren ⟨jn⟩; ins Gefängnis werfen* (schicken; setzen; sperren) ⟨jn⟩; in ⁴Verwahrung nehmen* ⟨jn⟩/二十年の禁固に処せられる zu zwanzig Jahren Gefängnis verurteilt werden ‖ 重禁固の schwere Gewahrsam.

きんこ 近古 die frühe Neuzeit; die neuere Zeit.

きんこう 均衡 Gleichgewicht n. -(e)s; Ausgleich m. -(e)s; Ebenmaß n. -es, -e; das harmonische Verhältnis, -nisses, -nisse /不均衡 Unausgeglichenheit f.; Ungleichmäßigkeit f. -en/勢力の均衡 das Gleichgewicht der Mächte; das ausgeglichene Kräfteverhältnis gegeneinander/均衡を保つ Gleichgewicht halten*; im Gleichgewicht sein; balancieren / 均衡を失う Gleichgewicht verlieren*; aus dem Gleichgewicht kommen* (geraten*) ⟨s⟩ ‖ 均衡予算 das wohl balancierte Budget, -s, -s.

きんこう 金工 Metall|arbeit (Gold-) f. -en; Metall|arbeiter (Gold-) m. -s, - ⟨人⟩.

きんこう 金鉱 Golderz n. -es, -e ⟨鉱石⟩; Gold|grube f. -n (-mine f. -n) ⟨金鉱山⟩ ‖ 金鉱業 Goldbergwerk n. -(e)s, -e/金鉱熱 Gold|fieber n. -s, - (-jagd f. -en)/金鉱の大移動 die Massenwanderung (-en) von Goldgräbern/金鉱脈 Goldader f. -n.

きんこう 近郊 Vorstädte ⟨pl⟩; die nächste Umgebung (-en) (das Randgebiet, -(e)s, -e) einer Stadt/近郊の vorstädtisch; an eine Stadt angrenzend.

きんこう 近郷 Umgegend f. -en; Umgebung f. -en; Nachbarschaft f. -en; Nähe f.; Umkreis m. -es, -e/東京とその近郊 Tokio und (seine) Umgebung.

ぎんこう 銀行 Bank f. -en; Bankgebäude n. -s, - ⟨建物⟩; Bankhaus n. -es, ¨er ⟨同上⟩; Bankgeschäft n. -(e)s, -e ⟨営業⟩/銀行を経営する Bankgeschäfte ⟨pl⟩ treiben*/銀行に金を預ける Geld in einer Bank hinter|legen; Geld auf einer Bank anlegen ‖ 銀行員 der Bank|beamte* (-angestellte*), -n, -n; Bankpersonal n. -s, -e (..lien)/銀行営業時間 Bankgeschäftsstunden ⟨pl⟩ ⟨同上⟩/銀行家 Bankier m. -s, -s; Bankherr m. -n, -en/銀行株 Bank|aktie f. -n (-anteil m. -(e)s, -e; -anteilschein m. -(e)s, -e/銀行勘定 Bankkonto n. -s, ..ten (-s od. ..ti)/銀行業 Bankwesen n. -s/銀行券 Bank|note f. -n, -n (-schein m. -(e)s, -e)/銀行小切手 Bank|anweisung f. -en (-scheck m. -s, -s)/銀行口座 Bankkonto n. -s, ..ten (-s od. ..ti)/銀行強盗 Bankraub m. -(e)s ⟨行為⟩; Bankräuber m. -(e)s, - ⟨人⟩/銀行支配人 der Bankgeschäftsführer (-s, -)/(Prokurist, -en, -en) einer Bank/銀行通帳 Bank(konto)buch n. -(e)s, ¨er/銀行手形 Bankwechsel m. -s, -/銀行頭取 Bankdirektor m. -s, -en; der Leiter (-s, -) einer Bank/銀行預金 Bankdepositum n. -s, ..siten (..ta)/銀行預金者 Bankdeponent m. -en, -en.

きんごく 近国 die nahe (angrenzende; benachbarte) Provinz, -en (Gegend, -en); das nahe (angrenzende; benachbarte) Gebiet, -(e)s, -e.

きんこつ 筋骨 Muskeln und Knochen ⟨pl⟩; Konstitution f. -en; Körper|beschaffenheit (Leibes-) f.; Körperbau m. -(e)s/筋骨逞しい若者 der muskulöse (muskelstarke; kräftige; markige; sehnige) Bursche, -n, -n; der Jüngling (-s, -e), der Mumm in den Knochen hat.

きんこん 緊褌一番する alles ein|setzen*; alle Hebel in Bewegung setzen; seine ganze Fähigkeit auf|bieten*.

きんこんしき 金婚式 die goldene Hochzeit, -en.

ぎんこんしき 銀婚式 die silberne Hochzeit, -en.

きんざい 近在 ‖ 京都の近在に住む in der Umgegend von Kyoto wohnen. ⇨きんじょ.

きんざいく 金細工 Gold(schmiede)arbeit f. -en (-schmied m. -(e)s, -e).

ぎんざいく 銀細工 Silber|arbeit f. -en (-ware f. -n).

きんさく 金策 die Kunstgriffe (Manipulationen; Manöver) ⟨pl⟩, Geld aufzutreiben (um ⁴sich zu sammeln)/金策する alle Hebel an|setzen, um Geld aufzutreiben; alle Mittel ver|suchen, um auf ⁴sich zu scharren; ³sich Geld beschaffen.

ぎんざん 銀山 Silber|grube f. -n (-mine f. -n; -bergwerk n. -(e)s, -e).

きんし 金糸 Gold|faden m. -s, ¨.

きんし 近視 ⇨きんがん.

きんし 禁止 Verbot n. -(e)s, -e; Bann m. -(e)s, -e; Inhibition f. -en; Untersagung f. -en; Ausfuhr|sperre f. -n ⟨輸出の⟩; Embargo n. -s ⟨同上⟩/禁止の verboten; gebannt; inhibiert; untersagt/禁止を解く ein Verbot auf|heben*. ——禁止する verbieten*⁴ ⟨jm⟩; bannen⁴; inhibieren⁴; untersagen⁴ ⟨jm⟩; Einhalt gebieten* (tun*³) ‖ 禁止関税 Prohibitiv|zoll (Schutz-; Sperr-) m. -(e)s, ¨e/禁止鳥 der gesetzlich geschützte Vogel, -s, ¨ ⟨保護鳥⟩/禁止令 Verbotsbefehl m. -s, -e; Interdiktion f. -en/禁猟禁漁区 Schießen ist hier auf dem Grundstück des Tempels verboten!/立入禁止 Zutritt (Eintritt) verboten!/立入

きんし 禁止区域 das verbotene Gebiet, -[e]s, -e/発行禁止 das Verbot der Herausgabe.

きんし 菌糸 Hyphe f. -n.

きんじ 近時 in letzter Zeit; dieser ²Tage; jüngst; letzthin; neuerdings; neu[er]lich; noch nicht lange her; unlängst; vor kurzem.

きんじ 近似の annähernd; approximativ; Näherungs-/近似する ⁴sich an|nähern 《an⁴》; große (auffallende) Ähnlichkeit haben 《mit³》 ‖ 近似数 die annähernde (approximative) Zahl, -en/近似値 der annähernde (approximative) Wert, -[e]s, -e.

きんしつ 琴瑟相和す in glücklichster Eintracht zusammen|leben; als Mann und Frau miteinander in vollkommener Harmonie leben; ein einträchtiges (harmonisches) Eheleben führen.

きんしつ 均質の homogen; gleichartig; standardisiert 《同一標準の》; vereinheitlicht 《均一化した》.

きんじつ 近日 ⇨きんきん《近々》/近日点 Perihel n. -s, -e/Perihelium n. -s, ..lien (..lia)/Sonnennähe f. -n.

きんじつてん 近日点 Perihelium n. -s 《対語: Aphelium n. -s》/Erdnähe f. 《対: Erdferne f.》.

きんじとう 金字塔 Pyramide f. -n/金字塔状の pyramidenförmig; pyramidal.

きんしゃ 金紗(縮緬(ㄏ)) Seidenkrepp m. -s, -s (-e).

きんしゅ 金主 Geldgeber m. -s, -; Unterstützer (mit Geld) m. -s, -; Finanzier m. -s, -s; Kapitalist m. -en, -en 《資本家》/…の金主である Geldgeber sein; finanzieren; geldlich (pekuniär) unterstützen⁴; Kosten (pl) decken (bestreiten⁴)/私にこの事業の金主にはなりたくない Ich möchte finanziell an diesem Unternehmen nicht beteiligt sein.

きんしゅ 禁酒 Abstinenz f.; Enthaltsamkeit (f.) (im Genuss alkoholischer Getränke); Mäßigkeit f.; Temperanz (Temperenz) f.; Antialkoholismus m. - 《主義》; Prohibition f. 《法律上の》. —— 禁酒する abstinent (enthaltsam) sein; auf alkoholische Getränke verzichten; ³sich des Trinkens (vom Trinken) ab|gewöhnen; ⁴sich des Trinkens (vom Trinken) enthalten*; Trinken verbieten* (jm) 《法律上》/禁酒の誓約 das Versprechen 《-s, -》, dem Alkohol zu entsagen ‖ 禁酒運動 Abstinenzbewegung f.; Kampf (m. -[e]s, ..e) gegen den Alkoholismus/禁酒家 Abstinenzler m. -s, -; Abstinent m. -en, -en; Antialkoholiker m. -s, -; der Enthaltsame* m. -n; Nichttrinker m. -s, -; Temperenzler m. -s, -/禁酒国 das „trockene" Land, -[e]s, ¨er; das Land mit Alkoholverbot/禁酒主義 Antialkoholismus m. -/禁酒法(Alkohol)verbotgesetz (Prohibitions-)gesetz n. -es, -e/禁酒法案 der Antrag (-[e]s, ¨e) auf ⁴Alkoholverbot.

きんしゅ 筋腫 《医》 Myom n. -s, -e.

きんじゅう 禽獣 Getier n. -[e]s; Bestie f. -n; Biest n. -es, -er; Vieh n. -[e]s/禽獣に等しい bestialisch; entmenscht; inhuman; unmenschlich; viehisch/禽獣にも劣る 〔an Grausamkeit〕 sogar die Bestien übertreffen.

きんしゅく 緊縮 Einschränkung; Kürzung; Beschränkung; Einsparung; Schmälerung; Verringerung 《以上 f. -en》. —— 緊縮する ❶ [v.i.] ein|schrumpfen (zusammen|ziehen). ❷ [v.t.] ein|schränken⁴; kürzen⁴; beschränken⁴; reduzieren⁴; schmälern⁴; verringern⁴ ‖ 緊縮政策 die Politik der Ausgabeneinschränkung / 緊縮予算 Sparhaushalt m. -[e]s, -e.

きんじゅんび 金準備 Goldreserve f. -n.

きんじょ 近所 Nachbarschaft f. -en; die nahe Umgebung, -en; Nähe f. -n; alle Nachbarn (pl) 《人》/近所に in der Nachbarschaft (der nahen Umgebung, der Nähe) von…/…の近所に in der Nähe von³; dicht neben³; nahe³; nicht weit von³; unfern (unweit) von³/近所の 近所の benachbart; angrenzend; nahe liegend/近所の人 Anwohner m. -s, -/近所迷惑なことをする die Nachbarn belästigen.

きんしょう 僅少の wenige* 《数》; wenig 《量》; ein bisschen; etwas; gering(fügig); nicht viel; unbedeutend; unbeträchtlich.

きんじょうてっぺき 金城鉄壁 die uneinnehmbare (unangreifbare) Festung, -en (Burg, -en).

きんじる 禁じる ❶ verbieten*⁴; den Bann (das Interdikt) auf|erlegen³; untersagen⁴; mit Embargo (Handelssperre) belegen⁴/駐車を禁ず Parken verboten! 《掲示》/通行(喫煙)を禁ず Durchgang (Rauchen) verboten! 《掲示》. ❷ [抑止] hemmen⁴; hindern⁴; nieder|halten⁴; unterdrücken⁴. ❸ [断つ] ⁴sich enthalten*²; ³sich ab|gewöhnen⁴/たばこを禁じた Ich habe mir das Rauchen abgewöhnt./笑いを禁じえない Ich kann mich des Lachens (vom Lachen) nicht enthalten.

ぎんじる 吟じる her|sagen⁴; deklamieren⁴; rezitieren⁴; (vor)|singen*⁴.

きんしん 謹慎 ❶ Besonnenheit f.; Beherrschtheit f.; Klugheit f.; Mäßigung f.; Umsicht f. ❷ [罰] Hausarrest (Disziplinar-) m. -[e]s, -e/謹慎を命じられる mit Hausarrest bestraft werden; Hausarrest auferlegt bekommen⁴. —— 謹慎する besonnen (klug; mäßig; umsichtig) sein; ⁴sich besonnen (klug; mäßig; umsichtig) benehmen*; sehr auf sein Benehmen achten.

きんしん 近親 der nahe Verwandte*, -n, -n; die nahen Verwandte*, -n, -n; die Verwandtschaft, -en; Blutsverwandtschaft f. -en/近親の nahe verwandt; blutsverwandt.

きんしん 近臣 Leibvasall m. -en, -en; der vertraute Höfling, -s, -e.

きんずる 禁ずる ⇨きんじる.

きんせい 均斉 Symmetrie f. -n; Eben|maß

きんせい (Gleich-) n. -es; Zusammenstimmung f./均斉のとれた symmetrisch; ebenmäßig (gleich-); ausgewogen; die Symmetrie aufrecht|erhalten*.

きんせい 均勢 das Gleichgewicht f. -(e)s der Mächte/均勢を保つ(失う) Gleichgewicht halten* (verlieren*); im Gleichgewicht sein.

きんせい 金星 ❶ Venus f.; Abend|stern (Morgen-) m. -es, -e. ❷ (金色の星形) der goldene Stern.

きんせい 禁制 Verbot n. -(e)s, -e; Bann m. -(e)s, -e; Inhibition f. -en; Untersagung f. -en. — 禁制する verbieten*⁴ (jm); mit dem Bann belegen⁴ (jm); inhibieren⁴ (jm); untersagen⁴ (jm). ‖ 禁制品 die verbotene Ware, -n/女人禁制 Frauen unzugänglich! Zutritt für Frauen verboten!

きんせい 近世 die neuere Zeit, -en; Neuzeit f.

ぎんせかい 銀世界 Schneelandschaft f. -en; die verschneite Landschaft.

きんせき 金石 Mineral n. -s, -e (..lien); Gestein n. -(e)s, -e ‖ 金石学 Mineralogie f. -n/Gesteinskunde f./金石文 Denkmalinschrift (Grab-) f. -en.

きんせつ 近接している nahe³; angrenzend (an⁴); anliegend (an³); benachbart; neben liegend/近接町村 die benachbarten Städtchen und Dörfer (pl) und die Vorstädte (pl).

きんせん 金銭 Geld n. -(e)s, -er; Mittel n. -s, -; Bargeld n. -(e)s; Moneten (pl) ⇒かね (金)/金銭(上)の Geld-; geldlich; pekuniär/金銭(上)の補助 Geld[bei]hilfe f. -n; Unterstützung f. -en/金銭に目のない geizig; geld|gierig (hab-, raff-); gewinnsüchtig (habe-)/金銭の事に細かい genau (streng) in ³Geldangelegenheiten sein/金銭に全く無頓着である ganz nachlässig (unbedachtsam) in ³Geldangelegenheiten sein; ⁴sich wenig um ⁴Geld kümmern (⁴sich scheren*); Er achtet wenig aufs Geld. ‖ 金銭債務 Geldschuld f. -en/金銭支出 Geldausgabe f. -n/金銭出納 Kassen|führung f. (-verwaltung f.)/金銭出納を扱う die Kasse führen/金銭出納係 Kassierer m. -s, -; Kassier m. -s, -e/金銭出納係長 Geld|führer m. -s, - (-wart m. -(e)s, -e); Schatzmeister m. -s, -/金銭出納帳 Kassen|buch (Kassen-) n. -(e)s, "er/金銭投入口 Geldeinwurf m. -(e)s, "e/金銭登録器 Registrier|kasse (Kontroll-; Register-) f. -n/金銭問題 Geld angelegenheit f. -en (-frage f. -n); die pekuniäre Frage.

きんせん 琴線 ¶ 心の琴線に触れる die Gefühlsregister berühren; die Gefühlssaiten ertönen machen; die Seele ergreifen*; zu Herzen gehen* ⓢ (jm).

きんせんか 金盞花 (植) Ringelblume f. -n.

きんぞうがん 金象眼 die Einlegen* (-s) mit Gold; die eingelegte Gold|arbeit, -en (-tauschierung f. -en).

きんそく 禁足 Haus|arrest (Stuben-) m. -es, -e/禁足する mit ³Hausarrest bestrafen; als Strafe verbieten* (jm), das Haus zu verlassen.

きんぞく 金属 Metall n. -(e)s, -e/金属の metallen; metallisch; von Metall; Metall- ‖ 金属学 Metall|kunde f. (-lehre f.)/金属貨幣 Metall|geld n. -(e)s, -er/金属塊 Metall|stück n. -(e)s, -e/金属元素 das metallische Element, -(e)s, -e/金属工業 Metallindustrie f. -n/金属光沢 Metallglanz m. -es/金属細工 Metallarbeit f. -en/金属時代 Metallzeit f. -en/金属色 Metallfarbe f. -n/金属製品 Metallware f. -n/金属探知機 Metalldetektor m. -s, -en/金属疲労 Metallmüdung f. -en/貴金属 edle Metalle (pl)/軽金属 Leichtmetall n. -(e)s, -e.

きんぞく 勤続 Dienstdauer f.; der ununterbrochene Dienst, -(e)s, -e/永年勤続の賞として als Preis für js langjährigen Dienst; in Anerkennung js langer ²Dienstdauer/三十年間勤続する dreißig ⁴Jahre ununterbrochen dienen; eine dreißigjährige Dienstzeit hinter ³sich haben ‖ 勤続者 der langjährig Gediente*, -n, -n/勤続手当 die Gehaltszulage (-n) (der Gehaltszuschuss, -es, "e) für einen langjährig Gedienten/勤続年限 Dienstjahre (pl)/勤続年数に応じて im Verhältnis zu den Dienstjahren.

きんだ 勤惰 Dienstbeflissenheit f. (-eifer m. -s); Fleiß und Faulheit, der -, - ‖ 勤惰表 Dienstkontrollliste f. -n.

きんだい 近代 Neuzeit f.; die neuere (moderne) Zeit, -en/近代の neuzeitlich; modern; neuer (比較級); der ²Neuzeit/近代性 Modernität f. -en/近代化する modernisieren⁴; (zeitgemäß) erneuern⁴; auf neu her|richten⁴/近代劇 das neuere (moderne) Drama, -s, ..men/近代史 die Geschichte der neueren Zeit (Epochen); die neuere (moderne) Geschichte/近代思想 die neuere (moderne) Idee, -n/近代主義 Modernismus m.; Zeitgeschmack m. -(e)s, "e/近代主義者 Modernist m. -en, -en/近代人 der moderne Mensch, -en, -en.

きんだい 金台 Gold|grund m. -(e)s, "e (-fassung f. -en) (宝石の).

きんだん 禁断 das strenge Verbot, -(e)s, -e; Rühr|nicht|dran m. -s; Tabu n. -s, -s/禁断の木の実 die verbotene Frucht/禁断する streng verbieten*⁴ (jm); untersagen⁴/それは禁物 Das ist (uns ein) Tabu. ‖ 禁断症状 Abstinenzerscheinung f. -en/殺生禁断 ⁴Tiere töten verboten.

きんち 禁治産 Entmündigung f. -en/禁治産の宣告を受ける gerichtlich entmündigt werden ‖ 禁治産者 der Entmündigte*, -n, -n.

きんちてん 近地点 〔天〕 Perigäum n. ..äen; Erdnähe f. -n.

きんちゃく 巾着 Geld|täschchen n. -s, -; Geld|tasche (Brief-) f. -n; [Geld]beutel m. -s, -/〔俗〕Börse f. -; Portemonnaie (Portemonee) n. -s, -s/きんちゃく切り ⇒すり(掏摸).

きんちゃく 近着 soeben angekommen;

きんちょう neu erhalten/近着の品 die soeben angekommene Ware, -n/近着の外国新聞によりば新しく得られた外国の新聞; dem Bericht soeben erhaltener ausländischer Zeitungen nach.

きんちょう 緊張 (An)spannung f. -en; Gespanntheit f.; das gespannte Verhältnis, -nisses, -nisse/Ernst m. -es 《真剣》/事態を緊張せしめる ein gespanntes Verhältnis entstehen lassen*; ⁴zu einer Spannung kommen lassen*. ── 緊張した (an)gespannt; ⁴ernst meinend; wachsam. ── 緊張する ⁴sich (an)spannen; ⁴sich anstrengen; ⁴sich straffen; ⁴sich ernst meinen 《mit³》; wachsam (gespannt) sein; auf der Hut sein.

きんちょう 謹聴する andächtig zu|hören³; aufmerksam lauschen³; die Ohren spitzen/謹聴謹聴 Hört! Hört!

きんちょく 謹直 die peinliche Ehrlichkeit; Gewissenhaftigkeit f.; Redlichkeit f./謹直に ehrlich bis zur Peinlichkeit/謹直に勤める mit peinlicher Ehrlichkeit seinen Dienst (das Sein[ig]e⁴) tun* (seine Pflicht erfüllen).

きんてい 欽定の durch kaiserlichen (königlichen) Befehl eingeführt ‖ 欽定憲法 die durch kaiserlichen (königlichen) Befehl verliehene [Staats]verfassung, -en (Konstitution, -en).

きんてい 謹呈 [自署などに誌す] Herrn (Frau) XY gewidmet (vom Verfasser).

きんでい 金泥 Goldstaub (m. -[e]s, -e) zum Malen.

ぎんでい 銀泥 Silberbronze f. -n.

きんてき 的 das Schwarze⁴ (-n) der [Ziel]scheibe; das (goldene) Zentrum (-s, ..ren) der [Schuss]scheibe/的を射とめる ins Schwarze treffen*; den Vogel abgeschossen haben.

きんてつ 金鉄のごとし diamantenhart; auf Berordentlich unnachgiebig sein.

きんてんさい 禁転載 Abdruck (Nachdruck) verboten.

きんど 襟度 Edelmut m. -[e]s (-sinn m. -[e]s), Großmut f.; Seelengröße f. -(adel m. -s); Weitherzigkeit f. 《広量》. ⇨ りょう.

きんとう 均等 Gleichheit f. (-stellung f. -en); Parität f. /均等の gleich; gleichberechtigt (-gestellt); par. ── 均等にする gleich|machen⁴; aus|gleichen⁴; ebnen⁴; egalisieren⁴. ‖ 均等の原則 das Gleichberechtigungsgrundsatz (-es, =e) der Gleichberechtigung; Paritätsprinzip n. -s, ..pien/均等画法 das isometrische Zeichnen, -s.

きんとう 近東 der Nahe Osten, -s; Nahost m. -s, -.

ぎんどけい 銀時計 die silberne Uhr, -en.

ぎんなん 銀杏 Ginkgo (Ginko) m. -s, -s; Ginkgonuss m. ..sses, ..nüsse 《実》.

きんにく 筋肉 Muskel m. -s, -/筋肉の Muskel-/筋肉質の muskulös; muskelig ‖ 筋肉運動 Muskel-bewegung f. -en (-spiel n. -[e]s, -e)/筋肉増強剤 Muskelmittel n. -s, -; Muskelpille f. -n/筋肉組織 Muskel(gewebe n. -s, - (-system n. -s, -e))/筋肉痛 《俗》 Muskelkater m. -s, -; die körperliche (physische) Arbeit, -en/筋肉労働者 Muskelarbeiter m. -s, -; der körperliche (physische) Arbeiter, -s, -.

きんねん 近年 in den letzten Jahren; die letzten Jahre 《pl》.

きんのう 勤王 Königs'treue (Kaiser-) f.; Loyalität f.; Royalismus m. - ‖ 勤王家 der Königs'treue⁴ (Kaiser-), -n, -n/Loyalist m. -en, -en; Royalist m. -en, -en.

きんぱ 金歯 der goldübergezogene Zahn, -[e]s, "-e; Goldzahn.

ぎんぱい 銀牌 Silbermedaille f. -n; die silberne [Denk]schaumünze f. -n.

ぎんぱい 銀杯 Silberbecher m. -s, -; der silberne Pokal, -s, -e 《高脚の》.

きんばえ 金蠅 Kot|fliege (Schmeiß-) f. -n.

ぎんばえ 銀蠅 Kotfliege f. -n.

きんぱく 金箔 Gold|blatt n. -[e]s, "-er (-blättchen n. -s, -); Gold|folie f. -n; Flittergold n. -[e]s ‖ 金箔屋 Goldschläger m. -s, -.

きんぱく 緊迫 Spannung f. -en; Gespanntheit f. -en/緊迫した情勢 die Spannung (der Ernst, -es) der Lage; die gespannten Verhältnisse 《pl》/緊迫する gespannt (akut; bedrohlich; [gefahr]drohend) werden; in ein akutes Stadium treten* §; ⁴ernst werden; ⁴sich zu|spitzen; zur Entscheidung drängen 《jn》.

ぎんぱく 銀箔 Blattsilber n. -s; das fein getriebene Silber, -s.

きんぱつ 金髪 das goldene (blonde) Haar, -[e]s, -e; Goldhaar n. -[e]s, -e/金髪の gold|haarig (blond) 《od. -gelockt), -lockig) ‖ 金髪娘 blondes Mädchen, -s, -; Blondchen n. -s, -; Blondine f. -n.

ぎんぱん 銀盤 die (künstliche) Eisbahn, -en.

きんぴか 金ぴかの flitterhaft; flitterig; wie Gold glitzernd; prunkvoll ‖ 金ぴか時代 das Zeitalter (-s, -) des Flitterglanzes/金ぴか物 Flitterglanz m. -es (-tand m. -[e]s, =e); Goldschaum m. -[e]s.

きんぴょうぶ 金屏風 der mit Gold|blättchen (-folien) überzogene Wandschirm, -[e]s, -e.

きんぶち 金縁の mit Goldschnitt 《金箔を置いた》; vergoldet 《金めっき》; mit Gold umrahmt (umrandet; eingefasst)/金縁の額 das in Gold gerahmte Bild, -[e]s, -er; das mit einem goldenen Rahmen versehene Bild ‖ 金縁眼鏡 die goldumrandete Brille, -n.

ぎんぶちめがね 銀縁眼鏡 die silberne (silberumrandete) Brille, -n; eine Brille mit einer silbernen Fassung.

ぎんぶら 銀ぶら das Herumschlendern* (-s) (Bummeln*, -s; Lungern*, -s; Pro-

きんぷん 金粉 Goldstaub *m.* -(e)s (まれに -("e)); -pulver *n.* -s, -.

ぎんぷん 銀粉 Silberpulver *n.* -s; das fein gemahlene Silber, -s.

きんべん 勤勉 Fleiß *m.* -es; Arbeitsfreude *f.* -n (-lust *f.* -en); Arbeitsamkeit *f.*; Eifer *m.* -s; Emsigkeit *f.*; Unverdrossenheit *f.* -. — 勤勉な(に) fleißig; arbeitsfreudig (-lustig); arbeitsam; eifrig; emsig; unverdrossen ‖ 勤勉家 der Fleißige* (Arbeitsfreudige*; Arbeitslustige*; Arbeitsame*; Eifrige*; Emsige*; Unverdrossene*), -n, -n.

きんぼうげ 金鳳花 [植] Butterblume *f.* -n.

きんボタン 金ボタン Goldknopf (Messing-) *m.* -[e]s, "e; der gold[e]ne (messing[e]ne) Knopf.

きんほんい 金本位 Goldwährung *f.* -en; Goldwährungssystem *n.* -s, -e.

きんまきえ 金蒔絵 Goldlackmalerei *f.* -en/金蒔絵の gold lackiert.

ぎんみ 吟味 Prüfung *f.* -en; Untersuchung *f.* -en; Erforschung *f.* -en; Nachforschung *f.* -en; Auslese *f.* -n (精選); Auswahl *f.* -en (同上); die gerichtliche Untersuchung (尋問); Verhör *n.* -[e]s, -e (同上); Probe *f.* -n (試験) / 吟味して sorgfältig; mit ⁴Sorgfalt. — 吟味する prüfen⁴; untersuchen⁴; erforschen⁴; nach|forschen³; aus|lesen*⁴; aus|wählen⁴; gerichtlich untersuchen (*jn*); ein Verhör an|stellen (mit *jm*); ins Verhör nehmen⁴ (*jn*); probieren⁴.

きんみつ 緊密な geschlossen; dicht; eng; fest.

きんむ 勤務 Dienst *m.* -[e]s, -e; Dienstleistung *f.* -en. — 勤務する dienen; Dienst leisten (tun⁴); im Dienst[e] sein (stehen*); in Stellung (angestellt) sein. ‖ 勤務先 Dienst|stelle (Arbeits-; Geschäfts-) *f.* -n (*od.* -stätte *f.* -n)/勤務時間 Dienststunden (Geschäfts-) (*pl*)/勤務者 der Dienst|tuende*, -n, -n/der Angestellte*, -n, -n; Leute (*pl*); Personal *n.* -s/勤務中 im Dienst; Dienst tuend.

きんむく 金無垢の aus (von) lauterem (echtem; purem) Gold[e].

ぎんむく 銀無垢の reines (echtes) Silber, -s.

きんめっき 金めっき Vergoldung *f.* -en; Goldüberzug *m.* -[e]s, "e/金めっきの vergoldet; gold|überzogen (-plattiert) /金めっきする vergolden⁴; mit ⁴Gold überzieh*en⁴.

ぎんめっき 銀めっき Versilberung *f.* -en; Plattierung *f.* -en/銀めっきの versilbert; silberüberzogen / 銀めっきする versilbern⁴; mit ⁴Silberblättchen belegen⁴.

きんモール 金モール Gold|tresse *f.* -n (-borte *f.* -n).

ぎんモール 銀モール Silber|tresse *f.* -n (-borte *f.* -n)/銀モールの mit ³Silbertressen (Silberborten) besetzt.

きんもじ 金文字 Gold|buchstabe *m.* -n(-s, -n (-schrift *f.* -en)/金文字の in ³Goldbuchstaben (Goldschrift).

きんもつ 禁物 ❶ [有害物] etwas Schädliches* (Verderbliches*), -en. ❷ [断り物] etwas, dessen (von dem) man ⁴sich enthalten soll. ❸ [好ましくないもの] etwas zu Vermeidendes*, -en; etwas höchst Ungeeignetes*, -en; etwas nicht Wünschenswertes*, -en. ❹ etwas Verbotenes*, -en; etwas Untersagtes*, -en; etwas Verpöntes*, -en/室内で飲食は禁物 In diesem Zimmer ist Essen und Trinken verboten.

きんゆ 禁輸 Embargo *n.* -s, -s; Ausfuhrsperre (Export-) *f.* -n (*od.* -verbot *n.* -[e]s, -e)/金輸出禁止になっている Die Ausfuhr (Der Export) des Goldes ist verboten. Gold ist mit Ausfuhrsperre (Exportverbot) belegt. ‖ 禁輸品 Konter|bande (Kontra-; Kontre-) *f.* -n; Bannware *f.* -n; Schleichgut *n.* -[e]s, "er (密輸品); Schmuggelware *f.* -n (同上).

きんゆう 金融 Geld|wesen *n.* -s (-umlauf *m.* -s); -umsatz *m.* -es, -verkehr *m.* -s; die finanziellen Verhältnisse (*pl* 事情) ‖ 金融界 Finanzwelt *f.*; die finanziellen Kreise (*pl*)/金融機関 Kreditanstalt *f.* -en; Geldinstitut *n.* -[e]s, -e/金融危機(恐慌) Geldkrise (Finanz-) *f.* -n (*od.* -krisis *f.* ..sen)/金融業 Geld|geschäft (Bank-) *n.* -[e]s, -e; Geldhandel *m.* -s, -/金融業者 Geldmakler *m.* -s, -; Kreditvermittler *m.* -s, -; die finanzielle Einrichtung, -en (主として 銀行)/金融市場 Finanzmarkt *m.* -[e]s, "e; Geldmarkt *m.* -[e]s, "e (短期の)/金融資本 Finanzkapital *n.* -s, -e (..lien)/金融資本家 Finanzier *m.* -s, -s; Finanzkapitalist *m.* -en, -en; Finanz|mann (Geld-) *m.* -[e]s, "er; Finanzwelt *f.* (総称)/金融状態 Geldverhältnisse (*pl*)/金融政策 Geldpolitik *f.*/金融組織 Geld|system (Finanz-) *n.* -s, -e/金融統制 Geld|kontrolle (Finanz-) *f.* -n/金融難 Geldnot *f.* "e (-knappheit *f.* -)/金融通 die Gedrücktheit des Geldmarkt[e]s/金融法 Geld|recht (Finanz-) *n.* -[e]s, -e/国民金融公庫 Volksbank *f.* -en.

ぎんゆう 吟遊詩人 der fahrende Spielmann, ..leute; der wandernde Sänger, -s, -.

きんよう 緊要な ひっす.

きんようび 金曜日 Freitag *m.* -[e]s, -e.

きんよく 禁欲 Askese (Aszese) *f.*; Abtötung *f.* -en; Enthaltsamkeit *f.*; Kasteiung *f.* -en; Selbstpeinigung *f.* -en/禁欲生活をする ein asketisches (aszetisches) Leben führen; ⁴sich der Asketik (Aszetik) hin|geben*. — 禁欲する das Fleisch ab|töten; ⁴sich der Ausübung (von Vergnügungen) enthalten*; ⁴sich kasteien; ⁴sich selbst peinigen; alle Leidenschaften un-

きんらん 金襴 [Gold]brokat m. -[e]s, -e.

きんり 金利 Zins m. -es, -en; Zinfuß m. -es, ⸚e/金利で生活する von seinen Zinsen leben/金利が高い(安い) Der Zinsfuß ist hoch (niedrig).

きんりょう 禁猟 Jagdverbot n. -[e]s, -e ‖ 禁猟期 Schon[ungs]zeit f. (Hege-) f. -en/禁猟地 [Jagd]gehege n. -s, -; Wildpark m. -s, -e.

きんりょう 斤量 Gewicht n. -[e]s, -e.

きんりょう 禁漁期 die Schonzeit für Fische ‖ 禁漁区 Schonbezirk m. -[e]s, -e.

きんりょく 金力 die Macht des Geldes; der allmächtige Mammon, -s ‖ 金力万能主義 Mammonismus m. -; Mammonsdienst m. -[e]s, -e; Geldgier f. -; der Tanz (-es, ⸚e) ums goldene Kalb.

きんりょく 筋力 Muskelkraft f. ⸚e; die physische Kraft, ⸚e.

きんれい 禁令 Verbot n. -[e]s, -e; Inhibition f. -en; Bann m. -[e]s, -e; Untersagung f. -en/禁令を敷く mit einem Verbot belegen[4]/禁令を解く ein Verbot aufheben[4].

ぎんれい 銀鈴(のような声) die silberne (silberhelle; silberklare) Stimme, -n; 〔詩〕 Silberstimme f. -n.

きんれいか 金鑾花〔植〕Goldregen m. -s, -.

きんろう 勤労 Arbeit f. -en; Arbeitsamkeit (Betriebs-) f.; Fleiß m. -es ‖ 勤労意欲 der Wille[n] (Willens, Willen) zur Arbeit; Arbeitsfreude f. (-lust f.)/勤労階級 die arbeitenden Klassen 《pl》; die Arbeitenden 《pl》/勤労学校 Arbeitsschule f. -n/勤労者 Arbeiter m. -s, -; Arbeitsmann m. -[e]s, -er (..leute); Lohnempfänger m. -s, -/勤労所得 Arbeitseinkommen n. -s/勤労所得税 Lohnsteuer f. -n; die Steuer auf [4] Arbeitseinkommen/勤労奉仕 Arbeitsdienst m. -[e]s, -e/勤労大衆 die arbeitenden Massen 《pl》.

く

く ❶ [苦痛] Schmerz m. -es, -en; Kummer m. -s; Leid n. -s; Leiden n. -s, -; Pein f.; Qual f. -en. ❷ [労苦] Mühe f. -n; Mühsal f. -e; Plackerei f. -en; Plage f. -n /苦もなく ohne Mühe; leicht; mit [3]Leichtigkeit; ohne Schwierigkeit; unschwer/苦は楽の種 ‚Leiden sind die Quellen der Freude.' ‚Nach dem Leid kommt das Vergnügen.' ❸ [心配] Angst f. -e; Beklemmung f. -en; Besorgnis f. -nisse; Not f. ⸚e; Unruhe f. -n/苦になる Angst verursachen 《jm》; bedrücken 《jn》; plagen 《jn》; quälen 《jn》; keine Ruhe lassen 《jm》 Sorge machen (bereiten) 《jm》; beunruhigen 《jn》; unruhig machen 《jn》/苦にする beängstigt (bedrückt; beunruhigt; geplagt; gequält; unruhig gemacht) werden (von[3]; durch[4]); [3]sich zu Herzen nehmen[*4].

く 句 ❶ Redensart f. -en; Redewendung f. -en; Satz m. ⸚e; Ausdruck m. -[e]s, ⸚e. ❷ [詩の一行] Vers m. -es, -e; Verszeile f. -n; Strophe f. -n (節). ❸ [章句] Stelle f. -n; Passus m. -; Absatz m. ⸚e; Paragraph m. -en, -en. ❹ [俳句] ⇨はいく.

く 九 neun/第九 der (die; das) neunte[*]/十中九まで in den meisten Fällen; in den meisten der Fälle.

く 区 ❶ [区域] Abteilung f. -en; Abschnitt m. -[e]s, -e; Sektor m. -s, -en. ❷ [行政上の] Stadtteil m. -[e]s, -e; Bezirk m. -[e]s, -e; -kreis m. -es, -e; -viertel n. -s, -/中央区 der Stadtteil Chuo. ‖ 区長 der Vorsteher (-s, -) eines Stadtteil[e]s/区役所 der Verwaltungsbüro (-s, -s) eines Stadtteil[e]s/選挙区 Wahlbezirk m. -[e]s, -e (-distrikt m. -[e]s, -e; -kreis m. -es, -e.

ぐ 具 ¶ ...のを具とする [4]sich als Werkzeug bedienen 《zu》; zur Erreichung seines Zweck[e]s benutzen[4] (benützen[4])/外交問題を政争の具とする aus diplomatischen Fragen politisches Kapital schlagen[*].

ぐ 愚 Dummheit f. -en; Albernheit f. -en; Blödsinn m. -[e]s; Narrheit f. -en; Stumpfsinn m. -[e]s; Unsinn m. -[e]s (《ナンセンス》); Unverstand m. -[e]s ⇨おろか/愚にもつかぬこと dummes Zeug; Fisimatenten 《pl》; reiner (blanker; glatter; vollkommener) Nonsens, -es (Unsinn, -[e]s, Quatsch, -es)/愚にもつかぬことを言う verkehrtes Zeug reden; quatschen.

ぐあい 具合 Angemessenheit f.; Schicklichkeit f. (適否); Gliederung f. -en; Ordnung f. -en (整頓); Stand m. -[e]s, ⸚e; Umstände 《pl Umstände》; Art und Weise f. (方法)/具合よく gut; befriedigend; wohl/具合が悪い [腹の] an [4]Verdauungsstörung leiden[*]; js Magen (Darm) ist nicht in [3]Ordnung; es im Magen (Darm) haben; [からだの] [4]sich unwohl (krank; schlecht; unpässlich) fühlen; es ist jm übel; [機械の] in [3]Unordnung (abgestellt; außer [3]Betrieb) sein/具合よい [4]sich wohl (gesund) fühlen; in guter Verfassung sein; [機械の] in [3]Ordnung sein (glatt arbeiten)

グアテマラ Guatemala n. -s／グアテマラの guatemaltekisch ‖ グアテマラ人 Guatemalteke m. -n, -n; Guatemaltekin f. ..kinnen〔女〕.

くい 悔い Reue f. ⇨こうかい(後悔).

くい 杭 Pfahl m. -s, ¨e; Pfosten m. -s, -; Pflock m. -[e]s, ¨e〔小さな〕／杭を打つ einen Pfahl ein|schlagen* (-|rammen) 《in⁴》／杭を立てる einen Pfahl auf|stellen／土地を杭で仕切る ein Grundstück 《n. -s, -e》 ab|pflöcken (-|stecken)／出る杭は打たれる ‚Ein hoher Baum fängt viel Wind.'

くいあう 食い合う ⇨かみあう.

くいあきる 食い飽きる satt essen* (bekommen*).

くいあます 食いあます die Speisen [halb genossen] übrig lassen*.

くいあらす 食い荒らす〔たくさん食べる〕gierig zu|langen; von allem gierig essen*;‛Teile von verschiedenen Gerichten essen'〔移り箸(ξ)をする〕.

くいあらためる 悔い改める bereuen⁴; Reue empfinden* 《über⁴》; Buße tun* 《für⁴》; reuig (zerknirscht; bußfertig) sein; ein neues Blatt beginnen*; ein ganz anderer ‛Mensch werden／悔改めた reuig; bußfertig; zerknirscht. ⇨こうかい(後悔).

くいあわせ 食合せ ❶ gleichzeitiges Essen 《-s》 von nicht zusammenpassenden ³Speisen; Vergiftung 《f. -en》 durch das Essen von nicht zusammenpassenden Speisen. ❷〔結合〕das Ineinanderpassen* (Hinein-), -s. ── 食い合せる ❶〔food を〕die nicht zusammenpassenden Speisen gleichzeitig essen*; durch gleichzeitiges Essen von nicht zusammenpassenden ³Speisen vergiftet werden. ❷〔ある部分が他の部分と〕hinein|passen⁴ 《in⁴》;〔二つの物が互いに〕ineinander passen; ⁴sich ineinander fügen.

くいいじ 食意地 Gefräßigkeit f.; Gierigkeit f.／食意地がはっている gefräßig (gierig) sein.

クイーン Königin f. ..ginnen.

くいかか 食いかけ angebissen; 〔halb gegessen〕／食いかけている angebissen liegen lassen*.

くいき 区域 Bezirk m. -[e]s, -e; Gebiet n. -[e]s, -e〔領域〕; Bereich m. -s, -e〔範囲〕; Zone f. -n〔地帯〕; Kreis m. -es, -e〔圏〕; Grenze f. -n 〔境界〕／区域内の(に) innerhalb des Bezirks; innerhalb der Grenzen〔安全区域 Sicherheitszone f. -n; Verkehrsinsel f. -n〔交通の／受持区域 Revier 《n. -s, -e》der Betreuung; Runde f. -n〔巡回の／危険区域 Gefahrenzone f. -n／住宅区域 Wohnungsviertel n. -s, -.

くいきる 食い切る ab|beißen*⁴; mit den Zähnen ab|reißen*⁴;〔網を〕durchnagen⁴; 〔食いつくす〕auf|essen*⁴ (-|fressen*⁴).

ぐいぐい energisch; kräftig; mächtig／ぐいぐい引っぱる tüchtig (ruckweise) ziehen*⁴／ぐいぐい飲む einen großen (kräftigen; tüchtigen) Schluck nehmen* (tun*).

くいけ 食い気 Appetit m. -s; Esslust f.

くいこみ 食い込み Defizit n. -s, -e〔欠損〕; Verlust m. -[e]s, -e〔損失〕／今月も食い込みだろう Ich fürchte, auch diesen Monat mit meinen Einkünften nicht auszukommen.／Ich fürchte, das Geschäft wird auch diesen Monat ein Defizit verzeichnen.

くいこむ 食い込む ❶〔虫などが〕⁴sich hinein|fressen* (-|bohren) 《in⁴》;〔腐食する〕zerfressen*⁴; ätzen⁴; beizen⁴. ❷〔離れない〕⁴sich fest|setzen; tief eingewurzelt sein. ❸〔侵入する〕ein|greifen* 《in⁴》; ein|dringen* 《in⁴》. ❹〔資本に〕das Kapital an|greifen*;〔収入に〕die Einnahme überschreiten*. ❺〔損失を招く〕einen Verlust erleiden*／勝負で五千円食い込んだ Bei der Partie erlitt ich 5 000 Yen Verlust.

くいさがる 食い下がる ⁴sich fest|beißen*; fest|greifen*; ⁴sich nicht abschütteln lassen*; hartnäckig verfolgen*.

くいさし 食いさし ⇨たべのこし.

くいしばる 食いしばる〔歯を〕die Zähne fest aufeinander beißen*; mit den Zähnen knirschen〔怒って〕.

くいしんぼう 食いしん坊 ❶〔人〕Fresser m. -s, -; der starke Esser, -s, -; Vielfraß m. -es, -e;〔間食好きの〕der Naschsüchtige, -n, -n; Nascher (Näscher) m. -s, -. ❷〔大食〕Gefräßigkeit f.; Völlerei f. -en;〔間食好き〕Naschsucht f.／食いしん坊の gierig; gefräßig; naschsüchtig〔つまみぐいする〕.

クイズ Quiz n. -, -; Rätsel n. -s, -／クイズ番組 Quizsendung f. -en〔ラジオ・テレビの〕.

くいすぎ 食い過ぎ Überladung (Überfüllung) 《f.》des Magens; Überessen n. -s／食い過ぎる ³sich den Magen überladen (überfüllen); zu viel essen*; überessen*; übermäßig essen*⁴／食い過ぎで胃を悪くする ³sich den Magen durch unmäßiges Essen verderben*.

くいたおす 食い倒す auf js Kosten leben*; von jm leben*; schmarotzen 《bei jm》; nassauern. ⇨くいつぶす.

くいだおれ 食い倒れ Ruin 《m. -s》durch die Völlerei n. -s. ⇨くいくらう.

くいたりない 食い足りない ❶ nicht genug gegessen haben; den Hunger noch nicht gestillt haben. ❷〔不満だ〕unbefriedigt sein 《von³》; nicht zufrieden sein 《mit³》. ❸〔不足に思う〕in 《⁴ et》für ²seiner ²unwürdig halten*／彼が相手では食い足りない Er ist meiner nicht würdig.／Er kann es mit mir nicht aufnehmen.／Er kommt mir nicht gleich.

くいちがい 食い違い〔交差〕Kreuzen n. -s;〔交錯〕das Ineinandergreifen*, -s〔歯車など〕;〔齟齬(²)〕Gegensätzlichkeit f. -en;〔意見の〕Nichtübereinstimmung f. -en;〔不一致〕Widerspruch m. -[e]s, ¨e; Auseinanderfallen n. -s; Verschiedenheit f. -en.

くいちがう 食い違う〔齟齬する〕ineinander greifen*;〔im Gegensatz stehen* 《zu³》; nicht überein|stimmen 《mit^3》; [一致しない] im Widerspruch stehen* 《mit^3; zu^3》; auseinander|fallen* (–|-gehen*) [s]/意見が食い違う entgegengesetzter ^{2}Meinung sein; Die Meinungen fallen auseinander.

くいちぎる 食いちぎる ab|beißen*^{4}; mit den Zähnen ab|reißen*^{4}.

くいつく 食いつく beißen* 《in^4》; an|beißen*$^{(4)}$; [固着する] haften 《an^3》; ^{4}sich fest|halten* 《an^3》; ^{4}sich an|haften 《an^3》/餌に食いつく an den Köder an|beißen*; nach dem Köder schnappen/足に食いつく *jn* ins Bein beißen*/食いついて離れない wie Pech haften 《an^3》; ^{4}sich nicht abschütteln lassen*.

くいつくす 食い尽くす auf|essen*; auf|zehren; verzehren/食糧を食い尽くす Die Lebensmittel gehen aus.

くいつぶす 食い潰す *jn* arm essen*; *jn* ruinieren; [寄食する] auf *js* Kosten leben; schmarotzen 《bei *jm*》; nassauern/財産を食い潰す sein Vermögen verfressen*; ^{4}sich um Hab und Gut essen*.

くいつめる 食い詰める nichts zu essen haben; keinen 〔Lebens〕unterhalt mehr haben; kein Auskommen mehr haben; ganz herunter gekommen sein 《貧乏になる》; bettelarm werden.

くいどうらく 食い道楽 Feinschmeckerei *f.*; [人] Feinschmecker *m.* –s, –; Gastronom *m.* –en, –en; Gourmand *m.* –s, –s; Leckermaul *n.* –〔e〕s, ⸚er; Liebhaber 《*m.* –s, –》 von ^{3}Leckerbissen.

くいとめる 食い止める ❶ [阻止する] auf|halten*^{4} (zurück|–); einem Ding〔e〕 ^{4}Einhalt tun*; *jm* ^{4}Widerstand leisten 《抵抗する》; vor|beugen^3 《予防する》. ❷ [妨げる] hindern^4; hemmen^4; zum Stehen bringen*^{4}; Einhalt tun*^{3}; ein Ende machen^3/値上りを食い止める die Preissteigerung auf|halten* (hemmen) / 火勢を食い止める dem Feuer Einhalt tun*; die Flammen unterdrücken.

くいな 〖鳥〗 Wasserralle *f.* –n.

くいにげ 食い逃げ Zechprellerei *f.* –en; Zechpreller *m.* –s, – 《人》/食い逃げする fort|gehen* [s], ohne die Zeche zu zahlen; 〔den Wirt〕 um die Zeche prellen.

くいのばす 食い延ばす von den Lebensmitteln sparsamen ^{4}Verbrauch machen; von den spärlichen Mitteln 〔möglichst〕 lang leben.

くいはぐれる 食いはぐれる die Mahlzeit verpassen; zu spät zum Essen kommen* [s]; nichts zu essen bekommen*; [失職する] arbeitslos werden; die Mittel zum Lebensunterhalt (das ^{4}Einkommen) verlieren*/働けば食いはぐれることはない Man kann auskommen, so lange man arbeitet.

くいぶち 食い扶持 Verpflegungskosten 《*pl*》/食い扶持を入れる für die Verpflegung (Kost) zahlen.

くいもの 食い物 ❶ Speise *f.* –n; Lebensmittel 《*pl* 食物》; Esswaren 《*pl* 食料品》; Nahrung *f.* –en 《栄養物》. ❷ [犠牲] Opfer *n.* –s, –/人を食い物にする *jn* aus|nutzen; *jn* aus|beuten 《主に金を》; *jn* rupfen 《同上》.

くいる 悔いる ⇨ **くやむ**.

クインテット Quintett *n.* –〔e〕s, –e.

くう 空 ❶ [無の状態] Leere *f.*; das Leere*, –n; Leer¦heit (Hohl–) *f.*; Leer¦raum (Hohl–) *m.* –〔e〕s, ⸚e; Vakuum *n.* –s, ..kua (..kuen) 《真空》/空に帰する zu ^{3}nichts (Essig; Schaum; Wasser) werden; in ^{4}Rauch auf|gehen* [s]. ❷ [空中] Luft *f.* ⸚e; Himmel *m.* –s/空を見つめる in die Luft (in den Himmel) 〔hinein|〕starren/空をつかむ in die Leere (ins Leere) greifen*. ❸ [はかなさ] Nichtigkeit *f.* –en; Eitelkeit *f.* –en; Vanität *f.* –en; Vergänglichkeit *f.* ── 空な ❶ 〔inhalts〕leer; hohl; vakant. ❷ [当てのない] ziel¦los (zweck–); eitel; frucht¦los (wirkungs–); nichtig; vergeblich; wert¦los (nutz–). ❸ [実体のない] wesen¦los (gegenstands–); unkörperlich.

くう 食う ❶ [食物を] essen*^{4}; speisen^4; [味わう] kosten^4; genießen*^{4}; [動物のように] fressen*^{4}; verschlingen*^{4}; [飲食する] zehren^4; verzehren^4 《食い尽くす》; auf|zehren^4 《同上》/朝飯を食う das Frühstück 《–s, –e》 〔ein|〕nehmen*; frühstücken/昼飯(夕飯)を食う zu ^{3}Mittag (zu ^{3}Abend) essen*/食える essbar; genießbar. ❷ [生活する] leben 《von^3》; aus|kommen* [s] 《mit^3》/食うに困る sehr kümmerlich leben; kaum das liebe Brot haben/食うに困らない zu leben haben; sein Brot haben/他人の飯を食う fremdes Brot essen*/食う物も食わずにいる ^{4}es sich am (vom) Mund〔e〕 ab|darben/何食わぬ顔をする eine unschuldige Miene machen. ❸ [動物が] fressen*; verschlingen*; [虫が] zerfressen*; [蚤などが] beißen*; [蚊などが] stechen*; [魚が餌を] an|beißen*. ❹ [欺される] betrogen (getäuscht; angeführt) werden; herein|fallen* [s] 《auf^4》/こいつは一杯食った Diesmal bin ich hereingefallen./その手は食わぬぞ Darauf falle ich nicht herein./食うか食われるかやってみよう Ich will es auf mein Risiko versuchen.

くうい 空位 leere (freie; unbesetzte) Stelle, –n; Interregnum *n.* –s, ..na 《王崩御後の》.

ぐうい 寓意 die verborgene Bedeutung, –en; Allegorie *f.* –n ‖ 寓意劇 das allegorische Schauspiel, –〔e〕s, –e; Moralität *f.* –en/寓意物語 Fabel *f.* –n.

クウェート Kuwait *n.* –s/クウェートの kuwaitisch ‖ クウェート人 Kuwaiter *m.* –s, –.

くうかん 空間 Raum *m.* –〔e〕s, ⸚e/空間的 räumlich; Raum– ‖ 空間感覚 Raumempfindung *f.* –en/空間芸術 Raumkunst *f.* ⸚e/空間知覚 Raumwahrnehmung *f.* –en.

くうき 空気 Luft *f.*; Atmosphäre *f.* –n 《大気》/空気の Luft–; luftig/空気入りの pneumatisch; Luft enthaltend/空気のない luftleer/空気の通らぬ luftdicht; hermetisch/空気の流通のよい luftig; gut durchlüftet; mit gutem Durchzug/空気の流通の悪い schlecht durchlüftet; dumpf/空気を入れる Luft ein|lassen*; auf|pumpen^4 《タイヤに》/

くうきょ　新鮮な(不潔な)空気 frische (unreine; dicke) Luft ‖ 空気圧 Luftdruck m. -(e)s/空気圧縮器 Luftkompressor m. -en (-verdichter m. -s, -)/空気液化 Luftverflüssigung f. -/-(Luftverflüssiger m. -s, -)/空気清浄器 Luftreiniger m. -s, -/空気タイヤ Luftreifen m. -s, -/空気抵抗 Luftwiderstand m. -(e)s, ¨e/空気伝染 Luftinfektion f. -en; Ansteckung (f. -en) durch die Luft/空気抜き Lüftungsanlage f. -n/空気弁 Luftklappe f. -n (-ventil n. -s, -e)/空気ポンプ Luftpumpe f. -n/空気枕 Luftkissen n. -s, -/空気密度 Luftdichte f./空気療法 Luftkur f. -en/空気冷却機 Luftkühler m. -s, -.

くうきょ　空虚 Leere f.; Leerheit f.; Nichtigkeit f.//空虚な leer; hohl; nichtig; eitel; gedankenlos/〔頭の〕空虚な生活 das Leben (-s) ohne 'Sinn und ⁴Bedeutung / 空虚な頭 gedankenloser (hohler) Kopf, -(e)s, ¨e.

ぐうきょ　寓居 die vorläufige Wohnung, -en (Unterkunft, ¨e); Logierhaus n. -es, ¨er/寓居する vorläufig wohnen; eine zeitweilige Unterkunft finden* (bei¹); logieren (in¹).

ぐうぐう　ぐうぐう言う schnarchen / ぐうぐう鼾(いびき)をかく laut schnarchen / ぐうぐう眠っている client (unbeweglich) schlafen; wie ein Dachs (Murmeltier; Ratz) schlafen/wie ein Klotz (Sack) schlafen*.

くうぐん　空軍 Luft f. ¨e (-flotte f. -n) ‖ 空軍基地 Luftstützpunkt m. -es, -e; Fliegerstation f.

くうげき　空隙 Lücke f. -n; Spalt m. -(e)s, ¨e; Riss m. -es, -e; Öffnung f. -en; leerer Raum, ¨e.

くうげん　空言 leere Worte (pl); leeres Geschwätz, -es, -e.

くうこう　空港 Flughafen m. -s, ¨.

ぐうじ　司司 der Oberpriester (-s, -) an einem Schrein(e).

くうしゅう　空襲 einen Luftangriff aus|üben/空襲をうける einen Luftangriff bekommen*; von der Luft aus angegriffen werden ‖ 空襲警報 Luftangriffs|alarm (Flieger-) m. -s, -e; Fliegerwarnung f. -en/空襲警報を出す(解除する) eine Fliegerwarnung geben* (zurück|nehmen*).

くうしょ　空所 leerer Raum, -(e)s, ¨e; Zwischenraum m. -(e)s, ¨e; Lücke f. -n/空所を満たす die Lücke (aus)füllen/空所を残す (freien) Raum lassen*.

ぐうすう　偶数 die gerade Zahl, -en/偶数の geradzahlig/偶数の日 die geraden Tage (pl).

ぐうする　遇する behandeln⁴; auf|nehmen*⁴ 〈もてなす〉; bewirten⁴/手厚く遇する jn gut empfangen*; jn freundlich auf|nehmen*.

ぐうする　寓する 〔ほのめかす〕an|spielen (hin|deuten) (auf⁴); allegorisch sprechen* (von³).

くうせき　空席 freier (leerer; unbesetzter) Platz, -es, ¨e.

くうぜん　空前の beispiellos; unerhört; epochemachend 〔画期的〕; 空前絶後の nie dagewesen; einzig dastehend/会は空前の盛況であった Die Versammlung war ein beispielloser Erfolg.

ぐうぜん　偶然(のできごと) Zufall m. -(e)s, ¨e; Zufälligkeit f. -en/偶然の zufällig; gelegentlich; unerwartet/偶然に zufällig; zufälligerweise; durch Zufall/故意か偶然か durch Zufall oder nicht Absicht/それは全くの偶然だ Das ist ein reiner Zufall. ｜ Das ist ein Spiel des Zufalls (ein bloßer Zufall).

くうそう　空想 Fantasie f. -n; Einbildung f. -en; Fantasiegebilde n. -s, - 〔産物〕; 〔妄想〕Träumerei f. -en; Traumbild n. -(e)s, -er; Vision f. -en; Hirngespinst n. -es, -er 〔妄想〕; Luftschloss n. ¨er〔空中楼閣〕. ― 空想的 fantastisch; träumerisch; schimärisch; visionär; utopistisch. ― 空想する fantasieren; ³sich ein|bilden¹; ³sich vor|stellen¹; träumen; Luftschlösser bauen/空想に耽(ふけ)る ⁴sich Träumereien hin|geben*; ⁴sich in ³Illusionen wiegen*‖空想家 Fantast m. -en, -en; Träumer m. -s, -; Utopist m. -en, -en; Visionär m. -s, -e; Schwärmer m. -s, -/空想的社会主義 utopischer Sozialismus, -.

ぐうぞう　偶像 Götze m. -n, -n; Götzenbild n. -(e)s, -er; Abgott m. -(e)s; Idol n. -s, -e; Fantasiegebilde n. -s, -/偶像崇拝 Abgötterei treiben*; Götzen an|beten/偶像のように崇拝する jn abgöttisch lieben; jn vergöttern 《偶像化する》‖ 偶像崇拝 Abgötterei f. -en; Bilderanbetung f. -en; Götzendienst m. -es, -e; Ido(lo)latrie f./偶像崇拝者 Götzendiener m. -s, -/偶像破壊 Bildersturm m. -(e)s -¨e〔-stürmerei f. -en〕; Ikonoklasmus m. -, -men/偶像破壊者 Bilderstürmer m. -s, -; Ikonoklast m. -en, -en.

ぐうそう　偶想 Spekulation f. -en.

ぐうたら　❶ Bummelei f. -en; Faulenzerei f. -en; Schlamperei f. -en 〔自堕落〕. ❷〔ぐうたらな人〕Faulenzer m. -s, -; Bummler m. -s, -; Faulpelz m. -es, -e; Nichtsnutz m. -es, -e; Taugenichts m. -(es), -e; Schlampe (Schlunze) f. -n 《女》/ぐうたらな faul; nachlässig; nichtsnutzig; schlampig; unordentlich.

くうだん　空談 leeres Geschwätz, -es, -e; Geplauder n. -s/空談する plaudern; klatschen.

くうだん　空弾 blinde Patrone, -n/空弾を打ち放(ぶっぱな)す; blinde ⁴Schüsse ab|geben*‖空弾射撃 blinder Schuss m. -es, ¨e.

くうち　空地 der freie (leere; offene; unbesetzte) Raum, -(e)s, ¨e; das unbebaute Grundstück, -(e)s, -e; das unbewohnte Gelände, -s, -.

くうちゅう　空中 Luft f. ¨e; Himmel m. -s, -/空中の in der Luft; Luft-/空中で in der Luft; am Himmel / 空中窒素を固定する den Stickstoff der Luft fixieren/空中分解する in der Luft aus einander brechen* ‖ 空中観測 Luftbeobachtung f. -en/空中滑走

くうてい 空挺部隊 Luftlandetruppe f. -n.

クーデター クーデターを起こす einen Coup d'Etat (Staatsstreich; Putsch) auf|führen; putschen.

くうてん 空転する leer laufen*.

くうでん 空電 atmospharische Störungen (pl); Strahlungsstörungen (pl); [Neben-]geräusche (pl).

くうどう 空洞 Höhle f. -n; Höhlung f.; Hohlraum m. -[e]s, ¨e.

ぐうのねもでない ぐうの音も出ない nicht mehr widersprechen können*; kleinlaut werden; die Pfeife in den Sack [ein]stecken/ぐうの音も出さぬまで Schweigen bringen*; jm einen Schlag (eine) auf die Nase geben*「手痛くやりこめる」/ぐうの音も出ない事実 eine niederschmetternde Tatsache, -n.

くうはく 空白 leere Stelle, -n; freier [leerer] Raum, -[e]s, ¨e; Lücke f. -n; ereignisloser Zeitraum, -[e]s, ¨e 《事件のない期間》; Vakuum n. -s, ..kua (..kuen) 〔紙の〕 unbeschriebenes Blatt, -s, ¨er/政治的空白 ein politisches Vakuum.

くうばく 空漠たる endlos weit (ausgedehnt); grenzenlos unbestimmt; vag[e].

ぐうはつ 偶発 Zwischenfall m. -[e]s, ¨e; das zufällige Ereignis, -nisses, -nisse/偶発的に zufällig; unerwartet || 偶発事件 Zufall m. -[e]s, ¨e; die plötzliche Wendung (-en) der Dinge; Unfall m. -[e]s, ¨e 《事故》.

くうひ 空費 Verschwendung f.; Vergeudung f./空費する unnütz verbrauchen⁴; verprassen⁴; vergeuden⁴; verschleudern⁴/時間を空費する die Zeit verschwenden; [遊んで] vergeuden⁴; die Zeit müßig hin|bringen⁴; die Zeit vertändeln.

くうふく 空腹 leere Magen, -s; Hunger m. -s/空腹な hungrig; 〔腹が空である(になる)〕 hungrig sein (werden); Hunger haben (bekommen*)/非常に空腹である einen heftigen Hunger haben; einen Wolfshunger haben/空腹のあまりに vor Hunger; aus blindem Hunger/空腹をしのぐ den Hunger stillen/空腹を訴える über ⁴Hunger klagen.

くうぶん 空文 der tote Buchstab[e], ..bens, ..ben; die nicht mehr geltende Bestimmung, -en; Wortgeklingel n. -s, -.

クーペ Coupé n. -s, -s 《自動車》.

くうほう 空砲射撃 blindes Schießen*, -s/砲ほうろう bindenSchuss ab|geben*.

クーポン Coupon m. -s, -s; Kupon m. -s, -s; Kassenzettel m. -s, -; Gutschein m. -[e]s, -e; Bon m. -s, -s; Abschnitt m. -[e]s, -e.

くうめい 空名 leerer Name, -ns, -n; leerer Titel, -s, -; [虚名] falscher Ruhm, -s.

くうゆ 空輸 Lufttransport m. -[e]s, -e (-verkehr m. -s/-)/空輸する per Flugzeug (n.) transportieren⁴; auf dem Luftweg befördern⁴ (senden*⁴; schicken⁴) || 空輸部隊 Luftlandetruppe f. -n.

ぐうゆう 偶有の zufällig || 偶有性 Zufälligkeit f.

クーラー Klimaanlage f. -n 《エアコン》.

くうらい 空雷 Lufttorpedo m. -s, -s.

くうり 空理 leere Theorie, -n/空理空論に走る ⁴sich dem Doktrinarismus hin|geben*.

クーリー 苦力 Kuli m. -s, -.

くうれい 空冷(式)の luftgekühlt.

くうろ 空路 Luftverkehrslinie f. -n; Luftweg m. -[e]s, -e; Flugroute f. -n/空路を[で] per ³Flugzeug; auf dem Luftweg[e].

くうろん 空論 unpraktische Ansicht, -en (Meinung, -en); Doktrinarismus m. -; Urteil (n. -s, -e) vom grünen Tisch; [詭弁] Sophisterei f. -en; 空論家 der reine Theoretiker, -s, -; Doktrinär m -en, -en; Sophist m. -en, -en, (詭弁家).

ぐうわ 寓話 Fabel f. -n; Parabel f. -n; Gleichnis n. -nisses, -nisse 《比喻》; Allegorie f. -n.

くえき 苦役 harte Arbeit, -en; Plackerei f. -en; Zwangsarbeit f. -en 《強制労働》; Zuchthausstrafe f. -n 《懲役》.

くえない 食えない ❶[食用に適さない] nicht essbar; ungenießbar. ❷[狡猾な] schlau; durchtrieben; verschlagen; verschmitzt; listig; gerieben; abgefeimt/食えないやつ ein verschlagener Fuchs, -es, ¨e. ❸[生活できない] den Haushalt nicht bestreiten können*; nicht leben können*; ⁴sich nicht ernähren können*; nicht aus|kommen können* 《mit³》/月五万円ではとても食えない Man kann unmöglich (durchaus nicht) von monatlich fünfzigtausend Yen leben*. Mit 50 000 Yen Monatseinkommen ist es unmöglich auszukommen.

くえる 食える ❶[食用に適する] essbar; genießbar. ❷[生活できる] leben können*; ⁴sich ernähren können*; aus|kommen können* 《mit³》; auszukommen sein 《mit³》.

クエンさん クエン酸 《化》Zitronensäure f.

クオーク 《理》Quark n. -s, -s.

クオーツ Quarz m. -es, -e || クォーツ時計 Quarzuhr f. -en.

くかい 区会 Stadtbezirksversammlung f.

くがい 苦界 bittere Welt; die Welt der Leiden; Jammertal *n.* -s 《憂き世》; lebendige Hölle, 《生き地獄》; Bordelldienst *m.* -[e]s, -e 《売春》.

かく 区画 ❶ [区分] Abteilung *f.* -en; Teilung *f.* -en; Ein|teilung (Auf-) *f.* -en; Sonderung *f.* -en; [区域] Bereich *m.* -[e]s, -e; Bezirk *m.* -[e]s, -e; Sektor *m.* -s, -en; [町の] Stadtteilm. -s, -e; Stadtbezirk *m.* -[e]s, -e; [街画] Block *m.* -[e]s, -e; Häusergruppe *f.* -n. ❷ [区画された部分] Abteil *n.* (*n.*) -s, -e; Abteilung *f.* -en; Sektion *f.* -en. ―する ab|teilen⁴; ein|teilen⁴; ab|schlagen*⁴ 《仕切る》; eine Grenzlinie ziehen* 《*zwischen*³》. ‖区画整理 [planmäßige] Anordnung *f.* der Stadtteile [Blöcke]/行政区画 Verwaltungsbezirk *m.* -[e]s, -e.

くがく 苦学する ³sich seine Studienkosten selbst verdienen ‖ 苦学生 Schüler (*m.* -s, -) [Student *m.* -en, -en], der sich selbst unterhält; Werkstudent *m.* -en, -en.

くがつ 九月 September *m.* -[s] -, 《略: Sept.》.

くかっけい 九角形 Neuneck *n.* -s, -e; Nonagon *n.* -s, -e/九角形の neuneckig.

くかん 区間 Strecke *f.* -n.

くき 茎 Stängel *m.* -s, -; Stiel *m.* -[e]s, -e; Halm *m.* -[e]s, -e.

くぎ 釘 Nagel *m.* -s, ⸚/釘の頭 Nagelkopf *m.* -[e]s, ⸚e/釘を打つ einen Nagel ein|schlagen* 《*in*⁴》/釘で打ちつける vernageln⁴/釘を刺す *jn* erinnern (ermahnen) 《*an*⁴ 念を押す》; *jm* einen Nagel in den Fuß treten* 《足に》/釘を抜く einen Nagel heraus|ziehen* 《*aus*³》/釘ではじける festnageln⁴/それは糠に釘だ Du kannst ebenso gut zu einer Wand reden. ‖ 木釘 Holznagel *m.* -s, ⸚/竹釘 Bambusnagel.

くぎづけ 釘付けにする [板・蓋などを] fest|nageln⁴; [箱などを] vernageln⁴; zu|nageln⁴/驚きのあまり釘づけになる vor ³Schrecken wie angenagelt stehen*.

くぎぬき 釘抜き Nagel|zange *f.* -n (-auszieher *m.* -s, ⸚); Kneipzange *f.* -n; Klauenhammer *m.* -s, ⸚.

くきょう 苦境 Notlage *f.* -n; missliche (üble) Lage *f.* -n; Not *f.* ⸚e; Klemme *f.* -n; Verlegenheit *f.* -en; jämmerlicher Zustand, -[e]s, ⸚e; Krise *f.* -n; kritische Lage/苦境にある in missliche Lage sein; in der Klemme sein; in Not sein (liegen*) /苦境に陥る in Not geraten* ⓢ; in die missliche Lage geraten*/苦境を脱する ³sich aus Schwierigkeiten (aus der Not) helfen*; glücklich der ³Krise entkommen* ⓢ /苦境を救う *jm* aus einer misslichen Lage (aus der Not) helfen*.

くぎょう 苦行 Askese *f.* -n; asketische Übungen 《*pl*》; religiöse Kasteiung, -en; Buße *f.* -n/苦行する Askese üben; ⁴sich kasteien; Buße tun* ‖ 苦行者 Asket *m.*

-en, -en.

くぎり 区切り ❶ [句読] Interpunktion *f.* -en; [Satz]zeichensetzung *f.* -en; [間] Pause *f.* -n; [終止符] Punkt *m.* -[e]s, -e. ❷ [終結] Ende *n.* -s, -n; Schluss *m.* -es, ⸚e. ―区切りをつける ❶ [句読点で] interpunktieren; mit ³Satzzeichen versehen*. ❷ [一段落をつける] vorläufig ein ⁴Ende mit ³*et* machen; zum vorläufigen Schluss bringen*⁴; einer ³Sache ein Ende setzen; einen Absatz schließen*.

くぎる 区切る ❶ ⇨くぎり. ❷ [壁で仕切る] durch eine Wand ab|teilen⁴. ❸ [やめる] mit ³*et* ein Ende machen; zum Abschluss bringen*⁴.

くく 九々 Einmaleins *n.* -/九々の表 Multiplikationstafel *f.* -n; das Einmaleins.

くくり 括り ❶ [結ぶこと] das Binden* (Festmachen; Zusammenpacken), -s. ❷ [束] Bündel *n.* -s, -/括り目 Knoten *m.* -s, -/括 りを解く auf|binden*⁴; auf|knoten⁴. ❸ [] しめくくり(締括り).

くぐりど 潜り戸 Seiten|tür (Neben-) *f.* -en.

くくりひも 括り紐 Bindfaden *m.* -s, ⸚; Schnur *f.* ⸚e.

くくる 括る binden*⁴; an|binden⁴ 《*an*¹ ⁽⁴⁾》; befestigen⁴ 《*an*³》; um|binden⁴ 《周りに》; zusammen|binden⁴ 《束ねる》; zu|schnüren⁴ 《紐で》/手足を括られる von *jm* an Händen und Füßen gefesselt werden/たかを括る nichts (wenig) machen 《*aus*³》; gering schätzen (gering achten)/木で鼻を括ったような返事をする *jm* eine barsche Antwort geben*; *jn* kurz (derb) ab|fertigen*.

くぐる 潜る ❶ durch|gehen* (-|fahren*) ⓢ 《*unter*³》/トンネルを潜る durch einen Tunnel gehen* ⓢ. ❷ [水中に] tauchen ⓢ /水に潜る unter das Wasser tauchen. ❸ [免れる] um|gehen*⁴; aus|weichen*³ ⓢ; entwischen ⓢ; ⁴sich entziehen*/法網を潜る im Gesetz umgehen*.

くげ 公家 der Hofadlige⁓, -n, -n; Hofadel *m.* -s 《総称》.

くけい 矩形 Rechteck *n.* -s, -e/矩形の rechteckig.

くける 絎ける mit blinden Stichen nähen⁴; überwendlich nähen⁴/絎け縫い verdeckte Naht, ⸚e.

くげん 苦言 bitterer Rat, -[e]s; bittere Mahnung, -en; Ermahnung *f.* -en; offener Rat/苦言を呈する einen offenen (bitteren) Rat geben*.

ぐけん 愚見 meine [bescheidene] Meinung, -en 《Ansicht, -en》/愚見によれば meiner Meinung (Ansicht) nach; nach meinem Dafürhalten; wie mich (mir) dünkt.

ぐげん 具現 Verkörperung *f.* -en; Inkarnation *f.* - / 具現する verkörpern⁴; verwirklichen⁴ 《実現》/…の具現である eingefleischt; fleischgeworden; leibhaft.

くさ 草 Gras *n.* -es, ⸚er; Kraut *n.* -[e]s, ⸚er 《薬草・菜葉》; Unkraut *n.* -[e]s, ⸚er 《雑草》; Grünfutter *n.* -s, - 《牧草》/草の生えた grasbewachsen; mit Gras bewachsen/草も生

えぬ unfruchtbar; dürr; öde; karg／草を刈る Gras mähen／草を取る aus|jäten; vom Unkraut befreien⁴／草を食う weiden; Gras fressen*; grasen.

くさい 臭い ❶［臭気］übel riechend; stinkend《ひどく》;［腐って］faul; verdorben; mod〔e〕rig《かびくさい》. ¶ 臭い息 übel riechender Hauch, -s, -e／臭いバター ranzige Butter／汗（たばこ, 抹香）くさい nach ³Schweiß（Tabak, Buddhismus）riechen*／きな臭い angebrannt（brenzlich）riechen*／臭い物に蓋をする eine Sache vertuschen／臭い飯を食う seine Strafe ab|sitzen*／彼は口がくさい Er riecht aus dem Mund〔e〕. ❷［怪しい］verdächtig; zweifelhaft／臭いぞ Es riecht. ¦ Ich ahne etwas.《疑わしい》¦ Ich wittre Unrat. ¦ Ich rieche Lunte.／彼奴はどうも臭い Ich habe ihn in Verdacht.

くさいきれ 草いきれ der vom Gras aufsteigende Dunst, -〔e〕s, ⸚e.

くさいばんしょ 区裁判所 Amtsgericht *n.* -〔e〕s, -e ‖ 区裁判所判事 Amtsrichter *m.* -s, -.

くさいろ 草色 Gras¦farbe *f.* -n（-grün *n.* -s）／草色の gras¦grün（dunkel-）.

くさかり 草刈 das Mähen*, -s; das Heuen*, -s;［人］Mäher *m.* -s, -; Heuer *m.* -s, -／草刈時 Heu¦zeit（Mähe-）*f.*／草刈をする mähen; Heu machen ‖ 草刈鎌 Sichel *f.* -n; Sense *f.* -n《大鎌》／草刈機 Grasschneidemaschine *f.* -n.

くさき 草木 Pflanze *f.* -n; Gewächs *n.* -es, -e; Vegetation *f.* -en／草木もなびく勢い unwiderstehliche Macht／草木も眠る丑満時 in der tiefen Mitternacht; Geisterstunde *f.* -n.

くさくさ くさくさした in gedrückter Stimmung sein; melancholisch sein; nervös sein／くさくさするような天気 das drückende Wetter, -s, -.

くさす ❶ schlecht sprechen*《*von*³》; verleumden⁴; schmähen⁴; in den Schmutz ziehen*⁴; verunglimpfen⁴; durch|hecheln⁴;［悪評する］in ⁴Verruf bringen*⁴; *jm* ⁴Schlechtes nach|sagen; *jn* an|schwärzen; verdächtigen⁴; in üblen Ruf bringen*⁴. ❷［価値をけなす］herunter|setzen⁴（herab|-）; erniedrigen⁴; gering schätzen⁴; unter|schätzen⁴.

くさぞうし 草双紙 illustriertes Geschichtenbuch, -〔e〕s, ⸚er.

くさった 腐った ❶ verdorben; verfault; faul; schlecht; ranzig《バターが》; geronnen《牛乳が》; verwest《死体が》. ❷［つまらない］wertlos; nichts wert; schlecht／あれは根性の腐った男だ Er ist ein sittlich verkommenes Subjekt. ¦ Seine Gesinnung ist verdorben.

くさとり 草取り das Jäten*, -s;［人］Jäter *m.* -s, -;［道具］Jätwerkzeug *n.* -〔e〕s, -e; Jätgabel *f.* -n; Jätmaschine *f.* -n／草取りをする jäten.

くさば 草葉の陰で unter dem Gras; im Grab〔e〕.

くさば 草場 Wiese *f.* -n; Matte *f.* -n; Anger *m.* -s, -; Weide *f.* -n.

くさばな 草花 Blütenpflanze *f.* -n; Blumen¦gewächs *n.* -es, -e（-stock *m.* -es, ⸚e《鉢植》）／草花を植える Blütengewächse pflanzen.

くさび 楔 Keil *m.* -s, -e; Lünse *f.* -n《車輪の》／楔形の keilförmig／楔を打ち込む keilen⁴ ‖ 楔石〘建〙Keilstein *m.* -〔e〕s, -e／楔形文字 Keilschrift *f.* -en.

くさぶえ 草笛 Rohr¦pfeife（-flöte）*f.* -n.

くさぶかい 草深い mit ³Gras bedeckt; grasbewachsen; im hohen ³Gras〔e〕versteckt／草深い田舎に埋もれている zurückgezogen in einem abgelegenen ³Dorf leben.

くさぶき 草葺の mit Stroh gedeckt／草葺にする mit Stroh decken ‖ 草葺屋根（小屋）Strohdach *n.* -〔e〕s, ⸚er（Strohhütte *f.* -n）.

くさぼうき 草箒 Grasbesen *m.* -s, -.

くさまくら 草枕［旅］Wanderung *f.* -en; Wanderschaft *f.* -en; Reise *f.* -n;［野宿すること］das Übernachten*《-s》im Freien.

くさみ 臭味 ❶ Geruch *m.* -〔e〕s, ⸚e;［悪臭］schlechter（übler; ekelhafter; widerlicher）Geruch; Gestank *m.* -〔e〕s《ひどい》. ❷［気取り］Affektiertheit *f.*; Maniertheit *f.*; Ziererei *f.* -en. ── 臭味がある ❶ übel riechend sein; schlecht（übel）riechen*; stinken*《ひどい》. ❷［気取りがある］etwas Affektiertes an ³sich haben; ⁴sich zieren. ── 臭味がない ❶ geruchlos sein; frei von ³Geruch sein. ❷［気取りがない］frei von ³Maniertheit sein; ⁴sich nicht zieren.

くさむら 叢 Busch *m.* -es, ⸚e; Gebüsch *n.* -es, -e; Dickicht *n.* -〔e〕s, -e《藪》.

くさらす 腐らす ❶ verfaulen（verderben）lassen*⁴; schlecht werden lassen*⁴; verderben*⁴; beizen⁴《腐食させる》. ❷［気を］verzagen《*an*³》; entmutigen⁴; verzweifeln《*an*³; *über*⁴》[s];〘受動で〙verzagt（entmutigt）werden; niedergeschlagen（niedergedrückt）werden／つまらぬ失敗で気をくさらす durch einen kleinen Fehler entmutigt werden.

くさり 鎖 Kette *f.* -n; Fessel *f.* -n《罪人用》; Band *n.* -〔e〕s, -e; Spannkette *f.* -n《家畜用》／鎖付の囚人 der Gefangene*《-n, -n》in ³Ketten／鎖でつなぐ an|ketten⁴; an die Kette legen⁴／鎖を解く entketten; entfesseln; befreien⁴; von der Kette los|machen⁴／犬を鎖で連れて歩く einen Hund an der Kette führen／時計の鎖 Uhrkette *f.* -n ‖ 鎖帷子（かたびら）Panzerhemd *n.* -〔e〕s, -en／鎖錠 Kettenschloss *n.* -es, ⸚er／鎖模様 Kettenmuster *n.* -s, -／金鎖 goldene Kette.

くさる 腐る verfaulen; faul werden; verderben*; schlecht werden;［死体が］verwesen;［気が］verzagt（entmutigt）werden／腐りやすい leicht verderbend／芯までくさっている bis aufs Mark faul（verdorben）sein／くさる程金がある ⁴Geld wie ⁴Heu haben.

くされえん くされ縁 verhängnisvolles（verfluchtes; verwünschtes）Band, -〔e〕s, -e; unlösbare Beziehung（Verbindung）, -en;［夫婦の］unglückliche aber untrennbare

Ehe, -n.

くさわけ 草分け [開拓者] Bahnbrecher *m.* -s, -; [創設者] Gründer *m.* -s, -/草分け時代 Gründungszeit *f.* -en. ── 草分けとなる den Weg bahnen; eine neue Bahn ein|schlagen*; gründen《創設する》.

くし 櫛 Kamm *m.* -[e]s, ⸗e/櫛の歯 Kammzahn *m.* -s, ⸗e/象牙(鼈(べっ)甲)の櫛 Elfenbeinkamm (Schildplattkamm) *m.* -s, ⸗e/櫛形の kammförmig/櫛を入れていない ungekämmt/櫛の歯をひくように in rascher ³Folge/櫛を入れる ³sich das Haar kämmen/櫛をさす einen Kamm stecken ‖ 木櫛 Holzkamm *m.* -[e]s, ⸗e.

くし 串 Speil *m.* -s, -e; Speile *f.* -n; Speiler *m.* -s, -; [焼串] [Brat]spieß *m.* -es, -e/串にさす speile[r]n/串にさして焼く am Spieß rösten⁴ (braten*⁴) ‖ 串柿 die am Speiler getrockneten Kaki-Früchte《*pl*》.

くし 駆使する [人を] über *jn* verfügen; [物を] beherrschen⁴.

くじ Los *n.* -es, -e; Lotterielos *n.* -es, -e《富くじの》/くじびき[すること] das Losen*, -s; Verlosung *f.* -en/くじで durchs Los/くじを引く das Los ziehen*; losen/くじで当る *jm* durchs Los zu|fallen* [s]/くじに強い(弱い) Glück (Unglück) beim Losen haben ‖ 当たりくじ Gewinnlos *n.* -es, -e; Gewinner *m.* -s, -/空くじ Niete *f.* -n/空くじなし Es gibt keine Nieten! ⁝ Jedes Los gewinnt!/くじ占い Wahrsagerei《*f.* -en》aus ³Losen/富くじ Lotterie *f.* -n.

くしき 奇しき geheimnisvoll; mysteriös; rätselhaft; [奇異な] seltsam; sonderbar; merkwürdig; kurios; wunderlich.

くじく 挫く ❶ [手足を] ⁴sich verstauchen; ⁴sich verrenken; ⁴sich vertreten*《踏み違える》/足を挫く ³sich den Fuß verstauchen (verrenken). ❷ [計画などを] vereiteln⁴; durchkreuzen; verderben*; *jm* ⁴Knüppel zwischen die Beine werfen*《邪魔をする》/敵の鋭鋒を挫く dem feindlichen Angriff energischen Einhalt tun*; scharfen Angriff des Feindes durch listige Gegenwehr vereiteln《詭(き)計で》. ❸ [気持ちを] entmutigen《以下いずれも*jn*》; ein|schüchtern; verzagt machen; nieder|drücken; entkräftigen; demütigen/高慢の鼻を挫く *js* ⁴Stolz brechen*/希望を挫く *js* ⁴Hoffnung zunichte machen.

くしけずる 梳る ³sich das Haar kämmen《髪を》; Wolle《*f.*》krempeln (kämmen)《羊毛を》.

くじける 挫ける ❶ [手足など] verrenkt (verstaucht) werden. ❷ [気持ちが] verzagen《*an*³》; entmutigt werden; eingeschüchtert werden; den Mut verlieren*/彼は一度の失敗で挫けるような男ではない Er lässt sich durch einen einzigen Fehlschlag nicht einschüchtern.

くじゃく 孔雀〖鳥〗Pfau *m.* -[e]s (-en), -en (-e); Pfauhahn *m.* -s, ⸗e《雄》; Pfauhenne *f.* -n《雌》/孔雀の羽 Pfaufeder *f.* -n; Radfedern《*pl* ひろげた羽》.

くしゃくしゃ くしゃくしゃにする zerknittern; zerknüllen/くしゃくしゃの zerknittert; zerknüllt/くしゃくしゃになる zerknittert (zerknüllt) werden/気がくしゃくしゃする verdrießlich (gereizt; grämlich) sein; bei schlechter (übler) Laune sein; mürrisch sein.

ぐしゃぐしゃ ぐしゃぐしゃの zerquetscht; zermalmt; zerhackt.

くしゃみ das Niesen*, -s/くしゃみをする niesen/くしゃみの連発 Nieskrampf *m.* -[e]s, ⸗e/くしゃみが出る niesen; das Niesen bekommen*.

くじゅう 苦汁をなめる böse (bittere) Erfahrungen machen.

くじょ 駆除 Vertilgung *f.* -en; Austilgung *f.* -en; Aus⁝rottung *f.* -en (-merzung *f.* -en). ── 駆除する vertilgen⁴; aus|tilgen⁴ (-|rotten⁴; -|merzen⁴); vertreiben*⁴; verjagen⁴; ⁴*et* von ³*et* befreien/害虫を駆除する schädliche Insekten《*pl*》aus|rotten/家の鼠を駆除する das Haus von Ratten befreien; die Ratten aus dem Hause vertreiben* ‖ 駆除剤 Vertilgungsmittel *n.* -s, -.

くしょう 苦笑 gezwungenes (bitteres; säuerliches) Lächeln, -s, -/苦笑する gezwungen (bitter) lächeln; mit saurer ³Miene lächeln.

くじょう 苦情 ❶ [不平] Beschwerde *f.* -n; Beanstandung *f.* -en; das Klagen* (Murren*), -s; [抗議] Einwendung *f.* -en; Einspruch *m.* -[e]s, ⸗e; Einwand *m.* -[e]s, ⸗e/苦情を言う ⁴sich beschweren《bei *jm über*⁴》; ⁴sich beklagen《bei *jm über*⁴》; einen Einspruch erheben* (tun*)《*gegen*⁴》; einen Einwand erheben*《*gegen*⁴》. ❷ [悶着] Verwicklung *f.* -en; Schwierigkeiten《*pl*》; Komplikation *f.* -en/苦情の種 Ursache《*f.* -n》der Unzufriendenheit; Zankapfel *m.* -s, ⸗.

ぐしょう 具象 ⇨ぐたい/具象的な konkret; anschaulich; gegenständlich; körperlich; materiell ‖ 具象名詞 Konkretum *n.* -s, ..-ta; Dingwort *n.* -[e]s, ⸗er.

くじら 鯨 ❶ Wal[fisch] *m.* -es, -e. ❷ [鯨尺] japanisches Längemaß《-es》für Tuch. ‖ 鯨漁 Wal[fisch]fang *m.* -s, ⸗e.

くしん 苦心 ❶ [骨折り] Mühe *f.* -n; Bemühung *f.* -en; Plage *f.* -n. ❷ [努力] Anstrengung *f.* -en; Bestreben *n.* -s, -; Schufterei *f.* -en. ❸ [心配] Sorge *f.* -n; Kummer *m.* -s, -; das Kopfzerbrechen, -s /折角の苦心が水の泡になる All meine Mühen werden zu Wasser./苦心して mit großer Mühe; mit ³Mühe und ³Not; durch harte Arbeit/金を苦心して貯めた Das Geld habe ich mir im Schweiß[e] meines Angesichts erspart. ── 苦心する ❶ [骨を折る] ³sich Mühe geben*; ⁴sich bemühen《*um*⁴》. ❷ [努力する] ⁴sich an|strengen; ⁴sich ab|placken; ringen*《*um*⁴》. ❸ [心配する] ³sich Sorge machen《*um*⁴》; ⁴sich sorgen《*um*⁴》; [頭を悩ます] ³sich den Kopf zerbrechen*; grübeln《*über*⁴》; angestrengt nach|denken*《*über*⁴》/ 苦心惨憺(たん)する ⁴sich sehr bemühen; ⁴sich sehr an|stren-

ぐしん 具申 Bericht *m*. -es, -e/具申する ausführlich berichten 《*jm* über *et*》/具申書を作成する einen Bericht ab|fassen.

くず 葛〔植〕Pfeilwurzel *f*. -n‖葛粉 Pfeilwurzelmehl *m*. -s, -/葛餅 Pfeilwurzelmehlkuchen *m*. -s, -/葛湯 Pfeilwurzelmehlsuppe *f*. -n.

くず 屑 Abfall *m*. -(e)s, ⸚e; 〔ぼろ〕Lumpen *m*. -s, -; Fetzen *m*. -s, -; 〔切り屑〕Abschnitt *m*. -es, -e; 〔木屑〕Brocken *m*. -s, -; 〔パンの〕Krume *f*. -n; Brocken *m*. -s, -; Grumpen 《*pl*》; 〔ごみ〕Müll *m*. -s; 〔塵芥〕Kehricht *m*. -(e)s -s /人間の屑 Taugenichts *m*. -es, -; Auswurf 《*m*. -es, ⸚e》der Menschheit‖屑鉄 Alteisen *n*. -s, -; Schrott *m*. -es, -e/屑物 Plunder *m*. -s; Trödel *m*. -s; wertloses Zeug, -es, -e/屑紙 Garnabfälle 《*pl*》/紙屑 Makulatur *f*. -en/鉋(⁶ᵘ)屑 Hobelspäne 《*pl*》/鋸(⁶ᵍ)屑 Sägespäne 《*pl*》.

くず 愚図 der langsame Mensch, -en, -en; Nölpeter *m*. -s, -/Nölsuse *f*. -n; 〔俗〕Tranlampe *f*. -n/あいつはぐずだ Er ist ein langsamer Patron.

くずかご 屑籠 Papierkorb *m*. -(e)s, ⸚e; Mülleimer *m*. -s, -; 〔ゴミバケツ〕(ごみ)屑箱に入れる in den Papierkorb tun* (werfen*).

くすくす くすくす笑い das Kichern, -s; Gekicher *n*. -s, -/くすくす笑う kichern; heimlich lachen; ³sich ins Fäustchen lachen 《陰で》.

ぐずぐず ぐずぐずと langsam; säumig unschlüssig; zögernd/ぐずぐずの lose; locker; bröckelig; hinfällig/ぐずぐずぞせに unverzüglich; ohne ⁴Bedenken (Zögern)《躊躇なく》/ぐずぐず言う murren 《*über*》; gegen *jn*》; nörgeln 《an *jm*》/ぐずぐずになる locker werden; zerbröckeln 〔s〕; kaputt|gehen* 〔s〕/ぐずぐずせずに急いで to Wasser ein Entscheidung kommen* 〔s〕; zu Wasser werden/ぐずぐずする zögern 《*mit*》; *über*》; trödeln; zaudern; ⁴Bedenken hegen (tragen*)/ぐずぐずしてはいられない Wir haben keine Zeit (keinen Augenblick) zu verlieren. Die Sache leidet keinen Verzug. /何をぐずぐずしているのだ Was zögerst du so lange?

くすぐったい 擽ったい kitzlig/擽ったいような気持になる einen Floh im Ohr haben/擽ったいようなことを言う einen Floh ins Ohr setzen/擽ったがりの人 ein kitzliger Mensch, -en, -en/足が擽ったい 足が擽ったい Hör' auf! Kitzle mich nicht!

くすぐる 擽る kitzeln⁴/腋の下を擽る *jn* unter den Armen kitzeln⁴.

くずす 崩す 〔崩壊させる〕zusammen|brechen (zusammenfallen; einstürzen) lassen*⁴; 〔破壊する〕zerstören⁴; vernichten⁴; 〔粉々に砕く〕zerbröckeln⁴; zerkleinern⁴; 〔構築物を〕nieder|reißen*⁴; ab|brechen*⁴; einstellen⁴ 《型を》; flau|machen⁴ 《相場を》; 〔両替する〕wechseln⁴; klein machen⁴/古家を崩す ein altes Haus nieder|reißen*/石垣を崩す eine Steinmauer ab|brechen/一万円札をくずす 10 000 Yen-Schein wechseln (klein machen)/身持ちをくずす vom rechten Weg(e) ab|kommen* 〔s〕; ein liederliches Leben führen/字をくずす ein Schriftzeichen in vereinfachter Form schreiben*; ein Zeichen in laufender Schrift schreiben*/膝をくずす ⁴sich bequem setzen; ⁴es ³sich bequem machen 《くろぐ》.

ぐずつく 〔天気が〕Das Wetter bleibt unbeständig. Der Himmel klärt sich nicht auf.

くすねる mausen⁴; stibitzen⁴; entwenden⁴.

くすのき 樟 Kampferbaum *m*. -(e)s, ⸚e.

くすぶる 燻る 〔薪などが〕rauchen; qualmen; schwelen; 〔すすけ〕verrußen⁴; rußig (verrußt) werden; 〔a.〕schwelend; glimmend; verrußt (すすけた)/燻ぶった障子 verrußte Papierschiebetür, -en/燻ぶった導火線 der schwelende Zünder, -s, -/家にくすぶっている immer zu Hause hocken; das Haus hüten.

くすむ matt (glanzlos) werden/くすんだ matt; glanzlos; dunkel; gesättigt.

くずや 屑屋 Lumpenhändler *m*. -s, - (-sammler *m*. -s, -).

くすり 薬 ❶〔医薬〕Arznei *f*. -en (Heil-)mittel *n*. -s, -; Medikament *n*. -(e)s, -e; Medizin *f*. -en; 〔粉薬〕Pulver *n*. -s, -; 〔水薬〕Trank *m*. -(e)s, ⸚e; 〔液薬〕flüssiges Arzneimittel, -s, -; 〔塗り薬〕Salbe *f*. -n; Liniment *n*. -(e)s, -e; Einreibungsmittel *n*. -s, -; 《擦り込み薬》; 〔丸薬〕Pille *f*. -n; 〔錠剤〕Tablette *f*. -n; 〔膏(⁶)薬〕Pflaster *n*. -s, -; 〔強壮剤〕Stärkungsmittel/薬を飲む eine Arznei (ein Mittel)(ein)nehmen*/薬をのませる *jm* eine Arznei geben* (verordnen)/薬を処方する *jm* eine Arznei verschreiben*/薬を調合する eine Arznei zu|bereiten/薬がきく wirken; helfen*; wirksam sein 《きき がある》. ❷〔薬品〕Droge *f*. -n; Arzneiware *f*. -n; 〔化学薬品〕Chemikalien 《*pl*》; 〔釉薬〕⇒ うわぐすり. ❸〔益〕Nutzen *m*. -s, -; Beitrag *m*. -(e)s, ⸚e; 〔教訓〕Belehrung *f*. -en/体の薬になる für *jn* gesund sein; *js* ³Gesundheit zuträglich sein; 〔損〕こんどの失敗は彼には薬になる Dieser Misserfolg gereicht ihm zum Nutzen. Er hat von diesem Misserfolg gute Belehrung erhalten./薬一服 eine Dosis Arznei; eine Arzneidosis/薬にしたくもない nicht ein Gramm (einen Funken) von *et* haben/馬鹿につける薬はない 〝Gegen Dummheit ist kein Kraut gewachsen." /薬代 Arzneipreis *m*. -es, -e (-kosten 《*pl*》)/薬箱 Arzneikasten *m*. -s, ⸚; Hausapotheke *f*. -n 〔家庭用の〕/薬瓶 Arzneiflasche *f*. -n; Arzneiglas *n*. -es, ⸚er/薬袋 Arzneibeutel *m*. -s, - (-tasche *f*. -n; -tüte *f*. -n).

くすりや 薬屋 ❶〔店〕Drogerie *f*. -n 《ドラッグストア》; Apotheke *f*. -n 《薬局》. ❷〔人〕Drogist *m*. -en, -en; Apotheker *m*. -s, - 《薬剤師》.

くすりゆ 薬湯 Arzneibad *n*. -es, ⸚er.

くすりゆび 薬指 Ring|finger (Gold-) *m*. -s, -.

ぐずる brummen⁽⁴⁾; muck〔s〕en; ⁴sich beklagen (beschweren)《bei *jm über*⁴》; mürrisch sein《だだをこねる》/何をぐずっているのか Was brummst du denn?

くずれる 崩れる [崩壊する] zerfallen* [s]; zusammen|brechen* (–|fallen*; –|stürzen) [s]; [陥没する] ein|stürzen (–|fallen*) [s]; [粉々に砕ける] zerbröckeln [s]; in ⁴Stücke zerfallen* [s]; die Form verlieren*《型が》; schlecht werden《天気が》; schwären《腫物が》; auf|gehen* [s]《口が開く》; verflauen《相場が》; verderbt werden《行儀が》; zerstieben* [s]《軍隊が》; vernichtet werden《同上》; zusammen|brechen* [s]《同上》/崩れるようにすわる ⁴sich wie gebrochen nieder|setzen/彼はいくら酒を飲んでもくずれない Wie viel er auch trinkt, er bleibt doch nüchtern./地震で堤防がくずれた Das Erdbeben hat den Damm zerstört.

くせ 癖 ❶ [習慣] 〔An〕gewohnheit *f.* –en; [性癖] Hang *m.* –〔e〕s, ⸚e; Neigung *f.* –en; Sucht *f.* ⸚e《病癖》; [悪癖] Laster *n.* –s, –; Schwäche *f.* –n; Fehler *m.* –s, –/髪の癖 Gekräusel *n.* –s/飲酒癖 Trinksucht *f.*/怠け癖 Hang zum Müßiggang/ことばの癖 Eigenart beim Sprechen; *jm* eigentümliche Sprechweise (Sprachwendung)《*f.*》/直らない癖 unverbesserliche Gewohnheit/癖を直す《他人の》*jm* ab|gewöhnen⁴;《自分の》eine Gewohnheit ab|legen; ³sich ab|gewöhnen⁴/癖がつく ³sich ⁴*et* an|gewöhnen⁴; ⁴sich gewöhnen《*an*⁴》/喫煙の悪い癖がつく ³sich die schlechte Gewohnheit des Rauchens an|eignen/…の癖がある die Gewohnheit (Neigung) haben, … zu tun/癖になる zur Gewohnheit werden/そんなに甘やかすと癖になる Sie würden auf diese Weise das Kind verwöhnen. ❷ [特性] Eigentümlichkeit *f.* –en; Eigenart *f.* –en/彼の文章には癖がある Sein Stil ist etwas maniert./無くて七癖 ‚Jeder hat seine Schelle.'

くせげ 癖毛 krauses (gekräuseltes; lockiges) Haar, –〔e〕s, –e.

くせつ 苦節を守る unerschütterliche Treue halten* (bewahren).

〜くせに trotz²⁽³⁾; ungeachtet²; obwohl; obgleich; bei³ 〔all〕; wenn auch; trotzdem; doch/何も知らないくせに何でも知っている様なことを言う Er spricht, als ob er alles wüsste. ¦ Trotz seiner Unwissenheit spricht er, als wüsste er alles./親の脛をかじっているくせに金使いが荒い Obwohl er auf die Unterstützung seines Vaters angewiesen ist, gibt er viel Geld aus./子供のくせにもう酒を飲んでいる Jung wie er ist, trinkt er doch schon Wein.

くせもの 曲者 ❶ [悪漢] Bösewicht *m.* –〔e〕s, –e; Schurke *m.* –n, –n; Schuft *m.* –〔e〕s, –e; Schalk *m.* –〔e〕s, –e (⸚e); Schelm *m.* –s, –e. ❷ [盗賊] Dieb *m.* –es, –e; Einbrecher *m.* –s, –; Räuber *m.* –s, –; Langfinger *m.* –s, –; dunkler Ehrenmann, –〔e〕s, ⸚er. ❸ [怪しい奴] der Verdächtige*, –n, –n; Verdachtsperson *f.* –en. ❹ [老獪な人] Fuchs *m.* –es, ⸚e; durchtriebener (schlauer) Kerl, –s, –e; abgefeimter Schurke.

くせん 苦戦 harter (schwerer; bitterer) Kampf, –〔e〕s, ⸚e (Krieg, –〔e〕s, –e); verzweifelter (hoffnungsloser) Kampf《絶望的な》. —— 苦戦する hart (schwer) kämpfen; verzweifelt (hoffnungslos) kämpfen《絶望的に》/今度の選挙では彼はなかなか苦戦だった Bei der letzten Wahl hatte er einen schweren Kampf zu bestehen.

くせんてい 駆潜艇 Unterseebootjäger *m.* –s, –; U-Bootvertreiber *m.* –s, –.

くそ 糞 Kot *m.* –es; Auswurf *m.* –〔e〕s, ⸚e; Schmutz *m.* –es; Mist *m.* –es, –e《牛馬などの》; [肥料] Dünger *m.* –s. ¶ 糞まじめな übertrieben ernst/糞度胸がある tollkühn (dummdreist) sein; Tollkühnheit (Dummdreistigkeit) besitzen*; ochsen/糞みそにけなす ⁴alles in ³Grund und ³Boden (von ³Grund aus) veruteilen/みそも糞もいっしょに 〔durcheinander〕 wie Kraut und Rüben; alles durcheinander/糞くらえ Lecke mich am Arsch! ¦ Schere dich zum Henker! ¦ Zum Henker mit ihm!《第三者に》/えい糞 Verdammt! ¦ Verflucht! ¦ Zum Teufel! ¦ Zum Henker! ‖ 糞ばえ Kotfliege *f.* –n; Aasfliege *f.* –n.

ぐそく 具足 Rüstung *f.* –en; Harnisch *m.* –es, –e; Panzer *m.* –s, –/具足をつける die Rüstung an|legen; ⁴sich harnischen (panzern).

くだ 管 Rohr *n.* –〔e〕s, –e; Röhre *f.* –n/ガラスの管 Glasrohr *n.* –〔e〕s, –e/管を通る durch ein ⁴Rohr (eine Röhre) gehen* [s]. ¶ 酔って管を巻く im Rausch ⁴Unsinn reden.

ぐたい 具体〔性〕 Konkretheit *f.*; Gegenständlichkeit *f.*; Materialität *f.* ⇨ぐしょう(具象)/具体的な konkret; anschaulich; gegenständlich; körperlich; greifbar/具体的には(に言えば) in konkretem Sinn〔e〕; in Wirklichkeit; praktisch gesehen/問題を具体的に検討する einem Problem auf praktischem Weg〔e〕 bei|kommen* [s]. —— 具体化する ❶ [物を] verkörpern⁴; materialisieren⁴; greifbar machen⁴; [物が] ⁴sich verkörpern. ❷ [事を] realisieren⁴; verwirklichen⁴; [事が] konkrete ⁴Formen an|nehmen*; ⁴sich verwirklichen/その計画は具体化した Der Plan nahm greifbare Formen an. ‖ 具体案 der feste Plan, –〔e〕s, ⸚e; der konkrete Vorschlag, –〔e〕s, ⸚e《提案》.

くだく 砕く 〔zer〕brechen*⁴; [粉々に] in ⁴Stücke schlagen*⁴ (brechen*⁴); zerschmettern⁴; zertrümmern⁴; zermalmen⁴/搗(つ)き砕く zerstampfen⁴; zu ³Pulver stoßen*⁴/打ち砕く zerschlagen*⁴; in Stücke schlagen*⁴/心を砕く ernstlich besorgt sein《*um*⁴》; ³sich den Kopf zerbrechen*; angestrengt nach|denken*.

くたくた ¶ くたくたに疲れる erschöpft werden; ermatten [s]; totmüde (hundemüde) werden/くたくたに煮る durch|kochen⁴ (aus|–)/汗でカラーがくたくたになった Mein Kragen ist durch den Schweiß weich geworden.

ぐたぐた ぐたぐたに煮る mürbe (ganz weich) kochen; gut durch|kochen⁴.

くだくだしい ⇨くどい①.

くだける 砕ける zerbrechen* [s]; zerbrochen werden; brechen* [s]; 《こなごなに》 in ³Stücke gehen* [s]; zerfallen* [s]; zerschmettert (zertrümmert) werden; zerschellen* [s]; kaputt gehen*; 《態度が》 menschlich (freundlich; mild) werden／当たって砕ける wagen⁴; auf seine Gefahr versuchen⁴. ── 砕けた ❶ zerbrochen; zertrümmert; kaputt; zerschmettert. ❷ [態度] freundlich; leutselig; gefällig; menschlich; demokratisch 《平民的な》／砕けた人 ein freier, ungezwungener (unbefangener) Mensch, -en, -en; ein erfahrener, verständnisvoller Mensch 《訳の判った》; ein leutseliger, freundlicher Mensch 《愛想のよい》／砕けた態度 unbefangene, versöhnliche Haltung, -en; leutselig umgängliche Haltung 《目下の者に対する》／砕けた態度をとる in einem freundlichen (herablassenden) Ton sprechen*; ⁴sich herab|lassen*. ❸ [平易な] leicht; einfach; schlicht／砕けた説明 leicht verständliche Erklärung, -en.

ください 下さい ¶ …して下さい Haben Sie die Güte, ⁴*et* zu tun! ⁝ Seien Sie so gut (gütig; freundlich), ⁴*et* zu tun! ⁝ Bitte tun Sie mir einen Gefallen 《*mit*³》.／御免下さい **1**) Verzeihen Sie! ⁝ Entschuldigen Sie! ⁝ Ich bitte um Verzeihung (Entschuldigung)! **2**) [訪問の時に] Guten Tag! ⁝ Guten Abend! ⁝ Ist jemand da?

くださる 下さる [与える] geben*; schenken; spenden; gewähren; verleihen* 《以上*jm* ⁴*et*》.

くだす 下す ❶ [命令を] erlassen*／命令を下す einen Befehl geben* (erteilen; ergehen lassen*). ❷ [判決を] fällen⁴; aus|sprechen*⁴. ❸ [腹を] Durchfall haben; am Durchfall leiden*; [下剤をかける] purgieren; ab|führen; entleeren. ❹ [降伏させる] *jn* unterwerfen* (bezwingen*; besiegen); *jn* zur Übergabe zwingen*; unterjochen⁴; ³sich *jn* hörig machen.

くたばる 《蔑》 verrecken; krepieren／くたばれ Verrecke! ⁝ Geh zum Teufel! ⁝ Schere dich zum Henker! ⇨しぬ.

くたびれもうけ 骨折り損のくたびれ儲けだ Es lohnt die Mühe nicht.

くたびれる müde werden; ermüden [s]; ermatten [s]; müde (ermüdet; erschöpft) sein／歩き(待ち)くたびれる ⁴sich müde laufen* (warten).

くだもの 果物 Obst *n*. -〔e〕s; Frucht *f*. ⸗e／果物の栽培 Obst⁝bau *m*. -〔e〕s (-zucht *f*.)／かごの果物 ein Korb voll Obst ‖ 果物園 Obstgarten *m*. -s, ⸗ 《畑》／果物屋 Obstladen *m*. -s, ⸗; Obsthändler *m*. -s, - 《人》.

くだらない 下らない ❶ [ばかげた] albern; töricht; unsinnig; verkehrt 《理屈に合わない》／下らないことを言う ⁴Unsinn schwatzen (reden); dummes (albernes; törichtes) Zeug reden. ❷ [無益な] nutzlos; unnütz; eitel; fruchtlos; nichtig. ❸ [取るに足らぬ] unbedeutend; unwichtig; belanglos; gering; geringfügig／下らないこと Kleinigkeit *f*. -en; Geringfügigkeit *f*. -en; geringfügige Sache, -n／下らない物 wertloses Zeug, -〔e〕s, -e; Plunder *m*. -s, -; Trödel *m*. -s 《がらくた》／下らぬ心配 unnütze Sorgen 《*pl*》／下らない話 leeres Geschwätz, -es 《むだ話》. ❹ …を下らない nicht weniger als …; über …／百人を下らない人が応募した Nicht weniger als (über) hundert Menschen bewarben sich darum.

くだり 下り ❶ [下降] Abstieg *m*. -〔e〕s; das Absteigen*, -s; [傾斜の] Fall *m*. -〔e〕s, ⸗e; Neigung *f*. -en; Abhang *m*. -〔e〕s, ⸗e; Gefälle *n*. -s, -; Abdachung *f*. -en; Abböschung *f*. -en／下りになる abwärts gehen* [s] (führen) 《道が》. ❷ [列車] der von Tokio sich entfernende Zug, -〔e〕s, ⸗e 《日本で》.

くだりざか 下り坂 ❶ Abhang *m*. -〔e〕s, ⸗e; Abdachung *f*. -en; Abböschung *f*. -en; Neigung *f*. -en; Abstieg *m*. -〔e〕s, -e. ❷ [衰退] das Sinken*, -s; Verfall *m*. -〔e〕s; Abnahme *f*. ── 下り坂になる ❶ [道が] abwärts gehen* [s]; ab|steigen* [s]; ⁴sich neigen; ab|fallen* [s]. ❷ [衰える] ⁴sich neigen; sinken* [s]; zur Neige gehen* [s]; in ⁴Verfall geraten* [s]; es geht mit ³*et* bergab; 〔⁴sich〕 dem Ende nahen／彼の人気も今は下り坂だ Seine Beliebtheit lässt nach.／天気は明日から下り坂だ Das Wetter wird von morgen ab schlechter werden.／景気は下り坂だ Die Konjunktur geht zurück.

くだる 下る ❶ [下りる] **1**) 《来る》 herab|kommen* (herunter|-) [s]; herab|steigen* [s]. **2**) 《行く》 hinab|gehen* (hinunter|-) [s]; hinab|steigen* (hinunter|-) [s]／山を下る den Berg hinab|steigen* [s]／坂を下る einen Abhang hinunter|gehen* [s]／川を下る einen Fluss hinunter|fahren* [s]／階段を下る die Treppe hinunter|steigen* [s]／壇を下る die Tribüne verlassen*; von der Tribüne herunter|steigen* (ab|treten*) [s]. ❷ [温度など] fallen* [s]; sinken* [s]／五度(五度に)下る um 5 Grad (auf 5 Grad) fallen* (sinken*) [s]. ❸ [劣る] geringer (weniger) sein 《*als*》; niedriger sein 《*als*》; tiefer stehen* 《*als*》; nach|stehen³ 《*an*³; *in*³》. ❹ [命令が] gegeben (erlassen) werden. ❺ [下痢する] Durchfall haben; an ³Durchfall leiden*／水のように下る einen wäss〔e〕rigen Stuhlgang haben. ❻ [隠退する] ⁴sich zurück|ziehen*; ⁴sich zur Ruhe setzen／野に下る von einem Amt ab|treten* [s]; ⁴sich ins Privatleben zurück|ziehen*. ❼ [降参する] ⁴sich *jm* ergeben*; die Waffen strecken; kapitulieren.

くだんの 件の vorerwähnt; oben⁝erwähnt (-genannt); besagt; derselbe*; [例の] fraglich; in ³Frage stehend／件の男 jener Mann, -〔e〕s, ⸗er.

くち 口 ❶ Mund *m*. -〔e〕s, ⸗er (まれに ⸗e); Maul *n*. -〔e〕s, ⸗er／口一杯の Mund (Maul) voll. ❷ [ことば] Sprache *f*. -n; das Sprechen*, -s; Sprechweise *f*. -n; Rede *f*. -n／

口がうまい glattzüngig; honigsüß; schmeichlerisch / 口の軽い schwatz¦haft (plauder–; klatsch–); geschwätzig; redselig; wortreich; zungenfertig / 口の軽い人 Schwätze *m.* –s, –; Plauderer *m.* –s, –; Plauder¦hans *m.* –en, –en (⸗e) (–tasche *f.* –n《女の場合》); Klatschbase *f.* –n《男女とも》; Klatsche *f.* –n; Zungendrescher *m.* –s, – / 口の堅い verschwiegen; diskret; vertraulich; zugeknöpft / 口の堅い人だ Er hält dicht. ¦ Er kann schweigen. / 口の少ない(重い) einsilbig; mund¦faul (maul–); schweigsam; wortkarg / 口の達者な beredt; eloquent; sprechbegabt; wortgewandt / 口のわるい scharf¦züngig (spitz–); gehässig; lästerlich; sardonisch; schmähend; verleumderisch; zynisch / 口も八丁手も八丁 sowohl im Reden als auch im Wirken tüchtig sein; wort– und tatkräftig sein / 口に乗る ⁴sich aufreden (anführen) lassen*; beschwatzt werden《zu³》/ 口をきく **1**) sprechen*; reden; das Wort nehmen*. **2**) [仲裁] ⁴sich ins Mittel legen (schlagen*); dazwischen|treten* [s]; ⁴sich ein|mengen《in⁴》; ⁴sich ein|mischen《in⁴》/ 口を揃えて im Chor; einstimmig; wie aus einem Mund(e) / 口を割る verraten*⁴; das Schweigen brechen*; enthüllen⁴《jm》/ 口を切る **1**) [開ける] auf|brechen*⁴; öffnen⁴. **2**) [言い始める] den Mund (das Maul) (zum Sprechen) auf|tun*; zu sprechen an|fangen* (beginnen*); das Eis brechen*. **3** [吸い口] Mundstück *n.* –(e)s, –e. **4** [出入口] Ein¦gang (Aus–; Zu–) *m.* –(e)s, ⸗e; Pforte *f.* –n; Tor *n.* –(e)s, –e; Tür *f.* –en. **5** [穴] Öffnung *f.* –en; Loch *n.* –(e)s, ⸗er; Schlitz *m.* –es, –e《金銭投入口など》. **6** [栓] Kork *m.* –(e)s, –e; (Fass)spund *m.* –(e)s, ⸗e; (Kork)¦pfrofen *m.* –s, – (–stopfen *m.* –s, –; –stöpsel *m.* –s, –); (Wasser)hahn *m.* –(e)s, ⸗e (–en) (Gashahn《ガス栓》); Zapfen *m.* –s, – / 口をあける [瓶などの] entkorken⁴; auf|korken⁴; entpfropfen⁴; entstöpseln⁴; [たるの] an|stechen*⁴ / 口をする (zu|)korken⁴; verkorken⁴; zu|pfropfen⁴; verstöpseln⁴; zu|stöpseln⁴. **7** [地位] Stelle *f.* –n; Stellung *f.* –en; Amt *n.* –(e)s, ⸗er; Posten *m.* –s, –; [職] Arbeit *f.* –en; Beruf *m.* –(e)s, –e; Beschäftigung *f.* –en; Dienst *m.* –(e)s, –e; [欠員] die frei(gewordene) (erledigte; leere; unbesetzte) Stelle, –n; Vakanz *f.* –en. **8** [種類] Sorte *f.* –n; Art *f.* –en; Gattung *f.* –en; Klasse *f.* –n; Qualität *f.* –en《酒などの》. **9** [割当] Anteil *m.* –(e)s, –e; Beteiligung *f.* –en; Teil *n.* –(e)s, –e / 一口乗る teil|nehmen* (–|haben*)《an³》; beteiligt sein; ⁴sich beteiligen《an³; bei³》; teilhaft(ig)² werden / 口を拭って知らぬ顔をする Unwissenheit (er)heucheln; ⁴sich so stellen, als ob man nichts wisse; tun*, als wäre man unschuldig / 口のうちで flüsternd; leise vor ⁴sich hin murmelnd.

ぐち 愚痴 Groll *m.* –(e)s; das Murren*, –s; Quengelei *f.* –en / 愚痴っぽい gleich grollend《mit³; um⁴; wegen²⁽³⁾》; brummig; mürrisch; nörgelnd / 愚痴をこぼす grollen《mit³; um⁴; wegen²⁽³⁾》; murren; nörgeln; Unzufriedenheit äußern《über》. ⇨ふへい, ふまん.

くちあけ 口明け der (aller)erste Fall, –(e)s, ⸗e; das (aller)erste Geschäft, –(e)s, –e.

くちあたり 口当たりのよい schmackhaft; delikat; fein; köstlich; lecker; wohlschmeckend.

くちいれ 口入れ(業) Arbeits¦vermittlungsgeschäft (Dienstboten–) *n.* –(e)s, –e ‖ 口入れ屋 Arbeits¦vermittler (Dienstboten–) *m.* –s, –.

くちうつし 口移し das Ernähren* (–s) aus dem Mund(e) / 口移しにする aus dem Mund(e) füttern《鳥などが》; einem Kind(e) vor¦kauen⁴《かんで与える》/ 口移しに言う *jm* nach dem Mund(e) sprechen*.

くちうら 口裏を合わせる die Aussage (–n) miteinander ab|sprechen*.

くちえ 口絵 Titelbild *n.* –(e)s, –er.

くちおしい 口惜しい [残念な] bedauerlich; beklagenswert; unglücklich; schmerzlich; tragisch; arg; [腹立たしい] ⇨くやしい / 口惜しく思う bedauern⁴; voll Bedauern sein / 彼の努力にもかかわらず失敗したとは口惜しい Es ist wirklich beklagenswert (schmerzlich; tragisch), dass all sein Fleiß zu keinem Erfolg geführt hat. ¦ Ich bin unglücklich (darüber), dass all sein Streben ergebnislos geblieben ist.

くちおも 口重な schwerfällig im Reden; mund¦faul (zungen–); schweigsam.

くちかず 口数の多い人 der Redselige* (Geschwätzige*), –n, –n; der Schwatz¦hafte* (Klatsch–; Plauder–), –n, –n; der Wortreiche* (Zungenfertige*), –n, –n / 口数の少ない人 der Schweigsame* (Einsilbige*), –n, –n; der Mund¦faul* (Maul–), –n, –n; der Wortkarge*, –n, –n.

くちがね 口金 Kapsel *f.* –n; der metallene Deckel, –s, –; Sockel *m.* –s, –《電球などの》.

くちきき 口利き Wortführer *m.* –s, –; das hohe (große) Tier, –(e)s, –e《顔役》.

くちぎたない 口汚い schmähend; beleidigend; beschimpfend; derb; gemein; schimpflich; schmählich / 口汚くののしる schmähen《auf (gegen) *jn*》; mit beleidigenden (derben; gemeinen) Worten aus|schimpfen《*jn*》.

くちく 駆逐 Vertreibung *f.* –en; Austreibung *f.* –en; das Fortjagen*, –s; Verjagung *f.* –en; Verscheuchung *f.* –en; Wegjagung *f.* –en. —駆逐する vertreiben*⁴; aus|treiben*⁴; fort|jagen⁴ (weg|–); verjagen⁴ / 社会から駆逐する aus|bürgern《*jn*》; aus der Gesellschaft aus|schließen*《*jn*》; aus dem Land(e) verweisen* (verbannen)《*jn*》; expatriieren《*jn*》/ 敵を国内から駆逐する das Land von dem Feind(e) säubern. ‖ 駆逐艦 Zerstörer *m.* –s, – / 駆逐艦隊 Zerstörerflotille *f.* –n.

くちぐせ 口癖 Lieblings¦wort *n.* –(e)s, ⸗er (–ausdruck *m.* –(e)s, ⸗e; –formel *f.* –n); das stereotyp wiederkehrende Wort; die

くちぐち 口々に durcheinander; einzeln und doch gemeinsam; wie aus einem Mund(e); alle wie ein Mann sprechend.

くちぐるま 口車 süße (verführerische) Worte 口車に乗せる die falsche Anpreisung, die Katzenfreundlichkeit f. -en; Schmeichelrede f. -n／口車に乗せる mit süßen Worten verführen 〈jn〉; an|führen 〈jn〉; auf|reden⁴ 〈jm〉; beschwatzen 〈jn zu³〉; mit Schmeichelworten betrügen 〈jn〉／みごとに口車に乗せられた Mit dem Haus ist er hereingefallen. ¦ Er hat einen bösen Reinfall erlebt.

くちごうしゃ 口巧者 der Zungenfertige* (Beredte*), -n, -n; der Rede|gewandte* (Wort-), -n, -n; der mit ³Redekunst Begabte*, -n, -n; [お上手を言う人] der mit Worten 〔äußerlich〕 Gefällige*, -n, -n.── 口巧者な zungenfertig; beredt; redegewandt (wort-), mit ³Redekunst begabt; äußerlich gefällig／口巧者な男だ Er ist nicht an den Mund gefallen.

くちごたえ 口答え die scharfe und bestimmte Antwort, -en; die scharfe (schlagende) Entgegnung (Erwiderung), -en／口答えする scharf und bestimmt antworten 〈jm〉; scharf (schlagend) entgegnen (erwidern) 〈jm〉.

くちコミ 口コミ Mundpropaganda f.

くちごもる 口ごもる vor ⁴sich hin (⁴et in seinen Bart) brummen; in ⁴sich hinein|reden; stammeln, stottern.

くちさがない 口さがない geschwätzig; klatsch|haft (-süchtig); [口の悪い] verleumderisch; läster|süchtig (schmäh-); mit böser Zunge.

くちさき 口先のうまい wohlberedt; glattzüngig; schmeichlerisch; [人を喜ばせる] äußerlich angenehm (gefällig)／口先だけのお世辞 bloße (leere) Kompliment 〈pl〉; Schmeichelei f. -en; Süßholz n. -es〔甘言〕／口先だけの厚意 Lippendienst m. -es, -e／口先だけの約束 das hohle Versprechen, -s, -／彼が言ったことは口先だけだ Er meinte nicht, was er mir sagte.

くちざわり 口触り Geschmack m. -(e)s／口触りのよい schmackhaft; wohlschmeckend.

くちずさむ 口ずさむ summen; vor ⁴sich hin singen*; leise singen*.

くちぞえ 口添え Befürwortung f. -en; Empfehlung f. -en; [助力] Beistand m. -(e)s; Unterstützung f. -en／口添えする jn befürworten; jn empfehlen*; jm bei|stehen*; ⁴sich verwenden⁽*⁾ ⟨bei³⟩ ³für jn／³jns Gunsten bemühen; ein gutes Wort für jn ein|legen.

くちだし 口出しする die Nase stecken ⟨in⁴⟩; ⁴sich ein|lassen* ⟨auf; auf⁴⟩; ⁴sich ein|mengen (ein|mischen) ⟨in⁴⟩; [干渉] Einspruch erheben* ⟨gegen⁴⟩; intervenieren／へたな口出しをするな Pfusch mir nicht ins Handwerk!

くちつき 口つき ❶ ⇨くちもと. ❷ [たばこ] Zigarette ⟨f. -n⟩ mit Mundstück.

くちづたえ 口伝え mündliche Mitteilung, -en; [口碑] mündliche Überlieferung, -en／口伝えに mündlich; durch mündliche Überlieferung／口伝えにする mündlich mit|teilen⁴; mündlich überliefern⁴／口伝えに広まる ⁴sich von Mund zu Mund verbreiten.

くちどめ 口止めする knebeln 〈jm〉; den Mund stopfen 〈jm〉; ein Schloss vor den Mund legen 〈jm〉; [Still]schweigen auf|erlegen 〈jm〉; [言いこめる] mundtot machen 〈jm〉 ‖ 口止め料 Schweigegeld n. -(e)s, -er.

くちとり 口取り [馬取扱人] Pferde|knecht m. -es, -e (-junge m.); [料理] Nebengericht n. -(e)s, -e; Zwischenspeise f. -n.

くちなおし 口直しする den üblen (unangenehmen) Nachgeschmack entfernen／口直しに um den Nachgeschmack loszuwerden.

くちなし 山梔〘植〙Gardenie f. -n; Gardenia f. ..nien.

くちにする 口にする ❶ [味わう] essen*; schmecken; kosten; probieren／生まれてから酒を口にしたことがない Ich habe in meinem Leben niemals Sake getrunken. ❷ [言う] [aus]sagen; sprechen ⟨von³⟩; im Mund(e) führen.

くちのは 口の端にのぼる in aller Munde sein; zur Klatschgeschichte (zum Stadtgespräch) werden.

くちのみ 口飲みする [direkt] aus der Flasche (びん) (aus dem Kessel (やかん); aus dem Fass (樽)) trinken*⁴.

くちば 朽葉 das welke (verwelkte) Blatt, -(e)s, ⸚er ‖ 朽葉色 Rot|braun (Gelb-) n. -s.

くちばし 嘴 Hakenschnabel m. -s, ⸚〔肉食鳥の曲嘴〕; Schnabel 〈一般の鳥の〉, -s, ⸚／くちばしの黄色い男 Grün|schnabel (Gelb-); Grünhorn n. -(e)s, ⸚er; Grünling m. -s, -e; Guckindiewelt m. -s, -e／くちばしを入れる ⇨ くちだし.

くちばしる 口走る unüberlegt mit seinen Worten heraus|platzen ⟨s⟩; ³sich unbesonnene Worte entschlüpfen lassen*.

くちはてる 朽ち果てる verfallen ⟨s⟩; in ⁴Verfall geraten* ⟨s⟩; in ⁴Staub zerfallen* ⟨s⟩; verwesen ⟨s⟩.

くちはばったい 口はばったいことを言わないでくれ Weg mit dem Prahlereien! ¦ Sei kein Maulheld! ¦ Du und diese Wichtigtuerei!

くちび 口火 Zünder m. -s, -; Leitfeuer n. -s, -; Lunte f. -n 〈火縄〉; Zündschnur f. ⸚e 〈同上〉.

くちひげ 口髭 Schnurrbart m. -(e)s, ⸚e.

くちひも 口紐 (Zieh)schnur f. ⸚e.

くちびる 唇 Lippe f. -n／上(下)唇 Oberlippe (Unterlippe) f. -n／唇をとがらす die Lippen schmollend spitzen (auf|werfen*); maulen／唇をゆがめる die Lippen schürzen／唇を

くちぶえ ─────── 340 ─────── **クッキー**

かんでじっと耐える ³sich in die Lippen beißen*/彼は彼女の唇に接吻した Er küsste sie auf die Lippen (auf den Mund).

くちぶえ 口笛 das Pfeifen*, -s; Pfiff *m.* -[e]s, -e/口笛を吹く [mit dem Mund] pfeifen*.

くちぶちょうほう 口不調法である ein schlechter (ungeschickter) Sprecher sein; schlecht (ungeschickt) sprechen*; seine Gedanken nicht in gültige Form zu kleiden wissen*.

くちべに 口紅 Lippenstift *m.* -[e]s, -e 《リップスティック》; Lippenrot *n.* -s/口紅をつける ³sich die Lippen schminken.

くちまかせ 口まかせに wie jm der Schnabel gewachsen ist; in den Tag hinein faselnd.

くちまね 口真似 das Nach|sprechen* (-reden*, -sagen*), -s; das Nachahmen*, -s 《模倣》/口真似する nach|sprechen*⁴ (-|reden*, -|sagen*) 《jm》; nach|ahmen* 《jm 模倣》.

くちまめ 口まめな wortreich; geschwätzig; schwatz|haft (klatsch-; plauder-); zungenfertig.

くちもと 口元 Mund *m.* -[e]s, ⁼er/口元に微笑を浮かべて mit einem Lächeln um den Mund/口元のかわいい (魅力的な) 女 Mädchen mit einem lieblichen (reizenden) Mund haben/締まった口元 fest zusammengezogener Mund; scharf geschnittener Mund; entschlossener Mund 《決然とした》.

くちやかましい 口喧しい tadelsüchtig; nörgelig; krittelig; streng 《きびしい》; wählerisch 《えりごのみする》; genau 《細かい》/口喧しい女 nörgelige Frau, -en; Xanthippe *f.* -n; die böse Sieben; Zankteufel *m.* -s, -/口喧しく言う nörgeln 《über⁴》; kritteln; peinlich genau sein 《in³ 細かすぎる》; allzu streng sein (kritisieren) 《厳しすぎる》.

くちやくそく 口約束 mündliches Versprechen, -s, -; mündliche Verabredung, -en; mündlicher Vertrag, -[e]s, ⁼e/口約束する jm [mündlich] versprechen*⁴; jm sein Wort geben*.

くちゃくちゃ ぐちゃぐちゃの breiweich; quab[b]elig; matschig/ぐちゃぐちゃの御飯 der zerkochte Reis, -es.

くちゅう 苦衷 Besorgtheit *f.*; Verlegenheit *f.*; Klemme *f.*; verzwickte (heikle) Lage, -n/人の苦衷を察する ⁴Mitleiden 《*n.*》 mit *js* heikler Lage haben; ⁴sich in *js* heikle Lage versetzen.

くちゅうやく 駆虫薬 Insektenpulver *n.* -s, - 《粉状の》; Insektenvertilgungsmittel *n.* -s, -; Wurmmittel 《虫下し》 *n.* -s, -.

くちょう 区長 Stadtbezirksvorsteher *m.* -s, -.

くちょう 口調 Ton *m.* -[e]s, ⁼e; [言回し] Ausdrucksweise *f.* -, -n/苦しい Stil *m.* -[e]s, -e/口調が悪い misslautend (misstönig) sein; der ²Euphonie ermangeln/口調のよい wohl|klingend (-lautend); rhythmisch/演説口調で im Rednerton; oratorisch || 新聞口調 Zeitungsstil *m.* -[e]s, -e.

くちょく 愚直 die dumme Offenherzigkeit; Einfalt *f.*; die verstockte Ehrlichkeit/愚直な offenherzig bis zur Dummheit; ehrlich bis zur Verstocktheit.

くちよごし 口汚し ein bloßes Bisschen, -s; ein Krümel *m.* -s, -.

くちよせ 口寄せ Geister|beschwörung (Toten-) *f.* -en; Spiritismus *m.* -; Nekromantie *f.*; [人] Nekromant *m.* -en, -en; Nekromantin *f.* ..tinnen 《女》; Geister|beschwörer (Toten-) *m.* -s, -.

くちる 朽ちる verfaulen; verrotten; verfallen*; zerfallen* (崩壊する); verwittern 《風雨に》《以上 §》⇨くさる(腐る)/朽ちた verfallen; verfault; faul; verwittert/朽ちかかった家 das verfaulende (baufällige) Haus, -es, ⁼er.

くちわ 口輪 Maulkorb *m.* -[e]s, ⁼e/口輪をかける einen Maulkorb an|legen³/口輪をはめておく einen Maulkorb tragen lassen*⁴.

くちわけ 口分け Sortieren *n.* -s; Assortieren *n.* -s/口分けする sortieren; assortieren.

くつ 靴 Schuh *m.* -[e]s, -e; Halbschuh *m.* -[e]s, -e 《短靴》; Halbstiefel *m.* -s, - 《半上靴》; Stiefel *m.* -s, - 《深靴》; Schaftstiefel *m.* -s, - 《長靴》; [編上靴] Schnürschuh *m.* -[e]s, -e 《短靴》; Schnürstiefel *m.* -s, - 《深靴》; [上靴] Pantoffel *m.* -s, -n; Hausschuh *m.* -[e]s, -e; [ゴム靴] Gummischuh *m.* -[e]s, -e; Überschuh *m.* -[e]s, -e 《オーバーシューズ》/靴をはく(ぬぐ) die Schuhe an|ziehen (aus|ziehen*)/靴を磨く die Schuhe putzen 《bürsten》/靴を作らせる [ein Paar] ⁴Schuhe machen lassen*/靴の甲 Schuhblatt *n.* -[e]s, ⁼er/靴の先 Schuhspitze (-kappe) *f.* -n/靴一足 ein Paar 《*n.* -[e]s, -e》 Schuhe/靴の踵 Schuhabsatz *m.* -es, ⁼e 《-hacke *f.* -n》/この靴はきつい Die Schuhe drücken [mich]. || 儀式用靴 Lack|schuh 《短靴》 (-stiefel 《深靴》)/革靴 Lederschuh/スケート靴 Schlittschuh/ダンス靴 Tanz|schuh (Ball-)/婦人靴 Damenschuh.

くつう 苦痛 Schmerz *m.* -es, -en; Weh *n.* -[e]s, -e; Pein *f.*; Stich *m.* -[e]s, -e 《刺痛》; [苦悩] Qual *f.* -en; Leid *n.* -[e]s; Leiden *n.* -s, -/苦痛を感じない keinen Schmerz empfinden* (fühlen) / 苦痛を訴える über ⁴Schmerzen klagen/苦痛を和らげる den Schmerz lindern (mildern; stillen)/苦痛を除く den Schmerz beseitigen.

くつがえす 覆えす um|werfen*⁴ (-|stürzen⁴); [計画を] über den Haufen werfen*⁴; vereiteln⁴; durchkreuzen⁴; [船を] um|kippen⁴; [打倒する] um|stürzen⁴ (-|wälzen⁴); [決定を] zurück|nehmen*⁴; verwerfen*⁴; wiederrufen*⁴/説を覆えす eine Theorie um|werfen*/政府を覆えす die Regierung um|stürzen.

くつがえる 覆える um|fallen* §; kentern 《船が》§; [烈しく] um|stürzen §; um|schlagen* §; um|kippen §.

くつがた 靴型 Leisten *m.* -s, -/靴型に当てる über 《*auf*》 die Leisten schlagen*.

くつがわ 靴革 Schuhleder *n.* -s, -.

クッキー [Tee]gebäck *n.* -[e]s, -e; Plätz-

くっきょう 屈強 stark; kräftig; derb; stämmig; robust; vierschrötig／屈強な若者 der Bursche ⟨-n, -n⟩ von robustem Körperbau.

くっきょう 究極な ❶ [絶好の] ausgezeichnet; vortrefflich; ideal; tüchtig ⟨有能な⟩; günstig; geeignet; angemessen; gut. ❷ [手ごろの] handlich; praktisch; bequem／究竟の隠れ場 geeignetes Versteck, -s.

くっきょく 屈曲 Biegung f. -en; Beugung f. -en; Windung f. -en; Krümmung f. -en; [光線の] Brechung f. -en; Beugung. — 屈曲した gekrümmt; krumm; 屈曲した海岸線 zackige Küstenlinie, -n. — 屈曲する ⁴sich beugen; ⁴sich biegen; ⁴sich krümmen; [道などが] ⁴sich winden ⟨うねっている⟩; ⁴sich schlängeln ⟨同上⟩; [光線が] ⁴sich brechen.

くっきり klar; deutlich; [目立って] auffallend; augenfällig／くっきりと白い娘 ein Mädchen ⟨n.-[e]s, =⟩⟨《半так》⟩ von auffallend hellem (weißem) Teint／くっきり見える ⁴sich klar zeigen; deutlich sichtbar sein; ⁴sich klar (scharf) ab|heben* ⟨von³; gegen⁴⟩.

くっきん 屈筋 Beugemuskel m. -s, -n.

クッキング das Kochen*, -s ‖ クッキングスクール Kochschule f. -n／クッキングスプーン Kochlöffel m. -s, -／クッキングブック Kochbuch n. -[e]s, =er.

くっさく 掘削 Ausgrabung f. -en／掘削する aus|graben*.

くっし 屈指の [卓越した] hervorragend; ausgezeichnet; vortrefflich; vorzüglich; [指導的] leitend; führend.

くっした 靴下 Socke f. -n ⟨ソックス⟩; Halbstrumpf m. -[e]s, =e ⟨半靴下⟩; Strumpf m. -[e]s, =e ⟨長靴下⟩／靴下一足 ein Paar ⟨n.-[e]s⟩ Socken (Strümpfe) ⟨pl⟩／靴下をはく (脱ぐ) die Strümpfe (die Socken) an|ziehen* (aus|ziehen*) ‖ 靴下止め Strumpfband n. -[e]s, =er.

くっじゅう 屈従 Unterwürfigkeit f.; [屈辱] Demütigung f. -en; Erniedrigung f. -en. — 屈従する ⁴sich unterwerfen* (ergeben*; fügen); das Knie beugen ⟨vor jm⟩. — 屈従させる jn unterwerfen*; jn zur Unterwerfung bringen* (zwingen*).

くっじょく 屈辱 Demütigung f. -en; Erniedrigung f. -en; [恥辱] Schande f. -n; Schmach f.; Entehrung f. -en／屈辱を感じる ⁴sich gedemütigt (erniedrigt) fühlen／屈辱をこうむる gedemütigt (erniedrigt) werden; Schande erleiden*／erniedrigt sein; erniedrigt werden／屈辱を与える demütigen*; erniedrigen*; jm Schande (Schmach) zu|fügen ‖ 屈辱的講和 entehrender (schmachvoller) Friede, -ns, -n.

ぐっしょり ⇨ びしょぬれ.

クッション Kissen n. -s, -; Polster n. -s, -; Matratze f. -n. — Federung f. -en ⟨ばね装置⟩.

くっしん 屈伸 die Zusammenziehung und Ausdehnung; Systole und Diastole／屈伸自在の elastisch.

くっずみ 靴墨 Schuh:wichse ⟨-schmiere⟩ f. -n; Schuhcreme f. -s.

ぐっすり fest (gut; tief) schlafen*; einen festen Schlaf schlafen*; wie ein Murmeltier (ein Dachs, ein Ratz) schlafen*.

くっする 屈する ❶ [曲げる] beugen*; biegen*⁴; krümmen⁴. ❷ [屈服する] ⁴sich unterwerfen (beugen; fügen); jm nach|geben* ⟨譲歩する⟩／屈せずに unerschrocken; unverzagt; unentwegt／ぁsich beugen; ⁴sich krümmen／膝を屈する das Knie beugen; ⁴sich jm unterwerfen* ⟨屈服する⟩／運命に屈しない dem Schicksal trotzen; ⁴sich vom Schicksal nicht werfen lassen*／権威に屈しない vor der Autorität nicht zurück|weichen*.

くっずれ 靴擦れができる die drückenden Schuhe eine Fußwunde bekommen*.

くっせつ 屈折 [光の] Brechung f. -en; Biegung f. -en; Refraktion f. -en／屈折自在の biegsam; fügsam; nachgiebig. — 屈折する ⁴sich brechen*; ablenken*⁴ ‖ 屈折角 Brechungs:winkel (Refraktions-) m. -s, -／屈折語 ⟨文法⟩ flektierende Sprache, -n／屈折光線 der gebrochene Strahl, -s, -en／屈折軸 Brechungsachse f. -n／屈折望遠鏡 Refraktionsteleskop n. -s, -e; Refraktor m. -s, -en／屈折率 Brechungsindex m. -[es], -e (..dizes)／屈折レンズ Brechungslinse f. -n.

くっそこ 靴底 Schuh:sohle (Stiefel- ⟨長靴の⟩) f. -n／靴底をかえる die Schuhe (die Stiefel) neu besohlen.

くったく 屈託 ❶ [心配] Sorge f. -n; Besorgnis f. ..nisse; Kummer m. -s, -. ❷ [懸念] Angst f. =e; Befürchtung f. -en. ❸ [退屈] Langeweile f.／屈託顔をする eine sorgenvolle Miene machen／屈託がある sorgenvoll sein; von ³Kummer gebeugt sein／屈託のない人 ein sorgenfreier (sorgenloser) Mensch, -en. — 屈託する ❶ [心配する] ⁴sich sorgen ⟨um⁴⟩; ³sich ⁴Sorgen machen ⟨um⁴⟩. ❷ [懸念する] ⁴sich ängstigen ⟨um⁴, über⁴⟩; ⁴sich bekümmern ⟨über⁴⟩／彼は物事に屈託しない性分だ Er hat eine sorgenlose Natur. ❸ [退屈する] ⁴sich lang:weilen.

ぐったり ぐったりした entkräftet; ganz erschöpft. ⇨ くたくた.

くっつく [付着する] an|hängen*³; an|haften³; ⁴sich an|kleben ⟨an⁴⟩; [くっついている] haften ⟨an³⟩; kleben ⟨an³⟩; [側にある] dicht an ³et stehen* (liegen*) ⟨s⟩; [男女が] in ein intimes Verhältnis treten* ⟨s⟩ ⟨mit³⟩.

くっつける [接合する] fügen⁴ ⟨an⁴⟩; [綴じ(貼り・縫い)つける] an|heften⁴ ⟨an⁴⟩; [結びつける] befestigen⁴ ⟨an⁴⟩; [糊で] an|kleben⁴ ⟨an⁴, auf⁴⟩; [男女を] jn mit jm verkuppeln; [側に置く] ⁴et dicht an ⁴et stellen.

くってかかる 食ってかかる [反抗する] jm trotzen; ⁴sich erheben* ⟨gegen⁴⟩; [挑みかかる] jn heraus|fordern; [襲いかかる] her|fallen* ⟨s⟩ ⟨über³⟩.

ぐっと ❶ [ぐいと] gewaltig; heftig／ぐっとつか

くつなおし 342 **くに**

む derb ergreifen*⁴; an|packen⁴/手綱を ぐっと引っぱる die Zügel straff an|ziehen*. ❷〔急に〕hastig; mit einem Ruck《一気に》; mit einem Schluck《一口に》; auf einen Zug《一呑みに》/ぐっと飲む herunter|schlucken⁴《薬などを》;〔gierig〕verschlingen*⁴《酒を》/ぐっと抑える heruntersch|lucken⁴ (hinunter|-); unterdrücken⁴《涙・怒りを》; ein|stecken⁴《不快を》/ぐっとつまる in der Rede stecken bleiben* ⓢ (stocken); das Wort erstickt jm im Mund(e)/彼の質問には ぐっと来た Seine Frage machte mich stutzig. ❸〔ずっと〕sehr; weit/ぐっとまさって(劣っている) weit über (unter) jm stehen*/彼は同級生をいつもぐっと抜いている Er überflügelt immer mit Abstand seine Mitschüler. Er ist seinen Mitschülern immer weit voraus.

くつなおし 靴直し das Schuhflicken*, -s; 〔人〕Schuhflicker m. -s, -; Flickschuster m. -s, -.

くつぬぎ 靴脱ぎ Stiefelknecht m. -(e)s -e/ 靴脱ぎ(石) die steinerne Stufe (-n) vor der Tür.

くつぬぐい 靴拭い Türmatte f. -n; Kratzeisen n. -s, -《鉄製の》; Abtreter m. -s, -.

くつひも 靴紐 Schuh|band n. -(e)s, ⸗er (-riemen m. -s, -); Schnür|band n. -(e)s, ⸗er (-senkel m. -s, -).

くつふき 靴拭き Schuhwischer m. -s, -; Schuhmatte f. -n《戸口の》.

くっぷく 屈伏 Unterwerfung f. -en; Ergebung f. -en; das Nachgeben*, -s《譲歩》. —— 屈伏する ⁴sich jm unterwerfen* (ergeben*); 〔譲歩する〕nach|geben*³; ⁴sich ein| fügen (in⁴); jm unterliegen* 《負ける》/圧力に屈伏する unter dem Druck (dem Zwang) nach|geben*; unter ¹Zwang nach|geben*《圧迫の下で》/人の説に屈伏する ⁴sich in js ⁴Ansicht fügen. —— 屈伏させる jn unterwerfen*; jn ³sich untertan machen; jn das Knie beugen lassen*.

くつブラシ 靴ブラシ Schuh|bürste (Wichs-) f. -n.

くつべら 靴べら Schuh|anzieher (-löffel) m. -s, -.

くつみがき 靴磨き das Schuhputzen*, -s; Schuhputzer m. -s, -.《人》.

くつや 靴屋〔店〕Schuhladen m. -s, ⸗;〔人〕 Schuster m. -s, -.

くつろく 寛ぐ〔気楽にする〕⁴es ³sich bequem machen; ⁴sich wie zu Hause fühlen; ⁴sich häuslich ein|richten《bei jm 他家で》;〔安心する〕⁴sich beruhigen/寛いで behaglich; gemächlich; bequem;〔遠慮なく〕frei; ungezwungen; ungeniert/寛いで話をするよう frei und ungeniert plaudern/どうぞお寛ぎ下さい Bitte, machen Sie sich's bequem! / Tun Sie bitte, als wenn Sie zu Hause wären!

くつろげる 〔靴を〕lose (locker) machen⁴; lockern⁴/膝を寛げる ⁴sich bequem hin|setzen.

くつわ [Pferd]gebiss n. -es, -e/くつわを並べた Pferd an Pferd; Seite an Seite; nebeneinander/馬にくつわをはめる(はずす) einem Pferd(e) einen Zaum an|legen (ab|nehmen*).

くつわむし くつわ虫 Lärmgrille f. -n.

くでん 口伝 mündliche Unterweisung, -en;〔秘伝〕mündlich überlieferte Geheimnisse (pl); mündlich überliefertes Rezept, -es, -e《薬の》. —— 口伝する mündlich überliefern (weiter|geben*); mündlich unterweisen* (unterrichten)《jn in ³et》.

ぐてんぐてん ぐてんぐてんに酔う schwer besoffen (betrunken; benebelt) sein; im Sturm sein; schief geladen sein.

くどい ❶〔くどくどしい〕〔冗漫な〕weit|schweifig (-läufig); wortreich; langweilig;《饒舌の》geschwätzig; schwatzhaft;〔しつこい〕lästig; zudringlich/くどい演説 weitschweifige Rede, -n. ❷〔味が〕schwer; fettig. ❸〔色が〕grell.

くとう 句読 Interpunktion f. -en; Zeichensetzung f. -en/句読点を切る interpunktieren; mit ¹Satzzeichen versehen* ∥ 句読点 Interpunktions|zeichen (Satz-) n. -s, -; Punkt m. -(e)s, -e/句読法 Regel《der Interpunktion》.

くとう 苦闘 ⇒くせん.

くどう 駆動 駆動軸 Triebachse f. -n/駆動〔車〕輪 Triebrad n. -(e)s, ⸗er/前〔後; 四〕輪駆動 Vorder|antrieb (Hinter-; Vierrad-) m. -(e)s, -e.

くどく 功徳 gute Tat, -en; fromme Tat, -en; Wohltat f. -en; Liebeswerk n. -(e)s, -e/功徳のために um der ²Mildtätigkeit (der Barmherzigkeit) willen/功徳を施す eine Wohltat leisten (tun*)/功徳を積む tugendhafte Taten wiederholen; fromme Handlungen wiederholen.

くどく 口説く jn zu ³et überreden;〔せがむ〕jn dringend bitten*《um⁴》; jm an|liegen* 《um⁴》;〔言い寄る〕jn zu gewinnen suchen; jn zu verführen versuchen/女を口説く eine Frau verführen; ein Mädchen herumkriegen/口説き落とす zur Einwilligung überreden; jn zu ³et beschwatzen 《言いくるめさせる》.

ぐどん 愚鈍 Stumpf|sinn (Blöd-; Schwach-) m. -(e)s -e/愚鈍な stumpf|sinnig (blöd-; schwach-); einen schweren Kopf habend.

くない 宮内庁 Kaiserliches Haushaltsamt, -(e)s, ⸗er/宮内官 der Hofbeamte*, -n, -n /宮内庁御用達 Hoflieferant m. -en, -en.

くなん 苦難 Not f. ⸗e; Leiden n. -s, -; Strapaze f. -n; Bedrängnis f. ..nisse; Missgeschick n. -es, -e; Kreuz n. -es, -e/苦難に耐える Leiden aus|stehen*; das Kreuz auf ⁴sich nehmen*/人の苦難を救う jn aus der ³Not retten.

くに ❶〔国土〕Land n. -(e)s, ⸗er; Reich n. -(e)s, -e;〔州〕Provinz f. -en; Land; Landschaft f. -en/摂津の国 die Provinz Settsu;〔国家〕Staat m. -(e)s, -e; Kaiserreich n. -(e)s, -e《帝国》; Königreich n. -(e)s, -e《王国》; Monarchie f. -n《君主国》; Republik f. -en《共和国》;〔故国〕Vaterland n. -(e)s, ⸗er《祖国》; Heimat|land (Geburts-)

くにがら 国柄 Charakter (*m.* -s, -e) eines Volkes; National:charakter (*m.* -s, -e.

くにもと 国許 Heimat *f.* -en/国許の母 Mutter (*f.* ⸚) in der Heimat/国許からの便り Nachrichten (Briefe) 《*pl*》 aus der Heimat/国許へ書く in die Heimat schreiben*; nach ³Hause schreiben*.

ぐにゃぐにゃ ぐにゃぐにゃの schlaff 《windel》weich; kraftlos; breiartig 《どろどろした》.

くぬぎ 椚 eine Art Eiche, -n.

くねる [曲がる] ⁴sich krümmen; ⁴sich win:den*; ⁴sich schlängeln 《うねる》; [曲がっている] geschlängelt (gewunden; verschlungen) sein/曲がりくねった道 verschlungener Weg, -[e]s, -e; Windungen 《*pl*》/くねった樹木 gewundener Baum, -es, ⸚e.

くねんぼ 九年母 〘植〙Bergamottzitrone *f.* -n; Pomeranze *f.* -n.

くのう 苦悩 Leiden *n.* -s, -; Qual *f.* -en; Schmerz *m.* -es, -en; Plage *f.* -n; Pein *f.*; 〘Seelen〙angst *f.* ⸚e/苦悩する ⁴sich quälen 《*mit³*》; leiden* 《*unter³*》; Schmerzen erlei:den*; Qualen empfinden*.

くはい 苦杯をなめる einen bitteren Becher leeren; böse Erfahrungen durch|machen; eine Niederlage erleiden* 《負ける》.

くばる 配る ❶ verteilen* 《*unter⁴*》; aus|tei:len⁴ 《*an⁴*; *unter³*》; liefern⁴ 《*an⁴*》; zu|tei:len³⁴/カードを配る *jm* Karten geben*. ❷ [配置] auf|stellen⁴; arrangieren*; postie:ren*. ❸ [割当] zu|messen*³⁴; an|wei:sen*⁴ 《*für⁴*》; auf|teilen³⁴/気を配る Acht geben* 《*auf⁴*》; Ausschau halten* 《*nach³*》; wachsam sein 《*auf⁴*》/四方に目を配る scharfe Blicke nach allen Seiten werfen*; scharf nach allen Richtungen blicken.

くび 首, 頚 Hals *m.* -es, ⸚e; Kopf *m.* -[e]s, ⸚e; Haupt *n.* -[e]s, Häupter; Nacken *m.* -s, - 《うなじ》/首を絞る ⁴sich auf|hängen 《絞り首にする》/首の上の頭 (das Haupt) ab|schlagen* 《ab|hauen*》《*jm*》; enthaupten 《*jn*》; köpfen 《*jn*》;〚um〛einen Kopf kürzer machen. ¶ 首にする entlassen* 《*jn* aus dem Dienst》; ab|bauen 《*jn*》; ab|setzen 《*jn* vom Amt*e*》; auf die Straße setzen (werfen*) 《*jn*》; entsetzen 《*jn* seines Amtes》; weg|jagen 《*jn*》/首になる entlassen werden 《aus dem Dienst》; abgebaut wer:den; abgesetzt werden 《vom Amt*e*》; auf die Straße gesetzt (geworfen) werden; entsetzt werden 《seines Amtes》;〚俗〛hi:naus|fliegen*〚s〛; weggejagt werden/首を長くして待つ voller Ungeduld (Sehnsucht) warten⁽²⁾ 《harren 《*js*²et*;* *auf⁴*》; voller Erwartung entgegen|harren³》/借金で首が回らない bis über die Ohren (tief) in ³Schulden stecken.

くび 具備する versehen (ausgerüstet; aus:gestattet) sein 《*mit³*》; besitzen*⁴.

くびかざり 首飾り Hals:band *n.* -[e]s, ⸚er 《-kette *f.* -n》; -schmuck *m.* -[e]s, -e; Kol:lier *n.* -s, -s.

くびかせ 頸枷 ❶ Hals:eisen *n.* -s, - 《-ring *m.* -[e]s, -e》. ❷ [やっかい者] [Lebens]last *f.*

くびき 軛 Joch *n.* -[e]s, -e/軛につなぐ ins Joch spannen 《*jn*》/軛をかける ein Joch auf|erlegen*⁴.

くびくくり 首縊り das Sich-Aufhängen* 《Sich-Erhängen*》, -s.

くびじっけん 首実検 die Besichtigung (I:dentifizierung; Inspektion; Musterung) eines abgeschlagenen (abgehauenen) Kopf[e]s 《Haupt[e]s》.

ぐびじんそう 虞美人草 Klatsch:mohn 《Feld-》 *m.* -[e]s, -e.

くびす 踵 Ferse *f.* -n/踵を接して auf den Fersen folgend 《*jm*》/踵をめぐらす ⁴sich 〚auf den Fersen〛 um|drehen; ⁴sich um|wen:den* 《振り返る》; kehrt|machen; den:selben Weg zurück|gehen*〚s〛; zurück|kehren〚s〛.

くびすじ 首筋 Genick *n.* -[e]s, -e/首筋をつかまえる beim Genick [er]greifen* 《fassen; packen; *jm*》.

くびったけ 首ったけ ❶ 首ったけほれている ⁴sich vernarren 《in *jn*》; einen Narren gefressen haben 《an *jm*》; bis zur Narrheit verliebt sein 《in *jn*》.

くびっぴき 首っ引き ¶ 辞書と首っ引きする bei jedem Wort im Wörterbuch nach|schla:gen* 《müssen*》; ⁴sich keinen Augenblick vom Wörterbuch trennen können*/辞書と首っ引きで indem man ⁴sich fortwährend auf Wörterbücher beruft.

くびまき 首巻り 〚Hals〛tuch *n.* -[e]s, ⸚er; Umschlagtuch; Schal *m.* -s, -e 《-s》.

くびれ くびれ[目] Einschnürung *f.* -en; Ver:engerung *f.* -en; Zusammendrückung *f.* -en; die eingeschnürte 《verengerte; zu:sammengedrückte》 Stelle, -n.

くびれる 括れる ¶ くびれた eingeschnürt; verengert; zusammengedrückt.

くびれる 縊れる ⁴sich erhängen.

くびわ 頸輪 Halsband *n.* -[e]s, ⸚er 《犬の》; Kum[me]t *n.* -s, -e 《馬の》.

くぶ 九分どおり, 九分九厘 höchst wahr:

くふ scheinlich; aller Wahrscheinlichkeit nach; beinahe (fast) hundertprozentig; neun vor zehn; eins gegen zehn.

くぶ 供奉 Gefolge n. -s, -; Begleitung f. -en/供奉するals Trabant begleiten (den Kaiser) ‖ 供奉員 Ehren|gefolge (-geleit(e) n. ..t(e)s, ..te); Trabant m. -en, -en.

くふう 工夫 Erfindung f. -en; [計画] Plan m. -[e]s, ¨e; Entwurf m. -[e]s, ¨e; [手段] Mittel n. -s, -; [方案] Maß|nahme (-regel f. -n)/工夫をこらす einen Plan sorgfältig aus|arbeiten; den Kopf an|strengen (zer|brechen*)/何とか工夫はないか Haben Sie irgendeine gute Idee?; Was würden Sie mir raten? —— 工夫する [案出する] erfinden*⁴; ersinnen*⁴; aus|hecken⁴; erdenken*⁴; aus|denken*⁴; [考案する] nach|denken*⁴ (-l|sinnen*⁴) ⟨über⁴⟩; [計画する] planen*⁴; entwerfen*⁴; Pläne (Entwürfe) machen; [方策をめぐらす] Maßnahmen ergreifen* (¨); Maßregeln treffen* ⟨in³⟩.

くふう 颶風 Orkan m. -s, -e; Dreh|sturm (Wirbel-) m. -[e]s, ¨e; Hurrikan m. -s, -e; Taifun m. -s, -e; Typhon m. -s, -e; Wirbelwind m. -[e]s, -e; Zyklon m. -s, -e.

くぶん 区分 ❶ [配分] Verteilung f. -en; Aus|teilung (Zu-) f. -, -. ❷ [分類] Einteilung f. -en; Einordnung f. -en; Klassifikation f. -en; Sonderung f. -en. ❸ [区画] Abteilung f. -en; Sektion f. -en. —— 区分する ❶ [配分する] verteilen⁴ ⟨unter¹⟩; aus|teilen⁴ ⟨an⁴; unter⁴⟩; zu|teilen³ ⁴. ❷ [分類する] ein|teilen⁴ ⟨in⁴⟩; ein|ordnen⁴ ⟨in⁴⟩; klassifizieren⁴ ⟨in⁴⟩; sondern⁴ ⟨von³⟩. ❸ [区画する] ab|teilen⁴ ⟨in⁴⟩; sezernieren⁴ ⟨in⁴⟩.

くべつ 区別 ❶ Unterschied m. -[e]s, -e; Unterscheidung f. -en; Differenz f. -en; Verschiedenheit f. -en ⟨差異⟩/老若男女の区別なく ohne ⁴Unterschied des Alters und Geschlechts; ohne Ansehen ob Alt und Jung, männlich und weiblich; jedes Alter, jedes Geschlecht. ❷ [分類] Einteilung f. -en; Anordnung f. -en; Klassifikation f. -en; Sonderung f. -en.⇨べつ.
—— 区別する ❶ unterscheiden*⁴ ⟨von³⟩; differenzieren⁴ ⟨von³⟩. ❷ [分類する] ein|teilen⁴ ⟨in⁴⟩; an|ordnen⁴ ⟨in⁴⟩; klassifizieren⁴ ⟨in⁴⟩; sondern⁴ ⟨in⁴⟩.

くべる ins Feuer werfen*⁴; verbrennen*⁴.

くほう 句法 Sprachwendung f. -en; Ausdrucksweise f. -n; Diktion f. -en; Phraseologie f. -n.

くぼち 窪地 [Aus]höhlung f. -en; Senke f. -n; [Ein]senkung f. -en; Vertiefung f. -en.

くぼみ 窪み Grube f. -n; Höhle f. -n; Loch n. -[e]s, ¨er.

くぼむ 窪む hohl werden; ein|sinken* ⓢ; ⁴sich ein|senken; ⁴sich vertiefen/窪ます hohl machen⁴; ⁴aus|höhlen⁴; vertiefen⁴; eine Höhlung (eine Einsenkung; eine Vertiefung) machen.

くぼんだ 窪んだ hohle; [aus]gehöhlt; eingefallen; nach innen gekrümmt; vertieft; tief liegend ⟨目が⟩.

くま 熊 Bär m. -en, -en; [Meister] Braun m. -s, -en ⟨お愛称で⟩/熊の皮 Bären|fell n. -s, -e (-haut f. ¨e)/熊の胆(¨) Bärengalle f. -n/熊の子 Bärenjunge n. -n, -n/熊がうなる Der Bär brummt.

くま 隈 ❶ [すみ] Ecke f. -n; Winkel m. -s, -; Ecke f. -n/隈なく [いたる隈まで] in allen Ecken und Enden; überall; allenthalben. ❷ [ぼかし] Schattierung f. -en; Abstufung f. -en; [役者の顔の] das Bemalen* (Schminken*), -s/隈をとる [色の] ab|schattieren; ab|stufen; [顔の] ³schminken (zurecht|machen; bemalen).

くまい 愚昧 Stumpf|sinn (Blöd-) m. -[e]s; die geistige Blindheit/愚昧な stumpf|sinnig (blöd-); geistig blind; unaufgeklärt; unwissend.

くまざさ 熊笹 niedriges gestreiftes Bambusgewächs, -es, -e.

くまで 熊手(Bambus)rechen m. -s, -/熊手で掻く harken; rechen.

くまどり 隈取り ⇨くま(隈)❷.

くまばち 熊蜂⟨昆⟩Hummel f. -n.

くみ 組 ❶ [仲間] Klasse f. -n ⟨クラス⟩; Gruppe f. -n; Partei f. -en ⟨遊戯⟩; Mannschaft f. -en ⟨競技の⟩; Bande f. -n ⟨悪党の⟩/三人組の強盗 die dreiköpfige Räuberbande/二人組 ein Paar ⟨n. -es, -e⟩/三人組 Trio n. -s, -s/四人組 Quartett n. -s, -e/ Vierheit f. -en/五人組 Quintett n. -s, -e/ 組を作る eine Gruppe bilden (zusammen|setzen)/...の組に入る... in eine ⁴Gruppe ein|treten* ⓢ; [味方になる] für jn ⁴Partei nehmen*; auf js ³Seite stehen*. ❷ [一揃い] Garnitur f. -en; Satz m. -es, ¨e; [Sortiment n. -[e]s, -e; Anzug m. -[e]s, ¨e ⟨スーツの⟩; Paar n. -s, -e ⟨一対/茶器一組 ein Teeservice n. -s, -s/カルタ一組 ein Spiel ⟨n. -s, -e⟩ Karten/金杯一組 ein Satz ⟨m. -es; -e⟩ Goldbecher. ❸ [印刷の] das Setzen*, -s; Satz m. -es, ¨e/この印刷は組がよい Der Druck ist gut gesetzt.

くみ 苦味 bitterer Geschmack, -es, ¨e.

くみ 茱萸 ⟨植⟩Ölweide f. -n.

-**くみ** -組 Clique f. -n ⟨von³, やくざ等の⟩. ¶ 藤田組 Fujita & Co. ⟨Co. は Kompanie の略⟩; die Handelsgesellschaft Fujita/五人組の強盗 die fünfköpfige Räuberbande, -n.

くみあい 組合 Verein m. -[e]s, -e; Verband m. -[e]s, ¨e; Vereinigung f. -en; Verbindung f. -en; [同人の] Genossenschaft f. -en; Gesellschaft f. -en [労働者の] Gewerkschaft f. -en; Arbeiterverein m. -[e]s, -e/組合を作る eine Genossenschaft bilden ⟨商人が⟩; eine Zunft bilden ⟨職人が⟩; eine Gewerkschaft (einen Verein) bilden ⟨労働者が⟩/組合に加入する in eine Genossenschaft (eine Gewerkschaft); einen Verein) ein|treten* ⓢ ‖ 組合員 Mitglied ⟨n. -[e]s, -er⟩ der Genossenschaft (des Vereins; des Verbandes); Vereinsmitglied n. -[e]s, -er/組合規約 Genossenschafts|statuten (Vereins-) ⟨pl⟩/組合金庫

Vereinskasse f. -n/組合銀行 Genossenschaftsbank f. -en/組合費 Vereinsbeitrag m. -(e)s, "e/医師組合 Ärzte｜verband m. -(e)s, "e (-vereinigung f. -en)/企業組合 Kartell n. -s, -e; Trust m. -(e)s, -e (-s); Syndikat n. -(e)s, -e/教員(購買, 消費)組合 Lehrer｜verein (Verbraucher-; Konsum-) m. -(e)s, -e/同業組合 Zunft f. -, "e; Innung f. -en; Gilde f. -n.

くみあう 組み合う ❶ [合同する] ⁴sich zusammen｜schließen* (zu³; mit³); ⁴sich verbinden* (assoziieren) (mit³); ⁴sich vereinigen (mit³); eine Gesellschaft gründen (mit³). ❷ [掴(つか)み合う] ⁴sich balgen (mit); ⁴sich gegenseitig an｜packen; ⁴sich greifen*; handgemein werden (mit³); [咬(か)み合う] ineinander greifen*/腕を組み合って歩く Arm in Arm gehen* ⓢ.

くみあげる 汲み上げる [das Wasser] herauf｜ziehen*; aus｜schöpfen*.

くみあわせ 組合せ Zusammen｜fügung f. -en (-setzung f. -en; [競技の] Paarung f. -en; [競技の] Paarung f. -en; Gegenüberstellung f. -en; [Wettkampf｜plan m. -(e)s, "e; [数] Kombination f. -en.

くみあわせる 組み合せる verbinden*⁴; zusammen｜fügen⁴ (-|setzen⁴); [競技で] paaren (jn mit einem anderen); gegenüber｜stellen (jn zu anderen)/手を組み合せる die Hände falten/足を組み合せる die Beine übereinander schlagen/銃を組み合せる die Gewehre zusammen｜setzen/十字に組み合せる kreuzweise verbinden*.

くみいど 汲み井戸 Ziehbrunnen m. -s, -.

くみいれる 組み入れる ⇔へんにゅう(編入).

くみうち 組討ち Handgemenge n. -s; Balgerei f. -en; Ringen n. -s/組討ちとなる handgemein werden (mit jm); ins Handgemenge kommen* (geraten*) ⓢ (mit jm); ⁴sich gegenseitig packen; ringen; aneinander geraten* ⓢ; (⁴sich) raufen (mit jm).

くみかえ 組替え Neuordnung f. -en; Umgruppierung f. -en; Umbildung f. -en; Umbau m. -(e)s, -ten -e; Wieder｜verteilung (Neu-) f. -en; [印] Neusatz m. -es, "e/組替えを新に｜ordnen⁴; um｜gruppieren⁴; neu verteilen⁴; [印] aufs Neue setzen.

くみがしら 組頭 Führer (m. -s, -) einer Gruppe; Anführer m. -s, -; [労働者の] Vorarbeiter m. -s, -; Aufseher m. -s, -.

くみかわす 汲み交わす ³sich gegenseitig ein｜schenken; mit jm zusammen trinken⁴.

くみきょく 組曲 Suite f. -n; mehrsätziges Musikstück, -es, -e.

くみこむ 汲み込む hinein｜gießen*⁴ (樽に酒を 汲み込む Wein in ein Fass gießen*; ein Fass mit Wein füllen.

くみする 与する ❶ [味方する] auf js ³Seite stehen*; js ¹Partei ergreifen*; jn in ⁴Partei nehmen*; jn unterstützen (支持する); jm bei｜stehen*. ❷ [関与する] teil｜nehmen* (an³); teil｜haben* (an³); ⁴sich beteiligen (bei³)/与し易い leicht auszukommen sein (mit jm); leicht zu behandeln sein/どちらにも与しない die Neutralität be｜halten* (中立).

くみだす 汲み出す [her]aus｜schöpfen⁴.

くみたて 組立て [構造] Bau m. -es; Konstruktion f. -en; Struktur f. -en; [構成] Zusammen｜setzung (-fügung) f. -en; System n. -s, -e (-s, -e (-組織); [文章の] Satz｜bau m. -(e)s (-bildung f. -en); [据え付け] Aufstellung f. -en; Montage f. -n 1 (e)s, "e/組立本箱(棚) das zerlegbare Bücherregal, -s, -e/組立式住宅(家屋) Fertighaus n. -es, "er.

くみたて 汲み立ての frisch geschöpft; frisch gepumpt (ポンプで)/汲み立ての水 Wasser (n. -s) frisch vom Brunnen; frisch geschöpftes Wasser.

くみたてる 組み立てる bauen⁴; zusammen｜setzen⁴ (-|fügen⁴); montieren⁴; auf｜stellen⁴ [据えつける]/機関車を組み立てる eine Lokomotive bauen.

くみちょう 組長 [学生の] Klassen｜führer (-leiter; -aufseher) m. -s, -/[工員の] Vormann m. -(e)s, "er; Vorarbeiter m. -s, -.

くみチンキ 苦味チンキ bitter Tinktur, -en.

くみつく 組み付く jn fassen; ⁴sich klammern (an jn).

くみとり 汲み取り das Herausschöpfen, -s; das Räumen (-s) der Klosettgruben ‖ 汲取口 Loch (n. -(e)s, "er) zum Herausschöpfen der Klosettgruben/汲取り人 Abtritts｜reiniger m. -s, - (-räumer m. -s, -; -leerer m. -s, -.

くみとる 汲み取る ❶ heraus｜schöpfen⁴; [aus]|lösen⁴ (ein ⁴Boot 舟の水を). ❷ [酌量する] berücksichtigen⁴; Rücksicht nehmen* (auf⁴); ⁴et in ⁴Erwägung (Betracht) ziehen*; erwägen*⁴. ❸ [推量する] erraten*⁴; vermuten⁴; ⁴sich ein｜fühlen (in⁴); dahinter｜kommen* ⓢ.

くみはん 組版 [印] Satz m. -es, "e; das Setzen, -s (-版を組むこと)/組版する Typen setzen.

くみひも 組紐 geflochtene Schnur, "e; Borte f. -n.

くみふせる 組み伏せる jn nieder｜halten*; jn zu ³Boden drücken; jn nieder｜ringen*.

くみほす 汲み干す aus｜schöpfen⁴; entwässern⁴; aus｜pumpen⁴ (ポンプで).

くみわけ 組分け Einteilung (f. -en) in ⁴Gruppen (Klassen)/組分けする in ⁴Gruppen (Klassen) ein｜teilen⁴; ordnen⁴ (nach³); sortieren⁴ (商品などを).

くみん 区民 Bewohner (m. -s, -) eines Stadtteils ‖ 区民大会 Bewohnerversammlung f. -en eines Stadtteils.

くみん 愚民 die ungebildete (dumme) Masse; das gemeine Volk, "-er.

くむ 汲む ❶ schöpfen⁴; [汲み干す] aus｜schöpfen⁴; aus｜kellen⁴ (柄杓で); [酒を] trinken*⁴; jm zusammen trinken⁴). ❷ [酌量する] 人の心を汲む ⁴sich in js ⁴Lage versetzen; jm ⁴et nach｜fühlen

くむ 組む ❶ [編む] ver|flechten⁴. ❷ [組み立てる] zusammen|setzen⁴ (-|fügen⁴); konstruieren; bilden; [交差する] kreuzen /いかだを組む ein Floß bilden/列を組む eine Reihe bilden; ⁴sich reihen; Schlange stehen⁴; Queue machen/腕を組む die Arme kreuzen/膝を組む die Beine übereinanderschlagen⁴/銃を組む(差銃する) die Gewehre zusammen|setzen. ❸ [活字を] setzen⁴ 《Typen》. ❹ [取り組む] ringen⁴ 《mit³》. ❺ 組になる sich paaren 《二人が》; ⁴sich vereinigen 《mit jm》; [行動をともにする] gemeinsam (gemeinschaftlich) handeln; [共謀する] ⁴sich zusammen|rotten; ⁴sich verschwören 《mit jm zu ³et》.

くめん 工面 Erfindung f. -en 《くふう》; Aufbringung 《f. -en》 des Geldes (金策); pekuniäre (geldliche) Verhältnisse 《懐具合》/工面がよい wohlhabend sein; genug ⁴Geld haben; in guten ³Verhältnissen sein/工面が悪い arm sein; wenig ⁴Geld haben; in ³Geldverlegenheit sein; in schlechten ³Umständen sein/何とか工面してみよう Ich werde versuchen, es irgendwie zuwege (zu Wege) zu bringen. —— 工面する erfinden⁴ 《くふうする》; [才覚する] fertig bringen⁴⁺; zuwege (zu Wege) bringen⁴⁺; [奔走する] ⁴sich bemühen 《um⁴》; [凌ぐ] ⁴sich behelfen⁴⁺ 《mit³》; [金を] ⁴Geld auf|bringen⁴⁺ (-|treiben⁴⁺); sich ⁴Geld verschaffen.

くも 雲 Wolke f. -n/雲に届く様な in die Wolken ragend; wolkenkratzend; zum Himmel ragend; die Wolken berührend; bis in die Wolken reichend/雲のない wolken|frei (-los); ohne die kleinste Wolke; vollkommen wolkenlos/雲に覆われた mit ³Wolken bedeckt, in Wolken gehüllt/雲に隠れる ⁴sich hinter den Wolken verbergen⁴/雲が切れる Die Wolken verteilen sich./雲が出る Die Wolken steigen auf./Wolken bilden sich./Der Himmel bewölkt sich./雲が晴れる Die Wolken verziehen sich./雲が低い Die Wolken hängen tief./雲の峰 Wolkenbank f. =e; riesenhafte Wolkensäule, -n. ¶ 雲を突くような riesengroß; übermäßig groß; kolossal/雲をつかむような undeutlich; unklar; unbestimmt; [非現実的な] traumhaft; fantastisch; chimärisch/雲を霞と逃げる ⁴sich davon|machen; ⁴sich aus dem Staub(e) machen.

くも 蜘蛛 Spinne f. -n/蜘蛛の糸 Spinnenfaden m. -s, ⸗/蜘蛛の巣 Spinnen|netz n. -es, -e (-gewebe n. -s, -); Gewebe 《n. -s, -》 der Spinnen/蜘蛛の巣だらけの mit Spinnengewebe überzogen; voller Spinnengewebe/蜘蛛が巣をかける Die Spinne webt ein Netz./蜘蛛の子を散らす様に逃げる in alle Wind(e) zerstieben⁴.

くもあし 雲足 Bewegung 《f. -en》 der Wolken; Wolkenzug m. -(e)s, ⸗e/雲足が早い Die Wolken ziehen schnell über den Himmel.

くもがくれ 雲隠れする ⁴sich hinter den Wolken verbergen⁴; [見えなくなる] außer Sicht kommen⁴ s; verschwinden⁴ s; [逃亡する] ⁴sich aus dem Staub(e) machen.

くもがたじょうぎ 雲形定規 Kurvenlineal n. -s, -e.

くもすけ 雲助 Sänfte|träger (Sessel-) m. -s, -; Kuli m. -s, -; 《クーリー》.

くもつ 供物 Opfer n. -s, -; Opfergabe f. -n/供物をあげる Opfer dar|bringen⁴‖供物台 Opfertisch m. -(e)s, -e.

くもま 雲間に隠れる ⁴sich hinter den Wolken verbergen⁴/雲間から現われる hinter den Wolken hervor|kommen⁴ s; zwischen den Wolken erscheinen s.

くもゆき 雲行き ❶ Wolkenzug m. -(e)s, ⸗e; [空模様] Wetter n. -s, -. ❷ [形勢] Lage f. -n; Situation f. -en; Verhältnisse 《pl》; Zustand m. -(e)s, ⸗e/天下の雲行き Zeitlage f. -n/雲行きを見る sehen⁴, wie der Hase läuft; ab|warten, wie die Sache sich entwickeln wird; eine abwartende Stellung ein|nehmen⁴/雲行きが怪しい Der Himmel (Das Wetter) sieht drohend aus. 《空模様》; Die Lage ist drohend./雲行きが悪くなる Die Lage droht ernst zu werden. Die Sache scheint ⁴sich zu js Ungunsten zu entwickeln. Die Lage wird ungünstig./どうなるか雲行きを見よう Lasst uns warten und sehen, wie die Sache sich entwickelt.

くもらせる 曇らせる [空を] ⁴sich bewölken⁴; um|wölken⁴; [透明なものを] trüben⁴; verdüstern⁴; verdunkeln⁴; [色を] verdunkeln⁴; [光沢を] ab|matten⁴; mattieren⁴; [顔を] ein düsteres Gesicht machen; düster drein|schauen; [ガラスを] Glas an|laufen lassen 《息で》; Glas matt schleifen⁴ (blind machen) 《擦って》; [前途を] düster machen⁴; verdüstern⁴/声をくもらせて mit düsterer (dumpfer) Stimme.

くもり 曇り [天候] wolkiges Wetter, -s, -; Bewölktheit f.; Bewölkung f. -en; [影] Schatten m. -s, -; Wolke f. -n; Blindheit f. 《ガラスの》; [もうろうとしたこと] Trübheit f.; Düsterheit f.; Verdunkelung f. -en; [写真の] Schleier m. -s, -; [人格の] Flecken m. -s, -; Makel m. -s, -/曇りがちの wolkig/曇り後晴 Wolkig, später schön./曇りのない心 reines Gewissen, -s; Gewissensruhe f. ¶ 曇りガラス Matt|glas (Milch-) n. -es, ⸗er.

くもる 曇る [空が] ⁴sich bewölken; ⁴sich um|wölken; wolkig (bewölkt) werden; mit Wolken bedeckt werden; [うるむ] ⁴sich trüben; ⁴sich verfinstern; trübe (finster, düster; dunkel) werden; [ガラスが] an|laufen⁴ s; [光沢・声が] matt werden; dumpf werden; [写真が] ⁴sich verschleiern/曇った天気 das trübe (düst(e)re) Wetter, -s, -/曇った空 wolkiger Himmel, -s, -/顔が曇る Das Gesicht verfinstert sich. Eine Wolke fliegt über das Gesicht./目が曇る Das

くもん 苦悶 Qual f.; Pein f.; Schmerz m. -es, -en; Leiden n. -s, -; Marter f. -n 《苦汗》 Angst f. ¨e 《不安》/苦悶の表情 gequälter Gesichtsausdruck, -(e)s, ¨e; Schmerzensmiene f. -n/苦悶する ⁴sich quälen; ⁴sich vor ⁵Schmerzen zerquälen.

くやくしょ 区役所 Bezirksverwaltungsamt m. -(e)s, ¨er.

くやしい [残念な] bedauerlich, bedauernswert; [悲しむべき] beklagens|wert (-würdig); [いまいましい] ärgerlich/くやし涙を流す Tränen des Ärgers weinen/くやし紛れに ³Ärger; aus ³Gram 《恨みから》/くやしかったら相手になってやる Wenn du ärgerlich bist, ich bin immer bereit, es mit dir aufzunehmen./くやしくって気も狂いそうだ vor Ärger fast außer ³sich sein.

くやしがる [残念がる] bedauern; beklagen 《嘆く》; ⁴sich grämen 《über⁴ 恨む》; [いまいましがる] ärgerlich sein 《über⁴》/じだんだ踏んでくやしがる vor Verdruss auf den Fußboden stampfen.

くやみ 悔み Beileid n. -(e)s; Kondolenz f. -en; Beileidsbezeigung f. -en/悔みに行って一言お悔みのことばもありません Worte fehlen mir, Ihnen mein Beileid auszudrücken./お悔みに参りました Ich komme, um Ihnen mein herzliches Beileid auszusprechen. ‖ 悔み状 Beileids|brief (Kondolenz-) m. -(e)s, -e/悔み電報 Beileidstelegramm n. -es, -e.

くやむ 悔む [後悔する] bereuen⁴; es reut mich; Reue empfinden* 《über⁴》; 《悔やまれる》 bedauern⁴; beklagen⁴; [弔う] jm kondolieren/悔んでもかいのないことを悔む über vergossene Milch klagen/《悔やんでも》 Es hat keinen Zweck, über verschüttete Milch zu klagen.; Späte Reue nützt nichts.

ぐゆう 具有する besitzen*⁴; haben*⁴; inne|haben*⁴; ausgerüstet (versehen) sein 《mit³ 備えている》.

くゆらす [たばこ] rauchen/たばこをくゆらす Tabak rauchen; eine Zigarre rauchen 《葉巻と》/香をくゆらす ein Räucherwerk ab|brennen*.

くよう 供養 Totenmesse f. -n/供養する eine Totenmesse ab|halten* (lesen*) ‖ 供養塔 der zur Ehrung der Toten gebaute Turm, -(e)s, ¨e.

くよくよ ⁴sich bekümmern 《気にかける》; ängstlich sein 《über⁴, wegen²⁽³⁾》; [思いわずらう] grübeln 《über⁴》; brüten 《über⁴》/そうくよくよ Quälen Sie sich nicht so!; Machen Sie sich nicht so viele Sorgen!

くら 鞍 Sattel m. -s, ¨/鞍を置く sattel|n; den Sattel auf|legen; ein ²Pferd auf|satteln ‖ 婦人用鞍 Damen|sattel (Frauen-) m. -s, ¨.

くら 倉, 蔵 Speicher m. -s, -; Magazin n. -s, -e; [商品の] Lager n. -s, ¨; Lagerhaus n. -es, ¨er; [穀物の] Getreide|boden m. -s, ¨, -speicher m. -s, -); Kornspeicher m. -s, -; [宝物の] Schatz|kammer f. -n (-haus n. -es, ¨er); [武器の] Zeughaus n. -es, ¨er; Arsenal n. -s, -e; Rüst|kammer (Waffen-) f. -n; 《火薬の》 Pulvermagazin n. -s, -e/蔵に入れて置く im Speicher auf|bewahren⁴/蔵から出す dem Speicher heraus|nehmen*⁴ ‖ 蔵入れ Lagerung f. -en/蔵出し Lieferung f. -en.

くらい 位 ❶ [位階] (Hof)rang m. -(e)s, ¨e; Würde f. -n 《品位》; [等級] Grad m. -es, -e; Klasse f. -n 《階級》; [地位] Stelle f. -n; Stellung f. -en/正(従)五位の der obere (untere) Grad des fünften Hofranges/位が上がる im Rang steigen* 〔s〕/位を上げる in Rang befördern/位を落とする degradieren/位自分する seines Ranges unwürdig sein. ❷ [帝王の] Thron m. -(e)s, -e/位につく den Thron besteigen*; auf den Thron gelangen 《くる》 〔s〕/位を譲る den Thron entsagen; den Thron verlassen*; vom Thron steigen* 〔s〕/位を奪う jn vom Throne berauben; jn vom Thron jagen (stoßen*)/位につかせる jn auf den Thron erheben* (bringen*). — 位する [位階] rangieren.

くらい 暗い ❶ dunkel; finster; lichtlos; [うすぐらい] düster; trübe; dämm(e)rig; stockfinster 《真暗な》; [光が] schwach; matt; trübe; [後暗い] dunkel; verdächtig; zweifelhaft/暗い所 dunkler Ort, -es, -e; Gefängnis n. -nisses, -nisse 《牢獄》; Kerker m. -s, - 《地下の牢》/暗いうちに vor ³Tagesanbruch/暗くならうちに bevor es dunkelt (dunkel wird); noch vor ³Eintritt der Dunkelheit; vor ³Einbruch der Nacht. ❷ [...に通じていない] unwissend sein; eines Dinges unkundig sein; unbewandert sein 《in³》; keine Erfahrung haben 《in³》/世事に暗い wenig von der Welt wissen/彼は歴史に暗い Er ist in der Geschichte unbewandert (nicht zu Hause)./私はこの辺の地理に暗い Ich bin in dieser Gegend nicht gut orientiert./Diese Gegend ist mir fremd.

〜くらい ❶ [およそ] ungefähr; etwa; [ほとんど] fast; beinah(e); so gut wie; annähernd; an⁴ 《数》; gegen⁴ 《時》; um⁴ 《時》. ❷ [程度]このくらい so viel (量·数); so lange (長さ·時間); so weit (程度·距離); so fern (距離); so groß (大きさ); so breit (幅); so tief (深さ); so hoch (高さ); so dick (厚さ)/どのくらい [上記の]の代わりに wie を用いて/wie viel 《量》; wie lange 《長さ·時間》/ここから東京までどのくらいありますか Wie weit ist es von hier bis Tokio?/月に一度ぐらい etwa einmal monatlich (im Monat)/五千円くらいなら持ち合わせているだろう Er wird wenigstens 5 000 Yen bei sich haben./二万円ぐらい ungefähr zwanzigtausend Yen; an die 20 000 Yen/くらいなら[むしろ] lieber; vielmehr; überhaupt 《どうせ...くらいなら》/どうせ金もうけするぐらいなら wenn man überhaupt ⁴Geld verdienen will/勉強するぐらいなら寝ている方がまだし Ich will lieber schlafen als studie-

グライダー Segelflugzeug n. -(e)s, -e; Segler m. -s, -/Gleitflugzeug; Gleiter m. -s, -/グライダーを操縦する mit einem Segelflugzeug fliegen* ⓑ.s.; einen Gleitflug machen ‖ グライダー操縦士 Segelflieger (Gleit-) m. -s, -.

くらいどり 位取り [単位] Einheit f. -en; Stelle f. -n《桁》/位取りをまちがえる eine falsche Einheit nehmen*.

クライマックス Klimax f. -e; Höhepunkt m. -(e)s, -e/クライマックスに達する eine Klimax erreichen*; zu einem Höhepunkt gelangen ⓢ.

くらう 喰う ❶ essen*⁴; verzehren⁴; [動物が, 動物のように] fressen*⁴; verschlingen*⁴. ❷ [こうむる] bekommen*⁴/お目玉を喰う Schelte (Rüge) bekommen*; gescholten werden.

くらがえ 鞍替えする um|satteln《職業・専門・党などをかえる》; zu einer anderen ³Gesellschaft über|gehen* ⓢ《会社をかえる》.

グラウンド Sportplatz m. -es, ⁼e; Spielfeld n. -(e)s, -er《運動場・競技場・コート》; Sportfeld; Stadion n. -s, ..dien.

くらがり 暗がり das Dunkel, -s; Dunkelheit f.; Finsternis f. ..nisse; Düsterheit f.; Düsterkeit f./暗がりで im Dunkeln (Finstern); in der ³Dunkelheit (Finstern).

くらく 苦楽をともにする Freud' und Leid miteinander teilen.

くらく 暗くなる dunkel (finster; düster) werden; ⁴sich verdunkeln (verfinstern); ⁴sich beschatten《影で》; ⁴sich bewölken《空が》/段々暗くなる immer dunkler werden; dämmern. — 暗くする verdunkeln⁴; verfinstern⁴; verdüstern⁴; dunkel (finster; düster) machen⁴; ab|blenden⁴《das Licht (Zimmer) 光 -部屋を》/ランプを暗くする die Lampe klein drehen (herunter|schrauben; dunkler machen).

クラクション [Auto]hupe f. -n.

くらくら ❶ 目がくらくらする Es schwindert jm. Es wird jm schwarz vor den Augen. ❷ くらくら煮立つ wallen; brodeln.

ぐらぐら ぐらぐらする ❶ [心・態度が] ⇨ぐらつく. ❷ [頭が] Schwindel bekommen*; von ³Schwindel befallen werden/私は目(頭)がぐらぐらする Mein Kopf dreht sich. : Mir ist schwindlig. : Mir brummt der Schädel. ❸ ぐらぐら煮立つ kochen; sieden*¹.

くらげ 水母《動》Qualle f. -n; Meduse f. -n.

くらさ 暗さ Dunkelheit f.; Dunkel n. -s; [闇] Finsternis f. ..nisse; [陰鬱] Düsterkeit f.; Trübheit f.; Trübe f./あの人はどこか暗さがある Er scheint mir irgendwie düster.

くらざらえ 倉浚え ⇨くらばらい《蔵払い》.

くらし 暮らし ❶ [生計] Unterhalt m. -(e)s; Lebensunterhalt m. -(e)s; Leben n. -s; Auskommen n. -s; Haushalt m. -(e)s, -e《家政》; Haushaltung f. -en《同上》. ❷ [境遇] Lebens|umstände (-verhältnisse)《pl》/暮らし方 Lebensweise f. -n/暮らしを立てる ⁴sich ernähren《durch⁴》; aus|kommen*

《mit³》; den Lebensunterhalt verdienen《durch⁴》; das Brot verdienen《durch⁴》; ⁴sich durchs Leben schlagen*《わるい(わびしい)一 ein gutes (elendes) Leben führen; in guten Verhältnissen leben/暮らしに困らない (困る) genug (nichts) zu leben haben/楽な暮らし das bequeme Auskommen/筆で暮らしを立てる von seiner Feder leben/いなかの方がずっと暮らしが楽だ Auf dem Land(e) kann man viel billiger leben.

グラジオラス Gladiole f. -n.

くらしき 倉敷(料) Lager|kosten《pl》(-gebühr f. -en; -geld n. -(e)s, -er; -miete f. -n).

クラシシズム Klassizismus m. -.

くらした 鞍下 Lendenstück n. -(e)s, -e《牛肉の》.

クラシック [古典主義] Klassik f.《芸術》; Klassiker m. -s, -《主義者・作家》; klassisches Werk, -(e)s, -e《作品》/クラシックの klassisch ‖ クラシック音楽 die klassische Musik.

くらす 暮らす ❶ leben; [生計を立てる] ⁴sich erhalten* (ernähren); seinen Lebensunterhalt verdienen; sein Brot verdienen《durch⁴; mit³》; aus|kommen*《mit³》/不自由なく暮らす ein angenehmes (bequemes) Leben führen; behaglich aus|kommen* ⓢ/楽しく暮らす froh und glücklich leben. ❷ [時を過ごす] zu|bringen*; hin|bringen*/ぶらぶら暮らす (遊んで暮らす) ein müßiges Leben führen; in den Tag hinein|leben; das Leben (die Zeit) verbummeln/忙しく暮らす ein beschäftigtes Leben führen/夏を海岸で暮らす den Sommer auf dem Land(e) zu|bringen*/どうにか暮らす ⁴sich kümmerlich behelfen* (durch|schlagen*)/いかがお暮らしですか Wie befinden Sie sich?: Wie geht es Ihnen?

クラス Klasse f. -n/クラスで一番(びり)の der Beste* (der Letzte*) in der Klasse sein ‖ クラス会 Klassenversammlung f. -en.

グラス Glas n. -es, ⁼er ‖ グラスファイバー Glasfaser f. -n.

くらずれ 鞍擦れ Satteldruck m. -(e)s.

グラタン Auflauf m. -(e)s, ⁼e; Gratin n. -s, -s/グラタンにする gratinieren⁴; über|backen*¹⁴/舌平目のグラタン die überbackene Seezunge.

クラッカー [かんしゃく玉] Knallbonbon m.(n.) -s, -s; [菓子] Cracker m. -s, -《比》.

ぐらつく [v.] schwanken; wackeln; wanken ⓗ.s./信念がぐらつく in seinem Glauben wankend werden《歯(机)が》ぐらつく Ein Zahn (Der Tisch) wackelt./彼の地位はぐらついている Seine Stellung ist erschüttert. : Der Boden wankt ihm unter den Füßen./彼は一旦こうと決めたらぐらつかぬ Er bleibt fest bei seiner Meinung (bei seinem Entschluss)./屋台骨がぐらついた Das Haus wurde in seinen Grundmauern erschüttert. ❷ [a.] schwankend; wankend; wack(e-)lig; unschlüssig (unsicher; unbeständig)《不安定・不決断の》.

クラッチ Kuppelung f. -en/クラッチを入れる

くらに 倉荷 Lager|ware *f.* -n (-gut *n.* -[e]s, "er); || 倉荷証券 Lager|schein *m.* -[e]s, -e.

グラニュー グラニュー糖 granulierter Zucker, -s, -; körniger Zucker.

くらばらい 蔵払い Lager|ausverkauf (Räumungs-) *m.* -[e]s, "e; Ramschverkauf *m.* -[e]s, "e.

くらばん 倉番 Lager|aufseher *m.* -s, -' (-halter *m.* -s, -); Magazinverwalter *m.* -s, -.

グラビア Photogravüre *f.* -n.

クラブ ❶ [同好会] Klub *m.* -s, -s; Verein *m.* -[e]s, -e; Kasino *n.* -s, -s 〈集会所〉/ サッカークラブ Fußballklub *m.* -s, -s 〈競技の〉/ クラブ員 Klub|mitglied (Vereins-) *n.* -[e]s, -er / クラブの規則 die Statuten 〈*pl*〉 eines Klubs (eines Vereins) / クラブを作る einen Klub (einen Verein) organisieren. ❷ [トランプの] Eicheln ⟨*pl*⟩; Kreuz *n.* -es, -e; Treff *n.* -s, -s / クラブのエース Eichelass *n.* -es, -e. ❸ [ゴルフの] Golfschläger *m.* -s, -; Holzschläger *m.* -s, - 〈ウッド〉; Eisenschläger *m.* -s, - 〈アイアン〉.

グラフ ❶ [図表] Diagramm *n.* -s, -e; die grafische Darstellung, -en. ❷ [画報] die Illustrierte*, -n, -n; Bilderzeitschrift *f.* -en.

グラフィック グラフィックアート Grafik *f.* -en; die grafische Kunst, "e / グラフィックデザイナー Grafiker *m.* -s, -.

クラフト クラフト紙 Pappe *f.* -n.

-くらべ Wett-; Konkurrenz- / 腕くらべ Wettkampf ⟨*m.* -[e]s, "e⟩ in der Armstärke; Wettkampf in der Fähigkeit (Kunstfertigkeit) 〈技術の〉/ 駆けくらべ Wettlauf *m.* -s, "e (-rennen *n.* -s, -) / 根くらべ Wettkampf in der Ausdauer / 力比べ Wettkampf in der Körperkraft / 力比べする gegenseitig die Kräfte messen*.

くらべもの 比べ物にならない keinen Vergleich mit ³*et* aus|halten*; ⁴sich mit ³*et* nicht vergleichen lassen*; ⁴sich nicht vergleichbar sein ⟨*mit*³⟩; ⁴es mit ³*et* (*jm*) nicht aufnehmen können*; ⁴sich mit *jm* nicht messen können* ⟨*in*³; *an*³⟩.

くらべる 比べる ❶ [比較] vergleichen*⁴ ⟨*mit*³⟩; einen Vergleich an|stellen ⟨*mit*³⟩; [対比] gegenüber|stellen³ ⁴; entgegen|setzen³ ⁴; kontrastieren ⟨*mit*³⟩ /...と比べて im Vergleich mit; verglichen ⟨*mit*³⟩ / ...の Gegensatz zu / 長さを比べる die Länge vergleichen*. ❷ [競う] wetteifern ⟨*in*³; *an*³⟩; ⁴sich messen* ⟨*mit*³⟩ 〈力を比べる〉/ 根気を比べる an ³Ausdauer wetteifern / 腕をくらべる im Können ⟨in der Fähigkeit, in der Kunstfertigkeit 〈技量〉⟩ wetteifern.

グラマー グラマーな女性 eine füllige (üppige) Frau, -en; vollbusige Frau 〈バストの大きい〉; vollschlanke Frau.

くらます 晦ます ❶ [目を] blenden; verblenden ⟨*über*⁴⟩; [欺く] täuschen*⁴. ❷ / ⁴sich verstecken (verbergen*); verschwinden* / 犯跡をくらます ein Verbrechen ⟨*n.* -s, -⟩ verdecken / 跡をくらまして逃げる spurlos entwischen; ohne ⁴Spur fliehen* ⟨s⟩.

くらむ 眩む ❶ [めまいがする] schwindlig werden; es schwindelt *jm*. ❷ [眩惑される] verblendet werden; beschwindelt werden; ⁴sich täuschen lassen* / 金に目がくらむ aus ³Geldsucht verblendet werden / 嫉妬に目がくらむ aus blinder Eifersucht; durch ⁴Eifersucht geblendet.

グラム Gramm *n.* -s, -e ⟨数量の単位としては *pl* にしない、略: g⟩ / 食塩5グラム fünf Gramm Kochsalz.

くらやみ 暗闇 Finsternis *f.* ...nisse; Dunkelheit *f.*; das Dunkel, -s / 暗闇で〈に〉in der Finsternis (Dunkelheit); im Dunkeln.

クラリネット Klarinette *f.* -n.

くらわす 喰わす ❶ [与える] füttern*⁴; *jn* speisen ⟨*mit*³⟩; [食べる] geben*⁴; [なぐる] schlagen*⁴ / *jm* einen Schlag versetzen; hauen*⁴ / 鉄拳を喰わす mit der Faust schlagen*⁴.

くらわたし 倉渡し Auslieferung ⟨*f.* -en⟩ aus dem Speicher (Lager).

クランク Kurbel *f.* -n / クランクを回す die Kurbel drehen; Film drehen (kurbeln) 〈映画の〉 || クランク室 Kurbelkasten *m.* -s, "/ クランク軸 Kurbelwelle *f.* -n.

グランドピアノ Flügel *m.* -s, -.

グランプリ Grand Prix *m.* - -, - -; Granprix *m.* -, -; Großer Preis, -es, -e.

くり 栗 Edelkastanie *f.* -n 〈実〉; Kastanienbaum *m.* -[e]s, "e 〈木〉/ 栗の毬(いが) Igel ⟨*m.* -s, -⟩ der Kastanie / 栗のからKastanienschale *f.* -n / 栗色 Kastanienbraun *n.* -s / 栗色の kastanienbraun / 栗拾いに行く Kastanien sammeln gehen* ⟨s⟩ / 火中の栗を拾う für *jn* die Kastanien aus dem Feuer holen; ⁴sich für *jn* in einer Gefahr aus|setzen.

くり 庫裡 Wohnzimmer ⟨*n.* -s, -⟩ eines buddhistischen Tempels.

くりあげ 繰り上げ ❶ [期日などを] Verlegung ⟨*f.* -en⟩ auf ein früheres Datum; rückwärtige Verlegung. ❷ [順番を] Vorrücken *n.* -s / 繰り上げ当選 vorgerückte Erwählung, -en. —— 繰り上げる ❶ [期日などを] auf ein früheres Datum verlegen⁴; [das Datum] früher legen; [授業などを] vor|verlegen⁴ ⟨*auf*⁴⟩; [順番を] vor|rücken⁴ ⟨*auf*⁴⟩ / 試験を七月に繰り上げる die Prüfung (das Examen) auf Juli vorverlegen.

クリアランスセール Ausverkauf *m.* -[e]s, "e; Inventurausverkauf.

くりあわせ 繰り合わせ [An]ordnung *f.* -en; Einrichtung *f.* -en; Arrangement *n.* -s, -s; Regelung *f.* -en. —— 繰り合わせる 《つごうをつける》 ein|richten; schicken ⟨zu ³*et*; auf ⁴*et*⟩; ein|richten⁴; arrangieren⁴; [時間を] Zeit machen (finden*) / なんとか繰り合わせて御伺いします Ich will es so einrichten (arrangieren), dass ich Sie besuchen kann. / 行きたいが時間の繰り合わせがつかない Ich möchte gern hingehen, aber ich finde keine Zeit dazu.

クリーク Flüsschen n. -s, -; Kanal m. -s, ¨e.

クリークラブ Gesangverein m. -(e)s, -e; [Sänger]chor m. -(e)s, ¨e.

グリース Schmiere f. -n; Schmierfett n. -(e)s, -e.

クリーニング Reinigung f. -en; Wäscherei f. -en/クリーニングに出す zur Reinigung bringen*⁴; in die Reinigungsanstalt bringen*⁴; in die Wäscherei geben*⁴/クリーニングさせる reinigen lassen*⁴ ‖ クリーニング屋 Reinigung f. -en; Reinigungsanstalt f. -en; Wäscherei f. -en/ドライクリーニング chemische Reinigung (Wäscherei).

クリーム Creme (Krem) f. -s; [食用の] Sahne f. -n; Rahm m. -en; Milchrahm m. -es/クリームを入れる sahnen*⁴/コーヒーにクリームを入れる Sahne in den Kaffee tun*‖クリーム色 Creme|farbe (Krem-) f. -n/クリーム色の creme[farben]; krem[farben]/クリームキャラメル Sahnebonbon m. (n.) -s, -s/クリームチーズ Streichkäse m. -s, -/クリームケーキ Sahnetorte f. -n/コールドクリーム [halbfette] Feuchtigkeitscreme f. -n/バニシングクリーム Hautcreme f. -n/デイクリーム f. -n; Tagescreme f. -n.

くりいれる 繰り入れる übertragen*⁴ (auf*⁴); überschreiben*⁴ (auf*⁴)/収益を共同募金に繰り入れる die Erträgnisse auf die gemeinschaftlichen Fonds überschreiben*/利子を資本金に繰り入れる die Zinsen zum Kapital schlagen*.

グリーン グリーンピース Erbsen (pl)/グリーンベルト Grüngürtel m. -s, -《緑地帯》.

くりかえし 繰り返し Wiederholung f. -en/繰り返して wiederholt; wiederholentlich; immer wieder; wieder und wieder.

くりかえす 繰り返す wiederholen*⁴; ⁴sich wiederholen《繰り返される》/彼はよく演説で一つの事を繰り返す Er wiederholt sich oft in seinen Reden./歴史は繰り返す Geschichte wiederholt sich.

くりかえる 繰り替える um|tauschen*⁴ (gegen*⁴); aus|tauschen*⁴ (gegen*⁴); wechseln*⁴ (mit*³); [流用する] verwenden*¹·*⁴ (für*⁴; zu*³); benutzen*⁴ (für*⁴; zu*³)/時間を繰り替える die Stunden um|wechseln.

くりからもんもん 倶梨伽羅紋々 Tätowierung f. -en/倶梨伽羅紋々の男 ein tätowierter Bursche, -n, -n (Kerl, -s, -e).

くりくり ¶ **くりくり坊主** kahl geschorener Kopf, -(e)s, ¨e/**くりくりした目** die großen runden Augen (pl).

ぐりぐり Drüsengeschwulst f. ¨e《腫瘍》.

くりげ 栗毛 [馬] der Braune*, -n, -n; dunkelbraunes Pferd, -es, -e.

グリコーゲン Glykogen n. -s; Leberstärke f.

くりこし 繰り越し Übertragung f. -en; das Überschreiben*, -s; Transport m. -(e)s, -e ‖ 繰越金 Übertrag m. -(e)s, ¨e; Kassensaldo m. -(en -s)《現金の》/前期繰越金 der Übertrag der letzten Abrechnung; 後期繰越金 der auf das nächste Konto transportierte Übertrag/繰越損益 die übertragenen Verluste und Gewinne.

くりこす 繰り越す übertragen*⁴ (auf*⁴); überschreiben*⁴ (auf*⁴); transportieren*⁴/後期へ繰り越す auf das nächste Konto übertragen*⁴/前期から繰り越す von der letzten Abrechnung übertragen*⁴/借金を繰り越す die Schulden übertragen*.

くりごと 繰り言 [不平] Klage f. -n; Beschwerde f. -n; [愚痴] unnütze Klage; Klagerei f. -en; Gejammer n. -s/老婦人の繰り言 die langweilige Geschichte einer alten Frau/返らぬ繰り言 das unnütze Bedauern, -s/繰り言を言う immer die alte Leier an|stimmen; klagen; jammern; brummen.

くりこむ 繰り込む ❶ [編入する] ein|ordnen*⁴; ein|reihen*⁴; ein|rahmen*⁴; auf|nehmen*⁴《以上どれも in*⁴》; [繰り越す] ⇨くりこす. ❷ [進入する] ein|marschieren (-|rücken; -|ziehen*) ᛋ.

くりさげる 繰り下げる [時間などを] verlegen*⁴ (auf*⁴); [日延べする] verschieben*⁴; auf|schieben*⁴ (auf*⁴)/時間を繰り下げる auf die spätere Stunde verlegen*/月曜に繰り下げる auf den Montag auf|schieben*⁴/順番を繰り下げる die Reihenfolge hi|nunter|rücken.

クリスタルガラス Kristall n. -s; Kristallglas n. -es.

クリスチャン Christ m. -en, -en.

クリスマス Weihnachten (pl)/クリスマスの祝い Weihnachts|fest n. -(e)s, -e《-feier f. -s, -》/クリスマスの頃 Weihnachtszeit f./クリスマスに zu ³Weihnachten; zur Weihnachtszeit/クリスマスを祝う Weihnachten feiern/クリスマスおめでとう [Ich wünsche Ihnen] Fröhliche Weihnachten! ‖ クリスマスイブ Weihnachtsabend m. -s, -e; der Heilige Abend/クリスマスカード Weihnachtskarte f. -n/クリスマスキャロル Weihnachtslied n. -(e)s, -er/クリスマスツリー Weihnachtsbaum (Christ-) m. -(e)s, ¨e/クリスマスプレゼント Weihnachtsgeschenk n. -(e)s, -e.

グリセード Glissade f. -n.

グリセリン Glyzerin n. -s; Ölsüß n. -es.

くりだす 繰り出す [糸などを] heraus|ziehen*⁴ (hervor); [軍勢を] ausmarschieren lassen*; in Marsch setzen*⁴; vor|rücken; ein|setzen*⁴《投入する》; [槍を] den Speer vor|strecken; mit dem Speer stoßen*; die Lanze vor|stoßen*/新手を繰り出す eine neue (frische) Truppe ⟨-n⟩ ein|setzen/威勢よく繰り出す ⁴sich frisch auf den Weg machen.

クリック クリックする klicken; an|klicken*⁴.

クリップ Büro|klammer (Brief-) f. -n《書類用》; Haarklammer f. -n《髪の》.

グリップ Griff m. -(e)s, -e.

くりど 繰り戸 Schiebetür f. -en.

くりぬく 刳り抜く aus|höhlen*⁴ (-|bohren*⁴); [掘り抜く] aus|graben*⁴; unterhöhlen*⁴/目を刳り抜く jm ein Auge aus|bohren/木の中を刳り抜く einen Baum aus|höhlen.

くりのべ 繰り延べ Aufschub m. -(e)s, ¨e; Aufschiebung f. -en; Verschiebung f. -en/繰り延べる auf|schieben*⁴; verschieben*⁴

グリル Rostbratstube f. -n／グリル食堂／Grillroom m. -s, -s.

くりわた 繰り綿 entkörnte Baumwolle; ‖ 繰り綿機 Egreniermaschine f. -n.

くりんそう 九輪草［植］japanische Primel, -n.

クリンチ［ボクシング］Umklammerung f. -en／クリンチする um|klammern⁴.

くる 繰る haspeln⁴; auf|winden*⁴; weifen⁴;［綿を］entkörnen⁴（⁴Baumwolle）;［紡ぐ］spinnen*⁴;［ページなどを］durchblättern⁴（ein ⁴Buch）; blättern（in einem Buch）;［調べる］nach|sehen*⁴（-|schlagen*⁴）（im Wörterbuch）／雨戸を繰る die Schiebetüren《pl》zurück|schieben*／数珠を繰る den Rosenkranz ab|beten／指で日数を繰る die Tage an den Fingern ab|zählen.

くる 来る ❶ kommen*⒮;［乗り物で］kommen*⒮（zu ³Pferde）（飛行機で）; geritten（zu ³Pferde）《馬に乗って》; gefahren《車で》; mit dem Fahrrad（geradelt）《自転車で》; mit der (Eisen)bahn (dem Zug)《列車で》; mit dem Schiff《船で》;［来訪する］besuchen⁴; auf|suchen⁴; ⁴sich wenden（zu jm）; vor|sprechen*（bei jm 立寄る）;［近づく］heran|kommen*⒮; ⁴sich nähern⒮; heran|kommen*⒮; nahe kommen*⒮; heran|nahen（-|rücken）;［到着する］an|kommen*⒮（in³）; ein|treffen*⒮（in³）; an|langen（in³）;［期限が］fällig werden; ab|laufen*⒮; verfallen*⒮（さあこい Na, los!／誰でも来い相手になるぞ Komme wer will, ich nehme es mit jedem auf!／お手紙が来ました Hier ist ein Brief an (für) Sie.／春が来た Der Frühling ist da. ❷［渡来する］herüber|kommen*⒮; kommen*⒮;［伝来する］überliefert werden; her|kommen*⒮（von Alters）; ⁴sich vererben／仏教は朝鮮から来た Der Buddhismus wurde von Korea nach Japan eingeführt. ❸［由来する］stammen（aus³; von³）; her|kommen*⒮（von³）⒮; her|stammen⒮（von³）⒮; her|rühren（von³）;［起因する］entstehen*⒮（aus³）; her|kommen*⒮（von³）; ⁴sich ergeben*（aus³）; zurückzu|führen sein（auf⁴）; her|rühren（von³）／この語はラテン語から来たのである Dieses Wort stammt aus dem Lateinischen.［戻る］取って来る holen⁴／持って(連れて)来る mit|bringen*⁴／迎えに来る zurück|kommen*⒮／行って来る gehen*⒮／呼んで来る herbei|rufen*⁴／歩いて来る gegangen（zu ³Fuß; gelaufen）kommen*⒮／飛んで来る angeflogen kommen*⒮（走って）.［変化する］嫌いになって来る eines Dinges überdrüssig werden／面白くなって来る interessant werden／腹が立って来る ärgerlich werden／出て来る heraus|kommen*⒮; hervor|kommen*⒮; hervor|treten*⒮／入って来る herein|kommen*⒮.

ぐる［共謀］Verschwörung f. -en; Komplott n. -(e)s, -e; die heimliche Verabredung;［共謀者］der Mitverschworene*, -n, -n; Spießgesell(e) m. -sellen, -sellen; Kumpan m. -s, -e／ぐるになる ⁴sich verschwören*（mit jm）; ³sich (einander) in die Hände spielen; unter einer Decke stecken（mit jm）／ぐるになって in Verschwörung（mit³）; unter Teilnahme（von³）; im geheimen Einverständnis（mit³）.

くるい 狂い ❶［乱心］Verrücktheit f. -en; Irr|sinn（Wahn-）m. -(e)s; Tollheit f. -en; Geistesstörung f. -en. ❷［故障］Unordnung f. -en; Durchrinnen n. -s; Störung f. -en; Verwirrung f. -en. ❸［歪み］das [Auf]werfen*, -s;［狙いの］das Fehlschießen*, -s;［相場の］das Schwanken*, -s; Schwankung f. -en; das Fluktuieren, -s／狂いが来る aus der Ordnung kommen*⒮; in ¹Unordnung geraten*⒮; ⁴sich auf|werfen*（木・板が反った）; ⁴sich verschieben*《位置など》／俺の目に狂いはない Ich habe ein sicheres Auge.／僕の計画に完全な狂いが生じた Mein Plan ist völlig schief gegangen.

くるいざき 狂い咲き das Blühen*（-s）außerhalb der Jahreszeit／狂い咲きの花 die zweite (unzeitgemäße) Blüte, -n.

くるいじに 狂い死にする wahnsinnig sterben*⒮; zu ³Tode rasen (toben)《あばれて》.

くるう 狂う ❶［気が］verrückt (irrsinnig; wahnsinnig; geisteskrank; toll) werden; von ³Sinnen kommen*⒮／気が狂っている verrückt (irrsinnig; wahnsinnig; geisteskrank; toll) sein; von ³Sinnen sein／気も狂わんばかりに toll; rasend／...に狂う／女優に狂う auf eine Schauspielerin toll (besessen) sein. ❷［歪み］⁴sich verbiegen*; ⁴sich krümmen;［反る］⁴sich auf|werfen*; ⁴sich verschieben*《位置が》;［機械などが］falsch gehen*⒮; in ¹Unordnung geraten*（kommen*）⒮. ❸［計画が］schief gehen*⒮;［順序が］durcheinander gehen*⒮;［相場が］schwanken; fluktuieren;［天候が］unbeständig (veränderlich) werden／調子が狂う aus dem Takt kommen*／この時計は狂っている Die Uhr geht falsch.／Diese Uhr ist in Unordnung.／手筈が狂う Der Plan kommt aus der Ordnung (in Unordnung).／予算が狂った Der Voranschlag war zu kurz gemessen.

クルー Besatzung f. -en; Mannschaft f. -en; Crew f. -s.

グループ Gruppe f. -n／グループになって gruppenweise／グループを作る ⁴sich gruppieren.

くるくる くるくる回る ⁴sich rund herum|drehen（um⁴）.

ぐるぐる ぐるぐる巻く auf|wickeln⁴（um⁴）; winden*⁴（um⁴）／ぐるぐる回る ⁴sich im Kreis(e) bewegen (drehen); kreiseln ⒣⒮（⁴sich kreiseln）［ほとんどの］ように］／ぐるぐる回り続ける ⁴sich fortwährend im Kreis(e) herum|drehen／水車がぐるぐる回る Die Mühle (am Bach) geht.

グルジア Georgien n. -s／グルジアの georgisch ‖ グルジア語 Georgisch／グルジア人 Ge-

orgier m. -s, -.
くるしい 苦しい ❶ [苦痛な] schmerzhaft (-lich); qualvoll (pein-); peinigend; weh. ❷ [困難な] schwer; mühsam; mühselig; hart; schwierig; [切ない] qualvoll; peinlich; [当惑した] verlegen; verwirrt; [困窮した] dürftig; Not leidend; elend; kümmerlich. ❸ [無理な] anmaßen; gesucht; unnatürlich; gewaltsam/苦しい仕事 harte (mühselige, mühevolle) Arbeit, -en/苦しい立場 schwierige (peinliche) Lage, -n/ Klemme f. -n/苦しいしゃれ gezwungener Scherz, -es, -e/苦しい言いわけ schlechte Entschuldigung, -en/苦しい立場にある in der Klemme sein (sitzen*; stecken); im Dilemma sein; in der Tinte (den Nesseln) sitzen*/苦しい目に遭う peinliche (unangenehme) Erfahrungen machen/家計が苦しい in schlechten Verhältnissen sein; dürftiges (kümmerliches) Leben führen/苦しい時の神頼み „Not lehrt beten".
くるしまぎれ 苦し紛れに von ³Schmerz getrieben; vor ¹Qual; [絶望して] aus ³Verzweiflung; [やむをえず] aus ³Not; notgedrungen.
くるしみ 苦しみ ❶ [苦痛] Schmerz m. -es, -en; Qual f. -en; Weh n. -(e)s, -e; Pein f. ❷ [病苦] Leiden n. -s, -; [呵責(の)] Marter f. -n; Folter f. -n; [憂苦] Kummer m. -s; [難儀] Mühsal f. -e; Not f. "e; Dürftigkeit f. ⟪貧苦⟫/死の苦しみ Todesschmerz m. -es, ⟨-pein f.; -qual f. -en; -angst f. "e⟩/お産の苦しみ Geburtsschmerzen ⟨pl⟩ Geburtswehen ⟨pl 陣痛⟩/良心の苦しみ Gewissensbisse ⟨pl⟩ ⟨-qual f. -en; -angst f. "e⟩/一生の苦しみ lebenslängliche Qual.
くるしむ 苦しむ leiden* ⟨an³ 病気で⟩; leiden* ⟨unter³ 障害に⟩; [苦悩する] ⁴sich quälen ⟨ab|plagen; ab|quälen⟩; [痛み に] Schmerz empfinden ⟨fühlen⟩; [悲しむ] ⁴sich betrüben; ⁴sich kümmern; [当惑する] verlegen (verwirrt) sein; ratlos sein; [困窮する] Not leiden*; in ³Not sein; dürftig liegen*; [苦心する] ⁴sich bemühen; ³sich ⁴Mühe geben*; ⁴sich an|strengen/渇に苦しむ unter ³Durst leiden*/借金で苦しむ unter ³Schulden leiden*; von ³Schulden gedrückt sein/水不足に苦しむ unter ³Wassernot leiden*/重税に苦しむ unter der hohen ³Steuer stöhnen/返答に苦しむ um eine Antwort verlegen sein/理解に苦しむ kaum zu verstehen sein; schwer verständlich sein/私は無聊(ぶりょう)に苦しんでいる Ich sterbe fast vor Langeweile.
くるしめる 苦しめる ❶ quälen⁴; plagen⁴. ❷ [悩ます] peinigen⁴; belästigen⁴ ⟨煩わす⟩; verfolgen⁴ ⟨迫害する⟩; [苛責する] martern⁴; foltern⁴; [虐待する] misshandeln⁴; schlecht behandeln⁴. ❸ [悲しませる] betrüben⁴; bekümmern⁴; ⁴seinen ³Eltern ⁴Sorgen machen; seine Eltern betrüben/身を苦しめる kasteien ⟨苦行して⟩/心を苦しめる ⁴sich bekümmern; ⁴sich besorgen; ⁴sich ab|quälen; ⁴sich sorgen ⟨um⁴⟩; jm schwer auf die ⁴Seele fallen* ⟨s⟩/貧乏に苦しめられる unter ³Armut zu leiden haben.
グルタミン Glutamin n. -s, -e ‖ グルタミン酸 Glutaminsäure f. -, .
グルテン Gluten n. -s.
くるぶし 踝 Knöchel m. -s, -.
くるま 車 [車輪] Rad n. -(e)s, "er; [総称] Wagen m. -s, -; [自動車] Auto n. -s, -s; Kraftwagen m. -s, -; [タクシー] Lastauto n. -s, -s ⟨トラック⟩; Taxi n. -s, -s ⟨タクシー⟩; [列車の車両] Wagen m. -s, -; Waggon m. -s, -s; [荷車] Karren m. -s, -; [上等の馬車] Kutsche f. -n; [辻馬車・タクシー] Droschke f. -n; [手車] Handwagen m. -s, -; [貨車] Lastwagen (Fracht-); [人力車] Rikscha f. -/車に乗る ein|steigen* ⟨s⟩; in einen Wagen steigen* ⟨s⟩/車を降りる aus|steigen* ⟨s⟩; aus einem Wagen steigen*/車を引く einen Wagen ziehen*; an einem Wagen ziehen* ⟪引っ張っている車を引張る⟫/車に積む auf einen Wagen laden*⁴/車で運ぶ mit dem Wagen transportieren* ⟨befördern⁴⟩.
くるまいす 車いす Rollstuhl m. -(e)s, "e.
くるまえび 車海老 Steingarnele f. -n.
くるまざ 車座になる ⁴sich im Kreis(e) setzen.
くるまだいく 車大工 Wagenmacher (-bauer) m. -s, -; Wagner m. -s, -; Stellmacher m. -s, -.
くるまちん 車賃 Fahrgeld n. -(e)s, -er (-preis m. -es, -e); [運搬料] Frachtgeld n. -(e)s, -er (-preis m. -es, -e); Fuhrgeld n. -(e)s, -er (-lohn m. -(e)s, "e).
くるまどめ 車止め Pfahl m. -s, -(e)s; Stoßpolster n. -s, -; [往来止め] Sperrung ⟨f. -en⟩ der Straße für den Wagenverkehr; [掲示] Keine Durchfahrt! ¦ Für den Wagenverkehr gesperrt!
くるまひき 車引き Wagenzieher m. -s, -; Rikschamann m. -(e)s, -(leute) ⟪人力車の⟫.
くるまよせ 車寄せ Einfahrt f. -en.
くるまる ⁴sich ein|wickeln ⟨in⁴⟩; ⁴sich [ein]hüllen ⟨in⁴⟩/ふとん(毛皮)にくるまる ⁴sich in die Bettdecke ein|wickeln ⟨sich in einen Pelz hüllen⟩.
くるみ 胡桃 Walnuss f. "e; Nuss f. "e/胡桃の木 Nussbaum m. -(e)s, "e/胡桃の殻 Nussschale f. -n ‖ 胡桃割り⟨人形⟩ Nussknacker m. -s, -.
-ぐるみ einschließlich²; inklusive² ⟨後置的に用う⟩/一家親戚総ぐるみ die ganze Familie mit Einschluss der entfernten ²Verwandten/身ぐるみ剥ぎ取る jn bis aufs Hemd aus|ziehen*; jn aus|plündern; 土地ぐるみ家を売る ein Haus samt dem Grundstück verkaufen. ⇒-ごと.
くるむ wickeln⁴ ⟨in⁴⟩ ein|wickeln ⟨in⁴⟩; ein|hüllen ⟨in⁴⟩; um|wickeln⁴; umwickeln⁴ ⟨mit³⟩; umhüllen⁴ ⟨mit³⟩.
グルメ Gourmet m. -s, -s; Feinschmecker m. -s, -.
くるめる ❶ ⇒ひっくるめる. くるむ/くるめて言えば kurzum; kurz und gut; um es kurz zu

sagen (machen). ❷ [包含する] ein|schließen*⁴/...をくるめて einschließlich*²/ inklusive²; *et eingeschlossen. ❸ [言いくるめる] beschwatzen⁴; bereden⁴; [だます] beschwindeln⁴; betrügen⁴/うまく言いくるめられる *sich beschwatzen (bereden) lassen*; *sich zu *et überreden lassen*.

くるり rund herum/くるりと回る *sich rund herum|drehen/くるりと頭を剃る *sich den Kopf kahl scheren lassen*; *sich das Haar ganz kurz schneiden lassen*.

ぐるり Umgebung *f.* -en; Umkreis *m.* -es, -e/ぐるりに rundum; um *et herum; rings um*/ぐるりを取り巻く umgeben*⁴ (*mit*³)/ぐるりと im Kreis herum; rund|herum (rings-)/ぐるりと取り囲む ein|schließen*⁴; umzingeln⁴ 《攻囲する》/ぐるりと振り向く *sich um|wenden*⁴).

くるわせる 狂わせる verrückt (wahnsinnig) machen 《気を》; in *Unordnung bringen*⁴ 《機械などを》; aus der Ordnung bringen*⁴ 《順序・手筈などを》; vereiteln 《計画を》; beeinflussen 《相場を》.

くれ 暮れ ❶ [日暮れ] Abenddämmerung *f.* -en; Eintritt (*m.* -[e]s) der Dunkelheit; Einbruch (*m.* -[e]s) der Nacht; Sonnenuntergang *m.* -[e]s, -e《日没》; Zwielicht *n.* -[e]s《たそがれ》. ❷ [年末] Ende (*n.* -s, -n) des Jahres; Jahresende *n.* -s, -n/暮れ方 gegen *Sonnenuntergang; gegen Abend/暮れの大売出し Großverkauf (*m.* -[e]s, -ve) am Ende des Jahres/暮れに am Jahresende/暮れの二十五日に am 25. Dezember.

クレーター Krater *m.* -s, -.

クレープ Krepp *m.* -s, -s/《織》クレープの kreppig; Krepp- ‖ クレープデシン Crêp de chin *m.* - - -.

クレープ 《料》Crêpe *f.* -s; Krepp *m.* -s, -s.

グレープジュース Traubensaft *m.* -[e]s, -säfte; [Trauben]most *m.* -[e]s.

グレープフルーツ Grapefruit *f.* -s.

クレーム Reklamation *f.* -en; Beschwerde *f.* -n/クレームをつける reklamieren⁴) (*wegen*²(³); *bei*³); eine Reklamation vor|bringen* (*wegen*²(³); *über*⁴; *gegen*⁴).

クレーン Kran *m.* -[e]s, Kräne (-en) ‖ クレーン車 Kranwagen *m.* -s, -.

クレオソート Kreosot *n.* -[e]s.

くれぐれ wiederholt; wieder und wieder; immer wieder; tausendmal; [口語] inständig(st); herzlich(st)《心から》/くれぐれも頼む *jn* dringend bitten*/お父さんによろしくね・ぐれぐれもお伝え下さい Bitte, grüßen Sie Ihren Herrn Vater herzlichst von mir.

クレジット Kredit *m.* -[e]s, -e/長期[短期]クレジット langfristiger (kurzfristiger) Kredit ‖ クレジットカード Kreditkarte *f.* -n.

クレゾール Kresol *n.* -[e]s ‖ クレゾール石鹸液 Kresol[seifen]lösung *f.* -en.

クレソン Kresse *f.* -n.

ぐれつ 愚劣な albern; dumm; töricht; unsinnig.

くれない 紅 hochrote Farbe, -n; Scharlachröte *f.*/紅の hochrot; scharlach[farben]; scharlachrot.

グレナダ Grenada *n.* -s.

クレバス [Gletscher]spalte *f.* -n.

クレムリン Kreml *m.* -[s].

クレヨン Wachsmalstift *m.* -[e]s, -e; Wachsmalkreide *f.*

くれる 暮れる ❶ [日が] Die Sonne geht unter (sinkt). Die Nacht bricht ein. Es wird Abend. Es wird dunkel. 《暗くなる》/日暮れて道遠し Der Tag geht auf die Neige, und der Weg ist noch weit. ❷ 涙に暮れる in *Tränen schwimmen*/思索に暮れる in *Gedanken versunken sein/途方に暮れる weder aus noch ein wissen*; ratlos sein.

くれる ❶ geben* 《*jm* *et*⁴/これを出してやろう Du sollst es haben. Ich will es dir geben. ❷ [贈る] schenken⁴; spenden⁴; bescheren⁴ 《*jm* *et*; *jn* *mit*³》. ❸ [...してくれる] *et tun* (für *jn*)/*sich Mühe geben*/誰が費用を出してくれるのか Wer trägt die Kosten? / Wer versieht dich mit Mitteln?/この手紙を出してくれ Gib diesen Brief auf/私の話を聞かせてくれ Lass mich die Geschichte hören!

ぐれる auf Abwege geraten* [s]; vom rechten Weg[e] ab|irren [s].

クレンザー Reinigungsmittel *n.* -s, -; Waschpulver *n.* -s, -.

ぐれんたい 愚連隊 Gesindel *n.* -s, -; 《俗》Schweinebande *f.* -n; 《俗》die Sakramenter (*pl*); 《俗》der Halbstarke*, -n, -n.

くろ 畔 Rain *m.* -[e]s, -e.

くろ 黒 Schwarz *n.* -es; schwarze Farbe, -n/黒い(の) schwarz; [浅黒い] dunkel; schwärzlich 《黒味かかった》; schwarzbraun 《黒褐色の》; [真黒の] tief[schwarz 《raben-/色の黒い dunkel[farbig]; von dunkler *Gesichtsfarbe 《顔の》/炭の様に黒い so schwarz wie Kohle/腹の黒い bosshaft/俺の目の黒いうちは solange ich lebe/黒かった schwärzlich 黒を白と言う aus Schwarz Weiß machen. ⇨くろく.

クロアチア Kroatien *n.* -s/クロアチアの kroatisch ‖ クロアチア人 Kroate *m.* -n, -n; Kroatin *f.* ..tinnen《女》.

くろあり 黒蟻 Holzameise (*pl*).

くろい 黒い ⇨くろ(黒).

くろいちご 黒苺 Brombeere *f.* -n.

くろう 苦労 ❶ [骨折り] Mühe *f.* -n; Bemühung *f.* -en; Arbeit *f.* -en. ❷ [面倒] Schwierigkeit *f.* -en; Beschwerde *f.* -n; Quälerei *f.* -en. ❸ [辛苦] Plackerei *f.* -en; Mühsal *f.* -e (*n.* -s, -e); Anstrengung *f.* -en; Schufterei *f.* -en. ❹ [心痛] Sorge *f.* -n; Kummer *m.* -s; Besorgnis *f.* ..nisse.
── する ❶ [骨を折る] *sich Mühe machen; *sich bemühen (*um*⁴); *sich Mühe geben*; *sich quälen; *sich plagen. ❷ unter *Schwierigkeiten leiden*; mit *Schwierigkeiten zu kämpfen haben. ❸ *sich ab|plagen 《*an*³; *mit*³》; *sich ab|rackern; *sich ab|mühen (*für*⁴ 《*um*⁴》目的のために; *an*³ 仕事に》. ❹ [心配する] sor-

くろう 《um⁴》; ³sich Sorge machen 《um⁴》; ⁴sich bekümmern 《über⁴》; ³sich Kummer machen/苦労性 ⇒**くろうしょう**/苦労にやつれた ³Kummer gebeugt; abgegrämt; abgehärmt/苦労の多い sorgenvoll; kummervoll; voll von ³Sorgen; [仕事が] mühevoll; mühselig; mühsam/苦労のない sorgenlos; sorgenfrei; [快活な] fröhlich; unbesorgt; unbekümmert; [幸福な] glücklich; gesegnet; sorgenlos; [仕事が] mühelos; unschwer; leicht; einfach [簡単な]/苦労が足りない noch nicht genug Erfahrungen haben/苦労をかける jm Sorge (Kummer) machen (bereiten; verursachen); [はねをおとす] jm Mühe machen/苦労をともにする js Mühe (Sorge) teilen/苦労をいとわない keine Mühe scheuen; ³sich keine Mühe verdrießen lassen*/御苦労さま Ich danke Ihnen für Ihre Mühe./人生の苦労 Lebenskummer m. -s; die Mühen (pl) des Lebens/所帯の苦労 Haushaltssorgen (Familien-) (pl)/苦労の種 Ursache (f. -n) zu ³Sorgen/この子は私の苦労の種だ Dieses Kind verursacht mir viel Sorgen./子を持つと苦労が多い Kinder bringen Sorgen./彼はなかなか苦労した Er hat in seinem Leben viel Bitteres erfahren./Er hat schon viel Schweres durchgemacht./彼は苦労が絶えない Er wird die Sorgen nie los.

くろう 愚弄 Spott m. -[e]s; Hohn m. -[e]s; Neckerei f. -en/愚弄する lächerlich machen⁴; spotten 《über⁴》; verspotten⁴; verhöhnen⁴; necken⁴; seinen Spaß treiben*《mit³》; zum Gespött machen⁴/世間の人に愚弄される den Leuten zum Hohngelächter werden/人を愚弄するにも程がある Das geht über den Spaß.

くろうしょう 苦労性 Schwarzseherei f. -en; sorgenvolle (pessimistische) Veranlagung, -en/苦労性の schwarzsehend; pessimistisch/苦労性である ein Schwarzseher 《m. -s, -》 sein; Neigung 《f.》 zur Schwarzseherei haben; unbegründete Besorgnisse haben; nervös sein.

くろうと 玄人 [達人] Virtuose m. -n, -n; Meister m. -s, -; [大家] Berühmtheit f. -en; Koryphäe m. -n, -n; Autorität f. -en; Prominenz f. [総称]; [俗] Kanone f. -n; [目きき] Kenner m. -s, -. [造詣の深い人] Expert(e) m. ..en, ..en; der Sachverständige* (Sachkundige*), -n, -n; [専門家] Fachmann m. -[e]s, ..leute; Spezialist m. -en, -en; [商売女] käufliches (öffentliches) Mädchen, -s, -; Animier|dame f. -n 《-mädchen n. -s, -》/玄人筋の Wohlunterrichtete (pl)/Fachmann m. -[e]s, ..leute/彼はその道の玄人だ Er ist darin Fachmann./玄人の目は盗めない Man kann ein geschultes Auge nicht täuschen./それは玄人はだしだ Das stellt sogar einen Fachmann in den Schatten.

くろうにん 苦労人 welterfahrener Mensch, -en, -en/彼はなかなかの苦労人だ Er hat viel in seinem Leben erfahren. Er kennt die Welt.

クローク Garderobe f. -n.
クロース Leinwand f./クロースとじの in ³Leinwand (Leinen) gebunden/総[半]クロースとじの in ³Ganzleinen (Halbleinen) gebunden.
クローズアップ Nahaufnahme f. -n/クローズアップする eine Nahaufnahme machen; hervortreten lassen*⁴ [目だたせる].
クローズドショップ Geschäft 《n. -[e]s, -e》 mit ³Gewerkschaftszwang; Betrieb 《m. -[e]s, -e》, der nur ⁴Gewerkschaftsmitglieder beschäftigt.
クローバー Klee m. -s/四つ葉のクローバー der vierblättrige Klee.
グローバル グローバルな global /グローバル化 Globalisierung f. -en.
グローブ Boxhandschuh m. -[e]s, -e [ボクシング用].
クローム Chrom n. -s 《化記: Cr》‖クローム鋼 Chromstahl m. -[e]s, ⁻e/クローム酸カリ chromsaures Kali, -s, -s/クロームめっき Verchromung f. -en/クロームめっきの verchromt.
クロール Kraul n. -s 《水泳の》/クロールで泳ぐ kraulen h.s.
クローン Klon m. -s, -e/クローン化する klonen⁴ ‖クローン人間 geklonte Menschen (pl)/クローン羊 Klonschaf n. -[e]s, -e.
くろく 黒く schwarz/黒くする schwärzen⁴; schwarz machen⁴/黒くなる schwarz werden; ⁴sich schwärzen/日に焼けて黒くなる sonnenverbrannt werden /黒く染める schwärzen⁴; schwarz färben⁴; an|schwärzen⁴.
くろぐろ 黒々と sehr schwarz; in ³Tiefschwarz.
くろこ 黒子 [芝居の] Souffleur m. -s, -e; Kastengeist m. -[e]s, -er.
くろこげ 黒焦げの schwarz gebrannt; verkohlt/黒焦げになる schwarz gebrannt werden/黒焦げになって死ぬ verkohlt werden.
くろごめ 黒米 [玄米] ungeschälter Reis, -es.
くろざとう 黒砂糖 Rohzucker m. -s, -.
くろじ 黒字 schwarzer Buchstabe, -ns, -n; [利益] Gewinn m. -[e]s, -e/黒字である in schwarzen Buchstaben geschrieben sein; Gewinn gebracht haben [利益が出ている].
くろしお 黒潮 die Schwarze (Japanische) Strömung; der Japanische Golfstrom, -[e]s.
くろしょうぞく 黒装束 schwarze Tracht, -en/黒装束で in schwarzer ³Tracht; schwarz gekleidet; in schwarzer Verkleidung.
くろずむ 黒ずむ schwarz werden (aus|sehen)*/黒ずんだ schwärzlich; dunkel/目の縁が黒ずんでいる dunkle Ringe um die Augen haben.
クロスワードパズル [Kreuz]worträtsel n. -s, -.
くろだい 黒鯛 Meerbrassen m. -s, -.
くろダイヤ 黒ダイヤ Karbonat m. -[e]s, -e; [石炭] schwarzer Diamant, -en, -en; Kohle f. -n.

クロッカス〘植〙Krokus *m.*, -se(-).

グロッキー taumeln h.s.(unter den wuchtigen Schlägen さんざんなぐられて)/走り疲れてグロッキーになった Ich bin vom Laufen ganz erschöpft./彼は頭に一撃くらってグロッキーになった Er erhielt einen betäubenden Schlag auf den Kopf.

グロテスク grotesk.

くろぬり 黒塗りの schwarz gestrichen; schwarz lackiert(漆の).

クロノグラフ Chronograph *m.* -en, -en.

クロノスコープ Chronoskop *n.* -s, -e.

クロノメーター Chronometer *n.* -s, -.

くろパン 黒パン Schwarzbrot *n.* -[e]s, -e; Pumpernickel *m.* -s, -.(ライ麦の).

くろビール 黒ビール dunkles Bier, -[e]s, -e.

くろびかり 黒光りがする schwarz glänzen.

くろぼし 黒星 schwarzer Punkt, -[e]s, -e(Fleck, -s, -e);das Schwarze*, -n, -n(射的の);Verlierzeichen *n.* -s, -.(負星の);黒星を射抜く das Schwarze in der ³Scheibe treffen*/黒星が多い viele Niederlagen zu verzeichnen haben / こんどは僕の黒星だ Diesmal habe ich Misserfolg geerntet.; Diesmal habe ich verloren.

くろまく 黒幕 schwarzer Vorhang, -[e]s, ⁼e;[陰の指導者] geheimer Leiter, -s, -;[陰謀家] Ränkeschmied *m.* -[e]s, -e; Intrigant *m.* -en, -en/彼が事件の黒幕だ Er steckt hinter der Sache.; Er hält die Fäden in seiner Hand.

くろまめ 黒豆 schwarze Sojabohne, -n.

くろみ 黒みを帯びた schwärzlich; schwärzlich gefärbt; von schwärzlicher ⁴Farbe.

くろめ 黒目 das Schwarze*(-s, -n)des Auges;Augenstern *m.* -[e]s, -e; schwarze Pupille, -n / 黒目がちの dunkeläugig(schwarz-).

くろやき 黒焼きの verkohlt; zu ³Kohlen verbrannt/さざえを黒焼きにした geröstete Kreiselschnecke, -n / 黒焼きにする zu ³Kohlen verbrennen*⁴; schwarz brennen*⁴.

くろやま 黒山 ¶ 負傷者の周りには黒山のような人だかりがしていた Eine große Menge der Neugierigen umstand den Verwundeten.; Eine große Menge Leute sammelten sich um den Verwundeten.

クロレラ〘植〙Chrorella *f.*

クロロフィル Chlorophyll *n.* -s.

クロロフォルム Chloroform *n.* -s / クロロフォルムをかける chloroformieren⁴.

クロロマイセチン Chloromycetin *n.* -s.

くろわく 黒枠 Schwarz/rand(Trauer-)-[e]s, ⁼er/黒枠広告 schwarz umränderte Anzeige, -n / Traueranzeige(死亡広告).

ぐろん 愚論 die inhaltlose Meinung, -en; die dumme Bemerkung, -en.

くわ 鍬 Hacke *f.* -n; Haue *f.* -n;〘鋤〙Spaten *m.* -s, -; Pflug *m.* -[e]s, ⁼e / 鍬を入れる pflügen; hacken.

くわ 桑〘植〙Maulbeerbaum *m.* -[e]s, ⁼e / 桑の実 Maulbeere *f.* -n / 桑を摘む Maulbeerblätter pflücken ‖ 桑畑 Maulbeer/pflanzung *f.* -en(-feld *n.* -[e]s, ⁼er).

くわい〘植〙Pfeilkraut *n.* -[e]s, ⁼er.

くわえる 加える[加算する] addieren⁴; hinzu/fügen⁴; zusammen|zählen⁴(合算する)/[付加する] hinzufügen⁴(*zu*²); zu/setzen³⁴;[蒙らす] *jm* zufügen⁴;[殴る] *jm* geben*⁴(versetzen*⁴(打撃を))/罰を加える *jm* eine Strafe auf|erlegen⁴/拘束を加える *jm* Zwang an|tun*⁴/筆を加える verbessern⁴; korrigieren⁴/利子を資本に加える die Zinsen zum Kapital schlagen*⁴/三に二を加えるdrei und zwei addieren*/六と七を加えると十三だ Sechs und Sieben macht dreizehn./...を加えて einschließlich²; inklusive².

くわえる[口に] im Mund[e] halten*; zwischen den Zähnen halten*;[口で]im Maul halten*/指をくわえて mit dem Finger im Mund[e]/パイプをくわえて mit einer Pfeife zwischen den Zähnen; die Pfeife im Mund[e]/指をくわえて見ている untätig(beneidend; neidisch) zu/sehen*³.

くわしい 詳しい ❶[詳細な] ausführlich; eingehend; detailliert; umständlich; genau(正確な)/詳しいこと Einzelheit *f.* -, -; Detail *n.* -s, -s/詳しい話 ausführliche Geschichte, -n; die bis in die Einzelheiten eingehende Erzählung, -en / 詳しくは im Detail/詳しく全ての Einzelheiten; bis ins kleinste Detail / 詳しく調べる genau untersuchen⁴; bis ins kleinste Detail untersuchen⁴/...ins ⁴Einzelne ein|gehen*〚s〛; auf ⁴Details ein|gehen*〚s〛/詳しく言えば genau gesagt/なお詳しいことは手紙で申し上げます Ich will Ihnen Genaueres brieflich mitteilen./詳しいことは幹事にお尋ね下さい Näheres erfahren Sie vom Veranstalter! ❷[熟知] bewandert sein(*in*³); wohl(gut) unterrichtet sein(*von*³; *über*⁴); gut kennen*⁴; Kenner sein; bekannt sein(*mit*³);⁴sich aus|kennen*(*bei*³; *in*³; *mit*³)/彼はこの辺の地理に詳しい Er kennt die Umgegend genau./彼はドイツ文学に詳しい Er ist in der deutschen Literatur wohl belesen.; Er weiß genau Bescheid in der deutschen Dichtung.

くわす 食わす ⇨くわえる.

くわずぎらい 食わず嫌い Abneigung(*f.* -en)gegen ⁴et, das man nicht kennt;[先入見] Vorurteil *n.* -s, -e; vorgefasste Meinung, -en.

くわせもの 食わせもの das Verfälschte*, -n; Fälschung *f.* -en; Nachahmung *f.* -en; das Nachgemachte*, -n; Kitsch *m.* -[e]s(いかさま物);[人] Schwindler *m.* -s, -; Betrüger *m.* -s, -;[偽善者] Heuchler *m.* -s, -; Hypokrit *m.* -en, -en.

くわせる 食わせる ❶[食物を] *jm*; ⁴et zu essen geben*; *jn* speisen(*mit*³);*jn* bewirten(*mit*³〚食品を走る〛);[動物に]⁴et zu fressen geben*; füttern(*mit*³)/あの店はなかなかうまいものを食わせる Man bekommt in jenem Laden sehr Schönes zu essen. ❷[養う] ernähren⁴; unterhalten*⁴. ❸[与える] geben*⁴(*jm*³); beibringen*⁴(*jm* ⁴et); versetzen⁴(打撃を). ❹[だます] betrügen*⁴; täuschen⁴; an|führen⁴/腹一杯食わせる *jn* voll stopfen; *jn* satt machen / 一杯食わされた Ich bin hereingefallen. ¦ Ich habe mich anführen lassen. / あいつ一杯食わしやがったな Der hat mich hereingelegt!

くわだて 企て [計画] Plan *m.* -〔e〕s, ⸗e; Projekt *n.* -〔e〕s, -e; Entwurf *m.* -〔e〕s, ⸗e; [試み] Versuch *m.* -〔e〕s, -e; [意図] Absicht *f.* -en; Vorhaben *n.* -s, -; [企画] Unternehmung *f.* -en; Unternehmen *n.* -s, -.

くわだてる 企てる [計画する] planen⁴; entwerfen*⁴; projektieren⁴; projizieren⁴; [試みる] versuchen⁴; probieren⁴; [着手する] unternehmen*⁴; [意図する] beabsichtigen⁴; im Auge haben⁴; vor|haben*⁴; intendieren⁴ / 自殺を企てる Selbstmord versuchen / 暗殺を企てる einen Mord planen.

くわばらくわばら Gott behüte! ¦ Mein Gott! ¦ Gerechter Gott! ¦ Leiber Himmel!

くわわる 加わる ❶ [加入する] bei|treten*; ⁴sich gesellen 《*zu*³》; [参加する] ⁴sich beteiligen 《*an*³》; teil|nehmen* 《*an*³》; teil|haben* 《*an*³》; ⁴*et* mit|machen / 会議に加わる ⁴sich an einer Konferenz beteiligen; einer ³Sitzung bei|wohnen 《臨席する》/ 加わらない ⁴sich fern halten* 《*von*³》; neutral bleiben* [s]; keinen Anteil nehmen* 《*an*³》/ 条約に加わる einem Vertrag bei|treten* [s] / 一行に加わる einer Gesellschaft bei|treten* [s] / 競技に加わる an einem Spiel teil|nehmen* / 陰謀に加わる an einer Verschwörung teil|haben*. ❷ [増加する] dazu|kommen* [s]; ⁴sich vermehren (vergrößern); größer werden; zu|nehmen*; gewinnen* / 勢力が加わる an ³Einfluss gewinnen* / 速力が加わる an ³Geschwindigkeit zu|nehmen* / その上財政難が加わった Dazu kam noch die Geldnot.

くん 勲 Verdienst *n.* -〔e〕s, -e / 勲位 Ordensklasse *f.* -n / 勲三等に叙せられる mit der dritten Ordensklasse dekoriert werden.

くん 訓 [訓読] japanische Lesart 《-en》 eines chinesischen Schriftzeichens.

-くん -君 ¶ A 君 Herr 《*m.* -n, -en》 A.

ぐん 群 Gruppe *f.* -n; Haufe〔n〕 *m.* ..fens, ..fen; Horde *f.* -n; Menge *f.* -n ⇨**むれ** / 群をなす ⁴sich scharen; ⁴sich zu einer Herde zusammen|schließen*; ⁴sich zu Scharen zusammen|tun*; wimmeln 《*von*³》/ 群を抜く ⁴andere* bei weitem übertreffen*; ⁴sich unter (vor) anderen aus|zeichnen 《*durch*⁴》; ⁴sich in hohem Grad〔e〕 hervor|tun*; alle anderen* weit überstrahlen.

ぐん 軍 Armee *f.* -n; Heer *n.* -〔e〕s, -e; die Truppen 《*pl*》/ 軍を率いる ein Heer befehligen; die Truppen 〔an|〕führen 《部隊を》. ⇨**ぐんご**.

ぐん 郡 〔Land〕kreis *m.* -es, -e.

ぐんい 軍医 [陸軍] Militärarzt *m.* -es, ⸗e; Feldarzt *m.* -es, ⸗e; [海軍] Marinearzt *m.* -es, ⸗e.

くんいく 訓育 Schulung *f.* -en; Erziehung *f.* -en; Zucht *f.*; Disziplin *f.*; Abrichtung *f.* -en; Anleitung *f.* -en / 訓育する schulen⁴; belehren⁴; an|leiten⁴; erziehen*⁴; bilden⁴; aus|bilden⁴; züchten⁴.

ぐんか 軍歌 Kriegs¦lied (Soldaten-) *n.* -〔e〕s, -er; Marschlied 《行軍歌》; Schlachtgesang *m.* -〔e〕s, ⸗e 《戦闘歌》.

くんかい 訓戒 Ermahnung *f.* -en; Warnung *f.* -en; Paränese *f.* -n; Ermunterung *f.* -en 《励し》; 〘宗〙 Erbauung *f.* -en / 訓戒する ermahnen (ermuntern) 《*zu*³ ...するように》; warnen 《*vor*³ ...しないように》.

ぐんがく 軍楽 Militärmusik *f.* ‖ 軍楽隊 Militärkapelle *f.* -n 《陸軍》; Marinekapelle 《海軍の》.

ぐんがく 軍学 Kriegswissenschaft *f.* -en; Strategie *f.* -n 《戦略》; Taktik *f.* -en 《戦術》.

ぐんかん 軍艦 Kriegsschiff *n.* -〔e〕s, -e; Schlachtschiff 《戦艦》 ‖ 軍艦旗 die Flagge 《-n》 der Kriegsmarine.

くんき 勲記を賜う ein Ordensdiplom 《*n.* -s, -e》 verleihen* 《*jm*》.

ぐんき 軍旗 〔Kriegs〕fahne *f.* -n; Standarte *f.* -n; Kriegsflagge *f.* -n 《軍艦・要塞などの》; Banner *n.* -s, -.

ぐんき 軍機 das militärische Geheimnis, ..nisses, ..nisse.

ぐんき 軍紀 Disziplin *f.* -en; 〔Mannes-〕zucht *f.*

ぐんぎ 軍議 Kriegsrat *m.* -〔e〕s.

ぐんきょ 群居 das Zusammenleben* 《-s》 〔in Herden〕. ── 群居する [*a.*] gesellig; [*v.*] in Herden leben. ‖ 群居動物 Herdentier *n.* -〔e〕s, -e / 人間は群居動物である Der Mensch ist ein Herdenwesen. / 群居本能 Herdentrieb *m.* -〔e〕s, -e.

くんくん くんくん嗅ぐ schnüffeln; schnuppern / くんくん鳴く winseln 《犬が》.

ぐんぐん 〘比較級とともに〙 immer / ぐんぐん伸びる gut fort|kommen* [s] 《植物が》/ ぐんぐん進む immer weiter gehen* [s] 《前進する》; rasche (schnelle; überraschende) Fortschritte machen 《*in*³ 進歩する》/ 力を入れてぐんぐん押す heftig drängen⁴ / 彼は競争相手をみんなぐんぐん引き離した Er hat alle seine Mitbewerber rasch überflügelt. / 仕事がぐんぐんはかどる Die Arbeit schreitet rasch fort. ⇨**ぐいぐい**.

ぐんけん 郡県 Kreis und Bezirk, des – und -〔e〕s, -e und -e; Regierungsbezirk *m.* -〔e〕s, -e.

くんこ 訓詁 Kommentar *m.* -〔e〕s, -e; Erläuterung *f.* -en; Auslegung *f.* -en; Anmerkung *f.* -en; Erklärung *f.* -en; [聖書などの] Exegese *f.* -n ‖ 訓詁学 Exegetik *f.* / 訓詁学者 Exeget *m.* -en, -en; Kommentator *m.* -s, -en.

くんこう 勲功 Verdienst *n.* -〔e〕s, -e; Meriten 《*pl*》/ 勲功ある verdienst¦voll (-lich) / 勲功をたてる ³sich Verdienste erwerben* / 彼は国のために勲功がある Er hat sich Verdienste um das Vaterland erworben.

ぐんこう 軍港 Kriegshafen *m.* -s, ⸗.

ぐんこく 軍国 Militärstaat *m.* -〔e〕s, -en; die kriegerische Nation, -en 《好戦的な》 ‖ 軍国主義 Militarismus *m.* - / 軍国主義者 Militarist *m.* -en, -en.

くんし 君子 tugendhafter Mensch, -en, -en; Mann 〈m. -[e]s, "-er〉 von ³Tugend; der Tugendhafte*, -n, -n; der Weise*, -n, -n〈賢者〉; Ehrenmann m. -[e]s, "-er〈徳望家〉/君子ぶる den Tugendhaften spielen; ein Tugendbold m. -[e]s, -e sein/君子危きに近寄らず Der Weise begibt sich nicht in Gefahr. : Der Tugendhafte weiß nicht vom Schlüpfrigen fern zu halten./君子は豹変す Der Weise ändert sich, wenn er sein Unrecht einsieht.

くんじ 訓辞 Instruktion f. -en; Anweisung f. -en; Ansprache f. -n〈挨拶〉/訓辞する instruieren 〈jn〉; an|weisen* 〈jn〉; eine Anweisung erteilen; eine Ansprache halten*〈挨拶する〉.

ぐんし 軍使 Parlamentär m. -s, -e; Unterhändler m. -s, -.

ぐんし 軍資〔金〕 ❶〔戦略〕die Kriegskosten (Kriegsfonds)〈pl〉. ❷ ⇨しきん〔資金〕, ぐんよう.

ぐんじ 軍事 Kriegsangelegenheit f. -en; Kriegswesen (Heer-, Militär-) n. -s/軍事〔上〕の militärisch; Kriegs-; Militär-/軍事行動を起こす（停止する）die Feindseligkeiten eröffnen (ein|stellen)/非軍事的な nichtmilitärisch ‖ 軍事顧問 der militärische Berater, -s, -/軍事裁判所 Militärgericht n. -[e]s, "-e/軍事施設 Kriegseinrichtung f. -en/軍事条約 Kriegsvertrag m. -[e]s, "-e/軍事同盟 Militärbündnis n. -nisses, -nisse/軍事評議会 Militärjunta f. ..ten/軍事予算 Kriegsbudget n. -s, -s/非軍事化 Entmilitarisierung f. -en.

くんしゅ 君主 Herrscher m. -s, -; Herr m. -en, -en; Fürst m. -en, -en; Monarch m. -en, -en; Souverän m. -s, -e; Staatsoberhaupt n. -[e]s, "-er〈元首〉‖ 君主政体 Monarchismus m. -, ..men/専制君主 absoluter Monarch, -en, -en/〔立憲〕君主国〔konstitutionelle〕Monarchie f. ..ien.

ぐんじゅ 軍需〔品〕Kriegsbedarf n. -[e]s; Kriegsmaterial n. -s, ..lien〈資材〉; Munition f. 〈弾薬〉‖ 軍需工業 Kriegsindustrie (Rüstungs-, Munitions-) f. -/軍需工場 Munitionsfabrik f. -en.

ぐんしゅう 群集 Menschenmenge f. -n; Haufen m. -s, -; Masse f. -n〈人ごみ〉/群集する zusammen|strömen〈s〉; ⁴sich scharen; schwärmen〈s〉‖ 群集心理 Massenpsychologie f.

ぐんしゅく 軍縮 Abrüstung f. -en. ⇨ぐんび.

ぐんしょ 軍書 das Buch 〔-[e]s, "-er〕über die Strategie.

くんしょう 勲章 Orden m. -s, -; Dekoration f. -en/勲章の綬 Ordensband n. -[e]s, "-er/勲章を授かる einen Orden erhalten*(bekommen*)/勲章を授ける einen Orden verleihen*〈jm〉/勲章をつける einen Orden an|legen〈jm〉/⁴sich mit einem Orden dekorieren.

くんじょう 燻蒸 ⇨くんせい.

ぐんしょう 群小の klein; unbedeutend ‖ 群小諸国 die kleineren Staaten〈pl〉.

ぐんしょく 軍職 der militärische Beruf, -[e]s, -e; Soldatenstand m. -[e]s/軍職にある in militärischen Diensten stehen*.

ぐんしれいぶ 軍司令部 Armeeoberkommando n. -s, -s; Hauptquartier n. -s, -e.

くんしん 君臣 Fürst und Untertan; Herrscher und Volk; 君臣の分 die Grenze zwischen Herrn und Untertanen.

ぐんしん 軍神 Kriegsgott m. -[e]s, "-er〈ふつう Mars m. -さす〉.

ぐんじん 軍人 Soldat m. -en, -en; Militär m. -s, -s; Seesoldat〈海軍の〉/軍人になる Soldat werden; zum Militär gehen*〈s〉/軍人らしい soldatisch; soldatisch ‖ 軍人上がり der ausgediente Soldat; der ehemalige Frontsoldat/軍人精神 Soldatengeist m. -[e]s/軍人生活 Soldatenleben n. -s.

くんせい 燻製 Räucherung f. -en;〈品物〉Räucherware f. -n/燻製の geräuchert/〈燻製の鮭〉geräucherter Lachs, -es, -e/燻製にする räuchern*; fumigieren.

ぐんせい 軍政 Militärverwaltung f. -en/この地域は軍政下にある Dieses Gebiet ist unter Militärverwaltung.

ぐんせい 軍制 Heereseinrichtung f. -en; Heerwesen n. -s〈兵制〉.

ぐんせい 郡制 Kreisordnung f. -en.

ぐんせい 群生する eine ⁴Schar bilden; in einer ³Gruppe wachsen*; gesellig wachsen*;〔動物〕in ³Herden〔zusammen〕leben; in ³Scharen leben; herdenweise leben.

ぐんせい 軍勢 Armee f. -n; Heeresmacht f. "-e; die Streitkräfte〈pl〉.

ぐんせき 軍籍 Kriegsstammliste f. -n〈兵籍簿〉; Musterrolle f. -n/軍籍に身を置く bei der Armee (Marine) dienen〈陸海軍に〉.

ぐんそう 軍曹 Sergeant m. -en, -en.

ぐんぞう 群像 Gruppenbild n. -[e]s, -er.

くんそく 君側 君側に侍する Herrn auf|warten/君側の奸〈を〉除く den Hof von verderblichen ³Elementen befreien; böse ⁴Ratgeber aus der ³Umgebung des Fürsten entfernen.

ぐんぞく 軍属 der Militärbeamte*, -n, -n.

ぐんたい 軍隊 Militär n. -s; Armee f. -n; Heer n. -[e]s, -e; Streitmacht f. "-e; Kriegsvolk n. -[e]s, "-er; Truppe f. -n〈部隊; pl 軍隊〉/軍隊に入る zum Militär gehen*〈s〉; Soldat werden ‖ 軍隊生活 Truppentünnung f. -en/軍隊名簿 Truppenstammrolle f. -n/軍隊輸送 Truppen|beförderung f. -en〔-transport m. -[e]s, -e〕/軍隊輸送機 Truppentransporter m. -s, -/軍隊輸送船〔Truppen〕transportschiff n. -[e]s, -e.

くんだり ‖九州くんだりまで行く den ganzen Weg bis Kyushu gehen*〈s〉.

ぐんだん 軍団 Armeekorps n. -, -〔軍団長 der kommandierende General, -s, "-e〕.

くんちょう 君寵をこうむる bei seinem Herrn in ³Gunst stehen*〈s〉; die Gnade seines Herrn besitzen*.

くんでん 訓電 telegrafische Instruktion, -en/訓電する eine telegrafische Instruk-

くんとう 勲等 Ordens|klasse *f.* -n (-rang *m.* -(e)s, ⸚e).

くんとう 薫陶 Schulung *f.* -en; Erziehung *f.* -en; Belehrung *f.* -en; Ausbildung *f.* -en; Unterricht *m.* -(e)s/ある人の薫陶を受ける von *jm* ausgebildet (geschult) werden; bei *jm* Unterricht erhalten* (genießen*); von *jm* moralisch beeinflusst werden.

くんとう 軍刀 Säbel *m.* -s, -; Degen *m.* -s, - 《直刀》; Seitengewehr *n.* -(e)s, -e 《銃剣》.

くんとう 群島 Inselgruppe *f.* -n; Archipel *m.* -s, -e.

くんどく 訓読する chinesische Zeichen auf Japanisch lesen*.

ぐんば 軍馬 Dienstpferd *n.* -(e)s, -e 《官馬》; Chargenpferd 《将校用》; Schlachtross *n.* -es, -e/Soldatenpferd 《騎兵馬》.

ぐんばい 軍配を上げる zu *js* Gunsten entscheiden*[4] /軍配が上がる 《勝つ》 *jm* wird der Sieg zugesprochen. *jn* krönt der Sieg.

ぐんばつ 軍閥 die militärische Clique, -n; die Militaristen (pl) 《軍閥政治》 Militärdiktatur *f.* -en; Militarismus *m.* -.

ぐんび 軍備 (Kriegs)rüstung *f.* -en/軍備を拡張(縮小, 撤廃)する auf|rüsten[4] (ab|rüsten[4], entwaffnen[4])/軍備を整える *sich rüsten (für den Krieg (zum Krieg[e]))戦備を)/戦争が起こった時敵の軍備は整っていた Die Feinde waren gut gerüstet, als der Krieg ausbrach. ‖ 軍備拡張(縮小) Aufrüstung (Abrüstung) *f.* -en/軍備縮小会議 Abrüstungskonferenz *f.* -en/軍備制限 Rüstungsbeschränkung *f.* -en.

ぐんぴ 軍費 die Kriegskosten (pl) ⇨くんし（軍資).

ぐんぴょう 軍票 Besatzungsgeld *n.* -(e)s, -er.

くんぷう 薫風 Sommerbrise *f.* -n; Zephir *m.* -s, -e.

ぐんぷく 軍服 Uniform *f.* -en; Soldatenrock *m.* -(e)s, ⸚e 《上着》.

ぐんぼう 軍帽 Militärmütze *f.* -n; Marinemütze 《水兵の》.

ぐんぽう 軍法 ❶ [兵法] Kriegskunst *f.*; Strategie *f.* -n; Taktik *f.* -en. ❷ Kriegsgesetz *n.* -es, -e 《軍律》; Kriegsartikel (pl 陸軍のもの); Militärrecht *n.* -(e)s 《軍事法》 ‖ 軍法会議 Kriegs|gericht (Militär-) *n.* -(e)s, -e; Standgericht 《略式の》/軍法会議に付する *jn* vor das Kriegsgericht stellen/軍法会議判事 Kriegsgerichtsrat *m.* -(e)s, ⸚e.

ぐんむ 軍務 ❶ [軍の服務] Militär|dienst (Kriegs-) *m.* -es, -e/軍務に服する beim Militär sein; bei der Armee (im Heer(e)) dienen; unter (bei) der Fahne stehen*; bei der Marine dienen 《海軍に》. ❷ [軍事] Militärangelegenheit *f.* -en.

ぐんもう 群盲 Herdentier *n.* -(e)s, -e; die Herdenmenschen (pl); Pöbelhaufen *m.* -s; die urteilslose Masse, -n.

ぐんゆうかっきょ 群雄割拠 das feindliche Gegenüberstehen* 《-s》 gewaltiger Kriegshelden; der Wetteifer 《-s》 talentvoller Menschen.

ぐんよう 軍用の zum militärischen Gebrauch (Zweck); Militär- ‖ 軍用金 Kriegsfonds *m.* -, -/軍用犬 Kriegshund *m.* -(e)s, -e/軍用地図 Militärkarte *f.* -n/軍用鉄道 Militär|eisenbahn (Feld-) *f.* -en/軍用電話 Feldtelefon *n.* -s, -e/軍用道路 Heer|straße (Militär-) *f.* -n/軍用飛行機 Militär|flugzeug (Kriegs-) *n.* -(e)s, -e/軍用品 Kriegsmaterial *n.* -s, ...lien/軍用列車 Truppenzug *m.* -(e)s, ⸚e.

ぐんりつ 軍律 ❶ [軍法] Kriegs|gesetz (Militär-) *n.* -es, -e. ❷ [軍紀] Mannszucht *f.*; Disziplin *f.* -en.

ぐんりゃく 軍略 Kriegs|list *f.* -en (-kunst *f.*); Strategem *n.* -s, -e; Strategie *f.* -n 《戦略》; Taktik *f.* -en 《戦術》/軍略上の strategisch; taktisch ‖ 軍略家 Stratege *m.* -n, -n; Strategiker *m.* -s, -; Taktiker *m.* -s, -.

くんりん 君臨する herrschen (über[4]); regieren (über[4]); 優位を占める.

くんれい 訓令 Anweisung *f.* -en; Instruktion *f.* -en; Verfügung *f.* -en/訓令に基づき auf *der* Anweisung (Instruktion) gemäß; auf Grund (auf|grund) der Verordnung (Verfügung); auf die Anweisung hin. —— 訓令する verordnen[4]; instruieren[4]; Anweisung (Instruktion) geben*[3] (erteilen[3]); an|weisen*[3,4]; verfügen[4].

ぐんれい 軍令 Armeebefehl *m.* -(e)s, -e ‖ [海軍]軍令部 Marinekommandantur *f.* -en; Marinestab *m.* -(e)s, ⸚e.

くんれん 訓練 Schulung *f.* -en; Zucht *f.*; Disziplin *f.* -en; Ausbildung *f.* -en; Einübung *f.* -en; Training *n.* -s, -s; [兵] Drill *m.* -(e)s; Dressur *f.* -en; Abrichtung *f.* -en/訓練する schulen[4]; züchten[4]; aus|bilden[4]; ein|üben[4]; trainieren[4]; drillen[4].

ぐんろん 群論 [数] Gruppentheorie *f.* -n.

くんわ 訓話 Belehrung *f.* -en; belehrende Geschichte 《-n》; Ermahnung *f.* -en 《訓戒》.

け

け 毛 [毛髪] Haar n. -(e)s, -e; [羽毛] Feder f. -, -n; [綿毛] Flaum m. -(e)s; Flaumfeder f. -, -n; Daune f. -, -n; Dune f. -, -n; [羊毛] Wolle f. -,/柔かい毛 weiches Haar/うぶ毛 Milchhaar n. -(e)s, -e; Flaum; Flaumhaar n. -(e)s, -e/硬い毛 steifes Haar; Borste f. -, -n; [剛毛] Locke f. -, -n; das lockige Haar; Kraushaar n. -(e)s, -e/もじゃもじゃの毛 struppiges (zottiges; verwildertes) Haar/毛をむしる 'sich die Haare aus|raufen (aus|reißen*)/鳥の毛をむしる einen Vogel rupfen/(自分の)毛を逆立てる (⁴sich die Haare sträuben lassen*/…に毛が生えた位のものだ nicht viel ((um) fast kein ⁴Haar) besser sein «als …»/毛が生える Die Haare wachsen*./毛が抜ける Die Haare gehen* (fallen*) aus./毛が薄くなる Die Haare werden dünn (licht)./《毛が薄くなる》/身の毛がよだつ Die Haare sträuben (steigen*) jm zu ³Berge./身の毛がよだつような schrecklich; grässlich; grausam; haarsträubend/身の毛をよだたしめる jm die Haare sträuben machen; jm die Haare zu Berge treiben*.

け 気 ❶ [気配] [Vor]zeichen n. -s, -. ❷ [味] [Bei]geschmack m. -[s], ⸚e. ❸ [気味] Anflug m. -(e)s, ⸚e. ❹ [痕跡] …の気もない keine (nicht die geringste) Spur haben ⟨von²⟩/火の気のないストーブ Ofen ⟨m. -s, -⟩ ohne eine Spur von ³Feuer. 金気 metallischer Beigeschmack / 塩気 Salzgeschmack.

-け 家 Haus n. -es, ⸚er; Familie f. -, -n/松平家 die Familie Matsudaira; die Matsudairas ⟪pl⟫.

げ 下の nieder; niedrig; gemein; gering; gewöhnlich; minderwertig; niederträchtig/下の下 の die (das, der) Schlechteste⸚ (Schlimmste), -n, -/人間としては彼は大分下の部に属する Als Mensch ist er ein ganz gewöhnlicher./俗の俗、下の下 Das ist die niederträchtigste Gemeinheit, die ich je gehört (gesehen) habe. ‖ 下下巻 der letzte (zweite; dritte) Band, -(e)s, ⸚e.

-げ ❶ 怪しげな verdächtig/怪しげな人物 eine verdächtige Person, -, -en/何か怪しげな 所がある Es liegt etwas Verdächtiges vor. Es kommt mir verdächtig vor. ❷ 意味ありげな bedeutsam; bedeutungsvoll; andeutend; vielsagend/彼は私に意味ありげな目くばせをした Er gab mir einen leisen Wink./何か意味ありげに Er lächelte mich an, als ob er mir etwas anzudeuten hätte. ❸ うれしげに aufgeräumt; beseligt; freudig; froh gestimmt; gut gelaunt; sonnig; strahlenden Gesichtes/悲しげな betrübt; traurig/悲しげな顔つきで mit betrübter Miene. ❹ 心地よげに behaglich;

bequem; gemächlich/彼は打ちくつろいでいかにも心地よげだ Er macht es sich bequem und sieht sehr behaglich aus. ❺ 小気味よげに schadenfroh/彼の目は小気味よげに見つきをした Sein Auge blickte Schadenfreude. ‖ Schadenfreude blickte aus seinen Augen. ❻ 物ほしげな bettelnd; erwartend; bedürfnisvoll/いつも物ほしげな wie der Teufel nach einer armen Seele immer hinter ³et her sein/物足りなげな unzufrieden (enttäuscht) aussehend/物足りなげな顔つきをしている Er sieht aus, als ob er nicht ganz zufrieden wäre. ❼ なにげなく absichtslos; ohne ⁴Absicht; unbeabsichtigt; vorsatzlos; aus Versehen (うっかりして); zufällig (ふと)/なにげなくやったのです Ich habe es nicht absichtlich getan. Es geschah ohne Absicht.

ケア アフターケア Nachsorge f. -/スキンケア Hautpflege f./ボディーケア Körperpflege f.

けあい 蹴合いする einander einen Fußtritt versetzen.

けあげる 蹴上げる mit dem Fuß empor|schleudern⁴; den Ball hoch|schießen* ⟪ボールを⟫.

けあな 毛穴 Pore f. -n.

ケアレスミス Flüchtigkeitsfehler m. -s, -.

けい 罫 Linie f. -, -n/罫を引く lin[i]ieren; Linien ziehen* ‖ 罫紙 lin[i]iertes Papier, -s, -, -e.

けい 刑 Strafe f. -, -n/刑に処する (刑を加える) jn strafen; jm eine Strafe auf|erlegen (auf|brummen); jn mit einer Strafe belegen; über jn eine Strafe verhängen/刑に服する die Strafe verbüßen (ab|treten* ⟨s⟩; ab|sitzen*; ab|brummen)/刑を宣告する jn verurteilen ⟨zu²⟩; ein Urteil über jn fällen (sprechen*)/終身刑に処せられる zu lebenslänglicher ³Haft verurteilt werden/刑の執行を猶予する die Strafe auf|schieben*; den bedingten Strafaufschub gewähren/刑の赦免 Strafenlass m. -es, -. ‖ 刑の免除 Straffreiheit f. -/刑の軽減 Strafmilderung f. -, -en/刑の執行 Strafvollzug m. -[e]s, -e/刑の執行中 (-vollstreckung f. -).

けい 系 ❶ [系統] System n. -s, -e. ❷ [党派] Partei f. -, -en; Fraktion f. -, -en; [徒党] Clique f. -, -en; Sippschaft f. -, -en; Gruppe f. -, -n; Anhänger m. -s, -/鳩山系の政治家 die Politiker ⟪pl⟫ der Hatoyama-Clique; der Anhänger Hatoyamas/三井系の会社 die Gesellschaft ⟨-en⟩ des Mitsui-Clans (des Mitsui-Konzerns)/東宝系映画館 Toho-Theatergruppe f. ❸ [血統] Clan m. -s, -e ⟨od. -s⟩; Stamm m. -[e]s, ⸚e. Abstammung f. -, -en/ドイツ系アメリカ人 Deutschamerikaner m. -s, -. ❹ [数] Zusatz m.

けい 計 ❶ ⇨はかりごと. **けいりゃく.** ❷ [総計] (totale) Summe, -n; Gesamtsumme *f.* -n; summa summarum《略: s.s.》/計一万二千円です Das macht alles zusammen 12 000 Yen. Insgesammt beträgt es 12 000 Yen.

けい 兄 ¶ 二人とも有能で兄たり難く弟たり難しである Die Beiden sind sehr fähig, einer immer besser als der andere (einer so gut wie der andere). ◆einer immer+形容詞の比較級+als der andere, または einer so+形容詞+wie der andere の形式を用いる.

けい 径 [直径] Durchmesser m. -s. − ‖ 内(外)径 der innere (äußere) Durchmesser.

けい 芸 ❶ Kunst *f.* -, =e; Kunstfertigkeit *f.* -en; Talent n. -(e)s, -e《才能》; Meisterhaftigkeit *f.* -《技能》/芸なしの talentlos; stümperhaft/芸をみがく Kunst durchdenken* und üben/芸を身につける einer Kunst (über eine Kunst) Meister werden; eine Kunst (ein Kunststück) meisterhaft beherrschen/多芸な人 der vielseitig begabte Mensch, -en, -en/多芸は無芸 Hansdampf in allen Gassen und Meister in Nichts. 芸は身を助く Kunst macht Gunst. Kunst bringt Brot. ❷ [演技] Darstellung (Vor-) *f.* -en/芸は申し分ない Die Darstellung lässt nichts zu wünschen übrig./入神の芸だった Er spielte (seine Rolle) himmlisch (einmalig gut). ❸ [芸当] Kunststück n. -(e)s, -e《-fertigkeit *f.* -en》; Jonglierkunst *f.* -; Zirkuskunst《曲芸》; Zauberei *f.* -en《奇術》; die verblüffende Leistung, -en《離れわざ》/芸を仕込む《動物に》 dressieren*; ab|richten*/芸をする芸のうまい犬 der (gut) abgerichtete Hund, -(e)s, -e.

ゲイ der Homosexuele, -n, -n; der Schwule, -n, -n ‖ ゲイバー Sodomitenbar *f.* -s; Bar《*f.* -s》für Homosexuelle.

けいあい 敬愛 Ehren und Lieben; Verehrung *f.* / 敬愛する *jn* ehren und lieben; verehren*; bewundern*《賛仰する》[*a.*] lieb; teuer; verehrt; wert/敬愛する M 君 mein teurer (verehrt) Herr M.

けいい 敬意 [尊敬] Verehrung *f.* -en; Hochachtung *f.* -en; Respekt m. -(e)s, -e; [恭敬] Ehrerbietung *f.* -en; [畏敬] Ehrfurcht *f.* / 敬意を表して hochachtungsvoll; mit ³Ehrerbietung; meiner Hochachtung; *jm* zu Ehren; zu Ehren *js* /ある人に敬意を表する *jm* Achtung (Ehre; Ehrerbietung) erweisen* (bezeigen); verehren⁴/ある人に敬意を持つ vor *jm* Achtung haben /ある人に敬意を抱かせる *jm* Respekt ein|flößen.

けいい 経緯 ❶ [経度と緯度] Länge und Breite, der − und −.《いきさつ》die Umstände 《pl》; Sachlage *f.*; die Verhältnisse 《pl》; [仔細] die Einzelheiten《pl》; die näheren Umstände 《pl》; Detail n. -s, -s. ‖ 経緯儀 Theodolit m. -(e)s, -e.

けいいん 鯨飲する [wie ein Bürstenbinder (wie ein Loch; wie eine Senke)] saufen*⁴/彼は底なしに鯨飲する Er hat einen Schwamm im Magen. Er kann einen Stiefel vertragen.

けいいんしょくてん 軽飲食店 ein kleines, billiges Restaurant, -s, -s.

けいえい 経営 [管理] Verwaltung *f.* -en; Leitung *f.* -en; Führung *f.* -en; [営業・運営] Betrieb m. -es, -e/個人経営の privat/国家経営の staatlich. ── 経営する ❶ [管理する] verwalten⁴; leiten⁴; führen⁴. ❷ [営む] (be)treiben*⁴; aus|üben⁴/ホテル(学校)を経営する ein Hotel bewirtschaften (eine Schule unterhalten*). ‖ 経営学 Betriebswirtschaft *f.* -en/経営管理 Betriebsführung *f.* -en/経営経済学 Betriebswirtschaftslehre *f.* -n/経営コンサルタント Betriebsberater m. -s, -/経営参加 Mitbestimmung *f.* -en《労働者の》/経営資本 Betriebskapital n. -s, -e《..lien》/経営者 Arbeitgeber m. -s, -; Inhaber m. -s; Unternehmer m. -s, -/経営者と労働者 Arbeitgeber und Arbeitnehmer, des − und -s-/経営組織 Betriebssystem n. -s, -e/経営難 Betriebsnot *f.* =e/経営費 Betriebskosten《pl》; Verwaltungskosten《pl》/経営分析 Betriebsanalyse *f.* -n/経営方針 Betriebart *f.* -en《-weise *f.* -n》/経営方針 Betriebsplan m. -(e)s, =e.

けいえん 敬遠する *jn* höflich umgehen* 〔s〕; *jm* höflich aus|weichen* 〔s〕; [けむたがる] ⁴sich an ⁴et heraus|halten*; ⁴sich von *jm* (³*et*) fern halten*.

けいか 経過 ❶ [Ver]lauf m. -(e)s, =e; [Fort]gang m. -(e)s, =e; Entwicklung *f.* -en《展開・発展》; Prozess m. -es, -e《過程》/事件の経過 der Verlauf der Begebenheit (der Sache)/事件の後の経過 der weitere Verlauf der Begebenheit (der Sache; der Dinge《pl》); die weitere Entwicklung der Sache (des Geschehnisses)/病気の経過 der Verlauf der Krankheit /経過が良好である einen günstigen Verlauf nehmen*《病気の》; einen günstigen ⁴Fortgang nehmen*《進捗する》; gut vonstatten gehen*〔s〕《同上》/経過がわるい einen schlechten (unglücklichen) Verlauf nehmen*. ❷ [時日の] Verlauf m. -(e)s, =e; das Verfließen, -s; [期限の] Ablauf m. -(e)s, =e/時の経過につれて im Verlauf der ³Zeit; mit der ³Zeit. ── 経過する verlaufen*; verfließen*; vergehen*; verstreichen*; vorüber|gehen*; [期限が] ab|laufen*; fällig werden; verfallen*《以上どれも〔s〕》.

けいが 慶賀 Glückwunsch m. -(e)s, =e; Gratulation *f.* -en/慶賀する *jm* beglückwünschen; *jm* seinen Glückwunsch sagen (bringen⁴; aus|sprechen*); *jm* Glück wünschen; *jm* gratulieren《以上どれも *zu*⁴》.

けいか 貌下 Euer Hochwürden!《司教》; Euer Hochehrwürden!《大司教》.

けいかい 警戒 ❶ [見張] Wache *f.*; Bewachung *f.*; Hut *f.*; Überwachung *f.* -en《監視》/警戒線を張り the Kordon durch|brechen*. ❷ [用心] Vorsicht *f.*; Behutsamkeit *f.*; Wachsamkeit *f.*; [予防] Vor-

けいかい 《予防策》。❸《警告》Warnung f. -en; Ermahnung f. -en; Verweis m. -es, -e. ── 警戒する ❶［見張る］bewachen*; wachen (über); Wache halten* (über); ein wachsames Auge haben (auf⁴); auf⁴; über¹); aufpassen (auf⁴). ❷［用心する］vorsichtig sein; ⁴sich vor|sehen*; wachsam sein; auf der Hut sein; ⁴sich in Acht nehmen* (vor³; bei³); ⁴sich hüten (vor³; bei³); ［予防する］Vorsichtsmaßregeln treffen* (gegen⁴ 予防策を講じる). ❸《警告する》jn warnen (vor³); jm mahnen (an¹); jn erinnern (an⁴); verwarnen; alarmieren/すりを警戒して下さい Vorsicht vor Taschendieben! / Vor Taschendieben wird gewarnt! / 警戒して vorsichtig; behutsam; achtsam. ‖ 警戒勤務 Wachdienst m. -(e)s, -e/警戒警報 Vorwarnung f. -en; Voralarm m. -(e)s, -e/ Luft|alarm (Flieger~)/ 警戒色 Warnfarbe f. -n/警戒信号 Warn(ungs)signal n. -s, -e/警戒線 Kordon m. -s, -s; Postenkette f. -n; Absperrung f.; Streiflinie f. -n.

けいかい 軽快な leicht; [敏捷な] wendig; flink; gewandt; behänd(e); [気分の] unbeschwert; leichtherzig; sorgenlos; frohsinnig; heiter/軽快な動作 behende (flinke) Bewegung, -en/軽快な足取りで leichtfüßig.

けいがい 形骸 Gerippe n. -s, -; Skelett n. -(e)s, -e; Gerüst n. -(e)s, -e; Ruine f. -n/彼は形骸をとどめたいさぎよい有様だ Er ist nur noch eine Ruine. /形骸をとどめず破壊される vollständig zerstört werden; ein Trümmerfeld werden.

けいかく 計画 Plan m. -(e)s, ¨e; Entwurf m. -(e)s, ¨e; Vorsatz m. -es, ¨e; Vorhaben n. -s, -; Projekt n. -(e)s, -e; Programm n. -s, -e; [意向·目的] Absicht f. -en; Zweck m. -(e)s, -e; Ziel n. -(e)s, -e/計画的（故意の）absichtlich; mit ³Absicht; vorsätzlich; beabsichtigt; bewusst; [秩序ある] planmäßig; systematisch/十年計画 Zehnjahresplan m. -(e)s, ¨e/危ない計画 der zweifelhafte Plan/計画を立てる einen Plan entwerfen* (auf|stellen); aus|hecken; machen; fassen)/計画をだめにする jm Pläne vereiteln (durchkreuzen)/その計画がうまくいった Der Plan ist mir (gut) gelungen. ── 計画を planen*; entwerfen**; einen Entwurf (Plan) machen; [企てる·志す] vor|haben**; beabsichtigen; im Sinne haben; ³sich ⁴et vor|nehmen*; einen Plan (eine Absicht) haben/彼は北海道旅行を計画している Er beabsichtigt, nach Hokkaido zu reisen. / Er hat den Plan (Er hat vor), eine Reise nach Hokkaido zu machen. ‖ 計画経済 Planwirtschaft f. /計画者 Plänemacher (Plan~) m. -s, -; Planer m. -s, -; Pläneschmied m. -(e)s, -e; Projektemacher m. -s, -/《-策士》/計画生産 planmäßige

(geplante; gesteuerte) Produktion/都市計画 Stadtbauplan m. -(e)s, ¨e.

けいかん 警官 der Polizeibeamte*, -en, -en; Polizist m. -en, -en; Schutzmann m. -(e)s, ..leute); Schutzpolizist m. -en, -en (Schupo m. -s, -s) ‖ 警官隊 Polizeimannschaft f. /私服警官 Polizist in Zivil/ 婦人警官 Polizistin f. -tinnen.

けいかん 桂冠 Lorbeer m. -s, -en; Lorbeerkranz m. -es, ¨e; ~krone f. -n. ‖ 桂冠詩人 gekrönter Dichter, -.

けいかん 景観 Anblick m. -(e)s, -e; Ansicht f. -en; Szene f. -n; Szenerie f. -n.

けいかん 荊冠 Dornen|kranz m. -es, ¨e (-krone f. -n).

けいがん 慧眼 Scharf|blick m. -(e)s, [-sicht f. -]; ~sinn m. -(e)s; Einsicht f.; durchdringender Verstand, -e/ 慧眼の scharf blickend; scharf|sichtig (-sinnig); einsichtig; einsichtsvoll.

けいき 景気［状況］Stand (m. -(e)s, ¨e) (der ²Dinge); Lage f. -n; Situation f. -en; Zustand m. -(e)s, ¨e; Zeitumstände (pl 世間の景気); ［商況］Geschäfts|lage f. -n (-verhältnisse (pl)); Konjunktur f. -en/景気のよい［活気のある］lebhaft; lebendig; rege; munter; [繁盛する] gedeihlich; glücklich; günstig; blühend/景気のよい人 ein lebhafter (lebendiger; reger; munterer) Mensch, -en, -en; [活気のある人] ein wohlhabender (vermögender; reicher) Mensch 《金のある人》; ein glücklicher Mensch 《運のよい人》/ 商売の景気がよい（わるい）Die Geschäfte gehen (stehen) gut (schlecht; flau). /商売の景気はどうですか Wie gehen (stehen) die Geschäfte?/景気をつける be|leben⁴; ermutigen⁴; ermuntern⁴; auf|muntern⁴; zu|reden⁴/一杯のんで景気をつける ³sich Mut an|trinken* (trinken*)/景気よく金を使う großzügig (generös) kaufen⁴; großzügig (generös) Geld aus|geben* ‖ 景気指標 Konjunkturindikator m. -s, -en/景気循環 Konjunkturzyklus m. -, ..klen/景気診断 Konjunkturdiagnose f. -n (-politik f.)/景気段階 Konjunkturphase f. -n/景気低迷 Konjunktureinbruch m. -(e)s, ¨e/景気対策 Konjunkturmaßnahme f. -n/景気変動 Konjunkturschwankungen (pl)/好景気 Hochkonjunktur f. -en; Aufschwung m. -(e)s, ¨e; gute (günstige) Geschäftslage; Hausse f. 《ブーム》/にわか景気 plötzlicher Aufschwung/不景気 Flaute f. -n; flaue Zeit, -en; schlechte Geschäftslage; Geschäftsstille f. -(stockung f.; -losigkeit f.); Baisse f. 《から》.

けいき 計器 ⇨ **けいりょう**《計量》‖ 計器飛行 Instrumentenflug m. -(e)s, ¨e.

けいき 刑期 Straf|dauer f. -(zeit f. -en; -maß n. -es, -e)/刑期を務める seine (Straf)zeit (Strafe) ab|sitzen*/刑期が満ちる Er hat seine Zeit (Strafe) abgesessen. Seine Strafzeit ist abgelaufen.

けいき 契機 Motiv n. -s, -e; Grund m. -(e)s, ¨e; Ursache f. -n; Veranlassung f. -en《誘因》; Gelegenheit f. -en《機会》/これ

けいきかんじゅう 軽機関銃 das leichte Maschinengewehr, -(e)s, -e.

けいききゅう 軽気球 (Luft)ballon m. -s, -s (-e).

けいきへい 軽騎兵 die leichte Kavallerie, -n《部隊》; der leichte Kavallerist, -en, -en《兵士》.

けいきょ 軽挙 übereilter Schritt, -(e)s, -e; leichtsinnige (übereilte; unbesonnene; unbedachte; unbedächtige; unbedachtsame) Handlung, -en (Tat, -en); Übereiltheit f. -en; Unbesonnenheit f. -en/軽挙妄動を慎む ⁴sich vor ⁴Übereilung (³Unbesonnenheiten (pl)); ³Unbedachtsamkeiten (pl)) hüten.

けいきょう 景況 Lage f. -n; Stand《m. -(e)s, -e》der Dinge; Aussicht f.《見込み》.

けいきんぞく 軽金属 das leichte Metall, -e; Leichtmetall n. -s, -e.

けいく 警句 witzige (geistreiche) Bemerkung, -en; Bonmot n. -s, -s; Epigramm n. -s, -e; epigrammatischer Ausspruch, -(e)s, ¨e; Kernspruch m. -(e)s, ¨e; beißender Spruch, -(e)s, ¨e/警句を吐く witzige (ironische) Bemerkungen machen.

けいぐ 敬具 Hochachtungsvoll; Mit vorzüglicher Hochachtung; Ihr* sehr ergebener*...《…の所は発信人の名を入れる》.

けいぐん 鶏群の一鶴 der durch außergewöhnliche Leistungen aus dem Durchschnittsmenschen Hervorragende*, -n, -n.

けいけい 炯々と ❶ glänzend; leuchtend; strahlend. ❷《鋭い》scharf; durchdringend/炯々たる眼光 Scharfblick (Adler-) m. -(e)s, -e; Adleraugen. -/眼光炯々たる由の眼ある者 mit den Augen eines Adlers; adleräugig; scharf blickend.

げいげき 迎撃する gegen den eindringenden Feind kämpfen; dem eindringenden ³Feind(e) entgegen kämpfen; Gegenangriff (m.) leisten《反撃する》 ‖ 迎撃戦闘機 Abfangjäger m. -s, -.

けいけん 経験 Erfahrung f. -en; Erlebnis n. -nisses, -nisse《体験》; Erfahrenheit f.《経験に富んでいること》; Reife f.《同上》; Lebenserfahrung f. -en; Weltkenntnis f. ..-nisse; Weltläufigkeit f.《世間に通じていること》/経験的 erfahrungsgemäß (-mäßig)/経験のある人 erfahrungsreich; lebenskundig; lebenserfahren (welt-); gereift; reif/経験のない erfahrungslos; unerfahren; unreif/経験がある Erfahrung haben《in³》; erfahren (erfahrungsreich) sein《in³》; weite Erfahrungen haben《in³》; bewandert sein《in³》; ⁴sich auskennen《in³》; weltläufig sein; vom Fach sein; sachverständig (geschult; geübt; erprobt; sattelfest) sein; mit allen Wassern gewaschen sein; Menschenkenntnis haben; die Menschen kennen*; ³sich zu helfen wissen*/経験がない keine Erfahrung haben《in³; mit³》; unerfahren sein《in³》/経験のある人 der erfahrene Mann, -(e)s, ¨er; der Mann von ³Welt; Menschenkenner m. -s, -; Veteran m. -en, -en/経験のない人 der erfahrene Mensch, -en, -en; der Mann ohne ⁴Erfahrung; der Unerfahrene*, -n, -n; Anfänger m. -s, -; Grünschnabel m. -s, ¨/経験談をする seine persönlichen Erfahrungen erzählen/私の経験では meiner Erfahrung nach/何事も経験です Erfahrung macht weise. ‖ Man lernt durch Erfahrung./こんな経験ははじめてです So (et)was habe ich noch nie erlebt. ― 経験する eine Erfahrung machen; erleben*; erfahren*⁴/人生の艱難(なん)辛苦を経験する des Lebens Bitterkeit schmecken; die Tücken des Lebens kennen lernen. ‖ 経験論 Erfahrungslehre f. -n; Empirismus m. -.

けいけん 敬虔な ehrfurchtsvoll; fromm; gottesfürchtig; demütig ‖ 敬虔主義 Pietismus m. -/敬虔主義(派)の pietistisch/敬虔主義者 Pietist m. -en, -en.

けいげん 軽減 Verminderung f. -en; Verringerung f. -en;《緩和》Milderung f. -en; Linderung f. -en; Erleichterung f. -en; Herabsetzung f. -en《税金の》; Entlastung f. -en《義務・負担の》. ― 軽減する vermindern⁴; verringern⁴;《緩和する》mildern⁴; lindern⁴; erleichtern⁴;《税金を》herab|setzen⁴; [義務・負担を] entlasten⁴/刑を軽減する eine Strafe mildern/苦痛を軽減する Schmerzen lindern/税を軽減する die Steuern herab|setzen; die Steuerlasten erleichtern.

けいこ 稽古《練習》(Ein)übung f. -en; Schulung f. -en; Training n. -s, -s;《試演》Einstudierung f. -en; Probe f. -n/稽古をつける jn üben (schulen)《in³》; jm ein|üben; jn lehren⁴ (unterrichten⁴); jm bei|bringen*⁴/稽古してもらう bei jm Stunde(n) nehmen*《in³》; bei jm Unterricht bekommen* (nehmen*)《in³》/彼女は山田夫人の所へお花のお稽古に通っている Sie geht zu Frau Yamada, um Stunden in der Kunst des Blumensteckens (Blumenarrangements) zu nehmen. ― 稽古する ❶《練習する》üben; ein|üben(-lernen)《in³》;《³sich trainieren》《in³ スポーツを》; ⁴sich schulen《in³》. ❷《試演する》ein|studieren⁴; proben; eine Probe ab|halten*; Probe machen. ‖ 稽古着 Trainingskleidung f. -en (-anzug m. -(e)s, ¨e)/稽古場 Übungshalle f. -n (-platz m. -es, ¨e); Fechtboden m. -s, ¨《撃剣の》/稽古日 Übungstag m. -(e)s, -e/舞台稽古 Bühnenprobe f. -n.

けいご 敬語 Höflichkeitswort n. -es, ¨er (-ausdruck m. -(e)s, ¨e).

けいこう 傾向 Tendenz f. -en; Neigung f. -en; Richtung f. -en; Zug m. -(e)s, ¨e;《心理的傾向》Neigung f. -en; Anlage f. -n; Disposition f. -en; Hang m. -s/…の傾向がある anzug m. -(e)s, ¨e; Neigung (Zug) haben《zu³》; Tendenz (Zug) haben《zu³; für⁴》; Disposition (Anlage) haben《für⁴》; den Hang

haben《*zu*³》.
けいこう 蛍光 Fluoreszenz *f.*／蛍光を発する fluoreszieren／蛍光性の fluoreszierend ‖ 蛍光洗剤 das weiß machende Waschmittel, -s, -／蛍光体 fluoreszierender Körper, -s, -／蛍光板 Fluoreszenzschirm *m.* -[e]s, -e／蛍光灯 Fluoreszenzlampe *f.* -n.
けいこう 鶏口 ¶ 鶏口となるとも牛尾となるなかれ Werde lieber der Schnabel eines Hahns als der Schwanz eines Ochsen. ¦ Lieber in einem Dorf[e] der erste, als in Rom der zweite.
けいこう 携行する mit|bringen*⁴ (-|nehmen*⁴).
けいこう 経口避妊薬 das orale Verhütungsmittel, -s, -; Pille *f.* -n／経口ワクチン die orale Vakzine, -n; das orale Vakzin, -s, -e.
げいごう 迎合する entgegen|kommen*³ [s]; ⁴sich richten《nach ³*et* (*jm*)》; *jm* willfahren《*in*³; *p.p.* [ge]willfahrt》; ⁴sich ein|schmeicheln《*bei*³》; den Mantel nach dem Wind[e] drehen (hängen); *jm* nach dem Mund reden／迎合的な entgegenkommend; willfährig; wetterwendisch; opportunistisch ‖ 迎合主義 Opportunismus *m.* -; Anpassungs¦politik (Nützlichkeits-) *f.*
けいこうぎょう 軽工業 leichte Industrie, -n; Leichtindustrie *f.* -n.
けいごうきん 軽合金 Leichtmetalllegierung *f.* -en.
けいこく 警告 [Ver]warnung *f.* -en; Erinnerung *f.* -en; [Er]mahnung *f.* -en; Verweis *m.* -es, -e《訓戒》. ── 警告する *jn* warnen《*vor*³》; *jn* mahnen《*zu*³ 勧告する》; *jn* verwarnen《戒告する》; *jm* eine Mahnung (Warnung) zukommen lassen* (geben*); eine Mahnung (Warnung) senden* (schicken; ergehen lassen*)《an *jn*》; *jn* an ⁴*et* erinnern《忘れないように警告する》; *jn* eines Dinges erinnern《同上》.
けいこく 経国 Verwaltung《*f.*》(Regierung *f.*) eines Landes; Administration *f.*／経国の才 politische Fähigkeiten《*pl*》.
けいこく 渓谷 das enge (schmale) Tal, -[e]s, ¨er; Bergschlucht *f.* -en; tiefe Schlucht, -en; Klamm *f.* -en; Hohlweg *m.* -[e]s, -e.
けいこつ 頸骨 Halswirbel《*pl*》.
けいこつ 脛骨 Tibia *f.* -e; Schienbein *n.* -[e]s, -e.
げいごと 芸事 das Künstlerische*, -n.
けいさい 掲載 Veröffentlichung *f.* -en; Publizierung *f.* -en／掲載する veröffentlichen⁴; publizieren⁴; ein|setzen⁴《広告を》; berichten⁴《記事を》; an|zeigen⁴《広告する》／連日掲載される täglich erscheinen* [s] ／掲載されている stehen*／そのまま掲載する ab|drucken⁴.
けいざい 経済 Ökonomie *f.* -n; Wirtschaft *f.* -en; [財政] Finanz *f.* -en／経済的な(上の) ökonomisch; wirtschaftlich; [倹約な] ökonomisch; wirtschaftlich; sparsam; sparend／経済が上手だ haushälterisch (sparsam) sein; gut haus|halten*《*mit*³》／経済的に使う ökonomisch (haushälterisch; sparsam) um|gehen*《mit ³*et*》／経済状態がよい wohlhabend (bemittelt) sein／彼は経済観念がない Er weiß nicht, wie er mit Geld umgehen soll. ¦ Er hat keinen Begriff (keine Ahnung) von Geld. ¦ Er kann nicht haushalten.／それは経済事情が許さない Das ist finanziell unmöglich. ¦ Das kann ich mir nicht leisten.／彼は世界の経済事情に明るい Er ist in den Fragen der Weltwirtschaft bewandert.／それが時間と労力の経済になる Dadurch (Auf diese Weise) spart man Zeit und Arbeit. ‖ 経済安定 wirtschaftliche Stabilisierung, -en/経済援助 Wirtschaftshilfe *f.*/経済家(節約家) der gute Wirtschaftler, -s, -; Sparer *m.* -s, -; sparsamer Haushalter, -s, -/経済界 Wirtschafts¦kreis *m.* -es, -e (-gebiet *n.* -[e]s, -e); finanzielle Kreise《*pl*》; Finanzwelt *f.* -en/経済学 Ökonomie *f.*; Wirtschafts¦lehre *f.* (-wissenschaft *f.*); Volks¦wirtschaftslehre (Staats-) *f.*; Nationalökonomie *f.*/経済学者 Wirtschaftswissenschaftler *m.* -s, -; [Volks]wirtschaftslehrer *m.* -s, -; Volkswirtschaftler *m.* -s, -; Nationalökonom *m.* -en, -en/経済危機 Wirtschafts¦krisis (-krise) *f.* ..krisen/経済機構 ökonomische Struktur, -en/経済記者 Wirtschaftsredakteur *m.* -s, -e/経済協定 Wirtschafts¦abkommen (Handels-) *n.* -s, -/経済サミット Wirtschaftsgipfel *m.* -s, -/経済状態 Wirtschaftslage *f.* -n/経済顧問 Wirtschaftsberater *m.* -s, -/経済産業省 Ministerium《*n.* -s》für Wirtschaft, Handel und Industrie/経済自立 wirtschaftliche Autarkie, -n/経済政策 Wirtschafts¦-politik (Finanz-) *f.*/経済制裁 wirtschaftliche Sanktionen《*pl*》/経済成長 Wirtschaftswachstum *n.* -s/経済成長率 Wirtschaftswachstumsrate *f.* -n/経済制度 Wirtschaftswesen *n.* -s, -/経済戦争 Wirtschaftskrieg *m.* -[e]s, -e/経済組織 Wirtschafts¦einrichtung *f.* -en (-organisation *f.* -en; -verfassung *f.* -en; -wesen *n.* -s, -)/経済団体連合会 Vereinigung《*f.* -en》der wirtschaftlichen ²Organisationen/経済統制 Wirtschaftslenkung *f.* -en/経済難民 Wirtschaftsflüchtling *m.* -s, -e/経済白書 Ökonomisches Weißbuch, -[e]s, ¨er/経済犯罪 Wirtschaftskriminalität *f.*/経済封鎖 wirtschaftliche Blockade, -n; Wirtschaftsblockade *f.* -n; Embargo *n.* -s《積荷禁止》/経済復興 Wirtschaftsaufbau *m.* -es/経済ブロック Wirtschaftsblock *m.* -[e]s, ¨e/経済欄 Finanzbeilage *f.* -n; Wirtschaftsteil *m.* -[e]s, -e/経済力 ökonomische (wirtschaftliche) Macht/家庭経済 Haus¦halt *m.* -[e]s, -e (-wirtschaft *f.* -en); Haushaltungskunst *f.* ¨e/貨幣経済 Geldwirtschaft *f.*/計画経済 Planwirtschaft *f.*/国民経済 Volkswirtschaft *f.* -en; Nationalökonomie *f.* -n/自由経済 freie Wirtschaft.
けいざい 軽罪 Vergehen *n.* -s, -; [宗教上の]

けいさつ 警察 Polizei f. -en/警察へ訴える〔届出する〕 ⁴sich an die Polizei wenden* (bei der Polizei [an]melden⁴)/警察へ突き出す jn der Polizei übergeben⁴ (zu[führen])/警察へ引張られる zur Polizei abgeführt (gebracht; geschleppt) werden/警察の保護を受けている bei der Polizei (gehörige) Schutz finden*/警察の捜索を受ける von der Polizei gesucht werden ‖ 警察官 der Polizeibeamte*, -n, -n; Polizist m. -en, -en; Schupo m. -s, -s (略称); Polizeidiener m. -s, -/警察機動隊 Bereitschaftspolizei f. -en/警察権 Polizeigewalt f./警察犬 Polizeihund m. -[e]s, -e/警察国家 Polizeistaat m. -[e]s, ⁼er -revier m. -s, -e, behörde f. -, -en; [Polizei]wache f. -n/警察署長 Polizei|vorsteher m. -s, -, (-inspektor m. -s, -en; -wachtmeister m. -s, -/警察手帳 Polizistenausweis m. -es, -e/警察医 Gesundheitspolizist m. -en, -en; medizinische Polizei/行政警察 Verwaltungspolizei f. -en/司法警察 Gerichts|polizei (Justiz-) f. -en/水上警察 Wasserpolizei f. -en/地方自治体警察 Gemeinde|polizei (Kommunal-) f. -en/保安警察 Sicherheitspolizei f. -en; 〖俗〗die Sipo.

けいさん 珪酸 〖化〗Kieselsäure f. ‖ 珪酸塩 Silikat n. -[e]s, -e.

けいさん 計算 ❶ das Rechnen*, -; [Be]rechnung f. -en; [数の] das Zählen*, -s; Zählung f. -en/計算を誤る ⁴sich verrechnen; falsch [be]rechnen; ⁴sich verzählen (数を). ❷ [会計] Rechnung f. -en/計算書を作る über ⁺et Rechnung ab|legen (vor|legen). ❸ [見積もり] Überschlag m. -[e]s, ⁼e; Veranschlagung f. -en; Schätzung f. -en; Kostenvoranschlag m. -[e]s, ⁼e/計算が合う Die Rechnung stimmt./損益を計算する Gewinn und Verlust berechnen; auf|rechnen / 計算に入れる in Rechnung ziehen*⁴ (stellen*⁴); in Betracht ziehen*⁴/計算に入れない außer Acht lassen*⁴; übersehen*⁴; nicht berücksichtigen⁴ / 計算を立てる ab|schätzen⁴; einen Überschlag machen; veranschlagen/それでは計算が立たない Das bezahlt sich nicht. Das macht sich nicht bezahlt./Das lohnt sich nicht. —— 計算する ❶ berechnen⁴; aus|rechnen⁴; zählen⁴ (数える). ❷ [合計する] summieren⁴; zusammen|rechnen⁴ (-|zählen⁴); [見積もる] ab|schätzen⁴; veranschlagen⁴; [決算する] [Rechnungen] balancieren⁴ (aus|gleichen*⁴). ‖ 計算尺 Rechenschieber m. -s, -/計算器 Rechen|maschine (Additions-) f. -n; Kalkulator m. -s, -en/Arithmometer n. -s, -/[総称] Rechengerät n. -[e]s, -e/計算書 Rechnung f. -en; Rechnungsführer m. -s, -/計算書の作成 Rechnungsaufstellung f. -en/筆算による計算 schriftliche Rechnung/計算日 Abrechnungs|termin m. -s, -e (-tag m. -[e]s, -e)/計算表 Rechentabelle f. -n/計算法 Methode (f. -n) der Berechnung; Berechnungsmethode f. -n; Art und Weise der Berechnung; Rechnungsart f. -en/計算問題 Rechnungsaufgabe f. -n/電子計算機 Computer m. -s, -/損益計算書 Gewinn- und Verlustverzeichnis n. ..nisses, ..nisse; [決算書] Bilanzbogen m. -s, -; Kassenbericht m. -[e]s, -e; die aufgestellte Bilanz, -en.

けいさんぷ 経産婦 eine Frau (f.), die geboren hat.

けいし 罫紙 lin[i]iertes Papier, -s, -e; Linienpapier n. -s, -e.

けいし 警視 Polizeiinspektor m. -s, -en ‖ 警視総監 Polizeipräsident m. -en, -en/警視庁 Polizeipräsidium n. -s, ..dien.

けいし 軽視 Geringschätzung f. -en; Unterschätzung f. -en/軽視する gering schätzen⁴; unter dem Wert schätzen⁴; einem Dinge geringen ⁴Wert bei|legen (bei|messen*); missachten⁴; nicht beachten⁴; ignorieren⁴ 〖無視する〗; vernachlässigen⁴.

けいじ 刑事 [事件] Kriminalsache f. -n; [人] Geheimpolizist m. -en, -e/刑事上の Kriminal-; kriminell ‖ 刑事事件 Kriminalsache/刑事刑責 strafrechtliche Schuld, -en/刑事訴訟 Strafprozess (Kriminal-) m. -es, -e/刑事訴訟法 Strafprozessordnung f. -en/刑事犯 Kriminalverbrechen n. -s, -; Kriminalverbrecher m. -s, -, 〈犯人〉.

けいじ 兄事する jm als einem Älteren dienen; jm die Ehre eines Älteren erweisen*; jn als überlegen an|sehen* (betrachten); jm den Vorzug vor ³sich geben* (ein|räumen); gewähren.

けいじ 慶事 ein glückliches (erfreuliches) Ereignis, -nisses, ..nisse; [出産] Geburt f. -en; [婚礼] Hochzeit f. -en.

けいじ 繋辞 〖文法〗Kopula f. -s; Satzband n. -[e]s, ⁼er.

けいじ 掲示 Anschlag m. -[e]s, ⁼e; Aushang m. -[e]s, ⁼e; Plakat n. -[e]s, -e; Bekanntmachung f. -en 〈告示〉; Notiz f. -en 〈通告〉; Aufgebot n. -[e]s, -e 〈公示〉. —— 掲示する durch ⁴Anschlag bekannt machen⁴ (bekannt geben*⁴); an|zeigen⁴. ‖ 掲示場 Stelle (f. -en) für öffentliche Bekanntmachungen; Anschlagplatz m. -es, ⁼e/掲示板 Anschlagtafel f. -n (-brett n. -[e]s, -er); schwarzes Brett, -[e]s, -er.

けいじ 啓示 Offenbarung f. -en; Apokalypse f. -n/神の啓示 göttliche Offenbarung/啓示する offenbaren.

けいじ 計時する 〖運〗die Zeit stoppen ‖ 計時係 Zeitnehmer m. -s, -.

けいじか 形而下の physisch; materiell; sinnlich; körperlich; konkret ‖ 形而下学 konkrete (positive) Wissenschaft, -en.

けいしき 形式 Form f. -en; Formsache f. -n; Formalität f. -en/形式的な [形式に拘泥(⁼)した] förmlich; formell; [うわべだけの] oberflächlich/形式を重んじる Wert auf die

けいじょう Form (Förmlichkeiten 《pl》) legen; die Form wahren 《礼法を重んじる》/形式に拘泥する an der Form hängen* (kleben)/形式がはらない ohne ⁴Formalität; ohne ⁴Umstände 《pl》; ohne ⁴Förmlichkeit/形式に違反する die Form verletzen/形式を守る die Form beobachten (beachten)/何らかの形式で in irgendeiner Form/形式上の ²Form wegen; um der ³Form zu genügen 《der Form は genügen の補足語》; formhalber ‖ 形式主義 Formalismus m. -; Formelkram m. -s, -; Förmlichkeit f. 《形式尊守》/形式論者 Formalist m. -en, -en/形式論理 formale Logik.

けいじょう 形而上の metaphysisch; übersinnlich; abstrakt; immateriell; unkörperlich ‖ 形而上学 Metaphysik f./形而上学者 Metaphysiker m.

けいしゃ 傾斜 Neigung f. -en; Inklination f. -en; Steigung f. -en; Gefälle n. -s, -《下りの》; [山·坂] Abhang m. -e; Abdachung f. -en; Böschung f. -en;《船の》Schlagseite f. -n/傾斜した geneigt; sich (hin)neigend; schief; abgedacht; abschüssig《急に》/二十度の傾斜 Neigung von 20 Grad. — 傾斜する ⁴sich (hin)neigen; schief stehen*; aufwärts (abwärts) laufen*《線が下へ(上へ)》; [船が] krängen; ⁴sich nach einer ³Seite legen; Schlagseite bekommen*《船荷で》; [地形が] ⁴sich neigen; ⁴sich abdachen; steigen*《上り》; abfallen*《下り》. 傾斜角 Neigungswinkel m. -s, -/傾斜計 Klinometer m. -s, -; Neigungsmesser m. -s, -; Böschungswage f. -n/傾斜生産 Vorzugsproduktion f./傾斜面 die schräge (geneigte) Fläche, -n; Böschung f. -en; Abhang m. -[e]s, ⸚e/急傾斜 steile Abdachung, -en.

げいしゃ 芸者 Geisha f. -s/芸者をあげて遊ぶ einen lieblichen Abend mit Geishas verbringen*; ein Geisha-Gelage machen/芸者をあげる eine Geisha kommen lassen*（bestellen）.

けいしゅ 警手 Wache f. -n ‖ 踏切警手 Bahnwärter m. -.

けいしゅう 閨秀 eine hervorragende (bedeutende) Frau, -en ‖ 閨秀画家 Malerin f. ..rinnen/閨秀作家 Schriftstellerin f. ..rinnen/閨秀詩(歌)人 Dichterin f. ..rinnen.

けいじゅう 軽重 の軽重をいう die Wichtigkeit (die Bedeutung; das Gewicht; die Gewichtigkeit) einer Sache erwägen*《erschätzen》.

げいじゅつ 芸術 Kunst f. ⸚e; das ästhetische Schaffen */芸術上の傑作 Meisterwerk n. -[e]s, -e; die künstlerische Vollendung, -en/芸術の殿堂 Kunst|palast m. -[e]s, ⸚e《-halle f. -n》/芸術的 künstlerisch; ästhetisch / 芸術(人生)のための芸術 Kunst für die Kunst《das Leben》/芸術は長く人生は短し „Ach Gott! die Kunst ist lang! Und kurz ist unser Leben."《Faustより》‖ 芸術院 Kunstakademie f. -n/芸術家 Künstler m. -s, -/芸術家気質 Künstlertum n. -s; die künstlerische Tüchtigkeit/芸術祭 Künstlerfest n. -[e]s, -e/芸術生活 Künstlerleben n. -s, -/芸術的良心 das künstlerische Gewissen, -s/芸術品 Kunst|werk n. -[e]s, -e《-arbeit f. -en;-ware f. -n》.

けいしょう 景勝 malerisch《schön》; pittoresk/景勝の地 malerische (romantische) Landschaft, -en《Gegend, -en》; günstig gelegene Stelle, -n.

けいしょう 敬称 höfliche Bezeichnung, -en; höflicher Name, -ns, -n; höflicher Titel, -s, -; Ehrentitel m. -s, -.

けいしょう 警鐘 Sturm|glocke (Alarm-) f. -n/警鐘を打鳴らす Sturmglocke läuten.

けいしょう 継承 Nach|folge (Erb-) f. -; Sukzession f. -en/王位の継承 Thronfolge f. —— 継承する jm [nach]folgen; ⁴et übernehmen*³《債権·債務などを》; jm sukzedieren/遺産を継承する das Erbe an|treten */王位を継承する jm auf den Thron folgen 《s》‖ 継承者 Nachfolger m. -s, -; Thronfolger m. -s, -《王位の》.

けいしょう 軽症 leichte (ungefährliche) Erkrankung, -en ‖ 軽症患者 der leicht Erkrankte*《Leichtkranke*》, -n, -n.

けいしょう 軽傷 leichte Verwundung, -en《Verletzung, -en》; Wunde, -n; [かすり傷] Streifwunde f. -n/軽傷を負う leicht verwundet (verletzt) werden/昨日の交通事故で重傷者二名軽傷者十五名が出た Das Verkehrsunglück von gestern forderte 2 Schwerverletzte und 15 Leichtverletzte.

けいじょう 計上する mit|auf|führen《共に記入する》; [合算する] zusammen|rechnen⁴《-|zählen⁴》; summieren⁴; [加算する] hinzu|rechnen⁴; addieren⁴.

けいじょう 刑場 Richt|platz m. -es, ⸚e《-stätte f. -n》; Hochgericht n. -[e]s, -e/刑場の露と消える auf dem Richtplatz enden.

けいじょう 形状 Gestalt f. -en; Form f. -en; Figur f. -en.

けいじょうひ 経常費 ordentliche Betriebskosten《pl》; ordentliche (laufende) Ausgaben《pl》; [経常収入] ordentliche (laufende) Einkommen f.

けいじょうみゃく 頸静脈 Halsvene f. -n; Halsblutader (Jugular-) f. -.

けいしん 軽信 Leichtgläubigkeit f./軽信の leichtgläubig/軽信する leichtgläubig sein; ⁴Sache leicht (schnell) ⁴Glauben schenken (geben*).

けいしん 敬神 Gottesverehrung f.; Verehrung《f.》Gottes; Ehrfurcht《f.》 vor ³Gott; Gottesfurcht f.; Frömmigkeit f./敬神の念が厚い fromm sein; gottesfürchtig sein.

けいず 系図 Stammbaum m. -[e]s, ⸚e; Ahnen|tafel (Stamm-) f. -n; Geschlechtsregister n. -s, -; Genealogie f. -n; [血統] Familie f. -n; Linie f. -n; Blut n. -[e]s, -; Abstammung f. -en; [先祖] die Ahnen (Vorfahren)《pl》.

けいすう 係数 〖数〗Koeffizient *m.* -en, -en ‖ 微分係数 Differentialkoeffizient *m.* -en, -en/膨張(熱伝導)係数 Ausdehnungskoeffizient (Wärmeleitungskoeffizient).

けいすう 計数 das Rechnen* (Zählen*), -s; (Be)rechnung *f.* -en ‖ 計数器 Rechen|maschine (Additions-) *f.* -n/計数算 Zählrohr *n.* -(e)s, -e; Geigerzähler *m.* -s, - ⟨ガイガー の⟩.

けいせい 形勢 〖Sach〗lage *f.* -n; Situation *f.* -en; Verhältnisse (*pl*) Umstände (*pl*) (Zu)stand *m.* -(e)s, ⸚e; 〖見通し〗Aussicht *f.* -en; Ausblick *m.* -(e)s, -e; Prospekt *m.* -(e)s, -e/形勢の有利な展開 günstige Veränderung (-en) (Entwicklung, -en; Verschiebung, -en) der Lage/形勢如何〖に〗に よって je nachdem, wie die ¹Dinge stehen (liegen); nach Lage der ²Umstände (Dinge)/形勢を観望する die Lage (Situation) beobachten; auf die Lage (Situation) Acht geben* ⟨日和見する⟩ eine abwartende Haltung ein|nehmen*; ab|warten, wie die Hase läuft/形勢を見てとる die Lage der Dinge durchschauen (begreifen*; verstehen*)/形勢を一変させる die Lage der Dinge verändern (verschieben*); der ³Sache eine andere Wendung geben*/形勢が悪化する Die Lage wird schlimmer.; Die Situation verschlimmert ⁴sich./形勢不穏となる Die Lage wird drohend./目下の形勢では bei dem (jetzigen; gegenwärtigen) Stand der Dinge; wie die ¹Dinge jetzt stehen (liegen); unter den jetzigen Umständen.

けいせい 警世の文字 eine Warnung (-en) für die Welt ‖ 警世家 Prophet *m.* -en, -en.

けいせい 形成 Gestaltung *f.* -en; Formung *f.* -en; Bildung *f.* -en/形成する gestalten⁴; formen⁴; bilden⁴; formieren⁴ ‖ 形成外科 die plastische Chirurgie.

けいせき 形跡 Spur *f.* -en; (An)zeichen *n.* -s, -; Hinweis *m.* -es, -e; Wink *m.* -(e)s, -e; Merkmal *n.* -s, -e/形跡をくらます die Spuren (*pl*) verwischen/少しも形跡を残さない keine Spur hinterlassen* (zurück|lassen*)/形跡がある Spuren hinterlassen*; Zeichen auf|weisen* (zeigen).

けいせき 蛍石 Fluorit *m.* -(e)s, -e; Flussspat *m.* -(e)s, -e ⟨⸚e⟩.

けいせき 珪石 Kiesel|erde *f.* (-stein *m.* -(e)s, -e).

けいせつ 蛍雪の功を積む seinen ³Studien (*pl*) jahrelang ob|liegen*; jahrelang fleißig studieren.

けいせん 係船 Vertäuung *f.* -en; 〖繋いだ船〗das vertäute (festgemachte) Schiff, -(e)s, -e. — 係船する vertäuen; fest|machen; auf|liegen lassen* ⟨運航させない⟩. ‖ 係船所 Ankerplatz *m.* -es, ⸚e/係船柱 Poller *m.* -s, -; Schiffspfahl *m.* -(e)s, ⸚e/係船料 Kaigeld (Quaigeld) *n.* -(e)s, -er; Kaigebühren (*pl*).

けいせん 経線 Längenkreis *m.* -es, -e; Meridian *m.* -s, -e.

けいそ 珪素 〖化〗Silizium *n.* -s; Silicium *n.* -s ⟨記号: Si⟩.

けいそう 継走 Staffellauf *m.* -(e)s, ⸚e. ⇒リレー.

けいそう 軽装 leichte Kleidung, -en/軽装する leichte Kleidung tragen*; ⁴sich leicht kleiden.

けいそう 係争 Streit *m.* -(e)s, -e/係争中の Streit-; strittig/係争中である im (in) Streit sein (liegen*) ⓢ ‖ 係争事件 Streitfall *m.* -(e)s, ⸚e; Streitigkeit *f.* -en/係争点 der umstrittene (strittige) Punkt, -(e)s, -e; Streitpunkt *m.* -(e)s, -e/係争物 Streitobjekt *n.* -(e)s, -e; Gegenstand (*m.* -(e)s, ⸚e) des Streites; Streitgegenstand *m.* -(e)s, ⸚e; strittige Sache, -n/係争問題 Streitfrage *f.* -n.

けいそう 珪藻 〖植〗die Diatomee *f.* -n; Kieselalge *f.* -n ‖ 珪藻土 Diatomeenerde *f.* -n; Diatomeenplit *f.* -n; Kiesel|erde *f.* -n (-gur *f.*)/珪藻類 Diatomeen (*pl*).

けいそく 計測工学 Vermessungskunde *f.*

けいぞく 継続 〖連続〗〖Fort〗dauer *f.*; 〖続行〗Fort|setzung *f.* -en (-satz *m.* -es, ⸚e); 〖契約の継続〗Verlängerung (*f.* -en) des Vertrags / 五か年継続事業(計画) Fünfjahresplan *f.* -(e)s, ⸚e. — 継続的に fort|dauernd (-laufend); (an)dauernd; ununterbrochen; kontinuierlich; anhaltend; stetig. — 継続する (fort|)dauern; verlängern⁴ ⟨契約など⟩; 〖事業などを〗weiter|führen⁴; fort|setzen (-führen⁴); mit ³*et* fort|fahren* ⓢ/仕事を続ける fort|arbeiten; weiter|arbeiten/戦争を継続する einen Krieg fort|führen; weiter|kämpfen. ‖ 継続期間 Laufzeit *f.*; 〖Zeit〗dauer *f.*/継続犯 Dauerdelikt *n.* -(e)s, -e/継続番号 die fortlaufende Nummer, -n/継続費 die laufenden Kosten (*pl*).

けいそつ 軽率 Über|eilung *f.* (-hastung *f.*; -eiltheit *f.*; -stürzung *f.*); Voreiligkeit *f.*; Eilfertigkeit *f.*; Vorschnelligkeit *f.*; Hastigkeit *f.*; Ungeduld *f.*; 〖不用意〗Unvorsichtigkeit *f.*; Unbesonnenheit *f.*; Leicht|sinn *m.* -(e)s ⟨-sinnigkeit *f.* -; -fertigkeit *f.*⟩. — 軽率な über|eilt; voreilig; vorschnell; hastig; eilfertig; überstürzt; 〖思慮なき〗unbesonnen; unbedacht; unvorsichtig; leicht|sinnig (-fertig)/軽率なことをする ⁴sich über|eilen; voreilig (über|eilt; unüberlegt; unbesonnen; unvorsichtig) handeln; voreilige Schritte (*pl*) tun*/あれは軽率な男だ Er ist ein unbesonnener Mensch.; Er ist leichtsinnig. — 軽率に 〖あわてて〗⁴sich überstürzend; Hals über Kopf; über Hals und Kopf; leicht|sinnig (-fertig); 〖不用意に〗unbedacht; unbesonnen; ohne ⁴Bedacht; unvorsichtig/軽率に判断する in übereiltes (vorschnelles) Urteil fällen (ab|geben*; sprechen*); zu schnell urteilen.

けいたい 形態 Gestalt *f.* -en; Form *f.* -en/形態を変える ⁴sich verwandeln; ⁴sich um|bilden; ⁴sich um|formen; ⁴sich trans|formen; ⁴sich transformieren⁴ ‖ 形態学 Morphologie *f.* -n; Gestaltlehre *f.* -n/形態素

けいたい 携帯する [bei ³sich] tragen*⁴ (持つ); mit|nehmen*⁴ (-|führen⁴) (持って行く); mit|bringen*⁴ (持って来る); bei ³sich haben (mit ³sich führen) (持っている)/携帯用の transportabel; handlich; bequem zu handhaben; das Buch ist handlich. || 携帯食糧 Feldration f. -en; Proviant m. -s/携帯電話 Handy n. -s, -s/携帯品 Handgepäck n. -[e]s, -e; Sachen (pl)/携帯品預り所 Garderobe (f.); Kleiderablage f. -n/携帯ラジオ transportables Radio, -s, -s; Kofferradio n. -s, -s; Transistorradio n. -s, -s (「トランジスタラジオ」)/携帯テレビ Kofferfernseh m.

けいだい 境内に(で) [社寺の] (im) Tempelbezirk (m. -[e]s, -e); (in der) Tempelanlage (f. -n).

けいだんれん 経団連 die Vereinigten Wirtschaftsverbände (pl).

けいちゅう 傾注 Hingabe f.; Konzentration f. -en; Konzentrierung f. -en/傾注する ⁴sich ganz widmen³; ⁴sich hin|geben*⁴³; ⁴sich ergeben*³/全力を傾注する alle Kräfte konzentrieren (auf⁴)/彼はその計画に全心を傾注している Er ist mit Leib und Seele bei seinem Vorhaben.

けいちょう 傾聴する auf jn horchen; an|hören; hören (auf*³); jm ⁴Gehör schenken; ganz Ohr (n. -es, -en) sein; jm an den ⁵Lippen hängen*⁴; die Ohren spitzen; ganz dabei sein; それは傾聴に値するを lässt ⁴sich hören/傾聴しない aufmerksames (geneigtes) Gehör finden*.

けいちょう 軽佻 ⇨けいはく/軽佻浮薄の徒 die leichtfertige, eitle Personen.

けいちょう 慶弔 Familienfest und Trauerfall, des - und -[e]s; Glückwunsch und Beileid, des - und -[e]s.

けいてき 警笛 Signalpfeife f. -n; Alarmsirene f.; Warn[ungs]signal n. -s, -e; Polizeipfeife f. -n (「警官の」); Hupe f. -n (「自動車の」); Nebelhorn n. -[e]s, ⁼er (「濃霧時の」)/警笛を鳴らす die Alarmsirene heulen lassen*; hupen (「自動車を」).

けいてん 継電器 [工] Relais n. -, -.

けいてん 経典 [仏教の] Sutra n. -s, ..tren; [キリスト教の] Heilige Schrift, -en; [聖書] Bibel f. -n; das Buch (-[e]s der ²Bücher; [回教の] Koran m. -s/[シナの経書] chinesische Klassiker (pl).

けいと 毛糸 Wollgarn n. -[e]s, -e; Wolle f. -n; Kammgarn n. -[e]s, -e (「梳毛糸」)/毛糸の wollen; aus ³Wolle/毛糸のシャツ Wollhemd n. -[e]s, -en/毛糸の手袋 Wollhandschuhe (pl) (「毛糸の靴下」Wollsocken pl); wollene Socken (Strümpfe) (pl)/毛糸で編物をする mit ³Wollgarn (in ³Wolle) stricken || 毛糸製品 Wollwaren (pl).

けいど 珪土 Kieselerde f. -n.

けいど 経度 die geographische Länge, -n; Längengrad m. -[e]s, -e/東(西)経 östliche (westliche) Länge/経度を計る die Länge berechnen.

けいど 傾度 Neigung f. -en; Inklination f. -en; Krängung f. -en (「船の」).

けいとう 傾倒する ⁴sich widmen³; ⁴sich hin|geben*⁴³; ⁴sich befleißigen²; ⁴sich ergeben*/全力を傾倒する alles (alle seine Kräfte; alle Mittel (「手段」) auf|bieten*; alle Kräfte an|strengen; ⁴sich ins Zeug legen; ⁴sich hin|geben*³ (「ある人に傾倒する」jn vom tiefsten Herzen verehren.

けいとう 鶏頭 [植] Hahnenkamm m. -[e]s, ⁼e.

けいとう 系統 ❶ System n. -s, -e/系統的 systematisch/系統を立てる systematisieren*¹; in ein System bringen*⁴/系統的に並べる systematisch ordnen; in ³Ordnung auf|stellen*⁴. ❷ [系図] Abstammung f. -en; Stammlinie f. -n (-baum m. -[e]s, ⁼e; [先祖] Vorfahren (pl); Ahnen (pl); [子孫] Nachkommen (pl)/系統を辿る den Ursprung (die Herkunft) erforschen/系統を引く ab|stammen (von³); erblich sein; eine Krankheit erben (von jm 病気など). ❸ [党派] Partei f. -en; Seite f. -n. || 系統発生 Phylogenese f. -n; Stammesentwicklung f. -en/神経系統 Nervensystem n. -s, -e/市電運転系統 Straßenbahnlinie f. -n.

けいとう 芸当 Kunststück n. -[e]s, -e; Akrobatik f.; Jongleur|kunst (Trapez-; Zirkus-) f.; Kraftleistung f. -en (「力業」); Geschicklichkeit f. -en (「技量」); das Können*, -s (「腕の冴え」).

けいどう 芸道 Kunst f. ⁼e; Kunstfertigkeit f. -en/芸道にいそしむ ⁴sich einer Kunst [mit Eifer] widmen.

けいどうみゃく 頸動脈 Hals|arterie f. -n (-schlagader f. -n); Karotide f. -n.

けいにく 鶏肉 Hühnerfleisch n. -[e]s.

げいにく 鯨肉 Wal[fisch]fleisch n. -[e]s.

げいにん 芸人 Künstler m. -, -; Artist m. -en, -en || 芸人根性 Artistengesinnung f. -en.

げいのう 芸能 Kunstfertigkeit f. -en; [舞台関係の意で] Bühnenkunst f. ⁼e; Schauspiel n. -[e]s, -e; Unterhaltung f. -en (「娯楽」); das Bühnenmäßige* (Theatralische*), -n || 芸能会 Liebhabertheater n. -s, -/芸能人 [具体的には] Bühnenkünstler (Film-) m. -s, -; Sänger m.

けいば 競馬 Pferderennen n. -s, -; Derby n. -[s], -s/明日は競馬がありま Morgen findet ein Wettrennen statt. || 競馬場 Rennpferd n. -[e]s, -e/競馬騎手 Jockei m. -s; Jockey m. -s, -s/競馬場 [Pferde]rennbahn f. -en.

けいはく 軽薄 ❶ [軽率] Leichtfertigkeit f.; Leichtsinn m. -[e]s; Leichtsinnigkeit f.; Frivolität f. ❷ [不誠実] Unaufrichtigkeit f.; Unredlichkeit f.; Unwahrhaftigkeit f.; Falschheit f. ❸ [不信] Treulosigkeit f.; [無思慮] Unbedachtsamkeit f.; Sorglosigkeit f. ── 軽薄な ❶ [軽率な] leicht; fer-

けいはつ [軽はつ] (-sinnig); flatterhaft; frivol/軽薄な人 der Leichtsinnige* (Treuhase*), -n, -n; Schmeichler m. -s, - 《追従者》; der Unbeständige*, -n, -n. ❷ [不誠実な] unaufrichtig; unredlich; unwahr(haftig); falsch; treulos; untreu; falsch. ❸ [思慮のない] unbesonnen; unbedacht; bedacht(los.

けいはつ 啓発 ❶ [啓蒙] Aufklärung f. -en; Erziehung f. -en; Ausbildung f. -en. ❷ [発展] Entfaltung f. -en; Entwicklung f. -en. —— 啓発する ❶ [啓蒙する] auflklärren*; belehren*; erziehen*⁴; aus|bilden⁴ 《教育する》. ❷ [発展する] entfalten⁴; entwickeln⁴; zur Entwicklung bringen*⁴.

けいばつ 刑罰 ⇨けい(刑).

けいばつ 閥閥 Nepotismus m. -; Vetternwirtschaft f.

けいはんざい 軽犯罪 das leichte Verbrechen, -s.

けいひ [費用] Kosten (pl); Spesen (pl); Unkosten (pl); [維持費] Instandhaltungskosten (pl); [支出] Ausgabe f. -n; Auslage f. -n/経費の節減 Einschränkung (f. -en) (Beschneidung f. -en) der Ausgaben/経費の都合で aus finanziellen Rücksichten (Gründen)/経費を節約する die Ausgaben ein|schränken (beschneiden*) /経費がかさむ kostspielig (teuer) sein/経費がかさむ Die Ausgaben steigen (nehmen) zu.

けいひ 桂皮 Zimt m. -(e)s, -e∥桂皮シロップ Zimtsirup m. -s, -e.

けいび 警備 Wache f. -n; Bewachung f./警備を解く die Wache ab|rufen* (zurück|ziehen*)/警備を厳にする die Wachen verstärken. —— 警備する bewachen*; beschützen⁴ 《防衛する》. ∥警備艦(船) Wachtschiff n. -(e)s, -e/警備隊 Wachttruppe f. -n; Garnison f. -en 《守備部隊》/警備兵(員) Wächter m. -s, -; Wachtposten m. -s, -.

けいび 軽微な unbedeutend; unbeträchtlich; bedeutungslos; leicht; geringfügig.

けいびき 罫引き Linierung f. -en/罫引きの liniert ∥ 罫引き器 Liniermaschine f. -n.

けいひん 景品 Zu|gabe (Bei-; Drein-) f. -n; Prämie f. -n ∥ 景品券 Gutschein m. -(e)s, -e/景品つき売出し Verkauf (m. -(e)s, -e) mit ³Prämien.

けいひんかん 迎賓館 Gästehaus n. -es, ⸚er.

けいふ 継父 Stiefvater m. -.

けいふ 系譜 Stammbaum m. -(e)s, ⸚e; Ahnentafel f. -n; Genealogie f. -n.

けいぶ 警部 Polizei|kommissar m. -s, -e (-leutnant m. -s, -s) ∥ 警部補 Polizeiwachtmeister m. -s, -.

けいふう 芸風 Kunstform f. -en; Technik f. -en; Darstell(ungs)weise (Gestaltungs-) f. -n; Schauspielkunst f. ⸚e; Stil m. -(e)s, -s.

けいふく 敬服 Bewunderung f.; Verehrung f.; Hochachtung f./敬服すべき bewunderns|wert (-würdig); achtbar; verehrungswürdig. —— 敬服する bewundern⁴ 《感心する》; [尊敬する] verehren⁴; hoch achten⁴; ⁴Achtung haben 《vor³》.

けいぶつ 景物 ❶ landschaftliche Eigenart, -en; Gepräge (n. -s) einer ²Landschaft. ❷ [景品] ⇨けいひん.

けいべつ 軽蔑 Verachtung f. -en; Geringschätzung f. -en; Geringachtung f. -en; Missachtung f. -en; Herab|setzung (Zurück-) f. -en; Unterschätzung f. -en; Verschmähung f. -en/軽蔑の《侮蔑》/軽蔑の語を弄(ろう)する geringschätzig sprechen* 《von ³et》; ⁴Schmähworte gebrauchen 《gegen (für) *et》. —— 軽蔑的に verächtlich; geringschätzig; herabsetzend / 軽蔑すべき verächtlich; verachtenswert; gemein. —— 軽蔑する verachten⁴; gering schätzen*; nichts halten* 《von³》; die Nase rümpfen 《über⁴》; gering achten⁴; herab|sehen*⁴ 《auf⁴》; von oben herab behandeln⁴; nicht ernst nehmen*⁴; pfeifen* 《auf *et》.

けいべん 軽便な bequem; handlich; einfach 《簡単な》; leicht 《軽易な》; praktisch 《実用的な》.

けいぼ 敬慕 Verehrung f.; Bewunderung f. 《敬服・賛仰》; Hochachtung f. 《尊敬》; Anbetung f. 《恋慕》. —— 敬慕する ehrfürchtig lieben⁴; verehren⁴; bewundern⁴ 《敬服嘆美する》; hoch achten⁴ 《尊敬する》; an|beten⁴ 《恋慕する・崇拝する》; auflsehen*⁴ 《zu³ 仰ぎ見る》; vergöttern⁴ 《崇拝する》.

けいぼ 継母 Stiefmutter f. ⸚.

けいほう 刑法 Straf|recht (Kriminal-) n. -(e)s, -e; Strafgesetz n. -es, -e/刑法上の strafrechtlich / 彼は刑法第十七条により罰せられた Er wurde auf Grund (aufgrund) von Artikel 17 des Strafgesetzbuches verurteilt.

けいほう 警報 Alarm m. -(e)s, -e; Warnruf m. -(e)s, -e; Warnsignal n. -s, -e; Warnung f. -en 《気象の》/警報を発する alarmieren; Alarm (Lärm; Sturm) schlagen* 《太鼓で》(blasen* 《ラッパで》; läuten 《鐘で》)/暴風雨警報を発する die Sturmwarnung geben*∥警報解除 Aufhebung (f. -en) des Alarms/警報機 Lärmapparat m. -(e)s, -e; Alarmgerät n. -(e)s, -e; Alarmvorrichtung f. -en/火災警報 Feueralarm m. -s, -e/暴風雨警報 Sturmwarnung f. -en.

けいほう 警砲 Alarmschuss m. -es, ⸚e/警砲を発射する einen Alarmschuss ab|geben*.

けいぼう 閨房 ⇨しんしつ(寝室).

けいぼう 警棒 [警官用の] Polizeiknüppel m. -s, -.

けいぼうだん 警防団 Sicherheitskorps n. -, -; freiwillige Wachgruppe, -n.

けいま 桂馬 [将棋] Springer m. -s, -.

けいみょう 軽妙な leicht; witzig; ästhetisch; klug; leicht und flink; wendig; gewandt/軽妙な洒落 der geistreiche (witzige) Spaß, -es, ⸚e.

けいむしょ 刑務所 Gefängnis n. ..nisses, ..nisse; Zuchthaus n. -es, ⸚er; Kerker m. -s, -/刑務所に収容される ins Gefängnis werfen*⁴ (stecken⁴; schicken⁴; setzen⁴)/刑務

けいめい 芸名 Künstlername *m.* -ns, -n.

けいもう 啓蒙 Belehrung *f.* -en; Aufklärung *f.* -en ⇨**けいはつ**/啓蒙的 aufklärend; belehrend ‖ 啓蒙運動 Aufklärungs|bewegung *f.* -en [-feldzug *m.* -(e)s, *=*e]/啓蒙時代 Aufklärungszeit *f.*; die Aufklärung; die Zeit der Aufklärung/啓蒙文学 Aufklärungsalter *n.* -s《青少年の》/啓蒙文学 Aufklärungsliteratur *f.* -en.

けいやく 契約 Vertrag *m.* -(e)s, *=*e; Kontrakt *m.* -(e)s, -e; Abmachung *f.* -en; Versprechen *n.* -s, -.; Versprechung *f.* -en 〚協定〛Abkommen *n.* -s; Vereinbarung *f.* -en; Konvention *f.* -en; Pakt *m.* -(e)s, -e; Übereinkommen *n.* -s; Übereinkunft *f.* -en/Verabredung *f.* -en/契約を守る einen Vertrag (Kontrakt) ein|halten*/契約を履行する einen Vertrag (Kontrakt) aus|führen (verwirklichen)/契約を解く einen Vertrag lösen (kündigen, annullieren; brechen*)/契約を更新する einen Vertrag erneuern/契約を変更する einen Vertrag ab|ändern/契約の締結 Vertrags(ab)schluss *m.* -es, *=*e; Vertragsunterzeichnung *f.* -en/この契約は三年間有効 Der Vertrag ist für drei Jahre gültig.; Der Vertrag gilt für drei Jahre./契約を結ぶ einen Vertrag (Kontrakt) [ab]schließen*; einen Vertrag ein|gehen* (mit *jm*); einen Pakt schließen*/〚協定する〛*sich* vertraglich verpflichten; 〚協定する〛*sich* verabreden (mit *jm* über *et*); ein Abkommen treffen* (mit *jm*); eine Übereinkunft (Verabredung) treffen* (mit *jm* über *et*); vereinbaren (mit *jm*)./契約違反 Vertrags|bruch *m.* -(e)s, *=*e (-widrigkeit *f.* -en; -verletzung *f.* -en); Verstoß (*m.* -es, *=*e) gegen den Vertrag/契約期間 Vertragsdauer *f.*; Laufzeit (*f.* -en) des Vertrag(e)s/契約条件 Vertragsbedingung *f.* -en/契約条項 Vertrags|artikel *m.* -s, - (-bestimmung *f.* -en)/契約者 der Vertragsschließende*, -n, -n; Vertragspartner *m.* -s, -/契約当事者 Vertragspartei *f.* -en/契約書 Vertrag *m.* -(e)s, *=*e; Vertrag|s|urkunde *f.* -n (-instrument *n.* -(e)s, -e)/ der schriftliche Vertrag/契約約款 Vertragsklausel *f.* -n/契約履行 Vertragserfüllung *f.* -en/仮契約 Präliminarvertrag *m.* -(e)s; der provisorische Vertrag; Provisorium *m.* -s, ..rien/口頭契約 der mündliche Vertrag; das mündliche Versprechen, -s, -/書面契約 der schriftliche Vertrag/双務契約 der gegenseitige (bilaterale) Vertrag/特別契約 der besondere Vertrag/秘密契約 der geheime Vertrag/片務契約 der einseitige (unilaterale) Vertrag/本契約 der definitive (endgültige) Vertrag.

けいゆ 軽油 leichtes Öl, -s, -e; Leichtöl *n.* -s, -e; Gasolin *n.* -s; [灯油] Brennöl; Kerosin *n.* -s.

けいゆ 経由する vorüber|gehen* [s] (*an*³); passieren⁴/経由して via; über³/シベリア経由で über (via) Sibirien.

けいゆ 鯨油 (Walfisch)tran *m.* -(e)s, -e.

けいよう 形容 ❶ [形容] Gestalt *f.* -en; Form *f.* -en; Gebilde *n.* -s, -; Züge (*pl*) 《容貌》. ❷ [比喩・修飾] Metapher *f.* -n; figürliche (bildliche; übertragene) Ausdrucksweise, -n; Darstellung *f.* -en; Beschreibung *f.* -en; Schilderung *f.* -en; Modifikation *f.* -en. — 形容する ❶ [描写する] schildern⁴; beschreiben*⁴; dar|stellen⁴; illustrieren⁴; skizzieren⁴/形容することばがない Man finder keine Worte[, es zu schildern].; Es geht über alle Beschreibung.; Es ist unsagbar. ; Es spottet jeder ²Beschreibung. 《悪い時》. ❷ [たとえる] bildlich (figürlich) sprechen*⁴ (dar|stellen⁴); im Bild[e] sprechen*⁴/形容して言えば bildlich gesprochen. ‖ 形容句 Attributivsatz *m.* -es, -e/形容詞 [文法] Adjektiv *n.* -s, -e; Eigenschaftswort *n.* -es, *=*er.

けいよう 掲揚する [eine Flagge] auf|ziehen* (hissen); flaggen; [eine Flagge] aus|hängen《窓などから垂らす》/あの船は日本の国旗を掲揚している Das Schiff führt die japanische Flagge.

けいよしゃ 刑余者 der vorbestrafte Mensch, -en, -en; der Vorbestrafte*, -n, -n; ehemaliger Verbrecher, -s, -.

けいり 経理 Geschäfts|führung (Betriebs-) *f.* -en; Verwaltung *f.* -en; [Betriebs]leitung *f.* -en; Direktion *f.* -en; Bewirtschaftung *f.* -en《農業・地所などの》; Rechnungsführung *f.* -en《会計・会計管理》. — 経理する verwalten⁴; leiten⁴; bewirtschaften⁴《農業・地所などを》. ‖ 経理事務 Verwaltungsdienst *m.* -es, -e/経理部 Verwaltungs|abteilung *f.* -en; Intendantur *f.* -en; Direktion *f.* -en; Rechnungs|abteilung *f.* -en《会計部》/経理部職員 der Verwaltungsbeamte* (Intendanturbeamte*), -n, -n/経理部長 Chef *m.* -s, -s; Verwaltungsleiter *m.* -s, -; Intendant *m.* -en, -en.

けいり 刑吏 Henker *m.* s, -; Scharfrichter *m.* -s, -.

けいりがく 計理学 Rechnungs|lehre (Buchführungs-) *f.* -n.

けいりし 計理士 Steuerberater *m.* -s, -; Bücherrevisor *m.* -s, -en; Rechnungsprüfer *m.* -s, -.

けいりゃく 計略 List *f.* -en; Kunstgriff *m.* -(e)s, -e; Kniff *m.* -(e)s, -e; [陰謀] Ränke (*pl*); Intrige *f.* -n; [画策] Plan *m.* -(e)s, *=*e/計略にかかる überlistet werden 《von *jm*》; durch ⁴List hintergangen werden 《von *jm*》; durch List in *js* ⁴Hände (*pl*) (Gewalt *f.*) geraten* [s]; *sich* von *jm* anführen (übertölpeln; betören) lassen*《一杯くわされる》/計略にかける überlisten⁴; übertölpeln⁴/計略を以て durch Kunstgriff (Kniffe; List); listig/計略を巡らす [³sich] einen Plan (eine List) aus|denken* (aus|hecken;

けいりゅう 係留 Verankerung f. -en (気球など); Vertäuung f. -en (船の). — 係留する fest|machen*; verankern* (気球を); vertäuen* (船を); vor "Anker gehen* [s] (船が) ⇨けいせん(繋船). ‖ 係留気球 Fesselballon m. -s, -s (-e)/係留装置 Vertäuungsvorrichtung f. -en/係留浮標 Vertäuungs:boje (Moorings-) f. -n.

けいりゅう 渓流 Berg:bach (Gebirgs-) m. -(e)s, ⸗e.

けいりょう 軽量 leichtes Gewicht, -(e)s; Leichtgewicht n. -(e)s ‖ 軽量品 die leichten Waren (pl).

けいりょう 計量 das Messen*, -s; [重さの] das Wägen*, -s; [数の] das Rechnen*, -s. — する das Messen*; [重さを] wägen*; wiegen*; [数を] rechnen; zählen. ‖ 計量器 Messer m. -s, -; Mess:instrument n. -(e)s, -e (-apparat m. -(e)s, -e); Maßgerät n. -(e)s, -e; [秤などを] Waagschale f. -n; Waage f. -n.

けいりん 経綸 Führung f. -en; [Staats]verwaltung f. -en; politisches Programm, -s, -e/経綸を行う Staatsangelegenheiten (pl) verwalten; den Staat regieren (leiten).

けいりん 競輪 das Radrennen*, -s ‖ 競輪場 Radrennbahn f. -en/競輪選手 Rad:wettfahrer m. -s, - (-renner m. -s, -).

けいるい 係累 ❶ Familienbande (pl); Anhang m. -(e)s, ⸗e; Familienanhang m. -(e)s, ⸗e (-s)/係累が多い eine große Familie haben; großen Anhang haben; mit einer großen Familie beschwert (belastet) sein/係累のない ohne "Familienanhang"; [独身の] unverheiratet; ledig; ehelos; allein stehend. ❷ [犯罪などの] Verwicklung f. -en (in⁴); Mitschuld f. (an³).

けいれい 敬礼 [挨拶] Begrüßung f. -en; Gruß m. -es, ⸗e; [叩頭] Verbeugung f. -en; Verneigung f. -en; [軍人の] Ehrenbezeigung f. -en; Salut m. -(e)s, -e. — 敬礼する salutieren*; jm seine Ehrenbezeigung erweisen*; jm ehrerbietig begrüßen; 'sich vor jm [ehrerbietig; tief] verbeugen; eine [ehrerbietig; tiefe] Verbeugung vor jm machen/銃を捧げて敬礼する das Gewehr präsentieren / 帽子を取って敬礼する den Hut vor jm 'ab|nehmen* (ab|ziehen*).

けいれき 経歴 Lebens:bahn f. -en (-lauf m. -(e)s, ⸗e; -gang m. -(e)s, ⸗e; Laufbahn f. -en; Karriere f. -n; [実歴] persönliche (eigene) Lebensgeschichte. -n; Vergangenheit f. -en; persönliche Erlebnisse (pl)/経歴のある人 ein Mann (m. -(e)s, ⸗er) von "Erfahrung; ein an "Erlebnissen (Erfahrung) reicher Mann/経歴がよい(わるい) eine gute (schlechte) Vergangenheit haben/経歴を語る seine [persönliche] Lebensgeschichte erzählen; aus seiner Vergangenheit (seinem Leben) erzählen/彼はどんな経歴の人ですか Was ist seine persönliche Lebensgeschichte?

けいれつ 系列 Reihe f. -n; Ordnung f. -en; Gliederung f. -en/系列化する in den Betrieb ein|reihen (ein|gliedern).

けいれん 痙攣 [医] Krampf m. -(e)s, ⸗e; Konvulsion f. -en/痙攣的 krampfhaft; spasmisch; spasmodisch; spastisch; konvulsiv / 痙攣を起こす Krämpfe bekommen*; in "Krämpfe verfallen* [s] "Krämpfe krampfen/痙攣を起こしている Krämpfe haben; in "Krämpfen liegen*/痙攣を起こさせる krampfhaft zusammenziehen lassen*⁴.

けいろ 毛色 Haarfarbe f. -n/毛色の変わった fremd; ungewöhnlich; seltsam; sonderbar; exzentrisch; verschroben/毛色の変わった人 [奇人] der exzentrische (seltsame; verschrobene) Mensch, -en, -en; Sonderling m. -s, -e; Eigenbrötler m. -s, -; Kauz m. -es, ⸗e.

けいろ 経路 Pfad m. -(e)s, -e; Weg m. -(e)s, -e; [過程] Verlauf m. -(e)s, ⸗e; Prozess m. -es, -e; Hergang m. -(e)s, ⸗e; Ablauf m. -(e)s, ⸗e; Entwicklung f.; Entfaltungsweg m. -(e)s, -e.

けいろう 敬老 Verehrung (f.) der Betagten; Altersverehrung f.; Achtung (f.) (Ehrfurcht f.) vor dem Alter.

けいろうどう 軽労働 eine leichte Arbeit, -en.

けう 希有の ⇨まれ.

けうら 毛裏 Pelzfutter n. -s, -/毛裏にする mit Pelz füttern⁴.

ケーキ Kuchen m. -s, -; Cake m. -s, -s; Torte f. -n; [ビスケットの類] Biskuit m. (n.) -(e)s, -e (-s); Backwerk n. -(e)s, -e; Keks m. (n.) - (-es), - (-e).

ゲージ Spurweite f. -n (軌間); Messstab m. -(e)s, ⸗e [計器]; Messgerät n. -(e)s, -e [同上]; Eichmaß n. -es, -e [度量衡器].

ケース Etui n. -s, -s; Futteral n. -s, -e; Schachtel f. -n; Dose f. -n.

ケーソン Caisson m. -s, -s; Senkkasten m. -s, -.

ゲートル [Knie]gamasche f. -n; Wickelgamasche f. -n [巻ゲートル].

ケープ Cape n. -s, -s; Schulter:kragen (Schal-) m. -s, -; Umhang m. -(e)s, ⸗e.

ケーブル Kabel n. -s, - ‖ ケーブルカー Draht:seilbahn f. -en/ケーブルテレビ Kabelfernsehen n. -s/ケーブルネットワーク Kabelnetz n. -es, -e/空中ケーブルカー Seilschwebebahn f. -en/電話ケーブル Telefonkabel n. -s, -.

ゲーム [Spiel]partie f. -n; Spiel n. -(e)s, -e /ゲームをする eine Partie (ein Spiel) spielen [例: Billard; Schach]/(ビリヤード場の)ゲーム取り Billardkellner m. -s, -/ゲームセット Das Spiel ist zu Ende! Ein Satz!/ゲームセンター Spielhalle f. -n; Spielothek f. -en.

けおとす 蹴落とす hinunter|stoßen*⁴ (herunter|-); jm aus dem Sattel heben* (競争相手などを押しのける).

けおり 毛織の wollen; Woll-‖毛織物 Wollstoff m. -[e]s, -e; Wollwaren 《pl》/毛織物商 Wollhändler m. -s, -《人》Wollhandlung f. -en《店》.

けが 怪我 ❶ 《負傷》Wunde f. -n; Verwundung f. -en; Verletzung f. -en; Hiebwunde f. -n《打撲傷》Stichwunde f. -n《刺傷》/怪我をする ⁴sich verletzen; ⁴sich verwunden/怪我をさせる jn verwunden; jn verletzen; jm eine Wunde bei|bringen* (schlagen*)/手に怪我をする ⁴sich an der ³Hand verletzen/³sich die Hand verletzen/怪我もなしに免れる unverletzt (unversehrt; heil; mit heiler ³Haut) davon|kommen*《Verletzte*》, -n, -n. ❷《偶然・僥倖》Glücks(zu)fall m. -[e]s, ..e/怪我で負う ³Versehen/怪我で偶々に zufällig; gelegentlich/怪我の巧妙 das unverhoffte Glück, -[e]s; der glückliche Zufall, -s, ..e. ❸《過失》Fehler m. -s, -; das Versehen, -s, -.

げか 外科 Chirurgie f. -n; Orthopädie f. -n《整形外科》/外科的な chirurgisch ‖ 外科医 Wundarzt m. -es, "e; Chirurg m. -en, -en/外科医院 die chirurgische Klinik, -en/外科手術 Operation f. -en.

げかい 下界 [現世] die irdische Welt, -en; die Welt hienieden; [地上] 飛行機から下界を見下ろす vom Flugzeug auf die Erde hinunter|sehen*.

けがす 汚す ❶ unrein (unsauber; schmutzig; dreckig) machen⁴; beschmutzen⁴. ❷《名誉など》beflecken⁴; besudeln⁴/名を汚す ⁴sich beschmutzen⁴/ 家名を汚す der ³Familie ⁴Schande machen. ❸《神聖など》entweihen⁴; entheiligen⁴. ❹《婦女を》entehren⁴; schänden⁴.

けがらわしい 汚らわしい ❶《汚い》unrein; unsauber; schmutzig; kotig dreckig. ❷《忌むべき・いとわしい》abscheulich; widerlich; scheußlich; ekelhaft; schändlich; skandalös《醜聞的》; verwünscht; obszön《わいせつな》/汚らわしいうわさ話 das skandalöse Gerede, -s; Skandal m. -s, -e.

けがれ 汚れ ❶《不浄》Schmutz m. -es, -e; Dreck m. -[e]s. ❷《汚辱》Fleck m. -[e]s, -e; Flecken m. -s, -; Makel m. -s, -; Schande f. -n; Schandfleck m. -[e]s, -e/彼は家門の汚れだ Er ist der Schandfleck seines Geschlechts./汚れのない sauber; rein; makellos《純潔な》unbefleckt; keusch.

けがれた 汚れた schmutzig; dreckig; unrein; unsauber; befleckt; entweiht; entheiligt.

けがれる 汚れる ❶ ⁴sich beschmutzen; ⁴sich dreckig machen; ⁴sich besudeln; verschmutzt (verschmiert; befleckt) werden. ❷《神聖なものが》entweiht (entheiligt; besudelt) werden. ❸《名誉が》besudelt (beschmutzt; beschmiert) werden;《処女が》entehrt werden.

けがわ 毛皮 Fell n. -s, -e; Pelz m. -es, -e/毛皮のコート Pelzmantel m. -s, "/毛皮の襟《巻》Pelzkragen m. -s, - 《人》Pelzhandel

けがわり 毛替り Mauser f.《鳥の》; das Haaren⁴, -《獣の》/毛替りする ⁴sich haaren《獣が》; ⁴sich mausern《鳥が》; in der ³Mauser sein.

げかん 軟性(硬性)下疳 weicher (harter) Schanker m. -s, -.

げき 劇 Schauspiel n. -[e]s, -e; Drama n. -s, ..men/劇的な dramatisch/劇を書く ein Drama schreiben*/劇を演じる ein Schauspiel vor|stellen; ein Stück auf die Bühne bringen*《上演する》‖ 劇映画 Spielfilm m. -[e]s, -e/劇化 Dramatisierung f. -en ⇨ **げきか**/劇中劇 ein Spiel im Spiel; Intermezzo n. -s, -s《挿劇》/劇通 Theaterkenner m. -s, -/劇的シーン das dramatische Ereignis, ..nisses, ..nisse; der dramatische Anblick, -[e]s, -e/劇文学 Bühnendichtung f. -en; die dramatische Dichtung, -en/喜劇 Lustspiel ⇨ 教訓劇《勧善懲悪》劇《中世の》Moralität f. -en/傾向劇 Tendenzdrama/現代劇 Gegenwartsdrama/史劇 das historische Drama/受難劇《中世の》Passionsspiel n. -[e]s, -e/神秘(奇跡)劇《中世の》Mysterienspiel n. -[e]s, -e/西部劇 Wildwestfilm m. -[e]s, -e/通俗劇 Melodrama/悲劇 Trauerspiel ⇨ **ひげき**/ラジオ劇 Hörspiel.

げき 檄《文》Pronunziamiento n. -s, -s; Manifest n. -[e]s, -e; Kundgebung f. -en; die öffentliche Erklärung, -en/檄を飛ばす eine Kundgebung heraus|geben*; eine öffentliche Erklärung machen; appellieren《an⁴》.

げきえつ 激越な(に) aufgebracht; aufgeregt; erregt; ungestüm; heftig/激越な口調で in feurigem (hitzigem; wütendem) Ton.

げきか 激化 Intensivierung f. -en; Steigerung f. -en; Verstärkung f. -en/激化する intensivieren; steigern⁴; verstärken⁴/憎悪の念が燃え上がらんばかりに激化する den Hass zu heller Glut an|fachen/この事件のために彼の怒りは激化した Dieser Zwischenfall steigerte seinen Zorn.

げきか 劇化する dramatisieren⁴; bühnengerecht bearbeiten⁴; verfilmen⁴《映画化》⇨ **げき**(劇).

げきが 劇画 Bilddrama n. -s, ..men; Karikaturdrama.

げきげん 激減 die starke Abnahme, -n; die bemerkenswerte Verminderung, -en/激減する stark (rasch) ab|nehmen*/彼は体重が激減した Sein Gewicht nahm stark (rasch) ab./彼の影響力の激減したことが見てとれる Das erhebliche Sinken seines Einflusses ist bemerkbar.

げきさく 劇作 Bühnendichtung f. -en; Drama作る ein Drama schreiben*/劇作している an einem Drama schreiben*《arbeiten》 ‖ 劇作家 Dramatiker m. -s, - (-schriftsteller m. -s, -).

げきし 劇詩 Versdrama n. -s, ..men; Drama (in Versen) n. -s, ..men/劇詩 die dramatische Dichtung, -en.

げきしょう 激賞する jn〔preisend〕in den Himmel [er]heben*; mit Lobsprüchen überschütten*; rühmend hervor|heben*⁴.

げきじょう 劇場 Theater n. -s, -; Schauspielhaus n. -es, ⁼er; [映画劇場] Lichtspielhaus; Kino n. -s, -s ‖ 円形劇場 Amphitheater/小劇場 die kleine Bühne, -n/野外劇場 Freilichttheater/ロードショー劇場 Roadshautheater.

げきじょう 激情 Leidenschaft f. -en; Affekt m. -[e]s, -e; Enthusiasmus m. -; Hochgefühl n. -[e]s, -e; Inbrunst f.; Aufruhr (m. -s, -e) des Gefühls.

げきしん 激震 das heftige Erdbeben, -s, -; die heftige Erderschütterung, -en/昨日東京に激震があった Tokio ist gestern von einer heftigen Erderschütterung heimgesucht worden.

げきする 激する ⁴sich auf|regen; ⁴sich empören; ⁴sich wild erbosen; ⁴sich erhitzen; ⁴sich erregen《以上どれも *über*⁴》; auf|brausen ⓢ; in Erregung geraten* ⓢ; wütend (rasend) werden; aus der Haut fahren ⓢ; mit den Füßen stampfen/激して aufgeregt; aufgebracht; aufbrausend; echauffiert; empört; erhitzt; erregt; heißblütig; hitzig; hitzköpfig; wütend.

げきせん 激戦 der heftige (erbitterte; verzweifelte) Kampf, -[e]s, ⁼e; die mörderische (blutige) Schlacht, -en; Kampf bis aufs Messer; Kampf auf Leben und Tod《食うか食われるかの戦》/激戦する einen erbitterten (verzweifelten) Kampf kämpfen; eine mörderische Schlacht liefern/橋頭堡奪取のため敵兵とはげしく戦っている Der Kampf tobt am heftigsten um jenen Brückenkopf.

げきぞう 激増 die starke (bemerkenswerte; plötzliche) Zunahme, -n;〔その他「増大」については〕Anschwellung f. -en《水かさ》; Steigerung f. -en《月給・出炭など》; Vergrößerung f. -en《増大》; Vermehrung f. -en《数量》; Verstärkung f. -en《人員》; Zuwachs m. -es《増加・増殖》/激増する stark (plötzlich; schnell) zu|nehmen*(*an*³)(an|schwellen* ⓢ; sich steigern; ⁴sich vergrößern; ⁴sich vermehren; ⁴sich verstärken).

げきたい 撃退 das Zurückschlagen*(Zurücktreiben*, -s)/撃退する zurück|schlagen*¹ (-|treiben*⁴; -|weisen*); einen Angriff ab|weisen*; eine abschlägige Antwort geben*《拒絶の意味で》.

げきたい 劇団〔Schauspieler〕truppe f. -n.

げきだん 劇壇 Theater|welt (Bühnen-) f. -en; Theaterwesen n. -s/劇壇人 der Bühnenkundige*, -n, -n.

げきちん 撃沈 Schiffsversenkung f. -en/撃沈する versenken*⁴; (ein Schiff) in den Grund bohren; zum Untergehen torpedieren*《雷撃で》.

げきつい 撃墜する ab|schießen*⁴; zum Absturz bringen*⁴.

げきつう 劇痛 der rasende (furchtbare; schreckliche) Schmerz, -es, -en/劇痛をこらえる furchtbare Schmerzen verbeißen*.

げきど 激怒 Wut f.; Entrüstung f.; Grimm m. -[e]s; Zorn m. -[e]s/激怒させる jn in Wut (Zorn) bringen*; jn zum Zorn reizen/激怒している voller Wut (von Wut erfüllt) sein; wutentbrannt (wutverzerrt) sein; auf jn Wut haben/激怒する in Wut (Harnisch) geraten* ⓢ; ⁴sich entrüsten (*über*⁴); vom Zorn ergriffen werden; vor Wut beben(platzen); aus der Haut fahren ⓢ; Feuer und Flamme speien*.

げきどう 激動 ❶ die heftige Bewegung, -en; Erschütterung f. -en. ❷〔精神的な〕Aufregung f. -en; Bestürzung f. -en; Erregung f. -en; Betäubung f. -en《失神》/激動する 1) ⁴sich heftig bewegen; heftig erschüttert sein. 2) ⁴sich auf|regen; bestürzt sein; ⁴sich erregen《以上どれも *über*⁴》.

げきどく 劇毒 das gefährliche (starke) Gift, -[e]s, -e; das schnelle Gift《まわりの早い》.

げきとつ 激突 Anstoß m. -es, ⁼e; der kräftige Stoß, -es, ⁼e (Schlag, -[e]s, ⁼e); der heftige Zusammenstoß, -es, ⁼e; die gewaltige Kollision, -en/激突する heftig zusammen|stoßen*(*mit*³); heftig kollidieren(*mit*³).

げきは 撃破 Zerstörung f. -en; Zerschlagung f. -en; Zerschmetterung f. -en; Vertilgung f. -en; Vernichtung f. -en; Demolition f. -en; Destruktion f. -en/撃破する zerstören*⁴; zerschlagen*⁴; zerschmettern*⁴; vernichten*⁴; vertilgen*⁴; demolieren*⁴; destruieren*⁴.

げきはつ 撃発 Perkussion f. -en ‖ 撃発銃 Perkussionsgewehr n. -[e]s, -e.

げきはつ 激発 Anfall m. -[e]s, ⁼e; Ausbruch m. -[e]s, ⁼e.

げきひょう 劇評 Bühnen|kritik (Theater-) f. -en ‖ 劇評家 Bühnen|kritiker (Theater-) m. -s, -.

げきへん 激変 Umschlag m. -[e]s, ⁼e; Umschwung m. -[e]s, ⁼e; die große Umwandlung, -en; Umwälzung f. -en; die plötzliche Veränderung, -en; der plötzliche Wechsel, -s, -; die starke Schwankung, -en (Fluktuation, -en)《物価・相場など》/天候の激変 Umschlag der Witterung. — 激変する um|schlagen*¹ ⓢ; heftig wechseln; ⁴sich plötzlich [ver]ändern/彼は激変した Mit ihm ist eine starke Veränderung vorgegangen.｜Er hat sich außerordentlich geändert.

げきむ 劇務 die harte Arbeit, -en; Geschäftigkeit f.; Drang m. -[e]s, ⁼e (Strudel m. -s, -) der Geschäfte; Überanstrengung f. -en;〔誇張した意味で〕Fron|arbeit (Pferde-) f./劇務に追われ mit Arbeit[en] überladen sein; mit Geschäften überhäuft (sehr belastet; überlastet) sein/劇務にたおれる wegen einer anstrengenden Arbeit (Tätigkeit; eines anstrengenden Dienstes) krank werden; vom Drang (kaputt) arbeiten; dem Drang der Geschäfte erliegen*/劇務につく eine schwere (harte;

mühsame; anstrengende) Arbeit übernehmen*/それは劇務どころではない Das ist aber eine Pferdearbeit. ¦ Anstrengung ist gar kein Ausdruck dafür.

げきめつ 撃滅 Vernichtung *f.* -en; Ausrottung *f.* -en; Vertilgung *f.* -en; Zerstörung *f.* -en/撃滅する vernichten⁴; aus|rotten⁴; vertilgen⁴; zerstören⁴.

げきやく 劇薬 die gefährliche Arznei, -en; das stark wirkende Arzneimittel, -s, -.

けぎらい 毛嫌いする eine natürliche Abneigung haben《*gegen*⁴》; 〔vor〕eingenommen sein《*gegen*⁴》/彼は外国人を毛嫌いする Er ist gegen Ausländer 〔vor〕eingenommen.

げきりゅう 激流 der reißende Strom, -〔e〕s, ⸚e; Strom¦schnelle *f.* -n (-schuss *m.* -es, ⸚e).

げきりん 逆鱗に触れる des Kaisers (des Herrn; *js*) Unwillen hervor|rufen*; des Kaisers (des Herrn; *js*) Missfallen auf ⁴sich ziehen*.

げきれい 激励 Anregung *f.* -en; Anreiz *m.* -es, -e; Ansporn *m.* -〔e〕s, -e; Aufheiterung《以下 *f.* -en》; Aufmunterung; Aufrichtung; Ermunterung; Ermutigung. —— 激励する〖*zu*³ とともに〗an|regen⁴; an|reizen⁴; an|spornen⁴; auf|heitern⁴; auf|muntern⁴; auf|richten⁴; ermuntern⁴; ermutigen⁴/子供は叱るよりほめてやった方が激励されて勤勉になる Lob spornt das Kind mehr zum Fleiß an als Tadel./彼は激励されて仕事についた(実行した, 決心した) Er wurde zur Arbeit (zur Tat, zum Entschluss) ermuntert.

げきれつ 激烈 Heftigkeit *f.* -en; Aufwallung *f.* -en; Siedehitze *f.*; Ungestüm *n.* -〔e〕s; Wildheit *f.* -en/激烈な heftig; feurig; hitzig; leidenschaftlich; stürmisch; ungestüm; wild.

げきろう 激浪 hohe, schäumende Wellen《*pl*》; brausende (wirbelnde) Wellen; wilde (stürmische; kochende) Wogen《*pl*》; [岸にあたって砕ける] brandende Wogen; Brandung *f.* -en; [渦巻] Strudel *m.* -s, -; Ma〔h〕lstrom *m.* -〔e〕s, ⸚e/激浪にのまれる von brausenden Wellen verschlungen (weggerissen) werden; [のまれて死ぬ] in schäumenden Wellen um|kommen* (ertrinken*) [s].

げきろん 激論 die hitzige Debatte, -n; die heftige Diskussion, -en; das heiße Streitgespräch, -〔e〕s, -e; der leidenschaftliche Wortstreit, -〔e〕s, -e. —— 激論する heftig 〔in Worten〕 streiten*《mit *jm* wider (gegen) *jn*; über ⁴*et*》; hitzig disputieren《mit *jm*》.

げくう 外宮 der Zweite Tempel《-s》von Ise.

けげん 怪訝な, 怪訝そうに zweifelnd; fragend; misstrauisch/怪訝そうな顔をする ein misstrauisches Gesicht machen/怪訝そうな目つき ein fragender Blick, -〔e〕s, -e.

げこ 下戸 Nicht¦trinker *m.* -s, - (-alkoholiker *m.* -s, -); Abstinent *m.* -en, -en; Abstinenzler *m.* -s, -.

げこくじょう 下克上 die Überheblichkeit《-en》eines Untergeordneten seinem Vorgesetzten gegenüber.

けこむ 蹴込む mit dem Fuß hinein|stoßen*⁴《*in*⁴》.

けころす 蹴殺す durch einen Stoß (Stöße) mit dem Fuß um|bringen*⁴.

けさ 袈裟 Schärpe《*f.* -n》〔des buddhistischen Priesters〕.

けさ 今朝 heute Morgen/今朝六時に heute Morgen um 6 Uhr.

げざ 下座 [貴人に対する礼] Fuß¦fall (Knie-) *m.* -〔e〕s, ⸚e; [舞台の] der rechts gelegene Bühnenboden, -s, - (⸚).

げざい 下剤 Abführ¦mittel (Purgier-; Reinigungs-) *n.* -s, -; Laxans *n.* -, ..xantia (..xantien); Laxativ *n.* -s, -e《緩下剤》; Drastika《*pl*》/下剤をかける ab|führen《*jn*》; ein Abführmittel nehmen* (an|wenden⁽*⁾).

けし 芥子 Mohn *m.* -〔e〕s, -e/芥子の花(実) Mohnblume *f.* -n (Mohnsamen *m.* -s, -) ‖ 芥子油 Mohnöl *n.* -s, -e/芥子粒 Mohn¦kapsel *f.* -n (-kopf *m.* -〔e〕s, ⸚e).

げし 夏至 Sommer¦sonnenwende *f.* -n (-solstitium *n.* -s, ..tien) ‖ 夏至線 der Wendekreis《-es》des Krebses.

けしいん 消印 Poststempel *m.* -s, -/消印を押す〔die Marke〕ab|stempeln⁽⁴⁾ ‖ 消印当日有効 Es gilt das Datum des Poststempels.

けしかける ❶ [犬を] auf *jn* einen Hund hetzen; 〖猟〗mit einem Hund (Hunden) hetzen⁴. ❷ [人を] *jn* auf|hetzen (-|reizen)《*zu*³》; *jn* an|fachen (-|zeigen)《*zu*³》.

けしからぬ [無礼] unhöflich; derb; [厚顔無恥] frech; unverschämt; [破廉恥] schändlich; [生意気] ungezogen; [下品] gemein; ordinär; [卑劣] unfair; [猥ら] unanständig; schamlos; zotig; [不当] unangebracht; unangemessen; [不都合] ungehörig formlos / けしからぬことをする Schändlichkeiten begehen*/けしからぬ振舞をする ⁴sich ungehörig benehmen*.

けしき 気色 ❶ ⇨けぶり. ❷ Aussicht *f.* -en《見込》; Möglichkeit *f.* -en《可能性》; Silberstreifen《*m.* -s, -》〔am Horizont〕/気色ばむ ⁴sich auf|regen《*über*⁴》; ⁴sich verstimmen; nervös (böse) werden; ⁴sich ereifern《*über*⁴; *wegen*²⁽³⁾》; lebhaft werden《市場などが》.

けしき 景色 Landschaft *f.* -en; [眺め·展望] 〔An〕blick *m.* -〔e〕s, -e; Ansicht *f.* -en; Aus¦blick (Über-) *m.* -〔e〕s, -e; Aussicht *f.* -en/景色のよい所 Gegend《*f.* -en》mit Naturschönheiten; Aussichtspunkt *m.* -〔e〕s, -e《展望のよい所》/殺風景な景色 eine öde Landschaft/素晴らしい景色 eine bezaubernde (herrliche; entzückende) Landschaft/この町の近辺は景色がよい Die Stadt hat eine schöne Umgebung./ここからは素晴らしい海の景色が見られる Von hier aus bietet sich eine herrliche Aussicht auf die See. ¦ Man hat von diesem Platz einen schönen Ausblick auf die See.

げじげじ Tausendfuß *m.* -es, ⸚e《百足》;

け

けしゴム Tausendfüß(l)er m. -s, -/げじげじのような奴 Aas n. -es, -e (Äser); Biest n. -(e)s, -er; Ekel n. -s, - ‖ げじげじまゆ die zottige (büsch[e]lige) Augenbraue, -n.

けしゴム 消しゴム Radiergummi m. -s, -.

けしずみ 消し炭 Holzkohlezinder m. -s, -.

けしとめる 消し止める aus|löschen⁴; ersticken⁴/消防隊は漸く火事を消し止めた Endlich gelang es der Feuerwehr, das Feuer zu löschen.

けじめ Unterschied m. -(e)s, -e; Differenz f. -en/けじめをつける unterscheiden⁴ (*zwischen*³); einen Unterschied machen (*zwischen*³); scheiden*⁴ (*von*³); trennen⁴ (*von*³); ab|heben* (*gegen*⁴; *von*³).

げしゃ 下車する ab|steigen* ⓢ (*von*³); aus|steigen* ⓢ (*aus*³); aus dem Wagen steigen* ⓢ /途中下車 die Unterbrechung (-n) der Fahrt; das Anhalten*, -s/途中下車する die Fahrt unterbrechen*; Halt machen.

げしゅく 下宿 Pension f. -en; Fremdenheim n. -(e)s, -e; Logis n. -/Unterkunft f. ≃e/下宿人をおく in ⁴Pension nehmen* (*jn*)/下宿の世話をする jm Logis besorgen; 下宿する ⁴sich in ⁴Pension (Kost) begeben*; in einer Pension wohnen; zur Miete wohnen (bei jm) ‖ 下宿人 Pensionär m. -s, -e; Kostgänger m. -s, -; (Unter)mieter m. -s, -; Zimmerherr m. -n, -en/下宿屋 Pension/下宿料 Pensionspreis m. -es, -e; Untermietzins m. -es, -en/賄い付き下宿料は1か月六万円です Die volle Pension kostet mich (mir) monatlich 60 000 Yen./Unterkunft und Verpflegung (Kost und Unterkunft) kostet mich (mir) jeden Monat 60 000 Yen./素人下宿 die private Pension; das möblierte Zimmer, -s, - (家具付き).

げしゅにん 下手人 (Übel)täter m. -s, -; Angreifer m. -s, -; Attentäter m. -s, -; Frevler m. -s, -; Mörder m. -s, - (殺人者); Verbrecher m. -s, - (犯罪人).

げじゅん 下旬 die letzten 10 Tage des Monats; Ende (n. -s) des Monats/九月下旬に Ende September; in der letzten Woche des Septembers.

けしょう 化粧 Toilette f. -n; das Schminken*, -s; das Putzen* (Schmücken*), -s (着飾ること)/化粧を落とす sich ab|schminken(⁴); Schminke ab|waschen* (entfernen)/化粧用の Toiletten-/化粧崩れがしたから直して下さい Die Schminke ist verschmiert. Bitte schminken Sie mich nach. — 化粧する Toilette machen; ⁴sich schminken (着飾る); ⁴sich schmücken (着飾る); ⁴sich zurecht(machen. ‖ 化粧鏡 Toilettenspiegel m. -s, -/化粧着 Morgenrock m. -(e)s, ≃e; Friseurmantel m. -s, -/化粧室 Ankleidezimmer n. -s, -/化粧水 Gesichtswasser n. -s/化粧石鹸 Toilettenseife f. -n/化粧台 Toilettentisch (Putz-) m. -(e)s, -e/化粧品 Toilettengarnitur f. -en; Toilettengerät n. -(e)s, -e/化粧箱 Toilettenkästchen n. -s, -; (Reise)necessaire n. -s, -s/化粧品 Toilettenartikel m. -s, -; Schönheitsmittel n. -s, -/厚[薄]化粧 starke (leichte) Schminke.

けしん 化身 Verkörperung f. -en; Ausbund m. -(e)s, -e; Inkarnation f. -en; Personifikation f. -en/悪魔の化身の leibhaftige Teufel, -s, -/欲の化身の様な男だ Er verkörpert den Geiz.

けす 消す ❶ [火・灯火を] löschen⁴; aus|löschen; aus|machen(⁴); ab|drehen⁴ (栓・スイッチをひねって); ab|schalten⁴ (スイッチを切って); aus|drücken⁴ (たばこなどを圧して); aus|knipsen⁴ (ぱちりと); aus|blasen* (吹いて); ersticken⁴ (空気を止めて)/火を消す Feuer (Licht) aus|machen (aus|löschen)/電灯(ガス)を消す das elektrische Licht (das Gas) ab|drehen. ❷ [拭き消す] ab|wischen⁴ (aus|-) (黒板などを); aus|radieren⁴ (消しゴムで). ❸ [抹殺] löschen⁴; streichen*⁴; tilgen⁴; aus|löschen (読めぬように)/一行消す eine Zeile streichen*/帳簿の金額を消す einen Posten im Buch tilgen/騒音を消す ein Geräusch dämpfen.

げす ❶ die Gemeinheit, -en (Niedrigkeit, -en); Pöbelhaftigkeit, -en; Vulgarität, -en) des Charakters/げすばった gemein; nichtswürdig; niedrig; pöbelhaft; schuftig; ungebildet (無教育の); vulgär; knauserig (けちな); unanständig (非礼な). ❷ [げすな人] der gemeine (niedrige; pöbelhafte; vulgäre) Mensch, -en, -en; Lump m. -(e)s (-en), -e; Schuft m. -(e)s, -e.

げすい 下水 [汚水] Ab|wasser (Kloaken-; Schmutz-) n. -s, ≃; [設備] Abzug m. -(e)s, ≃e; Abzugskanal m. -s, ≃e; Gosse f. -n; Kloake f. -n; Rinne f. -n; Siel m. (n.) -(e)s, -e/下水をかい出す einen Abzug(skanal) aus|räumen ‖ 下水管 Abzugsrohr n. -(e)s, -e; Abzugsröhre f. -n/下水孔 Senkloch n. -(e)s, ≃er/下水工事 Entwässerungsanlage f. -n; Abflussrohranlage (屋内の) -n/下水溜め Senkgrube f. -n.

ゲスト Gast m. -(e)s, ≃e ‖ ゲスト出演者 Gastspieler m. -s, -; gastierende Spieler, -s, - (Dirigent, -en, -en).

けずりぶし 削り節 Flocken (*pl*) des getrockneten Boniten.

けずる 削る ❶ hobeln⁴ (かんなで); [ab|-] schaben⁴ (そぐ); schnitzeln⁴; drehen⁴ (旋盤で); fräsen⁴ (フライスで); zerreiben* (やすりで); Späne ab|nehmen (reißen*; schnitzen) (*von*³); [鉛筆など] schärfen⁴; spitzen⁴/板をかんなで削る ein Brett [mit Hobel] glätten. ❷ [削除] streichen⁴ (*aus*³); ab|streichen⁴ (*von*³); aus|streichen*⁴ (字などを); durch|streichen⁴ (棒を引いて); aus|löschen⁴ (抹殺). ❸ [節減] [ver]kürzen⁴; beschneiden*⁴; ein|schränken⁴/費用を削る Ausgaben kürzen (einschränken).

けせん 下賤 Gemeinheit f. -en; Niedrigkeit f. -en; Pöbelhaftigkeit f. -en; Vulgarität f. -en/下賤の von niedr(ig)er Geburt (Herkunft); gemein; niedrig; pöbelhaft; Volks-.

けそう 懸想する ⁴sich verlieben (*in*⁴); ⁴sich

vergucken (verknallen) 《in⁴》; einen Narren fressen*《an³》.

げそく 下足 Fußbekleidung f. -en; Schuhwerk n. -[e]s ‖ 下足番 Aufsichtspersonal n. -s/下足札 Garderobenmarke f. n-, die Marke 《-n》 für abgelegte Fußbekleidung/下足料 Aufbewahrungsgebühren 《pl》 für abgelegte Fußbekleidung.

けぞめぐすり 毛染薬 Haarfärbemittel n. -s, -.

けた 桁 ❶ 《Quer》balken m. -s, -; Sparre f. -n 《Sparren m. -s, -》; Tragbalken m. -s, -; Träger m. -s, -《橋桁にも》. ❷ 《計算》Stelle f. -n/五桁の数 die fünfstellige Zahl, -en; die Zahl von fünf Stellen/ 桁を間違える ⁴sich in der Stelle irren; die Stelle einer Zahl falsch setzen; eines Stellenfehler machen/桁を下げる das Komma um eine Stelle (um zwei Stellen) vorsetzen/たし算のとき桁をまちがえました Ich bin beim Addieren in die falsche Reihe gekommen. 桁違い《の》ein Unterschied 《m. -[e]s, -e》wie Tag und Nacht; ein himmelweiter Unterschied (himmelweit verschieden).

げた 下駄 Geta f. -, -; Holzsandale f. -n/下駄ばきで auf ³Geta; in ³Holzsandalen/下駄をはく (脱ぐ) Geta 《Holzsandalen》 an|ziehen*《aus|ziehen*》‖ 下駄屋 Geta-macher (Holzsandalen-) m. -s, -.

げだい 外題 Titel 《m. -s, -》 eines Theaterstücks.

けたおす 蹴倒す mit dem Fuß nieder|stoßen*⁴; um|stoßen*⁴.

けだかい 気高い erhaben; edel; adlig; nobel; 《上品な・品位ある》würdig; würdevoll; vornehm; 《心の》hochherzig; hochgesinnt (edel-); edelmütig/気高い心情 edle Gesinnung, en-/気高さ Erhabenheit f.; Würdigkeit f.; Vornehmheit f.

けだし 蓋し ❶ 《たぶん》allenfalls; vielleicht; möglicherweise; wahrscheinlich; vermutlich; mutmaßlich/蓋しそうだろう Es mag (kann) wohl so sein. ❷ 《つまりは》im Grunde; am Ende; schließlich.

けたたましい lärmend; 《ohren》betäubend; 《かん高しい》gellend; grell; schrill; 《鋭い》durchdringend; schneidend; 《騒々しい》geräuschvoll; ungestüm/けたたましい叫声 der gellende Schrei, -[e]s, -e/けたたましいラッパの響 der schmetternde Trompetenschall, -[e]s, -e《-e》/電話がけたたましく鳴る Das Telefon klingelt lärmend.

げだつ 解脱 Erlösung f. -en; Seligmachung f. -en; Befreiung f. -en; Rettung f. -en/解脱する erlöst werden 《von³》; ⁴sich befreien 《von³》; js Seelenheil erringen*.

けたてる 蹴立てる auf|wirbeln⁴《ほこりなどを》; 《船が波を》durchfurchen⁴; durchpflügen⁴/ 船が波を蹴立てて進む Das Schiff durchpflügt das Meer (durchfurcht die See).

けだもの 獣 Tier n. -[e]s, -e; Bestie f. -n 《野獣》; Vieh n. -[e]s, -er 《畜生・家畜》/獣のような奴 Vieh 〔in Menschengestalt〕; Untier n. -[e]s; Rohling m. -s, -e; Bestie.

けだるさ die allgemeine Mattigkeit.

げだん 下段 〔寝台車の〕 unteres Bett 《-[e]s, -en》 (Bettgestell, -s, -e) im Schlafwagen; 〔新聞・雑誌の〕 untere Spalte, n-.

けち 〔吝嗇〕 Geiz m. -es, -e; Knauserei f. -en; Knickerei f. -en; Filzigkeit f. /けちする ⁴sich zu sehr ein|schränken; ³sich ab|knapsen⁴; knausern 《mit³》; geizen 《mit³》; jm *et missgönnen/けちん坊 Geizhals m. -es, -e-kragen《-,-》; -drache m. -n, -n; Knicker m. -s, -; Knauser m. -s, -; Filz m. -es, -e; Pfennigfuchser m. -s, -. ── けちくさい elend; schäbig/けちな geizig; knickerig; knauserig; filzig; schäbig/けちな根性 die niedrige Gesinnung/けちな野郎 ein schäbiger (gemeiner) Kerl, -[e]s, -e.

けち 〔不吉〕 Unglück n. -s; Unglückszeichen n. -s, -/《興ざめなこと》/けちをつける jm die Freude (Lust) verderben*; einen Dämpfer auf|setzen³; 〔難癖をつける〕 mäkeln⁴; bemängeln⁴; krittteln 《über⁴》; bekritteln⁴/けちがつく einen Misserfolg haben/けちがついた jm wurde ein Strich durch die Rechnung gemacht. Das Spiel (Die Lust) ist verdorben.

ケチャップ Ket[s]chup m.《n.》-s ‖ トマトケチャップ Tomatenket[s]chup m. -s, -.

けちらす 蹴散らす 〔足で〕 mit den Füßen weg|stoßen*⁴; 〔敵を〕 den Feind zersprengen.

けつ 決 Entscheidung f. -en; Abstimmung f. -en; Hammelsprung m. -[e]s, -e/決をとる über ⁴et ab|stimmen (abstimmen lassen*); zur Abstimmung bringen*⁴/決をくつがえす die Entscheidung (den Beschluss) auf|heben*《um|stoßen*》/挙手または起立によって決をとる durch Hand[auf]heben oder Erheben 〔von den Plätzen〕 ab|stimmen 《über⁴》 ‖ ──さいけつ〔採決〕.

けつ 尻 《俗》 Arsch m. -es, -e; Popo m. -s, -s ⇨しり/尻をまくる seine Wut (seinen Ärger; seinen Zorn) an jm aus|lassen*.

けつあつ 血圧 Blutdruck m. -[e]s -[e]s/血圧が高い(低い) einen hohen (niedrigen) Blutdruck haben/血圧を測る den Blutdruck messen* ‖ 血圧計 Blutdruckmesser m. -s, -/血圧降下 Blutdruckerniedrigung f. -en/血圧降下剤 die blutdrucksenkende Präparate, -e/血圧亢[かう]進 Blutdrucksteigerung f. -en.

けつい 決意 ⇨けつしん.

けついん 欠員 die freie (unbesetzte) Stelle, -n; Vakanz f. -en; der Fehlende*, -n, -n/《欠席者》欠員を生じる frei (offen; vakant) werden/欠員を補充する eine freie Stelle (eine frei gewordene Stellung) aus|füllen/欠員があれば欠員あり次第採用しよう Ich werde Sie, sobald eine Stellung frei wird, einstellen.

けつえき 血液 Blut n. -[e]s/血液の循環 Blutkreislauf m. -[e]s, -e/血液検査をする

けつえん eine Blutprobe vor|nehmen* ‖血液型 Blutgruppe f. -n/血液銀行 Blutbank f. -en/血液検査 Blutprobe f. -n/血液透析 Blutwäsche f. -n/保存用血液 Blutkonserve f. -n 《輸血用》.

けつえん 血縁 ⇨ぞく.

けつおん 血温 Blutwärme f.

けっか 結果 Folge f. -n; Resultat n. -(e)s, -e; Ergebnis n. ..nisses, ..nisse; Frucht f. ¨e; Schluss m. -es, ¨e; Ende n. -s, -n 《結末》; Ausgang m. -(e)s, ¨e 《同上》; Wirkung f. -en 《効果》; Erfolg m. -(e)s, -e 《同上》/その結果 folglich; infolgedessen; also; deshalb; infolge[2] 《von³》/原因と結果 Ursache und Wirkung/結果がよい(わるい)一つの guten (schlechten) Ausgang nehmen*; ⁴sich gut (schlecht) aus|wirken; eine gute (schlechte) Wirkung hervor|rufen*/結果を生じる ⁴et zur Folge haben; ⁴et nach ³sich ziehen*; zu ³et führen/同一結果になる zum gleichen Resultat führen; auf dasselbe heraus|kommen* ⓢ.

げっか 月下で(に, の) im Mondlicht; im (bei) Mond(en)schein; in der mondhellen Nacht (Mondnacht); mondbeglänzt; vom Mond erleuchtet ‖月下美人【植】die Königin der Nacht/月下氷人 ⇨なこうど.

けっかい 血塊 Blut|klumpen m. -s, - (-kuchen m. -s, -); Blutkoagula 《pl》.

けっかい 決壊する ein|stürzen ⓢ; brechen* ⓢ/堤防の決壊 der Bruch 《-(e)s, ¨e》 eines Dammes.

けっかく 結核 ❶［結節］Tuberkel m. -s, -. ❷［病気］Tuberkulose f. -n; Schwindsucht f. -/結核の tuberkulös; tuberkular; schwindsüchtig / 結核にかかっている die Schwindsucht haben; an der Tuberkulose leiden*. ‖結核患者 der Tuberkulöse* (Schwindsüchtige*), -n, -n/結核菌 Tuberkelbazillus m. -, ..zillen/結核予防運動 Bewegung 《f. -en》 zur Vorbeugung der Tuberkulose (gegen die Tuberkulose)/肺結核 Lungentuberkulose f. -n; Schwindsucht f.

げっがく 月額 Monats|betrag m. -(e)s, ¨e (-summe f. -n); der monatliche Betrag, -(e)s, ¨e; die monatliche Summe, -, -n.

けっかん 欠陥 Mangel m. -s, ¨; Fehler m. -s, -; Gebrechen n. -s, -; Mangelhaftigkeit f. -en; Lücke f. -n; Defekt m. -(e)s, -e/欠陥のある mangel|haft (fehler-; lücken-); defekt/欠陥のない einwandfrei; tadel|los (-heft n. -(e)s, -e); vollständig; perfekt/この機械にはまだまだちょっとした欠陥がある Diese Maschine hat immer noch Kinderkrankheiten. ‖欠陥車 ein defektes Auto, -s, -s.

けっかん 血管 Blutgefäß n. -es, -e; Ader f. -n‖血管層 Gefäßgeschwulst f. ¨e/血管破裂 das Platzen* 《-s》 der Blutgefäße.

げっかん 月刊 die monatliche Herausgabe, -n/月刊の monatlich ‖月刊雑誌 Monatsschrift f. -en (-heft n. -(e)s, -e).

けっき 血気 ❶［生命力］Lebensfülle f.; Lebensgeister 《pl》; Lebens|kraft f. ¨e (-mut m. -(e)s). ❷［意気］Eifer m. -s; Jugendfeuer n. -s; die jugendliche Kraft; der jugendliche Übermut, -s; der kühne Mut, -(e)s; Wagemut m. -(e)s/血気盛んの lebens|kräftig (-voll); voll Leben; feurig; heißblütig; kühn; wagemutig/血気にはやる voll unbezähmbaren Mutes sein; voll von Feuer sein; Feuer und Flamme sein 《für⁴》; jung und verwegen (dreist) sein/血気盛んである in der Vollkraft (Blüte) der Jugend sein.

けっき 決起する ⁴sich erheben* 《gegen³》; ⁴sich auf|raffen 《zu¹; zu 不定詞句》; [はね起きる] auf|fahren* ⓢ 《von³》; auf|springen* ⓢ 《aus³》.

けつぎ 決議 Beschluss m. -es, ¨e; Beschlussfassung f. -en; Resolution f. -en/委員会の決議により laut Beschluss des Ausschusses/会議の決議文を手交する ³jm den Beschluss der Versammlung vor|legen/欠席者多数のため会議では決議できなかった Die Sitzung war nicht beschlussfähig, weil viele Mitglieder fehlten. — 決議する beschließen*⁴; einen Beschluss fassen. ‖決議事項 eine beschlossene Sache, -, -n.

けっきゅう 血球 Blutkörperchen n. -s, -‖血球素 Hämoglobin n. -s/赤血球 das rote Blutkörperchen; Erythrozyt m. -en, -en/白血球 das weiße Blutkörperchen; Leukozyt m. -en, -en.

げっきゅう 月給 Monats|gehalt n. -(e)s, ¨er (-lohn m. -(e)s, ¨e; -geld n. -(e)s, -er)/月給を取る ein Monatsgehalt beziehen* (erhalten*)‖月給取り der monatlich besoldete Angestellte*, -n, -n/月給袋 Gehaltsempfänger m. -s, -/月給日 Gehalts|tag (Lohn-) m. -(e)s, -e/月給袋 Gehalts|tüte (Lohn-) f. -n.

けっきょ 穴居 Höhlenleben n. -s, -; Höhlenwohnung f. -en 《穴居の家》/穴居する in einer Höhle wohnen ‖穴居時代 Troglodytenzeit f. -en/穴居人 Höhlen|bewohner m. -s, - (-mensch m. -en, -en); Troglodyt m. -en, -en.

けっきょく 結局 ⇨しょせん; schließlich; am Ende; endlich; zuletzt; zum Schluss; letzten Endes; im Grunde; alles in allem《要するに》/結局彼の言うとおりだった Am Ende hatte er doch recht./結局うんと言った Schließlich (Zu guter Letzt) erklärte er sich doch damit einverstanden./結局そういうことになったのだ Das ist das Ende vom Lied.

けっきん 欠勤 das Ausbleiben*, -s 《von der Arbeit; von der Schule》; das Fehlen*, -s 《in der Schule》; das Nichterscheinen*, -s; Abwesenheit f. -en/彼は病気で欠勤している Er fehlt wegen Krankheit./ Er meldet sich krank und bleibt aus./私の欠勤日数はどれくらいになっているか Wievielmal habe ich gefehlt? — 欠勤する aus|bleiben* ⓢ 《von³》; fehlen 《in³》; nicht erscheinen* (kommen* ⓢ)/《俗》krank feiern 《仮病で》‖欠勤者 der Fehlende* (Abwesende*), -n, -n/欠勤届 Entschuldi-

げっけい 月経 Menstruation *f.* -en; Monatsblutung *f.* -en; Regel *f.* -n; Periode *f.* -n/月経時である Sie hat ihre Zeit. ‖ 月経不順 Menstruationsfehler *m.* -s, -; die unregelmäßige Menstruation.

げっけいじゅ 月桂樹 Lorbeer *m.* -s, -e; Lorbeerbaum *m.* -(e)s, -bäume.

げっけい 月桂冠 Lorbeer *m.* -s, -e; Lorbeerkranz *m.* -es, -e/月桂冠を得る Lorbeeren ernten/月桂冠を授ける *jm* den Lorbeer (Lorbeerkranz) reichen.

けっこう 結構な ❶［りっぱな］herrlich; glänzend; glanzvoll; prächtig; prachtvoll; reich; [優秀な] ausgezeichnet; hervorragend; vortrefflich; vorzüglich; [よい…美しい] fein; hübsch schön; wunderschön (-bar; -voll); klassisch; formvollendet; [美味な] delikat; wohlschmeckend; deliziös; köstlich; lecker /日光を見ないうちは結構と言うな Wenn man Nikko nicht sieht, kann man nicht sagen „prachtvoll"./それは結構 Das ist fein. /益々結構 Desto (Um so) besser!/結構な御身分だ Er ist in einer beneidenswerten Lage. ❷[十分な] ausreichend; auskömmlich; genügend; hinlänglich; zufrieden stellend; [かなり] befriedigend; ganz gut (nicht); leidlich; recht gut; nicht übel; Es geht../これで結構です Das genügt. ‖ [Das ist] nicht übel!/いいえ，もう結構です Nein, danke schön! | Danke, ich habe genug./結構役に立つ Das taugt recht gut./結構やっています[暮らしている] Er schlägt sich schlecht und recht durch das Leben. ❸［構造] Konstruktion *f.* -en; Architektur *f.* -en; Bau *m.* -(e)s, -ten; Struktur *f.* -en; [規模] Umfang *m.* -(e)s, ″e; Ausmaß *n.* -es, -e; [仕組] Plan *m.* -(e)s, ″e; Entwurf *m.* -(e)s, ″e; Projekt *n.* -(e)s, -e /結構の美 die architektonische Schönheit; die Formvollendung der ganzen Struktur; die heftige Gemütswallung. ❹[皮肉] 誠に結構なことです Eine schöne (nette) Bescherung! Das ist ja eine schöne (hübsche) Geschichte!

けっこう 血行 Blutkreislauf *m.* -(e)s, -e; Zirkulaion *f.* -en /血行をよくする die Blutzirkulation fördern.

けっこう 決行 [斷然] durchführen[4]; einen entscheidenden Schritt tun[*]; den Rubikon überschreiten*.

けっこう 欠航する die Fahrt (den Flugdienst) einstellen.

けっごう 結合 Verbindung *f.* -en; Vereinigung *f.* -en; Zusammenschluss *m.* -es, ″e/結合する *4sich verbinden** ⟨*mit*[3]⟩; *4sich vereinigen* ⟨*mit*[3]⟩; *4sich zusammenfügen**; *4sich zusammen|schließen** ⟨*zu*[3]⟩.

げっこう 月光 Mondlicht *n.* -(e)s, -er; Schein *m.* -(e)s, -; -strahl *m.* -(e)s, -en /月光を浴びて im Mondlicht (Mondschein) [gebadet]; mondbeglänzt sein [浴びる].

げっこう 激昂 Aufregung *f.* -en; Affekt *m.* -(e)s, -e; [Auf]wallung *f.* -en; Erregung *f.* -en; Gefühlswallung *f.* -en; die heftige Gemütswallung

-en; Impuls *m.* -es, -e; Wut *f.* ⇨げきする.

けっこん 結婚 Heirat *f.* -en; Vermählung *f.* -en; Eheschließung *f.* -en; Heirats-; Ehe-; Trau-; ehelich /結婚を申し込む ein Heiratsantrag machen; [bei den Eltern] um ihre Hand bitten*; [bei den Eltern] um die Hand der Tochter werben*; um *jn* an|halten*/結婚を承諾する(拒絶する) den Heiratsantrag an|nehmen* (ab|lehnen)/結婚の約束をする *4sich verloben* ⟨*mit*[3]⟩; *jm* die Ehe versprechen /身分違いの結婚 Missheirat *f.* -en; die morganatische Ehe; eine Ehe zur linken Hand /身分違いの結婚をする eine morganatische Ehe ein|gehen*; eine Ehe zur linken Hand schließen*/結婚届を出す das Aufgebot machen ❖ 結婚二週間前に役所に届けるもので、これを公示し (das Aufgebot aus|hängen[*]), 誰からも異議故障がなければ結婚を許すもの。これがドイツの結婚方法である; die Ehe ins Heiratsregister eintragen lassen*; die Ehe [standesamtlich] beurkunden lassen*/結婚解消する eine Ehe scheiden*; *4sich scheiden lassen**/御結婚おめでとうございます Meine herzliche Gratulation zu Ihrer Vermählung./結婚記念日おめでとう存じます Ich beglückwünsche Sie zu Ihrem Hochzeitstag. — 結婚する heiraten[4]; *4sich verheiraten* ⟨*mit*[3]⟩; eine Ehe schließen* (ein|gehen*) ⟨*mit*[3]⟩; *4sich vermählen* ⟨*mit*[3]⟩; *4sich trauen lassen** ⟨*mit*[3]⟩; *jn* zum Mann(e) (zur Frau) nehmen*/愛する人と(親の意に反して)結婚する aus Liebe (gegen den Willen der Eltern) heiraten* ⟨*jn*⟩/金を目当てに結婚する (nach) Geld heiraten /若い時(年をとってから)結婚する jung (spät) heiraten /結婚してアメリカへ行く (都会へ出る, 田舎に引込む) nach Amerika (in die Stadt, aufs Land) heiraten /彼はもう結婚しているのでしょうか Er ist wohl schon verheiratet? — 結婚させる *jn* vermählen ⟨*mit*[3]⟩; *jn* verheiraten ⟨*an*[4]; *mit*[3]⟩; trauen[4]. ‖ 結婚解消 Eheschneidung *f.* -en; 結婚嫌い Ehescheu *f.*/結婚式 Hochzeit *f.* -en; Trauung *f.* -en (教会・神前などの) /結婚式をあげる Hochzeit feiern (halten)/結婚生活 Eheleben *n.* -s -/幸福な(不幸な)結婚生活を送る in glücklicher (unglücklicher) Ehe leben/結婚相談所 Eheberatungsstelle *f.* -n/結婚仲介所 Heiratsvermittlungsstelle *f.* -n; Heiratsbüro *n.* -s, -s/結婚年令 Heiratsalter *n.* -s, -; das heiratsfähige Alter/結婚年令に達している heiratsfähig (mannbar) sein [男女とも]; im heiratsfähigen Alter sein /結婚披露 Hochzeitsfeier *f.* -n (一般の); -en, -es, ″e/結婚披露宴をあげる einen Hochzeitsschmaus geben*; zum Hochzeitsschmaus ein|laden**[4] (招待する).

けっこん 血痕 Blutfleck *m.* -(e)s, -e /血痕のついた blutbefleckt.

けっさい 決済 Abrechnung *f.* -en. ⇨けっさん.

けっさい 決裁 Genehmigung *f.* -en; Billigung *f.* -en; Einwilligung *f.* -en; Ent-

けっさく 傑作 Meister/stück n. -(e)s, -e (-werk n. -(e)s, -e)/あれは彼の傑作だ Das ist eine vollendete Leistung von ihm./ Das ist ein Meisterwerk von ihm. ‖ 世界文学傑作集 eine Sammlung Meisterstücke (aus) der Weltliteratur.

けっさん 決算 Rechnungsabschluss m. -es, ⸚e; Abrechnung f. -en; Ausgleich m. -(e)s, -e; Ausgleichung f. -en; Begleichung f. -en; Bilanz f. -en; Saldierung f. -en; Verrechnung f. -en/決算は半期毎に行う Die Abrechnung erfolgt [kalender-]halbjährlich. —— 決算する die Rechnung (die Bücher) ab|schließen*; ab|rechnen*; die Rechnung aus|gleichen* (begleichen*); ⁴et verrechnen⟨mit³⟩. ‖ 決算額 Bilanzkonto n. -s, ..ten (s od. ..ti); Schlussbestand m. -(e)s, ⸚e; ⸚e/決算日(期) Abschluss|tag m. -(e)s, -e (-termin m. -(e)s, -e)/決算報告 Rechnungsauszug m. -(e)s, ⸚e; Bilanzbogen m. -s, -《バランスシート》/半期決算 der halbjährliche Abschluss.

げっさん 月産 die monatliche Produktion, -en (Herstellung, -en); der monatliche Ertrag, -(e)s, ⸚e.

けっし 決死の verzweifelt; tollkühn《死物狂いの》; Leib und Leben einsetzend《für⁴》; sein Leben aufs Spiel setzend《命をかけて》/決死の覚悟で bereit, das Leben zu opfern; mit Todesverachtung ‖ 決死隊 Sturm|trupp (Stoß-) m. -s, -s; Himmelfahrtskommando n. -s, -s.

けつじ 欠字 Lücke f. -n; Auslassung f. -en.

けっしきそ 血色素 [医] Hämoglobin n. -s 《略記: Hb》.

けつじつ 結実 Befruchtung f. -en/多年の労苦の結実である Das ist die Frucht langjähriger Arbeit./結実する Frucht (Früchte) tragen*; befruchten⁴《結実させる》.

けっして 決して nie; niemals; nie und nimmer; keineswegs; keinesfalls; nicht im Mindesten (Geringsten); durchaus nicht; ganz und gar nicht; in keiner Weise; auf keinen Fall; unter keinen Umständen; zu keiner Zeit; am (auf) Nimmer|leinstag (-mehrssig)/決してそんなことはしてはいませんSie dürfen es nie [wieder] machen./どんなことがあっても決して Um alles in der Welt nicht!／決して反対ではないのです Ich bin durchaus nicht dagegen.

けっしゃ 結社 Bündnis n. -nisses, ..nisse; Bund m. -(e)s, ⸚e; Gesellschaft f. -en; Verein m. -(e)s, -e; Bruderschaft f. -en/結社を結ぶ ein Bündnis ein|gehen*; einen Verein stiften (bilden).

げっしゃ 月謝 das [monatliche] Schulgeld, -(e)s, -er; das [monatliche] Kollegeld《大学の》; das [monatliche] Honorar, -s, -e《個人の》‖ 月謝無料 Kein Schulgeld wird erhoben.

けっしゅう 結集 Konzentration f. -en; Zusammenstellung f. -en/結集する konzentrieren⁴; (⁴sich) zusammen|stellen⁽⁴⁾ (-|ziehen⁽⁴⁾).

げっしゅう 月収 Monats|einkommen n. -s (-einnahmen (pl)); -einkünfte (pl)).

けっしゅつ 傑出した ⁴sich hervor|tun*; hervor|ragen (-|stechen*; -|treten* ⓢ)《以上 unter³; durch³; in³》; voraus sein (in³); übertreffen*⁴ (in³)/傑出した hervorragend; außerordentlich; vortrefflich; vorzüglich.

けっしょ 血書 die mit Blut geschriebene Schrift, -en (Eingabe, -n).

けつじょ 欠如 ⇨けっけつ(欠缺).

けっしょう 血漿 Blutplasma n. -s, -s.

けっしょう 結晶 Kristallisation f. -en; Kristallbildung f. -en (⁽作用⁾; [理] Kristall m. -(e)s, -e/溶液の中に結晶ができた Aus der Lösung haben sich Kristalle ausgeschieden. In der Lösung haben sich Kristalle gebildet. —— 結晶する (⁴sich) kristallisieren ⓢ; Kristalle bilden sich. ‖ 結晶系 Kristallsystem n. -s/結晶学 Kristallographie f.; Kristallkunde f./結晶片岩 der kristalline Schiefer, -s, -.

けっしょう 決勝(戦) Entscheidung f. -en; Endkampf m. -(e)s, ⸚e; Endlauf m. -(e)s, ⸚e《競走・ボートの》; das Endrennen*, -s《競輪など》; Endrunde f. -n《ボクシング》; End|spiel n. -(e)s, -e ‖ 準決勝 Vorentscheidung f. -en; der letzte Vorlauf (Zwischenlauf), -(e)s, ⸚e/彼は準決勝に勝って決勝に進んだ Er siegte in der Vorentscheidung und kam in den Endlauf (Endkampf).

けっしょく 血色 Gesichtsfarbe f. -n; Teint m. -s, -s/血色がよい gut (gesund; frisch; blühend) aus|sehen*; eine gute (gesunde) [Haut]farbe haben/血色のよい顔 ein Gesicht ⟨n. -(e)s, -er⟩ wie Milch und Blut《若者の》/血色がわるい schlecht (ungesund; bleich; kränklich) aus|sehen*; eine blasse (welke; krankhafte) [Haut]farbe haben/病人は血色がよくなった Der Kranke hat wieder Farbe bekommen./血色がよくない, どこかわるいにちがいない Er steckt in keiner guten Haut (Er gefällt mir nicht). Es fehlt ihm bestimmt etwas.

けっしょく 欠食児童 die unterernährten Kinder (pl)/子供達は欠食がちだった Die Kinder wurden nur unzureichend ernährt.

げっしょく 月食 Mondfinsternis f. ..nisse; die Verdunk[e]lung ⟨-en⟩ des Mondes.

げっしるい 齧歯類 Nagetiere (pl); Nagetier n. -(e)s, -e《一匹》.

けっしん 決心 Entschluss m. -es, ⸚e; Entschließung f. -en; Beschluss m. -es, ⸚e; Entscheidung f. -en/何にでも決心のつかぬやつだ Er kann sich zu nichts entschließen. —— 決心する ⁴sich entschließen*《zu³》; einen Entschluss fassen; zu einem Entschluss kommen*《auf⁴》; ⁴sich ein Herz fassen《勇を鼓して》; ⁴sich auf|raffen (-|schwingen*)《気を取り直し勇気を振って》/彼

女と結婚すると固く決心している Er ist fest entschlossen, sie zu heiraten.

けっする 決する ❶ *[sich] entscheiden*[1,4]; den Ausschlag geben*[3]; bestimmen*[4]; fest|setzen*[4] 《日取などを》; beschließen*[4] 《会議などで》; *sich entschließen*[4]; zu einem Entschluss kommen*[s]《意と》/雌雄を決する *sich messen 《mit *jm an*[3]》/雌雄は決しかねる《結果は最後までわからぬ》 Die Entscheidung (Der Kampf) steht auf des Messers Schneide. ❷《決まる》 zu einer Entscheidung kommen*[s]; besiegelt (entschieden) sein《運命の》. ❸《判定》beurteilen*[4]; urteilen 《über*[4]》/どちらとも決しかねる Die Wahl fällt mir schwer. ⇨けっしん.

けっせい 血清 Serum *n.* -s, ..ren (..ra); Blutwasser *n.* -s, – ‖ 血清学 Serologie *f.* -/血清肝炎 eine durch schlechte Blutkonserven verursachte Leberentzündung, -en/血清銀行 Serumbank *f.* -en/血清診断 Serumdiagnose *f.* -n/血清注射 Serumimpfung *f.* -en/血清病 Serumkrankheit *f.* -en/血清療法 Serumbehandlung *f.* -en/-therapie *f.* -n/治療血清 Heilserum *n.* -s/予防血清 das antibakterielle (antitoxische) Serum.

けっせい 結成 Bildung *f.*; Gründung *f.* -en/《新党》結成する (eine neue Partei) bilden (gründen) ‖ 新党結成式 Einweihung (f. -en) der neuen Partei.

けっぜい 血税をしぼる harte Steuer bei|treiben*[4].

げっせかい 月世界 Mond *m.* -[e]s, -e/ Mondwelt *f.* -en.

けっせき 結石 Stein *m.* -[e]s, -e ‖ 膀胱(腎臓)結石 Blasen|stein (Nieren-) *m.* -[e]s, -e/腎臓結石を病む an Steinen in der Niere leiden*.

けっせき 欠席 ❶ Abwesenheit *f.*; das Ausbleiben* (Fehlen*), -s; Ausfall *m.* -[e]s, ..e《先生の休講》. ❷《法》das Nichterscheinen*, -s; Kontumaz *f.*; Abwesenheit *f.*. ── 欠席する abwesend sein 《von*[3]》; aus|bleiben*[s] 《von*[3]》; fehlen 《in*[3]》; nicht erscheinen* 《in*[3]》; vor Gericht 裁判に》; versäumen*[4]; schwänzen*[4] 《die *Schule 学校をさぼる》/彼は三日間学校を欠席している Er fehlt 3 Tage in der Schule./彼は病気届をもって欠席しています Er hat sich krank gemeldet und bleibt aus. ‖ 欠席裁判 Kontumazialurteil *n.* -s, -e/欠席裁判で判決を下す in Abwesenheit verurteilen*[4] 《zu*[3]》/欠席者 der Abwesende* (Fehlende*), -n, -n/欠席者《来なかった人》は表に印をつけた Die Fehlenden (die Nichterscheinenden) wurden in der Liste angehakt./欠席届 Entschuldigungs|zettel *m.* -s, – (-schreiben *n.* -s, –)/病気欠席 das Fehlen wegen einer ²Krankheit/無断欠席 das Ausbleiben ohne *Entschuldigung.

けっせつ 結節《解》Knoten *m.* -s, –;《植》Knolle *f.* -n/結節のある物質; knollig.

けっせん 決選 die letzte Wahl, -en ‖ 決選投票 die letzte (entscheidende) Abstimmung, -en.

けっせん 決戦 der entscheidende Kampf, -[e]s, ..e; Endkampf *m.* -[e]s, ..e《競技など》; das Endrennen, -s《競馬など》; Endrunde *f.* -n《ボクシング》. ── 決戦する einen entscheidenden Kampf kämpfen; bis zur Entscheidung kämpfen《勝負のつくまで》.

けっせん 血栓 Thrombus *m.* -, ..ben.

けつぜん 決然(たる)として entschlossen; entschieden; fest; resolut/決然たる態度をとる eine entschiedene Haltung ein|nehmen*/ 彼は決然としていた Er bewahrte Haltung.

けっそう 血相を変える die Farbe wechseln; *sich verfärben; *sich schwarz ärgern/血相を変えて mit verfärbten Wangen; schwarz vor Wut.

けっそく 結束 Verbindung *f.* -en; Vereinigung *f.* -en; Zusammenhalt *m.* -s; Bund *m.* -[e]s, ..e/彼らの結束は固い Sie halten wie Pech und Schwefel zusammen. ── 結束する *sich miteinander verbinden* (vereinigen); zusammen|halten*; einen Bund schließen*.

けつぞく 血族 der Blutsverwandte*, -n, -n; Sippe *f.* -n; das eigene Fleisch und Blut, des -n und -[e]s/血族の blutsverwandt; versippt; stammverwandt ‖ 血族関係 Blutsverwandtschaft *f.* -en; Sippschaft *f.* -en/血族結婚 Verwandtenehe *f.* -n.

げっそり げっそりやせる wie eine Latte (Bohnenstange) dünn werden; wesentlich (gründlich; knochendürr) ab|magern*[s]; nur noch Haut und Knochen (Skelett) sein.

けっそん 欠損 Defizit *n.* -s, -e; Abmangel *m.* -s, ..; Fehlbetrag *m.* -[e]s, ..e《上の二語「欠損額」の意にも》; Verlust *m.* -[e]s, -e/欠損を生じる einen Verlust erleiden*/欠損を補う ein Defizit decken (einen Abmangel; einen Verlust).

けったい 結滞 das Aussetzen* (-s) des Pulses/脈が結滞する Der Puls setzt aus.

けったく 結託 Durchstecherei *f.* -en; das [geheime] Einverständnis, ..nisses, ..nisse; Verschwörung *f.* -en; Konspiration *f.* -en/結託する *sich mit *jm verschwören* 《gegen*[4]》; unter *sich ab|karten*; unter einer Decke stecken 《mit*[3]》; heimlich zusammen|halten* 《mit*[3]》; *sich heimlich verabreden《…と結託して in geheimem Einverständnis 《mit*[3]》; im Einverständnis 《mit*[3]》.

けったん 血痰 der blutige Auswurf, -[e]s, ..e; das blutige Sputum, -s, ..ta.

けつだん 決断 Entschluss *m.* -es, ..e; Entscheidung *f.* -en; Entschließung *f.* -en; Entschiedenheit *f.*/決断を欠く in seinen Entschlüssen schwanken sein; zwischen zwei Entschlüssen schwanken/決断力に富む人 der [sehr] entschlossene Mensch, -en, -en; ein Mann 《*m.* -[e]s, ..er》von unbeugsamer Entschlusskraft/あの人は実に決断力に乏しい人だ Er ist [wie] ein schwankendes Rohr [im Wind[e]].

— 決断する 《sich》 entscheiden*⟨⁴⟩; ⁴sich entschließen* ⟨zu³⟩; zu einer Entscheidung kommen* ⓢ; eine Entscheidung fassen.

けっちゃく 結着 [Be]schluss *m.* -es, ⁻e; Ende *n.* -s, ⁻e; Entscheidung *f.* -en; Ergebnis *n.* ..nisses, ..nisse/決着をつける Schluss machen ⟨mit³⟩; einen Schlusspunkt setzen; ³et ein Ende machen/決着がつく zu einer Entscheidung kommen* ⓢ; enden ⟨mit³⟩/決着の(最後の)[aller]letzt; endgültig/ぎりぎり決着の値段 der äußerste (allerniedrigste) Preis, -e, -e.

けっちょう 結腸 [医] Kolon *n.* -s, -s (Kola); Grimmdarm *m.* -[e]s, ⁻e.

けってい 決定 Entscheidung *f.* -en; Bestimmung *f.* -en; Festsetzung *f.* -en; Beschluss *m.* -es, ⁻e; Entschließung *f.* -en/決定的 entscheidend; ausschlaggebend; maßgebend; endgültig; letzt/それは決定事項だ Das ist eine beschlossene Sache. — 決定する 《sich》 entscheiden*⟨⁴⟩; bestimmen*; fest|legen⁴; beschließen*⁴; eine Entscheidung treffen*; einen Beschluss fassen; zu einem Beschluss (zu einer Entscheidung) kommen* ⓢ 《決定を見る》/それは私が決定する Das bestimme ich./議長の票で決定する Die Stimme des Vorsitzenden gibt den Ausschlag (entscheidet)./では日時を決定しましょう Also, legen wir den Termin fest!

‖ 決定版 Standardwerk *n.* -[e]s, -e; Ausgabe ⟨*f.* -n⟩ letzter Hand/決定票 die entscheidende Stimme, -n 《キャスティングボート》/決定論 Determinismus *m*.

けってい 結締組織 [解] Bindegewebe *n.* -s, -.

けってん 欠点 Fehler *m.* -s, -; Mangel *m.* -s, ⁻; Makel *m.* -s, -, Blöße *f.* -n; Kinderkrankheiten 《pl* 機械などの》: Schwäche *f.* -n; die schwache Seite, -n 《弱点》/欠点のある fehler|haft (mangel-); unvollständig (-); fehlerrei; makel|los (tadel-); ohne ⁴Tadel; einwandfrei; perfekt/欠点を探す kritisieren*; nörgeln ⟨*an*³⟩; kritteln ⟨*an*³⟩; aus|setzen⁴⟨*an*³⟩/欠点を隠す Mängel verdecken; *js* Fehler bemänteln (beschönigen) / 誰だって欠点はある Wir alle haben [unsere] Fehler (Mängel)./,Ohne Tadel ist keiner.'/この機械の初期にあった欠点は排除された Die Maschine hat die Kinderkrankheiten der Anfangszeit bereits überwunden.

けっとう 結党 Gründung ⟨*f.* -en⟩ einer Partei/結党する eine Partei gründen (bilden) ‖ 結党式 Einweihung ⟨*f.* -en⟩ der neu gegründeten Partei.

けっとう 決闘 Zweikampf *m.* -[e]s, ⁻e; Duell *n.* -s, -e/決闘を申込む *jn* zum Duell [heraus]fordern; *jm* den Handschuh hin|werfen*; *jn* auf Pistolen (Säbel) fordern/決闘の申込に応じる die Herausforderung zum Duell an|nehmen*; den Handschuh auf|nehmen*/ 彼らは決闘をかした Sie wechselten Karten. ❖ 双方の名刺交換によって決闘が約され,Kartellträger (決闘状持参人) によって正式の約束がされる。 — 決闘する ⁴sich duellieren; ein Duell (einen Zweikampf) aus|fechten*. ‖ 決闘介添人 Sekundant *m.* -en, -en/決闘者 Duellant *m.* -en, -en/決闘状 Herausforderung ⟨*f.* -en⟩ zum Duell; Kartell *n.* -s, -e.

けっとう 血統 Abstammung *f.* -en; Abkunft *f.* ⁻e; Blut *n.* -[e]s; Familie *f.* -n; Geschlecht *n.* -[e]s, -er; Herkunft *f.* ⁻e; Stamm *m.* -[e]s, ⁻e/血統がよい aus guter Familie sein; [von] hoher Abkunft (Abstammung; Herkunft) sein; einem guten Geschlecht entstammen ⓢ/血統がわるい (von) unsicherer (niedriger) Abkunft sein/ホーエンシュタウフェン家の血統はもう絶えている Das Geschlecht der Hohenstaufen ist ausgestorben.

けつにく 血肉 Fleisch und Blut, des – und -[e]s; der Blutsverwandte*, -n, -n ⇨ けつにく/血肉を分けた blutsverwandt/自己の血肉 (近親) sein eigenes Fleisch und Blut.

けつにょう 血尿 Blutharn *m.* -[e]s; das Blutharnen*, -s; Hämaturie *f*.

けっぱく 潔白 Unschuld *f.* ⟨*an*³⟩; Reinheit *f.*; Fleckenlosigkeit *f.*/潔白な unschuldig⁽²⁾ ⟨*an*³⟩; rein; flecken|los (-frei)/身の潔白を証する seine Unschuld beweisen*; ⁴sich rechtfertigen/やがて彼の潔白であることが明らかになった Seine Unschuld stellte sich bald heraus.

けつばん 欠番 eine fehlende Nummer, -n/日本の病室の4号は欠番である In den japanischen Krankenhäusern gibt es kein Zimmer Nummer 4.

けっぱん 血判 Siegelabdruck ⟨*m.* -[e]s, ⁻e⟩ mit Blut; Unterschrift ⟨*f.* -en⟩ mit Blutzeichnung *f.* -en⟩ mit Blut/血判を押す mit Blut besiegeln⁴; mit Blut unterzeichnen ‖ 血判書 das mit Blut unterzeichnete Gesuch, -[e]s, -e/血判状 der mit Blut besiegelte Eid, -[e]s, -e.

けっぴょう 結氷する gefrieren* ⟨ʰ.s.⟩; [ver]eisen ⓢ; zu|frieren* ⓢ 《海や川が》 ‖ 結氷期 Gefrierzeit *f.* -en.

げっぴょう 月評 die monatliche Kritik, -en; die monatliche Besprechung, -en.

げっぷ 月賦 die monatliche Ab|zahlung (Raten-; Teil-), -en/月賦で auf monatliche Abzahlung/月賦の auf ⁴Abschlag (ratenweise und zwar monatlich)/月賦で千円ずつ支払う eine Monatsteilzahlung von 1 000 Yen leisten/六か月の月賦で買う in sechsmonatigen Raten kaufen⁴ ‖ 月賦販売 der Kauf ⟨-[e]s, ⁻e⟩ auf Abzahlung; Ab|zahlungsgeschäft (Raten-) *n.* -[e]s, -e.

げっぷ げっぷが出る auf|stoßen*; es stößt ⟨*jm*⟩ auf ⟨*imp.*⟩; 《俗》rülpsen.

けつぶつ 傑物 die Persönlichkeit ⟨-en⟩ von [großem] Format; der große Geist, -[e]s, -er; der hervorragende Mann, -[e]s,

⸗er (Leute); der ganze Kerl, -s, -e／彼は相当な傑物だ Er ist ein ganzer Kerl (eine 〔profilierte〕 Persönlichkeit).

けっぺき 潔癖 die krankhafte (übertriebene) Reinlichkeit; Krittelei *f.* -en《あら捜し》／潔癖な krankhaft (übertrieben; äußerst) reinlich; wählerisch《選り好みの強い》‖ 潔癖家 eine äußerst (krankhaft) reinliche Person, -en; eine sehr wählerische Person.

けつべん 血便 der blutige Stuhl, -〔e〕s, ⸗e.

けつぼう 欠乏 ❶ Mangel *m.* -s, ⸗; Not *f.* ⸗e; Bedürfnis *n.* ..nisses, ..nisse; Armut *f.* ❷ [払底] Knappheit *f.*; 〔Be〕dürftigkeit *f.*; Kargheit *f.*; Verknappung *f.*／…欠乏のため aus Mangel an³ …／在庫品が非常に欠乏を来たしている Unser Lager ist nahezu erschöpft. ── 欠乏する knapp werden; spärlich sein; nicht vorrätig haben⁴; nahezu erschöpft sein.

げっぽう 月報 Monats¦bericht *m.* -〔e〕s, -e (-schrift *f.* -en).

けっぽん 欠本 ein fehlender Band, -〔e〕s, ⸗e.

けつまく 結膜 Bindehaut *f.* ⸗e ‖ 結膜炎 Bindehautentzündung *f.* -en.

けつまずく stolpern [s]; straucheln [s]／敷居に(自分の足に)けつまずく über die Schwelle (über die eigenen Füße) stolpern.

けつまつ 結末 〔Ab〕schluss *m.* -es, ⸗e; Ende *n.* -s, -n; Schließung *f.* -en; Beendigung *f.* -en; Erledigung *f.* -en《落着》; Ergebnis *n.* ..nisses, ..nisse《結果》; Ausgang *m.* -〔e〕s, ⸗e; Auslauf *m.* -〔e〕s, ⸗e; Katastrophe *f.* -n《大詰め》／結末をつける zum Schluss bringen*⁴; zu Ende führen⁴; ein Ende machen《*mit*³》; erledigen⁴／結末がつく ein Ende nehmen*; zu einem Schluss kommen* (gelangen) [s]; ⁴sich erledigen《*mit*³》／その件はそれで結末がついた Die Sache erledigte sich damit.／この小説は悲しい結末で終わっている Dieser Roman hat einen traurigen Ausgang.

げつまつ 月末 Monatsende *n.* -s, -n; das Ende des Monat〔e〕s／月末〔の〕勘定 die 〔Be-〕zahlung《-en》(die Löhnung, -en) am Monatsende.

けづめ 蹴爪 Sporn *m.* -〔e〕s, ..ren.

げつめい 月明に im (bei) Mondschein (Mondlicht). ⇨**つきよ**.

げつめん 月面 die Oberfläche des Mondes ‖ 月面車 Mond¦auto *n.* -s, -s (-mobil *n.* -s, -e)／月面図 Mondkarte *f.* -n／月面着陸 Mondlandung *f.* -en.

げつようび 月曜日 Montag *m.* -〔e〕s, -e.

けつるい 血涙〔を流す〕 blutige Tränen《*pl*》〔weinen〕.

けつれい 欠礼する verfehlen (versäumen; unterlassen*), *jm* Höflichkeit zu erweisen (bezeigen); verfehlen, *jm* Grüße zu sagen (senden).

げつれい 月齢 Mondalter *n.* -s.

げつれい 月例の monatlich; jeden Monat.

けつれつ 決裂 〔Ab〕bruch *m.* -〔e〕s, ⸗e; Uneinigkeit *f.* -en／決裂する ab|brechen*⁴; abgebrochen werden; brechen*《*mit*³》; zum Bruch kommen* [s]／交渉は決裂した Die Verhandlungen wurden abgebrochen.／彼らは決裂した Sie brachen miteinander.

けつろ 血路を開く ⁴sich durch|schlagen*《*durch*⁴》; 〔³sich〕 durch Kämpfen einen Weg bahnen.

けつろん 結論 Schluss *m.* -es, ⸗e; 〔Schluss〕folgerung *f.* -en; Konsequenz *f.* -en; Zusammenfassung *f.* -en／結論を出す einen Schluss (eine Folgerung) aus ³*et* ziehen*; ⁴*et* aus ³*et* folgern; 〔aus〕 ³*et* entnehmen*⁴／…の結論になる daraus kann man schließen (folgern), dass …; daraus lässt ⁴sich schließen (folgern), dass …; daraus ist zu schließen (entnehmen), dass …; daraus folgert (ergibt ⁴sich), dass …; daraus folgt (geht hervor), dass …／そうだからそうだとそう簡単な結論は出ない Das lässt sich nicht ohne weiteres daraus schließen.／何らの結論にも達しなかった Wir sind zu keinem Schluss gekommen. ── 結論として zum Schluss; kurz und gut; zusammenfassend gesagt.

げてもの 下手物 die ausgefallene Sache, -n; Kuriosum *n.* -s, ..osa; etwas Wunderliches*, -n.

げどう 外道 Ketzerei *f.* -en; Häresie *f.* -n; Heidentum *n.* -s; Irr¦glaube (Ketzer-) *m.* -ns, -n; [人] Abtrünniger *m.* -s, -; Apostat *m.* -en, -en; Ketzer *m.* -s, -; Häretiker *m.* -s, -; der Irrgläubige*, -n, -n; Gottesleugner *m.* -s, -; Schismatiker *m.* -s, -／この外道め Du, Elender! ¦ Du, elender Lump!

げどく 解毒 Entgiftung *f.*; Gegenwirkung *f.* -en. ── 解毒する entgiften⁴; Gegengift nehmen*《飲む》; Gegenmittel verabreichen《投薬する》. ‖ 解毒剤 Gegengift *n.* -〔e〕s, -e; Giftarznei *f.* -en; Antitoxin *n.* -s.

けとばす 蹴飛ばす ❶ mit dem Fuß 〔weg|-〕stoßen*⁴ (umher|stoßen*⁴); einen Fußtritt geben*³. ❷ von ³sich stoßen*⁴; ab|blitzen lassen*⁴. ⇨**はねつける**.

けどる 気取る 〔aus|〕wittern⁴; auf|spüren⁴; merken⁴; riechen*⁴; Wind bekommen*《*von*³》; heraus|finden*⁴; ab|sehen*.

けなげ 健気な(に) brav; tüchtig; [雄雄しい] tapfer; mutig; männlich; mannhaft; wacker; unverzagt／健気に立働く主婦 die brave (tüchtige) Hausfrau, -en／健気に頑張る ⁴sich brav (tapfer) halten*／健気にも抵抗する mannhaften Widerstand leisten.

けなす 貶す *jn* schlecht machen; über *jn* schlecht reden; herab|setzen⁴ (-|würdigen⁴); herunter|machen⁴; verkleinern; [あらさがし] bekritteln⁴; bemäkeln⁴; bemängeln⁴; nörgeln⁴／人の功績(業績)を貶す *js* Verdienste verkleinern; *js* Leistungen herab|setzen.

けなみ 毛並み ❶ Haarwuchs *m.* -es, ⸗e／毛並みのよい犬だ Der Hund hat ein schönes Fell. ¦ Das ist ein Hund mit schönem Haarwuchs. ❷ [血統] Abkunft *f.*; Herkunft *f.*／あの男毛並みはいい方でしょう Er ist wohl von guter Abkunft. ⁞ Er ist wohl guter Herkunft (aus gutem Stall).

げなん 下男 Diener *m.* -s, -; der Bediente*, -n, -n; Dienstbote *m.* -n, -n; Knecht *m.* -[e]s, -e.

ケニア Kenia *n.* -s/ケニアの keniaisch ‖ ケニア人 Kenianer *m.* -s, -.

けぬき 毛抜き Pinzette *f.* -n.

げねつ 解熱 Entfieberung *f.* -en; Fieberabfall *m.* -[e]s, ⸗e/解熱の効がある gegen Fieber wirksam sein ‖ 解熱剤 Fiebermittel *n.* -s, -; das Heilmittel gegen [4]Fieber; das Fieber herabsetzende Mittel, -s, -.

けねん 懸念 ⇨**しんぱい**.

ゲノム Genom *n.* -s, -e.

けば [布の] Noppe *f.* -n; Haar 《*n.* -[e]s, -e》 (Flaum *m.* -[e]s) [am Tuch]; 〚俗〛 Fussel *f.* -n/けばだった flockig; fuselig/けばだてる ein Tuch [auf|]rauen; einen Filz rauen/けばをとる ein Tuch noppen.

ゲバ Gewalt⁞tat *f.* -en; gewalttätiger Tumult, -[e]s, -e; gewalttätige Studentenunruhe, -n (Studentenrevolte, -n) ‖ ゲバ棒 der Stock 《-[e]s, ⸗e》, der beim Tumult benutzt wird/内ゲバ gewalttätiger Streit 《-es, -e》 innerhalb der [links]radikalen [2]Gruppen.

けはい 気配 Zeichen *n.* -s, -; An⁞zeichen (Vor-) *n.* -s, -; An⁞deutung (Hin-) *f.* -en; Anschein *m.* -[e]s/人の来る気配がする Ich spüre, dass jemand kommt. ⁞ Ich höre jemanden kommen./人の住んでいる気配もなかった Es war kein Zeichen menschlichen Lebens vorhanden. ⇨**けぶり**.

けはえぐすり 毛生え薬 Haarwuchsmittel *n.* -s, -.

けばけばしい prahlend; prunkhaft; prangend; auffallend; auffällig; zu überladen; pomphaft 《華麗な》/けばけばしい色 die schreiende (grelle) Farbe, -n/けばけばしい服装で auffallend (prunkhaft) gekleidet.

げばひょう 下馬評 Gerede *n.* -s; Klatschgeschichte *f.* -n; Kritik 《*f.* -en》 im Laienkreis [e] (Liebhaberkreis [e]); Stadtgespräch *n.* -[e]s, -e/下馬評ではダークホースが勝つそうだ Der [3]Klatschgeschichte des Publikums nach soll ein Außenseiter das Rennen gewinnen.

げびた 下卑た niedrig; dirnenhaft; gemein; gewöhnlich; obszön; schamlos; schlüpf[e]rig; sittenlos; unanständig; unmoralisch; zotig/下卑た奴だ So ein Schweinehund!/下卑た話をする Zoten reißen* (erzählen).

けびょう 仮病 fingierte (simulierte) Krankheit, -en; Scheinkrankheit *f.* -en; *Simulation f.* -en/仮病を使う [4]sich krank stellen; [4]Krankheit simulieren (vor|schützen); angeblich krank sein; politisch krank sein 《大臣などが》/仮病を使う人 Simulant *m.* -en, -en 《男》; Simulation *f.* ..tinen 《女》/仮病の scheinkrank.

げひん 下品な ordinär; gemein; gewöhnlich niedrig; niederträchtig; pöbelhaft; schäbig; unedel; ungebildet; ungeschliffen; ungesittet/下品な人 der gemeine Mensch, -en, -en/物腰が下品だ Sein Benehmen (Betragen) ist gemein (schäbig).

けぶかい 毛深い haarig; [dicht]behaart; rau 《布など》.

けぶり 気振り Miene *f.* -n; Aussehen *n.* -s; [挙動] Betragen *n.* -s; Verhalten *n.* -s; Benehmen *n.* -s; Gebärde *f.* -n; [態度] Haltung *f.* -en; Auftreten *n.* -s; [気配] Zeichen *n.* -s, -/気振りを見せる den Schein erwecken; [4]Anstalten machen 《*zu*[3]》/気振りに見せる verraten*[4]; zeigen[4]/気振りにも見せない nicht einmal durch seine Gebärden verraten*.

けぼり 毛彫り Haarstriche 《*pl*》 [in Gravierarbeiten].

けむ 煙 ⇨**けむり**.

けむい 煙い ⇨**けむたい**.

けむくじゃら 毛むくじゃら zott[el]ig; buschig behaart; struppig.

けむし 毛虫 die behaarte Raupe, -n/毛虫のように嫌な奴 Ekel *n.* -s, -/毛虫のようにきらう Abscheu (einen Ekel) vor *jm* haben. ❖ Ekel に *m.* もあることに注意.

けむたい 煙たい ❶ rauchig; qualmig. ❷ [窮屈・苦手] vor *jm* eine gewisse Scheu (Angst) haben; [4]sich vor *jm* scheuen (fürchten); [4]sich gehemmt (befangen) fühlen 《*vor*[3]》/彼は皆に煙たがれる Er wird allgemein gefürchtet. ⁞ Jeder hält sich in einer gewissen Distanz von ihm.

けむらす 煙らす qualmen[4]; an|rauchen[4]; schmauchen[4].

けむり 煙 Rauch *m.* -[e]s; Dunst *m.* -[e]s, ⸗e; Qualm *m.* -[e]s, -e/煙が出る(立つ) Rauch geht (steigt; wirbelt auf 《巻き上がる》)./煙が消散する Rauch verzieht sich./煙にする《浪費蕩(とう)尽》[Geld] verrauchen; verschleudern[4]; vertun*[4]; verprassen[4] 《放蕩で》; verspielen[4] 《賭博で》; verschlemmen[4] 《飲食で》; vertrinken*[4] 《酒で》/煙になる《無になる》 in Rauch (Dunst) auf|gehen* [s]; in nichts zerfließen* [s]/煙にまく *jm* einen blauen Dunst vor|machen; verwirren[(*)4] 《*mit*[3]》; verblüffen[4] 《*mit*[3]》; aus dem Text bringen*[4]/煙にまかれる [3]sich im Wirbel von Rauch fangen*; durch [4]*et* kopfscheu werden; verdutzt (durchgedreht; daneben) sein / 煙のように消える plötzlich verschwinden* [s]; wie weggeblasen sein/細々と煙を立てる [4]sich kümmerlich durch|schlagen*; kümmerlich sein Leben fristen/煙突からもくもく煙が出ている Der Schornstein qualmt./火のない所に煙はたたぬ ‚Wo Rauch ist, da ist auch Feuer.'

けむる 煙る ❶ [*v.*] es raucht (qualmt) 《*in*[3]》; schwelen 《いぶる・くすぶる》. ❷ [*a.*] rauchend; qualmend; rauchig; neblig 《霧のたちこめた》/塔は霧に煙ってはっきりとは見えない Der Turm sieht im Nebel ganz verschwommen aus.

げめん 外面 ¶ 外面如菩薩内心如夜叉 ein Bodhisattwa scheinen*, ein Teufelsweib sein; ein Engel mit ³Teufelsherzen.

けもの 獣 Tier *n.* -(e)s, -e; Vieh *n.* -(e)s; Bestie *f.* -n.

げや 下野する ⁴sich zur Ruhe setzen; von einer öffentlichen Tätigkeit zurück|treten* [s].

けやき 欅 Zelkova *f.* ..ven.

けらい 家来 Vasall *m.* -en, -en; Lehnsmann *m.* -(e)s, ⸚er (..leute)《藩臣》; Gefolgsmann *m.* -(e)s, ⸚er (..leute); Gefolge *n.* -s, -《御供》; Hofmann *m.* -(e)s, ⸚er (..leute)《廷臣》.

げらく 下落 das (Ab)fallen* (Abnehmen*; Sinken*), -s; Baisse *f.* -n《相場の》; Entwertung *f.* -en《価値の》; Rückgang *m.* -(e)s, ⸚e《株の》; Wertverminderung *f.* -en《価値の》/下落する (ab|)fallen* [s]; ab|nehmen*; sinken* [s]; baissieren [s]; entwertet werden; eine Wertverminderung erleiden*.

げらげら げらげら笑う in ein schallendes (wieherndes) Gelächter (Lachen) aus|brechen* [s];〖俗〗⁴sich scheckig lachen.

ゲラずり ゲラ刷 Korrektur¦bogen (Prüf-) *m.* -s, -; (Fahnen)abzug (Korrektur-) *m.* -(e)s, ⸚e; Fahne *f.* -n; Druckprobe *f.* -n.

けり けりをつける Schluss machen《*mit*³》; ³*et* ein Ende machen; ab|tun*⁴; erledigen⁴/けりがつく zu Ende kommen* [s]; ⁴sich erledigen/それでけりとしよう Und damit basta!/それでその件もけりがついた Hiermit hat sich die Sache erledigt./さあもうけりだ《やめろ》Nun aber Schluss! ¦ Schluss damit!

げり 下痢 Diarrhö *f.* -en; Durchfall *m.* -(e)s, ⸚e/下痢をとめる die Diarrhö bekämpfen; Stopfmittel ein|nehmen*; den Durchfall aufhören lassen*/下痢する an ³Diarrhö leiden*; Durchfall haben/今日は下痢だ Heute leide ich an Durchfall. ‖ 下痢止め薬 Stopfmittel *n.* -s, -; das stopfende Mittel, -s, -.

ゲリラ ゲリラ戦 Guerilla¦krieg (Banden-; Klein-) *m.* -(e)s, -e/ゲリラ戦術を使う einen Guerillakrieg führen/ゲリラ兵 Frei¦schärler (Streifen-) *m.* -s, -.

ける 蹴る stoßen*⁴; treten*⁴/ボールを蹴る einen Ball mit dem Fuß treten* (stoßen*).

ゲルマニウム Germanium *n.* -s《記号: Ge》.

ケルン Steinhügel *m.* -s, -《登山者が石などで山頂に作る小塔》.

げれつ 下劣な gemein; klein; niedrig (gesinnt); pöbelhaft; schmutzig; unedel.

けれども ⇨しかし.

けれん Effekthascherei *f.* -en《人気とり》; Maniriertheit *f.* -en《気取り》; Trick *m.* -s, -s《まやかし》.

ゲレンデ Gelände *n.* -s, -.

げろ げろを吐く (er)brechen*《⁴et》;〖俗〗kotzen.

ケロイド Keloid *n.* -(e)s, -e.

けろり けろりと ❶ anteil¦los (gefühl-); gelassen; gleichgültig; ungerührt; unverschämt. ❷ [たちまち] auf der Stelle; sogleich; sofort; kurzerhand/けろりとなおる auf der Stelle (plötzlich) wieder gesund werden/注射一本でけろりとよくなった Eine Einspritzung, und er wurde auf der Stelle (sofort) geheilt. ❸ [突然] plötzlich; auf einmal; rasch/けろりとしている tun*, als ob es ihm nichts angehe (als ob es mit ihm gar nichts zu tun hätte; als ob er nichts davon wüsste); anteillos (gleichgültig; ungerührt) bleiben* [s].

けわしい 険しい ❶ steil; abschüssig; jäh; stark ansteigend. ❷ [顔付] streng; hart; unfreundlich.

けん 剣 Schwert *n.* -(e)s, -er; Degen *m.* -s, -; Säbel *m.* -s, -; Florett *n.* -(e)s, -e《フェンシング用》; Dolch *m.* -(e)s, -e《短剣》; Bajonett *n.* -(e)s, -e《銃剣》; Stilett *n.* -(e)s, -e《小剣》/剣を抜く das Schwert ziehen* (zücken)/剣をおさめる das Schwert in die Scheide stecken/剣をとる zum Schwerte greifen*.

けん 険 ❶ der steile Berg, -(e)s, -e; der steile Pass, -es, ⸚e; die unbezwingbare Burg, -en《難攻不落の砦》; der strategische Stützpunkt, -(e)s, -e《戦略基地》. ❷ 険のある目 die scharfen Augen《*pl*》/険のある顔 das derbe Gesicht, -(e)s, -er; die scharf geschnittenen Gesichtszüge《*pl*》.

けん 圏 Bereich *m.* -(e)s, -e; Kreis *m.* -es, -e; Sphäre *f.* -n; Umfang *m.* -(e)s, ⸚e; [航続距離・行動半径など] Reichweite *f.* -n; Aktionsradius *m.* -, ..dien/圏内(外)の(に) innerhalb (außerhalb) der Sphäre (der Reichweite; des Aktionsradius)/爆撃圏内にある im Aktionsradius (in der Reichweite) des Bombers liegen*/台風圏内にある im Bereich der Auswirkung des Taifuns sein/彼は当選(優勝)圏内にある Seine Wahl (Sein Sieg) liegt im Bereich der Möglichkeit(en)./彼はすぐにまた政治の圏外に去った Er ist schnell wieder von der politischen Bühne verschwunden. ‖ 北極(南極)圏 der nördliche (südliche) Polarkreis, -es, -e.

けん 県 Präfektur *f.* -en/県(営)の Präfekten- ‖ 県知事 Präfekt *m.* -en, -en.

けん 件 Angelegenheit *f.* -en; Sache *f.* -n; Frage *f.* -n; Fall *m.* -(e)s, ⸚e; Geschäft *n.* -(e)s, -e/至急を要する件で参上しました Ich komme in³ (wegen²⁽³⁾) einer dringenden Angelegenheit./株主総会に関する件《商業手紙の冒頭》Betr.: Generalversammlung der Aktionäre《上記 Betr. は Betreff の略》/この件についてはまた折をみてお話しいたします Ich werde gelegentlich noch auf diese Sache (Frage) zurückkommen.

けん 鍵 Taste *f.* -n.

けん 券 Karte *f.* -n; Marke *f.* -n; Billet *n.* -(e)s, -e (-s).

けん 腱 Sehne *f.* -n/アキレス腱が切れたのです Ich habe mir die Achillessehne zerrissen.

けん 権を握る an die Macht gelangen [s]; die Macht ergreifen* (übernehmen*); Macht über *jn* gewinnen*/権を授ける ermächtigen⁴《*zu*³》; bevollmächtigen⁴《*zu*³》; Vollmacht geben*³/男女は同権である Männer und Frauen sind gleichberechtigt. ‖ 男女同権 Gleichberechtigung《*f.*》der

けん 軒別に von Haus zu Haus; Haus für Haus/一軒おいて隣り das zweite (übernächste) Haus (von hier)/角から五軒目の家 das fünfte Haus von der Ecke/向こうの角から手前に二軒目(三軒目)の家 das zweitletzte (drittletzte) Haus von der Ecke drüben.

-けん -兼 und (gleichzeitig; außerdem noch)/首相兼外相である Ministerpräsident und gleichzeitig Außenminister sein.

げん 弦 (Bogen)sehne f. -n 《(Kreis)bogen に対し》; Saite f. -n 《楽器の》/弦を(楽器に)張る《ein Instrument》 ³Saiten bespannen.

げん 舷 Bord m. -(e)s, -e; Dollbord m. -(e)s, -e 《短艇の舷側上部》; Schan(z)deck n. -(e)s, -e 《上甲板》; Schandeckel m. -s, -/舷々相摩して Bord an ³Bord; Schiff an ³Schiff.

げん 言 Wort n. -(e)s, -e; Rede f. -n; Sprache f. -n/言をまたず keines Wortes (keiner Erklärung) bedürfen*; auf der Hand liegen*; außer [allem] Zweifel sein; ⁴sich von selbst verstehen*.

げん 験として ⇨げんえき.

げん 現に tatsächlich; wirklich; augenscheinlich; wie der Augenschein lehrt.

-げん -減 weniger; minder/三割減 [um] 30 v. H. (%; Prozent) weniger (minder).

けんあく 険悪な gefährlich; gefahrvoll; bedrohlich; unheil(drohend (-schwanger); drohend 《天候など》; ernst(lich); ernst zu nehmend; kritisch 《事態・容態など》; beschwerlich; hässlich 《道路など》 ❖ その他 abschüssig; steil 《険しい》; holperig 《でこぼこの》; steinig 《石だらけの》; ungangbar 《歩けたもんじゃない》 など具体的な語を用いる/事態は険悪である Die Lage (Situation) ist sehr ernst (gefährlich; bedrohend; kritisch)./天候が険悪になりそうだ Ein Sturm droht.

げんあつ 減圧する den Druck vermindern ∥ 減圧室 ein Raum (m. -(e)s, ⁼e) mit verminderten Druck; ein Raum mit druckverminderter ³Einrichtung.

げんあつけい 検圧計 Druckmesser m. -s, -; Manometer n. -s, -; Spannungsmesser m. -s, - 《電圧の》.

けんあん 懸案の schwebend; (noch) unentschieden; dahingestellt; offen; in der Schwebe/懸案の問題 die stehende Frage, -n/懸案の契約 ein schwebender Vertrag, -(e)s, ⁼e/懸案にする in der Schwebe lassen*⁴; beschlafen*⁴; dahingestellt sein lassen*⁴/多年の懸案 das alte Problem, -s, -e; die Angelegenheit 《-en》, die mehrere Jahre offen bleibt (schwebt)/その件は彼が帰って来るまで懸案にしておきましょう Wir werden die Sache in der Schwebe lassen (Wir lassen diese Frage dahingestellt sein), bis er zurückkommt.

げんあん 原案 der ursprüngliche Entwurf, -(e)s, ⁼e; die erste Fassung, -en; Urentwurf m. -(e)s, ⁼e; Urkonzeption f. -en /原案を修正する den ursprünglichen Entwurf abändern/法案は原案どおり通過した Die Gesetzesvorlage ist in ihrer ursprünglichen Gestalt durchgegangen.

けんい 権威 ❶ Macht f. ⁼e; Autorität f. -en; Einfluss m. -es, ⁼e; Prestige f. 《威信》/権威を振う js Einfluss geltend machen/権威を失墜する an Autorität einbüßen; viel an Autorität verlieren*. ❷ [大家] Autorität f. -en; [Fach]größe f. -n/泰斗 phäe m. -n, -n; Virtuose m. -n, -n/斯界の《芸術界の》権威 die Autorität auf dem Fachgebiet (auf dem Gebiet der Kunst)/権威ある mächtig; einflussreich; maßgebend; autoritativ; authentisch 《典拠ある》/政界の権威者 die maßgebende Persönlichkeit 《-en》 der politischen Welt/権威主義的な autoritär.

けんいざい 健胃剤 Magenmittel n. -s, -; Magenpulver n. -s, - 《健胃散》.

けんいん 牽引 das Ziehen*, -s; Zug m. -(e)s, ⁼e/牽引する schleppen⁴; zerren⁴, schleppen⁴ ∥ 牽引車 Zug;wagen m. -s, - (-maschine f. -n)/牽引力 Zugkraft f. ⁼e.

けんいん 検印 Stempel m. -s, - das Stempeln*, -s/検印を押す stempeln⁴; den Stempel setzen ∥ 検印済 gestempelt/度量衡検印 Eichstempel m. -s, -.

けんいん 減員 Personalieneinschränkung f. -en.

げんいん 原因 Ursache f. -n; Anlass m. -es, -e; [Beweg]grund m. -(e)s, ⁼e; Veranlassung f. -en; Wurzel f. -n/原因不明の unerklärlich; unerklärbar; von unbekannter Ursache/に原因して dank³⁽²⁾; infolge⁽²⁾ 《von³》; verursacht (bewirkt; veranlasst) 《durch⁴》; herrührend 《von³》/に原因する beruhen 《auf³》; her|rühren 《von³》; ⁴sich ableiten (herleiten) lassen* 《von³》; verursacht (bewirkt; veranlasst) werden 《durch⁴》; zuzuschreiben³ sein ∥ 原因結果 Ursache und Wirkung 《f. -n und -en》; Kausalität f. -en; Ursächlichkeit f. -en/原因論 Ätiologie f. -n; die Lehre 《-n》 von der Ursächlichkeit.

げんうん 巻雲 Federwolke f. -n; Zirrus m. -, - (Zirren).

げんえい 幻影 [Traum]gesicht n. -(e)s, -e; [Geister]erscheinung f. -en; Gespenst n. -es, -er; Hirngespinst n. -(e)s, -e; Illusion f. -en; Luft bild (Schatten-; Traum-; Trug-) n. -(e)s, -er; Luftschloss n. -es, ⁼er; Phantom n. -s, -e; Seifenblase f. -n; Sinnestäuschung f. -en; Wahngebilde n. -s, -.

けんえき 権益 Recht und Interesse, des - und -s, -e und -en 《二格のときのみ定冠詞を入れる》/権益を擁護する Rechte und Interessen verteidigen.

けんえき 検疫 die ärztliche Inspektion, -en; Quarantäne f. -n 《特に実際に病気が発生した場合》. — 検疫する eine ärztliche Inspektion machen; unter Quarantäne stellen⁴; in Quarantäne legen⁴ (liegen* 《検疫中である》). ∥ 検疫官 der Quarantäne|beamte*, -n, -n (-arzt m. -es, ⁼e)/検疫港 Quarantänehafen m. -s, ⁼/検疫所 Quarantänestation *f.* -en/検疫済 ärztlich inspiziert.

げんえき 現役 der aktive〔Wehr〕dienst, -〔e〕s, -e/現役中 im aktiven〔Wehr〕dienst sein/現役の im Dienst; bei der Fahne; im Heer〔e〕 dienend; bei der〔Kriegs〕marine dienend / 現役に服する(を終える) in den〔Wehr〕dienst treten* [s] (den〔Wehr-〕dienst verlassen*) ‖ 現役選手 der aktive Sportler, -s, -/現役定限年齢 Dienstaltersgrenze *f.* -n; das Pflichtalter《-s, -》für den aktiven〔Wehr〕dienst; das dienstpflichtige Alter, -s, -/現役兵 der aktive Soldat, -en, -en.

けんえつ 検閲 Zensur *f.* -en《出版物などの》; Musterung *f.* -en《軍隊》; Inspektion *f.* -en. ── 検閲する zensieren^{4}; mustern^{4}; inspizieren^{4}. ‖ 検閲官 Zensor *m.* -s, -en; Inspektor *m.* -s, -en/検閲済 zensiert/映画検閲 Filmzensur *f.*

けんえん 犬猿もただならない ^{4}sich wie Hund und Katze vertragen*; wie Hund und Katze sein/夫婦の間は犬猿もただならない Das Ehepaar lebt (Die Eheleute leben) wie Hund und Katze.

けんお 嫌悪 Abneigung *f.* -en《*vor*^{3}; *gegen*^{4}》; Abscheu *m.* -〔e〕s《*vor*^{3}; *gegen*^{4}》; Antipathie *f.* -n《*gegen*^{4}》; Aversion *f.* -en《*gegen*^{4}》; Ekel *m.* -s《*vor*^{3}》; Hass *m.* -es《*auf*^{4}; *gegen*^{4}》; Widerwille *m.* -ns《*gegen*^{4}》/嫌悪すべき abscheulich; ekelhaft; widerwärtig/嫌悪の念を起こさせる [*a.*] ekelerregend (Ekel erregend); [*v.*] Es ekelt mir (mich)《*vor*^{3}》. ¦ Ich ekele mich《*vor*^{3}》. ── 嫌悪する Abneigung empfinden*《*vor*^{3}; *gegen*^{4}》; Abscheu haben《*vor*^{3}; *gegen*^{4}》; Ekel《*vor*^{3}》Widerwillen《*gegen*^{4}》haben; Hass hegen (haben)《*auf*^{4}; *gegen*^{4}》; hassen^{4}; verabscheuen^{4}; nicht ausstehen können*^{4}.

げんおん 原音〘楽〙Grundton *m.* -〔e〕s, ⸚e.

けんおんき 検温器 Thermometer *n.* -s, -.

けんか 喧嘩 ❶ [口論] Streit *m.* -〔e〕s, -e; Krach *m.* -〔e〕s, -e; Hader *m.* -s; Händel《*pl*》; Wortwechsel *m.* -s, -; Zank *m.* -〔e〕s, ⸚e; Zwist *m.* -es, -e; Gekeife *n.* -s《いがみ合い》. ❷ [殴り合い・つかみ合い] Prügelei *f.* -en; Rauferei *f.* -en; Handgemenge *n.* -s; Krakeel *m.* -〔e〕s, -e《喧嘩騒ぎ》/喧嘩の種 Zankapfel *m.* -s, ⸚; Ursache《*f.* -n》zum Streit; Samen《*m.* -s, -》der Zwietracht/喧嘩の種をまく Zwietracht (Hass) säen/喧嘩腰になって〔zum Streit〕herausfordernd; angriffsbereit; kampfbereit; streitsüchtigerweise/喧嘩早い ein lockeres Handgelenk haben《手が早い》; ungestüm《怒りっぽい》/喧嘩好きな angreiferisch; streitsüchtig; hader¦süchtig (händel-; zank-); angriffs¦lustig (kampf-; zank-)/喧嘩を吹っかける(売る) einen Streit (eine Gelegenheit) vom Zaun brechen*; *jm* den Handschuh hin|werfen*/喧嘩を買う den Handschuh auf|nehmen*; den Streit an|nehmen*/喧嘩の仲裁をする einen Streit schlichten (bei|legen). ── 喧嘩する〘*mit*^{3} とともに〙❶ [口論する] ^{4}sich streiten*; ^{4}sich〔ver〕krachen; hadern; Händel suchen; zanken; ^{4}sich überwerfen*; einen Wortwechsel haben. ❷ [殴り合う・つかみ合う] ^{4}sich〔herum|〕prügeln; ^{4}sich raufen; ^{4}sich schlagen*; ^{4}sich hauen$^{(*)}$; ^{3}sich (einander) in den Haaren liegen*; ^{3}sich (einander) in die Haare geraten* [s]; ^{4}sich bei den Haaren haben.

けんか 堅果 Nuss *f.* Nüsse.

げんか 減価 ❶ Preis¦ermäßigung *f.* -en (-nachlass *m.* -es, -e); Abzug *m.* -〔e〕s, -e; Diskont *m.* -s, -e; Diskonto *m.* -〔s〕, -s (..ti); Rabatt *m.* -〔e〕s, -e; Skonto *m.* (*n.*) -s, -s. ❷ [価値減少] Wertverminderung *f.* -en; Entwertung *f.* -en; das Herabsinken*《-s》des Wertes ‖ 減価償却 Abschreibung *f.* -en/減価販売 Rabattverkauf *m.* -〔e〕s, ⸚e; Verkauf zu ermäßigten Preisen.

げんか 原価〔Selbst〕kosten¦preis (Einkaufs-) *m.* -es, -e; Herstellungspreis/原価で zum〔Selbst〕kostenpreis ‖ 原価計算 Kostenberechnung *f.* -en; Preisfestsetzung *f.* -en.

げんか 現下〔の〕gegenwärtig; augenblicklich; jetzig; heutig; momentan; nahe bevorstehend《焦眉の》/現下の情勢 der gegenwärtige Sachverhalt, -〔e〕s, -e; der jetzige Stand《-〔e〕s》der Dinge/現下の大問題 die brennende Frage《-n》des Augenblicks.

げんか 言下に sofort; auf der Stelle; direkt; einfach; kurzweg; ohne weiteres; sogleich; unverzüglich.

げんか 弦歌〔の声〕〔die Töne《*pl*》von〕Streichmusik und Gesang.

げんが 原画 Urbild *n.* -〔e〕s, -er; Orginalgemälde *n.* -s, -.

けんかい 見解 Meinung *f.* -en; Ansicht *f.* -en; Auffassung *f.* -en; das Dafürhalten* (Erachten*), -s; Urteil *n.* -s, -e; Überzeugung *f.* -en/私の見解では meiner ^{3}Meinung (Ansicht; Auffassung; Überzeugung) nach; meines Erachtens/見解が異なる Ich bin anderer Ansicht als Sie. ¦ Wir sind darüber verschiedener Ansicht./見解を披瀝する *jm* seine Auffassung nahe legen.

けんかい 県会 Landtag *m.* -〔e〕s, -e ‖ 県会議員 der Präfekturabgeordnete*, -n, -n.

けんがい 圏外 ¶ 合格圏外にある *j.* gehört nicht zu denen, die die Prüfung bestehen werden.

げんかい 限界 Grenze *f.* -n; das Äußerste*, -n; Höchst¦maß (Mindest-) *n.* -es, -e; Limit *n.* -〔e〕s, (まれに) -e/限界を定める eine Grenze festsetzen/限界を知る seine Grenzen kennen* ‖ 限界価格 Grenzpreis *m.* -es, -e/限界効用(説)〘経〙Grenznutzen *m.* -s, -(Grenznutzenlehre *f.*)/限界生産費 die Grenze (das Limit) der Herstellungskosten.

げんかい 厳戒する gute Wacht halten*; auf guter Wacht sein; auf der Hut sein

げんがい 言外の mitgemeint; einbegriffen; implizit; (mit)verstanden; unausgesprochen/言外の意味を読む zwischen den Zeilen lesen*⁴/言外に…の意味を含む Man gibt zu verstehen, dass …. ¦ Es wird (mit) einbegriffen, dass …. ¦ Am Rand(e) wird bemerkt, dass …. ¦ Es ist angedeutet, dass ….

げんがいはっこう 限外発行 die Überemission f.-en (von Wertpapieren).

けんかく 懸隔 Unterschied m.-(e)s, -e; Verschiedenheit f.-en; Abstand m.-(e)s, ⸚e (間隔); Kluft f.⸚e/天地の(大きな懸隔)がある himmelweit verschieden sein; Da ist ein himmelweiter Unterschied (ein Unterschied wie Tag und Nacht).

けんかく 剣客 ein (meisterhafter) Fechter, -s, -.

けんがく 見学 Besichtigung f.-en. — 見学をする besichtigen*⁴; studienhalber besuchen*⁴. ‖ 見学者 Besucher m.-s, -/見学旅行 Besichtigungsreise f.-n〔zum Studienzweck〕.

げんかく 厳格 Strenge f.; Genauigkeit f.; Härte f.; Schärfe f.; Unerbittlichkeit f./厳格な streng(e); genau; hart; scharf; unerbittlich.

げんかく 幻覚 Trugbild n.-(e)s, -er; Halluzination f.-en/幻覚に悩む an ⁴Halluzinationen leiden*.

げんがく 衒学 Pedanterie f.-n; Pedantismus m.-; Federleserei f.-; Haarspalterei f.-en; Wortklauberei f.-en/衒学的な pedantisch ‖ 衒学者 Pedant m.-en, -en; Federleser m.-s, -; Haarspalter m.-s, -.

げんがく 減額 Abzug m.-(e)s, ⸚e; Abschlag m.-(e)s, ⸚e; (Preis)ermäßigung f.-en; Preisnachlass m.-es, ⸚e (-en); Rabatt m.-(e)s, -e; Verminderung f.-en/減額する eine Summe ab|lassen* 《von³》; den Preis ermäßigen (vermindern); ⁴et vom Preise nach|lassen*; rabattieren⁴.

げんがく 弦楽 Streichmusik f.; Saitenspiel n.-(e)s, -e ‖ 弦楽演奏会 Streichkonzert n.-(e)s, -e/弦楽器 Streichinstrument (Saiten-) n.-(e)s, -e; das mit ⁴Saiten bespannte Musikinstrument, -(e)s, -e/弦楽四重奏 Streichquartett n.-(e)s, -e.

けんかしょくぶつ 顕花植物 Blütenpflanze f.-n; Phanerogame f.-n.

けんかん 建艦 Marineschiffbau m.-(e)s.

けんかん 兼官 Nebenamt n.-(e)s, ⸚er; der zweite Posten, -s, -/兼官を免ぜられる von seinem Nebenamt entbunden (befreit) *werden; seines Nebenamtes enthoben (entkleidet) werden*/兼官する zwei Ämter bekleiden.

けんがん 検眼 die Untersuchung (-en) der Augen; Ophthalmoskopie f./検眼する(して もらう) die Augen untersuchen (untersuchen lassen*) ‖ 検眼鏡 Augenspiegel m.-s, -; Ophthalmoskop n.-s, -e.

げんかん 厳寒 die grimmige (beißende; eisige; fürchterliche; große; harte; schneidende; starke) Kälte.

げんかん 玄関 (Haus)flur m.-(e)s, -e; Diele f.-n; Eingangshalle f.-n; Haustür f.-en; Vestibül n.-s, -e; Vorhalle f.-n; Vorsaal m.-(e)s, ..säle/日本の玄関 das Eingangstor f.-(e)s, -e) Japans/玄関払いをくわだる einen Besuch (Besucher) ab|weisen⁴ (nicht empfangen*) ‖ 玄関番 Pförtner m.-s, -; Portier m.-s, -e; Türhüter m.-s, -.

けんぎ 嫌疑 Verdacht m.-(e)s/嫌疑を抱く Verdacht hegen (schöpfen) 《gegen³》/嫌疑をかける jn verdächtigen²; jn in (im) Verdacht haben 《wegen²⁽³⁾》; (einen) Verdacht auf jn werfen*/嫌疑をうける in Verdacht kommen* (geraten*) ⓢ/嫌疑を招く ⁴sich in Verdacht bringen*/⁴sich verdächtig machen/嫌疑をかけられている im (in) Verdacht stehen*/嫌疑をはらす einen Verdacht (von ³sich) ab|lehnen (ab|wälzen)/嫌疑者 容疑者 der Verdächtige*, -n, -n; die verdächtige Person, -en/…の嫌疑で unter dem Verdacht⁽²⁾ 《von³》/彼に嫌疑はかけられない（彼には全然嫌疑はない）Er ist gegen jeden Verdacht gefeit. (Er ist über allen (jeden) Verdacht erhaben.)/彼に嫌疑がかかった Der Verdacht fiel auf ihn.¦Er wurde verdächtigt./彼には殺人の嫌疑がかかっている Man hat ihn wegen Mordes in Verdacht./彼の素振りが嫌疑を招いた Sein Verhalten brachte ihn in Verdacht (machte ihn verdächtig).

けんぎ 建議 ❶〔申し出〕Antrag m.-(e)s, ⸚e; Vorschlag m.-(e)s, ⸚e; Anregung f.-en. ❷〔建白〕Denkschrift f.-en; Memorandum n.-s, ..den（覚書）/…の建議で auf Antrag von³ …; auf Vorschlag von³ …/建議が却下される(通過する, 支持される, 拒否される) Der Antrag fällt (geht durch, wird unterstützt, wird abgelehnt)./…を建議する jm vor|schlagen*⁴; jm einen Vorschlag machen; einen Antrag stellen; beantragen⁴; jm eine Denkschrift (ein Memorandum) ein|reichen (überreichen). ‖ 建議案 Antragsentwurf m.-(e)s, ⸚e/建議者 Antragsteller m.-s, -.

げんき 元気 Saft (m.) und Kraft (f.); Energie f.-n; Lebenskraft f.-⸚e (-fähigkeit f.-en; -wille(n) m.-..lens, ..len);〔俗〕Mumm m.-s; Mut m.-(e)s; Schmiss m.-es, -e; Schwung m.-(e)s, ⸚e; Tatkraft (Willens-) f.⸚e; Vitalität f./元気を出す ⁴sich auf|raffen; allen Mut (seine Kräfte) zusammen|nehmen*; Mut fassen; ⁴sich ein Herz fassen/元気をつける auf|muntern 《jn》; erheitern 《jn》; ermutigen 《jn》; Mut ein|flößen 《jm》; frischen Auftrieb geben*⁴ 《jm》/元気づく ⁴sich auf|muntern; ⁴sich erheitern; ⁴sich ermutigen; ³sich Mut ein|flößen; ³sich frischen Auftrieb (Antrieb) geben*⁴/元気のよい voll Saft und Kraft; voller Lebensfrische; feurig und munter; lebhaft; lebendig; voller Lebensmut; tatkräftig/元気よく frohen Mutes; in gehobener Stimmung/元気のない

saft- und kraftlos; entmutigt; freude(n)los; freudlos; mutlos; nieder|geschlagen (-gedrückt); trübselig; verzagt/...する元気がない kein Herz (keinen Mut) haben, [4]et zu tun |[元気回復 das Wieder|erwachen[*] (Neu-) ⟨-s⟩ der Lebenskraft (Energie); Erfrischung f. -en; Erquickung f. -en/元気消喪 Saft- und Kraftlosigkeit f.; Entmutigung f. -en; Freud|losigkeit (Mut-) f. -en; Nieder|geschlagenheit f. ⟨-gedrücktheit f.⟩; Trübseligkeit f. ⟨-⟩; Verzagtheit f./元気のある Mensch ⟨-en, -en⟩ von frischem Mut; der lebendige (lebhafte) Geist, -(e)s, -er/つけ元気 der angetrunkene Mut, -(e)s; die vorgetäuschte frische Stimmung, -en.

げんぎ 原義 Urbedeutung f. -en; die ursprüngliche Bedeutung, -en.

けんきせい 嫌気性の〖生・医〗anaerob〈対語:aerob〉.

けんきゃく 健脚家 der gute Fußgänger, -s, -/健脚である gut zu Fuß sein; einen guten Schritt am Leib(e) haben.

けんきゅう 研究 Studium n. -s, ..dien; Forschung f. -en; Erforschung f. -en 《究明・探求》; Durchforschung f. -en 《精査》; Nachforschung f. -en 《研究吟味》; Untersuchung f. -en 《調査》/この本はもう今日の研究水準から見ると古くなっている Dieses Buch ist nicht mehr auf der Höhe der heutigen Forschung. ── 研究を studieren[4]; an das Studium von [3]et heran|gehen[*] ⟨-|treten[*]⟩ s; forschen (nach[3]); erforschen[4]; durchforschen[4]; nach|forschen; untersuchen[4]; [学問を] ein Studium (eine Wissenschaft) treiben[*]; [4]sich auf eine Wissenschaft legen (werfen[*]); [考えてみる] [3]sich [4]et überlegen; erwägen[*4]/病気の原因を研究する nach den Ursachen (der Ursache) der Krankheit forschen/この件は慎重に研究しておきましょう Ich werde diese Angelegenheit sorgfältig erwägen (in Erwägung ziehen)./彼は A 教授のもとで研究している Er studiert (arbeitet) unter Professor A. ‖ 研究科 Spezialkursus m. -, ..kurse; Lehrgang m. -(e)s, ⸗e für Fortgeschrittene/研究会 ⟨wissenschaftliche⟩ Arbeitsgemeinschaft f. ⟨學生たちの⟩/研究学園都市 Akademiestadt f. ⸗e; Akademiestädtchen n. -s, -/研究課題 Forschungsaufgabe f. -n/研究材料 Forschungsmaterial n. -s, ..lien/研究課題 Forschungsgegenstand m. -(e)s, ⸗e 《題目》/研究室(所) [Forschungs]institut n. -(e)s, -e; Laboratorium n. -s, ..rien; Forschungsanstalt f. -en/研究者 [Er]forscher m. -s, -/研究心 Forsch|begier f. ⟨-begierde f. -n⟩; Forscher|geist m. -(e)s ⟨sinn m. -(e)s⟩/研究生 Praktikant m. -en, -en; der [fortgeschrittene] Student ⟨-en, -en⟩ für Spezialfach/研究成果 Forschungsergebnis n. -nisses, ..nisse/研究対象 Forschungsobjekt n. -(e)s, -e/研究発表 Referat n. -(e)s, -e/研究プロジェクト Forschungsprojekt n. -(e)s, -e/研究方法 Forschungsmethode f. -n; Methodik f.; Methodenlehre f. -n 《方法論》.

げんきゅう 原級 die alte (ursprüngliche) Klasse, -n; 〖文法〗Grundstufe f. -n; Positiv m. -s, -e/原級に止まる sitzen bleiben[*] s; nicht zur höheren Klasse auf|rücken s; nicht versetzt werden.

げんきゅう 言及する zu sprechen kommen[*] s (auf[4]); beiläufig bemerken[4]; berühren[4]; erwähnen[4]; Erwähnung[2] tun[*] /...に言及して Bezug nehmend (auf[4]); die Rede bringend (auf[4]); das Gespräch lenkend (auf[4]).

げんぎゅうせい 牽牛星 Altar m. -s, ⸗e.

けんきょ 検挙 Verhaftung f. -en; Arrest m. -es, -e/検挙する verhaften[4]; arretieren[4]; fassen[4] ‖ 一斉検挙 Massenverhaftung f. -en/一斉検挙をする massenweise verhaften[4].

けんきょ 謙虚 Bescheidenheit f. ⇨けんそん.

けんぎょう 兼業 Nebenbeschäftigung f. -en; Nebenberuf m. -(e)s, -e/兼業する [4]et als Nebenbeschäftigung haben/本業の他に本屋を兼業している Er führt neben (außer) seiner Berufsarbeit noch einen Buchladen als Nebenbeschäftigung.

げんきょう 現況 die gegenwärtige ⟨Sach-⟩lage; der jetzige Stand der Dinge.

けんきょういん 鉄橋員 Beisteurer f.; Mannschaft f. -en ‖ 郵政(鉄道)現業員 die [Hand]arbeiter ⟨-s, -⟩ des Postwesens (Eisenbahnwesens).

けんきょうふかい 牽強付会 Trugschluss m. -es, ⸗e; Sophisterei f. -en/牽強付会の weithergeholt; an (bei) den Haaren herbeigezogen; gekünstelt; gesucht/その彼の考え方は相当な牽強付会だ Er hat diesen Gedanken recht weithergeholt.

けんきん 献金 Beisteuer f. -n; [Geld]beitrag m. -(e)s, ⸗e; Spende f. -n; Kollekte f. -n 《教会の》/献金を集める für [4]et sammeln; Es wird gesammelt. ‖ Die Kollekte ein|sammeln / 献金を beisteuern[4] ⟨zu[3]⟩; bei|tragen[*4] ⟨zu[3]⟩; spenden[4] (für[4]); einen Geldbeitrag leisten; Spenden geben[*] (für[4]) ‖ 献金者 Beisteurer m. -s, -; der Beitragende[*], -en, -n; Stifter m. -s, -.

げんきん 厳禁 das strenge (strikte) Verbot, -(e)s, -e [Interdikt, -(e)s, -e]; Acht ⟨-⟩ und Bann ⟨m.⟩/厳禁する streng(st) (strikt) verbieten[*4]; strengstens untersagen[*] (jm) ‖ 喫煙厳禁 Rauchen streng verboten!

げんきん 現金 das [bare ⟨verfügbare⟩] Geld, -(e)s, -er; das [greifbare] Bargeld, -(e)s, -er; Barschaft f. -en; Kasse f. -r; 〖俗〗Moneten ⟨pl⟩/現金で払う gegen bares [Geld] kaufen[4]; mit Bargeld bezahlen ⟨für[4]⟩/現金で受け取る bar (in barem Geld(e)) bekommen[*4]/取引は皆現金です Bei uns wird nur gegen Bezahlung (aus)geliefert. ── 現金な people süchtig ⟨gewinn-⟩; berechnend; den eigenen Vorteil suchend; egoistisch; e-

げんくん 元勲 der altbewährte (altgediente; erprobte) Staatsmann, -(e)s, ¨er.

げんげ 〔植〕der chinesische Tragant, -(e)s, -e ‖ オランダげんげ Klee m.; Dreiblatt n. -(e)s, ¨er.

げんけい 減刑 Straf|ermäßigung f. -en (-milderung f. -en; -(ver)minderung f. -en)/減刑する eine Strafe ermäßigen (mildern; [ver]mindern)/死刑から終身刑に減刑される von der Todesstrafe zur lebenslänglichen Zuchthausstrafe begnadigt werden.

げんけい 厳刑 ⇒けいばつ.

げんけい 原形 Urform f. -en; die ursprüngliche Form, -en.

げんけい 原型 Ur|typ (Proto-) m. -s, -en; Muster n. -s, -; Urbild n. -(e)s, -er.

げんけいしつ 原形質〔生〕Protoplasma n. -s, ..men.

げんげき 剣劇 Fechterei|stück n. -(e)s, - (-film m. -(e)s, -e).

けんけつ 献血 das Blutspenden*, -s/献血する ³Blut (n.) spenden/³sich ⁴Blut entnehmen lassen.

げんげつ 弦月 Mond|viertel n. -s, - (-sichel f. -n); das erste (letzte) Viertel; der zunehmende (abnehmende) Mond, -(e)s, -e.

げんげん 権限 Befugnis f. ..nisse; Kompetenz f. -en; Zuständigkeit f. -en/権限のある(権限内の) befugt (zu³); kompetent (in³); zuständig (für³); berechtigt (zu³)/権限争い Kompetenz|konflikt m. -(e)s, -e (-streitigkeit f. -en)/権限を越える js Befugnis überschreiten*/これは他の役所の権限に属する Das gehört zur Befugnis (Kompetenz; Zuständigkeit) einer anderen Behörde./それは私の権限外です Dafür bin ich nicht zuständig. | Die Angelegenheit *liegt außerhalb* meines Zuständigkeitsreichs.

けんげん 顕現 Erscheinung f. -en; Offenbarung f. -en.

けんけんごうごう 喧々囂々たる ohrenbetäubend; lärmend; ...《例: so laut》, dass die Fenster klirren ....|..., dass einem die Ohren gellen/喧々囂々たる有様であった Es herrschte ein Höllenlärm.|Die Hölle schien los.

けんご 堅固な(に) fest; hart; solid; stark; ehern; eisern; stählern; [剛毅・不屈の意で] unerschütterlich; standhaft; [堅牢な] haltbar; dauerhaft; unzerstörbar; [道徳堅固な sittenstreng; tugendhaft /志操堅固な charakterfest; zielbewusst/堅固な陣地を構築する(に拠る) eine feste Stellung auf|bauen (halten*).

けんこ 拳固 Faust f. ¨e, die geballte Hand, ¨e/拳固で叩く mit der Faust schlagen*⁴/ 拳固をかためる die Faust ballen; die Hand zur Faust ballen/拳固をくらわす Faustschläge《pl》 versetzen《jm》; mit Knüffen bearbeiten《jn》.

げんご 原語 Ursprache f. -n; die Sprache《-n》 des Urtextes; die Sprachform《-en》 der Urschrift.

げんご 言語 Sprache f. -n; Rede f. -n; Worte《pl》/言語〔上〕の sprachlich; auf die Sprache (Rede; Worte) bezüglich; wörtlich/言語に絶する aller (jeder) Beschreibung spottend; über allen Ausdruck (alle Beschreibung); unaussprechlich; unbeschreiblich/言語動作に注意する ⁴sich in Acht nehmen⁴, dass man ⁴sich nicht vorbeinimmt; ³sich vor|nehmen*, dass man ⁴sich richtig benimmt ‖ 言語学 Sprachwissenschaft f. -en; Philologie f. -n; Sprachforschung f. -en; Linguistik f. /言語学上の sprachwissenschaftlich; philologisch/言語学者 Sprachwissenschaftler m. -s, -; Philologe m. -n, -n; Sprachforscher m. -s, -; Linguist m. -en, -en /言語障害 Sprachstörung f. -en/言語障壁 Sprachbarriere f. -n/言語中枢〔医〕Sprachzentrum n. -s, ..tren/言語不随 Aphasie f. -n; Sprachverlust m. -(e)s, -e/ 言語理論 Sprachtheorie f. -n/メタ言語 Metasprache f. -n.

けんこう 権衡 ⇒きんこう(均衡).

けんこう 健康 Gesundheit f.; das Befinden*, -s《健康状態》/健康な gesund; wohl; wohlauf; frisch; munter; rüstig《かくしゃくたる》/健康である gesund (wohl; wohlauf; frisch; munter) sein; frisch und gesund sein; auf der Höhe sein; auf dem Damm sein; bei guter (blühender) Gesundheit sein; ⁴sich einer eisernen Gesundheit erfreuen《頑健》; in guter Form sein《好調》; nichts zu klagen haben《無病》; gut dran sein 《元気》/健康によい(適する) gesund; heilsam; wohl|tätig (-tuend); [身体によい] bekömmlich; gedeihlich; kräftigend; nahrhaft; zuträglich/健康にわるい(害ある) ungesund; gesundheitswidrig; [gesundheits]schädlich; unbekömmlich/健康を害する seiner Gesundheit schaden; seine Gesundheit ruinieren/健康を害している Seine Gesundheit ist zerrüttet.|mit einer Krankheit behaftet sein/健康を回復する wieder gesund werden; ⁴sich wieder|her|stellen/健康に注意する auf die Gesundheit in Acht nehmen*; auf die Gesundheit achten/健康に留意しない mit der Gesundheit wüsten/健康を祝して飲むauf js Wohl (Gesundheit) trinken*/その娘は健康ではち切れそうだ Das Mädel strotzt von Gesundheit.; Das Mädchen ist so gesund wie ein Fisch im Wasser./彼は健康上の理由から(が)退職した Aus Gesundheitsrücksichten trat er zurück. (Die stetige Abnahme seiner Gesundheit veranlasste ihn zurückzutreten.)/どうも健康状態が思わしくない Meine Gesundheit ist nicht ganz, wie sie sein sollte. ‖ 健康管理 Gesundheitspflege f. -en/健康状態 Gesundheitszustand m. -[e]s, ⸚e/健康証明書 Gesundheitsattest n. -es, -e/健康食品 eine gesunde Kost; Reformkost f./健康保険 Kranken|kasse f. -n (-versicherung f. -en)/健康保険医 Krankenkassenarzt m. -es, ⸚e.

けんこう 軒昂 ¶ 意気軒昂たり in gehobener Stimmung sein.

けんごう 剣豪 der meisterhafte Fechter, -s, -; der kühne Degen, -s, -.

けんこう 言行 das Reden* und Handeln*, des- und -s; Reden ⟨pl⟩ und Handlungen ⟨pl⟩; wie man redet und handelt ‖ 言行一致 die Übereinstimmung ⟨-en⟩ von Wort und Tat; die Widerspruch[s]losigkeit im Handeln/言行一致する seinen Worten gemäß handeln; Worte und Taten in ⁴Einklang bringen*/彼は言行一致しない Sein Handeln lässt sich mit den von ihm vertretenen Grundsätzen nicht vereinigen./言行不一致 ¸Wasser predigen und Wein trinken.´/言行録 Denkwürdigkeiten ⟨pl⟩; Memoiren ⟨pl⟩.

げんこう 現行(の) [augenblicklich] bestehend; gang und gäbe; gegenwärtig; laufend/現行犯で auf frischer Tat/(不法の)現行中に捕われる auf (bei; in) frischer Tat ertappt werden; bei einer Untat überrascht werden ‖ 現行条約 der bestehende Vertrag, -[e]s, ⸚e/現行法 geltendes Recht, -[e]s, -e; die bestehenden (gegenwärtigen; jetzt gültigen) Gesetze ⟨pl⟩/現行法典 der bestehende (gegenwärtige; jetzt gültige) Kodex, -[es], -e (-dizes).

げんこう 原稿 Manuskript n. -[e]s, -e (略: Mskr.; Ms.; pl: Mss.); Hand|schrift (Nieder-; Ur-) f. ⸚n/Satzvorlage f. -n‖ 原稿生活 Schriftstellerleben n. -s, -; Schriftstellerei f. -en/原稿用紙 Konzept|papier (Entwurfs-; Manuskript-) n. -s, -e/原稿料 [Autor]honorar (Schriftstellerhonorar) n. -s, -e/Schriftsold m. -[e]s, -e.

けんこうこつ 肩胛骨 Schulterblatt n. -[e]s, ⸚er.

けんこく 建国 Begründung ⟨f. -en⟩ eines Staates (eines Reichs)/建国百年を祝う das 100-jährige Bestehen des Staates feiern/建国する einen Staat (ein Reich) be|gründen ‖ 建国日 der Gründungstag ⟨-[e]s, -e⟩ des Reiches.

けんこく 原告 [An]kläger m. -s, -; der Anklagende, -n, -n; Beschuldiger m. -s, -. — ‖ 原告代理人 der Vertreter ⟨-s, -⟩ (Be-

vollmächtigte*, -n, -n); Sachwalter, -s, -) des [An]klägers.

げんこつ 拳骨 Faust f. ⸚e/拳骨をかためる die Faust ballen. ⇨げんこ.

けんこん 乾坤一擲(ら)の挙に出る alles aufs Spiel setzen; Gott versuchen; es auf ⁴et ankommen lassen*; den Rubikon überschreiten*.

げんこん 現今(は) heutzutage; augenblicklich; gegenwärtig; heutigentags; im Augenblick; jetzt; momentan; zur Stunde; zur Zeit; zurzeit/現今の青年 die heutige Jugend; die Jugend von heute; die jungen Menschen ⟨pl⟩ der Gegenwart/現今のままでは unter den obwaltenden Umständen; in der gegenwärtigen Lage; so wie die Dinge jetzt stehen.

けんさ 検査 Besichtigung f. -en; Durchsicht f. -en; [Über]prüfung f. -en; Untersuchung f. -en; Inspektion f. -en; Revision f. -en. — 検査する besichtigen⁴; durch[sehen*]; [über]prüfen⁴; untersuchen⁴; inspizieren⁴; revidieren⁴ ❖ 検査をしてもらう・させる場合は besichtigen lassen*⁴のように、検査を受ける場合は besichtigt werden にする/心臓を検査してもらった Ich habe mein Herz untersuchen lassen./税関の検査を受けねばなりません Sie müssen eine Zolluntersuchung (Zollinspektion) vornehmen lassen.; Sie müssen durch den Zoll gehen. ‖ 検査官 Inspektor m. -s, -e; der Aufsichtsbeamte*, -n, -n; Rechnungsrevisor m. -s, -e. (会計検査官) Prüfer m. -s, -.

けんざい 健在である gesund sein; ⁴sich wohl befinden*; ⁴sich guter Gesundheit erfreuen; auf der Höhe sein; gut daran sein.

げんざい 現在 Gegenwart f.; die gegenwärtige Zeit; ⟨文法⟩Präsens n. -, ..sentia; Gegenwart/現在(では) wirklich; in der Tat; augenblicklich; im Augenblick; heutzutage; 現在のまで bis eben; bis zur Gegenwart. — 現在の bestehend; seiend; vorhanden/現在のままにしておく die Dinge ⟨pl⟩ liegen lassen*, wie sie jetzt liegen/本年十月一日現在の人口 die Einwohnerzahl am (Stand vom) 1. Okt. d. J. ‖ 現在の die gegenwärtige Mitgliedschaft/現在完了 ⟨文法⟩ Perfektum n. -s, ..ta; Perfekt n. -[e]s, -e/現在完了 die vollendete Gegenwart/現在高 Bestand m. -[e]s, ⸚e; der vorhandene Betrag, -[e]s, ⸚e; die zur Zeit vorhandene Summe, -n.

げんざい 原罪 Erbsünde f.

げんさいききん 減債基金 Schuldabtragungsgelder ⟨pl⟩; Amortisationsfonds m -, -.

けんさく 検索 das Nachschlagen*, -s; Index m. -, ..dizes (索引)/検索に便利である Es ist leicht (bequem), nachzuschlagen (⁴et ausfindig zu machen).

けんさく 建策 Vorschlag m. -[e]s, ⸚e; Rat m. -[e]s, -e/Anregung f. -en; Antrag m. -[e]s, ⸚e ⟨提議⟩/建策する jm vorschlagen*⁴; *jm* einen Vorschlag machen; *jm* einen Rat geben*; einen Antrag stellen《提議する》.

げんさく 原作 Original *n.* -[e]s, -e; Urschrift *f.* -en ‖ 原作者 Autor *m.* -s, -en; Urheber *m.* -s, -e; Verfasser *m.* -s, -.

げんさく 減作 Missernte *f.* -n; die schlecht ausgefallene Ernte, -n; die verringerte Ausbeute, -n.

けんさつ 検察 Untersuchung *f.* -en; Visitation *f.* -en; Ermittlung *f.* -en; Verhör *n.* -[e]s, -e《尋問》. —— 検察する untersuchen*⁴; visitieren*⁴; zu ermitteln suchen; verhören*⁴; *jn* ins Verhör nehmen*. ‖ 検察官 Staatsanwalt *m.* -[e]s, -e; Untersuchungsrichter *m.* -s, -/検察庁 Staatsanwaltschaft *f.* -en.

けんさつ 検札する die Fahrkarten (*pl*) kontrollieren ‖ 検札係 Kontrolleur *m.* -s, -e.

けんさん 研鑽 ⇨けんきゅう.

けんさん 検算 Nachrechnung *f.* -en/検算する nach|rechnen*.

げんさん 減産 der Rückgang 《-[e]s, ⸚e》der Produktion; Produktionsverminderung *f.* -en.

げんさんち 原産地 Heimat *f.* -en; Heimat[s]ort (Ursprungs-) *m.* -[e]s, -e; Provenienz *f.* -en ‖ 原産地証明書 die Bescheinigung (-en) über den Heimat[s]ort; Ursprungsbescheinigung *f.* -en; Bescheinigung des Ursprungslandes; Heimatbescheinigung *f.* -en.

けんし 犬歯 Eckzahn *m.* -[e]s, ⸚e.

けんし 検死 Leichen|schau (Toten-) *f.*/警察医が検死に来た Der Polizeiarzt kam zur Leichenschau./検死が行われた Die Leichenschau hat stattgefunden. —— 検死する eine Leichenschau machen. ‖ 検死官 Leichenbeschauer *m.* -s, -.

けんじ 健児 der frische (kräftige) Junge, -n, -n; Student *m.* -en, -en.

けんじ 検事 Staatsanwalt *m.* -[e]s, -e/検事は被告を尋問した Der Staatsanwalt nahm den Angeklagten ins Kreuzverhör (stellte mit dem Angeklagten ein Kreuzverhör an)./検事は彼を有罪と論告した Der Staatsanwalt plädierte ihn für schuldig./検事の論告 Plädoyer *n.* -s, -s ‖ 検事局 Staatsanwaltschaft *f.* -en/検事総長 Generalstaatsanwalt *m.*/検事長, 検事正 Oberstaatsanwalt *m.* -[e]s, -e/検事補 Assessor *m.* -s, -en.

けんじ 堅持する fest halten*⁴ 《城・要塞を》; fest|halten* 《*an*³ 主義主張などを》.

げんじ 減資 Kapital herabsetzung *f.* -en (-reduktion *f.* -en)/減資する das Kapital *herabsetzen* (reduzieren).

げんし 原子 Atom *n.* -s, -e ‖ 原子エネルギー Atomenergie *f.* -n/原子価 Valenz *f.* -en/原子核 Atomkern *m.* -[e]s, -e/原子核反応 Kernreaktion *f.* -en/原子核分裂 Kernspaltung *f.* -en/原子記号 Atomzeichen *n.* -s, -/原子時代 Atomzeitalter *n.* -s, -/原子説 Atomhypothese *f.* -n/原子時計 atomare Uhr, -en/原子熱 Atomwärme *f.*/原子爆弾 Atombombe *f.* -n/原子番号 Atomnummer *f.* -n/原子砲 Atom|geschütz *n.* -es, -e 《-kanone *f.* -n》/原子砲弾 Atomgeschoss *n.* -es, -e/原子物理学 Atomphysik *f.*/原子容量 Atomvolum *n.* -s, -《..mina》/原子量 Atomgewicht *n.* -[e]s, -e/原子力 Atomenergie *f.* -n; Atomkraft *f.* ⸚e/原子力委員会 Atomenergie-Kommission *f.* -en/原子力管理機構 Atomkraftkontrollsystem *n.* -s, -e/原子力母船 Atomschiff *n.* -[e]s, -e/原子力空母 Atomflugzeugträger *m.* -s, -/原子力船 Atomschiff *n.* -[e]s, -e/原子力潜水艦 Unterseeboot 《*n.* -[e]s, -e》mit Kernenergieantrieb; Atom-Unterseeboot (Atom-U-Boot), -[e]s, -e/原子力兵器 Atomkraftwerk *n.* -[e]s, -e/原子炉 Atombrenner *m.* -s, -; Reaktor *m.* -s, -en/原子ロケット Atomrakete *f.* -n.

げんし 原始 Uranfang *m.* -[e]s, ⸚e; Primitivität *f.*; Genese *f.* -n; Genesis *f.* —— 原始的[な] primitiv; uranfänglich; vorzeitlich; vorweltlich. ‖ 原始芸術 die primitive Kunst, ⸚e/原始時代 die primitive Zeit, -en; Ur|zeit (Vor-) *f.* -en; Vorwelt *f.* -en/原始宗教 Ur|religion (Natur-) *f.* -en; die primitive Religion/原始生活 Naturleben *n.* -s, -; das primitive Leben/原始民族 die Primitiven (*pl*); die primitiven Völker (*pl*); Naturmensch *m.* -en, -en/原始林 Urwald *m.* -[e]s, ⸚er.

げんし 原紙 Matrize *f.* -n; Patronenpapier *n.* -s, -e《謄写版の》.

けんしき 見識 ❶《意見》Ansicht *f.* -en; Meinung *f.* -en; Überzeugung *f.* -en. ❷《識見》Weisheit *f.*; Erkenntnis *f.* ..nisse; Einsicht *f.* -en; Verständnis *n.* ..nisses, ..nisse/見識ある人 ein Mann 《*m.* -[e]s, ⸚er》mit Einsicht (von Charakter); Verstandesmensch *m.* -en, -en. ❸《気位》Würde *f.* -n; Stolz *m.* -es/見識が高い weitblickend (weit blickend; vorausschauend) sein; stolz sein; hochherzig sein/彼はそういうことをするのは見識にかかわると思っている Er hält es für unter seiner Würde, so etwas zu tun. —— 見識張る *⁴sich wichtig machen; *⁴sich auf|spielen/見識張った selbstbewusst; gesucht; dünkelhaft; snobistisch.

けんじつ 堅実な fest; gesund; sicher; solid; zuverlässig/堅実な商売 das solide Geschäft, -[e]s, -e/堅実な地位 die feste (sichere) Stellung, -en/小麦株は堅実である《株》Weizen ist fest.

げんじつ 現実 Wirklichkeit *f.* -en; Aktualität *f.* -en; Gegebenheit, -en; Realität *f.* -en; Sinnenwelt *f.*; die Welt der Dinge/現実化 Verwirklichung *f.* -en; Verkörperlichung *f.* -en; das In-die-Tat-umsetzen*, -s; Realisation *f.* -en/現実化する verwirklichen*⁴ verkörperlichen*⁴; in die *⁴Tat um|setzen*⁴; ins Werk setzen*⁴; realisieren*⁴. —— 現実的な wirklich; aktuell; real; sachlich; tatsächlich. ‖ 現実感 Wirklichkeits|sinn *m.* -[e]s

げんしゅ (-感) n. -[e]s, -/現実主義 Realismus m. -/現実説 Wirklichkeitstheorie (Realitäts-; Aktualitäts-) f. -n/現実相 Erscheinungsformen (Wandlungen) 〈pl〉 des wirklichen Lebens/現実暴露 die Entschleierung der Wirklichkeit; Enttäuschung f. -en (*über*²)/現実味 die Wirklichkeit*, -en/Wirklichkeiten 〈pl〉/etwas vom wirklichen Leben/現実論者 Realist m. -en, -en/die wirklichen Denker, -s, --.

げんしゅ 元首 Staatsoberhaupt n. -[e]s, ⸗er/Herrscher m. -s, -/Landesherr m. -en, -en/Souverän m. -s, -e.

げんしゅ 厳守 das Einhalten*, -s; das Befolgen*, -s; das Beobachten*, -s/厳守する ein|halten*⁴; befolgen⁴; beobachten⁴/時刻を厳守する pünktlich sein; hinsichtlich der Zeit ein genau sein; Zeit ein|halten*.

けんしゅう 研修 Praktikum n. -s, ..ken (..ka)/Training n. -s, -s; Ausbildung f. -en /研修する am Training (an der Ausbildung) teil|nehmen*/研修所 Ausbildungsinstitut (Schulungs-) n. -[e]s, -e; Trainings|anstalt (Ausbildungs-) f. -en/研修生 Praktikant m. -en, -en; Kursteilnehmer m. -s, -《講座の》.

けんじゅう 拳銃 Pistole f. -n; Revolver m. -s, -⇨ピストル.

けんしゅう 減収 der verringerte Ertrag, -[e]s, ⸗e; die verminderte Ausbeute, -n (Einnahme, -n, -)⇨げんしゅく(減収).

げんしゅう 厳重 Strenge f.; Genauigkeit f. /厳重な streng(e); genau; hart; scharf; unerbittlich.

げんじゅうしょ 現住所 der gegenwärtige (jetzige) Wohnort, -[e]s, -e; die gegenwärtige (jetzige) Anschrift, -en (Adresse, -n).

げんじゅうみん 原住民 Urbewohner m. -s, -/Urbevölkerung f.

げんしゅく 厳粛〈der feierliche Ernst, -[e]s/Ernsthaftigkeit f.; Feierlichkeit f. -en; die feierliche Wesen, -s.

けんしゅつ 検出する entdecken⁴; identifizieren⁴/検出限度 Erfassungsgrenze f. -n.

けんじゅつ 剣術 Fechtkunst f. ⸗e. ⇨けんどう (剣道).

げんしゅつ 現出 das Erscheinen*, -s; Auftreten n. -s/Enthüllung f. -en《暴露》; Offenbarung f. -en《示現》/現出する erscheinen* ⓢ; auf|treten* ⓢ; Gestalt an|nehmen*; in ⁴Sicht kommen* ⓢ; ⁴sich zeigen; sichtbar werden; zum Vorschein kommen*.

げんしょ 原書 Urschrift f. -en/Original n. -s, -e/ゲーテを原書で読む Goethes Werke im Urtext lesen*.

けんしょう 検証 Bestätigung f. -en; Feststellung f.; Nachweis m. -es, -e/検証する bestätigen⁴; fest|stellen⁴; nach|weisen*⁴.

けんしょう 憲章 Charta f. -s; Grundsatz m. -es, ⸗e ‖ 国際連合憲章 Grundsätze (pl) der Vereinten Nationen/児童憲章 Grundsätze der Kinderfürsorge/大西洋憲章〈英国の〉 Magna Charta f./大西洋憲章 Atlantik Charta f.

けんしょう 懸賞 Preis|ausschreiben n. -s, -(-wettkampf m. -[e]s, ⸗e); Preisfrage f. -n《懸賞問題》; Preisaufgabe f. -n《懸賞論文》; Preisarbeit f. -en《懸賞論文・小説など》/懸賞をつける ein Preisausschreiben veranstalten; Preise aus|schreiben* (aus|setzen); auf ⁴et einen Preis setzen/懸賞に応じる ⁴sich um einen Preis bewerben*; an einem Preisausschreiben teil|nehmen*/懸賞をとる(当選する) den Preis davon|tragen*; den Preis gewinnen* (erringen*; erhalten*) ‖ 懸賞応募者 Preisbewerber m. -s, -/懸賞当選者 Preisträger m. -s, -/Preisgewinner m. -s, -/懸賞品 Preis m. -es, -e.

けんしょう 肩章 Schulter|stück (Achsel-) n. -[e]s, -e; Schulter|klappe (Achsel-) f. -n《下士官以下》.

けんじょう 献上 Schenkung f. -en/献上する jm ein Geschenk machen 《*mit*³》; jm ⁴et zum Geschenk machen ‖ 献上品 Geschenk n. -[e]s, -e 《*für*⁴》.

けんじょう 謙譲 ⇨けんそん.

げんしょう 減少 Verminderung f. -en; Abnahme f. -n; das Abnehmen*, -s; Reduktion f. -en; Verkleinerung f. -en; Verringerung f. -en/減少する ⁴sich vermindern; ab|nehmen*; fallen* ⓢ; reduziert werden; ⁴sich verkleinern; ⁴sich verringern.

げんしょう 現象 Phänomen n. -s, -e; Phänomenon n. -s, ..na;〔Natur〕erscheinung f. -en; Vorgang m. -[e]s, ⸗e/現象の phänomenal; auf ein Phänomen bezüglich/不思議な現象を呈するauf seltsame Weise in 〔die〕 Erscheinung treten* ⓢ.

げんじょう 現状 die gegenwärtige (jetzige) Lage, -n 〔Situation, -en〕; der gegenwärtige (jetzige) Zustand, -[e]s, ⸗e; wie die Dinge jetzt stehen (liegen); Status 《m. -, -(..tusse)》 quo/現状のままにする die Dinge stehen (liegen) lassen*, wie sie jetzt sind ‖ 現状打破(維持) die Veränderung 〔die Aufrechterhaltung〕 der gegenwärtigen Lage.

げんじょう 原状 der frühere (ursprüngliche) Zustand, -[e]s, ⸗e; die alte Ordnung, -en; das Gewesene, -s, -; Zustand vor der Änderung; der Status 《-, -(..tusse)》 quo ante ‖ 原状回復 die Wiederherstellung des früheren (ursprünglichen) Zustandes; die Wiedereinsetzung in den alten Zustand.

げんしょく 減食 eine schmale (leichte; magere) Kost; die Mäßigkeit im Essen/減食する Diät leben; Diät 〔ein〕halten*.

げんしょく 現職 die jetzt innehabende Stellung, -en; das jetzt bekleidete Amt, -[e]s, ⸗er/現職の aktiv; im Dienst〔e〕.

げんしょく 原色 Grundfarbe f. -n ‖ 原色映画 ⇨てんねん〔天然色映画〕/原色写真〔術〕 Heliochromie f. -n/Farbenfotographie f. -n/原色版 Heliotypie f. -n; Lichtdruck m.

–[e]s, –e.
けんじる 献じる ❶ *jm* schenken[4]; *jn* beschenken 《*mit*[3]》; *jm* [4]*et* als Geschenk geben*; *jm* dar|reichen[4]. ❷ [神様などへ] *jm* weihen[4]; *jm* widmen[4]. ❸ [書物などを著者が] *jm* widmen[4]; *jm* zu|eignen[4].
げんじる 減じる ❶ [ひく] subtrahieren[4]; ab|ziehen*[4] / 五から三を減じると二 Fünf weniger (minus) drei bleibt (ist; macht; gleich) zwei. ❷ [減らす] [ver]mindern[4] herab|setzen[4]; reduzieren[4]; schmälern[4]; verkleinern[4]; [ver]kürzen[4]. ❸ [減る] [4]sich [ver]mindern; ab|nehmen* 《*an*[3]》; fallen* [s]; geringer (kleiner) werden; herabgesetzt (reduziert; geschmälert verkleinert; verkürzt; gekürzt) werden; nach|lassen* 《*in*[3]》; schwinden* [s]; zurück|gehen* [s] / 痛みは大いに減じた Der Schmerz hat bedeutend nachgelassen. / 川水が減じた Der Fluss (Das Flusswasser) ist gesunken. / 輸入が三割方減じた Die Einfuhr (Der Import) ist [um] 30 v. H. zurückgegangen.
けんしん 献身 [Selbst]aufopferung *f.*; [selbstlose] Hingabe *f.* / 献身的 aufopfernd; hingebend / 献身する(的に尽くす) [4]sich auf|opfern 《*für*[4]》; *jm* ([3]*et*) [4]sich hin|geben*; [4]sich ganz zur Verfügung stellen 《*für*[4]》.
けんしん 検診 die ärztliche Untersuchung, –en.
けんしん 検針 Meterkontrolle *f.* –n.
けんじん 賢人 der Weise*, –n, –n / ギリシャの七賢人 die Sieben Weisen Griechenlands.
げんじん 原人 Urmensch *m.* –en, –en; das menschliche Urbild, –[e]s, –er ‖ 原人時代 die vorgeschichtliche (prähistorische) Zeit, –en.
けんすい 懸垂 Klimmzug *m.* –[e]s, ⸗e; Beugehang *m.* –[e]s, ⸗e 《腕を曲げて》; Kreuzhang *m.* –[e]s, ⸗e 《吊環の》 / 懸垂をやる einen Klimmzug machen; in Hangstellung verharren.
げんすい 元帥 [Feld]marschall *m.* –s, ⸗e 《陸軍》; Großadmiral *m.* –s, –e 《海軍》 ‖ 元帥杖 Marschall[s]stab *m.* –[e]s, ⸗e / 元帥刀 Marschallsäbel *m.* –s, –.
げんすい 減水 das Abnehmen* 《–s》 des Wassers; die niedrige Wasserhöhe, –n / 水道の減水 der Wassermangel 《–s, ⸗》 bei der Wasserversorgung / 減水する Das Wasser nimmt ab. ¦ Die Wasserhöhe sinkt.
けんすいき 検水器 Wasser¦messer *m.* –s, – (–zähler *m.* –s, –); Wasserstands¦glas *n.* –es, ⸗er (–melder *m.* –s, –).
げんすう 減数 Subtrahend *m.* –en, –en; die *abzuziehende Zahl*, –en 《Minuend 被減数の対》.
げんすう 現数 der jetzige Bestand, –[e]s, ⸗e.
けんずる 献ずる ⇨けんじる.
げんずる 減ずる ⇨げんじる.
げんすん 現寸の lebensgroß; in [3]Lebensgröße.
げんせ 現世 die irdische Welt; das irdische Leben, –s; Diesseits *n.* –; Zeitlichkeit *f.* / 現世の irdisch; diesseitig; Welt–; weltlich; zeitlich.
けんせい 憲政 die verfassungsmäßige Regierungsform, –en; die konstitutionelle Art 《–en》 der Regierung ‖ 憲政擁護 Verteidigung 《*f.* –en》 der Verfassungsmäßigkeit; Konstitutionalismus *m.* –.
けんせい 牽制 ❶ [抑止] das Hemmen* (Hindern*), –s; Abhaltung *f.* –en; Zurückhaltung *f.* –en. ❷ [誘致] Ablenkung *f.* –en; Zerstreuung *f.* –en. —— 牽制する ❶ [抑止する] hemmen[4]; hindern[4] 《*an*[3]》; ab|halten*[4] (zurück|–) 《*von*[3]》; kontrollieren[4]; zügeln[4]; *jm* Zügel an|legen / 牽制されないようになさい Lassen Sie sich nicht abhalten. / 彼はいつも人の話を牽制してはずそうとする Er versucht immer, Ablenkungsmanöver zu machen. ❷ [誘致する] ab|lenken[4]; zerstreuen[4]; ab|bringen*[4] 《*von*[3]》. ‖ 牽制攻撃 Ablenkungsangriff *m.* –[e]s, –e.
げんせい 厳正 Genauigkeit *f.* –en; Exaktheit *f.* –en; Schärfe *f.* –n; Strenge *f.* / 厳正な genau; exakt; peinlich; scharf; streng; unparteiisch 《公平な》; unvoreingenommen 《先入見のない》 ‖ 厳正中立 die strenge (strikte) Neutralität.
げんせい 原生の primär; Ur– ‖ 原生岩 〖鉱〗 Urgestein *n.* –[e]s, –e / 原生動物 Protozoon *n.* –s, ..zoen; Urtierchen *n.* –s, – / 原生林 Ur¦wald (Natur–) *m.* –[e]s, ⸗er.
げんぜい 減税 Steuer¦ermäßigung *f.* –en (–erleichterung *f.* –en; –herabsetzung *f.* –en; –nachlass *m.* –es, –e; –vergünstigung *f.* –en) ‖ 減税案 der Antrag 《–[e]s, ⸗e》 auf [4]Steuerermäßigung.
げんせいき 現世紀 dieses (unser) Jahrhundert, –[e]s; das gegenwärtige (jetzige) Jahrhundert.
けんせき 譴責 Verweis *m.* –es, –e; Vorhaltung *f.* –en; Vorwurf *m.* –[e]s, ⸗e; Rüge *f.* –n; Tadel *m.* –s, –. —— 譴責する *jm* [4]*et* verweisen*; *jm* einen Verweis geben* (erteilen); *jm* [4]*et* vor|halten*; *jm* einen Vorwurf (Vorwürfe; Vorhaltungen) machen 《*wegen*[2(3)]》; *jm* [4]*et* vor|werfen*; *jm* eine Rüge (einen Rüffel) erteilen; *jn* tadeln 《*wegen*[2(3)]》; *jn* zurecht|weisen*; *jm* die Leviten lesen*; *jn* zur Rede stellen 《責任を問う》. —— 譴責される einen Verweis (eine Rüge) erhalten*; einen Tadel bekommen*.
げんせき 言責 die Verantwortung für seine eigene Rede.
げんせき 原籍 Heimat[s]ort (Stamm–) *m.* –[e]s, –e; das ursprüngliche Domizil, –s, –e.
けんせきうん 巻積雲 Schäfchenwolke *f.* –n; Zirrokumulus *m.* –, –.
けんせつ 建設 [Auf]bau *m.* –[e]s; Aufrichtung *f.* –en; Erstellung *f.* –en; Errichtung *f.* –en / 国家の建設 der Aufbau des Staates / 建設的な aufbauend; erfinderisch; positiv. —— 建設する [auf|]bauen[4]; auf|richten[4]; errichten[4]; erstellen[4]. ‖ 建設工事

けんぜん [Auf]bauarbeit *f*. -en/建設者 Erbauer *m*. -s, -/建築家 Baumeister *m*. -s, -《土建業》/建設費 Baukosten 《*pl*》/建設用地 Bauland *n*. -[e]s.

けんぜん 健全《gute》Gesundheit *f*.; das Wohlergehen *n*; Vollkraft *f*.《元気一杯》/健全な gesund; heilsam《健康》/健全な財政状態 die gesunde finanzielle Lage, -n/健全な考え方 die gesunde Ansicht, -en/心神共に健全な人 die an Leib und Seele gesunde Person, -en.

けんせん 厳選 die sorgfältige Auswahl, -en (Auslese, -n)/厳選する sorgfältig auslwählen⁴ (-lesen*⁴).

げんせん 源泉 Quelle *f*. -n;《詩》Quell *m*. -[e]s, -e; Born *m*. -[e]s, -e; Urquell; Urquelle ǁ 源泉課税 die von Einnahme unmittelbar abgezogenen Steuern 《*pl*》.

げんぜん 厳然たる ernst[haft]; feierlich; gewichtig; streng/厳然と mit ³Ernst[haftigkeit] ³Feierlichkeit; ³Gewichtigkeit; ³Strenge).

げんそ 元素 Element *n*. -[e]s, -e; Grundstoff (Ur-) *m*. -[e]s, -e ǁ 同位元素 Isotop *n*. -s, -e.

けんそう 喧噪 Lärm *m*. -[e]s; Geschrei *n*. -s; Getöse *n*. -s; Getümmel *n*. -s, -; Radau *m*. -s; Tumult *m*. -[e]s, -e/喧噪を極める einen tosenden (ohrenbetäubenden) Lärm machen; es entsteht ein förmlicher Radau/喧噪な lärmend; geräuschvoll; ohrenbetäubend.

げんぞう 建造 ⇨けんちく①/建造中 im Bau sein; auf dem Stapel sein《船舶が》.

げんそう 幻想 Illusion *f*. -en; [Traum]gesicht *n*. -[e]s, -er; Hirngespinst *n*. -[e]s, -e; Luftschloss *n*. -es, -̈er; Träumerei *f*. -en; Traumvorstellung *f*. -en; Wahngebilde *n*. -s, -/幻想曲 Fantasie *f*. -n; Fantasiestück *n*. -[e]s, -e.

げんそう 舷窓 Bullauge (Ochsen-) *n*. -s, -n; Luke *f*. -n; Seitenfenster *n*. -s, -.

げんぞう 幻像 Phantom *n*. -[e]s, -e; Luftgebild[e] (Traum-; Trug-; Wahn-) *n*. -[e]s, -e; Illusion *f*. -en; Vision *f*. -en.

げんぞう 現像 Entwicklung *f*. -en; das Entwickeln*, -s/フィルムを現像する einen Filmstreifen entwickeln (sichtbar machen) ǁ 現像液 Entwickler *f*. -s; Entwickler[s]lösung *f*. -en/現像過度《Übrentwick[e]lung; das Überentwickeln*, -s/現像機 Entwicklungs|apparat *m*. -[e]s, -e 〈geräte〉*n*. -[e]s, -e/現像紙 Entwicklungspapier *n*. -[e]s, -e/現像不足 die unzulängliche Entwicklung.

けんそううん 巻層雲 Schleierwolke *f*. -n; Zirrostratus *m*. -, -.

けんそく 検束 Arrest *m*. -[e]s, -e; Haft *f*.; Verwahrung *f*. -en; Verhaftung *f*. -en./検束する fest|halten*⁴; arrestieren*⁴ ǁ jn in Haft (Verwahrung) nehmen* ǁ 保護検束 Schutzhaft *f*.

けんぞく 眷属 Familie *f*. -n; Sippe *f*. -n; Sippschaft *f*. -en; Verwandtschaft *f*. -en.

げんそく 原則 Grund|satz *m*. -es, -̈e (-regel *f*. -n); Prinzip *n*. -s, ..pien/原則として grundsätzlich; im Prinzip; in der Regel; prinzipiell.

げんそく 舷側 Breit|seite (Längs-) *f*. -n ǁ 舷側 [商] frei Längsseite Schiff.

げんそく 減速する die ⁴Geschwindigkeit vermindern; verlangsamen.

げんぞく 還俗する in den Laienstand treten*[s]; die Kutte ab|legen.

けんそん 謙遜 Bescheidenheit *f*.; Zurückhaltung *f*.; Demut *f*.; Anspruchslosigkeit *f*./謙遜な（して）bescheiden; zurückhaltend; demütig; anspruchslos; genügsam; sittsam.

げんそん 玄孫 Ururenkel *m*. -s, -.

げんそん 減損 Abnutzung (Abnützung) *f*. -en; Verminderung *f*. -en; Verringerung *f*. -en/減損する ab|nutzen (ab|nützen) ⁴sich vermindern; sich verringern.

げんそん 現存 ⁴sich [be]finden*; bestehen*; es gibt*; vor|liegen*; zugegen sein /現存の [da] seiend; existierend; gegenwärtig; lebend;《wirklich》vorhanden.

けんたい 倦怠 Müdigkeit *f*. -en; Ermattung *f*. -en; Ermüdung *f*. -en; Mattigkeit *f*.; Langweile *f*. -n《退屈》; Überdruss *m*. -es《あきあきすること》/倦怠を覚える müde² werden; ermüden [s]; ermatten [s]; ⁴sich langweilen/ ³überdrüssig² werden /倦怠させる ermüden⁴; ermatten⁴; langweilen⁴/夫婦は倦怠期にある Das Ehepaar ist des Ehelebens müde.

けんだい 見台 Lesepult *n*. -[e]s, -e.

げんたい 減退 Rückgang *m*. -[e]s, -̈e; Abnahme *f*. -n; Abschwächung *f*. -en; das Nachlassen*, -s; Verschlechterung *f*. -en /食欲の減退 die Appetitlosigkeit /減退する zurück|gehen* [s]; ab|nehmen*; ⁴sich abschwächen; nach|lassen* (*in*³); ⁴sich verschlechtern.

げんだい 現代 Gegenwart die gegenwärtige (heutige; jetzige) Zeit; der jetzige Augenblick, -[e]s; das Heute, -s; der heutige Tag, -e; Jetztzeit *f*.; die neueste Zeit /現代式[的]の gegenwärtig; heutig; jetzig; modern; neuzeitig; neuzeitlich; von heute; zeitgemäß /現代化する modernisieren⁴ ǁ 現代作家《文学》die modernen Schriftsteller 《*pl*》(die Moderne 《*pl* は現代人》)/現代思想 die moderne (neueste) Idee, -en; Zeitgeist *m*. -[e]s/現代人 die der jetzigen (heutigen; modernen) Menschen; die Menschen von heute/現代風 Modernismus *m*. -; Zeitgeschmack *m*. -[e]s, -̈e.

げんだいえき 懸濁液［化］Suspension *f*. -en.

げんたつ 厳達する ein|schärfen⁴ (*jm*); strengstens befehlen*⁴ (*jm*); streng erlmahnen (*jm*⁴); ausdrückliche (strenge) Vorschriften erteilen (*jm*); nachdrücklich ein|prägen⁴ (*jm*); einen strikten Befehl erlassen* (*jm*).

けんたん 健啖 esslustig; gefräßig /健啖である einen guten Magen haben ǁ 健啖家

けんち 見地 Stand:punkt (Gesichts-) m. -(e)s, -e; Ansicht f. -en/学問上の見地から vom Standpunkt der Wissenschaft aus/…の見地で auf ³Ort und Stelle den Standpunkt stellen; auf dem Standpunkt stehen*; den Standpunkt vertreten* 《dass …》/別の見地から(あらゆる見地から)考察する aus einem anderen Gesichtspunkt (von allen Gesichtspunkten aus) betrachten⁴.

げんち 現地 an ³Ort und ³Stelle; zur Stelle/現地調査をする an Ort und Stelle (zur Stelle; am Tatort) untersuchen⁴ (Untersuchungen vor|nehmen*) ‖ 現地放送 die an Ort und Stelle vorgenommene Rundfunksendung, -en/現地報告 die an ³Ort und Stelle eingezogene Reportage, -en.

げんち 言質 Beteuerung f. -en; Verheißung f. -en; Versicherung f. -en; Versprechen n. -s, -; Zusage f. -n; Zusicherung f. -en; das 〔Ehren〕wort, -es; Versprechen n. -s, -; die ausgesprochene Versicherung, -en/彼から言質を取る Ich hole sein Versprechen./言質を与える ⁴sich anheischig machen 《zu³》; die Hand darauf geben* 《jm》; sein Wort geben* 《jm》; beim Wort genommen werden (不用意に); sein Wort geben*; ⁴et versichern/言質をとる das Versprechen ab|nehmen* 《jm》.

けんちく 建築 ❶〔建造〕Bau m. -(e)s, -e; Aufbau m. -(e)s, -e; Aufrichtung f. -en; Errichtung f. -en; Konstruktion f. -en. ❷〔建築術〕Baukunst f. ⸗e; Architektur f. -en; Bauart f. -en. ❸〔建物〕Bauwerk n. -(e)s, -e; Bau m. -(e)s, -ten; Gebäude n. -s, -/建築中の Bau-; architektonisch/建築中に) im Bau (sein; begriffen sein)/家はもう前から建築中です Das Haus ist schon lange 〔Zeit〕im Bau. ── 建築する bauen⁴; auf|bauen⁴; auf|führen⁴; erbauen⁴; errichten⁴. ‖ 建築音響学 Bauakustik f./建築家 Architekt m. -en, -en; Bau|meister (-techniker) m. -s, -/建築学 Architektur f. -en; Baukunst f. ⸗e/建築計画 Bauplan m. -(e)s, ⸗e/建築工事 Bauarbeit f. -en, Bau m. -(e)s, -e/建築材料 Baumaterial n. -s, ..lien (-stoff m. -(e)s, -e)/建築場 Baustelle f. -n/建築費 Baukosten 《pl》/建築様式 Baulart f. -en (-stil m. -(e)s, -e; -weise f. -n).

けんちょ 顕著な ❶〔著しい〕auffallend; beachtenswert; bedeutend; bemerkenswert; beträchtlich; erheblich; merklich. ❷〔明白な〕klar; deutlich; unverkennbar/顕著な事実 eine bemerkenswerte Tatsache, -n/顕著な徴表 ein unverkennbares Zeichen, -s, -/彼は顕著な進歩を遂げた Er hat merkliche Fortschritte gemacht.

げんちょ 原著 Original n. -s, -e; Urfassung f. -en ‖ 原著者 Originalverfasser m. -s, -; Autor m. -s, -en.

けんちょう 県庁 Präfekturverwaltung f. -en; Verwaltungsgebäude 《n. -s, -》der Präfektur《建物》.

けんちょう 堅調である 〔株〕fest bleiben* s.

けんつく 剣突を食わす jm an|fauchen; jm aufs Dach steigen* s; jm eins darauf geben*; jm den Marsch blasen*; jm ab|blitzen lassen*; jm die kalte Schulter zeigen; jm an die Luft setzen/剣突を食う eine dicke (fürchterliche) Zigarre 〔verpasst〕kriegen; eins aufs Dach bekommen*; ab|blitzen 《mit³》; übel ab|fahren* 《mit³》.

けんてい 検定 die amtliche Prüfung, -en; die amtliche (offizielle) Genehmigung, -en; Gutheißung f. -en. ── 検定する amtlich prüfen⁴ (genehmigen⁴); gut|heißen*⁴. ‖ 検定教科書 das amtlich genehmigte Schulbuch, ⸗er/検定試験 das amtliche Examen 《-s, -》für das Lehramt/文科省検定済 vom Kultusministerium genehmigt.

げんてい 限定 Beschränkung f. -en; Begrenzung f. -en; die genaue Bestimmung, -en; Einschränkung f. -en. ── 限定する beschränken⁴ 《auf⁴》; begrenzen⁴; genau bestimmen⁴; ein|schränken⁴ 《auf⁴》. ‖ 限定承認(相続) die beschränkte Anerkennung (Erbenhaftung), -en./限定版 die beschränkte Ausgabe, -n.

げんてい 舷梯 Fallreeptreppe f. -n.

けんでん 喧伝される weit herum verbreitet (bekannt) werden; bei den Leuten ins Gerede gebracht werden; unter die Leute kommen* s.

げんてん 原点 Ausgangspunkt m. -(e)s, -e/原点に立ち帰る zum Ausgangspunkt zurück|kehren s; die Abirrung von der ursprünglichen Absicht korrigieren; zur ursprünglichen Absicht zurück|kehren s.

げんてん 減点 Abzählung 《f. -en》 (Abziehung 《f. -en》) eines Punktes (der Punkte 《pl》)/反則により3点減点する wegen ²Regelwidrigkeit drei Punkte ab|zählen (ab|ziehen*).

けんでんき 検電器 Elektroskop n. -s, -e.

げんど 限度 Grenze f. -n; Begrenzung f. -en; Schranke f. -n/限度を越える die Grenzen über|schreiten*; den Maßstab verlieren*/彼にはそれが限度だ Es ist alle mit ihm.

けんとう 拳闘 das Boxen*, -s; Faustkampf m. -(e)s, ⸗e ‖ 拳闘用グローブ Boxhandschuh m. -(e)s, -e/拳闘試合 Boxkampf m. -(e)s, ⸗e/拳闘場 Boxring m. -(e)s, -e/拳闘選手 Boxer m. -s, -.

けんとう 見当 Ziel n. -(e)s, -e 《的》; Richtung f. -en 《方向》; Mutmaßung f. -en 《推測》; Vermutung f. -en 《推量》; Vorstellung f. -en 《想像》; Ahnung f. -en 《予感》; Erwartung f. -en 《期待》; 〔Ab〕schätzung f. -en 《見積もり・値ぶみ》/…見当 〔大凡〕ungefähr; gegen⁴ 〔時間〕; herum; in der Nähe von³ 〔近傍〕/見当をつける zielen 《nach³》; auf⁴ 狙う》; von ³et en ganz bestimmtes (unbestimmtes) Vorgefühl haben 《予想》; mutmaßen⁴ 《推定》; ⁴et für möglich halten*; erwarten⁴ 《期待》; ab|schätzen⁴ 《nach³》 ⁴ab|schätzen⁴ 《auf⁴ 見込む》/見当違いの falsch; verkehrt; un-

けんとう zutreffend; irreführend; danebengegangen 《的を外れた》/見当違いをする vorbeilschießen* ⦅h.s⦆ 《射損じ》; daneben|gehen* ⓢ (-|hauen*); auf dem Holzweg sein; einen Bock schießen* 《見当が外れる《期待が》/enttäuscht sein; für *jn* eine kalte Dusche sein》/五千円見当 ungefähr 5 000 Yen; so um 5 000 Yen herum/新宿の見当に in der Richtung nach Shinjuku/全然見当がつかない Ich habe ja keine Ahnung (gar keinen Schimmer). Ich kann mir gar keine Vorstellung davon machen. ⦅俗⦆ほんとは私には見当もつきません. まあそんな見当だろう Das kann (mag) wohl sein. Das glaube ich gern.

けんとう 検討 Überprüfung *f*. -en; Durchsicht *f*. -en. ― 検討する überprüfen *4*; nach|prüfen*; durch|sehen**4*.

けんとう 献灯 Votiv|laterne (Weih-) *f*. -n.

けんとう 健闘 der gute (tapfere) Kampf, -[e]s, ¨e / 健闘する gut (brav; tapfer) kämpfen; *4*sich gut schlagen* (*mit³*). ⇨ふんとう.

けんどう 剣道 das 〔japanische〕 Stockfechten*, 〈竹刀でやるもの〉 die japanische Fechtkunst, -/剣道の先生 Fechtmeister *m*. -s, - / 剣道する mit dem Bambusstock fechten*; das Stockfechten üben ‖ 剣道場 Fecht|halle *f*. -n (-boden *m*. -s, ¨).
Fechtschule *f*. -n 《町の道場など》.

けんどう 県道 Straße (*f*. -n) von erster (zweiter) Ordnung der Präfektur; Landstraße *f*. -n.

げんとう 幻灯 Zauberlaterne *f*. -n ‖ 幻灯画 Lichtbilder (*pl*); Diapositiv *n*. -s, -e; Dia *n*. -s, -s/幻灯機 Bildwerfer *m*. -[e]s, -e; Projektionsapparat *m*. -[e]s, -e.

げんとう 厳冬 der grimmig kalte (raue; harte) Winter, -s, -; Mittwinterkälte *f*.

げんとう 舷灯 Seitenlaterne *f*. -n; Steuerbordlaterne 《右舷の》; Backbordlaterne 《左舷の》.

げんどう 原動機 Motor *m*. -s, -en.

げんどうりょく 原動力 Triebkraft *f*. ¨e; die bewirkende Kraft, ¨-e.

ケントし ケント紙 Zeichenpapier *n*. -s, -e.

けんどじゅうらい 捲土重来する neue Kräfte sammeln und einen neuen Anlauf machen; nicht (gleich) die Flinte ins Korn werfen*; mit erneuter Kraft *4et* wieder auf|nehmen*.

けんない 圏内 ¶ 合格圏内にはいらなかった Es fehlte nicht viel, dass er die Prüfung bestanden hätte./当選圏内にある *¹j*. gehört zu denen, die sicher gewählt werden können.

げんなま 現なま Bargeld *n*. -[e]s, -er; ⦅俗⦆ Draht *m*. -[e]s, ¨e; ⦅俗⦆ Moos *n*. -es; die klingende Münze, -n/現なまをたくさん持っている gut bei ¹Kasse sein.

げんなり eines Dinges satt werden; den Appetit verlieren*; *4et* genug haben.

けんにょう 検尿 Harnuntersuchung *f*. -en ― 検尿する (してもらう) Harn untersuchen (untersuchen lassen*).

けんにん 堅忍不抜の standhaft; beharrlich; unbeugsam unermüdlich; unentwegt/堅忍不抜の精神 der eiserne (stählerne) Wille, -ns, -n.

けんにん 兼任する zwei Ämter (zwei Stellungen) bekleiden; außerdem (dazu) noch eine andere Stellung (zwei Stellungen) inne|haben* / 首相が外相を兼任する Der Ministerpräsident versieht das Amt des Außenministers./両校兼任である Er liest (unterricht) in beiden Schulen. ⇨けんぽ (-兼).

けんにん 現任 das jetzt bekleidete Amt, -[e]s, ¨er; die gegenwärtig eingenommene Stellung, -en/現任の jetzt das Amt bekleidend; gegenwärtig die Stellung innehabend.

けんのう 献納 Schenkung *f*. -en; Stiftung *f*. -en; Gabe *f*. -n; Beisteuer *f*. -n 《特に金銭》. ― 献納する *jm* schenken*; *jm* stiften*; bei|steuern*(*zu³*)/ろうそくや《奉納額》を献納する Kerzen (eine Votivtafel) stiften. ‖ 献納品 〔Weih〕geschenk *n*. -[e]s, -e; 〔Weih〕gabe *f*. -n.

けんのう 権能 Macht *f*. ¨e; Befugnis *f*. ..-nisse; Kompetenz *f*. -en; Zuständigkeit *f*. -en; Berechtigung *f*. -en/権能を付与する *jn* berechtigen (*zu³*); *jn* befugen (*zu³*). ⇨けんげん (権限).

げんのう 玄翁 Faust|hammer (Schlag-) *m*. -s, ¨-.

げんのしょうこ 〔植〕 Geranium *n*. -s, ..nien; Storchschnabel *m*. -s, ¨-.

けんのん 剣呑 gefährlich; gefahrvoll; riskant; unsicher/剣呑な *4et* für gefährlich (nicht sicher) halten*; sich unnötige Gedanken machen 《危惧する》; *4et* schwarz sehen* 《悲観的、危険な反対》⇨あぶながる/剣呑だから引き受けられない Ich übernehme es nicht. Das Risiko ist zu groß.

けんぱ 犬馬の労をとる *jm* ganz zu Diensten stehen*; *jm* mit welch einem Dienst immer zur Verfügung stehen*; *4*sich zu *js* freier Verfügung stellen; keine Mühe und Arbeit scheuen*; *jm* einen Dienst erweisen*; *4*sich *jm* mit Haut und Haar〔en〕 verschreiben*.

げんば 現場 derselb[ig]e Ort, -[e]s, -e; gerade (eben) die Stelle, -n; Tatort *m*. -[e]s, -e 《凶行の》/現場で an ³Ort und ³Stelle; auf frischer (offener) Tat; mit der Tat, mit roten (blutigen) Händen 《凶行中》/強盗は現場で逮捕された Der Räuber ist in flagranti (auf frischer Tat) ergriffen worden. ‖ 現場監督 die Aufsicht auf dem Bauplatz (f. 行為); der Aufseher (-s, -) 《Inspektor, -s, -en》 auf dem Bauplatz[e] 《人》/現場渡し Prompt|geschäft (Effektiv-; Loko-) *n*. -[e]s, -e; die prompte (sofort lieferbare) Ware, -n.

げんばい 減配 ❶ Dividendenkürzung *f*. -en/一割減配する die Dividende 《-n》 〔um〕10% verkürzen. ❷ ⦅配給の⦆ die Verkürzung (*f*. -en) der Ration.

けんぱき 検波器 Detektor *m*. -s, -en; Fritter *m*. -s, -.

けんぱく 建白〔書〕 Denkschrift f. -en; Eingabe f. -n; Bittschrift f. -en/建白する eine Denkschrift ein|reichen; eine Eingabe [an die Behörde] richten.

けんぱく 原爆実験 Atombombenversuch m. -(e)s, -e. ⇨げんし[原子].

げんばつ 厳罰 die harte (scharfe; strenge; strikte; unerbittliche) Strafe, -n/厳罰に処する hart (scharf; streng; strikt; unerbittlich) [be]strafen (jn wegen²⁽³⁾ (für⁴)); eine harte Strafe verhängen (über jn); eine strenge Strafe auf|erlegen (jm); in harte Strafe nehmen* (jn); mit einer scharfen Strafe belegen (jn)‖厳罰主義 die Regierungsmethode, rücksichtslose Maßnahmen zu treffen.

けんばん 鍵盤 Tastatur f. -en; Klaviatur f. -en ‖ 鍵盤楽器 Tastinstrument n. -(e)s, -e.

げんばん 原板〔写〕Platte f. -n; Negativ n. -s, -e; Negativbild n. -(e)s, -er.

げんはんけつ 原判決 das erste (ursprüngliche) (richterliche) Urteil, -s, -e/原判決を破棄する das ursprüngliche Urteil auf|heben*.

けんび 兼備する verbinden*⁴ (vereinigen⁴) (mit³); *et* und *et* gleich bewandert sein/剛柔を兼備している Er verbindet Geschmeidigkeit mit Härte./知勇兼備である Er ist in Wissenschaften und Kriegskünsten gleich bewandert./才色兼備の女性 eine Schönheit mit geistigen Fähigkeiten.

げんぴ 原肥 Hauptdüngemittel n. -s, -.

げんぴ 厳秘 das strenge (strikte) Geheimnis, ..nisses, ..nisse; die äußerste (strengste) Verschwiegenheit/厳秘に付する das strengste Geheimnis (die äußerste Verschwiegenheit) bewahren (beobachten).

けんびきょう 顕微鏡 Mikroskop n. -s, -e/顕微鏡的に(の) mikroskopisch (adv.); 顕微鏡で見る mikroskopieren⁴; mikroskopisch untersuchen⁴; mikroskopische Untersuchung machen; durch das Mikroskop sehen*⁴ ‖ 顕微鏡写真 Mikro|fotografie f. -n/電子顕微鏡 Elektronenmikroskop n. -s, -e.

けんぴつ 健筆を振るう eine gewandte Feder führen ‖ 健筆家 die gewandte Schriftsteller, -s, -; Vielschreiber m. -s, -.

げんぴん 現品 die am Ort befindliche Ware, -n; die sofort greifbare (lieferbare) Ware; Lokoware f. -n/現品を見ないで ohne die betreffende Ware besichtigt zu haben/現品を見た上で nachdem die Ware *zur Ansicht* (zum Ansehen) ausgestellt worden ist ‖ 現品給与 Gehälter (pl) (Löhne (pl)) in natura.

けんぶ 剣舞をする einen Schwerttanz vor|führen (tanzen).

けんぷ 絹布 Seiden|stoff m. -(e)s, -e (-tuch n. -(e)s, -e -zeug n. -(e)s, -e)/絹布をまとって in Seiden gekleidet.

げんぶがん 玄武岩 Basalt m. -(e)s, -e/玄武岩の basalten; basaltisch.

げんぷく 元服する die Mündigkeit feiern; mündig werden.

けんぶつ 見物 das Zuschauen*, -s; Besichtigung f. -en; das Aufsuchen* ((-s)) von Sehenswürdigkeiten; der Besuch (-(e)s, -e)/他人が苦労しているのに高見の見物というわけにはいかない Wir können nicht so ruhig zuschauen, wenn die anderen sich anstrengen. ── 見物する zu|schauen³; zu|sehen*³; (³sich) an|sehen**³; besichtigen⁴; besuchen⁴/ここは見物する所が多い Hier gibt es viele Sehenswürdigkeiten./その曲芸なら一度見物したことがある Die Kunstvorstellung habe ich mir einmal angesehen. ‖ 見物席 Zuschauer|raum m. -(e)s, -e (-podium n. -s, ..dien); Tribüne f. -n 《スタンド》/見物人 Zuschauer m. -s, -; Besucher m. -s, -; der Schaulustige*, -n, -n 《物見高い人》; Gaffer m. 《弥次馬的》; Publikum n. -s 《観衆》.

げんぶつ 現物 Prompt|ware (Effektiv-; Loko-) f. -n ‖ 現物給与 das Gehalt (-(e)s, ⸚er) in Sachwerten (in Lebensmitteln; in natura)/現物市場 Prompt|markt (Effektiv-; Loko-) m. -(e)s, ⸚e/現物仲買人 Prompt|makler (Effektiv-; Loko-) m. -s, -/現物売買 Prompt|geschäft (Effektiv-; Loko-; Platz-) n. -(e)s, -e.

けんぶん 検分 Inspektion f. -en; Beaufsichtigung f. -en; Besichtigung f. -en; Musterung f. -en; Prüfung f. -en; Untersuchung f. -en/検分する beaufsichtigen⁴; besichtigen⁴; mustern⁴; prüfen⁴; untersuchen⁴.

けんぶん 見聞 Erfahrung f. -en; (Welt-)kenntnis f. ..nisse; Erlebnis n. ..nisses, ..nisse/見聞を広める Weltkenntnisse bereichern; Erfahrungen sammeln;/見聞が広い (lebens)erfahren; lebensklug; (旅行などで) weitgereist; weltbefahren. ── 見聞する erfahren**⁴; erleben⁴; Erfahrungen machen; kennen lernen⁴.

げんぶん 原文 Urtext m. -(e)s, -e; Original n. -es, -e; Wortlaut m. -(e)s, -e/原文のまま Sic!; So!; Wirklich (Wörtlich) so!; So steht es da!; Wörtlich!; Nicht etwa ein Druckfehler!

げんぶん 言文一致 die (Ver)einigung der Schrift- und Umgangssprache/言文一致体の in umgangssprachigem (alltagssprachigem) Stil[e] (geschrieben (verfasst)).

けんぺい 憲兵 Militärpolizei f.; Gendarm m. -en, -en; Gendarmerie f. -n 《集合的》 ‖ 憲兵隊 Gendarmeriekorps n. -, -; Hauptquartier (n. -s, -e) der Militärpolizei 《司令部》.

けんぺいりつ 建蔽率 Bebauungsrate f. -n.

けんべん 検便 Stuhluntersuchung f. -en.

げんぽ 原簿 Hauptbuch n. -(e)s, ⸚er ‖ 原簿係 Hauptbuchhalter m. -s, -.

けんぼう 絹紡 Rohseide f. -n.

けんぼう 権謀 List f. -en; Ränke (pl); Tü-

けんぽう 憲法 Verfassung *f.* -en; Grundgesetz *n.* -es, -e; Verfassungsrecht *n.* -(e)s, -e/憲法に違反する《不一致》/憲法に従う《一致》/憲法を作成する(発布する, 改正する) die Verfassung aus|fertigen (verkünden, ab|ändern)/それは憲法違反だ Das verstößt gegen die Verfassung. ‖ 憲法違反 Verfassungsbruch *m.* -(e)s, ¨e/憲法違反の verfassungswidrig / 憲 法 改 正 Verfassungsänderung *f.* -en, -en/憲法記念日 Verfassungstag *m.* -(e)s, -e/憲法制定委員会 Verfassungsausschuss *m.* -es, ¨e/憲法制度 verfassungsmäßige Regierungsform, -en.

げんぽう 減俸 Gehalts|kürzung *f.* -en (-abzug *m.* -(e)s, ¨e); Lohnabzug ‖ 減俸案 die beantragte Gehaltskürzung; der Antrag (-(e)s, -e) auf ⁴Gehaltskürzung.

げんぽう 減法《数》Subtraktion *f.* -n.

けんぼうしょう 健忘症 Amnesie *f.* -; Vergesslichkeit *f.* -en/彼は健忘症だ Er ist sehr vergesslich.

けんぽん 献本 Dedikationsexemplar *n.* -s, -e; Widmungsexemplar *n.* -s, -e《以上著者')の贈呈本》; Freiexemplar *n.* -s, -e《出版社よりの》; Dedikation *f.* -en; Widmung *f.* -en《贈呈すること》/献本する jm ein Buch dedizieren (widmen); ein Freiexemplar (Besprechungsexemplar《批評用》) schenken.

けんぽん 絹本 Seidentuch 《*n.* -(e)s, ¨er》 zum Malen.

げんぽん 原本 Urtext *m.* -es, -e; Original *n.* -s, -e; Original|werk *n.* -(e)s, -e;《法》Urschrift *f.* -en.

けんま 研磨 das Schleifen⁴, -s; das Glanzschleifen⁴, -s《仕上げの》; das Polieren⁴, -s ‖ 研磨機 Schleif|maschine (Polier-) *f.* -en.

げんまい 玄米 Vollkornreis *m.* -es, -e《*pl* は種類を示す》; der unpolierte Reis ‖ 玄米スープ(パン) die Suppe 《-n》(das Brot, -e) aus Vollkornreis.

けんまく 剣幕 ‖ ただではおかぬぞという剣幕だった Er machte Miene, seine Drohung wahr zu machen.

げんみつ 厳密 Genauigkeit *f.* -en; Exaktheit *f.* -en; Präzision *f.* -en; Schärfe *f.* -n/厳密な《haar》genau; aufs Haar genau; exakt; peinlich; genau; präzis; scharf/厳密に言えば genau (streng; strikt) genommen; wenn man es genau (streng; strikt) nimmt/厳密に調査する eine genaue (strenge; strikte) Untersuchung 《-en》 vor|nehmen⁴.

けんめい 賢明 Weisheit *f.* -en; Klugheit *f.* -en《恰悧》; Ratsamkeit *f.*《得策》; 賢明な weise; klug (und einsichtig); gescheit; vernünftig; verständnisvoll; ratsam《為になる》; zweckmäßig《得策》/彼のやり方はなかなか賢明だ Er handelt recht weise. / Er macht es recht gescheit.

けんめい 懸命 な sehr eifrig (emsig); angespannt; anstrengend; unter Aufbietung aller Kräfte; alle Kräfte anspannend; seine ganze Kraft aufbietend.

げんめい 厳命 der strenge (ausdrückliche; bestimmte; harte; scharfe; strikte) Befehl, -(e)s, -e.

げんめい 言明する Erklärung 《*f.* -en》 ab|geben⁴; deklarieren⁴; aus|einander setzen⁴; Aufschluss geben⁴《über⁴》; aus|sagen⁴; deklarieren⁴; ⁴sich erklären; verkünd|ig|en⁴.

げんめつ 幻滅 Enttäuschung *f.* -en; die getäuschte Hoffnung, -en; die Zerstörung 《-en》einer Hoffnung / 幻滅を感じる enttäuscht sein; ⁴sich enttäuscht sehen⁴ (finden⁴; fühlen); js Hoffnungen werden vernichtet (zerstört).

げんめん 原綿 Rohbaumwolle *f.*

げんめん 減免《税金の》Steuererleichterung und -erlass, - und -erlasses, -en und -lasse.

げんもう 原毛 Rohwolle *f.* -n; die unverarbeitete Wolle, -n.

けんもほろろ 剣もほろろの schroff; barsch; brüsk / 剣もほろろの挨拶をする jn abblitzen lassen⁴; jm schroff die kalte Schulter zeigen.

けんもん 権門 die einflussreiche Familie, -n; ein Mann《*m.* -(e)s, ¨er》 von Einfluss; eine Person 《-en》 hohen Ranges; die einflussreiche Persönlichkeit, -en / 権門にこびる vor Personen hohen Ranges kriechen⁴.

けんもん 検問 Kontrolle *f.* -n ‖ 検問所 Kontrollstelle *f.* -n.

げんもん 舷門 Fallreep *n.* -(e)s, -e.

げんや 原野 Feld *n.* -(e)s, -er; Flur *f.* -en;《詩》Gefilde *n.* -s, -; Einöde 《-n《荒野》; Wildnis *f.* ..nisse《同上》.

けんやく 倹約 Sparsamkeit *f.*; Wirtschaftlichkeit *f.*《やりくり上手》; Genauigkeit *f.*《細かいこと》/ 倹約な sparsam; wirtschaftlich; genau; haushälterisch; ökonomisch / 倹約する sparen⁴; sparsam um|gehen⁴《*mit*⁴》; ⁴et zu Rate halten⁴ / 倹約してためる ersparen⁴; beiseite legen⁴; auf die hohe Kante legen⁴ / 段取りをうまくつけると時間と金を非常に倹約できる Durch kluges Einteilen kann man viel Zeit und Geld sparen. ‖ 倹約家 die sparsame (haushälterische) Person, -en ❖ 実際用いる場合は Person の代わりに Hausfrau, Wirt のように具体的にした方がよい。

げんゆ 原油 Rohöl *n.* -(e)s, -e; das ungereinigte Erdöl.

げんゆう 現有の gegenwärtig; jetzig; augenblicklich ‖ 現有勢力 gegenwärtige Macht; jetziger Bestand, -(e)s, ¨e.

けんよう 兼用する ⁴et sowohl als ⁴et wie

けんようすい 懸よう垂『解』Zäpfchen *n.* -s, -.

けんらん 絢爛 Prunk *m.* -(e)s; Pracht *f.*; Pomp *m.* -(e)s, -e; Gepränge *n.* -s/絢爛たるprunk|voll (-haft); pompös; prangend; prächtig; prachtvoll; blumenreich 《文体が》/絢爛目を奪うばかりの祭典であった Man feierte das Fest unter blendender Prachtentfaltung (Prunkentfaltung).

けんり 権利 (An)recht *n.* -(e)s, -e; Rechtanspruch *m.* -(e)s, ⸚e 《要求権》; Berechtigung *f.* -en; Vor:recht (Sonder-) *n.* -(e)s, -e 《特権》/権利がある ein (das) Recht haben (auf⁴; *et* zu tun); berechtigt sein (zu³; *et* zu tun)/権利を行使(主張)する das Recht aus|üben (das Recht behaupten; auf seinem Recht bestehen*)/権利を侵害する *js* Recht an|tasten; in *js* Recht ein|greifen*/それはあなたの当然の(正当の)権利だ Das ist Ihr gutes Recht.‖ 私は自分の権利をまだ権利を放棄したわけではない Ich habe mich meines Rechts noch nicht begeben.‖ 権利義務 Recht und Pflicht, des- und der -, -e und -en/権利金 Prämie *f.* -n/権利者 Rechtsinhaber *m.* -s, -; der Anspruchberechtigte*, -n, -n/権利落の株 Aktie (*f.* -n) mit (ohne) Recht auf neue Aktie.

けんり 原理 Prinzip *n.* -s, ..pien; Grundbegriffe (-gedanken; -wahrheiten) *(pl)*; Grundsatz *m.* -es, ⸚e; Hauptgesichtspunkte *(pl)*/原理を究める Grundbegriffe erforschen; ³Prinzipien *(pl)* nach|forschen.

けんりつ 県立の Präfektur-‖ 県立病院 Präfekturkrankenhaus *n.* -es, ⸚er.

けんりょう 減量 Mengen:verlust (Gewichts-) *m.* -(e)s, -e; die Verringerung *f.* von Mengen (des Gewichts).

けんりょう 原料 (Roh)stoff (Grundstoff) *m.* -(e)s, -e; (Roh)material *n.* -s, ..lien.

けんりょうき 検量器 Eichmaß *n.* -es, -e; Messgerät *n.*

けんりょく 権力 Macht *f.* ⸚e; Gewalt *f.* -en; Einfluss *m.* -es, ⸚e; Autorität *f.* -en/権力を振う Macht über *jn* aus|üben; kräftig das Zepter schwingen*/権力を掌握するan die Macht gelangen ⒮; die Macht ergreifen*; die Macht in (den) Händen haben (掌握している)‖ 権力者 Gewalthaber *m.* -s, -; der Mann (-(e)s, ⸚er) von Einfluss.

けんるい 堅塁 die starke (trotzige) Feste, -n (Burg, -en); Bollwerk *n.* -(e)s, -e/堅塁を抜く die Festung ein|nehmen*; die starke Feste schleifen (破壊してしまう).

けんろう 堅牢な solid; fest; stark; dauerhaft; haltbar; massiv 《建物など》/堅牢な構えの家 das solid gebaute Haus, -es, ⸚er/堅牢な家具 das massive Möbel, -s, -.

けんろう 元老 der Älteste* (Altgediente*), -n, -n; Altmeister *m.* -s, -; Veteran *m.* -s, -en. ⇨げんくん.

げんろん 原論 Grundbegriffe *(pl)*; Prinzipien *(pl)*/経済学原論 die Prinzipien der Ökonomie.

げんろん 言論 Rede *f.* -n; (Meinungs)äußerung *f.* -en/言論の自由 Redefreiheit *f.* -en; die freie (Meinungs)äußerung; die Freiheit (-en) der Presse 《新聞の》/言論の自由を束縛する das Wort verbieten* (*jm*); den Mund stopfen (*jm*); mundtot machen⁴ ‖ 言論界 Presse *m.* -; Zeitungswesen *n.* -s/言論戦 Redekampf *m.* -(e)s, ⸚e; Auseinandersetzung *f.* -en; Debatte *f.* -n; Diskussion *f.* -en; Rede und Gegenrede.

げんわく 眩惑する blenden⁴; bestürzt machen⁴; irre|machen⁴; täuschen⁴; verwirren⁴.

こ

こ 子 ❶ [人の] Kind *n.* -s, -er; Säugling *m.* -s, -e (乳児); Knabe *m.* -n, -n (男児); Mädchen *n.* -s, - (女児); Sohn *m.* -(e)s, ⸚e (息子); Tochter *f.* ⸚ (娘); [総称] Nachkommenschaft *f.*; die Nachkommen *(pl)* (子孫); Fleisch und Blut; Ehesegen *n.* -s, - (子宝); Leibesfrucht *f.* ⸚e. ❷ [獣の] Brut *f.* -en; Tierjunge *n.* -n, -n; das Junge*, -n, -n; Wurf *m.* -(e)s, ⸚e; [魚の] Rogen *m.* -s, - (はら児); Laich *m.* -(e)s, - (魚・蛙の卵); 子のない kinderlos/子を産む ein Kind gebären*; eines Kindes genesen*; ein Kind zur Welt bringen*; ein Kind bekommen* (kriegen); [動物が] Junge werfen* (setzen); jüngen 《家畜が》/子を持った魚 Rogener *m.* -s, -; Rogenfisch *m.* -(e)s, -e/彼女は夫との間に四人の子をもうけた Sie hat ihrem Mann(e) vier Kinder geboren./子は家の宝 Viel Kinder, viel Segen./子は夫婦のかすがい Kinder sind das Band der Eheleute./律義者の子だくさんRechtliche Leute haben viele Kinder.

こ 弧 (Kreis)bogen *m.* -s, -/弧を描く Bogen schlagen* (beschreiben*) ‖ 弧度 Bogenmaß *n.* -es, -e.

こ 粉 Pulver *n.* -s, -; [穀物の] Mehl *n.* -s, -e; [金の] Staub *m.* -(e)s, -e (ほこり)⇨こな/粉にひく mahlen*⁴; pulverisieren⁴/身を粉にしてはたらく angestrengt arbeiten; wie der Teufel arbeiten ‖ 小麦粉 Mehl *n.* -s, -e; Weizenmehl, -s, -e/そば粉 Buchweizenmehl *n.* -s, -e.

こ― 戸 Haus n. -es, ⸚er/百五十戸の村 ein Dorf (n. -[e]s, ⸚er/von 150 Häusern/戸ごとに Haus zu Haus《家から家へ》; an (in, vor) jedem Haus《どの家にも》.
こ― 故・ ¶ 故 M 氏 der verstorbene (selige) Herr M.
-こ ―湖 See m. -s, -n. ¶ 琵琶湖 der Biwa-See; der See Biwa.
-こ ―個 ¶ 1 個 ein Stück n. -[e]s/角砂糖 2 個 zwei Stück Zucker/どれでも好きな物 3 個お取り下さい Nehmen Sie sich bitte drei beliebige Stück davon!
ご 語 Wort n. -[e]s, ⸚er《pl 二語以上連関してまとまった思想を表現するときは: -e; 単語: ⸚er》; Ausdruck m. -[e]s, ⸚e《表現》; Sprache f. -n《国語》.
ご 碁 Go-Spiel n. -[e]s; 碁を打つ eine Partie (ein Spiel) Go spielen ‖ 碁石 Go-Stein m. -[e]s, -e/碁盤 Go-Spielbrett n. -[e]s, -er.
ご 五 fünf; Fünf f. -en/第五の der (die; das) fünfte* 《第五(列)》/第五列 die fünfte Reihe / 五か年計画 Fünfjahresplan m. -[e]s, ⸚e.
ご ¶ その後〔そのあと〕 danach; darauf; dann; in der Folge; später;〔以来〕seit*; seitdem; seither; nachdem /これから 3 か月後に heute in drei ³Monaten 《pl》.
こあきない 小商い Kleinhandel (Detail-) m. -s, -/小商いをする Kleinhandel treiben*; im Kleinen verkaufen; en détail verkaufen.
こあきんど 小商人 Kleinkaufmann m. -[e]s, -leute; Klein|händler (Detail-) m. -s, -; Krämer m. -s, -.
こあげ 小揚げ das Entladen* (-s) (die Entladung, -) und das Löschen, -s) und das Beladen* (-s)/小揚げ人足 Hafenarbeiter m. -s, -; Schauermann m. -[e]s, -leute; Stauer m. -s, -.
コアタイム Kernzeit f. -en.
こあたり 小当たりに当たってみる auf den Busch klopfen (schlagen*); js Meinung ab|horchen; jn sondieren; ⁴sich vorläufig orientieren 《さっと研究する》.
こい 鯉 Karpfen m. -s, - ‖ 鯉幟(のぼり) Karpfenfahne f. -n/緋鯉(ひごい) Goldkarpfen m. -s, -.
こい 恋 Liebe f.; [Liebes]leidenschaft f.; zarte Neigung; Zuneigung f.; Minne f.《騎士時代の》/ 恋の苦しみ Liebes|not f. (-schmerz m. -es)/恋の幸福 Liebesglück n. -[e]s/恋の悩み Liebeswehm. f. -[leid n. -es)/恋の喜び Liebes|wonne f. -n (-freude f.)/恋の希望のない hoffnungslose Liebe, -n/道ならぬ恋 die unerlaubte Liebe, -n/恋知らぬ娘 das unschuldige Mädchen, -/恋を知る die Liebe kennen*/恋に陥る ⁴sich verlieben (in jn)/恋に悩む liebeskrank sein; über eine unglückliche Liebe weinen/恋に破れる in der ³Liebe enttäuscht werden; von der ³Geliebten《男性が》(dem Geliebten《女性が》) verlassen werden. ¶ 恋は思案の外 Liebe macht blind./恋は盲目 Liebe ist blind./

恋に上下なし Liebe kennt keinen Unterschied zwischen hoch und niedrig./恋は曲者 Liebe ist eine Verführerin. — 恋ぶる ⁴sich sehnen 《nach³》; verlangen 《nach³》; lechzen 《nach³》; schmachten 《nach³》. — 恋する lieben; ⁴sich verlieben 《in jn》; Neigung fassen 《zu jm》; jn lieb gewinnen*; jn lieb haben; glühen 《für jn》; entbrannt sein 《für jn》; schwärmen 《für jn》; anlbeten*; bewundern*; vergöttern*; an|himmeln⁴/彼女は大学生に恋した Sie hat sich in einen Studenten verliebt.

こい 請い Bitte f. -n; Ersuchen n. -s, -;〔切願〕Anliegen n. -s, -; Ansuchen n. -s, -;〔願望〕Wunsch m. -[e]s, ⸚e/…の請いにまかせて auf js Bitte hin; auf js Ansuchen; auf js Gesuch; js ³Wünschen 《pl》 gemäß/…の請いを容れる js ³Bitte nach|kommen* s.; js ³Wunsch《s》entsprechen*; js Bitte gewähren.

こい ❶ 〔色の〕tief; dunkel. ❷ 《酒・コーヒー・茶など》stark; schwer; [液体が]dick; [油など] dickflüssig; zäh. ❸〔毛髪〕dicht; voll /濃い眉 die dichte Angenbraue, -n/濃い髭 der starke Schnurrbart, -[e]s, ⸚e. ❹〔関係〕eng; innig; vertraut; nah; intim /濃い仲である eng verbunden sein 《mit jm》; 濃い血縁である nah verwandt sein; in naher Verwandtschaft stehen*.

こい 故意 Absicht f. -en; Vorsatz m. -es, ⸚e/故意に absichtlich; vorsätzlich; mit Absicht; mit Vorbedacht; mit Bedacht; willentlich; gewollt; bewusst; geflissentlich / 故意でない unabsichtlich, unvorsätzlich; unfreiwillig; ohne ⁴Absicht (Vorsatz).

ごい 語彙 Wortschatz m. -es; Glossar n. -s, -e; Glossarium n. -s, ..rien; Vokabel f. -n; Vokabular m. -s, -e; Wörter|sammlung f. -en (-verzeichnis n. -nisses, ..nisse).

こいうた 恋歌 Liebes|gedicht n. -[e]s, -e (-gesang m. -[e]s, ⸚e; -lied n. -[e]s, -er).

こいがたき 恋敵 Nebenbuhler m. -s, -; Nebenbuhlerin f. -rinnen《女》.

こいき 小意気な schick; fein; raffiniert; niedlich《家など》/ 小意気な女性 eine schicke Frau, -en.

こいさぎ 五位鷺 Nachtreiher m. -s, -.

こいし 小石 der kleine Stein, -[e]s, -e. Kiesel m. -s, -; Steinchen n. -s, -.

こいじ 恋路 Liebesverhältnis n. ..nisses, ..nisse/忍ぶ恋路 die heimliche Liebe.

こいしい 恋しい ❶ [a.] lieb; geliebt; teuer; liebst. ❷ [v.] ⁴sich sehnen 《nach³》; schmachten 《nach³》; jn vermissen 《人が》/恋しい母 meine Mutter nach der ich (Herzen) geliebte Mutter, -/恋しい故郷 meine liebe (geliebte) Heimat, -/恋しくなる Ich habe ab und zu Heimweh./もう火鉢(暖炉)が恋しくなった Ein Feuerbecken (Ofen) ist mir jetzt sehr willkommen.

こいつ dieser Kerl, -s, -e《人》; dieses Ding, -[e]s, -e《物》/こいつめ Du Scheusal! Zum

Teufel! ¦ Zum Kuckuck!／こいつはいい Das ist gut (herrlich)!／こいつは閉口だ Ich bin einfach ratlos!

こいなか 恋仲 die Liebenden 《*pl*》; Liebespaar *n.* -s, -e; Liebschaft *f.* -en《関係》; Liebesband *n.* -〔e〕s, -e; Liaison *f.* -s.

こいにょうぼう 恋女房 die aus Liebe geheiratete Frau, -en.

こいびと 恋人 [男] der Geliebte*, -n, -n; Liebhaber *m.* -s, -; der Liebste*, -n, -n; [女] die Geliebte*, -n, -n; Liebhaberin *f.* ..rinnen; die Liebste*, -n, -n; Schatz *m.* -es; Schätzchen *n.* -s.

こいぶみ 恋文 Liebesbrief *m.* -〔e〕s, -e.

こいむこ 恋婿 der durch ⁴Liebe erworbene Bräutigam, -s, -e.

コイル 〖電〗Spule *f.* -n ‖ 感応コイル Induktionsspule *f.* -n.

こいわずらい 恋患い Liebeskrankheit *f.* -en／恋患いする ⁴sich in ³Liebe 《zu *jm*》 verzehren; vor ³Liebe 《zu *jm*》 vergehen* [s].

こいん 雇員 Arbeitnehmer *m.* -s, -; Tagelöhner *m.* -s, -／社員と雇員 Angestellte* und Arbeiter 《*pl*》.

コイン Münze *f.* -n; Geldstück *n.* -〔e〕s, -e ‖ コインロッカー 〔Gepäck〕schließfach *n.* -〔e〕s, ¨er.

こう 効 ⇨**こうのう**(効能)／努力の効もなかった Meine Bemühung half nichts. ¦ Meine Mühe blieb ohne jede Wirkung. ¦ Ich habe mich vergebens bemüht.／効を奏する Erfolg (Wirkung) haben; erfolgreich sein; gelingen* [s].

こう 項 Absatz *m.* -es, ¨e; Paragraph *m.* -en, -en; 〖法〗Artikel *m.* -s, -; Klausel *f.* -n; 〖数〗Glied *n.* -〔e〕s, -er／第一条第三項に該当する unter Paragraph (Klausel) III Artikel 1 fallen* [s]／項に分ける in Paragraphen zerlegen ‖ 項目 Item *n.* -s; Nummer *f.* -n.

こう 稿 Manuskript *n.* -〔e〕s, -e 《略: Mskr., Ms., *pl* Mss.》／稿を起こす an|fangen* zu schreiben／稿を改める in einem anderen Aufsatz schreiben*; [書き直す] aufs Neue schreiben*⁴; um|schreiben*⁴.

こう 孝 Kindespflicht *f.* -en; kindliche Pietät gegen die Eltern.

こう 考 Gedanke *m.* -ns, -n; 《研究》Studie *f.* -n; 《論文》Abhandlung *f.* -en《同上》／万葉考 die Auslegung der „²Manyo-Anthologie".

こう 侯・公 [侯爵] Marquis *m.* -, -; [公爵] Fürst *m.* -en, -en; [諸侯] Landes¦fürst *m.* -en, -en (-herr *m.* -n, -en); feudale Herren 《*pl*》.

こう 功 [功績] Verdienst *n.* -〔e〕s, ¨e; *verdienstvolle Leistung*, -en; [成功] Erfolg *m.* -〔e〕s, -e／抜群の功 die ausgezeichneten (hervorragenden) Verdienste 《*pl*》／年の功 die Erfahrung 《-en》 des Alters／国家に対する功 die Verdienste 《*pl*》 um den Saat／功を立てる eine verdienstvolle Handlung 《-en》 (Tat, -en) vollbringen*; ⁴sich verdient machen 《*um*⁴》; ³sich ⁴Verdienst erwerben*／功のある verdienstvoll; verdienstlich／功により nach Verdienst／功を誇る ⁴sich seiner ²Verdienste rühmen／功を奏する erfolgreich sein; Erfolg haben 《*in*³》／功を急ぐ zu sehr auf ⁴Erfolg bedacht sein; zu ehrgeizig sein; ⁴sich übereilen im Rennen nach Erfolg／功成り名遂げる ³sich ⁴Erfolg und Ehre 《*f.*》 (Ruhm *m.*) erwerben*; seinen höchsten Ehrgeiz befriedigen／一将功成って万骨枯る Tausende sterben, um einen zum Helden zu erheben.

こう 香 Räucherwerk *n.* -〔e〕s; Weihrauch *m.* -〔e〕s／香を焚く(きく) Räucherwerk verbrennen* (riechen*).

こう 行を共にする *jn* begleiten; an einer Partie (Reise) teil|nehmen*.

こう 甲 [亀の] Schild¦krötenschale *f.* -n (-patt *n.* -〔e〕s); [蟹の] Kruste 《*f.* -n》 (Schale *f.* -n) des Krebses; [足の甲] Fußrücken *m.* -s, -; Rist *m.* -es, -e; Spann *m.* -s, -e; [手の甲] Handrücken *m.* -s, -; [甲乙の] der (die; das) erste*; der (die; das) eine*; [成績の] das A.

こう so; auf diese Weise; in dieser Weise／こうなったからには da es einmal so ist, ...; unter diesen Umständen／こう言って damit; mit diesen Worten／こうするのが私の癖です Das ist so meine Art.／実はこうなのだ um die Wahrheit zu sagen／話はこうなのだ Die Geschichte (die Sache) verhält sich wie folgt (folgendermaßen). ¦ Ich will Ihnen sagen, wie es war.／こうと知ったら行くんじゃなかった Ich wäre nicht gegangen, wenn ich es im Voraus gewusst hätte.／こうも時間がかかるとは思わなかった Ich habe nicht erwartet, dass es so lange dauert.

こう 請う, 乞う bitten* 《*jn um*⁴》; an|flehen 《*jn um*⁴ 切願》; an|sprechen* 《bei *jm um*⁴》; erbitten*⁴ 《von *jm*》; ersuchen 《*jn um*⁴ 懇請》; flehen 《zu *jm um*⁴》; betteln 《物乞い》／一夜の宿を請う um ein Nachtquartier (Nachtlager) bitten* 《*jn*》／赦免を請う um ⁴Verzeihung (Entschuldigung, Vergebung) bitten* (an|flehen) 《*jn*》.

ごう 号 ❶ [番号] Nummer *f.* -n 《略: Nr.》; Heft *n.* -〔e〕s, -e 《雑誌などの》／「世界」三月号 die Märznummer der „Sekai". ❷ [雅号] Schriftsteller¦name (Deck-) *m.* -ns, -n. ❸ [称号] Titel *m.* -s, -; Würde *f.* -n.

ごう 業の深い sündhaft; sündig; mit ³Sünden behaftet／業をにやす in ⁴Harnisch kommen* (geraten*) [s]; *jm* läuft die Galle über. ¦ Das wird *jm* 〔doch〕 zu bunt. ¦ wütend werden.

ごう 剛の者 Mords¦kerl (Teufels-) *m.* -〔e〕s, -e; *Tausendsas*〔*s*〕*a* *m.* -s, -〔s〕; 〖詩〗Kämpe *m.* -n, -n.

ごう 郷 Land *n.* -〔e〕s; Bezirk *m.* -〔e〕s, -e; Distrikt *m.* -〔e〕s, -e; Gau *m.* -〔e〕s, -e; Gegend *f.* -en; Kreis *m.* -es, -e; Landstrich *m.* -〔e〕s, -e. ¶ 郷に入っては郷に従え ‚Mit den Wölfen muss man heulen.'

こうあつ 高圧 ❶ [気圧の] Hochdruck *m.* -〔e〕s; [電流の] Hochspannung *f.* -en. ❷ [圧制] Unterdrückung *f.* -en; Bedrückung *f.* -en; Zwang *m.* -es; Gewalt *f.*／高圧手段を用いる gewaltsame Maßregeln treffen*／高圧的に gebieterisch; befehlshaberisch; gewaltsam; durch ⁴Nötigung. ‖ 高圧回路 Hochspannungsstromkreis *m.* -es, -e／高圧釜 Hochdruckkessel *m.* -s, -／高圧線 Starkstromleitung *f.* -en.

こうあん 公安 öffentlicher Friede, -ns, -en; öffentliche Ruhe *f.*; Landfriede *m.* -ns, -n／公安を害する den öffentlichen Frieden stören; die öffentliche Ruhe stören／公安を保つ die öffentliche Ruhe bewahren (schützen); die öffentliche Ruhe und Ordnung aufrecht|erhalten* ‖ 公安委員 Mitglied 《*n.* -[e]s, -er》 des Sicherheitsausschusses／公安委員会 der staatliche Sicherheitsausschuss, -es, ¨-e 《国家》; der Ortssicherheitsausschuss 《地方》／公安条令 Sicherheitsverordnung *f.* -en／公安妨害 Landfriedensbruch *m.* -[e]s.

こうあん 公案 Urkunde *f.* -n 《原典》; [キリスト教の] Katechismus *m.* -, ..men; [禅の] zenbuddhistische Aufgabe, -n; Zen-Aufgabe *f.* -n.

こうあん 考案 [構想] Konzept *n.* -[e]s, -e; Konzeption *f.* -en; Entwurf *m.* -[e]s, ¨-e; [計画] Plan *m.* -[e]s, ¨-e; Projekt *n.* -[e]s, -e; [考え] Idee *f.* -n; Gedanke *m.* -ns, -n; [工夫·発明] Erfindung *f.* -en／それは目下考案中です Ich trage mich jetzt mit dem Plan.／それは誰の考案ですか Wer hat das entworfen? ¦ Wer hat das erfunden? ── 考案する entwerfen*⁴; planen⁴; ersinnen*⁴; erdenken*⁴; erfinden*⁴. ‖ 考案者 Urheber *m.* -s, -; Erfinder *m.* -s, -.

こうい 皇位 der kaiserliche Thron, -[e]s／皇位を継ぐ den Thron besteigen*; auf den Thron kommen* [s].

こうい 高位 der hohe Rang, -[e]s, ¨-e; die hohe Stelle, -n; die hohe Stellung, -en／高位高官の人 Menschen 《*pl*》 von hohem Rang und Amt; Würdenträger *m.* -s, -／高位高官を望む nach ³Rang und ³Ehre trachten.

こうい 好意 Wohlwollen *n.* -s; guter Wille, -ns; Güte *f.*; [親切] Freundlichkeit *f.* -en; Gefälligkeit *f.* -en; Liebenswürdigkeit *f.* -en; Liebesdienst *m.* -[e]s, -e; [愛顧] Gunst *f.*; Gunstbezeigung *f.* -en／御好意に甘えて Ihre ⁴Freundlichkeit benutzend／Q氏の好意により durch die Liebenswürdigkeit Herrn ²Q. ── 好意のある wohlwollend; gütig; freundlich; liebenswürdig; wohl¦meinend (-gemeint)／好意の忠告 wohlgemeinter Rat, -es. ── 好意をもって mit guter ³Absicht／好意をもつ *jm* wohl wollen; *jm* gewogen sein; *jm* zugeneigt sein; ⁴Wohlwollen hegen 《gegen *jn*》; ⁴es gut meinen 《mit *jm*》／日本に好意をもつ japanfreundlich sein; ³Japan günstig gesinnt sein／日本に好意をもたない japanfeindlich sein; antijapanisch sein; gegen ⁴Japan feindlich eingestellt sein.

こうい 攻囲 Belagerung *f.* -en; [包囲] Einschließung *f.* -en; Einkreisung *f.* -en／攻囲を解く die Belagerung auf|heben*／攻囲する belagern⁴; ein|schließen*⁴; ein|kreisen⁴ ‖ 攻囲軍 Belagerungsarmee *f.* -n; Einschließungsheer *n.* -[e]s, -e.

こうい 校医 Schularzt *m.* -es, ¨-e.

こうい 行為 Tat *f.* -en; Handeln *n.* -s; Handlung *f.* -en; Akt *m.* -[e]s, -e; Aktion *f.* -en; [行状] Betragen *n.* -s; Benehmen *n.* -s; Verhalten *n.* -s／法律上の行為 [Rechts]geschäft *n.* -[e]s, -e／道徳上の行為 die sittliche Handlung, -en／行為に現わす in die Tat um|setzen⁴; aus|führen⁴ (durch|-)／行為が大胆である kühn im Handeln sein. ── 行為する tun*; handeln. ‖ 行為者 Täter *m.* -s, -; Missetäter *m.* -s, - 《犯罪行為者》／行為能力 〖法〗 Geschäftsfähigkeit *f.* -en／慈善行為 Wohltat *f.* -en／商行為 Handelsgeschäft *n.* -[e]s, -e／正当(不当)行為 die rechtmäßige (rechtswidrige) Handlung, -en.

こうい 厚意 ⇨こうぐう(厚遇).

こうい 更衣する ⇨きかえる ‖ 更衣室 Umkleideraum *m.* -[e]s, ¨-e; Garderobe[n]zimmer *n.* -s, -.

ごうい 合意 Über¦einkommen *n.* -s (-einkunft *f.* ¨-e; -einstimmung *f.* -en); Abkommen *n.* -s; Abmachung *f.* -en; Einverständnis *n.* ..nisses, ..nisse; Einwilligung *f.* -en; Vereinbarung *f.* -en／合意で nach beiderseitigem Übereinkommen; nach beiderseitiger Übereinkunft (Übereinstimmung); durch ⁴Abkommen (Abmachung); im Einverständnis 《*mit*³》／合意の心中 der Doppelselbstmord 《-[e]s, -e》 nach beiderseitigem Übereinkommen.

こういう ein solcher*; solch ein*; so ein*; dergleichen; derartig; von solcher ³Art (Sorte); von solchem Schlag／こういう人 ein solcher (solch ein) Mensch, -en, -en／こういうこと so etwas; dergleichen Dinge 《*pl*》／こういう風に auf diese⁴ (in dieser³) Weise／人生とはこういう物だ So ist das Leben.

こういき 広域 ¶ 広域生活圏に住む in einem Großraum leben ‖ 広域経済 Großraumwirtschaft *f.*／広域捜査 Großraumfahndung *f.* -en.

こういしょう 後遺症 Nachwirkung 《*f.* -en》 als Folge einer anderen Krankheit.

ごういつ 合一 [Ver]einigung *f.* -en; Einigmachung *f.* -en; Unifikation *f.* -en; Verbindung *f.* -en; Vereinheitlichung *f.* -en; Zusammenbringung *f.* -en／合一する [ver]ein[ig]en⁴ 《*mit*³》; einig machen⁴; unifizieren⁴; verbinden*⁴ 《*mit*³》; vereinheitlichen⁴; zusammen|bringen*⁴ 《*mit*³》.

こういっつい 好一対 ein gutes (passendes) Paar, -[e]s, -e／好一対の夫婦 ein gut zusammenpassendes Ehepaar, -[e]s, -e.

こういってん 紅一点 die einzige Frau (Dame) unter den ³Anwesenden.

こういん 工員 [Fabrik]arbeiter *m.* -s, -.

こういん 行員 der Bank¦beamte* (-angestellte*), -n, -n.

こういん 拘引 Verhaftung f. -en; Festnahme f. -n; Verschleppung f. -en. — 拘引する verhaften⁴; fest|nehmen*⁴; in ⁴Haft nehmen*⁴; gefangen nehmen*⁴; ab|führen⁴ (verschleppen⁴) zur ³Polizei 『ひっぱって行く』/拘引される in ³Haft (³Gewahrsam) sein; in ³Arrest (³Verhaft) sein/殺人の嫌疑で拘引される unter dem Verdacht des Mordes zur Polizei abgeführt werden. ‖ 拘引状 Haft|brief m. -[e]s, -e (-befehl m. -s, -e).

こういん 後胤 Nachkomme m. -n; Ab|kömmling (Nach-) m. -s, -e/〔総称〕Nachkommenschaft f.; die Nachkommen 《pl》/五代の後胤 js Nachkomme in fünfter ³Generation.

こういん 公印 das amtliche Siegel, -s.

こういん 光陰 Zeit f. /光陰を惜む die Zeit aus|nutzen; keine Minute unbenutzt lassen*/光陰矢のごとし Pfeilschnell fliegt die Zeit dahin.

ごういん 強引に mit 《aller》³Gewalt; gewaltsam; mit ²Zwang.

ごういん 強飲する stark 《gehörig; ordentlich; tüchtig》trinken*⁴; über den Durst trinken*⁴; wie ein Loch saufen*⁴; zu tief in die Kanne 《ins Glas》gucken.

こうう 降雨 Regenfall m. -[e]s, ⁼e; Regen m. -s, -/ Niederschlag m. -[e]s, ⁼e; das regnerische Wetter, -s, - /〔雨天〕/降雨欠乏〔のため〕〔aus(³)〕Mangel 《m. -s》an Regen; 〔wegen²⁽³⁾〕Regenmangel(s)/多量の降雨の強き starke (schwere) Niederschlag (Regenguss) ‖ 降雨季 Regen|zeit f. -f (-monat m. -[e]s, -e)/降雨量 Regenmenge f. -n.

ごうう 豪雨 sehr starker Regen, -s, -; das Herunterstürzen* (-s,-) ungeheurer Regenmassen; Platzregen m. -s, -; Regen|guss m. -es, ⁼e (-strom m. -[e]s, ⁼e); Wolkenbruch m. -[e]s, ⁼e.

こうう 光暈〔写〕Lichthof m. -[e]s, ⁼e.

こううん 幸運 Glück n. -[e]s, 《まれに-e》Fortuna f.; die Gunst des Geschicks; Dusel m. -s 《至福》; Seligkeit f. -en 《至福》/幸運児 Glücks|kind n. -[e]s, -er (-pilz m. -es, -e); der Günstling 《-s, -e》des Glücks; der Liebling 《-s, -e》der Götter; Hand im Glück /幸運の絶頂にある auf dem Gipfel seines Glücks sein; die höchste Glückseligkeit genießen* /幸運が向いてきた Nun lächelt mich die Fortuna an. / Jetzt meint es das Glück mit mir wohl /御幸運を祈る Ich wünsche Ihnen alles Gute. —— 幸運な glücklich; beglückt; beseligt; glück|haft (-selig); herrlich und in Freuden; wonnetrunken 《有頂天の》 /幸運にも glücklicherweise; zum Glück /幸運にも一等に当選した Glücklicherweise hat er das große Los gezogen (gewonnen). / Er war glücklich genug, den Haupttreffer zu gewinnen.

こううんき 耕耘機 Kultivator m. -s, -en; Grubber m. -s, -.

こうえい 光栄 Ehre f. -n; Ruhm m. -[e]s; Glorie f. -n /光栄ある ehren|voll (-haft); glor|reich (-selig) /光栄ある勝者 der glorreiche (ruhmreiche) Sieg, -[e]s, -e /光栄に思う für eine Ehre halten*⁴; ³sich eine Ehre machen 《aus³》; *sich geehrt fühlen; ³sich zur Ehre an|rechnen⁴ /...の光栄を有す die Ehre haben, *et zu tun; ⁴sich beehren, *et zu tun / それは私の大いに光栄とする所であります Ich nehme mir es zur großen Ehre an. / Dadurch fühle ich mich sehr geehrt. /貴君と近付きになれて大変光栄です Ich bin auf Ihre Bekanntschaft sehr stolz.

こうえい 公営 öffentliche (staatliche) Leitung (Verwaltung) /公営の öffentlich (staatlich); Gemeinde-.

こうえい 後裔 ⇒こういん(後胤).

こうえい 後衛 Nach|hut f. -en (-trab m. -s, -e); Arrieregarde f. -n; 〔テニス〕Spieler 《m. -s, -》an der ³Grundlinie; Rück|schläger m. -s, -/〔サッカー〕Verteidiger m. -s, - /後衛となる den Nachtrab bilden.

こうえき 交易 Handel m. -s; Tauschhandel m. -s; 〔交換〕Austausch m. -[e]s /交易する handeln 《mit³》; Handel treiben* 《mit³》; Tauschhandel treiben*; aus|tauschen. ⇒ぼうえき(貿易).

こうえき 公益 Gemein|nutz m. -es (-wohl n. -s); allgemeines Interesse, -s /公益の gemeinnützig /公益のために zum allgemeinen Besten*; im öffentlichen Interesse /公益をはかる das Gemeinwohl fördern; für das Volkswohl (Gemeinwesen) arbeiten; Gemeingeist haben /公益のためになる dem Gemeinwohl dienen; für das Volkswohl nützlich (förderlich) sein ‖ 公益事業 gemeinnütziges Unternehmen, -s, -/公益質屋 öffentliches Leihhaus, -es, -er.

こうえつ 校閲 Durchsicht f.; Revision f. / A 博士校閲 revidiert (durchgesehen) von Dr. A /校閲する durch|sehen*⁴; revidieren⁴; prüfen⁴ ‖ 校閲者 der Revidierende*, -n, -n.

こうえん 公演 öffentliche Aufführung (Vorstellung; Darstellung), -en /公演する 〔öffentlich〕auf|führen⁴ (zeigen⁴; vor|stellen⁴; dar|stellen⁴).

こうえん 好演 geschickte Aufführung, -en; ausgezeichnete Darstellung, -en /彼はその役を好演した Er spielte seine Rolle ausgezeichnet.

こうえん 公園 Park m. -[e]s, -s; Parkanlage f. -n; öffentlicher Garten, -s, ⁼; öffentliche Anlage, -n; Platz m. -es, ⁼e 《広場》.

こうえん 講演 Vortrag m. -[e]s, ⁼e; Rede f. -n; 《大学の》Vorlesung f. -en /講演を聞く die Vorlesung (den Vortrag) besuchen. —— 講演する einen Vortrag halten*. ‖ 講演会 Vortrags|veranstaltung f. -en (-abend m. -s, -e) /講演者 der Vortragende*, -n, -n; Redner m. -s, - /講演料 Vortragshonorar n. -s, -e /講演旅行 Vortragsreise f. -n /公開講演 öffentlicher Vortrag.

こうえん 口演 mündliche Erzählung, -en /口演する mündlich erzählen.

こうえん 高遠な hoch; erhaben; edel; vornehm.

こうえん 後援 Unterstützung f. -en; Stütze f. -n; Hilfe f. -n; Beistand m. -[e]s/... の後援の下に mit der ²Unterstützung von³ .... — 後援する unterstützen; jm helfen* (bei|stehen*); für jn ein|treten* s. ‖ 後援会 Unterstützungsverein m. -s, -e/後援者 Spender m. -s, -; Mäzen m. -s, -; Helfer m. -s, -; Patron m. -s, -e; Beistand m. -[e]s, -.

こうえん 紅炎 rote Flamme, -n; [太陽の] [Sonnen]protuberanz f. -en.

こうお 好悪 Zu- und Abneigung; Neigung und Abneigung; Geschmack m. -[e]s, -.

こうおつ 甲乙 das Überlegen- und Unterlegensein*, -s; relative Werte (pl); Unterschied m. -[e]s, -e/甲乙なく gleich; dasselbe*; eins; identisch; kein Unterschied; nicht unterscheidbar/甲乙をつける ab|stufen⁴; gradieren⁴; unterscheiden*⁴ (von³); einen Unterschied machen (zwischen³); ⁴Schattierungen (pl) machen/全く甲乙がない Das ist Jacke wie Hose.

こうおん 高音 der hohe Ton, -[e]s, ¨e; die hohe Stimme, -n; Sopran m. -s, -e/高音の in hoher Tonlage.

こうおん 高温 die hohe Temperatur, -en ‖ 高温計 Pyrometer n. -s, -.

こうおん 厚恩 Güte f. -n; Wohlwollen n. -s.

こうおん 喉音 Kehl|laut (Guttural) m. -[e]s, -e.

ごうおん 轟音 Krach m. -[e]s, -e; Brausen n. -s, -; Dröhnen n. -s, -/轟音を立てて mit einem lauten Krach; dröhnend; brausend.

こうか 工科 die technische Fakultät, -en 〈大学の〉‖ 工科大学 die technische Hochschule, -n.

こうか 黄禍 gelbe Gefahr.

こうか 効果 Effekt m. -[e]s, -e; Wirkung f. -en; Wirksamkeit f. -en; [能率] Leistung f. -en; [成果] Erfolg m. -[e]s, -e; Ergebnis n. ..nisses, ..nisse; Frucht f. ¨e; Resultat n. -[e]s, -e/効果を納める guten Erfolg haben; gewünschte Wirkung aus|üben; befriedigende Ergebnisse hervor|bringen*/効果がない keinen genügenden Erfolg bringen*; kaum (nicht genug) wirksam sein; wenig Wirkung haben/効果が現われた Die Wirkung hat sich gezeigt. ¦ Es hat gewirkt. — 効果的な wirksam; effektvoll; erfolgreich; fruchtbar; nachdrücklich; eindringlich (印象的)/効果のない erfolglos; wirkungslos; unwirksam; fruchtlos; vergeblich; effektlos; eitel.

こうか 考課 Berücksichtigung (f. -en) der Leistungen; Gutachten (n. -s, -) über die Arbeitsleistungen ‖ 考課状 Leistungsbericht m. -[e]s, -e; Geschäftsbericht m. -[e]s, -e 〈業務報告〉/考課表 Leistungstabelle f. -n.

こうか 公課 Steuer f. -n; [öffentliche] Abgabe, -n.

こうか 硬貨 Geldstück n. -[e]s, -e; Münze f. -n; Metall|geld (Hart-) n. -[e]s, -er.

こうか 校歌 Schullied n. -[e]s, -er.

こうか 高価 der hohe Preis, -es, -e; Kostspieligkeit f./高価な teuer; kostspielig; 〈貴重な〉wertvoll; kostbar/ひどく高価だ wahnsinnig teuer ‖ 古本高価買入 „Hier werden Bücher zu hohen Preisen angekauft."

こうか 高架の hochangelegt; Ober-; Hoch- ‖ 高架橋 Hochbrücke f. -n; 〈跨線橋〉Überführung f. -en; Viadukt m. -[e]s, -e; Überbrückung f. -en/高架線〔電線〕oberirdische Leitung, -en/高架線 Oberleitung f. -en; Hochstraße f. -n 〈道路〉/高架鉄道 Hochbahn f. -en.

こうか 硬化 das Verhärten*, -s; Verhärtung f. -en; das Härten*, -s; Härtung f. -en; Versteifung f. -en; Verknöcherung f. -en; Verkalkung f. -en; das Zementieren*, -s 〈鉄の〉; Metallisierung f. -en 〈ゴムの〉; [医] Induration f. -en; Sklerose f. -n; Sklerosierung f. -en. — 硬化する ❶ [v.t.] verhärten⁴; hart machen⁴; erhärten⁴; versteifen⁴; (das Eisen) zementieren; (den Gummi) metallisieren; steif (starr) machen⁴. ❷ [v.i.] hart werden; ⁴sich verhärten; ⁴sich versteifen/態度が硬化する Die Haltung verhärtet (versteift) sich./頭脳が硬化する Das Gehirn verknöchert./精神が硬化する Der Geist versteinert ⁴sich./動脈が硬化する die Arterien verkalken. ‖ 硬化ゴム Hartgummi m. -s; Ebonit n. -es.

こうか 降下 Abstieg m. -[e]s, -e; Sturz m. -es, ¨e; das Fallen* (Absteigen*), -s; Landung f. -en 〈着陸〉/急降下〔飛行機の〕Sturzflug m. -[e]s, ¨e/気温の降下 das Fallen* (Sinken*) der ²Temperatur. — 降下する 〔her〕ab|steigen* s; fallen* s; sinken* s; landen h.s 〈着陸する〉.

こうか 膠化する gelatinieren; gallertartig (gallertig) werden; ⁴sich in Kolloid verwandeln.

こうが 高雅な edel; erhaben; elegant; verfeinert.

こうが 河河 Hoangho m. -[s].

こうか 業火 der 〔große〕Brand, -[e]s, ¨e; Feuersbrunst f. ¨e; Großbrand m. -[e]s, ¨e.

ごうか 豪家 die wohlhabende 〔und einflussreiche (angesehene)〕Familie, -n.

ごうか 豪華な prächtig; prachtvoll; köstlich; luxuriös; opulent; prunk|haft (-voll); üppig; überreich; verschwenderisch ‖ 豪華船 Luxusdampfer m. -s, -; Luxusschiff n. -[e]s, -e/豪華版 Luxusausgabe (Pracht-) f. -n; die prächtig gebundene Ausgabe, -n.

こうかい 黄海 Gelbes Meer, -[e]s.

こうかい 紅海 Rotes Meer, -[e]s.

こうかい 公海 die offene See ‖ 公海漁業 F-scherei (f. -en) auf offenem Meer; Hochseefischerei f. -en.

こうかい 公会 die öffentliche Versammlung, -en ‖ 公会堂 die öffentliche Versammlungshalle, Stadthalle f. -n.
こうかい 公開 offen; öffentlich /公開を禁止する dem Publikum (der Öffentlichkeit) verschließen* /公開の席で vor der Öffentlichkeit; öffentlich. ── 公開される ³Öffentlichkeit (dem Publikum) zugänglich machen*; öffentlich machen* (zeigen*; aus|stellen*) /M氏は今後その庭園を公開する Herr M. gibt fortan seinen Garten für das Publikum frei. ‖ 公開演説 die öffentliche Rede, -n/公開講演 der öffentliche Vortrag, -(e)s, ¨e/公開講義 die öffentliche Vorlesung, -en/公開試合 der öffentliche (offene) Wettkampf, -(e)s, ¨e/公開状 der offene Brief, -(e)s, -e/公開討論 die öffentliche Diskussion, -en.
こうかい 後悔 das Bereuen*, -s; Reue f.; Reumütigkeit f.; Buße f.; Bußfertigkeit f.; Zerknirschung f. -en〖悔悟〗; 〖良心の呵責（かしゃく）〗Gewissensnot f. ¨e〔-angst f. ¨e〕; 〖遺憾〗Bedauern n. -s; Schuldbewusstsein n. -s〖罪の意識〗/後悔先に立たず ,Reue kommt immer zu spät.' ── 後悔する reuig; reuevoll; reumütig; zerknirscht; bereuend. ── 後悔する bereuen*; Reue empfinden* ⟨über*⟩; zerknirscht sein ⟨über*⟩; von Gewissensbissen gepeinigt werden; bedauern; Es reut mich, dass ...〖遺憾に思う〗.
こうかい 航海 Seefahrt f. -en (-verkehr m. -s); Schifffahrt f. -en; das Kreuzen*, -s〖巡航〗/航海の nautisch; naval; See-; Schiffs-/航海に出る〖人が〗eine Seereise an|treten*; 〖船が〗den Anker lichten; ab|fahren* ⓢ; in ⁴See stechen* ⓢ; unter ⁴Segel(n) gehen* ⓢ/航海に耐える seefest (seetüchtig) sein/航海中である〖人が〗auf der ³Seereise sein; auf der ³Seereise sein; 〖船が〗auf ³See sein; unter ⁴Segel sein/航海の無事を祈る jm eine glückliche Fahrt wünschen. ── 航海をする schiffen ⓢ; fahren* ⓢ; segeln; eine Schifffahrt machen (unternehmen*); kreuzen〖巡航する〗. ‖ 航海業 Schifffahrts|geschäft (Schiffstransport-) n. -(e)s, -e/航海勤務 Seedienst m. -(e)s, -e/航海者 Seefahrer m. -s, -; Schiffer m. -s, -; Seemann m. -s, ..leute/航海術 Schifffahrtskunde f. -; Navigation f./航海地図 Navigationskarte f. -n/航海長 Navigationsoffizier m. -s, -e/航海日誌 Logbuch n. -(e)s, ¨er; Schiffstagebuch n. -(e)s, ¨er/遠洋航海 Ozeanschifffahrt f. -en/初航海 Jungfernfahrt f. -en; die erste Fahrt, -en.
こうかい 降灰 das Fallen* ⟨-s⟩ der Asche; 〖灰〗die fallende Asche, -n/日本は核爆発実験の結果多量の放射能降灰をみた Infolge der Kernexplosionsversuche viel eine große Menge der radioaktiven Asche auf Japan.
こうかい 更改 Erneuerung f. -en; Renovierung f. -en; Auffrischung f. -en/更改する erneuern*; auf|frischen*; renovieren*.

こうがい 郊外 Umgebung ⟨f. -en⟩ (Umgegend f. -en; Umkreis m. -es) der Stadt; Vorort m. -(e)s; Vorstadt f. ¨e/郊外に住む in der Umgebung (Vorstadt) wohnen ‖ 郊外散歩 Spaziergang ⟨m. -(e)s, ¨e⟩ in die Umgebung der Stadt; Ausflug ⟨m. -(e)s, ¨e⟩ außerhalb der Stadt/郊外生活 Leben ⟨n. -s⟩ in der Umgebung der Stadt (im Vorort)/郊外生活者 Vorstädter m. -s, -; der im Umkreis einer Stadt Wohnende*, -n, -n/郊外電車 Vorstadt|bahn (Vorort[s]-) f. -en.
こうがい 梗概 Umriss m. -es, -e; kurzer Inhalt, -(e)s, -e, kurze Darstellung, -en; Abriss m. -es, -e; Übersicht f. -en; Resümee n. -s, -s; 〖劇の〗Gang ⟨m.⟩ der ²Handlung/梗概を示す einen Abriss geben* ⟨von⟩; kurz zusammen|fassen*; einen Auszug geben*⟨³⟩; eine gedrängte Darstellung geben*⟨³⟩.
こうがい 慷慨 bitterlich klagen ⟨über*⟩; ⁴sich entrüsten ⟨über*⟩.
こうがい 構外 außerhalb des Grundstückes/停車場構外に außerhalb des Bahnhofsgrundstückes.
こうがい 校外 außerhalb der ²Schule ‖ 校外生 auswärtiger Student, -en, -en; der Externe*, -n, -n.
こうがい 港外に(の) außerhalb des Hafens.
こうがい 坑外労働者 Arbeiter ⟨m. -s, -⟩ außerhalb der Grube (Stolle); Tagarbeiter m. -s, -.
こうがい 口蓋 Gaumen m. -s, -/口蓋の Gaumen-; palatal ‖ 口蓋音 Gaumenlaut m. -(e)s, -e/硬口蓋 der harte Gaumen/軟口蓋 der weiche Gaumen.
こうがい 口外する sprechen* ⟨über*⟩; aus|plaudern*; verraten*; enthüllen*; entdecken*/口外しない für ⁴sich behalten*; verschweigen*; reinen Mund halten* ⟨über*⟩/一言たりとも口外してはならぬ Sagen Sie keinem ein Silbe davon!
こうがい 公害 Umwelt|schäden ⟨pl⟩ (-gefahren ⟨pl⟩) -gefährdung f.; -katastrophe f.; -krise f., -verschmutzung f.)/公害を除く Umweltschäden ⟨pl⟩ beseitigen ‖ 公害患者 der durch Umweltschäden Erkrankte, -n, -n/公害防止法 Umweltschutzgesetz n. -es, -e/公害問題 Umwelt|frage f. -n (-problem n. -(e)s, -e)/沿道公害 Umweltschäden entlang einer Straße/無公害エンジン der umweltfreundliche Motor, -s, -en.
ごうかい 豪快な gewaltig; imponierend; imposant; großartig; grandios.
ごうがい 号外 Extra|ausgabe f. -n (-blatt n. -(e)s, ¨er); Sonderblatt/ツァイトの号外 das Extrablatt (Sonderblatt) der "Zeit"/選挙の号外 das Extrablatt (Sonderblatt) in Bezug auf die Wahlergebnisse/号外で報道する eine Nachricht durch Extrablatt (Sonderblatt) verbreiten; Extrablatt (Sonderblatt) heraus|geben* ‖ 号外売り Extra|blattverkäufer (Sonder-) m. -s, -.

こうかがく 光化学の photochemisch ‖ 光化学スモッグ photochemischer Smog, -(s), -.
こうかく 甲殻 Rückenschild n. -(e)s, -er; Schale f. -n; Kruste f. -n ‖ 甲殻類【動】Krustentiere (pl).
こうかく 口角 Mundwinkel m. -s, -/口角泡をとばして議論する sehr heftig (leidenschaftlich) diskutieren; aufgeregt debattieren.
こうかく 広角 der weite Winkel, -s, - ‖ 広角レンズ Weitwinkellinse f. -n;【写】Weitwinkelobjektiv n. -s, -e.
こうかく 光覚 Lichtempfindung f. -en; die optische Empfindung, -en.
こうがく 光学 Optik f.; Lichtlehre f./光学の optisch ‖ 光学器械 optisches Instrument, -(e)s, -e.
こうがく 工学 Maschinenbaukunst f.; Ingenieur|wesen n. -s (-wissenschaft f.); Technik f.; 工学士 Diplom-Ingenieur m. -s, - (略: Dipl.-Ing.)/工学部 technische Fakultät, -en/工学博士 Doktor (m. -s, -en) der ²Ingenieurwissenschaft (略: Dr.-Ing.)/機械工学 mechanischer Maschinenbau, -(e)s, -ten/土木工学 Zivilingenieurkunst f./電気工学 Elektrotechnik f.
こうがく 後学 ❶《後進》Nachwuchs m. -es. ❷［参考］zukünftige Belehrung (Information; Unterweisung)《以上 -en》/後学のために与ūか nützliche zukünftige Information; zum zukünftigen Nutzen.
こうがく 好学の士 der Lern|begierige*〈-eifrige*〉, -n, -n.
ごうかく 合格 Brauchbarkeit f.; Tauglichkeit f. 《zu³》; das erfolgreiche Ablegen*, -s《einer Prüfung》; das Bestehen*, -s《eines Examens》. ——— 合格する für brauchbar (tauglich) befunden werden《zu³》; aufgenommen werden; bestehen⁴《ein Examen》; durch|kommen*⁵《im Examen》; erfolgreich ab|legen*⁴《eine Prüfung》; zugelassen werden《zu³》. ——— 合格させる auf|nehmen*⁴《in⁴》; zu|lassen*⁴《zu¹》‖ 合格者 der glückliche Durchgekommene*, -n, -n ‖ der erfolgreiche Kandidat, -en, -en; der Zugelassene*, -n, -n/合格点 die zum Bestehen einer Prüfung erforderlichen Zensuren (pl).
こうがくしん 向学心 Lern|eifer m. -s, - (-begierde f.).
こうかくほう 高角砲 Steilfeuergeschütz n. -es, -e;［高射砲］Flugzeugabwehrkanone f. -n（略: Flak.）.
こうかつ 狡猾 Schlauheit f.; Verschlagenheit f.; Durchtriebenheit f.; Listigkeit f.; Verschmitztheit f./狡猾な schlau; verschlagen; durchtrieben; listig; verschmitzt; gerieben/狡猾に立回る verschlagen (schlau) handeln.
こうかっしょく 黄褐色 Gelbbraun n. -s/黄褐色の gelbbraun.
こうかん 高官 das hohe Amt, -es, ⁻er;［人］der hohe Beamte*, -n, -n; Würdenträger m. -s, -.

こうかん 交感 Sympathie f. -n ‖ 交感神経 sympathischer Nerv, -s, -en; Sympathikus m. -.
こうかん 交歓 ein geselliges Beisammensein*, -s《mit jm》; ⁴sich miteinander gemütlich (freundschaftlich; ungezwungen) unterhalten*; einen fröhlichen Abend verbringen*《mit³》.
こうかん 交換 Tausch m. -(e)s, -e; Aus|tausch (Um-) m. -(e)s, -e; Vertauschung f. -en; Geben und Nehmen/物々交換 Tauschhandel m. -s, -;［置換え］Ersetzung f. -en;【数】Substitution f.;［手形の］Abrechnung f. -en; Verrechnung f. -en. ——— 交換する tauschen⁴《gegen⁴》; aus|tauschen⁴《mit³》;［ある-］wechseln⁴《mit³》;［置換える］ersetzen⁴《durch⁴》; vertauschen⁴;【数】substituieren⁴《für⁴》;［手形を］ab|rechnen; verrechnen/意見を交換する die Meinungen aus|tauschen/座席を交換する die Plätze (die Sitze) tauschen《mit jm》; den Sitz wechseln《mit jm》/絶えず手紙を交換している in ständigem Briefwechsel stehen*《mit jm》‖ 交換学生 Austauschstudent m. -en, -en/交換価値 Austauschwert m. -(e)s, -e/ 交換教授; Austauschprofessor m. -s, -en/交換局 Fernamt n. -(e)s, ⁻er/交換経済 Tauschwirtschaft f. -en/交換所［手形の］Abrechnungsstelle f. -n/交換条件 Tauschbedingung f. -en/交換台 Schalttafel f. -n/交換高 Gesamtsumme (f.) der abgerechneten Wechsel/交換レンズ【写】Wechselobjektiv n. -s, -e.
こうかん 好漢 der nette (famose) Kerl, -s, -e.
こうかん 鋼管 Stahlrohr n. -(e)s, -e; Rohr (n. -(e)s, -e) aus Stahl.
こうかん 好感 Wohlwollen n. -s; der gute (günstige) Eindruck, -(e)s, ⁻e (好印象)/好感を与える einen angenehmen (guten) Eindruck machen《auf jn》/好感を抱く jm wohl wollen*.
こうかん 公館 ¶ 在外公館 die diplomatische Vertretung《-en》im Ausland; Botschaft f. -en《大使館》; Gesandtschaft f. -en《公使館》; Konsulat n. -(e)s, -e《領事館》.
こうかん 巷間で(の) auf der ³Straße; in der Stadt; in der Welt/巷間の説 Stadt|gespräch n. -(e)s, -e; Gerücht n. -(e)s, -e《噂》; Gerede n. -s; Klatsch m. -es, -e《噂話》/巷間説をなす者あって言う Man verbreitet das Gerücht, dass ....
こうがん 睾丸 Hoden m. -s, -; Testikel m. -s, - ‖ 睾丸炎 Hodenentzündung f. -en/副睾丸 Nebenhoden m. -s, -.
こうがん 厚顔 Frechheit f.; Unverschämtheit f.; Schamlosigkeit f.; Unverfrorenheit f.; Impertinenz f.; Vorwitz m. -es; Insolenz f. -en/厚顔な frech; unverschämt; schamlos; impertinent; vorwitzig; insolent; mit eherner Stirn/³Stirn/厚顔無恥の徒 frecher Kerl, -s, -e; unverschämter Pöbel, -s《総称》/厚顔にも

こうがん …する die Stirn haben, ⁴et zu tun; die Frechheit (f.) besitzen*, ⁴et zu tun. ⇨あつかましい

こうがん 紅顔の rot|wangig (rosen-); blühend; gesund; frisch/紅顔の美少年 ein hübscher Junge (Knabe) 《-n, -n》 mit roten Wangen/朝に紅顔あり、夕に白骨となる, Heute rot, morgen tot.'

こうがん 抗癌(性)の gegen ⁴Krebs.

こうかん 強姦 Notzucht f.; Befleckung f. -en; Entehrung f. -en; Entjungferung f. -en《処女》; Schwächung f. -en《同上》; Missbrauch m. -(e)s, -; Schändung f. -en; Vergewaltigung f. -en. —— 強姦する notzüchtigen⁴ (p.p. genotzüchtigt); beflecken⁴; die Ehre rauben⁴ (einer ³Frau); entehren⁴; entjungfern⁴; Gewalt an|tun*³ (einer ³Frau); missbrauchen⁴ (p.p. missbraucht); schänden⁴; schwächen (eine Jungfrau); vergewaltigen⁴.

こうかんばん 後甲板 Achter|deck (Quarter-) n. -(e)s, -e.

こうき 後期 die zweite Hälfte² 《des Jahres 年の》; des Zeitalters von …, …時代の》; Wintersemester n. -s, -《冬学期》/後期の Spät-/後期ルネッサンス Spätrenaissance f. ‖ 後期決算 Rechnungsabschluss (m. -es, "e) der zweiten Hälfte des Jahres.

こうき 広軌 Normalspur f. -en; Vollspur《標準広軌》; Breitspur《前よりもっと広いの》/広軌の鉄道 Normalspur|bahn (Breitspur-) f. -en/ドイツ鉄道は標準広軌です Die Deutsche Bahn ist normalspurig.

こうき 衡器 Waage f. -n; Wiegemaschine f. -n.

こうき 香気 Duft m. -(e)s, "e; Wohlgeruch m. -(e)s, "e; Aroma n. -s, ..men (-ta); Parfüm n. -s, -s/香気ある duftend; wohlriechend; aromatisch/香気を放つ duften; wohl|riechen*; Wohlgeruch (Duft) verbreiten (aus|senden*)/香気馥郁(ﾆ)としていた Die Luft ist mit (von) Duft geschwängert.

こうき 綱紀 Disziplin f. -en; Zucht f. -; Ordnung f. -en/厳正なる綱紀 die eiserne (strenge; straffe) Disziplin (Zucht)/綱紀を保つ [auf] Disziplin halten*/綱紀を紊(ｶﾞ)乱する die Disziplin untergraben/綱紀を粛正する die Disziplin strenger machen/ここでは綱紀はよく保たれている Hier herrscht Zucht und Ordnung.

こうき 光輝 Glanz m. -es, -e; Schein m. -(e)s, -e; Strahlung f. -en; Glorie f. -n/光輝ある glänzend; strahlend; glanzvoll; glorreich; ruhmreich.

こうき 好機(会) die gute (günstige) Gelegenheit, -en《Chance f. -n; Möglichkeit f. -en》; der richtige Augenblick, -(e)s, -e/好機を待つ auf günstigen Wind (auf eine günstige Gelegenheit) warten/好機を捕える eine günstige Gelegenheit ergreifen* (beim Schopf fassen; wahr|nehmen*)/好機を利す eine gute Gelegenheit aus|nutzen (aus|nützen); mit dem Wind zu segeln verstehen*/好機を逸する eine gute Gelegenheit versäumen (verpassen; vorübergehen lassen*)/好機到来です Es bietet sich (jm) eine gute Gelegenheit.

こうき 校紀 Schul|disziplin f. -en (-zucht f. "e).

こうき 高貴な ad[e]lig; aristokratisch; distinguiert; edel; erhaben; feudal; vornehm/高貴な方 Adel m. -s, -; der Ad(e)lige*, -n, -n; Aristokrat m. -en, -en《貴族》; ein Mann 《m. -(e)s, "er》 von (in) Rang und Würden (in Amt und Würden)《高位高官》; die hohe Persönlichkeit, -en《身分の高い人》/高貴の生まれ von hoher Geburt (Abkunft) sein; [von] hoher Abstammung sein.

こうき 校旗 Schulfahne f. -n.

こうき 公器 die öffentliche Einrichtung (Institution), -en.

こうき 後記 Nach|wort (Schluss-) n. -(e)s, -e; Nachtrag m. -(e)s, "e; Schlussbemerkung f. -en ‖ 編集後記 Schlussbemerkung der Redaktion.

こうき 工期 Bauzeit f. -en.

こうぎ 広義 der weitere Sinn, -(e)s, -e/広義に解釈する im weiteren Sinn[e] verstehen* (aus|legen).

こうぎ 交誼 Freundschaft f.; Güte f.; Gewogenheit f.; Wohlwollen n. -s; freundschaftliche Beziehungen《pl》; freundschaftliches Verhältnis, -nisses, -nisse/交誼を結ぶ Freundschaft schließen* (pflegen)《mit jm》/交誼を断つ Freundschaft ab|brechen*.

こうぎ 講義 Vorlesung f. -en; [講演] Vortrag m. -(e)s, "e; [解説] Erläuterung f. -en; Auslegung f. -en/講義に出席する eine Vorlesung besuchen; einer ³Vorlesung bei|wohnen/講義を怠ける eine Vorlesung schwänzen. —— 講義する eine Vorlesung halten*; vor|lesen*; einen Vortrag halten*《講演する》; erläutern⁴《解説する》. ‖ 講義録 Unterrichtsbriefe《pl》/公開講義 öffentliche Vorlesung; öffentlicher Vortrag.

こうぎ 抗議 Einspruch m. -(e)s, "e; Einwand m. -(e)s, "e; Einwendung f. -en; Einwurf m. -(e)s, "e; Protest m. -(e)s, -e; Widerspruch m. -(e)s, "e; Verwahrung f. -en《異議》. —— 抗議する Einspruch erheben*; protestieren; Einwendungen《pl》machen; Einwand erheben*; Verwahrung ein|legen《gegen⁴》; [以上どれも gegen⁴]; Vorstellungen (Vorhaltungen) machen《陳情して》. ‖ 抗議集会 Protest|kundgebung (-versammlung) f. -en/抗議声明 Protesterklärung f. -en/抗議デモ Protestdemonstration f. -en (-marsch m. -en.

ごうき 豪気 Furchtlosigkeit f.; Beherztheit f.; Unerschrockenheit f./豪気な 1) furchtlos; beherzt; unerschrocken. 2) [どえらい] glänzend; ausgezeichnet; fabelhaft; großartig; herrlich; prächtig; Haupt-; Mords-; Pracht-.

ごうき 剛毅 Schneid m. -(e)s; Festigkeit f.;

ごうぎ 合議 Berat(schlag)ung f. -en; die gemeinsame Besprechung, -en; die gemeinsame Unterredung, -en; Konferenz f. -en; Konsultation f. -en; die beratende Zusammenkunft, ¨-e. —— 合議する beraten* (mit jm über⁴); (¹sich) beratschlagen (mit jm über⁴); ⁴sich gemeinsam besprechen* (unterreden) (mit jm über⁴); eine Konferenz (Konsultation) halten*. ‖ 合議裁判 Kollegialgericht n. -(e)s, -e/合議制 Kollegialsystem n. -s, -e

こうきあつ 高気圧 der atmosphärische Hochdruck, ¨-e.

こうきしん 好奇心 Neugier(de) f./好奇心の強い neugierig [wie eine Ziege]; wissbegierig/好奇心に駆られて aus Neugier.

こうきゅう 考究 (Er)forschung f. -en; Ergründung f. -en; Durchforschung f. -en; Untersuchung f. -en; Erwägung f. -en; Überlegung f. -en. —— 考究する erforschen⁴; ergründen⁴; durchforschen⁴; untersuchen⁴; erwägen*⁴; überlegen⁴.

こうきゅう 高給 das hohe Gehalt, -(e)s, ¨-er; die hohen Bezüge (pl)/高給をはむ高い Gehalt bezogen*; sehr gut bezahlt sein; js Bezüge sind hoch.

こうきゅう 硬球 Tennisball m. -(e)s, ¨-e ❖ 外国では軟式にテニスはないから「硬」は訳さないで、区別する場合は Gummiball で軟球を表わす。

こうきゅう 高級の Luxus-; erstklassig; höher; hochwertig ‖ 高級官吏(職員) der höhere Beamte*, -n, -n/高級車 Luxuswagen m. -s, -/(列車にも用いる) Luxusauto n. -s, -s/高級船員 Schiffsoffizier m. -s, -e/高級品 Luxusware f. -n (-artikel m. -s, -).

こうきゅう 恒久の beständig; dauernd; ewig; ständig/恒久に〔上掲語の他〕stets (und ständig); immerdar; immer während/恒久化する verewigen⁴ ‖ 恒久平和 der ewige Friede(n), ..dens, ..den.

こうきゅうび 公休日 Feier|tag (Fest—) m. -(e)s, -e; Bankfeiertag m. -(e)s, -e (銀行の).

こうきょ 公許 die amtliche (behördliche) Genehmigung, -en; die offizielle Erlaubnis, ..nisse; Lizenz f. -en/公許を受ける die offizielle Erlaubnis (eine amtliche Genehmigung) erhalten*; amtlich (offiziell) genehmigt (bewilligt) werden/公許を求めるdie amtliche Genehmigung ein|holen. —— 公許する (die) offizielle Genehmigung erteilen; offiziell genehmigen⁴.

こうきょ 皇居 der kaiserliche Palast, -es, ¨-e; das kaiserliche Schloss, -es, ¨-er; der Sitz (-es, -e) des Kaisers.

こうきょう 公共 Öffentlichkeit f.; Gemeinnutz m. -es; Publikum n. -s/公共の öffentlich; gemein|nützig (-nützlich); Gemein-; staatlich (国家の)/公共の利益をはかるfür das öffentliche Wohl sorgen/公共のためである im öffentlichen Interesse liegen* (物が) ‖ 公共事業 der gemeinnützige Betrieb, -(e)s, -e; das öffentliche (gemeinnützige) Unternehmen, -s/公共心 Gemein|geist m. -(e)s (-sinn m. -(e)s)/公共心に富む gemeinsinnig/公共施設 die öffentliche Anstalt (Institution), -en; die gemeinnützige Einrichtung, -en/公共団体 die öffentliche Organisation, -en/公共物 Gemeingut n. -(e)s, ¨-er.

こうきょう 口供 Angabe f. -n; Aussage f. -n; Zeugnis n. ..nisses, ..nisse (証人の); Geständnis n. ..nisses, ..nisse (自白)/口供をとる zu Protokoll nehmen*⁴. —— 口供する aus|sagen⁴; an|geben*⁴; bezeugen⁴; zeugen⁴ (für⁴; gegen⁴); gestehen*⁴. ‖ 口供書 die schriftliche Aussage, -n; Zeugenaussage f. -n.

こうきょう 好況 der wirtschaftliche (geschäftliche) Aufschwung, -(e)s, ¨-e; die günstige (gute) Konjunktur, -en (Wirtschaftslage, -n); Hochkonjunktur f. -en; Belebtheit f. der Wirtschaft; Hausse f. -n (株の)/市場は好況である Der Markt ist lebhaft. —— 好況の günstig; belebend; lebhaft; blühend; steigend.

こうぎょう 工業 Industrie f. -n; Fabrikindustrie f. -n; Technik f. -n; Gewerbe n. -s, -/工業の industriell; technisch; gewerblich; technologisch / 工業化 Industrialisierung f. -en/工業化する industrialisieren⁴/工業家 der Industrielle*, -n; Fabrikant m. -en, -en/工業界 industrielle Welt; industrielle Kreise (pl)/工業学校 technische Schule, -n; Gewerbeschule f. -n; Technikum n. -s, ..ka/工業技師 Ingenieur f. -s, -e/工業教育 technische Erziehung, -en / 工業国 Industriestaat m. -(e)s, -en; industrielles Land, -(e)s, ¨-er/工業試験所 industrielles Laboratorium, -s, ..rien/工業政策 Gewerbepolitik f. -en; industrielle Politik, -en/工業大学 technische Hochschule, -n (単科大学)/工業地帯 Industriegebiet n. -(e)s, -e/工業都市 Industriestadt f. -, ¨-e/工業労働者 Industriearbeiter m. -s, -.

こうぎょう 興業 industrielles Unternehmen, -s, - ‖ 興業界 Industrieunternehmen, -s, -/興業銀行 Industriebank f. -en.

こうぎょう 興行 Aufführung f. -en; Vorstellung f. -en; Vorführung f. -en; [見世物] Schau f. -en. —— 興行する auf|führen⁴; zur Aufführung bringen*⁴; auf die Bühne bringen*⁴; spielen⁴; geben*⁴; zeigen⁴/芝居を興行する ein Schauspiel (n.) auf|führen (geben*)/見世物を興行する eine Schau veranstalten. ‖ 興行界 Unternehmerschaft f. im Vergnügungsgewerbe/興行権 Aufführungsrecht n. -(e)s, -e/興行師 Schausteller m. -s, -; Eigentümer m. -s, - einer Schau/興行団 Truppe f. -n; Zirkus m. -, ..kusse (サーカス団)/興行物

こうぎょう 鉱業 Bergbau *m.* -(e)s; Bergbauindustrie *f.* -n ‖ 鉱業会社 Berggesellschaft *f.* -en/鉱業権 Bergbau¦recht (Berg-) *n.* -(e)s, -e/鉱業税 Bergbausteuer *f.* -n; Bergwerkabgabe *f.* -n/鉱業地帯 Bergbaugebiet (Gruben-) *n.* -(e)s, -e; 鉱業労働者 Bergmann *m.* -(e)s, -leute; Grubenarbeiter *m.* -s, - 〈坑夫〉.

こうぎょう 功業 Verdienst *n.* -(e)s, -e; Leistung *f.* -en; Errungenschaft *f.* -en; das große Werk, -(e)s, -e; Großtat *f.*; die vortreffliche Arbeit, -en.

こうきょうがく 交響楽 Symphonie *f.* -n ‖ 交響楽団 Symphonie-Orchester *n.* -s, -.

こうぎょく 黄玉 Topas *m.* -es, -e.

こうぎょく 紅玉 Rubin *m.* -s, -e.

こうぎょく 鋼玉 Korund *m.* -(e)s, -e; Stahlkugel *f.* -n.

こうぎょく 硬玉 Jade *m.* -(s) (*f.*).

こうきん 公金 die öffentlichen Gelder (*pl*); Firmengelder (Kassen-) (*pl*)/公金に手を出す einen Griff in die Kasse tun*; in die Kasse greifen*/公金を拐帯する mit der Kasse durch|brennen*/⑥/会社の公金を費消する Firmengelder veruntreuen (unter¦schlagen*) ‖ 公金私消 Unterschlagung (*f.* -en) (Unterschleif *m.* -(e)s, -e; Ver¦untreuung *f.* -en) öffentlicher Gelder.

こうきん 拘禁 Haft *f.*; Arrest *m.* -(e)s, -e; Einsperrung *f.* -en/拘禁する in Haft nehmen*⁴; verhaften*⁴; fest|setzen*⁴; ein|sperren*⁴/部屋に拘禁する ans Zimmer fesseln*⁴.

ごうきん 合金 Legierung *f.* -en; Metall¦verbindung *f.* -en (-vermischung *f.* -en, -versetzung *f.* -en)/合金する legieren*⁴; Metalle (*pl*) untereinander verbinden* (vermischen; versetzen).

こうく 鉱区 Bergbaugebiet *n.* -(e)s, -e; Grubenfeld *n.* -(e)s, -er; Kohlenfeld *n.* -(e)s, -er 〈炭田〉; Abbaugebiet *n.* -(e)s, -e.

こうぐ 工具 Werkzeug *n.* -(e)s, -e; Gerät *n.* -(e)s, -e ‖ 工具部屋 Gerätehaus *n.* -es, ⸚er.

こうくう 航空 Luft|fahrt *f.* -en (-ortung *f.* -en); das Fliegen*, -s; Flugwesen *n.* -s, -/航空の Luft-; Flug-; Aero- ‖ 航空会社 Flug|gesellschaft *f.* -en (Luftfahrt-; Luftverkehrs-; *f.* -en/航空学 Flugwissenschaft *f.* -en; Aeronautik *f.*/航空学校 Flugschule *f.* -n/航空管制 Luftverkehrskontrolle *f.* -n/航空管制官 Flug|lotse *m.* -n, -n (-leiter *m.* -s, -)/航空管制塔 Kontrollturm *m.* -(e)s, ⸚e; Tower *m.*/航空機 Flugzeug *n.* -(e)s, -e; Flug|maschine *f.* -n/航空機工業 Flugzeugindustrie *f.* -n/航空機製作所 Flugzeugwerk *n.* -(e)s, -e/航空機時間表 Flugplan *m.* -(e)s, ⸚e/航空技術 Flugtechnik *f.* -en/航空基地 Luftbasis *f.* -en/航空券 Flug|karte *f.* -n (-schein *m.* -(e)s, -e)/航空士 Flieger *m.* -s, -; Luftfahrer *m.* -s, -; Pilot *m.* -en, -en/航空自衛隊 Luftstreitkräfte (*pl*) zur ³Selbstverteidigung; Luftwaffe *f.* -n/航空時間 Flug|stunde *f.* -n (-zeit *f.* -en)/航空事故 Flugzeugunfall *m.* -(e)s, ⸚e/航空写真 Luft|aufnahme *f.* -n (-bild *n.* -(e)s, -er)/航空カメラ Luftbildkamera *f.* -s/航空隊 Fliegertruppe *f.* -n; Luft|flotte *f.* -n (-armada *f.* ..den; -waffe *f.* -n)/航空地図 Flugstreckenkarte *f.* -n 〈飛行用〉; Luftbildkarte (航空写真地図)/航空便 Luftpost *f.* -en; Luftfracht *f.* -en《航空貨物》/航空便で出す mit (durch) Luftpost schicken*⁴; auf dem Luftwege befördern*⁴; als Luftfracht senden*⁴ / 航空母艦 Flugzeugträger *m.* -s, -/航空網 Fluglinien|netz *n.* -es, -e/航空路 Fluglinie *f.* -n; Flugroute *f.* -n/南米行の新航空路が開けた Eine neue Fluglinie nach Südamerika ist eröffnet worden.

こうぐう 皇宮 kaiserlicher Palast, -es, ⸚e; 〈宮城〉kaiserliches Schloss, -es, ⸚er ‖ 皇宮警察 Palast|polizei *f.* (-wache *f.* -n).

こうぐう 厚遇 freundliche (herzliche) Aufnahme, -n; gastfreundliche Behandlung, -en; Gastfreundschaft *f.*; Gastfreundlichkeit *f.* —— 厚遇する *jn* freundlich auf|nehmen*; *jm* freundliche Aufnahme bereiten; *jn* gastfreundlich behandeln; *jn* bewillkommen; gut bezahlen 《賃金・報酬がよい》 —— 厚遇される freundlich aufgenommen werden; eine freundliche Aufnahme finden*; guten Lohn finden*.

こうくつ 後屈 Retroflexion *f.* -en; Rückwärtsknickung *f.* -en ‖ 子宮後屈 die Rückwärtsknickung der Gebärmutter.

こうぐん 行軍 Marsch *m.* -es, ⸚e/行軍する marschieren ‖ 行軍演習 Marschübung *f.* -en/夜行軍 Nachtmarsch.

こうげ 高下 ❶ [相場の] Schwankung *f.* -en; Fluktuation *f.* -en; das Auf und Ab¦steigen*; starkes Schwanken, -s 〈乱高下〉. ❷ [品質の] Qualität *f.* -en; Be¦schaffenheit *f.* -en; Güte *f.*; Klasse *f.* -n; Rang *m.* -(e)s, -e; Rang|klasse (Güte-) *f.* -n; Sorte *f.* -n. ❸ [身分の] Rang *m.* -(e)s, ⸚e; hoch und nieder; vornehm und gering; Rangklasse *f.* -n; Standesun¦terschied *m.* -(e)s, -e; Höhe *f.* -n/高下をつける ab|stufen*⁴; ab|messen*⁴; nach der ³Qualität ordnen*⁴; sortieren*; klassifizie¦ren*⁴; staffeln*⁴; unterscheiden*⁴; rangie¦ren*⁴/身分の高下を問わず ohne ⁴Rücksicht auf den Rang; ohne Unterschied des Standes.

こうげ 香華 Opfergeld *n.* -(e)s, -er/香華をたむける dem Toten* Weihrauch und Blumen dar|bringen*.

こうけい 狡計 das listige (schlaue) Mittel, -s, -; die Schliche (*pl*); die Kniffe (*pl*); die Ränke (*pl*); arglistige Kunstgriffe (*pl*).

こうけい 口径 Kaliber *n.* -s, -/口径十六インチの大砲 ein Geschütz (*n.* -es, -e) von 16 Zoll Kaliber.

こうけい 後継の nachfolgend; nächst ‖ 後継者 Nachfolger *m.* -s, -; Erbe *m.* -n, -n; Nachfolge *f.* -n/後継者となる *js* Nachfolge an|treten* [s] (übernehmen*)/後継者がいなかった Es war keine Nachfolge da./後継内閣 das nächste Kabinett, -[e]s, -e.

こうけい 光景 Anblick *m.* -[e]s, -e; Bild *n.* -[e]s, -er; Ansicht *f.* -en; Szene *f.* -n; Schauspiel *n.* -[e]s, -e/光景を呈する einen Anblick bieten*/すばらしい光景 ein Bild (ein Schauspiel) für Götter/悲惨な光景 Jammer¦anblick *m.* -[e]s, -e (-bild *n.* -[e]s, -er).

こうげい 工芸 Kunstgewerbe *n.* -s, -/工芸の gewerblich; Kunst-; Gewerbe- ‖ 工芸家 Kunstgewerbler *m.* -s, -; Technologe *m.* -n, -n/工芸学 Gewerbekunde *f.* -n; Technologie *f.* -n/工芸学校 Kunstgewerbeschule *f.* -n/工芸美術 gewerbliche Künste《*pl*》/工芸美術展覧会 Kunstgewerbeausstellung *f.* -en/工芸品 kunstgewerbliche Arbeit, -en.

ごうけい 合計 Summe *f.* -n; Gesamt¦summe (End-; Schluss-); Gesamt¦betrag (End-) *m.* -[e]s, ⸚e; Totalsumme/合計で…になる ⁴sich alles zusammengenommen (alles einschließlich; in summa) belaufen*《*auf*⁴》; Das Ganze macht ... aus./合計する zusammen|zählen (-|addieren⁴; -|rechnen⁴); ⁴sich auf|summen/合計五十名いる Im Ganzen sind 50 Personen da.

こうけいき 好景気 Hochkonjunktur *f.* -en; die gute Konjunktur; der geschäftliche Aufschwung, -[e]s, ⸚e; Hausse *f.* -n《株の値上り》; die gute [günstige] Geschäftslage, -n.

こうげき 攻撃 ❶ Angriff *m.* -[e]s, -e; Attacke *f.* -n; Aggression *f.* -en; [突撃] Sturm *m.*, -[e]s, ⸚e; Sturmangriff *m.* -s, -e; Bestürmung *f.* -en; [攻勢] Offensive *f.* -n. ❷ [非難] Vorwurf *m.* -s, ⸚e; Verweis *m.* -es, -e; Rüge *f.* -n; Tadel *m.* -s, -; Angriff *m.* -[e]s, -e; Verwerfung *f.* -en; Verurteilung *f.* -en; Missbilligung *f.* -en; Kritik *f.* -en/攻撃を防ぐ den Angriff ab|wehren; ⁴sich gegen einen Angriff verteidigen/攻撃を撃退する den Angriff ab|schlagen* (zurück|weisen*). ── 攻撃する ❶ an|greifen *⁴; attackieren⁴; an|fallen*⁴; an|gehen*⁴; an|springen*⁴; packen⁴; einen Angriff machen《*auf*⁴》; los|gehen* [s]《*auf*⁴》; [突撃する] stürmen《*auf*⁴; *gegen*⁴》; einen Sturmangriff machen《*auf*⁴; *gegen*⁴》; an|fliegen*⁴《とびつく》; an|springen*⁴《とびかかる》; [城を] bestürmen⁴; [攻勢をとる] die Offensive ergreifen*. ❷ [非難する] an|greifen*⁴; verwerfen*⁴; verurteilen⁴; kritisieren⁴; los|ziehen*《*gegen*⁴》; streiten*《*gegen*⁴》; ⁴sich heftig gegen *jn* (⁴*et*) erklären⁴; missbilligen; vor|werfen*《*jm* ⁴*et*》/新聞で人を攻撃する einen Pressekampf gegen *jn* führen/政府の方針を攻撃する die Politik der Regierung an|greifen* (bekämpfen). ‖ 攻撃計画 Angriffsplan *m.* -[e]s, ⸚e/攻撃者 Angreifer *m.* -s, -/攻撃行動 offensive (aggressive) Bewegung, -en/攻撃目標 Angriffs¦ziel *n.* -s, -e (-objekt *n.* -[e]s, -e)/集中攻撃 konzentrierter Angriff/総攻撃 allgemeiner Angriff/包囲攻撃 umfassender Angriff.

こうげきか 好劇家 Theater¦liebhaber (Schauspiel-) *m.* -s, -; Theaterfreund *m.* -[e]s, -e; begeisterter Theaterbesucher, -s, -.

こうけつ 高潔 Edelsinn *m.* -[e]s; Hochherzigkeit *f.*; Rechtschaffenheit *f.*/高潔な edel; edelherzig; edel gesinnt; hoch¦herzig (-gesinnt; -sinnig); rechtschaffen/高潔な人 ein Mensch《*m.* -en, -en》mit edlem Charakter/彼は高潔な人間である Er ist ein [Mann von] Charakter. ¦ Er hat Charakter.

こうけつ 膏血 ¶ 民の膏血を絞る das Volk [zu Tode] schinden*; das Volk bis aufs Blut (dem Volk das Blut) aus|saugen⁽*⁾.

ごうけつ 豪傑 der heldenhafte Mensch, -en, -en; der durch ⁴Mut (Tapferkeit) ausgezeichnete Mann, -[e]s, ⸚er; Pracht¦-kerl (Mords-) *m.* -[e]s, ⸚e/豪傑ふう das selbstbewusste Wesen《-s》eines Heroen; das stolze, heldenhafte Wesen/豪傑肌の von heldenhafter ³Natur (³Gemütsart); von heroischem Naturell; ungehobelt《荒削り》‖ 豪傑笑い das ungekünstelte, schallende Lachen, -s.

こうけつあつ 高血圧 der hohe Blutdruck, -[e]s. ⇨けつあつ.

こうけっか 好結果 das gute Ergebnis, ..nisses, ..nisse; der [gute] Erfolg, -[e]s, -e; der gute Ausgang, -[e]s, ⸚e/好結果の ergebnisreich; erfolgreich/好結果を来す(生じる) einen guten Ausgang nehmen*; gut aus|fallen* [s]; ⁴sich gute Folgen ergeben*《*aus*³》; von Erfolg begleitet werden ❖gut の代りに befriedigend, glücklich, erfreulich などの類語を用いるのもよい.

こうけん 効験 ¶ 効験あらたかである eine schnelle Wirkung tun*; schnell zur Wirkung kommen* [s]. ⇨こうのう(効能).

こうけん 公権 die bürgerlichen Ehrenrechte《*pl*》; [Staats]bürgerrecht *n.* -[e]s, -e/公権を付与する das Bürgerrecht (das Wahlrecht) erteilen³/公権を剥奪する die bürgerlichen Freiheiten und Vorrechte nehmen*³; das Bürgerrecht (Wahlrecht) entziehen*³ ‖ 公権剥奪 Entziehung《*f.* -en》des Wahlrecht[e]s (des Bürgerrecht[e]s); der bürgerliche Tod, -[e]s, -e.

こうけん 後見 ❶ Vormundschaft *f.* -en; Bevormundung *f.* -en. ❷ [演劇] das Soufflieren*, -s《台詞をつけること》. ── 後見する ❶ bevormunden⁴; *jm* einen Vormund geben* (als Vormund helfen*). ❷ [演劇] soufflieren⁽⁴⁾; ein|helfen*³. ‖ 後見人 Vormund *m.* -[e]s, ⸚er/後見人を定める(指名する) einen Vormund ein|setzen (bestellen; berufen*)/後見役 Souffleur *m.* -s, -e; Bühnengehilfe *m.* -n, -n《黒子》.

こうけん 貢献する bei|tragen*《*zu*³》; einen

こうげん 光源 Lichtquelle *f.* -n.

こうげん 高原 Hochebene *f.* -n; Plateau *n.* -s, -s; Tafelland *n.* -[e]s, ⸚er ‖ 高原療養所 Bergsanatorium *n.* -s, ..rien; 高原避暑地 Höhenkurort *m.* -[e]s, -e.

こうげん 高言 Prahlerei *f.* -en; Aufschneiderei *f.* -en; Windbeutelei *f.* -en/高言する prahlen; auf|schneiden*; windbeuteln; groß|sprechen*; den ⁴Mund voll|nehmen*; große Worte ⟨*pl*⟩ führen; ⁴sich rühmen.

こうげん 公言 [öffentliche] Erklärung, -en (Aussage, -n)/公言する öffentlich erklären⁴; ⁴sich erklären; bestimmt aus|sagen⁴; offen bekennen*⁴.

こうげん 巧言 Schmeichelei *f.* -en; glatte Zunge, -n/巧言令色の徒 Schmeichler *m.* -s, -; Lobhudler *m.* -s, -; Komplimentenschneider *m.* -s, -/巧言をもって schmeichelnd; durch ⁴Schmeicheleien; durch schöne (glatte) Worte ⟨*pl*⟩/巧言にのせられる durch Schmeichelei betrogen werden; ⁴sich beschwatzen lassen.

こうげん 抗言 Gegenerklärung *f.* -en; scharfe Erwiderung, -en; 《法》Duplik *f.* -en/抗言する bestreiten⁴; scharf entgegnen; protestieren; *jm* widersprechen*. ⇨こうぎ(抗議).

こうげん 抗原 Antigen *n.* -s, -e.

こうげん 剛健な stark und gesund; kräftig und fest; fest und mutig; beherzt; mannhaft; männlich.

こうげんがく 孝現学 Modernologie *f.*

こうこ 江湖 Öffentlichkeit *f.*; Publikum *n.* -s; Welt *f.* -en/江湖に訴える ⁴sich an die Öffentlichkeit wenden*⁽ᵃ⁾ ⟨mit³⟩/江湖にすすめる dem Publikum empfehlen*⁴.

こうこ 後顧の憂を絶つ ⁴sich von der Sorge um Künftiges (die Zukunft) befreien; Sorgen um die Familie (Familienangelegenheiten) los|werden* ⓈⓇ.

こうこ 好古 die Liebe zur Altertümlichkeit ‖ 好古家 Altertümler *m.* -s, -/好古癖 Altertümelei *f.* -en.

こうご 口語 gesprochene Sprache, -n; Umgangssprache *f.* -n/口語の gesprochen; familiär; Konversations- ‖ 口語体 Konversationsstil (Gesprächs-) *m.* -[e]s, -e; familiäre Redeweise, -n/口語体にする in die Umgangssprache übersetzen⁴ (übertragen*⁴) ⓈⓇ.

こうご 交互の gegen|seitig (wechsel-); reziprok; 《音学の》 alternativ; abwechselnd; alternierend ‖ 交互作用 Wechselwirkung *f.* -en.

ごうご 豪語 Großsprecherei *f.* -en; Prahlerei *f.* -en; Aufschneiderei *f.* -en; Bombast *m.* -es; Getue ⟨*n.* -s⟩ mit Worten; Maulheldentum *n.* -[e]s; ⟨Rede⟩schwulst *m.* -[e]s, ⸚e; Renommage *f.* -n; Windbeutelei *f.* -en; Wort|schwall ⟨Rede-⟩ *m.* -[e]s, -e 《宏辞》. —— 豪語する groß sprechen*; prahlen; auf|schneiden*; das Maul auf|reißen* (voll|nehmen*); den Mund (die Backen) voll|nehmen*; die Farben stark auf|tragen*; ⁴sich dick machen; viel Reden machen ⟨*von³*⟩; Wind machen.

こうこう 香々 Pickles ⟨*pl*⟩; das eingelegte Gemüse, -s, -.

こうこう 孝行 Anhänglichkeit ⟨*f.*⟩ an die Eltern; Gehorsam ⟨*m.* -[e]s⟩ gegen die Eltern/孝行な子供 das gehorsame (anhängliche) Kind, -[e]s, -er. —— する(である) den Eltern gehorsam sein ⟨言うことをよくきく⟩; den Eltern Freude bereiten (machen) ⟨喜ばす⟩; den Eltern dienlich (behilflich) sein ⟨手助けをする⟩; den Eltern anhänglich sein ⟨愛情深く信服している⟩.

こうこう so und so; der und der ⁕ 一般に指示代名詞 der, die, das を und で連続して繰返す/こうこういう人 der und der Mann*; ein Herr so und so/こうこういうわけ[次第] で unter den und den Umständen; aus diesem und dem Grund[e]/こうこうする so und so tun* (machen).

こうこう 皎々 たる) hell; licht; glänzend; strahlend/皎々たる月 der helle Mond, -[e]s, -e.

こうこう 口腔 Mundhöhle *f.* -n/口腔の病気 Mund-Kieferkrankheiten ⟨*pl*⟩ ‖ 口腔衛生 Mundhöhlenhygiene *f.*; Mundpflege *f.* -n.

こうこう 香膏 Balsam *m.* -[e]s, -e.

こうこう 航行 Schiffahrt *f.* -en/航行する mit dem Schiff fahren* (segeln) Ⓢ; kreuzen ⟨遊弋する⟩.

こうこう 膏肓 ‖ 病膏肓に入る Die Krankheit steckt unheilbar in ihm. | Er ist unverbesserlich ⟨救い難い男⟩.

こうこう 香盒 Weihrauchkästchen *n.* -s, -.

こうごう 皇后 Kaiserin *f.* ..rinnen/皇后陛下 Ihre Majestät die Kaiserin.

ごうごう 轟々と ❶ brausend; brüllend; donnernd; dröhnend; tosend; unter ³Gebrause (Gebrüll, Gedonner; Gedröhn; Getöse). ❷ ごうごうたる lärmend; aufgebracht; aufgeregt; aufwallend; schreiend; tobend; ungestüm/ごうごうたる非難を浴びる mit Schimpf überschüttet werden.

こうこうさ 光行差 Aberration *f.* -en.

こうごうしい 神々しい heilig göttlich; 〔荘厳な〕feierlich; würdevoll; erhaben; ehrwürdig/神々しい顔 ein erhabenes Gesicht, -[e]s, -er.

こうこうせい 高校生 Oberschüler *m.* -s, -; Gymnasiast *m.* -en, -en.

こうこうや 好々爺 der gutmütige Alte*, -n, -n.

こうこがく 考古学 Archäologie *f.*/考古学[上]の archäologisch ‖ 考古学者 Archäologe *m.* -n, -n.

こうこく 広告 Reklame *f.* -n; Anzeige *f.* ⟨一般に⟩; Annonce *f.* -n; Inserat *n.* -[e]s, -e ⟨新聞・雑誌などの⟩; Bekanntmachung *f.* -en ⟨死亡広告など⟩; Werbung *f.* -en ⟨広告宣伝⟩; Lichtreklame ⟨ネオンサイン⟩/新聞に

こうこく 広告した Wir haben eine Anzeige in den Zeitungen erscheinen lassen./その広告はよくきいた Diese Anzeige hat sich als erfolgreich erwiesen./二段抜きの(全紙大の)広告 die zweispaltige (ganzseitige) Anzeige. ── 広告する (eine) Reklame machen (*für*/*von*³); eine Anzeige auf|geben* (in der Zeitung 新聞); eine Annonce; ein Inserat geben* (in die Zeitung); an|zeigen⁴ (bekannt machen⁴) (*in*³). ‖ 広告映画 Werbefilm *m*. -[e]s, -e/広告活動 Werbeaktion *f*. -, -/広告キャンペーン Werbekampagne *f*. -n/広告者 Anzeiger *m*. -s, -《新聞の》; Inserent *m*. -en, -en/広告代理店 Werbeagentur *f*. -en/広告塔 Litfaß|säule (Anschlag-) *f*. -n/広告媒体 Werbemittel *n*. -s, -/広告板 Anschlag|brett *n*. -[e]s, -er (-tafel *f*. -n)/広告フィルム *f*. -n〈壁面など〉/広告費 Werbungskosten *pl*./広告ビラ Anschlag *m*. -s, ̈e/広告扎 Anschlagzettel *m*. -s, -; Plakat *n*. -[e]s, -e/広告 Aushang *m*. -[e]s, ̈e〈ポスター類〉/広告放送 Werbesendung *f*. -en/広告屋 Reklamemann *m*. -[e]s, ̈er〈サンドウィッチマン〉; Ausrufer *m*. -s, -; Marktschreier *m*. -s, -〈ちんどん屋のような〉/広告用ポスター Werbeplakat *n*. -[e]s, -e/広告欄 Anzeigenteil *m*. -[e]s, -e/広告料 Anzeigegebühr *f*. -en/死亡広告 Todesanzeige *f*.

こうこく 公告 〖öffentliche〗 Bekanntmachung, -en; Ankündigung *f*. -en/公告する öffentlich bekannt machen⁴ (an|kündigen³).

こうこく 抗告 〖法〗 Beschwerde *f*. -n/抗告する ³sich beschwerden (*über*³); eine Beschwerde führen (*über*³/*gegen*³)/抗告人 Beschwerdeführer *m*. -s, -.

こうこつ 硬骨 Rückgrat *n*. -[e]s, -e; Härte *f*. -/Festigkeit *f*. -/Hartnäckigkeit *f*./硬骨の rest; hartnäckig; verbissen; unnachgiebig; zielbewusst;〖方〗stur/硬骨漢 Starrkopf *m*. -[e]s, ̈e; der sture Bock, -[e]s, ̈e; ein 〖Mann 〗 *m*. -[e]s, ̈er〗 von Charakter *m*. -s, -.

こうこつ 恍惚とさせる entzücken⁴; berücken⁴; bezaubern⁴; bestricken⁴; berauschen⁴; hin|reißen*⁴; bannen⁴; behexen⁴; verzaubern⁴/恍惚として ganz entzückt (*von*³); wie berauscht (bezaubert) (*von*³); (wie) gebannt/恍惚とする entzückt sein (*von*³); wie bezaubert (berauscht) sein (*von*³).

こうさ 交差 Kreuzung *f*. -en; Gabelung *f*. -en/交差する ³sich kreuzen (gabeln; schneiden*) ‖ 交差点 Kreuz|punkt (Gabel-) *m*. -[e]s, -e; Schnittpunkt (交点); Anschluss|punkt (-station *f*. -en)〈鉄道の〉; Kreuzung〈道路の〉.

こうさ 公差 ❶〖数〗die konstante Differenz, -en. ❷〖法〗Toleranz *f*. -en/die erlaubte Abweichung (*von*) von der Norm (im Feingehalt).

こうさ 考査 Prüfung *f*. -en; Examen *n*. -s, ..mina; Test *m*. -[e]s (-e)/考査する prüfen⁴; eine Prüfung anstellen (vor|nehmen*); examinieren⁴; testen⁴.

こうざ 講座 Lehr|stuhl *m*. -[e]s, ̈e (-amt *n*.); Professur *f*. -en; Vorlesung *f*. -en《講義》; ラジオドイツ語講座 der Radiokurs (-es, -e) der deutschen Sprache/講座を開く einen Lehrstuhl (eine Professur) gründen (errichten; schaffen*) ‖ 講座給 der mit einem Lehrauftrag verbundene Zuschlag, -[e]s, ̈e; der Zuschlag zu einem 〖Grund〗honorar/競争講座 Konkurrenzvorlesungen (*pl*); konkurrierende (parallele) Vorlesungen (*pl*)/美術講座 der Lehrstuhl für (die Vorlesung über) die Künste.

こうざ 口座 Konto *n*. -s, ..ten (-s *od*. ..ti)/《銀行に》口座を開く ein Konto [bei einer Bank] eröffnen ‖ 口座番号 Kontonummer *f*. -n/振替口座 Girokonto *n*. -s, ..ten (-s *od*. ..ti).

こうざ 高座 〖Redner〗bühne *f*. -n; der erhöhte Sitz, -es, -e; Empore *f*. -n; Erhöhung *f*. -en; Estrade *f*. -n; Hochsitz; Podium *n*. -s, ..dien; [Redner]tribüne *f*. -n.

こうさい 交際 Umgang *m*. -[e]s, ̈e; Verkehr *m*. -[e]s; Geselligkeit *f*. -en; die gesellschaftliche Beziehung, -en/交際が広い(狭い) viel (wenig) Umgang (Verkehr) haben/交際を断つ allen Umgang (Verkehr) ab|brechen* (mit *jm*). ── 交際する um|gehen*〖s〗(mit *jm*); verkehren (mit *jm*); Umgang (gesellschaftlicher Verkehr) pflegen (haben) (mit *jm*)/彼は人と交際しない Er hat gar keinen Umgang (Verkehr). / Er verkehrt mit niemand[em]. ‖ 交際家 der gesellige Mensch, -en, -en/交際国 der befreundete Staat, -[e]s, -en; die befreundete Nation, -en; die Gesellschaft *f*. -en; Gesellschaftskreis *m*. -es, -e/交際仲間 der gesellige Kreis, -es, -e/交際費 Geselligkeits[un]kosten (*pl*).

こうさい 光彩 Glanz *m*. -es; 〖Licht〗schein *m*. -[e]s, -e〈明るさ〉; Ruhm *m*. -[e]s, -e《名声》/光彩陸離たる glänzend; blendend; strahlend; ruhm|reich (-voll)《名声の》/光彩を放つ glänzen; leuchten; strahlen; Glanz (〖Licht〗schein) von ³sich geben*; ⁴sich ruhmreich (ruhmvoll) betätigen《名声をあげる》.

こうさい 公債 die öffentliche Anleihe, -; Staats|anleihe *f*. -n (-schuld *f*. -en)/公債に応募する auf eine Staatsanleihe subskribieren; eine Staatsanleihe zeichnen/公債を起こす eine Staatsanleihe auf|nehmen*/公債を償還する eine Staatsanleihe tilgen (ab|lösen; amortisieren)/公債を募る eine Staatsanleihe auf|legen (machen) ‖ 公債借款 die Konversion *f*. -/der Staats|anleihe; der Umwandlung der Staatsanleihe in eine andere/公債消却 Anleihetilgung *f*. -en/公債証書 Anleihe|schein *m*. -[e]s, -e (-papier *n*. -s, -e)/公債証書所有者 Hypotheken|inhaber (Obligations-) *m*. -s, -/五分利公債 die Staatsanleihen (*pl*) mit fünf Prozent Zinsen.

こ

こうさい 虹彩 Iris *f.*; Regenbogenhaut *f.* ¨e ‖ 虹彩炎 Iritis *f.* ..tiden.
こうざい 功罪 Verdienste 《*pl*》 und Verschuldungen 《*pl*》; Tugend 《*f.*》 und Laster 《*n.*》; Wert 《*m.*》 und Unwert 《*m.*》.
こうざい 絞罪 〔Auf〕hängen *n.* -s; der Tod 《-〔e〕s》 durch den Strang. ⇨こうしゅけい.
こうさく 耕作 Acker¦bau (Feld-) *m.* -〔e〕s; Acker¦arbeit (Feld-) *f.* -en; Acker¦bestellung (Feld-) *f.* -en; Anbau; Kultivierung *f.* -en; Urbarmachung *f.* -en 《開墾》. ── 耕作する 〔be〕ackern[4]; Ackerbau (Feldbau) treiben*; an|bauen[4]; bebauen[4]; bestellen[4]; kultivieren[4]; urbar machen[4]. ‖ 耕作物 Acker¦bauprodukt (Feld-) *n.* -〔e〕s, -e.
こうさく 工作 ❶ Bau *m.* -〔e〕s; Konstruktion *f.* -en; 〔Bau〕werk *n.* -〔e〕s, -e 《土木建築などの》; Handarbeit *f.* -en 《手工》; Kunsthandwerk 《工芸品》. ❷ [策略] Manöver *n.* -s, -. ── 工作する ❶ 〔auf|〕bauen[4]; bilden[4]; errichten[4]; konstruieren[4]. ❷ [策略する] schlau handhaben 《弱変化》; durch [4]Kniffe 《*pl*》 beeinflussen[4]; manövrieren; hin und her versuchen; zu Werke gehen* [s]. ‖ 工作機械 Werkzeugmaschine *f.* -n/工作船 Reparaturschiff *n.* -〔e〕s, -e/工作場 Betrieb *m.* -〔e〕s, -e; Werk¦statt *f.* (-stätte *f.* -n)/工作品 Handarbeit 《学童などの》/工作物 Bauwerk; Werkstück *n.* -〔e〕s, -e 《製品》/政治工作 die politischen Manöver 《*pl*》 (Kunstgriffe 《*pl*》).
こうさく 鋼索 〔Stahl〕drahtseil *n.* -〔e〕s, -e; Kabel *n.* -s, -.
こうさつ 考察 Betrachtung *f.* -en; das Anschauen*, -s; Beschauung *f.* -en; Kontemplation *f.* -en; das Nachdenken*, -s; Überlegung *f.* -en. ── 考察する betrachten*[4]; in [4]Betracht ziehen*[4]; an|schauen[4]; beschauen[4]; nach|denken* 《*über*[4]》; überlegen[4].
こうさつ 絞殺 Erwürgung *f.* -en; Erdrosselung *f.* -en; die Zuschnürung 《-en》 der Kehle; das 〔Auf〕hängen*, -s. ── 絞殺する erwürgen 《*jn*》; erdrosseln 《*jn*》; die Kehle zu|schnüren 《*jm*》; 〔auf|〕hängen 《*jn*》.
こうさん 公算 Wahrscheinlichkeit *f.* -en/…の公算大 aller [3]Wahrscheinlichkeit nach; Mit größter Wahrscheinlichkeit kann angenommen werden, dass ….
こうさん 降参 ❶ ⇨こうふく(降伏)/もう降参だ Hiermit erkläre ich mich für besiegt! ❷ ⇨へいこう(閉口する).
こうざん 高山 der hohe Berg, -〔e〕s, -e; Hochgebirge *n.* -s, - 《連山》/高山の alpin〔isch〕; Hochgebirgs-; Höhen-/高山の太陽 Höhensonne *f.* ‖ 高山植物 Alpen*pflanze f. -n; Alpenflora f.* ..ren 《総称》/高山生活 Hochgebirgsleben *n.* -s/高山病 Höhen¦krankheit (Berg-) *f.* -en/高山牧場 Alpe *f.* -n/高山療養所 Höhen〔luft〕kurort *m.* -〔e〕s, -e/高山旅行者 Hochtourist *m.* -en, -en.
こうざん 鉱山 Bergwerk *n.* -〔e〕s, -e; Mine *f.* -n ‖ 鉱山王 Bergbau¦könig (Minen-) *m.* -〔e〕s, -e (*od.* -magnat *m.* -en, -en)/鉱山技師 Bergingenieur *m.* -s, -e/鉱山業 Berg¦bau (Minen-) *m.* -〔e〕s/鉱山労働者 Berg¦arbeiter (Minen-) *m.* -s, -; Bergmann *m.* -〔e〕s, ..leute.
こうさんきん 抗酸菌 eine säurenfeste Bakterie, -n.
こうし 講師 Dozent *m.* -en, -en; Lektor *m.* -s, -en/東京大学講師 ein Dozent an der Universität Tokio.
こうし 行使 Ausübung *f.* -en; Gebrauch *m.* -〔e〕s, ¨e; das Ausüben*, -s; das Gebrauchen*, -s; Umlauf *m.* -〔e〕s, ¨e 《貨幣の》. ── 行使する aus|üben[4]; gebrauchen[4]; Gebrauch machen 《*von*[3]》; 〔Münzen 《*pl*》〕 in [4]Umlauf setzen[4] (bringen*[4]) 《貨幣を》/権利を行使する ein Recht aus|üben.
こうし 公使 der Gesandte*, -n, -n ‖ 公使館 Gesandtschaft *f.* -en; Legation *f.* -en; Gesandtschafts¦gebäude (Legations-) *n.* -s, - 《建物》/公使館員 Gesandtschafts¦personal (Legations-) *n.* -s; Attaché *m.* -s, -s/公使館一(二)等書記官 der Gesandschafts¦-sekretär (Legations-) 《-s, -e》 erster (zweiter) Klasse/公使館参事官 Gesandtschafts¦rat (Legations-) *m.* -〔e〕s, ¨e/公使館付武官 Militärattaché/代理公使 Geschäftsträger *m.* -s, -/弁理公使 Ministerresident *m.* -en, -en.
こうし 格子 Gitter *n.* -s, -; Gatter *n.* -s, -; Gitter¦werk (Latten-) *n.* -〔e〕s, -e; Vergitterung *f.* -en 《格子細工》/格子の仕切壁 Lattenwand *f.* ¨e/格子状の gitterförmig/格子なき牢獄 das Gefängnis 《..nisses, ..nisse》 ohne [4]Gitter ‖ 格子囲い Gitterzaun *m.* -〔e〕s, ¨e/格子形金網 Drahtgitter/格子縞 Gitter¦muster (Würfel-) *n.* -s, -/格子戸棚 Gitterschrak *m.* -〔e〕s, ¨e/格子造り(組・細工) Gitter¦werk (Latten-)/格子造りの vergittert; mit Gittern verschlossen (umschlossen)/格子戸 Gittertür *f.* -en/格子窓 Gitterfenster *n.* -s, -/格子門 Gittertor *n.* -〔e〕s, -e.
こうし 嚆矢 das erste Beispiel, -〔e〕s, -e; der erste Versuch, -〔e〕s, -e; der Erste*, -n, -n; Bahnbrecher *m.* -s, -; Pfadfinder *m.* -s, -; Vorläufer *m.* -s, -/彼はこの植物栽培の嚆矢である Als erster hat er diese Pflanze gezüchtet.
こうし 孔子 Konfutse, -s; Konfuzius, -.
こうし 厚志 Güte *f.*; das freundliche Entgegenkommen, -s; Freundlichkeit *f.* -en; Wohlwollen *n.* -s/御厚志ありがたくお礼申し上げます Für Ihr freundliches Entgegenkommen danke ich von ganzem Herzen.
こうし 公私の öffentlich und privat; amtlich und nicht amtlich/公私とも ebenso in öffentlicher (amtlicher) wie auch 〔in〕 privater (nicht amtlicher) Beziehung (Hinsicht)/公私を混同する öffentliche und private Angelegenheiten vermischen.
こうし 子牛 Kalb *n.* -〔e〕s, ¨er/子牛の皮 Kalb〔s〕¦leder *n.* -s, - (-fell *n.* -s, -e)/子牛の肉 Kalbfleisch *n.* -〔e〕s.
こうし 光子 『理』 Photon *n.* -s, -en.

こうじ 公事 die öffentliche Angelegenheit, -en (Sache, -n).

こうじ 公示 die amtliche Bekanntmachung, -en; die öffentliche Anzeige, -n (Verkündung, -en)/公示する öffentlich bekannt machen⁴ (an|zeigen*).

こうじ 小路 Gasse f. -n; Gässchen n. -s, -/袋小路 Sackgasse f. -n.

こうじ 好餌 Lockspeise f. -n; Köder m. -s, -; Lockmittel n. -s, -/好餌で人を釣る jn ködern versuchen; eine Lockspeise hin|halten*; jm in ⁴Aussicht stellen⁴/好餌にかからない nicht an den Köder adern⁵|; nicht an|beißen*; der Lockung (Verlockung) widerstehen*.

こうじ 麹 Hefe f. -n; Gärstoff m. -es, -e.

こうじ 好事 ⇨こうず ¶ 好事魔多し Es ist nicht aller Tage Abend.

こうじ 工事 Bau m. -es; Bauarbeit f. -en, Bauten ⟨pl 構築物⟩/工事する den Bau an|fangen*/工事中である im Bau begriffen sein; im (in) Bau sein/工事中! Vorsicht (Achtung). Bauarbeiten! ‖ 建築工事 Hausbau m. -es; Hochhausbau n. -es, -e/工事費 Baukosten ⟨pl⟩/請負工事 Akkordarbeit n. -en, -en⟨略: KG⟩/道路工事 Straßenbau n. -es, -e/土木工事 Bauwerk n. -(e)s, -e.

こうじ 後事 die künftigen Angelegenheiten ⟨pl⟩; die Angelegenheiten ⟨pl⟩ nach dem Tod(e)/後事を托する jn bitten*, während der Abwesenheit für seine Sachen ⟨pl⟩ ⁴Sorge zu tragen; jn mit der Aufsicht über seine Angelegenheiten betrauen; jn bitten*, seine Angelegenheiten nach dem Tod(e) zu erledigen ⟨死後⟩.

こうじ 高次の höherer ³Ordnung.

こうじ 合資する Einlagen ⟨pl⟩ zum Grundkapital vereinigen ‖ 合資会社 Kommanditgesellschaft f. -en ⟨略: KG⟩/山田合資会社 Yamada & Co.

こうじ 合祀する Götter ⟨pl⟩ in ein⟨em⟩ und den ⟨dem⟩ selben Schrein verehren.

こうじ 合字 Ligatur f. -en.

こうしき 公式 Formalität f. -en; ⟨数⟩ Formel f. -n; Staats-/公式の formell; öffentlich; Staats-/公式訪問 der formelle (öffentliche) Besuch, -(e)s, -e/Staatsbesuch/公式論 Formalismus m. -; der die Form betonende Standpunkt, -(e)s, -e.

こうしき 硬式の hart; starr ‖ 硬式テニス das Tennisspiel, -(e)s, -e ⇨こうきゅう(硬球)/硬式飛行船 das starre Luftschiff, -(e)s, -e.

こうしつ 皇室 Kaiserhaus n. -es; die kaiserliche Familie, -n ‖ 皇室費 Kron|gut n. -(e)s, -er ⟨-schatz m. -es, -e⟩; der Besitz -(e)s, -e des Kaiserhauses/皇室費 die Haushaltskosten ⟨pl⟩ für die Krone.

こうしつ 膠質の kolloid(al); gallertartig; klebrig; leimhaltig; leimig ‖ 膠質物 Kolloid n. -(e)s, -e; Gallert n. -(e)s, -e; Gallerte f. -n; Leim m. -(e)s, -e.

こうしつ 硬質の hart; starr; zäh(e) ‖ 硬質ガラス Hartglas n. -es, -er/硬質陶器 das harte Steingut, -(e)s, -e.

こうじつ 口実 Vorwand m. -(e)s, -e; das Vorgeben*, -s; ⟨語幹⟩ Ausflucht f. -e; Ausrede f. -n; Scheingrund m. -(e)s, -e; der blaue Dunst, -(e)s, -e; Notlüge f. -n; Entschuldigung f. -en; Rechtfertigung f. -en/を口実にして unter dem Vorwand ⟨von³⟩; unter dem Deckmantel ⟨von³⟩/を口実に vorschützend/を口実にする einen Vorwand suchen (finden*) (benutzen); eine Entschuldigung vor|bringen*; Ausflüchte (Ausreden) machen.

こうじつせい 向日性 ⟨植⟩ Heliotropismus m. -/向日性の heliotropistisch.

こうしゃ 後者 der Letzt(er)e*, -n, -n; dieser*.

こうしゃ 校舎 Schul|haus n. -es, -er ⟨-gebäude n. -s, -⟩.

こうしゃ 降車 ⇨げしゃ¶ 降車口 Ausgang m. -(e)s, -e/降車ホーム Ausstiegsbahnsteig m. -(e)s, -e.

こうしゃ 豪奢 Prunk m. -(e)s; Aufwand m. -(e)s; Luxus m. -; Pracht f.; Üppigkeit f.; Verschwendung f. -en; Wohlleben n. -s/豪奢をきわめる auf großem Fuß leben; den reichen Mann spielen; im großen Stil leben; in ³Saus und ³Braus leben; ins Volle greifen*; viel Geld springen lassen*; wie Gott in ³Frankreich leben; sorgenlos leben. ── 豪奢な prunkhaft; luxuriös; prächtig; üppig.

こうしゃきかんじゅう 高射機関銃 Flakmaschinengewehr n. -(e)s, -e. ⇨こうかくほう.

こうしゃく 講釈 ❶ ⟨講義⟩ Vorlesung f. -en; Kolleg n. -s, ...gien); ⟨説明⟩ Auslegung f. -en; Erklärung f. -en. ❷ ⟨講談⟩ Geschichtenerzählung f. -en. ── 講釈する ❶ ⟨講義する⟩ ⟨vor⟩|lesen* ⟨über³⟩; eine Vorlesung (im Kolleg) halten* ⟨über³⟩ ⟨説明する⟩ aus|legen*; erklären*; ⁴sich ⟨weitläufig⟩ aus|lassen* ⟨über³⟩ 長々と述べ立てる. ❷ ⟨講談する⟩ eine Geschichte ⟨berufsmäßig⟩ erzählen. ‖ 講釈師 der Geschichtenerzähler ⟨-s, -⟩ ⟨von ³Beruf⟩.

こうしゃく 公爵 Herzog m. -(e)s, -e/伊藤公爵 Herzog Ito ‖ 公爵夫人 Herzogin f. ...ginnen.

こうしゃく 侯爵 Fürst m. -en, -en; Marquis m. -, - ‖ 侯爵夫人 Fürstin f. ..tinnen; Marquise ⟨Markise⟩ f. -n.

こうしゃほう 高射砲 Flieger|abwehrkanone ⟨Flug⟨zeug⟩-⟩ f. -n; Flak f. -; Flakgeschütz n. -es, -e ‖ 高射砲中隊 Flakbatterie f. -n.

こうしゅ 攻守 ❶ Angriff ⟨m. -(e)s, -e⟩ und Verteidigung ⟨f. -en⟩; Offensive ⟨f. -n⟩ und Defensive ⟨f. -n⟩. ❷ ⟨野球⟩ das Schlagen* und Fangen*, des - und des. ‖ 攻守同盟 Schutz- und Trutzbündnis n. ..nisses, ..nisse.

こうじゅ 口授する jm mündlich unterweisen ⟨in³⟩; jm mündlich unterrichten ⟨in³⟩; diktieren⁴ ⟨書きとらせる⟩.

こうしゅう 口臭 der ⟨üble⟩ Mundgeruch, -(e)s, -e.

こうしゅう 公衆 Publikum n. -s; Allgemeinheit f.; Öffentlichkeit f. ── 公衆の öffentlich; allgemein / 公衆の面前で publice; vor dem Publikum; vor aller Öffentlichkeit; vor ³jedermann ‖ 公衆衛生(制度) Gesundheitswesen n. -s/公衆食堂 Speisehaus n. -es, -er (-halle f. -n)/公衆電話 der öffentliche Fernsprecher, -s, -; das öffentliche Telefon, -s, -e/公衆電話ボックス Fernsprechzelle (Telefon-) f. -n/公衆道徳 die öffentliche Moral/公衆便所 die öffentliche Toilette, -n (Bedürfnisanstalt, -en)/公衆浴場 die öffentliche Badeanstalt, -en; das öffentliche Badehaus, -es, ⸚er.

こうしゅう 講習(会) Ausbildungskursus (Trainings-) m. -, ..kurse; Lehrgang m. -(e)s, ⸚e/夏期講習会に出る einen Sommerkursus besuchen; an einem Sommerkursus teilnehmen* ‖ 講習所 Ausbildungsanstalt (Trainings-) f. -en/講習生 der Besucher (-s, -) eines Ausbildungskursus; der Teilnehmer (-s, -) an einem Ausbildungskursus.

こうじゅう 講中 der religiöse Verein, -(e)s, -e; die religiöse Bruderschaft, -en; Pilgerklub m. -s, -s.

こうしゅうは 高周波 [理] Hochfrequenz f. ‖ 高周波電流 Hochfrequenzstrom m. -(e)s, ⸚e.

こうしゅけい 絞首刑 das [Auf]hängen*, -s;/ 絞首刑に処せられる [auf]ehängt werden; durch ⁴[Auf]hängen hingerichtet werden; zum Tode durch den Strang verurteilt werden (宣告).

こうしゅだい 絞首台 [Wipp]galgen m. -s, -.

こうしゅつ 口述 mündliche Darlegung, -en; Diktat n. -(e)s, -e; die mündliche Erklärung, -en (遺言などの)/口述の mündlich/口述する mündlich dar|legen*; diktieren⁴; mündlich erklären⁴ (遺言などを) ‖ 口述試験 die mündliche Prüfung, -en; das mündliche Examen, -s, - (..mina)/口述書[法] die eidliche Erklärung; Aussage f. -n.

こうじゅつ 口述 Vortrag m. -(e)s, ⸚e/講述する vor|tragen*.

こうじゅつ 後述の später erwähnt; nachstehend/後述する später erwähnen⁴.

こうじゅつ 口述する Zeugnis (n. ..nisses, ..nisse) ab|legen ‖ 講述人 Zeuge m. -n, -n.

こうしょ 公署 die öffentliche Dienststelle, -n; Amt n. -(e)s, ⸚er; Behörde f. -n.

こうしょ 高所 Erhebung f. -en; [An]höhe f. -n; Erhöhung f. -en/高所から von hoher Warte ‖ 高所恐怖症 Höhenangst f.

こうじょ 皇女 die kaiserliche Prinzessin, ..zessinnen.

こうじょ 控除 Abzug m. -(e)s, ⸚e (額にも); Substraktion f. -en/税の控除 Steurabzug m. -s, ⸚e. ── 控除する ab|ziehen*⁴; substrahieren⁴./控除された abgezogene Summe, -n/基礎控除 Grundabzug m. -(e)s, ⸚e/扶養控除 Unterhaltungsabzug m. -(e)s, ⸚e.

こうしょう 哄笑 das große (laute) Lachen*, -s; das homerische (schallende) Gelächter -s; die große (laute) Heiterkeit/哄笑する hell auf|lachen; aus vollem Hals[e] lachen; eine Lache auf|schlagen*; ein Gelächter an|stimmen; schallend lachen.

こうしょう 交渉 ❶ Verhandlung (Unter-) f. -en; Besprechung f. -en; Debatte f. -n; die [freie] Aussprache, -n; Unterredung f. -en/交渉を開始する Verhandlungen an|bahnen (ein|leiten); in ⁴Verhandlungen ein|treten* [③]/交渉を打切る Verhandlungen ab|brechen* (unterbrechen*)/交渉は不調に終わった Die Verhandlungen haben zu keinem guten Ergebnis (Resultat) geführt./その件については直ちに交渉が行われる Über die Angelegenheit wird gleich verhandelt./交渉する verhandeln (mit jm über⁴); ⁴sich besprechen* (mit jm über⁴); debattieren⁽⁴⁾ (mit jm über⁴); ⁴sich aus|sprechen* (gegen⁴ bei jm; mit jm über⁴); unterhandeln (mit jm über⁴); ⁴sich unterreden (mit jm über⁴ (von³)). ❷ [関係] Beziehung f. -en; Verbindung f. -en; Verhältnis n. ..nisses, ..nisse /...とは何らの交渉もない nichts zu tun haben (mit³); keine Beziehung (Verbindung) haben (zu³); in keiner Beziehung (Verbindung) stehen* (zu³); kein Verhältnis haben (zu³); in keinem Verhältnis stehen* (mit³). ‖ 交渉委員 Verhandlungsausschuss m. -es, ⸚e (-ausschussmitglied n. -(e)s, -er (個人))/交渉団体 Verhandlungskörperschaft f. -en/交渉中 unter ³Verhandlung sein; eben (gerade) verhandelt werden.

こうしょう 公娼 die öffentliche Prostitution, -en/公娼の die öffentliche Prostituierte, -n (人) ‖ 公娼廃止 die Abschaffung (-en) (Aufhebung, -en; Ausrottung, -en; Tilgung, -en) der öffentlichen Prostitution/公娼廃止運動 die Bewegung (-en) zur Bekämpfung der öffentlichen Prostitution.

こうしょう 鉱床 [Erz]lagerstatt f. ⸚en (-stätte f. -n); Bett n. -(e)s, -en.

こうしょう 行賞 Auszeichnung f. -en; Belohnung f. -en; die Verteilung (-en) von ³Preisen.

こうしょう 公証 die notarielle (notarische) Beglaubigung, -en/公証する notariell (notarisch) beglaubigen⁴ ‖ 公証人 Notar m. -s, -e/公証役場 Notariat n. -(e)s, -e.

こうしょう 公称 nominell; Nominal- ‖ 公称資本 Nominalkapital (Stamm-) n. -s, -e (..lien)/公称馬力 Nominalpferdestärke f. -n.

こうしょう 公傷 Dienstbeschädigung f. -en; die im Dienst[e] davongetragene Verletzung (Versehrung), -en.

こうしょう 好尚 der gute Geschmack, -(e)s, ⸚e; das ästhetische Empfinden*, -s; Schönheitssinn m. -(e)s, -e; Mode f. -n (はやり)/好尚とはいえない Das kann ich nicht recht finden (nicht gutheißen).

こうしょう 考証 die vergleichende Forschung (Untersuchung) (-en) (eines Werkes mit historischen Tatsachen); Kollation f. -en 《原文の比較》/考証する vergleichend forschen⁴ (untersuchen⁴); kollationieren⁴.

こうしょう 高尚な edel; elegant; fein; geschmackvoll; gewählt; vornehm; gelehrt 《学問上》; vorgeschritten 《進歩した》/高尚優美な anmutig und edel; fein und zierlich; vornehm und graziös.

こうしょう 高唱する ❶ laut singen*⁴; schmettern⁴ 《がなる》. ❷ 《唱道》 verfechten*⁴; befürworten⁴; hervor|heben*⁴; nachdrücklich betonen*⁴; vertreten*⁴.

こうじょう 口上 〔伝言〕 die mündliche Mitteilung, -en; der mündliche Bescheid, -[e]s, -e; 〔芝居の〕 die einleitenden Worte (pl); Prolog m. -[e]s, -e; Ansprache f. -n; 〔陳述〕 Darlegung f. -en; Aussage f. -n; Ausführung f. -en/口上で mündlich/口上を述べる eine Ansprache halten*⁴; jm eine Botschaft überbringen*⁴; jm eine mündliche Mitteilung aus|richten ‖ 口上書 die schriftliche Mitteilung, -en.

こうじょう 向上 Erhöhung f. -en; Erhebung f. -en; Aufstieg m. -[e]s, -e; das Emporkommen, -s; 〔進歩〕 Fortschritt m. -[e]s, -e; das Vorwärtskommen, -s; Förderung f. -en; Entwicklung f. -en/〔発展〕 Besserung f. -en; Aufbesserung f. -en/体位の向上 Besserung der ²Körperbeschaffenheit. ── 向上の hochstrebend (auf-; empor-); ehrgeizig; ambitioniert; strebsam. ── 向上する ⁴sich erheben*; auf|steigen* s; vorwärts kommen* s; herauf|kommen* s; fort|schreiten* s; Fortschritte machen*; ⁴sich entwickeln; besser werden; ⁴sich bessern. ── 向上させる besser machen*⁴; verbessern*⁴; erhöhen⁴; erheben*⁴; fördern⁴. ‖ 向上心 Ehrgeiz m. -es; das Emporstreben*, -s; Trachten n. -s.

こうじょう 工場 Fabrik f. -en; Fabrikanlage f. -n; Werk n. -[e]s, -e; 〔仕事場〕 Werk|statt f. ⸗en (-stätte f. -n)/工場衛生 Fabrikhygiene f. -n/工場監督 Fabrikaufsicht f.; Fabrikaufseher m. -s, - (人)/工場管理 Fabrikverwaltung f. -en/工場経営 Fabrikbetrieb m. -[e]s, -e/工場施設 Fabrikanlage f. -n; Fabrikeinrichtung f. -en/工場主 Fabrikbesitzer m. -s, -/工場製品 Fabrikware f. -n; Fabrikarbeit f. -en; Fabrikat n. -[e]s, -e/工場地帯 Fabrikzone f. -n (-gegend f. -en)/工場長 Fabrikdirektor m. -s, -en/工場閉鎖 Schließung (f. -en) einer Fabrik; Aussperrung (f. -en) der Arbeiter 〔労働者に対する〕/工場法 Fabrikgesetz n. -es, -e (-[ver]ordnung f. -en)/工場労働者 Fabrikarbeiter m. -s, -/機械工場 Maschinenwerk n. -[e]s, -e/製material工場 Werk* n. -[e]s, -e (-werk n. -[e]s, -e)/製紙工場 Papier|mühle f. -n (-fabrik f. -en)/鉄工場 Eisen|werk n. -[e]s, -e (-hütte f. -n)/紡績工場 Spinnerei f. -en/分工場 Zweigfabrik f. -en.

こうじょう 厚情 ⇨こうぐう(厚遇).

こうじょう 交情 Freundschaft f.; Kameradschaftlichkeit f.; freundliche Beziehungen (pl); Vertrautheit f./交情を温めるFreundschaft auf|frischen 《mit jm》/交情が薄らぐ jm entfremden; Freundschaft zu jm kühlt ab.

こうじょう 膠状の kolloidal; gallertartig ‖ 膠状液 kolloidale Lösung, -en/膠状体 Kolloid n. -[e]s, -e.

ごうしょう 豪商 Kauf|herr (Handels-) m. -n, -en; Großkaufmann m. -[e]s, ⸗leute; Handelsfürst m.

ごうじょう 強情 Widerspenstigkeit f. -en; Eigen|sinn (Starr-) m. -[e]s; Halsstarrigkeit f.; Hartnäckigkeit f.; Trotz m. -es; Unbelehrbarkeit f.; Unbeugsamkeit f.; Unbotmäßigkeit f.; Ungehorsam m. -[e]s; Verstocktheit f. ── 強情な widerspenstig; eigen|sinnig (starr-); halsstarrig; hartnäckig; obstinat; starrköpfig; unbelehrbar; unbeugsam; unbotmäßig; verstockt/強情を張る 《上記の形容詞+sein の他に》 hartnäckig auf dem eigenen Willen bestehen*; hartnäckig bei seinem Willen bleiben* s; nicht von seinem Kopf ab|gehen* s; seinen Kopf auf|setzen (⁴sich behaupten); einen harten Nacken haben.

こうしょうがい 高障害 Hürdenlauf m. -[e]s, ⸗e.

こうじょうせん 甲状腺 Schilddrüse f. -n; Thyreoidea f. ..iden ‖ 甲状腺炎 Schilddrüsenentzündung f. -en/甲状腺腫 Kropf m. -[e]s, ⸗e/甲状腺ホルモン Schilddrüsenhormon n. -s, -e.

こうしょく 好色 Sinnlichkeit f.; Erotik f.; Fleischeslust f.; Geilheit f.; Lüsternheit f.; Sexualität f./好色の wollüstig; erotisch; fleischlich; geil; liederlich; lüstern; sexual; sexuell ‖ 好色家 [Wol]lüstling m. -s, -e; Lied|er|ian m. -[e]s, -e; Roué m. -s, -s/ der sittenlose Mensch, -en, -en/好色文学 die erotische Literatur, -en, -en; züchtige Schrifttum, -s; Pornographie f. -n.

こうしょく 公職 Amt n. -[e]s, ⸗er; die öffentliche Dienststellung; der öffentliche Posten, -s, -/公職につく ein Amt an|treten*; einen öffentlichen Posten neu bekleiden ‖ 公職追放 die Ausstoßung (f. -en) aus einem Amt/公職追放者 der aus seinem Amt Ausgestoßene, -n, -n.

こうしょく 黄色の gelb ‖ 黄色新聞 die gelbe Presse 《総称》; die gelbe Zeitung, -en 《個々の》.

こうじる 講じる ❶ 〔講義〕 eine Vorlesung 《-en》 (einen Vortrag, -[e]s, ⸗e) halten*⁴ 《über》; lesen*⁴; vor|tragen*⁴ 《jm》/近代文学を講じる über die neuere Literatur lesen*. ❷ 〔実習〕 praktische [An]weisungen (pl) geben* (jm). ❸ 〔工夫〕 er|denken*⁴; ersinnen*⁴; aus|denken*⁴; 〔手段を〕 ein Mittel an|wenden*⁴; einen Schritt ergreifen* (tun*)/方策を講じる Maßregeln (Maßnahmen) treffen* (ergreifen*)/金策を講じる versuchen, Geld heranzuschaffen (aufzutreiben)/あらゆる手段を講じたがだめだった Alle Maßnahmen blieben ergebnislos./彼はそれに対して何の手段も講じていない Er hat dagegen noch nichts unternommen.

こうじる 嵩じる stärker werden; [悪くなる] schlechter (schlimmer) werden; ⁴sich verschlechtern; ⁴sich verschlimmern/嵩じて…になる ⁴sich entwickeln《zu³》; ⁴sich aus|wirken《zu³》.

こうしん 行進 Marsch *m.* -es, ⸗e; Zug *m.* -[e]s, ⸗e. — 行進する marschieren [s]; in ³Schritt und ³Tritt gehen* [s]; ziehen* [s]. ‖ 行進曲 Marsch/行進中 auf dem Marsch sein/行進方向 Marschrichtung *f.* -en/行進目標 Marschziel *n.* -[e]s, -e.

こうしん 孝心 Pietät *f.*; Kindesliebe *f.*; die kindliche Liebe und Verehrung; die fromme Ehrfurcht gegen die Eltern.

こうしん 恒心 die beständige (feste; stete) Gesinnung, -en; Beständigkeit *f.*; Stetigkeit *f.*/恒心ある者 der [in seiner Gesinnung] Beständige* (Feste*), -n, -n; der Stetige*, -n, -n.

こうしん 後進 ❶ Rückmarsch *m.* -es, ⸗e; Rücktritt *m.* -[e]s, -e/後進する nach hinten (rückwärts) marschieren (treten*) [s]; [nach] achtern fahren* [s]《船が》. ❷ [若輩] Nachwuchs *m.* -es; der Jüngere*, -n, -n; die jüngere Generation, -en; das nachwachsende Geschlecht, -[e]s, -er. ‖ 後進性 Rückständigkeit *f.*

こうしん 功臣 der verdienstvolle (ruhmreiche) Vasall, -en, -en ([Lehns]mann, -[e]s, ⸗er (..leute); Gefolgsmann).

こうしん 更新 Erneu[er]ung *f.* -en; Renovation *f.* -en/更新する erneuern⁴; renovieren⁴.

こうしん 昂(亢)進 Steigerung *f.* -en; Beschleunigung *f.* -en; Erhöhung *f.* -en; Intensivierung *f.* -en; Verschlimmerung *f.* -en《病勢の》. — 昂進させる steigern⁴; beschleunigen⁴; erhöhen⁴; intensivieren⁴; verschlimmern⁴. — 昂進する ⁴sich steigern; ⁴sich beschleunigen; ⁴sich erhöhen; ⁴sich intensivieren; ⁴sich verschlimmern/彼の病気は昂進した Seine Krankheit verschlimmerte sich. ¦ Es ging ihm immer schlechter. ‖ 心悸(き)亢進 Tachykardie *f.*; die Beschleunigung des Herz- und Pulsschlag[e]s.

こうしん 交信する in Funkverkehr stehen*《mit³》.

こうじん 公人 die öffentliche Person, -en; die öffentliche Persönlichkeit, -en.

こうじん 行人 [道行く人] der Vorübergehende*, -n, -n; Passant *m.* -en, -en; [旅人] der Reisende, -n, -n; Wand[e]rer *m.* -s, -.

こうじん 黄塵万丈の mit aufwirbelnden ³Staubwolken/黄塵万丈の都会 die staubige Stadt, ⸗e.

こうじん 幸甚 ¶ 御承諾下さらば幸甚に存じます Ich werde mich sehr beehrt fühlen, wenn Sie es annehmen wollen./御返事いただければ幸甚です Ich werde Ihnen für eine Antwort sehr verbunden sein.

こうじん 後塵を拝す *jm* unterstehen*; *jm* untergeordnet sein; eine untergeordnete Rolle spielen.

こうしんじゅつ 降神術 Spiritismus *m.* -; Geisterglaube *m.* -ns; Geisterklopferei *f.* -en.

こうじんぶつ 好人物 der gutmütige (liebenswürdige; gute) Mensch, -en, -en.

こうず 構図 Komposition *f.* -en; Entwurf *m.* -[e]s, ⸗/構図がよい glücklich (gut) entworfen; von gut gelungener (geratener; getroffener) Komposition.

こうず 好事 Dilettantismus *m.* -; Liebhaberei *f.* -en ⇨**ものずき** ‖ 好事家 Dilettant *m.* -en, -en; Liebhaber *m.* -s, -; Amateur *m.* -s, -e《素人》; Laie *m.* -n, -n; [Kunst-]sammler *m.* -s, -《収集家》.

こうすい 硬水 hartes Wasser, -s.

こうすい 香水 Parfüm *n.* -s, -s; Riech¦wasser (Duft-) *n.* -s, ⸗ (-stoff *m.* -[e]s, -e)/香水をつける parfümieren⁴; durch|duften⁴ ‖ 香水瓶 Parfüm¦fläschchen (Riech-) *n.* -s, -; Falkon *m.* (*n.*) -s, -s/香水吹き [Parfüm]zerstäuber *m.* -s, -.

こうすい 鉱水 Mineralwasser *n.* -s.

こうずい 洪水 Überschwemmung *f.* -en; Hochwasser *n.* -s, -; das Übertreten*, -s; Wassersnot *f.* ⸗e ❖ Wassernot は水不足.

こうすいりょう 降水量 Niederschlag *m.* -[e]s, ⸗e; Präzipitation *f.* -en.

ごうする 号する ❶ [称(とな)う] [be]nennen*⁴; betiteln⁴; bezeichnen⁴; kenntlich (namhaft) machen⁴; ⁴sich ⁴*et* nennen*《自ら…と》. ❷ [揚言する] an|geben*⁴; behaupten⁴.

こうせい 更生 Wieder¦geburt (Neu-) *f.* -en; das neue Leben, -s; Regeneration *f.* -en; Auferstehung *f.* -en《復活》/更生する seine Lebensbahn von neuem an|treten*; ⁴sich zum Besseren wandeln; gleichsam seine Wiedergeburt (Neugeburt) feiern; ein neues Leben an|fangen*.

こうせい 公正 Billigkeit *f.*; Ehrlichkeit *f.*; Gerechtigkeit *f.*; Rechtlichkeit *f.*; Unparteilichkeit *f.* — 公正な billig; ehrlich; fair; gerecht; ohne ⁴Falsch; rechtlich; unparteiisch/公正な処理 die gerechte Maßnahme, -n; das ehrliche (aufrichtige; offene) Verfahren, -s, -; die anständige Behandlung, -en. ‖ 公正価格 der rechtmäßige, angemessene Preis, -es, -e/公正証書 die notarielle Urkunde, -n; Notariatsinstrument *n.* -[e]s, -e/公正取引委員会 *der Ausschuss* 《-es, ⸗e》 zur Herbeiführung ehrlicher (fairer) Geschäftsabschlüsse.

こうせい 校正 Korrektur *f.* -en; das Korrekturlesen*, -s; Druck[fehler]berichtigung *f.* -en. — 校正する korrigieren⁴; Korrektur (Druck[fehler]berichtigung) lesen*. ‖ 校正係 Korrektor *m.* -s, -en/校正済 ⇨**こうりょう**(校了)/校正刷 Korrektur¦bogen (Prüf-) *m.* -s, - (*od.* -abzug *m.*

-(e)s, "e); [Druck]fahne f. -n.
こうせい 厚生 die Förderung der Volkswohlfahrt; die soziale Fürsorge; die Verbesserung (-) der Lebensverhältnisse (des Volkes) ‖ 厚生事業 Wohlfahrtsunternehmen n. -s, -/厚生労働省 Ministerium für Gesundheit, Arbeit und Wohlfahrt n.
こうせい 構成 Zusammensetzung f. -en; [Auf]bau m. -[e]s; Bildung f. -en; Gefüge n. -s, -; Konstruktion f. -en; Organisation f. -en; Struktur f. -en. —— 構成する zusammen|setzen⁴; [auf]bauen⁴; bilden⁴; konstruieren⁴; organisieren⁴/...より成る・される ⁴sich zusammen|setzen (aus³); bestehen* (aus³); gebildet werden (von³). ‖ 構成分子 Bestandteil m. -[e]s, -e; Bildungselement n. -[e]s, -e; Komponente f. -n/裁判所構成法 Gerichtsverfassung f. -en.
こうせい 攻勢 Offensive f. -n; Angriff m. -[e]s, -e; das angriffsweise Vorgehen, -s; Vorstoß m. -es, "e/攻勢をとる die Offensive ergreifen*; an|greifen*⁴; den Angriff beginnen*; zum Angriff über|gehen* (schreiten*) ⓢ. ‖ 攻勢防御 die offensive Verteidigung, -en/労働攻勢 die Offensive der Arbeiter(schaft).
こうせい 恒星 Fixstern m. -[e]s, -e ‖ 恒星日(年) Fixsterntag m. -[e]s, -e (Fixsternjahr n. -[e]s, -e).
こうせい 後世 Nachwelt f.; Nachkomme m. -n, -n; Nachzeit f.; die kommende Zeit, -en; die Kommenden (pl); die nach uns lebenden Menschen (pl); Zukunft f.
こうせい 更正 [税金の] die erneute Steuerveranlagung, -en; die erneute Festsetzung (-en) der Steuerabgaben ‖ 更正決定[所得税の] die Entscheidung (-en) über die erneute Einkommensteuerveranlagung.
こうせい 高声の laut/高声に mit lauter ³Stimme.
こうせい 合成 Zusammensetzung f. -en; Komposition f. -en; die künstliche Herstellung, -en; Synthese f. -n; Synthesis f. ..sen. —— 合成の zusammengesetzt; komplex; künstlich hergestellt; synthetisch. ‖ 合成品 Kompositum n. -s, ..ta (..ten); das zusammengesetzte Wort, -[e]s, "er/合成ゴム die synthetische Gummis, -s, -s/合成酒 der künstlich hergestellte Sake, -s/合成樹脂 das künstlich hergestellte Harz, -es, -e/合成繊維 die synthetische Faser, -n/合成洗剤 synthetisches Waschmittel, -s, -/合成物 das Zusammengesetzte*, -s; Gemisch n. -[e]s, -e; Kompositum n. -s, ..ta (..ten); Mischung f. -en; Verbindung f. -en/合成物質 Kunststoff m. -[e]s, -e.
ごうせい 豪勢な großartig; glänzend; herrlich; imposant; kostbar; prächtig; vorzüglich; Haupt-; Pracht-.
こうせいかつ 公生活 das öffentliche Le-

ben, -s.
こうせいげかん 硬性下疳 【医】der harte Schanker, -s, -.
こうせいのう 高性能 die hohe Leistung (Leistungsfähigkeit), -en.
こうせいぶっしつ 抗生物質 Antibiotikum n. -s, ..ka.
こうせき 功績 Verdienst n. -[e]s, -e; die anerkennungswerte Leistung, -en; die verdienstvolle Tat, -en/功績をたてる ³sich Verdienste erwerben* (um⁴); ⁴sich Verdienst machen (um⁴); eine verdienstvolle Tat vollbringen*.
こうせき 鉱石 Erz n. -es, -e; Gestein n. -[e]s, -e; Mineral n. -s, -e (..lien) ‖ 鉱石検波器 [Kristall]detektor m. -s, -/鉱石受信器 Kristallempfänger m. -s, -.
こうせきうん 高積雲 Altokumulus m. -, ..li.
こうせき 洪積世 Diluvium n. -s.
こうせつ 巷説 Stadtgespräch n. -[e]s, -e; Gerücht n. -[e]s, -e; Hörensagen n. -s/巷説に曰く Es geht das Gerücht, dass ...; Gerüchtweise verlautet, dass ... Es wird gemunkelt, dass ...
こうせつ 交接 Koitus m. -, - (..tusse); Begattung f. -en; Beischlaf m. -[e]s; Geschlechtsverkehr m. -s; Paarung f. -en. —— 交接する koitieren (mit jm); ⁴sich begatten (mit jm); bei|schlafen* (jm); Geschlechtsverkehr haben (mit jm); ⁴sich paaren (mit jm). ‖ 交接不能 Impotenz f.; Mannesschwäche f. -n.
こうせつ 降雪 Schneefall m. -[e]s, "e/降雪甚だしいため starken Schnees wegen; wegen heftigen Schneefall[e]s ‖ 降雪量 die Menge (-n) des Schneefall(e)s.
こうせつ 巧拙 Geschick oder Ungeschick (n. -[e]s); Geschicklich- oder Ungeschicklichkeit f.; Geschickt- oder Ungeschicktheit f.; [Kunst]fertigkeit f. (技巧); Leistung f. (演出の).
こうせつ (御)高説 Ihre werte (hoch geschätzte) Meinung, -en (Ansicht, -en).
こうせつ 公設 öffentlich errichtet (gegründet); öffentlich errichtet; Kommunal-; Stadt- ‖ 公設市場 der öffentliche Markt, -[e]s, "e.
こうぜつ 口舌の争い Wort|streit m. -[e]s, -e (-wechsel m. -s, -)/口舌の徒 Wortheld (Maul-) m. -en, -en; Angeber m. -s, -; Prahler m. -s, -; Prahlhans m. -es, "e; Renommist m. -en, -en.
ごうせつ 豪雪 unmäßig großer Schneefall, -[e]s, "e/豪雪地帯 eine Zone (-n) mit urmäßig großem Schneefall.
こうせん 鉱泉 ❶ eine Mineralquelle f. -n. ❷ [飲料] Mineralwasser n. -s, -.
こうせん 口銭 Vermittlungs|gebühr (Makler-) f. -en (Gewinn)anteil m. -s, -e; Courtage f. -n; Provision f. -en; Prozente (pl) /口銭をとる Vermittlungsgebühren (Maklergebühren) (pl) nehmen*.
こうせん 光線 [Licht]strahl m. -[e]s, -en/

光線状の strahlen|förmig (-artig)/光線の 反射 Strahlenreflexion f. -en; Rückstrahlung f. -en/光線の屈折 Strahlenbrechung f. -en/光線を発する [aus]strahlen; Strahlen (pl) aus|senden* ‖ 光線分析 Spektralanalyse f. -n/光線療法 Strahlentherapie f./X 線 X-Strahlen (pl).

こうせん 公選 die öffentliche Wahl, -en; Volksabstimmung f. -en/公選する durch Volksabstimmung wählen (jn).

こうせん 交戦 ❶ [戦争] Feindseligkeiten (pl); Krieg m. -(e)s, -e; das Kriegführen*, -s. ❷ [戦闘] Schlacht f. -en; Gefecht n. -(e)s, -e; das Treffen*, -s, - (会戦). —— 交戦する ❶ [戦争する] gegeneinander Krieg führen. ❷ [戦闘する] eine Schlacht liefern; ins Gefecht (Treffen) kommen* s. ‖ 交戦区域 Kriegsgebiet n. -(e)s, -e (=zone f. -n)/交戦国 die kriegführenden Mächte (pl); die Kriegführenden (pl)/交戦状態 Kriegszustand m. -(e)s, ⸚e/交戦地 Kriegsschauplatz m. -es, ⸚e.

こうせん 抗戦 Widerstand m. -(e)s, ⸚e/抗戦する widerstehen*³; Widerstand leisten ‖ 抗戦力 Widerstandskraft f. -.

こうぜん 公然と ❶ öffentlich; offen[kundig]; publice; vor dem Publikum; vor aller Öffentlichkeit; vor ³jedermann; vor aller Augen/公然の秘密 das öffentliche Geheimnis, ..nisses, ..nisse/公然と異議を申し立てる einen öffentlichen Einwand (Protest) erheben* (gegen⁴); öffentlich ein|wenden* (protestieren) (gegen⁴). ❷ [正式に] offiziell; amtlich; formell; förmlich; in vorgeschriebener Form/公然と発表する offiziell (in vorgeschriebener Form) bekannt machen⁴ (geben**⁴).

こうぜん 昂然として in gehobener Stimmung; hochgemut; stolz; triumphierend.

こうぜん 浩然の気を養う ❶ ein [herz]erhebendes Gefühl pflegen (stärken); sein Herz erweitern. ❷ das freie Leben genießen*; ⁴sich an der Freiheit des Lebens gütlich tun*.

ごうぜん 傲然と hochmütig; arrogant; auf hohem Ross sitzend; auf Stelzen gehend; den hohen Herrn spielend; die Nase hoch (den Nacken steif) tragend; dünkelhaft; hochnäsig; selbstgefällig; ⁴sich breit (dick; groß; wichtig) machend; ⁴sich brüstend; überheblich.

ごうぜん 轟然と mit lautem Knall; fürchterlich dröhnend/轟然たる donnernd; dröhnend; krachend; schmetternd.

こうせんてき 好戦的 kriegerisch; Krieg liebend; kriegslustig.

こうそ 酵素 Enzym n. -s, -e; Ferment n. -(e)s, -e.

こうそ 公訴 die öffentliche Anklage, -n (Beschuldigung, -en)/公訴する an|klagen (jn wegen²⁽³⁾); beschuldigen² (jn); eine öffentliche Anklage (Beschuldigung) erheben* (gegen jn wegen²⁽³⁾); unter ⁴Anklage stellen (jn wegen²⁽³⁾).

こうそ 控訴 Appellation f. -en; Berufung f. -en. —— 控訴する appellieren (an⁴); ein höheres Gericht an|rufen*/控訴の申し立てをする Appellation (Berufung) ein|legen (bei³). ‖ 控訴院 Appellationsgericht (Berufungs-) n. -(e)s, -e/控訴状 Appellationsschrift (Berufungs-) f. -en/控訴人 Appellant m. -en, -en; Berufungskläger m. -s, -/被控訴人 Appellat m. -en, -en; der Berufungsangeklagte*, -n, -n.

こうぞ 楮 [植] Papiermaulbeerbaum m. -(e)s, ⸚e.

こうそう 高僧 der hohe Priester, -s, -; der Hochwürdige*, -n, -n; Prälat m. -en, -en.

こうそう 高層 die hohe [Luft]schicht, -en ‖ 高層雲 Altostratus m. -, ..ti; die hohe Schichtwolke, -n/高層気象台 das meteorologische Observatorium (-s, ..rien) der Troposphäre/高層気流 der Luftstrom (-(e)s, ⸚e) (der Luftströmung, -en) der hohen Schicht; der hohe Luftstrom/高層建築 Hochhaus n. -es, ⸚er; Wolkenkratzer m. -s, -.

こうそう 抗争 [Wider]streit m. -(e)s, -e; Streiterei f. -en; Auseinandersetzung f. -en; Widerstand m. -(e)s, ⸚e; Zwiespalt m. -(e)s, ⸚e/抗争する widerstreiten* (jm); streiten (mit jm); ⁴sich auseinander setzen (mit jm); widerstehen* (jm).

こうそう 構想 Konzeption f. -en; [Ent-]wurf m. -(e)s, ⸚e; Leitgedanke m. -ns, -n; Plan m. -(e)s, ⸚e.

こうそう 校葬 das von der Schule veranstaltete Begräbnis, ..nisses, ..nisse; Schulbegräbnis.

こうそう 広壮な großartig; herrlich; imposant; majestätisch; überwältigend.

こうそう 高燥な hoch und trocken; erhaben und dürr.

こうそう 後送する nach rückwärts (hinten) schicken*; zurück|transportieren*/後送される als invalid nach Hause entlassen werden (兵ル).

こうそう 航走する fahren* s; segeln s,h (帆走); dampfen s (汽船ル).

こうぞう 構造 Struktur f. -en; [Auf]bau m. -(e)s; Bau|art f. -en (-weise f. -n); Gerüst n. -(e)s, -e; Konstruktion f. -en; Organisation f. -en (組織); [die Art der] Zusammensetzung, -en ‖ 構造改革 Strukturreform f. -en/構造言語学 die strukturelle Linguistik/構造式 [化] Strukturformel f. -n/構造主義 Strukturalismus m. -/構造不況 Strukturkrise f. -n/構造分析 Strukturanalyse f. -n.

ごうそう 豪壮な herrlich; herrschaftlich; stattlich; majestätisch; großartig; imponierend; grandios; groß angelegt.

こうそく 梗塞 Stopfung f. -en; Verhärtung f. -en; Versteifung f. -en ‖ 金融梗塞 Geldknappheit f.

こうそく 校則 Schul|vorschrift (-satzung) f. -en.

こうそく 拘束 Be|schränkung (Ein-) f. -en; Bindung f. -en; Fesselung f. -en;

こうそく Freiheitsentziehung f. -en; Zwang m. -[e]s《強制》/拘束力ある種類の; obligatorisch; verbindlich; [allgemein] vorgeschrieben; Zwangs-. —— 拘束する beschränken⁴; ein|schränken⁴; binden⁴; fesseln; die Freiheit entziehen*³; zwingen⁴/言論の自由を拘束する die Redefreiheit kneblen; den Mund verbieten* (jm); mundtot machen (jn); Stillschweigen auf|erlegen (jm). ‖ 拘束時間 die vorgeschriebene (pflichtmäßige) Arbeitszeit, -en (Dienststunde, -n)/拘束力 die bindende (obligatorische)/verbindliche (allgemein) vorgeschriebene) Kraft, ⸚e; Zwangskraft (Bindungs-).

こうそく 高速[度] die hohe (große) Geschwindigkeit (Schnelligkeit) f.‖高速度印刷機 Schnellpresse f. -n; die schnell laufende (schnellläufige) Druckmaschine, -n/高速道路 Autobahn f. -en, ⸚e/高速道路 Schnellstraß m. -[e]s, ⸚e/高速度撮影 Zeitlupe f. -n/超高速度 Überhochgeschwindigkeit f./超高速度シネカメラ die ultra schnelle (über-) Kinokamera, -s.

こうぞく 皇族 die kaiserliche Familie; der kaiserliche Prinz (-en, -en) und die kaiserliche Prinzessin (..zessinnen); der Prinz und die Prinzessin vom kaiserlichen Geblüt ‖ 皇族会議 die Ratsversammlung (-en) der kaiserlichen Familie.

こうぞく 航続時間 Fahrt|dauer (Flug-) f. (od. -Zeit, -en)/航続距離 Aktionsbereich (Fahrt-) m. -[e]s, -e; Flugreichweite f. -n.

こうぞく 後続部隊 die nachfolgende Truppe, -n; Verstärkung f. -en《増援部隊》.

ごうぞく 豪族 die mächtige (einflussreiche) Sippschaft, -en (Clique, -n).

こうそくど 光速度 Lichtgeschwindigkeit f.

こうた 小唄 Liedchen n. -s, -; das kleine Lied, -[e]s, -er; Singsang m. -[e]s.

こうたい 交替 Ablösung f. -en; Abwechslung f. -en《工員交替》(Arbeits)schicht f. -en《同上》Schicht|wechsel (Leute-) m. -s, -《同上》/交替に abwechselnd; im Turnus; ⁴sich gegenseitig ausschließend; wechselsweise /交替で車を運転する in drei Schichten arbeiten /三時間交替で働く in dreistündiger Schicht arbeiten. —— 交替する ⁴sich ablösen (mit jm); ab|wechseln (mit jm); an die Stelle (js) treten*; in die Reihe kommen* ⓢ《順番》. ‖ 交替作業 Schichtarbeit f. -en/交替時間 Ablösungszeit f. -en/交替要員 Ablösung f./世代交替 Generationswechsel m. -s, -.

こうたい 光体 Leucht|körper (Licht-) m. -s, -; der leuchtende (helle, luminöse) Körper.

こうたい 後退する [den Weg] zurück|gehen* ⓢ; rückwärts gehen* ⓢ; ⁴sich zurück|ziehen*; zurück|treten* (-|weichen*) ⓢ.

こうたい 抗体《生》Antikörper m. -s, -.

こうだい 広大な weit; ausgedehnt; weit ausgedehnt; geräumig; großräumig; weitläufig; kolossal; groß[artig]/広大無辺の unbegrenzt; endlos; unendlich; unermesslich.

こうたいごう 皇太后 Kaiserin|witwe f. -n (-mutter f.).

こうたいし 皇太子 Kronprinz m. -en, -en ‖ 皇太子殿下 Seine Kaiserliche Hoheit der Kronprinz/皇太子妃 Kronprinzessin f. ..zessinnen/英国皇太子 der Prinz von Wales.

こうだか 甲高な足 ein hoher Spann, -[e]s, -e/甲高な靴 Schuhe (pl) mit hohem Spann.

こうたく 光沢 Glanz m. -es; Glätte f.; Politur f. -en/光沢のある glänzend; glatt; poliert/光沢のない matt; glanzlos; trüb[e] ‖ 光沢機 Kalander m. -s, -; Glättmaschine f. -n, -.

ごうだつ 強奪 Plünderung f. -en; das Plündern, -s, -; Beraubung f. -en; Brandschatzung f. -en; Erbeutung f. -en; Erpressung f. -en; Raub m. -[e]s, (まれに -e)/強奪する plündern; brandschatzen⁴; erbeuten⁴ (von jm); erpressen ⁴et (von jm); Raub begehen* (verüben) (an jm); rauben³⁴; an ⁴sich reißen*⁴; mit Gewalt weg|nehmen*³⁴.

こうたん 降誕 Geburt f. -en; „Ankunft" f. ⸚e/キリストの降誕 die Ankunft Christi ‖ 降誕祭 Geburtsfeier f. -n (-en)/キリスト降誕祭 Weihnachten n. -s ❖ まれに Weihnacht f. いずれの場合も多くは無冠詞.

こうだん 講談 Geschichtserzählung f. -en; Erzählung f. -en für den volkstümlichen Geschichte (f. -en) ‖ 講談師 Geschichtenerzähler m. -s, -.

こうだん 講壇 Katheder n. -s, -; Podium r. -s, ..dien; Redner|bühne f. -n (-pult r. -[e]s, -e); Kanzel f. -n《説教壇》/講壇に立つ die Kanzel (das Katheder) besteigen*; auf der Kanzel (dem Katheder) stehen*; die Rednerbühne betreten*.

こうだん 降壇する das Katheder (die Rednerbühne) verlassen*; vom Katheder steigen* ⓢ.

こうだん 後段 ❶《物語などの》der spätere Abschnitt, -[e]s, -e; der spätere Teil, -s, -e/後段で später; im späteren Abschnitt. ❷《演劇の》die spätere Szene, -n; der spätere Akt, -[e]s, -e.

こうだん 公団 öffentliche Korporation (Körperschaft), -en ‖ 公団住宅 Siedlung (f. -en) der öffentlichen Korporation.

ごうたん 豪胆 Kühnheit f.; Beherztheit f.; Dreistigkeit f.; Furchtlosigkeit f.; Mut m. -[e]s; Schneid m. -[e]s; Unerschrockenheit f.; Unverzagtheit f.; Verwegenheit f.. —— 豪胆な kühn; beherzt; dreist; furchtlos; keck; mutig; schneidig; ⁴Stirn bietend*; unerschrocken; tapfer; unverzagt; verwegen.

こうだんし 好男子 ❶ ein schöner (hübscher) Mann, -[e]s, ⸗er; Adonis *m.* -, ..nisse. ❷ [好漢] ein famoser (netter) Kerl, -s, -e; ein ganzer Kerl, -s, -e.

こ

こうち 耕地 Land *n.* -[e]s; Acker¦land *n.* -[e]s (-boden *m.* -s, ⸗); [耕された土地] Kulturland *n.* -[e]s; angebautes (bebautes) Land ‖ 耕地整理 Zusammenlegung 《*f.*》 der Grundstücke/耕地面積 Areal 《*n.* -s, -e》 (Flächenraum *m.* -s, ⸗e) des Kulturlandes.

こうち 高地 Höhe *f.* -n; Erhöhung *f.* -en; Anhöhe *f.* -n; Hochland *n.* -[e]s, ⸗er (-e); Hochebene *f.* -n 《高原》; Plateau *n.* -s, -s 《同上》.

こうち 狡知 Verschlagenheit *f.*; Schlauheit *f.*; Listigkeit *f.*; Gerissenheit *f.*/狡知の verschlagen; durchtrieben; listig; schlau.

こうち 拘置 Gefangenhaltung *f.*; Internierung *f.*; Gewahrsam *m.* -s, -e; Haft *f.*; Zurückhaltung *f.* ── 拘置する ein|sperren⁴; in ³Haft halten*⁴; fest|halten*⁴; in ⁴Haft nehmen*⁴; internieren⁴; zurück|halten*⁴. ‖ 拘置所 Internierungshaus *n.* -es, ⸗er; Gewahrsam *m.* -s, -e; Gefängnis *n.* ..nisses, ..nisse/拘置状 Haftbrief *m.* -[e]s, -e.

こうちゃ 紅茶 schwarzer Tee, -s, -s.

こうちゃく 膠着 das Zusammen¦kleben* (-leimen*), -s/膠着状態にある in völliger Stockung sein; auf den toten Punkt gelangt sein; ⁴sich im völligen Stillstand befinden*. ── 膠着する zusammen|kleben (-|leimen); mit ³Leim befestigen.

こうちゅう 甲虫 〖動〗 Käfer *m.* -s, - ‖ 甲虫類 die Käferarten 《*pl*》.

こうちょう 高潮 ❶ hohe Flut, -en; Hochflut *f.* -en. ❷ [頂点] Höhepunkt *m.* -[e]s, -e; Gipfel *m.* -s, -; Höhe *f.* -n; Klimax *f.* -e/高潮に達する einen Gipfel (einen Höhepunkt; die Klimax) erreichen; die Höhe gewinnen*.

こうちょう 好調 gute (günstige) Verfassung, -en; guter (günstiger) Zustand, -[e]s, ⸗e; Glätte *f.*; Glattheit *f.*; günstige Lage, -n; Hochkonjunktur *f.* -en 《市況の》; gute Form 《選手の》. ── 好調の gut; günstig; vorteilhaft; vielversprechend (viel versprechend); befriedigend; glatt; in guter Form/好調に進む glatt ab|gehen* [s]; gut (günstig) gehen* [s]/万事好調だ Alles geht glatt (gut; günstig)./その選手は好調だ Der Spieler ist in guter Form.

こうちょう 校長 Schuldirektor *m.* -s, -en; Schulleiter *m.* -s, - ‖ 高等学校長 Oberschul¦direktor (Gymnasial-) *m.* -s, *-en*/*小学校長 Grundschulre*ktor *m.* -s, -en/中学校長 Mittelschulrektor *m.* -s, -en.

こうちょう 紅潮する rot werden; erröten [s]; erglühen [s]/彼女はさっと紅潮した Schamröte überzog ihr Gesicht.

こうちょうかい 公聴会 die öffentliche Befragung, -en.

こうちょうどうぶつ 腔腸動物 Pflanzentiere 《*pl*》.

こうちょうりょく 抗張力 〖理〗 Zugfestigkeit *f.* -en.

こうちょく 硬直 das Erstarren*, -s; Erstarrung *f.* -en; das Steifwerden*, -s; Steifheit *f.*; Verkrampfung *f.* -en; Verkrampftheit *f.*/硬直した erstarrt; steif; versteinert; starr/硬直する erstarren [s]; steif werden; ⁴sich versteifen; verhärten; versteinern.

こうちん 工賃 [Arbeits]lohn *m.* -[e]s, ⸗e; Löhnung *f.* -en; Vergütung *f.* -en; Tagelohn *m.* -[e]s, ⸗e 《一日の手間》/工賃の値上げ(値下げ) Lohnerhöhung *f.* -en (Lohnherabsetzung *f.* -en).

こうつう 交通 Verkehr *m.* -s; Beförderung *f.* -en; Verbindung *f.* -en; Transport *m.* -[e]s, -e/交通頻繁な(不活発な) verkehrs¦stark (-schwach)/交通の便(不便) Verkehrs¦erleichterungen (-schwierigkeiten) 《*pl*》/交通の障害 Verkehrsstörung *f.* -en/交通の要路 Verkehrsader *f.* -n/交通を整理する den Verkehr regeln (regulieren; kontrollieren)/交通の便を計る Verkehrserleichterungen 《*pl*》 herbei|führen; bewirken, dass man bequem verkehren kann/…と交通する verkehren 《*mit*³》; in ³Verkehr (Verbindung) stehen* 《*mit*³》; kommunizieren 《*mit*³》 ‖ 交通違反 Verkehrsdelikt *n.* -[e]s, -e/交通違反者 Verkehrssünder *m.* -s, -/交通機関 Verkehrs¦mittel (Beförderungs-; Transport-; Verbindungs-) *n.* -s, - (*od.* -anstalt *f.* -en)/交通規則 Verkehrs¦vorschrift *f.* -en (-regel *f.* -n; -regelung *f.* -en)/交通局 Verkehrsamt *n.* -[e]s, ⸗er/交通事故 Verkehrs¦unglück *n.* -[e]s, (まれに -e) (-unfall *m.* -[e]s, ⸗e)/交通地獄 Verkehrs¦hölle *f.* (-unordnung *f.* -en)/交通遮断 Verkehrs¦verbot *n.* -[e]s, -e (-sperre *f.* -n); Quarantäne *f.* -n 《伝染病発生時の》; die Absperrung 《-en》 von ³Verkehr/交通渋滞 [Verkehrs-]stau *m.* -[e]s, -s; Verkehrs¦stockung (-verstopfung) *f.* -en/交通巡査 Verkehrs¦schutzmann *m.* -[e]s, ⸗er (..leute) (-polizist *m.* -en, -en)/交通信号 Verkehrssignal *n.* -s, -e/交通信号機 Verkehrs¦ampel *f.* -n (-laterne *f.* -n)/交通整理 Verkehrs¦regelung *f.* -en (-regulierung *f.* -en; -kontrolle *f.* -n)/交通標識 Verkehrs¦schild *n.* -[e]s, -er (-zeichen *n.* -s, -)/交通網 Verkehrsnetz *n.* -es, -e/交通量 Verkehrs¦menge *f.* -n (-dichte *f.*)/交通路 Verkehrs¦weg *m.* -[e]s, -e (-straße *f.* -n)/交通労働者 Transportarbeiter *m.* -s, -/陸上(海上)交通 Landverkehr (Seever*kehr*).

こうつごう 好都合の günstig; geeignet 《*zu*³》; passend; recht; richtig; vielversprechend (viel versprechend); vorteilhaft; zweckentsprechend/それは好都合です Das ist mir günstig. ¦ Das passt mir gut./万事好都合に運ぶ Alles geht glatt. ¦ Alles klappt gut.

こうてい 肯定 Bejahung *f.* -en; Affirmation *f.* -en/肯定的 bejahend; affirmativ.

こうてい ―― 肯定する bejahen⁴; affirmieren⁴. ‖ 肯定形 Affirmativa 《pl》/肯定命題 die affirmative Proposition, -en; der bejahende Satz, -es, -e.

こうてい 行程 Reiseweg m. -[e]s, -e; Entfernung f. -en; Route f. -n; Reise f. -n; [Kolben]hub m. -[e]s, ⁼e/一日の行程 eine Tagereise.

こうてい 高弟 der hervorragende Jünger, -s, -; der glänzende (ausgezeichnete) Schüler, -s, -.

こうてい 高低 ❶ [高さ] Höhe f. -n. ❷ [起伏] das Hoch und Nieder; das Auf und Nieder; das Steigen* und Fallen* 《以上二格: des - und -s》/高低のない eben; flach; horizontal. ❸ [物価の] das Schwanken*, -s; Schwankung f. -en; Wechsel m. -s, -/高低のある schwankend; unbestimmt; wechselnd. ❹ [音の] [Ton]höhe f. -n.

こうてい 皇帝 Kaiser m. -s, -; der kaiserliche Herrscher, -s, -/皇帝の位に登る den kaiserlichen Thron besteigen*; auf den kaiserlichen Thron gelangen (kommen)* ⓢ.

こうてい 公廷 Gericht n. -[e]s, -e; Gerichtshof m. -[e]s, ⁼e/公廷で öffentlich vor ³Gericht; in öffentlicher Verhandlung.

こうてい 航程 Fahrt|strecke (Flug-) f. -n; die zurückzulegende Strecke ‖ 最終航程 die letzte Strecke [einer Fahrt].

こうてい 工程 [Arbeits]gang m. -[e]s, ⁼e; [Arbeits]prozess m. -es, -e ‖ 生産工程 Herstellungs|gang (Produktions-) 《od. -prozess》.

こうてい 校訂 Revision f. -en; Nach|prüfung (Über-) f. -en; Verbesserung f. -en/校訂する revidieren*; nach|prüfen*; überprüfen⁴ ‖ 校訂者 Revisor m. -s, -en; [Nach]prüfer (Verbesserer) m. -s, -/校訂版 die revidierte (verbesserte) Auflage, -n.

こうてい 校庭 Schul|hof m. -[e]s, ⁼e (-gelände n. -s, -); der Spiel|platz (Sport-) 《-es, ⁼e》 der Schule.

こうてい 公定の öffentlich (gesetzlich; offiziell) bestimmt (festgesetzt) ‖ 公定価格(相場) der offizielle Preis, -es, -e (Kurs, -es, -e); Richtpreis m. -es, -e/公定歩合 die offizielle Rate, -n.

こうてい 好適の passend; adäquat; angebracht; angemessen; geboten; gebührend; schicklich.

こうてい 拘泥する fest|halten* 《an³》; ⁴sich klammern 《an⁴》; kleben 《an³》; hängen* 《an⁴》; ⁴sich halten* 《an⁴》/拘泥しない sich nicht befreien können 《von³》/形式に拘泥する an der Form hängen* (kleben); ⁴sich pedantisch an die Form halten* (klammern) /細事に拘泥する人 Kleinigkeitskrämer m. -s, -/拘泥せずに frei; offen; ohne ⁴Rücksicht 《auf⁴》; rücksichtslos; unabhängig 《von³》; ohne ⁴sich um ⁴et zu kümmern; ungehindert 《durch³》.

こうてき 公敵 der öffentliche (jedermanns) Feind, -[e]s, -e.

こうてき 号笛 [Alarm]sirene f. -n; Hupe f. -n; Signal|horn n. -[e]s, ⁼er (-pfeife f. -n).

こうてきしゅ 好敵手 der ebenbürtige Gegner, -s, -; der jm gewachsene Rivale*, -n, -n; der Nebenbuhler, -s, -/彼等は互に好敵手を見出す seinen Mann finden*/好敵手を見出す seinen Mann finden*.

こうてつ 更迭 [Personal]wechsel m. -s, -; Personalveränderung f. -en; Umbesetzung f. -en/内閣の更迭 Kabinettswechsel/閣員の更迭 Ministerwechsel; der Wechsel innerhalb des Kabinetts. ―― 更迭する wechseln*; verändern⁴; um|besetzen⁴. ‖ 大更迭 der gründliche (radikale) [Personal]wechsel; die Umbesetzung in großem Ausmaß[e].

こうてつ 鋼鉄 Stahl m. -[e]s, ⁼e/鋼鉄の stählern; Stahl- ‖ 鋼鉄艦 Stahlschiff n. -[e]s, -e/鋼鉄車 Stahlwagen m. -s, -/鋼鉄製品 Stahl|arbeit f. -en (-ware f. -n)/鋼鉄板 Stahlplatte f. -n.

こうてっこう 黄鉄鉱 〖鉱〗 Pyrit m. -s, -e; Schwefelkies m. -es, -e.

こうてん 高点 die hohe Zensur, -en; der hohe Punkt, -es, -e ‖ 高点者 derjenige*, der hohe Zensuren bekommen hat; der mit großer Mehrheit Gewählte*, -n, -n 《選挙の》.

こうてん 光点 〖写〗 Lichtpunkt m. -[e]s, -e.

こうてん 公転 〖天〗 Umlauf m. -[e]s, ⁼e; Revolution f. -en/公転する um|laufen* ⓢ.

こうてん 好転 die Wendung 《-en》 zum Besseren; die günstige Wandlung, -en/好転する ⁴sich zum Besseren wenden*; 《⁴sich》 günstig wandeln 《v.i. のとき ⓢ》.

こうてん 交点 Schnitt|punkt (Kreuzungs-) m. -[e]s, -e.

こうでん 公電 amtliches (offizielles) Telegramm, -s, -e.

こうでん 香典 Trauergabe f. -n; Kondolenzgabe f. -n; Beisteuer 《f. -n》 zum Begräbnis ‖ 香典返し Gegengeschenk n. -[e]s, -e für eine Trauergabe (Kondolenzgabe).

こうでんかん 光電管 Photozelle f. -n.

こうでんし 光電子 Photoelektron n. -s, -en.

ごうてんじょう 格天井 die kassettierte Decke, -n/Kassettendecke f. -n.

こうてんてき 後天的 aposteriorisch; a posteriori; aus ³Erfahrung gewonnen; erlernt.

こうど 光度 Lichtstärke f. -n ‖ 光度計 Lichtmesser m. -s, -; Photometer n. -s, -.

こうど 黄土 Löss (Löß) m. -es, -e.

こうど 高度 ❶ Höhe f. ❷ [度合の] Hochgradigkeit f. 《度合の》; vorgerückte Stufe 《末期》/高度の顕微鏡の starkes (stark vergrößerndes) Mikroskop, -s, -e/高度の文明(文化) hoch entwickelte Zivilisation, -en (Kultur, -en)/高度記録 Höhenrekord m. -[e]s, -e/高度計 Höhenmesser m. -s, -/高度測量 Höhenmessung f. -en.

こうど 硬度 Härte f.; Härtegrad n. -[e]s, -e

こうど 硬度計 Härteskala f. ..len (-s)/硬度測定器 Härtemesser m. -s, -.

こうど 耕土 Ackererde f. -n (-krume f. -n(.-scholle f. -n).

こうとう 後頭 Hinterkopf m. -(e)s, ⸚e (-haupt n. -(e)s, ⸚er).

こうとう 喉頭 Kehlkopf m. -(e)s, ⸚e; Larynx m. -, ..ryngen/喉頭の laryngal; Kehlkopf-; Laryngo- ‖ 喉頭炎 Laryngitis f. ..tiden; Kehlkopfentzündung f. -en/喉頭カタル Kehlkopfkatarr(h) m. -s, -e/喉頭癌 Kehlkopfkrebs m. -es, -e/喉頭結核 Kehlkopftuberkulose f. -.

こうとう 昂騰 das plötzliche Steigen* -s; das Emporschnellen (Hochgehen*) -s, -/昂騰する plötzlich steigen* [s] (*sich) emporschnellen (v.i. のとき [s]); hoch[gehen* [s]/物価は昂騰した Die Preise sind plötzlich hochgegangen (in die Höhe geklettert).

こうとう 高等の hoch 《付加語的用法ではhoh-》; höher; besser; hohen Grades (von hohem Grad(e)); vorgeschritten ‖ 高等科 der höhere Kursus, -, ..Kurse/高等学校 die höhere Schule, -n/高等教育 die höhere Bildung/高等裁判所 Oberlandesgericht n. -(e)s, -e/高等動物 das höhere Tier, -(e)s, -e(Lebewesen, -s, -e)/高等批評 die höhere Kritik, -, -en/高等弁務官 Hochkommissar m. -s, -e.

こうとう 口頭の mündlich; gesprochen; verbal ‖ 口頭契約 der mündliche Vertrag, -(e)s, -⸚e(Kontrakt, -(e)s, -e)/口頭試験 die mündliche Prüfung, -en; das mündliche Examen, -s, ..mina/口頭弁論 die mündliche Verhandlung, -en.

こうとう 高踏の *sich stolz von der gemeinen Menge fern haltend; transzendent ‖ 高踏派 Parnassiens (pl)/高踏派詩人 der Dichter (-s, -) der Parnassischen Schule.

こうどう 黄銅 Messing n. -s, -/黄銅の aus *Messing; messingen ‖ 黄銅鉱 Kupferkies m. -es, -e.

こうどう 黄道 Sonnenbahn f.; Ekliptik f. ‖ 黄道吉日 ein glücklicher (Glück verheißender) Tag, -(e)s, -e/黄道十二宮 Zodiakallicht (Tierkreis-) n. -es/黄道帯 Zodiakus m. -.

こうどう 孝道 Kindespflicht f. -en (-liebe f.); kindliche Pietät f. ⇨こうこう(孝行).

こうどう 公道 ❶ öffentliche Straße, -n; öffentlicher Weg, -(e)s, -e. ❷ [正義] Gerechtigkeit f.; Recht n. -(e)s, -(e)s/公道を踏む den Weg der Gerechtigkeit [s] gehen*; Gerechtigkeit üben; recht tun*.

こうどう 講堂 Aula f. -s (..len); Vortragssaal m. -(e)s, ..säle; Hörsaal m. -(e)s, ..säle; Auditorium n. -s, ..rien; Festsaal (式場).

こうどう 行動 ❶ das Handeln*, -s; Handlung f. -en; das Tun*, -s; Tat f. -en; Betragen n. -s 《態度・行儀》; Auftreten n. -s 《同上》; Verhalten n. -s 《同上》. ❷ [活動] Aktion f. -en; Akt m. -(e)s, -e; Tätigkeit f. -en; Tätigung f. -en; Vorrichtung f. -en/行動を共にする zusammen handeln (mit jm); mit|wirken (zusammen|wirken)(mit jm an *et)/mit|arbeiten (mit jm an *et)/[運命を共にする] sein *Schicksal an das eines *anderen knüpfen; das[selbe] Schicksal teilen (mit jm)/かってな行動をする nach *Gutdünken handeln/断固たる行動に出る strenge Maßregeln ergreifen*; einen entschiedenen Schritt tun*/彼はその考えを行動に移した Er hat seinen Gedanken ausgeführt. /行動する handeln; tun*; tätig sein; wirken; arbeiten; [態度をとる] *sich benehmen*; *sich verhalten*; *sich betragen* / 自己の確信に基づいて行動する seiner *Überzeugung gemäß handeln.
‖ 行動主義 Aktionismus m. -; Behaviorismus m. -/行動半径 Aktionsradius m. -, ..dien; Reichweite (f. -n) der Aktion/軍事行動 die militärische Bewegung, -en; die feindselige Operation, -en/抗議行動 Protestaktion f. -en/自由行動 das freie Handeln/直接行動 das direkte Handeln/敵対行動 die feindselige Unternehmung, -en.

こうどう 坑道 Minen|gang (Lauf-) m. -(e)s, ⸚e; Mine f. -n; Galerie f. -n; [横] Stollen m. -s, -; [縦] Schacht m. -(e)s, ⸚e/坑道を掘進する einen Minengang vor|treiben*.

こうとう 強盗 [犯人] Räuber m. -s, -; Bandit m. -en, -en 《追いはぎ》; Einbrecher m. -s, - 《押込み》; Straßenräuber m. -s, - 《辻》; [犯行] Raub m. -(e)s, (まれに -e); Räuberei f. -en; Raubtat f. -en; Banditenwesen n. -s; Einbruch m. -(e)s, ⸚e; Einbruchdiebstahl m. -(e)s, ⸚e/強盗を働くeinen Raub (Einbruch) begehen* (verüben)《an et (jm)》‖ 強盗殺人 Raubmord m. -(e)s, -e/強盗団 Räuberbande f. -n.

ごうどう 合同 Vereinigung f. -en; Einverleibung f. -en; Fusion f. -en; Verbindung f. -en; Verschmelzung f. -en; Zusammenschluss m. -es, ⸚e; Zusammenarbeit f. -en 《協力》/合同して *Hand in *Hand; in *Gemeinschaft 《mit*》; miteinander; zusammen; in *Zusammenarbeit 《協力して》. ━ 合同の verein[ig]t; einverleibt; gemeinsam; gemeinschaftlich; inkorporiert; verbunden; zusammengeschlossen; zsammenarbeitend 《協力した》; Einheit-; Mit-; Solidar-. ━ 合同する *sich vereinig(en) (verbinden*; verschmelzen*)《mit*》; fusionieren (inkorporiert) werden. ‖ 合同慰霊祭 die Totenmesse (Seelen-) (f.) für mehrere Personen.

こうとうむけい 荒唐無稽な albern; absurd; aus der Luft gegriffen; ersonnen; sinnlos; unsinnig; wesenlos/荒唐無稽の説 das blaue Märchen, -s, -; die alberne Erfindung, -en; das aus der Luft Gegriffene*, -n, -n; der reine (glatte; blanke) Unsinn, -s.

こうとく 高徳 die hohe (ausgezeichnete; vorzügliche) Tugend/高徳の人 der Mann (-(e)s, ⸚er) von hoher Tugend (hervorragendem Charakter).

こうとく 公徳 Gemein〔schafts〕sinn *m.* -〔e〕s (-gefühl *n.* -〔e〕s; -geist *m.* -〔e〕s) ‖ 公徳心 die Achtung (der Respekt, -〔e〕s) vor ^{3}Gemein〔schafts〕sinn. ⇨**こうしゅう**(公衆道徳).

こうどく 購読 Abonnement *n.* -s, -s; Subskription *f.* -en / 私は朝日新聞を購読している Ich halte die Asahi-Zeitung. ── 購読する abonnieren$^{(4)}$ 《*auf*^{4}》; halten* 《eine Zeitung; eine ^{4}Zeitschrift》. ‖ 購読者 Abonnent *m.* -en, -en; Leser *m.* -s, -; Leserschaft *f.*; Leserkreis *m.* -es, -e 《総称》; Publikum *n.* -s 《同上》/ 購読者が多い einen großen Leserkreis haben / 購読料 Bezugs¦preis (Abonnements-) *m.* -es, -e.

こうどく 鉱毒 Kupfervergiftung *f.* -en; mineralische Vergiftung, -en (Besudelung, -en) / 鉱毒の被害 der Schaden 《-s, ⸚》 durch mineralische Abwässer.

こうどくそ 抗毒素 Antitoxin *n.* -s, -e; Gegengift *n.* -〔e〕s, -e.

こうない 構内 Grundstück *n.* -〔e〕s, -e; Anlage *f.* -n; Gehege *n.* -s, -; Einfriedung *f.* -en; Hof *m.* -〔e〕s, ⸚e / 構内で auf dem Grundstück; im Gehege; im Hof ‖ 駅構内 Bahnhofanlage *f.* -n.

こうない 港内 Hafenanlage *f.* -n / 港内で(へ) im (in den) Hafen.

こうない 校内 Schulgelände *n.* -s, - / 校内で in der Schule; innerhalb des Schulgeländes.

こうない 坑内〔の〕 unter Tage 《über Tage に対して》; in der Grube / 坑内へ下がる(行く) an|fahren*^{4} [s]; ein|fahren* [s]; eine Grubenfahrt machen / 坑内へ搬入する ein|hängen^4 ‖ 坑内夫 Kumpel *m.* -s, -〔s〕.

こうないえん 口内炎 Mundhöhlenentzündung *f.* -en.

こうなん 後難 die mögliche Schwierigkeit (Unannehmlichkeit), -en; Folge *f.* -n / 後難がこわい Ich befürchte, dass die Folgen nicht ausbleiben (dass das dicke Ende noch kommt).

こうにゅう 購入 〔An〕kauf *m.* -〔e〕s, ⸚e; Anschaffung *f.* -en ⇨**こうばい**(購買) ‖ 購入価格 Anschaffungs¦preis (Kauf-) *m.* -es, -e.

こうにん 公認 die amtliche (offizielle) Anerkennung (Genehmigung), -en; Beglaubigung *f.* -en / 公認の amtlich (offiziell) anerkannt (beglaubigt; genehmigt; autorisiert; zugelassen). ── 公認する amtlich (offiziell) an|erkennen*^{4} (genehmigen^4); amtlich beglaubigen^4; offiziell autorisieren^4. ‖ 公認会計士 der vereidigte Bücherrevisor, -s, -en / 公認記録 der offizielle Rekord, -〔e〕s, -e / 公認候補者 der offiziell aufgestellte Kandidat, -en, -en.

こうにん 後任 Nachfolger *m.* -s, - / 後任として als Nachfolger von *jm* 《*für*^{4}》/ 後任になる *jm* 〔im Amt〕 nach|folgen [s]; *js* Amt 〔als Nachfolger〕 ein|nehmen*; *js* Amt (Geschäft) 〔als Nachfolger〕 übernehmen*; *js* Nachfolger werden; *js* Nachfolge an|treten* / 彼の後任はそう簡単には見つからない Ihn wird niemand leicht ersetzen können.

こうねつ 高熱 hohes Fieber, -s, - / 高熱が出る hohes Fieber bekommen*.

こうねつ 口熱 Mundfieber *n.* -s, -.

こうねつ 黄熱〔病〕 das gelbe Fieber, -s, -.

こうねつひ 光熱費 Beleuchtungs- und Heizungskosten 《*pl*》.

こうねん 後年 in 〔*js*〕 späteren Jahren; nach Jahren; bei *js* 〔hohen〕 Jahren; in der Folge; in kommenden Jahren 《将来》.

こうねん 光年 Lichtjahr *n.* -〔e〕s, -e.

こうねん 高年者 ein 〔hoch〕 bejahrter Mensch, -en, -en.

こうねんき 更年期 das gefährliche (kritische) Alter, -s, -; Wechseljahre 《*pl*》/ 彼女は更年期にある Sie steht im gefährlichen Alter. ‖ 更年期障害 die Beschwerden des gefährlichen Alters.

こうのう 効能 Wirksamkeit *f.*; Wirkung *f.* -en / 効能のある wirksam; wirkungsvoll; wirkend; heilsam 《薬の》/ 効能のない unwirksam; wirkungslos; fruchtlos / 薬の効能が見えて来た Die Arznei begann zu wirken. ⇨**きく**(利く) ‖ 効能書 Anpreisung 《*f.* -en》 der Waren (der Arznei) / 効能書を述べる sein eigenes Lob〔lied〕 singen*; die 〔Werbe〕trommel rühren (schlagen*).

こうのう 行嚢 Brief¦beutel *m.* -s, - (-sack *m.* -〔e〕s, ⸚e).

ごうのう 豪農 Großbauer *m.* -n, -n; der wohlhabende Landmann *m.* -〔e〕s, ..leute; der Besitzer 《-s, -》 eines großen Bauerngutes.

こうのとり 鸛〘鳥〙Storch *m.* -〔e〕s, ⸚e.

こうのもの 香の物 das eingemachte Gemüse, -s, -. ⇨**こうこう**(香々).

こうは 光波 Lichtwelle *f.* -n ‖ 光波ロケット Photorakete *f.* -n.

こうは 硬派 die grundsatztreue Partei, -en 《主義を曲げない人》; die unbedingte Opposition, -en 《強硬な反対派》; der strenge Moralist, -en, -en 《好色者に対し》; [暴徒] Raufbold *m.* -〔e〕s, -e; Rohling *m.* -s, -e ‖ 対外硬派 Unterstützer 《*m.* -s, -》 einer starken Außenpolitik.

こうば 工場 ⇨**こうじょう**(工場).

こうはい 後輩 der Jüngere*, -n, -n; jüngere Generation, -en; Nachwuchs *m.* -es, ⸚e / 後輩を引立てる den Nachwuchs unterstützen (begünstigen) / 彼は僕よりずっと後輩だ Er ist um viele Jahre jünger als ich. ¦Er gehört zu einer weit jüngeren Generation als der meinen.

こうはい 荒廃 Verwüstung *f.* -en; Verheerung *f.* -en; Verödung *f.* -en. ── 荒廃する verwüstet (verheert) werden; öde (wüst) werden; verfallen* [s]; verwildern 《庭園などが》; baufällig werden 《家などが》/ 荒廃している verwüstet (verheert) sein; öde (wüst) sein; baufällig sein 《家など》. ── 荒廃させる verwüsten^4; verheeren^4; veröden^4. ‖ 荒廃地 das wüste (öde) Land, -〔e〕s, ⸚er; die wüste und öde Gegend, -en.

こうはい 興廃 Aufstieg und Niedergang; die Größe und der Verfall; Wechselfälle 《*pl*》; Schicksal *n.* -s, -e.

こうはい 光背 Lichtkreis m. -es, -e.
こうはい 交配 Kreuzung f. -en; die kreuzende Befruchtung, -en/交配する kreuzen⁴.
こうはいち 後背地 Hinterland n. -(e)s.
こうばい 公売 öffentliche Versteigerung, -en; Zwangsversteigerung f. -en 《強制競売》; Subhastation f. -en 《同上》/公売処分に付する die Zwangsversteigerung verhängen (über⁴); zwangsweise versteigern lassen*⁴/公売する öffentlich (gerichtlich) versteigern ‖ 公売品 die zur Zwangsversteigerung kommenden Artikel (pl).
こうばい 購買 Kauf m. -(e)s, ⸗e; An¦kauf (Ein-) m. -(e)s, ⸗e; Konsum¦verein m. -(e)s, -e; Konsum¦genossenschaft (Verbraucher-) f. -en/購買者 Käufer m. -s, -; Ein¦käufer (An-) m. -s, -/購買値段 Kauf¦preis (Anschaffungs-) 《仕入値段・原価》 m. -es, ⸗e/購買力 Kaufkraft f.
こうばい 勾配 Neigung f. -en; Inklination f. -en; Steigerung f. -en 《上りの》; Gefälle n. -s, - 《下りの》; [山坂] Abhang m. -(e)s, ⸗e; [地形の] Abdachung f. -en; Böschung f. -en/急な(緩やかな)勾配 starke (schwache) Neigung; das steile (sanfte) Abfallen*, -s 《下へ》; die steile (sanfte) Abdachung, -en 《下へ》; die steile (sanfte) Steigerung 《上へ》/勾配をつける [ab]böschen; schräg (schief) machen; mit einer ³Neigung versehen*.
こうばい 紅梅 Pflaumenbaum (m. -(e)s, ⸗e) mit roten Blumen.
こうばいすう 公倍数 der gemeinsame Multiplikator, -s, -en ‖ 最小公倍数 der kleinste gemeinsame Multiplikator.
こうはく 紅白 Rot und Weiß, des - und -(es)/紅白の幕 Vorhang (m. -s, ⸗e) in Rot-Weiß-Streifen ‖ 紅白試合 Wettkampf m. -(e)s, ⸗e zwischen der roten und weißen Partei (Mannschaft).
こうばく 広漠たる weit und breit; weit ausgedehnt; unendlich (unermesslich) weit.
こうばしい 芳しい wohlriechend; duftig; aromatisch; [味が] schmackhaft; würzig. ⇨かんばしい②.
ごうはら 業腹になって aus ³Groll (Ärger; Bosheit; Empörung; Entrüstung; Unmut; Verdruss; Verstimmung); erbittert/業腹に思う Groll (Gram) haben (auf⁴); empört (ärgerlich; boshaft; entrüstet; erbittert; unmutig; verdrießlich; verstimmt) werden; ³sich ärgern (über⁴); ärgerlich (gekränkt; zum Ärger geneigt) sein (über⁴).
こうはん 後半 die letzte Hälfte; die zweite Hälfte ‖ 後半期 das zweite Halbjahr, -(e)s, -e: die zweite Hälfte des Jahres.
こうはん 公判 Gerichts¦verhandlung f. -en (-verfahren n. -s, -); das öffentliche Verhör, -(e)s, -e; die öffentliche Untersuchung, -en / 公判に付す 《事件を》 gerichtlich verhandeln (über⁴); eine Sache dem Gericht zur Aburteilung überweisen*; jn vor ⁴Gericht bringen* 《人を》 ‖ 公判廷 Gerichtshof m. -(e)s, ⸗e.

こうはん 広般な umfangreich; umfänglich; umfassend; ausgedehnt; weitreichend; weit/広般にわたる weit¦reichen; weit¦umfassen; einen weiten Bereich decken.
こうはん 交番 Polizeiwache f. -n.
こうはん 合板 Sperrholz n. -es, ⸗er; Verbundplatte f. -n.
こうひ 公費 die öffentliche Ausgabe, -n; öffentliche Kosten (pl) /公費を節約する die öffentlichen Ausgaben ein¦schränken (sparen) /公費で auf öffentliche Kosten.
こうひ 口碑 die mündliche Überlieferung, -en; die mündlich überlieferte Tradition, -en (Sage, -n) /口碑に伝わる mündlich überliefert werden.
こうひ 工費 Baukosten (pl) /この学校は工費二億円を要した Der Bau dieser Schule kostete 200 Millionen Yen.
こうび 後備 Landwehr f. -en ‖ 後備兵 Landwehrmann m. -(e)s, ⸗er (..leute) /後備役 Dienst (m. -es, -e) bei der ³Landwehr.
こうび 後尾 der hintere Teil, -(e)s, -e; [部隊の] Nachhut f. -en; Nachtrab m. -(e)s, ⸗e; [船の] Heck n. -(e)s, -e; Hinterschiff n. -(e)s, -e; Spiegel m. -s, - /後尾の im Nachtrab/後尾になる den Nachtrab bilden.
こうび 交尾 Begattung f. -en; Paarung f. -en; Kreuzung f. -en 《交配》/交尾する ⁴sich begatten; ⁴sich paaren; besprin¦gen* 《牡が牝に》; decken 《牡馬が牝馬に》 ‖ 交尾期 Paarungs¦zeit (Begattungs-; Liebes-) f.
ごうひ 合否 Bestehen (n. -s) oder Nichtbestehen beim Aufnahmeexamen /入試の合否を知らせて下さい Mitteilung erbeten über Gelingen oder Misserfolg im Aufnahmeexamen.
こうヒスタミンざい 抗ヒスタミン剤 die antihistaminische Arznei, -en (Mittel n. -s, -).
こうびとう 後尾灯 Schlusslicht n. -(e)s, ⸗er 《自動車・列車の》; Katzenauge n. -s, -n 《自転車の反射鏡》.
こうひょう 好評 die günstige Kritik, -en; die günstige Aufnahme, -n (Besprechung, -en); [評判] der gute Ruf, -(e)s/好評を博する günstig besprochen (kritisiert) werden; günstige Aufnahme finden*; günstig aufgenommen werden; allgemeinen Beifall finden*/好評である in gutem Ruf stehen*; beliebt (populär) sein; die Gunst des Publikums genießen*/歌舞伎俳優玉三郎は最近米国の舞台で大好評を博した Der Kabuki-Schauspieler Tamasaburo ist neulich mit großem Erfolg auf amerikanischen Bühnen aufgetreten.
こうひょう 高評 Ihre verehrte Meinung, -en; Ihre Kritik, -en /御高評を請う Mit der Bitte um geneigte Kritik 《献本の文句》.
こうひょう 講評 Kritik f. -en; Besprechung f. -en; Rezension f. -en; die kritische Beurteilung, -en /講評する besprechen*⁴; kritisieren⁴; rezensieren⁴; beurteilen⁴; ⁴Kritik üben (an⁴).

こうひょう 公表 die amtliche (öffentliche) Bekanntmachung, -en; Proklamation f. -en; Verkündigung f. -en 《公布》. —— 公表する amtlich (öffentlich) bekannt machen⁴; verkündigen⁴; veröffentlichen⁴ ‖ 書簡を公表する den Brief veröffentlichen/名前を公表する den Namen bekannt geben⁴.

こうひょう 降雹 Hagel|wetter n. -s, -(-sturm m. -[e]s, ¨e).

こうびん 後便 die nächste Post, -en; der nächste Brief, -[e]s, -e; die spätere Nachricht, -en/後便にゆずります Das Weitere teile ich im nächsten Brief mit.

こうふ 坑夫 Bergmann m. -[e]s, ..leute; Gruben|arbeiter m. -s, -; Bergknappe m. -n, -n; Schacht|arbeiter (Minen-; Berg-) m. -s, -.

こうふ 公布 öffentliche Bekanntmachung, -en; [amtliche] Verkündigung, -en; Proklamation f. -en; Proklamierung f. -en/公布の日から実施する vom Tag der Veröffentlichung an in 'Kraft treten⁵ [s]/公布する öffentlich bekannt machen⁴; [amtlich] verkünden⁴; proklamieren⁴.

こうふ 交付 Aus|händigung (Ein-) f. -en; [送達] Zustellung f. -en; [貨物などの] Ab|lieferung (Aus-) f. -en. —— 交付する [手渡しする] aus|händigen⁴ (ein|-); [引渡す] ü-berreichen⁴; übergeben⁴; ab|liefern⁴ (an jn); aus|liefern⁴ (an jn). ‖ 交付金 Gabe f. -n; Staatszuschuss m. -es, ¨e/《国家の》/交付者 der Abliefernde*, -n, -n.

こうふ 弘布する verbreiten⁴; propagieren⁴; popularisieren⁴.

こうぶ 後部 hintere Teil, -[e]s, -e; [船の] Heck n. -[e]s, -e; Spiegel m. -s, -; Hinterschiff n. -[e]s, -e/後部に hinten; hinter³; im Hintergrund; im Rücken; im Nachtrab 《部隊の》‖ 後部甲板 Achterdeck n. -[e]s, -e/後部席 der hintere Sitz, -es, -e; Hintersitz m. -es, -e.

こうふう 校風 Tradition (f. -en) einer Schule; Schulgeist m. -[e]s; Eigenart (f.) (Eigentümlichkeit f. -en) einer Schule/校風を発揮する den Schulgeist fördern.

こうふう 高風 erhabene Persönlichkeit, -en; vornehmes Wesen, -s; edle Haltung; erhabener (hoher; edler) Charakter, -s/彼の高風を慕う者が多い Sein edler (nobler) Charakter findet viele Bewunderer.

こうふく 校服 Schuluniform f. -en.

こうふく 幸福 Glücklichkeit f.; Glückseligkeit f. 《心の》; [幸運] Glück n. -[e]s; Glücksfall m. -[e]s, ¨e; Gunst (f.) des Geschickes; [俗] Schwein n. -[e]s; [無事安穏] Wohlergehen n. -s (-fahrt f.); das Gedeihen*, -s; Heil n. -[e]s; [至福] Seligkeit f.; [天福] Segen m. -s/最大多数の最大幸福 das höchste Glück der größten ²Menge/幸福を祈る神 *Glück wünschen/幸福に暮らす ein glückliches Leben führen; glücklich leben. —— 幸福な glücklich; glückselig; beglückt; beseligt; selig; freudevoll; [幸運な] begünstigt; gesegnet; gnadenvoll; gnädig; segensreich.

こうふく 降伏 Ergebung f.; Kapitulation f. -en; [屈服] Unterwerfung f. -en; [開城] Übergabe f. -en. —— 降伏する ⁴sich ergeben⁸ (unterwerfen⁴); ⁵sich für besiegt erklären; die Waffen strecken; kapitulieren. —— 降伏させる zur Übergabe zwingen⁴⁴. ‖ 降伏文書 Urkunde (f. -n) der Übergabe/無条件降伏 unbedingte Übergabe; Ergebung auf Gnade und Ungnade.

こうふく 口腹の欲をみたす seinen Appetit befriedigen; genug (satt) essen* und trinken*.

こうふく 剛腹な ❶ halsstarrig; eigen|sinnig (-willig); hartnäckig; störrisch; verstockt; widerspenstig. ❷ [太っ腹な] kühn; dreist; frech; keck; unverschämt; verwegen.

こうふこう 幸不幸 Glück und Unglück; Wohl und Weh; Glück und Elend; [福禍] die Wechselfälle 《pl》/人生の幸不幸 die hellen und dunklen Seiten 《pl》 des Lebens/人には幸不幸がある Einige sind unter einem glücklichen Stern geboren und andere nicht.‖ Manche sind zum Glück geboren, andere zum Unglück.

こうぶつ 鉱物 Mineral n. -s, -e (..lien) ‖ 鉱物界 Mineralreich n. -[e]s; 鉱物学 Mineralogie f.; Mineralienkunde f./鉱物学者 Mineraloge m. -n, -n/鉱物標本(室) Mineraliensammlung f. -en.

こうぶつ 好物 Liebingsspeise f. -n; Leibgericht n. -[e]s, -e/この料理は私の好物です Dieses Gericht ist mein Leibgericht./牡蠣は私の大好物です Ich schwärme für Austern.‖ Ich bin in Austern vernarrt.‖ Ich kann Austern nicht widerstehen.

こうふん 公憤 gerechter Zorn, -[e]s; Unwille 《m. -ns》über ein öffentliches Ereignis; öffentlicher Verdruss, -es, -e.

こうふん 興奮 Erregung f. -en; Aufregung f. -en; Aufgeregtheit f.; [医] Erregung/興奮して erregt; gereizt; irritiert. —— 興奮する ⁴sich auf|regen; erregt werden; aufgeregt werden; ⁴sich erhitzen; warm werden 《以上 über⁴》; gereizt werden 《いらいらする》. —— 興奮させる erregen⁴; auf|regen⁴; auf|reizen⁴; an|reizen⁴; irritieren⁴.‖ 興奮剤 Anregungsmittel n. -s, -; Stimulans n. -, ..lantia (..lanzien)/興奮状態 erregter Zustand, -[e]s, ¨e.

こうふん 口吻 Sprech|weise f. -n (-art f. -en)/口吻をまねる js Sprechart nach|ahmen/口吻をもらす seinen ³Gefühlen 《pl》 freien Lauf lassen*; an|deuten⁴; an|spielen 《auf⁴》; jm ⁴et zu verstehen geben*.

こうぶん 構文 Satz|bau m. -[e]s, (-bildung f.; -fügung f.; -gefüge n. -s) ‖ 構文法 Syntax f. -en.

こうぶん 公文 offizielles Dokument, -[-e]s, -e; amtliches Schriftstück, -[e]s; amtliche Urkunde, -n ‖ 公文書偽造 Fälschung (f.) einer amtlichen (offiziellen)

Urkunde/公文体 amtlicher (offizieller) Stil, -(e)s, -e/公文電報 amtliches (offizielles) Telegramm, -s, -e/外交公文書 die diplomatische Note, -n (Mitteilung, -en).
こうぶん 行文 Stil *m.* -(e)s, -e/行文が流麗である Der Stil ist glatt.
こうぶんし-高分子- hochmolekular/高分子化学 hochmolekulare Chemie/高分子化合物 hochmolekulare Verbindung, -en.
こうぶんぼ 公分母《数》gemeinsamer (gemeinschaftlicher) Nenner, -s, -.
こうべ 頭 Kopf *m.* -(e)s, ∺e/頭を上げる den Kopf erheben*/頭を垂れる den Kopf senken; den Kopf hängen lassen*. ⇨あたま.
こうへい 工兵 Pionier *m.* -(e)s, -e; Schanzgräber *m.* -s, -; Soldat (*m.* -en, -en) der technischen 'Truppe.
こうへい 公平 ❶ [不偏不党] Unparteilichkeit *f.* ❷ [正当] Gerechtigkeit *f.*; Billigkeit *f.*; Ehrlichkeit *f.* ❸ [私心なきこと] Uneigennützigkeit *f.*; Selbstlosigkeit *f.*
—— 公平な ❶ [不偏不党な] unparteiisch; unbefangen/公平な態度をとる eine unparteiische (gerechte) Haltung ein|nehmen*. ❷ [正当な] aufrichtig; billig; gerecht; ehrlich. ❸ [私心のない] uneigennützig; selbstlos/公平無私の vorurteils|los (-frei); aufrichtig; unvoreingenommen; unbefangen. —— 公平に言えば aufrichtig gesprochen; um *jm* (einer Sache) gerecht zu werden / 人を公平に取扱う unparteiisch sein (gegen *jn*); jeden Menschen recht und billig behandeln.
こうへん 後編 Folge *f.* -n; der nächste Band, -(e)s, ∺e; Fortsetzung *f.* -en; der letzte Teil, -s, -e.
こうべん 抗弁 ❶ [反駁] Widerrede *f.* -n; Widerlegung *f.* -en; Protest *m.* -(e)s, -e. ❷ [異議] Wider|spruch (Ein-) *m.* -(e)s, ∺e; Einsprache *f.* -n. ❸ [被告の] Einwendung *f.* -en; Einwand *m.* -(e)s, ∺e; Einrede *f.* -n. —— 抗弁する *jm* widersprechen*; gegen *jn* (⁴*et*) ein|wenden*⁴; Protest (Einspruch; Einsprache) erheben* (*gegen*⁴); Einwand erheben*.
ごうべん 合弁 Mitbesitz *m.* -es, -e; Miteigentum *n.* -s, ∺er/合弁の gemeinsam; gemeinschaftlich; Mit-; Solidar-; solidarisch/日独合弁の事業 ein deutsch-japanisches Solidarunternehmen, -s.
ごうべんか 合弁花《植》Gamopetale *f.* -n.
こうほ 候補 [立候補] Kandidatur *f.*; Kandidatenschaft *f.*/候補に立つ kandidieren (*für*⁴)/候補に立つ *jn* als Kandidat auf|stellen (*für*⁴) ∥ 候補者 Kandidat *m.* -en, -en/候補者名簿 Kandidatenliste *f.* -n/候補地 *eiu* *für* ⁴*et* beabsichtigter Ort, -(e)s, -e (Platz *m.* -es, ∺e)/公認候補 anerkannter (offizieller; angenommener) Kandidat/対立候補 Gegenkandidat *m.* -en, -en/万年候補 ewiger Kandidat/有力候補 aussichtsvoller Kandidat/落選候補者 geschlagener (durchgefallener) Kandidat.
こうぼ 酵母 Gärungsstoff *m.* -(e)s, -e; Hefe *f.* -n; Ferment *n.* -es, -e ∥ 酵母菌 Hefepilz *m.* -es, -e.
こうぼ 公募 öffentliche Werbung (Subskription), -en; öffentliche Emission (-en) (einer Anleihe《公債の》); öffentliche Aufnahme (-n) (einer Anleihe). —— 公募する um die Aufnahme (Subskription) der Anleihe 《公社債》 (der ²Akten《株式を》) öffentlich werben*; die Bewerber (*pl*) öffentlich werben*《申込人を》.
こうほう 公法 das öffentliche Recht, -(e)s, -e/公法上 dem öffentlichen Recht(e) nach ∥ 公法学者 Publizist *m.* -en, -en/国際公法 Völkerrecht *n.* -s; das internationale Recht, -s.
こうほう 公報 der amtliche Bericht, -(e)s, -e; amtliche Depesche, -n; die offizielle Bekanntmachung, -en; Kommuniqué *n.* -s, -s; die offizielle (amtliche) Anzeige, -n ∥ 市公報 der offizielle Stadtanzeiger, -s, -.
こうほう 広報 die öffentliche Auskunft, -e; Information *f.* -en; Propaganda *f.*《宣伝》∥ 広報課 Informationsabteilung *f.* -en; Auskunftsstelle *f.* -n.
こうほう 後報 die spätere Nachricht, -en; der weitere Bericht, -(e)s, -e/期して後報を待つ Wir erwarten noch weiteren Bericht.
こうほう 後方 Hinter|seite *f.* -n (-grund *m.* -(e)s, ∺e); Rücken *m.* -s, -/後方の Hinter-; Rücken-; hinter/後方から(へ) rückwärts; zurück; hinterwärts; [後に] im Rücken; hinten/敵の後方を襲う den Feind im Rücken an|greifen* ∥ 後方勤務 der rückwärtige Dienst, -(e)s, -e; Dienst hinter der Front.
こうぼう 興亡 Aufschwung und Verfall, des - und (e)s; Emporsteigen* und Fallen*, des - und -s; das Auf und Absteigen*, -s; das Auf und Ab, des -; die Wechselfälle (*pl*); Schicksal *n.* -s, -e《運命》/民族興亡をかけた戦い der Kampf -(e)s, ∺e um das Schicksal des Volkes.
こうぼう 攻防 der Angriff (-(e)s, -e) und die Abwehr, -en; die Offensive und Defensive ∥ 攻防戦 Angriffs- und Verteidigungsschlacht *f.* -en; Angriffs- und Verteidigungskampf *m.* -(e)s, ∺e.
こうぼう 弘法 ¶ 弘法も筆の誤り Auch Homer schläft.: Niemand ist ohne Fehler.
こうぼう 工房 Werkstätte *f.* -n.
ごうほう 合法 Gesetzmäßigkeit *f.*; Gesetzlichkeit *f.*/合法に立つ Legalität *f.*; Legalität *f.*; Rechtmäßigkeit *f.* -en/合法の仮面をかぶって unter der Maske der Gesetzmäßigkeit (Gesetzlichkeit; Legalität; Rechtmäßigkeit)/合法化する rechtskräftig machen⁴; als gesetzlich an|erkennen*⁴; amtlich beglaubigen* (bestätigen⁴); für rechtmäßig erklären⁴. —— 合法的な gesetzmäßig; gesetzlich; legal; rechtmäßig/合法的の mit ³Fug und ³Recht/非合法的 ungesetzmäßig; ungesetzlich; illegal; unrechtmäßig.
ごうほう 号砲を発する einen Signalschuss ab|feuern (ab|geben*).

ごうほう 豪放な freimütig; großzügig; offenherzig; ungeniert; unumwunden; zwanglos.

こうぼく 坑木 Gruben|pfeiler *m.* -s, –(Holz *n.* -es, –).

こうぼく 公僕 ⇒こうむ(公務員).

こうほん 稿本 Manuskript *n.* -[e]s, -e (略: Mskr.; *Mz.*; *pl* Mss.).

こうま 小馬 ❶ [雄の] [Hengst]fohlen *n.* -s, –; Hengstfüllen *n.* -s, –; [雌の] [Stut]fohlen; Stutfüllen. ❷ [小形の馬] Pony *n.* -s, -s; Pferdchen *n.* -s, –; das kleine Pferd, -[e]s, -e.

こうまい 高邁な edel; erhaben; hoch; hoch[gesinnt (-herzig; -sinnig) /高邁な精神の人 ein Mensch (*m.* -en, -en) von hohem Geist.

こうまん 高慢 Stolz *m.* -es; Anmaßung *f.* -en (不遜); Arroganz *f.* (ごう慢); Aufgeblasenheit *f.*; Aufblähung *f.*; Dünkel *m.* -s (自惚); Hochmut *m.* -[e]s; Überheblichkeit *f.*; Prahlerei *f.* -en (大言壮語); Wichtigtuerei *f.* -en (もったいぶり). — 高慢な stolz; anmaßend; arrogant; aufgeblasen; aufgebläht; dünkelhaft; hoch[mütig (-näsig); überheblich; prahlerisch; wichtigtuerisch /高慢な顔をする die Nase hoch tragen* /高慢ちきに高慢の鼻を高くつけ auf|werfen* /高慢の鼻をくじく *jm* eins auf die Nase geben*.

ごうまん 傲慢 Hochmut *m.* -[e]s; Anmaßung *f.* -en; Arroganz *f.*; Dünkel *m.* -s; Dünkelhaftigkeit *f.*; Hoffart *f.*; Selbstverherrlichung *f.* -en; Überheblichkeit *f.*; Überhebung *f.*; Übermut *m.* -[e]s. — 傲慢な hochmütig; anmaßend; arrogant; aufgeblasen; dünkelhaft; hochfahrend; selbstverherrlichend; überheblich.

こうみゃく 鉱脈 Ader *f.* -n; [Erz]gang *m.* -[e]s, ⸚e; Flöz *n.* -es, -e [炭層]/鉱脈を掘り当てる auf eine Ader stoßen* /鉱脈を探す nach Erz schürfen.

こうみょう 功名 Groß|tat (Helden-) *f.* -en; Verdienst *n.* -[e]s, -e (*um⁴*); Ruhm *m.* -[e]s; Name *m.* -ns, -n /功名をたてる eine große (herrliche) Tat vollbringen* /⁴sich aus|zeichnen (hervor|tun*) (*durch³*) ‖ 功名心 Ehrgeiz *m.* -es, -e; Sucht nach Ruhm- *f.* -⸚e /功名心の強い ehrgeizig; ehrsüchtig (ruhm-); leistungswillig.

こうみょう 光明 ❶ Licht *n.* -[e]s, -e[r]; Schein *m.* -[e]s, -e; Strahl *m.* -[e]s, -en; Glanz *m.* -es; Flimmer *m.* -s, –/光明の明るい面を見る *et* von der heiteren Seite nehmen*; alles von der guten Seite an|sehen*. ❷ [希望] Lichtblick *m.* -[e]s, -e; Silberstreifen *m.* -s, –/ [am Horizont]. /希望の Hoffnungsanker *m.* -s, – /一縷[いちる]の光明もない keinen Schimmer einer Hoffnung mehr sehen* [können*] /前途が光明に満ちている eine glänzende Zukunft haben.

こうみょう 巧妙な geschickt; gewandt; kunst|reich (-voll); [狡猾] schlau; listig; taktisch.

こうみん 公民 [Staats]bürger *m.* -s, – ‖ 公民科 Bürgerkunde *f.* -n /公民館 Gemeindehaus *n.* -es, ⸚er; das öffentliche Gesellschaftshaus/公民権 Bürgerrecht *n.* -[e]s, -e; Staatsbürgerschaft *f.* -en /公民権を付与する *jm* die Staatsbürgerschaft verleihen* /公民権を剥奪する *jn* seines Bürgerrechtes berauben.

こうむ 工務 Maschinenbau *m.* -[e]s ‖ 工務部 Maschinenbau-Abteilung *f.* -en; Konstruktionsabteilung; Ingenieurbüro *n.* -s, -s [工務所].

こうむ 公務 Amt *n.* -[e]s, ⸚er; [Staats-]dienst *m.* -[e]s, -e; Amtsgeschäft *n.* -[e]s, -e; die amtliche Angelegenheit, -en; Dienstsache *f.* -n /公務上の amtlich; dienstlich; offiziell; Amts- ‖ 公務員 der Beamte*, -n, -n; Beamtin *f.* ..tinnen [女]/公務員法 Gesetz *n.* -es, -e für ⁴Beamtenhaftung /国家公務員 der Staatsbeamte*, -n, -n.

こうむる 蒙る, 被る [受ける] bekommen*⁴; empfangen*⁴; kriegen⁴; [損害を] erleiden*⁴; leiden*⁴; heimgesucht werden; [不興・嘲笑などを] ³sich zu|ziehen*⁴; ⁴sich aus|setzen³ (preis|geben*³); [罪などを] auf ⁴sich laden*⁴ /知遇を蒙る bei *jm* in Gunst stehen* /損害を蒙る Verlust (Schaden) erleiden* /不興を蒙る ³sich *js* Unwillen zu|ziehen* (hervor|rufen*) /罪を蒙る eine Schuld (eine Sünde) auf ⁴sich laden*; beschuldigt² werden ❖ 後者の場合は罪の内容を具体的に示す, 例: der Übertretung des Gesetzes 法律違反で/この事の犯罪の/御免を蒙る [辞退] danken; ⁴sich bedanken; ⁴sich entschuldigen /[辞去] ⁴sich empfehlen*; Abschied nehmen*/今日は御免蒙ると言っていましたが Er lässt sich heute entschuldigen. /誰にも挨拶せずに御免蒙って来た Ich habe mich französisch empfohlen. / Ich habe mich dünn[e] gemacht. — 蒙らす an|richten³⁴; zu|fügen³⁴; *jm* zur Last fallen*⁴; verursachen³⁴ /大損害を蒙らす großen Schaden an|richten (zu|fügen).

-ごうめ -合目 ¶ 一[二, 三]合目 [山の] die erste (zweite, dritte) Station [des Fuji].

こうめい 高名 ❶ der gute Ruf, -[e]s, -e; Ansehen *n.* -s /高名な berühmt; bekannt; namhaft /高名な人 ein Mann (*m.* -[e]s, ⸚er) von (mit) (großem) Namen. ❷ Name *m.* -ns, -n /高名はかねがね承っております Ihr werter Name ist mir wohl bekannt.

こうめい 公明 Offenheit *f.*; Freimut *m.* -[e]s; Fairness *f.*; Aufrichtigkeit *f.*; Gerechtigkeit *f.*; Redlichkeit *f.*; Unbestechlichkeit *f.* (清廉); Unparteilichkeit *f.* (不偏). — 公明な offen; freimütig; fair; aufrichtig; gerecht; redlich; unbestechlich; unparteiisch /公明正大な[に] offen und unvoreingenommen; fair und unparteiisch /公明正大にやれ Hand aufs Herz.

ごうめいがいしゃ 合名会社 die offene Handelsgesellschaft, -en; Kollektivgesellschaft; die Gesellschaft (-en) mit unbe-

こうもう 孔孟の教え die Lehre 《-n》von Konfuzius und Menzius.

こうもう 青毛 ⇨こうもう(青毛).

こうもう 剛毛 Borste f. -n; steifes Haar, -(e)s, -e; starkes Haar.

こうもく 項目 Gegenstand m. -(e)s, ⸗e; Artikel m. -s, -; Paragraph m. -en, -en; Klausel f. -n《条項》; Ziffer f. -n《数字で示した項目》; Spalte f. -n《項目の欄》; Posten m. -s, -《帳簿の》; Position f. -en《勘定などの》/項目に分ける in Paragraphen ein|teilen[4]; nach einzelnen Gegenständen ordnen[4]; einzeln auf|führen[4]/項目ごとに帳簿を調べる die einzelnen Posten in den Büchern prüfen/予算案の項目は若干削られた Einige Positionen des Haushalt(s)planes wurden gestrichen.

こうもく 綱目 ❶[分類] Klassifikation f. -en; ⁴Klasse f. -n; Art und Ordnung f. -en/《動・植物分類上の綱と目》/綱目に分ける in ⁴Klassen ein|teilen[4]; klassifizieren[4]. ❷[要点] Hauptpunkt m. -(e)s, -e/綱目を挙げる die Hauptpunkte an|führen.

こうもり 蝙蝠 ❶[動] Fledermaus f. ⸗e. ❷[洋傘] Regenschirm m. -(e)s, -e/蝙蝠傘を開く den Regenschirm auf|spannen.

こうもん 肛門 After m. -s, -;〔俗〕Arschloch n. -(e)s, ⸗er.

こうもん 閘門 Schleuse f. -n; Schleusentor n. -(e)s, -e.

こうもん 拷問 Folter f. -n; Folterqual f. -en; die harte (peinliche; scharfe) Frage, -n; Marter f. -n; Marterung f. -en; Peinigung f. -en; Tortur f. -en/拷問にかける auf die Folter spannen[4] (jn); auf die Folterbank bringen* (jn) ‖ 拷問台 Folterbank (Marter-) f. ⸗e.

こうや 紺屋 Färber m. -s, - ⇨こんや(紺屋).

こうや 曠野 die weite (ausgedehnte) Ebene, -n《Fläche, -n》; die endlose Feld, -(e)s, -er; Wildnis f. ...nisse.

こうや 荒野 Wildnis f. ..nisse; Heide f. -n;[Ein]öde f. -n; Wüste f. -n; Wüstenei f. -en.

こうやく 口約 das mündliche Versprechen, -s, -; Abmachung f. -en; Verabredung f. -en; Vereinbarung f. -en/口約する mündlich versprechen*[4] (jm); ab|machen (mit jm)《話のなし》; sich verabreden (mit jm über[4]); ⁴sich vereinbaren《mit jm über[4]》; Wort geben* (jm).

こうやく 膏薬 ❶[Heft]pflaster n. -s, -/膏薬を貼る ein Pflaster auf|kleben《auf[4]》. ❷[軟膏] Salbe f. -n; Schmiermittel n. -s, -《塗擦剤》.

こうやく 公約 das öffentliche Versprechen, -s, -; das der Öffentlichkeit gegebene Wort, -(e)s/公約する öffentlich versprechen*[4] (jm); ⁴sich öffentlich verpflichten《gegen jn zu[3]》; öffentlich das Versprechen geben* (zu 不定詞句).

こうやくすう 公約数 der gemeinschaftliche Teiler, -s, -《Divisor, -s, -en》‖ 最大公約数 der größte gemeinschaftliche Teiler

(Divisor).

こうゆ 鉱油 Mineralöl n. -(e)s, -e.

こうゆ 香油 das wohlriechende Öl, -(e)s, -e; Haaröl; Pomade f. -n/香油をつける mit ³Haaröl ein|schmieren《ein|ölen》; das Haar ölen《pomadisieren》.

こうゆう 校友 Schul|freund m. -(e)s, -e《-genosse m. -n, -n; -kamerad m. -en, -en》; Mitschüler m. -s, -; Kommilitone m. -n, -n《大学の同窓生》‖ 校友会 Schülervereinigung f. -en/校友会雑誌 die Zeitschrift《-en》der Schülervereinigung; Schülerzeitschrift.

こうゆう 交友 Freund m. -(e)s, -e; der Bekannte*, -n, -n《知人》; Genosse m. -n, -n; Kamerad m. -en, -en.

こうゆう 交遊 ❶ Freundschaft f.; Bekanntschaft f.; Kameradschaft f.; Umgang m. -(e)s; Verkehr m. -s. ❷ ⇨こうゆう(交友).

こうゆう 公有 der ³Gemeinde gehörig; Gemeinde- ‖ 公有財産 Gemeindegut n. -(e)s, ⸗er/公有地 der der Gemeinde gehörige Grundstück, -(e)s, -e/公有林 der der Gemeinde gehörige Forst, -(e)s, -e(n).

ごうゆう 剛勇の ⇨ゆうぶう.

ごうゆう 豪遊 ein luxuriöses Vergnügen, -s; ein ausschweifendes Leben, -s/豪遊する ³sich ein luxuriöses Vergnügen gönnen; ein ausschweifendes Leben führen.

こうよう 紅葉 das herbstlich rote Laub, -(e)s; das Hochrot《-(e)s》der herbstlichen Blätter; die karmesinroten Laubfarben (pl)/満山の紅葉 das die ganzen Berge überdeckende Hochrot der herbstlichen Blätter. —— 紅葉する herbstlich rot werden; Hochrot an|nehmen*; ⁴sich karmesinrot färben. ⇨もみじ②.

こうよう 効用 ❶ Gebrauch m. -(e)s, ⸗e; Anwendung f. -en; Verwertung f. -en. ❷ ⇨このう(効能). ❸〔経〕Utilität f.; Nützlichkeit f.

こうよう 公用で von Amts wegen; amtlich.

こうよう 孝養 ¶ 父母に孝養を尽くす ⁴sich mit ³Liebe und ³Verehrung an die Eltern hängen; voll zarter Rücksicht den Eltern ergeben sein.

ごうよく 強欲[Hab]gier f.; Besitzwille m. -ns, -e; Geiz m. -es; Gewinn|sucht (Hab-) f.; Schmutzigkeit f. -en; Unersättlichkeit f./強欲非道な unersättlich und unerbittlich; beutegierig; erpresserisch; plünderisch; raff|gierig (raub-)/強欲な[hab]gierig; begierig; geizig; gewinnsüchtig; schmutzig; unersättlich.

こうら 甲羅[Rücken]schild n. -(e)s, ⸗er; Schale f. -n/甲羅を経た mit allen Wassern gewaschen/甲羅を干す ⁴sich sonnen《in die Sonne legen》.

こうらく 行楽の旅 Ausflug m. -(e)s, ⸗e; Erholungsreise f. -n/行楽客 Ausflügler m. -s, -/行楽地 Ausflugsziel n. -s, -e/行楽地の Ausflugswetter n. -s, -.

こうらん 高覧 Ihre werte (gefällige; gütige) Durchsicht, -en.

こうり 高利 Wucherzinsen 《pl》; die hohen Zinsen 《pl》/高利で貸す Geld auf (zu) Wucherzinsen (hohen Zinsen) aus|leihen* ‖ 高利貸 Wucherer m. -s, -/Leuteschinder m. -s, -/Blutsauger m. -s, -/高利貸をする Wucher treiben*; ⁴sich mit Wucherei beschäftigen; wuchern.

こうり 功利 Nützlichkeit f.; Utilität f./功利的 utilitaristisch; nur auf seinen eigenen Vorteil bedacht ‖ 功利主義 Utilitarismus m. -/Utilitätsprinzip n. -s, -pien.

こうり 公理 Axiom n. -s, -e/der unbezweifelte Grundsatz, -es, ⁼e.

こうり 行李 ❶ [Reise]koffer m. -s, -/Reisekorb m. -[e]s, ⁼e. ❷ [荷物] Gepäck n. -[e]s, -e/Bagage f. -/(軍隊の)/大(小)行李 die große (kleine) Bagage.

こうり 公吏 der Gemeinde|beamte* (Kommunal-), -n, -n/der Beamte* 《-n, -n》 in den kommunalen Behörden.

こうり 小売り Klein|handel (Detail-; Einzel-) m. -s 《od. -/im verkauf m. -[e]s, -e; Ladenverkauf. —— 小売りをする im Kleinen (im Detail; einzeln; im Einzelverkauf; stückweise) verkaufen*; Klein|handel (Detail-; Einzel-) [be]treiben* 《mit³》. ‖ 小売り営業 Klein|geschäft (Detail-; Laden-) n. -[e]s, -e; das offene Geschäft/小売価格 Einzel|preis (Detail-; Laden-) m. -es, -e/小売商人 Klein|händler (Detail-) m. -s, -; Detaillist m. -en, -en; Krämer m. -s, -; Wiederverkäufer m. -s, -/小売店 Kram|laden (Klein-) m. -s, ⁼/小売部 Abteilung (-en) des Klein|handels (Detail-; Einzel-).

こうり 合理 Vernunftmäßigkeit f.; Rationalität f.; Vernünftigkeit f./合理的 vernunftmäßig; rational; rationell; vernünftig; wohl durchdacht; zweck|entsprechend (-mäßig) ‖ 合理化 Rationalisierung f. -en; die vernünftige Regelung, -en/産業の合理化 die Rationalisierung der Industrie; die vernünftige Regelung der Gewerbe/合理化する rationalisieren*; vernünftig regeln*/合理主義 Rationalismus m. -/合理主義者 Rationalist m. -en, -en/合理主義的 rationalistisch.

ごうりき 強力 [Berg]führer m. -s, - 《登山の》.

ごうりきはん 強力犯 Gewaltdelikt n. -[e]s, -e.

こうりつ 効率 Wirkungsgrad m. -[e]s, -e. ⇨のうりつ.

こうりつ 高率 der hohe [Prozent]satz, -es, ⁼e; die hohe Rate, -n/高率の利子 die hohen Zinsen 《pl》 ‖ 高率税 die hochprozentige Steuer, -n.

こうりつ 公立の öffentlich; städtisch; Gemeinde-; Kommunal-; Stadt- ‖ 公立学校 die öffentliche Schule, -n/Gemeinde|schule (Kommunal-; Stadt-).

こうりゃく 攻略 Eroberung f. -en; Bemächtigung f. -en; Einnahme f. -en; Erringung f. -en; Erstürmung f. -en/攻略する erobern⁴; ⁴sich bemächtigen²; ein|nehmen*⁴; ⁴sich erkämpfen⁴; erringen*⁴; erstürmen*.

こうりゅう 拘留 Haft f.; Gewahrsam m. -[e]s/拘留する in Haft nehmen* 《jn》; in ⁴Gewahrsam bringen* (nehmen*; setzen) 《jn》.

こうりゅう 交流 ❶ [電] Wechselstrom m. -[e]s, ⁼e. ❷ Austausch m. -[e]s 《交換》. ‖ 交流人事 Personalienaustausch m. -[e]s/交流発電機 Wechselstrom|erzeuger m. -s, - (-generator m. -s, -en; -dynamo f. -s).

こうりゅう 合流 das Zusammenfließen*, -s; Zusammenfluss m. -es, ⁼e; Vereinigung f. -en; das Zusammenströmen*, -s/川·人の/合流する zusammen|fließen* 《s》; ineinander fließen* 《s》; ⁴sich vereinigen*; ⁴sich anschließen* 《an jn》; zullaufen* 《人に》.

こうりょ 考慮 Überlegung f. -en; Erwägung f. -en; Nachdenken n. -s/考慮してみると bei näherer (reiferer) Überlegung; bei sorgfältiger Erwägung; bei ruhigerem Nachdenken / 考慮中である noch nicht entschieden sein; schweben《h.s》/考慮の余地なし nicht mehr überlegen*. Da ist kein Anlass zur Überlegung. —— 考慮する überlegen⁴; erwägen*⁴; in ⁴Erwägung ziehen*⁴; nach|denken* 《über⁴》.

こうりょう 口糧 [Tages]ration f. -en ‖ 携帯口糧 Feldration; eiserne Portion, -en.

こうりょう 香料 ❶ Gewürz n. -es, -e; Würze f. -n; Spezerei f. -en/香料を加える würzen⁴; Würze tun* 《an⁴》 (zu|setzen 《zu³》). ❷ Parfüm n. -s, -e (-s); Parfümstoff (Duft-) m. -[e]s, -e; Arom n. -s, -e; Aroma m. -s, -s (..men); Essenz f. -en 《香精》. ❸ ⇨こうでん(香典). ‖ 香料商人 Gewürz|händler (Parfümerie-) m. -s, -.

こうりょう 綱領 Haupt|punkt (Kern-) m. -[e]s, -e; Leit|gedanke (Grund-) m. -ns, -n; Grundriss m. -es, -e; [Partei]programm n. -s, -e (-s)/党の綱領 das Grundsatz[es, ⁼e]|eines [Partei]programmes 《政党の綱領の各条》.

こうりょう 校了 die letzte Korrektur, -en; das letzte Korrekturlesen, -s; „[ganz] richtig!"

こうりょう 荒涼とした öde; verödet; einsam; trostlos; verlassen; wüst.

こうりょく 効力 Wirkung f. -en; Wirksamkeit f. -en; Effekt m. -[e]s, -e; Erfolg m. -[e]s, -e; Gültigkeit f. -/効力のある wirkungsvoll (effekt-); wirksam; effektiv; erfolgreich; gültig/効力のない wirkungslos (erfolg-); unwirksam; ungültig/効力を生じる wirksam (effektiv; erfolgreich; gültig) werden*; in ⁴Kraft treten* 《s》; zur Wirkung kommen* ‖ 効力発生 das In-Kraft-Treten*, -s.

こうりん 光力 Leuchtkraft f.

こうりん 光輪 Heiligen|schein (Glorien-) m. -[e]s, -e; Glorie f. -n; Nimbus m. -;

こうりん 光輪 Strahlenkranz *m.* -es, ⸚e.
こうりん 降臨 Advent *m.* -[e]s, -e/降臨する vom Himmel herunter|kommen* ⓢ (herab|-) ‖ 降臨節 Advent.
こうれい 恒例 das übliche Verfahren, -s, -; das Gewöhnliche*, -n/恒例の üblich; gebräuchlich; gewöhnlich/恒例により wie üblich (gebräuchlich; gewöhnlich); dem üblichen Verfahren gemäß; wie es das übliche Verfahren fordert.
こうれい 高齢 das hohe (vorgerückte) Alter, -s, -/高齢の (hoch)bejahrt; [hoch]betagt; greis; hoch an Jahren; vergreist.
ごうれい 号令 Befehlswort *n.* -[e]s, -e; Befehl *m.* -[e]s, -e; Kommando *n.* -s, -s; Order *f.* -/n/号令をかける einen Befehl (ein Kommando) zu|rufen* (*jm*); einen Befehl (eine Order) geben* (*jm*).
こうれつ 後列 die hintere Reihe, -n (Linie, -n; Zeile, -n); das hintere Glied, -[e]s, -er.
こうろ 香炉 [Weih]rauchfass *n.* -es, ⸚er; Räuchergefäß *n.* -es, -e.
こうろ 行路 Weg *m.* -[e]s, -e; Bahn *f.* -en; Gang *m.* -[e]s, ⸚e; Kurs *m.* -es, -e; Lauf *m.* -[e]s, ⸚e; Pfad *m.* -[e]s, -e; Route *f.* -n; Reise *f.* -n《行旅》/人生の行路 Lebens|weg (-bahn; -gang; -lauf; -pfad; -reise)‖行路病者 der erkrankte Landstreicher, -s, -/行路難 die Mühseligkeiten (Beschwerlichkeiten; Schwierigkeiten; Strapazen) (*pl*) des Lebens.
こうろ 航路 Schiffahrts|weg *m.* -[e]s, -e (-straße *f.* -n); Fahrwasser *n.* -s, -; Kurs *m.* -es, -e; Wasserstraße *f.* -en/航路からはずれる vom Kurs ab|weichen* ⓢ/航路を誤る einen falschen Kurs ein|schlagen* (steuern)/航路をかえる den Kurs ändern (wechseln)/船は横浜さして航路をとった Das Schiff nahm Kurs (Fahrtrichtung) auf Yokohama./コロンブスはインド航路を発見した Kolumbus hat den Seeweg nach Indien entdeckt./上海横浜航路が開始された Eine Schiffahrtslinie Shanghai-Yokohama ist neu eröffnet worden.‖航路標識 Bake *f.* -n/航路浮標 Betonnung *f.* -en; Seezeichen *n.* -s, -/アメリカ航路 Amerikalinie *f.*/定期航路 die regelmäßige [Schiffahrts]linie.
こうろ 高炉 Hochofen *m.* -s, ⸚.
こうろう 功労 ⇨ こう(功).
こうろん 抗論 Wider|spruch (Ein-) *m.* -[e]s, ⸚e; Widerlegung *f.* -en; Wider|rede (Ein-) *f.* -/抗論する widersprechen* (*jm*); widerlegen⁴ (*jm*); widerreden (*jm*); ein|sprechen* (gegen⁴); ein|reden (*jm*; auf *jn*).
こうろん 口論 Wort|wechsel *m.* -s, - (--streit *m.* -[e]s, -e); Disput *m.* -[e]s, -e; Krach *m.* -[e]s, ⸚e; Szene *f.* -n; Zank *m.* -[e]s, -e. — 口論する einen Wortwechsel (Wortstreit) haben (mit *jm* über⁴); disputieren (mit *jm* über⁴); Krach haben (mit *jm* über⁴); eine Szene erleben (mit *jm* über⁴); zanken (mit *jm* über⁴ (um⁴))/両人は口論しだした Zwischen den beiden kam es zum Krach.
ごうろん 公論 die öffentliche Meinung, -en.
こうわ 講話 Vortrag *m.* -[e]s, ⸚e; Rede *f.* -n/講話する vor|tragen* (über⁴); reden (über⁴); einen Vortrag (eine Rede) halten* (über⁴).
こうわ 講和 Friede[n] *m.* ..dens, ..den; Friedensschluss *m.* -es, ⸚e; Aussöhnung *f.* -en《和解》; Versöhnung *f.* -en《同上》/講話談判の成立(決裂) das Zustandekommen (-s) (der Abbruch, -[e]s, ⸚e) des Friedensvertrags (der Friedens [ver-]handlung) / 講和を提議する einen Friedensantrag stellen (an *jn*); einen Friedensvorschlag machen (an *jn*)/講和運動を始める eine Friedensbewegung ins Leben rufen*; 'sich als erster' für den Frieden ein|setzen. — 講和する Frieden schließen* (machen) (mit³); 'sich' versöhnen (mit³ 和解). ‖ 講和会議 Friedens|konferenz *f.* -en (-kongress *m.* -es, -e)/講和使節 Friedensbote *m.* -n, -n/講和条約 Friedens|vertrag *m.* -[e]s, ⸚e (-abkommen *n.* -s, -; -pakt *m.* -[e]s, -e)/講和条約締結 Friedens[ab]schluss *m.* ⸚e/仮講和条約 Friedenspräliminarien (*pl*)/単独講和 Sonderfriede[n]/全面講和 Gesamtfriede[n].
こうわん 港湾 Hafen *m.* -s, ⸚. ‖ 港湾改良 Hafenverbesserung *f.* -en/港湾施設 Hafeneinrichtung *f.* -en/港湾荷役 die Auf- und Abladung im Hafen/港湾労働 Hafenarbeiten (*pl*).

こえ 声 Stimme *f.* -n; [声音] Laut *m.* -[e]s, -e; Ton *m.* -[e]s, ⸚e; Schrei *m.* -[e]s, -e《叫び声》; Ruf *m.* -[e]s, -e《呼び声》;《鳥の》Ruf *m.* -[e]s, -e; Schrei *m.* -[e]s, -e;《虫の》das Zirpen*, -s; [動物の] das Heulen*, -s; das Brummen*, -s; das Bellen*, -s《犬の》; das Miauen*, -s《猫の》; das Wiehern*, -s《馬の》; das Brüllen* (Muhen*), -s《牛の》/大きな(太い, 細い, 冴えた, よく通る, 甲走った, 微かな, 高い, 低い)声 die laute (starke (tiefe), feine, helle, durchdringende, schrille, schwache (leise), hohe, leise) Stimme/声をそろえて einstimmig; im Chor/声を限りに aus vollem Hals[e] (rufen*; schreien*)/声の届く所に in Hörweite/声の届かぬ所に außer Hörweite/声をかける *jn* an|rufen* (an|sprechen*; an|reden)/声を立てる auf|schreien*/声をはり上げる laut sprechen* (singen*); die Stimme erheben* (an|strengen)/声をからして話す 'sich keiser sprechen*/声をあげて泣く laut weinen/声をのんで泣く schluchzen/声をひそめる die Stimme sinken lassen*; leiser sprechen*/声が出なくなる die Stimme verlieren*; Die Stimme versagt *jm*./声がよい especially 美しい声 schöne (angenehme) Stimme haben/良心の声 die Gewissensbisse (*pl*)/鐘の声 Glockenklang *m.* -[e]s, ⸚e/声を出して読む laut lesen*/...のお声がかりで auf *js* Empfehlung hin.

こえ 肥 Dünger *m.* -s, -; Düngemittel *n.* -s, -; Dung *m.* -[e]s; Mist *m.* -[e]s, -e《堆肥》/肥をやる düngen⁴ (den Acker 畑に)

‖ 肥つぼ Düngergrube *f.* –n.

ごえい 護衛 Schutz¦wache (Leib–) *f.* –n; Bedeckung *f.* –en; Begleitung *f.* –en; Eskorte *f.* –n; Geleit *n.* –[e]s, –e; Hut *f.* –en; Schutz *m.* –es, (まれに –e); Wacht *f.* –en. ── 護衛する bedecken⁴; bewachen⁴; eskortieren⁴; [unter ³Bedeckung] geleiten⁴; Schutz geben*³. ‖ 護衛艦 das begleitende Kriegsschiff, –[e]s, –e; Geleitschiff *n.* –[e]s, –e; Fregatte *f.* –n《フリゲート艦》/護衛巡査 der Geleit gebende Polizist, –en, –en; der polizeiliche Schutz, –es/護衛兵 Leibwache *f.* –n; Bedeckungs¦mannschaft (Begleit–) *f.* –en.

ごえいか 御詠歌 Pilgerhymne *f.* –n.

こえがわり 声変わり Stimm¦bruch *m.* –[e]s, ⸚e (–wechsel *m.* –s, –)/彼は声変わりした Seine Stimme brach sich. ¦ Seine Stimme hat sich gewechselt.

こえだ 小枝 Zweig *m.* –[e]s, –e; Reis *n.* –es, –er.

こえる 越える ⇨こす(越す).

こえる 肥える ❶ [太る] ⁴Fleisch an|setzen; dick (stark; beleibt) werden; an Gewicht zu|nehmen*《重くなる》; fett werden; korpulent (plump) werden; feist (füllig; voll; drall; wohlgenährt; stattlich; massig) werden. ❷ [土地が] fruchtbar (ergiebig; reich) werden. ❸ [口が] einen verwöhnten Geschmack haben; Feinschmecker sein; einen feinen Geschmack haben. ❹ [耳が] ein geübtes (geschultes; feines) Ohr haben. ── 肥えた dick; voll; massig; wohlgenährt; füllig; feist; beleibt; stark; fett; korpulent; drall; fleischig; rund; umfangreich; gemästet; wohlbeleibt.

こおう 呼応する in gegenseitigem Einverständnis handeln; in völliger Übereinstimmung《*mit*³》handeln/に呼応して im Einverständnis《*mit*³》; in Übereinstimmung《*mit*³》; in Erwiderung《*auf*⁴》.

ゴーカート Go-Kart *m.* –[s], –s; [Kinder–] laufgestell *n.* –s, –e.

コーカサス Kaukasien *n.* –s ‖ コーカサス山脈 Kaukasus *m.* –; Kaukasusgebirge *n.* –s/コーカサス人 Kaukasier *m.* –s, –; Kaukasierin *f.* ..rinnen《女》.

コークス Koks *m.* –es, –e/コークス製造[所] Kokerei *f.* –en.

ゴーグル Schutzbrille *f.* –n; Skibrille *f.* –n《スキーの》.

コース Kurs *m.* –es, –e; Laufbahn *f.* –en; Lebenslauf *m.* –[e]s, ⸚e《人生の》; Rennbahn *f.* –en《競走の》.

コースター Untersetzer *m.* –s, –.

ゴーストップ Verkehrs¦ampel *f.* –n (–lampe *f.* –n).

コーチ ❶ [練習指導] Schulung *f.* –en; Training *n.* –s, –s; Leitung *f.* –en; Instruktion *f.* –en. ❷ [人] Trainer *m.* –s, –; Instrukteur *m.* –s, –; Ratgeber *m.* –s, –. ── コーチする an|leiten⁴; schulen⁴; instruieren⁴; trainieren⁴; Anweisungen geben* (erteilen)《試合の時に》/コーチを引き受ける die Anleitung übernehmen*.

コーチゾン Kortison *n.* –s.

コーチン 〖鳥〗Kotschinchinahuhn *n.* –[e]s, ⸚er.

コーデュロイ Kord *m.* –[e]s, –e/コーデュロイのスーツ Kordanzug *m.* –[e]s, ⸚e.

コート ❶ [衣服] Mantel *m.* –s, ⸚; Überrock *m.* –[e]s, ⸚e; Überzieher *m.* –s, –. ❷ [テニスの] Tennis[spiel]platz *m.* –es, ⸚e.

コード ❶ [ひも] Schnur *f.* ⸚e. ❷ [暗号書] Telegrafenkode *m.* –s, –s; [Depeschen–] schlüssel *m.* –s, –.

コートジボアール die Elfenbeinküste《*pl*》.

こおどり 小躍りする hüpfen [s]; tanzen《vor Freude 喜んで》/小躍りして喜んだ Er sprang vor Freuden bis an die Decke.

コーナー Ecke *f.* –n/第 3 コーナーを回る in der dritten Kurve sein ‖ コーナーキック Eck¦stoß *m.* –es, ⸚e (–ball *m.* –[e]s, ⸚e)/コーナーワーク Kurventechnik *f.* –en.

こおに 小鬼 Kobold *m.* –[e]s, –e.

コーヒー Kaffee *m.* –s, –s/コーヒーをいれる Kaffee kochen/ブラックでコーヒーを飲む Kaffee schwarz trinken* ‖ コーヒーセット Kaffeeservice *n.* –[s], –/コーヒー茶碗 Kaffeetasse *f.* –n/コーヒー店 Kaffeehaus *n.* –es, ⸚er; Café *n.* –s, –s/コーヒー挽き Kaffeemühle *f.* –n/コーヒーポット Kaffeekanne *f.* –n/コーヒー豆 Kaffeebohne *f.* –n/インスタントコーヒー Pulverkaffee *m.* –s/ブラックコーヒー schwarzer Kaffee/ミルク入りコーヒー Kaffee mit Milch.

コーポラス Eigentumswohnung *f.* –en.

コーラ Cola *n.* –[s], –s (*f.* –s).

こおらす 凍らす gefrieren lassen*⁴ (machen⁴); zum Gefrieren bringen*⁴.

コーラス Chor *m.* –[e]s, ⸚e. ⇨がっしょう(合唱).

コーラン Koran *m.* –s, –e.

こおり 氷 Eis *n.* –es/氷になった, 氷の張った gefroren; eisig; eisbedeckt; vereist/氷の塊 Eis¦block *m.* –[e]s, ⸚e (–klumpen *m.* –s, –; –masse *f.* –n; –scholle *f.* –n); ein Stück Eis/氷のような eisig [kalt]; eiskalt/氷で冷やす mit ³Eis kühlen⁴/氷で冷やした eisgekühlt/氷漬けにする vereisen⁴; gefrieren machen⁴《冷凍》/氷詰にする mit ³Eis bedecken⁴ (packen⁴) ‖ 氷砂糖 Kandis *m.* –; Kandis¦zucker (Kandel–) *m.* –s/氷枕 Eisbeutel *m.* –s, –/氷水 Eiswasser *n.* –s/氷屋 Eishändler *m.* –s, –.

こおりすべり 氷滑り Schlittschuh¦laufen (Eis–) *n.* –s (*od.* –lauf *m.* –[e]s, ⸚e; –fahrt *f.* –en)/氷滑りする Schlittschuh laufen* (fahren*) [s,h]; auf (mit) Schlittschuhen laufen* (fahren*) ‖ 氷滑り場 Schlittschuh-bahn (Eis–) *f.* –en.

コーリャン 高粱 Kauliang *m.* –s, – ‖ 高粱酒 Kauliangwein *m.* –[e]s, –e.

こおる 凍る [ge]frieren* [s]; [ver]eisen [s]《氷結》; gerinnen* [s]; zum Gerinnen kommen* [s]《凝結》.

ゴール Tor *n.* –[e]s, –e《サッカー》; Goal *n.* –s, –s; Mal *n.* –[e]s, –e《ラグビー》; Ziel *n.* –[e]s, –e《陸上競技》/ゴールに飛び込む durchs Ziel gehen* [s]/ゴールする 〖サッカー〗ein Tor

コールガール Call-Girl *n.* -s, -s.
コールタール Steinkohlenteer *m.* -(e)s/コールタールを塗る mit Steinkohlenteer bestreichen*[4] ‖ コールタール缶 Teerfass *n.* -es, ̈e (-tonne *f.* -n).
コールてん コール天 Kord *n.* -(e)s/コール天のズボン Kordhose *f.* -n.
コールド kalt; kühl ‖ コールドクリーム Hautcreme *f.* -s; Coldcream *f.* -s/コールドパーマ Kalt(dauer)welle *f.* -n.
コールマネー tägliches Geld, -(e)s, -er; Tagesgeld.
こおろぎ Grille *f.* -n; Feldgrille (Haus-) *f.* -n; Heimchen *n.* -s, -.
こが 古雅 klassische Anmut; Klassizität *f.*; das Klassische*, -n; die edle Einfalt 《ヴィンケルマンによって》; [古風] Altertümlichkeit *f.*/古雅な-anmutig; antik und anmutig; klassisch; altertümlich 《古風な》.
こがい 戸外 das Freie*, -n/戸外の im Freien; außer dem Haus(e); draußen; unter freiem Himmel; in freier Luft/戸外の仕事 Beschäftigung (*f.* -en) im Freien/戸外へ出る ins Freie gehen* ⓢ an die Luft gehen* ‖ 戸外運動 Bewegung (*f.* -en) im Freien.
こがい 子飼いの aufgezogen von Kindheit an; von klein auf aufgezogen/子飼いの番頭ある Kommis (*m.* -, -). der im Haus(e) seines Herrn aufgezogen ist/子飼いの犬 ein von klein auf aufgezogener Hund, -(e)s, -e.
ごかい 誤解 Missverständnis *n.* ..nisses, ..nisse; Missverstand *m.* -(e)s, -̈e; die falsche Auffassung 《-en》 einer Sache; die falsche Beurteilung 《-en》 einer Sache; Irrtum *m.* -s, -̈er; Missdeutung *f.* -en; Verwechs(e)lung *f.* -en 《混同》/誤解を招きやすい leicht missverstanden (missdeutet) werden; leicht Missverständnisse (*pl*) hervor|rufen*; leicht Anlass zu *[3]Missverständnissen (*pl*) geben*; sehr irreführend (irreleitend) sein/誤解をとく ein Missverständnis auf|klären (beseitigen); die Augen öffnen 《*jm*》. ― 誤解する miss|verstehen*[4]; falsch auf|fassen[4] (beurteilen[4]); eine irrige Ansicht fassen 《*von*[3]》; *im Irrtum* sein 《*über*[4]》; miss|deuten[4]; [4]sich irren 《*in*[3]》; [4]sich täuschen 《*in*[3]》; übel nehmen*[3,4] 《悪くとる》; verwechseln[4] 《*mit*[3]》/あなたは彼を誤解している Da haben Sie ihm unrecht getan. Da sind Sie ihm gegenüber im Unrecht gewesen. Da kennen Sie ihn nicht.
ごかい 五戒 die fünf (buddhistischen) Gebote 《*pl*》.

ごかい 〔昆〕 Pier *m.* -s, -e; Pieraas *m.* -es, -e; Sandwurm *m.* -(e)s, -̈er.
こがいしゃ 子会社 Tochtergesellschaft *f.* -en.
コカイン Kokain *n.* -s/コカイン中毒 Kokainismus *m.* -/Kokainvergiftung *f.* -en/塩酸コカイン Salzsäurekokain *n.* -s.
こかく 呼格 〖文法〗 Vokativ *m.* -s, -e; Ruffall *m.* -(e)s, -̈e.
ごかく 互角の ebenbürtig; auf gleicher Höhe stehend; gewachsen[3]; gleich[3]; gleichwertig; unterschiedlos; von gleichen Fähigkeiten/互角の勢いで ganz gleiche Kräfte aufbietend wie sein Gegner/互角の勝負 der heiße Kampf, -(e)s, -̈e; das unentschiedene Spiel, -(e)s, -e; das tote Rennen*, -s 《競馬の》.
ごがく 語学 Sprach|forschung *f.* -en (-kunde *f.* -/-erlernung *f.* -en; -studium *n.* -s, ..dien; -wissenschaft *f.* -en); Linguistik *f.*; Philologie *f.* -n/語学(上)の sprach(wissenschaft)lich; linguistisch; philologisch; Sprach(en)-; was die Sprache angeht (an|belangt) betrifft; anbetrifft)/語学の授業 Sprachunterricht *m.* -(e)s/語学の知識 Sprachkenntnisse (*pl*)/語学の才がある sprachliche Begabung (sprachliches Talent) haben; sprachlich begabt (talentiert; veranlagt) sein ‖ 語学教師 Sprachlehrer *m.* -s, -/語学者 Sprach|forscher *m.* -s, - (-kenner *m.* -s, -; -wissenschaftler *m.* -s, -); der Sprach|gelehrte* (-kundige*), -n, -n/語学研修旅行 Sprachreise *f.* -n.
こがくれ 木隠れに見える [4]sich hinter den Bäumen (durchs Laubwerk) zeigen.
こかげ 木陰 Schatten (*m.* -s, -) eines Baumes; der schattige Platz, -es, -̈e/木陰に im Schatten eines Baumes; unter einem Baum(e)/木陰に立寄る in den Schatten eines Baumes treten* ⓢ; unter einem Baum Schutz (vor Regen) suchen 《雨宿りする》.
コカコーラ Coca-Cola *n.* -s 《*f.*》《商標名》.
こがす 焦す an|brennen*[4] (lassen*[4]); versengen[4] (lassen*[4]); verbrennen*[4] (lassen*[4])/服を焦す das Kleid versengen/眉を焦す [3]sich die Augenbraue versengen/真黒に焦す verkohlen[4] (lassen*[4]); zu [3]Kohle brennen*/嫉妬に胸を焦す vor [3]Eifersucht brennen*; in Eifersucht entbrannt sein.
こがた 小型の von kleinem Format; von kleiner Form; in kleiner Gestalt; in kleinem Maßstab; 小型に作る in [3]Miniatur machen[4] (an|fertigen[4]) ‖ 小型自動車 Kleinauto *n.* -s, -s/小型飛行機 Kleinflugzeug *n.* -(e)s, -e.
こがたな 小刀 [Taschen]messer *n.* -s, -; Klappmesser 《飛出しナイフ》 ‖ 小刀細工 Messerschnitzerei *f.* -en; kleinliche List, -en; Kniff *m.* -(e)s, -e; Schliche (*pl*); kurzsichtige Maßregeln *pl*/小刀細工をする kurzsichtige Maßregeln treffen*; zu kleinen Kniffen greifen*.
こかつ 枯渇する aus|trocknen; vertrocknen ⓢ; versiegen ⓢ; dorren ⓢ; [汲み尽くされる]

ごがつ 五月 Mai m. -[e]s ⟨- od. -en⟩, -e/五月の節句 Mai|fest (Knaben-) n. -[e]s, -e ‖ 五月人形 die Kriegerpuppen für das Knabenfest.

ごかっけい 五角形 ⇨へんけい.

こがね 小金 eine kleine Summe ⟨-n⟩ Geld; ein kleines Vermögen, -s, - /小金をためる eine kleine Summe Geld ersparen; ³sich ein kleines Vermögen erwerben².

こがね 黄金 Gold n. -es/黄金の aus Gold; golden ‖ 黄金色 Goldfarbe f./黄金色の gold|farben ⟨-farbig⟩; golden.

こがねむし 黄金虫 Maikäfer m. -s, -.

こかぶ 子株 [株] neue ⟨junge⟩ Aktie, -n.

こがも 小鴨 Kriek|ente (Krick-) f. -n.

こがら 小柄 kleine Statur; kleiner Wuchs, -es; kleine Gestalt/小柄の von kleiner ³Gestalt; klein an ³Gestalt; von kleinem Wuchs/小柄な男 ein Mann von kleiner Gestalt/小柄な男 ein Mann von kleinem Wuchs ⟨von kleiner Gestalt⟩.

こがらし 木枯らし ein kalter Windstoß, -es, ⸚e; ein schneidender kalter scharfer Wind, -[e]s.

こがれる 焦がれる ⁴sich sehnen; schmachten; verlangen; lechzen; seufzen ⟨以上どれも nach⁴⟩; brennen* ⟨auf⁴⟩; erpicht sein ⟨auf⁴⟩/恋こがれる in Liebe für jn ⟨zu jm⟩ entbrennen*; für jn brennen*; ⁴sich verlieben ⟨in jn⟩; eine leidenschaftliche Zuneigung zu jm fassen; jn von Herzen lieb gewinnen*; stark verschossen sein ⟨in jn⟩; bis über die Ohren verliebt sein ⟨in jn⟩/待ち焦れる ⇨まちかねる.

こがわせ 小為替 Postanweisung ⟨f. -en⟩ [im kleinen Betrag]; Postbarscheck ⟨m. -s, -s⟩ über einen kleinen Betrag.

ごかん 五感 die fünf Sinne ⟨pl⟩.

ごかん 五官 die fünf Sinnesorgane (Sinneswerkzeuge) ⟨pl⟩.

ごかん 語感 Sprachgefühl n. -s/語感が鋭い ein feines Sprachgefühl haben*; für sprachliche Abschattierungen sehr empfänglich sein.

ごかん 語幹 Wortstamm m. -[e]s, ⸚e; der Stamm -[e]s, ⸚e eines Wortes.

ごがんこうじ 護岸工事 Damm|bau ⟨m. -[e]s⟩, -ten ⟨-befestigung f. -en⟩; Damm|bau (Deich-); Küsten|schutzarbeiten (Ufer-) ⟨pl⟩.

こかんせつ 股関節 Hüftgelenk n. -[e]s, -e.

こき 古稀 Ausatmung f. ‖ 古稀 das siebzigste Lebensjahr, -[e]s/古稀の祝い die siebzigste Geburtstagsfeier, -n.

こぎ 古義 alte Bedeutung, -en/ alter Sinn, -[e]s; ursprüngliche Bedeutung.

ごき 語気 Sprechweise f. -n; Akzent m. -[e]s, -e; Betonung f. -en; Emphase f. -n; Gewicht n. -[e]s, -e; Nachdruck m. -[e]s, ⸚e; Ton m. -[e]s, ⸚e; Tonfall m. -[e]s, ⸚e/語気を強める ⟨和らげる⟩ einen scharfen Ton an|schlagen* ⟨seine Sprache herab|stimmen⟩; nachdrücklicher ⟨milder⟩ sprechen*.

こきおろす 扱き下ろす herab|setzen⁴ ⟨-|würdigen⁴⟩; durch den Kakao ziehen⁴*.

こきざみ 小刻み stück|weise ⟨schritt-⟩; in Abschnitten ⟨-|schnitten⟩; mit winzigen Schritten gehen* ⟨s⟩; mit.

こきつかう こき使う überanstrengen⁴; jn sehr stark ⟨für ⁴sich⟩ in Anspruch nehmen*; jn zu fortwährender Arbeit an|halten* ⟨an|treiben*⟩; jn hetzen zu arbeiten.

こぎって 小切手 Scheck m. -s, -s /一万円の小切手 ein Scheck von 10 000 Yen/小切手を振出す einen Scheck aus|stellen ⟨aus|schreiben*⟩/小切手を支払う einen Scheck honorieren ⟨bezahlen⟩/小切手の裏書する einen Scheck indossieren/小切手を現金に換える einen Scheck ein|lösen ⟨ein|wechseln; ein|kassieren⟩/小切手で支払う mit Scheck bezahlen ‖ 小切手受取人 Scheckempfänger m. -s, - /-小切手持参人 Scheckinhaber m. -s, - /-小切手帳 Scheckbuch n. -[e]s, ⸚er/小切手取引 Scheckverkehr m. -s/小切手振出し Scheckaussteller m. -s, - /横線小切手 der gekreuzte Scheck/銀行小切手 Bankscheck.

ごきぶり Kakerlake f. -n; Kakerlak m. -s ⟨-en⟩, -en; Schabe f. -n; Küchenschabe ‖ ごきぶり亭主 schmarotzender ⟨Ehe⟩mann, -[e]s, ⸚er; schmarotzender Ehemann; Schmarotzer-Mann.

こきみ 小気味のよい reizend; herrlich; entzückend; fabelhaft; großartig; fantastisch / 小気味よさそうに schadenfroh; hämisch/はきはきして小気味のよい人 der lebhafte, reizende Mensch, -en, -en /小気味よく ⟨いい気味だと⟩思う Schadenfreude empfinden* ⟨über⟩⁴; ⁴sich hämisch freuen ⟨über⁴⟩.

こきゃく 顧客 Kunde m. -n, -n; Abnehmer m. -s, -. ⇨とくい(得意)③.

こきゅう 胡弓 Fiedel f. -n.

こきゅう 呼吸 ❶[息] Atem m. -s, -; Atmung f. -en; das Atmen~, -s ⟨呼吸すること⟩; Atemzug m. -[e]s, ⸚e; Hauch m. -[e]s, -e. ❷[こつ] [Kunst]griff m. -[e]s, -e; Kniff m. -[e]s, -e; Tipp m. -s, -s/呼吸を心得ている ⁴et im Griff haben*/呼吸を教える jm einen Tipp ⟨Tipps⟩ geben*/呼吸を呑み込む den Dreh heraus|haben*. — 呼吸する atmen; aus- und ein|atmen; Atem holen ⟨schöpfen⟩ ⟨息をつく⟩; auf|atmen ‖ 呼吸器 Atmungsorgan n. -s, -e/呼吸器病 die Krankheit -en, -en des Atmungsorgans/呼吸困難 Atembeschwerde f. -n; Atemstörung f. -en; Atmungsbeschwerde f. -n ⟨喘息による⟩/人工呼吸 die künstliche Atmung, -en/深呼吸 Atemgymnastik f. -en; das tiefe Einatmen~, -s.

こきょう 故郷 Heimat f. -en/Geburtsort m. -[e]s, -e ⟨生地⟩; Heimatland n. -[e]s, ⸚er ⟨故国⟩; Geburtsland n. -[e]s, ⸚er ⟨国⟩/故郷の heimatlich/故郷に帰る in die Heimat zurück|kehren ⟨s⟩/ここにいると全く故郷

に帰ったような気持ちがする Alles mutet mich hier heimatlich an.

こぎれ 小切れ ein kleines Stück《-[e]s, -e》Stoff; ein Stückchen《*n.* -s, -》Tuch; Lappen *m.* -s, -; Schnitzel *n.* -s, -.

こぎれい 小ぎれいな hübsch; niedlich; nett; schmuck; [さっぱりした] sauber; reinlich/小ぎれいな家 ein nettes Haus, -es, ⸗er/小ぎれいな娘 ein hübsches (nettes) Mädchen, -s, -.

こく Stärke *f.*; Gehalt *m.* -[e]s, -e/こくのある《酒》körperreich; gehaltvoll; vollmündig; fruchtig/こくのない gehaltlos; schal; wäss[e]rig/このワインはなかなかこくがある, 舌にのせて味わってごらんなさい Dieser Wein ist körperreich. Lassen Sie ihn mal auf der Zunge zergehen!

こく 濃く [色] tief; dunkel; [液体・気体] dick; dicht; stark《酒精分など》/濃くする vertiefen[(4)]; verdicken[(4)]; verdichten[(4)]; verstärken[4]; dunkler (dicker; stärker) machen[4]/霧が濃くなる Der Nebel verdichtet sich./色を濃く塗る Farbe dick auf|tragen*. ⇨こい(濃い).

こく 酷な [過酷] scharf; schroff; streng; bitter; hart; [無慈悲] unerbitterlich; unbarmherzig; gnadenlos; erbarmungslos; schonungslos; grausam.

こく 扱く ⇨しごく.

こぐ 漕ぐ rudern; [舟を] ein Boot《*n.* -[e]s, -e》rudern; ein|nicken《居睡りする》/漕ぎ出る ab|rudern/大きく漕ぐ lange Schläge machen/漕ぎに行く rudern gehen* [s]/沖へ漕ぎ出す weit ins offene Meer hinaus|rudern [s]/漕ぎ戻る zurück|rudern [s]/漕ぎ手 Ruderer *m.* -s, -.

ごく 獄 Gefängnis *n.* ..nisses, ..nisse; Karzer *m.* -s, -; Gewahrsam *n.* -[e]s, -e; Kerker *m.* -s, -; Verlies *n.* -es, -e《昔の土牢》; Zuchthaus *n.* -es, ⸗er; Zwinger *m.* -s, -/獄に投じる ein|kerkern《*jn*》; ins Gefängnis setzen (sperren; werfen*)《*jn*》;〖戯〗in [4]Nummer sicher bringen*《*jn*》;〖戯〗hinter [4]Schloss und [4]Riegel setzen; hinter schwedische Gardinen setzen《*jn*》.

ごく äußerst; aufs äußerste; außer|gewöhnlich (-ordentlich); enorm; gar; höchlich; höchst; im höchsten Grad[e]; sehr; über alle Maßen; ungeheuer; ungemein/ごく内々で ganz im Vertrauen; nur unter [3]uns; unter dem Siegel der Verschwiegenheit/ごく内々の話にしておいて下さい Gar keiner soll davon etwas erfahren.

ごく 語句 Wort *n.* -[e]s, -e (⸗er); Worte《*pl*》; Ausdruck *m.* -[e]s, ⸗e; [慣用語句] Phrase *f.* -n; Redensart *f.* -en/語句の用法 die sprachliche Wendung, -en; Ausdrucksweise *f.* -n/慣用語句の用法 Phraseologie *f.* -n.

ごくあく 極悪 die höchste Gottlosigkeit (Gemeinheit; Nichtswürdigkeit; Niederträchtigkeit; Niedrigkeit; Ruchlosigkeit; Schlechtigkeit)《以上どれも *pl* -en》; die höchste Verworfenheit/極悪非道な teuflisch; diabolisch; höllisch/極悪の höchst gottlos (böse; gemein; nichtswürdig; niederträchtig; niedrig; schlecht; verworfen) ‖ 極悪人 ein Ausbund《*m.* -[e]s》aller Schelme (von Schlechtigkeit); Erz|lump *m.* -en, -en (-schelm *m.* -[e]s, -e; -schurke *m.* -n, -n; -spitzbube *m.* -n, -n).

こくい 国威 das nationale Prestige, -s; das nationale Ansehen, -s; die nationale Geltung, -en; der nationale Einfluss, -es, ⸗e/国威を発揚する [3]sich Geltung verschaffen;〖国を主語として〗[3]sich Achtung erwerben*; das nationale Prestige geltend machen/国威を失墜する das nationale Prestige (Ansehen) verlieren*.

ごくい 極意 das bloß für Geweihte Bestimmte*, -n; das esoterische Prinzip, -s, ..pien; Geheimnis *n.* ..nisses, ..nisse; der innerste Kern, -[e]s, -e; das Wesentlichste*, -n.

こくいん 刻印 Stempel *m.* -s, -/刻印する ein|stampfen[4]《*auf*[4]》; ein|stanzen[4]《*auf*[4]》.

ごくいん 極印 Stempel *m.* -s, -; Stempelmarke *f.* -n; Gepräge *n.* -s, -; Feingehaltsstempel *m.* -s, -《貨幣の純度の》; Prägung *f.* -en; Stempel der Echtheit《同上》/極印つきの mit [3]Stempeln bezeichnet; gestempelt; anerkannt; berüchtigt; gezeichnet; notorisch; nur zu bekannt/極印を押す stempeln[4]; mit Stempeln bezeichnen[4]; prägen[4]; Zeichen auf|drücken《*auf*[4]》; zeichnen[4].

こくう 虚空 Luft *f.* ⸗e; das Leere*, -n/虚空をつかむ in die Luft (ins Leere) greifen*.

こくうん 国運 das Schicksal《-s, -e》eines Landes/国運の興隆(衰退) das Aufblühen*《-s》(der Verfall, -[e]s) des Landes/国運を賭(と)する alles (sein ganzes Schicksal) aufs Spiel setzen〖国が主語〗/国運は隆盛である(衰退の途をたどっている) Das Land ist im Aufblühen (verfällt immer mehr).

こくえい 国営 die staatliche Aufsicht, -en/国営の staatlich; staatlich gefördert; unter staatlicher Aufsicht/国営化する verstaatlichen[4].

こくえん 黒鉛 Graphit *m.* -[e]s, -e; Reißblei *n.* -[e]s, -e.

こくおう 国王 König *m.* -s, -e; Monarch *m.* -en, -en.

こくおん 国恩 Verpflichtung《*f.* -en》auf den Staat; Verbindlichkeit《*f.* -en》gegen das Vaterland.

こくがい 国外で außerhalb des Landes; in der Fremde; im Ausland/国外へ in die Fremde; ins Ausland/国外に追放する aus *dem Vaterland* verbannen[4]; des Land[e]s (aus dem Land[e]) verweisen*[4]/国外に退去を命じる〔aus dem Land[e]〕aus|weisen*[4];〔über die Grenze〕ab|schieben*[4]; aus|bürgern[4]《国籍を剥奪する》.

こくがく 国学 die altjapanische Literatur, -en; die japanische Klassik ‖ 国学者 Forscher《*m.* -s, -》der altjapanischen Literatur.

こくぎ 国技 eine für ein [4]Land typische

こくげん 刻限 Zeit *f.* -en; Zeitpunkt *m.* -(e)s, -e; die bestimmte (festgesetzte; vereinbarte) Zeit／刻限にさえ来る〔ganz〕pünktlich (auf die Minute) kommen* 〔s〕／刻限はとっくに過ぎている Die festgesetzte Zeit ist schon längst vorbei.

こくご 国語 Landessprache *f.* -n; Muttersprache *f.* -n 〔自国語〕; Sprache *f.* 《言語》; Japanisch*, -n 〔一.四枚のみ〕; das Japanische*, -n 〔日本語〕／二か国語で記した文書 das zweisprachige Dokument, -(e)s, -e／彼は三か国語ができる〔話す, 解る, マスターしている〕 Er kann (spricht, versteht, beherrscht) drei Sprachen.／ブローカンな外国語で数か国語を話す Er radebrecht mehrere Sprachen.

こくごう 国号 der Name 〈-ns, -n〉 eines Landes.

ごくごく ごくごく飲む laut saufen* (saugen*)〔s〕; in einem Zug trinken*; hinunter|stürzen*; hinunter|gießen*[4].

こくさい 国債 Staatsanleihe *f.* -n (-schuld *f.* -en)／国債証券 Staatsschuldschein *m.* -(e)s, -e (-papier *n.* -s, -e)／国債を募集する eine Staatsanleihe auf|legen; eine Staatsanleihe auf|nehmen* 〔起債する〕.

こくさい 国際の international; zwischenstaatlich (über-); International-; Völker-; Welt-‖国際映画祭コンクール die internationalen Filmfestspiele 〔*pl*〕／国際オリンピック委員会 das Internationale Olympische Komitee, -s, -s／国際化 Internationalisierung *f.* -en／国際会議 die internationale Konferenz, -en／国際関係 die internationale Beziehung, -en／国際管理 die internationale Kontrolle, -n／国際慣例 die internationalen Gebräuche 〔*pl*〕／国際競技 Länderkampf *m.* -(e)s, -e／国際協定 das internationale Abkommen, -n／国際共通語 Welt[hilfs]sprache *f.* -n／国際航空 der zwischenstaatliche Luftverkehr, -s／国際私法 das internationale Privatrecht, -(e)s／国際社会 Völkergemeinschaft *f.* -en／国際収支 Balance 〔*f.* -n〕 der Ein- und Ausfuhr／国際主義 Internationalismus *m.*／国際情勢 die internationale politische Lage, -n／国際条約 der internationale Vertrag, -(e)s, ⸗e／国際性 Internationalität *f.*／国際赤十字社 Internationales Rotes Kreuz, -es, -e／国際仲裁裁判所 das Internationale Schiedsgericht, -(e)s, -e／国際通貨 Weltwährung *f.* -en／国際都市 die internationale Stadt, ⸗e／国際紛争 die internationale Verwicklung, -en; der zwischenstaatliche Konflikt, -(e)s, -e／国際公〔公法〕 Völkerrecht, -(e)s／国際貿易 der internationale Handel, -s; Welthandel *m.* -s／国際放送 Sendung 〔*f.* -en〕 für Ausland; Rundfunk 〈*m.* -s, -e〉 für ausländische Hörer／国際問題 die internationale Frage, -n／国際列車 der internationale Zug, -(e)s, ⸗e ❖Zug の代りに FD 〔Fern-D-Zug〕を用いることが多い／国際連合 〔国際連合の諸団体〕 ⇨ こくさいれんごう／国際原子力機関 die Atomenergie-Organisation 《略: IAEO》／国際司法裁判所 der Internationale Gerichtshof *f.* -(e)s, ⸗e／国際通貨基金 der Internationale Währungsfonds, -《略: IWF》／国際電気通信連合 die Internationale Fernmelde-Union 《略: ITU》／国際難民救済機関 der Internationale Flüchtlingsorganisation 《略: IRO》／国際復興開発銀行 〔いわゆる「世界銀行」〕 die internationale Bank für Wiederaufbau und Entwicklung 《略: IBRD》; Weltbank *f.*／国際貿易機関 die Internationale Handelsorganisation 《略: ITO》／国際民間航空機関 die Internationale Zivilluftfahrt-Organisation 《略: ICAO》／国際労働機関 die Internationale Arbeitsorganisation 《略: IAO; ILO》／国際連盟 〖史〗 Völkerbund *m.* -(e)s.

ごくさいしき 極彩色 buntgefärbt; grell koloriert.

こくさいれんごう 国際連合 Vereinte Nationen 〔*pl*〕 《略: VN; UN; UNO》. ⇨ こくれん.

こくさく 国策 die politische Richtlinie 〈-n〉 eines Staates; der Richtsatz (Leit-) 〈-es, ⸗e〉 eines Staates; die nationale Politik, -en‖国策を樹立する einen politischen Richtsatz auf|stellen (begründen)／国策を遂行する einen politischen Leitsatz in die Tat um|setzen; die nationale Politik [be]treiben* (führen)／国策の線に沿って den politischen Richtlinien (der nationalen Politik) entsprechend.

こくさん 国産 Landeserzeugnis *n.* ..nisses, ..nisse (-produkt *n.* -(e)s, -e); das einheimische Produkt, -(e)s, -e／国産の einheimisch; Landes-; im Land(e) hergestellt‖国産品奨励 die Förderung 〈-en〉 der Landesprodukte.

こくし 国士 Patriot *m.* -en, -en; Vaterlandsfreund *m.* -(e)s, -e.

こくし 国史 Geschichte 〔*f.* -n〕 Japans; Landesgeschichte *f.* -n.

こくし 酷使する überanstrengen[4]; schinden[4]; [ab]placken[4]; nicht zur Ruhe kommen lassen*[4]; überanstrengen[4] 〔機械など〕.

こくじ 酷似 die auffallende (große) Ähnlichkeit, -en／酷似する zum Verwechseln ähnlich[3] sehen* (sein); ähnlich[3] wie ein Ei dem anderen sein (sehen*)[3]; *jm* wie aus den Augen geschnitten sein; auffallende (große; viel) Ähnlichkeit haben 〔*mit*[3]〕.

こくじ 告示 Bekanntmachung *f.* -en; Ankündigung *f.* -en; Anzeige *f.* -n; Bekanntgabe *f.* -n; Veröffentlichung *f.* -en ──告示をする bekannt geben*[4]; an|kündigen[4]; an|zeigen[4]; bekannt machen[4]; veröffentlichen[4]／両社の合併は各新聞に告示された Die Fusion der beiden Firmen wurde in den Zeitungen bekannt gegeben.‖告示板 Anschlagtafel *f.* -n; das schwarze Brett, -s.

こくじ 告辞 Abschiedsrede *f.* -n (-ansprache *f.* -n, -worte 〔*pl*〕).

こくじ 国璽 das königliche (kaiserliche) Großsiegel, -s, -; Staatsinsignien 〔*pl*〕

‖ 国璽尚書 der Geheime Siegelbewahrer, -s, -.

こくじ 国事 Staatsangelegenheit *f.* -en/国事にたずさわる im Staatsdienst sein/国事に奔走する für ⁴Angelegenheiten des Staates alle Kräfte auf|bieten* ‖ 国事犯 das Staatsverbrechen, -s; Hoch:verrat (Landes-) *m.* -(e)s/国事犯に問われる wegen Hochverrats angeklagt (unter Anklage gestellt) werden/国事犯人 Hoch:verräter (Landes-) *m.* -s, -.

こくじ 国字 die japanische Schrift, -en; das japanische Schriftzeichen, -s, - ‖ 国字改良 die Reform (-en) der japanischen Schriftzeichen.

ごくし 獄死する in Gefangenschaft (als Gefangener*; im Gefängnis) sterben* s.

こくし 黒死病 Pest *f.*; der schwarze Tod, -(e)s, (まれに -e).

こくしょ 酷暑 die tropische (glühende; drückende) Hitze/酷暑の候 die Zeit (-en) der großen Hitze.

こくしょ 国書 Kreditiv *n.* -(e)s, -e/国書をささげる das Kreditiv überreichen³.

ごくしょ 極暑 Bärenhitze *f.*; die äußerste (brennendste; drückendste; lähmendste; stärkste) Hitze; die heißeste Jahreszeit 〔極暑の候〕.

こくじょう 国情 Verhältnisse (*pl*) eines Landes; Landes(ge)brauch *m.* -(e)s, =e/ドイツの国情に通じている des deutschen ²Verhältnisse kundig sein; landeskundig in Deutschland sein.

ごくじょう 極上 best; erstklassig; extrafein (hoch-; pik-; super-); feinst; köstlichst; prima; unübertrefflich; von bester Qualität ‖ 極上品 Primaqualität *f.* -en/Qualitätsware *f.* -n; eine Ware von hochfeiner Beschaffenheit; Wertware *f.* -n.

こくしょく 黒色 Schwarz *n.* -(e)s/黒色の schwarz; schwärzlich ‖ 黒色人種 die schwarze Rasse, -n.

こくじょく 国辱 Schande (*f.* -n) eines Landes; eine nationale Demütigung, -en/それは国辱である Das ist eine Schande für unser Vaterland. Das bedeutet eine nationale Demütigung.

こくじん 黒人 der Schwarze*, -n, -n; die Schwarze*, -n 〈女〉 ‖ 黒人種 die schwarze Rasse, -n.

こくすい 国粋 Staatstugend *f.* -en; Nationalität *f.* -en; Volkstum *n.* -s/国粋の national; nationalistisch; vaterländisch ‖ 国粋主義 Nationalismus *m.* -/国粋主義者 Nationalist *m.* -en, -en.

こくぜ 国是 das politische Leitsatz (-s, ..pien); die politische Leitsatz (-es, -e) eines Staates; die Politik (-en) eines Staates/国是を定める das politische Prinzip des Staates fest|legen.

こくせい 国政 Staats|verwaltung *f.* -en (-angelegenheit *f.* -en).

こくせい 国勢 ❶ der Zustand (-(e)s, =e) eines Landes/国勢大いに振っている Das Land ist im Aufblühen. ❷ Bevölkerungsstand *m.* -(e)s, =e ‖ 国勢調査 Volkszählung *f.* -en; Zensus *m.* -, -/国勢調査を行う eine Volkszählung ab|halten*.

こくぜい 国税 Staatssteuer *f.* -n ‖ 国税局 [Haupt]steuer:amt (Finanz-) *n.* -(e)s, =er.

こくせき 国籍 Staatsangehörigkeit *f.* -en; Nationalität *f.* -en; Staatsbürgerschaft *f.* -en/国籍を取得(喪失, 放棄)する die Staatsangehörigkeit erwerben* (verlieren*; auf|geben*)/国籍を付与する *jm* die Staatsangehörigkeit verleihen*; *jn* ein|bürgern; *jn* naturalisieren/国籍を剥奪する *jm* die Staatsangehörigkeit ab|erkennen*; *jn* aus|bürgern; *jn* denaturalisieren ‖ 国籍取得(剥奪) Erwerb (*m.* -(e)s, -e) (Entzug *m.* -(e)s, =e) der Staatsangehörigkeit; Einbürgerung (Ausbürgerung) *f.* -en/国籍不明機 ein Flugzeug (*n.* -(e)s, -e) unbekannter Nationalität / 二重国籍 Doppelstaatsangehörigkeit *f.* -en/無国籍者 der Staatenlose*, -n, -n.

こくせん 国選弁護人 Pflichtverteidiger *m.* -s, -.

こくそ 告訴 [An]klage *f.* -n; Beschuldigung *f.* -en/告訴を取下げる Anklage zurück|nehmen* (原告が)/告訴の手続を取りやめる das Verfahren ein|stellen (nieder|schlagen*) (検事が). —— 告訴する an|klagen⁴ (*wegen*²⁽³⁾; *bei*); Anklage erheben⁴ (*gegen*²⁽³⁾); ein (gerichtliches) Verfahren (einen Prozess) ein|leiten (anhängig machen) (*gegen*⁴); eine Klage (einen Prozess) an|strengen (*gegen*⁴). ‖ 告訴状 Anklageschrift *f.* -en/告訴人 [An]kläger *m.* -s, -; der Anklagende*, -n, -.

こくそう 穀倉 Speicher *m.* -s, -; Kornkammer *f.* -n; Silo *m.* -s, -s (サイロ).

こくそう 国葬 Staatsbegräbnis *n.* ..nisses, ..nisse; das staatliche Begräbnis/国葬にする *jm* die letzte Ehre erweisen* 〔Staat *m.* が主語〕; *jn* mit staatlichen Ehren bestatten.

こくぞく 国賊 Landes:verräter (Hoch-) *m.* -s, -.

こくたい 国体 Staats:form *f.* -en (-wesen *n.* -s, -; -ordnung *f.* -en)/国体に関する Es geht die Ehre der Nation an./Das Prestige des Staates steht auf dem Spiel./Das ist die Prestigefrage des Staates.

こくたん 黒檀 Ebenholz *n.* -es, =er.

こくち 告知 Bekannt|gabe (Kund-) *f.* -n; Bekanntmachung *f.* -en; Ankündigung *f.* -en; Verkündigung *f.* -en; Anzeige *f.* -n; Kundigung *f.* -en (解約の). —— 告知する an|kündigen⁴; an|zeigen⁴; bekannt geben*⁴; bekannt machen⁴; verkündigen⁴; kündigen⁴ (*jm*)/若干の労働者に来月一日を以て解約する旨告知をした Ich habe einigen Arbeitern für den Monatsanfang gekündigt. ‖ 告知板 Anschlagtafel *f.* -n; das schwarze Brett, -(e)s, -er.

こぐち 小口 [金額の] kleine Summe, -n; kleiner Betrag, -s, =e; [品物の] kleine Menge, -n; [端] das eine Ende, -s, -n;

ごくちゅう Rand *m.* -(e)s, ¨er/小口に分ける in kleine Mengen teilen⁴; in Unterabteilungen ein|teilen⁴/小口から片っぱしから eins nach dem anderen erledigen ‖ 小口当座預金 kleines Bankkonto, -s, ..ten (*s od.* ..ti)/小口保険 kleine (niedrige) Versicherung, -en.

ごくちゅう 獄中の eingekerkert; ins Gefängnis gesetzt (gesperrt; geworfen); hinter Schloss und Riegel (sitzend); 〔戯〕 hinter schwedischen Gardinen.

ごくちょうたんぱ 極超短波 Superultrakurzwelle *f.* -n.

ごくつぶし 穀つぶし Taugenichts *m.* -(e)s, -e/Drohne *f.* -n; Faulenzer *m.* -s, -/Faulpelz *m.* -es, -e; Lotter *m.* -s, -/Lotterbube *m.* -n, -n; Müßiggänger *m.* -s, -/Nichtsnutz *m.* -es, -e (-tuer *m.* -s, -); Tagedieb *m.* -(e)s, -e/Tunichtgut *m.* -(e)s, -e.

こくてい 国定の staatlich; gesetzlich 〔法定の〕; offiziell genehmigt (anerkannt) 〔公認の〕/国定にする unter staatliche Aufsicht stellen⁴; amtlich (staatlich) bestimmen⁴ (fest|setzen⁴) ‖ 国定教科書 das vom Kultusministerium genehmigte (anerkannte) Schulbuch, -s, ¨er/国定税率 der gesetzlich festgesetzte Tarif, -s, -e.

こくてつ 国鉄 Staatsbahn *f.* -en; Bundesbahn *f.* -en 〔旧西ドイツ・オーストリア・スイスの〕 ❖ 現在, ドイツは Deutsche Bahn である.

こくてん 黒点 der schwarze Punkt, -e; Fleck *m.* -(e)s, -e 〔標的・太陽の〕/太陽の黒点 Sonnenflecke (*pl*).

こくど 国土 Land *n.* -(e)s, ¨er; Gebiet *n.* -(e)s, -e; Hoheitsgebiet *n.* -(e)s, -e ‖ 国土計画 Planung (*f.* -en) von Erschließung des Landes/国土交通省 Ministerium (*n.* -s) für Land, Infrastruktur und Transport.

こくどう 国道 Straße (*f.* -n) erster Ordnung; Bundesstraße *f.* -n 〔ドイツの〕; Landstraße *f.* -n.

ごくどう 極道な schurkisch; boshaft; erbärmlich; schimpflich; schmählich; schuftig; verdammenswert ‖ 極道な Schurke *m.* -n, -n; Racker *m.* -s, -/Schuft *m.* -(e)s, -e/der erbärmliche (verdammenswerte) Kerl, -s, -e.

こくない 国内 das Innere* (-n) [des Landes]; Inland *n.* -(e)s; Binnenland *n.* -(e)s, ¨er/国内の事情 die inneren Verhältnisse (*pl*) 〔eines Landes〕; die inneren Angelegenheiten (*pl*) 〔eines Landes〕. — 国内の inländisch; einheimisch; inner; Binnen-; Innen-; Landes-/国内で im Lande; innerhalb des Landes; im Inneren; binnenlands; inländisch; innen. ‖ 国内景気 Binnenkonjunktur *f.* -en/国内航空 Binnenluftverkehr *m.* -s/国内市場 Binnenmarkt (Inlands-) *m.* -(e)s, ¨e; der inländische Markt/国内需要 Inlandsnachfrage *f.* -n/国内商業 Binnenhandel *m.* -s/国内総生産 Bruttoinlandsprodukt *n.* -(e)s, -e/国内放送 Inlandssendung *f.* -en/国内旅行 Inlandsreise *f.* -n.

こくないしょう 黒内障 der schwarze Star, -(e)s, -e; Amaurose *f.* -n.

こくなん 国難 Gefahr (*f.* -en) des Vaterlandes; Krise (*f.* -n) 〔Notlage *f.* -n〕; Notfall *m.* -(e)s, ¨e; Zwangslage (*f.* -n) 〔Zwickmühle *f.* -n〕 des Landes/国難に殉じる⁴ sich in den Vaterland opfern; für ⁴Gott und ⁴Vaterland fallen* [s]/国難に赴く für Vaterland zu den Waffen greifen* (eilen)/国難来る Das Vaterland ist in Gefahr.

こくねつ 酷熱 die glühende (tropische, drückende; lähmende) Hitze/酷熱の glühend (brennend) heiß.

こくはく 告白 Bekenntnis *n.* ..nisses, ..nisse; 〔Ein〕geständnis *n.* ..nisses, ..nisse; Konfession *f.* -en; Beichte *f.* -n 〔ざんげ〕/告白する bekennen*⁴; (ein)gestehen*⁴; beichten⁴ ‖ 信仰告白 Glaubensbekenntnis *n.* ..nisses, ..nisse.

こくはく 酷薄な gefühllos; bestialisch; brutal; erbarmungslos; grausam; unmenschlich.

こくはつ 告発 (An)klage *f.* -n; 〔第三者よりの〕 Anzeige *f.* -n; Denunziation *f.* -en. — 告発する Anklage erheben* (*gegen*⁴; *wegen*²⁽³⁾); klagen (*gegen*⁴); an|klagen⁴ (*wegen*²⁽³⁾); Anzeige erstatten (*gegen*⁴; *wegen*²⁽³⁾); an|zeigen⁴ (*wegen*²⁽³⁾); denunzieren⁴. ‖ 告発者 Ankläger *m.* -s, -; Anzeiger *m.* -s, -.

こくばん 黒板 Wandtafel *f.* -n ‖ 黒板ふき Wischer *m.* -s, -.

こくひ 国費 Staatskosten (-gelder) (*pl*)/国費で auf Staatskosten/費用は国費でまかなう Der Staat bestreitet den Aufwand (die Kosten).

こくび 小首を傾げる ³sich an den Kopf fassen 〔不可解〕; ⁴sich hinter den Ohren kratzen 〔当惑〕; die Augen nach oben richten 〔考えるとき〕; den Kopf schütteln 〔疑惑・意外〕 ❖ den Kopf (das Haupt) neigen は「うなずく」「お辞儀する」の意.

ごくひ 極秘の geheim; verschwiegenst; vertraulichst 〔手紙など〕/極秘に付する strengste (unbedingte) Verschwiegenheit bewahren; die größte (äußerste; strengste) Verschwiegenheit beobachten; strengstes Geheimnis machen (*aus*³) ‖ 極秘書類 die amtliche Urkunde, -n; das strengst geheim gehaltene Dokument, -(e)s, -e.

こくびゃく 黒白 Schwarz und Weiß, des - und -(e)s; das Rechte* und Falsche*, des -n und des -n 〔特に二者を対称させる時〕/黒白を争う über (um) die Richtigkeit einer Sache streiten* (*mit*³); vor Gericht streiten*/黒白をつける ⁴sich dafür oder dagegen entscheiden*; entscheiden⁴.

こくひょう 酷評 die scharfe (beißende; bittere; schonungslose; vernichtende) Kritik, -en/酷評する scharf (bitter) Kritik üben (*an*³); scharf kritisieren⁴; einer ver-

こくひん　国賓 Staatsgast *m.* -(e)s, *-e*; der Ehrengast eines Staates.

ごくひん　極貧 die äußerste (bitterste; größte; höchste) Armut (Dürftigkeit; Entbehrung); der größte Mangel, -s / 極貧者たち die Ärmsten* *(pl)*; die ärmste Bevölkerungsschicht; die Blutarmen* *(pl)*; die sehr Armen *(pl)*.

こくふ　国富 Reichtümer *(pl)* des Landes; Nationalreichtum *m.* -s / アダムスミスの国富論 „Untersuchung über das Wesen und die Ursachen des Volkswohlstandes" von Adam Smith.

こくふう　国風 die Sitten und Gebräuche des Landes (des Volks); Landes|gebrauch *m.* -(e)s, *-e* (-sitte *f.* -, -n).

こくふく　克復 Wiederherstellung *f.* -en; Erneuerung *f.* -en / Restauration *f.* -en / 平和の克復 Wiederherstellung (Wiederkehr) *(f.)* des Friedens. —— 克復する wieder|her|stellen⁴; erneuern⁴; restaurieren⁴.

こくふく　克服する überwinden*⁴; besiegen⁴; verwinden⁴; 難(な)(情欲)を克服する Schwierigkeiten (eine Leidenschaft) überwinden* / 敵を克服する den Feind besiegen / 宿怨(な)を克服する einen alten Groll verwinden*.

こくぶん　国文 Nationalliteratur *f.* -en ‖ 国文学 die japanische Literatur / 国文学科 Abteilung *(f.* -en) der japanischen Literatur.

こくぶん　告文 Eingabe *f.* -n (上申書); Sendbrief *m.* -(e)s, *-e* (使者); Rundschreiben *n.* -s, - (回章); Verkündigung *f.* -en (布告).

こくべつ　告別 Abschied *m.* -(e)s, *-e*; Lebewohl *n.* -(e)s, *-e* (-s) / 告別の辞 Abschiedsrede *f.* -n; Abschiedsworte *(pl)* / 告別の宴 Abschiedsmahl *n.* -(e)s, *-e* (*-er*). —— 告別する Abschied nehmen* (*von*³); auf Wiedersehen sagen*; ⁴sich empfehlen*; ⁴sich verabschieden (*von*³). ‖ 告別式 Beisetzungsfeier *f.* -n.

こくほう　国法 Landes|gesetz (Staats-) *n.* -(e)s, *-e*; Staatsrecht *n.* -(e)s, *-e* / 国法に従う die Gesetze des Landes befolgen; ⁴sich an die Landesgesetze halten* / 国法を犯す die Gesetze des Landes übertreten* (verletzen; umgehen*).

こくほう　国宝 der Schatz nationaler Kulturgüter, -es, *-e* / 国宝的存在である Er ist der Stolz der *Nation*. / 国宝に指定する unter Heimatschutz stellen⁴ / その五重塔は国宝である Die Pagode steht unter Heimatschutz. ◆die Schätze eines Landes は「国の資源」; der Staatsschatz は「国庫」.

こくぼう　国防 Landesverteidigung *f.* -en; Wehr *f.* -en / 国防を強化する die Landesverteidigung verstärken ‖ 国防軍 Landeswehr *f.* -en; Wehrmacht *f.* *-e* (ナチス時代の) / 国防計画 Wehrplan *m.* -(e)s, *-e* / 国防献金 Wehrbeitrag *m.* -(e)s, *-e* / 国防省 Verteidigungs|ministerium (Wehr-) *n.* -s, ..rien / 国防政策 Wehrpolitik *f.* -en / 国防大臣 Wehr|minister (Verteidigungs-) *m.* -s, - / 国防費 Verteidigungsausgaben *(pl)* / 国防力 Wehrkraft *f.* *-e*.

こぐま　小熊座 der Kleine Wagen, -s (Kleine Bär, -(e)s).

こくみん　国民 [全体] Nation *f.* -en; Volk *n.* -(e)s, *-er*; [個人] der Staatsangehörige*, -n, -n; Staatsbürger *m.* -s, - / 国民の national-; National-; völkisch; Volks- / 国民の声 Volksstimme *f.* -n / 国民の審判に待つ einen Volksentscheid ein|holen (*über*⁴) ‖ 国民運動 Volksbewegung *f.* -en / 国民皆兵制度 die allgemeine Wehrpflicht, -en / 国民感情 Nationalgefühl *n.* -(e)s, *-e*; Volksstimmung *f.* -en / 国民感情は反政府的である Die Volksstimmung richtet sich gegen die Regierung. / 国民議会 Volks|versammlung *f.* -en (-vertretung *f.* -en) / 国民教育 Volksbildung, -en / 国民経済 Nationalökonomie, -n; Volkswirtschaft *f.* -en / 国民健康保険 die soziale Krankenversicherung, -en / 国民健康保険組合 die soziale Krankenkasse, -n / 国民所得 Volkseinkommen *n.* -s, - / 国民性 Nationalcharakter (Volks-) *m.* -s, *-e*; Nationalität *f.* -en; Volkstum *n.* -s, *-er* / 国民総生産 Bruttosozialprodukt *n.* -(e)s, *-e* / 国民体育大会 Volkssportfest *n.* -(e)s, *-e* / 国民投票 Volksabstimmung *f.* -en / 国民文学 Nationalliteratur *f.* -en.

こくむ　国務 Staats|angelegenheit *f.* -(geschäft *n.* -(e)s, *-e* -dienst *m.* -es, *-e*) / 国務を処理する Staatsangelegenheiten regeln; ⁴sich mit Staatsangelegenheiten beschäftigen ‖ 国務省 Außenministerium *n.* -s 《アメリカの》/ 国務大臣 Staatsminister *m.* -s, -; Minister *m.* -s, - ohne ⁴Geschäftsbereich (ohne Portefeuille) / 国務長官 Staatssekretär *m.* -s, *-e*.

こくめい　克明な genau; exakt; getreu (忠実); gewissenhaft (良心的); minuziös (綿密); präzis (精密) / 克明に描写する getreu schildern⁴ / 一分一厘も怠せずに克明に模写する auf den Millimeter genau ab|zeichnen⁴ (図面など).

こくもつ　穀物 Getreide *n.* -s, -; Korn *n.* -(e)s, *-er* ‖ 穀物倉 Getreidekammer *f.* -n; Kornspeicher *m.* -s, -; Silo *m.* -s, -s (サイロ) / 穀物市場 Getreidemarkt *m.* -(e)s, *-e* / 穀物取引所 Getreidebörse *f.* -n.

ごくもん　獄門 Kerker|pforte *f.* -n (-tor *n.* -(e)s, *-e* 《獄の門》; Pranger *m.* -s, - (-s) (Ausstellung *f.* -en) eines abgeschlagenen Kopfes (eines Verbrechers) 《さらし首》/ 獄門にさらす einen abgeschlagenen Kopf an|prangern.

こくゆ　告諭 Belehrung *f.* -en; [Er]mahnung *f.* -en; Warnung *f.* -en; [ernstliche] Erinnerung *f.* -en / 告諭する belehren⁴; ermahnen⁴ (*zu*³); mahnen⁴; erinnern⁴ (*an*⁴).

こくゆう 国有 Staats¦eigentum *n.* -s, ⸚er (-besitz *m.* -es, -e); Verstaatlichung *f.* -en《国有化》/国有の staatlich; Staats-; verstaatlicht. ── 国有にする verstaatlichen[4]/国有になる in staatlichen Besitz über|gehen* [s]. ‖ 国有財産 Staats¦eigentum (-vermögen *n.* -s, -).

こくようせき 黒曜石 Obsidian *m.* -s, -e.

こぐらい 小暗い dämm〔e〕rig; schattig; trübe; düster; halbdunkel.

ごくらく 極楽 Paradies *n.* -es, -e; Eden *n.* -s; Elysium *n.* -s; das Gefilde der Seligen; das Gelobte Land, -〔e〕s; Wonnegefilde *n.* -s, -/極楽往生を願う die Wiedergeburt im Paradies〔e〕 ersehnen/極楽往生をする in ein besseres Dasein abberufen werden; beim lieben Gott sein; einen sanften Tod (eines sanften Todes) sterben* [s]; gen Himmel fahren* [s]; im Herrn entschlafen* [s].

ごくらくちょう 極楽鳥 Paradiesvogel *m.* -s, ⸚.

こくり 国利 das Wohlergehen*《-s》des Landes/国利民福を計る ein Interesse an dem Wohlergehen des Landes und der Volkswohlfahrt haben; Interessen des Landes fördern und Volkswohlfahrt pflegen.

ごくり 獄吏 Kerkermeister *m.* -s, -; Gefangenen¦aufseher (-wärter) *m.* -s, -; Gefängniswärter; Schließer *m.* -s, -.

こくりつ 国立の National-; Staats-; staatlich ‖ 国立銀行 Staatsbank *f.* -en/国立劇場 Staatstheater *n.* -s, -/国立公園 Nationalpark *m.* -s, -s.

こくりょく 国力 Kräfte《*pl*》(Macht *f.*) des Staates/国力伸展 Ausdehnung《*f.* -en》des nationalen Machtbereiches/国力を伸展する seinen Einfluss (seine Macht) aus|dehnen〘国を主語として〙/国力を疲弊する viel an nationalen Kräften verlieren*〘国名を主語として〙.

こくるい 穀類 Getreide *n.* -s, -; Getreidearten《*pl*》.

こくれん 国連 ⇨こくさいれんごう ‖ 国連安全保障理事会 der Weltsicherheitsrat《-〔e〕s》der Vereinten Nationen/国連軍 die Streitkräfte《*pl*》der Vereinten Nationen/国連経済社会理事会 der Wirtschafts- und Sozialrat《-〔e〕s》der Vereinten Nationen《略: ECOSOC》/国連憲章 die Charta《..-ten》der Vereinten Nationen/国連食糧農業機関 die Ernährungs- und Landwirtschaftsorganisation der Vereinten Nationen《略: FAO》/国連信託統治理事会 der Treuhandschaftsrat《-〔e〕s》der Vereinten Nationen/国連総会 Vollversammlung《*f.* -en》der Vereinten Nationen/国連大学 die Weltuniversität *f.*

こくろん 国論 die öffentliche Meinung, -en; Volksstimme *f.* -n《国民の声》; Volksstimmung *f.* -en《民意》/国論を統一する eine einheitliche (einhellige) Volksmeinung her|stellen (bilden)/国論が沸騰する Es gärt〔stark; laut〕im Volk.

こぐん 孤軍奮闘する mit der abgeschnittenen Truppe rasend durchkämpfen; trotz der dominierenden [2]Opposition auf seiner eigener Meinung (seine eigene Meinung) bestehen*.

こけ 苔 Moos *n.* -es, -e; [地衣] Lebermoos *n.* -es, -e; Flechte *f.* -n; [舌苔] Belag *m.* -〔e〕s, ⸚e/苔の生えた bemoost; mit Moos bedeckt; moosig; moosbewachsen/苔の下に unter der Erde; im Grab; begraben.

ごけ 後家 Witwe *f.* -n; Witib *f.* -e; Witwenschaft *f.*《身分》; Witwentum *n.* -s《同上》/後家で通す bis zum Tode [1]Witwe bleiben* [s]; als Witwe lebenslang der Erinnerung ihres verstorbenen Mannes leben/後家になる Witwe werden; ihren Mann verlieren*.

こけい 固形の solid; fest; hart/固形化する fest machen[4]《液体を》; verdichten[4] ‖ 固形アルコール der feste Alkohol, -s, -e; Hartspiritus *m.* -, -/固形食(物) die feste Speise, -n/固形スープ Suppenwürfel *m.* -s, -/固形物 der feste Körper, -s, -.

ごけい 互恵主義 das Prinzip《-s, ..pien》(der Grundsatz, -es, ⸚e) gegenseitiger (wechselseitiger) Vergünstigungen; Reziprozität *f.*/互恵条約 der reziproke (gegenseitige; wechselseitige) Vertrag, -〔e〕s, ⸚e/互恵通商 der auf dem Prinzip der Reziprozität beruhende Handel, -s.

こけおどし Effekthascherei *f.* -en; Schaumschlägerei *f.* -en; Blendwerk *n.* -〔e〕s, -e; Potemkinsche Dörfer《*pl*》/こけおどしの豪華レストラン Riesensuperluxuspuff *m.* -s, -s《軽蔑して》.

こげくさい 焦くさい brenzlich/焦くさいぞ Es riecht brenzlich (verbrannt)!/飯が焦くさい Der Reis schmeckt angebrannt.

こけこっこう こけこっこうと鶏が鳴く Die Hähne rufen kikeriki.

こげちゃ 焦茶の dunkelbraun.

こけつ 虎穴 ¶ 虎穴に入らずんば虎児を得ず ‚Wer〔nichts〕wagt, gewinnt〔nichts〕.‘

こけつ 固結する gerinnen* [s]; [4]sich verhärten; [4]sich verdicken; gefrieren* [s]《氷結》; gelieren [s]《ゼリー状に》.

こげつく 焦げつく [食物が] an|brennen* [s]; [賃金が] unbezahlt bleiben* [s].

コケティッシュ コケティッシュな kokett; gefallsüchtig.

コケモモ〖植〗Heidelbeere *f.* -n.

こけら こけら〔板〕Schindel *f.* -n/こけらぶき Schindeldach *n.* -〔e〕s, ⸚er/こけらでふく mit Schindeln decken[4]; schindeln[4].

こけらおとし こけら落とし die Einweihung《-en》eines Theaters.

こける ❶ ⇨ころぶ. ❷ [やせこける] stark (tüchtig) ab|nehmen*; ab|magern [s]; ab|fallen* [s]; [おちくぼむ・目など] ein|fallen* (-|sinken*) [s]/こけた頬 hagere (eingefallene; hohle) Wangen《*pl*》/病人はすっかりやせこけた Der Kranke hat tüchtig abgenommen (ist ganz abgemagert; ist sehr abgefallen).

こげる 焦げる [食物が] an|brennen* [s]; [服な

どが] versengen [s]; [木などが] verbrennen* [s]; verkohlen [s]《黒焦げに》.

こけん 沽券 [面目・体面] Ansehen *n.* –s; Autorität *f.* –en; Geltung *f.* –en; Name *m.* –ns, –n; Ruf *m.* –[e]s, –e; Kredit *m.* –[e]s, –e; Prestige *f.* / 沽券を下げる sein Ansehen (das Gesicht; seinen Kredit; seinen Ruf) verlieren*; sein Ansehen (seine Würde) ein|büßen; um allen Kredit kommen* [s]《大いに》/ 沽券にかかわる für *jn* eine Prestigefrage (eine Ehrensache) sein; seinen Ruf gefährden; seinen Ruf (seinen Namen; seine Ehre) aufs Spiel setzen.

ごげん 語源 Etymologie *f.* –n; Wort-ableitung *f.* –en (–abstammung *f.* –en; –herkunft *f.* ⸗e); der Ursprung《–[e]s, ⸗e》eines Wortes / 語源の etymologisch / 語源を研究する ein Wort etymologisieren; ein Wort ab|leiten《*von*[3]》; dem Ursprung eines Wortes nach|forschen; Wortforschungen an|stellen《*über*[4]》/ 語源的に研究する auf [4]Etymologie bezüglich studieren / それの語源はラテン語です Das Wort ist [von] lateinischer Herkunft (von lateinischem Ursprung; lateinischen Ursprungs). Das Wort lässt sich vom Lateinischen ableiten. ‖ 語源学 Etymologie *f.*; Wortforschung *f.* / 語源学者 Etymologe *m.* –n, –n; Wortforscher *m.* –s, –.

ごけんうんどう 護憲運動 die Bewegung《–en》zur Aufrechterhaltung (Bewahrung) der Staatsverfassung (der Konstitution).

ここ ここに hier; an (auf) dieser Stelle; an diesem Ort / ここへ hierher / ここから von hier [ab; an; aus; weg]; von hinnen / ここの hiesig / ここまで bis hierher / ここら, ここいら, ここらあたり hierherum; hier in der Nähe; hierorts / ここかしこ hie[r] und da; hier und dort / ここにおいて hierauf; darauf; hieraus; daraus; hierdurch; hiernach; daher; folglich; nun / ここ暫く jetzt vorläufig; fürs Erste; für die nächste Zeit / ここ数か月間 seit ein paar Monaten《過去》; in kommenden paar Monaten; in nächsten drei, vier Monaten《今後》/ ここだけの話ですが unter uns [gesagt]; unter vier Augen [gesagt] / 今日はここまでにしておこう So weit (viel) für heute. / 帰って来るまでここにいなさい Du bleibst hier, bis ich zurückkomme. / ここらでは聞かない名前だ Der Name ist hierorts nicht bekannt.

ここ 個々の(に), 個々別の(に) einzeln; getrennt; gesondert; separat ⇨**こべつ**(個別に) / 個々の場合 Einzelfall *m.* –[e]s, ⸗e.

ここ 古語 [廃語] ein archaisches (*veraltetes*) Wort, –[e]s, ⸗er; [古諺] alter Spruch, –[e]s, ⸗e; altes Sprichwort, –[e]s, ⸗er.

ごご 午後 Nachmittag *m.* –[e]s, –e《略: nachm.; nm.》; P.M.; p.m. / 午後の nachmittägig; nachmittäglich; Nachmittags- / 日曜日の午後に Sonntag nachmittags / 午後三時十分発の列車 der 3.10 Uhr Nachmittagszug; der Zug 15[10] (15.10 Uhr).

ココア Kakao *m.* –s.

ここう 孤光 Bogen|licht *n.* –[e]s, –er (–lampe *f.* –n).

ここう 戸口 Bewohnerschaft *f.* –en; Einwohnerschaft *f.* –en; Bevölkerung *f.* –en ‖ 戸口調査 Volkszählung *f.* –en / 戸口調査をする eine Volkszählung halten*.

ここう 股肱 *js* rechte Hand, ⸗e; *js* rechter Arm, –[e]s, –e / 股肱の臣と頼む *jn* als seine rechte Hand betrachten.

ここう 糊口[の途] Leben *n.* –s; Lebensunterhalt *m.* –[e]s; das Auskommen*, –s / 糊口に窮する nichts zu leben haben; kaum das Leben fristen / 糊口をしのぐ [3]sich sein Salz (Brot) verdienen; eine Existenz gewinnen* (finden*); [4]sich durch|bringen*; von der Hand in den Mund leben《どうやらこうやら》.

ここう 虎口を逃れる mit knapper Not der Gefahr (dem Rachen des Todes) entrinnen* [s].

ここう 呼号する aus|schreien*; verkünden《宣布する》; appellieren《訴える》/ 天下に呼号する an die ganze Welt appellieren; [4]sich weit und breit als [4]*et* aus|rufen*; im ganzen Land seinen politischen Einfluss geltend machen.

ごごう 古豪 alter verdienter Soldat, –en, –en; Veteran *m.* –en, –en; erfahrener Mann, –[e]s, ⸗er.

ごこう 後光 ❶ [一般的に] Heiligenschein *m.* –[e]s, –e. ❷ [全身を包む円または長楕円の光] Aureole *f.* –n《円形》; Mandorla *f.* ..len《長楕円形》. ❸ [頭周の光輪] Strahlenkranz *m.* –es, ⸗e. ❹ [比喩的に] Nimbus *m.* –, ..busse; Ruhmesglanz *m.* –es, –e.

こごえ 小声 leise Stimme, –n; Flüsterton *m.* –s, ⸗e; gedämpfte Stimme / 小声で話す leise (mit leiser Stimme) sprechen*; flüsternd sprechen*; sich (einander) mit gedämpfter Stimme unterhalten*.

こごえる 凍える frieren* [s]; es fröstelt *jn*; [手足が] vor Kälte starr werden; (vor Kälte) erstarren [s] / 凍え死 das Erfrieren*, –s / 凍え死する erfrieren* [s]; vor Kälte sterben* [s].

ここく 故国 Vaterland *n.* –[e]s, ⸗er ⇨**こきょう**.

ごこく 護国 die Verteidigung《–en》(der Schutz, –es) des Staat[e]s (Vaterland[e]s); Landesverteidigung / 護国の鬼 der Schutzgeist《–[e]s, –er》(der Genius, –, ..nien) des Staat[e]s (Vaterland[e]s); die das Vaterland schutzenden Geister《*pl*》.

ごこく 五穀 die fünf Getreidearten《*pl*》; Getreide *n.* –s, –《総称》‖ 五穀豊穣 eine *gute* [*reiche*] Getreideernte, –n.

こごし 小腰を屈める [4]sich leicht verbeugen; eine leichte Verbeugung machen.

ここち 心地 Gefühl *n.* –[e]s, –e; Empfindung *f.* –en; [気分] Laune *f.* –n; Stimmung *f.* –en ⇨**こころもち** / 心地よい(よく) angenehm; behaglich; bequem; gemütlich; gemächlich / 居心地のよい lauschig / このいすは座り心地がよい Man sitzt bequem auf diesem Stuhl.

ごごと 小言 Schelte *f.* -n; Tadel *m.* -s, -; Vorwurf *m.* -s, ⸗e; Rüge *f.* -n; Verweis *m.* -es, -e; Nörgelei *f.* -en (口やかましい事); [不平] das Klagen* (Murren*), -s/小言を言う schelten* 《wegen²⁽³⁾》, *jn* tadeln; *jm* Vorwürfe machen; *jm* eine Rüge erteilen; *jn* einen Verweis 《wegen²et》geben*; *jn* zur Rede stellen《責任を問う》; nörgeln (口やかましく言う); [不平を言う]〖*über*⁴ とともに〗klagen; brummen; murren/小言をくらう ⁴Schelte (einen Verweis) bekommen*; eine Rüge erhalten*; getadelt werden; eine Nase bekommen*; ausgescholten werden《叱りとばされる》.

ごごと 戸毎に von Haus zu Haus; von Tür zu Tür;〖門毎に〗vor jeder Tür; vor allen Häusern.

ココナッツ Kokosnuss *f.* ⸗e.

こごむ 踞む〖うずくまる〗kauern; niederhocken; ⁴sich nieder|kauern; ⁴sich (nach vorn) neigen《前方へ》;[腰を曲げる] ⁴sich bücken/踞んで歩く gebückt gehen* ⓢ.

こごめ 粉米 Bruchreis *m.*

こごらせる 凍らせる gefrieren lassen*⁴ (machen*⁴); Gefrieren bringen*.

こころ 心 ❶ Herz *n.* -ens, -en; Geist *m.* -[e]s, -er《精神》; Gemüt *n.* -[e]s, -er《心情》; Gefühl *n.* -[e]s, -e《感情》; Wille *m.* -ns, -n《意志》; Seele *f.* -n《魂》/心から[の]herzlich; vom ganzen Herzen; aus vollem (tiefstem) Herzen; aufrichtig; tief empfunden/心ならずも beim besten Willen〖否定文中に〗; ungern; mit Widerwillen (Unwillen); widerwillig; unwillig; widerstrebend/心ゆくばかり、心の限り nach Herzenslust; soviel man mag; sooft man will/心ゆくままに wie man mag; nach Wunsch; nach Wohlgefallen/心も空に obenauf; kopflos; außer ³sich [sein]《*vor*³》;[ganz] aus dem Häuschen [sein]/心に描く ³sich aus|malen《*sich*⁴》/心に浮かぶ vergegenwärtigen⁴/心に懐く im Busen hegen⁴ (pflegen⁴)〖例: 復讐・愛情; Hass 憎悪; einen Verdacht 嫌疑などを〗/心に留める(掛ける) im Gedächtnis behalten*⁴; beherzigen⁴; ³sich zu Herzen nehmen*⁴/心に掛かる *jm* am Herzen liegen*〖気に掛かるものを主語として〗/心を合わせて einmütig; einhellig; Hand in Hand/心をこめて mit Herz und Hand ⇒ 心からの/心をひく 1) [*a.*] ansprechend; einnehmend; gewinnend; lockend. 2) [*v.*] an|ziehen*⁴; fesseln⁴; locken⁴; reizen⁴; *jm* in die Augen stechen*《*in*³ 以上に心をひくものを主語として》/⁴sich von *jm* angezogen fühlen; zu *jm* Zuneigung haben (心をひかれる人を主語として)/心を用いる(用心する) auf|passen《*auf*⁴》; ⁴sich hüten《*vor*³》; ⁴sich in Acht nehmen*《*vor*³》; ³sich angelegen sein lassen*《心にかける》/心を入換える《自分を Besseren wandeln》 ⁴sich bekehren《*zu*¹》; ein ganz anderer Mensch werden/心を悩ます grämen;心を置く《きがねな(気兼ね)、えんりょ(遠慮)》. **こころおきなく** 心を及ぶ mit|fühlen⁴;

mit|empfinden*⁴; Anteil nehmen*《*an*³》/心を奪う fesseln⁴; bestricken⁴; bezaubern⁴; für ⁴sich ein|nehmen*/心を奪われる bezaubert sein; eingenommen (gefesselt) sein《*von*³ 夢中》; versunken (vertieft) sein《*von*³ 没頭・耽溺 中》/心を鬼にする ³sich ein Herz fassen; das Herz stählen/心の鬼に責められる Gewissensbisse fühlen/心の底を読む ins Herz sehen*/心の大きい großherzig; weitherzig/心の狭い engherzig; kleinlich/心ばかりの ohne Bedeutung; einfach; klein/心ばかりのもてなし die bescheidene Bewirtung, -en. ❷〖謎〗Lösung *f.* -en; Sinn *m.* -[e]s, -e; Bedeutung *f.* -en. ❸〖考え・顧慮〗心ある diskret; einsichtsvoll; verständig; rücksichtsvoll/心ない unbesonnen; rücksichtslos;〖無情〗hartherzig; herzlos/心ありに bedeutungsvoll; vielsagend.

こころあたり 心当たり [zufällig] wissen*⁽⁴⁾; vielleicht wissen*⁽⁴⁾《人に問う場合》; eine Ahnung haben《*von*³》/心当たりがない keine Ahnung haben《*von*³》; nicht wissen*⁽⁴⁾/家を捜しているがどこか心当たりはありませんか Ich suche jetzt eine Wohnung. Wissen Sie zufällig (vielleicht) irgendwo irgendwelche?/彼と連絡がとれそうな心当たりの所は全部電話しました Ich habe überall telefoniert, wo ich für möglich (wahrscheinlich) hielt, ihn zu erreichen.

こころあて 心当て Hoffnung *f.* -en; Erwartung *f.* -en; Zuversicht *f.*/心当てにする hoffen⁽⁴⁾《*auf*⁴》; erwarten⁴《von *jm*》; rechnen《*auf*⁴》.

こころいき 心意気 ❶ ⇒ こころばえ. ❷〖思慕〗Zuneigung *f.* -en; Anhänglichkeit *f.*; Verehrung *f.* -en.

こころえ 心得 ❶ Kenntnis *f.* ..nisse〖ふつう *pl*〗《*in*³》; Verständnis *n.* ..nisse《*für*⁴》/心得る(心得がある) wissen*《*von*³》; um⁴》; verstehen*《*von*³》; Kenntnisse haben《*in*³》;[das rechte] Verständnis haben《*für*⁴》; gewandt (bewandert) sein《*in*³》; Bescheid wissen*《*in*³; an³》/...と心得る ⁴et《*jn*》als ⁴et betrachten; ⁴et《*jn*》für ⁴et《*jn*》halten*; ⁴et《*jn*》als (für) ⁴et《*jn*》an|sehen*/心得がたい、心得ぬ unverständlich; unbegreiflich; unglaublich; nicht zu begreifen (glauben)/心得顔にさも ob er davon (darum) wisse; als ob er davon verstände; mit wissendem Blick/ドイツ語の心得がない keine Kenntnisse im Deutschen besitzen*(haben)/あの土地の地理を心得ている an dem Ort Bescheid wissen*. ❷〖準則〗Vorschrift *f.*; Anweisung *f.* -en; Unterweisung *f.* -en/課長心得 der stellvertretende Leiter einer Abteilung/執務心得 Geschäftsordnung *f.* -en; Dienstvorschrift *f.* -en《服務》.

こころえちがい 心得違い ❶〖誤解〗Missverständnis *n.* ..nisses, ..nisse; Irrtum *m.* -s, ⸗er; Verkennung *f.* -en; Verwechslung *f.* -en. ❷〖不行状〗Unbesonnenheit *f.* -en; Dummheit *f.* -en/心得違いの unbesonnen;

indiskret. — 心得違いをする ❶ [誤解] ⁴sich irren ⟨in³⟩; missverstehen*⁴; verkennen*⁴; verwechseln⁴⟨mit³⟩. ❷ [不行状] eine Dummheit (Torheit) begehen* (machen).

こころおきなく 心置きなく [frank und] frei; zwanglos; ungeniert; ungehemmt; offen; freimütig; unbefangen; ohne Scheu.

こころおぼえ 心覚え ❶ Gedächtnis n. ..nisses, ..nisse ⇨おぼえ、おぼえ. ❷ [備忘] 控え] Notiz f. -en; Aufzeichnung f. -en; Vermerk m. -[e]s. -e/心覚えにメモをとる ⁴sich eine Notiz (Aufzeichnung) machen ⟨von³; über⁴⟩.

こころがかり 心掛かり ⇨きがかり.

こころがけ 心掛け ❶ [志] Absicht f. -en; Vorhaben n. -s, -; Vorsatz m. -es, ⸗e; Plan m. -[e]s, ⸗e. ❷ [心遣い] Fürsorge f.; Vorsorge f.; Bedacht m. -[e]s; Bedachtsamkeit f.; Überlegung f.; Vorsicht f. ❸ [心構え] [die geistige] Haltung f. -en; Einstellung f. -en; Gesinnung f. -en; Standpunkt m. -[e]s. -e/心掛けのよい gut gesinnt; gewissenhaft; fleißig; strebsam; zielbewusst; vorsichtig; besonnen/心掛けの悪い übel gesinnt; gewissenlos; faul; arbeitsunlustig; träge; unvorsichtig; unbesonnen/心掛けがわるいからだ Du verdienst es nicht besser.

こころがける 心掛ける ³sich merken*; denken ⟨an⁴⟩; ⁴sich bemühen ⟨um⁴⟩; ⁴sich [be]kümmern ⟨um⁴⟩; ⁴sich angelegen sein lassen*/心掛けておきましょう It will es mir merken. Ich werde daran denken. Ich werde mich bemühen.

こころがまえ 心構え ❶ Gesinnung f. -en; Einstellung f. -en; Haltung f. -en; Anschauung f. -en. ❷ [覚悟] Bereit|schaft f. -en (-willigkeit f.); Vorbereitung f. -en [準備], ⸗en; ⁴sich bereit machen ⟨zu³⟩; ⁴sich vor|bereiten ⟨auf⁴⟩; ⁴sich gefasst machen ⟨auf⁴⟩/その心構えはまだできていない Darauf bin ich noch nicht vorbereitet (gefasst).

こころがわり 心変わり Gesinnungswechsel m. -s, -/; Abtrünnigkeit f. -en; Treubruch m. -[e]s, ⸗e; Vertrauensbruch m. -[e]s, ⸗e; Verrat m. -[e]s. -/心変わりする abtrünnig (untreu; treulos) werden*; jm die Treue brechen*/心変わりの易い wankelmütig; launisch; wetterwendisch.

こころぐみ 心組み Vorsatz m. -es, ⸗e; Entschluss m. -es, ⸗e; Vorhaben n. -s, -/...の心組みである im Sinn[e] haben*; gedenken* (zu³).

こころぐるしい 心苦しい unangenehm; peinlich; [俗] dumm/心苦しく思う jm unangenehm (peinlich) zumute (zu Mute) sein; Es tut m Leid. es ³sich leid tun lassen*.

こころざし 志 ❶ Wille m. -ns, -n《意志》; [意図] Absicht f. -en; Vorsatz m. -es, ⸗e; Vorhaben n. -s, -; [目的] Ziel n. -[e]s. -e; Zweck m. -[e]s. -e; [願望] Wunsch m. -[e]s. ⸗e; [大望・功名心] Ehrgeiz m. -es; Ehrsucht f./志を立てる ³sich ein Ziel stecken (setzen)/することが志と違う Es geht [jm] alles schief. ❷ [好意] der gute Wille; Aufmerksamkeit f. -en《贈物》/ほんの志ですが Darf ich mir diese kleine Aufmerksamkeit erlauben?/お志はみみ入ります Das ist sehr aufmerksam von Ihnen./Ich danke Ihnen sehr für die freundliche Aufmerksamkeit.

こころざす 志す beabsichtigen; ins Auge fassen*; im Sinn[e] haben*; ³sich vor|nehmen*⁴; vor|haben*⁴《以上「つもり」の意》; an|streben⁴; hin|streben ⟨nach³⟩; bezwecken⁴; erstreben⁴; trachten ⟨nach³⟩《以上「努力する」の意》.

こころごろし 子殺し Kindermord m. -[e]s; Kindesmord m. -[e]s《主として母の私生児殺し》; [人] Kindermörder m. -s, -; Kindesmörderin f. ..rinnen《私生児殺しの女》/子殺しをする einen Kindesmord begehen*; das eigene Kind töten.

こころじょうぶ 心丈夫である ⁴sich sicher fühlen; beruhigt sein; ⁴sich verlassen ⟨auf⁴⟩/あの人に任せておけば心丈夫です Auf ihn können Sie sich ruhig verlassen.

こころぞえ 心添え Rat m. -[e]s. ⸗e; Ratschlag m. -[e]s. ⸗e; [助言]; [焚きつけること] Anregung f. -en; Ermunterung f. -en; [推しん] Empfehlung f. -en; [助力] Hilfe f. -n; Beistand m. -[e]s. ⸗e; Wink m. -[e]s. -e《示唆》.

こころだて 心立て ⇨きだて.

こころだのみ 心頼み Zuversicht f.; Vertrauen n. -s; Hoffnung f. -en/心頼みにする vertrauen ⟨auf⁴⟩; bauen ⟨auf⁴⟩; rechnen ⟨auf⁴⟩; ⁴sich verlassen ⟨auf⁴⟩; ⁴sich an|lehnen ⟨an⁴⟩.

こころづかい 心遣い Sorge f. -n; Bemühung f. -en; Güte f./心遣いするSorge tragen* ⟨für⁴⟩; sorgen ⟨für⁴⟩; besorgen⁴; betreuen⁴/Ihre [be]kümmern ⟨um⁴⟩.

こころづく 心付く ein|fallen* [s]; in den Sinn kommen* [s]; auf|blitzen; bei|fallen* [s]; ⁴sich erinnern ⟨an⁴⟩; ⁴sich entsinnen ⟨an⁴⟩. ⇨おもいつく.

こころづくし 心尽くし Aufmerksamkeit f.; Wohlwollen n. -s; Güte f.; Liebenswürdigkeit f. -en《好意》; Anteilnahme f.《同情》; Herzlichkeit f.《誠意》; [配慮] Sorge f. -n; Bemühung f. -en.

こころづけ 心付け Trinkgeld n. -[e]s. -er/心付けをやる ein Trinkgeld geben*³; ein Geldstück in die Hand drücken《握らせる》.

こころづよい 心強い ermutigend; aufmunternd; zuversichtlich/心強く思う ⁴sich ermutigt (aufgemuntert; sicher; gesichert) fühlen/心強いことばで die ermutigenden (ermunternden) Worte ⟨pl⟩.

こころない 心無い herz|los (gefühl-).

こころにくい 心憎い ❶ [憎らしい] abgestoßen; abscheulich; gehässig; widerwärtig. ❷ [心憎いばかりの] ..., so dass man vor Neid erblassen könnte; ..., was jm der Neid lassen muss/心憎いばかりのすばらしさだ Er spielt so fabelhaft, dass man vor Neid erblassen könnte.;《または後半を独立

こころね 心根 Herz *n*. -ens, -en; das Innere*, -n/心根がよい(温い) ein gutes (warmes) Herz haben/心根を明かす *jm* sein Inner(st)es offenbaren. ☞こころばえ.

こころのこり 心残り das Bedauern*, -s/心残りに思う『物を主語として』(immer noch) *jm* am (auf dem) Herzen liegen*; Ich hätte ... sollen. 『すればよかった』; Ich hätte ... können. 『やればできたのに』/心残りに思って言っておかなかったのが心残りだ Ich bedauere sehr, dass ich es ihm nicht ausdrücklich gesagt habe./Ich hätte es ihm ausdrücklich sagen sollen./Ich brauche ja nichts zu bedauern haben; kein „hätte" mehr haben.

こころのどか 心のどか gelassen (落ち着いて); befriedigt (満足して); friedlich (平和に); のびのびと behaglich, gemächlich.

こころばえ 心ばえ Gemütsart *f*. -en; Charakteranlage *f*. -n. ☞きだて.

こころぼそい 心細い hilflos (頼りない); hoffnungslos (見込みのない); verlassen; einsam (寂しい); unzuverlässig (当にならない); elend; trostlos (みじめな); entmutigt (落胆); 心細く思う ⁴sich hilflos (verlassen) fühlen/心細い声を書いてよこした Der Brief lautet sehr entmutigend./心細いことを言う Immer Kopf hoch!

こころまかせ 心任せ nach (*js*) Belieben; wie es (*jm*) beliebt; ganz, wie es *jm* gefällt; wie man will.

こころまち 心待ち 待つ ungeduldig warten (*auf*⁴); einen langen Hals machen; mit Ungeduld erwarten*.

こころみ 試み Versuch *m*. -(e)s, -e; Probe *f*. -n; Test *m*. -s, -s (-e); Experiment *n*. -(e)s, -e (実験); Wagnis *n*. -nisses, -nisse (冒険) …しれん/今度は大きな試みです ょ『企業などの場合』Es handelt sich diesmal um ein großes Wagnis. …試みに zum Versuch; zur (auf) Probe; versuchs weise (probe-)/試みに雇う (試験的に) *jn* zur Probe (auf Probe; versuchsweise) nehmen*.
—— 試みる versuchen⁴; einen Versuch machen (ausführen; anstellen) (*mit*³; *über*⁴); erproben⁴; probieren⁴/このコーヒーを一つ試みて御覧なさい Versuchen (Probieren) Sie einmal diesen Kaffee!

こころもち 心持ち ❶ Gefühl *n*. -(e)s, -e; Empfindung *f*. -en (感じ); Gemüt *n*. -(e)s, -e (情意); 『予感』Ahnung *f*. -en; Vorgefühl *n*. -(e)s, -e (印象) Eindruck *m*. -(e)s, -e; 『気分』Stimmung *f*. -en; Laune *f*. -n; 『…する気』Lust *f*. ; Neigung *f*. -en; Verfassung *f*. -en (心のぐあい)/心持ちがする ⁴sich fühlen『glücklich 幸せな, unangenehm 不愉快な, verpflichtet 義務を負わされたような, Mutter 妊娠したような, als einen Führer 指導者のような, wie neugeboren 生まれ変ったような, などとともに』/心持ちがする (den Eindruck) haben, als ob ... (...のような)/Es berührt *jn* zumute (zu Mute). *jn* berührten『物を主語として, seltsam 妙な; schmerzlich 痛ましい, などとともに』/心持ちのよい angenehm; behaglich; bequem; gemütlich; wohlig/心持ちの悪い unangenehm; unbehaglich; unbequem; ungemütlich; unwohl / 心持ちよく (gut) willig; entgegenkommend; zuvorkommend; bereitwillig こころよい/心持ちを悪くする 1) 『人の』 *jn* (*js* Gefühl) verletzen; *jn* kränken (*in*³; *an*³); ärgern⁴; beleidigen⁴. 2) 『自分が』 ⁴sich verletzt (gekränkt; [leicht] beleidigt) fühlen; eingeschnappt sein; ⁴sich ärgern/それを聞いた時いい心持ちはしなかった Es berührte mich unangenehm, als ich es hörte. ❷ 『少しばかり』 eine Idee; ein bisschen/心持ち右へ Eine Idee nach links!/もう心持ち小さくして下さい Machen Sie es bitte eine Idee kleiner.

こころもとない 心許ない『不確実』unsicher; ungewiss; 当てにならぬ faul, unzuverlässig (覚束ない) bedenklich, fraglich, zweifelhaft/心許なく思う bedenklich ganz sicher sein (*an*³); ungewiss sein (*an*³); Bedenken tragen* (haben; hegen) (⁴*et zu tun*); die Frage (zweifelhaft) sein/どうも心許ない話だな Das scheint mir eine ganz faule Sache zu sein./全く心許ない生活です Ich lebe jetzt in großem Ungewissen.

こころやすい 心安い (gut) befreundet; intim; vertraut; wohl bekannt/心安い友たち der vertraute (enge; intime) Freund, -[e]s, -e/心安くしている gut befreundet sein (*mit*³); vertrauten Umgang haben (*mit*³) auf freundschaftlichem (vertrautem) Fuß stehen* (*mit*³)/心安くなる gut Freund werden (*mit*³; お互いに miteinander).

こころやすだて 心安立てに(な) gutgläubig; arglos; vertrauensselig; zutraulich; ohne ⁴Falsch; vertrauen.

こころやすらか 心安らか gelassen; beruhigt; zufrieden; in Ruhe und Frieden; ohne ⁴Sorge.

こころよい 快い angenehm; behäbig; behaglich; bequem; gemächlich; gemütlich; wohl/快く思っていない *jm* (gegen *jn*) feindlich gesinnt sein/快しとしない es für unter seiner Würde halten* (⁴*et zu tun*); nur ungern tun*⁴ /快く gern; entgegenkommend; mit Vergnügen; mit Lust und Liebe; anstandslos; bereitwillig.

ここん 古今 die alte und die neue Zeit, -en/古今の zu allen Zeiten und in allen Zeiten/古今を通じて zu allen Zeiten in der Geschichte; seit Menschengedenken; von alters her/古今未曾有の(⌒) ohnegleichen in der Geschichte; nie nie dagewesen; in der Geschichte nie dagewesen/古今の大英雄 der größte Held (-en, -en), der je gelebt hat.

ここん 語根 die Wurzel (-n) eines Wortes; Wortstamm *m*. -[e]s, ⸚e.

ごさ 誤差 Fehler *m*. -s, -; Abweichung *f*. -en (偏差) ‖ 観測誤差 Beobachtungsfehler *m*. -s, -/不変的(平均, 周期)誤差 der

ござ 〔Stroh〕matte f. -n; Binsenmatte; Bodenbelag m. -(e)s, ⸚e/ござを敷く eine 〔Stroh〕matte aus|breiten/ござを敷いた床 der mit Strohmatten belegte 〔Fuß〕boden, -s, ⸚.

こさい 小才のきく klügelnd; herumdokternd; vernünftelnd.

こさい 後妻 js zweite Frau/後妻を迎える eine zweite Frau nehmen*.

こさいく 小細工 der kleinliche Kniff, -(e)s, -e (Trick, -s, -s); Spitzfindigkeit f. -en/小細工をする kleinliche Kniffe (Tricks; Spitzfindigkeiten) 《pl》an|wenden《*》(gebrauchen; verwenden《*》).

コサイン Kosinus m. -, -(-se) 〔記号: cos〕.

こざかしい 小ざかしい naseweis. ⇨こしゃこう.

こさく 小作 Pacht f. -en; Pachtung f. -en; Pachtverhältnis n. ..nisses, ..nisse. ━ 小作する ein Gut pachten (in ³Pacht haben). ‖ 小作権 Pachtrecht n. -(e)s, -e/小作制度 Pachtsystem n. -s, -e/小作争議 Pachtstreitigkeiten 《pl》/小作地 Pachtgut n. -(e)s, ⸚er (-besitz m. -es, -e; Pachtung)/小作人 Pachter (Pächter) m. -s, -; Pachtbauer m. -n, -n/小作農場 Pachtfarm n. -s (-wesen n. -s)/小作農場 Pachthof m. -(e)s, ⸚e/小作料 Pacht; Pacht|geld n. -(e)s, -er (-rente f. -n, -schilling n. -s, -e; -summe f. -n; -zins m. -es, -e)/永小作権 Erbpacht; das ewige Pachtrecht.

こさつ 故殺〔法〕Totschlag m. -(e)s, ⸚e; die ohne ⁴Überlegung ausgeführte Tötung, -en/故殺する tot|schlagen《*》《jn》; einen Totschlag verüben (begehen*) 《an jm》; ohne Überlegung töten 《jn》 ‖ 故殺者 Totschläger m. -s, -.

コサック コサック兵 Kosak m. -en, -en.

こさめ 小雨 Sprühregen m. -s, -; der feine (nieselnde) Regen/小雨が降る Es regnet fein. / Es nieselt. / Feiner Regen fällt.

こざら 小皿 der kleine Teller, -s, -; Tellerchen n. -s, -; Untersatz m. -es, ⸚e 《受け皿》; Untertasse f. -n 《同上》.

こさん 古参 der 〔Dienst〕ältere* (Rang-), -n, -n; Senior m. -s, ..en/古参の älter; senior/外交団の古参者 der Doyen 《-s, -s》 des diplomatischen Korps.

ごさん 午餐 Mittags|mahl n. -(e)s, ⸚e (⸚er) (-brot n. -(e)s, -/-essen n. -s, -; -mahlzeit f. -en); Lunch m. -es (-), -(e)s (-s)/午餐会を催す eine Mittagsmahlgesellschaft geben* (veranstalten).

ごさん 誤算 Verrechnung f. -en; Verzählung f. -en; das Sich-Verrechnen (Sich-Verzählen), -s; die falsche Rechnung, -en (Zählung, -en); Rechenfehler m. -s, -/誤算する ⁴sich verrechnen (verzählen); falsch rechnen (zählen⁴); ⁴sich in der Rechnung (Zählung) irren; einen Bock schießen* (machen) 《しくじる》.

こし 輿 Sänfte f. -n; Trag|stuhl m. -(e)s, ⸚e (-sessel m. -s, -)/輿をかつぐ eine Sänfte tragen*/玉の輿に乗る mit einem (einer) Reichen eine Ehe schließen*.

こし 腰 Lende f. -n; Hüfte f. -n; 〔Leibes〕mitte f. -n; Kreuz n. -es, -e 〔腰部〕; Fußleiste (Wand-), f. -n 〔障子などの〕/腰の強い mit zähen Lenden; entschlossen; standhaft/腰の弱い mit lahmen Lenden; lendenlahm; unentschlossen; schwankend/腰がひろつく nicht fest auf den Beinen sein; taumeln h.s.; torkeln h.s.; wanken h.s./腰に差す an der Seite tragen*⁴/たばこ入れを腰にさす einen Tabakbeutel 《-s, -》 in den Gürtel stecken; etw. 《auf⁴》 setzen 《auf⁴》; Platz nehmen*/腰を曲げる ⁴sich 〔ver〕beugen (ver|neigen); eine Verbeugung (-en) (Verneigung, -en) machen 《vor jm》/腰を伸ばす ⁴sich recken; ⁴sich auf|richten; ⁴sich dehnen/腰を抜かす, 腰がぬける zusammen|sinken s.; in die Knie sinken s.; vor 〔Schreck (Furcht)〕 gelähmt (versteinert) werden/電報を見て腰をぬかした Als ich das Telegramm erhielt, konnte ich mich nicht mehr aufrecht halten./腰を据える 1) festen Fuß fassen; eine feste Stellung behaupten. 2) ⁴sich ansässig machen; ⁴sich nieder|lassen*. ‖ 腰の低い人 ein höflicher (entgegenkommender; liebenswürdiger) Mensch, -en, -en/話の腰を折る ein Gespräch unterbrechen*; in die Rede (ins Wort) fallen* s. 《jm》/話の腰が強い(弱い) Preise stehen (liegen; sind) fest (schwach).

こし 枯死する verdorren s.; ganz dürr werden; durch Trockenheit (u.ä.) sterben* s.

こし 虎視たんたんと見る an|glotzen s.; aufs Korn nehmen*⁴; fixieren⁴; nicht aus den Augen lassen*⁴⁴/虎視たんたんとして unverwandten Blickes; auf die erste beste Gelegenheit lauernd.

こじ 故事 〔由緒〕Ursprung m. -(e)s, ⸚e; Quelle f. -n; 〔口碑〕Überlieferung f. -en; Tradition f. -en; 〔故実〕die alten Sitten und Gebräuche 《pl》/故事を引く auf eine geschichtliche Begebenheit Bezug nehmen*; eine Überlieferung an|führen ‖ 故事熟語辞典 Lexikon 《n. -s, ..ka》 der alten Überlieferungen und Gebräuche/故事来歴 Ursprung und Geschichte 《f.》.

こじ 居士 der buddhistische Laienbruder, -s, ⸚.

こじ 孤児 Waise f. -n; Waisenkind n. -(e)s, -er; Vollwaise f. -n 〔両親ともない子供〕/孤児になる verwaisen s.; zur Waise werden; die Eltern verlieren* ‖ 孤児院 Waisen|haus n. -es, ⸚er (-anstalt f. -en.

こじ 固辞する ausdrücklich ab|lehnen (ab|weisen*; ab|schlagen*; zurück|weisen*); beharrlich ab|lehnen; bei seiner ⁴Ablehnung verharren.

こじ 固持する verharren 《bei³》; aus|harren 《bei³》; hartnäckig bestehen* 《auf⁴》; fest|halten 《an³》; fest|bleiben s. 《bei³》/自説を固持する bei seiner Meinung bleiben s.; an seiner Ansicht fest|halten*.

こじ 誇示する zur Schau stellen⁴; prangen ⟨mit³⟩; prahlen ⟨mit³⟩; protzen ⟨mit³⟩; paradieren ⟨mit³⟩; Parade machen ⟨mit³⟩.

-ごし-越し ¶ 十年越しの知己 eine zehn Jahre alte Bekanntschaft, -en; eine Bekanntschaft seit zehn Jahren.

ごじ 誤字 das falsche Schriftzeichen, -s, -; Schreibfehler m. -s, - 《書き損じ》; der schriftliche Fehler, -s, - 《同上》.

こじあける 力ずくで開く mit Gewalt öffnen⁴; auf|sprengen⁴; auf|brechen*⁴ /扉(ふた)をこじあける eine Tür aufbrechen* (einen Deckel auf|reißen).

こしいた 腰板 Paneel n. -s, -e; die Wandbekleidung ⟨-en⟩ mit ³Holztäfelung; die Wandverkleidung ⟨-en⟩ aus ³Holz.

こしお 小潮 Nippflut f. -en (-tide f. -n; -zeit f. -en).

こしおび 腰帯 Lendengurt m. -[e]s, -e (-gürtel m. -s, -).

こしおれ 腰折れ Knüttelvers (Knittel-) m. -es, -e.

こじか 子鹿 Rehkalb n. -[e]s, ̈-er.

こしかけ 腰掛け Sitz m. -es, -e; Stuhl m. -[e]s, ̈-e; Bank f. ̈-e 《ベンチ》; Schemel m. -s, - 《床几》; Sessel m. -s, - 《安楽いす》‖腰掛け仕事 Stümperei f. -en; Hudelei f. -en; Pfuscharbeit f. -en (-werk n. -[e]s, -e).

こしかける 腰掛ける ⁴sich setzen ⟨auf⁴⟩; Platz nehmen*.

こしかた 来し方 Vergangenheit f.; das Vergangene*, -n; das Frühere*, -n; gewesene Tage ⟨pl⟩; verwichene Zeiten ⟨pl⟩.

こじき 乞食 das Betteln*, -; die Bettelei f. -en;【人】Bettler m. -s, -; Bettlerin f. -rinnen 《女》/乞食になる an den Bettelstab kommen* ⟨s⟩; ein Bettler werden. ‖ ―乞食をする betteln; um ⁴Almosen bitten*; betteln gehen* ⟨s⟩/乞食をして暮らす vom Betteln leben; ³betteln leben; Bettelbrot ⟨n.⟩ essen*. ‖ 乞食小屋 Bettlerhütte f. -n/乞食根性 bettlerhafte (niedrige) Gesinnung, -en.

こしき 五色 die fünf Farben ⟨pl⟩/五色の fünffarbig.

こしぎんちゃく 腰巾着 der treue Anhänger, -s, -; Nachbeter m. -s, -; Nachläufer m. -s, -; Schatten m. -s, -; Trabant m. -en, -en.

こしけ【医】Leukorrhö f. -en; Weißfluss m. -es.

ごしごし ごしごしする rubbeln; rübbeln; stark reiben*; ab|reiben*; schrubben 《たわしなどで》; scheuern 《床を》; frottieren 《皮膚をブラシで》.

こしつ 固執する bestehen* ⟨auf³⟩; beharren ⟨bei³⟩; bleiben* ⟨s⟩ ⟨bei³⟩; eingenommen sein ⟨von³⟩; hängen ⟨an³⟩; ⁴sich nicht abbringen lassen* ⟨von³⟩; verharren ⟨bei³⟩.

こしつ 個室 Einzelzimmer n. -s, -.

こしつ 故実 die alten Sitten und Gebräuche ⟨pl⟩; die alten Bräuche ⟨pl⟩; die alten Zeremonien ⟨pl⟩/故実に明るい in den alten Sitten und Bräuchen bewandert sein; mit den alten Sitten und Bräuchen vertraut sein.

ごじつ 後日 dereinst; ein andermal; eines Tages; in der Folge; irgendwann; noch einmal; später/後日の証拠として zum Beweis für spätere ⁴Tage.

ゴシック Gotik f.; gotisch 《ゴシック[式]の》‖ ゴシック建築 die gotische Baukunst; Gotik/ゴシック体【印】die gotische (fette) Schrift, -en/ゴシック風 der gotische Stil, -[e]s.

こじつけ Wortverdrehung f. -en; Sophisterei f. -en; Wortklauberei f. -en; die gezwungene (gesuchte) Auslegung, -en/こじつけた weithergeholt.

ゴシップ Klatsch m. -es, -e; Geschwätz n. -es, -e; Klatschgeschichte f. -n; Gerücht n. -[e]s, -e; Nachrede f. -n; Stadtgespräch n. -[e]s, -e ‖ ゴシップ記者 Klatschgeschichtenschreiber m. -s, -/ゴシップ欄 Gesellschaftsnachrichten ⟨pl 新聞の⟩.

こしなわ 腰縄付きで in Lendenfesseln.

こしぬけ 腰抜け ❶ der Lendenlahme*, -n, -n; Krüppel m. -s, -. ❷ [臆病者] Feigling m. -s, -e; Angsthase (Furcht-) m. -n, -n; Bangbüxe f. ..xen; Bangbutz m. -en; Hasenfuß m. -es, ̈-e; Memme f. -n /腰抜けの feig[e]; bangbüxig; feigherzig (hasen-); furchtsam; memmenhaft.

こしばめ 腰羽目 Täfelung f. -en; [Wand]getäfel n. -s ‖ 腰羽目板 die untere Wandbekleidung, -en; die untere Wandleiste, -n.

こしばり 腰張り die Bekleidung ⟨-en⟩ der unteren Wand mit ³Papier; Papierwandleiste f. -n/腰張りする die untere Wand tapezieren; die untere Wand [mit ³Papier] bekleben.

こしべん 腰弁 der unbedeutende (belanglose; geringfügige; kleine) Angestellte*, -n, -n; der Schlechtbesoldete*, -n, -n; Stehkragenproletarier m. -s, -.

こしぼね 腰骨 Hüftknochen (Lenden-) m. -s, -.

こじま 小島 die kleine Insel, -n; Inselchen n. -s, -.

こしまき 腰巻 Lendentuch n. -[e]s, ̈-er; [Frauen]unterrock m. -[e]s, ̈-e; [Lenden]schurz m. -es, ̈-e.

こしもと 腰元 [Kammer]zofe f. -n ⟨-zöfchen n. -s, -⟩; Kammermädchen ⟨Dienst-⟩ n. -s, -; [Kammer]jungfer f. -n.

こしゃく 小癪 naseweis; altklug ⟨früh-⟩; dreist; frech; schnippisch; vorlaut; vorwitzig. ⇨ なまいき.

こしゆ 湯湯 Sitzbad n. -[e]s, ̈-er; Bidet n. -s, -s.

こしゅ 戸主 Familienoberhaupt n. -[e]s, ̈-er; Haushaltsvorstand m. -[e]s, ̈-e; Hausherr m. -en (-n), - (-vater m. -s, ̈-) ‖戸主権 das Recht n. -[e]s, -e des Familienoberhaupt[e]s.

こしゅ 鼓手 Trommler m. -s, -; Trom-

こしゅ 固守する ❶ hartnäckig (bis aufs Äußerste; bis aufs Blut) verteidigen⁴. ❷ ⇨ こしつ(固執する).

ごじゅう 五十 fünfzig / 第五十 der (die; das) fünfzigste / 五十代 die fünfziger Jahre 《pl》/ 五十年祭 das fünfzigjährige Jubiläum, -s, ..läen; die Gedenkfeier 《-n》 zum fünfzigjährigen Bestehen / 五十音〔図〕die japanische Silbenliste, -n (Silbentabelle, -n). ‖ 五十歩百歩だ Zwischen beiden ist da gar kein wesentlicher Unterschied. Das ist gehüpft wie gesprungen. Das läuft auf eins hinaus.

こじゅうと 小舅(姑) Schwager m. -s, - (Schwägerin f. -..rinnen).

ごじゅうのとう 五重塔 die fünfstöckige Pagode, -n; der fünfstöckige Turmtempel, -s, -.

ごじゅうきょうぎ 五種競技 Fünfkampf m. -(e)s, ⸗e ‖ 近代五種競技 moderner Fünfkampf.

ごじゅん 語順 Wortfolge f. -n; Reihenfolge 《f. -n》der Wörter.

こしよ 御所 die kaiserliche Schloss, -es, ⸗er; der kaiserliche Palast, -es, ⸗e ‖ 御所車 der von einer Kuh gezogene Hofwagen, -s, -.

こしょう 湖沼 die Gewässer 《pl》; die Seen und Sümpfe 《pl》‖ 湖沼学 Limnologie f. / 湖沼生物学 Limnobiologie f.

こしょう 故障 ❶〔支障〕Hindernis n. ..nisses, ..nisse; Haken m. -s, -; Hemmung f. -en; 〔Ver〕hinderung f. -en; Schwierigkeit f. -en; Störung f. -en / ...に故障がある Die Sache hat einen Haken in³ ...! Da ist mit Schwierigkeiten verbunden. Da liegt der Hund begraben. ❷〔破損〕Schaden m. -s, ⸗; Beschädigung f. -en / 故障を生じる schadhaft (beschädigt; ramponiert) werden; Es geht nicht richtig 《mit³》./ エンジンに故障を生じたため wegen gewisser ²Motorschäden; da der Motor beschädigt wurde. ❸〔事故〕Un〔glücks〕fall m. -(e)s, ⸗e; Unglück n. -(e)s, (まれに -e) / 故障なく ohne ²Zwischenfälle (Unglücks-); glatt; reibungslos / 電車の故障 Störung 《f.》eines Zug〔es〕; Straßenbahnunglück. ❹〔欠点〕Fehler m. -s, -; Mangel m. -s, ⸗ / 故障の多い機械だ Die Maschine hat viele Fehler. ❺〔異議〕Ein|spruch (Wider-) m. -(e)s, ⸗e; Einsprache f. -n; Einwand m. -(e)s, ⸗e; Protest m. -(e)s, -e; Verwahrung f. -en / 故障を申し立てる Einspruch erheben* 《gegen⁴》; 〔lebhaft〕an|fechten*⁴; Verwahrung ein|legen 《gegen⁴》; ²sich verwahren 《gegen⁴》. ‖ 故障車 der schadhafte (beschädigte; ramponierte) Wagen, -s, -.

こしょう 胡椒 der 〔schwarze; weiße〕 Pfeffer, -s, - / 胡椒の入った gepfeffert / 胡椒を振りかける Pfeffer streuen 《auf⁴》; mit ³Pfeffer bestreuen*⁴; pfeffern⁴ / 料理に胡椒を入れる Pfeffer an eine Speise tun*; eine Speise mit Pfeffer würzen ‖ 胡椒入れ Pfefferbüchse f. -n (-dose f. -n; -streuer m. -s, -).

こしょう 誇称する auf|bauschen⁴; an|geben*⁴; den Mund voll nehmen*; dick tun*; große Töne reden; mit ³Stolz behaupten⁴; strunzen⁴; übertreiben*⁴.

こじょう 弧状の bogenförmig.

こしょう 後生大事に wie seinen Augapfel hütend; mit äußerster Vorsicht; sorgfältigst; um jeden Preis / 後生だから Um Gottes (Himmels) willen! / 後生を願う um das selige künftige Leben zu ³Gott beten.

ごじょう 互譲 die beiderseitige (gegenseitige) Einräumung, -en; der (das) beiderseitige (gegenseitige) Kompromiss, -es, -e; der beiderseitige (gegenseitige) Ausgleich, -(e)s, -e (Vergleich, -(e)s, -e); das beiderseitige (gegenseitige) Zugeständnis, ..nisses, ..nisse. — 互譲的な beiderseitig (gegenseitig) einräumend (nachgebend); konziliant; versöhnlich; willfährig / 互譲の精神で auf dem Grundsatz des „Leben und Lebenlassens" beruhend; im Geist(e) der Konziliation. — 互譲する beiderseitige (gegenseitige) Einräumungen (Kompromisse) machen; beiderseits ein Auge zudrücken; geneigtes Ohr geben*; leben und leben lassen*.

こしょく 古色蒼然としている uralt aus|sehen*; ein altehrwürdiges Aussehen haben.

ごしょく 誤植 Druckfehler m. -s, -; Fehldruck m. -(e)s, -e.

こしらえ 拵え ❶ Kleidung f. -n 《服装》; Aufmachung f. -en 《支度》; Ausstattung f. -en 《装備》; Drum und Dran n. - 《一切の附随物》; Putz m. -es, -e 《装飾》; Toilette f. -n 《化粧》. ❷〔作り〕Bau|weise 《Herstellungs-》f. -n; Konstruktion f. -en; Struktur f. -en.

こしらえごと 拵え事 Erdichtung f. -en; Erfindung f. -en; Fabelei f. -en; Fiktion f. -en; Märchen n. -s, -; das aus der Luft Gegriffene*, -n, -n.

こしらえる 拵える ❶〔製造〕machen⁴; 〔an|〕fertigen⁴; fabrizieren⁴; her|stellen⁴. ❷〔構造〕bilden⁴; 〔auf|〕bauen⁴; konstruieren⁴; zusammen|setzen⁴ / 拵え直す wieder|[auf|]bauen⁴; rekonstruieren⁴; wieder zusammen|setzen⁴. ❸〔作る・飾る〕 vor|geben*⁴; erdichten⁴; erheucheln⁴; simulieren⁴; vor|spiegeln⁴; vor|täuschen⁴. — 金を拵える 〔金策〕Geld (Kapitalien) auf|treiben* (auf|bringen*; zusammen|bringen*). ❷〔蓄財〕Geld ein|heimsen (verdienen); zu Geld(e) kommen* ⓢ; ³sich ein Vermögen erwerben*.

こじらす verwickeln⁴; verwirren⁴; verdrehen⁴; 〔病気を〕verschlechtern⁴; verschlimmern⁴.

こじれる ⁴sich verdrehen; 〔物事が〕verwickeln; schief gehen* ⓢ; schlecht gehen* ⓢ; 〔病気が〕schlechter (kompliziert) werden; ⁴sich verschlimmern; 〔気持ちが〕verdrießlich (ärgerlich; mürrisch) werden.

こじわ 小皺 Fältchen *n.* -s, -; Rünzelchen *n.* -s, -; 《目尻の》die Krähenfüße *(pl)*.

こじん 個人 Individuum *n.* -s, ..duen; Einzelwesen *n.* -s, -; [私人] Privat|mensch *m.* -en, -en (-persönlich *f.* -en)/個人(の)的)/個人の尊厳 Würde *(f.)* der Person; Unantastbarkeit *(f.)* der Person/個人の資格で als Privatperson; in seiner Eigenschaft als Privatperson/私個人は ich für meine Person/個人の権利 Privatrecht *n.* -(e)s, -e; das Recht (-(e)s, -e) des Privatmenschen ‖ 個人関係 Privat|verhältnis *n.* ..nisses, ..nisse (-verbindung *f.* -en)/個人感情 das persönliche Gefühl, -(e)s, -e/個人企業 Einzelunternehmen *n.* -s, -/個人教授 Privatunterricht *m.* -(e)s, -e/個人経営 der private Betrieb, -(e)s, -e; das persönliche Unternehmen, -s, -; Privatunternehmung *f.* -en/個人差 die individuelle Differenz, -, en; der persönliche Unterschied, -(e)s, -e/個人財産 Privat|eigentum *n.* -s, ¨er (-vermögen *n.* -s, -)/個人主義 Individualismus *m.* -/個人主義者 Individualist *m.* -en, -en/個人消費 Einzelverbrauch, -(e)s, -e/個人所得 Einzeleinkommen *n.* -s, -/個人性 Individualität *f.* -en/個人プレー《運》Einzelspiel *n.* -(e)s, -e/個人レッスン Privat|stunde *f.* -n (-unterricht *m.* -(e)s, -e).

こじん 故人 der Gestorbene* (Verstorbene*; Hingegangene*; Verschiedene*; Selige*), -n, -n/故人となる sterben* *[s]*; hin|scheiden* *[s]*; entschlafen* *[s]*.

ごしん 誤診 die falsche Diagnose, -n; die irrtümliche Erkennung (-en) (Feststellung, -en) (einer Krankheit)/誤診する falsch (irrtümlich) diagnostizieren⁴ (diagnosieren⁴; erkennen**⁴; fest|stellen⁴); eine falsche (irrtümliche) Diagnose stellen (über⁴).

ごしん 誤審 Fehl|urteil *n.* -s, -e (-spruch *m.* -s, ¨e); das irrige Urteil; die falsche Entscheidung (-en) eines Schiedsrichters (競技の)/誤審する ein Fehlurteil (einen Fehlspruch) fällen; eine falsche Entscheidung treffen* (競技の)/アンパイヤは誤審した Der Schiedsrichter hat eine irrige Entscheidung getroffen.

ごしん 誤信 der falsche Glaube, -ns; der Irr|glaube (Wahn-) -n/誤信する ⁴sich im Glauben irren; fälschlich glauben (an⁴); einen irrigen Glauben hegen.

ごしん 護身用の zur eigenen Sicherheit; zum Selbstschutz; zur Selbstverteidigung ‖ 護身術 Verteidigungskunst *f.* ¨e.

こじんまり 小じんまりした(と) bescheiden; maßvoll; schlicht; anspruchslos; mäßig; einfach; sparsam; wunschlos.

こす ❶ [超えて行く] gehen* *[s]* (über⁴); hinüber|gehen* *[s]*/塀(流れ、山)を越して über die Mauer (den Fluss, den Berg) (hinüber). ❷ [通過] durch|reisen *[s]*. ❸ [追越す] hinter ³sich lassen*⁴; überbieten*; übertref-

fen*⁴/師を越すべきか Soll ein Schüler seinem Lehrer den Rang ablaufen? ❹ [超過] überschreiten*⁴; übersteigen*; hinaus|gehen* *[s]* (über⁴); übersteigern⁴; höher als *et* sein/生徒数は千名を越す Die Schüler zählen mehr als tausend./四十の坂を越している Er hat die Vierzig überschritten.; Er hat schon das vierzigste Jahr erreicht. ❺ [優る] besser (ausgezeichneter; vortrefflicher) sein (これを越す美味はない Nichts schmeckt feiner als diese Speise./才能衆を越す ⁴andere an ³Talent übertreffen*. ❻ [切り抜ける] glücklich hinweg|kommen* *[s]* (über⁴); glücklich überkommen*⁴; überwinden*⁴/難関を越す ²Schwierigkeit Herr werden/峠は越した Die Krise besteht nicht mehr./We haben die Krise glücklich überstanden. ❼ [引越し] um|ziehen* *[s]*; seinen Wohnsitz verlegen; seine Wohnung wechseln; verziehen* *[s]*/月末に越すつもりです Meine Absicht ist, Ende dieses Monat[s] umzuziehen.

こす 漉す [durch]|seihen⁴; durchschlagen*⁴; durch|sickern (-|sintern) lassen⁴; filtern⁴; verfiltrieren⁴.

こすい verschmitzt; durchtrieben; gerissen; schlau; verschlagen/こすい事をする Verschmitztheiten *(pl)* treiben*. ⇨ずるい.

こすい 湖水 [Land]see *m.* -s, -n.

こすい 鼓吹する verfechten⁴; befürworten⁴; bei|bringen**³⁴; ein|flößen³⁴; ein|geben**³⁴; ein|hauchen³⁴/鼓吹者 Verfechter *m.* -s, -.

こすう 戸数 Häuserzahl *f.* -/戸数割 Haushaltungs|steuer (Wohnungs-) *f.* -.

こすう 個数 Stück *n.* -(e)s, -e; Stückzahl *f.* -/個数払い賃金 Stück|lohn (Akkord-) *m.* -s, ¨e.

こずえ 梢 [Baum]wipfel *m.* -s, -; [Baum-] gipfel *m.* -s, -; [Baum]krone *f.* -n; [Baum]spitze *f.* -n.

コスタリカ Costa Rica *n.* -s (Kostarika -, -s)/コスタリカの kostarikanisch (costa-ricanisch) ‖ コスタリカ人 Kostarikaner (Costa-Ricaner) *m.* -s, -.

コスチューム Kostüm *n.* -s, -e.

コスト Kosten *(pl)* ‖ コストインフレーション Kostinflation *f.* -en/コスト計算 Kostenrechnung *f.* -en.

コスメチック das kosmetische Mittel, -s, -; Schönheitsmittel *n.* -s, -.

コスモス [植] Schmuckkörbchen *n.* -s, -.

コスモポリタン Weltbürger *m.* -s, -.

こする reiben*⁴; [ab]|bürsten⁴ (ブラシで); [ab]|scheuern⁴ (磨いて); [ab]|schrubben⁴ (こしごして); bohnern⁴ (床などを蝋で); frottieren⁴; schaben⁴ (擦りむく); 《俗》 rübbeln⁴ (こすりつけ gerieben werden; ⁴sich kaum lassen*⁴/こすり消す aus|radieren⁴; aus|schaben⁴; -|schrappen⁴)/泥をこすり落とす Kot ab|kratzen (von³).

ごする 伍する dem Rang(e) nach gehören (gezählt werden) (zu³); gleichen Rang ein|nehmen* (mit³); rangieren (mit³).

こせい 個性 Individualität *f.* -en; der individuelle Charakter, -s, -e; Eigenart[igkeit] *f.* -en; Persönlichkeit *f.* -en/個性の強い人 der Mensch ⟨-en, -en⟩ von stark individuellem Gepräge; kein Dutzendmensch, -en, -en.

こせい 小勢 die kleine [An]zahl; die kleine [Streit]kraft 《軍勢の》; die kleine Familie 《小家族》 / あちらは大勢こちらは小勢 Ihrer sind viele, doch unser sind nur wenige.

ごせい 語勢 Betonung *f.* -en; Emphase *f.* -n; Gewicht *n.* -[e]s, -e; Hochton *m.* -[e]s, ⸚e; Nachdruck *m.* -[e]s; Schwung *m.* -[e]s, ⸚e/語勢を強める besonders betonen⁴; emphatisch Akzent/stellen⁴; Gewicht (Nachdruck) legen ⟨auf⁴⟩; die Stimme (den Ton) [er]heben⁴.

ごせい 悟性 Verstand *m.* -[e]s; Intelligenz *f.*

ごせい 互生 〖植〗Wechselstand *m.* -[e]s/互生の wechselständig ‖ 互生葉 die wechselständigen Blätter ⟨*pl*⟩.

こせいだい 古生代 〖地〗Paläozoikum *n.* -s; Erdaltertum *n.* -s/古生代の paläozoisch.

こせいぶつ 古生物 die ausgestorbenen Lebewesen ⟨*pl*⟩; die vorzeitlichen Tiere und Pflanzen ⟨*pl*⟩ ‖ 古生物学 Paläontologie *f.*/古生物学者 Paläontologe *m.* -n, -n.

こせき 古跡 die altehrwürdige Stätte, -n; die historisch bemerkenswerten Orte ⟨*pl*⟩; die Sehenswürdigkeiten ⟨*pl*⟩ aus alten Zeiten; Altertümer ⟨*pl*⟩; Ruine *f.* -n/古跡を探る altehrwürdige Stätten besuchen; ⁴sich an einen (nach einem) historisch bemerkenswerten Ort begeben* ‖ 古跡保存会 die Gesellschaft ⟨-en⟩ für Erhaltung altehrwürdiger Stätten.

こせき 戸籍 Personen|stand (Familien-, Zivil-) *m.* -[e]s; Personen|register (Familien-) *n.* -s, - ‖ 戸籍抄本 der Auszug ⟨-[e]s, ⸚e⟩ aus der urkundlichen Abschrift des Familienregisters/戸籍謄本 die urkundliche Abschrift ⟨-en⟩ aus dem Familienregister/戸籍簿 Stammbuch *n.* -[e]s, ⸚er ⟨im Amt⟩/戸籍吏 Standesbeamte⁴ *m.* -n, -n; Registrator *m.* -s, -en ⟨beim Standesamt⟩ ⟨戸籍係⟩/戸籍役場 Standesamt *n.*

こせこせ こせこせした kleinkrämerisch; tripp[e]lig; übertrieben; geschäftig/こせこせする Kleinigkeitskrämerei treiben*; tripp[e]lig (übertrieben pedantisch) sein; ⁴sich um ⁴Kleinigkeiten kümmern.

こせつく Kleinigkeitskrämerei treiben*; tripp[e]lig (übertrieben pedantisch) sein; ⁴sich um ⁴Kleinigkeiten kümmern.

こぜに 小銭 Kleingeld *n.* -[e]s, -er; das kleine Geld; die kleine (einzelne) Münze, -n; Scheidemünze; das einzelne kleine Geldstück, -[e]s, -e.

こぜりあい 小ぜり合い Scharmützel *n.* -s, -/Geplänkel *n.* -s, -; der unbedeutende Auftritt, -[e]s, -e ⟨Wortwechsel, -s, -⟩; Zank, -[e]s ⟨けんか⟩; Handgemenge *n.* -s, - ⟨格闘⟩; Zusammenstoß *m.* -es, ⸚e.

こせん 古銭 die alte Münze, -n ‖ 古銭学 Numismatik *f.*; Münzkunde *f.*/古銭学者 Numismatiker *m.* -s, -; der Münz|kundige⁴, -n, -n ⟨-kenner, -s, -⟩.

こせん 弧線 Bogen *m.* -s, -; Bogenlinie *f.* -n.

ごせん 互選 die gemeinsame Abstimmung, -en/互選投票は durch gemeinsame Abstimmung wählen; unter den Mitgliedern ab|stimmen ⟨*über⁴*⟩/委員長は委員の互選となった Der Vorsitzende ist aus dem Kreis der Komiteemitglieder gewählt worden.

ごぜん 午前 Vormittag *m.* -[e]s, -e; Morgen *m.* -s, -/午前に vormittags ⟨略: vorm., vm.⟩; am Vormittag (Morgen) des Morgens ⟨Morgens⟩; morgens; vormittäglich ⟨毎午前に⟩ / 午前の vormittägig; Vormittags-; Morgen-/日曜日の午前に [am] Sonntagvormittag.

ごぜん 御前 ❶ ⟨陛下の⟩ die [höchsteigene] Gegenwart Seiner Majestät des Kaisers (Königs). ❷ ⟨敬称⟩ Eure ⟨略: Ew.⟩ ⟨Seine⟩ Exzellenz; Euer ⟨略: Ew.⟩ Gnaden ⟨Hoch⟩ehrwürden; Hochgeboren; Hochwohlgeboren; Wohlgeboren; Gnädiger Herr; Mylord. ‖ 御前会議 die Rats|versammlung ⟨-en⟩ in der [höchsteigenen] Gegenwart Seiner Majestät des Kaisers ⟨Königs⟩ ⟨vor dem Thron[e]⟩.

こせんきょう 跨線橋 Überführung *f.* -en.

ごせんし 五線紙 Notenpapier *n.* -s, -e.

こせんじょう 古戦場 das alte Schlachtfeld, -[e]s, -er; der Kampfplatz (Kriegs(schau)platz) ⟨-es, ⸚e⟩ aus alter Zeit.

~こそ gerade; eben / 彼こそ信用できる Keinem ist mehr zu trauen als eben ihm./これこそ誰もが読むべき本だ Wirklich, jeder sollte das Buch lesen!/ 私こそお詫びしなければなりません Ich bin es gerade, der (die) hier um Verzeihung bitten muss.

こぞう 小僧 ❶ ⟨Laden⟩bursche *m.* -n, -n; ⟨Laden⟩junge *m.* -n, -n; ⟨Kaufmanns-⟩lehrling *m.* -s, -e; ⟨俗⟩Stift *m.* -[e]s, -e. ❷ ⟨小坊主⟩ Priesterlehrling; der angehende buddhistische Jünger; - ⟨Mönch-, -[e]s, -e⟩.

ごそう 護送 Begleitschutz *m.* -es; Bedeckung *f.* -en; [Schutz]begleitung *f.* -en; Eskorte *f.* -n; das Eskortieren⁴, -s; [Schutz]geleit *n.* -[e]s ——/護送する ⟨unter ³Bedeckung⟩ geleiten⁴; bedecken⁴; eskortieren⁴; Schutz geben⁺³; sichern⁴. ‖ 護送船 das zur ³Bedeckung begleitende Schiff, -[e]s, -e/護送車 Gefangenenwagen *m.* -s, -; Gefangenenauto *n.* -s, -s.

こぞく 姑息な behelfsmäßig; auf halbem Weg[e] stehen bleibend; folgewidrig; inkonsequent; nicht durchgreifend; nicht endgültig; provisorisch; Aushilfs-; Behelfs-; Not- ‖ 姑息手段 Aushilfs|maßnahme ⟨Behelfs-; Not-⟩ *f.* -n; Folgewidrigkeiten ⟨*pl*⟩; Inkonsequenzen ⟨*pl*⟩.

ごぞく 語族 Sprachfamilie *f.* -n; Sprach-

ごそくろう 御足労をかけてすみません Entschuldigen Sie, dass ich Sie gebeten habe, sich zu mir 〔her〕 zu bemühen.

こそこそ verstohlen; auf Schleichwegen; heimlich; hinten〔her〕um; schleichend; unbeobachtet/こそこそ出て行く ⁴sich davon|schleichen*; ⁴sich drücken; ⁴sich französisch empfehlen*; ⁴sich unbemerkt entfernen; heimlich hinaus|schlüpfen/こそこそはいって来る heimlich hinein|schleichen*; heimlich hinein|schlüpfen.

こそこそ 〔する音〕 das Rascheln* (Knistern*), -s/こそこそそう rascheln; einen knisternde Laut 〈-[e]s, -e〉 von ³sich geben*/こそこそする 〔手ざわり〕 rau (roh) sein; 〔動き回る〕 heimlich umher|gehen*ⓢ; ⁴sich still und leise umher|bewegen.

こぞって alle*; einmütig; insgesamt; ohne ⁴Ausnahme; restlos; samt und sonders; sämtlich; vollständig 〈同意見〉.

こそで 小袖 das wattierte Seidenkleid, -[e]s, -er; das gefütterte Kleid aus ³Seide/もらう物なら夏でも小袖 Ein Geschenk ist uns zu jeder Zeit willkommen.

こそどろ こそ泥 Langfinger m. -s, -; Mauser m. -s, -; der geringe (unbedeutende) Dieb, -[e]s, -e.

こそばゆい kitzelnd; Kitzel erregend.

こたい 固体 der feste Körper, -s, - /固体の fest /固体になる ⁴sich verdichten /固体化する verdichten⁴ ‖ 固体燃料 der feste Brennstoff, -[e]s, -e.

こだい 古代 alte Zeit; Altertum n. -s; Antike f. -n 〔太古〕 uralte Zeit; Urzeit f.; Uralter n. -s; Vorzeit f. /古代の antik; altertümlich; 〔太古の〕 uralt; vorsintflutlich /古代から von alters her; aus alten Zeiten/古代の遺物 Überreste 〈pl〉 des Altertums; Relikt 〈n, -[e]s, -e〉 des alten ²Zeit ‖ 古代史 Geschichte 〈f.〉 des Altertums/古代人 die Alten* 〈pl〉; Volk 〈n. -[e]s, -ër〉 des Altertums/古代文学 Literatur 〈f.〉 des Altertums/古代模様 antikes Muster, -s, -.

こだい 誇大な übertrieben; prahlerisch; großsprecherisch; aufschneiderisch; aufgetakelt; hochtrabend / 誇大な広告 Schwindelreklame f. -n; marktschreierische Anzeige, -n ‖ 誇大妄想狂 〔医〕 Größenwahn m. -[e]s, -e; Megalomanie f.; der Größenwahnsinnige*, -n, -n 〈人〉.

こたい 五体 der ganze Körper, -s, - 〔Leib, -[e]s, -er〕 vom Kopf bis zu den Füßen 〈von ³Kopf bis ³Fuß〉 /こたいしんに 〔身体〕.

こたえ 答 Antwort f. -en; Bescheid m. -[e]s, -e 〈返答〉; Entgegnung f. -en 〈解決〉; Erwiderung f. -en; Lösung f. -en 〈解決〉; Rück|äußerung f. -en 〈-antwort〉 〈回答〉.

こたえる 答える antworten 〈jm auf⁴〉; Antwort 〔Auskunft; Bescheid〕 geben* 〈jm〉; beantworten⁴; bescheiden*〔jn〕; entgegnen 〈jm auf⁴〉; erwidern 〈jm auf⁴〉; ⁴nichts schuldig bleiben* 〈ⓢ〉 〈jm〉; versetzen 〈jm auf⁴〉 /...に答えて als ¹Antwort 〈auf⁴〉; in ³Erwiderung 〈auf⁴〉.

こたえる nahe gehen* 〈jm〉; durch|schlagen*; einen tiefen Eindruck machen 〈auf jn〉; nahe berühren 〔treffen*〕 〈jn〉; tief ergreifen* 〔beeindrucken〕 〈jn〉; Wirkung 〔Effekt〕 machen 〔aus|üben〕 〈auf⁴〉/胸にこたえる ins Herz schneiden* 〈jm〉; durchs Herz (durch die Seele) gehen* ⓢ 〈jm〉; ⁴et gräbt ⁴sich ins Herz 〈jm〉./彼のことばが私にこたえた Sein Wort war mir ein Stich ins Herz.

こだかい 小高い von geringer (mäßiger) ³Höhe /小高い山 ein mäßig hoher Berg, -[e]s, -e/小高い丘 kleiner Hügel, -s, -.

こだから 子宝 Kind n. -[e]s, -er; Kindersegen m. -s, - /子宝に恵まれている viele Kinder 〈pl〉 haben; mit vielen ³Kindern gesegnet sein.

ごたごた Durcheinander n. -[s]; Konfusion f. -en; Mischmasch m. -s, -e; Unordnung f. -en; Verflechtung f. -en; Verwick[e]lung f. -en; die verwickelte Lage, -n; Verwirrung f. -en; Verworrenheit f. -en; Wirren 〈pl〉; Wirrsal n. -[e]s, -e; Wirrwarr m. -s, - ; Auseinandersetzung f. -en 〈葛藤〉; Beschwerde f. -n 〈不快〉; Unannehmlichkeit f. -en 〈同上〉; Zwist m. -es, -e 〈争い〉/ごたごたができる Unruhen (Schwierigkeiten) 〈pl〉 entstehen* 〈ⓢ〉; in getrübte Verhältnisse 〈pl〉 geraten* 〈ⓢ〉 /ごたごたしてちゃ /家の中がごたごたしている Bei ihm zu Hause geht alles drunter und drüber./In jenem Haus[e] steht alles auf dem Kopf. — ごたごたした durcheinander; in ³Konfusion (Unordnung); ungeordnet; verflochten; vermengt; verwickelt; verwirrt; verworren.

こだし 小出しにする ⁴in kleinen Mengen (Quantitäten) aus|geben*⁴; mit ³sparsam um|geben*⁴ 〈ⓢ〉 /小出しの金 das Geld 〈-[e]s, -er〉 für die laufenden Ausgaben.

こだち 木立ち Baumgruppe f. -n; Dickicht n. -[e]s, -e; Gehölz n. -es, -e; Wäldchen n. -s, -; Hain m. -[e]s, -e 〈とくに神社の〉.

こだち 小太刀 kleines Schwert, -[e]s, -er.

ごたつ 炬燵 Fußwärmer m. -s, -.

ごたつく wirr durcheinander liegen*; aus der Ordnung kommen* 〔gekommen sein〕 ⓢ; außer ³Rand und ³Band sein; in ⁴Unordnung (Verwicklung) kommen* 〔in ⁴Aufruhr kommen〕 〔geraten〕* 〈ⓢ〉 /混乱 in ³Streit 〔Zwist〕 geraten* 〔mit jn über¹〕.

こだて 小楯に取る als ⁴Deckung nehmen*⁴; ⁴sich zum Schutz hinter ⁴et stellen.

ごたぶん 御多分に漏れず as üblich (gewöhnlich); indem j. 〔⁴et〕 keine Ausnahme darstellt; wie es [in der Welt] zu pflegen; wie die anderen (alle anderen).

こだま Echo n. -s, -s; Widerhall m. -s, -e /こだまする widerhallen 〔-|schallen〕; echo-

ごたまぜ ごた混ぜ Gemenge *n.* -s, -; Buntheit *f.* -en; Gemengsel *n.* -s, -; Gemisch *n.* -es, -e; Mengung *f.* -en; Sammelsurium *n.* -s, ...rien; das Vermischte*, -n. —— ごた混ぜにする untereinander (ver)mischen⁴; durcheinander mengen⁴ (mischen⁴; schütteln⁴; werfen*⁴); alles in einen Topf (Kessel) werfen*.

こだわり Hemmung *f.* -en; Störung *f.* -en; Befangenheit *f.* -en; Komplex *m.* -es, -e/こだわりなく hemmungslos; unbefangen; ohne ⁴Hemmung; glatt; ohne Störung; ohne Hindernis.

こだわる ¶ 小事にこだわる haarspalterisch (philiströs); kleinkrämerisch; kleinlich; engherzig; spitzfindig sein; ⁴sich mit ³Kleinigkeiten ab|geben⁴.

こたん 枯淡の風情がある von schöner ³Einfachheit sein.

こち〖魚〗 kleiner Spinnfisch, -(e)s, -e.

こち …の故知にならう ³sich ein Beispiel nehmen* (*an jm*); ³sich *jn* zum Muster nehmen*; *jn* zur Richtschnur nehmen*.

こちこち こちこちの trocken und hart;〖態度〗steif; starr;〖道徳的に〗streng; puritanisch /彼はこちこちの人間だ Er ist ein Puritaner./ 美しい女の前に出ると彼はこちこちになる Er wird ganz steif vor einer schönen Frau.

ごちそう 御馳走のLeckerbissen *m.* -s, -; Delikatesse *f.* -n; Festessen *n.* -s; Fest|mahl (Gast-) *n.* -(e)s, -e (=er); das lukullische Mahl; Schmaus *m.* -es, -e; Schmauserei *f.* -en; Bewirtung *f.* -en〖もてなし〗das Traktieren*, -s〖同上〗/御馳走を振舞ーる⁴; einen Schmaus (ein Gastmahl) geben* (*jm*); Essen spendieren (*jm*); frei|halten* (*jm*); offenes Haus halten*; schmausen (*jn*); speisen (*jn mit*³); zum Schmaus laden* (*jn*).

こちゃく 固着 das Fest|kleben* (An-), -s; das Festhalten* (Anhängen*), -s/固着すーる an|kleben (*an*³); an|haften (*an*³); fest|halten* (*an*³); verwachsen* (*mit*³ 癒着すーる).

ごちゃごちゃ Mischmasch *m.* -es, -e; Durcheinander *n.* -(s); Kunterbunt *n.* -(s); Wirrwarr *m.* -s/こちゃごちゃの wirr; verwirrt; verworren; kunterbunt; zusammengeworfen; zusammenhanglos/ごちゃごちゃに alles (wirr) durcheinander geworfen; vom Hundertsten ins Tausendste; drunter und drüber; ⁴Oberstes zu unterst /ごちゃごちゃにする tüchtig mischen* ((ver-)mengen) ⟨*mit*³⟩; durchmischen⁴; durcheinander bringen**; wirr durcheinander *werfen*⁴.

こちょう 誇張 Übertreibung *f.* -en; Übertriebenheit *f.*; Aufgeblasenheit *f.*; Überladenheit *f.*; Schwulst *m.* -es; Bombast *m.* -es; Überschwenglichkeit *f.*;〖修〗Hyperbel *f.* -n (誇張法). —— 誇張する übertreiben*⁴; überladen*⁴; aufbauschen⁴;〖大げさに言う〗aus einer ³Mücke einen Elefanten machen; den Mund voll nehmen*; auf|bauschen⁴; dick auf|tragen*⁴; aus|schmücken⁴; auf|schneiden*⁴; prahlen⁴; bramarbasieren⁴; schwadronieren⁴ /誇張して übertrieben; hyperbolisch; überspannt; im Superlativ überspitzt; theatralisch; hochtrabend; mit Übertreibung; aufgetakelt; aufgeputzt; prahlerisch.

ごちょう 伍長 Korporal *m.* -s, -e; Arbeiterführer *m.* -s, - (職長).

ごちょう 語調 Ton *m.* -(e)s, =e; Akzent *m.* -(e)s, -e; Betonung *f.* -en; Nachdruck *m.* -(e)s, -e; Tonfall *m.* -(e)s; die Klangfarbe ((-n)) der Stimme/語調を和らげる milder (sanfter) sprechen*.

こちら〖場所〗hier; dieser Ort, -(e)s;〖こちら側〗diese Seite;〖この方向〗diese Richtung; dieser Weg, -(e)s; diese Gegend/こちら側に diesseits²; auf dieser ³Seite/こちらへ hier-her/どうぞこちらへ Bitte, kommen Sie hier-her! / Bitte, kommen Sie hier herein!〖室内に招くとき〗/こちらでは hier; hierzulande (hier zu Lande) /勝利はこちらのものだ Der Sieg ist unser (mein). /もしもし、こちらは安部です〖電話〗Hallo, hier spricht Herr Abe! / Hallo, Herr Abe am Apparat! /こちらへおいでの時には Falls Sie zufällig in diese Gegend kommen würden, ...

こつ 骨 Knochen *m.* -s, -; Asche *f.*; die Gebeine ⟨*pl*⟩; die sterblichen (irdischen; letzten) (Über)reste ⟨*pl*⟩/骨上げをする die Knochen zusammen|tragen*.

こつ Kniff *m.* -(e)s, -e; Finte *f.* -n; Kunstgriff *m.* -(e)s, -e; Pfiff *m.* -(e)s, -e; Trick *m.* -s, -s /こつを知っている den Rank finden*; Kniffe (Kunstgriffe) ⟨*pl*⟩ kennen*; 一度こつを覚えればなんでもない Nun du den Kniff heraushast, macht es dir keine Schwierigkeit. ⇒きょうつ(呼吸)2.

こっか 国家 Staat *m.* -(e)s, -en; Reich *n.* -(e)s, -e; Nation *f.* -en〖国民〗Volk *n.* -(e)s, =er〖民族〗/国家の, 国家的 staatlich; Staats-; national;〖公の〗Regierungs-; amtlich; behördlich; offiziell /国家の柱石 eine Säule (eine Stütze) des Staates ‖ 国家学 Staatslehre *f.* (-wissenschaft *f.* -en)/ 国家観 Staatsgedanke *m.* -ns, -n; Meinung ⟨*f.* -en⟩ über den Staat 〖軽い意味で〗/国家管理 Staatsaufsicht *f.* -en/国家機関 Staatsorgan *n.* -(e)s, -e; Staatsmaschinerie *f.* -n〖からくりという軽蔑を含むことが多い〗/国家機密 Staatsgeheimnis *n.* -nisses, ..nisse /国家経済 Staatswirtschaft *f.* -en/ 国家警察 Staatspolizei *f.* -en/国家元首 Staatsoberhaupt *n.* -(e)s, =er /国家権力 Staatsgewalt *f.* -en/国家公安委員会 Ausschuss ⟨*m.* -es⟩ für öffentliche Ordnung und Sicherheit /国家公務員 der Staatsbeamte*, -n, -n/国家財政 Staatsfinanzen ⟨*pl*⟩; Staatshaushalt *m.* -(e)s, -e〖国家の台所・やりくり〗/国家試験 Staatsexamen *n.* -s, -/国家主義 Nationalismus *m.* -/国家主権 die staatliche Souveränität /独立国家の unabhängige Staat /封建国家 Feudalstaat *m.* -(e)s, -en/民主主義(全体主義)国家 der

こっか 国歌 Nationalhymne *f.* -n.
こっか 国花 Nationalblume *f.* -n.
こっか 刻下の急務 eine Angelegenheit (-en) (ein Fall *m.* -"e) von großer Dringlichkeit/刻下の問題 die brennende (Zeit)frage, -n/それは刻下の急務というわけではない Diese Sache brennt nicht.
こづか 小柄 das zu der Schwertscheide gehörige Messer, -.
こっかい 黒海 Schwarzes Meer, -(e)s.
こっかい 国会 Parlament *n.* -(e)s, -e; Kongress *m.* -es, -e《アメリカ》; Bundestag *m.* -(e)s, -e《ドイツ》; Volksvertretung *f.* 《一般に》‖ 国会議員 Parlamentsmitglied *n.* -(e)s, -er; Parlamentarier *m.* -s, -/der Abgeordnete*, -n, -n; Kongressmitglied *n.* -(e)s, -er/国会議事堂 Parlaments|gebäude *n.* -s, - (-haus *n.* -es, "er)/国会図書館 Parlamentsbibliothek *f.* -en. ⇒きかい、だいぎし.
こづかい 小遣(銭) Taschengeld *n.* -(e)s, -er; Nadelgeld *f.*《妻のへそくり》/小遣い取りの仕事 Neben|arbeit (-beschäftigung) *f.* -en ‖ 小遣い帳 Kassen|buch (Ausgabe(n)-) *n.* "-er.
こっかく 骨格 Körperbau *m.* -(e)s; Gerippe *n.* -s, -; Skelett *n.* -(e)s, -e/骨格のたくましい stämmig; handfest; von starkem Körperbau.
こつがめ 骨甕 [Grab]urne *f.* -n.
こっかん 酷寒 die grimmige Kälte; der strenge (harte) Winter. ⇒-.
ごっかん 極寒 Bärenkälte *f.*; die grimmige (beißende; eisige; furchtbare; fürchterliche; schneidende; strenge; wahnsinnige) Kälte; die kälteste Jahreszeit《極寒の候》.
こっき 国旗 Nationalflagge *f.* -n ❖ 国名をつける時は Nationalflagge Japans, die Japanische Nationalflagge のように国名の二格を後置、または国名の形容詞を大書して前置する; [国旗の異名] Flagge der aufgehenden Sonne《日章旗》; Union Jack *m.* -s, -s《ユニオンジャック》; Sternenbanner *n.* -s《星条旗》; Trikolore *f.* -n《仏, 三色旗》; die Fahne Schwarzrotgold《独》/国旗を掲げる die Nationalflagge auf|ziehen*(aus|hängen) (*)《窓や門に》; hissen《揚揚》/船は英国国旗を掲げている Das Schiff führt die Britische Flagge.
こっき 克己 Selbst|beherrschung *f.* (-verleugnung *f.*; -überwindung *f.*, -zucht *f.*)/克己心を養う Selbstbeherrschung üben/克己する者は勝つ ,Wer sich selbst überwindet, der gewinnt.'
こっきょう 国境 (Landes)grenze *f.* -n; Demarkationslinie *f.* -n《仮国境線》/国境なき医師団 Ärzte ohne Grenzen/国境を画する (定める) eine Landesgrenze ziehen* (fest|setzen). ‖ 国境警備隊 Grenzwache *f.* -n, -; Grenzwächter *m.* -s《警備兵》/国境侵犯 Grenzverletzung *f.* -en/国境線 Grenzlinie *f.* -n/国境地帯 Grenzgebiet *n.* -(e)s, -e/国境紛争 Grenzstreitigkeit *f.* -en; Grenzwi-

schenfall *m.* -(e)s, "e《事件》.
こっきょう 国教 Staats|religion *f.* -en (-kirche *f.* -en) ‖ 英国国教 die Englische Kirche.
こっきん 国禁 Verbot *n.* -(e)s, -e) auf Grund (aufgrund) des gesetzlichen Gesetzes; Untersagung (*f.* -en) durch einen Machtspruch/国禁を犯す einem gesetzlichen Verbot zuwider|handeln/それは国禁に触れる Das ist staatsgefährlich; /その本は国禁になった Die Regierung untersagt (verbot) den Verkauf dieses Buches.
こっく 刻苦 die harte (mühevolle; mühselige; anstrengende) Arbeit, -en; der unermüdliche (eiserne) Fleiß, -es/刻苦(勉励)する *sich* sehr (äußerst; besonders) an|strengen; großen Fleiß verwenden(*)《*bei*³; *auf*¹》; seinen ganzen Fleiß auf|bieten*.
コック ❶《料理人》Koch *m.* -(e)s, "e; Köchin *f.* ..chinnen《女》. ❷《栓》Hahn *m.* -(e)s, "e《《工》-en》; Schließhahn《止めコック》; Zapfhahn《樽などの》. ‖ コック長 Küchenmeister *m.* -s, - (-chef *m.* -s, -s)/見習コック Küchenjunge *m.* -n, -n.
こづく 小突く herum|stoßen*(-|rütteln; -|schütteln); unsanft traktieren《以上どれも》.
コックス《ボートの》Steuermann *m.* -(e)s, "er (..leute).
コックピット Cockpit *n.* -s, -s.
こづくり 小作りの von kleinem Wuchs (Körperbau); von kleiner Gestalt; klein von ³Wuchs (Körperbau; Gestalt).
こっくりこっくり こっくりこっくりする ein|nicken《居眠り》.
こっけい 滑稽 Komik *f.*; Humor *m.* -(e)s; Scherz *m.* -es, -e; Spaß *m.* -es, "e; Witz *m.* -es, -e [おどけ・ふざけ] Drolligkeit *f.* -en; Jux *m.* -es, -e; Faxe *f.* -n《ふつう *pl*》; Fez *m.* -es; Ulk *m.* -(e)s, -e. -滑稽な komisch; humoristisch; scherz|haft (spaß-); spaßig; witzig; drollig; possierlich; putzig; schnurrig; ulkig; lächerlich/あの人には何か滑稽な所がある Sein Auftreten entbehrt nicht einer gewissen Komik./滑稽な奴だよ、あいつは 'Ne putzige (drollige) Kruke ist er!
こっけん 国権 Staatsgewalt *f.*/国権は大統領の手にある Die Staatsgewalt liegt in den Händen des Präsidenten.
こっけん 国憲 Gesetze (*pl*) [eines Staates]; die Verfassung (-en) [das Grundgesetz, -es, -e] [eines Staates]/国憲を重んじる *sich* an die Gesetze des Landes (an die Verfassung) halten(*)/国憲を守る die Gesetze befolgen.
こっこ 国庫 Staats|schatz *m.* -es, "e (-kasse *f.* -n, -n); [役所] Schatzkammer *f.* -n; Finanz|amt *n.* -(e)s, "er (-ministerium *n.* -s, ..rien)/国庫の負担で auf Kosten des Staates/国庫の補助がある Es wird staatlich subventioniert ‖ 国庫 金 Staatsgelder (*pl*)/国庫債券 Schatzanweisung *f.*《長期》; Schatz|schein *m.* -(e)s, -e (-wechsel

こっこう 《短期》/国庫支弁 das Kostenbestreiten* 〈-s〉 durch den Staat/国庫収入 Staatseinkünfte 《pl》/国庫補助 Subvention 《f. -en》 des Staates; die geldliche Beihilfe (Unterstützung) des Staates.

こっこう 国交 die diplomatische Beziehung, -en/国交を結ぶ in diplomatische Beziehung treten* 〈s〉 《zu³; mit³》; eine diplomatische Beziehung an|knüpfen 《mit³》/国交を断絶する die diplomatische(n) Beziehung(en) ab|brechen* 《zu³》.

こっこく 刻々 Sekunde (Minute) um (für) Sekunde (Minute); für und für; fort und fort/時々刻々 Stunde für (um) Stunde; stets und ständig/時々刻々死期が近づきつつある Seine Stunden sind gezählt.

こつこつ ❶ unverdrossen; arbeitsam; beharrlich; emsig; rastlos; unermüdlich / こつこつ歩く unverdrossen vorwärts schreiten* 〈s〉; rastlos dahin|gehen* 〈s〉/こつこつ勉強する ununterbrochen arbeiten; ohne ⁴Unterbrechung lernen; "sich emsig dem Studium widmen; 《俗》büffeln; 《俗》ochsen; 《俗》pauken. ❷ [音] こつこつたたく klopfen (an³); pochen (an³); schlagen** (an³)/こつこつたたく音 das Klopfen* (Pochen*), -s; der leichte Schlag, -[e]s, ≔e; das Top-Top, -s.

ごつごつ ごつごつあたる ärgerlich (mürrisch; schlechter ²Laune; übel gelaunt; verdrießlich; verstimmt) sein/ごつごつしている derb (brutal; holprig; klotzig; plump; rau; schroff; steif; uneben; ungehobelt; ungeschliffen; ungeschlacht) sein.

こつし 骨子 das Wesentlich[st]e*, -n; Angel|punkt (Kardinal) m. -[e]s, -e; (des Pudels) Kern m. -[e]s, -e; Quintessenz f. -en.

こつずい 骨髄 [Knochen]mark n. -[e]s/骨髄にこたえる durch ⁴Mark und ⁴Bein (durchs Herz) gehen* 〈s〉 《jm》; ins Herz schneiden* 《jm》; das Innerste treffen* 《jm》 ‖ 骨髄移植 Knochenmarktransplantation f. -en/骨髄提供者 Knochenmarkspender m. -s, -.

こつせつ 骨折 Knochenbruch m. -[e]s/Fraktur f. -en ‖ 複雑(単純)骨折 die komplizierte (einfache) Fraktur.

こつぜん 忽然[として] [ur]plötzlich; auf einmal; mit einem Mal; jäh; unvermittelt; ehe man sich's versieht.

こっそう 骨相 Physiognomie f.; Gesichts|ausdruck m. -[e]s, ≔e (-bildung f. -en, -züge 《pl》) ‖ 骨相学 Phrenologie f.; Kraniologie f. 《頭蓋(がい)学》/骨相学者 Phrenologe m. -n, -n.

こっそり heimlich; verborgen; verstohlen / こっそり歩む leise (auf leisen Sohlen) gehen* 〈s〉; schleichen* 〈s〉 ⇨こそこそ.

ごっそり ごっそり盗まれる jm nimmt alles, aber auch alles gestohlen; bis auf den letzten Pfennig beraubt werden.

こったがえす ごった返す wie Kraut und Rüben liegen*; auf dem Kopf stehen*; drunter und drüber gehen* 〈s〉; in Unordnung (Verwirrung) sein; Es herrscht ein heilloses Durcheinander.

ごったに ごった煮 Mischgericht n. -[e]s, -e; Eintopf m. -[e]s, ≔e; Ragout n. -s, -s.

こづち 小槌 das hölzerne Hämmerchen, -s, -/打出の小槌 das Wunder wirkende Hämmerchen; Füllhorn n. -[e]s, ≔er.

こっちょう 骨頂 Höhepunkt m. -[e]s, -e; Gipfel m. -s, -/愚の骨頂 der reine (blanke; blühende; glatte; große; pure; vollkommene) Unsinn, -[e]s (Nonsens, -[es]).

こづつみ 小包 (Post)paket n. -[e]s, -e/小包を送る ein Packet schicken ‖ 小包郵便 Paketpost f./小包郵便物 Paketsendung f. -en/小包郵便料 Paketporto n. -s, -s (..ti).

こってり[と] dick; fett; reich; schwer; stark; voll.

こっとう 骨董[品] Kuriosität f. -en; alte Kunstgegenstände 《pl》; Antiquität f. -en; Kostbarkeit f. -en; Kuriosum n. -s, ..sa; Nippsache f. -n; Rarität f. -en; Seltenheit f. -en/骨董家 [Kunst]kenner m. -s, -/骨董商 1) [店] Kuriositätenhandlung f. -en; Antiquitäten|laden (Raritäten-) m. -s, ≔. 2) [人] Kuriositätenhändler (Antiquitäten-; Raritäten-) m. -s, -/骨董的 antiquarisch; altertümlich; antik; veraltet.

こつにく 骨肉 eigenes Fleisch und Blut; der Blutsverwandte*, -n; Blutsfreund m. -[e]s, -e/骨肉の争い Blutfehde f. -n.

こっぱ 木端 Holz|splitter m. -s, - (-scheit n. -[e]s, -e; -span m. -[e]s, ≔e)/木端みじんに砕ける in tausend ⁴Stücke zerspringen* (zerbrechen*; zerschellen) 〈s〉⇨こなみじん ‖ 木端役人 ein Beamter* 《..ten, ..te》 von verschwindend kleiner Bedeutung.

こつばん 骨盤 Becken n. -s, -/骨盤の Becken-.

こつぶ 小粒 Körnchen n. -s, -; das kleine Korn, -[e]s, ≔er/小粒の kleinkörnig; aus kleinen Körnern bestehend. ¶ 小粒でもぴりっとしている klein von ³Format, aber scharf von Natur.

コップ Glas n. -es, ≔er; Trinkglas n. -es, ≔er; Becher m. -s, -/コップ一杯の水 ein Glas Wasser. ‖ 紙コップ Pappbecher m. -s, -.

こっぷん 骨粉 Knochenmehl n. -[e]s; die gemahlenen Knochen 《pl》 ‖ 骨粉肥料 Knochenmehldünger m. -s, -.

コッペ[パン] eine Art Weißbrot n. -[e]s, -e.

こつまく 骨膜 Periost n. -s, -e; Knochenhaut f. ≔e/骨膜炎 Periostitis f. ..tiden; Knochenhautentzündung f. -en/骨膜に達する傷 eine bis ans Periost (bis an die Knochenhaut) reichende Wunde, -n.

こづらにくい 小面憎い verhasst; naseweis 《生意気な》; vorwitzig 《同上》.

こつん こつんと mit einem Klaps (Bumps)/頭をこつんとたたく leicht auf den Kopf schlagen* 《jm》.

こて 篭手 [Fecht]handschuh (Paukhandschuh) m. -[e]s, -e.

こて 小手 Vorder|arm (Unter-) m. -[e]s,

-e.

こて 鏝 Bügeleisen *n.* -s, -; Brenn¦schere (Locken-) *f.* -n《頭髪用》; Lötkolben *m.* -s, -《鋳掛け用》; Maurerkelle (Fugenkelle) *f.* -n《左官用》/鏝をあてる bügeln; plätten; mit der Brennschere〔Haare〕kräuseln; mit der Kelle〔Mörtel〕auf|tragen*《左官が》.

ごて 後手 [将棋など] Nachzug *m.* -[e]s, ⸚e/万事後手に回る〔in allem〕hinter *jm* zurück|bleiben* [s]; in ⁴Nachteil kommen* [s].

こてい 固定した fest〔gesetzt〕; feststehend; fix; stationär; stehend. ── 固定する fest|halten*⁴ (-|legen⁴; -|setzen⁴); befestigen⁴; fixieren⁴ ‖ 固定観念 die fixe Idee, -n/固定給 Fixum *n.* -s, ..xa; das feste Gehalt, -[e]s, ⸚er; der feste Lohn, -[e]s, ⸚e/固定資産 Immobilien《*pl*》; die unbewegliche Habe; Liegenschaften《*pl*》/固定資産税 die Steuer《-n》auf ⁴Immobilien; Immobiliensteuer/固定資本 das fixe (stehende) Kapital, -s, -e (..lien).

こてきたい 鼓笛隊 ein Zug《*m.* -[e]s, ⸚e》von Trommlern und Pfeifern; Spielmannszug.

こてこて allzu reichlich; im Überfluss; sattsam; übermäßig; vollauf/白粉をこてこて塗りたてる Puder dick (stark) auf|tragen*.

こてしらべ 小手調べ der vorbereitende Schritt, -[e]s, -e; der einleitende Versuch, -[e]s, -e.

こてん 古典 die klassische Dichtung, -en; Klassik *f.*; das Klassische*, -n/古典的 klassisch ‖ 古典学者 der klassische Philologe, -n, -n/古典主義 Klassik; Klassizismus *m.* -.

こてん 個展 die private Ausstellung, -en; Privatausstellung *f.* -en; die Ausstellung der Werke eines einzelnen Künstlers.

ごてん 御殿 Palast *m.* -[e]s, ⸚e; Herrensitz *m.* -es, -e; Palais *n.* -, -; Prachtgebäude *n.* -s, -; Schloss *n.* -es, ⸚er.

こと 琴 Koto *f.*; die japanische Zither, -n/琴をひく auf ³der (⁴die) Koto spielen ‖ 琴柱(ことじ) Steg *m.* -[e]s, -e.

こと 古都 die alte Stadt, ⸚e; die ehemalige (frühere) Hauptstadt (Residenz, -en).

こと 事 ❶ Ding *n.* -[e]s, -e; Sache *f.* -n; Affäre *f.* -n; Angelegenheit *f.* -en; etwas; Gegenstand *m.* -[e]s, ⸚e; Tatsache *f.* -n《事実》. ❷ [事情] Umstand *m.* -[e]s, ⸚e. ❸ [事件] Ereignis *n.* ..nisses, ..nisse; Begebenheit *f.* -en; Vorfall *m.* -[e]s, ⸚e《突発的》; Vorkommnis *n.* ..nisses, ..nisse/事なく ohne ⁴Zwischenfälle (⁴Hindernisse)《*pl*》; glatt; glücklich; reibungslos; störungsfrei; unbehindert / 一朝事あれば wenn es einmal Ernst wird; im Ernstfall/事あれかしと待つ gespannt warten, dass ¹*et* geschehen möge/事を好む ²Streitigkeiten《*pl*》froh sein; ⁴sich gern mit ³Händeln《*pl*》befassen/事を起こす Unruhe stiften; ¹Friedensstörer sein. ❹ [事務・業] Geschäft *n.* -[e]s, -e; Beschäftigung *f.* -en; Betätigung *f.* -en; Tätigkeit *f.* -en; Verrichtung *f.* -en/…を事とする Hauptbeschäftigung aus ³*et* machen; ⁴sich hauptsächlich beschäftigen《*mit*³》; ³sich ⁴es zur hauptsächlichen Aufgabe machen《zu 不定詞句》; ⁴nichts tun* als .... ❺ [経験] Erfahrung *f.* -en/読んだことがある Ich habe es (davon) schon einmal gelesen. ¶ 事を分けて話す durch ⁴Beweisgründe zu überzeugen suchen《*jn*》; durch logische Ausführungen Glauben finden wollen*《bei *jm*》/事によると möglicherweise; eventuell; unter Umständen; vielleicht; wohl; womöglich; Wer weiß!/事によると…だ Es ist möglich, dass ....¦ Vielleicht kann es vorkommen, dass ..../事によると今日は来ないかもしれない Es kann sein, dass er heute nicht kommt./事ともしない ³sich nichts machen《*aus*³》; auf die leichte Schulter nehmen*⁴; in den Wind schlagen*⁴; pfeifen*《*auf*⁴》/事足りる genügen³; aus|reichen (hin|-)《*zu*³》; langen; reichen; tun*; den Bedarf decken können*; der ³Absicht entsprechen können*/…に事寄せて unter dem Vorwand (der Maske), dass ...; unter der falschen Berufung《*auf*⁴》/病に事寄せて ⁴Krankheit vorschützend/事の始まりはこうだった Es hat damit angefangen, dass ....¦ Der Beginn der Sache war, dass ..../事欠く es fehlt *jm* (gebricht, mangelt)《*an*³》; entbehren⁴⁽²⁾; Mangel haben《*an*³》/…との事である Es heißt, dass ....¦ Man sagt, dass ....

こと 糊塗 ¶ 一時を糊塗する zeitweilig (provisorisch; vorläufig) beschönigen⁴ (bemänteln⁴; vertuschen⁴).

こど 弧度〘数〙Bogenmaß《*n.* -es, -e》eines Winkels; Kreisbogen《*m.* -s, -》eines Winkels.

-ごと -毎〔zusammen〕mit³; ein¦begriffen (in-)《*bei*³; *in*³》; einbezogen; gemeinsam mit³; mitsamt³; nebst³/まるごと samt und sonders; alle zusammen/魚を骨ごと食う einen Fisch samt den Gräten essen*; einen Fisch auf|essen*/この花は鉢ごと幾らですか Was kostet die Blume samt dem Topf (der Vase)?

ことあたらしく 事新しく ⇨**あたらしい**(新しい).

ことう 孤島 die einsame (gottverlassene; verlorene) Insel, -n/絶海の孤島 das einsame (gottverlassene; verlorene) Eiland《-[e]s, -e》inmitten des〔endlosen〕Ozeans.

こどう 鼓動 Herzschlag *m.* -[e]s, ⸚e; Herzklopfen *n.* -s, -; Pulsschlag《脈搏》/心臓の鼓動が激しい Das Herz klopft mir heftig./鼓動がとまる auf|hören zu schlagen (klopfen); nicht mehr pulsieren (klopfen; schlagen*)/鼓動する pulsieren; klopfen; schlagen*.

こどうぐ 小道具〘劇〙die Requisiten《*pl*》‖ 小道具方 Requisiteur *m.* -s, -e.

ことがら 事柄 Angelegenheit *f.* -en; Affäre *f.* -n; Geschichte *f.* -n; Sache *f.* -n.

-ごとき -如き gleich³, als;〔eben〕so; solch

ことき[れる] 事切れる verscheiden ⓢ; den letzten Hauch von ³sich geben*.

こどく 孤独 Einsamkeit *f.*; das Alleinsein*, -s; Vereinsamung *f.*; Verlassenheit *f.*; Abgeschiedenheit *f.*; Absonderung *f.*; Isolierung *f.*; Abgeschlossenheit *f.*; Zurückgezogenheit *f.*; Ungeselligkeit *f.*; Menschenscheu *f.* ── 孤独の einsam; verlassen; vereinsamt; vereinzelt; [人ぎらいの] menschenscheu; ungesellig; abgeschlossen; zurückgezogen / 孤独の人 einsamer (verlassener) Mensch, -en, -en / 孤独の生活をする ein einsames (verlassenes) Leben ((-s)) führen; verlassen ((eingezogen; zurückgezogen)) leben / 孤独を愛する die Einsamkeit lieben; gern für ³sich (allein) leben.

ごとく 五徳 Dreifuß *m.* -es, =e.

ことごとく 悉く samt und sonders; alles*; ausnahmslos; ohne ⁴Ausnahme; ausschließlich; durchaus; durch und durch; durchweg; ganz (und gar); gänzlich; rein(e)weg; total; völlig; vollkommen; vollständig mit ³Mann und ³Maus 《全員》/ 委員は悉く議案に反対していた Die Ausschussmitglieder waren bis auf den letzten Mann gegen den Antrag.

ことごとしい 事々しい ❶ [仰々しい] übertreibend; bombastisch; exaltiert; hochtönend ((-trabend)); ostensibel; ostensiv; ostentativ; prahlerisch; prangend; schwülstig; überspannt; zur Schau getragen / 事々しくする übertreiben*⁴; überspitzen⁴; ostentieren⁴; prangen ((*mit*³)); prunken ((*mit*³)); zur Schau stellen⁴ ((tragen*⁴)). ❷ [うるさい] lärmend; geräuschvoll / 事々しく騒ぎ立てる einen Lärm schlagen*.

ことごとに 事毎に in allem ((und jedem)); bei jeder Gelegenheit; jedes Mal; immer wieder.

ことこまか 事細か ausführlich erwähnen⁴; erörtern⁴.

ことさら 殊更に ❶ ⇨ことさらに. ❷ [故意に] absichtlich; bewusst; geflissentlich; gewollt; mit ³Absicht (((Vor)bedacht; Fleiß; Vorsatz; Willen)); vorsätzlich; willentlich; wissentlich.

ことし 今年 dieses (das laufende) Jahr, -(e)s / 今年は dieses Jahr ((略:d. J.)) / 今年中は *während (im Laufe)* dieses Jahr(e)s / 今年一杯に binnen diesem Jahr; innerhalb dieses Jahr(e)s; bis ⁴Ende dieses Jahr(e)s / 今年の夏 den kommenden Sommer ((未来)); den vergangenen Sommer ((過去)).

-ごとし 一如し als ob 《動詞はふつう接続法を用いる》; ähneln³; ähnlich sein ((*dat.*)); erinnern ((*jn an*⁴)); [er]scheinen*³ ⓢ; gemahnen ((*jn an*⁴)); gerade wie; gleichen*³ ... wie; wie / 彼の如きは ein Mensch ((Mann; Kerl)) wie er ((seines Schlags)); Menschen ((Männer; Kerle)) *(pl)*, wie er einer ist / ...の如く [gleich] als ob ((wenn)); wie wenn / 次の如く folgender|maßen ((-weise)); [al]so; wie folgt.

ことづかる 言付かる verwandt sein ((*mit*)).

ことづて 言伝 Botschaft *f.* -en; die mündliche Mitteilung (Nachricht), -en / 言づけを送る eine Botschaft senden*³ ((*jm*)); benachrichtigen ((*jn*)); eine mündliche Mitteilung (Nachricht) geben* ((*jm*)); *jm* sagen ((wissen)) lassen* ((*jn*)).

ことなかれしゅぎ 事なかれ主義 Pazifi[zi]smus *m.* -; Friedenspredigertum *n.* -s.

ことなった 異なった unterschieden; abweichend; anders; different; nicht gleich; nicht [überein]stimmend; unähnlich; verschieden.

ことなる 異なる ⁴sich unterscheiden* ((*von*³)); ab|weichen* ((*von*³)); anders sein ((als)); differieren ((*von*³)); nicht gleich sein; nicht [überein]|stimmen ((*mit*³)); verschieden sein ((*von*³)).

ことに 殊に ❶ [特に] besonders; hauptsächlich; in erster Linie; insbesondere; in Sonderheit; speziell; unter anderem ((物)); unter anderen ((人)); vor allem ((物)); vor allen ((人)); vorwiegend; vorzugsweise. ❷ [その上] außerdem; (auch) noch dazu; darüber hinaus; obendrein; überdies; zudem; was mehr ist; was besser (schlimmer) ist ((よいわるいことには)).

-ごとに -毎に jeder*; alle; allemal wenn; einerlei wann; jedes Mal ((immer)) wenn; so oft ((sooft)) wie ((als)) / 会う人毎に ein jeder*, der einem begegnet; wen man auch treffen mag / 二日毎に alle zwei ⁴Tage; einen Tag um den anderen; jeden zweiten Tag / 五年毎に alle fünf ⁴Jahre; jedes fünfte ⁴Jahr / 私どもへ来る毎に jedesmal wenn er zu mir (ins Haus) kommt.

ことにする 異にする ⁴sich unterscheiden* ((*von*³)) ⇨ことなる. / einen Unterschied machen ((*zwischen*³)); diskriminieren⁴; unterschiedlich behandeln⁴.

ことのほか 殊の外 außerordentlich; außergewöhnlich; in höchstem Grad[e] (Maß(e)); über alle Maßen (Erwartungen); ungemein; ungewöhnlich.

ことば 言葉 ❶ [言語] Sprache *f.* -n. ❷ [国語] Muttersprache (Landes-) *f.* -. ❸ [語] Zunge *f.* -n. ❸ [語] Wort *n.* -(e)s, -e ((=er)) ◆ *pl* -e は語句の意で二語以上に関連して思想を示し、=er は個々の単語の意; [Fach]ausdruck *m.* -(e)s, =e. / 言葉数の多い wortreich; geschwätzig; gesprächig; plauderhaft ((schwatz-)) / 言葉数の少ない wortkarg; bündig; einsilbig; knapp; schweigsam; ungesprächig / 言葉汚く mit derben ((groben, krassen; rauen)) Worten / 言葉に尽くされない unaussprechlich; unbeschreiblich; unsagbar; unsäglich ⇨ひっし(筆紙) / お礼は言葉に尽くせない Ich finde wirklich keine Worte, wie ich mich für Ihre Freundlichkeit erkenntlich zeigen soll. / 言葉をかける an|reden ((*jn*)); an|sprechen* ((*jn*)); Worte richten ((an *jn*)) / 言葉を交わす sprechen* ((mit *jm*)); ⁴Worte wechseln ((mit *jm*)) / 言葉を飾る euphemistisch (beschönigend; glimpflich; verhüllend) spre-

chen*; durch die Blume sprechen*/言葉
を濁す *sich uneindeutig (unbestimmt; undeutlich; verschwommen) ausdrücken;
eine zweideutige (unbestimmte; undeutliche; verschwommene) Antwort
geben*; (*jm*) Ausflüchte (*pl*) gebrauchen;
doppelzüngig reden/言葉を添える **1)** hin-
zufügen; ergänzend sagen. **2)** befür-
worten (*jn*); empfehlen (*jn*)/いい言葉を
言う gutes Wort sagen (für *jn*)/言葉尻をつかまえる 言葉
(Äußerung) aufgreifen*; beim
Wort nehmen*. ❹ [方言] Dialekt *m*.
-［e］s, -e; Mundart *f*. -, -en; Provinzialismus
m. -, -. ❺ [言い方・言葉使い] Ausdruck *m*.
-［e］s, -e; Ausdrucksart (Sprech-) *f*. -, -en
(-weise *f*. -, -n); Diktion *f*. -, -en; Fassung *f*.
-, -en; Wort *n*. -［e］s, -e; Wortwahl *f*. -.

ことぶき 寿 ❶ [祝] Glück[wunsch] (Se-
gens-) *m*. -［e］s, =e; Beglückwünschung *f*.
-, -en; beste Wünsche (*pl*) Gratulation *f*.
-, -en. ❷ [長命] Langlebigkeit *f*.; das lange
Leben, -s.

ことほぐ 寿ぐ Glück (und Segen) wünschen (*jm zu*³); beglückwünschen (*jm
zu*³) (*wegen*²(³¹)); seine besten [Glück-]
wünsche ab|statten (aus|drücken; dar|
bieten*; dar|bringen*) (*jm zu*³); gratulie-
ren (*jm zu*³); [祝盃を上げる] auf *js* ⁴Ge-
sundheit trinken*; ein Hoch (einen
Toast) aus|bringen* (zu|-; auf *jn*); toas-
ten (auf *jn*); zu|trinken* (*jm*).

こども 子供 Kind *n*. -［e］s, -er; sein eige-
n[es] Fleisch und Blut (血肉の子); Abkömmling *m*. -s, -e; Spross *m*. -es, -e;
Sprössling *m*. -s, -e; Nachkomme *m*. -n,
-n; Leibesfrucht *f*. ¨e; Ehesegen *m*. -s, -;
Kindersegen *m*. -s, -; [後継者] Erbe *m*. -n,
-n; Stammhalter *m*. -s, -; Nachwuchs *m*.
-es -kommenschaft *f*. -, -en; [幼児] Säugling *m*. -s, -e; Baby *n*. -s, -s; der Neugeborene*. -n, -n; Wickelkind *n*. -［e］s,
-er; Wurm *m*. -［e］s, ¨er; Klein|kind
(Schoß-) *n*. -［e］s, -er; Knirps *m*. -es, -e
(ちび); [男の子] Junge *m*. -n, -n; Bub *m*.
-en, -en; Knabe *m*. -n, -n; [息子] Balg *m*.
-［e］s, ¨e (息子); Balg *m*. -es, -e; [女の子] Mädchen *n*. -s, -; Tochter *f*. ¨ (娘); Ding *n*.
-［e］s, -e (-er); junges Ding; Gans *f*. ¨e;
Gänschen *n*. -s, -; Küken *n*. -s, -; Kücken
n. -s, -; Gör *n*. -s, -s/子供の時間 〔ラジ
オ・テレビの〕 Kinderstunde *f*. -, -n/子供のしつ
け Erziehung (*f*.) des Kindes/子供の世界
Kinderwelt *f*. -, -en/子供の読物 Kinder-
buch *n*. -［e］s, ¨er (-lektüre *f*. -, -n) -schrif-
ten (*pl*.)/子供の日 Kindertag *m*. -［e］s, -e.
── 子供らしい kindlich; kindisch (悪い意味
で子供っぽい，子供じみた)/子供のない kinder-
los/子供のできない unfruchtbar; zeu-
gungsunfähig/子供好きの Kinder liebend
/子供の時から von ³Kindheit (Jugend) an
(auf)/子供の時に in der ³Kindheit (Jugend)/子供扱いにする *jn* wie ein ⁴Kind behandeln*/子供扱いにされる ingeschätzig behandeln/子
供じゃあるまいし，ばかにするな Behandle mich
nicht, als ob ich ein Kind wäre! Gehe

nicht mit mir um, als ob ich ein Kind
wäre!/そんなことは子供でも知っている Das
weiß jedes Kind./子供は風の子 Kinder
sind gegen Wind unempfindlich./子供心 Kinder-
sinn *m*. -［e］s (-herz *n*. -ens, -en)/子供殺し
Kindermord *m*. -［e］s, -e/子供時代 Kindheit *f*.; Kinderzeit *f*. -, -en/子供部屋 Kin-
derstube *f*. -, -n.

こどもだまし 子供騙し ▮ 子供騙しのようなこと
をするな Treibe keine Kinderei!/誰がそんな子
供騙しにのるものか Wie er nur denken kann,
dass ich auf so einen kindischen Trick
hereinfalle!

ことよせて 事寄せて im Anschluss an ⁴*et*.

ことり 小鳥 Vögelchen *n*. -s, -; Vöglein *n*.
-s, -; der kleine Vogel, -s, ¨; Singvogel
(鳴鳥).

ことわざ 諺 Sprichwort *n*. -［e］s, ¨er;
[Sinn]spruch (Kernspruch; Wahrspruch)
m. -［e］s, ¨e; Maxime *f*. -, -n.

ことわり 理 Vernunft *f*.; Recht *n*. -［e］s/理
である vernünftig sein; Recht haben; *sich
von selbst verstehen* 《日明の理》.

ことわり 断り ❶ [言いわけ] Entschuldigung
f. -, -en; Ausflucht *f*. ¨e; Ausrede *f*. -, -n;
Verteidigungsrede *f*. -, -n. ❷ [拒絶] [Ver-]
weigerung *f*. -, -en; Ablehnung *f*. -, -en; Absage *f*. -, -n; die abschlägige Antwort, -en;
Nein *n*. -s, -s; Nichtannahme *f*. -, -n. ❸
[通知・警告] Warnung *f*. -, -en; Kündigung
f. -, -en 《予告》; Erlaubnis *f*. ..nisse 《許可など》;
Genehmigung *f*. -, -en 《同上》/断りもなく
ohne ⁴Erlaubnis (Genehmigung); ohne
dass *j* ⁴*et* vorher weiß. ▮ 断り状 Entschul-
digungs[brief *m*. -［e］s, -e] -schreiben *n*.
-s, -; 《言いわけ》 die schriftliche Weigerung (Ablehnung; Absage) 《拒絶》; der
Brief des Bedauerns (der Abbitte) 《謝絶》.

ことわる 断る ❶ [拒絶] [ver]weigern*
(*jm*); ab|lehnen* (*jm*); ab|sagen* (*jm*);
ab|schlagen*⁴ (*jm*); aus|schlagen*⁴
(*jm*); nein sagen (*zu*³); nicht an|neh-
men*⁴ (erlauben⁴ (*jm*); gestatten⁴ (*jm*))
/きっぱり断る glatt (direkt; kurzerhand;
ohne weiteres; rund[weg]) ab|schlagen*⁴
(verweigern⁴)/体よく断る *sich andeutungsweise verbitten*⁴; seine [Ver]wei-
gerung zu verstehen geben* (*jm*). ❷ [言
いわけ] sich entschuldigen; ⁴sich entschul-
den; Ausreden (Ausflüchte (*pl*) machen;
eine Entschuldigung vor|bringen*; ⁴sich
rechtfertigen; ⁴sich verteidigen. ❸ [通
知・警告] warnen (*jn*); auf|kündigen⁴ (*jm*
解雇などを); um ⁴Erlaubnis (Genehmigung) bitten* (*jn* 許しを).

こな 粉 Pulver *n*. -s, -; Staub *m*. -［e］s, (まれ
に ¨e); Mehl *n*. -［e］s, -e; Puder *m*. -s, -
/粉にする [zu Pulver] mahlen⁴ (*p.p.* ge-
mahlen); zerstäuben⁴; zerreiben*⁴; pul-
verisieren⁴/粉々にする zerkleinern⁴; zermalmen⁴; [in Stücke] zer-
schlagen*⁴; [砕いて] zerklopfen⁴; zerhauen*⁴ 《窓ガラスなどを》. ▮ 粉砂糖
Staubzucker *m*. -s/粉炭 Holzkohlenpul-

ver *n.* -s, -; Staubkohle *f.* -n《石炭の》/粉たばこ Schnupftabak *m.* -s, -e《嗅(か)ぎたばこ》; Pfeifentabak *m.* -s, -e《パイプ用》/粉茶 Pulvertee *m.* -s, -s.

こなぐすり 粉薬 Pulver *n.* -s, -.

こなし [身の]〔Körper〕haltung *f.* -en; Benehmen *n.* -s《振舞》/身のこなしがよい ⁴sich gut halten*; eine gute Haltung haben.

こなす ❶ [消化] verdauen⁴/こなしきれない ⁴*et* nicht verdauen können*《理解しきれぬ・頭に入り切れぬ》. ❷ [しこなす] beherrschen⁴; bemeistern⁴/フランス語を使いこなす das Französische beherrschen/数でこなそう Quantität, nicht Qualität./あの男は使いこなせぬ Ich werde nicht fertig mit ihm.

こなせっけん 粉石けん Seifenpulver *n.* -s, -.

こなみじん 粉微塵になる in tausend ³Stücken zerbrechen* (springen*) [s]/粉微塵にする in tausend ⁴Stücke hauen*⁴ (schlagen*⁴).

こなミルク 粉ミルク Trockenmilch *f.*

こなゆき 粉雪 Pulverschnee *m.* -s.

こなれ Verdauung *f.* -en ⇨**しょうか**(消化)/こなれる verdaut werden/こなれがよい(わるい) leicht (schwer) verdaulich.

こなれた [円熟] gewandt; reif; gelenk; gekonnt; geübt; fingerfertig (hand-; kunst-)/こなれた書簡体 der gewandte Briefstil, -〔e〕s, -e.

こにもつ 小荷物 Gepäck *n.* -〔e〕s; Paket *n.* -〔e〕s, -e ‖ 小荷物取扱所(預所) Gepäckannahme *f.* -n/小荷物引渡所 Gepäckausgabe *f.* -n.

コニャック Kognak *m.* -s, -s; Weinbrand *m.* -s, ⸚e.

ごにん 誤認 das Misskennen*, -s; die falsche (irrige) Auffassung, -en; Missdeutung *f.* -en; Missverständnis *n.* ..nisses, ..nisse/誤認する misskennen*⁴《*p.p.* misskannt》; das Wirkliche* nicht erkennen*; falsch (irrig) auf|fassen⁴; für ⁴etwas anderes halten*⁴; missdeuten⁴《*p.p.* missdeutet》; nicht für das nehmen*, was es 〔in Wirklichkeit〕 ist; von falscher Warte aus betrachten⁴.

こぬか 小糠〔Reis〕kleie *f.* -n; Kleienmehl *n.* -〔e〕s ‖ 小糠雨 Staubregen *m.* -s, -.

コネ Beziehungen《*pl*》/彼はどこにでもコネがある Er hat überall Beziehungen.

こねかえす 捏ねかえす durchkneten⁴; durcheinander drücken⁴.

こねこ 小猫 Kätzchen *n.* -s, -; Miezchen *n.* -s, -.

こねる 捏ねる kneten⁴; mengen⁴; an|rühren⁴/漆喰を捏ねる Mörtel an|rühren/粉と水を捏ねて捏ね粉をつくる Mehl und Wasser *zu einem Teig* mengen/屁理屈を捏ねる vernünfteln; klügeln/駄々を捏ねる toben《あばれる》; bockig (aufsässig) sein《強情》; unbändig (trotzköpfig) sein ⇨**だだ**.

ごねる ⁴sich beschweren《bei *jm* über ⁴*et*》; gegen ⁴*et* ⁴Klage erheben*; ⁴sich mit ³*et* nicht zufrieden geben*; nörgeln/ごね得をする durch ⁴Nörgelei ⁴Vorteil ziehen* (suchen).

この dieser*; nächst《次の》; kommend《来るべき》; letzt《この前の》/この四月に im 〔kommenden〕 April/この二三日 [過去の] seit zwei, drei Tagen; [近い中に] diese zwei, drei Tage; ²dieser Tage.

このあいだ この間 vor einigen (ein paar) Tagen; vor einiger (kurzer) Zeit; jüngst; kürzlich; neulich; vor kurzem/この間の朝(晩) neulich am (an einem) Morgen (Abend)/この間から seit kurzem; seit einigen Tagen/この間中 in den letzten Tagen/ついこの間 erst vor einigen Tagen/ついこの間まで noch bis vor einiger Zeit.

このあと この後 dahinter; danach; nächst《次の》⇨**こんご**/この後にいいのがありますよ Danach kommt 〔et〕was Schöneres.

このうえ この上 [更に] außerdem; dazu; zudem; daneben; obendrein; überdies; zusätzlich; ferner; weiter/この上は wenn es (die Sache) nun einmal so ist; wenn daran nichts zu ändern ist. ── この上ない best; erstklassig; unübertrefflich; allerfeinst; an der Spitze liegend, allen überlegen; ohnegleichen/この上ない名誉をかち得た Er hat den höchsten Gipfel aller Ehre erreicht.

このえ 近衛〔Leib〕garde *f.* -n ‖ 近衛兵 Gardist *m.* -en, -en/近衛連隊 Garderegiment *n.* -〔e〕s, -e (-er).

このかた この方 ❶ [以来] seit³; seitdem/十年(大戦)この方 seit 10 Jahren (seit dem Weltkrieg). ❷ [この人] dieser Herr, -n, -en; diese Dame, -n (Frau, -en).

このくらい この位 etwa so; ungefähr so/この位の大きさの(長さの, 量の) etwa (ungefähr) so groß (lang, viel)/この位の幅でいかがでしょう Ist es so ungefähr breit genug?/今日はこの位にしておこう So weit für heute.《教室で》; Das wär's für heute.《買い物のときなど》; Und nun genug für heute./この位の大きさの本 ein Buch《*n.* -〔e〕s, ⸚er》 von ungefähr dieser Größe (etwa von diesem Format).

このごろ この頃 ❶ ⇨**このあいだ**. ❷ [当今] heutzutage; neuerdings; heute; jetzt; gegenwärtig; zu (in) unserer Zeit; in unseren Tagen. ⇨**ちかごろ**.

このさい この際 bei dieser Gelegenheit; in diesem (für diesen) Fall; unter diesen (unter den obwaltenden) Umständen/この際に処する最善の道 die beste Lösung für diesen Fall/この際猶予は許されぬ Die Sache duldet (leidet) keinen Aufschub mehr.

このさき この先 ❶ [今後]〔zu〕künftig〔hin〕; in Zukunft; für die Zukunft; kommend; später/この先どうするつもりだ Wie denkst du dir denn *nun deine* Zukunft? ❷ [前方] weiter; von hier ab (an).

このせつ この節 ⇨**このごろ**.

このたび この度 ⇨**こんど**.

このだん この段御連絡申し上げます Davon möchte ich Sie noch verständigen. ❖ in Kenntnis setzen は官庁用語で不適当.

このつぎ この次 nächst; das nächste Mal; [またの時] ein anderes Mal; ein andermal/この次の月曜日に nächsten ⁴Montag; am nächsten Montag.

このとおり この通り wie Sie sehen; wie dies; auf diese Weise《方法》; so.

このとき この時 in diesem Augenblick; im selben Augenblick《同時に》; dabei.

このは 木の葉 Blatt *n.* -〔e〕s, ⸚er; Laub *n.* -〔e〕s《集合的にも》/木の葉の茂った belaubt; blattreich ‖ 木の葉石 Fossilblatt *n.* -〔e〕s, ⸚er/木の葉蝶 Blattfalter *m.* -s, -.

このぶん この分では auf diese Weise; unter diesen Umständen; wie die Dinge liegen; wenn es so weitergeht; wie es scheint; dem jetzigen Anschein〔e〕nach/この分では雨になるかな Wie es scheint, werden wir Regen bekommen./この分では成功はおぼつかない Wie die Dinge liegen, (Unter diesen Umständen) ist kein Erfolg zu erwarten.

このへん この辺に〔hier〕in der Nähe; hier herum; in der〔nächsten〕Nachbarschaft; in dieser Gegend/この辺じゃその噂でもちきりだ Die ganze Nachbarschaft spricht davon./店はどこかこの辺にある筈だ Der Laden muss irgendwo hier in der Nähe sein.

このほか この外 außerdem; daneben; darüber hinaus; dazu noch; überdies; zudem; ferner; weiter.

このま 木の間を洩れて durch Zweige und Blätter/木の間隠れに zwischen (hinter) den Bäumen.

このまえ この前 das letzte Mal; zum letzten Mal〔e〕; voriges Mal/この前の letzt; vorig; vorhergehend/この前の日曜日に letzten [4]Sonntag/この前会ったのは何時だったかな Wann haben wir uns das letzte Mal (zum letzten Mal〔e〕) gesehen?/それはこの前の章に書いてある Im vorhergehenden Kapitel ist davon die Rede.

このましい 好ましい wünschenswert; willkommen; angenehm; erwünscht; erfreulich/好ましからぬ nicht wünschenswert; unwillkommen; unangenehm; unerwünscht; unerfreulich.

このまま この儘 wie es ist; so ⇨**そのまま**/この儘にしておいて下さい Lassen Sie mich bitte in Ruhe (allein)./この儘じゃどうにもならない Die Sache kann so nicht weitergehen. ¦ So kommen wir nicht weiter./この儘ですます積もりじゃない《不満》Ich werde es dabei nicht bewenden lassen.

このみ 好み Geschmack *m.* -〔e〕s, ⸚e (〘俗〙⸚er); Vorliebe *f.* -n; Neigung *f.* -en; Hang *m.* -〔e〕s, ⸚e/お好みならば wenn es Ihnen〔besonders〕gefällt (beliebt)/好みのむずかしい wählerisch; heikel; anspruchsvoll/まさに私の好みだ Das ist ganz nach meinem Geschmack.

このみ 木の実 Nuss *f.* ⸚e《堅果》; Beere *f.* -n《漿(しょう)果》; Frucht *f.* ⸚e《果実》.

このむ 好む lieben[4]; lieb (gern) haben[4]; 〔gern〕mögen*[4]; Neigung haben《zu[3]》; Geschmack haben《an[3]》/好んで gern; willig; mit Vorliebe/好んで旅行する(旅を好む) gern reisen [s]/好むと好まざるとにかかわらず er mag wollen oder nicht; wohl oder übel; nolens volens. ❖ 一般に「好んでする」「…を好む」は gern と動詞, 例えば essen*[4] 食べる, trinken* 酒を飲む, Fußball spielen サッカーをする, などを並用して表わす.

このめ 木の芽 ⇨**きのめ.**

このよ この世 diese Welt; dieses Leben, -s; die irdische Welt; das irdische Leben, -s; hier unten/この世の weltlich; irdisch; diesseitig; mondän《世俗の》; Welt-; welt-; Erd-; erd-; dieser Welt; dieses Lebens/この世の楽しみ Weltfreude *f.* -n/この世の地獄 die Hölle《-n》auf Erden/この世の極楽 das Paradies《-es, -e》der Erde.

このような solch*; so ein*; dieser [2]Art/このように so; auf diese Weise. ⇨**かよう**(かような).

このわた die eingesalzenen Eingeweide《*pl*》des Trepangs.

ごば 後場〘株〙Nachmittags〔aktien〕börse *f.* -n; Nachmittagsbörsenstunden《*pl*》/後場の株相場 Aktienkurs《*m.* -es, -e》der Nachmittagsbörse.

こばい 故買 Hehlerei *f.* -en; Ankauf《*m.* -〔e〕s, ⸚e》gestohlener [2]Sachen/故買する hehlen; gestohlene Sachen kaufen ‖ 故買者 Hehler *m.* -s, -; Käufer《*m.* -s, -》gestohlener [2]Sachen.

ごばいし 五倍子〘植〙Gallapfel *m.* -s, ⸚.

こはく 琥珀 Bernstein *m.* -〔e〕s, -e; der gelbe Amber, -s, -〔n〕/琥珀の bernsteinern.

こばこ 小箱 Kästchen *n.* -s, -; Etui *n.* -s, -s.

ごはさん 御破算になる aufs Neue (von neuem) berechnen; die Arbeit von vorn beginnen* (an|fangen*); Alles Bisherige wird zunichte gemacht.

こばしり 小走りする trotten/小走りで行く mit kleinen, scharfen [3]Schritten laufen* [s, h].

こはぜ Haken *m.* -s, -; Haftel *m.* (*n.*) -s, -/こはぜをかける ein|haken; ein|hefteln.

ごはっと 御法度 Gesetz *n.* -es, -e; Verbot *n.* -〔e〕s, -e; Untersagung *f.* -en; Tabu *n.* -s, -s/御法度である gesetzlich verboten werden; bei [3]Strafe verboten sein; untersagt (verpönt) sein ‖ 御法度品 Bann¦ware (Schmuggel-) *f.* -n; Konterbande *f.* -n.

こばな 小鼻 Nasenflügel *m.* -s, -.

こばなし 小咄 Witz *m.* -es, -e.

こはば 小幅 einfache Breite, -n; schmale Breite, -n/小幅の上下《相場の》kleine Schwankung, -en.

こばむ 拒む ❶ [拒絶する] ab|lehnen[4]; ab|schlagen*[4]; verweigern[4]; [4]sich weigern; ab|weisen*[4] (zurück|-). ❷ [防止する] ab|wehren[4]; verwehren[4]; hindern[4]; [4]sich widersetzen[3]/要求(支払)を拒む die Forderung zurück|weisen* (die Zahlung verweigern)/面会を拒む *js* Besuch ab|lehnen; *js* Besuch ab|weisen* (ab|schlagen*); *js* Besuch nicht an|nehmen*/来る者は拒まない Mein Haus steht jedermann offen.

コバルト Kobalt *m.* -s/コバルト色の kobalten ‖ コバルト照射〘医〙Kobaltbestrahlung *f.* -en/コバルト爆弾 Kobaltbombe *f.* -n/コバルトブルー Kobaltblau *n.* -s.

こはるびより 小春日和 Altweibersommer (Faden-) *m.* -s, -; schönes Wetter 《-s, -》 im Herbst.

こはん 湖畔 See:ufer *n.* -s, - (-strand *m.* -[e]s, "e)/湖畔の am See 《*m.* -s, -n》/湖畔を散歩する am See spazieren gehen 《s》; am Seeufer entlang schlendern 《s》.

こばん 小判 die alte japanische Goldmünze in platter ovaler Form/小判型の oval; eirund/それは猫に小判だ Das heißt Perlen vor die Säue werfen.

ごはん 御飯 ❶ der gekochte Reis, -es/御飯を炊く Reis kochen. ❷ [食事] Mahlzeit *f.* -en; Mahl *n.* -[e]s, -e 《"er》; Essen *n.* -s, -/御飯を食べる Mahlzeit (Mahl; Essen) ein|nehmen* 《zu ³sich nehmen*》.

ごばんじま 碁盤縞〔格子〕Karostoff *m.* -[e]s, -e; Würfelmuster *n.* -s, -/碁盤縞のkariert; gewürfelt; gekästelt.

こび 媚 Schmeichelei *f.* -en; Flatterie *f.* -n; Gefallsucht *f.*; Lobhudelei *f.* -en; Koketterie *f.* -n 《特に婦人の》; Flirt *m.* -s, -s 《嬌態》/媚を呈する kokettieren 《mit *jm*》; ⁴sich ein|schmeicheln 《bei *jm* 取入る》; *jm* schmeicheln; fuchsschwänzeln 《bei *jm*》/媚を売る《女性が》⁴sich 《den Körper》 ver|kaufen; ⁴sich für Geld hin|geben/.

ごび 語尾 ❶ [単語の]〔Wort〕endung *f.* -en; Endsilbe *f.* -n; die letzte Silbe, -n 《末尾の綴字》/語尾の End-; Schluss-. ❷ [接尾語] Suffix *n.* -es, -e; Nachsilbe *f.* -n. ❸ [句の] Satzende *n.* -s, -n; Schluss *m.* -es, "e.
‖ 語尾変化 Flexion *f.* -en; Abwandlung *f.* -en; Beugung *f.* -en; Deklination *f.* -en 《名詞的品詞の》; Konjugation *f.* -en 《動詞の》.

コピー Kopie *f.* -n; Abschrift *f.* -en; Durchschlag *m.* -[e]s, "e/コピーをとる kopieren ‖ コピー機 Kopiergerät *n.* -[e]s, -e.

コピーライター 〔Werbe〕texter *m.* -s, -.

こびき 木挽〔樵夫〕Holzarbeiter *m.* -s, -; Holzer *m.* -s, -; Holzfäller *m.* -s, -; [製材者] Holzsäger *m.* -s, -; Brettschneider *m.* -s, - ‖ 木挽小屋 Sägemühle *f.* -n.

こびざ 小膝を進める ⁴sich einen bisschen näher heran|rücken; ⁴sich interessiert zeigen 《*an*³》.

こひつじ 小羊 Lamm *n.* -[e]s, "er; Lämmchen *n.* -s, - Schäf|chen 〔-lein〕*n.* -s, -.

こびと 小人 Zwerg *m.* -[e]s, -e; Liliputaner *m.* -s, - ‖ 小人島 Liliput *n.* -s.

ごびゅう 誤謬 Irrtum *m.* -s, "er; Fehler *m.* -s, -; Täuschung *f.* -en; Trugschluss *m.* -es, "e 《故意の》; Versehen *n.* -s, - 《過失》/誤謬の irrig; irrtümlich; fehlerhaft; täuschend; unrichtig; versehentlich.

こびょう 小兵の von kleinem Wuchs; von kleiner Statur 〔Gestalt〕.

こびりつく kleben 《*an*³》; haften 《*an*³》; fest|stecken 〔-kleben〕《*an*³》; nicht los|kommen* 《*von*³》《s》; fest|hängen* 《*an*³》/船底には貝殻が一杯こびりついている Der Schiffsboden ist mit Muscheln inkrustiert.

こびる 媚びる *jm* schmeicheln; *jn* 《*jm*》 lob- hudeln; fuchsschwänzeln 《bei *jm*》; ⁴sich ein|schmeicheln 《bei *jm* 取入る》; ⁴sich gefallsüchtig benehmen*; kokettieren 《mit *jm*》/権門に媚びる vor einem Einflussreichen* kriechen*; vor der Macht kriechen*; der ³Macht 《dem Mächtigen》 schmeicheln.

こぶ 昆布〔Riemen〕tang *m.* -[e]s, -e ‖ 昆布茶 Seetangtee *m.* -s, -s/昆布巻 gerollter Tang 《mit Einlagen》.

こぶ 瘤 ❶ Geschwulst *f.* "e; Wulst *m.* -[e]s, "e; Fett|geschwulst 《Balg-》*f.* "e; Schwellung *f.* -en; Beule *f.* -n 《なぐられた》; Buckel *m.* -s, - 《らくだの》; Höcker *m.* -s, - 《同上》/目の上の瘤 ein Dorn *m.* -[e]s, -e im Auge/瘤つきの女 Frau mit ³Kindern. ❷ [木の瘤] Knorren *m.* -s, -; Auswuchs *m.* -es, "e; Knoten *m.* -s, -; Ast *m.* -[e]s, "e/瘤のある knorrig; knotig; ästig; astig.

こぶ 鼓舞する auf|muntern*; ermuntern*; ermutigen*; an|spornen*; an|treiben*⁴; an|eifern*; zu|reden*; auf|rütteln*; auf|richten*; beleben*; bestärken*; begeistern*; beflügeln*; *jm* Mut machen 〔ein|sprechen*; zu|sprechen*; ein|flößen〕/青年の士気を鼓舞する die Jugend begeistern; der ³Jugend ⁴Mut ein|flößen; in den ³Herzen der ²Jugend ⁴Begeisterung erwecken.

ごぶ 五分 ❶ [半分] Hälfte *f.* -n; der halbe Teil, -s, -e; fünfzig vom Hundert; fünfzig Prozent. ❷ [百分の五] fünf Hundertstel; fünf vom Hundert; fünf Prozent; 5%. ❖ vom Hundert は v. H と略す.

こふう 古風〔仕方〕alte Form, -en; die alte Art und Weise; 〔風俗〕alte Sitte, -n; alter Brauch, -[e]s, "e; alte Gewohnheit, -en; 〔衣服など〕alte Mode, -n; 〔様式〕alter Stil, -[e]s, -e; [古代風] Archaismus *m.* -, -men; Altertümlichkeit *f.* -en ── 古風な altmodisch; altertümlich; [古臭い] veraltet; [保守的な] konservativ/古風な建物 das Gebäude 《-s, -》 in altem Stil 《in alter Bauart》/古風な思想 veralteter Gedanke, -ns, -n/古風な人 altmodisch gesinnter Mann, -[e]s, "er; ein konservativer Mensch, -en, -en.

ごぶがり 五分刈り das kurz 〔ab〕geschnittene 〔gestutzte〕Haar, -[e]s, -e 《髪》; der kurz geschorene 〔gestutzte〕Kopf, -[e]s, "e 《頭》.

ごふく 呉服〔Kleider〕stoff *m.* -[e]s, -e; Gewebe *n.* -s, -; Schnittware *f.* -n 《太物類》; Tuch *n.* -[e]s, -e 《*pl* 織物の種類》; 個々の布・小切れ; "er); Zeug *n.* -[e]s, -e ‖ 呉服業 Tuch|geschäft *n.* -[e]s, -e 〔-handel *m.* -s; -macherei *f.* -en; -machergewerbe *n.* -s, -〕/呉服屋〔人〕〔Kleider〕stoff|händler 《Schnittwaren-; Tuch-》*m.* -s, -; [店] 〔Kleider〕stoff|laden 《Tuch-》*m.* -s, "; Schnittwarengeschäft.

こぶくしゃ 子福者 ❶ 彼は子福者だ Er hat viele Kinder. Er ist mit vielen Kindern gesegnet.

ごぶごぶ 五分五分の ebenbürtig; gleich-

ごぶさた 御無沙汰　wertig; ranggleich; auf gleicher Höhe; Gleichgewicht haltend／五分五分になる unentschieden enden; die gleiche Punktzahl haben《勝負など》; quitt sein《mit *jm* あいこである》; ausgeglichen sein《zwischen *jm*》.

ごぶさた 御無沙汰する lange nicht schreiben《*an*[4]》; nichts von [3]sich hören lassen; lange nicht besuchen《*jn* 訪問しない》.

こぶし 古武士／彼には古武士の面影がある Er erinnert an einen Samurai.

こぶし Faust *f.* ¨e／握りこぶし die geballte Faust, ¨e／こぶし位の大きさ die Größe einer [2]Faust／こぶしを固める die Faust ballen; eine Faust machen／こぶしを振りまわす die Fäuste schwingen*／こぶしで打つ mit der [4]Faust schlagen*.

こぶつ 古物 Antiquität *f.* -en; Altertum *n.* -s, ¨er; Altertumsstück *n.* -[e]s, -e; Trödel *m.* -s, -;《古着・古本など》;《珍しい骨董品》Kuriosität *f.* -en; altes Kunstwerk, -[e]s, -e／古物収集家 Antiquitätensammler *m.* -s, -; Antiquar *m.* -s, -e; Antiquitätenliebhaber *m.* -s, -;《古物商》[人] Antiquitätenhändler (Kuriositäten-／Altwaren-) *m.* -s, -; Trödelmann *m.* -[e]s, ¨er; Antiquar; Trödler *m.* -s, -; [店] Antiquariat *n.* -[e]s, -e; Kuriositätengeschäft *n.* -[e]s, -e; Trödel|laden *m.* -s, ¨ (-bude *f.* -n); Trödel.

こぶとり 小肥りの rundlich; drall; dicklich.

こぶね 小舟 Kahn *m.* -[e]s, ¨e; Boot *n.* -[e]s, -e／小舟をこぐ ein Boot fahren*(rudern).

コブラ《動》Brillenschlange *f.* -n.

コプラ《文法》Kopula *f.* -s (-e);《Satzband *n.* -[e]s, ¨er;》《植》Kopra *f.*

こぶり 古降り[雨] leichter Regenfall, -[e]s, ¨e; feiner Regen, -s《細雨》; Sprühregen *m.* -s《霧雨》; [雪] leichter Schneefall, -[e]s, ¨e／古降りす Es regnet (schneit) leicht (ein bisschen).／雨か古りになるまで待て Warte, bis der Regen nachlässt!／Warte eine Regenpause ab!

こふん 古墳 Dolmen *m.* -s, -; altes Grab, -[e]s, ¨er／古墳を発掘する ein altes Grab ausgraben*.

こぶん 古文 altertümlicher Stil, -[e]s, -e;《文体》; klassische Literatur《古文学》; Paräographie *f.* -n《古文書学》; altertümliche Schriften (*pl*); klassisch-antikes Schrifttum, -s; 古文書 Dokument (*n.* -[e]s, -e) des klassischen Altertums.

こぶん 子分 Anhänger *m.* -s, -; Schützling *m.* -s, -e; Gefolgsmann -[e]s, ¨er (..leute); Vasall *m.* -en, -en; Trabant *m.* -en, -en; Satellit *m.* -en, -en; Mitgefolge*, -n, -;《蔑》Mietling *m.* -s, -e／子分になる *js* Anhänger werden*; [4]sich *jm* unterstellen／たくさんの子分がある ein großes Gefolge haben／親分子分の間柄 das Verhältnis (..nisses, ..nisse) zwischen Meister und Gesellen (Führer und Anhänger).

ごふん 胡粉 Kreide *f.* -n; Tünche *f.* -n; Weiß *n.* -[e]s.

ごぶん 五分する in fünf [4]Teile teilen[4] (dividieren[4]).

ごぶん 誤聞 Missverständnis *n.* ..nisses, ..nisse; das Verhören*, -s; Missdeutung *f.* -en; Verwechs[e]lung *f.* -en／…の誤聞である Es handelt sich um das Verhören von ….

ごへい 御幣 dem Shintotempel geweihte, länglich geschnittene Papierstreifen (*pl*)／御幣をかつぐ abergläubisch (abergläubig) sein; zu Aberglauben neigen; an [4]Omina glauben ‖ 御幣かつぎ der Abergläubische* (Abergläubige*), -n, -n;《人》Aberglaube *m.* -ns, -n《迷信》.

ごへい 語弊 die unglücklich gewählte Ausdrucksweise, -n; Wortmissbrauch *m.* -[e]s, ¨e／語弊がある unpassend ausgedrückt sein; Wortmissbrauch sein; die Verdrehung leicht [4]Anlass geben können*.

こべつ 戸別に von [3]Haus zu [3]Haus; von Tür zu Tür; [4]Haus für [4]Haus; in jedem Haus[e]／戸別訪問する von Haus zu Haus Besuche machen ‖ 戸別調査 Untersuchung (*f.* -en) von Haus zu Haus／戸別割 Haussteuer *f.* -n.

こべつ 個別に einzeln; gesondert; getrennt; abgetrennt; separat; geschieden; [個人的に] persönlich; [順番に] einer nach dem anderen; nacheinander.

ごへんけい 五辺形 Pentagon *n.* -s, -e／五辺形の fünfeckig.

ごほう 午報 Mittagssignal *n.* -s, -; Mittagssirene *f.* -n《サイレン》.

ごほう 誤報 die falsche Nachricht, -en (Auskunft, ¨e; Information, -en; Mitteilung, -en); der falsche Bericht, -[e]s, -e.

ごほう 語法 Redewendung *f.* -en; Ausdrucksweise (Aussage-; Rede-; Sprech-) *f.* -n; Ausdrucksform *f.* -en; Diktion *f.* -en; der idiomatische Ausdruck, -[e]s, ¨e; Phraseologie *f.* -n; Redensart *f.* -en.

ごぼう 牛蒡 Klette *f.* -n.

こぼく 枯木 Abständer *m.* -s, -; abständiger Baum, -[e]s, ¨e. ⇨ かれき.

こぼしや 零し屋 Brummbär *m.* -en, -en; mürrischer (griesgrämiger) Mensch, -en, -en.

こぼす ❶ verschütten; vergießen*; umstürzen (-|werfen*)《転倒して》. ❷ [不平を言う] klagen《*über*[4]》; murren《gegen *jn*; *über*[4]》; brummen; schmollen; nörgeln／少しもこぼさず ohne zu klagen; ohne zu murren／散々にこぼす die Ohren voll klagen／今更こぼしても始まらない Es nützt nichts, über verschüttete Milch zu weinen.／Geschehene Dinge sind nicht zu ändern.／涙をこぼす Tränen vergießen*.

こぼれ verschütteter Rest, -[e]s, -e; das Heraus|gefallene* (Herunter-), -n／こぼれ幸い／の unerwarteter Glücksfall, -[e]s, ¨e; unverhoffter Gewinn, -[e]s, -e／おこぼれを頂戴する übrig gebliebene (überflüssig gewordene) Dinge geschenkt erhalten* (bekommen*); von einem Vorgesetzten Wein eingeschenkt bekommen*.

こぼれる ❶ [水などが] herunter|fallen* ⦅s⦆; heraus|laufen* ⦅s⦆; über|fließen* ⦅s⦆; verschüttet werden/鍋が煮こぼれる Der Topf läuft über./愛嬌がこぼれるばかりだ überaus liebenswürdig sein/机の上にインキがこぼれた Auf dem Tisch ist Tinte verschüttet worden. ❷ [刃が] aus|brechen*/ナイフの刃がこぼれている Die Schneide des Messers ist ausgebrochen. ❸ [涙が] Die Tränen rollen über die Wangen. Die Augen laufen jm über.

こぼんのう 子煩悩 Kinder|narr m. -en, -en (-freund m. -(e)s, -e; -freundin f. ..dinnen ⦅女⦆)/子煩悩である in seine (ihre) Kinder vernarrt sein/子煩悩な母 eine in ihre Kinder vernarrte Mutter, =.

こま Kreisel m. -s, -/こまを回す einen Kreisel drehen (treiben*)/こま遊びをする Kreisel spielen ‖ こま回し Kreiselspiel n. -(e)s, -e 〜師 Kreiselkünstler m. -s, - ⦅芸人⦆.

こま 駒 ❶ Ross n. -es, -e ⇨うま. ❷ [将棋の] (Schach)figur f. -en/駒を動かす eine Figur ziehen* (rücken). ❸ [楽器の] Steg m. -s, -e; Sattel m. -s, =. ❹ [フィルムの] Bildstreifen m. -s, -; das einzelne Bild, -(e)s, -er.

ごま 胡麻 Sesam m. -s, -; Sesamsamen m. -s, - ⦅胡麻子⦆/胡麻をする 1) Sesamsamen ⦅pl⦆ mahlen. 2) ⇨へつらう/開け胡麻 Sesam, öffne dich! ‖ 〜油 Sesamöl n. -(e)s, -e/〜塩 mit Salz gemischte geröstete Sesamsamen ⦅pl⦆/〜頭 das Haar mit den grauköpfig; angegraut; ergraut; grauhaarig; meliert; Pfeffer mit Salz.

ごま 護摩 das heilige, zur Anrufung Buddhas dienende Feuer, -s/護摩を上げる(たく) zur Anrufung Buddhas heiliges Feuer an|zünden.

コマーシャル Reklame f. -n; Werbung f. -en/テレビのコマーシャル die Werbung im Fernsehen; Fernsehwerbung ‖ コマーシャル放送 Werbesendung f. -en/コマーシャルフィルム Werbefilm m. -(e)s, -e.

こまい 古米 der alte Reis, -es.
こまい 木舞 ⦅建⦆ (Dach)latte f. -n.

こまかい 細かい(く, 細かな(に) ❶ klein; fein/細かい雨 der feine Regen, -s, -; Sprühregen/細かい銭 Kleingeld n. -(e)s, -er/歯の細かい櫛(せ) der feine Kamm, -(e)s, =e/目の細かい篩(ふるい) das feine Sieb, -(e)s, -e/細かくする Geld wechseln (両替して); fein mahlen[4] (挽いて); fein reiben*[4] (すり砕いて); in Stücke schlagen*[4] (叩いて)/細かに切る fein schneiden*[4]; hacken[4] ⦅肉などを⦆. ❷ [詳細] eingehend; umständlich ⇨こまごま/その他細かいことはその内に公示する Weitere Einzelheiten werden noch bekannt gegeben./細かいことまで話せなかった Wir konnten nicht ins Einzelne (in die Einzelheiten) eingehen. ❸ [念入りに] sorgfältig; sorgsam/細かく気をつかう viel Sorgfalt verwenden[*1] ⦅auf[4]⦆; alle nur mögliche Sorgfalt an|wenden[*1]/細かい調査が必要だ Es fordert eine sorgfältige Untersuchung. ❹ [厳密] peinlich genau; bürokratisch; haarspalterisch; kleinkrämerisch; kleinlich; silbenstecherisch; pedantisch/重箱の隅をようじでつつくような細かいやつだ Er ist ein pedantisch genauer, kleinlicher Kerl. ❺ [金銭に] interessiert ⦅打算的⦆; knauserig; knickerig; kniepig; schmutzig ⦅以上 けち⦆/なかなかに細かい人だ Er ist ein sehr knickeriger Mensch.

ごまかし Blendwerk n. -(e)s, -e; Betörung f. -en; Betrug m. -(e)s; Betrügerei f. -en; blauer Dunst, -(e)s; Gaukelei f. -en; Gaunerei f. -en; Hokuspokus m. -; Humbug m. -s; Irreführung f. -en; Kniff m. -(e)s, -e; Pfiff m. -(e)s, -e; Schwindel m. -s, -; Tarnung f. -en; Täuschung f. -en; Vorspiegelung f. -en/ごまかしの betrügerisch; betrüglich; falsch; gaukel|haft (gaukler-); gauklerisch; gaunerisch; irreführend; nachgemacht; schwindelhaft; schwindlerisch; täuschend; vorgespiegelt; ausweichend ⦅言い逃れの⦆; Behelfs- ⦅間に合わせの⦆; behelfsmäßig ⦅以上 ‖⦆ ‖ ごまかし of Nachahmung f. -en; Attrappe f. -en, -; Fälschung f. -en; Falsifikat n. -(e)s, -e; das Gefälschte* (Nachgemachte*), -n.

ごまかす ❶ ⦅欺く⦆ betrügen* ⟨jn⟩; belügen* ⟨jn⟩; beschwindeln ⟨jn⟩; foppen ⟨jn⟩; gaukeln ⟨jn⟩; hintergehen* ⟨jn⟩; irre|führen ⟨jn⟩; prellen ⟨jn⟩; täuschen ⟨jn⟩; überlisten ⟨jn⟩; einen blauen Dunst vor|machen ⟨jn⟩; ein X für ein U ⦅vor|-⦆machen; vor|spiegeln[34]; weis|machen[34]/年齢をごまかす sein Alter falsch an|geben* (dar|stellen)/目方をごまかす falsches Gewicht führen/笑ってごまかす *sich durch 'Frohsinn hinweg|setzen ⦅über*⦆. ❷ [着服する] unterschlagen*; heimlich beiseite bringen*[4]; betrügerisch für *sich behalten*[4]; veruntreuen[4]/公金をごまかす öffentliche Gelder ⦅pl⦆ an|greifen*. ❸ ⦅帳尻などを⦆ verschleiern[4]; frisieren[4]; schminken[4]. ❹ [言い抜けをする] der Wahrheit ⁴Gewalt an|tun[4]; Ausflüchte ⦅pl⦆ machen (gebrauchen); flunkern.

こまぎれ 細切れ肉 Schabe|fleisch (Hack-) n. -(e)s/細切れにする fein schneiden*[4]; in Flocken schneiden*[4]; hacken[4].

こまく 鼓膜 Trommelfell n. -(e)s, -e/鼓膜が破れる das Trommelfell bricht/鼓膜が破れるばかりの trommelfellerschütternd.

こまごま こまごまと mit allen Einzelheiten; (auf (in die) Einzelheiten) eingehend; detailliert; ins Detail gehend/こまごまと述べる bis ins kleinste (Detail) (bis in die kleinsten Details) schildern[4] (beschreiben*[4])/こまごました仕事 Kleinkram m. -(e)s, =e.

こましゃくれた frühreif und vorlaut.

こまた 小股に歩く trippeln; trappeln ⦅s.h.⦆/小股をすくう jm ein Bein stellen; jn bei einem Fehler ertappen/小股の切れ上がった女 eine grazil-adrette Frau, -en.

こまづかい 小間使い Stuben|mädchen

(Zimmer-) *n.* -s, -.

こまどり 駒鳥 Rotkehlchen *n.* -s, -.

こまねく 〔die Arme〕 verschränken／手をこまねいて傍観する mit verschränkten Armen zu|sehen*³.

こまめ こまめな(に) rührig; aktiv; beflissen; betriebsam; dienst¦eifrig (-willig).

ごまめ gedörrte junge Sardinen 《*pl*》.

こまもの 小間物 Kurzware *f.* -n; Toilet-ten¦artikel (Mode-) *m.* -s, - ‖ 小間物屋 Kurzwarenhändler *m.* -s, -《人》; Kurzwarengeschäft *n.* -〔e〕s, -e《店》.

こまやか こまやかな ❶ [最小] fein; spinnwebfein. ❷ [人情・愛情] zart; zärtlich; liebevoll; liebreich; sanftmütig; zugetan; innig／こまやかな愛情(感覚) die zärtliche Liebe (die zarte Empfindung, -en).

こまらせる 困らせる ❶ [当惑] *jn* in Verlegenheit bringen* (〔ver〕setzen); *jn* in die Klemme (Enge) treiben*. ❷ [困難] *jm* Schwierigkeiten machen (bereiten; in den Weg legen).

こまりもの 困りもの das räudige Schaf, -〔e〕s, -e《鼻つまみ・でき損ない》; Tagedieb *m.* -〔e〕s, -e《穀つぶし》; Hemmschuh *m.* -〔e〕s, -e《じゃま者》; Tunichtgut *m.* - (-〔e〕s), -e《のらくら》; Nichtsnutz *m.* -es, -e《能なし》; Taugenichts *m.* -〔e〕s, -e《なまけ者》.

こまる 困る ❶ [当惑] verlegen sein 《*um*⁴》; in Verlegenheit geraten* (kommen*; sein) [s]; ³sich den Kopf zerbrechen* 《*über*⁴》; nicht wissen*, was man machen soll (wie man es machen soll); in einer schwierigen Lage sein／困りきる mit seinem Latein am Ende sein; in großer (in der schlimmsten) Verlegenheit sein; *jm* steht der Verstand still. ¦ Da bleibt *jm* der Verstand stehen.／返事に困った Ich wusste nicht, was ich darauf antworten sollte. ❷ [困難] Schwierigkeiten haben 《*mit*³》; leiden* 《*unter*³》; harte Nüsse zu knacken haben (zu beißen bekommen*)／別に困ることはないさ Darin sehe ich keine Schwierigkeit.／彼は困っている Er ist in einer schwierigen (schlimmen; unangenehmen) Lage. ❸ [迷惑] schlimm; unangenehm; ungelegen／困ったやつ der schlimme Geselle, -n, -n／困った所で出くわした Diese Begegnung war mir höchst unangenehm.／困った時に人が来た Der Besuch kommt (ist) mir sehr ungelegen.／それでいろいろ困ったことができましてね Ich hatte deshalb viel Unannehmlichkeiten.／困ったことには Das Schlimmste ist, dass .... ¦ Was die Sache noch schlimmer macht, ist .... ¦ Was dabei schlimm ist, ist .... ❹ [貧困] in Geldverlegenheit sein《金に困る》; in der Klemme (Tinte; Patsche) sein (sitzen*); ein dürftiges Dasein (kaum das Leben) fristen; ⁴sich kümmerlich nähren; ⁴sich mühselig durch|bringen*.

-こみ -込み〔で〕 [*präp*] einschließlich²; inklusive²《略: inkl.》; mit³; bis auf⁴; [*adv*] inbegriffen; ein¦gerechnet (mit-); plus; alles in allem; in Bausch und Bogen.

ごみ Staub *m.* -〔e〕s, -e; Abfälle 《*pl*》; Ausschuss *m.* -es, ⸚e; Auswurf *m.* -〔e〕s, ⸚e; Kehricht *m.* (*n.*) -s; Müll *m.* -s; Schmutz *m.* -es; Schutt *m.* -〔e〕s; Küchenabfälle 《*pl* 台所の》／ごみの再利用(リサイクル) Müll¦verwertung (Abfall-) *f.* ‖ ごみ収集車 Müllwagen *m.* -s, -／ごみ収集人 Müllwerker *m.* -s, -／ごみ焼却 Müllverbrennung *f.* -en／ごみ焼却場 Müllverbrennungsanlage *f.* -n／ごみ処理 Müllabfuhr *f.*／ごみ捨場 Schuttablade¦platz *m.* -es, ⸚e (-stelle *f.* -n); Kehricht¦winkel (Schutt-) *m.* -s, -／ごみ溜め Kehricht¦haufen (Schutt-) *m.* -s, -《山》; Kehricht¦loch (Schutt-) *n.* -〔e〕s, ⸚er《穴》／ごみ取り Kehricht¦schaufel *f.* -n (-schippe *f.* -n); Kehricht¦schäufelchen *n.* -s, - (-schippchen *n.* -s, -)／ごみバケツ Mülleimer *m.* -s, -; Mülltonne *f.* -n《円筒状の容器》／ごみ箱 Asch〔en〕¦kasten (Kehricht-) *m.* -s, ⸚; Müll¦eimer (-kasten)／ごみ袋 Müllbeutel *m.* -s, -／ごみの分別 Mülltrennung *f.*／ごみ屋 Kehricht¦fuhrmann (Müll-) *m.* -〔e〕s, ⸚er (..leute); Kehrichtfahrer *m.* -s, -; Müllkutscher *m.* -s, -; Lumpensammler *m.* -s, -《屑拾い, 俗語で「終電車」の意にも》.

こみあい 込み合い Gewimmel *n.* -s; Gedränge *n.* -s; Getümmel *n.* -s／込み合う〘場所を主語として〙 gedrängt voll sein; wimmeln 《*von*³》; überfüllt sein 《*von*³》; voll gestopft sein 《*von*³》; 〘人を主語として〙 ⁴sich drängen; schwärmen／込み合う時 Hauptgeschäftszeit *f.* -en; Haupt¦verkehrszeit (Stoß-) *f.* -en (*od.* -zeiten 《*pl*》)／ものすごく自動車が込み合って交通が止ってしまった Wegen des ungeheuren Autoandrangs brach der Verkehr völlig zusammen.

こみあげる 込み上げる Es ist *jm* weinerlich zumute (zu Mute). ¦ den Tränen nah sein 《泣きそう》; *jm* läuft die Galle über 《怒りが》; Brechreiz verspüren 《吐気が》; *jm* die Kehle zu|schnüren 《恐怖などが》.

こみいる 込み入る kompliziert (verwickelt) sein／込み入った kompliziert; verwickelt; verwirrend; labyrinthisch; sorgfältig ausgearbeitet 《手の込んだ》／それで事が込み入ってきた Das komplizierte (verwickelte) nur die Sache.

ごみごみ staubig; bestaubt; bestäubt; mit Staub beschmutzt; schmutzig; unsauber; voll〔er〕 Staub.

こみだし 小見出し Neben¦titel (Zwischen-) *m.* -s, -.

こみち 小路 Pfad *m.* -〔e〕s, -e; Steg *m.* -〔e〕s, -e; Steig *m.* -〔e〕s, -e; Gasse *f.* -n《路地》.

コミック Comic *m.* -s, -s; Comicstrip *m.* -s, -s《漫画》.

コミッショナー Kommissionär *m.* -s, -e.

コミッション Provision *f.* -en; Maklergebühr *f.* -en ⇨**こうせん**(口銭)／五%のコミッションで gegen eine Provision von 5 Prozent.

こみみ 小耳にはさむ *jm* 〔zufällig〕 zu Ohren kommen* [s].

コミュニケ Kommunique *n.* -s, -s; die amtliche Mitteilung, -en.

コミュニケーション Kommunikation *f.* -en

コミュニスト 462 **こもり**

‖ コミュニケーション手段 Kommunikationsmittel n. -s, -.
コミュニスト Kommunist m. -en, -en.
コミュニズム Kommunismus m. -.
コミンテルン Komintern f. (=Kommunistische Internationale f.).
コミンフォルム Kominform n. -s (=Kommunistisches Informationsbüro n. -s).
こむ 込む ⇨こみあい／今込んでますか Ist es jetzt voll? (映画館などで)／朝はいつも電車が込む Die Bahn ist morgens immer überfüllt.
ゴム Gummi m. (n.) -s ‖ ゴム印 Gummistempel m. -s, -/ゴム液 Gummilösung f. -en (-wasser n. -s)/ゴム管 Gummirohr n. -(e)s, -e (-schlauch m. -(e)s, ¨e)/ゴム靴 Gummischuh m. -(e)s, -e; Gummiüberschuh m. -(e)s, -e (《オーバーシューズ》)/ゴム製品 Gummiware f. -n/ゴム底 Gummisohle f. -n/ゴムタイヤ Gummireifen m. -s, -/ゴム長ぐつ Gummihandschuh m. -(e)s, -e/ゴムの木 Gummibaum (Kautschuk-) m. -(e)s, ¨e/ゴムのり Gummiarabikum n. -s/ゴム絆創膏(ばんそうこう) Gummipflaster n. -s, -/ゴム引して das Gummieren*, -s; das mit ³Gummi Bestreichen*, -s/ゴム引きの gummiert; mit ³Gummi bestrichen/ゴム紐 Gummiband n. -(e)s, ¨er (-schnur f. -en)/ゴムまり Gummiball m. -(e)s, ¨e (-kautschuk m. -s); (n.) -s/硬化ゴム Hartgummi n. (m.) -s (-kautschuk m. -s); Ebonit n. -(e)s/再生ゴム der regenerierte Kautschuk; der aus Abfällen gewonnene Gummi/人造弾性ゴム der synthetische Gummi/弾性ゴム Gummielastikum n. -s; Kautschuk.
こむぎ 小麦 Weizen m. -s ‖ 小麦粉 Weizenmehl n. -(e)s, -e.
こむずかしい 小むずかしい wählerisch; heikel; heiklig; kitz(e)lig; lästig; mäkelig; peinlich genau; pedantisch; anspruchsvoll／食べ物について小むずかしい wählerisch im Essen sein／小むずかしい問題 die heikle Angelegenheit, -en.
こむすめ 小娘 das kleine Mädchen, -s, -; Backfisch m. -(e)s, -e.
こむそう 虚無僧 der wandernde Flötenspieler (-s, -) im Priestergewand.
こむら 腓 Wade f. -n ‖ 腓がえり Wadenkrampf m. -(e)s, ¨e／腓がえりを起こす den Wadenkrampf bekommen*; von Wadenkrämpfen befallen werden.
こめ 米 Reis m. -es (《pl は品質を表わすとき》)／米の飯 der gekochte Reis／米を搗(つ)く Reis putzen (reinigen)／米をとぐ Reis waschen* ‖ 米粒 Reiskorn n. -(e)s, ¨er.
こめかみ Schläfe f. -n.
こめそうば 米相場 Spekulation (f. -en) in Reis; Marktpreis (m. -es, -e) von Reis／米相場に手を出す in Reis spekulieren；sich auf eine Spekulation in Reis ein|lassen*.
こめだわら 米俵 Reissack m. -(e)s, ¨e.
こめつき 米搗き Reisputzer m. -s, -.
こめつぶ 米粒 ⇨こめ.
コメディー Komödie f. -n ‖ コメディアン Komödiant m. -en, -en.
こめびつ 米櫃 Reisbehälter m. -s, -.

こめや 米屋 Reishändler m. -s, - (《人》); Reisladen m. -s, ¨ (《店》).
こめる ❶ (hin)ein|stecken⁴; (hin)ein|legen⁴; (hin)ein|setzen⁴ (《入れる》); ein|schließen*⁴ (《入れる》); füllen⁴／...をこめて einschließlich²; inklusive² (《略: inkl.》); mit³／雑費をこめて einschließlich der Unkosten／税をこめて二万五千円 25000 Yen einschließlich (mit) Steuer(n) ⇨こみ. ❷ [装填(てん)] (《das Gewehr; das Geschütz》) laden*⁴ (《mit³》)／猟銃に散弾をこめる die Flinte mit Schrot laden*／ピストルには実弾がこめてある Der Revolver sitzt scharf geladen. ❸ [心を] das Herz hängen (an⁴)／心をこめて aus tiefstem Herzen; von ganzem Herzen; mit Herz und Mund／心がこもっていない nur mit halbem Herzen (nicht ganz mit dem Herzen) bei einer Sache sein. ❹ [力を] alle Kräfte an|spannen (auf|bieten*); Kräfte sammeln／力をこめて mit ganzer (voller) Kraft／力のこもらない試合 ein Kampf (m. -(e)s, ¨e) ohne *Spannung.
ごめん 御免をこうむって mit Ihrer gütigen Erlaubnis; mit ³Verlaub (Vergunst; Verzeihung)／御免下さい Entschuldigen (Erlauben; Gestatten) Sie! (《失礼ですが》); Verzeihung! Verzeihen Sie! Ich bitte (Sie) um Verzeihung!／ちょっと御免下さい Darf ich Sie stören? (《仕事中の相手に》); Entschuldigen Sie mich für einen Augenblick, ich bin gleich wieder da. (《座を立つ時》)／そんな仕事は真平御免だ Darauf pfeife ich. Ach, Scheiße! Dafür danke ich. So was verbitte ich mir!
ごめんだい 五面体 Pentaeder n. -s, -; Fünfflächner m. -s, -.
コメント Kommentar m. -s, -e／ノーコメント Kein Kommentar!
ごめんどう 御面倒 ziemlich kompliziert; vielmehr umständlich; nicht leicht verständlich.
こも 菰 Binsen|matte (Stroh-) f. -n.
こもかぶり 菰かぶり das Sake-Fass (-s, ¨er) in Strohmatte.
ごもくならべ 五目並べ das Aneinanderreihen* (-s) von fünf Go-Steinen; eine Art japanisches Brettspiel(e)s.
ごもごも abwechselnd; einander; einer für den anderen; einer* nach dem anderen; gegenseitig; wechselseitig; wechselweise. ⇨かわる(代る代る).
こもち 子持ちの ❶ (妊娠中) schwanger; trächtig (動物の). ❷ (子供のある) mit einem Kind (Kindern); (俗) bekindert／その馬は子持ちだ Die Stute trägt (ist trächtig).／もう三人の子持ちです Ich habe schon drei Kinder.
こもづつみ 菰 包 die Strohmatten-Packung, -en.
ごもっとも 御尤も Recht haben; im Recht sein; Recht daran tun*／御無理ごもっとも Macht geht vor Recht.／それはごもっともだ Da haben Sie ganz Recht. Sie sind ja im Recht.
こもり 子守り Kinder|mädchen n. -s, -

(-wärterin *f.* ..rinnen)/子守りをする ein Kind warten ‖ 子守歌 Wiegenlied *n.* -[e]s, -er/子守歌で子供を寝かせる ein Kind in den Schlaf lullen; ein Kind leise in den Schlummer singen*.

こもる 籠る ❶ *sich ein|schließen* (in ein Zimmer 部屋に); hüten⁴ (das Haus 家に, das Zimmer 部屋に). ❷ (ガス.息などが) voll sein (*von*²); gefüllt sein (*mit*³); ungelüftet (stickig) sein/悪い空気のこもった部屋 die ungelüftete, stickige Stube, -n/心のこもった接待をうける eine herzliche Aufnahme finden* (*bei*³); herzlich aufgenommen (empfangen) werden*/洞穴の中にガスがこもる Gas sammelt sich (häuft sich) in der Höhle an.

コモロ Komoren *n.* -s/コモロの komorisch ‖ コモロ人 Komorer *m.* -s, -.

こもん 小紋 das feine Muster, -s, -/小紋の fein gemustert.

こもん 顧問 Berater *m.* -s, -; Ratgeber *m.* -s, - ‖ 顧問医(技師) der fachärztliche (technische) Berater/(枢密)顧問官 Geheimrat *m.* -[e]s, ⸗e/法律顧問 Rechtsberater *m.* -s, -.

こもんじょ 古文書 [alte] Urkunde, -n; die alte Handschrift, -en ‖ 古文書学 Urkundenlehre *f.* -n.

こや 小屋 [Berg]hütte (Feldhütte) *f.* -n; Baracke *f.* -n; Blockhütte (丸木の) *f.* -n; Bude *f.* -n (見世物などの); Häuschen *n.* -s, -; Kate *f.* -n (小作農などの); Koben *m.* -s, - (豚の); Schuppen *m.* -s, - (差掛の); Stall *m.* -[e]s, ⸗e (家畜の)/小屋を掛ける eine Hütte auf|schlagen*; ein Häuschen bauen (errichten).

こやぎ 子山羊 Zicklein *n.* -s, -; Zickchen *n.* -s, - ‖ die kleine junge Ziege, -n; Kitz *n.* -es, -e; Kitze *f.* -n.

こやく 子役 Kinderrolle *f.* -n; die jugendliche Rolle, -n; Jugendschauspieler *m.* -s, - (役者).

ごやく 誤訳 die falsche Übersetzung, -en; Fehlübersetzung *f.* -en; Übersetzungsfehler *m.* -s, -; Missdeutung *f.* -en (曲解)/誤訳する falsch übersetzen⁴ (übertragen*⁴); missdeuten (missdeutete, missdeutet).

こやくにん 小役人 der unbedeutende (geringfügige; kleine) Beamte*, -n, -n; „Untermensch" *m.* -en, -en; Offiziant *m.* -en, -en.

こやし 肥やし Dung *m.* -[e]s, -[e]s; Düngemittel (Düngungs-) *n.* -s, -; Dünger *m.* -s, -; Düngung *f.* -en; der Inhalt (-[e]s, -e) der Mistgruben (下肥込)‖液状肥やし (Dünger)jauche *f.* -n.

こやす 肥やす ❶ (地味を) düngen⁴; durch Dünger bereichern⁴; befruchten⁴; fruchtbar machen⁴. ❷ (富む) ⁴sich bereichern; ein|heimsen⁴. ❸ (太らす) fett (dick; feist) machen⁴; mästen⁴.

こやすがい 子安貝 (貝) Kauri *m.* -s, -s (*f.* -s); Kaurimuschel *f.* -n.

こやま 小山 [Erd]hügel *m.* -s, -; [An]höhe *f.* -n (丘陵); Grabhügel (塚).

こゆう 固有の wesens|eigen (art-); an|geboren (ein-) (生来の); bezeichnend (*für*⁴); charakteristisch (*für*⁴ 特性の); eigen[artig]; eigentümlich; einheimisch; kennzeichnend (*für*⁴); typisch (*für*⁴) ‖ 固有名詞 Eigenname *m.* -ns, -n/それは山田氏固有のやり方だ Das ist der Yamada, wie er leibt und lebt.

こゆき 粉雪 Pulverschnee *m.* -s; der feinkörnige (pulv[e]rig) Schnee.

こゆび 小指 der kleine Finger, -s, -; [足の] die kleine Zehe, -n; der kleine Zeh, -s, -en.

こよい 今宵 der heutige (dieser) Abend, -s; heute Abend (Nacht).

こよう 雇用 [Dienst]anstellung *f.* -en; Dienst|verhältnis (Arbeits-) *n.* ..nisses, ..nisse (雇用関係); Engagement *n.* -s, -s ‖ 雇用契約 Dienst|vertrag (Arbeits-) *m.* -[e]s, ⸗e (od. -kontrakt *m.* -[e]s, -e)/雇用条件 Dienst|bedingung (Arbeits-) *f.* -en/雇用主 Arbeit|geber (Auftrag-) *m.* -s, -; Brotherr *m.* -n, -en; Prinzipal *m.* -s, -e.

ごよう 誤用 Missbrauch *m.* -[e]s, ⸗e; der falsche (verkehrte) Gebrauch, -[e]s, ⸗e; die falsche (unrichtige) Anwendung, -en (Benutzung, -en; Verwendung, -en). ── 誤用する missbrauchen⁴ (missbrauchte, missbraucht); falsch (unrichtig; verkehrt) gebrauchen⁴ (an|wenden(*)⁴; benutzen⁴; verwenden(*)⁴).

ごよう 御用 ❶ (公の) das offizielle (amtliche; behördliche; dienstliche) Geschäft, -[e]s, -e/宮中の御用達 der kaiserliche Hoflieferant, -en, -en. ❷ (注文) Bestellung *f.* -en; Lieferauftrag *m.* -[e]s, ⸗e. ❸ (用向) die Anliegen *n.*, -/Ihr Begehr *m.* (*n.*) -[e]s, -[e] (まれに -e)/Ihr Geschäft *n.* -[e]s, -e ‖ 御用の方は横丁の山田方へ Erkundigungen sind bei Yamada, in der Nebengasse, einzuziehen./校長が御用ですよ Der Direktor wünscht Sie zu sprechen./御用のお方は呼鈴を押して下さい Wenn Sie etwas wünschen, klingeln Sie bitte!/何の御用でしょうか Womit kann ich Ihnen dienen? ‖ 御用納め der Geschäftsschluss (-es, ⸗e) bei den Behörden am Jahresende/御用係 Hofverwalter *m.* -s, -/御用聞き Laufbursche (Kunden-) *m.* -s, -/Abonnenten|sammler *m.* -s, - 《俗》⁻fänger *m.* -s, -/御用商人 der Lieferwerber (Kunden-) *m.* -s, -/御用商人 der Lieferant (-[e]s, -en) (Lieferer, -s, -) einer Behörde/御用新聞 die der ³Regierung zur Verfügung stehende Zeitung, -en; die der ³Regierung gefügige Zeitung; Regierungsblatt *n.* -[e]s, ⸗er (政府機関紙)/御用地 Kronländer (*pl*); Kammergut *n.* -[e]s, ⸗er/御用邸 das kaiserliche Lustschloss, -es, ⸗er (Landhaus, -es, ⸗er)/御用始め Geschäftsbeginn (-[e]s) bei den Behörden am Jahresanfang (für das ganze Jahr).

こようじ 小楊枝 Zahnstocher *m.* -s, -.
こよみ 暦 Kalender *m.* -s, -; Almanach *m.* -s, -e; Jahrbuch *n.* -[e]s, ⸗er/暦をくる im Kalender hinein|blicken; den Kalender zu Rate ziehen* ‖ 壁暦 Wandkalender *m.* -s, -.
こより 紙[縒]faden *m.* -s, ⸗/こよりをよる Papier zu einem Faden zwirnen (zusammen|drehen).
こら He!; Hallo!; Pass auf!; Mensch! 《憤慨して》.
こらい 古来 seit [ur]alten Zeiten; seit alters [langem]; von alters her; von je; von ³Ewigkeit [her]; von [ur]alten Zeiten [her]/古来の習慣 die alt[ehrwürdig]en Gebräuche (*pl*).
こらえる 堪える ❶ [こらえ忍ぶ] (er)tragen*⁴; aus|halten*⁴; aus|stehen*⁴; [er]dulden*; ⁴sich gedulden/こらえられぬ unerträglich; unausstehlich; nicht zu ertragend (auszu|haltend; auszustehend)/もうこれ以上こらえられない Das kann ich nicht mehr ertragen. ❷ [抑制] beherrschen*; bezwingen*⁴; im Zaun[e] halten*⁴; unterdrücken*; zügeln*; zurück|halten*⁴/⁴sich beherrschen; Ruhe behalten*; ruhig Blut bewahren; seine Zornesregung ersticken; den Zorn unterdrücken. ❸ [寛恕] verzeihen*⁴ 《*jm*》; vergeben*⁴ 《*jn*》; durch die Finger sehen*⁴; ein Auge zu|drücken; fünf gerade sein lassen*.
ごらく 娯楽 Vergnügen *n.* -s; Belustigung *f.* -en; Erholung *f.* -en/レクリエーション); Kurzweil *f.*; Unterhaltung *f.* -en; Vergnügung *f.* -en; Zerstreuung *f.* -en; Unterhaltungs- ‖ 娯楽映画 Unterhaltungsfilm *m.* -[e]s, -e/娯楽産業 Unterhaltungsindustrie *f.* -n/娯楽雑誌 Unterhaltungszeitschrift *f.* -en/娯楽室 Vergnügungs]saal *m.* -[e]s, ..säle (-halle *f.*)/娯楽小説 Unterhaltungs]novelle *f.* -n (-roman *m.* -s, -e)/娯楽番組 Unterhaltungsprogramm *n.* -s, -e.
こらしめ 懲らしめ Züchtigung *f.* -en; Bestrafung *f.* -en; Zurechtweisung *f.* -en.
こらしめる 懲らしめる züchtigen 《*jn*》; bestrafen 《*jn*》; die Hosen straff ziehen* 《*jm*》; einen Denkzettel [mit]geben*⁴ 《*jm*》; zurecht|weisen* 《*jn*》.
こらす 凝らす konzentrieren*⁴; an|spannen*⁴; sammeln*; vertiefen*; zusammen|nehmen*⁴/心を凝らす ⁴sich konzentrieren 《*auf*⁴》; alles um ⁴sich vergessen*; die Aufmerksamkeit spannen*; die Sinne an|spannen; ⁴sich sammeln; ⁴sich versenken 《*in*⁴》; ⁴sich vertiefen 《*in*⁴》; ⁴sich widmen*; ⁴sich zusammen|nehmen*/心を凝らして von ganzem Herzen; mit ³Lieb und ³Seele/瞳を凝らす ganz ¹Auge sein; ⁴sich völlig auf das Schauen konzentrieren/くふうを凝らす ⁴sich den Kopf zerbrechen* 《*über*⁴; *um*⁴》; seine ganze Erfindungsgabe auf|bieten* (ein|setzen) 《*für*⁴》; sein ganzes Erfindungsvermögen auf eine harte Probe stellen/耳を凝らす ganz ¹Ohr

sein; gespannt zu|hören³.
コラム Kolumne *f.* -n/コラムニスト Kolumnist *m.* -en, -en.
ごらん 御覧のとおり wie Sie sehen/御覧に入れます Ich bitte Sie um Ihre gefällige Durchsicht (Ihr geneigtes Durchsehen)./御覧に入れる zur Besichtigung unterbreiten³⁴; zur Ansicht vor[legen]³⁴/それ御覧 Da sehen Sie! Habe ich nicht Recht gehabt?
こり 凝り Steifheit *f.* -en; das Härten*, -s/肩の凝りをもませる ³sich die steifen Schultern (*pl*) massieren lassen*.
こり 梱 [Waren]ballen *m.* -s, -.
こりかたまる 凝り固まる ❶ [凝結] gerinnen*; zum Gerinnen kommen* [s]; erstarren [s]; fest und steif werden*; zusammen|laufen* [s]. ❷ [熱狂] schwärmen 《*für*⁴》; begeistert sein 《*für*⁴》; gefesselt (hingerissen) sein 《*von*³》. ❸ [固執] blind ergeben* sein. ── 凝り固まった schwärmerisch; blind; eingefleischt; fanatisch; glaubenswütig; ganz verbohrt (verrannt).
こりこう 小利口な klügelnd; gerissen; naseweis; vernünftelnd/小利口な男だ Er tut, als ob er die Weisheit mit Löffeln gefressen hätte.
こりごり こりごりする zu schlechte Erfahrungen gemacht haben 《*mit*³》; ein Lied zu singen wissen* 《*von*³》; die Geschichte satt haben/いっぺんでこりごりだ Einmal ist's übergenug! Nie wieder (lasse ich mich darauf ein)!
こりしょう 凝り性の schwärmerisch; eifernd; fanatisch; mit Leib und Seele hingegeben; wählerisch 《選り好みする》/凝り性の人 Schwärmer *m.* -s, -; Eiferer *m.* -s, -; Fanatiker *m.* -s, -; der mit Leib und Seele Hingegebene*, -n, -n; der Wählerische*, -n, -n.
こりつ 孤立 Isolierung *f.* -en; Isoliertheit *f.*; Abgeschlossenheit *f.*; Alleinsein *n.* -s; Einsamkeit *f.* -en; Einzelgängertum *n.* -s; Hilflosigkeit *f.*; Vereinzelung *f.*/孤立を誇りとしている Er ist auf sein Einzelgängertum stolz./孤立した isoliert; abgeschlossen; allein stehend; einsam; ein|zelgängerisch; hilflos; vereinzelt. ── 孤立する ⁴sich isolieren; ⁴sich ab|schließen* 《*von*³》; allein (für ⁴sich) stehen*; einsam (hilflos; vereinzelt) sein; ein einsames (hilfloses; vereinzeltes) Dasein führen; als ¹Einzelgänger leben. ‖ 孤立主義 der Grundsatz (-es, ⸗e) der Isolierung; Isolationsprinzip *n.* -s, ..pien/国際的(経済的)孤立 die internationale (ökonomische) Isolierung.
ごりむちゅう 五里霧中 hilf- und ratlos; im Finstern tappend 《*nach*³》; nicht ein noch aus wissend; ³sich keinen Rat wissend; ³sich nicht zu helfen wissend; weder hin noch her wissend; verdutzt 《呆然として》; verwirrt 《混乱して》; verworren 《混乱以上》.

ごりやく 御利益 Gottes Gnade *f.* -n (Schutz *m.* -es, -e; Segen *m.* -s, -); die erhörte Bitte 《-n》 an ⁴Gott／御利益がある ⁴sich als gnädig (⁴Schutzgott; segenspendend) zeigen; *js* Bitte an ⁴Gott wird erhört.

こりょ 顧慮する berücksichtigen⁴; Rücksicht nehmen* 《*auf*⁴》; beachten⁴; in ⁴Betracht ziehen*⁴／顧慮しない gleichgültig (teilnahmslos; gefühllos) sein 《*gegen*⁴》; unbekümmert sein 《*um*⁴》.

ごりょう 御料 die kaiserliche Besitzung, -en; das Eigentum 《-s, ¨er》 der kaiserlichen Familie ‖ 御料地 Kronländer 《*pl*》; Kammergut *n.* -[e]s, ¨er／御料馬車 der kaiserliche Pferdewagen, -s, -／御料林 Kronwaldung *f.* -en.

ごりょう 御陵 das kaiserliche Mausoleum, -s, -en; Fürstengruft *f.* ¨e.

こりょうりや 小料理屋 Kneipe *f.* -n; ein kleines Restaurant, -s, -s.

ゴリラ Gorilla *m.* -s, -s.

こりる 懲りる schlimme Erfahrungen 《*pl*》 gemacht haben; durch Schaden klug werden; seinen Denkzettel weg|haben*; ³sich zur bitteren Lehre dienen lassen*⁴.

ごりんたいかい 五輪大会 ⇨**オリンピック**.

こる 凝る ❶ schwärmen 《*für*⁴》; begeistert sein 《*für*⁴》; gefesselt (hingerissen) sein 《*von*³》／凝っては思案に能わず Zu viel Nachdenken schadet nur. ❷ [腕などが] steif (hart) werden; [⁴sich] verhärten 《*v.i.* のとき [s]》. ❸ [服装などに] wählerisch (schwer zu befriedigen) sein／凝った geschmackvoll; von gutem (erwähltem; gewähltem) Geschmack; feinschmeckerisch; kennerhaft; kunstvoll; sorgfältig auserlesen; verfeinert.

コルク Kork *m.* -[e]s, -e; Korken *m.* -s, - 《コルク栓》; Pfropfen *m.* -s, -; Stopfen *m.* -s, -; Stöpsel *m.* -s, -／コルクをはめる [zu|-]korken⁴; verkorken⁴; mit [Kork]stöpsel[n] verschließen*⁴／コルクを抜く entkorken⁴; den Kork[en] heraus|ziehen* ‖ コルク底 Kork[einlege]sohle *f.* -n／コルク底の aus (von) ³Kork[einlege]sohle／コルク抜き Kork[en]⸾zieher (Pfropfen-) *m.* -s, -.

コルセット Korsett *n.* -s, -e (-s); [Schnür-]mieder *n.* -s, -; Hüfthalter *m.* -s, -; [Schnür]leibchen *n.* -s, -; Schnürleib *m.* -[e]s, -er.

コルト Colt *m.* -s, -s; Revolver *m.* -s, -.

ゴルフ Golf *m.* -[e]s, -e; Golfspiel *n.* -[e]s, -e／ゴルフをする人 Golfer *m.* -s, -; Golfspieler *m.* -s, -／ゴルフをする Golf spielen ‖ ゴルフクラブ Golf⸾schläger *m.* -s, - (-keule *f.* -n)／ゴルフ場 Golfplatz *m.* -es, ¨e／ゴルフズボン Golfhose *f.* -n／ゴルフバッグ Köcher *m.* -s, -／ゴルフ服 Golf⸾anzug *m.* -[e]s, ¨e.

コルホーズ Kolchos *m.* -, -e; Kolchose *f.* -n.

これ ❶ [指示] dieser*; der*／これで damit; hiermit／これ見よがしに in auffälliger Weise; demonstrativ; mit augenfälliger Absicht; ostentativ; prahlerisch; zur Schau getragen／これによってこれをみれば um hiernach zu schließen; im Hinblick auf (mit Rücksicht auf) diese Tatsachen 《*pl*》; unter diesen Umständen 《*pl*》／これをもって aus diesem Grund[e]; daher; darum; deshalb; deswegen; folglich; infolgedessen／これしきのこと solch eine Kleinigkeit, -en (Bagatelle, -n; Belanglosigkeit, -en; Geringfügigkeit, -en; Lappalie, -n; Unbedeutendheit, -en)／これより先 davor; hiervor; vor diesem／これぞという理由もなく ohne nennenswerten (besonderen) Grund; ohne dass ein plausibler (stichhaltiger; vernünftiger) Grund anzugeben wäre. ❷ [呼びかけ] He! ⸾ Hallo! ⸾ Achtung!

これから von jetzt (nun) an (ab); fernerhin; fort⸾ab (-an); fürder[hin]; hernach; in ³Zukunft; [zu]künftig.

これきり [今度だけ] ein für allemal; nur für diesmal (für dieses eine Mal); [全部] Das ist alles. ⸾ Mehr ist es nicht. [否定] nie wieder; niemals.

コレクション Sammlung *f.* -en; Kollektion *f.* -en.

コレクトコール R-Gespräch *n.* -[e]s, -e.

これこれ der* und der*; so und so／これこれの家で in dem und dem Haus[e]／これこれの人に手紙を出す an die und die [Personen 《*pl*》] [Briefe] schreiben*.

コレステロール Cholesterin *n.* -s.

コレスポンデンス Handelskorrespondez *f.* -en; der kaufmännische Briefwechsel, -s, -; Geschäftsbrief *m.* -[e]s, -e.

これだけ nur das* (dies[es]); das (dies[es]) allein; so viel (so wenig)／これだけ残していった Er hinterließ nichts als dies[es]. ⸾ Das war alles, was er hinterlassen hatte.

これっぱかり ⇨**こればかり**.

こればかり こればかりの so gering[fügig] (knapp; spärlich; unbedeutend; winzig)／こればかりでは駄目だ So etwas Weniges tut es nicht. ⸾ Solch eine geringe Menge hat keinen Zweck.

これほど これ程 so; solcherart; solchermaßen; auf solche (in solcher) Weise／これ程役にたつものは見たことがない So etwas Nützliches (Zweckmäßiges) habe ich noch nie gesehen. ⸾ Das ist das Allernützlichste, was ich je gesehen habe.

これまで ❶ [時] bisher; bis dato (heute; jetzt; zu diesem Augenblick; zu dieser Zeit); bislang／これまでの経験 die bisherigen Erfahrungen 《*pl*》. ❷ [所] bis hierher; bis zu dieser Stelle.

コレラ Cholera *f.*; Choleraepidemie *f.* -n／擬似コレラの choleraähnlich ‖ コレラ患者 der Cholerakranke*, -n, -n／コレラ菌 Cholerabazillus *m.* -, ..zillen; Spirille *f.* -n／コレラ予防注射 Anticholera-Einspritzung *f.* -en; Anticholerainjektion *f.* -en.

ころ 頃 ungefähr (etwa) um die Zeit; gegen⁴; um ... herum; wenn／四月の末頃 gegen Ende April／太陽が昇る頃 etwa beim Sonnenaufgang; wenn die Sonne aufgeht／三時頃です Es ist um drei [Uhr] herum. ⸾

Es ist beinahe (fast; gegen) drei (Uhr).

ごろ ❶ ⇨ごろつき。**❷**《野球》Tiefball *m.* -(e)s, ⸗e; Bodenhüpfer *m.* -s, -. ¶ 政治ごろ der politische Gesinnungslump, -en; -en;

ごろ 語呂 Wortklang *m.* -(e)s, ⸗e; Ausdrucksform *f.* -en; die Art und Weise des mündlichen Ausdrucks; Sprechton *m.* -(e)s, ⸗e/語呂が悪い schlecht zusammen|reimen (klingen⁴); an ³Wohllaut (Euphonie) mangeln; euphonisch viel zu wünschen übrig lassen⁴/¶ 語呂合わせ Reimspiel (Wort-) *n.* -(e)s, ⸗e; Kalauer *m.* -s, -.

-ごろ -頃 ¶ 朝の九時頃 gegen 9 (Uhr) morgens; um neun (Uhr) herum/ちょうど見頃である gerade die Hochsaison sein zum Schauen/ちょうど食べ頃に焼けている eben recht gar sein zum Essen.

ころあい 頃合の angemessen; geeignet; handlich; maßgemäß ⁴(gerecht); passend/頃合を見計らって den günstigen Augenblick ausnützend; aus der Gunst des Augenblicks Vorteil ziehend/魚が頃合に焼けています Der Fisch ist, wie er sein sollte, gebacken (gar).

コロイド Kolloid *n.* -(e)s, -e/コロイド状の kolloidal.

ころう 故(古)老 Nestor *m.* -s, -en; Senior *m.* -s, -en; die Alten (*pl*)/村の故(古)老 die Dorfältesten (*pl*).

ころう 固陋 Verbohrtheit *f.*; Beschränktheit *f.*; Borniertheit *f.*; Engherzigkeit *f.*; Sturheit *f.*/固陋な verbohrt; beschränkt; borniert; engherzig; stur.

ころがき ころ柿 die getrocknete Persimone, -n.

ころがす 転がす ❶ [反転して] rollen⁴; ins Rollen bringen⁴⁴; über den Haufen werfen⁴⁴; um|stürzen⁴; um|werfen⁴⁴; wälzen⁴/転がし落とす nieder|rollen⁴ (-|stürzen⁴; -|wälzen⁴; -|werfen⁴⁴).

ころがる 転がる ❶ [転げる] ⁴sich herum|drehen (-|wälzen). **❷** [倒れる] [hin]fallen⁴ ⓢ; nieder|stürzen ⓢ/転げ(転がり)落ちる hinunter|fallen⁴ (-|stürzen⁴; -|wälzen⁴)/転がり込む unerwartet (hereingeschneit) kommen⁴ ⓢ/家に転がり込んで来た者がある Da ist mir einer ins Haus hereingeweht. ¶ [寝転ぶ] ⁴sich hin|legen (nieder|-); ⁴sich zur Ruhe legen.

ごろく 語録 Analekten (*pl*)/毛沢東語録 Analekten von Mao Tse Tung; Maobibel *f.* -n.

ころげる 転げる ⇨ころがる。

ころころ 転転 ⁴sich überschlagen; purzeln ⓢ/ころころ倒れる einer nach dem anderen hin|fallen⁴ (nieder|-) ⓢ.

ごろごろ ごろごろいう 《猫が》 spinnen⁴; schnurren; brummende Töne von ³sich geben⁴⁴/《ごろごろ鳴る〈雷など〉》 [dahin]|rollen; dröhnend tönen. —— ごろごろする **❶** [ころがる] ⁴sich kugeln; [⁴sich] rollen; ⁴sich um die Achse drehen; ⁴sich wälzend fort|bewegen. **❷** [遊び暮らす] müßig umher|gehen⁴ ⓢ; auf der Bären-

haut (faulen Haut) liegen⁴; die Hände in den Schoß legen; faulenzen; feiern; in der Tag hinein|leben; bummeln|lungern⁴; ⁴sich aufs Ohr legen.

ころし 殺し Mord *m.* -(e)s, -e ¶ 殺し文句 drohende (Furcht erweckende) Worte (*pl*)/殺し屋 ein professioneller Mörder, -s, -/幼児殺し Kinds|mord (Kinder-) *m.* -(e)s, -e.

ころす 殺す töten⁴; um|bringen⁴ (*jn*); ums Leben bringen⁴ (*jn*); [er]morden (*jn* 謀殺); erschlagen⁴ (*jn* 斬殺); hin|richten (*jn* 処刑); schlachten⁴ (虐殺). —— 息を殺して mit verhaltenem Atem; den Atem an|halten.

コロタイプ Farbenlichtdruck *m.* -(e)s, -e ∥ コロタイプ版 Farbplatte *f.* -n.

ごろつき Land|streicher (Herum-) *m.* -s, -/ Haderlump *m.* -en; Strolch *m.* -(e)s, -e; Stromer *m.* -s, -; Vagabund *m.* -en, -en; Wanderbettler *m.* -s, -; Halunke *m.* -n, -n (悪徒); Lump *m.* -en, -en 《同上》; Raufbold *m.* -(e)s, -e 《乱暴者》; Schurke *m.* -n, -n; Tunichtgut *n.* -(e)s, -e; Wicht *m.* -(e)s, -er.

ごろつく ❶ [うろつく] ⁴sich umher|treiben⁴; umher|streifen (-|wandern) ⓢ; herum|lungern ⓗⓢ; strolchen ⓢ; stromern; vagabundieren; zigeunern. **❷** [のらくらする] müßig gehen⁴ ⓢ; die Zeit vertrödeln; auf der Bärenhaut (faulen Haut) liegen⁴; die Hände in den Schoß legen; in den Tag hinein|leben.

コロッケ Krokette *f.* -n 《ふつう*pl*》; Brätling *m.* -s, -e.

コロナ Korona *f.* ..nen; Strahlenkranz (*m.* -es, ⸗e) (der Sonne).

ごろね ごろ寝する ohne Decke schlafen⁴ (liegen⁴); ein Nickerchen (Schläfchen) nehmen⁴ (halten⁴).

ころばす 転ばす ⇨ころがす。

ころぶ 転ぶ ❶ [転げる] [dahin]|rollen ⓢ/転び回る ⁴sich wälzen (*in*³); ⁴sich herum|werfen⁴ (*in*³); ⁴sich umher|werfen⁴ (*in*³). **❷** [倒れる] hin|fallen⁴ ⓢ; [nieder|-] stürzen⁴; zu Fall kommen⁴ ⓢ/ひどく転ぶ schwer fallen⁴ ⓢ; einen schweren Fall tun⁴. ¶ 転ばぬ先の杖 ‚Vorsicht ist besser als Nachsicht.' ‚Vorgetan und nachbedacht, hat manchem schon groß Leid gebracht.'

ころも 衣 ❶ ⇨きもの。**❷** [僧侶の] die geistliche Tracht, -en; Priestergewand *n.* -(e)s, ⸗er 《[詩] -e》。**❸** [食物の] Überzug *m.* -(e)s, ⸗e; Zuckerglasur *f.* -en (砂糖の).

ころり ころりと sofort; auf der Stelle; geschwind; im Nu (Handumdrehen); auf ⁴Knall und ⁴Fall; prompt.

ごろり ごろりと寝る ⁴sich hin|legen, um zu schlafen; ⁴sich nieder|legen zum Ruhen.

コロン Kolon *n.* -s, -s (..la); Doppelpunkt *m.* -(e)s, -e.

コロンビア Kolumbien *n.* -s/コロンビアの kolumbianisch ∥ コロンビア人 Kolumbianer *m.* -s, -.

こわい 怖い ❶ fürchterlich; entsetzlich; furchtbar; grässlich; schauderhaft; schauerlich; schrecklich / 怖い顔の das grimmige Gesicht, -(e)s, -er; das zornige Aussehen, -s / der böse Blick, -(e)s, -e; die bedrohliche Miene, -n / 怖い顔をする ein grimmiges Gesicht haben (machen); zornig aus|sehen*; böse drein|schauen; eine bedrohliche Miene machen / 怖い目に逢う eine schreckliche Erfahrung haben; erschreckt werden; in ⁴Angst versetzt werden. ❷ [怖がる] ⇨**こわがる**.

こわい 強い zäh; hart; stark.

こわいけん こわ意見 die scharfe (strenge) Ermahnung (Vorhaltung) Warnung; Zurechtweisung, -en; der strenge Verweis, -es, -e / こわ意見する scharf (streng) ermahnen (*jn*) vor|halten*⁴ (*jm*); warnen (*jn vor*³); zurecht|weisen* (*jn*); tüchtig verweisen*⁴ (*jm*).

こわいろ 声色 ❶ ⇨**こわね**. ❷ [仮声] die Nachahmung (-en) der Stimme eines anderen*; die nachgeahmte Stimme, -n《声そのもの》; das Bauchreden*, -s《腹話術》/ 声色使い der Nachahmer (-s, -) von Schauspielerstimmen; Bauchredner *m.* -s, -《腹話術師》/ 声色を使う die Stimme eines anderen* nach|ahmen; bauchreden.

こわがる 怖がる ⁴sich fürchten (*vor*³); Furcht (Angst; Schrecken) haben (empfinden*) (*vor*³); erschrecken* (*vor*³); es bangt (*jm* (*in*) *vor*³); ⁴sich [be]ängst[ig]en (*vor*³); ⁴sich scheuen (*vor*³). — 怖がらす Bange machen (*jn*); [er]schrecken (*jn*); be|ängst[ig]en (*jn*); ein|schüchtern (*jn*); Furcht (Angst; Schrecken) ein|jagen (*jm*).

こわき 小脇 に抱える unter den Arm greifen*⁴ (nehmen*⁴; packen⁴).

こわく 惑わく ⇨**みわく**(魅惑).

こわけ 小分け Unterteilung *f.* -en / 小分けする unterteilen⁴ / Unterteilungen machen; noch weiter teilen⁴.

こわごわ 怖々 furchtsam; ängstlich; bange; scheu; schüchtern; zaghaft.

ごわごわ ごわごわの steif; grob; rau.

こわす 毀す entzwei|brechen*⁴; zerbrechen*⁴; ab|reißen*⁴ (nieder|-)《建物などを取り壊す》; dem Erdboden gleich machen⁴《跡形もなく》; vernichten⁴; zerrütten⁴《健康を》; zerstören⁴《破壊》; zugrunde (zu Grunde) richten⁴《破壊》/ 体を毀した苦労と過労で体をこわした Sorge und Überarbeitung haben seine Gesundheit zerrüttet. Seine Gesundheit ist durch Sorgen und Überanstrengung zerstört worden.

こわね 声音 der Ton (-(e)s, "-e) der Stimme; Klangfarbe *f.* -n《声色》; Timbre *n.* -s, -s《同上》; Tonfall *m.* -(e)s, "-e《抑揚》.

こわばる 強張る ⓢ; ⁴sich verhärten; ⁴sich versteifen; starr (steif) werden / こわばった verhärtet; verhärtet; hart.

こわれる 毀れる das [Entzwei]brechen* (Zerbrechen*), -s; Bruch *m.* -(e)s, "-e; Scha-

den *m.* -s, "-; Bruchstück *n.* -(e)s, -e《破片》/ 毀れ物 der leicht zerbrechliche (brüchige) Gegenstand, -(e)s, "-e; der zerbrochene (gebrochene) Gegenstand《既に毀れた》/ 毀れ物注意 Leicht zerbrechlich — Vorsicht!《包装の表記》.

こわれる 毀れる entzwei|brechen* (zerbrechen*) ⓢ; entzwei (in ⁴Scherben; kaputt) gehen* ⓢ; nach|geben*; zerbrochen (zerstört; zugrunde (zu Grunde) gerichtet) werden / 毀れかかった beinahe kaputt; dem Zusammenbruch entgegengehend; schadhaft; baufällig《建物》/ 毀れやすい leicht zerbrechlich; brüchig; fragil; spröde.

こん 根 ❶ [数] Wurzel *f.* -n / ある数の根を出す die Wurzel aus einer Zahl ziehen*. ❷ ⇨**こんき**(根気). ‖ 平方(立方)根 Quadratwurzel (Kubikwurzel) *f.* -n.

こん 紺 Dunkelblau *n.* -s / 紺の dunkelblau.

こんい 懇意な vertraut; innig; intim; freundschaftlich; eng; nah / 懇意な人 Freund *m.* -(e)s, -e ※形容詞をつけ方がよい. — 懇意になる *js* (mit *jm*) Bekanntschaft machen《知り合いになる》; guter Freund werden (*mit*³); Freundschaft schließen* (*mit*³) / 懇意にしている *jn* gut kennen*; mit *jm* vertrauten Umgang haben (auf vertrautem Fuß(e) leben); mit *jm* intim sein; zu *jm* in engen (nahen) Beziehungen stehen*.

こんいん 婚姻 Heirat *f.* -en; Vermählung *f.* -en ⇨**けっこん**(結婚) / 婚姻能力ある heiratsfähig; mannbar《男にも》.

こんか 婚家 die Familie 《-n》, in die *j.* eingeheiratet hat.

こんかい 今回 diesmal ⇨**こんど**.

こんがらかる ⁴sich verwickeln; ⁴sich verwirren*《糸でも事件でも》; ⁴sich verfilzen; ⁴sich verfitzen; ⁴sich verheddern《糸などが》/ こんがらかった事件 der verwickelte Fall, -(e)s, "-e / 彼の演説はすっかりこんがらかってしまった Er hat sich in seiner Rede schön verheddert.

こんがん 懇願 Anliegen *n.* -s, -; Ansuchen *n.* -s, -; Ersuchen *n.* -s, -; die inständige (dringende) Bitte, -n / 懇願する zu *jm* flehen (*um*¹⁴); *jm* ein Anliegen vor|bringen* (*um*⁴); *jn* ersuchen (*um*⁴); eine inständige Bitte an *jn* richten (stellen); bitten*⁴.

こんき 婚期 das heiratsfähige Alter, -s / 婚期に達している heiratsfähigen Alter sein / 婚期を逸する die günstige Zeit zur Heirat verpassen.

こんき 今期 dieser (der gegenwärtige) Jahresabschnitt, -(e)s, -e / 今期の diesmalig; jetzig; gegenwärtig; vom diesem Jahresabschnitt ‖ 今期議会 das diesmalige (gegenwärtige《現在開会中の》); kommende《来るべき》Parlament, -(e)s, -e / 今期決算 der gegenwärtige Jahresabschluss *m.* -es, "-e dieses Rechnungsjahres.

こんき 根気 [精力] Energie *f.* -n; (Geistes)kraft *f.* "-e; Körper|kraft (Tat-) / 根気をつめる alle Kräfte an|spannen⁴; ⁴sich mit

こんきゃく 468 **こんごうづえ**

ganzer Kraft einer Sache widmen; Jeder sein Nerv (Jede seine Sehne) spannt ⁴sich (in³). ❷ 忍耐力 Ausdauer f.; Beharrlichkeit f.; Geduld f.; Zähigkeit f./根気がつきる nicht mehr ausdauern (ausharren; durchhalten) können*/根くらべ Geduldspiel n. -(e)s, -e/根気強い人 ein Mensch (m. -en, -en) von zäher Ausdauer/これは相当な根気仕事だ Zu dieser Arbeit gehört größte Geduld./とうとう根気[気]負けした Aber jetzt ist meine Geduld zu Ende (reißt mir die Geduld). ── 根気のよい[よく] unermüdlich; unverdrossen; zäh; geduldig; ausdauernd/『上の諸語をそのまま副詞に用いる』mit unverdrossener Geduld; mit zäher Ausdauer/根気よく研究を続ける eine Nachforschung unverdrossen fortsetzen.

こんきゃく 困却する nicht wissen*, wie ...; ratlos sein; in Verlegenheit (in Not; in Nöten; im Druck; in der Klemme; in der Patsche) sein.

こんきゅう 困窮 ❶ [貧困] Armut f.; [Be-]dürftigkeit f.; Mangel m. -s, ≈; die gedrückten Verhältnisse (pl)/die beschränkten Umstände (pl). ❷ [困苦] Not f. ≈e; Bedrängnis f. ..nisse; Elend n. -(e)s; Notlage f. -n/困窮の極に達する in äußerste (bittere; große; schwere) Not geraten* ⓢ. ── 困窮している [a., adv] 1) [貧困] arm; bedürftig; mittellos; unbemittelt; verarmt. 2) [困苦] aufgeschmissen; bedrängt; elend; hoffnungslos. ❷ [v.] 1) [貧困] in Armut leben; kaum des Lebens fristen; ⁴sich mühsam durch[bringen]* (durch[schlagen]*); von der Hand in den Mund leben. 2) [困苦] in Not (in Nöten; im Druck) sein; hilflos (aufgeschmissen; ratlos) sein/益々困窮するばかりが Immer tiefer ins Elend geraten* ⓢ.

こんきょ 根拠 Grund m. -(e)s, ≈e; Begründung f. -en; Beweis m. -es, -e (証拠); Autorität f. -en (典拠)/根拠のある[wohl] begründet; beurkundet; nachweislich (-lich); authentisch/根拠のない unbegründet; grundlos; [でっち上げの] aus der Luft gegriffen; erfunden/根拠付ける begründen⁴; mit Beweis belegen⁴; den Grund (für⁴) an[geben]* ∥ 根拠地 Stützpunkt m. -(e)s, -e; Operationsbasis f. ..basen.

こんぎょう 今暁 heute in aller Frühe; heute Früh am Morgen; heute bei Tagesanbruch (bei Sonnenaufgang).

こんく 困苦 Not f. ≈e ⇒**こんきゅう**/困苦欠乏にたえる ertragen* und entbehren; Beschwerden ertragen* und ³sich Entbehrungen auf[erlegen].

ゴング Gong m. -s, -s/ゴングが鳴る es gongt/ゴングが鳴って戦いが始まる(終わる) Es gongt und der Kampf beginnt (endet).

コンクール Konkurrenz f. -en, -s, -s/コンクール参加者 Mitbewerber m. -s, -s/Teilnehmer m. -s/音楽コンクールに参加する ⁴sich mit[bewerben]* (um⁴)/音楽コンクール Musikwettbewerb m. -(e)s, -e (-konkurrenz f.

-en).

こんくらべ 根くらべ Geduldsprobe f. -n. ⇔**こんき**.

コンクリート Beton m. -s, -s; Fluh f. ≈e/コンクリートで固める betonieren⁴; in Beton aus[führen]⁴; fluhen⁴ ∥ コンクリートミキサー Betonmischmaschine f. -n/鉄筋コンクリート Stahl|beton (Eisen--) m. -s, -s/プレストレストコンクリート Spannbeton m. -s, -s.

コングロマリット Konglomeration f. -en.

ごんげ 権化 Verkörperung f. -en; Fleischwerdung f. -en; Inbegriff m. -(e)s, -e; Inkarnation f.; Personifikation f. -en; Verleiblichung f. -en/資本主義の権化 der verkörperte (fleischgewordene; inkarnierte; personifizierte; verleiblichte) Kapitalismus, -; der Kapitalismus in ³Fleisch und ³Blut in ³Menschengestalt); der Kapitalismus selber.

こんげつ 今月 dieser Monat, -(e)s (略 d. M.); der laufende Monat/今月に diesen Monat; in diesem Monat; im laufenden Monat/今月にも noch im Laufe dieses Monats/今月五日に am 5. dieses Monats/今月十六日の費信 Ihr Brief vom 16. d.M.

こんけつじ 混血児 Mischling m. -s, -e. ⇒**あいのこ**.

こんげん 根元 ❶ [起源] Ursprung m. -(e)s, ≈e; Quelle f. -n; Herkunft f. ≈e. ❷ [原因] Ursache f. -n.

こんご 今後 von nun an; von jetzt ab; hiernach; künftig; in Zukunft/今後の [zu-]künftig; kommend/今後はどうするつもりなのだ Wie denkst du dir denn nun deine Zukunft?/今後ともよろしく Ich hoffe, dass ich Sie noch öfters sehen kann.

コンゴ コンゴ民主共和国 Kongo n. -s (Demokratische Republik Kongo)/コンゴ共和国 Kongo n. -s (Republik Kongo)/コンゴの kongolesisch ∥ コンゴ人 Kongolese m. -n, -n.

こんこう 混交 Mischung f. -en; Gemisch n. -es, -e; Gemenge m. -s, -; Vermischung f. -en; Mischmasch m. -es, -e/混交する [ver]mischen⁴; [ver]mengen⁴ (以上 mit³)/混交して gemischt; vermischt; vermengt ∥ 玉石混交 ein Mischmasch von Gutem und Schlechtem.

こんごう 混合 [Ver]mischung f. -en. ── 混合する mischen⁴ (mit³); mengen⁴ (mit³); vermischen⁴ (mit³); vermengen⁴ (mit³); um|rühren⁴ (攪拌); manschen⁴ (どろどろに); panschen⁴ (水を割る); mixen⁴ (主としてカクテルの場合). ∥ 混合機 Mischmaschine f. -n; Mischer m. -s, -/混合ダブルス das gemischte Doppel, -s, - (テニス)/混合肥料 Kompost m. -(e)s, -e/混合物 Mischung f. -en; Gemisch n. -(e)s, -e; Gemenge n. -s, -; Mengsel n. -s, -/Mischmasch m. -es, -e (ごちゃまぜ); Mixtur f. -en.

こんごう 根号 [数] Wurzelzeichen n. -s, -.

こんごうせき 金剛石 Diamant m. -en, -en; Brillant m. -en, -en/磨かない金剛石 der rohe Diamant.

こんごうづえ 金剛杖 Pilgerstab m. -(e)s,

こんごうりき 金剛力 die herkulische Kraft, -e/金剛力を引きだして mit dem Angebot aller seiner [letzten] Kräfte.

コンコース Versammlungsraum *m.* -[e]s, -e; [公園の] Fahrweg *m.* -[e]s, -e; Promenade *f.* -n (Promenadenplatz *n.* -es, -e) (in einem Park); [駅の] Bahnhofshalle *f.* -n.

ごんごどうだん 言語道断 unerhört; abscheulich; beispiellos; empörend; scheußlich; unverzeihlich; widerwärtig; unaussprechlich (口に言えぬ); unsäglich (同上).

こんこん 懇々と [熱心に] ernstlich; inbrünstig; [再三] wiederholt; immer wieder; [親切に] freundschaftlich; liebevoll; sorgfältig (入念に); fürsorglich (思いやりをもって)／懇々と言いきかせる ernstlich ermahnen⁴; unermüdlich predigen⁴; *jm* fürsorglich ins Gewissen reden.

こんこん 滾々と sprudelnd; in [Hülle und] Fülle; unerschöpflich; 滾々と湧き出る [「泉」などを主語として] sprudeln (*aus*³).

こんこん 昏々と眠る ganz fest (tief) schlafen⁎.

コンサート Konzert *n.* -[e]s, -e ‖ コンサートホール Konzertsaal *m.* -[e]s, ..säle.

こんざつ 混雑 ❶ [雑踏] Gedränge *n.* -s, -; Getümmel *n.* -s, -; Rummel *m.* -s, -; Trubel *m.* -s, -; Tumult *m.* -[e]s, -e. ❷ [交通の] Verkehrs|andrang *m.* -[e]s, -e (-anhäufung *f.* -en, -störung *f.* -en). ❸ [混乱] das Durcheinander⁎, -s; Wirrwarr *m.* -s, -e ― 混雑した gedrängt [voll]/物凄い混雑だった Es war ein schreckliches Gedränge. ― 混雑する [⁴sich] drängen; wimmeln (*von*³; 物が主語); ⁴sich zusammen|drängen; schwärmen s.h./通りは人で混雑していた Die Straßen wimmelten von Menschen.

コンサルタント Berater *m.* -s, -/コンサルタントを何人かかかえている mehrere Berater beschäftigen.

こんじ 根治 die gründliche Heilung, -en; Radikalkur *f.* -en (根治療法)/根治する gründlich heilen⁴ (治す場合も、治る場合も); gründlich kurieren⁴ ‖ 根治薬 Radikalheilmittel *n.* -s, -.

こんじ 恨事 etwas Bedauerliches; die bedauerliche Sache, -n; Unglück *n.* -[e]s, -e (まれに -e) ❖ または「出来事」即ち Geschehnis *n.* ..nisses, ..nisse; Vorfall *m.* -[e]s, -e; das Vorkommen *n.* -s, - などに bedauerlich, beklagenswert を形容詞としてつけて用いる／...は恨事である Es ist sehr zu bedauern, dass .... | Es ist ewig schade, dass .... | 痛恨事 ein großes Unglück.

こんじゃく 今昔の感にたえない von den Änderungen, die in der letzten Zeit stattgefunden haben, beeindruckt sein.

こんしゅう 今週 diese Woche/今週中に(に) (noch) im Laufe dieser Woche.

こんしゅう 今生 dieses Leben, -s, -; Erdenleben *n.* -s, -; diese Welt, -en/今生の別れ der Abschied ⟨-[e]s, -e⟩ auf immer; die letzte Begegnung, -en; das Nimmerwiedersehen⁎, -s/これが今生の別れだぞ Lebe wohl auf immer!

こんじょう 紺青 Berlinerblau (Preußisch-; Berg-) *n.*

こんじょう 根性 Charakter *m.* -s, -; Natur *f.* -en; Wesen *n.* -s, -; Gemüts|art (Wesens-) *f.* -en; [考え方] Gesinnung *f.* -en; Denk|art (Sinnes-) *f.* -en/根性の悪い(ねじけた) böse; boshaft (querköpfig; widerborstig; widerhaarig); 町人根性 Spießbürgertum *n.* -s; Philisterei *f.* -en; [性根(ﾉﾝ)] Rückgrat *n.* -[e]s, -e; 根性のある Mumm in den Knochen haben.

こんじる 混じる mischen⁴ (*mit*³); mengen⁴ (*mit*³); vermischen⁴; vermengen⁴ (混同・混交); verwechseln⁴ (混同同); Wein verschneiden⁎ (ワインに混ぜ物する).

こんしん 懇親 Freundschaft *f.* -en; Geselligkeit *f.* -en/懇親を結ぶ Freundschaft schließen⁎ (*mit*³) ‖ 懇親会 das gesellige Beisammensein⁎, -s.

こんしん 渾身の勇を振う allen Mut zusammen|nehmen⁎.

こんすい 昏睡 Koma *n.* -s; die [anhaltende] Bewusstlosigkeit, -en/昏睡状態に陥る(にある) ins Koma geraten⁎ s (im Koma liegen⁎).

こんすう 根数 Wurzelzahl *f.* -en.

こんずる 混ずる ⇨こんじる.

こんせい 混成 Mischung *f.* -en; Zusammensetzung *f.* -en/混成の gemischt; zusammengesetzt; 混成する mischen⁴; zusammen|setzen⁴. ‖ 混成チーム Auswahlmannschaft *f.* -en.

こんせい 懇請 Ersuchen *n.* -s, -/懇請する *jn* ersuchen (*um*⁴). ⇨こんがん.

こんせい 混声 Mehrstimmigkeit *f.*/混声の mehrstimmig; gemischt ‖ 混声合唱 der gemischte Chor, -[e]s, ..re.

こんせき 痕跡 Spur *f.* -en; das Anzeichen⁎, -s; Überrest *m.* -[e]s, -e/痕跡を残す Spuren hinterlassen⁎/砒素の痕跡を認めた Ich habe eine Spur von Arsen gefunden (*in*³). ⇨あと(跡).

こんせつ 懇切な(に) freundlich; aufmerksam; freundlich; höflich; verbindlich; wohl|gesinnt (-wollend); zuvorkommend; [詳細な] ausführlich; erschöpfend; eingehend; sorgfältig; nichts zu wünschen übrig.

こんぜつ 根絶 Ausrottung *f.* -en; Austilgung *f.* -en; Vertilgung *f.* -en; Vernichtung *f.* -en/根絶する aus|rotten⁴; aus|tilgen⁴; vertilgen⁴; vernichten⁴/雑草は完全に根絶した Unkraut wurde mit Stumpf und Stiel ausgerottet (vertilgt).

こんせん 混戦 Gemenge *n.* -s, -; Kampfgewühl *n.* -s, -e; der hin- und herwogende Kampf, -[e]s, -e/混戦する im Gewühl der Schlacht kämpfen/混戦地 Bezirk ⟨*m.* -[e]s, -e⟩ des erbitterten Wahlkampf[e]s

こんせん 混線 Überlagerung f. -en《電話の》; das Durcheinander, -s《混乱》/混線する Ein Gespräch überlagert ein anderes.《電話が》; durcheinander sein《混乱》/混線してしまう Jemand spricht dazwischen.《電話口で》.

こんぜん 渾然として wie aus einem Guss; von A bis Z/渾然として融和する[miteinander] glücklich harmonieren/渾然として一体となる ein in sich vollendetes Ganzes bilden.

こんぜん 婚前の vor der ³Ehe ‖ 婚前交渉 die Liebe vor der Ehe.

コンセンサス Übereinstimmung f. -en.

コンセント Steckdose f. -n.

コンソメ Consommee f-s (n. -s, -s); Kraftbrühe f. -n; die klare Suppe. -n.

こんだく 混濁 Trübe f. -n; Schmutzigkeit f. -en; Schlammigkeit f. -en /混濁した trüb(e); schlammig; schmutzig; kotig; getrübt.

コンダクター Dirigent m. -en, -en; Kapellmeister m. -s, -; Kantor m. -s, -en《教会合唱の》; Stabführer m. -s, -.

コンタクトレンズ Kontaktlinse f. -n; Haftglas n. -es, =er (-schale f. -n); Kontaktglas n. -es, =er (-schale f. -n)/コンタクトレンズをはめている Kontaktlinsen tragen*.

こんだて 献立 ❶ Speisenfolge f. -n; Speisekarte f. -n《表》◆ Menü n. -s, -s は今日では「定食」の意に用いる。❷ [手配] Programm n. -s, -e《仕事などの》; Vorbereitung f. -en; Vorkehrung f. -en《用意》; Plan m. -s, =e/献立はすべてでき上った Alle Vorkehrungen sind getroffen. ― 献立する die Speisekarte (Speisenfolge) zusammen|stellen; das Programm auf|stellen; ⁴et (⁴sich für ⁴et) vor|bereiten.

こんたん 魂胆 [企て・意図] Vorsatz m. -es, =e; Absicht f. -en; Vorhaben n. -s, -.

こんだん 懇談 Aussprache f. -n《話合い》; Unterhaltung f. -en《うちとけた》; das freundschaftliche Gespräch, -(e)s, -e; Geplauder n. -s《雑談》. ― 懇談する ⁴sich unterhalten* (mit³; von³; über⁴); freundschaftlich sprechen* (mit³; von³; über⁴); ⁴sich beraten* (相談 mit³; über⁴; wegen²⁽³⁾); ⁴sich aus|sprechen* (話合い mit³; über⁴)/折入って懇談したいことがある Ich wünsche eine offene Aussprache mit Ihnen. Ich möchte mich mit Ihnen über ⁴et vertraulich aussprechen. ‖ 懇談会 die zwanglose Aussprache (Beratung, -en).

コンツェルン Konzern m. -s, -e.

コンチェルト Konzertstück n. -(e)s, -e《楽曲》.

こんちゅう 昆虫 Insekt n. -s, -en; Kerbtier n. -(e)s, -e ‖ 昆虫学 Insektenkunde (-lehre) f. -n; Entomologie f. -n/昆虫学者 Insektologe (Entomologe) m. -n, -n/昆虫採集 das Insektensammeln*, -s -(-sammlung f. -en)/昆虫採集網 Insektennetz (Schmetterlings-) n. -es, -e/昆虫用毒殺瓶 Tötungsglas n. -es, =er (-flasche f. -n).

こんてい 根底 Grund m. -(e)s, =e; Grundfeste f. -n (-lage f. -n); Basis f. Basen; Fundament n. -(e)s, -e; Wurzel f. -n/根底の深い tief eingewurzelt; festgewurzelt/根底から von Grund aus; aus dem Grund; in Grund und Boden/根底をゆるがす an den Grundfesten rütteln⁴; in js Grundfesten erschüttern⁴; das Fundament erschüttern/根底をつく einer ³Sache auf den Grund gehen* (s) (sehen*; kommen* (s)); an der Wurzel erfassen⁴/根底に横たわる einer ³Sache zugrunde (zu Grunde) liegen*《根底となっている》.

コンディション Form f. -en; Zustand m. -(e)s, =e/からだのコンディションがわるい(わるい) in guter Form (außer Form) sein/コンディションを整える ⁴sich (jn) in Form bringen*/ベストコンディションである in bester Form sein ‖ グラウンドコンディション Platz|verhältnisse (Boden-) (pl).

コンテスト Wettbewerb m. -s, -e.

コンテナ Leichtmetallkiste f. -n《運送用》; Container m. -s, -/Klein-Behälter m. -s, -. ◆ Klein-Behälter は1tの重さで、Containerに当たるものは Groß-Behälter である ‖ コンテナ運搬 Behälterverkehr m. -s, -/コンテナ港 Containerhafen m. -s, =/コンテナ船 Containerschiff n. -(e)s, -e.

コンデンサー Kondensator m. -s, -en.

コンデンスミルク die kondensierte Milch; Kondensmilch.

コント Kurzgeschichte f. -n.

こんど 今度 [この度] diesmal; dieses Mal; jetzt; nun; nunmehr; [この次] das nächste Mal; [近々] bald; nächstens; in kurzem; [また今度] das andere Mal; ein andermal; [先頃] neulich; kürzlich/今度の diesmalig; jetzig; gegenwärtig《目下の》; neu; nächst; bevorstehend; folgend; kommend; vorig/今度だけ nur dieses (eine) Mal; ein(mal) für allemal/今度は jetzt; nun/今度こそ(は) für diesmal/今度から in Zukunft; vom nächsten Mal/今度の先生 der neue Lehrer, -s, -/今度の試験 das nächste (kommende) Examen, -s, - (来るべき); das letzte Examen《過般の》/今度から忘れません Nächstes Mal werde ich es nicht vergessen. Ich werde es in Zukunft nie vergessen. / 今度という今度はあきれた Diesmal bin ich einfach sprachlos.

こんとう 昏倒する ohnmächtig werden (vor³); in Ohnmacht fallen* (s); zusammen|brechen* (s); ab|sacken (s).

こんどう 混同 Vermengung f. -en; Verwechslung f. -en; Verwirrung f. -en《混乱》. ― 混同する vermengen⁴ (mit³)/混同して durcheinander; zusammenhanglos; verworren/全然異なる二つの概念を混同する zwei völlig verschiedene Begriffe miteinander vermengen/色々なことを混同する die verschiedenen Sachen durcheinander werfen*.

コンドーム Kondom n. -s, -e.

こんとく 懇篤な liebenswürdig; [sehr] auf-

merksam; herzlich; höflich; verbindlich; zuvorkommend.
ゴンドラ Gondel *f.* -n.
コントラスト Gegensatz *m.* -es, ⸚e; Kontrast *m.* -[e]s, -e.
コントラバス Kontrabass *m.* -es, ⸚e; Bassgeige *f.* -n.
コントロール Kontrolle *f.* -n; Beherrschung *f.* -en.
こんとん 渾沌 Chaos *n.* -; Wirrwarr *m.* -s; das Durcheinander*, -s/渾沌とした chaotisch; wirr; wüst/渾沌としている ein wüstes Durcheinander sein/渾沌たる時 chaotische (wild bewegte) Zeiten《*pl*》.
こんな so; so ein*; solcher*; solch ein*; derartig; dergleichen〖無変化〗; so ... wie ...; wie dies/こんな風に so; auf diese (solche) Art (Weise); derart; dergestalt/こんなわけ(事情)で weil die Sache [nun einmal] so steht; da es ⁴sich mit der Sache so verhält; unter diesen (solchen) Umständen; unter den obwaltenden Verhältnissen/こんなにたくさん so viel/こんな[美しい]ものは見たことがない So etwas [Schönes] habe ich noch nie gesehen./こんなことになろうとは Dass so etwas kommen muss! ⁞ Dass die Sache so ein Ende nehmen muss!/こんな風にやってみたのです So (Auf diese Weise) habe ich es versucht./こんなところでしょう Das wäre [es].
こんなん 困難 Schwierigkeit *f.* -en; Mühe *f.* -n; Not *f.* ⸚e; Engpass *m.* -es, ⸚e《隘路》; Verlegenheit *f.* -en《窮境》; Unannehmlichkeit *f.* -en《厄介》; Leiden *n.* -s, -《苦難》; Bedrängnis *f.* ..nisse《苦境》/困難に陥る in Schwierigkeiten (in die Klemme; in Not; in Verlegenheit) geraten* [s]/困難に遭遇する auf Schwierigkeiten stoßen* [s]/困難と戦う mit Schwierigkeiten kämpfen/困難に打克つ die Schwierigkeiten (Hindernisse) überwinden*. ── 困難な schwer; mühsam; schwierig ❖ その他場合に応じて lästig やっかいな, unangenehm 不快な, störend 煩わしい, beschwerlich 面倒な, qualvoll 苦しい, など具体性をもった語を用いる. ── 困難する Schwierigkeiten haben《*mit*³》; Mühe haben《*mit*³》; [seine liebe] Not haben《*mit*³》; Not leiden*《貧窮》.
こんにち 今日 ❶[本日] heute; an diesem Tag/今日中に im Lauf des heutigen Tages; noch heute/今日より以後 von heute ab (an)/今日まで bis heute/先週(来週)の今日 heute vor acht Tagen (in acht Tagen)/去年(来年)の今日 heute vor einem Jahr (übers Jahr)/今日は《あいさつ》Guten Tag! ⁞ Guten Morgen! ⁞ Mahlzeit!《昼休みなど》. ❷[現今] [*n.*] Gegenwart *f.*; Jetztzeit *f.*; das Heute, -; [*adv*] heute; heutigentags; heutzutage; gegenwärtig; jetzt; [*a.*] heutig; jetzig; gegenwärtig; ²der Gegenwart/今日の日本(女性) das Japan《-s》(die Frau, -en) von heute/今日の流行(青少年) die heutige Mode, -n (Jugend)/今日の状態(有様) der jetzige Stand《-[e]s, ⸚e》der Dinge (die gegenwärtigen Zustände《*pl*》)/今日のように忙しい世の中では heutzutage, wo die Zeit kostbar ist/今日の状態では将来に何も期待できない Die Gegenwart verspricht nichts für die Zukunft.
こんにゃく 蒟蒻 Paste《*f.* -n》aus Aronwurz ‖ こんにゃく玉 Aronwurz *f.* -en/こんにゃく版 Hektograph *m.* -en, -en/こんにゃく版に刷る hektographieren⁴.
こんにゅう 混入 Vermischung *f.* -en/混入する vermischen⁴《物を》; ⁴sich mischen《物が》.
コンパ ein geselliges Beisammensein《-s》[von Schülern (Studenten)]; ein gemeinsames Besäufnis, ..nisses, ..nisse《特に学生の》.
コンバーター Konverter *m.* -s, -.
コンパートメント Abteil *n.* -[e]s, -e.
コンパクト Puderdose *f.* -n.
コンパス Zirkel *m.* -s, -; Kompass *m.* -es, -e《羅針盤》/コンパスが長い Er hat lange Beine.
こんばん 今晩 heute Abend/今晩は [あいさつ] Guten Abend!/今晩中に noch heute Abend; im Laufe des heutigen Abends.
コンビーフ Pökel⁞fleisch (Büchsen-) *n.* -[e]s; Cornedbeef (Corned Beef) *n.* -, -.
コンビナート Kombinat *n.* -[e]s, -e.
コンビネーション Verbindung *f.* -en;〖数〗Kombination *f.* -en; Zusammenspiel *n.* -[e]s, -e《スポーツ》; Hemdhose *f.* -n《下着》.
コンピューター Computer *m.* -s, -; eine elektronische Rechenmaschine, -n; Datenverarbeitungsanlage *f.* -n/コンピューター制御の computergesteuert/コンピューターにかける einen Computer bedienen ‖ コンピューターウイルス Computervirus *n.* -, ..viren/コンピューターグラフィック Computergrafik *f.* -en/コンピューターゲーム Computerspiel *n.* -[e]s, -e/コンピューター犯罪 Computerkriminalität *f.*
こんぶ 昆布 Riemen⁞tang (Zucker-) *m.* -[e]s, -e.
コンプレックス Komplex *m.* -es, -e.
コンベア Förderer *m.* -s, -.
こんぺいとう 金平糖 Konfetti《*pl*》.
こんぼう 棍棒 Keule *f.* -n; Knüppel *m.* -s, -; Knüttel *m.* -s, -; Prügel *m.* -s, -; Sportkeule *f.* -n《体操用》; Polizeiknüppel *m.* -s, -《警官用》.
こんぼう 混紡の aus verschiedenen Fasern gesponnen ‖ 混紡糸 Mischgarn *n.* -[e]s, -e.
こんぽう 梱包 versandfertig machen⁴; verpacken⁴/梱包する in ⁴Kisten《*pl*》verpacken.
コンポート Kompott *n.* -[e]s, -e.
こんぽん 根本 Grund *m.* -[e]s, ⸚e; Grundlage *f.* -n; Fundament *n.* -[e]s, -e; Basis *f.* Basen; Quelle *f.* -n《根源》; Wesen *n.* -s, -《本質》. ── 根本的な Grund-; grundlegend; gründlich; tief schürfend; wesentlich《本質的な》; vollständig《完全な》/根本的に gründlich; von Grund aus《根本から》; in den Grund hinein《根本まで》; auf den Grund《gehen*》《根本をついて》. ‖ 根本概念 Grundbegriff *m.* -[e]s, -e/根本原理

コンマ Grundprinzip n. -s, ..pien/根本問題 die wesentliche Frage, -n.

コンマ Komma n. -s, -s (-ta); Beistrich m. -(e)s, -e/コンマを打つ ein Komma setzen/コンマ以下の zehntelstellig; rechts vom Komma (eines Dezimalbruchs) stehend; [劣等の] minderwertig; unter dem Durchschnitt ⇨しょうすう/コンマ以下の数 Dezimale f. -n/コンマ以下の奴 (eine wahre) Null, -en/コンマ以下 (俗) Null Komma nichts. ◆ [3,14の読み方] drei Komma eins vier. また小数点には Punkt (.) は用いない/0.5時間 null Komma fünf Stunden ◆ コンマ以下が1でないときは pl にする（但し「2,1百万」は zwei Komma eins Millionen と俗調の zwei Komma eine Million の両様がある.

こんみょうにち 今明日 heute und morgen/今明日中に noch heute oder morgen; noch heute oder spätestens (bis) morgen.

こんめい 昏迷 Betäubung f. -en; Bewusstlosigkeit f. -en; Ohnmacht f. -en.

こんもう 懇望 Anliegen n. -s, -; Ansuchen n. -s, -; die inständige (dringende) Bitte, -n; der heiße (sehnliche) Wunsch, -(e)s, ⸚e. Ersuchen n. -s, -/彼の懇望により auf sein Ersuchen (hin)/auf seine dringende Bitte (hin)/懇望もだし難く Ich konnte seine (inständige) Bitte nicht gut abschlagen und .... —— 懇望する inständig (dringend) bitten*⁴ (um³); sehnlich wünschen⁴; (dringend) ersuchen⁴ (um³).

こんもり dicht; dick; üppig/こんもり茂った dicht wuchernd; üppig bewaldet.

こんや 紺屋 Färber m. -s, -; Färberei f. -en 《店》/紺屋の白袴 „Der Schuster trägt immer die schlechtesten Stiefel."

こんや 今夜 ⇨こんばん.

こんやく 婚約 Verlobung f. -en; Verlöbnis n. -nisses, ..nisse/婚約を解消する ein Verlöbnis lösen; eine Verlobung auf|lösen/ ʻsich entloben/婚約中の二人 Brautpaar n. -(e)s, -e. —— 婚約する ʻsich verloben (mit³)/婚約している verlobt sein (mit³).
‖ 婚約解消 Entlobung f. -en/婚約者 der (die) Verlobte⁎, -n, -n; Bräutigam m. -s, -e; Braut f. ⸚e 《女》.

こんよう 混用する kontaminieren⁴.

こんよく 混浴 Familienbad n. -(e)s, ⸚er ◆ 日本の「家族ぶろ」は Einzelbad n. -(e)s, ⸚er という.

こんらん 混乱 ❶ [無秩序] Unordnung f.; Chaos n. -; Durcheinander n. -s; Wirrwarr m. -(e)s; Wirrnis f. ..nisse; Wirrsal n. -(e)s, -e; Konfusion f. -en; Tumult m. -(e)s, -e 《雑踏・騒ぎ》; Getümmel n. -s, - 《混乱・喧騒》; Kuddelmuddel n. (m.) -s; Schlamperei f. -en; Verwirrung f. -en/戦後の混乱状態 die Wirrnisse (pl) (das Wirrsal) der Nachkriegszeit/一大混乱だった Das war ein wüstes Durcheinander. ❷ [困惑] Verwirrung f. -en; Verworrenheit f. -en; Zerstreutheit f. -en; Gedankenflucht f. -en. —— 混乱した verwirrt; wirr; regellos; ungeordnet; unordentlich; verworren. —— 混乱する ❶ in Unordnung (in Verwirrung) geraten* ⓢ; durcheinander (drunter und drüber) gehen* ⓢ; wie Kraut und Rüben sein/今日は頭が混乱している Ich bin heute ganz durcheinander. ❷ [困惑する] verwirrt sein; verstört sein; fassungslos werden/彼は全く混乱している Er ist ganz wirr im Kopf.│Ihm geht ein Mühlrad im Kopf herum. —— 混乱させる in Unordnung (in Verwirrung, in ein Durcheinander) bringen*⁴; verwirren*⁴; durcheinander werfen*⁴ (bringen*⁴); einen (heillosen) Wirrwarr an|richten.

こんりゅう 建立 Erbauung f. -en; Errichtung f. -en/建立する erbauen⁴; errichten⁴.

こんりんざい 金輪際 nie; niemals; beileibe nicht; nicht im Entferntesten (Geringsten); keinesfalls; unter keinen Umständen; auf keinen Fall; ehre bricht die Welt zusammen; und bräche der Himmel (über unsere Häupter) zusammen.

こんれい 婚礼 ⇨けっこん (結婚).

こんろ 焜炉 Kocher m. -s, -; Kochplatte f. -n 《電気の》.

こんわ 懇話 das freundschaftliche Gespräch, -(e)s, -e; die gesellige Unterhaltung, -en; Besprechung f. -en/懇話会を する eine Versammlung halten* (ab|halten*)
‖ 経済懇話会 Wirtschaftsrat m. -(e)s, -e.

こんわ 混和 [Bei]mischung f. -en/混和物 Gemisch n. -(e)s, -e; Gemenge n. -s, -/混和する mischen⁴ (mit³; unter⁴); vermischen⁴ (mit³); vermengen⁴ (mit³).

こんわく 困惑 ⇨とうわく.

さ

さ 差 Unterschied *m.* -[e]s, -e; Differenz *f.* -en/雲泥の差 ein himmelweiter Unterschied/差をつける Unterschied machen (*zwischen*)/三点の差で勝つ mit einem Vorsprung von 3 ³Punkten gewinnen/法案は二票の差で否決された Der Gesetzentwurf wurde mit einer Mehrheit von zwei Stimmen abgelehnt.

さ 左の link; folgend 《次の》; nachstehend 《後述の》/左に links; im folgenden (nachstehenden)《次に》; unten 《下に》/左の通り wie folgt; folgendermaßen.

ざ 座 ❶ 〔座〕 Sitz *m.* -es, -e; Platz *m.* -es, ¨e; 〔地位〕座が白ける Die frohe Laune (Die heitere Stimmung) schlägt um (um); Platz nehmen*; einen Platz ein|nehmen* 〔劇場などの〕/座を立つ vom Stuhl auf|stehen*; *sich von dem Platz erheben* 〔起立する〕; den Platz verlassen*/座を譲る *jm* seinen Platz ein|räumen (ab|treten*)/座を外す *jn* allein lassen*; *sich [auf] französisch empfehlen* 〔人に気づかれぬように〕/法王の座 〔教皇〕der päpstliche Stuhl, -[e]s, ¨e. ❷ 〔劇場〕Theater *n.* -s, -; Truppe *f.* -n (Trupp *m.* -s, -s (-e)) 〔その劇場に付属する，その劇場に所属の〕zu dem Theater gehörige Schauspieler, -s, -/歌舞伎座 das Kabuki Theater, -s.

さあ さあどうぞ Bitte schön!/さあお入り下さい Bitte, kommen Sie herein!/さあ行こう Komm, gehen wir!/さあ目的地に着いた Nun sind wir am Ziel.

ざあ ざあっと雨がふる Es gießt kurz./ざあっと降ったりやんだりする Ein kurzer Schauer kommt und geht. ⇨ざあざあ.

サーカス Zirkus *m.* -, ..kusse/サーカスの一座 Zirkustruppe *f.* -n.

サーキュレーター Umwälzer *m.* -s, -; Umwälzungsanlage *f.* -, -[n]/対流式ガスストーブ Gasofen *m.* -s, -¨ mit Luftumwälzung.

サークル Kreis *m.* -es, -e; Zirkel *m.* -s, -; Klub *m.* -s, -s 《クラブ》/友達のサークルで im Kreis der Freunde.

ざあざあ ざあざあ雨が降る [音に重点をおいて] Der Regen rauscht herab.: Der Regen prasselt nieder. 〔豪雨〕Es regnet non so.: Es gießt [in Strömen]. : Es regnet Bindfäden./ざあざあ降りの雨 der rauschende (strömende) Regen, -es, ¨e 〔その激しさ〕Regenguss, -es, ¨e/ざあざあ水をかける *nur so* Wasser gießen* 〔*auf³*; *in³*〕/ざあざあ水を出しっ放しにする das Wasser von dem Hahn nur so laufen lassen* 〔水道など〕.

サージ 〔織〕Serge *f.* -n ‖ 紺サージ blaue Serge.

サーチライト Scheinwerfer *m.* -s, -. ⇨たんしょうとう.

さあっと 〔前綴 herunter- を用いて〕さあっと目を通す herunter|lesen*⁴/さあっと書き流す herunter|schreiben*⁴.

サード ⇨さんるい.

サーバー 〔電算〕Server *m.* -s, -.

サービス ❶ Bedienung *f.* -en; Kundendienst *m.* -[e]s, -e; Zugabe *f.* -n 〔おまけ〕/あの店のサービスは満点だ Die Bedienung jenes Geschäftes (Lokals) ist ausgezeichnet. ❷ 〔テニスなどの〕⇨サーブ.
‖ サービスステーション Kundendienst|werkstatt *f.* -en -stätte *f.* -n/サービス料 Bedienung; Bedienungsgeld *n.* -[e]s, -er.

サーブ 〔テニス〕Aufschlag *m.* -[e]s, ¨e; Aufgabe *f.* -n/サーブする auf|schlagen*; auf|geben*; servieren.

サーファー Surfer *n.* -s, -.

サーフィン Surfing *n.* -s, -s; Wellenreiten *n.* -s, -/サーフィンをする surfen h.s.

サーフボード Surfbrett *n.* -[e]s, -er.

サーベル Säbel *m.* -s, -/サーベルをがちゃつかせる mit dem Säbel rasseln.

サーモスタット Thermostat *m.* -[e]s (-en) -e[n].

さあらぬ さあらぬ体で mit gespielter Gleichgültigkeit.

さい 犀 〔動〕Nashorn *n.* -[e]s, ¨er; Rhinozeros *n.* -(..rosses), ..rosse.

さい 才 Talent *n.* -[e]s, -e; Begabung *f.* -en; Anlage *f.* -n; Fähigkeit *f.* -en 〔能力〕/才ある talentvoll; talentiert; begabt; fähig/才のない talentlos; unbegabt; unfähig/才走った geistreich; 〔über〕klug/才を恃む*³* 〔自分の才に〕*sich viel* 〔*auf sein Talent*〕*ein|bilden*/この子は絵を描く才がある Der Junge hat Anlage zum Zeichnen (Malen)./彼は音楽の才がある Er ist für Musik begabt.

さい 菜 ⇨おかず.

さい 賽 Würfel *m.* -s, -/賽の目 die Augen (*pl*) des Würfels/賽をころがす Würfel (mit ³Würfeln) spielen; würfeln/賽の目に切る *⁴* in *⁴*Würfel schneiden*⁴/賽は投げられた Die Würfel sind gefallen.

さい 際に falls; wenn; als 〔過去のとき〕/あの際に zu jener Zeit; in jenem Fall; damals/必要の際は im Notfall/この機会に bei dieser ³Gelegenheit; bei diesem Stand der ²Dinge; unter diesen Umständen/私の病気の際に als ich krank war/鎌倉へお出かけの際は wenn Sie mal nach Kamakura kommen.

さい 再- Wieder-; Re-/再武装 Wiederbewaffnung *f.* -en/再編成 Reorganisation *f.* -en.

-さい -祭 ⇨まつり. ¶ 十(百)年祭 Zehnjahre-Jubiläum (Hundertjahre-Jubiläum) *n.*

–s, ..läen; die zehnjährige (hundertjährige) Gedenkfeier, –n.

-さい –歳 ¶ 三歳の子供 ein dreijähriges Kind, –〔e〕s, –er; ein Kind von drei Jahren／彼は十六歳だ Er ist sechzehn 〔Jahre alt〕.／彼女は何歳ですか Wie alt ist sie?

ざい 材 [木材] 〔Bau〕holz (Nutzholz) *n.* –es, ¨er; [材料] Material *n.* –s, ..lien; Anfangs¦material (Vor–) *n.* –s, ..lien／有為の材 Fähigkeit *f.* –en; der fähige Mann, –〔e〕s, ¨er (Leute).

ざい 在 Land *n.* –〔e〕s 《いなか》; Umgegend *f.* –en; Umgebung *f.* –en 《近在》／在の者 Landsmann *m.* –〔e〕s, ..leute／在の農民 ein Bauer 《*m.* –n, –n》 aus der Umgegend 《*von*³》.

ざい 財 Reichtum *m.* –s, ¨er; Besitztum *n.* –s, ¨er; Gut *n.* –〔e〕s, ¨er; Habe *f.*; Vermögen *n.* –s, –; Schatz *m.* –es, ¨e; Hab und Gut, des – und –〔e〕s／財を積む Schätze über Schätze an|häufen; Reichtümer sammeln (auf|häufen).

ざい- 在– ¶ 在東京 in Tokio／在独中 z. Z. (zur Zeit) in Deutschland 《目下》; während des Aufenthaltes in Deutschland 《過去》／在留邦人 die hier weilenden Japaner; die japanische Kolonie, –n 《*in*³》／在官中は während seiner Amtszeit／在職中は während meiner Tätigkeit 《*als*²; *in*³》.

さいあい 最愛の liebst; teuerst; innig (heiß) geliebt 《熱愛の》／最愛の男(女) der (die) Liebste*, –n, –n／我が最愛の友 mein liebster (teuerste) Freund, –〔e〕s, –e.

さいあく 最悪の schlimmst; schlechtest／最悪の場合には im schlimmsten Fall; schlimmstenfalls／最悪の場合を覚悟せねばならぬ Man muss sich auf das Schlimmste gefasst machen.／道路は最悪の状態にあった Die Straßen waren im schlechtesten Zustand.

ざいあく 罪悪 Sünde *f.* –n; Laster *n.* –s, – 《宗教·道徳上》; Frevel *m.* –s, –; Verbrechen *n.* –s, –; Gesetzübertretung *f.* –en 《法律上》／罪悪を犯す eine Sünde (einen Frevel) begehen*.

ざいい 在位する auf dem Thron sitzen*; herrschen 《*in*³; *über*⁴》; regieren⁴／在位中に während seiner Herrschaft／在位五十年にして im fünfzigsten Jahr seiner Herrschaft; nach fünfzigjähriger Herrschaft.

さいう 細雨 feiner Regen, –s; Sprühregen *m.* –s／細雨が降る nieseln. ⇨きり(霧), こぬか.

ざいえき 在役中である im Dienst sein 《兵役》.

さいえん 再縁 ⇨さいこん.

さいえん 菜園 Gemüsegarten *m.* –s, ¨; Schrebergarten 《郊外地の家庭菜園》.

さいえん 才媛 eine talentvolle (intelligente; kluge) Frau, –en.

さいえん 再演 Wiederaufführung *f.* –en／再演する wieder auf|führen⁴.

さいか 災禍 Unglück *n.* –〔e〕s, –e; Unfall *m.* –〔e〕s, ¨e; Katastrophe *f.* –n.

さいか 裁可 ¶ 御裁可を仰ぐ um die kaiserliche Sanktion 《–en》 bitten*.

さいか 最下級 die unterste Klasse／最下級の品質 die schlechteste Qualität／最下層 die unterste Schicht.

さいか 西下する nach Westen gehen* (fahren*) [s]; nach dem Kansai-Distrikt gehen* (fahren*) [s] 《関西地方へ》.

ざいか 財貨 Reichtum *m.* –s, ¨er; Schatz *m.* –es, ¨e; Glücksgüter 《*pl*》.

ざいか 罪科 Vergehen *n.* –s, –; Verbrechen *n.* –s, –; Delikt *n.* –〔e〕s, –e.

ざいか 在荷 Vorrat *m.* –〔e〕s, ¨e; Lager *n.* –s, –; Lagerbestand *m.* –〔e〕s, ¨e; Warenvorrat *m.* –〔e〕s, ¨e／在荷を調べる 〔die〕 Inventur (den Lagerbestand) auf|nehmen*; inventarisieren ‖ 在荷調べ Bestand〔s〕¦aufnahme (Inventur–) *f.* –n.

さいかい 斎戒 Reinigung *f.* –en 《浄化》; Enthaltung *f.* –en 《節制》／斎戒沐浴する seinen Geist und Körper reinigen; ⁴sich rein halten*.

さいかい 再開 Wieder¦eröffnung *f.* –en (–beginn *m.* –〔e〕s)／議会の再開 die Wiedereröffnung des Parlamentes／再開する wieder eröffnen⁴ (beginnen*⁴)／試合を再開する das Spiel wieder auf|nehmen*.

さいかい 再会 das Wiedersehen*, –s／再会する *jn* wieder|sehen* (–|treffen*); *jm* wieder begegnen.

さいがい 災害 Unglück *n.* –〔e〕s, –e; Unfall *m.* –〔e〕s, ¨e ‖ 災害防止 Unfall¦verhütung *f.* –en (–schutz *m.* –es)／災害保険 Unfallversicherung *f.* –en.

ざいかい 財界 Finanz¦kreise 《*pl*》 (–welt *f.* –en; –wesen *n.* –s, –)／財界の大立者 eine große Kanone 《–n》 der Finanzwelt; Magnat *m.* –en, –en ‖ 財界人 Finanzmann *m.* –〔e〕s, ¨er (..leute); Finanzier *m.* –s, –s.

ざいがい 在外の im Ausland; außer Land〔e〕; Auslands– ‖ 在外クレジット der Kredit 《–〔e〕s, –e》 im Ausland; Auslandsguthaben *n.* –s, –／在外研究員 der Studierende* 《–n, –n》 im Ausland／在外資産 Auslandsvermögen *n.* –s, –; Auslandswerte 《*pl*》／在外正貨 der Barbestand 《–〔e〕s, ¨e》 im Ausland／在外邦人 Auslandsjapaner *m.* –s, –; die Japaner im Ausland.

さいかく 才覚 ¶ お金の才覚はついたかい Hast du das nötige Geld auftreiben können?

ざいがく 在学する Schüler sein 《*in*³》; Student sein 《*an*³ 大学に》 ‖ 在学期間 Schuljahre 《*pl*》; Studienjahr *n.* –〔e〕s, –e／在学児童 Schulkinder 《*pl*》; Schuljunge *m.* –n, –n; Schulmädchen *n.* –s, – 《女》／在学証明書 Schüler¦ausweis (Studenten–) *m.* –es, –e／在学生 Schüler *m.* –s, –; Student *m.* –en, –en／本校の在学生は千五百人です Wir haben 1 500 Schüler in dieser Schule.¦1 500 Studenten sind an dieser Hochschule immatrikuliert.／在学中〔に〕 während der Schulzeit (der Studentenzeit)／彼はまだ在学中です Er besucht noch eine Schule.¦Er studiert noch.

さいかくにん 再確認 eine erneute (nochmalige) Feststellung, –en／再確認する wieder (erneut; nochmals) fest|stellen⁴.

さいかふ 再下付 ¶ 旅券の再下付を申請する um einen neuen Reisepass nach|suchen.

さいかん 才幹 Fähigkeit *f.* ; Talent *n.* -[e]s, -e; Begabung *f.* -en.

さいかん 再刊 Wiederveröffentlichung *f.* -en; Neuausgabe *f.* -n/再刊する wieder veröffentlichen[4]; neu heraus|geben[*4]. ⇨さいはん(再版).

ざいかん 在官している Beamter sein; im Amt sein; ein Amt inne|haben[*] (bekleiden)/在官中 während seiner Amtszeit ‖ 在官 Amtsträger *m.* -s, -.

さいき 債鬼 ein rücksichtsloser Gläubiger, -s, -; Manichäer *m.* -s, -/債鬼に責められる von Gläubigern bedrängt werden.

さいき 才気 Witz *m.* -es; Geist *m.* -[e]s; Talent *n.* -[e]s, -e/才気のある witzig; geistreich; talentvoll.

さいき 再起 Wiederherstellung *f.* -en; Genesung *f.* -en/彼はもはや再起不能だ Er hat keine Aussicht mehr auf Genesung. Es ist aus mit ihm.

さいき 再帰代名詞 《文法》ein rückbezügliches Fürwort, -[e]s, "-er; Reflexivpronomen *n.* -s, ..mina/再帰動詞 ein rückzielendes Zeitwort *n.* -[e]s, "-er; ein reflexives Verb, -s, -en/再帰熱《医》Rückfallfieber *n.* -s.

さいぎ 猜疑 Argwohn *m.* -[e]s; Misstrauen *n.* -s; Verdacht *m.* -[e]s/猜疑的な argwöhnisch; misstrauisch / 猜疑の念を抱く Argwohn fassen (schöpfen); Verdacht hegen (schöpfen).

さいぎ 再議 eine nochmalige Erwägung, -en.

さいきょ 再挙を計る nochmals (erneut) versuchen[4] (unternehmen[*4]).

ざいきょう 在京する in der Hauptstadt bleiben[*] [s̄] (weilen); [4]sich in Tokio auf|halten[*]/在京中 während *js* Aufenthaltes in Tokio/在京の要人 die gegenwärtig in Tokio weilenden führenden Persönlichkeiten ⟨*pl*⟩.

さいきょういく 再教育 Umerziehung *f.* -en; Umschulung *f.* -en/再教育する um|erziehen[*4]; um|schulen[4].

さいきん 細菌 Bazillus *m.* -, ..zillen; Bakterie *f.* -n ‖ 細菌学 Bakteriologie *f.* -/細菌学者 Bakteriologe *m.* -n, -n/細菌戦 Bakterienkrieg *m.* -[e]s, -e.

さいきん 最近の jüngst; neuest; letzt / 最近 [特定の日時を指して] neulich; kürzlich; jüngst; vor kurzer Zeit; vor kurzem; [最近一般を指して] neuerdings; seit kurzem/最近十年間に in den letzten zehn Jahren / 私は最近彼に会った Ich habe ihn neulich begegnet./この色が最近流行している Diese Farbe ist neuerdings Mode.

さいきん 在勤 ⇨さいしょく.

さいぎんみ 再吟味 eine nochmalige Prüfung, -en/再吟味する nochmals prüfen[4].

さいく 細工 Arbeit *f.* -en; Werk *n.* -[e]s, -e. ──細工する ❶ arbeiten ⟨*an*[3]⟩. ❷ (策略を) Kunstgriffe (Kniffe) an|wenden[*]. ‖ 細工人 Handwerker *m.* -s, -/細工場 Werk|statt *f.* "-en (-stätte *f.* -n)/金物細工 Metallarbeit/手細工 Handarbeit (-werk).

さいくつ 採掘 Ab|bau (Berg-) *m.* -[e]s; Förderung *f.* -en/採掘する ab|bauen[4]; zu Tage fördern[4] ‖ 採掘権 Abbaurecht *n.* -[e]s.

サイクリング das Radfahren *n.* -s.

サイクル (Wechselstrom)periode *f.* -n ⟨電気の⟩; Zyklus *m.* -, ..len ⟨周期⟩.

サイクロトロン《理》Zyklotron *n.* -s, -e.

さいぐんび 再軍備 Wiederaufrüstung *f.* -en; Remilitarisierung *f.* -en.

さいけい 歳計 Jahresrechnung *f.* -en.

さいけいこく 最恵国約款 Meistbegünstigungsklausel *f.* -n/最恵国待遇 Meistbegünstigung *f.* -en.

さいけいれい 最敬礼 eine tiefe Verbeugung, -en/最敬礼をする eine tiefe Verbeugung machen.

さいけつ 採決 Abstimmung *f.* -en/採決する ab|stimmen ⟨*über*[4]⟩.

さいけつ 裁決 Entscheidung *f.* -en; Urteil *n.* -[e]s, -e/裁決する entscheiden[*4]; ein Urteil fällen ⟨*über*[4] 判決⟩.

さいけつ 採血 Blutentnahme *f.* -n/採血する *jm* Blut entnehmen[*] ‖ 採血車 Blutspendewagen *m.* -s, -.

さいげつ 歳月 Zeit *f.* ; Jahre ⟨*pl*⟩/歳月人を待たず Zeit und Stunde warten nicht.

サイケ(デリック) サイケ(デリック)な psychedelisch.

さいけん 再建 Wieder|aufbau *m.* -[e]s (-herstellung *f.* -en)/再建する wieder|auf|bauen[4] (ich baue es wieder auf, *p.p.* wiederaufgebaut); wieder|her|stellen[4] (ich stelle es wieder her, *p.p.* wiederhergestellt).

さいけん 債権《法》[Schuld]forderung *f.* -en; Obligation *f.* -en ‖ 債権者 Gläubiger *m.* -s, -/債権譲渡 Forderungsabtretung *f.* -en/債権法 Obligationen|recht (Schuld-) *n.* -[e]s.

さいけん 債券 Schuld|schein *m.* -[e]s, -e (-verschreibung *f.* -en); Obligation *f.* -en/債券を発行する Schuldscheine (Obligationen) aus|geben[*].

さいげん 際限 Grenze *f.* -n; Schranke *f.* -n; Ende *n.* -s, -n/際限のない grenzenlos (schranken-); end-/際限を知らない keine Schranken kennen[*]/おしゃべりは際限なく続いた Das Gerede nahm kein Ende.

さいげん 再現 das Wiedererscheinen[*], -s/再現する wieder erscheinen[*] [s̄]; wieder erscheinen lassen[*4] ⟨再現させる⟩.

ざいげん 財源 Geldmittel ⟨*pl*⟩; Einnahmequelle (Geld-) *f.* -n/財源が枯渇する am Ende seiner Mittel sein/財源に富む(乏しい) reich (knapp) an Geldmitteln sein/財源を断たれた Die Einnahmequelle ist ihm versiegt (wurde ihm verschlossen).

さいけんさ 再検査 eine nochmalige Untersuchung, -en/再検査する nochmals (noch einmal) untersuchen[4].

さいけんとう 再検討する überprüfen[4]; nach|prüfen[4]. ⇨けんとう(検討).

さいご 最後 Ende *n.* -s, -n; Schluss *m.* -es, ⸚e/最後の letzt/最後に zuletzt; am Ende; zum Schluss; zu guter ³Letzt/最後まで bis zum Ende (Schluss)/最後の試み der letzte Versuch, -[e]s, -e/最後の審判《キリスト教の》das Jüngste Gericht, -[e]s/最後の手段 das letzte (äußerste) Mittel, -s, -/最後の土壇場にて im letzten Augenblick; in letzter (zwölfter) Stunde/最後の一兵(一滴)まで bis auf den letzten Mann (Tropfen) ‖ 最後通牒 Ultimatum *n.* -s, ..ten (-s).

さいご 最期 die letzte Stunde (das letzte Stündlein, -s); Todesstunde *f.*; Tod *m.* -[e]s《死》/非業の最期を遂げる eines unnatürlichen (gewaltsamen) Todes sterben* [S]/彼の最期の時が来た Seine Stunde hat geschlagen.

ざいこ 在庫一掃セール Räumungsausverkauf *m.* -[e]s, ⸚e/在庫品 Vorrat *m.* -[e]s, ⸚e; Lager *n.* -s, -; Lager/bestand *m.* -[e]s, ⸚e (-vorrat *m.* -[e]s, ⸚e); Waren/bestand (-vorrat)/在庫品がある auf Lager haben⁴; vorrätig haben⁴/在庫品調べ ⇨さいかた(店).

さいこう 採鉱 Bergbau *m.* -[e]s/採鉱する ab|bauen⁴ 〔採掘する〕; zu ³Tage fördern⁴ 〔搬出する〕 ‖ 採鉱学 Bergbau|kunde *f.* (-lehre *f.*).

さいこう 採光 Beleuchtung *f.* -en.

さいこう 再考 eine nochmalige Überlegung, -en/再考する nochmals (noch einmal) überlegen⁴.

さいこう 再校《印》die zweite Korrektur, -en.

さいこう 再興 Wiederherstellung *f.* -en/再興する wieder her|stellen⁴.

さいこう 最高 höchst; oberst; maximal ‖ 最高価格 Höchstpreis *m.* -es, -e/最高額 Höchst|betrag *m.* -[e]s, ⸚e/最高学府 die höchste Lehranstalt, -, -en/最高寒暖計 Maximumthermometer *n.* -s, -/最高機関 das höchste Organ, -s, -e/最高記録《運》Höchst|leistung (Spitzen-) *f.* -en/最高刑 Höchststrafe *f.* -n/最高限度 Maximum *n.* ..ma; Höchstgrenze *f.* -n/最高裁判所 das Oberste Gericht, -[e]s, der Oberste Gerichtshof, -[e]s/最高指揮官 Oberbefehlshaber *m.* -s, -/最高速度 Höchst|geschwindigkeit (Maximal-) *f.*/最高賃金 Höchstlohn *m.* -[e]s, ⸚e/最高点 die höchste Punktzahl《競技の》/最高度 der höchste Grad, -[e]s, -e; Höchstmaß *n.* -es, -e/最高入札価格 Höchstgebot *n.* -[e]s, -e.

ざいこう 在校 ⇨ざいがく.

ざいごう 罪業 Sünde *f.* -n; Laster *n.* -s, -; Frevel *m.* -s, -en; Blasphemie *f.* -n《涜(⺡)神》/罪業深い sündenvoll; sündhaft; lasterhaft; lästerlich; frevelhaft; blasphemisch/罪業を重ねる mehrere Sünden begehen*; wiederholt in ein Laster verfallen* [S].

ざいごう 在郷軍人 der Soldat (-en, -en) außer Dienst; der ausgediente Soldat; Reservist *m.* -en, -en 〔予備〕; Landwehrmann *m.* -[e]s, ⸚er (..leute) 〔後備〕 ‖ 在郷軍人会 Reservistenbund *m.* -[e]s, ⸚e.

さいこうちょう 最高潮 ¶ 最高潮に近づく ⁴sich seinem Höhepunkt nähern/最高潮に達する seinen Höhepunkt erreichen.

さいこく 催告《法》Mahnung *f.* -en; Aufforderung *f.* -en/催告する *jn* mahnen (*an*⁴); *jn* auf|fordern (*zu*³).

さいこん 再婚 Wiederverheiratung *f.* -en; die zweite Ehe/再婚する ⁴sich wieder verheiraten.

さいさき 幸先 ein gutes Vorzeichen, -s, -; ein gutes Omen, -s, ..mina/これは幸先よい Da ist ja ein guter Anfang.

さいさん 再三〔再四〕 wiederholt; mehrmals; wieder und wieder; immer wieder/再三再四の警告にもかかわらず trotz wiederholter ²Warnungen.

さいさん 採算が取れる einträglich (rentabel) sein; ⁴sich bezahlt machen; ⁴sich lohnen/それじゃ全然採算がとれないよ Das lohnt sich ja gar nicht.

ざいさん 財産 Vermögen *n.* -s, -; Eigentum *n.* -s, ⸚er; Hab und Gut, des - und -[e]s; Besitz *m.* -es, -e《家屋敷》; Anwesen *n.* -s, -; Haus und Hof, des - und -[e]s; Immobilien (*pl* 不動産); Habseligkeiten (*pl* いささかの)/財産を残す ein Vermögen hinterlassen*/財産をつくる ein Vermögen machen (verdienen)/財産を継ぐ ein Vermögen erben/財産目当に結婚する 〔nach〕 Geld heiraten/金持と結婚する eine reiche Partie machen/食べていくだけの財産がある über genügende Mittel verfügen, [um] zu leben; genug zu leben haben ‖ 財産家 ein Mann (*m.* -[e]s, ⸚er (Leute)) von Vermögen/財産額《簿記》 Vermögens|bestand *m.* -[e]s, ⸚e (-bilanz *f.* -en)/財産権 Vermögensrecht *n.* -[e]s, -e/財産差押え Vermögensbeschlagnahme *f.* -n/財産譲渡 Vermögensübertragung *f.* -en/財産税 Vermögenssteuer *f.* -n/財産相続 Beerbung 《*f.* -en》 (des Vermögens)/財産目録 Inventar *n.* -[e]s, -e; Vermögens|verzeichnis *n.* ..nisses, ..nisse (-bestand)/私有財産 Privatvermögen, -s; das persönliche Vermögen/全財産 das ganze Vermögen/相続財産 Erbmasse *f.* -n.

さいし 妻子 seine Frau und Kinder/妻子を養う seine Familie ernähren.

さいし 才子 ein begabter (fähiger; talentierter) Mensch, -en, -en; eine geistreiche (geistvolle) Person, -en.

さいし 祭司 Priester *m.* -s, -.

さいし 祭祀 Feier *f.* -n; Zeremonie *f.* -n.

さいし 細字 for in kleinen Buchstaben (Schriften); in kleinen Lettern《活字》; 〔schreiben, drucken などと共に〕 ganz klein; winzig klein; kleinwinzig.

さいしあい 再試合 die Wiederholung des Spiels; die Verlängerung des Spiels《試合延長》.

さいしき 彩色 Farbgebung *f.* -en; Kolorit *n.* -[e]s, -e; Bemalung *f.* -en/彩色した gefärbt; farbig; koloriert; bemalt/極彩色の bunt bemalt; buntfarbig. —— 彩色する färben⁴; kolorieren⁴; [mit Farben] bemalen.

さいしけん 彩色刷り Bunt|druck (Farben-) m. -[e]s, -e.

さいしけん 再試験 eine nochmalige Prüfung, -en; Nachprüfung 《追試験》/再試験する nochmals prüfen⁴; nach|prüfen⁴.

さいじつ 祭日 Fest|tag (Feier-) m. -[e]s, -e.

さいしつ 材質 Materialqualität f. -en.

さいして (…に)際して anlässlich³; gelegentlich³; bei³/旅に出るに際して bei Antritt der Reise. ⇨さい(際).

さいしゅ 採取する fischen⁴ 《貝・さんごなどを》; gewinnen*⁴ 《鉱石を》; pflücken⁴ 《綿花・茶などを》.

さいしゅう 採集 《動・植物の》 das Sammeln*, -s; Sammlung f. -en. ── 採集する sammeln⁴ 《収集する》; fangen*⁴ 《捕獲する》; botanisieren⁴ 《植物を》/採集家 Sammler m. -s, -/採集胴孔 Sammel|trommel (Botanisier-) f. -, -n.

さいしゅう 最終 letzt; final ‖ 最終駅 Endstation f./最終回 《競技などの》 die letzte Runde, -n; Schlussrunde f. -, -n/最終講義 《大学での》 die letzte Vorlesung, -en/最終試合 End|kampf m. -[e]s, ¨e 〈-spiel n. -[e]s, -e〉/最終列車 der letzte Zug, ¨-e.

ざいじゅう 在住 Ansässigkeit f./東京在住のドイツ人 die deutsche Kolonie 《-n》 in Tokio. ── 在住する wohnen 《in³》; seinen Wohnsitz haben 《in³》; ansässig (wohnhaft) sein 《in³》. ‖ 在住者 der Ansässige*, -n, -n; Einwohner m. -s, -; 《住民》; Anlieger m. -s, - 《道路沿いの》/在住地 Wohnsitz m. -es, -e; Wohnort m. -[e]s, -e; Aufenthaltsort m. -[e]s, -e 《滞在地》.

さいしゅつ 歳出 Jahresausgaben 《pl》; jährliche Ausgaben 《pl》.

さいしゅっぱつ 再出発 ein neuer Anfang, -[e]s, ¨-e; Neubeginn m. -[e]s, -e. ── 再出発する neu an|fangen⁴ 《beginnen*⁴》.

さいしょ 最初 Anfang m. -[e]s, ¨-e; Beginn m. -[e]s, -e/最初から von Anfang an/最初に am Anfang; anfangs; zuerst/最初の Anfangs-; erst; ursprünglich 《元来の》/最初は am Anfang; anfangs; zuerst; ursprünglich; eigentlich/最初の案 der erste (ursprüngliche) Plan, -[e]s, ¨-e/最初の数日 die ersten Tage.

さいじょ 才女 eine gescheite (intelligente; talentierte) Frau, -en.

さいしょう 宰相 ⇨しゅしょう(首相).

さいしょう 最小の kleinst; minimal; wenigst (mindest) 《最小の》 ‖ 最小限 Minimum n. -s, -ma/最小公倍数 das kleinste gemeinsame Vielfache*, -n/最小限 Minimum; die kleinste Menge, -n; 〖医〗 Minimaldosis f. -..sen.

さいじょう 斎場 Begräbnishalle f. -, -n.

さいじょう 最上の 最善の 《最善の》; höchst 《最高の》; oberst 《最上部の》/最上のコンディションで unter den besten Bedingungen; in bester Form 《健康》/最上の部類に属する Dieses Werk ist eines der besten. ‖ 最上階 《建物の》 der oberste Stock, -[e]s/最上級 die oberste Klasse; 〖文法〗 Superlativ m. -s, -e/最上善 das höchste Gut, -[e]s, ¨-er.

ざいしょう 罪障 Sünde f. -, -n/罪障消滅 Absolution f. -, -en/Sündenerlass m. -es, -e.

ざいじょう 罪状 Schuld f. -, -en; Rechtsbruch m. -[e]s, ¨-e; Verbrechen n. -s, -; Delikt n. -[e]s, -e/罪状を自白する(否認する) seine Schuld [ein]gestehen* (leugnen)/罪状を取調べる js Schuld zu ermitteln suchen (untersuchen)/罪状明白となる 《人が主語》 des Verbrechens überführt werden; 《罪状が主語》 an den Tag gebracht werden/jm nachgewiesen (bewiesen) werden.

さいしょく 菜食 Gemüse|kost f. (Pflanzen-) ‖ 菜食主義 Vegetarismus m. -/菜食主義者 Vegetarier m. -s, -; Vegetarianer m. -s, -.

さいしょく 才色兼備の女 eine Frau 《-en》 mit ³Talent und Schönheit; eine kluge und schöne (hübsche) Frau.

ざいしょく 在職する im Amt sein; ein Amt bekleiden; ⁴sich betätigen 《an³; bei³》; wirken (tätig sein) 《an³; in³; bei³》/在職中に während js Amts|zeit (-tätigkeit)/在職十年以上の社員 die mehr als zehn Jahre wirkenden Angestellten 《pl》/在職三十年記念祝賀会を催す ein Jubiläum 《n. -s, ..läen》 für js dreißigjährige Tätigkeit 《als》 feiern/在職年限 Dienstalter n. -s, -.

さいじょこう 最徐行せよ Schritt fahren! 《掲示》.

さいしん 再審 〖法〗 die Wiederaufnahme des Verfahrens/再審を要求する die Wiederaufnahme des Verfahrens beantragen.

さいしん 最新の neuest ‖ 最新型 der neueste Typ, -s, -en; das neueste Modell, -s, -e/最新流行 die neueste Mode, -, -n.

さいしん 細心 Sorgfalt f. 《入念・慎重》; Genauigkeit f. 《綿密》/細心の注意を払う sehr sorgfältig sein; mit peinlicher Sorgfalt.

さいじん 才人 ⇨さいし(才子).

さいしんさ 再審査 eine nochmalige Prüfung, -en; Nachprüfung f. -en.

サイズ Größe f. -, -n; Nummer f. -, -n 《サイズ番号》/靴のサイズはどの位ですか Welche Schuhgröße tragen Sie? ‖ Welche [Schuh]nummer haben Sie?

さいせい 祭政 Kirche 《f. -, -n》 und Staat 《m. -[e]s, -en》/祭政一致 die Einheit der Kirche und des Staats.

さいせい 再生 〖生〗 Regeneration f.; 〖心〗 Reproduktion f. 《ビデオ・テープなどの》Wiedergabe f. -n/再生可能な wiederverwertbar. ── 再生する regenerieren⁴; reproduzieren⁴; wieder|geben*⁴. ‖ 再生ゴム Regeneratgummi m. -s, -s/再生カウチュク Kautschukregenerat n. -[e]s, -e/再生紙 Recyclingpapier n. -s, -e/再生受信機 Rückkoppelungsempfänger m. -s, -.

ざいせい 財政 Finanz f. -, -en 《ふつうpl》; Finanz|gebarung (-politik; -wirtschaft) f.

ざいせい -en; Finanzwesen n. -s, -/財政が豊かである gut daran sein; gut bei Kasse sein; Mit js Finanzen steht es gut./財政が困難である schlecht daran sein; schlecht bei Kasse sein; finanzielle Schwierigkeiten haben; Mit js Finanzen steht es schlecht./財政的 finanziell/財政の崩壊 der finanzielle Zusammenbruch, -[e]s, ¨e; Bankrott m. -[e]s, -e; Konkurs m. -es, -e; 《俗》 Pleite f. -n ‖ 財政家 Finanzier (Financier) m. -s, -s; Finanzmann m. -[e]s, ¨er (..leute)/財政学 Finanzwissenschaft f./財政計画 Finanzprogramm n. -s, -e/［予算］財政顧問 Finanzberater m. -s, -/財政困難 die finanziellen Schwierigkeiten (pl); Geldverlegenheit f. -en; Geldklemme f. -n/財政状態 Finanzlage f. -n/財政政策 Finanz|politik (-gebarung) f. -/財政整理 Finanz|ausgleich m. -[e]s, -e (-anpassung f. -en)/財政建直し der finanzielle Wiederaufbau, -[e]s, ¨e/財政年度 Finanz|jahr (Rechnungs-) n. -[e]s, -e/財政逼(2)迫 die finanzielle Belastung, -en; der finanzielle Druck, -[e]s, ¨e; Finanzkrise f. -n/［危機］赤字財政 der zerrütteten Finanzen (pl)/健全財政 die ausgeglichenen (balancierten) Finanzen (pl).

ざいせい 在世中に zu js Lebzeiten.
さいせいき 最盛期 Blütezeit f. -en.
さいせいさん 再生産 Wiedererzeugung f. -en; 《経》 Reproduktion f. -en/再生産する wieder erzeugen[4] ‖ 再生産費 Reproduktionskosten (pl).
さいせき 砕石 Schotter m. -s, -; Makadam m. (n.) -s, - ‖ 砕石舗道 Makadam f. -n. Makadampflaster n. -s, -; Schotterstraße f. -n.
ざいせき 罪跡 der Beweis 《-es, -e》 (die Spur, -en) eines Verbrechens/罪跡をくらます〈犯人を主語として〉 alle Spuren verwischen; keine Spur hinterlassen[4]/犯人は完全に罪跡をくらませた Von dem Täter fehlt jede Spur.
ざいせき 在籍する［大学に］ immatrikuliert sein 《an[3]》; ［学校・会に］ eingetragen sein 《bei[3]》 ‖ 在籍者 die Eingetragene[*], -n, -/; Student m. -en, -en 《大学の》; Schüler m. -s, - 《学校の》; Mitglied n. -[e]s, -er 《会の》.
さいせつ 細説 eine ausführliche (genaue) Beschreibung (Darstellung; Erklärung), -en; Ausführung f. -en/細説するausführlich (genau) beschreiben[*4] (dar|stellen[4]; erklären[4]); auf [4]Details ein|gehen[*] [s].
さいせん 賽銭 Opfergeld n. -[e]s, -er ‖ 賽銭箱 Opferkasten m. -s, ¨.
さいせん 再選 Wiederwahl f. -en/再選される wiedergewählt werden 《zu[3]》.
さいぜん 最善 das Beste[*], -n/-/最善の best/-最善の努力をする sein Bestes tun[*]; äußerste Anstrengungen (pl) machen; [4]sich sehr bemühen ‖ 最善を尽くします Ich werde mein Bestes tun./今日のうちに出発できれば最善だ Am besten fährt man heute noch weg.

さいぜん 最前 ⇨ さきほど.
さいぜんせん 最前線 die vorderste Linie, -n/最前線《戦地の》 an der vordersten ³Front.
さいそう 彩層［太陽の］Chromosphäre f. -.
さいそく 催促 Mahnung f. -en; Aufforderung f. -en; das Drängen[*], -s/催促する jn mahnen 《an[4]; wegen[2(³)]; um[4]》; jn drängen 《wegen[2(³)]; auf[4]》; jn erinnern 《an[4]》/借金の催促をする jn wegen seiner ²Schuld mahnen/支払を催促する jn wegen der ²Bezahlung (auf [4]Zahlung) drängen.
さいそく 細則 nähere Bestimmungen《pl》‖ 施行細則 Ausführungs|bestimmungen (-gesetze; -verordnungen) (pl).
サイダー Limonade f. -n.
さいたい 妻帯 Heirat f. -en; Verheiratung f. -en/妻帯する(している) heiraten (verheiratet sein) ‖ 妻帯者 ein verheirateter Mann, -[e]s, ¨er. ⇨ けっこん(結婚).
さいたい 細大漏らさず bis in die kleinsten Einzelheiten (Details); bis ins kleinste (genau).
さいだい 最大の größt; höchst; maximal/最大多数の最大幸福 das größte Glück der größten ²Zahl/戦後最大の建築 der größte Bau nach dem Krieg ‖ 最大圧力 Maximaldruck m. -[e]s, ¨e/最大公約数 der größte gemeinsame Teiler, -s/最大速力 Höchst|geschwindigkeit f. -en (Maximal-) f. -.
さいたく 採択 Annahme f. -n/採択するan|nehmen[*4]/動議は満場一致で採択された Der Antrag wurde einstimmig angenommen.
ざいたく 在宅する zu Hause sein.
さいたん 採炭 Kohlen|abbau m. -[e]s (-förderung f. -en) ‖ 採炭夫 Kohlengrubenarbeiter m. -s, -; Bergmann m. -s, ..leute.
さいたん 最短コース die kürzeste Strecke, -n.
さいだん 祭壇 Altar m. -s, ¨e.
さいだん 裁断 ❶［判定］Urteil n. -s, -e; Entscheidung f. -en 《決定》/裁断を下す ein Urteil fällen; eine Entscheidung treffen[*]. ❷［切断］das Schneiden[*], -s; Schnitt m. -[e]s, -e. -- 裁断する schneiden[*4]; schneidern 《裁縫》. ‖ 裁断機 Schneidemaschine f. -n.
ざいだん 財団 Stiftung f. -en 《財団法人の意にも》; Konsortium n. -s, ..tien 《資本家・企業家などの》 ‖ フンボルト奨学財団 Humboldt-Stiftung f.
さいち 才知 Talent n. -[e]s 《才能》; Intelligenz f. -/《知力》/才知ある talentiert; talentvoll; intelligent.
さいちゅう 最中に mitten in[3]; inmitten[2]/仕事の最中に mitten in der Arbeit.
ざいちゅう 在中 inliegend/印刷物《校正、雑誌》在中《物の名だけ書く》 Drucksache 《Abzüge; Zeitschrift[en]》/写真在中、禁折 Foto, nicht knicken!/五千円在中 inliegend 5 000 Yen ‖ 在中物 Inhalt m. -[e]s, -e.
さいちょうさ 再調査 eine nochmalige Untersuchung, -en (Prüfung, -en)/再調査す

る nochmals untersuchen⁴ (prüfen⁴).
さいづち 才槌 Holzhammer *m.* -s, -.
さいてい 再訂 ⇨かいてい(改訂).
さいてい 裁定 Schiedsspruch *m.* -[e]s, ⸚e/仲裁委員会の裁定 der Schiedsspruch des Schlichtungsausschusses ‖ 為替裁定 Wechselarbitrage *f.* -n.
さいてい 最低の niedrigst; mindest; minimal/最低生活を保証する *jm* das Existenzminimum garantieren ‖ 最低価格 Mindest¦preis (Minimal-) *m.* -es, -e/最低額 Mindest¦betrag (Minimal-) *m.* -[e]s, ⸚e/最低寒暖計 Minimumthermometer *n.* -s, -/最低気温 die niedrigste (tiefste) Temperatur/最低賃金 Mindest¦lohn (Minimal-) *m.* -[e]s, ⸚e.
さいてき 最適の am besten geeignet; sehr passend/彼はこの地位に最適の人間だ Er ist der richtige Mann für diese Stellung.
さいてん 祭典 ⇨まつり.
さいてん 採点 das Zensieren*, -s/採点する zensieren⁴; mit einer Note begutachten⁴; beurteilen⁴《評価する》/答案の採点をする Prüfungsarbeiten zensieren/採点があまい(からい) milde (streng) zensieren.
さいど 済度 Erlösung *f.* -en/済度し難い nicht zu erlösen; unverbesserlich/済度する *jn* erlösen《*aus*³; *von*³》.
さいど 再度 zum zweiten Mal《二度目に》; zweimal《二回》; wiederum《再び》; nochmals《尚一度》; wiederholt《繰り返し》/再度の nochmalig; zweit《二度目の》; wiederholt《繰り返しての》.
サイド Seite *f.* -n ‖ サイドカー Beiwagen *m.* -s, -/サイドテーブル Beistelltisch *m.* -[e]s, -e/サイドボード Anrichte *f.* -n; Büfett *n.* -[e]s, -e/サイドミラー Außenspiegel *m.* -s, -.
さいなむ 苛む peinigen⁴; quälen⁴; foltern⁴《拷問》; martern⁴《同上》/切りさいなむ zerhacken⁴; zerstückeln⁴.
さいなん 災難 Unglück *n.* -[e]s; Missgeschick *n.* -[e]s, -e; Unfall *m.* -[e]s, ⸚e《事故》/災難に遭う einen Unfall erleiden*; verunglücken [s]/災難を免れる einem Unglück entkommen* [s].
さいにゅう 歳入 jährliche Einnahmen《*pl*》; Jahreseinkommen *n.* -s, -《年収》.
さいにん 再任 Wiederernennung *f.* -en/再任する *jn* wieder ernennen*《*zu*³》.
ざいにん 罪人 Verbrecher *m.* -s, -; Misse¦täter (Übel-) *m.* -s, -; Täter *m.* -s, -《犯人》; Delinquent *m.* -en, -en; Sünder *m.* -s, -《特に宗教上の》‖ 重罪人 Kapitalverbrecher *m.* -s, -.
ざいにん 在任する im Amt sein; ein Amt bekleiden; aktiv (tätig) sein《*als*¹》; im Dienst stehen*/在任中に während seiner Amtstätigkeit.
さいのう 才能 Talent *n.* -[e]s, -e; Fähigkeit *f.* -en; Begabung *f.* -en/俳優の才能 das Talent eines Schauspielers (zum Schauspieler)/才能ある talentvoll; talentiert; fähig; begabt/才能を伸ばす ein Talent entwickeln (aus|bilden)/彼女は語学の才能がある Sie hat Talent für fremde Sprachen./彼はとくにこれといった才能がない Er ist ohne besondere Talente.
さいのめ 賽の目 ⇨さい(賽).
サイバー サイバースペース〖電算〗Cyberspace *m.* -, -s/サイバーテロ Cyberterror *m.* -s.
さいはい 采配 Kommandostab *m.* -[e]s, ⸚e/采配を振る das Kommando führen.
さいばい 栽培 [An]bau *m.* -[e]s; Pflanzung *f.* -en; Zucht *f.*《特に品種改良》; Züchtung *f.* -en《同上》. ―― 栽培する [an|]bauen⁴; [an|]pflanzen⁴; [an|]züchten⁴. ‖ 栽培者 Anbauer *m.* -s, -; Züchter *m.* -s, -/栽培法 Anbau¦methode (Pflanzungs-) *f.* -n/果樹栽培 Obst¦bau (-zucht).
さいはつ 再発〖医〗Rückfall *m.* -[e]s, ⸚e/再発する einen Rückfall bekommen*/彼は病気が再発した Er hat einen Rückfall erlitten.
ざいばつ 財閥 die große Familienstiftung, -en; Unternehmerring *m.* -[e]s, -e; Geldaristokratie *f.* -n; Plutokratie *f.* -n; [個人] Geldaristokrat *m.* -en, -en; Plutokrat *m.* -en, -en ‖ 財閥解体 Entflechtung《*f.* -en》der großen Familienstiftungen/三菱財閥 Mitsubishi-Finanzring *m.* -[e]s.
さいはっこう 再発行 Wiederausgabe *f.* -n.
サイバネティックス Kybernetik *f.*/サイバネティックスの kybernetisch.
さいはん 再犯〖法〗Rückfall *m.* -[e]s, ⸚e ‖ 再犯加重 die Strafschärfung bei ³Rückfall.
さいはん 再版 die zweite Auflage《第二版》; Neudruck *m.* -[e]s, -e《増刷》/再版する neu (wieder) auf|legen⁴; neu drucken⁴.
さいはん 再販 Wiederverkauf *m.* -[e]s, ⸚e.
さいばん 裁判 eine gerichtliche Entscheidung, -en《判決》; eine gerichtliche Verhandlung, -en《審理》; eine gerichtliche Untersuchung, -en《取調べ》/裁判にかける ⁴Gericht halten*《über *jn*》; zu ³Gericht sitzen*《über *jn*》/裁判に勝つ(負ける) einen Prozess gewinnen* (verlieren*)/裁判沙汰になる vor ⁴Gericht kommen* [s]/裁判所に訴える *jn* beim Gericht verklagen ‖ 裁判官 Richter *m.* -s, -/裁判権 Gerichtsbarkeit *f.* -en/裁判長 der Vorsitzende*《-n, -n》des Gerichtes/裁判手続 Gerichtsverfahren *n.* -s, -/裁判費用 Gerichtskosten《*pl*》/即決裁判 Schnellverfahren *n.* -s, -.
さいばんしょ 裁判所 Gericht *n.* -[e]s, -e; Gerichtshof *m.* -[e]s, ⸚e ‖ 最高裁判所 das Oberste Gericht; der Oberste Gerichtshof/地方裁判所 Landesgericht *n.* -[e]s, -e.
さいひ 歳費 ❶ jährliche Ausgaben《*pl*》. ❷ [議員の] Jahresdiäten《*pl*》.
さいひ 採否 die Annahme oder die Ablehnung.
さいび 細微 ⇨びさい.
さいひょうか 再評価 Neubewertung *f.* -en/再評価する neu bewerten⁴ (ein|schätzen⁴).
さいひょうせん 砕氷船 Eisbrecher *m.* -s, -.
さいふ 財布 Portemonnaie (Portmonee) *n.* -s, -s; Geldbeutel *m.* -s, -; Börse *f.* -n/財

さいふく 布の紐を引き締める den Beutel zu|halten*; knauserig sein/財布の底をはたく seinen Geldbeutel leeren; den letzten Pfennig aus|geben*.

さいふく 祭服 Priesterrobe f. -n.

さいぶそう 再武装 Wiederbewaffnung f. -en/~f. -en.

さいぶつ 才物 ⇒さいし(才子).

さいぶんぱい 再分配 Neu|verteilung (Wieder-) f. -en.

さいべつ 細別 Unterteilung f. -en/細別する unter|teilen⁴; klein verteilen⁴.

さいへん 砕片 Splitter m. -s, -; Scherbe f. -n (Scherben m. -s, -)/ガラスの砕片 Glassplitter m. -s, - (-scherbe f. -n).

さいへんせい 再編成 Reorganisation f. -en; Umgruppierung f. -en/再編成する reorganisieren⁴; um|gruppieren⁴.

さいほう 裁縫 Näharbeit f. -en 〈縫仕事〉; das Schneidern*, -s 〈仕立〉. —— 裁縫する nähen 〈縫物をする〉; schneidern 〈仕立物をする〉. ‖ ~師 Schneider m. -s, -; Schneiderin f. ..rinnen 〈女〉; Näherin f. ..rinnen 〈縫子〉/裁縫道具 Nähzeug n. -[e]s, -e/裁縫箱 Nähkasten m. -s, = 〈針箱〉; Nähkorb m. -[e]s, =e 〈籠〉.

さいぼう 細胞 ❶ 〈生〉 Zelle f. -n/単(多)細胞の einzellig (mehrzellig). ❷ 〈政治団体の〉 Zelle f. -n. ‖ 細胞学 Zellenlehre f.; Zytologie f./細胞組織 Zellgewebe n. -s, -/細胞分裂 Zellteilung f. -en/細胞膜 Zellmembran f. -en.

ざいほう 財宝 Reichtum m. -s, =er; Schatz m. -es, =e; Glücksgüter 〈pl〉.

サイボーグ kybernetischer Organismus, -, ..men.

さいほっそく 再発足する neu an|fangen*⁽⁴⁾ 〈mit³〉.

サイホン 〔理〕〔Saug〕heber m. -s, -; Siphon m. -s, -s.

さいまつ 歳末 Jahres|ende n. -s, -n (-schluss m. -es, =e)/歳末の売出し Jahresendeverkauf m. -s, =e.

さいみつ 細密 Genauigkeit f. -en 〈綿密〉; Ausführlichkeit f. -en 〈詳細〉/細密な〈に〉 genau; ausführlich.

さいみん 催眠 Hypnose f. -n ‖ 催眠剤 Hypnotikum n. -s, ..ka/催眠術 Hypnotismus m. -/催眠術にかける hypnotisieren⁴/催眠術師 Hypnotiseur m. -[e]s, =e/催眠状態 Hypnosezustand m. -[e]s, =e.

さいむ 債務 Schuld f. -en; Verpflichtung f. -en/債務を果たす eine Schuld begleichen* (bezahlen; tilgen) ‖ 債務関係 Schuldverhältnis n. ..nisses, ..nisse/債務者 Schuldner m. -s, -.

ざいむ 財務 Finanz f. -en; die finanzielle Angelegenheit, -en; Finanzwirtschaft f. -en ‖ 財務委員会 Finanzausschuss m. -es, =e/財務官 Finanzbeamte*, -n, -n/財務管理 Finanz|gebarung f. -en (-kontrolle f. -n)/財務局 Finanzamt n. -[e]s, =er/財務省 Finanzministerium n. -s, ..rien/財務政策 Finanzpolitik f. -en/財務=財政=Finanzgebarung f. -en/財務大臣 Finanzminister/財務長官 der Sekretär 〈-s, -e〉 des Schatzamtes 《米》; Finanzminister m. -s, -.

ざいめい 罪名 Beschuldigung f. -en; Bezichtigung f. -en/窃盗の罪名で auf Beschuldigung von einem Diebstahl; wegen Diebstahls.

さいもく 細目 Detail n. -s, -s; Einzel|heit f. -en (-teil m. -[e]s, -e)/細目にわたって bis ins kleinste Detail; bis ins einzelne.

ざいもく 材木 [Bau]holz (Nutzholz) n. -es, =er ‖ 材木置場 Holzplatz m. -es, =e/材木切出し Holzschlag m. -[e]s, =e; Holzarbeit f. -en/材木切出し人 Holz|schläger (-arbeiter; -hauer; -hacker) 《以上 m. -s, -》/材木屋 Holzhandel m. -s, - 《材木商》; Holzhändler m. -s, - 《人》.

ざいや 在野の außer Amt 〈Dienst〉; nicht beamtet; oppositionell/在野の大物 die nicht beamtete Größe, -n; die nicht beamtete berühmte Persönlichkeit, -en 《名士》.

さいやく 災厄 ⇒さいなん.

さいよう 採用 Annahme f. -n 《案・意見などの》; Aufnahme f. -n 《任用》; Anstellung f. -en 《同上》; Ernennung f. -en 《任命》/採用する an|nehmen*⁴; jn auf|nehmen*; jn an|stellen⁴; jn ernennen*⁴ 〈zu³〉/簿記係を〈に〉採用する einen Buchhalter 〈jn als ⁴Buchhalter〉 an|stellen ‖ 採用試験 Aufnahmeprüfung f. -en/採用申込 die Bewerbung 〈-en〉 um eine Stellung.

さいらい 再来 Wieder|kunft f. (-kehr f.)/キリストの再来 die Wiederkunft des Heilandes.

ざいらい 在来の bisherig; früher; herkömmlich; hergebracht; üblich 〈ありきたりの〉/在来の施工法 die bisher übliche Ausführung, -en.

さいりゅう 細粒 ein winziges (feines) Körnchen -s, -.

ざいりゅう 在留する ⁴sich auf|halten* 〈in³〉; weilen 〈in³〉; wohnen 〈in³〉; ⁴sich ansässig machen 〈in³〉/在留の weilend; ansässig; wohnhaft/ベルリンの日本在留民 die japanische Kolonie 〈-n〉 in Berlin; die in Berlin weilenden Japaner 〈pl〉.

さいりょう 裁量 das Belieben* (Ermessen*), -s/君の裁量に任せるよ Ich stelle es in dein [freies] Ermessen.

さいりょう 最良の best; schönst/我が生涯最良の年 das schönste Jahr meines Lebens.

ざいりょう 材料 Material n. -s, ..lien; Rohstoff m. -[e]s, -e 《原料》; Stoff m. -[e]s, -e 《資料; 素材の意にも》; Werkstoff m. -[e]s, -e 《工作用》; Anfangs|material (Vor-) n. -s, ..lien 《鉄塊・くず鉄など》; Faktor m. -s, -[e]s, -en 《株式》/材料を提供する jm das Material 〈Daten〉 liefern 〈zu|stellen; zur Verfügung stellen〉 〈für⁴〉/材料を集める〈捜す, 整理する〉 Stoffe sammeln 〈suchen, ordnen〉 〈für⁴; zu³〉 ‖ 材料費 Materialkosten 〈pl〉/建築材料 Baumaterial/悲観的材料 der entmutigende Faktor.

ざいりょく 財力 Finanzen 〈pl〉; [Geld]mittel 〈pl〉 〈資力〉; Vermögen n. -s, - 《資産》/

ザイル Seil n. -(e)s, -e.

さいるい 催涙ガス Tränengas n. -es, -e‖催涙(ガス)爆弾 Tränenbombe f. -n.

さいれい 祭礼〘=まつり〙.

サイレン Sirene f. -n/サイレンが鳴る Die Sirenen heulen.

サイロ Silo m. -s, -s.

さいろく 採録する vermerken⁴; auf|zeichnen⁴; zu den ³Akten nehmen*⁴; protokollieren⁴.

さいわい 幸 Glück n. -(e)s; Segen m. -s, -〘天福〙/幸な glücklich; segensreich/幸に glücklicherweise; zum Glück/不幸中の幸 Glück im Unglück; ein glücklicher Zufall, -(e)s, -̈e/幸に戸は開いていた Zum Glück war die Tür offen./君が来てくれたのは全く幸だった Es ist ein wahres Glück, dass du gekommen bist./おいでいただければ幸です Ich würde mich sehr freuen, wenn Sie kommen könnten./幸なるかな心の貧しき者《聖》Selig sind, die da geistlich arm sind.

さいわん 才腕 Fähigkeit f. -en; Geschicklichkeit f. -en; Tüchtigkeit f. -en/彼は才腕家だ Er ist ein fähiger (tüchtiger) Mensch.

サイン ❶ [正弦]《数》Sinus m. -, -(略: sin). ❷ [合図] Signal n. -s, -e; Zeichen n. -s, -; Wink m. -(e)s, -e/サインをする jm ein Zeichen (einen Wink) geben*. ❸ [署名] Unterschrift f. -en; Autogramm n. -(e)s, -e〘自署の〙/サインをして unterschreiben*⁴, mit ⁴Unterschrift versehen*⁴.
‖ サインカーブ Sinuskurve f. -n (-linie f. -n)/サイン収集家(狂) Autogrammsammler (-jäger) m. -s, -/コールサイン Ruf(signal (-zeichen).

ざいん 座員 der Schauspieler 〈-s, -〉einer Truppe; [一座] Trupp m. -s, -s; Truppe f. -n.

サウジアラビア Saudi-Arabien n. -s/サウジアラビアの saudi-arabisch ‖ サウジアラビア人 Saudi-Araber m. -s, -.

サウスポー Linkshänder m. -s, -.

サウナ Sauna f. -s/サウナ風呂に入る die Sauna gehen* 〈s〉.

サウンドトラック《映》Tonpur m. -(e)s.

さえ 冴え ❶ 頭の冴え die Klarheit des Kopfes; Scharfsinn m. -(e)s/腕の冴え Geschicklichkeit f.; Gewandtheit f.

〜さえ ❶ [すらも] selbst; sogar; auch; nicht einmal 《さえ…ない》/子供たちでさえ sogar (selbst) die Kinder/彼はそれを口にさえしなかった Er hat es nicht einmal erwähnt. ❷ [さえすれば] wenn nur.../彼が来てさえくれれば wenn er nur kommt (käme)/電話を掛けてさえ下されば結構です Sie brauchen mich nur anzurufen.

さえぎる 遮る 〔be|hindern⁴〘妨げる〙; stören⁴〘同上〙; unter|brechen*⁴〘話を遮る jm beim Reden unterbrechen*/光を遮る Licht ab|blenden /道を遮る jm im Weg(e) liegen* 〈sein〉; jm den Weg ab|schneiden*〘verlegen〙.

さえずる 囀る singen*〘鳴禽が〙; zwitschern〘ひばり・つばめ・すずめなど〙/鳥の囀り Vogelgesang m. -(e)s, -̈e; Gezwitscher n. -s.

さえる 冴える ❶〘澄む〙klar (hell) sein/冴えた月 der helle Mond, -(e)s/冴えた頭 ein klarer Kopf, -̈e/冴えない顔色 eine matte Gesichtsfarbe/目が冴えて眠れない hellwach liegen*/どうも気分が冴えない Ich fühle mich nicht wohl. ❷〘熟練した〙geschickt (gewandt) sein/冴えた geschickt; gewandt/冴えた腕で mit geschickten Händen/これは腕の冴えた職人の作品だ Das hat eine Meisterhand geschaffen. ❸〘冷える〙kalt (frostig) sein/冴えた夜 eine klare, frostige Nacht, -̈e.

さお 竿 Stange f. -n; Stab m. -(e)s, -̈e; Rute f. -n〘しなやかな〙; Hals m. -es, -̈e〘弦楽器の〙; Waagebalken m. -s, -〘秤のさお〙
‖ 竹竿 Bambusstange f. -n.

さおさす 棹差す staken⁴; mit einer Stange (weiter) stoßen⁴.

さおばかり 竿秤 Laufgewichtswaage f. -n.

さか 坂 Abhang m. -(e)s, -̈e; Steigung f. -en 〘上り坂〙; Abstieg m. -(e)s, -e 〘下り坂〙; Böschung f. -en〘傾斜〙/急な坂 ein steiler Abhang; eine starke Steigung/坂を上る(下る) einen Abhang hinauf|gehen* (hinunter|-)/四十の坂を越える das vierzigste Lebensjahr überschreiten*/坂の頂上付近で他の自動車を追い越してはならない Vor Straßenkuppen darf man nicht überholen.

さか 茶菓 Tee und Kuchen, des- und -s; Erfrischung f. -en〘軽い飲食物〙/茶菓を供する jm ⁴Erfrischungen reichen.

さかい 境 Grenze f. -n; Grenzlinie f. -n〘境界線〙/…に境する grenzen 〈an⁴〉/生死の境をさまよう zwischen ³Leben und Tod schweben.

さかいいし 境石 Grenzstein (Mark-) m.

さかいめ 境目 Grenzlinie f. -n/生きるか死ぬかの境目だ Es geht um Leben und Tod.

さかえる 栄える gedeihen* 〈s〉; blühen; florieren/商売が栄える Das Geschäft blüht (floriert).

さかおとし 逆落としに kopfüber; kopfunter; rücklings〘あおむけに〙.

さがく 差額《商》Differenzbetrag m. -(e)s, -̈e; Rest m. -(e)s, -e〘残高〙.

さかぐら 酒蔵 Weinlager n. -s, -; Weinkeller m. -s, -〘地下室の〙.

さかご 逆児 Fußgeburt f. -en〘足位分娩〙; Steißgeburt〘臀(デン)位分娩〙.

さかさ 逆さ(の) umgekehrt; verkehrt; verkehrt herum〘向きが〙/順番を逆さにして in verkehrter Reihenfolge/画布逆さまに懸っている Das Bild hängt verkehrt./向きを逆さにしないで Anders herum!/すべてが逆さまだ Alles steht auf dem Kopf.; Alles ist verkehrt.

さがしだす 捜し出す auf|finden*⁴; ausfindig machen⁴; heraus|finden*⁴〘多数の中か

さがしもの 座席 der Chef 《-s, -s》 einer Truppe; Hauptdarsteller m. -s, -; Hauptdarstellerin f. ..rinnen 《女》.

さがす 捜す suchen[4] (nach[3]); fahnden (nach[3]) 警察が犯人などを》/家(職)を捜す eine Wohnung (Stellung) suchen/電話帳(辞書)で捜す im Telefonbuch (Wörterbuch) nach|schlagen*[4]/口実を捜す nach einer Ausrede suchen/引出しの中を捜す in einer Schublade kramen.

さかずき 杯 Sake-Schälchen n. -s, - 《日本酒の》; Glas n. -es, ¨er 《グラス・コップ》/ワインの杯 Weinglas n. -es, ¨er/別れの杯 Abschiedstrunk m. -[e]s/杯を乾す ein Schälchen (Glas) aus|trinken* (leeren)/杯をさす jm Sake an|bieten*/兄弟の杯を交わす mit jm Brüderschaft trinken*.

さかだち 逆立 das Kopfstehen*, -s; Kopfstand m. -[e]s, ¨e ∥逆立ちをする auf|stehen*; auf dem Kopf stehen*; *sich auf den Kopf stellen*/たとい彼が逆立ちをしたって僕はいやだ Ich tue das nicht, und wenn er sich auf den Kopf stellt.

さかだてる 逆立てる sträuben[4]/羽毛を逆立てる die Federn sträuben/髪の毛が逆立つ Das Haar sträubt sich.

さかだる 酒樽 Fass n. -es, ¨er; Bierfass n. -es, ¨er 《ビールの》; Weinfass 《ワインの》.

さかて 酒手 Trinkgeld n. -[e]s, -er/酒手をやる(はずむ) jm ein Trinkgeld (ein gutes Trinkgeld) geben*.

さかて 逆手 ¶ 短刀を逆手に持つ einen Dolch mit der Spitze nach unten halten*.

さかな 魚 Fisch m. -[e]s, -e ∥魚市場 Fischmarkt m. -[e]s, ¨e/魚屋 Fischhandel m. -s, ¨; Fischhändler m. -s, - 《人》/魚料理 Fisch[gericht n. -[e]s, -e (-speise f. -n).
⇨うお.

さかな 肴 Zuspeise f. -n/ワインの肴にチーズを食べる zum Wein *Käse essen*/酒の肴 《話題》になる 〔beim Trinken〕 zum Gesprächsthema dienen; zum Gegenstand eines Gesprächs werden.

さかなでる 逆撫でする gegen den Strich streicheln[4].

さかなみ 逆波 Sturzwelle f. -n; brausende Wogen 《pl》.

ざがね 座金 〔metallene〕 Unterlage, -n.

さかねじ 逆捩じ ¶ 逆捩じを食わす zurück|schlagen*; den Spieß um|drehen; zum Gegenschlag aus[holen]; zum Gegenangriff an|treten*[s].

さかのぼる 遡る ❶ [流れを] stromauf[wärts] gehen*[s] (fahren*[s]; schwimmen*[s]); den Strom hinauf|gehen* (-|fahren*, -|schwimmen*[s])/船が川を遡る Das Schiff fährt den Fluss aufwärts. ❷ [過去] zurück|gehen*[s] (auf[4])/源に遡る auf den Ursprung (die Quellen) zurück|gehen*[s].

⇨そきゅう.

さかば 酒場 Bar f. -s 《バー》; Schenke f. -n; Schankwirtschaft f. -n; Trinkstube f. -n; Lokal n. -[e]s, -e; Taverne f. -n 《下等な》; Kneipe f. -n 《口語》.

さかまく 逆捲く brausen; toben; wirbeln 《渦捲く》/逆捲く大波 brausende (stürmische; wilde) Wogen 《pl》.

さかまつげ 逆睫毛 eine nach innen gerichtete Wimper, -n.

さかむけ 逆剝け Nied[nagel (Neid-) m. -s, ¨.

さかめ 逆目に gegen den Strich; verkehrt.

さかもり 酒盛り ⇨しゅえん(酒宴).

さかや 酒屋 Sake-Laden m. -s, ¨; Alkoholiengeschäft n. -[e]s, -e 《酒類販売店》; Sake-Händler m. -s, - 《販売業者》; Sake-Hersteller m. -s, - 《製造業者》.

さかゆめ 逆夢 ¶ その夢は逆夢だった Der Traum wendete sich (verkehrte sich) ins Gegenteil.

さからう 逆らう *sich widersetzen[3]; widerstreben[3]; trotzen[3]; nicht gehorchen[3]; opponieren (gegen[4])/…に逆らって gegen[4]; jm zum Trotz/流れに逆らう gegen den Strom schwimmen*[h,s]/上役の命令に逆らう *sich dem Befehl seines Vorgesetzten widersetzen.

さかり 盛り Höhepunkt m. -[e]s, -e 《頂点》; Gipfel m. -s 《頂》; Blüte f. -n 《花盛り》; Blütezeit f. -en 《全盛期》/人生の盛り die Blütezeit des Lebens/盛りである auf dem Höhepunkt (Gipfel) stehen*; im Zenit stehen*; in voller Blüte stehen*/盛りを過ぎる den Höhepunkt überschreiten*/海水浴場は今盛りである In Seebädern herrscht jetzt Hochbetrieb. ∥男盛り das beste Mannesalter, -s.

さかり Brunst f. ¨e; Hitze f. 《牝の》; Läufigkeit f. 《同上》/さかりのついた brünstig; läufig/さかりがつく brünstig (läufig) werden.

さかりば 盛り場 Vergnügungsviertel n. -s, -.

さがりめ 下り目 nach unten schräg stehende Augen 《pl》/彼の勢力も今や下り目だ Mit seiner Macht geht es jetzt bergab.

さがる 下がる ❶ [垂れ下がる] [herab]hängen*. ❷ [降下する] fallen*[s]; sinken*[s]/物価が下がる Die Preise sinken (fallen)./気温が氷点下に下がる Die Temperatur ist unter Null gesunken./熱がやっと下がり始めた Das Fieber ist endlich am Sinken./ズボンがずり下がる Die Hosen rutschen herunter. ❸ [退出] verlassen*[4], weg|gehen*[s]; *sich zurück|ziehen*. ❹ [後方へ] zurück|treten*[s]/一歩さがる einen Schritt zurück|treten*[s]. ❺ [退歩] rückwärts gehen*[s]/彼の腕前は下がった Mit seiner Kunst ist es rückwärts gegangen./彼はクラスのびりに下がった Er ist in seiner Klasse auf den letzten Platz zurückgefallen. ❻ [下付] (jm) zurückgegeben (erteilt) werden.

さかん 左官 Maurer m. -s, -.

さかん 盛ん ¶ 盛んな喝采 ein stürmischer

さがん 左岸 das linke Ufer, -s, -.
さがん 砂岩 Sandstein *m*. -[e]s, -e.
さかんに 盛んに弁護する *jn* eifrig verteidigen／盛んに勉強する eifrig lernen; fleißig arbeiten／盛んに拍手する stark klatschen; begeistert applaudieren／盛んに攻撃する heftig an|greifen*⁴／盛んに…する häufig vor|kommen*／雨が盛んに降っている Es regnet stark.
さき 先 ❶ [将来] Zukunft *f*.／これから先 von jetzt ab; von nun an; in ³Zukunft／先の見えない kurzsichtig／先の知れない ungewiss; zweifelhaft／先のために für die Zukunft／先のことは誰にもわからない Keiner weiß, was uns die Zukunft bringen wird.／それは先になってみればわかる Das wird die Zukunft lehren.／お先真暗で Ich sehe ganz schwarz für die Zukunft.／私もこの先長いことはない Meine Tage sind gezählt. ❷ [以前] 先の früher; ehemalig／先に früher; vorher; im Voraus／先に述べたごとく wie oben (vorher) schon erwähnt／先に支払う im Voraus bezahlen⁴／みな分我々が先に着いた Wir kamen früher an. ❸ [順位] 何よりも先に vor allem; vor allen Dingen; zuerst／どうぞお先に Bitte, gehen Sie vor! Nach Ihnen! ❹ [前方] 先 Spitze *f*. -n／先に vorne; voraus 《先んじて》; weiter／もっと先に weiter vorne／鼻の先に vor der ³Nase／舌 (指)の先 Zungen|spitze (Finger-)+ -n／先に立つ 《列の》 voran|gehen* *s* *⁴*sich an die Spitze [des Zuges] stellen. ❺ [続き] Folge *f*. -n; Fortsetzung *f*. -en／その先はどうなるんだい Wie geht das weiter?
さき 左記 folgend 《次の》; nachstehend 《下記の》／左記に im folgenden; unten／左記の通りよく如下; folgendermaßen.
さぎ 詐欺 Betrug *m*. -[e]s; Schwindel *m*. -s, -／詐欺を働く einen Betrug verüben (begehen*); schwindeln ‖ 詐欺師 Betrüger *m*. -s, -; Schwindler *m*. -s, -; Gauner *m*. -s, -／保険詐欺 Versicherungsbetrug *m*. -[e]s.
さぎ 鷺 Reiher *m*. -s, -／鷺を烏(ゥ)と言いくるめる aus Weiß Schwarz 《als Schwarz Weiß》 machen ‖ 白鷺 Silberreiher.
さきおととい vorvorgestern.
さきおととし vor drei ³Jahren; im vorvorletzten Jahr.
さきがけ Vorbote *m*. -n, -n 《先触れ》; Wegbereiter *m*. -s, - 《開拓者》／春のさきがけ Vorbote des Frühlings／流行のさきがけをする die Mode an|geben* 《ein|führen》.
さきごろ 先頃 neulich; kürzlich; vor kurzem; vor kurzer Zeit／先頃から neuerdings; seit kurzem.
サキソフォン Saxophon *n*. -s, -e.
さきだたす 先立たす *jn* voran|gehen lassen*.
さきだつ 先立つ voran|gehen*³ *s*／…に先だって vor³; bevor 《従属接続詞》／出発に先だって vor der Abreise／親に先立つ früher als die Eltern sterben* *s*／先立つものは金 Zuerst muss man Geld haben. Geld ist das Wichtigste.
さきどり 先取り Voraus|nahme (Vorweg-) *f*.; die vorherige Besitznahme／先取りする voraus|nehmen*⁴ (vorweg|-); vorher (im Voraus) in ⁴Besitz nehmen*.
さきばしる 先走る voran|laufen* *s* 《前を走る》; zu weit gehen* *s* 《出過ぎる》.
さきばらい 先払い ❶ [前払い] Vorausbezahlung *f*. -en. ❷ [先方払い] Nachnahme *f*. -n／先払いで unter ³Nachnahme; als Nachnahme.
さきぶと 先太の keulenförmig; nach oben (unten) an Dicke zunehmend; 《et》 mit dickerem Ende.
さきぶれ 先触れ ➪まえぶれ.
さきぼう 先棒 der vordere Sänftenträger, -s, - 《駕籠(ヵ)などの》; Handlanger *m*. -s, - 《手先》; Werkzeug *n*. -[e]s, -e 《道具》／先棒に使う *jn* zu seinem Werkzeug machen／彼は単に彼女のお先棒をかついだに過ぎない Er hat für sie bloß Handlangerdienste geleistet.
さきぼそ 先細の spitz 《in die Spitze》 zulaufend; verjüngt; konisch [zulaufend].
さきほど 先程 vorhin; vor kurzem／つい先程 eben erst; eben jetzt.
さきまわり 先回りする zuvor|kommen*³ *s*; vor|greifen*³.
さきみだれる 咲き乱れる in großer Menge blühen; in voller Blüte stehen*.
さきもの 先物取引 《商》 Termin|geschäft *n*. -[e]s, -e／-handel *m*. -s, ⁼.
さきゅう 砂丘 [Sand]düne *f*. -n.
さぎょう 作業 Arbeit *f*. -en ‖ 作業時間 Arbeits|zeit *f*. -stunden 《*pl*》／作業能力(率) Leistungsfähigkeit *f*.／作業場 Arbeits|platz *m*. -es, ⁼e; Arbeits|stätte (Werk-) *f*. -n／作業服 Arbeits|anzug *m*. -[e]s, ⁼e (-kleid *n*. -[e]s, -er; -kittel *m*. -s, -).
ざきょう 座興 Laienkunst 《f. -en》《für Gäste》; Spaß *m*. -es, ⁼e; Gesellschaftsspiel *n*. -[e]s, -e／座興に spaßhalber; nur zum Spaß; zur Unterhaltung; abwechslungshalber.
ざぎょう 座業 die sitzende Beschäftigung, -en; Sitzarbeit *f*. -en ‖ 座業者 Sitzarbeiter *m*. -s, -.
さきわけ 咲き分けの bunt|farbig (verschieden-).
さきわたし 先渡しする im Voraus geben*³⁴ 《liefern³⁴》.
さきん 砂金 Gold|sand *m*. -[e]s, -e 《-körnchen *n*. -s, -》‖ 砂金採集 Goldwäscherei *f*.
さきんじる 先んじる voran|gehen*³ 《先に立つ》; zuvor|kommen*³ *s* 《機先を制する》;

vor|greifen^{*3} 《同上》/彼は常に一歩先んじている Er ist immer einen Schritt voraus./先んずれば人を制す ,Wer zuerst kommt, mahlt zuerst.'

さく 作 ❶ [農作物の] Anbau *m.* -[e]s 《耕作》; Ernte *f.* -n 《収穫》/作がよい(わるい) eine gute (schlechte) Ernte haben (halten*). ❷ [作品] Werk *n.* -[e]s, -e; Arbeit *f.* -en.

さく 策 Plan *m.* -[e]s, ⸚e 《計画・案》; Maßregel *f.* -n 《方策・処置》; Maßnahme *f.* -n 《同上》; Kunstgriff *m.* -[e]s, -e 《策略》; Kniff *m.* -[e]s, -e 《同上》; Taktik *f.* -en 《術策》/策に富んだ erfindungsreich/策を誤る falsche Maßnahmen treffen* (ergreifen*); falsche Schritte tun*/策を講じる Maßnahmen (Maßregeln) treffen* (ergreifen*)/策を回らす Pläne machen/策を弄する Kniffe und Pfiffe an|wenden$^{(*)}$/策を授ける *jm* einen Rat (Ratschläge) geben*/最早万策尽きた Wir wissen uns keinen Rat mehr.

さく 柵 Zaun *m.* -[e]s, ⸚e; Einzäunung *f.* -en/柵を回らす ein|zäunen^{4}; umzäunen^{4}.

さく 咲く blühen/咲き始める auf|blühen [s]; erblühen [s]/桜の花が今を盛りと咲いている Die Kirschbäume stehen in voller Blüte./君知るやレモンの花咲く国を Kennst du das Land, wo die Zitronen blühen?

さく 裂(割)く [zer]reißen^{*4}; [zer]spalten^{*4} 《割る》/仲を裂く entzweien^{4}/時間を割く ^{3}sich die Zeit sparen.

さくい 作為的 künstlich; gemacht; 〘文法〙 faktitiv ‖ 作為動詞 Faktitiv *n.* -s, -e; Faktitivum *n.* -s, ..va/作為犯 〘法〙 Begehungsdelikt *n.* -[e]s, -e 《Unterlassungsdelikt の対》.

さくいん 索引 Index *m.* -[es], -e (..dizes); Verzeichnis *n.* ..nisses, ..nisse/索引をつける mit einem Verzeichnis (Index) versehen^{*4} ‖ 事項索引 Sachverzeichnis *n.* ..nisses, ..nisse.

さくおとこ 作男 Landarbeiter *m.* -s, - 《農業労働者》; Knecht *m.* -[e]s, -e 《下男》.

さくがら 作柄 Ernteaussichten 《*pl*》.

さくがんき 削岩機 〘坑〙 Bohr¦maschine *f.* -n (-hammer *m.* -s, ⸚).

さくぎょう 昨暁 gestern früh; gestern in der Morgendämmerung.

さくぐ 索具 〘海〙 Tauwerk *n.* -[e]s, -e.

さくげん 削減する kürzen^{4}; beschneiden^{*4}; herab|setzen^{4}.

さくげんち 策源地 Brutstätte *f.* -n 《悪事の》; Basis (Base) *f.* Basen 《基地》.

さくご 錯誤 Irrtum *m.* -s, ⸚er; Täuschung *f.* -en 《錯覚》; Versehen *n.* -s, - 《過失》; Fehler *m.* -s, - 《同上》 ‖ 時代錯誤 Anachronismus *m.* -, ..men.

さくさく 嘖々 ¶ 名声嘖々たり einen guten Ruf haben; weit und breit einen glänzenden Ruf genießen*.

ざくざく ざくざくと klimpernd 《お金など》; knisternd 《砂や雪》; knirschend 《雪》/ざくざくと砂利道を行く knisternd auf dem Kiesweg gehen* [s]/野菜をざくざくきざむ das Gemüse schnipp! schnapp! (knisternd) zerschneiden*.

さくざつ 錯雑 ⇨さくそう.

さくさん 酢酸 〘化〙 Essigsäure *f.* ‖ 酢酸塩 Azetat *n.* -[e]s, -e/酢酸鉛 Bleiazetat.

さくし 策士 Pläne¦schmied *m.* -[e]s, -e; Taktiker *m.* -s, -; Ränkeschmied *m.* -[e]s, -e 《陰謀家》; Intrigant *m.* -en, -en 《同上》.

さくし 作詞する dichten^{4} ‖ 土井晩翠作詞山田耕作作曲 Text (Worte): Bansui Doi, Musik: Kosaku Yamada.

さくしゃ 作者 Autor *m.* -s, -en; Verfasser *m.* -s, -.

さくしゅ 搾取 Ausbeutung *f.* -en/搾取する aus|beuten^{4} ‖ 搾取者 Ausbeuter *m.* -s, -.

さくじょ 削除 Streichung *f.* -en/削除する streichen^{*4}; aus|streichen^{*4} (weg|-)/表から一項目を削除する einen Posten von der Liste streichen*.

さくじょう 索条 Drahtseil *n.* -[e]s, -e; Kabel *n.* -s, -.

さくず 作図 Zeichnung *f.* -en; 〘数〙 Konstruktion *f.* -en/作図する zeichnen^{4}; 〘数〙 konstruieren^{4}.

さくせい 作成 《文書の》 Anfertigung *f.* -en; Abfassung *f.* -en; Entwurf *m.* -[e]s, ⸚e/作成する an|fertigen^{4}; ab|fassen^{4}; entwerfen^{*4} 《案を》.

さくせん 作戦 [eine militärische] Operation, -en; Strategie, -n 《戦略》; Taktik *f.* -en 《戦術》/X 作戦 das Unternehmen X ‖ 作戦根拠地 Operationsbasis *f.* ..basen/作戦地域(計画) Operationsfeld *m.* -[e]s, -er; Operationsgebiet *n.* -[e]s, -e (Operationsplan *m.* -[e]s, ⸚e)/上陸作戦 Landungsoperation.

さくそう 錯綜 Verwicklung *f.* -en; Verwirrung *f.* -en; Komplikation *f.* -en/錯綜した verwickelt; verworren; kompliziert/錯綜する ^{4}sich verwickeln (verwirren).

さくちょう 昨朝 gestern Morgen.

さくづけ 作付 Anbau *m.* -[e]s ‖ 作付面積 Anbaufläche *f.* -n.

さくどう 策動 Ränke 《*pl*》; Intrige *f.* -n; Umtriebe 《*pl*》/策動する Ränke schmieden; intrigieren; Umtriebe machen ‖ 策動家 Ränkeschmied *m.* -[e]s, -e; Intrigant *m.* -en, -en.

さくどう 索道 Seilbahn *f.* -en ‖ 空中索道 Seilschwebebahn *f.* -en.

さくにゅう 搾乳 das Melken*, -s/搾乳する melken$^{(*)(4)}$ ‖ 搾乳桶(ᵒᵏᵉ) Melk¦eimer *m.* -s, - (-kübel *m.* -s, -)/搾乳機 Melk[er]maschine *f.* -n; Melkgerät *n.* -[e]s, -e/搾乳夫(婦) Melker *m.* -s, - (Melkerin *f.* ..rinnen).

さくばん 昨晩 gestern Abend; [昨夜] gestern Nacht; diese ^{4}Nacht; heute Nacht 《真夜中以後》/昨晩映画を見に行った Gestern Abend ging ich ins Kino./昨晩よくお休みになれましたか Haben Sie diese Nacht gut geschlafen?

さくひん 作品 Werk *n.* -[e]s, -e; Arbeit *f.* -en; Opus *n.* -, Opera 《略:Op.》/すばらしい作品 Meisterwerk *n.* -[e]s, -e; ein wunderbares Stück, -[e]s, -e/ベートーベンのピアノソナタ作品 111 番 Beethovens Klavierso-

さくふう 作風 Stil *m.* -(e)s, -e; die künstlerische Tendenz, -en《芸術的傾向》.

さくぶん 作文 Aufsatz *m.* -es, ¨-e;作文を書く einen Aufsatz schreiben*‖ 独作文 in deutscher Aufsatz; die deutsche Stilübung, -en《文体練習》.

さくもつ 作物 ⇨のさくぶつ.

さくや 昨夜 ⇨さくばん.

さくら 桜 ❶ [植物] Kirsche *f.* -n; Kirschbaum *m.* -s, ¨-e/桜の花 Kirschblüte *f.* -n/桜の実 Kirsche *f.* -n/桜のバラ《無変化》; rosafarben. ❷ [馬肉] Pferdefleisch *n.* -(e)s.

さくら ein gekaufter Beifallsklatscher, -s, - (Kundenwerber, -s, -).

さくらそう 桜草 [植] Primel *f.* -n.

さくらん 錯乱 Verwirrung *f.* -en/錯乱した verwirrt; verworren;錯乱する《気の狂った》/錯乱する in ⁴Verwirrung geraten*; aus der Ordnung gebracht werden*‖精神錯乱 Geistesstörung *f.* -en (-zerrüttung *f.* -en).

さくらんぼ Kirsche *f.* -n.

さぐり 探り を入れる die Sonde legen《in⁴》; sondieren⁴.

さぐりあし 探り足 で mit tastenden Füßen.

さぐりだす 探り出す auf|spüren⁴; aus|forschen⁴; heraus|bekommen*⁴/秘密を探り出す ein Geheimnis heraus|bekommen《von *jm*》.

さくりゃく 策略 Kunstgriff *m.* -(e)s, -e; List *f.* -en; Kniff *m.* -(e)s, -e/策略を弄する ⁴Kniffe und ⁴Pfiffe an|wenden*; zu einer List greifen*. ⇨さく(策).

さぐる 探る ❶《捜す》suchen⁴《nach³》/ポケットを探る in der Tasche suchen. ❷《探索》⁴sich erkundigen《nach³; über³》; aus|kundschaften⁴《偵察》; erkunden⁴; sondieren⁴/病気の原因を探る die Ursache einer Krankheit erforschen/情況を探る die Lage erkunden (sondieren). ❸ [手探り] tasten《nach³》; tappen《nach³》.

さくれい 作例 Beispielmodell *n.* -s, -e; Musterstück *n.* -(e)s, -e《範例》/作例を示す ein Beispiel geben*.

さくれつ 炸裂 Explosion *f.* -en/炸裂する explodieren⁴.

ざくろ 柘榴 Granatapfel *m.* -s, ¨《実》; Granatbaum *m.* -s, ¨-e《木》.

ざくろいし 柘榴石 Granat *m.* -(e)s, -e《オーストリアでは -en, -en》.

さけ 酒 Sake *m.* -s, -(e)s《日本酒》; Reiswein *m.* -(e)s, -e《同上》; Reissschnaps *m.* -es, ¨-e《焼酎》; alkoholisches Getränk -(e)s, -e《酒類一般》/酒の勢い力で unter dem Einfluss des Alkohols/酒浸りになる dauernd trinken*; versoffen sein*/酒臭い/酒に強い vi (einen Stiefel) vertragen können*/酒を浴びる saufen*/酒を飲む《Sake》 trinken*/酒を過ごす zu viel《über den Durst》 trinken*/酒を断つ das Trinken auf|ge-ben*; ⁴sich des Alkohols enthalten*.

さけ 鮭 Lachs *m.* -es, -e/鮭の燻製 geräucherter Lachs; Räucherlachs.

さけい 左傾 die Tendenz《-en》 nach links; Radikalisierung *f.* -en《過激化》; Bolschewisierung *f.* -en《ボルシェビズム化》/左傾する ⁴sich nach links neigen; eine Tendenz nach links haben (zeigen); kommunistisch werden《共産化する》. ⇨さよく.

さけがみ 酒髪 nach hinten offen getragenes Haar, -(e)s, -e; Zopf *m.* -(e)s, ¨-e《編んだお下げ》.

さけのみ 酒飲み Trinker *m.* -s, -; Gewohnheitstrinker *m.* -s, -《常飲者》/彼は酒飲み《大酒飲み》だ Er trinkt《säuft》. ‖ 大酒飲み Säufer *m.* -s, -; Trunkenbold *m.* -(e)s, -e.

さけび 叫び(声) Schrei *m.* -(e)s, -e; Geschrei *n.* -s; Ruf *m.* -(e)s, -e《呼声》/甲高い叫び声 ein gellender (schriller) Schrei/驚き《憤り》の叫び in ein Schrei der ²Überraschung (Entrüstung)/叫び声を発する einen Schrei《aus》|stoßen*.

さけぶ 叫ぶ schreien*; auf|schreien*《叫び声で》; rufen*《呼ぶ》; kreischen《甲高い声で》/泣きわめく heulen; schreien*⁽⁴⁾《助けを求めて叫ぶ um ⁴Hilfe rufen*《schreien*》.

さげふだ 下げ札 ein angehängter Zettel, -s, -.

さげまく 下げ幕 Vorhang *m.* -(e)s, ¨-e.

さけめ 裂目 Riss *m.* -es, -e; Spalt *m.* -(e)s, -e《割れ目》/上着に長い裂目ができてしまった Der Rock hat einen langen Riss bekommen.

さける 裂ける《zer》reißen*; ⁴sich spalten⁽*⁾《割れる》/この紙は裂けやすい Das Papier zerreißt leicht./真二つに裂ける entzwei|reißen*⁽*⁾.

さける 避ける〔ver〕meiden*⁴; umgehen*⁴《迂回する》; aus|weichen*³《⓪《避ける》/aus dem Wege gehen*³《同上》/避け難い unvermeidlich; unumgänglich; unausweichlich;悪友を避ける schlechte Gesellschaft meiden*/返答を避ける eine Antwort vermeiden*《umgehen*》/危険を避ける einer ³Gefahr aus|weichen*.

さげる 下げる ❶ [吊す] hängen⁴/彼は勲章をたくさん胸に下げている Er hat viele Orden an der Brust hängen. ❷ [降下させる] senken⁴/頭を下げる den Kopf senken; den Kopf beugen《屈服》; den Kopf neigen《会釈》/物価を下げる die Preise senken (herab|setzen)/品質を下げる die Qualität mindern/声を下げる die Stimme dämpfen (senken)/熱を下げる Fieber senken/男《器量》を下げる ⁴sich blamieren. ❸ [片づける] ab|räumen⁴; weg|tun*⁴/食器を下げる das Geschirr vom Tisch ab|räumen. ❹ [下付] erteilen³⁴; verleihen*³⁴.

さげる 提げる tragen*⁴/トランクを手に提げる einen Koffer 《-s, -》 in der Hand tragen*.

さげわたす 下げ渡す frei|geben*⁴; frei|lassen*⁴《下付》.

さげん 左舷《海》 die linke Schiffsseite, -n; Backbord *n.* -(e)s, -e《Steuerbord に対し

ざこ 雑魚 der kleine Fisch, -(e)s, -e; Fischchen (Fischlein) n. -s, -/雑魚寝する drunter und drüber zusammenschlafen*.

ざこう 座高 Sitzhöhe f. -n.

さこく 鎖国 die Abschließung des Landes gegen die Außenwelt/鎖国する das Land gegen die Außenwelt ab|schließen*.

さこつ 鎖骨 《解》Schlüsselbein n. -(e)s, -e ‖ 鎖骨骨折 Schlüsselbeinbruch m. -(e)s.

ざこつ 座骨 《解》Sitzbein n. -(e)s, -e ‖ 座骨神経痛 Ischias f. (m., n.); Hüftnerverschmerz m. -es, -en.

ささ 笹 Bambusgras n. -es, -⸗er ❖ 外国にない. 学名は Sasa Japonica.

ささ 瑣々たる gering; geringfügig; nichtig; unbedeutend; minimal; verschwindend klein.

ささい 些細な gering; geringfügig; klein; kleinlich; unbedeutend; unwichtig; winzig/些細なこと Kleinlichkeit f. -en; Kleinigkeit f. -en; Kleinkram m. -(e)s; Lappalie f. -n; die leichte, unbedeutende Sache, -n/些細なことを気にする 'sich um Kleinigkeiten kümmern; haarspalterisch (pedantisch) sein/些細なことを気にする人 Kleinigkeitskrämer m. -s, -; Pedant m. -en, -en/些細な金 eine winzig kleine Summe, -n; ein paar Groschen (pl).

ささえ 支え Unterstützung f. -en (支持), Stütze f. -n; Untersatz m. -es, ⸗e; Strebe f. -n 《支柱・つっぱり》; 《鉱》Stempel m. -s, - 《坑支柱》.

ささえ 《貝》Kreiselschnecke f. -n.

ささえる 支える ❶ unterstützen⁴; jm bei|stehen* (in³ 助力); [家族などを] ernähren⁴; unterhalten⁴ (維持する); halten⁴ (維持する)/家を支える eine Familie unterhalten*/命を支える 'sich (am Leben) halten*; 'sich ernähren (von³)/店を支える im Geschäft (über das Geschäft) walten; das Geschäft führen/要塞を支える die Festung halten*. ❷ [支柱で] stützen⁴; tragen⁴; [つっぱって] ab|steifen⁴; ab|steifen⁴; [家族などを] ab|fangen⁴ 《坑内の天盤を》; verstreben⁴; [樹木を] pfählen⁴/ステッキで体を支える 'sich auf den Stock stützen/木で支柱を支える einen Baum pfählen/土塀を材木で支える die Lehmmauer ab|streifen (durch Balkenstützen)/その橋は枠形の支柱で支えてある Die Brücke ist auf Rahmenstützen aufgelegt. ❸ [防御・阻止] verteidigen⁴ (gegen⁴); behaupten⁴; aus|halten⁴; ab|wehren⁴/攻撃を支える den Angriff aus|halten⁴ (ab|wehren)/陣地を支える das Feld behaupten.

ささくれ Nied|nagel (Neid-) m. -s, -/ささくれができる Niednagel bekommen*; Der Nagelrand ist eingerissen.

ささげ 《植》Kuh|bohne f. -n (-erbse f. -n).

ささげつつ 捧げ銃 Präsentiert das Gewehr! 《号令》.

ささげもの 捧げ物 Opfer n. -s, -; Darbringung f. -en/捧げ物をする ein Opfer (et als Opfer) dar|bringen*³; ein Opfer am Altar dar|bringen*.

ささげる 捧げる ❶ [捧げ持つ] hin|halten*³⁴; hoch|halten⁴; mit den Händen (in der Hand) vor Augen halten*⁴; feierlich auf|heben*⁴ 《持ち上げる》/銃を捧げ持つ das Gewehr präsentieren. ❷ [奉る] dar|bringen*³⁴; dar|reichen³⁴; feierlich hin|reichen³⁴; präsentieren³⁴; [本などを] widmen³⁴; zu|eignen³⁴; [心身を] 'sich jm hin|geben*⁴; 'sich mit Haut und Haaren verschreiben*³ 《悪い意味で: 身も心も売る》/祈りを捧げる sein Gebet verrichten; ein Gebet sprechen*/《本書を》S 氏に捧ぐ Herrn S. gewidmet./彼は彼女に詩を捧げた Er hat ihr ein Gedicht zugeeignet. ❸ 《奉仕》op|fern³⁴; weihen³⁴; 'sich jm hin|geben*⁴ ⇨ ②/人類のために一生を捧げる 'sich das ganze Leben hindurch dem Dienst der Menschheit weihen.

ささつ 査察 Besichtigung f. -en; Inspektion f. -en; Inspizierung f. -en 《点検》; Aufsicht f. -en 《監督》/査察する besichtigen⁴; inspizieren⁴; die Aufsicht führen 《über⁴》 ‖ 査察官 Inspektor m. -s, -en; Inspekteur m. -s, -e; der Aufsichtsbeamte*, -n, -n.

さざなみ [Wellen]gekräuse[l] n. -s; die kleinen Wellen 《pl》/さざなみが立つ 'sich kräuseln/湖面にさざなみが立っている Auf dem See kräuseln sich die Wellen./微風がさざなみを立てる Ein sanfter Wind kräuselt das Wasser.

ささめく rauschen ⇨ ざわつく.

ささめゆき 細雪 lockerer, feiner Schnee.

ささやか klein; bescheiden; anspruchslos/ささやかな商売 ein bescheidenes Geschäft, -(e)s, -e/ささやかな食事をとる einfach essen*.

ささやき 囁き das Flüstern*, -s; Geflüster n. -s 《ざわざわという囁き》; das Lispeln*, -s 《小川や木の葉の囁きにも》; verliebte Nichtigkeiten 《pl 恋の》.

ささやく 囁く 《以下は自動詞としては小川・木の葉の囁きにも用いる》flüstern³⁴; lispeln³⁴; murmeln⁴; raunen³⁴; wispern⁴; zischeln⁴; [密談を] tuscheln³⁴ 《mit³》/耳元に囁く im jm ins Ohr flüstern (raunen)/低く囁くポプラの木 eine leise flüsternde Pappel, -n/囁きを交す zu|flüstern*³; 'sich zu|raunen*⁴ 《特に・取沙汰など》.

ささら Schrubber m. -s, -; Küchenbürste f. -n.

ささる 刺さる stecken/骨がのどに刺さった Eine Gräte stak mir in der Kehle./鍵はささったままでいます Der Schlüssel steckt da.

ざれいし ざれ石 Kiesel m. -s, -; Kieselstein m. -(e)s, -e; Kies m. -es, -e; Geröll(e) n. -(e)s, ..rölle.

さざんか 山茶花 Bergtee m. -s, -s.

さじ 匙 Löffel m. -s, -/匙ですくう löffeln⁴/匙を投げる auf|geben*⁴; verzichten 《auf⁴》 ‖ 大匙 ein großer Löffel; Esslöffel m. -s, - 《テーブルスプーン》/大匙に山盛二杯 zwei gut

さじ 匙 gehäufte Esslöffel/小匙 ein kleiner Löffel; Teelöffel〔茶匙〕.

さじ 瑣事 Kleinigkeit *f.* -en; Bagatelle *f.* -n; Lappalie *f.* -n/瑣事に拘泥する ⁴sich mit Kleinigkeiten ab|geben*; ⁴sich um unwichtige Dinge kümmern.

ざし 座視する ruhig [mit] an|sehen*⁴; mit verschränkten Armen zu|sehen*³; ⁴sich nicht anfechten lassen*⁴/君の刹状を座視するに忍びない Ich kann deine Not nicht mehr ruhig mit ansehen.

さしあげる 差し上げる ❶ [進呈] geben*³⁴; schenken*³⁴; an|bieten*³⁴/それは差し上げますよ Das können Sie behalten./何を差し上げましょうか〔店員が〕Was darf's sein? ：Womit kann ich Ihnen dienen? [来客に飲み物などをすすめて] Was soll ich Ihnen anbieten? ❷ [持ち上げる] auf|heben*⁴ (empor-); in die Höhe heben*⁴; erheben*⁴〔手・コップなどを〕.

さしあたり 差当り ❶ [jetzt] vorläufig; augenblicklich〔目下〕; gegenwärtig〔今のところ〕; für jetzt; für die nächste Zeit〔しばらくは〕; zur Zeit〔目下のこと〕; fürs erste〔まず差当たり〕; einstweilen〔当分は〕/差当たり何もないから当分この仕事を続けて行くことになる Da ich vorläufig nichts zu tun habe, ...差当たりこれで間にあわせよう Für jetzt müssen wir damit vorlieb nehmen./差当たりこれだけあれば十分だ Wenn wir einstweilen damit auskommen./差当たりそれぐらいの金がれば十分だ einstweilen genügen./差当たりそれぐらいない Gegenwärtig brauchen wir's nicht.

さしいれ 差入れ ❶ [挿入] das Hineinstecken* (-legen*), -s. ❷ [刑務所の] Geschenk (*n.* -[e]s, -e) für (an) Gefangene〔物〕 ‖ 差入口 Einwurf *m.* -[e]s, -e; Schlitz *m.* -es, -e; Briefeinwurf〔郵便物の〕; Geldeinwurf〔自動販売器などの金銭用〕/差入屋 Essenlieferant (*m.* -en, -en) für Gefangene.

さしいれる 差し入れる ❶ [挿入] hinein|stecken*⁴ (-legen*) (*in*⁴); ❷ [刑務所に] ein Geschenk an *jn* ins Gefängnis schicken; Diners ins Gefängnis liefern〔差入屋が〕❖ lassen*の意に〔差入屋を通じて〕の意.

さしえ 挿絵 Abbildung *f.* -en; Illustration *f.* -en; Bild *n.* -[e]s/挿絵を入れる mit Abbildungen versehen⁴ (aus|statten⁴); bebildern⁴/挿絵入りの雑誌 die Illustrierte*, -n; Zeitschrift (*f.* -en) mit Bildern ‖ 挿絵画家 [Buch]bebilderer *m.* -s, -.

さしおく 差し置く ❶ [放置する] lassen*⁴; hintan|setzen*⁴〔後まわしにする〕; auf³ sich beruhen lassen*⁴/そのままに差し置く die Sache so ruhen lassen*⁴, wie es ist; die Sache auf sich beruhen lassen*/何を差し置いても in erster Linie; vor allem. ❷ [無視する] hintan|setzen*⁴ (-|stellen*); *jn* links liegen lassen*; unberücksichtigt lassen*⁴/あの人を差し置いて実行することはできない Ohne Rücksicht auf ihn kann man nicht vorgehen.

さしおさえ 差押 Beschlagnahme *f.* -n; Pfändung *f.* -en/差押えを食う〔物を主語にして〕mit Beschlag belegt werden⁴; in Beschlag genommen werden/差押えを解く die Beschlagnahme auf|heben*⁴ ‖ 差押状 Beschlagnahmeverfügung *f.* -en; Berechtigungsschein (*m.* -[e]s, -e) zur Beschlagnahme/差押え人 Pfändungsgläubiger *m.* -s, -; Gerichtsvollzieher *m.* -s, -〔執行吏〕/差押物件 der beschlagnahmte Gegenstand, ⸚e ❖ 物件は Waren, Vermögen など具体的に示しても可/仮差押え die provisorische Beschlagnahme/被差押え人 Pfändungsschuldner *m.* -s, -.

さしおさえる 差し押さえる beschlagnahmen⁴ (*p.p.* beschlagnahmt); pfänden⁴; mit Beschlag belegen⁴; in Beschlag nehmen*⁴/商品は差し押さえられている Die Waren sind mit Beschlag belegt.

さしかえる 差し替える aus|wechseln⁴ (*mit*³ 取り替え); ersetzen⁴ (*durch*⁴); ein|setzen⁴ (*für*⁴); ab|lösen⁴〔歩哨などを〕/役人を差し替える den Beamten durch einen anderen ersetzen/プログラムを差し替える〔映画など〕das neue Programm vor|führen/花を差し替える Blumen neu stecken.

さしかかる 差し掛かる ❶ [通りかかる] kommen*〔*s*〕〔*gerade* とともに〕; vorbei|kommen*〔*s*〕(*an*³); heran|kommen*〔*s*〕(*an*³)/ちょうどそこに差し掛かった Wir kamen gerade da (vorbei)./箱根に差し掛かると富士が見えた Als wir am Hakone herankamen, war der Fuji sichtbar. ❷ [上に掛かる] hängen* (*über*³); schweben〔h.s〕(*über*³) 宙に浮かんで〕.

さしかけ 差掛[屋根] Hänge|dach (Wetter-; Pult-) *n.* -[e]s, ⸚er; [小屋] der einfache Anbau, -ten.

さしかける 差し掛ける ❶ 人に傘を差し掛ける einen Regenschirm über (für) *jn* halten*.

さじかげん 匙加減 Dosierung *f.* -en/匙加減をまちがえる eine zu große (kleine) Dosis nehmen*.

さしがね 差金 ❶ [大工の尺度] Winkel|maß *n.* -es, -e (-eisen *n.* -s, -). ❷ [そそのかし] Aufhetzung *f.* -en; Anstiftung *f.* -en; Anreizung *f.* -en; das Anraten*, -s〔入れ知恵〕/...の差金で auf (die) Anstiftung (*von*³); auf *js* Anraten〔hin〕.

さしき 挿木 Ableger *m.* -s, -; Absenker *m.* -s, -; Setzling *m.* -s, -e; Steckling *m.* -s, -e/挿木をする ab|legen⁴; ab|senken⁴.

さじき 桟敷 Zuschauerbühne *f.* -n; Tribüne *f.* -n; Balkon *m.* -s, -e (-s)〔劇場の〕; Rang *m.* -[e]s, ⸚e〔Balkon の上〕 仕切桟敷 Loge *f.* -n, -n/正面桟敷 Mittelbalkon *m.* -s, -e (-s)/天井桟敷 Galerie *f.* -n.

ざしき 座敷 Zimmer *n.* -s, -; Stube *f.* -n; Wohnraum *m.* -[e]s, ⸚e〔居間〕; Empfangszimmer *n.* -s, -〔客間〕/座敷に通すein Zimmer 〔herein〕führen*; in den Empfangsraum führen⁴/料理屋に大きな座敷をとってある Ich habe einen großen Gesellschaftsraum im Restaurant bestellt. ‖ 座敷牢 Arreststube *f.* -n.

さしきず 刺傷 Stich *m.* -[e]s, -e; Stichwunde *f.* -n, -n.

さしこみ 差込み ❶ [挿入] das Stecken* (Hineinstecken*; Hineinlegen*), -s. ❷ [けいれん] Krampf *m.* -[e]s, ⸚e; Kolik *f.* -en; Anfall *m.* -[e]s, ⸚e〔発作〕 / 差込みが来る einen

さしこむ 差し込む ❶ 〔挿入〕hinein|stecken⁴ (-|legen⁴) ⟨in³⟩; ein|fügen⁴ (-|-schalten⁴ | -|setzen⁴) ⟨in³⟩; 〔光が〕herein|kommen* §/月光が窓から机の上に差し込んでいる Das Mondlicht fällt durch ein Fenster auf den Tisch. ❷〔けいれん〕von Krämpfen befallen werden*; in Krämpfe verfallen* §; ein Bauchgrimmen (einen Magenkrampf) bekommen*.

さしころす 刺し殺す erstechen*⁴ ⟨mit³⟩; er-dolchen⁴.

さしさわり 差障り Hindernis n. ..nisses, -nisse; Störung f. -en / 差障りのあることがた言う eine verletzende (zynische) Bemerkung machen ⟨über⁴⟩/差障りのないことばかりは nur harmlose Dinge erzählen / 差障りがあるかもしれませんが… Wenn ich auf die Gefahr hin sagen darf, dass sich jemand eventuell verletzt (beleidigt) fühlt, ... | Vielleicht nimmt man Anstoß an meinen Worten, aber .... / 差障りがあるといけませんから Ich möchte nicht anstoßen, so .... / 差し障る hindern⁴ ⟨an³⟩; stören⁴.

さしめす 指し示す zeigen*⁴; hin|weisen ⟨auf⁴⟩; mit dem Finger deuten ⟨auf⁴⟩.

さしず 指図 Anordnung f. -en; Anweisung f. -en; Befehl m. -(e)s, -e; Geheiß n. -es 〔おもに口頭の〕; Unterweisung f. -en 〔指導〕; Verordnung f. -en 〔医者の〕; Vorschrift f. -en; Weisung f. -en / ...の指図の下に auf Weisung von jm (hin); unter dem Befehl ⟨von³⟩; unter der Führung ⟨von³ 率いられて〕/ 指図に従い(どおり) Ihrem Auftrag gemäß 〔注文どおり〕; auf Anordnung ⟨von³⟩; Ihrer Anordnung entsprechend; nach Ihrer Anweisung / お指図どおりにいたします Ich stehe zu Ihrer Verfügung. / 彼の指図にするがよ Du musst dich an seine Anweisung halten. ── 指図する an|ordnen*⁴; jm an|weisen*; befehlen*⁴; gebieten*³⁴; verordnen*⁴; vor|schreiben*³⁴.

‖指図式小切手 Orderscheck m. -s, -s /指図人払い zahlbar auf Order.

さしずめ ¶ 詩人一人の名をあげろと言われれば、さしずめゲーテでしょうね Wenn ich einen Dichter nennen soll, so liegt es mir nahe, Goethe zu nennen. ⇒さしあたり.

さしせまる 差し迫る bevor|stehen*; drohen³; drängen; heran|nahen §/差し迫った nah(e) bevorstehend; dringend; drohend; drängend /差し迫った用事がある Ich habe eine drängende Angelegenheit zu regeln (zu erledigen). / 差し迫る Die Zeit drängt. / 試験が差し迫っている Es steht Examen bevor.

さしだす 差し出す ❶ hin|halten*⁴; entgegen|halten*³⁴ 〔手に持ったまま〕; dar|reichen⁴; überreichen⁴ 〔渡す〕; dar|bieten*³⁴ 〔書類などの提出〕ein|reichen³⁴; vor|legen³⁴ /政府に申請を差し出す der Regierung einen Antrag vor|legen (ein|reichen). ❷〔伸ばす〕aus|strecken³⁴; dar|bieten*³⁴ /手を差し出して die Hand aus|strecken ⟨nach³ 物を取るため⟩; jm die Hand bieten* 〔握手・和解のため⟩; die Hand 〔zum Kuss⟩ dar|bieten* 〔キスのため〕. ❸〔送る〕befördern⁴; übersenden*⁴ ⟨an³⟩/差出人 Absender m. -s, -; Geldsender m. -s, - 〔為替などの〕.

さしたる besonder. ⇒たいして〔大して〕.

さしちがえ 刺し違えて死ぬ einander das Schwert in die Brust (ins Herz) stoßend sterben* §.

さしつかえ 差支え ❶〔先約〕eine〔anderwärtige〕Verabredung, -en ❖〔「先の」「他の」〕は必ずしも訳さないでよい ❷〔事故〕Hindernis n. ..nisses, -nisse; Verhinderung f. -en ❖〔差支えがある(ない)〕は動詞を使った方がよい Es hat sich (inzwischen) was ereignet und ich kann nicht kommen. / 仕事のことで差支えができました Ich bin dienstlich (geschäftlich) verhindert (worden). / 差支えがそうで残念だと申しています Er bedauert, verhindert zu sein. ❸〔不便〕Schwierigkeit f. -en; Störung f. -en; Unbequemlichkeit f. -en /歩くには差支えがない Gehen macht mir keine Schwierigkeiten. / それは操業に差支えを生じる Das wirkt auf den Betrieb störend ein. ❹〔異議〕Einwand m. -(e)s, ⸗e /差支えなければ wenn es Ihnen recht ist; wenn es Ihnen nicht viel ausmacht; wenn Sie nichts dagegen haben (nichts einzuwenden haben); wenn Sie damit einverstanden sind.

さしつかえない 差支えない dürfen* 〔許可〕; können* 〔事情が許す〕; mögen* 〔無関心〕; erlaubt sein; nichts dagegen (nichts einzuwenden) haben 〔異議ない〕; frei sein (haben) 〔暇がある〕/差支えない範囲で soviel (soweit) es Ihnen erlaubt ist /お差支えなければ出かけましょう Gehen wir, wenn es Ihnen recht ist (wenn Sie so weit sind). / 窓をあけても差支えありませんか Darf (Kann) ich das Fenster aufmachen? / Stört es Sie, wenn ich das Fenster aufmache? / 午後は差支えない Nachmittags bin (habe) ich frei. | Nachmittags habe ich Zeit. / いつ来ても差支えない Sie können zu jeder Zeit (zu mir) kommen. / 手紙を開けて見ても差支えないだろう Es kann nicht schaden, den Brief zu öffnen. / 聞いてみるのは差支えない Fragen schadet nicht. / 私がいなくても差支えないでしょう Ich kann schon gehen, nicht wahr? / Ohne mich können Sie sich ja selbst helfen? / Können Sie weitermachen, ja? / Es ist ja ganz einerlei, ob ich hier bin oder nicht. / もう起きても差支えないまでに直りました Ich bin so weit wiederhergestellt, dass ich aufstehen darf. / ...といって差支えない Man kann ruhig sagen, dass ... / Es liegt nahe 〔zu 不定句句〕. / 裁判は勝ったと思って差支えない Der Prozess ist so gut wie gewonnen.

さしつかえる 差支える ❶〔支障〕verhindert sein; 〔anderwärtig〕verabredet sein〔先約〕; 〔支障の原因を主語として〕hindern⁴; behindern⁴; stören⁴ / 明日の仕事に差支える Das macht mich untauglich für morgen. / 勉強に差支える Das stört meine Arbeit. / 足をけがしたが歩くにはもう差支えない Meine Beinverletzung hindert mich jetzt nicht mehr. ¦ Mein verletztes Bein behindert mich beim Gehen nicht mehr. ❷ [金・品物などに] unter Mangel an ³*et* leiden*; ⁴*et* dringend brauchen / その日の生活にも差支える程だ kaum das nackte Leben fristen; sehr schlimm daran sein / 百円の金にも差支える Über sogar 100 Yen kann er nicht verfügen.

さしつかわす 差し遣わす ⇨**さしむける**.

さして ⇨**たいして**(大して).

さして 指して〔in der Richtung〕nach³; auf⁴ … zu; gegen⁴; entgegen³ /〘その他 zu|gehen* [s]; entgegen|gehen* [s] などの動詞で表現する〙彼らは目的地を指して歩いた Sie gingen ihrem Bestimmungsort entgegen. / あの塔を指して行きなさい Gehen Sie auf den Turm 〔da〕 zu. / 機は北方指して飛行中 Die Maschine fliegt jetzt in der Richtung nach Norden.

さしでがましい 差出がましい [出しゃばり] aufdringlich; zudringlich; keck; [おせっかい] vorlaut; vorwitzig; [生意気な] altklug; naseweis; [ずうずうしい] unbescheiden; dreist; frech; unverschämt / 差出がましいことを言う vorwitzigerweise eine unnötige Bemerkung machen; vorlaut sein / 差出がましいことを言うな Sei nicht so vorlaut. / 差出がましいことですが Wenn ich mich einmischen darf, …. ¦ Wenn ich Sie darauf aufmerksam machen darf, 〔so〕 ….

さしでぐち 差出口をする eine unnötige (überflüssige) Bemerkung machen; seinen Senf dazu legen; seine Nase stecken 《*in*⁴》; *jm* ins Wort fallen* [s]; *jm* drein|reden.

さしでもの 差出者 der Vorwitzige*, -n, -n; Naseweis *m*. -es, -e; die vorlaute Person, -en ❖ Person は場に応じ Kind, Frau など具体的な方がよい.

さしでる 差し出る ⁴sich hinein|mischen 《*in*⁴》. ⇨**でしゃばる**.

さしとおす 刺し通す durchbohren⁴; durchstechen*⁴; durchstoßen*⁴ / 短刀は彼の心臓を刺し通した Das Dolch durchbohrte sein Herz.

さしとめる 差し止める verbieten*³⁴; untersagen³⁴; ein|stellen⁴; sperren⁴ / 出入りを差し止める *jm* das Haus verbieten* / その本の販売を差し止める den Verkauf des Buchs untersagen / ガスの供給(給水, 手当の支払い)を差し止める das Gas (das Wasser, das Gehalt) sperren / 交通を一時差し止める den Verkehr an|halten* / 記事差止め Zensurverbot *n*. -〔e〕s, -e; Veröffentlichungs¦-verbot (Publikations-); Zensurstrich *m*. -〔e〕s, -e 《一部削除》.

さしね 指値〘商〙Limit *n*. -〔e〕s / 指値以内(以上)で innerhalb des Limites (über das Limit) / 指値で zu Ihrem Limit / 指値をする 〔den Preis〕 limitieren / 業者はみな指値以上の要求をしております Alle Händler fordern einen höheren Preis als den von Ihnen limitierten. ‖ 指値注文 die limitierte Order, -n; der limitierte Auftrag, -〔e〕s, ⸚e.

さしのべる 差し伸べる [手を] (die Hand) aus|strecken 《*nach*³》/ 援助の手を差し伸べる *jm* an die Hand gehen* [s]; *jm* unter die Armen greifen* 《*mit*³》/ 手を差し伸べて取ろうとする nach ³*et* greifen* / 手を差し伸べて取る die Hand aus|strecken und zu ³*et* greifen*.

さしはさむ 差し挟む hinein|stecken⁴ (-|legen⁴) 《*in*⁴》; ein|fügen⁴ (-|schalten⁴) 《*in*⁴》 / ことばを差し挟む hinein|reden 《*in*⁴⁽³⁾》; *jm* d〔a〕rein|reden; dazwischen|reden; *jm* in die Rede fallen* [s]; [文語調] Worte ein|fügen (ein|schalten) / 異議を差し挟む Einspruch erheben* 《*gegen*⁴》; widersprechen*³ / 疑いを差し挟む Verdacht hegen (schöpfen) 《*gegen*⁴》.

さしひかえる 差し控える zurück|halten* 《*mit*³》; an ⁴sich halten* 《*mit*³》; ⁴sich enthalten*²; unterlassen* 《思いとどまる》/ 判断を差し控える mit seinem Urteil zurück|halten* / 発表を差し控える unterlassen*, es 〔öffentlich〕 bekannt zu machen / 飲食を差し控える ⁴sich im Essen und Trinken mäßigen / 一言言おうと思ったが差し控えた Ich hielt an mich mit einer Bemerkung.

さしひき 差引 ❶ [控除] Abzug *m*. -〔e〕s, ⸚e. ❷ [残高(額)] Bilanz *f*. -en; Saldo *m*. -s, ..-den; Überschuss *m*. -es, ⸚e; Rest *m*. -〔e〕s, -e 《口語》/ 差引勘定をする die Bilanz ziehen*; ab|rechnen⁴. ❸ [潮の] Ebbe und Flut; Gezeiten 《*pl*》.

さしひく 差し引く ab|ziehen*⁴ 《*von*³; *an*³》; ab|rechnen⁴ 《*von*³》/ 給料から差し引く eine Summe vom (am) Gehalt ab|ziehen* / 雑費として差し引く eine Summe für Unkosten ab|ziehen*; einen Betrag als Unkosten ab|rechnen / 税金を差し引いて三万円の収入 das Einkommen 《-s》 von 30 000 Yen abzüglich der Steuer.

さしひびく 差しひびく beeinflussen⁴; ein|wirken 《*auf*⁴》; aus|wirken 《*auf*⁴; *in*³》.

さしまねく heran|winken⁴; zu sich (näher) winken⁴; mit der Hand winken.

さしまわし 差し回し ¶ 外務省差し回しの自動車で mit dem Wagen, den das Außenministerium zur Verfügung stellt (geschickt hat).

さしみ 刺身 roher Fisch 《-〔e〕s, -e》 in Scheiben.

さしむかい 差し向かいで von Angesicht zu Angesicht 《*mit*³》; Auge in Auge 《*mit*³》; unter vier Augen 《二人だけで》/ 差し向かいにすわる ⁴sich *jm* gegenüber|stellen; *jm* gegenüber sitzen*; einander gegenüber|sitzen* / 差し向かいで話す unter vier Augen sprechen* 《*mit*³》/ 差し向かいで食事をする tête-à-tête essen* 《*mit*³》; ganz allein mit *jm* essen*.

さしむける 差し向ける 〔ab|〕schicken⁴; 〔ab|〕senden*⁴ / 使者を差し向ける einen Boten ab|schicken / あかりを差し向ける *jm*

さしもどす 差し戻す〔下級裁判所へ〕zurück|verweisen*⁴ an die Unterinstanz《4条には Rechtssache *f.* -nその他具体的な事件をおく》.

さしもの 指物 Tischlerei *f.* -en; Tischler|arbeit Schreiner(-) *f.* -en ‖ 指物師 Tischler *m.* -s, -; Schreiner *m.* -s, -.

さしもの 〖ふつう名詞の前に置いて〗auch; sogar; selbst; noch; schon 〖これらを二語連用もよい〗;〖形容詞＋〗wie er* ist;〖名詞＋〗der* er ist 〖過去の場合は war を用いる〗/さしもの勇士も selbst wie ein Held wie er*; ein Held, wie er ist/さしもの怪物も sogar auch (selbst) dieses Ungeheuer; selbst noch diese Bestie.

さしゅ 詐取 das Erschwindeln*, -s; Betrug *m.* -(e)s; Schwindel *m.* -s, -/詐取する *jm* ⁴*et* ab|schwindeln* (ab|listen; ab|schwindeln); *jn* betrügen* (beschwindeln; prellen)《*um*⁴》; erschwindeln*.

さしょう 詐称 das Sichausgeben*, -s《als》; die falsche Angabe, -n《²*et*》/詐称する ⁴sich aus|geben*《als*》;〔fälschlich〕vor|geben*《⁴*et* als》; einen falschen Namen an|geben*《...と詐称して unter dem Namen《*von*³》‖学歴詐称 die falsche Angabe der akademischen Laufbahn.

さしょう 査証 Visum *n.* -s, ..sa; Sichtvermerk *m.* -(e)s, -e/査証のある mit Visum versehen《*p.p.*》/旅費の査証をうける ein Visum für den Pass bekommen*. ── 査証する mit Visum versehen*⁴; visieren*.

さしょう 些少の klein; bescheiden; wenig; 些少ながら bescheiden, wie es* ist;〖贈物などをするときは文章にして〗Darf ich mir diese kleine Aufmerksamkeit erlauben? / Ich möchte Ihnen nur eine kleine Freude bereiten.

ざしょう 挫傷 Quetschung *f.* -en; Kontusion *f.* -en; Verrenkung *f.* -en; Verstauchung *f.* -en/挫傷する gequetscht werden 〖足などが主語〗; ³sich verrenken⁴; ³sich verstauchen⁴; ³sich verzerren⁴ 〖ちょっとした捻挫〗.

ざしょう 座礁 Strandung *f.* -en/座礁する stranden ⓈⒽ; auf Grund fahren* ⓈⒽ; auf den Klippen scheitern ⓈⒽ; auf Strand laufen*《岸に》; auf|laufen* ⓈⒽ/船は座礁した Das Schiff ist gestrandet.

ざしょう 座乗する am Bord gehen*《sein》ⓈⒽ.

ざしょく 座食する ein faules Leben (der Lotterleben) führen; dem Herrgott den Tag stehlen*; den lieben Gott einen guten Mann sein lassen*; auf den Faulbett (der *Bärenhaut; dem Lotterbett*) liegen*/座食の徒 Tagedieb *m.* -(e)s, -e; Faulpelz *m.* -es, -e; Drohne *f.* -n.

さしわたし 差渡し Durchmesser *m.* -s, -/差渡し三寸ある drei Zoll im Durchmesser sein.

さす 砂州 Sandbank *f.* ⁼e.

さす 差す, 指す ❶〔指示〕zeigen《*auf*⁴; *nach*³》; hin|weisen*《*auf*⁴》; deuten《*auf*⁴》; hin|deuten《*auf*⁴》/ ...を指して《行く・進むなど》in der Richtung《*nach*³》; *nach*³ ... zu; *auf*⁴ ... zu/〔先生に〕指される〔vom Lehrer〕aufgerufen werden/名を指す seinen Namen nennen*; *jn* mit 〔beim〕Namen nennen*/指でその文字を指す auf die Schrift mit den Finger zeigen〔hin〕deuten;〔hin〕weisen*/彼というのは先生のことを指す Mit dem „er" meine ich unseren Lehrer. / それは君のことを指している んだよ Damit bist du gemeint. / その嘲笑は君を指しているのだよ Der Spott gilt dir. / 彼は前に僕が言ったことを暗に指しているのだ Er spielt auf meine frühere Bemerkung an. / 時計は十二時を指している Die Uhr zeigt〔auf〕12. ❷〖傘などを〗〔den Regenschirm〕tragen*⁴; halten*⁴; auf|spannen⁴〖傘をさすの意で〗. ❸〔注ぐ〕gießen⁴《*in*⁴》; hinein|gießen*⁴《*in*⁴》;〔つぎ足し〕nach|gießen*⁴; zu|gießen*⁴/急須にお茶をさす Tee auf|gießen*/目薬をさす Augentropfen tröpfeln/（あることに）水をさす Wermut in ⁴eine Sache gießen*. ❹〔油をさす〕⁴sich öl(en); schmieren⁴. ❹〔将棋を〕Schach spielen. ❺〔潮などが〕steigen* Ⓢ; kommen* Ⓢ《Flut *f.* が主語》; Es flutet. ❻〔光が〕scheinen《*auf*⁴; *in*⁴》; fallen* Ⓢ《*auf*⁴》;〔hinein〕strömen《*in*⁴》❖ 一般に「差し込む」の意を表すには前置詞のほか hinein|-, herein|- を併用する。¶ 赤味が指す ⁴sich röten; rötlich werden; ins Rötlich stechen*/（顔に）紅がさす（赤くなる）erröten《*vor*³》; Die Röte steigt *jm* ins Gesicht. / *js* Gesicht ist von glühender Röte übergossen. / 杯をさす zum Trinken auf|fordern; ein|schenken⁴《例: ein Glas ⁴Bier》/ 刀をさす ein Schwert tragen*/魔がさす Vom Teufel geritten sein; Der Teufel müsste seine Hand im Spiel haben.

さす 刺す ❶〔突き刺す〕stechen*⁴; stoßen*⁴; stacheln⁴〔とげで〕; an|stechen⁴; an|stechen*⁴; durch|bohren⁴《剣で》; durch|stechen*⁴; ein|stechen*⁴; ein|stoßen*⁴/人を短刀で刺す *jm* das Dolch stoßen*/のどを刺す *jn*《⁴sich》in den Hals stechen*《*mit*³》/剣で身体を刺す ⁴sich ins Schwert stürzen〔werfen〕《自刃》/止めを刺す *jm* den Garaus machen*; *jm* den Gnadenstoß geben*/踏み抜いて足に釘を刺す ³sich einen Nadel in den Fuß〔ein〕treten* Ⓢ. ❷〔虫などが〕stechen*⁴; beißen*⁴/腕を刺される in den Arm gestochen werden《*von*³》. ❸〔縫う〕nähen(⁴); steppen⁴〔刺し縫い〕; sticken⁴〔ぬいとり〕. ❹〔鳥を〕fangen⁴《einen Vogel》《mit Vogelleim》. ❺〔舌を〕auf der Zunge beißen*〖食物などが主語〗.

さす 挿す〔an〕stecken⁴;〔hin〕ein|stecken*⁴.

さす 鎖す ⇨さしこむ.

さす 砂州 ⇨ざしょう（座礁）.

さすが さすがに〔は〕❶〔強意の「すらも」を用いて〕auch; selbst; sogar;〖形容詞＋〗wie er* ist;〖一格名詞＋〗der* er ist《wie er* ist》/さすがに英雄もあって、とりみださなかった Ein Held, der er ist, kam er nicht aus der Fassung. / さすがの英雄も涙を流した Ein Held, der er ist, vergoss er Tränen. / さすが

狡猾な彼もとうとう罠にかかった Schlau, wie er ist, ist er endlich in die Schlinge gefallen. / さすがは父の子, やってのけた Wie der Vater, so der Sohn, hat er es geschafft. / さすがは紳士だ Ein Gentlemen ist er doch. / さすがのおれもかぶとをぬいだよ Sogar ich musste die Segel (pl) streichen. / さすがにいい彼女もさすがに黙っていられなかった Sogar auch diese Gutmütige konnte sich's nicht gefallen lassen.｜ Trotz all ihrer Sanftmütigkeit konnte sie nicht umhin, sich zu äußern. ❷ [というものの] indessen; dabei ... doch / やろうと思ったが, さすがに良心がとがめた (さすがにこわくなってやめた Er wollte es tun, aber er machte sich indessen Gewissensbisse (bekam er doch dabei Angst) und verzichtete darauf.

さずかりもの 授かり物 Gottesgabe *f.* -n; Segnung *f.* -en〔神よりの〕; Fallobst *n.* -[e]s, -〔ひろい物〕; Gabe *f.* -n; Geschenk *n.* -[e]s, -e.

さずかる 授かる geschenkt bekommen*⁴; gratis bekommen⁴ [ただで]; 〔官職・勲章など〕jm verliehen (zuerkannt) werden; eingeweiht werden [in⁴ 秘伝などを]; 子供を授かる mit einem Kind gesegnet werden⁴ / ...の秘伝を授かる in das Geheimnis des* ... eingeweiht werden.

さずける 授ける geben*³,⁴; erteilen³,⁴ 〔授業などを〕; schenken³,⁴ [つける]; zuteil werden lassen*³,⁴ / dar|reichen⁴ 〔聖簪を〕; bei|bringen*³,⁴ [教える]; verleihen*³,⁴; zu|erkennen*³,⁴ 〔官職・勲章など〕ein|weihen [in⁴ 秘伝などを] / 知識を授ける *jm* Kenntnisse 〔von *et*〕bei|bringen* / 勲章 (称号) を授ける *jm* Orden (Titel) verleihen* / ...の秘伝を授ける *jn* in das Geheimnis des* ... ein|weihen / 聖職を授ける *jn* zum Priester ein|weihen.

サスペンダー Hosenträger *m.* -s, -; [くつ下と]Strumpf|halter (Socken-) *m.* -s, -.

さすような 刺すような beißend; schneidend; prickelnd; [特に痛み] stechend, [皮肉など] ätzend; bissig / 肌を刺すような寒さ beißende (schneidende) Kälte *f.* / 刺すような痛み ein prickelnder (stechender) Schmerz, -es, -en / 刺すようなまなざし der stechende Blick, -[e]s, -e.

さすらい [zielloses] Wanderung *f.* -en; das Umherwandern*, -s. ⇨ほうろう〔放浪〕.

さする ❶ [こする] reiben*⁴; scheuern⁴; [なでる] streichen*⁴; streicheln⁴ / 頭をさする *jm* den Kopf streicheln* / 背中をさする *jm* den Rücken streichen* (reiben*).

さする 座する ❶ [すわる] ⇨ 座する. ❷ [連座] verwickelt (hineingezogen) werden (*in*⁴).

ざせき 座席〔Sitz〕platz *m.* -es, =e; Sitz *m.* -es, -e; Sitzreihe *f.* -n〔劇場内の〕; [教会の] Kirchen|stuhl *m.* -[e]s, =e〔=sitz *m.* -es, -e〕 / 座席に着く Platz nehmen* / 座席を予約する einen Platz belegen (reservieren); einen Platz buchen [あらかじめ] 〔auf einem Schiff 船〕; im Flugzeug 飛行機など〕 / 座席を譲る einen Platz an|bieten*; seinen Platz ab|treten*; *jm* einen Platz machen ‖ 座席券 Platzkarte *f.* -n / 座席満員 Ausverkauft! 〔劇場の掲示〕.

ざせつ 挫折 Vereitelung *f.* -en; das Scheitern*, -s. ── 挫折する 〔計画などが〕 entmutigt sein; an sich 〔selbst verzagen; den Mut sinken lassen*⁴ ; scheitern〔s〕〔物が主語; 人を主語にすれば *an*³〕; Schiffbruch erleiden*; auf halbem Weg missglücken*〔s〕; die Flinte ins Korn werfen* / 運動は挫折した Die Bewegung ist gescheitert (wurde halbwegs vereitelt). ── 挫折させる vereiteln⁴; durchkreuzen⁴; lahm legen⁴; entmutigen⁴ 〔気力を〕.

させられる müssen⁴ / 私は長いこと待たされた Ich habe lange warten müssen.

させる lassen*⁴; bewirken⁴; veranlassen⁴ 〔*zu*〕; [強制] nötigen⁴ 〔*zu* tun〕; zwingen*⁴ 〔*zu*³; *zu* tun〕; pressen⁴ 〔*zu*³〕/ 靴を修繕させる die Schuhe reparieren lassen* / 心配させる *jm* Sorge machen / 好きなようにさせる *jn* schalten und walten lassen*, wie er will / [構わないから] 彼を来させせる Lass ihn [ruhig] kommen! / 私は彼に来て欲しい。 [命令して] お前に不自由はさせない Ich werde es dir an nichts fehlen lassen. / 無理にはさせない Ich lasse mich zu nichts zwingen.

させん 左遷 Strafversetzung *f.* -en; Versetzung (*f.* -en) in einen unwichtigen Posten / 左遷する straf|versetzen⁴ 〔*in*⁴〕〔不定形と *p.p.* strafversetzt 以外は用いない〕; in einen unwichtigen Posten versetzen⁴ / 地方の知事に左遷される als Präfekt in eine ländliche Gegend [straf]versetzt werden.

ざぜん 座禅 die sinnende Betrachtung (-en) [in Sitzstellung]; Joga-Meditation *f.* -en / 座禅を組む in religiöser Meditation sitzen*.

さぞ ja; wohl; bestimmt; gewiss; sicher; zweifellos / さぞ喜ぶでしょう Sicher wird er sich ja sehr darüber freuen. / さぞ奇麗だったでしょう Es muss ja gewiss wunderschön gewesen sein. / さぞ怒っているだろう Er ist doch wohl recht böse. / さぞ気をもんでいるとどろう Ich kann mir sehr gut vorstellen, wie er auf glühenden Kohlen sitzt. / さぞ悲しんでいるだろう Ich kann sein Schmerz sehr gut mitfühlen. / そりゃさぞ結構だろう 〔皮肉〕 Das wäre ja noch schöner.

さそい 誘い Einladung *f.* -en 〔招待〕; [Ver]lockung *f.* -en; Versuchung *f.* -en 〔誘惑〕 / 誘いに寄る ab|holen⁴ / 誘いに乗る verlockt (verführt; verleitet) werden*; *sich* [leicht] verlocken lassen*; angelockt werden; der Versuchung unterliegen*〔誘惑に負ける〕/ 誘いをかける *jn* zu locken versuchen 〔*in*⁴〕; [口語的 Tarnung] *jn* auf den Zahn fühlen; bei *jm* auf den Busch klopfen; eine Flinte (einen Scheinangriff) machen〔撃剣で〕.

さそいみず 誘い水 das Eingießen* (-s) von Wasser 〔注水〕.

さそう 誘う ❶ [招待] ein|laden*⁴ ⟨zu³⟩; auf|fordern⁴ ⟨zu³⟩; bitten⁴ ⟨zu³; zu 不定詞句⟩; ab|holen⁴ (誘いに寄る)/彼を誘って来ませんか Wollen Sie ihn auch mitbringen? ❷ [誘惑] locken⁴ ⟨in⁴⟩; verlocken⁴; ver|führen⁴ ⟨zu³⟩; verleiten⁴ ⟨zu³⟩; [特に悪魔などが] versuchen⁴/涙を誘う jm Tränen aus den Augen locken/眠いを誘う jn schläfrig machen; einschläfernd sein/どうもそれをやってみたい気持に誘われている Ich bin (Ich fühle mich) versucht, es zu tun.

さそう 座像 Sitzbild *n.* -(e)s, -er; die sitzende Figur, -en.

さそくつうこう 左側通行 Linksverkehr *m.* -s, -e/ここでは左側通行 Hier links halten!

さそり 蠍 Skorpion *m.* -s, -e ‖ 蠍座 〔天〕 Skorpion.

さた 沙汰 ❶ [通知] Bescheid *m.* -(e)s, -e; Nachricht *f.* -en; Mitteilung *f.* -en; [情報] Auskunft *f.* -en; Information *f.* -en/沙汰がある Bescheid bekommen* (erhalten*; haben) ⟨von³; über³⟩/沙汰する *jm* Bescheid geben* (sagen) ⟨über³⟩/何の沙汰もない nichts von sich hören lassen* 〖「誰それから」の「誰それ」を主語にして〗. ❷ [命令・指令] [An]weisung *f.* -en; Anordnung *f.* -en; Hinweis *m.* -es, -e; Befehl *m.* -(e)s, -e/追って沙汰あるまで bis auf weiteren Bescheid; bis auf weiteres ◆ 特に Anweisung などを用いないときは. ❸ [事件] Fall *m.* -(e)s, ⁻e/刃傷沙汰 das Blutvergießen*, -s ◆ [沙汰] は訳すに及ばない/裁判沙汰にする gerichtliche Schritte unternehmen*; gerichtlich ein|schreiten* 〔s〕 ⟨gegen⁴⟩. ¶ 沙汰の限りである Da hört (sich) alles (verschiedenes); manches auf.・Nun habe ich es gründlich satt.・Das wird mir zu bunt. / 沙汰やみになる unter den Tisch fallen* 〔s〕 〖計画など〗; aus|fallen* 〔s〕 〖集会などのお流れ〗; auf die lange Bank geschoben werden 〖延期〗/避暑どころの沙汰ではない In die Sommerfrische zu gehen kommt überhaupt nicht in Frage.

さだまった 定まった bestimmt 〖一定の〗; fest 〖固定した〗; regelmäßig 〖定期の〗; üblich 〖通例の〗/彼は定まった職業というものがない Er hat keinen festen Beruf.

さだまらぬ 定まらぬ unbestimmt; unbeständig; veränderlich/定まらぬ陽気 veränderliches Wetter, -s, -.

さだまる 定まる ❶ [決定] bestimmt (festgesetzt) werden/日取りが定まる Der Termin wird festgesetzt./陽気も漸く定まった Das Wetter ist endlich beständig geworden. ❷ [平定] ruhig werden; zur Ruhe kommen* 〔s〕.

さだめ 定め ❶ 〖規定〗 Bestimmung *f.* -en; Regel *f.* -n; Gesetz *n.* -es, -e 〖掟〗. ❷ 〖決定〗 Entscheidung *f.* -en; Verabredung *f.* -en 〖取極め〗. ❸ ⇨うめぃめぃ運命.

さだめし 定めし bestimmt; gewiss; sicher; sicherlich / 定めしのどがお渇きでしょう Sie müssen Durst haben./彼は定めし怒っていることだろう Er ist sicher böse.

さだめる 定める bestimmen⁴; fest|setzen⁴/定められた時間に zur bestimmten (festgesetzten) Zeit/期限を定める einen Termin fest|setzen (an|beraumen)/旅行(日程)を定める einen Reiseweg (eine Tagesordnung) fest|legen.

サタン Satan *m.* -s, -e.

ざだん 座談 Unterhaltung *f.* -en; [Tisch-]gespräch *n.* -(e)s, -e; Plauderei *f.* -en/座談がうまい ein guter Unterhalter (Plauderer) sein; ein gewandter Gesellschafter sein/座談的に話す unverbindlich besprechen*⁴ ‖ 座談会 Meinungsaustausch *m.* -(e)s, -e; Symposium *n.* -s, ..sien; Kolloquium *n.* -s, ..quien 〖学術的な〗; Plauderabend *m.* -s, -e 〖雑談的な座談の夕べ〗.

さち 幸 ¶ 海の幸山の幸 das Produkt *n.* -(e)s, -e des Meeres und des Landes. ⇨さいわい.

ざちょう 座長 ❶ der Vorsitzende*, -n, -n; Präsident *m.* -en, -en; [座長の地位] Vorsitz *m.* -es; Präsidium *n.* -s, ..dien/座長となる das Präsidium (den Vorsitz) übernehmen*/座長をつとめる das Präsidium (den Vorsitz) führen (haben); präsidieren/... を座長として unter dem Vorsitz ⟨von³⟩. ❷ ⇨ざがしら.

さつ 冊 Exemplar *n.* -(e)s, -e 〖略: Ex〚pl.〛.〗; Band *m.* -(e)s, ⁻e/第一冊 der erste Band/改訂版を二冊 zwei Exemplare von der verbesserten Ausgabe/三冊(から成る)本 das Werk 〘-(e)s, -e〙 in drei Bänden; ein dreibändiges Werk.

さつ 札 Papiergeld *n.* -(e)s, -er; Banknote *f.* -n; [Geld]schein *m.* -(e)s, -e/札をくずす einen Geldschein wechseln/札びらをきる Geldscheine aus der Hand fahren lassen*; mit seinen Banknoten verschwenderisch um|gehen* 〔s〕 〖単に Geld を目的語として〗 vergeuden*; verschwenden*; verschleudern⁴ ‖ 札入れ Brief|tasche (Papiergeld-) *f.* -n/札束 Banknoten|bündel *n.* -s, - (-päckchen *n.* -s, -)/にせ札 die falsche Note; die gefälschte Banknote/千円札 Tausend-Yen-Schein.

ざつ 雑 Vermischtes*; Verschiedenes* 〖中性, 無変化で〗. — 雑な [粗雑な] ungenau; unkorrekt; bequem; flüchtig; formlos; lässig; [雑多な] vermischt; verschieden; allerlei 〖無変化〗; mannigfaltig; vielerlei 〖無変化〗; [がさつ] grob; derb; rau; roh/雑なつくりの建物 das rohe Bauwerk, -(e)s, -e/雑な人間 der bequeme Mensch, -en, -en.

さつい 殺意 Mord|gier *f.* (-lust *f.* ⁻e; -anschlag *m.* -(e)s, ⁻e); die böse Absicht, -en 〖犯意〗/殺意を起こす einen Vorsatz fassen, *jn* zu [er]morden; Tötungsabsicht haben *⁴*sich zur Mordtat entschließen*; Mord brüten 〖たくらむ意味で〗.

さつえい 撮影 [fotografische] Aufnahme, -n; das Fotografieren*, -s; [映画] das Filmen, -s/Filmaufnahme *f.* -n/撮影を禁ず Fotografieren verboten. 〚掲示〛. — 撮影する eine [fotografische] Aufnahme machen ⟨von³⟩; fotografieren; [映画] filmen*; einen Film drehen; knipsen 〖[俗] パチリとやる〗. ‖ 撮影監督 Aufnahme|leiter *m.* -s, -; Regisseur *m.* -s, -e/撮影機 Film-

ざつえい 雑詠 Stegreifdichtung *f.* -en; Improvisation *f.* -en; Gelegenheitsgedicht *n.* -(e)s, -e.

ざつえき 雑役 die verschiedene Kleinarbeit, -en ‖ 雑役夫 Putzer *m.* -s, -; Scheuerbursche *m.* -n, -n; Bürodiener *m.* -s, -/雑役婦 Putz|frau (Scheuer-) *f.* -, -en.

ざつおん 雑音 Geräusch *m.* -es, -e; Nebengeräusch (Stör-) *n.* -es, -e《ラジオの空中障害, また故意の妨害音の意にも》; Störung *f.* -en《広い意味で》/空中の雑音 atmosphärische Störungen (*pl*)/ラジオ雑音が入る Wir haben Störungen im Radioempfang.

さっか 作家 Dichter *m.* -s, -;《詩人》Schriftsteller *m.* -s, -;《著作家》‖ 作家同盟 Schriftstellerverband *m.* -(e)s, ¨e.

さっか 擦過する streifen[4]《*an*[3]》‖ 擦過傷 Streifwunde *f.* -n; Schramme *f.* -n/擦過弾 Streif|schuss (Schramm-) *m.* -es, ¨e.

ざっか 雑貨 Gemischt|waren (Kolonial-; Kurz-; Material-; Spezerei-) (*pl*); Kram *m.* -(e)s, -e ‖ 雑貨売場 Kurzwarenabteilung *f.* -en/雑貨商 Gemischtwaren|händler (Kolonialwaren-; Materialwaren-; Spezerei-) *m.* -s, -; Krämer *m.* -s, -/雑貨店 Gemischtwarengeschäft *n.* -(e)s, -e; Kolonial(waren)laden *m.* -s, ¨; Materialwarenhandlung *f.* -en; Kramladen; Kurzwarengeschäft.

サッカー Fußballspiel *n.* -(e)s, -e; Fußball *m.* -(e)s, ¨e ‖ サッカーをする Fußball spielen ‖ サッカー場 Fußballplatz *m.* -es, ¨e/サッカー選手 Fußballspieler *m.* -s, -/サッカーチーム Fußballmannschaft *f.* -en.

さつがい 殺害 Mord *m.* -(e)s, -e; Ermordung *f.* -en; Tötung *f.* -en; umbringen*, -s/殺害する ermorden[4]; töten[4]; um|bringen*[4]; kalt|machen[4]; meucheln《暗殺》‖ 殺害者 Mörder *m.* -s, -; Töter *m.* -.

さっかく 錯覚 Sinnestäuschung *f.* -en; Illusion *f.* -en/錯覚を起こす [4]sich täuschen; [4]sich [3]Täuschungen hin|geben*.

さつがく 雑学 die feuilletonistischen Kenntnisse (*pl*).

ざつかぶ 雑株 die minderwertige (nennwertlose) Aktie, -n.

サッカリン Sacharin *n.* -s.

ざっかん 雑感 Betrachtungen (*pl*); Einkehr *f.* -en; Aufzeichnungen (*pl*)《書いたもの》.

さつき 【植】〔eine Art〕Azalee *f.* -n.

さっき 殺気 Blutdurst *m.* -(e)s, -e; Mordlust *f.* -/殺気を帯びた blutgierig; bluthund; gefährlich; wild/殺気立つ wild werden*; rot sehen*, [4]sich auf|regen; auf|brausen.

さっき ⇒さきほど.

さっき 座付の einem Theater angehörig/K座付の俳優 der dem K-Theater angehörige Schauspieler, -s, -.

さっきちょう 雑記帳 Notizbuch *n.* -(e)s, ¨er; Notiz|heft (Schul-) *n.* -(e)s, -e.

さっきゅう 早急の dringlich; dringend; eilig / 早急に eilig; schnell; sofort; gleich; ohne Verzug.

ざっきょ 雑居 das Zusammenwohnen*, -s/雑居する zusammengepfercht leben; zusammen wohnen《*in*[3]; *bei*》‖ 雑居ビル das Geschäftshaus《-es, ¨er》, in dem verschiedene Unternehmen ihren Sitz haben.

さっきょく 作曲 Komposition *f.* -en; Tondichtung *f.* -en/作曲する komponieren[4] ‖ 作曲家 Komponist *m.* -en, -en; Tondichter *m.* -s, - (-setzer *m.* -s, -).

ざっきょく 雑曲 das musikalische Allerlei, -s, -s; Potpourri *n.* -s; Quodlibet *n.* -s, -s.

さっきん 殺菌 Sterilisation *f.* -en; Sterilisierung *f.* -en; Keimtötung *f.* -en; Entkeimung *f.* -en ‖ 殺菌する sterilisieren[4]; entkeimen[4]; pasteurisieren[4]《牛乳・果汁などを》‖ 低温殺菌 Pasteurisierung *f.* -en.

サック Sack *m.* -(e)s, ¨e《袋》; Behälter *m.* -s, -《容器》; Etui *n.* -s, -s《ケース》衛生 (避妊)用サック Präservativ *n.* -s, -e; Kondom *m.* (*n.*) -s, -e/指サック Fingerling *m.* -s, -e.

ざっくばらん ざっくばらんに offenherzig; freimütig; unverblümt/ざっくばらんに言う kein Blatt vor den Mund nehmen*; frisch (frei) von der Leber (weg) reden; ungeschminkt (unverblümt) reden; tüchtig reden|packen; klipp und klar sagen; *jm* klaren (reinen) Wein ein|schenken/ざっくばらんに言えば um ehrlich zu sein; freiheraus gesagt; offen gesagt.

ざっけん 雑件 Verschiedenes*; allerlei Dinge (*pl*).

ざっこく 雑穀 Getreide *n.* -s, -; Getreidearten (*pl*); Zerealie *f.* -n ‖ 雑穀商 Getreidehändler *m.* -s, -/雑穀取引所 Getreidebörse *f.* -n.

さっこん 昨今 in letzter Zeit; dieser [2]Tage; heutzutage/昨今の寒さ die Kälte dieser Tage.

ざっこん 雑婚 Mischehe *f.* -n; Wechselheirat *f.* -en; Rassenmischung *f.* -en《異種族の》; Promiskuität *f.* -en《乱婚》/雑婚する untereinander heiraten[4]; [4]sich durch Heirat miteinander vermischen.

さっさと schnell; rasch; eilig《急いで》; flink《手早く》;《俗》fix; flott《軽快》; hurtig; prompt; schleunig; zügig《ぐんぐん》/さっさと帰る schnell (in Eile) nach Hause gehen* [s]; geradewegs nach Hause gehen* [s]; 《寄り道せずに》; ohne weiteres weg|gehen* [s]《ろくろく挨拶もせずに立去る》/さっさと出て行け Fort mit dir, aber schnell!/Pack dich [zum Teufel]!/さっさと飯食ってくれ Mach schnell mit dem Essen!/さっさとするんだ Mach zu!

Tempo, dalli, dalli!; Schnell mal los! ⇨つっこむ

さっし 察し Mutmaßung *f.* -en《推量》; Mitgefühl *n.* -(e)s, -e《同情》; Teilnahme *f.*《思いやり》; Rücksicht *f.* -en《顧慮》; Verständnis *n.* ..nisses, ..nisse《理解》/察しがつく ³sich eine gute Vorstellung 《*von*³》machen können*; ³sich denken können*; ³sich gut vorstellen können*/察しのよい verständnisvoll; einsichtsvoll; einen raschen Kopf haben/察しが悪い langsam von Begriff sein; gefühllos sein《鈍感》/察しがない ⁴*et* nicht mitfühlen können*; teilnahmlos sein/十分お察しできます Ich kann es mir sehr gut vorstellen. Ich kann es gut mitfühlen./お察しのとおりです Da haben Sie eine richtige Vorstellung davon.《俗》Da hast du richtig gerochen./彼は察しの悪い男だ Er ist langsam von Begriff.《俗》Er hat eine lange Leitung. Er ist drei Meilen hinterm Mond zu Hause.

サッシ [schiebbarer] Fensterrahmen *m.* -s, -.

ざつじ 雑事 Nebensache *f.* -n; Kleinigkeit *f.* -en; die kleinen nebensächlichen Geschäfte 《*pl*》;[俗語で] Bagatelle *f.* -n; Lappalie *f.* -n; Lumperei *f.* -en/身辺の雑事 die verschiedenen häuslichen (kleinen; persönlichen) Angelegenheiten 《*pl*》/雑事におわれる wegen allerlei Nebensachen stark in Anspruch genommen werden.

ざっし 雑誌 Zeitschrift *f.* -en; Wochenschrift 《週刊》; Monatsschrift 《月刊》; Vierteljahrsschrift 《季刊》; Journal *n.* -s, -e/雑誌に寄稿する für eine Zeitschrift schreiben*⁽*⁴⁾/雑誌にのせる in eine Zeitschrift ein|rücken⁴/掲載, in einer Zeitschrift veröffentlichen⁴《発表》/雑誌を出す eine Zeitschrift heraus|geben*/雑誌をとる eine Zeitschrift halten*《abonnieren》/月二回発行の雑誌 die halbmonatliche Zeitschrift / 二か月一回発行の雑誌 Zweimonatszeitschrift ‖ 雑誌記事 Zeitschriftenartikel *m.* -s, -/雑誌記者 Journalist *m.* -en; Tageszeitschriftsteller *m.* -s, -/ Schriftleiter *m.* -s, -/ Schriftleitung *f.* -en《部員》/大衆雑誌 Unterhaltungszeitschrift/評論雑誌 Revue *f.* -n; Rundschau *f.* -en/婦人雑誌 Damenzeitschrift.

ざっしゅ 雑種 Bastard *m.* -(e)s, -e; Mischling *m.* -s, -e; Zwitter *m.* -s, -; Hybride *f.* -n/雑種の bastardartig; hybrid(isch); Bastard-; Misch-; Zwitter-/雑種をつくる kreuzen⁽⁴⁾; bastardieren⁴ ‖ 雑種犬 Bastardhund *m.* -(e)s, -e.

ざっしゅう 雑集 Miszellaneen《*pl*》; Miszellea《*pl*》; Gelegenheitsschriften《*pl*》; die vermischten Schriften《*pl*》; Causerien《*pl* 雑談風の》; Essays《*pl*》.

ざっしゅうにゅう 雑収入 die nicht regelmäßigen Einkünfte《*pl*》; Nebeneinnahme *f.* -n《ふつう *pl*》; Nebenerwerb *m.* -(e)s, -e.

ざっしょ 雑書 verschiedene Bücher《*pl*》; allerlei Publikationen《*pl*》.

さっしょう 殺傷 Bluttat *f.* -en; das Blutvergießen*, -s/殺傷する *jn* (er)morden (verwunden); Blut vergießen*.

ざっしょく 雑色 die gebrochenen Farben《*pl*》/雑色の bunt[farbig]; buntscheckig; mehrfarbig; vielfarbig.

ざっしょく 雑食 alles fressend; omnivor ‖ 雑食動物 Allesfresser *m.* -s, -; Omnivore *m.* -n, -n《ふつう *pl*》.

さっしん 刷新 Reform *f.* -en; [Er]neuerung *f.* -en; Neugestaltung *f.* -en; Umbildung *f.* -en/政界の刷新 die politische Reform (Säuberung)/行政の大刷新を行う die Verwaltung gründlich neu|gestalten/刷新する reformieren⁴; erneuern⁴; neu|gestalten⁴; um|bilden⁴.

さつじん 殺人 Mord *m.* -(e)s, -e; Ermordung *f.* -en;[die vorsätzliche] Tötung *f.* -en; Mordtat *f.* -en; Totschlag *m.* -(e)s, ⁻e《故殺》; Meuchelmord *m.* -(e)s《暗殺》/殺人[罪]を犯す einen Mord begehen*/殺人罪に問われる wegen des Mordes angeklagt werden ‖ 殺人光線 Todesstrahlen《*pl*》/殺人事件 Mord *m.* -(e)s, -e; der Fall《-(e)s, ⁻e》der Mordtat/殺人犯人 Mörder *m.* -s, -; Totschläger *m.* -s, -; Täter *m.* -s, -《犯人》/殺人未遂 Mordversuch *m.* -(e)s, -e/第一級殺人 die vorsätzliche Mord/第二級殺人 Totschlag.

さつじんてき 殺人的 ¶ 殺人的な die mörderische Hitze/殺人的暑さだ Ich komme schier vor Hitze um. ‖ 殺人的混雑 das höllische Gedränge, -s.

さっする 察する ❶ [見てとる] wahr|nehmen*⁴; erkennen*⁴ (*an*³); merken⁴. ❷ [推察] ³sich vor|stellen⁴; ³sich ein Bild machen《*von*³》; mutmaßen⁴; vermuten⁴/察するところ soviel es ⁴sich vermuten lässt; wie ich vermute; Ich nehme an, dass ..../...より察するに nach ⁴*et* zu urteilen; Daraus könnte man schließen, dass ....:Daraus wäre zu schließen, dass ..../察するに余りある So können sich kaum vorstellen, wie ....;Man kann sich fast kein rechtes Bild [davon] machen, wie ..../顔つきでいっさいの様子を察する *jm* alles (die ganze Geschichte) an seinem Gesicht ab|lesen*/お多忙のこととお察しいたします Ich glaube, Sie haben wohl sehr viel zu tun. ❸[同情] mit|fühlen⁴《*mit*³》; sympathisieren《*mit*³》; mit|empfinden*⁴; *jm* nach|fühlen⁴; berücksichtigen⁴《斟(ﾁﾝ)酌する・顧慮する》/人の胸中を察する *js* Schmerz (Leiden; Unglück) mit|fühlen;お察しいたします Das kann ich ihn völlig mitempfinden (mit|fühlen). Das kann ich Ihnen gut nach|fühlen./こっちの立場ももちっと察してくれ Hab doch etwas Verständnis für meine Lage.

ざつぜん 雑然と ungeordnet; unordentlich; in Unordnung; durcheinander 《*adv*》; drüber und drunter 《*adv*》/何もかも雑然としている Da liegt alles bunt drucheinander.

さっそう 颯爽たる stattlich; imposant; imponierend; pompös; majestätisch; forsch;

schneidig／颯爽たる英姿 《押し出し》 das schneidige Auftreten, -s／颯爽としている Er ist eine stattliche Erscheinung. ¦ Er ist auf dem Höhepunkt (auf der Höhe).／彼女は颯爽と部屋に入って来た Sie trat imposant ins Zimmer ein.

ざっそう 雑草 Unkraut *n.* -[e]s, ¨er／雑草の多い voll (lauter) Unkraut／雑草を刈る Unkraut jäten (hacken)／雑草がはびこる Das Unkraut wuchert.

さっそく 早速 sofort; jetzt 〔gleich〕; im Augenblick; auf der Stelle; sogleich; alsbald; stehenden Fußes 《すぐにこの足で》; stracks; [遅滞なく] unverzüglich; ohne Verzug／早速…する sofort (unverzüglich) tun*⁴／早速ですが wenn ich gleich zur Sache kommen darf／早速のご配慮お願いいたします Um sofortige Erledigung wird gebeten.《仕事の処理などをたのむとき》.

ざっそく 雑則 Nebenbestimmung *f.* -en; die vermischten Regeln (Vorschriften) 《*pl*》.

さっそざい 殺鼠剤 Rattengift *f.* -[e]s, -e.

ざった 雑多な verschieden〔artig〕; bunt; mannigfach; unterschiedslos; [無語尾で] allerhand; allerlei 《無変化》; vielerlei 《無変化》／雑多な品物 allerhand Gegenstände 《*pl*》; allerlei Waren 《*pl*》／雑多な人々 allerlei Leute 《*pl*》.

ざつだい 雑題 die vermischten Aufgaben 《*pl* 問題》; die verschiedenen Gegenstände 《*pl* 題材》.

ざつだん 雑談 Plauderei *f.* -en; Geplauder *n.* -s; das leere Geschwätz, -es; Klatsch *m.* -es, -e 《噂》／雑談で時を過ごす verplaudern⁴ 《例: die Mittagspause 昼休みを》.
— 雑談する plaudern 《*von*³》; schwatzen 《*von*³》; sprechen* 《*von*³》; ⁴sich unterhalten* 《*von*³》 ❖ 以上雑談するときは über⁴ は用いない方がよい.

さっち 察知する ein|sehen*⁴; merken⁴; erkennen*⁴ 《*an*³》; wahr|nehmen*⁴; [推察] ³sich 〔gut; lebhaft〕 vor|stellen⁴; ³sich gut denken*⁴. ⇨**さっする**.

さっちゅうざい 殺虫剤 Insekten¦pulver *n.* -s, - (-vertilgungsmittel *n.* -s, -).

さっと [すばやく] rasch; geschwind; flink; behänd〔e〕; hurtig; [突然] plötzlich; auf einmal; schlagartig; ruckartig／さっと開く auf|reißen*⁴／さっと体をかわす flink aus|weichen*³ [s]／彼女はさっと顔を赤らめた Ihr stieg plötzlich die Röte ins Gesicht. ¦ Das Blut schoss ihr ins Gesicht.／さっと水がほとばしり出た Heraus strömte das Wasser. 《*aus*³》／ドアがさっと開いた Auf sprang die Tür. ❖ 一般に分離前綴を文頭に出してこの語勢を出す, なお前綴を基本動詞と一緒に書く点に注意.

ざっと [大略] annähernd; etwa; grob; rund; schätzungsweise; ungefähr; zirka 《略: ca.》; in runden (abgerundeten) Zahlen 《概数》; [あっさり] leichthin; eilfertig; kurz; [ぞんざいに] flüchtig; kursorisch; [大体] in großen Zügen; im Großen und Ganzen; skizzenhaft／ざっと見積もる grob berechnen⁴; überschlagen*⁴; ³sich einen Überschlag machen／ざっと目を通す durch|blättern⁴ 《本など》; überfliegen*⁴ 《手紙など》; flüchtig durchsehen*⁴ 《書類など》／ざっと言えば kurz gesagt; kurz und gut; wenn ich mich kurz fasse／ざっと説明する in großen Umrissen (im Großen und Ganzen) erklären⁴／ざっと書く auszugsweise schreiben*⁴; in großen Zügen dar|stellen⁴; in großen Umrissen schildern⁴.

さっとう 殺到する ⁴sich 〔zu|〕drängen 《*an*⁴; *um*⁴》; an|drängen 《*gegen*⁴》; an|stürmen 《*auf*⁴; *gegen*⁴》 [s]; ⁴sich stürzen 《*auf*⁴》／ドアを目がけて殺到する gegen die Tür an|stürmen／座席に向かって殺到する ⁴sich auf die Plätze stürzen／サインを求めて殺到する *jn* mit der Bitte um Autogramm bestürmen／申込が殺到する Anmeldungen häufen sich an.／毎日注文が殺到する Täglich laufen Bestellungen massenweise (immer mehr) ein.／町一杯に群衆が殺到して来る Eine große Menschenmenge fluten durch die Straße heran.／人々は建物の中へ殺到した Die Leute drängten sich ins Gebäude.

ざっとう 雑踏 Gedränge *n.* -s; Andrang *m.* -[e]s, ¨e; Gewimmel *n.* -s; Gewühl *n.* -s／雑踏する〖場所が主語〗 wimmeln 《*von*³》; gedrängt voll sein 《*von*³》; 〖人が主語〗 ⁴sich drängen／雑踏する町 die Straße 《-n》 im Gewühl der Menschen.

ざつねん 雑念 die zerstreuten Gedanken 《*pl*》; Wahn *m.* -[e]s; [俗念] die weltlichen Gedanken 《*pl*》／雑念にとらわれている in einem Wahn befangen sein／雑念を去る ⁴sich von zerstreuten Gedanken los|machen.

ざつのう 雑嚢 Brotbeutel *m.* -s, -; Werkzeugtasche *f.* -n.

ざっぱい 雑輩 Krethi und Plethi, -s und -s; Hinz und Kunz, von - und -; Mann 《*m.* -[e]s, ¨er》 auf der Straße; Alltagsmensch *m.* -en, -en; einer von vielen „unsereiner".

ざっぱく 雑駁な zusammenhang〔s〕los; inkonsequent 《首尾一貫せぬ》; grob 《粗雑》; planlos 《漫然》; oberflächlich 《皮相な》; unlogisch 《条理に合わぬ》; [乱雑な] wirr; verworren; durcheinander 《*adv*》／雑駁な論文 die verworrene Abhandlung, -en／雑駁な考え der unlogische Gedanke, -ns, -n.

さつばつ 殺伐な grausam; grausig; blutig; blutdürstig; blutrünstig; bestialisch; kannibalisch.

さっぱり [きれいさっぱりと] einfach; rundweg; schlankweg; [否定的意局で] durchaus nicht; 〔ganz und〕 gar nicht; überhaupt nicht; nicht im Geringsten; nicht das Mindeste (nicht im Mindesten); nicht entfernt (nicht im Entferntesten); weit entfernt 〔davon〕; alles andere als; [nicht の代用として] den Dreck; den Henker; den Teufel／さっぱりわからない Ich verstehe 〔es〕 überhaupt nicht. ¦ Ich habe 〔ja〕 keinen Schimmer 〔davon〕. ¦ Ich verstehe den

ざっぴ 雑費 [kleine; verschiedene] Unkosten (*pl*); Neben|kosten (-ausgaben) (*pl*); Verschiedenes 《出納簿の見出欄に》.

ざっぴん 雑品 die verschiedenen Sachen (*pl*); allerlei Dinge (*pl*); Ramschwaren (*pl*); Schleuderwaren (*pl* 見切品).

さっぷうけい 殺風景な [さびれた] öde; wüst; verödet verwildert (すさんだ); [飾り気のない] kahl; [興のない] prosaisch; fade; langweilig; trocken/殺風景な部屋 das schmucklose (kahle) Zimmer, -s, -/殺風景な眺めま der öde Anblick, -(e)s, -e/殺風景な生活 das prosaische Leben, -s/殺風景な人 der ungeschliffene (ungehobelte) Mensch, -en, -en.

ざっぶつ 雑物 [不純物] Fremdkörper *m*. -s, - 《異物》; Berge (*pl*) 《石炭のぼた》; Einschluss *m*. -es, -e 《結晶・鉄鋼中などの異物》; Geröll[e] *n*. -s, -.rölle 《礫》; Schmutz *m*. -es 《穀物などの》; Schutt *m*. -[e]s 《瓦礫》; Dreck *m*. -[e]s 《汚物》; [雑多なもの] allerlei Dinge (*pl*).

ざっぶん 雑文 die vermischten Schriften (*pl*); Aufzeichnung *f*. -en; Miszellaneen (*pl*); Miszellen (*pl*) ‖ 雑文家 Tageschriftsteller *m*. -s, -; Feuilletonist *m*. -en, -en; Federfuchser *m*. -s, -.

ざっぽう 雑報 die vermischten Nachrichten (*pl*); Vermischtes 《新聞の》‖ 雑報欄 Spalte (*f*. -n) für Vermischtes.

さつまいも 薩摩芋 Batate *f*. -n; Süßkartoffel *f*. -n.

ざつむ 雑務 Kleinigkeiten (*pl*) [zu erledigen]; die verschiedenen kleinen Angelegenheiten (*pl*); Nebensache *f*. -n.

ざつよう 雑用 die alltägliche Arbeit, -en; die nebensächlichen Geschäfte (*pl*); Kleinigkeiten (*pl*); die verschiedenen Sachen (*pl*) [zur Erledigung]/雑用に追われる wegen alltäglicher Arbeiten sehr in Anspruch genommen werden/家のこまごました雑用で忙しい mit kleinen Haushaltsarbeiten überladen sein. ⇒**ざっし**.

Teufel davon./商人としては彼はさっぱりだめだ Er taugt den Henker zum Kaufmann./彼 ist alles andere als ein Kaufmann./そんな ことはさっぱり気にならない Das berührt mich nicht im Mindesten (nicht im Geringsten)./物を書くことはさっぱりだめだ Ich bin ein miserabler Schreiber./さっぱりとあきらめる schlankweg auf|geben*⁴; einfach verzichten (*auf³*)/さっぱりと水に流す *jm* *et* einfach vergessen*. —— さっぱりした [飲物などと] erfrischend; erquickend; [服装・部屋など] sauber; adrett; gepflegt; [気質] offen; freimütig; heiter; schneidig/さっぱりしたなりの人 der adrett angezogene Mensch, -en, -en. —— さっぱりする [気分] ⁴sich erfrischt (erleichtert; erquickt) fühlen/今日は気分がさっぱりしない Ich bin heute nicht ganz auf der Höhe (nicht ganz gesund)./[不機嫌] Ich bin heute mit dem linken Fuß zuerst aufgestanden./どうも天気がさっぱりしない Das Wetter will sich nicht aufklären.

さつりく 殺戮 Blutbad *n*. -[e]s, ⁼er; Gemetzel *n*. -s, -; Metzelei *f*. -en/殺戮する nieder|metzeln⁴; ermorden⁴; massenweise dahin|morden⁴.

ざつろく 雑録 Miszellaneen (*pl*); Miszellen (*pl*); Aufzeichnung *f*. -en.

さて nun; nun aber; also; so; gut; wohlan; und/さてまた und nun; und weiterhin/さて 困ったNun bin ich mit meinem Latein am Ende./さてどうしよう Nun, was machen wir? (さあこれから...); Nun weiß ich aber nicht, wie. (当惑)/さてどう行ったらいいかな Wie sollen wir nun weiterkommen./さて 次は Was nun?/さて彼女と二人だけになってみると口がきけなかった Nun endlich war ich mit ihr allein und da konnte ich nichts sagen.

さてい 査定 [Ab]schätzung *f*. -en; Einschätzung *f*. -en; Veranlagung *f*. -en 《税金など》; Festlegung *f*. -en 《金額の》; Beurteilung *f*. -en 《評価》/税金の査定 Veranlagung *f*. -en; die Abschätzung für Steuerzweck/予算の査定 die Revision des Budgets/不動産価格の査定 die Abschätzung einer Realität. —— 査定する schätzen⁴ (*auf⁴*); ab|schätzen⁴ (*auf⁴*); ein|-schätzen⁴ (*auf⁴*); veranlagen⁴; veranschlagen⁴ (*auf⁴*)/十万円と査定する ⁴*et* auf hunderttausend Yen ab|schätzen (ein|-schätzen)/税金を査定する Steuern veranschlagen (*auf³*); 〖人を目的語として〗*jn* zu einer (für eine) Steuer veranlagen. ‖ 査定額 die abgeschätzte (festgelegte) Summe, -n.

サディスト Sadist *m*. -en, -en/サディズム Sadismus *m*. -.

さておく beiseite lassen*⁴ (setzen⁴); ab|sehen* (*von³*) /...はさておき abgesehen (*von³*); von ³*et* angesehen; um von ³*et* abzusehen; ⁴*et* nicht zu rechnen; ohne ⁴*et* zu erwähnen; von ³*et* gar nicht zu reden; ⁴*et* ganz zu schweigen ❖ 以上は「...はしばらくおくとして」のほか、逆に「...は申すに及ばず」の意にも用いられる点に注意;〖文章を後置させて〗abgesehen davon, dass ...; nicht zu rechnen, dass ...; ohne zu erwähnen, dass .../冗談はさておき Spaß beiseite/何はさておき vor allem; vor allen Dingen; in erster Linie/費用はさておき abgesehen von Unkosten; Unkosten nicht zu rechnen; ganz zu schweigen von Unkosten; Unkosten hin, Unkosten her.

さてさて was für [ein*] ...; welch ein* ...; wenn das nicht ...; wie ...さてさて馬鹿な男だWie dumm über ihm./さてさて馬鹿げたことだ Was für eine Torheit!/さてさておかしなこともあるものだ Wenn das nicht seltsam ist!

さてつ 砂鉄 Eisensand *m*. -[e]s.

さてつ 蹉跌 das Versagen*, -s; Fehlschlag *m*. -[e]s, ⁼e; Misserfolg *m*. -[e]s, -e; das Missglücken* (Misslingen*), -s; Fiasko *n*. -s, -s/蹉跌をきたす versagen; fehl|schlagen* ⓢ; missglücken ⓢ; misslingen* ⓢ; Fiasko machen/その計画は蹉跌をきたした Der Plan ist fehlgeschlagen.

さては ❶ also; dann/さては初めからだますつも

サテン Satin *m.* -s, -s.

さと 里 [村落] Dorf *n.* -[e]s, ¨er; Weiler *m.* -s, -. ❷ [生家] Elternhaus *n.* -es, ¨er〈妻の〉/里に帰る das Elternhaus (die Eltern) besuchen; bei Eltern zu Besuch sein〈帰っている〉. ❸ [故郷] Heimat(s)ort *m.* -[e]s, -e. ❹ ふるまいでお里が知れる Sein Benehmen verrät seine Herkunft.

さとい 聡い scharf(sinnig); gescheit; (auf-)geweckt; gewitz(ig)t; nicht auf den Kopf gefallen/耳がさとい ein feines (scharfes) Gehör haben/利にさとい interessiert sein; gewinnsüchtig sein; ³sich keinen Gewinn (keinen Vorteil) entgehen lassen².

さといも 里芋 Taro *m.* -s, -s; Kolokasie *f.* -n.

さとう 砂糖 Zucker *m.* -s, -/砂糖を入れる Zucker rein|tun⁴/砂糖を入れましょうか Nehmen Sie Zucker?/砂糖で甘くする mit Zucker süßen⁴ (versüßen⁴); zuckern⁴/砂糖うけにする ein|zuckern⁴/砂糖煮にする〔mit Zucker〕 ein|kochen¹ ein|machen⁴/砂糖を着せる〔糖衣加工〕überzuckern⁴‖ 砂糖入れ Zuckerdose *f.* -n〔卓用〕砂糖水 Zuckerwasser *n.* -s, -/砂糖づけにした kandierte Frucht, ¨e〔果実〕/砂糖ばさみ Zuckerzange *f.* -n/赤砂糖 Braunzucker/角砂糖 Würfelzucker; 角砂糖一個 ein Stück Würfelzucker/黒砂糖 Rohzucker/氷砂糖 Kandiszucker; Kandis *m.* -/粉砂糖 Puderzucker; Staubzucker/白砂糖 der weiße (raffinierte) Zucker.

さどう 茶道 Tee-Zeremonie *f.* -n. ⇨ちゃ.

さどう 差動の differenzial‖ 差動歯車 Differenzial|getriebe (Ausgleichs-) *n.* -s, -; Differenzial *n.* -s, -e.

さとうきび 砂糖黍 Zuckerrohr *n.* -[e]s.

さとうだいこん 砂糖大根 Zuckerrübe *f.* -n.

さとおや 里親 Pflege|eltern 〈*pl*〉 (-vater *m.* -s, ¨) ; mutter *f.*).

さとがえり 里帰り der erste Besuch der Braut bei ihren Eltern nach der Heirat/里帰りをする bei den Eltern den ersten Besuch nach der Heirat machen.

さとかた 里方 die Familie (und die Verwandten) der Schwiegereltern〈男から見て〉; das Elternhaus (Geburtshaus) 〈-es, ¨er〉einer Ehefrau.

さとご 里子 Pflegekind *n.* -[e]s, -er/里子に出す ein Kind bei *jm* in Pflege geben*.

さとごころ 里心 Heimweh *n.* -[e]s/里心がつく Heimweh bekommen*; ⁴sich nach der Heimat sehnen.

さとし 諭し Ermahnung *f.* -en; (Ver)warnung *f.* -en; Zurechtweisung *f.* -en〔たしなめ〕Belehrung *f.* -en〔教え〕; Ratschlag *m.* -[e]s, ¨e〔忠告〕.

さとす 諭す ermahnen⁴(*zu*³); *jn* warnen (*vor*³); zurecht|weisen*⁴〔たしなめる〕belehren⁴〔教導する〕; *jm* raten*⁴ (²et *zu* tun)/諭して思いとどまらせる ab|raten* (*jn* von ³*et*; *jm* ⁴*et*); ab|reden (*jn* ⁴*et*; von ³*et*)/諭して…させる überreden² (*zu*³); *jm* zu|raten*⁴ (*zu*³).

さとり 悟り ❶ [理解] Auffassungsgabe *f.* -n; Fassungskraft *f.* ¨e; Verständnis *n.* ..nisses, ..nisse; das Verstehen*, -s/悟りのよい(わるい) eine schnelle (langsame) Auffassungsgabe haben; 〔俗〕eine kurze (lange) Leitung haben/彼はどっちかというと悟りの悪い方だ Er ist ziemlich schwer von Begriff. ❷ [宗教的] (geistige) Erleuchtung *f.* -en; (religiöse) Erweckung *f.* -en/悟りを開く zur Erleuchtung gelangen⁵; Es kommt *jm* eine Erleuchtung.〔あきらめ〕⁴sich in Gottes Willen (in sein Schicksal) ergeben*.

さとる 悟る [わかる] begreifen*⁴; erfassen⁴; ein|sehen*⁴〔洞察・察知〕klar werden⁴*; verstehen*⁴〔気に入れる〕merken⁴; ³sich bewusst² werden⁴; gewahr⁴(²) werden; dahinter|kommen*〔s〕Scheuklappen fallen*(*jm*) 〔s〕;〔感づく〕Wind bekommen* (*von*³); den Braten riechen*; wittern⁴;〔宗教上〕zur Erleuchtung gelangen〔s〕/〔宗教上〕に悟らせる *jn*〔geistig〕erleuchten; *js* Geist erleuchten; *jn* religiös erwecken/非を悟る seinen Fehler ein|sehen*; seinen Irrtum (seines Irrtums) gewahr werden/目つきで人の考えを悟る *jm* die Gedanken (die Absicht) von Augen (vom Auge) ab|lesen*; in seinem Blick lesen*, was man denkt*/それと悟る den Braten riechen*〈感づく〉; es ³sich gesagt sein lassen*〈心にとめる〉/人に悟られないように unbemerkt; unter der Hand; verstohlen;/悟ったようなことを言う wie ein Stoiker reden.

サドル Sattel *m.* -s, -.

さなえ 早苗 Reisspross *m.* -es, -e[n].

さながら さながら…のように〔gerade (genau)〕wie; wie wenn; als ob〔接続法第二式とともに〕/さながら夏のような暑さだ Es ist so warm wie im Sommer./さながら地獄にいるかのようであった Es war, als ob man sich in der Hölle befände.

さなぎ 蛹 Puppe *f.* -n/蛹になる sich ein|puppen/蛹にかえる ⁴sich entpuppen.

さなだむし 真田虫 Bandwurm *m.* -[e]s, ¨er.

サナトリウム Sanatorium *n.* -s, ..rien.

さのう 砂嚢 Sandsack *m.* -[e]s, ¨e; Ballast *m.* -[e]s, -e〔船や気球の〕.

さは 左派 die Linke*, -n, -n/彼は左派だ Er gehört zur Linken.‖ 左派政党 Linkspartei *f.* -en.

さば 鯖 〘魚〙Makrele *f.* -n.

さはい 差配 Vertretung *f.* -en〔代理〕; Verwaltung *f.* -en〔管理〕. ── 差配する vertreten*⁴〔人を〕; verwalten⁴〔物・事を〕.‖ 差配人 Agent *m.* -en, -en〔代理人〕; Vertreter *m.* -s, -; Verwalter *m.* -s, -〔管理人〕.

さばき 裁き Urteil *n.* -[e]s, -e〔判定・判決〕; Entscheidung *f.* -en〔決定〕; Gericht *n.* -[e]s, -e〔審判〕; Verhandlung *f.* -en〔審理〕/法の裁きを受ける ⁴sich dem ³Gesetz un-

さばき 捌き ❶ [売捌き] Verkauf m. -(e)s, ¨e; Absatz m. -es. ❷ [処置する] Maßnahme f. -n; Behandlung f. -en [取扱い]／捌きをつける Maßnahmen ergreifen* (treffen*).

さばく 砂漠 Sandwüste f. -n; Wüste f. -n.

さばく 裁く ein Urteil fällen (*über*⁴ ある件について判決を下す); entscheiden*⁴; gegen *jn* verhandeln (ある人のことを〔法廷で〕審理する); über *jn* ⁴Gericht halten* [同上]; richten⁴.

さばく 捌く ❶ [売捌く] verkaufen⁴; ab|setzen⁴. ❷ [処置する] behandeln⁴; verfahren* (*mit*³)／適当に ⁴die entsprechenden (geeigneten) Maßnahmen ergreifen* (treffen*).

さばけた 捌けた welt|erfahren (-klug)／捌けた人 ein Mann (m. -(e)s, ¨er) von ³Welt. ⇒さばける.

さばける 捌ける ⇒はける.

さばさば さばさばした ❶ [気分] frisch; erleichtert [重荷をおろした]／風呂に入ったらすっかりさばさばした Das Bad hat mich sehr erfrischt. ❷ [性質] aufgeschlossen; freimütig; offenherzig.

さはんじ 茶飯事 Alltäglichkeit f. -en／そんなことは日常茶飯事だ Das ist eine ganz alltägliche Sache.

さび 錆 Rost m. -(e)s／錆のついた rostig／錆のつかない rostfrei／身から出た錆 eigene Schuld／錆がつく Rost an|setzen／錆を落とす den Rost entfernen; vom Rost säubern⁴／錆を止める ⁴vor Rost schützen*. ❷ [古色] Patina f.／錆のある patiniert／錆がつく Patina an|setzen. ‖ 錆色 Rostfarbe f. -n／錆色の rostbraun; rostfarben／錆止め Rostschutz m. -es (-schutzmittel n. -s, -).

さびしい さびしい (寂しい) ⟨einsam; verlassen [人気のない]／寂しい場所 eine einsame Gegend, -en／寂しがる ⁴sich einsam (verlassen) fühlen／寂しいも寂しい Ich fühle mich so allein (einsam).

ざひょう 座標 Koordinate f. -n ‖ 座標軸 Koordinatenachse f. -n／縦座標 Ordinate f. -n／横座標 Abszisse f. -n.

さびる 錆びる verrosten ⟨s⟩; rostig werden; ⁴Rost an|setzen／錆びない rostfrei／錆びた rostig; verrostet／錆びた釘 ein verrosteter Nagel, ¨.

さびれた 寂れた町 eine verlassene Stadt, ¨e／あの店は寂れる一方だ Mit dem Geschäft geht es immer bergab.

サファイア [鉱] Saphir m. -s, -e.

サファリ Safari f. -s; [Jagd]expedition f. -en ‖ サファリラリー Safari-Rallye f. -s; Safari-Sternfahrt f. -en／サファリルック Safari-Stil m. -(e)s, -e.

サブカルチャー Subkultur f. -en.

ざぶざぶ plansch! plantsch!／ざぶざぶ川を渡る plan(t)schend (spritzend; plätschernd) im (durch den) Strom waten ⟨s⟩／ざぶざぶ水をかける Wasser in Menge gießen* (sprengen).

サブタイトル Untertitel m. -s, - [映画にも].

ざぶとん 座ぶとん Sitzkissen n. -s, -／座ぶとんを敷く ⁴sich auf ein Sitzkissen setzen.

サフラン [植] Safran m. -s, -e; Krokus m. -, - (..kusse).

ざぶり ざぶりと湯に入る mit einem Plumps in die Wanne gehen* ⟨s⟩.

ざぶん ざぶんと飛び込む ins Wasser platschen ⟨s⟩／彼はざぶんとばかり水にとび込んだ Plan(t)sch! sprang er ins Wasser.

さべつ 差別 Unterschied m. -(e)s, -e; Unterscheidung f. -en; Diskrimination f. -en; Diskriminierung f. -en／差別的に unterschiedlich; diskriminierend／差別なく ohne ⁴Unterschied; unterschiedslos／男女の差別なく ohne Unterschied des Geschlechts／差別待遇する diskriminieren⁴; unterschiedlich behandeln⁴／差別を撤廃する die Diskrimination weg|schaffen. — 差別する unterscheiden*⁴ (*von*³). ‖ 差別関税 Differential|zoll (Differenzial-; Begünstigungs-) m. -(e)s／差別待遇 unterschiedliche Behandlung, -en; Diskriminierung f. -en; Apartheid f. ⟨黒人と白人の⟩.

さへん 左辺 die linke Seite, -n ⟨等式の⟩.

さほう 作法 Manieren ⟨pl⟩; Sitten ⟨pl⟩; Etikette f. -n／作法正しい人 ein Mensch (m. -en, -en) von guten Sitten (von angenehmen Umgangsformen)／作法にもとる gegen gute Sitten verstoßen*／作法を心得ない keine Manieren kennen*／何という作法だ Was sind das für Manieren!

さぼう 砂防 Schutz (m. -es) gegen ⁴Sand ‖ 砂防工事 Dammbau m. -(e)s.

サポーター Bandage f. -n.

サボタージュ Sabotage f. -n／サボタージュを行う Sabotage betreiben*; sabotieren.

サボテン [植] Kaktus m. - (..tusses), ..teen (..tusse); Kaktee f. -n.

さほど さほど...ではない nicht so [sehr]／さほど寒くはない Es ist nicht so kalt.

サボる ⇒サボタージュ／学校をサボる die Schule schwänzen.

ざぼん [植] Pampel|muse (Pompel-) f. -n.

さま 様 ⇒かっこう(格好).

-さま 様 Herr m. -n, -en ⟨男: 宛名の場合は三格: Herrn, 複数は Herren⟩; Frau f. ⟨成人女性, 略: Fr.⟩; Fräulein n. -s ⟨未婚女性, 略: Frl.⟩. ◆ 最近では未婚既婚の区別なく成人女性には Frau をつけることが多い／お嬢様はどうしておられますか Wie geht es Ihrem Fräulein Tochter?

さま さま見ろ Das geschieht dir [ganz; schon] recht!; Das hast du verdient!; Er verdient es nicht besser!／何というさまだ Du steckst ja schön drin!; Was sehe ich [hier], du Schlamper!

サマータイム Sommerzeit f. -en.

さまざま 様々な verschieden|artig; mannigfaltig; allerlei／様々な理由 verschiedene Gründe ⟨pl⟩.

さます 覚す ❶ [目を] wach werden; er|wachen ⟨s⟩; auf|wachen ⟨s⟩. ❷ [起こす・覚醒させる] wecken⁴; auf|wecken⁴; erwecken⁴／迷いから覚ます jn aus seinem Irrtum reißen*. ❸ [酔いを] ernüchtern⁴.

さます 冷ます [ab]kühlen⁴／熱冷ましの薬

Fiebermittel *n.* –s, –/興を冷ます *jm* die Lust《*zu*^{3}》verderben*.

さまたげ 妨げ ⇨じゃま.

さまたげる 妨げる ⇨ じゃま.

さまよう さ迷う〔umher|〕wandern;〔umher|〕schweifen;〔umher|〕irren《以上 [s]》/町をさまよう durch die Stadt schweifen; in der Stadt umher|streifen (umher|irren)/生死の境をさまよう zwischen ^{3}Leben und Tod (in ^{3}Lebensgefahr) schweben/さまよえるオランダ人 der fliegende Holländer, –s.

さみだれ 五月雨 Frühsommerregen *m.* –s, –.

サミット Gipfelkonferenz *f.* –en; Gipfeltreffen *n.* –s, –; Gipfel *m.* –s, –.

さむい 寒い kalt; frostig/今日は寒い Es ist kalt heute./私は寒い Mir ist kalt./お寒くありませんか Ist Ihnen nicht kalt? ¦ Frieren Sie nicht?

さむがり 寒がりである gegen Kälte empfindlich sein.

さむがる 寒がる frieren*; frösteln; vor ^{3}Kälte zittern.

さむけ 寒気 Frost *m.* –〔e〕s, ⸚e; Fieber¦frost (Schüttel–)《悪寒》/寒気がする frösteln; frieren*.

さむさ 寒さ Kälte *f.*; Frost *m.* –〔e〕s/きびしい寒さ eine starke (beißende; schneidende) Kälte/寒さに慄える vor ^{3}Kälte (Frost) zittern.

さむぞら 寒空 kaltes Wetter, –s/この寒空に bei diesem kalten Wetter.

さむらい 侍 Samurai *m.* –s, –s; ein japanischer Ritter, –s, –.

さめ 鮫 Hai *m.* –〔e〕s, –e; Haifisch *m.* –〔e〕s, –e ‖ 鮫革 Haifischhaut *f.* ⸚e.

さめざめ さめざめと泣く bitterlich weinen.

さめはだ 鮫 膚 grobkörnige, trockene Haut, ⸚e; Gänsehaut *f.* ⸚e《鳥肌》.

さめる 覚める ❶ wach werden; erwachen [s]; auf|wachen [s]; zu ^{3}sich kommen* [s]《正気づく》/眠り(迷い)から覚める aus dem Schlaf (seinem Wahn) erwachen [s]. ❷ [酔いが] nüchtern werden; ^{4}sich ernüchtern.

さめる 冷める ❶ kalt werden; ^{4}sich ab|kühlen/食事(スープ)が冷める Das Essen (Die Suppe) wird kalt. ❷ [興味・熱などが] ab|kühlen [s]; ^{4}sich ab|kühlen; ^{4}sich legen; nach|lassen*/興奮が冷める Die Aufregung legt sich./二人の仲は甚だしく冷めてしまった Die Zuneigung zwischen beiden ist stark abgekühlt.

さめる 褪める verblassen [s]; verbleichen* [s]; ^{4}sich verfärben/褪めない farbecht; lichtecht《日光に強い》.

さも ¶ さもほっとしたように mit sichtlicher Erleichterung/さも嫌そうに angewidert; widerwillig/彼はその知らせを聞いてさも嬉しそうだった Er war sichtlich erfreut über diese Mitteilung./さもありなん Das kann ich mir gut denken.

サモア Samoa *n.* –s/サモアの samoanisch ‖ サモア人 Samoaner *m.* –s, –.

さもしい gemein; niedrig/さもしい根性 ein niedriger Charakter, –s; eine niedrige Gesinnung/さもしい奴 ein gemeiner (niedriger) Kerl, –〔e〕s, –e.

ざもと 座元 Theater¦direktor *m.* –s, –en (–agentur *f.* –en; –besitzer *m.* –s, –; –leiter *m.* –s, –).

さもないと さもないと, さもなくば sonst; oder; ander〔e〕nfalls; wenn nicht.

さもん 査問 Untersuchung *f.* –en/査問する untersuchen*^{4} ‖ 査問委員会 Untersuchungs¦ausschuss *m.* –es, ⸚e (–kommission *f.* –en).

さや 鞘 ❶ Scheide *f.* –n《刀剣などの》; Futteral *n.* –s, –e《傘などの》; Hülse *f.* –n《豆の・その他封筒状の鞘》; Kappe *f.* –n《万年筆の》/鞘におさめる das Schwert in die Scheide stecken; ein|stecken^{4}/鞘を払う das Schwert aus der Scheide ziehen*; vom Leder ziehen*. ❷ [差額] Gewinnspanne *f.* –n; Marge *f.* –n《マージン》; Differenz *f.* –en《株式のさや》; Maklergebühr *f.* –en《仲買料》; Provision *f.* –en《口銭》/鞘をとる die Provision ab|ziehen*; Differenzen in die Tasche stecken《悪い意味で》. ❸ もとの鞘に収まる ^{4}sich mit *jm* gütlich ab|finden*.

さや 莢 Schote *f.* –n; Hülse *f.* –n; Schale *f.* –n/莢をむく enthülsen^{4}; entschoten^{4}/そら豆の莢をむく Saubohnen enthülsen ‖ 莢豌(え)豆 Schotenerbsen《*pl*》.

さやあて 鞘当て Neben¦buhlerschaft *f.* –en (–buhlerei *f.* –en).

ざやく 座薬 Zäpfchen *n.* –s, –.

さやとり 鞘取り ❶ Maklergebühr *f.* –en; Courtage *f.* –n; Arbitrage *f.* –n《株の》; [利食い] Gewinnsicherung *f.* –en; Profitmacherei *f.* –en《悪い意味で》; Provision *f.* –en《口銭》. ❷ [人] Makler *m.* –s, –; Mittelsmann *m.* –〔e〕s, ..leute (⸚er); Arbitrageur *m.* –s, –e《株の》.

さゆ 白湯 das heiße (warme) Wasser, –s/白湯で飲む mit warmen Wasser nehmen*^{4}《薬を》.

さゆう 左右 die rechte und linke Seite; die Rechte* und Linke*/左右に rechts und links; zur Rechten und Linken^{2}《例: des Tisches》; auf der rechten und linken Seite; auf beiden Seiten; [動作] nach rechts und links; von links nach rechts〔und umgekehrt〕/左右を顧みる nach links und rechts sehen*; den zu seiner Rechten und Linken Sitzenden Blicke zu|werfen*《例: fragende Blicke》/左右に侍(はべ)る *jm* auf|warten; *jm* zur Hand sein/言を左右にする Ausflüchte machen; es mit der Wahrheit nicht〔so〕genau nehmen wollen*. —— 左右する [影響] beeinflussen^{4}; ein|wirken《*auf*^{4}》; Einfluss haben《*auf*^{4}》; einen Einfluss aus|üben《*auf*^{4}》; [勢力] beherrschen^{4}; in der Gewalt haben^{4}; das Heft in der Hand haben/運命を左右する für sein Schicksal entscheidend sein〔sollen*〕; für sein Schicksal eine entscheidende Wendung bedeuten. —— 左右される unter dem Einfluss《von *jm*》sein; *jm* (^{3}*et*) unterworfen sein; in (unter) *js* Gewalt sein;

ざゆう

abhängig sein 《*von*³》; ab|hängen* 《*von*³》/感情に左右される ⁴sich nicht beherrschen können*; ein Gefühlsmensch (ein gefühlsbetonter Mensch) sein; seinen Gefühlen freien Lauf lassen*/天候に左右される Der Flug hängt vom Wetter ab. Der Flug ist vom Wetter abhängig./彼はすぐ友達に左右される Er lässt sich durch seine Freunde beeinflussen.

ざゆう 座右(の に) zur (bei der) ³Hand; an der Seite; bei ³sich/座右の銘 Lieblingslehrspruch *m.* -[e]s, ⁼e/座右の辞書を座右に備えている Er hat dieses Wörterbuch immer zur Hand.

さよ 小夜 ⇨よる〈夜〉/小夜曲 Serenade *f.* -n; Ständchen *n.* -s, -/小夜曲を奏でる(歌う) jm ein Ständchen bringen* (singen*)/小夜しぐれ Regenschauer 《*m.* -s, -》 in der frostigen Nacht.

さよう 作用 (Ein)wirkung *f.* -en; Wirksamkeit *f.* -en; Funktion *f.* -en; Mechanismus *m.* -《機械の》; Aktion *f.* -en; Prozess *m.* -es, -e 《理化》/作用と反作用 Aktion und Reaktion; Wirkung und Gegenwirkung (Rückwirkung)/植物に対する光の作用 die Wirkung des Lichtes auf Pflanzen/塩の作用 die durch Einwirkung von Salz. ¶ ...の作用をする funktionieren 《*als*》; wirken 《*als*》/...に作用する wirken 《*auf*⁴》; ein|wirken 《*auf*⁴》; an|greifen*⁴ 《胃予》/薬が作用する Die Arznei wirkt./相互に作用しあう aufeinander wirken. ‖ 作用範囲 Wirkungs|kreis *m.* -es, -e 《-bereich *m.* -[e]s, -e》/心理作用 die psychologische Wirkung/相互作用 Wechselwirkung *f.* -en.

さよう 左様 ❶ [肯定] ja; na ja; allerdings; eben; sehr richtig; sehr wahr. ❷ [ええと] nun; also; nun aber; Warten Sie mal! Lassen Sie mal sehen! ❸ [そのように] so; wie dies; auf diese Weise/あなたも左様にお考えですか Denken Sie sich's auch so?

さようなら Auf Wiedersehen! Auf Wiederschauen! Auf Wiederhören!《電話・ラジオで》; Guten Morgen! Guten Tag! Guten Abend! Gute Nacht!;《機嫌よく》 Leben Sie wohl! Lebewohl! Adieu (Ade)! Mach's gut.

さよく 左翼 ❶ [隊形の] die linke Flanke, -n; die linke Flügel, -s, -;《野球》 das linke Spielfeld, -[e]s, -er. ❷ [思想の] die Linken 《*pl* 人々》; der linke Flügel, -s, -《左翼》; Linkspartei *f.* -en《党》/彼は左翼だ Er ist linksradikal. 彼は左派(赤かり)に傾いて(赤かり)に傾いている Er ist gehend den linken Flügel an. ‖ 左翼運動 die linksradikale Bewegung, -en/左翼手 Linksfeldspieler *m.* -s, -.

ざよく 座浴 Sitzbad *n.* -[e]s, ⁼er.

さより 《魚》 Schnepfenaal *m.* -[e]s, -e.

さら 皿 Teller *m.* -s, -; Schale *f.* -n; Schüssel *f.* -n《深皿》; Platte *f.* -n《大皿》; Untertasse *f.* -n《受け皿》/皿に盛る den Teller füllen 《*mit*³》/皿を片付ける den Teller ab|tragen*/皿を洗う den Teller spülen (waschen*)/冷肉の皿を出す eine kalte (schwache) Platte auf|tragen*/秤の皿 Schale *f.* -n. ¶ 目を皿のようにして見る ganz Auge sein. ‖ 皿洗い das Tellerspülen, -s《作業》; Tellerspüler *m.* -s, -《人》/スープ皿 Suppenteller *m.* -s, -.

さら 沙羅 Sal[harz]baum *m.* -[e]s, ⁼e.

さらいげつ 再来月 der zweitnächste (übernächste) Monat, -[e]s.

さらいねん 再来年 das übernächste (zweitnächste) Jahr, -[e]s/来年か再来年に nächstes oder übernächstes Jahr.

さらう 攫う ❶ [かどわかす] entführen⁴; rauben⁴. ❷ [ひったくる] weg|raffen⁴ (-reißen*⁴; -schnappen⁴ 《*jm*》); entreißen*⁴ 《*jm*》; rauben⁴ 《*jm*》; [持ち逃げ] fort|nehmen*⁴; weg|tragen*⁴; ⁴sich aus dem Staub machen 《*mit*³》; durch|gehen* 《*mit*³》; durch|brennen* ⓈⒹ《*mit*³》. ⇨ぬすむ、うばう/金を攫って逃げる mit dem Geld durch|gehen* Ⓢ. ❸ [波が] fort|reißen*⁴; dahin|raffen⁴.

さらう 浚う baggern⁴; aus|baggern⁴《川などを》; aus|schaufeln⁴《シャベルで》; mit Schleppnetz fangen*⁴《網で魚を》; Netze schleppen《魚・死体を》; schaufeln⁴ 《*in*⁴ 浚い込む》/道路の瓦礫を浚う die Straße vom Schutt säubern/溝を浚う den Dreck im Graben weg|fegen; den Graben fegen/川を浚って死体を捜す nach dem Leichnam im Fluss baggern.

さらう [復習] repetieren⁴; [nochmals] durch|sehen*⁴; immer wieder durch|lesen*⁴; auf|frischen⁴; ³[おぼえ込む] ³sich ein|prägen⁴; ³sich ein|trichtern⁴ 《*jm*》; üben⁴ (練習する). ‖《劇》 Probe ab|halten* 《監督が》;《劇》 Probe spielen《演者が》.

さらがみ さら紙 das grobe (raue) Papier, -s, -e.

さらけだす さらけ出す bloß|legen⁴ (-stellen⁴); entblößen⁴; enthüllen⁴; an den Tag (ans Licht) bringen*⁴; verraten*⁴/胸をあらわにさらけ出す die Brust entblößen/秘密をさらけ出す ein Geheimnis auf|decken (lüften);/弱点をさらけ出す ³sich eine Blöße geben*; *jm* eine Blöße [dar]bieten*/何もかもさらけ出す alles offen ein|gestehen*《白状》; ⁴sich auf|sprechen*; das Herz aus|schütten《心に思ったことを》.

さらさ 更紗 der gedruckte (bedruckte) Kattun, -s, -e; Zitz *m.* -es, -e ‖ 更紗紙 Fantasiepapier *n.* -s, -e.

さらさら ❶ [少しも] nicht im Geringsten; nicht das Geringste ⇨さらに❸. ❷ [よどみなく] ¹fließend; flüssig; flott/さらさらと書く(読む) [herunter]- を用いて」 herunter|schreiben*⁴ 《herunter|lesen*⁴》/さらさらと書いた漫筆 flott geschriebene Plauderei《*pl*》. ❸ [音] rauschend; raschelnd 《きぬずれ》; rieselnd 《川などのせせらぎ》/さらさらと流れる小川 ein leise rauschender Bach, -s, ⁼er/彼女はさらさらと衣ずれの音をさせて広間を通って行った Sie rauschte durch den Saal./古い土塀から砂がさらさらと落ちる Der Sand rieselt von der alten Mauer [herunter].

ざらざら ざらざらする ⁴sich rau an|fühlen 〖物が主語〗/ざらざらした rau; rissig (ひびなどが); rauhaarig; borstig; struppig/ほこりでざらざらしている vom Staub sändig sein.

さらし 晒〘漂白〙Bleiche f. -n; das Bleichen*, -s; 〘さらし木綿〙der gebleichte Kattun. -[e]s, -e; 〘さらし粉〙Bleich|pulver n. -s, - (-kalk m. -[e]s, -e).

さらしくび 曝し首 der am Pranger gestellte Kopf, -[e]s, -e/さらし首にする den Kopf an den Pranger [zur Schau] stellen.

さらしもの 曝し者 ein Verbrecher 〈m. -s, -〉 zur Schaustellung/曝し物にさらされる zur Schau gestellt werden. Pranger gestellt werden.

さらす 晒す au|bleichen⁴ 〈aus|-〉.

さらす 曝す aus|setzen³ ⁴/炎天にさらされる der glühenden Sonne ausgesetzt werden/危険に身をさらす ⁴sich einer ³Gefahr aus|setzen/風雨にされた verwittert; wetterhart/恥をさらす ⁴sich blamieren; ⁴sich beschämen [lassen*].

サラダ Salat m. -[e]s, -e 〖サラダ菜 Salat; 〘Garten〙lattich m. -[e]s, -e/サラダ油 Salatöl n. -[e]s, -e/ハムサラダ Schinkensalat/野菜サラダ Gemischter Salat 〘ミックスサラダ〙/〖または野菜名をつけて具体的にいう〗Kopfsalat 〘レタスの〙; Bohnensalat 〘豆の〙, Selleriesalat 〘セロリの〙.

ざらつく ⁴sich rau an|fühlen 〖物が主語〗; rau(haarig) sein.

さらに 更に ❶[再び] wieder (einmal); wiederum; abermals; nochmal[s]; noch einmal; von neuem ❖〖「改めて初めから」の意にも用いるから注意〗[繰返し] wiederholt; immer wieder. ❷[更につけ加えて] ferner; fernerhin; weiter; weiterhin; des Weiteren; außerdem [noch]; überdies; dazu noch; obendrein; [もっと] noch mehr; immer mehr/更に悪いことには was noch schlimmer ist; um die Sache zu verschlimmern/更に森の奥に進む noch weiter hinein in den Wald gehen*; ⁸. ❸[少しも] nicht im Geringsten; nicht das geringste; ganz und gar nicht; nichts weniger (geringer) als/更に意に介しない Denke nicht daran! / Kein Interesse! / Ich kümmere mich nicht im Geringsten darum./ そんなことは更にない Keine Spur!

ざらに さらにある überall zu finden (sein); alltäglich; Durchschnitts-/さらにある人間で Er ist nur Durchschnitt./あんな人はざらにいるものではない Solch einen Menschen muss man mit der Laterne suchen. / Das ist ein seltner Vogel./こんなものはざらに売っている So etwas kann man überall kaufen (bekommen).

さらば ❶[それならば] dann; so; und. ❷[別れの言葉] Also dann! ⇨さようなら.

さらばかり 皿秤 Tafelwaage f. -n; Briefwaage f. -n/手紙用.

サラブレッド Vollblut n. -[e]s; Vollblütigkeit f.; Vollblüter m. -s, -; Vollblutpferd n. -[e]s, -e/サラブレッドの Vollblut-; vollblütig.

サラミ〘ソーセージ〙Salami f. -[s].

さらめ Kristallzucker m. -s.

さらり さらりとした ❶[手ざわりの] leicht und feingewoben 〘布地など〙; trocken 〘粉など〙/こまかいさらりとした砂 trockner (weicher), trockener Sand. -[e]s, -e. ❷[あっさりした人柄] adrett; freimütig; nicht kleinlich 〘こせこせしない〙; 〘文体〙flüssig; flott geschrieben/さらりとした文体 ein flüssiger Stil, -[e]s, -e/彼女はさらりとした人柄だ Sie ist eine adrette Person./彼女は巧まずさらりとした服装をしている Sie ist flott gekleidet. ―― さらりと [思いきりよく] rundweg; glatt[weg]; [無造作に] ohne weiteres; ohne Umschweife; [ためらわずに] ohne Zögern (Zaudern)/さらりと思いきる auf et ohne weiteres verzichten; glattweg preis|geben*/さらりと手を切る seine Hände in Unschuld waschen/さらりと忘れる einfach vergessen*⁴; [流暢に] ⇨りゅうちょう

サラリー Gehalt n. -[e]s, ⸚er; Bezüge 〈pl〉; Besoldung f. -en/⇨げっきゅう/サラリーが多い (少ない) gut (schlecht) bezahlt sein ‖ サラリーマン der Büroangestellte*(Besoldete*), -n, -n/サラリーマン階級 Angestelltenklasse f. -n.

ざりがに〘動〙Flusskrebs m. -es, -e.

さりげない 気ない風を装う tun*, als ob er* nichts (es gar nicht) merkte (wüsste); ⁴sich dumm stellen/さり気なく wie gleichgültig (uninteressiert); unwissend; zufäll|lig).

サリドマイド Contergan n. -s, - 〈商品名〉‖ サリドマイド児 Contergankinder 〈pl で使う場合が多い〉.

さる 猿 Affe m. -n, -n/猿のような affenartig 〘類似〙; affig 〘人まねをする〙; äffisch 〘愚かな〙/木から落ちた猿 ein Fisch 〈m. -es, -e〉 ohne ⁴Wasser/猿も木から落ちる Auch der Meisterschütze schießt mal fehl.'Zuweilen schläft selbst [der heilige] Homer.'

さる 去る ❶[退去] verlassen*⁴; [fort]gehen* 〈von³〉; weg|gehen* 〈von³〉; ⁴sich entfernen 〈von³〉; 〘俗〙ab|hauen* ⁵; [出発・旅立] 〘von³ とともに〙auf|brechen* ⁵; ab|gehen* ⁵/ab|fahren* ⁵/ab|fliegen* ⁵; ab|reisen ⁵/王位を去る ab|danken; den Thron entsagen; auf dem Thron verzichten/職を去る seine Stellung auf|geben*; sein Amt nieder|legen; von seinem Amt zurück|treten*⁴; ⁴sich vom Geschäft zurück|ziehen* ⁵ 〘商売から引退する〙/彼はこの世を去った Er ist von uns gegangen. ⇨しぬ/彼はこの町から去って行った Er verließ diese Stadt./この考えが念頭から去らない Der Gedanke will mir nicht aus dem Kopf./台風は去った Der Taifun ist vorüber./去るをば忘れられる 'Aus den Augen, aus dem Sinn.' ❷[除去] schwinden* ⁵; nach|lassen*; ab|nehmen*/熱が去る Das Fieber nimmt ab./痛みは去った Der Schmerz ließ nach. ❸[隔たる] entfernt 〈von³〉/東京を去る四十キロの所 vierzig Kilometer entfernt von Tokio/今を去る十年前 vor zehn Jahren./獣を去ること遠か

らず Nicht viel besser als Vieh. | Ein Vieh, nichts weiter 《誇張》. ❹ [過去の] 去る・6. (achten)/さる四月 im vergangenen 8. (achten)/さる四月 im letzten April. ❺ [離縁] 妻を去る *sich von seiner Frau scheiden lassen*; 《俗》 seine Frau hinaus|werfen* 《おん出す》.

さる [或る] ein* 《不定冠詞》; ein gewisser*/さる富豪 ein gewisser Millionär, -s, -/さる所に an einem gewissen Ort/名前はふせておくが、さる人物が… Ein gewisser Mann, den ich nicht nennen will, ….

ざる 笊 Korb m. -(e)s, ̈e.

さるぐつわ 猿轡 Knebel m. -s, -/猿轡をかける knebeln⁴.

ざるご 笊碁 Go-Spiel 《n. -(e)s, -e》 unter aller Kanone (Sau).

さるしばい 猿芝居 Affentheater n. -s, -/《「馬鹿々々しいこと」の意にも》.

さるちえ 猿知恵 Bauernschlauheit f.; beschränkter Untertanenverstand, -(e)s.

サルビア [植] Salbei m. -s (f.).

サルファざい サルファ剤 Sulfonamid n. -(e)s, -e.

サルベージ Bergung f. -en; das Bergen*, -s ‖サルベージ作業 Bergungsarbeiten 《pl》/サルベージ船 Bergungs|schiff (Hebe-) 《n. -(e)s, -e.

さるまた 猿股 〔kurze〕 Unterhose, -n; Slip m. -s, -s.

さるまね 猿真似 Nachäfferei f./…の猿真似をする nachäffen⁴.

さるまわし 猿回し Affenschausteller m. -s, -《芸人》.

さるもの さる者 kein gewöhnlicher Mann 《-(e)s, ̈er (Leute)》 (auf der Straße); ein schlauer (übler) Kunde, -n, -n; Mordskerl m. -(e)s, -e; kein toter Löwe, -n, -n/相手もさるもの Er ist Manns genug, um … zu …. | Der Gegner ist auch sonst kein gewöhnlicher Bursche. | Der Gegner hat auch seine fünf Sinne beisammen. 《馬鹿じゃない》.

-ざるをえない 〔zu 不定詞句とともに〕 nicht umhin können*; *sich genötigt sehen*; nicht anders können* 《als …》; er bleibt 《s.》 nichts anderes übrig 《als …》./私は笑わざるをえなかった Da musste ich lachen. | Ich konnte nicht umhin, zu lachen.

されき 砂礫 Kies m. -es, -e; Grieß m. -es, -e; Schutt m. -(e)s, -e 《土砂のがらくた》.

サロン Salon m. -s, -s ‖サロン音楽 Salonmusik f.

さわ 沢 Sumpf m. -(e)s, ̈e; Marsch f. -en; Moor n. -(e)s, -e; Morast m. -(e)s, -e 《̈e》; 〔谷〕 Tal n. -(e)s, ̈er; Mulde f. -n.

さわかい 茶話会 Tee m. -s, -s; Teegesellschaft f. -en; Kränzchen n. -s, -; Jause f. -n 《オーストリア》.

さわがしい 騒がしい ❶ 〔喧騒〕 lärmend; laut; geräuschvoll; tobend; tumultuarisch; ungestüm; ohrenbetäubend 《耳をつんざくばかり》/騒がしい聴衆 die laute (lärmende) Zuhörerschaft, -en/騒がしくしないで Bitte nicht lärmen! ❷ 〔不穏〕 unruhig; aufrührerisch/世間が騒がしい Es liegt etwas in der Luft. | Eine Unruhe herrscht im Volk.

さわがす 騒がす beunruhigen⁴; [迷惑をかける] belästigen⁴; jm Mühe machen; [世間を] Aufsehen (Sensation) erregen; Unruhe stiften/胸を騒がす unruhig sein 《über⁴, um⁴》; eine bange Ahnung (ein banges Vorgefühl) haben 《胸騒ぎ》/世間を騒がせた誘拐事件 der sensationelle Fall 《-(e)s, ̈e》 eines Kinderraubes/どうもお騒がせしました Es tut mir Leid, Ihnen so viel Mühe gemacht zu haben.

さわがれる 騒がれる als ¹et gefeiert werden; angehimmelt werden. ⇒もてはやす.

さわぎ 騒ぎ ❶ [喧騒] 《騒々》 Lärm m. -(e)s, -e; Gelärm n. -(e)s; Geräusch n. -(e)s; Getöse n. -s/大騒ぎ Heidenlärm m. -(e)s, -e. ❷ [騒動] Getue n. -s; Radau m. -s; 《俗》 Theater n. -s, -; Erregung f. -en 《興奮状態》; Aufruhr m. -s, -e; Tumult m. -(e)s, -e 《騒擾》/騒ぎを起こす einen Skandal machen; einen Aufruhr erregen 《mit³》; Krach machen 《mit³ けんか》; ein Theater machen 《大げさに騒ぎたてる》/騒ぎを大きくする Öl ins Feuer gießen*; eine Sache noch verschlimmern; ein Übel noch vergrößern/騒ぎを静める Öl auf die Wogen gießen* (schütten) / 昨夜通りで大騒ぎがあった Gestern Abend war ein großer Aufruhr auf der Straße./一体何の騒ぎですか Was ist denn das für eine Aufregung? ❸ [酒宴] Orgie f. -n; das lärmende Gelage, -s, -; Zecherei f. -en/どんちゃん騒ぎをする ein Saufgelage haben/大変な騒ぎになった Es ging toll (bunt) her. ❹ [事件] Skandal m. -s, -e; Fall m. -(e)s, ̈e/騒ぎは大きくなった Mit dem Fall wird es Ernst. ❺ 寒いどころの騒ぎではない Kalt ist gar kein Ausdruck dazu./私は笑いどころの騒ぎではない Das ist überhaupt nicht zum Lachen für mich.

さわぎたてる 騒ぎ立てる viel Lärm (viel Aufhebens; viel Wesens) machen 《um⁴; von³》; viel Federlesens machen 《mit³ 余計な手数をかける》; viel Theater machen 《wegen²⁽³⁾ について》; aufgeregt umher|rennen* 《s.》《右往左往》; jm Weihrauch streuen 《もてはやす》/つまらぬことで騒ぎ立てる viel Wesens (Lärm) um eine Kleinigkeit machen/何も騒ぎ立てるほどのこともない Das ist keine Angelegenheit, worum man viel Wesens zu machen braucht.

さわぐ 騒ぐ lärmen; Lärm machen; Radau machen; toben 《あばれる》/騒ぎをして自分について語らせる 《陽気に》 in übermütiger (ausgelassener) Laune sein; ein Saufgelage haben 《酒宴》; [あることに対して騒ぎ立てる] lärmend (laut) fordern⁴; laut Klage erheben* 《gegen⁴》; [奔走する] 《sich》 tummeln; 《*sich》 umher|hasten 《s.》 ⇒さわぎたてる/提案に対して騒ぐ laut Einwände vor|bringen* 《gegen⁴》/胸が騒ぐ Das Herz pocht. 《vor Angst; vor Erregung; vor einer banger Ahnung》/騒ぐほどのことはない nichts auf sich haben; [原因を主語として] jn beun-

ざわざわ ざわざわする ⇨ざわつく.

ざわつく laut werden; ⁴sich erregen《聴衆など》⇨ざわめく/⁴sich erregen《聴衆など》/会場がざわつく Es ist geräuschvoll im Saal. Das Publikum erregt sich./聴衆がさわめいて興奮してきた Es entstand eine allgemeine Erregung (große Bewegung) unter den Zuhörern./出席者は不満でざわついた Das Murmeln der Missstimmung wurde laut unter den Anwesenden (lief durch die Versammlung).

ざわめく rauschen; brausen《木の葉などが》; ⁴sich erregen《聴衆などが》⇨ざわつく/風(森)がさわめく Der Wind (Der Wald) braust./木が木の枝にざわめく Der Wind rauscht in den Zweigen.

さわやか 爽やかな ❶ frisch; erquickt; erfrischend; erquickend; auffrischend/気分が爽やかになる ⁴sich erfrischen fühlen⁴; ⁴sich erfrischt fühlen/湯に入ったらいへん爽やかな気持ちになった Das Bad hat mich sehr erfrischt gemacht. -[e]s, ⸺《声の》klar; klangvoll. ❸《流暢な》klar und fließend; beredt; geläufig; redegewandt/弁舌爽やかに申し述べた Er hat redegewandt darüber ausgesagt. / 弁舌爽やかな弁護士 der beredte Rechtsanwalt. -[e]s, ⸺e.

さわら ❶《魚》eine Art Makrele (f. -n). ❷《植》Schwarzzypresse f. -n.

さわり 障り ❶《さしつかえ》Verhinderung f. -en; Behinderung f. -en; Störung f. -en. 《故障》/障りがあって行けない verhindert sein, zu erscheinen/テレビは勉強の障りになる Das Fernsehen stört die Arbeit (in der Arbeit)./導線に障りがあるので Es gibt eine Störung in der Leitung. ❷《障害物》Hindernis n. ..nisses, ..nisse; Hemmnis n. ..nisses, ..nisse/事故がもとで起こると交通全体の障りになる Ein Unfall hindert den ganzen Verkehr./原料不足が産業発展の障りになっている Mangel an Rohmaterial behindert die Entwicklung der Industrie. ❖ 一般に「障り」は「障る」として動詞で表わす事が多い.

さわり 触り ❶ Berührung f. -en; das Anrühren⁴《Antasten*), -s; [手ざわり] [Tast]gefühl n. -[e]s. -e. ❷《聞きどころ》《義太夫の》die ergreifende (rührende) Stelle, -n《義太夫の》; das Wesentliche⁸, -n; Hauptsache f. -n; Kernpunkt m. -[e]s, -e《話の》.

さわる 障る hindern⁴《an³; bei³; in³》; behindern⁴《an³ in³》; verhindern⁴《an³》; schädlich³ sein; schaden³《害になる》; nicht bekommen⁴*³ [s]《身体に》; verletzen⁴; kränken⁴《感情に》; schaden⁴《害する》/時候が障る Das Klima bekommt mir nicht (schlecht)./勉強に障る Die Arbeit in (bei) der Arbeit stören/健康に障る der Gesundheit schaden, nicht zuträglich sein/気に障る ⁴sich verletzt (beleidigt) fühlen; [人の] jn verletzen (kränken) /

癇に障る ⁴sich ärgern; [ことが] jn ärgern; die Galle auf[regen/神経に障る jm auf die Nerven gehen* (fallen*) [s].

さわる 触る berühren⁴; an|fühlen⁴; an|rühren⁴; an|tasten⁴; befühlen⁴; betasten⁴; fühlen[⁴]《auf⁴》/《電線に》触るべからず Nicht [die elektrische Leitung] berühren!/触らぬ神に祟(たた)りなし Nicht den schlafenden Hund wecken!/触ってみると冷たい《ざらざら する、すべすべする》Es fühlt sich kalt (rau, glatt) an.

さわん 左腕 der linke Arm, -[e]s, -e ǁ 左腕投手 Linkshänder m. -s. -.

さん 三 drei; Drei f. -en/第三の (die; das) dritte*. ⇨だいさん.

さん 酸《化》Säure f. -n ǁ 酸類 die Säuren (pl).

さん 桟 Rahmen m. -s, -; 《障子の》Riegel m. -s, -; 《戸の》戸の桟を下ろす eine Tür zuriegeln.

さん 産 ❶《分娩》Niederkunft f. ⸺e; Entbindung f. -en; das Gebären*, -s/お産をする ein Kind gebären*; von einem Kind entbunden werden*; [mit einem Kind] nieder|kommen* [s]. ❷《財産》Vermögen n. -s. -/産を興す(成す) ein Vermögen erwerben*/産を破る ein Vermögen durch|bringen* (verlieren*). ❸《産出》Produktion f. -en; Produkt n. -[e]s, -e《産物》/内(外)国産の製品 ein einheimisches (ausländisches) Erzeugnis, ..nisses, ..nisse/産する produzieren⁴; erzeugen⁴; hervor|bringen*⁴. ❹《出身》…の産である stammen《aus³》.

さん 算を乱して in großer (wilder) Verwirrung; durcheinander.

-さん ⇨-さま.

さんい 賛意 Einwilligung f. -en《同意》; Zustimmung f. -en《賛成》; Billigung f. -en《承認》; Einverständnis n. ..nisses, ..nisse《了解》/賛意を表する seine Einwilligung geben*; seine Zustimmung zum Ausdruck bringen*.

さんいつ 散逸する 《物が主語》verloren gehen* [s]; zerstreut werden.

さんいん 産院 Entbindungsanstalt f. -en; Frauenklinik f. -en《産婦人科》.

さんか 賛歌 Lobgesang m. -[e]s, ⸺e; Hymne f. -n.

さんか 産科[学]《医》Geburtshilfe f.; Obstetrik f. ǁ 産科医 Geburtshelfer m. -s, -; Frauenarzt m. -es, ⸺e《産科婦人科医》; Gynäkologe m. -n, -n《同上》/産科病院 Entbindungsanstalt f. -en/ Frauenklinik f.; Gynäkologie f. -en/産科婦人科学 Frauenheilkunde f.; Gynäkologie f.

さんか 酸化《化》Oxydation f. -en; Oxydierung f. -en/酸化する oxydieren⁴; mit ³Sauerstoff verbinden*⁴ ǁ 酸化カルシウム Kalziumoxyd n. -[e]s/酸化剤 Oxydationsmittel n. -s, -/酸化物 Oxyd n. -[e]s, -e/一(二)酸化炭素 Kohlenmonoxyd (Kohlendioxyd).

さんか 惨禍 ⇨さんがい《惨害》.

さんか 参加 Teilnahme f. -n; Beteiligung

f. -en. ― 参加する teil|nehmen* (*an*³); ⁴sich beteiligen (*an*³) / 彼女は熱心に討論に参加した Sie beteiligte sich mit Eifer an der Diskussion. ‖ 参加支払 Ehrenzahlung *f.* -en / 参加者 Teilnehmer *m.* -s, -; der Beteiligte*, -n, -n / 参加引受 〘商〙 Ehren¦akzept *n.* -[e]s, -e (-annahme *f.* -n).

さんか 傘下 ¶ ...の傘下の unter³; unter der Schirmherrschaft (dem Schutz) von³.

さんが 参賀する gratulieren gehen* [s].

さんかい 参会する teil|nehmen* (*an*³); besuchen⁴; bei|wohnen³ ‖ 参会者 Teilnehmer *m.* -s, -; der Anwesende*, -n, -n; Besucher *m.* -s, -.

さんかい 散開 〘兵〙 das Ausschwärmen, -s / 散開する aus|schwärmen [s] / 分隊は散開した Die Gruppe schwärmte aus.

さんかい 散会する eine Versammlung (Sitzung) auf|heben* / 会は五時ごろに散会になるだろう Die Versammlung wird gegen 5 Uhr anseinander gehen.

さんかい 山海の珍味 Delikatessen (*pl*) aus den Bergen und dem Meer.

さんがい 惨害 Verwüstung *f.* -en; Verheerung *f.* -en; Schaden *m.* -s, ¨ (損害); Katastrophe *f.* -n / 戦争の惨害 der Gräuel (-s, -) des Krieges.

さんがい 三階 der zweite Stock, -[e]s; die zweite Etage / 三階建ての家 ein dreistöckiges Haus, -es, ¨er / 三階に住んでいる im zweiten Stock (in der zweiten Etage) wohnen ❖「...階建て」というときは「二階で」「三階の」などの場合と異なり日本と同じに zwei.., drei.. でよい.

ざんがい 残骸 Überrest *m.* -[e]s, -e; Überbleibsel *n.* -s, - (残り); Leiche *f.* -n; Leichnam *m.* -[e]s, -e (死骸); Schutt *m.* -[e]s (瓦礫など); Trümmer (*pl* 建物などの); Wrack *n.* -s, -s (特に船の); Ruine *f.* -n (戦災跡などの).

さんかく 三角[形] Dreieck *n.* -[e]s, -e / 三角[形]の drei¦eckig (-wink[e]lig) ‖ 三角関係 Dreieckverhältnis *n.* ..nisses, ..nisse / 三角関数 Winkelfunktion *f.* -en; die trigonometrische Funktion, -en / 三角旗 eine dreieckige Fahne, -n; Wimpel *m.* -s, - / 三角定規 Reißdreieck *n.* -[e]s, -e; Winkel *m.* -s, - / 三角州 Delta *n.* -s, -s / 三角測量 Triangulation *f.* -en; Triangulierung *f.* -en / 三角帆 ein dreieckiges Segel, -s, -; Klüver *m.* -s, - (船首の) / [球面]三角法 [sphärische] Trigonometrie *f.* / 直角(二等辺)三角形 ein rechtwinkliges (gleichschenkliges) Dreieck.

さんがく 山岳 Gebirge *n.* -s, - ‖ 山岳地方 Gebirgsgegend *f.* -en / 山岳病 Bergkrankheit *f.* -en.

さんがく 産額 Produktion *f.* -en; Produktionsmenge *f.* -n; Ertrag *m.* -[e]s, ¨e (収穫高); Förderung *f.* -en (鉱石など).

ざんがく 残額 Restbestand *m.* -[e]s, ¨e; Rückstand *m.* -[e]s, ¨e (ふつう*pl* 未払い分). ⇨ざんだか.

さんがつ 三月 März *m.* -[es] (-en), -e ‖ 三月革命 〘史〙 Märzrevolution *f.*

さんかん 山間の(に) im Gebirge; in den Bergen / 山間の小村 ein abgelegenes Bergdorf, -[e]s, ¨er.

さんかん 参観 Besichtigung *f.* -en; Besuch *m.* -[e]s, -e / 参観する besichtigen⁴; besuchen⁴ ‖ 参観時間 Besichtigungszeit *f.* / 参観人 Besichtiger *m.* -s, -; Besucher *m.* -s, -.

ざんき 慙愧に堪えない ⁴sich in die Seele hinein (vor sich selbst; zu Tode) schämen / 慙愧の念を感じさせる *jn* beschämen; *jn* klein|kriegen.

さんぎいん 参議院 Oberhaus *n.* -es (上院) ‖ 参議院議員 Mitglied (*n.* -[e]s, -er) des Oberhauses.

さんきゃく 三脚 Stativ *n.* -[e]s, -e (写真の); Drei¦bein *n.* -[e]s, -e (-fuß *m.* -es, ¨e) (三脚のいす・道具など) / 三脚の drei¦beinig (-füßig) ‖ 三脚台 Dreibein.

ざんぎゃく 残虐 Grausamkeit *f.* -en; Gräuel *m.* -s, -; Brutalität *f.* -en; Bestialität *f.* -en / 残虐な grausam; gräulich; bestialisch; brutal ‖ 残虐行為 Gräueltat *f.* -en.

さんきゅう 産休 Schwangerschaftsurlaub *m.* -[e]s, -e.

さんぎょう 蚕業 Seidenbau *m.* -[e]s; Seiden[raupen]zucht *f.*

さんぎょう 産業 Industrie *f.* -n; Gewerbe *n.* -s, - / 産業の industriell ‖ 産業革命 die Industrielle Revolution, -en / 産業組合 Industrie¦gewerkschaft *f.* -en (-verband *m.* -[e]s, ¨e) / 産業主義 Industrialismus *m.* - / 産業スパイ Industriespionage *f.* (行為); Industriespion *m.* -s, -e / 産業廃棄物 Industriemüll *m.* -[e]s / 基幹産業 Grundstoffindustrie (Schlüssel-) / 第一次(第二次, 第三次)産業部門 primärer (sekundärer, tertiärer) Sektor, -s, -en.

ざんきょう 残響 Nachhall *m.* -[e]s, -e.

ざんぎょう 残業 Überstunden (*pl*) / 残業する Überstunden machen ‖ 残業手当 Überstunden¦zuschlag *m.* -[e]s, ¨e (-geld *n.* -[e]s, -er).

さんきょく 三曲 [三つの曲] drei [Musik-]stück (*pl* にしない); 〘楽〙 Trio *n.* -s, -s (三曲合奏の意にも).

ざんぎり 散切[頭] Stutzkopf *m.* -[e]s, ¨e; das kurz geschnittene Haar, -[e]s, -e / 散切にする das Haar kurz schneiden lassen*.

ざんきん 残金 Restbetrag *m.* -[e]s, ¨e; Restbestand *m.* -[e]s, ¨e; Restsumme *f.* -n; Überschuss *m.* -es, ¨e / 残金はこれだけ Das ist alles Geld, das ich noch habe. / まだ少し残金がある Ich habe noch ein bisschen Geld übrig. ⇨ざんだか.

サングラス Sonnenbrille *f.* -n.

さんけ 産気 ¶ 彼女は産気づいた Ihre Geburtswehen haben begonnen.

ざんげ 懺悔 Beichte *f.* -n; Buße *f.* -n; Sündenbekenntnis *n.* ..nisses, ..nisse. ― 懺悔する beichten⁽⁴⁾; eine Beichte ab|legen; büßen⁴ / 懺悔を聞く die Beichte ab|nehmen* (hören; vernehmen*). ‖ 懺悔者 Bußfertiger *m.* -s, - / 懺悔所 Beichtstuhl *m.* -[e]s, ¨e / 懺悔聴聞僧 Beichtvater *m.* -s,

⁼/懺悔話 Bekenntnis *n.* ..nisses, ..nisse.

さんけい 参詣 ¶ 寺(神社)に参詣する einen Tempel (Schrein) besuchen.

さんけい 三景 die drei Landschaften mit der schönsten Aussicht.

さんけい 山系 〘地〙Gebirgssystem *n.* –s, –e.

さんげき 惨劇 Tragödie *f.* –n; ein tragisches (grausames; schreckliches) Ereignis, ..nisses, ..nisse; Gräuel *m.* –s, –; Gräueltat *f.* –en.

ざんげつ 残月 der 〔bleiche〕 Mond 《–〔e〕s, –e》 in der Frühe.

さんけつくうき 酸欠空気 sauerstoffarme Luft, ⁼e.

さんけん 散見する hie und da zu sehen (finden) sein; ab und zu vor|kommen* [s] 《ときたま起る》.

さんけん 三権分立 Gewalten⁞teilung (–trennung) *f.*

ざんげん 讒言 Verleumdung *f.* –en; 〔die falsche〕 Bezichtigung, –en; die üble Nachrede, –n/讒言する verleumden⁴; *jn* in falschen Verdacht bringen*; *jn* ²*et* fälschlicherweise bezichtigen; an|schwärzen⁴ 《*bei*³》; *jm* an|hängen⁽⁴⁾.

さんげんしょく 三原色 drei Grund⁞farben (Primär–) 《*pl*》.

さんご 珊瑚 Koralle *f.* –n ‖ 珊瑚海 〘地〙Korallenmeer *n.* –〔e〕s/珊瑚採取 Korallenfischerei *f.* –en/珊瑚礁 Korallen⁞bau *m.* –〔e〕s, –ten (–bank *f.* ⁼e; –riff *m.* –〔e〕s, –e)/珊瑚虫 〘動〙Koralle *f.* –n; Korallentier *n.* –〔e〕s, –e; Korallenpolyp *m.* –en, –en/珊瑚島 Koralleninsel *f.* –n/珊瑚藻 〘植〙Korallenmoos *n.* –es, –e.

さんご 産後の肥立がよい ⁴sich von der ³Entbindung (Niederkunft) gut erholen.

さんこう 参考 das Nachschlagen*, –s; Belehrung *f.* –en; Hinweis *m.* –es, –e 《*auf*⁴》; Verweis *m.* –es, –e 《*auf*⁴》; Vergleich *m.* –〔e〕s, –e 《対照》; Information *f.* –en/参考のために zur Information; zur Kenntnisnahme/...を参考として unter (mit) Hinweis 《*auf*⁴》; unter Berücksichtigung⁽²⁾ 《*von*³》/ご参考までに zu Ihrer Information (Kenntnisnahme). —— 参考にする nach|schlagen*⁴ 《*in*³》; durchsehen*⁴ 《目を通す》; 〔考慮に入れる意味で〕 in Betracht ziehen*⁴; berücksichtigen⁴. —— 参考になる belehrend (aufschlussreich; lehrreich) sein; ein guter Hinweis sein. ‖ 参考書 Nachschlage⁞buch *n.* –〔e〕s, ⁼er (–werk *n.* –〔e〕s, ⁼e)/参考書目 Literatur *f.* –en/参考資料 Data (Daten) 《*pl*》; Belege 《*pl*》/参考人 Zeuge *m.* –n, –n/参考品 Probestück *n.* –〔e〕s, –e 《試供品など》; Exemplar *n.* –s, –e 《博物などの》; Sammlung *f.* –en 《博物館の収集品》.

ざんごう 塹壕 Schützengraben *m.* –s, ⁼; Verschanzung *f.* –en/塹壕を掘る einen Graben aus|heben* (an|legen); mit Gräben durch|ziehen*; durch Gräben befestigen ‖ 塹壕戦 Graben⁞krieg (Stellungs–) *m.* –〔e〕s, –e.

さんごく 三国同盟 〘史〙Dreibund *m.* –〔e〕s 《独墺伊の》; Dreimächtepakt *m.* –〔e〕s, –e 《日独伊の》/三国協商 〘史〙Dreiverband *m.* –〔e〕s.

ざんこく 残酷 Grausamkeit *f.* –en; Gräuel *m.* –s, –; Bestialität *f.* –en; Brutalität *f.* –en; Rohheit *f.* –en/残酷な(に) grausam; gräulich; entmenscht; 〔情容赦ない〕 brutal; erbarmungslos; unbarmherzig ‖ 残酷物語 Gräuelgeschichte *f.* –n.

さんさ 三叉の dreigablig ‖ 三叉神経 Trigeminus *m.* –, ..ni/三叉路 Gabel *f.* –n; die dreigablige Abzweigung, –en.

さんざい 散財 Verschwendung *f.* –en 《浪費》; Ausschweifung *f.* –en 《放蕩》/散財する großzügig Geld aus|geben*; 〔浪費〕 vergeuden⁴; verschleudern⁴; verschwenden⁴; 〔俗調で〕 verbuttern; verplempern; verpulvern; vertrödeln 《以上 *mit*³》; 〔放蕩〕 aus|schweifen [s] 《*in*³》/人に散財させる *jn* spendieren lassen*⁴.

さんざい 散在する vereinzelt (zersreut) liegen* (stehen*)/散在している村々 zerstreut liegende Dörfer 《*pl*》/この海にはあちこち小島が散在している Auf dem Meer sind hie und da mehrere Inseln vereinzelt zu finden.

ざんざい 斬罪 Enthauptung *f.* –en/斬罪に処する enthaupten⁴; köpfen⁴; durch Köpfen hin|richten⁴.

さんさく 散策 Spaziergang *m.* –〔e〕s, ⁼e. ⇨さんぽ.

さんざし 〘植〙Hage⁞dorn (Weiß–) *m.* –〔e〕s, –e.

さんさしんけい 三叉神経 ⇨さんさ(三叉).

ざんさつ 惨殺 Mord *m.* –〔e〕s, –e; Ermordung *f.* –en; Bluttat *f.* –en; Meuchelmord *m.* –〔e〕s, –e 《謀殺》; 〔大量の殺戮〕 Gemetzel *n.* –s, –; Massenmord *m.* –〔e〕s, –e; Massaker *n.* –s, –; Blutbad *n.* –〔e〕s. —— 惨殺する〘grausig; gewaltsam などの副詞をつけて〙 ermorden⁴; um|bringen*⁴; 〘俗〙um|legen⁴; 〔斬って・打って〕 erschlagen*⁴; tot|schlagen*⁴; erschießen*⁴ 《ピストルなどで》; 〔刺して〕 erdolchen⁴; erstechen*⁴; 〔締めて〕 erdrosseln⁴; erwürgen⁴; 〔虐殺〕 ab|schlachten⁴; nieder|metzen⁴; massakrieren⁴ 《大量に》; unter die Erde bringen*⁴; das Lebenslicht aus|blasen*³ 《けす》; um die Ecke bringen*⁴ 《片づける》. ‖ 惨殺事件 〔ein grausamer〕 Mordfall, –〔e〕s, ⁼e/惨殺死体 die 〔grausig〕 ermordete Leiche, –n.

ざんさつ 斬殺する erschlagen*⁴; tot|schlagen*⁴; über die Klinge springen lassen*⁴.

さんさん 燦々と glänzend/燦々と輝く glänzend aus|strahlen. ⇨さんらん(燦爛たる).

さんざん 散々〔に〕 furchtbar; fürchterlich; sauer; 〔容しゃなく〕 erbarmungs⁞los (rücksichts–; schonungs–); unerbittlich; 〔存分に〕 nach Herzenslust/散々遊ぶ ⁴sich nach Herzenslust vergnügen; ⁴sich aus|leben; in Saus und Braus leben/散々迷惑をかける fürchterlich belästigen⁴《*mit*³》; *jm* auf die Nerven fallen* [s]/散々難儀をする mehrmals schwere Zeiten haben; vielfach Schwierigkeiten haben 《*mit*³》; 〔苦労・嫌な思いで〕 in den Nessel sitzen* 〔müssen*〕;

さんさんくど öfters die bittere Pille schlucken [müssen*]; harte Nüsse zu knacken haben/散々待たされる ³sich die Beine in den Leib stehen* (warten)/散々小言を言う *jm* tüchtig den Kopf waschen*; *jm* fürchterlich den Leviten lesen*/散々になぐる verprügeln*; zerbläuen⁴; braun und blau (zu Brei) hauen*⁴; *jm* den Buckel schmieren; *jm* die Jacke voll hauen*; *jm* eine Tracht Prügel geben*; *jm* tüchtig die Motten aus dem Pelz klopfen; *jm* Saures geben*/散々な目にあわす *jm* Muss (zer)drücken* ([zer]quetschen*)/散々でした Das kam mir recht sauer an. ¦ Ich musste in den sauren Apfel beißen*.

さんさんくど 三三九度 Trauungszeremonie *f.* -n/三々九度の杯をさす sich trauen lassen*; ³er dreimal miteinander einen Trunk tun*.

さんさんごご 三々五々 zu zweien und zu dreien; gruppenweise; in Grüppchen; in kleinen Gruppen.

さんし 蚕糸 Seiden|faden *m.* -s, ¨ (-garn *n.* -[e]s, -e)‖蚕糸業 Seidenindustrie *f.* -n/蚕糸試験所 Forschungsinstitut (*n.* -[e]s, -e) für Seidenzucht.

さんし 蚕紙 Papier (*n.* -s, -e) zum Eierlegen des Seidenwurms; Eierkarte *f.* des Seidenwurms.

さんじ 産児制限 Geburten|regelung *f.* -en (-kontrolle *f.* -n; -beschränkung *f.* -en).

さんじ 賛辞 Lob *m.* -[e]s, -e; Lobrede *f.* -n; Anerkennung *f.* -en/賛辞を呈する *jn* loben; *jm* ein Lob erteilen³; *jm* seine Anerkennung aus|sprechen* (aus|drücken) (*für*⁴).

さんじ 惨事 in furchtbares Ereignis, -nisses, -nisse; ein schrecklicher Zwischenfall, -[e]s, ¨e; Unglücksfall *m.* -[e]s, ¨e.

さんじ 参事 Rat *m.* -[e]s, ¨e; Berater *m.* -, -〈顧問〉.

さんじ 三次方程式〈数〉die Kubische Gleichung, -en.

ざんし 残滓 Bodensatz *m.* -es, ¨e; Schlacke *f.* -n〈鉱滓〉;〈化〉Residuum *n.* -s, -duen.

ざんし 惨死する ums Leben kommen* [s]; um|kommen* [s]; den Tod erleiden*; ermordet (umgebracht) werden〈殺される〉; tötlich verunglücken〈事故で〉‖惨死体 die zerfetzte Leiche, -n〈ずたずたに切られた〉.

ざんし 慚死する vor Scham vergehen* [s]; ³sich mit Schande beladen töten; vor Scham in die Erde sinken* [s]; ³sich in Grund und Boden (zu Tode; in die Erde hinein) schämen.

ざんじ 暫時 ein Weilchen. ⇒しばらく.

サンジカリズム Syndikalismus (zyn..) *m.* -.

さんじげん 三次元 die dritte Dimension (drei Dimensionen)/三次元の世界 drei-dimensionale Welt, -en.

さんしすいめい 山紫水明 die malerische Landschaft, -en; Naturschönheit *f.* -en/山紫水明の佳境として名高い durch seine Naturschönheit berühmt sein.

さんしつ 産室 Wochenstube *f.* -n; Entbindungszimmer *n.* -s, -〈分娩室〉.

さんしつ 蚕室 Seiden|raupensaal *m.* -[e]s, ..säle (-zuchtraum *m.* -[e]s, ¨e).

さんしゅ 斬首 Enthauptung *f.* -en; das Köpfen*, -s/斬首する enthaupten⁴; köpfen⁴.

さんしゅう 参集する ⁴sich sammeln; ⁴sich versammeln; zusammen|kommen* [s]; ⁴sich treffen*.

さんじゅう 三十 dreißig/第三十の der (die; das) dreißigste/三十年(歳)の dreißigjährig/前世紀の三十年代に in den dreißiger Jahren des vergangenen Jahrhunderts/彼は三十代だ Er ist in den Dreißigern. ‖ 三十年戦争〈史〉der Dreißigjährige Krieg, -[e]s.

さんじゅう 三重の drei|fach (-fältig)/三重唱 Terzett *n.* -[e]s, -e/三重衝突 ein dreifacher Zusammenstoß, -es/三重奏 Trio *n.* -s, -s/ピアノ三重奏曲 Klaviertrio.

さんしゅつ 産出〈高〉Produktion *f.* -en;〈収穫〉Ernte *f.* -n; Ertrag *m.* -[e]s, ¨e;〈鉱物〉Förderung *f.* -en; Gewinnung *f.* -en; Ausbeute *f.* -n/産出する produzieren⁴; hervor|bringen*⁴〈農作物など〉; fördern⁴; gewinnen*⁴.

さんしゅつ 算出する aus|rechnen⁴; berechnen⁴;〔rechnerisch〕ermitteln⁴/距離を算出する die Entfernung rechnerisch ermitteln.

さんじゅつ 算術 Arithmetik *f.*; Zahlenlehre *f.*; Rechnen *n.* -s/算術の arithmetisch/私はどうも算術が不得意です Rechnen ist meine Schwäche.

さんしゅのじんぎ 三種の神器 die Drei Heiligen Kleinodien.

さんしゅゆうびん 三種郵便[物] Post (*f.* -en) dritter Kategorie/三種郵便で出す als (mit) Post dritter Kategorie befördern⁴.

さんじょ 賛助 Zustimmung und Unterstützung ‖ 賛助会員 ein [be]förderndes (zahlendes) Mitglied, -[e]s, -er.

さんしょ 残暑 Spätsommerhitze *f.*; die während Ende des Spätsommers.

さんしょう 唱 der dreimalige Ruf, -[e]s, -e. ⇒ばんざい.

さんしょう 山椒 der japanische Pfeffer, -s, -.

さんしょう 参照 das Nachschlagen*, -s; Verweis *m.* -es, -e (*auf*⁴); Verweisung *f.* -en (*an*⁴; *auf*⁴). —— 参照する nach|schlagen*⁴ (*in*³); ⁴sich berufen* (*auf*⁴);〔対比〕vergleichen*⁴ (*mit*³);〔対照〕verweisen* (*auf*⁴)/参照せよ siehe! (《略:s.》); vergleich(e) (《略:vgl.》)/三十ページ参照 s. S. 30.〈siehe Seite 30.〉/彼は辞書を参照した Er berief sich auf ein Wörterbuch. ¦ Er schlug nach in einem Wörterbuch. ⇒さんこう.

さんじょう 山上で auf dem Berg; auf dem [Berg]gipfel; oben/山上の垂訓〈聖〉Bergpredigt *f.*

さんじょう 惨状 Schreckensbild *n.* -[e]s, -er〈光景〉; ein schrecklicher Anblick, -[e]s, -e〈同上〉; eine furchtbare Lage, -n

（状況）/惨状を呈する einen schrecklichen Anblick bieten*.

さんじょう 参上する ¶ 何時参上したらよろしいですか Wann soll ich zu Ihnen kommen? ⇨ほうもん.

さんじょう 三乗《数》die dritte Potenz; Kubus *m.* , -(..ben); Kubikzahl *f.* , -en／三乗する kubieren; in die dritte Potenz erheben*‖三乗根 Kubikwurzel *f.*, -n.

さんしょう 残照 Nachglanz *m.* , -es.

さんしょううお 山椒魚 der große Salamander, -s, -.

さんしょく 三色 dreifarbig; trikolor‖三色旗 die dreifarbige Fahne, -n; Trikolore *f.*, -n 《特にフランス国旗》／三色版 Dreifarbendruck *m.*, -[e]s, -e; Trichromie *f.*

さんしょく 蚕食 der [unberechtigte] Eingriff, -[e]s, -e (*in*⁴); Übergriff *m.*, -[e]s, -e (*auf*⁴)／蚕食する einen Eingriff machen (*in*⁴); ein|greifen* (*in*⁴); über|greifen* (*auf*⁴)／海が陸地を蚕食する Das Meer gewinnt dem Land[e] Boden ab.

さんじょく 産褥 Kind|bett (Wochen-) *n.* -[e]s, -en／産褥熱になる in den Wochen sein; im Kindbett liegen*‖産褥熱 Kindbettfieber (Wochen-) *n.*, -s, -.

さんしょくすみれ 三色すみれ Stiefmütterchen *n.* -s, -.

さんしん 三振 Struckout *m.* -s.

ざんしん 斬新 Neuheit *f.* , -en; Novität *f.*, -en《物品》. — 斬新な ganz neu; neu und erfinderisch; bis jetzt unbekannt; noch nie gesehen (dagewesen); erstmalig;《新奇な》originell; apart; ganz modern; artig (neu-); neuzeitlich／斬新な教授法 eine neuzeitliche Lehrmethode, -n／斬新な流行 die aparte Mode, -n.

さんすい 山水 Berge und Flüsse; Landschaft *f.* , -en／山水の美 Naturschönheit *f.*, -en; die landschaftlichen Schönheiten (*pl*)／山水明媚(ﾋﾞ)の地 Ort (*m.* -[e]s, -e) der landschaftlichen Schönheiten‖山水画 Landschaftsbild *n.* , -[e]s, -er; Landschaftsmalerei *f.* , -en《画法》／山水画家 Landschaftsmaler *m.* -s, -; Landschafter *m.* -s, -.

さんすい 散水する mit Wasser besprengen⁴《カトリックのときは mit Weihwasser.》; Wasser sprengen; berieseln⁴ (mit Wasser)／芝生に散水する Wasser auf den Rasen sprengen‖散水車 Sprengwagen *m.* -s, -.

さんずう 算数 das Rechnen*, -s; Arithmetik *f.* 《算術》; Mathematik *f.* 《数学》／算数によう弱い im Rechnen sein／算数に強い der Arithmetik mächtig sein.

サンスクリット Sanskrit *n.* -[e]s／サンスクリットの sanskritisch; im Sanskrit.

さんすけ 三助 Bade|meister *m.* -s, - (-wärter *m.* -s, -).

さんずのかわ 三途の川 Styx *m.* -.

さんする 産する erzeugen⁴ hervor|bringen*; produzieren*. ⇨さん.

さんせい 酸性 Säure *f.* -n; Azidität *f.*／酸性の sauer; säurehaltig; säuerlich. — 酸性にする säuern⁴; säuerlich machen⁴; in Säure verwandeln⁴.‖酸性反応 Oxydation *f.* -en／酸性反応を呈する sauer regieren.

さんせい 参政 die politische Tätigkeit, -en (als Abgeordneter, Minister など)‖参政権 Wahlrecht *n.* -[e]s, -e; das Recht, ⁴sich wählen zu lassen 《被選挙権の意》／参政権がある wahlberechtigt (wählbar) sein／参政権を与える das Stimmrecht geben*³ (verleihen*³)／婦人参政権 Frauenstimmrecht *n.* -[e]s, -e.

さんせい 賛成 Zustimmung *f.* -en; Beipflichtung *f.* -en; Beistimmung *f.* -en;《承認・同意》Billigung *f.* -en; Bewilligung *f.* -en; Einwilligung *f.* -en;《支持・支援》Unterstützung *f.* -en／出席者の賛成を得て mit Zustimmung der Anwesenden／大方の賛成のもとに unter allgemeiner Zustimmung／賛成の意を表明する ⁴sich einverstanden (gleich gesinnt) erklären／賛成を求めるは Unterstützung bitten*⁴／賛成を得る unterstützt werden (*von*³)／賛成の意見は過半数, 反対は十 Da sind 10 Ja- und 10 Nein-stimmen. (*für*³ (*gegen*⁴))／賛成でしょうか Sagt es Ihnen zu?／Gefällt es Ihnen?／賛成 Bin dafür!／Einverstanden! — 賛成の意に jm zu|stimmen (*in*³); bei|stimmen³; bei|pflichten³; billigen⁴; bewilligen⁴; ein|willigen (*in*⁴); unterstützen⁴《動議などを》／彼は私の意見に賛成した Er stimmte mir zu.／みんな私の提案に賛成した Sie alle willigten in meinem Vorschlag ein.／議会はその動議に賛成した Das Parlament hat den Antrag unterstützt.／君の考えには賛成できない Ich kann Ihrer Meinung nicht beistimmen (beipflichten).‖賛成演説 die befürwortende Rede, -n／賛成側《討論の》die positive Seite, -n／賛成者 Unterstützer *m.* -s, -／賛成投票 Jastimme *f.*

さんせき 山積 ⁴sich an|häufen; ⁴sich [auf]häufen／仕事が山積している mit Arbeit überhäuft sein; einen Haufen Arbeit haben (*mit*³)／机の上に書類が山積する Papiere häufen sich auf den Tisch auf.

ざんせつ 残雪 der alte Schnee, -s《または具体的に ごすり, vorgestrig を使う》; der firne (ewige) Schnee《万年雪》; Firm *m.* -[e]s, -e《前年の》.

さんせん 参戦する einen Krieg mit|führen (mit|machen); den Krieg erklären／英国側に参戦する auf Englands Seite stehend den Krieg erklären (*gegen*⁴).

さんせん 三選 ¶ 大統領に三選される dreimal hintereinander zum Präsidenten gewählt werden.

さんぜん 燦然と strahlend. ⇨さんらん(燦爛たる).

さんぜん 産前の(に) vor der Niederkunft (der Geburt)／産前産後の休暇 Urlaub (*m.* -[e]s, -e) vor und nach der Niederkunft.

さんそ 酸素 Sauerstoff *m.* , -[e]s, -e; Oxygen *m.* -s‖酸素化合物 Sauerstoffverbindung *f.* -en; Oxyd *n.* -[e]s, -e《酸化物》／酸素吸入

Sauerstoffinhalation *f.* -en/酸素吸入をする Sauerstoff inhalieren (lassen*)/酸素吸入器 Sauerstoff|apparat *m.* -(e)s, -e (-gerät *n.* -(e)s, -e)/酸素溶接 Autogen-Schweißung *f.* -en.

ざんそ 讒訴 die falsche Anschuldigung (Bezichtigung), -en/讒訴する *jn* fälschlicherweise an|schuldigen² (bezichtigen²); *jn* in falschen Verdacht bringen*.

さんそう 山荘 Bergvilla *f.* ..villen.

ざんぞん 残像 Nachbild *n.* -(e)s, -er.

さんぞく 山賊 Bandit *m.* -en, -en; Räuber *m.* -s, - /山賊の群 Räuberbande *f.* -n/山賊の巣窟(なる) Räuberhöhle *f.* -n/山賊に遭う von Räubern überfallen werden; unter die Räuber fallen* ⓢ.

さんそん 山村 Bergdorf *n.* -(e)s, ⸚er.

ざんそん 残存する fort|bestehen* (-leben); immer noch vorhanden sein《存続する》; heil bleiben* ⓢ《戦災などを免れて》; übrig bleiben* ⓢ《残っている》/いなかに残存する風習 die auf dem Land(e) fortlebenden Bräuche *(pl)*/敵の残存勢力 die restlichen feindlichen Streitkräfte *(pl)*.

さんだい 参内する ⁴sich auf den Kaiserhof begeben*.

ざんだか 残高 Saldo *m.* -s, -s (..di); Saldo-betrag (Rest-) *m.* -(e)s, ⸚e; Restbestand *m.* -(e)s, ⸚e ‖ 残高勘定 Bilanzrechnung *f.* -en/残高表 Bilanz *f.* -en/現金残高 Bargeld|bestand *m.* -(e)s, ⸚e (-guthaben *n.* -s, -); Kassenbestand / 繰越し残高 Saldo|vortrag (-übertrag) *m.* -(e)s, ⸚e/預金残高 Bankguthaben *n.* -s, -; Kontostand *m.* -(e)s, ⸚e.

サンタクロース Weihnachtsmann *m.* -(e)s, ⸚er; Sankt Nikolaus *m.* -.

サンダル Sandale *f.* -n.

さんたん 賛嘆 Bewunderung *f.* -en/賛嘆する bewundern⁴; begeistert an|erkennen*⁴.

さんたん 三嘆する preisend in den Himmel erheben*⁴.

さんたん 惨憺たる［無残な・ものすごい］ entsetzlich; fürchterlich; grässlich; grauenhaft; gräulich; schauderhaft; schrecklich;［みじめな］elend; miserabel;［あわれな］erbärmlich; kläglich/惨憺たる敗北 die vernichtende Niederlage, -n/惨憺たる光景を呈する einen fürchterlichen Anblick bieten*⁴.

さんだん 散弾 Kartätsche *f.* -n《大砲の》; Schrot *m.* (*n.*) -(e)s, -e《猟銃の》.

さんだん 算段する (be)schaffen⁴; bewerkstelligen⁴;《俗》organisieren⁴/金を算段する Geld beschaffen; den Zaster auf|treiben*/やりくり算段する irgendwie aus|kommen* ⓢ *(mit*³*)*; ⁴sich behelfen* *(mit*³*)*.

さんだん 三段 drei Stufen *(pl)* ‖ 三段跳び《運》Dreisprung *m.* -(e)s, ⸚e/三段論法 Syllogismus *m.* -, ..men; Vernunftschluss *m.* -es, ⸚e.

さんち 山地《地》Gebirge *n.* -s, -; Gebirgsgegend *f.* -en.

さんち 産地 Produktionsgebiet *n.* -(e)s, -e

《生産地》; Heimat *f.*《動・植物の》/石炭の産地 Kohlengebiet ‖ 産地直売 Direktverkauf *m.* -(e)s, ⸚e/産地直送 Direktlieferung *(f.* -en) von der ³Heimat.

さんちゃく 参着払い ⇨いちらん（一覧払い）.

さんちゅう 山中で (in) im Gebirge; in den Bergen.

さんちょう 山頂 Berg|gipfel *m.* -s, - (-höhe *f.* -n).

さんてい 算定 Berechnung *f.* -en; Veranschlagung *f.* -en/算定を誤る falsch berechnen⁴; falsch veranschlagen⁴/算定する berechnen⁴; aus|rechnen⁴; ein|schätzen⁴; veranschlagen⁴ *(auf*⁴*)*, 弱めに.

ざんてい 暫定(的)の vorläufig; einstweilig; provisorisch; vorübergehend/暫定報告をする *jm* einen Zwischenbescheid geben* ‖ 暫定措置 die vorläufige Maßnahme, -n/暫定賃金 der einstweilige Lohn, -(e)s, ⸚e.

ざんてき 残敵 die Überreste *(pl)* der feindlichen Truppen / 残敵を掃討する ein Gebiet von Feinden säubern; die Säuberungsaktion durch|führen.

さんど 三度 dreimal / 三度めを das dritte Mal, -(e)s, -e/三度めに zum dritten Mal/三度めに一度は wenigstens jedes dritte Mal/三度めの正直 Beim dritten Mal hat man Glück./三度の飯(%)よりも好きだ ¹et geht über alles *(jm)*.

サンドイッチ Sandwich *n.* -s, -es; belegte Weißbrotschnitte *(pl)* ‖ サンドイッチマン Werbeläufer *(m.* -s, -)《mit Brust- und ³Rückenplakat》.

さんとう 三等 die dritte Klasse, -n; der dritte Rang, -(e)s, ⸚e《劇場三階席》; Parkett *n.* -(e)s, -e《映画館の階下の前の方》/三等は二等に，二等は一等になりました Dritte Klasse ist in zweite und zweite in erste umgenannt. ‖ 三等親 der Verwandte* ⟨-n, -n⟩ dritten Grades.

さんとう 賛同 Zustimmung *f.* -en; Einwilligung *f.* -en; Unterstützung *f.* -en《支持》/...の賛同を得て mit *js* ³Zustimmung (Einwilligung) / 賛同を得る *js* ⁴Beifall finden*《大賛成》; *js* ⁴Zustimmung (Einwilligung) bekommen* (finden*). ── 賛同する zu|stimmen³; ein|willigen *(in*⁴*)*; unterstützen⁴.

さんどう 桟道 Bohlenbrücke *f.* -n.

さんどう 山道 Berg|weg (Wald-) *m.* -(e)s, -e; Waldsteg *m.* -(e)s, -e.

さんどう 参道 die Aufgangstraße ⟨-n⟩ zum Tempel.

ざんとう 残党 Flüchtling《*m.* -s, -e》des geschlagenen Heeres; Anhänger《*m.* -s, -》(einer aufgelösten Partei); dei Überlebende*, -n, -n《生き残り》.

さんとうせいじ 三頭政治 Dreiherrschaft *f.* -en; Triumvirat *n.* -(e)s, -e.

さんとうぶん 三等分する in drei gleiche Teile teilen⁴.

サントニン Santonin *n.* -s.

サンドペーパー Sand|papier (Schmirgel-) *n.* -s, -e.

サントメ・プリンシペ São Tomé und Princi-

さんにゅう 算入 Einrechnung *f.* -en; Anrechnung *f.* (まれに -en) / 算入する ein|rechnen⁴ (*in*⁴); an|rechnen⁴ (*auf*⁴) / 見習期間を勤務年数に算入する die Aus|bildungszeit auf die Dienstjahre an|rechnen / 雑費を算入すれば Unkosten eingerechnet (mitgerechnet).

さんにん 三人 drei Personen (*pl*) ❖ 実際上は Personen の代りに具体的に幾らでも Frauen, 生徒なら Schüler などを入れる; drei Mann (一括していう時, Mann は *pl* にしない) / 三人で go dritt; zu dreien / 僕らは三人で Wir sind unser drei. / 三人寄れば文殊の知恵 ‚Vier Augen sehen mehr als zwei.' / 女三人寄ればかまびすし Wenn drei Frauen zusammenkommen, geht es geräuschvoll zu.《直訳》Frauen sind untereinander Plaudertaschen.《意訳》‖ 三人家族 Familie *f.* -en) von dreien / 三人組 Dreiergruppe *f.* -n; Trio *n.* -s, -s.

ざんにん 残忍 ⇨さんこく.

さんにんしょう 三人称《文法》die dritte Person.

さんねん 三年 drei Jahre (*pl*) / 三年毎の(に) dreijährlich; alle drei Jahre; jedes dritte Jahr / 三年続きの豊作だ Wir haben eine reiche Ernte drei Jahre hintereinander (gehabt). / 石の上にも三年 ‚Beharrlichkeit führt zum Ziel.' / 三年生 der Schüler (-s, -) in der dritten Klasse《小・中学》; Quartaner *m.* -s, -《高校》; der Student (-en, -en) im dritten Studienjahr《大学》.

ざんねん 残念 das Bedauern⁴, -s《遺憾》; Ärger *m.* -s, -《くやしさ》; Enttäuschung *f.* -en《失望》. — 残念に bedauerlich; bedauernswert; schade《述語的にのみ》; ärgerlich《しゃくにさわる》; enttäuschend《失望に思う》bedauern⁴; ⁴sich ärgern《*über*⁴》; es ³sich leid sein lassen⁴; ⁴sich enttäuscht fühlen / 残念ながら to leider; zu meinem (großen) Bedauern; zu meinem Leidwesen; Es tut mir Leid, dass .... / Ich bedaure, dass .... / 残念そうに voll Bedauern; untröstlich; enttäuscht / あなたがいなくて残念だった Schade (nur), dass Sie nicht da waren. / こんなことが起って残念です Ich bedaure diesen Vorfall. / 残念 O wie schade! / 残念でした Es ist (zu) schade.: Das ist (aber recht) schade. ‖ 残念賞 Trostpreis *m.* -es, -e.

さんば 産婆 Hebamme *f.* -n; Geburtshelferin *f.* -rinnen ‖ 産婆学校 Hebammenlehranstalt *f.* -en / 産婆学 Hebammenkunst *f.*

サンバ《楽》Samba *m.* -s, -s.

さんばい 三倍 dreimal; dreifach / 三倍の量(大きさ)の dreimal so viel (so groß) wie / 三倍する verdreifachen⁴; mit drei multiplizieren⁴ / 三倍に薄める eins zu drei verdünnen⁴.

さんばい 参拝 ⇨さんけい(参詣).

さんばい 酸敗 Säuerung *f.* -en / 酸敗する sauer werden; in Säure verwandeln.

ざんぱい 惨敗を喫する eine schwere (vernichtende) Niederlage (-n) erleiden⁴.

さんばいきゅうはい 三拝九拝する wieder und wieder (wiederholt) eine Verbeugung (Verbeugungen) machen / 三拝九拝して *jn* auf den Knien (kniefällig) bitten⁴ (*um*⁴).

さんばがらす 三羽烏 Trio *n.* -s, -s.

さんばし 桟橋 Landungsbrücke *f.* -n; Kai *m.* -s, -s《埠頭》/ 桟橋使用料 Kai|geld *n.* -(e)s, -er (-gebühren (*pl*)) / 船は桟橋へ横づけになった Das Schiff hat an der Landungsbrücke angelegt.

さんぱつ 散髪 das Haarschneiden⁴, -s / 散髪する ³sich das Haar (die Haare) schneiden lassen⁴. ⇨りはつ(理髪).

さんぱつ 散発的な vereinzelt (vorkommend); sporadisch / 散発的にサボタージュがあったにすぎなかった Nur vereinzelte Fälle von Sabotage sind festgestellt worden (sind aufgetreten). ‖ 散発的スト der sporadische Streik, -s, -s.

さんぱん 残飯 Überrest *m.* -(e)s, -e; Speisereste (*pl*).

さんはんきかん 三半規管《解》Bogengang *m.* -(e)s, ¨e.

さんび 賛美 Lob *n.* -(e)s; Lobpreisung *f.* -en; Verherrlichung *f.* -en / 彼はジャズ音楽の熱烈な賛美者だ Er ist ein glühender Anbeter der Jazzmusik. — 賛美する loben⁴; preisen⁴; verherrlichen⁴; an|beten⁴. ‖ 賛美歌《宗》Kirchenlied *n.* -(e)s, -er; Hymne *f.* -n; Lobgesang *m.* -(e)s, ¨e.

さんぴ 賛否 die Ja und Nein (*pl*); die Ja- und Neinstimme, -n; das Für und Wider, des- und -s; das Pro und Kontra, des- und -s / 賛否を問う abstimmen lassen⁴ (*über*⁴); zur Abstimmung bringen⁴⁴ / 賛否相伴ばする Die Stimmen für und wider (Die Ja- und Neinstimmen) sind gleich. / 議案には賛否両論ある Gegen diesen Antrag sind Ja- und Neinstimmen. / Der eine ist für diesen Antrag, und der andere nicht.

ザンビア Sambia *n.* -s, / ザンビアの sambisch ‖ ザンビア人 Sambier *m.* -s, -.

さんびゃく 三百 dreihundert ‖ 三百代言 Winkeladvokat *m.* -en, -en / 三百年祭 das dreihundertjährige Jubiläum, -s, ..läen.

さんびょうし 三拍子《楽》drei|zeitiger (--zähliger) Takt, -(e)s, -e / 三拍子揃った《理想的な》; vollkommen《完全な》.

ざんぴん 残品 Ladenhüter *m.* -s, -《売れ残り》; die vorrätigen Waren (*pl*); Waren auf Lager (ストック); das Lager abräumen; das Warenlager aus|verkaufen.

さんぶ 三部 drei Teile (*pl*) ‖ 三部合唱 Terzett *n.* -(e)s, -e / 三部合奏 Trio *n.* -s, -s / 三部作 Trilogie *f.* -n / 第三部 der dritte Teil, -(e)s, -e.

さんぷ 産婦 Wöchnerin *f.* -rinnen; die werdende Mutter, ¨《妊婦》.

さんぷ 散布する〔水・粉を〕 aus|spritzen⁴; besprützen (*mit*³); besprengen⁴ (*mit*³); bestreuen⁴ (*mit*³ ふりまく); 〔種などを〕 aus|streuen⁴; umher|streuen⁴; 〔ビラなどを〕 aus|-

ざんぶ 残部 Rest *m.* -[e]s, -e[r]; Überbleibsel *n.* -s, -; Überreste [*pl*]; das Übrige*, -n, -n; Restauflage *f.* -n《本の》; Restbestand *m.* -[e]s, =e; Restbetrag *m.* -[e]s, =e《残高》; Rückstand *m.* -[e]s, =e《支払いの残り・未払い分》.

ざんぶ ざんぶと plan[t]sch! ⇨さんぶ.

さんぷく 山腹 Bergabhang *m.* -[e]s, =e/山腹にある家 ein Haus 《*n.* -es, =er》am Abhang des Berges.

さんふじんか 産婦人科 Gynäkologie *f.*; Frauenheilkunde *f.* -n ∥ 産婦人科医 Gynäkologe *m.* -n, -n; Frauenarzt *m.* -es, =e.

さんぶつ 産物 Produkt *n.* -[e]s, -e; [製品] Erzeugnis *n.* ..nisses, ..nisse; Fabrikat *n.* -[e]s, -e; Ergebnis *n.* ..nisses, ..nisse《結果》; Frucht *f.* =e《成果》.

ざんぶつ 残物 Überreste [*pl*]; Überbleibsel *n.* -s, -.

サンプル Muster 《*n.* -s, -》[ohne ⁴Wert]; Warenprobe *f.* -n.

さんぶん 散文 Prosa *f.* ..sen/散文的な prosaisch ∥ 散文家 Prosaiker *m.* -s, -/Prosaist *m.* -en, -en/散文詩 Prosagedicht *n.* -[e]s, -e.

さんぶん 三分の一 [ein] Drittel *n.* -s, -; Dritt[t]eil *n.* -[e]s, -e/三分の二 zwei Drittel/三分の二の多数 zweidrittel Mehrheit *f.*

さんぺい 散兵 das Ausschwärmen*, -《事》; Plänkler *m.* -s, -《兵》∥ 散兵壕 Schützengraben *m.* -s, =/散兵線 die ausgeschwärmte [Schützen]linie, -n.

ざんぺい 残兵 der Überlebende*, -n, -n《生残り》; die übrigen [Soldaten] [*pl*].

さんぽ 散歩 Spaziergang *m.* -[e]s, =e; Bummel *m.* -s, -/散歩する spazieren gehen* ⓘ; einen Spaziergang machen; bummeln [gehen* ⓢ]; schlendern ⓢ《ぶらつく》∥ 散歩道 Promenade *f.* -n; Spazierweg *m.* -[e]s, -e.

さんぼう 参謀 [兵] Stab *m.* -[e]s, =e《参謀部》; Stabsoffizier *m.* -s, -e《参謀将校》∥ 参謀[本部]将校 Generalstabsoffizier《*m.* Generalstabler *m.* -s, -/参謀総長 Chef 《*m.* -s, -s》des Generalstabs/参謀裏/参謀本部 Generalstab *m.* -[e]s, =e.

さんぼう 三方 drei Seiten [*pl*]/三方山に囲まれている auf drei ³Seiten von ³Bergen umgeben sein.

さんぽう 山砲 Gebirgsgeschütz *n.* -[e]s, -e.

ざんぼう 讒謗 Verleumdung *f.* -en/讒謗する verleumden⁴. ⇨ひぼう《誹謗》, そしる.

ざんぼん 残本 Restauflage *f.* -n; Schmöker *m.* -s, -《ぞっき本》.

さんま 秋刀魚 Makrelenhecht *m.* -[e]s, -e.

さんまい 三昧 das völlige Aufgehen*, -s《*in*³》; das Sichversenken*, -s《*in*⁴》/...三昧の境にある völlig auf|gehen* ⓘ 《*in*³》; ⁴sich hin|geben*³; ⁴sich versenken《*in*⁴》/読書三昧に日を暮らす nur ³der Lektüre leben/ぜいたく三昧に暮らす wie die Made im Speck (wie der Hase im Kohl) sitzen*; wie ein Fürst leben; auf großem Fuß leben/放蕩《以下》三昧に暮らす in Saus und Braus leben《以下·中·下-erei, -elei の語尾で表現して》/思索三昧 Grübelei *f.* -en/恋愛三昧 Liebelei *f.* -en/放蕩三昧 Schwärmerei *f.* -en.

さんまい 三枚 drei Blatt; drei Stück《*pl* にしない》/三枚つづきの聖画像 Triptychon *n.* -s, ..chen《.cha》.

さんまい 三昧 ⇨さんまい《三昧》.

さんまいめ 三枚目 Komiker *m.* -s, -.

さんまくもの 三幕物 Dreiakter *m.* -s, -; Schauspiel 《*n.* -[e]s, -e》in drei Akten.

サンマリノ San Marino *n.* - -s/サンマリノの san-marinesisch ∥ サンマリノ人 San-Marinese *m.* -n, -n; San-Marinesin *f.* ..sinnen《女》.

さんまん 散漫 Oberflächlichkeit *f.*; Planlosigkeit *f.*; Ungenauigkeit *f.*; Zerfahrenheit *f.*; Zerstreutheit *f.* ―― 散漫な fahrig; flach; flüchtig; nachlässig; nicht konzentriert; oberflächlich; planlos; ungenau; unsystematisch; zerfahren; zerstreut/散漫な文体 der verworrene Stil, -[e]s, -e/散漫な仕事 die flüchtige Arbeit, -en/頭が散漫である ein flacher Kopf (ein flachhafter Mensch) sein.

さんみ 酸味 Säure *f.* -n/酸味のある sauer/酸味を感じる sauer schmecken.

さんみいったい 三位一体 Drei|einigkeit *f.* -[fälligkeit]; Trinität *f.*/三位一体の trinitarisch ∥ 三位一体説 Trinitarismus *m.* -/三位一体論者 Trinitarier *m.* -s, -.

さんみゃく 山脈 Gebirge *n.* -s, -; Gebirgskette *f.* -n (-zug *m.* -[e]s, =e) ∥ アルプス山脈 Alpenkette *f.* -n.

ざんむ 残務整理 Erledigung 《*f.* -en》der laufenden Arbeit; das Aufarbeiten* 《-s》des laufenden Geschäftes《やりきれなかった仕事の》; Abwicklung *f.* -en; Liquidationsarbeit *f.* -en《会社閉鎖の場合などの》/残務を整理する die laufende Arbeit auf|arbeiten⁴; ab|wickeln⁴; auf|räumen⁴; liquidieren⁴.

さんめんきじ 三面記事 die vermischten Nachrichten [*pl*].

さんめんきょう 三面鏡 Faltspiegel 《*m.* -s, -》mit drei Scheiben.

さんもん 三文 [drei] Heller *m.* -s, -/三文の価値もない keinen Heller wert sein ∥ 三文小説 Schund|roman (Hintertreppen-) *m.* -s, -e; Zehncentstück *n.* -[e]s, -e/三文判の fertige Stempel, -s, -/三文文士 Skribler *m.* -s, -; Zeilenschinder *m.* -s, -; Tageslohnschriftsteller *m.* -s, -; Federfuchser *m.* -s, -.

さんもん 山門 das Haupttor 《-[e]s, -e》eines [buddhistischen] Tempels; Tempeltor *n.* -[e]s, -e.

さんや 山野 Berg und Feld, des - und -[e]s/山野を跋渉《ばっしょう》する über Berg und Tal wandern ⓢ; durch das Land wandern (streifen) ◆「野」は特に訳さないでよい.

さんやく 三役 Ringkämpfer 《*m.* -s, -》von Rang《相撲の》. ¶ 一人三役をする drei Rollen spielen.

さんやく 散薬 Pulver *n.* -s, -.
さんゆこく 産油国 Erdölerzeugerland *n.* -〔e〕s, ¨-er; ein Land mit großen Erdölreserven (mit großer Erdölförderung).
さんよ 参与 Teilnahme *f.* 《*an*³》; [職] Ratgeber *m.* -s, -/参与する teil|nehmen* 《*an*³》; ⁴sich beteiligen 《*an*³》; mit|machen⁴.
ざんよ 残余 〔Über〕rest *m.* -〔e〕s, -e; Überschuss *m.* -es, ¨-e; Rückstand *m.* -〔e〕s, ¨-e/残余の restlich; übrig; übrig geblieben; überschüssig; zurückbleibend.
さんようすうじ 算用数字 〔die arabische〕 Ziffer, -n.
さんらん 散乱 Zerstreuung *f.* -en; das Durcheinander*, -s/散乱する ⁴sich zerstreuen; durcheinander gehen* [s]; umher|fliegen* [s] 《紙などが》/散乱している Unordentlich herum|liegen*; in 〔wildem〕 Durcheinander liegen*.
さんらん 産卵 das Eierlegen*, -s; das Laichen*, -s 《魚貝類の》/産卵する Eier legen; laichen ‖ 産卵期 Laichzeit *f.* -en.
さんらん 燦爛たる glänzend; strahlend; blendend; funkelnd 《きらきら》; prächtig 《華麗な》/燦爛たる輝き der blendende Glanz, -es, -e/燦爛と輝く glänzend aus|strahlen (erstrahlen).
さんらんし 蚕卵紙 ⇨さんし(蚕紙).
さんりゅう 三流の drittklassig.
ざんりゅう 残留する bleiben* [s]; zurück|bleiben* [s] (hängen|-) ‖ 残留物 〘化〙 Residuum *n.* -s, ..duen.
さんりょう 山稜 die kaiserliche Grabstätte, -n.
さんりん 山林 Wald *m.* -〔e〕s, ¨-er; Waldung *f.* -en; Forst *m.* -〔e〕s, -e ‖ 山林学 Forstwissenschaft *f.* -en; Baumkunde *f.* -n 《樹木学》/山林学者 Forstwissenschaftler *m.* -s, -/山林保護 Forstschutz *m.* -es.
さんりんしゃ 三輪車 Dreirad *n.* -〔e〕s, ¨-er/三輪車に乗る Dreirad fahren* ‖ オート三輪車 Dreiradlieferwagen *m.* -s, -.
さんるい 三塁 〘野球〙 das dritte Laufmal, -〔e〕s, -e ‖ 三塁手 der dritte Basemann, -〔e〕s, ¨-er/三塁打 3-Mal-Lauf *m.* -〔e〕s, ¨-e.
ざんるい 残塁する 〘野球〙 am Mal sitzen bleiben* [s].
サンルーム Glasveranda *f.* ..den.
さんれつ 参列 Anwesenheit *f.*; Beteiligung *f.* -en; das Dabeisein*, -s; Teilnahme *f.* -n. — 参列する anwesend sein 《*bei*³》; beteiligen 《*an*³》; dabei|sein* 《*bei*³》; mit|machen⁴; teil|nehmen* 《*an*³》. ‖ 参列者 der Anwesende*, -n, -n; Teilnehmer *m.* -s, -/多数の参列者を得て行われる unter großer Beteiligung statt|finden*/催し物の参列者は多数(相当, 少数)であった Die Veranstaltung war stark (gut, schlecht) besucht.
さんろく 山麓に (am) Fuß 《*m.* -es, ¨-e》 des Berges ‖ 山麓地帯 Vorland 《*n.* -〔e〕s, ¨-er》 〔des Berges〕.

し

し 死 Tod *m.* -〔e〕s/死の灰 Todesasche *f.* -n/死の恐怖 Todes⁝angst *f.* (-furcht *f.*)/「死と乙女」„Der Tod und das Mädchen"/死に瀕する dem Tod〔e〕 nahe (nahe am Tod〔e〕) sein/死に曝されている dem Tod ausgeliefert sein/死を悼む *js* ⁴Tod betrauern (beweinen)/死を願う ³sich den Tod 〔herbei|-〕 wünschen; den Tod herbei|sehnen/死を怖れる den Tod scheuen (fürchten) ‖ 安楽死 Euthanasie *f.*/尊厳死 Gnadentot *m.* -〔e〕s/脳死 Gehirntod *m.* -〔e〕s.
し 四 vier; Vier *f.* -en/第四 der (die; das) vierte* ⇨**だいよん**/四半分 Viertel *n.* -s, -.
し 詩 Gedicht *n.* -〔e〕s, -e; Vers *m.* -es, -e 《詩句》; Poesie *f.* -n 《詩一般》; Dichtung *f.* -en 《文学》/「詩と真実」 „Dichtung und Wahrheit" / 詩を書く(朗読する) ⁴Gedichte schreiben* (vor|tragen*).
し 市 Stadt *f.* ¨-e/市の städtisch.
し 師 Lehrer *m.* -s, - 《教師》; Meister *m.* -s, -.
し 史 Geschichte *f.* -n; Historie *f.* -n ‖ 絵画(音楽)史 die Geschichte der Malerei (Musik)/ドイツ史 die deutsche Geschichte; die Geschichte Deutschlands.
シ 〘楽〙 h *n.* -, -; si.
-し -氏 Herr *m.* -n, -en/マイヤー氏の令息 der Sohn von Herrn Meyer/両氏 die beiden Herren/独奏者はシュミット, ミュラー両氏であった Die Solisten waren die Herren Schmidt und Müller.
-し -視する betrachten⁴ 《*als*⁴》; halten*⁴ 《*für*⁴》; an|sehen*⁴ 《*für*⁴》/彼は危険視されている Er gilt für eine gefährliche Person.
じ 字 ❶ [文字] Schriftzeichen *n.* -s, -; Alphabet *n.* -〔e〕s, -e; Buchstabe *m.* -ns, -n; Charaktere 《*pl*》; Schrift *f.* -en; das chinesische Zeichen, -s, - 《漢字》; Letter *f.* -n 《活字の》; Silbenzeichen 《かな文字》/字を書く schreiben*/字を読む lesen*; entziffern/字を知っている viel Schriftzeichen kennen*/字を知らない des Schreibens und Lesens unkundig sein; Analphabet sein/太字で書く fette Buchstaben (mit breiter Feder) schreiben*/細字で書く zierliche Buchstaben schreiben*. ❷ [筆跡] Handschrift *f.* -en/字が上手(下手)だ eine gute (schlechte) Handschrift schreiben* (haben)/きれいな(不明瞭な, はっきりした, ぞんざいな, 読みにくい)字 eine schöne (undeutliche,

じ klare, nachlässige, unleserliche) Handschrift / あまり達筆で読めない Die Handschrift ist so raffiniert, dass ich sie nicht entziffern kann.

じ 辞 Wort n. -[e]s, -e; Ansprache f. -n; Rede f. -n/歓迎(告別)の辞を述べる eine Begrüßungsansprache (eine Abschiedsrede) halten*/辞を低うして höflich; bescheiden; zurückhaltenderweise.

じ 時 Zeit f. -en; Stunde f. -n; Uhr f.《時計の「時」のときはpl なし》/午前(午後)九時に um 9 Uhr vormittags (nachmittags)/何時です か Wie viel Uhr ist es? ⇒なんじ(何時)/毎時 (一時間ごとに) jede Stunde《1時, 2時, 3時のように》; alle Stunden《1時12分より毎時のように半端の場合》; jede volle Stunde《上記両方の場合》/毎時四十五キロの速度で eine Geschwindigkeit von 45 Kilometern in der Stunde (die Stunde; pro Stunde); eine Stundengeschwindigkeit von 45 Kilometern/正三時に Punkt drei [Uhr]/六時ころ gegen sechs/七時ちょっと前(過ぎ)に kurz vor (nach) sieben/だいたい八時前後に so ungefähr um acht herum/九時と十時の間 に zwischen neun und zehn/七時半すぎに ちょっと半ば時刻ちかく not quite half past seven/七時半過ぎた ところ half nach sieben.

じ 痔 Hämorrhoiden (pl).

じ 次 Grad m. -[e]s, -e; Ordnung f. -en; Reihe f. -n/次を追うて der ³Reihe nach; einer nach dem anderen/一次(二次)電圧 Primärspannung (Sekundär-) -, -en/第二次世界大戦 der zweite Weltkrieg, -[e]s/高次方程式 Gleichung (f. -en) hohen Grades ⇒つぎ、ていすぎ.

じ 地 ❶ [地所] Grundstück n. -[e]s, -e; Grund m. -[e]s, -e; Boden m. -s, -; Grund und Boden, dem -und -s; Gut n. -[e]s, -er; Grundbesitz (Land-) m. -es 《所有地》. ❷ [地面] Erdboden m. -s, -. ❸ [素地] Grund; Grundlage f. -n; Voraussetzung f. -en; das Wichtigste*, -n. ❹ 《織地》 Stoff m. -[e]s, -e; Gewebe n. -s, -; Textur f. -en. ❺《地の文》der erzählende Teil, -[e]s, -e. ❻《絵の》 Grundierung f. -en; Farbgrund m. -[e]s. — 地の (地回りの) örtlich; Orts-; ortskundig; ... der Gegend/地の商人 der Kaufmann (-[e]s, -leute) dieser Gegend. ¶ 物語を地で行くような経験をした Ich habe ein Abenteuer gehabt, wie es nur im Buch steht./彼はウェルテルの恋を地で行くような失恋をした Er hat eine unglückliche Liebe à la Werther gehabt.

じあい 試合 [Wett]kampf m. -[e]s, -e; [Wett]spiel n. -[e]s, -e; Turnier m. -s, -e/試合のルール Kampfregel (Spiel-) f. -n /試合をする kämpfen (mit¹)/試合に勝つ(負ける) einen Wettkampf (ein Spiel) gewinnen* (verlieren*)/試合を放棄する das Spiel aufgeben*/国際試合に参加する an einem internationalen Wettkampf teilnehmen* ∥ 試合時間 Spielzeit f./試合場 Kampfplatz m. -es, -e; Spielfeld n. -[e]s, -er; Ring m. -[e]s, -e/最終試合 Endkampf (-spiel).

じあい 慈愛 Liebe f. -n; Mütterlichkeit f.;

Zartgefühl n. -[e]s, -e; Zartheit f. -en; Zärtlichkeit f. -en; Zuneigung f. -en/慈愛深い liebevoll; lieberich; mütterlich; zärtlich; zartfühlend; zugetan; zutunlich.

じあい 自愛 Eigenliebe f.; Selbstbezogenheit f./ご自愛を祈ります Lassen Sie es sich [vor allem gesundheitlich] gut gehen.

じあい 地合 Textur f. -en. ⇒じ(地)❹.

しあがる 仕上がる vollendet (fertiggestellt) werden/仕上がった vollendet; fertig/仕事は二日で仕上がる Ich bin in zwei Tagen mit der Arbeit fertig.

しあげ 仕上げ Vollendung f. -en; Ausarbeitung f. -en/最後の仕上げ die letzte Feile/仕上げをする vollenden⁴; ausarbeiten⁴; ausfeilen⁴《文章などを》; die letzte Hand legen (an⁴).

じあげ 地上げ Aufschüttung f. -en; Erdauffüllung f. -en/地上げする Erde aufschütten (auffüllen); den Baugrund erhöhen.

しあげる 仕上げる vollenden⁴; fertigstellen⁴ (-[machen⁴]); beenden⁴.

しあさって überübermorgen.

ジアスターゼ Diastase f.

しあつりょうほう 指圧療法 Akupressur f. -en; die Behandlung 《-en》 durch Auflegen der Hände.

しあわせ 幸せ Glück n. -[e]s; Wohl n. -[e]s/幸せな glücklich/すべてがうまく行って幸せだった Wir haben Glück gehabt, dass alles so gut abgelaufen ist. ⇒さいわい.

しあん 思案 Überlegung f. -en; Erwägung f. -en/思案に沈む nachdenken* (über⁴); nach|sinnen*(über⁴)/恋は思案の外 Die Liebe liegt außerhalb der Überlegung. — 思案する überlegen⁴; erwägen*⁴; nach|denken*(über⁴).

しあん 試案 Entwurf m. -[e]s, -e.

しあん 私案 ein privater Vorschlag, -[e]s, -e.

シアン《化》Zyan n. -s ∥ シアン化カリ Zyankalium n. -s; Zyankali n. -s/シアン化合物 Zyanid n. -[e]s, -e; Zyanverbindung f. -en.

しい 四囲 Umgebung f. -en. ⇒しゅうい(周囲).

しい 恣意 Willkür f./恣意的な willkürlich.

しい 私意 Eigensinn m. -[e]s (-wille m. -ns)/いささかの私意をもはさむことなく ohne jeden uneigennützigen Beweggrund.

しい 思惟 Denken n. -s/思惟する ⇒かんがえる.

しい 辞意 die Absicht, zurückzutreten/辞意を漏らす den Rücktritt an|deuten (andeutungsweise erwähnen); die Kündigung seiner Stellung beiläufig erwähnen ◆seiner は主語と一致すること.

じい 侍医 Leib[arzt (Hof-) m. -es, -e; Hausarzt 《かかりつけの》.

じい 自慰 Selbsttröstung f. -en; [手淫] Onanie f.; Masturbation f. -en; Selbstbefleckung f.

じい 示威的 demonstrativ ∥ 示威運動 Demonstration f. -en; [Massen]kundgebung f. -en; Scheinmanöver n. -s, -/示威運動を

しいく 飼育〔Auf〕zucht *f.*／飼育する〔auf〕-züchten⁴; auf|ziehen*⁴; halten*⁴〔飼う〕.

じいしき 自意識 Selbst|bewusstsein *n.* -s (-wertgefühl *n.* -[e]s)／自意識の強い seiner selbst bewusst; von seinem Wert überzeugt.

シースルー durchsichtig ‖ シースルールック See-Through-Look *m.* -s, -s.

シーズン 〔Hoch〕saison *f.* -s; Hauptgeschäfts|zeit (Hauptbetriebs-) *f.* -en; Fremdenzeit *f.*; Jahreszeit *f.*〔季節〕／夏は海水浴場のシーズンだ Der Sommer ist für Seebadeorte die Saison (Fremdenzeit).／クリスマスシーズン Weihnachts|zeit (-saison) *f.*／芝居シーズン Theaterspiel|zeit (-saison) *f.*／政治のシーズン die politische Hochsaison／旅行シーズン Hauptreisezeit.

シーソー Wippe *f.* -n ‖ シーソーゲーム das hin und her schwebende Spiel, -[e]s, -e; das wechselvolle Spiel／終始シーソーゲームを続ける Das Spiel schwebt von Anfang bis Ende hin und her.

しいたげる 虐げる unter|drücken⁴〔圧迫する〕; quälen⁴〔苦しめる〕; misshandeln⁴〔虐待する〕.

シーツ Betttuch *n.* -[e]s, ⁻er ‖ シーツ用布 die Leinen für Betttücher; Betttuchleinen *n.* -s, -.

しいて 強いて mit Gewalt 《むりやりに》／強いて…させる *jn* zwingen*〔*zu*³〕／君は強いて来るに及ばない Du brauchst nicht unbedingt zu kommen.

シーディー CD *f.* -s ‖ シーディープレーヤー CD-Player *m.* -s, -; CD-Spieler *m.* -s, -／シーディーロム CD-ROM *f.* -[s].

シード シード選手の die gesetzte Spieler, -s, -／シードチーム die gesetzte Mannschaft, -s, -en.

シートベルト Sicherheitsgurt *m.* -[e]s, -e.

しいな 秕 ein taubes Korn, -[e]s.

ジーパン Blue jeans (*pl*); Jeans (*pl*).

ジープ Jeep *m.* -s.

シーフード Meeresfrüchte (*pl*).

シームレス[ストッキング] nahtlose Strümpfe (*pl*).

しいる 強いる *jn* zwingen*; *jn* nötigen 《*zu*³》／強いて笑みを作る ⁴sich zu einem Lächeln zwingen*／強いられて unter ³Zwang; gezwungen; gezwungenermaßen.

しいる 誣いる verleumden⁴; verunglimpfen⁴.

シール Siegel *n.* -s, -; Siegelmarke *f.* -n〔手紙の封に〕／シールを貼る das Siegel drücken 《*auf*⁴》; ein ⁴Siegel an|bringen*.

しいれ 仕入れ Einkauf *m.* -[e]s, ⁻e; 仕入れる ein|kaufen⁴／仕入高 Einkaufssumme *f.* -n／仕入帳 Einkaufs|buch (Fakturen-) *n.* -[e]s, ⁻er／仕入値 Einkaufspreis *m.* -es, -e.

じいろ 地色 Grundier|farbe (Deck-) *f.* -n; erste Anstrich, -[e]s.

しいん 私印 Privatstempel *m.* -s, - ‖ 私印偽造 die Fälschung eines Privatstempels.

しいん 子音〔音声〕Konsonant *m.* -en, -en; Mitlaut *m.* -[e]s, -e／子音の konsonantisch‖子音推移 Lautverschiebung *f.* -en.

しいん 死因 Todesursache *f.* -n／彼の死因 die Ursache 〔-n〕 seines Todes.

しいん 試飲する zur Probe trinken*⁴; probieren⁴.

シーン Szene *f.* -n／劇的シーンを展開する eine dramatische Szene entwickeln ‖ ラストシーン Schlussszene／ラブシーン Liebesszene.

じいん 寺院 der (buddhistische) Tempel, -s, -／寺院境内に〔で〕 in der Tempelanlage.

ジーンズ Jeans (*pl*).

じう 慈雨 der erfrischende (belebende; willkommene) Regen, -s, -.

しうち 仕打ち Behandlung *f.* -en; Verfahren *n.* -s, -〔処置〕; Benehmen *n.* -s〔態度〕; Betragen *n.* -s〔同上〕; Verhalten *n.* -s〔同上〕／残酷な仕打ちを受ける grausam behandelt werden*;³sich eine grausame Behandlung gefallen lassen*／卑怯な仕打ちDas nenne ich ein feiges Benehmen (Betragen).／Das nenne ich feige.

しうんてん 試運転 Probefahrt *f.* -en〔列車〕; Probe *f.* -n; Test *m.* -[e]s, -e.

シェア〔市場占有率〕Marktanteil *m.* -[e]s, -e.

しえい 市営 die städtische Verwaltung, -en〔管理〕; ein städtischer Betrieb, -[e]s, -e〔経営〕／市営の städtisch; Stadt-‖市営住宅 eine städtische Wohnung, -en／市営浴場（プール）eine städtische Badeanstalt, -en.

しえい 私営 ein privater Betrieb, -[e]s, -e; ein privates Unternehmen, -s, -〔企業〕／私営の privat.

じえい 自衛 Selbstverteidigung *f.* -en; Notwehr *f.*／自衛権を発動する das Recht (-[e]s, -e) der Notwehr an|rufen* ‖ 自衛隊 Selbstwehr *f.* -en; Grenzschutz *m.* -es／海上（陸上，航空）自衛隊 Verteidigungsmarine *f.* -n (Verteidigungsarmee *f.* -n; Verteidigungsluftwaffe *f.* -n).

じえい 自営 Selbstständigkeit (Selbständigkeit) *f.*／自営の〔で〕selbstständig (selbständig); auf eigenen Füßen 〔stehend〕; ohne fremde Hilfe.

シェーカー〔カクテル用の〕Mischbecher *m.* -s, -.

しえき 使役 Beschäftigung *f.* -en; Dienst *m.* -[e]s, -e／使役をする *jn* beschäftigen.

しえき 私益 ⇨しり.

ジェスチャー Geste *f.* -n／ジェスチャーたっぷりに mit vielen ³Gesten／あれは彼の単なるジェスチャーにすぎない Er tut nur so.

ジェット Düse *f.* -n／ジェット機 Düsenflugzeug *n.* -[e]s, -e; Düsenjäger *m.* -s, -〔戦闘機〕.

ジェネレーション Generation *f.* -en; Menschenalter *n.* -s, -／私と彼とはジェネレーションが違う Ich gehöre nicht zu seiner Altersgenossenschaft.

ジェノサイド Genozid *m.*（*n.*）-[e]s, -e.

シェパード〔deutscher〕Schäferhund, -[e]s, -e.

シェフ Küchenchef *m.* –s, –s.
シエラレオネ Sierra Leone *n.* – –s / シエラレオネの sierra-leonisch ‖ シエラレオネ人 Sierra-Leoner *m.* –s, –.
シェリー〔しゅ〕 シェリー〔酒〕 Sherry *m.* –s, –s.
しえん 私怨〔ein persönlicher〕Groll, –〔e〕s; Ressentiment *n.* –s, –s / 私怨をはらす ⁴sich rächen《an *jm*》/ 私怨を抱く einen Groll hegen《auf *jn*》.
しえん 支援 Unterstützung *f.* –en; Beistand *m.* –〔e〕s, ¨e / 支援する *jn* unterstützen; *jm* bei|stehen* (helfen*).
しえん 試演 Probe *f.* –n; Übungsaufführung *f.* –en / 試演する proben⁴; zur Übung auf|führen⁴.
しえん 紫煙 Tabakrauch *m.* –〔e〕s / 紫煙をくゆらす rauchen;〖俗〗qualmen.
しお 潮 ❶ [潮水] die Gezeiten《*pl*》; Ebbe und Flut *f.* –n. und –en; Ebbe《干潮》; Flut《満潮》; Strömung *f.* –en《潮流》/ 潮が退く Die Flut geht (fällt). ¦ Es tritt Ebbe ein. ¦ Es ebbt. / 潮がさす Die Flut steigt (kommt). ¦ Es flutet. / 潮が変わる Die Gezeiten wechseln. ❷ [機会] Gelegenheit *f.* –en; der richtige Augenblick, –〔e〕s, –e.
しお 塩 Salz *n.* –es, –e / 塩一摘み eine Prise Salz / 塩出しする entsalzen⁽*⁾⁴; ein|wässern⁴; vom Salzgehalt befreien⁴ / 塩で味をつける salzen⁽*⁾《*p.p.* gesalzen; gesalzt》; mit ³Salz würzen⁴ / 塩につける in〔s〕Salz legen⁴ (ein|machen⁴; ein|pökeln⁴); ein|salzen⁽*⁾⁴; durch ⁴Salz haltbar machen⁴ / 塩を製する Salz gewinnen* (sieden⁽*⁾) / 食物に塩をつける Salz an die Speisen tun* ‖ 塩魚 Salzfisch, –〔e〕s, –e / 塩樽(だる) Salzfass *n.* –es, ¨e / 塩にしん Salz¦hering (Pökel–) *m.* –s, –e; der gesalzene (gepökelte) Hering, –s, –e / 塩豚 Schweinepökelfleisch *n.* –〔e〕s; das gepökelte (gesalzene) Schweinefleisch.
しおいれ 塩入れ Salz¦fäßchen *n.* –s, – (–meste *f.* –n).
しおかげん 塩加減 Salzgeschmack *m.* –〔e〕s, ¨e.
しおかぜ 潮風 Seewind *m.* –〔e〕s, –e.
しおがま 塩がま Salzpfanne *f.* –n.
しおからい 塩辛い salzig; gesalzen; salzig schmeckend.
しおき 仕置 Bestrafung *f.* –en; Züchtigung *f.* –en《こらしめ》; Hinrichtung *f.* –en《刑の執行》. —— 仕置する bestrafen《*jn*》; züchtigen《*jn*》; hin|richten《*jn*》. ‖ 仕置場 Richt¦platz *m.* –es, ¨e (–statt *f.*; –stätte *f.* –n); Hinrichtungsstätte.
しおくり 仕送り Geld¦sendung *f.* –en (–hilfe *f.* –n) die geldliche (finanzielle) Hilfe / 月々の仕送り〔Monats〕wechsel *m.* –s, – / 仕送りが来た *Der Wechsel ist da.* / 仕送りする Geld schicken《*jm*》; Geldhilfe angedeihen lassen*《*jm*》; pekuniär unterstützen《*jn*》.
しおけ 塩気 Salzigkeit *f.*; der würzige Geschmack, –〔e〕s, ¨e / 塩気のある salzig; 〔ziemlich; stark〕salzhaltig.
しおさい 潮騒 das Brausen*《–s》des Meeres.
しおざけ 塩鮭 der〔ein〕gesalzene (eingesalzte) Lachs, –es, –e.
しおさじ 塩さじ Salz¦löffel *m.* –s, – (–löffelchen *n.* –s, –).
しおしおと niedergeschlagen; niedergedrückt; entmutigt; in gedrückter Stimmung; mutlos; schwermütig; verzagt.
しおだち 塩断ち die Enthaltung《–en》von Salz (von salzhaltiger Nahrung) / 塩断ちする ⁴sich des Salzes (salzhaltiger Nahrung) enthalten*.
しおづけ 塩漬 das〔Ein〕salzen*, –s; Einsalzung *f.* –en; das Einpökeln*, –s / 塩漬けの〔ein〕gesalzen; eingepökelt / 塩漬けになっている in Sole〔auf〕bewahrt sein.
しおっぽい 塩っぽい ⇨しおからい.
しおどき 潮時 ❶ die Gezeiten《*pl* 潮流の》. ❷ [好機] der richtige Augenblick, –〔e〕s, –e; die rechte Zeit / 潮時をはずす eine günstige Gelegenheit verpassen (versäumen; vorübergehen lassen*). ⇨きかい(機会).
シオニズム Zionismus *m.* –.
しおひがり 潮干狩 das Muschelsammeln*《–s》〔während der Ebbe〕/ 潮干狩に行く Muscheln sammeln gehen* [s].
しおみず 塩水 Salzwasser *n.* –s, –; Sole *f.* –n; See¦wasser (Meer–)《海水》; Brackwasser《河口の半鹹(かん)水》;〔Salz〕lake *f.* –n《塩漬用の》.
しおやき 塩焼き(魚) der〔stark〕gesalzene geröstete Fisch, –〔e〕s, –e.
しおらしい niedlich; lieblich; sanft; sittsam《つつましい》; zärtlich《感じやすい》; züchtig《しとやかな》.
ジオラマ Diorama *n.* –s, ..men.
しおり 栞 ❶ Lese¦zeichen (Blatt–; Buch–) *n.* –s, –. ❷ [案内書]〔Reise〕führer *m.* –s, –.
しおりど 枝折戸 die Gartenpforte《–n》aus ³Reisig (Bambus).
しおれる 萎れる ❶ [草木が]〔ver〕welken [s]; welk werden. ❷ [意気が] niedergeschlagen (entmutigt) werden (sein); verzagen; den Mut verlieren*; die Hoffnung fahren lassen*; die Flinte ins Korn werfen*.
しおん 子音〖音声〗⇨しいん(子音).
しおん 歯音〖音声〗; [s, z など] Sibilant *m.* –en, –en; Zischlaut *m.* –〔e〕s, –e; [d, t など] Dentallaut; Zahnlaut.
しおん 紫苑〖植〗Aster *f.* –n; Sternblume *f.* –n.
じおん 字音 der Laut《–〔e〕s, –e》eines Zeichens; die Aussprache《–n》eines Wortes (eines Schriftzeichens); die Lesart《–en》eines chinesischen Charakters《読み方》; Sprachlaut *m.* –〔e〕s, –e《語音》.
しか 鹿 Hirsch *m.* –〔e〕s, –e; Reh *n.* –〔e〕s, –e《ノロシカ》; Rotwild *n.* –〔e〕s《総称》/ 子鹿 Hirschkalb *n.* –〔e〕s, ¨er; Rehkitz *n.* –es, –e / 雌鹿 Hirschkuh *f.* ¨e / 鹿の角 Hirsch¦horn *n.* –〔e〕s, ¨er (–geweih *n.* –〔e〕s, –e) / 鹿の園 Hirschpark *m.* –s, –s.
しか 市価 Marktpreis *m.* –es, –e《市場価格》; Kurs *m.* –es, –e《相場》.
しか 歯科〔学〕Zahnheilkunde *f.*; Odontologie *f.* ‖ 歯科医 Zahnarzt *m.* –es, ¨e / 歯科病院 Zahnklinik *f.*

しか 史家 Historiker *m.* -s, -; Geschichtsforscher *m.* -s, -.

-しか nur; bloß; allein/一度しか一回 nur einmal/これだけしかありません Das ist alles./彼には並の才能しかない Er ist nur mäßig begabt.

しが 歯牙にかける ³sich nicht kümmern ⟨*um*⁴⟩; ³sich nichts machen ⟨*aus*³⟩; gar nicht beachten*; keine Notiz nehmen ⟨*von*³⟩.

じか 耳科 Otologie *f.* -/耳科医 Ohrenarzt *m.* -s, -̈e; Otologe *m.* -n, -n.

じか 時価 Marktpreis *m.* -es, -e; der heutige Preis; Tagespreis/時価に見積もって nach der heutigen Preislage abgeschätzt.

じか 自家 ⁴eigen-; original; eigenartig; eigentümlich/自家用の privat; Privat-; nicht amtlich; zum häuslichen Gebrauch/自家薬籠(⅔)中のものとする *jn* in die Tasche stecken; *jn* um den (kleinen) Finger wickeln; *jn* in der Tasche haben (している)/自家発電所 das eig[e]ne Kraftwerk, -[e]s, -e/自家用車 Privatwagen *m.* -s, -.

じか 磁化する magnetisieren*/磁化する magnetisch machen⁴.

じが 自我 das Ich, -[s], -[s]; Selbst *n.* - | 自我意識 Ichbewusstsein *n.* -s/自我解放 Befreiung ⟨*f.* -en⟩ des Ichs/自我感情 Ichgefühl *n.* -s/自我実現 Selbstverwirklichung *f.* -en/自我保存 Selbsterhaltung *f.* -en.

シガー Zigarre *f.* -n/シガーをくゆらす eine Zigarre rauchen ‖ シガーケース Zigarrenetui *n.* -s, -s.

しかい 視界 Gesichtskreis *m.* -es, -e; Blick|feld (Seh-) *n.* -[e]s, -er (視野)/視界に入る ⁴in Sicht kommen* ⓢ; in den Gesichtskreis treten* ⓢ; sichtbar werden.

しかい 市会 Stadt|rat *m.* -[e]s, -̈e (-verordnetenversammlung *f.* -en) | 市会議員 Stadtrat *m.* -[e]s, -̈e; der Stadtverordnete*, -n, -n.

しかい 司会 Vorsitz *m.* -es; Leitung *f.* -en/…の司会の下に unter den Vorsitz ⟨*von*³⟩/司会をする den Vorsitz führen; leiten⁴ | 司会者 Vorsitzer *m.* -s, -; der Vorsitzende*, -n, -n; Leiter *m.* -s, -.

しかい 四海 die ganze Welt/四海を平定する die Welt erobern (征服する); Frieden in die Welt bringen*/『平和をもたらす』| 四海同胞主義 Weltbürgertum *n.* -s; Kosmopolitismus *m.* -.

しかい 死海 das Tote Meer, -[e]s.

しかい 斯界の権威 Fachautorität *f.* -en/斯界に(で) in Fachkreisen.

しがい 市外 ⇨こうがい(郊外)/市外電話 Ferngespräch *n.* -[e]s, -e (長距離電話).

しがい 市街 Straße *f.* -n | 市街戦 Straßenkampf *m.* -[e]s, -̈e/市街鉄道 Stadtbahn *f.* -en/市街電車 Straßenbahn *f.* -en/旧市街 Altstadt *f.* -̈e.

しがい 死骸 Leiche *f.* -n ⇨したい(死体).

じかい 自戒 Selbst|zucht *f.* (-beherrschung) *f.*

じかい 次回(に) das nächste Mal, -[e]s -e (nächstes Mal)/次回の nächst.

じかい 次会 die nächste Zusammenkunft, -̈e (Sitzung, -en); Tagung, -en.

じかいさよう 自壊作用 Zersetzung *f.* -en; Zerfall *m.* -[e]s.

しかいせん 紫外線 ultraviolette Strahlen ⟨*pl*⟩/紫外線治療 Ultraviolettbehandlung *f.* -en.

しかえし 仕返し Vergeltung *f.* -en; Rache *f.*; Revanche *f.* -n/仕返しに zur Vergeltung (Rache)/仕返しをする *jm* vergelten⁴; an *jm* ⁴Rache nehmen*; ⁴sich an *jm* rächen ⟨*für*⟩; an *jm* revanchieren ⟨*für*⟩.

しかく 四角 Viereck *n.* -[e]s, -e/四角の viereckig/四角ばった steif; förmlich; feierlich; zeremoniös/四角ばる ⁴sich steif betragen*; förmlich sein/そう四角ばるな Sei nicht so förmlich.

しかく 視角 Gesichts|winkel (Seh-; Blick-) *m.* -s, -.

しかく 視覚 Gesicht *n.* -[e]s; Gesichtssinn *m.* -[e]s; Sehvermögen *n.* -s/視覚を失う das Gesicht verlieren; erblinden ⓢ.

しかく 刺客 Meuchelmörder *m.* -s, -/刺客の手にかかって倒れる umgebracht werden; einem Meuchelmörder zum Opfer fallen* ⓢ.

しかく 資格 Befähigung *f.* -en; Qualifikation *f.* -en; Recht *n.* -[e]s, -e (権利); Berechtigung *f.* -en (同上); Fähigkeit *f.* -en (能力); Befugnis *f.* ..nisse (権限)/資格のある befähigt; qualifiziert; berechtigt; befugt/…の資格で in der ³Eigenschaft als …/資格を与える *jn* befähigen (qualifizieren; berechtigen) ⟨*zu*³⟩/君にはそんなことを言う資格がない Du hast kein Recht, so etwas zu sagen. ‖ 資格試験(審査) Befähigungsprüfung *f.* -en/資格証明 Befähigungsnachweis *m.* -es, -e/資格証明書 Befähigungszeugnis *n.* ..nisses, ..nisse.

しかく 死角 ein toter Winkel, -s, -.

しがく 史学 Geschichtswissenschaft *f.*; Geschichte *f.*; Historie *f.* | 史学研究 Geschichtsforschung *f.* -en/史学者 Historiker *m.* -s, -/史学研究者 Geschichtsforscher *m.* -s, -.

しがく 詩学 Poetik *f.* -en; Dichtkunst *f.*

しがく 私学 Privatschule *f.* -n; Privatuniversität *f.* -en (大学).

じかく 自覚 das Selbstbewusstsein*, -s/自覚する ³sich bewusst* sein; innewerden*²; gewahr*⁽²⁾ werden; ein|sehen*⁴; erkennen** | 自覚症状 das subjektive Symptom, -s, -e; Beschwerde *f.*

しかけ 仕掛け Vorrichtung *f.* -en; Mechanismus *m.* -, ..men; Mechanik *f.* -en/大仕掛けの großartig; groß angelegt/この錠前はきわめて精巧な仕掛けになっている Die Mechanik (Der Mechanismus) des Schlosses ist äußerst kunstvoll. ‖ 仕掛け爆弾 Höllenmaschine *f.* -n/仕掛け花火 Feuerwerk *n.* -[e]s, -e/ぜんまい仕掛け Federwerk *n.* -[e]s, -e.

しかける 仕掛ける ❶ [着手する] an|fan-

しかざん 死火山 ein erloschener Vulkan, -s, -e.

しかし aber; doch; jedoch; allein; indes(sen)/それはしかしよくないよ Das ist aber nicht gut.

しかしも so und so／等々しかじかの以下同略: usw.; u.s.w.)；und so fort 〔略: usf.;u.s.f.)；et cetera 〔略: etc.)／しかじかの der" und der"/しかじかの時に zu der und der Zeit; dann und dann／しかじかの所で da und da.

じかじさん 自画自賛 Eigenlob (Selbst-) n. -(e)s／自画自賛する ein Loblied auf sich selbst singen"; sein eigenes Loblied anstimmen.

しかして und; dann.

じかじゅふん 自花受粉 Selbstbestäubung f. -en.

じかせん 耳下腺 Ohrspeicheldrüse f. -n; Parotis f. ..tiden ‖ 耳下腺炎 Ohrspeicheldrüsenentzündung f. -en; Parotitis f.; Mumps m. - 〔流行性〕.

じがぞう 自画像 Selbstbildnis n. ..nisses, ..nisse 〔-porträt n. -s, -s〕.

しかた 仕方 Art f. -, en〔やり方〕; Weise f. -n〔同上〕; Methode f. -n〔方法〕; Mittel n. -s, - 〔手段〕/一番安い旅行の仕方 die billigste Art zu reisen/仕方のない人間 ein unverbesserlicher Mensch, -en, -en/なんらかの仕方で auf irgendeine Weise/仕方がありません Da kann man nichts machen./他に仕方がない Mir bleibt keine andere Wahl./行ってみても仕方がない Es hat keinen (wenig) Zweck, hinzugehen./僕は奴が嫌いで仕方がない Ich mag ihn eben nicht./Ich kann ihn einfach nicht riechen.

じかたび 地下足袋 Tuchschuh 〔m. -(e)s, -e〕mit Gummisohle; Segeltuchschuhe 〔pl.〕.

じかだんぱん 直談判 mit jm Auge in Auge eine Rücksprache nehmen"; direkt verhandeln (unterhandeln) (mit jm über ⁴et〕.

じかちゅうどく 自家中毒 Selbstvergiftung f. -en; Autointoxikation f. -en.

しかつ 死活 Leben und Tod, des - und -s/死活に関する lebenswichtig／これは死活の問題だ Es geht (handelt es) sich bei dieser Sache um Leben und Tod.

しがつ 四月 April m. -(s), -e 〔略: Apr.）／四月に im April／四月初め〔半ばに〕 Anfang (Mitte) April ‖ 四月馬鹿 Aprilnarr m. -en, -en.

じがつ 自活 Selbstverwaltung (Selbständigkeit) f.; Unterhalt m. -(e)s／自活の道をたてる selbst für den Unterhalt sorgen; ³sich sein Salz (Brot) verdienen／自活する selbstständig (selbständig) sein; unabhängig sein; seinen Lebensunterhalt be-

streiten* 〔verdienen〕; auf eigenen Füßen stehen*.

しかつめらしい feierlich 《もったいぶった〕; ernst 〔真面目な〕; förmlich 〔形式ばった〕/しかつめらしい顔をする eine feierliche (ernste) Miene aufsetzen.

しかと 確と ❶ 〔たしかに〕 gewiss; sicher; bestimmt; deutlich 〔明瞭に〕; genau 〔正確に〕／しかと左様か Sind Sie dessen sicher? ❷ 〔固く〕 fest／しかと握る（約束する） fest ergreifen*⁴ (versprechen*³⁴).

じかどうちゃく 自家撞着 Selbstwiderspruch m. -(e)s, "e／自家撞着する ³sich selbst widersprechend; folgewidrig／自家撞着する ³sich selbst widersprechen*; mit sich selbst in Widerspruch stehen*.

しがない arm; armselig／しがない暮らしをする ein dürftiges Leben führen／しがない恋 eine hoffnungslose Liebe, -n.

じかに 直に ❶ 〔直接〕 direkt; unmittelbar; unvermittelt; ohne ⁴Umweg (Umschweife)／じかに交渉する direkt mit jm verhandeln; persönlich mit jm sprechen*/じかにワイシャツを着る das Oberhemd ohne Unterwäsche tragen*. ❷ 〔自ら〕 persönlich; eigenhändig; mündlich 〔口頭で〕; selbst; selber; in eigener Person; Auge in Auge; von Angesicht zu Angesicht; unter vier Augen 〔二人だけで〕.

じがね 地金 ❶ Rohmetall n. -s, -e; das metallische Vormaterial, -s, ..lien; das darunter liegende Metall〔めっきの〕／銀めっきがはげて地金が出る Die Silberauflage nutzt sich ab und das darunter liegende (darunter befindliche) Metall kommt zum Vorschein. ❷〔延べ棒〕 (Gold)barren (Silberbarren) m. -s, -; Knüppel m. -s, -. ❸〔正体〕das wahre Gesicht, -(e)s, -er／地金をあらわす die Maske fallen lassen*; sein wahres Gesicht zeigen/ようとう地金が出た Endlich kam der Pferdefuß (bei ihm) zum Vorschein.

しかねない 仕かねない ¶彼はどんなことでも仕かねない Er ist zu allem fähig. ‖ Er scheut vor nichts zurück.

しかねる 仕かねる nicht können*; nicht imstande (im Stande) sein／彼女は父のもとを去ることを仕かねる Sie konnte es nicht übers Herz bringen, ihren Vater zu verlassen.

しばね 屍 ⇨したい〔死体〕.

しがみつく ⁴sich (an)klammern《an⁴); ⁴sich festhalten* 《an³）／子供は不安そうに母親にしがみついた Das Kind klammerte sich ängstlich an die Mutter an.

しかめつら しかめ面 ein verzogenes (verzerrtes) Gesicht, -(e)s, -er; Grimasse f. -n; Fratze f. -n／しかめ面をする ⇨しかめる.

しかめる ¶顔をしかめる das Gesicht verziehen* (verzerren); Grimassen (Fratzen) machen (schneiden); vor.

しかも ❶ 〔その上〕 außerdem; überdies; ferner; weiter; (noch) dazu; zudem／彼は仕事がなく、しかも病気だ Er ist ohne Arbeit, außerdem ist er krank.／彼女は一日中戸外で働かなければならなかった、しかも冬の最中に Sie

しからざれば 然らざれば wenn nicht; sonst; oder (または).

しからば 然らば wenn es (dem) so ist; in solchem Fall; dann.

しかる 叱る schelten*⁴; schimpfen⁴; rügen³; eine Rüge erteilen³; zurecht|weisen*⁴ ‖ 叱りとばす aus|schelten*⁴; aus|schimpfen⁴; eine scharfe Rüge erteilen³; an|schnauzen⁴; 〖俗〗eine dicke Zigarre verpassen³ / 早く帰らないと母に叱られる Ich muss schnell nach Hause, sonst schimpft die Mutter.

しかるに 然るに aber; jedoch; gleichwohl (にも拘らず); dagegen (これに反して); während (doch) (他方); indessen; indes.

しかるべき 然るべき gehörig; geziemend; angemessen; geeignet; passend; richtig ‖ 然るべき報酬 eine angemessene Belohnung, ein / 然るべき方法(形式)で auf geziemende Art (in gehöriger Form) / 然るべく wie es sich gehört (ziemt).

シガレット Zigarette f. -n ‖ シガレットケース Zigarettenetui n. -s, -s / シガレットペーパー Zigarettenpapier n. -s.

しかん 士官 Offizier m. -s, -e ‖ 士官学校 Offiziersschule f. -n (陸軍·空軍); Marineschule (海軍) / 士官候補生 Offiziersanwärter m. -s, - / 士官集会所 Offizierskasino n. -s, -s (陸軍·空軍); Offiziersmesse (海軍) / 海軍士官 Marine|offizier (See-) / 空軍士官, 予備士官 Luftwaffen|offizier (Heeres-, Reserve-).

しかん 史観 Geschichtsauffassung f. -en ‖ 唯物史観 die materialistische Geschichtsauffassung.

しかん 弛緩 locker; aufgelockert; erschlafft; lose; schlaff; schlapp.

しかん 子癇 〖医〗Eklampsie f. -n.

しかん 歯冠 Zahnkrone f. -n.

しがん 志願 Wunsch m. -e(s), ⸗e (志望); Bewerbung f. -en (申込み) / 志願する ⁴sich bewerben⁴ (um⁴); ⁴sich melden (zu¹; um⁴) / 誰一人として志願する者はいなかった Es meldete sich niemand. ‖ 志願者 Bewerber m. -s, -; Aspirant m. -en, -en / 志願書 eine schriftliche Bewerbung / 志願兵 der Freiwillige*, -n, -n.

じかん 次官 Vizeminister m. -s, - (des Äußern 外務); Staatssekretär m. -s, -e ‖ 政務次官 der parlamentarische Vizeminister.

じかん 時間 Zeit f. -en; Stunde f. -n / 時間どおり pünktlich; wie verabredet; zur verabredeten Zeit; fahrplanmäßig (汽車); planmäßig (飛行機) / 時間がない keine Zeit haben (zu³; für¹); Die Zeit ist knapp (bemessen). / Ich bin knapp mit der Zeit. / 時間がたつ Die Zeit vergeht (verfließt; verstreicht; verrinnt). / 時間を守る pünktlich sein; die Zeit (den Termin) ein|halten*/ 時間に間に合う rechtzeitig kommen* [s; noch im letzten Augenblick kommen* (やっと); erwischen*/ ⁴sich verspäten; zu spät kommen*; ⁴sich verspäten; versäumen⁴; verpassen⁴ / 時間に縛られる zeitlich gebunden sein; in Zeiten gezwängt sein / 時間の余裕を与える jm Zeit lassen* (gewähren) / 時間をとる viel Zeit in Anspruch nehmen*; Das erfordert (kostet; braucht) [viel] Zeit. / ³sich [die] Zeit nehmen* (gönnen) ‖ 時間をとる viel Zeit rauben (stehlen)* (他人の時間を); Es dauert (währt) eine lange Zeit (かかる). / 時間を定める die Zeit fest|setzen (bestimmen); den Termin aus|machen / 時間を合わせる die Uhr stellen (nach der Radiozeit) / 時間を空費する Zeit verschwenden (vergeuden); Zeit totschlagen* (mit³) / 時間をつぶす die Zeit tot|schlagen* (vertreiben); ³sich die Zeit vertreiben* (kürzen) / それは時間の問題だ Das ist [nur] eine Frage der Zeit. / 時間割で払う stundenweise bezahlen ‖ 時間外 außerhalb der Geschäftsstunde (Bürostunde; Sprechstunde); Überstunden (pl オーバータイム) / 時間外勤務をする Überstunden machen (leisten) / 時間外手当 Überstundenzuschuss m. -es, ⸗e / 時間給 Stundenlohn m. -[e]s, ⸗e / 時間表 Stundenplan m. -[e]s, ⸗e; Fahrplan (掲示, 小型の表); Kursbuch n. -[e]s, ⸗er (小冊子) / Flugplan (飛行機の).

しき 四季 [vier] Jahreszeiten (pl) / 四季を通じて das ganze Jahr hindurch; zu jeder ³Jahreszeit.

しき 式 ❶〖儀式〗Feier f. -n〖祝典〗; Feierlichkeit f. -en; Zeremonie f. -n; Ritus m. -, -ten〖宗教的〗/ 式を行う eine Feier begehen*/ 結婚の式を挙げる die Hochzeit feiern. ❷〖様式〗Stil m. -[e]s, -e; Typ m. -[e]s, -en; Art f. -en / 純日本式に auf echt japanische Art. ❸〖数·化〗Formel f. -n ‖ 化学式 eine chemische Formel.

しき 指揮 Führung f. -en; [命令] Befehl m. -[e]s, -e; Kommando n. -s, -s〖兵〗; [指図] Anordnung f. -en; Anweisung f. -en; Unterweisung f. -en; [指導] Leitung f. -en; Direktion f. -en; [音楽] das Dirigieren*, -s / 指揮を引きうける die Führung (das Kommando) übernehmen*/ 指揮をうける unter js Führung (js Leitung; js Kommando) stehen* (sein); eine Anweisung (Unterweisung) erhalten* (von³) / …の指揮の下に unter der Führung (Leitung) (von³); auf Anordnung (von³); dirigiert (von¹). —— 指揮する führen⁴; befehligen⁴; kommandieren⁴; an|ordnen⁴; Anweisungen geben*³; unterweisen*⁴; leiten⁴; 〖楽〗dirigieren⁴. ‖ 指揮官 Befehlshaber m. -s, -; Oberbefehlshaber m. -s, - (最高指揮官); Führer m. -s, - ; Kommandant m. -en, -en; Kommandeur m. -s, -e / 指揮権 Kommando n. -s, -s / Führerschaft f. -en / 指揮権を奪う die Führung (das Kommando) an ⁴sich reißen*/ 指揮者 Führer m. -s, -; Leiter m. -s, -; 〖楽〗Dirigent m. -en, -en / 指揮棒 Dirigentenstab *m.* -[e]s, ⸗e; Dirigent¦stock (Takt-) *m.* -[e]s, ⸗e.

しき 死期 die Zeit des Sterbens; Todesstunde *f.* -n; das letzte Stündlein, -s, -; Stunde *f.* -n/死期が近づく Seine Stunden sind gezählt. [迫る] Der Tod ist vor der Tür (eingetreten). ¦ an der Schwelle des Todes stehen*/死期が来た Das letzte Stündlein hat geschlagen (ist gekommen)./死期を知る den Eintritt des Todes ahnen/死期を早める ³sich den Tod holen; den Tod herbei|führen.

しき 士気 Moral *f.*; Kampflust *f.*; Mut *m.* -[e]s.

しき 志気 Gesinnung *f.* -en.

しぎ 鴫〖鳥〗Schnepfe *f.* -n.

じき 時機 [die günstige] Gelegenheit, -en; Anlass *m.* -es, ⸗e; der richtige Augenblick, -[e]s, -e; Chance *f.* -n; Okkasion *f.* -en; die rechte Zeit/時機に適した gelegen; gut angebracht ⇨じぎ(時宜)/時機を逸せず die Gelegenheit beim Schopfe fassend; bei erster Gelegenheit/時機をみて wenn sich die Gelegenheit bietet; wenn die Zeit dazu reif ist/時機を失する eine Gelegenheit versäumen (verpassen; vorübergehen lassen*); ³sich eine Gelegenheit entgehen lassen*; ³*et* übel ab|passen/時機を促える eine Gelegenheit ergreifen* (wahr|nehmen*); ⁴*et* gut ab|passen/時機をうかがう die Gelegenheit (den geeigneten Augenblick; die richtige Zeit) ab|passen.

じき 時期 Zeit *f.* -en; Periode *f.* -n; Saison *f.* -s; Jahreszeit *f.* -en《季節》/時期はずれの(に) außerhalb der Saison; in stiller (toter) Saison.

じき 磁器 Porzellan *n.* -s, -e; Steingut *n.* -[e]s, -e; Keramik *f.* -en.

じき 磁気 Magnetismus *m.* -/磁気の magnetisch ‖ 磁気あらし die magnetischen Stürme (Gewitter; Störungen)《*pl*》/磁気学 die Lehre vom Magnetismus/磁気カード Magnetstreifenkarte *f.* -n/磁気テープ Magnetband *n.* -[e]s, ⸗er.

じき 次期 der nächste Termin, -s, -e; die nächste Zeit, -en/次期の nächst ‖ 次期国会 das kommende Parlament, -[e]s, -e.

じき 自記の selbst schreibend (registrierend) ‖ 自記温度計 Thermograph *m.* -en, -en.

じぎ 時宜 Gelegenheit *f.* -en; die rechte Zeit, -en; Umstände《*pl*》/時宜に適した gut angebracht; angemessen; gelegen; genehm; passend; zeitgemäß/時宜を得たことば das rechte Wort《-es, -e》zu seiner Zeit.

じぎ 児戯 Kinderspiel n. -[e]s, -e/児戯に等しい kinderleicht; kein Kunststück sein/児戯に類する kindisch; einfältig.

じぎ 字義 Bedeutung《*f.* -en》eines Wortes; Sinn《*m.* -[e]s, -e》eines Charakters《文字の》/字義どおりに buchstäblich; genau dem Wortsinn nach; wortgetreu; wortwörtlich.

しきい 敷居 Schwelle *f.* -n/敷居をまたぐ *js* Schwelle betreten*; über die Schwelle [ins Haus] treten* [s]/二度とうちの敷居はまたがせない Er soll mir nie wieder über die Schwelle kommen⁴. ¦ Ihm werde ich den Stuhl vor die Tür setzen, wenn er wieder kommt./敷居が高くて行きにくい Ich kann seine Schwelle nur schwer betreten.

しきいし 敷石 Pflasterstein *m.* -[e]s, -e; Steinpflaster *n.* -s, -.

しきうつし 敷き写し Pause *f.* -n《透写》; Kopie *f.* -n《模写》/敷き写しする [durch|]pausen⁴; durch|schreiben*⁴ (-|zeichnen⁴); [模写・模倣] kopieren⁴; ab|schreiben*⁴.

しきがわ 敷皮 Pelzteppich *m.* -s, -e; [靴の] Brand¦sohle (Einlege-) *f.* -n.

しききん 敷金 Kaution *f.* -en; Bürgschaft *f.* -en/敷金を入れる Kaution stellen/敷金三か月分を支払う dreimonatige Miete als Kaution bezahlen《*jm*》.

しきけん 識見 [知性] Intellekt *m.* -[e]s, -e; Intelligenz *f.*; Scharfsinn *m.* -[e]s; [判断力] Urteils¦kraft (Erkenntnis-) *f.* ⸗e; [悟性] Vernunft *f.*; Einsicht *f.* -en; Verstand *m.* -[e]s/識見の高い betont intellektuell; ausnehmend einsichtsvoll.

しきさい 色彩 Farbe *f.* -n; Färbung *f.* -en; Farbton *m.* -[e]s, ⸗e《色調》; Farbgebung *f.* -en/色彩に富む farben¦reich (-freudig; -prächtig); bunt/色彩に乏しい farbenarm; armlich gefärbt/色彩に富んだ服 das farbige (bunte; farbenprächtige) Kleid, -[e]s, -er/…の色彩を帯びた mit einer Schattierung《*von*³; 例: von Röte》; abgetönt《例: rötlich》; 〖帯びた物を主語にして〗einen Anflug haben《*von*³》/宗教的色彩がある eine religiöse Schattierung haben; etwas Religiöses an sich haben/色彩感覚がある den Sinn für Farben (für den Farbenglanz) haben; den Farbensinn haben.

しきし 色紙 das viereckige (rechteckige) Papier《-s, -e》zum „Waka"-Schreiben.

しきじ 式辞 Festrede *f.* -n; Ansprache *f.* -n.

しきじつ 式日 Tag《*m.* -[e]s, -e》der Feier; Festtag *m.* -[e]s, -e.

しきしゃ 識者 die Gebildeten《*pl*》; die gebildete Oberschicht, -en; [学者] der Gelehrte*, -n, -n.

しきじょう 色情 Sinnlichkeit *f.*; Geschlechts¦drang *m.* -[e]s, ⸗e (-trieb *m.* -[e]s, -e); die geschlechtliche (fleischliche; sinnliche) Begierde, -n; die fleischlichen Lüste《*pl*》/色情をそそられやすい sinnlich leicht erregbar (sein)/色情の強い fleischlich gesinnt (sein) ‖ 色情狂 [病名] Satyriasis *f.* -en《男の》; Nymphomanie *f.*; Mannstollheit *f.* -en《女の》; [人] Satyr *m.* -n (-s), -n《男》; Nymphomanin *f.* ..ninnen《女》.

しきじょう 式場 Fest¦halle *f.* -n (-saal *m.* -[e]s, säle); Festplatz *m.* -es, ⸗e《戸外の》/式場はどこですか Wo findet die Veranstaltung statt?

しきせ 仕着せ Livree *f.* -n/仕着せを着た in Livree.

し

しきそ 色素 Farbstoff *m.* -(e)s, -e; Pigment *n.* -(e)s, -e ‖ 色素細胞 Pigmentzelle *f.* -n.

じきそ 直訴する eine Petition direkt ein|reichen (bei *jm*); direkte Bittschrift (eine Eingabe) direkt überreichen (*an⁴*).

しきだい 式台 Holzveranda (*f.* ..den) am Hauseingang.

しきたり 仕来り Gepflogenheit *f.* -en. ⇨かんれい(慣例).

ジギタリス〖植〗Fingerhut *m.* -(e)s, -e; Digitalis *f.*

しきち 敷地 Grundstück *n.* -(e)s, -e; Platz *m.* -es, "e (*zu³*; *für³*)/建築用敷地を買う ein Grundstück zum Bauzweck (ein Baugrundstück) kaufen ‖ 建築用敷地 Baugrundstück *n.* -(e)s, -e (-platz *m.* -es, "e).

しきつめる 敷きつめる bedecken⁴; belegen⁴ ◆「つめる」の感じは Der *ganze* Fußboden ist mit einem Teppich bedeckt; den *ganzen* Boden mit et belegen のように主語, 目的語の方に ganz をつけて js.

じきでし 直弟子 *js* unmittelbarer Schüler, -s, -.

じきでん 直伝 die direkte Überlieferung, -en; die persönliche Unterweisung, -en/直伝の直接伝えられた; von *jm* persönlich beigebracht (angelernt)/直伝を受ける persönliche Unterweisung erhalten*; persönlich ausgebildet (eingepaukt) werden (*in³*).

じきとりひき 直取引 Lokogeschäft *n.* -(e)s, -e; Effektivgeschäft. ⇨げんぶつ.

じきに 直きに ❶ [すぐに] gleich; sofort; gleich; augenblicks; auf der Stelle; frischweg; ohne ⁴Verzug; unverzüglich. ❷ [やがて] bald; binnen kurzem; in absehbarer Zeit (Zukunft); in Bälde; in Kürze; in kurzem; in kurzer Zeit; in nächster Zeit; über ein Kleines; über kurz oder lang〔早晩〕/もう直き春だ Der Frühling naht. ❸ [容易に] leicht; schnell/彼は直きにおこる Er wird leicht böse./彼は直きに人をなぐる Er hat eine lockere Hand (schlägt leicht). ❹ [近く] 駅は直ぎそこです Der Bahnhof liegt ganz nah(e) da drüben./彼の家なら直きそこだ Zu ihm ist es ja nur ein Katzensprung.

じきばらい 直払い per Kasse.

じきひつ 直筆 die eigenhändige Schrift, -en/直筆の手紙 der eigenhändig geschriebene Brief, -(e)s, -e.

しきふ 敷布 Bettuch *n.* -(e)s, "er.

しきふく 式服 Gala *f.*; Galaanzug *m.* -(e)s, "e; Hoftracht *f.* -en. ⇨れいふく.

しきぶとん 敷布団 Matratze *f.* -n.

しきべつ 識別 Unterscheidung *f.* -en; das Unterscheiden*, -s; Identifizierung *f.* -en; Erkennung *f.* -en/識別できる unterscheidbar; erkennbar; identifizierbar. ── 識別する unterscheiden*⁴ (*von³*); auseinander halten*⁴; erkennen*⁴ (*an³*); identifizieren⁴. ‖ 識別力 Unterscheidungs|vermögen (Erkennungs-) *n.* -s, -.

しきま 色魔 Schürzenjäger *m.* -s, -; Schwerenöter *m.* -s, -; Weiberheld *m.* -en, -en;〖不定冠詞をつけて〗Don Juan, -s, - -s; Casanova, -s, -s.

しきもの 敷物 Teppich *m.* -s, -e《じゅうたん》; Läufer *m.* -s, -《廊下などに敷く長い》; Vorlage *f.* -n; Vorleger *m.* -s, -《ベッドや机のそばに置く》; Matte *f.* -n; -《座ぶとん》/敷物のない床 der nackte〔Fuß-〕boden, -s, "/床に敷物を敷く den Fußboden mit einem Teppich bedecken (belegen)/敷物であてる⁴sich auf einen Kissen setzen/敷物を掃除をする den Teppich ab|bürsten〔ブラシで〕(ab|fegen〔ほうきで〕; ab|saugen*〕〔電気掃除機で〕; klopfen〔叩いて〕.

しきゅう 支給 Belieferung *f.* -en; Versorgung *f.* -en; Auszahlung *f.* -en《支払い》. ── 支給する beliefern⁴ (*mit³*); versorgen⁴ (*mit³*); aus|zahlen³⁴/月額二十万円を支給する Zweihunderttausend Yen als Monatsgehalt bezahlen*(³)/固定給を支給される ein festes Gehalt beziehen*/旅費を支給する den Reisekostenvorschuss (Reisezuschuss) geben*³. ‖ 支給額 Bezahlung *f.* -en; Zuschuss *m.* -es, "e/支給品 Versorgung *f.* -en.

しきゅう 子宮 Gebärmutter *f.* -n, -. …ri ‖ 子宮外妊娠 Extrauterinschwangerschaft *f.* -en/子宮癌 Gebärmutterkrebs (Uterus-) *m.* -es, -e/子宮筋腫 Uterusmyom *n.* -s, -e/子宮出血 Gebärmutterblutung *f.* -en.

しきゅう 至急の dringend; dringlich; drängend/至急の注文 die dringende Bestellung, -en/事は至急を要する Die Sache leidet (duldet) keinen Aufschub. ── 至急に schnellstens; so bald wie möglich; möglichst gleich (sofort); baldmöglichst. ‖ 至急親展 dringend und eigenhändig/至急便 Eilzustellung *f.* -en; Eilpost *f.* -/急便で送る als Eilfracht (Eilgut) befördern⁴.

じきゅう 持久 Ausdauer *f.*; das Aushalten*, -s; Beharrlichkeit *f.*; Beständigkeit *f.*; Dauerhaftigkeit *f.*; Haltbarkeit *f.* ‖ 持久策 die abwartende Politik, -en; Politik des Abwartens/持久策をとる eine abwartende Haltung ein|nehmen*/持久戦 Stellungskrieg *m.* -(e)s, -e; Positionskrieg; der langwierige Krieg/持久力 Ausdauer *f.*; Beharrlichkeit *f.*; Dauerhaftigkeit *f.*

じきゅう 自給 Selbstversorgung *f.* -en/自給の autark(isch). ── 自給する ⁴sich selbst versorgen (*mit³*); ⁴sich selbsternähren《軍が糧末を》. ‖ 自給経済 Autarkie-Wirtschaft *f.* -en/自給自足 Selbstversorgung; Autarkie *f.* -n; die wirtschaftliche Unabhängigkeit/この国は自給自足です Dieses Land ist autark.

しきょ 死去 das Ableben, -s. ⇨しぼう(死亡).

じきょ 辞去する Abschied nehmen* (*von³*); ⁴sich empfehlen*.

しきょう 市況 Marktlage *f.* -n/市況活発(閑散)である Der Markt ist belebt (lustlos). ‖ 市況調査 Marktanalyse *f.* -n/市況報告 Marktbericht *m.* -(e)s, -e/株式市況 Bör-

しきょう 司教 Bischof m. -s, -e.

しきょう 始業 Arbeitsbeginn m. -(e)s; Schulanfang m., -(e)s 《学校の》 ‖ 始業式 die Feierlichkeit beim Schulbeginn.

しぎょう 事業 ❶ [企業] Unternehmen n. -s, -; Unternehmung f. -en; Werk n. -(e)s, -e. ❷ [仕事] Arbeit f. -en; Leistung f. -en; Großtat f. -en. ❸ [産業] Betrieb m. -(e)s, -e; Industrie f. ‖ 事業家 Unternehmer m. -s, -; der Industrielle, -n, -n/事業界 Unternehmerkreise (pl); Industriewelt f. -en/事業公債 Industrieanleihe f. -n/事業資金 Unternehmungskapital n. -s, -e (..lien); Betriebsfonds m. -, -/事業年度 Geschäftsjahr n. -(e)s, -e; Rechnungsjahr (Wirtschafts-)/事業欲 Unternehmungsgeist m. -(e)s (-lust, =e; -fieber n. -s, -)/公共事業 das gemeinnützige Unternehmen, -.

しきょうひん 試供品 Probe f. -n; Probestück n. -(e)s, -e.

しきよく 色欲 Fleischeslust f. =e/色欲を慎む *sich der Fleischeslust enthalten*; geschlechtlich enthaltsam sein. ⇨ろじょう(色情).

しきょく 支局 Zweigstelle f. -n (-amt n. -(e)s, =er; -anstalt f. -en) -geschäft n. -(e)s, -e; -niederlassung f. -en).

じきょく 磁極 Magnetpol m. -(e)s, -e ‖ 磁極性 Polarität f. -en.

じきょく 時局 Zeitläuf(t)e (pl); der aktuelle Stand, -(e)s; die politische Lage, -n 《政局》; Situation (f. -en) (der Gegenwart); Zeitumstände (pl)/時局に鑑みて mit Rücksicht auf allgemeine Lage der Gegenwart/時局に処する den Zeitumständen Rechnung tragen*; den Zeitumständen entsprechend handeln; *sich der Situation anlpassen/時局の推移 Entwicklung (f. -en) der politischen Lage/時局を収拾する die Situation retten/政局の重大時局 die politische Krise, -n/時局認識のない男で Er hat keinen Zeitsinn./彼は時局に便乗する男だ Er ist Opportunist. Er schwimmt immer mit dem Strom der Zeit. Er dreht den Mantel immer nach dem Wind(e).

しきり 仕切り ❶ Verschlag m. -(e)s, =e; Scheidewand f. =e; Trenn(ungs)wand f. =e/仕切る ab|teilen (auf-) -/部屋をガラスの仕切り板で仕切る den Raum durch eine Glaswand ab|teilen. ❷ [清算] Abrechnung f. -en; Faktur(a) f. -,..ren/仕切りる ab|rechnen ‖ 仕切り帳 Fakturbuch n. -(e)s, =er/仕切り証 Verschlag.

しきりに 頻りに [ひんぱんに] sehr häufig; andauernd; ständig; unaufhörlich; wiederholt; [熱心に] eifrig; zäh; nachdrücklich/頻りにすすめる *et nachdrücklich empfehlen*.

じきわ 直話 eine Erzählung (Geschichte; Angelegenheit; Sache), die man von einer Person direkt (aus erster Hand) gehört (erfahren) hat.

じきわたし 直渡し 〖商〗die sofortige (direkte) Lieferung, -en.

しきわら 敷藁 Streu f. -en 《獣・植物・粗末なベッドの》.

しきん 賜金 Stipendium n. -s,..dien 《一定にわたるもの》; Staatsgelder (pl) 《公金》; Regierungszuschuss m. -es, =e.

しきん 資金 Kapital n. -s, -e (..lien); Fonds m. -, -; Geldmittel (pl)/資金がある über Geldmittel verfügen/資金がきれる Die Geldmittel werden alle. Die Fonds erschöpfen./資金が足りない Die Fonds reichen nicht aus. ‖ 資金カンパ das Sammeln*, -s/資金カンパをする Es wird gesammelt./建築資金 Baukapital n. -s, -e (..lien)/奨学資金 Stipendium n. -s,..lien.

しぎん 詩吟 die Rezitation (-en) der chinesischen Gedichte.

しきんせき 試金石 Probier|stein (Prüf-) m. -(e)s, -e; Kriterium n. -s,..rien; Erprobung f. -en/貧乏は彼の試金石となる Die Armut ist ein guter Prüfstein seiner Willenskraft. Die Armut wird seine Willensstärke erproben.

しきんだん 至近弾 Nahtreffer m. -s, -.

しく 市区 Stadt|bezirk m. -(e)s, -e (-teil m. -(e)s, -e; -viertel n. -s, -) ‖ 市区改正 der neue Straßenbau, -(e)s, -ten 《im (auch pl)》; 市区改正を行う neue Straßenbauten unternehmen*; Straßen (die Stadt) um|bauen.

しく 詩句 Vers m. -es, -e; Strophe f. -n 《節》.

しく 敷く ❶ [広げる] belegen (mit*); überziehen*4; aus|breiten 《über*》/床にマットを敷く den Boden mit Matten belegen/寝床を敷く ein Lager bereiten; das Bett machen 《ベッドをちゃんとする》/新しい敷布を敷く das Bett frisch überziehen*. ❷ [すわる] お敷き下さい Setzen Sie sich auf den Kissen! ❸ [鉄道・水道などを] [an]|legen*/水道を敷く die Wasserleitung [an]|legen/レールを敷く Schienen legen. ❹ [石などを道に] pflastern* (mit* 舗装); [be]schottern* 《砂利を》; beschütten* (mit*) /道に砂利を敷く einen Weg beschottern (mit Kies bestreuen). ❺ [法令などを] erlassen*4; verkünd(ig)en/軍政を敷く eine Militärregierung bilden; militärisch verwalten*.

しく 如く ‖…に如くはない; に如かず am besten; am zweckmäßigsten; am richtigsten; lieber; besser 《その他この種の主観的判断の副詞を用いる》/一人で行くに如くはない Am besten gehen Sie allein./たばこをやめるに如くはない Am zweckmäßigsten gewöhnen Sie sich das Rauchen ab. ‖ Am besten, wenn Sie sich das Rauchen abgewöhnen. / 恥辱を受けるより死ぬに如かずば Besser stirbt man als in Schmach und Schande zu sein./これに如くものはない Das ist das Beste. ‖ Besseres findet man nicht. /用心に如かず ,Vorgesehen ist besser als nachgesehen.'

じく 字句 Wortlaut m. -(e)s, -e; Formulierung f. -en; Worte (pl)/字句に拘泥する Worte klauben; an Worten kleinlich deuteln; *sich auf die Formulierung des

じく Wortlautes versteifen／どの字句にもなんだかんだと文句をつけるやつだ Er findet an jedem Worte etwas zu klauben (bemängeln).／この字句は次のように変えてもらいたい Ich möchte den Wortlaut dieser Stelle wie folgt geändert haben.

じく 軸 ❶ Achse f.; Welle f.; Schaft m. -[e]s, -e; Spindel f. -n; Zapfen m. -s, -／地球は地軸を中心にして回転する Die Erde dreht sich um ihre Achse. ❷ [茎] Stiel m. -[e]s, -e; Stängel m. -s; Halm m. -[e]s, -e. ❸ [筆などの] Federhalter m. -s, -〔筆の軸〕; Pinselstiel m. -[e]s, -e〔筆の軸〕; Griff m. -[e]s, -e. ❹ [軸物] Rolle f. -n〔巻物〕; Rollbild n. -[e]s, -er〔かけもの〕. ❺ [数学の] 座標軸 Koordinatenachse f. -n／縦軸 Ordinatenachse／横軸 Abszissenachse.

じくうけ 軸受 [Wellen]lager n. -s, -／ボール軸受 Kugellager.

じくぎ 軸木 Stab m. -[e]s, -e; Streichholz n. -es, -er〔マッチの〕.

しぐさ 仕草 ❶ [挙動] Benehmen n. -s; Betragen n. -s; Verhalten n. -s／おかしなしぐさをする sich verdächtig (recht auffällig) benehmen*／彼はじぐさがのろい Er ist langsam. ❷ [劇] Geste f. -n; Darstellung f. -en〔演技〕.

ジグザグ ジグザグに進む im Zickzack (m. -[e]s, -e) gehen* (fahren*; laufen*) ⓢ; einen Zickzackkurs nehmen*.

しくしく しくしく泣く schluchzen; jammern; wimmern／しくしく痛む Es sind unbestimmte Schmerzen.

しくじり Fehl|schlag m. -[e]s, -e (-tritt m. -[e]s, -e; -griff m. -[e]s, -e); Misserfolg m. -[e]s, -e; Fiasko n. -s; Reinfall m. -[e]s, -e; Schlappe f. -n.

しくじる verpfuschen*; scheitern ⓢ; einen Schnitzer (Fiasko) machen; einen Misserfolg haben; fehl|greifen* (-|schlagen* ⓢ; -|treten* ⓢ)／職をしくじる sein Amt (seinen Posten; seine Stellung) verlieren*.

じぐち 地口 Wortspiel n. -[e]s, -e; Kalauer m. -s, -〔へたな〕; Wortwitz m. -es, -e／地口を言う mit Worten spielen; im Wortspiel machen; kalauern; witzeln (über⁴).

しくつ 試掘 Schürfung f. -en; Versuchs|bohrung (Probe-; Sondierungs-; Untersuchungs-; Vor-) f. -en ―― 試掘する schürfen (nach⁴); Versuchsbohrungen machen. ‖ 試掘権 Schürfrecht n. -[e]s, -e／試掘者 Schürfer m. -s, -.

シグナル ⇨ しんごう ‖ 交通シグナル《交差点の》Verkehrsampel f. -n.

しくはっく 四苦八苦 四苦八苦の苦しみをする aufs Blut (zu Tode) quälen; sich wie auf die Folter gespannt fühlen; auf dem Eimer (in den Nesseln) sitzen*〔困窮〕; tüchtig bluten müssen* (für⁴ 血の似る思い)／借金を返すため四苦八苦する Ich musste tüchtig bluten, um die Schuld zu entrichten.／本当に四苦八苦だった Das war eine wahre Folter für mich.／四苦八苦して得た金 sauer verdiente Geld.／四苦八苦 -er.

しくみ 仕組 [計画・工夫] Plan m. -[e]s, -e; Programm n. -s, -e; [仕掛・構造] Mechanismus m. -, ..men; Maschinerie f. -n; Konstruktion f. -en; Organisation f. -en; [脚本・小説の] Handlung f. -en; Fabel f. -n／その物の仕組はもう古い Die Fabel des Stücks ist schon alt.／そういう仕組でやってみよう Versuchen wir es nach diesem Plan.

しくむ 仕組む ❶ [組み立てる] konstruieren⁴; zusammen|setzen⁴; auf|bauen⁴; organisieren⁴／変形しないように仕組んである so konstruiert sein, dass es sich nicht verformt. ❷ [計画する・たくらむ] planen⁴; er|sinnen⁴⁴; an|zetteln／自殺と思われるように仕組む die Tat so ersinnen⁴⁴, dass man es für einen Selbstmord hält／仕組んだ仕事 eine abgekartete Sache, -n. ❸ [小説・劇の筋を] entwerfen⁴⁴; konzipieren⁴.

シクラメン〔植〕Alpenveilchen n. -s, -.

しぐれ 時雨 der Sprühregen (-s, -) (Regenschauer m. -s, -) im Spätherbst.

しけ 時化 Sturm m. -[e]s, -e; Sturmwetter n. -s, -／しける in einem stürmischen Wetter, -s, -.

しけい 紙型〔印〕Matrize f. -n; Mater f. -n.

しけい 私刑 Lynchjustiz f.; das Lynchen*, -s／私刑にする lynchen*.

しけい 死刑 Todesstrafe f. -n／死刑を廃止する die Todesstrafe ab|schaffen／死刑を宣告する jn zum Tode verurteilen／死刑を執行する das Todesurteil vollstrecken (an jm); jn hin|richten ‖ 死刑執行 die Vollstreckung des Todesurteils; Hinrichtung f. -en／死刑執行人 Henker m. -s, -／死刑囚 der zum Tode⁴ Verurteilte*, -n, -n／死刑宣告 Todesurteil n. -s, -e／死刑廃止 die Abschaffung f. der Todesstrafe.

じけい 次兄 js zweitältester Bruder, -, ¨.

しげき 史劇 ein historisches Drama, -s, ..men.

しげき 刺激 Reizung f. -en; [An]reiz m. -es, -e; Ansporn m. -[e]s, -e; Antrieb m. -[e]s, -e; Anregung f. -en／刺激的なあれいずけんど〔誘惑的な〕; verlockend; heraus|fordernd〔挑発的な〕; verlockend〔誘惑的な〕／刺激性の〔食物〕pikant, stark gewürzt. ―― 刺激する [an]reizen⁴; an|spornen⁴; an|treiben⁴⁴; an|regen⁴／過度に刺激する überreizen⁴／情欲を刺激する die Begierde an|regen／食欲を刺激する den Appetit an|regen／私はひどく彼女の感情を刺激してしまった Ich habe sie schwer gereizt. ‖ 刺激剤(剤) Reizmittel n. -s, -／刺激療法 Reiztherapie f.

しげしげ 繁々通う häufig besuchen; frequentieren⁴／しげしげと見つめる genau an|sehen*⁴; mustern⁴.

しけつ 止血 Blutstillung f.／止血する Blut stillen ‖ 止血剤 Blutstillungsmittel n. -s, -.

じけつ 自決 ❶ ⇨ じさつ. ❷ [自律] Selbstbestimmung f. ‖ 民族自決権 Selbstbestimmungsrecht n. -[e]s.

しげみ 茂み Gebüsch n. -es, -e; Dickicht n. -[e]s, -e／茂みに隠れる sich hinter einem Gebüsch verstecken.

しける 時化る stürmisch werden.

しける 湿気る feucht (nass) werden／湿気て

しげる 茂る ⇨はんも/葉が繁っている dicht belaubt sein.

しけん 私権〖法〗ein privates Recht, -(e)s, -e; Privatrecht *n.* -(e)s, -e.

しけん 試験 Prüfung *f.* -en; Examen *n.* -s, -; Test *m.* -(e)s, -e; Probe *f.* -n (検査); Versuch *m.* -(e)s, -e (実験)/試験的に versuchsweise; zur Probe/試験する eine Prüfung (ein Examen) ablhalten*/試験を受ける ⁴sich einer ³Prüfung (einem Examen) unterlziehen*/試験に合格する eine Prüfung bestehen*/試験に落第する im (beim) Examen durchlfallen*. —— 試験する *jn* probieren (ためす). ‖ 試験科目 Prüfungsfach *n.* -(e)s, "er/試験官 Prüfer *m.* -s, -/試験監督 Aufsicht *f.*; Kontrolle *f.*/試験紙 Reagenz|papier (Probe-) *n.* -s, -e/試験場 Prüfungsraum *m.* -(e)s, "e/試験制度 Prüfungswesen *n.* -s/試験答案 Prüfungsarbeit *f.* -en/試験飛行 Probeflug *m.* -(e)s, "e/試験問題 Prüfungsaufgabe *f.* -n/学期試験 Semesterexamen/国家試験 Staatsexamen/卒業試験 Schlussexamen/入学試験 Aufnahmeprüfung *f.* -en; Eintrittsexamen/発射試験 Probeschuss *m.* -es, "e.

しけん 私見 eine persönliche Meinung, -en (Ansicht, -en)/私見によれば nach meiner ³Meinung (meiner ³Meinung nach); meines Erachtens.

しげん 至言 ¶ それはまさに至言だ Das ist sehr gut (gesagt).

しげん 資源 Quelle *f.* -n ‖ 地下資源 Bodenschätze 〈*pl*〉/天然資源 Rohstoffquelle/未開発資源 ungenutzte Quelle.

じけん 事件 Vorfall *m.* -(e)s, "e; Angelegenheit *f.* -en; Begebenheit *f.* -en; Ereignis *n.* -nisses, -nisse; Fall *m.* -(e)s, "e; Geschehnis *n.* -nisses, -nisse; Prozess *m.* -es, -e (裁判上の); Rechtsfall *m.* -(e)s, "e (法律上); Sache *f.* -n; Skandal *m.* -s, -e (醜聞); Unannehmlichkeit *f.* -en (トラブル); Vorkommnis *n.* -nisses, -nisse; Zwischenfall *m.* -(e)s, "e/事件を引受ける (まかす) eine Angelegenheit (Sache) überlnehmen* (überlgeben*) 〈*jm*〉/事件は片づいた Der Vorfall ist erledigt./昨日この町に殺人事件があった Gestern ereignete sich ein Mord in dieser Stadt. ‖ 事件記者 Kriminalberichterstatter *m.* -s, -/事件屋 der Skandalsüchtige*, -n -n/民事刑事事件 Zivilsache (Kriminalsache) *f.*

じげん 時限 Zeit *f.* -en; Frist *f.* -en; Termin *m.* -(e)s, -e; Torschluss *m.* -es; Stun*de f.* -n (授業の)/時限に間にあう(遅れる) kurz vor Torschluss (nach Torschluss) kommen* ⓢ ‖ 時限爆弾 Zeitbombe *f.*

じげん 次元 Dimension *f.* -en/三次元の dreidimensional ‖ 第三次元 die dritte Dimension.

じげん 示現 Offenbarung *f.* -en/示現する ⁴sich offenbaren.

しご 詩語 eine poetische (dichterische) Ausdrucksweise, -n.

しご 私語 Geflüster *n.* -s/Getuschel *n.* -s/私語する flüstern; tuscheln.

しご 死語 eine tote Sprache, -n (言語); ein veraltetes Wort, "er (単語).

しご 死後 nach dem Tod(e)/死後の postmortal; posthum/死後の世界 das Leben 〈-s〉 nach dem Tod[e].

じこ 事故 ❶ (できごと) Unfall *m.* -(e)s, "e; Unglück *n.* -(e)s, (まれに -e); Unglücksfall *m.* -(e)s, "e; Zufall *m.* -(e)s, "e; Zwischenfall *m.* -(e)s, "e; das unglückliche Naturereignis, ..nisses, ..nisse (天災)/事故で死ぬ tödlich verunglücken/事故を起こす einen Unfall verursachen/その交通事故で死者二名重傷者三名を出した Zwei Tote und drei Schwerverletzte hat dieser Verkehrsunfall gefordert. ❷ (故障) Hindernis *n.* -nisses, -nisse; Störung *f.* -en; Schwierigkeit *f.* -en; Verhinderung *f.* -en; (差支え) Abhaltung *f.* -en; Behinderung *f.* -en/事故の多い旅行でした Das war eine Reise mit Hindernissen./いろいろ事故がありまして Wir sind öfters auf Schwierigkeiten (Hindernisse) gestoßen. ❸ (事情) Angelegenheit *f.* -en; Sache *f.* -n; Umstände 〈*pl*〉/ちょっとくだらない事故があって遅れました Ich bin von einer dummen Angelegenheit abgehalten worden.
‖ 事故発生 Unfallort *m.* -(e)s, -e/事故死亡 Tod 〈*m.* -(e)s, -e〉 durch Unfall/事故防止 Unfallverhütung *f.* -en.

じこ 自己 Ich *n.* -(s), -(s); die eigene Person, -en; Selbst *n.* -/自己の mein* eigene*; persönlich; privat*/Privat-/自己紹介する ⁴sich bekannt machen (vor|stellen) / 自己弁護のために見えすいた口実をもち出した Zu seiner eigenen Rechtfertigung brachte er faule Ausreden vor./自己中心で人のことはいっさいおかまいなしだ Er denkt nur an sich selbst und geht über Leichen./皆さん御承知ないようですから、自己紹介をいたしましょう Weil die Herrschaften gegenseitig nicht bekannt zu sein scheinen, wollen wir uns einander vorstellen. ‖ 自己暗示 Autosuggestion *f.* -en/自己観察 Selbstbeobachtung *f.* -en/自己欺瞞 Selbsttäuschung *f.* -en/自己催眠 Autohypnose *f.* -n/自己資本[金] Eigenkapital *n.* -s, ..lien/自己崇拝 Selbstachtung *f.*/自己宣伝 Eigenlob *m.* -(e)s/自己宣伝する für ⁴sich selbst Reklame (Propaganda) machen/自己中心 Egoismus *m.* -; Egotismus *m.* -; Ichbezogenheit *f.*; Selbstsucht *f.*/自己中心の egoistisch; egozentrisch; ichbezogen; selbstsüchtig/自己陶酔 Narzißmus *m.* -/自己批判 Selbstkritik *f.* -en/自己弁護 *js* eigene Rechtfertigung, -en/自己保存本能 Selbsterhaltungstrieb *m.* -(e)s, -e/自己満足 Selbstgefälligkeit *f.* -en/自己流 *js* eigene Art; die nicht sachlich vorgebildete Art/自己流に(に) auf seine eigene Art; willkürlich (自分かって); aus dem Rahmen fallend (型やぶりの).

じご 爾後 ❶ seitdem; seither; seit〔der Zeit〕; von ... 〔ab〕. ❷ [未来] künftig in Zukunft; für die Zukunft; von jetzt ab; von nun an.

じご 事後の nachträglich ❖以下「事後」の訳出不要 ‖ 事後報告 Mitteilung *f.* –en; Bericht *m.* –〔e〕s, –e／事後検閲 Zensur *f.* –en／事後承諾 das nachträgliche Einverständnis, ..nisses, ..nisse; die nachträgliche Zustimmung, –en; Indemnität *f.* –en.

しこう 思考 das Denken* (Nachdenken*), –s; Gedanke *m.* –ns, –n; Überlegung *f.* –en《考慮》; Besinnung *f.* –en《思慮》‖ 思考過程 Gedanken¦folge *f.* –n (–gang *m.* –〔e〕s, ⸚e)／思考力 Denk¦kraft *f.* ⸚e (–fähigkeit *f.* –en; –vermögen *n.* –s, –).

しこう 施工 Ausführung *f.* –en; Bauarbeit *f.* –en／施工中 im Bau (Gange)〔sein〕／施工する aus|führen⁴; bauen⁴; errichten⁴; erstellen⁴.

しこう 施行 Aus¦führung (Durch–) *f.* –en; Vollstreckung *f.* –en; Inkraftsetzung *f.* –en; das In-Kraft-Treten*, –s; Inbetriebnahme *f.* –n ／ 施行する aus|führen⁴ (durch|–); vollstrecken⁴; in Kraft setzen⁴《法律など》; in Betrieb setzen⁴《機械などの運転開始》／施行される ausgeführt (durchgeführt) werden; in Kraft treten* [s]／施行されている in Kraft sein (bleiben*) [s] ‖ 施行細目 Ausführungsbestimmung *f.* –en; Betriebsanweisung *f.* –en.

しこう 嗜好 Geschmack *m.* –〔e〕s, ⸚e; Neigung *f.* –en; Vorliebe *f.*; Liebhaberei *f.* –n／嗜好に適う ganz nach seinem Geschmack sein; *jm* recht gut gefallen* ‖ 嗜好品 Genussmittel *n.* –s, –.

しこう 私行 Heimlichkeit *f.*《プライバシー》; Privatangelegenheit *f.* –en; Privatleben *n.* –s, –《私生活》／人の私行をあばく *js* Heimlichkeit auf|decken.

しこう 指向 Zielsetzung *f.* –en／指向性をもたせて放送する mit Richtstrahlern senden⁽*⁾⁴ ‖ 指向性アンテナ Richt¦antenne (Richtstrahl–) *f.* –n; Richtstrahler *m.* –s, –.

じこう 時好 Zeitgeschmack *m.* –〔e〕s; Mode *f.* –n; Zeitstil *m.* –〔e〕s, –e; der letzte Schrei, –s／時好に投じた dem Zeitgeschmack entsprechend; der ³Zeit angepasst; zeitgemäß; modern; neuzeitlich.

じこう 時候 ❶ [季節] Jahreszeit *f.* –en; Saison *f.* –s. ❷ [天候] Wetter *n.* –s, –; Witterung *f.* –en; Klima *n.* –s, –ta (–s)《気候》／時候あたり Saisonkrankheit *f.* –en《季節病》／時候の変わり目 Wechsel《*m.* –s, –》der Jahreszeiten; Witterungsumschlag *m.* –〔e〕s, ⸚e／時候はずれの außerhalb der Saison; der Jahreszeit nicht angemessen／わるい時候 das böse Wetter／不順な時候 die unzeitige Witterung／時候の変わり目にはどうもからだをやられます Der Wechsel des Klimas bekommt mir immer schlecht.

じこう 事項 Gegenstand *m.* –〔e〕s, ⸚e; Artikel *m.* –s, –;〔Rechnungs〕posten *m.* –s, –《勘定課目》; Position *f.* –en《箇条・内訳・項目》; Sache *f.* –n《事柄》／事項別に整理する nach Sachgebieten (Sachgruppen) ordnen⁴; nach Gegenständen sortieren⁴; rubrizieren⁴《標題・見出しをつけて》; gruppieren⁴ ‖ 協議(調査)事項 Gegenstände einer Unterredung (einer Untersuchung)／主要事項 Haupt¦sache *f.* –n (–punkt *m.* –〔e〕s, –e); die wichtigen Einzelheiten《*pl*》.

じこう 時効 Verjährung *f.* –en《消滅時効》; Ersitzung *f.* –en《取得時効》; Präskription *f.* –en／時効にかかる verjähren [s]／時効により取得する ersitzen*⁴／この債権はもう三年で時効にかかる Diese Forderung verjährt in drei Jahren.／債権は時効と宣言された Die Schuld wurde als verjährt erklärt.／時効中断手続きをやってごらんなさい Sie müssen versuchen, die Verjährung zu unterbrechen. ‖ 時効期間 Verjährungsfrist *f.* –en.

じごう 次号 die nächste (folgende) Nummer, –n ‖ 次号完結 Schluss folgt (in nächster Nummer).／以下次号 Fortsetzung folgt.

しこうさくご 試行錯誤 Versuch《*m.* –〔e〕s, –e》und Irrtum《*m.* –s, ⸚er》; Trial-and-Error *n.*; Trial-and-Error-learning *n.*《試行錯誤学習》; Trial-and-Error-Prozess *m.*《試行錯誤過程》.

じごうじとく 自業自得 das verdiente Los, –es, –e／自業自得だ Er verdient es nicht besser. ¦ Es geschieht ihm recht. ¦ Das haben Sie verdient. ¦ Wie die Saat, so die Ernte. ¦ Wie man sich bettet, so liegt (schläft) man.

しこうせい 指向性 ⇨しこう(指向).

じごえ 地声 die angeborene Stimme, –n.

しごく 至極 sehr; äußerst; höchst; außerordentlich; ganz／至極ごもっともです Ich sehe es vollkommen ein.／それは不届き至極な Das ist ja unerhört (empörend).／私は至極満足しています Ich bin sehr zufrieden.

しごく durch die Hand ziehen*⁴／髯をしごく seinen Bart streichen*.

じこく 時刻 Zeit *f.* –en; Stunde *f.* –n／時刻が迫っている Die Zeit drängt.／時刻たがえずやって来た Er kam auf die Minute.

じこく 自国 sein eigenes Land, –〔e〕s; *js* Vater¦land *n.* –〔e〕s, ⸚er (Heimat–; Mutter–); Heimat *f.* –en／自国の einheimisch; inländisch《国内製の》‖ 自国語 Muttersprache *f.* –n／自国製品 Landesprodukt *n.* –〔e〕s, –e.

じごく 地獄 Hölle *f.* –n; Unterwelt *f.* –en／地獄のような höllisch; Höllen–; unterirdisch／地獄の責苦 die Qualen《*pl*》der Hölle; Höllenpein *f.*／此の世の地獄 Hölle auf Erden／地獄に落ちる in die Hölle kommen* [s]; zur Hölle fahren* [s]／地獄のさたも金しだい Geld regiert die〔ganze〕Welt. ‖ 地獄耳 neugierige (lauschende) Ohren《*pl*》／試験地獄 Höllenqual《*f.*》der Examen.

しごせん 子午線 ❶〖天〗Meridian *m.* –s, –s; Mittagskreis *m.* –es, –e. ❷〖地〗Meridian; Längenkreis.

しこたま ¶ しこたま金を持っている Geld wie Heu haben; im Geld ersticken (schwimmen* [s]; wühlen)/しこたま金をもうける eine Unsumme Geldes machen 《*mit*³》; dicke Gelder verdienen.

しこつ 指(趾)骨 Phalanx *f.* ..langen; Fingerknochen *m.* -s, - 《指》; Zehenknochen *m.* -s, -.

しごと 仕事 Arbeit *f.* -en; Beschäftigung *f.* -en 《従事》; Geschäft *n.* -[e]s, -e 《ビジネス》/仕事をする arbeiten/...の仕事をする ⁴sich beschäftigen 《*mit*³》/仕事にかかる an die Arbeit gehen* [s]; ⁴sich an die Arbeit machen/仕事がのろい langsam arbeiten; langsam bei der ³Arbeit sein/仕事を捜す(見つける) Arbeit suchen (finden*)/山のように仕事がある mit ³Arbeiten (Geschäften) überladen (überhäuft) sein; stark beschäftigt sein/お仕事の方はいかがですか Was macht Ihre Arbeit?/私は仕事で旅に出なければならない Ich muss ²Geschäfte halber verreisen. ‖ 仕事着 Arbeits¦anzug *m.* -[e]s, ⸗e (-kleid *n.* -[e]s, -er 《女子の》; -kittel *m.* -s, - 《上っ張り》)/仕事場 Arbeits¦platz *m.* -es, ⸗e (-stätte *f.* -n); Werk¦statt *f.* ⸗en (-stätte *f.* -n)/針(不手際な)仕事 Näh¦arbeit (Pfusch-) *f.* -en.

しこなす managen⁴ 《処理する》; gut leisten⁴; fertig bringen*⁴. ⇨こなす.

しこみ 仕込み [Ein]schulung *f.* -en; Einübung *f.* -en; das Einpauken*, -s; Training *n.* -s, -s; [教育] Ausbildung *f.* -en; Erziehung *f.* -en; Zucht *f.* 《しつけ》 ❖Züchte は「しつけのよいこと」をいう; [動物の] Abrichtung *f.* -en; Dressur *f.* -en; [商品などの] Anschaffung *f.* -en/仕込み方 Erziehungsmethode *f.* -n; Ausbildungs¦art (Abrichtungs-) *f.* -en.

しこみづえ 仕込み杖 Stockdegen *m.* -s, -.

しこむ 仕込む ❶ [ein]schulen⁴; ein|üben⁴; ein|pauken⁴ 《*in*⁴》; trainieren⁴ 《*für*⁴》; aus|bilden⁴; erziehen*⁴ 《*zu*³》; ab|richten⁴ 《*zu*³》; dressieren⁴ 《*zu*³》; zu|reiten*⁴ 《馬を》/犬に芸を仕込む einen Hund auf Kunststücke ab|richten/馬を馴らし仕込む ein Pferd schulen (ab|richten; ein|reiten*; zu|reiten*)/よく仕込んだ犬 ein gut abgerichteter Hund, -[e]s, ⸗e. ❷ [商品を] an|schaffen⁴; organisieren⁴ 《〖俗〗特に闇などの悪い意味で》. ⇨しいれ.

しこり ❶ Verhärtung *f.* -en; Knoten *m.* -s, -; Fleischauswuchs *m.* -es, ⸗e/おできがしこりになった Die Geschwulst hat sich verhärtet. ❷ [心の] Steifheit *f.*; Hemmung *f.* -en; Befangenheit *f.*/彼らの間のしこりはなかなか解けない Da herrschen immer noch innere Hemmungen zwischen Ihnen.

しこん 紫紺の bläulich purpur (violett).

しこん 歯根 Zahnwurzel *f.* -n.

しさ 示唆 Andeutung *f.* -en; Beeinflussung *f.* -en; Suggestion *f.* -en; Wink *m.* -s, -e/示唆的 anregend; einflussgebend; suggestiv. ── 示唆する an|deuten⁴; beeinflussen⁴; suggerieren⁴; einen Wink geben* 《*jm*》.

しさ 視差 Parallaxe *f.* -n/太陽(月)の視差 die Parallaxe der Sonne (des Mondes); Sonnen¦parallaxe (Mond-).

じさ 時差 Zeit¦differenz *f.* -en (-unterschied *m.* -[e]s, -e); Zeitgleichung *f.* -en 《天文》.

しさい 詩才 Dichtergabe *f.* -n; die musische (dichterische) Begabung.

しさい 市債 Stadtanleihe *f.* -n; die städtische Anleihe, -n.

しさい 仔細 ❶ [理由] Grund *m.* -[e]s, ⸗e; Umstände 《*pl*》/仔細ありげに mit Bedeutung; bedeutsam; bedeutungsvoll; wichtig¦tuend (-tuerisch) 《仔細ぶって》/仔細あって umständehalber; aus gewissen (bestimmten) Gründen / 何か仔細がありそうだ Dahinter steckt doch etwas. ¦ Das geschieht nicht ohne Grund. ❷ [詳細] die Einzelheiten 《*pl*》; Detail *n.* -s, -s; Genaueres*, -n (das Nähere*, -n)/仔細の ausführlich; detailliert; eingehend; erschöpfend; umständlich/仔細に bis ins einzelne (kleinste); mit allen Einzelheiten. ¶ 仔細らしく wichtig¦tuend (-tuerisch).

しさい 司祭 Priester *m.* -s, -; Pfarrer *m.* -s, - 《主任司祭》; der Geistliche*, -n, -n 《聖職者》.

しざい 死罪 das todeswürdige, schwere Verbrechen, -s, -; Kapital¦verbrechen (Haupt-). ⇨しけい(死刑).

しざい 私財 Privatvermögen *n.* -s, -/私財を投じて indem *j.* ⁴*et* aus seiner eigenen Tasche (Geldbörse) bezahlt; auf [seine] eigene[n] Kosten [hin]/私財をあげてその事業に投じる sein ganzes Vermögen in das Unternehmen stecken.

しざい 資材 Material *n.* -s, ..lien; [Hilfs-]mittel *n.* -s, -; Vermögen *n.* -s, - 《財産》.

しざい 支材 Stütze *f.* -n; Stützpfeiler *m.* -s, -; Strebe *f.* -n; Trag¦pfeiler *m.* -s, - (-säule *f.* -n).

じざい 自在の frei; emanzipiert; unabhängig; unbeschränkt; ungebunden; ungehindert ‖ 自在画 《用器画に対し》 das Freihandzeichnen*, -s; das freihändig gemalte Bild, -[e]s, -er ⇨じゆう(自由画)/自在鉤(かぎ) Kessel¦haken (Topf-) *m.* -s, -/自在スパナ Universalschraubenschlüssel *m.* -s, -; Engländer *m.* -s, -/自在戸 Pendeltür *f.* -en.

しさく 施策 Maß¦nahme *f.* -n (-regel *f.* -n); Politik *f.* -en/施策を講じる Maßnahmen (Maßregeln) treffen* (ergreifen*); Politik [be]treiben*.

しさく 思索 [Nach]denken *n.* -s; Nachsinnen *n.* -s; Denkarbeit *f.* -en; das Spekulieren*, -s; Spekulation *f.* -en/思索に耽(ふけ)る ⁴sich in seine Gedanken vertiefen; in Gedanken verloren (versunken) sein; ganz in Gedanken sein; alles um ⁴sich vergessen*. ── 思索する [nach|]denken*; nach|sinnen*; grübeln; Gedanken weben(*) (spinnen*); spekulieren. ‖ 思索家 Denker *m.* -s, -; Philosoph *m.* -en, -en 《哲学者》.

しさく 試作 Probe¦arbeit *f.* -en (-stück *n.*

じさく 作《芸術家の》; Probe f. -n《見本》; Versuch m. -[e]s, -e《ためし》; Experiment n. -[e]s, -e《実験》. 試作する probeweise (versuchsweise; zur Probe) her|stellen* (produzieren*).

じさく 自作 js eigenes Werk, -[e]s, -e; js eigene Arbeit, -en/自作の selbst gemacht; selbst geschrieben《自分で書いた》❖ その他 geschrieben の代わりに gedichtet; gemalt; gesponnen など具体的な語を入れて「自作」の意を出す; 懸賞作品は自作のものに限る Die Preisarbeit muss selbst geschrieben werden.

じさくのう 自作農 Freisass m. ..sassen, ..sassen; Freisasse m. -n, -n.

しさつ 視察 Besichtigung f. -en; Inspektion f. -en/視察に歩く einen Besichtigungsrundgang (Inspektionsrundgang) machen/視察を行う eine Besichtigung [ab]|halten*. — 視察する besichtigen*; inspizieren*. ‖ 視察者 der Besichtigende*, -n, -n; Besichtiger m. -s, -; Inspektor m. -s, -en/視察旅行 Besichtigungs(reise (Inspektions-) f. -n.

しさつ 刺殺する ❶ tot|stechen*《jn》; erstechen*《jn》; erdolchen《jn 短刀で》. ❷《野球》"aus" machen《jn》.

じさつ 自殺 Selbstmord m. -[e]s, -e; Freitod m. -[e]s, (まれに -e); Harakiri n. -s, -. — 自殺する Selbstmord begehen*; Hand an ⁴sich legen; ³sich das Leben nehmen*; ³sich ein Leid[s] an|tun*; ⁴sich selbst richten; ⁴sich auf|hängen《首吊り》; ⁴sich erdolchen (erstechen*)《短刀などで》; ⁴sich erschießen*《ピストルなどで》; ⁴sich vergiften《服毒》; ins Wasser gehen*〔s〕《入水》/彼は自殺して果てた Er hat durch Selbstmord geendet. ‖ 自殺者 Selbstmörder m. -s, -/自殺未遂 Selbstmordversuch m. -[e]s, -e.

しさん 資産 Vermögen n. -s, -; Besitz m. -es, -e; Eigentum n. -s, ⸚er; Hab und Gut, des ⸺ und -[e]s; die Mittel《pl》; die Aktiva《pl 会社の》/資産のある vermögend; begütert; besitzend; wohlhabend; wohlsituiert; gut situiert/資産の凍結 das Einfrieren*《n》des Vermögens/資産と負債 die Aktiva und Passiva《pl》‖ 資産家 der Mann -[e]s, ⸚er《von Vermögen》; die Wohlhabenden*《ふつう pl》/資産家階級 die besitzende Klasse; die Besitzenden*《pl》.

しさん 四散する auseinander gehen*〔s〕; ⁴sich in alle Wind[e] (überallhin) zerstreuen.

しざん 死産 Totgeburt f. -en/死産の tot geboren ‖ 死産児 das tot geborene Kind, -[e]s, ⸚er; die Totgeburt.

じさん 持参する mit|bringen*⁴; mit|führen*⁴; mit|nehmen*⁴《持って行く》; tragen*⁴; holen⁴《行って持って来る》/各自弁当持参のこと Jeder soll das Essen mitbringen. ‖ 持参金 Mitgift f. -en; Aussteuer f. -n/ Brautschatz m. -es, ⸚e/持参金を持って来た Sie hat nichts (keine Mitgift) mitgebracht./持参人 Überbringer m. -s, -; Träger m. -s, -; Inhaber m. -s, -《手形などの》/この小切手は持参人にお支払します Dieser Scheck ist an den Inhaber (Überbringer) zahlbar./持参人払小切手 Inhaberscheck m. -s, -s; der auf den Inhaber lautende Scheck, -s, -s.

じさん 自賛 Eigenlob n. -[e]s, -e/自賛する sein eigenes Lob(lied) singen*.

しさんかい 市参事会 Stadtrat m. -[e]s, ⸚e; Magistrat m. -[e]s, -e/市参事会の会議 Magistratssitzung f. -en/市参事会員の身分 die Würde des Magistrats; Magistratswürde f. -n ‖ 市参事会員 Stadtrat; Magistrats|mitglied n. -[e]s, -er《-person f. -en, -en》.

しし 嗣子 Erbe m. -n, -n; Erbin f. ..binnen《女》.

しし 獅子 Löwe m. -n, -n; Löwin f. ..winnen《牝》/獅子の分け前 Löwenanteil m. -[e]s, -e/獅子のような löwen|artig (-haft)/獅子のような強さ Löwen|stärke (Bären-) f. -n/獅子身中の虫 die verräterische Person; der den Freund spielende (heuchlerische) Verräter, -s, -/獅子奮迅の勢いで mit wahrem Löwenmut; [so] grimmig wie ein Löwe ‖ 獅子狩り Löwenjagd f. -en/獅子宮《占星》Löwe/獅子吼《する》Löwengebrüll n. -s, -/獅子吼する wie ein Löwe brüllen; mit Löwenstimme brüllen/獅子座《天》Löwe/獅子鼻 Stumpfnase f. -n; Stupsnase《軽度の》.

しし 四肢 die (vier) Glieder《pl》; die Gliedmaßen《pl》; Hände und Füße《pl》; Arme und Beine; die Extremitäten《pl》/四肢をのばす alle viere von ³sich strecken ‖ 四肢五体 der ganze Körper.

しし 志士 Patriot m. -en, -en; Vaterlandsfreund m. -[e]s, -e; Royalist m. -en, -en《勤皇家》.

しし 孜々として emsig; fleißig wie ein Bienchen; mit Bienenfleiß; mit viel Eifer; unverdrossen.

しし 私事 Privatsache f. -n; eine private Angelegenheit.

しじ 指示 Hinweis m. -es, -e《指図》; Befehl m. -[e]s, -e《[An]weisung f. -en《命令》/指示を与える die [An]weisung erteilen³ (geben*³)/指示を受けるに従う die [An]weisung erhalten* (befolgen). — 指示する hin|weisen《auf⁴》; jn an|weisen《zu⁴》指図する; jm befehlen*³《命令する》. ‖ 指示代名詞《文法》das hinweisende Fürwort, -[e]s, ⸚er; Demonstrativpronomen n. -s, -(..mina)/指示板 Hinweistafel f. -n.

しじ 支持 Unterstützung f. -en; Beistand m. -[e]s, ⸚e《助力》/支持を与える (受ける) ⁴Unterstützung gewähren (erhalten*)/僕は社会民主党を支持した Ich unterstütze die SPD. ‖ Ich bin für die SPD. — 支持する unterstützen⁴; bei|stehen*³. ‖ 支持者 Unterstützer m. -s, -.

しじ 死児 ein totes (verstorbenes) Kind, -[e]s, -er; ein gestorbenes Kind, -[e]s, -er《死産児》/死児の齢(だ)を数える ⁴sich über geschehene Dinge grämen.

しじ 師事する bei *jm* lernen (studieren); *js* ¹Schüler werden.

しじ 自恃 Selbstvertrauen *n.* -s./自信心のある seiner Wertes sicher; selbstsicher; in sich ruhend.

じじ 時事 Aktualitäten (*pl*); Tagesneuigkeit *f.* -en; das aktuelle Thema, -s, ..men (-ta) ‖ 時事問題 Tages|frage *f.* -n (Zeit-)/時事問題の解説をする einen Kommentar über aktuelle Fragen geben*.

じじこっこく 時々刻々 Stunde um Stunde; Minute auf Minute; von Stunde zu Stunde.

ししそんそん 子々孫々 die Kinder und Kindeskinder (*pl*); die Nachkommen (*pl*); Nachkommenschaft *f.* -en; kommende Geschlechter (*pl*)/子々孫々に至るまで bis in die entfernteste Nachwelt/子々孫々に伝える der Nachwelt überliefern*; den (seinen) Nachkommen als Erbe hinterlassen*⁴.

ししつ 資質 ⇨しせい(資性) / 資質上(からみて) von ³Natur; aus ³Veranlagung; seinem (dem) Naturell nach.

ししつ 紙質 die Qualität (-en) des Papiers.

ししつ 私室 Privatzimmer *n.* -s, -.

ししつ 史実 eine geschichtliche (historische) Tatsache *f.*

しじつ 自失する ❶〔気絶〕 in Ohnmacht fallen*〔s〕; ohnmächtig (bewusstlos) werden; die Besinnung verlieren*. ❷〔茫然〕 verblüfft da|stehen*¹ (sein); sprachlos sein (*vor*³);〔俗〕 platt sein. ⇨ぼうぜん.

じじつ 時日 Datum *n.* -s, ..ten (..ta) 《年月日》; Termin *m.* -s, -e《日取り》; Zeit *f.*; Zeit|angabe *f.* -n (-punkt *m.* -[e]s, -e)/時日がたてばわかる Die Zeit wird es lehren./Das wird sich mit der Zeit zeigen./Die Zeit offenbart alle Lüge.《噂が広がる》/時日がたてばなんとかなる 'Kommt Zeit, kommt Rat.*/時日がたてば忘れる Die Zeit heilt alle Wunden./Die Zeit ist der beste Arzt./時日が切迫している Die Zeit drängt./時日をきめる einen Termin aus|machen (fest|setzen; an|setzen)/時日を要する Das braucht viel Zeit./会合の時日と場所をきめる Ort und Zeit der Zusammenkunft bestimmen./つごうのよい時日をおっしゃって下さい Nennen Sie bitte den Termin, der Ihnen passt.

じじつ 事実 Tatsache *f.* -n; Faktum *n.* -s, ..ten (..ta); Gegebenheit *f.* -en; Realität *f.* -en; Tatbestand *m.* -[e]s, =e; Wirklichkeit *f.* -en/事実に反する nicht den Tatsachen entsprechen*; von der Wirklichkeit [weit] entfernt sein/*事実を語る die ⁴Wahrheit sagen (reden)/事実を根拠とする *sich auf den Boden der Tatsachen stellen; auf Wahrheit beruhen《事が主語》/事実を調べる〔確かめる〕die Tatsache untersuchen (fest|nageln; fest|stellen)/事実を曲げる die Tatsache[n] (die Wahrheit; einen Tatbestand) verdrehen/事実となる[zur] Tatsache werden/事実は否定できない Die Tatsache ist nicht zu leugnen./

それは否定できぬ事実だ Das ist eine unbestrittene (nackte) Tatsache (ein unleugbares Faktum)./嘘いつわりのない事実を申すのです Ich spreche die reine (nackte; ungeschminkte) ⁴Wahrheit./事実無根の nicht den Tatsachen entsprechend; erfunden; grundlos; ohne Grund; unbegründet; aus der Luft gegriffen.

じじつじょう 事実上〔の〕 tatsächlich; effektiv; faktisch; praktisch; wirklich; in der Tat; in der Wirklichkeit; in Wahrheit;〔事実上は...と同じ〕 so gut wie; nahezu.

じじむさい 爺むさい nachlässig; schlampig; schlunzig; derangiert; ungepflegt.

ししゃ 使者 Bote *m.* -n, -n; der Abgesandte*, -n, -n; Boten|gänger *m.* -s, -; Laufbursche *m.* -n, -n《使い走り》/使者を遣わす einen Boten [aus]|schicken ([ent]senden*¹).

ししゃ 死者 der Tote* (Umgekommene*), -n, -n; der tödlich Verunglückte*, -n, -n《事故などの》; der Gestorbene*, -n, -n; der Verstorbene*, -n, -n《故人》; der Getötete*, -n, -n《被殺者》/死者の命日 Toten|gedenktag (-sonntag) *m.* -[e]s, -e.

ししゃ 試写〔映画の〕Vorschau *f.* -en; die private Vorführung, -en/試写を行う einen Film vor geladenen Gästen vor|führen.

ししゃ 試射 das Probeschießen*, -s; Probeschuss *m.* -es, =e; das Einschießen*, -s/試射する ein Gewehr (eine Kanone) probieren (ein|schießen*); einen Probeschuss tun* ‖ 試射弾 Probeschuss.

ししゃ 支社 Filiale *f.* -n; Zweig|geschäft *n.* -[e]s, -e (-niederlassung *f.* -en; -stelle *f.* -n); Tochteranstalt *f.* -en;〔寺院の〕Neben|tempel (Zweig-) *m.* -s, -.

ししゃ 侍者 Gefolge *n.* -s, -; Begleiter *m.* -s, -;〔その一行〕Gefolgschaft *f.*; Begleitung *f.* -en.

ししゃく 子爵 Vicomte *m.* -s, -s ‖ 子爵夫人 Vicomtesse *f.* -n.

じしゃく 磁石 Magnet *m.* -[e]s, -e; Kompass *m.* -es, -e《羅針儀》‖ 永久磁石 Dauermagnet *m.* -[e]s, -e; der permanente Magnet/天然磁石 der natürliche Magnet.

じしゃく 自若として gelassen; gefasst; gesetzt; ohne aus der Fassung zu kommen; ohne Fassung zu verlieren; ruhig; beherrscht.

ししゃごにゅう 四捨五入 eine Zehnerbruchstelle (Dezimalstelle) auf|runden (ab|runden).

ししゅ 詩趣 das Poetische*, -n; Poesie *f.*; das Dichterische*, -n; der poetische (dichterische) Reiz, -es, -e; die poetische (dichterische) Stimmung, -en; das Stimmungsvolle*, -n; der poetische (dichterische) Geschmack, -[e]s《趣味》/詩趣に富む voll von Poesie (poesievoll) sein; von ³Poesie erfüllt sein/詩趣に乏しい poesielos (prosaisch; schwunglos; unpoetisch) sein; arm an poetischer Stimmung sein.

ししゅ 死守する bis aufs äußerste (aufs

じしゅ 自首 Selbstanzeige *f.* ∥ 自首する ⁴sich bei der ³Polizei melden (an|zeigen); ⁴sich der Polizei gefangen geben*.

じしゅ 自主 Unabhängigkeit *f.*; Selbstständigkeit (Selbständigkeit) *f.*; Autonomie *f.* -n; Selbstbestimmungsrecht *n.* -(e)s, -e 《自決権》/自主的な〔に〕unabhängig; selbstständig (selbständig); autonom; souverän; selbstverantwortlich; ungebunden / 自主独立の精神 der Geist (-(e)s, -er) der Unabhängigkeit ∥ 自主外交 die souveräne Außenpolitik, -en/自主規制 Selbstkontrolle *f.* -n/自主権 Autonomie; Eigengesetzlichkeit *f.*; Selbstbestimmungsrecht.

ししゅう 詩集 Gedichtsammlung *f.* -en; Anthologie *f.* -n; Blumen|lese (Blüten-) *f.* -n / 近代詩集 Auswahl (*f.* -en) moderner Gedichte.

ししゅう 刺繍 Stickerei *f.* -en / 刺繍した gestickt. — 刺繍する sticken⁴. ∥ 刺繍糸 Stickgarn *n.* -(e)s, -e/刺繍織 Sticker *m.* -s, -/刺繍製品 Stickarbeit *f.* -en/刺繍道具 Stickzeug *n.* -(e)s, -e/刺繍鉄(ニ) Stickschere *f.* -n, -/刺繍針 Sticknadel *f.* -n/刺繍用角枠 der viereckige Stickrahmen, -s, -/刺繍用図案 Stickmuster *n.* -s, -/刺繍用丸枠 Tamb(o)ur *m.* -s, -e; der runde (Schweizer) Stickrahmen / 刺繍用羊毛 Stickwolle *f.* -n 《*pl* は品種を示すとき》.

ししゅう 屍臭 Leichen|geruch (Toten-) *m.* -(e)s, -e; Leichengestank *m.* -(e)s.

しじゅう 始終 von Anfang bis Ende 《初めから終わりまで》; die ganze ⁴Zeit 《その間中》; immer 《常に》; ununterbrochen 《絶えず》/彼は始終旅行をしている Er immer (dauernd) unterwegs (auf der Reise).

しじゅう 四十 vierzig/第四十の der (die, das) vierzigste*/四十男 ein Vierziger, -s, -/十九五四十年代に in den vierziger ³Jahren des 20. Jahrhunderts.

じしゅう 自習・自修 Selbstunterricht *m.* -(e)s (-studium *n.* -s, ..dien); das Studieren*, -s, -. — 自習(修)する für ⁴sich studieren⁴ (lernen); ohne ⁴Lehrer lernen⁴; ⁴sich vor|bereiten 《予習》; Schulaufgaben machen 《宿題》. ∥ 自習時間 Stunde (*f.* -n) zum Selbststudium (ohne Lehrer)/ドイツ語自習書 Deutsch zum Selbstunterricht (ohne Lehrer) 《表題》.

じじゅう 侍従 Kammerherr *m.* -n, -en ∥ 侍従長 Oberhofmarschall *m.* -s, -e/侍従武官(長) Flügeladjutant (Generaladjutant) *m.* -en, -en.

じじゅう 自重 Leer|gewicht (Tot-; Eigen-) *n.* -(e)s, -e; Totlast *f.* -en.

しじゅうから 四十雀 〔鳥〕 Meise *f.* -n.

しじゅうそう 四重奏 〔楽〕 Quartett *n.* -(e)s, -e ∥ 四重奏団 Quartett / 弦楽四重奏 Streichquartett *n.* -(e)s, -e.

ししゅく 止宿 das Logieren*, -s; das Unterkommen*, -s. — 止宿する logieren

(bei *jm*); bleiben* ⓢ (bei *jm*); eingekehrt (abgestiegen) sein (bei *jm*; in³); in ³Pension sein (bei *jm*); Unterkunft gefunden haben (bei *jm*); unter|kommen* ⓢ (bei *jm*); wohnen (bei *jm*); zu Gast sein (bei *jm*). ∥ 止宿所 Logis *n.* -, -; Bleibe *f.* -n; Pension *f.* -en; Unterkunft *f.* -e; Wohnung *f.* -en/止宿人 (Pensions)mieter *m.* -s, -; Pensionsgast *m.* -(e)s, -e; Kostgänger *m.* -s, -.

ししゅく 私淑する 〔bewundernd〕 an|schauen (empor-) 《zu jm》; ehrfürchtig lieben⁴; Ehrfurcht haben (hegen) 《vor *jm*》; in ³Ehren halten* 《*jn*》; respektieren 《*jn*》.

ししゅく 私塾 Privatschule *f.*

ししゅく 自粛 Selbstbeschränkung *f.* 《きりつめ》; Selbstbeherrschung *f.* 《自制》; Zurückhaltung *f.* 《ひかえ目》/買い物を差控えすべて必要なもののみにきりつめて自粛する mit Einkäufen zurück|halten* und alles auf das Notwendigste beschränken.

ししゅつ 支出 Aus|gabe *f.* -n (-lage *f.* -n); Aufwand *m.* -(e)s 《出費》; die Kosten 《*pl* 費用》; Verausgabung *f.* -en. — 支出する aus|geben*⁴ (-en); auf|wenden*⁴; die Kosten (*pl*) bestreiten*; verausgaben⁴ / 予備費の中から百万円支出する eine Million Yen aus dem Reservefonds verwenden* (*auf*⁴; *für*⁴; *zu*³). ∥ 支出額 die ausgegebene Summe, -n; -e/支出計算 Ausgaberechnung *f.* -en/支出高 Auslagerechnung *f.* -en/支出簿 Ausgabe(n)buch *n.* -(e)s, -er/支出予算 Ausgabe(n)budget *n.* -s, -e/予算外支出 die im Budget unvorhergesehenen Ausgaben (*pl*).

ししゅんき 思春期 Pubertät *f.*; Geschlechtsreife *f.*; Mannbarkeit *f.*; das mannbare Alter, -s, -/思春期の pubertär; geschlechtsreif; mannbar 《一般に青年男女につき》.

しじゅんせつ 四旬節 〔宗〕 Fasten (*pl*); Fastzeit *f.*

ししょ 支署 Zweig|anstalt *f.* -en (-amt *n.* -(e)s, -er).

ししょ 司書 Bibliothekar *m.* -s, -e ∥ 司書官 Oberbibliothekar *m.* -s, -e.

ししょ 私書 Privat|urkunde *f.* -n (-dokument *n.* -(e)s, -e, -papiere (*pl*); -schriftstück *n.* -(e)s, -e); Privatbrief *m.* -(e)s, -e 《私信》/私書を偽造する Privaturkunden fälschen (falsifizieren); einen Privatbrief fälschen (falsifizieren) ∥ 私書偽造 die Fälschung (-en) (das Fälschen*, -s, Falsifikation, -en) von Privaturkunden; die Fälschung (das Fälschen*; die Falsifikation) eines Privatbrief(e)s.

ししょ 子女 Kind *n.*; Tochter *f.* 《娘》/良家の子女である aus einer guten ³Familie (stammen).

じしょ 自署 Unterschrift *f.* -en; Unterzeichnung *f.* -en; Autogramm *n.* -s, -e/自署する unterschreiben*⁴; unterzeichnen⁴.

じしょ 辞書 Wörterbuch *n.* -(e)s, -er; Lexikon *n.* -s, ..ka; Glossar *n.* -s, -e; Thesaurus *m.* -, ..ri (..ren); Wörterverzeichnis *n.* ..nissen, ..nisse/辞書を引く ein Wörterbuch nach|schlagen*; ein Wort im Wörterbuch suchen (nach|schlagen*)/辞書に出ているか見てごらんなさい Sehen Sie nach, ob es im Wörterbuch steht.

じしょ 地所 Grundstück *n.* -〔e〕s, -e; Gut *n.* -〔e〕s, ⸗er; Baugrund *m.* -〔e〕s, ⸗e《敷地》; Grundbesitz *m.* -es, -e/彼は地所を持っている Er hat Grundbesitz. ⁞ Er ist Grund〔stück〕besitzer.

じじょ 自序 Vorwort《*n.* -〔e〕s, -e》des Verfassers (des Autors).

じじょ 侍女 Kammer⁞frau *f.* -en (-jungfer *f.* -n; -zofe *f.* -n).

じじょ 自助 Selbsthilfe *f.*

じじょ 次女 die zweite Tochter *f.* ⸗.

ししょう 私消〔罪〕 Unterschlagung *f.* -en; Unterschleif *m.* -〔e〕s, -e; Veruntreuung *f.* -en/私消する unterschlagen*⁴; veruntreuen⁴/彼は公金を私消したそうだ Er soll öffentliche Gelder angegriffen haben. ⁞ Er soll sich an öffentlichen Geldern vergriffen haben.

ししょう 支障 ⇨さしつかえ.

ししょう 私娼 die freie Dirne, -n; Nutte *f.* -n; Straßen⁞mädchen (Freuden-) *n.* -s, -; 〔Straßen〕hure *f.* -n; Schneppe *f.* -n.

ししょう 師匠 〔Lehr〕meister *m.* -s, -; Lehrer *m.* -s, -.

しじょう 詩情 eine poetische Stimmung, -en/この絵には詩情がある Das Gemälde hat Poesie./彼は詩情豊かな男だ Er hat ein poetisches Gefühl (poetische Anlagen).

しじょう 試乗 Probefahrt *f.* -en; Proberitt *m.* -〔e〕s, -e《騎乗》.

しじょう 私情 ein persönliches Gefühl, -〔e〕s, -e; Vorurteil *n.* -s, -e《偏見》/私情を交えてはいけません Sie sollen nicht persönlich werden.

しじょう 至情 ein wahres (inneres) Gefühl, -〔e〕s, -e; Aufrichtigkeit *f.*《誠実》/至情を吐露する aus dem Herzen sprechen*; sein Herz aus|schütten.

しじょう 市場 Markt *m.* -〔e〕s, ⸗e/市場に出す zu ³Markt (auf den Markt) bringen*⁴/新しい市場を獲得する ³sich neue Märkte erobern ‖ 市場価格 Marktpreis *m.* -es, -e/市場取引 Markt⁞geschäft *n.* -〔e〕s, -e (-verkehr *m.* -s)/金融市場 Geldmarkt.

しじょう 史上 in der ³Geschichte/史上類のない beispiellos in der Geschichte.

しじょう 至上の höchst; oberst ‖ 至上命令 ein höchster (unbedingter) Befehl, -〔e〕s, -e; der kategorische Imperativ, -〔e〕s《カント哲学の》.

じしょう 自称〖文法〗die erste Person, -en/自称の angeblich; wie er angibt/自称詩人である Er nennt sich Dichter. ⁞ Er rühmt sich als einen Dichter. ── 自称する ⁴sich nennen*⁴; ⁴sich aus|geben*《*als*⁴》/彼の自称するところでは彼は医者だそうだ Er ist angeblich (wie er selbst angibt) Arzt.

じじょう 磁場 Magnetfeld *n.* -〔e〕s, -er.

じじょう 自乗 Quadrat *n.* -〔e〕s, -e; die zweite Potenz, -en/五の自乗は二十五である Das Quadrat von 5 ist 25. ── 自乗する eine Zahl ins Quadrat (in die zweite Potenz) erheben*; quadrieren⁴; mit sich selbst mal|nehmen*. ‖ 自乗根 Quadratwurzel *f.* -n/自乗数 Quadratzahl *f.* -en/自乗冪(べき) Exponent《*m.* -en, -en》2; Hochzahl《*f.* -en》2/自乗法 Quadrierung *f.* -en; die Erhebung《*f.* -en》zur zweiten Potenz.

じじょう 事情 ❶ Umstand *m.* -〔e〕s, ⸗e《ふつう *pl*》; Bewandtnis *f.* ..nisse; Lage *f.* -n; Sachlage *f.* -n; Sachverhalt *m.* -〔e〕s; Situation *f.* -en; Tatbestand *m.* -〔e〕s, ⸗e; Zusammenhang *m.* -〔e〕s, ⸗e; die Lage (der Stand) der Dinge/事情がどうあろうと unter allen Umständen《肯定》; unter keinen Umständen《否定》/事情によっては unter Umständen/事情が許せば(の許す限りは) wenn (insofern) es die Umstände erlauben (gestatten)/事情やむをえず durch unvermeidliche Umstände gezwungen (genötigt); notgedrungen; gezwungenermaßen/現在の事情では bei der gegenwärtigen Lage der Dinge; unter den obwaltenden Verhältnissen / こういう事情では nach Lage der Dinge; wie die Dinge 〔nun einmal〕 liegen; unter (bei) so bewandten Umständen/事情はこうである Damit hat es 〔die〕 folgende Bewandtnis. ❷ [経過] Ablauf *m.* -〔e〕s, ⸗e; Entwicklung *f.* -en; Verlauf *m.* -〔e〕s. ‖ ドイツ経済事情 die Wirtschaftslage Deutschlands.

ししょうじ 指小辞 〖文法〗Diminutiv (Deminutiv) *n.* -s, -e; Verkleinerungsform *f.* -en.

じじょうじばく 自縄自縛 ⁴sich im eigenen Netz verstricken; ³sich die Rute selber flechten*.

ししょうしゃ 死傷者 die Toten und Verletzten (Verwundeten)《*pl*》; die Verluste《*pl*》/味方に多数の死傷者があった Der Feind fügte uns schwere Verluste zu.

ししょうせつ 私小説 Ichroman *m.* -s, -e.

ししょく 試植 Versuchsanbau *m.* -〔e〕s; der versuchsweise (probeweise) Anbau/試植する versuchsweise an|bauen⁴ (pflanzen⁴).

ししょく 試食する kosten⁴; probieren⁴; versuchen⁴; versuchsweise essen*⁴.

じしょく 辞職 Abschied *m.* -〔e〕s, -e; Amts⁞abtretung *f.* -en (-niederlegung *f.* -en); Entlassung *f.* -en; Rücktritt *m.* -〔e〕s, -e; Abdankung *f.* -en/辞職願いを出す seinen Abschied ein|reichen; um seinen Abschied (seine Entlassung) ein|kommen* [s]/辞職を聞き届ける den Abschied (den Rücktritt) an|nehmen* (genehmigen)/辞職を勧告する *jm* raten*, zurückzutreten (das Amt niederzulegen). ── 辞職する ab|danken; ab|treten* [s]; ein Amt auf|geben* (nieder|legen); zurück|treten* [s]《*von*³》; auf eine Stellung verzichten.

じじょでん 自叙伝 Selbstbiografie f. -n; Autobiografie f. -n.

ししばこ 私書箱 Postschließfach n. -[e]s, ¨er/私書箱十八号宛にご返事下さい Adressieren Sie die Antwort an [das] Postschließfach 18.

ししん 指針 ❶ [針] Kompassnadel f. -n〈羅針〉; [An]zeiger m. -s, -/ Uhrzeiger; Indikator m. -s, -en. ❷ [手引] Führer m. -s, -/ Anleitung f. -en/ Anweisung f. -en; Fingerzeig m. -[e]s, -e; Leitfaden m. -s, ¨; Orientierung f. -en.

ししん 使臣 der [Ab]gesandte*, -n, -n.

ししん 私心 Selbstsucht (Eigen-; Ich-) f.; Egoismus m.; Eigennutz m. -es; Eigenliebe (Selbst-) f.; Selbstigkeit f./ 私心をむき出し egoistisch handeln wollen*; egoistisch zu handeln versuchen; nur an *sich selbst denken*.

ししん 私信 die private Mitteilung, -en; Privatbrief m. -[e]s, -e.

しじん 詩人 Dichter m. -s, -; Dichterin f. ..rinnen〈女性〉; Poet m. -en, -en/「詩人の恋」„Dichterliebe" f.

しじん 私人 Privat|person f. -en (-mann m. -[e]s, ¨er (..leute))/私人としては僕はそれに反対ではない Privat bin ich nicht dagegen.

じしん 地震 Erd|beben n. -s, - (-stoß m. -es, ¨e)/ seismisch; Erdbeben-/ Tokio erlebte gestern die stärksten Erdstöße seit dem katastrophalen Erdbeben in Kanto./ 昨日の地震の震源地は箱根近辺で Der Herd des gestrigen Erdbebens lag in der Nähe von Hakone./ 地震学 Seismologie f.; Erdbebenkunde f./ 地震学者 Seismologe m. -n, -n/ 地震観測所 das seismologische Institut, -[e]s, -e/ 地震計 Seismometer n. (m.) -s, -; Erdbebenmesser m. -s, -/ 地震電燈 Erdbebenzone f. -n.

じしん 磁針 Magnetnadel f. -n.

じしん 自身 selbst; sich/ für eigen; persönlich/ それ自身では an und für sich; an sich/ 計画それ自身としては悪くはないのだが... An sich ist der Plan gar nicht schlecht, aber ..../ 自身で selbst; in eigener Person; persönlich/ 自身で出頭のうえ Sie müssen persönlich erscheinen!/ 彼女の服はみな自分自身で作った Sie hat sich alle diese Kleider selbst gemacht. ⇨じぶん (自分)

じしん 自信 Selbst|bewusstsein n. -s (-gefühl n. -[e]s, -e); -vertrauen n. -s)/ 自信ある sicher² sein/ 自信が強い von sich [selbst] sehr eingenommen (überzeugt) sein/ 彼は自分の仕事に自信をもっている Er ist seiner Sache ganz sicher.

じしん 時針 Stundenanzeiger m.

ししんけい 歯神経 Zahnnerv m. -s, -en.

ししんけい 視神経 Seh|nerv (Augen-) m.

しずい 雌蕊 Stempel m. -s, -; Pistill n. -s, -e.

しずい 歯髄 Zahnmark n. -[e]s Pulpa f. ..pae.

すい 自炊する selbst kochen⁴; das Essen selbst zu|bereiten.

しすう 紙数 Seitenzahl f. -en/ 紙数に限りがあるので da der Raum beschränkt ist.

しすう 指数 Index m. -, - (..dizes); Exponent m. -en, -en || 指数関数 Exponentialfunktion f. -en/ 指数級数 Exponentialreihe f. -n/ 指数方程式 Exponentialgleichung f. -en/ 指数量 Exponentialgröße f. -n/ 物価指数 Preisindex m. -[es], -e (..dizes).

しずか 静かな ruhig; still; sacht[e]; sanft; gelassen 〈落ちついた〉; lautlos 〈音のしない〉; leise 〈ひそかな〉; schweigsam 〈口をきかぬ〉; friedlich 〈平和な〉; langsam 〈遅い〉/ 静かな村 das stille Dorf, -[e]s, ¨er/ 静かな日々 die friedlichen Tage (pl)/ 静かな住居 die ruhige Wohnung, -en/ 静かな呼吸 der leise Atem, -s, -/ 静かな物腰 das sanfte Wesen, -s/ 静かに暮らす ein ruhiges (friedliches) Leben führen/ 静かになる ruhig (still) werden; *sich legen 〈嵐などの〉 ⇨しずまる (静まる)/ 静かに! Ruhe!｜Still!｜Silentium!/ あの政治家の身辺は妙に静かになった Merkwürdig still ist es um den Staatsmann (diesen Politiker) geworden.

しすぎる 過ぎる zu sehr (stark) tun*⁴; zu weit treiben*⁴; zu weit gehen* [s]/ 勉強し過ぎる *sich beim Studium über|arbeiten/ 仕事をし過ぎ不得気になった Er hat *sich krank gearbeitet./ 彼に期待し過ぎた Wir haben zu viel von ihm erwartet (verlangt)./ あんまりからだを酷使し過ぎるなよ Schinde dich nicht ab!｜Plag' dich nicht so ab!

しずく 滴 Tropfen m. -s, -/ 滴がたれる tropfen; tröpfeln; triefen(*)/ 雨の滴が軒からたれていた Der Regen troff (triefte) vom Dach.

しずけさ 静けさ Stille f.; Ruhe f./ 深い静けさ die tiefe Stille/ 夕べの静けさ Abendstille f.; die Stille des Abends.

しずしず しずしずと ruhig und majestätisch; ruhig und Achtung gebietend (Ehrfurcht gebietend); langsam und gebieterisch (hoheitsvoll).

システム System n. -s, -e || システム工学 Systemforschung f. -en.

ジステンパー Staupe f. -n.

ジストマ Distoma n. -s, -ta 〈虫〉; Distomatose f. -n 〈病〉/ 肝臓ジストマ Leberegel m. -s, -.

じすべり 地滑り Erd|rutsch (Berg-) m. -[e]s, -e/ 昨日...に地滑りがあった Gestern war ein Erdrutsch in ....

しずまる 静(鎮)まる ruhig (still) werden; *sich beruhigen; zur Ruhe kommen* [s]; *sich legen 〈嵐などの〉; nach|lassen*/ gedämpft werden 〈音などの〉; unterdrückt (niedergehalten; niedergeworfen) werden 〈反乱などの〉/ 嵐が静まった Der Wind hat sich gelegt.｜Der Wind hat nachgelassen./ 場内は水を打ったように静まった Ringsum wurde es plötzlich still./ 場内は水を打ったように静まった Im Saal herrschte Totenstille

しずむ 沈む ❶ 〔ver〕sinken* ⑸; unter|gehen* (-|sinken*; -|tauchen) ⑸; sacken ⑸; ⁴sich senken 〔沈下する〕; ⁴sich senken. ❷ 〔気分が〕 nieder|gedrückt (-geschlagen) sein; mutlos (melancholisch; schwermütig; verzagt) werden/沈んだ気分 eine niedergedrückte Stimmung/彼はとても沈んでいる Er ist sehr niedergedrückt.

しずめる 静〔鎮〕める stillen⁴; beruhigen⁴; besänftigen⁴; zur Ruhe bringen⁴·⁴; dämpfen⁴; nieder|halten*⁴ (-|werfen*⁴) 〔反乱などを〕; unterdrücken⁴ 〔同上〕; beschwichtigen⁴ 〔big や大火災を鎮める eine Feuersbrunst nieder|halten/ein Großfeuer in Schach halten*/騒を静める ⁴sich beruhigen (besänftigen)/興奮を鎮める die Aufregung beruhigen (besänftigen)/彼の怒りを静めるのに大骨を折った Wir hatten viel Mühe, seinen Zorn (ihn) zu besänftigen.

しずめる 沈める [ver]senken⁴; unter|tauchen⁴; in die Tiefe sinken lassen*⁴; unter ⁴Wasser setzen⁴; zum Untergehen bringen*⁴.

しする 資する bei|tragen* (zu³); einen Beitrag tun*; helfen*³; tätig (tatkräftig) unterstützen⁴.

-しする -視する ¶ 危険視する eine Gefahr wittern (merken; vermuten).

じする 侍する auf|warten³; bedienen⁴ 〔食卓などで〕; als Kammerdiener (als Kammerjungfer) bei *jm* dienen 〔近侍·侍女として〕.

じする 持する [unter]halten*⁴; ⁴sich benehmen* 〔態度を〕; 自らを持するに厳である Er ist streng gegen sich selbst. | Er lässt sich nichts schenken.| 手を持して待った Wir spannten alle Kräfte an und warteten.

じする 辞する ❶ 〔辞退〕 nicht an|nehmen*⁴. ❷ 〔辞職〕 [ein Amt] nieder|legen (auf|geben*); auf eine Stellung verzichten; zurück|treten* ⑸ 〔*von*³〕. ❸ 〔辞去〕 Abschied nehmen* 〔*von*³〕; ⁴sich empfehlen*; ⁴sich verabschieden 〔*von*³〕/いかなる犠牲も辞せず Ich werde kein Opfer scheuen./ー升酒(旨)なお辞せず Er säuft wie ein Loch (wie das liebe Vieh; wie ein Bürstenbinder).

しせい 詩聖 Dichterfürst *m.* -en, -en 〔-könig *m.* -s, -e〕; der große (geniale) Dichter, -s, -.

しせい 市制 die städtische Organisation, -en; Stadtwesen *n.* -s, -/市制をしく eine städtische Organisation ein|führen; als Stadt mit Selbstverwaltung organisiert *werden*; *Stadtrechte* 〔*pl*〕 erhalten*.

しせい 市政 Stadtverwaltung *f.* -en (-wesen *n.* -s, -); die städtische Verwaltung, -en.

しせい 資性 Veranlagung *f.* -en; Gemütsart *f.* -en; Naturanlage *f.* -n; Naturell *n.* -s, -e ‖ 資性温和 sanft von Charakter sein; ein sanftes Wesen (Herz) haben.

しせい 施政 Verwaltung *f.* -en; Regierung *f.* -en; Administration *f.* -en ‖ 施政方針 Verwaltungspolitik *f.* -en (-programm *n.* -s, -e).

しせい 至誠 die unerschütterliche Treue; das treueste Herz, -ens/至誠天に通ず Die unerschütterliche Treue rührt selbst die Götter.

しせい 市井 Straße *f.* -n; Welt *f.* 〔世の中〕/市井の出来事 das alltägliche Ereignis, -nisses, ..nisse/市井の無頼漢 Straßenlümmel *m.* -s, - (-gesindel *n.* -s, -).

しせい 姿勢 〔Körper〕haltung *f.* -en; [Körper]stellung *f.* -en; Pose *f.* -n 〔ポーズ〕; Positur *f.* / よい(わるい)姿勢 eine gute (schlechte) Haltung/気を付けの姿勢 die stramme (aufrechte) Haltung 〔直立の〕; die militärische Haltung 〔不動の〕/姿勢をとる eine Haltung an|nehmen/姿勢を正す ⁴sich auf|richten; eine aufrechte Haltung an|nehmen*.

しせい 私製 privat; Privat- ‖ 私製はがき Privat[post]karte *f.* -n/私製品 Privaterzeugnis *n.* ..nisses, ..nisse.

しぜい 市税 Stadtsteuer *f.* -n; Bürgersteuer (Gemeinde-) 〔市町村の〕.

じせい 自省 [innere] Einkehr, -en; Beschaulichkeit *f.* -en; das Insichgehen*, -s; Selbstbetrachtung *f.* -en/自省的な beschaulich; besinnlich/自省する in seinem Inneren (bei 〔in; mit〕) ⁴sich (selbst) Einkehr halten*; ⁴sich innerlich prüfen (betrachten).

じせい 自制 Fassung *f.* -en; Beherrschtheit *f.* -en; Selbstbeherrschung *f.* -en; Überwindung *f.* -en/自制心を失う die Fassung verlieren*; aus der Fassung geraten* (kommen*) ⑸. ─ 自制する ⁴sich beherrschen; ⁴sich selbst besiegen; ⁴sich überwinden*; ⁴sich selbst im Zaum halten*; [Leidenschaften] unterdrücken⁴/彼は非常に自制してふるまった Er hat sich sehr beherrscht benommen.

じせい 自生 Urzeugung *f.* -en; Autogenese *f.* -n 〔自然発生〕; das wilde Wachstum, -s 〔植物の〕/自生の wildwachsend/自生する wild wachsen* ⑸.

じせい 時制 〔文法〕 Tempus *n.* -, ..pora; Zeitform *f.* -en; Zeit *f.* -en.

じせい 磁性 Magnetismus *m.* -/磁性の magnetisch/磁性を与える magnetisieren⁴.

じせい 辞世 das Ableben*, -s; Hinschied *m.* -[e]s; Schwanengesang *m.* -[e]s, ⸚e 〔辞世の歌など〕.

じせい 時勢(世) Zeit *f.* -en; Zeitströmung *f.* -en 〔-läuf〔t〕e 〔*pl*〕, -umstände 〔*pl*〕 ⇒じりゅう〕/時勢に遅れる hinter die Zeit zurück|bleiben* ⑸/時勢に伴う(と共に進む) mit der Zeit Schritt halten*/時勢に逆う gegen die Strömung an|kämpfen/時勢遅れの altmodisch (-fränkisch)/時勢だからあきらめろ Das sind Zeiten! (あきらめろ)/ひどい時世ですよ Es sind schlechte Zeiten.

しせいかつ 私生活 Privatleben *n.* -s, -; das häusliche (außerberufliche) Leben, -s, -.

しせいじ 私生児 das uneheliche (natürliche) Kind, -[e]s, -er; Bankert m. -s, -; Bastard m. -[e]s, -e; Liebeskind; das Kind der Liebe/私生児認知 die gesetzliche Anerkennung eines unehelichen Kind[e]s/私生児として生まれる unehelich geboren werden/私生児を認知する ein uneheliches Kind als sein eigenes an|erkennen*.

しせいちょうさ 市勢調査 die Volkszählung ⟨-en⟩ für das Stadtgebiet XY/市勢調査を行う eine städtische Volkszählung halten*.

しせき 史跡 der geschichtliche (historische) Ort, -[e]s, -e; die geschichtliche (historische) Stätte, -n; das geschichtliche (historische) Denkmal, -s, ⸗er ⟨-e⟩; Geschichtsdenkmal n. -s, ⸗er /史跡を訪れる einen geschichtlichen (historischen) Ort besuchen ‖ 史跡保存協会 die Vereinigung ⟨-en⟩ zur Pflege (Erhaltung) geschichtlicher (historischer) Orte.

しせき 歯石 Zahnstein m. -[e]s, -e.

しせき 史籍 Geschichts¦werk n. -[e]s, -e; Urkunde f. -n ⟨『記録』⟩.

じせき 次席 der nächste Platz, -es, ⸗e ⟨次の席⟩; der zweite Rang, -[e]s, ⸗e ⟨第二位⟩; der Zweitbeste* ⟨-n, -n⟩ in der Klasse ⟨学級の⟩; Stellvertreter m. -s, - ⟨部・局・課などの⟩; der Beigeordnete*, -n, -n ⟨役所関係の⟩; der zweite Gewinner, -s, - ⟨受賞者の⟩ /次席の zweit; beigeordnet; stellvertretend /次席が課長の代理をつとめる Der Stellvertreter vertritt den Abteilungschef.

じせき 事跡 die historische Tatsache, -n; Beweismaterial n. -s, ...lien.

じせき 事績 Leistung f. -en; Tat f. -en; Vollendung f. -en; Verdienst n. -[e]s, -e ⟨『功績』⟩; Werk n. -[e]s, -e /技術面の輝かしい事績 die technische Glanzleistung, -en /シュヴァイツァーの生涯と事績 Leben und Taten Schweitzers.

じせき 自責(の念) Gewissensbiss m. -es, -e; Gewissensskrupel m. -s, - /自責の念に駆られる *et (jn)* auf dem Gewissen haben ⟨事・人に対して⟩; ⁴sich schuldig fühlen ⟨*an*³⟩; ein böses Gewissen haben; Es kommt *jm* Skrupel.

しせつ 施設 Einrichtung f. -en; Institution f. -en; Anstalt f. -en; Institut n. -[e]s, -e ⟨『施設物』⟩; Installation f. -en ⟨『設備』⟩. —— 施設する ein|richten⁴; an|legen⁴; installieren⁴. ‖ 教育施設 die pädagogische Einrichtung.

しせつ 使節 der (Ab)gesandte*, -n, -n; Sendbote m. -n, -n; Mission f. -en ⟨『使節団』⟩/使節として行く(来る) in einer Mission gehen* (kommen*) ⓈⓉ.

しせつ 私設 privat; Privat- /私設秘書 Privatsekretärin f. -, ..rinnen.

じせつ 自説 js eigene Ansicht, -en ⟨Meinung, -en⟩; Behauptung f. -en ⟨『主張』⟩; Ansicht f. -en ⟨『立場・見解』⟩; Überzeugung f. -en ⟨『確信』⟩; Stand¦punkt (Gesichts-) m. -[e]s, -e ⟨『立場・見解』⟩/自説に固執する an seiner Meinung (Überzeugung) fest|halten*; von seiner Behauptung nicht ab|gehen* Ⓢ; hartnäckig bei seiner Behauptung bleiben* Ⓢ; auf seiner Meinung fest bestehen*.

じせつ 時節 **❶** [季節] Jahreszeit f. -en; Saison f. -s /時節はずれ die tote (stille) Saison; 〘俗〙 Sauregurkenzeit f. -en ⟨商売上の⟩ /時節外れの außerhalb der Saison; 〘俗〙 außer Saison. **❷** [時世] ⇨じせい(時勢). **❸** [時期] [passende; rechte] Zeit, -en; Gelegenheit f. -en; Anlass m. -es, ⸗e /時節を待つ die Gelegenheit (den rechten Zeitpunkt; den günstigen Augenblick) ab|warten /時節が来れば wenn die [günstige] Gelegenheit sich bietet; wenn die (gelegene) Zeit kommt; mit der Zeit ⟨その中に⟩.
 ‖ 時節柄 bei den jetzigen Zeitumständen; den Zeitumständen entsprechend; bei diesen bösen (schlechten, trüben) Zeiten /時節到来 Die Zeit ist reif.

しせん 支線 Neben¦linie (Zweig-) f. -n; Neben¦bahn (Zweig-) f. -n.

しせん 詩選 Anthologie f. -n; Blüten¦lese (Blumen-) f. -n; Gedichtsammlung f. -en.

しせん 視線 Gesichtskreis m. -es, -e; Blick m. -[e]s, -e /視線を向ける den Blick richten (lenken) ⟨*auf*⁴⟩ /視線をそらす den Blick wenden*⟨*von*³⟩ /視線が合うと als ihre Blicke sich (einander) kreuzten (trafen) /皆の視線が彼に集まった Alle sahen ihn an. ¦ Er zog aller Augen auf sich. /そっと彼女のほうへ視線を投げた Er warf ihr einen verstohlenen Blick zu. ¦ Er sah sie verstohlen an.

しせん 死線 Todeslinie f. -n /死線を越えて über die Todeslinie.

しせん 死戦 Todeskampf m. -[e]s, ⸗e; der verzweifelte Kampf; der Kampf auf Leben und Tod.

しぜん 自然 Natur f. -en /自然に近い naturnah[e] /自然の戯れ das Spiel ⟨-[e]s, -e⟩ der Natur /自然の成行きで im natürlichen Verlauf der Dinge; wie sich die Dinge naturgemäß entwickeln /自然の成り行きに任せる die Dinge verlaufen lassen*, wie sie naturgemäß verlaufen; einer Sache (den Dingen) ihren [freien] Lauf lassen* /自然に還る zur Natur zurück|kehren ⟨Ⓢ⟩ /自然に背く sich von der Natur ab|kehren ⟨ab|wenden*⟩; gegen die Natur sein /自然のふところに逃れる ⁴sich⟩ an den Busen der Natur flüchten ⟨Ⓢ⟩ /自然を友とする ein Naturfreund sein /彼の自然な態度には好意が持てる Sein natürliches Benehmen gefällt mir. /...は自然である Es liegt in der Natur der Sache, dass .... —— 自然の natürlich; naturhaft; angeboren ⟨『天性の』⟩; instinktiv ⟨『本能的な』⟩; spontan ⟨『自発的な』⟩; selbsttätig ⟨『自動的な』⟩; automatisch ⟨『同上の』⟩; autogen ⟨『自発性の』⟩; ungekünstelt ⟨『技巧的でない』⟩; unbefangen; naiv ⟨『素朴な』⟩; ungesucht ⟨『故意らぬ』⟩. —— 自然に von Natur; von Haus⟨e⟩ aus; von innen heraus; von sich aus; von selbst /それは自然に消滅となっ

しぜん た Das hat von selbst aufgehört zu existieren. | Das ist von selbst eingegangen. ‖ 自然愛好者 Naturfreund *m.* -(e)s/自然界 Naturreich *n.* -(e)s, -e/自然科学 Naturwissenschaft *f.* -en/自然科学者 Naturwissenschaft(l)er *m.* -s, -/自然観 Naturanschauung *f.* -en/自然観察 Naturbeobachtung *f.* -en/自然研究 Naturforschung *f.* -en/自然研究者 Naturforscher *m.* -s, -/自然現象 Naturerscheinung *f.* -en/自然児 Natur|bursche *m.* -n, -n (-kind *n.* -(e)s, -er)/自然社会 Naturgesellschaft *f.* -en/自然宗教 Naturreligion *f.* -en/自然主義(主義者) Naturalismus *m.* - (Naturalist *m.* -en, -en)/自然状態 Naturzustand *m.* -(e)s, ⸚e/自然衝動 Naturtrieb *m.* -(e)s, -e/自然食品 Reformkost *f.* -/自然人 Naturmensch *m.* -en, -en/自然崇拝 Natur|dienst *m.* -(e)s, -e (-kultus *m.* -, ..te; -verehrung *f.* -en)/自然石 Naturstein *m.* -(e)s, -e/自然治療(療法) Naturheilung *f.* -en/[自然治療学] Naturheilkunde *f.*; Physiatrie *f.*/自然哲学 Naturphilosophie *f.* -n/自然淘汰 die natürliche Zuchtwahl (Auslese)/自然破壊 Umweltzerstörung *f.* -en/自然発火 Selbstentzündung *f.* -en/自然発生 Selbstentstehung *f.* -en/自然美 Naturschönheit *f.* -en/自然描写 Naturschilderung *f.* -en/自然物 Naturwesen *n.* -s, -/自然法 Naturrecht *n.* -(e)s, -e/自然法則 Naturgesetz *n.* -es, -e/自然保護 Naturschutz *m.* -es/自然保護地区 Naturschutzgebiet *n.* -(e)s, -e/自然療法医 Naturarzt *m.* -es, ⸚e/自然力 Naturkraft *f.* ⸚e.

しぜん das höchste Gut, -(e)s; Summum Bonum *n.* - -.

じせん 自薦する ³sich selbst geben* 《自分に投票する》; selbst aus|wählen 《自分で選び出す》/自選の詩 vom Dichter selbst ausgewählte Gedichte 《*pl*》.

じせん 自薦する um ⁴et ⁴sich bewerben*; ⁴sich an|bieten*; ⁴sich selbst empfehlen*.

じぜん 慈善 Wohl|tätigkeit (Mild-) *f.* -; die christliche Liebe; Helfers|sinn *m.* -(e)s; Liebeswerk *n.* -(e)s, -e; die milde Gabe, -n; Nächstenliebe *f.*/慈善の wohl|tätig (mild-); barmherzig; menschenfreundlich/慈善のために um der ²Liebe (Wohltätigkeit) willen; aus ²Menschenfreundlichkeit ‖ 慈善家 Wohltäter *m.* -s, -; Menschenfreund *m.* -(e)s, -e/慈善金募集 das Almosensammeln*, -s; Almosensammlung *f.* -en/慈善興行 Wohltätigkeitsvorstellung *f.* -en/慈善市 Wohltätigkeits*basar m.* -s, -e/慈善事業 Liebes|werk *n.* (Wohltätigkeits-) *n.* -(e)s, -e/慈善施設 Wohltätigkeitseinrichtung *f.* -en/慈善心 Wohltätigkeitssinn *m.* -(e)s/慈善的 wohltätige (mildtätige) Natur/慈善団体(会) Wohltätigkeitsverein *m.* -(e)s, -e (Wohltätigkeitsgesellschaft *f.* -en) / 慈善募金 Wohltätigkeitstopf *m.* -(e)s, ⸚e/慈善箱 Almosenstock *m.* -(e)s, ⸚e/慈善病院 Armenkrankenhaus *n.* -es, ⸚er; Charité *f.* -.

じぜん 事前に im (zum) Voraus; schon vorher; noch ehe (bevor) ¹*et* geschehen ist/事前に知らせる im (zum) Voraus benachrichtigen (*jn* von³); schon vorher mit|teilen³ ⁴.

じぜん 次善の策 der zweitbeste Plan, -(e)s, ⸚e; die nächstbeste Politik, -en.

しそ 始祖 [Ur]vorfahr *m.* -en, -en; die Altvordern (*pl*); [Ur]ahne *m.* -n, -n; Bahnbrecher *m.* -s, - 《創始者》; Beginner *m.* -s, - 《開祖》; Gründer *m.* -s, - 《開祖》; Urheber *m.* -s, - 《創始者》.

しそ 私訴 Privatklage *f.* -n; Zivilklage.

しそ 紫蘇〖植〗Perilla *f.* Perillen.

しそう 歯槽〖解〗Alveole *f.*; Zahnfach *n.* -(e)s, ⸚er ‖ 歯槽膿漏 Alveolarpyorrhöe *f.*

しそう 志操 Gesinnung *f.* -en; Grundsatz *m.* -es, ⸚e 《主義》; Haltung *f.* -en; Überzeugung *f.* 《確信》/志操堅固な ein Mann (*m.* -(e)s, ⸚er) mit Grundsätzen (Prinzipien); der Unentwegte*, -n, -n.

しそう 思想 Gedanke *m.* -ns, -n; Idee *f.* -n; Anschauung *f.* -en; Auffassung *f.* -en; Begriff *m.* -(e)s, -e 《概念》/思想の歩み Gedankengang *m.* -(e)s, ⸚e/思想の伝達 Gedankenübertragung *f.* -en/思想の豊富(貧困) Gedankenreichtum *m.* -s (Gedankenarmut *f.*) / 思想の交換 Gedankenaustausch *m.* -(e)s/思想の取締り Gedankenkontrolle *f.* -n/思想を取り締る Gedankenkontrolle aus|üben; die öffentliche Meinung unter Kontrolle halten*/思想は思想を以て制すべきだ Gedanken sind mit Gedanken zu bekämpfen. ‖ 思想家 Denker *m.* -s, -; der denkende Kopf, -(e)s, ⸚e/思想界 Gedankenwelt *f.*/思想団体 der Bund (*m.*) der Anhänger einer Idee/思想犯 das politische Verbrechen, -s, -; der politische Verbrecher, -s, -/思想問題 Gedankenproblem *n.* -s, -e/旧思想 der veraltete Gedanke.

しそう 詩想 die dichterische Idee, -n; die dichterische Fantasie, -n 《空想》.

しそう 死相 das vom Tod(e) gezeichnete Gesicht, -(e)s, -er/彼には死相が現われている Er ist bereits mit dem Tod(e) gezeichnet.

しぞう 死蔵する unbenutzt auf|bewahren⁴; hamstern⁴; gehamstert haben 《買いだめする》. ⇒たいぞう.

じぞう 地蔵 Jizo *m.*; der Schutzgott 《-(e)s》 der Kinder ‖ 地蔵眉 die bogenförmigen (lang gewölbten) Augenbrauen (*pl*).

しそうしゃ 試走車 Test|wagen *m.* -s, - (-auto *n.* -s, -s).

しそうほう 自走砲 Sturmgeschütz *n.* -es, -e.

しそく 四則 die vier Grundrechnungsarten (*pl*); die vier Spezies (*pl*).

しそく 四足の vierfüßig ‖ 四足動物 Vierfüß(l)er *m.* -s, -; Quadrupede *m.* -n, -n; das vierfüßige Tier, -(e)s, -e.

じそく 時速 Stundengeschwindigkeit *f.*

じぞく 持続 das Fortbestehen*, -s; [Fort-]dauer f.; Fortsetzung f. -en; Weiterführung f. -en; [Aufrecht]erhaltung f. 〈維持〉— 持続する fort|bestehen*; ⁴sich fort|setzen; fortgesetzt ([aufrecht]erhalten) werden. ‖ 持続性 Dauerhaftigkeit f.; Haltbarkeit f./持続性 dauerhaft; von ³Dauer(haftigkeit)/anhaltend; beständig; bleibend; [fort]dauernd; haltbar; permanent/持続力 Beharrlichkeit f.; Ausdauer f.; Zähigkeit f.

しそこない 仕損い Fehler m. -s, -; Bock m. -s, -e; Fehltritt m. -[e]s, -e; Missgriff m. -[e]s, -e; Schnitzer m. -s, -; Versehen n. -s, -.

しそこなう 仕損う einen Fehler begehen* (machen); einen Bock schießen*; einen Fehltritt (ein Versehen) begehen*; einen Missgriff tun*; ⁴sich versehen*.

しそん 子孫 Nachkommenschaft f. -en; die Nachkommen 《pl》; die Abkömmlinge 《pl》; Kindeskinder 《pl》; Nachwelt f. 〈後世〉.

じそんしん 自尊心 Selbst|gefühl n. -s (-achtung f.; -bewusstsein n. -s); Ehrgefühl n. -[e]s; Stolz m. -es/自尊心の強い stolz; selbstbewusst; von seinem Wert überzeugt/自尊心を傷つける js Stolz (Ehrgefühl) verletzen/私は非常に自尊心を傷つけられた Ich fühle mich sehr verletzt.

した 下 das Untere* (Tief[er]stehende*), -n; Unterteil m. (n.) -[e]s, -e/下へ 下へ 下に unten; abwärts; hinab; hinunter/下から von unten [her]/下に unten; am Boden; in der Tiefe 〈中〉; nieder; tiefer stehend; untergeben 〈下位の〉; untergeordnet 〈同上〉; unterlegen 〈劣った〉/下の者 der Untergebene* (Untergeordnete*); Subalterne*, -n, -n; der Unterlegene*, -n, -n 〈劣った者〉/~の下に unter³; unterhalb²/橋の下に unter einer Brücke/山(丘)の下に am Fuß(e) eines Berg(es) (Hügels)/下におろす hinunter|langen⁴ (-|reichen⁴)/下に置く nieder|legen⁴ (-|setzen⁴)/下を向く hinab|sehen* 《auf⁴》; die Augen nieder|schlagen* 〈目を伏せる〉/人の下につく untergeben (untergeordnet) sein 《jm》; unter einem anderen stehen*; einen anderen über ³sich haben; unterlegen sein 《jm 劣っている》/机の下へある一つのテーブルをlegen⁴ (stellen⁴)/クラスでは私の下にいる In der Schule bin ich besser als er./君は僕の下の方 Du bist du ihm unterlegen./下にも置かぬ 極端に親切(丁寧)扱う behandeln 《jn》; mit größter Liebenswürdigkeit entgegen|kommen* 《s》《jm》.

した 舌 Zunge f. -n; Klöppel m. -s, - 〈鐘・鈴の〉/舌が回らない lallen; mit schwerer Zunge (undeutlich) sprechen*; in unvollständigen Wörtern sprechen*/舌が回らないで口に上らない nicht auf den Mund gefallen sein; ein gutes (flottes) Mundwerk haben/舌をだらりと垂らす die Zunge heraus|hängen lassen*/舌を出す die Zunge [heraus|st[re]cken (heraus|blöcken)/舌を噛む sich auf (in) die Zunge beißen*/舌を鳴らす mit der Zunge schnalzen/舌があれている Seine Zunge ist rau./舌で歯をなめた Er polierte die Zähne mit der Zunge./舌の根がまだ乾かぬうちに kaum dass man zu Ende gesprochen hat; noch ehe das letzte Wort verklungen war/舌を巻く vor ³Bewunderung keine Worte finden können*; vor ³Staunen sprachlos sein/舌を滑らす ins Fäustchen lachen; schadenfroh sein/舌たらずの an der Zunge gelähmt; mit einem Zungenfehler behaftet; ungeschickt im Ausdruck/陰で舌を出す ins Fäustchen lachen; schadenfroh sein.

した 羊歯 〚植〛 Farnkraut n. -[e]s, ⸚er; Farn m. -s, -e.

じた 自他 ich (er) selbst und andere/自他の関係 Beziehungen (Verbindungen) 《pl》 zu den anderen/大家であることは自他ともに許している Er ist ein anerkannter Meister./Man erkennt gerne an (Er selbst und andere glauben), dass er ein Meister ist.

じだ 耳朶 Ohrläppchen n. -s, -/耳朶に触れる jm zu Ohren kommen* 《s》.

したあご 下顎 Unterkiefer m. -s, -.

したい 肢体 die Glieder 《pl》; die Gliedmaßen 《pl》; die Extremitäten 《pl》.

したい 死胎 die tote[n] Fötus, ..tusses, ..tusse ‖ 死胎分娩 Totgeburt f.

したい 死体 Leichnam m. -[e]s, -e; Leiche f. -n; der leblose Körper, -s, - ‖ 死体解剖 Leichenöffnung f. -en; Obduktion f.

したい 姿態 Gestalt f. -en; Erscheinung f. -en; Figur f. -en; Haltung f. -en 〈姿勢〉/魅惑的な姿態 die bezaubernde Gestalt; die gute, ausgezeichnete Figur.

したい wollen*; wünschen; mögen*; Lust haben 《zu³》; im Sinn haben; verlangen/したいがままに nach ³Herzenslust/勉強をしたいだけさせなさい Lass ihn nach Herzenslust lernen./Lass ihn lernen, soviel er mag./今日は誰とも話をしたくない Heute möchte ich niemand(en) sprechen./休憩をしたいと思いますか Möchten (Wollen) Sie sich ausruhen?/私はしたいのをやるのだ Ich will es zwar, kann (es) aber nicht.

しだい 次第 ❶ 〔順序〕 Reihenfolge f. -n. ❷ ⇨じじょう(事情). ❸ 〔…や否や〕 möglich werden und sobald als möglich/食事がすみ次第 sofort nach dem Essen; sobald ich gegessen habe/手当り次第の von etwas egal was; alles./~に従って …次第である ab|hängen⁴ 《von³》; an|kommen 《auf⁴》/希望次第で je nach Wunsch/それはあなた次第です Das hängt von Ihnen ab./私が旅行するかどうかは全くお天気次第だ Es kommt ganz auf das Wetter an, ob ich reise.

じたい 字体 die Form 《-en》 des Charakters; Schrift f. -en; Handschrift f. -en 〈筆跡〉; Letter f. -n 〈活字〉; Type f. -n 〈活字の〉/どんな字体にしましょうか Was für eine

Schrift nehmen wir?《印刷のとき》.

じたい 事態〔Sach〕lage *f.* -n; Sachverhalt *m.* -〔e〕s, -e; Stand《*m.* -〔e〕s, ⸗e》der Dinge; Tatbestand *m.* -〔e〕s, ⸗e; Umstand *m.* -〔e〕s, ⸗e; Verhältnisse《*pl*》; Situation *f.* -en/事態は悪化した Die Lage hat sich verschlechtert./事態かくのごとしだから bei (nach) dieser Lage der Dinge/容易ならぬ事態 die kritische (bedrohliche; gefährliche) Lage.

じたい 自体 an sich; in sich; an und für sich/物自体 das Ding an sich/それ自体としてはなかなかよい趣向だ Die Sache an〔und für〕sich ist nicht uninteressant./石自体としては大したものじゃないが, いい記念だ An sich ist der Stein gar nicht viel wert, aber ein gutes Andenken.

じたい 辞退 die〔freundliche〕Absage, -n (Ablehnung, -en); die〔höfliche〕Zurückweisung, -en/辞退する〘freundlich または höflich を副詞として用いて〙ab|sagen⁴; ab|lehnen⁴《拒絶》; zurück|weisen*⁴; aus|schlagen*⁴《申し出・贈り物などを》; nicht an|nehmen*《受取らぬ・受入れない》.

じだい 地代 Grundstückspreis *m.* -es, -e; [借地料] Pacht *f.* -en; Pachtgeld *n.* -〔e〕s, -er;〔Boden〕rente (Grundrente) *f.* -n; Grundzins *m.* -es, -en/地代を取り立てる eine Rente beziehen*.

じだい 時代 ❶ [時期] Zeit *f.* -en; Zeit⁝raum *m.* -〔e〕s, ⸗e (-spanne *f.* -n; -abschnitt *m.* -〔e〕s, -e). ❷ [時世] Ära *f.* Ären; Epoche *f.* -n; Generation *f.* -en; Periode *f.* -n; Zeitalter *n.* -s, -/時代ばなれした unzeitgemäß; altfränkisch; vorsintflutlich; zeitwidrig/時代に先じる der Zeit voraus|eilen [s]/時代遅れの alt⁝modisch (-backen; -väterisch); rückständig; vorgestrig; überholt/時代に遅れる hinter der Zeit zurück|bleiben* [s]; im Nachtrab sein; aus der Mode kommen* [s]/時代に順応する ⁴sich der Zeit an|passen/時代と共に進む mit der Zeit gehen* [s]; auf dem Laufenden bleiben* [s]/昔のよき時代 die gute alte Zeit/彼は半世紀以上も時代に先行していた Er eilte der Zeit um mehr als ein halbes Jahrhundert voraus./当時はドイツはインフレ時代だった Deutschland stand damals im Zeichen der Inflation./ひどい時代を通ってきた Wir machten trübe Zeiten durch. ❸ [古色] 時代のついた altehrwürdig; altertümlich; antik; antiquiert/時代がつく altehrwürdig werden; antiquieren [s]. ‖ 時代錯誤 Anachronismus *m.* -, ..men/時代錯誤の anachronistisch/時代精神(思潮) der Geist《-〔e〕s, -e》der Zeit; Zeit⁝geist *m.* -〔e〕s, -e (--strom *m.* -〔e〕s, ⸗e)/彼は時代精神がわからない(時代の動きがわからない) Er kann den Geist der Zeit nicht erfassen./時代相 Zeichen《*n.* -s, -》der Zeit; Zeitbild *n.* -〔e〕s, -er; Zeitlauf *m.* -〔e〕s, ⸗〔t〕e《ふつう *pl*》; Zeitumstände《*pl*》/時代物 der alte Kunstgegenstand, -〔e〕s, ⸗e《こっとう》; das historische Stück, -〔e〕s, -e《劇・映画》/技術時代 das Zeitalter der Technik.

じだい 事大主義 Bedienten⁝art *f.* (-seele *f.* -n); Lakaienhaftigkeit *f.*; Unterwürfigkeit *f.* ‖ 事大主義者 Achselträger *m.* -s, -; Wetterfahne *f.* -n;〘俗〙Radfahrer *m.* -s, -.

しだいに 次第に ⇨だんだん②.

したう 慕う ⁴sich sehnen《*nach*³》; Sehnsucht haben《*nach*³》; ein sehnsüchtiges Verlangen haben《*nach*³》; innig verlangen《*nach*³》; bewundern⁴.

したうけ 下請 Unter⁝vertrag (Neben-) *m.* -〔e〕s, ⸗e; Unter⁝kontrakt (Neben-) *m.* -〔e〕s, -e/下請に出す einen Auftrag an einen Unterlieferanten vergeben* ‖ 下請工場 die Fabrik《-en》eines Unterlieferanten.

したうち 舌打 Pfuiruf *m.* -〔e〕s, -e/舌打ちをする pfui rufen*.

したえ 下絵 Skizze *f.* -n; die flüchtige Zeichnung, -en; Entwurf *m.* -〔e〕s, ⸗e; Studie *f.* -n《習作》; Umriss *m.* -es, -e ‖ 下絵師 Zeichner *m.* -s, -.

したおび 下帯 Unter⁝gürtel (Lenden-) *m.* -s, -.

したがう 従う ❶ [付き従う] folgen [s]《*jm*》; begleiten《*jn*》; das Geleit geben*《*jm*》/彼に従って歩く hinter ihm her|gehen* [s]. ❷ [その通りにする] folgen³; ⁴sich ergeben*《*in*⁴》; ⁴sich fügen《*in*⁴》; ⁴sich finden*《*in*⁴》; ⁴sich richten《*nach*³》; ⁴sich schicken《*in*⁴》/忠告に従う *js* ³Rat folgen; *js* ⁴Rat an|nehmen*/原則に従う nach seinem Grundsatz (Prinzip) handeln; dem Grundsatz (Prinzip) treu bleiben* [s]/大勢に従う mit dem Strom schwimmen* [h, s]; mit den Wölfen handeln; der herrschenden Richtung folgen/運命に従う ⁴sich in sein Schicksal (in das Unabänderliche) fügen (finden*); ⁴sich in sein Geschick ergeben*. ❸ [服す] gehorchen《*jm*》; Folge leisten《*jm*》; nach|geben*《*jm*》; unterliegen*《*jm* 屈服》; ⁴sich unterwerfen*《屈服》/従わない nicht gehorchen《*jm*》; ungehorsam sein《gegen *jn*》; nicht befolgen⁴; missachten⁴/規則に従わない die Regel〔n〕nicht befolgen (beachten; außer Acht lassen*); ⁴sich nicht an Regeln kehren. ❹ [要求に] willfahren《willfahrte, gewillfahrt》《*jm in*³》; bei|stimmen³; ein|willigen《*in*⁴》; nach|kommen*³/私は彼に従った Ich habe seine Forderung erfüllt. ¶ …に従えば nach³; laut²⁽³⁾/彼の意見に従えば seiner Meinung (Ansicht) nach; nach seiner Meinung (Ansicht)/前の手紙に従えば laut früherer Briefe.

したがえる 従える ❶ [伴う] begleitet sein《von *jm*》; mit ³sich nehmen*《*jn*》/多くの家来を従えて来た Er kam mit vielen Vasallen (viel Gefolge; großem Gefolge). ❷ ⇨せいふく(征服).

したがき 下書き Konzept *n.* -〔e〕s, -e; Entwurf *m.* -〔e〕s, ⸗e; die erste Niederschrift, -en (Fassung *f.* -en); Rohfassung *f.* -en; Kladde *f.* -n; das Unreine*, -n. ── 下書きをする konzipieren⁴; entwerfen*⁴; nieder|-

schreiben*⁴; ins Unreine schreiben*⁴.

したがって 従って ❶ also; daher; darum; demgemäß; demnach; demzufolge; deshalb; deswegen; folglich; infolgedessen; mithin; somit. ❷ [...に]gemäß⁴; [...に]nach⁽⁴⁾; ...に[の]gemäß²; in Gemäßheit²; ³et entsprechend/彼の提案に従って seinem Vorschlag entsprechend / 理性に従って行動する der Vernunft gemäß handeln. ❸ [...につれて] je ... desto (umso); in dem Maße(e), als (wie); in demselben Grad(e) (Verhältnis), in dem (wo)/収入が増加するに従って贅沢になる In dem Maße, wie sich das Einkommen vergrößert, wird man verschwenderisch./年をとるに従って利口になる Je älter man wird, desto klüger wird man.

したがる gern tun*⁴ (mögen*¹).

したぎ 下着 Unter|wäsche (Leib-) f.; Unterzeug n. -(e)s; Damenunterwäsche ⟨婦人の⟩; Unterkleid n. -(e)s, -er.

したく 私宅 Privatwohnung f. -en.

したく 支度 Vorbereitung f. -en; Vorkehrung f. -en ⟨ふつう pl⟩; Ausrüstung f. -en ⟨装備⟩; Ausstattung f. -en ⟨嫁入支度など⟩; das An|kleiden*. - 身支度/支度ができていない unvorbereitet sein ⟨auf⁴; für⁴; zu³⟩; nicht ausgerüstet sein ⟨für; zu³⟩ /支度が整っている bereit stehen* ⟨zu³⟩; ⁴sich bereit halten ⟨zu³⟩ /支度ができていないままに挨拶をとりあえず Unvorbereitet wie ich war, musste ich eine Ansprache halten. — 支度する ⁴sich vor|bereiten ⟨auf⁴; für⁴; zu³⟩; Vorbereitungen treffen* (machen) ⟨für⁴⟩; Vorkehrungen treffen* ⟨gegen⁴⟩; ⁴sich an|schicken ⟨zu³⟩; Anstalten machen (treffen*) ⟨zu³⟩; ⁴sich präparieren ⟨auf⁴; für⁴⟩. ‖ 支度金 die Ausrüstungskosten ⟨pl⟩; Mitgift f. -en ⟨婚資⟩ /支度品 die Ausrüstungsgegenstände ⟨pl⟩ /支度部屋 An|kleide|zimmer n. -s, - (-raum m. -(e)s, =e od. Umkleide-).

じたく 自宅 js Wohnung f. -en; Privatwohnung f. -en ⟨官舎に対して⟩ /自宅で zu Hause; bei sich; im Hause /自宅に引き籠っている Er hütet das Haus. /自宅で療養している Er ist in häuslicher Pflege. ‖ 自宅療法 die häusliche Pflege, -n ❖Spitalpflege に対している, Hauspflege は用いない方がよい.

したくちびる 下唇 Unterlippe f. -n.

したげいこ 下稽古 Vor|übung (Ein-) f. -en; Probe f. -n; Vorbereitung f. -en ⟨準備⟩ /下稽古する ein|üben⁴ ⟨vor|-⟩; [eine] Probe [ab]halten*; Probe spielen ⟨役者が⟩; ⁴sich vor|bereiten ⟨auf⁴⟩.

したけんさ 下検査 Voruntersuchung f. -en; Prüfungsversuch m. -(e)s, -e; Test m. -(e)s, -s ⟨-e⟩.

したごころ 下心 der heimliche Wunsch, -(e)s, =e; die geheime Absicht, -en; An|schlag m. -(e)s, =e ⟨陰謀⟩ /下心がある einen heimlichen Wunsch haben (hegen); eine geheime Absicht haben; einen Anschlag haben ⟨auf⁴⟩.

したごしらえ 下拵え ⟨準備⟩ die Vorbereitungen ⟨pl⟩; die Voranstalten ⟨pl⟩ /下拵えする Vorbereitungen (Voranstalten) treffen* ⟨zu³⟩; ⁴sich vor|bereiten ⟨auf⁴; für⁴; zu³⟩.

したさき 舌先 Zungenspitze f. -n /舌先でごまかす mit leerem Gerede hinters Licht führen ⟨jn⟩; mit leeren Worten an der Nase herum|führen ⟨jn⟩ /舌先三寸で身を立てる mit seiner Redner|gabe sich sein Leben (seinen Lebensunterhalt) verdienen.

したじ 下地 Grund m. -(e)s, =e; Grundlage f. -n ⟨基礎⟩; Grundwerk n. -(e)s, -e ⟨土台⟩; Grundierung f. -en ⟨下塗り⟩; Unterlage f. -n ⟨化粧などの⟩; Anlage f. -n; Neigung f. -en ⟨素質⟩; Krankheitsanlage ⟨病気の⟩; An|zeichen (Vor-) n. -s, -; Vorbereitung f. -en /下地がある einen Hang haben.

しだし 仕出し das Liefern* ⟨-s⟩ von Essen auf ⁴Bestellung; Catering n. -s /仕出しをする ⁴Essen (Speisen) auf Bestellung liefern ‖ 仕出し屋 ein Restaurant ⟨n. -s, -s⟩, das Essen auf Bestellung liefert.

したしい 親しい innig; befreundet; freundschaftlich; intim; vertraut; wohl bekannt /親しく ⟨親密に⟩ innig; freundschaftlich; intim; vertraut; [自分で] persönlich; in (eigener) Person /親しい間柄である in freundschaftlicher Beziehung stehen* ⟨mit jm⟩; sehr befreundet sein ⟨mit jm⟩; intim (vertraut) sein ⟨mit jm⟩; auf vertrautem Fuße stehen* ⟨mit jm⟩ /親しき中に礼儀あり Auch vertraute Freunde sollten gegen|einander Höflichkeit bewahren. /私は彼と親しくしている Ich bin sein guter Freund von ihm. ¦ Ich bin gut mit ihm befreundet.

したじき 下敷 Unterlage f. -n; Matratze f. -n ⟨敷ぶとん⟩ /...の下敷になる unterdrückt werden ⟨durch⁴⟩; unter ⁴Druck ⟨von³⟩ gesetzt werden.

したしごと 下仕事 ❶ [下準備] Vorbereitung f. -en; Vorbereitungsarbeit f. -en. ❷ [下請負] Akkord|arbeit (Geding(e)-) f. -en; Arbeit f. -en; die untergeordnete Arbeit.

したしみ 親しみ Innigkeit f.; Herzlichkeit f. -en; Intimität f. -en; Vertrautheit f. -en; das innige Verhältnis, -nisses, -nisse /親しみのある freundlich; herzlich; liebenswürdig; vertraut; warm /親しみのない unfreundlich; abstoßend; kalt; kühl /彼は親しみをこめて私を迎えた Er empfing mich mit warmer Herzlichkeit.

したしむ 親しむ ⁴sich befreunden ⟨mit jm⟩; ⁴sich an|freunden ⟨mit jm⟩; ¹Freund werden ⟨miteinander⟩; eine Freundschaft ein|gehen* (schließen*) ⟨mit jm⟩; ein freundschaftliches Verhältnis an|knüpfen ⟨mit jm⟩; ⁴sich vertraut machen ⟨mit³ 思想などと⟩ /たやすく他人と親しむ Er freundet sich leicht mit unbekannten Menschen an. /その見解には親しめない Ich kann mir diese Auffassung nicht zu eigen machen. ¦ Ich kann mich mit dieser Ansicht nicht anfreunden.

したしらべ 下調べ ❶ [下吟味] Voruntersuchung *f.* -en. ❷ [準備] Vorbereitung *f.* -en; Präparation *f.* -en. —— 下調べをする ❶ [下吟味する] eine Voruntersuchung an|stellen. ❷ [準備する] ⁴sich vor|bereiten 《*auf*⁴; *für*⁴; *zu*¹》; ⁴sich präparieren 《*auf*⁴; *für*⁴》; Vorbereitungen machen (treffen*) 《*zu*¹》/ドイツ語の下調べをする Deutsch präparieren 《生徒が》; ⁴sich auf eine Deutschstunde vor|bereiten 《教師が》.

したず 下図 Entwurf *m.* -[e]s, ⸗e; Skizze *f.* -n.

したそうだん 下相談 Vorbesprechung *f.* -en; Vorverhandlung *f.* -en 《下交渉》; Präliminare *n.* -s, ..rien 《ふつう *pl*》/事前の下相談をする ein Unternehmen vorläufig (erstmals) besprechen*.

したたか ❶ [たくさん] sehr viel; eine große Menge. ❷ [かなり] tüchtig; gehörig; kräftig; ordentlich; weidlich/[たらふく]したたか飲む einen ordentlichen (tüchtigen; großen) Schluck [Bier] nehmen*; ordentlich (tüchtig) ins Bierglas schauen.

したたかもの したたか者 der durchtriebene (gerissene) Kerl, -[e]s, -e; die durchtriebene (gerissene) Person, -en 《女》/したたか者である mit allen Wassern gewaschen sein; ⁴es faustdick hinter den Ohren haben; schlau wie ein Fuchs sein.

したたむ 認める [書く] [nieder]schreiben*⁴; [食べる] essen*⁴; ein|nehmen*⁴/一筆認める ein paar Zeilen schreiben* 《*jm*》/食事を認める eine Mahlzeit ein|nehmen* (*zu* ³sich nehmen*).

したたらず 舌たらずの Mangelhaft ausgedrückt. ⇨した[舌].

したたり 滴り das Triefen* (Tröpfeln*; Träufeln*), -s.

したたる 滴る tropfen ｢h.s.｣; triefen(*) ｢h.s.｣; träufeln ｢h.s.｣; tröpfeln ｢h.s.｣/顔の中から汗が滴った Sein ganzes Gesicht troff (triefte) von Schweiß. / 緑滴るばかりの in üppigem Grün.

したつづみ 舌鼓を打つ schmatzen*; ⁴es ³sich besonders gut schmecken lassen*; mit besonderem (größtem) Behagen essen* (verzehren*).

したっぱ 下っ端 der Unbedeutende* (Geringfügige*), -n, -n; der untergebene (untergeordnete) Mensch, -en, -en ‖ 下っ端仕事 die unbedeutende (geringfügige; untergeordnete) Arbeit, -en.

したづみ 下積み die unterste Ware, -n; Ballast *m.* -[e]s, -e 《船の》; die niederen Schichten der Gesellschaft 《下層》; der Untergebene*, -n, -n 《下位者》.

したて 下手に出る ⁴sich demütigen (erniedrigen); ⁴sich demütig (unterwürfig) zeigen.

したて 仕立て ❶ [裁縫] das Schneidern*, -s; Schneiderarbeit *f.* -en; Schneiderei *f.* -en; das Nähen*, -s; Näharbeit *f.* -en; Näherei *f.* -en; [Zu]schnitt *m.* -[e]s, -e 《裁ち方》/仕立てのよい(わるい) gut (schlecht) geschnitten; von gutem (schlechtem) Schnitt/仕立て下しの服 der eben (gerade) fertiggestellte (fertiggewordene; eben (gerade) angefertigte; funkel[nagel]neue) Anzug. ❷ [育成] Bildung *f.* -en; Erziehung *f.* -en. ❸ 特別仕立ての列車 Sonderzug *m.* -[e]s, ⸗e; der eingens zusammengestellte Zug. ‖ 仕立て職人 Schneidergeselle *m.* -n, -n/仕立て賃 Schneiderlohn (Macher-) *m.* -[e]s, ⸗e; Nähgeld *n.* -[e]s, -er/仕立物 der fertiggestellte (anzufertigende) Anzug, -[e]s, ⸗e; Näharbeit *f.* -en/仕立屋 Schneider *m.* -s, -/仕立屋の店 Schneider|werkstatt (-werkstätte) *f.* ..stätten; Schneiderei *f.* -en.

して 下出 下出しする ⇨した[下].

したてる 仕立てる ❶ [裁縫] schneidern⁴; an|fertigen⁴; fertig|stellen⁴; nähen⁴; zu|schneiden*⁴. ❷ [準備する] bereit|stellen⁴; zurecht|machen⁴; mieten⁴ 《雇う》/船を仕立てる ein Schiff mieten/列車を仕立てる einen Zug zusammen|stellen. ❸ [養成] bilden 《*jn*》; auf|ziehen* 《*jn*》; trainieren 《*jn*》/選手を仕立てる einen Sportler trainieren.

したどり 下取りする(に出す) auf Einzahlung nehmen*⁴ (geben*⁴).

したなめずり 舌なめずりする (³sich) die Lippen (*pl*) lecken; (³sich) mit der Zunge über die Lippen fahren* ⓢ.

したぬり 下塗り Grundierung *f.* -en; Grundfarbe *f.* -n 《絵の》; der erste Anstrich, -[e]s, -e 《壁の》/下塗りをする grundieren⁴; die Grundfarbe auf|tragen*; den ersten Anstrich machen.

したば 下歯 die Zähne 《*pl*》im Unterkiefer; das untere Gebiss, -es, -e; Untergebiss *n.* -es, -e.

じたばた じたばたする ⁴sich stäuben 《*gegen*⁴ 抵抗》; zappeln 《動作》/じたばたしてもだめだ Es ist zwecklos, sich zu stäuben. / mit seinem Latein am Ende sein; Ihm geht das Latein aus. 《万策尽きる》.

したばたらき 下働き ❶ [仕事] die untergeordnete Arbeit, -en. ❷ [人] der untergeordnete Arbeiter, -s, -; 《戯》der Hausangestellte*, -n, -n.

したはら 下腹 Unterleib *m.* -[e]s, -er.

したび 下火になる nach|lassen*; schwächer (geringer) werden; ⁴sich dem Ende zu|neigen/火事が下火になった Das Feuer ist eingedämmt (gezähmt) worden./俳優熱が下火になった Seine Schwärmerei fürs Theater ist (hat sich) stark abgekühlt.

じたまご 地卵 das frische Ei 《-[e]s, -er》〔der Gegend〕.

したまち 下町 Unterstadt *f.* ⸗e/下町へ行く in die Stadt [hinunter] gehen* ⓢ.

したまぶた 下瞼 das untere [Augen]lid, -[e]s, -er.

したまわり 下回り der Untergebene*, -n, -n; der untergeordnete Mensch, -en, -en; Gehilfe *m.* -n, -n; Handlanger *m.* -s, -; Hilfsschauspieler *m.* -s, - 《俳優》/下回りの俳優 der überzählige Schauspieler, -s, -; Aushilfe|schauspieler (Aushilfs-); Statist *m.* -en, -en/下回りの役を勤める eine un-

したまわる 下回る unterbieten*[4]; in [der; seiner] Leistung herunter|gehen* ⓢ (*unter*[4]); weniger sein (als).

したみ 下見 die vorbereitende Besichtigung, -en; Vorbesichtigung *f.*

したむき 下向きの nach unten gerichtet; vornübergeneigt /下向きになる herab|sehen* (*auf*[4]); eine sinkende (fallende) Tendenz haben (auf|weisen*; zeigen) 〈物価など〉/下向きに倒れる nach vorn fallen* ⓢ; mit dem Gesicht auf den Boden fallen* /下向きに倒れていた Er lag mit dem Gesicht (dem Bauch). : Er lag mit dem Gesicht nach unten.

したやく 下役 [地位] Unteramt *n.* -[e]s, ⸚er; die untergeordnete Stellung, -en; [人] der Unterbeamte* (Untergebene*), -n, -n. ⇨しもべ.

したよみ 下読み Vorbereitung *f.* -en; Präparation *f.* -en; Probe *f.* -n 〈脚本の〉/下読みをする「sich vor|bereiten (*auf*[4]; *für*[4]; *zu*[3]); präparieren*[4]; [eine] Probe [ab]halten* (*hielt ab*).

じだらく 自堕落 unordentlich, liederlich; schlampig; lässig / 自堕落女 Schlampe *f.* -n; das unordentliche Frauenzimmer, -s, -.

したりがお したり顔 mit selbstgefälliger Miene; mit selbstsicherem Auftreten.

しだれ しだれ柳 Trauerweide *f.* -n.

しだれる herab|hängen*.

したわしい 慕わしい teuer; sehnlich[st] angebetet; /彼女は慕わしい人だ Sie ist der Gegenstand meiner Sehnsucht (Anbetung).

したん 紫檀〔植〕das rote Sandelholz, -es; Rotsandelholz.

しだん 師団〔兵〕Division *f.* -en ‖ 師団長 Divisionär *m.* -[e]s, -e; Divisionskommandeur *m.* -[e]s, -e /歩兵(戦車)師団 Infanterie|division (Panzer-).

しだん 詩壇 Dichterkreis *m.* -es, -e.

じだん 示談 Kompromiss *m.* (*n.*) -es, -e; Vergleich *m.* -[e]s, -e; Verständigung *f.* -en; die gütliche Beilegung, -en /双方が示談で結ばれた Der beiden Parteien haben sich verglichen. /示談にする einen Vergleich schließen* (zustande (zu Stande) bringen*); auf (mit *jm*) einen Vergleich ein|gehen* ⓢ (*mit jm*); ein[en] Kompromiss ein|gehen* ⓢ; [*et*] gütlich bei|legen (schlichten) ‖ 示談金 Abfindungsgeld *n.* -[e]s, -er.

しち 質 Pfand *n.* -[e]s, ⸚er /質に入れる ver|pfänden*[4]; versetzen*[4] /質に取る zum Pfand nehmen* (*nahm*) /質を受け出す ein Pfand ein|lösen /彼は時計を質入れした Er versetzte seine Uhr. ‖ 質屋(ⓢ) (⇩); 質権 Pfandrecht *n.* -[e]s, -e; 質札 Pfandschein *m.* -[e]s, -e / 質屋 Pfand|haus (Leih-) *n.* -es, ⸚er; Pfandleiher *m.* -, - 〈業者〉.

しち 七 sieben; Sieben *f.* -en /七の (die; das) sieb[en]te*.

しち 死地に乗り込む[4]sich in [4]Todesgefahr begeben*[4] /死地に陥る in Todesgefahr geraten* ⓢ /死地を脱する dem Tod[e] entgehen* (*entkommen*) ⓢ.

じち 自治 Autonomie *f.* -n; Eigengesetzlichkeit *f.* -en; Selbstregierung *f.*; Selbstständigkeit (Selbständigkeit) *f.*; Selbstverwaltung *f.* -en〈自治行政の意にも〉/自治の autonom; eigengesetzlich; selbstständig (selbständig) ‖ 自治機関 die autonome Organ, -, -e; 自治権 Selbstbestimmungs|recht (Selbstverwaltungs-) *n.* -[e]s, -e; Autonomie /自治植民地 Kolonie (*f.*) mit eigener Verwaltung /自治制 Autonomie / 自治[団]体 die autonome Organisation, -en /自治体の Stadt-; Gemeinde-; Kommunal-; kommunal /自治領 Dominium *n.* -s, ..nien /市自治体 Stadtobrigkeit *f.* -en /地方自治団体 Gemeinde *f.* -n; Kommunalverwaltung *f.*

しちがつ 七月 Juli *m.* -[s], -s / 七月革命〔史〕Julirevolution *f.*

しちごさん 七五三 der Feiertag (-[e]s) für drei-, fünf- und siebenjährige Kinder.

しちじゅう 七十 siebzig; Siebzig *f.* -en /七十の (die; das) siebzigste* /七十歳の老人 ein alter Mann (-[e]s, ⸚er) von siebzig Jahren.

しちてん 七転八倒する [4]sich vor [3]Schmerzen winden* (*krümmen*).

しちぶ 七分通り zu siebzig Prozent; zum großen Teil 〈大部分〉.

しちふくじん 七福神 die sieben Glücksgötter (*pl*).

しちへんけい 七辺形 Siebeneck *n.* -[e]s, -e; Heptagon *n.* -s, -e.

しちめんちょう 七面鳥 Truthuhn *n.* -[e]s, ⸚er; Truthahn *m.* -[e]s, ⸚e 〈雄〉; Truthenne *f.* -n 〈雌〉; Puter *m.* -s, - 〈雄〉; Pute *f.* -n 〈雌〉.

しちゅう 支柱 Stütz|pfeiler *m.* -s, - (-stange *f.* -n); Stützsäule *f.* -n 〈円柱〉; die tragende Säule, -n; Stütze *f.* -n.

しちゅう 市中に(を) in der Stadt (durch die Stadt) /市中での in der Stadt.

シチュー 〔料〕Schmorgericht *n.* -[e]s, -e ‖ シチュー鍋 Schmor|topf *m.* -[e]s, ⸚e (-pfanne *f.* -n).

しちょう 七曜日 sieben Wochentage (*pl*) / 七曜表 Kalender *m.* -s, -.

しちょう 思潮 Geistesströmung *f.* -en.

しちょう 市長 [Ober]bürgermeister *m.* -s, -.

しちょう 市庁 Rat|haus (Stadt-) *n.* -es, ⸚er.

しちょう 輜重〔兵〕Train *m.* -s, -s; Tross *m.* -es, -e ‖ 輜重隊 Fahrtruppe *f.* -n; Nachschubtruppe 〈補給部隊〉/ 輜重兵 Trainsoldat *m.* -en, -en.

しちょう 試聴 Hörprobe *f.* -n ‖ 試聴室 Hörstudio *n.* -s, -s.

しちょう 視聴 Aufmerksamkeit *f.* -en; Interesse *n.* -s, -n /天下の視聴を一身に集める

じちょう 自重 ❶〔慎重〕Vorsicht *f.*; Vorsichtigkeit *f.*; Bedachtsamkeit *f.*; Behutsamkeit *f.*; Rücksichtnahme *f.*; Umsicht *f.* ❷〔自尊〕Selbstachtung *f.*; Ehrgefühl *n.* -(e)s, -e. — 自重する vorsichtig (diskret; bedachtsam; behutsam; rücksichtsvoll; umsichtig) sein; auf ⁴sich selbst Bedacht nehmen*; ⁴sich selbst achten*/君は将来有望だ。十分自重しなさい Sie haben eine glänzende Zukunft (Ich verspreche mir viel von Ihnen), so seien Sie diskret und nicht leichtfertig./この事に関しては自重せねばならぬ Diese Angelegenheit muss diskret behandelt werden.｜Wir müssen mit dieser Sache vorsichtig sein.

じちょう 次長 der stellvertretende Chef, -s, -s; der zweite Direktor, -s, -en.

しちょうかく 視聴覚教育 ein audiovisueller Unterricht, -(e)s, -e.

しちょうそん 市町村 Gemeinde *f.* -n ‖ 市町村税 Gemeindesteuer *f.* -n.

しちょう 司直 Richter *m.* -s, -《裁判官》; Gericht *n.* -(e)s, -e《裁判所》.

しちりん 七輪 ⇨こんろ.

じちん 自沈する (ein Schiff) selbst versenken.

じちんさい 地鎮祭 Weihe 《*f.* -n》 der Baustelle.

しつ 質 ❶〔性質〕Natur *f.* -en; Charakter *m.* -s, -e; Gemüts|art (Sinnes-) *f.* -en; Temperament *n.* -(e)s, -e. ❷〔品質〕Qualität *f.* -en/質がよい(わるい) von guter (schlechter) Qualität sein/量より質 Qualität, nicht Quantität.｜Qualität geht vor Quantität.

しっ pst!｜still!《静粛に》.

じつ 実 ❶〔真実〕Wahrheit *f.* -en; Wirklichkeit *f.* -en; Tatsache *f.* -n/実の wahr; echt; richtig; tatsächlich; wirklich/実の兄弟 der leibliche Bruder, -s, =; Vollbruder *m.* -s, =e/実の名 der richtige Name, -ns, -n. ❷〔誠意〕Treue *f.*; Aufrichtigkeit *f.*; Ehrlichkeit *f.*; Redlichkeit *f.*; Zuverlässigkeit *f.*/実を尽くす *jm* seine Treue beweisen*; ⁴sich *jm* als hilfreich erweisen*/実のある treu; getreu; aufrichtig; gewissenhaft; redlich; zuverlässig/実のない treulos; gewissenlos; unzuverlässig. ❸《真価》Ansehen *n.* -s; Würde *f.* -n/江戸っ子の実を示す ⁴sich als Tokio(t)er von echtem Schrot und Korn erweisen* (zeigen) ❖「実を示す」の意のときは als の次の名詞は主語と同じ一格にする.四格にすれば「らしくふるまう」意となり「実を示す」ことにならない. ❹〔虚の対〕Substanz *f.* -en; Wesen *n.* -s, -/虚と実 Schein und Sein (Wesen; Wirklichkeit). —— 実に ❶〔まったく〕in der Tat; tatsächlich; wirklich; fürwahr. ❷〔非常に〕sehr; gar; so; äußerst; außerordentlich; außergewöhnlich; riesig; ungewöhnlich; unglaublich/実にうれしかった Ich habe mich riesig (sehr) gefreut./実に困りました Das war mir äußerst unangenehm.｜Ich war wirklich in der Klemme. —— 実は in Wahrheit; in Wirklichkeit; offen gesagt (gestanden); um ehrlich zu sein/実はこうなんです Es verhält sich in Wahrheit so.｜In Wirklichkeit liegt die Sache so.

しつい 失意 Niedergeschlagenheit *f.*; Bedrücktheit *f.*; Depression *f.* -en; das Entmutigtsein*, -s; Mutlosigkeit *f.*; Verzagtheit *f.*/失意の境遇にある niedergeschlagen (bedrückt; deprimiert; entmutigt; mutlos; verzagt) sein; in gedrückter Stimmung sein; keinen Mut mehr haben; den Kopf hängen lassen*.

じつい 実意 Treue *f.*; Gewissenhaftigkeit *f.*; Redlichkeit *f.*; Zuverlässigkeit *f.*/実意ある, 実意をつくす treu; getreu; gewissenhaft; zuverlässig. ⇨じつ❷, せいい.

じついん 実印 der beglaubigte (registierte) Stempel, -s, -.

しっつう 私通 das unerlaubte 〔Liebes〕verhältnis, ..nisses, ..nisse; Liaison *f.* -s; Liebschaft *f.* -en; Techtelmechtel *n.* -s, -; Ehebruch *m.* -(e)s, =e. —— 私通する ein unerlaubtes 〔Liebes〕verhältnis haben 《mit *jm*》; ⁴sich in ein intimes Verhältnis ein|lassen* 《mit *jm*》; Ehebruch begehen* 《姦通する》.

しつう 歯痛 Zahn|weh *n.* -(e)s, -e (-schmerz *m.* -es, -en); Odontalgie *f.* -n/歯痛に悩む Zahnweh (Zahnschmerzen《ふつう *pl*》) haben; an Zahnweh (Zahnschmerzen) leiden*.

じつう 耳痛 Ohrenschmerz *m.* -es, -en/耳痛がある Ohrenschmerzen 《*pl*》 haben.

しつうはったつ 四通八達の nach allen Seiten hin gehend; von allen Seiten erreichbar.

じつえき 実益 der materielle Gewinn, -(e)s, -e; Nutzen *m.* -s, -; Vorteil *m.* -s, -e;〔純益〕der reine Gewinn; Nettogewinn *m.* -(e)s, -e; Reinertrag *m.* -(e)s, =e/実益がある gewinnbringend (Gewinn bringend; nutzbringend; Nutz bringend) sein; einträglich sein; von Nutzen sein.

じつえん 実演 Vorführung *f.* -en; Bühnendarstellung *f.* -en; Vorstellung *f.* -en/その映画ание俳優は九州へ実演に行く Der Filmschauspieler geht auf eine Gastspielreise nach Kyushu./実演する〔auf der Bühne〕dar|stellen⁴; vor|stellen⁴/新発売の化粧品は明日モデルを使って使用法を実演します Die Gebrauchsvorführung der zum Verkauf stehenden neuen Schönheitsmittels findet morgen in Anwesenheit der Mannequins statt.

しっか 失火 Feuer 《*n.* -s, -》 aus Versehen/原因は失火です Das Feuer ist aus Versehen ausgebrochen.

しっか 膝下 ❶ 父母の膝下を離れる das El-

じっか 実価 der innere (wirkliche) Wert, -[e]s; Realwert m. -[e]s; Selbstkosten 《pl 原価》; Nettopreis m. -es, -e 《梱包代・送料などを含まる》.

じっか 実家 Eltern|haus n. -es, ¨er (Geburts-).

じっか 実科 Praktikum n. -s, ..ka; Realien 《pl》.

じっかい 十戒 die (heiligen) Zehn Gebote 《pl》; Dekalog m. -[e]s.

しつがいこつ 膝蓋骨 Kniescheibe f. -n; Patella f. ..llen.

しっかく 失格 Disqualifikation f. -en/失格する ausgeschieden werden (sein); ⁴sich disqualifizieren/予選に通過せず失格した Er konnte sich im Vorlauf nicht platzieren und ist ausgeschieden. ‖ 失格者 der Ausgeschiedene*, -n, -n.

じっかく 十角形 Zehneck n. -[e]s, -e.

じつかぶ 実株 Effekten 《pl》; die börsenfähigen Papiere 《pl》.

しっかり[と] ❶ fest/しっかりと結ぶ fest binden*⁴/しっかりつかまる ⁴sich fest|halten* 《an³》. ❷ 《しっかり・堅固に》fest; gediegen; haltbar; solid; stark/あの家はしっかりできている Das Haus ist solid gebaut. ❸ 《気丈ぶに》 standhaft; entschlossen; 《けなげに》tapfer; wacker. ❹ 《たしかに》aus|drücklich (nach-); entschieden; positiv/しっかりと言いふくめる ⁴et mit [allem] Nachdruck (ausdrücklich) sagen. ❺ 《みっしり》hart; zielbewusst; unverdrossen/しっかり勉強する fleißig (emsig; hart) arbeiten 《an³》. / しっかりした fest; gediegen; solid; standhaft; fähig 《有能な》zuverlässig 《信頼できる》/しっかりした生地 der strapazfähige Stoff, -[e]s, -e/しっかりした会社 die solide Firma, ..men/しっかりした議論 das durchschlagende Argument, -[e]s, -e/しっかりした人だ Er ist ein [gediegener] Charakter. : Er weiß, was er will. : Er hat Haare auf den Zähnen. : 《多少悪い意味も含めて「しっかり者」》 — しっかりする selbständig (selbständig) werden; sein eigener Herr werden/しっかりして Durchsetzen!《がんばれ》Nur Mut! : Nur nicht den Mut verlieren! : 《元気を出し》Kopf hoch! : 《しょげるな》戸締りをしっかりする (das Haus) gut ab|schließen*⁵/足がしっかりしている einen festen Schritt haben; einen aufrechten Gang haben/酒を飲んでもしっかりしている Er betrinkt sich nie (Er hält sich aufrecht), wenn er auch viel trinkt.

しっかん 疾患 Krankheit f. -en; Leiden n. -s, -; Übel n. -s, -; Beschwerde f. -n ‖ 胸部疾患 Lungenkrankheit f. -en/彼には胸部疾患がある Er hat es auf der Brust.

じっかん 実感 der lebhafte Eindruck, -[e]s; Leibhaftigkeit f./実感のある lebendig wirkend; Leibhaftigkeit f./実感を語る seinen Eindruck (sein Erlebnis) erzählen/実感を伴う lebens|getreu (natur-; wirklichkeits-) sein; spannend sein/この君の絵は実に実感が出ている Das Bild sieht dir sprechend ähnlich. — 実感的 realistisch; wirklichkeits|getreu (natur-); lebhaft; lebendig; sprechend. — 実感する erleben*⁴; mitfühlen[⁴]; nach|erleben⁴.

しっき 湿気 Feuchtigkeit f. -en; Nässe f./湿気のある feucht; nass; nässig; nässlich 《じめじめ》.

しっき 漆器 Lackware f. -n 《ふつう漆器類の意味では pl》‖ 漆器屋 Lackwarengeschäft n. -[e]s, -e 《店》; Lackwarenhändler m. -s, - 《人》.

しつぎ 質疑 [An]frage f. -n; Erkundigung f. -en/対談は質疑応答の形で行われた Das Gespräch verlief in Frage und Antwort. ‖ 質疑応答欄 Frage-und-Antwort-Spalte f. -n.

じっき 実記 Geschichte f. -n; Chronik f. -en.

しっきゃく 失脚 stürzen ⓢ 《von seinem Posten》; sein Amt (seinen Posten; seine Stellung) verlieren*; zu Fall kommen* ⓢ; aus|gleiten*⁵/失脚する stürzen*; zu Fall bringen*⁴/ある政治家の突然の失脚 Der jähe Sturz eines Politikers [von seinem Posten].

しつぎょう 失業 Arbeits|losigkeit (Erwerbs-) f. -/失業する arbeits|los (erwerbs-; stellen-) werden; keine Arbeit mehr haben; seine Stellung verlieren*. ‖ 失業救済 Arbeitsloserfürsorge f. -, -n (hilfe f. -n)/失業者 der Arbeitslose* (Erwerbs-; Stellen-), -n, -n/失業対策 die Maßnahmen 《pl》 gegen die Arbeitslosigkeit/失業調査 die Untersuchung 《-en》 des Problems der Arbeitslosigkeit/失業手当 Arbeitslosengeld n. -[e]s, -er/失業扶助 Arbeitslosenunterstützung f. -en/失業保険 Arbeitslosenversicherung f. -en/失業問題 Arbeitslosenfrage f. -n.

じっきょう 実況 der aktuelle Stand, -[e]s, ¨e; die wirkliche Lage, -n; die wirkliche Szene, -n/映画はアフリカ生活の実況を扱っている Der Film zeigt Szenen aus dem wirklichen Leben in Afrika. ‖ 実況放送 Direktübertragung f.; Direktsendung f.; Live-Sendung f. 《einer Sportveranstaltung スポーツの》; eines bunten Abends 催し物の夕べの》.

じつぎょう 実業 Gewerbe n. -s, -; Geschäft n. -[e]s, -e; Handel m. -s, -/実業の gewerblich; Gewerbe-; Geschäfts-; Handels-/実業につく Kaufmann werden*/実業に従事する ein Gewerbe betreiben* (aus|üben); Handel treiben*; gewerbtätig (gewerbetreibend; als Kaufmann tätig) sein ‖ 実業家 Geschäfts|mann (Kauf-; Handels-) m. -[e]s, ..leute; der Gewerbetreibende*, -n, -n/実業界 Gewerbewesen n. -s, -; Geschäftskreise 《pl》/実業界は大いに栄えている Handel und Gewerbe stehen in Blüte./実業学校 Berufsschule f. -n; die gewerbliche Fachschule, -n/実業

教育 Berufsausbildung f. -en/実業団体 Gewerbeverein m. -[e]s, -e.

しっきん 失禁 Harnfluss m. -es, ⸚e; 〖医〗 Inkontinenz f. -/失禁する sein 'Kleid [durch 'Urin] schmutzig machen; unwillkürlich Urin (Harn) lassen*.

しっく 疾駆する rasen [h.s]; sausen; gallopieren [h.s] 《馬が》.

シック schick; elegant; modisch/シックなコート der schicke Mantel, -s, - /彼女はシックに着こなしている Sie zieht sich schick an. ∣ Sie ist schick gekleidet.

しっくい 漆喰 Mörtel m. -s, -; Stuck m. -[e]s; Tünche f. -n 《水しっくい》/漆喰を塗る mit Stuck versehen*⁴ (verzieren); in Stuck her|stellen⁴; tünchen⁴.

しつくす し尽くす durch|versuchen⁴ (-|probieren⁴); erschöpfen⁴; alles mögliche tun⁴; nichts unversucht lassen*; vollständig behandeln⁴; alle verfügbaren Mittel an|wenden⁴*; alle Register ziehen⁴ /わがままをし尽くす so eigensinnig wie nur möglich sein.

しっくり aufs Genaueste; bis aufs Haar; ganz dicht; wie angegossen /この靴はしっくり合う Die Schuhe passen gut (wie angegossen). /この夫婦はしっくりいってない Diese Eheleute passen nicht zueinander.

じっくり ordentlich; bedachtsam; gründlich; reiflich; sorgfältig; in aller Ruhe/ じっくりと考える ³sich reiflich eine Sache überlegen/腰をすえてじっくり相談する in aller Ruhe ordentlich besprechen*⁴.

しつけ 躾 Zucht f.; Abrichtung f. -en 《動物の》; Disziplin f.; Erziehung f. -en; Schulung f. -en; Training n. -s /しつけのよい (わるい) gut (schlecht) erzogen/しつけのよい人 Er hat gute Manieren. : Er weiß sich zu benehmen.

しつけ 仕付け (衣服の) das Heften*, -s/ しつけ糸 Heftfaden m. -s, ⸚ /しつけをかける heften⁴.

しつけい 失敬な unhöflich; [無愛想] unfreundlich; ungefällig; unsympathisch; kurz angebunden; barsch; schroff; [あつかましい] frech; unverschämt; [粗野] rau; grob; klobig; rüde; ungehobelt; ungeschliffen; [礼儀を知らぬ] unmannerlich; formlos /失敬なことをする zu jm unhöflich sein; beleidigen⁴; rücksichtslos vor|gehen* [s]; grob wie Bohnenstroh gegen jn sein / 失敬なことを言う beleidigen⁴; beschimpfen⁴; schmähen⁴ (auf⁴; gegen⁴; über⁴). ⇨つれない — 失敬する ❶ [さよならする] auf Wiedersehen sagen/一足先に失敬する eher weg|gehen* [s]; *sich früher verabschieden/じゃ失敬 Also dann, auf Wiedersehen! ❷ [無断で] klauen⁴; mausen⁴; mopsen⁴; in die Tasche stecken⁴; [借用] ohne zu fragen, pumpen⁴. ❸ [中座] ちょっと失敬 Entschuldigen Sie! Ich komme gleich.

じっけい 実兄 js eigener älterer Bruder, -s, ⸚.

じっけい 実景 Naturbild n. -[e]s, -er; Anblick m. -[e]s, -e; Panorama n. -s, ..men.

しつける 躾ける [訓練] erziehen*⁴ (jn); ab|richten⁴ (動物を); disziplinieren⁴; schulen (jn); trainieren (jn); [慣れる] ⁴sich gewöhnen (an⁴); gewohnt sein; zur Gewohnheit machen⁴; vertraut werden (mit³) /しつけた(しつけない) gewohnt (ungewohnt); erfahren (unerfahren); gut (schlecht) geschult.

じっけん 識見 ⇨ けんしき.

しつげん 失言 Sprech|fehler (Zungen-) m. -s, -; Versprechen -s, -; das Fehlsprechen*, -s, die unpassende (unangebrachte; ungehörige) Bemerkung, -en; der unpassende (unangebrachte; ungehörige) Ausdruck, -[e]s, ⸚e /失言を謝する *sich wegen einer unpassenden ²Bemerkung entschuldigen (bei jm) /失言を取り消す eine unpassende Bemerkung zurück|nehmen*.

じっけん 実見する mit eigenen Augen sehen*⁴; als Augenzeuge beobachten⁴; Augenzeuge sein (von³) ∣ 実見者 Augenzeuge m. -n, -n.

じっけん 実検する besichtigen⁴; inspizieren⁴; nach|prüfen⁴; überprüfen⁴; identifizieren⁴; fest|stellen⁴ ∣ 首実検 Identifizierung (f. -en) des geschlagenen Gegners; Identifizierung (des Verdächtigen) 《容疑者の》.

じっけん 実験 Experiment n. -[e]s, -e; Versuch m. -[e]s, -e; Probe f. -n /実験的[に] experimentell; experimental; Versuchs-/実験が成功する(失敗する) Der Versuch gelingt (misslingt). — 実験する experimentieren (mit³); Versuche (Experimente) machen (an|stellen); aus|führen (mit³; über⁴). ∣ 実験式 die empirische Formel, -n /実験室 Laboratorium n. -s, ..rien; Labor n. -s, -s (-e); Versuchsraum m. -[e]s, ⸚e; Prüfstand m. -[e]s, ⸚e 《力・能率などの測定用》/実験者 Experimentator m. -s, -en; Empiriker m. -s, - /(経験学) 実験動物 Versuchstier n. -[e]s, -e/実験物理学(化学) Experimentalphysik f. (Experimentalchemie f.)/動物実験 Tierversuch m.; Versuchsperson f. -en.

じっけん 実権 Macht f. ⸚e; Herrsch(er)gewalt f. /実権を握る die Macht ergreifen* (übernehmen*); an die Macht gelangen [s]; das Steuer (des Staates) ergreifen* (führen); die Zügel in die Hand nehmen*/ 実権を握っている die Macht in [den] Händen haben; am Steuer sitzen* (stehen*); die Zügel in der Hand haben.

じつげん 実現 Verwirklichung f. -en; Realisation f. -en; Realisierung f. -en. — 実現する ❶ verwirklichen⁴; in die Tat um|setzen⁴; zuwege bringen*⁴ (やってのける). ❷ [実現の対象が主語] ⁴sich verwirklichen; in Erfüllung gehen* [s] 《理想などが》; zustande (zu Stande) kommen* [s] 《成就》; verwirklicht werden/彼の夢は実現されようとしている Sein Traum ist der Erfüllung nahe. /とうとう彼の夢は実現した Endlich ist

しつこい ❶ beharrlich; hartnäckig; zäh⟨e⟩; aufdringlich; lästig 〖うるさい〗/しつこい人 Aufdringling m. -e, -e/der Hartnäckige*. -n, -n/しつこさ Beharrlichkeit f.; Hartnäckigkeit f.; Zähigkeit; Aufdringlichkeit f.; Lästigkeit f./しつこくせびる hartnäckig bitten* ⟨jn um¹⟩; しつこく sich auf|drängen jm; bestürmen ⟨jn mit³⟩; eindringlich zu|reden ⟨jm⟩. ❷ [食物の] schwer; fett. ❸ [色の] zu bunt; giftig; grell.

しっこう 執行 Ausführung f. -en 〖命令・指図通りの〗; Ausübung f. -en 〖職務の〗; Durchführung f. -en 〖遂行〗; [刑の] Vollstreckung f. -en; Vollziehung f. -en; Begehung f. 〖祭典などの〗. ── 執行する aus|führen⁴; aus|üben⁴; durch|führen⁴; voll|strecken⁴; voll|ziehen*⁴ 〖祭典・式などを〗 begehen*⁴ ab|halten*⁴ /令状を執行する den Haftbefehl (den Durchsuchungsbefehl) vollstrecken/刑を執行する die Todesstrafe (das Todesurteil) voll|ziehen* (voll|strecken) hin|richten*/葬儀を執行する die Trauerfeier ab|halten*; die Beisetzung begehen*. ‖ 執行委員 Vollzugsausschussmitglied n. -[e]s, -er; Mitglied n. -[e]s, -er des Exekutivkomitees/執行委員会 Vollzugsausschuss m. -es, ¨-e; Exekutivkomitee n. -s, -s; der geschäftsführende Vorstand, -[e]s, ¨-e/執行機関 Exekutivorgan n. -[e]s, -e/執行権 Vollzugs-(Exekutiv-) f. -en/執行者 Vollstrecker m. -s, -; der Ausführende*, -n, -n/執行手続 Vollstreckungsformalität f. -en/執行命令 Vollstreckungsbefehl m. -[e]s, -e/執行猶予 Vollstreckungsaufschub m. -[e]s, ¨-e/執行猶予になる mit Bewährungsfrist verurteilt werden; Bewährungsfrist ⟨von zwei Jahren⟩ erhalten*/死刑執行人 Scharfrichter m. -s, -; Henker m. -s, -/遺言執行人 Testamentsvollstrecker m. -s, -.

しっこう 失効 [失効さすこと] das Ungültigmachen*. -s; Außerkraftsetzung f. -en; [失効すること] das Ungültigwerden* ⟨Außerkrafttreten*⟩, -s; Ungültigkeit f. 〖無効であること〗. ── 失効する ungültig werden; außer Kraft treten* 〖法律〗; ab|laufen* 〖契約などの〗. ── 失効させる ungültig machen⁴; 〖法〗〖für〗 ungültig erklären⁴; außer Kraft setzen⁴.

じっこう 実行 Ausführung ⟨Durch-⟩ f. -en; Ausübung f. -en; Erfüllung f. -en; Praktik f. ; Praxis f. ..xen; Realisierung f. -en; Verrichtung f. -en; Verwirklichung f. -en; Vollführung f. -en; Vollziehung f. -en/実行上の praktisch; in der Praxis; tatsächlich/実行に移す in die Tat (in die Wirklichkeit) um|setzen⁴/実行しうる ausführbar ⟨durchführbar⟩/実行しにくい kaum durchführbar ⟨durchführbar⟩; schwer zu verwirklichen/計画の実施にはいろいろ実行上の困難がある Der Ausführung des Plans stehen verschiedene technische Schwierigkeiten entgegen./ぐずぐず言うより実行だ Nicht reden, [sondern] handeln! ── 実行する aus|führen⁴; aus|üben⁴; durch|führen⁴; erfüllen⁴; handeln⁴; realisieren⁴; verrichten⁴; verwirklichen⁴; voll|führen⁴; voll|ziehen*⁴/約束を実行する ein Versprechen erfüllen. ‖ 実行委員 Exekutivkomitee n. -s, -s/実行運動 die Bewegung zur Förderung der Verwirklichung ⟨einer Sache⟩/実行者 Täter m. -s, -/実行力 Tatkraft f. ¨-e/実行力ある tatkräftig; schaffensfroh.

じっこう 実効 Auswirkung f. -en; Bewährtheit f.; Effekt m. -[e]s, -e; Erfolg m. -[e]s, -e; Folge f. -n; Wirksamkeit f. ; Wirkung f. -en/実効ある effektiv; effektvoll; erfolgreich; wirksam; wirkungsvoll/それは実効がある Das macht Effekt./その薬は実効があった Das Medikament wirkte (tat seine Wirkung). ‖ 実効価格 Effektivpreis m. -es, -e.

しっこく 桎梏 Fessel f. -n; Band n. -[e]s, ¨-e; Joch n. -[e]s, -e/桎梏を脱する die Fesseln ab|werfen* ⟨sprengen⟩; die Bande lösen ⟨sprengen⟩; zerreißen*⟩.

しつごしょう 失語症 Aphasie f. -n ‖ 失語症患者 Aphasiker m. -s, -.

じっこん 昵懇な vertraut; befreundet; familiär; intim; wohl bekannt/昵懇な間柄である mit jm vertrauten Umgang haben; mit jm auf vertrautem Fuß stehen*); mit jm intim (eng befreundet) sein (verkehren).

じっさい 実際 ❶ [事実] Tatsache f. -n; Wahrheit f. -en; Wirklichkeit f. -en/それが実際の事情かの如き Es verhält sich in Wahrheit (tatsächlich; wirklich) so. ❷ [実状] Realität f. -en; Lage f. -n; [der wahre] Sachverhalt, -[e]s, -e; Stand m. -[e]s, ¨-e. ❸ [実地] Praxis f. ..xen/理論と実際は違う Theorie und Praxis ist zweierlei. ── 実際の wirklich; tatsächlich; konkret; real; wahr; [実用的] praktisch; faktisch; geschäftsmäßig. ── 実際に ❶ [実地に] praktisch; in praxi; wirklich/実際には使えませんね Praktisch kann man es nicht gebrauchen (benutzen; verwenden). ❷ [実に] wirklich; in der Tat; fürwahr; tatsächlich; wahrlich/実際いい人だ Er ist ein wahrhaft (wirklich) guter Mensch. ❸ [事実上] faktisch; im Wesentlichen; in Wahrheit/実際はもうすんだようなものだ Das ist so gut wie erledigt (beendet). ‖ 実際家 der praktische Mensch, -en, -en; Praktiker m. -s, -; Geschäftsmann m. -[e]s, -leute/実際の生活 das praktische Leben, -s, -/実際の知識 Erfahrungswissen n. -s, -/実際問題 die praktische Frage, -n; Frage der Praxis.

じっざい 実在 Existenz f. -en; Dasein n. -s; Realität f. -en; Wirklichkeit f. -en/この小説の主人公のモデルは実在の人物です Die Hauptpersonen dieses Romans, die als Modell gedient hat, lebt wirklich. ── 実在する [wirklich] existieren; leben; vorhanden sein. ‖ 実在論 Realismus m. -.

しっさく 失策 Fehler m. -s, -; Fehltritt m. -(e)s, -e; Missgriff m. -(e)s, -e; Versehen n. -s, -/失策する einen Fehler machen (begehen)*; einen Fehltritt (ein Versehen) begehen*; einen Missgriff tun* ‖ 大失策 der grobe (schwere) Fehler.

しつじ 執事 Verwalter m. -s, -; Hofmeister m. -s, - (領主家の); Diakon m. -s, -e (-en, -en) 《教会の》.

じっし 実施 Ausführung f. -en; Durchführung f. -en (-setzung f. -en); Verrichtung f. -en; Vollziehung f. -en; Inkraftsetzung f. -en 《法律の》/実施する aus|führen⁴; durch|führen⁴ (-|setzen⁴); verrichten⁴; vollziehen*⁴; in Kraft setzen⁴/実施になる Wirkung haben; in Kraft treten* ⓢ.

じっし 実子 js leibliches (eigenes) Kind, -(e)s, -er.

じっしつ 実質 Wesen n. -s, -; Substanz f. -en; das Wesentliche*, -n; Gehalt m. -(e)s, -e 《内容》; Materie f. -n/実質のない (内容); gehalt|arm (-los); leer. ― 実質的な(に) wesenhaft; wesentlich; substantiell; materiell; gehaltreich; nahrhaft 《食物の》. ‖ 実質所得 Nettoeinnahme f. -n; das effektive Einkommen, -s.

じっしゃ 実写 Aktualitätenfilm m. -(e)s, -e; Echtaufnahme f. -n 《Trickaufnahme の対》.

じっしゃかい 実社会〔Alltags〕welt f. -en; Leben n. -s, - /実社会において im Getriebe des Lebens; im Strom der Welt.

じっしゅう 実収 Nettoeinkommen n. -s; Nettoeinnahme f. -n; Nettoertrag m. -(e)s, ⸚e 《収穫高の意にも》; Gewinn m. -(e)s, -e ◆利益.

じっしゅう 実習 Praktikum n. -s, ..tika; die praktische Übung (Ausbildung), -en; Praxis f. ..xen; Schulung f. -en/実習する praktizieren⁴; bei jm in der Lehre sein; ⁴et praktisch aus|üben ‖ 実習生 Praktikant m. -en, -en.

じっしゅぎょうぎ 十種競技 Zehnkampf m. -(e)s, ⸚e.

しつじゅん 湿潤 Feuchtigkeit f.; Feuche f.; Nässe f.; Wässerigkeit f.

しつじょう 失笑する nicht umhin können zu lachen; ⁴sich nicht enthalten (erwehren) können* zu lachen; ⁴sich des Lachens nicht enthalten (erwehren) können*.

じっしょう 実証 Nachweis m. -es, -e; Beweis m. -es, -e; Bestätigung f. -en ◆「実」はいして訳すに及ばない. ―― 実証する nach|weisen⁴; beweisen*⁴; bestätigen⁴/彼の説が正しいことは経験によって実証された Die Erfahrung hat seine Lehre bestätigt. ‖ 実証哲学 die positive Philosophie, -n/実証論〔主義〕Positivismus m. -.

じつじょう 実情 die wahre Sachlage, -n; der wahre Sachverhalt, -(e)s, -e; der Stand 〈-(e)s, ⸚e〉 der Dinge; Tatbestand m. -(e)s, ⸚e; Zusammenhang m. -(e)s, ⸚e /それが実情です Das ist die wahre Sachlage. /その実情を話して下さい Erklären Sie mir den Zusammenhang! Erzählen Sie mir den wahren Sachverhalt!

しつじょく 失辱 ⇒しつきょう.

しっしん 失神 Ohnmacht f. -en; Bewusstlosigkeit (Besinnungs-) f. -/失神させる betäuben 〈jn〉; bewusstlos (besinnungslos) machen 〈jn〉/失神する in ⁴Ohnmacht fallen* ⓢ; das Bewusstsein (die Besinnung) verlieren*; bewusstlos (besinnungslos) werden.

しっしん 湿疹【医】Ekzem n. -s, -e.

じっしん 十進の dezimal ‖ 十進法 Dezimalsystem n. -s.

じっすう 実数【数】die reelle Zahl, -en 《die imaginäre Zahl の対》; Effektivbestand m. -(e)s, ⸚e 《兵力などの》.

しっする 失する ❶ ⇒しなう. ❷〔過ぎる〕厳に失するdie Strenge zu weit treiben*; die Strenge über|treiben*.

しっせい 失政 Missregierung f. -en (-verwaltung f. -en); Misswirtschaft f. 《財政上の乱脈など》.

しっせい 執政 ❶ Regierung f. -en; Verwaltung f. -en. ❷〔執政者〕der Regierende*, -n, -n; Verwalter m. -s, -; Reichsverweser m. -s, - 《旧ドイツ帝国の》.

しっせい 湿性 nass; feucht ‖ 湿性肋膜炎 die nasse Rippenfellentzündung, -en.

じっせいかつ 実生活 das wirkliche Leben, -s, -; Wirklichkeit f. -en.

しっせき 叱責 das Schelten*, -s; Schelte f. -n; Rüge f. -n; Tadel m. -s, -; Verweis m. -es, -e; Vorwurf m. -(e)s, ⸚e/叱責を受ける gescholten (gerügt; getadelt) werden*; eine Rüge (einen Verweis) erhalten*. ―― 叱責する schelten* 〈jn wegen²⁽³⁾〉; rügen 〈jn〉; tadeln 〈jn〉; einen Tadel erteilen 〈jm〉; verweisen*⁴ 〈jm〉; einen Verweis geben* (erteilen) 〈jm wegen²⁽³⁾〉; einen Vorwurf machen 〈jm wegen²⁽³⁾〉. ⇒しかる.

じっせき 実績 Erfolg m. -(e)s, -e; Ergebnis n. ..nisses, ..nisse; Geschäft n. -(e)s, -e ◆「実」をしいて訳すには及ばない/それでは大した実績はあるまい Damit werden Sie nicht viel Erfolg haben. /これが五年間の貧弱な実績だ Dies ist das magere Ergebnis fünfjähriger Arbeit. /手前どもはあの会社には全然実績がありません Mit dieser Firma haben wir noch gar kein Geschäft gemacht. /会社は昔の実績をとり戻した Die Firma hat die frühere Kundschaft (den alten Absatzmarkt) zurückgewonnen. /会社は大いに営業実績を上げようとしている Die Firma erzielt große Geschäftserfolge.

じっせけん 実世間 Alltagswelt f. -en.

じっせん 実戦 Gefecht n. -(e)s, -e; Kampf m. -(e)s, ⸚e; Schlacht f. -en; das Treffen*, -s /実戦に臨んだことはない Ich habe noch keine Schlacht mitgemacht.

じっせん 実践 Praxis f. ..xen/実践的 praktisch/実践する ⁴et in die Tat (Praxis) um|setzen; praktisch an|wenden⁽*⁾⁴; ³et gemäß leben/自分の主義を実践している Er lebt seinen Grundsätzen gemäß. Er richtet sich und handelt genau nach seinem

しっそ 実践倫理学 die praktische Ethik.

しっそ 質素 Schlichtheit *f*.; Anspruchslosigkeit *f*.; Einfachheit *f*.; Frugalität *f*.; Mäßigkeit *f*.; Sparsamkeit *f*.⟨勤約/質素なに⟩ schlicht; anspruchslos; einfach; frugal; mäßig; sparsam/質素に暮らす ein schlichtes Leben führen; schlicht leben.

しっそう 失踪 Verschollenheit *f*.; Vermisstheit *f*.⟨行方不明⟩. ── 失踪する verschollen (vermisst) sein.‖失踪者 der Verschollene*, -n, -n; der Vermisste*, -n, -n⟨行方不明者⟩/失踪宣言 Verschollenheitserklärung *f*. -en/失踪届 Verschollenheitsmeldung *f*. -en.

しっそう 疾走 das Rennen* (Hetzen*; Jagen*; Rasen*), -s-/疾走する rennen*; jagen; hetzen; rasen ⟨以上どれも s⟩.

じっそう 実相 der wahre Sachverhalt, -[e]s, -e; das wahre Bild, -[e]s, -er; die wirkliche Lage, -n; das Wesen ⟨s, -⟩ der Dinge/この物語は人生の実相を描いているDiese Geschichte gibt das wahre Bild des Lebens./ このErzählung gibt das wahre Leben wieder.

しっそく 失速する die Geschwindigkeit verlieren*; überzogen werden.

じっそく 実測 [Ver]messung *f*. -en; Ausmessung *f*. -en/ 実測 する [ver]messen*⁴; aus|messen*⁴ ✦⟨～は訳さず die Land, das Feld, der Bauplatz ⟨建築場⟩, der Raum などを目的語として用いた方がよい.

じつぞん 実存主義 Existenzialismus *m*. -/実存哲学 Existenzphilosophie *f*.

しったい 失態 das grobe Versehen, -s, -; Missgriff *m*. -[e]s, -e; Blamage *f*. -n; Schmach *f*.⟨恥辱⟩/失態を演じる ein großes Versehen begehen*; einen Missgriff tun*; ⁴sich blamieren; öffentlich eine Dummheit begehen; der Spott der Welt sein; ⁴sich lächerlich machen.

じったい 実体 Substanz *f*. -en; [des Pudels] Kern *m*. -[e]s, -e; Wesenheit *f*. -en; Wesen *n*. -s, -/実体的 substantiell; wesenhaft; materiell; körperlich/実体なき wesenlos; unkörperlich/実体化する ³et Dasein (Bestand) geben*‖実体論 Ontologie *f*.

じったい 実態 die wahre Sachlage. ⇨じょう.

しったかぶり 知ったかぶりをする besser wissen⁴ wollen*; naseweis (vorwitzig) sein; ⁴sich stellen, als ob man darum (etwas) wüsste.

しったつり 執達吏 Gerichtsvollzieher *m*. -s, -/執達吏を差し向ける den Gerichtsvollzieher schicken.

じつだん 実弾 die scharfe Patrone, -n (Munition *f*. -en)/実弾を撃つ scharf schießen*‖実弾射撃 der scharfe Schuss, -es, ⸗e.

しっち 失地 das verlorene (verloren gegangene) Gebiet, -[e]s, -e; das abgetretene Gebiet ⟨割譲地⟩‖失地回復 die Wiedergewinnung ⟨-en⟩ (die Zurückeroberung, -en) eines verlorenen (verloren gegangenen) Gebiet[e]s.

しっち 湿地 Sumpfgegend *f*. -en; der sumpfige (nasse) Boden, -s, ⸗.

じっち 実地 Praxis *f*. ..xen; Ausübung *f*. -en ⟨実際の営み⟩; Erfahrung *f*. -en ⟨経験⟩; Wirklichkeit *f*. -en ⟨実際⟩/実地を踏む praktische Erfahrungen sammeln (haben); eine Spitalpraxis ⟨医者⟩ (eine Geschäftspraxis ⟨商売⟩) [mit]|machen/ 以前にこの分野で実地を踏んだ経験ありますか Haben Sie irgendwelche Vorpraxis auf diesem Gebiet ── 実地に[の] praktisch; zweckmäßig / 実地に応用する praktisch (auf die Praxis) an|wenden(*)⁴/実地に行う in die Tat (Praxis) um|setzen⁴; aus|führen⁴ / それは実地の経験で知っております Das weiß ich aus praktischer Erfahrung.‖実地応用 die praktische Anwendung, -en/実地検証 (persönliche) Besichtigung, -en/実地踏査 Vermessung *f*. -en; Landesaufnahme *f*. -n; Besichtigung *f*.

じっちょく 実直 Redlichkeit *f*.; Biederkeit *f*.; Ehrlichkeit *f*.; Rechtschaffenheit *f*./実直な[に] redlich; aufrecht; aufrichtig; bieder; ehrlich; gerade; rechtschaffen; treu/実直な男 der redliche (rechtschaffene) Mann, -[e]s, ⸗er; ein Mann mit aufrechtem Charakter/実直に働く ⁴sich redlich ins Zeug legen.

しつつい 失墜する [名声などが] verloren gehen* ⟨s⟩; [名声などを] um *et kommen* ⟨s⟩; verlieren*⁴; verlustig² gehen ⟨s⟩; ein|büßen⁴; [³sich] verscherzen*; verwirken⁴.

じつづき 地続きの anstoßend ⟨an⁴⟩; angrenzend ⟨an⁴⟩; benachbart/地続きの地所 das anstoßende (benachbarte) Grundstück, -[e]s, -e / 彼の庭はうちの庭と地続きです Sein Garten stößt an unseren an./千潮時にはあの島は地続きになります Zur Zeit der Ebbe verbindet sich die Insel mit der Küste./この島はもと地続きであった Diese Insel hing früher mit dem Festland zusammen.

しつてき 質的 qualitativ; der Güte (der Beschaffenheit; dem Wert) nach/質的に向上している qualitativ verbessert sein/質的に見れば後者がすぐれている Was die Qualität [an]betrifft, [so] ist das letztere besser.

しってんばっとう 七転八倒[の苦しみをする] ⁴sich vor Schmerzen winden* (krümmen).

しっと 嫉妬[心] Eifersucht *f*.; Neid *m*. -[e]s; Missgunst *f*. / 嫉妬深い eifersüchtig ⟨auf⁴⟩; neidisch ⟨auf⁴⟩; missgünstig/嫉妬に目が眩む gelb vor ³Eifersucht sein. ── 嫉妬する eifersüchtig (neidisch) sein ⟨auf⁴⟩; missgönnen⁴ ⟨*jm*⟩.

しつど 湿度 Feuchtigkeit *f*.; Humidität *f*./湿度が高い einen hohen Prozentsatz von Feuchtigkeit zeigen; Es ist sehr feucht.‖湿度計 Feuchtigkeitsmesser *m*. -s, -; Hygrometer *n*. -s, -.

じっと still; bewegungslos; fest; regungslos; starr; geduldig ⟨がまんして⟩/じっ

じつどう 実働時間 die reine Arbeitszeit, -en. ⇨つとう.

しっとり しっとりと ❶ [静かに] sanft; sacht; still. ❷ [湿って] feucht; nass; wäss(e)rig/庭の草がしっとりと夜露にぬれている Die Gräser im Garten sind triefend nass vom (Nacht)tau.

しつない 室内 das Innere* (-n) des Zimmers (des Hauses); Innenraum m. -(e)s, ⸚e/室内で im Zimmer (Haus(e) Innern); drinnen; inwendig/室内の Haus-; Zimmer-; Hallen-/ 室内を装飾する ein Zimmer aus|statten (dekorieren; möblieren; tapezieren)/室内に閉じこもる ¹Stubenhocker sein; am liebsten zu Hause sitzen ‖ 室内温度 Zimmertemperatur f. -en/室内画 Zimmerstück n. -(e)s, -e/室内楽 Kammermusik f. /室内寒暖計 Zimmerthermometer m. -s, -/室内靴 Hausschuh m. -(e)s, -e/室内植物 Zimmerpflanze f. -n/室内装飾 Zimmer|ausstattung f. -en (-dekoration f. -en)/室内装飾画 〔Zimmer〕dekorationsmalerei f. /室内装飾師 Zimmer|ausstatter m. -s, - (-dekorateur m. -s, -e)/室内装飾術 Innenarchitektur f. -en/室内体操 Hallen|turnen n. -s (-gymnastik f. -en)/室内暖炉 Zimmerofen m. -s, ⸚/室内プール Schwimmhalle f. -n/室内帽 Hausmütze f. -n/室内遊戯 Gesellschaftsspiel n. -(e)s, -e.

しつねん 失念する js ³Gedächtnis entschlüpfen [s]; aus dem Gedächtnis verlieren*⁴. ⇨わすれる.

ジッパー Reißverschluss m. -es, ⸚e.

しっぱい 失敗 Miss|erfolg m. -(e)s, -e; das Misslingen*, -s; Misslingen n. -s; Erfolglosigkeit f.; Fehlschlag m. -(e)s, ⸚e; Fiasko n. -s, -s; Schlappe f. -n; das Versagen*, -s; Versehen n. -s, -《過失》; Zusammenbruch m. -(e)s, ⸚e《敗北》. ── 失敗する keinen Erfolg haben; daneben|gehen* [s]; misslingen* [s] (jm); missingen* [s] (jm); missraten* [s] (jm); Fiasko machen; fehl|schlagen* [s]; vergeblich sein; versagen*; vorbei|gelingen* [s] (jm); keine Wirkung tun*; zusammen|brechen* [s] /試験に失敗する das Examen nicht bestehen* (können)*; im Examen durch|fallen* [s] durchs Examen fallen* [s] /計画は失敗した Der Plan ist zu Wasser geworden (ins Wasser gefallen). ‖ 失敗者 der Erfolglose*, -n, -n; Nichtskönner m. -s, -; Versager m. -s, - /人生の失敗者 der im Leben Gescheiterte*, -n, -n.

じっぱひとからげ 十把一絡げに mit allem, was dazu gehört; mit allem Drum und Dran; mit dem ganzen Kram; in Bausch und Bogen.

じつばりき 実馬力 Nutzpferdekraft f. ⸚e;

Nutzleistung f. -en《出力》.

しっぴ 失費 die (Un)kosten (pl 諸経費).

じっぴ 実否 Wahrheit und Falschheit; Wahrheit f. -en《真相》/実否を確かめる die Wahrheit (Richtigkeit) einer Sache nach|prüfen; versuchen, hinter die Wahrheit zu kommen.

じっぴ 実費 Selbst|kosten (Anschaffungs-; Gestehungs-; Herstellungs-) (pl) Einkaufs|preis (Kosten-) m. -es, -e; Vertrauensspesen (pl 出張旅費などの)/実費で (実費より安く)売る ⁴et zum Kostenpreis (unter Selbstkostenpreis) verkaufen.

しっぴつ 執筆 das Verfassen* (Schreiben*), -s/ N 氏執筆 verfasst (geschrieben) von N/執筆する verfassen*⁴; ab|fassen*; schreiben*⁴ ‖ 執筆者 Verfasser m. -s, -; Autor m. -s, -en; Schreiber m. -s, -.

しっぷ 湿布 Kompresse f. -n; der feuchte Umschlag, -(e)s, ⸚e/温(冷)湿布を施す heiße (kalte) Umschläge machen (jm).

じっぷ 実父 js leiblicher (richtiger; eigener) Vater, -s, ⸚.

しっぷう 疾風 Sturmwind m. -(e)s, -e; Windsturm m. -(e)s, ⸚e; der heftige Wind, -(e)s, -e/疾風の如く stürmisch; ungestüm wie ein Sturmwind/疾風迅雷のごとく mit Windeseile; blitzartig.

じつぶつ 実物 Ding n. -(e)s, -(er); Sache f. -n《具体物》; Realien (pl 実在物); Gegenstand m. -(e)s, ⸚e《物体》; das Vorhandene*, -n《存在物》; das Echte*, -n《本物》; Original n. -s, -e《原物》 ‖ 実物教育 Anschauungsunterricht m. -(e)s, -e/実物大 Lebens|größe (Natur-) f. -en /実物大の in Lebensgröße; lebensgroß; in natürlicher Größe.

しっぺ die Bambusrute (-n) [zur Züchtigung]/しっぺで打つ mit einer Bambusrute züchtigen (jn) ‖ しっぺ返し Wiedervergeltung f. -en; Talion f. -en; しっぺ返しをする Wiedervergeltung üben (an jm); Gleiches mit Gleichem vergelten*; Auge um Auge, Zahn um Zahn.

しっぺい 疾病 Leiden n. -s, -. ⇨びょうき.

じつべんけい 十辺形 Zehneck n. -(e)s, -e.

しっぽ 尻尾 Schwanz m. -es, ⸚e; Ende n. -s, -n《末端》/尻尾を出す den Pferdefuß zeigen; sein wahres Gesicht zeigen/尻尾を巻く den Schwanz ein|ziehen* (zwischen die Beine klemmen); den Kopf hängen lassen*; kleinlaut werden; ⁴sich feige drücken; ⁴sich geschlagen geben*/尻尾を押さえる bei einem Fehler ertappen (jn).

じつぼ 実母 js leibliche (richtige; eigene) Mutter, -s, ⸚.

じつぼ 地坪 Grundstücksgröße f. -en; Flächenraum m. -(e)s, ⸚e.

しつぼう 失望 Enttäuschung f. -en; Ernüchterung f. -en; die gescheiterte Hoffnung, -en; Desillusion f. -en/失望の色を浮かべる enttäuscht aus|sehen*; ein langes Gesicht machen /私には大きい失望であった Ich bin durch bittere Erfahrungen enttäuscht worden. ｜ Bittere Erfahrungen haben mich enttäuscht./失望して enttäuscht; ernüchtert; mit gescheiterten Hoffnungen; desillusioniert — 失望させる enttäuschen 《jn》; ernüchtern 《jn》《物が主語》; desillusionieren 《jn》; einen Dämpfer auf|setzen (geben)* 《jm》; Wasser in den Wein gießen* 《感興をそぐ》. — 失望する sich enttäuschen; sich enttäuscht fühlen; enttäuscht sein; eine Enttäuschung erfahren*/彼には失望した Er hat mich enttäuscht. Ich bin von ihm enttäuscht. Ich hätte Besseres von ihm erwartet. Ich habe mich in ihm getäuscht./まだ失望するには早い Man soll nicht (nie) frühzeitig alle Hoffnung(en) aufgeben. Es ist noch zu früh, die Hoffnung(en) sinken zu lassen.

しっぽう 七宝焼 Cloisonné n. -s, -s/七宝焼の Cloisonné-.

しっぽく 質朴な schlicht; einfach; naturnah; primitiv; urtümlich; urwüchsig.

しっぽり しっぽり濡れる völlig (durch und durch) nass werden/身体までしっぽり濡れる 《bis auf die Haut》durchnässt werden (sein).

しつむ 執務 Amts|führung (Dienst-) f. -en; Amtsausübung f. -en; Dienstleistung f. -en/執務中の Dienst habend (tuend)/執務多忙につき私には Arbeit überhauft hin, .../執務中私語などで時間を費してはならない Man darf die Dienstzeit nicht mit Privatgesprächen zubringen. — 執務する sein Amt führen; seinen Dienst aus|üben (tun*); amtieren; tätig sein 《als》. ‖ 執務心得 Dienst|anweisung f. -en (-vorschrift f. -en); Geschäfts|ordnung (Geschäfts-) f. -en/執務時間 die Amts|stunden (Dienst-) 《pl》; Dienstzeit f./執務中面会謝絶 《Privat》besuche sind während der Dienststunden nicht gestattet.

しつむ 実務 die praktischen Angelegenheiten 《pl》; Büroarbeit f. -en; Geschäfts|praxis f. ..xen; Geschäftsroutine f. -n; Geschäft n. -(e)s, -e 《ビジネス》/実務的な praktisch; geschäftsmäßig/実務のある geschäfts|fähig (-tüchtig)/実務につく ein Amt (einen Posten) an|treten* 〔S〕/実務家 Geschäftsmann m. -(e)s, ..leute; Praktiker m. -s, -.

しつめい 失明 Erblindung f. -en/失明する blind werden; erblinden 〔S〕/失明して das Gesicht verlieren*; des Augenlichts beraubt werden/失明者 der Blinde*, -n, -n.

しつもん 質問 《An》frage f. -n; Fragestellung f. -en; Erkundigung f. -en; Interpellation f. -en 《議会で》/質問の連発 Fragen 《pl》 über Fragen; ein Schwall 《m. -s》 《Hagel m. -s》 von Fragen/質問好きの frage|selig (-süchtig)/急所を突いた質問 die treffende Frage/うるさい質問 Fragerei f. -en/質問に答える auf eine Frage antworten; eine Frage beantworten/ほかにまだ質問がありますか Haben Sie sonst noch Fragen?/質問攻めにする die Kreuz und Quer fragen 《jn》. — 質問する fragen 《jn》; eine Frage stellen (richten; tun*) 《jm; an jn》; eine Frage an|schneiden* (auf|werfen*) 《質問を出す》; eine Anfrage richten (stellen) 《an jn wegen ²⁽³⁾》; interpellieren 《bei jm wegen ²⁽³⁾》; ⁴sich erkundigen 《bei jm nach³》 問い合わす/質問しても悪いことはないでしょう Eine Frage wird nicht(s) schaden. ‖ 質問事項 Frage|punkt m. -(e)s, -e (-stück n. -(e)s, -e)/質問者 Frager m. -s, -; Fragesteller m. -s, -; der Fragende*, -n, -n; Interpellant m. -en, -en 《議会の》/質問書 Fragebogen m. -s, -/質問戦 Interpellationskrieg m. -(e)s, -e.

じつよう 執拗 Beharrlichkeit f.; Hartnäckigkeit f.; Zähigkeit f.; Aufdringlichkeit f.; Lästigkeit f. ⇨しつこい①.

じつよう 実用 der praktische Gebrauch, -(e)s, -e; die praktische Anwendung, -en; Verwendung f. -en/実用向(的)の praktisch; sachdienlich; zweckmäßig/実用に供する ⁴et praktisch an|wenden*⁽*⁾ (verwenden⁽*⁾) ‖ 実用主義(者) Pragmatismus m. - (Pragmatist m. -en, -en)/実用新案 Gebrauchsmuster n. -s, -/実用新案の申請をする ein Gebrauchsmuster an|melden/実用新案ドイツ語 praktisches Deutsch ❖ 二格は用いない、三・四格は praktisch のみ -em, -es と変化し、Deutsch は無変化; Gebrauchsdeutsch n. 《無変化》/実用品 Gebrauchs|artikel m. -s, - (-gegenstände 《pl》).

じづら 字面 Buchstabenbild n. -(e)s, -er.

じつり 実利 ❶ [利益] der materielle Gewinn, -(e)s, -e; Nutzen m. -s, -; Vorteil m. -(e)s, -e. ❷ [有益] Nützlichkeit f. (Erhalten -); Nutz|barkeit f. (Verwend-). ❸ [功利] Utilität f.; Nützlichkeit. — 実利的(な, に) gewinnbringend (Gewinn bringend); nützlich; vorteilhaft; utilitaristisch 《功利主義的》. ‖ 実利主義 Utilitarismus m. -; Nützlichkeitsprinzip n. -s, ..pien; Handelsgeist m. -(e)s 《コマーシャリズム》.

しつりょう 質量 [理] Masse f. -n/質量保存の法則 das Gesetz 《n.》 von der Erhaltung der Masse/質量作用の法則 Massenwirkungsgesetz n. -es/質量数 Massenzahl f. -en/質量スペクトル Massenspektrum n. -s, ..tren/質量中心 Massenmittelpunkt m. -(e)s, -e/質量軸分析 Massenausstrahlung f. -en/質量分析器 Massenspektrograph m. -en, -en/質量分析計 Massenspektrometer n. 《m.》-s, -.

じつりょく 実力 Fähigkeit f. -en; Befähigung f. -en; das Können*, -s; Vermögen n. -s, -; Gelehrigkeit f. 《学問の》; Gewandtheit f. 《技術などの》/実力をつける Kenntnisse sammeln (an|häufen); ertüchtigen/あの人のドイツ語の実力はたいしたものだ Er ist des Deutschen sehr mächtig./実力のある fähig; befähigt; vermögend; gelehrig; gewandt; bewandert.

しつれい 失礼 Unhöflichkeit f. -en; Grobheit f. -en 《無作法》; Rohheit f. -en; Unbildung f. 《無教養》; Unfreundlichkeit f.

-en《不親切》／失礼な unhöflich; grob; roh; ungebildet; unfreundlich／失礼なことを言う etwas Unhöfliches" sagen; in unfreundliche Worte kleiden"／失礼 Entschuldigen (Verzeihen) Sie!; Entschuldigung (Verzeihung)!; (Es) tut mir Leid.／失礼ですが mit Verlaub; mit Erlaubnis (Respekt; Verzeihung) gesagt／失礼ですが御用は何でしょうか Was kann ich für Sie tun? Kann ich Ihnen helfen?／失礼ですがこの話はやめて下さい Seien Sie so gut und sprechen Sie nicht mehr davon.／失礼ですがご商売は Was sind Sie (von Beruf), wenn ich fragen darf?／先日お出で下さったときは留守で失礼しました Es tut mir sehr Leid, dass ich da(mals) (gerade) nicht zu Hause war.

じつれい 実例 Beispiel *n*. -[e]s, -e; Exempel *n*. -s, -; Vorgang *m*. -[e]s, ¨e; Präzedenzfall *m*. -[e]s, ¨e《先例》❖「実」は訳すに及ばない／実例をあげる(あげれば) ein Beispiel (*et* als Beispiel) an|führen (zum Beispiel; z.B.)／具体的な実例をあげると um ein konkretes Beispiel zu nennen.

しつれん 失恋 die unglückliche (unerwiderte) Liebe; die verschmähte Liebe《拒まれて》／失恋の liebesverlassen; gebrochenen Herzens／失恋の悩み die Leiden 《*pl*》 unglücklicher (unerwiderter; verschmähter) Liebe; Leiden 《*pl*》 einer vom Geliebten Verlassenen".── 失恋する unglücklich lieben; ⁴sich in unglücklicher Liebe verzehren; vom Geliebten verlassen werden.

じつろうどう 実労働 Nettoarbeit *f*. ⇨じつどう.

じつろく 実録 die schriftliche Geschichtsquelle, -n; Urkunde *f*. -n; der historische Roman, -e《実録版》.

じつわ 実話 die wahre Geschichte, -n ‖ 実話小説 Tatsachenroman *m*. -s, -e.

して 仕手〔能の〕Hauptdarsteller *m*. -s, -.

して してみると〔und〕dann; folglich; daraus folgt, dass ....

～にして ¶ 彼にして〔なお〕selbst er; sogar ein Mann (jemand) wie er／教師としての義務 die Pflicht eines (des) Lehrers／この父にしてこの子あり Wie der Vater, so der Sohn.／外国人にしては日本語がうまい Für einen Ausländer spricht er gut Japanisch.／少ししてから nach einer kleinen Weile／五日にしてみると nach fünf Tagen.

してい 師弟 Lehrer und Schüler, des - und -s, - und -;〔der〕Meister 《-s, -》und〔seine〕Jünger 《*pl*》／師弟の関係を結ぶ in das Verhältnis von Lehrer und Schüler treten"《z》.

してい 私邸 Privathaus *n*. -es, ¨er.

してい 指定 Bestimmung *f*. -en; Designation *f*. -en／指定の場所 der bezeichnete Ort, -[e]s, -e／指定の時間 die festgesetzte Zeit. ── 指定する bestimmen⁴; bezeichnen⁴; fest|setzen⁴／こゝに来るように指定されたので Wir sind hierher bestellt (beordert) worden. ‖ 指定商 Lieferant *m*. -en, -en;〔Zu〕lieferer *m*. -s, -／指定席 der nummerierte Platz, -es, ¨e.

してい 子弟〔die〕Kinder und Brüder 《*pl*》; die Kinder 《*pl*》.

してかす ¶ 彼は何をしてかすかわからない Er ist unberechenbar.／とんでもないことをしてしまったよ Da habe ich etwas Schönes angerichtet.

してき 指摘 Hinweis *m*. -es, -e; Angabe *f*. -n; Fingerzeig *m*. -[e]s, -e; das Hervorheben", -s. ── 指摘する hin|weisen" 《*jn auf*⁴》; an|geben"⁴; aufmerksam machen 《*jn auf*⁴》; einen Fingerzeig geben" 《*jm*》; hervor|heben"⁴; zeigen⁴ 《*jm*》／私は彼に誤りを指摘した Ich machte ihn auf seinen Schnitzer aufmerksam.

してき 詩的 poetisch; dichterisch ‖ 詩的情操 die poetische (dichterische) Gesinnung (Einstellung); der poetische (dichterische) Sinn, -[e]s.

じてき 自適する ein behagliches Leben führen. ⇨ゆうゆう.

してつ 私鉄 Privatbahn *f*. -en.

じてっこう 磁鉄鉱 Magneteisenerz *n*. -es, -e.

してのたび 死出の旅(につく) eine Reise 《-n》 ins Jenseits [an|treten"].

してやられる (he)rein|fallen"〔z〕; auf den Leim gehen"〔z〕《*jm*》／してやったぞ Ich habe ihm ein Schnippchen geschlagen.

してん 支店 Zweiggeschäft *n*. -[e]s, -e (-anstalt *f*. -en); -niederlassung *f*. -en; -stelle *f*. -n); Filiale *f*. -n; Neben|anstalt (Tochter-) *f*. -en／支店を設ける ein Zweiggeschäft (eine Filiale) eröffnen ‖ 支店長 der Geschäftsführer 《-s, -》 eines Zweiggeschäft[e]s; Filialleiter *m*. -s, -／日本銀行大阪支店 die Osaka-Filiale der Nippon-Bank.

してん 支点〔理〕Stütz|punkt (Dreh-) *m*. -[e]s, -e.

してん 至点〔天〕Solstitium *n*. -s, ..stitien; Sonnenwende *f*. -n.

してん 視点 Gesichts|punkt (Blick-; Stand-) *m*. -[e]s, -e.

しでん 市電 Straßenbahn *f*. -en／市電の従業員 Straßenbahner *m*. -s, -／市電に乗る mit der Straßenbahn／市電に乗る in die Straßenbahn ein|steigen".

じてん 次点 der nächste Punkt, -[e]s, -e; die nächste Nummer, -n ‖ 次点者 der Nächste", -n, -n; der Zweite" 《-n, -n》 nach Punkten; der Anwärter 《-s, -》 mit den nächsthöchsten Stimmenzahlen《選挙の》.

じてん 自転 Rotation *f*. -en／自転する ⁴sich um seine eigene Achse drehen／地球は自転する Die Erde dreht sich um ihre Achse.

じてん 辞典 ⇨じしょ(辞書).

じてん 自伝 Autobiografie *f*. -n; Selbstbiografie *f*. -n.

じてんしゃ 自転車〔Fahr〕rad *n*. -[e]s, ¨er; Einrad《一輪自転車》; Damenrad《婦人用》; Tandem *n*. -s, -s《二人乗》／自転車に乗る ⁴sich aufs Rad setzen; Rad fahren"〔z〕《自転車で行く》;〔俗〕radeln〔z〕／自転車からおりる

vom Rad ab|steigen* ⓢ/自転車乗り das Radfahren*, -s《術》; Radfahrer m. -s, -(人); Radsport m. -[e]s《サイクリング・競技》‖ 自転車置場 Fahrradabstellung f. -en; Fahrradständer m. -s, -《架》/自転車競走(場) das Radrennen*, -s (Radrennbahn f. -en; Piste f. -n)/自転車旅行 die Reise ⟨-n⟩ zu Rad/夏休みには箱根へ自転車旅行をする In den Sommerferien radeln wir nach Hakone.

してんのう 四天王 ❶ die vier Himmelskönige. ❷ die großen Vier; die vier Tüchtigsten.

しと 使徒 Apostel m. -s, -; der Jünger ⟨-s, -⟩ Christi; Sendbote m. -n, -n/使徒行伝《聖書》 apostolico ‖ 使徒行伝 Apostelgeschichte f./使徒信経 das Apostolische Glaubensbekenntnis, ..nisses; Apostolikum n. -s/十二使徒 die zwölf Apostel.

しとう 死闘 der Kampf f. -[e]s, -e⟨auch⟩ auf ⁴Leben und Tod; der verzweifelte Kampf/死闘を繰り返す wiederholt auf Leben und Tod kämpfen.

しとう 至当の recht und billig; ganz richtig; gerecht; angebracht; wohl begründet/彼が言い張るのは至当だ Er besteht mit vollem Recht darauf.

しとう 斯道の大家 Fachautorität f. -en; Meister ⟨m. -s, -⟩ seines Fach[e]s.

しどう 指導 Führung f. -en; Leitung f. -en; Direktion f. -en/…の指導の下に unter der Führung (Leitung) von jm/指導の任に当たる die Führung (Leitung) übernehmen*/指導的役割を演じる eine führende Rolle spielen⁴. ‖ 指導する führen⁴; leiten⁴; dirigieren⁴. ‖ 指導原理 Leitgedanke m. -ns, -n/指導者 Führer m. -s, -; Leiter m. -s, -/指導者の地位 eine führende (leitende) Stellung.

しどう 私道 Privatweg m. -[e]s, -e.

じどう 自動[式]の automatisch; selbsttätig; maschinenmäßig ‖ 自動開閉器《装置》 Selbstschalter m. -s, -《Selbstschließer m. -s, -》/自動火災報知器 der automatische Feuermelder, -s, - (Feueralarm, -[e]s, -e)/自動機械 Automat m. -en, -en; die selbsttätige Maschine, -n/自動拳銃 Maschinenpistole f. -n; Revolver m. -s, -/自動植字鋳造機 Linotype (Monoー) f. -n/自動制御 automatische Regelung, -en/自動制御 automatische Regelung, -en/自動操舵 die automatische Weiche, -n/自動ドア eine automatische Tür, -en/自動人形 Gliederpuppe f. -n/自動番号捺印記 Numerierschlegel m. -s, -/自動販売機 Automat m. -en, -en《乗車券の》/自動ピアノ Pianola f. -s/自動按摩機 die elektrische Massage, -n/自動連結器 die automatische (selbst einrückende) Kuppelung, -en.

じどう 児童 Kind n. -[e]s, -er; Jungen und Mädel (pl)/男の子と女の子 Knaben und Mädchen (pl)/児童向きの jugendlich; Kinder-/児童向け放送 Kinderfunk m. -s ‖ 児童虐待 Kindermisshandlung f. -en/児童憲章

Freibrief ⟨m. -[e]s, -e⟩ der Jugendlichen/児童心理学 Kinderpsychologie f./児童手当 Kindergeld n. -[e]s, -er/児童福祉 Kinderfürsorge (Jugend-) f./児童福祉法 Gesetz n. -es, -e für Jugendwohlfahrtspflege/児童文学 Jugendliteratur f. -en; Kinderschriften (pl)/児童文庫 Jugendbücherei f. -en; Kinderbibliothek f. -en/小学児童 Schulkind n. -[e]s, -er; Schüler m. -s, -.

じどうし 自動詞《文法》das intransitive Verb, -s, -en; das nichtzielende Zeitwort, -[e]s, -e.

じどうしゃ 自動車 Auto n. -s; Automobil n. -s, -e; Kraftwagen m. -s, -; Limousine f. -n《箱型》; Kabriolett n. -s, -s《幌付き》/[Kraft]wagen m. -s, -/自動車を運転する Auto fahren*/自動車に乗る in dem Wagen ein|steigen*⟨ⓢ⟩《乗車》; mit dem Auto fahren*ⓢ《車で走る》/自動車でドライブする eine Spazierfahrt machen/自動車で運搬する mit dem Wagen transportieren⁴ ⟨fort|schaffen⁴⟩; beförden⁴)/自動車を廃車にする den Wagen still|legen/自動車のどろよけ(ガラスふき) Kotflügel m. -s, -《Scheibenwischer m. -s, -》‖ 自動車運転手 [Kraftwagen]fahrer m. -s, -; Auto|fahrer m. -s, - ⟨-führer m. -s, -⟩; Chauffeur (Schoffór) m. -s, -e/自動車運転免許状 Führerschein m. -[e]s, -e/自動車置場 Kraftwagenpark m. -s, -; Garage f. -n; Automobilsammelstelle f. -en/自動車学校 Fahrschule f. -n/自動車競走 Autorennen n. -s, -/自動車交通 Autoverkehr m. -s/自動車サーキット Automobilrennbahn f. -en/自動車産業 Autoindustrie f. -n; Automobilbau m. -[e]s《製造》/自動車事故 Autounfall m. -[e]s, -⸚e/自動車修理工場 Kraftwagen[werk]statt ⟨Autoreparatur-⟩ f. -en/自動車専用道路 Autobahn f. -en; Kraftwagenstraße f. -n/自動車駐車場 Parkplatz m. -s, -⸚e/自動車展示会 Auto|ausstellung f. -en ⟨-schau f. -en⟩/自動車方向指示器 Winker m. -s, -; [点滅式のもの] Fahrtrichtungsanzeiger m. -s, -; Blinklicht n. -[e]s, -er.

じとく 自得する ❶[自ら得る] ³sich erwerben*⁴; erringen*⁴/自得の selbst erworben. ❷[会得する] verstehen*⁴; dahinter|kommen*ⓢ《会話》; jm geht ein Licht auf; ⁴sich [selbst] überzeugen ⟨von⁵⟩».

じとく 自涜《行為》Onanie f.; Selbstbefleckung f.

しどけない unordentlich; liederlich.

しとげる し遂げる vollbringen*⁴; aus|führen⁴; erreichen⁴; vollenden⁴; zu ³Ende bringen*⁴.

しとしと ❶ [静かに] sanft; leise; mild; sacht/雨がしとしと降っている Es regnet sacht (leise). ❷[湿っぽい] feucht; nass; wäss[e]rig.

じとじと じとじとする feucht (dumpfig) sein/じとじとした空気 die dumpfe (muffige) Luft, -⸚e.

しとみ 蔀 Klappladen (Fall-) m. -s, -⸚《ふつう pl》‖ 半蔀(はじとみ) Neben|tür ⟨Seiten-⟩ f. -en; Pförtchen n. -s, -.

しとやか sittsam; schamhaft; wohlanständig; züchtig; anmutig《優雅な》; elegant《上品な》; höflich《丁寧な》.

じどり 地取り Absteckung *f.* -en; Abgrenzung *f.* -en／地取りをする ab|stecken⁴; ab|grenzen⁴.

しどろもどろ in ⁴Verwirrung geraten* [s]; in ⁴Verlegenheit geraten* (kommen* [s])《狼狽する》.

シトロン Zitrone *f.* -n; Zitronenlimonade *f.* -n.

しな 品 ❶ Ware *f.* -n; Artikel *m.* -s, -; Gut *n.* -〔e〕s, ⸚er; Gegenstand *m.* -〔e〕s, ⸚e／品が切れる〔den Artikel〕nicht mehr vorrätig haben;〖品物が主語〗alle werden (sein)／品不足 Warenknappheit *f.* -en ⇨**しなうす**. ❷［品質］Qualität *f.* -en; Güte *f.*／品がよい(わるい) von guter (schlechter) Qualität sein／品がおちる gering〔er〕an Qualität sein; unter dem Durchschnitt sein／品を保証する für Güte (Qualität) bürgen. ¶ 所変われば品変わる ‚Andere Länder, andere Sitten.'

しな［嬌態］Koketterie *f.* -n; Gefallsucht *f.*／しなをつくる kokettieren《*mit*³》; ⁴sich gefallsüchtig benehmen*.

-しな ¶ 寝しなに noch vor dem Schlafengehen／…への行きしなに auf dem Weg《*nach*³》／…からの帰りしなに auf dem Rückweg《*von*³》.

しない 竹刀 Übungsschwert《*n.* -〔e〕s, -er》aus Bambus.

しない 市内 das Stadtinnere*, -n; die innere Stadt; Stadtmitte *f.*《都心》; Altstadt *f.*《旧市内》／市内で in der ³Stadt; innerhalb der ³Stadt; im Stadtinneren／市内へ in die Stadt; ins Stadtinnere ‖ 市内電車 Stadtbahn *f.* -en; Straßenbahn *f.* -en《市(都)電》.

しなう 撓う ⁴sich biegen*／よく撓う《しなやかな》biegsam; geschmeidig.

しなうす 品薄 Mangel *m.* -s; Knappheit *f.*／品薄である knapp sein.

しなおす し直す ⇨**やりなおす**.

しなかず 品数 die Zahl《-en》der ²Gegenstände (Waren; Artikel)／品数が多い《店の》〔eine〕große (reiche) Auswahl〔von (an) ³Waren〕haben; viele (verschiedene) Artikel führen.

しなぎれ 品切れの ausverkauft; vergriffen《絶版の》／この品物は残念ながらもう品切れです Wir haben leider diesen Artikel nicht mehr auf Lager.

しなさだめ 品定め ⇨**ひんぴょう**.

しなだれ〔かか〕る ⁴sich zärtlich (kokettierend) an|schmiegen《*an*⁴》.

しなびる 萎びる verwelken [s]; verdorren [s]; schlaff herunter|hängen*;［しわがよる］verschrumpfeln [s]; zusammen|schrumpfen [s]／しなびた顔 das verhutzelte (verwelkte) Gesicht, -〔e〕s, -er／しなびた果物 die zusammengeschrumpfte Frucht, ⸚e.

しなもの 品物［物品］Gegenstand *m.* -〔e〕s, ⸚e; Sache *f.* -n; Stück *n.* -〔e〕s, -e《個々の》;［商品］Ware *f.* -n; Artikel *m.* -s, -. ⇨**しな**（品）.

しなやか ❶［柔軟な］biegsam; geschmeidig; schmiegsam; gelenkig／しなやかな肉体 ein geschmeidiger Körper, -s, -. ❷ ⇨**しとやか**.

じならし 地均し Ebnung《*f.* -en》des Bodens; Walze *f.* -n《ローラー》; Räumpflug *m.* -〔e〕s, ⸚e《ブルドーザー》／地均しする den Boden ebnen (planieren); *jm* den Weg ebnen《道や進路をひらいてやる,「楽にしてやる」の意で》.

じなり 地鳴り das Dröhnen*《-s》der Erde／地鳴りがして地面が揺れた Die Erde dröhnte, und der Boden wackelte unter den Füßen.

シナリオ〖映〗Drehbuch *n.* -〔e〕s, ⸚er ‖ シナリオライター Drehbuchschreiber *m.* -s, -.

しなれる し馴れる gewohnt⁴ sein《*an*⁴》; ⁴Übung (Routine) haben《*in*³》／し馴れた(し馴れない)仕事をする gewohnte (ungewohnte) Arbeit tun*.

しなれる 死なれる *jn*〔durch den Tod〕verlieren*.

しなわけ 品分け das Sortieren*, -s／品分けする sortieren⁴. ⇨**しわけ**.

しなん 指南 Unterricht *m.* -〔e〕s, -e; Unterweisung *f.* -en／指南する *jn* lehren⁴; *jn* unterrichten (unterweisen*)《*in*³》／剣術指南をする *jm* in der ³Fechtkunst ⁴Unterricht geben* ‖ 指南番(役) Lehrer *m.* -s, -.

しなん 至難の sehr schwer; äußerst schwierig.

じなん 次男 *js* zweiter Sohn, -〔e〕s, ⸚e.

しにがお 死顔 das Gesicht《-〔e〕s, -er》des Toten; *js* Gesicht bei seinem Tod〔e〕; Totenmaske *f.* -n《デスマスク》.

しにがみ 死神 der Tod, -〔e〕s; Sensenmann *m.* -〔e〕s／死神に取りつかれる vom Tod gepackt werden; eine Beute des Todes werden; des Todes sein.

シニカル zynisch; spöttisch《嘲弄的な》; ironisch《皮肉な》.

しにぎわ 死際に bei *js* Tod〔e〕; auf dem Sterbebett; an der ³Schwelle des Todes.

-しにくい ¶ それは説明がしにくい Das kann man schwer (schlecht) erklären.／彼にそれを面と向かっては言いにくい Es fällt mir schwer, es ihm ins Gesicht zu sagen.／このソファーはすわりにくい Es sitzt sich schlecht auf diesem Sofa.／この本はわかりにくい Dieses Buch ist schwer zu verstehen (schwer verständlich).

しにせ 老舗 ein altbekanntes Geschäft, -〔e〕s, -e.

しにたえる 死に絶える aus|sterben* [s]. ⇨**しめつ**.

しにはじ 死恥をさらす eines schmachvollen Todes sterben* [s]; als ein Feigling sterben*.

しにばな 死花を咲かせる eines ruhmreichen (glorreichen) Todes sterben* [s].

しにみず 死に水をとる〔einem Sterbenden〕den letzten Trunk geben*.

しにめ 死目に会う bei *js* Tod〔e〕anwesend (dabei) sein; *js* ³Tod〔e〕bei|wohnen／君は

お父さんの死目に会うことができたか Hast du deinen Vater noch lebend angetroffen?

しにものぐるい 死物狂いで durch die ⁴Kraft (in der ³Wut; mit dem Mut) der Verzweiflung; verzweifelt/死物狂いで戦う mit dem Mut der Verzweiflung (wie im Verzweifler) kämpfen/死物狂いの努力をする verzweifelte Anstrengungen machen.

しにわかれる 死に別れる jn durch den Tod verlieren.

しにん 死人 der Tote*, -n, -n/死人のように青ざめた toten|blass (leichen-); /死人みたいだ Er sieht aus wie der leibhaftige Tod./死人に口なし „Der tote Hund beißt nicht.'; Die Toten schweigen.

じにん 辞任 ⇨じしょく.

じにん 自認 Zugeständnis n. ..nisses, -nisse/自認する zu|gestehen* ⟨jm ⁴et⟩; zul|geben*⁴.

じにん 自任する ³sich ein|bilden*; ⁴sich für ⁴et halten*; ⁴sich berufen fühlen ⟨zu³; zu 不定詞句⟩/専門家をもって自任しているわけではない Ich bilde mir nicht ein (ich behaupte nicht), ein Fachmann zu sein.

しぬ 死ぬ [死する] sterben* [S]; hin|scheiden*, [逝去する] verscheiden* [S]; versterben* [S]; [息を引き取る] aus|atmen; den letzten Atem aus|hauchen; [他界する] aus dem Leben scheiden*; das Zeitliche segnen; [瞑目する] die Augen schließen*; [白玉楼中の人となる] in ein besseres Dasein abberufen werden/[自殺する] ³sich das Leben nehmen*; ³sich den Tod geben* [S]; [事故で] um|kommen* [S]; verunglücken [S]; [動物が] verenden [S]; [戦死する] ⁴gefallen* sein; [暗殺される] ermordet werden; [処刑されて] hingerichtet werden/死ぬか生きるかの大問題 eine Frage ⟨-n⟩ auf ⁴Leben und Tod/死ぬ覚悟で **1)** auf die Gefahr hin, ums Leben zu kommen. **2)** mit der Absicht, ³sich das Leben zu nehmen/死ぬまで bis zum Tod(e); bis ans Ende des Lebens; bis ins Grab; bis in den Tod hinein; bis zum letzten Atemzug(e)/死ぬほど焦れる sterblich (tödlich) verliebt sein ⟨in jn⟩; in Liebesbanden schmachten ⟨jn⟩; /死んだものと思う verloren geben* ⟨jn⟩; für tot halten* ⟨jm⟩/暑くて死にそうだ Die Hitze ist mörderisch (zum Umfallen)./いつ死ぬかわからない Der Tod kann uns jeden Augenblick hinwegraffen./死んで詫びる eine Missetat durch ⁴Selbstmord (den Tod) sühnen/心臓ましで [首の] Herzschlag sterben*; einem Herzschlag erliegen*[S]/餓えて死ぬ verhungern [S]; vor ¹Hunger (Hungers) sterben*/凍え死ぬ erfrieren*[S]; durch die ⁴Kälte um|kommen*/苦しんだあげく死んだ Er hat ausgeduldet (ausgekämpft; ausgerungen; vollendet)./メチルの入った酒を飲んで死んだ Er hat ³sich den Tod an methylalkoholhaltigem Sake getrunken./Er ist am methylalkoholhaltigen Sake gestorben./鉄道事故で三人死んだ Bei dem Eisenbahnunglück sind drei Menschen ums Leben gekommen.: Das Eisenbahnun-

glück forderte drei Menschenleben. — 死なす verlieren* ⟨jn⟩; sterben lassen* ⟨jn⟩; sterben heißen* ⟨jn⟩/死にかけている am Sterben sein; am Rande des Grabes sein; dem Tod(e) nahe sein; tod|krank (sterbens-) sein/...に死なれる durch den Tod beraubt werden; Der Tod raubte (entriss) ³uns jn. — 死んだ tot; gestorben; verstorben; verschieden; selig 〈故〉/死んだ父 mein seliger (verstorbener) Vater; mein Vater selig.

じぬし 地主 Grund(stück)besitzer (Guts-) m. -s, -/大地主 Gutsherr M. -n, -en.

シネマ〈映〉⇨えいが(映画).

シネマスコープ〈映〉Cinemascope n. -.

シネラマ〈映〉Cinerama n. -.

しのう 子嚢〈植〉Samenkapsel f. -n.

しのぐ 凌ぐ ❶ [こらえる] ertragen*⁴; aus|halten*⁴; erdulden*; aus|stehen*⁴/凌ぎにくい unerträglich; unausstehlich/凌ぎやすい günstig; mild/この暑さは凌ぎがたい Die Hitze ist unerträglich. ❷ [切り抜ける] ¹sich durch|schlagen* ⟨durch³⟩; heraus|kommen* [S] ⟨aus³⟩/一時を凌ぐ den Lückenbüßer machen ⟨[S]⟩/Die Schwierigkeiten ⟨pl⟩ überwinden*. ❸ [防ぐ] ⁴sich schützen ⟨vor³⟩; ab|halten* ⟨von³⟩; zurück|halten* ⟨⁴同上⟩/雨を凌ぐ den Regen ab|halten*. ❹ [凌駕する] übertreffen*⁴ ⟨an³; in³⟩; es zuvor|tun* ⟨jm an³⟩; überlegen sein ⟨jm an³⟩/壮者を凌ぐ die jungen Männer ⟨pl⟩ in den Schatten stellen/彼は語学では彼女を凌いでいる Er übertrifft sie in den Sprachen./山の頂が雲を凌ぐ Der Gipfel steigt über die Wolken. ❺ [あなどる] verächtlich trotzen ⟨jm⟩.

しのつく 篠つく雨 Regenguss m. -es, ⸚e; der strömende Regen, -s.

シノニム Synonym n. -s, -e.

しのびあし 忍び足 Schleichgang m. -(e)s, ⸚e; verstohlene Schritte ⟨pl⟩/忍び足で mit verstohlenen Schritten; schleichend/忍び足で来る geschlichen kommen*[S].

しのびがたい 忍びがたい unerträglich; /忍びがたい侮辱 eine unerträgliche Beleidigung, -en.

しのびこむ 忍び込む ⁴ein|schleichen* (stehlen*) ⟨in⁴⟩; [盗賊が] ein|brechen* [S] ⟨in⁴⟩/部屋へ忍び込む ⁴sich ins Zimmer stehlen*.

しのびすがた 忍び姿で verkleidet; inkognito 〈徴行で〉.

しのびでる 忍び出る ⁴sich schleichen* (stehlen*) ⟨aus³⟩; [逃げ出して] heimlich entfernen/部屋を忍び出る ⁴sich aus dem Zimmer schleichen*.

しのびなき 忍び泣きする schluchzen; wimmern.

しのびやか 忍びやかに heimlich; im Geheimen (Verborgenen); verstohlen; leise; unbemerkt.

しのびよる 忍び寄る ⁴sich heran|schleichen* ⟨an⁴⟩; [背後から] hinterher|schleichen* [S] ⟨jm⟩.

しのびわらい 忍び笑い das heimliche Lachen*, –s; das Kichern*, –s/忍び笑いする heimlich lachen; kichern.
しのぶ 忍ぶ ❶ [忍耐する] ertragen*^{4}; erdulden^4; aus|stehen*^{4}; [持ちこたえる] aus|halten*^{4}; überstehen*^{4}; [抑制する] beherrschen^4; bewältigen^4/暑さ(寒さ)を忍ぶ Hitze (Kälte) aus|stehen*/侮辱を忍ぶ eine Beleidigung ein|stecken/不自由(苦痛)を忍ぶ Unbequemlichkeiten (Schmerzen) 《*pl*》 ertragen*/…するに忍びない nicht das Herz haben, ^{4}*et* zu tun; ^{4}es nicht übers Herz bringen*, ^{4}*et* zu tun. ❷ [隠れる] ^{4}sich verstecken (verbergen*) 《*in*^{3}》/忍ばせる verstecken^4; verbergen*^{4}/足音を忍ばせて mit verstohlenen ^{3}Schritten; schleichend. ❸ [避ける] 〔ver〕meiden*^{4}; aus|weichen*^{3} [s]/人目を忍ぶ ^{4}sich der Beobachtung entziehen*/世を忍ぶ zurückgezogen leben.
しのぶ 偲ぶ ^{4}sich erinnern 《*an*^{4}》; gedenken*^{2}; denken* 《*an*^{4}》; [憧れる] ^{4}sich sehnen 《*nach*^{3}》/偲ばせる erinnern 《*jn an*^{4}》/故人を偲ぶ an einen Verstorbenen denken*/昔を偲ぶ ^{4}sich an die Vergangenheit erinnern.
しば 芝 Rasen *m.* –s, –/芝を植える(刈る) Rasen an|legen (mähen) ‖ 芝刈機 Rasen¦mähmaschine *f.* –n (–mäher *m.* –s, –)/芝生 Rasen *m.* –s, –; Rasenplatz *m.* –es, ⸚e.
しば 柴 Reisig *n.* –s/一束の柴 ein Bündel Reisig.
じば 磁場 Magnetfeld *n.* –〔e〕s, –er; ein magnetisches Feld, –〔e〕s, –er.
しはい 支配 Herrschaft *f.* –en; Regierung *f.* –en; Kontrolle *f.* –n/支配的な herrschend/支配的な意見 eine herrschende Meinung, –en/支配力を失う die Herrschaft (Kontrolle) verlieren* 《*über*^{4}》. — 支配する herrschen 《*über*^{4}》; beherrschen^4; regieren^4; kontrollieren^4/沈黙(死のような静けさ)があたりを支配していた Es herrschte Schweigen (Totenstille). ‖ 支配階級 die herrschende Klasse, –n/支配者 Herrscher *m.* –s, –/支配人 Direktor *m.* –s, –en; Leiter *m.* –s, –/支配欲 Herrschsucht *f.*/総支配人 Generaldirektor *m.* –s, –en.
しはい 紙背 ¶ 眼光紙背に徹する zwischen den ^{3}Zeilen lesen*.
しばい 芝居 Schauspiel *n.* –〔e〕s, –e; Bühnen¦stück (Theater–) *n.* –〔e〕s, –e; Drama *n.* –s, ..men 《戯曲》/芝居好き Theaterfreund *m.* –〔e〕s, –e/芝居がかった theatralisch/芝居を上演する ein Schauspiel auf|führen/芝居を見に行く ins Theater gehen* [s]/芝居の道に入る zum Theater (ans Theater) gehen*/芝居をする 《偽る》 ^{4}Theater spielen/それは全くのお芝居にすぎない Es ist nur ein wahres Theater./それは彼のお芝居だよ Er tut nur so. ‖ 芝居見物 Theaterbesuch *m.* –〔e〕s, –e/芝居小屋 Schauspielhaus *n.* –es, ⸚er; Theater *n.* –s, –/人形(猿)芝居 Puppen¦theater (Affen–) *n.* –s, –.
じはく 自白 ⇨はくじょう(白状).
じばく 自爆する ^{4}sich mit dem Flugzeug auf den Feind stürzen (schmettern) 《飛行機の》; ^{4}sich selbst zerbomben.
しばし 暫し ⇨しばらく.
しばしば ⇨たびたび.
じばち 地蜂 Wespe *f.* –n.
しはつ 始発 der erste Zug, –〔e〕s, ⸚e 《一番列車》/この列車は京都始発です Der Zug wird in Kyoto zusammengestellt und fährt von da (dort) ab. ¦ Der Zug fährt von Kyoto ab.
じはつ 自発 der eigene Antrieb, –〔e〕s, –e; Freiwilligkeit *f.* — 自発的に aus eigenem Antrieb; aus eigener Initiative; aus freien Stücken; aus ^{3}sich heraus; frei¦willig (gut–); unaufgefordert; ungeheißen; ungezwungen; spontan; [一存で] auf eigene Faust; auf eigene Verantwortung.
じばら 自腹で ⇨じべん/自腹を切る aus seiner Tasche bezahlen^4; seinen Geldbeutel zücken.
しはらい 支払 〔Be〕zahlung *f.* –en/支払が遅れる mit seinen Zahlungen im Rückstand sein (bleiben* [s])/支払を停止(再開)する die Zahlung ein|stellen (wiederauf|nehmen*)/支払を要求(拒否)する die Zahlung fordern (verweigern)/支払はもう済みましたか Haben Sie schon bezahlt? ‖ 支払期限 Zahlungstermin *m.* –s, –e/支払協定 Zahlungsabkommen *n.* –s, –/支払困難 Zahlungsschwierigkeit *f.* –en/支払停止 Zahlungs¦einstellung *f.* –en (–sperre *f.* –n)/支払人 〔Be〕zahler *m.* –s, –/支払能力 Zahlungsfähigkeit *f.*/支払日 Zahl〔ungs〕tag *m.* –〔e〕s, –e/支払不能 Zahlungsunfähigkeit *f.*/支払方法 Zahlungsart *f.* –en/支払命令 Zahlungsbefehl *m.* –〔e〕s, –e/支払猶予 Zahlungsaufschub *m.* –〔e〕s, ⸚e.
しはらう 支払う 〔be〕zahlen^4/金を支払う Geld zahlen/金で支払う mit ^{3}Geld bezahlen^4/勘定(借金)を支払う die Rechnung (Schulden) zahlen/書物(洋服)代を支払う Bücher (Kleider) bezahlen/現金(小切手, 分割払い)で支払う 〔in〕 bar (mit 〔einem〕 Scheck, in ^{3}Raten) bezahlen^4.
しばらく 暫く eine Weile; einige ^{4}Zeit; einen Augenblick (Moment) 《ちょっと》/暫くして nach einer ^{3}Weile; nach einiger Zeit/ずいぶん暫く会わなかったね Ich habe dich ja lange nicht gesehen./暫くお待ちください Warten Sie einen Augenblick (einen Moment; ein bisschen)!
しばる 縛る binden*^{4}; fesseln^4/傷口を縛る eine Wunde verbinden*/手足を縛る *jm* ^{4}Hände und Füße binden* (fesseln)/約束によって縛る《束縛する》 *jn* durch ein Versprechen binden*/彼は仕事に縛られている Er ist an seine Arbeit gefesselt.
しはん 師範 Lehrer *m.* –s, –; Meister *m.* –s, – ‖ 師範学校 Lehrerbildungsanstalt *f.* –en; ein Pädagogisches Institut, –〔e〕s, –e; eine Pädagogische Hochschule, –n.
しはん 死斑(屍斑) Toten¦fleck (Leichen–) *m.* –〔e〕s, –e.
しはん 市販する auf den Markt bringen*^{4}.
じばん 地盤 ❶ Untergrund *m.* –〔e〕s, ⸚e;

Boden¦schicht (Grund-; Unter-) *f.* -en; 〔Mutter〕boden *m.* -s, ¨. ❷ [工場などの] Fundament *n.* -〔e〕s, -e; Grundlage *f.* -n; Unterbau *m.* -〔e〕s, -ten. ❸ [選挙の] Wahl¦bezirk *m.* -〔e〕s, -e (-kreis *m.* -es, -e); Wählerschaft *f.* -en《選挙区民》; Einfluss¦bereich *m.* -〔e〕s, -e (-gebiet *n.* -〔e〕s, -e; -sphäre *f.* -n); Interessensphäre *f.* -n《勢力範囲》. ❹ [地歩] Position *f.* -en; Stellung *f.* -en. ❺ [基地] Stützpunkt *m.* -〔e〕s, -e; Operationsbasis *f.* ..basen. ── 地盤が弱い Der Untergrund (Der Boden) ist weich.¦Seine Position ist schwach./地盤を固める den Boden befestigen; festen Fuß fassen《*in*³》; den Boden (an Boden) gewinnen*/選挙の地盤を築く im Wahlkreis an Boden gewinnen*; auf die Wählerschaft seinen Einfluss aus|üben.

しはんき 四半期 Vierteljahr *n.* -〔e〕s, -e/四半期の vierteljährig/四半期毎に alle Vierteljahre; vierteljährlich.

しはんびょう 紫斑病 Blutfleckenkrankheit *f.* -en; Purpura *f.*

しひ 私費 Privatgeld *n.* -〔e〕s; eigene Kosten《*pl*》/私費で auf eigene Kosten; mit seinem eigenen Geld.

じひ 慈悲 Barmherzigkeit *f.*; das Erbarmen*, -s; Gnade *f.* -n; Mildtätigkeit *f.* -en; Mitleid *n.* -〔e〕s; Nächstenliebe *f.*; Segen *m.* -s, -; Wohltat *f.* -en/慈悲深い barmherzig; erbarmend; erbarmungsvoll; gnädig gnadenreich; mildherzig; mildtätig; mitfühlend; mitleidig/慈悲を施す Barmherzigkeit üben《*an*³》; ⁴*et* aus Gnade und Barmherzigkeit tun*; *jm* Gnade gewähren (erweisen*); Gnade für (〖俗〗vor) Recht ergehen lassen*/慈悲をこう um Erbarmen (Gnade) bitten* (flehen) ‖ 慈悲心 Barmherzigkeit; Anteilnahme *f.*

じひ 自費で auf eigene Kosten; aus Eigenem; aus eigener Tasche ‖ 自費出版 Selbstverlag *m.* -〔e〕s, -e/自費出版で im Selbstverlag. ⇨じばら.

じび 耳鼻 die Nase und die Ohren ‖ 耳鼻咽喉科 〔Spezial〕fach《*n.* -〔e〕s, ¨er》für Hals-Nasen-Ohren/耳鼻咽喉科医 Hals-Nasen-Ohren-Arzt *m.* -es, ¨e; HNO-Arzt *m.* -es, ¨e/耳鼻咽喉科病院 Klinik《*f.* -en》für Hals-Nasen-Ohren.

じびき 字引 ⇨じしょ(辞書).

じびき 地曳き網 Schleppnetz *n.* -es, -e; Hochseeschleppnetz *n.* -es, -e《トロール網》.

じひつ 自筆 die eigne Handschrift, -en; die eigenhändige Schrift, -en; Originalhandschrift *f.* -en/自筆で eigenhändig/自筆の eigenhändig geschrieben/履歴書は自筆のものでなければならぬ Der Lebenslauf muss eigenhändig geschrieben sein.

じひびき 地響きをたてて倒れる den 〔Erd〕boden erschütternd ein|stürzen [s]《家などが》; Bums! fällt er.《人が》/地響きをたてて通る 〔die Häuser〕 erschütternd vorüber|fahren* [s]《トラックなどが》.

しひょう 師表 Vorbild *n.* -〔e〕s, -er; Muster *n.* -s, -/...を師表とする ³sich zum Vorbild nehmen*⁴; ³sich ein ⁴Muster nehmen*《*an*³》.

しひょう 指標 Kennzeichen *n.* -s, -《目じるし》; Kennziffer *f.* -n《対数の》; Charakteristik *f.* -en《同上》.

しびょう 死病 eine tödliche (unheilbare) Krankheit, -en.

じひょう 時評 Kommentar《*m.* -〔e〕s, -e》der Zeitfragen; Kritik《*f.* -en》über aktuelle Fragen; Rezension *f.* -en; Revue *f.* -n ‖ 文芸時評 die literalische Rundschau, -en.

じひょう 辞表 Rücktrittsgesuch *n.* -〔e〕s, -e; Entlassungsgesuch/辞表を提出する seinen Rücktritt ein|reichen.

じびょう 持病 das chronische Leiden, -s, -; die alte Beschwerde, -n/持病が再発する von seinem chronischen Leiden wieder befallen werden/例の持病なんですよ Ich habe die üblichen Beschwerden.

シビルミニマム das minimale Lebensniveau《-s》des Bürgers (des Stadtbewohners); die mindeste Lebensbedingung《-en》für den Stadtbewohner.

しびれ 痺れ Lähmung *f.* -en《麻痺》; Erstarrung *f.*《寒さなどによる硬直》/痺れをきらす ungeduldig werden/足の痺れがきれた Das Bein ist mir eingeschlafen. ‖ 痺れ薬 Betäubungsmittel *n.* -s, -.

しびれる 痺れる ein|schlafen* [s]《手足が》; gelähmt werden《麻痺する》; gefühllos werden《無感覚になる》/痺れた gelähmt; erstarrt; gefühllos.

しびん 尿瓶 Harnflasche *f.* -n.

じびん 次便 die nächste Post, -en/次便で mit nächster Post《ふつう無冠詞》.

しぶ 支部 Zweig¦abteilung *f.* -en (-stelle *f.* -n).

しぶ 渋 ein pflanzlicher Gerbstoff, -〔e〕s, -e.

しぶ 四部合唱〖楽〗ein vierstimmiger Chor, -〔e〕s, ¨e.

じふ 慈父 der gute, treusorgende Vater, -s, ¨.

じふ 自負心 〔Eigen〕dünkel *m.* -s; Einbildung *f.* -en; Selbstvertrauen *n.* -s; Selbst〔wert〕gefühl *n.* -〔e〕s; Stolz *m.* -es/自負心の強い eingebildet; dünkelhaft; stolz《*auf*⁴》; selbst¦bewusst (-sicher); von sich eingenommen; von seinem Wert überzeugt; seines Wertes sicher/自負する stolz sein《*auf*⁴》《その他上掲の諸語に sein をつける》/自負心を傷つける *js* Stolz verletzen/非常に自負心を傷つけられた Ich fühlte mich sehr verletzt.

しぶい 渋い ❶ [味] herb; bitter/渋い顔 ein mürrisches (verdrießliches) Gesicht, -〔e〕s, -er. ❷ [趣味] dezent《控え目の》; schlicht《簡素な》; geschmackvoll《趣味のよい》; elegant《上品な》.

しぶかわ 渋皮 die innere Haut/渋皮がむける ⁴sich verfeinern.

しぶき Spritz¦wasser (Sprüh-) *n.* -s; Wasserstaub *m.* -[e]s; Gischt *m.* -[e]s, -e.

しふく 私服 Zivil *n.* -s／私服で歩く in ³Zivil gehen* [s] ‖ 私服警官 ein Polizist《*m.* -en, -en》in ³Zivil.

しふく 私腹を肥やす ⁴sich bereichern《*an³*》; unterschlagen*⁴《着服する》.

しふく 雌伏する im Hintergrund auf seine Gelegenheit warten.

しぶく spritzen; sprühen; zerstieben* [s].

ジプシー Rom *m.* -, Roma《ジプシーの自称》; Zigeuner *m.* -s, -.

しぶしぶ 渋々 zögernd; zaudernd; widerstrebend; ungern; widerwillig; mit ³Widerwillen／彼はそれを渋々やった Er tat es nur ungern.

ジブチ Dschibuti *n.* -s.

しぶつ 死物 ein lebloses Wesen, -s, -.

しぶつ 私物 ein privates Eigentum, -s, ⸚er.

じぶつ 事物 Ding *n.* -[e]s, -e; Sache *f.* -n／日本の事物 Japans Verhältnisse《*pl*》; die japanischen Sachen《*pl*》.

ジフテリア Diphtherie *f.* ‖ ジフテリア血清 Diphtherieserum *n.* -s, ..ra (..ren).

しぶとい hartnäckig; stur／しぶとい抵抗 ein hartnäckiger Widerstand, -[e]s, ⸚e.

しぶみ 渋味 Herbe *f.*; ein herber Geschmack, -[e]s《渋い味》; ein dezenter (verfeinerter) Geschmack《趣味》.

しぶる 渋る ❶ [躊躇する] zögern《*mit³*》; zaudern《*mit³*》／返事を渋る mit der ³Antwort zögern. ❷ [停滞する] stocken／売行が渋る Der Absatz stockt.

しぶろく 四分六 vier zu sechs／髪を四分六に分ける ³sich das Haar im Verhältnis zwei zu drei scheiteln.

しふん 脂粉 Schminke *f.* -n／脂粉を施す ⁴Schminke auf|tragen* (-|legen); schminken⁴.

しふん 私憤 ⇨しえん(私怨).

しぶん 四分する in vier ⁴Stücke teilen⁴; vierteilen⁴; vierteln⁴／四分の一(三) ein (drei) viertel ‖ 四分円 Viertelkreis *m.* -es, -e; Quadrant *m.* -en, -en／四分音符 Viertelnote *f.* -n／四分休符 Viertelpause *f.* -n／四分儀〖天・海〗Quadrant.

じぶん 時分 Zeit *f.* -en; Stunde *f.* -n; Jahreszeit *f.* -en; Gelegenheit *f.* -en《機会》／今時分 gegenwärtig; augenblicklich; jetzt／明日の今時分 morgen ungefähr zur gleichen Zeit (um die gleiche Zeit)／去年の今時分 diesen Monat vorigen Jahres／私の若かった時分 zu meiner Zeit／今時分来たってだめだ Du bist zu spät gekommen. Das hat keinen Zweck.／時分はよし Die Gelegenheit ist günstig. ¦ Jetzt gilt es. ¦ Es ist fünf Minuten vor zwölf.／時分はよしと die *Gelegenheit beim Schopf[e]* fassend (packend).

じぶん 自分 Selbst *n.* -; Ich *n.* -[s], -[s]; [私] ich*; ich selbst／自分の persönlich; privat; Privat-; außerdienstlich《公式でない》／自分としては ich für meine Person; von mir aus [gesagt]; meinetwegen／自分としてはそれで異存はありません Ich für meine Person bin damit einverstanden. ¦ Von mir aus nichts dagegen. —— 自分で [自ら] persönlich; in eigner Person; selber; eigenhändig《自筆の(で)》; [自発的に・自己の責任で] aus eigenem Antrieb; aus eigener Initiative; aus freien Stücken; aus sich [heraus]; auf eigene Faust; auf eigene Verantwortung; von selbst; unaufgefordert; [独力で] auf sich selbst gestellt; auf eigenen Füßen; einzig und allein; ohne Hilfe／自分で来てください Bitte, persönlich erscheinen!

じぶんかって 自分勝手の(に) ich¦süchtig (selbst-); eigenmächtig; eigenwillig; egoistisch; egozentrisch; rücksichtslos; nach Belieben／自分勝手なまねをする男だ Er weiß seine Ellenbogen zu gebrauchen.／自分勝手にやったのだ Er hat es aus freiem Antrieb (aus freien Stücken) getan.

しぶんごれつ 四分五裂になる auseinander gehen* (geraten*) [s]; zerspalten (zerrissen) werden.

しぶんしょ 私文書 ein privates Dokument, -[e]s, -e ‖ 私文書偽造 die Fälschung《-en》(das Fälschen*, -s) eines privaten Dokument[e]s.

しへい 紙幣 Geldschein *m.* -[e]s, -e; Papiergeld *n.* -[e]s; Banknote *f.* -n《銀行券》‖ 紙幣発行 Notenausgabe *f.*／1ユーロ紙幣 ein-Euro-Schein *m.* -[e]s, -e.

じへい 時弊 Zeitübel *n.* -s; Missstände《*pl*》der Zeit／時弊を改める Missstände der Zeit (das Zeitübel) ab|stellen.

じへいしょう 自閉症 Autismus *m.* -.

じべた 地べた Erdboden *m.* -s, ⸚; Erde *f.* -n.

しべつ 死別 die Trennung durch den Tod／夫と死別する ihren Mann durch den Tod verlieren*.

シベリア Sibirien *n.* -s／シベリアの sibirisch ‖ シベリア鉄道 die Sibirische Bahn.

しへん 四辺 vier Seiten《*pl*》‖ 四辺形 Viereck *n.* -[e]s, -e.

しへん 紙片 Zettel *m.* -s, -／一枚の紙片 ein Stück Papier.

しへん 詩篇〖聖〗Psalter *m.* -s, -; Psalm[en]buch *n.* -[e]s, ⸚er ‖ 詩篇作者 Psalmist *m.* -en, -en; Psalmendichter *m.* -s, -.

しべん 支弁 Bestreitung *f.* -en; Bezahlung *f.* -en／支弁する bestreiten*⁴; bezahlen⁴／損害の補償金を支弁する für den Schaden auf|kommen* [s].

じへん 事変 ❶ Ereignis *n.* ..nisses, ..nisse; Geschehnis *n.* ..nisses, ..nisse; Vorfall *m.* -[e]s, ⸚e; Unglück *n.* -[e]s, -e; Zwischenfall *m.* -[e]s, ⸚e. ❷ [騒擾(じょう)] Aufstand *m.* -[e]s, ⸚e; Aufruhr *m.* -s, -e; Krawall *m.* -s, -e; Putsch *m.* -es, -e.

じべん 自弁で auf eigne Kosten; aus Eigenem; aus eignen Mitteln.

しほ 試補 Referendar *m.* -s, -e; Assessor *m.* -s, -en.

しぼ 思慕 Sehnsucht *f.* ⸚e《*nach³*》; Verlangen *n.* -s, -《*nach³*》.

じぼ 慈母 die liebe, gute Mutter, ⸚.

じぼ 字母 Alphabet *n.* -[e]s, -e; Buchstabe *m.* -n[s], -n; Abc *n.* -, -.

しほう 私法〖法〗Privatrecht *n.* -[e]s/国際私法 Internationales Privatrecht.

しほう 司法 Justiz *f.* ‖ 司法官 der Justizbeamte*, -n, -n/司法行政 Justizverwaltung *f.*/司法警察 Justizpolizei *f.*/司法権 Justizgewalt *f.*/司法省 Justizministerium *n.* -s, ..rien/司法大臣 Justizminister *m.* -s, -/司法制度 Justizwesen *n.* -s/司法保護事業 Gefangenen|fürsorge (Entlassenen-) *f.*

しほう 四方 vier (alle) Seiten 《*pl*》; vier (alle) Richtungen 《*pl* 方向》/四方から von allen ³Seiten/四方に auf allen ³Seiten; rings herum; nach allen ³Seiten (Richtungen)《に向かって》/十メートル四方 zehn Meter im Quadrat.

しほう 死法 ein totes Gesetz, -es, -e.

しぼう〖植〗Fruchtknoten *m.* -s, -.

しぼう 脂肪 Fett *n.* -[e]s, -e/脂肪太りの fettleibig/肥肪性の fettig/脂肪をつける Fett an|setzen⁴/脂肪過多症 Fettsucht *f.*/脂肪酸 Fettsäure *f.*/脂肪組織 Fettgewebe *n.* -s, -/脂肪分 Fettgehalt *m.* -[e]s, -e.

しぼう 志望 Wunsch *m.* -[e]s, ⸚e; Bestrebung *f.* -en; Aspiration *f.* -en/志望する [³sich] wünschen⁴; bestreben⁴〖s〗/志望科目 das Fach 〈-[e]s, ⸚er〉, das man zu studieren wünscht/志望者 Bewerber *m.* -s, -; Aspirant *m.* -en, -en.

しぼう 死亡 Tod *m.* -[e]s; das Sterben* (Umkommen*), -s/死亡する ⇨しぬ‖死亡広告 Todesanzeige *f.* -n/死亡者 der Tote*, -n, -n/死亡証明書 Totenschein *m.* -[e]s, -e/死亡統計 Sterblichkeitsstatistik *f.*/死亡率 Todesrate *f.* -n; Sterblichkeit *f.* -en.

しほう 時報 ❶ Zeitansage *f.* -n 《ラジオの》; Zeitsignal *n.* -s, -e. ❷［ニュース］Zeitungsnachricht *f.* -en; Zeitfunk *m.*

じぼうじき 自暴自棄 Verzweiflung *f.* -en; Hoffnungslosigkeit *f.* -en/自暴自棄になる durch ⁴et zur Verzweiflung geraten* 〖s〗/自暴自棄になって aus (in; vor) Verzweiflung.

しぼむ 萎む verwelken 〖s〗.

しぼり 絞り〖写〗Blende *f.* -n/絞りの目盛 Blendezeiger *m.* -s, -.

しぼりき 絞り機 Wringer *m.* -s, - 《洗濯機の》.

しぼりとる 搾り取る ⇨さくしゅ.

しぼる 絞る, 搾る ❶〖写〗ab|blenden⁴; blenden⁴. ❷［濡れ物を］wringen⁴*; aus|wringen⁴*; aus|winden⁴*. ❸［乳を］aus eine Kuh melken⁴*/搾りたての乳 frisch gemolkene Milch. ❹［知恵を］³sich den Kopf zerbrechen* .

しほん 資本 Kapital *n.* -s, -e 〈..lien〉; Fonds *m.* -, - 《基本金》; Grundvermögen *n.* -s, -/マルクスの「資本論」"Das Kapital" von Karl Marx/資本家(主義)的な kapitalistisch/資本を投ずる seine ⁴Kapital an|legen⁴; Geld investieren/...に資本を提供する finanzieren⁴/資本家 Kapitalist *m.* -en, -en / 資本金 Stamm|kapital (Grund-) *n.*/資本主義 Kapitalismus *m.* -/資本主義経済体制 das kapitalistische Wirtschaftssystem, -s, -e/資本主義社会 die kapitalistische Gesellschaft/資本主義諸国 kapitalistische Länder (Staaten) 《*pl*》/資本主義陣営 das kapitalistische Lager, -s, -/金融資本 Finanzkapital/国際(産業)資本 internationales (industrielles) Kapital.

しま 縞 Streifen 《*pl*》の gestreift《ふつうたて縞》; streifig/横縞の quer gestreift/ごばん縞の kariert/細縞の feingestreift ‖ 縞ズボン die gestreifte Hose, -n.

しま 島 Insel *f.* -n; 〖小島〗Eiland *n.* -[e]s, -e; Inselchen *n.* -s, -; Atoll *n.* -s, -e 《さんご礁・環礁》/島に住む人 Inselbewohner *m.* -s, -; Insulaner *m.* -s, -/島のたくさんある inselreich/島巡りをする eine Rundfahrt durch die Inselgruppe machen; eine Rundfahrt auf der Insel machen《島内を》. ❶ 寄りつく島もない ganz aufgeschmissen sein ⇨とりつく.

しまい 姉妹 Schwestern 《*pl*》/姉妹のような schwesterlich ‖ 姉妹会社 Schwester|firma *f.* ..men《-gesellschaft》/姉妹-unternehmen *n.* -s, -/姉妹艦 Schwesterschiff *n.* -[e]s, -e/姉妹市 Schwesterstadt *f.* ⸚e/姉妹編 ein Band aus derselben Reihe (zur selben Reihe); Fortsetzung *f.* -en《続編》; Gegen|stück (Seiten-) *n.* -[e]s, -e《映画など》.

しまい 仕舞い Ende *n.* -s, -n; Schluss *m.* -es, -e; Abschluss *m.* -es, -e; Schließung *f.* -en; Beendigung *f.* -en; Ausgang *m.* -[e]s, ⸚e; Auslauf *m.* -[e]s, ⸚e/しまいの letzt; endlich; schließlich/しまいに am Ende; am Schluss; zuhinterst; endlich; schließlich/《vom (guten) Schluss; zu guter Letzt; zuletzt; letztens; letzten Endes; abschließend; zum Schluss/しまいぎわに kurz vor Ende; kurz vor dem Schluss/しまいまで bis (zu; zum) Ende; zu Ende/文句があるならしまいまで言え Hör' mir erst [bis] zu Ende zu 〈Lass mich doch erst ausreden〉, wenn du was dazu zu sagen hast./そうなったらおしまいだ Da[nn] ist alles verloren. Da sind wir verloren.《などと》. ── しまいになる enden; endigen; zu Ende kommen* (gehen*) 〖s〗〈sein〉; ab|laufen* (aus|-) 〖s〗; [なくなる・品切れになる] aus|gehen* 〖s〗; alle werden 〈sein〉; zu Ende sein/夏帽子は全部おしまいになりました Sommerhüte sind schon ausverkauft./お菓子はもうしまいになった Der Kuchen ist alle (geworden). Der Kuchen ist ausgegangen.

しまいこむ 仕舞い込む weg|legen⁴; beiseite legen⁴《別にしておく》; auf|heben⁴*《保管する》; auf|bewahren⁴《保管する》; verschließen⁴; sicher|stellen⁴《金庫などに》; hinter Schoß und Riegel halten⁴*/どこかにしまい込んでしまって見つからない Ich habe die Papiere irgendwo hingesteckt und kann sie nicht ausfindig machen.

しまう ❶［終わる］Schluss machen 《*mit*³》; auf|hören 《*mit*³》; zu Ende machen³; schließen⁴*/店をしまう den Laden schließen* 〈zu|machen〉; das Geschäft schließen* 《以上閉店の場合も廃業の場合も》/仕事をしまう Feierabend machen 《店じまい·看板の場合も》/店は六時にしまいます Das Geschäft schließt um sechs Uhr.¦Das Geschäft wird um sechs geschlossen. ❷ [片うける] legen⁴《in⁴》; setzen⁴《in⁴》; stecken⁴《in⁴》; verwahren⁴《in³》; verschließen*⁴ 《in³ 鍵をかけて》; weg|räumen; zurück|stellen⁴ 《元の場所へ》/引出しにしまう in die Schublade stecken⁴. ❸ [たくわえておく] beiseite legen⁴ 《とっておく》; auf|heben*⁴; auf|bewahren / だいじにしまっておく sorgfältig (gut) auf|bewahren.

しまうま 縞馬 Zebra *n.* –s, –s.

じまえ 自前になる selbstständig (selbständig) werden.

じまく 字幕 Beschriftung *f.* –en; 〔Unter-〕titel *m.* –s, –.

しまぐに 島国 Insel¦reich *n.* –〔e〕s, –e (–staat *m.* –〔e〕s, –en)/島国の Insel–; insular/島国の国民 Inselvolk *n.* –〔e〕s, ⸗er ‖ 島国根性 die insulare Beschränktheit, –en.

しまつ 始末 ❶ [処理] Erledigung *f.* –en; Besorgung *f.* –en; Bewerkstelligung *f.* –en; Regelung *f.* –en; Beilegung *f.* –en/始末する erledigen⁴; besorgen⁴; bewerkstelligen⁴; regeln⁴; bei|legen⁴; managen⁴ 《口語》; 〖俗〗 deichseln⁴/始末におえない schwer zu erledigen (bewerkstelligen; regeln) 〔sein〕; schwer zu behandeln 《扱いにくい人など》; unverbesserlich; unrettbar; hartgesotten; unbändig; störrig 《物など》/それは私がちゃんと始末しましょう Ich werde dies schon regeln. ❷ [てんまつ] Hergang *m.* –〔e〕s, ⸗e; Vorgang *m.* –〔e〕s, ⸗e; 〔Ver〕lauf *m.* –〔e〕s, ⸗e; Geschichte *f.* –n; Umstand *m.* –〔e〕s, ⸗e/ことの始末を物語る den ganzen Hergang erzählen. ❸ [結果] Ausgang *m.* –〔e〕s, ⸗e; Schluss *m.* –es, ⸗e; Ende *n.* –s, –n. ‖ 始末書 Rechenschaftsbericht *m.* –〔e〕s, –e/始末書を出す Rechenschaftsbericht ab|legen 《*über*⁴》; einen Rechenschaftsbericht vor|legen (ab|legen) 《*über*⁴》.

しまった Scheibe! ¦ Mein Gott! ¦ Du, meine liebe Zeit! ¦ Das ist aber dumm.

しまつや 始末屋 der haushälterische (sparsame; wirtschaftliche) Mensch, –en, –en.

しまながし 島流し Verbannung *f.* –en; Exil *n.* –s, –e; Deportation *f.* –en; Landesverweisung *f.* –en/島流しにする verbannen⁴; ins Exil schicken⁴; an einer öden Stelle aus|setzen⁴; des Landes (aus dem Land〔e〕; aus der Stadt) verweisen*⁴; aus|weisen*⁴ 《*aus*³ 国外追放など》; deportieren⁴.

しまへび 縞蛇 die gestreifte (streifige) Schlange, –n.

しまり 締りのある fest; angespannt; straff; standhaft/締りのない lose; locker; schlaff; [だらしない] schlampig; lässig ⇨だらしない/締りのない顔 das blöde Gesicht, –〔e〕s, –e/締りのない口元 die wulstigen Lippen 《*pl*》/締りのない文章 der kraftlose Stil, –〔e〕s, –e.

しまりや 締り屋 Geiz¦hals *m.* –es, ⸗e (–hammel *m.* –s, –; –kragen *m.* –s, –); Knauser *m.* –s, –; Pfennigfuchser *m.* –s, –.

しまる 締まる ❶ [閉じる] ⁴sich schließen*; zu|gehen* [s]; ins Schoß fallen* [s] 《がたん·ぱちゃんとしまる》 ❖ 鍵が掛かることではない/戸がどうしても締まらない Die Tür will nicht schließen./戸がひとりでに締まった Die Tür schloss sich von selbst./その店は今日は締まっている Der Laden ist heute geschlossen (zu). ❷ [緊張する] ⁴sich straffen; ⁴sich an|spannen; ⁴sich straff halten*/身が締まる思いだ Jeder Nerv (Jede Sehne) spannt sich.¦den Körper zusammen|ziehen* 〖寒さなどが主語〗. ❸ [倹約になる] sparsam werden; sparsam wirtschaften; mäßig leben; mit ³*et* haushälterisch um|gehen* [s]. ❹ [圧搾する] zu eng sein; drücken⁴ 〖押す物が主語〗/この新しい靴は足が締まる Die neuen Schuhe drücken./締まった口元 der 〔wohlgeformte〕 feste Mund, –〔e〕s, –e/締まった体格 der feste (sehnige) Körper, –s, –/肉が締まっている von sehnigen (kräftigen) Muskeln sein.

じまん 自慢 Prahlerei *f.* –en; Angabe *f.* –n; Aufschneiderei *f.* –en; Dicktuerei *f.* –en; Protzerei *f.* –en; Ruhmredigkeit *f.*; Münchhausiade *f.* –n/自慢げに prahlerisch; ruhmredig; die Nase hoch tragend; mit stolzer Miene/自慢じゃないが ohne mich zu rühmen. ── 自慢する prahlen 《*mit*³》; an|geben* 《*mit*³》; ⁴sich auf|blähen; ³sich dick|tun* (groß|tun*) 《*mit*³》; protzen 《*mit*³》; ⁴sich rühmen². ‖ のど自慢大会 Wettgesang *m.* –〔e〕s, ⸗e.

しみ 染み Fleck *m.* –〔e〕s, –e; Flecken *m.* –s, –; Klecks *m.* –es, –e/しみが出る Flecken bekommen* 〖物が主語〗/しみのある befleckt; fleckig; klecksig/しみのない fleckenlos; ohne ⁴Flecken/しみだらけの mit Flecken bedeckt; voller Flecke (Kleckse)/しみを付ける beflecken; einen Flecken machen 〖人が主語〗/しみを抜く Flecken entfernen (weg|kriegen); einen Flecken heraus|waschen* 《洗って》/しみになる fleckig werden; Flecke machen 〖Öl, Farbe などが主語〗/しみがつきやすい Es wird leicht fleckig.¦Das macht leicht Flecke./敷物についたインキのしみ Tintenfleck 《*m.* –〔e〕s, –e》 auf dem Teppich / 服にしみをつけなさんな Mach dir keine Flecken auf das Kleid! ‖ しみ抜き Fleckmittel *n.* –s, –; Flecken¦reiniger *m.* –s, – (–wasser *n.* –s, –); Fleckenspray *m.* (*n.*) –s, –s 《噴霧式》.

しみ 紙魚 〖昆〗 Silberfischchen *n.* –s, –; Motte *f.* –n; Bücherwurm *m.* –〔e〕s, ⸗er 《読書狂の意にも》/しみに食われた mottenzerfressen.

じみ 滋味 Delikatesse *f.* –n; Feinkost *f.*; Köstlichkeit *f.*; Leckerbissen *m.* –s; Wohlgeschmack *m.* –〔e〕s, ⸗e/滋味の delikat; deliziös; lecker〔haft〕; köstlich; wohlschmeckend.

じみ 地味な [質素] anspruchslos; einfach; schlicht; [目立たぬ] bescheiden; schmucklos; unauffällig; [人柄] still; verschlossen; zurückhaltend/地味な色 die ruhige Far-

しみじみ be, -n/地味な人だ Er hat ein schlichtes (bescheidenes) Wesen./Er ist ein verschlossener Mensch.

しみじみ innig; herzlich; aufrichtig; aus tiefster Seele; aus tiefstem Herzen; bitterernst/しみじみと考える *sich* ^4et in aller Ruhe reiflich überlegen/しみじみと感じる aus tiefster Seele fühlen*/しみじみと心境を打ち明ける *sich* jm aufrichtig an|ver|trauen/毎日同じことを繰返しているのがしみじみいやになった Ich hab's bis dahin (Es wird mir zu dumm; Ich habe die Nase voll), jeden Tag dasselbe zu wiederholen.

しみず 清水 Quellwasser n. -s; das klare Wasser, -s.

じみち 地道 redlich; anständig; ehrlich; reell; solid/地道な商売 das solide (anständige) Geschäft, (-e)s, -e/地道な Handel, -s, -/地道に働く *sich* redlich ins Zeug legen; *sich* seinen Lebensunterhalt ehrlich verdienen (暮らしをたてる).

しみったれ [人] Erbsenzähler m. -s, -; Filz m. -es, -e; Knacker m. -s, -; Knauser m. -s, -; Knicker m. -s, -; Kümmelspalter m. -s, -; Pfennigfuchser m. -s, -/しみったれた filzig; knauserig; knickerig; schäbig/しみったれている sehr auf die Groschen sein; knickern/しみったれたこと言うな Sei nicht so spießerisch.

しみゃく 支脈 Ausläufer m. -s, - (山・鉱脈の); Vorberge (pl).

シミュレーション Simulation f. -en.
シミュレーター Simulator m. -s, -.

しみる 染みる ❶ [しみ通る] dringen* s (in⁴; durch⁴); durch|dringen⁴* (-|sickern) s (in⁴); [しみ込む] ein|dringen* (-|sickern) s (in⁴); durchdringen* ⁴ (しみわたる); durch|schlagen* s; aus|laufen* s (インキなどが)/靴に水がしみる Das Wasser dringt in den Schuh./この紙(このインク)はしみる Dieses Papier (Diese Tinte) läuft aus. ❷ [痛みなど] beißen*; brennen*; stechen*/しみるでしょ〔Es〕brennt, was?(アルコールなどをつけて)/煙が目にしみる Der Rauch beißt in die Augen. ❸ [身に] 1) [感銘する] jm zu Herzen gehen* s; ^{3}*sich* ^4et zu Herzen nehmen*/彼女の情が身にしみる Seine Freundschaft geht mir zu Herzen./悲しさが身にしみる Der Jammer geht mir durch Mark und Bein.｜Die Trauer schneidet mir ins Herz. 2) [寒さが] Ich friere Stein und Bein.

しみる 凍みる ⇔こおる.

-じみる einen Anflug (einen Anstrich) von ^4et haben; etwas ... haben《例: etwas Krankhaftes haben 病気じみた所がある》; grenzen (an⁴)◆ その他接尾語-artig; -isch; -haft. 場合によっては接続詞 wie, 副詞 beinahe など を用いる/子供じみたふるまい das kindische Benehmen, -s/ちょっと学者じみた所がある Er hat einen leichten Anflug Gelehrsamkeit.

しみん 市民 Bürger m. -s, -; Bürgerschaft f. -en; Bürgertum n. -s; Stadtbewohner m. -s, -; Städter m. -s, -; Stadtleute (pl) ‖ 市民階級 Bürgerstand m. -(e)s, ⁼e; Bür- gertum n. -s/市民権 Bürgerrecht n. -(e)s, -e/市民権を放棄する auf sein Bürgerrecht verzichten/市民権を回復する das Bürgerrecht zurück|gewinnen*/市民権を与える jm das Bürgerrecht erteilen/市民税 Bürgersteuer f. -n / 市 民 大 会 Bürgerversammlung f. -en/大阪市民 Einwohner (m. -s, -) der Stadt Osaka/全市民 alle Bürger (pl) der Stadt.

しみん 嗜眠状態にある bewusstlos sein ‖ 嗜眠性脳炎 Lethargie f.

じむ 事務 Geschäft n. -(e)s, -e; Büroarbeit f. -en; Schreibarbeit f. -en; [Tätigkeit] routine f. -en/事務上の Geschäfts-; geschäftlich/事務的の(に) geschäftlich; geschäftsgemäß (-männisch); praktisch/事 務 に 明 る い geschäftserfahren (-gewandt; -kundig) sein; Geschäftserfahrung (Geschäftspraxis) haben/事務を引き渡す(引き継ぐ)das Geschäft übergeben* (-|bernehmen*)/事務をとる (im Büro; im Amt) arbeiten; die Geschäfte betreiben* (führen) die Büro; ‖ 事務員 der Büro|angestellte* (-beamte), -n, -n; Geschäftsmann m. -(e)s, ..leute; Büro|personal (Geschäfts-) n. -s 《全体》/事務家 Geschäftsmann m. -(e)s, ..leute/事務官 der Staatsbeamte*, -n, -n; Sekretär (m. -s, -e) [bei einer Behörde]/事務管理 Amts|führung (Geschäfts-) f.; Verwaltung (f. -en) eines Amtes/事務室 Büroraum m. -(e)s, ⁼e; Amtszimmer n. -s, -/事務所 Büro n. -s, -s; Office n. -s, -s; Kontor n. -s, -e; 事務長 Geschäftsführer m. -s, -; Sekretär; Zahl|meister (Proviant-) m. -s, -; 《船の》/事務当局 die zuständige Behörde, -n/事務服 Straßenanzug m. -(e)s, ⁼e; Berufsanzug m. -(e)s, ⁼e 《制服など》/部長事務取扱 der stellvertretende Direktor, -n, -n; Direktorsstellvertreter m. -s, -.

しむける 仕向ける ❶ an|treiben* ⁴ (zu³); an|reizen⁴ (zu³); [気をおこさせる] jm zu Gemüte führen; jm ans Herz legen*; jm auf die Seele binden*; [強制] nötigen*; zwingen* ⁴ / 勉強するように仕向ける jn zum Fleiß (zur Arbeit) an|treiben*; jm zu Gemüte führen, fleißig zu arbeiten/辞職せざるをえないように仕向ける jm nötigen, Geschäftszutreten. ❷ [扱う] behandeln/意地悪く仕向ける jn unfreundlich behandeln. ❸ [発送] ab|senden*⁴; versenden*⁴; verfrachten*⁴.

しめ しめ縄 Strohgirlande (f. -n) mit Papierstreifen; Weihgirlande f. -n.

しめい 氏名 Vor- und Nachname (Zuname; Familienname); [voller] Name, -ns, -n/氏名不詳の nicht identifiziert; nicht identifizierbar; unbekannt ‖ 氏名点呼 Namenaufruf m. -(e)s, -e; [兵] Appell m. -s, -e/氏名点呼をする Namen auf|rufen*; die Schüler (dem Alphabet nach) auf|rufen* 《ABC 順にも使用》.

しめい 死命を制する jn in seine Gewalt bekommen*; Gewalt über Leben und Tod haben; [比喩的に] in die Tasche stecken*⁴; völlig in den Schatten stellen*⁴; entschie-

しめい 使命 Aufgabe f. -n; Beruf m. -[e]s, -e; Sendung f. -en; Mission f. -en; [義務・責任] Obliegenheit f. -en; Pflicht f. -en; Auftrag m. -[e]s, ⸚e 《委託された使命》/使命を全うする seine Aufgabe (Pflicht) erfüllen; einen Auftrag vollziehen*/使命に生きる einer Aufgabe gewachsen sein/重大な使命を帯びて mit einer schweren Aufgabe beauftragt; im Auftrag (von jm), eine wichtige Angelegenheit zu erledigen.

しめい 指名 Namhaftmachung f. -en; Ernennung f. -en 《指名》/指名順に nach der [einzeln] beim Namen aufgerufenen Reihe. —— 指名する jn namhaft machen《名前を挙げる》; ernennen*⁴《誰か一人指名してくれませんか Wollen Sie eine Person (dazu) namhaft machen?/彼は後任に指名された Er ist zum Nachfolger ernannt worden./指名された人 der (zu einer Stelle) Vorgeschlagene*, -n, -n. ‖ 指名手配 die öffentliche Bekanntmachung der (polizeilich) gesuchten Verbrecher/指名入札 die private Ausschreibung, -en.

しめい 自明の selbst|verständlich (-redend)/自明の理 Selbstverständlichkeit f.; die selbstverständliche Wahrheit, -en; Binsenwahrheit f. -en.

しめかす 搾滓 Ölkuchen m. -s, -.

しめがね 締め金 Schnalle f. -n; Spange f. -n/締め金をかける an|schnallen/締め金をはずす ab|schnallen.

しめぎ 搾木 Ölpresse f. -n.

しめきり 締切 [Redaktions]schluss m. -es, ⸚e; [掲示] Redaktionsschluss!/Kein Eingang!/今日の申込受付は締切です Die Aufnahme der Anträge für heute abgeschlossen. 《掲示》/締切期限後の原稿 nach Redaktionsschluss eingegangene Manuskript, -[e]s, -e ‖ 締切期日 Redaktionsschluss m. -es, ⸚e; Schlusszeit f. -en; der äußerste Termin, -s, -e/締切時間 Schlusszeit f. -en.

しめきる 締め切る schließen*⁴《一般に》; zu|schließen*⁴《戸を》; ab|schließen*⁴《戸でも、原稿でも》/戸を締切って hinter der (verschlossenen) Tür; alle Türen geschlossen/雑誌を締切る《日時の規定詞とともに》die Zeitschrift ab|schließen*⁴《雑誌の》; die Zeitung ab|schließen*⁴《新聞》.

しめくくり 締括り Regelung f. -en; Zusammenfassung f. -en/事件などの締括りをつける eine Angelegenheit regeln 《事件の》; zusammen|fassen⁴《要約》; beenden 《mit³》/それでは締括りがつかない Sonst kann man keine Aufsicht darüber führen.

しめくくる 締め括る zusammen|fassen⁴《話の内容などを》; [監督] die Aufsicht führen 《über⁴》; in Ordnung halten*⁴/家事を締め括る wirtschaftlich haushalten führen.

しめこむ 締め込む ⇨とじこもる.

しめころす 絞め殺す erwürgen⁴; erdrosseln⁴.

しめし 示しがつかない nicht mit gutem Beispiel vorangehen können*.

しめしあわせ 示し合わせ Verabredung f. -en; Absprache f. -n; Verständigung f. -en; das geheime Einverständnis, ..nisses, ..nisse.

しめしあわせる 示し合わせる verabreden⁴; ⁴sich verabreden 《mit³》; ab|sprechen*⁴《mit³》; jn verständigen 《von³; über⁴》; ab|karten⁴/示し合わせて im geheimen Einverständnis (Einvernehmen)《mit³》/かねて示し合わせておいた通り wie verabredet; verabredetermaßen.

じめじめ じめじめした feucht; nass; wäss(e)rig; nässlich; benetzt; dampfig《蒸気の》/じめじめした天気 das feuchte (nasse) Wetter, -s, -/地下室はじめじめしていてかび臭い Der Keller ist feucht und mod(e)rig.

しめす 示す [auf]zeigen⁴; deuten 《auf⁴》; weisen*⁴; hin|weisen*⁴ 《auf⁴》/自分が正直なことを示す ⁴sich ehrlich zeigen; Er zeigt Ehrlichkeit. /誤りを示してやる jm seinen Irrtum nach|weisen (auf|weisen*)/寒暖計は零下三度を示した Das Thermometer zeigte drei unter Null.

しめす 湿す an|feuchten⁴; befeuchten⁴; leicht nass machen⁴.

しめた Da hab' ich's!

しめだし 締出し Ausschließung f. -en; Ausschaltung f. -en; Aussperrung f. -en 《ロックアウト》/締出しをくらう ausgesperrt werden 《ロックアウトされる》/締出しをくらった Man hat mich ausgeschlossen (ausgesperrt). ◆ 能動で表わす方がよい.

しめだす 締め出す aus|schließen*⁴; aus|schalten⁴; aus|sperren⁴. ⇨しめだし.

しめつ 死滅 das Aussterben*, -s/死滅する aus|sterben*⁽ⁱ⁾; ab|sterben*⁽ⁱ⁾《だんだんに》; unter|gehen*⁽ⁱ⁾《滅亡》/死滅した ausgestorben/死滅にひんしている nahe daran sein, auszusterben.

じめつ 自滅 Selbstvernichtung f.; Selbstmord m. -[e]s, -e《自殺》; das Aussterben*, -s《死滅》; Untergang (Verfall) m. -[e]s《没落》. —— 自滅する ⁴sich selbst zu grunde (zu Grunde) richten; ⁴sich selbst ruinieren; ³sich selbst sein Grab graben 《自ら墓穴を掘る》; durch Selbstmord enden; aus|sterben*⁽ⁱ⁾; unter|gehen*⁽ⁱ⁾; zugrunde (zu Grunde) gehen*⁽ⁱ⁾《自ら》/そんな政治的に自滅するようなものだ Das ist ja politischer Selbstmord.

しめっぽい 湿っぽい ❶ dumpfig; nässlich; feucht; mod(e)rig《かびっぽい》/湿っぽい気候 das feuchte Klima, -s, -ta (-s). ❷ [陰気な] düster; trüb; trüb|selig (-sinnig); traurig/湿っぽい話 die düstere Geschichte, -n/湿っぽい気分 die trübe (trübselige) düstere; gedrückte) Stimmung, -en.

しめて 締めて [alles] zusammen; alles zusammengerechnet (zusammengenommen); im Ganzen; insgesamt/締めていくら

しめやか だ Wie viel macht es zusammen?／締め高 Gesamtsumme f. -n (-betrag m. -[e]s.

しめやか still; ruhig; sanft; mild; [悲しさを伴って] traurig; schmerzlich; schwermütig／しめやかに雨が降る Es nieselt [leise]．／しめやかに通夜をする still und schmerzerfüllt die Totenwache halten*.

しめり[け] 湿り[気] Feuchtigkeit f.; Feuchte f. -n／結構なお湿りだ Schöner [Sprüh]regen, was!

しめる 湿る feucht werden; dumpfig (angefeuchtet) werden; Feuchtigkeit an|ziehen*; aus|schlagen*《壁などが》／湿った ⇨し めっぽい／湿らす an|feuchten*; befeuchten*⇨しめす(湿す)／壁が湿ってしみが出ている Die Wand schlägt [Feuchtigkeit] aus.

しめる 占める in Besitz nehmen*4; Besitz ergreifen*4《von3》; ein|nehmen*4《場所などを》; besetzen4《占領》; besitzen*4; [inne]haben*4《地位などを》; 絶対多数を占める absolute Mehrheit erhalten*／世界で第二位を占める den zweiten Rang in der Welt ein|nehmen*／巨利を占める große Gewinne ein|streichen*／第一位を占める《競技などで》den ersten Platz erringen*／大臣のいすを占める das Amt eines Ministers inne|haben*／漁夫の利を占める im Trüben fischen／女性が三割を占める Die Zahl der Frauen macht dreißig Prozent《von3》aus.

しめる 締める ❶ [束ねる] binden*4; fest|binden*4 (zu|-); zu|schnüren4; zusammen|schnüren4; [引き締める] fest ziehen*4; straff spannen4《弦などを》. ❷ [閉ざす] zu|machen4; schließen*4; zu|schließen*4／戸をぱたんと締める die Tür zu|schlagen*. ❸ [帯などを] um|binden*4; um|gürten4; an|schnallen4《座席のベルトを》. ❹ [勘定を] zusammen|rechnen4 (-|ziehen*4); addieren*4／締めて ⇨しめて／勘定を締める Rechnungen ab|schließen* ⇨しめて，こうけい[合計]. ❺ [節約する] sparen4; sparsam wirtschaften《mit3》. ⇨せつやく，けんやく．

しめる 絞める ❶ [のどを] [er]würgen4; erdrosseln4《絞殺》; um|drehen4／鶏の首をしめる dem Huhn den Hals um|drehen. ❷ [圧squeezed]を] zu|drücken4; eng packen4.

しめん 四面 alle Seiten《pl》／四面みな links. ／四面海に囲まれる von Meer (von Wasser) umgeben sein／四面楚歌である auf allen Seiten von Feinden umgeben sein; von allen Freunden verlassen sein; von allen Seiten geschmäht werden ‖ 四面体 Tetraeder n. -s, -.

しめん 紙面 Raum m. -[e]s, ⸚e／紙面が許せば wenn (soweit) der Raum es erlaubt／紙面の都合で infolge Raumknappheit (Raummangels)／紙面をさく den Raum zur Verfügung stellen《für4》／紙面をとる viel Raum in Anspruch nehmen.

じめん 地面 ❶ Erd|oberfläche f. (-boden m. -s, -); Ende f. -n《大地》．❷ [土地] Grundstück n. -[e]s, -e; Grund und Boden, des - und -s; Gut n. -[e]s, ⸚er《所有地》／地面を貸す ein Grundstück verpachten (pachten).

しも 下 ❶ [位置] der untere Teil, -[e]s, -e; Fuß m. -es, ⸚e《足もと》; Tiefstand m. -[e]s, ⸚e《低位・劣等》／...の下に unter3; unterhalb3; unten《adv》／…の下に立つ jm unterstehen*; untergeordnet sein／それはずっと下の方です Das ist (liegt) noch weit unten.／下の《道を教えるとき》の nachstehend; folgend／下の如し wie folgt／下の句 die letzte Hälfte eines Tanka. ❷ [召使] Dienerschaft f. -en; Diener m. -s, -／[一般人民] das gemeine Volk, -[e]s, ⸚er ⇨しもじも／上の行う所下これにならう „Wie der Herr, so der Knecht." ❸ [die menschliche] Ausscheidung, -en《大小便》; Geschlechtsteile《pl 陰部》; Toilette f.《便所》／下の話 Zote f. -n.

しも 霜 Reif m. -[e]s, -e; Frost m. -[e]s, ⸚e; Raureif m. -[e]s, -e《白霜・樹氷》／霜がおりる Es reift. : Reif liegt.／霜で枯れる durch Reif (Frost) verderben*; Frostschaden erleiden*; erfrieren* ⓢ／霜の朝 der Morgen《-s, -》mit starkem Reif／今朝はひどい霜でした Starker Reif liegt heute Morgen. ❶ 頭に霜をおく grau meliert (angegraut) sein／頭に霜をおいた mit grau melierten Schläfen; mit bereiften Locken. ❷ 初霜 der erste Reif.

しもがれ 霜枯れの durch Frost beschädigt; erfroren; Frostschaden erlitten‖霜枯れ時 Saure-Gurken-Zeit f. -en; die flaue Zeit, -en.

じもく 耳目にふれる jm zu Ohren kommen* und in die Augen springen* ⓢ; zu js Kenntnis kommen*; in die Öffentlichkeit gelangen ⓢ《世間の》／耳目を引く Aufmerksamkeit erregen; js Aufmerksamkeit auf ‚sich ziehen'／耳目を驚かす Aufsehen (Sensation) erregen; die Welt in Erstaunen setzen.

しもごえ 下肥 Fäkaliendünger m. -s, -; der natürliche Dünger, -s, -.

しもじも 下々 das gemeine Volk, -[e]s, -er《庶民》; Volksschicht f. -en; Masse f. -n; Kleinbürger m. -s, -; Bürgertum n. -s.

しもたや しもた屋 Privatwohnung f. -en.

しもて 下手の(に) rechts [von der Bühne]. ❖ 日本式なら逆. ⇨かみて.

じもと 地元の lokal; Lokal-; Orts-; Stadt‖地元チーム Orts|mannschaft (Platz-) f. -en／地元民 Ortseinwohner m. -s, -; Landeskind n. -[e]s, -er.

しもどけ 霜解け das [Auf]tauen, -s／霜解け道 die matschige Straße, -n《元来はどろんこの》／霜解けする Es taut. : Der Reif taut auf.

しもとり 霜取り Entfrostung f. -en ‖ 霜取り装置 Entfroster m. -s, -.

しもばしら 霜柱 Eiszapfen m. -s, -／霜柱が立った Es bildeten sich Eiszapfen auf dem Boden. : Starker Reif bildeten Eiszapfen in Boden.

しもはんき 下半期 die zweite Hälfte《-n》des Rechnungsjahres; das zweite Halb-

しもぶくれ dickbäckig; pausbackig (-bäckig).

しもふり 霜降りの Pfeffer-und-Salz-; grau meliert ／霜降りの生地 Pfeffer-und-Salz-Stoff *m.* -(e)s, -e／霜降りの肉 durchwachsenes Fleisch, -(e)s.

しもべ Hausdiener *m.* -s, -; Knecht *m.* -(e)s, -e.

しもやけ 霜焼け das Erfrieren*, -s; Frostbeule *f.* -n (-ballen *m.* -s, -; -schaden *m.* -s, -/)／霜焼けができる Frostbeulen bekommen*／足に霜焼けがある sich die Füße erfrieren* ‖ 霜焼け薬 Frost(schutz)mittel *n.* -s, -.

しもよ 霜夜 die frostige Nacht, "e.

しもよけ 霜除け Schutzhaube (*f.* -n) gegen Frost／庭木に霜除けをする Gartenbäume gegen Frost mit Strohhauben decken.

じもり 地盛り Aufschüttung *f.* -en／地盛り(盛土)をする auf|schütten⁴.

しもん 指紋 Fingerabdruck *m.* -(e)s, "e／指紋をとる einen Fingerabdruck nehmen* ⟨*von*³⟩ ‖ 指紋法 Fingerabdrucksverfahren *n.* -s, -／指紋法 Daktyloskopie *f.* -n／渦状指紋 Wirbel-Fingerabdruck.

しもん 諮問 Beratung *f.* -en; Rücksprache *f.* -n; Beratschlagung *f.* -en. ── 諮問する beraten*⁴; ˚sich mit *jm* beraten* ⟨*wegen*²⁽³⁾; *über*⁴⟩; mit *jm* Rücksprache nehmen* ⟨*wegen*²⁽³⁾; *über*⁴⟩. ‖ 諮問案 Beratungsentwurf *m.* -(e)s, "e／諮問委員会 Beratungsausschuss *m.* -es, "e／諮問機関 das beratende Organ, -s, -e.

しもん 試問 Prüfung *f.* -en; Ausfragung *f.* -en; Interview *n.* -s, -s／試問する prüfen⁴; aus|fragen ⟨*nach*³; *um*⁴⟩; interviewen⁴ ‖ 口頭試問 die mündliche Prüfung, -en.

じもん 自問する ˚sich fragen／自問自答する mit ˚sich selbst (für ˚sich hin) reden; laut denken*; mit sich zu Rat gehen* ⓢ.

しや 視野 Gesichts|feld (Blick-; Seh-) *n.* -(e)s, -er; Horizont *m.* -(e)s, -e ⇨ **しかい**(視界)／視野が広い(狭い) einen weiten (beschränkten) Gesichts|kreis (Seh-) (*m.* -es, -e) (Horizont) haben; ein weites (enges) Gesichtsfeld haben; einen weiten (engen) Gesichtskreis haben／視野が遮られている Hier hat man keinen freien Blick.

しゃ 紗 Seidengaze *f.* -n; Flor *m.* -s, -e.

じゃ 邪 das Böse*, -n; Schlechtigkeit *f.*; Übel *n.* -s; Unrecht *n.* -(e)s; Ungerechtigkeit *f.*／邪は正に勝たず Das Böse triumphiert nicht über das Gute.

じゃ 蛇 Schlange *f.* -n. ¶ 蛇の道はへび Die Bösen durchschauen einander leicht.／猫かぶってもネズミは捕る Die Katze lässt das Mausen nicht.

じゃあ ❶ [では] also; nun; also dann. ❷ [それなら] dann; in diesem Fall; wenn dem so ist; wenn das der Fall ist／じゃあ、そうしておこう Na ja, gut!

じゃあく 邪悪 Bosheit *f.* -en; Laster *n.* -s; Lasterhaftigkeit *f.* -en; Schlechtigkeit *f.* -en; Sünde *f.* -n; Übel *n.* -s／邪悪な böse; boshaft; frevelhaft; heimtückisch; lasterhaft; schändlich; verdorben.

シャーシー Chassis *n.* -, -; Fahrgestell *n.* -(e)s, -e.

ジャージー (die wollene) Strickjacke, -n; [Sport]pullover *m.* -s, -.

しゃあしゃあ しゃあしゃあと ohne ⁴sich zu schämen; schamlos; dick|fellig (-häutig); unverschämt.

ジャーナリスト Journalist *m.* -en, -en; Tagesschriftsteller *m.* -s, -; Zeitungsschreiber *m.* -s, -.

ジャーナリズム Journalismus *m.* -; Zeitungswesen *n.* -s, -; Tages|schriftstellerei (Zeitungs-) *f.*.

シャープペンシル Füllbleistift *m.* -(e)s, -e.

シャーベット Sorbet *m.* (*n.*) -s, -s; Sorbett *m.* (*n.*) -(e)s, -e.

しゃい 謝意 Dank *m.* -(e)s; Dankbarkeit *f.*／謝意を表する Dank aus|sprechen* ⟨*für*⁴⟩; seine Dankbarkeit bezeigen; ⁴sich erkenntlich zeigen.

しゃいん 社員 der (Büro)angestellte*, -n, -n／彼は商社の社員だ Er ist angestellt bei einer Handelsfirma.

じゃいん 邪淫 Lüsternheit *f.* -en; Geilheit *f.*; Ehebruch *m.* -(e)s, "e; Fleischeslust *f.* "e／邪淫な geil; animalisch; lüstern; sittenlos.

しゃえい 射影 [数] Projektion *f.* -en ‖ 射影幾何学 die projektive Geometrie.

しゃおんかい 謝恩会 Dankesparty *f.* -s, ..ties.

しゃか 釈迦 Schakjamuni／釈迦に説法 „Eulen nach Athen tragen".

しゃかい 社会 Gesellschaft *f.*; Welt *f.* 《世界》／社会的な sozial／この連中は社会の屑だ Diese Leute sind der Abschaum der [menschlichen] Gesellschaft. ‖ 社会悪 ein soziales Übel, -s, -／社会意識 Sozialbewusstsein *n.* -s, -／社会運動 eine soziale Bewegung, -en／社会化 Sozialisierung *f.*／社会科学 Sozialwissenschaft *f.* -en／社会学 Soziologie *f.*／社会学者 Soziologe *m.* -n, -n／社会契約説 die Lehre vom Gesellschaftsvertrag／社会構造 Gesellschaftsstruktur *f.* -en／社会事業 Sozialfürsorge *f.* -n／社会指標 Sozialindex *m.* -(e)s, -e (..dizes)／社会主義 Sozialismus *m.* -／社会主義国家 ein sozialistischer Staat, -(e)s, -en／社会主義者 Sozialist *m.* -en, -en／社会心理学 Sozialpsychologie *f.*／社会政策 Sozialpolitik *f.*／社会制度 Gesellschaftssystem *n.* -s, -e／社会的地位 eine soziale Stellung, -en／社会福祉活動 Sozialarbeit *f.*／社会復帰 Resozialisierung *f.* -en; Rehabilitation *f.* -en／社会復帰させる resozialisieren (rehabilitieren) ⟨*jn*⟩／社会保障 Sozialabgaben (*pl*)／社会保障 Sozialversicherung *f.*／社会民主主義 Sozialdemokratie *f.*／社会民主主義者 Sozialdemokrat *m.* -en, -en／社会問題 eine soziale Frage, -n; ein soziales Problem, -(e)s, -e／階級社会 Klassengesellschaft *f.* -en／共同(利益)社会 Gemeinschaft *f.* (Gesellschaft *f.*)／国

家(空想的)社会主義 Nationalsozialismus (ein utopistischer Sozialismus)/ドイツ社会民主党 die Sozialdemokratische Partei Deutschlands〔略：SPD〕/人間(市民)社会 die menschliche (bürgerliche) Gesellschaft.

じゃがいも Kartoffel *f.* -n.

しゃかく 射角 Schusswinkel *m.* -s, -.

しゃかご 蛇籠 Korbwerk ⟨*n.* -(e)s, -e⟩ 〔zur Uferbefestigung〕; Schanzkorb *m.* -(e)s, ¨e.

しゃがむ ⁴sich kauern; ⁴sich hocken/しゃがんでいる kauern; hocken.

しゃがれる 嗄れる heiser werden/嗄れている heiser sein/嗄れ声 eine heisere (raue) Stimme, -n.

しゃかん 舎監 Heim|leiter *m.* -s, -.

しゃかんきょり 車間距離 Abstand ⟨*m.* -(e)s, ¨e⟩ der Wagen (voneinander)/車間距離を保て Abstand halten!

じゃき 邪気 die böse Absicht, -en; Arg *m.* -s; Arglist *f.*; Bosheit *f.* -en; Boshaftigkeit *f.* -en; Tücke *f.* -n/邪気のある boshaft (-willig); hämisch; [heim]tückisch/邪気のない arglos; harmlos; naiv; unschuldig.

じゃきょう 邪教 Ketzerei *f.* -en; Häresie *f.* -n; Heidentum *n.* -s; Irr|glaube *m.* -ns, -n 〔-lehre〕/邪教の ketzerisch; häretisch ‖ 邪教徒 Ketzer *m.* -s, -; Heide *m.* -n, -n; Häretiker *m.* -s, -; Renegat *m.* -en, -en.

しゃく 試薬 Reagens *n.* -, ..genzien; Reagenz *n.* -es, ..zien.

しゃく 癪 ❶[さしこみ] Magenkrampf *m.* -(e)s, ¨e 〔胃けいれん〕; Anfall *m.* -(e)s, ¨e 〔発作〕/癪を起こす einen Anfall von ³Magenkrampf bekommen*. ❷[かんしゃく] Ärger *m.* -s; Verdruss *m.* -es/癪に障る ärgerlich; verdrießlich/癪に障って aus ³Ärger (Verdruss)/癪の種である ³in ärgern; *js* ⁴Galle reizen.

しゃく 笏 Szepter *n.* -s, -; Zepter *n.* -s, -.

しゃく 酌 酌をする ein|schenken³·⁴/お酌をしましょうか Darf (Soll) ich einschenken?

-じゃく 弱 […足らず] etwas (ein bisschen) weniger als; nicht ganz; knapp/三週間弱 knapp drei Wochen/十メートル弱 etwas weniger als 10 Meter.

しゃくい 爵位 Adelstitel *m.* -s, - 〔称号〕; Adels|rang *m.* -(e)s, ¨e 〔身分〕/爵位を授与する *jm* den Adel verleihen*.

-じゃくおんき 弱音器 Dämpfer *m.* -s, - 〔ピアノの〕; Sordine *f.* -n 〔バイオリンの〕.

しゃくぎ 釈義 Erläuterung *f.* -en; Kommentar *m.* -s, -e.

しゃくし 杓子 Schöpf|löffel *m.* -s, - (-kelle *f.* -n)/杓子定規な ⁴sich peinlich genau an eine Vorschrift halten*.

しゃくし 弱視 Schwachsichtigkeit *f.* -/弱視の schwachsichtig.

しゃくしゃく 綽々 ¶ まだ余裕綽々だよ Es ist noch reichlich Platz./彼は余裕綽々たる態度で現れた Er erschien vollkommen ruhig und gelassen.

しゃくしょ 市役所 Rat|haus (Stadt-) *n.* -es, ¨er; Stadtamt *n.* -(e)s, ¨er; Bürgermeisterei *f.* -en 〔市庁〕; Bürgermeisteramt *n.* -(e)s, ¨er. ⇔しちょう(市庁).

しゃくしょう 錫杖 Priesterstab *m.* -(e)s, ¨e.

じゃくしょう 弱小の klein und schwach; minderjährig.

じゃくしん 弱震 der schwache Stoß, -es, ¨e; das schwache Erdbeben, -s, -.

しゃくぜん 釈然 釈然とする ⁴sich ein|sehen*⁴; einverstanden (zufrieden) sein 〈*mit*³〉/僕はどうも釈然としない Das sehe ich nicht [ganz] ein.

じゃくたい 弱体の schwach; schwächlich; knochenlos; marklos; ohne ⁴Rückgrat/弱体化する schwächen⁴; entkräften⁴; entmannen⁴; kastrieren⁴; lähmen⁴; verweichlichen⁴ ‖ 弱体内閣 das rückgratlose (lendenlahme) Kabinett, -(e)s, -e.

しゃくち 借地 Pachtgrundstück *n.* -(e)s, -e ‖ 借地権 Pachtrecht *n.* -(e)s, -e/借地人 Pächter *m.* -s, -/借地料 Pacht|geld *n.* -(e)s, -er (-zins *m.* -en, -en).

じゃぐち 蛇口 Hahn *m.* -(e)s, ¨e; Ab|fluss (Aus-) *m.* -es, ¨e; Spund *m.* -(e)s, ¨e.

じゃくてん 弱点 Schwäche *f.* -n; die schwache Seite, -n; Achillesferse *f.* -n; Blöße *f.* -n; Fehler *m.* -s, -; Mangel *m.* -s, ¨.

しゃくど 尺度〔Längen〕maß *n.* -es, -e; Maßstab *m.* -(e)s, ¨e/尺度を当てる einen Maßstab an|legen ⟨*an*⁴⟩.

しゃくどう 赤銅色の braun; sonnengebräunt〔日焼けした〕.

しゃくとりむし 尺取虫〔昆〕Spannraupe *f.* -n; Spanner *m.* -s, -.

しゃくなげ 石楠花〔植〕Rhododendron *n.* -s, ..dren.

じゃくにくきょうしょく 弱肉強食 Der Schwache fällt dem Starken zum Opfer (ist das Opfer des Starken).

しゃくねつ 灼熱 Glut *f.* -en; Hitze *f.* -n/灼熱する glühen〔状態〕; erglühen; ⁴sich erhitzen/灼熱する論議 eine erhitzte Debatte, -n/灼熱する太陽の下に unter der glühenden Sonne.

じゃくねん 若年 Jugend *f.*; Jugendalter *n.* -s; Jugendzeit *f.* -en/若年の minderjährig; jung; jugendlich; unmündig; grün; bartlos; noch nicht flügge/若年ながら jung, wie er ist; obgleich er noch nicht trocken hinter den Ohren ist.

じゃくはい 若輩 der junge Bursche, -n, -n; das junge Blut, -s; Jüngling *m.* -s, -e; der Halbwüchsige* (Heranwachsende*), -n, -n; Grün|schnabel (Gelb-) *m.* -s, ¨.

しゃくはち 尺八 eine [japanische] Bambusflöte, -n.

じゃくへんか 弱変化 die schwache Beugung (Abwandlung; Flexion; Deklination; Konjugation)〔以上どれも-en〕/弱変化の schwach [gebeugt].

しゃくほう 釈放 Entlassung (Freilassung) *f.* -en/釈放する entlassen*⁴; frei|lassen*⁴·¹; auf freien Fuß setzen⁴.

しゃくめい 釈明 Erklärung *f.* -en《説明》; Rechtfertigung *f.* -en《弁明》; Entschuldigung *f.*《申訳》/釈明する erklären³⁴; ⁴sich rechtfertigen; ⁴sich entschuldigen.

しゃくや 借家 ein gemietetes Haus, -es, "-er /借家する ³sich ein ⁴Haus mieten ‖ 借家人 Mieter *m.* -s, -.

しゃくやく 芍薬〖植〗Pfingstrose *f.* -n.

しゃくよう 借用 das Borgen⁎, -s; Entlehnung *f.* -en/借用する ³sich borgen⁴《von *jm*》; ³sich leihen⁎⁴《von *jm*》; *jm* entlehnen⁴ ⇨かりる ‖ 借用証 Schuldschein *m.* -(e)s, -e.

しゃくりあげる しゃくり上げる schluchzen / しゃくり上げるようにして話す stoßweise sprechen⁎;（Worte）herauslschluchzen.

しゃくりなき しゃくり泣き Schluchzen⁎, -s/しゃくり泣きをする schluchzen.

しゃくりょう 酌量 Berücksichtigung *f.* -en; Erwägung *f.* -en/酌量する berücksichtigen⁴; erwägen⁎⁴/情状を酌量して in ³Berücksichtigung (Erwägung) der mildernden Umstände.

しゃげき 射撃 das Schießen⁎, -s; Schuss *m.* -es, "-e. — 射撃する schießen⁎ (feuern)《auf⁴》/実(空)包射撃をする mit scharfen (blinden) Patronen schießen⁎. ‖ 射撃演習 Schießübung *f.* -en/射撃競技 Schießwettbewerb *m.* -s, -e; das Wettschießen, -s/射撃場 Schießplatz *m.* -es, "-e/射撃命令 Schießbefehl *m.* -(e)s, -e/一斉射撃 Salve *f.* -n/援護射撃 Feuerunterstützung *f.* -en.

ジャケット [服の] Jacke *f.* -n; Jackett *n.* -s; [レコードの] Schallplattenhülle *f.* -n.

しゃけん 車検 das Überprüfen⁎ (-s) des Kraftwagens ◆ 車検に限らず, エレベーターの点検, 工場施設などの検査などは TÜV (Technischer Überwachungsverein) が行う. 従って TÜV を用いた表現が普通 / 車を車検に持って行かなければならない Ich muss den Wagen zum TÜV bringen. / このポンコツは車検に通らないだろう Dieser alte verbrauchte Wagen wird sicher nicht mehr durch den TÜV kommen.

しゃけん 邪慳(な) barsch; boshaft; hart; herb; grausam; schroff; unfreundlich/邪慳にする *jm* arg (hart; schlimm; übel) mitlspielen; misshandeln⁴; *jm* hart aufsetzen.

しゃこ〖魚〗Heuschreckenkrebs *m.* -es, -e.

しゃこ〖鳥〗Rebhuhn *n.* -(e)s, "-er; Rebhahn *m.* -(e)s, "-e《雄》.

しゃこ 車庫 Wagenlschuppen *m.* -s, -; (-haus -n. -es, "-er); Wagenhalle *f.* -n《電車やバスの》; Garage *f.* -n《ガレージ》.

しゃこう 社交 gesellschaftlicher Verkehr, -s《Umgang, -(e)s》‖ 社交家 ein geselliger (umgänglicher) Mensch, -en, -en/社交界 Gesellschaft *f.*; Gesellschaftskreis *m.* -es, -e/社交界に出る in der Gesellschaft sich zeigen/社交界の花形(名士)たち die Spitzen《*pl*》der Gesellschaft/社交室 Gesellschaftslraum *m.* -(e)s, "-e; (-zimmer *n.* -s, -)/社交術 die gesellschaftliche Gewandtheit/社交ダンス Gesellschaftstanz *m.*

-es, "-e/社交服 Gesellschaftsanzug *m.* -(e)s, "-e《男性》; Gesellschafskleid *n.* -(e)s, -er《女性》; Gesellschaftskostüm *n.* -s, -e.

しゃこう 遮光 Abblendung *f.* -en ‖ 遮光装置 Blende *f.* -n; Blendungsvorrichtung *f.* -en.

しゃこう 藉口 ¶ ...に藉口して unter dem Vorwand, ... / 彼は病気に藉口して欠席した Er fehlte unter dem Vorwand, dass er krank sei (unter dem Vorwand, krank zu sein).

じゃこう 麝香 Bisam *m.* -s, -e; Moschus *m.* -; Zibet *m.* -s ‖ 麝香鹿 Moschustier *n.* -(e)s, -e/麝香水 Moschusparfüm *n.* -s, -e (-s)/麝香草 Bisamgarbe *f.* -n; Moschuskraut *n.* -(e)s/麝香猫 Bisamkatze *f.* -n/麝香鼠 Bisamratte *f.* -n.

しゃこうしん 射倖心 Gewinnsucht《*f.*》/ 射倖心による durch Glücksspiel / 射倖心をそそる *jn* zum Glücksspiel verleiten.

しゃこく 社告 Firmenbekanntmachung *f.* -en《新聞などに出すもの》; innerbetriebliche Bekanntmachung, -en《社内用》.

しゃさい 社債 Obligation *f.* -en; Schuldverschreibung *f.* -en.

しゃざい 謝罪 Abbitte *f.* -n/謝罪する *jm* Abbitte tun⁎ (leisten); *jn* um ⁴Verzeihung (Entschuldigung) bitten⁎.

しゃさつ 射殺する erschießen⁎⁴; totlschießen⁎⁴.

しゃし 斜視 das Schielen⁎, -s/斜視の schieläugig; schielend ‖ 斜視眼 Schiellaulge *n.* -s, -n/斜視矯正手術 Schieloperation *f.* -en.

しゃし 奢侈 Luxus *m.* -; Üppigkeit *f.*; Wohlleben *n.* -s《贅沢な暮らし》; Verschwendung *f.* -en《浪費》/奢侈に耽(ふけ)る ein luxuriöses Leben führen; üppig leben ‖ 奢侈税 Luxussteuer *f.* -n/奢侈品 Luxusartikel *m.* -s, -《-ware *f.* -n》.

しゃじ 謝辞 Dankesworte《*pl*》; Dankrede *f.* -n/謝辞を述べる *jm* seinen Dank sagen (auslsprechen⁎)《für⁴》; ⁴sich bei *jm* bedanken《für⁴》.

しゃじ 写字 das Abschreiben⁎ (Kopieren⁎), -s ‖ 写字生 Abschreiber *m.* -s, -; Kopist *m.* -en, -en.

しゃじく 車軸 Achse *f.* -n; Radlachse (Wagen-) *f.* -n/車軸を流すように降る in ³Strömen regen (gießen⁎).

しゃしつ 車室 Abteil *n.* -(e)s, -e.

しゃじつ 写実 die wirklichkeitsnahe Darstellung, -en; das treue Kopieren der Wirklichkeit/写実的な(に) realistisch ‖ 写実主義 Realismus *m.* -/写実主義者 Realist *m.* -en, -en.

じゃじゃうま じゃじゃ馬 ❶ das störrische Pferd, -(e)s, -e ❷[あばれ者] Raufbold *m.* -(e)s, -e; der brutale Mensch, -en, -en. ❸[悪女] Weibslbild *n.* -(e)s, -er《-stück *n.* -(e)s, -e》; Hauskreuz *n.* -es; Xanthippe *f.* -n/「じゃじゃ馬ならし」 „Der Widerspenstigen Zähmung".

しゃしゅ 射手 Schütze *m.* -n, -n.

しゃしゅ 社主 der Besitzer (Inhaber) ⟨-s, -⟩ einer Firma.
しゃしゅつ 射出する ab|schießen*⁴; er|gießen*⁴ ⟨液体を⟩.
しゃしょう 捨象する abstrahieren ⟨*von*³⟩.
しゃしょう 車掌 Schaffner *m.* -s, - ⟨市(電・)バス・列車などの⟩; Zugführer *m.* -s, - ⟨列車の車掌の責任者⟩.
しゃじょう 謝状 Dank;brief *m.* -[e]s, -e ⟨-schreiben *n.* -s, -⟩.
しゃしん 写真 Lichtbild *n.* -[e]s, -er; Fotografie *f.* -n; Foto *n.* -s, -s / 写真の写真術的 Foto *n.* -s, -s / 写真を撮る fotografieren⁴; auf|nehmen*⁴; knipsen⁴ / スナップ写真をとる einen Schnappschuss machen / 写真を引伸しする ein Lichtbild vergrößern / この写真を二枚焼き増ししてください Von diesem Foto möchte ich zwei Abzüge haben. ‖ 写真家 Fotograf *m.* -en, -en / 写真館 Studio *n.* -s, -s / 写真機 Fotoapparat *m.* -[e]s, -e; Kamera *f.* -s / 写真術 Lichtbildkunst *f.*; Fotografie / 写真植字 [印] Foto[satz (Licht-)*m.* -es, ⁻e; Fototypie (Auto-)] / 写真帳 Fotoalbum *n.* -s, ..ben / 写真版 Fotogravüre *f.* -n; Fototypie *f.* -n / 写真判定 Entscheidung *f.* -en durch Zielfotografie ⟨競馬・陸上競技⟩ / カラー写真 Farbfoto / 白黒写真 Schwarzweiß-Foto / 電送写真 Telefoto / ヌード写真 Aktfoto / モンタージュ写真 Fotomontage *f.* -n.
じゃしん 邪神 der böse Gott, -es, -er (Feind, -[e]s, -e); Höllenfürst *m.* -en, -en; Beelzebub *m.* -; Luzifer *m.* ; Satan *m.* -s, -e; Urian *m.* -s, -e.
じゃしん 邪心 Bosheit *f.* -en; Heimtücke *f.* -n; Heimtücklichkeit *f.* -en; Übelwollen *n.* -s; der böse Wille, -ns, -n.
ジャズ Jazz *m.* -; ‖ ジャズ歌手 Jazzsänger *m.* -s, - / ジャズ狂 Jazzfanatiker *m.* -s, - / ジャズバンド Jazzkapelle *f.* -n.
じゃすい 邪推 Argwohn *m.* -[e]s; Mutmaßung *f.* -en ⟨憶測⟩; Misstrauen *n.* -s ⟨不信⟩; Verdacht *m.* -[e]s, ⁻e ⟨疑惑⟩ / 邪推深い argwöhnisch; misstrauisch. — 邪推する argwöhnen; Argwohn hegen (schöpfen) ⟨*gegen*⁴⟩; verdächtigen ⟨*jn* ²*et*⟩; misstrauen³.
ジャスミン Jasmin *m.* -s, -e.
しゃする 謝する ❶ ⟨感謝する⟩ *jm* danken ⟨*für*⁴⟩; ⁴sich bei *jm* bedanken ⟨*für*⁴⟩; Dank sagen ⟨aus|sprechen*⟩ ⟨*für*⁴⟩. ❷ ⟨陳謝する⟩ ⁴sich entschuldigen ⟨bei *jm*⟩; *jn* um ⁴Entschuldigung (Verzeihung) bitten*.
しゃせい 写生する ⟨nach der Natur⟩ zeichnen⁴ (malen⁴); skizzieren⁴; nach|zeichnen⁴ ⟨模写⟩ / 忠実に写生する naturgetreu nach|zeichnen⁴ / 写生帳 Skizzen;buch (Zeichen-) *n.* -[e]s, ⁻er; Skizzen;block (Zeichen-) *m.* -[e]s, ⁻e ⟨剥ぎ取り式の⟩.
しゃせい 射精 Samenerguss *m.* -es, ⁻e; Ejakulation *f.* -en / 射精する Samen ergießen*; ejakulieren.
しゃせつ 社説 Leitartikel *m.* -s, -.
しゃぜつ 謝絶 Ablehnung *f.* -en; Absage *f.* -n; Verweigerung *f.* -en / 謝絶する ab|lehnen⁴; absagen⁴; ⁴sich verbitten*⁴ / 面会を謝絶する einen Besuch zurück|weisen*; keinen Besuch zu|lassen* / 面会謝絶 Bitte von Besuchen abzusehen.《病院などの掲示》.
じゃせつ 邪説 Irrlehre *f.* -n; Ketzerglaube *m.* -ns, -n; Heterodoxie *f.* -n.
しゃせん 斜線 eine schräge Linie, -n / 斜線を施す schraffieren⁴ ⟨地図などに⟩.
しゃせん 社線 eine private Bahnlinie, -n ⟨鉄道⟩; eine private Omnibuslinie, -n ⟨バス⟩.
しゃせん 車線 ‖ 3車線の高速道路 Autobahn ⟨*f.* -en⟩ mit drei ³Fahr;spuren; Autostraße ⟨*f.* -n⟩ mit drei ³Fahrbahnen.
しゃそう 車窓 Wagenfenster *n.* -s, -.
しゃそう 社葬 ‖ 社葬を執り行う ein Firmenbegräbnis ⟨*n.* ..nisses, ..nisse⟩ begehen* (halten*); ein Begräbnis auf Firmenkosten ab|halten* (veranstalten).
しゃたい 車体 Karosserie *f.* -n; Wagenaufbau *m.* -[e]s, -ten.
しゃだい 車台 Fahrgestell *n.* -[e]s, -e; Chassis *n.* -, -.
しゃだつ 洒脱な frei; ungezwungen; fein.
しゃだん 遮断 Absperrung *f.* -en; das [Ver]sperren*, -s; Unterbrechung *f.* -en. — 遮断する ab|sperren⁴; unterbrechen*⁴ / 電流(交通)を遮断する den [elektrischen] Strom (den Verkehr) unterbrechen*. ‖ 遮断機 ⟨踏切りの⟩ Schranke *f.* -n.
しゃだん 社団[法人] Körperschaft *f.* -en; Korporation *f.* -en.
しゃちほこ 鯱 Delphin *m.* -s, -e / 鯱立ち Kopf;stand (Hand-) *m.* -[e]s, ⁻e / 鯱張った steif.
しゃちゅうだん 車中談 Interview ⟨*n.* -s, -s⟩ im Zug.
しゃちょう 社長 Firmenchef *m.* -s, -s; Generaldirektor *m.* -s, ..toren ⟨大会社の⟩.
シャツ Hemd *n.* -[e]s, -en / シャツを着る(脱ぐ、変える) das Hemd an|ziehen* (aus|ziehen*, wechseln). ‖ アンダーシャツ Unterhemd *n.* -[e]s, -en / 開襟シャツ ein Hemd mit Schillerkragen / スポーツシャツ Sporthemd / ティーシャツ T-Shirt *n.* -s, -s / ポロシャツ Polohemd / ワイシャツ Oberhemd.
しゃっかん 借款 Anleihe *f.* -n ⟨借入れ⟩; Darlehen *n.* -s, - ⟨貸付(借入)金⟩.
じゃっかん 若干の einige; etwas; etliche ⟨*pl*⟩; etwelche ⟨*pl*⟩; ein paar; mehr oder weniger.
しゃっき 惹起する veranlassen⁴; bewirken⁴; herbei|führen⁴; hervor|bringen*⁴ ⟨-|rufen*⁴⟩.
ジャッキ Anhebevorrichtung *f.* -en; Hand;winde (Wagen-) *f.* -n; Wagenheber *m.* -s, -.
しゃっきん 借金 Schulden ⟨*pl*⟩ / 借金を返済する Schulden begleichen* (tilgen) / 借金をこしらえる Schulden machen; in ⁴Schulden geraten* [s] / 借金を支払う Schulden be-

zahlen／借金をする Geld aus|leihen* (borgen; pumpen)／借金を取り立てる Schulden ein|treiben*／借金取りに責め立てられる von den ³Gläubigern wegen der ²Bezahlung gedrängt werden／僕は彼に五十ユーロの借金がある Ich habe bei ihm 50 Euro Schulden. ¦ Ich bin ihm 50 Euro schuldig.／彼は借金で首が回らない Er steckt bis über die Ohren in Schulden.

し

ジャック Bube *m.* -n, -n《トランプの》.

ジャックナイフ das große Klappmesser, -s, -.

しゃっくり Schlucken *m.* -s; Schluckauf *m.* -s／しゃっくりをする den Schlucken (Schluckauf) haben.

じゃっこく 弱国 der schwache Staat, -[e]s, -en; die kleinen Mächte《*pl*》.

しゃっこつ 尺骨 〖解〗Elle *f.* -n; Ellbogenbein *n.* -[e]s, -e ‖ 尺骨神経 Ellbogennerv *m.* -s, -en.

ジャッジ Punktrichter *m.* -s, -《ボクシング・体操などの》; Schiedsrichter *m.* -s, -《審判員》.

シャッター ❶〖写〗Verschluss *m.* -es, ⸚e; Verschlussapparat *m.* -[e]s, -e／シャッターを切る den Verschluss aus|lösen. ❷［よろい戸］Fensterladen *m.* -s, ⸚.

しゃっちょこ 鯱 ⇨しゃちほこ.

シャッポ ⇨ぼうし(帽子)／シャッポを脱ぐ ⁴sich ergeben*³; nach|geben*³.

しゃてい 射程 Schussweite *f.* -n; Reich¦weite (Trag-) *f.* -n《通達距離》／射程内(外)の in (außer) ³Schussweite.

しゃてき 射的 das Scheibenschießen*, -s ‖ 射的場 Schieß¦bude *f.* -n (-stand *m.* -[e]s, ⸚e).

しゃでん 社殿 Tempel *m.* -s, -.

しゃどう 車道 Fahrbahn *f.* -en《歩道の対》; Fahr¦weg *m.* -[e]s, -e (-staße *f.* -n).

じゃどう 邪道 ❶ Irr¦weg (Holz-) *m.* -[e]s, -e; Abirrung *f.* -en; Weg《*m.* -[e]s, -e》des Lasters／邪道に陥る auf ⁴Irrwege geraten* [s]; vom rechten Weg[e] ab|irren [s]／邪道に引き入れる *jn* vom rechten Weg[e] ab|bringen*. ❷［邪教・異端の意で］Irrglaube *m.* -ns, -n; Häresie *f.* -n; Irrkehre *f.* -n; Ketzerei *f.* -en.

シャトル[コック] Federball *m.* -s, ⸚e.

しゃない 社内で in der ³Firma (im ³Betrieb) ‖ 社内報 Betriebszeitung *f.* -en／社内預金 Betriebssparkasse *f.* -n／社内留保 Kassensaldo *m.* -s, -s; Saldoübertrag *m.* -[e]s, ⸚e.

しゃなり しゃなりと歩く einher|stolzieren [s].

しゃにくさい 謝肉祭 Karneval *m.* -s, -e (-s); Fasching *m.* -s, -e (-s)《南独で》; Fastnacht *f.*

しゃにむに 遮二無二 rücksichtslos; gewaltsam; blindlings／遮二無二進む [⁴sich] los|stürzen《*auf*⁴》; ⁴sich rücksichtslos (gewaltsam) vor|drängen.

じゃねん 邪念 der böse (üble) Gedanke, -ns, -n; Hinterhältigkeit *f.* -en; Übelwollen *n.* -s.

じゃのめ 蛇の目 Zielscheibenmuster *n.* -s, -／蛇の目のかさ Regenschirm《*m.* -[e]s, -e》mit Schießscheibenmuster.

しゃば 車馬 Wagen und Pferde《車両と馬》; Fahrzeug *n.* -[e]s, -e《乗物一般》; Fuhrwerk *n.* -[e]s, -e《車両, 特に荷馬車》／車馬の往来 Fahrtverkehr *m.* -s ‖ 車馬通行止 Gesperrt für Fahrzeuge!《掲示》; Keine Durchfahrt!《同上》.

しゃば 娑婆 ❶［此の世］diese Welt; Diesseits *n.* -／娑婆気が抜けない noch an dieser Welt hängen*; ⁴sich noch nicht von den irdischen Freuden abwenden können*. ❷［監獄などからみて］Außenwelt *f.*／娑婆の便り die Nachricht《-en》von draußen.

しゃばくじょう 射爆場 Schieß- und Bombenabwurfplatz *m.* -es, ⸚e.

じゃばら 蛇腹 ❶［建物の］Karnies *n.* -es, -e; Gesims *n.* -es, -e; Sims *m.* (*n.*) -es, -e. ❷［写真機の］Balg *m.* -s, ⸚e; Balgen *m.* -s, -. ‖ 蛇腹層 Gurtsims *m.* -es, -e.

しゃふ 車夫 Rikschamann *m.* -[e]s, ..leute.

じゃぶじゃぶ platschen《*in*³》; plätschern《*in*³》; pladdern.

しゃふつ 煮沸する kochen⁴; sieden*⁴／煮沸消毒する durch Kochen desinfizeren⁴ ‖ 煮沸器 Sieder *m.* -s; Kocher *m.* -s, -.

シャフト Schaft *m.* -[e]s, ⸚e《柄》; Welle *f.* -n《軸》; Achse *f.* -n《同上》; Schacht *m.* -[e]s, ⸚e《縦抗》.

しゃぶる lutschen⁽⁴⁾《*an*³》／おしゃぶり《幼児の》Lutscher *m.* -s, -; Lutschbeutel *m.* -s, -.

しゃへい 遮蔽 Deckung *f.* -en; Abschirmung *f.* -en. ── 遮蔽する decken⁴; ab|schirmen⁴. ‖ 遮蔽格子〖電〗Schirmgitter *n.* -s, -／遮蔽線〖兵〗Deckungslinie *f.* -n／遮蔽物 Decke *f.* -n;〖兵〗Deckung;〖電〗Schirm *m.* -[e]s, -e.

しゃべる 喋る ❶ reden; plaudern; klö[h]nen; schwatzen／お喋り Gerede *n.* -s; Geplauder *n.* -s; Geschwätz *n.* -es／お喋り女 Klatsch¦base (-tante) *f.* -n; Plaudertasche *f.* -n. ❷［秘密を洩らす］aus|plaudern⁴; aus|schwatzen⁴; verplaudern⁴; verplappern⁴.

シャベル Schaufel *f.* -n; Spaten *m.* -s, -／シャベルで掘る(抄う) schaufeln⁴.

しゃへん 斜辺〖数〗Hypotenuse *f.* -n.

しゃほうけい 斜方形〖数〗Rhombus *m.* -, ..ben; Raute *f.* -n／斜方形の rhombisch; rautenförmig.

しゃほん 写本 ❶ Handschrift *f.* -en; Manuskript *n.* -[e]s, -e. ❷ ⇨しゃじ(写字).

シャボン Seife *f.* -n ‖ シャボン玉 Seifenblase *f.* -n. ⇨せっけん.

じゃま 邪魔 Hindernis *n.* ..nisses, ..nisse; Hemmnis *n.* ..nisses, ..nisse; Hemmung *f.* -en; Hinderung *f.* -en; [その他実際上はもっと具体的に] Bremse *f.* -n; Hürde *f.* -n; Reibung *f.* -en; Sperre *f.* -n; Widerstand *m.* -[e]s, ⸚e; [妨害・干渉の意味で] Störung *f.* -en; Behinderung *f.* -en; Verhinderung *f.* -en; Einmischung *f.* -en; das Dazwischentreten*, -s; Beeinträchtigung *f.* -en. ── 邪魔な hinderlich; hemmend; störend／邪魔になる im Weg[e] stehen* (sein)/邪魔だ Störe nicht! Wegnehmen!《どけろ》; Aufräumen! 《片づけろ》; Verschwinde!《あっちへ行け》. ── 邪魔をする stören⁴; hindern⁴ 《an³; bei³》; behindern⁴ 《an³》; jm ⁴et in den Weg legen; jm 〔hinderlich〕 im Weg〔e〕 stehen*; jm (³et) Widerstand leisten; jm in die Quere kommen* [s]; jm lästig fallen* [s]; durchkreuzen⁴; sabotieren⁴; ⁴sich ein|mischen (ein|mengen)《in⁴》/勉強の邪魔をする jn bei (in) der Arbeit stören/安息の邪魔をする js Ruhe stören/話の邪魔をする ins Wort fallen*; jm das Wort ab|schneiden*; jm drein|reden; das Gespräch stören. ¶ 邪魔物扱いにする jn als Störenfried betrachten; jn als lästigen Eindringling behandeln/お邪魔様 Entschuldigen Sie bitte die Störung!/明日の午後お邪魔してもよろしいですか Darf ich morgen nachmittags bei Ihnen vorbeikommen (zu Ihnen kommen)?

ジャマイカ Jamaika *n.* -s/ジャマイカの jamaikanisch ‖ ジャマイカ人 Jamaikaner (Jamaiker) *m.* -s, -.

シャム Siam *n.* -s; Thailand *n.* -〔e〕s《タイ, 現在の呼称》/シャムの siamesisch ‖ シャム人 Siamese *m.* -n, -n; Siamesin *f.* ..sinnen《女》/シャム猫 Siamkatze *f.* -n.

ジャム Marmelade *f.* -n.

しゃめん 斜面 Abhang *m.* -〔e〕s, ⸚e; Böschung *f.* -en.

しゃめん 赦免 Begnadigung *f.* -en; Straferlass *m.* -es, -e; Amnestie *f.* -n; 〖宗〗 Absolution *f.* -en/赦免する jn begnadigen⁴; jm die Strafe erlassen*³.

しゃも 〖鳥〗 Kampfhahn *m.* -〔e〕s, ⸚e (-en).

しゃもじ Reiskelle *f.* -n.

しゃもん 沙門 ein buddhistischer Priester, -s, -; Mönch *m.* -〔e〕s, -e.

しゃよう 社用 Geschäft *n.* -〔e〕s, -e/社用で geschäftlich/彼は社用族だ Er ist ein Spesenreiter.

しゃよう 斜陽 die sinkende (untergehende) Sonne ‖ 斜陽産業 untergehende (absterbende) Industrie, -n/斜陽族 der Adel《-s》 im Untergang《貴族》; das untergehende Bürgertum, -s《市民》.

じゃよく 邪欲 die böse (schlimme; üble) Begierde, -n; Fleischeslust *f.*; Gelüst〔e〕 *n.* ..t〔e〕s, ..te; Lüsternheit *f.* -en.

しゃらくさい 洒落臭い ⇨**なまいき**.

じゃらじゃら Geklingel *n.* -s/じゃらじゃら鳴る(鳴らす) klingeln; klirren⁽⁴⁾; klimpern⁽⁴⁾/じゃらじゃらする flirten; tändeln; scharmutzieren《以上どれも mit³》.

じゃらす spielen《mit³》; tändeln《mit³》; necken⁴《からかう》.

じゃらつく buhlen; flirten; scharmützeln; scharmutzieren; tändeln《以上 mit³》; tätscheln⁴; ⁴sich an jn an|schmiegen.

しゃり 射利 Gewinnsucht *f.*; Geldgier *f.*/射利的 gewinnsüchtig; geldgierig.

じゃり 砂利 Kies *m.* -es, -e; Geröll *n.* -〔e〕s, -e; Gerölle *n.* -s, -; Kiesel *m.* -s, -; der grobe Meerkies《浜辺の》; Schotter *m.* -s, -/砂利を敷く kieseln⁴; mit Kies beschütten⁴; schottern⁴ ‖ 砂利場 Kiesgrube *f.* -n/砂利道 Kies|gang *m.* -〔e〕s, ⸚e (-weg *m.* -〔e〕s, -e).

しゃりき 車力 Fuhrmann *m.* -〔e〕s, ⸚er (..leute); Fuhrknecht *m.* -〔e〕s, -e ‖ 車力賃 Fuhr|geld *n.* -〔e〕s, -er (-lohn *m.* -〔e〕s, ⸚e).

しゃりょう 車両 Wagen *m.* -s, -; Fahrzeug *n.* -〔e〕s, -e ‖ 鉄道車両 Eisenbahnwagen *m.* -s, -《特に貨車》.

しゃりん 車輪 Rad *n.* -〔e〕s, ⸚er ‖ 車輪工 Stellmacher *m.* -s, -; Wagner *m.* -s, -《南独で》/予備(補助)車輪 Ersatzrad *n.* -〔e〕s, ⸚er.

しゃれ 洒落 Witz *m.* -es, -e; Wortspiel *n.* -〔e〕s, -e《ことばの洒落》/古くさい洒落 ein alter (verbrauchter) Witz/洒落を言う einen Witz machen (reißen*; erzählen); ein Wortspiel machen ‖ 洒落者 Geck *m.* -en, -en; Dandy *m.* -s, -s. ⇨**おしゃれ**.

しゃれい 謝礼 Honorar *n.* -s, -s; Belohnung *f.* -en《報酬》/謝礼をする jn honorieren; jn belohnen《für⁴》.

しゃれこうべ Schädel *m.* -s, -.

しゃれた 洒落た elegant; schick; fesch/しゃれたネクタイ eine elegante (schicke) Krawatte, -n.

しゃれる 洒落る ⁴sich putzen; ⁴sich schön (hübsch) machen.

じゃれる spielen《mit³》; tänzeln [s.h]《mit³》/犬は彼にじゃれつきながら走った Der Hund rannte hüpfend um ihn herum.

ジャワ Java *n.* -s.

シャワー Dusche *f.* -n; Brause *f.* -n/シャワーを浴びる duschen; Dusche nehmen* ‖ シャワー室 Duschraum *m.* -〔e〕s, ⸚e.

ジャンク Dschunke (Dschonke) *f.* -n.

ジャンクフード Junkfood *n.* -s.

ジャングル Dschungel *m.* -s, -.

じゃんけん じゃん拳 Janken-Fingerspiel *n.* -〔e〕s, -e; Handspiel *n.* -〔e〕s, -e/じゃん拳できめる durch Handspiel entscheiden*⁴; aus|knobeln⁴.

じゃんじゃん ❶ [音] bimbam〔bum〕; klingklang/じゃんじゃん鳴る bimmeln; erklingen* [s.h]. ❷ [どしどし] in hohem Grad〔e〕; ..., dass es 〔nur so〕 eine Art hat/じゃんじゃんもうける Geld 〔tüchtig〕 ein|heimsen; Geld raffen; rasch heraus|bekommen*⁴/じゃんじゃん雨が降る Es regnet, was vom Himmel herunter will./じゃんじゃん働く Er arbeitet, dass es nur so eine Art hat.

シャンソン Chanson *n.* -s, -s.

シャンツェ《スキーの》Schanze *f.* -n.

シャンデリア Kronleuchter *m.* -s, -; Kandelaber *m.* -s, -.

ジャンパー Über|jacke (Wind-) *f.* -n; Lumberjack *m.* -s, -s《男もの》; Ärmelweste *f.* -n《同上》; Jumper *m.* -s, -.

シャンパン Champagner *m.* -s, -; Sekt *m.* -〔e〕s, -e; Schaumwein *m.* -〔e〕s, -e.

ジャンプ Sprung *m.* -〔e〕s, ⸚e; das Springen*, -s/ジャンプする springen* [s]; einen Satz machen.

シャンプー Shampoo〔n〕 *n.* -s, -s.

ジャンボジェットき ジャンボジェット機 Jumbo

[し]

ジャンボリー 〔internationales〕 Pfadfindertreffen, -s, -; Jamboree *m.* -(s), -s.

ジャンル Genre *n.* -s, -s/小説のジャンル das Genre des Romans.

しゅ 朱 Zinnober *m.* -s, -/朱に交われば赤くなる Wer Pech anrührt, besudelt sich. ‖ 朱色 Zinnoberrot *n.* -[e]s/朱色の zinnoberrot.

しゅ 種 Art *f.* -en; Sorte *f.* -n; 【動・植】Spezies *f.* -/ダーウィンの「種の起源」„Entstehung der Arten" von Darwin/この種の人間 ein Mensch dieser (solcher) ²Art.

しゅ 主 ❶ 〔主要〕Hauptsache *f.* -n; Wesen *n.* -s, -/〔本質〕主たる hauptsächlich; wesentlich; wichtig 〔重要な〕主たる仕事（目的）Hauptarbeit *f.* -en (Hauptzweck *m.* -[e]s, -e)/主として hauptsächlich; vornehmlich; vorwiegend; überwiegend/この住民は主としてカトリック教徒である Die Bevölkerung hier ist überwiegend katholisch. ❷ 〔主人〕Herr *m.* -n, -en; Meister *m.* -s, -/我が主イエス〔der〕Herr Jesus/主の祈り Vaterunser *n.* -s, -; Paternoster *n.* -s, -. ❸ 〔主体〕Subjekt *n.* -[e]s, -e.

しゅ 首 Stück *n.* -[e]s, -e/一首詠じる ein Gedicht machen.

しゅ 綬 Ordensband *n.* -[e]s, ⸗er; Kordon *m.* -s, -s ‖ 綬章 Orden *m.* -s, -.

しゅい 首位 der erste Platz, -es/首位を占める den ersten Platz ein|nehmen*.

しゅい 趣意 ❶ 〔趣旨〕Sinn *m.* -[e]s, -e; Bedeutung *f.* -en. ❷ 〔目的〕Zweck *m.* -[e]s, -e; Absicht *f.* -en 〔意図〕Beweggrund *m.* -[e]s, ⸗e 〔動機〕.

しゅいろん 主意論(説) 【哲】Voluntarismus *m.* -/主意論(説)の voluntaristisch.

しゅいん 主因 Haupt|ursache *f.* -n (-grund *m.* -[e]s, ⸗e).

しゅいん 手淫 Onanie *f.* -n; Masturbation *f.* -en; 〔geschlechtliche〕Selbstbefriedigung, -en/手淫する onanieren; 〔sich〔geschlechtlich〕befriedigen; 〔俗〕wichsen.

しゆう 私有 Privatbesitz *m.* -es, -e/私有の Privat-; privat ‖ 私有権 Privatbesitzrecht *n.* -[e]s, -e/私有財産 Privateigentum *n.* -s, ⸗er/私有財産制 die Institution des Privateigentums/私有地 Privatgrundstück *n.* -[e]s, -e/私有林 Privatwald *n.* -[e]s, ⸗er.

しゆう 市有 der städtische Besitz, -es, -e/市有の städtisch; Stadt-; Gemeinde-; der ¹Stadt (Gemeinde) gehörend/市有にする städtisch machen⁴; in städtische Verwaltung übernehmen⁴*; unter städtische Verwaltung bringen*⁴.

しゆう 雌雄 ❶ 〔das〕Männchen und 〔das〕Weibchen, des- und -s. ❷ 雌雄を争う um die Vorherrschaft miteinander wetteifern ⟨*p.p.* gewetteifert⟩; den Vorrang streitig machen ⟨*jm*⟩; 〔um die Entscheidung kämpfen. ‖ 雌雄異株 【生】Diözie *f.*; Zweihäusigkeit *f.*/雌雄異株の diözisch; zweihäusig/雌雄同株 【生】Monözie *f.*; Einhäusigkeit *f.*/雌雄同株の monözisch; einhäusig/雌雄淘汰 die geschlechtliche Zuchtwahl, -en/雌雄同体 【生】Hermaphrod(it)ismus *m.* -; Zwittrigkeit *f.*/雌雄同体の hermaphroditisch; zwitt(e)rig.

しゅう 衆 ⇨たすう（多数）/衆を恃んで im Vertrauen auf seine zahlenmäßige Überlegenheit; auf seine Übermacht vertrauend.

しゅう 州 ❶ 〔大陸〕Erdteil *m.* -[e]s, -e; Kontinent *m.* -[e]s, -e/五大州 die fünf Erdteile. ❷ 〔行政区画上の〕Provinz *f.* -en; Land *n.* -[e]s, ⸗er 〔ドイツの〕; Staat *m.* -[e]s, -en 〔アメリカの〕/州議会 Landtag *m.* -[e]s, -e/州対抗競技 Länderkampf *m.* -[e]s, ⸗e.

しゅう 週 Woche *f.* -n/今週 diese Woche/来週 die nächste (kommende) Woche/先週 die letzte (vorige) Woche/来週(再来週)の今日 heute in acht (vierzehn) ³Tagen/週に一回 einmal die (pro) Woche; jede Woche einmal.

じゆう 自由 Freiheit *f.*; das Freisein*, -; Ungebundenheit *f.*; Ungezwungenheit *f.*/自由を拘束する *js* Freiheit ein|schränken; *jn* der Freiheit berauben 〔剥奪する〕/足の（身体の）自由がきかない Mein Bein (Mein Körper) versagt den Dienst./今晩は自由行動をとってよろしい Sie können sich für heute Abend frei machen./宗教、人身、取引、行動、新聞の自由 Freiheit der Religion (der Person, des Handels, des Handelns, der Presse)/言論の自由 Redefreiheit *f.* ── 自由(に) frei; 〔無制限〕unbeschränkt; uneingeschränkt; 〔無拘束・じゃまなし〕ungebunden; ungehemmt; ungehindert; ungezwungen; 〔遠慮なし〕ungeniert; zwanglos; 〔独立〕selbstständig; unabhängig; 〔副詞的に〕frei von Banden; aller Fesseln ledig; los und ledig; frei und ungebunden; frei wie der Vogel 〔in der Luft〕; nach Belieben; wie man will; 〔容易に(の)〕leicht; fließend 〔外国語などを〕/自由の身にしてやる befreien⁴; frei|lassen*⁴; los|ketten 〔犬などを鎖から〕; aus dem Gefängnis entlassen*⁴ 〔出獄〕; in Freiheit setzen⁴/どうぞ御自由に召上って下さい Bitte, bedienen Sie sich./Greifen (Langen) Sie bitte zu./自由裁量に任されております Ich habe freie Hand./Ich kann nach eigenem Ermessen handeln./彼はドイツ語を自由に使いこなす Er beherrscht die deutsche Sprache 〔vollkommen; hervorragend〕. ── 自由にする ⁴*et* machen, wie es *jm* beliebt; machen, was man will; schalten 〔über⁴; mit³〕; 〔くつろぐ〕tun*, wie zu Hause; es ³sich bequem machen/人を自分の自由にする *jn* um den Finger wickeln; *jn* an der Nase herum|führen; Gewalt über *jn* haben/人の自由にされる ⁴sich um den Finger wickeln lassen*⁴; in (unter) *js* Gewalt sein (stehen*); nach *js* Pfeife tanzen. ── 金が自由になる 〔große〕Geldmittel zur Verfügung haben; bemittelt (begütert; vermögend) sein; im

じゆう Geld wühlen〈あり余る〉.∥自由意志 der freie Wille, -ns, -n/自由画 Malerei (f. -en)〔ohne ein Muster (Vorbild; Model)〕/自由画をかく nach der Natur (dem Leben) malen⁴ ❖Freihandzeichnen ᡟ aus freier Hand zeichnen は定規やコンパスを用いずに描くことで,自由画の訳としては後者/自由型 Freistil m. -[e]s, -e (泳法); das Freistil-Schwimmen*, -s (競泳); das Ringen* (-s) im freien Stil〔レスリング〕/自由経済 die freie Wirtschaft, -en/自由結婚 Heirat (f. -en) aus Liebe; die wilde Ehe (内緒の意で)/自由港 Freihafen m. -s, ¨/自由思想 Freidenkerei f. -en/自由思想家 Freidenker m. -s, ―/自由主義 Liberalismus m. -/自由主義者 Liberalist m. -en, -en/自由職業 der freie Beruf, -e, -e/自由党 die liberale Partei, -en, -en/自由党員 die Liberale, -n, -n/自由貿易 Freihandel m. -s, -/自由放任〔主義〕Laisser-faire m. -/自由放任にする Gelegenheitsarbeiter m. -s, -. ⇨じぜん.

じゆう 事由 Grund m. -[e]s, ¨e; Anlass m. -es, ¨e; Ursache f. -n/左記の事由により aus folgenden Gründen.

じゅう 銃〔Feuer〕gewehr (Schießgewehr) n. -[e]s, -e; Büchse f. -n; Flinte f. -n; Muskete f. -n; 〔Feuer〕waffe (Schießwaffe) f. -n.

じゅう 従 untergeordnet; abhängig; nebensächlich; sekundär; subordiniert; zweiten Ranges.

じゅう 十 zehn/第十 der (die; das) zehnte*. ¶ 十中八九 zehn zu eins; neun unter zehn; aller Wahrscheinlichkeit nach; in den meisten der Fälle.

じゅう 柔よく剛を制す Milde erreicht mehr als Härte.:Durch Sanftmut gewinnt man mehr als durch Gewalt.

-じゅう -中の(に, で) ❶〔期間〕 während den ganzen ... (das (die) ganze ...)〔hindurch〕; den ... (das ...; die ...) hindurch/来月中に im Laufe des nächsten Monat[e]s; innerhalb des nächsten Monat[e]s. ❷〔場所〕im (in der) ganzen ... innerhalben; überall/世界中 in der ganzen (über die ganze) Welt/国中をあまねく旅行する das ganze Land durchreisen; eine Rundreise durch das ganze Land machen. ❸〔中で〕 von³; unter³/クラス中で彼が一番である Er ist der Erste in der Klasse. ⇨ちゅう(中)❹.

-じゅう -重 -fältig, -fach/二重の zweifältig (-fach); doppelt/二重album Doppelalbum m. -s, -/三重の dreifältig (-fach)/二重にする〔折る〕verdoppeln⁴; zusammen|legen⁴;〔um〕falten⁴;um|brechen*⁴.

しゅうあく 醜悪な hässlich; unschön; missgestaltet; geschmacklos; widerlich〔いやらしい〕.

じゅうあつ 重圧 der schwere Druck, -[e]s; Wucht f.; Zwang m. -[e]s/重圧を加える schweren Druck auflegen (jm); unter schwersten Druck setzen⁴.

しゅうい 周囲 Umfang m. -[e]s, ¨e; Umkreis m. -es, -e; Peripherie f. -n; Umgebung f. -en/周囲に rings; ringsum[her]; rundum; auf allen ³Seiten/...の周囲に um⁴ ... [herum]/周囲の世界 Umwelt f. -en; Milieu n. -s, -s〔環境〕/町の周囲 die Umgebung der ²Stadt/湖の周囲は五十二キロメートルだ Der See ist 52 km im Umfang./家の周囲に庭がある Um das Haus [herum] liegt ein Garten./子供は周囲の影響を受けやすい Ein Kind unterliegt leicht Einflüssen der Umgebung.

しゅうい 拾遺 Nach|lese f. -n (-trag-).

じゅうい 重囲 die dichte (völlige) Belagerung, -en (Einschließung, -en)/重囲に陥る vom Feind[e] dicht (völlig) belagert (eingeschlossen) werden.

じゅうい 獣医 Tier|arzt (Ross-, Vieh-) m. -es, ¨e; Veterinär m. -s, -e ∥ 獣医学 Veterinär|kunde f. -n (-wissenschaft f. -en; -medizin f. -en); Tier|arzneikunde (-heilkunde f. -en)/獣医学上の veterinär; tierarzneilich/獣医学校 die veterinäre Schule, -n.

じゅういち 十一 elf/第十一 der (das) elfte*.

じゅういちがつ 十一月 November m. -s (略: Nov.).

しゅういつ 秀逸な ausgezeichnet; hervorragend; meisterhaft; vortrefflich; vorzüglich ∥ 秀逸作 Meisterstück n. -[e]s, -e.

しゅういつかせい 週五日制 Fünftagewoche f. -n.

しゅうう 驟雨〔Regen〕schauer m. -s, -; Regenguss m. -es, ¨e/驟雨が過ぎる Ein Schauer geht vorüber.

しゅうえき 収益 Ertrag m. -[e]s, ¨e; Gewinn m. -[e]s, -e/収益をあげる einen Ertrag liefern (bringen*) ∥ 収益状況 Ertragslage f. -n.

しゅうえき 就役する einen Dienst an|tret en*; ⁴Dienst treten* [s] (gestellt werden)〔船などが〕.

じゅうえき 汁液 Saft m. -[e]s, ¨e.

しゅうえん 終焉の地 Sterbeort m. -[e]s, -e/終焉の際に in seiner ⁴Zeit; vor dem Sterben; beim Tod.

しゅうえん 終演 Theaterschluss m. -es, ¨e ∥ 終演後 nach dem Theater.

じゅうおう 縦横に ❶ kreuz und quer; in die Kreuz und Quere; der Länge und Breite nach; längs- und kreuzweise; vertikal und horizontal. ❷〔四方八方に〕überall; allenthalben; auf ⁴Schritt und ⁴Tritt; an allen Ecken und Enden; in jeder Richtung; in allen Richtungen; weit und breit. ❸〔意のままに〕nach ³Herzenslust; wie man eben will.

しゅうか 臭化 Bromierung f. -en ∥ 臭化アンモニウム Bromammonium n. -s/臭化銀 Bromsilber n. -s/臭化銀紙〔写〕Bromsilberpapier n. -s, -e/臭化物 Bromid n. -[e]s, -e.

しゅうか 集荷 Waren|sammlung f. -en (-anhäufung f. -en) ∥ 集荷所 Sammelstelle f. -n.

しゅうか 衆寡敵せず Gegen die Menge ist

nicht aufzukommen.
じゅうか 銃火 Gewehrfeuer n. -s/銃火を冒して dem feindlichen Gewehrfeuer (Kugelregen) zum Trotz.
しゅうかい 集会 Versammlung f. -en; Zusammenkunft f. ¨e; Gesellschaft f. -en/集会の自由 Versammlungsfreiheit f. — 集会する ⁴sich versammeln; zusammen¦kommen* ⓢ; eine Versammlung [ab]halten. ‖ 集会所 Versammlungs¦haus n. -es (-halle f. -n/-raum m. ¨-er/集会条例 Versammlungsgesetz n. -es, -e/集会地 Versammlungs¦ort m. -[e]s, -e (-platz m. -es, ¨e).
しゅうかいどう 秋海棠【植】Begonie f. -n; Schiefblatt n. -[e]s.
しゅうかく 収穫 Ernte f. -n; Ertrag m. -[e]s, ¨-e; Frucht f. ¨-e/米(小麦)の収穫 Reisernte (Weizenernte) f. -n/予期に反して収穫はよくなかった Wider Erwarten ist die Ernte nicht gut ausgefallen. ‖ 収穫祭 Ernte(dank)fest n. -[e]s, -e/収穫時 Erntezeit f./収穫高 Ertrag m. -[e]s, ¨-e/収穫予想 Ernteaussichten (pl).
しゅうがく 修学 das Lernen; zur Studium n. -s, ..dien〈大学での〉‖ 修学旅行 Schul¦reise (Klassen-) f. -n; Schul¦ausflug (Klassen-) m. -[e]s, ¨-e.
しゅうがく 就学 Schulbesuch m. -[e]s. — 就学する die Schule besuchen; zur Schule (in die Schule) gehen* ⓢ. — 就学させる zur ³Schule (in die Schule) schicken⁴. ‖ 就学義務 Schul¦pflicht f. (-zwang m. -[e]s)/就学児童 Schulkind n. -[e]s, -er/就学率 Prozentsatz (m. -es, ¨-e) der ²Schulbesucher.
じゅうがつ 十月 Oktober m. -s, -〈略:Okt.〉.
しゅうかん 習慣 Gewohnheit f. -en; Gebrauch m. -[e]s, ¨-e; Sitte f. -n〈風習〉; Pflogenheit f. -en〈慣習〉/よい(わるい、長年の)習慣 eine gute (schlechte, langjährige) Gewohnheit/習慣から aus ³Gewohnheit/習慣的な[に] gewohnheitsmäßig/...の習慣である gewohnt sein; die Gewohnheit haben/習慣をつける ⁴sich an¦gewöhnen; eine Gewohnheit an¦nehmen*/習慣をやめる ³sich ab¦gewöhnen⁴; eine Gewohnheit ab¦legen (-streifen; überwinden*)/喫煙(飲酒)の習慣をやめる ³sich das Rauchen (das Trinken) ab¦gewöhnen/彼は起きぎわにたばこを吸う習慣であった Er war gewohnt, beim Aufstehen zu rauchen./習慣とはおそろしいものだ Was die Gewohnheit nicht [alles] tut! ‖ 風俗習慣 Sitten und Gebräuche (pl).
しゅうかん 収監 Inhaftnahme f. -n; Verhaftung f. -en/収監される inhaftieren⁴; verhaften⁴; ins Gefängnis werfen*⁴ ‖ 収監状 Haftbefehl m. -[e]s, -e.
しゅうかん 週間 Woche f. -n/一(三)週間 eine Woche (drei Wochen)/幾週間も wochenlang/一(二)週間後に in einer Woche (in zwei Wochen); in acht (vierzehn) ³Tagen/数週間前から seit ³Wochen ‖ 週間

ニュース映画 Wochenschau f. -en/交通安全週間 Verkehrssicherheitswoche f. -n.
しゅうかん 週刊グラフ die Wochenillustrierte, -n, -n/週刊誌 Wochen¦schrift f. -en (-blatt n. -[e]s, ¨-er)/週刊新聞 Wochenzeitung f. -en.
じゅうかん 縦貫する querdurch ziehen* (fahren*) ⓢ; längelang von einem Ende zum anderen ziehen* (fahren*) ‖ 縦貫鉄道 die Eisenbahn (-en), die ein Land quer längs durchfährt.
じゅうがん 銃眼 Schieß¦scharte f. -n (-luke f. -n).
しゅうき 周忌 der Jahrestag (-[e]s, -e) von js ³Tod/彼の一周忌 der erste Jahrestag von seinem Tod.
しゅうき 臭気 der schlechte (üble) Geruch, -[e]s, ¨-e; Gestank m. -[e]s/臭気のある übel riechend; stinkend/臭気のない geruchlos/臭気を止める einen schlechten Geruch beseitigen ‖ 臭気止め(抜き)Desodorisationsmittel n. -s, -.
しゅうき 周期 Periode f. -n;【天】Umlauf[s]zeit f. -en/周期的に(の) periodisch ‖ 周期曲線 Kreislauf m. -[e]s, ¨-e/周期性 Periodizität f./周期電流 der periodische Strom, -[e]s, ¨-e/周期率 das periodische Gesetz, -es, -e (System, -s, -e).
しゅうき 秋季 Herbst m. -[e]s, -e ‖ 秋季運動会 Herbstsportfest n. -[e]s, -e.
しゅうぎ 衆議 allgemeine Beratung, -en/衆議一決する einstimmig beschließen*⁴ (entscheiden*⁴).
しゅうぎ 祝儀 ❶〔祝い〕⇒いわい。❷〔心付け〕Trinkgeld n. -[e]s, -er; Kleinigkeit f. -en.
じゅうき 什器 Utensilien (pl); Bedarfs¦gegenstände (Gebrauchs-) (pl); Gerät¦schaften (pl); das Geschirr (-[e]s, -e)〈die Gefäße (pl) zum Hausgebrauch; Werkzeuge (pl)〉‖ 事務用什器 Büro¦materialien (-utensilien) (pl).
しゅうぎいん 衆議院 Abgeordneten¦haus (Repräsentanten-) n. -es ⇒かいん(下院)‖ 衆議院議員 der Abgeordnete*, -n, -n/衆議院議長 der Präsident (-en, -en) des Abgeordnetenhauses.
じゅうきかんじゅう 重機関銃 das schwere Maschinengewehr, -[e]s, -e.
しゅうきゅう 週休二日制 ⇒しゅういつかせい.
しゅうきゅう 週給 Wochengeld n. -[e]s, -er (-lohn m. -[e]s, ¨-e).
しゅうきゅう 蹴球 Fußball m. -[e]s, ¨-e; Fußballspiel n. -[e]s, -e. ⇒サッカー.
じゅうきょ 住居 Wohnung f. -en; Behausung f. -en; Wohn¦ort (Aufenthalts-) m. -[e]s, -e; Aufenthalt m. -[e]s, -e/住居する wohnen (in³); bewohnen⁴; ⁴sich auf¦halten* (in³); Wohnhaft sein (in³)‖ 住居人 Bewohner m. -s, -; Insasse m. -n, -n/住居費 Wohnungs¦geld n. -[e]s, -er (-kosten (pl).
しゅうきょう 宗教 Religion f. -en;〔信仰〕Glaube m. -ns, -n/宗教的な自由 Religionsfreiheit f. ‖ 宗教家 der Geistliche*, -n, -n/宗教界 die religiöse

しゅうぎょう 宗教改革 Reformation f./宗教学 Religionswissenschaft f./宗教学者 Religionswissenschaftler m. -s, -/宗教裁判(所) Inquisition f. -en/宗教政治 Theokratie f. -n/宗教戦争 Religionskrieg m. -[e]s, -e/宗教団体 Religionsgesellschaft f. -en/宗教哲学 Religionsphilosophie f./宗教問題 die religiöse Frage. -n.

しゅうぎょう 修業 das Lernen*, -s; Erlernung f. -en 《習得》; Studium n. -s, ..dien 《大学での》; Ausbildung f. -en. ── 修業する [er]lernen*4; studieren*4; 4sich ausbilden 《in³》 ‖ 修業期間 Ausbildungszeit f.; Lehrzeit f.; Lehrjahre 《pl》/修業証書 Lehrzeugnis n. -nisses, -nisse.

しゅうぎょう 終業 Schluss 《m. -es》 der ²Arbeit; Geschäftsschluss 《Laden-》 m. -es 《閉店》; Schulschluss 《学校の》 ‖ 終業時間 Schlusszeit f./終業式 Schlusszeremonie f. -n.

しゅうぎょう 就業 Arbeit f. -en; Arbeitsbeginn m. -[e]s 《始業》/就業する arbeiten; an die Arbeit gehen*; 《着手する》; 4sich an die Arbeit machen 《同上》 ‖ 就業規則 Arbeitsordnung f. -en/就業時間 Arbeitszeit f.

じゅうぎょういん 従業員 der Angestellte*, -n, -n; Arbeiterschaft f./ Arbeitnehmer m. -s, -/ Leute 《pl》 Mannschaft f. -en; Personal n. -s. ── den an gestellt sein 《an³》; Arbeit nehmen* 《bei jm》; im Dienst sein 《stehen*》 《bei jm》. ‖ 従業員組合 Arbeiter|genossenschaft f. -en/ Verband m. -[e]s, "e/鉄道従業員 der Eisenbahn|beamte* 《-angestellte*》.

しゅうきょく 終局 Ende n. -s, -n; Schluss m. -es, "e; Ausgang m. -[e]s, "e/終局的 endlich; schließlich; letzt/人生終局の目的 das Endziel 《-[e]s, -e》 des Lebens/終局を告げる Ende kommen* s; enden; zum Schluss kommen* s.

しゅうきょく 終曲 Finale n. -s, -; Schlussstück n. -[e]s, -e.

しゅうきん 集金 Geldsammlung f. -en; Einkassierung f. -en; Einziehung f. -en. ── 集金する ein|kassieren4; 4Geld sammeln; ein|ziehen*4. ‖ 集金人 Kassierer m. -s, -/ Steuereinnehmer m. -s, - 《徴税吏》.

じゅうきんこ 重禁固 die schwere Gefängnisstrafe, -n; die strenge Haft.

じゅうきんぞく 重金属 Schwermetall n. -s, -e.

じゅうく 十九 neunzehn/第十九 der (die, das) neunzehnte*.

しゅうぐ 衆愚政治 Pöbelherrschaft f.

ジュークボックス Musik|box f. -en 《-automat m. -en, -en》.

シュークリーム Windbeutel m. -s, -.

じゅうクロムさん 重クロム酸 《化》 Dichromsäure f./重クロム酸塩 Dichromat n. -[e]s, -e.

じゅうぐん 従軍する an einem Krieg[szug] teil|nehmen*; in einem Krieg 《Feldzug》 mit|machen; in Kriegsdiensten sein 《stehen*》4/ 従軍記者 Kriegsberichterstatter m. -s, -.

じゅうけい 重刑 die schwere 《harte; schonungslose》 Strafe, -n.

しゅうげき 襲撃 Angriff m. -[e]s, -e; Attacke f. -n, -; Überfall m. -[e]s 《不意討》; Sturm m. -[e]s, "e 《突撃》/襲撃する an|greifen*4; überfallen*4; stürmen4 ‖ 襲撃隊 Sturmtruppe f.

しゅうけつ 終結 Schluss m. -es, "e; Beend[ig]ung f. -en; Abschluss m. -es, "e; Ende n. -s, -n/終結する schließen*4; enden; zu ³Ende kommen* s.

しゅうけつ 集結 Zusammen|schließung f. -en 《-schluss m. -es, "e》/集結する zusammen|schließen*4 《集める》; 4sich zusammen|schließen* 《集まる》.

じゅうけつ 充血 Blut|andrang m. -[e]s, "e 《-stauung f. -en》; Hyperämie f.; Kongestion f. -en.

しゅうけん 集権 die Konzentration 《-en》 der ²Gewalt ‖ 中央集権 Zentralisation f. -en/中央集権国家 der zentralisierte Staat, -[e]s, -en/中央集権制 Zentralismus m.

しゅうげん 祝言 ❶ 《祝詞》 Glückwunsch m. -[e]s, "e/祝言を述べる 4einem die Glückwünsche aus|sprechen* 《dar|bringen》 《zu³》; jm gratulieren 《zu³》. ❷ 《婚礼》⇨けっこん 《結婚》.

じゅうけん 銃剣 Bajonett n. -[e]s, -e; Seitengewehr n. -s, -e/銃剣で刺す mit dem Bajonett durch|stoßen*4 《erstechen*4》/銃剣をつける 《銃に》 das Bajonett auf|pflanzen; dem Gewehr das Seitengewehr auf|setzen ‖ 銃剣術 die Fechtkunst 《f.》 mit dem Bajonett.

じゅうご 十五 fünfzehn/第十五 der (die, das) fünfzehnte*/十五夜 Vollmondnacht f. -/十五夜の月 《仲秋の》 der Vollmond m. -[e]s, -e im Herbst.

しゅうこう 修好 Freundschaft f. -en; die freundschaftliche Beziehung, -en ‖ 修好条約 Freundschaftsvertrag m. -[e]s, "e.

しゅうこう 周航 Umschiffung f. -en/周航する umschiffen4; umsegeln4 ‖ 世界周航 Weltumsegelung f. -en.

しゅうこう 醜行 das schlechte Betragen 《Benehmen》 -s; die schändliche Haltung, -en; Skandal m. -s, -e.

しゅうこう 就航する in 4Dienst treten* s 《gestellt werden》.

しゅうごう 集合 Versammlung f. -en; Zusammenkunft f. "e. ── 集合する 4sich versammeln; zusammen|kommen* s; 4sich treffen* 《待ち合わせなど》/生徒たちは講堂に集合した Die Schüler versammelten sich in der Aula./明日十時に駅前に集合することにしよう Wir wollen uns morgen um 10 Uhr vor dem Bahnhof treffen. ‖ 集合場所 Versammlungsort m. -[e]s, -e; Sammelplatz m. -es, "e; Treffpunkt m. -[e]s, -e 《待ち合せなどの》/集合名詞 《文法》 Sammelname m. -ns, -n; Kollektivna n. -s, ..va/集合論 《数》 Mengenlehre f.

じゅうこう 銃口 die Mündung 《-en》 einer Schusswaffe.

じゅうごう 重合 〖化〗Polymerisation (Polymerisierung) f. -en／重合する polymerisieren⁴.

じゅうこうぎょう 重工業 Schwerindustrie f. -n.

じゅうこん 重婚 Bigamie f. -n; Doppelehe f. -n／重婚している in ³Bigamie leben; zwei Frauen (Männer) haben／重婚する eine Bigamie begehen*; einer ²Doppelehe schuldig sein.

じゅうさ 収差 〖理〗Abweichung f. -en; Aberration f. -en.

しゅうさい 秀才 der hervorragende Kopf, -(e)s, ¨e/ der hochbegabte Mann, -(e)s, ¨er; der begabte Student, -en, -en《学生》; Genie n. -s, -s.

じゅうざい 重罪 das schwere Verbrechen, -s, -; das schwere Delikt, -(e)s, -e ‖ 重罪人 Schwerverbrecher m. -s, -; der schwere Delinquent, -en, -en.

しゅうさく 習作 Studie f. -n; Studienzeichnung f. -en《画》.

しゅうさつ 集札 die Einsammlung der ²Karten／集札する Karten (pl) einsammeln ‖ 集札係 Fahrkartenkontrolleur m. -s, -e.

じゅうさつ 銃殺 Erschießung f. -en; Füsilierung f. -en／銃殺する [standrechtlich] erschießen* (jn); füsilieren (jn); totschießen* (jn).

しゅうさん 集散する sammeln⁴ und verteilen⁴ ‖ 集散地 Stapelort m. -(e)s, ¨e.

しゅうさん 蓚酸 Oxalsäure f.; Kleesäure f. ‖ 蓚酸塩 Oxalsäuresalz n. -es, -e.

じゅうさん 十三 dreizehn／第十三 der (die; das) dreizehnte*.

しゅうし 終止 Schluss m. -es, ¨e; Ende n. -s, -n／終止する schließen*; zu ³Ende kommen* ⓢ; auf[hören ‖ 終止符 Punkt m. -(e)s, -e／終止符を打つ einen Punkt machen; ein Ende machen (³et 決着をつける).

しゅうし 宗旨 〖宗教〗Religion f. -en; 〖宗派〗Sekte f. -n; [信仰] Glaube m. -ns, -n／宗旨を変える seine Religion wechseln; [主張を変える] seine Meinung ändern.

しゅうし 終始 von ³Anfang bis zu ³Ende; immer; durch und durch／終始一貫している konsequent (folgerichtig) sein.

しゅうし 収支 Einnahmen und Ausgaben (pl)／収支償わせる Ausgaben und Einnahmen ins Gleichgewicht bringen* ‖ 収支計算 die Rechnung 《-en》der ²Einnahmen und Ausgaben.

しゅうし 修士 Magister m. -s, - ‖ 修士学位 Magisterwürde f. -n／修士免状 Magisterdiplom n. -(e)s, -e.

しゅうじ 習字 Schreibübung f. -en; das Schönschreiben*, -s; Schönschreibkunst f.; Kalligraphie f.／習字の授業 Schreibunterricht m. -(e)s, -e／習字をする ⁴sich im Schönschreiben üben; Schreibübung machen ‖ 習字帳 Schönschreibheft n. -(e)s, -e.

しゅうじ 修辞学(法) Rhetorik f.; Redekunst f. ‖ 修辞疑問文 〖文法〗rhetorische Frage, -n.

じゅうし 獣脂 das tierische Fett, -(e)s, -e; Talg m. -(e)s, -e; Schmiere f. -n 〖塗脂〗.

じゅうし 十四 vierzehn／第十四 der (die; das) vierzehnte*.

じゅうし 重視する ⇨じゅうよう(重要視).

じゅうじ 十字 Kreuz n. -es, -e／十字に kreuzweise／十字形の kreuzförmig; von ³Kreuzform／十字路 an einer Kreuzung, wo sich zwei Wege kreuzen, am Scheideweg(e) 〖岐路で〗／十字を切る ⁴sich bekreuz(ig)en; ein Kreuz machen (schlagen*); das Zeichen des Kreuzes machen ‖ 十字花科 Kruziferen (pl); Kreuzblütler m. -s, -／十字胸飾 Brustkreuz n. -es, -e／十字軍 Kreuz[zug m. -(e)s, ¨e (-fahrerheer n. -(e)s, -e)／十字軍戦士 Kreuzfahrer m. -s, -; Kämpfer 《-s, -》 (Teilnehmer m. -s, -) beim Kreuzzug／十字線 Fadenkreuz／十字砲火 Kreuzfeuer n. -s, -.

じゅうじ 従事する ⁴sich beschäftigen (mit³); aus|üben (einen Beruf); ⁴sich befassen 《mit》; ⁴sich befleißigen²; [be-]treiben*⁴; ⁴sich üben (in³); verfolgen⁴; ⁴sich widmen³ (hin|geben*³)／文筆に従事する literarisch (schriftstellerisch) tätig sein; Schriftstellerei [be]treiben*; schriftstellern／法律事務(医療)に従事する als ¹Rechtsanwalt (¹Arzt) praktizieren (die Praxis aus|üben).

じゅうじか 十字架 Kreuz n. -es, -e／十字架にかける kreuzigen (jn)／ans Kreuz schlagen* (jn)／十字架を負う js Kreuz tragen* (zu tragen haben) ‖ 十字架刑 Kreuzigung f. -en／十字架像 Kruzifix n. -es, -e; Kreuzigungsbild n. -(e)s, -er.

じゅうしち 十七 siebzehn／第十七 der (die; das) siebzehnte*.

しゅうじつ 終日 den ganzen Tag [hindurch]; tagsüber; vom Morgen bis zum Abend ‖ 終日終夜 ⁴Tag und ⁴Nacht.

しゅうじつ 週日 Wochentag m. -(e)s, -e／週日に an einem Wochentag; wochentags.

じゅうじつ 充実 [Gehalt]fülle f. (-reichtum m. -s); das Voll[gefüllt]sein*, -s; Vollständigkeit f.／内容の充実 Gediegenheit f.; Wesenhaftigkeit f.; Substantialität f.／内容の充実した gediegen, gehalt[reich (inhalt-); wesenhaft; substantiell／国力の充実される den Plan schmieden, um die Volkskraft zu verstärken. ― 充実させる an|füllen⁴ (aus|-); bereichern⁴; vollenden⁴; voll|machen⁴; vollständig machen⁴／生活を充実させる js Leben inhaltreicher gestalten.

じゅうしゃ 従者 ❶ Begleiter m. -s, -; Aufwärter m. -s, -; [Kammer]diener m. -s, -. ❷ [随員] Gefolge n. -s, -; Gefolgschaft f. -en; Suite f. -n.

しゅうしゅう 収集 Sammlung f. -en／収集す

しゅうしゅう る sammeln ‖ 収集家 Sammler m. -s, -.
しゅうしゅう zisch!／しゅうしゅう言う zischen.
しゅうしゅう 収拾する [救う] retten"; helfen*³; [整理する] in ⁴Ordnung bringen*⁴／収拾がつかなくなる it nicht mehr zu helfen sein／時局を収拾する die Situation in ⁴Ordnung bringen".
じゅうじゅう 重々あいすみません Es tut mir über alle Maßen Leid.｜Ich bitte tausendmal um Verzeihung.／重々わかっています Das weiß ich vollkommen.｜Dessen bin ich mir mehr als genug bewusst.
しゅうしゅく 収縮 Zusammenziehung f. -en; Kontraktion f. -en／収縮する zusammen|ziehen⁴; ˢsich zusammen|ziehen⁴ ‖ 収縮性 Zusammenziehbarkeit f./収縮力 Zusammenziehungskraft f. -e, -e.
しゅうじゅく 習熟する a Geschicklichkeit (Fertigkeit) gewinnen* ⟨in³⟩; beherrschen⁴; sich eine ⁴Fähigkeit an|eignen.
じゅうじゅん 従順な gehorsam; demütig; ergeben; folgsam; fügsam; gefügig; lenksam; nachgiebig; willfährig. willig.
じゅうしょ 住所 Wohnort (Aufenthalts-) m. -[e]s, -e; Wohnsitz m. -es, -e; Domizil n. -s, -e ‖ 住所不定 heimatlos (obdach-); keinen dauernden (festen; ständigen) Wohnort (Wohnsitz) habend／住所不定の者 der Heimatlose* (Obdachlose*), -n, -n; Landstreicher m. -s, -; Strolch m. -[e]s, -e; Stromer m. -s, -; Vagabund m. -en, -en／住所不明 Wohnort unbekannt／住所録 Adress|buch n. -[e]s, ⸚er [-kalender m. -s, -)／Wohnungsanzeiger m. -s, -／現住所 der gegenwärtige (jetzige) Wohnort.
しゅうじゅう 愁傷 Trauer f.; Betrübnis f.; Gram m. -[e]s; Kummer m. -s; Leid n. -[e]s／まことに御愁傷様でございます Ich spreche Ihnen mein aufrichtiges Beileid aus.
じゅうしょう 重傷 die schwere (gefährliche) Wunde, -n (Verletzung, -en)／重傷を負う schwer (gefährlich) verwundet (verletzt) werden; jm wird eine schwere (gefährliche) Wunde (Verletzung) beigebracht.／重傷者 der schwer (gefährlich) Verwundete* (Verletzte*), -n, -n.
じゅうしょう 重症 ⇨じゅうたい(重態).
じゅうしょう 銃床 (Gewehr)Schaft m. -[e]s, ⸚e; (Gewehr)kolben m. -s, -〔銃床尾〕.
じゅうしょうしゅぎ 重商主義 Merkantilsystem n. -[e]s, -e; Merkantilismus m. -.
しゅうしょうろうばい 周章狼狽する in ⁴Verwirrung (⁴Verlegenheit) geraten* (kommen*) ⓢ; bestürzt werden; aus der ⁴Fassung kommen*; die Fassung verlieren⁴.
しゅうしょく 就職 Amts|antritt (Dienst-) m. -[e]s, -e ‖ 就職活動 Stellenjagd f. -en; Ämterjagd f. -en ⟨猟官⟩／就職活動をする ⁴sich um ein Amt (eine Stelle) bewerben⁴／就職口 Stelle f. -n; Stellung f. -en; Arbeit f. -en／就職口を搜す eine Stelle ⟨-n⟩ suchen／就職口を世話する eine Stelle besorgen (verschaffen)／就職志願者 Amtsbewerber m. -s, -; Kandidat m. -en, -en／就職難 Stellungsmangel m. -s.

しゅうしょく 秋色 Herbstlandschaft f. -en.
しゅうしょく 修飾 Verschönerung f. -en; Ausschmückung f. -en; Verzierung f. -en; Dekoration f. -en; Ornament n. -[e]s, -e／修飾する verschönern⁴; ausǀschmücken⁴; verzieren⁴; 〘文法〙bestimmen⁴ ‖ 修飾語 Bestimmungswort n. -[e]s, ⸚er.
じゅうしょく 重職 das hohe ((hoch)wichtige; verantwortungsvolle) Amt, -[e]s, ⸚er; die einflussreiche ((ge)wichtige; hohe) Stellung, -en.
じゅうしょく 住職 Hauptpriester m. -s, -; der Obere*, -n, -n; Superior m. -s, -e; der Vorgesetzte*, -n, -n.
しゅうしん 執心 Ergebenheit f.; Anhänglichkeit f.／執心に•する ergeben sein ⟨an³⟩／金に執心がある am Geld (Gelde) ⁴hängen*.
しゅうしん 終審 die letzte Instanz, -en／最終審で in letzter ⁴Instanz.
しゅうしん 終身 das ganze Leben, -s; Lebenszeit f. -en; [adv] das ganze ⁴Leben hindurch; auf ⁴Lebenszeit; auf lebenslang／彼は終身官である Er ist lebenslänglich angestellt.／彼告は終身刑に処せられた Der Angeklagte wurde zu lebenslänglichem Zuchthaus verurteilt. ‖ 終身会員 das lebenslängliche Mitglied, -[e]s, -er／終身年金 Leibrente f. -n／終身保険 die lebenslängliche Versicherung, -en.
しゅうしん 修身 Moral f. -en／修身の moralisch; sittlich; ethisch ‖ 修身科 Moralunterricht m. -[e]s, -e／修身講話 Moralpredigt f. -en.
しゅうじん 衆人 Leute ⟨pl⟩; Öffentlichkeit f. ⟨公衆⟩／衆人監視の中で vor aller ³Augen; vor den ³Leuten; in aller ³Öffentlichkeit.
しゅうじん 囚人 der Gefangene*, -n, -n ⟨捕虜⟩; Sträfling m. -s, -e ⟨受刑者⟩; Häftling m. -s, -e ⟨被拘留者⟩ ‖ 囚人服 Sträflingsanzug m. -[e]s, ⸚e [-kittel m. -s, -].
じゅうしん 重臣 die führenden Staatsmänner ⟨pl⟩; die Großen ⟨pl⟩; die Hauptfiguren (der politischen Kreise); die wichtigsten Dienst|mannen (Lehns-) ⟨pl 封建時代の⟩; die hauptsächlichsten Vasallen ⟨pl 同上⟩.
じゅうしん 重心 Schwerpunkt m. -[e]s, -e.
じゅうしん 銃身 (Gewehr)lauf m. -[e]s, ⸚e.
じゅうしん 獣心 Tierseele f. -n; das unmenschliche Wesen, -s.
ジュース 〘テニス〙Einstand m. -[e]s, ⸚e.
ジュース 〘果汁〙(Frucht)saft m. -[e]s, ⸚e ‖ オレンジジュース Orangensaft m. -[e]s, ⸚e.
じゅうすい 重水 〘化〙das schwere Wasser, -s.
じゅうすいそ 重水素 〘化〙schwerer Wasserstoff, -[e]s; Deuterium n. -s.
しゅうせい 終生 das ganze Leben, -s; [adv] zeitlebens; das ganze ⁴Leben hindurch／終生の lebenslänglich (-lang)／終生の事業 Lebenswerk n. -[e]s, -e.
しゅうせい 修正 (Ver)besserung f. -en; Abänderung f. -en; Nachbesserung f. -en;

しゅうせい　Retusche *f.* -n《写真・絵画の》. —— 修正する〔ver〕bessern⁴; nach|bessern⁴; ab|ändern⁴; retuschieren⁴/法案を修正する einen Gesetzvorschlag ab|ändern. ‖ 修正案 Verbesserungsantrag *m.* -[e]s, ⸚e/修正者 Verbesserer *m.* -s, -; Nachbesserer *m.* -s, -; Retuscheur *m.* -s, -e/《写真・絵画の》修正〔社会〕主義 Revisionismus *m.* -/修正動議 Amendement *n.* -s, -s.

しゅうせい 集成 Sammlung *f.* -en/集成する sammeln⁴.

しゅうぜい 収税 Steuer|erhebung *f.* -en 〈-einnahme *f.* -en/-einnehmung *f.* -en〉; Besteuerung *f.* -en《課税》. —— 収税する Steuern 〈*pl*〉 erheben⁺ 〈ein|nehmen⁴; ein|ziehen⁴〉. ‖ 収税課 Steuerabteilung *f.* -en／収税吏 Steuerbeamte *m.* -n, -n; Steuer|erheber *m.* -s, - 〈-einnehmer *m.* -s, -〉.

じゅうせい 銃声 Schuss *m.* -es, ⸚e; Knall *m.* -[e]s, -e／銃声がする Ein Schuss fällt. Das Gewehr knallt.

じゅうせい 獣性 Tierheit *f.*; Bestialität *f.*; Vertiertheit *f.*; das Viehische*, -n.

じゅうぜい 重税 die hohe 〈harte; unerträgliche〉 Steuer; 重税を課す eine hohe Steuer auf|erlegen 〈*jm*〉 〈bei|treiben⁴ 〈*jm*〉; ein|ziehen⁴ 〈von *jm*〉; erheben⁺ 〈von *jm*〉〉/重税に苦しむ unter der Last einer schweren Steuer stöhnen 〈ächzen〉; mit ³Ach und ³Weh eine schwere Steuer bezahlen 〈entrichten〉.

じゅうせいかつ 住生活 das Wohnen*, -; das Behausen*, -s.

しゅうせきかいろ 集積回路 Integrationsschaltung *f.* -en; integrierte Schaltung, -en.

じゅうせき 重責 die schwere Verantwortung, -en／重責を負う die schwere Verantwortung auf sich nehmen* 〈übernehmen*〉／双肩に重責を負っている A für Die Verantwortung lastet ihm schwer auf den Schultern.

しゅうせん 終戦 Kriegsende *n.* -s, -n/終戦後〔前〕に nach 〈vor〉 dem Kriegsende.

しゅうせん 周旋 〔仲介〕 Vermittlung *f.* -en; 〔推薦〕 Empfehlung *f.* -en; 〔尽力〕 Sorge *f.* -n; 〔とりなし〕 Befürwortung *f.* -en/ある人の周旋で auf 〈durch〉 *js* ⁴Vermittlung 〈Empfehlung〉. —— 周旋する vermitteln⁴; empfehlen¹⁴; befürworten⁴; 〔be〕sorgen⁴. ‖ 周旋業 Vermittlungsgewerbe *n.* -s, -/Makler|geschäft 〈Kommissions-〉 *n.* -[e]s, -e/周旋人〔屋〕 Vermittler *m.* -s, -; ²Zwischenhändler *m.* -s, -; Kommissionär *m.* -s, -e/周旋料 Vermittlungsgebühr *f.* -en.

しゅうぜん 修繕 Reparatur *f.* -en; Aus|*besserung f.* -en; *Wiederherstellung f.* -en／修繕可能な reparabel／修繕の必要な reparaturbedürftig／修繕中である in ³Reparatur sein. —— 修繕する reparieren⁴; aus|bessern⁴; wieder|her|stellen⁴/wieder|her|richten⁴/靴を修繕する Schuhe flicken 〈aus|bessern〉/時計を修繕してもらう *sich eine Uhr reparieren lassen*⁴. ‖ 修繕工場 Reparatur|werkstatt *f.* ⸚e 〈-anstalt *f.* -en〉/修繕者 der Reparierende*, -n, -n; Ausbesserer *m.* -s, -/修繕費 Reparaturkosten 〈*pl*〉.

じゅうせん 縦線 Längs|linie 〈Scheitel-〉 *f.* -n;《楽》Taktstrich *m.* -[e]s, -e.

じゅうぜん 十全 Vollkommenheit *f.*; Tadellosigkeit *f.*; Vollendung *f.*／十全の vollkommen; sicherst; tadellos; vollendet.

じゅうぜん 従前 bis jetzt; bisher; ehedem; ehe|mals 〈vor-〉; einst; früher／従前の bisherig; ehe|malig 〈vor-〉; einstig; früher／従前のとおり wie bis jetzt 〈bisher〉.

じゅうせんしゃ 重戦車 Schwer|kampfwagen *m.* -s, - 〈-panzerwagen *m.* -s, -; -tank *m.* -s, -s〉.

しゅうそ 臭素《化》Brom *n.* -s《記号: Br》‖ 臭素カリ Bromkalium *n.* -s/臭素紙 Bromsilberpapier *n.* -s, -e.

しゅうそ 宗祖 Stifter *m.* -s, -; Gründer *m.* -s, -.

しゅうそう 秋霜烈日の如き streng.

じゅうそう 重曹《化》das doppeltkohlensaure Natrium; Natron *n.*

じゅうそう 縦走する das Quer-Durchgehen*, -s ‖ アルプス縦走 das Traversieren* 〈-s〉 der 〔Japanischen〕 Alpen.

しゅうそく 終息する auf|hören; zu ³Ende kommen* 〈s〉; erlöschen* 〈s〉; 〔根絶する〕 ausgerottet werden 〈von *jm*〉.

しゅうぞく 習俗 Brauch *m.* -[e]s, ⸚e; Sitte *f.* -n; Gewohnheit *f.* -en/習俗的な gebräuchlich; üblich.

じゅうぞく 従属する ⁴sich unterordnen³; ab|hängen* 〈*von*³〉; abhängig sein 〈*von*³〉; bedingt sein 〈*durch*⁴; *von*³〉; ⁴sich ergeben³; ⁴sich unterwerfen*³ ‖ 従属会社 Tochter|gesellschaft *f.* -en/従属節《文法》Nebensatz *m.* -es, ⸚e; der untergeordnete Satz *m.* -es, ⸚e.

しゅうたい 醜態 das schändliche 〈schmachvolle〉 Benehmen 〈Betragen〉, -s; Schändlichkeit *f.* -en; Schandtat *f.* -en/醜態を演じる ⁴sich schändlich benehmen* 〈betragen*〉; Schändlichkeiten 〈*pl*〉 begehen*; ⁴sich lächerlich machen.

じゅうたい 重態 die bedenkliche 〈kritische〉 Lage, -n; Krise 〈Krisis〉 *f.* ...sen/重態である Er ist bedenklich krank. Er liegt schwer krank zu Bett. 病人は重態に陥った Bei dem Kranken ist die Krise 〈Krisis〉 eingetreten.

じゅうたい 縦隊 Kolonne *f.* -n; 〔Heer〕säule *f.* -n/縦列行進をする in Kolonnen marschieren 〈s〉; defilieren 〈s.h〉 ‖ 中隊縦隊 Kompaniekolonne *f.* -n.

じゅうたい 渋滞 Verzögerung *f.* -en; Saum|seligkeit *f.* -en; Stockung *f.* -en ‖ 交通渋滞 Verkehrsstauung *f.* -en.

じゅうだい 重大 Ernst *m.* -[e]s; Ernsthaftigkeit *f.*; Wichtigkeit *f.*／重大な ernst[haft]; belangvoll; folgenschwer; schwerwiegend; 〔ge〕wichtig／重大視する für ernst nehmen*⁴; eine große Bedeutung bei|legen³.

じゅうだい 十代の von dem zehnten bis

zum neunzehnten Lebensjahr／十代の人 Zehner *m*. -s, -／彼はまだ十代です Er ist noch in den Zehnern.

じゅうたく 住宅 Wohnung *f*. -en; 〔Wohn-〕haus *n*. -es, ⸚er; Häuserblock *m*. -〔e〕s, ⸚e; Herrenhaus *n*. -es, ⸚er《館》‖ 住宅組合 Wohnungs¦genossenschaft *f*. -en (-verband *m*. -〔e〕s, ⸚e)／住宅地 Wohn¦viertel (Villen-) *n*. -s, -／住宅手当 Wohnungs〔geld〕zuschuss *m*. -es, ⸚e／住宅難 Wohnungs¦not *f*. ⸚e (-mangel *m*. -s, ⸚)／住宅費 Wohnungskosten《*pl*》／住宅問題 Wohnungsfrage *f*. -n.

しゅうたん 愁嘆 Jammer *m*. -s; 〔Weh〕klage *f*. -n; Trauer *f*. -n ‖ 愁嘆場 die tragische (pathetische) Szene, -n.

しゅうだん 集団 Gruppe *f*. -n《群・グループ》; Masse *f*. -n《多数》／集団をなして gruppen¦-weise (massen-) ‖ 集団安全保障 die kollektive Sicherheit／集団検診〖医〗Gruppen¦untersuchung (Reihen-; Massen-) *f*. -en／集団作業 Gruppenarbeit *f*. -en／集団住宅 Siedlung *f*. -en／集団心理 Massenpsychose *f*. -n／集団中毒 Massenvergiftung *f*. -en／集団農場 Kollektivwirtschaft *f*. -en; Kolchose *f*. -n／集団輸送 Massentransport *m*. -〔e〕s, -e.

じゅうたん 絨毯 Teppich *m*. -s, -e; Läufer *m*. -s, -《細長いもの》; Vorleger *m*. -s, -《小型》／…に絨毯を敷く mit einem Teppich belegen⁴ (bedecken⁴; bekleiden⁴); einen Teppich auf den Boden legen《床に》‖ 絨毯織工 Teppichwirker *m*. -s, -／絨毯模様 Teppichmuster *n*. -s, -／絨毯掃除機 Teppichkehrmaschine *f*. -n.

じゅうだん 縦断 Längsschnitt *m*. -〔e〕s, -e; Längendurchschnitt *m*. -〔e〕s, -e; der vertikale (senkrechte) Schnitt, -〔e〕s, -e／縦断する vertikal (senkrecht) schneiden*⁴; 〔ein Land〕 längs schneidend bereisen ‖ 縦断面 Aufriss *m*. -es, -e; 〔Schichten〕profil *n*. -s, -e.

じゅうだん 銃弾 〔Gewehr〕kugel *f*. -n; das 〔kleine〕 Geschoss, -es, -e.

じゅうたんさんソーダ 重炭酸ソーダ ⇨じゅうそう(重曹).

しゅうち 衆知をあつめる den Rat der ²Menge ein|holen.

しゅうち 周知の 〔allgemein〕 bekannt／周知の如く bekanntlich; bekanntermaßen; wie jeder weiß.

しゅうちく 修築 Umbau *m*. -〔e〕s, -ten (-e); Renovierung *f*. -en／修築する um|bauen⁴; renovieren⁴.

しゅうちしん 羞恥心 Scham *f*.; Schamgefühl *n*. -〔e〕s, -e／羞恥心をかなぐり捨てる alle Scham ab|werfen* (ab|tun*)／彼には羞恥心というものがない Er kennt keine Scham.

しゅうちゃく 執着する hängen*《*an*³》; anhänglich³ sein; fest|halten*《*an*³》; ⁴sich klammern《*an*⁴》／金銭に執着する am Geld hängen*.

しゅうちゃくえき 終着駅 Endstation *f*. -en／人生の終着駅 die Endstation des Lebens.

しゅうちゅう 集中 Konzentration *f*. -en; Zusammenziehung *f*. -en／集中的な(に) konzentrisch. ── 集中する konzentrieren⁴; zusammen|ziehen*⁴; sammeln⁴／精神(注意)を集中する ⁴sich konzentrieren／全力を一点に集中する alle Kräfte auf einen Punkt konzentrieren (vereinigen). ‖ 集中攻撃 ein konzentrischer Angriff, -〔e〕s, -e／集中豪雨 Platzregen *m*. -s, -; ein örtlich bedingter Regen／集中排除 Konzentrationsverbot *n*. -〔e〕s, -e／集中力 Konzentrationsfähigkeit *f*. -en.

しゅうちゅうぼん 集注本 die Ausgabe《-n》 mit ³Anmerkungen verschiedener Herausgeber.

しゅうちょう 酋長 Häuptling *m*. -s, -e.

しゅうちん 袖珍辞書 Taschenwörterbuch *n*. -〔e〕s, ⸚er／袖珍版 Taschen¦ausgabe (Miniatur-) *f*. -n／袖珍文庫 Taschen¦bücherei *f*. -en (-bibliothek *f*. -en)／袖珍本 Taschenbuch *n*. -〔e〕s, ⸚er.

じゅうちん 重鎮 Autorität *f*. -en; Berühmtheit *f*. -en; Fachgröße *f*. -n; die hervorragende (leitende) Person, -en; Kapazität *f*. -en; Könner *m*. -s, -; Meister *m*. -s, -.

じゅうてき 獣的 tierisch; bestialisch; brutal; entmenscht; unmenschlich; viehisch.

じゅうてき 従的 untergeordnet; subordiniert; untergeben; unterstellt.

しゅうてん 終点 Endpunkt *m*. -〔e〕s, -e; Endstation *f*. -en《電車の》; Endhaltestelle *f*. -n《市電・バスの》.

じゅうてん 重点 Wichtigkeit *f*. -en; Bedeutung *f*. -en; 〔Schwer〕gewicht *n*. -〔e〕s, -e; Hauptsache *f*. -n; Wert *m*. -〔e〕s, -e; Schwerpunkt *m*. -〔e〕s, -e／重点をおく das Hauptgewicht legen《*auf*⁴》; betonen⁴; größte Wichtigkeit bei|messen*³; Nachdruck verleihen*³; unterstreichen*⁴. ── 重点的に dem Dringlichkeitsgrad〔e〕 gemäß; dem Wichtigsten* Vorrang gewährend. ‖ 重点主義 Prioritäts¦prinzip (Vorzugs-) *n*. -s, ..pien (*od*. -grundsatz *m*. -es, ⸚e)／重点生産 die Produktion《-en》 nach dem Dringlichkeitsgrad〔e〕.

じゅうてん 充填 〔Auf〕füllung (Ausfüllung) *f*. -en; das Plombieren*, -s《歯の》／充填する 〔auf|〕füllen⁴; aus|füllen⁴; plombieren⁴《歯を》.

じゅうでん 充電 die elektrische Ladung, -en／充電する elektrisch laden*⁴.

しゅうでんし 集電子〖電〗Kollektor *m*. -s, -en.

しゅうでんしゃ 終電車 der letzte Zug, -〔e〕s, ⸚e;〖俗〗Lumpensammler *m*. -s, -／終電車に乗りおくれる den letzten Zug versäumen.

しゅうと 舅 Schwiegervater *m*. -s, ⸚.

しゅうとう 周到な(に) sorgfältig; genau; behutsam; gründlich; eingehend; bedachtsam.

しゅうどう 修道院 Kloster *n*. -s, ⸚／修道院に入る ins Kloster gehen* (ein|treten*) [s]／修道士 Mönch *m*. -〔e〕s, -e; Klosterbruder *m*. -s, ⸚／修道女(尼) Nonne *f*. -n; Kloster¦frau *f*. -en (-schwester *f*. -n)／修道生活 Klos-

じゅうとう 充当する verwenden⁽*⁾⁴ 《zu³; für⁴》; an|wenden⁽*⁾⁴ 《bei³》; benutzen⁴ 《zu³》; gebrauchen⁴ 《zu³》; verwerten⁴ 《zu³》; ³sich zunutze (zu Nutze) machen⁴; decken⁴ 《費用をまかなう》.

じゅうどう 柔道 Judo n. -s ‖ 柔道家 der Judoexperte*, -n, -n.

しゅうとく 拾得する finden*; den Fund tun* 《拾い物をする》‖ 拾得者 Finder m. -s, -/拾得物 Fund m. -[e]s, -e.

しゅうとめ 姑 Schwiegermutter f. =.

じゅうなん 柔軟な weich; biegsam; dehnbar; elastisch; federkräftig, federnd; geschmeidig; nachgebend; flexibel;柔軟さ Weichheit f.; Biegsamkeit f.; Dehnbarkeit f.; Elastizität f.; Federkraft f.; Geschmeidigkeit f.; Flexibilität f. ‖ 柔軟体操 die (rhythmische) Freiübung, -en; Gymnastik f.

じゅうに 十二 zwölf; Dutzend n. -s, -e/第十二の(で・の) der (die; das) zwölfte⁽*⁾/正十二時に (genau) um (Punkt) zwölf Uhr.

じゅうにおり 十二折 Duodez n. -es 《本の判型; 略: 12 mo, 12°》; Zwölftelbogengröße f. 《同上》.

じゅうにがつ 十二月 Dezember m. -s, -《略: Dez.》.

じゅうにく 獣肉 Tierfleisch (Schlacht-) n. -[e]s.

じゅうにし 十二支 die zwölf Zodiakalzeichen (Stunden-) 《pl》.

じゅうにしちょう 十二指腸 〔解〕 Duodenum n. -s, ..na; Zwölffingerdarm m. -[e]s, ⁼e ‖ 十二指腸潰瘍(ᴷᴬᴵ·ʸᴼ) Duodenalgeschwür n. -[e]s, -e/十二指腸虫 Hakenwurm m. -[e]s, ⁼er/十二指腸虫病 〔医〕 Ankylostomiasis f. ..miasen.

じゅうにひとえ 十二単衣 ❶ das (ungefütterte) Kleid (-[e]s, -er) aus zwölf übereinander getragenen Stoffen. ❷ 〔植〕 Günsel m. -s, -.

じゅうにぶん 十二分に mehr als (denn) genug; in ³Hülle und ³Fülle; nach ³Herzenslust; alle ⁴Erwartungen übertreffend.

しゅうにゅう 収入 Einkommen n. -s, -. ◆ 但し pl は Einkünfte の方がよい; Einnahme f. -n; Einkünfte 《pl》;〔収益〕Ertrag m. -[e]s, ⁼e/収入と支出 Einkommen und Ausgabe 《-n》/収入以上の生活をする über sein Einkommen hinaus leben/彼は収入が多い(少ない) Er nimmt viel (wenig) ein./彼女は月五万の収入がある Sie hat ein monatliches Einkommen von 50 000 Yen./それは大した収入にはならない Das wird nicht viel einbringen. ‖ 収入印紙 Steuermarke (Gebühren-) f. -n/収入役 Steuereinnehmer m. -s, -; Zahlmeister m. -s, -/国庫収入 Staatseinkünfte 《pl》/土地収入 Grundeinkommen n. -[e]s, -/臨時収入 die einmaligen Einkünfte 《pl》.

しゅうにん 就任 Amtsantritt m. -[e]s, -e/就任の挨拶 Antrittsrede f. -n/就任披露の宴を張る einen Amtsschmaus (-es, ⁼e) geben*/就任する ein Amt an|treten* (übernehmen*) ‖ 就任式 Antrittsfeier f. -n.

じゅうにん 住人 der Ortsansässige*, -n, -n 《定住者》. ⇒じゅうみん.

じゅうにん 重任 ❶ Wiederernennung f. -en (-anstellung f. -en)/重任する wiederernannt (-angestellt) werden; ein Amt wieder bekleiden (übernehmen*); wieder in ein Amt ein|setzen (-|weisen*) 《jn》. ❷ 〔重責〕 die schwere (große) Verantwortung, -en; die wichtige Botschaft (Mission; Sendung), -en/重任を帯びる eine schwer verantwortliche Stellung inne|haben*; mit einer wichtigen Botschaft betraut (beauftragt) sein.

じゅうにん 十人十色 〔So〕 viele Köpfe, [so] viele Sinne!|Zehn Menschen, zehn Arten (Farben).

じゅうにんなみ 十人並みの durchschnittlich; alltäglich; genügend; leidlich; mittelmäßig; ordinär; normal/十人並みの人 Durchschnittsmensch m. -en, -en; die mittelmäßige Natur, -en; der unbedeutende Mensch.

しゅうねん 周年 Jahrestag m. -[e]s, -e; 〔丸一年〕 das ganze (volle) Jahr, -[e]s, -e ‖ 五周年(祭) der fünfte Jahrestag/創業八十五周年記念号 die Jubiläumsausgabe 《-n》 (-schrift 《-en》) zur 85 jährigen Gründungsfeier.

しゅうねん 執念深い rachgierig; rachsüchtig; rachedurstig.

じゅうねん 十年 zehn Jahre 《pl》; Jahrzehnt n. -[e]s, -e; Dekade f. -n 《日・週などにも》/十年一日のごとく so, als ob zehn Jahre ein einziger Tag wären; zehn lange Jahre sehr gewissenhaft 《dienen》; mit unermüdlichem Eifer 《倦(⁽ᵁ⁾)まずたゆまず》‖ 十年一昔 Zehn Jahre sind eine lange Zeit. Sind zehn Jahre verstrichen, spricht man schon von guter alter Zeit.

じゅうのう 十能 Kohlenschaufel f. -n.

じゅうのうしゅぎ 重農主義 Physiokratismus m. -; das physiokratische System, -s ‖ 重農学派 die physiokratische Schule; die Physiokraten 《pl》.

しゅうは 宗派 Sekte f. -n/宗派的な sektiererisch.

しゅうは 周波〔数〕〔理〕 Frequenz f. -en; Schwingungszahl f. -en ‖ 周波数計 Frequenzmesser m. -s, -/周波数帯 Frequenzband n. -[e]s, ⁼er/周波数変換器 Frequenzwandler m. -s, -/高(低)周波 Hochfrequenz (Niederfrequenz) f. -en/高(低)周波増幅器 Hochfrequenzverstärker (Niederfrequenzverstärker) m. -s, -.

しゅうは 秋波を送る jm Liebesblicke (zärtliche Blicke) zu|werfen*; liebäugeln 《mit jm》.

しゅうはい 集配 das Sammeln und Zustellen ‖ 郵便集配人 Postbote m. -n, -n; Briefträger m. -s, -.

じゅうばく 重爆〔撃機〕 der schwere Bomber, -s, -; das schwere Bombenflugzeug, -[e]s, -e.

じゅうばこ 重箱 die aufeinander gepackten Schachteln 《pl》. ¶ 重箱の隅をようじでほじくる peinlich genau sein; Haarspaltarei treiben* 《mit³》; kleinkrämerisch (silbenstecherisch) sein.

じゅうはち 十八 achtzehn/第十八 der (die, das) achtzehnte*/鬼も十八の holde Siebzehn; das Alter 《m.-s》 der reifenden Schönheit ‖ 十八金 das achtzehnkarätige Gold, -[e]s; das Gold von 18 Karat.

じゅうはちばん 十八番 ❶ der (die, das) achtzehnte*, -n, -n; Nr.18. ❷ [お得意芸] Lieblingsaufführung f. -en; die eigene Qualität, -en (Hausmarke, -n); Hauptstärke f. -n; Spezialität f. -en; Steckenpferd n. -[e]s, -e/十八番を出す auf seinen Steckenpferde (Liebhabereien) herum|reiten [s].

じゅうばん 週番 Wochendienst m. -[e]s, -e /週番士官 Offizier im Wochendienst; ein Dienst habender Offizier.

じゅうはん 従犯 Teilnahme f. -n /従犯者 Teilnehmer 《m. -s, -》 an einem Verbrechen; der Mitschuldige*, -n, -n; Mittäter m. -s, -.

しゅうばんせん 終盤戦 der letzte Teil des Kampfes (Spieles).

しゅうひ 愁眉を開く [erleichtert] auf|atmen; ⁴sich erleichtert fühlen.

じゅうひ 獣皮 [Tier]haut f. ⸗e; Balg m. -[e]s, ⸗e; Fell n. -[e]s, -e; Pelz m. -es, -e 《毛皮》.

じゅうびょう 重病 die schwere (erste, gefährliche) Krankheit, -en/重病にかかる びょう*‡ 重病患者 der schwere Fall, -[e]s, ⸗e; der gefährlich kranke Patient, -en, -en/重病人 der Schwerkranke*, -n, -n.

しゅうぶん 醜聞 Skandal m. -s, -e/醜聞 を流す einen Skandal verursachen; öffentliches Ärgernis erregen.

しゅうぶん 秋分 Herbstnachtgleiche f. -n ‖ 秋分点 Herbstpunkt m. -[e]s.

じゅうぶん 十分な voll[ständig]; ganz; genügend; hinlänglich; hinreichend; reichlich/十分に zur Genüge; in Hülle und Fülle; im Überfluss/時間が十分ある Zeit genug (viel Zeit) haben 《für⁴》/見る値打ちが十分ある Es lohnt sich, es zu sehen./信ずべき理由が十分ある Es ist Grund genug vorhanden, es zu glauben.

しゅうへき 習癖 ⇨くせ.

しゅうへん 周辺 Umfang m. -s, ⸗e; Umkreis m. -es, -e; Umgebung f. -en; Peripherie f. -n/周辺の地 Umgebung f. -en; Umgegend f. -en; Randgebiet n. -[e]s, -e/東京の周辺に im ⁴Tokio herum/4 Tokio herum/周辺三百キロ内に im Umkreis von 300 Kilometern ‖ 周辺機器 Peripherie f. -n.

しゅうほう 週報 Wochen|blatt n. -[e]s, ⸗er (-schrift f. -en); Wochenbericht m. -[e]s, -e 《報告》.

しゅうぼう 衆望 allgemeines Vertrauen, -s /衆望を担う allgemeines Vertrauen genießen*.

じゅうほう 重宝 Schatz m. -es, ⸗e; Kleinod n. -[e]s, -e (..dien); Wert|gegenstand m. -[e]s, -e/-stück n. -[e]s, -e.

じゅうほう 重砲 das schwere Geschütz, -es, -e; die schwere Kanone, -n ‖ 重砲兵 die schwere Artillerie, -n 《総称》.

じゅうほう 銃砲 Schuss|waffe (Feuer-) f. -n; Gewehr.

じゅうぼく 従僕 [Kammer]diener m. -s, -; der Bediente*, -n, -n; Lakai m. -en, -en.

しゅうまく 終幕 ⇨しゅうきょく《終局》.

しゅうまつ 週末 Wochenende n. -s, -n/週末を箱根で過ごす das Wochenende in Hakone verbringen*/よい週末を Schönes Wochenende! ‖ 週末旅行 Wochenendausflug m. -[e]s, ⸗e/週末旅行者 Wochenendler m. -s, -.

しゅうまつろん 終末論 Eschatologie f.; Apokalyptik f./終末論の apokalyptisch.

じゅうまん 十万 hunderttausend ‖ 十万億土 die unzählbaren Lande der Seligkeit auf dem Weg⁴ zum Paradies; Paradies n. -es, -e.

じゅうまん 充満 Fülle f.; Menge f. -n; Überfluss m. -es, ⸗e/充満する voll (überfüllt) sein 《von³》.

しゅうみ 臭味 [悪臭] der üble (schlechte) Geruch, -[e]s, ⸗e; [気分味] Beigeschmack m. -[e]s, ⸗e.

しゅうみん 就眠する schlafen gehen* [s]; zu ³Bett gehen*; zur Ruhe gehen* ‖ 就眠時間 Schlafenzeit f. -en.

じゅうみん 住民 Bewohner (Einwohner) m. -s, - 《略: Ew.》; der Ansässige*, -n, -n; Bürger m. -s, -; Landeskinder 《pl》; Bevölkerung f. -en 《総称》; Bewohnerschaft (Einwohnerschaft) f. 《総称》‖ 住民運動 Bürgerbewegung f. -en; Bürgerinitiative f. -n/住民税 Einwohnersteuer f. -n.

しゅうめい 醜名 Skandal m. -s, -e; Schande f. -n; der schlechte Ruf, -[e]s, -e/醜名を流す einen üblen Ruf bekommen*; ⁴sich schänden.

しゅうめい 襲名する js Namen übernehmen*; den Namen erben 《von jm》.

じゅうめん 渋面をつくる finster (düster) aus|sehen*; ein schiefes Gesicht (Maul) ziehen*; sein Gesicht verzerren; Grimassen (Fratzen) 《pl》 schneiden* (ziehen*)/彼は渋面をして出かけた Er ging aus, indem er ein langes Gesicht machte.

じゅうめんたい 十面体 Dekaeder n. -s, -; Zehnflächner m. -s, -.

しゅうもく 衆目の的となる die allgemeine Aufmerksamkeit auf ⁴sich ziehen*/...は衆目の見るところである(衆目の見るところである) Es ist allgemein anerkannt, dass ....

しゅうもく 十目の見る所十指の指す所 was alle in Auge fassen und worauf alle deuten; etwas unverkennbar Wahrscheinliches*/彼が次期総裁になるとは十目の見る所十指の指す所 Jeder deutet auf ihn als [auf] den nächsten Präsidenten.

しゅうもん 宗門 Sekte f. -n; Religion f. -en /宗門に入る eine Religion an|nehmen*; ⁴sich zu einer Religion bekennen*.

じゅうもんじ 十文字 Kreuz n. -es, -e/十文字の kreuzförmig; gekreuzt／十文字にkreuzweise.

しゅうや 終夜 die ganze ⁴Nacht [hindurch] ‖ 終夜運転 der volle Nachtdienst, -[e]s, -e.

しゅうやく 集約的 intensiv ‖ 集約農業 die intensive Landwirtschaft, -en.

じゅうやく 重役 Vorstand m. -[e]s, ˝e; Direktion f. -en; Direktorium n. -s, ..rien; [Geschäfts]leitung f. -en 《以上総称的》; Vorstandsmitglied n. -[e]s, -er 《個人》 ‖ 重役会議 Vorstandssitzung f. -en (-konferenz f. -en)/重役株 die einem Vorstandsmitglied zukommende Aktie, -n; Direktorat n. -[e]s, -e 《資格》/重役選挙 Vorstandswahl f. -en.

じゅうやく 重訳 die nochmalige (abermalige) Übersetzung, -en; die Übersetzung aus zweiter Hand.

じゅうゆ 重油 Schweröl n. -[e]s, -e; das rohe Petroleum, -s 《原語》 ‖ 重油公害(汚染) Ölpest f./重油燃焼器 Schwerölbrenner m. -s, -.

しゅうゆう 周遊 Rund¦reise f. -n (-fahrt f. -en)/周遊する eine Rundreise machen; umreisen⁴; durchreisen⁴ ‖ 周遊券 Rundfahrtkarte f. -n.

しゅうよう 収用 Enteignung f. -en; Exprorpierung f. -en; [法] Expropriation f. -en 《強制収用》／収用する enteignen⁴; expropriieren⁴ ‖ 収用手続 Enteignungsverfahren n. -s, -/土地収用法 Grundstücks-Enteignungsgesetz n. -es, -e.

しゅうよう 修養 [Aus]bildung f. -en; Kultivierung f. -en/修養のある [aus]gebildet/修養のない ungebildet/修養を積む ⁴sich beständig bemühen, sich zu bilden. ─ 修養する ⁴sich [aus]bilden; aus¦bilden⁴; kultivieren⁴. ‖ 精神修養 Geistesbildung f. -en.

しゅうよう 収容 Aufnahme f. -n/収容する auf¦nehmen⁴; an¦nehmen⁴ 《受け入れる》; setzen⁴ 《席につける》/刑務所に収容する ins Gefängnis werfen⁴ (setzen) 《jn》 ‖ 収容力 Kapazität f. -en; Aufnahmefähigkeit f. -en.

じゅうよう 重要な [ge]wichtig; bedeutend; belangreich; wesentlich ‖ 重要産業 Hauptindustrie f. -n; das wichtige Gewerbe, -s, -/重要商品 der wichtige [Handels]artikel m. -s, -/重要人物 Hauptpersönlichkeit f. -en; der führende Geist, -[e]s, -er; Mann m. -[e]s, ˝er von ³Bedeutung (Belang)/重要性 [Ge]wichtigkeit f. -en; Bedeutung f. -en; Belang m. -[e]s, -e; Gewicht n. -[e]s, -e; Wert m. -[e]s, -e/重要地位 die hohe (einflussreiche; wichtige) Stellung, -en; Schlüsselstellung f. -en/重要物産 Haupt¦erzeugnis n. -nisses, ..nisse (-handelsartikel m. -s, -); die wichtige [Stapel]ware, -n/重要物資 das [hoch]wichtige Material, -s, ..lien; der [lebens]wichtige [Roh]stoff, -[e]s, -e.

じゅうようし 重要視する für wichtig halten⁴; wichtig nehmen⁴³; große Bedeutung bei¦messen⁴³; hoch schätzen⁴; großen Wert legen 《auf⁴》.

しゅうようじょ 収容所 [避難所] Zufluchtsstätte f. -n (-ort m. -[e]s, -e); Asyl n. -s, -e; Freistätte f. -n; [救護所] Rettungshaus n. -es, ˝er; Pflegeheim n. -[e]s, -e ‖ 強制収容所 Konzentrationslager n. -s, -.

じゅうよく 獣欲 die tierische (fleischliche; sinnliche; viehische) Begierde, -n; der tierische Trieb, -[e]s, -e.

しゅうらい 襲来 Einfall m. -[e]s, ˝e; Überfall m. -[e]s, ˝e; Anfall m. -[e]s, ˝e; Angriff m. -[e]s, -e/襲来する ein¦fallen* ⓢ 《in⁴》; überfallen⁴; an¦fallen⁴; an¦greifen⁴; streifen 《in⁴》.

じゅうらい 従来 bisher; bis heute (jetzt; zu diesem Tage; zu dieser Zeit; zur Gegenwart)/従来の bisherig; [alt]hergebracht; herkömmlich; traditionell; überkommen; üblich／従来のとおり wie bisher (früher); so wie es bis jetzt war; nach wie vor.

しゅうらん 収攬する gewinnen⁴; ein¦nehmen⁴; ergreifen⁴／人心を収攬する die Herzen der ²Menschen gewinnen⁴.

じゅうらん 縦覧 die allgemeine (öffentliche) Besichtigung, -en／縦覧に供される besichtigt (besucht) werden können; öffentlich gezeigt werden; dem Publikum zugänglich gemacht werden; zur Schau gestellt werden. ─ 縦覧する besichtigen⁴; besuchen⁴. ‖ 縦覧者 der Besichtigende, -n, -n; Besucher m. -s, -; Publikum n. -s/縦覧謝絶 [掲示] Die Besichtigung verboten! Die Besichtigung ist hier nicht gestattet!/縦覧自由 [掲示] Besichtigung ganz frei! Durchsicht willkommen!

しゅうり 修理 ⇨しゅうぜん.

しゅうりょう 修了 das Durchmachen*, -s; Abschluss m. -es, ˝e; Vollendung f. -en/修了する durch¦machen⁴; ab¦schließen⁴; fertig werden 《mit³》; vollenden⁴／右の者...の全課程を修了したことを証する Es wird hiermit bescheinigt, dass der oben genannte den ganzen Kursus ... durchgemacht hat.

しゅうりょう 終了する beend[ig]en⁴; enden 《mit³》; ein Ende machen 《mit³》; ab¦schließen⁴; erledigen⁴; fertig sein 《mit³》; fertig machen⁴; Schluss machen 《mit³》／あらゆる試験を終了した Wir haben alle Prüfungen hinter uns./手続きは終了しましたか Sind Sie mit allen Formalitäten fertig?

じゅうりょう 重量 [Schwer]gewicht n. -[e]s, -e; Schwere f. -n ‖ 重量トン Nettotonne f. -n/重量品(貨物) die schwere (drückende) Last, -en (Fracht, -en).

じゅうりょうあげ 重量挙げ Gewichtheben n. -s ‖ 重量挙げ選手 Gewichtheber m. -s, -.

じゅうりょうぜい 従量税 Gewichtszoll m.

-[e]s, ⸚e.
じゅうりょく 重力 Schwerkraft *f*.; Gravitation *f*./重力の場 Gravitationsfeld *n*. -[e]s, -er/重力の中心 Schwerpunkt *m*. -[e]s, -e ‖ 重力単位 Gravitationseinheit *f*. -en.
じゅうりん 蹂躙する mit Füßen treten*⁴; überrennen*⁴; über den Haufen rennen*⁴; verheeren⁴《荒らす》; verwüsten⁴《同上》; Gewalt an|tun*³; schänden《*jn* 恥ずかしめる》; notzücht[ig]en⁴《強姦(ごうかん)する》; zuschanden (zu Schanden) machen/人権を蹂躙する *js* Menschenrechte《*pl*》verletzen; auf die Folterbank spannen《*jn*》.
ジュール〖理〗Joule *n*. -[s], -《略: J》.
じゅうるい 獣類 die Tiere《*pl*》; Getier *n*. -[e]s; Tier¦reich *n*. -[e]s (-welt *f*.).
シュールリアリズム Surrealismus *m*. -/シュールリアリズムの surrealistisch.
しゅうれい 秋冷 Herbstkühle *f*./秋冷の候 das kühle Herbstwetter, -s, -.
しゅうれい 秀麗な fein; schön; anmutig; zierlich; reizend; herrlich/眉目秀麗な少年 ein hübscher Junge, -n, -n.
じゅうれつ 縦列 ⇨じゅうたい(縦隊).
しゅうれっしゃ 終列車 der letzte Zug, -[e]s, ⸚e.
しゅうれん 収斂 Kontraktion *f*. -en; Zusammenziehung *f*. -en; 〖理·数〗Konvergenz *f*. -en/収斂する zusammen|ziehen*⁴ ‖ 収斂剤 Adstringens *n*. -, ..genzien/収斂レンズ Sammellinse *f*. -n.
しゅうろう 就労する an die Arbeit gehen* [s]; eine Stellung finden*.
じゅうろうどう 重労働 Schwerarbeit *f*. -en; Zwangsarbeit《刑として》/五か月の重労働に処せられる zu fünf Monaten Zuchthausstrafe mit Zwangsarbeit verurteilt werden ‖ 重労働者 Schwer¦arbeiter (Zwangs-) *m*. -s, -.
しゅうろく 収録 Kompilation *f*. -en; das Zusammen¦tragen* (-stellen*), -s; [収集] Sammlung *f*. -en/収録する kompilieren⁴; zusammen|stellen⁴; sammeln⁴.
じゅうろく 十六 sechzehn/第十六 der (die; das) sechzehnte* ‖ 十六分音符 Sechzehntelnote *f*. -n/十六分休符 Sechzehntelpause *f*. -n.
しゅうわい 収賄 die passive Bestechung, -en/収賄する ⁴sich bestechen lassen* ‖ 収賄事件 Bestechungsaffäre *f*. -n/収賄者 der Bestochene*, -n, -n.
しゅえい 守衛 Wache *f*. -n; Wächter *m*. -s, -《番人》; Portier *m*. -s, -s《門番》.
じゅえき 樹液 [Baum]saft *m*. -[e]s, ⸚e.
じゅえき 受益する Nutzen (Vorteil) ziehen*《*aus*³》‖ 受益者 Nutznießer *m*. -s, -; der Begünstigte*, -n, -n.
ジュエリー Juwelen《*pl*》.
しゅえん 酒宴 Trink¦gelage *n*. -s, - (-gesellschaft *f*. -en); Sauferei *f*. -en.
しゅえん 主演する die Hauptrolle (Titelrolle)《-n》spielen ‖ 主演女優 Hauptdarstellerin *f*. ..rinnen/主演俳優 Hauptdarsteller *m*. -s, -.
しゅが 主我 ⇨りこ(利己).
しゅかい 首魁 ⇨しゅぼうしゃ.
しゅかく 主客 Wirt und Gast, des - und -[e]s, -e und ⸚e《主人とお客》; Subjekt und Objekt, des - und -[e]s, -e und -e《主語と客語》/それは主客転倒だよ Das ist verkehrt. ¦ Das heißt das Pferd hinter den Wagen spannen.
しゅかく 主格〖文法〗Nominativ *m*. -s, -e; Werfall *m*. -[e]s, ⸚e.
しゅかく 酒客 Trinker *m*. -s, -; Säufer *m*. -s, -《大酒飲み》.
じゅがく 儒学 Konfuzianismus *m*. -; die Lehre (Philosophie) des Konfutse (Konfuzius); die konfuzianische Lehre (Philosophie) ‖ 儒[学]者 Konfuzianist *m*. -en, -en; der Anhänger《-s, -》der konfuzianischen Lehre (Philosophie).
しゅかん 主観 Subjekt *n*. -[e]s, -e/主観的な subjektiv ‖ 主観主義 Subjektivismus *m*. -/主観性 Subjektivität *f*.
しゅかん 主幹《編集の》Chefredakteur *m*. -s, -e.
しゅかん 主管する verwalten⁴; leiten⁴ ‖ 主管事項 die Angelegenheiten《*pl*》unter *js* Oberaufsicht.
しゅがん 主眼 Hauptaugenmerk *n*. -[e]s, -e; Hauptpunkt *m*. -[e]s, -e《主要点》; Hauptsache *f*. -n; Hauptzweck *m*. -[e]s, -e《主目的》/…に主眼を置く sein Augenmerk richten《*auf*⁴》.
しゅき 酒気を帯びている berauscht (angeheitert) sein.
しゅき 手記 Notiz *f*. -en; Memoire *n*. -s, -s; Aufzeichnung *f*. -en/手記を書く notieren⁴.
しゅぎ 主義 Grundsatz *m*. -es, ⸚e; Prinzip *n*. -s, ..pien; Doktrin *f*. -en/主義のない grundsatzlos; ohne ⁴Prinzip/主義として grundsätzlich; prinzipiell/主義に従って行動する nach ³Prinzipien (Grundsätzen) handeln/自己の主義に忠実である seinem Prinzip (seinen Prinzipien) treu bleiben* [s]; von seinem Prinzip (seinen Grundsätzen) nicht ab|gehen* (ab|weichen*) [s]/彼には主義というものがない Er hat keine Grundsätze./私は早起きの主義です Ich bin prinzipiell Frühaufsteher. ¦ Ich stehe grundsätzlich früh auf. ‖ スターリン主義 Stalinismus *m*. -/モンロー主義 Monroe-Doktrin.
じゅきゅう 需給[関係] [das Verhältnis《..nisses, ..nisse》zwischen] Angebot und Nachfrage.
しゅきょう 酒興 die Fröhlichkeit beim Trinken/酒興を助ける die Fröhlichkeit erhöhen/酒興に乗じて unter dem Einfluss des Weins.
しゅぎょう 修行 Ausbildung *f*. -en; Übung *f*. -en/修行する ⁴sich aus|bilden [lassen*]《*in*³》; ⁴sich üben《*in*³》/彼女は弓術を修行している Sie lässt sich im Bogenschießen ausbilden./彼はある画家のところで修行中だ Er ist (steht) bei einem Maler in der Lehre.
じゅきょう 儒教 ⇨じゅがく.
じゅぎょう 授業 Unterricht *m*. -[e]s, -e; In-

struktion *f.* -en; Stunde *f.* -n; Unterweisung *f.* -en／授業〔時間〕中に während des Unterrichts; in der 〔Unterrichts〕stunde／授業を受ける unterrichtet werden; Stunden nehmen* 《bei *jm*》／今日は授業がない Heute haben wir keinen Unterricht (keine Schule). ── 授業する unterrichten 《*jn in*³》; Unterricht geben* (erteilen) 《*jm in*³》; instruieren 《*jn in*³》; Stunden 《*pl*》 geben* 《*jn in*³》. ‖ 授業時間 Unterrichtsstunde *f.* -n／授業料 Schulgeld *n.* -〔e〕s; Unterrichtshonorar *n.* -s, -e／授業料をとる Schulgeld wird erhoben.

しゅぎょく 珠玉 Perle *f.* -n 《真珠》; Edelstein *m.* -〔e〕s, -e 《宝石》／芸術の(音楽の)珠玉 Perlen der ²Kunst (der Musik)／珠玉を鏤める mit ³Perlen (Edelsteinen) besetzen⁴ ‖ 珠玉集 Anthologie *f.* -n.

じゅく 塾 die 〔kleine〕 Privatschule, -n; Nachhilfeschule *f.* -n ‖ 塾長 der Leiter 《-s, -》 einer 〔kleinen〕 Privatschule (einer Nachhilfeschule).

しゅくあ 宿痾 die chronische (eingewurzelte) Krankheit, -en.

しゅくい 祝意 Glückwunsch *n.* -〔e〕s, ⸚e; Gratulation *f.* -en 《以上人に対し》; Feier *f.* -n 《事柄に対し》／祝意を表して *jm* (³*et*) zu ³Ehren／祝意を表す seinen Glückwunsch ab|statten 《*jm*》; gratulieren 《*jm*》; Glück wünschen 《*jm*》; feiern 《⁴*et*》／誕生日の祝意を表す Glück zum Geburtstag wünschen.

しゅぐう 殊遇 eine besondere Behandlung, -en; Gunst *f.*／殊遇を受ける besonders gut (freundlich) behandelt werden; *js* ⁴Gunst genießen*; in ³Gunst stehen* 《bei *jm*》.

しゅくえい 宿営 Quartier *n.* -s, -e; Einquartierung *f.* -en／宿営させる ein|quartieren⁴ (ein|lagern⁴) 《bei *jm*》 ‖ 宿営地 Einquartierungsort *m.* -〔e〕s, -e.

しゅくえん 宿縁 Karma〔n〕 *n.* -s; Schicksal *n.* -s, -e; Verhängnis *n.* ..nisses, ..nisse／宿縁とあきらめる ⁴sich in sein Schicksal ergeben*.

しゅくえん 宿怨 der lang gehegte Groll, -〔e〕s／宿怨を晴らす seinen lang gehegten Groll befriedigen.

しゅくえん 祝宴 Fest *n.* -〔e〕s, -e; Schmaus *m.* -es, ⸚e; Festessen *n.* -s, -; Festmahl *n.* -〔e〕s, ⸚er (-e)／祝宴を催す ein Fest halten* (geben*).

しゅくが 祝賀 Glückwunsch *m.* -〔e〕s, ⸚e; Gratulation *f.* -en／祝賀の辞を述べる Glückwünsche 《*pl*》 aus|sprechen* (dar|bringen*) 《*jm*》／祝賀する ⁴Glück wünschen 《*jm*》; beglückwünschen 《*jn*》; gratulieren 《*jm*》. ‖ 祝賀会 Feier *f.* -n; Fest *n.* -〔e〕s, -e.

しゅくがん 宿願 ⇨しゅくぼう.

じゅくぎ 熟議 die reif〔lich〕e (allseitige; genaue; volle) gemeinsame Überlegung, -en; die sorgfältige Erwägung, -en; die gründliche Berat〔schlag〕ung, -en／熟議する reiflich (allseitig; genau) gemeinsam überlegen⁴; gründlich beraten* (beratschlagen) 《mit *jm über*⁴》; sorgfältig erwägen*⁴／彼は友人とその問題を熟議した Er stellte reife Überlegungen mit seinen Freunden darüber an.

じゅくご 熟語 ❶ [漢字の] die zusammengesetzte (chinesische) 〔Sprach〕wendung, -en; Redensart *f.* -en. ❷ [成語句] die geläufige Redewendung, -en; Idiom *n.* -s, -e.

しゅくごう 縮合 〖化〗 Kondensation *f.* -en／縮合させる kondensieren⁴.

しゅくさつ 縮刷 das verkleinerte Format, -〔e〕s, -e ‖ 縮刷版 die verkleinerte Ausgabe, -n; Taschenausgabe *f.* -n.

しゅくじ 祝辞 Glückwunsch *m.* -〔e〕s, ⸚e; Gratulation *f.* -en; Festrede *f.* -n／祝辞を述べる seinen Glückwunsch ab|statten 《*jm*》; Glück wünschen 《*jm* zu ³*et*》; gratulieren 《*jm* zu ³*et*》.

じゅくし 熟柿 die reife Persimone, -n (Persimonpflaume, -n)／熟柿くさい wie eine überreife Persimone übel riechend; 〔der Atem〕 mit widerlichem Gestank wie einer überreifen Persimone.

じゅくし 熟視する starren 《*auf*⁴; *nach*³》; an|starren⁴; starr (unverwandten Blickes) an|sehen⁴; den Blick heften 《*auf*⁴》.

しゅくじつ 祝日 Fest *n.* -〔e〕s, -e; Fest¦tag (Feier-) *m.* -〔e〕s, -e.

しゅくしゃ 宿舎 Quartier *n.* -s, -e; Unterkunft *f.* ⸚e; Unterkommen *n.* -s, -; Lager *n.* -s, -／宿舎を用意する Quartier machen.

しゅくしゃ 縮写する die verkleinerte Kopie 《-n》 machen 《*von*³》 ‖ 縮写図 die verkleinerte Zeichnung, -en; das verkleinerte Bild, -〔e〕s, -er.

しゅくしゃく 縮尺 der verkleinerte (verjüngte) Maßstab, -〔e〕s, ⸚e; Verkleinerungsmaßstab *m.* -〔e〕s, ⸚e／縮尺する in verkleinertem Maßstab zeichnen⁴／この地図は縮尺五万分の一である Diese Karte ist im Maßstab 1:50 000 gezeichnet.

しゅくしゅ 宿主 〖生〗 Wirt *m.* -〔e〕s, -e; Wohntier *n.* -〔e〕s, -e 《動物》 ‖ 中間宿主 Zwischenwirt *m.* -〔e〕s, -e.

しゅくしゅく 粛々と in feierlicher ³Stille; feierlich; würdevoll; ehrfurchtsvoll.

しゅくしょ 宿所 Wohnung *f.* -en; Wohnsitz *m.* -es, -e; Adresse *f.* -n.

しゅくじょ 淑女 Dame *f.* -n ‖ 紳士淑女諸君 Meine Damen und Herren!

しゅくしょう 縮小 Verkleinerung *f.* -en; [短縮] Verkürzung *f.* -en; [減少] Verminderung *f.* -en／縮小する verkleinern⁴; verkürzen; vermindern⁴／軍備を縮小する ab|rüsten ‖ 縮小形 〖文法〗 Diminutiv (Deminutiv) *n.* -s, -e; Verkleinerungsform *f.* -en.

しゅくす 祝す ⇨いわう.

しゅくず 縮図 die verkleinerte Zeichnung, -en; das verkleinerte Bild, -〔e〕s, -er; Miniatur *f.* -en／人生の縮図 das Leben 《-s》 im Kleinen.

じゅくす 熟す ❶ [果物が] reifen [s]; reif (mürbe; saftig) werden／柿が熟した Die

Persimone ist gereift (jetzt reif). ❷ [熟練] geschickt (gewandt) sein 〈in³〉. ❸ 機は熟した Die Zeit ist da! : Jetzt ist's so weit.

じゅくすい 熟睡 der feste (tiefe; ungestörte) Schlaf, -[e]s/熟睡する einen festen (tiefen; ungestörten) Schlaf schlafen*; fest (tief; ungestört) schlafen*; den Schlaf des Gerechten schlafen*/彼は熟睡している Er schläft wie ein Dachs (Murmeltier). Er liegt in Morpheus Armen.

しゅくせ 宿世 das frühere Leben, -s; die frühere Existenz, -en/宿世的因縁 Prädestination f. -en; Vorbestimmung f. -en.

しゅくせい 粛正 Säuberung f. -en; Reinigung f. -en; Anordnung f. -en; Regulierung f. -en/粛正する säubern⁴; reinigen⁴; an|ordnen⁴; regulieren⁴/党を粛正する die Partei säubern.

しゅくぜん 粛然と ⇨しゅくしゅく.

しゅくだい 宿題 [学校の] Haus|aufgabe f. -n (-arbeit f. -en); [懸案] die unentschiedene (offene) Frage, -n/宿題を出す(やる) Ferienaufgabe f. -n/休暇中の宿題 Ferienaufgabe geben* (machen)/宿題にする unentschieden (offen) lassen*⁴.

じゅくたつ 熟達する die Meisterschaft erlangen; vollkommen beherrschen⁴/熟達している Eingeweihter⁴ (Experte) sein 〈in³〉; zu Hause sein 〈in³〉.

じゅくち 熟知 das gründliche (beste; genaue) Wissen haben 〈von³〉; gründliche (beste; genaue) Kenntnisse (pl) haben 〈von³〉; ⁴sich aus|kennen* 〈in³〉; beschlagen (bewandert; gewiegt) sein 〈in³〉; wie zu Hause sein 〈in³〉.

しゅくちょく 宿直 Nacht|dienst m. -[e]s, -e (-wache f. -n)/宿直する Nachtwache halten*; Nachtdienst haben ‖ 宿直員 Nachtwächter m. -s, -/宿直室 Nachtdienstzimmer n. -s, -.

しゅくてき 宿敵 der alte Feind, -[e]s, -e Erb|feind (Erz-) m. -[e]s, -e.

しゅくてん 祝典 Fest n. -[e]s, -e; Feier f. -n; Feierlichkeit f. -en; [記念祝典] Gedächtnisfeier f. -n/Jubiläum n. -s, ..läen; Gedenkfeier f. -n/祝典をあげる ein Fest begehen* (feiern; veranstalten).

しゅくでん 祝電を発する ein Glückwunschtelegramm 〈-s, -e〉 ab|senden* 〈jm〉.

しゅくとう 祝祷 Segnung f. -en; Benediktion f. -en; Benedeiung f. -en.

しゅくとく 淑徳 [Frauen]tugend f. -en/淑徳高い von hoher ³Tugend.

じゅくどく 熟読 das sorgfältige Durchlesen*, -s; das eifrige Lesen*, -s/熟読する sorgfältig durch|lesen*⁴; eifrig lesen*⁴.

しゅくば 宿場 Postort m. -[e]s, -e; [Post-]station f. -en; Poststadt f. ¨e.

しゅくはい 祝杯 Freudentrunk m. -[e]s, -e/祝杯をあげる einen Toast aus|bringen* (halten*) 〈auf⁴〉; auf js ⁴Wohl (Gesundheit) trinken*/友人の成功の為に祝杯をあげる auf den Erfolg eines Freundes trinken*.

しゅくはく 宿泊 Unterkunft f. ¨e; Übernachtung f. -en; Einquartierung f. -en; das Logieren*, -en; Unterkommen n. -s, -/宿泊する ⁴sich ein|quartieren; unter|kommen*; logieren; übernachten 〈以上 bei jm〉. ‖ 宿泊券 Quartierzettel m. -s, -; 宿泊所 Quartier n. -s, -e; Unterkommen n. -s, - (以上 下宿); Gast m. -[e]s, ¨e (客); Mieter m. -s, -(=間借人); Pensionär m. -s, -e (下宿人)/宿泊料 Unterkunftskosten (pl); Hostelrechnung f. -en.

しゅくふく 祝福 Segen m. -s, -; Segnung f. -en/祝福を受ける den Segen bekommen (erhalten*) / 祝福された gesegnet; segensreich/この子に神の祝福を与えられんことを Gott gebe seinen Segen zu dem Kind!/祝福を与えて言う seinen Segen sprechen* 〈über jn〉.

しゅくへい 宿弊 das alte (eingewurzelte) Übel, -s, -/宿弊を除く den alten Übel vertreiben*.

しゅくほう 祝砲 Salut m. -[e]s, -e; Salve f. -n; Salutschuss m. -es, ¨e/祝砲を放つ Salut schießen*; salutieren⁽⁴⁾.

しゅくぼう 宿望 der lang gehegte Wunsch, -[e]s, ¨e; Lieblingswunsch m. -[e]s, ¨e/宿望を達する seinen Wunsch erfüllen.

しゅくめい 宿命 Schicksal n. -[e]s; Los n. -es, -e; Geschick n. -[e]s; Fatalität f. -en; Verhängnis n. ..nisses, ..nisse/宿命的な(に) schicksalhaft; verhängnisvoll; fatal ‖ 宿命論 Fatalismus m. -; Verhängnislehre f. -n/宿命論者 Fatalist m. -en, -en; der Verhängnisgläubige*, -n, -n.

じゅくりょ 熟慮 ⇨じゅっこう/熟慮断行する wohlbedacht, entschieden getan; nach reiflicher Überlegung einen beherzten Entschluss fassen.

じゅくれん 熟練 [Wohl]bewandertheit f.; [Kunst]fertigkeit f.; Geschicklichkeit f. — 熟練した [wohl] bewandert in⁴; beschlagen; [kunst]fertig; geübt /熟練している [wohl] bewandert ([wohl] beschlagen; geschickt; geübt; gut) sein 〈in³〉; gut verstehen*⁴; Experte sein 〈in³〉. ‖ 熟練家 der [Wohl]bewanderte*, -n, -n; Experte m. -n, -n; 熟練工 der gelernte Arbeiter, -s, -/熟練工 Facharbeiter, -s, -; geschickte Hände (pl).

しゅくん 主君 Herr m. -n, -en; Gebieter m. -s, -.

しゅくん 殊勲 der [ausgezeichnete] Verdienst, -[e]s, -e/殊勲をたてる ³sich hervorragende ⁴Verdienste erwerben*.

しゅけい 主計《兵》Zahlmeister m. -s, -; Intendant m. -en, -en ‖ 主計局 Intendantur f. -en.

しゅげい 手芸[品] Handarbeit f. -en.

じゅけいしゃ 受刑者 Sträfling m. -s, -e; der Bestrafte*, -n, -n; Zuchthäusler m. -s, -.

しゅけん 主権 Souveränität f. -; Hoheitsrecht n. -[e]s, -e/主権は国民にある Die Souveränität liegt beim Volk. /主権者 Souverän m. -s, -e.

じゅけん 受験 das Examenmachen*, -s. — 受験する ein Examen (..mina) (eine Prüfung, -en) machen; 〔俗〕 in ein E-

しゅご xamen (eine Prüfung) steigen* (gehen*) ⓢ; ⁴sich einem Examen (einer Prüfung) unterziehen*. ‖ 受験科 Vorbereitungskursus *m.* -, ..kurse; Vorschule *f.* -n/受験科目 Examens|fächer (Prüfungs-) (*pl*)/受験苦 die harte Probe, -n; das Ach und Weh beim Examen/受験資格 die Qualifikation ⟪-en⟫ zu einem Examen; die Berechtigung ⟪-en⟫ (Vorbedingung ⟪-en⟫), sich einer Prüfung zu unterziehen/受験者 Prüfling *m.* -s, -e; Examinand *m.* -en, -en/受験票 der einem Examinanden erteilte Ausweis, -es, -e/受験料 Examen(s)|gebühren (Prüfungs-) (*pl*).

しゅご 主語 [文法] Subjekt *n.* -(e)s, -e; Satzgegenstand *m.* -(e)s, ⸗e/文法上[非人称, 実際上]の主語 das grammatische (unpersönliche, eigentliche) Subjekt/この文の主語はどれか Welches ist das Subjekt des Satzes?/主語文 Subjektsatz *m.* -es, ⸗e.

しゅご 守護 Schutz *m.* -es; Beschützung *f.* -en/守護する beschützen⁴; in ⁴Schutz nehmen*⁴ /...の守護の下に unter dem Schutz ⟪*von*²⟫ ‖ 守護神 Schutz|gott *m.* -(e)s, ⸗er (-geist *m.* -(e)s, -er).

しゅこう 手工 Handarbeit *f.* -en ‖ 手工業 Hand|werk *m.* -s, -e (-arbeit *f.* -en)/手工業者 Hand|werker *m.* -s, - (-arbeiter *m.* -s, -).

しゅこう 酒肴 Wein und Speise ‖ 酒肴料 die Gebühren (*pl*) für ⁴Essen und Trinken.

しゅこう 趣向 [意向] Absicht *f.* -en; [構想] Idee *f.* -n; [計画] Plan *m.* -(e)s, ⸗e; [意匠] Entwurf *m.* -(e)s, ⸗e/奇抜な趣向 die originelle Idee /趣向をこらして考え出す ³sich aus|denken*⁴; ³sich den Kopf zerbrechen*⁴ ⟪*über*²⟫/それは変わった趣向だね Das ist doch eine eigenartige Idee. ‖ 新趣向 der neue Plan; die neue Idee.

しゅこう 手交する ein|händigen (übergeben*) ⟪*jm* ⁴*et*⟫.

しゅこう 首肯する zu|stimmen³; ein|willigen ⟪*in*⁴⟫; [納得している] einverstanden sein ⟪*mit*³⟫.

しゅごう 酒豪 ein trinkfester Mann, -(e)s, ⸗er; ein großer Trinker, -s, -; Säufer *m.* -s, - /大酒飲み/彼は大酒飲みで Er trinkt wie ein Loch.

しゅこん 主根 Hauptwurzel *f.* -n.

しゅざ 首座 der oberste Platz, -es, ⸗e (Sitz, -es, -e).

しゅさい 主宰 Verwaltung *f.* -en; Leitung *f.* -en; Führung *f.* -en. ── 主宰する verwalten⁴; leiten⁴; führen⁴; vor|stehen⁴; redigieren⁴ ⟪雑誌の⟫. ‖ 主宰者 Verwalter *m.* -s, -; Leiter *m.* -s, -; Führer *m.* -s, -; Vorsteher *m.* -s, -; Redakteur *m.* -s, -e ⟪雑誌の⟫.

しゅさい 主催する veranstalten⁴/...主催で unter der ³Leitung von ... ‖ 主催者 Veranstalter *m.* -s, -.

しゅざい 取材の Wahl ⟪-en⟫ des Stoffes/取材する Stoff suchen (sammeln); den Stoff wählen ‖ 取材記者 Reporter *m.* -s, -.

しゅざん 珠算 die Rechnung ⟪-en⟫ durch das Rechenbrett.

じゅさんじょ 授産所 Arbeitsvermittlungsstelle *f.* -n; Arbeitsamt *n.* -(e)s, ⸗er.

しゅさんち 主産地 Hauptproduktionsort *m.* -(e)s, -e.

しゅし 趣旨 ⇨しゅい⟨趣意⟩.

しゅし 種子 Samen *m.* -s, -. ⇨たね.

しゅじ 主事 Leiter *m.* -s, -; Verwalter *m.* -s, -; Geschäftsführer *m.* -s, -; Direktor *m.* -s, -en.

しゅじ 主辞 [論] Satzgegenstand *m.* -(e)s, ⸗e; Subjekt *n.* -(e)s, -e.

じゅし 樹脂 Harz *n.* -es, -e/樹脂に富んだ harzig; reich an ³Harz; voller Harz.

しゅじい 主治医 Hausarzt *m.* -es, ⸗e; Leibarzt ⟪貴顕の人々の⟫.

しゅこうのう 主効能 Hauptwirkung *f.* -en.

しゅしゃ 取捨選択 [Aus]wahl *f.* -en/取捨選択する [aus]wählen⁴/取捨選択に迷う in der ³Wahl schwanken; ,Wer die Wahl hat, hat die Qual.'

じゅしゃく 授爵 Adelung *f.*; das Adeln*, -s; die Verleihung des Adelsbrief(e)s/授爵する adeln⁴; den Adelbrief verleihen* ⟪*jm*⟫; in den Adel[s]stand erheben* ⟪*jn*⟫.

しゅじゅ 種々の verschieden; mehrere; [無変化に] allerhand; allerlei; vielerlei; divers /種々の大きさの靴 Schuhe (*pl*) verschiedener ²Größe/種々な理由で aus verschiedenen (mehreren) ³Gründen/種々様々な人間 verschiedene (allerlei) Menschen (*pl*).

じゅじゅ 授受 das Übergeben* und Übernehmen*, des - und -s; das Geben* und Nehmen*, des - und -s/授受する [über-]geben* und [über]nehmen*³⁴.

しゅじゅう 主従 Herr und Diener, -n und -s, -en und -.

しゅじゅつ 手術 [医] Operation *f.* -en; [ein chirurgischer] Eingriff, -(e)s, -e/盲腸の手術 Blinddarmoperation *f.* -en/手術可(不)能の operierbar (unoperierbar); operabel (inoperabel)/手術を受ける ⁴sich einer ³Operation unterziehen*. ── 手術する operieren⁴; einen operativen Eingriff vor|nehmen* ⟪*an*³⟫. ‖ 手術衣 Operationsmantel *m.* -s, ⸗/手術室 Operationssaal *m.* -(e)s, ..säle/手術者 Operateur *m.* -s, -e/手術台 Operationstisch *m.* -(e)s, -e/形整手術 eine plastische Operation/外科手術 eine chirurgische Operation; ein chirurgischer Eingriff.

しゅしょ 手書 die eigenhändige Schrift, -en; Autograph *n.* -s, -(e)n.

しゅしょう 首相 Ministerpräsident *m.* -en, -en; Premierminister *m.* -s, -.

しゅしょう 主将 der Oberbefehlshaber *m.* -s, -; der Höchstkommandierende*, -n, -n; [Mannschafts]kapitän *m.* -s, -e ⟪チームの⟫; [An]führer *m.* -s, - ⟪同上⟫/主将をつとめる an|führen⁴; leiten⁴.

しゅしょう 殊勝な lobens|wert (-würdig);

しゅしょう 主(首)唱する an|regen⁴; veranlassen⁴ (zu³); ⁴Veranlassung geben⁴ (zu³)/彼の主唱で auf seine Veranlassung (Anregung) (hin) ‖ 主唱者 Anreger m. -s, -; Veranlasser m. -s, -; Urheber m. -s, -.

しゅじょう 衆生 alle Geschöpfe (pl)/衆生を済度する die Menschheit retten (befreien). ‖ 衆生界 Menschenwelt f.; diese Welt.

じゅしょう 授賞 Auszeichnung f. -en; Ehrengabe f. -n; das Prämiieren*, -s/授賞する einen Preis geben* (zu|erkennen*; verleihen*) (jm); mit einem Preis aus|zeichnen* (jn).

じゅしょう 受賞 Preisempfang m. -(e)s, ∵e; das Gekröntwerden*, -s/受賞する einen Preis (-e) empfangen* (verliehen bekommen*); mit einem Preise gekrönt werden ‖ 受賞者 Preisempfänger m. -s, -; der Preisgekrönte*.

しゅじょう 綬賞 Ordensband n. -(e)s, ∵er; Kordon m. -s, -s.

しゅじょうろん 主情論(説) Emotionalismus m. - ‖ 主情論者 Emotionalist m. -en, -en.

しゅしょく 酒色 das sinnliche Vergnügen, -s, -〖肉体的快楽〗/酒色におぼれる ⁴sich dem sinnlichen Vergnügen ergeben*.

しゅしょく 主食 Hauptnahrungsmittel n. -s, -/米を主とする von Reis leben.

しゅしん 主審 Hauptschiedsrichter m. -s, -.

しゅじん 主人 Herr m. -n, -en; Hausherr m. -n, -en《一家の》; Dienstherr《雇主》 Arbeitgeber m. -s, -《宿屋・料理屋などの》Wirt m. -(e)s, -e ∥《店の主人》Ladenbesitzer m. -s, -(-inhaber m. -s, -)《小説などの》Held m. -en, -en; Hauptperson f. -en (-gestalt f. -en)/主人役 Gastgeber m. -s, -; Hauswirt m. -(e)s, -e/女主人 Hausfrau f. -en《家の》Wirtin f. ..tinnen《宿屋・料理屋などの》.

じゅしん 受信 der Empfang (-(e)s, ∵e) einer Mitteilung (Sendung). ── 受信する empfangen* (電信・手紙); erhalten* (手紙). ‖ 受信アンテナ Empfangsantenne f. -n (-draht m. -(e)s, ∵e)/受信機 Empfänger m. -s, -; Empfangsapparat m. -(e)s, -e/受信局 Empfangsstation f. -en (-stelle f. -n)/受信人 Empfangsperson f. -en; Addressat m. -en, -en/テレビ受信料 Fernsehgebühren (pl).

しゅす 繻子 Satin m. -s, -s; Atlas m. -lasses, ..lasse/繻子のような atlasartig/繻子地の atlassen ‖ 繻子 Baumwollsatin m. -s, -s.

じゅず 数珠 Rosenkranz m. -es, ∵e; Gebetschnur f. ∵e/数珠をつまぐる den Rosenkranz [ab]beten/数珠繋ぎとする hintereinander zusammen|ketten⁴; ⁴Mann an ³Mann zusammen|binden*⁴/数珠繋ぎになる hintereinander zusammengebunden werden; wie ¹Rosenkranzperlen ¹Schlange stehen* ‖ 数珠玉 Rosenkranzperle f. -n.

しゅせい 酒精 Alkohol m. -s, -e; Weingeist m. -(e)s ‖ 酒精計 Alkoholometer n. (m.) -s. ⇒アルコール.

しゅせい 守勢 Defensive f. -n; Verteidigung f. -en/守勢の defensiv; verteidigend/守勢をとる die Defensive ergreifen*.

じゅせい 酒税 Sakesteuer (Wein-; Getränke-) f. -n.

じゅせい 受精 Befruchtung f. -en;〖動〗Schwängerung f. -en;〖植〗Bestäubung f. -en/受精する befruchtet (geschwängert; bestäubt) werden.

しゅせいぶん 主成分 Hauptbestandteil m. -(e)s, -e.

しゅせき 首席 der oberste Platz, -es, ∵e; der Oberste* (Erste*), -n, -n《人》/クラスの首席 der Erste* der ²Klasse/首席で卒業する von der ³Schule als der ¹Erste ab|gehen*[s] ‖ 首席教員 Hauptlehrer m. -s, -/首席全権 der Hauptbevollmächtigte*, -n, -n/首席判事 der oberste Richter, -s, -.

しゅせき 酒席に侍(る) eine Trinkgelage (-n) bedienen.

しゅせき 手跡 Handschrift f. -en. ⇒ひっせき.

しゅせき 酒石 Weinstein m. -(e)s, -e ‖ 酒石英 Weinsteinrahm m. -(e)s/酒石酸 Weinsteinsäure f. -n.

しゅせん 守戦 Defensivkrieg (Verteidigungs-) m. -(e)s, -e.

しゅせんど 守銭奴 Geizhals m. -es, ∵e (-hammel m. -s, -; -hund m. -(e)s, -e); Knauser m. -s, -.

しゅせんろん 主戦論 die Befürwortung (-en) des Kriegs; Jingoismus m. - ‖ 主戦論者 Kriegshetzer m. -s, -; Jingoist m. -en, -en.

じゅそ 呪詛 Fluch m. -(e)s, ∵e; Verdammung f. -en; Verfluchung f. -en; Verwünschung f. -en; Fluchwort n. -(e)s, -e《呪詛のことば》/呪詛する [ver]fluchen⁴; verdammen⁴; verwünschen⁴.

しゅぞう 酒造 das Sake-Brauen*, -s ‖ 酒造家 Sake-Brauer m. -s, -/酒造業 Sake-Brauerei f. -en; Bierbrauerei f. -en《ビール》; [Wein]kelterei f. -en《ワイン》; Brennerei f. -en《火酒》/酒造場 Sake-Brauerei.

しゅぞく 種族 Rasse f. -n; Stamm m. -(e)s, ∵e; Geschlecht n. -(e)s, -er; Gattung f. -en《特に動・植物の》.

しゅたい 主体 Subjekt n. -(e)s, -e/ ...を主体としている hauptsächlich von ³et bestehen* ‖ 主体性 Subjektivität f.

しゅだい 主題 Thema n. -s, ..men (-ta); Gegenstand m. -(e)s, ∵e《対象》/主題の thematisch/主題と変奏曲 Thema und Variationen (pl)/話の主題 Gesprächsthema (-gegenstand) ‖ 主題歌 Hauptschlager (Titel-) m. -s, -/主題発展 die thematische Entwicklung, -en.

じゅたい 受胎 Empfängnis f. ..nisse; Befruchtung f. -en; Schwängerung f. -en/受胎する empfangen*⁴; befruchtet (ge-

じゅたく 受託 Verkündigung Mariä《キリスト教の》.

じゅたく 受託 Verwahrung f. -en; das auf Treu und Glauben Hinnehmen*, -s/受託する in ⁴Verwahrung nehmen*⁴; betraut werden 《mit*》 ‖ 受託人 Verwahrer m. -s, -; Bewahrer m. -s, -; Depositar (Depositär) m. -s, -e; Treuhänder m. -s, -/受託物 Depositum n. -s, ..ten; Verwahrgut n. -[e]s, *er; das anvertraute Gut, -[e]s, -er; das Hinterlegte, -n; das in ⁴Verwahr (Verwahrung) Gegebene*, -n.

じゅだく 受諾 Aufnahme (An-) f. -n; Beistimmung f. -en 《下位の者が》; Einwilligung f. -en; Zustimmung f. -en《上位の者が》. —— 受諾する auf|nehmen⁴ (an|-); ein|willigen 《in⁴》; zu|stimmen³. ‖ 正式受諾 die Aufnahme in vorgeschriebener Form; die offizielle Aufnahme.

しゅだん 手段 Mittel n. -s, -; Weg m. -[e]s, -e; Maßregel f. -n《方策》/最後の手段 das letzte Mittel/あらゆる手段を尽くす alle Mittel an|wenden(*) (versuchen); kein Mittel unversucht lassen*/目的は手段を選ばず Der Zweck heiligt die Mittel./こうなったら私はどんな手段も辞さない Nun ist mir jedes Mittel recht./合法(非合法)の手段 ein erlaubtes (unerlaubtes) Mittel/非常手段(最後の) äußerste (drastische) Mittel/最後(最後の)の手段に訴える zu den äußersten (letzten) ³Mitteln greifen*.

しゅちしゅぎ 主知主義 Intellektualismus m. -/ ‖ 主知主義者 Intellektualist m. -en, -en.

しゅちゅう 手中 ¶ 敵の手中に陥る dem Feind[e] in die Hände fallen*/すべては彼の手中にある Alles liegt in seiner Hand.

しゅちょう 主潮 Hauptströmung f. -en.

しゅちょう 主調 Haupt|ton (Grund-) m. -[e]s, *e.

しゅちょう 主張 Behauptung f. -en; Geltendmachung f. -en; Meinung f. -en 《意見》; Ansicht f. -en 《同上》/主張を曲げない nach|geben*/主張を通す seine Meinung (seinen Standpunkt) durch|setzen/主張を譲らない bei seiner ³Behauptung bleiben* ⓢ; von seiner ³Behauptung nicht ab|gehen* ⓢ. —— 主張する behaupten*; geltend machen⁴/頑固に主張する hartnäckig (steif) behaupten*/権利を主張する sein Recht behaupten/彼はそれをしなかったと主張する Er will es nicht getan haben./彼は自分に罪のないことを Er beteuerte seine Unschuld. ‖ 主張者 Behaupter m. -s, -.

しゅつ 出つ ❶ [計略] Kriegs|pläne (pl) (-list f. -en). ❷ [妖術] Schwarz|kunst (Geheim-; Zauber-)f. *e; Hexerei f. -en; Magie f.; Zauberwesen n. -s/黒魔術を行う Schwarzkunst aus|üben (betreiben*). ❸ [技術] Technik f. -en/[Kunst]fertigkeit f. -en; Kunstgriffe (Hand-) (pl)/話し方には術がある Reden ist eine Kunst! Man muss sich auszudrücken wissen.

しゅつえん 出演 Auftreten n. -s; Erscheinen n. -s; Auftritt m. -[e]s, -e. —— 出演する auf der ³Bühne auf|treten* ⓢ; über die ⁴Bühne ³gehen* ⓢ; spielen 《演じる》; singen* 《歌う》; reden 《演説する》. ‖ 出演者 Darsteller m. -s, -; Schauspieler m. -s, -; der Auftührende*, -n, -n/出演料 Honorar n. -s, -e/初出演 erstes Auftreten, -s; Debüt n. -s, -s/初出演する zum ersten Mal auf|treten*.

しゅっか 出火 der Ausbruch 《-[e]s, *e》 des Feuers; [火事] Feuer n. -s, -/出火する Das Feuer bricht aus./出火の原因を調査する die Ursache 《-n》 des Feuers untersuchen.

しゅっか 出荷 Verschickung f. -en; Versendung f. -en; Verfrachtung f. -en 《船での》; Verschiffung f. -en《同上》.

しゅっかい 述懐 Herzens|ergießung f. -en (-erguss m. -es, *e); Expektoration f. -en; die Schwelgerei 《-en》 in ⁴Erinnerungen; die Erzählung 《-en》 aus dem Gedächtnis 《各懐する sein Herz aus|schütten; ⁴sich expektorieren; aus dem Herzen keine Mördergrube machen; in ³Erinnerungen schwelgen; aus dem Gedächtnis erzählen.

しゅっかん 出棺 ¶ 午前十時出棺 Der Leichenzug wird [vormittags] um 10 Uhr vom Haus[e] abgehen.

しゅつがん 出願 Gesuch n. -[e]s, -e; Ansuchen n. -s, -; Antrag m. -[e]s, *e; Bewerbung f. -en/特許出願中 Das Patent ist angemeldet. —— 出願する ⁴sich melden (bewerben*) 《um⁴》; an|suchen (an|melden) 《um⁴》/発明の特許を出願する eine Erfindung zum Patent an|melden. ‖ 出願期限 Bewerbungszeit f. -en/出願者 Gesuch|steller (Bitt-) m. -s, -; Bewerber m. -s, -.

しゅっきん 出金 [支出] Ausgabe f. -n; [投資] Geldanlage f. -n; Anlegung f. -en; [寄付] Beitrag m. -[e]s, *e; Beisteuerung f. -en. —— 出金する Geld aus|geben* (bei|steuern; bei|tragen*) 《zu³》; Geld an|legen. ‖ 出金額 Beitragssumme f. -n/出金者 der Beisteuernde*, -n, -n/Geldgeber m. -s, -.

しゅっきん 出勤 Anwesenheit f./出勤を命じる jm befehlen*, ins Amt zu gehen/出勤している im Dienst (Amt) sein/今日は出勤日です Heute habe ich Dienst. —— 出勤する zum Dienste gehen* ⓢ; aufs Amt gehen*; an die Arbeit gehen*/彼は毎日九時に出勤する Er geht jeden Tag um 9 Uhr ins Büro (Amt). ‖ 出勤者 der Anwesende*, -n, -n/出勤簿 Anwesenheitsliste f. -n.

しゅっけ 出家 Mönch m. -[e]s, -e; Bonze m. -s, -n; Priester m. -s, -/出家する ¹Mönch (Priester) werden ‖ 出家生活 Mönchsleben n. -s.

しゅっけい 術計 List f. -en; die [heimlichen] Anschläge (pl); Intrige f. -n; Kniff m. -[e]s, -e; Kunstgriff m. -[e]s, -e; Ränke (pl); Schliche (pl); die krummen Wege (pl)/術中に陥る überlistet werden 《von jm》; in eine Falle geraten* (fallen* ⓢ).

しゅつげき 出撃 Ausfall m. -[e]s, *e/出撃す

aus|fallen*; einen Ausfall machen.

しゅっけつ 出血 Blutfluss m. -es; [Ver]blutung f. -en; Bluthusten m. -s/出血多量のため wegen übermäßiger ²Blutung/出血を止める das Blut stillen. ― 出血する bluten; Blut fließt aus. ‖ 内出血 die innere Blutung.

しゅつげん 出現 Erscheinen n. -s; Auftreten n. -s; Erscheinung f. -en. ― 出現させる zum Vorschein bringen*⁴; erscheinen lassen*⁴ ― 出現する erscheinen* ⓢ; auf|treten* ⓢ; zum Vorschein kommen* ⓢ; sichtbar werden.

じゅつご 術語 Terminologie f. -n; Kunst‐sprache (Fach‐) f.; Kunstausdrücke (Fach‐) ⟨pl⟩.

じゅつご 述語 [文法] Prädikat n. -[e]s, -e ‖ 述語文 Prädikatsatz m. -es, ⸚e.

しゅっこう 出港 Abfahrt f. -en ‖ 出港する ab|fahren* (ab|reisen) ⟨von³⟩; (einen Hafen) verlassen*; aus|laufen* ⓢ ⟨aus³⟩. ‖ 出港停止 Embargo m. -s; [Schiffs‐] beschlagnahme (Sperre) auf|heben*/出港手続 Klarierungsspesen ⟨pl⟩/出港手続 Klarierung f. -en/出港手続をする ein Schiff klarieren/出港免状 Klarierungsschein m. -[e]s, -e.

しゅっこう 出航 Abfahrt f. -en; Auslauf m. -[e]s, ⸚e ‖ 出航する ab|fahren* ⓢ ⟨von³⟩; aus|laufen* ⓢ ⟨aus³⟩. ⇨しゅっぱん (出帆).

しゅっこう 出講する eine Vorlesung ⟨-en⟩ halten* ⟨大学で⟩.

じゅっこう 熟考 die reifliche Erwägung, -en (Überlegung, -en); das tiefe Nachsinnen*, -s; die sorgfältige Reflexion, -en/熟考の結果 nach reiflicher Erwägung (Überlegung) zu dem sorgfältig erwogen (überlegt) worden ist. ― 熟考する reiflich erwägen* (⸚überlegen*⁴); ⁴sich besinnen* ⟨über⁴⟩; grübeln ⟨über⁴⟩; [nach‐] sinnen* ⟨über⁴⟩; reflektieren ⟨über⁴⟩; spekulieren ⟨über⁴⟩.

しゅつごく 出獄 Entlassung (f. -en) [aus den ³Gefängnis]/出獄する aus dem Gefängnis entlassen werden; das Gefängnis verlassen* ‖ 出獄人 der entlassene Sträfling, -s, -e/仮出獄 die vorläufige (bedingte) Entlassung, -en.

じゅっさく 術策 List f. -en; Listigkeit f. -en/Kunstgriff m. -[e]s, -e; Pfiffigkeit f.; Schlich m. -[e]s, -e; [Spitz‐]findigkeit f.-en ‖ 術[中]tücke f. -n; Überlistung f. -en/術策に富む ränkevoll; abgefeimt; durchtrieben; hinterlistig; pfiffig; ränkevoll; [heim]tückisch; verschlagen; 術策を弄(ろう)する allerlei Listen (Kunstgriffe) an|wenden*; zu allerlei Listen (Kunstgriffen) greifen*.

しゅっさつ 出札 Fahrkartenausgabe f. -n ‖ 出札係 Fahrkartenverkäufer m. -s, -/出札口 [Fahrkarten]schalter m. -s, -.

しゅっさん 出産 Geburt f. -en; Entbindung f. -en; Niederkunft f. ⸚e. ― 出産する gebären*; von einem Kind entbunden werden ‖ 出産祝い Geburtsfeier f. -n/出産休暇 Wöchnerinurlaub m. -en/出産制限 Geburtenbeschränkung f. -en/出産届 Geburtsanzeige f. -n/出産届をする die angelegte Summe; Beitragsanteil m. -[e]s, -e/出資者 Anleger m. -s, -; der Beitragende*, -n, -n/出資法 Beitragsgesetz n. -es.

しゅっし 出仕する im Dienst sein; in den Dienst treten* ⓢ.

しゅっしょ 出所 ❶ [本源] Quelle f. -n; Ursprung m. -[e]s, ⸚e/出所の確かな aus guter (sicherer) ³Quelle/噂の出所を尋ねて nach dem Ursprung des Gerüchtes forschen. ❷ [出獄] Entlassung f. -en.

しゅつじょう 出場する [参加する] ⁴sich beteiligen ⟨an³⟩/オリンピック競技に出場する an den ³Olympischen ³Spielen teil|nehmen* ‖ 出場者 Teilnehmer m. -s, -; der Beteiligte*, -n, -n.

しゅっしょく 出色の hervorragend; ausgezeichnet; auffallend.

しゅっしょしんたい 出処進退 Verhalten n. -s; Benehmen n. -s; Haltung f. -en/出処進退を決める ⁴sich über seine Haltung entscheiden*.

しゅっしん 出身校 Alma Mater f./...の出身の aus³ ... (stammend)/どこの出身ですか Woher stammen Sie? ‖ 出身地 Geburtsort m. -[e]s, -e; Heimatsort/大学出身者 der Graduierte* (Promovierte*), -n, -n.

しゅつじん 出陣する ins Feld (zu ³Feld) ziehen* ⓢ; in die Schlacht ziehen* (gehen* ⓢ).

しゅっすい 出水 Flut f. -en; Überschwemmung f. -en; Überflutung f. -en; Hochwasser n. -s, -/出水する fluten ⓗ, ⓢ; überschwemmt (überflutet;überflossen) werden/町は至る所出水した Die Stadt wurde überall überschwemmt.

しゅっせ 出世 das Emporkommen*, -s/出世がはやい schnell empor|kommen* ⓢ; schnelle Karriere machen. ― 出世する empor|kommen*; vorwärts kommen* ⓢ; es weit bringen*; sein ⁴Glück machen. [昇進する] befördert werden ⟨zu³⟩/彼は取締役に出世した Er wurde zum Direktor befördert./彼は出世しないだろう Er wird es zu nichts bringen.

しゅっせい 出征 Feldzug m. -[e]s, ⸚e/出征する ins Feld ziehen* (zu ³Feld ziehen*; in die Schlacht [-en] ziehen* (gehen* ⓢ) ‖ 出征軍 die Armee ⟨-n⟩ im Feld/出征軍人, der Soldat ⟨-en⟩ im Feld.

しゅっせき 出席 Anwesenheit f.; Gegenwart f.; Beiwohnung f. -en/出席者の名前 die Namen ⟨pl⟩ verlesen*. ― 出席する anwesend (gegenwärtig; zugegen) sein

しゅっそ 《bei³》; bei|wohnen³; besuchen⁴/会議に出席する der ³Versammlung bei|wohnen/講義に出席する die Vorlesung besuchen/どうか御出席いただけませんか Wollen Sie uns mit Ihrer Anwesenheit erfreuen? ‖ 出席者 der Anwesende*, -n, -n; Besucher m. -s, -/出席数 Frequenz f. -en; Besucherzahl f. -en/出席日数 Anwesenheitszahl f. -en/出席簿 Anwesenheits|liste (Präsenz-) f. -n.

しゅっそ 出訴する eine Klage erheben* (an|stellen) 《gegen²》; prozessieren 《mit³》 ‖ 出訴人 [Ver]kläger m. -s, -; der Prozessierende*, -n, -n.

しゅったい 出来する fertig werden (sein); vollendet sein; [起こる] geschehen* ⟨s⟩; ⁴sich ereignen; statt|finden*; entstehen*.

しゅつだい 出題する eine Frage ⟨-n⟩ auf|geben* ⟨jm⟩ ‖ 出題者 Aufgeber m. -s, -.

しゅったつ 出立 ⇒しゅっぱつ.

しゅったんりょう 出炭量 die Fördermenge der Kohle.

じゅっちゅう 術中 ¶ 敵の術中に陥る vom Feind⟨e⟩ überlistet werden; in die Falle (Schlinge) des Feindes gehen* (geraten*) ⟨s⟩; dem Feind⟨e⟩ auf den Leim gehen*.

しゅっちょう 出超 eine aktive Handelsbilanz ⟨-en⟩.

しゅっちょう 出張 Dienst|reise (Amts-; Geschäfts-) f. -n. ── 出張する eine Dienstreise (Amtsreise) machen 《nach³》; in ³Amtsgeschäften reisen* ⟨s⟩ 《nach³》/出張を命ぜられる den Befehl erhalten*, eine Dienstreise zu machen. ‖ 出張員 der Geschäfts|reisende* (Handlungs-), -n, -n/出張教授 die Stundengeben* ⟨-s⟩ außer dem Haus⟨e⟩/出張所 Zweig|anstalt f. -en ⟨-geschäft n. -⟨e⟩s, -e; -amt n. -⟨e⟩s, ¨er⟩/出張停止 Spielsperre f. -n ⟨von 4 Wochen 四週間⟩/出張旅費 Reisekosten ⟨pl⟩.

しゅってい 出廷 das Erscheinen* vor ³Gericht/出廷する ⁴sich vor ⁴Gericht stellen; vor ³Gericht erscheinen* ⟨s⟩/出廷しない場合は im Fall des Nichterscheinens.

しゅってん 出典 die (literarische) Quelle, -n/出典を挙げる die Quelle an|geben*.

しゅっとう 出頭 Anwesenheit f.; Gegenwart f.; Erscheinen n. -s; Erscheinung f. -en; Besuch m. -s. ── 出頭する erscheinen* ⟨s⟩; ⁴sich stellen (melden; ein|finden*)/本人が出頭する persönlich erscheinen*/法廷に出頭する vor ³Gericht erscheinen*; ⁴sich vor ⁴Gericht stellen. ‖ 出頭命令 Erscheinungsbefehl m. -⟨e⟩s, -e.

しゅつどう 出動する ab|marschieren ⟨s⟩; ab|fahren* ⟨s⟩; ins ³Feld ziehen* ⟨s⟩; Bereit gehen* ⟨s⟩/出動を命じる auf|bieten*⁴; auf|rufen*⁴; mobilisieren⁴ ⟨動員⟩.

しゅつにゅう 出入 ❶ Ein- und Ausgang m. -⟨e⟩s, ¨e; Ein- und Austritt m. -⟨e⟩s, -e; Kommen* und Gehen*, des – und –s/出入する ein- und aus|gehen* ⟨s⟩; ein- und aus|treten* ⟨s⟩; verkehren; häufig besuchen⁴ ⟨頻繁に⟩/出入を許されている ⟨freien⟩ Zutritt haben ⟨bei jm⟩. ❷ [出納] Einnahme ⟨f. -n⟩ und Ausgabe ⟨f. -n⟩.

‖ 出入口 Eingang m. -⟨e⟩s, ¨e ⟨入口⟩; Ausgang m. -⟨e⟩s, ¨e ⟨出口⟩.

しゅつば 出馬する ❶ aus|reiten* ⟨s⟩. ❷ [自ら出る] persönlich gehen* (auf|treten*) ⟨s⟩; als ¹Kandidat auf|treten* ⟨立候補⟩.

しゅっぱつ 出発 Abreise f. -n; Abfahrt f. -en ⟨乗り物による⟩; Start m. -⟨e⟩s, -s; Abmarsch m. -⟨e⟩s, ¨e ⟨軍隊の⟩. ── 出発する ab|reisen ⟨s⟩; ab|fahren* ⟨s⟩; starten ⟨h,s⟩; ab|marschieren ⟨s⟩; ⁴sich auf den Weg (die Reise) machen/列車は午前八時東京を出発します Der Zug fährt um 8 Uhr vormittags von Tokio ab./今晩私たちは大阪へ出発します Heute Abend reisen wir nach Osaka ab. ‖ 出発時間 Abfahrtszeit f. -en/出発点 Abfahrtpunkt m. -⟨e⟩s, -e; Startplatz m. -es, ¨e; Ausgangspunkt m. -⟨e⟩s, -e.

しゅっぱん 出版 Herausgabe f. -n; Veröffentlichung f. -en; Publikation f. -en; Edition f. -en. ── 出版する heraus|geben*⁴; veröffentlichen⁴; publizieren⁴; erscheinen lassen*⁴/その本は昨年出版された Das Buch erschien im letzten Jahr. ‖ 出版界 Verlagswelt f. -en/出版業 Verlag m. -⟨e⟩s, -e; Verlags|geschäft n. -⟨e⟩s, -e ⟨-⟨buch⟩handel m. -s, ¨⟩/出版契約 Verlagskontrakt m. -⟨e⟩s, -e/出版権 Verlagsrecht n. -⟨e⟩s, -e/出版社 Verlag m. -⟨e⟩s, -e/出版者 Herausgeber m. -s, -; Verleger m. -s, -/出版部数 Auflage f. -n/出版物 Verlags|werk n. -⟨e⟩s, -e ⟨-artikel m. -s, -/⟩/出版目録 Verlagskatalog m. -⟨e⟩s, -e/記念出版 Jubiläumsausgabe f. -n/限定出版 die beschränkte Publikation, -en/自費出版 die Publikation ⟨-en⟩ auf eigene Rechnung/予約出版 Subskriptionsausgabe f. -n.

しゅっぱん 出帆 Abfahrt f. -en; das Abesegeln*, -s ⟨帆船の⟩. ── 出帆する ab|fahren* ⟨s⟩; ab|schiffen ⟨s⟩; ab|segeln ⟨s⟩ ⟨帆船が⟩/船はいつ出帆しますか Wann fährt das Schiff ⟨ab⟩? ‖ 出帆旗 ⟨海⟩ Abfahrtsflagge f. -n/出帆港 Abfahrtshafen m. -s, ¨/出帆日 Abfahrtstag m. -⟨e⟩s, -e.

しゅっぴ 出費 Ausgabe f. -n; [費用] Kosten ⟨pl⟩; [雑費] Unkosten ⟨pl⟩/出費する Geld an|legen* ⟨in³⟩/今月は出費が多かった Diesen Monat hatte ich viele Ausgaben./出費が嵩む Die Kosten nehmen zu.

しゅっぴん 出品 Ausstellung f. -en; Ausstellung f. -en. ── 出品する aus|stellen⁴; zur ³Schau stellen⁴. ‖ 出品者 Aussteller m. -s, -/出品物 Ausstellungsgegenstand m. -⟨e⟩s, ¨e/出品目録 Ausstellungskatalog m. -⟨e⟩s, -e.

しゅっぺい 出兵 die Absendung ⟨-en⟩ der ²Truppe/出兵する ⁴Truppen ⟨pl⟩ ab|senden*.

しゅつぼつ 出没する erscheinen* ⟨s⟩; auf|treten* ⟨s⟩; ⁴sich [oft] zeigen; [幽霊が] um|gehen* ⟨s⟩; spuken.

しゅっぽん 出奔する fliehen* ⟨s⟩; entlaufen* ⟨s⟩; durch|gehen* ⟨s⟩; ⁴sich in die Flucht geben* (begeben*); ⁴sich heimlich davon|machen ‖ 出奔者 Flüchtling m. -s,

–e; Durchgänger *m.* –s, –.

しゅつらん 出藍の誉れがある seinen Lehrer übertreffen*.

しゅつりょう 出漁する zum Fischfang (Fischen) aus|fahren* [s].

しゅつりょく 出力 Leistung *f.* –en; Output *m.* –s, –s. ⇨アウトプット.

しゅつろ 出路 Ausfahrt *f.* –en.

しゅと 首都 Hauptstadt *f.* ⸚e.

しゅとう 種痘 〔Pocken〕impfung *f.* –en; Einimpfung *f.* –en／種痘済みの geimpft. ── 種痘をする impfen 〔gegen ⁴Blattern (Pocken)〕《*jn*》; die Blattern (Pocken) impfen 《*jm*》／種痘を受ける ⁴sich impfen lassen*. ‖ 種痘医 Impfarzt *m.* –es, ⸚e; Impfer *m.* –s, –／種痘証 Impfschein *m.* –〔e〕s, –e／種痘針 Impfnadel *f.* –n／強制種痘 Impfzwang *m.* –〔e〕s.

しゅどう 手動 Handantrieb *m.* –〔e〕s, –e ‖ 手動ブレーキ Handbremse *f.* –n.

しゅどう 主動的立場をとる die Hauptrolle (eine führende Rolle) übernehmen* (spielen); die Initiative ergreifen*.

じゅどう 受動 Passivität *f.*; die passive Haltung, –en; das passive Verhalten, –s／受動的 passiv; leidend ‖ 受動喫煙者 passiver Raucher, –s, –／受動態〘文法〙Passiv *n.* –s; Leideform *f.* –en.

しゅどうけん 主導権 Führerschaft *f.*; Führung *f.* 《*über*⁴》; Initiative *f.* 《イニシアチブ》.

しゅとく 取得 Erwerbung *f.* –en; Erwerb *m.* –〔e〕s, –e／取得する erwerben*⁴; erlangen⁴ ‖ 取得者 Erwerber *m.* –s, –／取得税 Erwerbssteuer *f.* –n.

しゅどく 酒毒 Alkoholvergiftung *f.* –en.

じゅなん 受難 Leiden *n.* –s, –; das Erleiden* 《–s》 des Schmerzes; das Dulden*, –s／キリストの受難 die Passion (das Leiden) Christi／キリスト受難劇 Passionsspiel *n.* –〔e〕s, –e ‖ 受難週 Karwoche *f.* –n／受難日 Karfreitag *m.* –〔e〕s, –e.

ジュニア Junior *m.* –s, –en.

しゅにく 朱肉 die rote Stempelfarbe, –n.

じゅにゅう 授乳 das Säugen*, –s; das Stillen*, –s; das mit ³Milch Ernähren*, –s／授乳する säugen⁴; stillen⁴; einem Säugling〔e〕 die Brust geben*; mit ³Milch ernähren⁴ ‖ 授乳期 Säuge¦zeit *f.* –en (–periode *f.* –n).

しゅにん 主任 der verantwortliche Leiter, –s, –／ドイツ語の主任 der Hauptlehrer 《–s, –》 der deutschen ²Sprache ‖ 主任技師 Hauptingenieur *m.* –s, –e／主任教師(クラス担任) Klassenlehrer *m.* –s, –／会計主任 Hauptzahlmeister *m.* –s／独文科主任教授 der Leiter 《–s, –》 des germanistischen Seminars／編集主任 der verantwortliche Schriftleiter, –s, –.

しゅぬり 朱塗りの rot lackiert／朱塗りの器 die rote Lackarbeit, –en.

しゅのう 首脳 Seele *f.* –n; Haupt *n.* –〔e〕s, ⸚er; Führer *m.* –s, –; Leiter *m.* –s, –; Spitze *f.* –n 《首脳部の意にも》 ‖ 首脳会談 die Konferenz 《–en》 auf höchste Ebene; [国際間の] Gipfelkonferenz *f.* –en／党首脳 Parteiführer *m.* –s, –.

じゅのう 受納 Annahme *f.* –n; Empfang *m.* –〔e〕s, ⸚e／受納する an|nehmen*⁴; empfangen*⁴.

しゅはん 主犯 Hauptverbrechen *n.* –s, – 《犯罪》; Haupttäter *m.* –s, – 《犯人》.

しゅはん 首班 《内閣の》 Kabinetts¦chef (Regierungs–) *m.* –s, –s; Regierungsoberhaupt *m.* –〔e〕s, ⸚er.

じゅばん 襦袢 〔Herren〕hemd *n.* –〔e〕s, –en; 〔Damen〕hemdbluse *f.* –n.

しゅひ 種皮〘植〙Samen¦schale *f.* –n (–haut *f.* ⸚e).

しゅび 守備 Verteidigung *f.* –en 《防衛》; Besatzung *f.* –en 《駐屯》／守備をする verteidigen⁴; garnisonieren⁴; besetzt halten*⁴; bewachen⁴ 《監視する》 ‖ 守備隊 Garnison *f.* –en; Besatzung *f.* –en.

しゅび 首尾 ❶ [初めと終わり] Anfang und Ende, –〔e〕s und –s／首尾一貫した folgerichtig; konsequent／首尾一貫して durchweg; folgerichtig; konsequenterweise. ❷ [結果] Ergebnis *n.* ..nisses, ..nisse; Folge *f.* –n; Resultat *n.* –〔e〕s, –e; Erfolg *m.* –〔e〕s, –e／首尾よく glücklich; mit Erfolg. ‖ 上(不)首尾 ein guter (schlechter) Erfolg／万事上首尾だった Alles ist gut gegangen.

じゅひ 樹皮 〔Baum〕rinde *f.* –n; Borke *f.* –n／樹皮をはぐ entrinden⁴ (ab|rinden⁴) 《einen Baum》.

しゅひつ 主筆 Chefredakteur *m.* –s, –e; Schriftleiter *m.* –s, –.

しゅひつ 朱筆 Rotstift *m.* –〔e〕s, –e／朱筆を入れる 〔mit einem Rotstift〕 verbessern⁴ (korrigieren⁴).

しゅびょう 種苗 Saatgut *n.* –〔e〕s; Sämling *m.* –s, –e.

じゅひょう 樹氷 Rauh¦frost *m.* –〔e〕s, ⸚e (–reif *m.* –〔e〕s).

しゅひん 主賓 Ehrengast *m.* –〔e〕s, ⸚e／…を主賓として晩餐会を催す *jm* zu ³Ehren ein Abendessen geben*.

しゅふ 主婦 Hausfrau *f.* –en ‖ 主婦団体 Hausfrauenverein *m.* –〔e〕s, –e／主婦連合会 Hausfrauenbund *m.* –〔e〕s.

しゅふ 首府 Haupt¦stadt (Residenz–) *f.* ⸚e; Metropole *f.* –n.

しゅぶ 主部 Hauptteil *m.* –〔e〕s, –e.

シュプレヒコール Sprechchor *m.* –〔e〕s, ⸚e.

しゅぶん 主文 ⇨ほんぶん(本文);〘文法〙Hauptsatz *m.* –es, ⸚e.

じゅふん 受粉〘植〙Bestäubung *f.* –en.

しゅべつ 種別 Klassifikation *f.* –en; Klassifizierung *f.* –en／種別する klassifizieren⁴.

しゅほ 酒保 Kantine *f.* –n; Soldatenschenke *f.* –n.

しゅほう 手法 Technik *f.* –en.

しゅほう 主砲 Hauptgeschütz *n.* –es, –e.

しゅぼうしゃ 首謀者 Rädelsführer *m.* –s, –; Anstifter *m.* –s, –; Anführer *m.* –s, –.

しゅみ 趣味 Geschmack *m.* –〔e〕s; 〔Geschmacks〕sinn *m.* –〔e〕s, –e; [興味] Interesse *f.* –n; [道楽] Hobby *n.* –s, –s／趣味の人 der Mann 《–〔e〕s, ⸚er》 von ³Geschmack; [道楽を持った人] Hobbyist *m.*

シュミーズ [Frauen]hemd n. -[e]s, -en.

しゅみょう 寿命 die [vom Schicksal bestimmte] Lebensdauer; die natürliche Lebensspanne / 寿命が縮まる die Lebensdauer wird jm verkürzt; bis zu ³Tod[e] erschreckt werden (びっくりする)/寿命が延びる die Lebensdauer wird jm verlängert; neues Leben schöpfen sein Leben noch [um] ein paar Jahre verlängern/寿命が短い kurzlebig (von kurzer Lebensdauer) sein; kein langes Leben genießen*/寿命が長い langlebig (von langer Lebensdauer) sein; ein langes Leben genießen*; ein hohes Alter erreichen.

しゅむ 主務大臣 der zuständige Minister, -s, -‖主務官庁 die zuständige Behörde, -n/主務省 das zuständige Ministerium, -s, ..rien.

しゅもく 種目 Artikel m. -s, -/〔項目〕; Sorte f. -n./〔品種〕; Nummer f. -n; Disziplin f. -en〔競技の〕.

しゅもく 撞木 der hölzerne Glockenschlägel, -s, -.

しゅもく 樹木 Baum m. -[e]s, ¨e‖樹木学 Dendrologie f.; Baumkunde f./樹木学者 Dendrologe m. -n, -n; Baumforscher m. -s, - (-kenner m. -); der Baumkundige*. -n, -n.

しゅもん 呪文 Bann|formel (Beschwörungs-; Zauber-) f. -n (od. -spruch m. -[e]s, ¨e; -worte n. -[e]s, -e)/呪文を唱える Bannformeln (pl) [undeutlich] vor ⁴sich hin murmeln.

しゅやく 主役 Hauptrolle f. -n; 〔男〕Hauptdarsteller m. -s, -; Held m. -en, -en; 〔女〕Hauptdarstellerin f. ..rinnen; Heldin f. ..dinnen/主役を演じる die Hauptrolle spielen/ある人を主役にする jm eine Hauptrolle geben*.

しゅよ 授与 Verleihung f. -en; Austeilung f. -en; Erteilung f. -en; Zuerkennung f. -en/授与する verleihen*³⁴; aus|teilen⁴ (unter ³/⁴); erteilen*⁴; zu[er]kennen*³⁴ ‖卒業証書授与式 die Verleihungszeremonie (-n) der Abgangszeugnisse; Abgangsfeier f. -n.

しゅよう 主要な hauptsächlich; wesentlich; vorzüglich; vornehm; wichtig; Haupt-‖主要産業 Schlüsselindustrie f. -n/主要産物 Hauptprodukt n. -[e]s, -e/主要人物 Hauptperson f. -en/主要部門 Hauptfach n. -[e]s, ¨er/主要目的 Hauptzweck m. -[e]s, -e.

しゅよう 腫瘍 Tumor m. -s, -en; Geschwulst f. ¨e.

しゅよう 需要 Bedarf m. -[e]s; Nachfrage f. -n; Kaufwunsch m. -[e]s, ¨e/需要を満たす den Bedarf (die Nachfrage) decken; einen Kaufwunsch befriedigen; der ³Nachfrage entsprechen*/需要がある bedürfen*²; begehren⁴; [er]fordern⁴; verlangen⁴; wünschen⁴ ‖需要過多 der übermäßige Bedarf/需要供給 Angebot (n. -[e]s, -e) und Nachfrage/需要者 Konsument m. -en, -en; Abnehmer m. -s, -; Käufer m. -s, -; Verbraucher m. -s, -/需要充足 Bedarfsdeckung f. -en.

しゅら 修羅の巷 Kampfszene f. -n.

ジュラルミン Duralumin n. -s.

しゅらん 酒乱 die betrunkene Raserei, -en; der lärmende Trinker, -s, - 〔酒乱の人〕.

じゅり 受理する an|nehmen*⁴ (auf-); entgegen|nehmen*⁴; in Empfang nehmen*⁴.

しゅりけん 手裏剣を投げる ein Dolchmesser (n. -s, -) werfen* (nach³).

じゅりつ 樹立する errichten⁴; auf|richten⁴; auf|stellen⁴; [be]gründen⁴; bilden⁴; ein|setzen⁴; entstehen lassen*⁴; errichten⁴; etablieren⁴; fundieren⁴; ins Leben rufen*⁴; stiften⁴/新政府を樹立する eine neue Regierung bilden (errichten; ins Leben rufen*).

しゅりゅう 主流 Hauptstrom m. -[e]s, ¨e ‖主流派 die leitende Faktion (-en) einer Partei 〔政党の〕.

しゅりょう 狩猟 Jagd f. -en/狩猟に行く auf die Jagd gehen*回/狩猟家 Jäger m. -s, -; Jagdfreund m. -[e]s, -e/狩猟期 Jagdzeit f. -en/狩猟禁止期 Schonzeit f. -en/狩猟区 Jagd|bezirk m. -[e]s, -e (-gebiet n. -[e]s, -e)/狩猟服 Jagdkleid n. -[e]s, -er/狩猟法 Jagdgesetz n. -es, -e/狩猟免状 Jagdrecht n. -[e]s, -e.

しゅりょう 首領 Haupt n. -[e]s, ¨er; Führer m. -s, -; Leiter m. -s, -.

しゅりょう 酒量が多い(少ない) viel (wenig) trinken*/酒量が増す(減る) immer mehr (weniger) trinken*.

じゅりょう 受領 Empfang m. -[e]s, ¨e; An|nahme (Entgegen-) f. -n. ── 受領する empfangen*⁴; an|nehmen*⁴; entgegen|nehmen*⁴; in ⁴Empfang nehmen*⁴. ‖受領者 Empfänger m. -s, -; der Annehmende* (Entgegennehmende*), -n, -n/受領証 Empfangs|schein m. -[e]s, -e (-bescheinigung f. -en; -bestätigung f. -en); Quittung f. -en.

しゅりょうかん 主猟官 Hof|jäger (Leib-) m. -s, -.

しゅりょく 主力 Hauptmacht f. ¨e; Hauptkräfte (pl)/主力を注ぐ alle Kräfte konzentrieren (auf⁴); seine Kräfte wenden* (auf⁴)‖主力艦 Großkampfschiff n. -[e]s, -e/主力艦隊 Hauptflotte f. -n.

しゅるい 種類 Art f. -en; Sorte f. -n; Gattung f. -en/色々の種類の verschiedenar-

シュレッダー tig; allerlei 〖無変化〗; von allerlei ³Art/よい(わるい)種類 von guter (schlechter) Art/それはどんな種類の本ですか Was für ein Buch ist das? ‖ 種類別 Klassifikation *f.* -en.

シュレッダー Reißwolf *m.* -[e]s, -wölfe/シュレッダーにおける ⁴et in den Reißwolf geben.

しゅれん 手練 Geschicklichkeit *f.*; Gewandtheit *f.*; Fertigkeit *f.* -en; [経験] Erfahrenheit *f.*/手練のある geschickt; gewandt; erfahren; fähig ‖ 手練家 der erfahrene Mann, -[e]s, -wänner; der Sachverständige*, -n, -n.

しゅろ 棕櫚 Palme *f.* -n; Palmbaum *m.* -[e]s, -bäume/棕櫚の葉 Palmblatt *n.* -[e]s, -blätter.

しゅわ 手話 Fingersprache *f.*

じゅわき 受話機 (Telefon)Hörer *m.* -s, -; Empfänger *m.* -s, -; Kopfhörer *m.* -s, -/(頭につける) /受話機をはずす den Hörer aushängen (ab|heben*; auf|nehmen*)/受話機をかける den Hörer auf|legen (ab|hängen)/受話器を耳にあてる den Hörer ans Ohr legen/受話器をつかむ den Hörer ergreifen*.

しゅわん 手腕 Fähigkeit *f.* -en; Tüchtigkeit *f.*; Talent *n.* -[e]s, -e; Geschicklichkeit *f.* -en/手腕のある fähig; tüchtig; talentvoll; geschickt/手腕を見せる seine Fähigkeit zeigen/彼は手腕家だ Er ist ein fähiger Kopf.

しゅん 旬 Jahreszeit *f.*; die beste (rechte) Zeit; —/鰯('ｸ') は今旬(旬はずれ)である Sardinen sind jetzt in (außer) der Saison.

じゅん 順 Reihe[nfolge] *f.* -n; [Aufeinander]folge *f.* -n; Ordnung *f.* -en/順を追って in geregelter Reihe[nfolge]; ordnungsgemäß/ABC 順に alphabetisch; in alphabetischer Reihe[nfolge] (³Ordnung)/順が狂っている außer der Reihe[nfolge] (in ³Unordnung) sein/順を待つ warten, bis man an der Reihe ist (an die Reihe kommt).

じゅん 純な naiv; echt; keusch; makel|los (-flecken-); naturhaft; unschuldig; unvermischt/純な笑顔 das unschuldig (einfältig; naiv) lächelnde Gesicht, -[e]s, -er/純な心の持ち主だ Er hat ein reines Herz. Er ist von reinem Herzen.

じゅんい 順位 Rangordnung *f.* -en; die Reihenfolge (⌐n) nach dem Rang; Wertabstufung *f.* -en.

じゅんえき 純益 Rein|gewinn (Netto-) *m.* -[e]s, -e; Rein|ertrag (Netto-) *m.* -[e]s, -erträge.

じゅんえつ 巡閲 eine Besichtigungs|reise (Inspektions-) (-[e]s) *od.* -runde (-n) machen; einen Besichtigungs|rundgang (Inspektions-) (-[e]s, -e) machen.

じゅんえん 順延する auf die nächste Gelegenheit verschieben*⁴ ‖ 雨天順延 Falls es regnet, wird die Sache auf den nächsten schönen Tag verschoben.

しゅんが 春画 das obszöne (unzüchtige) Bild, -[e]s, -er; Pornographie *f.* -n.

じゅんか 醇化 Läuterung *f.* -en; Veredelung *f.* -en; Verklärung *f.* -en; Idealisierung *f.* -en/醇化した geläutert; veredelt; verklärt; idealisiert/醇化する läutern⁴;

veredeln⁴; verklären⁴; idealisieren⁴.

じゅんかい 巡回 Rundgang *m.* -[e]s, -wänge; Ronde *f.*; Runde *f.* -n. — 巡回する den Rundgang (die Ronde; die Runde) machen; auf Patrouille gehen* [s]; patrouillieren [s.h.]. ‖ 巡回教師(布教師) Wanderlehrer *m.* -s, - (-prediger *m.* -s, -)/巡回講演 1) Wandervortrag *m.* -[e]s, -würträge 2) Vortragsreise *f.* -n/巡回裁判所 das umherziehende Gericht, -[e]s, -e/巡回診療所 Wanderklinik *f.* -en/巡回判事 der umherziehende Richter, -s, -/巡回文庫(図書館) Wander|bibliothek (Zirkular-) *f.* -en.

じゅんかいいん 准会員 das nahezu gleichberechtigte Mitglied, -[e]s, -er; Quasimitglied *n.* -[e]s, -er.

しゅんかしゅうとう 春夏秋冬 Frühling, Sommer, Herbst und Winter; vier Jahreszeiten/春夏秋冬休みなく ein ganzes Jahr.

じゅんかつゆ 潤滑油 Schmieröl *n.* -[e]s, -e.

しゅんかん 瞬間 Augenblick *m.* -[e]s, -e; Moment *m.* -[e]s, -e; Nu *m.* -/瞬間の augenblicklich; momentan/最後の瞬間に: im letzten Augenblick/その瞬間に in dem selben Augenblick/一瞬間に in einem Augenblick; augenblicklich; in einem Nu; im Nu/会った瞬間に彼女だとわかった Ich erkannte sie im selben Moment, als ich sie sah. ‖ 瞬間撮影 Schnappschuss *m.* -es, -e; Augenblicks|aufnahme (Moment-; Schnappschuss-) *f.* -n/決定的(歴史的)瞬間 ein entscheidender (geschichtlicher) Augenblick.

じゅんかん 旬刊の alle zehn Tage erscheinend.

じゅんかん 循環 Um|lauf (Kreis-) *m.* -[e]s; Rotation *f.* -en; Zirkulation *f.* -en. — 循環する um|laufen* [s]; kreisen [h.s]; rotieren; zirkulieren/血液は全身を循環する Das Blut läuft im ganzen Körper um. /血の循環がよくなる Körperliche Bewegung beschleunigt den Blutumlauf. ‖ 循環期 Zyklus *m.* -..len/循環級数 〖数〗 die periodische Progression, -en (Reihe, -n)/循環系統 Blutkreislauf|system (Zirkulations-) *n.* -s, -e/循環小数 〖数〗 der periodische Dezimalbruch, -[e]s, -brüche/循環期 〖数〗 Periode *f.* -n/循環線 Ringbahn *f.* -en; (Bahn)schlinge *f.* -n 《ループ線》/循環道路 Kreisstraße *f.* -n.

しゅんき 春季 Frühlingszeit *f.* -en.

しゅんきはつどうき 春機発動期 Pubertät *f.* -en; Pubertätsreife *f.* -n/春機発動期に達する die Pubertät erreichen; pubertieren.

じゅんぎゃく 順逆 das Richtige* (⌐n) und das Unrichtige* (⌐n) (das Falsche* (⌐n)); was recht und was unrecht ist; Treue (*f.*) und Verrat (*m.* -[e]s).

じゅんきゅう 準急 Eilzug *m.* -[e]s, -würze.

じゅんきょ 準拠する 春機発動期に基|ieren (*auf*³); ⁴sich berufen* (*auf*⁴); ⁴sich gründen (*auf*⁴); folgen³ [s]; ⁴sich richten (*nach*³).

じゅんきょう 順境にある gut d(a)ran sein;

[4]sich in glücklicher (günstiger; vielversprechender; viel versprechender; vorteilhafter) Lage 《-n》 (Situation, -en) befinden*; wohl situiert (gestellt) sein/順境にあっても逆境にあっても ob in guten, ob in schlechten Verhältnissen; ob das Schicksal es gut oder schlecht meint 《mit *jm*》.

じゅんきょう 殉教 Märtyrertum *n*. -s; Martyrium *n*. -s, ..rien; Opfertod *m*. -[e]s, (まれに -e) ‖ 殉教者 Märtyrer *m*. -s, -; Dulder *m*. -s, -; Glaubensheld *m*. -en, -en/殉教者列伝 Märtyrologium *n*. -s, ..gien; die Geschichte 《-n》 der Märtyrer (Dulder; Glaubenshelden).

じゅんぎょう 巡業 Rund¦reise (Gastspiel-; Kunst-) *f*. -n; Tournee *f*. -s (-n).

じゅんきん 純金 das lautere (echte; gediegene; pure; reine; unvermischte) Gold, -[e]s.

じゅんぎん 純銀 echtes (reines; pures) Silber, -s; Echtsilber/純銀の echtsilbern; aus Echtsilber.

じゅんきんちさん 準禁治産 Quasientmündigung *f*. -en ‖ 準禁治産者 der Quasientmündigte*, -n, -n.

じゅんぐり 順ぐりに der [3]Reihe nach (nach der Reihe); abwechselnd; eines* nach dem anderen, wie sich's gehört.

しゅんけつ 俊傑 der hervorragende Mensch, -en, -en.

じゅんけつ 純潔 Keuschheit *f*.; Reinheit *f*.; Jungfernschaft *f*.; der keusche Lebenswandel, -s/純潔を失う der [2]Keuschheit verlustig gehen* [s]; keinen keuschen Lebenswandel mehr führen/純潔な keusch; rein; jungfräulich; einen keuschen Lebenswandel führend.

じゅんけつ 純血 das reine Blut, -[e]s/純血の rein von Blut; reinrassig; vollblütig 《犬・馬の》. ⇨じゅんしゅ(純種).

じゅんけっしょう 準決勝 Vorschlussrunde *f*. -n.

しゅんげん 峻厳な streng; schroff; scharf.

しゅんこう 竣工 Vollendung *f*. -en; Fertigstellung *f*. -en/竣工する vollendet (fertig) sein ‖ 竣工式 Einweihungsfeier *f*. -n.

じゅんこう 巡幸 der [Besichtigungs]rundgang 《-[e]s, ⸗e》 des Kaisers; die kaiserliche Rundreise, -n.

じゅんこう 巡航 das Kreuzen*, -s; das Hin- und Herfahren*, -s/巡航する kreuzen; hin|- und her|fahren* [s] ‖ 巡航船 das kreuzende Schiff, -[e]s, -e.

じゅんこう 巡行 Besichtigungs¦[rund]gang *m*. -[e]s, ⸗e (-reise *f*. -n)/巡行する einen Besichtigungs[rund]gang machen; patrouillieren [s,h].

じゅんこく 殉国 das Sichopfern* 《-s》 (das Sterben*, -s) fürs Vaterland/殉国的 heroisch; patriotisch; [4]sich fürs Vaterland opfernd.

じゅんさ 巡査 Schutzmann *m*. -[e]s, ⸗er (..leute); der Polizeibeamte*, -n, -n; Polizeidiener *m*. -s, -; Polizist *m*. -en, -en; [Polizei]wachtmeister *m*. -s, -; Konstabler *m*. -s, - 《英国の》. ⇨けいかん(警官) ‖ 巡査派出所 Polizei¦wache *f*. -n (-stelle *f*. -n)/巡査部長 Polizeisergeant *m*. -en, -en.

しゅんさい 俊才 der hervorragende Geist, -[e]s, -er (Kopf, -[e]s, ⸗e); der hochbegabte Mensch, -en, -en.

じゅんさつ 巡察する die Runde machen; einen Inspektionsrundgang machen; patrouillieren [h,s] ‖ 巡察船 Inspektions¦schiff *n*. -[e]s, -e (-boot *n*. -[e]s, -e).

しゅんじ 瞬時 ⇨しゅんかん.

じゅんし 殉死 Opfer¦tod (Frei-) *m*. -[e]s, (まれに -e); die Selbsttötung beim Tod[e] seines [Feudal]herrn/殉死する einen Opfertod sterben* [s]; [4]sich beim Tod[e] seines [Feudal]herrn töten; seinem [Feudal-]herrn ins Jenseits folgen [s].

じゅんし 巡視する besichtigen[4]; inspizieren[4]; einen Rundgang machen und nach dem Rechten sehen* ‖ 巡視船 Patrouillenboot *n*. -[e]s, -e.

じゅんじつ 旬日 zehn Tage 《*pl*》; Dekade *f*. -n; Monatsdrittel *n*. -s, -/旬日を出ないで binnen (innerhalb) zehn Tagen; noch ehe zehn Tage verstrichen sind.

じゅんしゃいん 准社員 der tiefer stehende Angestellte*, -n, -n.

じゅんしゅ 遵守 Befolgung *f*. -en; Beobachtung *f*. -en; das Festhalten*, -s/遵守する befolgen[4]; beobachten[4]; fest|halten* 《*an*[3]》.

じゅんしゅ 純種 Vollblut *n*. -[e]s; die reine Abstammung/純種の voll¦blütig (echt-); rasserein; von reiner Abstammung.

しゅんじゅう 春秋 Frühling und Herbst, des - und -[e]s, die -e und -e; [年月] Jahre 《*pl*》; [年齢] Alter *n*. -s, -; Jahre 《*pl*》/春秋に富む noch jung sein; in den besten [3]Jahren sein.

しゅんじゅん 逡巡する zögern; zaudern; schwanken.

じゅんじゅん 諄々として ernstlich; überzeugend; zugleich geduldig und nachdrucksvoll/諄々として説く ein|prägen[34] (-|schärfen[34]); eindringlich zum Herzen sprechen* 《*jm*》; [von der Wahrheit einer Sache] zu überzeugen suchen 《*jn*》.

じゅんじゅん 順々に nacheinander; der Reihe nach.

じゅんじょ 順序 Ordnung *f*. -en; Aufeinander¦folge (Reihen-; Stufen-) *f*. -n; Verfahren *n*. -s, - 《手続き》; Verfahrungs¦art *f*. -en (-weise *f*. -n) 《同上》/順序書き Programm *n*. -s, -e; Plan *m*. -[e]s, ⸗e/順序正しく in guter (schöner) Ordnung; methodisch; planmäßig / 順序立った ordnungsmäßig; systematisch; [wohl]¦gegliedert (-geordnet) / 順序が狂っている außer [3]Ordnung (der Reihenfolge) sein; in [3]Unordnung sein ‖ 順序不同 ordnungswidrig; nicht der Reihe nach.

しゅんしょう 春宵 Frühlingsabend *m*. -s, -e.

しゅんじょう 春情 Geschlechtstrieb *m*. -[e]s, -e; die sinnliche Begierde, -n.

じゅんしょう 准将 der stellvertretende Generalmajor, -s, -e; [陸軍] der stellvertretende Konteradmiral, -s, -e 〈海軍〉.

じゅんじょう 純情な rein von Herzen; in aller Unschuld; treuherzig; naiv.

しゅんしょく 春色 Frühlingslandschaft f. -en.

じゅんしょく 潤色 Ausschmückung f. -en; Floskel f. -n; Schnörkelei f. -en; die (literarische) Verschönerung, -en (Verzierung, -en)/潤色する ausschmücken⁴; mit Floskeln (Schnörkeleien) versehen*⁴; (literarisch) verschönern⁴ (verzieren⁴).

じゅんしょく 殉職 mitten in seiner Pflichterfüllung ums Leben kommen*⁵; in den Sielen sterben*⁵; seiner Berufstätigkeit zum Opfer fallen*⁵.

じゅんじる 殉じる ⁴sich (für die gute Sache) (auf)opfern; ¹Märtyrer der guten Sache werden; einen Märtyrertod sterben*⁵ (für⁴)/国難に殉じる ⁴sich für die bedrängte Vaterland (auf)opfern; Leib und Blut das Vaterland in einer Notlage opfern; für des Vaterlandes Errettung sterben*⁵ ⇒じゅんし(殉死).

じゅんじる 準じる folgen⁻ ⟨s⟩; ⁴sich an|nähern⟨³⟩; ⁴sich an|schließen* ⟨an⁴⟩; entsprechen*³; ⁴sich gleich|stellen⁴; ⁴sich richten ⟨nach³⟩; ⁴sich in ein entsprechendes Verhältnis setzen ⟨zu³⟩/...に準じて gemäß³; in dem Grad(e), wie in (dem; wo(rin)) ...; in Übereinstimmung ⟨mit³⟩; in entsprechendem Verhältnis ⟨zu³⟩.

じゅんしん 純真な kindlich unbefangen; naiv; naturhaft; rein; unverfälscht; unvermischt; 〔方〕währhaft.

じゅんすい 純粋 Reinheit f.; Echtheit f./純粋な rein; echt; pur; unverfälscht; unvermischt; 〔方〕währhaft.

じゅんせい 純正 Reinheit f./純正科学 die reine Wissenschaft, -en/純正哲学 Metaphysik f.

しゅんせつ 浚渫 Baggerung f. -en/浚渫する (aus)baggern⁴ ‖ 浚渫機 Baggermaschine f. -n/浚渫船 Baggerschiff n. -(e)s, -e; Bagger m. -s, -.

じゅんぜん 純然たる rein; absolut; direkt; gänzlich; restlos; total; völlig; vollständig; bis in die Knochen.

しゅんそく 俊足 [馬] das schnelle Pferd, -(e)s, -e; Ross m. -s, -e; [人] Schnellläufer m. -s, -; der Schnellfüßige*, -n, -n; der hervorragende Kopf, -(e)s, -e; der hochbegabte Mensch, -en, -en 〈天才的な人〉.

じゅんたく 潤沢 Überfluss m. -es; Abundanz f.; [Hülle und] Fülle f.; Reichtum m. -s, "er; das Strotzen*, -s; Überfülle f.; Unmenge f. -en/潤沢な überflüssig; abundant; reichlich; strotzend; in Überfülle (Unmenge); vollauf/資金が潤沢だ über ein großes Kapital verfügen; jm stehen riesige Geldmittel zur Verfügung.

しゅんだん 春暖の候 die warme Frühlingszeit, -en.

じゅんちょう 順調 der günstige Verlauf, -(e)s; das glatte Fortkommen, -s; das Gedeihen*, -s/順調な天候 das günstige Wetter, -s, -; das normale Klima, -s, -ta (-s) /順調に günstig; glatt; gut; ruhig; ohne ⁴Stockung (Hindernis; Reibung)/順調な eine Wendung zum Guten nehmen*; ⁴sich an (an|lassen*; einen guten (günstigen) Verlauf nehmen* ‖ 貿易順調 die günstige Außenhandelsbilanz.

じゅんど 純度 Reinheit f.; Reinheitsgrad m. -(e)s, -e.

しゅんとう 春闘 Frühjahrslohnkämpfe (pl) der organisierten Arbeiter.

しゅんどう 蠢動する wimmeln; 〔曲がりくねる〕 ⁴sich winden*; ⁴sich krümmen.

じゅんとう 順当な angebracht; angemessen; füglich; geeignet; naturgemäß; passend; schicklich; zugehörig. —— 順当に angebrachtermaßen; auf angemessene (in angemessener) Weise; in gehöriger Ordnung/順当にいく einen guten Verlauf (Fortgang) nehmen*; glatt vonstatten gehen*⁵/順当にいけば wenn die Dinge einen guten Verlauf (Fortgang) nehmen*; wenn alles glatt vonstatten geht; falls nichts dazwischen kommt.

じゅんなん 殉難 den Märtyrertod sterben*⁵; bei einem Unglück um|kommen* ⟨s⟩; ⁴sich für die (gute) Sache opfern ‖ 殉難者 der den Märtyrertod Gestorbene*, -n, -n; der Verunglückte*, -n, -n 〈災禍の〉.

じゅんのう 順応する ⁴sich an|passen (an|gleichen⁴; assimilieren) ⟨an⁴⟩/環境に順応する ⁴sich den Verhältnissen an|passen; ⁴sich nach den Umständen richten; ⁴sich in sein Milieu ein|leben; mit jedem Wind(e) zu segeln wissen* ‖ 順応性 Anpassungsfähigkeit (Angleichungs-; Assimilierungs-) f. -en.

じゅんぱく 純白の schneeweiß; unbefleckt weiß.

じゅんばん 順番に der ³Reihe nach/順番が来る an die Reihe kommen*⁵; an der Reihe sein.

じゅんび 準備 Vorbereitung f. -en; Anordnung f. -en; Voranstalten (pl); Vorbehandlung f. -en; Vorkehrung f. -en. —— 準備する ⁴sich vor|bereiten ⟨auf⁴; zu³⟩; Vorbereitungen (Voranstalten; Vorkehrungen; Vorsorge) treffen* ⟨auf⁴; zu³⟩; ⁴sich an|schicken (zu³); ein|leiten; in die Wege leiten. ‖ 準備委員 der vorbereitende Ausschuss, -es, -e/ der Vorbereitungskomitee n. -s, -s/準備教育 der vorbereitende Unterricht m. -(e)s, -e/die vorbereitende Erziehung/準備金 Reservefonds m. -, -/Rücklage(kasse) f. -n/準備時代 Vorbereitungsstadium n. -s, ..dien.

じゅんぷう 順風 der günstige (glückliche; vorwärts treibende) Wind, -(e)s, -e/順風に帆をあげる im günstigen Wind(e) das Segel hoch(setzen); mit (vor) dem Wind(e) segeln ⟨s.h⟩.

しゅんぶん 春分 Frühlingsnachtgleiche f.

じゅんぶん 春分の日 der Tag ⟨-(e)s⟩ der Frühlingsnachtgleiche.

じゅんぶん 純分 Feingehalt m. -(e)s; Reinheit f. 《金銀の》; Karat n. -(e)s, -e.

じゅんぶんがく 純文学 die schöne Literatur; Belletristik f.

じゅんぽう 旬報 der alle zehn Tage erscheinende Bericht, -(e)s, -e.

じゅんぽう 遵奉する befolgen⁴; beobachten⁴; ⁴Folge leisten³; gehorchen³.

じゅんぽうせいしん 遵法精神 die Gesinnung ⟨-, -en⟩, die Gesetze zu befolgen; Gesetzestreue f.

じゅんぽうとうそう 順法闘争 Bummelstreik m. -(e)s, -s; Dienst ⟨m. -(e)s, -e⟩ nach Vorschrift.

じゅんぼく 淳朴な einfach; natürlich; prunklos; schlicht; idyllisch 《ひなびた》.

しゅんめ 駿馬 das edle Ross, -es, -e.

じゅんめん 純綿 Reinbaumwolle f.

じゅんもう 純毛 Reinwolle f. -,n.

しゅんよう 春陽 Frühlingssonnenschein m. -(e)s, -e; 《春の時節》 Frühlingszeit f. -en; Frühling m. -s, -e.

じゅんよう 巡洋 Aufklärungsfahrt f. -en; das Kreuzen*, -s/巡洋する kreuzen; eine Aufklärungsfahrt machen ‖ 巡洋艦 Kreuzer m. -s, -.

じゅんよう 準用する nach den nötigen Abänderungen an|wenden⁽*⁾⁴ ⟨*auf*⁴⟩; entsprechend abgeändert übertragen ⟨*auf*⁴⟩.

じゅんらん 巡覧する besichtigen⁴; inspizieren⁴; einen Rundgang machen und nach dem Rechten sehen*.

じゅんり 純理 die reine Vernunft (Theorie), /純理的 Logik f./純理的 rein vernünftig (theoretisch); logisch.

じゅんりょう 純良 Reinheit f.; Purität f.; Unvermischtheit f./純良の rein; pur; unvermischt.

じゅんりょう 順良な gehorsam; folgsam; fried|fertig (-liebend); ordnungsliebend; unterwürfig.

じゅんれい 巡礼 [人] Wallfahrer m. -s, -; Pilger m. -s, -; [行為] Wallfahrt f. -en; Pilgerschaft f./巡礼する wallfahren ⓢ; pilgern ⓢ; nach einem Wallfahrtsort wallen ⓢ.

しゅんれつ 峻烈な streng; hart; scharf; schroff; nachsichtslos/峻烈な批評 die scharfe Kritik, -en.

じゅんれつ 順列 《数》Permutation f. -en; Vertauschung f. -en.

じゅんろ 順路 der normale (gewöhnliche; ordentliche) Weg, -(e)s, -e/順路を(経て) *auf dem normalen Weg*(e); den normalen Weg verfolgend.

しょ 書 ❶ [書いた物] Schrift f. -en; Schriftstück n. -(e)s, -e; das Geschriebene*, -n; Dokument n. -(e)s, -e. ❷ [書道] [Schön-]schreibkunst f.; das Schönschreiben*, -s; [古] Kalligraphie f.; Handschrift f. -en 《筆跡》/書をよくする eine gute Hand schreiben* (haben). ❸ [書簡] Brief m. -(e)s, -e; Schreiben n. -s, -. ❹ [書物] Buch n. -(e)s, ⸚er; Band m. -(e)s, ⸚e; Schrift f. -en; [Schrift]werk n. -(e)s, -e.

しょ 緒につく den ersten Schritt getan haben; im Gang(e) sein; seinen Gang gehen* ⓢ ⟨nehmen*⟩.

じょ 自余 das andere*, -n; die anderen ⟨*pl*⟩; das Übrige*, -n/自余の ander; übrig.

じょ 序 ❶ ⇨じょぶん. ❷ [初め] [An]beginn m. -(e)s; Anfang m. -(e)s, ⸚e; Auftakt m. -(e)s, -e/序の口 Ausgangs|punkt m. -(e)s, -e ⟨-ort m. -(e)s, -e⟩; die erste Stufe, -n; das erste Stadium, -s, ..dien.

じょい 女医 Ärztin f. ..tinnen; der weibliche Arzt, -e.

じょい 叙位 die [feierliche] Einsetzung ⟨-en⟩ in einen Hofrang; Investitur f. ⟨-en⟩ 《僧位の》.

しょいかわ 背負革 Trag|riemen (Schulter-) m. -s, -.

しょいこむ 背負込む auf seine Schultern nehmen*⁴ (laden*⁴); auf ⁴sich nehmen*⁴ 《引き受ける》.

しょいなげ 背負投げを食わす ❶ [柔道] über die Schulter schleudern⁴. ❷ [背信] js ⁴Vertrauen täuschen (missbrauchen).

しょいん 書院 Lesezimmer n. -s, - 《読書室》; Arbeitszimmer n. -s, - 《書斎》; Empfangszimmer n. -s, - 《応接間》; Verlag m. -(e)s, -e 《出版社》.

しよう 枝葉 ❶ die Zweige und Blätter ⟨*pl*⟩. ❷ Neben|sache f. -n 《⸚sächlichkeit f. -en》; Bagatelle f. -n; Geringfügigkeit f. -en; Kleinigkeit f. -en; Lappalie f. -n; das Unwesentliche*, -n/枝葉の nebensächlich; geringfügig; sekundär 《二次的な》; unbedeutend; unwesentlich; unwichtig/枝葉にわたる von der Hauptsache ab|gehen* ⓢ; vom Thema ab|schweifen ⟨ab|kommen* ⓢ⟩; nicht bei der Stange bleiben* ⓢ; vom Hundertsten ins Tausendste kommen* ⓢ; vom Hölzchen aufs Stöckchen kommen*.

しよう 私用 Privat|angelegenheit f. ⟨-sache f. -n⟩; die private (persönliche) Angelegenheit f. -en; Privatgebrauch m. -(e)s, ⸚e/私用で wegen ⟨in⟩ Privatangelegenheiten ⟨*pl*⟩/私用に zum Privatgebrauch. — 私用する zum Privatgebrauch verwenden⁽*⁾⁴; privat (persönlich) gebrauchen⁴; Privatgebrauch machen ⟨*von*³⟩.

しよう 子葉 《植》Keim|blatt (Samen-) n. -(e)s, ⸚er; Kotyledone f. -n.

しよう 使用 Gebrauch m. -(e)s, ⸚e; Anwendung f. -en 《応用》; Benutzung f. -en 《利用》; Verwendung f. まれに -en; Verwertung f. -en/使用できる gebrauchsfähig/使用に供せられている zur Verfügung stehen* ⟨*jm*⟩/使用に供する zur Verfügung stellen⁴ ⟨*jm*⟩. — 使用する gebrauchen⁴; in ⁴Gebrauch nehmen*⁴; Gebrauch machen ⟨*von*³⟩; an|wenden⁽*⁾⁴; zur (in) Anwendung bringen*⁴; benutzen⁴; verwenden(*)⁴; verwerten⁴. ‖ 使用価値 Gebrauchswert *m.* -〔e〕s, -e/使用権 Verwendungsrecht *n.* -〔e〕s, -e/使用者 Arbeit¦geber (Auftrag-) *m.* -s, -/使用窃(せ)盗 Gebrauchsdiebstahl *m.* -〔e〕s, ⸗e/使用人 Arbeitnehmer *m.* -s, -; der Angestellte*, -n, -n/使用法 Gebrauchs¦anweisung *f.* -en (-vorschrift *f.* -en)/使用利益 Gebrauchsinteresse *n.* -s, -n/使用料 die Gebühren《*pl*》.

しよう 仕様 die Art und Weise; Behandlungs¦weise (Darstellungs-) *f.* -n; Methode *f.* -n; Verfahren *n.* -s, -/仕様のない nichtswürdig; hoffnungslos; unwürdig; unverbesserlich《度し難い》; unbrauchbar《使い道のない》; zweck¦los (sinn-)《同上》; unlenkbar《御し難い》/仕様がなしに da man sich gezwungen sah; weil keine andere Wahl übrig blieb; da man nicht anders konnte/おかしくて仕様がなかった Ich konnte nicht umhin zu lachen. ¦ Ich musste einfach lachen./この弊害はなんとか仕様がないものか Ist dem Übel〔stand〕 nicht irgendwie abzuhelfen?

しよう 試用する probieren⁴; versuchen⁴; eine Probe (einen Versuch) machen; probeweise (versuchsweise) gebrauchen⁴/試用の〔ための〕 zur (auf) Probe ‖ 試用びん Probeflasche *f.* -n.

しょう 証 Beweis *m.* -es, -e; Zeugnis *n.* ..nisses, ..nisse ⇨**しょうこ**(証拠)/証として zum Beweis; als Zeugnis《書いたものを》/証する ⇨**しょうめい**(証明).

しょう 性 ❶ Natur *f.* -en; Naturell *n.* -s, -e; die natürliche Anlage, -n; Beschaffenheit *f.* -en; Charakter *m.* -s, -e; Eigenschaft *f.* -en; 〔Gemüts〕art *f.* -en; Temperament *n.* -〔e〕s, -e. ❷ [品質] Qualität *f.* -en/性の知れない品 die Ware《-n》 zweifelhafter Herkunft/性が合う gleichartig (homogen) sein《mit *jm*》; zueinander passen; gut zusammen|stimmen《*mit*³》/性が合わない ungleichartig (heterogen) sein《mit *jm*》; nicht zueinander passen; miteinander unvereinbar sein/性がよい(わるい) von guter (schlechter) Qualität sein/…の性にあう zu|sagen《*jm*》; bekommen* [s]《*jm*》; gelegen sein (kommen* [s])《*jm*》; passen《*jm*》/気候が私の性にあう Das Klima sagt mir zu./それは私の性にあわない Das geht (ist) mir gegen den Strich.

しょう 小 ❶ [*n.*] Kleinheit *f.* ❷ [*a.*] klein; gering; unbedeutend. ‖ 小委員会 Unterausschuss *m.* -es, ⸗e/小工業 Kleingewerbe *n.* -s, -/小都市 Kleinstadt *f.* ⸗e/小なりといえども Obwohl es unbedeutend ist, ...¦ Wenn auch klein, so ... doch.

しょう 将 der Befehlshaber《-s, -》 einer Armee; Truppenführer *m.* -s, -; Feldherr *m.* -n, -en; General *m.* -s, -e (⸗e)/まさに将たる人物だ Er ist der geborene (ein geborener) Feldherr.

しょう 賞 Preis *m.* -es, -e; Belohnung *f.* -en; Lohn *m.* -〔e〕s, ⸗e《褒賞》/賞を与える einen Preis 〔ver〕geben* (zu|erkennen*)《*jm*》; mit einem Preis aus|zeichnen《*jn*》/賞を得る einen Preis davon|tragen* (erhalten*; gewinnen*)/わが社は一等賞を得た Unserer Firma wurde der erste Preis zuerkannt. ¦ Unsere Firma erhielt den ersten Preis. ―― 賞する loben《*jn*》; lob|preisen(*)《*jn*》; rühmen《*jn*》; verherrlichen《*jn*》《賛美する》/賞するに足る lobenswert; löblich; rühmlich. ‖ ノーベル賞 Nobelpreis *m.* -es, -e.

しょう 商 ❶ [商業] Handel *m.* -s; Gewerbe *n.* -s, -; [商人] Kaufmann *m.* -〔e〕s, ..leute; Handelsmann *m.* -〔e〕s, ..leute (まれに ..männer); Händler *m.* -s, -; der Gewerbstreibende*, -n, -n. ⇨**しょうぎょう**. ❷〘数〙 Quotient *m.* -en, -en; Teilzahl *f.* -en.

しょう 章 ❶ [書物などの] Kapitel *n.* -s, -; Abschnitt *m.* -〔e〕s, -e. ❷ [標章] 〔Kenn-〕zeichen (Abzeichen) *n.* -s, -; Marke *f.* -n; Emblem *n.* -s, -e. ‖ 第三章 3 (Drittes) Kapitel; Kapitel 3 (Drei).

しょう 省 ❶ [官庁] Ministerium *n.* -s, ..rien. ❷ [中国の行政区画] Provinz *f.* -en. ‖ 外務省 Außenministerium *n.* -s, ..rien/河南省 die Provinz Honan.

しょう 衝に当たる zuständig sein《*für*⁴; *zu*³》; tonangebend sein《牛耳る》; auf ⁴sich nehmen*⁴; im Brennpunkt stehen*《焦点に立つ》/誰が交渉の衝に当たっているのか Wer steht im Brennpunkt der Verhandlungen?

しょう 称する heißen*; genannt werden; ⁴sich nennen*; den Namen führen; ⁴sich aus|geben*《詐称する *für*⁴; *als*⁴》/病と称して unter dem Vorwand einer Krankheit; 〔eine〕 Krankheit vorschützend/…と称されている man sagt, dass ...; es heißt, dass .../彼は百万長者と称せられている Er wird für einen Millionär gehalten. ¦ Er soll ein Millionär sein.

しょう 背負う ⇨**せおう**.

じよう 滋養 Ernährung *f.* -en; Nahrung *f.* -en/滋養のある nahrhaft; 〔er〕nährend; kräftigend; bekömmlich《身体のためになる》. ⇨**えいよう**.

じょう 上 der (die; das) beste* (erste*; feinste*; höchste*; vollkommenste*), -n, -n/上, 中, 下の三段 die drei Grade: ausgezeichnet, gut, genügend; die erste, zweite, dritte Stufe (Klasse) ‖ 上巻 der erste Band, -〔e〕s, ⸗e; Band I.

じょう 錠〔前〕 Schloss *n.* -es, ⸗er; Verschluss *m.* -es, ⸗e; Vorhängeschloss *n.* -es, ⸗er《南京錠》/錠がかけてある verschlossen (mittels Schlosses zugeschlossen) sein; unter ³Schloss und ³Riegel sein/錠をあける auf|schließen*⁴; mit dem Schlüssel öffnen⁴; erbrechen*⁴《こじあける》/錠をおろす verschließen*⁴; mittels Schlosses zu|schließen*⁴; ein Schloss hängen (legen)《*an*⁴》/錠前付の引出し die Schublade《-n》 (das Schubfach, -〔e〕s, ⸗er) mit einem Schloss; die verschließbare Schublade ‖ 錠前なおし Schlosser *m.* -s, -.

し

じょう 条 ❶ [箇条] Artikel *m.* -s, -; Paragraph *m.* -en, -en; Punkt *m.* -[e]s, -e/平和条約の第五条 der Artikel 5 (der 5. Artikel) des Friedenspakt[e]s (Friedensvertrag[e]s)/条を追って討議する artikelweise (paragraphenweise; punktweise; ⁴Artikel für ⁴Artikel; ⁴Paragraphen für ⁴Paragraphen; ⁴Punkt für ⁴Punkt) besprechen⁴* (diskutieren⁴; erörtern⁴). ❷ [筋] Linie *f.* -n; Streifen *m.* -s, -.

じょう 情 ❶ [感情] das Fühlen*, -s; Gefühl *n.* -[e]s, -e; Gemütsbewegung *f.* -en (情緒); Rührung *f.* -en (同上); Gemüt *n.* -[e]s, -er (情操); Gefühlsausbruch *m.* -[e]s, ⸚e (激情); Leidenschaft *f.* -en (情上) / 情の強い leidenschaftlich; feurig; heißblütig; hitzig/情をこめて gefühlvoll; voll lebhafter ²⁽³⁾Empfindung. ❷ [情愛] Liebe *f.*; [Zu]neigung *f.* -en; Herz *n.* -ens, -en (心情); Mitgefühl *n.* -[e]s, -e (同情); Teilnahme *f.* -n (同上)/情のある(深い, 厚い) warm herzig(gut-); liebevoll; mitfühlend; zärtlich/情のない kalt herzig (hart-); herz los (lieb-); ohne ⁴Mitgefühl; unbarmherzig/情にほだされる kein hin ein können*, mitzufühlen; ⁴sich von Sympathie hinreißen lassen*; seine Sympathie nicht unterdrücken können*/情にもろい zartfühlend; empfänglich; empfindlich; leicht zu rühren; rührsam; sensibel; weichmütig/情に動かされる gefühlskalt; apathisch; gefühl los (leidenschafts-; teilnahms-); unempfindlich; wie abgestorben/情を通じる ein (Liebes)verhältnis haben (*mit³*); eine Liaison (eine Liaison) haben (mit *jm*). ❸ [事情] Umstand *m.* -[e]s, ⸚e; [Sach]lage *f.* -n; Verhältnisse ⟨*pl*⟩/情を明かす über die wahre [Sach]lage Aufschluss gewähren ⟨*jm*⟩; den wirklichen Stand der Dinge entdecken (verraten*) ⟨*jm*⟩.

-じょう -嬢 ¶ 伊藤嬢 Frau (Fräulein) Ito ◆ 二格の代りにふつう von Frau (Fräulein) Ito を用いる ⟨略: Fr. (Frl.)⟩. ⇨さま.

-じょう -帖 ¶ 紙一帖 das Buch ⟨-[e]s⟩ Papier/紙二帖 zwei Buch Papier ◆ Buch は複数にしない.

-じょう -錠 ¶ 薬一錠 eine Tablette ⟨-n⟩ (ein Täfelchen *n.* -s, -) Medizin (Arznei mittel).

-じょう -畳 ¶ 六畳の部屋 das Zimmer ⟨-s, -⟩ von sechs Matten; Sechsmattenzimmer.

じょうあい 情愛 Liebe *f.*; Zuneigung *f.* -en. ⇨じょう(情)❷.

じょうあく 掌握 [Besitz]ergreifung *f.* -en; *Bemächtigung f.* -en; [In]besitznahme *f.* -n; das Ergreifen*, -s/掌握する Besitz ergreifen* ⟨*von*⟩; ⁴sich bemächtigen²; in Besitz nehmen*⁴; ergreifen*; an ⁴sich reißen*⁴.

じょうい 少尉 Leutnant *m.* -s, -s ‖ 海軍少尉 Leutnant zur See/海軍少尉候補生 Seekadett *m.* -en, -en.

じょうい 上位 eine höhere Stellung, -en; ein höherer Rang. -[e]s, ⸚e; Vorrang *m.* -[e]s, ⸚e.

じょうい 譲位 Thronentsagung *f.* -en; Abdankung *f.* -en; Abdikation *f.* -en/譲位する dem Thron[e] (der Krone) entsagen; ab|danken; abdizieren; auf den Thron (auf die Krone) verzichten.

じょうい 攘夷 Fremdenhass *m.* -es; Ausländerhetze *f.*; Chauvinismus *m.* - ‖ 攘夷論 der Grundsatz ⟨-es, ⸚e⟩ des Fremdenhasses (der Ausländerhetze)/攘夷論者 Fremdenhasser *m.* -s, -; der Hetzer ⟨-s, -⟩ gegen Ausländer; Chauvinist *m.* -en, -en.

じょういいんかい 小委員会 Unterausschuss *m.* -es, ⸚e.

じょういぐんじん 傷痍軍人 der Kriegsbeschädigte*, -n, -n.

じょういだん 焼夷弾 Brandbombe *f.* -n.

じょういん 上院 Oberhaus *n.* -es; die erste Kammer; Senat *n.* -[e]s ⟨米・仏の⟩ ‖ 上院議員 das Mitglied ⟨-[e]s, -er⟩ des Oberhauses (der ersten Kammer); Senator *m.* -s, -en ⟨米・仏の⟩.

じょういん 冗員 das über flüssige (-zählige) Personal, -s, -e; die überflüssigen (überzähligen) Angestellten* ⟨*pl*⟩; Supernumerar *m.* -s, -e ‖ 冗員淘汰 die Entlassung ⟨-en⟩ (der Abbau; die Demission, -en; die Entfernung; -en des überflüssigen (überzähligen) Personals.

しょううちゅう 小宇宙 Mikrokosmos *m.* -; die kleine Welt; Kleinwelt *f.*

じょうえい 上映する vor|führen⁴; auf die Leinwand bringen*⁴/その映画は今神田館で上映中だ Der Film läuft jetzt im Kandakan.

しょうえん 硝煙 Pulver dampf *m.* -[e]s, ⸚e (-rauch *m.* -[e]s).

しょうえん 小宴 das kleine (bescheidene) Festessen, -s, -/小宴を催す eine kleine Gesellschaft geben* (haben).

じょうえん 上演する auf|führen⁴; dar|stellen⁴; inszenieren⁴; vor|stellen⁴; auf die Bühne (die Bretter) bringen*⁴ ‖ 上演権 Aufführungs recht (Darstellungs-; Inszenierungs-) *n.* -[e]s, -e/上演中 Das Stück wird eben gegeben.

しょうおう 照応 Übereinstimmung *f.* -en; Entsprechung *f.* -en/照応する überein|stimmen ⟨*mit³*⟩; entsprechen*³.

じょうおう 女王 ⇨じょおう.

じょうおん 常温 die normale Temperatur, -en.

じょうおんき 消音器 Schalldämpfer *m.* -s, -.

しょうか 唱歌 das Singen*, -s ⟨歌うこと⟩; Gesang *m.* -[e]s, ⸚e (歌曲); Lied *n.* -[e]s, -er ⟨同上⟩/唱歌の時間(授業) Gesang stunde *f.* -n (-unterricht *m.* -[e]s, -e).

しょうか 頌歌 Lobgesang *m.* -[e]s, ⸚e; Preislied *n.* -[e]s, -er; Hymne *f.* -n; Ode *f.* -n.

しょうか 商家 Handelshaus *n.* -es, ⸚er; [商店] Geschäftshaus *n.* -es, ⸚er; Laden *m.*

-s, ～; [商人] Kauf|mann (Geschäfts-) m. -[e]s, ..leute.

しょうか 娼家 Bordell n. -s, -e; Freudenhaus n. -es, ~er; Puff m. (n.) -s, -s.

しょうか 消化 Verdauung f. -en. ― 消化する verdauen⁴ / 消化し易い (しにくい) (schwer) verdaulich / この食物は消化し易い(にくい) Diese Speise ist leicht (schwer) zu verdauen. ‖ 消化液 Verdauungs|saft m. -[e]s, ~e (-flüssigkeit f. -en) / 消化器 Verdauungsorgan n. -s, -e / 消化剤 Verdauungsmittel n. -s, - / 消化不良 schlechte Verdauung; Verdauungs|beschwerde f. -n (-störung f. -en) / 彼は消化不良になやんでいる Er leidet an schlechter Verdauung. Seine Verdauung ist gestört. / 消化力 Verdauungskraft f.

しょうか 昇華 Sublimation f. -en / 昇華する sublimieren⁴ / 昇華物 Sublimat n. -[e]s, -e.

しょうか 消火 das Feuerlöschen*, -s. ― 消火する Feuer löschen. ‖ 消火器 Feuerlösch|gerät n. -[e]s, -e (-apparat m. -[e]s, -e); Feuerlöscher m. -s, - / 消火栓 Feuerhahn m. -[e]s, ~e / 消火槽 Löschwasserbehälter m. -s, - / 消火隊 Löschtrupp m. -s, -s; Feuerwehr f. -en / 消火艇 Feuerlöschboot n. -[e]s, -e / 消火用水 Löschwasser n. -s.

しょうか 商科大学 Handelshochschule f. -n.

しょうが 小我 das kleine Ich, -[s], -[s].

しょうが 生姜 Ingwer m. -s.

じょうか 城下 Burgstadt f. ~e / 城下の誓い Kapitulation f. -en; Übergabe f. -n; Waffenstreckung f. -en / 城下の誓いをさせる zur Kapitulation (Übergabe; Waffenstreckung) zwingen⁴ ⟨jn⟩.

じょうか 浄化 Reinigung f. -en; Abklärung f. -en; Verklärung f. -en; das Klären*, -s; Läuterung f. -en. ― 浄化する reinigen⁴; [ab]klären⁴; verklären⁴; läutern⁴. ‖ 浄化運動 Reinigungsbewegung f. -en / 浄化装置 Reinigungseinrichtung f. -en.

じょうか 情歌 Liebes|lied (Minne-) n. -[e]s, -er.

しょうかい 商会 [Handels]firma f. ..men; Kompanie f. -n / ミュラー商会 Müller & Co.

しょうかい 詳解 eine ausführliche Erklärung, -en (Erläuterung, -en). ― 詳解する ausführlich (genau) erklären⁴ (erläutern⁴).

しょうかい 照会 Erkundigung f. -en; Anfrage f. -n / 照会する ⁴sich bei jm erkundigen ⟨über³⟩; bei jm an|fragen ⟨nach³⟩ ‖ 照会状 Erkundigungsschreiben n. -s, -.

しょうかい 紹介 Vorstellung f. -en; Einführung f. -en; Empfehlung f. -en (推薦). ― 紹介する vor|stellen³⁴; bekannt machen* ⟨mit³⟩; ein|führen⁴ / 自分で紹介する ⁴sich vor|stellen³; ⁴sich bekannt machen ⟨mit³⟩ / 田中君を御紹介します Darf ich Sie mit Herrn Tanaka bekannt machen? / Ich möchte Ihnen Herrn Tanaka vorstellen. ‖ 紹介状 Empfehlungs|brief m. -[e]s, -e (-schreiben n. -s, -).

しょうかい 哨戒 Wache f. -n; Bewachung f. -en ‖ 哨戒艦 Wachboot n. -[e]s, -e.

しょうがい 生涯 Leben n. -s, -; Lebensdauer f. (-zeit f. -en); Lebensbahn f. -en (-lauf m. -[e]s, ~e); Lebenstage (pl); Lebzeiten (pl); das ganze Leben / 生涯(あいだ) während seines ganzen Lebens; das ganze Leben lang (hindurch); lebenslänglich; auf lebenslang; auf Lebenszeit; zeitlebens; sein ganzes Leben; sein Leben lang.

しょうがい 渉外の auswärtig ‖ 渉外係 der für auswärtige ⁴Beziehungen zuständige Beamte, -n, -n / 渉外関係 die auswärtige Beziehung, -en (ふつう pl).

しょうがい 傷害 Verletzung f. -en; Beschädigung f. -en / 傷害致死 die Verletzung (-en) mit tödlichem Ausgang / 傷害保険 Unfallversicherung f. -en.

しょうがい 障害[物] Hindernis n. ..nisses, ..nisse; [Be]hinderung (Verhinderung) f. -en; Hemmnis n. ..nisses, ..nisse; Hemmung f. -en; Störung f. -en / 障害物に突き当たる auf Hindernisse stoßen* ⟨bei³⟩ / 障害を排する ein Hindernis überwinden* (beseitigen); Schwierigkeiten (pl) überwinden* / この出来事は我々の商売になんらの障害をもひき起こさないであろう Dieses Ereignis wird für unser Geschäft keinerlei Störung verursachen. ― 障害になる hindern ⟨jn an³ (bei³; in³)⟩; hinderlich sein ⟨jm; für jn⟩; hemmen⁴; hemmend wirken ⟨auf⁴⟩; stören ⟨jn in⁴ (bei³)⟩; verhindern ⟨jn an³⟩; im Weg[e] stehen* (sein) ⟨jm⟩ / この国の河川は交通の障害とはならない Die Flüsse d[ie]s[e]s Landes bilden kein Hindernis für den Verkehr. ‖ 障害物競走 Hinder[nis]lauf m. -[e]s, ~e; das Hindernisrennen*, -s / 馬術の/障害物競走馬場 Hindernisbahn f. -en / 障害物標示灯 Hindernisfeuer n. -s, - / 言語障害 Sprachstörung f. -en / 身体障害者 der Versehrte*, -n, -n.

じょうかい 常会 die gewöhnliche Session (-en) [des Parlaments].

じょうがい 場外 außerhalb eines Raum[e]s (eines Platzes; eines Saal[e]s; Platzes).

しょうかいは 小会派 Splitterpartei f. -en; Fraktion f. -en.

しょうかく 昇格 Rang|erhöhung f. -en (-steigerung f. -en) / 昇格する [im Rang] erhöht werden.

しょうがく 小学 [小学教育] Grundschulbildung f. -en; Elementarunterricht m. -[e]s, -e / [小学校] Grund|schule (Anfänger-; Elementar-; Volks-) f. -n / 小学校教員 Grundschul|lehrer (Elementar-) m. -s, - / 《男》 [-lehrerin f. ..rinnen 《女》] / 小学生 Grund|schüler m. -s, - 《男》 (-schülerin f. ..rinnen 《女》); die Schulkinder (pl) 〔学童〕.

しょうがく 奨学[資金] die Förderung (-en)

しょうがく des Studiums; Studienförderung f. -en ‖ 奨学金 Stipendium n. -s, ..dien; Studienbeihilfe f.; Stipendienfonds m. -, -/奨学金を給与される者は真にこれを必要とする学生に限る Stipendien erhalten nur die Studierenden, die sie wirklich nötig haben. Stipendien sind nur für die Studierenden, die sie wirklich benötigen./奨学金給費生 Stipendiat m. -en, -en.

しょうがく 商学 Handelswissenschaft f. -en (-lehre f.).

しょうがく 小額 eine kleine Summe/小額の金 eine kleine Summe Geld(es) ‖ 小額貨幣 Kleingeld n. -(e)s, -er.

じょうがく 上額 Oberkiefer m. -s, -.

しょうがつ 正月 Januar m. -s, -e 《略: Jan.》;《古》Hartung m. -s, -e; Eismond (Schnee-) m. -s, -e (od. -monat m. -(e)s, -e); Neujahr n. -(e)s, -e; Neujahrstag m. -(e)s, -e 《元旦》.

しょうぐん 将軍 General m. -s, -e (ë); Admiral m. -s, -e《海軍》; Flaggoffizier m. -s, -e《同上》.

しょうかん 商館 Handelshaus (Geschäfts-) n. -es, ër.

しょうかん 哨艦 Wachschiff n. -(e)s, -e (-boot n. -(e)s, -e).

しょうかん 召喚 [Vor]ladung f. -en/召喚する [vor]laden*⁴; zitieren⁴ ‖ 召喚状 Vorladungsschreiben n. -s, -.

しょうかん 召還 Abberufung (Zurück-) f. -en/召還する abberufen*⁴ (zurück|-)/大使を本国に召還された Der Botschafter wurde von seinem Posten abberufen.

しょうかん 償還 Rückzahlung f. -en; Tilgung f. -en/償還する zurück|zahlen⁴; tilgen⁴ ‖ 償還資金 Tilgungsfonds m. -, - (-kasse f. -n).

しょうがん 賞玩する ⁴sich gütlich tun* ⟨an³⟩; ⁴sich ergötzen ⟨an³; über³⟩; Vergnügen haben ⟨an³⟩; ⁴sich weiden ⟨an³⟩.

じょうかん 上官 der Vorgesetzte*, -n, -n; Chef m. -s, -s; der Obere*, -n, -n; Prinzipal m. -s, -e; Vorsteher m. -s, -.

じょうかん 乗艦 an ⁴Bord eines Kriegsschiff(e)s gehen* (-(e)s, -e); ein Kriegsschiff (-(e)s, -e) besteigen*. ⇨じょうせん.

しょうかんしゅう 商慣習 Handelsgebrauch m. -(e)s, ëe (-gewohnheit f. -en)/商慣習上の handelsüblich ‖ 商慣習法 Handelsgewohnheitsrecht n. -(e)s.

じょうかんぱん 上甲板 Oberdeck n. -(e)s, -e; das obere Deck, -(e)s, -e.

しょうき 正気 ein klarer Verstand, -(e)s; Besinnung f.; Bewusstsein n. -s; Nüchternheit f. 《酔っていない状態》/正気である bei ⟨vollem⟩ Verstand ⟨Bewusstsein⟩ sein/正気に返る wieder zu ³sich kommen* ⓢ; wieder zum Bewusstsein (zur Besinnung) kommen* ⓢ/正気を失う den Verstand verlieren*; das Bewusstsein (die Besinnung) verlieren*; verrückt werden 《発狂する》/君それは正気かい Ist dies dein Ernst? Du bist wohl verrückt (nicht recht bei Verstand)?/それは正気の沙汰でない Das ist doch Wahnsinn.

しょうぎ 省議 Ministerialsitzung f. -en (-konferenz f. -en).

しょうぎ 床几 Feldstuhl (Falt-) m. -(e)s, ëe; Hocker m. -s, -; Schemel m. -s, -.

しょうぎ 将棋 Schach n. -s, -s; Schachspiel n. -(e)s, -e/将棋の駒 Schachfigur f. -en (-stein m. -(e)s, -e)/将棋の名人 Schachmeister m. -s, -/将棋の試合 Schachpartie f. -n/将棋の駒を動かす einen Zug tun*《machen》; eine Figur ziehen*/将棋をさす Schach spielen. ¶ 将棋倒しになる einer nach dem anderen fallen* ⓢ ‖ 将棋さし Schachspieler m. -s, -/将棋盤 Schachbrett n. -(e)s, -er/将棋盤の目 [Schach]feld n. -(e)s, -er 《ふつう pl》.

しょうぎ 商議 Verhandlung f. -en; Unterredung f. -en; Beratung f. -en; Besprechung f. -en; Konferenz f. -en《会議》/商議に入る in Verhandlungen [ein]|treten* ⓢ《mit jm》; ⁴sich auf Verhandlungen ein|lassen*《mit jm》/商議は全部打ち切られた Alle Verhandlungen sind abgebrochen. — 商議する verhandeln《mit jm über⁴》; in Verhandlung stehen*《mit jm wegen²⁽³⁾》; ⁴sich unterreden《mit jm über⁴《von³》; ⁴sich beraten*《mit jm über⁴》; konferieren《mit jm über⁴》; eine Konferenz [ab]|halten*. ‖ 商議員 Berater m. -s, -; Ratsversammlung f. -en《一同》/商議中 unter Verhandlung sein; darüber wird gerade verhandelt.

じょうき 上気 das Steigen*《-s》des Bluts in den Kopf; der Blutandrang《-(e)s》zum Kopf; Schwindel m. -s, -/上気する Blut steigt jm in den Kopf; schwind(e)lig werden; es schwindelt《jm》.

じょうき 常規 Norm f. -en; das eigentliche Richtige*, -n; das Maßgebende*, -n.

じょうき 常軌 der normale Kurs, -es, -e; der rechte Weg, -es, -e/常軌を逸せぬ Maß halten*; nicht zu weit gehen* ⓢ; ⁴sich nicht gehen lassen*/常軌を逸する weder Maß noch Ziel kennen*; alle Grenzen ⟨pl⟩《alles Maß》überschreiten*; ⁴sich gehen lassen*; zu weit gehen* ⓢ/常軌を逸した人 der Maßlose*, -n, -n; einer*, der sich nicht in Schranken halten kann.

じょうき 蒸気 Dampf m. -(e)s, ëe; Dunst m. -(e)s, ëe/蒸気をたてる(発生する) Dampf erzeugen ‖ 蒸気圧 Dampfdruck m. -(e)s, ëe/蒸気汽罐(汽機) Dampfkessel m. -s, -/蒸気機関 Dampfmaschine f. -s, -/蒸気機関車 Dampflokomotive f. -, -n/蒸気船 Dampfschiff n. -(e)s, -e/蒸気タービン Dampfturbine f. -n/蒸気暖房 Dampfheizung f. -en/蒸気ポンプ Dampfpumpe f. -n/蒸気力 Dampfkraft f. ëe.

じょうき 上記の obig; oben (vorher; zuvor) gesagt (erwähnt); oben erwähnt.

じょうぎ 定規 ❶ [図画用具] Lineal n. -s, -e; Richtscheit m. -(e)s, -e(r) (-stab m. -(e)s, ëe)/定規で線を引く mittels eines Lineals Linien ziehen*. ❷ [標準] Richt-

じょうぎ schnur f.; Norm f. -en; Standard m. -s, -s.∥雲形定規 Kurvenlineal n. -s, -e/三角定規 Winkellineal n. -s, -e; Zeichenwinkel m. -s, -/T型定規 Handreißschiene f. -n.

じょうぎ 情義 Freundschaft f. -en; Freundschaftsbande 《pl》 /情誼を結ぶ das gute Einvernehmen*, -s; Kameradschaft f. -en; Kollegialität f./情誼に厚い freundschaftlich; herzlich; innig; kameradschaftlich; kollegial; kordial; warmherzig.

じょうきげん 上機嫌 die gute Laune; Aufgeräumtheit f. -en; Frohsinn m. -(e)s (-mut m. -(e)s); Heiterkeit f.; die gehobene Stimmung/上機嫌で in guter Laune; wohl (gut) aufgelegt; frohsinnig; gemut (wohl-); in gehobener Stimmung/上機嫌である in guter Laune; in guter Dinge; in gehobener Stimmung) sein.

しょうきゃく 焼却 Verbrennung f. -en; Einäscherung f. -en/焼却する verbrennen*[4](); einläschern[4] /焼却炉 Verbrennungsofen m. -s, -.

しょうきゃく 償却 Amortisation f. -en; Schuldentilgung f. -en; Rückzahlung f. -en/償却する amortisieren[4]; tilgen[4]; zu-rück|zahlen[4].

しょうきゃく 正客 ⇒しゅひん(主賓).

じょうきゃく 上客 der Gast 《-(e)s, -e》(der Kunde, -n, -n) ersten Ranges (bester Sorte); Haupt|gast -(kunde).

じょうきゃく 常客 der [be]ständige (regelmäßige) [Wirtshaus]gast, -(e)s, -e; der häufige Besucher, -s; Habitué m. -s, -s.

じょうきゃく 乗客 Fahrgast m. -(e)s, -e; Passagier m. -s, -e; der Mitfahrende* (Reisende*), -n, -n∥乗客事務車 der Schaffner 《-s, -》für Passagierangelegenheiten.

しょうきゅう 小球 eine kleine Kugel, Kügelchen n. -s, -.

しょうきゅう 昇級 Beförderung f. -en; Rangerhöhung f. -en; Aufrückung f. -en/昇級する befördert werden*[] ; im Rang erhöht werden; auf|rücken 《in[4]》.

しょうきゅう 昇給 Gehaltserhöhung f. -en/昇給させる js [4]Gehalt erhöhen (auf|bessern).

じょうきゅう 上級 die höhere Klasse, -n, -e (Stand, -es, -e); die höhere Klasse, -n (Gruppe, -n) Kategorie, -n); [初級に対して] Oberstufe f. -n/上級用の課程 Kursus 《m. -, Kurse》für Fortgeschrittene* ∥上級官吏 der höher gestellte Beamte*, -n, -n; der höhere (obere) Beamte*/上級裁判所 Berufungs|gericht (Ober-) n. -(e)s, -e; die höhere Instanz f. -en/上級生 der Student 《-en, -en》(der Schüler, -s, -) der höheren (oberen) Klasse.

しょうきょ 消去する aus|scheiden*[4]; aus|stoßen*[4]; 《数》eliminieren[4]∥消去法 Eliminationsverfahren n. -s, -.

しょうきょう 商況 Geschäftslage f. -n∥商況不振 Geschäftsstille f. -n; Flaute f. -n/商況報告 Marktbericht m. -(e)s, -e.

しょうぎょう 商業 Handel m. -s; Handelsbetrieb m. -(e)s, -e/商業上の Handels-; handelsmäßig; handelsüblich/商業上の習慣 Handelsgewohnheit f. -en.
—— 商業化する[zu sehr] kommerziell (kommerzialisiert) werden; [zu sehr] Gegenstand des Handels werden/この町では今は以前よりも商業が盛んである In dieser Stadt herrscht jetzt mehr Handel als früher.∥商業英語 kaufmännisches Englisch, -(s)/商業家 der Handel[sbe]treibende*, -n, -n/商業界 Geschäfts|welt (Handels-) f. 《od. -kreise 《pl》》/商業街 Handelsstraße f. -n/商業学 Handelswissenschaft f. -en/商業学校 Handelsschule f. -n/商業恐慌 Handelskrise f. -n/商業銀行 Handelsbank f. -en/商業区 Handels|viertel (Geschäfts-) n. -s, -/商業組合 Handels|innung f. -en (-verein m. -(e)s, -e; -syndikat n. -(e)s, -e)/商業経営 Handelsbetrieb m. -(e)s, -e/商業語 Handels|ausdruck (Geschäfts-) m. -(e)s, -e/商業国 Handelsstaat m. -(e)s, -en/商業算術 das kaufmännische Rechnen*, -s《職人などの用いる》/商業史 Handelsgeschichte f. -n/商業証券 Handelspapier n. -s, -e/商業新聞 Handelszeitung f. -en《専門紙》/商業政策 Handelspolitik f./商業組織 Handelsorganisation f. -en/商業代理人 der Handelsbevollmächtigte*, -n, -n/商業団体 Handelsverband m. -(e)s, -e/商業地 Handels|bezirk m. -(e)s, -e (-ort m. -(e)s, -e; -platz m. -es, -e); Geschäftsgegend f. -en/商業帳簿 Handelsbuch n. -(e)s, -er/商業通信[文] Handelskorrespondenz f. -en/商業通論 Einführung 《f. -en》 in die Handelswissenschaft/商業手形 Handelswechsel m. -s, -/商業の精神 Handelsgeist m. -(e)s, -e/商業登記簿 Handelsregister n. -s, -/商業都市 Handelsstadt f. -e/商業部門 Handels|fach n. -(e)s, -er (-zweig m. -(e)s, -e)/商業文[体] Geschäftsstil m. -(e)s, -e《文体》; Handelskorrespondenz f. -en《通信文》/商業簿記 Handelsbuchführung (Geschäfts-) f. -en.

じょうきょう 情況(情勢) [Sach]lage f. -en; der Stand f. die Dinge; Umstände 《pl》; Verhältnisse 《pl》 /情況の悪化 die Verschlechterung f. -en der [Sach]lage (Umstände; Verhältnisse) / 現下の情況 der jetzige Stand der Dinge; die heutige [Sach]lage /情況を打開する die Lage völlig entwirren; der [4]Sache eine andere (neue) Wendung geben* ∥情況証拠 Beweismaterial n. -s, ..lien.

じょうきょう 上京する nach der Hauptstadt (nach [3]Tokio) gehen* (fahren*; kommen*) 《[3]》/彼は上京中である Er befindet sich jetzt in Tokio (in der Hauptstadt); Er hält sich augenblicklich in Tokio auf.

しょうきょく 小曲 ein kleines [Musik-]stück, -(e)s, -e.

しょうきょく 消極的な passiv; negativ; kon-

しょうきん servativ〖保守的〗‖ 消極的概念 ein negativer Begriff, -(e)s, -e/消極的態度 ein passives Verhalten, -s; Passivität f. -en/消極的抵抗 ein passiver Widerstand, -(e)s, =e; eine passive Resistenz, -en.

しょうきん 正金 Metallgeld (Hart-) n. -(e)s, -er; gemünztes Geld, -(e)s, -er; Bargeld (bares Geld) n. -(e)s, -er 《現金》/正金引替えで gegen bar; gegen bare Kasse/正金で支払う (in) bar zahlen.

しょうきん 賞金 Geldpreis m. -es, -e/賞金をかける Geldpreise aus｜schreiben*.

しょうきん 償金 Entschädigung f. -en; Entschädigungsgeld n. -(e)s, -er.

しょうきん 渉禽〖鳥〗Watvogel m. -s, =.

しょうきん 常勤 der planmäßige Dienst, -(e)s, -e.

しょうく 章句 Satz m. -es, =e《文章》; Stelle f. -n《文中の一節》; Vers m. -es, -e《詩句》.

しょうくう 上空 hoch in der Luft (beim Lüften)/...の上空に [hoch] über³ ....

しょうぐん 将軍 General m. -s, =e (=e; Feldherr m. -en, -en; Oberbefehlshaber m. -s, -《総司令官》; S[c]hogun m. -s, -e《武家時代の》‖ 将軍職 S[c]hogunat n. -(e)s, -e.

じょうげ 上下 ❶ der obere und untere Teil, -s, -e; das Auf und Ab; das Oben und Unten; der Anfangs- und Endteil (-(e)s, -e) [eines Buches]《書物の》/上下に auf und ab (nieder); nach oben und unten; hin und her (行き戻りり); senkrecht〖垂直に〗. ❷ [身分] hoch und niedrig; die Hohen* (pl) und Niedrigen* (pl); die Über- und Unterlegenen* (pl) / 上下の別なく ohne ⁴Rücksicht auf hoch und niedrig; oben wom König unten bis zum Bettler. —— 上下する auf und ab (nieder) [nach oben und unten; hin und her] gehen* ⓢ; steigen* ⓢ und fallen* ⓢ《物価・熱など》.
‖ 上下動 die senkrechte Erschütterung, -en.

しょうけい 小計 Einzelsumme f. -n.

しょうけい 小憩 eine kleine (kurze) Ruhepause, -n.

じょうけいき 上景気 Hochkonjunktur f. -en; der geschäftliche Aufschwung, -(e)s, =e; Wirtschaftsblüte f.; die günstige Wirtschaftslage, -n《Konjunktur, -en》; der wirtschaftliche (ökonomische) Hochstand, -(e)s, =e.

しょうけいもじ 象形文字 Bilderschrift f. -en; Hieroglyphe f. -n.

しょうげき 衝撃 [An]stoß m. -es, =e; Anprall (Auf-) m. -(e)s, =e; Schlag m. -(e)s, =e〖打撃〗; Schock m. -(e)s, -s/衝撃を与える einen Stoß geben*³; stoßen* ⓗ,ⓢ (an*⁴; auf*⁴); an(schlagen* ⓢ, schlagen* ⓗ,ⓢ (an*⁴; auf*⁴) / 衝撃を受ける einen Stoß erhalten* (erleiden*) / 彼女の態度は彼には衝撃であった Er war erstaunt (schockiert) über ihr Betragen. ‖ 衝撃波 Stoßwelle f. -n/衝撃療法 Schocktherapie f. -n.

しょうじゅう 猖獗を極める toben; wüten; um ⁴sich greifen*〖蔓延する〗/ペストが猖獗をきわめた Die Pest wütete.

しょうけん 証券 Wertpapier n. -s, -e〖有価証券〗; Effekten (pl)‖ 証券アナリスト Wertpapieranalytiker m. -s, -/証券会社 Effektenfirma f. ..men/証券市場 Effektenmarkt (Fonds-) m. -(e)s, =e/証券ディーラー Effektenhändler m. -s, -/証券取引 Effektenhandel m. -s/証券取引所 Börse f. -n; Börsengebäude n. -s, -《建物》.

しょうけん 商権 Handelsrecht n. -(e)s, -e.

しょうけん 証言 Zeugnis n. ..nisses, -nisse; Zeugenaussage f. -n/証言台に立つ als Zeuge [vor ²Gericht] aus｜sagen. —— 証言する zeugen; ein Zeugnis geben* (ab｜legen)《以上とも, 有利に:für jn (zu-gunsten von jn); 不利に:gegen〈oder jn〉》. ‖ 証言義務 Zeugniszwang m. -(e)s, =e/証言拒否 Zeugnisverweigerung f. -en/証言書 Zeuge m. -n, -n/証言書 das schriftliche Zeugnis.

しょうげん 象眼〖数〗Quadrant m. -en, -en.

じょうけん 条件 Bedingung f. -en; Voraussetzung f. -en〖前提〗; Vorbehalt m. -(e)s, -e〖留保〗/条件付の bedingt; vo-rausgesetzt; vorbehalten/条件によっては je nach den Bedingungen /...の条件で unter der Bedingung, dass .../条件をつける be-dingen⁴; von einer Bedingung abhängig machen⁴/...を条件とする zur Bedingung stellen⁴/ 御提案の条件をいれます Ich nehme die von Ihnen vorgeschlagenen Be-dingungen an. | Ich gehe auf Ihre Be-dingungen ein. ‖ 条件反射 bedingter Re-flex, -es, -e/条件法〖文法〗Bedingungs-form f. -en; Konditional m. -s, -e/労働条件 Arbeitsbedingungen (pl).

じょうげん 上弦 das erste Viertel, -s, -/上弦の月 der zunehmende Mond, -(e)s, -e (zunehmende) Mondsichel.

しょうこ 証拠 Beweis m. -es, -e/証拠隠滅のおそれ Verdunkelungsgefahr f. /証拠不十分のために wegen ²Mangels an ³Beweisen; mangels genügender ²Beweise /証拠を提出する einen Beweis bei｜bringen* (liefern) / 証拠証する Beweise führen**⁴‖ 証拠人 Zeuge m. -n, -n/証拠物件(資料) Beweismaterial n. -s, ..lien/間接証拠 Indiz n. -es, ..zien/反対証拠 Gegenbeweis.

しょうこ 尚古主義 Klassizismus m. -.

しょうご 正午 Mittag m. -s, -e/正午のMittags-zeit f. -en (-stunde f. -n)/正午に um (gegen) Mittag; um die Mittags｜zeit (-stun-de); mittags/正午の暑さ Mittagshitze f. /正午の鐘 Mittagsglocke f. -n/正午の静けさ Mittagsruhe f. /正午の太陽 Mittagssonne f. /正午すこし過ぎに kurz nach Mittag.

じょうこ 上古 Altertum n. -s, -er; die [ur-]alte Zeit, -en; die [graue] Vorzeit (Urzeit), -en / 上古より seit un(vor)denklichen Zei-ten ‖ 上古史 die Geschichte des Alter-tums.

じょうご 上戸 Trinker m. -s, -; Alkoholi-ker m. -s, -; Sauf｜bold (Trunken-) m. -(e)s, -e; Säufer m. -s, -; Zechbruder m. -s, =.

じょうご 漏斗 Trichter *m*. -s, -/漏斗状の trichterförmig.

しょうこう 小康を得る ein wenig besser werden / 彼の病気は現在小康をえている In seiner Krankheit ist jetzt eine Ruhepause eingetreten.

しょうこう 商港 Handelshafen *m*. -s, ⸚.

しょうこう 将校 Offizier *m*. -s, -e ‖ 将校集会所 Offizierskasino *n*. -s, -s 〈陸・空軍〉; Offiziersmesse *f*. -n 〈海軍〉/将校団 Offizierkorps *n*. -, -/海軍将校 Marineoffizier 〈以下それも〉*m*. -s, -e 〈=〉/空軍将校 Luftwaffenoffizier/予備将校 Reserveoffizier/陸軍将校 Heeresoffizier.

しょうこう 昇降 das Auf- und Absteigen*, -s; das Hinauf- und Hinuntersteigen*, -s ‖ 昇降機 Fahrstuhl *m*. -[e]s, ⸚e; Lift *m*. -[e]s, -e/昇降口 Eingang *m*. -[e]s, ⸚e/昇降舵 Höhenruder *n*. -s, - 〈航空機の〉; Tiefenruder *n*. -s, - 〈潜水艦の〉.

しょうこう 焼香する Weihrauch verbrennen*.

しょうごう 照校 Kollation *f*. -en/照校する kollationieren⁴ 〈*mit*³〉; vergleichen*⁴ 〈*mit*³〉.

しょうこう 症候 ⇨しょうじょう(症状) ‖ 症候学 Symptomatologie *f*./症候群 〈医〉 Syndrom *n*. -s, -e.

しょうこう 昇汞 Sublimat *n*. -[e]s, -e; Quecksilberchlorid *n*. -[e]s ‖ 昇汞水 Sublimatlösung *f*. -en.

しょうこう 商工業 Industrie- und Handel ‖ 商工会議所 Industrie- und Handelskammer *f*. -n/商工省 das Ministerium 〈-s〉 für ⁴Industrie und Handel.

しょうこう 消光する die Zeit verbringen*; ³sich die Zeit vertreiben* 〈*mit*³〉.

しょうごう 称号 〈Adels〉titel (Amtstitel) *m*. -s, -; Amtsbezeichnung *f*. -en; Ehrennennung *f*. -en; Doktorat *n*. -[e]s, -e; Doktor|grad *m*. -[e]s, -e 〈-titel *m*. -s, -/-würde *f*. -n〉/称号を得る einen Titel erwerben*/称号を持っている einen Titel führen ‖ 称号狂 〔人〕 Titelnarr *m*. -en, -en 〈しかること〉 Titel|jagd *f*. -en 〈-sucht *f*. -en〉/称号所有者 Titelträger *m*. -s, - 〈古〉 Titular *m*. -s, -e.

しょうごう 商号 Firma *f*. ..men 〈略:Fa.〉; Geschäfts|name (Handels-; Firmen-) *m*. -ns, -n.

しょうごう 照合 Vergleich *m*. -[e]s, -e; Vergleichung *f*. -en; Kollation *f*. -en/照合する vergleichen*⁴ 〈*mit*³〉 ‖ kollationieren; vergleichend kontrollieren⁴.

じょうごう 情交 Vertrautheit *f*.; Innigkeit *f*.; Intimität *f*.; Vertraulichkeit *f*.; der vertraute Umgang, -[e]s; Liaison *f*. -s 《情事》/情交を結ぶ mit *jm* den vertrauten Umgang pflegen (unterhalten*) 〈mit *jm*〉.

じょうこう 条項 Artikel 〈*m*. -s, -〉 und Klausel 〈*f*. -n〉 〈箇条と項〉; Bestimmung *f*. -en; Paragraph *m*. -en, -en.

じょうごう 商行為 Handelsgeschäft *n*. -[e]s, -e/-i.

しょうこうねつ 猩紅熱 〈医〉 Scharlachfieber *n*. -s; Scharlach *m*. -s.

しょうこく 小国 ein kleines Land, -[e]s, ⸚er; Kleinstaat *m*. -[e]s, -en.

じょうこく 上告 〈法〉 Revision *f*. -en; Appellation *f*. -en; Berufung *f*. -en/上告を棄却する den Antrag 〈⸚e〉 auf ⁴Revision (Appellation; Berufung) ab|weisen* (zurück|weisen*). ── 上告する Revision (Appellation; Berufung) ein|legen; ein höheres Gericht an|rufen*; ⁴sich an ein höheres Gericht wenden[*]. ‖ 上告審 Revisions|gericht (Appellations-; Berufungs-) *n*. -[e]s, -e 〈..ichte -instanz *f*. -en〉; der höchste (oberste) Gerichtshof, -[e]s, ⸚e 《最高裁判所》/上告申立人 Revisions|kläger (Berufungs-) *m*. -s, -; Appellant *m*. -en, -en.

じょうごなし いやとなしに gezwungenermaßen; wider Willen/彼はいようとなしにそれをあきらめた Ihm blieb nichts anderes übrig, als darauf zu verzichten.

しょうこり 性こりもなく ohne es zu bereuen/彼は性こりもなく彼だ Er ist unverbesserlich.

しょうこん 商魂 Geschäftssinn *m*. -[e]s/商魂たくましい geschäftstüchtig.

しょうこんさい 招魂祭 die Gedenkfeier 〈-n〉 für die Kriegsgefallenen.

しょうこ 証左 ⇨しょうこ(証拠).

しょうさ 少佐 Major *m*. -s, -e 〈陸・空軍〉; Korvettenkapitän *m*. -s, -e 〈海軍〉.

しょうさ 小差で勝つ knapp gewinnen*; um Brustbreite (eine Kopflänge) gewinnen*.

じょうざ 上座 Ehren|sitz (Vorzugs-) *m*. -es, -e 〈*od*. -platz *m*. -es, ⸚e〉.

しょうさい 商才 ein kaufmännisches Talent, -[e]s, -e; Geschäftsfähigkeit *f*. -en.

しょうさい 詳細 Ausführlichkeit *f*. -en; Detail *n*. -s, -s; Einzelheiten 〈*pl*〉/詳細に ausführlich; detailliert; genau/詳細に亘る auf ⁴Details (in die Einzelheiten) ein|gehen* 〈s.〉/詳細に描写する genau beschreiben*⁴.

じょうさい 城塞 Festung *f*. -en; Befestigung *f*. -en; die Festungswerke 〈*pl*〉; Burg *f*. -en; Feste *f*. -n; Schanze *f*. -n 《堡塁》.

じょうざい 錠剤 Tablette *f*. -n; Pastille *f*. -n; Plätzchen *n*. -s, -; Täfelchen *n*. -s, -.

じょうざい 浄財 Liebesgabe *f*. -n; die (freiwillige) Beisteuer, -n; das (freiwillige) Opfergeld, -[e]s, -er.

じょうさく 上策 die guten (vorzüglichen) Mittel und Wege 〈*pl*〉.

じょうさく 上作 〈農産物〉 die gute (reiche) Ernte, -n; der gute (reiche) Ertrag, -[e]s, ⸚e.

じょうさし 状差し Briefordner *m*. -s, -; Ordnermappe *f*. -n.

しょうさつ 笑殺する *jn* aus|lachen; ⁴sich hinwegsetzen 〈*über*⁴〉; ignorieren⁴.

しょうさっし 小冊子 Büchlein *n*. -s, -; Broschüre *f*. -n; Heft *n*. -[e]s, -e.

しょうさん 硝酸 Salpetersäure *f*. ‖ 硝酸塩 Nitrat *n*. -[e]s, -e; salpetersaures Silber, -s, -/硝酸銀 Silbernitrat *n*. -[e]s, -e.

しょうさん 賞賛 Lob *m*. -[e]s, -e; Anerken-

しょうさん 称賛 Lob n. -(e)s 《喝采》/賞賛の辞 Lob rede f. -n (-spruch m. -(e)s, "e)/賞賛を博する Beifall finden* (ernten); mit ³Beifall aufgenommen werden/賞賛する loben*4; an|erkennen*4; ⁴Beifall zollen³; preisen*4.

しょうさん 勝算 Aussicht (f. -en) (Chance f. -n) auf den Sieg (Erfolg)/勝算なし keine Aussichten (Chancen) auf den Sieg haben.

しょうさん 消散する ⁴sich in nichts auf|lösen; ⁴sich zerstreuen; verschwinden* ⓢ; vergehen* ⓢ.

しょうし 小史 eine kurze (kleine) Geschichte, -n/ドイツ小史 kleine deutsche Geschichte; ein kurzer Abriss 《-es, -e》 der deutschen Geschichte.

しょうし 将士 Offiziere und Mannschaften 《pl》; Soldaten 《pl》.

しょうし 笑止な lächerlich/そいつは笑止千万だ Das ist ja zum Lachen.

しょうし 焼死 Verbrennungs tod (Flammen-) m. -(e)s, -e/焼死する verbrennen* ⓢ; im Feuer um|kommen* ⓢ.

しょうし 証紙 Bescheinigungs marke (Stempel-) f. -n.

しょうじ 障子 Papierschiebetür f. -en.

しょうじ 商事 Handels angelegenheit f. -en (-sache f. -n)‖商事会社 Handelsfirma f. ..men (-gesellschaft f. -en)/商事契約 Handelsvertrag m. -(e)s, "e.

しょうじ 小事 Kleinigkeit f. -en; Nichtigkeit f. -en; Bagatelle f. -n/小事にかかわらう ⁴sich mit Kleinigkeiten ab|geben*.

じょうし 城址 Burg ruine (Schloss-) f. -n; die zerfallene Burg, -en; das zerfallene Schloss, -es, "er.

じょうし 上司 der Vorgesetzte*, -n, -n; die höhere Behörde, -n.

じょうし 上肢 die Arme 《pl》; die oberen Glieder 《pl》.

じょうし 情死 der aus ³Liebe begangene Doppelselbstmord, -(e)s, -e/情死する aus Liebe Doppelselbstmord begehen*; durch den aus Liebe begangenen Doppelselbstmord enden/情死の約束をする Die beiden Liebenden geloben einander, in den Freitod zu gehen.

じょうじ 常時 die gewöhnliche (übliche) Zeit; die ganze ⁴Zeit. ⇨いつも.

じょうじ 情事 Liebes abenteuer n. -s, - (-affaire f. -n; -angelegenheit f. -en; -handel m. -s, "; -verhältnis n. -nisses, ..nisse); das galante Abenteuer.

しょうじき 正直 Ehrlichkeit f.; Aufrichtigkeit f.; Redlichkeit f.; Rechtschaffenheit f.; 正直な ehrlich; aufrichtig; redlich; rechtschaffen. ¶ 正直に言えば、正直なことを言えば nach ehrlich sein soll ⁴/正直の頭に神宿る ‚Gott steht dem Ehrlichen bei.'/正直は一生の得 ‚Ehrlich währt am längsten.'

じょうしき 常識 das gesunde Denken (Menschen-)verstand, -(e)s, -e/das praktische Wissen, -s/常識のある verständig; mit ³Verstand begabt / 常識のある人 der verständige Mensch, -en, -en; ein Mann 《m. -(e)s, "er》 von Verstand /常識のない unverständig; albern; des Verstandes bar; töricht/常識に富む reich an gesundem (Menschen)verstand sein; voll(er) Verstand sein/常識を欠く es fehlt (gebricht) jm an gesundem (Menschen)verstand /今日では常識となっている Heutzutage gehört so etwas mit zu den praktischen Kenntnissen. ― 常識的な alltäglich; gewöhnlich; normal; ordinär.

しょうしつ 焼失 das Abbrennen* (Nieder brennen*), -s/焼失する ab|brennen* (nieder|-) ⓢ; in ⁵Flammen auf|gehen* ⓢ ‖ 焼失家屋 ein abgebranntes Haus, -es, "er.

しょうしつ 消失する verschwinden* ⓢ; verloren gehen* ⓢ 《紛失する》.

じょうじつ 情実 die persönlichen Beziehungen 《pl》; Konnexionen 《pl》; Nepotismus m. ―/情実を持する Konnexionen von ³sich weisen*; Nepotismus über Bord werfen*.

しょうしみん 小市民 Kleinbürger m. -s, -/小市民的な kleinbürgerlich ‖ 小市民階級 Kleinbürgertum n. -s.

しょうしゃ 商社 Handels firma f. ..men (-gesellschaft f. -en) ‖ 外国商社 eine ausländische Firma, ..men.

しょうしゃ 廠舎 Baracke f. -n.

しょうしゃ 瀟洒な elegant; hübsch; schick; fesch; geschmackvoll.

しょうしゃ 勝者 Sieger m. -s, -; Gewinner m. -s, -.

しょうしゃ 照射 Bestrahlung f. -en/照射する bestrahlen⁴ 《mit³》 ‖ レントゲン照射 Röntgenbestrahlung f. -en.

しょうじゃ 精舎 (ein buddhistischer) Tempel, -s, -; Kloster n. -s, ".

しょうじゃ 生者 ein lebendes Wesen, -s, -; Lebewesen n. -s, - ‖ 生者必滅 Was das Leben hat, muss einmal sterben.

じょうしゃ 乗車 das Einsteigen*, -s; das Besteigen* 《-s》 eines Wagens. ― 乗車する ein|steigen* ⓢ 《in⁴》; besteigen*⁴ ‖ 乗車口 Eingang m. -(e)s, "e/乗車券 Fahrkarte f. -n (-schein m. -(e)s, -e; Billet(t) n. -(e)s, -e/乗車券自動販売機 Fahrkartenautomat m. -en, -en/乗車券料金 -preis m. -es (-geld n. -(e)s, -er)/無料乗車券 Frei karte f. -n (-pass m. -es, "e; -schein m. -(e)s, -e.

しょうしゃく 照尺 Visier n. -s, -e.

じょうしゅ 城主 Schloss herr (Burg-) m. -n, -en 《od. -verwalter m. -s, -; -vogt m. -(e)s, "e.

じょうじゅ 成就 Vollziehung f. -en; Ausführung (Durch-) f. -en; Erfüllung f. -en; Erlangung f. -en; Erreichung f. -en; das Gelingen*, -s; Realisierung f. -en; Vollendung f. -en; das Zustandebringen*, -s. ― 成就する vollziehen*⁴; aus|führen⁴ (durch|-); erfüllen⁴; in ⁴Erfüllung bringen*⁴; erlangen⁴; gelingen* ⓢ 《jm》; realisieren*[4]; vollenden*[4]; zustande (zu Stande) bringen*[4]. ‖ 大願成就 Sein Wunsch ist in Erfüllung gegangen.; Sein Verlangen ist verwirklicht worden.

しょうしゅう 招集 Einberufung f. -en/招集する ein|berufen*[4]; zusammen|rufen*[4] 《議会などを》; ein|ziehen*[4] 《軍隊に》/議会(兵士)を招集する das Parlament (Soldaten) ein|berufen* ‖ 招集令 Einberufungsbefehl m. -(e)s, -e.

しょうじゅう 小銃 Gewehr n. -(e)s, -e; Flinte f. -n 《昔の》 ‖ 小銃射撃 Gewehrschuss m. -es, ¨e/小銃弾 Gewehrkugel f. -n/自動小銃 Maschinengewehr n. -(e)s, -e/小ピストル f. -n.

しょうしゅう 常習 die herkömmliche gesellschaftliche Form, -en; die gesellschaftliche Konvention, -en; Brauch m. -(e)s, ¨e; Gewohnheit f. -en; Herkommen n. -s; Sitten (pl) und Gebräuche (pl)/常習の gewohnheitsmäßig; dem Brauch gemäß; gebräuchlich; auf Gewohnheiten beruhend; Gewohnheits-; üblich ‖ 常習犯 Gewohnheitsverbrechen n. -s, -《犯行》; Gewohnheitsverbrecher m. -s, -《人》.

しょうじゅつ 詳述 Ausführung f. -en; eine genaue Darlegung (Darstellung), -en/詳述する (näher) aus|führen*[4]; ausführlich (genau) dar|legen*[4] (dar|stellen*[4]).

じょうしゅび 上首尾 der große (gute) Erfolg, -(e)s, -e; das große (gute) Ergebnis, ..nisses, ..nisse; der gute (glückliche) Ausgang, -(e)s, ¨e/上首尾だ Das war ein Erfolg. ‖ Das nennt man einen glücklichen Ausgang!

しょうじゅん 照準 Visierung f. -en; das Zielen, -s/照準する visieren[4] 《nach[3]》; zielen 《auf[4]》 ‖ 照準器 Zielgerät n. -(e)s, -e; Visiervorrichtung (Ziel-) f. -en/照準望遠鏡 Visierfernrohr n. -(e)s, -e.

じょうじゅん 上旬 das erste Drittel 《-s, -》 des Monat(e)s; Monatsdrittel n. -s, -; Dekade f. -n; die ersten zehn Tage (pl); Zehntagezeit f. -en ‖ 五月上旬 Anfang Mai.

しょうしょ 仕様書 Spezifikation f. -en; Spezifizierung f. -en.

しょうしょ 詔書 ein kaiserlicher Erlass, -es, -e; ein kaiserliches Edikt (Reskript), -(e)s, -e.

しょうしょ 証書 Schein m. -(e)s, -e; Urkunde f. -n ‖ 公正証書 eine notarielle Urkunde/借用証書 Schuldschein m. -(e)s, -e (-brief m. -(e)s, -e)/卒業証書 Abgangszeugnis n. ..nisses, ..nisse/預金証書 Depositenschein m. -(e)s, -e.

しょうじょ 少女 Mädchen n. -s, -; Mädel n. -s, -(-s) 《おもに南独》/少女らしい mädchenhaft ‖ 少女歌劇 Mädchenoperette f. -n.

しょうしょ 浄書 das Reinschreiben*, -s; Reinschrift f. -en/浄書する ins Reine schreiben*[4].

しょうしょう 少々 ⇨すこし.

しょうしょう 少将 Generalmajor m. -s, -e 《陸・空軍》; Konteradmiral m. -s, -e 《海軍》.

しょうじょう 賞状 Belobungsschreiben n. -s, -; Lobbrief m. -(e)s, -e.

しょうじょう 症状 Krankheitszustand m. -(e)s, ¨e 《病状》; Symptom n. -s, -e 《徴候》; Krankheitszeichen n. -s, -《同上》/重病の症状を呈する Symptome (Anzeichen) einer schweren ²Krankheit zeigen.

しょうじょう 猩々《動》Orang-Utan m. -s, -s 《オランウータン》; Menschenaffe m. -n, -n 《類人猿》/黒猩々 Schimpanse m. -n, -n.

しょうじょう 小乗仏教 Hinajana-Buddhismus m. -; der südliche Buddhismus 《南方仏教》.

しょうじょう 上昇 das Aufsteigen* (Empor-), -s; Aufstieg m. -(e)s, -e 《飛行機》; Aufflug m. -(e)s, ¨e 《気球》 ‖ 上昇気流 Aufwind m. -(e)s, -e; der aufsteigende Luftstrom m. -(e)s, ¨e/上昇力 Steigflugleistung f. -en 《エンジンの》.

じょうじょう 情状 die mildernden Umstände (pl)/情状を酌量して in Anbetracht (unter Berücksichtigung) der mildernden Umstände.

じょうじょう 上々 allerbest; ausgezeichnet; extrafein (hoch-; super-); fabelhaft; großartig; vorzüglich.

じょうしょうぐん 常勝軍 das unüberwindliche Heer, -(e)s, -e; die stets siegreiche Armee, -n.

じょうしょく 常食 Hauptnahrung f. -en; die gewöhnliche Kost -/米を常食とする von ³Reis als Hauptkost leben; Reis als tägliche Speise zu ³sich nehmen*.

しょうしょくか 小食家 ein mäßiger Esser, -s, -/彼は小食家だ Er isst mäßig (nur wenig).

しょうじる 生じる ❶《産み出す》erzeugen[4]; hervor|bringen*; hervor|rufen*《惹起する》; verursachen[4] 《同上》/摩擦を生じる Reibung verursachen/熱を生じる Wärme erzeugen/利益を生じる Gewinn ab|werfen*. ❷《発生する》entstehen* 《s》; geschehen* 《s》/私には疑念が生じた Es stiegen mir Zweifel auf.; Es kamen mir Zweifel./彼女には新しい困難が生じた Sie ist auf eine neue Schwierigkeit gestoßen.

じょうじる 乗じる ❶《数をかける》multiplizieren[4] 《mit[3]》; vervielfältigen[4]/五に三を乗じると十五 Fünf multipliziert (vervielfältigt) mit drei macht (gibt; gleich; ist) fünfzehn./Drei mal fünf ist fünfzehn. ❷《機会に》aus|nützen[4]; Nutzen (Vorteil) ziehen* 《aus[3]》; vorteilhaft benutzen (benützen[4]); ³sich zunutze (zu Nutze) machen[4]; vorteilhaften Gebrauch machen 《von[3]》; im Schutz[e]²; unter dem Schutz[e]²; unter (Bedeckung, während) 《die (günstige) Gelegenheit zu [4] sich benutzend (wahrnehmend)》.

しょうしるい 鞘翅類《昆》Koleopteren (pl).

しょうしん 小心 Kleinmut m. -(e)s, -e; Kleinmütigkeit f.; Furchtsamkeit f. 《臆病》; Verzagtheit f. 《同上》/小心な kleinmütig;

furchtsam; verzagt; feige ‖ 小心者 Angst¦hase *m.* -n, -n (-meier *m.* -s, -); Feigling *m.* -s, -e.

しょうしん 衝心〖医〗Herzschwäche *f.*《心臓衰弱》; Herzlähmung *f.* -en《心臓麻痺》; Herzstörung *f.* -en《心臓障害》.

しょうしん 昇進 Beförderung *f.* -en; Aufrückung *f.* -en; Avancement *n.* -s, -s / 昇進する befördert werden《*zu*^{3}》; auf|rücken《*zu*^{3}》[s]; avancieren《*zu*^{3}》[s].

しょうしん 傷心した gramerfüllt; gramvoll / 傷心する ^{4}sich grämen《*über*^{4}》; ^{4}sich härmen《*um*^{4}》.

しょうじん 精進 ❶[専心] Hingabe *f.*; Hingebung *f.* ❷[禁肉食] das Fasten*, -s, -. ── 精進する ❶[専心する] ^{4}sich hin|geben*^{3}; ^{4}sich widmen^3 / 芸術に精進する ^{4}sich der ^{3}Kunst widmen. ❷[肉食しない] fasten; ^{4}sich des Fleisches enthalten*; kein Fleisch essen*. ‖ 精進揚げ in ^{3}Öl gebackenes Gemüse, -s / 精進日 Fasttag *m.* -[e]s, -e / 精進料理 Fastspeise *f.* -n; Pflanzenkost *f.*

しょうじん 小人 ¶ 小人閑居して不善をなす ‚Müßiggang ist aller Laster Anfang.' ‖ 小人国 Zwergenland *n.* -[e]s; Liliput *n.* -s《ガリバー旅行記の》/ 小人物 eine gemeine Person, -en; ein gewöhnlicher Mensch, -en, -en.

じょうしん 上申[書] die [schriftliche] Meldung《-en》an eine höhere Behörde / 上申する ^{4}sich schriftlich an eine höhere Behörde wenden(*).

じょうじん 常人 Durchschnittsmensch *m.* -en, -en; der gewöhnliche (mittelmäßige) Kopf, -[e]s, ⸗e (Geist, -[e]s, -er); der mittelmäßige Mensch, -en, -en; der Mann《-[e]s》von der Straße (aus dem Volk)《市井人》.

しょうしんじさつ 焼身自殺 Selbstverbrennung *f.*

しょうしんしょうめい 正真正銘 [wasch-]echt; wahr; wirklich.

じょうず 上手 ❶[熟練家] der Erfahrene* (Bewanderte*; Geübte*; Sachverständige*), -n, -n《*in*^{3}》; der Experte *m.* -n, -n; [熟練] Erfahrenheit *f.*; Bewandertheit *f.*; Geschicklichkeit *f.*; Meisterschaft *f.* ❷[お世辞] Kompliment *n.* -[e]s, -e; Schmeichelei *f.* -en / お上手を言う Komplimente《*pl*》machen《*jm*》; schöne Dinge《*pl*》sagen《*jm*》; um den Bart gehen* [s]《*jm*》. ── 上手な erfahren; bewandert; geschickt; meisterhaft; sachverständig / …が上手である erfahren (bewandert; geschickt; meisterhaft; sachverständig) sein《*in*^{3}》/ 絵を上手に描く ein guter Maler sein; gut malen können* / 字を上手に書く eine gute Hand[schrift] schreiben* (haben). ‖ お上手者 Schmeichler *m.* -s, -; Kriecher *m.* -s, -; Speichellecker *m.* -s, -.

しょうすい 将帥 Heerführer *m.* -s, -; Befehlshaber *m.* -s, -; Kommandant *m.* -en, -en.

しょうすい 憔悴する ab|magern (-|zehren) [s] / 憔悴した abgemagert; abgezehrt; angegriffen; ausgemergelt; schwach.

じょうすい 上水 Wasser¦leitung *f.* -en (-versorgung *f.* -en); das von der Wasserleitung gelieferte Wasser ‖ 上水道 Wasserwerk *n.* -[e]s, -e.

じょうすいち 浄水池 Kläranlage *f.* -n; Absetzbecken *n.* -s, -.

しょうすう 少数 eine kleine [An]zahl; Minderzahl《半数以下》; Minderheit *f.* -en《同上》/ 少数の wenig / それを知っているのは少数の人たちだけだ Das wissen nur wenige Leute. ‖ 少数党 Minderheitspartei *f.* -en / 少数内閣 Minderheitsregierung *f.* -en / 少数民族 Minderheit; Minorität *f.* / 少数民族問題 Minderheitsfrage *f.* -n.

しょうすう 小数〖数〗Dezimal¦bruch *m.* -[e]s, ⸗e (-zahl *f.* -en) / 小数第三位まで bis zur dritten ^{3}Dezimalstelle ❖ 小数の読み方についてはコンマの項を参照 ‖ 小数位 Dezimalstelle *f.* -n / 小数点 Dezimalpunkt *m.* -[e]s, -e / 循環小数 Dezimalbruch; periodische Dezimalzahl.

じょうすう 乗数〖数〗Multiplikator *m.* -s, -en; Malnehmer *m.* -s, -; Vervielfältiger *m.* -s, - ‖ 被乗数 Multiplikand, -en, -en; Vervielfältigungszahl *f.* -en.

しょうする 称する ❶[呼称する] nennen*^{44}; heißen*^{44}; bezeichnen^4《als ^{4}*et*》. ❷[呼ばれる] heißen*; genannt (bezeichnet) werden. ❸[自称する] ^{4}sich nennen*^{4}; ^{4}sich aus|geben*《*für*^{4}》; vor|geben*^{4}《口実を作る》/ 彼は詩人と自から称している Er nennt sich Dichter. / 病気と称して彼は自宅に居た Unter dem Vorwand, dass er krank sei, blieb er zu Hause.

しょうする 誦する vor|tragen*^{4}; vor|lesen*^{4}; rezitieren^4 / 詩を誦する ein Gedicht vor|tragen*.

しょうずる 生ずる ⇨しょうじる.

じょうずる 乗ずる ⇨じょうじる.

しょうせい 招請 Einladung *f.* -en / 招請状を発する eine Einladung schicken《*jm*》‖ 招請状 Einladungs¦schreiben *n.* -s, - (-brief *m.* -[e]s, -e).

しょうせい 笑声 Lachen *n.* -s; Gelächter *n.* -s, -.

しょうせい 小成 ein kleiner Erfolg, -[e]s, -e / 小成に安んじる ^{4}sich mit einem kleinen Erfolg begnügen (zufrieden geben*).

しょうせい 小生 ich*; meine Wenigkeit《謙遜して》.

しょうせい 照星〖兵〗[Visier]korn *n.* -[e]s, -e.

じょうせい 上製 Qualitäts¦arbeit *f.* -en (-ware *f.* -n); Wertarbeit *f.* -en.

じょうせい 情勢 ⇨じょうきょう(情況).

じょうせい 醸成する herbei|führen^4; herauf|beschwören*^{4}; hervor|rufen*^{4}; die Hand im Spiel haben; verursachen^4; zur Folge haben^4.

しょうせき 硝石〖化〗Salpeter *m.* -s ‖ チリ硝石 Chilesalpeter *m.* -s.

じょうせき 上席 Vorrang *m.* -[e]s, ⸗e; die höhere Stellung, -en; Ehren¦platz (Vor-

じょうせき (zugs-) *m.* -es, ¨e/食卓の上席へすわる obenaben an der Tafel sitzen*/彼は級の上席を占めている Er ist der erste in der Klasse. ‖ 上席判事 der den Vorrang habende Richter, -s, -.

じょうせき 定石 ❶ die orthodoxe Strategie ⟨-n⟩ im Go-Spiel. ❷ [基本] Rudimente ⟨pl⟩; Elemente ⟨pl⟩; Grundregeln ⟨pl⟩.

じょうせき 定席 Vergnügungslokal *n.* -[e]s, -e; Brettl *n.* -s, -; die kleine Bühne, -n; Tingeltangel *m.* -s, -.

じょうせつ 詳説 Ausführung *f.* -en; eine ausführliche Darlegung, -en; Amplifikation *f.* -en/詳細に(詳しく[ほぼしく](より))(näher)darlegen⁴; amplifizieren⁴.

しょうせつ 小節 [楽] Takt *m.* -[e]s, -e ‖ 小節線 Taktstrich *m.* -[e]s, -e (-linie *f.* -n).

しょうせつ 小説 Roman *m.* -s, -e (長編) Novelle *f.* -n (短編); Erzählung *f.* -en; Geschichte *f.* -n/小説を書く einen Roman (eine Novelle) schreiben* ‖ 小説家 Romanschriftsteller *m.* -s, -; Romancier *m.* -s, -s; Novellendichter *m.* -s, -; Novellist *m.* -en, -en; Erzähler *m.* -s, -/探偵小説 Kriminalroman (Detektiv-) *m.* -s, -e/短編小説 Kurzgeschichte *f.* -n/恋愛(戦争, 私, 新聞)小説 Liebesroman (Kriegsroman, Ich-Roman, Zeitungsroman) *m.*

しょうせつ 章節に分ける in ⁴Kapitel und ⁴Abschnitte unterteilen⁴.

じょうせつ 常設の stehend; bleibend; dauernd; permanent; [be]ständig/常設する dauernd (für beständigen Gebrauch) begründen⁴ (anlegen⁴; einrichten⁴) ‖ 常設[映画]館 Kino *n.* -s, -s = Kinotheater (Lichtspiel-) *n.* -s, - ⟨*od.* -haus *n.* -es, ¨er⟩.

じょうぜつ 饒舌 Geschwätzigkeit *f.*; Gesprächigkeit *f.*; Maul[fertigkeit (Rede-) *f.*; Plauderhaftigkeit *f.*; Redseligkeit *f.*; das Schwatzen*/饒舌の geschwätzig; gesprächig; maul[fertig (rede-); plauderhaft; redselig; schwatzhaft; schwätzerisch ‖ 饒舌家 Schwätzer *m.* -s, -; Plapperer *m.* -s, -; der Plappermaul (Schwatz-) *n.* -[e]s, ¨er; der Redselige*, -n, -n. ⇨**おしゃべり**.

しょうせっかい 消石灰 gelöschter Kalk, -[e]s, -e.

しょうせん 商船 Handelsschiff *n.* -[e]s, -e ‖ 商船学校 Seefahrtschule (Seemanns-) *f.* -n/商船隊 Handelsflotte *f.* -n.

しょうぜん 承前 Fortsetzung *f.* -en.

しょうぜん 悄然と nieder[geschlagen (-gedrückt); mutlos (trost-).

じょうせん 乗船 das Sicheinschiffen*, -s; das Anbordgehen*, -s/乗船する ⁴sich einschiffen; an ⁴Bord [eines Schiff[e]s] gehen* ‖ 乗船券 Schiffsbillet *n.* -[e]s, -e (-s); Fahrkarte *f.* -n/乗船料 Schiffsfahrtpreis *m.* -es, -e (-geld *n.* -[e]s, -er).

じょうぜんてい 小前提 [論] Untersatz *m.* -es, ¨e.

しょうそ 勝訴になる einen Prozess gewinnen*.

じょうそ 上訴 Revision *f.* -en; Appellation *f.* -en; Berufung *f.* -en/上訴する eine Revision ein[legen; ein höheres Gericht an[rufen*]; ⁴sich an ein höheres Gericht wenden[*].

しょうそう 尚早 noch nicht zu früh; verfrüht/時宜尚早である Die Zeit ist dafür noch nicht reif.

しょうそう 焦躁 Ungeduld *f.*; Hast *f.* (性急); Unruhe *f.* (落着かぬこと); Nervosität *f.* (神経質)/焦燥を感じる ungeduldig (unruhig; nervös) sein (werden); von ³Ungeduld gepeinigt werden.

しょうそう 少壮の jung; jugendlich/少壮有為の jung und tüchtig ‖ 少壮気鋭 jung und frisch (geistreich).

しょうぞう 小像 ein kleines Bild, -[e]s, -er; Statuette *f.* -n.

しょうぞう 肖像[画] Bildnis *n.* ..nisses, ..nisse; Porträt *n.* -s, -s/...の肖像画をかく *jn* porträtieren⁴; ⁴sich porträt malen lassen ‖ 肖像画家 Porträtmaler *m.* -s, -; Porträtist *m.* -en, -en.

じょうそう 上層 die obere Schicht, -en; das obere Lager, -s, - (地層); das obere Stockwerk, -[e]s, -e (上階)/社会の上層 die obere Gesellschaftsschicht ‖ 上層雲 die obere Schichtwolke, -n/上層気流 die obere Luftströmung, -en.

じょうそう 情操 Gefühl *n.* -[e]s, -e ‖ 情操教育 die gefühlsmäßige Erziehung, -en.

じょうそう 上奏する an den Thron (den Herrscher) Bericht erstatten (ab[statten]) ⟨*über*⁴⟩; ⁴sich berichtend an den Thron (den Herrscher) wenden[*] ‖ 上奏文 die Denkschrift ⟨-en⟩ (die Eingabe, -n) an den Thron (den Herrscher).

じょうぞう 醸造 das Brauen*, -s (おもにビール・酒など); das Destillieren*, -s (おもにウイスキー・焼酎など); das Brennen*, -s (火酒) ‖ 醸造試験所 das Versuchslaboratorium ⟨-s, ..rien⟩ der Brauerei (Destillation; Brennerei)/醸造場 Brauerei *f.* -en; Destillation *f.* -en; Brennerei *f.* -en/醸造高 die gebraute (destillierte) Menge, -n; Gebräu *n.* -[e]s, -e/醸造人 Brauer *m.* -s, -; Destillateur *m.* -s, -e; Brenner *m.* -s, -.

しょうぞく 消息 Nachricht *f.* -en; Lebenszeichen *n.* -s, - (個人のの)/消息がない nichts von ³sich hören lassen*; kein ⁴Lebenszeichen von ³sich geben*/消息に通じている *jn*³ (wohl) unterrichtet sein ⟨*in*³⟩/その後彼の消息を絶った Seitdem hat man nichts von ihm gehört./私は長いこと彼の消息を聞かない Ich habe schon lange keine Nachricht mehr von ihm./私は彼から伯母の消息を詳しく聞いた Ich habe von ihm eine genaue Nachricht über meine Tante bekommen. ‖ 消息子 [医] Bougie *f.* -s; Sonde *f.* -n; Katheter *m.* -s, -/消息筋 eine gut (wohl) unterrichtete Quelle, -n; gut (wohl) unterrichtete Kreise (Leute) ⟨*pl*⟩/消息通 Kenner *m.* -s, -.

しょうぞく 装束 Kleidung *f.* -en; Kostüm

n. -[e]s, -e; Tracht f. -en／白(黒)装束で in weißer (schwarzer) ³Kleidung; weiß (schwarz) gekleidet.

しょうたい 招待 Einladung f. -en／招待に応じる einer ³Einladung folgen [s]; eine Einladung an|nehmen*／招待を断る [eine Einladung] ab|sagen; eine Einladung ab|lehnen／招待を受ける eine Einladung bekommen* (erhalten*)／招待する ein|laden*⁴; zu ³sich bitten*⁴ ‖ 招待券 Einladungskarte f. -n／招待状 Einladungsschreiben n. -s, -.

しょうたい 小隊 〖兵〗 Zug m. -[e]s, ⸗e ‖ 小隊長 Zugführer m. -s, -.

しょうたい 商隊 Karawane f. -n; Kaufmannszug m. -[e]s, ⸗e.

しょうたい 正体 ❶ [実体] die eigentliche Gestalt; das wahre Gesicht, -[e]s; der wahre Charakter, -s／正体を現わす sein wahres Gesicht (seinen wahren Charakter) zeigen; die Maske von ³sich werfen* (fallen lassen*)／正体を暴露する jm die Maske vom Gesicht reißen*; jn demaskieren. ❷ [正気] Bewusstsein n. -s 《意識》／正体なく酔っぱらう völlig (total) betrunken sein.

じょうたい 状態 [Zu]stand m. -[e]s, ⸗e; [Sach]lage f. -n; Situation f. -en; Status m. -, -; Umstände 《pl》; Verhältnisse 《pl》／目下の状態では unter den gegenwärtigen (jetzigen) Verhältnissen; bei der gegenwärtigen (jetzigen) Lage; wie die Dinge 《pl》 jetzt liegen (sind; stehen) ‖ 危険状態 der kritische (bedenkliche; gefährliche, missliche) Zustand; Krisis (Krise) f. ..sen／健康状態 Befinden n. -s; Ergehen n. -s; Gesundheitszustand m. -[e]s, ⸗e／財政状態 die finanziellen Verhältnisse 《pl》; Haushalt m. -[e]s, -e 《世帯》／精神状態 Geisteszustand m. -[e]s, ⸗e; Gemütsart f. -en; Mentalität f. -en; Seelenwelt f. -en.

じょうたい 常態 Normalzustand m. -[e]s, ⸗e; der normale (gewöhnliche; regelrechte; übliche) Zustand, -[e]s, ⸗e／常態に復する Der Normalzustand wird wiederhergestellt.¦¹et wird wieder auf den Normalzustand zurückgeführt.

じょうたい 上体 Ober¦körper m. -s, - (-leib m. -[e]s, -er).

じょうだい 上代 Altertum n. -s; die [graue] Vorzeit, -en.

しょうたく 沼沢 Sumpf m. -[e]s, ⸗e; Morast m. -[e]s, -e (⸗e); Moor n. -[e]s, -e; Schlammboden m. -s, ⸗.

しょうだく 承諾 Einwilligung f. -en; Annahme f. -n; Bejahung f. -en; Bewilligung f. -en; Einvernehmen n. -s; Einverständnis n. ..nisses, ..nisse; Jawort n. -[e]s, (まれに -e); Zusage f. -n; Zustimmung f. -en; Anerkennung f. -en 《承認》; Erlaubnis f. ..nisse 《許可》／無言の承諾 die stillschweigende Zustimmung, -en／承諾を得て(得ないで) mit³ (ohne⁴) Zustimmung; mit (ohne) Erlaubnis 《許可》. ── 承諾する ein|willigen 《in⁴》; seine Einwilligung geben* 《jm》; an|nehmen*⁴; bewilligen⁴; einverstanden⁽³⁾ sein 《mit jm über⁴》; das (sein) Jawort geben* 《jm》; zu|sagen; zu|stimmen³; an|erkennen*⁴ 《承認する》; erlauben⁴ 《jm》／友人は必要額を貸すことを早速承諾した Mein Freund willigte sofort ein, [mir] die nötige Summe zu leihen.

しょうたくち 沼沢地 ⇨しょうたく.

じょうたつ 上達 Fortschritte 《pl》; Beherrschung f. -en; Meisterschaft f. -en; Vervollkommnung f. -en／上達する [große] Fortschritte machen 《in³》; beherrschen⁴; es zur Meisterschaft (sehr weit) bringen*⁴ 《in³》; vervollkommnen⁴; ⁴sich vervollkommnen.

しょうたん 賞嘆 Bewunderung f. -en; das Staunen*, -s 《驚嘆》／賞嘆すべき bewunderns¦wert (-würdig); staunens¦wert (-würdig)／賞嘆する bewundern⁴; staunen 《über⁴》.

しょうだん 商談する geschäftlich (in Geschäftssachen) verhandeln 《mit jm》.

じょうだん 上段 ❶ die obere [Sitz]reihe, -n. ❷ Hochsitz m. -es, -e; Bühne f. -n; Estrade f. -n; Podium n. -s, ..dien; ein Zimmer 《n. -s, -》 mit erhöhtem Boden 《上段の間》／刀を上段に構える das Schwert empor|halten*.

じょうだん 冗談 Scherz m. -es, -e; Jux m. -es, -e; Spaß m. -es, ⸗e; Ulk m. -[e]s, -e; Witz m. -es, -e／冗談半分に halb im (aus; zum) Scherz (Spaß)／冗談が過ぎる ⁴es mit dem Scherz zu weit treiben*／冗談を言う scherzen; spaßen; Scherz (Spaß) machen (treiben*); Possen 《pl》 reißen* (treiben*); ulkig (witzig) sein; Witze 《pl》 reißen* (machen)／冗談じゃない Damit lässt sich nicht spaßen.¦Da ist nichts zu scherzen.／冗談を言ってはいけない Ist das Ihr Ernst?¦Was Sie [nicht] sagen!／冗談はさておき Scherz (Spaß) beiseite; um von scherzhaften Bemerkungen abzusehen／冗談はよせ Machen Sie sich nicht lächerlich! ── 冗談の scherz¦haft (spaß-); ulkig; witzig; humoristisch ／冗談に scherz¦weise (spaß-); im (aus; zum) Scherz (Spaß)／ただ冗談に言っただけです Es ist nur zum Spaß gemeint.¦Das ist nicht ernstlich gemeint.

しょうち 招致する ein|laden* 《jn》; auf|fordern 《jn》 zu kommen; herbei|führen⁴ (-|-rufen*⁴); verursachen 《惹(じゃ)起する》.

しょうち 承知 Gut!¦Abgemacht!¦Alles in Ordnung!¦Ganz richtig!¦Gewiss! Recht so! ── 承知する ❶ [同意] ein|willigen 《in⁴》; bei|stimmen³ (zu|-); ein|gehen* [s] 《auf⁴》; ⁴sich bereit erklären 《zu³》; ⁴sich einverstanden erklären 《mit³》; an|erkennen*⁴ 《承認する》／互いに承知の上で nach gegenseitiger Übereinkunft; im gegenseitigen Einverständnis／承知いたしました [Ich bin damit] einverstanden. ❷ [知る] Kenntnis nehmen* 《von³》; zur Kenntnis nehmen*⁴; erfahren*⁴; kennen*⁴; wissen* 《um⁴》／ご承知のとおり wie Sie wohl wissen; wie Ihnen bekannt ist／全然承知し

じょうち ❸ [許す] erlauben⁴ ⟨jm⟩; gestatten⁴ ⟨jm⟩; zu|lassen*⁴ ⟨jm⟩; vergeben*⁴ ⟨jm⟩; verzeihen*⁴ ⟨jm⟩/私は全く承知しない Ich kann (werde) das auf keinen Fall zulassen. ― 承知させる überreden (bereden) ⟨jn zu³⟩; bestimmen ⟨jn ⁴et zu tun⟩; ja sagen lassen* ⟨jn⟩; seinen Wünschen ⟨gegenüber⟩ gefügig machen ⟨jn⟩; ⁴sich durch|setzen ⟨gegen jn 自分の意志を貫く⟩.

じょうち 常置 ständig (dauernd) an|stellen⁴. ⇒じょうにん.

しょうちゅう 詳注 die ausführliche (weitläufige) Anmerkung, -en (Erläuterung, -en)/詳注をつける mit ausführlichen (weitläufigen) Anmerkungen (Erläuterungen) versehen⁴.

しょうちゅう 掌中の in der Hand; in den Händen; in seiner Gewalt/掌中の珠と愛しむ wie seinen Augapfel lieben ⟨jn⟩; auf [den] Händen tragen* ⟨jn⟩; liebevoll umsorgen ⟨jn⟩/掌中にある [自己の] in seiner Hand (Gewalt) haben; [相手の] in js Hand (Händen) sein/掌中に陥る in die Hände fallen* ⟨s⟩ ⟨jm⟩; in js Gewalt geraten* ⟨s⟩; preisgegeben sein ⟨jm⟩.

じょうちゅう 条虫 Bandwurm m. -[e]s, ¨er.

じょうちょ 情緒 Gemütsbewegung f. -en; Rührung f. -en; das Fühlen*, -s ⟨感情⟩. ⇒じょうしょ(情緒).

しょうちょう 小腸 Dünndarm m. -[e]s, ¨e.

しょうちょう 消長 das Auf und Ab; das Steigen* und Fallen*; Ebbe ⟨f.⟩ und Flut ⟨f.⟩; die Wechselfälle ⟨pl⟩ des Lebens⟨国の経済の消長 [der] Aufschwung und Verfall der Wirtschaft des Landes.

しょうちょう 象徴 Symbol n. -[e]s, -e; Sinnbild n. -[e]s, -er; Wahrzeichen n. -s, -/象徴的な symbolisch; sinnbildlich/象徴化する symbolisieren⁴; versinnbildlichen⁴/天皇は日本国の象徴である Der Tenno ist das Symbol des japanischen Staates. ‖ 象徴主義 Symbolismus m./象徴主義者 Symbolist m. -en, -en/象徴的意義 Symbolik f./象徴派 die Schule der Symbolisten.

しょうちょう 省庁 Ministerien und Behörden ⟨pl⟩/省庁再編 Umstrukturierung ⟨f. -en⟩ der Ministerien und Behörden.

じょうちょう 情調 [Gemüts]stimmung f. -en; Atmosphäre ⟨f.⟩/異国情調 das Exotische*, -n; die exotische Stimmung (Atmosphäre).

じょうちょう 冗長 Weit|schweifigkeit f. -en ⟨-läufigkeit f. -en⟩; Ausführlichkeit f. -en; Umständlichkeit f. -en/冗長な weit|schweifig ⟨-läufig⟩; ausführlich; umständlich.

しょうちょく 詔勅 der kaiserliche Erlass, -es, -e; das kaiserliche Edikt, -[e]s, -e.

しょうつき 祥月命日 der Jahrestag ⟨-[e]s⟩ js Todes.

じょうてい 上帝 der himmlische Vater, -s; Vater im Himmel; Gott ⟨-es⟩ der Herr ⟨-n⟩.

じょうてい 上程する auf die Tagesordnung setzen⁴; auf den Tisch des Parlaments bringen*⁴; zur behandelnden Gegenstand ⟨¨e⟩ besprechen*.

じょうてき 小敵 ein schwacher Gegner, -s, -/小敵と見て侮るなかれ Verachte auch einen schwachen Gegner nicht!

じょうでき 上出来の gut (wohl) gelungen (gediehen; geglückt; geraten); ausgezeichnet; vorzüglich/上出来だ [Das ist] gut gemacht! ‖ Bravo! ‖ Fein! ‖ Ausgezeichnet! ‖ Vorzüglich!

しょうてん 焦点 〔理・写〕Brennpunkt m. -[e]s, -e; Fokus m. -, ..kusse/焦点を合わせる ein|stellen⁴ ⟨auf⁴⟩/事件(紛争)の焦点にある im Brennpunkt der ²Ereignisse ⟨der Kämpfe⟩ stehen*/レンズの焦点が巧く合っていない Die Linse (Das Objektiv) ist nicht richtig eingestellt. ‖ 焦点距離 Brennweite f. -n/焦点面 Brenn|ebene f. -n ⟨-fläche f. -n⟩.

しょうてん 商店 [Kauf]laden m. -s, ¨; Geschäft n. -[e]s, -e ‖ 商店街 Geschäftsviertel n. -s, - ⟨-straße f. -n⟩.

しょうてん 昇天 〔宗〕Himmelfahrt f./キリスト(マリア)の昇天 Himmelfahrt ²Christi (Mariä)/昇天する zum Himmel fahren* ⟨s⟩/神の国へ昇天する in den Himmel kommen* ⟨s⟩ ⟨死ぬ⟩ ‖ 昇天節 Himmelfahrts|tag m. -[e]s ⟨-fest n. -[e]s⟩.

しょうでん 小伝 die kurze Biographie, -n (Lebensbeschreibung, -en).

しょうでん 召電 die telegrafische Aufforderung, -en (Vorladung, -en); der telegrafische Ruf, -[e]s, -e/召電に接する telegrafisch aufgefordert (gerufen; vorgeladen) werden.

じょうてんき 上天気 das prachtvolle (prächtige; glänzende; herrliche; wunderschöne) Wetter, -s, -.

しょうてんち 小天地 die kleine Welt; Mikrokosmos m.

しょうど 焦土と化する in Schutt und Asche legen⁴; dem Erdboden gleich machen⁴ ‖ 焦土戦術 die Schutt-und-Asche-Taktik, -en; die Taktik ⟨-en⟩ der verbrannten Erde.

しょうど 照度 Beleuchtungsstärke f. -n.

じょうと 譲渡 Abtretung f. -en; Über|gabe ⟨Ab-⟩ f. -en; Übertragung f. -en; Veräußerung f. -en. ―― 譲渡する ⇒ゆずる➀. ‖ 譲渡証書 Überlassungs|urkunde f. -n ⟨-schein m. -[e]s, -e⟩/譲渡代価 Verkaufspreis m. -es, -e/譲渡人 der Überlassende* (Abtretende*), -n, -n; der Übergebende* (Abgebende*), -n, -n; der Überträger m. -s, -; Veräußerer m. -s, -/被譲渡人 Übernehmer m. -s, -; Zessionär m. -s, -e; Indossant (Indossent) m. -en, -en ⟨裏書譲渡人⟩.

じょうど 浄土 das reine (selige) Land, -[e]s ⟨in der buddhistischen Lehre⟩; Elysium n. -[e]s; das Gefilde ⟨-s⟩ der Seligen; Wonne|land n. -[e]s ⟨-ort m. -[e]s⟩/西方浄土 das im Westen befindliche reine Land ⟨in der

しょうとう 橋頭 〖海〗Topp m. -s, -e; Mastspitze f. -, -n.

しょうとう 消灯する Licht aus|löschen (aus|machen).

しょうどう 唱導 Befürwortung f. -en; Verfechtung f. -en; das Verfechten*, -s; Propaganda f. 〈宣伝〉. — 唱導する befürworten⁴; propagieren⁴; Stimmung machen 〈für⁴〉; unter die Leute bringen*⁴; weiter bekannt machen⁴; verfechten*⁴.

しょうどう 衝動 (An)trieb m. -(e)s, -e; Drang m. -(e)s; Impuls m. -es, -e; Instinkt m. -(e)s, -e 〈本能〉/衝動的に triebhaft; aus natürlichem (innerem) Trieb (Drang); impulsiv; instinktiv/抑え難い衝動に駆られる von einem unwiderstehlichen Drang beherrscht werden; von einem unwiderstehlichen Drang getrieben werden.

しょうどう 聳動する auf|reizen⁴; erregen⁴; auf|schrecken⁴; erschüttern⁴/耳目を聳動させるような aufsehenerregend; sensationell.

じょうとう 上等 Erstklassigkeit f.; Auserlesenheit f.; Vorzüglichkeit f./上等の erstklassig; auserlesen; ausgewählt; ausgezeichnet; hochfein; prima; vorzüglich ‖ 上等席 der Sitzplatz (-es, ¨e) erster Klasse/上等品 Qualitätsware f. -n (-st-); die erstklassige (hochfeine) Ware, f. (Arbeit, -en); eine Ware von ³Marke; 〖俗〗eine feine Name, -n-.

じょうとう 常套 Gemeinplatz m. -es, ¨e; Abgedroschenheit f.; Alltäglichkeit f. -en; das ewige Einerlei, -s ‖ 常套語 Phrase f. -n; Alltagswort n. -(e)s, -e; das hohle (leere) Gerede, -s, - (Geschwätz, -es); Redensart f. -en; der schöne Satz (-es, ¨e) ohne ⁴Inhalt; Wortkrämerei f. -en 〈美辞〉/常套手段 die abgenutzten (verbrauchten) (Gegen)maßnahmen (pl); die veralteten Kniffe (pl).

じょうとう 上騰する auf|fliegen* (empor|) ⓢ; auf|schnellen (empor|) ⓢ; auf|springen (empor|) ⓢ; auf|steigen (empor|) ⓢ; in die Höhe fliegen* (schnellen; springen*; steigen*).

じょうどう 常道 der gewöhnliche (normale) Weg, -(e)s, -e (Kurs, -es, -e).

じょうとうしき 上棟式 Richtfest n. -(e)s, -e; Hebeschmaus m. -es, ¨e.

しょうどく 消毒(法) Desinfektion f. -en; Desinfizierung f. -en; Entkeimung f. -en; Entseuchung f. -en; Sterilisation f. -en/消毒の効ある desinfizierend/消毒した desinfiziert. — 消毒する desinfizieren⁴; entkeimen⁴; keimfrei machen⁴; sterilisieren⁴. ‖ 消毒衣 die desinfizierte Kleidung, -en/消毒液 die antiseptische Lösung, -en/消毒器 Desinfektor m. -s, -en; Sterilisierapparat m. -(e)s, -e/消毒室 Desinfektionsraum m. -(e)s, ¨e/消毒布 das sterilisierte Tuch, -(e)s, ¨er/消毒包帯 der sterili-

sierte (sterile) Verband, -(e)s, ¨e/消毒綿 die sterilisierte Watte, -n/消毒薬 Desinfektionsmittel n. -s, -; Desinfiziens n. -, ..zienzien (..zientia)/硫黄消毒 Schwefeldesinfektion/蒸気消毒 Dampfdesinfektion/日光消毒 (die) Desinfektion durch Sonnenstrahlung.

しょうとつ 衝突 Zusammenstoß m. -es, ¨e; Kollision f. -en; Anstoß m. -es, ¨e; Anprall m. -(e)s; 意見の衝突 Zusammenstoß der ²Meinungen. — 衝突する zusammen|stoßen* ⓢ; kollidieren; stoßen* 〈gegen⁴〉 ⓢ; prallen 〈gegen⁴〉 ⓢ/正面衝突する frontal zusammen|stoßen* ⓢ/自動車が縁石に衝突した Der Wagen ist an den Eckstein angefahren./彼は今朝父親と衝突した Er hatte heute morgen einen Zusammenstoß (Krach) mit seinem Vater.

しょうとりひき 商取引 Handel m. -s; (Handels)geschäft n. -(e)s, -e.

じょうない 場内で[に] [屋内の] im Saal[e]; in der Halle; [屋外の] auf dem Grundstück.

しょうに 小児 Säugling m. -s, -e 〈嬰児〉; Kleinkind n. -(e)s, -er 〈幼児〉; Kind n. -(e)s, -er 〈子供〉 ‖ 小児科医 Kinderarzt m. -es, ¨e/小児病 Kinderkrankheit f. -en/小児麻痺 Kinderlähmung f. -en; Poliomyelitis f.

しょうにゅう 鍾乳石 Tropfenstein m. -(e)s, -e/鍾乳洞 Tropfensteinhöhle f. -, -n.

しょうにん 商人 Kauf|mann (Handels-; Geschäfts-) m. -(e)s, ..leute/商人の kaufmännisch/ベニスの商人 „Der Kaufmann von Venedig" ‖ 商人根性 eine kaufmännische Denkweise, -n.

しょうにん 承認 Anerkennung f. -en; Billigung f. -en; Zustimmung f. -en 〈承諾〉/承認する an|erkennen*⁴; billigen⁴; zustimmen³/新政府を承認する die neue Regierung an|erkennen* ‖ 承認書 Anerkennungs|schreiben n. -s, - (-urkunde f. -n).

しょうにん 証人 Zeuge m. -n, -n/証人に立つは ¹Zeuge auf|treten* ⓢ/証人を(として)召喚する ⁴Zeugen vor|laden* (als ¹Zeugen vor|laden*⁴) ‖ 証人尋問 Zeugen:verhör n. -(e)s, -e (-vernehmung f. -en)/証人席 Zeugen|stand m. -(e)s, ¨e (-bank f. ¨e).

しょうにん 上人 der Heilige*, -n, -n; ein heiliger Priester, -s, -.

じょうにん 常任の ständig; stehend; regulär/私は常任委員です Ich bin Mitglied des ständigen Ausschusses. ‖ 常任委員会 der ständige Ausschuss, -es, ¨e.

しょうね 性根 Charakter m. -s, -e; Sinnesart f. -en/性根の腐った gemein niederträchtig; gewissenlos/性根のすわった charakterfest.

じょうねつ 情熱 Leidenschaft f. -en; die leidenschaftliche Liebe, -n; Herzenswunsch m. -(e)s, ¨e/情熱的な人 die leidenschaftliche Seele, -n; einer*, der gleich Feuer und Flamme ist.

しょうねん 少年 ❶ [男児] Junge m. -n, -n; Bub m. -en, -en 〈おもに南独で〉; Knabe m. -n, -n ❖ 現在ではあまり用いられない/可愛い

(利口な)少年 ein hübscher (kluger) Junge/少年らしい knaben¦haft (jungen–). ❷ [未成年] der Jugendliche*, –n, –n; Jugend *f.* 《総称》. ‖ 少年合唱団員 Sängerknabe/少年刑務所 Jugend¦gefängnis *n.* ..nisses, ..nisse (–strafanstalt *f.* –en)/少年裁判所 Jugendgericht *n.* –[e]s, –e/少年時代 Knaben¦alter *n.* –s (–zeit *f.*); Jugend *f.*/少年団員《ボーイスカウト》Pfadfinder *m.* –s, –/少年犯罪 die jugendliche Kriminalität/少年法 Jugend¦recht *n.* –[e]s, –e (–gesetz *n.* –es, –e)/少年保護 Jugend¦fürsorge *f.* (–pflege *f.*; –schutz *m.* –es).

しょうのう 樟脳 Kampfer *m.* –s ‖ 樟脳油 Kampferöl *n.* –[e]s.

しょうのう 小脳 〖解〗Kleinhirn *n.* –[e]s, –e.

しょうのう 小農 Kleinbauer *m.* –n, –n.

じょうば 乗馬 das Reiten*, –s; Ritt *m.* –[e]s, –e; [馬] Reitpferd *n.* –[e]s, –e; Ross *m.* –es, –e. ── 乗馬で行く reiten* [s.h] 《場所の移動に重きをおくとき [s]》; ⁴sich zu Pferde wohin begeben*/乗馬する ein Pferd besteigen*; aufs Pferd steigen* [s]; ⁴sich aufs Pferd setzen; auf|sitzen*. ‖ 乗馬学校 Reitschule *f.* –n/乗馬靴 Reitstiefel *m.* –s, –/乗馬術 Reitkunst *f.* ⸚e/乗馬上着 Reitrock *m.* –[e]s, ⸚e/乗馬ズボン Reithose *f.* –n/乗馬服 Reitanzug *m.* –[e]s, ⸚e; Damenreitkleid *n.* –[e]s, –er/乗馬鞭(むち) Reitpeitsche *f.* –n.

じょうば 上場株 die notierte Aktie, –n.

しょうはい 賞牌 Medaille *f.* –n.

しょうはい 賞杯 Pokal *m.* –s, –e ‖ 賞杯争奪戦 Pokalspiel *n.* –[e]s, –e.

しょうはい 勝敗 Sieg und Niederlage; Gewinn und Verlust/勝敗を争う um den Sieg kämpfen/勝敗を決すべき瞬間 der entscheidende Augenblick, –[e]s/勝敗は時の運 Sieg oder Niederlage, das ist Glückssache./勝敗いまだ判じ難し Der Ausgang des Kampfes ist noch unentschieden.

しょうばい 商売 Handel *m.* –s; Geschäft *n.* –[e]s, –e; Gewerbe *n.* –s, –; Beruf *m.* –[e]s, –e 《職業》; Beschäftigung *f.* –en/商売がえをする um|satteln; einen anderen Beruf ergreifen* (wählen)/商売が繁盛する gute Geschäfte machen; das Geschäft blüht (floriert; gedeiht; geht gut; prosperiert)/商売にならない keinen Gewinn bringen*; nichts verdienen können*; ⁴sich nicht lohnen/商売を始める ein Geschäft eröffnen (gründen); einen Laden an|fangen*/商売をする Handel treiben*; einen Handel betreiben*; ein Geschäft betreiben*; ein Gewerbe [be]treiben*/商売をやめる das Geschäft aufgeben*; den Laden schließen*/商売はあがったりだ Damit werden schlechte Geschäfte./商売は何ですか Was für einen Beruf haben Sie? ¦ Was sind Sie von Beruf?/彼の商売は薬屋です Er ist Apotheker [von Beruf]. ‖ 商売敵(がたき) Wettbewerber *m.* –s, –; Konkurrent *m.* –en, –en/商売道具 Arbeitsgerät *n.* –[e]s, –e; die dem Geschäfte nötigen Geräte 《*pl*》; Handwerkszeug *n.* –[e]s, –e/商売人 Kaufmann *m.* –[e]s, ..leute; Händler *m.* –s, –/商売振り Geschäftsmethode *f.* –n.

しょうはく 松柏科 〖植〗Nadelholz *n.* –es, ⸚er; Zapfenträger *m.* –s, –.

じょうはく 上膊 Oberarm *m.* –[e]s, –e; Brachium *n.* –s, ..chia/上膊の oberarmig; brachial ‖ 上膊骨 Oberarmknochen *m.* –s, –/上膊神経痛 Brachialneuralgie *f.* –n/上膊動脈 Oberarmarterie *f.* –n.

じょうばこ 状箱 der Kasten 《–s, ⸚》 *für*⁴ Briefe; Briefschatulle *f.* –n.

しょうばつ 賞罰 Auszeichnungen 《*pl*》 und Strafen 《*pl*》; Lob 《*n.* –[e]s》 und Tadel 《*m.* –s》/賞罰を明らかにする Gerechtigkeit walten lassen*; bei Belohnung und Bestrafung (beim Belohnen und Bestrafen) unparteiisch sein/賞罰ありません Ich bin weder belohnt noch bestraft worden. 《履歴書》.

じょうはつ 蒸発 Verdampfung (Abdampfung) *f.* –en; das Verdampfen* (Abdampfen*), –s; Verdunstung (Verdünstung) *f.* –en; Evaporation *f.* –en/蒸発しやすい flüchtig; ätherisch; leicht verdampfbar. ── 蒸発する verdampfen (ab|dampfen) [s]; verdunsten [s]; evaporieren [s]. ‖ 蒸発皿 Abdampf¦pfanne *f.* –n (–schale *f.* –n)/蒸発熱 Verdampfungswärme *f.*

しょうばん 相伴する teil|haben* (–|nehmen*) 《*an*³》; beteiligt sein 《*an*³; *bei*³》; ⁴sich beteiligen 《*an*³; *bei*³》; seinen [Anteil haben 《*an*³》; teilhaftig² werden; mit|genießen*⁴ (–|machen⁴); mit dabei sein.

じょうはんしん 上半身 Oberkörper *m.* –s, –/上半身裸になる den Oberkörper frei machen.

しょうひ 消費 Verbrauch *m.* –[e]s; Konsum *m.* –s; Verzehrung *f.* –en. ── 消費する verbrauchen⁴; konsumieren⁴; verzehren⁴. ‖ 消費組合 Verbrauchs¦genossenschaft (Konsum–) *f.* –en; Konsumverein *m.* –[e]s, –e/消費経済 Konsumwirtschaft *f.*/消費財 Verbrauchs¦güter (Konsum–) 《*pl*》/消費者 Verbraucher *m.* –s, –; Konsument *m.* –en, –en/消費社会 Konsumgesellschaft *f.* –en/消費者価格 [End]verbraucherpreis *m.* –es, –e; Ladenpreis/消費者金融 Konsumentenkredit *m.* –[e]s, –e/消費者団体 Verbraucherverband *m.* –[e]s, ⸚e/消費税 Verbrauchsteuer *f.* –n/消費節約 sparsamer Verbrauch.

しょうび 焦眉の dringend; drängend; brennend; nahe bevorstehend/焦眉の急を救う aus dringender Not befreien 《*jn*》; bei drohender Gefahr zu Hilfe eilen [s] 《*jm*》; in der Gefahr zu Hilfe eilen.

しょうび 賞美する ⇨ほめる.

じょうひ 冗費 unnötige (zwecklose; sinnlose) Kosten 《*pl*》; Unkosten 《*pl*》; Verschwendung *f.* –en/冗費を節約する unnötige (zwecklose; sinnlose) Kosten beschneiden* (verringern).

じょうび 常備軍 das stehende (aktive; reguläre) Heer, –[e]s, –e; die aktiven (regulären) Truppen 《*pl*》/常備薬 Haus-

しょうひょう 商標〖商〗Warenzeichen *n.* -s, -; 〔Schutz〕marke *f.* -n ‖ 登録商標 das eingetragene Warenzeichen; die eingetragene Schutzmarke/商標法 Warenzeichengesetz *n.* -es.

しょうひょうへい 傷病兵 die verwundeten (verletzten) und erkrankten Soldaten (*pl*).

しょうひん 賞品 Preis *m.* -es, -e; Auszeichnung *f.* -en (表彰)/賞品を獲得する den Preis gewinnen* (erhalten*).

しょうひん 商品〔Handels〕ware *f.* -n; 〔Handels〕artikel *m.* -s, -; Handelsgut *n.* -〔e〕s, ⸗er ‖ 商品在庫 Warenbestand *m.* -〔e〕s, ⸗e; Lagerbestand 〔在庫品〕/商品在高帳 Bestand|buch (Lager-) *n.* -〔e〕s, ⸗er/商品券 Warenschein *m.* -〔e〕s, -e/商品仕入帳 Wareneingangsbuch (Lager-) *n.* -〔e〕s/商品陳列棚 Schaukasten *m.* -s, ⸗/商品取引所 Warenbörse *f.* -n/商品見本 Warenprobe *f.* -n 〔郵便物表記〕/商品目録 Warenverzeichnis *n.* -nisses, ..nisse.

しょうひん 小品 ein kleines Stück, -s, -e.

しょうひん 上品 Feinheit *f.* -en; Anmut *f.*; Eleganz *f.*; Kultiviertheit *f.*; Raffiniertheit *f.*; Vornehmheit *f.* ── 上品な fein; anmutig; elegant; kultiviert; raffiniert; vornehm/彼女は服装が上品だ Sie ist vornehm gekleidet./Ihre Kleidung ist raffiniert./彼女はことばが上品だ Sie spricht elegant./Die Art, wie sie spricht, ist fein (anmutig).

しょうふ 娼婦 ⇨ししょう(私娼).

しょうふ 小麦 Weizenstärke *f.* -n.

しょうぶ 尚武 Soldatengeist *m.* -〔e〕s; der kriegerische (martialische) Geist, -〔e〕s; Kriegergeist.

しょうぶ 菖蒲 Kalmus *m.* -, ..musse.

しょうぶ 勝負 Sieg (*m.* -〔e〕s, -e) und Niederlage (*f.* -n); 〔競技〕〔Wett〕spiel *n.* -〔e〕s, -e; Wettkampf *m.* -〔e〕s, ⸗e; 〔賭事〕Glücksspiel; 〔Hasard〕spiel/勝負無し Unentschieden *n.* -s, -; das unentschiedene Spiel; Gleichstand *m.* -〔e〕s/勝負を決する 'es aus|fechten*; bis zum Ende (bis zur Entscheidung) kämpfen/勝負あった Das Spiel ist aus (entschieden). ── 勝負する einen Kampf aus|kämpfen; einen Streit aus|tragen*; um die Wette streiten*; wetteifern (*in*³); 'sich im Ringen messen* (相撲など).

しょうふ 情婦 Mätresse (Maitresse) *f.* -n; Beischläferin *f.* ..rinnen; die Geliebte*, -*n*; Kebse *f.* -n; Kebs|frau *f.* -en; Konkubine *f.* -n; Neben|frau.

しょうふ 情夫 Liebhaber *m.* -s, -; Buhle *m.* -n, -n/der Geliebte*, -n, -n; Galan *m.* -s, -e; Hausfreund *m.* -〔e〕s, -e.

じょうふ 上布 das feine Leinen, -s, -; die feine Leinwand.

じょうぶ 上部 der (das) obere Teil, -〔e〕s, -e; das Obere*, -n.

じょうぶ 丈夫な(で, に) ❶〔健康な〕〔kern〕gesund; frisch; kräftig; 〔krafts〕trotzend; robust; rüstig; unverwüstlich; wohl. ❷〔堅固な〕fest; dauerhaft; gediegen; haltbar; solid(e); standfest; strapazier|fähig (widerstands-); unzerstörbar/この生地は丈夫です Dieser Stoff trägt sich gut./Das Zeug hält.

しょうふう 衝風 Gebläse *n.* -s, - ‖ 衝風炉 Gebläseofen *m.* -s, ⸗.

しょうふく 妾腹の un|ehelich (außer-); illegitim; unecht.

しょうふだ 正札 Preiszettel *m.* -s, -/正札つきの 1) mit Preiszettel〔n〕versehen. 2) 〔悪党などの〕berüchtigt; anrüchig; verschrien/正札つき(掛値なし) Feste Preise! 《掲示》 ‖ 正札値段 der feste Preis, -es, -e.

じょうぶつ 成仏する heim|gehen* ⓢ; ab|berufen werden; zur ewigen Ruhe (in die Ewigkeit; in den ewigen Frieden) gehen* ⓢ.

しょうぶん 性分 Natur *f.* -en; Natur|anlage *f.* (Charakter-; Gemüts-) (*od.* -veranlagung *f.*); Temperament *n.* -〔e〕s, -e ⇨しょう性)/あの男の性分として当然です Das liegt nun einmal in seiner Natur./私はそんなことのできない性分だ Es ist gegen (wider) meine Natur (Es geht mir gegen (wider) die Natur), so etwas zu tun.

じょうぶん 上文 das Obenerwähnte*, -n; der obenangeführte Satz, -es, ⸗e/上文のごとく wie oben erwähnt (gesagt).

じょうぶん 冗文 Doppelbezeichnung *f.* -en; Pleonasmus *m.* -, ..men; der überflüssige (unnötige) Satz, -es, ⸗e.

じょうぶん 条文 Artikel *m.* -s, -; Paragraph (*m.* -en, -en) 〔eines Gesetzes〕.

じょうぶんべつ 上分別 die gute (ausgezeichnete; vorzügliche) Idee, -n; der sicherste Plan, -〔e〕s, ⸗e.

しょうへい 哨兵〖兵〗Posten *m.* -s, - 《個々の》; Wache *f.* -n/哨兵に立つ 'Posten stehen*; Wache schieben* ‖ 哨兵勤務 Posten|dienst (Wach-) *m.* -es, -e/哨兵線 Postenkette *f.* -n.

しょうへい 招聘 Berufung *f.* -en; Ruf *m.* -〔e〕s, -e/招聘に応じる(を断る) die Berufung an|nehmen* (ab|lehnen)/招聘を受ける eine Berufung (einen Ruf) erhalten*/招聘する *jn* berufen*/大学(役所)に招聘される eine Berufung an eine Universität (in ein Amt) erhalten*.

しょうへき 障壁 Scheidewand *f.* ⸗e 〔隔壁〕; Hindernis *n.* ..nisses, ..nisse 〔邪魔物〕; Hürde *f.* -n 〔障害物〕; Barrikade *f.* -n 〔バリケード〕‖ 関税障壁 Zollschranke *f.* -n.

じょうへき 城壁 Burg|mauer (Schloss-) *f.* -n; 〔Festungs〕wall *m.* -〔e〕s, ⸗e/城壁を設ける ein Schloss (*n.* -es, ⸗er) (eine Burg, -en) (eine Festung, -en) mit Mauern um|ziehen* (umgeben*); ein|mauern⁴; um|mauern⁴; umwallen⁴.

じょうべき 乗冪〖数〗Potenz *f.* -en; Stu-

しょうへん 小片 ein kleines Stück, -[e]s, -e; Stückchen n. -s, -.
しょうべん 小便 Harn m. -[e]s, -e; Wasser n. -s, -; Urin m. -s, -e 〔尿〕/《俗》Piss m. -es, -e, /《俗》Pisse f. /小便くさい pissig; nach Harn riechend/小便が近い（遠い）häufig (selten) Wasser lassen* (machen; ab|schlagen*)/小便が濁る Der Harn ist trüb. /小便をこらえる das Wasser (den Urin) halten*. — 小便を harnen; Wasser lassen* (machen; ab|schlagen*); urinieren 〔尿す る〕; pinkeln; pissen; 《俗》 schiffen/小便がしたい Es pissert mich.｜Mich pissert. ｜Ich muss mal austreten (schiffen). ‖ 小便所 Pissoir n. -s, -e; Pissort m. -[e]s, -e; die Bedürfnisanstalt (-en) für Männer.
じょうほ 譲歩 Einräumung f., -en; Konzession f. -en; das Nachgeben*, -s; Kompromiss m. ..sses, ..sse 〔妥協〕; Zugeständnis n. ..nisses, ..nisse. — 譲歩する ein|räumen⁴; konzedieren⁴; nach|geben* (mit jm 妥協する); zu|gestehen*³⁴/少しも譲歩しない in keinem Punkt[e] nachlgeben*; in nichts Konzessionen (Zugeständnisse) (pl) machen (jm).
しょうほう 勝報 Siegesnachricht f.
しょうほう 商法〔法〕Handelsrecht n. -[e]s.
しょうほう 詳報 ein ausführlicher Bericht, -[e]s, -e; eine genaue Nachricht, -en.
しょうぼう 消防 Feuerwehr f. -en; Feuerlöschwesen n. -s 〔制度〕/消防に尽力する das Feuer zu bändigen (bekämpfen; einzudämmen; unterdrücken) suchen ‖ 消防演習 Feueralarm|übung f. -en/消防士 Feuerwehrmann m. -[e]s, ..männer (..leute) (löscher m. -s, -)/消防自動車 Kraftfahrspritze f. -n/消防署 Feuerwehrstation f. -en/消防署長 der Vorsteher (-s, -) einer Feuerwehrstation/消防設備〔Feuer〕lösch|einrichtung f. -en /—vorkehrungen (pl)/消防隊 Feuerwehr/消防艇〔Feuer〕löschboot n. -[e]s, -e/消防梯子(ばしご) Feuerleiter f. -n/消防服 Feuerschutzanzug m. -[e]s, ..züge/消防ホース Feuerschlauch m. -[e]s, ..e/消防ポンプ Feuerspritze f. -n (-pumpe f. -n)/消防ポンプ置場 Feuerhaus n. -es, ..er/消防員 Feuerrettungsgerät n. -[e]s, -e/消防用具〔Feuer〕lösch|gerät n. -[e]s, -e (-apparat m. -[e]s, -e).
じょうほう 上方 Oberteil m. (n.) -[e]s, -e; der (das) obere Teil.
じょうほう 情報 Nachricht f. -en; Auskunft f. -en; Bericht m. -[e]s, -e; Information f. -en; Kunde f. -n; Meldung f. -en; Mitteilung f. -en; Rapport m. -[e]s, -e/…からの情報によれば nach den von … erhaltenen Nachrichten gemäß (nach); Die von … erhaltenen Nachrichten lauten, dass …/…に関しなんらの情報も接ぜず Noch ist keine Nachricht in Bezug auf … eingetroffen;Uns steht noch keine Nachricht hinsichtlich² … zur Verfügung. ‖ 情報科学 Informatik f./情報科学技術 Informationstechnologie f. -n/情報化社会 Informationsgesellschaft f. -en/情報機関 Nachrichtendienst m. -[e]s, -e/情報源 Informationsquelle f. -n/情報交換 Informationsaustausch m. -[e]s, -e/情報誌 Informationsblatt n. -[e]s, ..er/情報処理 Informationsverarbeitung f. -en/情報理論 Informationstheorie (Daten-《コンピューターの》) f. -en/情報理論 Informationstheorie f.
じょうほう 乗法〔数〕Multiplikation f. -en; Vervielfältigung f. -en.
しょうほん 正本 ❶〔原本〕Original n. -s, -e; Urschrift f. -en; Ausfertigung f. -en 〔役所の〕. ❷〔台本〕Textbuch n. -[e]s, ..er.
しょうほん 抄本 Auszug m. -[e]s, ..e; Exzerpt n. -[e]s, -e ‖ 戸籍抄本 der Auszug aus dem Personenstandsbuch.
じょうまえ 錠前 ⇒じょう(錠).
じょうまん 冗漫 Umständlichkeit f.; Weitläufigkeit f. -en; Weitschweifigkeit f. -en/冗漫な umständlich; weitläufig; weitschweifig.
しょうみ 正味[で] netto; rein; ohne ⁴Verpackung (Zusatz)/正味重量 Nettogewicht (Rein-) n. -[e]s, -e/正味五時間 volle fünf Stunden /正味五十ユーロ fünfzig Euro netto.
しょうみ 賞味する [mit ³Entzücken (Wonne)] genießen*⁴ (kosten⁴); bewundern⁴ 〈感嘆する〉.
じょうみ 情味 ❶ Menschlichkeit f.; Humanität f. ❷ die gemütliche Stimmung, -en/情味の豊かな voll[er] Menschlichkeit (Humanität); reich an gemütlicher Stimmung.
じょうみゃく 静脈 Vene f. -n/静脈の venös; Venen-/静脈系 Venensystem n. -s, -e/静脈炎 Venentom m. -[e]s, -e/静脈血 Venenblut n. -[e]s/静脈注射 die intravenöse Injektion, -en (Einspritzung, -en)/静脈搏(はく) Venenpuls m. -es, -e/静脈瘤(りゅう) Venenknoten n. -s, -; Varize f. -en.
じょうみょう 定命 ❶ die vom Schicksal bestimmte Lebensdauer; die Lebenserwartung des Menschen. ❷ Fatum n. -s, ..ta; Schicksal n. -s, -e.
しょうむ 商務 Handelsangelegenheit f. -en ‖ 商務官 Handelsattaché m. -s, -s/商務省 Handelsministerium n. -s, ..rien.
じょうむ 常務 das regelmäßige Geschäft, -[e]s, -e; Geschäftsroutine f. ‖ 常務委員会 der geschäftsführende Ausschuss, -es, -e ⇒じょうhん/常務取締役 der geschäftsführende (leitende) Direktor, -s, -en.
じょうむいん 乗務員(鉄道の)〔Eisen〕bahn|personal (Straßenbahn-); Zug-) n. -s, -e.
しょうめい 照明 Beleuchtung f. -en. — 照明する beleuchten⁴. ‖ 照明係 Beleuchter m. -s, -/照明装置 Beleuchtungsapparat m. -[e]s, -e/照明弾 Leucht|Kugel f. -n (-bombe f. -n)/人工[間接]照明 künstliche (indirekte) Beleuchtung/舞台照明 Bühnenbeleuchtung.

しょうめい 証明 Beweis m. -es, -e《論理学・数学・裁判など》; Bescheinigung f. -en; Bestätigung f. -en《確認》; Verifikation f. -en《同上》. ── 証明する beweisen*[4]; bescheinigen*; bestätigen*; bezeugen*[4]/無実を証明する js 'Unschuld beweisen*/病気の証明をする eine Krankheit bestätigen. ‖ 証明書 Bescheinigung; Zertifikat n. -(e)s, -e; Attest n. -(e)s, -e; Zeugnis n. -nisses, ..nisse《成績などの》/医者の証明書 ein ärztliches Attest/身分証明書 Personalausweis m. -es, -e.

しょうめつ 消滅 das Erlöschen* (Verschwinden*, Aussterben*), -s; Verfall m. -(e)s《権利の》/消滅する erlöschen* ⓢ; verschwinden* ⓢ; auslsterben* ⓢ; verfallen* ⓢ/罪障が消滅する von der ³Sünde erlöst werden.

しょうめつ 生滅 Geburt (Leben) und Tod; das Werden und Vergehen.

しょうめん 正面 Vorderseite f. -n; Front f. -en; Fassade f. -n/正面から frontal/正面から中央で言う ins Gesicht sagen*[4]; geradeheraus sagen[14] ‖ 正面玄関 Haupteingang m. -(e)s, =e/正面攻撃 Frontangriff m. -(e)s, -e/正面衝突 Frontalzusammenstoß m. -es, =e/正面図 Frontansicht f. -en.

しょうもう 消耗 Verbrauch m. -(e)s; Konsum m. -(e)s; Abzehrung (Aus-) f.; Abnutzung f. -. ── 消耗する verbrauchen*; konsumieren*; ablzehren*; auslzehren*; verzehren*; ablnutzen*/彼はすっかり消耗していた Er war ganz ausgezehrt. ‖ 消耗性疾患 eine auszehrende Krankheit, -en; Abnutzungskrankheit/消耗品 Verbrauchsgegenstand m. -(e)s, =e; Verbrauchsgut n. -(e)s, =er.

しょうもん 証文 Schein m. -(e)s, -e; Bescheinigung f. -en/借金の証文 Schuldschein m. -(e)s, -e/証文を書く einen Schein unterschreiben*.

しょうもん 照門《兵》[Visier]kimme f. -n.

じょうもん 城門 Schloss|tor (Burg-) n. -(e)s, =e; Toreingang m. -(e)s, =e.

じょうもん 定紋 Familienwappen n. -s, -.

しょうやく 抄訳 eine gekürzte Übersetzung, -en; Teilübersetzung f. -en《部分訳》/抄訳する auszugsweise (teilweise) übersetzen*.

じょうやく 条約 [Staats]vertrag m. -(e)s, =e; Ab|kommen (Überein-) n. -s, -; Abmachung f. -en; Pakt m. -(e)s, -e; Vereinbarung f. -en/条約上の権利 die vertragsmäßigen Rechte 《pl》/…と条約を結ぶ einen Vertrag (einen Pakt) [ab]schließen* 《mit[4]》; einem Vertrag (einem Pakt) beitreten*《[4]》; vertragsmäßige Abmachungen 《pl》 treffen* 《mit[3]》/条約を破る einen Vertrag (einen Pakt) brechen* (verletzen) ‖ 条約案 Vertragsentwurf m. -(e)s, =e/条約改正 die Revision《[4]》 eines Vertrages/条約規程 Vertragsklausel f. -n《-artikel m. -s, -》; -bedingung f. -en》/条約局 das Büro《-s, -s》 für ⁴Vertragsangelegenheiten/条約国 Vertragsmächte 《pl》.

じょうやとう 常夜灯 die ganze Nacht leuchtende Lampe, -n.

しょうゆ 醬油 Sojasoße f. -n.

しょうよ 賞与 Belohnung f. -en; Preis m. -es, -e; Prämie f. -n; Sonderzulage f. -n《特別手当》; Bonus m. -《..nusses》《..nusse》.

じょうよ 譲与 Abtretung f. -en 《an jn》; Ab|gabe (Über-) f. -n/譲与する ab|treten* 《an[4]》; ab|geben*[3,4]; übergeben*[3,4].

じょうよ 剰余 Rest m. -(e)s, -e《商》-er; スイスで: -en》; Überrest m. -(e)s, -e; Überschuss m. -es, =e ‖ 剰余価値 Mehrwert m. -(e)s, -e/剰余価値説 Mehrwerttheorie f. -n/剰余金 das überschüssige Geld, -(e)s, -er; die überschüssige Summe, -n.

じょうよう 逍遥 ⇨さんぽ ‖ 逍遥学派《哲》Peripatetiker m. -s, -.

しょうよう 商用 für geschäftliche; in geschäftlichen ³Angelegenheiten ‖ 商用書簡 Geschäftsbrief m. -(e)s, -e/商用ドイツ語 Kaufmannsdeutsch n. -(s)/商用旅行 Geschäftsreise f. -n.

しょうよう 従容として gelassen; ruhig; beherrscht; ohne seine Geistesgegenwart zu verlieren.

しょうよう 慫慂する jm zu|reden; ein|reden 《auf jn》/彼の慫慂によって auf sein ⁴Zureden《hin》.

じょうよう 常傭の ständig (regelmäßig) angestellt ‖ 常傭人 der ständig (regelmäßig) Angestellte*, -n, -n; der ständige (regelmäßige) Arbeitnehmer, -s, -.

じょうよう 常用 der gewöhnliche (normale; übliche) Gebrauch, -(e)s, =e/常用の; 常用of gewöhnlich; normal; üblich. ── 常用する gewöhnlich gebrauchen*; eine Arznei regelmäßig nehmen*《薬》. ‖ 常用漢字 die chinesischen [Schrift]zeichen 《pl》 im gewöhnlichen (normalen; üblichen) Gebrauch/常用者 Gewohnheits|benutzer m. -s, - 《-genießer m. -s, -; -nutznießer m. -s, -; -verbraucher m. -s, -》/常用対数《数》der gemeine Logarithmus, -, ..men/麻薬常用者 der Drogensüchtige*, -n, -n/現代常用語 der [all]tägliche Wortschatz, -es; die heute allgemein gebrauchten Vokabeln 《pl》; die lebenden Sprachen 《pl 各国語》.

じょうようしゃ 乗用車 Personen[kraft]wagen m. -s, -《略: Pkw; PKW》.

じょうよく 情欲 die sinnliche (fleischliche) Begierde, -n; Sinnes|lust (Fleisches-) f. =e; Geschlechtstrieb m. -(e)s, -e; Wollust f. =e.

しょうらい 将来 Zukunft f.; kommende Zeit, -en/将来の [zu]künftig/将来のある; zukunftsreich; vielversprechend (viel versprechend)/近き将来において in der nahen ³Zukunft; in nächster ³Zukunft/この少年は将来大いに望みのある者である Der Junge ist berechtigt zu den besten Hoffnungen. / Der Junge hat eine große Zukunft. /将来のこと

しょうらい 招来する herbeiführen[4]; verursachen[4] 《惹起する》; hervor rufen[*4].

じょうらん 上欄 obere Spalte, -n (Kolumne, -n).

しょうり 小利 ein kleiner Gewinn, -[e]s, -e (Vorteil, -[e]s, -e)/目前の小利に迷う Durch einen kleinen unmittelbaren Gewinn verblendet (verführt) werden.

しょうり 勝利 Sieg m. -[e]s, -e; Triumph m. -[e]s, -e; Erfolg m. -[e]s, -e/勝利の栄冠 Siegeskranz m. -es, "e/技術の勝利の Sieg der ²Technik/究極の勝利 Endsieg m. -[e]s, -e/勝利を得る den Sieg gewinnen* (davon|tragen*); siegen; gewinnen* ‖ 勝利者 B[e]sieger m. -s, -; Gewinner m. -s, - (特に競技の).

しょうり 小吏 der Unterbeamte*, -n, -n; der kleine Beamte*, -n, -n.

じょうり 条理 das vernünftige Verhalten, -s; das klare und richtige Denken*, -s; Vernunft f.; 条理ある vernünftig; vernunft|gemäß (-gerecht); denkgerecht; logisch; schlussreich denkend/条理にかなった Das ist ohne alle Logik. ¦ Das ist ohne Sinn und Verstand.

じょうり 情理を尽くして説く ⁴sich an js ⁴Fühlen und Denken wenden|*); zur Vernunft zu bringen suchen (jn); ernstlich zu überzeugen suchen (jn).

じょうりく 上陸 Landung f. -en; das Landen*, -s; das An-Land-Gehen*, -s/上陸を禁止する jm wird verboten, an Land zu gehen. — 上陸する landen s.h.; an Land gehen*|s (steigen*|s); ans Ufer kommen* s/台風は鹿児島に上陸した Der Taifun hat zuerst Kagoshima heimgesucht. ‖ 上陸許可 Landungserlaubnis f. ..nisse/上陸禁止 Landungsverbot n. -[e]s, -e/上陸軍 Landungs|armee f. -n (-einheit f. -en) -korps n. -, -; -truppen (pl)/上陸作戦 Landungsoperation f. -en/上陸地 Landungs|ort (Ausschiffungs-) m. -[e]s, -e (od. -platz m. -es, "e, -stelle f. -n)/上陸地点 Landungs|punkt (Ausschiffungs-) m. -[e]s, -e/上陸中 an Land sein/上陸日 Urlaubstag m. -[e]s, -e (des Matrosen)/上陸部隊 Landungstruppe f. -n/上陸用舟艇 Landungsboot n. -[e]s, -e (-fahrzeug n. -[e]s, -e).

しょうりゃく 省略 Auslassung f. -en; Ab|kürzung f. -en (短縮). — 省略する aus|lassen*[4] (weg|-); ab|kürzen[4]. ‖ 省略符号 Auslassungszeichen n. -s, -;《アポストロフ》; Abkürzungszeichen n. -s, -/省略法《文法》Ellipse f. -n.

しょうりゃく 商略 Geschäftsmanöver n. -s, - (-taktik f. -en).

じょうりゅう 蒸留 Destillation f. -en; das Destillieren*, -s; Abziehen f. -/蒸留する destillieren[4]; ab|ziehen*[4] ‖ 蒸留液 Destillat n. -[e]s, -e/蒸留器 Destillier|apparat m. -[e]s, -e (-kolben m. -s, -)/蒸留酒 Branntwein m. -[e]s, -e/蒸留水 das destillierte Wasser, -s, -/蒸留炉 Destillierofen m. -s, -.

じょうりゅう 上流 ❶ [川の] Oberlauf m. -[e]s, -e; der obere Flussteil, -[e]s, -e/上流で oberhalb eines Flusses. ❷ [階級の] die höheren (oberen) Stände (pl); die vornehmen Klassen (pl)/上流社交界の婦人 Lebedame f. -n/上流社交界の花形 Salonlöwe m. -n, -n/上流社交界の人々 die Elite f. -n; die besten Geister (pl) ‖ 上流社会 vornehme Gesellschaft (Welt); die höheren Kreise (pl); Oberschicht f. -en; die Vornehmen (pl)/ここらは上流社会の住宅地域です Das hier ist das Wohnviertel der oberen Zehntausend.

しょうりょ 焦慮 Ungeduld f.; Unruhe f.《落着かぬこと》/焦慮のあまり vor ³Ungeduld/焦慮する ungeduldig sein; von ³Ungeduld gepeinigt werden; ⁴sich beunruhigen.

しょうりょう 少量 eine kleine Menge, -n; ein kleines Quantum, -s ..ten; eine kleine Dosis, ..sen《薬など》/少量の ein bisschen; [ein] wenig/ごく少量の ein klein bisschen (wenig)/少量の水 ein bisschen Wasser/私は酒をごく少量しかやりません Ich trinke nur wenig.

しょうりょう 精霊 Geist m. -[e]s, -er.

しょうりょく 省力(化) geringerer Arbeitsaufwand, -[e]s; das Sparen* (-s) der Kraft/省力化する Arbeitsaufwand gering machen.

じょうりょく 常緑の immergrün/常緑の葉 das immergrüne Blatt, -[e]s, -er ‖ 常緑樹 der immergrüne Baum, -[e]s, "e; das immergrüne Gehölz, -es, -e.

しょうれい 奨励 [Be]förderung f. -en; Unterstützung f. -en《援助》; Ermunterung f. -en《激励》; Ermutigung f. -en《同上》. — 奨励する [be]fördern[4]; unterstützen[4]; ermuntern[4]; ermutigen[4]/学問を奨励する die Wissenschaft fördern. ‖ 奨励金 Prämie f. -n; Subvention f. -en《補助金》.

しょうれい 省令 Ministerialerlass m. -es, -e (-verordnung f. -en).

じょうれい 常例の allgemeine Gebrauch, -[e]s, -e; das übliche Verfahren, -s; Brauchtum n. -s, -er/常例にそむく dem allgemeinen Gebrauch widersprechen*) (gerade ins Gesicht schlagen*).

じょうれい 条例 Vorschrift f. -en; Bestimmung f. -en; Regelung f. -en; Satzung f. -en; Statut n. -[e]s, -en.

じょうれん 常連 der fleißige (häufige; regelmäßige) Besucher, -s, -; Stammgast m. -[e]s, -e.

しょうろ 松露《植》Trüffel f. -n; Trüffelpilz m. -es, -e.

じょうろ Gieß|kanne (Spritz-) f. -n.

しょうろう 鐘楼 Glocken|turm m. -[e]s, -e (-haus n. -es, -er) ‖ 鐘楼守 Glöckner m. -s, -.

しょうろう 檣楼《海》Mastkorb m. -[e]s, -e; Mars m. -, -e (f. -en -n).

しょうろく 抄録 Auszug m. -[e]s, -e; Exzerpt n. -[e]s, -e; Extrakt m. (n.) -[e]s, -e

しょうろん /抄録する aus|ziehen*⁴ 《aus³》; exzerpieren⁴ 《aus³》.

しょうろん 詳論 ausführliche Ausführung f. -en; ausführliche Erörterung, -en /詳論する ausführlich erörtern (diskutieren).

しょうわ 笑話 eine humoristische (witzige) Geschichte, -n; Witz m. -es, -e.

しょうわくせい 小惑星 Planetoid m. -en, -en; ein kleinerer Planet, -en.

じょえん 助演 Ur|aufführung (Erst-) f. -en; Premiere f. -n; Début n. -s, -s 《俳優の初舞台》.

じょえん 助演 das Mitspielen*, -s; das Spielen einer Nebenrolle /助演する mit|spielen(*⁴); eine Nebenrolle spielen ‖ 助演者/Nebenrolle f. -n Mitspieler m. -s, -.

ショー Show f. -s, -s; Schau f. -en; Schaustellung f. -en 《陳列》‖ ショーウィンドー Schaufenster m. -s, -/ショーケース Schaukasten m. -s, "/ショービジネス Show|business n. - 《-geschäft n. -(e)s, -e》/ショーマン Showman m. -s, ..men/ショールーム Ausstellungsraum m. -(e)s, "e/ファッションショー Mode[n]schau f. -en.

じょおう 女王 die [regierende] Königin, ..ginnen; Prinzessin f. ..zessinnen 《皇・王族の女》; Dame f. -n 《チェスの》; Ameisenkönigin 《ありの》; Weisel m. -s, - 《蜂の》; Bienenkönigin 《同上》.

ジョーカー Joker m. -s, -.

ジョーク Witz m. -es, -e; Scherz m. -es, -e.

ショーツ eine [kurze] Kniehose, -n; Shorts 《pl》.

ショートケーキ Torte f. -n.

ショートパンツ eine kurze Hose, -n; Kurzhose.

ショール Schal m. -(e)s, -e; Umhängetuch n. -(e)s, "er/毛糸のショール Wollschal m. -(e)s, -e/ショールを掛ける ³sich den Schal um|hängen.

しょか 初夏 Früh|sommer (Vor-) m. -s, -.

しょか 書家 Kalligraph m. -en, -en; Schreibkünstler m. -s, -; Schönschreiber m. -s, -.

しょか 書架 Bücher|brett n. -(e)s, -er 《-gestell n. -(e)s, -e; -regal n. -s, -e》.

しょが 書画 Gemälde 《n. -s, -》 und [Hand]schrift 《f. -en》‖ 書画展覧会 die Ausstellung (-en) von Gemälden und [Hand]schriften [und Schriftrollen].

しょかい 初回 das erste Mal, -(e)s.

じょがい 除外 Ausnahme f. -n/除外する aus|nehmen*⁴; aus|schließen*⁴; exzipieren⁴; eine Ausnahme machen 《mit³》‖ 除外例 Ausnahme|fall (Einzel-; Sonder-; m. -(e)s, "e.

しょがく 初学[者] Anfänger m. -s, -; Abc-Schütze (Abecebschütze) m. -n, -n; Erstklässler m. -s, -/初学の ein|führend (-leitend); elementar; grundlegend; rudimentär; Anfangs-; Einführungs-; Elementar-; Grund-/初学者手ほどき Elementarbuch (Abc-) n. -(e)s, "er; die Anfangsgründe 《pl》; Einführung f. -en 《in⁴》; die Kurse 《pl》 für Anfänger; Leitfaden m. -s,

=; Schulfibel f. -n/彼はずぶの初学者だ Er ist [ein] blutiger Anfänger.

じょがくせい 女学生 Schülerin f. ..rinnen 《大学生以外の》; Studentin f. ..tinnen 《大学生》; die Studierende*, -n, -n 《一般的》.

しょかつ 所轄 ⇨しょかん(所管).

じょがっこう 女学校 Mädchenoberschule f. -n.

しょかん 所管 Zuständigkeit f. -en; Ressort n. -s, -s 《範囲》/所管の zuständig ‖ 所管事項 Ressort n. -s, -s; Geschäftsbereich m. -(e)s, -s/所管大臣 Ressortminister m. -s, -/所管庁 das zuständige Amt, -(e)s, "er; die zuständige Behörde, -n.

しょかん 所感 Eindruck m. -(e)s, "e.

しょかん 書簡 Brief m. -(e)s, -e; Schreiben n. -s, -/書簡体で im Briefstil ‖ 書簡箋(¿) Brief|papier n. -s, -e 《-bogen m. -s, -》; 書簡体小説 Briefroman m. -s, -e/往復書簡 Briefwechsel m. -s, -.

じょかん 女官 Hof|dame f. -n 《-fräulein n. -s, -》.

しょき 所期の erwartet / 所期の如く wie erwartet / 所期に反する js ⁴Erwartungen 《pl》 täuschen; js ³Erwartungen nicht entsprechen*.

しょき 初期 die erste Zeit; die erste Periode; Anfang m. -(e)s, "e; Anfangsstadium n. -s, ..dien/これは彼の初期の作品の一つだ Das ist eines seiner ersten Werke.

しょき 書記 Schreiber m. -s, -; Sekretär m. -s, -e 《書記官》/党の書記 Parteisekretär ‖ 書記長 Generalsekretär m. -s, -e; Hauptsekretär m. -s, -e/共産党第一書記 der Erste Sekretär der kommunistischen ²Partei/大使館一等(二等, 三等)書記官 der erste (zweite, dritte) Botschaftssekretär, -s, -e.

しょき 暑気 Hitze f.; Wärme f./暑気にあたる den Hitzschlag bekommen*; vom Hitzschlag getroffen werden.

しょきゅう 初級 Anfängerkurs m. -es, -e; Unterstufe f. -n ‖ 初級ドイツ語 Deutsch 《n. -[s]》 für ⁴Anfänger.

じょきょ 除去 Ausschluss m. -es, "e; Beseitigung f. -en; Weg|schaffung (Fort-) f. -en 《od. -nahme f. -n》; -räumung f. -en/除去する aus|schließen*⁴; beseitigen⁴; weg|schaffen⁴ 《fort|-》 《od. -|nehmen*⁴; -|räumen⁴》.

じょきょうし 女教師 Lehrerin f. ..rinnen; Erzieherin f. ..rinnen.

じょきょうじゅ 助教授 Assistenzprofessor m. -s, -en/助教授の地位 die Stellung 《-en》 eines Assistenzprofessors.

しょぎょうむじょう 諸行無常 Alles Irdische ist vergänglich.

じょきょく 序曲 [楽] Vorspiel n. -(e)s, -e; Ouvertüre f. -n; Präludium n. -s, ..dien.

ジョギング Jogging n. -s/ジョギングする joggen.

しよく 私欲 Eigennutz m. -es; Eigen|sucht 《Ich-》 f./私欲に走る nur auf [den] eigenen Vorteil aus sein; nur den eigenen Vorteil zu dienen streben; nur den eigenen Vor-

しょく 職 Amt n. -[e]s, ≃er《官(公)職》; Posten m. -s, -; Stellung f. -en; Stelle f. -n; Dienst m. -[e]s, -e; Beruf m. -[e]s, -e《職業》; Arbeit f. -en《仕事》; Job m. -s, -s/職にありつく eine Arbeit (Stellung) bekommen* (finden*)/職につく ein Amt (einen Dienst; eine Stellung) an|treten*/職を求める eine Arbeit (eine Stellung) suchen/職を失う eine Stelle (einen Posten; eine Arbeit) verlieren*/職を解かれる [aus dem Dienst] entlassen werden.

しょく 食 Essen n. -s, -; Speise f. -n; Nahrung f. -en/食が進む(進まない) guten (nur schlechten) Appetit haben/食を与える jm zu essen geben* ‖ 食中毒 Nahrungsmittel|vergiftung (Lebensmittel-) f. -en/食養生 Diätkur f. -en.

しょくいき 職域 Arbeitsgebiet n. -[e]s, -e.

しょくいん 職員 Personal n. -s《全体》; Beamte* m. -n, -n《官吏》; Lehrer m. -s, -《教員》/学校の職員〔全体〕Lehrkörper m. -s, -《personal n. -s, -e》‖ 職員会議 Lehrerkonferenz f. -en/職員室 Lehrerzimmer n. -s, -/職員録 Beamten|verzeichnis (Angestellen-) n. ..nisses, ..nisse.

しょくえん 食塩 Kochsalz (Speise-) n. -es; Tafelsalz《食卓塩》‖ 食塩注射 die Einspritzung (Injektion)〈-en〉von ³Kochsalzlösung/食塩容器 Salzfass n. -es, ≃er/〔生理的〕食塩水 [physiologische] Kochsalzlösung f. -en.

しょくぎょう 職業 Beruf m. -[e]s, -e; Gewerbe n. -s, -; Profession f. -en/職業上の beruflich; berufsmäßig/職業上の秘密 Berufsgeheimnis n. ..nisses, ..nisse/あなたの御職業は何ですか Was sind Sie [von Beruf]?/彼の職業は大工だ Er ist seines Zeichens Zimmermann./彼は定まった職業をもたない Er hat keinen festen Beruf.‖ 職業安定所 Arbeitsamt n. -[e]s, ≃er/職業案内所 Stellenmarkt m. -[e]s, ≃e/職業学校 Berufsschule f. -n, -en/職業教育 Berufsausbildung f. -en/職業軍人 Berufssoldat m. -en, -en/職業指導 Berufsberatung f. -en/職業紹介 Arbeits|vermittlung f. -en〈-nachweis f. -es, -e〉/職業政治家 Berufspolitiker m. -s, -/職業選手 Berufssportler m. -s, -; Professional m. -s, -/職業相談所 Büro〈n. -s, -s〉für ⁴Berufsberatung/職業病 Berufskrankheit f. -en/職業別電話帳 Branchenverzeichnis n. ..nisses, ..nisse/職業婦人 berufstätige Frau, -en/職業部門 Berufszweig m. -[e]s, -e〈-fach n. -[e]s, ≃er〉/自由職業 ein freier Beruf.

しょくげん 食言する sein Wort brechen*; eine falsche Aussage machen.

しょくご 食後 nach dem Essen; nach ³Tisch/食後のデザート Nachtisch m. -[e]s; Dessert n. -s, -s.

しょくざい 贖罪 Buße f. -n; Sühne f. -n/贖罪する büßen⁴《auf⁴》; Sühne leisten; sühnen⁴ ‖ 贖罪金 Sühnegeld n. -[e]s, -er.

しょくさん 殖産 Produktionszunahme f. -n.

しょくし 食指 Zeigefinger m. -s, -/食指を動かす Appetit haben 〈nach³; auf⁴〉; begierig sein 〈nach³〉《食》scharf sein 〈auf⁴〉.

しょくじ 食事 Essen n. -s, -; Mahlzeit f. -en / 食事付きの(で) mit ³Verpflegung (Kost)/食事をする essen*; eine Mahlzeit halten*〈ein|nehmen*〉/食事中に(をしながら)beim Essen/お食事はもうおすみですか Haben Sie schon gegessen? ‖ 食事時間 Essenszeit f. -en/食事当番 Küchendienst m. -es, -e《台所当番》; Tafeldienst《食卓当番》.

しょくじ 食餌 Nahrung f. -en; Kost f. -‖ 食餌療法 Diätkur f. -en.

しょくじ 植字〔印〕das Setzen*, -s/植字の誤り Setzfehler m. -s, -/植字する Lettern [Schrift] setzen ‖ 植字機 Setzmaschine f. -n/植字工 [Schrift]setzer m. -s, -/植字台 Setzregal n. -s, -e.

しょくじゅ 植樹 Baumpflanzung f. -en/植樹する einen Baum pflanzen.

しょくじょ 織女 Weberin f. ..rinnen;〔天〕Wega f.《星》.

しょくしょう 職掌 Amt n. -[e]s, ≃er; Amtspflicht f. -en/職掌上 amtlich; amtshalber; von ²Amts wegen.

しょくしょう 食傷 Übersättigung f. -en; Magenvergiftung f. -en《食あたり》/食傷する übersatt (übersättigt) sein 〈von³〉; überdrüssig³ sein;《俗》die Nase voll haben〈von³〉; ³sich den Magen verderben*《食あたり》.

しょくしん 触診〔医〕Betastung f. -en/触診する betasten⁴; befühlen⁴.

しょくじん 食人 Menschenfresserei f. -en; Kannibalismus m. - ‖ 食人種 Menschenfresser m. -s, -; Kannibale m. -n, -n.

しょくせい 職制 amtliche Ordnungen (pl).

しょくせき 職責 Amts|pflicht (Dienst-) f. -en/職責を全うする eine Pflicht erfüllen.

しょくぜん 食前に vor dem Essen; vor ³Tisch.

しょくぜん 食膳 Esstablett n. -[e]s, -e《日本式の》/食膳に供する auf den Tisch bringen*⁴; servieren⁴.

しょくだい 燭台 Leuchter m. -s, -; Kerzenhalter m. -s, -.

しょくたく 食卓 Speisetisch m. -[e]s, -e; Tisch m. -[e]s, -e; Tafel f. -n/食卓に着く ⁴sich zu ³Tisch setzen/食卓の用意をする(片づける) den Tisch decken (ab|decken) ‖ 食卓演説 Tischrede f. -n/食卓掛け Tischdecke f. -n〈-tuch n. -[e]s, ≃er〉/食卓当番 Tischdienst m. -[e]s, -e.

しょくたく 嘱託 Beauftragung f. -en; der Beauftragte*, -n, -n《人》‖ 嘱託教師 der Lehrbeauftragte*, -n, -n.

しょくち 触知する ertasten⁴; erfühlen.

しょくちゅう 食虫の insektenfressend ‖ 食虫植物 eine insektenfressende Pflanze, -n; Insektivor n. -en, -en/食虫類〔動〕In-

しょくちょう 職長 Werkmeister *m.* -s, -; Vorarbeiter *m.* -s, -.

しょくどう 食堂 Speise|zimmer (Ess-) *n.* -s, -; Speise|saal (Ess-) *m.* -[e]s, ..säle; Restaurant *n.* -s, -s 《レストラン》‖ 食堂車 Speisewagen *m.* -s, -/学生食堂 Mensa *f.* ..sen/社員食堂 Kantine *f.* -.

しょくどう 食道 〔解〕Speiseröhre *f.* -, -n; Ösophagus *m.* -, ..gi‖ 食道炎 Speiseröhrenentzündung *f.* -en/食道癌 Speiseröhrenkrebs *m.* -es/食道狭窄(?) Speiseröhrenverengung *f.* -en.

しょくにく 食肉の fleischfressend‖ 食肉類 Fleischfresser *m.* -s, -.

しょくにん 職人 Handwerker *m.* -s, -; Arbeiter *m.* -s, -; Geselle *m.* -n, -n‖ 職人見習 Lehrling *m.* -s, -e; Gehilfe *m.* -n, -n.

しょくのう 職能 Funktion *f.* -en‖ 職能給 die Besoldung 《-en》 nach der Funktion/職能代表 Berufsvertretung *f.* -en.

しょくば 職場 Arbeits|platz *m.* -es, ⸚e (-stätte *f.* -, -n)‖ 職場を放棄する seinen Arbeitsplatz verlassen*.

しょくばい 触媒 〔化〕Katalysator *m.* -s, -en.

しょくパン 食パン Toastbrot *n.* -[e]s, -e; Brot *n.* -[e]s, -e; Weißbrot 《白パン》.

しょくひ 食費 Lebensmittel|kosten (Nahrungsmittel-) 《*pl*》.

しょくひ 植皮 〔医〕Haut|verpflanzung (-transplantation) *f.* -en; Gewebs|verpflanzung (-transplantation) *f.* -en 《組織移植》/植皮する Haut verpflanzen.

しょくひん 食品 Nahrungsmittel (Nahrungs-) *n.* -s, -‖ 食品工業 Nahrungsmittelindustrie *f.* -n/食品添加物 chemischer Zusatz 《-es, -e》 für Lebensmittel/食品法 Lebensmittelgesetz *n.* -es, -e/冷凍食品 Gefriergut *n.* -[e]s, ⸚er; Gefrierware *f.* -n.

しょくぶつ 植物 Pflanze *f.* -n; Gewächs *n.* -es, -e; Vegetation *f.* -en 《総称》; Flora *f.* ..ren 《一地帯の》/植物の pflanzlich; botanisch/植物性の pflanzlich; pflanzenartig; vegetativ/植物性の油 pflanzliches Öl, -[e]s, -e‖ 植物園 ein botanischer Garten, -s, ⸚; Pflanzengarten *m.* -s, ⸚/植物界 Pflanzenwelt *f.*; Vegetation/植物学 Botanik *f.*; Pflanzenkunde *f.* -/植物学者 Botaniker *m.* -s, -/植物形態学 Pflanzenmorphologie *f.*/植物採集 Pflanzensammlung *f.* -en/植物採集用胴乱 Botanisier|büchse *f.* -n (-trommel *f.* -n)/植物栽培 Pflanzen|züchtung *f.* (-anbau *m.* -[e]s)/植物誌 Pflanzen|beschreibung *f.* -en/植物質 Pflanzenstoff *m.* -[e]s, -e/植物神経 vegetatives Nervensystem, -s, -e/植物繊維 pflanzliche Fasern 《*pl.*》/植物地理学 Pflanzengeographie *f.*; Geobotanik *f.*/植物人間 ein paralysierter Mensch, -en, -en/植物保護 Pflanzenschutz *m.* -es, -.

しょくぶん 職分 eine [berufliche (amtliche)] Pflicht, -en; Dienstpflicht *f.* -en/自己の職分を尽くす seine Pflicht tun*/兵士としての職分を果たす die Pflichten des Solda-

ten erfüllen.

しょくぼう 嘱望する Hoffnungen setzen 《*auf*⁴》; viel erwarten 《*von*》/彼は大いに嘱望されていた Man setzte große Hoffnungen auf ihn.

しょくみん 植民 Kolonisation *f.* -en; Besied(e)lung *f.* -en. ── 植民する besiedeln⁴; kolonisieren⁴ ‖ 植民(地)政策 Kolonialpolitik *f.*/植民地 Kolonie *f.* -n; Siedlung *f.* -en/植民地化 Kolonisierung *f.* -en/植民地化する kolonisieren⁴/植民地的な kolonial/植民地戦争 Kolonialkrieg *m.* -[e]s, -e.

しょくむ 職務 Amt *n.* -[e]s, ⸚er; Dienst *m.* -[e]s, -e; Pflicht *f.* -en/職務上の amtlich; amtsgemäß; dienstlich/職務を妨害する *jn* bei seiner ³Amtsausübung stören; *js* Amtshandlung verhindern/職務を代行する [stellvertretend] amtieren 《für *jn*》; *jn* vertreten*/職務を怠る seine Pflicht versäumen (unterlassen*); 職務を執行している sein Amt ausüben; seinen Dienst verrichten‖ 職務 規定 Amts|vorschrift (Dienst-) *f.* -en/職務質問《警察の》eine polizeiliche Kontrolle, -n/職務怠慢 Pflicht|versäumnis *n.* ..nisses, ..nisse.

しょくもう 触毛 〔動〕Fühl|haar (Tast-) *n.* -[e]s, -e.

しょくもく 嘱目する beachten⁴/嘱目すべき beachtenswert.

しょくもつ 食物 Essen *n.* -s; Speise *f.* -n; Kost *f.*; Nahrung *f.* -en; Nahrungsmittel (Lebens-) *n.* -s, -‖ 食物アレルギー Nahrungsmittelallergie *f.* -n/食物連鎖〔医〕Nahrungskette *f.* -n.

しょくよう 食用の essbar; genießbar/この魚は食用になりません Diesen Fisch kann man nicht essen.‖ 食用蛙 Ochsenfrosch *m.* -es, ⸚e/食用脂 Speisefett *n.* -[e]s, -e/食用油 Speiseöl *n.* -[e]s, -e.

しょくよく 食欲 Appetit *m.* -[e]s, -e; Esslust *f.*/食欲がある Appetit haben/食欲がない keinen Appetit haben/食欲がわる Appetit bekommen*/食欲をそそる Appetit an|regen; appetitlich aus|sehen* 《おいしそうに見える》‖ 食欲不振 Appetitlosigkeit *f.*

しょくらい 触雷する 《船が》auf eine Mine laufen* 〔s〕; eine Mine berühren.

しょくりょう 食糧 Nahrungsmittel (Lebens-) *n.* -s, -‖ 食糧封鎖 Hungerblockade *f.* -n/食糧不足 Lebensmittel|knappheit *f.* (-mangel *m.* -s)/食糧問題 Nahrungsproblem *n.* -[e]s, -e. ⇨りょうしょ《糧食》.

しょくりょうひん 食料品 Esswaren 《*pl*》; Lebensmittel *n.* -s, -‖ 食料品店 Lebensmittelgeschäft *n.* -[e]s, -e; Kolonialwarenhandel *m.* -s, ⸚.

しょくりん 植林 Aufforstung *f.* -en/植林する auf|forsten; Bäume pflanzen.

しょくれき 職歴 berufliche Laufbahn; die bisherige Tätigkeit, -en.

しょくん 諸君 《呼びかけ》meine Herren/親愛なる諸君よ Meine lieben Freunde!/紳士淑女諸君 Meine Damen und Herren!/同士

じょくん 諸君 Genossinnen und Genossen.
じょくん 叙勲 Ordensverleihung *f.* -en; Auszeichnung *f.* -en; Dekoration *f.* -en. ⇨よする(叙する)②.
じょけい 処刑 Hinrichtung *f.* -en; Bestrafung *f.* 《処罰》; Strafvollstreckung *f.* -en 《刑の執行》/処刑する hin|richten⁴; bestrafen⁴; eine Strafe (ein Urteil) vollstrecken (vollziehen*) ‖ 処刑台 Schafott *n.* -[e]s, -e 《断頭台》; Galgen *m.* -s, - 《絞首台》.
じょけい 女系 die weibliche Linie 《eines Geschlechts》.
じょけい 叙景 Landschafts|schilderung *f.* -en -[beschreibung *f.* -en] ‖ 叙景文 die landschaftliche (-beschreibende) Aufsatz, *m.* -es, "e.
じょけつ 女傑 Heldin *f.* ..dinnen; Amazone *f.* -n.
しょげる den Kopf (die Flügel 《*pl*》) hängen lassen*; nieder|geschlagen (-gedrückt) sein; mutlos (freudlos; melancholisch; schwermütig; trübsinnig) werden.
しょけん 所見 Beobachtung *f.* -en 《観察》; Meinung *f.* -en 《意見》; Ansicht *f.* -en 《同上》; Eindruck *m.* -[e]s, "e 《印象》/所見を述べる seine Meinung (seinen Eindruck) äußern.
しょけん 初見で 〖楽〗 vom Blatt; prima vista/初見で演奏する vom Blatt (prima vista) spielen⁴.
じょけん 女権 Frauenrecht *n.* -[e]s, -e; die Rechte 《*pl*》 der Frauen; Frauenstimmrecht *n.* 《参政権》 ‖ 女権拡張 die Erweiterung 《-en》 (die Vergrößerung, -en) der Frauenrechte/女権拡張論 Feminismus *m.* -/女権拡張論者 Feminist *m.* -en, -en; Frauenrechtler *m.* -s, -; Blaustrumpf *m.* -[e]s, "e.
じょげん 助言 Rat *m.* -[e]s, Ratschlag *m.* ..schläge; Fingerzeig *m.* -[e]s, -e; Wink *m.* -[e]s, -e/彼は好んで助言をいれる Er lässt sich gern belehren./ Er schlägt einen Rat nicht in den Wind. ―― 助言する raten³,⁴; einen Rat[schlag] erteilen (geben*)³; ans Herz legen³,⁴. ‖ 助言者 Ratgeber *m.* -s, -; Berater *m.* -s, -; Rechtsbeistand *m.* -[e]s, "e.
じょげん 序言 ⇨じょぶん.
しょこ 書庫 Bibliothek *f.* -en; Bücherraum *m.* -[e]s, "e.
しょこう 曙光 Morgen|rot *n.* -[e]s (-röte *f.*); Dämmerlicht *n.* -[e]s/希望の光 der Strahl *m.* -[e]s der ²Hoffnung; Hoffnungsschimmer *m.* -s, -.
しょこう 初校 〖印〗 die erste Korrektur, -en.
しょこう 諸侯 die Fürsten 《*pl*》 ‖ 封建諸侯 die Feudalfürsten 《*pl*》.
じょこう 徐行する langsam[er] (im Schneckentempo; mit gedrosselter Geschwindigkeit) gehen* (fahren*) 〖s〗; ⁴sich verlangsamen.
しょこく 諸国 verschiedene Länder 《*pl*》.
しょこん 初婚 die erste Ehe.

しょさ 所作 Benehmen *n.* -s 《芝居の》; Gebärde *f.* -n 《身振り》.
しょさい 書斎 Studier|zimmer (Arbeits-) *n.* -s, -; Bibliothek *f.* -en 《図書室》.
しょざい 所在[地] Aufenthalt *m.* -[e]s, -e 《人の》; Verbleib *m.* 《同上》; Sitz *m.* -es, -e 《役所などの》; Standort *m.* -[e]s, -e/所在をくらます ⁴sich versteckt halten*/彼の所在については何も申し上げられません Über seinen Verbleib kann ich nichts sagen./国連本部の所在地ニューヨークである Die Vereinigten Nationen haben ihren Sitz (befinden sich) in New York.
じょさい 如才ない ❶ 〖抜けめがない・怜悧(れいり)な〗 welt|klug (-erfahren; -gewandt); gewandt; klug; taktvoll; gerissen 《老獪(ろうかい)な》; schlau 《ずるい》/ 如才のない人 ein Mensch *m.* -en, -en), der [viel] Takt besitzt; der Taktvolle⁺, -n, -n; der kluge Kopf, "e/彼は如才ないことを言う Er spricht klug./ Er hält kluge Reden./彼は如才なく立ちまわる Er handelt mit kluger Überlegung. / 君は如才なくやらないからだめだ Mit deiner Taktlosigkeit! ❷ 〖親切な〗 gefällig; höflich; verbindlich; zuvorkommend.
しょざいない 所在ない nichts zu tun haben 《することがない》; ⁴sich langweilen 《退屈する》.
しょざっぴ 諸雑費 verschiedene Ausgaben (Unkosten) 《*pl*》.
しょさん 所産 Produkt *n.* -[e]s, -e; Erzeugnis *n.* ..nisses, ..nisse; Ergebnis *n.* ..nisses, ..nisse 《結果》; Frucht *f.* "e 《結実》.
しょさん 所産 Erstgeburt *f.* -en.
じょさんぷ 助産婦 Hebamme *f.* -n; die weise Frau, -en.
しょし 庶子 ⇨せいじ.
しょし 所思 *js* Gedanke *m.* -ns, -n; *js* Meinung *f.* -en 《同上》/所思を述べる seine Meinung (Ansicht) sagen (äußern; vor|bringen*).
しょし 書誌[学] Bibliographie *f.* -n.
しょし 初志 *js* ursprüngliche (eigentliche) Absicht, -en; *js* ursprüngliches (eigentliches) Ziel, -[e]s, -e 《目標》/初志を貫く seine ursprüngliche Absicht durch|setzen; sein eigentliches Ziel erreichen.
しょじ 所持 Besitz *m.* -es/所持する besitzen*⁴; bei ³sich haben⁴ 《携帯している》 ‖ 所持品 Habseligkeiten 《*pl*》.
しょじ 諸事 verschiedene (allerlei 《無変化》) Sachen 《*pl*》.
じょし 女子 Frau *f.* -en; Dame *f.* -n; Mädchen *n.* -s, - ‖ 女子教育 Frauen|erziehung (Damen- ; Mädchen-) *f.* -en/女子店員 Verkäuferin *f.* ..rinnen; Laden|mädchen *n.* -s, - (-mamsell *f.* -en).
じょし 助詞 〖文法〗 Partikel *f.* -n; Füll|wort (Flick-; Hilfs-) *n.* -[e]s, "er.
-じょし -女史 Frau ... ⇨-さま.
じょじ 女児 ein kleines Mädchen, -s, -.
じょじ 叙事 die epische Darstellung, -en (Beschreibung, -en; Erzählung, -en; Schilderung, -en)/叙事体で im epischen

じょじ Stil; in erzählender Form/叙事体の episch; erzählend ‖ 叙事詩 die erzählende Dichtung, -en; Epos m. -, Epen/叙事文 das in epischer (erzählender) Form Geschriebene, -n.

じょじ 助辞 ⇨じょし(助詞).

しょじ 規定の書式に従って nach dem bestimmten Formular.

しょしゃく 叙爵する adeln 《jn》; in den Adelsstand erheben* 《jn》; einen Adelstitel verleihen* 《jm》.

しょしゅ 諸種 ⇨しゅじゅ.

じょしゅ 助手 Assistent m. -en, -en; Gehilfe m. -n, -n; Helfer m. -s, -.

しょしゅう 初秋 Frühherbst m. -[e]s, -e/ Anfang 《m. -[e]s》 des Herbstes.

しょしゅう 初囚 die Gefangene*, -n, -n; der weibliche Sträfling; -e (Häftling, -s, -e).

じょじゅつ 叙述 Beschreibung f. -en; Angabe (Wieder-) f. -n; Darstellung f. -en; Erzählung f. -en ‖ 叙述する beschreiben*[4]; an|geben*[4] (wieder|-); dar|stellen*[4]; erzählen*[4]; schildern*[4].

しょしゅん 初春 Vorfrühling m. -s, -e; Anfang 《m. -[e]s》 des Frühlings.

しょじゅん 初旬 ¶ 三月初旬に Anfang März.

しょしょ 所々 ⇨ほうぼう(方々).

しょじょ 処女 Jungfrau f. -en; Jungfer f. -n; Mädchen n. -s, -/《少女》/処女らしい jungfräulich; jungfer|haft (mädchen-)/処女を失う(奪われる) ²die Jungfernschaft verlieren* (der ²Jungfernschaft beraubt werden) ‖ 処女演説 Jungfernrede f. -n/処女宮《占星》Jungfrau f. -en/処女航海 Jungfernfahrt f. -en/処女婚 Jungfernehe f. -n/処女作 Erstlingswerk n. -[e]s, -e/処女性 Jungfräulichkeit f.; Jungfräulichkeit f.; Keuschheit f. 《純潔》/処女膜《解》Jungfernhäutchen n. -s, -; Hymen n. -s, -/処女林 Urwald m. -[e]s, ⸚e.

じょじょ 徐々に allmählich; gemächlich; langsam; nach und nach; ⁴Schritt für (um) ⁴Schritt; schritt|weise (stufen-).

しょじょう 書状 Brief m. -[e]s, -e; Schreiben n. -s, -/書状にて brieflich ‖ 書状挟み Briefordner m. -s, -.

じょじょう 女将《Gast》wirtin (Hotelwirtin; Kneipwirtin) f. ..tinnen.

じょじょう 叙情 Gefühlsäußerung (Empfindungs-) f. -en; Gefühls|darstellung f. -en ‖ 叙情詩 das lyrische Gedicht, -[e]s, -e; Lyrik f. -/叙情詩人 der lyrische Dichter, -s, -; Lyriker m. -s, -.

じょじょうふ 女丈夫 ⇨じょけつ.

しょしょく 色色 ❶ Frauenreiz m. -es, -e. ❷《色欲》Wollust f. ⸚e; die fleischliche Begierde, -n; Sinnlichkeit f. -en/色色にふける ⁴sich sinnlichen Vergnügungen hin|geben*, ⇨いろ❺.

しょしん 所信 Glaube m. -ns, -n; js Überzeugung f. -en; js Meinung f. -en; js Ansicht f. -en/所信を述べる seine Meinung sagen (äußern; vor|bringen*).

しょしん 初審 die erste Instanz, -en; der erste Rechtszug, -[e]s, ⸚e ‖ 初審裁判所 Gericht 《n. -[e]s, -e》 des ersten Rechtszuges (der ersten Instanz).

しょしん 初診 die erste [ärztliche] Untersuchung, -en ‖ 初診患者 ein neuer Patient, -en, -en.

しょしん 初心の unerfahren; unkundig ‖ 初心者 Anfänger m. -s, -; Neuling m. -s, -e / 初心者向きの für ⁴Anfänger.

じょすう 序数 Ordnungszahl (Ordinal-) f. -en; Ordinale n. -s, ..lia.

じょすう 除数《数》Divisor m. -s, -en; Teiler m. -s, - ‖ 被除数 Dividend m. -en, -en.

しょする 処する ❶ [身を] ⁴sich benehmen*; ⁴sich verhalten*; handeln. ❷ [処理する] ⇨しょり. ❸ [刑に] jn verurteilen 《zu³》; jn be|strafen 《mit³》/罰金刑に処する jm eine Geldstrafe auf|erlegen/死刑に処する jn hin|richten; jn zum Tod[e] verurteilen 《宣告》.

じょする 除する ¶ 五十を五で除する 50 durch 5 dividieren.

じょする 叙する ❶ [述べる] beschreiben*[4]; an|geben*[4] (wieder|-); dar|stellen*[4]; erzählen*[4]; schildern*[4]. ❷ [官等敵位に] nennen* 《jn zu³》; ein|setzen 《jn in⁴》; erheben* 《jn zu³》; verleihen*[4] 《jm》.

しょせい 処世 Lebens|führung f. -en (-- weise f. -n) ‖ 処世訓 Lebensregel f. -n/処世術 Lebens|weisheit f. (-klugheit f.; -kunst f.).

しょせい 書生 Student m. -en, -en 《学生》; ein im Haus diensttuender Student 《住み込みで働く学生》 ‖ 書生気質 Studentendenkweise f. -/書生時代 Studentenzeit f.

しょせい 女婿 Schwiegersohn m. -[e]s, ⸚e; Tochtermann m. -[e]s, -⸚er.

じょせい 女性 ❶ Frau f. -en; die weibliche Person, -en; Weiblichkeit f. ❷《文法》das weibliche Geschlecht, -[e]s; Femininum n. -s. —— 女性的 weiblich; feminin; frauenhaft; weiberhaft; weibisch. ‖ 女性解放 die Befreiung 《-en》 (Emanzipation, -en) der Frauen/女性観 Frauen|anschauung f. -en (-ansicht f. -en)/女性中心説 die gynäkozentrische Theorie, -n.

じょせい 助成する unterstützen; bei|stehen* 《jm》; den Daumen halten* (drücken) 《jm》; frischen Antrieb geben* 《jm》; zu Hilfe kommen* S 《jm》 ‖ 助成金 Hilfsgelder 《pl》; die geldliche Beihilfe, -n; Subsidien 《pl》; Subvention f. -en.

じょせいと 女生徒 Schülerin f. -, -rinnen; die Studierende*, -n, -n. ⇨じょがくせい.

しょせき 書籍 Buch n. -[e]s, -⸚er ‖ 書籍商 Buchhändler m. -s, -; Buchhandlung f. -en 《書店》/書籍販売 Buchhandel m. -s/書籍見本市 Buchmesse f. -n.

じょせき 除籍 die [Weg]streichung 《-en》 (Beseitigung, -en) eines Namens aus dem [Familien]register.

しょせつ 諸説 verschiedene Meinungen

じょせつ (Ansichten) (*pl* 意見); verschiedene Theorien (*pl* 学説); verschiedene Gerüchte (*pl* 風説); 諸説まちまちであった Die Meinungen waren geteilt.

じょせつ 叙説 Erklärung *f.* -en; Auslegung *f.* -en; Darstellung *f.* -en; Deutung *f.* -en; Interpretation *f.* -en; 叙説する erklären⁴; auslegen⁴; dar|stellen⁴; deuten⁴; interpretieren⁴.

じょせつ 序説 ⇨じょろん.

じょせつ 除雪 Schneeräumung *f.* -en/除雪する Schnee räumen; Schneewehen (*pl*) beseitigen ‖除雪機 Schneepflug *m.* -[e]s, ⸚e/除雪作業員 Schneeschaufler *m.* -s, -/除雪-schipper *m.* -s, -/ロータリー除雪車 Schneefräse *f.* -n.

しょせん 所詮 schließlich; am Ende; nach alledem; alles in allem; sowieso (どっちみち)/所詮にはかなわないよ Schließlich kann man gegen ihn nicht aufkommen./所詮だめだ Das ist sowieso nichts.

しょそう 諸相 verschiedene Phasen (Aspekte) (*pl*).

しょぞう 所蔵 Besitz *m.* -es, -e/A 氏所蔵のマドンナ die Madonna im Besitz des Herrn A (von Herrn A).

じょそう 女装 die weibliche Tracht, Frauenkleidung *f.* -en/女装の男 ein Mann (*m.* -[e]s, ⸚er) in weiblicher Tracht; ein wie eine Frau aufgeputzter Mann/女装する ⁴sich als Frau verkleiden; ⁴sich als Frauenperson maskieren.

じょそう 除草 das Jäten* (Unkrautahacken*); das Ausziehen* (-s) des Unkraut[s].

しょそく 初速 die Anfangsgeschwindigkeit, -en.

しょぞく 所属 Angehörigkeit *f.*; Zugehörigkeit *f.*/所属の an|gehörig (zu-)/所属する gehören* (an|gehören* (zu|-)/党に所属する einer ⁴Partei an|gehören.

しょぞん 所存 Meinung *f.* -en; Ansicht *f.* -en; Absicht *f.* -en (意図)/私の所存では nach meiner ³Meinung (Ansicht); meiner ³Meinung (Ansicht) nach; meines Erachtens.

じょそんだんぴ 女尊男卑 Weiber|regiment (Pantoffel-) *n.* -[e]s, -er; die Vorherrschaft des schönen Geschlechts; die Sitte, die Frauen vor den Männern zu bevorzugen/女尊男卑の国 Frauenparadies *n.* -es, -e.

しょたい 所帯 Haus|halt *m.* -[e]s, -e (-haltung *f.* -en); Familie *f.* -n (家族)/所帯を切りまわす den Haushalt führen (verrichten); haus|halten*/所帯を持つ einen Haushalt (eine Familie) gründen; heiraten (結婚する)/所帯をたたむ einen Haushalt auflösen/彼女は所帯持ちがうまい(へただ) Sie ist eine gute (schlechte) Hausfrau (Haushälterin). ‖所帯道具 Haushaltsgerät *n.* -[e]s, -e/所帯主 Haushaltungsvorstand *m.* -[e]s, ⸚e; Familienhaupt *n.* -[e]s, -er; Familienvater (Haus-) *m.* -s, ⸚/所帯持ちの ein verheirateter Mann *m.* -s, ⸚.

しょたい 書体 [Hand]schrift *f.* -en/ゴシック(イタリック)書体で in gotischer (kursiver) ³Schrift.

しょだい 初代 die erste Generation; Gründer *m.* -s, -/Stifter *m.* -s, -/初代広重 der erste Hiroshige/初代社長 der erste Direktor, -s, -en.

じょたい 除隊 die Entlassung (-en) aus dem [Militär]dienst; Verabschiedung *f.* -en. -/除隊する aus dem [Militär]dienst entlassen (verabschiedet) werden; ausgedient haben. ‖除隊兵 der entlassene (ausgediente; verabschiedete) Soldat, -en, -en; der ehemalige Kriegsteilnehmer, -s, -.

しょたいめん 初対面である *jn* zum ersten Mal sehen* (treffen*)/初対面のときから von ³Anfang an/当時私は彼とは初対面であった Damals lernte ich ihn zum ersten Mal kennen. ‖ Bis dahin hatte ich ihn noch nicht kennen gelernt.

しょだな 書棚 Bücher|schrank *m.* -[e]s, ⸚e -brett *n.* -[e]s, -er; -gestell *n.* -s, -e; -regal *n.* -s, -e).

しょだん 初段 der erste (unterste) [Meister]grad; der erste Dan, -s/柔道初段 der erste (unterste) [Meister]grad (Dan) im Judo.

しょち 処置 Maß|nahme *f.* -n (-regel *f.* -n); Disposition *f.* -en; Regelung *f.* -en; Verfügung *f.* -en/処置に困る in Verlegenheit sein, welche Maßnahmen man treffen (ergreifen) soll; keine Maßnahme wissen*, die geeignet wäre/断固たる処置をとる den entscheidenden Schritt tun*; entschieden auf|treten* ⓢ. — 処置する Maßnahmen (Maßregeln) treffen* (ergreifen*); disponieren (*über*⁴); regeln*; verfügen (*über*⁴).

しょちゅう 暑中 die heißesten Tage (*pl*); die Mitte des Sommers; Hochsommer *m.* -s; die Hundstage (7 月 24 日～8 月 23 日ごろ)図/暑中休暇 Sommerferien (*pl*)/暑中見舞 die Erkundigung (*f.* -en) nach *js* Befinden während der heißesten Tage; Sommergrüße (*pl*).

じょちゅうぎく 除虫菊 [植] Pyrethrum *n.* -s, ..ra.

じょちゅうざい 除虫剤 Insekten|vertilgungsmittel (-vertreibungsmittel) *n.* -s, -; Insekten|pulver (Motten-) *n.* -s (粉末状の).

しょちょう 初潮 die erste Regel; [医] Menarche *f.*

じょちょう 助長する fördern⁴; ermuntern⁴; frischen Antrieb geben* (*jm*); die Stange halten* (*jm*); unterstützen (*jn*); Vorschub leisten (*jm*).

しょっかい 職階 Rang|ordnung *f.* -en (-stufe *f.* -n); Dienstgrad *m.* -[e]s, -e.

しょっかいせい 職階制 Berufsklassensystem *n.* -s, -e.

しょっかく 触角 [動] Fühler *m.* -s, -; Fühlhorn *n.* -[e]s, -er; Antenne *f.* -n/触覚を伸ばす seine Fühler aus|strecken.

しょっかく 触覚 Tast|sinn (Berührungs-) *m.* -(e)s.

しょっかく 食客 ⇨ いそうろう.

しょっかん 触感 Tast|empfindung *f.* -en (-gefühl *n.* -e, -s).

しょっかん 触官 Tastorgan *n.* -s, -e.

しょっき 食器 Ess|geschirr *n.* -(e)s, -e (-gerät *n.* -(e)s, -e); Tisch|geschirr (-gerät) *n.* ‖ 食器戸棚 Geschirrschrank *m.* -(e)s, ¨e.

ジョッキ [Henkel]krug *m.* -(e)s, ¨e; Seidel *n.* -s, -.

ショック ❶ [精神上的] Schock *m.* -(e)s, -e; [seelische] Erschütterung, -en, Schreck *m.* -(e)s, -e; Schrecken *m.* -s, -/ショックを受る einen Schreck erleiden*; einen Schreck[en] bekommen*; erschüttert werden. ❷ [物理的な] Stoß *m.* -es, ¨e. ‖ ショック療法 Schock|behandlung *f.* -en (-therapie *f.* -n).

しょっけん 職権 Amts|gewalt *f.* (-befugnis *f.* ..nisse)/職権によって von ²Amts wegen; amtshalber / 職権を委任する *jn* bevollmächtigen (*zu*²); *jn* autorisieren (*zu*²)/職権を行使(乱用)する sein Amt aus|üben (missbrauchen) ‖ 職権乱用 Amtsmissbrauch *m.* -(e)s, ¨e; Amtsanmaßung *f.* -en.

しょっけん 食券 Essen|karte *f.* -n (-marke *f.* -n); Coupon *m.* -s, -s.

しょっこう 燭光 【理】Kerzensstärke *f.* -n; Kerze *f.* -n/百燭光の電球 eine elektrische Birne von 100 Kerzen.

ショッピング Einkauf *m.* -(e)s, -e/ショッピングする einkaufen ‖ ショッピングカー Einkaufsroller *m.* -s, -/ショッピングカート Einkaufswagen *m.* -s, -/ショッピングセンター Einkaufszentrum *n.* -s, ..tren; Shopping-Center *n.* -s, -.

しょて 初手 Anfang *m.* -(e)s, ¨e; Beginn *m.* -(e)s/初手から von ³Anfang (Beginn) an.

しょてい 所定の bestimmt; vorschriftsmäßig (規定どおりの).

じょてい 女帝 Kaiserin (Herrscherin) *f.* ..rinnen; Regentin *f.* ..tinnen 《女統治者》.

しょてん 書店 Buch|laden *m.* -s, ¨ (-handlung *f.* -en); Verlag *m.* -(e)s, -e 《出版店》.

じょてんいん 女店員 Verkäuferin *f.* ..rinnen.

しょとう 諸島 die Inseln (*pl*) ‖ 小笠原諸島 Bonin-Inseln/南洋諸島 Südseeinseln.

しょとう 初冬 Frühwinter *m.* -s, -/ Anfang (*m.* -(e)s) des Winters.

しょとう 初等 elementar; grundlegend; anfängerisch ‖ 初等学校 Elementar|schule (Grund-; Volks-) *f.* -n/初等教育 Elementar|bildung (Grundschul-) *f.*

じょとう 書道 (Schön)schreibkunst *f.*; Kalligraphie *f.*/書道の大家 der große (berühmte) Kalligraph.

じょどうし 助動詞 【文法】Hilfs|zeitwort *n.* -(e)s, -¨er (-verb[um] *n.* -s, ..ben (..ba)).

しょとく 所得 Einkommen *n.* -s, -; Einkünfte (*pl*); Einnahme *f.* -n ‖ (-hand-)所得税 Einkommensteuer *f.* -n/勤労所得 Arbeits|einkommen (-ertrag *m.* -(e)s, ¨e)/不労所得 müheloses Einkommen.

じょなん 女難 die von Frauen verursachte Scherererei, -en.

しょにち 初日 der erste Tag, -(e)s; Eröffnungstag *m.* -(e)s, -e 《芝居などの》‖ 初日興行 Eröffnungsvorstellung *f.* -en.

しょにゅう 初乳 Erstmilch *f.*

しょにん 叙任 Ernennung *f.* -en; Bestallung *f.* -en; Einsetzung *f.* -en; Investitur *f.* -en ‖ 叙任式 Ernennungs|feier (Bestallungs-; Einsetzungs-) *f.* -n/叙任辞令 Ernennungs|brief (Bestallungs-; Einsetzungs-) *m.* -(e)s, -e (*od.* -urkunde *f.* -n).

しょにんきゅう 初任給 Anfangsgehalt *n.* -(e)s, -¨er.

しょねん 初年度 das erste Jahr, -(e)s/初年兵 Rekrut *m.* -en, -en.

しょばつ 処罰 Bestrafung *f.* -en; der Vollzug (-(e)s) der Strafe; Züchtigung *f.* -en /処罰する bestrafen (*jn*); die Strafe vollziehen*; züchtigen (*jn*).

しょはん 初版 die erste Auflage, -n ‖ 初版本 der erste Druck, -(e)s, -e; Urdruck *m.* -(e)s, -e.

しょはん 諸般の verschieden; all 《すべての》/諸般の準備をする(完了する) Vorbereitungen treffen* (beenden).

しょひょう 書評 Buch|besprechung *f.* -en (-rezension *f.* -en)/書評をする ein Buch besprechen* (rezensieren).

しょふう 書風 Schreib|art *f.* -en (-stil *m.* -(e)s, -e/-weise *f.* -n).

しょぶん 処分 ❶ die freie Verfügung (*über*⁴); Behandlung *f.* -en; Handhabung *f.* -en; Verfahren *n.* -s, - 《手続》. ❷ [処罰] Bestrafung *f.* -en; Maßregelung *f.* -en. ❸ [譲渡] Veräußerung *f.* -en.

じょぶん 序文 Vor|wort (Geleit-) *n.* -(e)s, -e; Ein|führung (-leitung) *f.* -en; Vorrede *f.* -n/序文を書く ein Buch mit Vorwort (Geleitwort) versehen*.

しょほ 初歩 der erste Schritt, -(e)s 《第一歩》; die unterste Stufe 《一番下の段階》; Anfang *m.* -(e)s, -¨e; Anfangsgründe (*pl*); Abc *n.* -, - 《いろは》/ドイツ語の初歩 die Anfangsgründe der deutschen ²Sprache; das Abc des Deutschen/初歩向きの für ⁴Anfänger ‖ 初歩教授 Anfangsunterricht *m.* -(e)s, -e.

しょほう 処方《箋〔チ〕》 Rezept *n.* -(e)s, -e/処方を書く ein Rezept schreiben*/処方する rezeptieren⁴; verschreiben*⁴; schriftlich verordnen⁴/医者は彼に色々な薬を処方した Der Arzt hat ihm verschiedene Arzneien verordnet (verschrieben).

しょほう 書法 Schreibkunst *f.*; Kalligraphie *f.*

じょほう 除法 【数】Division *f.* -en; Teilung *f.* -en.

しょぼしょぼ ❶ しょぼしょぼ目 Triefauge *n.* -s, -n; das ständig tränende Auge, -n; das gerötete, tropfende Auge/目をしょぼしょぼさせて triefäugig; mit ständig tränenden (geröteten; tropfenden) Augen. ❷ 雨がしょぼしょぼ降る Es nieselt. | Es regnet

〔langsam und〕 sacht.

じょまく 序幕 Prolog *m.* -〔e〕s, -e; der erste Aufzug, -〔e〕s, ⸚e; Vorspiel *n.* -〔e〕s, -e; Einakter *m.* -s, -《一幕物》.

じょまく 除幕 Enthüllung *f.* -en; Entschleierung *f.* -en/除幕する enthüllen⁴; entschleiern⁴ ‖ 除幕式 Enthüllungsfeier *f.* -n.

しょみん 庶民 Volk *n.* -〔e〕s; Masse *f.* -n《大衆》/庶民的な volkstümlich; populär/庶民の感情 Volksgefühl *n.* -〔e〕s, -e.

しょむ 庶務 allgemeine Angelegenheiten《*pl*》; Verwaltung *f.* -en《管理・経営》 ‖ 庶務課 die Abteilung《-en》für allgemeine Angelegenheiten; Verwaltungsabteilung.

しょめい 書名 der Titel《-s, -》eines Buches; 〔Buch〕titel *m.* -s, -.

しょめい 署名 Unterschrift *f.* -en; Unterschreibung *f.* -en; Signatur *f.* -en; Namenszug *m.* -〔e〕s, ⸚e; Autogramm *n.* -〔e〕s, -e《自署》. ── 署名する unterschreiben*⁴; unterzeichnen⁴; seinen Namen darunter|setzen (-schreiben*); signieren⁴; paraphieren⁴《条約などに》. ‖ 署名入り写真 eine signierte Fotographie, -n/署名運動 Unterschriftensammlung *f.* -en/署名者 Unterzeichner *m.* -s, -; der Unterzeichnete*, -n, -n.

じょめい 除名 Ausweisung *f.* -en; Aus¦stoßung (Ver-) *f.* -en; Vertreibung *f.* -en/除名する von der Namensliste 〔weg|〕streichen*《*jn*》; Mitgliedschaft ab|sprechen*《*jm*》; aus|weisen*《*jn*》; aus|stoßen* (verstoßen*)《*jn*》.

じょめい 助命する das Leben schenken《*jm*》; am Leben lassen*《*jn*》; pardonieren《den Besiegten》/助命を乞う um das (sein) Leben (um Gnade; um Schonung; um Pardon) bitten*《*jn*》.

しょめん 書面 Brief *m.* -〔e〕s, -e; Schreiben *n.* -s, -; Schrift *f.* -en/書面にて brieflich; schriftlich / 書面をやりとりする Briefe (Schriften) wechseln《*mit*³》.

しょもう 所望 Wunsch *m.* -〔e〕s, ⸚e; Verlangen *n.* -s, -/彼の所望によって auf seinen Wunsch/何を御所望ですか Was wünschen Sie? ¦ Womit kann ich Ihnen dienen? ── 所望する〔³sich〕 wünschen⁴; verlangen⁴.

じょもうざい 除毛剤 Enthaarungsmittel *n.* -s, -.

しょもく 書目 Bücher¦verzeichnis *n.* ..nisses, ..nisse (-katalog *m.* -〔e〕s, -e; -liste *f.* -n) ‖ 参考書目 Bibliographie *f.* -n.

しょもつ 書物 Buch *n.* -〔e〕s, ⸚er/書物を書く ein Buch schreiben*/書物として出版する in ³Buchform veröffentlichen⁴.

しょや 初夜 die erste Nacht, ⸚e; Braut¦nacht (Hochzeits-) *f.* ⸚e.

じょや 除夜 Silvesterabend *m.* -s, -e/除夜の鐘 die Mitternachtsglocken《*pl*》zum Jahresende.

じょやく 助役 der assistierende Beamte*, -n, -n; der Hilfsbeamte*, -n, -n; Beistand *m.* -〔e〕s, ⸚e; der stellvertretende Bürgermeister, -s, -; Stationsvizevorsteher *m.* -s, -《駅の》.

しょゆう 所有 Besitz *m.* -es, -e/…の所有である *jm* gehören; ⁴sich in *js* ³Besitz befinden*/…の所有となる in *js* ⁴Besitz über|gehen* [s]/この家は私の所有です Das Haus gehört mir. ── 所有する besitzen*⁴; 〔im Besitz〕 haben⁴ ‖ 所有格〖文法〗Genitiv *m.* -s, -e/所有権 Besitz¦recht (Eigentums-) *n.* -〔e〕s, -e/所有者 Besitzer *m.* -s, -; Eigentümer *m.* -s, -; Inhaber *m.* -s, -/所有代名詞〖文法〗Possessivpronomen *n.* -s, ..mina; ein besitzanzeigendes Fürwort, -〔e〕s, ⸚er/所有地 *js* eigenes Grundstück, -〔e〕s, -e/所有物 Besitz; Eigentum *n.* -s, ⸚er/土地所有 Grundeigentum.

じょゆう 女優 Schauspielerin *f.* ..rinnen ‖ 女優養成所 die Ausbildungsanstalt (Schulungsanstalt)《-en》für Schauspielerinnen/映画女優 Film¦schauspielerin (-diva *f.* -s (..ven); -star *m.* -s, -s)/花形女優 Primadonna *f.* ..donnen.

しょよう 所用 ⇨ようじ(用事).

しょよう 所要の notwendig; nötig; erforderlich ‖ 所要時間 die nötige (erforderliche) Zeit.

しょり 処理 Erledigung *f.* -en《片づけること》; Verrichtung *f.* -en《業務を果たすこと》; Handhabung *f.* -en《取扱い》; Behandlung *f.*《特に化学の》/処理する erledigen⁴; verrichten⁴; handhaben⁴; behandeln⁴/ある件(問題)を処理する eine Sache (Frage) erledigen.

じょりゅう 女流 Frauenzimmer *n.* -s, -; das weibliche Geschlecht, -〔e〕s; Blaustrumpf *m.* -〔e〕s, ⸚e《青鞜(せいとう)婦人》 ‖ 女流作家 Dichterin *f.* ..rinnen; Schriftstellerin *f.* ..rinnen/女流小説家 Romanschriftstellerin *f.* ..rinnen. ⇨けいしゅう.

じょりょく 助力 〔Bei〕hilfe *f.* -n; Beistand *m.* -〔e〕s; Hilfeleistung *f.* -en; Mitwirkung *f.* -en; Unterstützung *f.* -en/助力を仰ぐ Hilfe suchen; um ⁴Hilfe bitten* (flehen); ⁴sich mit einer Bitte um Hilfe wenden*《an *jn*》. ── 助力する helfen*《*jm*》; Hilfe (Beitand) leisten《*jm*》; zu Hilfe komnen* [s]; bei|stehen*《*jm*》; mit|wirken《*bei*³》; unterstützen《*jn*》; Unterstützung gewähren (angedeihen lassen*)《*jm*》. ‖ 助力者 Helfer *m.* -s, -; Beistand *m.* -〔e〕s, ⸚e; Mitarbeiter *m.* -s, -; der Unterstützende*, -n, -n.

しょるい 書類 Schriftstück *n.* -〔e〕s, -e; Akte *f.* -n; Papier *n.* -〔e〕s, -e; Dokument *n.* -〔e〕s, -e《記録文書》 ‖ 書類かばん Akten¦mappe *f.* -n (tasche *f.* -n)/書類戸棚 Aktenschrank *m.* -〔e〕s, ⸚e/秘密書類 Geheimakte *f.* -n.

ショルダーバッグ Umhänge¦tasche *f.* -n (Schulter-).

じょろ ⇨じょうろ.

しょろう 初老の男 ein Mann《*m.* -〔e〕s, ⸚er》mittleren ²Alters; ein älterer Mann.

じょろう 女郎買い Bordellbesuch *m.* -〔e〕s, -e/女郎部屋 Bordell *n.* -s, -e; Freu-

しょろん 緒論 Einleitung f. -en; Introduktion f. -en; Vor|rede f. -n (-wort n. -(e)s, -e).

じょろん 序論 Einführung f. -en; Einleitung f. -en; Introduktion f. -en.

しょんぼり deprimiert; niedergeschlagen; gedrückt; hilf|los (trost-).

しら 地雷 Mine f. -n; Flatter|mine (Tret-) f. -n/地雷を仕掛ける Minen legen.

じらい seitdem; seit der Zeit; seither.

しらうお 白魚 Weißfisch m. -(e)s, -e.

しらが 白髪 das weiße (graue) Haar, -(e)s, -e/白髪染の weiße (graue) Haare -/白髪头 weiß|köpfig (grau-); mit weißen (grauen) Haaren/白髪交じりの grau meliert/白髪が生えた Sein Haar ist weiß (grau) geworden. Sein Haar (Er) ist ergraut.
∥白髪染め Haarfärbemittel n. -s, -.

しらかば 白樺 (Weiß)birke f. -n.

しらかべ 白壁 die weiß(getünchte) ([weiß-] gekälkte) Wand, -e.

しらかみ 白紙 das weiße (unbeschriebene 《答案など》) Papier, -s, -e ⇨はくし(白紙).

しらかわよふね 白河夜船 der feste (tiefe) Schlaf, -(e)s, -e.

しらき 白木 das ungestrichene Holz, -es, -e/白木造りの aus (von) ungestrichenem (rohem) Holz[S].

しらくも 白雲 ❶ die weiße Wolke, -n; Lämmerwolke f. -n (わた雲). ❷ [皮膚病] Grind m. -(e)s, -e/白雲頭 Grindkopf m. -(e)s, -e.

しらける 白ける ¶ 座が白ける Da hört die Gemütlichkeit auf. / Mit dem Vergnügen ist es nun (nun vobei)./座を白けさす人 Spielverderber m. -s, -.

しらこ 白子 [魚の] Milch f.

しらさぎ 白鷺 der weiße Reiher, -s, -.

しらじらしい 白々しい heuchlerisch; scheinheilig; unaufrichtig/白々しい嘘を言う実にfadenscheinige Lüge sagen (brauchen); unverschämt lügen.

じらす 焦らす ärgern[4] 《mit[3]; durch[4]》; belästigen[4] 《mit[3]》; jn mit [et] hin|halten[4]; irritieren[4]; peinigen[4] 《mit[3]》; quälen[4] 《mit[3]》; nervös (ungeduldig, unruhig) machen[4]; jm auf die Nerven fallen* (gehen*)[S].

しらせ 知らせ ❶ [報知] Mitteilung f. -en; Nachricht f. -en; Benachrichtigung f. -en; Kunde f. -n; Meldung f. -en; Bericht m. -(e)s, -e 《複雑な》/information f. -en 《情報》; die Neuigkeiten 《pl ニュース》/彼が昨夜なくなったという知らせがあった Ich habe die Nachricht erhalten, dass er gestern Abend gestorben sei. ⇨ほうち(報知). ❷ [前兆] (Vor-) ahnung f. -en; Omen n. -s, Omina; [An]zeichen n. -s, -/ように虫の知らせがあった Es hat mir schon lange gedünkt.

しらせる 知らせる ❶ mit|teilen[4] 《jm》; benachrichtigen 《jn von[3]》; in Kenntnis setzen 《jn von[3]》; zu js Kenntnis bringen*[4]; 『親』Kunde geben* 《jm von[3]》; melden* 《jm》; Nachricht geben* 《jm von[3]》; wissen lassen*[4] 《jn》; berichten 《jm über[4]》/人の死を知らせるのは辛い Es ist traurig, js Tod bekannt geben zu müssen./来たら知らせて下さい Wenn er kommt, sagen Sie es mir bitte. ❷ [公表] bekannt geben*[4] (machen[4]); kund|geben*[4] (-|tun*[4]); veröffentlichen[4].

しらたま 白玉 ❶ der weiße Edelstein, -(e)s, -e; Perle f. -n 《真珠》. ❷ [食用の] Reismehlkloß m. -es, -e.

しらちゃけた 白茶けた hellbraun; stroh|farben (-farbig).

しらない 知らない ❶ [a.] unbekannt; fremd; nie begegnet (gehört; gesehen); unkundig. ❷ [v.] nicht wissen* (kennen*[4]); keine Ahnung haben 《von[3]》; ahnungslos sein; unwissend sein. — 知らぬ顔をする ❶ [4]sich gleichgültig stellen 《gegen[4]》; Gleichgültigkeit vor|täuschen; [3]sich nichts anmerken lassen*. ❷ [知らぬ振りをする] nicht kennen* (wissen* wollen[4]); nicht beachten[4]; unbeachtet lassen*; ignorieren[4]; schneiden* 《jn》; überegehen[4]; vorbei|sehen* 《an[3]》; [hin]weg|sehen* 《über[4]》/彼は私に知らぬ顔をした Ich war Luft für ihn. / Er tat, als ob ich nicht da wäre (als ob er mich nicht sähe).

しらなみ 白波 Schaumkrone f. -n; die weiße (schäumende) Welle, -n. ¶ 跡白波と消え失せる [3]sich aus dem Staub[e] machen; 《俗》das Weite suchen; Reißaus nehmen*; [3]sich [auf] französisch empfehlen*.

しらぬがほとけ 知らぬが仏 ,Was man (ich) nicht weiß, macht einen (mich) nicht heiß.'

しらは 白刃 das blanke (bloße) Schwert, -(e)s, -e; die blanke Waffe, -n; die nackte (blanke) Klinge, -n.

しらは 白羽の矢が立つ Die Wahl ist auf jn gefallen.

しらはた 白旗 die weiße Fahne, -n; Parlamentärflagge f. -n/白旗を掲げる die weiße Flagge auf|hissen; die Flagge streichen (降伏する).

しらばっくれる [4]sich verstellen; heucheln[4]; [4]sich unwissend stellen; [4]Unwissenheit vor|schützen.

しらふ 素面で nüchtern; ohne [4]Genuss von Alkohol; bei nüchternem Verstand[e].

しらべ 調べ ❶ Untersuchung f. -en; Erforschung f. -en; Ermittlung f. -en; Nachforschung f. -en; Prüfung f. -en; Verhör n. -(e)s, -e 《尋問》. ❷ [音調] Melodie f. -n; Ton m. -(e)s, ¨e; Tonart f. -en 《調性》; Weise f. -n/バイオリンの妙なる調べ zarte Ton der Geige.

しらべなおす 調べ直す nach|prüfen[4]; nochmals prüfen[4]; überprüfen[4]; revidieren[4]; einer Revision unterziehen*[4]; neu untersnehmen* 《jn 再審》.

しらべもの 調べ物 Untersuchungs|arbeit

しらべる 調べる ❶ untersuchen4; erforschen4; ermitteln4; nach|forschen4; prüfen4; durchsehen*4 《通覧する》; verhören4 《尋問する》; zensieren4 《採色する》/調べ出す heraus|bekommen*4; enträtseln4 《ein Geheimnis》 ergründen4/調べ上げる durchsehen4; genauestens (in allen Teilen) [er]forschen4/番地を調べる gründlich untersuchen4/住所を調べる eine Adresse heraus|finden*/古い書類を調べる alte Dokumente 《pl》 durchlesen*/辞書によって調べる ein Wörterbuch nach|schlagen*; in einem Wörterbuch nach|schlagen* 《auf|schlagen*4; nach|sehen*4》/経歴を調べる js Vorleben durchforschen/人数を調べる die Köpfe zählen/答案を調べる Prüfungsarbeiten 《pl》 [nach|sehen*4》; korrigieren; zensieren). ❷ 《奏楽》 spielen 《auf*3》.

しらみ 虱 Laus f. ⁻e/虱をとる(つぶす) Läuse ab|suchen (knacken). ¶ 虱つぶしに調べる durch|kämmen4 (durchkämmen4); genau[estens] durch|suchen4 (durchsuchen4).

しらむ 白 む an|brechen*; dämmern; grauen; hell werden; tagen/東の空が白んで来る Im Osten graut es (beginnt es zu grauen). ⇨しらける.

しらやき 白焼きの ohne 4Salz (Sojasoße); geröstet.

しり 私利 der persönliche (private) Vorteil, -[e]s, -e (Nutzen, -s, -)/私利を図る auf [seinen] persönlichen (privaten) Vorteil (Nutzen) aus sein; eigennützig sein.

しり 尻 ❶ Gesäß n. -es, -e; 《俗》 Hinterteil m. -[e]s, -e; der Hinter[st]e, -n; Hüfte f. -n 《腰》; Steiß m. -es, -e 《でん部》; After m. -s, -/肛門部》. ❷ 《衣類の》 [Hosen]boden m. -s, -. ❸ 《下部》 Sockel m. -s, -; 《基底》 Boden m. -s, -. ¶ 尻から一番の allerletzt/尻の軽い leichtfertig; frivol; liederlich/尻の重い schwerfällig; indolent; lässig; träge/尻あてをつける einen Boden in die Hose ein|setzen*/尻長い [als Gast] zu lange bleiben* ⓢ/尻が落ち着かぬ unruhig wie Quecksilber sein; Quecksilber im Leib (Hintern) haben; das reine Quecksilber sein/尻が割れる ans Licht (an den Tag) kommen* ⓢ; an die Öffentlichkeit dringen* ⓢ; bekannt werden; heraus|kommen* ⓢ/尻に帆をかけて逃げる 4sich [auf und] davon machen; 4sich aus den Socken (Strümpfen) machen; die Beine unter die Arme (in die Hand) nehmen*/尻の下に頭を入れる den Weg unter die Füße (zwischen die Beine) nehmen* 《古》/尻を向ける den Rücken zeigen 《jm》; 尻に敷かれる unter dem Pantoffel stehen*/4sich von einer Frau befehlen lassen*; ein 1Pantoffelheld sein/亭主を尻に敷く die Hosen an|haben*; ihren Mann unter dem Pantoffel halten*; ihren Mann pantoffeln/女の尻を追う einer Frau (jeder Schürze) nach|laufen* ⓢ; hinter Frauen her sein; ein Schürzenjäger 《m. -s, -》 sein.

じり 自利 Eigennutz m. -es; Egoismus m. -; Interessiertheit f.; das eigene Interesse, -s, -n; der eigene Vorteil, -[e]s, -e/自利を図る den eigenen Vorteil suchen/自利的 eigennützig; egoistisch; interessiert; vorteilsüchtig/非常に自利的な人だ Er ist ein sehr interessierter (stets auf seinen Vorteil bedachter) Mensch.

じり 事理 Vernunft f.; das Warum, -s/事理をわきまえている vernünftig (verständig; einsichtsvoll) sein; einen gesunden Menschenverstand haben/事理をわきまえない vernunftlos (unvernünftig; vernunftwidrig; beschränkt) sein/事理を説き聞かす jm Vernunft predigen; versuchen, jn zur Vernunft zu bringen.

シリア Syrien n. -s‖シリア人 Syrer (Syrier) m. -s, -.

しりあい 知合い Bekanntschaft f. -en 《状態》; der Bekannte*, -n, -n 《人》/知合いになる bekannt werden 《mit jm》; js (mit jm) Bekanntschaft machen; kennen lernen 《jn》.

シリーズ Serie f. -n; Folge f. -n; Reihe f. -n.

シリウス 《天》 Hundsstern m. -[e]s; Sirius m. -.

しりうま 尻馬に乗る mit|laufen* ⓢ; nur so mit|machen4.

しりおし 尻押し [後援者] Begünstiger m. -s, -; Förderer m. -s, -; Unterstützer m. -s, -; [扇動者] Anreizer m. -s, -; Anstifter m. -s, -; [後援] Begünstigung f. -en; Förderung f. -en; Unterstützung f. -en; [扇動] Anreiz m. -es, -e; Anstiftung f. -en. —— 尻押しをする begünstigen4; unterstützen4; an|reizen (jn zu3); an|stiften (jn zu3); Vorschub leisten 《jm》.

じりき 自力 auf eigene Faust (Rechnung); aus eigener Kraft (Macht); aus eigenen Stücken; ohne [fremde] 4Hilfe; eigenhändig; allein‖自力本願 Selbstvertrauen n. -s.

しりきれ 尻切れとんぼになる unvollendet (unbeendet) bleiben* ⓢ; in der Schwebe sein, 4sich in der Schwebe befinden*; auf halbem Weg(e) stehen bleiben* ⓢ/nur etwas Halbes sein; nur halb fertig sein.

しりごみ 尻込みをする zurück|weichen* 《vor3》; unentschlossen sein 《ためらう》; zögern 《同上》.

シリコン Silikone 《pl》.

じりじり allmählich; langsam; nach und nach; Schritt für Schritt; schrittweise; im Zeitlupentempo / じりじり詰め寄る 4sich langsam nähern; langsam heran|rücken ⓢ. —— じりじりする ungeduldig werden; Hummeln im Hintern haben 《そわそわ》; es kribbelt jm in den Fingerspitzen (in den Fingern) 《つかみかかりたいくらい》; die Galle regt sich bei *jm*; *jm* läuft die Galle über 《むらむら》.

しりぞく 退く ❶[退却] [4]sich zurück|ziehen*; zurück|weichen* [s]; das Feld räumen. ❷[退去] zurück|gehen* (-|treten*) [s]/職を退く ab|danken; einen Dienst (ein Amt) auf|geben*; sein Amt (seine Arbeit) nieder|legen.

しりぞける 退ける ❶[要求を] ab|lehnen[4]; ab|schlagen*[4]; ab|weisen*[4] (zurück|-); von der Hand weisen*[4]. ❷[敵を] zurück|schlagen*[4] (-|treiben*[4]); in die Flucht schlagen*[4].

じりだか じり高 [株式] Haussebewegung *f.* -en; die steigende Tendenz, -en/じり高見越しの思惑をする auf Hausse spekulieren.

しりつ 私立の privat; Privat- ‖ 私立学校 Privatschule *f.* -n.

しりつ 市立の städtisch; Stadt-/市立病院 ein städtisches Krankenhaus, -es, ⸗er.

じりつ 自律 Autonomie *f.* -n/自律の autonom ‖ 自律神経系 das autonome Nervensystem, -s, -e.

じりつ 自立 Unabhängigkeit *f.*; Selbstständigkeit (Selbständigkeit) *f.*/自立する selbstständig (selbständig; unabhängig) sein; [4]sich selbstständig (selbständig) machen 《商売の》; auf eigenen Füßen stehen*/経済的に自立している Er ist finanziell selbstständig (selbständig).

しりとり 尻取り Wortreihe *f.* -n.

しりぬぐい 尻拭いをする auszubaden haben; die Folgen 《von *js* schlechten Handlungen》 tragen* 〔müssen*〕.

じりひん じり貧 [株式] Baissetendenz *f.* -en; die weichende (fallende; sinkende) Tendenz, -en/依然としてじり貧気配だ Die Baisse hält immer noch an.

しりめ 尻目にかける verächtlich an|sehen* 《*jn*》; einen verächtlichen Blick zu|werfen* 《*jm*》.

しりめつれつ 支離滅裂の unzusammenhängend; zusammenhang〔s〕los; beziehungslos; unfolgerichtig; ungereimt; widerspruchsvoll; voller Widersprüche/支離滅裂になる in ein heilloses Durcheinander geraten* [s]; durcheinander geworfen werden; durcheinander geraten* [s].

しりもち 尻餅をつく auf den Hintern (auf das Gesäß; den Allerwertesten; den Hosenboden) fallen* [s].

しりゃく 史略 der Grundriss 《-es, -e》 der Geschichte; die historische Skizze, -n; der geschichtliche Abriss, -es, -e.

じりやす じり安 ⇨じりひん/じり安気配 Baissestimmung *f.* -en.

しりゅう 支流 Neben¦fluss (Zu-) *m.* -es, ⸗e; Flussarm *m.* -〔e〕s, -e/マイン川はライン右岸の支流である Der Main ist ein rechter Nebenfluss des Rheins.

じりゅう 時流 der Strom 《-〔e〕s, ⸗e》 der Zeit; Zeit¦strömung *f.* -en (-stil *m.* -〔e〕s, -e; -umstände 《*pl*》); Tagesgeschmack *m.* -〔e〕s, ⸗e; Mode *f.* -n 《流行》; Zeitgenosse *m.* -n, -n 《時代》/時流に投じる(さからう) mit dem Strom (gegen den Strom; wider den Strom) schwimmen* [s]; [4]sich der herrschenden Meinung der Zeit an|schließen* (wider|setzen)/時流を超越する weltlichen Einflüssen unzugänglich sein; über Zeitumstände erhaben sein/時流を抜く der Zeit voraus|eilen 《*mit*[3]》/時流を追う der Mode gehorchen (folgen); den Zeitumständen Rechnung tragen*; den Zeitumständen entsprechend behandeln[4]; [4]sich der Zeit an|passen.

しりょ 思慮 [思考] 〔Nach〕denken *n.* -s; [分別] Besonnenheit *f.*; Bedachtsamkeit *f.*; Einsicht *f.* -en; Rücksicht *f.* -en; Verstand *m.* -〔e〕s; [りこう] Klugheit *f.*; [如才なさ] Takt *m.* -〔e〕s/思慮のある gedankenvoll; bedacht; einsichtig; ein¦sichtsvoll (rück-); verständig; klug; taktvoll/思慮のない gedankenlos; unbesonnen; unbedacht; ein¦sichtslos (rück-); unverständig; unklug; taktlos.

しりょう 資料 Material *n.* -s, ..lien; Stoff *m.* -〔e〕s, -e; Unterlage *f.* -n ‖ 参考資料 Forschungs¦material (Beleg-) *n.* -s, ..lien.

しりょう 史料 Geschichtsmaterial *n.* -s, ..lien; das geschichtliche Material, -s, ..lien; das Material zur Geschichte ‖ 史料編纂(さん) Historiographie *f.*; Geschichtsschreibung *f.* -en/史料編纂者 Historiograph *m.* -en, -en; Geschichtsschreiber *m.* -s, -/史料編纂所 das historiographische Institut, -〔e〕s, -e.

しりょう 飼料 Futter *n.* -s, -.

しりょう 死霊 die Seele 《-n》 eines Verstorbenen (Toten); Geist *m.* -〔e〕s, -er; der wiedererscheinende Verstorbene*, -n, -n.

じりょう 寺領 Pfarr¦gut (Tempels-) *n.* -〔e〕s, ⸗er.

しりょく 資力 die 〔Geld〕mittel 《*pl*》; Vermögen *n.* -s, -; Kapital *n.* -s, -e (..lien) 《資本》/資力のある bemittelt; vermögend; kapitalkräftig.

しりょく 視力 Seh¦kraft *f.* ⸗e (-schärfe *f.* -n; -vermögen *n.* -s, -); Augenlicht *n.* -〔e〕s; Gesicht *n.* -〔e〕s/視力を回復する wieder sehend werden; die Sehkraft wieder|her|stellen (wieder erhalten*)/視力を失う das Augenlicht (Gesicht) verlieren*; erblinden [s].

しりょく 死力を尽くして mit verzweifelter Anstrengung; mit dem Mut der Verzweiflung kämpfend; auf Leben und Tod ringend; unter Aufgebot (Anspannung) der letzten (aller) Kräfte 《全力を尽くして》.

じりょく 磁力 die magnetische Kraft, ⸗e; Magnetismus *m.* - ‖ 磁力計 Magnetometer *n.* -s, -.

シリング Schilling *m.* -s, -e 《略: S》 ❖ ユーロ実施前のオーストリアの通貨単位.

シリンダー Zylinder *m.* -s, -.

しる 汁 ❶ Saft *m.* -〔e〕s, ⸗e; Fluidum *n.* -s, ..da 《流動体》/汁の多い saftig; saft¦reich (-voll). ❷[吸物] Suppe *f.* -n; 〔Fleisch〕¦-

brühe (Kraft-) f. -n. ¶ ひとりで甘い汁を吸う ³sich den Löwenanteil (sichern) nehmen*; den Rahm ab|schöpfen.

しる 知る ❶ wissen*⁴ 〈事柄〉; (er)lernen⁴ 〈学se〉; fühlen⁴ 〈感じる〉; folgern⁴ 〈推知する〉; verstehen*⁴ 〈理解する〉; heraus|bekommen*⁴ / あとは推して知るべし Daraus lässt sich das übrige [wohl] schließen (folgern)./ 私の知ったことじゃない Das geht mich nichts an. | Damit habe ich nichts zu tun. ❷ 〈人を〉kennen*⁴; bekannt werden (mit jm); js Bekanntschaft machen; Bekanntschaft machen (mit jm); erfahren* (von³); kennen lernen (jn); gehört haben (von³). ❸ 抜いて知る / gründlich Bescheid wissen* (in³; an³); ⁴sich aus|kennen* (in³; an³); kundig² sein; gut beschlagen sein (in³ 堪能である) / 知らないうちに niemand (keiner) weiß, wann ...; hinter js Rücken; ohne dass er davon wüsste; ohne js Wissens; unbeobachtet; unbemerkt / 知らず知らず unbewusst; absicht(s)los; unabsichtlich; unvorsätzlich; unwissentlich; ohne ³sich dessen bewusst zu sein / 私の知っているところでは soviel ich weiß; meines Wissens. —— 知った bekannt; vertraut / 知った顔に会う einem Bekannten begegnen*; einen Bekannten treffen*; ein bekanntes Gesicht sehen*/ 知った顔がなかった Alle waren mir wildfremd.

シルエット Silhouette f. -n; der schafthafte Umriss, -es, -e.

シルク ⇨ きぬ.

シルクハット Zylinderhut m. -[e]s, ⸚e; Zylinder m. -s, -; Klapp|hut (-zylinder)〈折たたみ式〉.

ジルコニウム Zirkonium n. -s.

しるし 〈Kenn〉zeichen n. -s, -; Merkmal n. -[e]s, -e / しるしをつける (kenn)zeichnen⁴); mit einem Zeichen versehen*⁴. ❷〈証拠〉Beweis m. -es, -e; Beweismittel n. -s, - / durch ein unwiderlegliche Beweis. ❸〈記念〉[Erinnerungs]zeichen; Andenken n. -s, -. ❹〈表象〉Symbol n. -s, -e; Sinnbild n. -[e]s, -er; Emblem n. -s, -e. ❺〈記章〉Abzeichen n. -s, -. ❻〈商標〉[Schutz]marke (Waren-) f. -n; (in) Handelszeichen. ¶ これはしるしばかりの品ですがお受取り下さい Verschmähen Sie bitte diese Kleinigkeit als Zeichen meiner Dankbarkeit nicht! | Darf ich mir erlauben, Ihnen zum Dank dieses kleine Geschenk zu überreichen?

しるし 徴 ❶ Vor|bedeutung f. -en; (-)zeichen n. -s, -; Omina / よいしるし ein gutes (schlechtes) Omen. ❷〈徴候〉Symptom n. -s, -e; Anzeichen n. -s, -; Vorbote m. -n, -n / 不治の病のしるしがある Anzeichen für eine unheilbare Krankheit sind vorhanden.

しるし 験〈効果〉Wirkung f. -en; Effekt m. -[e]s, -e; Erfolg m. -[e]s, -e / 験がある wirken; wirksam (erfolgreich) sein; zur Wirkung kommen* [s]. Seine Wirkung haben / 験がない nicht wirken; wirkungslos (erfolglos) bleiben*[s]; keine Wirkung haben (aus|üben); seine Wirkung verfehlen; vergeblich sein.

しるしばんてん 印半纏 Arbeiterkleidung f. -en; Arbeitskittel m. -s, -〈上っぱり〉; Dienertracht f. -en.

しるす 記す ❶〈書き付ける〉auf|schreiben*⁴ (ein|-; nieder|-)〈記載する〉; auf|zeichnen⁴〈同上〉; notieren⁴〈書き留める〉; sich eine Notiz machen〈覚え書に〉; zu ³Papier bringen*⁴〈書きとめる〉. ❷〈記述〉beschreiben*⁴; dar|stellen⁴; schildern⁴; Bericht erstatten (über⁴ 報告).

しれい 指令 Anweisung f. -en; Anordnung f. -en; Direktive f. -n; Instruktion f. -en; Order f. -en; Verordnung f. -en / 指令を出す Anweisungen erteilen; Anordnungen treffen* ‖ 指令書 die schriftliche Anweisung (Anordnung).

しれい 司令 Befehl m. -[e]s, -e; Kommando n. -s, -s; [人] Befehlshaber m. -s, -; Kommandant m. -en, -en; Kommandeur m. -s, -e ‖ 司令官 Befehlshaber; Kommandant; Kommandeur / 司令長官 Oberbefehlshaber m. -s, - / 司令塔 Kommandoturm m. -[e]s, ⸚e / 司令部 Hauptquartier n. -s, -e; Kommandantur f. -en.

じれい 辞令 ❶〈任官書〉Ernennungs|urkunde (Anstellungs-) f. -n; Entlassungsschreiben n. -s, - 〈解任・召還辞令〉; Patent n. -[e]s, -e 〈eines Offiziers〉; Befehl m. -[e]s, -e 〈命令〉. ❷〈ことば使い〉Rede|art f. -en; Rede|weise (Ausdrucks-) f. -n; Sprache f. -n. ‖ 外交辞令 Höflichkeitsfloskel f. -n; die inhaltslose Redensart, -en.

じれい 事例 Beispiel n. -[e]s, -e; Fall m. -[e]s, ⸚e; Präzedens n. -, ..dentien.

しれたもの 知れたもの belanglos; nichtssagend; unbedeutend.

しれつ 熾烈な heftig; intensiv; ungestüm.

じれったい 焦れったい ärgerlich; ungeduldig ⇨じれる / じれったくていらいらする vor Ungeduld zappeln (platzen[s]); vor Ungeduld gepeinigt werden; wie auf glühenden Kohlen sitzen*/ じれったいやつ Nachtwächter.

しれない 知れない unbekannt; dunkel; obskur / 知れないように heimlich; insgeheim; unter der Hand; unter vier Augen; verborgen; verstohlen / 知れないようにしておく geheim halten*⁴; für ⁴sich behalten⁴) / verborgen halten*⁴; verheimlichen⁴; verschweigen*⁴ / 未だに知れない unbekannt bleiben*; noch ungeklärt sein; noch nicht an den Tag gekommen sein.

しれる 知れる bekannt werden; entdeckt werden〈発覚する〉; an den Tag kommen* [s]; zu js Kenntnis kommen* (gelangen) [s]; zu Ohren kommen* (jm); identifiziert werden〈身元が〉/ 知れきった wohl bekannt; augenfällig; selbstverständlich; unverkennbar / 知れ渡る allgemein (weit und breit) bekannt werden; Jedes Kind weiß

じれる 焦れる ˢsich ärgern; ˢsich eifern; nervös (quecksilberig; ungeduldig; unruhig; zapp[e]lig) werden 《以上 wegen²⁽³⁾》.

しれん 試練 die harte Probe, -n; Prüfung f. -en; Versuch m. -[e]s, -e/試練を経た erprobt; geprüft; bewährt/試練を受ける geprüft werden; ˢsich prüfen lassen*; auf eine harte Probe gestellt werden/多くの試練を経ている Er ist durch eine harte Schule gegangen.

ジレンマ Dilemma n. -s, -s (..mata)/ジレンマに陥る in ein Dilemma geraten* ⓢ/ジレンマから脱する aus dem Dilemma heraus|kommen* ⓢ.

しろ 白 Weiß n. -es; das Weiße*, -n; die weiße Farbe, -n/白い色/hell; grau《髪の毛》; unbeschrieben《ブランク》/白っぽい weißlich; graulich; gräulich/白くなる weißen*; weiß machen⁴; bleichen⁴ (色を抜く). ¶ 白い目で見る die kalte Schulter zeigen 《jm》; über die Achsel (Schulter) an|sehen* 《jn》/目を白黒させる die Augen verdrehen/彼は白だ Er ist unschuldig.

しろ 城 Burg f. -en (城郭); Schloss n. -es, ⸗er《大邸宅・館》; Festung f. -en (城塞); Fort n. -s, -s (とりで); Zitadelle f. -n (内城)/城の望楼 Burg|wache (Schloss-) f. -n (od. -fried m. -[e]s, -e)/城の濠 Burg|graben (Schloss-) m. -s, ⸗/城の中庭 Burg|hof (Schloss-) m. -[e]s, ⸗e/城をあけわたす die Festung [dem Feind[e]] übergeben*/城を囲む eine Festung belagern (ein|schließen*)/城を築く eine Burg (ein Schloss) bauen/城を落とす eine Festung ein|nehmen* (schleifen)/城は落ちた Die Festung ist gefallen (erobert worden).

¶ 城跡 Burg|ruine (Schloss-) f. -n; Burg|stall m. -[e]s, ⸗e/城攻め Belagerung f. -en.

～しろ wie … sein mag; einerlei was (wie); selbst (auch) wenn《たとえ…でも》; obwohl; obgleich《…とはいえ》/彼があの時酔っていたにしろ zugegeben, dass er damals betrunken war; auch wenn er damals betrunken war/好むと好まないにしろ ob man (du) es mag (magst) oder nicht/どんな美人にしろ wie schön sie auch [immer] sein mag; mag sie auch noch so schön sein. ⇨～にしても.

しろあり 白蟻 die weiße Ameise, -n; Termite f. -n/白蟻の塔 Termitenhügel m. -s, -.

じろう 耳漏 Ohrenfluss m. -es, ⸗e.

じろう 痔瘻 Afterfistel f. -n.

しろうと 素人 Laie m. -n, -n; der Uneingeweihte*, -n, -n; Amateur m. -s, -e; Dilettant m. -en, -en; Liebhaber m. -s/素人ばなれした nicht mehr laienhaft; fast wie ein Spezialist (Eingeweihter)/素人臭い laienhaft; dilettantisch; stümperhaft; unfachmännisch/素人目に dem ungeübten Betrachter/素人の laienhaft; Dilettanten-; Laien-; Liebhaber-/素人に受けがよい beim Publikum (allgemein) beliebt sein (gut an|kommen* ⓢ); sich beim Publikum großer Beliebtheit erfreuen/芝居は素人だ In der Schauspielkunst (Im Theaterspielen) bin ich unerfahren./この方面ではずぶの素人です Auf diesem Gebiet bin ich [ein] blutiger Laie (Anfänger). ‖ 素人演芸 Laien|vorstellung (Dilettanten-) f. -en/素人考え die laienhafte Anschauung, -en/素人芸 Gestümper n. -s ⇨下手な/素人下宿 Pension f. -en/素人芝居 Dilettanten|theater (Liebhaber-) n. -s, -.

しろうり 白瓜 Beutelmelone f. -n.

しろえり 白襟 der weiße Kragen, -s, -.

しろくま 白熊 der weiße Bär, -en, -en; Eis|bär (Polar-) m. -en, -en.

しろざけ 白酒 der weiße Sake, -.

しろざとう 白砂糖 der weiße Zucker, -s, -.

しろじ 白地 der weiße Grund, -[e]s, ⸗e.

しろじろ じろじろ見る [hin]starren 《auf⁴; nach³》; an|glotzen⁴; an|starren⁴; glotzen 《auf⁴》; prüfend an|sehen*⁴; fixieren⁴; mustern⁴/頭から先までじろじろ見る jn von oben bis unten (von Kopf bis Fuß) mustern/臆(ｽﾞ)面もなくじろじろ見る jn unverschämt fixieren (an|starren); jn mit dem Blick durch|bohren.

シロップ Sirup m. -s, -e.

しろぬり 白塗りの weiß|gestrichen (-getüncht; -lackiert).

シロホン Xylophon n. -s, -e.

しろみ 白味［色］die weiße Färbung/白味かかった weißlich; grau《灰白の》.

しろみ 白身［卵の］Eiweiß n. -es, -e; [Ei-] klar n. -s.

しろむく 白無垢 das schneeweiße Kleid, -[e]s, -er.

しろめ 白眼 das Weiße*《-n》im Auge/白眼で見る ⇨しらがん.

しろもの 代物 ❶［品物］Zeug n. -[e]s, -e; Kram m. -[e]s; Plunder m. -s《がらくた》. ❷［人］Kerl m. -s, -e (《蔑》-s); Bursche m. -n, -n/彼はなかなかの代物だ Er ist ein Prachtkerl. Er ist ein ganzer (tüchtiger) Kerl.

じろり じろりと見る einen Blick werfen*《auf⁴》; jm einen Blick zu|werfen*.

しろん 詩論 Poetik f. -en; die Abhandlung《-en》über die Poesie.

しろん 試論 Essay m. (n.) -s, -s; der literarische Versuch, -[e]s, -e.

じろん 時論 ❶［時事の］die aktuellen Fragen (Themen)《pl》; Tagesfragen《pl》. ❷［世論］die öffentliche Meinung, -en.

じろん 持論 js Prinzip n. -s, ..pien; js [fester] Grundsatz, -es, ⸗e; js [feste] Überzeugung, -en; der jn beherrschende Gedanke, -ns, -n; die fixe Idee, -n《悪い意味で》/持論を固守する an seinem Grundsatz (seiner Überzeugung) fest|halten*; auf seinem Prinzip bestehen* (herum|reiten* s); von seinem Grundsatz nicht ab|ge|hen* ⓢ.

しわ 皺 [身体の] Runzel f. -n; Falte f. -n; Furche f. -n; Schrumpel f. -n; [物の] Falte f. -n; Knitter m. -s, -; Krause f. -n; Krumpel m. -s, -/しわくちゃ婆 die alte Schachtel, -n/しわの寄った顔 das runzelige (runzelhäutige; faltige) Gesicht, -s, -er; das von Furchen durchzogene Gesicht/しわの寄らない knitterfrei/目尻のしわの寄せて眉をしかめて mit gerunzelter Stirn; mit Runzeln auf der Stirn; die Stirn faltend/目尻のしわ die Krähenfüße (pl)/しわが寄る [顔に] Runzeln (pl) bekommen*; [衣類などに] ⁴sich falten; Falten (pl) werfen*/しわになる runzelig werden; ⁴sich runzeln, faltig (knitt(e)rig) werden; ⁴sich knautschen; ⁴sich knittern; ⁴sich kräuseln/しわにする runzelig machen⁴; faltig (knitt(e)rig) machen⁴; falten⁴; knittern⁴; kräuseln⁴/しわくちゃにする zerknautschen⁴; zerknittern⁴/しわのめばす entrunzeln⁴; [die Runzeln (pl)] glätten/鼻にしわを寄せる die Nase kraus ziehen*.

しわがれる 嗄れる heiser werden/しわがれた声 die heisere (raue) Stimme, -n.

しわけ 仕訳 Einteilung f. -en; Klassifikation f. -en; Klassifizierung f. -en; das Eintragen*, -s 〔勘定の〕; das Sortieren, -s 〔品物の〕; Sortierung f. -en 〔同上〕; Assortiment n. -[e]s, -e 〔同上〕; Zuteilung f. -en 〔分配〕. —— 仕訳をする ein|teilen⁴; klassifizieren⁴; ein|tragen*⁴ 〔in ein Tagebuch〕; [as]sortieren⁴; zu|teilen⁴. ‖ 仕訳書 Spezifikation f. -en; Spezifizierung f. -en/仕訳帳 Tagebuch n. -[e]s, "-er.

しわざ 仕業 Akt m. -[e]s, -e; die getane Arbeit, -en; Tun n. -s; Tat f. -en; Werk n. -[e]s, -e/これは君の仕業 kraus Du musst es getan haben.: Nur du kannst es getan haben.

じわじわ Schritt für (um) Schritt; nach und nach; langsam (aber sicher).

しわよせ 皺寄せする benachteiligen Einfluss aus|üben (auf⁴); den Nachteil schieben* (auf⁴).

じわり 地割り Einteilung (f. -en) des Grundstücks/地割りする Grund und Boden ein|teilen; einen Bauplatz ein|teilen 〔建築用地も〕.

しわる ⁴sich krümmen. ⇒しなう.

じわれ 地割れ Bodenriss m. -es, -e; Ritze f. -n; Spalte f. -n; Sprung m. -[e]s, -e/地割れができる Risse bekommen* 〔Erde f., Boden m. などを主語として〕.

しん 心, 芯 ❶ 〔こころ〕 Herz n. -ens, -en; Seele f. -n; das Innere, -n 〔本心〕/心から 〔感謝など〕 herzlich; von ganzem Herzen; [本心から] aus dem Herzen; aus der Seele; von Herzen; aus tiefstem Innern; von innen heraus/心が疲れる jm am (auf die) Nieren gehen* [fallen]* ⓢ/心 an (auf die) Nieren gehen* ⓢ/心はいい男だ Im Herzen ist er kein übler Mensch.: Eigentlich ist er eine gute Seele. ❷ 〔中心〕 Kern m. -[e]s, -e 〔果心〕; Mark n. -[e]s 〔骨格・木髄〕/心まで腐っ

ている bis ins Mark verdorben sein/しんまで冷えこむ Stein und Bein frieren*/このごはんにはしんがある Der Reis ist kernig 〔gekocht〕. ❸ 〔帯などの〕 Futter n. -s, -; Fütterung f. -en; Polster n. -s, -. ❹ 〔ランプ・ろうそくの〕 Docht m. -[e]s, -e/しんを出す〔引込める〕den Docht heraus|schrauben (hinein|schrauben). ❺ 〔鉛筆の〕 Mine f. -n.

しん 信 Glaube m. -ns, -n; Vertrauen n. -s/信をおく jm Glauben 〔sein Vertrauen〕 schenken. ⇒しんらい信頼.

しん 真 Wahrheit f. -en; Wirklichkeit f. -en; Echtheit f. Tatsache f. -n/真に迫った naturgetreu; genau nach der Natur; lebensreu; lebenswahr/真をうがつ den Nagel auf den Kopf treffen*; ins Schwarz treffen*. —— 真の wahr; wahrhaftig; wahrlich; wirklich; treu; echt (真正の); tatsächlich 〔事実の〕/真の天才 das Genie 〔-s, -s〕/真の意味の im wahrsten Sinne des Wortes. —— 真に 〔上記形容詞を副詞として用いる他〕 in der Tat; in Wahrheit.

しん 臣 Untertan m. -s (-en), -en; Vasall m. -en, -en; Gefolgsmann m. -[e]s, "-er (..leute).

しん 新 neu; Neu-/新型の(車) der neue Autotyp, -s, -en/新流行 die letzte (neueste) Mode. ⇒あたらしい.

しん- 親- pro-; Pro-; -freundlich/親露の pro-russisch/親独の deutschfreundlich/親仏の franzosenfreundlich/親米の pro-amerikanisch/親日家 Japanfreund m. -[e]s, -e.

じん 仁 Edel|mut m. -[e]s (-sinn m. -[e]s); Humanität f. ; Menschenliebe f. ; Wohltätigkeit f. /身を殺して仁をなす ⁴sich opferfreudig (opferfreudig) für das Wohl anderer ein|setzen.

じん 陣 ❶ 〔陣形〕 Formation f. -en; Schlacht|ordnung f. -en 〔-linie f. -n〕. ❷ 〔陣営〕 Feld|lager (Heer-) n. -s, -. ❸ 〔陣地〕 Stellung f. -en; Position f. -en/陣を布く ⁴sich lagern; eine Stellung beziehen*; ein Heerlager auf|schlagen*.

ジン 〔酒〕 Gin m. -s, -s; Wacholderbranntwein m. -[e]s, -e.

しんあい 親愛な〔る〕lieb; teuer/親愛の情 ein zärtliches Gefühl, -s/親愛なる滋君(山本さん) mein lieber Shigeru (lieber Herr Yamamoto).

じんあい 仁愛 Milde f. ; Menschlichkeit f. ; Humanität f.

じんあい 塵埃 Abfall m. -[e]s, "-e; Asche f. -n 〔石炭がらなど〕; Dreck m. -[e]s; Kehricht m. (n.) -[e]s; Müll m. -[e]s, -e; Schutt m. -[e]s 〔土木〕; Staub m. -[e]s, -e 〔ほこり〕; Unrat m. -[e]s.

しんあん 新案 eine neue Idee, -n; eine neue Erfindung, -en 〔新考案〕 ‖ 新案特許 Patent n. -[e]s, -e. ⇒とっきょ.

しんい 真意 die wirkliche Absicht, -en 〔意図〕; der wahre (eigentliche) Beweggrund, -[e]s, "-e/彼の真意 der wahre Sinn, -en 〔意味〕/彼がそう言っている真意は果たしてどこにあるのだろうか Was meint er wohl damit?/あの人の真意

しんい 神意 Gottes Wille *m.* -ns, -/Vorsehung *f.*

じんい 人為 Menschenwerk *n.* -(e)s, -e; Kunst *f.* ¨e; Künstelei *f.* -en; Künstlichkeit *f.*; Unnatürlichkeit *f.*/人為的(に) künstlich; gekünstelt von Menschen gemacht; unnatürlich ‖ 人為淘汰(²²) die künstliche Zuchtwahl.

しんいん 真因 die wirkliche Ursache, -n 〘原因〙; der wahre Grund, -(e)s, ¨e 〘理由〙.

じんいん 人員 ❶〘人数〙Zahl (*f.*) der Personen; Kopfzahl *f.* -en 〘頭数〙. ❷〘職員〙Personal *n.* -s, -e; Personalbestand *m.* -(e)s, ¨e; Arbeitskraft *f.* ¨e; Belegschaft *f.* -en; Beamtenschaft *f.* -en; Leute (*pl*)/人はどれくらいです Wie viel Leute haben Sie? | Wie groß (stark) ist die Belegschaft bei Ihnen? ‖ 人員整理 Personalabbau *m.* -(e)s/人員点呼 Appell *m.* -s, -e; Namensaufruf *m.* -(e)s, -e/人員点呼をする appellieren; auf|rufen*⁴/アルファベット順に人員の点呼をする die Leute dem Alphabet nach auf|rufen*.

じんうえん 腎盂炎 〘医〙Nierenbeckenentzündung *f.* -en.

しんうち 真打 Haupt|darsteller *m.* -s, -/(-person *f.* -en).

しんえい 新鋭 frisch und neu ‖ 新鋭兵器 eine neue Waffe, -n.

じんえい 陣営 〘Feld〙lager (Heerlager) *n.* -s, -; Quartier *n.* -s, -e/二陣営に分かれる ⁴sich in zwei Lager (Parteien) spalten*¹.

しんえいたい 親衛隊 Leibgarde *f.* -n; Schutzstaffel *f.* -n 〘ナチスの略: SS〙.

しんえん 深淵 Abgrund *m.* -(e)s, ¨e/深淵が彼の前に口を開いていた Der Abgrund gähnte vor ihm auf.

しんえん 深遠な tief; tief|gründig (-sinnig) /深遠な思想 tiefe Gedanken (*pl*).

しんおう 震央 〘地〙Epizentrum *n.* -s, ..tren. ⇨しんげん(震源).

しんおん 唇音 〘音声〙Lippenlaut *m.* -(e)s, -e; Labial *m.* -s, -e; Labiallaut.

しんおん 心音 Herztöne (*pl*).

しんか 進化 Entwicklung *f.* -en; Evolution *f.* -en. —— 進化する ⁴sich entwickeln. ‖ 進化論 Entwicklungs|lehre (Abstammungs-; Deszendenz-) *f.*; Evolutionstheorie *f.*/進化論者 Anhänger (*m.* -s, -) der Abstammungslehre (Evolutionstheorie); Evolutionist *m.* -en, -en.

しんか 真価 der wahre Wert, -(e)s, -e; die wirkliche Bedeutung, -en/友人の真価はいざというときになってはじめて判るものだ Den *Freund* erkennt man erst in der Not.

しんか 臣下 Untertan *m.* -s, -en; Vasall *m.* -en, -en.

しんか 神火 das heilige Feuer, -s, -.

しんか 神化 Vergottung (Vergötterung) *f.* -en; Apotheose *f.* -n/神化する zum Gott machen*⁴; vergöttern*⁴; unter die Götter versetzen*⁴.

じんか 人家〘Wohn〙haus *n.* -es, ¨er/Wohnung *f.* -en/人家稠密の stark (dicht) bevölkert/人家の少ない dünn bevölkert; zerstreut bewohnt.

シンガーソングライター Liedermacher *m.* -s, -.

しんかい 深海 Tiefsee *f.*/深海の研究 Tiefseeforschung *f.* -en ‖ 深海魚 Tiefseefisch *m.* -(e)s, -e/深海動物 Tiefseetier *n.* -(e)s, -e.

しんかい 侵害 Eingriff *m.* -(e)s, -e; Übergriff *m.* -(e)s, -e; Einmischung *f.* -en; 〘違反〙Verletzung *f.* -en; Übertretung *f.* -en; Verstoß *m.* -es, ¨e. —— 侵害する〘侵入する〙ein|greifen* (*in*⁴); über|greifen* (*auf*⁴; *in*⁴); ⁴sich ein|mischen (*in*⁴); 〘違反する〙verletzen*⁴; übertreten*⁴; verstoßen* (*gegen*⁴)/権利を侵害する js ⁴Rechte ein|greifen*/ein Recht verletzen. ‖ 著作権侵害 die Verletzung des Urheberrechts.

しんがい 心外 ¶ それは心外だ Das habe ich nicht erwartet. | Das ist mir ganz unverständlich. | Ich finde es unerhört. | Das gefällt mir gar nicht.

しんがい 震駭させる erschüttern*⁴; erschrecken*⁴; schockieren*⁴.

じんかい 塵芥 ⇨じんあい(塵埃).

じんかい 塵外 塵外を去る vor der Welt (in die Einsamkeit; ins Kloster) zurück|zie-hen* 〘s〙‖ 塵外逃避 Flucht (*f.* -en) aus der Welt.

しんかいち 新開地 ein neuerschlossenes Land, -(e)s 〘新しく開かれた土地〙; ein neuer Stadtteil, -(e)s 〘新市街〙; Neusiedlung *f.* -en 〘新しい団地〙.

しんがお 新顔 ein neues Gesicht, -(e)s, -er; Neuling *m.* -s, -e 〘新米〙; der Fremde*, -n, -n 〘見知らぬ人〙/そこには多勢の新顔がいた Da waren viele neue Gesichter (mir noch nicht bekannte Menschen).

しんがく 神学 Theologie *f.* -n/神学上の(的な) theologisch ‖ 神学校 Priesterseminar *n.* -s, -e 〘旧教の〙; Predigerseminar *n.* -s, -e 〘新教の〙/神学者 Theologe *m.* -n, -n/神学部〘大学の〙theologische Fakultät, -en.

しんがく 進学 ¶ 中学校(大学)に進学する in die Mittelschule (auf die Universität) gehen* 〘s〙.

じんかく 人格 Charakter *m.* -s, -e; Persönlichkeit *f.* -en; Wesen *n.* -s, -; Wesensart *f.* -en 〘人となり〙/無人格な charakterlos; ehrlos; willenlos; ohne ⁴Rückgrat/人格を尊重する js Charakter (Persönlichkeit) achten/人格を無視する js Persönlichkeit nicht beachten (außer Acht lassen*) ‖ 人格化 Personifikation *f.* -en/人格化する personifizieren*⁴/人格権 Persönlichkeitsrecht *n.* -(e)s, -e/人格者 ein Mann (*m.* -(e)s, ¨er) von Charakter.

しんかくか 神格化 ⇨しんか(神化).

じんがさ 陣笠 ❶ Soldatenhelm *m.* -(e)s, -e. ❷〘政党の〙Parteimitglied (*n.* -(e)s, -er) ohne ⁴Namen; Krethi und Plethi (*pl*) der Partei; 〘俗〙Hinterbänkler *m.*

しんがた 新型 ein neues Modell, -s, -e; ein

しんかぶ 新株 neues Muster, -s, -; ein neuer Stil, -[e]s, -e《様式》; eine neue Mode, -n《流行》; ein neuer Typ, -s, -en《タイプ》/ベンツの新型車 ein neues Modell von ³Mercedes/最新型の帽子 ein Hut《m. -[e]s, ⸚e》nach der neuesten Mode.

しんかぶ 新株 neu herausgegebene Aktien《pl》/新株を発行する neue Aktien heraus|geben*.

シンガポール Singapur n. -s/シンガポールの singapurisch ‖ シンガポール海峡 die Straße von Singapur/シンガポール人 Singapurer m.

しんから 新柄 ein neues Muster, -s, -.

しんがり Nach|hut f. -en (-trupp m. -s, -s) /しんがりをつとめる der letzte* sein; die Reihe schließen* ‖ しんがりは岡田さんだった《来客の》Als letzter kam Herr Okada.《男》/ Als letzte kam Frau Okada.《女》.

しんかん 信管 Zünder m. -s, - ‖ 時限信管 Zeitzünder m.

しんかん 新刊 neu veröffentlicht (erschienen) ‖ 新刊書 ein neues Buch, -[e]s, ⸚er; eine neue Veröffentlichung, -en; Neuerscheinung f. -en.

しんかん 新館 das neue Gebäude, -s, -; Neubau m. -[e]s, -ten.

しんかん 神官 Schinto-Priester m. -s, -.

しんかん 森閑とした ⇨ ひっそり.

しんがん 心眼 das innere (geistige) Auge, -s, -n.

しんがん 心願 Herzenswunsch m. -[e]s, ⸚e.

しんき 新奇 Neuheit f. -en; Seltenheit f. -en《珍奇》/新奇を好む die Abwechselung lieben; auf der ³Suche nach ⁴Neuheiten sein/新奇な neu(artig); selten; ungewöhnlich.

しんき 新規 neu/新規に neu; von neuem; aufs Neue/新規まき直しをする wieder von vorne (von ³Anfang an) beginnen*⁴; von neuem an|fangen*⁴.

しんき 心悸 ⇨ どうき(動悸) ‖ 心悸亢進《医》Herzklopfen n. -s; Palpitation f. -en/心悸亢進する〔krankhaftes〕Herzklopfen haben.

しんき 心機一転する seinen Sinn (seine Einstellung) ändern; ⁴sich völlig ändern; ein ganz anderer Mensch werden.

しんき 心気爽快をおぼえる ⁴sich frisch und wohl fühlen.

しんき 辛気くさい düster; trübe; schwermütig; melancholisch; langweilig《退屈な》.

しんぎ 信義 Treue f.; Redlichkeit f.; Zuverlässigkeit f.《信頼のおけること》/信義の厚い treu; redlich; zuverlässig/信義を守る《破る》jm die Treue halten* (brechen*); ein Versprechen halten* (brechen*)《約束を》.

しんぎ 真偽 ‖ ...の真偽を確かめる die Echtheit (Wahrheit) von ³et erprüfen/彼の証言の真偽を明らかにすべきだ Man soll feststellen, ob seine Aussage wahr oder falsch ist./彼は病気そうだ、真偽のほどは知らないが He soll krank sein, obwohl ich nicht weiß, ob es stimmt oder nicht.

しんぎ 審議 Beratung f. -en; Beratschlagung f. -en; Erörterung f. -en; Besprechung f. -en; Diskussion f. -en/審議未了である Die Beratung ist noch nicht abgeschlossen (beendet)/この件は目下審議中である Diese Angelegenheit wird zur Zeit erwogen. ‖ Diese Sache steht jetzt zur Diskussion. ━ 審議する beraten⁴ (beratschlagen⁴); erörtern⁴; besprechen*⁴; diskutieren⁴ / 法案を審議する eine Gesetzvorlage beraten*. ‖ 審議会 Beratungsausschuss m. -es, ⸚e.

しんぎ 神技 eine übermenschliche Fertigkeit (Leistung), -en; eine unglaubliche Geschicklichkeit / 彼のピアノの演奏はほとんど神技に近かった Sein Klavierspiel grenzte fast ans Unwahrscheinliche.

じんぎ 仁義 Humanität und Gerechtigkeit/仁義をきる ⁴sich charakterisieren.

しんげん 新紀元を画する eine neue Ära eröffnen; Epoche machen.

しんじく 新機軸 ein neuer Entwurf, -[e]s, ⸚e; eine neue Erfindung, -en/新機軸を出す einen neuen Entwurf aus|arbeiten; eine neue Erfindung machen; eine neue Methode (ein neues Verfahren) ein|führen.

しんきゅう 新旧 alt und neu ‖ 新旧大臣 neu eintretende und abgehende Minister《pl》.

しんきゅう 進級 Versetzung f. -en《生徒の》; Beförderung f. -en《官吏などの》/進級する versetzt werden; befördert werden ‖ 進級会議 Versetzungskonferenz f. -en; 進級試験 Versetzungsprüfung f. -en.

しんきょ 新居 eine neue Wohnung, -en; ein neuer Wohnsitz, -es, -e; ein neues Haus, -es, ⸚er.

しんきょう 進境 ⇨ しんぽ / 著しい進境を示す bedeutende Fortschritte《pl》machen《in³》.

しんきょう 心境 Gemüts|zustand m. -[e]s, ⸚e (-verfassung f. -en; -stimmung f. -en)‖ 心境小説 die psychologische Novelle, -n.

しんきょう 新教 Protestantismus m. - ‖ 新教徒 Protestant m. -en, -en.

しんきょく 神曲 Oratorium n. -s, ..rien/ダンテの神曲 Dantes „Göttliche Komödie".

しんきょく 新曲 eine neue Komposition, -en《作曲》; ein neues Musikstück (Tonstück), -[e]s, -e《楽曲》; eine neue Melodie, -n《節》.

しんきょくめん 新局面 eine neue Phase, -n; eine neue Lage, -n/新局面を開く in eine neue Phase ein|treten* ⓢ; eine neue Lage schaffen(*).

しんきろう 蜃気楼 Luftspiegelung f. -en; Fata Morgana f.

しんきろく 新記録 ein neuer Rekord, -[e]s, -e/新記録を樹立する einen neuen Rekord auf|stellen ‖ 世界新記録 ein neuer Weltrekord, -[e]s, -e.

しんきん 心筋 Herzmuskel m. -s, -n ‖ 心筋梗塞《医》Herzinfarkt m. -[e]s, -e.

しんきん 伸筋 Streckmuskel m. -s, -n.

しんきん 親近の nahe verwandt ⇨きんしん(近親)/親近感をもつ ⁴sich hingezogen fühlen 《zu³》/一種の内面的 Verwandtschaft spüren 《für³》/彼には親近感がもてる Er ist mir sympathisch.

しんぎん 呻吟する stöhnen; ächzen/獄中に呻吟する hinter den ³Gefängnisgittern freudlose Tage verbringen*.

しんく 辛苦〔艱難〕Mühsal *f.* -e; Mühseligkeit *f.* -en; 〔骨折り〕Mühe *f.* -n; Bemühung *f.* -en/粒々辛苦する ⁴sich 〔redlich〕ablmühen 《mit³》/粒々辛苦して mühsam; mit Mühe und Not.

しんく 真紅の hochrot; dunkelrot 〔深紅の〕.

しんぐ 寝具 Bettzeug *n.* -s.

しんくう 真空 ein luftleerer Raum, -(e)s, ¨e; Vakuum *n.* -s, ..kua (..kuen)/真空の luftleer; Vakuum-‖真空管 Vakuumröhre *f.* -n/真空計 Vakuummeter *n.* -s/真空装置 Vakuumapparat *n.* -(e)s, -e/真空パック Frischhaltepackung *f.* -en/真空包装 Vakuumverpackung *f.* -en/真空ポンプ Vakuumpumpe *f.* -n.

じんぐう 神宮 der große Schrein *m.* -(e)s, -e; Heiligenschrein *m.* -(e)s, -e.

ジンクス Unglücks|rabe *m.* -n, -n (-prophetie *f.* -n); Pech *n.* -s.

シンクタンク Brain|trust (Gehirn-) *m.* -(e)s, -e (-s); Thinktank *m.*

しんくふう 新工夫 eine neue Erfindung, -en; ein neuer Plan, -(e)s, ¨e; eine neue Vorrichtung, -en.

シングル シングルの上着〔背広の〕ein einreihiger Sakko, -s, -s ‖シングルファーザー(マザー) der (die) Alleinerziehende*, -n, -n/シングルベッド Einzelbett *n.* -(e)s, -en/シングルルーム Einzelzimmer *n.* -s, -.

シングルス〖テニス〗Einzel *n.* -s, -; Einzelspiel *n.* -(e)s, -e/男子(女子)シングルス Herren|einzel (Damen-).

シンクロトロン Synchrotron *n.* -s, -e (-s).

シンクロナイズドスイミング Synchronschwimmen *n.* -s.

しんぐん 進軍 das Vorrücken*, -s; An|marsch (Vor-) *m.* -es, ¨e/進軍ラッパを吹く ein Trompetensignal zum Abmarsch (Angriff) geben*. —— 進軍する vor|rücken ⓢ, an|marschieren [vor|marschieren] ⓢ, vorwärts marschieren ⓢ.

しんけい 神経 Nerv *m.* -s, -en/神経の nervös/神経が太い〔強靭(乾)である〕starke (eiserne) ⁴Nerven haben; ⁴Nerven 〔wie Drahtseile〕haben/神経が細い ein dickes Fell haben; dickfellig sein/神経に障る *jm* auf die Nerven gehen* (fallen*) ⓢ, *jn* stören/神経を殺す den Nerv 〔eines Zahnes〕töten 〔歯の〕/神経をすり減らす *js* Nerven auf|reiben*/彼は全く無神経だ Er hat überhaupt keine Nerven. 〔皮肉に〕Der hat Nerven!/彼女は神経をやられている(神経がたかぶっている) Sie leidet an den Nerven. 〔Ihre Nerven sind überreizt.〕‖神経科医 Nervenarzt *m.* -es, ¨e/神経学 Neurologie *f.*/神経学者 Neurologe *m.* -n, -n; Nervenarzt *m.* -es, ¨e/神経科病院 Nervenlheilanstalt *f.* -en (-klinik *f.* -en)/神経過敏 Nervosität *f.*/神経過敏な、神経質な nervös; empfindlich/神経系統 Nervensystem *n.* -s, -e/神経外科学 Neurochirurgie *f.*/神経細胞 Nervenzelle *f.* -n/神経質 Nervosität *f.*/神経症〖医〗Neurose *f.* -n/神経症的の neurotisch/神経症患者 Neurotiker *m.* -s, -/神経衰弱 Nervenschwäche *f.* -n; Neurasthenie *f.*/神経衰弱の nervenschwach; neurasthenisch/彼は神経衰弱だ Er ist mit den Nerven herunter. Seine Nerven sind ermüdet (erschöpft)./神経戦 Nervenkrieg *m.* -(e)s, -e/神経中枢 Nervenzentrum *n.* -s, ..tren/神経痛 Neuralgie *f.* -n; Nervenschmerz *m.* -es, -en/神経病 Nerven|krankheit *f.* -en (-leiden *n.* -s, -)/Neuropathie *f.* -n/神経の nervenkrank/運動神経 motorische Nerven 《*pl*》; Bewegungsnerv *m.* -s, -en/自律〔植物性〕神経 autonome (vegetative) Nerven 《*pl*》/末梢〔脳脊髄〕神経 periphere (zerebrospinale) Nerven 《*pl*》.

しんげき 新劇 das moderne Theater 《-s》〔in ³Japan〕‖新劇運動 die Bewegung des „modernen Theaters".

しんげき 進撃 ⇨しんぐん/敵に向かって進撃する gegen den Feind vor|gehen* (vor|rücken) ⓢ.

しんけつ 心血を注ぐ ⇨しんこん(心魂).

しんげつ 新月 Neumond *m.* -(e)s, -e; Mondsichel *f.* -n〔三日月〕; der zunehmende Mond, -(e)s, -e〔上弦の月〕/新月形の sichelförmig.

しんけん 真剣 Ernst *m.* -es, -e; Ernsthaftigkeit *f.*/真剣な ernst(haft)/真剣に im Ernst; allen ²Ernstes; ernst(haft)/私は真剣にこう言っているのだ Ich meine es ernst (ernsthaft).: Es ist mein voller Ernst./真剣勝負をする im Ernst (um ⁴Tod und Leben) kämpfen.

しんけん 親権〖法〗Elternrecht *n.* -(e)s, -e; die elterliche Gewalt, -en.

しんげん 箴言 Maxime *f.* -n; Aphorismus *m.* -, ..men.

しんげん 震源〔地〕Erdbebenherd *m.* -(e)s, -e; Hypozentrum *n.* -s, ..tren.

しんげん 進言 Rat *m.* 〔助言〕; Vorschlag *m.* -(e)s, ¨e〔提案〕; Warnung *f.* -en 〔忠告〕/進言する raten* 《Rat geben*³》; vor|schlagen*³⁴; eine Warnung erteilen³ 〔戒める〕、勧める〔勧める〕.

しんげん 森厳 Feierlichkeit *f.* -en; Solemnität *f.* -en/森厳な feierlich; erhaben; solenn.

じんけん 人権 Menschenrecht *n.* -(e)s, -e; das menschliche Recht, -e; Grundrechte 《*pl*》; Recht auf menschenwürdige Behandlung/人権を蹂躙(ふん)する in Menschenrechte (persönliche Rechte) ein|greifen* (über|greifen*) ‖人権蹂躙 der Eingriff in Menschenrechte -(e)s, -e/人権侵害 eine Verletzung der Menschenrechte/人権宣言 Erklärung

じんけん 人権 (f. -en) der Menschenrechte/人権保護 der Schutz der Menschenrechte/人権問題 die Frage 《-n》 der Menschenrechte/近ごろはだれもかれもが人権問題を口にする Neuerdings spricht jeder von der Frage der Menschenrechte./基本的人権 Grundrechte (pl).

じんけん 人絹 Kunstseide f.; Rayon m. -s.

じんけんひ 人件費 Personalaufwendung f. -en; Gehälter und Löhne (pl).

しんご 新語 ein neues (neugeprägtes) Wort, -(e)s, "er; eine sprachliche Neubildung, -, -en; Neologismus m. -, ..men/新語を創造する ein neues Wort prägen.

しんご 〜に落ちる hinter anderen zurück|bleiben* s 《in³》; den anderen unterlegen sein/人後に落ちぬ keinem nachstehen* 《an³》; 〜をとらぬ mit jedem auf|nehmen*.

しんこう 親交 Freundschaft f. -en; freundschaftliche Beziehungen (pl)/...と親交がある befreundet sein 《mit³》/...と親交を結ぶ Freundschaft schließen* 《mit³》.

しんこう 振興 Förderung f. -en; Belebung f. -en; Aufmunterung f. -en. —— 〜する fördern; einen Aufschwung geben*³; beleben*(|aufmuntern*. ‖ 学術振興会 die Gesellschaft zur Förderung der Wissenschaft/輸出振興策 die Maßnahme 《-n》 zur Exportförderung.

しんこう 信仰 Glaube m. -ns, -n; Anbetung f. -en 《崇拝》/信仰の自由 Glaubensfreiheit f./信仰の厚い gläubig; fromm /信仰がない ungläubig sein/信仰が揺らぐ in seinem Glauben schwanken (wankend) werden/信仰を深める ³sich im Glauben befestigen / 信仰を捨てる seinen Glauben auf|geben*. —— 〜する glauben 《an³》; an|beten⁴. ‖ 信仰箇条 Glaubensartikel m. -s, -/信仰告白 Glaubensbekenntnis n. -nisse, -nisse.

しんこう 進行 Verlauf m. -(e)s, "e; das Weiterlaufen*, -s; Fortgang m. -(e)s, "e; das Fortschreiten*, -s/進行中である im Gang sein. —— 〜する verlaufen* s; weiter|laufen* (-|gehen*) s; fort|schreiten* s; vorwärts (vonstatten) gehen* s/うまく(円滑に)進行する gut (reibungslos) vonstatten gehen* s/交渉は有利に進行している Die Verhandlungen nehmen einen günstigen Verlauf.

しんこう 新興 neu ‖ 新興国家 ein neu an die Macht gekommener Staat, -(e)s, -en/新興宗教 eine neuentstandene Religion, -en/新興成金 der Neureiche*, -n, -n; Emporkömmling m. -s, -e.

しんごう 信号 Signal n. -s, -e; Zeichen n. -s, - 《合図》/信号を出す ein Signal (Zeichen) geben*³; signalisieren/信号を守る (無視する) ein Signal beachten (ignorieren) /信号が赤ならば停止せよ Bei Rot muss man halten./信号待ちをする an der ³Ampel auf grünes Licht (aufs Grün) warten. ‖ 信号旗 Signalflagge f. -n/信号機 Ampel f. -n; Signal n. -s, -e/信号手 Signalist m. -en, -en; 〘鉄〙 Signalwärter m. -s, -/信号所 Signalstelle f. -n 《-station f. -en》/信号書 Signalbuch n. -(e)s, "er/信号装置 Signalanlage f. -n/信号灯 Signallampe f. -n/ 赤(青)信号 ein rotes (grünes) Farbzeichen, -s, -/遭難信号 〘海〙 Seenotzeichen n. -s, -/停止信号 Haltezeichen 《交通の》/手旗信号 Winkersignal / 発光(旗)信号 〘海〙 Lichtsignal (Flaggsignal)/無線信号 Funksignal.

じんこう 人口 Einwohner|zahl f. (-schaft f. -en); Bevölkerung f. -en/人口稠密な (粘な) dicht (stark) bevölkert; volkreich/人口希薄な dünn (schwach) bevölkert; volkarm /この町の人口はどれくらいですか Wie viel Einwohner hat diese Stadt? Wie groß ist die Einwohnerzahl dieser Stadt? ‖ 人口に膾炙する jedermann geläufig sein. ‖ 人口過剰 Bevölkerungsüberschuss m. -es, "e; Übervölkerung f. -en/人口政策 Bevölkerungspolitik f. -en/人口増加(減少) Bevölkerungszunahme (Bevölkerungsabnahme) f. -n/人口増減 Bevölkerungsbewegung f. -en/人口調査 Einwohner|zählung (Volks-) f. -en/人口統計 Bevölkerungsstatistik f. -en/人口密度 Bevölkerungsdichte f. (Volks-)/人口問題 Bevölkerungsfrage f. -n/人口論 Bevölkerungslehre f.

じんこう 人工 Menschenwerk n. -(e)s, -e; Künstlichkeit f.; Künstelei f. -en ⇒じんい /人工的な künstlich; Kunst- ‖ 人工衛星 der künstliche Satellit, -en, -en; Erdsatellit m. -en, -en/人工栄養 die künstliche Ernährung, -en/人工呼吸 die künstliche Beatmung, -en/人工受精 die künstliche Befruchtung, -en/人工腎臓 die künstliche Niere, -n/人工心肺 Herz-Lungen-Maschine f. -n/人工太陽灯 Höhensonne f. -n/人工養殖 Zucht f. -en; Züchtung f. -en.

しんこうせい 進行性の fortschreitend; progressiv/進行性麻痺 〘医〙 die progressive Paralyse, -n.

しんこきゅう 深呼吸をする tief atmen; Atem holen.

しんこく 申告 Anmeldung f. -en; Angabe f. -n 《特に税の》 Erklärung f. -en; Deklaration f. -en. —— 申告する an|melden⁴; an|geben*⁴; erklären*⁴; deklarieren*⁴/関税(税)の申告をする eine Zolldeklaration (Steuererklärung) ab|geben*/年間所得額の申告をする die Einkommensteuererklärung machen. ‖ 申告額 die angegebene Summe, -n; deklarierter Wert m.; 《価値》/申告期限 Anmelde|frist f. -en, -(-termin m. -s, -e)/申告用紙 Anmeldeformular n. -s, -e/確定申告 die abgeschlossene (endgültige) Steuererklärung, -en/納税申告 Steuererklärung f. -en.

しんこく 深刻な (tief)ernst; bedenklich 《憂慮すべき》/深刻化する ernst werden; ³sich verschlimmern (verschlechtern) 《悪化する》; ⁴sich verschärfen 《先鋭化する》/深刻な顔をする ein tiefernstes Gesicht machen/

状勢はきわめて深刻だ Die Lage ist sehr ernst (bedenklich).

しんこん 心魂を傾ける mit ³Leib und Seele dabei sein; seine ganze Kraft (sein ganzes Können) ein|setzen; ⁴sich widmen³.

しんこん 新婚の neuvermählt; jüngst verheiratet/新婚の夫婦 ein neuvermähltes Ehepaar, -[e]s, -e/彼らはまだ新婚ほやほやだ Sie sind noch in den Flitterwochen. ‖ 新婚旅行 Hochzeitsreise *f*. -n.

しんさ 審査 Prüfung *f*. -en; Untersuchung *f*. -en; Beurteilung *f*. -en. ── 審査する prüfen⁴; untersuchen⁴; beurteilen⁴. ‖ 審査〔委〕員 Prüfer *m*. -s, -; [判定者] 〔Schieds〕richter *m*. -s, -; [批評者] Beurteiler *m*. -s, -/審査委員会 Prüfungsausschuss *m*. -es, ⸚e.

しんさい 震災 Erdbebenkatastrophe *f*. -n/震災にあう eine Erdbebenkatastrophe erleiden* ‖ 震災地 das vom Erdbeben heimgesuchte Gebiet, -[e]s, -e.

じんざい 人材 Talent *n*. -[e]s, -e; der Befähigte* (Begabte*), -n, -n; der fähige (talentierte; talentvolle) Mensch, -en, -en/人材を登用する die Befähigten fördern ‖ 人材払底 Mangel《*m*. -s, ⸚》an Talenten.

しんさく 新作 ein neues Stück, -[e]s, -e.

しんさつ 診察 Untersuchung *f*. -en; [診断] Diagnose *f*. -n/診察を受ける ⁴sich untersuchen lassen*《*von*³》/診察する untersuchen⁴; eine Diagnose stellen ‖ 診察時間 Sprechstunde *f*. -n/診察室 Sprechzimmer *n*. -s, -.

しんさよく 新左翼 die neue Linke, -n.

しんさん 辛酸 Not *f*. ⸚e; Mühsal *f*. -e; Bitterkeit *f*. -en; Beschwerde *f*. -n/辛酸をなめ尽くす eine harte Schule durch|machen; den 〔bitteren〕 Kelch 〔des Leidens〕 bis auf den Grund (bis auf die Neige) leeren (trinken*).

しんざん 新参 der Neue* (Grüne*), -n, -n; Grünhorn *n*. -[e]s, ⸚er《新米》; Neuling *m*. -s, -e; Novize *m*. -n, -n; Anfänger *m*. -s, -《初心者》/新参者とあなどられる als Neuling über die Achsel (Schulter) angesehen werden.

しんざん 深山 das weglose Gebirge, -s, - ‖ 深山幽谷 die tiefe Bergschluft, ⸚e.

しんざん 心算 ⇨つもり.

しんし 真摯 Ernst *m*. -es; Ernsthaftigkeit *f*. ⇨まじめ.

しんし 紳士 ein vornehmer Mann, -[e]s, ⸚er; Gentleman *m*. -s, ..men; Herr *m*. -n, -en; Ehrenmann *m*. -[e]s, ⸚er/紳士ぶる den Herrn spielen. ── 紳士的な [品のある] *vornehm; anständig;* [教養のある] gebildet; von ³Bildung; [尊敬すべき] ehrenhaft. ‖ 紳士協定 das Gentleman's Agreement, -s, -s/紳士淑女諸君 Meine Damen und Herren!/紳士録 Wer ist's? *n*. -, -; das Verzeichnis《..nisses, ..nisse》prominenter Zeitgenossen.

じんじ 人事 die menschliche Angelegenheit, -en; Personalangelegenheit *f*. -en/人事を尽くす alles Menschenmögliche tun* ‖ 人事異動 Personalwechsel *m*. -s, -/人事院 Personalamt *n*. -[e]s, ⸚er/人事課 Personalabteilung *f*. -en/人事管理(行政) Personalverwaltung *f*. -en/人事消息欄 Personalienspalte *f*. -n/人事相談所 Beratungsstelle《*f*. -n》für Privatangelegenheiten.

じんじ 仁慈 Milde *f*.; Sanftmut *f*.; Engelsgüte *f*.

しんじがたい 信じ難い unglaublich; kaum glaublich; wenig glaubhaft/それは信じ難い Das ist kaum zu glauben.

しんしき 神式 Shinto-Zeremonie *f*. -n/神式によって auf shintoistische Weise.

しんしき 新式 der neue Stil, -[e]s, -e《様式》; der neue Typus, -, ..pen《型》; das neue System, -s, -e《方式》; die neue Methode, -n《方法》/新式の neuen ²Stils; von neuem Typus; neuen ²Systems; neu; modisch; modern/新式にする modernisieren⁴.

シンジケート〖経〗Syndikat *n*. -[e]s, -e.

しんじだい 新時代 ein neues Zeitalter, -s, -; eine neue Ära, Ären.

しんしつ 心室〖解〗Herzkammer *f*. -n.

しんしつ 寝室 Schlaf¦zimmer *n*. -s, - (-gemach *n*. -[e]s, ⸚er).

しんじつ 真実 Wahrheit *f*. -en; Wirklichkeit *f*. -en《現実・実際》; Tatsache *f*. -n《事実》/真実の wahr; wirklich; tatsächlich/真実に《本当に》wahrhaftig; wirklich; tatsächlich; in der ³Tat/真実は in ³Wahrheit (Wirklichkeit); die Tatsache ist, .../真実を語る(知る) die Wahrheit reden (erfahren*)/真実を申せば um die Wahrheit zu sagen/それは真実なんです Es ist wahr. ¦ Es ist 〔eine〕 Tatsache. ¦ Ich spreche die reine Wahrheit. ¦ Es ist tatsächlich (wirklich) so.

しんじつ 信実 ⇨せいじつ(誠実)/信実のある人間 ein wahrhafter (aufrichtiger; redlicher) Mensch, -en, -en/あくまで信実をつくす *jm* treu bleiben* [s]/彼には信実がない Es mangelt bei ihm an Ehrlichkeit. ¦ Er ist nicht aufrichtig.

じんじふせい 人事不省の ohnmächtig; besinnungslos; bewusstlos/人事不省になる in Ohnmacht fallen* [s]; ohnmächtig (besinnungslos; bewusstlos) werden.

しんじゃ 信者 der Gläubige*, -n, -n; Anhänger *m*. -s, -《信奉者》/彼はこの新しい学説の信者だ Er hängt dieser neuen Lehre an. ‖ 仏教信者 Buddhist *m*. -en, -en/キリスト教信者 Christ *m*. -en, -en.

じんじゃ 神社 Shinto-Schrein *m*. -[e]s, -e.

しんしゃく 斟酌 Rücksicht *f*. -en; Berücksichtigung *f*. -en; Rücksichtnahme *f*. -n/...を斟酌して in (mit; aus) ³Rücksicht《*auf*⁴》/斟酌なしに ohne ⁴Rücksicht《*auf*⁴》/斟酌する ⁴Rücksicht nehmen*《*auf*⁴》; berücksichtigen⁴.

しんじやすい 信じ易い leichtgläubig.

しんしゅ 進取的な unternehmungslustig; unternehmend; fort¦schrittlich (-schrei-

しんじゅ 真珠 Perle f. -n/真珠の perlen/真珠のように(～) perl[en]artig; wie Perlen/真珠の養殖 Perlenzucht f./真珠の指輪 Ring (m. -s, -e) mit einer Perle (mit Perlen)/真珠採取(養殖)を行なう Perlen fischen (züchten)/豚に真珠 Perlen vor die Säue werfen*∥真珠貝 Perlmuschel f. -n/真珠漁業 Perlenfischerei f. -en/真珠母 Perlmutter f./模造(人工)真珠 eine nachgemachte (künstliche) Perle f./養殖真珠 Zuchtperle f.

じんしゅ 人種 Rasse f. -n/人種上の rassisch; Rassen‐∥人種学 Rassenkunde f. -/人種学者 Rassenforscher m. -s, ‐/人種的差別撤廃 die Abschaffung der Rassenvorurteile (der unterschiedlichen Behandlung der Rassen)/人種的偏見 Rassenvorurteil n. -s, -e/人種問題 Rassenfrage f.

しんしゅう 真宗 Shin-Sekte f.

しんじゅう 心中 ein gemeinsamer Freitod, -[e]s; Doppelselbstmord m. -[e]s/心中するzusammen ⁴Selbstmord begehen*; ³sich gemeinsam das Leben nehmen*∥一家心中 Selbstmord einer ganzen ⁴Familie.

しんしゅく 伸縮 Ausdehnung (f. -en) und Zusammenziehung (f. -en) Expansion (f. -en) und Kontraktion (f. -en)/伸縮自在(性)の elastisch/伸縮する aus|dehnen⁴ und zusammen|ziehen*⁴/⁴sich aus|dehnen und ⁴sich zusammen|ziehen*⁴《ある物が》∥伸縮性 Elastizität f. -en.

しんしゅつ 進出 das Vorrücken* (Vorschreiten*; Vorwärtskommen*). -s/進出する vor|rücken ⓢ; vor|schreiten* ⓢ; vorwärts kommen*∥日本製品が海外に進出する Japanische Waren finden neue Absatzgebiete im Ausland. / 政界に進出する in der politischen Welt auf|treten*.

しんしゅつ 滲出 Exsudation f.; Ausschwitzung f./滲出する aus|schwitzen ⓢ.

じんじゅつ 仁術 Wohltat f. -en; Menschenliebe f.

しんしゅつきぼつ 神出鬼没の proteisch; täuschend.

しんしゅん 新春 ein neues Jahr, -[e]s, -e; Neujahr n. -s, -e.

しんじゅん 浸潤 das Eindringen* (Einsickern*), -s; Infiltration f. -en/浸潤する ein|dringen* ⓢ (in⁴); ein|sickern ⓢ (in⁴); infiltrieren (in⁴)∥肺浸潤 [医] Lungeninfiltration f.

しんしょ 信書 Brief m. -[e]s, -e; Schreiben n. -s, -/信書の秘密を犯す das Briefgeheimnis verletzen.

しんしょ 親書 Handschreiben n. -s, -; der eigenhändige Brief, -[e]s, -e.

しんしょう 真症の echt; wahr∥真症コレラ die echte Cholera.

しんしょう 心証 [die innere] Überzeugung, ‐; Eindruck m. -[e]s, ⸗e/心証を悪くする einen schlechten Eindruck machen (auf⁴).

しんしょう 辛勝する mit [knapper] Mühe und Not gewinnen*.

しんじょう 信条 Glaubensartikel m. -s, -《信仰箇条》; Glaubensbekenntnis n. ..nisses, ..nisse《信仰告白》; Grundsatz m. -es, ⸗e《原則》; Maxime f. -n《行動基準》; Motto n. -s《モットー》.

しんじょう 心情 Gefühl n. -[e]s, -e; Gemüt n. -[e]s, -er; Herz n. -ens, -en/ドイツの心情 in deutsches Gemüt/心情を察する jm nach|fühlen⁴; ⁴sich in js ⁴Lage versetzen/彼の心情は憐れむべきものだ Er tut mir Leid. / Ich habe Mitleid mit ihm. / Er ist bemitleidenswert.

しんじょう 真情の吐露 Herzensergießung f. -en/真情を吐露する jm sein Innerstes offenbaren; jm sein Herz aus|schütten; jm seine ⁴Meinung offen sagen《率直に意見を表明する》.

しんじょう 針状の nadelförmig.

しんじょう 身上∥そこが彼の身上だ Das ist das Gute (Schöne) an ihm.

しんじょう 尋常の gewöhnlich《普通の・ありふれた》; alltäglich《平凡な》; durchschnittlich《可もなく不可もない》; gebräuchlich《通例の》; herkömmlich《ありきたりの》; mittelmäßig《中位の》; normal; üblich/尋常(一様)でない ungewöhnlich; außergewöhnlich; außerordentlich/尋常に《隠さずに》白状する *et ohne ⁴Hehl gestehen*/《素直に縄にかかる》⁴sich ohne Widerstand festnehmen lassen*.

しんじょうひつばつ 信賞必罰 ⁴Gerechtigkeit walten lassen*; Gerechtigkeit als Lösung führen.

しんしょうぼうだい 針小棒大 Übertreibung f. -en; Übertriebenheit f. -en/針小棒大に言う übertreiben*⁴/aus einer Mücke einen Elefanten machen.

しんしょく 神職 Shinto-Priester m. -s, -.

しんしょく 寝食を共にする unter einem Dach wohnen《mit jm》/寝食を忘れて mit ganzer Seele; mit ganzem Herzen/寝食を忘れて研究に従事する ⁴sich einem Studium ganz widmen.

しんしょく 浸食 Erosion f. -en; Abwaschung f. -en; Abtragung f. -en; Abschürfung f. -en/浸食する aus|waschen*⁴; erodieren⁴; ab|tragen*⁴; weg|fressen*⁴∥浸食作用 die erosive Wirkung, -en.

しんじょたい 新所帯をもつ einen Haushalt gründen; ⁴sich neu verheiraten《mit jm 結婚する》.

しんじる 信じる ❶ Glauben schenken³; für richtig halten*⁴. ❷ [宗教・神などを] glauben (an⁴)/神を信じる an ⁴Gott glauben/キリスト教を信じる *sich zum Christentum bekennen*; an ⁴Christus glauben/宗教を信じる keine Religion haben; ohne [alle] Religion sein. ❸ [人物などを] vertrauen (glauben) (jm); [zu|-]trauen (jm); Vertrauen schenken (jm); Vertrauen haben (hegen) (zu³)/医者を信じる auf ⁴Ärzte Vertrauen setzen/自分の力

しんしん を信じる ⁴sich auf seine eigene Fähigkeit verlassen*; an⁴ sich glauben. — 信すべき glaubwürdig; glaubhaft《話などの》; vertrauenswürdig; zuverlässig《人につき》/信ずべからざる, 信じがたい unglaub|würdig (-haft); nicht zu glauben; nicht vertrauenswürdig; unzuverlässig/信すべき筋から von zuverlässiger Seite; aus glaubwürdiger Quelle/彼の無実を信じきっている Ich bin von seiner Unschuld fest überzeugt.

しんしん 心身 Leib und Seele; Körper und Geist/心身の körperlich und geistig/心身を打ちこむ ⁴sich hin|geben*³.

しんしん 新進の angehend; emporkommend/新進気鋭の jung und energisch ‖ 新進作家 der angehende Schriftsteller, -s, -.

しんしん 深々と ❶ 夜は深々とふけわたる Die Nacht ist schon sehr vorgerückt.

しんしん 駸々として rasch; schnell.

しんじん 神人 ❶《神と人と》 Gott und Mensch, des - und -en. ❷ Gottmensch m. -en《キリスト》; Halbgott m. -(e)s, ⁼er《ギリシャ神話の英雄》. ‖ 神人同形論 Anthropomorphismus m. -, ..men.

しんじん 新人 Nachwuchs m. -es《総称》; Neuling m. -s, -e《初心者》‖ 新人俳優(選手) Nachwuchsschauspieler (Nachwuchsspieler) m. -s, -.

しんじん 信心《信仰》Glaube m. -ns, -n; 《信心深いこと・敬虔な気持》Andacht f.; Frömmigkeit f.; Gottesfurcht f.; Pietät f./信心深い gläubig; andächtig; fromm; gottesfürchtig; pietätvoll/信心ぶる fromm tun*; Frömmigkeit (Andacht) heucheln; frömmeln; andächteln.

しんじん 深甚な tief; tief empfunden/深甚なる謝意を表する jm seinen innigsten (aufrichtigsten) Dank aus|drücken (aus|sprechen*)《für⁴》; jm herzlich danken《für⁴》.

しんしん 臣下 Untertan m. -s (-en), -en/位人臣をきわめる zu den höchsten Würden gelangen*.

じんしん 人心 Volksstimmung f. -en; die öffentliche Meinung, -en《世論》; Volksstimme f. -n《民衆の声》; Volkswille m. -ns, -n《民意》/人心を収らんする das Herz des Volks für sich gewinnen*/人心を動揺させる dem Volk Unruhe bereiten (verursachen; bringen*).

じんしん 人身攻撃 Verunglimpfung f. -en; die anzüglichen Bemerkungen (pl); der persönliche Angriff, -(e)s, -e/人身攻撃をする einen persönlichen Angriff auf jn (gegen jn) machen*; verunglimpfen⁴/人身売買 Menschenhandel m. -s; Sklavenhandel《奴隷の》; Mädchenhandel《婦女の》.

しんしん じんしん鳴る klingelen; klimpeln.

しんすい 浸水 Überschwemmung f. -en; Überflutung f. -en / 浸水する überschwemmt werden*; zu Wasser stehen*; leck werden《船が》/船が浸水する Das Schiff leckt. ‖ 浸水家屋 die überschwemmten Häuser (pl).

しんすい 進水《海》Stapellauf m. -(e)s; Ablauf m. -(e)s, ⁼e/船を進水させる ein Schiff (n. -(e)s, -e) vom Stapel lassen* ‖ 進水式 Taufe f. -n; der feierliche Stapellauf/進水台 Stapel m. -s, -.

しんすい 心酔する eingenommen werden《für⁴》; ⁴sich begeistern《für⁴》; ⁴sich berauschen《an³》; schwärmen《für⁴》;《見ならう》nach|eifern《jm》‖ 心酔者 Schwärmer m. -s, -; Nacheiferer m. -s, -.

しんずい 真髄 das Wesentlich[st]e*, -n; der feinste Auszug, -(e)s, ⁼e; Inbegriff m. -(e)s, -e; Kernpunkt m. -(e)s, -e; Quintessenz f. -en.

しんせい 新生 das neue Leben, -s; die neue Geburt, -en.

しんせい 神性 Gottheit f.; die göttliche Natur.

しんせい 神政 Theokratie f. -n; Gottesherrschaft f. -en ‖ 神政国家 der theokratische Staat, -(e)s, -en.

しんせい 神聖 Heiligkeit f.;《不可侵》Unverletzlichkeit f./神聖な heilig; unverletzlich; unverletzbar/神聖を冒すことの出来ない unantastbar/神聖を冒す entheiligen⁴; entweihen⁴;《汚す》schänden⁴/神聖にして犯すべからず heilig und unverletzlich sein/神聖にする heiligen⁴; heilig machen⁴ ‖ 神聖ローマ帝国 das Heilige Römische Reich (-(e)s)〔Deutscher Nation〕.

しんせい 申請 Gesuch n. -(e)s, -e; Bitte f. -n; Ansuchen n. -s, -/申請する an|suchen (nach|-)《bei jm um ⁴et》; bitten*⁴《um ⁴et》‖ 申請書 Gesuch n. -(e)s, -e; Bittschrift f. -en/申請人 Bittsteller m. -s, -.

しんせい 真正な echt; wahr; wirklich; rein; authentisch.

しんせい 真性の ⇒しんしょう(真症).

しんせい 新星《天》Nova f. ..vä; der neue Stern, -(e)s, -e.

しんせい 新制 ein neues System, -s, -e.

じんせい 仁政 die milde Regierung, -en/仁政を施す mild regieren⁴.

じんせい 人生〔Menschen〕leben n. -s, -/人生の Lebens--/人生はそうしたものさ Das ist [doch] nun einmal das Leben (im Leben). So ist nun einmal das Leben. ‖ 人生観 Lebensanschauung (-auffassung) f. -en/人生記録 Lebensdokument n. -(e)s, -e/人生行路 Lebensweg m. -(e)s, -e.

じんせい 靱性 Zähigkeit f./靱性のある zäh.

じんせい 人性 die menschliche Natur, -en; Menschlichkeit f.《人間らしさ・弱さなど》; Menschentum n. -s《人間性》/それは人性のしからしむる所だ Es liegt in der Natur der Menschen.

しんせいかつ 新生活 das neue Leben, -s/新生活に入る ein neues Leben an|fangen*;〔³sich〕einen eigenen Herd gründen《世帯をもつ》.

しんせいじ 新生児 der Neugeborene*, -n, -n.

しんせいだい 新生代《地》Tertiärperiode f.

しんせいひん 新製品 neues Produkt, -(e)s, -e; neues Modell, -s, -e《新型》.

しんせいめい 新生命 das neue Leben, -s/新生命を賦与する wieder beleben^{4}/新生命を得る ein neues Leben gewinnen*.

しんせいめん 新生面 die neue Phase, -n; das neue Stadium, -s, ..dien; [新分野] das neue Feld, -〔e〕s, -er/新生面を開く eine neue Bahn ein|schlagen*; einen neuen Abschnitt beginnen*.

しんせかい 新世界 die neue Welt, -en; die Neue Welt《アメリカ大陸》.

しんせき 親戚 ⇨しんるい.

じんせき 人跡未踏の unerforscht; unbetreten/人跡未踏の地 das unerforschte, noch nicht bearbeitete Gebiet, -〔e〕s, -e; der jungfräuliche Boden, -s/人跡まれな verlassen; einsam; unbewohnt; öde; wüst.

シンセサイザー Synthesizer *m.* -s, -.

しんせつ 親切 Freundlichkeit *f.*; Güte *f.*; Wohlwollen *n.* -s; Gefälligkeit *f.*/親切な(に) freundlich; gütig; wohlwollend; gefällig; liebenswürdig/親切にも liebenswürdigerweise/親切ごかしに unter dem Deckmantel der ^{2}Freundschaft/親切にする *jn* freundlich behandeln; *jm* Freundlichkeiten (eine Gefälligkeit) erweisen*/御親切ありがとう存じます Das ist sehr freundlich (nett) von Ihnen./それは親切気でやったことだ Ich habe es gut gemeint.

しんせつ 新説 die neue Theorie, -n; die neue Lehre, -n; [見解] die neue Ansicht, -en (Anschauung, -en).

しんせつ 新設の neu errichtet (gegründet)/新設する neu errichten^{4} (gründen^{4}).

しんせん 神仙 das göttliche Wesen, -s, -; Halbgott *m.* -es, ⸚er ‖ 神仙境 Feen¦land (Zauber-) *n.* -〔e〕s, ⸚er.

しんせん 新選の neu ausgewählt《書物などの》; neu gewählt《新選出の》.

しんせん 深浅 Tiefe *f.* -n/深浅を測る die Tiefe messen*.

しんせん 新鮮な frisch; neu/新鮮な魚 ein frischer Fisch, -〔e〕s, -e/新鮮にする erfrischen^{4}; frisch machen^{4}.

しんせん 新撰の neu verfasst (zusammengestellt).

しんぜん 親善 Freundschaft *f.* -en; das gute Einvernehmen, -s; die 〔internationale〕 Höflichkeit, -en; freund〔schaft〕liche Beziehungen《*pl*》/国際親善に寄与する zur Förderung des guten Einvernehmens unter den Nationen bei|tragen*/国際的親善を築く gutes Einvernehmen unter den Völkern (Nationen) begründen/日独親善の実をあげる die freundschaftlichen (guten) Beziehungen《*pl*》 zwischen Deutschland und Japan fördern ‖ 親善使節 Freundschaftsbote *m.* -n, -n; Botschafter《*m.* -s, -》 der Freundschaft/親善使節としてドイツへ派遣される als Freundschaftsbote (Botschafter der Freundschaft) nach ^{3}Deutschland entsandt werden.

じんせん 人選 die Auswahl einer 〔geeigneten; passenden〕 Person/後任は目下人選中 Der Nachfolger ist noch unbestimmt./人選する eine geeignete Person suchen (aus|suchen; aus|wählen; erwählen).

しんぜんび 真善美 das Wahre, das Gute und das Schöne.

しんそう 真相 Wahrheit *f.* -en; der wahre Sachverhalt, -〔e〕s, -e; die wahre Lage, -n/真相を語る die Wahrheit sagen (sprechen*)/真相を見抜く hinter die Wahrheit kommen* [s]/真相を知らせる den Sachverhalt mit|teilen/事件の真相を究める dem Ereignis auf den Grund gehen* (kommen*) [s]; zum Kern des Ereignisses vor|dringen* [s].

しんそう 深窓に育つ in einer guten ^{3}Familie erzogen werden (auf|wachsen* [s]).

しんそう 新装をこらす neu aus|rüsten^{4}; neu aus|statten^{4}/新装になった店 das neu umgebaute Laden, -s, ⸚.

しんそう 深層構造 〘言〙 Tiefenstruktur *f.* -en/深層心理学 Tiefenpsychologie *f.*

しんぞう 心臓 ❶ Herz *n.* -ens, -en. ❷ [厚顔] 君は心臓だね Hast du die Stirn, es zu tun? ¦ Das ist aber 〔wirklich〕 unverschämt von dir./心臓の強い男だ Er ist taktlos (rücksichtslos). ¦ Er ist ein unverschämter Mensch. ‖ 心臓移植 Herztransplantation *f.* -en/心臓外科 Herzchirurgie *f.*/心臓肥大 Herzvergrößerung *f.* -en/心臓病 Herz¦krankheit *f.* -en (-leiden *n.* -s, -)/心臓病の herzkrank/心臓ペースメーカー Herzschrittmacher *m.* -s, -/心臓弁 Herzklappe *f.* -n/心臓弁膜症 Herzklappenfehler *m.* -s, -/心臓発作 Herzanfall *m.* -〔e〕s, ⸚e/心臓マッサージ Herzmassage *f.* -n/心臓麻痺 Herzlähmung *f.* -en.

しんぞう 新造の ❶ [建物・船など] neugebaut. ❷ [語の] neu; neu¦gebildet (-geschaffen; -geprägt). ── 新造する ❶ [建物・船などを] neu bilden^{4} (konstruieren^{4}). ❷ [語を] ein neues Wort bilden (prägen; schaffen*). ‖ 新造語 das neue Wort, -〔e〕s, ⸚er; Neubildung *f.* -en; Neuwort *n.* -〔e〕s, ⸚er; Neologismus *m.* -, ..men/新造語使用 Neologie *f.*; die Bildung (Prägung) neuer Wörter.

じんぞう 人造の künstlich; Kunst-; synthetisch/それは人造のものですよ Das ist nur eine Imitation.¦Das ist nur Kunststoff.《布地など》‖ 人造語 Kunstsprache *f.* -n《エスペラントのような》/人造ゴム der synthetische Kautschuk, -s/人造樹脂 Kunstharz *n.* -es, -e/人造繊維 Chemiefaser *f.* -n; synthetische Textilfaser; der künstliche Faserstoff, -〔e〕s, -e/人造人間 Roboter *m.* -s, -; Maschinenmensch *m.* -en, -en/人造バター Margarine *f.* -n/人造肥料 Kunstdünger *m.* -s/人造羊毛 Zell¦wolle (Kunst-) *f.*

じんぞう 腎臓 Niere *f.* -n ‖ 腎臓移植 Nierentransplantation *f.* -en/腎臓炎 Nierenentzündung *f.* -en/腎臓結核 Nierentuberkulose *f.* -n/腎臓結石 Nierenstein *m.* -〔e〕s, -e/腎臓病 Nierenkrankheit *f.* -en.

しんそく 神速 Schnelligkeit *f.*; Geschwindigkeit *f.*/神速の schnell; rasch; geschwindig.

しんぞく 親族 ⇨しんるい ‖ 親族会議 Fa-

し

milienrat *m.* -[e]s/親族関係 [Bluts]verwandtschaft *f.* -en; Verwandtschaftsverhältnis *n.* ..nisses, ..nisse; das Verwandtsein*, -s/親族結婚 Wechselheirat *f.* -en; Verwandtenehe *f.* -n/直系親族 die gerade [Bluts]verwandtschaft/傍系親族 Seitenverwandtschaft; Nebenlinie *f.* -n.

じんそく 迅速な(に) geschwind; behänd; hurtig; rasch; schleunig; schnell. ⇨**はやい**.

しんそこ 心底から aus ³Herzensgrund; von ganzem Herzen; aus tiefstem Herzen; herzlich/心底からの herzlich; innig/心底を打ち明ける ⁴sein Herz aus|schütten 《*jm*》.

しんそつ 新卒の neu graduiert 《大学の》; neu absolviert 《高卒以下の》.

しんたい 神体 Gottesbild *n.* -[e]s, -er.

しんたい 身体 Körper *m.* -s, -; [肉体] Leib *m.* -[e]s, -er/身体の körperlich; leiblich/身体の構造 Körperbau *m.* -[e]s/身体の鍛錬 die körperliche Ausbildung/健全なる精神は健全なる身体に宿る ‚Ein gesunder Geist in einem gesunden Körper.' ‖ 身体虚弱 Körperschwäche *f.*/身体検査 die körperliche Untersuchung, -en/身体傷害 Körperverletzung *f.*/身体障害者 der Körperbehinderte* (Beschädigte*), -n, -n.

しんたい 進退 [運動] das Vorwärts- und Rückwärtsgehen, -s; Bewegung *f.* -en; [行動] Verfahren *n.* -s, -; Benehmen *n.* -s /進退きわまる in die Klemme geraten* (kommen*) [s]/進退の自由を失う die Bewegungsfähigkeit verlieren*/進退を決しかねる ³sich keinen Rat wissen*/進退を共にする das Schicksal teilen 《mit *jm*》/進退伺いを出す das inoffizielle Abschiedsgesuch ein|reichen/進退宜しきを得る weise verfahren*/彼は進退を誤った Er hat einen falschen Weg eingeschlagen.

しんたい 新体 der neue Stil, -[e]s, -e; die neue Form, -en ‖ 新体詩 das Gedicht 《-[e]s, -e》 von neuer Form (in neuem Stil).

しんだい 身代 Vermögen *n.* -s, 《財産》; Eigentum *n.* -s, ⸗er 《所有物》/身代限りをする (身代をつぶす) sein ganzes Vermögen verlieren*/身代を作る ein Vermögen erwerben* (gewinnen*); zu einem Vermögen kommen* [s]. ⇨**ざいさん**.

しんだい 寝台 Bett *n.* -[e]s, -en; Bettgestell *n.* -s, -e 《台》/一人用(二人用)の寝台 Einzel¦bett (Doppel-) *n.* -[e]s, -en ‖ 寝台券 Schlafwagenkarte *f.* -n/寝台車 Schlafwagen *m.* -s, -/寝台[車]料金 Schlafwagengebühren 《*pl*》; Schlafwagenzuschlag *m.* -[e]s, ⸗e.

じんたい 靭帯 Band *n.* -[e]s, ⸗er; Sehne *f.* -*n.*

じんたい 人体 Menschenkörper *m.* -s, -; der menschliche Körper, -s, - ‖ 人体学 Somatologie *f.*/人体模型 Mannequin *m.* -s, -s; Schneidepuppe *f.* -n 《服屋の》; Schaufensterpuppe 《飾付け用》; Gliederpuppe 《手足の動く》; Modell 《*n.* -[e]s, -e》 [eines Menschen] 《生理解剖用》.

じんだい 甚大な sehr groß; sehr schwer; außerordentlich; entsetzlich; immens; ungeheuer; ungemein.

しんたく 神託 Orakel *n.* -s, -; [Orakel-]spruch *m.* -[e]s, ⸗e/夢に神託をこうむる im Traum einen Orakelspruch erhalten*.

しんたく 信託 〖法〗 Treuhand *f.*; [An]vertrauen *n.* -s. — 信託する an|vertrauen³; betrauen⁴ 《*mit*³》. ‖ 信託会社 Treuhandgesellschaft *f.* -en/信託業務 Treuhandgeschäft *n.* -[e]s, -e/信託口座 Treuhandkonto *n.* -s, ..ten (-s *od.* ..ti)/信託公社 Treuhandanstalt *f.* -en/信託財産 Treugut *n.* -[e]s, ⸗er/信託受託者 der Anvertrauende*, -n, -n; Treuhänder *m.* -s, -/信託統治理事会 Treuhandrat *m.* -[e]s 《国連の》/投資信託 Investmenttrust *m.* -[e]s, -e (-s).

しんたく 新宅 das neue Haus, -es, ⸗er; die neue Wohnung, -en; [分家] Zweigfamilie *f.* -n.

じんだて 陣立 Schlachtordnung *f.* -en; Gefechtsformation *f.* -en; Aufstellung *f.* -en 《軍以外の人員配置にも》.

しんたん 薪炭 Holz 《*n.* -es, ⸗er》 und Kohle 《*f.* -n》; Brennstoff *m.* -[e]s, -e ‖ 薪炭商 Brennstoffhandlung *f.* -en 《業》; Brennstoffhändler *m.* -s, - 《人》.

しんたん 心胆を寒からしめる Furcht erwecken 《in *jm*》; Schrecken (Furcht) ein|flößen (ein|jagen) 《*jm*》.

しんだん 診断 〖医〗 Diagnose *f.* -n ⇨**しんさつ** /診断を誤まる eine falsche Diagnose stellen/医師の診断を受ける einen Arzt konsultieren / 健康診断を受ける seinen Gesundheitszustand untersuchen lassen*. — 診断する eine Diagnose stellen; diagnostizieren. ‖ 診断書 ein ärztliches Attest, -[e]s, -e.

じんち 人知 Menschenverstand *m.* -[e]s; Intellekt *m.* -[e]s; Kenntnisse 《*pl*》; Geist *m.* -[e]s/人知の及ぶ所でない Dazu reicht der Menschenverstand nicht aus. ¦ Da steht uns Menschen der Verstand still.

じんち 陣地 Stellung *f.* -en; Position *f.* -en /陣地を固守する(守る) die Stellung behaupten (verteidigen)/敵の陣地を占領する die feindliche Stellung besetzen; den Feind aus der Stellung vertreiben*. ⇨**じん** (陣).

しんちく 新築の neugebaut / 新築[の建物] Neubau *m.* -[e]s, -ten/新築家屋を建てる einen Neubau errichten/新築する neu bauen⁴.

じんちく 人畜 Menschen und Tiere 《*pl*》; Lebewesen *n.* -s, -/人畜に害なし Menschen und Tiere bleiben unversehrt.

しんちしき 新知識 neue Kenntnisse 《*pl*》/彼はヨーロッパでたくさんの新知識を吸収してきた Er hat in Europa viele neue Dinge (Sachen) kennengelernt.

しんちゃ 新茶 Tee 《*m.* -s, -s》 aus diesem Jahr[e]; die neue Ernte 《茶にかぎらず一般に》.

しんちゃく 新着の neu¦angekommen (-eingetroffen) / この本は新着早々です Dieses

Buch ist gerade (eben) gekommen.

しんちゅう 心中を吐露する sein Herz aus|schütten³; sein Innerstes offenbaren/心中平らか(穏やか)でない unzufrieden sein 《über⁴》/彼の心中は察するに余りある Ich kann ihn sehr gut verstehen.

しんちゅう 真鍮 Messing n. -s/真鍮の messingen; aus Messing.

しんちゅう 進駐する ein|marschieren 《in⁴》; besetzen⁴《占領する》‖進駐部隊《軍》Besatzung f. -en; Besatzungs|truppe f. (-streitkräfte pl).

じんちゅう 陣中 im Lager; im Feld 《戦場》; an der Front 《戦線》‖陣中勤務 Frontdienst m. -[e]s, -e/陣中見舞 Brief 《m. -[e]s, -e》an die Front; Liebesgabe 《f. Spende f. -n.

しんちょ 新著 js neues Buch, -[e]s, ⸚er; das neue Werk, -[e]s, -e.

しんちょう 慎重 Bedachtsamkeit f.; Umsicht f.; Bedächtigkeit f.; Vorsicht f.; Behutsamkeit f.; Sorgfalt f.; Sorgfältigkeit f. — 慎重な(に) bedachtsam; umsichtig; bedächtig; vorsichtig; behutsam; sorgfältig/きわめて慎重に mit größter Umsicht (Vorsicht; Sorgfalt); sehr behutsam; nach reiflicher Überlegung 《よく考えた上》/すべてを慎重に考慮する von allen ³Seiten genau überlegen/慎重にやりなさい Seien Sie vorsichtig!

しんちょう 身長 Körpergröße f./彼は身長が高(低)い Er ist groß (klein)./彼の身長は一メートル七十二センチです Ich bin 1,72 Meter groß.

しんちょう 伸長 Ausdehnung f. -en/伸張する ⁴sich aus|dehnen 《広がる》; aus|dehnen⁴ 《広げる》. ⇨ちょうちょう.

しんちょう 深長 ‖意味深長な bedeutungsvoll; tiefsinnig; inhaltsreich (-schwer)/意味深長である viel bedeuten (sagen)/von tiefsinniger ³Bedeutung sein; einen tiefen Sinn haben.

しんちょう 新調する neu machen (anfertigen) lassen*⁴/新調の neu|gemacht.

じんちょうげ 沈丁花《植》Lorbeerkraut n. -[e]s, ⸚er.

しんちょく 進捗 Fort|schritt m. -[e]s, -e (-gang m. -[e]s, ⸚e)s; Lauf m. -[e]s, Fortentwicklung (Weiter-) f. -en/すべては交渉の進捗如何にかかっている Alles hängt davon ab, wie sich die Verhandlung weiter entwickelt. — 進捗する Fortschritte machen; fort|schreiten*⁴ ⓢ, vonstatten (vorwärts) gehen*⁴ ⓢ. ⇨はかどる.

しんちんたいしゃ 新陳代謝《生》Stoffwechsel m.; Metabolismus m. -/新陳代謝を高める(促す) den Stoffwechsel heben* (an|regen).

しんつう 心痛 [Herzens]angst f. ⸚e; Gram m. -[e]s, 《詩》Herzeleid n. -[e]s; Kummer m. -s; Seelenschmerz m. -es, -en.

じんつう 陣痛 [Geburts]wehen 《pl》; Geburtsschmerz m. -es, -en.

じんつうりき 神通力 Zauberkraft f. ⸚e; übernatürliche Kräfte 《pl》/神通力を得る jm werden übernatürliche Kräfte verliehen.

しんてい 進呈する[贈る] schenken 《jm ⁴et》; [与える] geben* 《jm ⁴et》; [献じる] widmen 《jm ⁴et》/X 君へ進呈 N よ」《An》Herrn X mit herzlichen Grüßen N ‖ 進呈者 Geber m. -s, -; der Schenkende, -n, -n/景品進呈 Zugaben werden gewährt《広告などに》.

しんてき 心的 psychisch; geistig; seelisch ‖ 心的欠陥 der psychische (seelische) Mangel, -s, ⸚/心的現象 das psychische Phänomen, -s, -e/die seelische Erscheinung, -en/心的作用 die psychische (geistige; seelische) Wirkung, -en/心的態度 die psychische (geistige; seelische) Haltung, -en (Einstellung, -en); das psychische (geistige; seelische) Verhalten, -s.

じんてきしげん 人的資源 Menschenmaterial n. -s, ..lien; Arbeitskraft f. ⸚e.

しんてん 進展 [Weiter]entwicklung f. -en; Evolution f. -en; Fortschritt m. -[e]s, -e 《進歩》; Werdegang m. -[e]s, ⸚e 《進展の過程》/進展する ⁴sich [weiter]entwickeln; fort|schreiten* ⓢ; fort|schreiten* ⓢ.

しんてん 親展の vertraulich; privat/親展 Persönlich! ‖ Vertraulich! 《表書きに》‖ 親展書 Privatbrief m. -[e]s, -e; der vertrauliche (private) Brief, -[e]s, -e.

しんでん 神殿 Tempel m. -s, -; Heiligtum n. -s, ⸚er.

しんでん 親電 ein persönliches Telegramm -[e]s, -e 《des Kaisers (Präsidenten)》.

しんでんず 心電図《医》Elektrokardiogramm n. -s, -e 《略: EKG》.

しんと 信telegram -[e]s, -e.

しんと しんとした lautlos; reg[ungs]los; ruhig; [totenstill]/しんとする still und ruhig werden / 辺りがしんとしている Ringsum herrscht Totenstille. ‖ Es ist totenstill ringsum.

しんど 進度 Fortschritt m. -[e]s, -e/どれほどの進度で wie schnell; in welchem Tempo.

しんど 深度 Tiefe f. -n/深度を計る die Tiefe messen* ‖ 深度計 Tiefenmesser m. -s, -.

しんど 震度 die Stärke des Erdbebens; Erdbebenstärke f.

しんとう 震盪 Erschütterung f. -en; Schock m. -[e]s, -s/震盪する erschüttern⁴; schütteln⁴《激しく振る》‖ 脳震盪 Gehirnerschütterung f. -en.

しんとう 神道 Shinto m. -; S[c]hintoismus m. -/神道家 S[c]hintoist m. -en, -en.

しんとう 浸透 Durchdringung f. -en; das Durchdringen*, -s; Osmose f. -n/浸透する durchdringen*⁴ ‖ 浸透性《理》osmotisch.

しんとう 親等 Verwandtschaftsgrad m. -[e]s, -e/三親等の親類 die Verwandtschaft dritten Grades.

しんどう 新道 die neu[gebaut]e Straße, -n.

しんどう 震動 das Beben 《Zittern*》, -s; Erschütterung f. -en; Vibration f. -en; das Rütteln*, -s/大地の震動 Erschütterungen des Erdbodens/車の震動が激しくて

眠れなかった Ich konnte nicht schlafen, weil der Wagen fürchterlich rüttelte. ― 震動する 〔er〕beben; 〔er〕zittern; rütteln; vibrieren.

しんどう 振動 〘理〙 Schwingung *f.* -en; Oszillation *f.* -en; Vibration *f.* -en. ― 振動する schwingen*; oszillieren; vibrieren. ‖ 振動記録装置 Oszillograph *m.* -en, -en; Schwingungsschreiber *m.* -s, -/振動計 Schwingungsmesser *m.* -s, -/振動時間 Schwingungsdauer *f.*/振動数 Schwingungszahl *f.* -en/振動発生装置 Oszillator *m.* -s, -en; Schwingungserzeuger *m.* -s, -.

しんどう 神童 Wunderkind *n.* -〔e〕s, -er.

しんどう 伸銅 Kupferbearbeitung *f.*

じんとう 陣頭に立つ an der Spitze des Heeres stehen* 《軍隊の》; [4]sich an die Spitze des Heeres stellen 《同上》; das Steuer führen; am Steuer stehen* (sitzen*).

じんどう 人道 ❶ Humanität *f.*; Menschlichkeit *f.*; Moral *f.* -en/人道的 human; menschenfreundlich; humanitär/非人道的 unmenschlich; grausam/人道に反する gegen [4]Humanität. ❷ [歩道] Bürgersteig *m.* -〔e〕s, -e; Gehweg *m.* -〔e〕s, -e. ‖ 人道主義 Humanismus *m.* -/人道問題 die Frage 《-n》 der Humanität.

じんとうぜい 人頭税 Kopfsteuer *f.* -n.

しんどく 親独の ⇨しん-.

じんとく 仁徳 Tugend *f.* -en; Sittlichkeit *f.*; Wille 《*m.* -ns, -n》 zum Guten.

じんどる 陣取る lagern; ein 〔Heer〕lager auf|schlagen* (beziehen*); eine Stellung beziehen*; [座る] [4]sich lagern; [4]sich nieder|lassen*; Platz nehmen*.

シンドローム Syndrom *n.* -s, -e.

シンナー Verdünnungs¦mittel *n.* -s (Lösungs-); Verdünner *m.* -s, -/シンナー遊びをする Farbverdünner ein|atmen.

しんに 新荷 frische (frisch angekommene) Waren 《*pl*》.

じんにく 人肉 Menschenfleisch *n.* -〔e〕s.

しんにち 親日的 japanfreundlich; japanophil; projapanisch ‖ 親日家 Japanfreund *m.* -〔e〕s, -e.

しんにゅう 侵入 [他人のところへ] Eindringung *f.* -en; Einbruch *m.* -〔e〕s, ⸗e; [外国への] Einfall *m.* -〔e〕s, ⸗e; Invasion *f.* -en/侵入する ein|dringen* (-|fallen*; -|brechen*) [s] 《*in*[4]》 ‖ 侵入者 Einbrecher *m.* -s, -; Eindringling *m.* -s, -e/家宅侵入罪 Hausfriedensbruch *m.* -〔e〕s, ⸗e.

しんにゅう 進入 〘兵〙 Einmarsch *m.* -es, ⸗e; Einzug *m.* -〔e〕s, ⸗e. ― 進入する ein|marschieren (-|ziehen*) [s] 《*in*[4]》. ‖ 進入灯 《*夜間着陸誘導用の*》 *ILS-Haupteinflugzeichen n.* -s, -.

しんにゅう 新入の neu; neu¦eingetreten (-gekommen) ‖ 新入生 ein neuer Schüler, -s, -; 〘学〙 Fuchs *m.* -es, ⸗e.

しんにん 信任 Vertrauen *n.* -s; Zutrauen *n.* -s; Glaube *m.* -ns/議会は政府信任の意を表した Das Parlament sprach der Regierung sein Vertrauen aus. ― 信任する vertrauen[3] 《*auf*[4]》; Vertrauen haben 《*zu*[3]》; Vertrauen schenken[3]. ‖ 信任状 Beglaubigungsschreiben *n.* -s, -/信任投票 Vertrauensvotum *n.* -s, ..ten (..ta)/信任投票を得る(失う) das Vertrauensvotum gewinnen* (verlieren*).

しんにん 新任 Neuernennung *f.* -en/新任の neuernannt/新任の挨拶を述べる eine Antrittsrede halten* ‖ 新任大使 neuernannter Botschafter, -s, -.

しんね 新値 ein neuer Preis, -es, -e.

しんねり しんねりむっつりした schweigsam; wortkarg.

しんねん 信念 Glaube *m.* -ns; [確信] Überzeugung *f.* -en/彼の信念は堅い Er hält an seiner Überzeugung fest.

しんねん 新年 ein neues Jahr, -〔e〕s, -e; Neujahr *n.* -〔e〕s, -e/新年を迎える das neue Jahr begrüßen/新年おめでとう Prosit Neujahr! / 謹んで新年のお祝いを申し上げます Ich wünsche Ihnen ein glückliches neues Jahr! ‖ 新年宴会 Neujahrsbankett *n.* -〔e〕s, -e.

しんのう 親王 kaiserlicher Prinz, -en, -en; Prinz von königlichem Geblüt ‖ N 親王殿下 Seine kaiserliche Hoheit Prinz N.

しんぱ 新派 die neue Schule, -n/新派をたてる eine neue Schule gründen ‖ 新派劇 das Schauspiel der neuen [2]Schule/新派俳優 der Schauspieler 《-s, -》 der neuen [2]Schule.

シンパ der Sympathisierende* (Mitfühlende*), -n, -n.

じんば 人馬 Mensch und Pferd; Reiter und Pferd/人馬一体となって als ob Tier und Mensch aus einem Guss wären; als ob er mit dem Pferd (dem Sattel) verwachsen sei; als ob er im Sattel geboren wäre ‖ 人馬宮 〘占星〙 Schütze *m.* -n, -n.

しんぱい 心配 [懸念] Angst *f.* ⸗e; 〘俗〙 Bange *f.* -n; [配慮] Sorge *f.* -n; Besorgnis *f.* ..nisse; [恐怖] Furcht *f.*; Befürchtung *f.* -en; [不安] Unruhe *f.*; [心痛] Kummer *m.* -s; Bekümmernis *f.* ..nisse/心配の種 der Gegenstand 《-〔e〕s, ⸗e》 der [2]Sorge/将来に対する心配 Sorge um die Zukunft/心配のない sorgen¦los (-frei); kummerfrei; ruhig; beruhigend/心配して in [3]Sorge ([3]Angst); ängstlich; bekümmert/心配して病気になる [4]sich krank sorgen/心配のあまり vor [3]Angst/…に心配をかける Sorge (Kummer) machen 《*jm*》/心配のあまり死ぬ in [3]Sorgen um|kommen* [s]/何の心配もなく暮らす ohne [4]Sorgen (in guten [3]Verhältnissen) leben/心配を除く *jn* von seiner [3]Angst befreien. ― 心配する [4]sich ängstigen 《*um*[4]; *über*[4]》; Angst (Furcht) haben 《*vor*[3]》; [4]sich sorgen 《*um*[4]》; [4]sich beunruhigen 《*um*[4]》; [4]sich kümmern 《*um*[4]》/就職の心配をする eine [4]Stellung zu finden versuchen 《für *jn*》/心配するな Nur keine Angst! ¦ Sei ohne Sorge! / 御心配なさる必要はありません Sie brauchen keine Angst zu haben./そんなことなら心配しないでいい Machen Sie sich deswegen keine Sorge./彼は息子のことをとても

しんばつ 神罰 die Strafe 〈-n〉 Gottes/神罰をこうむる von Gott bestraft werden.

しんぱつ 進発する ab|marschieren [s].

しんはつめい 新発明 neue Erfindung, -en/新発明の neu erfunden/新発明をする eine neue Erfindung machen.

ジンバブエ Simbabwe *n*. -s/ジンバブエの simbabwisch ‖ ジンバブエ人 Simbabwer *m*. -s, -.

シンバル [楽] Becken *n*. -s, -; Zimbel *f*. -n.

しんぱん 審判 [神] Urteil *n*. -s, -e; [競技の] Beurteilung *f*. -en; Entscheidung *f*. -en/最後の審判 das letzte Urteil, -s/最後の審判 [日] das Jüngste Gericht; der Jüngste Tag, -[e]s/審判の結果勝つ(負ける) nach ³Punkten gewinnen* (verlieren*). — 審判する beurteilen*; entscheiden*|*; schiedsrichtern ‖ 審判者 Schiedsrichter (Kampf-) *m*. -s, -.

しんぱん 新版 die neue Auflage, -n (Ausgabe, -n); Neudruck *m*. -[e]s, -e; Neuauflage *f*. -n/新版の neu erschienen; neu gedruckt (herausgegeben) ‖ 新版物 Neuerscheinungen 〈*pl*〉.

しんぱん 侵犯 [法律・規則などの] Bruch *m*. -[e]s, "-e; Verletzung *f*. -en/領空侵犯する die Territorialluft [des anderen Staates] verletzen.

しんび 審美的な ästhetisch ‖ 審美感 ein ästhetisches Gefühl, -[e]s, -e/審美眼 ästhetische Urteilskraft *f*./審美主義 Ästhetizismus *m*. -/審美主義者 Ästhet *m*. -en, -en.

しんぴ 神秘 Mysterium *n*. -, ..rien; Geheimnis *n*. ..nisses. ..nisse/神秘的な mysteriös; mystisch; geheimnisvoll ‖ 神秘家 Mystiker *m*. -s, -/神秘劇 das mystische Drama, -, ..men; Mysterium *n*. -, ..rien/神秘主義 Mystizismus *m*. -.

しんぴ 真皮 Lederlhaut (Unter-) *f*. "-e.

じんぴ 靭皮 [植] Bast *m*. -es, -e.

しんぴつ 真筆 die eigene Handschrift, -en; Autograph *n*. -s, -e[n]-.

しんぴょうせい 信憑性 Glaubwürdigkeit *f*.; Zuverlässigkeit *f*./信憑性がある glaubwürdig; glaubenswert; zuverlässig.

しんぴん 新品同様である ganz neu (noch wie neu) aus|sehen*.

じんぴん 人品 ❶ [風采] Aussehen *n*. -s; das Äußere*, -n; Erscheinung *f*. -en. ❷ [人柄] Persönlichkeit *f*. -en/人品のわるい übel (schlecht) aussehen; ein abstoßendes (unangenehmes) Wesen haben/人品のよい (elegant) aussehen; ein angenehmes (ansprechendes) Wesen haben; eine Persönlichkeit sein.

しんぷ 神父 Pater *m*. -s, -tres (-.); Vater *m*. -s, ".

しんぷ 新婦 Braut *f*. "-e.

しんぷ 神符 Amulett *n*. -[e]s, -e; Zaubermittel *n*. -s, -.

シンフォニー Sinfonie (Symphonie) *f*. -n/シンフォニー的な sinfonisch (symphonisch)/ベートーベンの第五シンフォニー die fünfte Sinfonie Beethovens ‖ シンフォニーオーケストラ (交響管弦楽団) Sinfonieorchester (Symphonie-) *n*. -s, -.

しんぷく 振幅 [理] Schwingungsweite *f*. -n; Amplitude *f*. -n.

しんぷく 心服する 〔herzlich〕 ergeben sein 〈*jm*〉; [尊敬する] verehren 〈*jn*〉; die große Achtung haben 〈vor *jm*〉.

しんふぜん 心不全 [医] Herzinsuffizienz *f*.

しんぶつ 親仏の ⇨し-.

しんぶつ 神仏 ⇨ ほとけ/神仏の加護の下に unter dem Schutz der Götter.

じんぶつ 人物 ❶ [人] Mensch *m*. -en, -en; Mann *m*. -[e]s, "-er; Person *f*. -en; Persönlichkeit *f*. -en; Figur *f*. -en 〔絵画などの〕; Geist *m*. -[e]s, -er; Wesen *n*. -s, -/りっぱな人物 ein ganzer Mann/どんな人物ですか Was für ein Mann (Mensch) ist er? ❷ [傑物] Persönlichkeit *f*. -en; ein Mann 〈*m*. -[e]s, "-er〉 von Geist (Charakter; Format)/彼はなかなか人物です Er ist eine Persönlichkeit. ❸ [小説・劇] Person *f*. -en; Charakter *m*. -s, -e; Figur *f*. -en; Gestalt *f*. -en. Held *m*. -en, -en. ❹ [人格] Persönlichkeit; Charakter; Individualität *f*. -en; Wesen *n*. -s/固い人物 eine zuverlässige Person; ein Mann von Wort/いやな人物 ein abscheuliches Wesen. ‖ 人物画 Porträt *n*. -[e]s, -s (-e)/人物試験 Charaktertest *m*. -[e]s, -s (-e)/人物評論 Charakteristik *f*./好人物 ein gutmütiger Mensch; eine gute Seele/指導的人物 der führende Geist.

シンプル シンプルな einfach; simpel.

しんぶん 新聞 Zeitung *f*. -en; [Zeitungs-]blatt *n*. -[e]s, "-er; Presse *f*. -en/[総称的の]新聞で読む in der ³Zeitung lesen*⁴/新聞に出ている in der ³Zeitung stehen*/新聞で発表する in der Zeitung bekannt geben*⁴ (veröffentlichen⁴)/新聞広告を出す eine Anzeige in die Zeitung geben* (setzen)/新聞を発行(編集)する eine Zeitung heraus|geben* (redigieren)/新聞を購読する ⟨³sich⟩ eine Zeitung halten*; eine Zeitung abonnieren/新聞種になる den ³Zeitungen 〈*pl*〉 guten Stoff liefern/それは大見出しで新聞に報道された Die Zeitungen brachten es in großen Überschriften. ‖ 新聞売り Zeitungsverkäufer *m*. -s, -/新聞売場 Zeitungskiosk *m*. -[e]s, -e (-stand *m*. -[e]s, "-e)/新聞界 Zeitungswelt *f*.; Presse *f*./新聞学 Zeitungswissenschaft *f*.; Publizistik *f*./新聞関係者 Zeitungslmann (Presse-) *m*. -[e]s, -leute/新聞記事 artikel *m*. -s, -(-notiz *f*. -en) 〔特に短いもの〕/新聞記者 Zeitungsschreiber *m*. -s, -; Journalist *m*. -en, -en/新聞記者会見 Pressekonferenz *f*. -en/新聞記者席 Pressetribüne *f*./新聞業 Zeitungslwesen *n*. -. 〈ジャーナリズム〉/新聞切抜き Zeitungsausschnitt *m*. -[e]s, -e/新聞検閲 Pressezensur *f*. -en/新聞研究所 Zeitungsinstitut *n*. -[e]s, -e/新聞広告 Zeitungslanzeige *f*. -n (-annonce *f*. -n); Inse-

じんぶん 人文 Kultur f. -en; Zivilisation f. -en; Humanität f. / 人文的 kulturell; Kultur-/ 人文の発達した kultiviert; zivilisiert; aufgeklärt ‖ 人文科学 Kulturwissenschaften (Geistes-) 《pl》/ 人文主義 Humanismus m. -/ 人文主義的 humanistisch / 人文主義者 Humanist m. -en, -en/ 人文地理 Kulturgeographie (Anthropogeographie) f.

じんぷん 人糞 Menschenkot m. -[e]s; die menschlichen Exkremente 《pl》; Mist m. -es, -e; der menschliche Dünger, -s, -《人肥》.

しんべい 親米の ⇨しん-.

しんぺい 新兵《兵》Rekrut m. -en, -en; der Konskribierte*, -n, -n ‖ 新兵教育 Rekrutenausbildung f. -en/ 新兵募集 Rekrutenaushebung f. -en.

しんぺん 身辺の危険 js persönliche Gefahr / 身辺が危い in persönlicher ³Gefahr sein/ 身辺を警戒する vor ³Gefahr schützen (hüten)《jn》.

しんぽ 進歩 Fortschritt m. -[e]s, -e; Fortgang m. -[e]s; 〔発展〕Entwicklung f. -en / 進歩的 fortschrittlich (-schreitend); progressiv / 進歩した fortgeschritten / 進歩が早(遅)い schnelle (langsame) Fortschritte machen (in³); 〜進歩する ⁴Fortschritte machen (in³); fort|schreiten〔s〕; seinen Fortgang nehmen*/ それは以前に比べれば進歩している Das ist ein Fortschritt gegenüber früher. ‖ 進歩主義者 Fortschrittler m. -s, -/ 進歩党 die progressive Partei, -en.

しんぼう 辛抱〔忍耐〕Geduld f.; Langmut f.; 〔頑張り〕das Aushalten* (Ausharren*), -s/ もはや辛抱ならぬ Nun reißt mir die Geduld. / しばらく御辛抱願います Haben Sie einen Augenblick Geduld! / Wollen Sie sich bitte einen Moment gedulden! / 辛抱強い〔忍耐強い〕geduldig; langmütig; 〔堅忍不抜の〕beharrlich; ausdauernd; zäh. 〜辛抱する Geduld haben; ⁴sich gedulden; 〔頑張りとおす〕aus|halten*⁴; aus|harren⁴;〔自己を制する〕⁴sich beherrschen.

しんぼう 心棒 Achse f. -n《軸》; Welle f. -n《回転軸》/ 車の心棒 Wagenachse f. -n.

しんぼう 信望 Vertrauen n. -s《信頼》; Hoffnung f. -en《期待》/ 信望がある(を得る) js ⁴Vertrauen genießen* (gewinnen*)*/ 彼は人々の非常な信望を集めている Man setzt sein ganzes Vertrauen (große Hoffnungen) auf ihn.

しんぼう 深謀遠慮の人 ein Mensch 《m. -en, -en》mit großem Weitblick.

しんぼう 心房《解》Herzvorhof m. -[e]s, -̈e; Vorkammer f. -n.

しんぼう 信奉する ⁴sich bekennen* 《zu³》‖ 信奉者 Bekenner m. -s, -; Anhänger m. -s, -.

じんぼう 人望 Ansehen n. -s; Beliebtheit f.; Volksgunst f. / 人望のある ansehnlich; beliebt; populär / 人望がある in [hohem] Ansehen stehen*; Ansehen genießen*; sehr angesehen sein; beliebt sein.

しんぼく 親睦 Freundschaft f.; Kameradschaft f.; Brüderlichkeit f. / 親睦の情 Freundschaftsgefühl n. -[e]s, -e / 親睦を計る Freundschaft und gutes Einvernehmen fördern 《zwischen³》/ 昨日は奨学生同士の親睦会があった Gestern war ein Zusammentreffen der Stipendiaten. ‖ 親睦関係 freundschaftliche Beziehungen 《pl》.

シンポジウム Symposium n. -s, -sien.

しんほっそく 新発足 Neubeginn m. -[e]s / 新発足する neu (von neuem) beginnen*⁴. ⇨ほっそく.

シンボル ⇨しょうちょう (象徴).

しんまい 新米 ❶ neuer Reis, -es, -e. ❷〔人〕Neuling m. -s, -e; Anfänger m. -s, -; der Unerfahrene*, -n, -n《未経験者》/ 新米の neu; 〔未経験な〕grün; unerfahren.

じんましん 蕁麻疹 Nesseln《pl》; Nesselausschlag m. -[e]s, -̈e / その子は蕁麻疹ができている Das Kind hat Nesseln. ‖ 蕁麻疹熱 Nesselfieber n. -s, -.

しんみ 親身 der [Blut]verwandte*, -n, -n; Verwandtschaft f. -en / 親身の(に)〔親切に〕freundlich; vertraut; herzlich; 〔真面目な〕ernst; ernstlich / 親身になって世話する herzlich sorgen 《für jn》.

しんみ 新味 etwas Neues; Neuheit f. / 新味を出す einen neuen Ton an|schlagen*.

しんみつ 親密 Vertrautheit f. -en; Intimität f. -en; Vertraulichkeit f. -en; vertrauter Umgang, -[e]s, -̈e / 親密な(に) vertraut; vertraulich; innig; intim / 親密な仲である vertraut sein 《mit jm》; auf gutem Fuß(e) stehen* 《mit jm》/ 私たちはすでに長い間親密な間柄です Wir sind schon lange befreundet.

しんみょう 神妙な(に)〔おとなしい〕zahm; 〔賞べき〕lobenswert; löblich; 〔素直な〕gehorsam; folgsam; 〔忠実な〕treu; 〔良心的な〕gewissenhaft;〔無抵抗な〕widerstandslos / 神妙にしている ⁴sich anständig verhalten*/ 犯人は神妙に縛についた Der Verbrecher gab sich widerstandslos gefangen.

しんみり 〔打ちとけて〕vertraut; 〔静かに〕ruhig; still; 〔まじめに〕ernst; ernstlich; 〔感傷的に〕

sentimental／しんみりする sentimental werden／しんみりと話をする ein vertrautes ^{4}Gespräch führen 《mit *jm*》／しんみり意見する ernstlich ermahnen 《*jn*》.

しんみん 臣民 Untertan *m.* -s, -en／忠良の臣民 treue Untertanen 《*pl*》.

じんみん 人民 Volk *n.* -〔e〕s, ⸗er; Volksmasse *f.* -n 《人民大衆》; der Staatsangehörige*, -n, -n 《一人一人》; Staatsvolk *n.* -〔e〕s, ⸗er 《国民》‖ 人民解放軍 Volksbefreiungsarmee *f.* -n／人民管理 Volkskontrolle *f.*／人民共和国 Volksrepublik *f.*／人民警察 Volkspolizei *f.* -en／人民戦線 Volksfront *f.* -en.

しんめ 新芽 Spross *m.* -es, -e; Sprössling *m.* -s, -e; Knospe *f.* -n／新芽を出す knospen; Knospen treiben* (an|setzen).

しんめい 身命 sein eigenes Leben, -s／身命を投げうって mit ^{3}Gefahr des Lebens.

しんめい 神明 Gottheit *f.*; Gott *m.* -es, ⸗er／神明に誓う bei Gott schwören*／神明の加護によって in (unter) ^{2}Gottes ^{3}Schutz.

じんめい 人名 Personenname *m.* -ns, -n ‖ 人名辞典 das biografische Handbuch, -〔e〕s, ⸗er／人名簿 Namenverzeichnis *n.* ..nisses, ..nisse; Adressbuch *n.* -〔e〕s, ⸗er.

じんめい 人命 Menschenleben *n.* -s, -; das 〔menschliche〕 Leben, -s, -／人命を救助する *jm* das Leben retten／人命に別条なし Es ist kein Menschenopfer zu beklagen.

シンメトリー Symmetrie *f.* -n.

じんめんじゅうしん 人面獣心 ein Tier 《*n.* -〔e〕s, -e》 in Menschengestalt; ein Satan 《*m.* -s, -e》 in Menschengestalt; ein Mensch 《*m.* -en, -en》 von tierischer Rohheit.

しんめんもく 真面目 ❶ [本来の面目] sein wahrer Charakter, -s, -e. ❷ ⇨まじめ.

しんめんもく 新面目 ein neuer Anblick (Aspekt), -〔e〕s, -e／新面目を呈する einen neuen Anblick (Aspekt) bieten*.

しんもつ 進物 Geschenk *n.* -〔e〕s, -e; Gabe *f.* -n／クリスマスの進物 Weihnachts¦geschenk *n.* -〔e〕s, -e (-gabe *f.* -n)／進物を送る ein Geschenk schicken (senden*)／それは進物にむいていますか Ist das als Geschenk geeignet? ‖ 進物用品 Geschenksware *f.* -n.

しんもん 審問 [審理] Untersuchung *f.* -en; [尋問] Verhör *n.* -〔e〕s, -e; Vernehmung *f.* -en／審問する untersuchen^{4}; verhören^{4}; vernehmen*^{4}／裁判官は被告に審問した Der Richter nahm den Angeklagten ins Verhör.

じんもん 尋問 Verhör *n.* -〔e〕s, -e; Vernehmung *f.* -en／尋問する verhören^{4} 《例: einen Zeugen》; vernehmen*^{4}; aus|fragen^{4}; ein Verhör 〔mit *jm*〕 an|stellen; ins Verhör nehmen*^{4} ‖ 尋問調書 Vernehmungsprotokoll *n.* -s, -e.

しんや 深夜 Mitternacht *f.* ⸗e; die tiefe (späte) Nacht, ⸗e／深夜に mitternachts; tief (spät) in der Nacht; in tiefer (später) Nacht; um ^{4}Mitternacht ‖ 深夜作業 Nacht¦arbeit *f.* -en (-schicht *f.* -en)／深夜興業 Mitternachts¦aufführung (-vorstellung) *f.* -en／深夜放送 Mitternachtssendung *f.* -en／深夜料金 Mitternachtsgebühr *f.* -en.

しんやく 神薬 Wunder¦mittel (Allheil-) *n.* -s, -; Panazee *f.* -n.

しんやく 新約聖書 das Neue Testament, -〔e〕s 《略: N.T.》.

しんゆう 親友 der beste (intim〔st〕e; nächste; vertraute) Freund, -〔e〕s, -e; Intimus *m.* -, ..mi; Herzens¦freund (Busen-)／無二の親友である in unvergleichlicher Freundschaft miteinander verbunden sein／彼は私の親友である Er ist einer meiner besten Freunde.

しんよう 信用 Vertrauen *n.* -s; Zutrauen *n.* -s; Glaube *m.* -ns; Kredit *m.* -〔e〕s, -e／信用の問合わせ Krediterkundigung *f.* -en. —— 信用で auf ^{4}Kredit (Borg)／信用のある男 ein vertrauenswürdiger Mann, -〔e〕s, ⸗er／信用のできる vertrauenswürdig; zuverlässig; glaub¦würdig (kredit-)／信用のない nicht vertrauenswürdig; unzuverlässig; unglaubwürdig; kreditlos／信用貸を許す einen Kredit ein|räumen 《*jn*》／…に信用がある *js* Vertrauen (Kredit) genießen*／…の信用がない kein Vertrauen (keinen Kredit) genießen* 《bei *jm*》／…の信用を得る *js* Vertrauen gewinnen* (erwerben*)／…の信用を傷つける *js* Vertrauen verletzen; *js* Misstrauen wecken (erregen)／…の信用を失う *js* Vertrauen verlieren*; in ^{4}Misskredit geraten* (kommen*) [s]. —— 信用する trauen 《*jm*》; vertrauen 《*jm*; auf *jn*》; zu|trauen 《*jm*》; Vertrauen haben (schenken) 《zu^{3}》; Vertrauen (Zutrauen) setzen 《in *jn*》; Vertrauen (Zutrauen; Glauben) schenken 《*jm*》／私は大して彼を信用していない Ich traue ihm nicht viel zu. ¦ Ich glaube nicht, dass er so viel kann. ‖ 信用機関 Kreditanstalt *f.* -en／信用業務 Kreditgeschäft *n.* -〔e〕s, -e／信用供与 Kreditgewährung *f.* -en／信用銀行 Kreditbank *f.* -en／信用組合 Kredit¦genossenschaft *f.* -en (-verein *m.* -〔e〕s, -e)／信用状 Kreditbrief *m.* -〔e〕s, -e／信用制度 Kreditwesen *n.* -s／信用通貨 Kreditgeld *n.* -〔e〕s, -er／信用取引 Kreditverkehr *m.* -s／信用取引を始める einen Kredit eröffnen／信用能力 Kreditfähigkeit *f.* -en／信用売買 Kreditkauf *m.* -〔e〕s, ⸗e／信用保険 Kreditversicherung *f.* -en／信用リスク Kreditausfallrisiko *n.* -s, -s／長期信用 langfristiger Kredit.

じんよう 陣容を整える die Truppe in Schlachtordnung auf|stellen; die Flotte in Gefechtsformation bringen*; die Mannschaft durch neue Aufstellung (Zusammensetzung) verstärken 《スポーツ》.

しんようじゅ 針葉樹 Nadel〔holz〕baum *m.* -〔e〕s, ⸗e; Nadelholz *n.* -es, ⸗er.

しんらい 信頼 Vertrauen *n.* -s; Zutrauen *n.* -s; Zuversicht *f.*; Verlass *m.* -es／信頼を裏切る(に答える) *js* ^{4}Vertrauen enttäuschen (verdienen)／信頼し難い unzuverlässig／信頼できる vertrauenswürdig; zuverlässig／

しんらい 信頼の念を起こさせる Vertrauen erwecken. —— 信頼する vertrauen 〈*jm*〉; die Zuversicht setzen 〈*auf*⁴〉; Vertrauen haben 〈zu *jm*〉; Vertrauen setzen 〈in *jn*〉; [あてにする] ⁴sich verlassen* 〈*auf*⁴〉/僕は彼をすっかり信頼している Ich vertraue ihm tief.

しんらい 新来の neu(an)gekommen/新来のお客 der neue Gast, -s, ¨e ‖ 新来者 Neuling *m*. -s, -e; der Neuangekommene*, -n, -n.

しんらい 神来の begeistert; inspiriert.

じんらい 迅雷 Donnerschlag *m*. -[e]s, ¨e/疾風迅雷のごとく blitzschnell; schnell wie die Gedanken.

しんらつ 辛辣な(に) bitter; herb; beißend; schneidend; bissig; scharf; stechend; hart; streng/辛辣な批評 eine scharfe Kritik, -en/辛辣な皮肉 eine beißende Ironie, -n/辛辣な口をきく eine scharfe Zunge haben.

しんらばんしょう 森羅万象 alle Wesen (Dinge) (*pl*); die ganze Natur; Weltall *n*. -s; Universum *n*. -s; die (ganze) Schöpfung.

しんり 審理 Untersuchung *f*. -en; Verhandlung *f*. -en/審理中である noch unentschieden sein/審理する untersuchen⁴; verhandeln⁴ ‖ 審理手続 Untersuchungsverfahren *n*. -s, -.

しんり 心理 [状態] Seelen|zustand (des Geistes) *m*. -[e]s, ¨e; [気分] Gemütsverfassung *f*. -en/心理的(の) seelisch; psychisch; psychologisch; Seelen|schilderung *f*. -en ‖ 心理学 Psychologie *f*./心理学者 Psychologe *m*. -n, -n/心理学的批評 eine psychologische Kritik, -en/心理作用 die seelische Wirkung, -en/心理主義 Psychologismus *m*. -/心理小説 der psychologische Roman, -s, -e/群衆(児童, 実験, 形態, 民族, 社会)心理学 Massen|psychologie (Kinder-, Experimental-, Gestalt-, Völker-, Sozial-) *f*.

しんり 真理 Wahrheit *f*. -en/真理の追究 die Untersuchung der ²Wahrheit/真理を求める Wahrheit suchen.

じんりき 人力車 Rikscha *f*. -s/人力車に乗る eine Rikscha nehmen*.

しんりゃく 侵略 [侵入] Invasion *f*. -en; das Eindringen*, -s; Einbruch *m*. -[e]s, ¨e; Eindringung *f*. -en; Einfall *m*. -[e]s, ¨e; [攻撃] Angriff *m*. -[e]s, -e; [略取] Eroberung *f*. -en; [占領] Besetzung *f*. -en/侵略的 angreifend; aggressiv. —— 侵略する ein|dringen* (-brechen*) ⓢ 〈*in*³〉; an|greifen*⁴; erobern⁴; besetzen⁴. ‖ 侵略軍 Eroberungszug *m*. -[e]s, ¨e/侵略者 Eroberer *m*. -s, -; Angreifer *m*. -s, -/侵略主義 Eroberungspolitik *f*. -en/侵略戦争 Angriffskrieg *m*. -[e]s, -e.

しんりょ 深慮 Überlegung *f*. -en; Bedächtigkeit *f*.; Bedachtsamkeit *f*.; Behutsamkeit *f*.; Bedacht *m*. -[e]s/深慮ある gedankenvoll; bedächtig; bedachtsam; behutsam/深慮を欠く gedankenlos (unvorsichtig) sein.

しんりょ 神慮 der göttliche Wille, -ns, -n; der Wille des Gottes;【宗】die (göttliche) Vorsehung, -en.

しんりょう 診療 Behandlung *f*. -en/診療を受ける behandelt werden ‖ 診療時間 Sprechstunde *f*. -n/診療所 Klinik *f*. -en.

しんりょく 新緑 das frische Grün, -s.

じんりょく 人力 Menschenkraft *f*. ¨e/人力の及ぶ所ではない Das geht über Menschenkraft. Da hilft kein menschliches Mittel.

じんりょく 尽力 ❶ Bemühung *f*. -en; Anstrengung *f*. -en; das Bemühen*, -s; Bestrebung *f*. -en; das Bestreben*, -s. ❷ [助力] Hilfe *f*. -n; Beistand *m*. -[e]s/彼の尽力により dank seinen Bemühungen. —— 尽力する ❶ ⁴sich bemühen 〈*für*³; *mit*³; *um*⁴〉; ⁴sich an|strengen; ³sich Mühe geben⁴ 〈*mit*³; *um*⁴〉; ⁴sich bestreben 〈*um*⁴〉; ⁴sich ein|setzen 〈*für*⁴〉; ³sich strecken 〈*nach*³〉; es ³sich angelegen sein lassen*; ⁴sich ins Geschirr legen / 尽力がむだだった Ich habe mich nur umsonst bemüht. ❷ [骨折けをする] ⁴sich nützlich machen; ⁴sich zur Verfügung stellen.

しんりん 森林 Wald *m*. -[e]s, ¨er; Forst *m*. -[e]s, -e ‖ 森林学 Forst|wissenschaft *f*. -en (-kunde *f*. -n)/森林管理 Forstverwaltung *f*. -en/森林管理人 Forstverwalter *m*. -s, -/森林公園 Waldpark *m*. -s, -s/森林帯 Waldzone *f*. -n/森林法 Forstgesetz *n*. -es, -e.

じんりん 人倫 ❶ [人道・道徳] Menschlichkeit *f*.; Humanität *f*.; Menschenpflicht *f*. -en; Menschentum *n*. -s; Moral *f*. (まれに -en); Sittlichkeit *f*. ❷ [人的関係] die menschliche Beziehung, -en; das geistige Band, -[e]s, ¨e/人倫に反する unsittlich; unmoralisch.

しんるい 親類 [Bluts]verwandtschaft *f*. -en; [その一人] der Verwandte*, -n, -n; [血を分けた] der Bluts|verwandte*, -n, -n (-freund *m*. -[e]s, -e)/近い(遠い)親族 der nahe (entfernte) Verwandte*/親類である verwandt sein 〈*mit*³〉/彼女は親類の一人です Sie gehört zur Verwandtschaft. ‖ 親類縁者 Freunde und Verwandte*.

じんるい 人類 Mensch *m*. -en, -en; Menschengeschlecht *n*. -[e]s; Menschentum *n*. -s; Menschheit *f*./人類の敵 Menschenfeind *m*. -[e]s, -e ‖ 人類愛 Menschenliebe *f*.; Menschlichkeit *f*./人類学 Anthropologie *f*./人類学者 Anthropologe *m*. -n, -n.

しんれい 浸礼【宗】Immersionstaufe *f*. -en; Baptismus *m*. -/浸礼を受ける getauft werden ‖ 浸礼教会 Baptistenkirche *f*. -n/浸礼教会員 Baptist *m*. -en, -en/浸礼場 Baptisterium *n*. -s, ..rien; Taufkapelle *f*. -n.

しんれい 心霊 Seele *f*. -n; Psyche *f*. -n/心霊の seelisch; psychisch ‖ 心霊現象 die seelische Erscheinung, -en/心霊術 Spiritualismus *m*. -.

しんれい 新例を作る ein neues Beispiel (-[e]s, -e) geben*.

しんれき 新暦 der neue Kalender, -s, -; [陽暦] Sonnenkalender *m.* -s, -.

しんろ 新路 der neue Weg, -〔e〕s, -e; die neue Bahn, -en／新路を開く eine neue Bahn brechen*; einen neuen Weg eröffnen.

しんろ 針路, 進路 Kurs *m.* -es, -e; Richtung *f.* -en; Weg *m.* -〔e〕s, -e; Lauf *m.* -〔e〕s, ⸚e／針路を誤る den falschen Kurs nehmen* (ein|schlagen*; steuern)／針路を変える den Kurs ändern (wechseln)／針路を変えない den Kurs halten*／針路を定める den Kurs an|geben* (setzen; stellen)／針路をそれる vom Kurs ab|weichen* [s]／新しい針路を取る einen neuen Kurs ein|schlagen*.

しんろう 新郎 Bräutigam *m.* -s, -e ‖ 新郎新婦 Braut《*f.* ⸚e》und Bräutigam.

しんろう 心労 Sorge *f.* -n; Besorgnis *f.* ..nisse; Kummer *m.* -s; Angst *f.* ⸚e ⇨しんぱい／心労を覚える ⁴sich geistig angestrengt fühlen.

しんわ 神話 Mythe *f.* -n; Mythos (Mythus) *m.* -, ..then; Götter¦sage (Helden-) *f.* -n／神話の mythenhaft; mythisch／神話の発生 Mythenbildung *f.* -en ‖ 神話学 Mythologie *f.* -n; Götterlehre *f.* -n／神話学者 Mythologe *m.* -n, -n／神話劇 das mythische Drama, -s, ..men; Götterdrama／神話作家 Mythenbeschreiber *m.* -s, -; der Beschreiber der Mythen／神話時代 das mythologische Zeitalter, -s, -／ゲルマン神話 die germanische Mythologie.

しんわりょく 親和力 Affinität *f.* -en; Wahlverwandtschaft *f.* -en.

す

す 巣 ❶ Nest *n.* -〔e〕s, -er; Bienen¦korb *m.* -〔e〕s, ⸚e (-stock *m.* -〔e〕s, ⸚e)《蜂の》; Horst *m.* -es, -e《猛禽の》; Schlupfwinkel *m.* -s, -《獣の》／巣につく die Eier brüten; auf den Eiern (auf dem Nest) sitzen*／巣を作る ein Nest bauen; 〔⁴sich〕 nisten; ein Netz spinnen*《蜘蛛が》／愛の巣を営む ³sich ein Nest bauen／鳥が巣を守る(去る) Die Vögel verteidigen (verlassen) ihr Nest. ❷ [盗賊などの] Räuber¦nest *n.* -〔e〕s, -er (-höhle *f.* -n); Raubnest *n.* -〔e〕s, -er／巣に手入れを行う das Nest von Dieben aus|haben* (aus|nehmen*). ‖ 巣箱 Nestkasten *m.* -s, ⸚.

す 酢 Essig *m.* -s ‖ 酢味 Säuerlichkeit *f.*; Herbheit *f.*／酢味のある sauer; herb／酢牡蠣(がき) die mit Essig gewürzte Auster, -n.

す 洲 〔Sand〕bank *f.* ⸚e／洲に乗り上げる auf eine Sandbank geraten* (〔auf|〕laufen*) [s].

ず 頭が高い ⁴sich unhöflich benehmen*; arrogant (übermütig) sein ／ 頭を低くする ⁴sich bescheiden (höflich) verhalten*; ⁴sich gebückt halten*.

ず 図 [絵図] Bild *n.* -〔e〕s, -er; Abbildung *f.* -en; [図形] Figur *f.* -en; [スケッチ] Zeichnung *f.* -en; [図解] Illustration *f.* -en／第一図 Abbildung 1《略: Abb. 1》／図を描く ein Bild zeichnen (malen). ¶ 図に当たる das Zieltreffen*, -s; hin|hauen*; großen Erfolg haben／図に乗る übermütig werden; die günstige Chance aus|nützen《チャンスを利する》.

すあし 素足 der bloße (nackte) Fuß, -es, ⸚e／素足で歩く barfuß gehen* [s]; in (mit) nackten Füßen gehen*.

ずあん 図案 〔Zeichnungs〕muster *n.* -s, -; Dessin *n.* -s, -s／図案化する stilisieren⁴ ‖ 図案家 Musterzeichner *m.* -s, -.

すい 粋 ❶ [精髄] 〔Quint〕essenz *f.* -en; das Beste*, -n; Inbegriff *m.* -〔e〕s, -e; Kern *m.* -〔e〕s, -e; das Wesentlichste*, -n／文芸界の粋 die Elite (die Besten; die besten Geister) des Parnasses (der literarischen Kreise)／流行の粋 die feinste (vornehmste) Modeschöpfung, -en. ❷ [華美] Eleganz *f.*; Anmut *f.*; Feinheit *f.* ❸ [思いやり] 粋をきかす gegen das Liebesabenteuer eines anderen nachsichtig (taktvoll) sein; auf eine zarte Weise auf das Liebesabenteuer eines anderen Rücksicht nehmen*. ── 粋な verfeinert; galant; kavaliersmäßig. ⇨いき(粋).

すい 酸い sauer. ¶ 酸いも甘いも知り抜いた男 Weltmann *m.* -〔e〕s, ⸚er; der Mann, der alle Lebenslagen durchgemacht hat.

ずい 蘂 〚植〛 Staubblatt *n.* -〔e〕s, ⸚er《雄蘂》⇨おしべ; Fruchtblatt *n.* -〔e〕s, ⸚er《雌蘂》⇨めしべ.

ずい 髄 Mark *n.* -〔e〕s; Kern *m.* -〔e〕s, -e; das Innerste*, -n／骨の髄まで bis aufs Mark／骨の髄に沁み通る *jm* durch ⁴Mark und ⁴Bein gehen* [s]／髄まで腐っている im Innersten faul sein.

すいあげ 吸い上げる auf|saugen(*)⁴; heben*⁴ ‖ 吸い上げポンプ Saugpumpe *f.* -n.

すいあつ 水圧 Wasserdruck *m.* -〔e〕s ‖ 水圧機 die hydraulische Presse, -n／水圧計 Wasserdruckmesser *m.* -s, -／水圧試験 Wasserdruckprobe *f.* -n／水圧ブレーキ die hydraulische Bremse, -n／水圧ポンプ der hydraulische Widder, -s, -.

すいい 水位 Wasserstand *m.* -〔e〕s／水位が下った Der Wasserstand ist gefallen. ‖ 水位計 Pegel *m.* -s, -; Wasserstands¦messer *m.* -s, - (-〔an〕zeiger *m.* s, -).

すいい 推移 Wandel *m.* -s; Wechsel *m.* -s, -; Änderung *f.* -en《変化》／時勢の推移 der Wandel der Zeiten. ── 推移する ⁴sich wandeln; 〔⁴sich〕 wechseln; 〔⁴sich〕 ändern／時代は非常に推移した Die Zeiten haben

sich sehr gewandelt.
ずいい 随意 ein freier Wille, -ns, -n; Belieben *n.* -s; Willkür *f.*/随意に freiwillig; aus freiem Willen; beliebig; nach ³Belieben; nach 〔eigener〕 Willkür/どうぞ御随意に Wie Sie wollen./それは君の随意だ Das kannst du selber bestimmen. ‖ 随意科目 ein fakultatives Fach, -〔e〕s, ⸗er; Wahlfach *n.* -〔e〕s, ⸗er/随意筋〖解〗ein willkürlicher Muskel, -s, -n/随意選択 freie (eigene)Wahl.
ずいいち 随一の der Erste*; der Beste*/彼は水泳にかけてはクラス随一だ Im Schwimmen ist er der Beste in der Klasse.
スイートピー Gartenwicke *f.* -n; die spanische Wicke, -n.
ずいいん 随員 Begleiter *m.* -s, -; [総称] Begleitung *f.* -en; Gefolge *n.* -s, -.
すいうん 水運 Wassertransport *m.* -〔e〕s, -e/水運の便がよい über eine gute Wassertransportmöglichkeit verfügen; viele schiffbare Wasserwege haben.
すいうん 衰運 Nieder¦gang (Rück-) *m.* -〔e〕s, ⸗e; Abstieg *m.* -〔e〕s, -e; Neige *f.* -n; Verfall *m.* -〔e〕s/衰運に向かう auf die (zur) Neige gehen* [s]; auf die abschüssige Bahn gelangen (geraten*; kommen*) [s]; tiefer sinken* [s]; dem Untergang nahe sein; Es geht abwärts 《mit *jm*》./衰運を挽回する dem drohenden Schicksal entgegen|arbeiten; die nahende Katastrophe ab|wenden(*); seinen früheren Wohlstand wieder erlangen.
ずいうん 瑞雲 die Wolken 《*pl*》, die Glück verheißen.
すいえい 水泳 das Schwimmen* (Baden*), -s/水泳の心得のある schwimmkundig/水泳の名人 der hervorragende Schwimmer, -s, -; die alte Wasserratte, -n/水泳に行く schwimmen (baden) gehen* [s]; zum Schwimmen gehen*/水泳が上手だ Er schwimmt gut. ¦ Er ist ein guter Schwimmer./水泳を教える schwimmen lehren/水泳をする schwimmen* [h] ‖ 水泳学校 Schwimmschule *f.* -n/水泳着 Badeanzug *m.* -〔e〕s, ⸗e/水泳競技 Schwimmsport *m.* -〔e〕s, -e; Wettschwimmen *n.* -s/水泳教師 Schwimm¦lehrer *m.* -s, - (-meister *m.* -s, -)/水泳術 Schwimmkunst *f.* ⸗e/水泳場 Bade¦anstalt (Schwimm-) *f.* -en/水泳パンツ Bade¦hose (Schwimm-) *f.* -n/水泳帽 Bade¦haube *f.* -n (-kappe *f.* -n)/水泳練習者 Schwimmschüler *m.* -s, -/日本水泳連盟 der Japanische Verband 《-〔e〕s》 des Wettschwimmens.
すいえん 水鉛〖化〗Molybdän *n.* -s 《記号: *Mo*》.
すいえん 水煙 Wasserstaub *m.* -〔e〕s.
すいおん 水温 Wassertemperatur *f.* -en.
すいか 西瓜 Wassermelone *f.* -n.
すいか 水化〖化〗Hydrierung *f.* -en/水化する hydrieren⁴ ‖ 水化石灰 Kalziumhydrat *n.* -〔e〕s, -e/水化物 Hydrat *n.* -〔e〕s, -e.
すいか 誰何 Werda *n.* -〔s〕, -s/誰何する „Werda" rufen*.
すいか 水火も厭わぬ durch dick und dünn gehen* [s] 《mit *jm*》; alles mit|machen 《mit *jm*》/水火の責苦にあう beinahe zu Tode gemartert (gefoltert; gepeinigt; gequält) werden.
すいか 垂下する herab|hängen* (herunter|-).
すいがい 水害 Hochwasser *n.* -s; Wassersnot *f.* ⸗e; Wasserschaden *m.* -s, ⸗; Überschwemmung *f.* -en 《洪水》/水害をこうむる Wasserschaden erleiden*; unter ³Wasserschaden leiden* ‖ 水害地 Überschwemmungs¦gebiet *n.* -〔e〕s, -e (-gegend *f.* -en)/水害罹(り)災者 der Überschwemmte*, -n, -n/水害罹災者救済 Hilfe 《*f.*》 für die Überschwemmten.
すいかずら 忍冬〖植〗Geißblatt *n.* -〔e〕s, ⸗er; Heckenkirsche *f.* -n.
すいがら 吸殻 Zigarren¦stummel (Zigaretten-) *m.* -s, -; Tabaksrest *m.* -〔e〕s, -e 《刻みたばこの》.
すいかん 水管 Wasser¦rohr *n.* -〔e〕s, -e (-röhre *f.* -n); Wasserschlauch *m.* -〔e〕s, ⸗e 《蛇管》.
すいかん 吹管〖工〗Blas〔e〕¦rohr (Löt-) *n.* -〔e〕s, -e.
すいがん 酔眼朦朧(もうろう)として mit vom Wein trunkenen Augen; völlig betrunken; in berauschtem Zustand.
すいき 水気 ❶ [湿り気] Feuchtigkeit *f.*; Nässe *f.* ❷ [水腫(しゅ)] Wassersucht *f.*/水気が来る wassersüchtig werden; auf|schwellen* [s] 《はれる》. ── 水気のある ❶ [湿った] feucht; nass. ❷ [水腫の] wassersüchtig; aufgeschwollen.
ずいき 随喜の涙をこぼす vor ³Freude ⁴Tränen vergießen*.
すいきゅう 水球 Wasserballspiel *n.* -〔e〕s, -e.
すいぎゅう 水牛 Büffel *m.* -s, -/水牛の皮 Büffelleder *n.* -s, -/水牛の角 Büffelhorn *n.* -〔e〕s, ⸗er.
すいきょ 推挙 Empfehlung *f.* -en/推挙によって durch *js* Empfehlung/推挙する empfehlen* 《*jm jn*》.
すいきょう 酔狂 [酒狂] Säuferwahnsinn *m.* -〔e〕s; [好事] der wunderliche Einfall, -〔e〕s, ⸗e; Grille *f.* -n;〖俗〗Kateridee *f.* -n; Naupe *f.* -n; Schrulle *f.* -n; Vorwitz *m.* -es, -e 《好奇心》. ── 酔狂な grillen¦haft (schrullen-) / 酔狂で(から) aus wunderlichem Einfall (Vorwitz); in Katerstimmung.
すいきょう 水郷 die an Flüssen oder Seen reiche Gegend, -en; das Dorf 《-〔e〕s, ⸗er》 am Fluss (See).
すいきん 水禽 Wasser¦vogel (Schwimm-) *m.* -s, ⸗ ‖ 水禽類 die Wasser¦vögel (Schwimm-) 《*pl*》.
すいぎん 水銀 Quecksilber *n.* -s/水銀の quecksilbern/水銀と化合させる mit Quecksilber verbinden*⁴ ‖ 水銀圧力計 Quecksilbermanometer *n.* -s, -/水銀温度計 Quecksilberthermometer *n.* -s, -/水銀気圧計 Quecksilberbarometer *n.* -s, -/水銀蒸気

Quecksilberdampf *m.* -〔e〕s, ⸚e/水銀柱 Quecksilbersäule *f.* -n/水銀柱がのぼる(凍った) Das Quecksilber im Thermometer steigt (ist gefroren)./水銀中毒 Quecksilbervergiftung *f.* -en/水銀灯 Quecksilberlampe *f.* -n/水銀軟膏(こう) Quecksilberpflaster *n.* -s, -.

すいくち 吸口 Filter *m.* (*n.*) -s, -; Mundstück *n.* -〔e〕s, -e ‖ 吸口付巻きたばこ Filterzigarette *f.* -n.

すいげん 水源〔地〕 Quelle *f.* -n; Ursprung *m.* -〔e〕s, ⸚e/川の水源を探る den Lauf eines Flusses bis zur Quelle (zum Ursprung) verfolgen.

すいこう 推敲 das Feilen*, -s/推敲する feilen[4] 《*an*[3]》; durch|feilen[4]; glätten[4]; sprachlich durch|arbeiten[4]; 〔ver〕bessern[4].

すいこう 遂行 Aus¦führung (Durch-) *f.* -en /遂行する aus|führen[4] (durch|-).

すいこう 水閘 Schleuse *f.* -n; Wassertor *n.* -〔e〕s, -e ‖ 水閘施設 Schleusenwerk *n.* -〔e〕s, -e/水閘税 Schleusengeld *n.* -〔e〕s, -er/水閘高低度 Schleusenhöhe *f.* -n.

ずいこう 随行する begleiten[4]; folgen[3] [s] ‖ 随行員 ⇨**ずいいん**.

すいこむ 吸い込む ［空気などを］ ein|atmen[4] (-|ziehen*[4]); ［水 な ど を］ ein|saugen[(*)4] (auf|-); absorbieren[4]; ein|ziehen*[4].

すいさい 水彩〔画〕 Aquarell *n.* -s, -e; Aquarellbild *n.* -〔e〕s, -er; Wasserfarbenmalerei *f.* -en 《画法》/水彩画をかく aquarellieren; in [3]Wasserfarben malen ‖ 水彩画家 Aquarellist *m.* -en, -en; Aquarell¦maler (Wasserfarben-) *m.* -s, -.

すいさし 吸いさし die angerauchte Zigarette, -n; Zigarettenstummel *m.* -s, -; der Tabaksrest 《-〔e〕s, -e》〔in einer Pfeife〕《刻みたばこの》.

すいさつ 推察する vermuten[4]; an|nehmen* 《仮定する》; dafür|halten*; den Fall setzen; für möglich halten*[4]; mutmaßen[4] 《*p.p.* gemutmaßt》; [3]sich vor|stellen[4]; ［同情］ *js* Gefühl teilen; [4]sich ein|fühlen 《*in*[4]》.

すいさん 水産学校 die Schule 《-n》 für Fischerei/水産学部 die Fakultät 《-en》 für Fischerei/水産業 Fischerei *f.* -en/水産組合 Fischerei¦genossenschaft *f.* -en (-verein *m.* -〔e〕s, -e)/水産研究所 das Forschungsinstitut 《-〔e〕s, -e》 für Fischerei/水産国 ein Land 《*n.* -〔e〕s, ⸚er》, das mit Fischereiwesen zu tun hat/水産大学 die Hochschule 《-n》 für Fischereiwesen/水産庁 Fischereiamt *n.* -〔e〕s, ⸚er/水産物 die Wasserprodukte 《*pl*》; die Seeprodukte 《*pl* 海産物》.

すいさんか 水酸化 〖化〗 Hydrierung *f.* -en ‖ 水酸化物 Hydrat *n.* -〔e〕s, -e.

すいし 水死 das Ertrinken*, -s/水死する ertrinken* [s]; sein Grab in den Wellen finden* ‖ 水死者 der Ertrunkene*, -n, -n.

すいじ 炊事 das Kochen*, -s; Kocherei (Köcherei) *f.* -en. ── 炊事する kochen; Speisen 《*pl*》〔zu|〕bereiten. ‖ 炊事係(夫) Koch *m.* -〔e〕s, ⸚e/炊事設備 Kocheinrichtung *f.* -en/炊事道具 Koch¦gerät *n.* -〔e〕s, -e (-geschirr *n.* -〔e〕s, -e)/炊事場 Küche *f.* -n; Feldküche *f.* -n 《野営の》; Kombüse *f.* -n 《船の》; Schiffsküche *f.* -n 《同上》.

ずいじ 随時に zu beliebiger (jeder) [3]Zeit; jederzeit; gelegentlich 《折にふれて》/随時必要に応じて je nach [3]Bedarf/随時おいでください Kommen Sie zu jeder beliebigen Zeit (je nach Belieben)!

すいしつ 水質 Wasserqualität *f.* -en ‖ 水質検査 die Prüfung 《-en》 der Wasserqualität/水質基準 Bestimmungen 《*pl*》 zur [3]Wasserqualität; Qualitätsbestimmungen 《*pl*》 für [4]Wasser/水質汚染 Wasserverschmutzung *f.* -en.

すいしゃ 水車 Wasserrad *n.* -〔e〕s, ⸚er; 〔Wasser〕mühle *f.* -n ‖ 水車小屋 〔Wasser-〕mühle *f.* -n/水車小屋の持ち主 〔Wasser-〕müller *m.* -s, -.

すいじゃく 衰弱 Entkräftung *f.*; 〔Körper-〕schwäche *f.*; Asthenie *f.*/衰弱する kraftlos (schwach; asthenisch) werden.

すいしゅ 水腫 〖医〗 Wassersucht *f.*

すいじゅん 水準 Niveau *n.* -s, -s; Wasserhöhe *f.* -n/水準の差 Niveaudifferenz *f.* -en/水準の低下 Niveausenkung *f.* -en/水準以上(以下)である Niveau haben (kein Niveau) haben; über (unter) dem Durchschnitt stehen* ‖ 水準器 Libelle *f.* -n; Wasser¦waage (Nivellier-) *f.* -n/水準曲線 Niveaukurve *f.* -n/水準交差 Niveaukreuzung *f.* -en/水準線 Niveaulinie *f.* -n/水準測量 Nivellierung *f.* -en/水準調節管 Niveauhalter *m.* -s, -/水準面 Niveaufläche *f.* -n/生活水準 Lebensniveau *n.* -s, -s/文化水準 Kulturniveau *n.* -s, -s.

ずいしょ 随所に überall 《いたるところに》; hie und da 《そこここに》.

すいしょう 推奨 die warme (anerkennende) Empfehlung, -en/推奨する lobend (anerkennend; warm) empfehlen*[4].

すいしょう 水晶 〔Berg〕kristall *m.* -s, -e/水晶のような kristallen; kristall¦ähnlich (-artig); kristallklar ‖ 水晶エナメル Kristallglasur *f.* -en/水晶細工 Kristall¦arbeit *f.* -en (-ware *f.* -n)/水晶シャンデリア Kristalllüster *m.* -s, -/水晶時計 Quarzuhr *f.* -en/水晶体 Kristalllinse *f.* -n 《眼球の》/水晶発振器 Quarzoszillator *m.* -s, -en/水晶氷 Kristalleis *n.* -es/黄水晶 Zitrin *m.* -s, -e/草入り水晶 Rauch¦kristall (-topas *m.* -es, -e)/紫水晶 Amethyst *m.* -es, -e.

すいじょう 水上の auf dem Wasser; Wasser- ‖ 水上運輸 Wasserfracht *f.* -en/水上〔飛行〕機 Wasser¦flugzeug (See-) *n.* -〔e〕s, -e; Flugboot *n.* -〔e〕s, -e 《飛行艇》/水上競技 Wassersport *m.* -〔e〕s, -e/水上競技会 die Wassermeisterschaftskämpfe 《*pl*》/水上警察 Wasserpolizei *f.* -en/水上権 Wasserhoheit *f.*/水上交通 Wasserverkehr *m.* -s, (まれに -e)/水上スキー Wasser¦ski (-schi) *m.* -s, - (-er)/水上生活 das Leben 《-s》 auf dem Wasser/水上選手 Wassersportler *m.* -s, -/水上飛行場 Wasserflughafen *m.* -s, ⸚/水上保安警察 Wasserschutzpolizei *f.*

《略: WSchP》/水上法 Wasserrecht *n.* -[e]s, -e.

ずいしょう 瑞祥 ⇨ずいちょう(瑞兆).

すいじょうき 水蒸気 Wasserdampf *m.* -[e]s, ⸚e.

すいしょく 翠色 Grün *n.* -s; das Grüne*, -n; der grüne und frische Pflanzenwuchs, -es, ⸚e/翠色滴る mit einem satten Grün; voll von frischem Grün.

[す]

すいしん 推進 Antrieb *m.* -[e]s, -e. ── 推進する an|treiben*⁴; vorwärts treiben*⁴; Vorschub leisten³ 《促進する》. ‖ 推進機 Propeller *m.* -s, -; [Trieb]schraube *f.* -n/推進軸 Gelenk¦welle (Kardan-) *f.* -n/推進波 〖理〗 die progressive Welle, -n/推進力 Antrieb; Treib¦kraft (Trieb-) *f.* ⸚e; die treibende Kraft, ⸚e; Bewegkraft *f.* ⸚e 《原動力》.

すいしん 垂心 Orthozentrum *n.* -s, ..ren; Höhenschnittpunkt *m.* -[e]s, -e 《三角形の》.

すいしん 水深 Wassertiefe *f.* -n ‖ 水深計 Tiefenmesser *m.* -s, -.

すいじん 粋人 Lebemann *m.* -[e]s, ⸚er 《通人》; Geck *m.* -en, -en 《気取り屋》; Modenarr *m.* -en, -en 《流行を追う人》.

すいじん 水神 ❶ Wasser¦gott (Fluss-) *m.* -[e]s, ⸚er. ❷ [ギリシャ神話の] Najade *f.* -n; Nix *m.* -es, -e; Nixe *f.* -n 《女の》.

スイス die Schweiz/スイスの schweizerisch; Schweizer- ‖ スイス人 Schweizer *m.* -s, -.

すいせい 水星 Merkur *m.* -s.

すいせい 彗星 Komet *m.* -en, -en/彗星状の kometenartig / 彗星の軌道(尾) Kometenbahn *f.* -en (Kometenschweif *m.* -[e]s, -e).

すいせい 水勢 Strömung *f.* -en/急な水勢 die starke (heftige; reißende) Strömung.

すいせい 水棲(生)の Wasser- ‖ 水棲動物(植物) Wassertier *n.* -[e]s, -e (Wasserpflanze *f.* -n).

すいせいがん 水成岩 Sedimentgestein *n.* -[e]s, -e.

すいせいとりょう 水性塗料 wasserlösliche Farbe, -n.

すいせいむし 酔生夢死の生涯を送る seinen Leben lang faulenzen; das ganze Leben hindurch seine Zeit vertrödeln; ein Pflanzenleben führen.

すいせん 水洗 [Wasser]spülung *f.* -en; Ausspülung *f.* -en ‖ 水洗器 Spülapparat *m.* -[e]s, -e/水洗便所 Wasser[spül]klosett *n.* -[e]s, -e; Wasserabort *m.* -[e]s, -e.

すいせん 推薦 Empfehlung *f.* -en/A 氏の推薦で auf Empfehlung von Herrn A hin. ── 推薦する empfehlen*³⁴/クラブ員に推薦する einem Klub als Mitglied empfehlen* 《*jn*》. ‖ 推薦候補 der empfohlene Kandidat, -en, -en/推薦者 Empfehler *m.* -s, -/推薦状 Empfehlungs¦brief *m.* -[e]s, -e (-schreiben *n.* -s, -)/被推薦者 der Empfohlene*, -n, -n.

すいせん 垂線 die Senkrechte*, -n, -n/基線に垂線を下す eine Senkrechte auf die Grundlinie ziehen*.

すいせん 水仙 [Dichter]narzisse *f.* -n ‖ 黄水仙 Jonquille *f.* -n/口紅水仙 Dichternarzisse/らっぱ水仙 die gelbe Narzisse.

すいぜん 垂涎する ⁴sich gelüsten lassen* 《*nach*³》; gierig (lüstern) sein 《*auf*⁴; *nach*³》; eine [heftige] Gier empfinden* 《*nach*³, 以下同様》; heiß (heftig) verlangen; starkes Verlangen haben/垂涎させる Es macht *jm* den Mund wäss[e]rig./垂涎おく能わず, 垂涎三尺 Sein heißes (heftiges) Verlangen ist nicht zu stillen. ¦ Seine heftige Gier kann gar nicht unterdrückt werden. ¦ Das erregt seine heiße Begierde.

すいそ 水素 Wasserstoff *m.* -[e]s; Hydrogen[ium] *n.* -s 《記号: H》/水素を含む wasserstoffhaltig/水素を添加する hydrieren⁴ ‖ 水素ガス Wasserstoffgas *n.* -es, -e/水素化合物 Hydrid *n.* -s, -e; Wasserstoffverbindung *f.* -en/水素圏 Wasserstoffsphäre *f.* -n/水素酸 Wassersäure *f.* -n/水素爆弾 Wasserstoffbombe *f.* -n; H-Bombe/過酸化水素 Wasserstoffsuperoxyd *n.* -[e]s, -e.

すいそう 吹奏 das Blasen* (Spielen*), -s. ── 吹奏する blasen* 《*auf*³》; spielen/笛で歌を吹奏する ein Lied auf der Flöte blasen*. ‖ 吹奏楽 Blasmusik *f.*/吹奏楽器 Blasinstrument *n.* -[e]s, -e/吹奏楽団 Blaskapelle *f.* -n; die Kapelle von Blasinstrumenten/吹奏者 Spieler *m.* -s, -.

すいそう 水槽 Wasser¦behälter *m.* -s, - (-becken *n.* -s, -; -trog *m.* -[e]s, ⸚e); Bassin *n.* -s, -s; Zisterne *f.* -n 《天水槽》.

すいそう 水葬 die Bestattung 《-en》 auf hoher See/水葬にする auf hoher See bestatten 《*jn*》.

すいそう 水草 Wasserpflanze *f.* -n.

すいぞう 膵臓 〖解〗 Pankreas *n.* -; Bauchspeicheldrüse *f.* -n ‖ 膵臓癌(がん) Pankreaskarzinom *n.* -s, -e.

ずいそう 瑞相 ⇨ずいちょう(瑞兆).

ずいそう 随想 gelegentliche Gedanken 《*pl*》.

すいそく 推測 Vermutung *f.* -en; Mutmaßung *f.* -en; Annahme *f.* -n 《仮定》; [Schluss]folgerung *f.* -en/推測の通り wie vermutet (angenommen) [wurde]. ── 推測する vermuten⁴; mutmaßen⁴ 《*p.p.* gemutmaßt》; an|nehmen*⁴; schlussfolgern 《*p.p.* geschlussfolgert》.

すいぞくかん 水族館 Aquarium *n.* -s, ..rien.

すいそくけい 水速計 Strömungsmesser *m.* -s, -.

すいたい 衰退 Rückgang *m.* -[e]s, ⸚e; Degeneration *f.* -en 《退化》/衰退する zurück|gehen* [s]; Rückschritte 《*pl*》 machen; aus der Art schlagen*; degenerieren [s]. ⇨おとろえる.

すいたい 酔態 der Zustand 《-[e]s, ⸚e》 der Betrunkenheit (Besoffenheit).

すいたい 推戴する zum Präsidenten bestellen 《*jn*》 ‖ 推戴式 Einsetzungsfeierlichkeit *f.* -en.

すいだし 吸い出し [膏(こう)薬] Zugpflaster *n.*

すいちゅう -s, -; Blasenpflaster n. -s, -《発泡膏》/吸い出す aus|saugen(*)[4]; heraus|ziehen* 《膏薬が》.

すいちゅう 水柱 Wasser|säule f. -n (-strahl m. -s, -en).

すいちゅう 水中の unter [dem] Wasser; im Wasser; Unterwasser-; Untersee-; unterseeisch ‖ 水中音響信号 Unterwassersignal n. -s, -e/水中カメラ Unterwasserkamera f. -s, -/水中工事 Unterwasserbau m. -[e]s, -e/水中海戦 Unterseebootkrieg m. -[e]s, -e/水中聴音器 Hydrophon n. -s, -e/水中防御 Unterseebootverteidigung f. -en/対潜防御》/水中眼鏡 Taucherbrille f. -n/水中翼船 Tragflächenboot n. -[e]s, -e.

すいちょう 瑞兆 ein gutes Vorzeichen, -s, -; ein gutes Omen, -s, Omina.

ずいちょう 瑞鳥 Glücksvogel m. -s, ̈-.

すいちょく 垂直の senkrecht; vertikal ‖ 垂直上昇 [飛行機の] der senkrechte Abschuss, -es, ̈-e/垂直線 die Senkrechte[4], -n, -n; Vertikale f. -n/《形容詞の変化にも従う》/垂直面 Vertikalebene f. -n.

すいちりょうほう 水治療法 Hydro|pathie f. (-therapie f.); Wasser|heilkunde f. (-verfahren n. -s, -).

すいつく 吸い付く [4]sich fest|saugen(*)[4] (an[3]) (-|halten* (an[3])); -|hängen* (an[3]); -|klammern (an[4])). — 吸い付ける an|stecken 《たばこの火などを》; angezogen werden 《吸い寄せられる》.

スイッチ [Licht]schalter m. -s, -; Drehschalter (Um-; Zug-) 《回転式, 切替式, 紐引き式》/スイッチのヒューズ Schaltsicherung f. -en/スイッチを入れる ein|schalten/スイッチを切る aus|schalten/スイッチを切り替える um|schalten ‖ スイッチボックス Schalt|dose f. -n (-kasten m. -s, ̈-)/スイッチレバー Schalthebel m. -s, -.

スイッチバック Spitzkehre f. -n ‖ スイッチバック停車場 Kehrstation f. -en.

すいてい 推定 Voraussetzung f. -en; Mutmaßung f. -en; Vermutung f. -en; Annahme f. -n 《仮定》/推定的 voraussichtlich; mutmaßlich; vermutlich. — 推定する voraus|setzen[4]; mutmaßen[4] (p.p. gemutmaßt[4]); vermuten[4]; an|nehmen*[4]. ‖ 推定相続人 der vermutliche (mutmaßliche) Erbe, -n, -n.

すいてい 水底 der Grund (-[e]s) des Wassers (des Flusses; des Meeres); Flussgrund (See-; Meeres-) ‖ 《川底, 海底》/水底で auf dem Grund des Wassers; auf dem Meeresboden 《海底で》/水底に沈む bis zum Grund des Wassers hinunter|sinken* [s] ‖ 水底魚 Gründling m. -s, -e; [Meer]grundel (Meergründel) f. -n 《魚名》/水底調査 Unterwasseraufnahme f. -n/水底線 Unterwasserlinie f. -n.

すいてき 水滴 Wasser|tropfen m. -s, -; (-tröpfchen n. -s, -) 《小水滴》.

すいでん 水田 Reisfeld n. -[e]s, -er.

すいとう 水稲 Feldreis m. -es, -e 《pl は種類を示すとき》.

すいとう 水筒 Feld|flasche (Reise-; Wander-) f. -n.

すいとう 出納 Kasse f. -n/出納係を勤める die Kasse führen ‖ 出納員 Kassierer m. -s, -; Kassenführer m. -s, -e; der Kassenbeamte*, -n, -n/出納帳 Kassa|buch (Konto-; Rechnungs-) n. -[e]s, ̈-er.

すいとう 水痘 Varizelle f. -n 《ふつう pl》; Wasser|pocken (Wind-) (pl).

すいどう 水道 ❶ [設備] Wasser|werk n. -[e]s, -e (-versorgung f. -en; -leitung f. -en); Leitungswasser n. -s 《用水》/水道を引く eine Wasserleitung im Haus[e] [an]-legen. ❷ [海峡] Kanal m. -s, ̈-e; Seestraße f. -n 《水路》. ‖ 水道工事 Wasserleitungsbau m. -[e]s, -e/水道栓 Hydrant m. -en, -en 《消火栓などの》; Wasserhahn m. -[e]s, ̈-e 《家庭などの》/水道鉄管 die [eiserne] Wasserleitungsröhre, -n/水道引込管 Wasserzuleitungsrohr n. -[e]s, -e/水道部 Wasserleitungsamt n. -[e]s, ̈-er/水道料 Wassergebühr f. -en (-taxe f. -n)/豊後水道 der Bungo-Kanal, -s.

すいとり 吸取紙 Lösch|papier n. -s, -e (-blatt n. -[e]s, ̈-er) ‖ 吸取器 Löscher m. -s, -; Tintentrockner m. -s, -; Wiege f. -n.

すいとる 吸い取る auf|saugen(*)[4] (ein|-); absorbieren[4]; Tinte [mit dem Löschblatt] trocknen 《インキを》.

すいなん 水難 Seenot f. (-unfall m. -[e]s, ̈-e; Schiffsbruch m. -[e]s, ̈-e 《難破》.

すいのう 水嚢 Wasserbeutel m. -s, -.

すいのみ 吸い飲み Schnabeltasse f. -n.

すいば 酸葉 《植》Sauerkampfer m. -s, -.

すいばく 水爆 Wasserstoffbombe f. -n; H-Bombe f. -n.

すいばん 水盤 Wasserbecken n. -s, -.

ずいはん 随伴 Begleitung f. -en/随伴する begleiten[4] ‖ 随伴現象 Begleiterscheinung f. -en. 随行》.

すいび 衰微 Verfall m. -[e]s; Dekadenz f. (退廃); Rückgang m. -[e]s, ̈-e/衰微する verblühen*[s] 《凋落》/衰微せる verfallen[s]; in Verfall kommen* (geraten*) [s]; verblühen [s]; zurück|gehen* [s].

ずいひつ 随筆 Essay m. -s, -s/随筆ふうの essayistisch ‖ 随筆家 Essayist m. -en, -en.

すいふ 水夫 Matrose m. -n, -n; Seemann m. -[e]s, ..leute/水夫のような seemännisch/老練な水夫 Seebär m. -en, -en; der alte, geübte (erfahrene) Matrose; Seeratte f. -n/水夫になる zur See gehen* [s]; Seemann (Matrose) werden ‖ 水夫長 Bootsmann m. -[e]s, ..leute; Maat m. -[e]s, -e (-en) 《船長代理》/水夫仲間 Schiffskamerad m. -en, -en; Seemannschaft f.

すいぶん 水分 Wassergehalt m. -[e]s; Feuchtigkeit f.; Nässe f.; Saft m. -[e]s, ̈-e 《液汁》/水分の多い wäss[e]rig; feucht; nass; saftig; voll Saft.

ずいぶん [大いに] sehr; recht; [まったく] ganz; [かなり] ziemlich; [皮肉をこめて] schön/彼は

すいへい ずいぶん驚くだろう Er wird sich schön wundern./これはずいぶん金を使った Das hat mich ein schönes Stück Geld gekostet./ずいぶん人が出ているなあ Was für ein Gedränge hier!/それはずいぶんだ Das ist ja allerhand.

すいへい 水平 Wassergleiche *f*./水平の wassergleich; horizontal; waagerecht; Horizontal-. — 水平にする horizontal (waagerecht; wasserrecht) machen/…と水平である in gleicher Höhe sein (*mit*³). ‖ 水平線 Horizontallinie *f*. -n; Horizontale *f*. -n〚形容詞の変化に従うこともある〛; Horizont *m*. -[e]s, -e/水平軸 Horizontalachse (Horizontal-) *n*. -s, -/水平動 die horizontale (waagerechte) Bewegung, -en/水平投射 Horizontalbewegung *f*. -en/水平投射 Horizontalprojektion *f*. -en/水平爆撃 Horizontalbombenwurf *m*. -[e]s, -e/水平振り子 Horizontalpendel *m*. -s, -/水平面 Horizontalebene *f*. -n; Niveaufläche *f*. -n; die horizontale Lage, -n.

すいへい 水兵 Matrose *m*. -n, -n; Bluejacke *f*. -n; Seesoldat *m*. -en, -en ‖ 水兵服 Matrosenanzug *m*. -[e]s, ⸚e (-kleider (*pl*)/水兵帽 Matrosenmütze *f*. -n (-hut *m*. -[e]s, ⸚e).

すいへん 水辺 Wasserrand *m*. -[e]s, ⸚er (-seite *f*. -n); Ufer *n*. -s, -.

すいほう 水泡 Wasserblase *f*. -n/水泡に帰する zu Wasser (zu Essig; zu nichts) werden; ins Wasser fallen* ⓢ.

すいぼう 衰亡 das allmähliche Zusammenfallen*, -s; Niedergang *m*. -[e]s.

すいぼう 水防 der Schutz 〈-es〉 gegen ⁴Überschwemmung ‖ 水防対策 〈Vorbeugungs〉maßnahmen (*pl*) gegen Überschwemmung.

すいほう 水疱〚医〛Wasserblase *f*. -n.

すいま 睡魔 Schläfrigkeit *f*.; Müdigkeit *f*.; Sandmann *m*. -[e]s〚童話の〛; Sandmännchen *n*. -s〚同上〛/睡魔に襲われる von 〈der〉 Schläfrigkeit (Müdigkeit) überwältigt (übermannt) werden; Der Schlaf überfällt (überkommt; übermannt; überwältigt) *jn*.

すいみつ 水蜜〔桃〕Pfirsich *m*. -[e]s, -e.

すいみつ 水密の wasserdicht ‖ 水密試験 Wasserdichtigkeitsprüfung *f*. -en.

すいみゃく 水脈 Wasserader *f*. -n (-schicht *f*. -en).

すいみん 睡眠 Schlaf *m*. -[e]s/八時間の睡眠 acht Stunden Schlaf. — 睡眠する schlafen*/ぐっすり睡眠する (*sich*) ausschlafen*. ‖ 睡眠剤 Schlafmittel *n*. -s, - (-pulver *n*. -s, -)/睡眠時間 Schlafzeit *f*. -en/睡眠病 Schlafkrankheit *f*. -en/睡眠不足 *ungenügende Schlaf*.

すいめん 水面 die Oberfläche 〈-n〉 des Wassers; Wasserfläche *f*. -n (-spiegel *m*. -s, -)/水面から1メートル上〔下〕ein〔en〕 Meter über 〔unter〕 der Oberfläche des Wassers/水面に浮かぶ an die Oberfläche kommen* ⓢ /auftauchen ⓢ.

すいもの 吸物 Suppe *f*. -n ‖ 吸物椀 Suppenschüssel *f*. -n.

すいもん 水門 Schleuse *f*. -n/水門の戸 Schleusentor *n*. -[e]s, -e/運河の水門 die Schleusen an einem Kanal/水門を開く〔閉す〕die Schleusen öffnen (schließen*)/水門を設ける schleusen* 〈einen Kanal〉.

すいやく 水薬 die flüssige Arznei, -en ‖ 水薬瓶 Arzneiflasche (Medizin-) *f*. -n.

すいようせい 水溶性の wasserlöslich.

すいようび 水曜日 Mittwoch *m*. -[e]s, -e/〔来週の〕水曜日に am Mittwoch 〔über acht Tage〕; mittwochs.

すいよく 水浴 das kalte Bad, -[e]s, ⸚er/水浴する kalt baden; ein kaltes Bad nehmen*.

すいらい 水雷 Torpedo *m*. -s, -s 〚魚雷〛; 〚See〛mine *f*. -n 〚機雷〛/水雷で攻撃する torpedieren*/水雷に触れる auf eine Mine laufen* (geraten*) ⓢ 〚機雷に〛; torpediert werden 〚魚雷に〛/水雷を発射する einen Torpedo ab|schießen* (schleudern)/水雷を敷設〈収容〉する Minen legen (heraus|fischen) ‖ 水雷艇 Torpedoboot *n*. -[e]s, -e/水雷艇隊 Torpedoflotille *f*. -n/水雷発射管 Torpedoschleuderrohr *n*. -[e]s, -e/水雷防御網 Torpedonetz *n*. -es, -e.

すいり 推理 〔Schluss〕folgerung *f*. -en; 〔Schluss〕folge *f*. -n; das Schließen*, -s; Schluss *m*. -es, ⸚e. — 推理する schlussfolgern (*p.p.* schlussgefolgert); einen Schluss ziehen* 〈*aus*³ 〈*von*³〉 *auf*⁴〉. ‖ 推理小説 Kriminalroman (Detektiv-) *m*. -s, -e; 〚俗〛Krimi *m*. -[s], -[s]/推理力 Urteilskraft *f*. -.

すいり 水利 Wassernutzung *f*. -en (-versorgung *f*. -en); Wassertransport *m*. -[e]s, -e 〚水運〛; Bewässerung *f*. -en 〚灌漑〛/水利を便にする die Wassernutzung erleichtern; die Bewässerung verbessern ‖ 水利組合 Wassernutzungsgenossenschaft *f*. -en; Bewässerungsgenossenschaft *f*. -en 〚灌漑の〛/水利権 Wassernutzungsrecht *n*. -[e]s, -e.

すいりく 水陸 Land und Wasser, des – und -s/水陸両棲の amphibisch; amphibienartig/水陸で im Wasser wie auf dem Land[e]; zu Wasser und zu Land[e] ‖ 水陸両面 生動物 die Amphibien (*pl*)/水陸両面作戦 die amphibische Operation, -en/水陸両用〔飛行〕機 Amphibie *f*. -n; Amphibienflugzeug *n*. -[e]s, -e/水陸両用〔自動〕車 Amphibie *f*. -n; Amphibienfahrzeug *n*. -[e]s, -e.

すいりゅう 水流 Wasserstrom *m*. -[e]s, ⸚e (-strömung *f*. -en) -lauf *m*. -[e]s, ⸚e.

すいりょう 推量 Vermutung *f*. -en; Mutmaßung *f*. -en; Annahme *f*. -n〚仮定〛/推量が当たる nur vermuten (mutmaßen) und dabei doch das Richtige treffen*/*js* Vermutung war 〔doch〕 richtig. ⇨すいさつ. — 推量する vermuten*; mutmaßen*⁴ (*p.p.* gemutmaßt); an|nehmen*⁴.

すいりょう 水量 Wassermenge *f*. -n/水量が増した Der Fluss hat an Wassermengen zugenommen. ‖ 水量計 Pegel *m*. -s, -; Wasserstandsmesser *m*. -s, - (-anzeiger *m*. -s, -).

すいりょく 水力 Wasserkraft *f.* ¨e/水力で hydraulisch; durch ⁴Wasserkraft ‖ 水力学 Hydraulik *f.*/水力タービン Wasserturbine *f.* -n/水力電気 Hydroelektrizität *f.*/水力発電所 Wasserkraft|werk *n.* -[e]s, -anlage *f.* -n.

すいりょく 推力 [理] Triebkraft *f.* ¨e; Antrieb *m.* -[e]s.

すいれい 水冷 Wasserkühlung *f.* -en/水冷式の wassergekühlt.

すいれん 睡蓮 [植] Wasserlilie *f.* -n.

すいろ 水路 Wasser|weg *m.* -[e]s, (-gang *m.* -[e]s, -lauf *m.* -[e]s, -straße *f.* -n); Fahrwasser *n.* -s/水路で(船便で)zu ³Wasser; zu[r] See; mit dem Schiff ‖ 水路学 Hydrographie *f.*/水路図 Seekarte *f.* -n/水路標識 Bake *f.* -n; Seezeichen *n.* -s, -/〈航路の〉水路標識を設ける mit Baken (*pl*) versehen*⁴/水路部 das hydrographische Amt, -[e]s, ¨er.

すいろん 推論 [Schluss]folgerung *f.* -en; [Schluss]folge *f.* -n; Induktion *f.* -en [帰納]. —— 推論する schlussfolgern (*p.p.* schlussgefolgert); induzieren [帰納する].

‖ 推論式 Syllogismus *m.* -, ..men.

スイング [楽] Swing *m.* -[s].

すう 数 ❶ Zahl *f.* -en; Anzahl *f.* -[ある数]; Nummer *f.* -n [略: Nr.); 数の zahlenmäßig; numerisch; der ³Zahl nach; an ³Zahl/数の観念 Zahlensinn *m.* -[e]s/...の概念 der Begriff (-[e]s, -e) von ³Zahlen/およその数 eine ungefähre Zahl/数がかさむ Die Zahlen gehen in die Höhe./数が少ない(多い)der ³Zahl nach wenig (viel) sein/数において勝る an ³Zahl übertreffen*⁴/数を文字に表す eine Zahl in Ziffern schreiben*/数で証明する Zahlen beweisen. ❷ [運命] Geschick *n.* -[e]s, -e; Schicksal *n.* -s, -e. ‖ 数列 Zahlen|folge *f.* -n (-reihe *f.* -n).

すう 吸う ❶ [主として気体を] ein|atmen*⁴; ein|ziehen*⁴; inhalieren*⁴ [吸入]/新鮮な空気(花の香り)を吸う die frische Luft (den Duft einer Blume) ein|atmen (ein|ziehen*). ❷ [主として液体を] [ein]saugen(*)*⁴; schlürfen [する]/乳(蜜)を吸う Milch aus der ³Brust (Honig aus den Blüten) saugen*/親指を吸う am Daumen saugen(*) (lutschen)/吸取級がインクを吸う Das Löschblatt saugt die Tinte. ❸ [たばこなどを] rauchen/葉巻(アヘン)を吸う eine Zigarre (Pfeife) rauchen/阿片を吸う Opium rauchen.

すう- 数- einige; mehrere; ein paar/数ヵ月(週, 時間) einige (ein paar) Monate (Wochen, Stunden)/数箇の砂糖 einige Stück Zucker/数冊の本 einige Bücher/彼らの中の数人 mehrere von ihnen.

スウェーデン Schweden *n.* -s ‖ スウェーデン語 Schwedisch *n.* -[s]; die schwedische Sprache/スウェーデン式の体操 die schwedische Gymnastik; das schwedische Turnen, -s/スウェーデン人 Schwede *m.* -n, -n.

すうがく 数学 Mathematik *f.*/数学の mathematisch/数学的正確さ die mathematische Genauigkeit (Pünktlichkeit) ‖ 数学者 Mathematiker *m.* -s, -/純正(応用)数学 die reine (angewandte) Mathematik.

すうき 枢機 wichtige Angelegenheiten (*pl*)/国家の枢機を握る das Ruder des Staates führen (fest in der ³Hand haben) ‖ 枢機卿(:)〈カトリック教会の〉Kardinal *m.* -s, ¨e.

すうき 数奇 Unglück *n.* -[e]s, -e; Missgeschick *n.* -[e]s, -e/数奇な生涯 ein wechselvolles Leben, -s, -/数奇な運命に翻弄される ein ³Spielball des Schicksals sein.

すうこう 趨向 趣向(趨勢).

すうこう 崇高 Erhabenheit *f.*; Sublimität *f.*/崇高な erhaben; edel; sublim.

すうし 数詞 [文法] Zahlwort *n.* -[e]s, ¨er; Numerale *n.* -s, ..lien (..lia)/定(不定)数詞 ein bestimmtes (unbestimmtes) Zahlwort (Numerale).

すうじ 数次 einige (etliche) Male (*pl*)/manchmal; öfters.

すうじ 数字 Ziffer *f.* -n; Zahlzeichen *n.* -s, -; Zahl *f.* -en〈数〉; Nummer *f.* -n〈番号〉/数字的に ziffern|mäßig (zahlen-; nummern-); in Ziffern (Zahlen)/数字で書く in (mit) Zahlen aus|drücken*⁴/彼は数字計算が下手だ Er rechnet nicht seine schwache Seite. : Er rechnet schlecht. ‖ 数字計算 das Rechnen*, -s/数字鍵盤 Zifferntaste *f.* -n/数字板 Zifferblatt *n.* -[e]s, ¨er; Wähler *m.* -s, -〈電話の〉/Wählerscheibe *f.* -n〈同上〉/アラビア(ローマ)数字 die arabischen (römischen) Zahlen.

すうじく 枢軸 Achse *f.* -n; Angelpunkt *m.* -[e]s, -e; Welle *f.* -n; Zapfen *m.* -s, - ‖ 枢軸国 die Achsenmächte (*pl*)/反枢軸国 die Antiachsenmächte (*pl*).

すうじゅう 数十 Dutzende (*pl*)/数十人 Dutzende von Menschen/数十年 Jahrzehnte [lang]/数十年の dutzendjähig.

ずうずうしい ずうずうしい[押しつけがましい] zudringlich; aufdringlich; [厚顔無恥な] dreist; unverschämt/あいつはずうずうしい奴だ Er ist ein zudringlicher Mensch./彼女はずうずうしくも一切を否認した Sie war so unverschämt, alles zu verneinen./彼のずうずうしさといったらありゃしない Seine Zudringlichkeit ist ja himmelschreiend (zum Schrei-

ずうずうべん ずうずう弁 die nordostjapanische Mundart, -en/地方言(方言); nordostjapanischer Akzent, -[e]s〈東北なまり〉/彼はずうずう弁まるだしだ Er spricht mit echtem nordostjapanischem Akzent.

すうせい 趨勢 Tendenz *f.* -en; Neigung *f.* -en; Lauf *m.* -[e]s〈成行き〉; Gang *m.* -[e]s〈同上〉; Strom *m.* -[e]s〈流れ〉.

すうせん 数千 Tausende (*pl*)/数千の人 Tausende von ³Menschen.

ずうたい 図体の大きい groß; übergroß; riesengroß; riesig.

スーダン Sudan *n.* (*m.*) -s/スーダンの sudanesisch ‖ スーダン人 Sudaner *m.* -s, -; Sudanese *m.* -n, -n.

すうち 数値 Zahlenwert *m.* -[e]s, -e.

スーツ Kostüm *n.* -s, -e〈女の〉; Anzug *m.*

すうねん 数年 einige (mehrere) Jahre 《pl》/僕は彼に数年会わなかった Ich habe ihn seit Jahren nicht gesehen.

スーパー スーパーインポーズ〖映〗Untertitel m. -s, -／《字幕》／スーパーヘテロダイン受信器 Superhet m. -s, -e; Super m. -s, -/Überlagerungsempfänger m. -s, -/スーパーマーケット Supermarkt m. -[e]s, ..te/スーパーマン Übermensch m. -en, -en; Supermann m. -[e]s, "er.

スーパーソニック überschallschnell; [超音速旅客機] Überschall:maschine f. -n (-flugzeug n. -[e]s. -e).

すうはい 崇拝 Anbetung f.; Verehrung f. -en; Verehrung f. -en《神として》/崇拝する an|beten*; verehren*; vergöttern*‖ 崇拝者 Anbeter m. -s, -; Verehrer m. -s, -; Vergötterer m. -s, -/祖先崇拝 Ahnenkult m. -[e]s, -e.

すうばい 数倍の viel:fach (mehr-).

すうひゃく 数百 viel Hunderte《pl 幾百》; Hunderte《pl》(und aber[mals] Hunderte); einige (ein paar) Hunderte.

スープ Suppe f. -n/スープを飲む Suppe essen*‖スープ皿 Suppenteller m. -s, -/野菜(トマト)スープ Gemüse:suppe (Tomaten-) f. -n.

すうまん 数万 Zehntausende《pl》/数万の人々 Zehntausende von ³Menschen.

すうみつ 枢密院 Geheimer Rat, -[e]s; Geheimes Ratskollegium, -s; Staatsrat m. -[e]s‖枢密顧問官 Geheimrat m. -[e]s, "e.

ズーム ズームレンズ〖写〗Zoom m. -s, -s; Zoomobjektiv n. -s, -e.

すうよう 枢要な wichtig/枢要なポスト ein wichtiger Posten, -s, -/Schlüssel:stellung f. -en (-position f. -en).

すうり 数理 mathematisches Prinzip, -s, ..pien/数理的 mathematisch.

すうりょう 数量 Quantität f. -en; Menge f. -n.

すえ 末 ❶ [最後] Ende n. -s, -n; [Ab]schluss m. -es, -e; Ausgang m. -[e]s, "e; Endpunkt m. -[e]s, -e/十一月の末 Ende November/中世の末 der Ausgang des Mittelalters; das ausgehende Mittelalter. -s/旅路の末 der Endpunkt der Reise. ❷ [未来] Zukunft f.; js Zukunft f. -en《見込み》/末長く für immer; fort und fort; für und für; immerfort/末のある若者 der aussichtsreiche junge Mann, -[e]s, "er/末は in Zukunft; künftig; auf die Dauer (Länge) 《出》; schließlich《結局は》/末を楽しみにする ⁴sich auf eine schöne Zukunft freuen; seine Hoffnung auf zukünftige frohe Zeit setzen/末はろくな者にはならない Aus ihm wird schließlich nichts. ❸ [子孫] Nachkomme m. -n, -n. ❹ [挙句] 多年苦労の末 nach langjährigen Mühen/飲みすぎの末 nachdem er zu viel getrunken hat. ── 末の ❶ letzt; am Ende. ❷ [未来の] [zu]künftig. ❸ [一番下の] jüngst.

すえおき 据置の ungetilgt; untilgbar; nicht eingelöst; nicht einlösbar/三年据置の保険 die auf drei Jahre untilgbare (nicht einlösbare) Versicherung, -en/五年据置である auf 5 Jahre untilgbar (nicht eingelöst) sein. ── 据え置く, 据え置きの ungetilgt (nicht eingelöst) lassen*⁴; stehen lassen*⁴.‖ 据置期限 der Termin (-s, -e) der Festlegung von Ersparnissen/据置貯金 die festgelegten Ersparnisse《pl》.

すえおそろしい 末恐ろしい unheil:schwanger (-drohend; -verkündend).

スエズうんが スエズ運河 Suezkanal m. -[e]s.

すえずえ 末々 in ³Zukunft; [zu]künftig.

すえたのもしい 末頼もしい viel:versprechend (erfolg-); aussichtsreich; glücklich verheißend; verheißungsvoll. ⇨すえ②.

すえつけ 据付け Aufstellung f. -en; Aufmontierung f. -en; Bestückung f. -en《砲の》/据付けの befestigt; fixiert/据付ける auf|stellen⁴; auf|montieren⁴; bestücken⁴《mit》.

すえっこ 末っ子 das jüngste Kind, -[e]s, -er; Nest:häkchen n. -s, - (-jüngste n. -n, -n).

すえる 据える ❶ [置く] setzen; legen⁴; stellen. ❷ ⇨すえつけ. ❸ [腹を] ³sich ein Herz fassen; Mut fassen.

すえる 饐える verderben* 〖s〗; schlecht (sauer) werden. ⇨さんぱい (酸敗).

ずが 図画 Zeichnung f. -en; [描かれたもの] Bild n. -s, -er; Gemälde n. -s, -《絵画》; [描くこと] das Zeichnen* (Malen*), -s/図画の時間 Zeichenstunde f. -n/図画の教師 Zeichenlehrer m. -s, -/図画を教える jn im Zeichnen unterrichten ‖ 図画用紙 Zeichenpapier n. -s, -e.

スカート [Frauen]rock m. -[e]s, "e‖プリーツスカート Faltenrock m. -[e]s, "e/ミニスカート Minirock m. -[e]s, "e/ロング(タイト)スカート der lange (enge) Rock.

スカーフ Halstuch n. -[e]s, "er; Schal m. -s, -e (-s).

ずかい 図解 Illustration f. -en; Bebilderung f. -en; Abbildung f. -en/図解する illustrieren⁴; bebildern⁴‖図解辞典 ein illustriertes Wörterbuch, -[e]s, "er. Bild:wörterbuch n. -[e]s, "er.

ずがい 頭蓋〖解〗Schädel m. -s, -‖頭蓋骨 Schädelknochen m. -s, -/頭蓋骨骨折〖医〗Schädelbruch m. -[e]s, "e.

スカイダイバー Fallschirmspringer m. -s, -.

スカイダイビング Fallschirmspringen n. -s.

スカイライン Horizontallinie f. -en; Bergautobahn f. -en《日本で往々にいう高原自動車道路》.

スカイラブ Raumlabor n. -s, -s.

スカウト nach jm spähen[, um ihn für ⁴sich zu erwerben].

すがお 素顔 das ungeschminkte Gesicht, -[e]s, -er.

すかさず ohne die Gelegenheit zu versäu-

すかし 透し [紙の] Wasserzeichen *n.* -s, -; [彫物などの] die durchbrochene Schnitzarbeit, -en; Durchbruch *m.* -[e]s, ¨e/透かしの入った mit Wasserzeichen versehen; durchbrochen.

すかしえ 透し絵 Transparent *n.* -[e]s, -e; Durchscheinbild *n.* -[e]s, -er.

すかす 透す ❶ [透して見る] durch|sehen* (-|schauen*); gegen das Licht halten*⁴/...を透して見る durch*⁴ ... [hindurch]. ❷ [間をあける] den Abstand größer machen; dünner machen/[間伐する].

すかす [人を] beschwichtigen ⟨*jn*⟩; beruhigen ⟨*jn*⟩; besänftigen ⟨*jn*⟩; herum|bekommen* (-|kriegen) ⟨*jn* 説得する⟩; um|stimmen ⟨*jn* 気を変えさせる⟩.

ずかずか ずかずかと ohne um Erlaubnis zu bitten ⟪許可なく⟫; ohne [weitere] ⁴Umstände; einfach/彼はずかずか入っていった Er trat einfach hinein.

すがすがしい 清々しい erfrischend; erquickend; erquicklich; frisch; labend/空気は清々しかった Die Luft war erquickend.

すがた 姿 Gestalt *f.* -, -en; Figur *f.* -, -en; Form *f.* -, -en; [körper]haltung *f.* -, -en; [Körper]stellung *f.* -, -en; Pose *f.* -, -en; Positur *f.* -, -en ⟪同上⟫/姿を変えて verkleidet; maskiert/変わりはてた姿で [bis zur Unkenntlichkeit] verstümmelt/姿を現す erscheinen* ⓢ; auf|tauchen [突然]; ⁴sich ein|finden*; hervor|kommen* ⓢ [現れ出る]; in [die] Erscheinung treten* ⓢ; sichtbar werden; ⁴sich zeigen; zum Vorschein kommen* ⓢ/姿を変える Gestalt ändern; eine andere Gestalt an|nehmen*/姿を隠す verschwinden* ⓢ; entschwinden*⁴ ⓢ [消え失せる]; nicht mehr da sein; unsichtbar werden; ⁴sich verbergen; ⁴sich verstecken/姿が変わった Er sieht jetzt anders aus./秀吉の姿で仮装舞踏会に現れた Als Hideyoshi (In [der] Gestalt Hideyoshis) erschien er zum Maskenball.

すがたえ 姿絵 Bildnis *n.* -nisses, -nisse; Porträt *n.* -[e]s, -s.

すがたみ 姿見 Pfeiler|spiegel (Steh-, Wand-) *m.* -s, -.

すがめ 眇 Schiel|auge (Scheel-) *n.* -s, -n ⟪目⟫; das Schielen*, -s ⟪斜視⟫/眇の schiel|äugig (scheel-); schielend/眇の人 Schieler *m.* -s, -; der Schiel|äugige* (Scheel-), -n, -n.

すがりつく 縋りつくようにして頼む inständig (demütig; ergebenst; flehentlich; fußfällig) bitten* ⟨*jn* um*⁴⟩/人の袖に縋りつく ⁴sich an *js* Ärmel an|klammern.

スカル Skull *n.* -s, -s; Skullboot *n.* -[e]s, -e.

すがる 縋る ⁴sich [an]klammern ⟨an *jn*⟩; fest|klammern ⟨an*³⟩; ⁴sich krampfhaft fest|halten* ⟨an*³⟩/希望に縋る ⁴sich an eine Hoffnung klammern/わらにも縋る ⁴sich an jeden Strohhalm klammern/子はおびえて母に縋った Das Kind klammerte sich ängstlich an die Mutter.

ずかん 図鑑 ein illustriertes Wörterbuch, -[e]s, ¨er 昆虫図鑑 ein illustriertes Insektenbuch, -[e]s, ¨er.

スカンク [動] Skunk *m.* -s, -s.

すかんぴん 素寒貧 die äußerste Armut; der arme Teufel, -s, - ⟪[人]/すかんぴんの äußerst arm; bettel|arm (blut-)/全くのすかんぴん arm wie eine Kirchenmaus sein.

すき 数寄を凝らした kunstvoll (geschmackvoll) durchgearbeitet.

すき 好き Neigung *f.* -, -en ⟨*zu*³⟩; Zuneigung *f.* -, -⟨*gegen*⁴; *zu*³⟩; Geschmack *m.* -[e]s, ¨e ⟨*an*³ 趣味⟩; Hang *m.* -[e]s ⟨*zu*³⟩; Vorliebe *f.* ⟨*für*⁴; *zu*³⟩; Wohlgefallen *m.* -s ⟨*an*³⟩/好きな Lieblings-; Leib-/好きな道 Liebhaberei *f.* -, -en; Hobby *n.* -s; Steckenpferd *n.* -[e]s, -e/好きな事を許して得る ⁴/好きなようにさせる *jn* handeln lassen*, wie er will/本を読むのがいちばん好きだ Über Büchern zu sitzen ist mir das liebste./彼女(酒)が好きだ Er hat eine Schwäche für Frauen (Sake)./彼女は音楽(花)が好きだ Sie mag Musik (Blumen) gern./私は犬が特に好きだ Ich habe eine Vorliebe für Hunde (zu Hunden).

すき 隙 ❶ ⇨ すきま. ❷ [機会] [eine günstige] Gelegenheit; Chance *f.* -, -n/隙に乗じる die günstige Gelegenheit benutzen (ergreifen*)/隙を窺う auf eine günstige Gelegenheit warten. ❸ [油断] Blöße *f.* -, -n/隙を見せる ³sich eine Blöße geben*; seine Schwäche zeigen/彼には常に隙がない Er bleibt immer wachsam.

すき 犂 Pflug *m.* -[e]s, ¨e; Spaten *m.* -s, - ⟪[鋤]/犂の刃[柄] Pflugschar *f.* -, -en (Pflugsterz *m.* -[e]s, -e).

すぎ 杉 die japanische Zeder, -, -n (Zederfichte, -, -n); der japanische Zederbaum, -[e]s, ¨e/杉形に konisch; kegelförmig ‖ 杉綾 Heringsgräte *f.* -, -n/杉の板 das Brett (-[e]s, -er) aus Zedernholz/杉垣 Zedernhecke *f.* -, -n/杉皮 Zederbaumrinde *f.* -, -n/杉皮葺 mit Zederbaumrinde gedecktes Dach, -[e]s, ¨er/杉並木 Zedernallee *f.* -, -n.

-すぎ -過ぎ ❶ [一時間] nach³/一時過ぎに nach ein Uhr (eins)/十日過ぎて bis nach dem 10. ❷ [過度] über*⁴; übermäßig; unmäßig; zu viel/食い過ぎ das Überessen*, -s; Überfüllung *f.* -, -en; Übersättigung *f.* -, -/寝すぎた Ich habe zu lange geschlafen.

-ずき -好き Liebhaber *m.* -s, -; Freund *m.* -[e]s, -e/映画好き Filmfreund *m.* -[e]s, -e/子供好き Kinderfreund *m.* -[e]s, -e/彼はジャズ音楽好きだ Er ist Liebhaber der Jazzmusik.

スキー Ski (Schi) *m.* -s, - (-er) ⟪[用具]; Skilauf *m.* -[e]s, ¨e ⟪[滑走]; Ski|laufen (-fahren) *n.* -s ⟪[同上]⟫/スキーをする Ski laufen* (fahren*) ⟪[同上]⟫ ‖ スキー大会 Skianzug *m.* -[e]s, ¨e/スキー競技 Skiwettlaufen *n.* -s/スキー靴 Skistiefel *m.* -s, -/スキージャンプ Skispringen *n.* -s/スキーストック Skistock *m.* -[e]s, ⸚e.

スキーヤー Skiläufer *m.* -s, -.

すききらい 好き嫌いがある wählerisch sein 《*in*³》.

すきぐし 梳櫛 Staubkamm *m.* -[e]s, ⸚e.

すぎごけ 杉ごけ Haarmoos *n.* -es, -e.

すぎこし 過越節 Passah *n.* -s; Passahfest *n.* -[e]s.

すぎさる 過ぎ去る vergehen* [s]/過ぎ去った事 das Vergangene*, -n/過ぎ去った日々 die vergangenen Tage 《*pl*》/過ぎ去ったことは仕方がない Geschehen ist geschehen. ⁝ Lass das Vergangene (die Vergangenheit) ruhen.

すきずき 好き好き ¶ それは好き好きさ Das ist Geschmackssache./蓼食う虫も好き好き Die Geschmäcke sind verschieden. ⁝ Der eine isst gern Schwartenwurst, der andere grüne Seife. ⁝ Jeder hat seinen besonderen Geschmack.

ずきずき ずきずき痛む einen bohrenden (stechenden) Schmerz haben (spüren)/背中がずきずきする Stechen im Rücken haben.

すきて 梳手 ❶[髪結の女] Friseuse *f.* -n; Frisörin *f.* ..rinnen. ❷[羊毛の] Kämmer *m.* -s, -; Krempler *m.* -s, -.

すきとおる 透き通る durchsichtig sein; durch|scheinen*/透き通った durch⁝sichtig (-scheinend); klar/透き通るような水 kristallklares Wasser, -s.

すぎな 杉菜 〖植〗[Acker]schachtelhalm *m.* -[e]s, -e.

〜すぎない 〜過ぎない nicht mehr als ... sein; nichts [weiter] als ... sein; bloß; nur /ほんのおざなりにすぎない nichts als (bloße) leere Redensarten/ただの少尉にすぎない Er ist nicht mehr als Leutnant.

すきはら 空腹 ⇨くうふく/空腹で mit leerem (nüchternem) Magen.

すきほうだい 好き放題に nach ³Belieben (Herzenslust); ungehemmt; zügellos; so viel man mag/好き放題なことをして暮らす leben, wie es einem ganz beliebt/あの頃は好き放題に遊んだ Damals vergnügten wir uns, wie es uns eben gefiel.

すきま 隙間 Lücke *f.* -n; Spalt *m.* -[e]s, -e; Spalte *f.* -n; Öffnung *f.* -en; ein freier Raum, -[e]s, ⸚e 《余地》/隙間なく lückenlos; dicht ‖ 隙間風 Luftzug *m.* -[e]s, ⸚e/ここは隙間風が来る Hier zieht es.

スキャナー Scanner *m.* -s, -.

スキャンダル Skandal *m.* -s, -e.

すぎゆく 過ぎ行く vorüber|gehen* (vorbei|-) [s]; [時が] vergehen* [s]. ⇨**すぎる**.

すぎる 過ぎる ❶[通過] vorüber|gehen* (vorbei|-) [s] 《*an*³》; vorüber|fahren* (vorbei|-) [s] 《*an*³》/弾丸は私のすれすれのところを過ぎた Der Schuss ging haarscharf an mir vorbei. ❷[時が] vergehen* [s]; dahin|gehen* (vorüber|-) [s]; dahin|schwinden* [s]; enteilen [s] 《早く》; verfliegen* [s] 《同上》; verfließen* [s] 《流れるように》; verrinnen* [s] 《同上》; verstreichen* [s]; vorüber (vorbei) sein; ab|laufen* [s] 《期限が》/時が過ぎるにつれ mit der Zeit; allmählich/歳月はその痕を残して過ぎた Die Jahre sind nicht spurlos an mir vorübergegangen. ❸[程度を] zu weit treiben*⁴; zu sehr (stark) tun*⁴; zu; allzu/話がうますぎる Die Nachricht ist zu schön, um wahr zu sein./この本はむずかしすぎる Das Buch ist zu schwer./過ぎたるは及ばざるが如し ‚Allzu viel geht gleich mit allzu wenig.' ❹[超過] überschreiten*⁴; [hinaus|]gehen* [s] 《*über*⁴》/四十を過ぎる über 40 [Jahre alt] sein; die 40 überschreiten*.

スキン スキンクリーム Hautcreme *f.* -s/スキンシップ Hautkontakt *m.* -[e]s, -e/スキンダイバー Taucher *m.* -s, -/スキンヘッド Skinhead *m.* -s, -s.

ずきん 頭巾 Haube *f.* -n; Kappe *f.* -n; Kapuze *f.* -n.

すく 好く lieben⁴; lieb haben*⁴; [gern] mögen*⁴; gern haben*⁴; Gefallen finden* 《*an*³》/好かれる geliebt werden 《von *jm*》; beliebt sein 《bei *jm*》; gefallen* 《*jm*》/音楽を好く Musik lieben (gerne hören)/私はあの男を好かない Ich mag den Mann nicht [gern]./彼は仲間全部にとても好かれていた Er war bei allen seinen Kameraden sehr beliebt.

すく 犂く pflügen⁴; ackern⁴.

すく 《網を》[ein Netz] stricken.

すく 漉く [Papier] machen (her|stellen) 《紙を》.

すく 梳く ⇨**くしけずる**.

すく 空く leer (frei) werden/腹が空く hungrig werden (sein); Hunger haben/私は今のところ手が空いています Ich bin momentan frei./市電はとても(割合に)空いていた Die Straßenbahn war ganz leer (nicht so voll).

すく 透く ❶ ⇨**すきとおる**. ❷ 胸がすく ⁴sich erleichtert fühlen; ⁴sich freuen 《*über*⁴》.

-ずく ¶ 力ずくで mit ³Gewalt/親切(欲得)ずくで aus ³Freundschaft (³Gewinnsucht)/これは彼との相談ずくでやったことだ Ich habe im Einverständnis mit ihm gehandelt.

すくい 救い Rettung *f.* -en 《救助》; Hilfe *f.* -n 《助力》; Befreiung *f.* -en 《解放》; Erlösung *f.* -en 《宗教上の》/救いの綱 Rettungsleine *f.* -n/救いに行く zu ³Hilfe kommen* [s] 《*jm*》/救いを求める um ⁴Hilfe bitten* 《*jn*》/救いを求めて叫ぶ um Hilfe rufen* (schreien*) ‖ 救い手 Retter *m.* -s, -; Helfer *m.* -s, -; Befreier *m.* -s, -.

すくいあみ 掬い網 Streichnetz *n.* -es, -e.

すくいだす 救い出す erretten⁴; retten⁴ 《*aus*³》; befreien⁴ 《*von*³; *aus*³》/捕虜を救い出す einen Gefangenen befreien. ⇨**すくう**(救う).

すくいだす 掬い出す aus|schöpfen⁴; aus|schaufeln⁴ 《シャベルで》; aus|löffeln⁴ 《匙で》. ⇨**くみだす**.

すくう 救う retten⁴ 《救助》; helfen*³ 《助力》; befreien⁴ 《解放》; erlösen⁴ 《宗教的》/生命を救う das Leben retten⁴/火中より救う aus dem Feuer retten⁴/危険を救う aus einer ³Gefahr befreien⁴ (retten⁴)/罪悪から救う von der Sünde erlösen⁴.

すくう 掬う schöpfen⁴; schaufeln⁴ 《シャベル

すくう で〕; löffeln⁴《匙で》/手で水を掬う Wasser mit der Hand schöpfen/魚を網で掬う Fische mit dem Netz fangen*/足を掬う jm ein Bein stellen.

すくう 巣食う《³sich》ein Nest bauen; nisten; ⁴sich ein|nisten.

スクーター Motorroller m. -s, -.

スクープ《報道記事に関して》durch eine Erstmeldung aus|stechen*.

すくすく すくすくと成長する rasch (schnell) wachsen* ⓢ《植物が》; gesund (und sorgenlos) auf|wachsen*《子供が》.

すくせ 宿世 ⇨ぜんせ(前世).

すくない 少い wenig; gering; klein; selten《まれの》; dürftig《乏しい》/少なからぬ/nicht wenig/この商売は利益が少ない Das Geschäft bringt wenig Gewinn./この事実を知っている者は少ない Diese Tatsachen sind nur wenigen bekannt./彼は少なからず当惑していた Er befand sich in nicht geringer Verlegenheit./私は晩に在宅することは少ない Ich bin abends selten zu Hause./私の金はもう残り少ない Ich habe nur noch wenig Geld.

すくなくとも 少なくとも wenigstens; mindestens; zumindest.

すぐに ❶〔直ちに〕gleich; augenblicklich; im Handumdrehen (Nu); 〔Knall und ⁴Fall〕; sofort; stracks; auf der Stelle《その場の》. ❷〔容易に〕leicht; mühelos; unschwer/すぐ怒る ⁴sich leicht beleidigt (gekränkt) fühlen; leicht zornig werden/すぐ信じる leichtgläubig sein; leicht Glauben schenken³ (bei|messen*³)/すぐかかる mühelos (unschwer) verstehen können*. ❸〔近く〕nahe; nächst/学校のすぐ近くに nahe 〔bei; an〕der Schule/すぐ次の朝に gleich am nächsten Morgen/すぐ鼻の先に〔in nächster (greifbarer) Nähe.

すくむ 竦む zusammen|zucken《ぎくりとする》; sich entsetzen《麻痺したように》/彼は驚きの余り竦んでしまった Lähmendes Entsetzen befiel (erfasste) ihn.

-ずくめ lauter《無変化》; voller; voll《von²》/彼女の服装は宝石ずくめだ Sie ist mit Schmuck voll behangen./彼について言っていることは結構くめじゃないか Du sagst ja von ihm lauter Gutes.

すくめる 竦める ¶ 肩を竦める die Achseln (mit den Achseln) zucken/首を竦める den Kopf ein|ziehen*/身を竦める ⁴sich (niederl)ducken.

スクラップ ❶〔屑鉄〕Alteisen n. -s, -; Schrott m. -(e)s, -e. ❷〔切抜〕Ausschnitt m. -(e)s, -e. ‖ スクラップブック Sammelalbum n. -s, ..ben; Einklebebuch n. -(e)s, "er.

スクラム スクラムを組む《運》ein Gedränge (n. -s, -) bilden.

スクリーン〔映画〕〔Film〕leinwand f.; Leinwandschirm m. -(e)s, -e; 〔テレビ〕Bildschirm m. -(e)s, -e/スクリーンの女王 die Königin 〔..ginnen〕der Leinwand/スクリーンに現れる auf der ³Leinwand erscheinen*ⓢ/スクリーンに立つ im Film spielen; zum Film gehen*ⓢ《映画界に入る》‖ スクリーンセーバー 〔電算〕Bildschirmschoner m. -s, -.

スクリプト〔手稿〕Manuskript n. -(e)s, -e; 〔脚本〕Theaterstück (Bühnen-) n. -(e)s, -e; Drehbuch n. -(e)s, "er《映画の》.

スクリュー〔Schiffs〕schraube f. -n.

すぐれる 勝れる ❶ übertreffen*《jn in³ (an⁴)》; den Rang ab|laufen*《jm》; überbieten*⁴; überflügeln⁴; überlegen³ sein; überragen*⁴; übertrumpfen*⁴; ⁴sich hervor|tun*《頭角を現す》. ❷〔健全〕⁴sich wohl fühlen; Es geht jm〔gesundheitlich〕gut./gesund sein/気分が勝れない ⁴sich unwohl (schlecht) fühlen; unpässlich (nicht ganz gesund) sein. ― 勝れて überaus; außergewöhnlich (-ordentlich); äußerst; in hohem Grad(e); über alle Maßen; ungemein. ― 勝れた ausgezeichnet; hervorragend; vortrefflich; vorzüglich.

すげ 菅〔植〕Segge f. -n; Ried|gras (Schilf-) n. -es, "er/菅笠 der Hut 〔"e〕aus Segge.

ずけい 図形 Figur f. -en/幾何学の図形 eine geometrische Figur, -en.

スケート Eis|lauf (Schlittschuh-) m. -(e)s, "e; das Schlittschuhlaufen*, -s/スケートに行く Schlittschuh laufen gehen*ⓢ/スケートをする Schlittschuh laufen*《fahren*》ⓢ; Eis laufen*ⓢ ‖ スケート靴 Schlittschuh m. -(e)s, -e/スケートボード Rollbrett m. -(e)s, -er/スケートリンク Eisstadion n. -s, ..dien (-bahn f. -en)/スピードスケート das Eisschnelllaufen*, -s/フィギュアスケート das Eiskunstlaufen*, -s.

スケール Skala f. ..len《度盛り》Format m. -(e)s, -e《人物の大きさ》; 〔俗〕Kaliber n. -s, -; Maßstab m. -(e)s, "e《尺度》/スケールの大きい《大》von großem (kleinem) Format (Kaliber) sein/スケールの大きい人物 ein Mann《m. -(e)s, "er》von Format.

スケジュール Plan m. -(e)s, "e; Programm n. -s, -e/スケジュール通り進行する dem Plan (Programm) gemäß vonstatten gehen*ⓢ (verlaufen*)ⓢ/夏休みのスケジュールを立てる Pläne für die Sommerferien machen.

ずけずけ〔率直に〕freimütig; offen; 〔まっすぐに〕rundheraus; geradeheraus; 〔あからさまに〕unverhohlen; unverhüllt; 〔かざらずに〕unumwunden; unverblümt; ohne Umschweife/ずけずけ物を言う jm offen (gründlich) seine Meinung sagen.

すけだち 助太刀 Beistand m. -(e)s; Hilfe f. -n; Unterstützung f. -en;〔人〕Beisteher m. -s, -; Beistand m. -(e)s, "e; Helfer m. -s, -; Unterstützer m. -s, -; Sekundant m. -en, -en《介添》/助太刀をする bei|stehen*《jm》; helfen³《jm》; unterstützen《jn》; sekundieren《jm; jn》.

スケッチ Skizze f. -n; Skizzierung f. -en《スケッチすること》; スケッチ風に skizzen|haft (-weise)/スケッチする skizzieren⁴; 〔schnell〕hin|zeichnen⁴ ‖ スケッチブック Skizzenbuch n. -(e)s, "er.

すげない 素気ない barsch; brüsk; grob;

すけべい 助平 [男] Wollüstling *m.* -s, -e; der geile Bock, -(e)s, =e; die gemeine Kreatur, -en; Schürzenjäger *m.* -s, -. 《女たらし》/助平な wollüstig; geil; lüstern; üppig.

すげる stecken⁴ (*in*⁴); binden*⁴ / 下駄の鼻緒をすげる einen Riemen an die Holzsandalen befestigen.

スコア ❶《運》Punkte (*pl*); Punktzahl *f.* -en /スコアをとる Punkte zählen / 我々は三対一のスコアで勝った Wir gewannen das Spiel mit drei zu eins. ❷《楽》Partitur *f.* -en. ‖ スコアボード Ergebnistafel (Punkte-) *f.* -n.

すごい 凄い ❶ [気味が悪い] unheimlich; geisterhaft (gespenster-); gruselig; nicht geheuer; schauerlich / 凄い光 das düstere Licht, -(e)s, -er. ❷ [恐しい] schrecklich; entsetzlich; furchtbar; fürchterlich / 凄い嵐 der furchtbare (schreckliche) Sturm, -(e)s, =e / 凄い文句 die drohenden (einschüchternden) Worte (*pl*); die Furcht (Schrecken) einjagenden Worte (*pl*). ❸ [すばらしい] großartig; erstaunlich; fabelhaft; 《俗》prima; 凄い美人 die wunderschöne Frau, -en /凄い腕 die außergewöhnliche Tüchtigkeit; die erstaunliche Tatkraft /彼の食欲たるや凄いものがある 《俗》Sein Appetit ist unheimlich.

ずこう 図工 Zeichnen und Werken.

スコール Schauer *m.* -s, -; Platzregen *m.* -s, -.

すこし 少し ein wenig; ein bisschen; etwas /少しずつ ⁴Stück für ⁴Stück; stückweise; [一歩一歩] ⁴Schritt um ⁴Schritt; schrittweise; langsam [徐々に] /少し前に vor kurzem; vorhin 〈さっき〉/私は少ししか食べませんでした Ich habe nur wenig gegessen. /パンを少し下さい Geben Sie mir ein wenig Brot! /それは少し要求が大き過ぎるよ Das ist ein bisschen viel verlangt!/ 少しでも早く来て下さい Kommen Sie bitte so schnell wie möglich (möglichst schnell)!

すこしも 少しも… せぬ nicht im Geringsten (Mindesten); gar nicht / 私はそれについては少しも知りません Ich habe keine Ahnung davon. /彼は少しも後悔の色を示さなかった Er zeigte keine Spur von Reue./ 彼女はそのことを少しも疑っていない Sie hegt gar keinen Zweifel darüber.: Sie bezweifelt es nicht im Geringsten.

すごす 過ごす ❶ [時を] verbringen*⁴; hin|*bringen** (*zu*-/ぼんやりと過す die Zeit vertrödeln (vertändeln); müßig hin|bringen*). ❷ [程度を] überschreiten*⁴; hinaus|gehen*⁵ (*über*⁴).

すごすご 悄々 niedergeschlagen (-gedrückt); den Kopf hängen lassend; deprimiert; entmutigt; in gedrückter Stimmung; mutlos.

スコッチ schottisch; [織] Tweed *m.* -s, -s

(-e) ‖ スコッチウイスキー schottischer Whisky, -s, -s.

スコットランド Schottland *n.* -(e)s /スコットランドの schottisch ‖ スコットランド人 Schotte *m.* -n, -n; Schottin *f.* -..tinnen《女》.

スコップ Schaufel *f.* -n; Spaten *m.* -s, -.

すこぶる 頗る sehr; äußerst; höchst; furchtbar《恐ろしく》/それは頗る易しい Das ist ja kinderleicht./ 彼は頗る興味深い人間だ Er ist ein hochinteressanter Mensch./ 我々は彼の態度には頗る憤慨している Wir sind über sein Verhalten tief empört.

すごみ 凄味 Unheimlichkeit *f.*; Geisterhaftigkeit (Gespenster-) *f.*; Furchtbarkeit *f.*; Entsetzlichkeit *f.* / どことなく凄味があり irgendwie unheimlich sein.

すごむ 凄む drohen 《*jm*》; Drohungen äußern 《aus|sprechen*》; ein|schüchtern 《*jm*》; Gewalt an|kündigen 《*jm*》.

すごもり 巣籠り das Hüten* (-s) des Nest(e)s /巣籠りする das Nest hüten.

すこやか 健か ⇒そうけん(壮健).

スコラ スコラ哲学 Scholastik *f.*/ スコラ哲学の scholastisch /スコラ哲学者 Scholastiker *m.* -s, -.

すごろく 双六 Puffspiel *n.* -(e)s, -e /すごろくをする Puff spielen.

すさまじい 凄じい furchtbar; fürchterlich; schrecklich; scheußlich; entsetzlich; grässlich / それは見るも恐しかった Das war ein grauenhafter Anblick.

すさむ 荒む verwildern [s]; verrohen [s]/悪徳に荒んだ顔 ein vom Laster verwüstetes Gesicht, -(e)s, -er /風が吹き荒ぶ Die Winde toben.

すさん 杜撰 nachlässig; fahrlässig; liederlich; schlampig / 杜撰な仕事 eine schlampige (liederliche) Arbeit, -en /杜撰なやり方で auf nachlässige Art.

すじ 筋 ❶ [線] Streifen *m.* -s, -; Strich *m.* -(e)s, -e. ❷ [筋肉] Muskel *m.* -s, -n /筋を違える verrenken⁴. ❸ [腱] Sehne *f.* -n; Flechse *f.* -n. ❹ [繊維] Faser *f.* -n; Fiber *f.* -n. ❺ [話·劇などの] Plan *m.* -(e)s, =e; Fabel *f.* -n; Handlung *f.* -en /筋のこみ入った verwickelt; kompliziert /筋の通った zusammenhängend; logisch. ❻ [血筋] Blut *n.* -(e)s /彼の家系は代々精神病の筋をひいている Geisteskrankheit liegt ihm im Blut. ❼ [関係者] Quelle *f.* -n /信ずべき筋より聞く aus einer zuverlässigen Quelle erfahren*⁴ / 親類筋 Verwandtschaft *f.* -en; die Verwandten (*pl*). ❽ [条理] ⇒すじみち.

ずし 図示する vor|zeichnen³⁴; anhand einer ³Zeichnung (-en) zeigen³⁴.

すじがき 筋書 Programm *n.* -s, -e; Plan *m.* -(e)s, =e; Projekt *n.* -(e)s, -e; Handlung *f.* -en 《劇の》/筋書通りの programmmäßig; programmatisch; programmgemäß.

すじがね 筋金入りの solid; probehaltig; unerschüttert /筋金入りの男 ein Mann 《*m.* -(e)s, =er》von echtem Schrot und Korn.

ずしき 図式 Schema *n.* -s, -s (..mata, ..

すしずめ 鮨詰め ¶ 彼らは車内にぎっしりと鮨詰めになっていた Sie waren im Wagen wie Heringe zusammengepresst.

すじちがい 筋違い ❶ [方向] schräg; diagonal; quer|laufend (zwerch-); schief. ❷ [不条理] vernunft|widrig (denk-; folge-); inkonsequent; unlogisch; unvernünftig; verkehrt; widerspruchsvoll; unzusammenhängend.

すじばる 筋張る nervig (sehnig) werden/筋張った nervig; sehnig.

すじみち 筋道 Vernunft *f*.; Denkrichtigkeit *f*.; das folgerichtige Denken*, -s; Faden *m*. -s, ¨e/《話の脈絡》Formalität *f*. -en/[正当の手続]/筋道の立った vernünftig; folgerichtig; logisch; vernunftgemäß/筋[道]を立てる denkrichtig (folgerichtig) handeln; die Formalitäten (*pl*) befolgen/筋道を立てて話す logisch (zusammenhängend) sprechen*.

すじむかい 筋向かいの quer gegenüberliegend.

すじめ 筋目 ❶ [系統] [Stamm]linie *f*. -n; Geschlecht *n*. -[e]s, -er; Herkunft *f*. ¨e; Stamm *m*. -[e]s, ¨e/筋目の正しい von guter Herkunft (aus guter Familie) sein. ❷ [洋服などの] Falte *f*. -n. ⇨**おりめ**〔折り目〕.

すじょう 素性 ❶ [生まれ] Geburt *f*. -en; Abkunft *f*. ¨e; Abstammung *f*. -en; Herkunft *f*. ¨e/素性のよい wohlgeboren sein; aus guter Familie stammen; von guter Herkunft (hoher Geburt) sein/素性の賎しい niedrig geboren sein; von nied[ri]ger Herkunft (Geburt) sein. ❷ [経歴] Vorleben *n*. -s; *js* früheres Leben; Vergangenheit *f*. -en/素性が知れない unbekannter (zweifelhafter) Herkunft sein; 《人について》dunkle (verdächtige) Existenzen (*pl*) sein.

ずじょう 頭上に auf dem Kopf《頭にのっている場合》; oben auf dem Kopf《頭より上方に》/頭から von oben/頭上に落ちる *jm* auf den Kopf fallen*/頭上を見上げる nach oben sehen*; die Augen in die Höhe richten.

ずしり ずしりと重い財布 ein dickes Portemonnaie (Portmonee), -s, -s.

ずしん ずしんと ⇨**じしん**.

すす 煤 Ruß *m*. -es, -e/煤けた rußig; berußt; angeschwärzt/煤を払う den Ruß entfernen; rein (sauber) machen*《奇麗にする》/煙突が煤だらけである Die Esse (Der Schornstein) ist voll Ruß.

すず 錫 [化] Zinn *n*. -[e]s (記号: Sn)〔合[製]の zinne[r]n; aus ²Zinn‖錫箔 Stanniol *n*. -s, -s/錫器 Zinn|gerät *n*. -[e]s, -e《-geschirr *n*. -[e]s, -e》.

すず 鈴 Schelle *f*. -n; Glocke *f*. -n/鈴の音 Schellengeläute *n*. -s/橇¹鈴‖橇¹鈴‖Schlittenschelle *f*. -n/鈴を鳴らさる schellen⁴; klingeln⁴/猫の首に鈴をつける der ³Katze die ⁴Schelle um|hängen.

すずかけ [植] Platane *n*. -n.

すずかぜ 涼風 ein kühler Wind, -[e]s, -e; kühle Luft.

すすき [植] Susuki-Gras *n*. -es, ¨er.

すすぐ [あう]spülen⁴/口をすすぐ ³sich den Mund spülen/洗たく物をすすぐ die Wäsche spülen.

すすける 煤ける rußig (angeschwärzt) werden.

すずしい 涼しい kühl; frisch; erfrischend/目もとが涼しい klare (schöne) Augen haben/涼しい顔をしている ein gleichgültiges Gesicht machen; ⁴sich einer gleichgültig (unschuldig) stellen.

すずなり 鈴生りになっている《果実が》voller ²Früchte hängen*/列車は人が鈴なりだった Der Zug war voll von Menschen.

すすはらい 煤払い [großes] Reinemachen (-s) 《am Jahresende》.

すずみ 涼み Erfrischung in der kühlen ³Luft/夕涼みをする die Abendkühle genießen*. ― 涼む ³sich in der kühlen ³Luft erfrischen; ⁴sich ab|kühlen; die Kühle genießen*.

すすむ 進む ❶ [前進] vorwärts gehen* [s]; vor|gehen [s]; marschieren [s]《行進》/一歩進むvorwärts gehen*/更に進む weiter gehen*/前へ, 進め Vorwärts, marsch! ❷ [進捗] voran|gehen*; fort|kommen* (-|-schreiten*) [s]; ⁴Fortschritte machen《進歩する》/病勢が進んだ Die Krankheit ist fortgeschritten. /私は仕事がさっぱり進まない Ich komme in meiner Arbeit gar nicht vorwärts. ❸ [時計が] vor|gehen*/時計を進ませる die Uhr (den Zeiger) vor|stellen/この時計は三分進んでいる Diese Uhr geht um drei Minuten vor. ❹ [気が] Lust haben/自ら進んで freiwillig; spontan/僕は気が進まない Ich habe keine Lust. /気が進まずに ohne Lust; mit ³Widerwillen; ungern.

すすめ 勧め ❶ [勧告] das Anraten*, -s; das Zureden*, -s/彼の勧めによって auf sein Anraten (Zureden) [hin]. ❷ [激励] Anregung *f*. -en; Aufmunterung *f*. -en. ❸ [推薦] Empfehlung *f*. -en; Befürwortung *f*. -en.

すすめる 勧める ❶ [勧告] raten*³⁴ [an|raten*³⁴]; zu|reden³《zu²》/手術を勧める *jm* eine Operation an|raten*/彼は私に, それを買えと勧めた Er redete mir zu, es zu kaufen. ❷ [激励] an|regen³《zu²》; auf|muntern⁴/彼はさらに一層努力するようにと勧められた Er wurde zu noch größeren Anstrengungen aufgemuntert. ❸ [推薦] empfehlen*³⁴; befürworten⁴/彼は私に君を信頼のおける家庭教師として勧めた Er empfahl mir diesen als zuverlässigen Hauslehrer. ❹ [食物などを] an|bieten*³⁴; auf|zwingen*³⁴《無理じいして》.

すすめる 進める ❶ [前進させる] 兵を進める [gegen den Feind] vor|rücken [s]/車を進める weiter fahren*[s]/さらに一歩を進めてなお一歩を進める noch einen Schritt vorwärts tun*/時計を進める die Uhr (den Zeiger) vor|stellen.

すずらん 鈴蘭【植】Maiglöckchen *n.* -s, -; Maiblume *f.* -n.

すすり 硯 Tuschreibestein *m.* -[e]s, -e ‖ 硯箱 Schreibkasten *m.* -s, ⸚.

すすりなき 啜り泣き das Schluchzen*, -s; Geschluchze *n.* -s / 啜り泣きをする schluchzen.

する 啜る schlürfen⁴ / 粥を啜る Brei schlürfen / 洟を啜る die Nase hoch|ziehen*; schniefen.

すそ 裾 Saum *m.* -[e]s, ⸚e; Fuß *m.* -[e]s, ⸚e 《山の》‖ 曳き裾 Schleppe *f.* -n《婦人服の》.

すその 裾野 die Gegend 《-en》am Fuß eines Berges.

すそわけ ¶ お裾分けをする *jm* einen Teil von *et* schenken; mit *jm* teilen⁴.

スター【映・劇】Star *m.* -s, -s; Stern *m.* -[e]s, -e‖映画スター Film|star *m.* -s, -s 《-stern *m.*, -e》.

スターター ❶【運】Starter *m.* -s, -; Rennwart *m.* -[e]s, -e. ❷【始動装置】Anlasser *m.* -s, -; Starter *m.* -s, -.

スタート【運】Start *m.* -[e]s, -; Ablauf *m.* -[e]s, ⸚e; Startsprung *m.* -[e]s, ⸚e《水泳の》/ スタートする starten‖スタート係⇨スターター / スタート台《水泳の》Start|block *m.* -s, ⸚e 《-sockel *m.* -s, -》/ スタートライン Startlinie *f.* -n / スタートラインにつく an den Start gehen* ⓢ.

スタイル Stil *m.* -[e]s, -e《様式・文体》; Machart *f.* -en《服装の》/ 一種独特のスタイル ein eigenartiger Stil‖スタイルブック Modeheft *n.* -[e]s, -e.

すだく【虫が鳴く】zusammen|zirpen.

スタグフレーション Stagflation *f.* -en.

スタジアム Stadion *n.* -s, ..dien‖オリンピックスタジアム Olympiastadion *n.* -s, ..dien.

スタジオ Studio *n.* -s, -s; Atelier *n.* -s, -s.

すたすた eilig; hastig; mit eiligen (schnellen) Schritten.

ずたずた ずたずたに引き裂く(切る) in ⁴Stücke zerreißen*⁴ (zerhauen*⁴) / 憤慨のあまり彼は手紙をずたずたに引き裂いた In seiner Wut riss er den Brief entzwei.

すだち 巣立ちする ❶ flügge (flugfertig) werden; das Nest verlassen können*. ❷【社会へ出る】selbständig (selbständig) werden; *sich in die Welt begeben*.

すだつ 巣立つ ⇨ すだち.

スタッカート【楽】Stakkato *n.* -s, -s.

スタッフ Stab *m.* -[e]s, ⸚e《幹部》; Personal *n.* -s, -e《従業員・一座》‖ 編集スタッフ Schriftleitung *f.* -en; Redaktion *f.* -en.

スタミナ Zähigkeit *f.*; Durchhaltsvermö*gen n. -s; Widerstandsfähigkeit f.*

すだれ 簾 Bambusvorhang *m.* -[e]s, ⸚e; der Rollladen 《-s, -》 aus Bambus / すだれをかける einen Bambusvorhang herunter|lassen* / すだれを巻く einen Bambusvorhang auf|rollen.

すたれる 廃れる außer ³Gebrauch kommen* ⓢ; aus der ³Mode kommen* 《流行が》; veralten ⓢ; verfallen* ⓢ《衰微・没落す る》; in ⁴Vergessenheit geraten* ⓢ《忘れられる》/ 廃れた außer Gebrauch; aus der Mode; veraltet.

スタンド ❶【観覧席】[Zuschauer]tribüne *f.* -n. ❷【電気スタンド】Steh|lampe (Tisch-) *f.* -n《卓上用》. ‖ スタンドプレイ【運】ein auf ⁴Effekt berechnetes Spiel, -[e]s, -e.

スタンプ Stempel *m.* -s, - / スタンプを押す stempeln*; den Stempel drücken 《*auf*⁴》‖ 記念スタンプ Sonderstempel *m.* -s, -.

スチーム Dampf *m.* -[e]s, ⸚e; Dampfheizung *f.* -en《装置》/ 部屋をスチームで暖める ein Zimmer mit Dampfheizung heizen ‖ スチームアイロン Dampfbügeleisen *n.* -s, -.

スチール ❶【鋼鉄】Stahl *m.* -[e]s, ⸚e. ❷【映画の】Standfoto *n.* -s, -s.

スチュワーデス Stewardess *f.* -en; Flugbegleiterin *f.* -rinnen.

スチロール Styrol *m.* -[e]s‖ 発泡スチロール Schaumkunststoff 《*m.* -[e]s》《aus Styrol》.

-ずつ ¶ 少しずつ ⁴Stück für ⁴Stück; 【漸次】nach und nach; allmählich; 一人に一個ずつ je ein Stück pro Person / 一度に三人ずつ drei Personen auf einmal / 二分間に一回ずつ alle zwei Minuten / 私は子供たちにりんごを二つずつ与えた Ich gab den Kindern je zwei Äpfel.

ずつう 頭痛 Kopf|schmeren 《*pl*》《-weh *n.* -[e]s》/ 頭痛がする Ich habe Kopfschmerzen. / Der Kopf tut mir weh. / それが彼の頭痛の種だった Das machte ihm viel Kopfschmerzen. / Darüber hat er sich den Kopt zerbrochen. / なにか頭痛によくきく薬はありませんか Haben Sie nicht ein gutes Mittel gegen Kopfschmerzen?‖ 頭痛薬 Arzneimittel 《*n.* -s, -》gegen ⁴Kopfschmerzen.

ずっかり ganz; gänzlich; ganz und gar; völlig; vollständig; vollkommen; durchaus / 彼はすっかり酔っ払っていた Er war total betrunken. : Er war ganz blau. / それですっかり判ったよ Dann ist alles klar. : Jetzt verstehe ich alles.

ずつき 頭突き ¶ 頭突きをくらわせる *jm* einen Kopfstoß verabreichen (verpassen).

ズッキーニ Zucchini *f.* -.

すっきり ¶ すっきりした筆跡 eine schöne (klare) Handschrift. -en / 彼はすっきりした身なりをしていた Er war schmuck gekleidet. / これで気持がすっきりした Jetzt fühle ich mich sehr wohl.

ズック Segeltuch *n.* -[e]s / ズックの運動靴 Turnschuh 《*m.* -[e]s, -e》aus ³Segeltuch ‖ ズック靴 Segeltuchschuh.

すづけ 酢づけにする in ⁴Essig einlegen⁴ / 酢づけのきゅうり Essiggurke *f.* -n.

ずったもんだ すったもんだの大騒ぎ ein heftiger (erregter) Auftritt, -[e]s, -e / 彼女はすったもんだの大騒ぎを引き起こした Sie führte ein wahres Theater auf.

すっと husch; rasch; schnell / 彼(光)はすっと消えてしまった Er (Das Licht) war plötzlich nicht mehr da.

ずっと【はるかに】viel; bei weitem; weitaus; 【まっすぐに】gerade; 【続けて】dauernd; fortwährend; ohne ^{4}Unterbrechung; [長い間] lange/ずっと以前に(から) vor langer ^{3}Zeit (seit langem)/それはずっと以前のことです Es ist schon lange her./そのことはずっと前から知っていました Das habe ich längst gewusst./その方がずっとましだ Das ist viel (bei weitem) besser./彼はその間ずっと旅に出ていた Inzwischen war er dauernd unterwegs.; Er war die ganze Zeit verreist./この道をどこまでもずっとまっすぐお行きなさい Gehen Sie diesen Weg immer geradeaus!

すっぱい sauer; säuerlich; herb/甘ずっぱい sauersüß/すっぱくなる sauer werden.

すっぱだか 素っ裸 völlige Nacktheit/素っ裸の(で) ganz (völlig) nackt; splitter〔faser〕nackt; pudelnackt.

すっぱぬき すっぱ抜き Enthüllung *f.* -en; Entlarvung *f.* -en《仮面を剥ぐこと》/すっぱ抜く enthüllen^{4}; entlarven^{4}.

すっぽかす vernachlässigen^{4}《等閑にする》; stehen lassen*^{4}《放置する》; sein Wort (Versprechen) brechen*《約束を破る》.

すっぽん〘動〙〔Schnapp〕schildkröte *f.* -n/月とすっぽんの違いがある wie Tag und Nacht verschieden sein; himmelweit entfernt sein《*von*^{3}》.

すで 素手 die bloße Hand, ⸚e/素手で mit bloßen Händen; mit leeren Händen《空手で》; unbewaffnet《武器を持たずに》; ohne ^{4}Waffen《同上》/素手で防ぐ ^{4}sich unbewaffnet (ohne Waffen) verteidigen/素手で商売を始める ohne Kapital ein Geschäft an|fangen*.

すてうり 捨て売りする zu einem Schleuderpreis verkaufen^{4}.

ステーキ Steak *n.* -s, -s.

ステージ Bühne *f.* -n/ステージに立つ auf der Bühne stehen* (auf|treten*); zur Bühne gehen* [s]《俳優になる》.

ステーション ⇨えき(駅) ‖ ステーションワゴン Kombiwagen *m.* -s, -/キーステーション Hauptsender *m.* -s, -/サービスステーション Kundendienstwerkstatt *f.* ⸚en.

ステータスシンボル Statussymbol *n.* -s, -e; Standes¦kennzeichen (-abzeichen) *n.* -s, -.

ステートメント Erklärung *f.* -en/ステートメントを発表する eine Erklärung ab|geben*.

ステープルファイバー Stapelfaser *f.* -n. ⇨スフ.

すておく 捨て置く liegen (stehen) lassen*^{4}; unberührt lassen*^{4}/我々はそれをそのままに捨て置いた Wir haben es so gelassen./これ以上黙って捨て置くわけにはゆかぬ Ich kann da nicht mehr ruhig zusehen (es nicht mehr mit ansehen).

すてき 素敵な großartig; herrlich; prächtig; toll; wunderbar fabelhaft; famos; prima; märchenhaft/素敵な思いつき ein toller (großartiger) Einfall, -〔e〕s, ⸚e; eine ausgezeichnete Idee, -n/これは素敵においしい Das schmeckt wunderbar.

すてご 捨子 Findling *m.* -s, -e; Findelkind *n.* -〔e〕s, -er/捨子をする ein Kind aus|setzen.

すてぜりふ 捨て台詞を残して去る mit ^{3}Drohungen davon|laufen* [s]; schimpfend weg|gehen* [s].

ステッカー Aufkleber *m.* -s, -.

ステッキ〔Spazier〕stock *m.* -〔e〕s, ⸚e.

ステッチ Stich *m.* -〔e〕s, -e.

ステップ Schritt *m.* -〔e〕s, -e《ダンスの》; Trittbrett *n.* -〔e〕s, -er《踏段》; Schrittsprung *m.* -〔e〕s, ⸚e《三段跳びの》.

すててこ eine längere Unterhose, -n.

すでに 既に schon; bereits; [まさに]〔gerade〕im Begriff sein, ^{4}*et* zu tun/すでに溺れようとしていた Er war gerade im Begriff zu ertrinken.

すてね 捨値 Schleuderpreis *m.* -es, -e/捨値で zu einem Schleuderpreis; spottbillig.

すてば 捨て場 Schuttabladeplatz *m.* -es, ⸚e.

すてばち 捨鉢になる in ^{4}Verzweiflung geraten* [s]; verzweifeln [s]/捨鉢になって verzweifelt; in (vor; aus) ^{3}Verzweiflung.

すてぶち 捨て扶持 Gnaden¦brot *n.* -〔e〕s, -e (-gehalt *n.* -〔e〕s, ⸚er).

すてみ 捨身になる sein Leben aufs Spiel setzen; ein Risiko ein|gehen* (übernehmen*)/捨身で auf eigene Gefahr; auf ^{4}Leben und ^{4}Tod.

すてる 捨てる ❶ [投げ捨てる] weg|werfen*^{4} (-|schleudern^{4})/ごみを捨てる Müll ab|laden*. ❷ [人を] verlassen*^{4}; im Stich lassen*^{4}; aus|setzen^{4}《生まれた子供を》/女を捨てる《結婚の約束を破る》eine Frau sitzen lassen*. ❸ [放棄する] auf|geben*; entsagen^{3}; verzichten《*auf*^{4}》; opfern^{4}《犠牲にする》/希望を捨てる die Hoffnung auf|geben*/身を捨てる ^{4}sich opfern《*für*^{4}》/世を捨てる der ^{3}Welt entsagen.

ステレオ ステレオ装置 Stereoanlage *f.* -n/ステレオタイプ Stereotypplatte *f.* -n《版》; Stereotypdruck *m.* -〔e〕s, -e《印刷》/ステレオタイプにとる stereotypieren^{4}/ステレオ放送 Stereosendung *f.* -en/ステレオレコード eine stereophonische Schallplatte, -n; Stereoplatte *f.* -n.

ステンドグラス buntes Glas, -es.

ステンレス rostfrei ‖ ステンレススチール rostfreier Stahl, -〔e〕s, ⸚e.

スト ⇨ストライキ ‖ スト権 Streikrecht *n.* -〔e〕s, -e; das Recht《-〔e〕s, -e》zu streiken/スト参加者 der Streikende*, -n, -n/スト破り Streikbruch *m.* -〔e〕s, ⸚e《行為》; Streikbrecher *m.* -s, -《人》/スト破りをする den Streik brechen*; ^{4}sich nicht am Streik beteiligen; Streikbrecher sein/スト破り看視ピケ Streikposten *m.* -s, -/ゼネスト Generalstreik *m.* -〔e〕s, -s/ハンスト Hungerstreik *m.* -〔e〕s, -s.

ストア ストア学派(哲学) die stoische Schule (Philosophie), -n/ストア主義 Stoizismus *m.* -.

すどおし 素通しのめがね die Brille《-n》mit einfachen Gläsern.

ストーブ Ofen *m.* -s, ⸚/ストーブをたく einen Ofen heizen ‖ ガスストーブ Gas〔glüh〕ofen *m.* -s, ⸚/電気ストーブ ein elektrischer Ofen;

すどおり 素通り das Durchgehen* 《-s》, ohne *jn* (einen Ort) zu besuchen / 旅行中名古屋を素通りした Auf meiner Reise habe ich Nagoya nicht berührt.

ストッキング Strumpf *m.* -(e)s, ≈e / 絹(ナイロン)のストッキング Seiden|strumpf (Nylon-) *m.* -(e)s, ≈e ‖ パンティストッキング Strumpfhose *f.* -n.

ストック ❶ [在庫] Vorrat 《*m.* -(e)s, ≈e》 auf ³Lager / この品物はたくさんストックがある Diese Waren hat man reichlich in Vorrat (auf Lager). ❷ [杖] Stock *m.* -(e)s, ≈e; Ski|stock *m.* -(e)s, ≈e 《スキーの》.

ストッパー [海] Stopper *m.* -s, -.

ストップ halt!; stopp! / エンジンをストップさせる eine Maschine ab|stellen ‖ ストップウォッチ Stoppuhr *f.*

ストライキ Streik *m.* -(e)s, -s; Ausstand *m.* -(e)s, ≈e / ストライキに入る in den Streik tre|ten* 国 / ストライキをする streiken ‖ 同情(座り込み)ストライキ Sympathie|streik (Sitz-). ⇨スト.

ストラップ Aufhängeschnur *f.* -e; Schärpe *f.* -n 《飾り紐》.

ずどり 図取り Zeichnung *f.* -en; Skizze *f.* -n; Plan *m.* -(e)s, ≈e 《設計図・見取り図》; Umriss *m.* -es, -e 《略図》.

ストリップ strippen ‖ ストリップガール Stripteasetänzerin *f.* -...rinnen; Stripperin *f.* -...rinnen / ストリップショー Stripteaseschau *f.* -en; Entkleidungsaufführung *f.* -en.

ストレート ストレートで勝つ 《運》einen glatten Sieg davon|tragen*.

ストレス Stress *m.* -es, -e / 極度のストレス ein außergewöhnlicher Stress.

ストレプトマイシン [薬] Streptomyzin (Streptomycin) *n.* -s.

ストロー ストローで飲む durch den Strohhalm 《*m.* -(e)s, -e》(mit dem Strohhalm) trin|ken*⁴.

ストローク [運] Schlag *m.* -(e)s, ≈e 《テニスの》; Stoß *m.* -es, ≈e 《水泳の》.

ストロフルス [医] Strophulus *m.* -; Schälknötchen *n.* -s, -.

ストロボ Elektronenblitzgerät *n.* -(e)s, -e.

ストロンチウム [化] Strontium *n.* -s 《記号: Sr》.

ずどん ずどんと mit einem 〔lauten〕 Knall (Krach) / ずどんという発銃声が聞こえた Ein Schuss knallte. ⇨どん.

すな 砂 Sand *m.* -(e)s, -e / 砂で磨く mit Sand reiben*⁴ (scheuern) / 歩道に砂をまく den Fußweg mit Sand bestreuen ‖ 砂地 Sandboden *m.* -s, ≈ / 砂金 Sandkorn *n.* -(e)s, ≈er / 砂時計 Sanduhr *f.* -en / 砂浜 *Sandstrand m.* -(e)s, ≈e; *Sandküste f.* -n / 砂原 Sandfeld *n.* -(e)s, -er; Sandfläche *f.* -n / 砂袋 Sandsack *m.* -(e)s, ≈e / 砂風呂 Sandbad *n.* -(e)s, ≈er / 砂山 Sand|berg *m.* -(e)s, -e (-düne *f.* -n).

すなお 素直な gehorsam 《従順な》; willig 《進んでやる》; gelehrig 《教えやすい》; naiv ナイーブな》.

スナック Imbiss *m.* -es, -e ‖ スナックバー Lo-

kal *n.* -(e)s, -e; Imbiss|stube *f.* -n (-halle *f.* -n); ...raum *m.* -(e)s, ≈e.

スナップ [写] Schnappschuss *m.* -es, ≈e; Momentaufnahme *f.* -n / スナップ写真を撮る eine Momentaufnahme machen 《*von*³》.

すなぼこり 砂埃 Staub *m.* -(e)s, -e; Staubfahne *f.* -n 《漠々と立ちこめた》/ 砂埃を捲き上げる den Staub auf|wirbeln.

すなわち 即ち nämlich; das heißt 《略: d. h.》; das ist 《略: d.i.》/ 君の失敗はすなわち僕の失敗だ Dein Fehler ist zugleich mein Fehler.

ずぬけて 図抜けて [並はずれて] außerordentlich; außer|gewöhnlich (un-); [格段に] weitaus; bei weitem; [特別に] besonders; [例外的に] ausnahmsweise / 図抜けた [卓越した] hervorragend; ausgezeichnet / 彼は図抜けてすぐれている Er ist weitaus (bei weitem) der beste. / 彼はその才能の故に同級生の中でも図抜けていた Er ragte wegen seiner glänzenden Begabung unter seinen Mitschülern hervor.

すね 脛 Unterschenkel *m.* -s, -; Bein *n.* -(e)s, -e / 脛に傷を持つ ⁴etwas auf dem Gewissen haben; viel (manches) auf dem Kerbholz haben / 父親の脛を齧る dem Vater auf der ³Tasche liegen* ‖ 脛当 [運] Bein|schiene *f.* -n (-schützer *m.* -s, -) / 向脛 Schienbein *n.* -(e)s, -e.

すねもの 拗ね者 Quer|kopf (Trotz-) *m.* -(e)s, ≈e; Miesepeter *m.* -s, -; Zyniker *m.* -s, - / 拗ね者である quer|köpfig (trotz-) sein; miesepetrisch (zynisch) sein.

すねる 拗ねる mürrisch (verdrießlich) werden; schmollen; böse sein / そんなに拗ねるなよ Sei nicht so böse!

スノー スノーグラス Schneebrille *f.* -n / スノータイヤ Schneereifen *m.* -s, - / スノーチェーン Schneekette *f.* -n / スノーモービル Schneemobil *n.* -s, -e.

ずのう 頭脳 Gehirn *n.* -(e)s, -e; Kopf *m.* -(e)s, ≈e 《頭》; Verstand *m.* -(e)s 《知能》/ 頭脳明晰である klug (intelligent; gescheit) sein; einen hellen (klaren) Kopf haben; einen scharfen (scharfen) Verstand haben ‖ 頭脳労働 Kopf|arbeit (Geistes-) *f.* -en / 頭脳労働者 Kopf|arbeiter (Geistes-) *m.* -s, - / 電子頭脳 Elektronengehirn *n.* -(e)s, -e.

すのこ 簀の子 Hürde *f.* -n.

すのもの 酢の物 mit Essig zubereitetes Gericht. -(e)s, -e.

スパーク Funken sprühen.

スパート [運] Spurt *m.* -s, -e ‖ ラストスパート Endspurt *m.* -s, -e.

スパイ Spion *m.* -s, -e; Spitzel *m.* -s, -; Späher *m.* -s, - / スパイをする spionieren; ⁴Spionage treiben* ‖ スパイ行為 Spionage *f.* -n.

スパイク [運] [Lauf]dorn *m.* -(e)s, -en ‖ スパイク靴 Dorn|schuh (Renn-; Lauf-) *m.* -(e)s, -e.

スパイス Gewürz *n.* -es, -e / スパイスのきいた gewürzig.

スパゲッティ Spaghetti (Spagetti) 《*pl*》.

すばしこい ❶ [動作が] flink; behänd[e]; fix;

すばすば flott; prompt. ❷ [性質] wendig; anstellig; schlagfertig 《当意即妙の》.

すばだ 素肌にたばこ[パイプ]を吸う [eine Zigarette (eine Pfeife)] paffen.

すはだ 素肌 die bloße (nackte) Haut, ¨e/素肌に着る auf der bloßen (nackten) Haut tragen*[4] / 素肌にする ˢsich entblößen; ˢsich entkleiden; ˢsich frei machen (befreien); die Kleider ab|legen; ˢsich der ²Kleider entledigen.

スパナ [工] Schrauben|schlüssel (Gabel-; Haken-; Mutter-) m. -s, - ‖ 自在スパナ Engländer m. -s, -.

すばぬけて ずば抜けて ⇨ぬけて.

すばやい 素早い schnell; flink; geschwind; hurtig; rasch.

すばらしい 素晴らしい wunderbar; ausgezeichnet; fabelhaft; großartig; herrlich; 《俗》ff; prima; vortrefflich; vorzüglich/素晴らしいできばえ eine großartige Leistung, -en.

ずばり ずばりと [明確に] deutlich; klipp und klar; [率直に] offen; rundheraus; freimütig; [直截に] direkt; geradeheraus; geradewegs; geradezu / ずばりと言った Genau!

スパルタ Sparta n. -s ‖ スパルタ式教育 eine spartanische Erziehung, -en/スパルタ人 Spartaner m. -s, -.

スパルタクス スパルタクス団 [史] Spartakusbund m. -(e)s/スパルタクス団員 Spartakist m. -en, -en.

ずはん 図版 Bildtafel f. -n; Abbildung f. -en 《さし絵》; Illustration f. -en 《図解》; Bild|teil (Foto-) m. -e 《絵・写真の部分》.

スピーカー Lautsprecher m. -s, -.

スピーチ Rede f. -n; Ansprache f. -n ‖ テーブルスピーチ Tischrede f.

スピード Geschwindigkeit f. -en / スピードを上げる die Geschwindigkeit erhöhen / 一時間六十キロのスピードで mit einer ³Geschwindigkeit von 60 ³Kilometern die ⁴Stunde; mit einer ³Stundengeschwindigkeit von 60 ³Kilometer ‖ スピード違反 Geschwindigkeitsüberschreitung f. -en/スピードメーター Geschwindigkeitsmesser m. -s, -.

ずひょう 図表 eine grafische (zeichnerische) Darstellung, -en; Tabelle f. -n; [統計などのダイヤグラム] Diagramm n. -e; Schaubild n. -er.

スピロヘータ [医] Spirochäte f. -n.

スフ Stapelfaser f. -n/スフ入りか Stapelfasern vermischt/純毛ではなくてスフがはいっている Der Stoff ist nicht aus reiner Wolle, sondern mit Stapelfasern vermischt.

ずぶ ずぶの ¶ ずぶの素人です Ich bin [darin] ein blutiger Laie (Dilettant).

スフィンクス Sphinx f. 《ギリシア伝説の》; Sphinx f. -e 《考古学の術語ではおおむね: m. -, -e》《エジプトの》.

スプーン Löffel m. -s ‖ スプーンですくう löffeln*[1] / ティースプーン Teelöffel m.

ずぶとい 図太い kühn; keck; frech; dreist; verwegen / 図太い奴 ein frecher Kerl, -(e)s, -e/彼は図太い神経の持主だ Er hat starke (eiserne) Nerven./彼は Nerven wie Bindfäden (Stricke).

ずぶぬれ ずぶ濡れの ganz nass; durchnässt; triefnass; pudelnass / 我々は皆ずぶ濡れだった Wir alle triefen vor Nässe.

スプリング [Spring]feder f. -n ‖ スプリングコート Übergangsmantel m. -, ¨; Überzieher m. -s, -/スプリングボード [運] Sprungbrett n. -(e)s, -er.

スプリンター [運] Sprinter m. -s, -; Kurzstreckler m. -s, -.

スプレー Spray m. (n.) -s, -s ‖ ヘアスプレー Haarspray m. -s.

すべ 術 Weg m. -(e)s, -e; Methode f. -n; Mittel n. -s, -; Verfahren n. -s, -; Mittel und Wege 《pl》/施すすべを知らない mit seinem Verstand am Ende sein; jm steht der Verstand still./keinen Rat weiß*; ˢsich nicht [mehr] zu helfen (zu raten) wissen*; Mit js Latein ist zu Ende./weder ein noch aus wissen*/彼は沈黙するすべを心得ている Er weiß (versteht) zu schweigen.

スペイン Spanien n. -s/スペインの spanisch ‖ スペイン語 die spanische Sprache; Spanisch n. -; das Spanische*, -n/スペイン人 Spanier m. -s, -; Spanierin f. -, -rinnen 《女》.

スペース Raum m. -(e)s, ¨e / スペースを空けて置く freien Raum lassen* ‖ スペースシャトル Raumfähre f. -n.

スペード Pik n. -s, -s; Schippe f. -n; Spaten m. -s, - / スペードのクイーン Pik-Dame f.

すべからく auf jeden Fall; um jeden Preis; unter allen Umständen / スペからく道理に従うべし Man muss jedenfalls Vernunft annehmen.

スペクトル Spektrum n. -s, ..tren (..tra) ‖ スペクトル分析 Spektralanalyse f. -n.

～すべし sollen*; müssen*.

すべすべ 滑々とした ⇨すべっこい.

すべっこい 滑っこい glitsch[e]rig; glitschig; glatt; schlüpfrig.

すべて 凡て all; ganz; gänzlich; [ins]gesamt; restlos; völlig; vollständig / 恋人に凡てを許す ˢsich gänzlich ihrem (seiner) Geliebten hin|geben*.

すべらす 滑らす ⇨する.

すべり 滑り das Gleiten*, -s; Rutsch m. -(e)s, -e; das Rutschen*, -s; Rollschuh|laufen* (Schlittschuh-) n. -s《スケートの滑走》; Fehltritt m. -(e)s, -e 《踏み外し》/滑り皮 Schweißleder n. -s, -/滑り座 Rollsitz m. -es, -e 《ボートの》/滑り台 Rutschbahn f. -en; Rutsche f. -n/滑り道 Gleit|bahn (Rutsch-) f. -en/滑り弁 Schieberventil n. -s, -e/滑り面 Gleitfläche f. -n.

すべりおちる 滑り落ちる [向こうへ] hinunter|gleiten* (hinab|-) ⓢ; hinunter|rutschen (hinab|-) ⓢ; [こちらへ] herunter|gleiten (herab|-) ⓢ; herunter|rutschen (herab|-) ⓢ.

すべりこむ 滑り込む hinein|gleiten* (-|rutschen) ⓢ.

すべりだし 滑り出しがよい glatt starten [h.s]/滑り出しがよかったため仕事は順調に進んだ Gut angefangen, ging die Arbeit glatt vonstatten.

すべりどめ 滑り止め Gleitschutz *m.* -es, -e/滑り止めのついた gleitsicher ‖ 滑り止めタイヤ Gleitschutzreifen *m.* -s, -.

スペリング das Buchstabieren*, -s; Rechtschreibung *f.*《正書法》/そのスペリングを言って下さい Buchstabieren Sie es! ⁞ Wie buchstabiert man es?

すべる 滑る ❶〔aus|〕gleiten* [s]; aus|glitschen [s]; glitschen [h.s]; aus|rutschen [s]; rutschen [s]; schlüpfen [s]; eis|laufen* [s]《スケートをする》; Schlitt⁞schuh (Roll-) laufen* [s]《同上》; glitsch〔e〕rig (glitschig; glatt; schlüpfrig) sein《滑りやすい》; schleudern [s]《車輪の横滑り》/滑って転ぶ aus|gleiten* (aus|rutschen) und fallen* [s]/足を滑らす aus|gleiten* (-|rutschen); das Gleichgewicht verlieren* und fallen*/筆を滑らせる einen Schreibfehler machen; falsch schreiben*/口を滑らせる ein Wort entschlüpfen (entfallen) lassen*; unbesonnen heraus|lassen*/水面を滑る über die Wasserfläche gleiten*/波間を滑る durch die Wellen gleiten*. ❷ ⇨らくだい. ¶ 滑ったの転んだのと言う an allem kleinlich herum|tadeln (was zu nörgeln haben; was auszusetzen haben)《文句をつける》; ^{4}sich immer über dies und jenes beklagen《泣言を言う》.

スポイト Pipette *f.* -n.

スポークスマン Sprecher *m.* -s, -.

スポーツ Sport *m.* -〔e〕s, -e/スポーツをする Sport treiben*; einen Sport aus|üben ‖ スポーツ医学 Sportmedezin *f.*/スポーツウェア Sportkleidung *f.*/スポーツカー Sportwagen *m.* -s, -/スポーツクラブ Sportklub *m.* -s, -s/スポーツシューズ Sportschuh *m.* -〔e〕s, -e/スポーツ放送 Sportsendung *f.* -en/スポーツマン Sportler *m.* -s, -/スポーツ欄《新聞の》Sportteil *m.* -〔e〕s, -e.

ずぼし 図星を指す das Richtige treffen*; den Nagel auf den Kopf treffen*; erraten*^{4}《言い当てる》; durchschauen^{4}《見抜く》/まさに図星だよ Du hast es gerade getroffen!

スポット スポットアナウンス kurze Nachricht, -en; Werbespot *m.* -s, -s《コマーシャル》/スポットライト Scheinwerfer *m.* -s, -; Scheinwerferlicht *n.* -〔e〕s, -er.

すぼめる zusammen|ziehen*《口を》; falten^{4}; schließen*; zu|machen (-|klappen; -|schließen*)《傘を》/肩をすぼめる die Achseln (die Schultern; mit den Achseln; mit den Schultern) zucken.

ずぼら ずぼらな nachlässig; fahrlässig; liederlich.

ズボン Hose *f.* -n《ふつう *pl*》/ズボンの折目 Bügelfalte *f.* -n/ズボンをはく(脱ぐ) die Hosen an|ziehen* (aus|ziehen*) ‖ ズボン掛け Hosen⁞bügel *m.* -s, - (-spanner *m.* -s, -)/ズボン下 Unterhose *f.* -n/ズボン吊り Hosenträger *m.* -s, -/革ズボン《特に南独の》Leder⁞hose (Sepp〔e〕l-)/乗馬ズボン Reithose/半(長)ズボン kurze (lange) Hose.

スポンサー Auftraggeber《*m.* -s, -》〔für Werbesendung〕.

スポンジ Schwamm *m.* -〔e〕s, ¨e ‖ スポンジゴム Schwammgummi *m.* -s, -s; Kunstschwamm *m.* -〔e〕s, ¨e.

スマート elegant; schmuck; schick; fesch.

すまい 住い Wohnung *f.* -en; Wohnsitz *m.* -es, -e; Adresse *f.* -n《住所・宛名》/彼の住いを御存知ですか Wissen Sie, wo er wohnt? ⁞ Können Sie mir seine Adresse geben?

すましや 済まし屋 ⇨きどる(気取り屋).

すます 済ます ❶［終える］〔be〕enden^{4}; beendigen^{4}; fertig werden《*mit*^{3}》; fertig machen^{4}; erledigen^{4}; hinter ^{4}sich bringen*^{4}/仕事を済ます mit einer Arbeit fertig werden; eine Arbeit fertig machen (erledigen)/飯はもう済ませたのかい Hast du schon gegessen? ❷［間に合わせる］aus|kommen* [s]《*mit*^{3}》; vorlieb nehmen*《*mit*^{3} がまんする》; ^{4}sich behelfen*《*mit*^{3}》/無しで済ませる aus|kommen* [s]《*ohne*^{4}》; entbehren können*^{4}/彼は週 50 ユーロでどうにか済ませている Er kommt mit 50 Euro per Woche nur eben aus.

すます 澄ます ❶［水などを］klar machen^{4}; klären^{4}. ❷［耳を］die Ohren auf|machen (spitzen); hin|hören; lauschen; horchen. ❸［態度・顔付などを］vornehm tun*《上品ぶる》; ^{4}sich unschuldig stellen《何くわぬ顔をする》; gleichgültig tun*《平気を装う》; spröde tun*《女などが》.

スマッシュ〘テニス〙Schmetterschlag *m.* -〔e〕s, ¨e/スマッシュをする〔den Ball〕schmettern.

スマトラ Sumatra *n.* -s.

すまない 済まない ¶ 済まないことをした Es tut mir Leid./遅刻して済まなかった Entschuldigen Sie, dass ich mich verspätet habe!/これを僕にくれるのかい, 済まないなあ Das schenkst du mir? Danke schön./済まないが一緒に来てくれないか Willst du so freundlich sein, mitzukommen? ⇨すむ(済む).

すみ 隅 Ecke *f.* -n; Winkel *m.* -s, -/隅から隅まで探す in allen Ecken und Winkeln suchen^{4}/生徒を〔罰として〕隅に立たせる den Schüler〔zur Strafe〕in die Ecke stellen/彼はなかなか隅におけぬ奴だ Er ist schlau (ein schlauer Kerl).

すみ 炭 Holzkohle *f.* -n/炭を焼く Kohlen〔aus ^{3}Holz〕brennen*; Holz zu ^{3}Kohlen brennen* ‖ 炭俵 Holzkohlensack *m.* -〔e〕s, ¨e/炭屋 Holzkohlenhändler *m.* -s, -《人》.

すみ 墨 Tusche *f.* -n; Tuschstein *m.* -〔e〕s, -e《固形の》; schwarze Tinte, -n/墨色の tuschfarben/墨をする Tusche an|reiben* ‖ 墨絵 Tuschmalerei *f.* -en.

すみいし 隅石 Eckstein *m.* -〔e〕s, -e.

すみか 住家 Wohnung *f.* -en; Wohnsitz *m.* -es, -e; Wohnort *m.* -〔e〕s, -e《住んでいる町》/盗賊の住家 ein Nest《*n.* -〔e〕s, -er》von Räubern.

すみごこち 住み心地がよい wohnlich; behaglich; gemütlich/ここは住み心地がよい

Hier lässt es sich angenehm wohnen.

すみこむ 住み込む wohnen《bei *jm*》.

すみずみ 隅々 alle Ecken und Enden／家の隅々まで捜す in (an) allen ^{3}Ecken und ^{3}Enden des Hauses suchen^{4}; das Haus durch|suchen《*nach*^{3}》.

すみなれる 住み慣れる ^{4}sich ein|leben《*in*^{3}》; ^{4}sich gewöhnen《*an*^{4}》; ^{4}sich heimisch (wie zu ^{3}Hause) fühlen.

すみません 済みませんが Entschuldigen Sie! ⁞ Entschuldigung! ⁞ Verzeihen Sie! ⁞ Verzeihung!／どうも済みません Ich bitte Sie um Entschuldigung. ⇨**すまない**.

すみやか 速やかな(に) schnell; rasch; prompt; unverzüglich《即座に》.

すみやき 炭焼 [人] Kohlenbrenner *m*. -s, -; Köhler *m*. -s, -; [業] das Kohlenbrennen*, -s ‖ 炭焼窯 Kohlenmeiler *m*. -s, -.

すみれ 菫 Veilchen *n*. -s, -／菫色の violett ‖ 三色菫 Stiefmütterchen *n*. -s, -.

すむ 済む [終わる] enden; zu ^{3}Ende gehen* (kommen*) [s]; beendet werden; [終わっている] zu ^{3}Ende sein; beendet sein; fertig sein／試験が済み次第 sobald das Examen vorüber (vorbei) ist／朝飯は済んだかい Bist du mit dem Frühstück fertig? ⁞ Hast du schon gefrühstückt?／済んだことは済んだことだ Vorbei ist vorbei.／彼は今回は軽い処罰だけで済むだろう Er wird diesmal mit einer leichten Strafe davonkommen.

すむ 澄む klar werden; ^{4}sich klären／澄んだ klar; hell; durchsichtig《透明な》; ungetrübt《濁りのない》／澄んだ声(空気) eine klare Stimme (klare Luft).

すむ 住む wohnen《*in*^{3}》; bewohnen^{4}《eine ^{4}Stadt 町に》; leben《*in*^{3} 生きる》／町(田舎)に住む in der ^{3}Stadt (auf dem Land〔e〕) wohnen／ここは住みよい Hier lebt sich's angenehm.／住めば都 ‚Eigen Nest ist stets das Best.'／彼はどこに住んでいるのか Wo wohnt er?

スムーズ glatt; reibungslos／スムーズにいく glatt gehen* [s].

すめん 素面で ❶ ⇨**しらふ**. ❷ [お面を被らずに] ohne ^{4}Maske; unmaskiert.

ずめん 図面 Zeichnung *f*. -en; Karte *f*. -n《地図など》; Plan *m*. -〔e〕s, ⸗e《設計図など》.

すもう 相撲〔japanischer〕Ringkampf, -〔e〕s, ⸗e; Sumo-Ringkampf／相撲を取る ringen*《mit *jm*》／A と B とではとても相撲にならない A ist mit B nicht zu vergleichen. ‖ 相撲取り Ringer *m*. -s, -; Sumo-Ringer.

スモーキング ❶ [喫煙] das Rauchen*, -s／ノースモーキング Rauchen verboten! ❷ [服装] Smoking *m*. -s, -s; Smokinganzug *m*. -〔e〕s, ⸗e. ‖ スモーキングルーム Raucherzimmer *n*. -s, -.

スモーク スモークサーモン Räucherlachs *m*. -es, -e／スモークハム Räucherschinken *m*. -s, -.

スモッグ Smog *m*. -〔s〕, -s ‖ スモッグ注意報 Smogvorwarnung *f*. -en／スモッグ注意報が出ている Die Smogvorwarnung ist ausgegeben worden.／光化学スモッグ photochemischer Smog.

すもも 李 Pflaume *f*. -n.

すやき 素焼き das unglasierte Tongeschirr, -〔e〕s, -e《土製》(Porzellan, -s, -e《陶器》)／素焼きの ohne ^{4}Glasur; unglasiert.

すやすや すやすや眠る ruhig (sanft; friedlich) schlafen*.

～すら sogar; selbst／～すら…でない nicht einmal／妻すらそれを知らなかった Sogar meine Frau wusste es nicht.／まともに字を書くことすら彼はできないのだ Nicht einmal richtig schreiben kann er.

スライド 〖写〗Diapositiv *n*. -〔e〕s, -e; Dia *n*. -s, -s ‖ スライド賃金制 gleitende Lohnskala, -s.

ずらかる 〖俗〗ab|hauen* [s]; verschwinden* [s]／ずらかれ Hau ab! ⁞ Mach, dass du fortkommst!

ずらす verschieben*^{4}《時間を》; rücken^{4}《場所を》／出発を明日にずらす die Abreise auf morgen verschieben*／机をわきへずらす den Tisch auf die Seite rücken.

すらすら glatt《円滑に》; fließend《流暢に》; mit Leichtigkeit《やすやすと》.

スラックス Slacks《*pl*》; Hose *f*. -n.

スラブ スラブ〔語〕の slawisch ‖ スラブ人 Slawe *m*. -n, -n; Slawin *f*. ..winnen《女》／スラブ民族 slawisches Volk, -〔e〕s, ⸗er.

スラムがい スラム街 Armen⁞viertel (Elends-) *n*. -s, -; Slums《*pl*》.

すらり schlank; schmal.

ずらり ずらりと in ^{3}Reihen《列をなして》; in großen ^{3}Mengen《たくさん》／食卓には御馳走がずらりと並んでいた Auf dem Tisch waren allerlei Speisen in Menge aufgetragen.

スラローム 〖スキー〗Slalom *m*. -s, -s.

スランプ ❶〖経〗Baisse *f*. -n; Tiefstand *m*. -〔e〕s. ❷ [不調] スランプになる nicht in ^{3}Form sein; außer Form sein／スランプを脱する wieder in ^{4}Form sein; in ^{4}Form kommen* [s].

すり 刷り Druck *m*. -〔e〕s, -e／刷りに出す in ^{4}Druck geben*^{4}.

すり 掏摸 [人] Taschendieb *m*. -〔e〕s, -e; [行為] Taschendiebstahl *m*. -〔e〕s, ⸗e.

すりあげる 刷り上げる mit dem Druck fertig werden; fertig drucken^{4}.

すりえ 擂餌 zerriebenes Futter, -s, -.

ずりおちる ずり落ちる herunter|rutschen [s].

すりおとす 擦り落とす ab|reiben*^{4} (weg|-); ab|scheuern^{4}; ab|feilen^{4}《やすりで》.

すりかえる すり替える heimlich aus|tauschen^{4} (wechseln^{4})《*mit*^{3}》.

すりガラス 磨りガラス Milch⁞glas (Matt-) *n*. -es, ⸗er; ein geschliffenes Glas.

すりきず 擦傷 Schramme *f*. -n; Kratzer *m*. -s, -.

すりきれる 擦り切れる abgenutzt werden《使って》; abgetragen werden《着古して》; fadenscheinig werden《糸目が見えてくる》／擦り切れた abgenutzt; abgetragen; fadenscheinig.

すりくだく 擂り砕く ⇨**すりつぶす**.

すりこぎ 擂粉木 Reib⁞keule (Mörser-) *f*. -n; Stößel *m*. -s, -.

すりこむ 刷り込む ein|drucken^{4}《*in*^{4}》.

すりこむ 擦り込む ein|reiben*⁴ ⟨mit³⟩.

スリッパ Pantoffel m. -s, -n.

スリップ [婦人の下着] Unter|kleid n. -[e]s, -er（-rock m. -[e]s, ¨e). —— スリップする [すべる] gleiten* ⟨s⟩; rutschen; schleudern [自動車などが]／車はぬれたアスファルトの上でスリップした Der Wagen geriet auf dem nassen Asphalt ins Schleudern.

すりつぶす 擦り潰す zerreiben*⁴; klein|reiben*⁴.

スリナム Suriname n. -s／スリナムの surinamisch ‖ スリナム人 Surinamer m. -s, -.

すりばち 擂鉢 Mörser m. -s, -／擂鉢形のkegelförmig（円錐形の）; trichterförmig（漏斗状の）／擂鉢でこする in einem Mörser [zer]reiben*⁴.

すりへらす 擦り減らす ab|reiben*⁴（摩擦して）; ab|nutzen⁴（使って）; ab|tragen*⁴（着古して）.

スリム スリムな schlank.

すりむく 擦りむく ab|schürfen⁴; wund|reiben*⁴／皮膚(膝)を擦りむく ³sich die Haut (das Knie) ab|schürfen⁴／私は両手を擦りむいてしまった Ich habe mir die beiden Hände wundgerieben.

すりもの 刷物 Drucksache f. -n; das Gedruckte*, -n.

すりよる 擦り寄る näher rücken ⟨jm⟩ ⟨s⟩.

スリラー スリラー映画 Schauerspielfilm m. -[e]s, -e; Kriminalfilm ／ スリラー小説 Schauer|roman m. -s, -e（-geschichte f. -n); Kriminalroman m.

スリランカ Sri Lanka n. --s／スリランカのsri-lankisch ‖ スリランカ人 Sri-Lanker m. -s, -.

スリル Schauer m. -s, -; Spannung f. -en／スリルのある schau[e]rig; spannend; aufregend.

する ❶ [...を] tun*⁴; machen⁴; verrichten*⁴; treiben*⁴; unternehmen*⁴; an|fangen*⁴（始める）／不機嫌な顔をする ein verdrießliches Gesicht machen／仕事をする eine Arbeit tun*（machen*）／スポーツをする Sport [be]treiben*／通訳をする dolmetschen／何もすることがない nichts zu tun haben／明日は何をしようか Was wollen wir morgen unternehmen? ❷ [...に] machen⁴ ⟨zu³; aus³⟩／健康に(病気に)する gesund (krank) machen⁴／だめにする zunichte (zuschanden) machen⁴／奴隷(捕虜)にする zum Sklaven (Gefangenen) machen⁴／りっぱな人間にする zu einem tüchtigen Menschen machen⁴ ⟨aus jm⟩／笑い者にする zum Gelächter (Gespött) machen⁴.

する 掏る jm aus der ³Tasche stehlen*⁴.
する 刷る ab|drucken⁴.

する 擂る擦る; zerreiben*⁴（擦りつぶす）; klein|reiben*⁴（同上）.

する 擦る ❶ [摩擦する] reiben*⁴; streichen*⁴（こする）; feilen*（やすりで）／マッチを擦って火をつける ein Streichholz (Zündholz) an|streichen*. ❷ [使い果たす] auf|brauchen⁴; verbrauchen⁴.

ずる ずるをする ⇨ずるける.

ずるい [狡猾な] schlau; listig; verschlagen; verschmitzt; gerieben; durchtrieben; [不正直な] unehrlich; unredlich; unaufrichtig; lügenhaft; lügnerisch; verlogen; falsch／ずるいことをする unehrlich handeln; falsch spielen ⟨カルタで⟩／彼はずるい男ではない Er ist ohne Falsch.

ずるける seinen ³Verpflichtungen nicht nach|kommen* ⟨s⟩; ⁴sich seinen ³Verpflichtungen entziehen*; ⁴sich drücken／学校をずるける die Schule schwänzen／ずるけた生活をする ein müßiges (schlampiges) Leben führen; faulenzen.

するする するすると glatt（滑らかに）; mit ³Leichtigkeit（容易に）.

ずるずる ずるずる曳きずる ⟨hinter ³sich⟩ schleppen⁴; schleifen⁴／ずるずる長びく（期間が）⁴sich hin|ziehen*／⁴sich schleppen／ずるずるになっている in ³Schwebe gelassen sein; unentschieden (in der ³Schwebe) bleiben* ⟨s⟩.

ズルチン [化] Dulzin n. -s.

すると ❶ [そのとき・それから] dann; darauf; hierauf; worauf／彼女が部屋にはいって来た, するとすぐに出ていった Sie kam ins Zimmer, worauf er es sofort verließ. ❷ [それでは] dann; also／するとあなたはやはり出発なさるのですね Sie wollen also doch abreisen?

するどい 鋭い scharf; spitz（尖った）; schrill（音・声が）／頭の鋭い scharfsinnig／鋭い批評 eine scharfe Kritik, -en／彼は鋭い目(耳)を持っている Er hat ein scharfes Auge (Gehör).

するめ ein getrockneter Tintenfisch, -[e]s, -.

ずるやすみ ずる休みをする ⇨ずるける.

するりと するりとはいる schlüpfen ⟨s⟩ ⟨in⁴⟩／するりと抜け出す entschlüpfen ⟨s⟩／するりと通り抜ける schlüpfen ⟨durch⁴⟩.

ずれ Unterschied m. -[e]s, -e（差異）; Kluft f. ¨e（懸隔・ギャップ）; Abweichung f. -en（それ・ゆがみ）／年齢のずれ Altersunterschied m. -[e]s, -e; ¨e／世代のずれ die Kluft zwischen den ³Generationen.

-ずれ ¶ 靴ずれ Druckstelle f. -n（圧迫される箇所）; Hautabschürfung f. -en（皮膚擦過）; Schwiele f. -n（皮膚硬結）／都会(日本)ずれしている verstädtert (japanisiert) sein.

スレート Schiefer m. -s, -; Schieferstein m. -[e]s, -e／スレートの屋根 Schieferdach n. -[e]s, ¨er.

すれすれ すれすれに ❶ [空間的] dicht ⟨an³⟩; nahe ⟨an³⟩／矢は彼のほおすれすれに飛んで Der Pfeil flitzte haarscharf an seiner Wange vorbei. ❷ [時間的] 彼は時間すれすれに来た Er kam im letzten Augenblick (gerade noch rechtzeitig).

すれちがう 擦れ違う vorbei|gehen* ⟨s⟩ ⟨an³⟩; vorüber|gehen* ⟨an³⟩／我々の車はお互いに擦れ違った Unsere Wagen fuhren aneinander vorbei.

すれっからし gerieben; durchtrieben; verschlagen; raffiniert; schlau.

すれる 擦れる ❶ [こすれる] reiben*／カラーが擦れる Der Kragen reibt. ❷ ⇨すりきれる. ❸

[悪擦れする] gerieben (durchtrieben) werden; frech (schamlos) werden.

ずれる ^{4}sich verschieben*; rutschen [s]/ネクタイがずれているよ Dein Schlips ist gerutscht. ⇨**はずれる**.

スロー langsam ‖ スローモーション eine langsame Bewegung, –en/スローモーション撮影 〖映〗 Zeitlupenaufnahme *f.* –n.

スローガン Schlagwort *n.* –[e]s, ⸚er; Slogan *m.* –s, –s; Wahlspruch *m.* –[e]s, ⸚e; Motto *n.* –s, –s; Parole *f.* –n.

ズロース [Damen]schlüpfer *m.* –s, –; Höschen *n.* –s, –; Slip *m.* –s, –s.

スロープ Abhang *m.* –[e]s, ⸚e/スロープを滑降する einen Abhang hinunter|fahren* (–|laufen*) (*od.* herunter|–) [s].

スロバキア die Slowakei/スロバキアの slowakisch/スロバキア語 Slowakisch *n.* –[s]/スロバキア人 Slowake *m.* –n, –n; Slowakin *f.* ..kinnen《女》.

スロベニア Slowenien *n.* –s/スロベニアの slowenisch ‖ スロベニア人 Slowene *m.* –n, –n; Slowenin *f.* ..ninnen《女》.

すわ すわという時に im entscheidenden Augenblick/すわという時は wenn es so weit kommt.

スワジランド Swasiland *n.* –s/スワジランドの swasiländisch ‖ スワジランド人 Swasi *m.* (*f.*) –, –.

すわり 座りがよい(わるい) gut (schlecht) sitzen* (stehen*)/このいすは座り心地がよい Auf diesem Stuhl sitzt man bequem. ¦ Es sitzt sich gut auf diesem Stuhl.

すわりこむ 座り込む ^{4}sich setzen《*auf*^{4} 腰を下ろす》; sitzen bleiben* [s]《座ったままでいる》‖ 座り込みストライキ Sitzstreik *m.* –[e]s, –s.

すわる 座る ^{4}sich setzen; ^{4}sich hin|setzen; ^{4}sich nieder|setzen; sitzen*《座っている》; ^{4}Platz nehmen*《席につく》/いすに座る ^{4}sich auf einen Stuhl setzen; auf einem Stuhl sitzen*/どうぞお座り下さい Bitte, nehmen Sie Platz! ¦ Bitte, setzen Sie sich hin!

すんいん 寸陰を惜しむ keinen Augenblick unbenutzt lassen*.

すんか 寸暇もない keine freie Minute haben.

ずんぐり ずんぐりした《体格の》untersetzt; gedrungen/ずんぐりした目 Kullerauge *n.* –s, –n/ずんぐりした男 ein Mann《*m.* –[e]s, ⸚er》von untersetzter (gedrungener) ^{3}Gestalt.

すんげき 寸劇 ein [satirischer] Schwank, –[e]s, ⸚e; Farce *f.* –n; Kabarettstück *n.* –[e]s, –e《寄席・キャバレーの》.

すんし 寸志 ein kleines Geschenk, –[e]s, –e; ein kleines Zeichen《–s, –》der Dankbarkeit《感謝の》.

すんじ 寸時も早く so bald als möglich; möglichst bald; ohne ^{4}Verzug; unverzüglich; sofort; gleich/寸時も違わず ⇨**すんぶん**.

ずんずん [迅速に] schnell; rasch; [中断することなく] immerfort; ohne ^{4}Unterbrechung; [止まらずに] ohne zu halten/ずんずん進歩する rasche Fortschritte《*pl*》machen/かまわずずんずんやり給え Machen Sie ruhig weiter!

すんぜん 寸前に [*präp*] kurz (unmittelbar) vor^{3}; [*adv*] kurz (unmittelbar) vorher/日没寸前に kurz vor dem Sonnenuntergang; kurz bevor die Sonne untergeht.

すんだん 寸断する in ^{4}Stücke schneiden*^{4} (hauen*^{4}; reißen*^{4}); zerschneiden*^{4}; zerreißen*^{4}.

すんてつ 寸鉄 ¶ 身に寸鉄を帯びず keine Waffe [bei ^{3}sich] tragen* (führen); vollständig unbewaffnet sein. ‖ 寸鉄詩 Epigramm *n.* –s, –e.

すんでのことに beinahe; fast; um ein Haar《間一髪》/すんでのことに忘れるところだった Ich habe (hätte) es beinahe vergessen./彼はすんでのことに溺れるところだった Es fehlte nicht viel, so wäre er ertrunken.

すんなり schlank; geschmeidig《しなやかな》.

すんぴょう 寸評 eine kurze Kritik, –en; ein kurzer Kommentar, –s, –e.

すんぶん 寸分も...せぬ nicht im Geringsten/彼は時間に寸分も違わずやって来た Er kam auf die Minute [pünktlich].

すんぽう 寸法 Maß *n.* –[e]s, –e; Größe *f.* –n《大きさ》; Nummer *f.* –n《靴・手袋のサイズ》/寸法を計る [*jm*] Maß nehmen*《*zu*^{3}》; an|messen*^{4}/あなたの靴の寸法はいくつですか Welche Schuhgröße tragen Sie? ¦ Welche Schuhnummer haben Sie?/すべては寸法通りに運んだ Es ging alles planmäßig (wie vorher geplant).

せ

せ 瀬 Stromschnelle *f.* –n; Strudel *m.* –s, –《早瀬》; Untiefe *f.* –n; Furt *f.* –en; Sandbank *f.* –en《浅瀬》.

せ 背 Rücken *m.* –s, –; Bergrücken *m.* –s, –《山の背》; Grat *m.* –[e]s, –e《山稜》; Buchrücken《本の背》/いすの背 Rückenlehne *f.* –n/背を伸ばす ^{4}sich (den Körper) strecken. ¶ 背に腹はかえられぬ ‚Das Hemd ist einem näher als der Rock.' ⇨**せい**(背).

ぜ 是 Richtigkeit *f.* –en; Recht *n.* –[e]s, –e; was recht (richtig) ist/是を是とし非を非とする die Dinge [offen] beim rechten (richtigen) Namen nennen*; das Kind beim rechten Namen nennen*/是とする *jm* Recht geben*; rechtfertigen^{4}; als richtig (berechtigt) betrachten^{4}. ━ 是が非でも unbedingt《絶対に》; wohl oder übel; gutwillig oder nicht; nolens volens《否応なしに》; gleichgültig wie《手段をとわず》. ⇨**ぜひ** ②.

せい 聖(なる) heilig, Weih-; geweiht; Sankt 《略: St.》/聖アウグスチンの der heilige Augustinus／聖ミカエルの日 Sankt-Michaelis-Tag *m*. -[e]s, -e ‖ 聖域 die geweihte Stätte, -n/聖水 Weihwasser *n*. -s.

せい 姓 Familien|name (Nach-; Zu-) *m*. -ns, -n.

せい 精 ❶ [精髄] Essenz *f*. -en; Wesenheit *f*. -en. ❷ [精霊] Geist *m*. -[e]s, -er/火の精 Feuergeist *m*. -[e]s, -er; [Feuer]salamander *m*. -s, -/地の精 Gnom *m*. -en, -en/木の精 Baumnymphe *f*. -n; Dryade *f*. -n/水の精 Nymphe *f*. -n; Wasser|jungfer *f*. -n (-geist *m*. -[e]s, -er)/家(山·地)の精 Kobold *m*. -[e]s, -e. ❸ [精力] Energie *f*. -n; Lebenskraft *f*. ⸚e; Vitalität *f*.; Vigor *m*. -s /精[を]出す ⇨せいだす/精[分]をつける ⇨せいぶん(精分)をつける/精がつきる völlig fertig sein; schachmatt (abgemattet; erschlagen) sein/精いっぱい ⇨せいいっぱい.

せい 生 Leben *n*. -s; Dasein *n*. -s; Existenz *f*. -en/生の歓喜 Lebensfreude *f*. -n/生の衝動 Lebenstrieb *m*. -[e]s, -e/生ある者 Lebewesen *n*. -s, -; die Lebenden* (*pl*)/生を営む (と*nd* weben(*)); das Leben führen/生をうける [生まれる] geboren werden; das Licht der Welt erblicken; zur Welt kommen* (*s*); [生きている] leben; auf der Welt sein/生を楽しむ das (sein) Leben genießen*.

せい 背 (Körper)größe *f*. -n; Statur *f*. -en; Wuchs *m*. -es, ⸚e/背の高い groß; lang/背の低い klein; kurz ‖ 背と して kurz und dick stämmig のような或位として/背が高くなる groß werden/頭一つだけ背が高い um einen Kopf größer sein 《*als*》/背が一メートル七十ある ein Meter siebzig groß sein/背の順に並ぶ der Größe nach an|treten* (*sich reihen)/背伸びする *sich auf die Zehen stellen/背が立たない(水中で) den Boden unter den Füßen verlieren/ハイヒールをはいて背を高く見せる *sich mit Hilfe der Schuhe mit hohen Absätzen größer zeigen.

せい 性 ❶ [性質] Natur *f*. -en; Natur|anlage *f*. -n/人の性は善である Der Mensch ist von Natur aus gut./習い性となる Jung gewohnt, alt getan./ ❷ [男女の] Geschlecht *n*. -[e]s, -er; [geschlechtlich]; sexual; sexuell ⇨せいてき(性的)/性の区別なく *ohne Geschlechtsunterschied / 性の欲求 Geschlechtsdrang *m*. -[e]s, -e (-trieb *m*. -[e]s, -e)/性ホルモン Geschlechtshormon *n*. -s, -e/性の目覚め das geschlechtliche Erwachen*, -s. ❸ [文法] Geschlecht *n*. -[e]s, -er; Genus *n*. -, ..nera/男(女, 中)性 das männliche (weibliche, sächliche) Geschlecht.

せい 正 ❶ [正しいこと] das Recht, -[e]s; Gerechtigkeit *f*.; das Richtige*, -n. ❷ [数] plus; positiv 《正の》/正数 die positive Zahl, -en. ❸ [副に対し] ordentlich; original/正会員 das ordentliche Mitglied, -[e]s, -er/正《正本》の Original, -s, -e; Urkunde *f*. -n ⇨せいぶん(正文).

せい Folge *f*. -n 《結果》; Ursache *f*. -n 《原因》; Grund *m*. -[e]s, ⸚e 《理由》; das Warum, -s 《わけ》; Schuld *f*. -en 《責任》/...のせいで wegen²(¹); infolge²/年のせいで wegen des Alters/陽気のせいで infolge (wegen) der Witterungseinflüsse/...のせいにする *jm* ⁴*et* (⁴*et* einer Sache) zu|schreiben*; *jm* ⁴*et* zu|rechnen; *jm* die Schuld zu|schieben*; ⁴*et* auf *jn* ab|wälzen; *jm* ⁴*et* in die Schuhe schieben*/...のせいである Es liegt daran, dass .../zurück|zuführen sein 《*auf**)》/うまくいかないと他人のせいにする Er schiebt immer die Schuld auf *jn*, wenn es schief geht./成功しないのは君自身のせいだ Es liegt an dir, dass es dir nicht gelingt.／Den Misserfolg hast du verdient./それはおのせいだ Das kommt von Nerven./あいつのせいだ Die Schuld liegt bei ihm.

-せい -世 ¶ ウィルヘルム二世 Wilhelm der Zweite, -s des -en 《但し des Kaisers Wilhelm des Zweiten, Kaisers Wilhelm des Zweiten ともいう》/レクラム氏二世 Herr Reklam der Jüngere, -n -s des -n; der junge Reklam, des -n -s.

-せい -制 System *n*. -s, -e; Institution *f*. -en; Ordnung *f*. -en; Statut *n*. -[e]s, -en/八時間[労働]制 Achtstundentag *m*. -[e]s, -e /週五日制 Fünftagewoche *f*. -n/三交替制の工場 Betrieb *m*. -[e]s, -e) in drei Schichten; der dreischichtige Betrieb/定時制学校 Teilzeitschule *f*. -n.

-せい -製 ¶ 国内製の inländisch; einheimisch/自家製の selbst gemacht/ドイツ製 deutsch/日本製の時計 die japanische Uhr, -en/外国製の品 die ausländische Fabrikat, -e/鋼鉄製の aus (von) Stahl; Stahl-/皮製の ledern; in Leder [gebunden] 《本》.

せい 税 Steuer *f*. -n 《租税》; Zoll *m*. -s, ⸚e 《関税》; Weg[e]geld *n*. -[e]s, -er 《有料道路の》; Brückengeld *n*. -[e]s, -er 《橋の》/税がかかる steuer|pflichtig 《zoll-》; gebührenpflichtig 《道路や橋の》/税のかからぬ steuer|frei 《zoll-》; gebühren-/税をかける *jm* eine Steuer auf|erlegen; besteuern⁴/税をかけられる 《物を主語にして》 einem Zoll (einer Steuer) unter|liegen*/税を免ぜられる von Steuern befreit werden/税を納める Steuern (Zoll) zahlen (entrichten); versteuern⁴; verzollen⁴/税を取り立てる Steuern (Zoll) erheben* (ein|treiben*; ein|ziehen*; bei|treiben*)/税をごまかす Steuern (Zoll) hinter|ziehen*/税の申告 Steuererklärung *f*. -en/所得税 Einkommensteuer/交通税 Verkehrssteuer/財産税 Vermögenssteuer/消費税 Verbrauch[s]steuer/総合所得税 die konsolidierte Einkommensteuer/相続税 Erbanfall|steuer (Erbschafts-)/増税 Steuererhöhung *f*. -en/贈与税 Schenkungssteuer/地方税 Gemeindesteuer/直接(間接)税 die direkte (indirekte) Steuer/入港税 Hafenzoll *m*. -[e]s, ⸚e/遊興飲食税 Vergnügungs- und Verzehrsteuer/累進税 die progressive Steuer. ⇨ぞぜい, ぜいきん.

ぜい 贅を尽くす schwelgen und prassen;

せいあい 性愛 geschlechtliche (sexuelle) Liebe f.

せいあつ 制圧 Niederdrückung f. -en/制圧するniederǀdrücken⁴; unterjochen; unterwerfen*⁴.

せいあん 成案 der feste (endgültige) Plan, -[e]s, -e/成案がある einen festen Plan haben/成案を得る ³sich ein Urteil bilden (über¹).

せいい 誠意 Aufrichtigkeit f.; Ehrlichkeit f.; Redlichkeit f.; Treue f./誠意ある aufrichtig; ehrlich; redlich; treu/誠意のない unaufrichtig; unehrlich; unredlich; untreu/誠意をもって auf Treu und Glauben/誠意を疑う *sich aufrichtig zeigen/誠意を疑う an js Aufrichtigkeit zweifeln/誠意を披瀝(ﾚｷ)する es nicht an Aufrichtigkeit fehlen lassen¹.

せいいき 聖域 heiliger Bezirk, -[e]s, -e.

せいいく 成(生)育 das Wachsen*, -s; Wachstum n. -s; Wuchs m. -es, ᵉe/生育する wachsen* [s]; heranǀwachsen* [s] (zu³).

せいいっぱい 精一杯 aus allen Kräften; aus Leibeskräften; mit ganzer (voller) Kraft; mit dem besten Kräften/精一杯やる nach besten Kräften/精一杯やる sein Möglichstes (Bestes) tun*; das Äußerste tun*/これが精一杯です Ich habe mein Möglichstes getan. ¦ Das ist alles, was ich kann./これが精一杯の値段です Das ist der äußerste Preis. (これ以上まけられぬ).

せいいん 成員 Mitglied n. -[e]s, -er; Mitgliedschaft f. — (全体)/成員数は一万を超える Die Mitgliederzahl übersteigt zehntausend.

せいう 晴雨 にかかわらず gleichgültig, ob es regnet oder nicht; unbekümmert um die Wetterverhältnisse/晴雨計は暴風を示していた Das Barometer stand auf Sturm. ‖ 晴雨計 Barometer n. -s, -; Luftdruckmesser m. -s, -/晴雨兼用傘 En-tout-Cas m. -, -.

せいうん 星雲 Nebelfleck m. -[e]s, -e; Nebel m. -s, -/星雲の Nebular-/星雲説 Nebelfleckhypothese f. -n; Nebulartheorie f. -n/アンドロメダ星雲 Andromedanebel m. -s, -/オリオン座の Nebel des Orion.

せいうん 盛運 Gedeihen n. -s; der gute Stand, -[e]s, -e; glückliche Zustände (pl); Prosperität f.; [Wirtschafts]blüte f.; Wohlergehen n. -s; Wohlstand m. -[e]s/盛運の gedeihend; gedeihlich; im guten Stand (glücklichen Zuständen) befindlich; prosperierend; in [Wirtschafts]blüte stehend; florierend; gute Geschäfte (pl) machend.

せいうん 青雲の志を抱く hoch hinausǀwollen*; ³sich ein hohes Ziel stecken (setzen); ein großes Ziel [vor Augen] haben; ⁴es sehr weit [in der Welt] bringen wollen*; nach den Sternen greifen wollen*; die Leiter des Erfolg[e]s erklettern wollen*.

せいえい 精鋭 der Beste*, -n, -n; Elite f. -n; der Auserlesene*, -n; [以下は《俗》] Kanone f. -n; Klasse f. -n ‖ 精鋭部隊 Elitetruppe f. -n.

せいえき 精液 Same[n] m. ..mens, ..men; Sperma n. -s, ..men.

せいえん 製塩 das Salzsieden*, -s; Salzsiederei f. -en ‖ 製塩業 Salzsiederei /製塩所 Saline f. -n; Salzsiederei f.; Salzwerk n. -[e]s, -e.

せいえん 盛宴 die prächtige Festlichkeit, -en (Feier f. -n) [祝宴]; das herrliche Gastmahl, -[e]s, -e (きょう宴); die große Veranstaltung, -en (一般に)/盛宴でした Die Veranstaltung war gut besucht. ¦ Das war eine Gesellschaft mit vielen Besuchern.

せいえん 声援 Anfeuerung f. -en (競技場などの); Unterstützung f. -en (支援)/声援する anǀfeuern⁴; anǀtreiben*⁴ (zu³); unterstützen⁴.

せいえん 凄艶な unheimlich schön.

せいおう 西欧 Westeuropa (n.) -s; [西洋] der Westen, -s; Abendland n. -[e]s ‖ 西欧諸国 die westeuropäischen Staaten (pl); Westmächte (pl 列強)/西欧ブロック der westeuropäische Block, -[e]s, ᵉe/西欧文明 die westeuropäische Zivilisation, -en/西欧連合 die westeuropäische Union, -en.

せいおん 静穏な still; windstill; ruhig; friedlich; friedselig/静穏になる ³しずまる.

せいか 生家 Eltern[haus (Geburts)n. -es, ᵉer.

せいか 聖歌 Kirchenlied n. -[e]s, -er; Hymne f. -n ‖ 聖歌集 Gesangbuch n. -[e]s, ᵉer/聖歌隊 Kirchenchor m. -[e]s, ᵉe.

せいか 正価 der feste Preis, -es, -e (ふつう pl.).

せいか 製菓[所] Konfekt n. -[e]s, -e; Zuckerwerk n. -[e]s, -e.

せいか 正貨 Münze f. -n; Hartgeld n. -[e]s, -er; das bare Geld, -[e]s, -er/正貨でin bar ‖ 正貨準備 Goldbestand m. -[e]s, ᵉe; Goldreserve f. -n/正貨流出 Goldabfluss m. -es, ᵉe/正貨流入 Goldzufluss m. -es, ᵉe.

せいか 正課 Pflichtfach n. -[e]s, ᵉer (必修課目); [der reguläre] Studiengang m. -[e]s, ᵉe [正規の課程]; Lehrplan m. -[e]s, ᵉe (カリキュラム).

せいか 成果 Ergebnis n. -ses, ..nisse; Resultat n. -[e]s, -e; Erfolg m. -[e]s, -e; Früchte (pl)/成果を収める《物が主語》gute Resultate ergeben*; Erfolg haben; 《人が主語》mit ³et Erfolg haben; zu gutem Ergebnis kommen* [s]/成果は予期以上であった Der Erfolg war über Erwarten./それほど大した成果は収められまいよ Damit werden Sie nicht viel Erfolg haben.

せいか 声価 Ruf m. -[e]s, -e; Ruhm m. -[e]s, -e ‖ 声価を挙げる einen guten (vorzüglichen) Ruf erwerben*/声価を失う seinen guten Ruf verlieren*.

せいか 聖火 das heilige Feuer, -s, -; [オリンピックの] das olympische Feuer; die olympische Flamme, -n; die olympische

せいか 聖火 Fackel, -n《聖火リレーの》/オリンピックの聖火は競技開催中昼夜燃え続ける Das olympische Feuer brennt für die Dauer der Spiele Tag und Nacht.

せいか 精華 Blüte f. -n; Elite f. -n《えりぬき》; Nonplusultra n.《極致》; Ausbund m. -[e]s, ⸗e《典型》; Essenz f. -en/武士道の精華 ein Ausbund von der Ritterlichkeit.

せいか 盛夏 Hochsommer m. -s, -.

せいか 青果[物] Gemüse《pl》und Obst ‖ 青果市場 Gemüse- und Obstmarkt m. -[e]s, ⸗e.

せいか 製靴 Schuhmacherei f. -en; das Schustern*, -s ‖ 製靴業 Schuhmachergewerbe n. -s, -; Schuhmacherei f. -en; [人] Schuhmacher m. -s, -; Schuster m. -s, -/製靴工場 Schuhfabrik f. -en.

せいかい 正解 Lösung f. -en; die richtige Antwort, -en/正解は次号にのせる Lösung in der nächsten Nummer!/正解する richtig raten*⁴《謎など》; lösen⁴; richtig antworten《auf⁴》‖ 正解者 Löser《m. -s, -》der Frage; des Rätsels).

せいかい 政界 die politische Welt, -en; die politischen Kreise《pl》/政界の不安 Unruhe《f. -n》in politischen Kreisen; die politische Unruhe《政情・国際関係の不安の意にも》/政界の動き die Tendenz, -en der politischen Kreise; Tun und Lassen《des - und -s》der Parteigänger《一人一人の》/政界の事情に通じている mit politischen Angelegenheiten (Verhältnissen) wohl vertraut sein; über die politische Lage gut unterrichtet sein/政界に入る ins politische Leben ein[treten]* ⓢ/政界にある im politischen Leben stehen*/政界から退く⁴sich vom politischen Leben zurück[ziehen]* ‖ 政界消息筋 die politisch unterrichteten Kreise《pl》.

せいかい 盛会 gut besuchte Versammlung, -en/盛会でした Die Versammlung war gut besucht. / Das war eine Gesellschaft mit vielen Besuchern.

せいかいいん 正会員 das ordentliche Mitglied, -[e]s, -er/正会員の資格のある zum ordentlichen Mitglied qualifiziert (sein).

せいかいけん 制海権 Seeherrschaft f. -en/制海権を握る die Seeherrschaft an ⁴sich reißen⁴ (haben); die Oberhand zur See gewinnen*.

せいかがく 生化学 Biochemie f./生化学上(的)の biochemisch ‖ 生化学者 Biochemiker m. -s, -.

せいかく 正確 Genauigkeit f.; Richtigkeit f.; Pünktlichkeit f.《時間の》; Exaktheit f.; Korrektheit f.; Präzision f.《精確》. — 正確なに(の)genau; richtig, pünktlich; exakt; korrekt; präzis/正確な時間 die richtige Zeit, -en/正確に言えば genau[er] gesagt; richtig[er] ausgedrückt; um exakt zu sein/時間を正確に守る pünktlich sein/寸法を正確に守る die Abmessungen genau ein[halten]*/科学的正確さで mit wissenschaftlicher Exaktheit/この時計は正確である(でない) Diese Uhr geht richtig (nicht richtig).

せいかく 性格 Charakter m. -s, -e; Wesen n. -s, -/性格上の欠点 Charakterfehler m. -s, -/性格の強い(弱い) charakterfest (charakterlos)/強い(弱い)性格 Charakterstärke (Charakterschwäche) f. -en/性格にぴったり合う[genau]seinem Charakter passen / 互いに性格がよく合う von gleichem Schlag[e] sein; ⁴sich charakterlich gut vertragen*《mit³》; gut zueinander passen/会談は打ちとけた快諾を帯びていた Die Besprechung trug vertraulichen Charakter./それは彼の[むっつり屋の]性格をよくあらわしている Das sieht seinem (verschlossenen) Wesen ähnlich. ‖ 性格俳(女)優 Charakterdarsteller m. -s, - (-darstellerin f. ..rinnen)/性格描写 Charakterschilderung f. -en (-bild n. -[e]s, -er).

せいかく 製革 das Gerben*, -s; Gerberei f. -en ‖ 製革業 Gerberei f. -en/製革業者 Gerber m. -s, -/製革所 Gerberei f. -en; Gerbereianlage f. -n.

せいがく 声楽 Vokalmusik f.; Gesang m. -[e]s, ⸗e ‖ 声楽家 Sänger m. -s, -; Sängerin f. ..rinnen/声楽科 Gesangabteilung f. -; Abteilung《f. -en》für Vokalmusik.

せいがく 税額 Steuerbetrag m. -[e]s, ⸗e/税額を査定する die Steuer[n] an[schlagen]* (ab[schätzen]; ein[schätzen]) ‖ 税額査定 Steueranschlag m. -[e]s, ⸗e/決定税額 der festgesetzte Steuerbetrag.

せいかつ 生活 Leben n. -s, -; Lebenshaltung f. -en; Dasein n. -s; Existenz f. -en; [生計] Lebensunterhalt m. -[e]s/意義のある生活 das lebenswerte Dasein; das der Mühe werte Leben/生活の保証 Garantie《f. -n》des Lebensrecht[e]s/生活を立てる ³sich seinen Lebensunterhalt (sein Brot; sein Geld) verdienen《als; durch⁴》; ⁴sich ernähren《von³》; sein Auskommen (seine Existenz) haben《von³》/生活を簡素化する die Lebenshaltung vereinfachen/生活の基調 Grundton《m. -[e]s, ⸗e》des Lebens/生活の資 Lebensunterhalt m. -[e]s; das Auskommen*, -s/生活の資を得る sein Brot verdienen《als》; ³sich sein Brot erwerben*; sein Auskommen finden*/生活を安定させる das Leben stabilisieren/生活が不安定である keine sichere Existenz haben/生活の標準が高い(低い) Der Lebensstandard ist hoch (niedrig)./生活が豊かである wohlhabend sein; es gut haben; gut daran sein; ein gutes Leben haben. — 生活をする leben; ein Leben führen《幸福に, miserabel などとともに》/みじめな生活をする ein elendes Dasein (Leben) führen; in Armut leben; kaum das Leben fristen; schlecht daran sein/どうにかこうにか生活して行く⁴sich mühsam durch[bringen]*; ⁴sich so durch[schlagen]*; von der Hand in den Mund leben. ‖ 生活安定 Stabilisierung《f. -en》des Lebens/生活給 Existenzminimum n. -s, ..ma/生活協同組合 Konsumverein m. -[e]s, -e/生活記録 Lebensdokumentation f. -en (-geschichte f. -n)/生活苦 Daseinskampf m. -[e]s, ⸗e; die raue (harte) Wirklichkeit, -en/生活条件 Lebensbedingungen《*pl*》/生活状態 Lebenslage *f.* -n/生活水準(程度) Lebens¦standard *m.* -[s], -s (-niveau *n.* -s, -s)/生活設計 Lebensgestaltung *f.* -en/将来の生活設計をする das zukünftige Leben gestalten/生活難 Lebensnot *f.* ⸚e; Armut *f.*/生活白書 Weißbuch《*n.* -[e]s, ⸚er》über Lebensbedingung/生活反応 Lebens¦funktion *f.* -en (〖話〗-zeichen *n.* -s, -)/もう生活反応は見られない Die Leiche zeigt keine Lebensfunktion mehr./生活費 Lebenshaltungskosten《*pl*》; Lebensunterhalt[ung]skosten《*pl*》; Ausgaben《*pl*》zur Bestreitung des Lebens/生活必需品 Lebensbedürfnisse《*pl*》; Lebensbedarf *m.* -[e]s; Bedarfsartikel《*pl*》/生活物資 lebenswichtige Artikel (Güter)《*pl*》/生活保護法 Fürsorgegesetz *n.* -es, -e/生活様式 Lebensstil *m.* -[e]s, -e/生活力 Lebenskraft *f.* ⸚e/最低生活 die minimale (niedrigste) Lebenshaltung, -en/社会(日常, 精神, 都会, 田園)生活 das soziale Leben (Alltagsleben, das geistige Leben, [Groß-]stadtleben, Landleben) *n.* -s, -.

せいかっこう 背格好 Statur *f.* -en; Wuchs *m.* -es, ⸚e/背格好がほとんど同じである fast die gleiche Statur sein《wie》/彼はあなたくらいの背格好である Er ist so ungefähr von Ihrem Wuchs.

せいかん 生還する heil [und wohlbehalten] zurück|kommen* [s]; lebend (lebendig) zurück|kehren [s]; 〖野球〗einen Lauf erzielen/生還を期せず nicht erwarten, lebend wieder zurückzukommen ‖ 生還者 der Überlebende*, -n, -n《生き残り》; der heil Zurückkommende*, -n, -n.

せいかん 盛観 der herrliche Anblick, -[e]s, -e.

せいかん 精悍な kühn [und verwegen]; wacker [und unentwegt]; furchtlos/精悍な目つき der kühne Blick, -[e]s, -e.

せいかん 静観 Beschaulichkeit *f.*/静観的態度をとる eine abwartende Haltung ein|nehmen*; [4]sich abwartend verhalten*. ― 静観する ruhig ab|warten[4]; ruhig betrachten[4]; [[3]sich] beschauen[4]/事態を静観する ruhig die Lage betrachten; ab|warten, was für einen Lauf die Dinge nehmen werden; [erst] sehen*, wie der Hase läuft/もう少し静観しようではないか Wollen wir noch ein wenig die Sache betrachten und sehen, wie die Sache läuft. ‖ 静観主義 die abwartende Politik, -en.

せいがん 請願 [Bitt]gesuch *n.* -[e]s, -e; Eingabe *f.* -n; Ansuchen *n.* -s, -; Antrag *m.* -[e]s, ⸚e/請願を却下する(認可する) ein Gesuch ab|lehnen (bewilligen). ― 請願する ein Gesuch richten《*an*[4]》; ein Bittgesuch ein|reichen; eine Eingabe machen《*an*[4]; *um*[4]》; einen Antrag stellen《*auf*[4]》; an|suchen《*bei*[3]; *um*[4]》. ‖ 請願委員 Ausschuss《*m.* -es, ⸚e》der Gesuchsteller《総称》/請願者 Bittsteller *m.* -s, -; Antrag¦steller (Gesuch-) *m.* -s, -/請願書 Eingabe *f.* -n; Bittgesuch *m.* -[e]s, -e; Bittschrift *f.* -en.

せいがん 誓願 Gelübde *n.* -s, -/誓願をたてる ein Gelübde ab|legen.

ぜいかん 税関 Zollamt *n.* -[e]s, ⸚er; Zoll *m.* -[e]s, ⸚e/税関の検査を受ける durch den Zoll (zur Zollschranke) gehen* [s] ‖ 税関検査 Zollkontrolle *f.* -n/税関告知書 Zollinhaltserklärung *f.* -en/税関申告書 Zoll¦angabe *f.* -n (-anmeldung *f.* -en; -erklärung *f.* -en)/税関長 der Vorsteher《-s, -》(Oberaufseher -s, -) des Zollamtes/税関手数料 Zollgebühren《*pl*》/税関手続 Formalitäten《*pl*》der Zollabfertigung; Klarierungsformalitäten《*pl*》/税関吏 Zollaufseher *m.* -s, -; der Zollbeamte*, -n, -n; Zollinspektor *m.* -s, -en.

せいがんせい 制癌性の Krebs verhindernd (verhütend).

せいかんぶっしつ 星間物質 interstellarer Materie, -n.

せいき 精気 Geist *m.* -[e]s, -er; Energie *f.* -n; Lebenskraft *f.* ⸚e.

せいき 世紀 Jahrhundert *n.* -[e]s, -e/十八世紀の初頭に(中頃に, 後期に) am Anfang (in der Mitte, am Ende) des achtzehnten Jahrhunderts/過去数世紀にわたって jahrhundertelang; von [einem] Jahrhundert zu (zum anderen) Jahrhundert; Jahrhundert auf Jahrhundert ❖「過去」は動詞で表わせばよい; während der letzten Jahrhunderte ‖ 世紀末 Jahrhundertsende *n.* -s, -n; das fin de siècle, des - - -/世紀末的感覚 Dekadenzgefühl *n.* -[e]s, -e/世紀末文芸 Kunst und Literatur der Jahrhundertwende.

せいき 正規の regelrecht; ordentlich; vorschriftsmäßig; [法に適った] gesetzlich; gesetz¦mäßig (recht-); [合法的] ordnungs¦gemäß (-mäßig)/正規の手続きをふむ vorschriftsmäßig alle Formalitäten erfüllen/正規のルートで auf rechtmäßigem Weg[e] ‖ 正規軍 Armeekorps *n.* -, -/正規兵 Berufssoldat *m.* -en, -en; der richtige Soldat, -en, -en.

せいき 生気 Leben *n.* -s, -; Lebensfülle *f.*; Lebensgeister《*pl*》; Lebenskraft *f.* ⸚e; [生のいぶき] Lebenshauch *m.* -[e]s, -e; Lebensodem *m.* -s, -《雅語》/生気に満ちた belebt; beseelt; lebhaft; lebensvoll/生気に満ちている voll[er] Leben sein; viel Leben haben/生気のない leblos; unbeseelt/生気溌剌とした lebhaft wie ein Fisch im Wasser (sein); lebensvoll und aufstrebend/生気全く失せた mehr tot als lebendig/生気をとり戻す Leben zeigen. ⇨かっき.

せいき 性器 Geschlechtsorgan *n.* -s, -e; [männliches] Glied, -[e]s, -er《男》; [weibliche] Scham《女》.

せいぎ 正義 Gerechtigkeit *f.*; Rechtschaffenheit *f.*; Recht *n.* -[e]s, -e/正義の gerecht; rechtschaffen; recht/正義のために(の) für die Sache der Gerechtigkeit/正義感が強い ein sehr gerechter Mensch sein; einen starken Gerechtigkeitssinn haben/

力は正義なり ‚Macht ist Recht.'¦ ‚Macht geht vor Recht.'
せいぎ 盛儀 die große (imposante) Festlichkeit, -en; die prunkvolle Feier, -n.
せいきゃく 政客 Politiker *m.* -s, -.
せいきゅう 請求 Bitte *f.* -n 《*um*⁴》; Anspruch *m.* -〔e〕s, ⁼e 《*auf*⁴》; Ansuchen *n.* -s, - 《*um*⁴》; Ersuchen *n.* -s, - 《*um*⁴》; Forderung *f.* -en 《*nach*³; *an*⁴》; Verlangen *n.* -s, - 《*nach*³》; [請願] Antrag *m.* -〔e〕s, ⁼e 《*auf*⁴》; Eingabe *f.* -n 《*um*⁴; *an*⁴》; Gesuch *n.* -〔e〕s, -e／請求に応じて auf *js* Ansuchen (Ersuchen) hin; auf *js* Verlangen 〔hin〕／請求に応じる die Bitte um ⁴*et* erhören; *js* ³Forderung entgegen|kommen* [s]; eine Forderung erfüllen; einen Antrag an|nehmen*; *js* ⁴Gesuche bewilligen／請求どおりに dem Wunsch entsprechend; wunschgemäß. ── 請求する *jm* eine Bitte vor|bringen* 《*um*⁴》; an|suchen 《bei *jm*; *um*⁴》; beanspruchen⁴; erbitten*⁴ 《*von*³》; *jn* ersuchen 《*um*⁴》; fordern⁴《*von*³》; verlangen⁴《*von*³》; [請願] Antrag stellen³ 《*auf*⁴》; ein Gesuch an|bringen* 《*um*⁴》／支払いを請求する *jn* auf|fordern, zu bezahlen; *jn* an Zahlung mahnen 《借金など》. ‖ 請求額 Forderungsbetrag *m.* -〔e〕s, ⁼e／請求権 Anspruch *m.* -〔e〕s, ⁼e; Anrecht *n.* -〔e〕s, -e 《*auf*⁴》／請求次第 auf Verlangen／請求者 der Beanspruchende*, -n, -n; Forderer *m.* -s, -／請求書 Rechnung *f.* -en／請求書を出す die Rechnung vor|legen³／請求払手形 Sicht¦wechsel *m.* -s, - (-tratte *f.* -n).
せいきゅう 性急な(に) hastig; voreilig; vorschnell; ungeduldig; gehetzt; hitzig 《短気》／性急な人 Heißsporn *m.* -〔e〕s, -e.
せいぎょ 生魚 der rohe Fisch, -〔e〕s, -e; der lebende Fisch 《生きた》.
せいぎょ 制御 Kontrolle *f.* -n; Bändigung *f.* -en; Beherrschung *f.* -en; Züg〔e〕lung *f.* -en／制御しやすい(しがたい) leicht (schwer) kontrollierbar; leicht (schwer) lenksam; leicht (schwer) zu zügeln／制御を失う über ⁴*et* die Kontroll (Gewalt) verlieren*. ── 制御する kontrollieren⁴; *jm* den Zaum an|legen; im Zaum halten*⁴; [感情などを] beherrschen⁴; [機械などを] lenken⁴; steuern⁴; [動物を] bändigen⁴; zügeln⁴.
せいきょう 政教 Staat und Kirche; Politik und Religion, der - und - ‖ 政教一致 die Einigkeit von Staat und Kirche/政教分離 〘宗〙Entstaatlichung *f.* -en; die Entkleidung 《-en》 des staatkirchlichen Charakters.
せいきょう 盛況 Lebhaftigkeit *f.* -en; *Schwung m.* -〔e〕s, ⁼e; *Betrieb m.* -〔e〕s, -e／なかなかの盛況だった Es war sehr lebhaft.¦〘俗〙Da war es viel los.¦Es war eine Wucht.／満員客止めの盛況だった Alles war ausverkauft, und es war einer enorme Publikumserfolg.
せいぎょう 正業 der ehrliche Beruf, -〔e〕s, -e; die anständige Beschäftigung, -en; die feste Stellung, -en／正業につく einen ehrlichen Beruf ergreifen*／正業を営む eine anständige Beschäftigung haben; einer regelmäßigen Beschäftigung nach|gehen* [s]／正業につかせる *jn* zu einer festen Arbeit an|stellen 〔lassen*〕.
せいぎょう 生業 Beruf *m.* -〔e〕s, -e; Beschäftigung *f.* -en; Broterwerb *m.* -〔e〕s, -e／生業は漁業である Er lebt vom Fischfang. ‖ 生業資金 Wiederaufbaufonds *m.* -, -.
せいきょういく 性教育 die sexuelle (geschlechtliche) Aufklärung, -en (Erziehung, -en).
せいきょういん 正教員 der reguläre Lehrer, -s, -; Studienrat *m.* -〔e〕s, ⁼e 《高校・専門学校の》.
せいきょうかい 正教会 die griechisch-orthodoxe (griechisch-katholische) Kirche, -n.
せいきょうじゅ 正教授 der ordentliche Professor, -s, -en; Ordinarius *m.* -, ..rien.
せいきょうと 清教徒 Puritaner *m.* -s, -／清教徒的厳格さ die puritanische Strenge ‖ 清教徒主義 Puritanismus *m.* -.
せいきょく 政局 die politische Lage, -n; die politische Situation, -en／政局の発展 die politische Entwicklung, -en／政局の危機 die politische Krise, -n／政局の急変 die politische Umwälzung, -en／政局を概観する einen Überblick über die politische Lage geben* 《テレビ・ラジオ・講演などで》／政局を収拾する die politische Situation retten／政局を担当する die Leitung der Regierung übernehmen*.
せいきん 精勤 Dienstbeflissenheit *f.*; Dienst¦eifer (Pflicht-) *m.* -s. ── 精勤する dienstbeflissen (diensteifrig; dienstfertig) sein; fleißig besuchen⁴ 《学校など》. ‖ 精勤者 der Dienstbeflissene*, -n, -n; die andauernd fleißige Person, -en; der fleißige Besucher, -s, -／精勤賞 Dienst¦preis *m.* -es, -e (-prämie *f.* -n)／精勤証書 Zeugnis 《*n.* ..nisses, ..nisse》 für Beflissenheit (für regelmäßigen Schulbesuch).
ぜいきん 税金 Steuer *f.* -n; Zoll *m.* -〔e〕s, ⁼e／税金を滞納する mit den Steuern in Verzug (Rückstand) geraten* (kommen*) [s]; mit den Steuern im Verzug sein ‖ 税金滞納 der Verzug 《-〔e〕s, ⁼e》 der Steuerzahlung. ⇨**そぜい**, **ぜい**(税).
せいく 成句 Redensart *f.* -en; Redewendung *f.* -en.
せいくうけん 制空権 Luftherrschaft *f.* -en. ⇨**せいかいけん**.
せいくらべ 背比べする die Körpergröße mit *jm* vergleichen*.
せいくん 請訓 ¶ 本国政府に請訓する 〔³sich〕 die Anweisung von der Regierung erbitten*.
せいけい 生計 Lebensunterhalt *m.* -〔e〕s; Broterwerb *m.* -〔e〕s, -e; Erwerbsmittel *n.* -s, -; das Auskommen*, -s; Unterhalt *m.* -〔e〕s／生計を立てる ³sich seinen Lebensunterhalt verdienen 《*als*; *durch*⁴》; ³sich sein Brot erwerben*; sein Auskommen

せいけい haben; seinen Unterhalt bestreiten* 《aus³》/生計が豊かである gut daran sein; in guten Verhältnissen leben/生計が豊かでない schlecht daran sein; nicht auf Rosen gebettet sein; in beschränkten Verhältnissen leben ‖ 生計費 Lebenshaltungskosten 《pl》/生計費指数 Index-Messziffer 《f. -n》(Indexzahl 《f. -n》) Indexziffer 《f. -n》) der Lebenshaltungskosten.

せいけい 西経 die westliche Länge, -n/西経三十度のところにある unter dreißig Grad westlicher Länge liegen*.

せいけい 整形外科 Orthopädie f. -n/整形外科的な(に) orthopädisch/整形外科医 Orthopäde m. -n, -n/整形外科手術 die orthopädische Operation, -en.

せいけい 政経学部 Fakultät 《f. -en》 für Staats- und Wirtschaftswissenschaft (für Politik und Ökonomie).

せいけつ 清潔 Sauberkeit f.; Reinheit f.; Reinlichkeit f./清潔な(に) sauber; rein; reinlich/清潔にする rein machen⁴; reinigen⁴; säubern⁴/清潔にしておく rein (sauber) halten⁴.

せいけん 政見 die politische Anschauung, -en; die politische Idee, -n; seine politischen Ansichten 《pl》; seine politische Linie, -n; Politik f. -en/政見を発表する seine politische Linie an|kündigen (kund|geben*; verkündigen) die Kundgebung 《-en》 der politischen Leitsätze; Regierungserklärung 《f. -en》über die Politik 《首相の》/政見放送 die Sendung 《-en》seiner politischen Anschauung.

せいけん 政権 Regierungsgewalt f.; Macht f. ⸚e/政権を握る an die Macht kommen* (gelangen) ⒮; die Macht ergreifen* (übernehmen*)/政権を握っている die Regierungsgewalt haben; das Steuer des Staat[e]s führen; an der Macht sein*/政権を譲る die Zügel der Regierung übergeben*³ / 政権を維持する an der Macht bleiben* ⒮; ⁴sich in der Macht behaupten; immer noch die Macht in [den] Händen haben/政権のたらい回しをする die Regierungsgewalt der Reihe nach weiter geben*/政権の争奪 Streit 《m. -[e]s, -e》um die Regierungsgewalt; Kampf 《m. -[e]s, ⸚e》um die Macht/政権の接収 Machtübernahme f. -n/Machtergreifung f.

せいげん 制限 Beschränkung f. -en; Einschränkung f. -en; Begrenzung f. -en; Grenze f. -n/制限なく、無制限に unbeschränkt; uneingeschränkt; unbegrenzt/数に制限がある an Zahl beschränkt sein/時間に制限がある zeitlich beschränkt sein; (nur) beschränkte Zeit zur Verfügung haben 《für⁴》/スペースに制限があるため wegen des beschränkten Raums; weil wir im Raum beschränkt sind/制限をうける gewisse Einschränkungen unterliegen*; beschränkt sein 《durch⁴》; gebunden sein 《an³》/時間の制限 die zeitliche Grenze, -n/時間の制限, -en/年令の制限 Altersgrenze f. -n/スポーツには年令の制限がある Es gibt für Sport eine Altersgrenze./制限つきで mit Beschränkungen./制限(kungen); unter (mit) Vorbehalt/一切の制限を廃する alle Grenzen auf|heben*. ― 制限する beschränken⁴; ein|schränken⁴; begrenzen⁴; Schranken setzen³; Grenzen ziehen*³; ³et ein Ziel setzen/会員は百名に制限されている Die Mitgliederzahl ist auf einhundert beschränkt. ‖ 制限漢字 die chinesische Schrift 《-en》im eingeschränkten Rahmen/制限時間 die beschränkte (begrenzte) Zeit 《演説なら Redezeit; 相撲なら Zeit bis zum Kampfbeginn などとする》/制限速度 Geschwindigkeitsgrenze f. -en/産児制限 Geburtenbeschränkung f. -en/-kontrolle f. -n/電力制限 Einschränkung des Stromverbrauchs/輸入制限 Einfuhrbeschränkung f. -en.

せいげん 正弦 Sinus m. -, - 《記号: sin》.

せいげん 贅言 überflüssige Worte 《pl》; Weitschweifigkeit f. -en 《冗長》; Pleonasmus m. -men 《冗語句》; Tautologie f. -n 《類語反復》/贅言を要しない Dazu braucht man nicht viel[e] Worte zu machen. / Davon braucht man nicht viel Redens zu machen.

せいげん 税源 Steuerquelle f. -n.

せいご 正誤 Berichtigung f. -en; Korrektur f. -en; Ausbesserung f. -en/解答の正誤 die richtige und falsche Lösung, -en (Antwort, -en) ‖ 正誤表 Druckfehlerverzeichnis n. ..nisses, ..nisse; Berichtigung.

せいご 成語 Redensart f. -en; die idiomatische Wendung, -en; Idiom n. -s, -e.

せいご 生後 nach [der] Geburt/生後三か月の子 das dreimonatige Kind, -[e]s, -er/生後七か月で立てるようになった Schon sieben Monate nach der Geburt konnte das Kind [auf den Beinen] stehen.

せいこう 生硬 steif; roh; unreif; ungewandt/生硬な文章を書く in ungewandtem (ungelenkem) Stil schreiben*⁴/生硬な物腰 das steife Benehmen, -s.

せいこう 成功 Erfolg m. -[e]s, -e 《das Gelingen*, -s》Glück n. -[e]s/成功の秘訣 das Geheimnis 《..nisses, nisse》des Erfolges/成功の見込みまたは Aussicht 《f. -en》auf Erfolg; Erfolgsaussicht f. -en/成功の見込みある erfolgversprechend; erfolgssicher 《確実》/成功した erfolgreich 《in³》/事業の成功を祝して乾杯する auf den Erfolg des Unternehmens trinken*/ご成功を祈る Ich wünsche Ihnen viel Erfolg! Guten Erfolg! 《俗》Hals- und Beinbruch!/成功の見込みは少ない Die Erfolgsaussichten sind gering. ― 成功する Erfolg haben 《mit³》; es gelingt jm 《un 不定詞句》; 《物が主語》von Erfolg gekrönt (begleitet) sein*; jm gelingen* ⒮; jm glücken; 《口語》jm klappen 《うまくいく》/彼はその仕事に成功するだろう Mit der Arbeit wird er guten (viel) Erfolg haben./彼は成功しなかった（しなかった）Er versuchte sein Glück mit Erfolg (ohne Erfolg). ― 成功しない keinen Erfolg haben 《*mit*^{3}》; es gelingt *jm* nicht 《zu 不定詞句》; 〖物が主語〗 ohne ^{4}Erfolg sein (bleiben* [s]); *jm* misslingen* [s]; fehl|schlagen* [s]. ‖ 成功者 ein erfolgreicher Mann, -[e]s, ⸚er

❖ Mann の所は「作家」Autor「事業家」Unternehmer など具体的に言う方がよい.

せいこう 性交 Geschlechts⁝akt *m.* -[e]s, -e (-verkehr *m.* -s); Koitus *m.* -, - (..tusse) ‖ 性交不能 Impotenz *f.* -en.

せいこう 性行 Wesensart und Lebenswandel, der - und des -s.

せいこう 性向 Gemütsart *f.* -en; Wesens⁝anlage *f.* -n (-art *f.* -en).

せいこう 政綱 das politische Programm, -s, -e; der politische Leitsatz, -es, ⸚e; Parteiprogramm *n.* -s, -e 《政党の》; Programmpunkt *m.* -[e]s, -e 《箇条》.

せいこう 精巧 Feinheit *f.* -en; [精緻] Finesse *f.* -n; Raffinement *n.* -s, -s; Raffinesse *f.* -n; [精密] Präzision *f.* -en／精巧な fein; raffiniert; präzis; ausgearbeitet; ausgefeilt; genau und vollendet／精巧な機械 Aggregat 《*n.* -[e]s, -e》 von feinstem Mechanismus (von feinster Ausführung).

せいこう 製鋼 Stahl⁝bereitung *f.* -en (-herstellung *f.* -en) ‖ 製鋼所 Stahl⁝werk (Hütten-) *n.* -[e]s, -e／製鋼法 Stahlgewinnungsverfahren *n.* -s, -.

せいこうい 性行為 Geschlechtsakt *m.* -[e]s, -e.

せいこうかい 聖公会 Episkopalkirche *f.*⌈-n.

せいこうほう 正攻法 Frontangriff *m.* -[e]s, -e.

せいこく 正鵠を射る ins Schwarze treffen*; den Nagel auf den Kopf treffen*; zu|treffen*／正鵠を失する daneben|schießen* (-|treffen*); nicht zu|treffen*／正鵠を得た passend; angemessen; richtig.

ぜいこみ 税込みの(で) einschließlich der Steuer[n]; mit Steuer[n]; brutto／税込みの給与 das Gehalt 《-[e]s, ⸚er》 mit Steuer[n].

せいこん 精根を打ちこむ mit Leib und Seele sein 《*bei*^{3}》; ^{4}sich legen 《*auf*^{4}》; ^{4}sich tüchtig ins Ruder (ins Zeug) legen／精根を傾けて alle Kräfte anspannend; mit der Kraft der Verzweiflung; mit dem Aufgebot seiner letzten Kräfte／精根を尽くす ^{4}sich ab|matten 《*an*^{3}; *mit*^{3}》; ^{4}sich ab|placken (ab|plagen) 《*an*^{3}; *mit*^{3}》; ^{4}sich ab|rackern 《*an*^{3}; *mit*^{3}》／精根かたむけて…に没頭する mit voller Kraft ^{4}sich ^{3}*et* widmen.

せいごん 誓言 Eid *m.* -[e]s, -e; Gelübde *n.* -s, -; Gelöbnis *n.* ..nisses, ..nisse; Schwur *m.* -[e]s, ⸚e／誓言する einen Eid (ein Gelübde; ein Gelöbnis) ab|legen; einen Eid schwören*; geloben$^{3\,4}$／変わらぬ忠誠を誓言する *jm* ewige Treue geloben (schwören*).

せいざ 静座 das ruhige (stille) Sitzen*, -s (Hocken*, -s); die ruhige (stille) Sitzweise (Hockweise), -n ‖ 静座[療]法 die Kur 《-en》 durch meditierende Sitzweise (Hockweise).

せいざ 正座 das aufrechte (gerade) Sitzen* (Hocken*), -s; die aufrechte (gerade) Sitzweise (Hockweise), -n.

せいざ 星座 〖天〗 Sternbild *n.* -[e]s, -er; Konstellation *f.* -en ‖ 星座早見 Planisphäre *f.* -n; Planiglob *m.* -en, -en; Planiglobium *n.* -s, ..bien.

せいさい 正妻 die rechtmäßige Ehefrau, -en.

せいさい 制裁 Sühne⁝maßnahme (Zwangs-) *f.* -n (*od.* -maßregel *f.* -n); Sanktionen 《*pl*》; Züchtigung *f.* -en; Disziplinarbestrafung *f.* -en 《懲戒処罰》／法律の制裁 die gesetzliche (gesetzmäßige) Sühnemaßnahme／経済の制裁 die Züchtigung durch wirtschaftliche Mittel／社会の制裁 die Bestrafung durch öffentliche Meinung; die soziale Ächtung／制裁を加える zu einer Sühnemaßnahme greifen*; mit Sanktionen einer Züchtigung (einer Disziplinarbestrafung) belegen 《*jn*》; zu Sanktionen schreiten* [s]; züchtigen 《*jn*》.

せいさい 精彩 Glanz *m.* -es, -e; [生気] Lebhaftigkeit *f.* -en／精彩のある lebhaft; bunt; schwunghaft; voll[er] ^{2}Leben／精彩を欠く leblos; unbelebt; schwunglos; matt; kein Leben (sein).

せいざい 製材 das Sägen*, -s; Holzindustrie *f.* -n; [製品] Bauholz *n.* -es, ⸚er ‖ 製材所 Säge⁝mühle *f.* -n (-werk *n.* -[e]s, -e)／製材所の持主 Säge⁝müller (-werker) *m.* -s, -.

せいさく 政策 Politik *f.* ‖ 政策協定 die politische Vereinbarung, -en; das politische Abkommen, -s 《mit *jm*》／外交政策 Außenpolitik *f.*; die auswärtige (äußere) Politik／経済(産業, 社会)政策 Wirtschaftspolitik (Industrialpolitik; Sozialpolitik).

せいさく 製作 Herstellung *f.* -en; Anfertigung *f.* -en; Erzeugung *f.* -en; Fabrikation *f.* -en; Verfertigung *f.* -en. ── 製作する her|stellen^{4}; an|fertigen^{4}; erzeugen^{4}; fabrizieren^{4}; verfertigen^{4}. ‖ 製作者 Hersteller *m.* -s, -; Anfertiger *m.* -s, -; Erzeuger *m.* -s, -; Fabrikant *m.* -en, -en; Verfertiger *m.* -s, -／製作所 Fabrik *f.* -en; Herstellungs⁝stätte (Anfertigungs-; Verfertigungs-) *f.* -n; Werk *n.* -[e]s, -e; Betrieb *m.* -[e]s, -e／製作品 Erzeugnis *n.* ..nisses, ..nisse; Fabrikat *n.* -[e]s, -e; Fabrikware *f.* -n; Kunstarbeit *f.* -en 《美術品》／映画製作者 Filmproduzent *m.* -en, -en.

せいさつ 生殺与奪の権 das Recht 《-[e]s》 (die Gewalt; die Macht) über ^{4}Leben und Tod; das unbeschränkte Herrschaftsrecht.

せいさん 生産 Produktion *f.* -en; Gütererzeugung *f.* -en／生産及び消費市場 Produktions- und Konsummarkt *m.* -[e]s, ⸚e; Produktions- und Konsumzentrum *n.* -s, ..ren／テレビの生産 Produktion von Fernsehgeräten／生産を高める die Produktion erhöhen (steigern). ── 生産する produzieren^{4}; erzeugen^{4}; her|stellen^{4}. ‖ 生産過剰 Überproduktion *f.* -en／生産過程 Produktionsprozess *m.* -es, -e／生産関係 Produktionsverhältnis *n.* ..nisses, ..nisse／生

産管理 die Produktionskontrolle 《-n》 durch die Arbeiterschaft/生産技術 Produktionstechnik f. -en/生産組合 Produktionsgenossenschaft f. -en (-assoziation f. -en)/生産財 Produktionsgut n. -[e]s, ..ter/生産減少 Produktionsverminderung f. -en/生産コスト Produktionskosten (pl)/生産指数 Produktionsindex m. -[es], -e (..dizes)/生産施設 Produktionsanlage f. -n; Erzeuger m. -s, -; Hersteller m. -s, -/生産手段 Produktionsmittel n. -s, -/生産性 Produktivität f. -/生産制限 Produktionsbeschränkung f. -en/生産高 Produktionsmenge f. -n; Ausbeute f. -n; Ertrag m. -[e]s, ..e/生産地 Produktionsort m. -[e]s, -e (-gegend f. -en/-zentrum n. -s, ..ren); Herstellungs｜land (Ursprungs-; Produktions-) n. -[e]s, ..er/生産能力 Produktionsfähigkeit f. -en (-kapazität f. -en)/生産費 Produktionskosten (Erzeugungs-; Gestehungs-; Herstellungs-) (pl)/生産物 Produkt n. -[e]s, -e; Erzeugnis n. -nisses, ..nisse/生産部門 Produktionszweig m. -[e]s, -e/生産方法 Produktionsmethode f. -n/生産要因 Produktionsfaktor m. -s, -en/生産予算 Produktionsbudget n. -s, -s/生産力 Produktionskraft f. ..e; Produktivität f. -en/生産力を拡大する produktionskräftig/生産力拡大 die Erweiterung 《-en》 (Vergrößerung, -en) der Produktionskraft (Produktivität)/工業生産 die industrielle Produktion/大量生産 Massenproduktion f. -en.

せいさん 成算 Aussicht 《-en》 (das Versprechen, -s, -) auf [4]Erfolg/十分の成算がある eine gute Aussicht auf Erfolg haben; erfolg｜versprechend (viel-) (aussichtsreich; verheißungsvoll) sein; des Erfolg[e]s gewiss (sicher) sein.

せいさん 精算 Abschlussrechnung f. -en; Rechnungs｜ausgleich m. -[e]s, -e (-regelung f. -en); die Begleichung (die Berichtigung) einer Rechnung. — 精算する eine Abschlussrechnung machen; eine Rechnung regeln (aus|gleichen*); eine Rechnung berichtigen 《決済》. ∥ 精算書 Abschlussbilanz f. -en/精算所 (Nachlöse)schalter m. -s, -. 《駅の》/精算人 Abschlussrechner m. -s, -; der für die Begleichung Zuständige, -n, -n.

せいさん 清算 Liquidation f. -en; Liquidierung f. -en; Abwick[e]lung f. -en; Auflösung f. -en. — 清算中である in [3]Liquidation stehen*. — 清算する liquidieren*; ab|wick[e]ln*; in [4]Liquidation treten* 固; 過去の生活を清算する der [3]Vergangenheit ab|sagen*; [4]völlig von seinem vergangenen Leben trennen. ∥ 清算会社 Liquidationsgesellschaft f. -en/清算書 die schriftliche Liquidation/清算貸借対照表 Liquidationsbilanz f. -en/清算人 Liquidator m. -s, -en; Abwickler m. -s, -/清算日 Liquidations｜tag m. -[e]s, -e (-termin m. -s, -e).

せいさん 聖餐 Sakrament n. -[e]s, -e; das heilige Abendmahl, -[e]s, -e ∥ 聖餐式 Kommunion f. -en 《カトリック》/聖餐式のお祝い Abendmahlsfeier f. -n/《新教》/聖餐台 Kommunionbank f. ..e/聖餐杯 Abendmahlskelch m. -[e]s, -e.

せいさん 青酸 Blau｜säure (Zyan-) f./青酸の blau|sauer (zyan-) ∥ 青酸カリ Zyan｜kali n. -s (-kalium n. -s)/青酸中毒 Blausäurenvergiftung (Zyan-) f. -en.

せいさん 凄惨 Grauen｜haftigkeit (Schauder-) f./凄惨な grauen|haft (-voll); grausig; gräulich; schauderhaft; schauervoll (schreckens-); schauerlich / 凄惨な光景 der grauenhafte (grauenvolle) Anblick, -[e]s, -e; die schauerlich anzusehende Szene, -n.

せいざん 青山 der blaue Berg, -[e]s, -e; 〔骨を埋める所〕Grab n. -[e]s, ..er/人間到る所青山あり Überall lacht dich der blaue Himmel an. ∣ Das Glück erwartet dich auf Schritt und Tritt.

せいし 静止 Ruhe f.; Ruhelage f.; Stille f.; Stillstand m. -[e]s; Bewegungslosigkeit f. 《動かぬこと》. — 静止する ruhen; still|stehen*; [4sich] still|halten*; bewegungslos sein 《静止している》. ∥ 静止位置 Ruhe｜stelle f. -n (-stellung f. -en)/静止衛星 Synchronsatellit m. -en, -en/静止状態 Ruhe｜zustand (Still-) m. -[e]s, ..e.

せいし 静思 Nachdenklichkeit f.; Beschaulichkeit f.; Besinnlichkeit f.; Meditation f. -en; Spekulation f. -en 《瞑想》; Versenkung f. -en 《沈潜》/静思する nach|denken* 《über[4]》; beschauen〖目的語なし〗; besinnlich sein; meditieren; spekulieren; [4sich] in [4]Gedanken versenken.

せいし 制止 Einhalt m. -[e]s; Auf｜haltung (Zurück-) f.; der Befehl m. -[e]s, -e zum Einhalten; Hemmung f. -en; [Ver]hinderung f. -en; Unterdrückung f. -en 《抑圧》; Abstinenz f. 《自発的》; Enthaltsamkeit f. 《同上》. — 制止的の Einhalt gebietend; auf|haltend (zurück-); hemmend; [ver]hindernd; unterdrückend; abstinent 《自発的》; enthaltsam 《同上》. — 制止する Einhalt tun*[3] (gebieten*[3]); auf|halten*[4] (zurück-); hemmen*; [ver]hindern (jn an[3] bei[3]; in[3]); unterdrücken[4]; abstinent sein; [4sich] enthalten*[2].

せいし 誓紙 der schriftliche (geschriebene) Eid, -[e]s, -e (Schwur, -[e]s, ..e); das schriftliche (geschriebene) Gelübde, -s, - (Gelöbnis, ..nisses, ..nisse)/誓紙を書く einen schriftlichen (geschriebenen) Eid (Schwur) leisten; ein schriftliches (geschriebenes) Gelübde (Gelöbnis) tun*.

せいし 製糸 Seidenmanufaktur f. ∥ 製糸機 Seidenabhaspeln f. -s ∥ 製糸場 Seidenfabrik f. -en.

せいし 製紙 Papier｜herstellung f. -en (-fabrikation f. -en; -manufaktur f. -en) ∥ 製紙会社 Papier｜[herstellungs]gesellschaft

せいし (-fabrikations-; -manufaktur-) f. -en/製紙業 Papier[herstellungs]industrie (-fabrikations-) f. -n/製紙原料 Zellstoff m. -(e)s, -e 《パルプ》; Papierstoff/製紙工場 Papier[herstellungs]fabrik f. -en (-mühle f. -n).

せいし 正視 Normalsichtigkeit f.; die normale Sicht. — 正視する genau (direkt; gerade) ins Gesicht sehen* (jm); unverwandten Blickes an|sehen* (jn)/正視するに忍びない Das ist zu schrecklich (miserabel), als dass man es ansehen (anschauen) könnte. │ Das ist ein so schrecklicher (miserabler) Anblick, dass man den Blick davon abwenden muss./現実を正視するには大いに勇気がいる Es gehört viel Mut dazu, der Wirklichkeit schonungslos ins Gesicht zu schauen (sehen).

せいし 世嗣 der rechtmäßige Erbe, -n, -n; der mutmaßliche Erbe 《推定相続人》.

せいし 正史 die authentische (maßgebende; zuverlässige) Geschichtsdarstellung, -en (Geschichte, -n).

せいし 生死 Leben und (oder) Tod, des - und (oder) -s, -/;Verhängnis n. -nisses, ..nisse/生死の問題 Lebensfrage f. -n, die schicksalsschwere Angelegenheit, -en/生死不明である vermisst (verschollen) sein/生死の境にいる zwischen Leben und Tod (in ³Lebensgefahr) schweben; an der Schwelle des Todes stehen*; Das Leben hängt an einem Faden./彼は生死はどもわからない Ich weiß nicht, ob er noch lebt.

せいし 誓詞 ⇨せいごん.

せいし 精子 ⇨せいちゅう (精虫).

せいじ 政治 Politik f. -en; Staatskunst f. -e; Regierung f. -en 《統治》; Verwaltung f. -en 《行政》; die politische Angelegenheit, -en 《政務》/政治上[的]の politisch; Regierungs-; Staats-/政治を談じる über Politik sprechen*; von Politik reden 《世間話的に》; [素人政談] politisieren; kannegießern を執る regieren; politische Angelegenheiten verwalten/政治に関係する ˚sich mit Politik beschäftigen; politisch tätig sein ║ 政治運動 die politische Bewegung, -en/政治家 Staatsmann m. -[e]s, ..er; Politiker m. -s, - 《ふつう軽蔑的に》/政治科 Abteilung (f. -en) der Staatswissenschaft/政治界 die politische Welt, -; die politischen Kreise (pl)/政治学 Staatswissenschaft f.; Politologie f./政治学科 f. 《公民科》/政治学者 Staatswissenschaftler m. -s, -; Politologe m. -n, -n/政治活動 die politische Tätigkeit, -en/政治感覚 Sinn (m. -(e)s, -e) für Politik/政治機構 der politische Apparat, -(e)s, -e; Staatsapparat m. -[e]s, -e/政治記者 der politische Berichterstatter, -s, -; der politische Publizist, -en, -en/政治狂 die politische Manie, -n; der Politikwütige*, -n, -n/政治工作 das politische Manöver, -s, -; die politischen Ränke (pl 策略)/政治資金 der politische Fonds, -, -/政治思想 die politische Anschauung, -en/政治生活 das politische Leben, -s, -/政治組織 Regierungssystem n. -s, -e; Staatswesen n. -s, -/政治団体 die politische Organisation, -en; die politische Körperschaft, -en/政治地理学 die politische Geographie; Geopolitik f./政治的手腕 Staats|klugheit f. -en (-kunst f. -e)/政治道徳 die politische Moral, -en/政治年鑑 das politische Jahrbuch, -(e)s, ⸚er/政治犯 der politische Verbrecher, -s, -; Staatsverbrecher m. -s, -/政治問題 die politische Frage, -n; Politikum n. -s/政治問題に発展する ˚sich zu einem Politikum entwickeln/ある事を政治問題にする aus einer Sache ein Politikum machen/政治屋 Politiker m. -s, - 《軽べつ的》; [政治談義をする人] Politikaster m. -s, -; Bierbank|politiker (Biertisch-) m. -s, -; Kannegießer m. -s, -/政治欄 die politische Spalte, -n/政党政治 Parteipolitik f. -en/扇動政治家 Demagoge m. -n, -n/地方政治 Kommunalverwaltung f. -en.

せいじ 青磁 das hellgrüne Porzellan, -s, -e ‖ 青磁色 Hellgrün n. -s/青磁色の hellgrün.

せいじ 盛時 Blütezeit f. -en; goldene Zeiten (pl)/盛時を回顧する an die Blütezeit (an die ruhmvollen Vergangenheit) zurück|denken*.

セイシェル die Seychellen (pl)/セイシェルの seychellisch ‖ セイシェル人 Seycheller m. -s, -.

せいしき 正式 Förmlichkeit f. -en; Formalität f. -en; Regel|mäßigkeit (Ordnungs-) f. -en; Regularität f. -en; Vorschriftsmäßigkeit f. -en/正式の förmlich; formell; regel|mäßig (ordnungs-); gerecht; regulär; vorschriftsmäßig/正式裁判を申し出る eine Sache offiziell vor Gericht stellen (bringen*) ‖ 正式討議 die ordnungsmäßige Debatte, -n; die vorschriftsmäßige Besprechung, -en.

せいしつ 性質 Natur f. -en; Charakter m. -s, -e 《性格》; Eigenheit f. -en 《特性》; Eigenschaft f. -en 《同上》; Gemüts|art (Sinnes-) f. -en 《気心》; Naturell n. -s, -e 《資性》; Temperament n. -[e]s, -e 《資性》; Beschaffenheit f. -en 《事物の性情》/...の性質上 der ³Natur nach (gemäß); dem Charakter entsprechend/性質のよい人 der gutmütige (gutherzige; herzensgute) Mensch, -en, -en; der Mensch von gutem Charakter/性質のわるい人 der bösartige (boshafte) Mensch; der Mensch von bösem (schlechtem; schlimmen) Charakter /仕事の性質 die Natur (Art) der Arbeit; der Charakter des Werk[e]s/性質が似ている im Charakter ähnlich³ sein; einen ähnlichen Charakter haben (mit³); ähnlich geartet sein/性質がよい gutmütig (gutherzig; herzensgut) sein; von gutem Charakter/性質がわるい bösartig (boshaft) sein; von bösem (schlechtem; schlimmem) Charakter sein.

せいじつ 聖日 der heilige Tag, -[e]s, -e; der Tag des Herrn.

せいじつ 誠実 Aufrichtigkeit *f.*; Ehrlichkeit *f.*; Redlichkeit *f.*; Treue *f.*/誠実な[に] aufrichtig; ehrlich; redlich; treu/誠実でない unaufrichtig; unehrlich; unredlich; untreu.

せいじゃ 正邪 Recht und Unrecht, des- und -[e]s/正邪をわかつ Recht von Unrecht unterscheiden* (können*).

せいしゃいん 正社員 der Festangestellte*, -n, -n.

せいじゃく 静寂 (die tiefe) Stille; Ruhe *f.*; Totenstille *f.*; Waldeinsamkeit *f.*/静寂を破る die Stille brechen* (unterbrechen*) ‖ 静寂境 Einsamkeit *f.* -en 《詩語》; der stille Winkel, -s, -. ⇨しずけさ

ぜいじゃく 脆弱な gebrechlich; hinfällig 《虚弱な》;〔もろい〕spröde; morsch; mürbe; bröckig; brüchig.

せいしゅ 清酒 der (das) edle (reine) Sake (Saki), -(s), -(s).

ぜいしゅう 税収 Steueraufkommen *n.* -s, -; Steuer|einnahmen (Zoll-) 《*pl*》.

せいしゅく 静粛 Ruhe *f.*; Stille *f.*; Silentium *n.* -s, ..ien; (Still)schweigen, -s/静粛に ruhig; still; schweigend; in Ruhe; in aller Stille/静粛に願います Ruhe!; Silentium!/一同は静粛に退出した Alle gingen ohne Widerrede hinaus.

せいじゅく 成熟 Reife *f.* -n/成熟する reifen [s] (zu³); aus|reifen [s] (zu³); reif sein (zu³; für⁴)/成熟した reif; ausgereift ‖ 成熟期 Reifezeit *f.* -en; Pubertät *f.*/《性的な》成熟期に達するzur Reife kommen* [s]; das Jugendalter erreichen*.

せいしゅん 青春 (Lebens)frühling *m.* -s, -e; die Frühlingsjahre 《*pl*》(des Lebens); Jugendlichkeit *f.*; Jugend|blüte *f.* -[frische *f.*]/青春の血潮 Jugend|feuer *n.* -s, - 《begeisterung *f.* -en》; das heiße Blut 《-[e]s》 der Jugend/青春の歓び Jugendfreude *f.* -n /青春の血をわかす das Feuer der Jugend an|fachen; die jugendliche Begeisterung erregen; das heiße Blut der Jugend in ⁴Wallung bringen* ‖ 青春期 Pubertät *f.*; Geschlechtsreife *f.*; Reifezeit *f.*/青春時代 Jugend|zeit *f.* (-jahre 《*pl*》; -alter *n.*).

せいしょ 清書 Reinschrift *f.* -en; das Reinschreiben*, -s/清書する ins (Reine) schreiben*⁴;⁴eine Reinschrift machen.

せいしょ 聖書 Bibel *f.* -n; die Heilige Schrift, -en/聖書の biblisch; bibelmäßig/聖書の語法 Bibelausdruck *m.* -s, ⁼e/聖書の解釈 Bibel|auslegung *f.* -en (-er|klärung *f.* -en)/聖書の章句 Bibelstelle *f.* -n ‖ 聖書会 Bibelkreis *m.* -es, -e/聖書(普及)協会 Bibelgesellschaft *f.* -en/聖書講義 Bibelstunde *f.* -n/聖書通 Bibelkenner *m.* -s, -/[新]約聖書 das Alte (Neue) Testament, -[e]s 《略: A.T. (N.T.)》.

せいしょう 斉唱 Chor *m.* -[e]s, ⁼e; Gruppen|gesang (Gemeinschafts-) *m.* -[e]s, ⁼e; Tutti *n.* -(s), -(s)/斉唱する im Chor (ein|stimmig; zusammen) singen*.

せいしょう 政商 der von der Regierung begünstigte Kaufherr, -n, -en; Regierungslieferant *m.* -en, -en.

せいじょう 正常な normal/正常化 Normalisierung *f.* -en/正常化する normalisieren*⁴/ダイヤは正常に復した Der Zug fährt wieder fahrplanmäßig.

せいじょう 政情 die politische Lage, -n; die politischen Verhältnisse 《*pl*》.

せいじょう 清浄 Reinheit *f.*; Unschuld *f.*/清浄な rein; sauber; unschuldig/清浄潔白である reine Hände haben; rein von aller Schuld sein/清浄潔白を証する(あかしをたてる)⁴sich rein waschen* (brennen*).

せいじょう 性情 Sinnesart *f.*; Beschaffenheit *f.*; Natur *f.*. ⇨せいしつ.

せいじょうき 星条旗 Sternenbanner *n.* -s, -.

せいしょうねん 青少年 Jugend *f.*; die Jugendlichen 《*pl*》; das junge Volk, -[e]s; die junge Generation; die jungen Leute 《*pl*》‖ 青少年教育 Jugenderziehung *f.*/青少年補導 Jugendpflege *f.*.

せいしょく 生殖 Zeugung *f.* -en; Fortpflanzung *f.* -en/生殖の zeugungs|unfähig (fortpflanzungs-); impotent. — 生殖する zeugen⁴; fort|pflanzen⁴. ‖ 生殖器 Genitalien 《*pl*》; Zeugungs|organe (Geschlechts-) 《*od.* -teile》 《*pl*》; Zeugungs|glied (Geschlechts-) *n.* -[e]s, -er/生殖器崇拝 Phallus|kult (Phallos-) *m.* -[e]s/生殖機能 Zeugungs|funktion (Fortpflanzungs-) *f.* -en/生殖細胞 Geschlechtszelle *f.* -n/生殖作用 Zeugungs|vorgang (Fortpflanzungs-) *m.* -[e]s, ⁼e/生殖欲 Zeugungs|trieb (Fortpflanzungs-; Geschlechts-) *m.* -[e]s, -e/生殖力 Zeugungs|kraft (Fortpflanzungs-) *f.*; Fruchtbarkeit *f.*/処女(単為・単性)生殖 die jungfräuliche (ungeschlechtliche) Fortpflanzung/有性生殖 die geschlechtliche Fortpflanzung.

せいしょく 聖職 der geistliche Stand, -[e]s; Geistlichkeit *f.*; Priestertum *n.* -s/聖職につく in den geistlichen Stand (Orden) treten*; ¹Geistlicher (Priester) werden; die Kutte an|legen; einen grauen Rock an|ziehen*.

せいしょく 生色 Lebhaftigkeit *f.*; Lebendigkeit *f.*; Munterkeit *f.*/生色のある das lebhafte (lebendige; munt[e]re; regsame) Wesen, -s/生色がない mehr von sich lebendig sein; kreidebleich (totenblaß) sein; niedergeschlagen (niedergeschmettert) aus|sehen*.

せいしん 精神 Geist *m.* -[e]s; Seele *f.* -n; Psyche *f.* -n; Gemütsart *f.* 《心情》; Sinn *m.* -[e]s 《意向》; Wille[n] *m.* Willen, Willen 《意志》/精神の geistig; seelisch/精神的な愛 die platonische Liebe/精神に異常を呈した geistesgestört; irr[e]; irr|sinnig (wahn-); umnachtet; verrückt/精神の腐った geistig (seelisch; moralisch) entartet (verderbt)/気高い精神の edel gesinnt;

せいしん hochsinnig; nobel; von vornehmem Geist /精神に異常を呈する den Geist verlieren*; irr[e] (irrsinnig; wahnsinnig; umnachtet; verrückt) werden /精神を修養する den Geist bilden; *sich selbst schulen; *sich selbst moralisch erziehen /精神を打ち込む *sich mit Aufgebot aller geistigen (seelischen) Kräfte hin|geben*³; *sich mit ganzer (voller) Seele widmen³; aus tiefster Seele tun**; mit Leib und Seele dabei sein /彼の仕事には精神がこもっている Sein Werk ist von seinem Geist erfüllt. /あの男は精神を入れ替えた Er hat den alten Menschen abgelegt (einen neuen Menschen angezogen). ‖ 精神安定剤 Beruhigungsmittel n. -s, -/精神家 Idealist m. -en, -en; Schwärmer m. -s, -/精神界 Geisteswelt f. /精神科学 Geisteswissenschaft (Kultur-) f. -en (Naturwissenschaft に対する)/精神過労 Nervenüberanstrengung f. -en/精神教育 die moralische Erziehung /精神教化 Geistesbildung (Seelen-) f. /精神現象 Geisteserscheinung f. -en; das psychische Phänomen, -s, -e/精神錯乱 Geistesverwirrung f. -en (-zerrüttung f. -en) /精神作用 Geistestätigkeit (Seelen-) f. -en/精神史 Geistesgeschichte (Seelen-) f. -n/精神修養 die geistige Schulung, -en; das geistige Training, -s, -s/精神障害 Geistesstörung f. -en/精神状態 Geisteszustand (Seelen-) m. -[e]s, -e; die geistige (seelische) Haltung, -en (Einstellung, -en); Mentalität f. -en/君の精神状態を疑うよ Bist du (noch) bei Sinnen? Bist du von Sinnen?/精神生活 Geistesleben (Seelen-) n. -s/精神的の援助 die geistige (moralische) Unterstützung, -en/精神統一 die geistige Konzentration; die Sammlung der Gedanken/精神薄弱 Geistesschwäche f. -n; Schwachsinn m. -[e]s /精神薄弱の geistesschwach; schwachsinnig /精神病 Geisteskrankheit (Gemüts-; Seelen-) f. -en; Psychose f. -n/精神病院 die psychiatrische Klinik, -en; Irrenanstalt f. -en (-haus n. -es, "er); Narrenhaus; Nervenklinik (-heilanstalt) f. -en/精神病科 die psychiatrische Abteilung, -en (an einer Klinik)/精神病学 Psychiatrie f.; Seelenheilkunde f. /精神病学者 Psychiater m. -s, -; Irrenarzt m. -es, "e/精神病質者 Psychopath m. -en, -en; der Geisteskranke* (-gestörte*), -n, -n; der Irre*, -n, -n/精神病専門医 Psychiater m. -s, -; Nervenarzt (Irren-) m. -es, "e/精神病理学 Psychopathologie f. /精神物理学 Psychophysik f. /精神物理学の psycho- *physikalisch* (-*physisch*)/精神分析[学] Psychoanalyse f. /精神分析上の psychoanalytisch /精神分析者 Psychoanalytiker m. -s, -/精神文明(文化)の die geistige Zivilisation (Kultur) /精神分裂症 Schizophrenie f. /精神療法 Psychotherapie f. /精神療法の psychotherapeutisch /精神療法医 Psychotherapeut m. -en, -en/精神労働 Geistesarbeit (Kopf-) f. -en.

せいしん 誠心 Redlichkeit f.; Aufrichtigkeit f.; Gewissenhaftigkeit f.; Pflichtgefühl (Verantwortungs-) n. -[e]s (od. -bewusstsein n. -s) ‖ 誠心誠意 mit ganzer (vollkommener; vollständiger) Redlichkeit (Aufrichtigkeit; Gewissenhaftigkeit); mit (aus) vollkommenem (vollständigem) Pflichtgefühl (Verantwortungs- (od. -bewusstsein)); in vollem Ernst; mit gutem Gewissen; mit Leib und Seele.

せいじん 成人 der Erwachsene*, -n, -n/成人した erwachsen; mündig. —— 成人する auf|wachsen* ⓢ; erwachsen* ⓢ; heran|wachsen* ⓢ (zu³); mündig werden; mannbar werden ⦅主として女に⦆/徐々に成く成人する Er wird bald mündig. /男の子は立派に成人した Der Junge ist zu einem Mann* herangewachsen. ‖ 成人学校 Erwachsenenschule f. -n/成人教育 Erwachsenenerziehung f. -en (-bildung f. -en)/成人の日 Tag (m. -[e]s, -e) der Mündigkeitserklärung.

せいじん 聖人 Heilige*, -n, -n; der Weise*, -n, -n ⦅賢人⦆/聖人ぶる scheinheilig (scheinfromm) sein; frömmeln.

せいず 製図 Zeichnung f. -en; das Zeichnen*, -s; Kartographie f. ⦅地図の⦆/製図の授業 Zeichenunterricht m. -[e]s, -e/製図の手本 Zeichenvorlage f. -n. —— 製図する zeichnen[4]. ‖ 製図鉛筆 Zeichenstift m. -[e]s, -e/製図家 Zeichner m. -s, -; Kartograph m. -en, -en ⦅地図の⦆/製図学校 Zeichenschule f. -n (-meister) m. -s, -/製図教師 Zeichenlehrer (-meister) m. -s, -/製図室 Zeichensaal m. -[e]s, ..säle/製図台 Zeichentisch m. -[e]s, -e/製図版 Zeichen|brett (Reiß-) n. -[e]s, -er/製図用紙挟み Zeichenmappe f. -n/製図用烏口⦅^(からす)⦆ Reißfeder f. -n, -n/製図用機械 Zeicheninstrument n. -[e]s, -e (-gerät n. -[e]s, -e)/製図用コンパス Reißzirkel m. -s, -/製図用紙 Reißpapier n. -[e]s/製図用定規 Zeichenlineal n. -s, -e/製図用ピン Reißnagel m. -s, ".

せいすい 静水 das stille Wasser, -s.

せいすい 盛衰 Aufstieg und Niedergang ⇒ えいこ/国家の盛衰に関する das Schicksal eines Staates gefährden; einen Einfluss auf das Staatswohl aus|üben; *sich auf Gedeih und Verderb eines Volkes aus|wirken.

せいずい 精髄 Quintessenz f. -en; Inbegriff m. -[e]s; Kern m. -[e]s, -e; das Wesentlichste*, -n.

せいすう 整数 ⦅数⦆ die ganze Zahl, -en; das Ganze, -n ⦅Bruch[zahl]に対する⦆/整数の integral.

せいすう 正数 ⦅数⦆ die positive Zahl, -en.

せいする 制する beherrschen*; in Zaum halten**; bewältigen*; auf|halten** (zurück-) ⦅制止⦆/死命を制す Gewalt über Leben und Tod haben; ⦅比⦆ in die *Tasche stecken /先んずれば人を制す Wer zuerst kommt, mahlt zuerst.

せいせい 精製 Verfeinerung f. -en; das Raffinieren*, -s; Läuterung f. -en; Rei-

せいせい nigung f. -en; Rektifikation f. -en (精溜). ― 精製する verfeinern⁴; raffinieren⁴; läutern⁴; reinigen⁴; rektifizieren⁴ (精溜する). ‖ 精製工場 Raffinerie f. -n/精製品 Feinarbeit f. -en/ Qualitätsarbeit f. -en (-ware f. -n)/精製法 Verfeinerungsverfahren n. -s, -; Raffinierprozess m. -es, -e.

せいせい 清々々々 ⁴sich befreit (erleichtert) fühlen 〈解放感〉; ⁴sich erfrischt (gelabt) fühlen 〈爽快感〉; ³sich Luft machen (schaffen*) 〈鬱を散じる〉 /清々を見て清々した As ich das sah, war mein Groll schlagartig vorbei. ― 清々した befreiend; erleichternd; erfrischend; labend; frisch.

せいせい 生成する 〈作り出す〉 erzeugen⁴; generieren⁴ ‖ 生成文法〈言〉die generative Grammatik/生成変形文法〈言〉die generative Transformationsgrammatik.

せいぜい 生前一杯 ❶ so weit wie (als) [nur] möglich ⇒せいぜい ❷ 〈最上としても〉 höchstens; im äußersten Fall〈e〉/ここでは釣れてもせいぜい十日十尾ぐらいでしょう Hier können Sie höchstens zehn Fische am Tag fangen.

ぜいせい 税制 Steuerwesen n. -s ‖ 税制改革 Steuerreform f. -en.

ぜいぜい ぜいぜいいう röcheln; keuchen; schnauben; schnaufen / ぜいぜいいいながら mit keuchender Brust.

せいせいどうどう 正々堂々と ehrlich; anständig; aufrichtig; fair; ohne ⁴Falsch; redlich; mit Würde und Aufrichtigkeit / 正々堂々たる勝負 ein ehrliches (faires) Spiel, -[e]s, -e; ein ehrlicher (fairer) Wettkampf, -[e]s, ⁼e /正々堂々とやる ehrlich (fair) spielen (wetteifern) 〈mit jm〉.

せいせき 成績 Leistung f. -en; Erfolg m. -[e]s, -e 〈成果〉; Ergebnis n. -nisses, ..nisse 〈結果〉; Resultat n. -[e]s, -e; Zensur f. -en 〈学校の点数〉/ 成績がよい eine gute Leistung bekommen* (erzielen; haben); eine gute Zensur bekommen* (haben) 〈学校で〉/ erfolgreich sein/よい成績を挙げるin der Leistung glänzend sein; ⁴sich erfolgreich zeigen (beweisen*)/ 成績がふるわない zu keinem guten Ergebnis kommen* (gelangen) ‖ ein mageres Ergebnis (Resultat) haben ‖ 成績証明書 Schulzeugnis n. -nisses, -nisse/営業成績 Geschäftsleistung f. -en (-erfolg m. -[e]s, -e; -ergebnis n. -nisses, ..nisse; -resultat n. -[e]s, -e)/成績表 Zensur[en]liste (-führung f. -en)/成績表 Zensurliste f. -n 〈学生の〉/成績簿 Zensur[en]buch (Noten-) n. -[e]s, ⁼er 〈学生の〉.

せいせつ 正切〈数〉Tangens m. -, -; Tangente f. -n 〈略: tang〉/正切の tangential.

せいせっかい 生石灰 der gebrannte (ungelöschte) Kalk, -[e]s, -e.

せいせん 精撰 die sorgfältigste (sorgsamste) Vorbereitung; das feinste Präparieren⁴, -s / 精撰した sorgfältigst vorbereitet; aufs feinste präpariert / 精撰する sorgfältig vor|bereiten⁴; aufs feinste präparie-ren⁴.

せいせん 精選 die sorgfältigste (sorgsamste) Wahl; Aus|lese f. (-wahl f.)/ 精選した mit äußerster Sorgfalt (Sorgfältigkeit; Sorgsamkeit) gewählt; aus|erlesen 〈er-wählt〉; best; feinst. ― 精選する mit äußerster Sorgfalt wählen⁴; aus|erlesen*⁴ (-|erwählen); die Sorgfältigste Wahl treffen*; das Beste (Feinste) aus|suchen 〈unter³〉 ‖ 精選された Aus|erlesenste*, -n (-erwählteste*, -n); das Beste* (Feinste*), -n.

せいせん 聖戦 der heilige Krieg, -[e]s, -e; der Heilige Krieg 〈十字軍〉; der „heilige" Krieg 〈称するところの〉.

せいせん 政戦 ⇒せいそう〈政争〉.

せいせん 生鮮食料品 die leicht verderbliche Ware, -n.

せいぜん 生前 Lebenszeit f. -en / 生前に bei (zu) Lebzeiten js; sein ¹Lebenstag 〈通例 pl〉 für seine Lebenstage; vor seinem To-d〈e〉; während seines Lebens; ehe j. gestorben ist/生前知りの方々 die Bekannten 〈pl〉 des Verstorbenen; die mit dem Verstorbenen bekannten Herrschaften 〈pl〉/生前の功により auf Grund (aufgrund) der Verdienste bei (zu) Lebzeiten.

せいぜん 西漸 das Vor|dringen* 〈-s〉 (-rücken, -s) nach Westen [hin]/その時代には東洋文化の西漸が盛んに行われた In dieser Zeit drang die orientalische Kultur tief in den Westen ein.

せいぜん 整然たる wohl geordnet (gefügt); geregelt; organisiert; reguliert; wohl erwogen (durchdacht); planmäßig, regelrecht.

せいそ 精粗 Feinheit 〈f.〉 oder Grobheit 〈f.〉; der Grad 〈-[e]s, -e〉 der Feinheit; Qualität f. -en/物品の精粗を吟味する Vorzüge 〈pl〉 und Mängel 〈pl〉 einer Ware prüfen.

せいそ 清楚 das hübsche Wesen, -; Nettigkeit f.; Sauberkeit f.; Zierlichkeit f. / 清楚な hübsch; nett; sauber; zierlich/清楚な身なりをしている hübsch (nett; sauber; zierlich) gekleidet sein; hübsche (nette; saubere; zierliche) Kleider 〈pl〉 tragen* (an|haben*).

せいそう 盛装 die beste (prächtige; prunkhafte; prunkvolle) Kleidung; Prachtkleid n. -[e]s, ⁼er; Prunkgewand n. -[e]s, ⁼er; -kleidung f.; Sonntagsanzug m. -[e]s, ⁼e (-kleid n. -[e]s, ⁼er; -staat m. -[e]s, -e); der volle Staat. ― 盛装する die beste Kleidung an|haben*; seinen Staat an|haben* (an|zie-hen*); seinen Sonntagsstaat an|legen; das schönste Kleid an|legen; ⁴sich sonntäglich an|ziehen*.

せいそう 正装 Gala f.; Fest|anzug (Gala-; Hof-) m. -[e]s ⁼e (od. -gewand m. -[e]s, ⁼er; -kleidung f.); die festliche Kleidung; Hoftracht f. -en; Paradeuniform f. -en 〈学生団体の〉; Wichs m. -es, -e 〈学生の官〉/学生組合員達は正装をこらした Die Korpsbrüder warfen (setzten) sich in Wichs./正装

せいそう には及びません Bitte Tagesanzug.《通知文》. ― 正装する in ³Gala (Hoftracht; Paradeuniform) sein; festlich gekleidet sein; in vollem (höchstem) Wichs sein.

せいそう 政争 der politische Streit, -(e)s, -e (Zwist, -es, -e); die politische Feindschaft (Gegensätzlichkeit)/もっぱら政争を事とする ⁴sich immer in politische Verwick(e)lungen (hinein)stürzen; hauptsächlich mit politischen Auseinandersetzungen beschäftigt sein.

せいそう 清掃 Reinigung f. -en/部屋を清掃する das Zimmer reinigen. ⇒そうじ《掃除》.

せいそう 製造 Herstellung f.; [An]fertigung f.; Erzeugung f. -en; Fabrikation f. -en; Manufaktur f. -en; Produktion f. -en 《生産》; Verfertigung f. -en《調整》. ― 製造する her|stellen⁴; [an]fertigen⁴; erzeugen⁴; fabrizieren⁴; manufakturieren⁴; produzieren⁴; verfertigen⁴/この工場では何の製品を製造しているのですか Welche Waren werden in diesem Betrieb hergestellt (angefertigt)? ‖ 製造業 Herstellungsindustrie (Fabrikations-; Produktions-) f. -n/製造場 Fabrik f. -en; Betrieb m. -(e)s, -e; Werk|statt f. ⸚en -[stätte f. -n]; Mühle f. -n《木挽場・油工場・製紙工場など》; Gießerei f. -en《鋳造場》/製造高 Herstellungs|menge (Fabrikations-; Produktions-) f. -n; Ausbeute f. -n; Ertrag m. -(e)s, -e/製造人, 製造元 Hersteller m. -s, -; An|fertiger (Ver-) m. -s, -; Fabrikant m. -en, -en; Manufakturist m. -en, -en; Produzent m. -en, -en/製造費 Herstellungs|kosten (Fabrikations-; Produktions-) (pl)/製造品 die hergestellte Ware, -n; der hergestellte Artikel, -s, -; Erzeugnis n. ..nisses, -nisse; Fabrikat n. -(e)s, -e; Produkt n. -(e)s, -e.

せいそうけん 成層圏 Stratosphäre f./成層圏の stratosphärisch/成層圏を飛ぶ durch die Stratosphäre fliegen* ⒮ⓗ ‖ 成層圏研究者 Stratosphärenforscher m. -s, -/成層圏飛行 Stratosphärenflug m. -(e)s, -e/成層圏飛行機 Stratosphärenflugzeug n. -(e)s, -e.

せいそく 正則の regelrecht; regel|mäßig (ordnungs-); regulär; ordentlich; plan|mäßig; systematisch《組織的な》‖ 正則ドイツ語 das reine (exakte; korrekte; richtige) Deutsch, -(s).

せいそく 棲息 das Wohnen* (Existieren; Leben*), -s. ― 棲息する wohnen 《in³》; bewohnen⁴; existieren 《in³》; leben 《in³》/⁴seinen Fundort (seine Heimat) haben 《in³》/竜はもはやどこにも棲息しない Drachen sind nirgends(s)wo mehr anzutreffen. ‖ 棲息地 Fundort m. -(e)s, ⸚e; Wohn|ort (-platz m. -es, ⸚e; -stätte f. -n).

せいぞろい 勢揃いをする ⁴sich vollzählig versammeln; ⁴sich in Reih und Glied auf|stellen《隊伍を組んで》.

せいぞん 生存 Dasein n. -s; Existenz f. -en; Überleben n. -s《生残り》. ― 生存する da|sein* ⒮; existieren. ‖ 生存競争 der Kampf (-(e)s, ⸚e) ums Dasein (um die Existenz); Daseins|kampf (Existenz-) n. -(e)s, ⸚e; der Kampf auf Leben und Tod 《生死を賭しての》/生存権 Daseins|recht (Existenz-) n. -(e)s, -e (od. -berechtigung f. -en)/生存者 der Überlebende*, -n, -n; der* noch am Leben ist/生存欲 der Wille(n) (Willen, Willen) zum Leben; Lebenswille m.

せいたい 声帯 Stimmband n. -(e)s, ⸚er ‖ 声帯模写 Stimmen|nachahmung (Sprechweisen-) f. -en; die Nachahmung der Stimmen (Sprechweisen) anderer.

せいたい 生体 der lebende Körper, -s, -. ‖ 生体解剖 Vivisektion f. -en/生体解剖する vivisezieren⁴/生体工学 Bionik f./生体反応 Vitalreaktion f. -en.

せいたい 政体 Staats|form (Regierungs-) f. -en ‖ 共和政体 die republikanische Staatsform; Republik f. -en/専制政体 die despotische Staatsform; Despotie f. -n/民主政体 die demokratische Staatsform; Demokratie f. -n.

せいたい 静態の statisch ‖ 静態経済学 die statische Ökonomie.

せいたい 生態 Lebensumstände (pl) ‖ 生態学 Ökologie f./生態学者 Ökologe m. -n, -n/生態系 ökologisches System, -s/植物生態学 Pflanzenökologie f.

せいだい 盛大な(に) mit einem großen Auf|wand (an Pracht (an Geld); mit einem Prachtaufwand; in großer Aufmachung; [立派な] fürstlich; pracht|voll (prunk-); pompös; [繁栄] gedeihlich; blühend/盛大に迎える einen großen Bahnhof bereiten. ❖ 元来は外交用語, 駅でなら飛行場でもよい/盛大に祝う in großer Aufmachung feiern⁴/盛大な葬儀 eine imposante Trauerfeier mit vielen Anwesenden.

せいたい 清酒併(む)飲む leben und leben lassen*; hochherzig sein.

ぜいたく 贅沢 Luxus m. -; Üppigkeit f.; Schwelgerei f. -en; Ausschweifung f. -en 《奢侈》. ― 贅沢な luxuriös; prasserisch; schwelgerisch; extravagant; kostbar/贅沢に暮らす im Luxus (Überfluss) leben; üppig leben; ein luxuriöses Leben führen; auf großem Fuß leben; wie (der liebe) Gott in Frankreich leben; schwelgen und prassern/贅沢に育つ im Schoß des Glücks (in Abrahams Schoß; üppig) auf|wachsen* ⒮/贅沢に使う [viel Geld] d(a)raufgehen lassen*; nicht scheuen, ⁴et viel kosten zu lassen; reichlich von ³et Gebrauch machen; ⁴et überreichlich in Gebrauch nehmen*/贅沢をする Luxus treiben*; ³sich nichts abgehen lassen*/贅沢を言う sehr anspruchsvoll sein; wählerisch sein 《in³》; verwöhnt sein/食物に贅沢である im Essen wählerisch sein; ein Leckermaul (ein Gourmand; ein Gourmet; ein Feinschmecker) sein/贅沢をしてはいけない Sie sollen sich jeden Luxus versagen./そんな贅沢はできない Das ist ein Luxus, den ich mir nicht leisten kann. ¦ So einen Lu-

せいだす 精出す eifrig betreiben*⁴; ⁴sich mit Fleiß betätigen 《*bei*³》; ⁴sich an|strengen; ⁴sich befleißigen*⁴ 《*in*³》; ³sich Mühe geben"; alle Register ziehen《全力を尽くす》/精出して励む; eifrig; strebsam; unermüdlich; unverdrossen.

せいたん 生誕 Geburt *f*. -en/生誕の地 Geburts|ort *m*. -[e]s, -e -[stätte *f*. -n]/生誕の年 Geburts|jahr *n*. -[e]s, -e ...生誕百年 das hundertjährige Jubiläum《-s》der Geburt von ...; die Zentenarfeier von ...; das Zentenarium《-s》von ... ‖ 生誕祭 Geburtstags|feier *f*. -n 〈-fest *n*. -[e]s, -e〉.

せいだん 政談 die politische Unterhaltung, -en; Kannegießerei *f*. -en《素人の》/政談をする Politik sprechen"; von Politik reden《雑談的に》; politisieren; kannegießern《素人の》.

せいだん 聖壇 Altar *m*. -[e]s, ⸚e.

せいだん 星団 Sternhaufen *m*. -s, -/プレアデス星団 Pleiades Nebula *f*. ..lae; Pleiades Nebelfleck *m*. -[e]s, -e.

せいち 生地 Geburts|ort (Heimat-) *m*. -[e]s, -e.

せいち 聖地 der heilige Ort, -[e]s, -e; die heilige (geweihete) Stätte, -n《聖域》; 〔巡礼の霊地〕Wallfahrtsort (Gnaden-) *m*. -[e]s, -e; das Heilige Land, -[e]s, ⸚er《パレスチナ》/聖地巡礼をする Gnadenorten gehen*《s; wallfahren 〈p.p. gewallfahrt〉《s.

せいち 精緻な minuziös; präzis; sorgfältig; aufs Haar (bis aufs Tüpfelchen; auf den Millimeter; auf die Minute) genau/精緻な調査 die eingehende Untersuchung, -en.

せいち 整地する urban machen⁴《開墾》; bebaubar machen⁴《住宅地などを》.

せいちく 筮竹 die Stäbchen (*pl*) des Wahrsagers/筮竹で占う aus Stäbchen wahr|sagen.

せいちゃ 製茶 Tee|herstellung *f*. -en 〈-industrie *f*. -n〉/製茶業者 Teefabrikant *m*. -en, -en/製茶工場 Teefabrik *f*. -en.

せいちゅう 成虫 Imago *f*. ..gines.

せいちゅう 精虫 Spermatozoon *n*. -s, ..zoen; Samentierchen *n*. -s, -; Spermium *n*. -s, ..mien.

せいちゅう 誠忠 Loyalität *f*.;《unerschütterliche》Treue *f*. / 誠忠な (ge-)treu; ergeben.

せいちゅう 制肘 Abhaltung *f*. -en; Einschränkung *f*. -en; Einhalt *m*. -[e]s; Zwang *m*. -[e]s, ⸚e / 制肘する(加える) ab|halten*⁴《*von*³》; zurück|halten*⁴《*von*³》; hindern⁴《*an*³》; Einhalt tun*³; in (im) Schach halten*⁴; 〔勢力などを〕ein|schränken⁴; beschränken⁴《*auf*⁴》; zügeln⁴/制肘せずに abgelassen werden《このように上の諸語を受動的にすればよい》.

せいちょう 成長 das Wachsen*, -s; Wachstum *n*. -[e]s; Wuchs *m*. -es/成長するにしがって 〔in dem Maß[e], wie〕 man heran|wächst/成長して一人前になる zu einem Mann (zu einer Frau) heran|wachsen*; den Kinderschuhen entwachsen*《s;《大人する》/成長して服が合わなくなる den Kleidern entwachsen*; aus den Kleidern heraus|wachsen*/成長盛りの子供 ein heranwachsendes Kind/成長した erwachsen《過分》. ... 成長する heran|wachsen*《s; auf|wachsen*《s; groß werden; heran|wachsen*《s《*zu*³》; heraus|wachsen*《s《*aus*³》;〔比喩的に〕⁴sich entwickeln《*zu*³》.

せいちょう 清聴を賜わる ein geneigtes Gehör (Ohr) finden*; aufmerksam angehört werden; 〔聴者を主語にして〕*jm* ein geneigtes Ohr (Gehör) schenken (leihen*)/清聴を煩わす *jm* um Gehör bitten*; Es ist mir eine Ehre, vor Ihnen sprechen zu dürfen. / 御清聴を感謝いたします Ich danke Ihnen dafür sehr, dass Sie mir ein freundliches (aufmerksames) Ohr geschenkt haben.

せいちょう 清澄な kristallen; glashell; kristallklar; sauber und klar; durchsichtig.

せいちょう 整調 ❶〔楽器の〕 das Stimmen* (Abstimmen*), -s. ❷〔ボートの〕Schlagmann *m*. -[e]s, ⸚er.

せいちょう 政庁 Behörde *f*. -n; Regierungs|stelle *f*. -n 〈-gebäude *n*. -s, -〉.

せいちょう 正調 althergebrachte eigentliche (herkömmliche; richtige) Melodie, -n.

せいつう 精通する ⁴sich aus|kennen*《*in*³》; genau Bescheid wissen*《*in*³》; gründlich wissen*⁴; gut beschlagen (bewandert) sein《*in*³》; gut eingeweiht sein《*in*⁴³》; kundig² sein; zu Hause sein《*in*³》; gut beherrschen⁴/彼は独文学に精通している In der deutschen Dichtung verfügt er über genaueste Kenntnisse./国際情報に精通している Er ist über die internationalen Verhältnisse wohl unterrichtet./彼はその間の事情に精通している Er weiß um die Sachlage./彼は江戸っ子なので東京に精通している Als waschechter Tokio(t)er kennt er die Stadt in- und auswendig.

せいてい 制定 Festsetzung *f*.; Aufstellung *f*.; Bestimmung *f*.; Errichtung *f*.; Verordnung *f*. ── 制定する fest|setzen⁴; auf|stellen⁴; bestimmen⁴; errichten⁴; verordnen⁴/法律を制定する Gesetze《*pl*》geben*《machen; fest|setzen》/規則を制定する Regeln《*pl*》auf|stellen. ‖ 法律制定者 Gesetzgeber *m*. -s, -.

せいてき 静的 statisch; stillstehend.

せいてき 政敵 der politische Gegner, -s, -《Gegenspieler, -s, -》; Rivale, -n, -n).

せいてき 性的の geschlechtlich; sexual; sexuell; Geschlechts-; Sexual-/性的の感情 Geschlechts|empfinden *n*. -s/性的の交渉 Geschlechts|verhältnis *n*. ..nisses, ..nisse 〈-beziehung *f*. -en〉/性〔の〕衝動 Geschlechtstrieb *m*. -[e]s, -e/性的の成熟 Geschlechtsreife *f*./性的倒錯 Perversion *f*. -en/性的の倒錯の pervers/性的犯罪 Sexualverbrechen *n*. -s, -/性的魅力 Sex-A-

せいてつ 西哲 der europäische (okzidentale) Denker, -s, - (Philosoph, -en, -en; Weise*, -n, -n); Weisheitslehrer, -s, -).

せいてつ 製鉄[業] Eisen|erzeugung f. (-gewinnung f.; -industrie f.). ‖ 製鉄所 Eisen|hütte f. -n (-[hammer]werk n. -[e]s, -e; -hammer m. -s, -).

せいてん 青天 der [azur]blaue Himmel, -s, -/青天のへきれきを表す Blitz《-es, -e》 aus heiterem Himmel; der Donnerschlag《-[e]s, ¨e》 bei heiterem Himmel.

せいてん 晴天 der heitere (helle; klare; wolkenlose) Himmel, -s, -; das schöne (gute; heitere; verlockende) Wetter, -s, -.

せいてん 聖典 die Heilige Schrift, -en; das heilige Buch, -[e]s, ¨er.

せいでんき 静電気 die statische Elektrizität, -en ‖ 静電気学 Elektrostatik f.

せいてんはくじつ 青天白日 ⦅青天白日の身となる⦆ von einer vermeintlichen Schuld freigesprochen werden; von einer falschen Beschuldigung losgesprochen werden; für völlig unschuldig erklärt werden; die vermeintliche Schuld völlig ab|schütteln; wieder ein Ehrenmann werden.

せいと 生徒 Schüler m. -s, -; Schülerin f. ..innen ⦅女⦆; Gymnasiast m. -en, -en ⦅ギムナジウムの生徒⦆; Gymnasiastin f. ..tinnen ⦅同上の女⦆; Jünger m. -s, - ⦅門弟⦆; Zögling m. -s, -e ⦅教え子⦆ ‖ 生徒監[主事] Aufsichtslehrer m. -s, -/生徒控所 der aufsichtsführende Lehrer/生徒控所 der Gemeinschaftsraum《-[e]s, ¨e》für die Schüler.

せいと 聖徒 der Heilige*, -n, -n; Apostel m. -s, - ⦅使徒⦆; die Jünger (pl) Christi (Jesu); Glaubensbote (Send-) m. -n, -n.

せいと 征途につく zu Feld[e] (ins Feld) ziehen* ⦅-te, -⦆⦅s⦆; in den Krieg ziehen*.

せいど 制度 System n. -s, -e; Einrichtung f. -en; Institution f. -en; Verfassung f. -en; Wesen n. -s, -/新(旧)制度の下に unter dem neuen (alten) System/制度を施行する ein System (eine Einrichtung) (zur Geltung bringen*)/買上品を配達するのはお客にとって便利な制度だ Die Zustellung von eingekauften Waren ist eine bequeme Einrichtung für Kunden. ‖ 議会制度 Parlamentarismus m. -; die parlamentarische Regierungsform, -en/教育制度 Erziehungswesen n. -s, -/現行制度 das bestehende (gegenwärtige) System.

せいとう 征討 ⇨せいばつ ‖ 征討軍 Expeditions|armee f. -n (-truppen (pl)).

せいとう 政党 die politische Partei, -en/政党の parteilich; parteigemäß/政党の合同 die Fusion《-》einer politischer Parteien/政党に入党する in eine [politische] Partei ein|treten* ⦅s⦆ (aufgenommen werden)/政党の離合集散は日常茶飯のことだ Spaltung und Fusion politischer Parteien sind an der Tagesordnung./彼は生えぬきの政党人だ Er ist ein waschechter Parteimann. ‖ 政党員 das Mitglied《-[e]s, -er》 (der Angehörige*, -n, -e) einer politischen Partei; Parteimitglied n. -[e]s, -er《-gänger m. -s, -; -genosse m. -n, -n》/政党国家 Parteistaat m. -[e]s, -en/政党綱領 das Programm《-s, -e》 einer politischen Partei/政党政治 Parteiregierung f. -en (-herrschaft f. -en; -regime n. -s, -s)/近時政党政治の腐敗は目に余るものがある In letzter Zeit geht die Korruption der Parteiherrschaft denn doch zu weit./政党大会 Parteitag m. -[e]s, -e/政党内閣 Parteiministerium n. -s, ..rien.

せいとう 精糖 ❶ das Zuckersieden*, -s. ❷ [精製糖] der raffinierte Zucker, -s, - ⦅pl は種類を示すとき⦆. ‖ 精糖業者 Zuckersieder m. -s, - (-raffinierer m. -s, -)/精糖所 Zucker|siederei f. -en (-raffinerie f. -n).

せいとう 製糖[業] Zuckersiederei f.; Zucker|herstellung f. (-gewinnung f.) ‖ 製糖会社 Zucker[herstellungs]gesellschaft f. (-gewinnungs-), f. -en/製糖業者 Zuckerfabrikant m. -en, -en/製糖所 Zuckerfabrik f. -en.

せいとう 製陶 ⇨ようぎょう.

せいとう 正統の legitim; recht|mäßig (-lich); orthodox; traditionell ⦅伝統的な⦆ ‖ 正統主義 Legitimismus m. -/正統派 die orthodoxe Schule, -n; die Orthodoxen* (pl).

せいとう 正当な [ge]recht; billig; richtig; fair; [合法的] legal; gesetzmäßig; ordnungsgemäß/正当な値段 der richtige (anständige; angemessene) Preis, -es, -e/正当な理由 die gerechten (billigen) Gründe (pl)/正当な手段 das richtige (ordnungsgemäße) Mittel, -s, -/正当な手続 das richtige Verfahren, -s, -/正当な道 der gesetzmäßige Weg, -[e]s, -e/正当化する rechtfertigen⁴; seine Berechtigung zeigen; legitimieren⁴⦅合法化する⦆‖ 正当防衛 Notwehr f.

せいとう 正道 der rechte Weg, -[e]s, -e/正道からはずれる vom rechten Weg ab|kommen* ⦅s⦆; auf [die] schiefe (abschüssige) Bahn geraten* ⦅s⦆/正道に立ち帰らせる wieder auf den rechten Weg bringen*⁴/正道につくin die richtige Bahn lenken.

せいどう 青銅 Bronze f./青銅の bronzen ‖ 青銅器時代 Bronzezeit f. -en.

せいどう 聖堂 ❶ der konfuzianische Tempel, -s, -. ❷ Kapelle f. -n; Kirche f. -n.

せいどう 制動 Bremsen*, -s ‖ 制動機 Bremse f. -n/制動機をかける bremsen; die Bremse betätigen (ziehen*)/制動手 Bremser m. -s, -/気圧制動機 Druckluftbremse f. -n/油圧制動機 die hydraulische Bremse.

せいどうとく 性道徳 die sexuelle Moral, -en; ⦅前後関係によっては⦆ Sittlichkeit f.

せいとうは 青踏派 Blaustrumpf m. -[e]s, ¨e; die blaustrümpfige Koterie, -n.

せいどく 精読 das sorgfältige (genaue; gründliche) Lesen*, -s/精読する sorgfältig (genau; gründlich) durch|lesen*⁴; [ein Buch] durch|arbeiten; zwischen den Zeilen lesen*.

せいとん 整頓 [An]ordnung f. -en; Arrangement n. -s, -s; Einrichtung f. -en; Regelung f. -en; Regulierung f. -en; Zurechtlegung f. -en. —— 整頓した [an]geordnet; arrangiert; eingerichtet; geregelt; reguliert; zurecht|gebracht (-gelegt; -gesetzt; -gestellt)/よく整頓している in guter Ordnung sein; gut [an]geordnet (arrangiert; eingerichtet; geregelt; reguliert) sein; gut zurecht|gebracht (-gelegt; -gesetzt; -gestellt) sein. —— 整頓する [an]|ordnen⁴; arrangieren⁴; ein|richten⁴; regeln⁴); regulieren⁴); zurecht|bringen*⁴ (-|legen⁴; -|setzen⁴; -|stellen⁴); in ⁴Ordnung bringen* (setzen⁴; stellen⁴).

せいなん 西南 Südwest m. -(e)s; Südwesten m. -s/西南の südwestlich ‖ 西南西 Westsüdwest m. -(e)s; Westsüdwesten m. -s.

せいにく 生(精)肉 das frische (rohe) Fleisch, -(e)s.

せいにく 贅肉 das wilde Fleisch, -(e)s; Wucherung f. -en; Auswuchs m. -es, ⸚e/贅肉が生じる Das Fleisch wuchert.

せいねん 生年月日 Geburtsdatum n. -s, ..ten; Geburtstag und -jahr; Geboren am .../生年月日の書込み欄に「...に生まれ」.

せいねん 成年 Mündigkeit f.; Volljährigkeit f.; Majorennität f. 〈古語〉; Mannbarkeit f. 〈主として女に〉/成年の mündig; volljährig; mannbar; majorenn/成年に達する mündig (volljährig; mannbar) werden/未青年である minderjährig sein; nicht volljährig sein/成年の日 der Tag ⁴-(e)s, -e der Mündigkeitserklärung ‖ 成年者 der Mündige* (Volljährige*; Erwachsene*), -n, -n.

せいねん 青年 Jüngling m. -s, -e; ein junger Mann, -(e)s, ⸚er; Jugend f. -; der Jugendliche*, -n, -n 〈14-18歳〉/青年の jugendlich; jung; Jugend-; Jünglings-/今日の青年 Jugend von heute ‖ 青年時代 Jugendzeit (Jünglings-) f. -en ‖ 青年期 Jugendalter n. -s/青年団(会) Jugendorganisation f. -en; [die katholische] Jugend ❖ このように Jugend に形容詞として用いる/青年男女 junge Männer und Frauen (pl) Jugend f.

せいのう 性能 Leistung f. -en; Wirkungsgrad m. -(e)s, -e; Nutzeffekt m. -(e)s, -e; Leistungsfähigkeit f. -en/船の性能 Leistungsfähigkeit eines Schiffes/性能のよい von hoher Leistung; sehr wirksam ‖ 性能検査 Leistungsprüfung f. -en; Wirkungsgradbestimmung f. -en/性能試験飛行 Leistungsprüf[ungs]flug m. -(e)s.

せいは 制覇 Eroberung f. -en; Herrschaft f. -en/制覇する erobern⁴; besiegen⁴; bewältigen⁴/エベレストを制覇する den Mount Everest bewältigen (bezwingen*) ‖ 世界制覇 Weltherrschaft f. -en.

せいはい 成敗 Erfolg und Misserfolg, des- und -(e)s, -e und -e; Ergebnis n. -nisses, -nisse 〈結果〉/成敗いかんにかかわらず [ob] Erfolg oder Misserfolg; ob Erfolg, ob Misserfolg; einerlei (ganz gleich; gleichwohl) ob Erfolg oder Misserfolg; Es sei Erfolg, es sei Misserfolg.

せいばい 成敗 Bestrafung f. -en; Strafe f. -n; [判決] Urteil n. -s, -e; Urteilsspruch m. -s, ⸚e/神の成敗 Gottesurteil n. -s, -e. —— 成敗する (be)strafen⁴; hin|richten⁴; urteilen⁴ (über⁴); ein Urteil fällen (gegen⁴); köpfen⁴ ‖ 喧嘩(%)両成敗 Bei einem Streit sind beide Parteien zu strafen.

せいはく 精白する raffinieren⁴; reinigen⁴ ‖ 精白糖 der raffinierte Zucker, -s/精白米 der raffinierte Reis, -es ⇨ せいまい.

せいばつ 征伐 Eroberung f. -en 〈征服〉; Feldzug m. -(e)s, ⸚e; Strafexpedition f. -en 〈討伐〉; Vertilgung f. -en 〈駆除〉/征伐する erobern⁴; eine Strafexpedition [einen Feldzug] unternehmen*; vertilgen⁴.

せいはん 正犯 Täterschaft f. ‖ 正犯者 Haupttäter m. -s, -/共同正犯 Mittäterschaft f.

せいはん 製版 Schriftguss m. -es, ⸚e; [写真の] Klischeeherstellung f. -en; Chemigraphie f. /製版する klischieren⁴; ein Klischee her|stellen ‖ 製版所 Schriftgießerei f. -en; Klischeeanstalt f. -en.

せいはんざい 性犯罪 Sexualverbrechen n. -s, -.

せいはんたい 正反対 der absolute Gegensatz, -es, ⸚e; gerade das Gegenteil (-(e)s, -e); das genaue Gegenteil /正反対の diametral entgegengesetzt /正反対に ganz im Gegenteil; im absoluten Gegensatz (zu³) / 私は正反対に考えた Ich dachte ganz umgekehrt. /それや全く正反対だよ Gerade das Entgegengesetzte (das Gegenteilige; das Umgekehrte) ist der Fall.

せいひ 政費 Staatsausgaben (pl); Verwaltungskosten (pl); Staatshaushalt m. -(e)s 〈予算〉/政費削減 die Kürzung (-en) von Verwaltungskosten.

せいひ 成否を度外視して ohne ⁴Rücksicht auf die Folge. ⇨ せいはい.

せいび 整備 Anordnung f. -en; Instandsetzung f. -en/整備してある in Ordnung sein; geordnet (hergerichtet) sein/整備を [wieder] in Ordnung bringen*; ordnen⁴ 〈書類など〉; her|richten⁴; instand setzen⁴; vor|bereiten⁴/モーターを整備する den Motor herrichten ‖ [航空]整備員 Bodenpersonal n. -s, -s, -e.

せいびき 税引きの(で) abzüglich der Steuer(n); nach Abzug der Steuer(n); netto.

せいひょう 製氷 Eisbereitung f. -en ‖ 製氷機 Eismaschine f. -n/製氷工場 Eis[fabrik f. -en (-werk n. -(e)s, -e).

せいひょう 青票 blauer Stimmzettel, -s, -/青票を投じる gegen ⁴et (jn) stimmen.

せいびょう 性病 Geschlechtskrankheit f. -en; die venerische Krankheit, -en.

せいひれい 正比例 das direkte (richtige) Verhältnis, ..nisses, ..nisse/...に正比例する im direkten Verhältnis stehen* ⟨zu³; mit³⟩.

せいひん 製品 Erzeugnis n. ..nisses, ..nisse; Fabrikat n. -(e)s, -e; Produkt n. -(e)s, -e; Produktionsgüter ⟨pl 生産財⟩‖ 絹製品 Seidenware f. -n/国内(外国)製品 das einheimische (ausländische) Erzeugnis/工業製品 ein industrielles Produkt.

せいひん 清貧に安んじる als ein armer, aber ehrlicher Mensch (als eine arme, aber ehrliche Haut) zufrieden leben; ein armes, aber ehrliches Leben führen.

せいひん 正賓 Ehrengast m. -(e)s, ¨e.

せいふ 政府 Regierung f. -en; Verwaltung f. -en ⟨行政府⟩; [内閣] Ministerium n. -s, ..rien; Kabinett n. -(e)s, -e/政府側の Regierungs-; Kabinetts-; ministeriell ‖ 政府案 Regierungs¦vorschlag m. -(e)s, ¨e -e/政府の Vorlage f. -n/政府委員 Regierungsausschuss m. -es, ¨e; Ausschussmitglied ⟨n. -(e)s, -er⟩ der Regierung/政府改造 Regierungsumbildung f. -en/政府貸付金 Regierungskredit m. -(e)s, -e/政府所在地 Regierungssitz m. -es, -e/政府筋 Regierungskreis m. -es, -e/政府当局 Regierungsstelle n. -n; Behörde f. -n/政府補助金 Staats¦zuschuss m. -es, ¨e (-subsidien ⟨pl⟩; -geld n. -(e)s, -er).

せいふ 正負 [数] positiv und negativ; plus und minus.

せいぶ 西部 Westen m. -s; der westliche Teil, -(e)s, -e/西部の westlich; West-‖ 西部劇 Wildwestfilm m. -(e)s, -e/西部戦線 Westfront f. -(e)s, -e/西部地方 der Westen; die Weststaaten ⟨pl アメリカの⟩.

せいふく 制服 Uniform f. -en; Dienstanzug m. -(e)s, ¨e/学校の制服 Schuluniform f. -en/制服制帽で in Uniform mit Schulmütze (Dienstmütze)/制服着用のこと [In] Uniform!

せいふく 正副 Original und Kopie ⟨書類⟩/正副二通の願書を要する Der Antrag muss mit einer Kopie (einem Duplikat) zusammen vorgelegt werden. ‖ 正副議長 der Präsident und der Vizepräsident (「正」は訳さない).

せいふく 征服 Eroberung f. -en; Besiegung f. -en; Unterwerfung f. -en; [克服] Überwindung f. -en/征服できない unbesiegbar; unüberwindlich. — 征服する erobern⁴; besiegen⁴; bezwingen*⁴; unterjochen⁴; unterwerfen*⁴; [克服する] überwältigen⁴; überwinden*⁴/エベレストを征服する den Mount Everest bezwingen* (ersteigen*)‖ 征服者 Eroberer m. -s, -; Besieger m. -s, -/征服欲 Eroberungslust f. ¨e.

せいぶつ 生物 Lebewesen n. -s, -; Geschöpf n. -(e)s, -e/生物学的[上] biologisch ‖ 生物界 Tier- und Pflanzenwelt f. -en/生物化学 Biochemie f. -/生物学 Biologie f./生物学者 Biologe m. -n, -n/生物工学 biologische Technik; Biotechnik f./生物物理学 Biophysik f./生物兵器 biologische Waffen ⟨pl⟩.

せいぶつ 静物[画] Stillleben n. -s, -.

せいふん 製粉 Müllerei f. -en/製粉する zu Mehl mahlen*⁽⁴⁾‖ 製粉会社 Müllerei-Gesellschaft f. -en/製粉機 Mühle f. -n; Mahl¦mühle (Getreid-) f. -n/製粉業 Müllerei f. -en/製粉業者 Müller m. -s, -.

せいぶん 正文 Text m. -(e)s, -e; Original n. -s, -e ⟨原文⟩.

せいぶん 成分 Bestandteil m. -(e)s, -e; Ingredienz f. -en; Ingrediens n. -, ..dienzien ‖ 科学的成分 der chemische Bestandteil.

せいぶん 精分 Energie f. -n; Vitalität f. -en; Lebenskraft f. ¨e; Nahrung f. -en ⟨滋養⟩ / 精分のある食物 das nahrhafte (kräftigende) Essen, -s/精分がつく kräftig werden; erstarken ⟨s⟩; an Körperkraft zu¦nehmen*/精分をつける ⁴sich kräftigen; ⁴sich mit Energie füllen.

せいぶんか 成文化 Kodifikation f. -en ⟨法律⟩; die schriftliche Abfassung, -en/成文化する kodifizieren⁴; schriftlich ab¦fassen⁴.

せいぶんほう 成文法 ⇒せいぶんりつ.

せいぶんりつ 成文律 das positive (geschriebene) Recht.

せいへき 性癖 Hang m. -(e)s ⟨zu³⟩; Neigung f. -en ⟨zu³⟩/生まれつきの性癖 der angeborene Hang.

せいべつ 性別 Geschlechtsunterschied m. -(e)s, -e/性別問わず ohne ⁴Rücksicht auf den Geschlechtsunterschied; einerlei ob Mann oder Frau.

せいべつ 生別 die sehr lange (ewige) Trennung, -en/生別する ⁴sich auf Nimmersehen trennen/彼とは三十年前に生別したきりで Vor dreißig Jahren sind wir auf Nimmersehen auseinandergegangen. Vor dreißig Jahren haben wir uns getrennt und seitdem nie gesehen.

せいへん 政変 Regierungswechsel m. -s, -; Neubesetzung (Umbesetzung) ⟨f. -en⟩ des Kabinettes (der Regierung); ein Wechsel ⟨m. -s, -⟩ in der Politik (im Staatswesen).

せいぼ 歳暮 Jahresende n. -s, - ⟨年末⟩; Geschenk ⟨n. -(e)s, -e⟩ zum Jahresschluss (進物)‖ 歳暮売出し Jahresschlussverkauf m. -(e)s, ¨e.

せいぼ 生母 die leibliche Mutter, ¨.

せいぼ 聖母[マリア] die [heilige] Mutter Gottes; die Heilige Jungfrau Maria; Madonna f. ..donnen ⟨pl は聖母像⟩; Gottesmutter f. ‖ 聖母懐胎 die unbefleckte Empfängnis.

せいほう 西方 Westen m. -s; West m. -(e)s ⟨西方の westlich/西方に westlich; im Westen/西方へ westlich; nach Westen; westwärts/島の西方約五キロメートルの所に etwa 5 km westlich von der Insel.

せいほう 製法 Herstellungsweise f. -n; Herstellungsverfahren n. -s, - ⟨一般に⟩; Ausführung f. -en; Bauart f. -en ⟨機械な

せいぼう 制帽 Schulmütze *f.* -n 《学帽》; Dienstmütze 《職員の》.

せいぼう 声望 Ansehen *n.* -s, -. ⇨ めいぼう.

せいほう 税法 Steuergesetz *n.* -es, -e.

せいほうけい 正方形 Quadrat *n.* -[e]s, -e / 正方形の quadratisch.

せいほく 西北 Nordwest *m.* -[e]s; Nordwesten *m.* -s/西北の nordwestlich ‖ 西北西 Westnordwest *m.*; Westnordwesten *m.* -.

せいほん 製本 das Buchbinden* (Einbinden*), -s; Einband *m.* -[e]s, ¨e/製本のできがよい gut gebunden sein/背皮の製本 Einband in Halbleder/製本中です Die Bücher liegen schon bei der Binderei. — 製本する ein Buch binden*; ein|binden*4/製本させる ein Buch binden lassen; einbinden lassen*4. ‖ 製本屋 Buchbinderei *f.* -en 《工場》; Buchbinder *m.* -s, - 《人》.

せいほん 正本 die beglaubigte Abschrift, -en 《謄本類》; Urkunde *f.* -n.

せいま 製麻 Hanf[auf]bereitung *f.* -en; Flachszubereitung *f.* -en 《亜麻》; [製品] der ausgekernte (ausgemachte) Hanf, -[e]s; Reinhanf *m.* -[e]s ‖ 製麻会社 Gesellschaft 《*f.* -en》 für Hanfaufbereitung.

せいまい 精米 Reisreinigung *f.* -en; der gereinigte Reis, -es ‖ 精米機 Reisreinigungsmaschine *f.* -n/精米所 Reisreinigungsanlage *f.* -n (-mühle *f.* -n).

せいみつ 精密 Präzision *f.* -en; Akkuratesse *f.* -n; Exaktheit *f.*; Feinheit *f.* -en; Genauigkeit *f.* -en. — 精密な(に) präzis; akkurat; exakt; fein; genau; [詳細な] eingehend; ausführlich. ‖ 精密科学 die exakten Wissenschaften 《*pl*》/精密機械 Präzisionsinstrument *n.* -[e]s, -e 《-werkzeug *n.* -[e]s, -e》; der feinmechanische Apparat, -[e]s, -e/精密機械工業 Feinmechanik *f.* -en/精密検査 die eingehende (genaue) Prüfung, -en/精密度 Genauigkeitsgrad *m.* -[e]s, -e.

せいむ 政務 Staatsdienst (Verwaltungs-) *m.* -[e]s, -e 《政事》; Staatsangelegenheiten 《*pl* 国事》; die politischen Angelegenheiten 《*pl*》/政務を執る Staatsangelegenheiten verwalten (regeln); sein Amt im Staatsdienst verwalten ‖ 政務委員 Ausschussmitglied 《*n.* -[e]s, -er》 für die politischen Angelegenheiten/政務委員会 der Ausschuss 《-es, ¨e》 für die politischen Angelegenheiten/政務次官 der parlamentarische Vizeminister, -s, -/政務調査委員会 der Untersuchungsausschuss der politischen Angelegenheiten.

ぜいむ 税務 Steuerverwaltung *f.* -en 《官庁の》; Steuerangelegenheit *f.* -en 《一般に》 ‖ 税務官 Steuerbeamte*, -n, -n/税務士 Steuerberater *m.* -s, -/税務署 Steueramt *n.* -[e]s 《-behörde *f.* -n》.

せいめい 姓名 der volle Name, -ns, -n; Vor- und Familienname *m.* -ns, -n; Vor- und Nachname (Zuname) /姓名を偽る einen falschen Namen an|nehmen* 《an|geben*》; einen fremden Namen führen/姓名を告げる einen Namen nennen*, *4 sich vor|stellen/姓名不詳の unbekannt; nicht identifizierbar ‖ 姓名判断 Onomantie *f.*; Wahrsagerei als Namen; Namendeutung *f.* -en.

せいめい 生命 ❶ [命] Leben *n.* -s, -; Leib und Leben *n.* des - und -s/生命に別状はない nicht lebensgefährlich (tödlich) sein 《病気・けがが》; außer Lebensgefahr sein 《病人などが》/生命を危うくする *4 sich der Lebensgefahr aus|setzen; sein Leben aufs Spiel setzen; sein Leben gefährden/生命にかかわる lebensgefährlich; todbringend; tödlich/生命をかけて auf die Gefahr seines Lebens (hin); Leib und Leben einsetzend /仕事に生命を打ち込む mit Leib und Leben (mit Leib und Seele; mit ganzer Seele) bei der Arbeit sein/生命をなげうつ sein Leben aufs Spiel setzen; Leib und Leben opfern 《*für*4》/生命を失う das Leben verlieren*; ums Leben kommen 《*s*》; um|kommen* 《*s*》/多数の生命を奪う 《事故などが主語》 viele das Leben kosten; viele Tode fordern; … の生命をねらう ein Attentat (einen Mordanschlag) auf *jn* verüben (begehen*)/その新聞の生命は非常に短かった Die Zeitung war nur kurzlebig. ❷ [精髄] Seele *f.* -n/翻訳では原著の生命が失われている Die Seele des Originals ist bei der Übersetzung verloren gegangen. ‖ 生命財産 Leben und Eigentum *n.* des - und -s/生命線 Lebenslinie *f.* -n 《手相の》.

せいめい 声明 Erklärung *f.* -en; Kundgebung *f.* -en/声明を発表する eine Erklärung ab|geben*/声明する erklären*4; kund|geben*4 《-|tun*4》.

せいめいほけん 生命保険の契約をする eine Lebensversicherung 《-en》 ab|schließen*; sein Leben versichern 《lassen*》 《*bei*3》 ‖ 生命保険会社 Lebensversicherungsgesellschaft *f.* -en/生命保険証書 Lebensversicherungspolice *f.* -n 《-schein *m.* -[e]s, -e》.

ぜいもく 税目 Steuerposten *m.* -s, -.

せいもん 声門 Glottis *f.* Glottes; Stimmritze *f.* -n.

せいもん 誓文 der schriftliche Eid, -[e]s, -e; das *schriftliche* Gelöbnis, ..nisses, ..nisse 《Gelübde *n.* -s, -》; die eidesstattliche Erklärung, -en.

せいもん 正門 Vordertor *n.* -[e]s, -e; Haupteingang *m.* -[e]s, ¨e.

せいもん 声紋 sonores Zeitfrequenzspektrogramm, -s, -e.

せいやく 誓約 Schwur *m.* -[e]s, ¨e; Beteu(e)rung *f.* -en 《誓言》; Ehrenwort *n.* -[e]s, -e; Eid *m.* -[e]s, -e 《神かけての》; Gelöbnis *n.* ..nisses, ..nisse 《神への》/誓約を守る zu seinem Schwur stehen*; einen Schwur halten*/誓約を破る einen Schwur (Eid) brechen* (verletzen). — 誓約する schwören*; einen Schwur leisten 《ab|legen》; hoch und heilig beteuern; sein Ehrenwort geben* (jm); einen Eid [auf die Bibel] schwören*; ein Gelöbnis ab|legen; ein Gelübde ab|legen (schwören*). ‖ 誓約書 der schriftliche (geschriebene) Schwur.

せいやく 制約 Bedingung *f.* -en; Beschränkung *f.* -en; Einschränkung *f.* -en 《制限》; der maßgebende Einfluss, -es, ¨e / 制約をこうむる bedingt (beschränkt; eingeschränkt; maßgebend beeinflusst) werden; unter Kontrolle gehalten werden. ── 制約する bedingen[4]; beschränken[4]; ein|schränken[4].

せいやく 製薬[業] Arzneimittelherstellung *f.* -en ‖ 製薬会社 die pharmazeutische Firma, ..men/製薬学 Pharmazeutik *f.*; Pharmazie *f.* /製薬師 Pharmazeut *m.* -en, -en; Pharmazeutiker *m.* -s, -; Apotheker *m.* -s, - 《薬剤師》/製薬所 die pharmazeutische Fabrik, -en.

せいゆう 政友 der politische Freund, -[e]s, -e (Genosse, -n, -n; Gleichgesinnte*, -n, -n).

せいゆう 声優 Berufssprecher *m.* -s, - 《俳優・アナウンサー・吹替え役を含む》; 〖俗〗Hörspieler *m.* -s, -.

せいゆじょ 製油所 Ölfabrik *f.* -en.

せいゆじょ 精油所 Ölraffinerie *f.* -n.

せいよう 静養 Ruhe *f.*; Ausspannung *f.* 《休養》; Erholung *f.*; Kur *f.* -en 《保養》/ 静養に出かける in die Erholung fahren* [s]. ── 静養する ruhen; der [2]Ruhe pflegen; [4]sich der [3]Ruhe hin|geben*; [4]sich aus|spannen; [4]sich erholen / すこし静養なさったらどうですか Sie sollten sich doch ein wenig Ruhe gönnen.

せいよう 西洋 Abendland *n.* -[e]s; Okzident *m.* -[e]s; Europa *n.* -s; Westen *m.* -s; die westliche Welt / 西洋の abendländisch; okzidentalisch; europäisch ‖ 西洋家具 das abendländische (europäische) Möbel, -s, -; das Möbel im abendländischen (europäischen) Stil[e]/西洋かぶれ die blinde Nachahmung des Abendland[e]s; die Nachahmerei 《-en》 des Europäertums/西洋剃刀(かみそり) Rasiermesser *n.* -s, -/西洋館 das im abendländischen Stil[e] gebaute Haus, -es, ¨er/西洋将棋 Schach *n.* -s/西洋諸国 die abendländischen (europäischen; westlichen) Länder 《*pl*》/西洋人 Abendländer *m.* -s, -; Okzidentale *m.* -n, -n; Europäer *m.* -s, -/西洋崇拝 die blinde Anbetung des Abendland[e]s (Europas)/西洋通 Europakenner *m.* -s, -/西洋風 der okzidentalische (europäische) Stil, -[e]s, -e; die okzidentalische (europäische) Art und Weise; das okzidentalische (europäische) Wesen, -s/西洋文明 die okzidentalische (europäische) Zivilisation/西洋料理 das europäische Essen, -s (Gericht, -[e]s, -e); die europäische Speise, -n (Küche)/西洋料理屋 das Restaurant 《-s, -s》 (das Wirtshaus, -es, ¨er) nach europäischer Art.

せいよく 制欲 Enthaltsamkeit *f.*; Abstinenz *f.*; Askese (Aszese) *f.*; Kasteiung *f.* -en 《苦業》; Selbstbeherrschung *f.* ‖ 制欲主義 Asketik *f.*; Stoizismus *m.* -.

せいよく 性欲 Geschlechts¦trieb *m.* -[e]s, -e (-lust *f.* ¨e); Sexual¦trieb (Zeugungs-); fleischliche Begierden (Lüste) 《*pl* 肉欲》/性欲の奴隷 der Sklave 《-n, -n》 des Geschlechtstrieb[e]s (der Geschlechtslust)/性欲の満足 die Befriedigung des Geschlechtstrieb[e]s (der Geschlechtslust)/性欲の強い人 der erotische Mensch, -en, -en / 性欲を抑える Geschlechtstrieb zügeln ([be]zähmen).

せいらい 生来 von Natur; von Haus aus; angeboren / 生来内気なたちだ Er ist von Natur schüchtern. / 生来そういう所があるんだよ Das ist ihm angeboren.

せいり 生理[学] Physiologie *f.*; [月経] Menstruation *f.* -en; Regel *f.* -n / 生理的な(学上の) physiologisch ‖ 生理衛生 Physiologie und Hygiene 《*f.*》/生理学者 Physiologe *m.* -n, -n.

せいり 整理 Anordnung *f.* -en; Einordnung *f.* -en; Regelung *f.* -en; Sanierung *f.* -en 《特に財政の》; Wiederherstellung *f.* -en 《修復など》; Abbau *m.* -[e]s 《人員の》/ 銀行の整理統合 Konsolidation 《*f.* -en》 der Banken. ── 整理する in Ordnung bringen*[4]; ordnen[4]; auf|räumen[4] 《取片づけ》; an|ordnen[4]; ein|ordnen[4]; regeln[4]; regulieren[4]; sanieren[4] 《財政を》; wieder|her|stellen[4] 《ich stelle es wieder her, *p.p.* wiederhergestellt》; ab|bauen[4] 《人員を》; konsolidieren[4] 《土地・会社・負債など》/ 人員を整理する [einige Angestellte] ab|bauen; einen Personalabbau durch|führen / 混乱を整理する die Ordnung wieder|her|stellen / 交通を整理する den Verkehr regeln / 借金を整理する die Schulden entrichten (begleichen*) / スラム街を整理する das Elendviertel sanieren. ‖ 整理だんす Kommode *f.* -n/行政(人員)整理 Beamten¦-abbau (Personal-) *m.* -[e]s/区画整理 Neuordnung 《*f.* -en》 der Stadtteile.

ぜいり 税吏 der Steuerbeamte*, -n, -n; der Zollbeamte*, -n, -n 《税関吏》.

せいりきがく 静力学 Statik *f.* / 静力学的な statisch.

ぜいりし 税理士 Steuerberater *m.* -s, -.

せいりつ 成立 das Zustandekommen*, -s; Entstehung *f.* -en; Vollendung *f.* -en. ── 成立した feststehend 《確立した》; bestehend; vorhanden 《現存の》. ── 成立する zustande kommen* [s]; entstehen* [s]; vollendet sein; abgeschlossen werden 《締結される》; verwirklicht werden; ins Dasein treten* [s] / 条約が成立した Der Vertrag ist abgeschlossen worden. / 新内閣が成立した Es wurde ein neues Kabinett gebildet. / 動議は十票対二十票で成立した Der Antrag wurde mit 20 zu 10 angenommen. / 予算が議会で成立した Der Etat (Das Budget) ist im Parlament verabschiedet worden. ── 成立させる zustande bringen*[4]; vollbringen*[4]; vollenden[4]; vollführen[4]; ins Leben rufen*[4].

ぜいりつ 税率 Steuer¦satz (Zoll-) *m.* -es, ⸚e; 〔Zoll〕tarif *m.* -〔e〕s, -e／税率を定める(引き上げる, 引き下げる) den Tarif fest|setzen (erhöhen, senken) ‖ 国定税率 der gesetzlich festgesetzte (statuarische) Tarif.

せいりゃく 政略 Staats¦klugheit *f.* (-kunst *f.*); die berechnende Politik ‖ 政略結婚 Verstandes¦heirat (Konvenienz-) *f.* -en.

せいりゅう 整流 das Gleichrichten*, -s; Gleichrichtung *f.* ‖ 整流器 Gleichrichter *m.* -s, -.

せいりゅう 清流 ein klares Bach, -〔e〕s, ⸚e; ein silb〔e〕riger Wasserlauf, -〔e〕s, ⸚e.

せいりゅうとう 青竜刀 die alte chinesische Hellebarde, -n.

せいりょう 声量 der Umfang 《-〔e〕s, ⸚e》 (die Fülle) der Stimme; Stimmmittel *n.* -s, -／声量が豊かである eine umfangreiche (kräftige; volle) Stimme haben; die Fülle der Stimme haben.

せいりょう 正量 〖数〗 die positive Quantität, -en (Größe, -n).

せいりょう 清涼な kühl und labend; erfrischend; erquickend ‖ 清涼飲料 Labsal *n.* -〔e〕s, -e; Erfrischung *f.* -en; das erfrischende (erquickende) Getränk, -〔e〕s, -e; Kühltrank *m.* -s, ⸚e／清涼剤 Erfrischungsmittel *n.* -s, -.

せいりょく 精力 Energie *f.* -n; Tat¦kraft (Lebens-) *f.* ⸚e; Tatendrang *m.* -〔e〕s; Vitalität *f.*; Ausdauer *f.* 《粘り》／精力の旺盛な energisch; tat¦kräftig (lebens-); voll Tatendrang; vital／精力の消耗 die Erschöpfung der Kraft; der Verlust 《-〔e〕s, -e》 an [3]Energie／精力が尽きる alle Energien 《*pl*》 auf|brauchen (erschöpfen; verlieren*)／精力を傾けて unter [3]Aufgebot ([3]Anspannung) aller Kräfte ‖ 精力家 der energische (tatkräftige; lebenskräftige) Mensch, -en, -en; der Mensch von Energie (Tatendrang; Vitalität)／精力主義 Energismus *m.* -.

せいりょく 勢力 Einfluss *m.* -es, ⸚e; Ansehen *n.* -s; Geltung *f.*; Macht¦stellung *f.* -en (-position *f.* -en); Prestige *n.* -s／勢力均衡を保つ das Gleichgewicht der Kräfte (Mächte) aufrecht|erhalten*; die Kräfte (Mächte) im Gleichgewicht erhalten*／勢力を挽回する seine Macht〔stellung〕 wieder|erlangen (zurück|-) (*od.* -|gewinnen*); die alte (frühere) Machtposition zurück|gewinnen*／勢力を振う seinen Einfluss geltend machen (zur Geltung bringen*); die erste Rolle (Geige) spielen; maßgebend sein; vor|herrschen／勢力を扶植する [3]sich Einfluss zu verschaffen wissen*; seine Macht aus|dehnen (erweitern)／…の間に勢力がある seinen Einfluss ausüben können* 《auf *jn*》; einflussreich (von Einfluss) sein 《*unter*[3]》; seinen Einfluss geltend machen können* 《bei *jm*》／漸次勢力を増す allmählich an [3]Einfluss gewinnen*; allmählich einflussreicher werden; Sein Einfluss wächst mit der Zeit.／この政治家は完全に勢力を失った Dieser Politiker hat seinen Einfluss vollständig verloren.¦ Dieser Politiker kann keinen Einfluss mehr ausüben. ── 勢力〔の〕ある einflussreich; von großem Einfluss; 〔ge〕wichtig; eine Machtstellung innehabend; mächtig; mit großem Einflussbereich／勢力のない einfluss¦los (macht-); unwichtig; ohne [4]Einfluss. ‖ 勢力争い der Kampf 《-〔e〕s, ⸚e》 um eine Machtstellung／勢力家 die einflussreiche (mächtige) Person, -en; der Einflussreiche* (Mächtige*), -n, -n; der Mann 《-〔e〕s, ⸚er》 von Einfluss (Ansehen; Geltung; Macht; Prestige); der Mann in einer Machtstellung／勢力範囲 Einfluss¦bereich (Interessen-; Macht-) *m.* -〔e〕s, -e (*od.* -kreis *m.* -es, -e; -sphäre *f.* -n)／勢力保存 die Erhaltung der Energie.

せいるい 声涙ともに下って mit vollem (erschütterndem) Pathos.

せいれい 政令 Regierungsverordnung *f.* -en; Kabinettsbefehl *m.* -〔e〕s, -e 《閣令》 ‖ 政令違反 Verstoß 《*m.* -es, ⸚e》 gegen die Regierungsverordnung.

せいれい 聖霊 der Heilige Geist, -〔e〕s, -er ‖ 聖霊降臨祭 Pfingsten *n.* -, - ❖ 普通無冠詞で動詞は単数, 冠詞をつけるときは複数で動詞はもちろん複数にする.

せいれい 精励する fleißig (eifrig) arbeiten; [4]sich hinein|knien 《*in*[4]》; [4]sich ins Zeug legen.

せいれい 精霊 Seele *f.* -n; Geist *m.* -〔e〕s, -er.

せいれき 西暦 der gregorianische Kalender, -s, -／西暦 2003 年 das Jahr 2003 nach Christi Geburt. ⇨**きげん**(紀元).

せいれつ 整列 Aufstellung 《*f.* -en》 (in Reihen; in Reih und Glied)／整列する an|treten* [s] 《*in*[3]》; [4]sich auf|stellen 《*in*[3]》／三(四)列に整列する in Linie zu drei Glieden (in Vierreihen) an|treten*／背の順に整列させる der Größe nach antreten lassen*.

せいれん 精錬 Läuterung *f.* -en; Verhüttung *f.* -en; das Schmelzen* (Raffinieren*), -s; Veredelung *f.* -en. ── 精錬する läutern[4]; verhütten[4]; schmelzen*[4]; raffinieren[4]; veredeln[4]. ‖ 精錬所 Raffinerie *f.* -n; Schmelzanlage *f.* -n; Veredelungsanlage *f.* -n.

せいれん 清廉 Lauterkeit *f.*; Redlichkeit *f.*; Aufrichtigkeit *f.*; Unbestechlichkeit *f.*／清廉な redlich; aufrichtig; unbestechlich／清廉潔白の人 ein Mensch 《*m.* -〔e〕s, ⸚er》 mit lauterem (edlem) Charakter.

せいろう 蒸籠 Dämpfkorb *m.* -〔e〕s, ⸚e.

せいろう 清朗な kristallklar; heiter; schön; strahlend.

せいろん 正論 die gerechte Behauptung, -en; die richtige Auffassung, -en; die vernünftige Anschauung, -en.

せいろん 政論 das politische Gespräch, -〔e〕s, -e; die politische Erörterung, -en／政論を戦わす über Politik sprechen*; die Politik erörtern; 〔俗論的に〕 politisieren; kannegießern; von Politik reden ‖ 政論家

セイロン Ceylon n. -s‖セイロン茶 Ceylontee m. -s, -s. ⇨スリランカ.

セーター Strickjacke f. -n; Sweater m. -s, -; Pullover m. -s, -.

セーフティーベルト [ドライバーなどのする] Sicherheitsgurt m. -[e]s, -e; Anschnallgurt m. -[e]s, -e.

セーラーふく セーラー服 Matrosenanzug m. -[e]s, ⁼e.

セールスマン Verkäufer m. -s, -.

せおう 背負う auf dem Rücken tragen*⁴《状態》; auf den Rücken (die Schulter) nehmen*⁴《動作》.

せかい 世界 Welt f.; Erd:ball m. -[e]s (-kreis m. -es; -kugel f.)《地球》; Erde f.; Globus m. -,..busses, -..busse《地球》; Kosmos m. -《宇宙》; Universum n. -s《同上》; Weltall n. -s 世界中[全世界]に[で] in (auf) der ganzen Welt/世界の涯[は]て Weltende n. -s, -n/世界の滅亡 Weltuntergang m. -[e]s/世界の謎 Welträtsel n. -s, -/世界の支配者 Welt[be]herrscher m. -s, -/[征服者]-gebieter m. -s, -/[-bezwinger m. -s, -]《征服者》; -gebieter m. -s, -]/世界的な世界-; international; global; kosmopolitisch; weltumspannend / 世界的な見物[ち。] Weltattraktion f. -en/昼の世界 das Leben 〈-s〉 am [hellen] Tag[e]; Tageszeit f./星の世界 Sternenwelt; die Welt der Gestirne; Himmelskörper m. -s/子供[大人]の世界 die Welt des Kindes (des Erwachsenen)/理想の世界 Idealwelt f.-/月の世界 Mond m. -[e]s; die Landschaft auf dem Mond[e]/夜の世界 Nachtleben n. -s/夢の世界 Traum:welt (-land n. -[e]s)/世界の果てまで bis ans Ende der Welt; bis dahin, wo die Welt endet/世界広しといえども in der weiten Welt Gottes; unter der Sonne《天下》/世界的に有名な weltberühmt sein; von Weltruf sein; einen Weltruf genießen*/世界的国家[強国] Welt:reich n. -[e]s, -e (-macht f. -/(-macht f. -)/世界的な商社 Welt:firma f. -..men (-geschäft n. -[e]s, -e)/世界的[大]人物 ein Mann (m. -[e]s, ⁼er) von Weltruf (von internationalem Format)/世界的大事件 Welt:begebenheit f. -en (-ereignis n. -..nisses, -..nisse)/世界的大新聞 Welt:blatt n. -[e]s, ⁼er (-presse f.)/世界的大都市 Weltstadt f. ⁼e/世界的大不景気 Weltflaue f. -(-flaute f. -n)/世界的名声 Welt:ruf m. -[e]s (-ruhm m. -[e]s)/彼は一躍世界に名を知られるに到った Über Nacht wurde er in der ganzen Welt berühmt. ‖世界一周 Weltreise f. -n; die Reise um die Welt/世界一周する eine Rundreise 〈-n〉 um die Welt machen; die Welt umreisen; um die Welt reisen @/世界一周者[漫遊者] der Weltreisende*, -n, -n; Weltenbummler m. -s, -; Globetrotter m. -s, -/世界一周飛行 der Rundflug 〈-[e]s, ⁼e〉 um die Welt/世界会議 Weltkongress m. -es, -e/世界的 Welt:anschauung f. -en (-ansicht f. -en)/世界記録 Weltrekord m. -[e]s, -e; Welt:best:leistung (-höchst-; -spitzen-) f. -en/世界銀行 Weltbank f./世界経済会議 Weltwirtschafts:konferenz f. -en/世界経済恐慌 Weltwirtschaftskrise f. -n/世界語 Weltsprache f. -n《英語のような》; Welthilfssprache f. -n《エスペラントのような》/世界史 Weltgeschichte f./世界市場 Weltmarkt m. -[e]s, ⁼e/世界思潮 der Zeitgeist 〈-[e]s〉 der Welt; die geistigen Strömungen 〈pl〉 der Welt/世界主義 Kosmopolitismus m. -; Weltbürgertum n. -s/世界周航 Weltumseg[e]lung f. -en/世界人 Kosmopolit m. -en, -en; Weltbürger m. -s, -/世界政策 Weltpolitik f. -en/世界精神 Weltgeist m. -[e]s/世界政府 Weltregierung f./世界選手権 Weltmeisterschaft f. -en/世界創造 Weltschöpfung f.; die Erschaffung der Welt/世界像 Weltbild n. -[e]s, -er/世界大戦 Welt:krieg m. -[e]s, -e (-brand m. -[e]s, ⁼e)/世界地図 Welt:karte f. -n (-atlas m. -[lasses], -lanten 〈..lasse〉)/世界博覧会 Weltausstellung f. -en/世界文化遺産 Welt[kultur-]erbe n. -s/世界文学 Weltliteratur f./世界平和 Weltfriede[n] m. -..dens, ..den/世界平和会議 Weltfriedenskonferenz f. -en/世界貿易 Welthandel m. -s/世界保健機関 Weltgesundheitsorganisation f. -en/世界労[働組合連合] Weltgewerkschaftsbund m. -[e]s/旧[新]世界 die Alte (Neue) Welt/第一[二]次世界大戦 der Erste (Zweite) Weltkrieg.

せがき 施餓鬼を行う eine Totenmesse 《-n》 lesen* (zelebrieren).

せかす zur Eile an|treiben* 〈jn zu³〉; Dampf dahinter machen; drängen 〈jn〉; hetzen 〈jn〉; mit aller Gewalt betreiben*⁴.

せかせかする hastig (gehetzt; gejagt); ruhelos; unruhig) sein; in nervöser Aufregung sein.

せかっこう 背格好 ⇨せいかっこう.

せがむ jm stark zu|setzen 《mit Bitten; mit der Bitte, ⁴et zu tun》; jn bedrängen 《zu不定詞句》.

せがわ 背皮 Halbleder n. -s, -/背皮とじの Halbfranz 〈gebunden〉; [in] Halbleder gebunden ‖ 背皮とじ[本] Halbleder:band (Halbfranz-) m. -[e]s, ⁼e.

セカンド《野球》⇨にるい.

せき 咳 Husten m. -s/咳の発作 Hustenanfall m. -[e]s, ⁼e/咳をする husten/少し咳が出る an leisem Husten leiden*.

せき 堰 Wehr n. -[e]s, -e; [Stau]damm m. -[e]s, ⁼er; [Fisch]reuse f. -n《やな》; Schleuse f. -n《水門》/堰を作る ein Wehr bauen (konstruieren); einen [Stau]damm bauen (auf|führen); errichten); eine [Fisch]reuse (Schleuse) an|legen/水は堰にせきとめられる Das Wasser wird durch ein Wehr gestaut.

せき 籍 Standes:register (Familien-) n. -s, -/籍を入れる ⁴sich ins Standesregister (Familienregister) eintragen lassen*; seinen Namen registrieren lassen/籍を置く als ¹Schüler eingetragen werden 《学校に》;

[als Student] immatrikuliert werden《大学に》als 「Mitglied aufgenommen werden《会に》; ⁴sich als Mitglied eintragen lassen*.
せき関 ⇒**せきしょ**/白河の関 das Grenzwachthaus ⟨-es⟩ Shirakawa.
せき席 ❶《座》Sitz m. -es, -e; Platz m. -es, ˜e; Stelle f. -n; Stuhl m. -[e]s, ˜e《いす》; Raum m. -[e]s, ˜e《場所》/席に着く Platz nehmen*; ⁴sich [hin]setzen; einen Stuhl nehmen*/席を争う ⁴sich um die Plätze reißen*; ⁴sich auf die Sitze stürzen/席を離れる den Platz (Sitz) verlassen*/席から vom Stuhl erheben*/席を外す den Raum verlassen*; ⁴sich aus dem Raum entfernen; ⁴sich vom Raum fern|halten*/席を同じくする beisammen sitzen*; ⁴sich in demselben Raum befinden*; denselben Raum teilen ⟨mit jm⟩/席を予約する einen Platz reservieren (belegen)/席を譲る Platz machen³; einen Platz frei|machen ⟨für jn⟩/席の暖まるひまがない zu beschäftigt sein, als daß man sich in seinem Sitz behaglich machen könnte; überbeschäftigt sein; zu sehr in Anspruch genommen sein/この席はまだ空いていますか Ist der Platz noch frei?/この席では言えない Davon kann hier nicht die Rede sein.｜Es steht mir nicht zu, hier darüber zu sprechen./一席設けなくてはなるまい Wir sollten ihn doch zum Essen und Trinken einladen. ❷《席亭》Kabarett n. -[e]s, -e ⟨-s⟩; Singspielhalle f. -n; Tingeltangel n. (n.) -s, -; Varieté n. -s, -s; Varietétheater n. -s, -.
せき積 ❶《数》Produkt n. -[e]s, -e/五と三の積は十五 5 mit 3 multipliziert gibt 15. ❷ 〔面積〕Flächen|raum m. -[e]s, ˜e ⟨inhalt m. -[e]s, -e⟩.
せき 積悪 das angehäufte (aufgespeicherte) Übel, -s, -; eine lange Kette schlechter Lebensgewohnheiten/積悪の報い die schlimmen (bösen) Folgen ⟨pl⟩ eines langjährigen schlechten Lebenswandels.
せきあげる 咳上げる/咳の発作〉einen Hustenanfall haben/咳上げて泣く schluchzen; sein Gram heraus|schluchzen.
せきうん 積雲《気》Kumulus m. -, ..li (略: Cu); Haufenwolke f. -n.
せきえい 石英《鉱》Quarz m. -es, -e/石英状の quarzig/石英を含有する quarzhaltig/石英質の quarzartig ⟨-artig⟩/石英ガラス Quarzglas n. -es, ˜er/石英岩 Quarzfels m. -en, -en/石英結晶 Quarzkristall m., -s, -e/石英鉱脈 Quarzgang m. -[e]s, ˜e/石英灯 Quarzlampe f. -n.
せきが 席画 aus freier Hand (aus dem Stegreif; aus dem Handgelenk; unvorbereitet) verfertigte Gemälde, -s, -; das improvisierte (aus dem Ärmel geschüttelte) Gemälde/席画を描く aus freier Hand (aus dem Handgelenk; aus dem Stegreif; unvorbereitet) ein Gemälde verfertigen; ein Gemälde improvisieren (aus dem Ärmel schütteln).

せきがいせん 赤外線 die ultra|roten (infra-) Strahlen ⟨pl⟩/赤外線写真 Ultrarot-fotographie (Infra-) f. -n《術》; Ultrarotaufnahme (Infra-) f. -n《撮影された》.
せきがはら 関が原 Entscheidungs|kampf m. -[e]s ⟨-punkt m. -[e]s, -e⟩ ⟨-stunde f. -n⟩; der entscheidende Augenblick, -[e]s, -e; Wende f. -n; Wendepunkt; ein Waterloo n. -s/今日こそ天下分け目の戦である Sieg oder Tod, das ist heut' die Frage.
せきぐん 赤軍 die Rote Armee, -n; die Rotarmisten ⟨pl⟩/赤軍派 Rote-Armee-Fraktion f.
せきけんうん 積巻雲《気》Kumulozirrus m. -, -..(..zirren).
せきこつ 蹠骨《解》Metatarsus m. -, ..tarsen.
せきこむ 咳き込む einen Hustenanfall haben; dauernd und heftig husten.
せきこむ 急き込む in größter (voller; wilder) Hast sein; hasten; ⁴sich ab|hasten; ⁴sich hastig bewegen; ungestüm eilen ⟨s.n.⟩; ⁴sich beeilen; keine Ruhe haben《落着かない》; aufgeregt (erregt) sein《興奮している》/急きこんで in größter (voller; wilder) Hast; hastig; in großer Unruhe; aufgeregt (erregt)《興奮して》; in großer Aufregung (Erregung)《同上》.
せきこんで 急き込んで aufgeregt und hastig; hastig stotternd.
せきさい 積載量 Ladungs|fähigkeit ⟨Trag-⟩ f. -en — 積載する ⟨ver⟩laden*⁴; tragen*⁴; verfrachten⁴. ‖ 積載トン数 die Ladungsfähigkeit in ³Tonnen; Tonnengehalt m. -[e]s ⟨船の⟩.
せきざい 石材 Baustein m. -[e]s, -e/石材商 Steinhändler m. -s, -.
せきじ 席次 Sitz|ordnung ⟨Rang-⟩ f. -en; Rangstufe f. -n; die Reihenfolge beim Sitzen/席次の争い die Konkurrenz ⟨-en⟩ um den Vorrang; der Streit ⟨-[e]s, -e⟩, der Bessere sein zu wollen/宮中の席次 die Rangordnung ⟨Rangstufe⟩ bei Hofe/席次が下る in der Klassensitzordnung herunter|rutschen ⓢ/彼の席次は常に一番だ Er ist immer der Klassenerste (Primus).
せきじつ 昔日 die alten (früheren; verflossenen; vergangenen) Tage ⟨Jahre; Zeiten⟩ ⟨pl⟩; anno dazumal; vormals (ehe-); einst[ens]; früher; in den alten (früheren; verflossenen; vergangenen) Tagen ⟨Jahren; Zeiten⟩; vormals; zu Olims Zeiten/昔日のおもかげなし Der Ort hat jede Spur seiner vergangenen Herrlichkeit verloren. Er ist nur ein Schatten seines früheren Selbst[es].《人について》.
⇒**むかし**.
せきじゅうじ 赤十字 das Rote Kreuz, -es; das Genfer Kreuz《白地に赤のギリシャ十字の記号》｜赤十字看護婦 die Rote-Kreuz-Schwester, -n/赤十字旗 die Rote-Kreuz-Flagge, -n/赤十字救護班 das Rettungskorps ⟨-, -⟩ des Roten Kreuzes/赤

せきじゅん 席順 ⇨せきし.

せきじょ 関所 Grenzkontrollstelle *f*. -n ⇨せき(関)／学生にとっては試験は関所だ Für die Studenten stellt das Examen eine schwere Hürde dar.

せきじょう 席上で in (auf; bei) der Sitzung (Versammlung; Zusammenkunft); bei dieser Gelegenheit 〈この機に〉／公開の席上で öffentlich; in der Öffentlichen; vor aller Welt (allen Menschen); coram publico／席上から aus freier Hand; aus dem Handgelenk (Stegreif); aus dem Ärmel geschüttelt; improvisiert.

せきしょく 赤色 ❶ [色] Rot *n*. -s; die rote Farbe, -n; Karmesin *n*. -s 〔真紅〕／鮮かな赤色les lebhafte Rot. ❷ [思想上の] Rot／赤色政権が国政をとるかもしれない Eine rote Regierung könnte das Steuer des Staates führen.

せきしん 赤心 Treuherzigkeit *f*.; die treue Gesinnung／赤心を吐露する sein inneres Herz (Innerstes) aus|schütten; seine treue Gesinnung offenbaren／彼は赤心を面に表して誓った In seinem Gesicht konnte man lesen, dass er redlich schwor.

せきずい 脊髄 Rückenmark *n*. -[e]s ‖ 脊髄炎 Rückenmarksentzündung *f*. -en; Myelitis *f*.／脊髄癆(?) Rückenmarkschwindsucht *f*. (-darre *f*. -n)／脊髄神経 Rückenmarksnerv *m*. -s, -en／脊髄損傷 Rückenmarkverletzung *f*. -en／脊髄麻酔法 Rückenmarksanästhesie *f*. -n／脊髄麻痺(⁵) Rückenmarkslähmung *f*. -en.

せきせい 赤誠 Treuherzigkeit (Warm-) *f*.; Innigkeit *f*.; Redlichkeit *f*.／赤誠を示す Treuherzigkeit (Warmherzigkeit) beweisen* 〈*jm*〉 (an den Tag legen).

せきせいいんこ [鳥] Wellensittich (Halsband-; Sing-) *m*. -[e]s, -e.

せきせつ 積雪 der gefallene (liegende) Schnee, -s; Schneewehe *f*. -n 〔吹きだまり〕／積雪二メートルに及んだ Der Schnee lag 2 m hoch.

せきぜん 寂然たる still; einsam; lautlos (leb-); ruhig; schweigend; schweigsam; verlassen／街路は人影もなく寂然としていた Die Straßen waren menschenleer und kein Laut war zu hören.

せきぞう 石像 Steinbild *n*. -[e]s, -er; die steinerne Bildsäule, -n (Statue, -n).

せきぞう 石造の steinern; aus Stein (gebaut; gemacht); Stein- ‖ 石造建築 Steinbau *m*. -[e]s, -ten (-haus *n*. -es, ⸚er)／石造物 Steinwerk *n*. -[e]s, -e.

せきたてる 急きたてる zur Eile an|treiben* 〈*jn*〉; keine Ruhe geben* 〈*jm*〉; nicht in Ruhe lassen* 〈*jn*〉; mit aller Gewalt betreiben*⁴.

せきたん 石炭 [Stein]kohle *f*. -n／石炭の煤煙 Kohlendunst *m*. -[e]s, -e／石炭質の kohlig; kohlenhaltig／石炭を採掘する Kohlen 〈*pl*〉 fördern (ab|bauen)／石炭を積み込む kohlen⁴; Kohlen 〈*pl*〉 ein|nehmen*／石炭を焚く Kohlen 〈*pl*〉 brennen* ‖ 石炭入れ Kohlen|kasten *m*. -s, ⸚ (-eimer *m*. -s, -)／石炭液化 Kohleverflüssigung *f*. -en／石炭ガス Kohlengas *n*. -es, -e／石炭がら Zinder *m*. -s, -, 〈ふつう *pl*〉; die ausgeglühte Kohle; Kohlenasche *f*. -n／石炭乾溜 Kohlendestillation *f*. -en／石炭紀 Steinkohlenzeit *f*.; Karbon *n*. -s／石炭庫 Kohlen|lager *n*. -s, ⸚ (-raum *m*. -[e]s, ⸚e; -bunker *m*. -s, - 〔船の〕)／石炭坑 Kohlen|bergwerk *n*. -[e]s, -e (-grube *f*. -n; -zeche *f*. -n)／石炭採掘 Kohlen[ab]bau *m*. -[e]s／石炭産業 Kohlenindustrie *f*. -n／石炭層 Kohlen|flöz *n*. -es, -e／石炭積込港 Kohlenstation *f*. -en／液化石炭 die verflüssigte Kohle.

せきたんさん 石炭酸 Karbolsäure *f*.; Phenol *n*. -s.

せきちく 石竹 Nelke *f*. -n; Dianthee *f*. -n.

せきちゅう 脊柱 Wirbelsäule *f*. -n; Rückgrat *n*. -[e]s, -e 〔脊椎〕／脊柱のない rückgratlos ‖ 脊柱炎 Wirbelsäulenentzündung *f*. -en／脊柱湾曲 Wirbelsäulenverkrümmung *f*. -en.

せきつい 脊椎 Rückgrat *n*. -[e]s, -e; Rückenwirbel *m*. -s, -; Wirbelsäule *f*. -n 〔脊柱〕／脊椎状の wirbelförmig／脊椎のない rückgratlos; wirbellos ‖ 脊椎炎 Wirbelentzündung *f*. -en／脊椎カリエス Wirbelkaries *f*.／脊椎動物 Wirbeltier *n*. -[e]s, -e／脊椎湾曲 Rückgratverkrümmung *f*. -en／無脊椎動物 die Wirbellosen* 〈*pl*〉.

せきてっこう 赤鉄鉱 [鉱] Hämatit *m*. -s, -e; Roteisenstein *m*. -[e]s, -e.

せきでん 積電 [電] die [elektrische] Ladung, -en.

せきとう 石塔 ⇨せきひ.

せきどう 赤道 Äquator *m*. -s／赤道〔直下〕の äquatorial／赤道直下のアフリカ Äquatorialafrika／赤道を越える den Äquator (die Linie) überschreiten* (〈海〉kreuzen) ‖ 赤道儀 Äquatorial *n*. -[e]s, -e／赤道祭 Äquatorialtaufe *f*. -n／赤道流 Äquatorialstrom *m*. -[e]s, ⸚e.

せきどうギニア 赤道ギニア Äquatorialguinea *n*. -s／赤道ギニアの aquatorialguineisch.

せきどうこう 赤銅鉱 Rotkupfererz *n*. -es, -e.

せきどめ 咳止め[薬] Hustenmittel *n*. -s, -; ein Arzneimittel 〈-s, -〉 gegen ⁴Husten／咳止めの hustenstillend ‖ 咳止めボンボン Hustenbonbon *m*. 〈*n*.〉 -s, -s.

せきとめる 堰き止める ❶ [流れを] ab|dämmen⁴ (ein|; zu|-); Wasser stauen. ❷ [阻止する] hemmen⁴; Einhalt gebieten*³; im Zaum[e] halten*⁴; zurück|halten*⁴.

せきにん 責任 Verantwortung *f*. -en; Verantwortlichkeit *f*.; [Haft]pflicht *f*. -en 〔賠償義務〕; Obligation *f*. -en 〔義務〕; Schuld *f*. 〔同上〕; Schuldigkeit *f*.; Verpflichtung *f*. -en／責任のある地位 die verantwortliche

せきねん 積年の lang|jährig (mehr-); von langen Jahren／積年の恨み der langjährige Groll, -(e)s; in den langen Jahren aufgehäufte Verbitterung; Solidarität f.

せきのやま 関の山 das Äußerste, was man tun kann; die äußerste Grenze des Möglichen; das Höchste*, worüber hinaus man nichts mehr tun kann／子供に食べさせるのが関の山だ Meine Kinder zu ernähren ist gerade noch das, was ich tun kann.／目を開いているのが関の山だった Nur mit größter Mühe blieb ich wach.／Jeden Augenblick hätte ich einschlafen können.

せきはい 惜敗する den beinahe gewonnenen Sieg entschlüpfen lassen*; am Rande des Sieges von der Siegesgöttin schmählich verlassen werden／我がチームは惜敗を喫した Unsere Mannschaft hätte um ein Haar den Sieg davongetragen.

せきばく 寂漠 Einsamkeit f.; die lautlose Stille; Totenstille f.; Isoliertheit f. 〈孤立〉 Vereinsamung f. 〈同上〉／寂漠たる einsam; lautlos und still; totenstill; isoliert 〈孤立した〉; vereinsamt 〈同上〉.

せきばらい 咳払いをする ⁴sich räuspern; hüstelnd die Kehle klären; verlegen hüsteln.

せきばん 石版 Lithographierstein m. -(e)s, -e 〈石〉; Lithographie f. -n 〈術〉; Steindruck m. -(e)s, -e 〈印刷物〉／石版の lithographisch／石版で印刷する lithographieren ‖ 石版印刷機 Steindruckpresse f. -n／石版印刷所 die lithographische Anstalt, -en; Steindruckerei f. -en／石版印刷 Lithograph m. -en, -en; Steindrucker m. -s, - (-zeichner m. -s, -／着色石版印刷) Steinbunbtdruck.

せきばん 石盤 Schiefertafel f. -n.

せきひ 石碑 Grabstein m. -(e)s, -e (-mal n. -(e)s, -e (-"er)); Ehrenstein m. -(e)s, -e 〈記念碑〉; Steindenkmal; Monument n. -(e)s, -e／石碑を建てる einen Grabstein (im Grabmal) setzen 〈jm〉; ein Denkmal (Monument) errichten 〈jm〉.

せきひつ 石筆 Schieferstift m. -(e)s, -e; (Schiefer)griffel m. -s, -.

せきひん 赤貧 Armut; die größte (schlimmste) Bedürftigkeit／赤貧洗うが如し blutarm (arm wie eine Kirchenmaus) sein; im tiefsten Elend stecken.

せきぶん 積分(学) 〔数〕 Integral n. -s, -e／積分学 Integralrechnung f. -en／積分の integral／積分うる integrierbar. —— 積分する integrieren*／積分記号 Integraph m. -en, -en／積分記号 Integralzeichen n. -s, - (記号：∫)／積分法 Integration f. -en／積分方程式 Integralgleichung f. -en／定(不定)積分 das bestimmte (unbestimmte) Integral.

せきへい 積弊 das tief eingewurzelte Übel, -s, -; die angehäuften Übelstände (Miss-) 〈pl〉; die verrotteten Zustände

---

Stellung, -en／責任のない verantwortungslos; pflichtvergessen; unverantwortlich 〈無責任な〉／責任重大な verantwortungs|voll (-schwer)／重い(大きい)責任 die schwere (große) Verantwortung／責任を負う zu verantworten haben; verantwortlich sein 〈für⁴〉; die Verantwortung tragen*〈für⁴〉; verpflichtet sein 〈zu³〉; haften 〈für⁴〉; schuldig sein 〈an³〉／責任を自覚した verantwortungsbewusst (pflicht-); pflichttreu; gewissenhaft 〈良心的な〉／責任観念の強い einen starken Sinn für Verantwortung haben; verantwortungs|bewusst (pflicht-); pflichttreu; gewissenhaft 〈良心的な〉／責任を人に嫁する die Verantwortung (die Schuld) ab|schieben* (ab|wälzen) 〈auf jn〉; jn anders verantwortlich (schuldig) machen 〈für⁴〉／責任を全うする seine Pflicht erfüllen; das (in ihn gesetzte) Vertrauen rechtfertigen; *sich der Verantwortung gewachsen zeigen／責任を逃れる(回避する) seine Pflicht ver(ab)säumen; seiner ²Verantwortung aus dem Wege gehen* ⓢ; seiner ³Verantwortlichkeit aus|weichen* ⓢ／責任を負う verantworten⁴; *sich verantworten (verantwortlich machen) 〈für⁴〉／die Verantwortung auf ⁴sich nehmen* 〈für⁴〉; ein|stehen* 〈für⁴〉／責任を負う 〈für⁴〉／³sich selbst die Schuld zu|schreiben⁴／責任を負わぬ die Verantwortung ab|lehnen (nicht an|erkennen*) 〈für⁴〉; keine Verantwortung übernehmen* 〈für⁴〉／責任を他人に転じる die Verantwortung (auf andere) ab|wälzen (übertragen*)／責任を問う zur Rechenschaft ziehen*〈jn wegen²⁽³⁾〉; eine Rechtfertigung fordern 〈von jm wegen²⁽³⁾〉; für verantwortlich halten*〈jn wegen²⁽³⁾〉; zur Last legen⁴〈jm〉／その責任は何某にある N.N. trägt die Verantwortung dafür.／Die Verantwortung liegt bei N.N.／Die Schuld lastet auf N.N.／私の責任ではない Ich mache mich dafür nicht verantwortlich (haftbar).／Das kann ich nicht verantworten.／この行為の責任は我々全部にある An dieser Tat sind wir alle schuld.／親は子に対して責任を負わねばならぬ Eltern müssen für ihre Kinder haften.／全損害の責任は何某のみにある N.N. trifft allein die Verantwortlichkeit für die sämtlichen Schäden. ‖ 責任解除 die Befreiung von der Verantwortung; Entlastung f.; Entschuldigung f.／責任感 Pflichtbewusstsein n.; Verantwortlichkeitsgefühl -(e)s, -e／責任観念 der Sinn (-(e)s) für die Verantwortlichkeit; Verantwortlichkeit f.／責任者 die verantwortliche Person, -en; der Haftpflichtige*, -n, -n; der Träger (-s, -) der Verantwortung／責任準備金 die gesetzmäßigen Reservefonds 〈pl〉／責任内閣 das verantwortliche Ministerium, -s, -en／責任保険 Haftpflichtversicherung f. -en／責任能力 Zurechnungsfähigkeit f.／戦争責任 Kriegsschuld f.／有限(無限)責任 die beschränkte (unbeschränkte) Haftung; die begrenzte (unbegrenzte) Verantwortung／連帯責任 die gegenseitige Verantwortung; Solidarität f.

せきぼく 石墨 Graphit m. -(e)s, -e; Reißblei n. -(e)s/石墨で書く(塗る) graphitieren⁴.

せきむ 責務 Pflicht f. -en; Pflicht und Schuld (f.); Schuldigkeit f.; Verantwortlichkeit f.; Verantwortung f. -en; Verpflichtung f. -en/…の責務である js Pflicht (und Schuld) sein; verantwortlich sein (für⁴); Verantwortlichkeit (Verantwortung) haben (tragen*) (für⁴); Es liegt jm ob (es obliegt jm) [zu 不定詞句].

せきめん 石綿 Asbest m. -es, -e; Amiant m. -s; Steinflachs m. -es.

せきめん 赤面 das Erröten n. -s; [scham]rot werden; vor ³Scham (Freude; Zorn) rot werden; einen roten Kopf bekommen*; ⁴sich schämen (恥じる). ━━ 赤面させる erröten lassen* (jn); [scham]rot machen (werden lassen*) (jn); vor Scham (Freude; Zorn) rot werden lassen* (jn); die Scham(röte) ins Gesicht treiben* (jm); schämen (jn 恥じさせる); js Scham erregen.

せきもん 石門 Steintor n. -[e]s, -e.

せきゆ 石油 Stein|öl (Erd-) n. -[e]s; Petroleum n. -s; Petrol n. -s ⟨スイスで⟩/当地は石油の産出が多い Petroleum kommt hier reichlich vor. ‖ 石油化学 Petrochemie f./石油加工 Erdölverarbeitung f. -en/石油危機 Ölkrise f. -n/石油業 Petroleumindustrie f. -n/石油こんろ Petroleumkocher m. -s, -/石油ショック Ölschock m. -[e]s, -s/石油ストーブ Petroleumofen m. -s, ̈-; Ölofen m. -s, ̈-/石油製品 Erdöl|produktion (-för- derung) f. -en/石油製品 Erdölprodukt n. -[e]s, -e/石油暖房 Ölheizung f. -en/石油乳剤 Petroleumemulsion f. -en/石油パイプライン Erdölleitung f. -en/石油輸出国機構 OPEC f./石油ランプ Petroleumlampe f. -n.

せきらら 赤裸々の nackt; bar; bloß; entblößt; entkleidet; unverhüllt; [明白に] offen; frank; frei[heraus]; unumwunden.

せきらんうん 積乱雲 ⟨気⟩ Kumulonimbus m. -s ⟨..busses⟩, - ⟨..busses⟩; ⟨略: Cb⟩.

せきり 赤痢 ⟨医⟩ Dysenterie f. -n; die rote Ruhr.

せきりょう 席料 Zimmer|miete (Saal-) f. -n; Eintritts|gebühren (pl) (-geld n. -[e]s, -er).

せきりょう 寂寥 ⇒ せきばく.

せきりん 赤燐 der rote Phosphor, -s.

せきれい ⟨鳥⟩ Bachstelze f. -n.

せく 堰く, 塞く ❶ [流れを] ab|dämmen⁴ (ein|-; zu|-). ❷ [阻止する] auf|halten*⁴; verhindern⁴; ⇒ せきとめる.

せく 咳く einen Hustenanfall haben; husten/ひどく咳く einen heftigen Hustenanfall haben; dauernd und heftig husten.

せく 急ぐ ⁴sich beeilen; eilen ⓢ; eilig sein; ⁴es eilig haben; drängen (jn 急き立てる)/急くな急くな Sachte, sachte! ‖ Langsam, langsam!/急いては事を仕損じる Eile mit Weile!

セクシー セクシーな sexy.

セクショナリズム Partikularismus m. -.

セクト Sekte f. -n/セクト的な partikularistisch; regional ‖ セクト主義 Partikularismus m. -.

せけん 世間 Welt f.; Allgemeinheit f.; Leute (pl); man* [2格, 3格, 4格 はそれぞれ eines, einem, einen]; Öffentlichkeit f.; Publikum n. -s/世間離れのした Welt[fremd (lebens-) ⟨od. -fern⟩; einsiedlerisch; ungewöhnlich; exzentrisch ⟨奇矯な⟩/世間の口 Leumund m. -[e]s, -e; After|rede (Nach-) f. ⟨陰口⟩; Gemunkel n. -s ⟨耳語⟩; Gerücht n. -[e]s, -e ⟨噂⟩; Ruf m. -[e]s, -e ⟨評判⟩; Stadtgespräch n. -[e]s, -e ⟨町の噂⟩/世間の思わく Frau Klatsch f.; Alle Welt weiß es./世間をはばかる ⁴sich vor den Leuten verstecken/世間に出る in die weite Welt (ins Leben; unter die Menschen) gehen* ⓢ/世間を騒がす Unruhen unter der Bevölkerung entstehen lassen*/世間を知る von der Welt wissen*; Erfahrungen (pl) in der Welt gemacht haben/世間広いらしい mit allen Wassern gewaschen sein; in allen Wassern erfahren sein/世間ではどう言うだろう Wie wird die Welt das beurteilen? ‖ Was wird man dazu sagen?/彼は世間をよそに暮らしている Er lebt nicht in der Welt. ━━ 世間的 ❶ [世俗的] weltlich; weltmännisch; populär; volksmäßig; für jedermann; fürs Volk. ❷ [社会的] sozial; gesellschaftlich. ‖ 世間知らず der Mensch (-en, -en) ohne ⁴Welterkenntnis; der Erfahrungslose (Unerfahrene)*, -n, -n; Grün|schnabel (Gelb-) m. -s, ̈-/世間体 die Rücksicht auf die Welt; Anstand m. -[e]s, ̈-e ⟨通常 pl を用いず⟩ ⇒ がいぶん/世間体を繕う den Leuten wahren (retten); mittels ²Bemäntelungen sein Ansehen bewahren; vor der Öffentlichkeit so tun*, als ob j. makellos wäre/世間話 Klatsch m. -es, -e; Geklatsche n. -s; Geschwätz n. -es, -e; Plauderei f. -en; Tratsch m. -es, -e/世間話をする über ⁴Alltäglichkeiten (pl) plaudern; ⁴sich über Alltäglichkeiten unterhalten*; über unbedeutende Dinge schwatzen/世間的地位 js soziale (gesellschaftliche) Stellung, -[e]s soziale (gesellschaftlicher) Stand, -[e]s.

せけんなみ 世間並の gewöhnlich; alltäglich; banal; durchschnittlich; ordinär/世間並のことだか wie es in der Welt zu geschehen pflegt; nach ³Durchschnittsmaßstab; nicht besser, aber auch nicht schlechter/世間並にする der allgemeinen Tendenz folgen ⓢ; nichts anderes tun*, als was alle Welt tut; ⁴sich nach dem Alltäglichen richten/世間並に言えばそんなことでしょう Das stimmt, wenn ich mich einmal alltäglich ausdrücken darf.

せこ 世故 ⇨ せじ.
せこ 勢子 Treiber *m*. -s, -; Treibjagdhelfer *m*. -s, -; Klopfer *m*. -s, -.
せこう 施工 ⇨しこう〔施工〕.
せせい 世才 Weltklugheit *f.*; Lebensweisheit *f.* / 世才にたけた welt|erfahren (-gewandt); welt|klug (lebens-) / 世才のない weltfremd.
-せざるをえない nicht umhin können* 〖zu を伴う不定詞とともに〗/ 我々は招待に応ぜざるをえなかった Wir konnten nicht umhin, die Einladung anzunehmen. / 僕はそうせざるをえなかったんだ Das musste ich tun.: Mir blieb nichts anderes übrig, als das zu tun.
せじ 世事 die irdischen (weltlichen) Dinge (Angelegenheiten) (*pl*) / Welt *f.* / 世事にたけた人 Weltmann *m.* -[e]s, ¨er; der welt|erfahrene (lebens-) (*od.* -kluge) Mensch, -en, -en; der Welt|erfahrene* (Lebens-) (*od.* -kluge*), -n, -n / 世事にたけている welt|klug (lebens-) (*od.* -erfahren) sein; die Menschen (die Welt) kennen*; in allen Sätteln gerecht sein; Menschenkenntnis haben / 世事に疎い welt|fremd (lebens-) (*od.* -fern) sein; keine Menschenkenntnis haben; nur sehr wenig von der Welt wissen*.
せしめる gewinnen*⁴; *jm* um ⁴*et* bringen* 〖ある人から〗; *jm* um ⁴*et* prellen 〖ある人を欺いて〗.
せしゅ 施主 Geber *m.* -s, -; Spender *m.* -s, -; Stifter *m.* -s, -.
せしゅう 世襲 Erbschaft *f.*; Erblichkeit *f.* / 世襲の erblich / 世襲する erben ‖ 世襲貴族 Erbadel *m.* -s / 世襲財産 Erbe *n.* -s; Erbschaft *f.* -en / 世襲権 Erbeigentum *n.* -s, ¨er.
せじょう 世情 die Verhältnisse (*pl*) (das Geschehen*, -s); der Lauf, -[e]s der Welt; die sozialen Zustände (*pl*); die menschliche Natur 〖世態人情〗. ⇨せじ.
せじん 世人 Publikum *n.* -s; Allgemeinheit *f.*; jedermann*; man* 〖2格, 3格, 4格はそれぞれ eines, einem, einen〗; Menschen (*pl*); Leute (*pl*); alle Welt / それは世人に知られている Das ist allgemein bekannt.: Das weiß alle Welt.
せすじ 背筋 Rückenmuskel *m.* -s, -n 〖背中の筋肉〗/ 私は背筋が冷たくなる思いがした Ein Schauder rieselte mir über den Rücken.
せせい 是正 Verbesserung *f.* -en; Berichtigung *f.* -en; Richtigstellung *f.* -en / 是正する korrigieren⁴; berichtigen⁴; richtig stellen⁴.
せせこましい eng; knapp.
ぜぜひひ 是々非々主義でいく eine unparteiische Haltung ein|nehmen*; mit keiner bestimmten ³Partei halten*.
せせらぎ das Rauschen (Murmeln*), -s.
せせらわらい せせら笑い das Hohnlachen*, -s / せせら笑う höhnisch (spöttisch) lachen.
せそう 世相 das soziale Bild, -[e]s; die soziale Lage / 現代日本の世相 das Bild der sozialen Lage des heutigen Japans.
せぞく 世俗 die Welt; das irdische Leben, -s / 世俗的 weltlich; irdisch; profan.

せたい 世帯 ⇨しょたい〔所帯〕.
せだい 世代 Generation *f.* -en / 若い世代 die jüngere Generation / 世代間の軋轢 Generationskonflikt *m.* -[e]s, -e ‖ 世代交代 Generationswechsel *m.* -s, -.
セダン Limousine *f.* -n.
せち 世知 Lebensweisheit *f.* -en / 世知にたけた welt|erfahren (-klug; -gewandt). ⇨せじ〔世事〕.
せちがらい 世知辛い hart; streng; schwer / 世知辛い世の中 das harte Leben, -s 〖人生〗; die harten (schweren) Zeiten (*pl* 時代).
せつ 節 ❶〖節操〗Treue *f.* 〖節操〗; Grundsatz *m.* -es, ¨e 〖主義〗; Prinzip *n.* -s, ..pien 〖同上〗/ 節を曲げぬ von seinen Grundsätzen nicht ab|gehen* (ab|weichen*) 〖s〗; seinem Prinzip treu bleiben* 〖s〗. ❷〖時〗Zeit *f.*; Gelegenheit *f.* / おひまな節は wenn Sie mal Zeit haben. ❸〖詩文の〗Paragraph *m.* -en, -en 〖文の〗; Strophe *f.* -n 〖詩の〗; Vers *m.* -es, -e 〖聖書の〗.
せつ 説 ❶〖意見〗Meinung *f.* -en; Ansicht *f.* -en. ❷〖学説〗Theorie *f.* -n; Lehre *f.* -n. ❸〖風評〗Gerücht *n.* -[e]s, -e.
せつえん 節煙する weniger rauchen.
ぜつえん 絶縁 Abbruch *m.* -[e]s der Beziehungen;〖電〗Isolierung *f.* -en. -en / 絶縁する die Beziehungen mit *jm* ab|brechen* 〖h〗;〖電〗isolieren⁴ ‖ 絶縁体 Isolator *m.* -s, -en / 絶縁物質 Isolierstoff *m.* -[e]s, -e.
ぜつおん 舌音〖音声〗Zungenlaut *m.* -[e]s, -e.
せっか 赤化 Bolschewisierung *f.* / 赤化する bolschewisieren⁴〖国を〗; für den Bolschewismus gewinnen*〖*jn* 人を〗‖ 赤化運動 die bolschewistische Bewegung, -en.
ぜっか 舌禍 Zungenfehler *m.* -s, -/ 舌禍を招く sich den Mund (die Zunge) verbrennen*; ein Versehen beim Sprechen teuer (schwer) bezahlen.
せっかい 切開〖Auf〗schnitt *m.* -[e]s, -e; das Aufschneiden*, -s; Operation *f.* -en 〖手術〗‖ 十字切開 Kreuzschnitt / 切開手術 die chirurgische Operation / 帝王切開 Kaiserschnitt.
せっかい 石灰 Kalk *m.* -[e]s, -e / 石灰の山 Kalkgebirge *n.* -s, - / 石灰質の kalk[hal]tig; kalkartig / 石灰を焼く 〔焼する〕zu Kalk brennen*⁴ / 石灰を消石(沸化)する Kalk löschen ‖ 石灰華 Kalksinter *m.* -s, - / 石灰岩 Kalkfels *m.* -en, -en (-stein *m.* -[e]s, -e) / 石坑〔石坑〕Kalk|grube *f.* -n (-bruch *m.* -[e]s, ¨e) / 石灰光 Kalklicht *n.* -[e]s / 石灰質化 Verkalkung *f.* / 石灰土 Kalk|erde *f.* -n (-boden *m.* -s, ¨) / 石灰焼成 Kalkbrennen *n.* -s / 石灰水 Kalkwasser *n.* -s / 石灰石 Kalkstein *m.* -[e]s, -e / 石灰窒素 Kalkstickstoff *m.* -[e]s, -e / 石灰乳 Kalkmilch *f.* (-lauge *f.* -n) / 石灰肺〖医〗Kalklunge *f.* -n / 石灰肥料 Kalkdünger *m.* -s, - / 石灰モルタル Kalkmörtel *m.* -s, - / 石灰窯 Kalkofen *m.* -s, ¨ / 石灰焼き人 Kalkbrenner *m.* -s, - / 苛性石灰 Branntkalk / 消石灰 der ge-

せっかい 石塊 Stein|masse *f*. -n (-block *m*. -[e]s, ⸚e); ein Stück (*n*. -[e]s) Stein; Fels|block《大きな》; Geröll[e] *n*. ..röll[e]s, ..rölle《小さな》.

ぜっかい 絶海の孤島 eine einsame (verlassene) Insel 《-n》auf dem hohen Meer.

せっかく ❶《骨を折って》unter 'Angebot (Anspannung) der letzten (aller) Kräfte／せっかくあれまでしたのに obwohl er es mit großen Mühen so weit gebracht hat; bei all seinen großen Anstrengungen 《ist 'et vergebens》. ❷《特に》vor allem; vor allen Dingen／せっかくお大事になさいませ Nehmen Sie sich vor allen Dingen gesundheitlich in Acht!; Schonen Sie sich vor allem! ❸《親切に》freundlich; gefällig; liebenswürdig; nett／せっかくの御情ですが Es ist wirklich sehr nett von Ihnen, [es mir anzubieten,] doch ..../せっかくの御厚情ですから Da Sie so freundlich sind, [es mir anzubieten,] erlaube ich mir, .../せっかくお伺いしさったのに留守で残念でした Es tut mir wirklich Leid, dass ich nicht zu Hause war, als Sie sich liebenswürdigerweise zu mir bemüht hatten. ❹《貴重な》せっかくの日曜日も雨だった Ausgerechnet am Sonntag musste es regnen!

せっかち Voreiligkeit *f*.; Hastigkeit *f*.; Übereilung *f*. -en; Übereiltheit *f*. -en; Ungestüm *n*. -[e]s／せっかちな vor|eilig (-schnell); hastig; übereilt; ungestüm／あんなせっかちな男は見たことがない Ich kenne keinen temperamentvolleren Menschen als er (ihn).

せっかっしょく 赤褐色の rotbraun; rotblond《髪の毛》.

せっかん 折檻 Züchtigung *f*. -en; Bearbeitung *f*. -en; [eine Tracht] Prügel (Schläge)《*pl*》《打擲》／折檻する züchtigen《*jn*》; bearbeiten《*jn*》; prügeln《*jn*》; [eine Tracht] Prügel (Schläge) erteilen《*jm*》.

せっかん 切諫 die ernste Vorhaltung, -en《Er|mahnung, -en》; das ernste Monitum, -s, ..ta／切諫する ernste Vorhaltungen 《Er|mahnung》《*pl*》machen《*jm wegen*²⁽³⁾》; monieren《*jn*》.

せっかん 石棺 Sarkophag *m*. -s, -e; Stein|sarg *m*. -[e]s, ⸚e; der steinerne Pracht|sarg *m*. -[e]s, ⸚e.

せっかん 切願 eine inständige Bitte, -n; ein dringendes Ersuchen, -s／切願する *jn* dringend (inständig) bitten* (ersuchen) 《*um* ⁴》; zu *jm* flehen 《*um* ⁴》. ➪せつぼう.

ぜつがん 舌癌《医》Zungenkrebs *m*. -es, -e.

せつがんレンズ 接眼レンズ Okular *n*. -s, -e; Okularglas *n*. -es, ⸚er.

せっき 石器 Stein|gerät *n*. -[e]s, -e (-[werk]zeug *n*. -[e]s, -e)／石器時代 Stein|zeit *f*. (-zeitalter *n*. -s, -) ‖ 新[旧]石器時代 das neolithische (paläolithische) Zeitalter; Neolithikum *n*. -s (Paläolithikum *n*. -s).

せっき 節季 Jahres|ende *n*. -s, -n (-[ab]schluss *m*. -es, ⸚e).

せっきゃくぎょう 接客業 Hotel- und Restaurations|betrieb *m*. -[e]s, -e (-gewerbe *n*. -s, -) Gast|gewerbe (Hotel-); Gastwirtschaft *f*.; Hotellerie *f*.／接客業を営む ein Hotel- und Restaurationsgeschäft (eine Gastwirtschaft) führen; ein Hotel- und Restaurationsgewerbe [be]treiben*; ein Gasthaus (ein Hotel) besitzen* ‖ 接客業者 Hotel- und Restaurationsbesitzer *m*. -s, -; Gastwirt *m*. -[e]s, -e; Hotelbesitzer; Hotellier *m*. -s, -.

せっきょう 説教 Predigt *f*. -en; Kanzel|rede (Erbauungs-) *f*. -n／説教くさい kanzel|mäßig; im Kanzelton [s]／説教を聞きに行く in die Predigt gehen* [s]／お説教をきかせる Mores lehren《*jn*》; eine Moralpredigt halten* 《*jm*》; gründlich seine Meinung sagen《*jm*》. — 説教する ❶ predigen; kanzeln; eine Predigt halten*; von der Kanzel herab reden. ❷《比喩》eine [Straf]predigt halten*《*jm*》; die Leviten lesen*《*jm*》／すっかり説教されたよ Er hat mir tüchtig den Kopf gewaschen. ‖ 説教者(師) Prediger *m*. -s, -; Kanzelredner *m*. -s, -／説教集 Predigtbuch *n*. -[e]s, ⸚er／説教術 Kanzelberedsamkeit *f*.／説教所 Predigthaus *n*. -es, ⸚er／説教体 Kanzelstil *m*. -[e]s, -e／説教壇 Kanzel *f*. -n; Predigt|stuhl (Prediger-) *m*. -[e]s, ⸚e.

ぜっきょう 絶叫 Geschrei *n*. -s; Auf|schrei *m*. -[e]s, -e. — 絶叫する ❶ auf|schrei|en*; ein [lautes; scharfes] Geschrei erheben*; einen Schrei aus|stoßen*. ❷《力説する》besonders hervor|heben*⁴; unter|streichen*⁴; besonders aufmerksam machen《*auf* ⁴》.

せっきょく 積極的[に] positiv／積極的な発言 der positive Vorschlag, -[e]s, ⸚e／積極的な人 der tatkräftige (energische; rührige) Mensch, -en, -en／積極的に援助する tat|kräftig unterstützen《*jn*》／積極的な態度に出る eine positive Haltung ein|nehmen*《*zu* ¹》／積極的にやりたい Sei unternehmungslustig! ‖ 積極主義 die positive Politik (Maßnahme)／積極性 Positivität *f*.／積極的攻勢 die positive Offensive, -n.

せっきん 接近 Annäherung *f*. -en; das Nahe|kommen (Heran-), -s; das Heran|nahen*, -s《行為》; Nähe *f*.／接近の政策 das anglo|amerikanische Rapprochement, -s, -s. — 接近した nahe; in der Nähe befindlich; nahe liegend; angrenzend《境を接した》; an|liegend; benachbart; bevorstehend《切迫した》; annähernd《概略的》. — 接近する *sich nähern³; nahe (näher) kommen*[s]; heran|kommen* (-|-kommen)[s]《*an* ⁴》; *sich heran|machen《*an jn*》; *sich an|freunden《mit *jm* 友情を結ぶ》／彼には接近しないがよいです Knüpfen Sie keine Beziehungen mit ihm an! ‖ 接近作戦 Approche *f*. -n《ふつう *pl*》.

せっく 節句 Jahres|feier *f.* -n (-fest *n.* -[e]s, -e).

せっく 絶句する sprachlos sein.

セックス Sex *m.* -(es); Geschlecht *n.* -[e]s, -er 《性》/セックスの sexuell; Sexual-‖ セックスアピール Sexappeal *m.*

せっけい 設計 Entwurf *m.* -[e]s, ⸚e; Anlage *f.* -n (Plan *m.* -[e]s, ⸚e; Projekt-) *n.* -[e]s /この庭園は設計がよい Der Garten ist geschickt angelegt. — 設計する entwerfen*⁴; planen⁴; projektieren⁴; an|legen⁴ 《庭園など》. ‖ 設計者 Entwerfer *m.* -s, -; Plan|macher (Pläne-/ Projekt-) *m.* -s, -; Planer *m.* -s, -/設計書 Spezifikation *f.* -en/設計図 Plan; Grundriss *m.* ..risses, ..risse; Blau|pause *f.* -n (-kopie *f.* -n)/青写真)/設計のよい(わるい) gut (schlecht) entworfen (bezaubernd; geplant; gestaltet).

せっけい 雪渓 Schneeschlucht *f.* -en.

ぜっけい 絶景 die herrliche (bezaubernde) Landschaft, -en; der grandiose Anblick, -[e]s, -e.

せっけん 接見 Aufnahme *f.* -n; Empfang *m.* -[e]s, ⸚e; Audienz *f.* -en; Interview *n.* -s, -s /接見する auf|nehmen* 〈*jm*〉; Audienz erteilen (geben*) 〈*jm*〉; ein Interview gewähren 〈*jm*〉/公人が記者に); interviewen 〈*jn*〉 (記者が公人に).

せっけん 節倹 Sparsamkeit *f.* ⇨せつやく.

せっけん 石鹸 Seife *f.* -n/石鹸の泡 Seifen|blase *f.* -n (-schaum *m.* -[e]s, ⸚e) /石鹸一個 ein Stück (*n.* -[e]s) Seife /石鹸状の seifenartig /石鹸を作る Seifen kochen (bereiten; sieden*) /ひげに石鹸を塗る⁴ 〈³sich den Bart〉 ein|seifen ‖ 石鹸入れ Seifenschale *f.* -n /石鹸工場 Seifenfabrik *f.* -en /石鹸水 Seifen|lauge *f.* -n (-wasser *n.* -s) /石鹸製造 Seifen|bereitung *f.* (-siederei *f.*)/石鹸製造業 Seifen|fabrikant *m.* -en (-sieder *m.* -s, -) /粉石鹸 Seifenpulver *n.* -s, -.

せっけん 席巻する ein Land (ein Gebiet) nach dem anderen (wie der Blitz; wie der Wind; wie's Gewitter) erobern (besetzen).

せつげん 節減 Einschränkung *f.* -en /節減する ein|schränken⁴.

せつげん 雪原 Schneefeld *n.* -[e]s, -er.

ゼッケン ゼッケン番号 Startnummer *f.* -n.

せっこう 石膏 Gips *m.* -es, ⸚e /石膏の gipsartig /石膏で細工する Gips gießen*/立像を石膏で作る eine Statue in Gips ab|gießen*/石膏で壁の穴を埋める Löcher (in der Wand) mit Gips aus|füllen (verschmieren) /この胸像は石膏でできている Die Büste ist aus Gips. ‖ 石膏型 Gipsform *f.* -en /石膏鋳物 Gipsabguss *m.* -es, ⸚e /石膏細工 Gipsguss *m.* -es, ⸚e /石膏像 Gipsbild *n.* -[e]s, -er /石膏帯 Gipsbinde *f.* -n /石膏包帯 Gipsverband *m.* -[e]s, ⸚e /石膏模型 Gipsmodell *n.* -s, -e (-abguss *m.* -es, ⸚e) /石膏焼き職人 Gipsbrenner *m.* -s, - /石膏像 Gipsbett *n.* -[e]s, -en /焼石膏 der gebrannte Gips.

せっこう 石工 Stein|metz *m.* -en, -en (-hauer *m.* -s, -).

せっこう 斥候〔任務〕das Patrouillieren; -s; Aufklärung *f.* -en 〔偵察〕;〔兵〕Patrouille *f.* -n; Streifwache *f.* -n; Streifer *m.* -s, - /斥候に出る patrouillieren; die Patrouille aus|schicken (ab|senden*¹) ‖ 将校斥候 Offizierspatrouille.

せつごう 接合 Zusammen|fügung (Ein-) *f.* -en (-ung *f.* -en 《結合》; Verknüpfung *f.* -en/接合する zusammen|fügen⁴; ein|fügen⁴ 〈*in*⁴〉; verbinden*⁴ 〈*mit*〉; verknüpfen⁴ 〈*mit*³〉.

ぜっこう 絶好の einmalig; allerbest; günstigst; höchst;【俗】prima /絶好の機会 die günstigste Gelegenheit, -en; die beste Chance /絶好のコンディションである auf dem Damm sein 〈健康が〉; in guter Form sein 〈スポーツ〉.

ぜっこう 絶交 der Bruch -[e]s, ⸚e; der Freundschaft / 絶交を申入れる *jm* die Freundschaft kündigen /君とは絶交だ Du bist mein Freund gewesen. / Ich will von dir nichts mehr wissen. / Ich will nichts mehr mit dir zu tun haben. — 絶交する mit *jm* brechen* 〔h〕; den Umgang (den Verkehr; die Verbindung) mit *jm* ab|brechen*; *³sich mit *jm* für immer verkrachen; Es kommt zum Bruch 〈*zwischen*³〉.

せつごせん 摂護腺【解】Vorsteherdrüse *f.* -n; Prostata *f.*

せっこつ 接骨 Knocheneinrichtung *f.* -en; Einrenkung *f.* -en /接骨する Knochen ein|richten; ein|renken⁴ ‖ 接骨医 Knochenrichter *m.* -s, -; Einrenker *m.* -s, -.

せっさく 拙策 ein ungeschickter (schlechter) Plan, -[e]s, ⸚e; eine schlechte (unkluge) Maßnahme, -n.

ぜっさん 絶賛 ein uneingeschränkte Lob, -[e]s, -e; der größte Beifall, -[e]s /絶賛に値する das höchste Lob verdienen /絶賛を博する großen Beifall finden*; mit begeistertem Beifall aufgenommen werden /絶賛をする (über alle Maßen) loben; mit ³Lob (Beifall) überschütten⁴; uneingeschränkt Lob erteilen³ (spenden³; zollen³).

せっし 摂氏 Celsius *m.* -(略:C)/摂氏二十度 zwanzig Grad Celsius; 20°C.

せっし 切歯扼腕する (vor ³Wut) mit ³Zahnen knirschen.

せつじつ 切実 dringend; heftig 〈はげしい〉; heiß 〔熱烈な〕; wichtig 〔重要な〕/切実な問題 ein lebenswichtiges Problem, -[e]s, -e; Anliegen *n.* -s, - /切実に感じる tief empfinden*⁴; stark fühlen⁴.

せっしゃ 接写〔写〕Nahaufnahme *f.* -n ‖ 接写用レンズ Objektiv *n.* -s, -e für Nahaufnahmen; Nahaufnahmeobjektiv.

せっしゅ 摂取 das Einnehmen *n.* -s; Aufnahme *f.*/摂取する ein|nehmen*⁴; zu ³sich nehmen*⁴; auf|nehmen*⁴ 〈採り入れる〉.

せっしゅ 節酒 die Mäßigkeit im Trinken /

節酒する im Trinken maß|halten*.

せっしゅ 接種 Impfung f. -en/接種する jn impfen (gegen⁴); jm ein|impfen⁴ ‖ 予防接種 Schutz|impfung (Präventiv-) f. -en.

せっしゅ 窃取 das Stehlen*, -s; Entwendung f. -en; Diebstahl m. -[e]s, ⸗e 〈窃盗〉/窃取する ⇨ぬすむ.

せっしゅう 接収 Beschlagnahme f. -n; Requirierung f. -en/接収する beschlagnahmen⁴; requirieren⁴.

せっしゅう 切除する ab|schneiden*⁴ (weg|-).

せっしょう 殺生 das Töten*, -s; Grausamkeit f. 〈残酷〉/殺生な grausam.

せっしょう 摂政 Regent m. -en, -en; Regierungsverweser m. -s, -; Regentschaft f. 〈職〉.

せっしょう 折衝 Unterhandlung f. -en; Verhandlung f. -en/折衝する mit jm unterhandeln (über⁴); mit jm verhandeln (über⁴).

せっしょう 絶唱 ein einmaliges (wunderschönes) Gedicht, -[e]s, -e.

せっしょう 絶勝 ⇨けっしょう.

ぜつじょう 舌状の zungenförmig.

せつじょうしゃ 雪上車 Kufengleiter m. -s, -; Schneeroller m. -s, -.

せっしょく 節食 die Mäßigkeit im Essen; Diät f. 〈食養生〉/節食する im Essen maß|halten*; Diät halten*.

せっしょく 接触 Berührung f. -en; Kontakt m. -[e]s, -e; Fühlung f. -en/接触を保つ in ³Fühlung bleiben (mit³) ⓢ〈例:mit dem Feind〉/接触を失う die Fühlung (den Kontakt) verlieren (mit³). —— 接触的な berühren⁴; in⁴ ³Berührung (Fühlung) kommen* (mit³) ⓢ/...と接触している in ³Berührung (Kontakt; Fühlung; Verbindung) sein (stehen*) (mit³). ‖ 接触電気 Kontaktwirkung f. -en; Katalyse f. -n/接触点 Berührungspunkt m. -[e]s, -e/接触面 Berührungselektrizität (Kontakt-) f./接触面 Berührungsfläche f. -n.

せつじょく 雪辱する die verlorene Ehre wieder ⁴retten 〈名誉挽回する〉; ⁴sich revanchieren 〈競技などで〉‖ 雪辱戦 Revanchespiel n. -[e]s, -e.

ぜっしょく 絶食 das Fasten*, -s/絶食する fasten; ⁴sich der ²Speisen enthalten* /私は二日間絶食した Ich habe zwei Tage lang nichts gegessen (zu mir genommen). ‖ 絶食療法 Fastenkur f. -en.

せっすい 節水 sparsamer Wasserverbrauch, -[e]s/節水をする Wasser sparen.

せっする 接する ❶ [接触する] berühren⁴; in ⁴Berührung kommen* ⓢ (mit³). ❷ [隣接する] grenzen (an⁴); an|stoßen* (an⁴)/ドイツはオーストリアに境を接している Deutschland grenzt an Österreich. /彼は二つの相接する地所を買った Er kaufte zwei anliegende Grundstücke. ❸ [受け取る] bekommen*⁴; erhalten*⁴ /父の訃報に接する Todesnachricht seines Vaters bekommen* (erhalten*)⁴. ❹ [応接する] empfangen*⁴; behandeln*⁴; bedienen⁴ 〈客に〉. ❺ [体験する] erleben⁴.

せっする 節する ❶ [飲食などを] maß|halten* (in³); mäßig sein (in³). ❷ ⇨せつやく.

ぜっする 絶する ¶ 言語に絶する unsagbar; unsäglich; unbeschreiblich/古今に絶する beispiellos; einmalig/想像を絶する unvorstellbar; undenkbar /その不潔さは言語に絶するものがあった Die Unsauberkeit spottete jeder Beschreibung. /この国の貧しさはほとんど想像に絶する Wie arm das Land ist, das kann man sich kaum vorstellen.

せっせい 摂生 Gesundheitspflege f.; Hygiene f.; Diät f. 〈食養生〉/摂生に注意する auf seine Gesundheit achten; für seine Gesundheit sorgen; Diät leben/摂生を怠る seine Gesundheit vernachlässigen.

せっせい 節制 Enthaltsamkeit f.; Mäßigkeit f./節制する maß|halten*; seine Leidenschaften beherrschen.

ぜっせい 絶世の unvergleichlich; ohnegleichen; einzigartig; einmalig/彼女は絶世の美人だ Sie ist eine einmalige (vollendete) Schönheit.

せっせと fleißig; emsig; eifrig/せっせと働く emsig (fleißig) arbeiten.

せっせん 雪線 Schnee|linie f. -n (-grenze f. -n).

せっせん 接線 〈数〉Tangente f. -n; Berührungslinie f. -n.

せっせん 接戦 Nahkampf m. -[e]s, ⸗e 〈近接戦〉; ein harter (unerbitterter) Wettkampf, -[e]s, ⸗e 〈伯仲の競技〉.

ぜっせん 舌戦 Wort|streit m. -[e]s, -e (-wechsel m. -s, -)/そのことから両者の間では げしい舌戦が展開された Darüber entstand zwischen beiden ein heftiger Wortwechsel.

せっそう 節操 Treue f.; Keuschheit f. 〈貞操〉/節操のない treulos; untreu; veränderlich; charakterlos; unkeusch/節操を守る jm die Treue halten*; seinen ³Grundsätzen treu bleiben* ⓢ /節操を破る jm die Treue brechen*; von seinen ³Grundsätzen ab|gehen* (ab|weichen*)⁴.

せっそく 節足動物 〈動〉Gliederfüßer m. -s, -.

せっそく 拙速主義の nicht allzu genau aber schnell [arbeitend].

せつぞく 接続 Verbindung f. -en; Verknüpfung f. -en; Anschluss m. -es, ⸗e. —— 接続する verbinden*⁴ (verknüpfen⁴) (mit³) /この列車は東京行きの列車に接続している Dieser Zug hat Anschluss an den Zug nach Tokio. ‖ 接続詞 〈文法〉Bindewort n. -[e]s, ⸗er; Konjunktion f. -en/接続線 〈鉄〉Anschluss|bahn f. -en (-gleis n. -es, -e)/接続法 〈文法〉Konjunktiv m. -s, -e.

ぜっそく 絶息する den letzten Atemzug (die letzten Atemzüge) tun*; aus|atmen 〈但し日常語としては用いられない〉; sterben* ⓢ /絶息する間際まで bis zum letzten Atemzug.

セッター Setter m. -s, -.

せったい 接待 Empfang m. -[e]s, ⸗e; Aufnahme f. -n; Bewirtung f. -en; Bedienung f. -en 〈旅館・商店の〉/接待する empfangen*⁴; auf|nehmen*⁴; bewirten⁴; be-

ぜったい 絶対 absolut; unbedingt/彼女は絶対に来るさ Sie kommt bestimmt./僕は絶対にやらない Das mache ich nie. 《やるのはいやだ》/これは絶対に確かなことだ Das ist eine absolute Gewissheit./絶対来てくれよ Du musst unbedingt kommen. ‖ 絶対安静 absolute Ruhe, -n/絶対音感 absolute Musik/絶対音感 absolutes Gehör, -s/絶対温度《理》absolute Temperatur, -en/絶対主義 Absolutismus m. -/絶対数《数》absolute Zahl, -en/絶対善《哲》das absolute Gute*, -n/絶対多数 die absolute Mehrheit, -en/絶対値《数》absoluter Betrag, -(e)s/絶対服従 unbedingter Gehorsam, -s/絶対命令《倫》kategorischer Imperativ, -s, -e
ぜったい 舌苔《医》Zungenbelag m. -(e)s, "e/舌苔ができる 4 sich bedecken
ぜつだい 絶大な äußerst groß/絶大な信用 grenzenloses (unbegrenztes) Vertrauen, -s/絶大な努力を払う 3sich sehr anstrengen; 3sich sehr viel Mühe geben*.
ぜつだい 舌代 eine kurze Bemerkung, -en.
ぜつだいぜつめい 絶体絶命 絶体絶命である in äußerster (großer; schwerer) 3Not sein/もはや絶体絶命だ Es gibt keinen Ausweg (keine Rettung) mehr. | Es ist aus.
せつだん 切断 die Abschneidung*, -s; Abschneidung f. -en; Amputation f. -en《手術》/切断する ab|schneiden*4; amputieren*《手術》‖ 切断機 Schneidemaschine f. -n/切断面 Schnittfläche f.; Schnitt m. -(e)s, -e.
ぜつだん 舌端 Zungenspitze f. -n.
せっち 設置 Errichtung f.; Gründung f./設置する errichten*; gründen*.
せっちゃくざい 接着剤 Klebe|mittel n. -s, -(-stoff m. -(e)s, -e).
せっちゅう 折衷 Kompromiss m. (n.) -es, -e. —— 折衷する die (goldene) Mitte wählen (zwischen³); Kompromiss treffen* (zwischen³). ‖ 折衷案 Zwischenlösung f. -en/折衷主義《特に芸術様式上の》Eklektizismus m. -/和洋折衷 die Mischung von japanischem und europäischem Stil.
ぜっちょう 絶頂 《頂上》Gipfel m. -s, -; 《頂点》Höhepunkt m. -(e)s, -e; Zenit m. -(e)s, -e/絶頂に達する den Gipfel (Höhepunkt) erreichen (der Höhe)/彼は幸福の絶頂だ Er ist jetzt auf dem Gipfel (der Höhe; dem Höhepunkt) seines Glück(e)s./海水浴の絶頂は八月の初めに達する Die Badesaison erreicht Anfang August ihren Höhepunkt.
せっつく jn drängen (auf⁴)/支払いをせっつく auf ⁴Zahlung drängen.
せってい 設定する errichten⁴ 《設立する》; fest|setzen⁴《定める》; bestimmen⁴《同上》.
せってん 接点《数》Berührungspunkt m. -(e)s, -e.
せつでん 節電 das Einsparen (-s) von ³Elektrizität; sparsamer Verbrauch (-(e)s) der ²Elektrizität/節電する Elektri-

zität ein|sparen; Elektrizität sparsam verbrauchen.

セット ❶ [揃・組] Satz m. -es, "e; Garnitur f. -en. ❷ [テニス・卓球の] Satz m. -es, "e/2 セットを取って勝つ in zwei Sätzen gewinnen*. ❸ [テレビ・ラジオの] Gerät n. -(e)s, -e; Apparat m. -(e)s, -e. ❹ [舞台の] Bühnenausstattung f. -en (-bild n. -(e)s, -er).
—— セットする《髪を》in feste Wellenform bringen*. ‖ 家具セット eine Garnitur Möbel/食器セット Service n. -s, -.
せつど 節度 Maß n. -es, -e/Mäßigkeit f./節度を守る Maß halten*; ⁴sich mäßigen.
せっとう 窃盗 Diebstahl m. -(e)s, "e《罪》/窃盗を働く einen Diebstahl begehen*.
せっとうご 接頭語《文法》Präfix n. -es, -e; Vorsilbe f. -n.
せっとく 説得 Überredung f. -en; Überzeugung 《納得させること》f. -en/説得する (jn berreden (zu³); jn überzeugen (von³) ‖ 説得力 Überredungsgabe f.; Überzeugungskraft f.
せつな 刹那 Augenblick m. -(e)s, -e; Moment m. -(e)s, -e/刹那的な享楽 ein augenblicklicher Genuss, -es, -e/ein flüchtiges Vergnügen, -s, -/el 刹那 in dem Augenblick (Moment)/私が顔を上げた刹那 gerade (in dem Moment,) als ich aufblickte.
せつない 切ない schmerzlich《苦痛な》; qualvoll 《苦しい》; unerträglich 《耐え難い》/僕はとても切ない思いだ Ich bin so traurig./彼女は切なそうに泣いた Sie weinte bitterlich.
せつに 切に(な) dringend; eifrig; heftig; heiß; innig/切なる願い eine inständige Bitte, -n/切に祈る herzlich (innig) wünschen*.
せっぱく 切迫 Dringlichkeit f. -en; Eile f./切迫した dringend; eilig/especially 事は切迫しています Die Sache eilt. | Es ist damit./危機が切迫している Es steht die Krise bevor.
せっぱく 雪白の schneeweiß.
せっぱつまる 切羽詰まる in die Enge getrieben werden; an die Wand gedrückt werden; in die Klemme geraten* [s]; ³sich keinen Ausweg (Rat) mehr wissen*; weder aus noch ein wissen*/せっぱ詰って aus Not; notgedrungen.
せっぱん 折半する halbieren⁴; teilen⁴; halbe-halbe machen⁴/利益を折半する den Gewinn teilen*/mit jm in den Gewinn teilen/二人は費用は折半した Die beiden bestritten jeder die Hälfte der Kosten.
ぜっぱん 絶版である vergriffen sein.
せつび 設備 Einrichtung f. -en; Ausstattung f. -en《装備》; Ausrüstung f. -en《同上》; Anlage f. -n《施設》/設備の整った gut eingerichtet (ausgerüstet)/設備する ein|richten⁴; aus|statten⁴ (mit³); aus|rüsten (mit³); an|legen⁴.
せつびご 接尾語《文法》Suffix n. -es, -e; Nachsilbe f. -n.
ぜっぴつ 絶筆 js letztes Schriftstück, -(e)s

ぜっぴん 絶筆/これが彼の絶筆となった Das ist das Letzte, was er geschrieben hat.

ぜっぴん 絶品 ein einmaliges Werk, -[e]s, -e; Meisterstück n. -[e]s, =e.

せっぷく 切腹 Seppuku n. -[s], -s; Harakiri n. -[s], -s; das Bauch|aufschlitzen* (Leib-), -s/切腹する Harakiri begehen*.

せっぷく 説伏 ⇨ せっとく.

せっぷん 接吻 Kuss m. -es, =e/接吻する jn küssen; jm einen Kuss geben*/額に接吻する jn auf die Stirn küssen.

せっぺき 絶壁 eine steile Wand, =e; Steil-wand f. =e (-hang m. -[e]s, =e)/絶壁になった海岸 Steilküste f. -n/絶壁をよじ登る eine Steilwand erklettern.

せっぺん 雪片 Schneeflocke f. -n.

せつぼう 切望 ein heißer (lebhafter) Wunsch, =[e]s, =e; ein heißes (sehnsüchtiges) Verlangen, -s; Sehnsucht f. 《憧憬》/切望する ³sich sehnlich (herzlich) wünschen⁴; ⁴sich sehnen (nach³); ersehnen⁴; schmachten (nach³).

せつぼう 説法 ⇨ せっきょう.

ぜつぼう 絶望 Verzweiflung f.; Hoffnungslosigkeit f.; Trostlosigkeit f./絶望した verzweifelt/絶望的な verzweifelt; hoffnungslos; trostlos/息子さんの進級はもはや絶望的です Ihr Sohn hat keine Aussicht mehr, versetzt zu werden./彼は今や絶望的な手段に出た Er griff jetzt zu verzweifelten Mitteln. — 絶望する verzweifeln (an³) ⓢ; in ⁴Verzweiflung geraten* ⓢ; die Hoffnung auf|geben* (sinken lassen*).

ぜつぼう 舌鋒鋭く scharf; mit scharfer Zunge; sarkastisch 《辛辣に》.

ぜつみょう 絶妙の wunderbar; äußerst geschickt 《たくみな》; wunderschön 《美しい》.

ぜつむ 絶無である ganz ausgeschlossen (unmöglich) sein; gar nicht vor|kommen* ⓢ/...のようなことは絶無とはいえない Es ist nicht ausgeschlossen, dass ..../今までのところ事故は絶無です Bis jetzt ist noch kein einziger Unfall vorgekommen. ⇨しゅつ.

せつめい 説明 Erklärung f. -en; Erläuterung f. -en; Darlegung f. -en/説明する erklären⁴; erläutern³⁴; dar|legen³⁴/説明しがたい unerklärlich ‖ 説明書 《使用上の》 Gebrauchsanweisung f. -en.

ぜつめい 絶命 ⇨ しぬ.

ぜつめつ 絶滅 [死滅] das Aussterben*, -s; [撲滅] Ausrottung f. -en; Vertilgung f. -en/絶滅する [死滅する] aus|sterben* ⓢ; [撲滅する] aus|rotten⁴; vertilgen⁴/絶滅した ausgestorben ‖ 絶滅危惧種 eine vom Aussterben bedrohte Art.

せつやく 節約 das Sparen*, -s; Sparsamkeit f.; Wirtschaftlichkeit f.; Ökonomie f./節約する sparen(⁴) (mit³); sparsam sein (mit³); sparsam wirtschaften (um|gehen*) (mit³)/時間と金を節約する ⁴Zeit und ⁴Geld sparen.

せつゆ 説諭 Ermahnung f. -en; Verweis m. -es, -e; Zurechtweisung f. -en/説諭する ermahnen⁴; verweisen*⁴; zurecht|weisen*⁴.

せつり 摂理 Fügung f. -en/神(天)の摂理 die Vorsehung; eine Fügung Gottes (des Himmels).

せつりつ 設立 Gründung f. -en; Errichtung f. -en/設立する gründen⁴; errichten⁴; stiften⁴ ‖ 設立者 Gründer m. -s, -; Stifter m. -s, -.

ぜつりん 絶倫の außergewöhnlich; ungemein/彼は精力絶倫である Er ist ein Mann von unerschöpflicher (enormer) Energie.

せつろう 拙劣な schlecht; ungeschickt; stümperhaft/拙劣な仕事 eine schlechte Arbeit, -en; Pfuscharbeit f. -en; Stümperei f. -en.

せつわ 説話 Sage f. -n; 《伝説》 Volksmärchen n. -s, -; Erzählung f. -en ‖ 説話文学 Sagendichtung f. -en. ⇨ものがたり.

せと 瀬戸 Meerenge f. -n; Kanal m. -[e]s, =e.

せどう 世道 Sittlichkeit f. -en; die guten Sitten 《pl》/世道人心は地に落ちた Gute Sitten sind verdorben.

せとぎわ 瀬戸際 ein kritischer Moment, -[e]s, -e; ein entscheidender Augenblick, -[e]s, -e/最期の瀬戸際になって im letzten Augenblick (Moment).

せとないかい 瀬戸内海 die Seto-Inlandsee f.

せとびき 瀬戸引き Email|arbeit f. -en (-waren 《pl》)/瀬戸引きの emailliert.

せともの 瀬戸物 Porzellan n. -s, -e; Steingut n. -[e]s, -e; Tonware f. -n; Keramik f. -en ‖ 瀬戸物屋 Porzellanladen m. -s, =.

せなか 背中 Rücken m. -s, -/背中合わせに Rücken an (gegen) Rücken; mit dem Rücken gegeneinander gekehrt; dos à dos 《j》 《jm》/背中を向ける den Rücken kehren (wenden(*)) (jm)/背中を真直ぐにする den Rücken durch|drücken (gerade|halten*).

ぜに 銭 Geld n. -[e]s, -er; Münze f. -n; Geldstück n. -[e]s, -e; 《俗》 Moneten 《pl》/銭金で買えない für Geld und gute Worte nicht bekommen* ‖ 銭箱 Kasse f. -n; Laden(tisch)kasse f. -n. ⇨かね(金).

ぜにあおい 銭葵 《植》 Malve f. -n.

ぜにがめ 銭亀 《動》 Sumpfschildkröte f. -n.

ぜにごけ 銭苔 《植》 Lebermoos n. -es, -e.

ぜにん 是認 Billigung f. -en; Bewilligung f. -en; Genehmigung f. -en 《認可》; das Gutheißen*, -s; Rechtfertigung f. -en/是認する zulässig; gerechtfertigt; zu billigen⁴; jm bewilligen⁴; genehmigen⁴; gut|heißen*⁴; rechtfertigen⁴.

せぬき 背抜きの上着 ungefütterter Sakko, -s, -s.

セネガル der Senegal, -[s]/セネガルの senegalesisch ‖ セネガル人 Senegaler m. -s, -.

ゼネスト Generalstreik m. -[e]s, -s/ゼネストに突入する in den Generalstreik treten* ⓢ; einen Generalstreik vom Zaun brechen* ‖ ゼネスト禁止法 Generalstreikverbot n. -[e]s, -e.

ゼネレーション ⇨ジェネレーション.

せのび 背伸びする ^{4}sich auf die Zehenspitzen stellen; ^{4}sich recken／背伸びして身長を計ってはいけません Sie dürfen nicht auf den Zehenspitzen stehen, wenn Sie Ihre Größe messen lassen.

セパード ⇨シェパード.

せばまる 狭まる ^{4}sich vereng〔r〕n; enger werden.

せばめる 狭める enger machen; ein|engen^4; verengen^4; verkleinern^4《面積を》; [制限する] beschränken^4《*auf*^{4}》; ein|schränken^4／世間を狭める von aller Welt verachtet werden.

セパレーツ [婦人服] zweiteiliges Kleid, -〔e〕s, -er; [水着] zweiteiliger Badeanzug, -〔e〕s, ⸚e.

せひ 施肥 Düngung *f.* -en; das Düngen*, -s／施肥する düngen^4.

ぜひ 是非 ❶ Recht und Unrecht *n.* des - und -〔e〕s; [事の当否] Schicklichkeit *f.*／是非の判断がつく(つかない) ein (kein) unterscheidendes Urteilsvermögen haben; ein (kein) Unterscheidungsvermögen haben／是非を論ぜず ob richtig oder falsch; gleichgültig wie／是非を弁じる Recht und Unrecht unterscheiden*. ❷ [ぜひとも] unbedingt; ganz gewiss; auf alle Fälle; unter allen Umständen; um jeden Preis; koste, was es wolle; was da kommen mag／是非ともというならば wenn Sie darauf bestehen; wenn Sie es nun mal nicht anders haben wollen; wenn es nun einmal so sein muss／一度は是非見ておき給え Sie müssen es einmal gesehen haben. ⇨ぜ(是が非でも).

セピア セピア色 Sepia *f.* ..pien; Sepiafarbe *f.* -n／セピア色の sepiafarbig.

ぜひない 是非ない unvermeidlich; notgedrungen; unausweichlich; unentrinnbar; unumgänglich／是非なく notwendigerweise; gezwungenermaßen; zwangsweise; zwangsläufig／是非なく…する genötig (gezwungen) sein《zu 不定詞句》; nicht anders können*《als ... zu ...》; ^{4}sich genötigt (gezwungen) sehen*《zu 不定詞句》; keinen Weg sehen*《als ... zu ...》; keine Wahl haben《als ... zu ...》; unter Druck stehen*《zu 不定詞句》.

せひょう 世評 Leumund *m.* -〔e〕s; Ruf *m.* -〔e〕s, -e; die öffentliche Meinung, -en《世論》／世評にのぼる ins Gerede kommen* [s]; Stadtgespräch werden／…という世評である im Ruf stehen*《zu 不定詞句, または im Ruf eines Gelehrten のように二格を使う》; einen 〔guten (bösen)〕 Leumund haben; beleumundet sein; gelten*《*als*》; Es geht der Ruf, dass ....／世評をおそれる ^{4}sich vor einen Leumund fürchten; ^{4}sich ängstigen, öffentlich kritisiert zu werden／世評にとんちゃくしない ^{4}sich nicht um seinen Ruf (einen Leumund) kümmern; nicht viel Wert auf seinen Ruf legen／世評によると wie man sagt; wie ich höre.

せびる *jn* an|flehen《*um*^{4}》; *jn* 〔be〕drängen《*um*^{4}》; *jm* stark zu|setzen《mit Bitten》; *jm* in den Ohren liegen*; *jm* zu|muten《zu 不定詞句》／母親に小使いをせびる die Mutter um Taschengeld quälen.

せびれ 背鰭 Rückenflosse *f.* -n.

せびろ 背広 〔Herren〕anzug *m.* -〔e〕s, ⸚e; Jackettanzug *m.* -〔e〕s, ⸚e; Straßenanzug *m.* -〔e〕s, ⸚e《ふだん着》／シングル(ダブル)の背広 der einreihige (zweireihige) Anzug.

せぶみ 瀬踏みをする *jm* den Puls fühlen; *jm* auf den Zahn fühlen; bei *jm* auf den Busch klopfen.

せぼね 背骨 Rückgrat *n.* -〔e〕s, ⸚e; Wirbelsäule *f.* -n.

せまい 狭い eng; schmal《幅の狭い》; beengt《窮屈な》; beschränkt《偏狭な》; eingeengt《狭い所に押しこめられた》; klein《家などが》／量見の狭い eng¦herzig (-stirnig); kleinlich／交際が狭い nur mit wenigen 〔Menschen〕 verkehren.

せまい 施米 der als Almosen spendierte Reis, -es／施米する als Almosen Reis spendieren.

せまくるしい 狭苦しい zusammengedrängt; eingeklemmt.

せまる 迫る ❶ [しいる] drängen^4; an|spornen^4; nicht in Ruhe lassen*^{4}; nötigen^4《*zu*^{3}》; vorwärts treiben*^{4}／支払を迫る auf ^{4}Zahlung (zur Zahlung) drängen. ❷ [切迫] am Rande stehen*; nahe^3 (notgedrungen^3) sein; kurz vor ^{3}*et* sein; ^{1}*et* steht bevor《*jm*》.／飢餓に迫られる am Rande des Verhungerns stehen*; nahe daran sein zu verhungern; am Verhungern sein／悲しさに胸が迫る Der Gram frisst an seinem Herzen.／それを見て呼吸が迫った Der Anblick versetzte mir den Atem.／死が目前に迫る Der Tod schaut ihm ins Auge. ❸ [近づく] ^{4}sich nähern; entgegen|gehen* [s]; ^{4}sich heran|drängen《*an*^{4}》; heran|nahen (-|rücken) [s]; näher kommen* [s]; vor|dringen* (-|rücken) [s]／敵に迫る an den Feind heran|rücken [s]; über den Feind her|fallen* [s]《襲いかかる》／時間が迫る Die Zeit drängt. ¦ Der entscheidende Augenblick rückt heran.／猟師は獲物に迫った Der Jäger birschte (pirschte) das Wild.／試験が二日後に迫っている Nur noch zwei Tage, und das Examen ist da!／夜が迫る Die Nacht bricht ein.

せみ 蝉 Zikade *f.* -n; Zirpe *f.* -n／蝉が鳴く Die Zikade zirpt (singt).

セミコロン Strichpunkt *m.* -〔e〕s, -e; Semikolon *n.* -s, -s (..la)／セミコロンをうつ einen Strichpunkt (ein Semikolon) setzen.

セミナー ⇨ゼミナール.

ゼミナール Seminar *n.* -s, -e (..rien).

せめ 責め ❶ [責任] Verantwortung *f.* -en; Verantwortlichkeit *f.*; Verpflichtung *f.* -en; das Sein〔ig〕e*, -s ⇨せきにん／責めをふさぐ das Sein〔ig〕e tun*; seine Schuldigkeit tun*／責めを引く die Schuld tragen*《*an*^{3}》; ^{3}sich zuschulden kommen lassen*^{4}／責めを負う die Verantwortung (Verantwortlichkeit) tragen* (übernehmen*)《*für*^{4}》;

せ

verantwortlich sein《für⁴》; zu verantworten haben⁴／その責めは君にある Du bist daran schuld. ¦ Dich trifft die Schuld. ❷［責苦·拷問］Folter f. –n; Marter f. –n; Tortur f. –en／責め道具 Folter¦instrument (Marter–) n. –[e]s, –e (od. –gerät n. –[e]s, –e; –werkzeug n. –[e]s, –e)／責めに堪えかねて Da er die Qualen der Tortur nicht mehr ertragen konnte, ...

せめいる 攻め入る ein|fallen* [s] (–|dringen* [s])《in⁴》; einen Einfall (eine Invasion) machen《in⁴》; überfallen*⁴.

せめおとす 攻め落とす erstürmen⁴; erobern⁴; im Sturm ein|nehmen*⁴; zur Übergabe (Kapitulation) zwingen*⁴.

せめさいなむ 責め苛む foltern⁴ ⇨**せめる**(責める)①.

せめて wenigstens; mindestens; zum wenigsten (mindesten); zumeist; höchstens《せいぜい》; wenn nur ...／せめて一万円もあれば Wenn ich wenigstens 10 000 Yen hätte!／せめて昨日だったならなあ Wäre das nur gestern passiert!

せめて 攻め手 ❶［人］Angreifer m. –s, –; der Angreifende*, –n, –n; Aggressor m. –s, –en. ❷［手段］Angriffs¦mittel n. –s, – (–werkzeug n. –[e]s, –e); das angriffsweise Vorgehen, –s, –; Angriffsbewegung f. –en; Offensive f. –n《攻勢》.

せめどうぐ 攻め道具 Angriffs¦waffe (Trutz–) f. –n.

せめる 攻める an|greifen*⁴; einen Angriff machen; an|fallen*⁴《襲撃する》; attackieren⁴; eine Attacke machen; bestürmen⁴《襲撃する》; überfallen*⁴《奇襲する》; überrumpeln⁴《奇襲[占領]する》／城を攻める eine Festung (eine Burg) belagern.

せめる 責める ❶［責め苛む］quälen⁴; foltern⁴; auf die Folterbank spannen《jn》; kujonieren⁴; malträtieren⁴; martern⁴; misshandeln⁴《p.p. misshandelt》; peinigen⁴; placken⁴; plagen⁴; übel mit|spielen⁴／質問で責める mit Fragen bestürmen《jn》. ❷ zur Rechenschaft (Verantwortung) ziehen*; ins Gebet nehmen*《叱る》; zur Rede stellen《同上》; tadeln《非難する》《以上 jn wegen²⁽³⁾》; aus|setzen⁴《an jm》; missbilligen⁴《p.p. missbilligt》; rügen⁴; vor|halten*⁴《jm》; vor|werfen*⁴《jm》; einen Vorwurf machen《jm wegen²⁽³⁾》／彼を大いに責めたが無駄だった Vergebens erteilte ich ihm eine scharfe Rüge.

セメント Zement m. –[e]s, –e／セメントで接合する(を塗る) zementieren⁴／セメントを凝結させる Zement ab|binden* ‖ セメント工場 Zementfabrik f. –en／セメント接合 Zementierung f. –en; Zementation f. –en／セメントミキサー Zementmischer m. –s, –.

せもつ 施物 Almosen n. –s, –; [Liebes]gabe f. –n; die milde Gabe, –n; Spende f. –n.

せやく 施薬する jm unentgeltlich ⁴Medizin geben*.

ゼラチン Gelatine f.; Gallert n. –[e]s, –e／ゼラチン状の gelatine¦artig (gallert–); gelatinös／ゼラチン化する gelatinieren⁴.

ゼラニウム〖植〗Geranie f. –n; Geranium n. –s, ..nien.

せり 競り ⇨**きょうばい**.

せりあい 競合い gegenseitiges Überbieten, –s《競売で》; ein erbitterter (harter) Wettkampf, –[e]s, ¨e《競技で》.

せりあう 競り合う ⁴sich gegenseitig überbieten*《競売で》; einen erbitterten (harten) Wettkampf aus|tragen*《競技で》.

せりあげ 迫上げ〖劇〗Bühnenversenkung f. –en; Hebebühne f. –n.

せりあげる 競り上げる durch gegenseitiges Überbieten den Kaufpreis hinauf|treiben*.

ゼリー Gelee n. (m.) –s, –s; Götterspeise f. –n《果物入り》; Gallert n. –[e]s, –e; Sülze f. –n《肉や魚肉入り, 甘くないもの》／ゼリー状の geleeartig／果汁のゼリー Fruchtsaftgelee n. (m.) –s, –s.

せりいち 競市 Auktionsmarkt m. –[e]s, ¨e.

セリウム〖化〗Zerium n. –s; Cer (Zer) n. –s《記号: Ce》.

せりおとす 競り落とす erstehen*⁴〔買手を主語にして〕; zu|schlagen*³⁴〔競売人を主語とし, 買手を三格にして〕.

せりだす 迫り出す《芝居で》aus der Bühnenversenkung erscheinen lassen*⁴.

せりて 競り手 Bieter m. –s, –.

せりふ 台詞 der Text《–[e]s, –e》zu einer ³Rolle／せりふを憶える seine Rolle auswendig lernen／彼はせりふをはっきりと言う Er spricht seine Rolle sehr klar.

せりもち 迫持〖建〗Bogen m. –s, –.

せりょう 施療 eine unentgeltliche ärztliche Behandlung, –en; Gesundheitsfürsorge f. ‖ 施療医 Armenarzt m. –es, ¨e.

セル〖織〗Serge f. –n ‖ 絹セル Seidenserge f. –n.

セルフサービス Selbstbedienung f. –en.

セルフタイマー〖写〗Selbstauslöser m. –s, –.

セルロイド Zelluloid n. –[e]s.

セレナード〖楽〗Ständchen n. –s, –; Serenade f. –n; Abend¦musik (Nacht–) f.

ゼロ Null f. –en／ゼロの null／頭(見込)がゼロである keinen Kopf (keine Aussicht) haben／あいつはゼロ以下の人間だ Er ist ein nichtswürdiger Mensch.／そのチームは 2 対 0 で勝った Die Mannschaft gewann zwei zu null. ‖ ゼロ成長〖経〗Nullwachstum n. –s.

セロファン Cellophan n. –[e]s.

セロリ〖植〗Sellerie m. –s, –s (f. –n).

せろん 世論 die öffentliche Meinung; Volksmeinung f. ‖ 世論調査 Meinungsforschung f. –en; Demoskopie f. –n; Umfrage f. –n／世論調査研究所 das Institut《–[e]s, –e》für Meinungsforschung (Demoskopie).

せわ 世話 ❶［援助］Hilfe f. –n; Beistand m. –[e]s, ¨e; Unterstützung f. –en／世話する helfen*³; bei|stehen*³; unterstützen⁴. ❷［めんどうをみること］Pflege f. –n; Betreuung f. –en／子供(病人)の世話をする ein Kind (einen Kranken) pflegen (betreuen)／家事一切の世話をみる den gesamten Haushalt besorgen. ❸［仲介·斡旋］Vermittlung f.

–en; Besorgung *f.* –en; Verschaffung *f.* –en／仕事(職)を世話する *jm* ⁴Arbeit (Stellung) verschaffen. ❹ [心配・骨折り] Sorge *f.* –n; Mühe *f.* –n／世話をやかす *jm* ⁴Sorge (Mühe) machen／あの子はとても世話がやける Das Kind macht mir viel zu schaffen. ❺ [一般的に] どうもお世話様でした Ich danke Ihnen für die Bemühungen.／余計なお世話だ Das ist meine Sache.

せわしい ⇨**いそがしい**.

せわずき 世話好きな entgegenkommend; gefällig; behilflich; dienstbereit.

せわにょうぼう 世話女房 eine häusliche Frau, –en; eine gute Hausfrau, –en.

せわにん 世話人 Vermittler *m.* –s, –《仲介者》; Veranstalter *m.* –s, –《主催者》／彼がこんどの遠足の世話人です Er hat diesen Ausflug arrangiert. ⇨**かんじ**(幹事).

せわもの 世話物 ein bürgerliches Drama, –s, ..men.

せわやく 世話役 ⇨**せわにん**.

せん 千 tausend; Tausend *n.* –s, –e／第千 der (die; das) tausendste*／千倍の tausend¦fach (–fältig)／千分の五 fünf Tausendstel／千以上(以下) über (unter) tausend／千年の tausendjährig／千人 tausend Mann《Männer と複数にしない》／千単位で zu Tausenden／葉巻千本 tausend Zigarren／幾千もの人〔ganze〕Tausende von Menschen／幾千となく tausend und aber tausend／二, 三千の mehrere tausend; ein paar (einige) tausend／何千台の車 viel tausend Autos／千を以って数える nach Tausenden zählen; in die Tausende gehen* [s]／千人に一人もない nicht einer unter tausend／幾千人という負傷者があった Es hat Tausende von Verletzten gegeben.

せん 撰 Zusammen¦stellung *f.* –en (–tragung *f.* –en); Verfassung *f.* –en／…博士撰 zusammengestellt (verfasst) von Hakase ….

せん 腺 Drüse *f.* –n／腺の drüsig ‖ 腺炎 Drüsenentzündung *f.* –en. ⇨**せんびょう**.

せん 線 Linie *f.* –n; Draht *m.* –〔e〕s, ¨e《電線など》; Geleise *n.* –s, –e; Gleis *n.* –es, –e; Route *f.* –n《路線》; Strich *m.* –〔e〕s, –e／ゆるやかな線 eine fließende Linie／線の太い(弱い)人 der weitherzige (kleinliche) Mensch, –en, –en; der Mann《–〔e〕s, ¨er》von großem (kleinem) Kaliber／線に沿って an der Linie entlang／線を引く eine Linie ziehen*; lin〔i〕ieren⁴; mit einer Linie versehen*⁴; unterstreichen*⁴《アンダーラインを》; durchkreuzen⁴《横線を》‖ 三十八度線 38° nördlicher Breite／電話線 Telefonleitung *f.* –en／東海道線 die Tokaido-Linie／二番線 die Linie 2; das Gleise 2《駅などの》／平行線 Parallele *f.* –n.

せん 選〔Aus〕wahl *f.* –en; Auslese *f.* –n／選に入る ausgewählt (erwählt) werden／某選詩集 die von N.N. ausgewählte Anthologie.

せん 栓 Stöpsel *m.* –s, –; Hahn *m.* –〔e〕s, ¨e (–en); Ablauf¦hahn (Sperr–) *m.* –〔e〕s, ¨e (–en)《コック》; Bolzen *m.* –s, –《ボルト》; Kork *m.* –〔e〕s, –e《びん・樽などの》; Pflock *m.* –〔e〕s, ¨e《差込み栓》; Pfropf *m.* –〔e〕s, –e (¨e); Pfropfen *m.* –s, –; Spund *m.* –〔e〕s, ¨e《酒樽などの》; Stecker *m.* –s, –《プラグ》; Stopfen *m.* –s, –; Verschluss *m.* –es, ¨e; Zapfen *m.* –s, –／栓が固い(ゆるい) Der Stöpsel ist〔zu〕fest (locker).／ガスの栓をあける(しめる) den Gashahn ab|drehen (zu|–)／耳に栓をする das Ohr mit Watte〔ver〕stopfen; ³sich Watte ins Ohr〔hinein|〕tun*／栓をする〔zu|〕stöpseln⁴; verstöpseln⁴;〔zu|〕korken⁴; verkorken⁴;〔zu|〕pflöcken⁴; verpflöcken⁴;〔zu|〕pfröpfen⁴;〔ver〕spunden⁴;〔ver〕spünden⁴;〔zu|〕stopfen⁴; verstopfen⁴; verschließen*⁴／ぽんと栓を抜く den Stöpsel knellen (springen) lassen*.

せん 先の früher; ehemalig; vor〔her〕ig; vorangehend《先行の》; vorhergehend《同上》; selig《故〔人の〕》.

ぜん 膳 ❶ Esstisch *m.* –〔e〕s, –e; Tafel *f.* –n; [小形の] Esstischchen *n.* –s, –; Täfelchen *n.* –s, –; Serviertisch *m.* –〔e〕s, –e《二の膳; サイドテーブル》／膳につく ⁴sich zu Tisch setzen／膳に上す bei Tisch auf|warten《*mit*³》;〔Speisen〕auf|tragen*; an|bieten*⁴／膳をすえる den Tisch (die Tafel) decken／膳をひく die Tafel (den Tisch) auf|heben*; vom Tisch〔Speisen〕ab|tragen*. ❷ [一杯・一対] ご飯一膳 eine Schale《–n》Reis／箸一膳 ein Paar《*n.* –〔e〕s, –e》Essstäbchen.

ぜん 禅 ❶ die sinnende Betrachtung, –en; die religiöse Meditation. ❷ Zen-Sekte *f.* –n《禅宗》; Zen-Lehre *f.* –n／禅を修業する ⁴sich in der Zen-Lehre üben.

ぜん 前 ❶ [以前の] ehemalig; früher; vormalig; einstig《かつての》; [従前の] bisherig; vorhergehend; vorig; vergangen; letzt. ❷ [前述の] obig; oben erwähnt《書き物で》; vorhererwähnt《口頭の場合》; bisherig; vorhergehend／前に述べた通り wie schon (vorhin) gesagt; wie vorhererwähnt (oben erwähnt)／前に述べたことから aus dem Vorhergehenden (Vorausgehenden). ⇨**ぜんき**(前記), **ぜんじゅつ**. ❸ [...前] vor³; vorher; seit³《以来》／数年前に(から) vor (seit) einigen Jahren／それから五年前 fünf Jahre vorher (eher)／発車直前に列車に間に合った Ich erwischte den Zug gerade noch im letzten Augenblick (vor der Abfahrt). ‖ 前代議士 der ehemalige Abgeordnete*, –n, –n／前大臣 der frühere (ehemalige) Minister, –s, –／前年 das vorige (vergangene) Jahr, –〔e〕s, –e. ⇨**いぜん**(以前).

ぜん 善 das Gute*, –n; Gut *n.* –〔e〕s; die gute Sache, –n; Tugend *f.* –en／善をなす *jm* Gutes tun*／善を悪で報いる Gutes mit Bösem vergelten*／善は急げ ‚Gutes zu tun, beeile dich!'／積善の家には余慶あり In einem Haus, wo Tugend herrscht, herrscht auch Glück.

ぜん- 全– ganz; all; gesamt; sämtlich; All–; Gesamt–; Pan–／全長 Gesamtlänge *f.* –n／全ドイツ人の問題 die gesamtdeutsche Frage, –n／全日本 ganz Japan, –s〘中性の

-ぜん 地名の前では ganz は無変化／全十巻 vollständig in zehn Bänden; 全スプールin Ganzen《映画の》／全財産 das ganze (gesamte) Vermögen, -s, -; die ganze Barschaft, -en《在り金全部》; all sein Hab und Gut, seines - und -es／全日本チーム die japanische Nationalmannschaft, -en／十五日間全勝 fünfzehn Tage ohne Niederlage.

-ぜん -然 ¶ 紳士然とする̇ wie ein gebildeter Herr erscheinen(auftreten; annehmen); sich sehen*《らしい》; ²sich gern ein vornehmes Ansehen geben*《紳士でないのに》／学者然としている sein Licht leuchten lassen*; ⁴sich gern (geistreich) produzieren.

ぜんあく 善悪 Gut und Böse, des - und -s; das Gute* und das Böse*, des -n und des -n; das Recht und das Unrecht, des - und des -[e]s《正邪》; die Tugend und das Laster, der - und des -s《徳と不徳》／善悪をわきまえる das Gute und das Böse unterscheiden*／品質の善悪を問わず ohne Rücksicht auf die Qualität ‖ 善悪二元論 Dualismus m. -／善悪二神論 Ditheismus m. -.

せんい 戦意 Kampfwille(n) m. ..willens, ..willen; Kampfbegier[de] f. ..gierden (-lust f. ¨e)／戦意を失う den Kampfwillen verlieren*; nicht mehr kampfbereit (kampfbegierig; kampflustig) sein.

せんい 繊維 Faser f. -n; Fiber f. -n; Faden m. -s, ¨ 《植物などの》／繊維のない faserlos／繊維の多い faserreich／繊維質の faser|artig (-ähnlich); fas[e]rig; gefasert; fibrös／繊維にほぐれる (*sich) fasern ／はじいて繊維にする fasern⁴ ‖ 繊維工業 Textilindustrie f. -n／繊維植物 Faserpflanze f. -n／繊維[工業]製品 Textilware f. -n; Textilien (pl)／繊維素 Faserstoff m. -[e]s, -e; Fibrin n. -s《血液の》; Zellstoff《植物の》; Zellulose f. -n《セルロース》／繊維組織 Fasergewebe n. -s, -／繊維束 Faserbündel n. -s, -／繊維膜 Faserhaut f. ¨e／化学繊維 Chemiefaser／原繊維 Fibrille f. -n／合成繊維 die synthetische Faser／小繊維 Fäserchen n. -s, -／人造繊維 Kunstfaser／天然繊維 Naturfaser.

せんい 船医 Schiffsarzt m. -es, ¨e.

ぜんい 善意 der gute Wille, -ns, -n (Willen, -s, -)；【法】die gute Absicht, -en; der gute Glaube, -ns, -n (Glauben, -s, -)／善意の(で) in guter Absicht; aus gutem Willen; in guter (im guten) Glauben;【法】bona fide (in guten Glaubens; aus Treu und Glauben); wohl gemeint (-gesinnt)／善意にとる gut auf|nehmen⁴*; in gutem Sinne aus|legen⁴ (auf|fassen⁴)／善意でやったのに Das war gut gemeint. Ich habe es im guten Glauben gehandelt.／善意の第三者 die dritte Partei (-en) im guten Glauben.

せんいき 戦域 Kriegsgebiet n. -[e]s, -e (-zone f. -n).

せんいちや 千一夜物語 die Tausendundeine Nacht／千一夜物語中の一話 ein Märchen (n. -s, -) aus Tausendundeiner Nacht.

せんいつ 専一に ausschließlich; mit Ausschluss²; hauptsächlich; im besonderen《特に》; insbesond[e]re; eifrig; ernstlich《真剣に》; andächtig《心を傾けて》; durchaus; ganz und gar《全く》／御自愛専一にして下さい Nehmen Sie sich vor allen Dingen gesundheitlich in Acht!

せんいん 船員 [Schiffs]mannschaft f. -en (-besatzung f. -en); Schiffs|leute (pl) (-volk n. -[e]s); Seemannschaft《以上総称》; Seemann m. -[e]s, ..leute; Matrose m. -n, -n《以上個人》／老練な船員 Seebär m. -en, -en (-hund m. -[e]s, -e) ‖ 高級船員 [Schiffs]offizier m. -s, -e.

ぜんいん 全員 alle Mitglieder; alle Anwesenden* (pl 出席者); das ganze Personal, -s, -e《従業員》; die ganze Besatzung (Mannschaft; Belegschaft; Mitgliedschaft)《乗組員、従業員、メンバー》／全員そろって alle zusammen／全員一致で einstimmig／全員甲板へ Alle Mann an Deck!《号令》／全員死亡した Alle sind umgekommen. Die ganze Besatzung ist mit Mann und Maus untergegangen.《船で》／野党全員が反対である Die ganze Opposition ist dagegen.／生徒全員が参加した Alle Schüler haben daran beteiligt.

せんうん 戦雲 ¶ 中東に戦雲が垂れ込めている Kriegswolken hängen über dem Mittelosten.

せんえい 先鋭分子 die Extremen* (pl); die Radikalen* (pl); das extreme (radikale) Element, -[e]s, -e／先鋭化 Zuspitzung f. -en; Radikalisierung f. -; Verschärfung f. -en／政情の緊迫は先鋭化の一路を辿っている Die politischen Spannungen verschärfen sich immer mehr. — 先鋭化する Verschärfen sich zu|spitzen; extrem (radikal) werden; ⁴sich verschärfen; zugespitzt (schärfer; verschärft) werden.

せんえい 前衛【兵】Vorhut f. -en;【芸】Avantgarde f. -n; Avantgardist m. -en, -en《同上》; Vorderspieler m. -s, -《テニス》; Netzspieler m. -s, -《バレーボール》; Stürmer m. -s, -《サッカー・ラグビー》‖ 前衛芸術 die avantgardistische Kunst, ¨e.

せんえき 戦役 Krieg m. -[e]s, -e; Feldzug m. -[e]s, ¨e. ⇨せんえき(戦争).

せんえつ 僭越 Anmaßung f. -en; Dünkel m. -s; Überheblichkeit f. -en; Vermessenheit f. -en／僭越な anmaßend; anmaßungsvoll; dünkelhaft; überheblich; vermessen／僭越の沙汰である ¹sich an|maßen, ... zu tun; anmaßend (anmaßungsvoll; vermessen); überheblich; vermessen² genug sein, ... zu tun; ⁴sich vermessen²／僭越ながら私が音頭をとります Ich erlaube mir, hier den Ton anzugeben.／わけもわからぬことをけなすとは僭越だ Du vermaßt dich (warst vermessen genug), abfällig über Dinge zu reden, von denen du nichts verstehst.

せんえん 遷延 Verzögerung f. -en; Aufschiebung f. -en; das Hinausschieben*, -s; Verschiebung f. -en; Verzug m. -[e]s／計画の実施はこれ以上遷延を許さない Die Aus-

せんおう 専横 Willkür f.; Eigenmächtigkeit f.; Despotismus m. 《専制》Tyrannei f. -en《暴虐》/専横な willkürlich; eigenmächtig; despotisch; tyrannisch/専横な振舞をする nach seiner Willkür handeln; ⁴sich eigenmächtig benehmen*; despotisch (tyrannisch) verfahren*; tyrannisieren; nach seiner Pfeife tanzen lassen*; keine Widerrede gelten lassen*.

ぜんおう 全欧 das ganze Europa, -s.

ぜんおん 全音 Ganzton m. -[e]s, ¨e ‖ 全音音階 Ganztonleiter f. -n/全音符 eine Widernote, -n.

ぜんおんかい 全音階《楽》Diatonik f./全音階的な diatonisch.

せんか 戦禍 Kriegs|unheil n. -[e]s《schaden n. -s, ¨; -übel; m. -s, -》/戦禍をこうむる unter Kriegsunheil (Kriegsschäden; Kriegsübel) leiden*; Kriegsschäden (pl) erleiden*.

せんか 戦火 Kriegsfeuer n. -s, -.

せんか 戦果 Kriegserfolg m. -[e]s, -e/戦果を収める einen Kriegserfolg haben.

せんか 選科 Wahl|fach n. -[e]s, ¨er (-kursus m. -, ..sse)‖選科生 der an einem Wahlkurs (us) Teilnehmende*, -n, -n.

せんか 選歌 das ausgewählte (ausgelesene) Lied, -[e]s, -er ‖ 選歌集 Blütenlese f. -n; Anthologie f. -n.

せんが 線画 Strichzeichnung f. -en; Schraffe f. -n/線画を描く mit Strichen zeichnen⁽⁴⁾; strichel|n⁽⁴⁾; schraffen⁽⁴⁾; schraffieren⁽⁴⁾.

ぜんか 前科 Vorstrafe f. -n; Vorstrafenregister n. -s, -《記録》/前科十犯の曲者の Bösewicht 《-[e]s, -er》 von zehnmaligen Vorstrafen/前科がある(ない) vorbestraft sein (keine Vorstrafe haben) (wegen⁽²⁾⁽³⁾)/前科のない犯人 (初犯者) der Nicht-Vorbestrafte*, -n, -n ‖ 前科者 der Vorbestrafte*, -n, -n.

ぜんか 全科 der ganzen Lehrfächer (pl); der ganze Lehrgang, -[e]s, ¨e (Kursus, -, Kurse)/全科を卒業する den ganzen Kursus durch|machen.

ぜんか 善果 der gute Erfolg, -[e]s, -e/善果を結ぶ Früchte tragen*; auf einen schönen Zweig kommen* ⓢ ‖ 善因善果 „Wie die Saat, so die Ernte.' (因果応報の意にも).

せんかい 旋回 [Um]drehung f. -en; Rotation f. -en; Schwenkung f. -en《方向変換》; Kreis|bewegung f. -en《円運動》(-lauf m. -[e]s, ¨e)/旋回式の dreh|bar (schwenk-). —— 旋回する ⁴sich [um]drehen; rotieren; schwenken; ⁴sich im Kreis(e) (im Wirbel) drehen; wirbeln/この政党は Diese Partei machte eine „Rechtsschwenkung". ‖ 旋回機[関]銃 das drehbare (schwenkbare) Maschinengewehr, -[e]s, -e/旋回橋 Drehbrücke f. -n/旋回点 Drehpunkt m. -[e]s, -e/旋回電子 Kreiselelektron n. -s, -en/旋回飛行 Kreisflug m. -[e]s, ¨e/旋回砲塔 Drehturm m. -[e]s, ¨e.

せんがい 選外 nicht mit einem Preis gekrönt ‖ 選外佳作 die zwar nicht mit einem Preis gekrönte, doch gut gelungene Arbeit, -en.

せんがい 船外活動 Arbeit (f. -en) im freien Raum; Tätigkeit (f. -en) außerhalb des Raumschiffes.

ぜんかい 前回 das vorige (letzte) Mal, -[e]s/前回に voriges (letztes) Mal/前回の会議に引き続き im Anschluss an die letzte Besprechung/前々回に申した通り wie ich vorletztes Mal erklärt (gesagt) habe.

ぜんかい 全快 die völlige Wiederherstellung (Genesung), -en/全快に向かいつつある auf dem Weg der Besserung sein/全快を祝う die Genesung feiern/彼の全快を祈ろう Hoffen wir, dass er wieder gesund wird. —— 全快する wieder gesund werden; völlig wiederhergestellt sein; vollkommen genesen* ⓢ (von³).

ぜんかい 全会 die ganze Versammlung, -en; alle Beteiligten (pl)/全会一致で einstimmig; einmütig.

ぜんかい 全壊する in Trümmer gehen* ⓢ; völlig zerstört werden; vollkommen niedergerissen werden ‖ 全壊家屋 das völlig zerstörte Haus, -es, ¨er.

ぜんがく 浅学 ein [äußerer] Anstrich (-[e]s, -e) von Wissen; Schein|wissen (Halb-) n. -s; die oberflächliche Kenntnis, ..nisse/浅学菲才の weder gelehrt noch begabt.

ぜんがく 前額 Stirn f. -en.

ぜんがく 全額 Gesamt|betrag (Voll-) m. -[e]s, ¨e; Totalsumme f. -n/全額を払うdie ganze Summe bezahlen; voll ein|zahlen (払込み)‖全額払込 Volleinzahlung f. -en/全額払込済の voll eingezahlt (株式)/全額払込株式 Vollaktie f. -n.

せんかくしゃ 先覚者 Bahnbrecher m. -s, -; Pfadfinder m. -s, -《草分け》; Pionier m. -s, -; Schöpfer m. -s, -《創始者》; Vorkämpfer m. -s, -; Vorläufer m. -s, -《先駆者》; Weg|bahner (-bereiter) m. -s, -.

ぜんがくれん 全学連 [全日本学生自治会総連合] der alljapanische Verband, -[e]s, ¨e der studentischen Autonomie.

せんかたなく 詮方なく der ³Not gehorchend; gezwungen[ermaßen]; ungern; unwillig; widerstrebend; widerwillig; zwangsweise; da es unabwendbar ist; da keine andere Wahl da ist/詮方なくそうした Er musste sein Haus verkaufen, da er sich anders nicht zu helfen wusste.

せんかん 戦艦 Schlacht|schiff (Linien-) n. -[e]s, -e.

せんかん 潜函 Caisson m. -s, -; Senkkasten m. -s, -‖潜函病 Caissonkrankheit f. -en.

せんがん 洗眼する die Augen spülen ‖ 洗眼薬 Augenspülmittel *n*. -s, -.

せんがん 前官 das vorige Amt, -(e)s, ⸚er/前官待遇を受ける(賜わる) die Bevorzugung des vorigen Amtes erteilt bekommen* (*jm* die Bevorzugung des vorigen Amtes angedeihen lassen*).

ぜんかん 善感〔医〕die wirksame Vakzination, -en (Schutzimpfung, -en)/善感する Die Impfung schlägt gut an. ‖ 種痘善感 die wirksame Pockenimpfung.

ぜんかん 全巻 der ganze Band, -(e)s, ⸚e (一冊); die gesamten Bände (*pl*); das ganze Buch, -(e)s, ⸚er; der ganze Streifen, -s, - (映画)/全巻を通じて von Anfang bis〔zu〕Ende; den ganzen Band hindurch.

ぜんがん 前癌症状 präkanzeröser Zustand, -(e)s, ⸚e.

せんかんすいいき 専管水域 ausschließliches Fisch:wasser (Fang-), -s, -; ausschließlicher Fisch:platz (Fang-), -es, ⸚e; ausschließliche Fisch:gründe (Fang-) (*pl* のみ).

せんき 疝気〔医〕Kolik *f*. -en; Lumbago *f*.; Lendenschmerz *m*. -es, Hexenschuss *m*. -es, ⸚e (腰痛)/人の疝気を頭痛に病む *sich um fremde Angelegenheit kümmern; *sich in fremde Angelegenheiten mischen (ein|mengen)/人の疝気を頭痛に病むな Kehre vor deiner eigenen Tür!

せんき 戦記 Kriegs:geschichte *f*. -n (-beschreibung *f*. -en)/日露戦記 die Beschreibung des Russisch-Japanischen Krieg(e)s.

せんき 戦機 die passende (günstige; rechte) Zeit, den Krieg anzufangen; der passende (günstige; rechte) Zeitpunkt -(e)s, -e), den Krieg anzufangen/戦機今や熟す Der rechte Augenblick zum Kriegsbeginn ist endlich da!

せんぎ 詮議 Besprechung *f*. -en; Beratung *f*. -en; Diskussion *f*. -en; Erörterung *f*. -en; Verhandlung *f*. -en; Ermitt(e)lung *f*. -en〔取調べ〕; Prüfung *f*. -en《検討》; Untersuchung *f*. -en《調査》; Haarspalterei *f*. -en〔小うるさいせんぎ〕/詮議中である eben besprochen sein; eben beraten sein; eben geprüft werden. —— 詮議する besprechen*; beraten* (*über⁴*); diskutieren (*über⁴*); erörtern*; verhandeln (mit *jm über⁴*); ermitteln⁴; prüfen⁴; untersuchen⁴; Haare spalten[*]/新しいことが詮議された Etwas Neues wurde aufs Tapet gebracht (kam zur Sprache).

ぜんき 前期 ❶〔前半期〕die erste Halbjahr, -(e)s, -e; die erste Hälfte des (Rech*nung*s*j*a*h*res《*Kalender-*). ❷〔前年度の〕das vorige Halbjahr, -(e)s, -e《四半期の場合なら das vorige Vierteljahr》‖ 前期繰越金 Saldo übertrag (-vortrag) *m*. -(e)s, ⸚e/前期決算 die erste Halbjahresabrechnung, -en/前期試験 Prüfung 《*f*. -en》des Sommersemesters.

ぜんき 前記 obig; oben stehend; vorstehend〔ausgeführt〕; besagt; oben erwähnt; oben genannt; vorhergehend/前記のことより aus dem Vorhergehenden (Vorstehenden). ⇨じゅしゅつ.

せんぎけん 先議権 Prioritäts:recht (Vorzugs-) *n*. -(e)s, -e.

せんきゃく 先客 der vorher angekommene Gast, -(e)s, ⸚e (Besuch, -(e)s, -e; Besucher, -s, -).

せんきゃく 船客〔Schiffs〕passagier *m*. -s, -e/船客の数は百二十名であった An Bord waren 120 Passagiere. ‖ 船客待合室 Passagierstube *f*. -n/船客名簿 Passagierliste *f*. -n/一等船客 Kajütenpassagier/三等船客 Zwischendeckspassagier/ツーリストクラス船客 der Passagier der Touristenklasse/等外船客 Deckpassagier.

せんきゃく 千客万来で einen großen Andrang (Zudrang) von Gästen haben; Ein Gast um den ander(e)n (nach dem ander(e)n) kommt.

ぜんきゅう 全級 die ganze Klasse, -n.

せんきゅう 船渠 ⇨ドック.

せんきょ 選挙 Wahl *f*. -en/選挙の結果 Wahl:ergebnis *n*. ..nisses, ..nisse (-resultat *n*. -(e)s, -e/..erfolg *m*. -(e)s, -e《成果》)/投票による選挙 eine Wahl durch *Abstimmung／選挙に勝つ(負ける)/選挙に移る zur Wahl schreiten* (kommen*) ⓢ; die Wahl beginnen*《ドイツ語としてはこの方がよい》/選挙による auf ³Wahl begründet sein/選挙に行く seine Stimme ab|geben*. —— 選挙する wählen (*jn zu³*)/大統領に選挙する zum Präsidenten wählen (*jn*)/委員に選挙する in den Ausschuss wählen (*jn*)/国会議員に選挙する ins Parlament (zum Abgeordneten) wählen (*jn*). ‖ 選挙委員 Wahl:ausschussmitglied *n*. -(e)s, -er/選挙委員長 der Vorsitzende* (-n, -n) des Wahl:ausschusses/選挙異議申し立て Wahlprotest *m*. -(e)s, -e/選挙違反 Wahlvergehen *n*. -s, -/選挙運動 Wahl:bewegung *f*. -en (-agitation *f*. -en); Wahlerei *f*. -en; Wahlumtriebe (*pl* 暗罵)/選挙運動をする Wahlpropaganda treiben*; Stimmen (*pl*) werben*/選挙運動員 Wahlagitator *m*. -s, -en/選挙運動資金 Kosten (*pl*) eines Wahlfeldzug(e)s (einer Wahlkampagne)/選挙演説 Wahlrede *f*. -n/選挙演説をしに行く eine Wahlrede halten*; als Wahlkandidat reden/選挙演説会 Wahlversammlung *f*. -en/選挙演説者 Wahlredner *m*. -s, -/選挙係 Wahl:kommissar (-kommissär) *m*. -s, -e/選挙干渉 Wahlbeeinflussung *f*. -en/選挙管理委員会 Wahlausschuss *m*. -es, ⸚e/選挙義務 Wahlpflicht *f*. -en/選挙区 Wahl:bezirk *m*. -(e)s, -e (-kreis *m*. -es, -e)/選挙結果 Wahlergebnis *n*. ..nisses, ..nisse/選挙権 Wahl:recht *n*. -(e)s, -e (-berechtigung *f*. -en); Wählerschaft *f*. -en/選挙権のある wahl:berechtigt (-fähig)/選挙権のない wahl:unberechtigt (-unfähig)/選挙権を与える das Wahlrecht verleihen* (*jm*)/選挙権を得る das Wahlrecht erhalten*/選挙候補者 Wahlkandidat *m*. -en,

せんぎょ -en (-bewerber m. -s, -/選挙公約 Wahlgeschenk n. -[e]s, -e; Wahlberechtigung f.; Wählerliste f./選挙事情 Wahlvorgänge (pl)/選挙事務所 Wahlbüro n. -s, -s(-amt n. -[e]s, -"er)/選挙事務長 Wahl|leiter m. -s, -(-vorsteher m. -s, -;-vorstand m. -[e]s, -"e)/選挙場 Wahlbühne f. -n(-lokal n. -s, -e;-platz m. -"e;-raum m. -[e]s, -"e;-zimmer n. -s, -)(室)/選挙制度 Wahlprüfung f. -en/選挙制度 Wahlsystem n. -s, -e/選挙戦 Wahlfeldzug m. -[e]s, -"e;-kampf m. -[e]s, -"e;-schlacht f. -en/選挙宣言 Wahlaufruf m. -[e]s, -e/選挙訴訟 Wahlprozess m. -es, -e/選挙立会人 Wahlzeuge m. -n, -n/選挙人手続 Wahlmodus m. -, ..di/選挙人 Wähler m. -s, -/選挙人名簿 Wähler|liste (Wahl-) f. -n/選挙買収 Wähler|bestechung f. -en(-beeinflussung f. -en;-stimmenkauf m. -[e]s, -"e)/選挙費 Wahlkosten (pl)/選挙[期]日 Wahltag m. -[e]s, -e/選挙プラカード Wahlschild n. -[e]s, -er/選挙法 Wahlgesetz n. -es, -e(-ordnung f. -en(条例))/選挙法改正 Wahlreform f. -en/選挙妨害 Wahlverhinderung f. -en/選挙母体 Wähler|schaft f. -en(-gruppe f. -n)/選挙人団 Wahlkörper m. -s, -; Wahlkörperschaft f. -en/選挙無効 die Ungültigkeit einer Wahl/選挙遊説 die Rundreise (-n) zwecks eines Wahlfeldzug[e]s (Wahlkampfs)/選挙用紙 Wahlzettel m. -s, -/市会議員選挙 die städtische Wahl/大(小)選挙区制 das System (-s, -e) der großen (kleinen) Wahlbezirke (Wahlkreise)/直接(間接)選挙 die direkte (indirekte) Wahl/秘密選挙 die geheime Wahl/普通選挙 die allgemeine Wahl/補欠選挙 Ersatz|wahl (Nach-)-/本選挙 Stichwahl/予備選挙 Vorwahl.

せんぎょ 鮮魚 der frische Fisch, -[e]s, -e/鮮魚の肉 das rohe Fischfleisch, -[e]s.

せんきょう 仙境 Feen|land (Traum-; Wonne-; Zauber-) n. -[e]s, -er; das Gefilde (-s, -)(die Insel, -n) der Seligen; das himmlische (elysische) Gefilde; Elysium n. -s.

せんきょう 船橋 Schiff(s)brücke f. -n; Pontonbrücke (鉄船の); Kommandobrücke (船上の).

せんきょう 戦況 der Verlauf (-[e]s, -"e) eines Krieges (einer Schlacht).

せんぎょう 賤業 die schändliche (entehrende; schmachvolle; schmutzige) Beschäftigung, -en; das schändliche Gewerbe, -s, -; Hurengewerbe (淫売); [戯] das horizontale Handwerk, -[e]s, -e.

せんぎょう 専業 Spezialität f. -en; Spezialfach (Sonder-) n. -[e]s, -"er; Spezialbeschäftigung, -en; das spezielle Gebiet, -[e]s, -e; seine Stärke(sich spezialisieren (auf⁴); zu seiner Spezialität machen⁴; ⁴sich beruflich auf ein Teilgebiet beschränken.

せんきょうし 宣教師 Missionar m. -s, -e/宣教師の活動をする Mission treiben* ‖ 宣教師神学校 Missionshaus n. -es, -"er/宣教師団 Mission f. -en.

せんきょく 戦局 Kriegs|phase f. -n (-aspekt m. -[e]s, -e; -situation f. -en; -verhältnisse (pl))/戦局の進展 die Entwicklung (-en) eines Krieg(e)s; der Wandel (-s) der Kriegsphasen/戦局が一変した Der Krieg ist in eine neue Phase getreten. / Der Aspekt des Krieges hat sich gewandelt.

ぜんきょく 全局 die ganze Lage, -n; die allgemeine Situation, -en/全局に目を注ぐ die Lage überblicken (übersehen*); die ganze Situation im Auge haben (behalten*); ⁴et in seinem ganzen Umfang übersehen*.

せんきん 千金 tausend Goldstücke (pl); eine Unsumme (eine Stange) Geld(e)s/千金に換え難い von unschätzbarem (außerordentlich hohem) Wert sein; nicht mit Gold aufzuwiegen sein/一攫千金を夢見る über Nacht ein Millionär werden wollen*; einen großen Treffer haben wollen*; das große Los (den Haupttreffer) ziehen (gewinnen) wollen*.

ぜんきんせん 漸近線〔数〕Asymptote f. -n.

ぜんきんだい 前近代的 altmodisch; unmodern.

せんく 先駆者 Vorläufer m. -s, -; Vorkämpfer m. -s, -; Bahnbrecher m. -s, -; Pionier m. -s, -e; Vorbote m. -n, -n; Weg|bahner (-bereiter) m. -s, -/彼は時代の先駆者である Er ist der Kolumbus seiner Zeit. — 先駆する voran|gehen*³ ⓢ; an der Spitze gehen*; Bahn brechen*; den Weg bahnen; Neuland finden*.

せんぐ 船具 Schiffs|zubehör m. -s, -, -e (-bedarf m. -[e]s, -e; -bedürfnisse (pl); -gerät n. -[e]s, -e); Schiffsausrüstung f. -en(艤装)/船具商 Schiffs|händler m. -s, -, -lieferant m. -en, -en.

せんく 前駆 Vorreiter m. -s, -; Vorläufer m. -s, -; Vorbote m. -n, -n/前駆する vor|reiten* ⓢ; den Weg führen; Vorläufer sein.

せんぐう 遷宮 der Umzug (-[e]s, -"e) eines schintoistischen Schreins ‖ 遷宮式 die Feier (-n) des Umzugs eines schintoistischen Tempels.

せんぐち 先口 eine anderwärtige Verabredung, -en; ein anderer Termin, -s, -/私のほうが先だと思いますが Ich habe es zuerst daran. / 先口をまず済ませなければ Wir haben erst andere Sache zu erledigen. / 先口なのです Ich habe noch einen andere Termin.

ぜんぐん 全軍 das ganze Heer, -[e]s, -e; Gesamtstreitkräfte (pl); die ganze Armee, -n.

ぜんけい 前景 Vordergrund m. -[e]s, -"e.

ぜんけい 全景 Rundblick m. -[e]s, -e; Panorama n. -s, ..men; Aussicht (f. -en) auf die ganze Gegend; Überblick (m. -[e]s, -e) über die ganze Landschaft/ここからはすばらしい町の全景が見える Von hier bietet sich eine herrliche Aussicht auf die ganze Stadt.

ぜんけい 前掲の oben genannt; oben erwähnt; obig.
せんけつ 鮮血 das frische (fließende; strömende) Blut, -[e]s/鮮血に染まる blutüberströmt sein; in seinem Blut liegen*; von Blut triefen(*).
せんけつ 先決問題 Vorfrage *f.* -n; die im Voraus zu entscheidende Frage/先決する vorher (im Voraus; als erstes) erledigen[4] (entscheiden*[4]).
せんげつ 先月 der letzte (vorige; vergangene) Monat, -[e]s; im letzten (vorigen; vergangenen) Monat[e]/先月五日 der fünfte des letzten (vorigen; vergangenen) Monates; am fünften des letzten (vorigen; vergangenen) Monates/先月は雨続きだった Letzten (Vorigen; Vergangenen) Monat hat es andauernd geregnet.
せんけん 先見 Voraus¦sicht *f.* (-blick *m.* -[e]s, -e); das Voraus¦sehen* (Vorher-), -s; Vorbedacht *m.* -[e]s; Vorsicht *f.* 《用心》; Vorsorge *f.* 《先慮》/先見の明がある人 der Voraus¦sehende* (-blickende*), -n, -n; der Vorhersehende*, -n, -n; Vorbedächtige* (Vorsichtige*; der Vorsorgliche*), -n, -n/先見のない kurzsichtig; einsichtslos / 先見の明がある voraus¦sehen* (-schauen; -blicken); vorher|sehen*; vorbedächtig (vorsichtig; vorsorglich) sein.
せんけん 専権 Willkür *f.*; Eigenmächtigkeit *f.*; Rücksichtslosigkeit *f.*; Selbstherrlichkeit *f.*
せんけん 浅見 Oberflächlichkeit *f.* -en; Äußerlichkeit *f.* -en; Flachheit *f.* -en; Seichtheit *f.* -en; die oberflächliche (äußerliche; flache; seichte) Ansicht, -en.
せんけん 先遣隊 Voraustruppen 《*pl*》; Vortruppe *f.* -n 《古》.
せんけん 先験的 apriorisch; transzendental ‖ 先験論 Transzendentalismus *m.* -.
せんげん 宣言 die [feierliche] Erklärung, -en; Bekanntmachung *f.* -en 《公示》; Bekundung *f.* -en 《表明》; Deklaration *f.* -en; Kund¦gabe *f.* (-gebung *f.* -en; -machung *f.* -en); Manifestation *f.* -en; Offenbarung *f.* -en; Proklamation *f.* -en; Verkündigung *f.* -en 《布告》. ── 宣言する öffentlich erklären[4]; bekannt machen[4]; bekunden[4]; deklarieren[4]; kund|geben*[4] (-|machen[4]); manifestieren[4]; offenbaren[4] 《*p.p.* offenbart》; proklamieren[4]; verkündigen[4]. ‖ 宣言書 Manifest *n.* -[e]s, -e; die öffentliche Erklärung/ポツダム宣言 Potsdamer Beschluss 《ふつう *pl* ⸗e で用いる》.
ぜんけん 全権 Vollmacht *f.* -en; Ermächtigung *f.* -en/全権を委任する *jm* Vollmacht geben* 《*zu*[3]》; *jn* bevollmächtigen 《*zu*[3]》; *jn* ermächtigen 《*zu*[3]》/全権を握っている die Macht völlig in [den] Händen haben ‖ 全権委員 der Bevollmächtigte*, -n, -n/全権委任状 Vollmacht *f.* -en; Vollmachts¦schein *m.* -[e]s, -e (-urkunde *f.* -n)/全権大使 der bevollmächtigte Botschafter, -s, -. ⇨とくめい(特命).
ぜんげん 前言 das Gesagte*, -n, -n; die vorige Bemerkung, -en (Äußerung, -en)/前言を取消す seine Worte (das Gesagte) zurück|nehmen* (widerrufen*; rückgängig machen) / 前言をひるがえさない kein Wort von dem, was man gesagt hat, rückgängig machen; von dem Gesagten nichts zurück|nehmen*.
ぜんげん 漸減 die allmähliche Verminderung, -en/漸減する [4]sich allmählich vermindern; [4]sich ständig verringern; allmählich ab|nehmen*; dahin|schwinden* [s].
せんこ 千古 ❶ das graue Altertum, -s; die graue Vorzeit, -en; Urzeit *f.* -en. ❷ [永遠] Ewigkeit *f.* -en/千古不滅の ewig; unsterblich; unveränderlich; unvergänglich; unwandelbar.
せんご 戦後の nach dem Krieg[e]; Nachkriegs-/戦後の日本 das Nachkriegsjapan, -s.
ぜんご 前後 ❶ vor und hinter[3,4]; vorn[e] und hinten 《場所》; vor und nach[3]; vorher und nachher 《時間》; vor- und rückwärts 《運動》/前後十年間 ganze zehn Jahre; zehn Jahre hindurch/前後不覚に眠る tief und fest (wie ein Dachs; wie ein Ratz; wie ein Murmeltier) schlafen*/前後不覚になる ohnmächtig werden; in Ohnmacht fallen* (sinken*) [s]; bewusstlos werden/前後不覚になって besinnungslos; unwillkürlich/前後を通じて die ganze Zeit hindurch; von Anfang bis [zu] Ende; durchaus/前後を見まわす [4]sich nach vorn und hinten um|sehen*/前後を忘れる außer [3]sich (in Leidenschaft) geraten* [s] 《*vor*[3]》; [4]sich selbst [so weit] vergessen* 《zu 不定詞句; dass ...》; den Kopf (den Verstand) verlieren* 《*vor*[3]; *aus*[3]》; [4]sich nicht [mehr] beherrschen können* 《*vor*[3]》. ❷ [順] Reihenfolge *f.* -n/前後して《あとになり先になり》 hintereinander; nacheinander; einer hinter (nach) dem anderen/前後する außer Ordnung kommen* [s]; alles in einen Topf werfen* 《何もかもいっしょくたにする》/話が前後する [4]sich in seiner Rede verheddern; durcheinander reden (erzählen); ohne [4]Zusammenhang (zusammenhanglos) reden. ❸ [およそ] so etwa; gegen[4]; um[4]; um[4] ... herum; ungefähr/彼は二十歳前後だ Er ist so etwa zwanzig Jahre alt./八時前後に会いましょう Treffen wir uns um acht Uhr herum (gegen acht Uhr)./おひる前後[に] um Mittag.
せんこう 戦功 Kriegsverdienst *n.* -[e]s, -e; Verdienste 《*pl*》 um den Krieg/戦功により für das Kriegsverdienst; wegen Kriegsverdienste.
せんこう 専攻 Fach¦studium (Spezial-) *n.* -s, ..dien; die fachmäßige (spezielle) Forschung, -en. ── 専攻する speziell studieren[4]; als Hauptfach (Spezialität; Sondergebiet) [be]treiben*; [4]sich spezialisieren 《*auf*[4]》/大学で歴史を専攻した Geschichte war mein Hauptfach an der Universi-

せんこう 専科 Forschungs|kurs[us] (Fortbildungs-) m. -, ..kurse/専攻科目 Hauptfach n. -[e]s, ..̈er; Spezialität f., -en; Sondergebiet n. -[e]s, -e/専攻(科)生 der Teilnehmer (-s, -) am Forschungskurs[us].

せんこう 線香 Räucherstäbchen n. -s, -/Weihrauchstöckchen n. -s, -/線香をあげる Räucherstäbchen (Weihrauchstöckchen) dar|bringen* (jm) | 線香花火 der kleine Feuerwerkskörper -s, -; Schwärmer m. -s, -.

せんこう 潜航 Unterwasser|fahrt (Untersee-) f. -en/潜航する unter ³Wasser (unterseeisch) fahren* s.; unter|tauchen s. ‖ 潜航艇 Unterseeboot n. -[e]s, -e (略: U-Boot).

せんこう 閃光 Blitzlicht n. -[e]s, -er; Blinklicht (回光信号の) n. -[e]s, -er/閃光写真 Blitzlichtaufnahme f. -n/閃光灯 [写] Blitzleuchte f. -n.

せんこう 選考 [Aus]wahl f. -en/選考中である Unter den Bewerbern wird tüchtig gesiebt. — 選考する [aus]wählen*; -en [Aus]wahl treffen*; sieben. ‖ 選考委員 Auswahlkomitee n. -s, -s (総称); Auswahlkomiteemitglied n. -[e]s, -er (-s, -).

せんこう 先攻する zuerst schlagen*; als Schlagpartei zuerst an|greifen* (野球で).

せんこう 潜行する ❶ [微行] inkognito reisen s.; unter fremdem (anderem; angenommenen) Namen reisen; unter fremder (falscher) Flagge segeln s.h (匿名で). ❷ [こそこそ歩く] ('sich) schleichen* (s); davon|schleichen* (自動詞のときs); heimlich gehen* (s); 潜行的に schleichend; geheim; heimlich. ‖ 潜行運動 Untergrundbewegung f. -en/潜行熱 schleichende Fieber.

せんこう 穿孔する bohren⁴ / 穿孔機 Bohrer m. -s, -; Bohreisen n. -s, -.

せんこう 先行する voran|gehen* s; voran|fahren* s. ‖ 先行権 [道路交通の] Vorfahrt f.; Vorgang m. -[e]s.

ぜんこう 前項 der vorhergehende (oben stehende; vorstehende) Paragraph, -en, -en (Artikel m. -s, -; Klausel f. -n).

ぜんこう 善行 die gute Tat, -en/Wohltat f. -en/善行を積む wiederholt (wieder und wieder) wohl|tun*³ / 善行を表彰する wegen einer guten ²Tat aus|zeichnen⁴ / 善行報いあり ,Wohltun bringt Zinsen.' ‖ 善行章 Wohltatabzeichen n. -s, -.

ぜんこう 全校 die ganze Schule, -n/全校の生徒 alle Schüler (Studenten) (pl) der Schule.

ぜんごう 前号 die letzte (vorhergehende) Nummer, -n/前号より続く fortgesetzt von der letzten Nummer; „Fortsetzung" / 前号までの粗筋 Inhaltsangabe (f. -n) bis zur letzten Nummer.

せんこく 先刻 vorhin; vorher; früher; noch nicht lange her; vor nicht langer Zeit/先刻から einige Zeit lang; seit ein paar Stunden/先刻申し上げたように wie ich Ihnen vorher gesagt habe.

せんこく 宣告 Urteil n. -s, -e; Spruch m. -[e]s, ̈-e; Richter|spruch (Recht-; Urteils-) m. -[e]s, ̈-e; Erkenntnis n. -nisses, ..nisse; Verurteilung f. -en (有罪の) / 苛酷な(情ある)宣告 ein hartes (mildes) Urteil / 公平な(厳しい)宣告 ein unparteiisches (strenges) Urteil. — 宣告を(する)受ける (über⁴); einen Spruch tun* (über⁴); verurteilen (jn zu³) / 罰金刑を宣告する zu einer Geldstrafe verurteilen (jn) / 合法と宣告するを Recht erkennen*⁴ / 禁固の宣告を下す zu Gefängnis verurteilen (jn) / 絞首刑の宣告を受ける ⁴sich zum Todesurteil durch Erhängen unterwerfen / 無罪を宣告する für unschuldig erklären (jn); von einem Verbrechen frei|sprechen* (einen Angeklagten) / 病人は不治の宣告された Der Kranke wurde für (als) unheilbar erklärt. / 彼は裁判で破産を宣告された Er wurde gerichtlich [für] bankrott erklärt. ‖ 宣告書 das schriftliche Urteil; Urteilsurkunde f. -n.

ぜんこく 全国 das ganze Land, -[e]s, ̈-er; alle Länder (pl) (全世界) / 全国で im ganzen Land / 全国に durch das ganze Land ... (例: verbreitet (ひろがって)) / 全国的に das ganze Land umfassend; national; auf der ganzen Landesebene; auf Landes- und in allen Teilen des Landes; aus aller Herren Länder(n) (世界の全国から) / 日本全国で in ganz Japan / 全国で選挙に出る Wahlkandidat auf der Landesebene auf|treten* s / ドイツ全国を旅行した Ich durchreiste ganz Deutschland. ‖ 全国部大会 Journalistentagung (f. -en) auf der ganzen Landesebene / 全国党大会 Landes|parteitag m. -[e]s, -e (-parteitagung f. -en) / 全国放送(中継) Ringsendung f. -en (Übertragung f. -en) für das ganze Land.

せんこくじだい 戦国時代 Kriegszeitalter n. -s, -; die stürmische Zeit.

ぜんごさく 善後策 Hilfsmaßnahme f. -n; Abhilfe f. -n (きりぬけ策); Gegenmaßnahme f. -n (対策) / 善後策を講じる erwägen*, wie man die Lage retten soll (kann); Hilfsmaßnahmen treffen* (ergreifen*) (gegen⁴); Abhilfe schaffen (für⁴).

せんこつ 薦骨[解] Kreuzbein n. -[e]s, -e.

せんこつ 船骨 Spant m. -[e]s, -en (ふつう pl); Schiffs|rippe f. -n (-gerippe n. -s, -).

せんこつ 仙骨 die Einsiedlerische [Eremitenhafte], -n / 仙骨を帯びる weltfremd sein; einsiedlerisch (eremitenhaft) leben.

ぜんこん 善根 Wohltat f. -en; Wohltätigkeit f. -en / 善根を積む ein tugendhaftes Leben führen / 善根を施す jm wohl tun*.

ぜんざ 前座を勤める den Auftakt geben* (zu³); ein|leiten.

せんさい 戦災 Kriegs|schaden m. -s, ̈- (-unheil n. -[e]s) / 戦災を受ける kriegsbeschädigt werden; vom Kriegsunheil schwer betroffen werden / 戦災を免れる von Kriegsschäden verschont bleiben* s

せんさい 戦災孤児 Kriegswaise f. -n/戦災者 der von Kriegsschäden Betroffene*, -n, -n; [被爆者] der Ausgebombte*, -n, -n; der schwer Bombengeschädigte*, -n, -n/戦災地 das kriegsbeschädigte Gebiet, -(e)s, -e; die vom Krieg verheerte Gegend, -e/戦災都市 die kriegsbeschädigte (ausgebombte) Stadt, =e/非戦災者 der von Kriegsschäden Verschonte*, -n, -n; der vom Kriegsunheil nicht Betroffene*, -n, -n.

せんさい 先妻 die frühere (gewesene) Frau, -en; die geschiedene Frau 《離婚した》; die verstorbene Frau 《亡妻》.

せんさい 繊細な fein; zart; zierlich/繊細な感情の持ち主 der Feinfühlige*, -n, -n.

せんざい 洗剤 Waschmittel n. -s, -.

せんざい 潜在 Latenz f.; das Verborgensein*, -/潜在な latent; verborgen ‖ 潜在意識 《心》Unterbewusstsein n. -s.

せんざいいちぐう 千載一遇の好機 eine einmalige Chance, -n; eine seltene Gelegenheit, -en.

ぜんさい 前菜《料》Vorspeise f. -n; Vorgericht n. -(e)s, -e; Hors d'œuvre n. -s, -s.

せんさく 詮索《Er)forschung f. -en; Ermittlung f. -en; Suche f. -n; Untersuchung f. -en/詮索好きな forschungslustig; neugierig; wissbegierig; in das Geheimnis eindringend/詮索好きな人 der Forschungslustige* (Neugierige*; Wissbegierige*), -n, -n; der* gern in das Geheimnis eindringen will. ── 詮索する（er)forschen⁴; ermitteln⁴; suchen 《nach³》; untersuchen⁴.

せんさばんべつ 千差万別 die unendliche Verschiedenheit, -en (Verschiedenartigkeit, -en); das bunte Allerlei, -s, -s/千差万別である unendlich verschieden(artig) sein; von verschiedenster Art sein.

せんし 戦士 Kämpfer m. -s, -; Krieger m. -s, -; Soldat m. -en, -en/自国の戦士 Freiheitskämpfer m. -s, -/無名戦士の墓 das Grabmal 〈-(e)s, =er〉 des Unbekannten Soldaten.

せんし 戦死 der Tod 〈-(e)s, (まれに -e)〉 auf dem [Schlacht]feld; Heldentod 《英雄的最期》; das Fallen*, -n/名誉な戦死を遂げる als 'Held fallen*⁵ ⓢ; auf dem Feld der Ehre fallen*; auf dem Kampffeld den Heldentod sterben*. ── 戦死する im Krieg(e) fallen* (bleiben*) ⓢ; als 'Soldat sterben* ⓢ; auf dem [Schlacht]feld sterben* (bleiben*; fallen*); vor dem Feind* bleiben*. ‖ 戦死者の(Krieg)gefallene*, -n, -n/戦死者遺族 die Kriegshinterbliebenen* 《pl》/戦死者名簿 die Liste 〈-n〉 (die Ehrentafel, -n) der Gefallenen.

せんしじだい 先史時代 Vorgeschichte f. -n/先史時代の vorgeschichtlich.

せんじ 戦時 Kriegszeit f. -en/戦時も平時も sowohl im Krieg(e) als auch im Frieden; ob Krieg oder ob Frieden; so in der Kriegs- wie auch in der Friedenszeit/戦時に im Krieg(e); während des Krieg(e)s; in der Kriegszeit; während der Kriegsjahre/戦時体制にする in ein Kriegssystem über[gehen*] ⓢ; alles auf den Krieg um|stellen/戦時は何でも高くなる In der Kriegszeit wird alles teuer. ‖ 戦時禁制品 [Kriegs]konterbande f. -n/戦時景気《好況》Kriegskonjunktur f. -en/戦時経済 Kriegswirtschaft f./戦時公債 Kriegsanleihe f. -n/戦時国際法 Kriegsrecht n. -(e)s/戦時財政 Kriegsfinanzen / 戦時体制 Kriegsfuß m. -es/戦時兵力 Kriegsstärke f./戦時編成 Kriegsformation f. -en/戦時補償 Kriegsentschädigung f. -en/戦時不当利得 Kriegsgewinn m. -(e)s, -e/戦時不当利得者 Kriegsgewinner m. -s, -.

ぜんし 全市 die ganze Stadt.

ぜんし 全紙 ❶《印》Bogen n. -s, -/全紙一枚 ein Bogen Papier. ❷[すべての新聞] alle Zeitungen 《pl》/[紙面全体] das ganze Papier, -s, -e.

ぜんじ 漸次 allmählich; nach und nach; langsam; Schritt für Schritt; schrittweise; [時間的に] mit der Zeit; von Tag zu Tag.

ぜんじ 善事 die gute Tat, -en; das gute Werk, -(e)s, -e 《行為》; die gute Sache, -n 《事》/善事をなす ein gutes Werk tun*; Gutes tun*.

ぜんじ 禅師 Zen-Priester m. -s, -.

せんじぐすり 煎じ薬 Dekokt n. -s, -e; Absud m. -(e)s, -e/咳止め煎じ薬 das Dekokt (der Absud) gegen ⁴Hustenanfall.

せんしつ 船室 Kabine f. -n, Kajüte f. -n; Koje f. -n ‖ 一等船室 die erste Kabine/ツーリスト船室 Touristenklasse f. -n.

せんじつ 先日 ⇨ ⇨せんだって.

ぜんじつ 前日 der vorhergehende Tag, -(e)s; der Tag vorher/前日に den Tag vorher; am vorhergehenden Tag/その事件の前日に einen Tag vor dem Vorfall; am vorhergehenden Tag des Vorfalls.

せんじつめる 煎じつめる aus|kochen⁴; aus|sieden*⁴/煎じつめれば am Ende; im Grunde; letzten Endes; schließlich; alles in allem; zusammenfassend/煎じつめれば彼が悪いのだ Kurz, er hat unrecht.

せんしゃ 戦車 Panzer m. -s, -; Kampf|wagen (Panzer-) m. -s, -/; Tank m. -s, -s ‖ 戦車隊 Panzertruppe f. -n/戦車兵 Panzerschütze m. -n, -n/戦車車砲 Panzerabwehrkanone f. -n (略: Pak f. -).

せんしゃ 洗車 Wagen|wäsche (Auto-) f./洗車する seinen Wagen (sein Auto) waschen*⁴ ‖ 洗車場 Wagenwäscherei f. -en.

せんしゃ 選者 Aus|wähler m. -s, - (-leser m. -s, -); Jury f. -s 《コンクールなど》.

ぜんしゃ 前者 jener* (dieser* に対し); der Erstere* (der Letztere* に対し).

ぜんしゃ 前車 der vorangehende Wagen, -s, -; [砲車などの] Vorderwagen m. -s, -; Protze f. -n/前車の轍(ʷʼ)を踏むな den Fehler seines Vorgängers wiederholen.

せんしゅ 船首 Bug m. -(e)s, -e; Schiffsschnabel m. -s, =; Vorschiff m. -(e)s, -e 《船の前部》‖ 船首飾り Galions|figur (Bug-)

せんしゅ ; Repräsentationsstück *n*. -[e]s, -e/船首旗 Bugflagge *f*. -n/船首波 Bugwelle *f*. -n/船首斜檣[*] Bugspriet *n*. -[e]s, -e.

せんしゅ 船主 [Schiffs]reeder *m*. -s, -; Schiffs|besitzer *m*. -s, - ⟨eigentümer *m*. -s, -; -eigner *m*. -s, - ⟩herr *m*. -s, -en) ‖ 船主同盟 Reeder|bund *m*. -[e]s, ¨e (-union *f*. -en).

せんしゅ 選手 [Sport]meister *m*. -s, -; Champion *m*. -s, -s; Sportgröße *f*. -n; Wettkämpfer *m*. -s, -; Kämpe *m*. -n, -n 《戦士》/選手である ein ³Mannschaft an|gehören ‖ [世界]選手権 [Welt]meisterschaft *f*. -en/ボクシングの選手権者 Meisterboxer *m*. -s, -/レスリング選手権者 Championringer *m*. -s, -/選手権大会 Meisterschafts|kampf *m*. -[e]s, ¨e (-spiel *n*. -[e]s, -e; -treffen *n*. -s, -)/選手権保持者 Meister *m*. -s, -; ⟨*in*³⟩ Titelinhaber *m*. -s, -/選手権を争う ²sich um die Meisterschaft bewerben*; die Meisterschaft erstreben ⟨*in*³⟩/選手権を得る die Meisterschaft erwerben* (belangen; gewinnen*)/選手権を失う die Meisterschaft verlieren* (-en in (-preis *m*. -es, -e)/選手権を防衛する die Meisterschaft verteidigen ⟨*in*³⟩.

せんしゅ 先取する vorweg|nehmen*⁴; vor anderen in Besitz nehmen*⁴ ‖ 先取特権 [法] Vorzugs|recht (Prioritäts-) *f*. -[e]s, -e.

せんしゅう 選集 ausgewählte Werke ⟨*pl*⟩; eine Auswahl (Auslese) von Werken/明治大正詩選集 eine Auslese japanischer Gedichte aus der Meiji- und Taishozeit/森鴎外著作選集 ausgewählte Werke von Ogai Mori.

せんしゅう 先週 die vorige (letzte) Woche/先週の今日 heute vor acht Tagen/先週の日曜日に [am] Sonntag vor acht Tagen.

せんしゅう 千秋 ¶ 一日千秋の思いや auf Kohlen sitzend; in höchster Ungeduld; fieberhaft gespannt ‖ 千秋楽 der letzte Tag -[e]s, -e) (Abend, -s, -e/ einer öffentlichen Darbietung (Aufführung; Vorstellung); Schluss *m*. -es, ¨e/千秋楽になる zum Schluss kommen* [s]; zu ³Ende gehen* [s] beendet werden.

せんしゅう 専修 Fach|forschung (Spezial-) *f*. -en (-studium *n*. -s, ..dien) ‖ 専修科 Fach|kurs[us] (Spezial-) *m*. -, ..kurse.

ぜんしゅう 全集 *js* sämtliche Werke ⟨*pl*⟩; *js* gesammelte Werke ⟨*pl*, かならずしも全作品を網羅していない場合⟩ ‖ シラー全集 Schillers sämtliche (gesammelte) Werke.

ぜんしゅう 禅宗 Zen-Sekte *f*. -n.

ぜんしゅう 前週 in der vorigen Woche; in letzter Woche ⟨先週⟩.

せんじゅうみん 先住民 Ureinwohner *m*. -s, -; Autochthone *m*. -n, -n ⟨土着人⟩.

せんしゅつ 選出 Wahl *f*. -en/東京都第一区選出の代議士 der Abgeordnete⋆ ⟨-n, -n⟩ aus dem ersten Wahlbezirk in Tokio.

せんじゅつ 戦術 Taktik *f*. -en; Kriegskunst *f*. /戦術上の taktisch; die Kriegskunst betreffend ‖ 戦術家 Taktiker *m*. -s, -; der Kriegskundige*, -n, -n.

せんじゅつ 仙術 Zauberkunst *f*. ¨e; die Kunst der Feen; die magische Kunst der ewigen Jugend ⟨不老不死の術⟩.

せんじゅつ 前述の oben erwähnt; vorstehend ausgeführt ⇨**ぜんき**(前記)の / 前述の通り wie im Vorstehenden (Vorhergehenden) erwähnt; wie oben erwähnt; wie vorhin (vorher) gesagt ⟨口頭の場合⟩.

せんしょ 全書 Sammelwerk *n*. -[e]s, -e; Sammlung *f*. -en; Bücherei *f*. -en ‖ 百科全書 Enzyklopädie *f*. -n.

せんしょ 善処する eine geeignete (entsprechende; passende) Maßnahme ⟨-n⟩ er|greifen* (treffen*); klug (geschickt) handeln ⟨たくみに行動する⟩.

せんしょう 戦勝 Sieg *m*. -[e]s, -e; Triumph *m*. -[e]s, -e/戦勝の栄冠 Siegeskranz *m*. -es, ¨e/戦勝記念 das Andenken ⟨-s⟩ an den Sieg/戦勝記念祝賀会 Siegesfeier *f*. -n (-fest *n*. -[e]s, -e)/戦勝記念日 das Jahresfest n. -[e]s, -e) des Sieges/戦勝記念品 Sieges|beute *f*. -n (-preis *m*. -es, -e; -zeichen *n*. -s, -), Trophäe *f*. -n/戦勝国 Siegerstaat *m*. -[e]s, -en/戦勝者 Sieger *m*. -s, -; Eroberer *m*. -s, - ⟨征服者⟩/Überwinder *m*. -s, - ⟨同上⟩/戦勝勇士 Siegesheld *m*. -en, -en; Triumphator *m*. -s, -en ⟨凱旋者⟩.

せんしょう 先勝する die erste Partie gewinnen*.

せんじょう 戦場 das Feld ⟨-[e]s⟩ der Ehre ⇨**せんち**(戦地)/戦場にある im [Schlacht]feld stehen*; eine Schlacht mit|machen ⟨戦場に臨む⟩ ins Feld (zu Feld) ziehen* [s]; in die Schlacht gehen* [s]/戦場の露と消える auf dem [Schlacht]feld (Platze) bleiben* [s]; auf dem Feld der Ehre (im Kampf[e]) fallen* [s].

せんじょう 洗滌 ⇨**せんでき**.

せんじょう 繊条 Glühfaden *m*. -s, ¨.

せんじょう 洗浄 Spülung *f*. -en; Ausspritzen *n*. -s -/洗浄する [目などを] spülen⁴; aus|spritzen⁴; [胃を] den Magen aus|pumpen. ‖ 洗浄器 Spritze *f*. -n/洗浄薬 Spritz|mittel *n*. -s, -.

ぜんしょう 前章 das vorige (vorangehende) Kapitel, -s, -.

ぜんしょう 前哨 [兵] Vorposten *m*. -s, - ‖ 前哨陣地 Vorpostenstellung *f*. -en/前哨戦 Vorpostengefecht *n*. -[e]s, -e.

ぜんしょう 前檣 [海] Vor|mast (Fock-) *m*. -[e]s, -en (-e).

ぜんしょう 全勝する alle Spiele (Wettkämpfe) gewinnen*.

ぜんしょう 全焼する völlig (gänzlich) ab|brennen* (nieder-) [s].

ぜんしょう 全称判断 [論] ein allgemeines Urteil, -s, -e/全称命題 [論] ein allgemeiner Satz, -es, ¨e.

ぜんじょう 前条 der vorhergehende Arti|kel, -s, -; die vorstehende Klausel, -n; der obige Paragraph, -en, -en/前条の im vorhergehenden Artikel erwähnt; im obigen Paragraphen genannt.

ぜんしょうがい 全生涯 js ganzes Leben, -s /全生涯を捧げる sein ganzes Leben widmen³.

せんじょうち 扇状地 flächenförmige Anschwemmung, -en (Schwemmland n. -(e)s).

せんじょうてき 扇情的 sensationell; aufsehenerregend (Aufsehen erregend); schlüpf[e]rig 《欲情をそる》.

せんしょく 染色 Färbung f. -en; Pigmentierung f. -en ‖ 染色工場 Farberei f. -en; Färbe f./染色体 Chromosom n. -s, -en.

せんしょく 染織 das Färben* und Weben*, des - und s‖ 染織業者 der Färber 《-s, -》 und Weber 《-s, -》.

せんじる 煎じる [ab]kochen*; [ab]sieden*⁴ einen Absud (ein Dekokt) zu|bereiten/煎じ出す ziehen lassen**; extrahieren⁴; einen Extrakt zu|bereiten.

せんしん 先進 Seniorität f. -en; Senior m. -s, -en 《人》/先進の vorwärts geschritten; fortgeschritten ‖ 先進国 das hoch industrialisierte (fortgeschrittene) Land, -(e)s, ⁻er; der hoch industrialisierte (fortgeschrittene) Staat, -(e)s, -en.

せんしん 専心 eifrig; angestrengt; emsig; intensiv; konzentriert; unverdrossen; mit ganzer Seele/専心…に当たる ⁴sich widmen³; ⁴sich ergeben*³; ⁴sich hin|geben*³; ⁴sich ausschließlich beschäftigen (befassen) 《mit³》 —意専心学問に当たる aufs Studium versessen sein; ins Studium vertieft (versunken) sein; ⁴sich ausschließlich mit dem Studium beschäftigen (befassen).

せんしん 線審 《サッカー》 Linienrichter m. -s, -.

せんじん 先陣 Stoßtrupp m. -s, -s 《突撃班》; Vorhut f. -en 《前衛》; Vortrab m. -(e)s; Vortrupp m. -s, -s/先陣をする einen Stoßtrupp führen; als erster ins Feindlager (feindliche Lager) vor|stoßen* s; als erster* in die feindliche Stellung ein|dringen* s.

せんじん 千仞の谷 der schwindelnde Abgrund, -(e)s, ⁻e; die bodenlose Schlucht, -en (Tiefe, -n).

せんじん 戦塵を洗う ⁴sich von den Strapazen des Krieges erholen.

せんじん 先人 Vorgänger m. -s, -/先人の轍を踏む denselben Fehler wie der Vorgänger begehen*; 《逆の言い方で》 nichts aus den Fehlern der Vorgänger lernen.

せんじん 前身 js Vergangenheit n. -s; js Vergangenheit f./前身を洗う js ³Vergangenheit (Vorleben) nach|gehen* s/この大学の前身は工業専門学校である Diese Universität ist eigentlich aus einer technischen Hochschule hervorgegangen.

ぜんしん 全身 der ganze Körper, -s; der ganze Leib, -(e)s/全身に am ganzen Körper (Leibe)/全身全霊を打ち込む mit ³Leib und ³Seele dabei sein/全身にやけどを負う am ganzen Körper ⁴Brandwunden (Verbrennungen) bekommen* ‖ 全身不随 vollständige Lähmung, -en; Paralyse f. -n/全身麻酔 allgemeine Betäubung, -en.

ぜんしん 漸進 langsames Vorwärtskommen*, -s; allmähliches Fortschreiten*, -s/漸進的に langsam; allmählich; stufenweise; ⁴Schritt für ⁴Schritt/漸進する langsam vorwärts kommen* (voran|gehen*) s; stufenweise fort|schreiten* s; langsame Fortschritte machen.

ぜんしん 前進 Vorwärtskommen n. -s; Vorrücken n. -s; Vormarsch m. -es, ⁻e. —— 前進する vorwärts kommen* (gehen*) s; vor|rücken s/一歩前進する einen Schritt vorwärts machen (tun*)/前進 Vorwärts! 《号令》. ‖ 前進車輛 Vorwärtsbewegung f. -en/前進補給基地 eine vorgeschobene Versorgungsbasis, ..basen.

ぜんじん 前人未発の ohne ⁴Vorgang; beispiellos; unerhört; noch nie dagewesen/前人未踏の地 das unerforschte (noch unbekannte) Land, -(e)s, ⁻er; das Gebiet 《-(e)s, -e》, das keines ²Menschen Fuß je betreten hat; Niemandsland n. -(e)s.

ぜんじんかく 全人格的発達 gesamtpersönliche Entwicklung, -en; allseitige persönliche Entwicklung.

ぜんじんきょういく 全人教育 allumfassende Erziehung und Bildung; die Förderung der ganzen ³Persönlichkeit.

せんす 扇子 [Falt]fächer m. -s, -; Wedel m. -s, -; 《うちわ形の》/扇子の骨 Gestell n. -(e)s, -e /扇子を使う ⁴sich fächeln (fächern).

センス Sinn m. -(e)s, -e; Geschmack m. -(e)s, ⁻e/センスがいい einen guten Geschmack haben/芸術的センスがある Sinn für Kunst haben.

せんすい 泉水 [Garten]teich m. -(e)s, -e; Bassin n. -s, -s 《「噴水池」》; der künstliche Brunnen, -s, -.

せんすい 潜水 das [Unter]tauchen*, -s. —— 潜水する ins Wasser tauchen h.s.‖ 潜水艦 U-Boot n. -(e)s, -e; Unterseeboot n. -(e)s, -e; Tauchboot 《潜水艇》/潜水艦戦 U-Boot(s)-Krieg m. -(e)s, -e/潜水器 Tauchergerät m. -(e)s, -e (-glocke f. -n 《鐘形の》)/潜水肺 Taucherkunst f./潜水艦隊 U-Bootsflottille f. -n/潜水病 Taucherkrankheit f. -en/潜水夫 Taucher m. -s, -/潜水服 Taucheranzug m. -(e)s, ⁻e/潜水帽 Taucherhelm m. -(e)s, -e/潜水母艦 U-Bootsmutterschiff n. -(e)s, -e; Unterseebootsmutterschiff n. -(e)s, -e/原子力潜水艦 Atom-U-Boot (-Unterseeboot)/巡洋潜水艦 Unterseekreuzer m. -s, -.

せんする 宣する erklären⁴; bekannt machen⁴ (geben**⁴); proklamieren⁴; veröffentlichen⁴.

ぜんせ 前世 js Existenz 《f. -en》 vor dem jetzigen Leben/前世の約束 Vorherbestimmung f.; Prädestination f.; Schicksal n. -s, -e 《運命》.

せんせい 宣誓 Eid m. -(e)s, -e; Eidesleistung f. -en; die feierliche Beteuerung, -en; Ehrenwort n. -(e)s, -e; Gelöbnis n. -nisses, -nisse; Gelübde n. -s, -《誓約》;

せんせい Schwur *m.* -[e]s, "-e/宣誓違反の eid|brüchig (schwur-)/宣誓の代りの手打ち Handschlag (*m.* -[e]s, "-e) an Eides Statt/宣誓して拘束する durch einen Eid binden* [*jn*]/宣誓を拒絶する einen Eid verweigern/宣誓を要求する den Eid zuschieben* (auf|legen) [*jm*]/宣誓を破る einen Eid (Schwur) brechen*; einen Schwur verletzen; eidbrüchig (schwurbrüchig) werden. — 宣誓する einen Eid leisten (ab|legen; schwören*) [*auf*⁴]/einen Schwur leisten (ab|legen; schwören*; feierlich beteuern*; hoch und teuer versprechen*⁴ 《おごそかに誓う》/口供書の偽りないことを宣誓する eine eidesstattliche Erklärung ab|geben/宣誓して述べる unter ³Eid aus|sagen*⁴/宣誓して確認する durch einen Eid bekräftigen*/就任の宣誓をさせられる in ⁴Eid und ⁴Pflicht genommen werden. ‖ 宣誓忌避 Eidesablehnung *f.* -en/宣誓義務 Eidespflicht *f.* -en/宣誓拒絶 Eidesverweigerung *f.* -en/宣誓口述書 die schriftliche eidesstattliche Erklärung, -en/宣誓式 die Feierlichkeit (-en) (die Zeremonie, -n) der Eidesleistung/宣誓書 die beeidete schriftliche Erklärung, -en/宣誓証人 Schwurzeuge *m.* -n/宣誓文 Eidesformel *f.* -n/宣誓保証 Eidbürgschaft *f.* -en/宣誓要求 Eideszuschiebung *f.* -en.

せんせい 専制 Despotie *f.* -en; Despotismus *m.* -; Autokratie *f.* -n; Gewalt- und Willkürherrschaft *f.* -en; Tyrannei *f.* 《特に個人の》/専制の despotisch; absolutistisch; autokratisch; eigenmächtig; selbstherrlich; tyrannisch; willkürlich ‖ 専制君主 Despot *m.* -en, -en; Autokrat *m.* -en, -en; Gewalt- und Willkürherrscher *m.* -s, -/Tyrann *m.* -en, -en/専制君主政体 die absolute Monarchie/専制国 die absolute Monarchie, -n/専制主義 Absolutismus *m.* -; Despotismus *m.* -/専制政治 die absolutistische Herrschaft, -en; Autokratie.

せんせい 先生 ❶ Lehrer *m.* -s, -; Erzieher *m.* -s, - 《教育者》; Meister *m.* -s, - 《師匠》; Schulmeister *m.* -s, - 《やや軽べつ的》; Doktor *m.* -s, -en 《医師》/ドイツ語の先生 Deutschlehrer *m.* -s, -/小学校の先生 Grundschullehrer *m.* -s, -/音楽の先生 Musiklehrer/数学の先生 Mathematiklehrer/体操の先生 Lehrer für Turnen; Turnlehrer/先生になる Lehrer werden*/先生Herr …!《高校以下では姓を呼ぶ》; Herr Professor!《大学で講師以上に》/東京の大学でドイツ語の先生をしている Er unterrichtet an einer Hochschule in Tokio Deutsch. ❷ 《冷やかしていうとき》Kerl *m.* -[e]s, -e; Bursche *m.* -n, -n/門番の先生 der Kerl von [einem] Hausmeister/おい先生〔Mein〕Verehrtester!

せんてい 占星学(術) Astrologie *f.* -/占星解釈学 *f.* -en/占星術師(学者) Astrologe *m.* -n, -n; Sterndeuter *m.* -s, -.

せんせい 先制攻撃 der erste Angriff ([-[e]s, -e), um der ⁴Oberhand [über den ⁴Gegner] zu gewinnen.

ぜんせい 全盛 der Höhepunkt (-[e]s, -e) des Gedeihens/あの頃が彼の全盛時代だった Damals war seine beste Zeit. ‖ 全盛期 Blütezeit *f.* -en; Glanzperiode *f.* -n/全盛期に達する den Höhepunkt erreichen; zur vollen Blüte kommen* ⓢ 《さかりり(盛り)》.

ぜんせい 善政 eine gute Regierung/善政を施すgut regieren.

ぜんせいどう 全制動 《スキー》Schneepflug *m.* -/

せんせいりょく 潜勢力 die potentielle Energie, -n; die latente (schlummernde; verborgene) Kraft, "-e.

センセーション Aufsehen *n.* -s; Sensation *f.* -en/センセーショナルな aufsehenerregend (Aufsehen erregend); aufregend; sensationell/一大センセーションを捲き起こす großes (ungeheures) Aufsehen erregen (verursachen); die Welt in ⁴Erstaunen setzen; in aller Munde sein; von ³sich reden machen.

ぜんせかい 全世界 die ganze Welt/全世界から aus allen ³Erdteilen (Teilen der Welt)/全世界中で in der ganzen ³Welt; überall in der ³Welt/全世界に知られた welt|bekannt (-berühmt).

ぜんせかい 前世界 Vorwelt *f.* -en/前世界の vorweltlich.

せんせき 船籍 die Nationalität ([-en) eines Schiff[e]s (von Schiffen)/船籍を登録する ein Schiff registrieren/この船はドイツの船籍を持っている Das Schiff führt die deutsche Flagge. ‖ 船籍港 Registerhafen *m.* -s, "-/船籍証明書 Schiffszertifikat *n.* -[e]s, -e.

せんせき 戦跡 das alte Schlachtfeld, -[e]s, -er; der ehemalige Kriegsschauplatz, -es, "-e/戦跡を訪ねる ein altes Schlachtfeld (einen ehemaligen Kriegsschauplatz) besuchen (besichtigen).

せんせつ 前節 der vorige Abschnitt, -[e]s, -e; der vorangehende Paragraph, -en, -en.

せんせつ 前説をひるがえす seine frühere Ansicht (Meinung) ändern; seine frühere Behauptung zurück|nehmen* (-[ziehen*).

せんせん 戦線 Kampf|linie (Schlacht-; Front-, -n; Front *f.* -en 《正面》/戦線の統一 die Vereinheitlichung der Kampflinien/東部戦線で an der Ostfront/戦線に出る an die Front gehen* (kommen*) ⓢ/戦線に立つ an der Front sein (stehen*); in der Front dienen/敵の戦線に侵入する in die gegnerischen Linien ein|dringen* ⓢ ‖ 労働戦線 die Front der Arbeiter; Arbeiterfront *f.* -en.

せんせん 宣戦 Kriegserklärung *f.* -en/宣戦を布告する den Krieg erklären 《einem Land [e]; an ein Land》.

せんせん 先々月 der vorletzte (vorvorigen) Monat, -[e]s; im [dem] vorletzten (vorvorigen) Monat 《先々月に》/先々週 die vorletzte (vorvorige) Woche.

せんぜん 戦前 Vorkriegszeit *f.*/戦前に vor dem Krieg[e]/戦前の価格 Vorkriegspreis *m.* -es, -e; der Preis vor dem Krieg[e] ‖ 戦

前派 Vorkriegsgeneration *f.* –en.

ぜんせん 前線 Front *f.* –en／前線の兵士 Frontsoldat *m.* –en, –en ‖ 前線勤務 Frontdienst *m.* –〔e〕s, –e／温暖(寒冷)前線〖気〗Warmfront (Kaltfront) *f.* –en.

ぜんせん 全線 die ganze Linie, –n; die ganze Strecke, –n《全区間》／台風のため全線不通 Wegen des Taifuns ist die ganze Strecke unbefahrbar.

ぜんせん 善戦する gut (tapfer; tüchtig; wacker) kämpfen.

ぜんぜん 全然 ⇨まったく／彼は全然狂っているよ Er ist total verrückt.／そのことについては全然知らなかった Ich hatte von der Sache keine (nicht die geringste) Ahnung.／疲れたかい—いいや全然 Bist du müde? — Keine (Nicht die) Spur!

せんせんきょうきょう 戦々恐々として in großer Angst; voller Angst; vor ³Angst〔am ganzen Körper〕zitternd; in panischem Schrecken.

ぜんぜんじつ 前々日 der vorvorige Tag, –〔e〕s. ⇨**せんせん**(先々).

せんぞ 先祖 Vorfahr *m.* –en, –en; Ahn *m.* –〔e〕s (–en), –en; Stammvater *m.* –s, ¨《始祖》／先祖伝来の angestammt; von den ³Vorfahren ererbt (überkommen) ‖ 先祖返り〖生〗Rückschlag *m.* –〔e〕s, ¨e; Atavismus *m.* –, ..men.

せんそう 船窓 Schiffsfenster *n.* –s, –; Bullauge *n.* –s, –n.

せんそう 船倉 Schiffsraum *m.* –〔e〕s, ¨e.

せんそう 戦争 [戦乱] Krieg *m.* –〔e〕s, –e; Feindseligkeiten《*pl*》; [戦火] Kriegs¦feuer *n.* –s, – (–fackel *f.* –n); [戦闘] Schlacht *f.* –en《会戦》; Gefecht *n.* –〔e〕s, –e《局部的交戦》; Treffen *n.* –s, –《遭遇戦》; Kriegführung *f.* –en／戦争中の im Krieg〔e〕stehend《mit *jm*》; den Krieg führend／戦争に疲れた kriegsmüde／戦争の勃発 Kriegsausbruch *m.* –〔e〕s, ¨e／戦争の舞台 Kriegsschauplatz *m.* –es, –e／戦争の脅威 Kriegsdrohung *f.* –en／戦争の惨禍 Kriegs¦not *f.* ¨e (–elend *n.* –〔e〕s)／戦争の年 Kriegsjahr *n.* –〔e〕s, –e／戦争の噂 Kriegsgerücht *n.* –〔e〕s, –e／戦争好きの kriegerisch; kriegsliebend; kampflustig《闘争を好む》／戦争ごっこをする Krieg spielen; Soldat〔en〕spielen《兵隊ごっこをする》／戦争に出る in den Krieg ziehen* [s]; einen Feldzug mit|machen《従軍する》; an die Front gehen* [s]《前線に出る》／戦争に駆りたてる zum Krieg treiben* (hetzen)《*jn*》／戦争に勝つ(負ける) einen Krieg gewinnen* (verlieren*)／戦争になる Es kommt zum Krieg.／戦争の準備をする ⁴sich zum (für den) Krieg rüsten／戦争を開始する einen Krieg an|fangen* (beginnen*)《*mit*³》／戦争を行う Krieg führen《*gegen*⁴》／戦争が勃発した Der Krieg ist ausgebrochen. ¦ Der Krieg ist da!／戦争の原因は何か Was hat den Krieg herbeigeführt (verursacht)?／戦争は手段を選ばぬ Im Krieg sind alle Mittel erlaubt.／もう二度と戦争はあってはならない Es darf nie wieder zum Krieg kommen. ¦ Es darf keinen Krieg mehr geben.／それが戦争というものだ Das (So) ist der Krieg. ‖ 戦争犠牲者 Kriegsopfer *n.* –s, –／戦争記録 Kriegsarchiv *n.* –s, –e／戦争孤児 Kriegswaise *f.* –n (*m.* –n, –n) ❖ 比較的まれに男児の場合は *m.*／戦争裁判 Kriegsverbrechergericht *n.* –〔e〕s, –e／戦争指導者 Kriegsführer *m.* –s, –／戦争準備 Kriegsbereitschaft *f.* –en／戦争小説 Kriegsroman *m.* –s, –e《長編》; Kriegsnovelle *f.* –n《短編》／戦争状態 Kriegszustand *m.* –〔e〕s, ¨e／戦争責任 Kriegsschuld *f.*／戦争挑発者 Kriegshetzer *m.* –s, –／戦争成金 Kriegsgewinn〔l〕er *m.* –s, –／戦争犯罪 Kriegsverbrechen *n.* –s, –／戦争犯罪人(者) Kriegsverbrecher *m.* –s, –／戦争文学 Kriegs¦dichtung *f.* –en (–literatur *f.* –en)／戦争放棄 der Verzicht《–〔e〕s, –e》auf einen Krieg／戦争未亡人 Kriegerwitwe *f.* –n／戦争目的 Kriegszweck *m.* –〔e〕s, –e／三十年戦争〖史〗der Dreißigjährige Krieg／侵略戦争 Eroberungskrieg.

ぜんそう 禅僧 Zen-Priester *m.* –s, –.

ぜんそう 前奏〖楽〗Einleitung *f.* –en／前奏をする ein|leiten⁴; präludieren ‖ 前奏曲〖楽〗Präludium *n.* –s, ..dien／前奏曲とフーガ Präludium und Fuge.

ぜんぞう 漸増する allmählich (langsam) zu|nehmen* (wachsen*) [s].

せんぞく 専属の fest engagiert《俳優などが》; fest angestellt《専任の》; eigen《自分自身の》／専属する fest engagiert (angestellt) sein《*bei*³》.

ぜんそく 喘息〖医〗Asthma *n.* –s／喘息性の asthmatisch ‖ 喘息患者 Asthmatiker *m.* –s, –／喘息発作 Asthmaanfall *m.* –〔e〕s, ¨e／気管支喘息 Bronchialasthma.

ぜんそくりょく 全速力で mit voller (größter) Geschwindigkeit; in rasendem Tempo.

ぜんそん 全損 ein vollständiger Verlust, –〔e〕s, –e; Reinverlust *m.* –〔e〕s, –e; Totalverlust *m.* –〔e〕s, –e《保険》.

センター ❶〖サッカー〗Mittelstürmer *m.* –s, –《センターフォワード》; Mittelläufer *m.* –s, –《センターハーフ》. ❷ [中心地] Mittelpunkt *m.* –〔e〕s, –e; Zentrum *n.* –s, ..ren.

センターライン Leitlinie *f.* –n.

せんたい 船隊 Flotte *f.* –n ‖ 商船隊 Handelsflotte *f.* –n.

せんたい 蘚苔 Moos *n.* –es, –e／蘚苔状の moosartig ‖ 蘚苔学 Bryologie *f.*; Mooskunde *f.*／蘚苔学者 Bryologe *m.* –n, –n; Moosforscher *m.* –s, –／蘚苔類 Moosgewächse《*pl*》.

せんたい 船体 Schiffs¦rumpf *m.* –〔e〕s, ¨e (–körper *m.* –s, –).

せんだい 先代 Vorgänger *m.* –s, –; Vorfahr *m.* –en, –en《先祖》; der selige Vater, –s, ¨ (der Vater selig)《亡父》; die frühere Generation, –en《前の世代》／先代の früher; ehe¦malig (vor–); gewesen; weiland《人名とともに》.

せんだい 船台 Stapel *m.* –s, –; Helge *f.* –n《造船台》; Helgen *m.* –s, –《同上》; Helling *f.* –en; Helligen *m.* –s, –e; Schlitten *m.* –s, –《進水台》.

ぜんたい 全体 ❶ [全部] Gesamtheit *f.*; das Ganze*, -n; Totalität *f.* -en/全体の ganz; gesamt; total; allgemein 《一般の》/全体で im Ganzen; insgesamt/全体として見れば im Großen und Ganzen; im Ganzen genommen; im Allgemeinen 《一般に》. ❷ [一体全体] ⇨いったい(一体)❸. ❸ [元来] ⇨がんらい. ‖ 全体主義 Totalitarismus *m.* -/全体主義国家 ein totaler (totalitärer) Staat, -[e]s, -en.

ぜんたい 全隊 die ganze Truppe, -n.

ぜんだい 前代 Vorzeit *f.* -en; die vergangene Generation, -en/前代未聞の noch nie dagewesen; seit Menschengedenken nie vorgekommen; ohne ⁴Vorgang; unerhört; beispiellos/前代未聞の大地震だった Das war ein Erdbeben, wie es in der Geschichte noch nie gewesen war.

せんたく 選択 (Aus)wahl *f.* -en; Auslese *f.* -n/選択の自由 Wahlfreiheit *f.* -en/…の選択に任せる die Wahl lassen 《*jm*》/ Es steht *jm* frei zu wählen./選択がむずかしい Die Wahl fällt mir schwer (ist nicht leicht). ｜ „Wer die Wahl hat, hat auch die Qual."/君の選択は賢明であった Deine Wahl hat sich als klug erwiesen./私には選択の自由がない Ich habe (Mir bleibt) keine Wahl. ｜ Ich habe keine Alternative. ― 選択する (aus)wählen⁴; ausllesen*⁴; auslsuchen⁴; ⁴sich entscheiden 《*für*⁴》; seine Wahl treffen*. ‖ 選択科目 Wahlfach *n.* -[e]s, ⸚er; ein fakultatives Lehrfach, -[e]s, ⸚er/選択権 das freie Wahl; die Möglichkeit 《zu wählen》/選択債務 Alternativeobligation *f.* -en.

せんたく 洗濯 das Waschen*, -s; Wäsche *f.*/洗濯がきく waschlbar (-echt)/洗濯がきく衣類 Waschkleid *n.* -[e]s, -er/洗濯に出してある in Wäsche sein/洗濯に出す(やる) in die Wäsche geben*⁴ (schicken⁴; tun*)/洗濯物を干す(とりこむ) die Wäsche auflhängen (ablnehmen*)/今日は大洗濯だ Wir haben heute (Heute ist) große Wäsche. ― 洗濯する waschen*⁴; [die] Wäsche waschen*⁴/洗濯してやる für *jn* waschen*/命の洗濯をする ⁴sich erholen; eine schöpferische Pause einllegen. ‖ 洗濯板 Waschbrett *n.* -[e]s, -er/洗濯おけ Waschltrog *m.* -[e]s, ⸚e (-wanne *f.* -n; -zuber *m.* -s, -/洗濯かご Wäschelkorb (Wasch-) *m.* -[e]s, ⸚e/洗濯機 Waschlmaschine *f.* -n (-apparat *m.* -[e]s, -e)/洗濯室 Waschkammer *f.* -n; Wäscheküche *f.* -n; Waschwasser *n.* -s; Wasser zum Waschen/洗濯石けん Waschseife *f.* -n/洗濯ソーダ Waschsoda *f.* -/洗濯台 Waschbank *f.* ⸚e/洗濯たらい Waschbottich *m.* -[e]s, -e (-balge *m.* -[e]s, ⸚e)/洗濯道具 Waschgeschirr *n.* -[e]s, -e/洗濯場 Waschplatz *m.* -es, ⸚e/洗濯日 Waschtag *m.* -[e]s, -e/〖戯〗 Waschfest *n.* -[e]s, -e/洗濯婦 Waschfrau *f.* -en; Wäscherin *f.* -/rinnen/洗濯水 Wäschestück *n.* -[e]s, -e/洗濯物ばさみ Wäschelklammer (Wasch-) *f.* -n/洗濯屋 [店] Wäscherei *f.* -en; Waschhaus *n.* -es, ⸚er (-anstalt *f.* -en)/[人] Wäscher *m.* -s, -.

せんだつ 先達 Führer *m.* -s, -; Leiter *m.* -s, -; Lenker *m.* -s, -; Vorgänger *m.* -s, -; 《先輩》 Cicerone *m.* -[s], -s (..ni) 《ガイド》.

せんだって 先だって neulich; dieser Tage; jüngst; kürzlich; letzthin; noch nicht lange her; unlängst; vor einigen (ein paar) Tagen; vor kurzem; vor kurzer Zeit /先だっての letzt; von neulich/先だってから seit einigen (ein paar) Tagen; seit kurzem (kurzer Zeit)/先だってのお約束はどうなりましたでしょうか Darf ich Sie an Ihr Versprechen von neulich erinnern?

ぜんだて 膳立てする den Tisch decken; Vorkehrungen treffen* 《*für*⁴; *gegen*⁴》 《準備する》/お膳立てができた Der Tisch ist gedeckt.; [準備] Alles ist gestiefelt und gespornt. 《俗》 Bereit sein (ist) alles. ｜ Alles steht in Bereitschaft.

ぜんだな 膳棚 Küchenschrank *m.* -[e]s, ⸚e; Anrichte *f.* -n; -e/配膳台.

ぜんだま 善玉 der gute Mensch, -en, -en; der Gute*, -n, -n ‖ 善玉悪玉 Gute und Böse 《*pl*》.

せんたん 先端 Spitze *f.* -n/針(塔)の先端 die Spitze der Nadel (des Turmes)/流行の先端 die neueste Mode, -n/時代の先端を行く an der ³Spitze (auf der ³Höhe) der Zeit stehen* ‖ 先端技術 Hightech *n.* -s 《*f.*》; Hochtechnologie *f.* -n.

せんたん 戦端を開く die Feindseligkeiten eröffnen; den Krieg beginnen*; in den Krieg ziehen* 《*gegen*⁴》.

せんだん 栴檀 Paternosterbaum *m.* -[e]s, ⸚e/栴檀は双葉より芳し Was ein Häkchen werden will, krümmt sich beizeiten. ｜ Der Sendan duftet schon vom Keimblatt an.

せんだん 専断 die willkürliche (eigenmächtige) Entscheidung, -en / 専断で willkürlich; eigenmächtig; nach *js* Belieben; nach eigenem Gutdünken.

せんだん 船団 Flotte *f.* -n ‖ 鮪(…)船団 Flotte der Thunfischfänger.

せんち 戦地 Kriegs[schau]platz *m.* -es, ⸚e (-bühne *f.* -n); -gebiet *n.* -[e]s, -e; -zone *f.* -n); Kampfplatz (-gebiet); Schlachtfeld *n.* -[e]s, -er/戦地で im Feld(e); an der Front; vor dem Feind(e)/戦地へ出発する zu Feld (ins Feld) ziehen* (rücken) 〖S.〗; in die Schlacht (den Krieg) gehen* (ziehen*) 〖S.〗/戦地から帰る aus dem Kriegs[schau-]platz zurückIkommen* 〖S.〗; den Kriegs[schau]platz verlassen* und in die Heimat zurück|kommen* 〖S.〗/戦地を視察する Schlachtenbummler sein.

ぜんち 全治 Ausheilung *f.* -en; die völlige Heilung (Genesung; Wiederherstellung), -en / 全治三週間の重傷 die schwere Verletzung, die zu heilen man drei Wochen braucht. ― 全治する 《⁴sich》 ausIheilen; völlig heilen 〖S. h〗; vollständig genesen* 〖S.〗 wieder ganz gesund werden; ganz wie-

ぜんち 全治 derhergestellt sein / すぐ全治するとみてよい Sie können mit baldiger Ausheilung rechnen.

ぜんち 全知 Allwissenheit f. /全知の allwissend /全知全能の神 der Allmächtige*, -n.

ぜんちし 前置詞 〖文法〗Präposition f. -en; Verhältniswort n. -(e)s, ⸚er /前置詞の präpositional.

センチ〔メートル〕 Zentimeter n. (m.) -s, - 〖略:cm〗.

センチメンタル sentimental; empfindsam; schwärmerisch.

せんちゃ 煎茶 Teeblatt n. -(e)s, ⸚er; der aufgegossene grüne Tee, -s -s 〖pl は種類を示すとき〗.

せんちゃく 先着 das Zuerstkommen*, -s; Priorität f. /先着順に nach der Reihenfolge der Ankunft; nach dem Grundsatz; Wer zuerst kommt, mahlt zuerst.'/ 先着者十名に限り記念品を差上げす Nur die zehn als Erste Gekommenen bekommen ein Andenken. ‖ 先着者 der als Erster Gekommene*, -n, -n.

せんちゅう 船中の(で) an ³Bord; an dem (im) Schiff(e) /船中の出来事 der Vorfall (-(e)s, ⸚e) auf dem (im) Schiff(e) /船中つつがなく行く eine glückliche Seefahrt (Seereise) haben.

ぜんちゅう 蠕虫 Wurm m. -(e)s, ⸚er; Eingeweidewurm m. -(e)s, ⸚er 〔寄生虫〕.

せんちょう 船長 ❶ 〔Schiffs〕kapitän m. -s, -e; Schiffsführer m. -s, -. ❷ 〔船の長さ〕die Länge eines Schiff(e)s.
‖ 船長室 Kapitänskajüte f. -n/船長免状 〔Schiffs〕kapitänschein m. -(e)s, -e.

ぜんちょう 全長 Gesamtlänge f. -n; die gesamte Strecke, -n /二キロのトンネルの全長 die gesamte Länge (-s, -) von zwei Kilometer Länge / 踏破距離の全長...に及ぶ Die gesamte durchlaufene (zurückgelegte) Strecke beläuft sich auf⁴ ....

ぜんちょう 前兆 Vorzeichen n. -s, -; Vorbedeutung f. -en; Vorbote m. -n, -n; Omen n. -s, Omina; 〔徴候〕〔An〕zeichen n. -s, -; Symptom n. -s, -e / ...の前兆である 〖公的ならば良, 惡などの形容詞とともに〗ein Vorzeichen sein 〖für⁴〗; von Vorbedeutung sein 〖物が主語〗.

せんて 先手 〔ある〕den ersten Zug haben 〖碁・将棋などで〗; an|spielen 〖カルタなどで〗/ 先手を打つ jm zuvor|kommen* 〖s〗/先手先手と行く immer Vorhand nehmen.

せんてい 先帝 der vorige (letzte; ehemalige) Kaiser, -s, -.

せんてい 船底 Schiffsboden m. -s, ⸚.

せんてい 選定 (Aus)wahl f. /選定する aus|wählen⁴; eine Auswahl treffen*.

せんてい 剪定する ab|schneiden*⁴; beschneiden*⁴ ‖ 剪定ばさみ Abschneidescheere f. -n, -n.

ぜんてい 前提 Voraussetzung f. -en; 〖論〗Vordersatz m. -es, ⸚e; Prämisse f. -n/前提する voraus|setzen⁴ / ...を前提として vorausgesetzt, dass ...; unter der Voraussetzung, dass ... ‖ 前提条件 Vorbedingung f. -en.

ぜんてい 前庭 Vorgarten m. -s, ⸚; Vorhof m. -(e)s, ⸚e.

せんていこう 選帝侯 〖史〗Kurfürst m. -en, -en /選帝侯の kurfürstlich.

せんてき 洗滌 das 〔Ab〕waschen* (Auswaschen*), -s; 〔Ab〕waschung (Auswaschung) f. -en; das 〔Ab〕spülen* (Ausspülen*), -s; 〔Ab〕spülung (Ausspülung) f. -en; das Reinwaschen*, -s; Irrigation f. -en. —— 洗滌する waschen*⁴; ab|waschen*⁴ 〔aus|-〕; spülen⁴; ab|spülen⁴ 〔aus|-〕; rein waschen*⁴ ‖ 洗滌器 Spülmaschine f. -n 〖工業用〗; Irrigator m. -s, -en 〖医療用〗; Spülapparat m. -(e)s, -e 〖同上〗/ 洗滌水 Wasch|wasser (Spül-) n. -s /洗滌装置 Wasch|vorrichtung (Spül-) f. -en/洗滌薬 Waschmittel n. -s.

せんてつ 銑鉄 Roheisen n. -s, -.

せんてつ 先哲 die alten Philosophen (Weisen) 〖pl〗.

せんてん 先天説 〖哲〗Apriorismus m. -, -men; 先天的 apriorisch 〖先験的〗; angeboren 〔生来の〕/先天的に a priori; von vornherein; von ³Geburt 〔生れつき〕; von Anfang an.

せんてん 旋転 Umdrehung f. -en; Rotation f. -en /旋転する ⁴sich drehen; rotieren; 〔⁴sich〕kreiseln 〚こまの様に〛.

せんでん 宣伝 Propaganda f.; Anpreisung f. -en 〖商品など〗; Reklame f. -n 〖誇大広告〗; Werbe|betrieb m. -(e)s 〚-kunst f. ⸚e〛; Werbung f. -en 〖動詞〗/巧妙な(危険な)宣伝 geschickte (gefährliche) Propaganda /共産主義の宣伝 die kommunistische Propaganda /彼らは自派のために大いに宣伝につとめた Sie warben tatkräftig für ihre Partei. /万事宣伝の世の中だ Heute ist Propaganda allmächtig. ¦ "Wer nicht wirbt, verdirbt." —— 宣伝的な propagandistisch; reklamehaft; werbend. —— 宣伝する propag(and)ieren⁴; Propaganda machen (treiben*; entfalten; entwickeln) 〖für⁴〗; an|preisen*⁴; Anhänger suchen (gewinnen*; werben*) 〖für⁴〗; werben* 〖für⁴〗/自己宣伝する für ⁴sich selbst eine marktschreierische Empfehlung machen. ‖ 宣伝映画 Propaganda|film (Reklame-; Werbe-) m. -(e)s, -e/宣伝活動 die propagandistische Tätigkeit, -en; Werbeaktion f. -en /宣伝キャンペーン Werbekampagne f. -n /宣伝事業 Propaganda|wesen (Reklame-) n. -s/宣伝者(屋) Propagandist m. -en, -en; Propagandamacher m. -s, -; Anpreiser m. -s, - 〖商品などの〗; Reklame|held m. -en, -en (-macher m. -s, -); 〔Kunden〕werber m. -s, -; Werbe|redner m. -s 〖勧説者〗/宣伝手段 Propaganda|mittel (Reklame-; Werbe-) n. -s /宣伝費 Propaganda|kosten (Reklame-; Werbungs-) 〖pl〗/宣伝部 Propaganda|abteilung (Reklame-; Werbe-) f. -en/宣伝ビラ Reklame|zettel (Werbe-; Flug-) m. -s, -/宣伝部長 Propaganda|lei-

せんと ter (Reklame-; Werbe-) *m.* -s, -/宣伝ポスター Reklame|blatt (Werbe-) *n.* -[e]s, -̈er (*od.* -plakat *n.* -[e]s, -e); die werbende Anzeige, -n/宣伝モットー Propagandaschlagwort (Reklame-; Werbe-) *n.* -[e]s, -̈er/自動車宣伝 Propaganda|autofahrt (Reklame-; Werbe-) *f.* -en.

せんと 遷都 die Verlegung (-en) der Residenz; die Veränderung (-en) des Regierungssitzes.

セント Cent *m.* -[s], -[s]/1ユーロは100セントです Ein Euro hat einhundert Cent./1ドル50セント ein Dollar fünfzig [Cent].

せんと 先途 ¶ ここを先途と戦う einen verzweifelten Kampf (wie ein Verzweifelter) kämpfen; auf Leben und Tod kämpfen.

せんど 鮮度 Frische *f.*

ぜんど 前途 Zukunft *f.*; Aussicht *f.* -en (見込)/前途多望な vielversprechend (viel versprechend); zukunftsreich (aussichts-); hoffnungsvoll / 前途多望である eine große (glänzende) Zukunft haben; gute (glänzende) Aussichten haben/前途はなお多難である Viele Hindernisse liegen noch auf dem Weg(e)./前途遼遠だ Wir sind noch lange nicht am Ziel./Wir haben unser Ziel noch lange nicht erreicht.

ぜんと 全都 ⇒ぜんし(全市).

ぜんど 全土 das ganze Land, -[e]s/全土に im ganzen Land; durch das ganze Land; [俗] auf der ganzen Landesebene / 日本全土に in ganz Japan.

せんとう 銭湯 Bad *n.* -[e]s, -̈er; Badehaus *n.* -es, -̈er; eine öffentliche Badeanstalt, -en.

せんとう 尖塔 Spitzturm *m.* -[e]s, -̈e; ein spitzer Turm, -[e]s, -̈e.

せんとう 先頭 Spitze *f.* -n/先頭に立つ an der ³Spitze stehen*/楽隊が行列の先頭を進んだ Eine Musikkapelle ging dem Zug[e] voran.

せんとう 戦闘 Kampf *m.* -[e]s, -̈e; Schlacht *f.* -en; Gefecht *n.* -[e]s, -e ❖ Schlacht より小規模 ⇒せんそう(戦争)/戦闘的な kämpferisch; kampflustig / 戦闘を開始(中止)する einen Kampf eröffnen (ein|stellen)/戦闘不能にする kampfunfähig machen⁴; außer ⁴Gefecht setzen*/潜水艦はその戦闘準備ができ上がっていた Das U-Boot war jetzt gefechtsklar. ‖ 戦闘機 Kampf|flugzeug (Jagd-) *n.* -[e]s, -e; Jagdflieger *m.* -s, -/戦闘準備 Kampfvorbereitung *f.* -en/戦闘隊形 Schlachtordnung *f.* -en/戦闘機の Kampfformation *f.* -en/戦闘部隊 Kampftruppe *f.* -n/戦闘帽 Feldmütze *f.* -n/戦闘力 Kampffähigkeit *f.* -en/ジェット戦闘機 Düsenjäger *m.* -s, -/(非)戦闘員 [Nicht]kombattant *m.* -en, -en.

せんどう 先導 Führung *f.* -en; Leitung *f.* -en/駅長の先導で大使は特別列車に乗りこんだ Vom Bahnhofsvorsteher geführt, stieg der Botschafter in den Sonderzug ein./二名の騎馬警官の先導で行列は動き出した Zwei berittene Polizisten voran setzte sich die Prozession in Bewegung. —— 先導する führen*; vorangehen*. ‖ 先導者 Führer *m.* -s, -; Leiter *m.* -s, -.

せんどう 船頭 Schiffer *m.* -s, -; Schiffskapitän *m.* -s, -e; Boots|führer (Kahn-) *m.* -s, - ¶ 船頭多くして船山に登る „Viele Köche verderben den Brei."; Sind viele Schiffer da, so fährt das Schiff den Berg hinauf.

せんどう 扇動 [Auf]hetzerei *f.* -en; Aufhetzung *f.* -en; Aufwieg(e)lung *f.* -en; Agitation *f.* -en; Anreiz *m.* -es, -e; Anreizung *f.* -en; Anstiftung *f.* -en. —— 扇動的な (auf)hetzerisch; aufhetzend; aufwieglerisch; agitatorisch; aufreizend; anstiftend; verhetzend. —— 扇動する [auf]hetzen (*jn*); aufwiegeln (*jn*); agitieren⁴; an|reizen (*jn zu*⁴); an|stiften (*jn zu*⁴). ‖ 扇動者 [Auf]hetzer *m.* -s, -; Aufwiegler *m.* -s, -; Agitator *m.* -s, -en; Anreizer *m.* -s, -; Anstifter *m.* -s, -/扇動政治家 Demagoge *m.* -n, -n; Volks|aufwiegler (-verführer) *m.* -s, -.

ぜんとう 全島 die ganze Insel, -n.

ぜんとう 前頭 [解] Vorderhaupt *n.* -[e]s, -̈er ‖ 前頭骨 Stirnbein *n.* -[e]s, -e.

ぜんとう 漸騰する allmählich (langsam) steigen* [s].

ぜんどう 蠕動 die schlängelnde (wurmartige) Bewegung, -en; Peristaltik *f.* (腸の)/蠕動する schlängeln [s]; [wurmartig] kriechen* [h.s] ⁴sich peristaltisch bewegen.

ぜんどう 善導 *jn* [auf] den rechten Weg führen; belehren⁴ (*über*⁴ 教化)/思想を善導する die öffentliche Meinung (*js* Gedanken) gehörig lenken.

セントクリストファー・ネイビス St. Kitts und Nevis *n.* - - - 'Nevis'.

セントビンセント セントビンセントおよびグレナディーン諸島 St. Vincent und die Grenadinen, - s - der -.

セントラルヒーティング Zentralheizung *f.* -en.

セントルシア St. Lucia *n.* - -s.

ぜんなんぜんにょ 善男善女 fromme Leute (*pl*); die Andächtigen* (*pl*).

せんにちこう 千日紅 [植] die Rote Immortelle, -n; Kugelamarant *m.* -s, -.

せんにゅう 潜入する heimlich hinein|gehen* [s] (in⁴); sich ein|schleichen*; sich ein|schmuggeln*; sich ein|stehlen*.

ぜんにゅう 全乳 Vollmilch *f.*

せんにゅうしゅ 先入主 Voreingenommenheit *f.*; Vorurteil *n.* -s, -e/先入主をもった vorgefasste Meinung, -en/先入主を抱く ein Vorurteil haben (*gegen*⁴); in Vorurteilen befangen sein; vorurteilsvoll sein (*von*⁴); vorurteilsvoll sein/先入主を捨てた ein Vorurteil ab|legen (über Bord werfen*)/先入主をもたぬ vom ersten Eindruck benommen sein; ⁴sich nicht vom ersten Eindruck befreien können*/彼は先入主がない Er ist frei von jeder Voreingenommenheit.: Er ist vorurteilsfrei.

せんにん 先任 das hohere Dienst¦alter (Amts-), -s, -; die hohere Anciennität, -en / 先任の〔dienst〕älter; senior ‖ 先任者 der Ältere*, -n, -n; Senior *m*. -s, -en; Vorgänger *m*. -s, - 《前任者》/ 先任順 nach dem Dienstalter (dem Amtsalter; der Anciennität).

せんにん 仙人 das übermenschliche Wesen, -s, - 《神仙》; Fee *f*. -n 《仙女》; Einsiedler *m*. -s, - 《隠者》; Eremit *m*. -en, -en 《同上》; der Weltfremde*, -n, -n 《世事にうとい人》.

せんにん 専任の planmäßig; angestellt ‖ 専任教員(理事) der planmäßige Lehrer, -s, - (Geschäftsführer, -s, -).

せんにん 選任する ernennen* 《*jn zu*³》; an|stellen 《*jn zu*³》; berufen* 《*jn in*⁴ (*auf*⁴)》; ein|setzen 《*jn in*⁴》; wählen 《*jn zu*³》.

ぜんにん 善人 ein guter Mensch, -en, -en; ein gutmütiger Mensch 《お人好し》.

ぜんにん 前任の früher; vormalig ‖ 前任者 *js* Vorgänger *m*. -s, -/ 前任職 *js* früherer Posten, -s, -/ 前任地 *js* früherer Dienstort, -〔e〕s, -e.

せんぬき 栓抜き Kork¦zieher (Pfropfen-) *m*. -s, -.

せんねつ 潜熱〘理〙die latente (gebundene) Wärme.

せんねん 先年 vor einigen (ein paar) Jahren; damals; früher; vor Jahr und Tag.

せんねん 専念する ⁴sich ausschließlich beschäftigen (befassen) 《*mit*³》; konzentriert (völlig vertieft) arbeiten 《*an*³》.

ぜんねん 前年 voriges Jahr, -〔e〕s; letztes Jahr 《昨年》/ 前年の収穫高 der Erntebetrag 《-〔e〕s, ⸗e》 des vorigen Jahres (im vorigen Jahr〔e〕).

せんのう 洗脳 Gehirnwäsche *f*.

ぜんのう 前納 Voraus〔be〕zahlung *f*. -en/ 前納する im Voraus 〔be〕zahlen⁴; voraus|〔be〕zahlen⁴.

ぜんのう 全能 Allmacht *f*.; Allmächtigkeit *f*.; Omnipotenz *f*./ 全能の allmächtig; omnipotent / 全能の神 der Allmächtige*, -n, -n. ⇨ばんのう.

ぜんのう 前脳〘解〙Vorderhirn *n*. -〔e〕s, -e.

ぜんのうりょく 全能力 ⇨ぜんりょく.

ぜんば 前場〘株〙Morgenbörse *f*. -n / 前場はしっかりだった Die Börse war vormittags in fester Haltung.

ぜんぱ 全波受信機 Allwellenempfänger *m*. -s, -.

せんばい 専売 Monopol *n*. -s, -e; Alleinhandel *m*. -s; Gerechtsame *f*. -n 《特許》. —— 専売する monopolisieren⁴; das Monopol haben 《*auf*⁴》; allein in der Hand haben⁴. ‖ 専売益金 das Einkommen 《-s, -》 durch Monopol/ 専売人 Monopolist *m*. -en, -en; Alleinhändler *m*. -s, -/ 専売品 Monopolware *f*. -n/ 茶(たばこ)専売 Teemonopol (Tabakmonopol). ⇨とっきょ.

せんぱい 先輩 Senior *m*. -s, -en; der Ältere*, -n, -n; Vorgänger *m*. -s, -; der Vorgesetzte*, -n, -n 《上役》; der alte Herr, -n, -en 《略: A.H. 母校の》/ 余程の先輩である Er hat sein Amt 〔um〕 viele Jahre früher angetreten als ich. 《つとめで》; Er hat 〔um〕 viele Jahre früher die Schule absolviert als ich. 《学校で》.

ぜんぱい 全廃 die gänzliche (vollständige) Abschaffung, -en / 全廃する gänzlich (vollständig) ab|schaffen⁴.

ぜんぱい 全敗する alle Spiele (Wettkämpfe) verlieren*; eine total Niederlage erleiden*.

せんばいけん 先買権 Vorkaufsrecht *n*. -〔e〕s, -e.

せんぱいこく 戦敗国 ⇨はいせん(敗戦).

せんぱく 船舶 Schiff *n*. -〔e〕s, -e; Fahrzeug *n*. -〔e〕s, -e; Marine *f*. -n 《総称》 ‖ 船舶課 die Abteilung 《-en》 der Schiffsangelegenheiten/ 船舶貨物 Schiffsfracht *f*. -en/ 船舶業 Reederei *f*. -en/ 船舶検査 Schiffsbesichtigung *f*. -en/ 船舶国籍証明書 Schiffsangehörigkeitszertifikat *n*. -〔e〕s, -e/ 船舶使用料 Schiffsmiete *f*. -n/ 船舶所有者 Schiffs¦besitzer *m*. -s, - (-eigentümer *m*. -s, -; -eigner *m*. -s, -); 〔Schiffs-〕reeder *m*. -s, -/ 船舶登録簿 Schiffsregister *n*. -s, -/ 船舶仲買人 Schiffsmakler *m*. -s, -/ 船舶乗組員 Schiffsmannschaft *f*. -en/ 船舶法 Schiffsrecht *n*. -〔e〕s, -e/ 船舶保険 Schiffsversicherung *f*. -en / 船舶名簿 Schiffsverzeichnis *n*. ..nisses, ..nisse.

せんぱく 浅薄 Oberflächlichkeit *f*. -en; Äußerlichkeit *f*. -en; Gehaltlosigkeit *f*. -en; Seichtigkeit *f*. -en / 浅薄な oberflächlich; äußerlich; banal; gehaltlos; seicht.

せんばつ 選抜 Auswahl *f*. -en; Auslese *f*. -n; Sortierung *f*. -en; das Auswählen* (Auslesen*), -s / 選抜された ausgewählt; ausgelegen; sortiert. —— 選抜する aus|wählen⁴; aus|lesen*⁴; sortieren⁴ / 百人中から三人選抜した Drei sind aus hundert Menschen ausgewählt worden. ‖ 選抜競争 die Prüfung 《-en》 zur Auswahl (Auslese); Mitbewerbung *f*. -en 《就職などの競争》/ 選抜チーム Auswahlmannschaft *f*. -en; Auswahl / 選抜チームでプレーをする in der Auswahl spielen.

せんぱつ 先発隊 ⇨せんけん(先遣隊) / 先発する voraus|gehen* [s]; vorausgeschickt werden.

せんぱつ 洗髪 das Haarwaschen*, -s / 洗髪する schampunieren; das Haar waschen* ❖ 洗ってもらう時は後に lassen* を加える ‖ 洗髪剤 Shampoo *n*. -s; Schampun *n*. -s; Haarwaschpulver *n*. -s, -.

せんばん 旋盤 Dreh¦bank (Drechsel-) *f*. ⸗e ‖ 旋盤工 Dreher *m*. -s, -; Drechsler *m*. -s, -/ 旋盤台 Drehbankfuß *m*. -es, ⸗e/ 旋盤用バイト Drehling *m*. -s, -e.

せんばん 千万 äußerst; außerordentlich; überaus; ungemein; ganz besonders; in höchstem Grad〔e〕; über alle Maßen / 御苦労千万 Haben Sie tausend Dank für Ihre Bemühungen. / 遺憾千万である Es tut mir außerordentlich Leid, dass .... / 気の毒千万だ Das ist über alle Maßen zu bedauern.

せんぱん 先般 vor kurzem (kurzer Zeit);

せんぱん 戦犯 Kriegsverbrechen *n*. -s, -〈犯〉; Kriegsverbrecher *m*. -s, -〈人〉/ A級戦犯 der Kriegsverbrecher der Klasse A / 戦犯として罪を問われる wegen eines Kriegsverbrechens angeklagt werden; als Kriegsverbrecher zur Rechenschaft gezogen werden.

せんぱん 前半 die erste Hälfte, -en;〘運〙die erste Halbzeit, -en; die erste Spielhälfte, -n.

ぜんぱん 全般 das Ganze*, -n / 全般的allgemein; ganz / 全般にわたって im Allgemeinen (Ganzen) / 全般を見渡す das Ganze überblicken.

せんび 船尾 Heck *n*. -[e]s, -e; Hinter|schiff (Achter-) *n*. -[e]s, -e; Spiegel *m*. -s, -〈とも〉/ 船尾に im (am) Heck (Hinterschiff; Achterschiff); achtern; hinten im (am) Schiff ‖ 船尾索索 Hecktau *n*. -[e]s, -e / 船尾材〔Achter〕steven *m*. -s, - / 船尾灯 Hecklaterne *f*. -n / 船尾モーター Heckmotor *m*. -s, -en.

せんび 戦備 Kriegs[aus]rüstung *f*. -en (-vorbereitung *f*. -en; -bereitschaft *f*.) / 戦備を整える ⁴sich zum Krieg[e] rüsten; Vorbereitungen zu einem Krieg[e] treffen* (machen); klar zum Gefecht sein《海戦の》.

せんぴ 戦費 Kriegskosten 《*pl*》.

せんび 善美を尽くした in aller Pracht und Herrlichkeit / 善美かくす es nicht an Schönheit und Prunk fehlen lassen*.

ぜんぴ 前非を悔いる *js* frühe Sünden (frühes Unrecht) bereuen.

せんぴょう 腺病 Skrofeln 《*pl*》; Skrofulose *f*. -n / 腺病質の -en 腺病質 die skrofulöse (drüsenkranke) Konstitution / 腺病質の skrofulös; drüsenkrank.

せんびょうし 戦病死する an einer im Feld[e] zugezogenen Krankheit sterben*⦅s⦆.

せんびん 先便で in meinem letzten (früheren) Brief[e] (Schreiben); durch meine letzte (vorherige) Post.

ぜんびん 前便 das letzte Schreiben, -s, -; der letzte Brief, -[e]s, -e / 前便で申し上げましたように wie ich Ihnen in meinem letzten Brief (Schreiben) (mitgeteilt) habe; wie Sie aus unserem letzten Schreiben zu ersehen beliebten《商業文》.

せんぷ 宣無 Besänftigung *f*. -en; Versöhnung *f*. -en.

せんぷ 先夫 der ehemalige (erste; frühere) [Ehe]gatte, -n, -n (Mann, -[e]s, ⸚er); der gestorbene (verstorbene) [Ehe]gatte (Mann)《亡夫》.

せんぶ 前部 Vorderteil *m*. (*n*.) -[e]s, -e《船や飛行機などの》; Vorderseite *f*. -n《家などの》; Vordergrund *m*. -[e]s, ⸚e《場所的の、前面》.

ぜんぶ 全部 das Ganze*, -n /《変化: alles, alles, allem, alles》; alle* 《*pl*》《人につ》; 変化: alle, aller, allen, alle》; Gesamtheit *f*. -en; das A und das O, des -s und des -s / 全部の all; ganz; gesamt; sämtlich; vollständig; vollkommen; vollzählig / 全部が alles zusammen; im Ganzen; insgesamt; alles einschließlich / 学生全部 alle Studenten; die ganze (gesamte) Studentenschaft / 全部で insgesamt betragen*⁴ 《⁴sich belaufen* 《*auf*⁴》》 / 全部そろって十冊です Das ist vollständig in zehn Bänden. / 全部知っている Ich kenne alles (all das; das alles). / 全部話させてくれ Lass mich doch ausreden! / この本は全部読めなかった Ich konnte nicht durch. / Ich konnte das Buch nicht [bis] zu Ende lesen. / これで全部ですか Ist das alles? / 従業員は全部で何人ですか Wie groß ist die gesamte Belegschaft? / この話は全部うそだ Die Geschichte ist von A bis Z erfunden. / 全部が全部本当ではない《部分否定》Nicht alles entspricht der Wahrheit.

ぜんぷ 前夫 *js* früherer (voriger) Mann, -[e]s, ⸚er.

せんぷう 旋風 Wirbel|wind *m*. -[e]s, -e (-sturm *m*. -[e]s, ⸚e); Wirbel *m*. -s, -; Tornado *m*. -s, -s《大旋風》; Windsbraut *f*. ⸚e; Zyklon *m*. -s, -e / 旋風に巻きこまれる von einem Wirbelwind erfasst und mitgerissen werden.

せんぷうき 扇風機 der elektrische Fächer, -s, - (Lüfter, -s, -; Ventilator, -s, -en); 扇風機をかける einen elektrischen Fächer (Lüfter; Ventilator) betätigen (in Tätigkeit setzen); bedienen; laufen lassen*.

せんぷく 潜伏 das Verborgensein*, -s, -; Inkubation *f*. -en《病気の》; Latenz *f*. -en / 潜伏性のものだ verborgend wirken《病気の》.
—— 潜伏する ⁴sich verstecken; ⁴sich verbergen; ⁴sich versteckt (verborgen) halten; ⁴sich in einem Versteck (in der Verborgenheit) befinden*; latent (versteckt; verborgen) sein. ‖ 潜伏期 Inkubations|zeit (Latenz-) *f*. -en.

せんぷく 船腹 [Gesamt]tonnage *f*. -n; Schiffsrauminhalt *m*. -[e]s, -e; Schiffs|gehalt (Tonnen-) *m*. -[e]s, ⸚e / 船腹を確保する die nötigen Schiffe 《*pl*》 sichern ‖ 船腹不足(過剰)der Mangel 《-s》 (der Überschuss, -es, ⸚e) an ³Schiffen.

ぜんぷく 全幅の ganz; voll; vollständig / 全幅の信頼を寄せている zu *jm* volles (unbegrenztes) Vertrauen haben.

ぜんぶん 全文 der ganze Satz, -es, ⸚e; der ganze (un[ab]gekürzte) Text, -es, -e; der vollständige Wortlaut, -[e]s, -e / 全文を掲げる den Text wortgetreu wieder|geben*.

ぜんぶん 前文 ❶ Einleitung *f*. -en《契約などの》; Vorrede *f*. -n《法律の》; Anspruch *m*. -[e]s, ⸚e; Präambel *f*. -n《憲法などの》. ❷［上掲の］der oben erwähnte (vorausgehende) Satz, -es, ⸚e; das Obige*, -n, -.

せんべい 煎餅 Reisgebäck *n*. -[e]s, -e. ‖ 煎餅布団 die wattenlose dünne Bettdecke, -n.

ぜんべい 全米 ganz Amerika / 全米で überall in Amerika / 全米から von allen Ecken Amerikas / 全米の panamerikanisch.

せんべつ 餞別 Abschiedsgeschenk *n*. -[e]s, -e.

せんべん 先鞭を付ける《...に対して》zuvor|kommen* [s]《*jm*》; den Rang ab|laufen* [s]《*jm*》; Initiative ergreifen*; früher als der andere handeln.

ぜんぺん 前編 der erste Teil, -〔e〕s, -e; der vorige Teil, -〔e〕s, -e《先行する編》.

ぜんぺん 全編 das ganze Stück, -〔e〕s (Werk, -〔e〕s)/全編を通じて durch das ganze Stück (Werk); vom Anfang bis zum Ende.

せ

せんぺんいちりつ 千編一律の eintönig; einförmig; monoton; stereotyp; wiederaufgewärmt/千編一律な日常の目先を変える in das ewige Einerlei (Gleichmaß) des Alltags eine Abwechslung bringen*.

せんぺんばんか 千変万化 der kaleidoskopische Wechsel, -s, -; die proteusartige Veränderung, -en; die unberechenbare Wand〔e〕lung, -en.

せんぼう 羨望 Neid *m.* -〔e〕s; Missgunst *f.*/羨望の的となる die Zielscheibe (der Gegenstand) des Neides werden; beneidet werden; voll〔er〕Neid angesehen werden; den Neid erregen (erwecken)/羨望にたえない Ich müsste bald vor Neid platzen. ── 羨望する beneiden⁴《*jm*; *jn um*⁴》; neidisch sein《*auf*⁴》; missgönnen³⁴; missgünstig sein.

せんぽう 先方 ❶[相手] der andere*, -n, -n; die andere Seite, -n (Partei, -en); Gegenspieler *m.* -s, -《相手》; Partner *m.* -s, -《同上》/先方の言い分も考慮して nach reiflicher Überlegung dessen, was die Gegenseite gesagt hat; indem man die Meinung der ander〔e〕n Partei weitgehend berücksichtigt. ❷[場所] Bestimmungsort *m.* -〔e〕s, -e; Reiseziel *n.* -〔e〕s, -e.

せんぽう 先鋒 Vorhut *f.* -en; Vortrab *m.* -〔e〕s, -e/ある運動の急先鋒である eifrig die Vorhut einer Bewegung bilden; als Anfeuerer an der Spitze einer Bewegung stehen*/新しい運動の先鋒となる als Vorläufer eine neue Bewegung führen.

せんぽう 戦法 Taktik *f.* -en; Strategie *f.* -n; Kriegskunst *f.* ⸚e; Politik *f.* -en/引延ばし戦法 Hinhaltetaktik *f.* -en.

ぜんぼう 全貌 Gesamtbild *n.* -〔e〕s, -er; die ganze Sachlage, -n; der ganze Sachverhalt, -〔e〕s, -e/この件の全貌が明らかにされた Der ganze Sachverhalt dieser Angelegenheit ist aufgeklärt worden.

ぜんぽう 前方 ⇨ぜんめん(前面)/前方へ nach vorn〔e〕; vorwärts/前方から von vorn〔e〕/前方に vorn〔e〕/前方の敵 der Feind《-〔e〕s, -e》vor uns (da vorne)/百メートル前方に einhundert Meter vor uns.

せんぼうきょう 潜望鏡 Periskop *n.* -s, -e.

せんぼつ 戦没 ⇨せんし(戦死).

ぜんまい ❶[植物] Königs¦farn (Rispen-) *m.* -〔e〕s, -e. ❷[ばね] Feder *f.* -n; Triebfeder *f.* -n《時計の》; Unruh¦feder (Spiral-)《ひげぜんまい》/ぜんまいを巻く auf|ziehen*⁴《die ⁴Uhr 時計の》/時計のぜんまいが切れた Die Feder der Uhr ist zerbrochen (gesprungen). ‖ ぜんまい仕掛 Uhrwerk *n.* -〔e〕s, -e/ぜんまい仕掛になっている durch Uhrwerk angetrieben sein.

せんまいどうし 千枚通し Handbohrer *m.* -s, -.

せんまん 千万 zehn Millionen《*pl*》; Myriaden《*pl* 無数》; Unzahl《無数》/千万無量の voll unaussprechliche (unsägliche) Bedeutungen/千万無量の思いをこめて mit unzähligen, unaussprechlichen (unsäglichen) Gefühlen ‖ 千万長者 Multimillionär *m.* -s, -e; Krösus *m.* -, ..susse.

せんみん 選民 die Auserwählten* (Ausgewählten*)《*pl*》; Elite *f.* -n.

せんむ 専務取締役 Hauptgeschäftsverwalter *m.* -s, -.

せんめい 鮮明 Klarheit *f.*; Deutlichkeit *f.*; Helle *f.*《明るさ》; Schärfe *f.*《明確さ》/鮮明を欠く an ³Klarheit (Deutlichkeit; Helle; Schärfe) mangeln; nicht klar (deutlich; hell; scharf) genug sein. ── 鮮明な klar; deutlich; hell; scharf hervortretend (geschliffen)/旗幟(き)を鮮明にする Farbe bekennen*; seine Meinung offen aus|sprechen*; seine Meinung kund|tun*; 〔sehr〕bestimmt auf|treten* [s]. ‖ 鮮明度〖写〗Bestimmtheit *f.*; Schärfe *f.*

せんめつ 殲滅する aus|rotten⁴ (-|merzen⁴; -|tilgen⁴); auf|reiben*⁴; annihilieren⁴; vertilgen⁴; vernichten⁴ ‖ 殲滅戦 Ausrottungs¦krieg (Vernichtungs-) *m.* -〔e〕s, -e (*od.* -kampf *m.* -〔e〕s, ⸚e).

ぜんめつ 全滅 ❶[滅すこと]〔die gänzliche (totale)〕Vernichtung, -en; die vollständige Zerstörung, -en. ❷[滅びること] Untergang *m.* -〔e〕s, ⸚e. ── 全滅させる〔gänzlich (total)〕vernichten⁴; vollständig (völlig; vollkommen) zerstören⁴. ── 全滅する gänzlich (vollständig) unter|gehen* [s]; zugrunde (zu Grunde) gehen* [s]; eine vollständige (totale) Niederlage erleiden*/この戦闘で部隊は全滅した Bei dieser Schlacht wurde die Truppe bis zum letzten Soldaten vernichtet.

せんめん 洗面器 Waschbecken *n.* -s, -/洗面所 Wasch¦raum *m.* -〔e〕s, ⸚e (-platz *m.* -es, ⸚e); Toilette *f.* -n/洗面台 Wasch¦tisch *m.* -〔e〕s, -e (-ständer *m.* -s, -)/洗面盤 Waschschüssel *f.* -n.

ぜんめん 前面 Vorder¦seite (Stirn-) *f.* -n; Front *f.* -en; Vordergrund *m.* -〔e〕s, ⸚e《前景》; Straßen¦seite (Schau-)《表》; Fassade *f.* -n《家の正面》/前面の(に) auf der Vorderseite/前面へ auf die Vorderseite/この問題が再び前面に出て来た Diese Frage rückte wieder in den Vordergrund.

ぜんめん 全面 die ganze〔Ober〕fläche, -n/全面的な(に) alles umfassend; allseitig; universal; in ausgedehntem (vollem) Maß〔e〕; in großem Umfang/全面的に支持する *jn* in jeder Beziehung (öffentlich und privat) unterstützen ‖ 全面大見出し Balkenüberschrift *f.* -en; Schlagzeile *f.* -n/全面広告 eine ganzseitige Anzeige, -n/全面戦争 der totale Krieg, -〔e〕s, -e/全面的改革 die gründliche Veränderung, -en (Re-

せんもう form(ation), -en); der gründliche Umbau, -(e)s, -ten (-e).

せんもう 繊毛 Flimmer|härchen (Wimper-) n. -s, -/; Wimper f. -n ‖ 繊毛虫類 Ziliaten (*pl*).

せんもう 染毛する das Haar färben ‖ 染毛剤 Haarfärbemittel n. -s, -.

せんもん 専門 (Sonder)fach n. -(e)s, ⸗er; das spezielle Fach; Sondergebiet n. -(e)s, -e; Spezialität f. -en. ── 専門の fachlich (-mäßig); fachkundig 《専門に通じた》; speziell; Fach-; Sonder-; Spezial-/専門の知識 Fach|wissen (Spezial-) n. -s (od. -kenntnis (..nisse)/専門の教師 Fachlehrer m. -s, -/専門に扱う ⁴sich spezialisieren 《*auf*⁴》; ⁴sich auf ein Fachgebiet (Sondergebiet; Spezialgebiet) beschränken; zu seinem Fachgebiet machen⁴; sich als Spezialist beschäftigen 《*mit*³》/それは専門違いだ Das schlägt nicht in mein Fach. ‖ 専門医 Fach|arzt (Spezial-) m. -es, ⸗e/専門家 Fachmann m. -(e)s, ⸗er (..leute); Spezialist m. -en, -en; der Eingeweihte*, -n, -n 《くろうと》; Fachgenosse m. -n, -n 《専門家仲間》/専門化 Spezialisierung f. -en/専門化する ⁴sich spezialisieren/専門学者の Fachgelehrte*, -n, -n/専門学校 Fachschule f. -n/専門教育 Fach|bildung f. -en (-unterricht m. -(e)s, -e)/専門語 Terminologie f. -n; Fach|ausdruck (Kunst-) m. -(e)s, ⸗e (od. -sprache f.; -wort n. -(e)s, ⸗er/専門工 Facharbeiter m. -s, -/専門雑誌 Fach|blatt n. -(e)s, ⸗er (-zeitschrift f. -en)/専門の研究 Fach|studium (Sonder-; Spezial-) n. -s, ..dien (od. -forschung f. -en)/専門店 Fach|geschäft (Spezial-) n. -(e)s, -e (od. -laden m. -s, -/専門領域 Fach|gebiet (Sonder-; Spezial-) n. -(e)s, -e/専門馬鹿 《軽蔑的に》 Fachidiot m. -en, -en.

ぜんもん 前門の虎後門の狼 zwischen ³Szylla und ³Charybdis; in einer auswegslosen ³Lage.

せんや 先夜 neulich abends (nachts); an einem vergangenen Abend (in einer vergangenen ³Nacht).

ぜんや 前夜 ❶ vorige Nacht; letzte Nacht 《昨夜》/その前夜に in der vorangehenden (vergangenen) Nacht. ❷ 《祭·事件などの》 Vorabend m. -s, -e/クリスマスの前夜 Weihnachtsabend m. -s, -e/結婚式の前夜に am Vorabend der Hochzeit. ‖ 前夜祭 Vorabendsfeier f. -n; Vorabend.

せんやく 先約 ¶ 私はすでに先約がある Ich bin bereits anderweitig verabredet./その晩は先約があって参れません Ich habe den Abend schon vergeben und kann leider nicht kommen. ⇨やくそく.

せんやく 煎薬 ⇨せんじぐすり.

ぜんやく 全訳 eine vollständige Übersetzung, -en/全訳する vollständig übersetzen⁴.

せんゆう 専有 Alleinbesitz m. -es/専有する allein besitzen*⁴ ‖ 専有権 das ausschließliche Recht, -(e)s, -e/専有者 Alleinbesitzer m. -s, -.

せんゆう 戦友 Kampfgenosse m. -n, -n; Waffenbruder m. -s, ⸗; Kriegsgefährte m. -n, -n; Kamerad m. -en, -en.

せんゆう 占有 Besitz m. -es, -e; Besitznahme f. -n 《獲得》. ── 占有する besitzen*⁴; im Besitz haben*⁴; in ⁴Besitz nehmen*⁴ 《獲得する》. ‖ 占有権 Besitzrecht n. -(e)s, -e/占有者 Besitzer m. -s, -; Inhaber m. -s, -.

せんよう 専用 Allein|benutzung f. (-gebrauch m. -(e)s)/専用の Privatbenutzung 《自家専用》; Privatgebrauch 《同上》 ‖ 自動車専用道路 Autostraße f. -n; Autobahn f. -en 《高速道路》/婦人子供専用車 Abteil n. -(e)s, -e/ für ⁴Frauen und Kinder.

せんよう 善用する einen guten Gebrauch machen 《*von*³》; richtig benutzen⁴ (gebrauchen⁴).

ぜんら 全裸の(で) ganz nackt; völlig unbekleidet; splitter(faser)nackt (fasen-); im Adamskostüm.

せんらん 戦乱 Kriegs|unruhen 《*pl*》 (-trubel m. -s; -tumult m. -(e)s, -e)/戦乱の巷 《ちまた》 Kriegsschauplatz m. -es, ⸗e; Schlachtfeld n. -(e)s, -er/戦乱の巷と化する zum Kriegsschauplatz (Schlachtfeld) werden; in das Chaos des Kriegs hineingerissen werden.

せんりがん 千里眼 Hellsehen n. -s; Hellseherei f.; das Zweite Gesicht, -(e)s; Hellseher m. -s, - 《人》/千里眼の hellsehend; hellseherisch.

せんりつ 旋律 Melodie f. -n; Weise f. -n/旋律的な melodisch; melodiös; wohltönend.

せんりつ 戦慄 Schauder m. -s, -; Schauer m. -s, -; Grausen n. -s/Schrecken m. -s, -; Zittern n. -s/戦慄すべき schauder|haft (-erregend); schauerlich; schauervoll 《-ergend》; grausen|haft (-erregend; -voll); grausig; grauslich; schrecklich; schreckenvoll. ── 戦慄する schauern 《*vor*³》; schaudern 《*vor*³》; es schaudert 《*jm*; *jn*》; es graust 《*jm*; *jn*》; zittern 《*vor*³》/市民はこれを聞いて戦慄した Bei dieser Nachricht gefror den Bürgen das Blut in den Adern.

ぜんりつせん 前立腺 《解》 Vorsteherdrüse f. -n; Prostata f. ‖ 前立腺肥大 die Vergrößerung der Vorsteherdrüse; Prostatahypertrophie f. -n.

せんりひん 戦利品 Beute f. -n; Kriegs|beute (Siegs-) f. -n; Trophäe f. -n; Siegeszeichen n. -s, -; Prise f. -n 《海戦の》.

せんりゃく 戦略 Strategie f. -n; Strategem n. -s, -e; Kriegslist f. -en/戦略上の strategisch / 敵を戦略で勝つ strategisch; übertreffen* 《*jn*》; einen strategischen Sieg davon|tragen* ‖ 戦略家 Stratege m. -n, -n/Strategiker m. -s, -/戦略守勢 die strategische Defensive, -n/戦略線 die strategische Schlacht, -en/戦略爆撃 das strategische Bombardement, -s.

ぜんりゃく 前略御免下さい Ich erlaube mir

(Gestatten Sie mir), sofort zur Sache zu kommen. 《手紙の冒頭に》

せんりょ 浅慮 a unbedacht; unbedächtig; unbedachtsam; unbesonnen; leichtsinnig; unklug; unüberlegt; unvorsichtig.

せんりょ 千慮 ¶ 知者にも千慮の一失 Auch für den Weisen gibt es eine falsche Meinung unter Tausenden. ¦ Bisweilen schläft auch der alte Homer.

せんりょう 染料 Farbe f. -n; Farbstoff m. -(e)s, -e ‖ 染料工業 Farbenindustrie f. -n.

せんりょう 占領 Besetzung f. -en; Einnahme f. -n; Okkupation f. -en／占領している besetzt halten*⁴. ── 占領する besetzen*; ein|nehmen*⁴《攻略する》; okkupieren*⁴／彼は早速その美しい別荘を占領した Er hat gleich von der schönen Villa Besitz ergriffen. ‖ 占領軍 Besatzungs armee f. -n (-truppen 《pl》)／占領者 Eroberer m. -s, -／占領地 das besetzte Gebiet, -(e)s, -e; Besatzungszone f. -n.

せんりょう 選良 Volksvertreter m. -s, -; der Abgeordnete*, -n, -n.

せんりょう 千両役者 der augezeichnete Schauspieler, -s, -; 《Bühnen》 größe (Theater-) f. -n; Löwe m. -n, -n.

せんりょう 善良な gut; gutmütig 《人のよい》; rechtschaffen 《誠実な》; tugendhaft 《品行の正しい》.

せんりょう 全量 Gesamt menge f. -n (-masse f. -n).

せんりょく 戦力 Kampf kraft (Kriegs-) f. ⸗e (od. -fähigkeit f. -en).

ぜんりょく 全力 die ganze Kraft; alle Kräfte 《pl》／全力を尽くす seine ganze Kraft (alle seine Kräfte) auf|bieten*; sein Bestes tun*.

ぜんりん 善隣 のよしみを結ぶ gute Nachbarschaft pflegen 《mit³》.

ぜんりん 前輪 Vorderrad n. -(e)s, ⸗er ‖ 前輪駆動 Vorderantrieb m. -(e)s, -e.

ぜんりん 全輪駆動 Allradantrieb m. -(e)s, -e.

せんるい 蘚類 Moos n. -es, -e ‖ 蘚類学 Mooskunde f.; Bryologie f. 《蘚苔学》.

せんれい 洗礼 Taufe f. -n; Kindstaufe f. 《幼児の》／洗礼を受ける子供 Täufling m. -s, -e; Taufkind n. -(e)s, -er／砲火の洗礼 Feuertaufe／洗礼を施す taufen 《jn》／洗礼を受ける getauft werden; die Taufe empfangen*; ⁴sich taufen lassen*／洗礼を受けさせる ein Kind taufen (lassen*); ein Kind zur Taufe bringen* (tragen*)／子供に洗礼を行う die Taufe eines Kindes (an einem Kind(e)) vor|nehmen* (vollziehen*)／子供の洗礼に立ち会う ein Kind aus der Taufe heben* (über die Taufe halten*)／この子供はもう洗礼がすんだ Das Kind ist schon getauft.／今日は洗礼がある Heute ist [bei ihnen] Taufe. ¦ Sie haben heute Taufe. ‖ 洗礼衣 Taufkleid n. -(e)s, -er／洗礼志願者 Katechumene m. -n, -n; Taufbewerber m. -s, - 《男》, Taufbewerberin f. -nen 《女》／洗礼式 Tauf akt m. -(e)s, -e (-ritus m. -, ..ten; -zeremonie f. -n)／洗礼者 Baptist m. -en, -en; Täufer m. -s, -／洗礼謝礼金 Tauf geld n. -(e)s, -er (-gebühren 《pl》)／洗礼祝宴 Taufschmaus m. -es, ⸗e／洗礼証書 Taufschein m. -(e)s, -e／洗礼水 Taufwasser n. -s, -／洗礼宣誓 Taufgelübde n. -s, -／洗礼台 Taufbecken n. -s, -／洗礼堂 Taufkapelle f. -n／洗礼盤 Tauf brunnen m. -s, - (-stein m. -(e)s, -e)／洗礼日 Tauftag m. -(e)s, -e／洗礼方式 Taufformel f. -n／洗礼名 Taufname m. -ns, -n／洗礼名簿 Taufbuch n. -(e)s, ⸗er.

せんれい 先例 Beispiel n. -(e)s, -e; Exempel n. -s, -; Präzedenzfall m. -(e)s, ⸗e; der vorgängige Fall／先例のない beispiellos; einzig (dastehend); noch nicht dagewesen; unerhört／先例を作る ein Beispiel auf|stellen (geben*)／先例がない Das ist beispiellos. ¦ Dafür gibt es keinen Präzedenzfall.／よい先例を示してくれた Er ist uns mit gutem Beispiel vorangegangen.

ぜんれい 前例 ein früheres Beispiel, -(e)s, -e; Präzedens n. -, ..denzien; Präzedenzfall m. -(e)s, ⸗e／前例のない beispiellos／これまでにこのような前例はありましたか Gab es schon früher solche Fälle?

ぜんれき 前歴 js bisheriges Leben, -s; js Vorleben n. -s／処刑の前歴がある vorbestraft sein.

せんれつ 戦列 Schlachtlinie f. -n; Front f. -en 《戦線》.

せんれつ 前列 Vorderreihe f. -n; die erste Reihe, -n 《第一列》／私の席は前列の左から三番目です Mein Platz ist in der ersten Reihe, der dritte von links.

せんれん 洗練された verfeinern⁴; läutern⁴; reinigen⁴; raffinieren⁴／洗練された verfeinert; geläutert; gereinigt; raffiniert.

せんろ 線路 [Bahn]linie f. -n; [Bahn]gleise n. -s, - (-gleis n. -es, -e); Schiene f. -n; Schienen weg m. -(e)s, -e (-strecke f. -n)／線路を敷く Schienen 《pl》 legen; eine Linie an|legen (bauen) ‖ 線路監督 Bahnaufseher m. -s, -／線路区 [Bahn]strecke／線路工夫 Streckenarbeiter m. -s, -／線路内立入禁止 Schienen betreten verboten!／線路番 Bahn wärter (Strecken-) m. -s, -

そ

そ 祖 Ahn *m.* -[e]s (-en), -en; Vorfahr *m.* -en, -en; Stammvater *m.* -s, ⸚; [元祖] Urheber *m.* -s, -; Gründer *m.* -s, -.
ソ 〘楽〙g *n.* -, -; sol.
そあく 粗悪な schlecht; grob ‖ 粗悪品 die schlechten (groben) Waren 《*pl*》.
そいね 添寝する bei *jm* schlafen*.
そいん 素因 Faktor *m.* -s, -en; [理由] Grund *m.* -[e]s, ⸚e; [病気の] Anlage *f.* -n ‖ 素因数〘数〙der einfache Faktor.
そいん 訴因 Klagegrund *m.* -[e]s, ⸚e.
そう 沿う an³ ... entlang liegen* (gelegen sein); säumen⁴; umranden⁴／村々は川に沿っている Dörfer säumen den Fluss.／民主主義の線に沿う demokratisch denken* und handeln.
そう 添う ❶ [同伴する] begleiten 《*jn*》; mit *jm* zur Gesellschaft (als Schutz) gehen* [s]; Geleit geben* 《*jm*》; mit|gehen* [s] 《mit *jm*》. ❷ [夫婦になる] heiraten 《*jn*》; ⁴sich verheiraten 《mit *jm*》; Mann und Frau werden. ❸ [人の気持に] entsprechen*³; bewilligen⁴; entgegen|kommen*³ [s]; gemäß³ sein; nach|kommen*³ [s]; willfahren 《willfahrte, [ge]willfahrt》《*jm in*³》／人の希望に添う *js* ⁴Wunsch erfüllen; *js* ³Verlangen entsprechen*; befriedigen 《*jn*》; Genüge tun* 《*jm*》／目的に添う dem Zweck dienen; der ³Sache gemäß (förderlich) sein／何か気に添わないことがあるのだろう Er muss sich beleidigt gefühlt haben.／残念ながら貴意に添いかねます Leider kann ich Ihren Wünschen nicht gerecht werden.／彼の態度は全く我々の期待に添わなかった Sein Verhalten hat uns grausam enttäuscht.
そう 層 Schicht *f.* -en; Lager *n.* -s, -; Bank *f.* ⸚e 《石炭などの》／雲の層 die Schichtung der ²Wolken／層をなして in ³Schichten 《*pl*》 ‖ 社会層 die soziale Schichtung, -en.
そう 僧 Priester *m.* -s, -; der Geistliche*, -n, -n; [修道士] Mönch *m.* -[e]s, -e; [坊主] Bonze *m.* -n, -n ‖ 僧俗 die Geistlichen und die Laien 《*pl*》.
そう 相 Phase *f.* -n; Erscheinungsform *f.* -en; Aussehen *n.* -s; Physiognomie *f.* -n; Gesichtsausdruck *m.* -[e]s, ⸚e 《表情》; [容貌] Gesichtszüge 《*pl*》; Miene *f.* -n／手の相を見る aus der ³Hand (Handlinien) wahrsagen⁽⁴⁾.
そう ❶ so; [はい] ja／そういう solcher*; ein solcher*; solch ein*／そういうふうに so; auf solche Weise (Art); in solcher ³Weise／そうすると gegebenenfalls; in diesem Fall／そうしているうちに inzwischen; mittlerweile; unterdessen; indessen／そうですか So? Wirklich?／そうはいかないよ So geht's nicht.／そうなんです So ist's!／そう怒りなさんな Sei nicht so böse!／そうしておきましょう So sei es! So wollen wir machen!／そうするのが一番よい Es ist so am besten.／ああ，そうか Ach, so!／彼女はそう美人じゃない Sie ist nicht so schön.／それはそう悪くない Das ist nicht so schlimm.／人間とはそういうもんです So sind die Menschen.／うん，そうだ Ja, so!／世の中はそうしたものだ Es ist nun mal so in der Welt.／そういう事は聞いていませんでした So [et]was habe ich nicht gehört. ❷ [...らしい] scheinen*; aus|sehen*／彼は健康そうだ Er sieht gesund aus.／ただそう見えるだけです Das scheint nur so.／彼女は幸福そうです Sie scheint glücklich zu sein. ❸ [噂である] sollen*; man sagt; die Leute sagen／彼の伯父さんはドイツで死んだそうだ Sein Onkel soll in Deutschland gestorben sein.／彼はすぐ来るそうです Man sagt, er komme bald. ❹ [...せんばかりである] wollen*; drohen／雨が降りそうだ Es will regnen.／家が今にも倒れそうだ Das Haus droht einzustürzen.
そう 想を練る nach|denken* 《*über*⁴》; meditieren 《*über*⁴》.
そう 壮とする an|erkennen*⁴; bewundern⁴.
ぞう 像 Bild *n.* -[e]s, -er; Figur *f.* -en／像を描く(刻む) ein Bild malen (eine Figur schnitzen 《*aus*³》) ‖ 胸像 Brustbild *n.* -[e]s, -er; Büste *f.* -n 《彫刻》／木(石，ブロンズ)像 eine Figur aus ³Holz (Stein, Bronze)／立像 Standbild *n.* -[e]s, -er; Statue *f.* -n.
ぞう 象 Elefant *m.* -en, -en／象の鼻 Elefantenrüssel *m.* -s, - ‖ 象使い Elefantenführer *m.* -s, -／アフリカ(インド)象 ein afrikanischer (indischer) Elefant.
ぞう 蔵 ⇨しょぞう／内に蔵する besitzen*⁴; in ³sich haben⁴.
そうあん 草案 Entwurf *m.* -[e]s, ⸚e; Skizze *f.* -n／講演の草案 der Entwurf eines Vortrages／草案を作る einen Entwurf machen 《*zu*³; *von*³》; entwerfen*⁴ ‖ 草案者 Entwerfer *m.* -s, -.
そうい 相違 Unterschied *m.* -[e]s, -e; Verschiedenheit *f.* -en; [不同] Ungleichheit *f.*; [懸隔] das Auseinandergehen*, -s 《特に意見の》; Divergenz *f.* -en 《同上》／年令の相違 Altersunterschied／...に相違ない müssen*; Es ist sicher (kein Zweifel), dass ....／相違なく ohne ⁴Zweifel; zweifellos; sicher; gewiss／彼は来ないに相違ない Er muss nicht kommen.／その間には本質的な相違はない Dazwischen besteht kein wesentlicher Unterschied. ―― 相違する ⁴sich unterscheiden* 《*von*³; *in*³》; ab|weichen* 《*von*³》; verschieden sein 《*von*³》; nicht überein|stimmen 《*mit*³》; auseinander gehen* [s]／それに関して我々の意見は大いに相違

している Unsere Ansichten darüber gehen weit auseinander. ‖ 相違点 Unterschied *m.* -[e]s, -e.

そうい 創意 Originalität *f.* -en; die neue Idee, -n/創意のある original; originell; schöpferisch; schaffend/創意に乏しい Es fehlt an der ^{3}Originalität.

そうい 総意 die allseitige Zustimmung, -en/国民の総意 Volkswille *m.* -ns, -n.

ぞうい 贈位 Verleihung《*f.* -en》eines Titels/贈位する *jm* einen Titel verleihen*.

そういん 総員 alle Mitglieder《*pl* 会員など》;〘兵〙Ganze *n.* -n/総員約五十名 etwa 50 Personen in allem (insgesamt)/総員止まれ〘兵〙Das Ganze halt!

そういん 僧院 Kloster *n.* -s, ¨; Abtei *f.* -en ‖ 僧院長 Abt *m.* -[e]s, ¨e.

ぞういん 増員する das Personal (die Belegschaft) vermehren/小学校の教師を増員する die Zahl der Grundschullehrer vermehren/三人を五人に増員する die Zahl von drei auf fünf erhöhen (vermehren).

そううん 層雲〘気〙Stratus *m.* -, ..ti《略: St》; Stratuswolke *f.* -n.

ぞうえい 造営 Bau *m.* -[e]s; Errichtung *f.* ── 造営する bauen^{4}; errichten^{4} ‖ 造営費 Baukosten《*pl*》/造営物 Gebäude *n.* -s, -; Bau *m.* -[e]s, -ten.

そうえききん 総益金 Brutto¦ertrag *m.* -[e]s, ¨e (-gewinn *m.* -[e]s, -e).

そうえん 蒼鉛 Bismutum *n.* -s, -e.

ぞうえん 造園 Gartenbau *m.* -[e]s; die künstliche Gestaltung der Gartenanlage ‖ 造園家 Gartenarchitekt *m.* -en, -en/造園術 Gartenkunst *f.* ¨e.

ぞうえん 増援 Verstärkung *f.* -en/増援を求める Verstärkungen verlangen/増援する verstärken^{4} ‖ 増援部隊 Hilfstruppe *f.* -n; Verstärkungen《*pl*》.

ぞうお 憎悪 Hass *m.* -es/憎悪する hassen^{4}/憎悪すべき hassenswert/憎悪に燃えている von [wildem] Hass erfüllt sein《*gegen*^{4}》.

そうおう 相応 Entsprechung *f.* -en; Angemessenheit *f.*《適当》; Geeignetheit *f.*《同上》. ── 相応な(した) entsprechend; [適当な] angemessen^{3}; geeignet《*zu*^{3}; *für*^{4}》; [似合わしい] geziemend$^{(3)}$《*für*^{4}》; schicklich; [至当な] vernünftig; annehmbar; [比例した] verhältnismäßig; [かなりの] ausreichend; hin¦länglich (zu-); [該当の] zuständig《*für*^{4}》; zugehörig^{3}/それ相応な den Verhältnissen entsprechend; dazu passend/彼に相応した給料 das ihm schickliche Gehalt, -[e]s, ¨er/相応な暮らしをする in guten Verhältnissen leben; wohlhabend (wohl situiert) sein; ein standesgemäßes Leben führen. ── 相応する entsprechen*^{3}; [適する] passen$^{(3)}$《*zu*^{3}》; [似合う] geziemen; angemessen^{3} sein; gebühren^{3}; ^{4}sich schicken; zu|kommen* [s]《*jm*》/どんな点からみてもあなたの功績に相応する地位を得られるとよいのですが Ich wünsche, dass Sie eine Stellung erhalten können, die Ihren Verdiensten in jeder Beziehung entspricht./この称号は彼に相応なものだ Dieser Titel kommt ihm zu./その値は品質に相応している Der Preis ist der Qualität der Ware angemessen.

そうおん 騒音 Geräusch *n.* -es, -e; Lärm *m.* -[e]s ‖ 騒音防止 der Schutz《-es, -e》vor Lärm.

そうが 爪牙 Klaue《*f.* -n》und Zahn《*m.* -[e]s, ¨e》/爪牙にかかる in die Klauen geraten* [s]《*jm*》; zum Opfer fallen* [s]《同上》.

ぞうか 増加 Zunahme *f.* -n; Zuwachs *m.* -es; das Anwachsen*, -s; Vermehrung *f.* -en/増加する zu|nehmen*; an|wachsen* [s]; ^{4}sich vermehren/人口が増加するにつれて mit zunehmender ^{3}Bevölkerungszahl/エイズ患者は増加する一方だ Die Zahl der Aidspatienten wächst ständig an (wird immer größer). ‖ 人口増加 Bevölkerungs¦wachstum *n.* -s (-zunahme *f.*).

ぞうか 造花 eine künstliche Blume, -n.

ぞうか 造化 Schöpfung *f.* -en/造化の神 der Schöpfer《-s》der Welt/造化の妙 das Wunder《-s, -》der Natur.

そうかい 総会 General¦versammlung (Haupt-) *f.* -en ‖ 国連総会 die Versammlung《-en》der Vereinten Nationen/臨時総会 die außerordentliche Generalversammlung, -en.

そうかい 掃海 Minenräumung *f.* -en/掃海する das Meer von ^{3}Minen säubern ‖ 掃海作業 Minenräumungsarbeiten《*pl*》/掃海艇 Minen¦sucher *m.* -s, - (-räumer *m.* -s, -).

そうかい 爽快な frisch; erfrischend; erquickend/爽快な朝 der frische Morgen, -s/爽快になる ^{4}sich erfrischen.

そうがい 霜害 Frostschaden *m.* -s, ¨.

そうがかり 総がかりで mit vereinter ^{3}Macht; in voller ^{3}Stärke; alle zusammen.

そうがく 総額 ⇨そうけい(総計).

そうがく 奏楽 Musikaufführung *f.* -en; [音楽] Musik *f.*/奏楽する musizieren; Musik machen; spielen^{4} ‖ 奏楽堂 Musikbühne *f.* -n.

ぞうがく 増額 Erhöhung *f.* -en/増額する erhöhen^{4}/賃金(補助金)を増額する den Lohn (den Zuschuss) erhöhen.

そうかつ 総括 Zusammen¦fassung *f.* -en (-stellung *f.* -en)/総括的な zusammen¦gefasst (-fassend)/総括すれば alles zusammengenommen/総括する zusammen|fassen^{4} (-|stellen^{4}).

そうかつ 総轄 Oberaufsicht *f.* -en; Verwaltung *f.* -en/総轄する die Oberaufsicht haben《*über*^{4}》; verwalten^{4}.

そうかひ 送荷費 Versendungs¦kosten (-gebühren)《*pl*》.

ぞうがめ〘動〙Elefantenschildkröte *f.* -n.

そうがわ 総革の ganz in ^{3}Leder gebunden; von Ganzleder/総革製[の本] Ganzlederband *n.* -[e]s, ¨e.

そうかん 壮観 der großartige Anblick, -[e]s, -e/壮観を呈する einen großartigen Anblick dar|bieten*.

そうかん 総監 Oberaufseher *m.* -s, -;〘兵〙

そうかん Generalinspektor *m.* -s, -en‖警視総監 Polizeipräsident *m.* -en, -en.

そうかん 創刊 die erste Herausgabe, -n/創刊する〔eine Zeitschrift〕gründen; zum ersten Mal herausgeben*[4]‖創刊号 die erste Nummer, -n.

そうかん 相関関係 Wechselbeziehung *f.* -en; Korrelation *f.* -en/相関的 wechselseitig; korrelativ; gegenseitig‖相関係数 Korrelationskoeffizient *m.* -en, -en.

そうかん 送還する zurück|schicken (-lsenden*) ⟨*jn*⟩; repatriieren ⟨*jn* 捕虜を⟩/捕虜を送還する die Kriegsgefangenen ⟨*pl*⟩ repatriieren (in die Heimat entlassen*).

そうがんきょう 双眼鏡 binokular *a.* 双眼鏡 Doppelfernrohr *n.* -[e]s, -e; Feldstecher *m.* -s, -/⟨野外用⟩; Opern|glas *n.* -es, ..gläser (〖俗〗-gucker *m.* -s, -/〖劇場用〗/双眼顕微鏡 Doppelmikroskop *n.* -s, -e.

ぞうがんせん 双曲線 Hyperbel *f.* -n.

ぞうき 造艦 Bau *m.* -[e]s eines Kriegsschiffes; Schiffsbau *m.* -[e]s ⟨造船⟩. ⇨ぞうせん(建艦).

ぞうかん 増刊 Sondernummer *f.* -n ⟨臨時の⟩.

ぞうがん 象嵌 Einlegung *f.* -en/象嵌する ein|legen*[4] ⟨*in*[4]⟩/木に象牙を象嵌する *[4]Elfenbein ins *[4]Holz ein|legen*‖象嵌細工 eingelegte Arbeit, -en; Einlegearbeit *f.* -en; Intarsia *f.* ..sien/象嵌細工師 Intarseur *m.* -s, -e.

そうき 早期 die frühe Periode, -n; das frühe Stadium, -s, ..dien/早期的 früh; frühzeitig‖早期診断 die frühe Diagnose, -n/早期発見 die frühe Entdeckung, -en.

そうき 想起する *sich erinnern ⟨*an*[4]⟩; gedenken*[2]; zurück|denken* ⟨*an*[4]⟩.

そうぎ 争議 Streik *m.* -[e]s, -s; Streitigkeiten ⟨*pl*⟩; Konflikt *m.* -[e]s, -e; Zwist *m.* -es, -e/争議を起こす in *[4]Streit geraten* ⟨s⟩ ⟨*mit*[3]⟩‖争議団 Streikende ⟨*pl*⟩/労働争議 Arbeitsstreitigkeit *f.* -en.

そうぎ 葬儀 Begräbnisfeier *f.* -n; [Leichen]begängnis *n.* ..nisses, ..nisse; Trauerfeier *f.* -n/葬儀を執り行う eine Leichenfeier halten* [veranstalten])‖葬儀自動車 Trauerwagen *m.* -/葬儀屋 Begräbnis|besorger (Leichen-) *m.* -s, -s/Leichenbestatter *m.* -s, -.

ぞうき 臓器 die inneren Organe ⟨*pl*⟩; die Eingeweide ⟨*pl*⟩‖臓器移植 Organtransplantation *f.* -en/臓器提供者 Organspender *m.* -s, -. ⇨ないぞう(内臓).

ぞうきばやし 雑木林 Mischwald *m.* -[e]s, ¨er; Gehölz *n.* -es, -e; Dickicht *m.* -[e]s, -e.

そうきへい 槍騎兵 Lanzen|reiter (Speer-) *m.* -s, -.

ぞうきゅう 増給 ⇨かほう(加俸).

そうきょ 壮挙 das großartige Unternehmen, -s, -/der großartige Plan, -[e]s, ¨e.

そうぎょ 双魚宮 〖占星〗Fische ⟨*pl*⟩.

そうぎょう 早暁 Tagesanbruch *m.* -[e]s; Morgengrauen *n.* -s.

そうぎょう 創業 [Be]gründung *f.* -en; Etablissement *n.* -s, -s/創業百年を祝う die 100-jährige *[4]Gründungsfeier halten*.

—— 創業する ein Geschäft begründen (ein|fangen*); [こ]立する (be]gründen; ein|richten*[4]‖創業者 Gründer *m.* -s, -/創業費 Gründungskosten ⟨*pl*⟩.

そうぎょう 操業 Arbeit *f.* -en; Operation *f.* -en; Betrieb *m.* -[e]s, -e/操業する arbeiten; operieren*[4]; betreiben*[4]‖操業短縮 die Verkürzung ⟨-en⟩ der Arbeitszeit/操業費 Betriebskosten ⟨*pl*⟩.

そうきょう 増強 Verstärkung *f.* -en/増強する verstärken*[4]/兵力を増強する die Truppenstärke erhöhen.

そうぎり 総桐 aus massivem ³Paulownia-Holz.

そうきん 送金 Geldsendung *f.* -en; Rimesse *f.* -n; Wechselsendung *f.* -en ⟨手形による⟩; Übersendung *f.* -en/送金する Geld übermitteln (schicken; senden*); übersenden*; remittieren)‖送金為替〔手形〕Rimessen|wechsel *m.* -s, -/送金人 Geldsender *m.* -s, -/Remittent *m.* -en, -en.

そうきん 走禽類 Laufvögel ⟨*pl*⟩.

ぞうきん 雑巾 Scheuer|tuch (Wisch-) *n.* -[e]s, ¨er; Scheuer|lappen (Wisch-) *m.* -s, -/床に雑巾がけをする den Boden scheuern.

そうく 挿句 Parenthese *f.* -n; Einschaltung *f.* -en.

そうく 痩躯 die magere Gestalt, -en.

そうく 走狗 Werkzeug *n.* -[e]s, -e/走狗となる die Kastanien aus dem Feuer holen ⟨*jm*; für *jn*⟩.

そうぐ 葬具 Ausstattungsgegenstände ⟨*pl*⟩ für Begräbnisse.

そうぐ 装具 Ausrüstungs|gegenstände (Ausstattungs-) ⟨*pl*⟩.

そうぐう 遭遇 Begegnung *f.* -en; das Zusammentreffen*, -s; 〖経験〗Erlebnis *n.* ..nisses, ..nisse/遭遇する begegnen*[3] ⟨s⟩; zusammen|treffen* ⟨s⟩ ⟨*mit*[3]⟩; stoßen* ⟨*auf*[4]⟩; erfahren**[4]; erleben*[4]‖遭遇戦 Begegnungsgefecht *n.* -[e]s, -e.

そうくずれ 総崩れ die vollständige Niederlage, -n/総崩れになる in völlige Verwirrung geraten* ⟨s⟩; eine vollständige Niederlage erleiden*.

そうくつ 巣窟 Höhle *f.* -n; Grube *f.* -n; 〖隠れ家〗Schlupfwinkel *m.* -s, -; Brutstätte *f.* -n ⟨病気・犯罪の⟩; Lager *n.* -s, - ⟨獣の⟩.

そうけ 宗家 Haupt|familie *f.* -n ⟨-stamm *m.* -[e]s, ¨e⟩.

ぞうげ 象牙 Elfenbein *n.* -[e]s, -e; Elefantenzahn *m.* -[e]s, ¨e/象牙の elfenbeine[r]n⟨en⟩/象牙の塔に閉じこもる *sich in *[4]Elfenbeinturm ein|schließen*‖象牙海岸 die Elfenbeinküste/象牙細工 Elfenbein|schnitzerei *f.* -en ⟨-arbeit *f.* -en⟩.

そうけい 総計 Gesamt|summe (Total-) *f.* -n/Gesamt|betrag (Brutto-) *m.* -[e]s, ¨e/総計で im Ganzen; alles in allem [gerechnet]/総計で千円になります Alles zusammen beträgt 1 000 Yen./総計して…になる im Ganzen … betragen*/総計する summieren⁴; zusammen|rechnen⁴ (-[zählen⁴).

そうけい 早計な übereilt; voreilig; [軽率な] unbedachtsam; unüberlegt/早計に失する übereilt (voreilig) sein.

そうげい 送迎 Bewillkommnung (f. -en) und Verabschiedung (f. -en)/送迎する bewillkommnen⁴ (empfangen*⁴) und verabschieden⁴.

そうけい 造詣 ¶ …に造詣が深い gute Kenntnisse haben (besitzen*) ⟨in³⟩; gut bewandert sein ⟨in³⟩; zu Hause sein ⟨in³⟩; gut "Bescheid wissen" ⟨in³⟩/彼は音楽に造詣が深い Er ist ein Mann von hervorragenden musikalischen Kenntnissen.

ぞうけいじゅつ 造形美術 die bildende Kunst, ⸗e.

そうけだつ 総毛立つ Die Haare stehen* zu ³Berge ⟨jm⟩|schaudern ⟨vor³⟩.

ぞうけつ 造血 Blutbildung f. -en/造血の blutbildend.

ぞうけつ 増結 ¶ 車両を増結する zusätzliche Wagen an|hängen; die Zahl der Wagen erhöhen.

ぞうげやし 象牙椰子 〖植〗Elfenbeinpalme f. -n.

そうけん 送検 jn zur Aburteilung dem Gericht überweisen* ⟨人を⟩; ⁴et ins Prokuratorbüro schicken 〖書類を⟩.

そうけん 壮健な gesund; stark; kräftig; rüstig/御壮健でなによりです Es freut mich, Sie wohl zu finden.

そうけん 双肩に掛かる von jm abhängig sein/双肩に荷う auf seine Schultern nehmen*⁴.

そうけん 総見する zusammen besichtigen⁴.

そうげん 草原 Wiese f. -n; Grasebene f. -n; Prärie f. -n 〖北米の〗; Steppe f. -n 〖シベリアの〗; Pampa f. -s 〖南米の〗.

ぞうげん 増減 die Zu- und (oder) Abnahme; die Vermehrung und (oder) Verminderung; Schwankung f. -en 〖変動〗/品質によって値段の増減がある Die Preise schwanken je nach der Güte der Ware. ― 増減する zu- und (oder) ab|nehmen*; ⁴sich vermehren und (oder) [⁴sich] vermindern; schwanken 〖変動〗.

そうこ 倉庫 Lagerhaus n. -es, ⸗er; Speicher m. -s, -; Niederlage f. -n; Aufbewahrungsort m. -[e]s, ⸗e; Lager n. -s, ⸗/倉庫に入っている 〖品物が〗 lagern 〖倉庫に〗; ⁴lagern⁴; auf ⁴Lager nehmen*⁴ ‖ 倉庫係 Lagerverwalter m. -s, -/倉庫業 Lager[haus]geschäft n. -[e]s, -e/倉庫証券 Lagerschein m. -[e]s, -e.

そうご 相互 gegenseitig (wechsel-; beider-); mutual; mutuell/相互に gegenseitig; beiderseits; (gegen)einander/互に助け合う ⁴sich einander helfen* ‖ 相互会社 Gegenseitigkeitsgesellschaft f. -en/相互関係 Wechselbeziehung f. -en, -e/相互扶助会 Gegenseitigkeitsverein n. -[e]s, -e/相互作用 Wechselwirkung f. -en/相互扶助 die gegenseitige Hilfe, -n/相互保険 die gegenseitige Versicherung, -en.

そうご 造語 Wortbildung f. -en ‖ 新造語 ein neugebildetes Wort, -[e]s, ⸗er; Neologismus m. -, -men/これは新造語だ Das Wort ist neu gebildet worden.

そうこう 艙口 〖海〗Luk n. -[e]s, -e; Luke f.

そうこう 草稿 Entwurf m. -[e]s, ⸗e; Manuskript n. -[e]s, -e; Konzept n. -[e]s, -e; die erste Fassung, -en/草稿を作る einen Entwurf machen/草稿なしで話す frei sprechen*.

そうこう 操行 ⇨そこう(素行) ‖ 操行点 Führungszensur f. -en.

そうこう 糟糠の妻 js treue Frau, -en.

そうこう 装甲する panzern⁴; mit einem Panzer versehen*⁴ ‖ 装甲車 Panzerwagen m. -s, -/装甲列車 Panzerzug m. -[e]s, ⸗e.

そうこう 奏功する Erfolg (Wirkung) haben/彼の全ての努力が奏功しなかった Alle seine Bemühungen waren ohne Erfolg.

そうこう そうこうするうちに inzwischen; mittlerweile; unterdessen.

そうごう 総合 Synthese f. -n; 〖総括〗Zusammenfassung f. -en; 〖結合〗Zusammenfügung f. -en/総合的に synthetisch; zusammenfassend. ― 総合する zusammen|fassen⁴. ‖ 総合経済 Gesamtwirtschaft f. -en/総合芸術 die synthetische Kunst, ⸗e/総合雑誌 die kulturpolitische Zeitschrift, -en/総合大学 Universität f. -en.

そうごう 相好を崩して笑う übers ganze Gesicht lachen.

そうこうかい 壮行会 Abschiedsfeier f. -n.

そうこうきょり 走行距離 Fahrstrecke f. -n.

そうこうげき 総攻撃 der allgemeine Angriff, -[e]s, -e/総攻撃をする(開始する) einen allgemeinen Angriff machen (an|fangen*) ⟨auf⁴⟩.

そうこく 相克 Konflikt m. -[e]s, -e; Streit m. -[e]s, -e; Zwietracht f./相克する in Konflikt stehen* ⟨mit jm⟩.

そうこん 早婚 die frühzeitige Heirat, -en/彼は早婚である Er heiratet sich früh[zeitig] ⟨mit jm⟩.

そうごん 荘厳な feierlich; ernst; erhaben; herrlich; stattlich; prächtig/荘厳な音楽 die feierliche Musik.

ぞうごん 雑言 Schimpfwort n. -[e]s, ⸗e; Schimpferei f. -en/雑言を吐く schimpfen.

そうさ 捜査 ⇨そうさ(捜索).

そうさ 操作 Verfahren n. -s, -; Behandlungsweise f. -n; Handhabung f. -en; Kunstgriff m. -[e]s, -e; Manipulation f. -en; Operation f. -en; Verrichtung f. -en 〖手さばき〗. ― 操作する verfahren*; behandeln⁴; handhaben⁴ (handhabe, gehandhabt); manipulieren⁴; operieren⁴; verrichten⁴. ‖ 金融操作 die finanzielle Manipulation.

そうさ 走査 〖テレビ〗Abtastung f. -en/走査する ab|tasten⁴.

ぞうさ 造作ない(なく) mühelos; [sehr] ein-

そうさい 相殺 Gegenrechnung f. -en; Kompensation f. -en / 相殺する durch ⁴Gegenrechnung ausⅠgleichen⁴; kompensieren⁴ ‖ 相殺勘定 die gegenseitige Abrechnung, -en.

そうさい 総裁 Präsident m. -en, -en; Generaldirektor m. -s, -en.

そうさい 総菜 das tägliche Gericht, -e, -e; Zuspeise n. -n; Zukost f. 《おかず》.

そうさく 創作 [物] (Neu)schöpfung f. -en; (Neu)schaffung f. -en; [小説] Novelle f. -n 《短編》; Roman m. -s, -e 《長編》/創作的 schöpferisch; fruchtbar; schaffend; originell. ― 創作する schaffen*⁴; dichten*; schreiben*⁴; verfassen⁴. ‖ 創作家 Urheber m. -s, -; Schöpfer m. -s, -; Dichter m. -s, - 《詩人》; Schriftsteller m. -s, - 《著述家》/創作力 Schaffenskraft f. -e/創作的気力 schöpferische Kraft; Originalität f. 《創作の才》.

そうさく 捜索 DurchⅠsuchung (Unter-) f. -en; Nachsuchung f. -en; Suche f.; das Suchen*; -; Suchaktion f. -en; das Draggen* (Dreggen*), -s [川などを]; Visitation f. -en [身体の]/警察で捜索中の男 der von der Polizei Verfolgte*, -n, -n/犯人捜索のため警官を送る die Beamten senden*, um den Verbrecher zu fahnden. ― 捜索する durchⅠsuchen⁴ (durchsuchen⁴); nachⅠsuchen⁽⁴⁾; suchen⁴/家宅捜索する Haussuchung halten*. ‖ 捜索権 DurchⅠsuchungsrecht (Unter-) n. -(e)s, -e/捜索隊 Streife f. -n 《警察の》; Aufklärungsabteilung f. -en 《軍隊の》; Rettungsmannschaft f. -en 《遭難者の》/捜索隊に捕まった Er wurde von der Polizeistreife festgenommen./捜索前 das Gesuch -(e)s, -e) an die Polizei, js Spur zu entdecken.

そうぞう 造作 [屋内設備] die innere Einrichtung, -en (Ausstattung, -en); [家具] Mobiliar n. -s, -e; Möbel n. -s, -/造作をする eine Wohnung einⅠrichten (mit ³Möbeln ausⅠstatten)/造作つきの部屋 ein möbliertes Zimmer, -s, -.

ぞうさつ 増刷 NeuⅠdruck (Wieder-) m. -(e)s, -e/増刷する neu drucken⁴ ‖ 増刷準備中 Ein nächster Druck ist in Vorbereitung.

そうざらい 総ざらい GeneralⅠprobe (Haupt-) f. -n 《劇の》.

そうざん 早産する vorⅠzeitig (un-) gebären*⁴ ein Kind.

ぞうさん 増産 Produktionssteigerung f. -en; Erzeugungserhöhung f. -en / 食糧を増産する die Produktion (Erzeugung) der Lebensmittel steigern (erhöhen).

そうし 壮士 der politische Renommist, -en, -en; Bravo m. -s, -s ‹..vi 《刺客》.

そうし 草紙 Schreibeheft n. -(e)s, -e 《習字帳》; GeschichtenⅠbuch (Märchen-) n. -(e)s, ⁼er 《物語本》.

そうし 相思 die gegenseitige Liebe; eine Liebe, die erwidert wird / 相思相愛の仲である ³sich (⁴einander) lieben; ³einander in Liebe zugetan sein.

そうし 創始 Neuschaffung f. -en; Gründung f. -en; Stiftung f. -en. ― 創始する neu schaffen*⁴; ins Leben rufen*⁴; gründen⁴; stiften⁴. ‖ 創始者 Bahnbrecher m. -s, -; Gründer m. -s, -; Stifter m. -s, -; Urheber m. -s, -.

そうじ 双子宮《占星》Zwillinge ⟨pl⟩.

そうじ 掃除 Reinigung f. -en; das Fegen* (Kehren*), -s; das Aufräumen*, -s 《片づけ》; Aufräumung f. -en 《同上》; das Abstauben*, -s 《塵払い》. ― 掃除する reinigen⁴; fegen⁴; kehren⁴; abⅠstäuben⁴; putzen⁴; aufⅠräumen⁴; sauber machen⁴; [拭き掃除する] schrubben⁴/部屋(家)を掃除する das Zimmer (die Wohnung) reinigen. ‖ 大掃除 [行] das Großreinemachen*, -s/電気掃除機 Staubsauger m. -s, -.

そうじ 相似の ähnlich; analog / 相似形 die ähnlichen Figuren ⟨pl⟩.

そうじ 増資 Kapitalerhöhung f. -en/増資する die Grundkapital (Stammkapital) ⟨-s, -e (..lien)⟩ erhöhen ‖ 増資株 die neuen Aktien ⟨pl⟩.

そうしき 葬式 ⇨そうぎ《葬儀》.

そうしき 総指揮 OberⅠbefehl m. -(e)s, -e -leitung f. -en/総指揮をとる den Oberbefehl übernehmen* ⟨über⁴⟩.

そうししゃ 創始者 ⇨そうし(創始).

そうししゅつ 総支出 die Gesamtausgaben ⟨pl⟩; die sämtlichen Unkosten ⟨pl⟩.

そうじしょく 総辞職 die gemein[schaftlich]e Niederlegung, -en 《総辞職》する [die ⁴Ämter] gemeinsam niederⅠlegen/内閣は総辞職した Das ganze Kabinett ist zurückgetreten.

そうしつ 喪失 Verlust m. -(e)s, -e; Einbuße f. -n; Verwirkung f. -en. ― 喪失する verlieren*⁴; einⅠbüßen⁴; verwirken⁴. ‖ 喪失権 das verloren gegangene Recht, -(e)s, -e.

そうじて 総じて im Allgemeinen; überhaupt; im [Großen und] Ganzen; in der Regel.

そうしないと sonst; andernfalls; wenn nicht.

そうしはいにん 総支配人 Generaldirektor m. -s, -en; Hauptgeschäftsführer m. -s, -.

そうしほんきん 総資本金 Gesamtkapital n. -s, -e (..lien).

そうしゃ 壮者 der Mann ⟨-(e)s, ⁼er⟩ im besten Mannesalter; der kräftige jüngere Mann / 壮者を凌ぐ an Leibeskraft sogar die jungen Menschen übertreffen* (in den Schatten stellen).

そうしゃ 操車 Rangierung f. -en; das Rangieren*, -s/操車する einen Zug rangieren (verschieben*) ‖ 操車係 Rangierer m. -s, -/操車係長 Rangiermeister m. -s, -/操車作業 VerschieⅠbe[arbeit f. -en/操車場 Rangierbahnhof (Verschiebe-) m. -(e)s, ⁼e/操車用機関車 Rangiermaschine f. -n.

そうしゃ 掃射 Bestreichung f. -en/掃射する bestreichen*/敵に機関銃掃射を浴びせる den

Feind mit Maschinengewehrgarben beschießen*.

そうしゅ 双手 die beiden Hände (*pl*)/双手を挙げて賛成する von Herzen gern „Ja!" sagen; ohne weiteres zustimmen[3] (beistimmen[3]).

そうしゅ 宗主 Ober[lehns]herr *m.* -n, -; Suzerän *m.* -s, -e ‖ 宗主権 Ober[lehns]herrlichkeit *f.* -en; Oberherrschaft *f.* -en; Suzeränität *f.*

そうしゅ 漕手 Rud(e)rer *m.* -s, -; Rudervolk *n.* -(e)s 《クルー》.

そうじゅう 操縦(法) Führung *f.* -en; Lenkung *f.* -en; Steu(e)rung *f.* -en; Handhabung *f.* -en; Behandlung *f.* -en. —— 操縦する führen[4]; lenken[4]; handhaben[4] (handhabte, gehandhabt); behandeln[4]; steuern[4] (船を)/自動車を操縦する Auto fahren*[4]/夫を操縦する ihren Mann lenken. ‖ 操縦桿 Steuerknüppel *m.* -s, -/操縦者(士) Führer *m.* -s, -; Pilot *m.* -en, -en 《特に飛行機の》/操縦席 Führersitz *m.* -es, -e; Pilotensitz *m.* -es, -e 《飛行機の》/自動操縦 die automatische Vermehrung.

ぞうしゅう 増収 die Vermehrung (-en) des Einkommens (der Einnahmen) 《収入の》; die Zunahme (-n) des Ertrags 《収穫の》/米の増収をはからねばならぬ Wir müssen versuchen, die Reisernte zu steigern (erhöhen)./今年は二百万円の増収が見込まれている Dieses Jahr rechnet man mit dem Einnahmenzuwachs von 2 Millionen Yen.

そうしゅうにゅう 総収入 Gesamt|einnahme *f.* -n (-einkommen *n.* -s).

ぞうしゅうわい 贈収賄 (aktive und passive) Bestechung, -en.

そうじゅく 早熟 Frühreife *f.*; Frühzeitigkeit *f.*/早熟の frühreif; frühzeitig; frühklug.

そうしゅじ 総主事 Generalsekretär *m.* -s, -e.

そうじゅつ 槍術 Lanzenfechtkunst *f.* ¨e.

そうしゅん 早春 Vorfrühling *m.* -s, -e.

そうしょ 叢書 Bücherei *f.* -en; Sammlung *f.* -en; Serie *f.* -n.

そうしょ 草書 die laufende Schrift; Kurrentschrift *f.*

そうしょ 蔵書 Büchersammlung *f.* -en; Bücherei *f.* -en; Bücher *f.* -/彼の蔵書 seine Bücher (*pl*); die Bücher in seinem Besitz; seine Büchersammlung (Bibliothek) ‖ 蔵書印 Bücherstempel *m.* -s, -/蔵書家 Besitzer (*m.* -s, -) vieler Bücher; Büchersammler (*m.* -s, -)/蔵書票 Bücherzeichen *n.* -s, -; Exlibris *n.* -.

そうしょう 双子葉の dikotyledonisch; *zweikeimblätterig* 《双子葉植物 die Dikotyledonen 《以下》; die Dikotylen; die zweikeimblättrigen Pflanzen.

そうしょう 総称 die allgemeine Bezeichnung, -en (Benennung, -en)/総称する mit einer allgemeinen Bezeichnung versehen*[4]; mit einem allgemeinen Namen benennen[4].

そうしょう 相称 Symmetrie *f.* -n; Gleichmaß (Eben-) *n.* -es /[左右]相称の symmetrisch; gleich|mäßig (eben-).

そうしょう 宗匠 Meister *m.* -s, -; Lehrer *m.* -s, -.

そうじょう 僧正 Bischof *m.* -s, ¨e ‖ 大僧正 Erzbischof *m.* -s, ¨e.

そうじょう 騒擾 Unruhe *f.* -n; Aufruhr *m.* -s, -e; Aufstand *m.* -(e)s, ¨e; Lärm *m.* -(e)s ‖ 騒擾罪 Aufruhrverbrechen *n.* -s, -.

そうじょう 層状の schichtenförmig; geschichtet ‖ 層状雲 Schichtwolke *f.* -n.

そうじょう 奏上する Bericht geben* (*jm* über[4]).

そうじょう 相乗平均 das geometrische Mittel, -.

そうしょく 装飾 Schmuck *m.* -(e)s, -e; Ausschmückung *f.* -en 《飾り付》; Dekor *m.* -s, -e; Dekoration *f.* -en; Ornament *n.* -(e)s, -e; Verzierung *f.* -en; Zierrat *m.* -(e)s, -e. —— 装飾のない schmucklos; einfach; schlicht; unverziert. —— 装飾的 (aus)schmückend; dekorativ; ornamental; [ver]zierend. —— 装飾する [aus]schmücken[4]; künstlerisch aus|statten[4]; dekorieren[4]; ornamentieren[4]; verzieren[4]. ‖ 装飾音《楽》Verzierung *f.* -en/装飾画 Dekorationsmalerei *f.* -en/装飾画家 Dekorationsmaler *m.* -s, -e; Dekorateur *m.* -s, -e/装飾具商人 Schmuckhändler *m.* -s, -/装飾音 Ornamentik *f.*; Zierkunst *f.* -e/装飾馬衣(鞍被い) Schabracke *f.* -n/装飾破風 Ziergiebel *m.* -s, -/装飾費 Dekorationskosten (Ausschmückungs-) (*pl*)/装飾品 Schmuck|arbeit *f.* -en (-gegenstände (*pl*) -sachen (*pl*); -stück *n.* -(e)s, -e; -ware *f.* -n); Zierrat/装飾品店 Schmuckladen *m.* -s, ¨/装飾用頭文字 der verzierte Anfangsbuchstabe, -ns (まれに -n), -n/装飾用植物 Zier|pflanze (Dekorations-) *f.* -n.

そうしょく 草食の Pflanzen fressend ‖ 草食動物 Herbivore *n.* -n, -n; Pflanzenfresser *m.* -s, -; das Pflanzen fressende Tier, -(e)s, -e.

ぞうしょく 増殖 Vermehrung *f.* -en; Zunahme *f.* -n/増殖する [4]sich vermehren; zu|nehmen*.

そうしるい 双翅類 die Dipteren (*pl*); die Zweiflügler (*pl*).

そうしれいぶ 総司令部 das Große Hauptquartier, -s (略: G. H. Q.; GHQ).

そうしん 喪心 Ohnmacht *f.* -en; Besinnungslosigkeit *f.*; Betäubung *f.* -en; Bewusstlosigkeit *f.*; Verzagtheit *f.* 《気おくれ》. —— 喪心の ohnmächtig werden; in [4]Ohnmacht fallen* [s]; besinnungslos (bewusstlos; betäubt) werden; die Besinnung (das Bewusstsein) verlieren*; verzagen 《気おくれする》; verzagt werden 《同上》.

そうしん 送信 Übertragung *f.* -en; Sendung *f.* -en. —— 送信する übertragen*[4]; senden (sendete, gesendet)/東京からヨーロッパ送信する aus Tokio nach Europa übertragen*[4]. ‖ 送信機 Sender *m.* -s, -/送

信装置 Sende(r)anlage f. -n; Sendevorrichtung f. -en/送信用アンテナ Sende|antenne f. -n (-röhre f. -n).

ぞうしん 増進 Förderung f. -en《促進》; Vergrößerung f. -en《倍加》; Verstärkung f. -en《強化》; Vermehrung f. -en《増化》. —— 増進する fördern⁴; vergrößern⁴; verstärken⁴; vermehren⁴/健康(食欲)を増進する die Gesundheit (den Appetit) fördern/能率を増進する die Leistungsfähigkeit steigern (fördern)/体力を増進する die Körperkraft vergrößern (vermehren).

そうしんぐ 装身具 Schmuck m. -[e]s, -e; Schmucksachen《pl》; Aufputz m. -es; Galanterie|arbeit f. -en (-sachen《pl》; -waren《pl》); Putzwaren《pl》.

そうすい 総帥 Oberbefehlshaber m. -s, -; Generalkommandant m. -en, -en.

そうすい 送水 Wasser|lieferung f. -en (-versorgung f. -en; -leitung f. -en). —— 送水する Wasser liefern⁴; mit Wasser versorgen⁴. ‖ 送水管 Wasserleitungsrohr n. -[e]s, -e/送水本管 Wasserleitungshauptrohr n. -[e]s, -e; Hauptsiel n. -[e]s, -e.

そうすい 増水 die Zunahme des Wassers; Hochwasser n. -s, -《最高水位・高潮》/増水する zu|nehmen*; steigen* ⓢ; an|schwellen* ⓢ/昨日の雨で川が増水した Infolge des gestrigen Regens ist der Fluss gestiegen.

そうすい 雑炊 Reissuppe (f. -n)〔mit ³Gemüse〕.

そうすう 総数 Gesamtzahl f. -en/総数で im Ganzen; insgesamt.

そうする 奏する ❶〔天皇に〕dem Tenno Bericht erstatten《über⁴》. ❷〔音を〕spielen⁴; hören lassen**⁴; produzieren⁴. ❸〔功を〕wirken⁴; Erfolg (Wirkung) haben⁴/巧みな説得は往々驚くべき功を奏する Gutes Zureden wirkt oft Wunder.

そうする 蔵する haben**⁴; besitzen**⁴; hegen⁴《心に抱く》.

そうすれば dann; in dem Fall(e).

そうせい 創世 die Erschaffung der Welt; 〔Welt〕schöpfung f. ‖ 創世紀 Genesis f.; das 1. Buch (-es) Mosis (des Moses; Mose)《旧約聖書の》.

そうせい 創製 Entdeckung f. -en《発見》; Erfindung f. -en《発明》; Hervorbringung f. -en《創作》/創製する entdecken⁴; erfinden**⁴; hervor|bringen*⁴.

そうせい 早世 der vorzeitige (frühe) Tod, -[e]s, (meist -e)/早世を悲しむ um js vorzeitigen (frühen) Tod trauern; js vorzeitigen (frühen) Tod betrauern (beklagen; beweinen)/早世する vorzeitig (jung; zu früh) sterben* ⓢ.

そうせい 叢生する in Büscheln wachsen* ⓢ; wuchern.

そうぜい 総勢 Gesamtstärke f.; die ganze Armee, -n《総軍》; die ganze Truppe, -n《総隊》.

そうぜい 増税 Steuererhöhung f. -en/増税する die Steuern erhöhen.

そうせいじ 双生児 die Zwillinge《pl》/かれらは双生児だ Sie sind Zwillinge. ‖ 一卵性双生児 die eineiigen Zwillinge.

そうせき 僧籍 Priesterschaft f.; der geistliche Stand, -[e]s/僧籍に入る ¹Priester werden; in den geistlichen Stand treten* ⓢ; die Kutte an|legen.

そうせきうん 層積雲 Stratokumulus m. -, ..li.

そうせつ 創設 Gründung f. -en; Eröffnung f. -en《創設》; Errichtung f. -en/創設する gründen⁴; eröffnen⁴; errichten⁴.

そうせつ 増設 Vermehrung f. -en《ふやすこと》; Vergrößerung f. -en《大きくすること》; Neueinrichtung f. -en《新設》; Neuanschaffung f. -en《新規購入》. —— 増設する vermehren⁴; vergrößern⁴; neu ein|richten⁴; neu an|schaffen⁴/機械を増設する neue Maschinen an|schaffen; die Zahl der Maschinen vermehren.

そうぜん 騒然たる tobend; aufgeregt; aufrührerisch; lärmend; tumultuarisch; unruhig; wild; außer Rand und Band/議場は騒然となった Die Versammlung geriet (kam) in Aufruhr.

そうせん 造船 Schiff(s)bau m. -[e]s ‖ 造船技師 Schiff(s)bauingenieur m. -s, -e/造船業 Schiff(s)bauindustrie f./造船計画 Schiff(s)bauplan m. -[e]s, ..äne/造船所 Schiffswerft f. -en/造船台 Stapel m. -s, -; Helling m. -s, -e.

そうせんきょ 総選挙 die allgemeinen Wahlen《pl》.

そうそう 早々 frühzeitig《早く》; augenblicklich《すぐに》; flugs; hurtig; in ⁴Eile; ohne ⁴Verzug; unverzüglich; so schnell wie〔nur〕möglich《できるだけ早く》/帰朝早々 gleich nach seiner Rückkehr vom Ausland/来月早々に gleich (schon) im nächsten Monat[e]/早々に退散する eiligst weg|gehen⁴ ⓢ; sofort ab|gehen* ⓢ.

そうそう ❶〔度々〕so oft/そうそうは貴意に添えません So oft kann ich leider Ihren Wünschen nicht entsprechen. ❷〔思い出して〕Wirklich! Tatsächlich!

そうそう 錚々たる hervorragend; ausgezeichnet; bedeutend; führend; hochangesehen; leitend; prominent.

そうぞう 創造 Schöpfung f. -en; Erschaffung f. -en/創造的な schöpferisch; [er-]schaffend; originell《独創的な》; Schöpfungs-/創造の才 Schöpfergeist m. -[e]s. —— 創造する [er]schaffen**⁴. ‖ 創造者 Schöpfer m. -s, -; der Schaffende*, -n, -n/創造説 die Theorie vom besonderen Schöpfungsakt Gottes/創造力 Schöpfkraft m. -[e]s, ⸚e; die schöpferische Kraft, ⸚e; Schaffens|kraft (Schaffungs-)《創作力》/天地創造 die Schöpfung der Welt; Welterschaffung f./天地創造史 die Schöpfungsgeschichte f.

そうぞう 想像 Einbildung f. -en; Fantasie f. -n; Annahme f. -n《仮定》; Mutmaßung f. -en《推測》; Träumerei f. -en《夢想》; Vermutung f. -en《憶測》; die eingebildete Vorstellung, -en. —— 想像の eingebildet; imaginär; mutmaßlich; vermutlich/想像力に富む einfalls|reich (fantasie-); erfinderisch/誤った想像 eine falsche (irrige) Annahme/想像しうる vorstellbar; denkbar; erdenklich/想像をほしいままにする der Einbildungskraft (der Fantasie) freies Spiel (freien Lauf) lassen*; der Einbildungskraft (der Fantasie) die Zügel schießen lassen*; Luftschlösser bauen《空中楼閣を築く》. ── 想像する ³sich vor|stellen⁴; ³sich denken*⁴; an|nehmen*⁴; mutmaßen《*p.p.* gemutmaßt》; vermuten⁴/とても想像がつかない gar keine richtige Vorstellung haben können*《*von*³》; ³sich gar keine richtige Vorstellung (kein richtiges Bild) machen können*《*von*³》; über *js* Vorstellungskraft gehen* [s]/以前は様子が違っていたとは想像がつきません Ich kann mir nicht vorstellen, dass das jemals anders gewesen sein soll. ‖ 想像画 das nach der Fantasie gemalte Bild, -[e]s, -er/想像説 Hypothese *f.* -n/想像力 Einbildungs|kraft (Fantasie-; Vorstellungs-) *f.* ⸗e.

そうそうきょく 葬送曲 Trauermarsch *m.* -es, ⸗e.

そうぞうしい 騒々しい lärmend; geräuschvoll; laut; [ohren]betäubend; stürmisch; tobend; lästig《煩わしい》/騒々しい世の中 die unruhige Zeit, -en/レコードが騒々しく鳴っていた Das Grammophon spielte mit voller Lautstärke./おい, 騒々しいじゃないか Mach doch keinen Lärm! | Was für ein Lärm ist das!

そうそく 総則 die allgemeinen Bestimmungen《*pl*》.

そうぞく 相続 Erbschaft *f.* -en; Erbfolge *f.* -n《継承》; Vererbung *f.* -en/相続を放棄する auf das Erbe (eine Erbschaft) verzichten. ── 相続する erben⁴《von *jm*》; das Erbe an|treten* ❖eine Erbschaft machen はあまりよくない/大財産を相続する ein großes Vermögen erben; *jm* fällt eine reiche Erbschaft. ‖ 相続争い Erbstreit *m.* -[e]s, -e; Erbschaftsstreitigkeit *f.* -en/相続開始 Erbfall *m.* -[e]s, ⸗e/相続義務 Erbpflicht *f.* -en/相続契約 Erbvertrag *m.* -[e]s, ⸗e/相続権 Erb[folge]recht *n.* -[e]s, -e/相続権のある erbberechtigt/相続権の放棄 Erbverzicht *m.* -[e]s, -e/相続権失格 Erbunwürdigkeit *f.*/相続財産 Erbe *n.* -s; Erb|besitz *m.* -es, -e (-gut *n.* -[e]s, ⸗er; -tum *n.* -s, ⸗er)/相続事件 Erb[schafts]sache *f.* -n/相続順位 Erb|folge *f.* -n (-gang *m.* -[e]s, ⸗e)/相続税 Erbschaft[s]steuer *f.* -n/相続人 Erbe *m.* -n, -n; Erbin *f.* ..binnen《女の》; Erbnehmer *m.* -s, -/相続人のない erblos/相続人の指定 Erbeinsetzung *f.* -en/相続人を指定する zum Erben ein|setzen (machen)《*jn*》/相続物 Erbstück *n.* -[e]s, -e/相続分 Erbteil *n.* -[e]s, -e/相続法 Erbrecht *n.* -[e]s, -e.

そうそふ 曾祖父 Urgroßvater *m.* -s, ⸗.

そうそぼ 曾祖母 Urgroßmutter *f.* ⸗.

そうそん 曾孫 Urenkel *m.* -s, -.

そうだ 操舵 das Steuern*, -s; Steuerung *f.* -en ‖ 操舵装置 Steuermaschine *f.* -n.

そうたい 総体 das Ganze*, -n/総体に im Ganzen; im Allgemeinen; als Ganzes/総体の ganz; all.

そうたい 相対[性] Relativität *f.*; Bedingtheit *f.*; Bezüglichkeit *f.*《相対性》/相対的 relativ; bedingt; bezüglich ‖ 相対価値 der relative Wert, -[e]s, -e/相対性原理 Relativitätsprinzip *n.* -s/相対性理論 Relativitätstheorie *f.*/相対的商行為 das relative Handelsgeschäft, -[e]s, -e.

そうたい 早退する früher als gewöhnlich das Büro (die Schule) verlassen*; vor der Zeit das Büro (die Schule) verlassen*; vor Büroschluss (Schulschluss) fort|gehen* [s].

そうだい 総代 Repräsentant *m.* -en, -en; Vertreter *m.* -s, -; [代弁者] Wortführer *m.* -s, -/…の総代となる vertreten*⁴.

そうだい 壮大 Großartigkeit *f.*; Herrlichkeit *f.*/壮大な großartig; herrlich.

ぞうだい 増大 Zunahme *f.* -n; das Anwachsen*, -s; Zuwachs *m.* -es; Vermehrung *f.* -en; Vergrößerung *f.* -en/増大する zu|nehmen*; an|wachsen* [s]; an|schwellen* [s]; ⁴sich vermehren; ⁴sich vergrößern/危険はますます増大する Die Gefahr wird immer größer.

そうたいきゃく 総退却 der allgemeine Rückzug, -[e]s, ⸗e ‖ 総退却中 in vollem Rückzug sein. ⇨そうくずれ.

そうたいしょう 総大将 Oberbefehlshaber *m.* -s, -; der oberste Feldherr, -n, -en; Hauptführer *m.* -s, -.

そうだがつお そうだ鰹 Fregattenmakrele *f.* -n.

そうだち 総立ち ¶ 観衆は総立ちになって騒ぐ Die ganze Zuschauerschaft erhob sich und machte Lärm.

そうたつ 送達 Über|sendung *f.* -en (-bringung *f.* -en); Zustellung *f.* -en/送達する übersenden*³⁴; überbringen*³⁴; zu|stellen³⁴.

そうだつ 争奪 Streit *m.* -[e]s, -e; Kampf *m.* -[e]s, ⸗e/争奪する streiten* (kämpfen)《*um*⁴》‖ 争奪戦 Wettkampf *m.* -[e]s, ⸗e《*um*⁴》/陣地の争奪戦 der Wettkampf um die Stellung.

そうだん 相談 Berat[schlag]ung *f.* -en; Rat *m.* -[e]s; Konferenz *f.* -en; Besprechung *f.* -en; Unterredung *f.* -en; Rücksprache *f.* -n; Konsultation *f.* -en/相談がまとまる zu einer ³Verständigung (Übereinkunft) kommen* [s]; ⁴sich einigen《*über*⁴》/相談に乗る auf *js* ⁴Besprechung (Vorschlag) ein|gehen* [s]/相談をもちかける um ⁴Rat fragen*《*jn*》; ³sich ⁴Rat holen《bei *jm*》/相談を受ける um ⁴Rat gefragt werden《von *jm*》. ── 相談する ⁴sich beraten* (beratschlagen; besprechen*)《mit *jm* *über*⁴》; zu ³Rate ziehen*《*jn*》; um ⁴Rat fragen《*jn*》/弁護士(医者)に相談する einen Rechtsanwalt (Arzt) zu ³Rate ziehen*. ‖ 相談相手 [男] Berater *m.* -s, -; Ratgeber *m.* -s, -; [女] Beraterin *f.* ..rinnen; Ratge-

そうち berin f. ..rinnen/相談相手になる Rat geben* 《jm》/相談会 Konferenz f. -en/相談所 Auskunfts|büro (Informations-) n. -s, -s.

そうち 装置 Vorrichtung f. -en; Einrichtung f. -en; Apparat m. -[e]s, -e 《機械》. —— 装置の vor|richten*; 装置する Vorrichtung an|bringen*; ein|richten⁴; aus|statten⁴. ‖ 自動装置 die selbsttätige Vorrichtung/電気装置 die elektrische Einrichtung/舞台装置 〔Bühnen〕ausstattung f. -en/冷暖房装置 Klimaanlage f. -n.

そうちく 増築 Anbau m. -[e]s; das An|bauen* (Hinzu-), -s/増築する an|bauen⁴ (hinzu|-)/建物にベランダを増築する eine Veranda 《..den (-s)》 an ein Gebäude (Haus) an|bauen/この家は買ったとき多少増築しました Wir haben das Haus etwas vergrößert, als wir es erworben haben.

そうちょう 総長 Generaldirektor m. -s, -en; Präsident m. -en, -en; Rektor m. -s, -en 《大学の》.

そうちょう 曹長 Feldwebel m. -s, -/Wachtmeister m. -s, -.

そうちょう 早朝 der frühe Morgen, -s, -/早朝に frühmorgens; am frühen Morgen; früh morgens.

そうちょう 荘重な(に) feierlich; würdevoll; ernst; erhaben/荘重に誓う feierlich geloben⁴.

ぞうちょう 増長した anmaßend; frech/増長する anmaßend (anspruchsvoll) werden*/彼はますます増長してくる Er wird immer frecher.

そうで 総出で in voller ³Stärke; alle zusammen/一家総出で芝居に行きました Die ganze Familie ging ins Theater.

そうてい 壮丁 Rekrut m. -en, -en ‖ 壮丁名簿 Rekrutierungsstammrolle f. -n.

そうてい 装丁 Einband m. -[e]s, ⸗e; Ausstattung f. -en/装丁する ein Buch ein|binden* (aus|statten).

そうてい 装蹄 Hufbeschlag m. -[e]s, ⸗e; das Beschlagen*, -s/馬に装蹄する den Pferdhuf (das Pferd) beschlagen*.

そうてい 走程 Laufstrecke f. -n.

そうてい 想定的な angenommen; fiktiv; hypothetisch; imaginär.

ぞうてい 贈呈 Schenkung f. -en 《手渡しと》; Überreichung f. -en; Widmung f. -en 《献呈》/勲章の贈呈式 eine feierliche Veranstaltung 《-en》 zur Überreichung des Ordens. —— 贈呈する schenken³⁴; überreichen³⁴; übergeben*³⁴ 《jm》; widmen³⁴. ‖ 贈呈品 Geschenk n. -[e]s, -e/贈呈本 Widmungsexemplar n. -s, -e.

そうていじゅう 双蹄獣 Zweihufer m. -s, -/das Tier 《-[e]s, -e》 mit gespaltenem Huf.

そうてん 装塡 Ladung f. -en; das Laden*, -s/装塡する ein Gewehr 《Pulver ins Gewehr》 laden* / 実弾(擬弾)を装塡する scharf (blind) laden*.

そうてん 争点 Streitpunkt m. -[e]s, -e; der strittige (streitige; umstrittene) Punkt, -[e]s, -e; Kern|frage (Streit-) f. -n/法律上の争点 der strittige (streitige; umstrittene) Rechtspunkt/事実上の争点 die tatsächliche Streitfrage.

そうでん 相伝 Vererbung f. -en; Überlieferung f. -en/相伝の erblich; vererbt; überliefert; angestammt/相伝する vererben⁴; überliefern⁴.

そうでん 送電 Elektrizitäts|leitung f. -en (-übertragung f. -en)/送電する die Elektrizität leiten (übertragen*) ‖ 送電線 Elektrizitätsleitung f. -en.

そうと 僧徒 Geistlichkeit f.; Priesterschaft f.; Priesterstand m. -[e]s.

そうと 壮途につく zur großen ³Tat auf|brechen*.

そうとう 総統 Präsident m. -en, -en ‖ 総統府 das Amt 《-[e]s, ⸗er》 des Präsidenten.

そうとう 相当な 〔適当な〕 entsprechend³; angemessen³; geeignet 《für⁴; zu³》; passend 《zu³》; 〔十分な〕 ansehnlich; beachtlich; befriedigend; 〔至当な〕 gediegen; ordentlich; tüchtig; 〔担当の〕 zuständig 《für⁴》; befugt 《zu³》; 〔似つかわしい〕 geziemend; schicklich; 〔かなりの〕 nicht wenig; ansehnlich; hübsch/相当な家庭 eine bessere Familie, -n/相当の報酬 eine würdige Belohnung, -en/相当の理由 ein hinreichender (stichhaltiger) Grund, -[e]s, ⸗e/相当の理由がある nicht ohne ⁴Grund sein. —— 相当に 〔かなり〕 recht; beträchtlich; ziemlich/相当遠い ziemlich weit entfernt liegen*/相当困っている in großer 〔Geld〕not sein; in arger Verlegenheit sein/彼の状態は相当改善された Sein Zustand hat sich bedeutend gebessert./〔似つかわしく〕収入相当に暮らす seinem Einkommen gemäß leben; nicht über seine Verhältnisse leben. —— 相当する entsprechen*³; angemessen sein; geeignet sein 《für⁴; zu³》; passen 《zu³》; als Gleichberechtigter* behandelt werden 《位など》/1ユーロは130円に相当する Ein Euro entspricht 130 Yen.

そうとう 掃蕩する vernichten⁴; aus|merzen⁴; aus|rotten⁴; säubern⁴; vertilgen⁴/残敵を掃蕩する das Land vom überbleibenden Feind säubern.

そうどう 騒動 Unruhen 《pl》; 〔暴動〕 Aufruhr m. -s, -e; Aufstand m. -[e]s, ⸗e; Empörung f. -en; Rebellion f. -en; 〔混乱〕 Verwirrung f. -en; Unordnung f. -en; ストライキ Streik m. -[e]s, -s/騒動を起こす Unruhen (Aufruhr; den Aufstand) erregen⁴/お家騒動 Familienzwist m. -es, -e.

ぞうとう 贈答 Austausch 《m. -[e]s》 von ³Geschenken ‖ 贈答品 Geschenkartikel m. -s, -.

そうどういん 総動員 die allgemeine Mobilmachung, -en ‖ 国家総動員 die nationale Mobilmachung.

そうどうき 双動機 Doppelrumpfflugzeug n. -[e]s, -e.

そうどうせん 双胴船 Doppelrumpfschiff n. -[e]s, -e.

そうとく 総督 Generalgouverneur m. -s, -e ‖ 総督府 Generalgouvernement n. -s,

-s.

そうなめ 総舐めにする alle Gegner überwinden*; den Sieg über alle Gegner gewinnen* (davon|tragen*).

そうなん 遭難 Un〔glücks〕fall *m.* -〔e〕s, ¨e; Unglück *n.* -〔e〕s, -e; Katastrophe *f.* -n; Schicksalsschlag *m.* -〔e〕s, ¨e; das schwere Missgeschick, -〔e〕s, -e/遭難した車 der verunglückte Wagen, -s, -. ── 遭難する einen Unfall haben (erleiden*); *jm* ist ein Unfall zugestoßen. verunglücken [s]. ‖ 遭難者 Opfer *n.* -s, -; der Verunglückte*, -n, -n; der Schiffbrüchige*, -n, -n 《難船者》/遭難信号 Notsignal *n.* -s, -e; SOS-Ruf *m.* -〔e〕s, -e/遭難信号を発する einen SOS-Ruf schicken (〔aus|〕senden)/遭難船 das gescheiterte (havarierte) Schiff, -〔e〕s, -e/遭難地 Unglücks⁝ort *m.* -〔e〕s, -e (-stelle *f.* -n).

ぞうに 雑煮 Reiskuchensuppe 《*f.* -n》〔mit ³Gemüse〕.

そうにゅう 挿入 Einschiebung *f.* -en; Einrückung *f.* -en; Einschaltung *f.* -en/挿入文 Parenthese *f.* -n; Schaltsatz *m.* -es, ¨e. ── 挿入する ein|schieben*⁴; ein|rücken⁴; ein|schalten⁴.

そうねん 壮年〔時代〕 Mannesalter *n.* -s; die besten Jahre 《*pl*》/壮年時代に im besten Mannesalter; in den besten (mittleren) Jahren.

そうは 走破する durch|rennen*⁴.

そうは 掻爬〔医〕Kürettage *f.* -n; Aus⁝kratzung *f.* -en (-schabung *f.* -en; -räumung *f.* -en); [堕胎] Abort *m.* -s, -e/掻爬する aus|kratzen⁴ (-|schaben⁴; -|räumen⁴); [堕胎する] abortieren.

そうば 相場 [時価] Tages⁝preis (Markt-) *m.* -es, -e; Marktkurse 《*pl*》; Kurs *m.* -es, -e 《為替などの》; [投機] Spekulation *f.* -en; Börsenkurs *m.* -es, -e 《株の》/相場の暴落 Kurssturz *m.* -es, ¨e/相場が上がる(下がる) die Kursen steigen* (fallen*) [s]/相場で儲ける durch ⁴Spekulation Geld machen/相場に手を出す an der ³Börse spekulieren ‖ 相場価値 Kurswert *m.* -〔e〕s, -e/相場師 Spekulant *m.* -en, -en; Börsenspieler *m.* -s, -/相場仲立人 Kursmakler *m.* -s, -/相場表 Kursblatt *n.* -〔e〕s, ¨er 《為替の》; Börsenbericht *m.* -〔e〕s, -e/相場変動 Kursschwankung *f.* -en/株式相場 Aktienkurs *m.* -es, -e/為替相場 Wechselkurs *m.* -es, -e/ドル相場 Dollarkurs *m.* -es, -e.

ぞうは 増派する Verstärkungen 《*pl*》 hin|schicken.

ぞうはい 増配する die Ration vergrößern; die Dividende erhöhen 《配当を》/米を増配する die Reisration vergrößern.

そうはく 蒼白 Blässe *f.*; Blassheit *f.*; Bleiche *f.* -n/蒼白な blass; bleich/蒼白になる blass werden; erbleichen [s]; erblassen [s].

そうはせん 争覇戦 der Kampf 《-〔e〕s, ¨e》 um den Vorrang (die Meisterschaft).

そうはつ 双発の zweimotorig ‖ 双発機 Zweimotorenflugzeug *n.* -〔e〕s, -e; ein zweimotoriges Flugzeug, -〔e〕s, -e.

ぞうはつ 列車を増発する zusätzlich Züge ein|setzen / 紙幣を増発する mehr Papiergeld drucken (in ⁴Umlauf setzen).

そうはつせい 早発性の proleptisch ‖ 早発性痴呆症 Dementia praecox *f.*

そうばな 総花をまく allen ³Leuten ⁴Trinkgeld geben*/総花的に freigebig ‖ 総花政策 Allheitpolitik *f.* -en.

そうばん 早晩 früher oder später; über kurz oder lang; [遂には] am Ende; endlich.

ぞうはん 造反する auf|begehren 《*gegen*⁴》; widerspenstig werden 《*gegen*⁴》; auf|mucken 《*gegen*⁴》; Resistenz 《*f.* -en》 üben.

そうび 装備 Ausrüstung *f.* -en; Ausstattung *f.* -en/重(軽)装備の schwer (leicht) bewaffnet/装備する aus|rüsten⁴; aus|statten⁴.

そうび 壮美 Herrlichkeit *f.* -en; Erhabenheit *f.*

そうひぎょう 総罷業 Generalstreik *m.* -〔e〕s, -s.

ぞうひびょう 象皮病〔医〕Elefantiasis *f.* ..sien.

そうひょう 総評 ❶ [批評] allgemeiner Kommentar, -s, -e. ❷ [日本労働組合総評議会] der Generalrat 《-〔e〕s》 der japanischen Arbeitervereine.

そうびょう 宗廟 Ahnenmausoleum *n.* -s, ..leen.

ぞうひょう 雑兵 ein gemeiner (einfacher) Soldat, -en, -en.

ぞうひん 蔵品 Besitz *m.* -es, -e.

ぞうひん 贓品 ⇨ぞうぶつ(贓物).

そうふ 総譜〔楽〕Partitur *f.* -en.

そうふ 送付する senden*⁴; schicken⁴; übersenden*⁴; überweisen*⁴ ‖ 送付先 Adressat *m.* -en, -en/送付者 Adressant *m.* -en, -en; 〔Ab〕sender *m.* -s, - 《略: Abs.》; Übersender *m.* -s, -.

ぞうふ 臓腑 Eingeweide *n.* -s, - ⇨はらわた/魚(鶏)の臓腑を抜く einen Fisch (ein Huhn) aus|nehmen*.

そうふう 送風 lüften⁴; ventilieren⁴ ‖ 送風機 Lüfter *m.* -s, -; Ventilator *m.* -s, -en.

ぞうふく 増幅〔電〕Verstärkung *f.* -en/増幅する verstärken⁴ ‖ 増幅管 Verstärkerröhre *f.* -n/増幅器 Verstärker *m.* -s, -.

ぞうぶつ 贓物 Diebesgut *n.* -〔e〕s, ¨er ‖ 贓物罪 Hehlerei *f.* -en.

ぞうぶつしゅ 造物主 der allmächtige (ewige) Schöpfer, -s; der Schöpfer der Welt; Kreator *m.* -s.

ぞうへい 増兵する verstärken⁴/守備隊を増兵する die Garnison verstärken.

ぞうへい 造兵 Waffen⁝herstellung *f.* -en (-produktion *f.* -en) ‖ 造兵学 Waffen〔fabrikations〕kunde *f.* -n/造兵廠(しょう) Waffen⁝fabrik *f.* -en (-werkstatt *f.* ¨en).

ぞうへい 造幣 Münzprägung *f.* -en; Herstellung 《*f.* -en》 von ³Münzen ‖ 造幣局 Münzstätte *f.* -n.

そうへき 双璧 die beiden Autoritäten 《*pl*》; zwei unvergleichliche Sterne 《*pl*》.

そうべつ 送別 Abschied *m.* -〔e〕s, -e/送別の辞 Abschiedsrede *f.* -n ‖ 送別会 Ab-

ぞうほ 増補版 ergänzen⁴; erweitern⁴; vermehren⁴‖増補版 die ergänzte (erweiterte; vermehrte) Auflage, -n/改訂増補版 die verbesserte und erweiterte (vermehrte) Auflage.

そうほう 走法 die Form 〈-en〉 des Rennens.

そうほう 漕法 die Form 〈-en〉 des Ruderns.

そうほう 双方 die beiden Seiten (Parteien) 〈pl〉/双方の beide; beiderseitig/双方の合意に基づく ⁴Grund des beiderseitigen Einverständnisses/我々双方の友人 unser gemeinsamer Freund, -(e)s, -e/双方の言い分を聞く beide Parteien hören.

そうほう 奏法 Spielweise f. -n; Darstellung f. -en; Darstellungs|art f. -en 〈-weise f. -n〉.

そうぼう 相貌 Miene f. -n; Gesichtszüge 〈pl〉; Gesichtsausdruck m. -[e]s, ¨e.

ぞうほう 増俸 Gehaltserhöhung f. -en/増俸する js Gehalt erhöhen.

そうほうこう 双方向 interaktiv/双方向テレビ interaktives Fernsehen, -s.

そうほん 草本 Kraut n. -[e]s, ¨er‖草本学 Kräuterkunde f. -n/草本学者 Kräuterkenner m. -s, -.

そうほん 造本 Herstellung 〈f. -〉 eines Buch[e]s. ⇨せいほん(製本).

ぞうほん 蔵本 ⇨ぞうしょ(蔵書).

えほんか 絵本家 Stammfamilie f. -n.

そうほんざん 総本山 Generalhaupttempel m. -s, -.

そうほんてん 総本店 Hauptgeschäft n. -[e]s, -e.

そうまくり 総まくり Über|blick m. -[e]s, -e 〈-schau f. -en; -sicht f. -en〉; die kurze Zusammenfassung, -en; die allgemeine Kritik, -en 〈批評〉.

そうまとう 走馬灯 Kaleidoskop n. -s, -e; Drehlaterne 〈f. -〉/走馬灯のような kaleidoskopisch; bunt (ständig) wechselnd; farbenschillernd; der ewige Wechsel.

そうみ 総身 der ganze Körper, -s/総身にしみ渡る den ganzen Körper durchschütten; durch Mark und Bein gehen*⁴/大男総身に知恵が回りかね Wer groß von Statur ist, ist kurz von Verstand.

そうむ 総務 die gesamten Angelegenheiten 〈pl〉; die sämtlichen Geschäfte 〈pl〉‖総務委員 Generalkommissar m. -s, -e/総務省 Ministerium 〈n. -s〉 für öffentliche Verwaltung, Inneres, Post und Telekommunikation/総務局長 Generalsekretär m. -s, -e/総務部 die Abteilung 〈-en〉 für die gesamten Angelegenheiten/総務部の sämtlichen Geschäfte/総務部長 der Abteilungsleiter 〈-s, -〉 für die gesamten Angelegenheiten.

そうむけいやく 双務契約 der beiderseitige (gegen-) Vertrag, -[e]s, ¨e.

そうめい 聡明 Klugheit f. -en; Geist m. -[e]s; Intelligenz f.; Weisheit f./聡明な klug; intelligent; weise.

そうめいきょく 奏鳴曲 ⇨ソナタ.

そうめん 素麺 die feinen Nudeln 〈pl〉.

そうもくろく 総目録 der vollständige Index, -[es], -e 〈..dizes〉 (Katalog, -s, -e); das vollständige Register, -s, -.

ぞうもつ 臓物 Eingeweide n. -s, - 〈ふつう pl〉; Gedärm n. -[e]s, -e; Innerei f. -en 〈特に食用となる部分〉; 〔料〕Gekröse n. -s, -.

そうもとじめ 総元締 Hauptleiter m. -s, -e; die wichtigste Person, -en/金融界の総元締である das Steuer der Finanzwelt führen.

そうゆかん 送油管 Ölleitung f. -en.

ぞうよ 贈与 das Schenken* 〈Spenden*〉, -/贈与する schenken³⁴; spenden³⁴/金銭を贈与する Geld geben*³.

そうらん 騒乱 Aufruhr m. -s, -e; Agitation f. -en; Auflauf m. -[e]s, ¨e 〈騒擾〉; Aufstand m. -[e]s, ¨e 〈-暴動〉; Tumult m. -[e]s, -e; Unruhe f. -n, -; Zusammenrottung f. -en 〈一揆〉/騒乱に陥る in ⁴Aufruhr geraten* (kommen*) 〈s〉/騒乱を起こす Unruhen 〈pl〉 erregen (verursachen)/騒乱を鎮める einen Aufruhr unterdrücken (ersticken).

そうらん 総攬する die Oberaufsicht führen 〈über³〉; beaufsichtigen⁴; unter ⁴Aufsicht nehmen*⁴.

そうり 総理 Präsident m. -en, -en. — 総理する den Vorsitz (die Aufsicht) führen (haben) 〈bei³; über⁴〉/総理大臣 Premierminister m. -s, -‖; Ministerpräsident m. -en, -en/総理大臣の職 Ministerpräsidentschaft f.; das Amt 〈-[e]s, ¨er〉 〈die Würde, -n〉 eines Premierministers (Ministerpräsidenten).

ぞうり 草履 die japanische Sandale, -n/草履をはく die Sandalen an|ziehen*‖藁草履 Strohsandale f. -n.

そうりつ 創立 Gründung f. -en; Stiftung f. -en/創立第二十周年記念祭 das 20. Gründungs|fest (Stiftungs-), -[e]s, -e 〈das 20. Gründungs|feier (Stiftungs-), -n/創立の年 Gründungs|jahr (Stiftungs-) n. -[e]s, -e. — 創立する gründen⁴; stiften⁴; ins Leben rufen*⁴‖創立委員 Gründungskomitee n. -s, -s/創立事務所 Organisationsbüro n. -s, -s/創立者 Gründer m. -s, -; Stifter m. -s, -/創立総会 die Generalversammlung zum Zweck[e] der Einweihung; die erste Generalversammlung/創立手続 Gründungsverfahren n. -s, -.

そうりょ 僧侶 ⇨そう(僧).

そうりょう 総領 Erbe m. -n, -n 〈嗣子〉; der älteste Sohn, -[e]s, ¨e; der Erstgeborene*, -n, -n/総領の甚六 Der Erstgeborene ist meistens ein Schafskopf.

そうりょう 総量 Bruttogewicht 〈重量〉, -[e]s, -e; Gesamttonnage f. -n 〈総トン数〉.

そうりょうじ 総領事 Generalkonsul m. -s, -n‖総領事館 Generalkonsulat n. -[e]s, -e/総領事代理 Generalkonsulatsverweser m. -s, -.

そうりょく 総力 sämtliche Kräfte 《pl》; die gesamte Kraft/総力を集結して mit allen (vereinten) ³Kräften ‖ 総力戦 der totale Krieg, -(e)s, -e.

そうりん 造林 ⇨しょくりん〔植林〕.

そうるい 藻類 die Algen 《pl》‖ 藻類学 Algenkunde f.

そうれい 壮麗 Herrlichkeit f.; Großartigkeit f.; Pracht f./壮麗な herrlich; grandios; großartig; prächtig; prachtvoll.

そうれつ 葬列 Leichen(zug (Trauer-) m. -(e)s, ⸚e.

そうれつ 壮烈 壮烈な heldenhaft; heroisch; Helden-/壮烈な最期を遂げる den Heldentod sterben* §; heldenhaft sein Leben opfern.

そうろ 走路 (Lauf)bahn f. -en; Rennbahn f. -en.

そうろう 早漏 die vorzeitige Ausspritzung, -en;〔医〕Prospermie f. -n.

そうろうぶん 候文 der veraltete Briefstil, -(e)s, -e.

そうろん 争論 Wortstreit m. -(e)s, -e; Auseinandersetzung f. -en; Debatte f. -n; Disput m. -(e)s, -e; Federkrieg m. -(e)s, -e《筆戦》; Gegenausführung f. -en; Kontroverse f. -n《学問上の》; Polemik f. -en; Redekampf m. -(e)s, ⸚e; Zank m. -(e)s.
── 争論する einen Wortwechsel haben 《mit jm über⁴》; ⁴sich auseinander setzen 《mit jm》; debattieren 《mit jm über⁴》; disputieren 《mit jm über⁴》; polemisieren 《gegen⁴》; (⁴sich) zanken 《mit jm (über⁴ (um⁴)》/争論を避ける jede Polemik vermeiden*; einer ³Polemik aus dem Weg(e) gehen* §.

そうろん 総論 Einleitung f. -en; Einführung f. -en; die allgemeine Bemerkung, -en.

そうわ 送話 die Übersendung 《-en》eines Telefongesprächs ‖ 送話機 Sender m. -s, -/送話口 Sprechtrichter m. -s, -/送話装置 Sende(r)anlage f. -n.

そうわ 挿話 Episode f. -n; Nebenhandlung f. -en; Zwischenfall m. -(e)s, ⸚e/挿話的な episodisch; episoden|artig (-haft).

ぞうわい 贈賄 (aktive) Bestechung, -en/贈賄と収賄 die aktive und passive Bestechung. ── 贈賄する jn bestechen*;《俗》jm schmieren. ‖ 贈賄事件 Bestechungsaffäre f. -n.

そえがき 添え書き Begleit|brief m. -(e)s, -e (-schreiben n. -s, -);〔追伸〕Postskriptum n. -s, ..ta《略: PS》;〔紹介状〕Empfehlungsschreiben n. -s, -.

そえぎ 添え木〔医〕Schiene f. -n/添え木を当てる Schienen an|legen 《jn an³》.

そえじょう 添え状 ⇨そえがき.

そえちち 添え乳する im Bett säugen⁴ 《ein ⁴Kind》.

そえもの 添え物 Zusatz m. -es, ⸚e; Zugabe f. -n《景品》.

そえる 添える 〔hin〕zu|setzen³⁴; hinzu|fügen³⁴; bei|fügen³⁴; bei|legen³⁴/力を添える helfen*³.

そえん 疎遠 Entfremdung f. -en/疎遠な entfremdet; fremd/疎遠になる ⁴sich entfremden 《mit³》.

ソークワクチン die Serumimpfung 《-en》nach Salk.

ソーサー Untertasse f. -n.

ソーシャルダンス Gesellschaftstanz m. -es, ⸚e.

ソース Soße f. -n; Brühe f. -n; Tunke f. -n ‖ ソース入れ Sauciere f. -n; Tunken|schüssel f. -n (-napf m. -(e)s, ⸚e).

ソーセージ Wurst f. ⸚e.

ソーダ Soda f. -s ‖ ソーダ水 Sodawasser n. -s;《俗》Mineralwasser n. -s/ソーダ石けん Natronseife f. -n/ソーダ灰 Sodaasche f. -n/洗濯ソーダ Waschsoda f. -s.

ソーラー ソーラーカー Solarauto n. -s, -s/ソーラーハウス Solarhaus n. -es, ⸚er.

そかい 租界 Konzession f. -en.

そかい 疎開 Aus|siedlung 《-en》f. -en; Evakuierung f. -en/疎開させる aus|siedeln⁴ (um|-); evakuieren⁴ ‖ 疎開者 Aus|siedler (Um-) m. -s, -; der Evakuierende*, -n, -n.

そがい 阻害 Hindernis n. -nisses, ..nisse; Hemmnis n. -nisses, ..nisse; Störung f. -en; Erschwerung f. -en/阻害する hindern⁴; hemmen⁴; stören⁴; erschweren⁴ ‖ 阻害者 Störer m. -s, -.

そがい 疎外 entfremdet; entfernen⁴; von ³sich fern|halten* 《jn》.

そかく 組閣する ein Kabinett bilden.

そがん 訴願 Beschwerde f. -n; Anrufung f. -en/訴願する Beschwerde führen 《bei jm über⁴》; an|rufen*⁴ ‖ 訴願手続 Beschwerdeverfahren n. -s, -/訴願(提起)人 Beschwerdeführer m. -s, -/訴願理由 Beschwerdegrund m. -(e)s, ⸚e.

そきゅう 遡及する zurück|gehen* § (-|wirken)《auf⁴》⇨さかのぼる ‖ 遡及力 Zurück|wirkung (Rück-) f. -en/法律の遡及力 die zurückwirkende Kraft des Gesetzes.

-そく -足 ¶ 一足 ein Paar/一足の靴下 ein Paar Strümpfe/二足の靴 zwei Paar Schuhe.

そぐ 殺ぐ ❶〔切り取る〕ab|schneiden*⁴; schräg durch|schneiden*⁴. ❷〔減殺する〕vermindern⁴; (ab)|schwächen⁴;〔だいなしにする〕verderben*⁴/興を殺ぐ die Freude verderben* 《jm》.

ぞく 賊〔反徒〕Rebell m. -en, -en;〔盗賊〕Räuber m. -s, -; Dieb m. -(e)s, -e〔泥棒〕; Einbrecher m. -s, -〔押し込み強盗〕.

ぞく 族 ❶ ⇨かぞく〔家族〕, しゅぞく〔種族〕, みんぞく〔民族〕. ❷〔連中〕Klüngel m. -s, -; Bande f. -n; Sippschaft f. -en; Gruppe f. -n《グループ》.

ぞく 俗 ⇨ぞくに/俗に gemein|hin; gewöhnlich/彼は俗にいう不平屋というやつだ Er ist, wie man so sagt, ein Nörgler.

ぞく 属 ❶〔動・植〕Gattung f. -en. ❷ ⇨ぞっかん〔属官〕.

ぞく 続 Fortsetzung f. -en. ⇨つづき.

ぞくあく 俗悪な niedrig 《低劣な》; geschmacklos《無意味の》; kitschig/俗悪な趣味 ein niedriger Geschmack, -〔e〕s/この芝居は俗悪だ Das Theaterstück ist Kitsch.

そくい 即位 Thronbesteigung *f.* -en; Krönung *f.* -en/即位する den Thron besteigen* ‖ 即位式 Thronbesteigungsfeier *f.* -n; Krönungsfeierlichkeit *f.* -en.

そぐう ⇨あう(合う)①/そぐわない nicht passen^3 (entsprechen*^{3}); nicht überein|stimmen《*mit*^{3}》.

ぞくうけ 俗受け Popularität *f.*; allgemeiner Beifall, -〔e〕s/俗受けを狙う nach ^{3}Effekt haschen; es auf ^{4}Popularität ab|sehen*/この小説は俗受けするというようなものではない Dieser Roman ist nicht für Hinz und Kunz bestimmt.

ぞくえい 続映する einen Film《-〔e〕s, -e》verlängern; einen Film nicht vom Programm ab|setzen/この映画はあと一週間続映される Dieser Film wird noch um eine Woche verlängert. | Dieser Film läuft noch eine Woche lang.

そくえん 測鉛 Senkblei *n.* -〔e〕s, -e; Lot *n.* -〔e〕s, -e/測鉛で水深を測る loten.

ぞくえん 続演する die Aufführung《-en》〔eines Theaterstücks〕 verlängern; ein Stück nicht vom Programm ab|setzen/この芝居は三か月間続演された Das Stück stand drei Monate lang auf dem Programm.

そくえんき 測遠器 Entfernungs|messer (Fernen-) *n.* -s, -.

そくおう 即応する überein|kommen* [s]《*über*^{4}》; [順応する] ^{4}sich schicken《*in*^{4}》; beruhen《*auf*^{3}》/...に即応して gemäß^3.

そくおん 促音 der assimilierte Laut, -〔e〕s, -e.

ぞくがく 俗学 Populärwissenschaft *f.* -en.

そくぎん 即吟 Improvisation *f.* -en; Stegreifdichtung *f.* -en/即吟する improvisieren^4; aus dem Stegreif dichten^4.

ぞくご 俗語 Umgangssprache *f.* -n《日常語》; Slang *m.* -s, -s; ein vulgärer Ausdruck, -〔e〕s, ¨e《卑俗な表現》.

そくざ 即座の sofortig; augenblicklich; improvisiert; unvorbereitet/即座に sofort; auf der Stelle.

そくさん 速算 das schnelle Rechnen*, -s.

そくし 即死 der augenblickliche (sofortige) Tod, -〔e〕s/即死する sofort (auf der ^{3}Stelle) sterben* [s] ‖ 即死者 der auf der ^{3}Stelle Gestorbene*, -n, -n.

そくじ 即時 sofort; 〔so〕gleich; auf der ^{3}Stelle/即時通訳する simultan übersetzen^4 ‖ 即時払い die sofortige Bezahlung, -en/即時渡し die sofortige Übergabe, -n.

ぞくじ 俗事［日常の些事］alltägliche Arbeit, -en; häusliche Geschäfte《*pl*》; ［世俗事］weltliche Sache, -n; irdisches Ding, -〔e〕s, -e/俗事に関わらない über weltliche Dinge erhaben sein.

そくじつ 即日 derselbe Tag, -〔e〕s/即日に an demselben Tag.

そくしゃ 速写 Moment|aufnahme (Augenblicks-) *f.* -n; Schnappschuss *m.* -es, ¨e/速写する eine Momentaufnahme machen ‖ 速写カメラ eine Kamera《-s》für ^{4}Momentaufnahmen.

そくしゃ 測射〖兵〗Flankenfeuer *n.* -s, -/測射する flankieren^4.

そくしゃほう 速射砲 Schnellfeuergeschütz *n.* -es, -e.

ぞくしゅう 俗習 allgemeine Sitten und Gebräuche《*pl*》.

ぞくしゅう 俗臭を脱しきれない noch nicht ganz über die weltlichen Dinge erhaben sein; mit einem Fuß in der wirklichen Welt stecken/あの坊さんは俗臭ふんぷんたるものがある Der Priester steckt voller weltlichen Gedanken. | Der Bonze ist ganz weltlich gesinnt.

ぞくしゅつ 続出する ⇨ぞくはつ/今年の海水浴シーズンには水死者が続出した Im Lauf dieser Badesaison gab es viele Ertrunkene.

ぞくしょう 賊将 der Führer《-s, -》der Aufständischen (der rebellischen Truppen).

ぞくしょう 俗称 ⇨つうしょう(通称).

ぞくじょう 俗情 ⇨かじょう(下情).

そくしん 測深 Lotung *f.* -en/測深する die Tiefe messen*; loten$^{(4)}$ ‖ 測深器 Tiefenmesser *n.* -s, -.

そくしん 側心の exzentrisch ‖ 側心円 der exzentrische Kreis, -es, -e/側心半径 der exzentrische Radius, -, ..dien.

そくしん 促進する befördern^4; beschleunigen^4/食欲を促進する den Appetit an|regen/実現を促進する die Verwirklichung beschleunigen.

ぞくしん 賊臣〔Hoch〕verräter *m.* -s, -; Rebell *m.* -en, -en; der Aufständische*, -n, -n.

ぞくじん 俗人 ❶［世俗の人］Laie *m.* -n, -n. ❷ ⇨ぞくぶつ.

ぞくじん 俗塵を避ける ^{4}sich von der Welt (von weltlichen Dingen) fern|halten*; die Welt meiden*.

ぞくじん 属人主義［属地主義に対して］Personalitätsprinzip *n.* -s/属人特権 persönliches Privileg, -〔e〕s, ..gien.

そくする 即する überein|kommen* [s]《*über*^{4}》; ^{4}sich schicken《*in*^{4}》; beruhen《*auf*^{3}》/...に即して gemäß^3.

ぞくする 属する［所属・所有］*jm* (zu *jm*) gehören; zu *jm* an|gehören/...に属するところの *jm* (zu *jm*) gehörig; *jm* zugehörig/蛇は爬虫類に属する Die Schlange gehört zu den Reptilien./これはすでに過去のことに属する Das gehört bereits der Vergangenheit an./私も委員会のメンバーに属しています Ich sitze auch mit in dem Ausschuss.

そくせい 速成 die schnelle Beherrschung (Bemeisterung) ‖ 速成科 der kurze Kurs, -es, -e《*in*^{3}》; Intensivkurs *m.* -es, -e/速成法 die Methode《-n》zur schnellen Beherrschung.

ぞくせい 属性 Attribut *n.* -〔e〕s, -e; Eigenschaft *f.* -en《性質》; Merkmal *n.* -s, -e《特徴》.

そくせいさいばい 促成栽培 Frühtreiberei *f.* -en; Entwicklungserregung *f.* -en/促成栽培する hoch|züchten^4/促成栽培の野菜

そくせき 足跡 Fuß|spur f. -en (-stapfe f. -n)/彼の足跡の至らぬところはない Überall hat er gereist.

そくせき 即席の improvisiert; unvorbereitet; extemporiert; [即座の] augenblicklich; sofortig/即席に unvorbereitet; aus dem Stegreif; auf die ³Stelle; sofort/即席に作る extemporieren⁴; improvisieren⁴ ‖ 即席演説 die improvisierte Rede, -n/‖ 即席料理 das improvisierte Gericht, -[e]s, -e.

ぞくせけん 俗世間 die irdische Welt.

ぞくせつ 俗説 Volksmeinung f. -en; eine gängige Ansicht, -en; eine populäre Theorie, -n/俗説によれば… Im Volksmund heißt es, dass ….

そくせん 側線 [鉄] Neben|gleis (Seiten-) n. -es, -e/側線に入れる auf ein Seitengleis schieben⁴.

ぞくぞく 続々と einer* nach dem anderen; hintereinander; nacheinander; ununterbrochen [絶え間なく]; in rascher ³Folge; in großer ³Menge [たくさん]/東京には新しいビルが続々と建てられている In Tokio baut man immer neue Hochhäuser.

ぞくぞく ぞくぞくする [寒くて] frieren*; Es friert jn.; [寒さ・嫌悪・恐怖で] schaudern; Es schaudert jm (jn). Es überläuft jn kalt./背中[全身]がぞくぞくする Ein Schauer rieselt mir über den Rücken (durch alle Glieder). ⇨ぞっと.

そくたつ 速達 Eil|sendung f. -en (-bestellung f. -en)/速達で durch Eilboten, [俗] express; mit der ³Eilpost/手紙を速達で送る einen Brief [-[e]s, -e] durch Eilboten senden* (schicken) ‖ 速達郵便 Eilpost f. -en.

そくだん 速断する voreilig entscheiden*⁴.

そくち 測地 das Feldmessen⁴, -s; Erd|messung f. -en ‖ [測地学]/測地する Land messen*.

ぞくち 属地 ❶ ⇨りょうど. ❷ [属人に対して] [法] Territorialität f./属地の territorial; zu einem Gebiet (Territorium) gehörig. ‖ 属地主義 Territorialitätsprinzip n. -s.

ぞくちょう 族長 das Oberhaupt [-[e]s, -er] eines Stammes.

ぞくっぽい 俗っぽい ⇨ひぞく(卑俗な).

そくてい 測定 Messung f. -en ⇨そくりょう/距離を測定する die Entfernung [-en] ermitteln.

そくていき 測程器 [海] Log n. -s, -e.

そくど 速度 Schnelligkeit f. -en; Geschwindigkeit f. -en; [楽] Tempo n. -s, -s/制限速度四十キロメートル die Geschwindigkeitsbegrenzung [-en] auf 40 km/速度を増す die Geschwindigkeit erhöhen (beschleunigen) / 速度を減じる die Schnelligkeit vermindern/毎時五キロメートルの速度で mit einer Stundengeschwindigkeit von 5 Kilometern ‖ 速度計 Geschwindigkeits|messer n. -s, - (-anzeiger m. -s, -)/速度制限 das Verbot [-[e]s, -e] der Überschreitung bestimmter Fahrgeschwindigkeiten.

ぞくと 賊徒 ❶ [反徒] der Aufständische*, -n, -n; Rebell m. -en, -en. ❷ [盗賊] Räuber m. -s, -; Bandit m. -en, -en.

そくとう 即答 die sofortige (rasche) Antwort, -en/即答する auf der ³Stelle (sofort; unverzüglich) antworten (auf⁴).

ぞくねん 俗念 weltliche (irdische) Gedanken (pl)/俗念を払う weltliche Gedanken vertreiben*; ⁴sich von irdischen Gedanken frei|halten*.

ぞくばい 即売 der Verkauf [-[e]s, -e] auf der ³Stelle/即売する auf der Stelle verkaufen* ‖ 即売場 Verkaufsstand m. -[e]s, -e.

そくばく 束縛 Fesselung f. -en; Bindung f. -en; Gebundenheit f.; Beschränkung f. -en; Einschränkung f. -en/束縛を受ける gefesselt werden (von jm); in ⁴Fesseln gelegt werden (von jm)/束縛を脱する die Fesseln (pl) sprengen (zerreißen*). —束縛する fesseln*; binden*⁴; beschränken*; ein|schränken⁴; in ³Schranken halten*⁴/行動を束縛され自由に行動できない beschränkt sein/時間に束縛されて昼食がとれない An die Zeit (Stunde) gebunden kann ich nicht zu Mittag essen.

そくはつ 束髪 die europäische Haartracht, -en.

そくはつ 続発する ⁴sich hintereinander ereignen; wiederholt vor|kommen* [s]; häufig geschehen* (passieren) [s]/[頻発する]/事故[盗難]の続発を防ぐために um ein weiteres Unglück (einen weiteren Diebstahl) zu verhüten/最近この種の事故が続発する Neuerdings geschehen Unfälle dieser Art eine nach der anderen.

そくぶ 足部 Fuß m. -es, -e.

ぞくぶつ 俗物 Philister m. -s, -; Spießbürger m. -s, -; Spießer m. -s, -/[俗物的な] philisterhaft; philiströs; spießbürgerlich ‖ 俗物根性 Philister|tum (Spießbürger-) n. -s/-/Spießer|- n. -s.

ぞくぶん 俗聞 [人聞する所によれば] wie ich höre.

ぞくへん 続編 Fortsetzung f. -en.

そくほう 速報 die eilige (schnelle) Nachricht, -en/速報する schnell berichten (jm über¹).

ぞくほう 続報 eine weitere Nachricht, -en; ein weiterer Bericht, -[e]s, -e.

ぞくみょう 俗名 Laienname m. -ns, -n; ein weltlicher Name, -ns, -n. ⇨つうしょう(通称).

ぞくむ 俗務 ⇨ぞくじ(俗事).

ぞくめい 属名 [動・植] Gattungsname m. -ns, -n.

ぞくめい 俗名 ⇨つうしょう(通称).

ぞくめい 賊名を負わされる als Verräter (Rebell) gebrandmarkt werden.

そくめん 側面 Seite f. -n; [兵] Flanke f. -n; [建・工] Profil n. -s, -e/側面を護る die Flanke decken/側面から援助する eine indi-

そくや rekte Hilfe leisten 〈*jm*〉/側面に回る dem Feind in die Flanke kommen* 〈s〉(敵の) ‖ 側面運動 Seitenbewegung *f*. -en/側面観 die Betrachtung von der ³Seite/側面攻撃 Flankenangriff (Seiten-) *m*. -[e]s, -e/側面図 Seitenansicht *f*. -en; Profil.

そくや 即夜 dieselbe Nacht; [*adv*] sofort in derselben ³Nacht.

ぞくよう 俗謡 ⇨**ぞっか**(俗歌).

ぞくり 俗吏 der wichtigtuende (wichtigtuerische) (kleine) Beamte*, -n, -n ‖ 俗吏根性 nach oben buckeln und nach unten treten* ⓝ〈上にへつらい，下に威張る〉; Wichtigtuerei *f*. -en 〈もったいぶること〉 ⇨**じしい** (事大).

ぞくりゅう 粟粒大の hirsekorngroß ‖ 粟粒結核 [医] Miliartuberkulose *f*.

そくりょう 測量 Messung *f*. -en; Vermessung *f*. -en (土地の); Landesaufnahme *f*. -n (一国の); Sondierung *f*. -en (水深の); das Loten, -s (同上). —— 測量する messen*⁴; vermessen*⁴ (土地の); aufnehmen*⁴ (一国の); loten (水深の). ‖ 測量機械 Messinstrument *n*. -[e]s, -e; Messmaschine *f*. -n, -n; 測量技師 Feldmesser *m*. -s, -; Messkünstler *m*. -s, -/測量術 Feldmesskunst *f*. -; 測量図 Messtischblatt *n*. -[e]s, -⁴er/測量船 Küstenvermessungsschiff *n*. -[e]s, -e/測量部 Messabteilung *f*. -en/写真測量 Fotogrammetrie *f*. -n.

ぞくりょう 属僚 ⇨**そっかん**(属官).

ぞくりょう 属領 ein *jm* zugehöriges Land, -[e]s, -e; Landbesitz *m*. -es, -e; Besitzung *f*. -en. ⇨**りょうど**.

そくりょく 速力 Geschwindigkeit *f*. -en (langsame) ‖ 速力の速い(遅い) schnell (langsam) sein/速力を出す die Geschwindigkeit erhöhen; schneller (geschwinder) werden/全速力で mit voller (größter) ³Geschwindigkeit/この車は毎時百キロメートルの速力で走った Dieser Wagen fuhr mit einer Stundengeschwindigkeit von 100 km.

ぞくろん 俗論 ⇨**そくせつ**.

そけい 鼠蹊 [解] Leiste *f*. -n; Weiche *f*. -n ‖ 鼠蹊部 Leisten|gegend (Weichen-) *f*. -en.

そげき 狙撃 das Schießen*, -s/狙撃する schießen* 〈*auf*⁴〉 ‖ 狙撃者 der Schießende*, -n, -n; 狙撃兵 Schütze *m*. -n, -n.

ソケット [差込み] Steckdose *f*. -n; [電球の] Fassung *f*. -en; [真空管の] Sockel *m*. -s, -/ソケットにはめ込む in eine Steckdose tun*⁴.

そけん 訴件 Rechtsfall *m*. -[e]s, -⁴e.

そけん 訴権 Klageberechtigung *f*. -en.

そこ 底 Boden *m*. -s; Grund *m*. -[e]s, -⁴e; Tiefe *f*. -n; Sohle *f*. -n (靴の); Meeresboden *m*. -s, -⁴ (-grund *m*. -[e]s, -⁴e) (海の); Bett *n*. -[e]s, -en (川の)/心の底から aus Herzensgrund; aus tiefstem ³Herzen/心の底では im Grund seines Herzens/底知れぬ boden|los (grund-); unergründlich; unendlich/樽の底を抜く dem Fass den Boden aus|stoßen* (ein-)/箱の底が抜けた Der Boden des Kastens ist ausgestoßen (ausgeschlagen)/足が底につく auf Grund geraten*/底をつく den niedrigsten Preis erreichen*/底を割って話す ⁴sich offen aussprechen*/底の底まで bis zum Kern einer Sache/底には底がある Das ist nicht das Schlimmste!/財布の底をはたく auf (bei) Heller und Pfennig bezahlen.

そこ jener Ort, -[e]s, -e; die Stelle da/そこに(で) dort; da; an jenem Ort/そこへ dorthin; dahin/そこから von dort (da); dorther/そこここに hie[r] und da; da und dort/そこの上に da oben (droben)/そこに居たその人は誰ですか Wer ist der Mann da?/そこまでは遠いのかね Ist's noch weit dahin?/まだそこまでは至っていません So weit ist es noch nicht./そこが知りたい点だ Das möchte ich gerade wissen./そこへいくと彼は善良だ In solcher Hinsicht ist er gutmütig.

そご 齟齬 Nichtübereinstimmung *f*. -en; Widerspruch *m*. -[e]s, -⁴e; Diskrepanz *f*. -en; Zwiespältigkeit *f*. -en; Vereit[e]lung *f*. -en/齟齬する nicht überein|stimmen 〈*mit*³〉; im Widerspruch stehen* 〈*mit*³〉; widersprechen*³; misslingen* ⓢ.

そこい 底意 Hintergedanke *m*. -ns, -n; [真意] die wahre Absicht, -en/底意なく話す offen sprechen*.

そこいじ 底意地の悪い arglistig; hämisch; tückisch; boshaft.

そこう 素行 Führung *f*.; Betragen *n*. -s; Benehmen *n*. -s; Verhalten *n*. -s/素行が悪い ⁴sich schlecht betragen* (benehmen*); ein lockeres Leben führen/素行を改める ⁴sich bessern.

そこぎみ 底気味の悪い unheimlich; grus[e]lig; grauselig.

そこく 祖国 *js* Vaterland, -[e]s, -⁴er ‖ 祖国愛 Vaterlandsliebe *f*. -n.

そこそこ ungefähr/彼は四十そこそこです Er ist ungefähr vierzig [Jahre alt].

そこそこに in (großer) ³Eile/挨拶もそこそこに eilig „auf Wiedersehen" gesagt.

そこぢから 底力のある kraftvoll; energisch; gewaltig/底力のある声 die tiefe Stimme, -n.

そこつ 粗忽 Unvorsichtigkeit *f*.; Unbedachtsamkeit *f*.; [軽率] Voreiligkeit *f*.; Unbesonnenheit *f*.; [狼狽] Bestürzung *f*.; [過失] Fehler *m*. -s, -. —— 粗忽な unvorsichtig; voreilig; übereilt; rasch. ‖ 粗忽者 der unvorsichtige (unbesonnene, zerstreute) Mensch, -en, -en.

そこづみ 底積みにする Waren 〈*pl*〉 im Boden [eines Schiff[e]s] verstauen.

そこで [その場所で] dort; [それから] dann; darauf; [その故] daher; darum; deshalb; [さて] nun.

そこなう 害する ❶ schaden³; beschädigen⁴; verletzen⁴; ⁴Schaden tun*³; verderben*⁴/美観を損う den schönen Anblick verderben*. ❷ (し損う) 言い書き, 聞き, 読み損う ⁴sich versprechen* (verschreiben*, verhören, verlesen*)/列車に乗り損う den Zug versäumen.

そこに 底荷 Ballast *m*. -[e]s, -e.

そこぬけ 底抜けの bodenlos/底抜けの騒ぎ

der tolle Lärm, -〔e〕s／底抜けの騒ぎをする einen tollen Lärm machen／彼は底抜けの馬鹿だ Er ist bodenlos dumm.

そこね 底値 der niedrigste Preis, -es, -e.

そこねる 損ねる ⇨そこなう／機嫌を損ねる *js* [4]Gefühl verletzen.

そこひ 内障眼〘医〙Star *m.* -〔e〕s; der graue (schwarze) Star《白(黒)内障》.

そこびえ 底冷えする Es friert mich durch Mark und Bein.

そこびかり 底光りのする目 die unheimlich funkelnden Augen《*pl*》.

そこまめ 底豆ができる eine Blase《-n》an der [3]Fußsohle bekommen*.

そこら da (hier) herum; [約] etwa; ungefähr／そこら中 überall; allenthalben／どこかそこら irgendwo dort／それは五千円かそこらかかります Das kostet wohl etwa 5 000 Yen.

そさい 蔬菜 das〔frische〕Gemüse, -s, -; die grüne Ware, -n《青物》‖ 蔬菜園 Gemüsegarten *m.* -s, ⸗.

そざい 素材 Stoff *m.* -〔e〕s, -e; Material *n.* -s, ..lien／この小説の素材は中世の物語から出ている Das Hauptthema dieser Novelle ist auf eine mittelalterliche Geschichte zurückzuführen.

そさいききゅう 阻塞気球 Sperrballon *m.* -s, -s (-e) ‖ 阻塞気球網 Sperrballonnetz *n.* -es, -e.

そざつ 粗雑な grob; mangelhaft; nachlässig; schlampig; unbearbeitet; unordentlich; unsorgfältig／粗雑な製本 der lose (unsorgfältige) Einband, -〔e〕s, ⸗e／あの洋服屋の仕事は実に粗雑だ Dieser Schneider arbeitet recht schlampig.

そし 祖師 der Gründer《-s, -》(Beginner, -s, -; Stifter, -s, -) einer Sekte.

そし 阻止〔Ver〕hinderung *f.* -en; Durchkreuzung *f.* -en《妨害》; Hemmung *f.* -en; Verhütung *f.* -en《防止》; Vorbeugung *f.* -en《予防》. ── 阻止する verhindern《*jn an*[3]》; durchkreuzen[4]; Einhalt tun*[3] (gebieten*[3]); entgegen|arbeiten[3]; hemmen[4]; verhüten[4]; vor|beugen[3].

そし 素志 der lang gehegte Wunsch, -〔e〕s, ⸗e; die lang gehegte Absicht, -en／素志を貫く seinen lang gehegten Wunsch durch|setzen; seinen lang gehegten Plan verwirklichen／帰郷が私の素志だった Das war schon immer mein〔sehnsüchtiges〕Verlangen, nach der Heimat zurückzukehren.

そしき 組織 System *n.* -s, -e; Gefüge *n.* -s, -; Gliederung *f.* -en; Konstruktion *f.* -en《構造》; Organisation *f.* -en《機構》; Struktur *f.* -en; Zusammensetzung *f.* -en; Gewebe *n.* -s, -《生物の》／組織のない systemlos／組織的な systematisch; organisatorisch. ── 組織する systematisieren[4]; in ein System bringen*[4]; systematisch behandeln[4]; gliedern[4]; konstruieren[4]; organisieren[4]; zusammen|setzen[4]. ‖ 組織化 Systematisierung *f.* -en; Organisierung *f.* -en／組織学 Histologie *f.*《生物学・解剖学の》／組織学者 Histologe *m.* -n, -n／組織者 Systematiker *m.* -s, -; Organisator *m.* -s, -en／組織法 Systematik *f.*／組織網 das systematisch aufgebaute Netz, -es, -e／組織労働者 die organisierte Arbeiterschaft／細胞組織〘生〙Zellengewebe *n.* -s, -／地下組織 Unterorganisation *f.* -en.

そしつ 素質 ❶ [才能など] Anlage *f.* -n; Begabung *f.* -en《天賦の才》; Natur *f.* -en; Naturell *n.* -s, -e; Talent *n.* -〔e〕s, -e《能力》; Veranlagung *f.* -en／絵の素質がある gute Anlagen zum Zeichnen haben. ❷ [身体の] Anlage *f.* -n; Konstitution *f.* -en; Körper¦beschaffenheit (Leibes-) *f.* -en; Verfassung *f.* -en／アレルギーの素質がある〔eine〕Anlage zu allergischen Krankheiten haben.

そして und; dann; nun; dazu auch noch《なおその上》.

そしな 粗品 ein kleines (bescheidenes) Geschenk, -〔e〕s, -e.

そしゃく 咀嚼 das〔Zer〕kauen*, -s; Verarbeitung *f.* -en《事物の》. ── 咀嚼する〔zer-〕kauen[4]; fletschern《十分に》; geistig verarbeiten《事物を》／彼の思想を十分咀嚼しなさい Machen Sie sich seinen Gedanken zu eigen! ‖ 咀嚼筋 Kaumuskel *m.* -s, - (*f.* -n)／咀嚼口 Kiefer *m.* -s, -《昆虫の》／咀嚼養生法 Fletscherismus *m.* -.

そしゃく 租借 Pachtung *f.* -en; Pacht *f.* -en／租借する pachten[4] ‖ 租借権 Pachtrecht *n.* -〔e〕s, -e／租借地 Pachtgebiet *n.* -〔e〕s, -e.

そしょう 訴訟 Prozess *m.* -es, -e; Rechts¦handel *m.* -s, ⸗ (-streit *m.* -〔e〕s, -e); Klage *f.* -n;〔Streit〕sache *f.* -n／訴訟中の rechtsgängig／訴訟上の prozessual／訴訟好きの prozesssüchtig. ── 訴訟する einen Prozess führen《gegen *jn*》; ein Verfahren (einen Prozess) ein|leiten (eröffnen)《gegen *jn*》《訴訟を起こす》／訴訟沙汰にする verklagen《*jn*》／訴訟沙汰にせざるをえない Wir werden uns genötigt sehen, es zum Prozess kommen zu lassen (es auf einen Prozess ankommen zu lassen). ‖ 訴訟依頼人 Klient *m.* -en, -en／訴訟関係人 Litigant *m.* -en, -en; Prozess¦führer (Rechtsstreit-) *m.* -s, -／訴訟事件 Prozess¦sache (Streit-) *f.* -n; Rechtsfall *m.* -〔e〕s, ⸗e／訴訟事項 Prozesswesen *n.* -s／訴訟成立条件 Prozessvoraussetzung *f.* -en／訴訟代理人 der Prozessbevollmächtigte*, -n, -n／訴訟手続 Prozessverfahren *n.* -s, -; Rechtsgang *m.* -〔e〕s, ⸗e／訴訟手続をする gerichtlich vor|gehen* [s]《gegen *jn*》; zu gerichtlichen Maßnahmen schreiten* [s]／訴訟当事者 Prozesspartei *f.* -en／訴訟能力 Prozessfähigkeit *f.* -en／訴訟能力のある prozessfähig／訴訟費用 Prozess¦kosten (Gerichts-; Rechts-)《*pl*》／訴訟法 Prozessrecht *n.* -〔e〕s, -e.

そじょう 訴状 Klageschrift *f.* -en.

そじょう 俎上にのせる der [3]Untersuchung übergeben*; diskutieren《*über*[4]》.

そしょく 粗食 die magere (schmale) Kost; das einfache (schlechte) Essen, -s;

そしらぬ 素知らぬ振をする nicht sehen (kennen) wollen* (*in*); [hin]wegsehen* (über *jn*); ignorieren; keine Notiz nehmen* 〈von *jm*〉; absichtlich meiden* (*jn*); absichtlich nicht beachten (*jn*) mit Nichtachtung strafen (*jn*); schneiden* (*jn*); vorbeisehen* 〈an *jm*〉/彼はまるで素知らぬ振をしていた Ich war Luft für ihn. ¦ Er tat, als ob ich nicht da wäre.

そしり 誹り Verleumdung *f.* -en; die falsche Beschuldigung; die üble Nachrede, -n; Schmähung *f.* -en; [Ver]lästerung *f.* -en; Verunglimpfung *f.* -en/世の誹りを招く allgemein verleumdet werden; in ⁴Verruf kommen* (geraten*) ⓢ; Vorwürfe 《*pl*》 auf ⁴sich laden*.

そしる 誹る verleumden (*jn*); falsch beschuldigen (*jn*); lästern; von *jm*); Übles nach|sagen (*jm*); schmähen* (*jn*); verlästern (*jn*); verunglimpfen (*jn*).

そすい 疎水 Ableitung *f.* -en ‖ 疎水工事 Kanalisation *f.* -en/疎水路 Ableitungsgraben *m.* -s, ¨ -/⁴kanal *m.* -s, ¨e.

そすう 素数 《数》 Primzahl *f.* -en.

そせい 蘇生 das Wiederaufleben, -s; Wieder|belebung (Neu-) *f.* -en; Auferstehung *f.* -en 《復活》/蘇生の思いをする Es ist *jm* 〈zumute〉, als ob man wieder ins Leben gekommen wäre./⁴sich gerettet fühlen.
— 蘇生する wieder auf|leben; wieder ins Leben kommen* ⓢ; auf|erstehen* ⓢ 《ふつう不定詞と過去分詞 auferstanden のみ》.
‖ 蘇生術 Wiederbelebungsversuch *m.* -[e]s, -e/蘇生薬 Wiederbelebungsmittel *n.* -s, -.

そせい 粗製 die ungehobelte (ungeschliffene) Arbeitsweise, -n (Fabrikation, -en)/粗製の ungehobelt; ungeschliffen; grob
‖ 粗製品 die ungehobelte (ungeschliffene) verpfuschte) Arbeit, -en; das ungehobelte (ungeschliffene) Fabrikat, -[e]s, -e/粗製乱造 die minderwertige Massenproduktion, -en; die Fabrikation minderwertiger Massenartikel.

そせい 組成 Zusammensetzung *f.* -en; Formation *f.* -en; Komposition *f.* -en/組成する zusammen|setzen; formieren* -; komponieren*.

そぜい 租税 Steuer *f.* -n; Abgabe *f.* -n/租税を徴収する die Steuer ein|ziehen* (bei|treiben*; erheben*)/租税を課する die Steuer auf|erlegen 〈*jm*〉/租税を免除する die Steuer erlassen* 〈*jm*〉/租税を納める die Steuer zahlen/租税を算定する die Steuer an|schlagen*/租税を申告する die Steuer erklären* ‖ 租税控除 Steuerrückzahlung *f.* -en/租税控除 Steuerabzug *m.* -[e]s, ¨e/租税収入 Steuereinnahme *f.* -n/租税政策 Steuerpolitik *f.* -en/租税制度 Steuerwesen *n.* -; Steuersystem *n.* -s, -e/租税徴収 Steuereinziehung *f.* -en/租税逃避 Steuerflucht *f.* -en/租税負担者 Steuer|träger *m.* -s, -; ¨zahler *m.* -s, -/租税法 Steuerrecht *n.* -[e]s, -e ; ¨ -gesetz *n.* -es, -e/租税免除 Steuerbefreiung *f.* -en. ⇨**ぜい**(税), **ぜいきん**.

そせき 礎石 Grundstein (Fundament-) *m.* -[e]s, -e/礎石を据える den Grundstein (Fundamentstein) legen.

そせん 祖先 die Vorfahren; die [Vor]ahnen; die Alten*; die Altvordern 《以上 *pl*》/祖先の系図 Ahnentafel *f.* -n ‖ 祖先自慢 Ahnen|dünkel *m.* -s (-stolz *m.* -es)/祖先崇拝 Ahnen|kult *m.* -s (-kultus *m.* -, ¨ -te; -verehrung *f.* -en).

そそ 楚々たる schlank; niedlich; zierlich; elegant 《優雅な》/彼女の楚々たる姿に驚嘆した Ich bewunderte die zarten Linien ihrer Gestalt.

そそう 阻喪 Bedrücktheit *f.*; Depression *f.*; Entmutigung *f.*; Gedrücktheit *f.*; Mutlosigkeit *f.*; Niedergeschlagenheit *f.*; Verzagtheit *f.* -en/意気阻喪の bedrückt; deprimiert; entmutigt; gedrückt; mutlos; niedergeschlagen; verzagt. — 意気阻喪する 《上記形容詞＋werden のほか》 gar keinen Mut mehr haben; den Mut sinken lassen*; den Kopf [mutlos] hängen lassen*/意気阻喪している in gedrückter Stimmung sein.

そそう 粗相 Versehen *n.* -s, -; Achtlosigkeit *f.* 《不注意》; Bock *m.* -[e]s, ¨e; Fahrlässigkeit *f.*; Fehler *m.* -s, - 《失敗》; Lapsus *m.* -, - 《錯誤》; Nachlässigkeit *f.* 《粗略》; Schnitzer *m.* -s, - 《やりそこない》; Unachtsamkeit *f.* 《不注意》/粗相をわびる sein Versehen bedauern/とんだ粗相をいたしました Das war nur ein Versehen! ¦ Entschuldigen Sie mein Versehen! — 粗相する *jm* ist ein Versehen passiert (unterlaufen; vorgekommen).

そそう 祖宗 die Ahnen 《*pl*》; die Voreltern 《*pl*》; die Vorfahren 《*pl*》.

そぞう 塑像 die plastische Figur, -en; die tönerne Bildsäule, -n.

そそぐ 濯ぐ, 漱ぐ ⇨**すすぐ**.

そそぐ 注ぐ, 灌ぐ ❶ 《注入》 [ein]gießen*⁴ 〈*in*⁴〉. ❷ 《掛ける》 gießen* 〈*auf*⁴; *über*⁴〉; besprengen⁴ 〈*mit*³〉; bespritzen⁴ 〈*mit*³ 〈*in*⁴〉; [ein]münden 〈*in*⁴〉; ⁴sich ergießen* 〈*in*⁴〉. ❺ 《集中》 sich ergeben*⁴; ⁴sich hin|geben*³; 〈心を〉 ⁴sich konzentrieren 〈*auf*⁴〉; ⁴sich vertiefen 〈*in*⁴〉; seine ganze Aufmerksamkeit richten 〈*auf*⁴〉.

そそくさ hastig; eilig; hurtig; schleunigst; überschnell/そそくさと外へ飛び出す ⁴Hals über Kopf hinaus|eilen ⓢ/そそくさと帰った Er kehrte schleunigst zurück.

そそっかしい 《不注意》 unachtsam; fahrig; gedankenlos; unbedacht; unüberlegt; 《軽率》 leicht|sinnig (-fertig); überellt/そそっかしいことをする unbedacht (leichtsinnig) handeln; einen dummen Fehler begehen*; einen Bock schießen* 《しくじる》.

そそのかす 唆かす verführen 《jn zu³》; verleiten 《jn zu³》; an|fachen⁴ 《そそる》; auf|hetzen 《jn zu³》; auf|reizen 《jn zu³》; schüren 《jn》; überreden 《jn zu³ 説得する》.

そそる 唆る erregen⁴; an|regen⁴; an|reizen⁴; wach|rufen*⁴; wecken⁴／興味を唆る interessieren 《jn》; ein|nehmen* 《jn für⁴》／好奇心を唆る js Neugier〔de〕 wecken.

そぞろ vor ⁴sich hin; ziellos／そぞろに歩く vor ⁴sich hin|gehen* [s]; umher|schweifen (–|schlendern) [s]; bummeln.

そだ 粗朶 Reisig n. –s.

そだい 粗大 Grobheit f.／粗大な grob ‖ 粗大ごみ sperriger Abfall, –〔e〕s, ⸗e; Sperrmüll m. –〔e〕s.

そだち 育ち [しつけ] Erziehung f. –en; [発育] Wachstum n. –s; Entwicklung f. –en／育ちのよい wohlerzogen; gut erzogen; wohlgesittet; gut gewachsen／育ちのわるい schlecht erzogen; ungebildet; ungesittet; schlecht gewachsen／いなか(都会)育ちの auf dem Land〔e〕 (in der ³Stadt) erzogen／育ち盛りの子 das erwachsende Kind, –〔e〕s, –er／彼は育ちのよい子だ Er ist ein wohl (gut) erzogenes Kind.

そだつ 育つ 〔auf|〕wachsen* (heran|–) [s]; groß werden; 〔auf〕gezogen (genährt) werden 《von jm》／僕たちは一緒に育った Wir sind zusammen aufgewachsen.

そだて 育ての親 Pflegeeltern 《pl》; Pflegevater m. –s, ⸗ 《男》; Pflegemutter f. ⸗ 《女》.

そだてる 育てる [養育] auf|ziehen*⁴; [訓育] auf|erziehen*⁴; [教育] erziehen*⁴; aus|bilden⁴; [飼育] auf|ziehen*⁴; züchten⁴; [保育] pflegen⁴; nähren⁴; groß|ziehen*⁴.

そち 素地 Anlage f. –n; Neigung f. –en; Disposition f. –en.

そち 措置 ⇨しょち.

そつ そつのない vorsichtig-geschickt; findig; gewandt; welterfahren／彼は少しもそつがない Er macht alles einwandfrei.

そつい 訴追 Anklage f. –n／訴追する an|klagen 《jn》.

そつう 疎通 ❶ [水の] Wasserableitung f. –en. ❷ [意志の] Verständigung f. –en; Verständnis n. ..nisses, ..nisse／意志が疎通する einander 〔gut〕 verstehen* 〔können*〕.

ぞっか 俗化 Verweltlichung f. –en; Vulgarisierung f. –en 《低俗化》／俗化する verweltlichen [s]; vulgarisieren [s].

ぞっか 俗歌 ein populäres Lied, –〔e〕s, –er; [流行歌] Modelied n. –〔e〕s, –er; Gassenhauer m. –s, –; Schlager m. –s, –; [民謡] Volkslied n. –〔e〕s, –er.

ぞっかい 俗界 die irdische Welt; das irdische Leben, –s／俗界の irdisch; weltlich.

ぞっかん 属官 der einfache Beamte*, –n, –n; der Unterbeamte*, –n, –n; der Beamte* der mittleren Laufbahn.

ぞっかん 続刊する fortgesetzt (weiter) heraus|geben*⁴.

そっき 速記 Stenografie f. –n; Kurzschrift f. –en. ── 速記する stenografieren⁴; stenografisch auf|nehmen*⁴ (nieder|schreiben*⁴). ‖ 速記者 Stenograf m. –en, –en; Kurzschriftler m. –s, –; Kurz〔schrift〕schreiber m. –s, –／速記文字 das stenografische Schriftzeichen, –s, –／速記録 Stenogramm n. –s, –e.

ぞっき ぞっき本 Bücher 《pl》 zu ³Schleuderpreisen.

そっきゅう 速球 der schnelle Ball, –〔e〕s, ⸗e.

そっきょう 即興の improvisiert／即興的に作曲する improvisieren⁴; aus dem Stegreif komponieren⁴ ‖ 即興曲(詩) Impromptu n. –s, –s; Improvisation f. –en／即興詩人(演奏者) Improvisator m. –s, –en.

そつぎょう 卒業 der Abgang 《–〔e〕s, ⸗e》 von der Schule; Graduierung f. –en 《大学の》. ── 卒業する eine Schule durch|machen (absolvieren); von der Schule ab|gehen* [s]; das Abgangsexamen (Schlussexamen) bestehen*／中学校を卒業する den Kurs〔us〕 einer Mittelschule beenden／大学を卒業する graduiert werden. ‖ 卒業式 Abgangs¦feierlichkeit (Entlassungs–) f. –en (od. –zeremonie f. –n)／卒業試験 Abgangs¦examen n. –s, ..mina (–prüfung f. –en); 〔Ab〕schlussprüfung f. –en; Reifeprüfung f. –en; Abiturienten¦examen (–prüfung)／卒業証書 Abgangszeugnis n. ..nisses, ..nisse; Diplom n. –s, –e 《大学の》／卒業生 der Schulentlassene*, –n, –n; Abiturient m. –en, –en 《高校の》; der Graduierte*, –n, –n 《大学の》／卒業論文 Abschlussarbeit f. –en; Diplomarbeit f. –en 《大学の》; Dissertation f. –en 《博士課程の》; Doktorschrift f. –en 《同上》.

ぞっきょく 俗曲 ein populäres 〔Musik-〕stück, –〔e〕s, –e; Unterhaltungsmusik f. 《娯楽音楽》.

そっきん 即金 Bargeld n. –〔e〕s, –er; bares Geld, –〔e〕s, –er／即金で gegen bar; in bar／即金で買う gegen bar kaufen⁴ ‖ 即金払い die sofortige Bezahlung, –en.

そっきんしゃ 側近者 der jm nahe Anhänger, –s, –; js Busenfreund m. –〔e〕s, –e; [侍従] Kammerherr m. –n, –en.

ソックス Socke f. –n.

そっくり ❶ [そのまま] genau 〔so〕 wie es ist／そっくりそのままにしておく so lassen*⁴, wie es ist; stehen lassen*⁴; unberührt lassen*⁴. ❷ [皆] alle; alles; alle〔s〕 zusammen; insgesamt; völlig. ❸ [相似] eben (genau) so wie; ähnlich wie ein Ei dem anderen／《瓜二つ》 彼は母親にそっくりだ Er ist das Ebenbild seiner Mutter.

そっけ 素っ気ない(く) kalt; gleichgültig; teilnahmslos; unfreundlich／素っ気なく扱う jm die kalte Schulter zeigen; jn verächtlich behandeln／素っ気なく断わる barsch ab|schlagen* 《jm ⁴et》.

ぞっけ 俗気 Weltlichkeit f. –en; weltliche Gesinnung, –en; irdische Lust; irdischer Ehrgeiz, –es／俗気のある weltlich; weltlich gesinnt; ehrgeizig; eitel 《虚栄心のある》／俗気を捨てきれない weltlicher (irdischer) ³Lust nicht entsagen können*.

そっけつ 即決 die rasche Entscheidung, -en; der rasche Beschluss, -es, ⸚e／即決する「事を」rasch entscheiden**[4]**; rasch beschließen**[4]** ‖ 即決裁判 die summarische Entscheidung, -en.

そっこう 即効 die sofortige (augenblickliche) Wirkung, -en／即効がある sofortige Wirkung haben ‖ 即効薬 das sofort wirkende Heilmittel, -s, -.

そっこう 即行 sofort (rasch) aus|führen**[4]** (zur Ausführung bringen**[4]**).

そっこう 続行 Fortsetzung f. -en; Weiterführung f. -en／続行する fort|setzen**[4]**; fort|führen**[4]** (weiter|-)／会談を続行する das Gespräch weiter|führen／競技を続行する das Spiel fort|setzen; weiter spielen.

そっこうじょ 測候所 Wetterwarte f. -n.

そっこく 即刻 sofort; auf der ³Stelle; augenblicklich; [so]gleich; unverzüglich／即刻伺います Ich komme sofort.

ぞっこく 属国 ein abhängiger Staat, -[e]s, -en; Vasallenstaat m. -[e]s, -en; Satellitenstaat m. -[e]s, -en 《衛星国》／...の属国である in einem Abhängigkeitsverhältnis stehen* 《zu³》.

ぞっこん ぞっこん惚れ込む ⁴sich verlieben (vernarren) 《in⁴》.

そっせん 率先 die Initiative ergreifen*; den ersten Schritt tun*; die Anregung (den Anstoß) geben* 《zu³》; den Stier bei den Hörnern packen (fassen)／率先して作った Als erster hat er es gemacht. ｜ Bei dieser Arbeit hat er die Führung (die Leitung) übernommen.

そっち dort 《場所》; da 《同上》; jenes 《物》; der andere 《人》; du 《人》／そっちこっち hier und dort／少しそっちへ寄ってくれ Rücke bitte ein wenig!

そっちのけ そっち除けにする völlig vernachlässigen*; sich nicht kümmern 《um⁴》／勉強などはそっち除けにして野球ばかりしている Er macht sich einen Dreck aus seiner Schularbeit und ist in [den] Baseball vernarrt.

そっちゅう 卒中 Apoplexie f. -n; Schlaganfall m. -[e]s, ⸚e (-fluss m. -es, ⸚e); Schlag m. -[e]s, ⸚e／卒中性の apoplektisch／卒中性の人 Apoplektiker m. -s, -／卒中を起こす einen Schlag bekommen* (erleiden*); vom Schlag getroffen (gerührt) werden／二度目の卒中で Es ist sein zweiter Schlag.

そっちょく 率直 Aufrichtigkeit f.; Freimut m. -[e]s; Geradheit f.; Offenheit f.; Offenherzigkeit f.; Schlichtheit f.／率直な aufrichtig; freimütig; gerade; offen[herzig]; schlicht／率直に申し上げると um offen und ehrlich sein soll; indem ich kein Blatt vor den Mund nehme.

そって 沿って entlang⁴⁽³⁾《ふつう名詞に後置する場合は四格に，前置する場合は三格に》; an³ ... entlang; längs⁽³⁾⁽¹⁾／川に沿って den (dem) Bach entlang; längs dem (des) Bach[e]s 《古形》; am Bach entlang 《こ

の形が多く用いられる》; längs dem Bach[e] (des Bach[e]s)／通りに沿った家々 die Häuser an der Straße／家に沿って木を植えた Längs meines Hauses (meinem Hause) wurden Bäume gepflanzt.

そっと ❶ [静かに] sacht[e]; leicht; ruhig; sanft; still／そっとしておく unangetastet lassen**[4]**; ³sich beruhen lassen**[4]**. ❷ [ひそかに] heimlich; geheim; unauffällig; unter der Hand／そっと金をつかませる unauffällig Geld in die Hand drücken 《jm》(hinein|schlüpfen lassen*)／そっと見る unauffällig einen Blick werfen* 《auf⁴》; verstohlen an|blicken**[4]**／そっと家を抜けでる aus dem Haus[e] hinaus|schleichen* ⓢ.

ぞっと ぞっとする schaudern 《vor³》; es schaudert (gruselt) jm (jn) 《vor³》; es überläuft jn kalt／ぞっとするような schauder|haft (-erregend); gruselig／あまりぞっとしない nicht besonders schön／ぞっとするような話 eine schauderhafte (gruselige) Geschichte, -n; Schauder|geschichte (Grusel-) f. -n／考えるとぞっとする Mir schaudert, wenn ich daran denke. ｜ Ich denke mit Schaudern daran.／あいつの顔を見るとぞっとする Es schaudert mich (Mich schaudert) vor ihm.

そっとう 卒倒 Ohnmacht f. -en; Bewusstlosigkeit f.／卒倒する in Ohnmacht fallen* ⓢ; ohnmächtig (bewusstlos) werden.

そっぱ 反歯 der vorstehende Zahn, -[e]s, ⸚e; Raffzahn m. -[e]s, ⸚e 《動物の門歯》.

そっぽ 外方を向く nach der Seite blicken; die Augen (pl) [¹sich] ab|wenden**[⁺]** 《von³》; einen Seitenblick werfen*.

そで 袖 Ärmel m. -s, -; Flügel m. -s, - 《建物の》／袖無しの ärmellos／袖にすがる sich an js ⁴Ärmel halten*; um ⁴Mitleid an|flehen 《jn 哀願する》／袖の下を使う jn bestechen* 《jn》／袖を引く beim Ärmelzupfen 《jn》／袖をたくしあげる ³sich die Ärmel hoch|krempeln／袖なしで金を借り受ける einen Korb geben* 《jm》／袖すり合うも他生の縁 Selbst eine flüchtige Bekanntschaft ist Vorherbestimmung. ‖ 袖口《Ärmel》aufschlag m. -[e]s, ⸚e; Manschette f. -n 《シャツ》.

ソテー ソテーの sauté; in ³Butter geschwitzt (geschmort; geschwenkt).

そでがき 袖垣 das niedrige Gehege, -s, -.

そてつ 蘇鉄 《植》Palmenfarne (pl).

そと 外 das Freie*, -n; das Äußere*, -n; Außenseite f. -n 《外面》; Erscheinung f. -en 《外形》; Exterieur n. -s, -e 《外部》; Oberfläche f. -n 《表面》. — 外に(で) im Freien; außen; auswärts; draußen; außer dem Haus[e]; in der freien Luft; unter freiem Himmel／外で食事する auswärts essen*. — 外から von außen [her]／外の事しか知られていないだけ Ich kenne das Gebäude nur von außen.／外へ開く《ドアが》⁴sich nach außen öffnen／外へによる nach außen [hin]|drängen／外に出ておいで Komm heraus!／外に出ろ Geh hinaus! — 外の ❶ [屋外] im

そとうみ 外海 das offene Meer, -(e)s, -e; die hohe See 《沖》.

そとがまえ 外構え die Außenseite (Schau-) 《-n》 eines Gebäudes; Fassade f. -n; Vorderansicht f. -en 《前景》.

そとがわ 外側 Außenseite f. -n; das Äußere*, -n.

そとうら 外面がよい scheinhelig tun*/外面のよい人 der Scheinheilige*, -n, -n.

そとば 卒塔婆 Stupa m. -s, -s (f...pen); ein schmales, langes Brett 《-(e)s, -er》 bei den Gräbern.

そとぼり 外濠 Außengraben m. -s, ⸚.

そとまわり 外回り Umfang m. 《周囲》/外回りの仕事 Außendienst m. -es, -e/外回りの仕事をしている im Außendienst tätig sein ⇒かいしゃ.

そなえ 備え ❶ [準備] Vorbereitung f. -en; Vorkehrung f. -en; Vorsorge f. -/備えあれば憂いなし ,Vorsorge ist besser als Nachsorge.'; ,Vorsorge verhütet Nachsorge.' ❷ [設備] Einrichtung f. -en. ❸ [防備] Ausrüstung f. -en; Verteidigungsmaßregel f. -n.

そなえもの 供え物 Opfer n. -s, -; Opfergabe f. -n/供え物をする opfern*; ein Opfer dar|bringen*; als Opfer dar|bringen*⁴.

そなえる 供える opfern³·⁴; dar|bringen³·⁴; weihen³·⁴; feierlich niederlegen*⁴/墓前に花を供える Blumen aufs Grab legen; js Grab mit Blumen schmücken.

そなえる 備える ❶ [準備] vor|bereiten; alles veranlassen (tun*); vor|sorgen 《für⁴》 ❖ 以上はそれぞれ Vorbereitungen (pl) (Vorkehrungen (pl); Vorsorge) treffen* というほうがよい。 ❷ [具備] haben*⁴; besitzen*⁴; begabt sein 《mit³》/威厳を備えている Würde besitzen*. ❸ [備え付ける] versehen*⁴ 《mit³》; aus|statten⁴; ein|richten⁴; installieren⁴ 《機械などを》/避雷針を備えている mit Blitzableitern versehen sein/家(住居)に家具を備え付ける ein Haus (eine Wohnung) ein|richten/室内に家具を備えつける ein Zimmer aus|statten.

ソナタ Sonate f. -n ‖ ソナタ形式 Sonatenform f./ピアノソナタ Klaviersonate f. -n.

そなわる 備わる versehen (ausgerüstet; ausgestattet; begabt) sein 《mit³》; haben*⁴; besitzen*⁴ 《zu jm》/自然に備わる人品 js angeborene Würde.

ソネット Sonett n. -(e)s, -e.

そねみ 妬み Eifersucht f. 《auf⁴》; Neid m. -(e)s 《auf⁴; über⁴》.

そねむ 妬む beneiden 《jn um⁴; wegen²⁽³⁾》; eifersüchtig sein 《auf jn wegen²⁽³⁾》; missgönnen 《jm》; neidisch sein 《auf jn wegen²⁽³⁾》; scheele Blicke werfen 《auf jn》; scheel sehen* 《zu jm》; mit scheelen Augen (scheel) an|sehen* 《jn》.

その dieser*; der*; sein* 《der; der betreffende (fragliche; besagte); genau derselbe 《正にその》/問題のその人です Das ist der (die) Betreffende.

その 園 ‖ 学びの園 Erziehungsanstalt f. -en/これがかつての我々の学びの園だ Das ist unsere Alma Mater.

そのうえ その上 außerdem; darüber hinaus; dazu; fernerhin; obendrein; überdies; zudem/その困ったことには zu meinem größeren Verdruss; was noch schlimmer ist.

そのうち その内 bald; binnen kurzem; in den nächsten Tagen; in nächster (absehbarer) Zeit; über ein kleines; über kurz oder lang; inzwischen 《とかくする内》; mittlerweile; unterdessen; zwischendurch; eines Tages 《いつかは》.

そのくせ trotzdem; dennoch; des ungeachtet / 彼は大金をもうけているなどと言いながらそのくせ見すぼらしい身なりをしている Er will viel Geld verdienen, und dabei trägt er so schäbige Kleider.

そのくらい so viel; so weit.

そのご その後 da|nach (hier-); dar|auf (hier-); in der Folge; nachher; seit|dem (-her); seit der Zeit; später/その後の nach|herig (-folgend) / その後は彼に会いません Seitdem habe ich ihn nicht gesehen.

そのころ その頃 damals; früher; in (zu) jener Zeit; vormals/その頃の damalig; von damals.

そのすじ その筋 die zuständige Behörde, -n; Autorität f. -en; Obrigkeit f. -en; die maßgebenden Persönlichkeiten 《pl 権威筋》/その筋の命により auf ⁴Befehl (An-ordnung) der zuständigen ⁴Behörde 〔hin〕/その筋からの情報によれば laut den Nachrichten aus einer autoritativen Quelle/その筋ににらまれる von der Polizei scharf beobachtet (beschattet) werden.

そのせつ その節 bei dieser Gelegenheit; bei jenem Anlass.

そのて その手は食わない Sehe ich aus, als könnte man mich übers Ohr hauen? Ich bin klug und weise, und mich betrügt man nicht.

そのとおり その通り Das stimmt. Sie haben recht. Ganz richtig.

そのとき その時 da; in diesem Augenblick; in derselben Zeit 《当時》/その時の大臣 der damalige Minister, -s, - ‖ その時限り vorläufig; nicht auf die Dauer; nicht dauernd; provisorisch; temporär; vorübergehend; zeitweilig; behelfsmäßig 《間にあわせの》.

そのば その場 auf der Stelle; ohne weiteres; stehenden Fußes; sofort 《即座に》; fristlos 《猶予なく》/その場で首になる fristlos entlassen werden; auf der Stelle hinausfliegen müssen* / その場をうそで凌ぐ ⁴sich mit Lügen behelfen*.

そのひ その日 der (dieser; derselbe) Tag, -(e)s/その日のうちに noch an dem (demselben) Tag; noch im Laufe des Tages; noch eher der Tag zu Ende geht/その日の物にも事

そのへん その辺 [da] herum; dort oder dort umher; etwa 《およそ》; so ungefähr《viel》/その辺のことは存じません Davon weiß ich nichts./一万円かそのへんでしょう Das kostet so um 10 000 Yen herum.

そのほう その方 ❶ [方向] die Richtung (Seite); darin 《その点で》. ❷ [事物] das*; das Betreffende*, -n/その方はどうも不得意です Das eben ist meine schwache Seite.

そのほか その外 außerdem; daneben; darüber hinaus; ferner; noch dazu; sonst; überdies/その外の ander; rückständig; übrig; zurückbleibend; zusätzlich 《追加の》/その外の会員 die anderen (übrigen) Mitglieder 《pl》/その外に質問はありませんか Haben Sie sonst keine Fragen?

そのまま [so] wie es ist; im ursprünglichen Zustand; intakt 《ふれずに》; unberührt 《同上》/そのままにしておく beim Alten bleiben lassen*; [auf³]nicht beruhen lassen**; dabei (damit) bewenden lassen**; dahingestellt bleiben lassen*.

そのみち その道の人 [Sach]kenner m. -s, -; Experte m. -n, -n; Fachmann m. -[e]s, ~er (..leute); der Sach|verständige* 《-kundige*》, -n, -n; Spezialist m. -en, -en/その道の人に尋ねる einen [Sach]kenner fragen; einen Spezialisten um ⁴Rat bitten*; ⁴sich an einen Fachmann wenden*.

そのむき その向き zuständig; befugt; kompetent.

そのもの dasselbe*; dieses*; das Nämliche*/貪欲そのものような男 Wir sehen in ihm den Geiz verkörpert.: Er ist der Geiz selbst.

そのわり その割 ¶ 仕事はきついが賃金はその割には少ない Die Arbeit ist hart, Verhältnis dazu ist der Lohn gering.

そば 側 Seite f. -n; [付近] Nähe f. -n; Nachbarschaft f. -en/[の]seitlich; nahe; benachbart; [隣接の] anliegend; angrenzend/...の側 neben³,⁴; bei³; seitwärts²/側を通り過ぎる vorbei|gehen* (vorüber|-) ｜ ⁵ 《an¹》/私の側におすわりなさい Setzen Sie sich neben mich!

そば 蕎麦 《植》Buchweizen m. -s; Buchweizennudeln 《pl》/蕎麦粉 Buchweizenmehl n. -[e]s/蕎麦屋 Buchweizennudelrestaurant n. -s, -s.

そばかす Sommersprosse f. -n/そばかすのある sommersprossig / そばかすがある Sommersprossen 《pl》 haben.

そばだてる 耳をそばだてる die Ohren spitzen (recken); horchen³.

そばづえ 側杖をくう in Mitleidenschaft ziehen*; als ¹Unbeteiligter ⁴Schaden erleiden*.

ソビエト ソビエトロシア Sowjetrußland n. -s/ソビエト連邦 Sowjetunion f./ソビエト社会主義共和国連邦 die Union der Sozialistischen Sowjetrepubliken 《略: UdSSR》. ⇨ロシア.

そびえる 聳える hervor|ragen; empor|ragen; ⁴sich erheben*; empor|stehen*; ragen《in⁴》/空に聳える in den Himmel hinein ragen.

そびやかす 肩をそびやかす《pl》zucken 《肩に》/肩をそびやかして歩く stolzieren ⁵.

そびょう 素描 Zeichnung f. -en; Skizze f. -n; Dessin n. -s, -s.

そびれる ¶ 言い[寝]そびれる zusagen (schlafen) versäumen.

そひん 粗品 [贈物] Kleinigkeit f. -en; das kleine Geschenk, -[e]s, -e; [粗悪品] der schlechte Artikel, -s, -.

そふ 祖父 Großvater m. -s, ~.

ソファー Sofa n. -[s], -s.

そふく 祖服 das einfache Kleid, -[e]s, -er; die einfache Kleidung, -en.

ソフト ソフトな weich ‖ ソフト帽 der weiche Hut, -[e]s, ~e.

ソフトウェア Software f. -s.

ソフトクリーム Softeis n. -es.

ソフトドリンク ein alkoholfreies Getränk, -[e]s, -e; Softdrink m. -s, -s.

ソフトボール Softball m. -[e]s, ~e.

ソプラノ 《楽》Sopran m. -s, -e/ソプラノで歌う Sopran singen* ‖ ソプラノ歌手 Sopran, Sopranist m. -en, -en; Sopransänger m. -s, -; Sopranistin f. ..tinnen 《女》/メゾソプラノ Mezzosopran m. -s, -e.

そぶり 素振り Benehmen n. -s; Verhalten n. -s; Haltung f. -en/素振りをする ⁴sich benehmen* / よそよそしい素振りをする ⁴sich gegen jn benehmen*.

そぼ 祖母 Großmutter f. ~.

そほう 粗放な nachlässig; sorglos; unvorsichtig; unbesonnen; extensiv.

そぼう 粗暴 Wildheit f. -en; Rauheit f. -en; Grobheit f. -en/粗暴な wild; rau; grob.

そほうか 素封家 der wohlhabende Mann, -[e]s, ~er; die angesehene Familie, -n.

そぼく 素朴 Einfachheit f.; Schlichtheit f.; Naivität f./素朴な einfach; schlicht; naiv.

そぼふる そぼ降る rieseln/そぼ降る雨 Sprühregen (Riesel-) m. -s, -/雨がそぼ降る Es rieselt (sprüht).

そま 杣 ❶ [材木] Holz n. -es, ~er. ❷ [杣人] Holz|fäller m. -s, - (-hacker m. -s, -; -hauer m. -s, -)/杣山 Holzung f. -en; Waldung f. -en.

そまつ 粗末 Grobheit f.; Rauheit f.; Rohheit f.; Unfeinheit f.; Ungeschliffenheit f./粗末な grob; rau; roh; unfein; ungeschliffen; wertlos 《無価値の》/粗末な衣服 die schäbige (armselige) Kleidung, -en/粗末な食事 die magere (kärgliche; knappe; schmale) Kost/粗末な住居 die dürftige (ärmliche) Wohnung, -en/粗末に扱う unfreundlich (grob; schnöde) behandeln 《jn》; unvorsichtig um|gehen* ⁵ 《mit³》;

verschwenden[4] 《浪費する》/このことはいささか粗末に取扱われた Dieser Gegenstand ist bisher etwas stiefmütterlich behandelt worden./お粗末ですがお受け下さい Das ist zwar etwas Bescheidenes, aber wollen Sie es bitte annehmen? ⁝ Darf ich Ihnen diese Kleinigkeit überreichen?

ソマリア Somalia *n.* -s/ソマリアの somalisch ‖ ソマリア人 Somalier *m.* -s, -.

そまる 染まる [4]sich färben; gefärbt werden; eine Farbe an|nehmen*; koloriert werden 《彩色される》; angesteckt werden 《病弊に》; ergeben sein 《悪風に》.

そむく 背く ❶ [背く] widersprechen*[3]; entgegen|handeln[3]; [4]sich entgegen|stellen[3]; nicht gehorchen[3]; ungehorsam sein 《*jm*》; brechen*[4] 《約束などに》/あらゆる規制に背く allen [3]Regeln widersprechen*/期待に背く *js* [3]Erwartungen nicht entsprechen*/課せられた委託に背けない Wir dürfen diesem Auftrag nicht entgegenhandeln. ❷ [反逆する] [4]sich auf|lehnen 《*gegen*[4]》; abtrünnig werden 《*jm*》; [4]sich empören 《gegen *jn*; wider *jn*》; [4]sich erheben* 《gegen *jn*》; 〔[4]sich〕 revoltieren; verraten* 《*jn* 裏切る》/彼は友人たちに背かれた Seine Freunde wurden 〔ihm〕 alle abtrünnig.

そむける 顔(目)を背ける das Gesicht (die Augen 《*pl*》) ab|wenden* (weg|wenden*) 《*von*[3]》.

そめ 染め das Färben*, -s; Färbung *f.* -en; Farbengebung *f.* -en 《彩色》/染めがよい(わるい) gut (schlecht) gefärbt sein.

そめいろ 染色 die aufgedruckte Farbe, -n.

そめかえし 染返し Wiederfärbung *f.* -en; das Umfärben*, -s/染め返す wieder färben[4]; auf|färben[4]; noch einmal färben[4]; um|färben[4] 《染め直す》; anders färben[4] 《染め変える》.

そめかた 染め方 Färbekunst *f.* ⸗e; die Art und Weise zu färben.

そめこ 染粉 Farbstoff *m.* -〔e〕s, -e; Färbemittel *n.* -s, -.

そめだす 染め出す färben[4]; bedrucken[4] 《捺染する》.

そめつけ 染付け ❶ das Färben*, -s; Bedruckung *f.* -en 《捺染》; das bedruckte Muster, -s, - 《染付けた模様》. ❷ [磁器] das blauweiße chinesische Porzellan, -s, -e.

そめぬく 染め抜く ein Muster 《-s, -》 ein|färben.

そめもの 染物 das Färben*, -s 《染めること》; der gefärbte Stoff, -〔e〕s, -e 《そのための生地》 ‖ 染物工場 Färberei *f.* -en; Färbe *f.* -n/染物屋 Färber *m.* -s, - 《人》; Färberei *f.* -en 《工場》.

そめもよう 染模様 Farbmuster *n.* -s, -; das gefärbte Muster, -s, -.

そめる 染める ❶ färben[4]; eine Farbe geben*[3]; von Farbstoffen durchdringen lassen*[4]/衣類を染める Kleider 《*pl*》 färben/髪を〔黒く〕染める das Haar 〔schwarz〕 färben/恥がほおを染める Scham färbt die Wangen rot. ❷ 手を染める den Anfang machen; in Angriff nehmen*[4]; ins Rollen bringen*[4].

そめわける 染め分ける bunt färben[4]; bunt⁝-farbig (viel-) machen[4]/染め分けの bunt⁝-farbig (verschieden-; viel-); buntscheckig 《雑色の》.

そもそも [一体] eigentlich; im Grunde 〔genommen〕; wie denn überhaupt; [最初] anfänglich; in erster Linie; ursprünglich.

そや 粗野な grob; bäu〔e〕risch; roh; ungehobelt; ungeschliffen.

そよう 素養 Kenntnis *f.* ..nisse; Bildung *f.* -en; Wissen *n.* -s/素養のある gebildet; kenntnisreich; kundig[2]; studiert; wohl unterrichtet 《*in*[3]》/漢文の素養がある in der klassisch-chinesischen Literatur wohl unterrichtet sein; gute Kenntnisse in der altchinesischen Literatur haben.

そよかぜ そよ風 〔Luft〕hauch *m.* -〔e〕s, -e; Lüftchen *n.* -s, -; der sanfte (leichte; leise) Wind, -〔e〕s, -e; 〖詩〗 die linden Lüfte 《*pl*》/この暑いのにそよ風一つない Bei dieser Hitze weht kein Lüftchen (geht kein leiser Wind).

そよぐ rascheln; rauschen; säuseln; schwanken; zittern 《震える》/風にそよぐ葦 Das Rohr schwankt im Wind.

そよそよ sanft; leise.

そら 空 Himmel *m.* -s, -; Himmels⁝bogen *m.* -s (-gewölbe *n.* -s) 《蒼穹》; Firmament *n.* -〔e〕s 《同上》; Luft *f.* ⸗e 《空中》/空まで届きそうな himmel⁝hoch (wolken-)/空に輝く星 die funkelnden Sterne 《*pl*》 am Himmel/空の高さ Himmelshöhe *f.* -n/空の勇士 der erfolgreiche (hervorragende) Kampfflieger, -s, -/空高く hoch in der Luft/空を仰ぐ zum Himmel 〔hin〕auf|blicken (empor|-sehen*)/空を渡る am Himmel dahin|ziehen* [s]/空が晴れている Der Himmel ist klar (heiter)./空が曇っている Der Himmel ist bewölkt (verhangen; mit Wolken bedeckt). — 空で [暗記] auswendig; aus dem Gedächtnis; aus dem Kopf/空で言うことができる auswendig hersagen können*[4]. — 心も空に ❶ [茫然] geistesabwesend; verträumt; zerstreut. ❷ [浮き浮きして] ganz außer [3]sich; ekstatisch; entzückt; in Entzückung/彼は喜びで心も空だ Der Himmel hängt ihm voller Geigen. ¶ 空吹く風と聞き流す in den Wind schlagen*[4]; tauben Ohren predigen; unbeachtet lassen*[4]; nichts hören wollen* 《*von*[3]》. ‖ 青空 der blaue Himmel; Himmelsbläue *f.*; die Bläue des Himmels/青空にくっきり浮かぶ富士山を見た Ich sah den Fuji sich vom blauen Himmel abheben (abzeichnen)./夜空 der nächtliche Himmel.

そら Da!/そら見ろ Siehst du. ⁝ Sehen Sie. ⁝ Habe ich es dir (Ihnen) nicht gesagt? ⁝ Ich habe es dir (Ihnen) ja 〔gleich〕 gesagt.

そらいろ 空色の himmels⁝blau (azur-).

そらうそぶく 空嘯く sein Ohr verschließen* 《*jm*》; nicht hören wollen* 《*auf*[4]》; [4]sich gleichgültig stellen/空嘯いて mit herausfordernder Gleichgültigkeit.

そらおそろしい 空恐ろしい eine unbestimmte (unerklärliche) Furcht erregend (erweckend)/空恐ろしい気がする Mir ist, ich weiß nicht warum, himmelangst zumute.

そらごと 空言 Lüge *f.* –n; die falsche Aussage, –n (Behauptung, –en); Erfindung *f.* –en.

そらじに 空死 das Sichtotstellen*, –s/空死する ^{4}sich tot stellen.

そらす 反らす ［曲げる］ biegen^{*4}; beugen^{4}; krümmen^{4}; krumm machen^{4}/身体を反らす ^{4}sich krümmen (winden*).

そらす 逸らす ❶［避ける］ aus|weichen^{*3} [s]; entgehen^{*3} [s]; aus dem Weg〔e〕 gehen^{*3} [s]; umgehen^{*4}; vermeiden^{*4}/攻撃を逸らす einen Angriff parieren/質問を逸らす einer ^{3}Frage aus|weichen*. ❷［他方へ転じる］ ab|wenden^{*4} (weg|–) 《*von*^{3}》; ab|bringen^{*4} (–|lenken^{4}) 《*von*^{3}》/注意を逸らす die Aufmerksamkeit ab|lenken / 話を逸らす von ^{3}*et* anderem sprechen*; das Thema wechseln/考えを逸らす *js* ^{3}Gedanken eine andere Richtung geben*/目を逸らす die Augen (den Blick) ab|wenden* 《*von*^{3}》; weg|blicken 《*von*^{3}》/人を逸らさない zuvorkommend (entgegenkommend) sein 《gegen *jn*》; ein einnehmendes Wesen haben.

そらぞらしい 空々しい erheuchelt; erdichtet; falsch; fingiert; verstellt; fadenscheinig 《見えすいた》; Schein-/空々しい弁解 die kahle Entschuldigung, –en; die fadenscheinige Ausrede (Ausflucht)/空々しい様子で mit heuchlerischer (scheinheiliger) Miene/空々しいお世辞を言う ein fadenscheiniges Kompliment machen 《*jm*》; unverschämt heucheln 《*jm*》.

そらだのみ 空頼み der fromme (nie erfüllbare) Wunsch, –〔e〕s, ⸚e; die vergebliche Hoffnung, –en/彼の希望はそのため空頼みに終わった Seine Hoffnungen sind durch diesen unerwarteten Schlag zunichte geworden.

そらとぼける 空惚ける die Maske eines Biedermanns tragen*; scheinheilig sein; ^{4}sich unschuldig stellen; den Unschuldigen spielen/あの男に空惚けさせるな Nimm (Ziehe) ihm die Maske ab!

そらなき 空泣きする heuchlerisch weinen; ^{4}sich stellen (tun*), als ob man weinte; Krokodilstränen vergießen*.

そらなみだ 空涙 die erheuchelten (geheuchelten) Tränen 《*pl*》; die Krokodilstränen 《*pl*》.

そらに 空似 die zufällige Ähnlichkeit/他人の空似ということがある Wildfremde Leute sehen sich manchmal miteinander ähnlich.

そらね 空寝 Scheinschlaf *m.* –〔e〕s; der verstellte Schlaf, –〔e〕s/空寝をする ^{4}sich stellen (tun*), als ob man schliefe.

そらまめ そら豆 Sau|bohne (Pferde–; Puff–) *f.* –n.

そらみみ 空耳 das Verhören* (Misshören*), –s.

そらもよう 空模様 ❶ das Aussehen 《–s》 des Himmels; Wetter *n.* –s, –; Wetterlage *f.* –n 《天候状態》/今の空模様では um nach dem Aussehen des Himmels zu urteilen; wenn dieses Wetter anhält. ❷［形勢］〔Sach〕lage *f.* –n; Situation *f.* –en; die Umstände 《*pl*》; die Verhältnisse 《*pl*》/空模様がわるくなって来た Das Glück hat mir den Rücken gekehrt (hat mich verlassen).

そらわらい 空笑い das affektierte (gezierte; gezwungene) Lachen, –s (Lächeln, –s)/空笑いする affektiert (geziert; gezwungen) lachen (lächeln).

そり 橇 〔Fahr〕schlitten *m.* –s, –; Rodel *f.* –n 《スポーツ用の》; Kufe *f.* –n 《橇の滑走部》/橇の鈴 Schlittengeläut〔e〕 *n.* ..tes, ..te/橇の遠乗り Schlittenfahrt *f.* –en/橇に乗り込む ^{4}sich auf (in) den Schlitten setzen/橇に乗る Schlitten fahren* [s] ‖ 橇競技 Schlittensport *m.* –〔e〕s, ..e/尾橇 〔Schwanz-〕sporn *m.* –〔e〕s, ..ren.

そり 反り das 〔Sich〕werfen*, –s 《板の》; Krümmung *f.* –en; Schweifung *f.* –en.
¶ 反りがあわない ^{4}sich miteinander nicht vertragen können*; ^{3}sich miteinander schlecht stehen*; wie Hund und Katze leben.

そりかえる 反り返る ［板などが］ ^{4}sich werfen*; ［身体が］ ^{4}sich in die Brust werfen*; den Kopf zurück|werfen*.

そりばし 反り橋 Bogenbrücke *f.* –n.

そりみ 反り身になる ^{4}sich in die Brust werfen*/反り身になって歩く einher|stolzieren [s]; hochmütig gehen* [s].

そりゃ そりゃ素晴らしい Das ist wunderbar. Das ist eine 〔feine〕 Idee (ein guter Gedanke)!

そりゃく 粗略な grob; flüchtig; nachlässig; oberflächlich; ungehobelt / 粗略に扱う grob behandeln 《*jn*》.

そりゅうし 素粒子 Elementarteilchen *n.* –s, –.

そる 剃る rasieren^{4}; scheren^{*4} 《髪を》/剃り落とす ab|rasieren^{4}/顔を剃る ^{4}sich selbst rasieren/顔を剃らせる ^{4}sich rasieren lassen*.

そる 反る ^{4}sich biegen*; ^{4}sich krümmen (winden*); ^{4}sich werfen* 《板などが》.

ゾル 〘化〙 Sol *n.* –s, –e.

それ ［呼掛］ Da! Sieh mal! ⇨**そら**(そら).

それ ［指示］ es*; das*; dies〔es*〕.

それがし 某 eine gewisse Person; Herr (Frau) Soundso/田中某 ein gewisser Tanaka.

それがため demzufolge; dadurch; dementsprechend; demgemäß/それがため沙汰やみになった Man hat die Sache demnach fallen lassen.

それから ❶ dann; darauf; hierauf; danach. ❷［以後］ seitdem; seither/それから〔は〕ついぞ会わなかった Seitdem habe ich ihn nie mehr gesehen. ❸ それからそれへと話をする vom Hundertsten ins Tausendste kommen* [s]; nicht bei der Sache bleiben* [s]; alles durcheinander erzählen.

それこそ das eben (gerade); gleich als ob 《接続法第二式, さも》.

それぞれ jeder* [für ⁴sich]; einzeln; getrennt/それぞれの生徒に特別の能力がある Jeder der Schüler zeigt besondere Talente.

それだから also; daher; darum; demgemäß; deshalb; deswegen; folglich; aus diesem Grund[e].

それだけ so viel /...はそれだけ so viel für⁴ .../今日はそれだけにしよう So viel für heute.

それだのに dennoch; des ungeachtet; [und] doch; nichtsdestoweniger; trotzdem; bei all[em] dem /それだのに成功しそうもない Bei all[em] dem will es nicht gelingen.

それだま それ弾 die verirrrte Kugel, -n.

それっきり それっきりになる alle werden; erschöpft werden; aufgebraten werden《中止》/話はそれっきりになった Das war das Ende vom Lied[e].

それで ❶ sodass; und so. ⇨ **それだから**. ❷ [そこで] und; dann.

それでこそ それでこそ気に入る Nur so gefallen Sie mir./それでこそ学者だ Sonst ist er kein Gelehrter.

それでは dann; in diesem Fall; wenn das der Fall ist; wenn dem so ist.

それでも aber; allein; [je]doch; trotzdem /それでもやってみよう Ich werde es trotzdem versuchen.

それどころか weit entfernt (davon); im Gegenteil《反対に》.

それとなく unauffällig; diskret; rücksichtsvoll; schonend; taktvoll; unaufdringlich; wie beiläufig /それとなく探ってみた Ich habe ihm auf den Zahn gefühlt.

それとも oder [aber].

それに ⇨ **そのうえ**/**それにつけても** bei diesem Gedanken; wenn man daran denkt.

それは それはさておき übrigens; nebenbei bemerkt; dabei fällt mir ein; [ach] eh' ich was; [ach] vergesse es ich sagen wollte /それはそれはお気のどく Das tut mir Leid./それはほんと奇麗な箱だった Das war ein unbeschreiblich hübscher Kasten./それはそうとう um auf besagten Hammel zu kommen《閑話休題》.

それほど それ程 so dass ...; in dem Grad[e], dass .../彼はされ程利口でない Er ist nicht sonderlich klug.

それまで bis dahin; bis zu dieser Zeit /それまでには万事でき上がっている Bis dahin ist alles fix und fertig.

それゆえ それ故 ⇨ **それだから**.

それる 逸れる ab|irren Ⓢ (von³); ab|schweifen Ⓢ (von³); ab|weichen* Ⓢ (von³); fehl|gehen* Ⓢ《射撃的》; den Weg verfehlen; das Ziel verfehlen /話がわきへ逸れましたが Ich bin zwar vom Thema abgeschwiffen, aber ....

ソれん ソ連 Sowjetrussland n. -s; UdSSR (=Union der Sozialistischen Sowjetrepubliken)/ソ連の sowjetisch.

ソロ ソロ Solo n. -s, -s (..li) /ソロで弾く(歌う) solo spielen (singen*) ‖ ソロ歌手 Solist m. -en, -en; Solosänger m. -s, -.

ゾロアスター ゾロアスター教 die zoroastrische Religion.

そろい 揃いの uniform; ein|förmig (-tönig); gleichförmig; über einen Kamm geschoren ‖ 一揃い Satz m. -es, =e《道具などの》; Anzug m. -[e]s, =e《衣服の》; Garnitur f. -en《家具・衣服・道具などの》.

そろう 疎漏 Fahrlässigkeit f.《軽率》; Liederlichkeit f.《放漫》; Nachlässigkeit f.《怠慢》; Unachtsamkeit f.《不注意》/疎漏な fahrlässig; liederlich; nachlässig; unachtsam.

そろう 揃う ❶ [整う] zusammengestellt (angeordnet) werden; in Ordnung gebracht werden. ❷ [まとめられる] vervollständigt werden; vollzählig (vollständig) werden; ergänzt werden《欠けたのを補れる》. ❸ [集まる] ⁴sich (ver)sammeln. ❹ [一致] einig werden; überein|stimmen. ― 揃った ❶ [完全な] vollständig; vollzählig; komplett. ❷ [同一の] uniform; ein|förmig (gleich-); eintönig /揃いも揃って alle und jede (pl); keinen (keiner) ausgenommen; ohne ⁴Ausnahme.

そろえる 揃える ❶ [並べる] zusammen|stellen*⁴; in Ordnung bringen*⁴; an|ordnen⁴. ❷ [まとめる] vervollständigen*⁴; vollzählig (vollständig) machen⁴; ergänzen⁴《欠けたのを補う》. ❸ [集める] (ver)sammeln⁴. ❹ [一様にする] gleich(mäßig) (einheitlich) machen⁴; in eine Form bringen*⁴; alles über einen Kamm scheren*.

そろそろ langsam; allmählich《漸次に》; gemächlich《静かに》; nach und nach; schrittweise; zögernd; bald [間もなく]/そろそろ出かけよう Wollen wir langsam gehen./そろそろ寒くなってきた In der letzten Zeit wird es mit jedem Tag kälter.

ぞろぞろ [あとからあとから] einer* nach dem anderen; hintereinander; [列をなして] in langer ³Reihe; [群をなして] haufenweise; in ³Scharen /人々がぞろぞろとその建物の中から出てきた Die Leute kamen in Scharen aus dem Gebäude heraus.

そろばん 算盤 ❶ Rechenbrett n. -[e]s, -er /算盤をはじく ⁴sich des Rechenbrettes bedienen. ❷ [損得・利益] Gewinn bringend (gewinnbringend); einträglich; lohnend; lukrativ; vorteilhaft /算盤がとれる ⁴sich lohnen; lohnend sein; genug ein|bringen*; der Mühe wert sein /算盤があわない Die [Be]rechnung stimmt nicht. /算盤をはじく [be]rechnen; aus|rechnen; kalkulieren /あの男は算盤のとれる男だ Er rechnet mit jedem Pfennig. — Er rechnet ein bisschen zu genau. /この商売は算盤がとれない Dieses Geschäft ist nicht lohnend. ‖ 算盤珠 Zähler m. -s, -.

ソロモンしょとう ソロモン諸島 die Salomonen (pl) /ソロモン諸島の salomonisch.

そわそわ そわそわした unruhig (nervös; ruhelos); ungeduldig sein /そわそわするな Blei[e] gelassen!

そん 損 Verlust m. -[e]s, -e《損失》; Abbruch m. -[e]s, =e; Einbuße f. -n; Nachteil m. -[e]s, -e《不利》; Schaden m. -s, =《損害》. — 損な Verlust bringend (verlustbringend); nicht Gewinn bringend (gewinnbringend); schädlich; ungünstig; unrentabel; unvorteilhaft; verlierend. — 損になる Verlust (Nachteil; Schaden) bringen* 《jm》; zum Nachteil gereichen (aus|schlagen*《s》; werden) 《jm》; ⁴sich nicht lohnen; zu ungunsten von jm aus|fallen* 《s》/損をかける Schaden (Verlust) zu|fügen 《jm》. — 損をする Verlust (Einbuße; Schaden) erleiden*; zu Schaden kommen*《s》; den Kürzeren ziehen*; Haare lassen müssen*; her|halten*; in ⁴Verlust geraten*《s》; zu kurz kommen*/損しないように気をつけたまえ Sei auf der Hut, dass du dich nicht schlecht wegkommst.

そんえき 損益 Gewinn und Verlust; Vorteil und Nachteil ‖ 損益勘定 das Gewinne-und-Verlustkonto, -s, ..ten 《s od. ..ti》/損益計算書》 die Gewinn-und-Verlustrechnung, -en/損益処分 die Maßregeln 《pl》 aufgrund von Gewinn und Verlust; Schritte 《pl》 zum Ausgleich von Gewinn und Verlust/損益報告 der Gewinn-und-Verlustbericht, -[e]s, -e.

そんかい 村会 Gemeinde|rat m. -[e]s, (- vertretung f. -en) ‖ 村会議員 Gemeinde- ratsmitglied n. -[e]s, -er 〈-vertreter m. -s, -〉.

そんがい 損害 Schaden m. -s, ⸚; Verlust m. -[e]s, -e; Nachteil m. -[e]s, -e; die Verluste 《pl 死傷者》; die Versicherung 《-en》 gegen ⁴Seeschaden/損害を与える Schaden zu|fügen⁽³⁾ (bringen*)《jm》; schaden³; schadhaft machen⁴/損害をひき起こす Schaden an|richten (stiften; verursachen); Verlust verursachen/損害を受ける Schaden [er]leiden* (davon|tragen*; nehmen*); beschädigt werden/損害は...に上った Der Schaden betrug ... (belief sich auf⁴ ...; bezifferte sich auf⁴ ...)./損害は全然生じなかった Es ist kein Schaden entstanden. ‖ 損害額 Schadenbetrag m. -[e]s, ⸚e/損害賠償 Schadenersatz m. -es; Entschädigung f. -en; Schadloshaltung f./損害賠償の訴えを起こす auf Schadenersatz 〈ver〉klagen 《jn》/損害賠償を受ける Schadenersatz erhalten*; entschädigt werden/損害賠償をする Schadenersatz leisten; für den Schaden Ersatz leisten; den Schaden ersetzen; entschädigen 《jn für⁴》; schadlos halten*; vergüten (wieder gut|machen (machte wieder gut, wieder gutgemacht)) 《jn für⁴》/損害賠償金 Schadengeld n. -[e]s, -er/損害賠償請求権 Schadenersatzanspruch m. -[e]s, ⸚e.

そんがい 存外 ⇨ **あんがい**.
そんきん 損金 Geldverlust m. -[e]s, -e; Verlust 《m. -[e]s, -e》 an ³Geld.
そんけい 尊敬 Achtung f.; Ehrerbietung f.; Respekt m. -[e]s; Verehrung f. -en/尊敬すべき achtbar; achtungs|wert (-würdig); ehren|haft (-wert); ehrwürdig; respektabel; verehrens|wert (-würdig). — 尊敬する achten 《jn》; Achtung haben (hegen) 《vor jm》; in Ehren halten*《jn》; respektieren 《jn》; Respekt zollen 《jm》; allen Respekt haben 《vor jm》; verehren 《jn》 ❖ Verehrung erweisen 《jm》/ 〈尊敬〉というよりもむしろ/彼は誰にでも非常に尊敬されている Er wird von jedermann sehr geachtet (verehrt)./彼は彼女を神のように尊敬していた Sie wurde von ihm vergöttert.

そんげん 尊厳 Würde f.; Hoheit f.; Erhabenheit f.; Prestige n. -s.
そんざい 存在 [Da]sein n. -s; Existenz f. -en/Vorhandensein n. -s/存在を認められる Anerkennung finden*/jm wird Anerkennung [zuteil]. anerkannt werden. — 存在する [da]sein*《s》; existieren; es gibt*; zu finden sein; vorhanden sein; vor|kommen*《s》. ‖ 存在物 das Seiende*, -n; Wesen n. -s, -.

ぞんざい ぞんざいな(に) nachlässig 《なげやりな》; liederlich 《だらしない》; unaufmerksam 《不注意な》; unhöflich 《失礼な》; grob 《粗野な gröber, gröbst》/ぞんざいな口をきく eine freche Zunge haben/ぞんざいに書く nachlässig schreiben*/ぞんざいに扱う grob behandeln*; liederlich (leichtsinnig) um|gehen*《s》《mit³》/仕事をぞんざいにする eine Arbeit auf nachlässige ⁴Art verrichten.

そんしつ 損失 ⇨ **そん**.
そんしょう 損傷 Schaden m. -s, ⸚; [Be-] schädigung f. -en; Entstellung f. -en 《形を損じること》/損傷をこうむる Schaden erleiden*; beschädigt (geschädigt; entstellt) werden/損傷する Schaden zu|fügen (verursachen); (be)schädigen; entstellen⁴.

そんしょう 尊称 Ehrentitel m. -s, -; der ehrende Titel, -s, -/尊称を奉る einen Ehrentitel bei|legen 《jm》.

そんしょく 遜色 Minderwertigkeit f.; das Tiefstehen n.; Untergeordnetheit f.; der geringere Wert, -[e]s, -e 《Stand, -[e]s, ⸚e》/さらに遜色なしに in nichts zurück|stehen* 《hinter jm; gegen jn》; keinem nach|stehen* 《an³; in³》; ebenbürtig (gleichrangig) sein 《jm》; ⁴es aufnehmen können* 《mit jm》; gleich|kommen*《s》《jm》.

そんじる 損じる ❶ 《害う》 schaden³; Schaden tun* (verursachen); beeinträchtigen⁴; (be)schädigen; schadhaft machen⁴; unbrauchbar (untauglich) machen⁴; verletzen⁴; ab|tragen*⁴ 《衣類を》/機嫌を損じる beleidigen 《jn》; Anstoß erregen (geben)《jm》; ärgern 《jn》; kränken 《jn》; unangenehm berühren 《jn》 《das Gefühl》 verletzen; verstimmen 《jn》; zu nahe treten*《s》《jm》. ❷ 《わるくなる》 verderben*《s》; beeinträchtigt (beschädigt; geschädigt; verletzt) werden; schadhaft (unbrauchbar; untauglich) gemacht werden; abgetragen werden 《衣類が》; aus der Ordnung kommen*《s》《機械が》/損じやすい zerbrechlich; brüchig 《もろい》; hinfällig; leicht verderblich 《食物が》; empfindlich 《敏感な》/私はどうも健康を損じているようだ Meine Gesundheit ist nicht ganz, wie sie sein sollte. / この額ぶちは絵を損じている Der Rahmen entstellt dieses Bild.

ぞんじる 存じる ⇨しる(知る) / ご存じの如く wie Sie wissen / 彼女を御存じですか Kennen Sie sie? / 彼の居所は存じません Ich weiß nicht, wo er ist.¦Ich kenne (weiß) nicht seine Adresse. / 東京には御存じの方がいらっしゃいますか Haben Sie einen Bekannten in Tokio? / ありがとう存じます Haben Sie herzlichen Dank!¦Ich bin Ihnen sehr dankbar dafür.

そ

そんする 存する da|sein* [s]; bestehen*; existieren; 〔fort〕leben; bleiben* [s] 《残存する》; [保存] bewahren⁴; erhalten*⁴; fest|halten*⁴.

ぞんずる 存ずる ⇨ぞんじる.

そんぜい 村税 Dorf¦steuer (Gemeinde-) *f.* -n.

そんぞく 存続 Fort¦dauer *f.* (-bestand *m.* -[e]s; -bestehen *n.* -s); das Bleiben*, -s 《残ること》. ── 存続する fort|dauern (-|bestehen*); bleiben* [s]; [保存] bewahren⁴; erhalten*⁴.

そんぞく 尊属 der Verwandte* 《-n, -n》 in aufsteigender Linie; Aszendent *m.* -en, -en.

そんだい 尊大 Hochmut *m.* -[e]s; Anmaßung *f.* -en; Arroganz *f.*; Dünkel *m.* -s; Überheblichkeit *f.* -en; Überhebung *f.* -en; Wichtigtuerei *f.* -en. ── 尊大な hochmütig; anmaßend; arrogant; dünkelhaft; überheblich; wichtigtuend / 尊大に構える hochmütig sein; den großen Herrn spielen; den Nacken steif tragen*; die Stirn[e] (die Nase) hoch tragen*; ⁴sich in die Brust werfen*; ⁴sich wichtig machen; wichtig sein.

そんたく 忖度する vermuten⁴; mutmaßen⁴ 《*p.p.* gemutmaßt》; an|nehmen*⁴.

そんちょう 村長 der Dorfälteste*, -n, -n; Gemeinde¦vorsteher (Orts-) *m.* -s, -; Schulze *m.* -n, -n.

そんちょう 尊重 Hoch¦achtung (Wert-) *f.* -en; Hoch¦schätzung (Wert-) *f.* -en; Respekt *m.* -[e]s / 尊重すべき hoch¦achtbar (-schätzbar); achtungs¦wert (-würdig); ehrwürdig; respektabel. ── 尊重する hoch achten⁴; wertachten⁴; hoch schätzen⁴; wertschätzen⁴; ehren 《*jn*》; in Ehren halten*⁴; hoch|halten* 《*jn*》; Respekt zollen 《*jm*》; respektieren 《*jn*》; schätzen⁴.

ゾンデ Sonde *f.* -n ‖ ラジオゾンデ Radiosonde *f.* -n.

そんどう 村道 Dorfstraße *f.* -n.

そんとく 損得 ⇨そんえき / 損得はどうでもかまわぬ Mir soll es lieber auf Gewinn oder Verlust nicht ankommen.¦Es ist mir gleichgültig, ob ich dabei verliere oder zusetze.

そんな ein solcher*; solch; so; der ²Art; derartig / そんな人(物) ein solcher Mensch, -en, -en (ein solches Ding, -[e]s, -e) / そんなに so; so viel; besonders 《格別》/ そんなに困っているなら wenn Sie in so großer Not sind; wenn Sie so verlegen sind / そんなに彼女が好きなら wenn Sie eine so große Neigung zu ihr fassen; wenn Sie sie so gern haben / そんなになるとは思わなかった Ich habe gar nicht daran gedacht, dass die Sache einen solchen Ausgang nehmen könnte. / そんなに沢山はいらない Ich brauche nicht so viel. / 私はそんなことは体験したことがない Derartiges habe ich noch nicht erlebt. / そんなに骨折って頂いてまことに有難う存じます Ich danke Ihnen herzlich dafür, dass Sie sich so besonders darum bemüht haben.

そんなら dann; in diesem Fall[e]; wenn das der Fall ist; wenn ja.

そんのう 尊王 die Verehrung des Kaisers; Royalismus *m.* - ‖ 尊王主義 die royalistische Gesinnung, -en / 尊王攘夷 die Verehrung des Kaisers und die Vertreibung der Barbaren / 尊王党 die royalistische Partei, -en; Royalist *m.* -en, -en.

そんぱい 存廃 Fortdauer oder Abschaffung; Sein oder Nichtsein; Existenz *f.* -en 《存在》.

そんぴ 村費 Gemeinde¦kosten 《*pl*》 (-ausgaben 《*pl* 支出》).

ぞんぶん 存分に nach ³Belieben (Wunsch); nach ³Herzenslust; ohne ⁴Rückhalt 《遠慮せずに》/ どうぞ御存分に Wie es Ihnen beliebt (gefällt).

そんぼう 存亡 Sein oder Nichtsein; Leben und Tod; Existenz *f.* -en; Krise *f.* -n 《危機》/ 存亡に関する *js* Geschick entscheiden* (besiegeln); es geht um Sein oder Nichtsein; sein Leben aufs Spiel setzen / 国家存亡の秋 die nationale Krise.

そんみん 村民 Dorfbewohner *m.* -s, -.

ぞんめい 存命している leben; am Leben sein / …の存命中に zu *js* ³Lebzeiten.

そんらく 村落 Dorf *n.* -[e]s, ⸚er; Weiler *m.* -s, -.

そんり 村吏 der Gemeindebeamte*, -n, -n.

そんりつ 存立 Bestehen *n.* -s; Existenz *f.* -en / 存立する bestehen*; existieren; Bestand haben; ⁴sich erhalten*.

そんりつ 村立の von der Gemeinde errichtet; Dorf- / 村立の小学校 Dorfschule *f.* -n.

そんりょう 損料 die Leihgebühren 《*pl*》/ 損料で借りる gegen ⁴Leihgebühren nehmen*⁴ / 損料で貸す gegen Leihgebühren geben*⁴.

た

た 田 Reisfeld *n.* -[e]s, -er《稲田》/田を耕す das Reisfeld pflügen/田を作る das Reisfeld bestellen (bebauen)/田に水を引く das Reisfeld bewässern.

た 他の ander. ⇨ほか.

た 多とする an|erkennen*⁴; hoch schätzen⁴; *jm* dankbar sein 《für⁴》.

-だ ❶ [...である] sein*《彼女はすこぶる美人だ Sie ist selten schön./火事場は凄惨な有様だ Die Brandstätte bietet einen grausigen Anblick./そんなことなんかありっこないそだ Das kann doch nicht sein: es ist doch unmöglich. ❷ [...となる] [aus]machen⁴/勘定は四千円だ Die Rechnung macht 4 000 Yen [aus]./三たす六は九だ Drei und sechs macht neun./彼が旅に出てからもう一年だ Es ist ein Jahr [her], dass er abgereist ist./我々の友情はおしまいだ Unsere Freundschaft ist gewesen (vorbei)!.

だ だとなる ganz verblüfft (verdutzt) sein／彼女の返事にだあとなって二の句がつげなかった Von ihrer Antwort verblüfft schwieg er.

ダークホース das noch unbekannte Rennpferd, -[e]s, -e《馬》; Neuling *m.* -s, -e《人》／彼はダークホースだ Er ist eine unbeschriebenes Blatt (eine unbekannte Größe).

ダース Dutzend *n.* -s, -e《略:Dtzd.》／ダースで(ずつ) dutzendweise; in (nach; zu) Dutzenden／半ダース eine halbes Dutzend／三ダース drei Dutzend《*pl* にしない》／一ダース十ユーロ 10 Euro das Dutzend; Der Dutzendpreis ist 10 Euro.

ダーツ《裁》Abnäher *m.* -s, -.

ターバン Turban *m.* -s, -e; Kopftuch *n.* -[e]s, ⁼er.

ダービー《競馬》Derby *n.* -[s], -s; Derbyrennen *n.* -s, -.

タービン《工》Turbine *f.* -n ∥ タービン室 Turbinenhaus *n.* -es, -⁼er／タービン船 Turbinenschiff *n.* -[e]s, -e.

ターボ ターボジェット [飛行機] Turbinenflugzeug *n.* -[e]s, -e;［エンジン］Turbo-Luftstrahltriebwerk (Turbinen-Luftstrahltriebwerk; TL-Triebwerk) *n.* -[e]s, -e／ターボプロプ[飛行機] Turbinenflugzeug *n.* -[e]s, -e; [エンジン] Turbo-Prop-Flugzeug; [エンジン] Propellerturbine *f.* -n; Turboproptriebwerk; Propeller-Turbinen-Luftstrahltriebwerk; PTL-Triebwerk.

ターミナル ❶《駅》Endstation *f.* -en. ❷《飛行場》Terminal *m.* (*n.*) -s, -s. ❸《電算機》Datenendstation *f.*; Terminal *n.* -s, -s ∥ ターミナルデパート das Kaufhaus《-es, -⁼er》im Bahnhofsgebäude.

タール Teer *m.* -[e]s, -e／タールを塗る teeren⁴; mit Teer bestreichen*⁴／タールを塗った teerbeschmiert; teerig ∥ コールタール Steinkohlenteer *m.* -[e]s, -e.

ターン《水泳》Wende *f.* -n／ターンする ⁴sich wenden*¹.

ターンパイク [遮断機・関門] Schlagbaum *m.* -[e]s, ⁼e; Zollschranke *f.* -n; [道路] Zollstraße *f.* -n.

たい 対 ❶ [反対] Gegen|teil *n.* -[e]s, -e (-satz *m.* -es, ⁼e); Gegenstück *n.* -[e]s, -e; [対応物] Antipode *m.* -n, -n 《対蹠(き)者》; Antonym *n.* -s, -e《対語》. ❷ A 対 B A gegen B／ニーチェ対ワーグナー Nietzsche kontra Wagner／五対一[で勝つ] [mit] fünf zu eins [gewinnen*]／対独戦争 der Krieg *m.* -[e]s, -e gegen Deutschland／対日講和条約 der Friedensvertrag -[e]s, ⁼e mit Japan／対米燃我の Einstellung《-en》gegenüber ³Amerika.

たい 体 ❶ [身体] Körper *m.* -s, -; Leib *m.* -[e]s, -er／体をかわす schnell aus|weichen*［s］; beiseite springen*／❶［形・様式］Form *f.* -[e]n;［形］Stil *m.* -[e]s, -e《様式》／体をなす Formen an|nehmen*／彼の文章は体をなしていない Er hat überhaupt keinen Stil.

たい 帯 Zone *f.* -n; Gürtel *m.* -s, -／熱(温)帯 die tropische (gemäßigte) Zone.

たい 態《文法》Genus *n.* -, Genera.

たい 隊 Truppe *f.* -n, Trupp *m.* -s, -s; Schar *f.* -n;《群》Haufen *m.* -s, -;《同上》一隊の騎士(兵士) eine Schar (ein Trupp) Reiter (Soldaten)／隊を組んで truppen|weise (haufen-; scharen-); in ³Scharen《群をなして》∥ 愚連隊 Rowdy *m.* -s, -s (Rowdies).

たい《魚》Meerbrasse *f.* -n.

たい 他意 eine andere Absicht, -en; Hintergedanke *m.* -ns, -n《悪意》／他意のない arglos; ohne [andere] Absicht; ohne ⁴Hintergedanken／別に他意はなかったのです Ich habe es nicht anders (böse) gemeint.

たい 滞 -¶ 滞独(仏) Aufent|halt 《-[e]s, -e》in ³Deutschland (Frankreich)／私の滞米中 bei meinem Aufenthalt in Amerika.

-たい möchten*《mögenの接続法第二式》; gern + 動詞; Lust haben, ... zu tun／いっしょに行きたい Ich möchte [gern] mitgehen／彼に会いたいなあ Wenn ich ihn doch sehen könnte!; Ich möchte ihn sehen.／今のところはビールは飲みたくありません Momentan habe ich keine Lust, Bier zu trinken.

タイ Thailand *n.* -s ∥ タイ人 Thailänder *m.* -s, -; Thailänderin *f.* -, ..rinnen《女》.

だい 題 ❶ Titel *m.* -s, -; Überschrift *f.* -en; Betitelung *f.* -en／題に(題をつける betiteln⁴; überschreiben*⁴; mit einer Überschrift versehen*⁴／その詩は「早春」と題している

Das Gedicht ist „Vorfrühling“ überschrieben. ❷ [主題] Thema *n.* -s, ..men (-ta); Gegenstand *m.* -[e]s, ⸚e; Gesprächsgegenstand《話題》. ❸ [問題] Aufgabe *f.* -n; Frage *f.* -n; Problem *n.* -s, -e / ある人にある題を出す *jm* eine Aufgabe (ein Thema) stellen; *jm* Frage auf|geben*.

だい 代 ❶ [代金] Kaufgeld *n.* -[e]s, -er; Kosten《*pl*》; Preis *m.* -es, -e / 本代 Bücherkosten. ⇨**りょうきん**, **ねだん**. ❷ [時代] Periode *f.* -n; Zeitalter *n.* -s, -; Zeit *f.* -en; Generation *f.* -en《世代》/ 代々 ⇨**だいだい**(代々) / 次代[の人々] kommende Generationen (Geschlechter)《*pl*》/ 十代の人々 die Jugendlichen*《*pl*》; Teenager *m.* -s, -《ティーンエイジャー》/ 彼女は十代である (を越している) Sie ist unter zwanzig Jahren alt. ¦ Sie steht (ist) in den Zehnern. (Sie ist über zwanzig Jahre alt. ¦ Sie ist aus dem Entwicklungsalter hinaus.). ❸ [治世] Regierung *f.* -en; Dynastie *f.* -n《朝》/ 徳川三代将軍 der dritte Schogun der Tokugawa-Zeit. ❹ [生存時] Lebenszeit *f.* -en; Lebzeiten《*pl*》/ 父の代に bei (zu) Lebzeiten meines Vaters; zur Lebenszeit meines Vaters.

だい 台 ❶ Gestell *n.* -[e]s, -e; Ständer *m.* -s, -; Stütze *f.* -n《支え》; Unterlage *f.* -n《台木》; Untersatz *m.* -es, ⸚e《台架・台皿》; Tisch *m.* -[e]s, -e《テーブル》. ❷ Bank *f.* ⸚e《長腰掛》; Bock *m.* -[e]s, ⸚e《脚立など》; Säulenfuß *m.* -es, ⸚e《柱脚》; Piedenstal *n.* -s, -e; Sockel *m.* -s, -《台石》; Tribüne *f.* -n《観覧台》. ❸ [橋台] [Brücken]pfeiler *m.* -s, -; Widerlager *n.* -s, -; [仕事台] Block *m.* -[e]s, ⸚e《薪割などの》; Bock *m.* -[e]s, ⸚e《鋸挽(のこぎりびき)などの》. ❹ [宝石の] Einfassung *f.* -en. ❺ ⇨**だいち**(台地). ❻ [基礎] Basis *f.* Basen; Grundlage *f.* -n. ❼ 千円台に上がる über 1 000 Yen steigen* [s] (auf|schlagen* [s]) / 千円台に下がる unter 1 000 Yen fallen* [s] (sinken* [s]).

だい- 第- ¶ 第一 (二, 三…) der (die; das) erste* (zweite*, dritte* …); Nummer eins (zwei, drei …); Nr. 1 (2, 3 …).

だい 大をなす es weit bringen*; ein großer Mann (großes Tier) werden / 大は小を兼ねる Besser zu viel als zu wenig. / 大なり小なり mehr oder weniger / 大の月 der Monat (-[e]s, -e) mit 31 Tagen / 彼の被害は大だ Der Schaden traf ihn hart. ¦ Er hat dadurch viel (schweren) Schaden erlitten. ── 大なる groß; mächtig; stark; großartig《雄大》; prächtig《壮麗》; riesenhaft《巨大》; umfangreich《膨大》; ausgedehnt《広大》. ⇨**おおきい** ── 大の [強意] 彼は大の酒好き(仕事嫌い)だ Er ist ein großer Freund vom Trinken (ein abgesagter Feind der Arbeit).

-だい -大 ¶ 実物大の lebensgroß; in ³Lebensgröße / 二(三)倍大の doppelt (dreimal) so groß《wie …》/ 二分の一大の halb so groß《wie …》.

たいあたり 体当たりする ⁴sich werfen*《*auf*⁴》; Leib und Leben ein|setzen《*für*⁴ 生命を賭してやる》.

たいあつ 耐圧の druckfest ‖ 耐圧服 [飛行用の] Flieger¦anzug *m.* -[e]s, ⸚e (-kombination *f.* -en).

タイアップ タイアップする zusammen|arbeiten《*mit*³》.

たいあん 対案 Gegenplan *m.* -[e]s, ⸚e; Gegenvorschlag *m.* -[e]s, ⸚e《反対提案》.

たいあん 大安の日に an einem Glück verheißenden Tag[e].

だいあん 代案 der andere Antrag, -[e]s, ⸚e (Entwurf, -[e]s, ⸚e; Plan, -[e]s, ⸚e).

たいい 体位 ❶ [身体の位置] Körperlage *f.* -n. ❷ [健康状態] Gesundheitszustand *m.* -[e]s, ⸚e / 国民の体位向上を促進させる die Gesundheit der Nation fördern.

たいい 大尉 Hauptmann *m.* -[e]s, ..leute《陸・海軍》; Kapitänleutnant *m.* -s, -s《海軍》.

たいい 大意 Hauptinhalt *m.* -[e]s, -e; Hauptpunkt *m.* -[e]s, -e《要点》/ 大意をつかむ kurz zusammen|fassen⁴.

たいい 退位 Abdankung *f.* -en; Thron¦entsagung *f.* -en (-verzicht *m.* -[e]s, -e) / 退位する ab|danken; dem Thron entsagen.

たいいく 体育 Leibes¦übung *f.* -en; Leibes¦erziehung (Körper-) *f.* -en / 体育の時間《学校の》Turnstunde *f.* -n / 体育の教師 Turnlehrer *m.* -s, - ‖ 体育館 Turn¦halle (Sport-) *f.* -n / 体育大会 Turn¦fest (Sport-) *n.* -[e]s, -e.

だいいし 台石 Säulenfuß *m.* -[e]s, ⸚e; Sockel *m.* -s, -.

だいいち 第一 der (die; das) erste*; Nummer eins《略: Nr.1》/ 第一の der erste*; der beste*; der bedeutendste*; der hauptsächlichste*; der vorderste*; erstklassig (erstrangig; prima〘無変化〙)《第一等(級)の》/ 第一に zuerst; am ersten; erstens; an erster Stelle; in erster Linie; zuallererst; zunächst; zuvörderst; vor allem [anderen] (allen ³Dingen)《何よりも先に》/ 第一に位する an erster Stelle (an der Spitze) stehen*; obenan stehen* / 第一に来たのは彼だった Er war der erste, der ankam. / 第一金が足りない Vor allen Dingen sind wir knapp mit dem Geld. / 健康(勉強)が第一だ Gesundheit geht über alles. (Die Hauptsache ist fleißig zu lernen.) / 君の意見の決着が第一だ Zunächst gilt es, deine Ansicht festzustellen.

だいいちい 第一位を占める den ersten Platz (Rang) ein|nehmen*《*in*³》; an erster ³Stelle (voran) stehen*; der Erste* [der ²Klasse] sein《先頭・首席である》; führen《*in*³ 競技・貿易などで》.

だいいちいんしょう 第一印象 der erste Eindruck, -[e]s, ⸚e / 第一印象にはめったに狂いがない Der erste Eindruck täuscht selten.

だいいちぎ 第一義 [根本の主義] Grund¦bedeutung *f.* -en (-prinzip *n.* -s, ..pien); [眼目] Haupt¦punkt *m.* -[e]s, -e (-sache *f.* -n); das Wichtigste* / それは第一義的な問題だ Das ist die Hauptsache (der Witz bei der Sache). ¦〘俗〙Da liegt der Hund begra-

だいいちにんしゃ 第一人者 der führende (vorderste) Mann, -[e]s, ⸗er; Autorität f. -en《権威(者)》; Fachgröße f. -n; die maßgebende (führende) Persönlichkeit, -en/彼が斯界の第一人者である Er ist führend in seinem Fach.

だいいちほうそう 第一放送 Hauptprogramm n. -s, -e; das erste Programm, -s, -e.

だいいちりゅう 第一流の erst|klassig (-rangig); ausgezeichnet; best; führend; vorzüglich/第一流の作家 der Schriftsteller 《-s, -》 ersten Ranges.

だいいちれつ 第一列 die erste (vorderste) Reihe, -n; Vorderreihe f. -n.

だいいっか 第一課 die erste Lektion, -en; Lektion eins (1).

だいいっき 第一期 die erste Periode, -n (Zeit, -en); das Stadium, -s, -dien ‖ 第一期工事 der erste Abschnitt, -[e]s, -e/ der ²Bauarbeit/第一期生 die ersten Graduierten《pl 大学の》; die ersten Abiturienten《pl 高校の》/第一期払込 die erste Rate, -n (Anzahlung, -en).

だいいっしん 第一審 die erste Instanz, -en.

だいいっせい 第一声 erste Worte《pl》nach der ³Rückkehr.

だいいっせん 第一線に立つ in vorderster Linie (Front) stehen*; in der vordersten Reihe sein (stehen*); im Vordergrund stehen*; in den Vordergrund treten* ⓢ; hervor|treten* ⓢ《卓越する》; 名声を博する ⁴sich aus|zeichnen; ³sich einen Namen machen/第一線の兵士 Frontsoldat m. -en, -en;《俗》Frontschwein n. -[e]s, -e/第一線の実業家 der äußerst tüchtige Geschäftsmann, -[e]s, ..leute;《俗》die Geschäftsmann ersten Ranges/彼は芸術家として第一線で活動している Er ist künstlerisch in vorderster Linie tätig.

だいいっちゃく 第一着を占める als erster durchs Ziel gehen* ⓢ; den ersten Platz ein|nehmen*; führen (in einem Rennen); an der Spitze liegen*《同上》/彼の持馬が第一着となる Sein Pferd ging als erstes durchs Ziel (war das erste am Ziel).

だいいっとう 第一等の erst|klassig (-rangig); ersten ²Ranges《後置して》;《俗》prima (eins a; I a)《極上の無変化に》/第一等品のお茶 der Tee《-s, -》von erster Güte; ein prima Tee.

だいいっとう 第一党 die führende Partei, -en.

だいいっぽ 第一歩 der erste Schritt, -[e]s, -e; Anfang m. -[e]s, ⸗e/第一歩を踏み出す den ersten Schritt tun*; an|fangen*⁽⁴⁾《⁴et zu tun》.

たいいほう 対位法《楽》Kontrapunkt m. -[e]s, -e.

たいいん 太陰 Mond m. -[e]s, -e ‖ 太陰暦 Mondkalender m. -s, -.

たいいん 退院する das Krankenhaus (die Klinik) verlassen*/退院を許される aus dem Krankenhaus (der Klinik) entlassen werden.

たいいん 代印を押す für jn (an js Stelle) siegeln⁴.

たいえい 退嬰的な konservativ《保守的》; passiv《消極的》‖ 退嬰主義 Konservatismus m. -; Passivismus m. -.

たいえき 退役 Rücktritt《m. -[e]s, -e》 vom Dienst/退役の außer Dienst《略; a. D.》; im Ruhestand; pensioniert/彼は退役の陸軍少佐だ Er ist Major außer Dienst. — 退役する vom Dienst zurück|treten* ⓢ; den Dienst verlassen*; in den Ruhestand treten* ⓢ.

ダイエット Diät f.

たいおう 対応 Entsprechung f. -en《相応》; Übereinstimmung f. -en《一致》; Symmetrie f. -n《左右対称》/対応する ent|sprechen*³; überein|stimmen《mit³》; symmetrisch sein《mit³》/この語に対応するものは独語にはない Dieses Wort findet keine Entsprechung im Deutschen.

だいおう 大黄《植》Rhabarber m. -s, -.

だいおう 大王 der große König, -s, -e/フリードリヒ大王 Friedrich der Große.

だいおうじょう 大往生 einen ruhigen Tod, -[e]s, -e/大往生を遂げる einen sanften Tod (eines natürlichen Todes) sterben* ⓢ.

ダイオード Diode f. -n, -.

ダイオキシン Dioxin n. -s, -e.

たいおん 体温 Körpertemperatur f.《-wärme f.》/体温が高い(低い) eine hohe (niedrige) Körpertemperatur haben/体温をはかる die Körpertemperatur messen*/私の体温は三十六度五分です(平熱です) Meine Körpertemperatur ist 36,5 Grad (normal). ‖ 体温計 Fieberthermometer n. -s, -/体温調節 Wärmeregulation f. -en.

だいおんじょう 大音声で mit donnernder Stimme (Stentorstimme)/大音声で呼ばわる(あめぐる) aus vollem Hals[e] rufen*《schreien*》.

たいか 退化 Entartung f. -en; Degeneration f. -en; Rückbildung f. -en《器官の》. — 退化する entarten ⓢ; degenerieren ⓢ; verkümmern ⓢ《器官が》‖ 退化器官 rudimentäres (rückgebildetes) Organ, -[e]s, -e.

たいか 大家 Meister m. -s, -; Fachmann m. -[e]s, ..leute《専門家》; Kapazität f. -en《特に演奏の》/ゲーテ研究の大家 ein großer Kenner《-s, -》von Goethe.

たいか 大火 Groß|feuer n. -s, -《-brand m. -[e]s, ⸗e》.

たいか 大過 ein großer (dicker) Fehler, -s, -/大過なく ohne nennenswerte Fehler/... というも大過なかろう Man könnte vielleicht so sagen, dass ...

たいか 滞貨 Warenanhäufung f. -en《商品の》; Warenakkumulation f. -en《同上》; Frachtanhäufung f. -en《貨物の》.

たいか 対価 Gegenwert m. -[e]s, -e.

たいか 耐火の feuer|fest《-sicher; -beständig》‖ 耐火家屋 ein feuerfestes Haus, -es, ⸗er/耐火性 Feuer|festigkeit f.《-beständigkeit *f.*)/耐火れんが feuerfester Ziegel, -s, -; feuerfester Stein, -[e]s, -e.

たいが 大我 absolutes (höheres) Ich, -[s], -[s].

だいか 代価 Preis *m.* -es, -e.

たいかい 退会 Austritt *m.* -[e]s, -e/退会する aus|treten* [s] 《*aus*[3]》.

たいかい 大海 großes (weites) Meer, -[e]s, -e; Ozean *m.* -s, -e/大海に漕ぎ出す auf hohe (offene) See hinaus|rudern [s]/大海の一滴 ein Tropfen (*m.* -s) im großen Meer/井の中の蛙大海を知らず Im engen Kreis verengert sich der Sinn.

たいかい 大会 eine große Versammlung, -en; Haupt¦versammlung (General-) *f.* -en《総会》‖ スポーツ大会 Sportfest *n.* -[e]s, -e/党大会 Parteitag *m.* -[e]s, -e.

たいがい 大概 ❶ [大抵] meistens/大概の場合は in meisten Fällen; gewöhnlich; fast immer/大概の人は die meisten Menschen (Leute); fast alle/晩は大概家に居ます Abends bin ich meistens (fast immer) zu Hause. ❷ [多分] wohl; wahrscheinlich.

たいがい 対外的な auswärtig; äußer/対外的に nach außen hin; gegen das Ausland; dem Ausland gegenüber ‖ 対外関係 auswärtige Beziehungen 《*pl*》/対外政策 Außenpolitik *f.* -en; auswärtige Politik, -en/対外貿易 Außenhandel *m.* -s.

たいかく 体格 Körperbau *m.* -[e]s; [Körper]wuchs *m.* -es, ⸗e; Statur *f.* -en/体格のよい wohlgebaut/彼は体格がたくましい Er ist kräftig gebaut (von kräftigem Körperbau)./彼は体格が小さい Er ist klein (von kleiner Statur).

たいかく 対角 【数】 Gegenwinkel *m.* -s, - ‖ 対角線 Diagonale *f.* -n/対角線を引く eine Diagonale ziehen*.

たいがく 退学 der Abgang (-[e]s) von der Schule; die Verweisung (-en) von der Schule《放校》; Relegation *f.* -en《同上, 特に大学の》. — 退学する aus (von) der [3]Schule ab|gehen* [s]; die Schule verlassen*/退学させる aus der Schule entlassen*[4]; von der Schule verweisen*.

だいがく 大学 Hochschule *f.* -n《総合・単科の総称, 狭義には単科》; Universität *f.* -en《総合》; Akademie *f.* -n《古来一般大学に, 現在は芸術・医・山林・教育などの単科に使う》; die Alma Mater《Universität の別称》/大学に入学する die Univerität besuchen; [4]sich immatrikulieren lassen*《学生簿に登録される》/大学に在学する auf der Universität sein/大学の自由 die akademische Freiheit / 大学の講義を聴く Universitätsvorlesungen besuchen; in die Vorlesungen (ins Kolleg) gehen* [s]; bei einem Professor hören《ある教授の》/大学の学年は普通二学期に分かれている Das akademische Studienjahr zerfällt allgemein in zwei Semester./彼は息子を大学にやっている Er lässt seinen Sohn studieren./彼は C 大学在学中だ Er studiert in (an) der Universität C. ‖ 大学院 der Forschungskursus (-, ..kurse) nach Abschluss der Studienzeit (nach Erlangung des erstern akademischen Grades)/大学改革 Hochschulreform *f.* -en/大学教育 Universitätsbildung *f.* -en/大学教授 Universitätsprofessor *m.* -s, -en; Hochschullehrer *m.* -s, -/大学生 Student *m.* -en, -en; Hochschüler *m.* -s, -/大学制度 Universitätswesen *n.* -s, -/大学総(学)長 Rektor *m.* -s, -en/大学卒業生 der Graduierte* (Promovierte*), -n, -n; der akademisch Gebildete*, -n, -n; der Studierte*, -n, -n; Akademiker *m.* -s, -/大学病院 Universitätsklinik *f.* -en/大学紛争 Studentenunruhen 《*pl* 学生による》/教育大学 die Hochschule für Lehrerbildung 《「学芸大学」》; die pädagogisches Akademie/東京大学助教授 der Assistenzprofessor an der Univerität [zu] Tokio.

だいかぐら 太神楽 der Löwenmaskentanz (-es, ⸗e) mit Musikbegleitung; die Straßenkunststücke 《*pl*》.

ダイカスト Spritzguss *m.* -es, ⸗e.

たいかつ 大喝する an|donnern 《*jn* 以下同じ》; an|schreien*; an|schnauzen/大喝一声しかりとばす *jn* mit lauter (donnernder) Stimme aus|schelten*.

だいがわり 代替り der Wechsel (-s) in der Leitung eines Geschäfts 《店の》; Thronwechsel *m.* -s, - 《帝王の》.

たいかん 退官 Rücktritt (*m.* -[e]s, -e) vom Amt[e]/退官する vom Amt[e] zurück|treten* [s].

たいかん 大寒 die kälteste Zeit; große Kälte.

たいかん 大旱 große Trockenheit; anhaltende Dürre.

たいかん 大官 der hohe Beamte*, -n, -n; Würdenträger *m.* -s, -.

たいかん 大観 Über¦sicht *f.* -en (-blick *m.* -[e]s, -e)/大観する übersehen*[4]; überblicken[4].

たいかん 大患 eine schwere Krankheit, -en.

たいかん 大艦 ein großes Schiff, -[e]s, -e; ein Schlacht¦schiff (Kriegs-), -[e]s, -e《軍艦》.

たいかん 耐寒性の kältebeständig ‖ 耐寒訓練 Abhärtung (*f.* -en) gegen die Kälte/耐寒植物 eine kältefeste Pflanze, -n.

たいかん 戴冠 Krönung *f.* -en ‖ 戴冠式 Krönungsfeier *f.* -n.

たいがん 対岸 das jenseitige (andere) Ufer, -s/対岸に auf der anderen Seite des Flusses; jenseits; drüben/対岸の火災視する gleichgültig (ohne es auf [4]sich zu beziehen,) zu|sehen*[3].

たいがん 対眼レンズ Okular *n.* -s, -e; Okular¦glas *n.* -es, ⸗er (-linse *f.* -n).

だいかん 大寒 die Zeit (-en) der grimm[ig]en (schneidenden; starken) Kälte; die kälteste Zeit.

だいかんみんこく 大韓民国 die Republik Korea.

たいき 大気 Atmosphäre *f.* -n; Luft *f.* 《空気》/大気の atmosphärisch ‖ 大気汚染 Luft¦verschmutzung (-verunreinigung) *f.* -en/大気圏 Atmosphäre *f.* -n/大気圏に突入する in die Atmospäre (Stratosphäre *f.* -n《成層圏》の方がこの場合多く用いられる) ein|treten* [s]/大気圏外に飛び出す außerhalb der ²Stratosphäre hinaus|fliegen* [s].

たいき 大器 ein großes Talent, -[e]s, -e ‖ 大器晩成 Ein großes Talent wird spät reif.

たいき 待機する eine Gelegenheit ab|warten; auf eine Gelegenheit warten/待機している in ³Bereitschaft sein; ⁴sich bereit halten*.

たいぎ 大義 heilige Pflicht, -en; Loyalität *f.* -en《忠誠》.

たいぎ 大儀な mühevoll; mühsam; mühselig; strapaziös/彼は大儀そうだ Er sieht erschöpft (mitgenommen; ermattet) aus./大儀でしたね Ich danke Ihnen für Ihre Bemühungen.

だいぎ 台木 ❶ [接ぎ木の] Unterlage *f.* -n/台木に接ぎ木する einen Zweig auf einen Baum pfropfen. ❷ [薪割りなどの] Block *m.* -[e]s, ⸚e; Klotz *m.* -es, ⸚e.

だいぎいん 代議員 der Beauftragte*, -n, -n; der Delegierte*, -n, -n.

だいきぎょう 大企業 Großunternehmen *n.* -s, -.

だいぎし 代議士 der Abgeordnete*, -n, -n; Parlamentarier *m.* -s, -; Volksvertreter *m.* -s, -/代議士に立候補する ⁴sich um einen Parlamentssitz bewerben*; ⁴sich zur Abgeordnetenwahl stellen; für das Parlament kandidieren/代議士に選出される ins Parlament (zum Abgeordneten) gewählt werden ‖ 女性代議士 die Abgeordnete*, -n, -n/兵庫県選出前代議士 ein ehmaliger Abgeordneter für die Provinz Hyogo.

だいぎせいど 代議制度(政体) Repräsentativsystem *n.* -s, -e; Parlamentarismus *m.* -.

だいきち 大吉 das höchste Glück, -[e]s.

たいきゃく 退却 Rück¦zug *m.* -[e]s, ⸚e (-marsch *m.* -es, ⸚e)/退却を開始する den Rückzug an|treten*. ── 退却する ⁴sich zurück|ziehen*.

たいぎゃく 大逆罪 Hochverrat *m.* -[e]s/大逆事件 Majestätsverbrechen *n.* -s, -.

たいきゅう 耐久[性]の dauerhaft; haltbar; durabel ‖ 耐久試験 Dauer¦versuch *m.* -[e]s, -e (-probe *f.* -n)/耐久力(性) Dauerhaftigkeit *f.*

だいきゅう 代休 der freie Wochentag 《-[e]s, -e》 als Ersatz für den Feiertag (Ruhetag).

だいきゅうし 大臼歯 Mahlzahn *m.* -[e]s, ⸚e; der große Backzahn.

たいきょ 退去 das Verlassen*, -s; das Fort¦gehen* (Weg-), -s; Auszug *m.* -[e]s, ⸚e/退去を命じる *jn* hinaus|weisen*. ── 退去する verlassen*⁴; fort|gehen* (weg|-) [s]; aus|ziehen* [s]. ‖ 退去命令 Ausweisungsbefehl *m.* -[e]s, -e.

たいきょ 大挙して haufen¦weise (massen-).

たいきょう 滞京する ⁴sich in der ³Hauptstadt (in Tokio) auf|halten*.

たいきょう 胎教 eine geistige Vorsorge 《-n》 der schwangeren Frau für ihre Leibesfrucht.

たいぎょう 大業 ein großes Werk, -[e]s, -e; eine große Tat, -en.

たいぎょう 怠業 Sabotage *f.* -n/怠業する sabotieren.

だいきょう 大凶 das große (schwere) Unglück, -[e]s.

たいきょく 大局 die allgemeine Lage, -n; Gesamtlage *f.* -n/大局を見通す das Ganze überblicken/彼は些事(さじ)にかかずらって大局を見失った Er sah den Wald vor lauter Bäumen nicht.¦Er übersieht das große Ganze vor lauter Einzelheiten.

たいきょく 対局する eine Partie Schach (Go) spielen 《mit *jm*》.

たいきょくせん 対極線〔数・理〕Polare *f.* -n.

たいきん 大金 eine große Geldsumme, -n; viel Geld *n.* -[e]s/大金を儲(もう)ける viel Geld verdienen (gewinnen*)/大金を投じる viel Geld (eine große Geldsumme) an|legen 《*für*⁴》.

だいきん 代金 Kaufgeld *n.* -[e]s, -er; Preis *m.* -es, -e ‖ 代金引換 Nachnahme *f.* -n/代金引換で送る unter ³Nachnahme (gegen ⁴Nachnahme) senden*⁴; per ⁴Nachnahme schicken⁴/代金引換小包郵便 Nachnahmesendung *f.* -en.

たいく 体躯 Körper *m.* -s, -; Körperbau *m.* -[e]s; Statur *f.* -en; Gestalt *f.* -en/彼は堂々たる体躯の持ち主だった Er war von stattlicher Statur.

だいく 大工 Zimmermann *m.* -[e]s, ..leute/大工の棟梁 Zimmermeister *m.* -s, - ‖ 大工道具 Zimmergerät *n.* -[e]s, -e.

たいくう 対空火器 Flak *f.* -[s]; Flug¦abwehrgeschütz (Flieger-) *n.* -es, -e.

たいぐう 待遇 Behandlung *f.* -en《取扱》; Aufnahme *f.* -n《受入れ》; Empfang *m.* -[e]s, ⸚e《接待》; Bewirtung *f.* -en《饗応》; Bedienung *f.* -en《サービス》; Besoldung *f.* -en《給与》; Lohn *m.* -[e]s, ⸚e《賃金》/待遇のよい(悪い)職 eine gut (schlecht) bezahlte Stellung, -en/労働者の待遇を改善する den Lohn der Arbeiter auf|bessern/待遇の改善を要求する einen höheren Lohn (eine höhere Löhnung) verlangen/ひどい待遇を受ける schlecht behandelt werden. ── 待遇する behandeln⁴; bedienen⁴.

たいくつ 退屈 Lang[e]weile *f.*; Langweiligkeit *f.*; Ennui *m.* -s/退屈しのぎに um sich damit die Zeit zu vertreiben; zum Zeitvertreib. ── 退屈な langweilig; ennuyant; eintönig《単調な》. ── 退屈する ⁴sich langweilen; ⁴sich ennuyieren. ── 退屈させる langweilen⁴; ennuyieren⁴.

たいぐん 大軍 ein großes Heer, -[e]s, -e; große Armee, -n.

たいぐん 大群 ein großer Haufen, -s, -; ein großer Schwarm, -[e]s, ⸚e/いなごの大群 ein großer Schwarm Heuschrecken.

たいけ 大家 eine reiche (vornehme) Familie, -n.

たいけい 体刑 Körper|strafe (Leibes-) f. -n; eine körperliche Züchtigung, -en《教育手段としての》.

たいけい 体系 System n. -s, -e/体系的(に) systematisch.

たいけい 隊形《兵》Formation f. -en; Aufstellung f. -en ‖ 行軍(戦闘)隊形 Marsch|formation (Gefechts-) f. -en.

たいけい 大計 ein großer Plan, -[e]s, ⸚e/国家百年の大計を立てる eine weit vorausschende Staatspolitik auf|stellen.

だいけい 台形《数》Trapez n. -es, -e/台形の trapezförmig.

だいげいこ 代稽古をする anstatt des Lehrers üben (unterrichten)《in in ³et》; im stellvertretender Meister sein/病気の師匠の代稽古をする einen erkrankten Lehrer vertreten*.

たいけつ 対決 Gegenüberstellung f. -en; Konfrontation f. -en; Auseinandersetzung f. -en《論議》. — 対決させる gegen|über|stellen⁴; gegeneinander stellen⁴; konfrontieren⁴. — 対決する ⁴sich gegen|über|stellen³; ⁴sich mit jm auseinander setzen《論議する》.

たいけん 帯剣 Säbel m. -s, -; Seitengewehr n. -[e]s, -e《銃剣》; das Säbeltragen*, -s《剣を帯びること》.

たいけん 大賢 die große Weisheit, -en; der Weise*, -n, -n《賢人》/大賢は大愚に似たり Große Weisheit sieht wie große Dummheit aus.

たいけん 大圏 Großkreis m. -es, -e ‖ 大圏航路《海》ein orthodromischer Kurs, -, -e.

たいけん 大権 die kaiserliche Macht; Prärogativ n. -s, -e.

たいけん 体験 Erfahrung f. -en; Erlebnis n. ..nisses, ..nisse/体験する erfahren*⁴; erleben⁴.

たいげん 体現 Verkörperung f. -en/体現する verkörpern⁴.

たいげん 体言 ein inflektierbares Wort, -[e]s, ⸚er.

たいげん 大言 ⇨こうげん(高言).

だいけんしょう 大憲章《史》Magna Charta f.

だいげんにん 代言人 Advokat m. -en, -en.

たいこ 太鼓 Trommel f. -n《Kessel》pauke f. -n《ティンパニー》/太鼓の撥(ばち) Schlegel m. -s, -/太鼓を叩く eine Trommel schlagen* (rühren); jm schmeicheln《へつらう》‖ 太鼓腹 Dickbauch m. -[e]s, ⸚e《-wanst m. -[e]s, ⸚e》/大(小)太鼓 eine große (kleine) Trommel.

たいこ 太古 die uralte Zeit, -en; Urzeit f. -en.

たいご 隊伍 Reihe f. -n; Glied n. -[e]s; Zug m. -[e]s, ⸚e《行列》/隊伍を組む ⁴sich an|schließen《整列》; 隊伍を組んで in Reihen; in Reihe und Gliedern geordnet; in Reih' und Glied [aufgestellt]/隊伍を乱して durcheinander.

たいご 大悟 Erleuchtung f. -en; Erweckung f. -en/大悟する die Erleuchtung (Erweckung) erleben.

だいご 第五 der (die; das) fünfte*/第五列 die fünfte Kolonne, -n《組織》; der Angehörige* (-n, -n) der fünften ²Kolonne《人》.

たいこう 太后 Kaiserinwitwe f. -n.

たいこう 太公 Großherzog m. -[e]s, ⸚e (-e); Erzherzog m. -[e]s, ⸚e (-e)《オーストリアの》‖ 太公国 Großherzogtum n. -s, ⸚er/太公妃 Groß|herzogin (Erz-) f. ..ginnen.

たいこう 大功 ein großes Verdienst, -[e]s, -e/大功を立てる ³sich große Verdienste erwerben*.

たいこう 大綱 Grund|satz m. -es, ⸚e (-regel f. -n); Grund|riss (Um-) m. -es, -e.

たいこう 対抗 das Gegeneinanderstehen*, -s; Widerstand m. -[e]s, ⸚e《抵抗》. — 対抗する gegeneinander stehen*³; widerstehen*³. ‖ 対抗策 Gegen|plan m. -[e]s, ⸚e (-anschlag m. -[e]s, ⸚e)/対抗試合 Wettkampf m. -[e]s, ⸚e/対抗手段 Gegenmittel n. -s, -/対抗処置 Gegenmaßnahme f. -n/対抗武器 Gegenwaffe f. -n.

たいこう 退校 ⇨たいがく(退学).

だいこう 代講する statt js eine Vorlesung halten*.

だいこう 代行する als Stellvertreter fungieren 《für》; vertreten*《jn in seinem Amt ある人の職務を》‖ 代行者 Stellvertreter m. -s, -. ⇨だいべん(代弁).

だいこうぶつ 大好物 Leibgericht n. -[e]s, -e; Lieblings|essen n. -s, - (-gericht)/果物が大好物だ Ich esse mit Vorliebe Obst. Ich esse Obst für mein Leben gern.

たいこうぼう 太公望 Angler m. -s, -/大公望を決める den Angeln nach|gehen*[s].

たいこく 大国 ein großes Land, -[e]s, ⸚er; Großmacht f. ⸚e.

だいこくばしら 大黒柱 ❶ Haupt|pfeiler (-pfosten) m. -s, -. ❷《中心人物》[Haupt-]stütze f. -n; Seele f. -n.

たいこばん 太鼓判を押す versichern《jm ⁴et; jn ²et》.

だいごみ 醍醐味 ❶[元来の意味で] Nektar m. -s, -e. ❷[本当のよさ・楽しみ] Clor m. -s, -s; Ekstase f. -n; Ausbund m. -[e]s, ⸚e/釣の醍醐味 der Clou (der wahre Genuss) des Angelns/歌舞伎の醍醐味を満喫する Kabuki in voller Ekstase genießen*/仏教の醍醐味 die Heilswahrheit《f. -en》der buddhistischen Lehre.

たいこもち 幇間 ein berufsmäßiger Possenreißer (Spaßmacher), -s, -; Schmeichler m. -s, -《追従者》.

だいこん 大根 Rettich (Rettig) m. -[e]s, -e ‖ 大根おろし Reibeisen n. -s, -《おろし金》; der zerriebene Rettich《おろし大根》/大根役者 der schlechte Schauspieler, -s, -.

たいさ 大佐 Oberst m. -en《陸軍の》; Kapitän《m. -s, -e》zur See《海軍の》.

たいさ 大差 ein großer Unterschied, -[e]s, -e/この二つの意味には大差がある(ない)Zwischen den beiden Bedeutungen besteht (ist) ein (kein) großer Unterschied.

たいざ 対座する ⁴sich gegenüber|sitzen*

だいざ 台座 Piedestal *n.* -s, -e; Untersatz *m.* -es, -e.

たいさい 大祭 ein großes Fest, -(e)s, -e; eine große Feier, -n.

たいざい 滞在 Aufenthalt *m.* -(e)s, -e. —滞在する ⁴sich auf|halten* 〈in³; bei *jm*〉; [⁴sich] verweilen 〈bei *jm*〉/僕はここに長くは滞在できない Ich kann mich hier nicht lange aufhalten./ハンブルクの滞在中に/彼は二ヵ月前からこのホテルに滞在している Seit zwei Monaten hält er sich in diesem Hotel auf./A氏はB氏のもとに滞在中である Herr A ist bei Herrn B zu Gast. ǁ 滞在の客 Gast *m.* -(e)s, ¨e; Besucher *m.* -s, -/滞在の許可 Aufenthaltserlaubnis *f.* ..nisse/滞在地 Aufenthaltsort *m.* -(e)s, -e/滞在費 Aufenthaltskosten 〈*pl*〉.

だいざい 大罪 das schwere Verbrechen, -s, -; Kapitalverbrechen *n.* -s, -; Todsünde *f.* -n《宗教上の》/大罪を犯す ein schweres Verbrechen (eine schwere Sünde) begehen* ǁ 大罪人 der große Verbrecher, -s, - (Sünder, -s, -).

だいざい 題材 Stoff *m.* -(e)s, -e; Gegenstand *m.* -(e)s, ¨e; Thema *n.* -s, ..men (-ta)《主題》.

たいさいぼう 体細胞 Somazelle *f.* -n.

たいさく 大作 ein großes Werk, -(e)s, -e [傑作] Meisterstück *n.* -(e)s, -e.

たいさく 対策 Gegenmaßregel *f.* -n/対策を講じる Gegenmaßregeln 〈*pl*〉 ergreifen* (treffen*) 〈*gegen*⁴〉.

だいさく 代作する für *jn* schreiben*⁴ (eine Arbeit an|fertigen*) /…の代作 Handlanger² *m.* -s, -; Mietling² *m.* -s, -e.

たいさつ 大冊の本 ein dickes (umfangreiches) Buch, -(e)s, ¨er.

たいさん 退散する ⁴sich zerstreuen 《四散する》; fliehen*《逃げる》; auf und davon gehen* ⓢ/敵はくもの子を散らすように退散した Die Feinde zerstreuten sich auf der Flucht. —— 退散させる in die Flucht schlagen*⁴; zerstreuen⁴《四散させる》; vertreiben*⁴ 〈weg|treiben*〉《追い払う》.

たいざん 大山 ein großer Berg, -(e)s, -e/大山鳴動して鼠一匹 Viel Lärm um nichts./Viel Geschrei und wenig Wolle.

だいさん 第三 der (die; das) dritte*; Nummer drei 〈略: Nr.3〉/第三の者である ǁ 第三階級 der dritte Stand, -(e)s, ¨e; Bürgertum *n.* -s/第三国 der unbeteiligte Staat, -(e)s, -en/第三者 die dritte Person, -en; der Dritte*, -n, -n; der Unbeteiligte*, -n, -n/第三勢力 die neutrale Macht, ¨e/第三帝国 das Dritte Reich, -(e)s.

たいし 大使 Botschafter *m.* -s, -. ǁ 大使館 Botschaft *f.* -en/大使館を設置する eine Botschaft errichten / 大使館員 Botschaftsrat *m.* -(e)s, ¨e/大使館参事官 Botschaftsrat *m.* -s, ¨e/大使館書記官 Botschaftssekretär *m.* -s, -e/大使館付武官 Militärattaché *m.* -s, -/大使夫人 Botschafterin *f.* ..rinnen/在東京ドイツ大使館 die deutsche Botschaft in Tokio/駐日ドイツ大使 der deutsche Botschafter in Japan.

たいし 大志 ❶ ⇨たいもう. ❷ [目的] hohes Ziel, -(e)s, -e/大志を抱く ⁴sich ein hohes Ziel setzen (stecken) /彼は大志を抱いている Er hat ein großes Ziel.

たいじ 胎児 Embryo *m.* -s, -s.

たいじ 退治 Unterwerfung *f.* -en; Überwältigung *f.* -en; Ausrottung *f.* -en《根絶》; Vertilgung *f.* -en《同上》. —退治する unterwerfen*⁴; überwältigen⁴; aus|rotten⁴; vertilgen⁴/害虫を退治する Ungeziefer vertilgen.

たいじ 対峙する gegenüber|stehen*³ 〈-liegen*³〉; ⁴sich gegenüber|stellen³.

だいし 大師 der buddhistische Heilige*, -n, -n.

だいし 台紙 Karton *m.* -s, -s (-e); Pappe *f.* -n/台紙に貼る auf ⁴Karton auf|ziehen*⁴.

だいし 第四 ⇨だいよん.

だいじ 題辞 Geleitwort (Vor-) *n.* -(e)s, -e.

だいじ 題字 Motto *n.* -s (-), -s; Wahlspruch *m.* -(e)s, ¨e.

だいじ 大事 ❶ [重大な事] die wichtige Angelegenheit, -en; die Sache 〈-n〉 von [großer] Wichtigkeit (sehr ernster Bedeutung) /国家の大事を処理する an der ³Staatsverwaltung teil|nehmen*; ⁴sich den Staatsangelegenheiten widmen/大事の前の小事 Vor großen Angelegenheiten darf man nicht auf Kleinigkeiten achten (selbst Kleinigkeiten nicht so obenhin behandeln). 《小事は省みるな小事とて油断するな》/それは一身上の大事だ Für mich ist es eine schicksalsschwere Angelegenheit. ❷ [大事業] das große Unternehmen, -s, -. ❸ [大変なこと] der Ernst 《-es》 der ²Lage; Krise (Krisis) *f.* Krisen《危険》; Unheil *n.* -(e)s《一大事》/大事の瀬戸際には im Ernstfall(e) [Notfall(e)] /大事になる bedenklich (sehr ernst) werden*; eine kritische Wendung nehmen*; Unheil an|richten (an|stiften; bringen*). —大事な [重大な] bedeutend; wichtig; ernst[haft]; [大切な] kostbar; teuer; wertvoll; [危険な] bedrohlich; gefährlich; kritisch. —大事に behutsam; sorgfältig; vorsichtig; mit großer ³Sorgfalt /大事にする (hoch) schätzen⁴; sorgsam (behutsam) behandeln⁴; schonen⁴《大切にする・いたわる》; ⁴schonen《身体》/お大事に Schonen Sie sich! /Gute Besserung!《病人に対して》. —— 大事をとる vorsichtig sein* ⓢ; Vorsicht üben; Sorgfalt verwenden⁽*⁾ 〈*auf*⁴〉/我々は大事の上に大事をとって先へ進んだ Wir gingen mit aller gebotenen Vorsicht weiter.

ダイジェスト Auszug *m.* -(e)s, ¨e; Digest *m.* -(s), -s.

だいしかいきゅう 第四階級 der vierte Stand, -(e)s; Proletariat *n.* -(e)s.

だいしきょう 大司教 Erzbischof *m.* -s, ¨e.

だいじけん 大事件 ein bedeutendes Ereignis, ..nisses, ..nisse; der Vorfall (-s, ¨e) von großer Bedeutung.

だいしぜん 大自然 die Mutter Natur.

たいした 大した [偉大な] groß; [重大な] wichtig; bedeutend; beträchtlich; [数量] viel; groß; [ゆゆしい] ernst; [驚くべき] schrecklich; fürchterlich／大した学者 der große Gelehrte*, -n, -n／やつは大した男だぜ Er ist ja etwas.／彼の財産は大したものだ Man kann nicht schätzen, wie groß sein Vermögen ist.／大したことはありません Das macht nichts.／彼女の美しさは大したものだ Sie ist ja schön, und wie!／この劇場は大した入りだ Das Theater ist stark besucht.

たいしつ 体質 Körper:anlage *f.* -n (-beschaffenheit *f.* -en); Konstitution *f.* -en.

た

たいして 大して…でない ¶ この病気は大して危険なものではありません Diese Krankheit ist nicht besonders gefährlich.／そこは大して寒くない Dort ist es nicht sehr kalt.／それは大して問題にはならない Das kommt nicht besonders in Frage.

たいして 対して gegen⁴; zu³; vor³; für⁴《交換》; gegenüber³《相対して》; wider⁴《反抗して》; angesichts²《に面して》; im Vergleich mit³《比較して》; im Gegensatz zu³《同上》／どうしてあなたは私に対してそんなことが言えるのですか Wie können Sie mir das behaupten?／私はあなたに対して何も隠し事はいたしません Ich habe kein Geheimnis vor Ihnen.

たいしゃ 大赦 Amnestie *f.* -n; Straferlass *m.* -es, -e／大赦を行う amnestieren⁴.

たいしゃ 代赭〔石〕 Roteisenocker *m.* -s, -; Rötel *m.* -s, -.

たいしゃ 退社する ❶ [会社をやめる] eine Gesellschaft (Firma) verlassen*; aus einer Gesellschaft (Firma) aus|treten* [s]／彼は先月退社した Er ist vorigen Monat aus der Gesellschaft ausgetreten. ❷ [会社から帰る] von der ³Gesellschaft nach ³Hause gehen* [s].

たいしゃ 代謝 ⇨しんちんたいしゃ.

だいじゃ 大蛇 Riesenschlange *f.* -n.

たいしゃく 貸借 Borgen und Verborgen, des - und -s; Soll und Haben, des - und -s ‖ 貸借関係 das Verhältnis《..nisses, ..nisse》 zwischen ³Soll und Haben／貸借対照表 Bilanz *f.* -en; Status *m.* -, -.

だいしゃりん 大車輪 Riesenschwung *m.* -〔e〕s, ⸚e《器械体操の》／大車輪でやる aufs Eifrigste arbeiten; mit ³Leib und ³Seele (ganzer ³Seele) bei ³*et* sein; sein Bestes (möglichstes) tun*.

たいしゅ 大酒する stark (unmäßig) trinken* ‖ 大酒家〔starker〕 Trinker, -s, -;【俗】Säufer *m.* -s, -／彼は大酒家である Er trinkt wie ein Loch.

たいしゅう 大衆 Volk *n.* -〔e〕s; Masse *f.* -n; Volksmenge *f.* -n／大衆向きの volkstümlich; beliebt; populär ‖ 大衆酒場 Wirtshaus *n.* -es, ⸚er／大衆作家 Volksschriftsteller *m.* -s, -／大衆小説 Unterhaltungs:roman (Volks-) *m.* -s, -e／大衆文学 Volksdichtung *f.* -en／勤労大衆 arbeitendes Volk.

たいしゅう 体臭 Körpergeruch *m.* -〔e〕s, ⸚e.

たいじゅう 体重 Körpergewicht *n.* -〔e〕s, -e／体重が増す(減る) an ³Gewicht zu|nehmen* (verlieren*)／体重を測る ⁴sich wiegen*／彼は体重が七十キロある Er wiegt 70 Kilogramm. ‖ 体重計 Personenwaage *f.* -n.

たいしゅつ 退出する verlassen*⁴; heraus|kommen* [s]《*aus*³》／彼は部屋から退出した Er ist aus dem Zimmer herausgekommen.

たいしょ 大暑 die Zeit der größten ²Hitze; Hundstage《*pl*》.

たいしょ 対処する〔Gegen〕maßregeln《*pl*》 nehmen* (ergreifen*; treffen*)《*gegen*⁴》; geeignete Maßnahmen《*pl*》 ergreifen* (treffen*)《*gegen*⁴》.

だいしょ 代書する für *jn* schreiben*⁽⁴⁾ ‖ 代書人 Berufsschreiber *m.* -s, -; der öffentliche Schreiber, -s, -.

たいしょう 大詔 kaiserlicher Erlass, -es, -e (⸗e) ‖ 大詔煥発 die Veröffentlichung eines kaiserlichen Erlasses.

たいしょう 大笑 lautes Gelächter, -s, -／大笑する laut lachen; auf|lachen／呵々(かか)大笑する ein lautes Gelächter erheben*.

たいしょう 対称 Symmetrie *f.* -n／対称の symmetrisch.

たいしょう 大将 ❶ [陸軍] General *m.* -s, -e (⸚e); [海軍] Admiral *m.* -s, -e. ❷ [頭目] Haupt *n.* -〔e〕s, ⸚er; 〔An〕führer *m.* -s, -; Häuptling *m.* -s, -e; Alter Freund!《呼びかけ》.

たいしょう 対照 Kontrast *m.* -es, -e; Gegensatz *m.* -es, ⸚e; [比較] Vergleichung *f.* -en. ── 対照する gegenüber|stellen³⁴; in ⁴Gegensatz stellen⁴《*zu*³》; [比較する] vergleichen*⁴《*mit*³》／対照せよ Vergleiche!《略: vgl.》／対照してみると(対照的に) im Gegensatz《*zu*³》; im Vergleich《*mit*³》. ── 対照をなす einen Gegensatz bilden《*zu*³》; ⁴sich ab|heben* (ab|zeichnen)《*gegen*⁴; *von*³》／この二つの色は互いに著しい対照をなしている Die beiden Farben stechen gegeneinander ab.

たいしょう 対象 Gegenstand *m.* -〔e〕s, ⸚e; Objekt *n.* -〔e〕s, -e／対象的 objektiv／研究の対象 der Gegenstand des Studiums.

たいしょう 大勝 ein überwältigender Sieg, -〔e〕s, -e.

たいしょう 隊商 Karawane *f.* -n.

たいじょう 退場 das Weggehen*, -s; Abgang *m.* -〔e〕s《俳優の》; Abtritt *m.* -〔e〕s《同上》／退場を命じる hinaus|weisen*⁴. ── 退場する weg|gehen* [s]; ab|treten* [s]; den Raum (das Zimmer) verlassen*／議員達は抗議を申し立てて退場した Die Abgeordneten marschierten protestierend aus.

だいしょう 大小 ❶ groß und klein; Größe *f.* -n《大きさ》／大小にかかわらず(を問わず) ohne ⁴Rücksicht auf (unbekümmert um) die Größe／大小さまざまの von verschiedener Größe. ❷ [両刀] die beiden Schwerter《*pl*》／大小を差す zwei Schwerter tragen*.

だいしょう 代償 Entschädigung *f.* -en; Ersatz *m.* -es; Kompensation *f.* -en; Vergütung *f.* -en／…の代償として als Ersatz

だいじょう 大乗的 〔all〕umfassend; uneigennützig; parteiisch; weitblickend (weit blickend); weitherzig/大乗的見地の高い Standpunkt, -(e)s, -e/大乗的見地から von hoher Warte 〔aus〕/大乗的見地に立つ auf einem höheren Standpunkt (einer höheren Warte) stehen*; weit überblicken⁴; auf die allgemeine Lage der Dinge ⁴Rücksicht nehmen* (⁴大局に目をつける).

だいしょうすう 帯小数 〔数〕 gemischte Zahl, -en.

だいじょうぶ 大丈夫 ❶〔安全〕sicher; zuverlässig; 〔堅固〕fest; stark; 〔危げない〕gefahrlos; ungefährlich/大丈夫この上なしだ Das ist ganz sicher./Das ist so sicher wie der Tod (wie das Amen in der Kirche)./Es ist keine Gafahr dabei. (〔危険なし〕)/Man kann darauf rechnen. (〔当てにできる〕)/病人はもう大丈夫だ Der Kranke ist außer Gefahr. ❷〔確かに〕bestimmt; gewiss; 〔疑いなく〕ohne ⁴Zweifel; zweifellos/大丈夫一年間うけ合います Ich gebe ein Jahr Garantie dafür./彼の命は大丈夫だ Er ist des Lebens sicher./彼は大丈夫勝つ Er ist des Sieges gewiss./彼女は大丈夫参りますよ Sie wird bestimmt (gewiss) kommen.

だいしょうみゃく 大静脈 Hohlvene f. -n.

だいしょうりょうほう 対症療法 Allopathie f.

たいしょく 大食 Gefräßigkeit f./大食の gefräßig. — 大食する stark essen*; fressen*; schlemmen. ∥ 大食漢 starker Esser, -s, -; Fresser m. -s, -; Schlemmer m. -s, -/彼は大食漢だ Er ist ein starker Esser.

たいしょく 退色 Entfärbung f. -en; Verbleichung f. -en./退色した sich entfärben; verblassen ⓢ; verbleichen* ⓢ.

たいしょく 退職 Abschied m. -e; Austritt (Rück-) m. -(e)s, -e. — 退職する seinen Abschied nehmen* (von³); austreten* ⓢ (aus³); in ⁴Pension gehen* ⓢ (〔恩給生活に入る〕). ∥ 退職金 Abschiedsschuss m. -es, -e/退職願 Abschiedsgesuch n. -(e)s, -e/退職年令 Altersgrenze f. -n.

たいしょこうしょ 大所高所から見る vom weitblickenden ³Standpunkt aus sehen*⁴.

たいしん 耐震の erdbebensicher (-fest).

たいしん 対審〔法〕Gegenüberstellung f. -en; Konfrontation f. -en/対審する gegenüber|stellen⁴; konfrontieren⁴.

たいじん 大人〔おとな〕der Erwachsene, -n, -n. 〔徳高き人〕der gebildete Mensch, -en, -en.

たいじん 退陣 Rückzug m. -(e)s, ⁻e 〔退却〕; Rücktritt m. -(e)s, -e 〔辞職〕/退陣する ⁴sich zurück|ziehen*; zurück|treten* ⓢ.

たいじん 対人 persönlich; personal ∥ 対人関係 Verhältnis n. ..nisses, ..nisse zu den Menschen/対人信用〔法〕Personalkredit m. -(e)s, -e.

たいじん 対陣する gegenüber|stehen*; ⁴sich gegenüber|stellen³; ⁴sich dem Feind gegenüber lagern (敵と).

だいしん 代診 Assistenzarzt (Hilfs-) m. -es, ⁻e.

だいじん 大臣〔Staats〕minister m. -s, -/大臣の ministerial; ministeriell/大臣の職 Ministerportefeuille n. -s, -s 〔-stelle f. -n〕/大臣になる Minister werden*; ein Ministerportefeuille übernehmen*; zum Minister ernannt werden (《任命される》)/大臣をやめる sein Portefeuille nieder|legen ∥ 大臣官房 die Kanzlei (-en) eines Ministeriums/大臣席 Ministerbank f. ⁻e/各省大臣 Ressortminister (pl).

だいじん 大尽 der Reiche*, -n, -; Millionär m. -s, -e; Verschwender m. -s, - 〔《豪遊する人》〕/大尽暮らしをする auf großem Fuße (verschwenderisch) leben; mit großem Aufwand leben; großen Aufwand machen (treiben*)/大尽風をふかす mit dem Millionär spielen; ⁴sich als reicher Mann (-(e)s, ⁻er) auf|spielen; mit dem (seinem) Geld verschwenderisch um|gehen* ⓢ ∥ 大尽遊び die maßlose Ausschweifung, -en.

だいじんぐう 大神宮 der Großtempel (-s) in Ise.

だいじんぶつ 大人物 der große (hervorragende) Mann, -(e)s, ⁻er; der große Geist, -(e)s, -er; ein Mann von 〔großem〕 Format.

だいず 大豆 Sojabohne f. -n ∥ 大豆油 Sojabohnenöl n. -(e)s, -e.

たいすい 耐水の wasserdicht ∥ 耐水性コート wasserdichter Mantel, -s, ⁻.

たいすう 対数〔数〕Logarithmus m. .. men/対数の logarithmisch/対数を〔用いて〕計算する logarithmieren ∥ 対数学 Logarithmik f. -en/対数表 logarithmische Funktion, -en/対数表 Logarithmentafel f. -n/常用(自然)対数 gemeiner (natürlicher) Logarithmus.

だいすう 代数〔学〕Algebra f. /代数〔学〕の algebraisch ∥ 代数学者 Algebraist m. -en, -en/代数記号 das algebraische Vorzeichen, -s, -/代数式 die algebraische Formel, -n.

だいすき 大好きである eine Vorliebe haben (für⁴; zu³); sehr gern haben⁴/大好きな liebst; Lieblings- /私はワインが大好きです Meine schwache Seite ist der Wein.

たいする 対する ❶〔面する〕gegenüber|stehen*³ (-|liegen*³); widerstehen*³ (〔反抗する〕). ❷〔…に対して〕gegen¹; für¹; zu³; gegenüber³ (〔向かいあって〕); vor³; im Verhältnis zu³〔比例〕/人に対しての仕打ちをする ... behandeln/神に対する愛 die Liebe zu ³Gott/死に対する恐怖 Furcht (f.) vor dem Tod(e)/それに対するあなたの御意見はどうですか Was sagen Sie dazu?/九の三に対する比は三の一に対する比に等しい 9 verhält sich zu 3 wie 1 zu 3.

たいせい 大勢 die allgemeine Lage, -n (Tendenz, -en)/大勢に順応する mit dem Strom schwimmen* ⓢ/大勢に逆行する gegen (wider) den Strom schwimmen* ⓢ.

たいせい 大成する [仕上げる] vollenden⁴; vollkommen machen⁴; [偉くなる] ein großer Mann werden.

たいせい 胎生 〖生〗Viviparie f./胎生の vivipar ‖ 胎生動物 Viviparen (pl).

たいせい 退勢 Verfall m. -(e)s; Niedergang m. -(e)s, ⸚e/退勢を挽回する den Verlust wieder gut|machen.

たいせい 体制 Organisation f. -en; System n. -s, -e/体制批判 Systemkritik f./資本主義体制 die kapitalistische Orgnisation.

たいせい 態勢 Stellung f. -en; Zustand m. -(e)s, ⸚e; Situation f. -en; Vorbereitung f. -en (準備) /態勢をととのえる ⁴sich vor|bereiten 《zu⁸》.

たいせい 泰西 Abendland n. -(e)s; Okzident m. -(e)s/泰西の abendländisch; okzidental(sich).

たいせい 対生の 〖植〗gegenüberständig ‖ 対生葉 gegenüberständige Blätter (pl).

たいせいきん 耐性菌 eine resistente (arzneifestige) Bakterie, -n.

たいせいよう 大西洋 der Atlantik, -s; der Atlantische Ozean, -s/大西洋の atlantisch/大西洋横断の transatlantisch ‖ 大西洋横断飛行 Ozeanflug m. -(e)s, ⸚e/大西洋憲章 Atlantikcharta f./北大西洋条約 Atlantikpakt m. -(e)s《略: die NATO》.

たいせき 堆積 Anhäufung f. -en; Haufen m. -s, -/堆積する ⁴sich auf|häufen; ⁴sich an|häufen.

たいせき 堆石 〖地〗Moräne f. -n.

たいせき 体積 Volumen n. -s, - (..mina); Rauminhalt m. -(e)s, ⸚e.

たいせき 退席する seinen Sitz (das Zimmer) verlassen⁴.

たいせき 対蹠の antipodisch ‖ 対蹠者 Antipode m. -n, -n.

たいせつ 大切な ❶ [重大な] wichtig; bedeutend; bedeutsam; von ³Wichtigkeit /彼は私にとってとても大切なことだ Dies ist mir (für mich) sehr wichtig. ❷ [貴重な] kostbar; teuer; wertvoll /彼女は大切な人だ Sie ist für mich ein wertvoller Mensch. /君は大切な自分の命を賭けようというのか Du willst sein kostbares Leben aufs Spiel setzen? ― 大切にする [尊重する] schätzen⁴; hoch schätzen⁴; [注意する] achten《auf⁴》; lieben《かわいがる》/からだを大切にする ⁴sich pflegen; seinen Leib pflegen/親を大切にする den Eltern treu sein.

たいせん 大戦 großer Krieg, -(e)s, -e ‖ 第一次(第二次)世界大戦 der Erste (Zweite) Weltkrieg, -(e)s.

たいぜん 泰然と gelassen; gefasst; ruhig /泰然自若としている gelassen (ruhig) bleiben⁴ 〖田〗/彼は死に面して泰然自若としている Er sieht dem Tod(e) ruhig entgegen.

だいせんきょく 大選挙区 der große Wahlkreis, -es, -e.

たいせんしゃほう 対戦車砲 〖兵〗Panzerabwehrkanone f. -n《略: Pak》.

たいそう 体操 das Turnen, -s; Gymnastik f./体操の時間 Turnstunde f. -n. ── 体操をする turnen; Gymnastik treiben*. ‖ 体操教師 Turnlehrer m. -s, -/器械体操 Schwerathletik f./美容体操 Schönheitsgymnastik f./床体操 Bodenturnen n. -s/ラジオ体操 Funkgymnastik f.

たいそう 大葬 Begräbnisfeier 《f. -n》 im kaiserlichen Haus(e).

たいそう 大層 ❶ [非常に] sehr; äußerst; beträchtlich; außerordentlich; ungemein /彼女は大層美しい Sie ist sehr schön. ❷ [たくさん] viel; überreichlich; in großer ³Menge. ❸ [仰々しい] übertrieben.

たいそう 退蔵する zurück|legen⁴; hamstern⁴.

だいそう 代走する anstatt js laufen*〖h.s〗.

だいそうじょう 大僧正 Erzbischof m. -s, ⸚e.

だいそれた 大それた [けしからぬ] frech; verschämt; [道に外れた] ungebührlich; ungehörig; verkehrt; verräterisch《反逆的な》/大それた罪を犯す eine schwere Sünde (einen (Hoch)verrat) begehen⁴.

たいだ 怠惰 Faulheit f. -en; Trägheit f. -en; Müßiggang m. -(e)s; Unfleiß m. -es; [不注意] Lässigkeit f. -en; Nachlässigkeit f. -en ── 怠惰な faul; träge; unfleißig; (nach)lässig.

だいたい 大隊 Bataillon n. -s, -e ‖ 大隊長 Bataillonsführer m. -s, -.

だいたい 大腿 Oberschenkel m. -s, - ‖ 大腿骨 Schenkel|bein n. -(e)s, -e (-knochen m. -s, -).

だいたい 大体 ❶ [n.] Haupt|punkt m. -(e)s, -e (-sache f. -n); Haupt|zūge (pl); Kernpunkt; das Wesentliche*, -n; Umriss m. -es, -e 《概略》. ❷ [adv] im Allgemeinen (Wesentlichen); im Großen und Ganzen; in der Hauptsache; eigentlich; im Grunde genommen《本来》/大体君の考えは間違っているよ Du irrst dich von Grund aus./建物は大体完了した Das Gebäude ist beinahe (größtenteils) fertig.

だいたい 代替の alternativ ‖ 代替エネルギー alternative Energie, -n.

だいだい 代々 eine ⁴Generation nach der anderen; viele ⁴Generationen (Menschenalter) hindurch; von ³Geschlecht zu ³Geschlecht/代々の erblich; angestammt; von des³Vorfahren überkommen/代々伝わって来た伝説 die mündliche Überlieferung, -en/先祖代々の墓 Familien begräbnis (Familien-) n. -nisses, -nisse/先祖代々の宝物 (Familien)erbstück n. -(e)s, -e; Familienstück.

だいだい 橙 die bittere Orange, -n; Pomeranze f. -n/橙色の orange《無変化》; orange(n)farbig.

だいだいてき 大々的 großartig; großzügig; von großem Maßstab. ── 大々的に in großem Maßstab (Umfang; Maß)/大々的に宣伝をする viel Reklame machen 《für⁴》; kräftige (lebhafte) Propaganda machen (treiben*)《für⁴》/彼は大々的に商売をやっている Er treibt Geschäfte in großem Stil.

だいたいぶつ 代替物 die fungible (vertret-

だいたすう 大多数 die große Mehrheit (Majorität), -en/彼は圧倒的多数をもって議長に選出された Er wurde mit überwältigender Mehrheit zu dem Vorsitzenden gewählt.

たいだん 対談 Gespräch n. -[e]s, -e; Aussprache f. -n 《話し合い》; Unterhaltung f. -en《おしゃべり》; Unterredung f. -en《用談》; Dialog m. -[e]s, -e《対話》. ― 対談する sprechen* 《mit³ 以下も同様》; ⁴sich auslsprechen*; ⁴sich unterhalten*; ⁴sich unterreden.

だいたん 大胆 Kühnheit f. -en; Mut m. -[e]s; Tapferkeit f.; Unerschrockenheit f.; Verwegenheit f. ― 大胆な(に) herzhaft; kühn; mutig; tapfer; unerschrocken; verwegen; wagehalsig 《向こう見ずの》.

だいだんえん 大団円 Ausgang m. -[e]s, ⸚e; Ende n. -s, -; Schluss m. -es, ⸚e/大団円となる ein glückliches (gutes) Ende nehmen*.

たいち 対置する gegenüber|stellen³⁴ (entgegen-).

だいち 大地 Erde f. -n; Erdboden m. -s, ⸚.

だいち 台地 Hochebene f. -n; Plateau n. -s, -s; Tafelland n. -[e]s, ⸚er.

たいちょ 大著 ein großes (umfangreiches) Werk, -[e]s, -e.

たいちょう 隊長 [部隊長] Truppenführer m. -s, -; [指揮官] Kommandeur m. -s, -e; Kommandant m. -en; [探検隊などの] Leiter m. -s, -.

たいちょう 体長 Körper|größe f. (-länge f.).

たいちょう 退庁する vom Amt[e] nach Hause gehen* [s]; das Büro verlassen*.

たいちょう 体調 (körperliche) Kondition, -en/体調がいい(悪い) in guter (schlechter) ³Form sein*; 体調を整える ⁴sich fit machen.

たいちょう 大腸 Dickdarm m. -[e]s, ⸚e ‖ 大腸カタル Dickdarmkatarr[h] m. -s, -e.

だいちょう 台帳 Hauptbuch n. -[e]s, ⸚er/台帳に記入する in das Hauptbuch ein|tragen*⁴.

たいちょうかく 対頂角 [数]scheitelwinkel m. -s, -.

タイツ Strumpfhose f. -n.

たいてい 大帝 großer Kaiser, -s, - ‖ カール大帝 Karl der Große 《des Großen》.

たいてい 大抵 ⇨たいがい(大概).

たいてき 対敵 Feind m. -[e]s, -e; Gegner m. -s, -. ⇨てきたい.

たいてき 大敵 großer Feind, -[e]s, -e; großer Gegner, -s, -/彼は私の大敵である Er ist mein großer Feind.

たいてん 大典 große (wichtige) Zeremonie, -n; große Feierlichkeit f.

たいでん 帯電 Elektrisierung f. -en/帯電させる elektrisieren⁴.

たいと 泰斗 Autorität f. -en/彼は生物学界の泰斗である Er ist eine Autorität auf dem Gebiet der Biologie.

たいど 大度 Großmut f.; Seelengröße f./寛仁(ヒミン)大度の groß|mütig (-herzig).

たいど 態度 Haltung f. -en; [立場] Stellung f.; [振舞] Verhalten (Benehmen; Betragen; Auftreten) n. -s 《振舞》/態度を決定する Stellung nehmen* 《zu³》/彼の君に対する態度はよくなかった Er hat sich gegen dich nicht richtig benommen. ‖ 態度決定 Stellungnahme f. -n/精神的態度 eine geistige Haltung.

たいとう 対等 Gleichheit f.; Gleichberechtigung f./対等の gleich; gleichberechtigt/対等の条件で unter gleicher Bedingung/対等である gleich|kommen*³ [s]/両国は対等である Die beiden Länder stehen auf gleicher Höhe.

たいとう 台頭する ⁴sich geltend machen; zur Geltung kommen* [s].

たいとう 駘蕩たる still; mild; gelind[e] ‖ 春風駘蕩 mildes Frühlingswetter, -s, -.

たいどう 胎動 [医]Kindesbewegung f. -en.

だいどう 大道 ❶ [大通り] Haupt|straße (Land-) f. -n/大道演説をやる eine Rede auf der Straße halten*/天下の大道で auf offener Straße/慣習の安全な大道を歩む die breite Straße des Gewöhnlichen (Üblichen; Herkommens) wandeln [s]. ❷ [根本原理] Grundprinzip n. -s, ..pien《原則》; Grundsatz m. -es, ⸚e《原則》; ein grundlegendes Moralprinzip, -s, -. ‖ 大道演説家 Straßen|redner (Platt-form-; Volks-) m. -s, -/大道芸人 Straßenmusikant m. -en, -en/大道商人 Straßenhändler m. -s, - (-verkäufer m. -s, -).

だいどうしょうい 大同小異 in den Hauptpunkten (wesentlich) gleich; praktisch (fast; so ziemlich) dasselbe; nicht wesentlich verschieden/それらは大同小異だ Sie sind so ziemlich vom gleichen (selben) Kaliber (von derselben Art).

だいどうだんけつ 大同団結 Vereinigung (Union) [f. -en] [verschiedener ²Parteien].

だいどうみゃく 大動脈 Aorta f. ..ten; Hauptschlagader f. -n.

だいとうりょう 大統領 Präsident m. -en, -en/大統領の präsidial; Präsidenten-/大統領の任期 die Amtszeit des Präsidenten; Präsidialperiode f. -n/大統領の職 Präsidentenstelle f. -n; Präsidentschaft f. -en/大統領になる den Präsidentenstuhl besteigen* (ein|nehmen*) ‖ 大統領官邸 die Amtswohnung 《-en》 des Präsidenten; [米国の] der offizielle Wohnsitz 《-es》 des US-Präsidenten; das Weiße Haus, -es/大統領候補者 Präsidentschaftskandidat m. -en, -en/大統領選挙 Präsidentenwahl f. -en.

だいとかい 大都会 ⇨だいとし.

たいとく 体得る ³sich an|eignen⁴; beherrschen³; ³sich zu Eigen machen⁴; ⁴sich bemeistern²/技術を体得する eine Technik beherrschen; ³sich eine Kunst an|eignen.

たいどく 対独 gegen ⁴Deutschland ‖ 対独政策 die Politik gegen Deutschland; die

Deutschlandpolitik. ⇨たい(対)②.
たいどく 胎毒 die kongenitale (angeborene) Syphilis.
だいどく 代読する anstatt *js* für *jn* lesen*⁴.
だいどころ 台所 Küche *f.* –n ‖ 台所道具 Küchen¦gerät *n.* –〔e〕s, –e (–geschirr *n.* –〔e〕s, –e). ⇨かって(勝手)①.
だいとし 大都市 Großstadt *f.* ⸚e/大都市の großstädtisch.
タイトスカート ein enger Rock, –〔e〕s, ⸚e.
タイトル Titel *m.* –s, –/タイトルをつける titeln⁴ ‖ タイトル防衛 Titelverteidigung *f.* –en/タイトル保持者 Titelträger *m.* –s, –/タイトルマッチ Meisterschaftswett¦kampf (Titel–) *m.* –〔e〕s, ⸚e.

た

たいない 胎内で(の) im Mutterleib.
たいない 体内で(の) im Körper.
たいない 対内的な inländisch; inner/対内的に nach innen hin; dem eigenen Land gegenüber ‖ 対内政策 Innenpolitik *f.*; innere Politik, –en.
だいなし 台なしの verdorben; vereitelt; beschmutzt. — 台なしにする ❶ [だめにする] verderben*⁴; vereiteln⁴; verhunzen⁴; 〖俗〗 vermasseln⁴; [打ちこわす] zerstören⁴; zugrunde (zu Grunde) richten⁴; zunichte machen⁴; unbrauchbar machen⁴ 《役に立たなくする》. ❷ [よごす] beschmutzen⁴. — 台なしになる vereitelt (verdorben; zerstört; zunichte) werden.
ダイナマイト Dynamit *n.* (*m.*) –〔e〕s, –e/ダイナマイトで爆破する durch Dynamit sprengen⁴.
ダイナミック ダイナミックな dynamisch.
ダイナモ Dynamo *m.* –s, –s (*f.* –s); Dynamomaschine *f.* –n; Stromerzeuger *m.* –s, –.
だいに 第二 der (die; das) zweite*; Nummer zwei 《略: Nr.2》/第二に zweitens; an zweiter Stelle; in zweiter Linie/第二の der zweite*; der andere*; sekundär 《二次的》/第二流の zweit¦klassig (–rangig); zweiter ²Klasse (Güte); zweiten Ranges; unbedeutend 《つまらぬ》/それは第二義的な問題だ Das ist ganz Nebensache.¦Das gehört nicht zur Sache./それは彼の第二の天性になった Es ist ihm zur zweiten Natur geworden.
たいにち 対日貿易 der Handel 《–s》 mit Japan/対日講和 der Friedensabschluss 《–es》 mit Japan/対日感情 das Gefühl 《–〔e〕s, –e》 gegen Japan.
たいにん 大任 eine große (wichtige) Aufgabe, –n; ein großer (wichtiger) Auftrag, –〔e〕s, ⸚e.
たいにん 退任 ⇨たいしょく(退職).
だいにん 代任 Stellvertretung *f.* –en.
だいにん 代人 Stellvertreter *m.* –s, –/代人を出す seinen Vertreter schicken.
ダイニングキッチン Essküche *f.* –n.
たいねつ 耐熱の hitzebeständig ‖ 耐熱性 Hitzebeständigkeit *f.*
たいのう 滞納する(している) mit seinen ³Zahlungen in ⁴Rückstand kommen* [s] (im Rückstand sein) ‖ 滞納処分 Zwangsbetreibung *f.* –en.
だいのう 大農 Großgrundbesitzer *m.* –s, – ‖ 大農経営 Großgrundbetrieb *m.* –〔e〕s, –e/大農場 Großgrundbesitz *m.* –es, –e.
だいのう 大脳 Großhirn *n.* –〔e〕s, –e ‖ 大脳皮質 Großhirnrinde *f.* –n/大脳葉 Großhirnlappen *m.* –s, –.
だいのう 代納する [代理に納める] für *jn* bezahlen⁴; [物納する] in ³Naturalien 〔be〕zahlen⁴.
だいのじ 大の字になる alle Viere von ³sich strecken; ausgestreckt da|liegen*.
たいは 大破 eine schwere Beschädigung, –en; eine schwere Zerstörung, –en/大破する schwer beschädigt (zerstört) werden; schweren Schaden erleiden*.
だいば 台場 Batterie *f.* –n; Fort *n.* –s, –s.
ダイバー Taucher *m.* –s, –.
たいはい 退廃 Verfall *m.* –〔e〕s; Niedergang *m.* –〔e〕s; Entartung *f.* –en; Dekadenz *f.*; Degeneration *f.* en/道義の退廃 Demoralisierung *f.* –en; Demoralisation *f.* –en. — 退廃的な entartet; dekadent. — 退廃する verfallen*; in ⁴Verfall geraten*; nieder|gehen*; entarten; degenerieren 《以上 [s]》.
たいはい 大盃 eine großer Becher, –s, –.
たいはい 大敗 eine schwere (vernichtende) Niederlage, –n/大敗を喫する eine schwere Niederlage erleiden*.
だいばかり 台秤 Brückenwaage *f.* –n.
たいばつ 体罰 ⇨たいけい(体刑).
たいはん 大半 die größere Hälfte, –n; der größere Teil, –〔e〕s, –e; der größte Teil, –〔e〕s, –e 《大部分》; Mehrzahl *f.* 《過半数》/大半は zum größeren (größten) Teil; meisteils/彼らの大半は病気にかかっている Die meisten von ihnen sind erkrankt.
たいばん 胎盤 〖解〗 Mutterkuchen *m.* –s, –; Plazenta *f.* –s (Plazenten) ‖ 胎盤炎 Mutterkuchenentzündung *f.* –en/有胎盤哺乳類 Plazentatier *n.* –〔e〕s, –e.
たいひ 堆肥 Mist¦haufen (Dung–) *m.* –s, –; Komposthaufen 《混合肥料の》.
たいひ 貸費 Darlehen *n.* –s, –; Stipendium *n.* –s, ..dien 《奨学金》. — 貸費する ein ⁴Darlehen gewähren³; ein Stipendium geben*³. ‖ 貸費生 Stipendiat *m.* –en, –en.
たいひ 対比 Vergleich *m.* –〔e〕s, –e 《比較》; Gegenüberstellung *f.* –en 《対置》; Gegensatz *m.* –es, ⸚e 《対照》; Kontrast *m.* –〔e〕s, –e 《コントラスト》. — 対比する vergleichen*⁴; gegenüber|stellen⁴; gegeneinander stellen⁴; kontrastieren⁴.
たいひ 退避する aus|weichen*³ [s]; Schutz suchen 《*in*³; bei *jm*》 ‖ 退避壕 Unterstand *m.* –〔e〕s, ⸚e.
たいひ 待避する 〖鉄〗 aus|weichen* [s]/待避させる rangieren⁴ ‖ 待避駅 Rangierbahnhof *m.* –〔e〕s, ⸚e/待避線 Rangiergleis *n.* –es, –e.
タイピスト 《女性の》 Maschinenschreiberin *f.* ..rinnen; 〖俗〗Tippfräulein *n.* –s, – ‖ 速記タイピスト Stenotypistin *f.* ..tinnen.
だいひつ 代筆 an *js* ³Stelle (für *jn*) schrei-

たいびょう 大病 eine schwere Krankheit, -en/大病なる schwer krank sein ‖ 大病人 der Schwerkranke*, -n, -n.

たいひょう 大兵 Riese m. -n, -n/大兵肥満の groß und dick (kräftig).

だいひょう 代表 ❶ [代理] [Stell]vertretung f. -en; Repräsentation f. -en. ❷ [代表者] [Stell]vertreter m. -s, -; Repräsentant m. -en, -en; der Delegierte*, -n, -n; Wortführer m. -s, -/代表的 repräsentativ; typisch; vorbildlich. —— 代表する vertreten⁴; repräsentieren⁴/…を代表して anstatt²; im Namen⁽²⁾ ⟨von⟩; in Vertretung⁽²⁾ ⟨von⟩/大使は本国政府を代表する Der Botschafter vertritt seine Regierung. ‖ 代表権 Vertretungsbefugnis f. ..nisse; Vertretungsvollmacht f. ..en/代表社員 der vertretungsberechtigte Gesellschafter, -s, -/代表者団 Abordnung (Delegation; Deputation) f. -en/代表番号(電話の) Sammelnummer f. -n.

ダイビング ⟨運⟩ das Kunstspringen*, -s.

だいぶ 大部 umfangreich; dick ⟨分厚い⟩.

タイプ Typ m. -s, -en ⟨型⟩; Art f. -en ⟨種類⟩/この娘は彼の好きなタイプではない Dieses Mädchen ist nicht sein Typ.

だいぶ ziemlich; bedeutend; beträchtlich; erheblich; recht; sehr; in hohem Grad⟨e⟩ ⟨Maß⟨e⟩⟩/だいぶ前に vor langer Zeit/だいぶ遠い⟨い⟩ ziemlich weit; sehr weit entfernt (in beträchtlicher Entfernung; in weiter Ferne)/だいぶ雪が積もっている Der Schnee liegt ziemlich hoch./病人の状態はだいぶ良くなった(悪い) Der Zustand des Kranken hat sich bedeutend gebessert (ist sehr schlecht.)/彼はそれでだいぶもうけた Er hat ein Ziemliches (ein schönes Stück Geld) dabei verdient./金属製品がだいぶ値上がりした Die Preise der Metallwaren sind beträchtlich gestiegen./まちだいぶ道のりがある Wir haben noch weit bis in die Stadt./川はまだだいぶ先のことだ Bis dahin fließt noch viel Wasser ins Meer (den Rhein herunter).

たいふう 台風 Taifun m. -s, -e/台風の目 das Auge ⟨n.⟩ des Taifuns.

だいふくちょう 大福帳 Hauptbuch n. -⟨e⟩s, ⁓er.

たいぶつ 対物レンズ ⟨理⟩ Objektiv n. -⟨e⟩s, -e; Objektivglas n. -es, ⁓er/対物信用 Realkredit m. -⟨e⟩s.

だいぶつ 大仏 die große Buddhastatue, -n.

だいぶぶん 大部分 [n.] der größere (größte; meiste) Teil, -e; [adv] zum größten (größten) Teil; größtenteils; meistenteils/大部分の人 die meisten ⟨Menschen⟩/大部分がれに賛成投票した Die Mehrheit hat dafür gestimmt./一年の大部分を彼は旅行で過ごす Die meiste Zeit (Den größten Teil) des Jahres ist er auf Reisen./客は大部分が学生である Die Gäste sind meist⟨ens⟩ Studenten.

タイプライター Schreibmaschine f. -n/タイプライターで打つ Maschine schreiben*⁴; ⟨俗⟩ tippen⁴/タイプライターで打った auf der Ma-

schine geschrieben; maschinegeschrieben ‖ 和文タイプライター die Schreibmaschine ⟨-n⟩ mit japanischen Buchstaben.

だいぶん ⇒だいぶ.

だいぶんすう 帯分数 ⟨数⟩ eine gemischte Zahl, -en.

たいへい 泰平 Friede⟨n⟩ m. ..de⟨n⟩s, ..den; Ruhe f. -/⟨静穏⟩/泰平の friedlich; ruhig/泰平無事に暮らす in Ruhe und Frieden leben.

たいへいよう 太平洋 Stiller Ozean m. -s; Großer Ozean; Pazifischer Ozean; Pazifik m. -s/太平洋の pazifisch ‖ 太平洋艦隊 die Pazifische Flotte, -n/太平洋条約 Pazifik-Pakt m. -⟨e⟩s/太平洋戦争 der Pazifische Krieg, -⟨e⟩s.

たいへいらく 太平楽を並べる sorglos plaudern ⟨呑気におしゃべりする⟩; ⁴Unsinn (Quatsch) reden ⟨馬鹿げたことをしゃべる⟩.

たいべつ 大別 grob ein|teilen⁴/二種に大別する in zwei ⁴Hauptgruppen teilen⁴.

たいへん 大変 eine ernste Sache, -n ⟨容易ならぬこと⟩; ein furchtbares Ding, -e ⟨怖ろしいこと⟩/大変なことをしてくれたね Da hast du etwas Schönes angerichtet./もっと大変なことになるかもしれない Es kann noch schlimmer werden. —— 大変な ernst ⟨容易ならぬ⟩; furchtbar ⟨怖ろしい⟩; schrecklich ⟨同上⟩; schlimm ⟨悪い⟩; außerordentlich ⟨異常な⟩; außer|gewöhnlich (un-) ⟨同上⟩; ungeheuer ⟨法外な⟩; sehr; ungemein; ungewöhnlich; äußerst/大変な数 Unmenge f.; Unzahl f./大変申しわけありません Es tut mir furchtbar (sehr schrecklich) Leid.

だいべん 大便 Auswurf m. -⟨e⟩s, ⁓e; Exkremente ⟨pl⟩; Kot m. -⟨e⟩s; Stuhlgang m. -⟨e⟩s ⟨便通⟩/大便に行く auf den Abort (das Klosett; den Stuhl) gehen*⁽ˢ⟩; zu ³Stuhl⟨e⟩ gehen*. —— 大便を ⁴sich entleeren; Stuhlgang haben; seine große Notdurft (ein großes Geschäft) verrichten; ⟨俗⟩ ab|protzen (kacken); Aa machen ⟨小児語⟩.

だいべん 代弁 Agentschaft f. -en; Agentur f. -en; Vertretung f. -en. —— 代弁する ❶ ⟨代理する⟩ vertreten*⁴; die Vertretung übernehmen*. ❷ ⟨代わって話す⟩ das Wort führen; ⁴sich in zu ³Sprache machen (herlgeben)*. ‖ 代弁人(者) 1⟩ [事務処理] Agent m. -en, -en; Vertreter m. -s, -. 2⟩ [話す人] Wortführer m. -s, -; Sprecher m. -s, -; Sprachrohr n. -⟨e⟩s, -e/新聞は世論の代弁者である Die Presse ist die Wortführerin der öffentlichen Meinung.

たいほ 退歩 Rück|gang m. -⟨e⟩s (-schritt) m. -⟨e⟩s, -e/退歩する rückwärts gehen*⟨ˢ⟩; zurück|gehen*⟨ˢ⟩; Rückschritte machen.

たいほ 逮捕 Verhaftung f. -en; Fest|nahme (Gefangen-) f. -n. —— 逮捕する verhaften⁴; fest|nehmen*⁴ (gefangen|-); dingfest machen⁴. ‖ 逮捕状 Verhaftungsbrief

たいほう 大砲 Geschütz n. -es, -e; Kanone f. -n/大砲の音 der Donner 《-s, -》 eines Geschützes.

たいぼう 耐乏 Entbehrung f. -en/耐乏生活をする ein entbehrungsreiches Leben führen; große Entbehrung ertragen*; viel entbehren müssen*; ein hartes Leben haben.

たいぼう 待望する ersehnen⁴; erwünschen⁴; erwarten⁴/待望の〔heiß〕ersehnt;〔lang〕erwünscht; lang erwartet.

たいぼく 大木 ein großer Baum, -(e)s, ⸗e; Riesenbaum m. -(e)s, ⸗e.

だいほん 台本 Textbuch n. -(e)s, ⸗er〔劇の〕; Libretto n. -s, -s (..tti)〔歌劇の〕; Operntext m. -es, -e〔同上〕; Drehbuch n.〔映画の〕; Szenarium n. -s, ..rien〔劇・映画の〕.

だいほんざん 大本山〔キリスト教の〕Hauptkirche f. -n.

たいま 大麻〔植〕Hanf m. -(e)s.

タイマー Schaltuhr f. -en.

たいまい 大枚 eine große Geldsumme, -n; viel Geld/大枚一千万円 eine Summe von 10 000 000 Yen.

たいまつ 松明 Fackel f. -n ‖ 松明行列 Fackelzug m. -(e)s, ⸗e.

たいまん 怠慢 Nachlässigkeit (Fahr-) f. -en; Vernachlässigung f. -en; Unterlassung f. -en〔不実行〕; Versäumnis n...nisses, ..nisse〔同上〕; Faulheit f.《怠惰》. — 怠慢な nachlässig; fahrlässig; faul. ‖ 怠慢罪 Unterlassungssünde f. -n/職務怠慢 die Vernachlässigung der Pflicht (des Amtes); Pflichtversäumnis n...ses, ..nisse.

だいみょう 大名 Daimio m. -, -s; Feudalherr (Leh(e)ns-) m. -n, -en; Fürst m. -en, -en/大名暮らしをする ein fürstliches Leben führen; wie ein Fürst (fürstlich); als großer Herr; auf großem Fuß(e) leben/大名旅行をする große Summen (viel Geld) für die Reise auf|wenden*).

タイミング Timing n. -s, -s/タイミングが良い rechtzeitig; gut angebracht; zur rechten ³Zeit; gelegen/タイミングが悪い ungelegen; nicht rechtzeitig/彼はいつもタイミングが悪い Er wählt immer den schlechten (falschen) Zeitpunkt.

タイム Zeit f. -en/タイムを測る die Zeit messen* ‖ タイムカード Stechkarte f. -n/タイムキーパー〔運〕Zeitnehmer m. -s, -/タイムスイッチ〔電〕Zeitschalter m. -s, -/タイムリミット Frist f. -en/タイムレコーダー Zeitrechner m. -, - (-schreiber m. -s, -)/タイムレコードZeitrekord m. -(e)s, -e.

たいめい 大命 ein kaiserlicher Befehl, -(e)s, -e.

たいめい 待命 Wartestand m. -(e)s; Disposition f./待命になる in den Wartestand versetzt werden; zur Disposition gestellt werden.

だいめいし 代名詞 Fürwort n. -(e)s, ⸗er; Pronomen n. -s, - (..mina)/代名詞の pronominal ‖ 不定(疑問、関係、人称、再帰、指示、所有)代名詞 das unbestimmte (fragende, bezügliche, persönliche, rückbezügliche, hinweisende, besitzanzeigende) Fürwort; Indefinit|pronomen (Interrogativ-, Relativ-, Personal-, Reflexiv-, Demonstrativ-, Possessiv-).

たいめん 体面 Gesicht n. -(e)s〔顔〕; Ehre f.《名誉》; Würde f.《威厳》; Ansehen n. -s〔声望〕; Ruf m. -(e)s〔名声〕/体面を重んじる auf seine Ehre halten*〔bedacht sein〕/体面を保つ das Gesicht wahren/体面を繕う das Gesicht retten/家族の体面を汚す seiner ³Familie Schande machen.

たいめん 対面 Begegnung f. -en〔出会〕; Zusammenkunft f. ⸗e〔会合〕. — 対面する sehen*⁴; kennen lernen⁴; begegnen³; zusammen|kommen*〔mit³〕. ‖ 対面交通 Gegenverkehr m. -s.

たいもう 大望 ein großer Wunsch, -es, ⸗e; Ehrgeiz m. -es〔野心〕/大望を抱く einen großen Wunsch haben (hegen); ehrgeizig sein; ein großes Ziel vor Augen haben; hohe Ziele verfolgen.

だいもく 題目〔表題〕Titel m. -s, -; Überschrift f. -en;〔問題〕Aufgabe f. -;〔zu behandelnde〕Gegenstand, -(e)s, ⸗e;〔項目〕Artikel m. -s, -; Bedingung f. -en《条件》. — お題目を唱える ❶ das Nichiren-Gebet her|sagen (repetieren). ❷〔比喩的〕nur reden, ohne zu handeln.

たいや 逮夜 Tag 《m. -(e)s, -e》vor dem Jahrestag des Verstorbenen.

タイヤ〔Rad〕reifen (Gummi-) m. -s, -/タイヤをとりかえる den Reifen wechseln/タイヤに空気を入れる den Schlauch auf|pumpen/僕たちの車のタイヤがパンクしてしまった Uns ist der Reifen geplatzt.

ダイヤ Fahrplan m. -(e)s, ⸗e; Diagramm n. -s, -e/ダイヤを乱させる den Eisenbahnverkehr in Unordnung bringen*/ダイヤどおりに fahrplanmäßig/新ダイヤ十二月一日から実施される Der neue Fahrplan tritt am 1. Dezember in Kraft.

たいやく 大役 große Aufgabe, -n〔任務〕; großer Posten, -s, -〔地位の〕; große Rolle, -n〔配役の〕/大役を仰せつかる mit einer großen Aufgabe beauftragt werden/大役を演じる eine große Rolle spielen/大役を果たす eine große Pflicht erfüllen (leisten).

たいやく 対訳 Übersetzung 《f. -en》mit ³Gegenüberstellung des Originals.

だいやく 代役 Ersatzmann m. -(e)s, ⸗er (-leute); Stellvertreter m. -s, -; Ersatz[schau]spieler m. -s, -〔芝居の〕/代役をつとめる ein|springen*〔für jn〕; vertreten*〔einen Darsteller〕.

ダイヤモンド Diamant m. -en, -en; Spielfeld n. -(e)s, ⸗er〔野球〕/黒いダイヤ schwarze Diamanten《pl 石炭》‖ ダイヤモンド婚式 die diamantene Hochzeit.

ダイヤル〔電話の〕Wähler|scheibe (Nummern-) f. -n;〔ラジオの〕Skalenscheibe/ダイヤルを回して呼び出す eine Nummer drehen (wählen).

たいよ 貸与 Verleihung *f.* -en. ── 貸与する 〔ver〕leihen* 《*jm* ⁴*et*》/無料で貸与する（無償に）〔ver〕leihen*⁴.‖ 貸与金 Darlehung *f.* -en; Darlehen *n.* -s, -/武器貸与法（米国の）Leih-Pacht-Gesetz *n.* -es.

たいよう 大洋 Ozean *m.* -s, -e; Weltmeer *n.* -〔e〕s, -e/大洋の ozeanisch ‖ 大洋横断飛行 Ozeanflug *m.* -〔e〕s, ⁻e.

たいよう 大要 Hauptinhalt *m.* -〔e〕s; Abriß *m.* -es, -e; Übersicht *f.* -en/大要を述べる einen Überblick geben* 《*über*⁴》/事件の大要はこうです Die Sache verhält sich so. ⇨たいい（大意）.

たいよう 太陽 Sonne *f.*/太陽の黒点 Sonnenfleck *m.* -〔e〕s, -e/太陽の運行 Sonnenlauf *m.* -〔e〕s, ⁻e/太陽が上る（沈む）Die Sonne geht auf (unter). ‖ 太陽エネルギー Sonnen|energie (Solar-) *f.* -/太陽系 Sonnensystem *n.* -s/太陽光線 Sonnenstrahl *m.* -〔e〕s, -en/太陽電池 Sonnen|batterie (Solar-) *f.* -n/太陽灯 Höhensonne *f.*/太陽熱 Sonnenhitze *f.* -/太陽熱利用発電装置 Sonnen|kraftwerk (Solar-) *n.* -〔e〕s/太陽年 Sonnenjahr *n.* -〔e〕s, -e/太陽暦 Sonnenkalender *m.* -s.

だいよう 代用 Ersatz *m.* -es; Ersetzung *f.* -en; Substituierung *f.* -en/代用する an die Stelle 《*von*³》 setzen⁴; an Stelle *f.* gebrauchen⁴; ersetzen⁴ 《*durch*⁴》; substituieren⁴.──...の代用になる als Ersatz 《*für*⁴》 dienen; dienen 《*statt*³》; an die Stelle 《*von*³》 treten* 〔s〕. ‖ 代用教員 Ersatz|lehrer (Hilfs-) *m.*, -s, -/代用品(物) Ersatz; Ersatz|mittel *n.* -s, -(-stoff *m.* -〔e〕s, -e); Surrogat *n.* -〔e〕s, -e.

たいようしゅう 大洋州 Ozeanien *n.* -s.

たいようねんすう 耐用年数 Garantiezeit *f.* -en /(保証期間).

たいよく 大欲 Habsucht *f.*; Begierde *f.* -n/大欲の habsüchtig/大欲は無欲に似たり Wer alles will, bekommt nichts.

だいよん 第四 der (die; das) vierte*/第四階級 der vierte Stand, -〔e〕s.

たいら 平らな flach; eben; glatt 《平滑の》; waag〔e〕recht 《水平な》/平らにする flach (eben; glatt; waag〔e〕recht) machen⁴; walzen⁴ 《金属を》; eb〔e〕nen⁴ 《地面・道路を》; planieren⁴ 《同上》/どうぞ平らに machen Sie es sich bequem!

たいらげる 平らげる ❶ 《鎮圧》 unterwerfen*⁴; nieder|werfen*⁴/ある国(民族)を平らげる ein Land (Volk) unterwerfen*. ❷ 《食い尽す》 auf|essen*⁴.

たいらん 大乱 ein großer Aufstand, -〔e〕s, ⁻e.

タイラント Tyrann *m.* -en, -en; Alleinherrscher *m.* -s, -.

だいり 内裏 der kaiserliche Palast, -es, -e / 内裏雛(様) das große Puppenpaar 《-〔e〕s》 in vollem Hofkleid 《beim Puppenfest》.

だいり 代理 〔Stell〕vertretung *f.* -en; Agentur *f.* -en 《代理業》; 〔Stell〕vertreter *m.* -s, -; Agent *m.* -en, -en 《代理業者》; der Bevollmächtigte*, -n, -n 《代理者》. ── 代理で〔として〕 in³ Vertretung 《*von*³; 略: i. V.》; im Auftrag 《略: p.p.》 in ³Vollmacht; per Prokura (略: p.p., ppa.); vertretungsweise. ── 代理する vertreten* 《*jn* ⁴Stelle》; eine Vertretung (Agentur) übernehmen*; in *js* ³Namen tun*⁴. ‖ 代理権 Prokura *f.* -..ren; 〔Vertretungs〕Vollmacht *f.* -en; Vertretungsbefugnis *f.* ..nisse/代理大(公)使 Geschäftsträger *m.* -s, -/代理店 Agentur; Kommissionsbüro *n.* -s/代理部 Kommissionsverkaufsstelle *f.* -n; Verkaufsstelle *f.* -n 《in Kommission》/業務代理人 Prokurist *m.* -en, -en/校長代理 der stellvertretende Direktor, -s, -en/衆議院議長代理 der Vizepräsident 《-en, -en》 des Abgeordnetenhauses/法定代理人 Prokurator *m.* -s, -en.

だいりき 大力 die herkulische Kraft, ⁻e; Riesenkraft *f.* -/大力の riesenstarke Mann, -〔e〕s, ⁻er /(人) 大力無双の unvergleichlich stark; riesenstark/彼は大力の持主である Er ist ein Herkules an Kräften.

たいりく 大陸 Festland *n.* -〔e〕s, ⁻er; Kontinent *m.* -〔e〕s, -e/大陸的(の) festländisch; kontinental/大陸横断の transkontinental ‖ 大陸間弾道弾 die interkontinentale ballistische Rakete, -n/大陸性気候 das kontinentale Klima, -s -ta (-s)/大陸棚 Kontinental|schelf *m.* (*n.*) -s, -e (-sockel *m.* -s, -)/アジア大陸 der asiatische Kontinent.

だいりせき 大理石 Marmor *m.* -s, -e 《*pl* は製品の場合》/大理石彫像 Marmorstatue *f.*

たいりつ 対立 Gegensatz *m.* -es, ⁻e; Gegenüberstellung *f.*/対立的 gegenüberstehend; gegensätzlich. ── 対立する gegenüber|stehen*³; im Gegensatz stehen* 《*mit*³》/彼らは敵のようにお互いに対立していた Sie standen einander wie Feinde gegenüber.

たいりゃく 大略 ❶ 《梗(こう)概》 der kurze Inhalt, -〔e〕s, -e; Hauptinhalt; Resümee, -s, -s 《抜粋》; Auszug *m.* -〔e〕s, ⁻e/大略を述べる kurz zusammen|fassen⁴. ❷ 《*adv*》 〔一般に〕 im Allgemeinen; 〔殆んど〕 fast; beinahe.

たいりゅう 対流 《理》 Konvektion *f.* -en / 対流の konvektiv ‖ 対流圏 Troposphäre *f.* -n.

たいりょう 大漁(漁) ein guter (reicher) Fang, -〔e〕s, ⁻e/きょうは大漁だった Heute haben wir einen guten Fang gemacht (getan).

たいりょう 大量 ❶ eine große Anzahl, -en 《数》; eine große Menge, -n 《量》/大量の massenhaft; viel. ❷ Großmut *f.* 《度量の》. ‖ 大量生産 Massen|produktion *f.* -en(-herstellung *f.* -en; -erzeugung *f.* -en).

たいりょく 体力 Körperkraft *f.* ⁻e (-stärke *f.* -n)/体力のある(ない) kräftig; stark 《gebrechlich; schwach》 /体力がつく(衰える) körperlich stärker (schwächer) werden/体力を養う seinen Körper abhärten.

たいりょく 耐力試験 Dauerprobe *f.* -n.

たいりん 大輪の 〔花の〕 großblumig; mit

großen [3]Blüten.
だいりん 大輪の großblumig; mit großen Blumen.
タイル Fliese *f.* -n; Kachel *f.* -n / タイル張りの mit [3]Fliesen belegt / タイルを張る mit Fliesen bedecken[4].
たいれい 大礼 die wichtige Zeremonie, -n; Krönungsfeier *f.* -n《即位式》‖ 大礼服 Staatskleid *n.* -(e)s, -er; Galauniform *f.* -en《武官の》; Galaanzug *m.* -(e)s, ⸗e《文官の》.
ダイレクトメール (Post)wurfsendung *f.* -en.
たいれつ 隊列 ⇨たいご(隊伍).
たいろ 退路 Rück weg *m.* -(e)s, -e (-zug *m.* -(e)s, ⸗e) / 退路を絶つ den Rückweg verlegen (*jm*); den Rückzug ab|schneiden* (*jm*).
だいろっかん 第六感 der sechste Sinn, -(e)s.
たいわ 対話 Gespräch *n.* -(e)s, -e; Unterhaltung *f.* -en; Unterredung *f.* -en《用談》; Dialog *m.* -(e)s, -e《演劇の》. ── 対話する sprechen*《mit *jm* über[4]》; [4]sich unterhalten*《mit *jm* über[4]》.
たいわん 台湾 Taiwan *n.* -s.
たいん 多淫 Geilheit *f.*; Lüsternheit *f.* / 多淫の geil; lüstern; wollüstig; liederlich.
ダウ ダウ(式平均株価) Dow-Johnes-Index *m.* -(es).
たうえ 田植え das Reispflanzen*, -s. ── 田植えをする Reis pflanzen. ‖ 田植え歌 das Lied《-(e)s, -er》der Reispflanzer / 田植え時 die Zeit《-en》zum Reispflanzen (des Reispflanzens).
ダウンロード Download *m.* -s, -s / ダウンロードする downloaden.
たえいる 絶え入る sterben* [s]; hin|scheiden* [s]; entschlafen* [s] / 絶え入るような声で mit hauchender Stimme.
たえがたい 耐え難い unerträglich; unausstehlich / 耐え難い侮辱 eine unverzeihliche Beleidigung, -en / それはもはやほとんど耐え難いほどである Das ist kaum noch zu ertragen.
だえき 唾液 Speichel *m.* -s, - ‖ 唾(液)腺 Speicheldrüse *f.* -n.
たえざる 絶えざる ununterbrochen; unaufhörlich; dauernd; fortwährend / 絶えざる努力 unermüdliche Bemühungen (*pl*).
たえしのぶ 堪え忍ぶ erdulden[4]; geduldig ertragen*[4]; aus|halten*[4].
たえず 絶えず ohne [4]Unterbrechung; ununterbrochen; ohne Pause; unaufhörlich; dauernd; fortwährend; immerfort.
たえだえ 息も絶え絶えに mit keuchendem Atem; röchelnd / 息も絶え絶えである fast nicht mehr atmen; ganz schwach sein; in den letzten [3]Zügen (im Sterben) liegen*.
たえはてる 絶え果てる ❶ [絶滅] aus|sterben* [s]; unter|gehen* [s]; erlöschen* [s]《消滅する》. ❷ [呼吸が] sterben* [s]; den letzten Atemzug aus|hauchen; verröcheln.
たえま 絶え間 Pause *f.* -n《休止》; Unterbrechung *f.* -en《中断》/ 絶え間なく ⇨たえず / 絶え間絶え間に unterbrochen; ab und zu.
たえる 堪える ertragen*[4]; dulden[4]; aus|halten*[4]; aus|stehen*[4]; aus|harren[4]; überstehen*[4]; stand|halten*[3] / 苦痛に堪える Schmerzen ertragen* (aus|halten*) / 任に堪える einer [3]Aufgabe gewachsen sein / 試練に堪える die Prüfung bestehen* (überstehen*) / 彼はいかなる困難にも堪えることができる Er ist jeder schwierigen Lage gewachsen. / この道具は使用に堪えない Das Werkzeug ist unbrauchbar. / もはや聞く(黙視する)に堪えない Ich kann es nicht mehr hören (mit ansehen).
たえる 絶える ⇨たえはてる / 息が絶える den letzten Atemzug aus|hauchen; sterben* [s] / 彼のあらゆる望みは絶えた Alle seine Hoffnungen wurden zunichte. / その後彼の消息は絶えたままである Seitdem hört man nichts mehr von ihm. / おしゃべりは絶えることなく続いた Das Gerede nahm kein Ende.
だえん 楕円 Ellipse *f.* -n. ── 楕円の elliptisch; langrund; oval《卵形の》‖ 楕円関数 die elliptische Funktion, -en / 楕円体 Ellipsoid *n.* -(e)s, -e. / 楕円率 Elliptizität *f.*; Abplattung *f.*《扁平率》.
たおす 倒す ❶ um|werfen*[4]《投げて》; um|stoßen*[4]《突いて》; um|legen[4]《横にする》; fällen[4]《木を》. ❷ [殺す] töten[4]; ums Leben bringen* (*jn*); erlegen[4]《動物などを》/ 敵を倒す einen Feind töten (erlegen). ❸ [負かす] besiegen[4]; überwältigen[4]; [滅ぼす] zugrunde (zu Grunde) richten[4]; [転覆させる] (um|)stürzen[4] / 政府を倒す eine Regierung stürzen. ❹ [借金を] ⇨ふみたおす.
たおやめ anmutiges (zartes) Mädchen, -s, -.
たおる 手折る ab|brechen*[4]; (ab|) pflücken[4] / 花を手折る eine Blume《-n》ab|brechen*.
タオル Handtuch *n.* -(e)s, ⸗er.
たおれる 倒れる ❶ [転倒する] (um|)fallen* [s]; [倒壊する] hin|fallen* [s]; ein|stürzen (um|-) [s] / あおむけに倒れる auf den Rücken fallen* / 棒倒しに倒れる der Länge nach auf die Erde (auf den Boden) fallen* / どっと倒れる über den Haufen fallen* / 地面に倒れる zu [3]Boden fallen* / 今にも家が倒れそうだ Das Haus droht einstürzen (ist dem Einsturz nahe). ❷ [死ぬ] sterben* [s]; um|kommen* [s]; ums Leben kommen* [s]; fallen* [s]《戦争で》/ 倒れるまで戦う bis zum Tod(e) kämpfen / 戦場に倒れる auf dem (Schlacht)feld fallen*. ❸ [病気になる] erkranken [s]; krank werden. ❹ [滅びる] zugrunde (zu Grunde) gehen* [s]; unter|gehen* [s]; verfallen* [s]. ❺ ⇨はさん.
たおんせつ 多音節の viel silbig (mehr-) ‖ 多音節語 vielsilbiges Wort, -(e)s, ⸗er; Polysyllabum *n.* -s, ..ba.
たか 鷹 Falke *m.* -n, -n / 鷹を使う mit Falken jagen ‖ 鷹狩 Falkenjagd *f.* -en / 鷹匠 Falkenier *m.* -s, -e.
たか 多寡 [量] Menge *f.* -n; Quantität *f.* -en; [数] Zahl *f.* -en; Anzahl; [額] Betrag

m. -〔e〕s, ⸚e.

たか 高 ¶ たかをくくる gering schätzen⁴; wenig Wert legen《*auf*⁴》/たかのしれた unbedeutend; belanglos; gering; unwichtig/彼の話などたかが知れているさ Was er sagt, ist ja nichts.

たが Reif *m*. -〔e〕s, -e; Reifen *m*. -s, -/たがをかける Reifen legen《*um*⁴》/たがを外す die Reifen ab|nehmen*³/たがが弛(ゆる)む Die Reifen werden locker./彼は最近たがが弛んで来た In letzter Zeit ist bei ihm eine Schraube locker.

だが ❶ [しかし] aber; allein; dennoch; doch; jedoch; obwohl; obgleich/彼は金持だが満足してはいない Er ist 〔zwar〕 reich, 〔aber〕 doch unzufrieden. | Obwohl er reich ist, ist er nicht glücklich./行きたいんだが暇がない Ich möchte gern kommen, doch habe ich keine Zeit./彼はあんなに用心したんだがだまされた Bei all seiner Vorsicht ist er doch betrogen worden. ❷ [ところで] 雨が降りそうだが傘を持って行ったらいい Es sieht nach Regen aus. Nehmen Sie einen Schirm mit!/ちょっと急ぐんだがもっと走らしてくれ給え Ich habe Eile. Fahren Sie schneller! ❸ [だがなあ] 彼が来ればいいんだが Wenn er nur (doch) käme!/しようと思えばできたんだが Ich hätte es tun können, wenn ich gewollt hätte.

たかい 高い ❶ hoch《höher, höchst; 不可語としては hohe ...》; vornehm《身分の》; edel《人格の》; groß《背が》/高く hoch; in die Höhe《運動の方向を示すとき》; in der Höhe《状態を示すとき》/高くする erheben*⁴; erhöhen⁴/高くなる ⁴sich erheben* (erhöhen)/彼は僕より背が高い Er ist größer als ich. ❷ [声が] laut/高い声で話す laut (mit lauter Stimme) sprechen*. ❸ [高価] teuer; kostbar/高過ぎる zu teuer sein《*jm*》; kostspielig/コーヒーがまた高くなった Kaffee ist wieder teurer geworden./この店は高い Man kauft in diesem Geschäft teuer./それは高いものについてしまった Das war ein teuerer Spaß./生活費はここでは高い Hier lebt man teuer.

たかい 他界する sterben* [s]; hin|scheiden* [s]; das Zeitliche segnen.

たがい 互いに einander; gegenseitig; sich《相互代名詞》/互いの gegen|seitig (wechsel-); reziprok/互いに愛し合う ⁴sich lieben; ⁴sich gern|haben*/互いに目配せする 〔miteindander〕 Blicke tauschen/彼らは互いに知り合っている Sie kennen einander (sich)./それはお互い様です Das beruht auf Gegenseitigkeit./我々はこれまで互いに偏見をもち合っていたのだ Wir hatten bisher gegeneinander Vorurteil.

だかい 打開する hinweg|kommen* [s]《über die Schwierigkeiten》; ³sich hinweg|helfen*《*über*⁴》; überwinden*《eine schwierige ⁴Lage》/局面を打開する die Lage vollständig 〔ver〕ändern; der ³Sache eine andere (neue) Wendung geben*.

たがいちがい 互い違いに abwechselnd; wechselweise/互い違いになる miteinander ab|wechseln.

たかいびき 高いびき das laute Schnarchen, -s, -/高いびきをかく laut schnarchen.

たがえる 違える ¶ 言葉(契約)を違える sein Wort (einen Vertrag) brechen*/約束を違える ein Versprechen brechen* (nicht halten*)/彼は時間を違えたことがない Er ist immer pünktlich.

たかが nur; höchstens; am Ende/たかが子供じゃないか Er ist doch nur ein Kind./彼はたかが学校の教師だ Er ist nichts anderes als ein Lehrer./たかが千円ばかりじゃ物の用にもたたない Mit nur 1 000 Yen kann man nichts anfangen.

たかく 多角的 vielseitig ‖ 多角経営 vielseitiger Betrieb, -〔e〕s, -e/多角的核戦力 die multilateralen Nuklearstreitkräfte《*pl*》.

たがく 多額 eine große (beträchtliche; erhebliche) Summe; ein großer Betrag, -〔e〕s/多額の金 viel (eine Menge) Geld/多額の負債 schwere Schulden《*pl*》‖ 多額納税者 ein hoher Steuerzahler, -s, -.

たかごえ 高声 laute Stimme, -n/高声で laut; mit lauter Stimme. ⇨**おおごえ**.

たかさ 高さ Höhe *f*. -n; Tonhöhe《音の》/高さが十メートルある ⁴10 m hoch sein/百メートルの高さの塔 der Turm《-〔e〕s, ⸚e》 von 100 m Höhe/この木の高さは五メートルだ Dieser Baum ist 5 m hoch.

だがし 駄菓子 die schlechten Zuckerwaren《*pl*》; das wohlfeile Zuckerwerk, -〔e〕s; Kümmelkuchen *m*. -s, -.

たかしお 高潮 ⇨**おおしお**.

たかだい 高台 〔An〕höhe *f*. -n/彼の家は高台の上にあります Sein Haus steht auf einer Anhöhe.

たかだか 高々 ❶ höchstens; im besten Fall/その芝居は高々二時間ぐらいです Die Vorstellung dauert höchstens zwei Stunden. ❷ hoch; in die Höhe《運動の方向を示す場合》; in der Höhe《状態を示す場合》; laut《声が》; mit lauter Stimme/鼻高々と stolz/高々と上がる in die Höhe steigen* [s]/ひばりが高々と空に舞い上がる Die Lerche steigt hoch in die Luft.

だがっき 打楽器 Schlaginstrument *n*. -〔e〕s, -e.

たかっけい 多角形 〖数〗Polygon *n*. -s, -e; Vieleck *n*. -〔e〕s, -e/多角形の polygonal; vieleckig ‖ 正多角形 gleichseitiges Polygon.

たかとび 高跳び 〖運〗Hochsprung *m*. -〔e〕s, ⸚e ‖ 立ち高跳び der Hochsprung aus dem Stand/走り高跳び der Hochsprung mit Anlauf/棒高跳び Stabhochsprung.

たかとび 高飛び Flucht *f*. -en; Entweichung *f*. -en/高飛びする fliehen* [s]《*nach*³》; ⁴sich aus dem Staub machen; 〖俗〗heimlich davon|gehen* [s]; auf und davon fliegen* [s,h].

たかとびこみ 高飛込 〖水泳〗Turmspringen *n*. -s, -.

たかなみ 高波 Woge *f*. -n; die hohe See, -n.

たかなる 高鳴る ❶ [胸が] schlagen*; klopfen/期待に胸が高鳴る Das Herz klopft vor

Erwartung./血潮が高鳴る Das Blut wallt in den Adern. ❷ brausen《潮が》; toben《荒狂う》.

たかね 高値 hoher Preis, -es, -e/高値である(を吹っかける) einen hohen Preis haben (fordern)/高値を呼ぶ höher notieren.

たかね 高嶺の花 etwas Unerreichbares/それは私には高嶺の花だ Das geht über meine Kräfte.

たがね 鏨 Meißel *m.* -s, -; Grabstichel *m.* -s, -.

たかは 鷹派 Falke *m.* -n, -n.

たかびしゃ 高飛車に出る gebieterisch auf|treten* [s]; ^{4}sich anmaßend benehmen*《gegen^4》.

たかぶる 高ぶる stolz (anmaßend; eingebildet; hochmütig) sein《誇る》; aufgeregt (auferregt) sein; in Aufregung sein《神経などが》/この患者の神経は高ぶっている Dieser Kranke ist auferregt.

たかまきえ 高蒔絵 erhabene Lackmalerei, -en.

たかまくら 高枕で寝る ruhig (sorglos) schlafen*.

たかまり 高まり Erhöhnung *f.* -en; [感情の] Erregtheit *f.* -en.

たかまる 高まる höher werden; steigen* [s]; [感情が] aufgeregt werden/名声が高まる ^{4}Ruf bekommen*/地位が高まる einen höheren Rang ein|nehmen*.

たかみ 高み〔An〕höhe *f.* -n; hoher Platz, -es, ⸚e/高みの見物をする ^{4}sich neutral verhalten*; ruhig zu|sehen*《^{3}*et*》.

たかめる 高める erhöhen^4; 〔er〕heben*^{4}; empor|heben*^{4}; [改善する]〔ver〕bessern^4/声を高める die Stimme heben*/趣味を高める den Geschmack heben*/生活水準を高める die Lebenshaltung heben*/地位を高める befördern《*jn*》.

たがやす 耕す bebauen^4; bestellen^4; pflügen$^{(4)}$.

たから 宝 Schatz *m.* -es, ⸚e; Kostbarkeiten《*pl*》; [財] Reichtum *m.* -s, ⸚er; Gut *n.* -〔e〕s, ⸚er; [家宝] Hausschatz ‖ 宝くじ Lotterie *f.* -n/宝探し Schatz¦sucherei (-gräberei) *f.* -en/宝島 Schatzinsel *f.* -n.

だから ❶ [それ故] also; daher; darum; demnach; folglich《論理的結論》; somit. ❷ [何故なら] da; denn《並列的語順》; weil《実際上の原因》. ¶ だからこそ eben darum (deshalb)/だからとて darum (deshalb; deswegen) doch/…だから infolge ^{2}*et*《〖方〗^{3}*et*; 後置詞的にも用いる》; um^2 … willen; darum (deshalb; deswegen), weil …/…だから尚更 umso mehr …〔, 〕als (da) …/そういう事情だから da dem so ist, …/だから言わないことじゃない Habe ich es dir nicht gleich gesagt?¦Das habe ich dir doch gleich gesagt./彼女は病気だから来られない Da (Weil) sie krank ist, kann sie nicht kommen./君だからこんなことを言うのだが Das bleibt unter uns.¦Dies unter uns./そんなことは彼にできない, 何しろ友人には変わりないんだから Ich kann ihm das nicht antun, er bleibt doch immer mein Freund.

たからか 高らかに laut; mit lauter Stimme/声高らかに読む laut vor|lesen*《*jm* ^{4}*et*》.

たかり die Erpressung《-en》durch Drohung.

たかる ❶ [群がる] wimmeln; schwärmen [h]〘場所の移動を示すとき: [s]〙/道に蟻(あり)がたかっている Der Weg wimmelt von Ameisen./通りに人がいっぱいたかっていた Es schwärmte von Menschen auf der Straße. ❷ [おごらせる] spendieren lassen*^{4}; nassauern^4《ともに俗》; [せびる] an|hauen*《*jn*》; an|pumpen《*jn* um ^{4}*et*》.

-たがる ¶ 彼は何でも知りたがる Er ist so neugierig. / 君はもう家に帰りたがっているのか Möchtest du schon nach Hause〔gehen〕?/彼は薬を飲みたがらない Er nimmt nicht gerne Arznei. / 彼は何にでもくちばしを入れたがる Er steckt gerne die Nase in alles hinein.

たかわらい 高笑い lautes (schallendes) Gelächter, -s/高笑いする in ein lautes Gelächter aus|brechen* [s]; ein lautes Gelächter erheben*.

たかん 多感な sentimental; empfindsam; leidenschaftlich/多感な青年 ein sentimentaler Jüngling, -s, -e.

だかん 兌換 Einlösung *f.* -en; Konvertierung *f.* -en. ── 兌換できる einlösbar; konvertierbar. ── 兌換する ein|lösen^4; konvertieren^4. ‖ 兌換銀行 Noten¦bank (Zettel-) *f.* -en/兌換券(紙幣)〔Bank〕note *f.* -n; das konvertierbare Papiergeld, -〔e〕s, -er/兌換準備 Notendeckung *f.* -en; Notenreserve *f.* -n《兌換予備金》/兌換性 Konvertierbarkeit (Kovertibilität) *f.*

たき 滝 Wasserfall *m.* -〔e〕s, ⸚e; Kaskade *f.* -n《人口の》/ 雨が滝のように降っている Es gießt.¦Der Regen strömt.

たぎ 多義 Vieldeutigkeit *f.* -en/多義の vieldeutig.

だき 舵機 Steuermaschine *f.* -n; Steuerung *f.* -en.

だき 惰気 Faulheit *f.*; Lässigkeit *f.*; Schlaffheit *f.*; Trägheit *f.*; Langweile *f.*; Müßiggang *m.* -〔e〕s/惰気満々たる faul; lässig; schlaff; träge.

だき 唾棄する Abscheu haben《*vor*^{3}》; sich ekeln《*vor*^{3}》; verabscheuen^4/唾棄すべき abscheulich; ekelhaft; verhasst.

だきあう 抱き合う ^{4}sich (einander) umarmen (umfassen; umschlingen*).

だきあげる 抱き上げる auf den Arm nehmen*《ein ^{4}Kind》.

だきあわせ 抱き合わせ〔売り〕 Kopplungsverkauf *m.* -〔e〕s, ⸚e.

だきおこす 抱き起こす auf|heben*^{4} (hoch|-).

だきかかえる 抱き抱える in die Arme schließen*^{4}.

たきぎ 薪 Brenn¦holz *n.* -es, ⸚er (-material *n.* -s, ..lien) ⇨まき(薪)/薪を拾う Holz (Reisig) sammeln.

だきこむ 抱き込む ❶ [抱き入れる] fest in die Arme schließen*^{4}. ❷ [味方に入れる] auf seine Seite bringen*^{4}; für ^{4}sich gewinnen*^{4}. ❸ [巻きぞえにする] verstricken^4

タキシード 755 **たくする**

(*in*⁴); verwickeln⁴⟨*in*⁴; *mit*³⟩; betrügen*⁴⟨*だます*⟩.
タキシード Smoking *m*. -s, -s.
だきしめる 抱き締める an die Brust (ans Herz) drücken*⁴; in seine Arme (ans Herz) pressen*⁴; umarmen*⁴.
たきだし 炊出しをする den gekochten Reis aus|teilen ‖ 炊出し所 Notküche *f*. -n.
だきつく 抱きつく ⁴sich *jm* in die Arme werfen*; umklammern*⁴; umschlingen*⁴; *jm* um den Hals fallen* ⓈⒶ〔首に玉に〕.
たきつくす 焚き尽くす gänzlich verbrennen*⁴.
たきつけ 焚付 Feueranzünder *m*. -s, -.
たきつける 焚き付ける an|zünden*⁴; entzünden*⁴; ⁴Feuer (an)machen*⁴*⟨扇動する⟩ an|reizen*⁴; veranlassen ⟨*jn* zu ¹*et*³⟩*/*誰が焚き付けて彼にこの提案をさせたのか Wer hat ihn dazu veranlasst, diesen Vorschlag zu machen?
たきつぼ 滝壺 das Bassin (-s, -s) des Wasserfalls.
だきとめる 抱き止める (umklammernd) zurück|halten*⁴.
だきね 抱き寝する mit einem Kind in den Armen schlafen*.
たきび 焚火 Feuer *n*. -s, -/焚火をする Feuer (an)machen*⁴.
たきもの 焚物 ⇨まき（薪）.
たきもの 薰物 Räucherwerk *n*. -[e]s, -e; Weihrauch *m*. -[e]s.
たきょう 他郷 fremdes Land, -[e]s, ⸗er. ⇨たこく〔他国〕.
だきょう 妥協 Übereinkunft *f*. ⸗e; Vergleich *m*. -[e]s, -e; Kompromiss *m*. -es, -e/妥協的態度をとる eine versöhnende Haltung ein|nehmen*; eine Verständigungspolitik (be)treiben*/〔協調策をとる〕彼は妥協を欲しない Er will von einem Vergleich nichts wissen. ― 妥協する einen Kompromiss ein|gehen* [ab]schließen*); ⁴sich vergleichen* (verständigen) ⟨mit *jm*⟩; überein|kommen* ⓈⒶ⟨mit *jm* über⁴⟩. ‖ 妥協案 Vergleichsvorschlag *m*. -[e]s, ⸗e/~妥協点 Vereinigungspunkt *m*. -[e]s, -e/妥協点を見出す an Übereinkommen (eine Übereinkunft) erzielen; zu einer Verständigung kommen* ⓈⒶ.
たきょく 多極な multipolar/多極的見地から multipolaren ³Standpunkt aus ‖ 多極外交 die multipolare Außenpolitik.
だきよせる 抱き寄せる *jn* an seine Brust ziehen*.
たぎる kochen; sieden*; brodeln/お湯がたぎっている Das Wasser kocht.
たく 宅 ❶〔家〕Haus *n*. -es, ⸗er; Heim *n*. -[e]s, -e; Wohnung *f*. -en/お宅は何処ですか Wo wohnen Sie?/娘は今日は宅に居ります Heute ist meine Tochter zu Hause./一度お宅へ伺ってよろしいですか Darf ich Ihnen einmal bei Ihnen vorbeikommen? ❷〔夫〕mein Mann *m*. -[e]s.
たく 炊く、焚く ❶〔燃す〕verbrennen*⁴; ⁴Feuer (an)machen*⁴*⟨火をつける⟩/ストーブを焚く einen Ofen heizen/風呂を焚く ein Badefeuer (an)machen*⁴. ❷〔飯など〕kochen⁴/御飯を炊く Reis kochen.
たく 卓 Tafel *f*. -n; Tisch *m*. -[e]s, -e/卓を囲む ⁴sich um den Tisch setzen.
だく 抱く ❶ umarmen*⁴; in die Arme nehmen*⁴ (schließen*⁴); (mit den Armen) umfangen*⁴; an die Brust (ans Herz) drücken*⁴. ❷〔鳥が卵を〕brüten/めんどりが卵を抱いている Die Henne brütet auf (über) den Eiern.
だく 駄句 Gereime *n*. -s, -; Gereimsel *n*. -s, -; Reimerei *f*. -en.
だく 跑 Trab *m*. -[e]s, -e/跑を踏ませる in ⁴Trab setzen (ein ⁴Pferd).
たくあん 沢庵〔漬〕eingesalzener getrockneter Rettich, -[e]s, -e.
たぐい 類 Art *f*. -n/herzen*¹; Sorte *f*. -n; Schlag *m*. -[e]s, -e/類のない ohne(gleichen (sonder-; beispiellos/こういった類の人間 ein Mensch dieser ²Art (Sorte); solche Menschen (Leute) (*pl*).
たくえつ 卓越 Vortrefflichkeit *f*.; Überlegenheit *f*.; Vorzüglichkeit *f*./卓越する ⁴sich aus|zeichnen ⟨*durch*⁴⟩; hervor|ragen ⁴; 卓越した vortrefflich; ausgezeichnet; überlegen; vorzüglich.
だくおん 濁音〔文法〕der stimmhafte Laut, -[e]s, -e.
たくさん 沢山の(に) ❶〔多量・多数〕viel; zahlreich/沢山の人々 eine große Anzahl (Menge) Menschen/…が沢山ある reich sein ⟨*an*³⟩; in ³Fülle haben*. ❷〔十分に〕genug; genügend/それはもう沢山だよ Lass es genug sein!/一人でたくさんです Es ist an einem genug./沢山です、もう十分頂きました Danke, ich habe reichlich gegessen.
たくしあげる たくし上げる ein|schlagen*⁴/ワイシャツの袖をたくし上げて mit eingeschlagenen Ärmeln des Hemdes.
タクシー Taxi *n*. -[s], -[s]; Taxe *f*. -n/タクシーの運転手 Taxifahrer *m*. -s, -/タクシーを拾う（頼む）Taxi nehmen* (bestellen)/タクシーで行きましょう Wir wollen mit dem Taxi fahren!/タクシーはまだ来ませんか Ist das Taxi noch immer nicht da? ‖ タクシー乗り場 Taxistand *m*. -[e]s, ⸗e/タクシー標示所 Taxistandplatz *m*. -es, ⸗e/タクシーメーター Fahrpreisanzeiger *m*. -s, -/タクシーターメーター Taxameter *n*. (*m*.) -s, -.
たくしき 卓識 hervorragende Ansicht (Meinung), -/⇨たかしき.
たくじしょ 託児所 (Klein)kinderbewahranstalt *f*. -en.
たくじょう 卓上カレンダー Tischkalender *m*. -s, -/卓上スタンド Tischlampe *f*. -n/卓上電算機 ein elektronischer Taschenrechner, -s, -/卓上電話 Tischfernsprecher *m*. -s, -; Tischtelefon *n*. -s, -e.
たくしょく 拓殖 Kolonisation *f*. -en/拓殖の kolonial. ― 拓殖する kolonisieren*⁴.
たくしん 宅診 die Krankenbehandlung (-en) in der Wohnung des Arztes/宅診午前8時-12時 Sprechstunde vorm. 8-12 〔掲示〕宅診時間 Sprechstunde *f*. -n.
たくする 託する ❶〔委託〕an|vertrauen ⟨*jm* ⁴*et*⟩; betrauen ⟨*jn* mit³⟩/手紙を託する *jm*

einen Brief an|vertrauen/A 氏に託して〔手紙の »ある«〕durch 〔die〕Güte des Herrn A. ❷〔口実〕vor|schützen*; vor|geben**/...に託して unter dem Vorwand, dass ....

たくせつ 卓説 ⇒たくせき.

たくせつ 卓説 ⇒たくえつ.

たくせん 託宣 Orakel n. -s, -; Götter¦spruch (Orakel-) m. -[e]s, ⸚e; Weissagung f. -en/託宣を伺う(受ける)ein Orakel befragen*(erhalten*).

たくそう 宅送 die Lieferung (-en) ins Haus/宅送する jm *et ins Haus liefern.

たくそう 託送する die Übersendung an|vertrauen 《jm》; übersenden*⁴ 《jm durch⁴》...人に...を通して.

だくだく だくだく流れる in Strömen fließen* ⓢ; rinnen* ⓢ/汗だくだくになって in Schweiß gebadet/傷口から血がだくだく出る Das Blut strömt (rinnt) aus der Wunde./Die Wunde blutet heftig.

たくち 宅地〔Bau〕grundstück n. -[e]s, ⸚e; Baugrund m. -[e]s, ⸚e.

タクト Takt m. -[e]s, ⸚e; [指揮棒] Taktstock m. -[e]s, ⸚e/...のタクトを振る dirigieren*; leiten*/オーケストラのタクトを振る ein Orchester dirigieren.

たくはつ 托鉢する milde Gaben 《pl》erbitten*; terminieren ‖ 托鉢僧 Bettelmönch m. -[e]s, -e 〈カトリックの〉; ein bettelnder Priester, -s, - 〈仏教の〉.

だくひ 諾否 ¶ 私は諾否をはっきり言いかねる Ich kann weder ja noch nein sagen. ⇒きょひ〔拒否〕.

たくま 琢磨する fleißig studieren⁽⁴⁾ (arbeiten).

たくましい 逞しい kräftig; stark; stämmig; männlich 〔男らしい〕; sehnig 〔筋肉の〕/逞しい男 starker (kräftiger) Mann, -[e]s, ⸚er. ── 想像を逞しくする ⁴sich der ³Fantasie hin|geben*; der ³Fantasie die ⁴Zügel schießen* lassen*.

たくみ 巧み ❶ [巧妙] Geschicklichkeit f.; Geschicktheit f.; Gewandtheit f.; Behendigkeit f./たくみなに) geschickt; gewandt; klug/たくみである geschickt sein 《in³》/たくみに事をはこぶ ⁴sich geschickt (gut) an|stellen*. ❷ [計画] ⇒たくらみ.

たくむ 巧む ❶ [工夫] planen*; aus|denken*⁴; erfinden**⁴. ❷ ⇒たくらむ.

たくらみ 企み [計画] Plan m. -[e]s, ⸚e; [悪だくみ] Intrige f. -n; Kniff m. -[e]s, -e; List f. -en; Ränke 《pl》.

たくらむ 企む planen*⁴; 悪事を企む Ränke schmieden (spinnen*)/企んで absichtlich; mit Absicht.

だくりゅう 濁流 der schlammige (trübe) Strom, -[e]s, ⸚e.

たぐる 手繰る 〔綱・錨などを〕ein|holen*⁴; ein|ziehen*⁴.

たくわえ 貯え ❶ [貯蔵] Vorrat m. -[e]s, ⸚e; Lager n. -s, -. ❷ [貯金] Ersparnis f. -, -nisse; ersparstes Geld, -[e]s, -er; 《俗》Spargroschen m. -s, - [零細な]; 《俗》Sparpfennig m. -[e]s, -e〔同上〕/一銭の貯えもない keinen Sparpfennig haben.

たくわえる 貯える [er]sparen⁴; auf|bewahren⁴; zurück|legen⁴; auf|speichern⁴《富を》/力〔知識〕をたくわえる Kräfte (Kenntnisse) 《pl》sammeln/ひげを貯える einen Bart tragen*.

たけ 竹 Bambus m. ..busses ..busse/竹〔製〕の籠 Bambuskorb m. -[e]s, ⸚e. ¶ 木に竹を継いだような nicht zueinander passend (übereinstimmend) 《mit³》; unvereinbar 《mit³》/彼は竹を割ったような気性だ Er ist ein sehr offenherziger Mensch. ‖ 竹垣 Bambuszaun m. -[e]s, ⸚e/竹細工 Bambuswaren 《pl》/竹針 Bambusnadel f. -n/竹藪〔竹〕Bambusgebüsch n. -es, -e/竹檜 Bambuslanze f. -n.

たけ 丈 [身長]〔Körper〕größe f. -n; [長さ] Länge f. -n; Maß n. -es, -e/丈が高い(低い) groß (klein) sein/丈が長い(短い) lang (kurz) sein.

～だけ ❶[限定] nur; allein; bloß; nichts als (außer)...〔ただ...だけ〕/一度だけでも einmal/せめて...だけは wenigstens/あなただけに今言うだけでいうだけで Sie sagen das nur so./遊ぶだけが彼の仕事だ Er spielt nur./だれにも欠点がある、君だけは別だが Alle haben ihre Fehler, ausgenommen du (dich ausgenommen)./君だけが僕の友人だ Außer (Abgesehen von) dir habe ich keinen Freund./皆逃げたが、彼だけは逃げなかった Sie flohen alle, nur er nicht./考えただけでもひやりとする (Schon) der bloße Gedanke macht mein Blut erstarren./それだけでは足りない Das allein genügt nicht./それだけか Sonst (Weiter) nichts?/それだけはいかん Nur das nicht./我々ができるのはこれだけだ Das ist das einzige, was wir tun können. ❷[限定分量] 半分だけ多く um die Hälfte mehr/三日だけ on ⁴Tage 〔三日だけ〕; drei ⁴Tage [lang] 〔間〕/二人分働く für zwei arbeiten/ある物を五百円だけ買う ⁴et für 500 ⁴Yen kaufen/あと三分だけ待ってくれ Warte nur noch drei Minuten!/彼は私より三つだけ年上 〔頭だけ大きい〕Er ist um drei Jahre älter (um einen Kopf größer) als ich./今一言だけ君に言っておく Dieses eine Wort sage ich dir noch. ❸[程度] so viel ... als (wie)/できるだけ so viel als möglich; so gut als ich kann/できるだけ少なく so wenig als (wie) möglich/暮らせるだけの金を持っている genug zu leben haben; genug haben, um auszukommen/それだけ so viel/読む〔見る〕だけの価値がある lesenswert (sehenswert) sein/できるだけ早く Komm[e] so bald als möglich!/彼は如才ないだけに、きっとうまく進路を見出すだろう Klug, wie er ist, wird er sich schon weiterfinden./君は月にどれだけのもうけがあるか Wie viel verdienst du im Monat?/勉強しないうだけでは十分でない Es ist nicht genug, fleißig zu sein./それは骨折るだけのかいがある Es ist der ²Mühe wert. Es lohnt sich, es zu tun./それは高いだけに値段もいい Der Preis entspricht der Qualität der Ware./私は...だけ知っている Ich weiß so viel, dass .... ❹ [比例] je ..., desto (je; umso) .../早ければ早いだけけっこう Je eher, desto besser (lieber)./激戦であればあるだけ勝利は輝かしい Je härter der Kampf, umso rühmlicher der Sieg./それは言うだけやぼだ Das versteht sich von selbst.

〜だけあって wie es zu erwarten ist/さすが苦労人だけあって物わかりがよい Er ist vernünftig, weil er viel von der Welt gesehen hat./末っ子だけに彼女はずい分とかわいがられた Sie wurde sehr geliebt, da sie die jüngste war.

たげい 多芸の vielseitig gebildet/彼は多芸だ Er hat eine vielseitige Ausbildung./多芸は無芸 Wer alles kann, kann nichts. ⇨むげい.

たけうま 竹馬 Stelze *f.* -n/竹馬に乗って歩く stelzen [s]; auf Stelzen gehen* [s].

だげき 打撃 Schlag *m.* -[e]s, ⸚e; Stoß *m.* -es, ⸚e; Streich *m.* -[e]s, -e; Hieb *m.* -[e]s, -e; das Schlagen*, -s《野球の》; Schock *m.* -[e]s, -s《心の》/それは彼女にはひどい打撃だった Das war ein schwerer (harter) Schlag für sie./打撃を与える einen Schlag (Stoß; Streich) versetzen 《*jm*》; einen Schlag führen³ 《*gegen*⁴》 / 打撃を受ける einen Schlag erleiden* (erhalten*)/彼は大打撃(致命的打撃)を受けた Ihn hat ein harter Schlag getroffen. | Er empfing einen tödlichen Schlag.

たけだけしい 猛々しい ❶ [狂暴な] wild; bissig; wütend. ❷ [図々しい] frech; dreist.

だけつ 妥結 Übereinkommen *n.* -s; Vereinbarung *f.* -en; Verständigung *f.* -en. ── 妥結する zu einem Übereinkommen (einer Übereinkunft) gelangen [s]; ⁴sich vergleichen* (verständigen) 《mit *jm* über⁴》.

たけつしつ 多血質 Vollblütigkeit *f.*; Plethora *f.* ..ren/多血質の vollblütig; sanguinisch; blutreich/多血質の人 Sanguiniker *m.* -s, -.

たけなわ 酣である in vollem Gang[e] sein; in voller Blüte stehen*/宴たけなわである Das Festessen ist in vollem Gang[e].

たけのこ 筍 Bambussprössling *m.* -s, -e/筍生活をする Hausgeräte 《*pl*》 verkaufen, um leben zu können/雨後の筍のように出る wie ein Pilz empor|schießen* [s].

たけみつ 竹光 Bambusschwert *n.* -[e]s, -er; dumpfes Schwert 《鈍刃》.

たげり 〖鳥〗Kiebitz *m.* -es, -e.

たける 猛る wüten; wütend werden/猛り狂う wüten; rasen; toben/嵐は一日中猛り狂った Der Sturm wütete den ganzen Tag hindurch.

たける 長ける ❶ [長じる] expert sein 《*in*³》/彼は文章に長けている Er ist begabt für Dichtung. ❷ [ふける] vorgerückt sein.

たけん 他見を憚(はば)る vor der Öffentlichkeit verbergen⁴ müssen*.

たげん 多言を要しない Darüber braucht man nicht viele Worte zu verlieren (nicht viel zu reden).

たげんろん 多元論 〖哲〗Pluralismus *m.* -/多元論的 pluralistisch.

たこ Schwiele *f.* -n; Hornhaut *f.* ⸚e/たこができる eine Schwiele bekommen*/耳にたこができる程聞く mehr als genug hören⁴.

たこ 凧 [Papier]drachen *m.* -s, -/凧を上げる einen Drachen steigen lassen*.

たこ 蛸 Achtfüß[l]er *m.* -s, -; Achtfüßling *m.* -s, -e; Seepolyp *m.* -en, -en.

たこう 多幸な glücklich; beglückt; glückselig/御多幸を祈ります Ich wünsche Ihnen viel Glück!

だこう 蛇行する ⁴sich schlängeln.

たこうしき 多項式 vielgliedrige Größe, -n; Polynom *n.* -s, -e; polynomische Formel, -n.

たこく 他国 Ausland *n.* -[e]s, ⸚er; fremdes Land, -[e]s, ⸚er/他国の土となる in der Fremde sterben* [s] ‖ 他国人 Ausländer *m.* -s, -; der Fremde*, -n, -n.

たこくせき 多国籍の multinational ‖ 多国籍企業 ein multinationales Unternehmen, -s, -.

タコグラフ Tachograph *m.* -en, -en.

たごさく 田吾作 [ein dummer] Bauer, -n, -n; ein dummer Michel, -s.

たこはいとう 蛸配当 Proformadividende *f.* -n.

タコメーター Tacho *m.* -s, -s; Tachometer *m.* (*n.*) -s, -.

たごん 他言する weiter erzählen; aus|plaudern⁴; aus|schwatzen⁴; verplappern⁴; verraten*⁴《洩らす》/他言を慎む verschweigen*⁴; bei ³sich behalten*⁴/他言するなよ Sag ³niemand davon!

たさい 多才 Vielseitigkeit *f.*/多才の vielseitig [begabt].

たさい 多妻 ⇨いっぷたさい.

たさい 多彩な vielfarbig; bunt/多彩な経歴 eine schillernde (leuchtende; glänzende) Vergangenheit, -en.

たさく 多作する viel schreiben*⁽⁴⁾/多作の fruchtbar; produktiv ‖ 多作家 fruchtbarer Schriftsteller, -s, -; Vielschreiber *m.* -s, -.

ださく 駄作 ein minderwertiges Werk, -[e]s, -e; Kitsch *m.* -[e]s; Pfuscherei *f.* -en; Stümperei *f.* -en.

たさつ 他殺 Mord *m.* -[e]s, -e; Tötung *f.* -en/他殺の疑いがある eines Mordes verdächtig sein.

たさん 多産の fruchtbar; produktiv/多産の女 fruchtbare Frau, -en.

たざん 他山の石とする Vorteil von (aus) fremden Handlungen (Meinungen) ziehen*; ³sich fremde Handlungen (Meinungen) zur Lehre dienen lassen*; lernen aus dem, was andere Leute tun (sagen).

ださん 打算 Berechnung *f.* -en; eigennützige Überlegung, -en / 打算的な berechnend/打算的な女だ Sie ist eine berechnende Frau. / 打算的な結婚 Vernunft|heirat *f.* -en (-ehe *f.* -n). ── 打算する berechnen⁴.

たし 足しになる helfen*³; dienen 《*zu*³》/足しにする ergänzen⁴; vervollständigen⁴/それは

たし 何の足しにもなりません Das hilft (dient) zu nichts.

たし 他事 eine andere Sache. -n/他事をかえりみる暇がない für andere ⁴Sachen keine Zeit haben.

たじ 多事な(の) ereignis|reich (-voll); [重大な] wichtig/国家多事の時(に) in diesen unruhigen Zeiten.

だし 出し ❶ [煮出汁] Absud m. -(e)s; [Fleisch]brühe f. -n. ❷ [手先・道具] Werkzeug n. -(e)s, -e; Mittel n. -s, -/人をだしに使う jn als Werkzeug gebrauchen; ⁴sich js als Mittel zum Zweck bedienen/あの人はだしに使われただけなのだ Er ist nur als Werkzeug benutzt worden. ❸ [口実] Vorwand m. -(e)s, ⸚e; Vorschützung f. -en/妻の病気をだしに出て行った Er entfernte sich unter dem Vorwand (dem vorgeschützten Grund), dass seine Frau krank sei./彼は仕事をだしにいつも遅く帰る Er beruft sich auf geschäftliche Verhinderung als Vorwand (Ausrede) dafür, dass er immer spät nach Hause kommt.

だし 山車 Festwagen m. -s, -.

だしあう 出し合う zusammen|schießen*⁴; auf|kommen* ⓢ (*für*⁴); bei|steuern⁴/その費用は我々で出し合いましょう Wir werden zusammen für die Kosten gerne aufkommen./必要な金額は出し合いました Wir schossen die nötige Geldsumme zusammen.

だしいれ 出し入れ Ein und Aus n.; Hineintun und Herausnehmen n.; Einlegen und Abheben n. 《貯金の》Ein- und Auszahlen n. 《出納》「二格には冠詞をつけ第二の語に -s をつける」.

だしおしむ 出し惜しむ ungern geben*³⁴; mit ³et gar sparsam um|gehen* ⓢ; knapp halten*; knausern (kargen) 《*mit*³》; filzig sein 《財布の口をしめる》/彼は彼女にはたいへん出し惜しんでした Er hielt sie sehr knapp.

たしか 確かな [確実な] gewiss; sicher; [信頼すべき] zuverlässig; [疑いのない] zweifellos; [確定した] bestimmt; festgesetzt; [正確な] genau; [純粋な] echt; rein; [強固な] fest; [明白な] klar; [手固い] solid; [実際の] wahr; wahrhaft/彼は腕が確かだ Er hat eine sichere Hand./確かな筋から aus sicherer ³Quelle (Hand). —— 確かに sicher; gewiss; sicherlich; bestimmt; ohne ⁴Zweifel; zweifellos; wirklich; in der Tat; schon/確かに彼女は来るでしょう Sie wird sicher kommen. —— 確か [多分] wahrscheinlich; wohl; wenn ich [mich] nicht irre/確かな目にかかったことがあると思いますが Sicher haben *wir uns schon mal gesehen.*

たしかめる 確かめる ⁴sich versichern²; [確認する] fest|stellen⁴; bestätigen⁴ / 真偽のほどを確かめましょう Ich will sehen, ob es wahr ist.

たしき 多識 das Vielwissen*, -s; Gelehrsamkeit f.; / 多識の vielwissend; gelehrt.

タジキスタン Tadschikistan n. -s/タジキスタンの tadschikisch.

たしさいさい 多士済々である Darunter sind viele vorzügliche(n) Menschen.

たじたじ たじたじとなる ❶ [よろめく] schwanken; wanken. ❷ [ひるむ] zurück|schrecken(*) ⓢ (*vor*³); zurück|schaudern (*vor*³)/彼はこの強制手段にたじたじとなった Er ist vor diesen Gewaltmaßnahmen zurückgeschreckt.

たじつ 他日 einmal; eines Tages; [将来] in ³Zukunft; zukünftig/他日の zukünftig/他日お伺いすることにしましょう Ein andermal komme ich wieder bei Ihnen vorbei.

だしっぱなし 出しっ放しにする offen lassen* 《den Hahn》; fließen (laufen) lassen* 《Wasser》.

たしなみ 嗜み ❶ [趣味] Geschmack m. -(e)s, ⸚e. ❷ [礼儀] Anstand m. -(e)s, ⸚e; [慎しみ] Bescheidenheit f.; [素養] [Aus]bildung f. -en. — 嗜みのよい anständig; bescheiden; gebildet; geschmackvoll/彼女の服装は嗜みがよい Sie kleidet sich mit Geschmack.

たしなむ 嗜む ❶ [好む] lieben⁴; lieb haben⁴; gern haben; Geschmack finden 《an ³et》/酒を嗜む Sake lieben. ❷ [慎しむ] anständig (bescheiden) sein; ⁴sich anständig benehmen*; maß|halten*.

たしなめる tadeln 《*jn wegen*²⁽³⁾》; schelten* 《*jn wegen*²⁽³⁾》/先生は彼のだらしなさをたしなめた Der Lehrer hat seine Nachlässigkeit gescholten.

だしぬく 出し抜く jm zuvor|kommen* ⓢ (*in*³; *mit*³); jm vor|greifen* (*in*³); jm ⁴et vorweg|nehmen*; überlisten⁴; übervorteilen⁴; überfallen*⁴ 《不意打ち》.

だしぬけ 出し抜けに [ganz] plötzlich; unerwartet; unvermutet; unvorhergesehen; überraschend; ohne ⁴Anmeldung/出し抜けの訪問 ein Besuch ohne Anmeldung/出し抜けに彼が来てくれたたいへん嬉しかった Er hat mich mit seinem plötzlichen Besuch sehr angenehm überrascht./昨日は弟が家族で出し抜けに家にやって来た Gestern hat mich mein Bruder mit seiner ganzen Familie überfallen.

たしまえ 足し前 Ergänzung f. -en; [補助金など] Zuschuss m. -es, ⸚e/足し前をする ergänzen⁴; vervollständigen⁴; zu|schießen*⁴ 《金を》/もう二三ユーロ足し前して頂けませんか Könnten Sie noch einige Euro zuschießen?

だしまえ 出し前 Beitrag m. -(e)s, ⸚e; Kontingent n. -(e)s, -e.

だしもの 出し物 Programm n. -s, -e; Repertoire n. -s, -s 《劇場・俳優などの》; Theaterstück n. -(e)s, -e/今月の出し物は何ですか (Was läuft) diesen Monat im Theater?/今度の出し物は大成功だ Das neue Stück ist ein großer Erfolg.

だしゃ 打者 [クリケット・野球の] Schläger m. -s, -.

だじゃく 惰弱 Erschlaffung f. -en; Mattherzigkeit f.; Schwäche f. -n; Unmännlichkeit f.; Verweichlichung f. -en. —— 惰弱な erschlafft; mattherzig; mutlos;

schwach〔herzig〕; unmännlich; weichlich /惰弱な男 Schwäch|ling (Weich–) *m.* –s, –e; 〖戯〗Schwachmatikus *m.* –, ..kusse/惰弱に流れる erschlaffen [s]; ^{4}sich verweichlichen.

だじゃれ 駄洒落 der faule (schlechte; verbrauchte) Witz, –es, –e; Witzelei *f.* –en; Kalauer *m.* –s, –/だじゃれを言う schlechte Witze machen (reißen*); mit ^{3}Worten spielen; witzen 《*über*^{4}》/だじゃれを言うな Lass deine faulen Witze! ⁞ Scherz (Spaß) beiseite!

だしゅ 舵手 Steuermann *m.* –〔e〕s, ..leute; Bootsführer *m.* –s, –; Lenker 《*m.* –s, –》〔eines Schiffs〕.

たしょう 他生［前世］früheres Leben, –s;［後世］künftiges Leben.

たしょう 多少 ❶ ⇨たか(多寡)/金額の多少は問題ではない Auf den Betrag kommt es nicht an. ❷［若干］ein wenig; ein bisschen; etwas;［多かれ少なかれ］mehr oder weniger/彼女は多少ドイツ語が話せる Sie kann etwas Deutsch sprechen./彼は多少学者らしい所がある Er hat etwas von einem Gelehrten./両者には多少の違いはあります Es ist ein geringer Unterschied zwischen diesen beiden Dingen.

たじょう 多情な［移り気な］wankelmütig;［浮気な］liederlich;［情熱的な］leidenschaftlich;［感傷的な］empfindsam; sentimental /彼女は多情な女だ Sie ist eine liederliche Frau.

たじろぐ zurück|weichen* [s] 《*vor*^{3}》.

だしん 打診 Perkussion *f.* –en; das Beklopfen*, –s. ―― 打診する ❶〖医〗perkuttieren^4; beklopfen^4. ❷［気持ちを］*jn* aus|forschen^4; erkunden^4; sondieren^4; bei *jm* auf den Busch klopfen/彼女は私の意向を打診しようとした Sie versuchte, mich über meine Absicht auszuforschen./ひとつ彼の意向を打診してみよう Ich werde mal bei ihm auf den Busch klopfen./フランス政府はワシントンとロンドンの意向を打診した Die französische Regierung hat schon in Washington und London sondiert.

たしんきょう 多神教 Polytheisumus *m.* –; Vielgötterei *f.*/多神教の polytheistisch.

だす 出す ❶［外へ］hinaus|begleiten^4《送り出す》; hinaus|führen^4《連れ出す》; hinaus|jagen^4《駆り出す》; ^{4}sich hinaus|lehnen《窓などから体を乗り出す》; hinaus|stoßen*^{4}《押し・突き出す》; hinaus|werfen*^{4}《追い出す》. ❷［内から］heraus|bringen*^{4}《持ち出す》; heraus|führen^4《導き出す》; heraus|greifen*^{4}《つかみ出す》; aus ^{3}*et* heraus|helfen*^{3}《救い出す》; heraus|nehmen*^{4}《取り出す》; heraus|pressen^4《おし出す》; heraus|drücken^4《あんこなどをおし出す》; heraus|schlagen*^{4}《火花などを打ち出す》; heraus|stecken《差し出す》; heraus|stellen《外へ出す》; heraus|stoßen*^{4}《突き出す》; heraus|tragen*^{4}《運び出す》; heraus|strecken《舌などを出す》; heraus|ziehen*^{4}《引き出す》. ❸［露出］entblößen^4《die Brust 服をはだけて胸を出す》; ^{4}*et* sehen lassen*; *jm* heraus|strecken^4《die Zunge 舌を出す》. ❹［音・声などを］hören lassen*《eine Stimme》; erheben*; aus|stoßen*《einen Schrei》. ❺［力などを］auf|bieten*《seine Kräfte; seine Energie》; Kräfte sammeln《元気を》; ^{3}sich ein Herz fassen; den Mut zusammen|nehmen* (zusammen|raffen)《勇気を》; beschleunigen^4《速力を》. ❻［発送］ab|fertigen^4; ab|schicken^4; ab|senden*^{4}/使を出す einen Boten ab|senden*/航空便で(船便で)出す mit Luftpost (per Schiff) senden*^{4}. ❼［発出・派遣］ab|lassen*《einen Zug 列車を出す》; (ein Boot) aus|setzen《ボートを》; einen Späher aus|senden (aus|schicken)《斥候を》. ❽［出金］aus|geben*^{4}《支出》; zahlen^4《支払》; zu ^{3}*et* bei|tragen*^{4}《寄付》; an|legen^4; stecken^4《投資》. ❾［提出］ab|geben*^{4}《名刺・答案などを》; ein|händigen^4《交付》; ein|reichen^4《ein Gesuch 願書などを》. ❿［発する］erlassen*^{4}; ergeben lassen*^{4}《命令・法律などを》; heraus|geben*^{4}; verlegen^4; veröffentlichen^4《本を》. ⓫［出品・陳列］aus|stellen^4. ⓬［公にする］verlegen^4《本》; heraus|geben*^{4}《die ^{4}Zeitung》/店を出す einen Laden eröffnen; ein Geschäft gründen. ¶ 口を出す(手を出す・ちょっかいを出す) ^{4}sich in eine Sache ein|mengen; ^{4}sich in (auf) ^{4}*et* ein|lassen*/芽を出す keimen; knospen; aus|schlagen*《発芽》; eine bessere (günstigere) Wendung nehmen*《仕事などが》.

-だす –出す［始める］an|fangen*; beginnen* /泣き出す an|fangen* zu weinen/彼女はわっとばかりに泣き出した Sie brach in Tränen aus./彼は感激して泣き出した Er wurde zu Tränen gerührt./嗅ぎ出す von ^{3}*et* Witterung bekommen*/その程度まで聞き出した So viel hat er von ihm herausbekomnen.《探り出した》/笑い出す an|fangen* zu lachen/彼はがまんができなくなって笑い出した Er konnte sich das Lachen nicht mehr verbeißen./あの男そろそろ気をもみ出したぞ Da wird er allmählich ungeduldig./雨が降り出す Es fängt an zu regnen.

たすう 多数 eine große Anzahl (Menge); ［過半数］Mehrheit *f.* –en; Majorität *f.* –en; Mehrzahl *f.*/多数を占める die Majorität haben;［優勢である］vor|herrschen/彼は百票の多数で議長に選ばれた Er ist mit einer Majorität von 100 Stimmen zum Vorsitzenden gewählt worden. ―― 多数の viel; eine große Anzahl (Menge); manch; zahlreich. ‖ 多数決 Mehrheits|beschluss (Majoritäts–) *m.* –es, ⸚e/多数決で決める durch Mehrheit (Majorität) beschließen* (entscheiden*)/絶対多数 absolute Mehrheit (Majorität).

たすかる 助かる ❶［命が］gerettet werden; ^{4}sich retten/この患者の病気はもう助かる見込みがない Der Zustand des Kranken ist hoffnungslos. ❷［省ける］erspart werden《*jm*》/この機械では費用が助かる Diese Maschine erspart mir Kosten. ❸［手助け］⇨たすけ.

たすき 襷 Aufstreifungsband *n.* –〔e〕s, ⸚er/襷をかける die Ärmel《*pl*》mit Hilfe eines

たすけ 助け Hilfe f. -n 《助力》; Rettung f. -en 《救助》; Unterstützung f. -en 《援助》; Erlösung f. -en 《宗教上の》/助けとなる dienen 《jm》; helfen* 《jm》; zu 3et》; Hilfe sein 《jm》; beiltragen* 《zu³ 寄与する》/助けに行く zu Hilfe kommen* 〔s〕 《jm》/助けを求める (呼ぶ) um 4Hilfe bitten* (rufen*) 《jn》/...の助けで mit Hilfe 《von³》/助け船を出す ein Rettungsboot aus|setzen; helfen*³.

たすける 助ける helfen*³ 《助力》; retten⁴ 《救助》; unterstützen⁴ 《援助》; bei|stehen*¹ 《同上》; erlösen⁴ 《宗教的》/命を助ける das Leben retten 《jm》/助けて! Hilfe!/危ない所を助ける aus der ³Gefahr retten 《jn》/彼は私の仕事を助けてくれました Er hat mir bei der Arbeit geholfen./私はその子供を助け起こした Ich half dem Kind auf die Beine.

たずさえる 携える tragen*⁴; bei ³sich haben; halten*⁴; mit ³sich führen 《nehmen*⁴》; schleppen⁴; begleitet werden 《von jm tragen》 mit *³. —— tragen* mit³/妻子を携えて mit Kind und Kegel 《全家族で》; mit seiner Familie /ステッキと帽子を携えて mit Stock und Hut.

たずさわる 携わる ⁴sich beschäftigen 《mit³》; beschäftigt sein 《mit³》《携わっている》; ⁴sich ab|geben⁴ 《mit³》《本務としてやく》; ⁴sich befassen⁴ 《mit³》; ⁴sich beteiligen 《an³; bei³》; beteiligt sein 《携わっている an³; bei³》; teil|nehmen* 《an³》; die Hand mit im Spiel[e] haben 《悪事に》.

ダスター Staubtuch n. -[e]s, ≈er; Staublappen m. -s, -. ‖ ダスターコート Staubmantel m. -s, ≈.

ダストシュート Müllschlucker m. -s, -.

たずねびと 尋ね人 der Vermisste*, -n, -n; der Verschollene*, -n, -n《失踪者》.

たずねもの 尋ね物 etwas Gesuchtes*, -en; etwas zu Findendes*, -en; was ich suche.

たずねる 訪ねる ⇒ほうもん.

たずねる 尋ねる ❶ [捜す] suchen⁽⁴⁾ 《nach³》; forschen 《nach³》; ⁴sich um|tun 《nach³》. ❷ [問う] fragen 《jn nach³》《über⁴; wegen²⁽³⁾》; befragen 《jn nach³》《über⁴; um⁴; wegen²⁽³⁾》《fragen よりも意味が強い》; ⁴sich erkundigen 《bei jm nach³》; forschen 《bei jm nach³》; eine Frage stellen (richten; tun*) 《jm; an jn》.

だする 堕する in 4et aus|arten 〔s〕; von ³et in ⁴et entarten 〔s〕《...に堕落する》/そのため彼は世間的軽蔑の的と堕した Das hat ihn in aller Augen erniedrigt./放蕩の彼はついに一介の大根役者に堕ちて行った Wegen der Ausschweifung ist ein Schauspieler an ihm verdorben./とうとう彼はばくち打に堕した *Endlich ist er zum Spielmann verfallen*.

たぜい 多勢 Riesenmasse f.; Unmasse f. -n; Übermacht f. 《優勢》; Überzahl f./多勢を頼んで ⁴sich auf die Übermacht verlassend; im Vertrauen auf die größere Menge (Zahl; Stärke)/多勢に無勢 Gegen eine solche Übermacht kämpft man vergebens (lässt sich vergebens kämpfen).

だせい 惰性 Trägheit f.; Beharrungsvermögen n. -s/今までの惰性で aus Gewohnheit; wie es js Gewohnheit ist; durch die Macht der Umstände gezwungen《行きがかり上》.

たそがれ 黄昏 [Abend]dämmerung f. -en; Zwielicht n. -[e]s; Dämmerlicht n. -[e]s/黄昏になる Der Abend (Es) dämmert. ‖ 黄昏時 Dämmer|stunde f. 《-zeit f.》.

だそく 蛇足 Überfluss m. -es; Zuviel n. -s; entbehrliche Dinge 《pl》. —— 蛇足の überflüssig; unnötig/蛇足なことをする ein Übriges tun*; zum Überfluss (obendrein; unnötigerweise) ⁴et tun*; zu viel des Guten tun*; Wasser ins Meer tragen*; Eulen nach Athen tragen*.

たそくるい 多足類 《動》Tausendfüß[l]er m. -.

ただ 多々 viel; eine große Anzahl; in großer Menge; die (schwere) ⁴Menge; mehr und mehr 《益々》; immer mehr《同上》/多々益々弁ず Je mehr, desto (umso) besser.

ただ ❶ [単に] nur; bloß; nichts als/ただのbloß/ただ一度 nur einmal/ただ一人で ganz allein/ただ一つ einzig und allein/ただ一度も一度も事一度ない niemals/それは彼の噂に過ぎない Es ist nur ein bloßes Gerücht./私はただ彼の命令を実行したまでだ Ich habe nur (bloß) seinen Befehl ausgeführt. ❷ [但し] nur; nur das ...; sein; allein; allerdings/彼女は美人だ、だもう少しはっそりしているいんだが She ist schön, nur müsste sie schlanker sein./僕はできればやりたいんだが、ただ金がなくてね Ich möchte es gerne tun, allein es fehlen mir die nötigen Mittel dazu./明日はまた来ます。ただ今日よりは遅くなります Ich komme morgen wieder, allerdings etwas später. ❸ [通常の] gewöhnlich; normal; einfach/ただならぬ ungewöhnlich/ただの水 reines (normales) Wasser, -s/私はただの人間に過ぎない Ich bin nur ein gewöhnlicher Sterblicher./彼はただの者ではない Er ist kein gewöhnlicher Mensch./それはただではすまなかった Es ging nicht mit rechten Dingen zu. ❹ [無料] umsonst; unentgeltlich; gratis; kostenlos; kosten|frei (gebühren-)/ただ働きする umsonst (ohne ⁴Entgelt) arbeiten*/ただ乗りする schwarz|fahren* 〔s〕/それはただです Es kostet nichts.

だだ 駄々をこねる eigensinnig 《launisch; mürrisch》 widerspenstig sein ‖ だだっ子 das verwöhnte (verzogene; verhätschelte; eigensinnige) Kind, -[e]s, -er.

ただい 多大の viel; groß; beträchtlich; erheblich; schwer; ungeheuer 《巨大》/多大の金額 eine (große) Menge Geld; eine erhebliche Summe/多大の犠牲を払って unter großen ⁴Opfern/多大の損害をこうむる viel (schwere) Schaden erleiden*.

だたい 堕胎 Abort m. -s, -e; Abtreibung f. -en. —— 堕胎する abortieren⁴; ab|treiben*⁴. ‖ 堕胎罪 das Verbrechen 《-s, -》gegen das keimende Leben/堕胎薬 Abortivmittel n. -s, -.

ダダイスト Dadaist m. -en, -en.

ダダイズム Dadaismus *m.* -.

ただいま 只今 jetzt／只今のため／momentan／只今まで bis jetzt／只今参ります Ich komme gleich (sofort).／只今申し上げたように いま〔いまは〕 gesagt habe／お母さんただいま〔帰宅の挨拶〕Guten Tag, Mutter!

たたえる 称える ⇨ほめる.

たたえる 湛える (er)füllen⁴《*mit³*》; voll sein《*von³*》一杯である／涙を湛える Die Tränen stehen *jm* voll in den Augen.／彼は満面に笑みを湛えていた Er lächelte über das ganze Gesicht.

たたかい 戦い ⇨せんとう(戦闘).

たたかう 戦う kämpfen《*mit³*》; Krieg führen《*gegen*⁴》; fechten*《*mit³*》; streiten*《*mit³*》／運命と戦う／自由のために戦う für die Sache kämpfen／自由のために戦う für die Freiheit kämpfen／最後まで戦う bis zum Letzten kämpfen.

たたかわす 戦わす kämpfen lassen*⁴／犬を戦わす*Hunde《*pl*》miteinander kämpfen lassen*／議論を戦わす diskutieren.

たたき 三和土 Estrich *m.* -s, -e／三和土にする zementieren⁴.

たたきあい 叩き合い ⇨なぐりあい.

たたきあげる 叩き上げる ⁴sich empor|arbeiten.

たたきおこす 叩き起こす schonungslos (rücksichts-) aus dem Schlaf rütteln《*jn*》; erbarmungslos zum Aufstehen zwingen《*jn*》.

たたきおとす 叩き落とす herunter|schlagen*⁴; aus|klopfen⁴《ちり・灰などを》／ボイラーの金ごみを叩き落とす den Kessel ab|klopfen.

たたきこむ 叩き込む hinein|schlagen* (-|-)|hämmern⁴, -|treiben*》《*in⁴*》／牢屋へ叩き込む ins Gefängnis werfen*《*jn*》;《教え込む》 ein|pauken⁴ (-|bläuen⁴ -|trichtern⁴)《*jm*》／学問は叩き込めるか Lässt sich die Gelehrsamkeit sich eintrichtern?

たたきころす 叩き殺す tot|schlagen*《*jn*》; erschlagen*《*jn*》; zu Tode schlagen*《*jn*》.

たたきこわす 叩き壊す zerschlagen*⁴; in Stücke (kurz und klein) schlagen*⁴.

たたきだい 叩き台 (Diskussions)grundlage *f.* -n／この試案を叩き台にしよう Wir wollen diesen Vorschlag《-[e]s, "e》 als Diskussionsgrundlage nehmen.

たたきだいく 叩き大工 der angehende Zimmermann, -[e]s, ..leute; Zimmermannsgeselle *m.* -n, -n《俗》.

たたきだす 叩き出す〔追い出す〕hinaus|jagen (weg|-)《*jn*》; hinaus|treiben* (weg|-)《*jn*》;〔解雇〕ab|bauen《*jn*》; fort|schicken (weg|-)《*jn*》; hinaus|werfen*《*jn*》; den Laufpass geben*《*jn*》; auf die Straße setzen《*jn*》／その社員は叩き出された Der Angestellte ist hinausgeworfen worden.

たたきつける 叩きつける schleudern⁴; werfen*⁴; schmeißen*⁴《以上 *gegen*⁴, *an*⁴, *auf*³》.

たたきにく 叩き肉 ein Kloß《*m.* -es, "e》Fleisch《団子》.

たたきふせる 叩き伏せる nieder|strecken《*jn*》; zu Boden strecken《*jn*》.

たたく 叩く ❶ schlagen*⁴; hauen*⁴《勢いをこめて》; klapsen⁴《ぴしゃりと》; einen Klaps geben*《*jm*》; patschen⁴《軽く》; prügeln*⁴《棒などで》. ❷〔戸などを〕klopfen《*an*⁴, *auf*³》; pochen《*an*⁴, *auf*³》; tippen《*an*⁴, *auf*³》／門を叩く an die Tür klopfen; einen Besuch machen《bei *jm*》／タイプで叩く auf der (Schreib)maschine schreiben*; tippen. ¶ 新聞で叩かれる in den Zeitungen angegriffen werden; die Zielscheibe der Angriffe von Journalisten werden／意見を聞く *jn* um Rat fragen; auf den Zahn fühlen《*jm*》⇨ひく.

ただし 但し nur; nur dass ...; außer dass ...; allein; allerdings; aber;〔je〕doch／寛大であれ、但し度を過ごすな Sei nachsichtig, nur nicht zu sehr!／明日また来る、但し非常に遅い時刻に Ich komme morgen wieder, allerdings sehr spät.／それは夏に着るような衣服であった、但し生地は暖かなものであった。 Es war eine Kleidung wie im Sommer, nur dass sie von warmem Stoff[e] gemacht war.

ただしい 正しい recht; richtig; korrekt／心の正しい gerecht; rechtschaffen; gut; redlich; ehrlich／正しい答 eine richtige Antwort, -en／正しい行儀〔ein〕korrektes Benehmen, -s／正しい行為 eine gute Tat, -en／それは正しくない Das ist nicht richtig.／彼の言っている事は正しい Du hast Recht.／彼の状勢判断は正しかった Er hat die Lage richtig beurteilt.

ただしがき 但し書き Klausel *f.* -n; Nebenbestimmung *f.* -en; Bedingung *f.* -en;〔条件〕Vorbehalt *m.* -[e]s, -e《留保》／但し書を付ける verklausulieren⁴; verklausulieren⁴.

ただす 正す auf|richten⁴; wieder auf die Beine bringen*⁴; zum Stehen bringen*⁴; auf|rütteln⁴《奮起させる》; an|spornen《*jn zu³*》同上》;einen Schüler in der Ecke stehen lassen* (in die Ecke stellen)《生徒を罰して》.

ただす 正す verbessern⁴; korrigieren⁴; berichtigen⁴; richtig|stellen⁴／誤りを正す Fehler verbessern (korrigieren); Irrtümer berichtigen (richtig|stellen)／姿勢を正す ⁴sich korrekt benehmen*.

ただす 糺す, 質す ❶〔尋問・調査〕*jn* verhören; ⁴*et* untersuchen;〔問う〕fragen《*nach*³; *um*², *über*⁴; *wegen*²(³)》; ⁴sich〔bei *jm*〕erkundigen《*nach*³; *über*⁴》. ❸〔確かめる〕ermitteln⁴; fest|stellen⁴.

たたずむ 佇む umher|stehen* (herum|-); stehen bleiben*《s》; auf seinem Platz[e] bleiben*.

ただちに 直ちに sofort;〔so〕gleich; unverzüglich; ohne *Verzug;〔直接に〕unmittelbar; direkt.

ただっぴろい zu weit (geräumig; groß); weit ausgedehnt.

ただでさえ ohnedies; ohnehin; sowieso《どうしても》／ただでさえ不幸なのに um sein Unglück voll zu machen／彼のただでさえよくない健康状態はそのためにすっかり悪化した Seine ohnehin nicht gute Gesundheit verschlechterte sich dadurch ganz.

ただなか 只中で(に) mitten; inmitten²/我国は経済危機の只中にある Unser Land ist mitten in einer wirtschaftlichen Krise. / 人はその真只中にいる Wir sind mitten drin.

たたみ 畳 Tatami *f.* -s; Reis|matte (Binsen-, Stroh-) *f.* -n; Mattenmaterial *n.* -(e)s 《総称》畳をさす Matten (*pl*) nähen (durch Nähte berstärken)/畳を敷く Matten (*pl*) legen/畳建具付家賃 Möbliertes Haus mit Tatami zu vermieten 《広告》. ¶ 畳の上で死ぬ eines natürlichen Todes (durch ⁴Krankheit) sterben* [s]; im Bett sterben* ¶ 畳換え die Erneuerung 〈-en〉 der Matten/畳換えをする die Matten (*pl*) erneuern/畳職人 Mattenflechter 〈-macher〉 *m.* -s, -.

たたみ-〔折りたたみ式〕Falt-; Klapp-; faltbar (zusammenlegbar)/たたみ椅子 Faltstuhl (Klapp-) *m.* -(e)s, ÷e; Klappsitz *m.* -es, -e/たたみ尺 Gliedermaßstab *m.* -(e)s, ÷e; Zollstock *m.* -(e)s, ÷e/たたみボート Faltboot *n.* -(e)s, -e; Faltonette *f.* -n/たたみ眼鏡 der klappbare (zusammenlegbare) Kneifer, *m.* -s, -.

たたみかける たたみ掛ける (be)drängen 〈*jn*〉; bestürmen 〈*jn mit*³〉/たたみ掛けて聞く mit Fragen bestürmen 〈*jn*〉; 〔俗〕ein Loch (Löcher) in den Bauch fragen 〈*jm*〉.

たたむ 畳む ❶ falten*; falzen*; zusammen|klappen* ⁴ (-legen⁴). ❷〔所帯・店などを〕auf|lösen⁴. ¶ 万事胸に畳み込む alles Vernommene* 〈das Gehörte*〉 in ³sich verschlossen halten* 〈verschließen*〉/たたんでしまえ Mach ihn kalt! Bring (Leg) ihn um!

ただよう 漂う treiben*; schweben/あちらこちら漂う umher|treiben*; hin und her schweben/波間を漂う 〈auf dem Wasser〉 treiben*/彼女の唇には微笑が漂っていた Ein Lächeln schwebte auf ihren Lippen. /あたりには緊張した空気が漂っていた Es herrschte eine gespannte Atmosphäre.

たたり 祟り 〈Bann〉fluch *m.* -(e)s, ÷e; Gottesstrafe *f.* -n; die Strafe Gottes/die schicksalhafte böse Folge. / 祟りをこうむる es liegt ein Fluch 〈*auf³*; *über³*〉 von Gott gestraft werden/Die schicksalhafte böse Folge bleibt nicht aus./後の祟りが恐しいよ Das wird dir teuer zu stehen kommen./Du musst dich auf schlimme Folgen gefasst machen./Da weißt du nicht, was für üble Folgen die Sache noch nach sich ziehen (für dich haben) kann./Das wird sich schwer rächen./触らぬ神に祟りなし "*Man soll den Teufel nicht an die Wand malen.*"

たたる 祟る fluchen 〈*jm*〉; heim|suchen 〈*jn*〉; zum Untergang bestimmen 〈*jn*〉/祟られる vom Unheil heimgesucht (getroffen) werden; belästigt werden 《つきまとわる》.

ただれ 爛れ Entzündung *f.* -en 〈炎症〉; Eiterung *f.* -en 〈化膿〉; Geschwür *n.* -(e)s, -e 《潰瘍(かいよう)》‖ 爛れ目 Triefauge *n.* -s, -n.

ただれる 爛れる ¶ 爛れる〈炎症を起こす〉; eitern〈化膿する〉; schwären 《同上》; triefen(*) 《目が》/爛れた entzündet; eit(e)rig; geschwürig; überreif 《爛熟した》/爛れた生活 ein liederliches (übersättigtes) Leben, -s, -.

ただん 多端 ¶ 出費多端の折から bei den jetzigen großen (Geld)ausgaben/用務多端である alle Hände voll zu tun haben; ⁴sich in Trubel von Geschäften befinden*; ⁴sich in arger Bedrängnis befinden*; 〔俗〕tüchtig im Druck sein.

ただんしき 多段式ロケット eine mehrstufige Rakete, -.

たち 〔種類〕Art *f.* -en; Sorte *f.* -n; Schlag *m.* -(e)s, ÷e; 〔品質〕Qualität *f.* -en; 〔性格〕Charakter *m.* -s, -e; 〔性質〕Natur *f.* -en; 〔素質〕Anlage *f.* -n; 〔体質〕Konstitution *f.* -en; 〔型〕Typ *m.* -s, -en/たちの悪い病気 eine bösartige Krankheit, -en/彼は生まれつき内気なたちだ Er ist von Natur schüchtern./この少年はたちがよい Der Junge hat gute Anlagen.

たち 太刀 Schwert *n.* -(e)s, -er/太刀を佩(は)く〈抜く〉ein Schwert tragen* 〈ziehen*〉/太刀に手をかける zum Schwert greifen* ‖ 太刀持ち Schwertträger *m.* -s, -.

たちあい 立会い ❶〔列席〕Anwesenheit *f.*; Gegenwart *f.*; das Dabeisein*, -s/全幹部立会いの下に in (bei) ⁴Anwesenheit sämtlicher Vorstandsmitglieder. ❷〔取引所の〕Börsengeschäft *n.* -(e)s, -e ‖ 立会演説 Wahlkampfrede *f.* -n/立会時間 Börsenstunden (*pl*)/立会人 Zeuge *m.* -n, -n.

たちあう 立ち会う anwesend (zugegen) sein 〈*bei¹*〉; bei|wohnen³; dabei sein; teil|nehmen* 〈*an³*〉.

たちあおい 〔植〕Stock|malve *f.* -n 〈-rose *f.* -n〉.

たちあがる 立ち上がる auf|stehen*; ⁴sich er|heben*.

たちい 立居 das Stehen* und Sitzen*, des- und -s; Bewegung *f.* -en ‖ 立居振舞 Benehmen *n.* -s, -; Betragen *n.* -s, -.

たちいた 裁板 Schneider|tisch (Zuschneide-) *m.* -(e)s, -e.

たちいり 立ち入り Eintritt *m.* -(e)s; Zutritt *m.* -(e)s; das Betreten*, -s/立入りを禁じる *jm* den Eintritt verbieten* ‖ 立入禁止〈掲示〉Eintritt (Zutritt) verboten! ¦ Betreten untersagt!

たちいる 立ち入る ❶ ein|treten* 〈*in⁴*〉 [s]; betreten*⁴/芝生に立ち入らないで下さい《掲示》Bitte den Rasen nicht zu betreten. ❷〔干渉〕⁴sich ein|mischen 〈*in⁴*〉/立ち入ったことをお尋ねして恐縮ですが Wenn ich Ihnen eine so indiskrete Frage stellen darf, ...

たちうお 太刀魚 Degenfisch *m.* -(e)s, -e.

たちうち 太刀打ちする es mit *jm*; auf|nehmen können*; *jm* gewachsen sein; *jm* gleich|tun*/ 彼は誰とでも太刀打できる Er kann es mit jedem aufnehmen./誰も彼には太刀打できない Niemand kann es ihm gleichtun.

たちえり 立襟 Stehkragen *m.* -s, -.
たちおうじょう 立往生する stehen bleiben* [s]; stecken bleiben* [s]; weder vor noch rückwärts können*; nicht ein noch aus wissen*/弁士は演説の最中に立往生した Der Redner blieb im Vortrag stecken./列車は雪の中で立往生した Der Zug blieb im Schnee stecken.
たちおくれ 立ち遅れ das Zurückgebliebensein*, -s; Rückstand *m.* -〔e〕s; Verspätung *f.* -en《遅刻》/立ち遅れている zurückgeblieben sein; im Rückstand sein/立ち遅れを取り戻す einen Rückstand auf|holen; Versäumtes nach|holen.
たちおよぎ 立ち泳ぎ das Wassertreten*, -s.
たちかえる 立ち返る zurück|kommen* (-|-kehren) [s]/正気(本心)に立ち返る wieder zu ³Sinnen kommen* [s].
たちかた 裁ち方〔Zu〕schnitt *m.* -〔e〕s, -e/彼女は洋服の裁ち方も知らない Sie weiß nicht einmal, wie man ein Kleid zuschneidet.
たちがれ 立ち枯れになる ein|gehen* [s]/立ち枯れした木 ein verdorrter Baum, -〔e〕s, ⸗e.
たちき 立ち木〔stehender〕Baum, -〔e〕s, ⸗e/立ち木に囲まれた池 ein von Bäumen umstandener Teich, -〔e〕s, -e.
たちぎえ 立ち消えになる im Sand〔e〕 verlaufen* [s]; erfolglos aus|gehen* [s]/そのプランは立ち消えになった Aus dem Plan ist nichts geworden.
たちぎき 立ち聞きする horchen⁴; lauschen⁴; heimlich zu|hören³/戸口で立ち聞きする an der ³Tür horchen (lauschen).
たちきる 断ち切る ab|schneiden*⁴《切断する》; ab|brechen*⁴《関係・交際を》; auf|geben*⁴《放棄する》; verzichten《*auf*⁴ 断念する》.
たちぐい 立ち食いする stehend essen*⁴.
たちぐされ 立ち腐れになる verfallen* [s]; in ⁴Verfall geraten* [s].
たちくず 裁ち屑 Stoff¦abfälle (-reste)《*pl*》.
たちこめる 立ち籠める ¶ 霧が湖水に立ち籠める Der Nebel lagert (hängt) über dem See./部屋には煙が立ち籠めていた Das Zimmer war voller Rauch.
たちさき 太刀先 Spitze《*f.* -n》 eines Schwertes/彼は太刀先が鋭い Er verteilt scharfe Hiebe.
たちさる 立ち去る verlassen*⁴; hinter ³sich lassen*⁴; fort|gehen* (weg|-) [s]/住居を立ち去る die Wohnung verlassen*/彼は別れも告げずに立ち去った Er ging〔weg〕, ohne Abschied zu nehmen.¦Er empfahl sich〔auf〕 französisch.
たちしょうべん 立小便する auf die Straße pissen.
たちすくむ 立ち竦む wie versteinert (angewurzelt) stehen bleiben* [s] (da|stehen*).
たちどおし 立ち通している die ganze ⁴Zeit (Strecke) stehen*.
たちどころ 立ち所に auf der ³Stelle《その場で》; im Nu; im Handumdrehen; sofort;〔so〕gleich; augenblicklich/彼は私を見るやたちどころに消えてしまった Als er mich sah, war er schon verschwunden. ⇨**すぐに**, **たちまち**.
たちどまる 立ち止まる stehen bleiben* [s]; still|stehen*; an|halten*/立ち止まらないで下さい Nicht stehen bleiben!¦Gehen Sie weiter!/彼は立ち止まってたばこに火をつけた Er blieb stehen, um sich eine Zigarette anzuzünden.
たちなおる 立ち直る ⁴sich erholen; ⁴sich bessern; ⁴sich wieder fangen*; wiederhergestellt werden/彼はやっとまた立ち直った Er ist endlich wieder in Form.
たちのき 立退き Auszug *m.* -〔e〕s, ⸗e; das Ausziehen*, -s; [移転] Umzug *m.* -〔e〕s, ⸗e; das Umziehen*, -s; [明け渡し] Räumung *f.* -en; das Räumen*, -s/立退きを命じる *jn* aus|weisen*《*aus*³》/彼の立退き先を御存知ですか Kennen Sie seine neue Adresse? ‖ 立退き命令 Ausweisung *f.* -en; Ausweisungsbefehl *m.* -〔e〕s, -e.
たちのく 立ち退く aus|ziehen* [s]; um|ziehen* [s]《移転》; räumen⁴《明け渡す》; verlassen*⁴《去る》/家を立ち退く ein Haus (eine Wohnung) räumen (verlassen*).
たちのぼる 立ち上る auf|steigen* [s]; in die Höhe (nach oben) steigen* [s]/霧(煙)が立ち上る Nebel (Rauch) steigt auf./日が立ち上る Die Sonne geht auf.
たちのみ 立ち飲みする stehend trinken*⁴.
たちば 立場 Standpunkt *m.* -〔e〕s, -e; Gesichtspunkt *m.* -〔e〕s, -e《観点》; Lage *f.* -n《境遇》/学問の立場から vom Standpunkt der Wissenschaft〔aus〕/…の立場に立つ auf dem Standpunkt stehen*, dass …/立場を明らかにする Stellung nehmen*《*zu*³; *gegen*⁴》/立場を失う in die Klemme kommen* (geraten*) [s]; sein Gesicht verlieren*/苦しい立場にある ⁴sich in einer schwierigen ³Lage befinden*/私があなたの立場だったらそうはしなかったろう An Ihrer Stelle hätte ich nicht so gehandelt./私の立場にもなってみてください Versetzen Sie sich bitte in meine Lage!
たちばさみ 裁ち鋏 Zuschneideschere *f.* -n.
たちはたらく 立ち働く arbeiten.
たちばな 橘〖植〗Apfelsine *f.* -n; Orange *f.* -n.
たちばなし 立ち話をする ⁴sich stehend unterhalten*.
たちばん 立ち番 Wache *f.* -n; Posten *m.* -s, -/立ち番する ⁴Wache (Posten) stehen*.
たちふさがる 立ち塞がる *jm* im Weg〔e〕 stehen*; ⁴sich *jm* in den Weg stellen; *jm* den Weg vertreten*/戸口に立ち塞がる in der Tür stehen*; *jm* die Tür sperren.
たちまち 忽ち ❶ [即座に] sofort;〔so〕gleich; auf der Stelle. ❷ [瞬時に] im Augenblick; augenblicklich; im Nu; im Handumdrehen. ❸ [突然] plötzlich; auf einmal.
たちまわり 立ち回り ❶ [つかみあい・乱闘] Prügelei *f.* -en; Rauferei *f.* -en; Schlägerei *f.* -en; Auftritt *m.* -〔e〕s, -e《口論》. ❷ [行動・振舞] Handlung *f.* -en; Benehmen *n.* -s; Betragen *n.* -s.
たちまわる 立ち回る handeln; ⁴sich betragen*/うまく立ち回る geschickt handeln;

た

seine Rolle gut spielen.

たちみ 立見席 Stehplatz *m*. –es, ⸚e; Galerie *f*./立見する stehend (vom [3]Stehplatz aus) zu|schauen[3].

たちむかう 立ち向かう entgegen|treten*[3] [s]; [4]sich entgegen|stellen[3]; widerstehen*[3] 《抵抗する》; [4]Widerstand leisten[3] 《同上》.

たちもどる 立ち戻る zurück|kehren (–|kommen*) [s]/本論に立ち戻る zum Thema zurück|kommen*/元の状態に立ち戻る zum alten Zustand zurück|kehren.

たちもの 裁ち物 das Zuschneiden* (Schneidern*), –s. ── 裁ち物をする zu|schneiden* [s]; schneidern. ‖ 裁ち物板 Zuschneidetisch *m*. –[e]s, –e/裁ち物師 [Zu]schneider *m*. –s, –/裁ち物鋏(ばさみ) Zuschneideschere *f*. –n.

たちもの 断ち物 Enthaltsamkeit *f*. –en/断ち物をする [4]sich enthalten*[2].

たちゆく 立ち行く gehen* [s]; [4]sich lohnen (rentieren) 《採算がとれる》; aus|kommen* [s] 《*mit*[3]》 〖人を主語にして, …でやっていける〗/何とか立ち行くようすだ Es scheint irgendwie zu gehen. / この商売は立ち行かない Das Geschäft rentiert sich nicht./こんな少ない月給では立ち行かない Mit so niedrigem Gehalt kommt man nicht aus.: Mit so wenigem Gehalt kann man nicht leben.

だちょう 駝鳥 Strauß *m*. –es, –e.

たちよる 立ち寄る vorbei|kommen* [s] 《bei *jm*》; vor|sprechen* 《bei *jm*》; besuchen[4]; ein|kehren [s] 《bei *jm*; *in*[3]》/一度お立ち寄り下さい Kommen Sie einmal bei uns vorbei!

たちわざ 立ち業 Standkampf *m*. –[e]s, ⸚e.

だちん 駄賃 Belohnung *f*. –en 《報酬》; Geldgeschenk *n*. –[e]s, –e 《心付け》; Trinkgeld *n*. –[e]s, –er 《酒手》/行きがけの駄賃に持って行く durch|brennen* [s] (durch|gehen* [s]; [4]sich davon|machen) 《mit [3]*et*》/駄賃に千円くれた Er gab mir 1 000 Yen als Trinkgeld.

たちんぼう 立ちん坊 Eckensteher *m*. –s, – 《街角にたむろしている人》; Landstreicher *m*. –s, – 《浮浪人》; Gelegenheitsarbeiter *m*. –s, – 《その時々の職にありつく人》.

たつ 竜 Drache *m*. –n, –n/竜の落とし子 Seepferdchen *n*. –s, –.

たつ 裁つ [zu|]schneiden*[4]/裁ち落とす ab|schneiden*[4].

たつ 絶つ ❶ [切断] [ab|]schneiden*[4] 《*von*[3]》. ❷ [遮断] ab|schneiden*[4]; ab|sperren[4]; unterbrechen*[4]. ❸ [やめる] auf|geben*[4]; [3]sich ab|gewöhnen[4]; [4]sich enthalten*[2]; entsagen[3]; [4]sich entwöhnen[2]; entwöhnt[2] sein; verzichten 《*auf*[4]》/習慣を絶つ eine Gewohnheit ab|schütteln/*誓って酒を絶つ dem Trinken* (Trunk; Alkohol) ab|schwören*. ❹ [交際などを] ab|brechen* 《den Verkehr mit *jm*》; auf|kündigen 《*jm* die Freundschaft》; auf|geben* 《*jn*; *js* Bekanntschaft》; [4]sich lösen 《von *jm*》. ❺ [命を] das Leben nehmen* 《*jm*》; ums Leben bringen* 《*jn*》; töten 《*jn*》; um|bringen* 《*jn*》/彼は自ら命を絶った Er hat sich das Leben genommen. ❻ [根絶する] aus|rotten[4].

たつ 立つ ❶ [起つ] auf|stehen* [s]; [4]sich auf|richten; [4]sich auf die Beine stellen; [4]sich erheben*. ❷ [立ち上がる] auf|gehen* [s]; auf|steigen* [s]; in die Luft steigen* [s] /煙が立つ Rauch steigt auf (wirbelt 《渦まいて》). ❸ [設立] errichtet (aufgerichtet) werden. ❹ [出発] ab|fahren* [s]; ab|gehen* [s]; ab|reisen [s]; auf|brechen* [s]; eine Reise an|treten*; [4]sich auf|machen; [4]sich auf den Weg machen/ヨーロッパへ立つ nach Europa ab|reisen/飛行機で東京からハンブルクへ立つ von Tokio nach Hamburg ab|fliegen* [s]/故郷を立つ seine Heimat verlassen*. ❺ [蒸発] verdampfen [s]; verdunsten [s]; auf|dunsten [s]. ¶ 気が立っている erregt (aufgeregt) sein; vor Erregung (Aufregung) wie ein Wilder [herum|]toben / 十三を六で割れば二がたって一あまる 13 [geteilt] durch 6 ist [gleich] 2 Rest 1./論理が立つ Die Theorie bestätigt (bewährt) sich.

たつ 建つ 〖家が主語〗 gebaut (erbaut; errichtet) werden; entstehen* [s].

たつ 経つ [時・日が] vergehen*; verfliegen*; verfließen*; verlaufen*; verrinnen*; verstreichen*; vorbei|gehen* (vorüber|–) 《以上どれも [s]》/一週間たてば nach 8 Tagen; 8 Tage später; heute in 8 Tagen (über 8 Tage) / もう少したってから später; nicht gleich [jetzt].

だつ– 脱– die Flucht 《–en》 aus[3]; De.. 《前つづり》; Anti.. 《前つづり》.

たつい 達意の flüssig; gewandt; klar.

だつい 脱衣する [4]sich aus|ziehen*; [4]sich aus|kleiden; [4]sich entkleiden ‖ 脱衣所 Auskleideraum *m*. –[e]s, ⸚e; Badezelle *f*. –n.

だつえい 脱営 ⇨だっそう.

だっかい 脱会 Austritt *m*. –[e]s, –e 《aus einem Verein》; Abfall *m*. –[e]s, ⸚e 《*von*[3]》; Lossagung *f*. –en; Trennung *f*. –en 《*von*[3]》. ── 脱会する aus einem Verein (einer Gesellschaft) aus|treten* [s]; von einer Partei ab|fallen* [s]; [4]sich trennen (zurück|ziehen*) 《*von*[3]》. ‖ 脱会者 der Ausgetretene*, –n, –n.

だっかい 奪回 ⇨だっかん(奪還).

だっかく 脱殻する ❶ ab|hülsen[4]; schälen[4]. ❷ [殻を脱ぐ] [4]sich häuten; [4]sich schälen.

たっかん 達観する viel Einsicht haben; weitsichtig sein / 達観の士 weitsichtiger Mensch, –en, –en.

たつがん 達眼 Weitsicht *f*.; Weitblick *m*. –[e]s / 達眼の weit|sehend (–blickend; –schauend).

だっかん 奪還 Wieder[ein]nahme *f*.; Wiedergewinnung *f*. –en. ── 奪還する wieder|ein|nehmen*[4] (wieder|nehmen*[4]); wieder|gewinnen*[4]; zurück|erobern[4].

だっきゃく 脱却する [4]sich befreien 《*von*[3]》; [4]sich entledigen[2]; [4]sich los|machen 《*von*[3]》.

たっきゅう 卓球 Tischtennis *n*. –/卓球をする Tischtennis spielen.

だっきゅう 脱臼 Aus¦renkung (Ver–) *f.* –en; Luxation *f.* –en. ── 脱臼する ^{3}sich aus|renken《den ^{4}Arm》.

ダックスフント Dachshund *m.* –〔e〕s, –e; Dackel *m.* –s, –.

タックル das Fassen*, –s / タックルする fassen^4.

たっけん 卓見 vortreffliche Ansicht, –en; vernünftige Meinung, –en / 卓見のある weit¦sichtig (–blickend).

たっこう 卓効 Wirksamkeit *f.* / 卓効がある wirksam sein; gut wirken / この薬は胃潰瘍(かいよう)に卓効がある Diese Arznei ist gegen das Magengeschwür wirksam.

だっこう 脱肛 Mastdarmvorfall *m.* –〔e〕s, ¨e; Prolaps *m.* –es, –e.

だっこう 脱稿する ab|schließen* (beenden; vollenden)《eine schriftliche ^{4}Arbeit》; fertig werden《*mit*^{3}》.

だっこく 脱穀する dreschen*《^{4}Korn; ^{4}Weizen》‖ 脱穀機 Dreschmaschine *f.* –n / 脱穀場 Dreschboden *m.* –s, ¨.

だつごく 脱獄 Ausbruch《*m.* –〔e〕s, ¨e》〔aus dem Gefängnis〕. ── 脱獄する aus dem Gefängnis aus|brechen* [s]; 〔aus〕 dem Gefängnis entkommen* [s] / あの犯人は再び脱獄した Der Verbrecher ist wieder ausgebrochen. ‖ 脱獄者 Ausbrecher *m.* –s, –.

たっし 達し offentliche Anordnung, –en; öffentlicher Erlass, –es, ¨e; [命令] Befehl *m.* –〔e〕s, –e; Anweisung *f.* –en; [公告] öffentliche Bekanntmachung, –en / その筋の達しにより von ^{2}Obrigkeits wegen.

だつじ 脱字 das Auslassen*《–s》eines Wortes / 不注意のため二三脱字があった Versehentlich hat man einige Wörter ausgelassen.

だっしにゅう 脱脂乳 Magermilch *f.*; fettlose Milch.

だっしめん 脱脂綿 Verbandwatte *f.* –n; keimfreie Watte, –n.

たっしゃ 達者な ❶ [壮健] gesund; wohl; stark; kräftig / おばは中々達者です Meine Tante ist frisch und gesund. / ではお達者で Also, leben Sie wohl! ❷ [巧み] geschickt《*in*^{3}》; gewandt《*in*^{3}》; tüchtig《*in*^{3}》/ 達者に geschickt; tüchtig; fertig / 口が達者である eine geläufige Zunge haben / 彼は数学が達者です Er ist stark in der Mathematik. / 私の父はドイツ語を達者に話す Mein Vater spricht fließend Deutsch.

だっしゅ 奪取 Beraubung *f.* –en; das Entreißen*, –s; das Erbeuten*, –s; Eroberung *f.* –en《略取》. ── 奪取する *jn* ^{2}*et* berauben; *jm* ^{4}*et* entreißen* (entringen*; weg|nehmen*); ^{4}*et* von *jm* erbeuten; erobern^4 / 衣類は全部奪取された Er wurde aller Kleider beraubt (entblößt). / 要塞を奪取する eine Festung erobern.

ダッシュ das Rennen*, –s《疾走》/ 矢のようなダッシュでトップを切る Wie ein geölter Blitz schießt er an die Spitze.

ダッシュ [記号] Gedankenstrich *m.* –〔e〕s, –e《―》.

だっしゅう 脱臭 Desodorierung *f.* –en; Geruchlosmachung *f.* –en / 脱臭性の Geruch beseitigend (tilgend) / 脱臭する desodorieren^4 ‖ 脱臭剤 desodorierendes Mittel, –s, –; Desodorierungsmittel *n.* –s, –.

だっしゅつ 脱出する entfliehen*^{3}; entgehen*^{3}; entkommen*^{3}; fliehen*^{3}《*aus*^{3}; *von*^{3}》; flüchten《以上 [s]》; ^{4}sich retten / 危険(死の手)から脱出する einer Gefahr (dem Tod〔e〕) entgehen* / 命からがら脱出する mit dem Leben davon|kommen* [s] / 彼は国外に脱出した Er flüchtete ins Ausland. ¦ Er ist aus dem Land〔e〕 geflohen. / 危い所を脱出した Er entkam mit knapper Not. / もはや脱出の道はない Es gibt kein Entkommen mehr. / 彼女は彼の手から脱出した Sie ist ihm durchgebrannt. / 彼は火中から脱出した Er hat sich aus dem Feuer gerettet.

だっしょく 脱色 das Bleichen*, –s; Entfärbung *f.* / 脱色する entfärben^4 ‖ 脱色剤 Bleichmittel *n.* –s, –.

たつじん 達人 Meister *m.* –s, –; Adept *m.* –en, –en; Experte *m.* –n, –n; Virtuose *m.* –n, –n.

だっすい 脱水 Entwässerung *f.* –en; Wasserentziehung *f.* –en / 脱水する entwässern^4; ^{3}*et* das Wasser entziehen*.

たっする 達する ❶ [及ぶ] erreichen^4; erlangen^4 / 高齢に達する ein hohes Alter erlangen. ❷ [通達する] an|kündigen^4; bekannt machen^4. ❸ [到着する] an|kommen* [s]《*in*^{3}》; gelangen [s]《*an*^{4}》/ 目的地に達する ans Ziel gelangen. ❹ [数量が] ^{4}sich erstrecken《*auf*^{4}》; betragen* / 総額は五十万円に達した Der Gesamtbetrag betrug 500 000 Yen. ❺ [熟達する] ⇨じゅくたつ / 芸に達する ^{4}Fertigkeit in einer Kunst erlangen.

だっする 脱する ❶ [脱出] ^{3}*et* entgehen* [s]; ^{4}sich heraus|ziehen*《*aus*^{3}》; ^{4}sich befreien《*von*^{3}; *aus*^{3}》; ^{4}sich retten《*aus*^{3}》/ 悪習を脱する eine üble Gewohnheit ab|legen / 窮境を脱する ^{4}sich aus der Klemme ziehen*; aus der Patsche kommen* [s]. ❷ [脱退・絶縁] ab|fallen* [s]《*von*^{3}》; ^{4}sich los|lösen《*von*^{3}》; ^{4}sich trennen《*von*^{3}》; ^{4}sich zurück|ziehen*^{3} / 彼は自分の党派から脱した Er ist von seiner Partei abgefallen. ❸ [脱漏] aus|lassen*^{4}; fort|lassen*^{4}; ^{4}*et* vergessen haben / 一語といえども脱しはせぬ Kein einziges Wort habe ich ausgelassen. ❹ […以上になる] ^{4}sich erheben* / 彼は到底凡人の域を脱しない Er erhebt sich nie über das Alltägliche. / その点ではしろうとの域を脱している Darin ist er kein Laie mehr.

たつせ 立つ瀬 ¶ それじゃ私の立つ瀬がない Jetzt sitze ich schön in der Patsche (Tinte)! ¦ Jetzt bin ich hilf– und ratlos.

だつぜい 脱税 Steuerhinterziehung *f.* –en / 脱税する Steuern (Zölle) hinterziehen* (unterschlagen*) ‖ 脱税品 die geschmuggelte Sache, –n.

だっせん 脱線 Entgleisung *f.* –en《電車などの》; Abschweifung *f.* –en《話の》/ 本題よりの脱線 eine Abschweifung vom Thema. ── 脱線する entgleisen《*aus*^{3}》[s]; ab|kommen* [s]; ab|schweifen [s]/列車が脱線した Der Zug ist entgleist./話が脱線した Er ist von seinem Gegenstand〔e〕abgekommen (abgeschweift).

だっそ 脱疽 Gangrän *n.* -〔e〕s, -e; Gangräne *f.* -n.

だっそう 脱走 Fahnenflucht *f.* -en; Desertion *f.* -en《軍隊よりの》; Flucht *f.* -en; das Entlaufen*, -s《逃亡》. ── 脱走する aus|reißen* [s]; desertieren [s]; fahnenflüchtig werden; über|laufen* [s]; fliehen* [s]《*von*³; *aus*³; *vor*³》; *jm* (³*et*; *aus*³) entfliehen* (entkommen*; entlaufen*; entrinnen*; entschlüpfen; entweichen*; entwischen) [s];《俗調で》⁴sich drücken; durch|brennen* (-|gehen*) [s]; ⁴sich aus dem Staub machen/彼は脱走投降した Er lief dem Feind〔e〕über./子供が寄宿舎から脱走した Ein Kind ist aus dem Schülerheim entlaufen./彼はうまく牢屋から脱走した Es ist ihm gelungen, aus dem Gefängnis zu entfliehen (entschüpfen). ‖ 脱走者 Flüchtling *m.* -s, -e; Durchbrenner *m.* -s, -/脱走兵 Ausreißer *m.* -s, -; Deserteur *m.* -s, -e; Überläufer *m.* -s, -; Drückeberger *m.* -s, -.

だつぞく 脱俗 Unweltlichkeit *f.*; das Freisein*《-s》von weltlicher Gesinnung/脱俗した überweltlich. ── 脱俗する weltliche Gesinnung los|werden*; auf alles Irdische Verzicht leisten (verzichten).

たった nur; bloß; nichts als/たった今 soeben; gerade jetzt; jetzt eben; vor einem Augenblick.

だったい 脱退 Abfall *m.* -s, ⸗e; das Austreten*, -s; Loslösung *f.* -en. ── 脱退する ab|fallen* [s]《*von*³》; aus|treten* [s]《*aus*³》; ⁴sich trennen《*von*³》; ⁴sich los|lösen《*von*³》; ⁴sich zurück|ziehen* [s]《*von*³》. ‖ 脱退組 die Abgefallenen《*pl*》; Sonderbündler《*pl*》.

タッチ Berührung *f.* -en; Anschlag *m.* -〔e〕s, ⸗e《ピアノ》;〔Pinsel〕strich *m.* -〔e〕s, -e《絵》/タッチダウンする《アメフト》mit der Hand an|halten*/弾奏のタッチが強い(正しい) einen kräftigen (reinen) Strich haben/こんなことにタッチしない方がよい Sie sollten sich〔dabei〕besser aus dem Spiel halten./彼は軽い(大胆な, 慎重な)タッチで描く Er malt mit leichtem (kühnem, sorgfältigem) Pinsel (Strich).

だっちょう 脱腸 Bruch *m.* -〔e〕s, ⸗e; Hernie *f.* -n/脱腸になる einen Bruch bekommen* (haben) ‖ 脱腸帯 Bruchband *n.* -〔e〕s, ⸗er.

たって eifrig; mit Eifer; dringend; zudringlich; zwingend; mit Zwang/たっての望み *eine dringende Bitte.*

だって〔弁解の時の〕aber; doch; jedoch; ja aber《そりゃそうだが》; weil; da《なぜなら》/だってあの人がそう言ったもの Aber er hat es doch gesagt!/仕方がないよ, だって彼がそれでいいと言うのだから Nichts zu machen! Ist er doch damit zufrieden./だってあいつが失礼なことを言うんだもの Weil er mich beleidigt hat.

〜だって ❶〔...ですら〕auch; selbst; sogar; sogar auch, auch noch/悪人だって sogar (sogar auch; selbst) die Bösen/僕だってそれくらいはやりかねない Ich würde selbst sogar so weit gehen./彼の弟だって彼と縁を切りたがっている Selbst sein Bruder will mit ihm nichts zu tun haben./私だって若い時はあったんですよ Ich bin auch einmal jung gewesen./〔誇張的表現を用いて〕子供にだってそんなことはわかる Ein Kind kann so etwas verstehen./〔最高級を用いて〕どんなに勇気のある者だっておじけがさす Da verzagt der Mutigste./〔認容文章形式を用いて〕あいつがどんなにばかだって Und mag er auch noch so dumm sein. ❷〔無関心〕誰(何, 何時, 何処)だって wer (was, wann, wo auch) immer/何だっていい einerlei was/何時だっていい ganz gleich wann/やり方はどうだってかまわない gleichviel wie/誰にだって聞いてご覧 Frage wen immer! ❸〔うわさ〕そうだってね Wie ich gehört habe, ist es so.¦Ich habe es sagen hören./あの人病気だってね Ich höre, dass er krank sei./人のうわさじゃたいへん利口者だっていうじゃないか Nach allem, was ich gehört habe, soll er ein sehr kluger Mensch sein.

だっと 脱兎の如くに wie der Teufel《laufen* [s] 走る》; wie ein geölter Blitz; wie eine Rakete; blitzschnell;〔wie〕rasend/初めは処女のごとく終わりは脱兎のごとし Ein harmloses Lamm am Anfang spielt den Löwen des Tages am Ende.

たっとい 尊い ❶〔高貴な〕edel; adlig; nobel; vornehm. ❷〔貴重な〕kostbar; teuer; wertvoll. ❸〔尊敬すべき〕verehrungswürdig; ehrwürdig.

だっとう 脱党 Austritt《*m.* -〔e〕s, -e》aus einer Partei; Abfall《*m.* -s, ⸗e》(Lossagung *f.* -en) von einer Partei. ── 脱党する aus einer Partei aus|treten* [s]; von einer Partei ab|fallen* [s]; eine Partei verlassen*; mit einer Partei brechen*. ‖ 脱党者 der Abtrünnige, -n, -n《離反者》; Renegat *m.* -en, -en.

たっとぶ 尊ぶ ❶〔尊敬〕verehren《*jn*》; Achtung erweisen* (zollen)《*jm*》; auf|sehen*《zu *jm*》; hoch achten《*jn*》; voller Ehrfurcht sein《vor *jm*》. ❷〔尊重〕〔hoch〕schätzen⁴;〔hoch〕achten⁴; hoch bewerten⁴; hoch ein|schätzen⁴/自由を命よりも尊ぶ die Freiheit höher schätzen (achten) als das Leben.

たづな 手綱 Zügel *m.* -s, -《ふつう *pl*》; Zaum *m.* -〔e〕s, ⸗e/手綱を引く die Zügel an|ziehen*/手綱を引きしめる die Zügel straff an|ziehen* (kurz halten*); ein Pferd gut im Zaum halten*/手綱をとる die Zügel ergreifen* (in der Hand haben; in die Hand nehmen*)/手綱をとって馬をひき止める dem Pferd in die (den) Zügel fallen* [s]/手綱をつける einem Pferd den Zaum an|legen; ein Pferd zäumen/手綱をゆるめる die Zügel locker lassen* (〔zu〕lang halten*).

だっぴ 脱皮〔Ab〕häutung *f.* -en; Mauserung *f.* -en. ── 脱皮する ⁴sich häuten; ⁴sich mausern《「生まれ変わる」の意にも》/旧慣から脱皮する(させる) aus seinem Schlendrian (Gewohnheiten) heraus|kommen* [s] (heraus|reißen*^{4}).

たっぴつ 達筆 gute (geschickte) Handschrift, -en.

タップダンス Stepp *m.* -s, -s; Stepptanz *m.* -es.

たっぷり genügend; voll; [たくさん] reichlich; in 〔Hülle und〕 Fülle; [全く] völlig/たっぷり一時間 eine gute Stunde/たっぷり一キロ ein voller Kilometer/愛嬌たっぷりの娘 ein Mädchen《*n.* -s, -》〔von〕 voll Reiz/たっぷり食べる ^{4}sich voll (dick) essen*/駅まではたっぷり二十分はかかります Es dauert gut 20 Minuten bis zum Bahnhof.

たつぶん 達文 der flüssige (gewandte; klare) Stil, -〔e〕s, -e.

だつぶん 脱文 Lücke *f.* -n/一行脱文がある Eine Zeile fehlt.

だつぼう 脱帽する den Hut ab|nehmen*/脱帽している〔mit dem Haupt〕 unbedeckt da|stehen*; den Hut in der Hand da|stehen*/脱帽 Hut ab!

だっぽう 脱法する das Gesetz umgehen* ‖ 脱法行為 Gesetzumgehung *f.* -en.

たつまき 竜巻 Wind¦hose (Sand-; Wasser-) *f.* -n; Trombe *f.* -n.

だつもう 脱毛 Haarausfall *m.* -〔e〕s《抜けること》; Enthaarung *f.*《抜くこと》/脱毛が多い Viele Haare fallen mir aus. ── 脱毛する ab|haaren^{4}; enthaaren; 〔^{4}sich〕 mausern《抜けかわる》/馬が脱毛した Das Pferd hat abgehaart《冬の毛が抜けた》.

だつらく 脱落 das Ausfallen*, -s; Auslassung *f.*; das Mausern*, -s《羽毛など》. ── 脱落する aus|fallen* [s]; ab|fallen*《落伍》[s]; aus|gehen* [s]; ab|gehen* [s].

だつり 脱離する ab|gehen* [s]; los|werden*^{4}; ^{4}sich trennen《*von*^{3}》; ^{4}sich scheiden*《*von*^{3}》/なかなかこの党派から脱離できない Ich kann nur schwerlich diese Partei loswerden.

だつりゅう 脱硫 Entschwef〔e〕lung *f.* -en/脱硫する entschwefeln^{4}.

だつろう 脱漏 [脱漏すること] das Weglassen*, -s; das Auslassen*, -s; die Auslassung *f.*; [脱漏されたもの] das Ausgelassene*, -n, -n; Lücke *f.* -n. ── 脱漏する aus|lassen*^{4} (weg|-); übergehen*^{4}.

たて 楯 Schild *m.* -〔e〕s, -e; Rundschild《円楯》; 〔Hand〕tartsche *f.* -n《中世騎士の》. ¶ …に楯をつく ^{4}sich widersetzen《*jm*》 ^{4}sich entgegen|setzen (-|stellen)《*jm*》; trotzen《*jm*》; Trotz bieten*《*jm*》/…を楯に取って im Vertrauen auf^{4}; auf Grund^{2}; auf *js* Angaben (Wort) hin/楯の一(半)面のみを見る die Kehrseite der Medaille übersehen*.

たて 縦 ❶ Lange *f.* -n; Höhe *f.* -n《高さ》/縦の Langen-; aufrecht《直立の》; senk¦recht (lot-)《垂直の》; vertikal《同上》/縦に der Länge nach; längelang. ❷ [*adv*] in der Länge; lang《長さをいう》/縦は三メートルある 3m lang sein; 3m Länge haben; 〖古〗 3m in der Länge messen*.

-たて 〔so〕eben; gerade; gerade eben; frisch/田舎から出たての男 der eben vom Land〔e〕 gekommene Mann, -〔e〕s, ¨er; der frisch vom Land〔e〕 Gekommene*, -n, -n/買いたての 〔funkel〕nagelneu/焼きたての frisch gebacken; frisch aus dem Ofen gekommen; noch warm/できたてのほやほやのドクター der frisch gebackene Doktor, -s, -en.

たで 蓼〖植〗 Bitterknöterich *m.* -〔e〕s, -e/蓼食う虫も好きずき ,Über den Geschmack lässt sich 〔nicht〕 streiten.' ¦ Der eine isst gern Schwartenwurst, der andere grüne Seife.

だて 伊達 ❶ [見栄] Geckenhaftigkeit *f.*; Gigerltum *n.* -s; Stutzerei *f.* ── 伊達な gecken¦haft (gigerl-; stutzer-)/伊達に des Scheins wegen; umsonst; ohne ^{4}Zweck/伊達にめがねをかける Er trägt eine Brille nur, um sich ein Ansehen zu geben. ❷ [仁侠] Edel¦mut *m.* -〔e〕s (-sinn *m.* -〔e〕s); Galanterie *f.* ‖ 伊達男 Geck *n.* -en, -en; Gigerl *m.* (*n.*) -s, -; Stutzer *m.* -s, -; Modenarr *m.* -en, -en/伊達者 der Edelmütige*, -n, -n; Kavalier *m.* -s, -e.

-だて -建て ¶ 50階建ての neunundvierzigstöckig; fünfziggeschossig ❖ -geschossig は日本語の「…階建て」と同じ数を, -stöckig はそれより1階減じた数を用いる.

たていた 立板に水を流すが如く fließend; in einem fort; ohne zu stocken.

たていと 縦糸 Kette *f.* -n; Ketten¦faden (Längs-) *m.* -s, ¨; Werft *m.* -〔e〕s, -e; Zettel *m.* -s, -/縦糸と横糸 Kette und Einschlag.

たてうり 建売り住宅 ein fertiges Haus《-es, ¨er》 zum ^{3}Verkauf.

たてかえ 立替え Auslage *f.* -n; das Auslegen*《-s》 von Geld; Vorschuss *m.* -es, ¨e《前払い》. ‖ 立替金 das vorgelegte Geld, -〔e〕s, -er/立替え払い Vorschusszahlung *f.* -en/小口立替金 der kleine Vorschuss.

たてかえ 建替え Umbau *m.* -〔e〕s, -ten (-e); Wiederaufbau; Renovierung *f.* -en《修復》.

たてかえる 立て替える aus|legen^{4}《für *jn*》; vor|schießen*^{4}; Vorschüsse《*pl*》 leisten/立て替えてもらう Geld auslegen lassen*《*jn*》; um 〔einen〕 Vorschuss bitten*《*jn*》; ^{3}sich einen Vorschuss geben lassen*《前借りする》.

たてかえる 建て替える um|bauen^{4}; renovieren^{4}; wieder|auf|bauen^{4}.

たてがき 縦書き die senkrechte Schreibart, -en/縦書きにして下さい Schreiben Sie 〔das〕 bitte von oben nach unten!/縦書きである von oben nach unten geschrieben (gedruckt) sein.

たてかける 立て掛ける lehnen^{4}《*an*^{4}; *gegen*^{4}》; stellen^{4}《*an*^{4}》; an|stützen^{4}《よりかからせる》/いすを壁に立てかける den Stuhl an die Wand lehnen (gegen die Wand stellen).

たてかた 建て方 Bau¦art *f.* -en (-stil *m.* -〔e〕s, -e; -weise *f.* -n); Struktur *f.* -en.

たてがみ 鬣 Mähne *f.* -n/鬣のある mit einer Mähne; gemähnt.

たてぐ 建具 die Einrichtungs¦gegenstände (Ausstattungs-)《*pl*》; Zubehör *n.* (まれに

たてこう 立坑 Schacht *m.* -(e)s, ⸚e／立坑を掘る einen Schacht ab|teufen.

たてこむ 立て込む ❶ [多忙] tüchtig im Druck sein. ❷ [混雑] zusammengedrängt (beengt; überfüllt; voll) sein 《*von*³》. ── 立て込んだ ❶ [多忙な] sehr beschäftigt. ❷ [混雑した] zusammengedrängt; beengt; überfüllt; voll.

たてこもる 立て籠る ⁴sich ein|schließen* (-|sperren) 《*in*⁴》; ⁴sich ab|schließen* 《*von*³》; ⁴sich abseits halten* 《*von*³》; ⁴sich zurück|halten* 《*von*³》／城に立てこもる ⁴sich ein|graben*; ⁴sich verschanzen.

たてじま 縦縞 Längsstreifen *m.* -s, -／縞縞の longsgestreift; mit ³Längsstreifen.

たてつけ 建付 das Öffnen* und Schließen* (-|sperren)／建付がよい(悪い) gut (schlecht) schließen*／この戸は建付がよい(悪い) Diese Tür schließt gut (schlecht).

たてつづけに 立て続けに ununterbrochen; ohne ⁴Unterbrechung; fortgesetzt; pausenlos; unaufhörlich; hinter|einander (nach-)《引き続いて》; auf einen (in einem) Zug《一気に》／立て続けに五回 fünfmal hinter|einander (nach-)／立て続けに飲むin einem fort (weg) trinken*⁽⁴⁾.

たてつぼ 建坪 Baufläche *f.* -n; die bebaute Fläche, -n.

たてとおす 立て通す beharren 《*auf*³; *bei*³; *in*³》; nicht ab|lassen* 《*von*³》; bei|behalten*⁴; bestehen* 《*auf*³⁽⁴⁾》; durch|halten*⁴; fest|halten* 《*an*³》; beharrlich (hartnäckig) fort|fahren* ⓗ 《*mit*³》; haften bleiben* 《*an*³》.

たてなおし 建直し ⇨たてかえ(建替え)／経済(重工業)の建直し Wiederaufbau 《*m.* -(e)s》 der Wirtschaft (Schwerindustrie).

たてなおす 立て直す neue Kräfte 《*pl.*》 sammeln; ⁴sich auf|raffen (zusammen|-).

たてね 建値 Börsennotierung *f.* -en; Börsenpreis *m.* -es, -e《取引所価格》; Börsenkurs *m.* -es, -e《取引所相場》; Marktpreis《市場価格》; Marktkurs《市場相場》; Wechselpreis《為替価格》; Wechselkurs《為替相場》.

たてひざ 立膝 das Sitzen mit einem Knie aufgerichtet auf dem Boden (der Tatami) sitzen* (hocken).

たてふだ 立札 Anschlag|tafel (Warn-) *f.* -n; Warnschild *n.* -(e)s, -er.

たてまえ 建前 ❶ ⇨むねあげ. ❷ [方針] Grundsatz *m.* -es, ⸚e; Prinzip *n.* -s, ..pien／建前として grundsätzlich; prinzipiell.

たてまし 建増し An|bau (Ergänzungs-) *m.* -(e)s, -ten／建増しを an|bauen⁴ 《(hin-)zu|-》／家にガレージを建増しする eine Garage an das Haus an|bauen.

たてまつる 奉る ❶ [進呈] dar|bieten*⁴ (-|-bringen)⁴ -|reichen)⁴《*jm*》; feierlich an|bieten*⁴《*jm*》; opfern⁴《*jm*》; verehren⁴《*jm*》. ❷ [崇(ﾊﾞ)める] verherrlichen《*jm*》; huldigen《*jm*》; verehren 《*jn*》; voll(er) Ehrfurcht sein 《vor *jm*》.

たてもの 建物 Gebäude *n.* -s, -; Bau *m.* -s, -ten; Bauwerk *n.* -(e)s, -e ‖ 建物会社 Bau|firma *f.* -en 《-gesellschaft *f.* -en; -unternehmen *n.* -s, -》／建物税 Gebäudesteuer *f.* -n.

たてやく 立役 Titel|rolle (Haupt-) *f.* -n ‖ 立役者 Haupt|darsteller *m.* -s, - 《-person *f.* -en》; Star *m.* -s, -s《人気役者》; der Löwe 《-n, -n》(Held, -en, -en) des Tages《当代の大立物》.

たてよこ 縦横 (die) Länge und (die) Breite; (die) Kette 《-n》und (der) Einschlag 《-(e)s, ⸚e》《織物の》／縦横十文字に kreuz und quer; (in) die Kreuz und Quer(e)／縦横線模様の lin(i)iert.

～だてら ¶ 女だてらに eine Frau, wie sie ist; sie, wenn auch eine Frau; trotz des zarten Geschlechts.

たてる 建てる (er)bauen⁴; auf|bauen⁴; er|richten⁴; konstruieren⁴.

たてる 立てる ❶ [立て起こす] errichten⁴; auf|richten⁴ (-|führen) (- -|stellen)／ろうそくを立てる eine Kerze auf|stecken／耳を立てる die Ohren 《*pl.*》 spitzen; gut auf|passen⁴. ❷ [会社などを] gründen⁴; errichten⁴; stiften⁴; ins Leben rufen*《*et* 創立する》／規則を立てる Regeln 《*pl.*》 auf|stellen. ❸《案などを》entwerfen*⁴; konzipieren⁴／計画を立てる einen Plan fassen (schmieden; entwerfen*)／新説を立てる eine neue Theorie 《*f.*》 auf|stellen. ❹ [身を] empor|kommen* ⓢ. ⁴es weit (in der Welt) bringen*. ❺ [手柄を] große Dienste 《*pl.*》leisten; ³sich Verdienste 《*pl.*》erwerben* 《*um*⁴》; ⁴sich verdient machen 《*um*⁴》. ❻ [噂を] verbreiten⁴; in⁴Umlauf setzen (bringen*). ❼ [敬う] 先輩として立てる Respekt (Achtung) vor *jm* als meinem Vorgänger haben; *jn* als meinen Vorgänger hoch achten. ❽ [用いる] 役に立てる mit ³Nutzen an|wenden⁴《*von*³》◆gut gebrauchen⁴ というほうがおもむき固くない. ❾ [保たせる] 顔を立てる sein Ansehen zur Geltung bringen*.

だでん 打電する drahten³⁴; telegrafieren⁴; ein Telegramm auf|geben*; drahtlos telegrafieren《無線》; funken⁴《同上》.

だとう 妥当 Angemessenheit *f.*; Gültigkeit *f.*; Richtigkeit *f.*; Vernünftigkeit *f.*.——妥当な angemessen; gültig; passend; richtig; vernünftig／妥当な報酬 ein angemessenes Honorar／それは妥当性を欠くね Richtig kann man es nicht nennen. ── 妥当する gelten* 《*von*³》／それはいっさいの人間について妥当する Das gilt von allen Menschen.

だとう 打倒する nieder|schlagen*⁴; vernichten⁴ ‖ 打倒軍国主義 Nieder mit dem Militarismus!

たとうかい 多島海 Archipel *m.* -s, -; Archipelagus *m.* -, ..gi; Inselmeer *n.* -(e)s, -e; das Ägäische Meer, -(e)s 《エーゲ海》.

たどうし 他動詞 《文法》ein transitives Verb, -s, -en; verb transtive 《略: v.r.t.》;

ein zielendes Zeitwort, -[e]s, ¨er.
たとえ 譬え Gleichnis n. ..nisses, ..nisse; Allegorie f. -n (寓話); Fabel f. -n (寓話); Metapher f. -n (隠喩); Parabel f. -n (比喩); Sinnbild n. -[e]s, -er (象徴); Sprichwort n. -[e]s, ¨er (諺); Vergleich m. -[e]s, -e 《直喩》/譬えにもいう通り wie man 〔wohl〕 zu sagen pflegt; wie es im Sprichwort heißt.
たとえ 例え ⇨例.
たとえ obwohl; obgleich; obschon; obzwar; wenn auch immer; sei es, dass ...; selbst wenn; wenn auch; auch wenn; wenn 〔auch〕 gleich; wie auch 〔immer〕/たとえ冗談にしても selbst auch im Scherz/たとえどんな事があっても was auch geschehen mag; geschehe was da wolle; einerlei, was auch geschieht 〔auch geschehen mag〕.
たとえば 例えば zum Beispiel (略: z. B.); um ein Beispiel anzuführen; beispielsweise (-halber).
たとえる 譬える vergleichen*⁴ (mit³); in Bildern (Gleichnissen) sprechen* (reden).
たどく 多読 Belesenheit f./多読する viel lesen* ‖ 多読家 ein belesener Mensch, -en, -en; Bücherwurm m. -[e]s, -er 《本の虫》/彼は多読家だ Er ist ein Bücherwurm. Er liest viel.
たどたどしい unsicher/たどたどしい筆跡 eine unbeholfene Handschrift, -en, -en/たどたどしく話す stockend sprechen*⁴ (erzählen*⁴); radebrechen⁴ 《特に外国語を》.
たどる 辿る folgen*³, verfolgen*⁴; nachgehen*³ (s)/足跡を辿る einer ³Spur folgen; eine Spur verfolgen/記憶を辿る ³Erinnerung nach|gehen (s)/筋道を辿る den Gang der ²Handlung verfolgen/やっとの思いで辿り着く mit Mühe und Not erreichen⁴.
たどん 炭団 Kugelbrikett n. -[e]s, -s (-e).
たな 棚 Wandbrett n. -[e]s, -er 《壁に取付け の》; Regal n. -s, -e 《書物や商品の》; Büchergestell n. -[e]s, -e 《書架》; [Kamin-]sims n. -es, -e 《暖炉上の》; Spalier n. -s, -e 《ぶどうなどの》. ¶ 自分のことを棚に上げる seine eigenen Fehler (pl) übersehen*/棚からぼた餅 unverhofftes Glück, -[e]s, -[e]/棚からぼた餅は落ちぬ Hoffen und Harren macht manchen zum Narren.
たなあげ 棚上げする aus|klammern⁴; in die Länge ziehen*⁴; verschleppen⁴; auf die Bank schieben*⁴.
たなおろし 棚[店]卸 《商》Inventur f. -en; Bestands|aufnahme (Lager-) f. -n. ━ 棚卸をする 《商》Inventur machen; ⁴Bestand auf|nehmen*; [あら捜し] mäkeln⁴ (vor³); nörgeln⁴ ‖ 棚卸表 Inventar n. -s, -e; Bestandsverzeichnis n. ..nisses, ..nisse.
たながり 店借り ⇨しゃくや.
たなこ 店子 Mieter m. -s, -.
たなごころ 掌 Hand|teller m. -s, - -fläche f./掌を反[かえ]すように ohne ⁴Mühe; leicht; [平気で] ohne Bedenken.
たなざらい 棚ざらい Ausverkauf m. -[e]s, ¨e; Ramschverkauf.
たなざらし 店晒 Ladenhüter m. -s, -; Ausschuss m. -es, -e; Ramsch m. -es, -e/店晒になっている unverkauft liegen bleiben s.
たなばた 七夕[祭] das Sternfest (-[e]s) am 7. Juli.
たなびく ⁴sich hin|ziehen*; ⁴sich aus|breiten/たなびく雲 Wolkenbank f. ¨e.
たなん 多難 voll von Schwierigkeiten/多事多難の折から in der Zeit der Krisen.
たに 谷 Tal n. -[e]s, ¨er; [峡谷] [Berg-]schlucht f. -en/千尋の谷 bodenloses Tal/山を越え谷を越えてさまよう über ⁴Berg und ⁴Tal wandern s.
だに Zecke f. -n 《ダニ》; [方] Zeck m. -s, -e; Milbe f. -n 《チーズの中に・こなだにの類》.
～だに nur; bloß; sogar/今だに noch jetzt; noch immer.
たにし [貝] Sumpfschnecke f. -n.
たにそこ 谷底 Talgrund m. -[e]s, ¨e.
たにん 他人 der Andere* (Fremde*), -n 《未知の人》; Außenseiter m. -s, - 《局外者》 《赤の他人》 der Wildfremde*, -n, -n/他人の空似 täuschende Ähnlichkeit (-en) nicht verwandter Personen/他人はいざ知らず abgesehen von den anderen/他人扱いする wie einen Fremden behandeln⁴/他人行儀にする [viel] ⁴Umstände (pl) machen (jm)/遠い親類より近くの他人 Besser ein Nachbar an der Hand als ein Bruder über Land.
たにんずう 多人数 viel(e) Menschen (Leute) (pl); eine Menge Menschen (pl); eine große Anzahl von Menschen (pl).
たぬき 狸 Dachs m. -es, -e/相当な狸ですよ、あいつは Ein alter Fuchs ist er./捕ら狸の皮算用 Man soll das Fell nicht verkaufen, ehe man den Bären hat. ‖ 狸婆 [alte] Hexe, -n, -n (alter schlauer) Fuchs, -es, ¨e.
たぬきねいり 狸寝入り Scheinschlaf m. -[e]s; verstellter Schlaf, -[e]s/狸寝入りする ⁴sich schlafend stellen; ⁴Schlaf heucheln.
たね 胤 väterliches Blut, -[e]s/胤を宿す schwanger sein (gehen*) (s) (von jm).
たね 種 ❶ [種子] Samen m. -s, -; Kern m. -[e]s, -e. 《核》/種のない samenlos/種をまく Samen säen/まかぬ種は生えぬ Ohne Saat keine Ernte./Aus nichts wird nichts. ❷ [牛・馬などの] Rasse f. -n. ❸ [原因・材料] Ursache f. -n; Grund m. -[e]s, ¨e; Quelle f. -n 《源》; Stoff m. -[e]s, -e 《材料》/けんかの種 die Ursache des Streites/心配の種 den Grund der Sorge/...の種にして... benutzend⁴. ❹ [主題] Thema n. -s, ..men (-ta); Gegenstand m. -[e]s, ¨e 《話などの》/話の種 Gesprächs|gegenstand (-stoff m. -[e]s, -e), 《笑いの種 der Gegenstand des Gelächters / 話の種がつきる Der Gesprächsgegenstand geht zu Ende. ❺ [種類] Art f. -en; Sorte f. -n/各種の auserlesene Kunden haben. ❻ [秘密] Geheimnis n. ..nisses, ..nisse; Trick m. -s, -s 《手品の》/種を明かす in ein Geheimnis ein|weihen (jn).
たねあぶら 種油 Raps|öl (Rüb-) n. -[e]s.

たねいた 種板 fotografische Platte, -n《写真の》; Trockenplatte《乾板》; Negativbild *n.* -〔e〕s, -er《陰画の》.
たねうし 種牛 Zuchtstier *m.* -〔e〕s, -e; Bulle *m.* -n, -n.
たねうま 種馬 Zuchtpferd *n.* -〔e〕s, -e; Zuchthengst *m.* -es, -e《牡の》; Zuchtstute *f.* -n《牝の》.
たねがみ 種紙 Karte《*f.* -n》 mit Seidenwurmeiern.
たねぎれ 種切れ Erschöpfung *f.* -en/種切れになる ⁴sich erschöpfen; zu Ende gehen* [s]; 〖俗〗alle werden/この作家は種切れだ Diesem Schriftsteller ist der Stoff ausgegangen.
たねつけ 種付け Bespringen *n.* -s, -; Decken *n.* -s, -.
たねとり 種取り Zucht *f.* ¨-e《動物の》; das Sammeln*《-s》 von Neuigkeiten《新聞の》.
たねほん 種本 [出典] Quelle *f.* -n; Quellenschrift *f.* -en; [参考書] Nachschlagewerk *n.* -〔e〕s, -e; [虎の巻]〖学〗unerlaubtes Hilfsmittel, -s, -; Eselbrücke *f.* -n.
たねまき 種蒔き das Säen*, -s; 〔Aus〕saat *f.* -en; Säer *m.* -s, -《人》/種蒔き時に zur Zeit der Saat/種蒔きをする säen⁽⁴⁾.
たねん 多年〔の間〕 lange Jahre《*pl*》; lange; viele Jahre lang/多年の vieljährig/多年の経験 langjährige Erfahrungen《*pl*》‖ 多年性植物 perennierende Pflanze, -n.
たねん 他念 ⇨よねん.
〜だの und; oder; und so weiter (fort)/砂糖だのコーヒーだの Zucker, Kaffee und dergleichen 〔Dinge〕/ああだのこうだのと言って一向にうんと言わない Unter allerlei Vorwänden (diesem und jenem Vorwand) will er es nicht zugeben./何だのかんだのと金がいる Ich habe vielerlei Ausgaben.
たのう 多能な vielseitig/多能な人 vielseitiger Mensch, -en, -en.
たのしい 楽しい(しく) lustig; fröhlich; glücklich《幸福な》/楽しい集まり fröhliche Gesellschaft, -en/楽しい家庭 glückliche Familie, -n/楽しく日を過ごす ³sich einen guten Tag machen.
たのしみ 楽しみ Freude *f.* -n; Lust *f.* ¨-e; [娯楽] Vergnügen *n.* -s, -; [趣味] Geschmack *m.* -〔e〕s, ¨-e; [幸福] Glück *n.* -〔e〕s/…するのを楽しみにする Freude finden*《*in*³; … zu tun》/楽しみにして待つ ⁴sich freuen《*auf*⁴》/彼は僕の楽しみをだいなしにしてしまった Er hat mir eine Freude verdorben.
たのしむ 楽しむ ⁴sich ergötzen (vergnügen)《*an*³, *mit*³》; ⁴sich unterhalten*《*an*³; *mit*³》; genießen*⁴《享受する》/人生を楽しむ das Leben genießen*/おもちゃで楽しむ ⁴sich mit einem Spielzeug unterhalten*/彼らは青春を楽しんでいる Sie genießen die Jugend.
たのみ 頼み [願い] Bitte *f.* -n; Auftrag *m.* -〔e〕s, -e; [信頼] Vertrauen *n.* -s; Zuversicht *f.*; [希望] Hoffnung *f.* -en/頼みをきく seine Bitte gewähren (erhören)《*jm*》/あなたにお頼みがあります Ich habe eine Bitte an Sie./頼みになる zuverlässig/頼みにする ⁴sich verlassen*《*auf*⁴》; vertrauen⁽³⁾《*auf*⁴》; ⁴sich stützen《auf ⁴*et*》/頼みの綱とする eine Hoffnung setzen (bauen)《*auf*⁴》.
たのむ 頼む ❶ [願う] bitten*《*jn* um ⁴*et*》; eine Bitte richten (stellen; tun*)《an *jn*》; flehen《zu *jm um*⁴ 嘆願する》/彼に頼まれて auf seine Bitte/頼むからそうしてね Tu' es um meinetwillen! ❷ [依託する] an|vertrauen《*jm* ⁴*et*》; beauftragen《*jn* mit ³*et*》/彼からあなたへの言付けを頼まれました Ich habe Ihnen etwas von ihm auszurichten. ❸ [雇う] in ⁴Dienst nehmen*《*jn*》/医者を頼む einen Arzt rufen lassen*/ハイヤーを頼んで下さい Lassen Sie bitte ein Mietauto kommen. ❹ [信頼する] ⇨たよる.
たのもしい 頼もしい zuverlässig; vertrauenswürdig / 末頼もしい hoffnungsvoll; vielversprechend (viel versprechend)/頼もしく思う vertrauen《auf *jn*》; viel erwarten《von *jm*》/末頼もしい青年 hoffnungsvoller junger Mensch, -en, -en.
たば 束 Bündel *n.* -s, -; Bund *n.* -〔e〕s〔複数無変化〕; Büschel *n.* -s, -/鍵一束 ein Bund Schlüssel/三束のラディッシュ drei Bund (Büschel) Radieschen.
だは 打破 Ausrottung *f.* -en; Beseitigung *f.* -en; Besiegung *f.* -en; Vertilgung *f.* -en; Zerstörung *f.* -en. —— 打破する aus|rotten⁴; beseitigen⁴; besiegen⁴; nieder|brechen*⁴; vernichten⁴; zerstören⁴/敵の攻撃を打破する den feindlichen Angriff ab|schlagen*/弊風を打破する Missbräuche (schlechte Gewohnheiten) ab|schaffen (auf|heben*).
だば 駄馬 [荷馬] Pack¦pferd (Saum-) *n.* -〔s〕s, -e; Bagagepferd《軍用の》; [駑馬(どば)] Klepper *m.* -s, -.
たばこ 煙草 Tabak *m.* -s, -e; 〖植〗Tabakpflanze *f.* -n; Zigarette *f.* -n《紙巻》; Zigarre *f.* -n《葉巻》/たばこを吸う〔Tabak (Zigaretten)〕rauchen/私はたばこはやりません Ich rauche nicht. Ich bin ein Nichtraucher./彼はとうとうたばこをやめた Er hat ³sich das Rauchen endlich abgewöhnt. ‖ たばこ入れ Tabak〔s〕beutel *m.* -s, -; Zigarettenetui *n.* -s, -s《シガレットケース》/たばこ好き Tabakbruder *m.* -s, ¨-; ein leidenschaftlicher Raucher, -s, -/たばこ屋 Tabakladen *m.* -s, ¨-; Zigarettengeschäft *n.* -〔e〕s, -e; Tabak〔waren〕händler *m.* -s, -《商人》/パイプたばこ Pfeifentabak *m.*
たはた 田畑 Feld *n.* -〔e〕s, -er; Acker *m.* -s, ¨-.
たばねる 束ねる zusammen|binden*⁴.
たび 足袋 japanische Socke, -n/足袋を履く(脱ぐ) Socken an|ziehen* (aus|ziehen*).
たび 旅 Reise *f.* -n; Tour *f.* -en《周遊》; Ausflug *m.* -〔e〕s, ¨-e《遠足》/空(海)の旅 Flugreise (Seereise) *f.* -n/徒歩(列車)の旅 Fußreise (Bahnreise) *f.* -n/帰らぬ旅 die letzte Reise/旅は道連れ世は情 ‚Eine Hand wäscht die andere.'/旅の空で auf der ³Reise/彼は旅をする reisen [s]; eine Reise machen/旅に出る ⁴sich auf eine Reise be-

たび geben*; eine Reise an|treten*/彼は数か月来旅に出ている Er ist seit einigen Monaten auf Reisen. ‖ 旅仲間 Rei̇sege̜fährte m. -n, -n (-begleiter m. -s, -).

たび 度 Mal n. -[e]s, —/一[二]度 einmal (zweimal)/二、三度 zwei- bis dreimal; einige Mal/この度は dieses ⁴Mal; diesmal; ...するには; gelegentlich, wenn ...; sooft ....

だび 茶毘 Einäscherung f. -en; Feuerbestattung f. -en; [Leichen]verbrennung f. -en/茶毘に付する ein|äschern (verbrennen*) 《eine ⁴Leiche》.

たびかさなる 度重なる ⁴sich wiederholen/度重なる越境行為 wiederholte Grenzübertritte 《pl》.

たびげいにん 旅芸人 ⇨たびやくしゃ.

たびこうぎょう 旅興行 Gastreise f. -n; Tournee f. -s (-n).

たびさき 旅先 Rei̇seziel n. -[e]s, -e 《行先》/旅先で auf der ³Reise.

たびじ 旅路 Rei̇se|weg m. -[e]s, -e (-route f. -n)/旅路で auf der ³Reise.

たびじたく 旅支度 Reisevorbereitung f. -en《準備》; Reiseausrüstung《装備》/旅支度をする ⁴sich zu einer ³Reise vor|bereiten (aus|rüsten).

たびしばい 旅芝居 Wanderbühne f. -n (-theater n. -s, -)/旅芝居の一座 ⇨たびまわり.

たびたび 度々 oft; öfters; häufig; mehrmals; wiederholt 《くり返して》.

たびびと 旅人 der Reisende*, -n, -n; Wanderer m. -s, - 《徒歩の》.

たびまわり 旅回り reisend; umherziehend; wandernd; auf ³Reisen/旅回りの一座 Wandertruppe f. -n; 《俗》 Schmiere f. -n.

たびやくしゃ 旅役者 ein umherziehender (wandernder) Schauspieler, -s, -.

たびょう 多病の kränklich; siech ‖ 才子多病 Männer von Talent werden leicht krank.

ダビング ダビングする überspielen⁴.

だぶだぶ ❶《衣服が》bauschig; pludernd; schlotterig; weit/だぶだぶのズボン bauschige (weite) Hosen 《pl》; Bauschhosen 《pl》/服がだぶだぶする Das Kleid bauscht (pludert; ist zu weit; schlottert). ❷《でぶで》太った《ふとった》; korpulent; 《口》pummelig; vollleibig. ❸《器の水などが》bis zum Rande voll; übervoll/だぶだぶに注ぐ bis an den ⁴Rand füllen 《ein ⁴Glas mit ³Wein》.

だぶつく ❶ ⇨だぶだぶ①. ❷《通貨・物資が》in (im) ³Überfluss vorhanden sein; überflüssig sein 《mit³》/どの商品も市場にだぶついている Der Markt ist mit Waren jeder Art überfüllt.

たぶらかす belügen⁴; betrügen*⁴; über|listen⁴《欺く》; hintergehen*⁴; herein|legen⁴; düpieren⁴; behexen⁴《化かして》/見事にたぶらかされたよ Ich bin ganz schön hereingefallen.

ダブる ❶ ⁴sich wiederholen (verdoppeln)/集会が日曜日に二つダブる Beide Versammlungen fallen auf den Sonntag. ❷[落第する] durch|fallen* ⓢ;《以下俗語》durch|fliegen* ⓢ; durch|plumpsen ⓢ; durch|rasseln; durch|sausen ⓢ/かろうじてダブるのを免れる mit knapper Not die Prüfung bestehen*《in der Schule versetzt werden》;《俗》durch|rutschen ⓢ.

ダブル ダブルの zweireihig《両前の》/この布地はダブル幅です Der Stoff liegt doppelt [breit]. ‖ ダブル[スタンド]umlege[e]kragen m. -s, -/ダブルベッド Doppelbett n. -[e]s, -en; das zweischläfige (zweischläferige) Bett, -[e]s, -en.

ダブルス《テニス・卓球》Doppel n. -s/男子《女子》ダブルス Herren|doppel (Damen-) n. -s.

タブロイド タブロイド版の新聞 Zeitung《f. -en》kleinen Formats.

たぶん 多分 ❶ [おそらく] wahrscheinlich; vermutlich; wohl; möglicherweise; hoffentlich《望むらくは》;《俗》彼は多分もう来ないのではなかろうか Ich fürchte, er kommt nicht mehr. ❷ [多くの] viel/多分の金 viel Geld; eine Menge Geld; eine beträchtliche Summe.

たぶん 他聞を憚る《はばかる》die Öffentlichkeit scheuen/他聞を憚って処理する diskret erledigen⁴; vertraulich behandeln⁴.

タブー Tabu n. -s, -s.

たべあきる 食べ飽きる ⁴sich satt essen《飽食する》; satt haben⁴ 《...に飽きる》; die Nase voll haben 《von³》.

たべかけ 食べかけのりんご ein angebissener Apfel, -s, ⸗/食べかけの皿 ein halb geleerter Teller, -s, -.

たべかた 食べ方 die Art und Weise, wie man isst/私は彼からこの魚の食べ方を教わった Ich habe von ihm gelernt, wie man diesen Fisch isst.

たべくらべ 食べくらべ das Wettessen*, -s.

たべごろ 食べ頃 Saison f.; Hauptzeit f.; /ちょうどこれからがいちごの食べ頃です Gerade jetzt beginnt die Saison für die Erdbeeren. / 食べ頃に焼けている eben recht gar sein [zum Essen].

たべずぎらい 食べず嫌い ⇨くわずぎらい.

たべなれる 食べ馴れる ⁴sich an eine Speise gewöhnen/外国人は生の魚を食べ馴れていない Die Ausländer sind nicht gewohnt, rohe Fische zu essen.

たべのこし 食べ残し Speise|rest (Über-) m. -[e]s, -e.

たべのこす 食べ残す übrig lassen*⁴.

たべもの 食べ物 ⇨しょくもつ.

たべる 食べる essen*⁴; speisen⁴; zu ³sich nehmen*;《卑》fressen*⁴《試しに》probieren⁴;《昼飯(晩飯)を食べる zu Mittag (zu Abend) essen*/僕は何も食べたくない Ich habe keinen Appetit. / とてもおいしく食べました Es hat mir sehr gut geschmeckt.

たべる plaudern; schwatzen (schwätzen);《俗》schlabbern;《俗》tratschen⁴ ⇨だべん《駄弁を弄する》/時を過ごす die Zeit verplaudern (verplappern).

たへん 多辺の vielseitig ‖ 多辺形 ⇨たかっけ.

たべん 多弁 Geschwätzigkeit f.; Schwatz|-

だべん 駄弁 das leere (unsinnige) Geschwätz, -es; 《俗》Blech n. -(e)s, -e; der höhere Blödsinn, -(e)s; Gewäsch n. -(e)s; Quatsch m. -es; Schmus m. -es; Unsinn m. -(e)s/駄弁を弄(⅔)する Blödsinn (Unsinn) schwatzen; 《俗》babbeln⁴; Quatsch (unnützes Zeug) reden; 《俗》Bubbelwasser (Quasselwasser) getrunken haben.

だほ 拿捕 Aufbringung f. -en; das Kapern⁺, -s; Wegnahme f. -n/拿捕する aufbringen⁴; kapern⁴; weg|nehmen⁺⁴; als Prise nehmen⁺⁴.

たほう 他方では auf der ander(e)n ³Seite; andererseits (einerseits の対); zum ander(e)n (einmal の対); während 《従属接続詞》.

たぼう 多忙な beschäftigt 《mit³》/彼はこの仕事にかなり極めて多忙である Er wird durch diese Tätigkeit stark in Anspruch genommen./御多忙中を恐縮ですが… Es tut mir sehr Leid, Sie stören zu müssen, aber ….

たぼう 多望な ⇨ゆうぼう.

たほうめん 多方面の vielseitig/彼の関心は多方面にわたっている Er ist ein vielseitig interessierter Mensch.

だぼく 打撲 Schlag m. -(e)s, -e; Hieb m. -(e)s, -e; Haue f. -n; Prügel (pl) 《打撲傷 Schlagwunde f. -n; (Blut)beule f. -n 《打こぶ》; Brausche f. -n 《血腫》; Quetschung f. -en 《挫傷》; 《医》Kontusion f. -en 《同上》/打撲傷を負わせる jn wund (braun und blau; grün und gelb) schlagen⁺; jm Wunden (Beulen) schlagen⁺; 《俗》jn verbläuen (verprügeln) /打撲傷を負う ⁴sich quetschen; ³sich eine Beule schlagen⁺/彼は右足に打撲傷を負った Er erlitt Quetschungen (Quetschwunden) am rechten Bein.

だぼら 駄法螺 Prahlerei f. -en; 《俗》Angabe f. -n; Aufschneiderei f. -en; 《俗》Großkotzigkeit (Großschnauzigkeit) f./駄法螺を吹く prahlen; an|geben⁺; auf|schneiden⁺; 《俗》eine große Klappe riskieren; 《俗》dicke (große) Töne reden (schwingen⁺) /そいつは駄法螺というものさ Das heißt aufgeschnitten. Das ist Angabe! ‖ 駄法螺吹き Prahler m. -s, -; 《俗》Angeber m. -s, -; 《俗》Großkotz m. -en, -en; Protz m. -en, -en.

たま 玉、珠、球、弾 ❶ 《球》 Kugel f. -n; Ball m. -(e)s, ⁼e 《ボール》; [Glüh]birne f. -n 《電球》; Zwiebel f. -n 《俗》/めがねの玉 Brillenglas n. -es, ⁼er/目の玉 Augapfel m. -s, ⁼/球を投げる einen Ball werfen⁺. ❷ 《弾丸》 Geschoss n. -es, -e 《砲弾》; Kugel f. -n 《弾丸》/弾を込める ein Gewehr laden⁺. ❸ 《玉》 Edelstein m. -(e)s, -e; Juwel n. -s, -en / 玉のような wie ein Edelstein (eine Perle) /玉をころがすような声で歌う mit Silberstimme (wie eine ¹Lerche) singen⁺/玉にきず Schönheitsfehler m. -s, -. ❹ ⇨ビリヤード.

たま たまの selten; gelegentlich; bisweilen 《折々》; ab und zu 《同上》/ 私の母はたまにしか映画に行かない Meine Mutter geht nur selten ins Kino.

たまいと 玉糸 Doppelkokonsfaden m. -s, ⁼; die Seide 《-(-n) von Doppelkokons.

たまう 賜う verleihen⁺ 《jm ⁴et》; beehren 《jn mit³》/拝謁を賜う eine Audienz erteilen³ (gewähren³)/国王に拝謁を賜わる bei dem König eine Audienz erhalten⁺/ご来駕の栄を賜りたく存じます Beehren Sie unser Haus (mit Ihrer Gegenwart).

たまがき 玉垣 die Einfriedigung 《-en》 eines Shinto-Tempels.

たまぐし 玉串 zu den Göttern zu opfernder Zweig 《-(-e)s, -e》 des heiligen Baumes.

たまげる ⇨おどろく.

たまご 卵 ❶ Ei n. -(e)s, -er; Laich m. -(e)s, -e 《魚類などの》/卵の殻 Eierschale f. -n/卵の黄身 Eigelb n. -(e)s, -e; Dotter, -s, -/卵の白身 Eiweiß n. -es, -e/生みたての卵 frisches Ei/卵を生む Eier legen; laichen 《魚、蛙などが》/卵をかえす Eier [aus]brüten. ❷ …の卵 … im Keim (Entstehen; Werden)/外交官の卵 ein werdender Diplomat, -en, -en/彼女は大女優の卵だ Sie lässt erwarten (verspricht), eine große Schauspielerin zu werden. ‖ 落とし卵 Spiegelei 《目玉焼》/いり卵 Rührei/半熟卵 weich gesottenes Ei; halbweich gekochtes Ei/ゆで卵 gekochtes Ei; hart gesottenes Ei.

たまさか ⇨たま(たまに).

だましあい 騙し合う einander betrügen⁺.

たましい 魂 Seele f. -n; Geist m. -(e)s/魂のない geistlos/魂を入れかえる ein ganz neuer Mensch werden; ein neues Leben an|fangen⁺/魂を奪う bezaubern 《jn》/魂を打ち込む ⁴sich mit voller Seele widmen³/一寸の虫にも五分の魂 Selbst (Auch) der Wurm krümmt sich, wenn er getreten wird.

だましうち 騙し討ち der tückische Überfall, -(e)s, ⁼e; Meuchelei f. -en/騙し討ちにする meucheln⁴; meuchlings überfallen⁺⁴ (ermorden⁴).

たまじゃり 玉砂利 Kies m. -es, -e; Kiesel m. -s, -.

だます 騙す [欺く] betrügen⁺⁴; an|führen⁴ (irre|-); täuschen⁴; hinters Licht (aufs Glatteis; auf den Leim) führen⁴; leimen⁴; ein X für ein U vor|machen³; [べてんにかける] überteilen⁴; 《俗》beschummeln⁴; düpieren⁴; prellen⁴; übertölpeln⁴ 《魅する》 behexen⁴; [なだめる] beschwichtigen⁴ 《泣く子を》. —— 騙される betrogen werden; hinein|fallen⁺ 《s》; auf den Leim (in die Falle; ins Garn) gehen⁺ 《s》 《詐騙にかかる》. —— 騙されやすい leicht zu täuschen; leichtgläubig. ¶ 彼は騙しの手に乗らぬ (騙しがきかぬ) Er lässt sich nichts vormachen./彼はあり金残らず騙し取られた Man hat ihn um sein ganzes Geld betrogen.

たますだれ 玉簾 Vorhang 《m. -(e)s, ⁼e》 aus ³Bambusperlen.

たまたま ❶ [たまに] ⇨たま(たまの). ❷ [偶然] 偶然に; 通りがかりに / 彼はたまたまそこに居あわせた Er war zufällig da.

たまつき 玉突 ⇨ビリヤード.

たまてばこ 玉手箱 Schatzkästchen *n.* -s, - /開けてやしき玉手箱 die Büchse der Pandora; Das hat mich sehr enttäuscht!

たまねぎ 玉葱 Zwiebel *f.* -n; Bolle *f.* -n.

たまのお 玉の緒 ❶ [紐] Rosenkranz *m.* -es, ¨e. ❷ [いのち] Lebensfaden *m.* -s, ¨ -(licht *n.* -(e)s)/玉の緒を断つ das Lebenslicht aus|blasen*.

たまのこし 玉の輿 ¶ 彼女は玉の輿に乗った Sie machte eine reiche Heirat.

たまのり 玉乗り der Tanz *m.* -es, ¨e auf einer Laufkugel/玉乗りをする auf einer Laufkugel tanzen.

たまひろい 球拾い《ゴルフ場の》Caddie *m.* -s, -s.

たままゆ 玉繭 Doppelkokon *m.* -s, -s.

たまむし 玉虫 Pracktkäfer *m.* -s, -/玉虫色の regenbogenfarbig.

たまもの 賜物 Gabe *f.* -n; Geschenk *n.* -(e)s, -e; Güte *f.* -n/努力の賜物 das Resultat 《-(e)s, -e》des Fleißes/天の賜物 Gottes|gabe (Himmels-) *f.* -n/私の成功は全くあの人の賜物です Meinen Erfolg verdanke ich ihm.

たまや 霊屋 Mausoleum *n.* -s, ..leen.

たまらない 堪らない ❶ [耐え難い] unerträglich sein; nicht ertragen (leiden) können*⁴ / 暑くて堪らない Die Hitze ist schwer zu ertragen: Die Hitze ist unerträglich. / 頭が痛くて堪らない Ich habe furchtbare (entsetzliche) Kopfschmerzen. /私はあの人がいやで堪らない Ich kann ihn nicht leiden. / 費用がかさんで堪らない So viele Kosten kann ich nicht vertragen. /そんなことがあって堪るものか Das ist ja aber unmöglich! ❷ [抑え難い] ⁴sich nicht enthalten können*《⁴et》; es nicht umhin|können*《⁴et zu tun》/おかしくて堪らない ⁴sich des Lachens nicht enthalten können* / ⁴sich なかが空いて堪りません Ich habe großen (starken) Hunger. / 私は心配で堪らない Mir ist (wird) Angst und Bang[e]. ❸ [渴望する] verlangen《nach³》; ⁴sich sehnen《nach³》; Sehnsucht haben《nach³》; es gelüstet mich《nach³》/子供たちは夏休みが待ち遠しくて堪らない Die Kinder sehnen sich nach Sommerferien. / 彼は国が恋しくてたまらなかった Er sehnte sich nach seiner Heimat. / 私はあなたにお会いしたくて堪りません Mich sehnt [es] danach, Sie zu sehen.

たまり 溜り場 Wartesaal *m.* -(e)s, ..säle; [集会所] Zusammenkunftsort *m.* -(e)s, -e; Sammelplatz *m.* -es, ¨e; [Auto-]parkplatz 《自動車の》; Foyer *n.* -s, -s 《劇場の》.

たまりかねて 堪りかねて die Geduld fast verlierend.

だまりこくる 黙りこくる ⁴sich schweigend verhalten*; [Still]schweigen bewahren; seinen Mund halten*/彼は黙りこくっている Er schweigt (ist verschwiegen) wie das Grab. Kein Sterbenswörtchen kommt von seinen (über seine) Lippen.

だまりこむ 黙り込む verstummen ⓢ.

たまりみず 溜り水 Pfützenwasser *n.* -s; stehendes Wasser. -

たまる 溜る ❶ [集まる] ⁴sich [an]sammeln. ❷ [堆積する] ⁴sich an|häufen; stehen*《水が》; stagnieren《同上》; erspart werden《金が》/彼は家賃が溜っている Er ist mit der Miete rückständig.

だまる 黙る schweigen*; den ⁴Mund (das Maul; den Rand) halten*; still|schweigen*; verstummen ⓢ; seine Zunge im Zaum halten*. — 黙らす zum Schweigen bringen*⁴; Schweigen befehlen*³; mundtot machen⁴《やり込める》; [黙過する]; 《俗》 *jm* den Mund (das Maul) stopfen/黙れ Schweige [still]! Halt den Mund! Halt's Maul!《俗》 Halt deine Schnauze! Mucke nicht!《つべこべ言うな》. — 黙って [still]schweigend; ohne ⁴Erlaubnis [無断で]. — 黙っている [口外しない] reinen Mund halten*; verschweigen*³⁴; [屈従する] nach|geben*³; ⁴sich gefallen lassen*⁴; [黙認する] mit Stillschweigen übergehen*⁴; nach|sehen*³⁴ (übersehen*³⁴)/黙っているのは承知のしるし Stillschweigen bedeutet Zustimmung. — 黙っていられない [耐えられない] nicht dulden (aushalten) können*⁴; [看過できぬ] nicht hingehen lassen (still [mit] ansehen) können*⁴.

たみ 民 Volk *n.* -(e)s, ¨er; Nation *f.* -en; Untertan *m.* -s, -en [臣民].

ダミー Dummy *m.* -s, -s (..mmies).

だみごえ 濁み声 die raue (heisere) Stimme, -n.

だみん 惰眠をむさぼる faulenzen; müßig gehen* ⓢ; seine Zeit vertrödeln (tatenlos verbringen*)/惰眠をさます aus dem Schlaf (der Untätigkeit) auf|rütteln⁴.

たみんぞく 多民族国家 Nationalitätenstaat *m.* -(e)s, -en.

ダム Damm *m.* -(e)s, ¨e; Staudamm *m.* -(e)s, ¨e [貯水池の]; Talsperre *f.* -n [発電所の]/川にダムを造る einen Fluss ein|dämmen.

たむける 手向ける opfern《*jm* et》; ein Opfer dar|bringen*《*jm*》/香華を手向ける ⁴Weihrauch ab|brennen* und Blumen dar|bringen*《*jm*》.

たむし 田虫 Flechte *f.* -n.

たむろ 屯する [集まる] ⁴sich sammeln.

ため 為 ❶ [利益] Nutzen *m.* -s, -; Vorteil *m.* -(e)s, -e/為に für⁴; wegen²⁽³⁾; um² ... willen; zu *js* ³Gunsten (Besten; Nutzen)/私の為に für mich; meinetwegen/為になる話 lehrreiche Geschichte, -n/国の為に働く für sein ⁴Vaterland arbeiten. — 為になる nützlich sein《*jm*; für *jn*》; vorteilhaft (vorteilig) sein《für *jn*》; [資する] bei|tragen*《zu ³et》. — 為にならない nachteilig sein《für *jn*》; [害になる]. ❷ [目的] zum Zweck von³; zu³; für⁴; zwecks²; um ... zu; damit/何の為に wozu? zu welchem Zweck? / この目的の為に zu diesem Zweck / 将来の為に für die Zukunft / 念の為に vorsichtshalber / …する(しない)為に um … (nicht) zu tun / 為にする〔ところがある〕 Hintergedanken (Nebenabsichten) haben / その為には時間がかかります Dazu brauche ich Zeit. / 東京へ行く為にはどうやったら一番よいでしょうか Wie fährt man am besten nach Tokio? / 列車に乗り遅れない為に急がなくてはなりません Wir müssen uns beeilen, damit wir den Zug nicht verpassen. ❸ [原因・理由] wegen$^{2(3)}$; halber^{2} 〖常に補足語の後〗; aus^{3}; vor^{3}; weil; deswegen; darum; dank^{2} 《おかげで》; durch^{4} 《同上》/ 病気の為に krankheitshalber / 飢えの為に死ぬ vor Hunger sterben* [s] / 彼の父は脳溢血の為に死んだ Sein Vater ist an Hirnblutung gestorben. ❹ [結果] infolge^{2}; aus^{3} / そのために infolgedessen; folglich / ある事情の為に infolge eines Umstandes.

だめ 駄目 ❶ [無駄な] vergeblich; erfolglos; fruchtlos; nutzlos; unbrauchbar; zwecklos; umsonst 《*adv*》; vergebens 《*adv*》; [不可能な] unmöglich; hoffnungslos; undenkbar. ❷ [禁止] ここで喫煙しては駄目だ Man darf hier nicht rauchen. | Rauchen ist hier verboten. / もっと勉強しなければ駄目だ Sie müssen noch fleißiger sein. ── 駄目になる [失敗する] fehl|schlagen* [s]; missglücken [s]; scheitern [s]; vereitelt (zunichte) werden 《計画などが》; 〖俗〗 ^{4}sich in Wohlgefallen auf|lösen 《反語的に》; [だいなしになる] verdorben (verhunzt) werden; verderben* [s]. ── 駄目にする verderben*^{4}; verhunzen^{4} 《不手際で》; zerstören^{4}; zugrunde (zu Grunde) richten^{4}; vereiteln^{4} 《計画などを》; verschlimmbessern^{4} 《よくしようとしてかえって改悪する》/ あいつは駄目だよ Es ist kein guter Faden an ihm. 《取柄なし》; Mit ihm wird man nie fertig. 《始末に負えぬ》; Ihm ist nicht zu helfen. 《改心の見込なし》/ 僕はもう駄目だ Mit mir ist es aus! | Es ist um mich geschehen (getan). / 雨でその日(試合)は駄目になった Der Tag (Das Spiel) ist verregnet. / どんな手段も駄目だとわかった Alle Maßnahmen erwiesen sich als ein Schlag ins Wasser. / せっかくの彼の努力も駄目だった Alle seine Bemühungen waren umsonst (blieben ohne Erfolg). / それは駄目だ Das geht (gilt; tut's) nicht. / その催しは駄目になった Die Veranstaltung fiel ins (wurde zu) Wasser. ¶ 駄目を押す ^{4}sich vergewissern^{2}; fest|stellen^{4} 《確認する》.

ためいき 溜息 〔Stoß〕seufzer *m.* -s, - / 溜息をつく seufzen; einen Seufzer aus|stoßen* / 溜息をついて mit einem Seufzer.

ためいけ 溜池 Wasser|becken *n.* -s, - (-behälter *m.* -s, -); Reservoir *n.* -s, -e.

ためこむ 溜め込む 〔er〕sparen^{4}; zurück|legen^{4} / 彼は大分溜め込んだようだ Er scheint viel gespart zu haben.

ためし 例 Beispiel *n.* -〔e〕s, -e; Vorbild *n.* -〔e〕s, -er; Fall *m.* -〔e〕s, ¨e 《場合》; Erfahrung *f.* -en 《経験》/ 彼は学校をさぼったためしがない Nie hat er die Schule geschwänzt. / ためしのない beispiellos; unerhört 《未聞の》.

ためし 試し Versuch *m.* -〔e〕s, -e; Probe *f.* -n; Prüfung *f.* -en / 試しに versuchs|weise (probe-); auf (zur) Probe / 試しにやってみる versuchen^{4}; probieren^{4}; prüfen^{4} / ものは試し Probieren geht über Studieren. / このアフタヌーンドレスを試しに着てごらんになりませんか Wollen Sie dieses Nachmittagskleid anprobieren?

ためしぎり 試し斬りをする ein neues Schwert aus|probieren 《an *jm*》.

ためす 試す [試験する] versuchen^{4}; probieren^{4}; prüfen^{4}; [実験する] einen Versuch machen (an|stellen) 《*mit*^{3}》; auf die Probe stellen^{4} / ビールの味を試す das Bier kosten (versuchen) / 力(運)を試す seine Kräfte (sein Glück) versuchen / それを試してごらんなさい Versuchen Sie das einmal!

ためつすがめつ mit forschenden Augen 《*pl*》/ ためつすがめつ見る genau betrachten^{4}.

ためらう zögern 《*mit*^{3}》; schwanken; unschlüssig sein 《*mit*^{3}》; zaudern 《*mit*^{3}》/ ためらわずに ohne ^{4}Zögern.

ためる 矯める ❶ [曲げる] krümmen^{4}; biegen*^{4}. ❷ [まっすぐにする] gerade|machen^{4}; wieder gerade biegen*^{4}. ❸ [矯正する] ab|gewöhnen 《*jm* ^{4}*et*; *jn* von ^{3}*et*》; ab|legen^{4}; ab|stellen^{4}; 〔ver〕bessern^{4} / 悪癖を矯める eine üble Gewohnheit ab|legen. ❹ ⇨ためつすがめつ.

ためる 溜める ❶ [貯(たくわ)える] 〔er〕sparen^{4}; zurück|legen^{4}. ❷ [集める] sammeln^{4} / 切手を溜める Briefmarken 《*pl*》 sammeln. ❸ [蓄積する] an|häufen^{4}; an|sammeln^{4}; auf|speichern^{4}. ❹ [滞らす] im Rückstand sein 《*mit*^{3}》; rückständig sein 《*mit*^{3}》.

ためん 他面 andere Seite, -n / 他面において ander〔er〕seits; auf der anderen Seite.

ためん 多面 viele Seiten 《*pl*》; viele Flächen 《*pl*》/ 多面の vielseitig ‖ 多面体 Polyeder *n.* -s, -; Vielflach *n.* -〔e〕s, -e.

たもくてき 多目的の zu vielen ^{3}Zwecken ‖ 多目的貯水池 Mehrzweckspeichersee *m.* -s, -n.

たもつ 保つ ❶ [保持する] 〔be〕halten*^{4}; erhalten*^{4}. ❷ [保存する] bewahren^{4}. ❸ [長持ちする] 〔^{4}sich〕 halten*; behaupten^{4} 《地位を》/ 平和を保つ ^{4}Frieden halten* / 面目を保つ das Gesicht (den Schein) wahren; seine Ehre retten / 信用を保つ *js* ^{4}Vertrauen behalten* / 体力を保つ ^{4}sich in ^{3}Kraft erhalten*.

たもと 袂 ❶ [袖] Ärmel *m.* -s, - / 袂を分かつ Abschied nehmen* 《von *jm*》. ❷ Zugang *m.* -〔e〕s, ¨e 《橋などの》.

たやす 絶やす ❶ [絶滅] aus|rotten^{4}; aus|merzen^{4}; ein Ende machen^{3}; vernichten^{4}; vertilgen^{4} / 家を絶やす eine Familie aussterben lassen*. ❷ [欠乏] gänzlich erschöpfen lassen*^{4}; alle machen^{4} / この商人は品を絶やさない Dem Kaufmann gehen die Waren (die Vorräte) nicht aus. / 私は酒を絶やさない Ich habe Sake immer vorrätig 〔im Haus〔e〕; da〕.

たやすい ⇨たわいない①.

たゆう 太夫 [芸人] der routinierte Künstler (Schauspieler), -s, - ‖ 太夫元 der Geschäftsführer 《-s, -》 einer Theatergesellschaft (Theatertruppe).

たゆまず たゆまず努力する unermüdlich (unverdrossen) streben (⁴sich bemühen)/たゆまず努力して mit unermüdlichem (eisernem) Fleiß; durch zähen Fleiß.

たゆむ erschlaffen [s]; schlaff werden; ermatten [s]; matt werden; erlahmen [s]; nach|lassen*; die Kraft verlieren*/たゆまぬ unermüdlich; hartnäckig; unverdrossen; verbissen.

〜だよ ich sage, ...; das kann ich dir sagen; ich kann Sie versichern; glaube mir; garantiert; sage und schreibe/僕はそれに十万円, いいかい十万円だよ, 十万円払ったんだよ Ich habe dafür hunderttausend Yen, ich sage (sage und schreibe) hunderttausend Yen, bezahlt./全くの話そりゃ実に大したもんだよ Es ist tatsächlich, glaube mir, grandios.

たよう 多様な verschieden〔artig〕; divers; mannig¦fach (-faltig); viel¦fach (-fältig).

たよう 多用 ¶ 御多用中恐れ入りますが Wie ich sehe, sind Sie sehr beschäftigt, aber .... ¦ Es tut mir Leid, Sie bei der (Ihrer) Arbeit stören zu müssen, doch ....

たよく 多欲な habsüchtig; 〔hab〕gierig; geizig.

たより 便り [消息] Nachricht *f.* -en; Kunde *f.* -en; Mitteilung *f.* -en; Brief *m.* -〔e〕s, -e 《手紙》; Post *f.* 《郵便物》; Schreiben *n.* -s, - 《書簡》/便りがある hören 《von *jm*》; einen Brief bekommen* 《von *jm*》; ein Schreiben erhalten* (empfangen*) 《von *jm*》/便りがない nichts hören 《von *jm*》; keinen Brief (keine Post) bekommen* 《von *jm*》; keinen Brief (keine Post) erhalten* (empfangen*) 《von *jm*》/便りをする〔einen Brief〕 schreiben* 《*jm*; an *jn*》; von ³sich hören lassen*; schriftlich (brieflich) mit|teilen⁴ 《*jm*》/時々便りを下さい Lassen Sie gelegentlich (zuweilen) von sich hören.¦ Schreiben Sie mir doch von Zeit zu Zeit ein paar Zeilen!/便りのないのは無事と思え Keine Nachricht ist auch eine Nachricht. ¦Wenn Sie (du) nichts von mir hören (hörst), bedeutet das, dass ich gesund bin (es mir gut geht).

たより 頼り [信頼] Vertrauen *n.* -s; Hoffnungs¦freude *f.* (-seligkeit *f.*); Verlass *m.* -es; Verlässlichkeit *f.*; Zutrauen *n.* -s; Zuversicht *f.*; [依頼] Abhängigkeit *f.*/頼りない unzuverlässig; unbestimmt; ungewiss; zweifelhaft 《話など》/頼りとなる人 ein zuverlässiger Mensch, -en, -en; seine rechte Hand; Es ist Verlass auf ihn./頼り少ない hilf¦los (hoffnungs-; schutz-); einsam; verlassen.

たよる 頼る vertrauen 《*jm*》; Vertrauen haben 《zu *jm*》 (schenken 《*jm*》; setzen 《in *jm*》); bauen 《auf *jn*》; ⁴sich stützen 《*auf*⁴》; ⁴sich verlassen* 《auf *jn*》; rechnen 《auf *jn*》; trauen⁴ 《*jm*》; Zutrauen haben 《zu *jm*》; ab|hängen* 《von *jm* 依存する》; ⁴sich an|lehnen 《an *jn* 同上》/人の力に頼るな Verlasse dich nur auf dich selbst!¦ Baue nicht auf fremde Hilfe!

たら 鱈 Dorsch *m.* -es, -e; Kabeljau *m.* -s, -e (-s); Schellfisch *m.* -〔e〕s, -e/鱈の子 Dorsch.

〜たら ¶ もし...たら wenn 《時》; falls 《場合》/雨が降ったら wenn es regnet; wenn es regnen sollte/万一彼が来たとしたら falls er kommen sollte/その本を読んだらお返し下さい Geben Sie mir das Buch zurück, wenn Sie gelesen haben./彼女が元気であってくれたら Wenn sie gesund wäre! ⇨もし.

たらい 盥 Wanne *f.* -n; Kübel *m.* -s, - ‖ 洗濯盥 Waschwanne *f.* -n.

たらいまわし 盥回し ¶ 政権の盥回し der Wechsel 《-s, -》 der Regierungsgewalt unter ³Parteigenossen.

だらかん だら幹 der selbstsüchtige (verdorbene) Gewerkschafsführer, -s, -.

だらく 堕落 Verderbtheit (Verdorbenheit) *f.* -en 《品性道徳の》; Fall *m.* -〔e〕s, ⸚e 《少女の》; Ausartung (Entartung) *f.* -en 《退廃》; der Abfall vom Glauben 《背教》. ── 堕落した verderbt; verdorben; gefallen; entartet; abgefallen (abtrünnig). ── 堕落する verderben* [s]; fallen* [s]; aus|arten (entarten) [s]; verfallen* [s] 《悪化・退廃する》; ab|fallen* [s] 《vom Glauben》. ‖ 堕落女 die Gefallene*, -n, -n/堕落僧 der Abgefallene*, -n, -n; Apostat *m.* -en, -en.

-だらけ [...まみれ] bedeckt (befleckt; besudelt) 《*mit*³》; [...で一杯] voll 〖補足語は二格, あるいは一格か四格, または *von*³〗; voller 〖補足名詞の格無視〗/泥だらけの mit ³Schlamm beschmutzt/ほこりだらけの voll Staub/血だらけの blutbesudelt/彼は借金だらけだ Er steckt tief in Schulden.¦ Er hat mehr Schulden als Haare auf dem Kopf./机の上は本だらけである Der Tisch ist voll darauf liegender Bücher.

だらける [しまりがなくなる] erschlaffen [s]; ⁴sich abgespannt (matt; schlapp) fühlen; [なまける] müßig gehen* [s]; [だらしなくなる] schlump〔e〕rig werden 《服装・態度が》.

だらしない [服装・態度など] schlampig; schlump〔e〕rig; [生活態度] liederlich; unordentlich /だらしない女 Schlampe (Schlumpe) *f.* -n/だらしない男 Liederjan *m.* -〔e〕s, -e; [仕事など] nachlässig 《投げやりの》; [文体など] kraftlos.

たらす 誑らす [だます] betrügen*⁴; hintergehen*⁴; [誘惑する] verlocken⁴; verführen⁴; [巧言に乗せる] beschwatzen 《*jn zu*³》/女をたらす eine Frau 《-en》 verführen (verlocken).

たらす 垂らす ❶ [吊す] hängen⁴; herab|hängen 〔lassen*〕 《⁴*et*》. ❷ [滴下する] tropfen 〔lassen*〕 《⁴*et*》; [こぼす] verschütten⁴; vergießen*⁴/ハンカチに香水をたらす ⁴Parfüm auf ein Taschentuch tröpfeln lassen*/私はスープを洋服にたらした Ich goss die Brühe über mein Kleid.

-たらず -足らず weniger als ...; [およそ]

たらたら ❶ tröpfelnd; in ³Tropfen; triefend / 彼の額から汗がたらたら流れている Der Schweiß trieft ihm von der Stirn. / 傷口から血がたらたらと流れた Blut tröpfelte aus der Wunde. ❷ 不平たらたらである klagen 《über⁴》; unzufrieden sein 《mit³》; murren 《über⁴》/ 彼はいつも不平たらたらだ Er klagt immer.

だらだら ❶ [ゆるやかな傾斜] sanft / だらだら坂 der sanfte Abhang, -(e)s, ⸗e / 坂がだらだらと続いている Der Weg führt immer sanft abwärts. ❷ [液体が] in Tropfen; triefend / 汗をだらだら流して in Schweiß gebadet / 額から汗がだらだら流れている Der Schweiß trieft ihm von der Stirn. Die Stirn trieft vom Schweiß. / 傷口から血がだらだら(と)流れ出る Das Blut strömt aus der Wunde. Die Wunde blutet heftig. ❸ [長々と] langsam; nachlässig 《だらしなく》; schleppend 《冗長》; träge 《だらけて》; weitläufig 《まわりくどく》/ だらだら歩く lahmen; schwerfällig gehen* ⓢ / だらだらしゃべる langweilig (weitschweifig) reden / 交渉がだらだら長引く Die Verhandlungen nehmen einen schleppenden Verlauf.

タラップ Fallreep n. -(e)s, -e.

だらに 陀羅尼 die Beschwörungsformel 《-n》 der ³Buddhisten.

たらふく satt; voll; nach ³Herzenslust / たらふく食べる ⁴sich voll (satt) essen* / たらふく飲む *sich toll und voll trinken*; *sich satt trinken*.

だらり だらりと schlaff; lose; locker / だらりと垂れる baumeln; heraus|hängen* 《舌が》/ 手(帯)をだらりと下げる die Arme schlaff herabhängen (den Gürtel locker herunterhängen) lassen*.

～たり bald ... bald ...; jetzt ... jetzt (bald; dann) ...; und / 泣いたり笑ったりする bald weinen, bald lachen / 行ったり来たりする auf und ab gehen* ⓢ.

たりき 他力 [fremde] Hilfe, -n / 他力本願の unselbständig (unselbständig); abhängig.

たりつ 他律 Heteronomie f. -他律的な heteronom.

たりない 足りない [不十分] ungenügend; unzulänglich; [欠けてる] mangelhaft; [愚鈍な] dumm; schwachköpfig; [価値がない] wert² sein; nicht verdienen⁴ / それでは足りない Das genügt nicht. / この論文は注目するに足らぬ Die Abhandlung ist nicht beachtenswert. / 私は金が足りない Es fehlt (mangelt) mir an Geld.

ダリヤ Dahlie f. -n.

たりゅう 他流 andere Schule, -n / 他流試合をする mit einem Anhänger einer anderen ²Schule kämpfen; mit einem Fechter einer anderen ²Schule die Schwerter kreuzen 《剣術で》.

たりょう 多量 eine [große] Menge / 多量の eine große Menge von³ ...; viel / 多量に die [schwere] ⁴Menge; in [großer] ³Menge; reichlich; in ³Mengen / 多量の水 eine große Menge Wasser.

だりょく 惰力 ⇨だせい.

たりる 足りる [十分] genügen³; genug sein 《an³; von³》; aus|reichen 《für⁴》; ausreichend sein 《für⁴》; [値する] wert² sein; verdienen⁴; [満足する] zufrieden sein 《mit³》/ その額なら足ります Das Geld reicht. / それは...と示すに足りる Es zeigt genug, dass .... / 彼は信頼するに足りる Er ist zuverlässig.

だりん 舵輪 Steuerrad n. -(e)s, ⸗er; [大樽] Lenkrad 《船を除く》.

たる 樽 Fass n. -es, ⸗er; [大樽] Tonne f. -n / 樽詰の 《品物》/ 樽詰めの auf ⁴Fässer gefüllt; in ⁴Fässer gepackt / 樽詰めにする in ⁴Fässer (Tonnen) packen⁴; auf ⁴Fässer füllen⁴.

たる 足る ⇨たりる.

だるい schlaff; matt; träge; müde.

たるき 垂木 Sparren m. -s, -.

だるま 達磨 Boddhi-dharma m. -s 《禅士》; Dharma n. -(s), -s 《梵語: インド教の聖・徳の意》‖ だるま船 Leichter m. -s, -; Schute f. -n; Kanalschiff n. -(e)s, -e.

たるみ 弛み Schlaffheit f. -en; Lockerheit f.; Abspannung f. -(e)n; Erschlaffung f. / 弛みをつける nach|lassen*⁴ 《綱などに》.

たるむ 弛む schlaff werden; erschlaffen ⓢ 《心が》.

たれ 誰 ❶ [疑問のとき] wer*; welcher* / 誰か [そこに居るのは] Wer [ist] da? / 誰々が来るのか Wer kommt denn alles? / あの婦人たちは誰ですか Wer sind jene Damen? / 他の誰ですか Wer anders (sonst)? / 彼が誰々を招待したかわからない Ich weiß nicht, wen alles er eingeladen hat. / 君はだれのことを言っているのですか Wen meinst du? / この手紙は誰に宛てたものですか An wen ist dieser Brief? / これは誰の帽子ですか Wessen Hut ist das? / Wem gehört (ist) der Hut? ❷ [誰かある人] jemand*; irgendeiner*; irgendwelcher* / 誰かある(他の、知らない)人 irgendjemand (jemand anders, jemand Fremdes); [der] Herr Soundso; ein gewisser Jemand, -(e)s / 誰か来たのか Ist jemand (wer) gekommen? ❸ [誰でもみな] jeder*; ein jeder; all und jeder; alle und jede 《pl の形式のとき》《誰もかれも》/ 誰でも...しない keiner*; niemand* / それが誰だろうと wer es auch immer (auch immer es) sein mag / 我々のうちの誰でもない; keiner von uns 《否定》/ 誰にも言うな Sag es keinem! / Du darfst es niemand(em) sagen. / それは誰でもがすべきことではない Es ist nicht jedermanns Sache. / 彼は誰にも劣らぬ Er gibt keinem nach. ¶ 誰言うとなく...のうわさが立つ Es geht (läuft) das Gerücht, dass .... / Das Gerücht läuft um (Gerüchte sind im Umlauf; Gerüchtweise verlautet), dass .... / どこの誰と言われる人 ein Mann 《m. -(e)s, ⸗er》 von ³Bedeutung; eine wichtige Persönlichkeit.

たれこめる 垂れこめる ⁴sich ein|schließen*

《*in*^{4}》; ^{4}sich ein|sperren《同上》; 〔das Haus (Zimmer)〕 hüten.

たれながす 垂れ流す ［失禁］ seine Bekleidung (durch Urin) schmutzig machen; den Urin unwillkürlich lassen*／工場は廃液を垂れ流しにしている Die Fabrik lässt das Abfallwasser ab.

たれる 垂れる ❶［垂下］ herab|hängen*; hängen*《さがっている》; baumeln《ぶらぶらと》／頭をたれる den Kopf hängen lassen*／足を垂れる die Beine《*pl*》 schlenkern lassen*／尾を垂れる den Schwanz hängen lassen*. ❷［与える］ geben*《*jm* ^{4}*et*》; erteilen《*jm* ^{4}*et*》／憐れみをたれる ^{4}Mitleid haben《*mit*^{3}》／教えをたれる lehren《*jn*》. ❸［排泄する］ ^{4}sich entleeren《大便を》; das Wasser lassen* (machen)《小便を》.

だれる ❶［倦(ｳ)む］ erschlaffen [s]; ermatten [s]; ermüden [s]; ［怠る］ nach|lassen*《in seinem Eifer》. ❷［興味がなくなる］ ^{4}Langweile empfinden* (^{4}sich langweilig fühlen)《人が》; fade (geschmacklos; langweilig, schal) werden／話がだれる Das Gespräch stockt.／これは文体がだれている Das ist ein kraftloser Stil.

タレント Talent *n.* -[e]s, -e; der Talentierte*, -n, -n ‖ テレビタレント Fernsehkünstler *m.* -s, -.

～だろう ⇨**～でしょう**.

たわいない ❶［容易な］ leicht; mühelos; einfach; unschwer. ❷［無邪気な］ unschuldig; einfältig; kindlich. ❸［取りとめのない］ albern; absurd; blöde; sinnlos; unsinnig. ¶ たわいなく眠る wie ein Murmeltier schlafen*／たわいなく酔っている voll (besoffen) wie ein Schwein sein.

たわけ ❶ Torheit *f.* -en; Albernheit *f.* -en; Blödheit *f.* -en; Dummheit *f.* -en; Narrheit *f.*; Schwachsinn *m.* -[e]s《愚鈍》. ❷［人］ Tor *m.* -en, -en; der Alberne* (Blödsinnige*; Dumme*), -n, -n; Narr *m.* -en, -en; der Schwachsinnige*, -n, -n; Trottel *m.* -s, -《愚物》／たわけ者め Sie (Du) Narr!

たわごと 戯言 Quatsch *m.* -es; Faselei *f.* -en; Nonsens *m.* -[es]; Quasselei *f.* -en; dummes Zeug, -[e]s, -e／戯言を言う quatschen; faseln; Nonsens reden (schwatzen); quasseln; dummes Zeug reden (schwatzen).

たわごと 戯事 Narrheiten; Narren[s]possen; Albernheiten; Torheiten《以上 *pl*》; Allotria *n.* -[s].

たわし Topf¦bürste *f.* -n (-reiniger *m.* -s, -); Scheuerbürste.

たわむれ 戯れ ❶［遊戯］ Spiel *n.* -[e]s, -e; Vergnügen *n.* -s, -《遊興》. ❷［冗談］ Scherz *m.* -es, -e; Spaß *m.* -es, ¨e. ❸［男女の］ Liebelei *f.* -en; Flirt *m.* -s, -s; Liebesspiel; Schäkerei *f.* -en; Tändelei *f.* -en. ¶ 戯れに aus (im; zum) Scherz (Spaß); scherzhafterweise; spaßeshalber／造化の戯れ Missbildung *f.* -en; Weltwunder *n.* -s, -.

たわむれる 戯れる ❶［遊戯］ spielen《*mit*^{3}》; ^{4}sich vergnügen《*an*^{3}; *mit*^{3}》. ❷［冗談］ scherzen; spaßen; Scherz (Spaß) treiben*《*mit*^{3}》. ❸［男女が］ flirten; liebeln; schäkern; tändeln.

たわめる 撓める biegen*^{4}; krümmen^{4}; bändigen^{4}《抑制する》.

たわら 俵 Strohsack *m.* -[e]s, ¨e; 〔Waren-〕ballen *m.* -s, -《商品を棚に包んだ》.

たん 胆 ❶［胆嚢(ﾉｳ)］ Gallenblase *f.* -n. ❷［胆力］ Mut *m.* -[e]s. ⇨**きも**②.

たん 痰 Schleim *m.* -[e]s, -e; Auswurf *m.* -[e]s, ¨e; Sputum *n.* -s, ..ta／痰を吐く Schleim aus|werfen* ([aus|]spucken).

たん 反 ❶［地面の］ ‚Tan'《＝Flächenmaß; 0,9917 Ar.》／5 反の畑 Ackerland《*n.* -[e]s, ¨er》 von 5 Tan. ❷［織物の］ 布地一反 ein Stück Stoff.

たん 短 ［弱点］ Schwäche *f.* -n. ［欠点］ Fehler *m.* -s, -; Mangel *m.* -s, ¨／短を補う ^{4}Mängel (Fehler)《*pl*》 verbessern (aus|bessern). ⇨**たんしょ**(短所).

たん 端 ¶ …に端を発する seinen Ursprung haben (nehmen*)《*von*^{3}》.

たん 嘆じる ［悲嘆］ klagen《*über*^{4}》; jammern《*über*^{4}; *um*^{4}》; ［賛嘆］ bewundern^{4}／嘆ずべき beklagens¦wert (-würdig); bedauernswert; kläglich.

タン 〖料〗 Zunge *f.* -n ‖ 牛タン 〖料〗 Ochsenzunge.

だん 断 ［決行］ Durchführung *f.* -en; der entscheidende Schritt, -[e]s, -e; ［裁決］ Entscheidung *f.* -en／最後の断を下す endgültig entscheiden*^{4}; seine letze Entscheidung treffen*《*über*^{4}》.

だん 壇 Plattform *f.* -en; der erhöhte Platz, -es, ¨e《正賓用》; Rednerbühne *f.* -n《演壇》; Kanzel *f.* -n《説教壇》.

だん 団 ❶［団体］ Körperschaft *f.* -en; Verband *m.* -[e]s, ¨e; ［仲間・一行］ Partie *f.* -n; Gesellschaft *f.* -en《会》; Truppe *f.* -n《一座》. ❷［群］ Gruppe *f.* -n ⇨**だんたい**, **むれ**／団をなして in ^{3}Gruppen (^{3}Scharen; ^{3}Massen); gruppenweise.

だん 段 ❶［階段］ Stufe *f.* -n; Treppe *f.* -n／段を上がる(下りる) die Treppe hinauf|gehen* (hinab|gehen*) [s]. ❷［印刷物の］ Kolumne *f.* -n; 〔Druck〕spalte *f.* -n／段ごとに(段に分けて) kolumnen¦weise (spalten-)／本を三段組にする ein Buch in drei ^{4}Spalten setzen. ❸［段落］ Absatz *m.* -es, ¨e; Abschnitt *m.* -[e]s, -e; Paragraph *m.* -en, -en. ❹［演劇の］ Akt *m.* -[e]s, -e; Aufzug *m.* -[e]s, ¨e. ❺［等級］ Grad *m.* -[e]s, -e; Rang *m.* -[e]s, ¨e. ⇨**だんちがい**. ❻［程度］ 驚くどころの段じゃない vor ^{3}Schrecken wie gelähmt (starr und steif vor Schrecken) sein. ❼［書簡などで箇条・くだり］ ごぶさたの段平にお許し下さい Entschuldigen Sie bitte, dass ich so lange Zeit von mir nichts habe hören lassen! ❽［場合］ Fall *m.* -[e]s, ¨e／いざという段になって im entscheidenden Augenblick; im letzen Moment; im Notfall／いざ決行という段になって彼は尻込みした Als es zu handeln galt, schrak er zurück.

だん 談 ❶［話］ Rede *f.* -n; ［談話］ Gespräch *n.* -[e]s, -e; Unterhaltung *f.* -en／談その事

に及ぶと wenn die Rede gerade darauf kommt／氏の談によれば nach seinen ^{3}Reden／当局談によれば den ^{3}Äußerungen maßgebender ^{2}Stellen gemäß. ❷［物語］Erzählung *f.* -en; Geschichte *f.* -n ‖ 冒険談 die abenteuerliche Geschichte.

だん 暖をとる ^{4}sich wärmen《*an*^{3}》.

だんあつ 弾圧 Bedrückung *f.* -en; Unterdrückung *f.* -en／弾圧する bedrücken^4; unterdrücken^4.

だんあん 断案 ❶［結論］Schluss *m.* -es, ⸚e; Folgerung *f.* -en／断案に到達する zu einem Schluss gelangen [s]. ❷［決定］Entscheidung *f.* -en; Beschluss *m.* -es, ⸚e／断案を下す beschließen*^{4}; entscheiden*^{4}; eine Entscheidung treffen*《*in*^{3}; *über*^{4}》; zum Beschluss erheben*^{4}.

たんい 単位 ❶ Einheit *f.* -en《計算の》; Maßeinheit *f.* -en《計量の》;〔Münz〕einheit *f.* -en《貨幣の》; Nennwert *m.* -〔e〕s, -e《同上》／単位千 in Tausend《統計表などの》／単位をまちがえて計算する ^{4}sich in der Einheit verrechnen. ❷［教科の］Anrechnungspunkt *m.* -〔e〕s, -e／この教科は単位にならない Dieser Kurs wird nicht angerechnet.／この科目は四単位になる Dieser Lehrgang bringt 4〔Anrechnungs〕punkte ein. ❸［構成の］家族は社会の最小単位である Die Familie ist die kleinste Einheit einer Gesellschaft.

たんいつ 単一 Einfachheit *f.*; Einheit *f.*／単一の einfach;［唯一の］einzig／単一化する vereinfachen^4 ‖ 単一概念〖哲〗Einzelbegriff (Individual-) *m.* -〔e〕s, -e.

だんいん 団員 Mitglied《*n.* -〔e〕s, -er》〔einer ^{2}Körperschaft〕.

だんう 弾雨 Kugelregen *m.* -s; der Hagel《-s》von ^{3}Geschossen.

たんおん 単音 einfacher Laut, -〔e〕s, -e.

たんおん 短音 kurzer Laut, -〔e〕s, -e.

たんおんかい 短音階 Molltonleiter *f.* -n.

たんおんせつ 単音節の einsilbig; monosyllabisch／単音節の語 einsilbiges Wort, -〔e〕s, ⸚er.

たんか 担架 Tragbahre *f.* -n; Trage *f.* -n; Tragbett *n.* -〔e〕s, -en／担架で運ぶ auf einer Tragbahre tragen*^{4}.

たんか 炭化 Verkohlung *f.* -en／炭化させる verkohlen^4／炭化する verkohlen [s] ‖ 炭化水素 Kohlenwasserstoff *m.* -〔e〕s／炭化物 Karbid *n.* -〔e〕s, -e.

たんか 単価 Einzelpreis (Stück-) *m.* -es, -e／単価百円 100 Yen pro Stück.

たんか 短歌 einunddreißigsilbiges Gedicht, -〔e〕s, -e; Tanka *n.* -s, -s.

たんか 痰呵を切る polternd äußern^4; beißende Worte《*pl*》schleudern.

だんか 檀家 der Unterstützer《-s, -》eines buddhistischen Tempels; Pfarrgenosse *m.* -n, -n.

タンカー Tanker *m.* -s, -; Öltanker; Tankschiff *n.* -〔e〕s, -e.

だんかい 段階 Stufe *f.* -n《等級》; Stufenfolge *f.* -n《順序》; Stadium *n.* -s, ..dien《発展の》; Phase *f.* -n《局面》／段階を追って stufenweise／現段階において in diesem Stadium der Entwicklung; in dieser Periode; bei dem gegenwärtigen Zustand der Dinge／交渉は決定的段階にはいった Die Verhandlungen sind in ihre entscheidende Phase getreten (stehen vor der Entscheidung).

だんがい 断崖〔Felsen〕klippe *f.* -n; Abgrund *m.* -〔e〕s, ⸚e《絶壁》.

だんがい 弾劾 die〔öffentliche〕Anklage, -n. ― 弾劾する an|klagen^4《〔wegen〕^{2}*et*》; unter ^{4}Anklage stellen^4《*wegen*$^{2(3)}$》; zur Verantwortung ziehen*^{4}／大臣は汚職のために弾劾された Der Minister wurde〔wegen〕Amtsverbrechens angeklagt. ‖ 弾劾演説 Anklagerede *f.* -n.

たんかだいがく 単科大学 Hochschule *f.* -n.

たんかっしょく 淡褐色 Hellbraun *n.* -s／淡褐色の hellbraun.

たんがん 単眼 einfaches〔Punkt〕auge *n.* -s, -n; Ozelle *f.* -n.

たんがん 嘆願 Anflehen *n.* -s, -; Bitte *f.* -n／嘆願する an|flehen《*jn um*^{4}》; bitten*《*jn um*^{4}》; flehen《zu *jm um*^{4}》／捕虜たちは助命を嘆願した Die Gefangenen flehten um Gnade. ‖ 嘆願書 Bittschrift *f.* -en.

だんがん 弾丸 Geschoss *n.* -es, -e; Kugel *f.* -n; Flintenkugel *f.* -n《小銃弾》; Kanonenkugel《砲弾》; Granate *f.* -n《榴弾》／小銃(大砲)に弾丸をこめる das Gewehr (Geschütz) laden*.

たんき 短気 Ungeduld *f.*; Hastigkeit *f.*; Reizbarkeit *f.*; Jähzorn *m.* -〔e〕s／短気の ungeduldig; hastig; reizbar; jähzornig; hitzig／短気を起こす die Geduld verlieren*; in ^{4}Hitze geraten* [s]《怒る》／短気は損気 ‚Ungeld und Zorn machen alle Ding' verworr'n.'

たんき 単騎 einzelner Reiter, -s, -／単騎で allein zu ^{3}Pferde.

たんき 短期 kurze Frist, -en; kurzer Termin, -s, -e／短期の kurz〔fristig〕; von kurzer Sicht《手形の》‖ 短期貸付 kurzfristiges Darlehen, -s, -／短期講習 kurzer (kurzfristiger) Kursus, -, Kurse／短期大学 zweijährige Hochschule, -n／短期手形 Wechsel《*m.* -s, -》von kurzer Sicht.

たんき 単記投票 einfache Abstimmung, -en.

だんき 暖気 Wärme *f.*; das warme Wetter, -s／日増しに暖気に向かう Es wird allmählich wärmer.

だんき 団旗 Fahne *f.* -n; Standarte *f.* -n; Feldzeichen *n.* -s, -e; Wimpel *m.* -s, -《ペナント》.

だんぎ 談義 ❶ ⇨せっきょう. ❷［教訓・こごと］Strafpredigt *f.* -en; Verweis *m.* -es, -e／お談義を聞かせる eine Strafpredigt (Standpauke) halten*^{3}; einen Verweis (Tadel) erteilen^3. ⇨ながだんぎ.

たんきゅう 探究〔Er〕forschung *f.* -en; Untersuchung *f.* -en; Studium *n.* -s, ..dien. ― 探究する forschen《*nach*^{3}》; erforschen^4; untersuchen^4; studieren^4／真理を探究する nach ^{3}Wahrheit forschen ‖ 探究者〔Er〕forscher *m.* -s, -.

だんきゅう 段丘 Terrasse *f.* –n; Geländestufe *f.* –n.

たんきょく 短曲〘楽〙kurzes 〔Musik〕stück, –〔e〕s, –e.

たんきょり 短距離 kurze Entfernung, –en; kurze Strecke, –n/短距離で auf kurzer Entfernung ‖ 短距離競走 Kurzstreckenlauf *m.* –〔e〕s, ¨e/短距離走者 Kurzstreckenläufer *m.* –s, –; Kurzstreckler *m.* –s, –.

たんく 短躯 kleine Statur, –en; kleine Gestalt, –en/短躯の von kleiner Gestalt; kurzleibig.

タンク ❶ [油槽] Tank *m.* –s, –s; Behälter *m.* –s, –. ❷ [戦車] Panzer *m.* –s, –; Panzerwagen *m.* –s, –. ‖ タンクローリー Tankwagen *m.* –s, –/ガスタンク Gastank/石油タンク Öltank.

タングステン Wolfram *n.* –s ‖ タングステン電球 Wolframlampe *f.* –n.

たんぐつ 短靴 〔Halb〕schuh *m.* –〔e〕s, –e.

だんけい 男系 die männliche Linie, –n; Mannesstamm *m.* –〔e〕s, ¨e.

だんけつ 団結 Eintracht *f.*; Solidarität *f.*; Verbindung *f.* –en; 〔Ver〕einigung *f.* –en; Zusammenhalt *m.* –〔e〕s / 団結力が強い ⁴sich eng verbinden*; ⁴sich fest vereinigen; ⁴sich aufs Engste zusammen|tun*; fest zusammen|halten* / 団結した einträchtig; verbunden; vereinigt; solidarisch. —団結する ⁴sich verbinden* (〔ver〕einigen) 《*mit*³》; ⁴sich zusammen|schließen* 《zu einem Verein (einer Vereinigung)》. ‖ 団結心 Korpsgeist *m.* –〔e〕s, –e; Solidaritätsgefühl *n.* –〔e〕s, –e.

たんけん 探検〔旅行〕Expedition *f.* –en; Forschungs¦reise (Entdeckungs–) *f.* –n. —探検する erforschen⁴. ‖ 探検家 der Forschungsreisende*, –n, –n/探検隊 Expedition; eine Gruppe 《–n》 von Forschungsreisenden.

たんけん 短見 kurzsichtige (beschränkte) Ansicht, –en/短見の kurzsichtig.

たんけん 短剣 Dolch *m.* –〔e〕s, –e.

たんげん 単元 ❶〘哲〙Monade *f.* –n. ❷ Einheit *f.* –en 《学科の》. ‖ 単元論 Monadenlehre *f.*; Singularismus *m.* –.

だんげん 断言 Beteu〔e〕rung *f.* –en; Versicherung *f.* –en 《確言》; Behauptung *f.* –en 《主張》/断言してはばからない Ich behaupte steif und fest (Ich kann dir bestimmt versichern), dass …./私はそう断言はできない Das kann ich nicht 〔für〕 gewiss behaupten.¦Ich kann es nicht bestimmt (sicher) sagen. —断言する beteuern⁴; entschieden (fest) behaupten⁴; bestätigen⁴; versichern 《*jm* ⁴*et*》.

たんご 単語 Wort *n.* –〔e〕s, ¨er; Vokabel *f.* –n/この単語は覚えにくい(易い) Dieses Wort ist schwer (leicht) zu lernen (behalten). ‖ 単語集 Wortschatz *m.* –es, ¨e; Wörtersammlung *f.* –en.

タンゴ Tango *m.* –s, –s/タンゴを踊る Tango tanzen.

だんこ 断固たる(として) ausdrücklich; drastisch; durchgreifend; entschieden; entschlossen; standhaft; unbedingt/断固たる処置をとる durchgreifende Maßnahmen (Maßregeln) treffen*; entscheidende Schritte tun*/断固たる態度をとる eine entschiedene (energische; unnachgiebige) Haltung ein|nehmen*; entschieden Stellung nehmen* 《*gegen*⁴ 反対の》/断固として拒絶する aufs Entschiedenste ab|leugnen⁴; rundweg ab|schlagen*⁴/私はこの計画に断固反対した Ich trat entschieden gegen den Plan auf. ⇨だんぜん.

だんご 団子 Kloß *m.* –es, ¨e ‖ だんご鼻 Stumpfnase *f.* –n/だんご鼻の stumpfnasig.

たんこう 炭坑 〔Stein〕kohlenbergwerk *n.* –〔e〕s, –e; 〔Steinkohlen〕grube *f.* –n; 〔Steinkohlen〕zeche *f.* –n ‖ 炭坑夫 Kohlenarbeiter *m.* –s, –; Kumpel *m.* –s, –〔s〕; Hauer *m.* –s, –.

たんこう 鍛工 Schmied *m.* –〔e〕s, –e.

だんこう 断行する [決行する] durch|führen⁴ 《gegen alle Widerstände》; durch|setzen⁴; [敢行する] wagen⁴/所信を断行する nach der eigenen Meinung handeln; seinen Willen durch|setzen / 熟慮断行 ‚Erst wägen, dann wagen!'

だんこう 断交 [絶交] der Bruch 《–〔e〕s, ¨e》 der Freundschaft; [国交断絶] der Abbruch 《–〔e〕s, ¨e》 der diplomatischen Beziehungen. —断交する die Beziehungen zu einem Land ab|brechen*. ‖ 経済断交 der Abbruch der wirtschaftlichen Beziehungen.

だんこう 団交 die Kollektivverhandlungen 《*pl*》. ⇨だんたい(団体交渉).

だんごう 談合 Beratung (Beratschlagung; Besprechung) *f.* –en; Unterredung *f.* –en 《会談》. —談合する 〔⁴sich〕 beraten* (beratschlagen) 《mit *jm über*⁴》; ⁴sich besprechen* (unterreden) 《mit *jm über*⁴》.

たんこうしき 単項式 Mo〔no〕nom *n.* –s, –e; eingliedrige Zahlengröße, –n.

たんこうしょく 淡黄色 Hellgelb *n.* –s/淡黄色の hellgelb.

たんこうしょく 淡紅色 Hell¦rot (Blass–) *n.* –s/単紅色の hell¦rot (blass–).

たんこうぼん 単行本 einzeln herausgegebenes Buch, –〔e〕s, ¨er/単行本として出版する in ³Buchform heraus|geben*⁴.

だんごく 暖国 das warme Land, –〔e〕s, ¨er.

たんこぶ たん瘤 ⇨こぶ.

だんこん 弾痕 Schussloch *n.* –es, ¨er.

だんこん 男根 das männliche Glied, –〔e〕s, –er; Penis *m.* –, ..nisse.

たんざ 端座する aufrecht (ordentlich) sitzen*.

ダンサー Tänzer *m.* –s, –; Tänzerin *f.* ..–rinnen 《女》.

たんさい 淡彩 helles Kolorit, –〔e〕s, –e; [淡色] helle Farbe, –n/淡彩の hellfarbig; hellkoloriert ‖ 淡彩画 hellfarbiges Gemälde, –s, –.

だんざい 断罪 ❶ [有罪の判決] Verurteilung *f.* –en/断罪する verurteilen 《*jn* zu einer Strafe》; verdammen⁴; *jn* 〔für〕 schuldig

erklären. ❷ [打ち首] Enthauptung *f.* -en.
たんさいぼう 単細胞 〘生〙 einfache Zelle, -n／単細胞の einzellig ‖ 単細胞動物 einzelliges Tier, -[e]s, -e; [原生動物] Protozoon *n.* -s, ..zoen《ふつう *pl*》.
たんさく 単作 Monokultur *f.* -en.
たんさく 探索 Nach¦suchung (-forschung) *f.* -en; Untersuchung *f.* -en. ── 探索する suchen⁴; nach|forschen³; untersuchen⁴; [偵察する] aus|spähen《*nach*³》／犯人を探索する nach einem Verbrecher forschen.
たんざく 短冊 Papierstreifen *m.* -s.
タンザニア Tansania *n.* -s／タンザニアの tansanisch ‖ タンザニア人 Tansanier *m.* -s, -.
たんさん 単産 einzelne Gewerkschaft, -en; Mitgliedgewerkschaft *f.* -en.
たんさん 炭酸 Kohlensäure *f.* ‖ 炭酸ガス Kohlensäuregas *n.* -es／炭酸水 kohlensaures Wasser, -s／炭酸ソーダ kohlensaures Natron, -s.
たんし 端子 Kabelendverschluss *m.* -es, ⸗e.
たんし 譚詩(曲) Ballade *f.* -n.
だんし 男子 ❶ [少(青)年] Junge *m.* -n, -n; Knabe *m.* -n, -n; Jüngling *m.* -s, -e. ❷ [女子の対] Mann *m.* -[e]s, ⸗er／男子用 [für] Herren; für Männer《便所の掲示》. ❸ [大丈夫] Mann; ein ganzer (tüchtiger) Mann／男子らしくせよ Sei ein Mann! ¦ Ermanne dich!／男子に二言なし ‚Ein Mann, ein Wort.'
だんじ 男児 Junge *m.* -n, -n; Sohn *m.* -[e]s, ⸗e; Knabe *m.* -n, -n; Schuljunge《男子生徒》.
たんしき 単式簿記 einfache Buch¦führung (-haltung) -en.
だんじき 断食 das Fasten*, -s. ── 断食する fasten; hungern. ‖ 断食日 Fasttag *m.* -[e]s, -e／断食スト Hungerstreik *m.* -[e]s, -s／断食療法 Hungerkur *f.* -en.
たんじく 単軸の einachsig.
たんじつげつ 短日月に in kurzer Zeit.
だんじて 断じて ❶ [肯定] bestimmt; durchaus; entschieden; schlechterdings; unbedingt; auf alle Fälle; auf jeden Fall／僕は断じてやり遂げるよ Ich werde nicht verfehlen, es fertig zu bringen.／断じて行えば鬼神もこれを避く ‚Wer wagt, gewinnt.' ❷ [否定] durchaus nicht; [ganz und] gar nicht; nie[mals]; auf keinen Fall; keineswegs; nicht im Geringsten (Mindesten)／断じてそれをしてはいけない Das darfst du beileibe nicht tun!／断じて疑いなし Darüber herrscht nicht der geringste Zweifel. ¦ Es ist über allen Zweifel erhaben.
たんしゃ 丹砂 〘鉱〙 Zinnober *m.* -s, -.
たんしゃ 単車 Moped *n.* -s, -s; Motorrad *n.* -[e]s, ⸗er.
だんしゃく 男爵 Baron *m.* -s, -e; Freiherr *m.* -n, -en.
だんしゅ 断種 Sterilisation *f.* -en; Entmannung *f.* -en《去勢》; Kastration *f.* -en《同上》. ── 断種する sterilisieren⁴; entmannen⁴《去勢する》; kastrieren⁴《同上》. ‖ 断種法 Sterilisationsgesetz *n.* -[e]s, -e.
たんじゅう 胆汁 Galle *f.* -n／胆汁質の cholerisch／胆汁質の人 Choleriker *m.* -s, -.
だんしゅう 男囚 Sträfling *m.* -s, -e; Zuchthäusler *m.* -s, -.
たんしゅく 短縮 Ver¦kürzung (Ab-) *f.* -en; [制限] Beschränkung *f.* -en. ── 短縮する verkürzen⁴; ab|kürzen⁴; beschränken⁴／労働時間を短縮する die Arbeitszeit verkürzen.
たんじゅん 単純 Einfachheit *f.*／単純な einfach; schlicht; [愚直な] einfältig; naiv. ── 単純化する vereinfachen⁴.
たんしょ 短所 Schwäche *f.* -n; schwache Seite, -n; [欠点] Fehler *m.* -s, -; Mangel *m.* -s, ⸗; Nachteil *m.* -[e]s, -e《不利な点》／長所と短所 Vorzüge und Mängel／短所を補う seinen Fehler wieder gut|machen／誰にでも短所はある Jeder hat seine Schwächen.
だんじょ 男女 Mann und Frau; Männer und Frauen《*pl*》; die [beiden] Geschlechter《*pl*》／男女混合の [aus Männern und Frauen] gemischt／男女の関係 die geschlechtlichen Beziehungen《*pl*》／男女両性の zweigeschlechtig; zwitterhaft; androgyn[isch]; bisexuell; hermaphroditisch ‖ 男女共学 Gemeinschaftserziehung *f.* -en; Koedukation *f.* ⇨きょうがく(共学)／男女同権 die Gleichberechtigung beider Geschlechter (von Mann und Frau)／男女同権主義者 Frauen¦rechtler *m.* -s, - (--rechtlerin *f.* ..rinnen)／男女同権論(主義) Feminismus *m.* -, ..men; Frauenrechtlertum *n.* -s.
たんしよう 単子葉植物 Monokotyledone *f.* -n; einkeimblättrige Pflanze, -n.
たんしょう 嘆賞 Bewunderung *f.* -en; [称賛] Lob *n.* -[e]s／嘆賞に値する bewunderns¦wert (-würdig); lobenswert. ── 嘆賞する bewundern⁴; [称賛する] loben⁴; preisen*⁴.
たんしょう 探勝に出掛ける landschaftliche Schönheiten《*pl*》[auf|]suchen.
たんじょう 誕生 Geburt *f.* -en. ── 誕生する geboren werden; das Licht der Welt erblicken; zur Welt kommen* [s]. ‖ 誕生日 Geburtstag *m.* -[e]s, -e／誕生日のお祝い Geburtstags¦feier (-fest)／誕生日の贈物 Geburtstagsgeschenk *n.* -[e]s, -e／誕生日を祝う *js* ⁴Geburtstag feiern／御誕生日おめでとう Herzlichen Glückwunsch zum Geburtstag!／昨日は僕の誕生日だった Gestern hatte ich Geburtstag.
だんしょう 談笑 das [gemütliche] Geplauder, -s; das [ver]trauliche Gespräch, -[e]s, -e／事件を談笑裡に解決する eine Sache freundschaftlich bei|legen (erledigen)／彼となら打ち解けて談笑もできる Mit ihm lässt sich gut plaudern. ── 談笑する plaudern《mit *jm*》; ⁴sich gemütlich unterhalten*《mit *jm*》.
だんしょう 男娼 der Prostituierte*, -n, -n.
だんじょう 壇上に(で) auf der Bühne (Kanzel; Tribüne)／壇上に上る auf die [Redner-]bühne treten* [s].
だんじょう 壇場 Bühne *f.* -n; Kanzel *f.* -n／

たんしょうとう 探照灯 Scheinwerfer *m.* -s, -/探照灯を点じる einen Scheinwerfer ein|schalten/探照灯で照らす einen Scheinwerfer richten *(auf⁴)*.

たんしょく 淡色 helle Farbe, -n/淡色の hellfarbig.

たんしょく 単色 einfache Farbe, -n/単色の einfarbig; monochrom ‖ 単色画 einfarbiges Gemälde, -s, -.

たんしょく 男色 Knabenliebe *f.*; Päderastie *f.*; die widernatürliche Unzucht; Sodomie *f.*

だんしょく 暖色 die warme Farbe, -n.

だんじる 談じる ❶ [話す] sprechen* (⁴sich unterhalten*) (mit *jm* über⁴); [論じる] erörtern⁴ (談ずるに足らず [物が主語] Das ist nicht der Rede (Erwähnung) wert./人が主語] Er zählt nicht mit (unter der Nummer). ❷ [相談する] ⁴sich beraten* (mit *jm* über⁴). ❸ [かけ合う] unterhandeln (mit *jm* [über] ⁴*et*)/談じ込む in zur Rede setzen (stellen) (*über*⁴; *wegen*²⁽³⁾).

たんしろん 単子論 [哲] ⇨だんげん.

たんしん 単身 allein; unbegleitet / 単身敵地に入る allein ins feindliche Lager ein|dringen* ⓢ.

たんしん 短針 kleiner Zeiger, -s, -; Stundenzeiger *m.* -s, -.

たんしん 短信 kurzer Brief, -(e)s, -e.

たんす 箪笥 Kommode *f.* -n; [Kleider-]schrank *m.* -(e)s, ⸚e/洋服箪笥.

ダンス das Tanzen*, -s; Tanz *m.* -es, ⸚e ⇨ぶとう/ダンスをする tanzen ⓢ Ⓢ ‖ぬ場所の移動のとき] ‖ ダンスパーティー Ball *m.* -(e)s, ⸚e; Hausball ⟨家庭・内輪の⟩/ダンスホール Tanzboden *m.* -s, -[-lokal *n.* -s, -; -saal *m.* -(e)s, ..säle]/ダンスミュージック Tanzmusik *f.* -en.

たんすい 淡水 Süßwasser *n.* -s, -; süßes Wasser, -s, - ‖ 淡水魚 Süßwasserfisch *m.* -es, -e/淡水湖 Süßwassersee *m.* -s, -n.

だんすい 断水 die Abschneidung (Absperrung⁴) der ²Wasserleitung, -/断水する die ²Wasserleitung abschneiden*; das ²Wasser [ab]sperren [ab|stellen]/水道が断水している Das Wasser ist [ab]gesperrt.

たんすいかぶつ 炭水化物 Kohle(n)hydrat *n.* -(e)s, -e.

たんすいしゃ 炭水車 Tender *m.* -s, - ‖ 炭水車付機関車 Tenderlokomotive *f.* -n.

たんすう 単数 [文法] Singular *m.* -s, -; Einzahl *f.* -/単数の singularisch.

たんせい 単性 Eingeschlechtigkeit *f.* / 単性の eingeschlechtig ‖ 単性花 eingeschlechtige Blume, -n/単性生殖 Monogenese (Partheno-) *f.*

たんせい 端正 Richtigkeit *f.* -en; Rechtschaffenheit *f.* -en; Anständigkeit *f.* -en ⟨礼儀正しさ⟩/端正な richtig; anständig/あの女の人は容姿が端正だ Jene Dame hat eine feine Figur.

たんせい 丹精 [努力] Anstrengung *f.* -en; Bemühung *f.* -en; [苦心] Mühe *f.* -en; [勤勉] Fleiß *m.* -es, [熱心] Eifer *m.* -s; [入念] Sorgfalt *f.*/丹精をこめた作品 mit Sorgfalt durchgearbeitetes Werk, -(e)s, -e/丹精する ⁴sich an|strengen; ³sich ⁴Mühe geben*; Sorgfalt verwenden*⁽ⓢ⁾ *(auf⁴)*.

たんせい 嘆声 Seufzer *m.* -s, -; Klageruf *m.* -(e)s, -e ⟨悲嘆の声⟩/嘆声を発する einen Seufzer (Klageruf) auf|stoßen*.

だんせい 弾性 ⇨だんりょく ‖ 弾性係数(率) Elastizitätsmodul *m.* -s; Dehnsteife *f.* -n/弾性ゴム der elastische Gummi, -s; Gummielastikum *n.* -s; Kautschuk *m.* -(e)s, -e.

だんせい 男声 Männerstimme *f.* -n ‖ 男声合唱 Männerchor *m.* -(e)s, ⸚e.

だんせい 男性 ❶ [総称的に] das männliche (starke) Geschlecht, -(e)s; Männergeschlecht *n.* -(e)s; (-welt *f.*); [具体的に] Mann *m.* -(e)s, ⸚er/男性中心の androzentrisch/男性的な mannhaft; viril/男性的な男(女)の der starke Mann; ein ganzer Mann; ein Mann von Mut (Heldenweib *n.* -(e)s, -er ⟨女傑⟩; Mannweib; Amazone *f.* -n; Virago *f.* ..gines). ❷ [文法] das männliche Geschlecht; Maskulinum *n.* -s, ..na ⟨男性名詞⟩. — 男性的な männlich; maskulin(isch). ‖ 男性美 die männliche Schönheit, -en.

たんせき 旦夕 Morgen und Abend/命旦夕に迫る mit einem Fuß (Bein) im Grab(e) stehen*; am Rand(e) des Grabes stehen*; dem Tod(e) nahe sein.

たんせき 胆石 Gallenstein *m.* -(e)s, -e ‖ 胆石病 Gallensteinkrankheit *f.*

たんせき 痰咳 Schleimhusten *m.* -s, -.

たんせつ 鍛接 Schmiedeschweißung *f.*/鍛接する schmiede|schweißen⁴ ‖ 鍛接工 Schmiedeschweißer *m.* -s, -.

だんぜつ 断絶 ❶ [絶滅] das Auslöschen* (Erlöschen*; Aussterben*), -s. ❷ [中断] Abbrechung *f.* -en; [Ab]bruch *m.* -(e)s, ⸚e; Unterbrechung *f.* -en — 断絶する ❶ [絶滅] aus|lassen⁴⁽ⓢ⁾ ⁴; erlöschen* ⓢ; aus|sterben* ⓢ/家系が断絶する Ein Geschlecht erlischt. ❷ [中断] ab|brechen*⁴ ⟨関係・交際を⟩; unterbrechen*⁴ ⟨彼らの関係から断絶していた Es kam zwischen ihnen zu einem Bruch./両国間の国交が断絶された Die diplomatischen Beziehungen zwischen beiden Ländern wurden abgebrochen.

たんせん 単線 einfaches Geleise, -s, - ⟨鉄道の⟩; einfache Leitung, -en ⟨電線の⟩ ‖ 単線鉄道 eingleisige Bahn, -en.

たんぜん 端然 [正しく] richtig; [きちんとした] ordentlich; [端正な] anständig — 端然と [きちんと] ordentlich/端然として座っている aufrecht (ordentlich) sitzen*; [まっすぐに] aufrecht; [端正に] anständig.

だんせん 断線 Ausschaltung (*f.* -en) (Unterbrechung *f.* -en) [der Leitung]; Leitungsstörung *f.* -en/断線している Die Leitung ist unterbrochen./Der Draht ist [ab]gerissen. ⟨不通⟩/Es ist eine Störung

in der Leitung.
だんぜん 断然 ❶ [断固として] entschieden; entschlossen; [あくまで] durchaus; unbedingt; [はっきり] ausdrücklich; bestimmt; [きっぱり] rund(weg) — 断然酒を断つ den Wein verschwören; das Trinken völlig auf|geben*/彼は断然結婚する決心だ Er ist fest entschlossen zu heiraten. ❷ [ずばぬけて] außerordentlich; ungewöhnlich/断然すぐれている *sich aus|zeichnen (*in*³*; *durch*⁴); weit übertreffen*⁴/あのクラスでは彼の成績は断然すばらしい Er ist Primus der Klasse./そいつは断然すてきだ Das ist aber fein (prima)! ❸ [決して] auf keinen Fall; durchaus (ganz und gar) nicht; nie/そんなことを私は断然欲しない Ich wäre der Letzte (würde der Letzte sein), der das wünschte.

たんそ 炭素 Kohlenstoff *m.* -(e)s; Karbon *n.* -s/炭素と化合させる *chemisch* =/炭素化合物 Kohlenstoffverbindung *f.* -en/炭素棒 Kohlenstab *m.* -(e)s, ≔e/一酸化炭素 Kohlenmonoxid *n.* -(e)s/二酸化炭素 Kohlendioxid *n.* -(e)s.

たんそう 炭層 (Stein)kohlenflöz *n.* -es, -e (-lager *n.* -s, -).

だんそう 断層 Verwerfung *f.* -en; Dislokation *f.* -en ‖ 断層地震 Dislokationsbeben (Verschiebungs-) *n.* -s, -/断層線 Verwerfungslinie *f.* -n/断層谷 Verwerfungstal *n.* -(e)s, ≔er/レントゲン断層写真撮影[法] Schichtbildaufnahme *f.* -n; Tomographie *f.* -n.

だんそう 男装 die männliche Kleidung (Tracht), -en/男装の麗人 die Frau (-en) in Männerkleidung; die als Mann verkleidete Frau. —— 男装する *sich als Mann (in einen Mann) verkleiden.

だんそう 弾奏する spielen⁴ (auf (mit) einem Instrument); [暗譜 (初見) で] spielen⁴ auswendig (vom Blatt) spielen.

たんそく 嘆息 Seufzer *m.* -s, -; Klage *f.* -n 〔悲嘆〕/嘆息する seufzen; einen Seufzer aus|stoßen*¹; klagen (*über*⁴).

だんぞく 断続する aus|setzen; ab|setzen. —— 断続的に [zeitweilig] aussetzend; intermittierend; unterbrochen; [以下副詞的に] absatzweise (in Absätzen); stoßweise (in Stößen); dann und wann 〔とぎれとぎれに〕.

だんそんじょひ 男尊女卑 die Höherstellung 《-en》 der Männer über die Frauen; Männerherrschaft *f.* -en/男尊女卑の androzentrisch 〈男性中心の〉.

だんたい 団体 Verein *m.* -(e)s, -e; Verband *m.* -(e)s, ≔e 〔Verein の連合〕; Körperschaft *f.* -en 《Korporation *f.* -en》〈法人〉; Genossenschaft *f.* -en 〈組合〉; Gesellschaft *f.* -en 〈結社・一座(行)〉; Gruppe *f.* -n 〈集団〉/団体に入る *sich einer Gesellschaft (Gruppe) an|schließen* ⓈⓂ/団体に入会する *sich in einen Verein ein|treten* ⓈⓂ/団体を作る *sich zu einem Verein (einer Vereinigung) zusammen|schließen*/団体行動をとる gemeinschaftlich handeln ‖ 団体協約 Kollektivvertrag *m.* -(e)s, ≔e; Tarif|abkommen *n.* -s, - (-vertrag)/団体交渉 die Kollektivverhandlungen (Tarif-) 《*pl*》/団体交渉権 das Recht 《-(e)s, -e》 auf *Kollektivverhandlungen/団体乗車券 die Fahrkarte 《-n》 für *Gesellschaftsfahrten/団体生活 Gruppenleben *n.* -s; Zusammenleben *n.* -s 〈共同生活〉/団体精神 Gemeinschaftsgeist (Korps-; Mannschafts-) *m.* -(e)s/団体保険 Gruppenversicherung (Kollektiv-) *f.* -en/団体旅行 Gesellschaftsreise (Gruppen-) *f.* -n/団体旅行をする in *³Gesellschaft reisen Ⓢ/団体割引 die Fahrpreisermäßigung 《-en》 für *Gesellschaftsfahrten/公共(政治)団体 die öffentliche (politische) Körperschaft/旅行団体 Reisevereinigung *f.* -en.

だんだら だんだら〔縞〕 die Querstreifen 《*pl*》/紅白のだんだら die roten und weißen Querstreifen.

たんたん 淡々たる [色彩が] hell; blass; [無関心な] gleichgültig; unbekümmert; [味気ない] schal; nüchtern/淡々たる態度をとる eine gleichgültige Haltung ein|nehmen*.

たんたん 湛々たる über|fließend (-voll).

たんたん 坦々たる eben; flach; glatt; [無事な] friedlich; ereignislos; [単調な] monoton; eintönig/坦々とした道 ebener Weg, -(e)s, -e/坦々たる生活 monotones (eintöniges) Leben, -s.

だんだん 段々 ❶ ⇒だん(段)①. ❷ [しだいに] allmählich; nach und nach; Schritt für Schritt; schrittweise; immer weiter; mehr und mehr 〔ますます〕/段々激しくなる immer heftiger werden/病人は段々快方に向かっている Der Kranke ist auf dem Weg der Besserung (kommt allmählich zu Kräften).

だんだんばたけ だんだん畑 das terassierte Feld, -(e)s, -er.

たんち 探知する heraus|finden*⁴; ausfindig machen⁴; auf die Spur kommen*³; Wind bekommen 《*von*³》/警察はある陰謀を探知した Die Polizei kam einem Anschlag auf die Spur.

だんち 団地 Siedlung *f.* -en; Siedlungsgelände *n.* -s, -; Siedlungshaus *n.* -es, ≔er 〈住宅〉.

だんちがい 段違いである ❶ [はるかに劣る] keinen Vergleich mit *jm* aus|halten*; hinter *jm* weit zurück|bleiben* Ⓢ; *jm* nicht das Wasser reichen können*; *jm* nicht gewachsen sein 《*an*³ …の点で》〔に勝る〕 *jm* weit überlegen sein. ❷ *jm* um vieles (bei weitem; weit) übertreffen*; *sich aus|zeichnen (hervor|tun*) 〔卓越する〕. —— 段違いに über allen Vergleich; unvergleichlich; weitaus; um vieles/彼は多くの中で段違いにすぐれている Er ragt vor allen anderen hervor./両者は段違いで比較にならぬ Die beiden lassen sich nicht vergleichen.

だんちゃく 弾着 ⇒ちゃくだんきょり.

たんちょ 端緒 [始め] Anfang *m.* -(e)s, ≔e; Beginn *m.* -(e)s; [手がかり] Schlüssel *m.* -s,

たんちょう -; Anhaltspunkt *m.* -[e]s, -e; [起源] Ursprung *m.* -[e]s, -e; [端緒を開くと] beginnen《*mit*³》; an|fangen*《*mit*³》; den Anfang machen《*mit*³》/端緒をつかむ den Schlüssel finden《*zu*³》.

たんちょう 単調 Monotonie *f.* -n; Eintönigkeit *f.*; Gleichförmigkeit *f.*/単調な monoton; eintönig; gleichförmig; [退屈な] langweilig/単調な生活 eintöniges Leben, -s.

たんちょう 短調 Moll *n.* -, -/ニ短調の in d-Moll.

たんちょう 丹頂鶴 japanischer Kranich, -[e]s, -e.

だんちょう 団長 Führer《*m.* -s, -》(Leiter《*m.* -s, -》) (eines Vereins); Haupt *n.* -[e]s, "er(einer ²Bande ギャングの頭目).

だんちょう 断腸の思いで bluten ²Herzens; mit blutendem Herzen/私は断腸の思いがする Mir blutet das Herz.; Mir kehrt sich das Herz im Leibe um.

たんつぼ 痰唾 Speichel *m.* -s, -; [俗] Spucke *f.* -n/痰唾を吐く speien*; spucken.

たんつぼ 弾壺 Spucknapf *m.* -[e]s, "e.

たんてい 探偵 geheime Forschung, -en《事》; Spionage *f.* -n《スパイすること》; Detektiv *m.* -s, -e《人》; Geheimpolizist *m.* -en, -en《刑事》; Spion *m.* -e《スパイ》. —— 探偵する im Geheimen forschen《*nach*³》; spionieren《スパイする》/探偵する durch einen Geheimpolizisten beobachten lassen*《*jn*》. ‖ 探偵犬 Polizeihund *m.* -[e]s, -e/探偵小説 Detektivroman *m.* -s, -e/私立探偵[事務所] Privatdetektivbüro *n.* -s, -s/秘密[私立]探偵 Privatdetektiv.

たんてい 端艇 Boot *n.* -[e]s, -e.

だんてい 弾程 Schussweite *f.* -n.

だんてい 断定 Folgerung *f.* -en; Schluss *m.* -es, "e; Schlussfolge *f.* -n; Schlussfolgerung *f.* -en. —— 断定する folgern*《*aus*³》; schließen*《*aus* ³*et*[*auf*] ⁴*et*》; einen Schluss ziehen (eine Schlussfolgerung ziehen)《*aus*³》.

ダンディー ダンディーな dandyhaft; stutzerhaft《ダンディーな男 Dandy *m.* -s, -s; Geck *m.* -en, -en; Stutzer *m.* -s, -.

たんてき 端的な klar; bestimmt; offen[herzig]《腹蔵のない》/端的に言う ohne ²Umschweife sagen/端的に言えば offen gesagt.

たんでき 耽溺 Schwärmerei *f.* -en; Schwelgerei *f.* -en;[専心] Ergebenheit *f.* -en/耽溺生活を送る in ³Saus und Braus leben. —— 耽溺する schwärmen《*für*⁴》; schwelgen《*in*³》; [専心] ⁴sich ergeben*《³*et*》; ⁴sich hin|geben*《³*et*》/惜しいことに彼は酒に耽溺している Er ist leider dem Trunk ergeben. ‖ 耽溺家 Schwärmer *m.* -s, -; Schwelger *m.* -s, -.

たんてつ 鍛鉄 geschmiedetes Eisen, -s; Schmiedeeisen *n.* -s/鍛鉄の aus Schmiedeeisern.

たんてつ 単綴 Einsilbigkeit *f.*/単綴の einsilbig ‖ 単綴語 einsilbiges Wort, -[e]s, "er.

たんでん 炭田 Kohlenfeld *n.* -[e]s, -er.

たんでん 丹田に力を入れる alle ⁴Kräfte auf den ⁴Unterleib konzentrieren.

たんとう 短刀 Dolch *m.* -[e]s, -e; Stilett *n.* -[e]s, -e/短刀を懐にして mit einem Dolch im Busen.

たんとう 担当 Übernahme *f.* —— 担当する übernehmen*⁴; auf ⁴sich nehmen*《担当している》beauftragt sein《*mit*³》/私は一年生を担当している Ich bin Klassenlehrer des ersten Schuljahres./私はドイツ語を担当している Ich lehre (unterrichte) Deutsch. ‖ 担当者 Übernehmer *m.* -s, -; der Beauftragte*, -n, -n《受任者》.

だんとう 弾頭 Gefechtskopf *m.* -[e]s, "e; Sprengkopf *m.*/核弾頭 Atomsprengkopf.

だんとう 暖冬 der ungewöhnlich warme Winter, -s, -.

だんどう 弾道 die ballistische Kurve, -n; Flug:bahn (Geschoss-) *f.* -en ‖ 弾道学 Ballistik *f.*/弾道兵器 ein ballistisches Geschoss, -es, -e.

だんとうだい 断頭台 Schafott *n.* -[e]s, -e; Blut:bühne *f.* -n (-gerüst *n.* -[e]s, -e); Guillotine *f.* -n/断頭台の露と消える auf dem Schafott enden (hingerichtet werden).

たんとうちょくにゅう 単刀直入に ohne Umschweife《pl》; geradeheraus; klipp und klar; offen; unumwunden《隠さずに》; unverhohlen《言わば》/単刀直入に言う ohne Umschweife sagen*.

たんどく 耽読する ⁴sich vertiefen (versenken)《*in*³》; eifrig lesen*⁴.

たんどく 単独の alleinig; selbstständig (selbstständig)《独立の》; unabhängig《同上》; ohne ⁴Hilfe (Beistand)《独力の》; einhändig《同上》; individuell《個人的な》; persönlich《同上》; einzeln《個々の》/単独で allein; selbstständig (selbstständig); ohne Hilfe; einhändig; persönlich; einzeln/単独行動をする allein (unabhängig) handeln ‖ 単独行為《法》einseitiges Rechtsgeschäft, -[e]s, -e/単独犯 Einzeltäter *m.* -s, -/単独犯行 einfaches Verbrechen, -s, -/単独飛行 Allein(Einzel-)flug *m.* -[e]s, "e.

たんどく 丹毒 Rose *f.*; Rotlauf *m.* -[e]s; Erysipel *n.* -s, -e; Erysipelas *n.* -.

だんどり 段取り [An]ordnung *f.* -en; Plan *m.* -[e]s; Programm *n.* -s, -e/段取りを決める einen Plan entwerfen*; Pläne fassen; ein Programm auf|stellen/旅行の段取りをする eine Reise (⁴sich für eine Reise) vor|bereiten, ⁴Vorbereitungen zu einer Reise machen (treffen*)/万事段取りがよい Es geht alles glatt (gut; reibungslos) vonstatten.《手順よく運ぶ》; Es ist alles in bester Ordnung.《手筈ができている》.

だんな 旦那 ❶ [主人] Herr *m.* -n, -en; Hausherr *m.* -n, -en; [親方] Brotherr; Meister *m.* -s, -/御旦那 der Herr, -n; [旦那さんと奥さん Herrschaft *f.* -en《der ²Dienstboten 単・複どもに用いる》/旦那さんは御在宅ですか Ist der Herr zu Hause? ❷ [夫] [Ehe-

だんなでら 784 **たんほんいせい**

mann *m.* -(e)s, ⸚er; Gatte *m.* -n, -n/旦那様によろしく Ich lasse Ihren Herrn Gemahl schön grüßen. ❸ [後援者] Gönner *m.* -s, -; Beschützer *m.* -s, -/ Patron *m.* -s, -e ❹ [敬称] mein Herr [呼び かけ]。 ❺ 旦那芸 Dilettantismus *m.* -; Liebhaberei *f.* -en [素人芸] / 大(若)旦那 der alte (junge) Herr.

だんなでら 檀那寺 Familientempel *m.* -s, -.

たんに 単に nur; bloß; einfach/単に…ばかりでなく… nicht nur (bloß; allein) …, sondern auch …/彼女は単に美しいばかりでなく賢い Sie ist nicht nur schön, sondern auch klug./ それは単にあなたのお心次第です Es kommt nur auf Sie an./それは単なる夢物語に過ぎない Das ist nichts anders als eine einfache Fantasie.

たんにん 担任 ⇨たんとう(担当)/クラスを担任する [die] Aufsicht über eine ⁴Klasse übernehmen* ‖ 担任教師 Klassenlehrer *m.* -s, -.

タンニン Tannin *n.* -s, -.

たんねん 丹念 sorgfältig; aufmerksam; [綿密な] genau/丹念に sorgfältig; mit ³Sorgfalt; aufmerksam; [綿密に] genau.

だんねん 断念する auf|geben*⁴; verzichten [*auf*⁴]. ⇨あきらめる.

たんのう 堪能な geschickt; gewandt; tüchtig [有能な]; erfahren [*in* ³精通している]; bewandert [同上]; vertraut [*mit*³] /彼女は英語に堪能です Sie beherrscht Englisch. —— 堪能する zufrieden sein [*mit*]; satt² werden / 堪能するまで食べる nach ³Herzenslust essen*.

たんのう 胆嚢 Gallenblase *f.* -n ‖ 胆嚢炎 Gallenblasenentzündung *f.* -en.

ダンパー Dämpfer *m.* -s, -.

たんぱく 淡白な ❶ [性格] offen(herzig); großzügig [金銭に]; indifferent [無関心な]. ❷ [味・色] einfach.

たんぱく 蛋白 Eiweiß *n.* -es, -e; Albumen *n.* -s ‖ 蛋白質 Eiweißstoff *m.* -(e)s, -e/蛋白質を含む eiweißhaltig; albuminös/蛋白石 Opal *m.* -s, -e/蛋白尿 Eiweißharn *m.* -(e)s, -; Albuminurie *f.*

たんばしご 段梯子 [Treppen]leiter *f.* -n; Treppe *f.* -n; Freitreppe *f.* -n [戸外の].

たんぱつ 単発の einmotorig [飛行機の] ‖ 単発銃 Einzellader *m.* -s, -.

だんぱつ 断髪 Bubi|kopf (Pagen-) *m.* -(e)s, ⸚e [おかっぱ頭]; Herrenschnitt *m.* -(e)s, -e [男仕立ての髪型] /彼女は断髪にしている Sie trägt Herrenschnitt [ihr Haar kurz geschnitten]. / Sie hat einen Bubikopf.

タンバリン Tamburin *n.* -s, -e.

だんぱん 談判 Unterhandlung *f.* -en; Unterredung *f.* -en; Verhandlung *f.* -en/講和談判は急速に進捗(½½)した Die Friedensverhandlungen machten einen schnellen Fortgang./談判に応じる ⁴sich in ⁴Unterhandlungen ein|lassen*. —— 談判する unterhandeln [*mit jm* über³]; verhandeln [*mit jm* [über]] *et* [wegen²(³)].

たんぴ 嘆美 Bewunderung *f.* -en/嘆美する bewundern⁴; loben⁴; preisen*⁴.

たんぴ 耽美的 ästhetisch ‖ 耽美主義 Ästhetizismus *m.* -/耽美主義者 Ästhet *m.* -en, -en.

たんぴ 単比 einfaches Verhältnis, ..nisses, ..nisse ‖ 単比例 einfache Proportion, -en.

たんぴょう 短評 kurze Kritik, -en; kurze Bemerkung (Besprechung), -en/短評を加える eine kurze Kritik üben [*an*³].

ダンピング der Schleuderverkauf [-(e)s, ⸚e] ans Ausland; Dumping *n.* -s/ダンピングする zu ³Schleuderpreisen ans (ins) Ausland verkaufen⁴.

ダンプカー Hinterkipper *m.* -s, -; Schwerlastwagen *m.* -s, -.

たんぶん 単文 einfacher Satz, -es, ⸚e.

たんぶん 短文 kurzer Satz, -es, ⸚e.

たんぶんすう 単分数 [数] einfacher Bruch, -(e)s, ⸚e.

たんぺいきゅう 短兵急に heftig; ungestüm; hitzig; stürmisch/短兵急に攻める einen heftigen Angriff auf die feindliche Stellung machen.

たんべつ 反別 Flächeninhalt *m.* -(e)s, -e ‖ 作付反別 kultivierte Fläche, -n.

ダンベル Hantel *f.* -n.

たんべん 単弁の einklappig [植物の]; einschalig [動物の] ‖ 単弁花 einklappige Blume, -n.

たんぺん 短編 kleines Stück, -(e)s, -e ‖ 短編小説 Novelle *f.* -n/短編小説家 Novellist *m.* -en, -en.

だんぺん 断片 Bruchstück *n.* -(e)s, -e; Fragment *n.* -(e)s, -e [特に断篇]; Torso *m.* -s, -s [彫像の、または同上]. —— 断片的な bruchstückhaft; fragmentarisch/断片的に bruchstückweise.

だんぺん 弾片 [Granat]splitter *m.* -s, -; Granatstück *n.* -(e)s, -e.

たんぼ 田圃 Reisfeld *n.* -(e)s, -er ‖ 田圃道 Feldweg *m.* -(e)s, -e.

たんぽ 担保[物] Pfand *n.* -(e)s, ⸚er; Sicherheit *f.* -en/担保を入れる ein Pfand geben*/担保として入れる als Pfand geben*⁴/担保をとって金を貸す ⁴Geld auf ⁴Pfänder leihen*³/無担保の[で] ohne Pfand ‖ 担保者 Bürge *m.* -n, -n; Bürgin *f.* ..ginnen [女]/担保付貸付 gedecktes Darlehen, -s, -/担保物権 Pfandrecht *n.* -(e)s, -e.

たんぼう 探訪 Nachforschung *f.* -en; Erkundigung *f.* -en/探訪する ⁴sich erkundigen [*nach*³]; interviewen [*jn*]; nach|forschen² ‖ 探訪記者 Reporter *m.* -s, -; Zeitungsberichterstatter *m.* -s, -.

だんぼう 暖房 Heizung *f.* -en ‖ 暖房装置 Heiz[ungs]anlage *f.* -n; Heiz|apparat *m.* -(e)s, -e [-vorrichtung *f.* -en].

だんボール 段ボール Wellpappe *f.* -n.

たんぽぽ 蒲公英 Löwenzahn *m.* -(e)s, ⸚e.

タンポン Tampon *m.* -s, -.

たんほんいせい 単本位制 Monometalismus

だんまく 弾幕 Sperre *f.* -n; Sperrfeuer *n.* -s, -.

だんまつま 断末魔 Todesstunde *f.* -n/断末魔の苦しみ Todeskampf *m.* -[e]s, *=*e; Agonie *f.* -n/断末魔の苦しみをする mit dem Tod[e] ringen* /彼の断末魔がやって来た Sein [letztes] Stündlein ist gekommen (hat geschlagen). Sein Tod ist nahe. —— 断末魔に auf dem Sterbebett; beim letzten Atemzug.

だんまり ❶ [無言] das Schweigen*, -s; Verschwiegenheit *f.*; [だんまり屋] die schweigsame Person, -en/だんまりの口がたい/もの言わぬ/彼はひどくだんまり屋だ Er ist sehr zugeknöpft (verschlossen). ❷ [芝居の] Pantomime *f.* -n; das stumme Spiel, -[e]s, -e.

たんめい 短命 kurzes Leben, -s/短命のkurzlebig/彼のおじは短命にして死んだ Sein Onkel starb jung.

だんめん 断面 [Durch]schnitt *m.* -[e]s, -e 《durch ein Gebäude》; Profil *n.* -s, -e/生活の一面の一面 ein Ausschnitt des Lebens (aus dem Leben) ‖ 断面図 Durchschnitts|ansicht (Schnitt-) *f.* -, -en/縦断面 Längsschnitt *m.* -[e]s, -e/横断面 Querschnitt *m.* -[e]s, -e.

たんもの 反物 Stoff *m.* -[e]s, -e; Zeug *n.* -[e]s, -e; Tuch *n.* -[e]s, *=*er 《らしゃなどの》; Gewebe *n.* -s 《織物の》‖ 反物屋 Tuchhändler *m.* -s, -/《人》; Tuchhandel *m.* -s, -/《店》.

だんやく 弾薬 Munition *f.* -en; Schießbedarf *m.* -[e]s, -e ‖ 弾薬車 Munitionskammer *f.* -; Pulvermagazin *n.* -s/弾薬盒 Patronentasche *f.* -n/弾薬帯 Patronenband *n.* -[e]s, *=*er 《-gurt *m.* -[e]s, -e》; Bandelier *n.* -s, -e/弾薬筒 Patrone *f.* -n.

だんゆう 男優 Schauspieler *m.* -s, -.

たんよう 単葉 einfaches Blatt, -[e]s, *=*er/単葉の einblätterig ‖ 単葉飛行機 Eindecker *m.* -s, -.

だんらく 段落 ❶ [文章などの] Absatz *m.* -es, *=*e; Abschnitt *m.* -[e]s, -e; Paragraph *m.* -en, -en. ❷ [句切り] [Ab]schluss *m.* -es, *=*e; Ende *n.* -s, -n. ⇨いちだんらく.

だんらん 団欒 das trauliche Zusammensein*, -s; die gesellige Unterhaltung, -en/団欒する eintrāchtig (traulich) beisammen|sitzen*. ‖ 一家団欒の glückliche (trauliche) Familienkreis, -es, -e; die Freude 《-n》 am Familienleben.

たんり 単利 einfache Zinsen 《*pl*》/単利で mit einfachen Zinsen.

だんりゅう 暖流 die warme Meer[es]strömung, -en.

たんりょ 短慮 ❶ [浮薄な] leichtfertig; leichtsinnig; unbesonnen. ❷ ⇨たんき(短気).

たんりょく 胆力 Mut *m.* -[e]s; Herzhaftigkeit *f.*; Kühnheit *f.* -en/胆力のある mutig; beherzt; kühn/胆力を試す *js* 4Mut versuchen.

だんりょく 弾力(性) Elastizität *f.* -en; Feder|kraft (Schnell-; Spann-) *f.* *=*e; Fedrigkeit *f.*; [融通性] Anpassungsfähigkeit *f.* —— 弾力のある elastisch; federnd; fedrig; spannkräftig; anpassungsfähig 《融通のきく》; schmiegsam. ‖ 弾力試験 Elastizitätsprobe *f.* -n.

たんれい 端麗な elegant; anmutig; fein; graziös/あの婦人は容姿端麗だ Jene Dame hat eine anmutige Figur.

たんれん 鍛錬 das Schmieden*, -s; das Stählen*, -s; Abhärtung *f.* -en 《心身の》; Übung *f.* -en 《練習》—— 鍛錬する schmieden4; stählen4; [ab]härten4; üben4/意志を鍛錬する den Willen stählen/彼はスポーツで身体を鍛錬した Er hat durch Sport den Körper gestählt.

だんろ 暖炉 Ofen *m.* -s, *=*; Kamin *m.* -s, -e 《壁暖炉》/暖炉をたく einen Ofen heizen.

だんろん 談論 Besprechung *f.* -en; Diskussion *f.* -en; Erörterung *f.* -en/談論風発する 4sich lebhaft unterhalten* 《mit *jm* über4》; eifrig erörtern4. —— 談論を besprechen*4; diskurrieren; diskutieren 《*über*4》; erörtern4; zur Diskussion (Debatte) stellen4; eine Aussprache haben 《mit *jm* über4》.

だんわ 談話 Gespräch *n.* -[e]s, -e; Rede *f.* -n; Unterhaltung *f.* -en; Konversation *f.* -en/談話の形式で発表する gesprächsweise äußern/あることについて談話を発表する seine Meinung (Ansicht) über 4*et* äußern (kund|geben*)/外相談話によれば nach den Äußerungen des Außenministers/談話を始める ein Gespräch mit *jm* an|knüpfen; 4sich in ein Gespräch mit *jm* ein|lassen*. —— 談話する sprechen* 《mit *jm* über4》; 4sich unterhalten* 《mit *jm* von3 über4》; plaudern 《雑談する》. ‖ 談話会 Abendunterhaltung *f.* -en; die literarische Abendgesellschaft, -en; der literarische Gesellschaftsabend (Unterhaltungsabend), -s, -e/談話室 Gesprächs|zimmer (Sprech-; Gesellschafts-) *n.* -s, -/談話体 Gesprächsform *f.* -en; Gesprächs|ton (Unterhaltungs-) *m.* -[e]s, *=*e

ち

ち 知 ❶ [知力] Verstand m. -(e)s; Erkenntnisvermögen n. -s; Urteilskraft (Verstandes-) f.; Vernunft f./知性意 Verstand, Gefühl und Wille/知に走る'zu sehr vernünftig und verstandesmäßig handeln. ❷ [知識] Wissen n. -s; Kenntnis f. -nisse. ❸ ⇨ちくブ.

ち 地 ❶ [地球] Erde f. -n. ❷ [陸] Land n. -(e)s, ⸗er. ❸ [地面・地所] Grund n. -(e)s, ⸗e; Grundstück n. -(e)s, -(e)s; Ort m. -(e)s, -e (⸗er); Raum m. -(e)s, ⸗e 《余地》/当地当地に[bei uns]/地の利 eine geographisch günstige Stellung, -en/良風美俗地を払う Alle guten Sitten sind spurlos verloren gegangen./名無地に落つ Sein Name ist vollkommen in Vergessenheit geraten.

ち 血 [血液] Blut n. -(e)s 《全称》/血を出す bluten lassen*; jn (jm) zur Ader lassen* 《刺絡する》/血が出る bluten; 《傷から》Die Wunde blutet. /血が流れる das Blut fließt (strömt) aus der Wunde./血を止める das Blut stillen; 血の気のない[toten]bleich; leichenblass; kreideweiß / 血の気の多い heißblütig; sanguinisch; Hitzkopf m. -(e)s, ⸗e 《人》/血の雨 Blutregen m. -s, -/血の雨を降らす zu einem Blutvergießen kommen* 《集合的》/血の海 Blutlache f. -n/血を流す Blut vergießen*; sein Blut fürs Vaterland vergießen* 《国のために》/血を見る die Hände mit Blut besudeln. /血をわかす Das Blut wallt in den Adern./血を吐く Blut spucken (husten) /血だらめの血まみれ blutverschmiert. ❷ [血統] 血を分けた blutverwandt; js eigenes Fleisch und Blut 《血を分けたことも》; der leibliche Bruder 《兄弟》/血に飢えた blutdürstig; mörderisch; /血は争えぬ Das steckt (sitzt; liegt) ihm im Blut. / Das hatte er schon mit der Muttermilch eingesogen. /血は水より濃い 'Blut ist dicker als Wasser.' ¶ 血で血を洗う mit dem Blutverwandten streiten*/血のめぐりのよい(わるい) schlagfertig; scharfsinnig (langweilig; stumpfsinnig)/血の涙を流す bittere Tränen weinen/血を吐く思いだ Mir blutet das Herz. /血となり肉となる in Fleisch und Blut übergehen* 《転》/血のにじむような困難を切り抜ける ein unbeschreibliches Elend überdauern.

ち 治 ¶ 治にいて乱を忘れず auch in Friedenszeiten an den Notfall denken*.

ちあい 血合 [魚肉の] der dunkelfarbige Teil 《-(e)s, -e》des Fischfleisches.

チアノーゼ Zyanose f. -n.

ちあん 治安 die öffentliche Ruhe und Ordnung ‖ 治安維持法 das Gesetz 《-es, -e》für die Aufrechterhaltung des öffentlichen Friedens/治安警察 Sicherheitspolizei f. -en/治安状態 Landesfrieden m. -s, -; die öffentliche Sicherheit/治安妨害 Störung 《f. -en》der öffentlichen Ruhe und Ordnung.

ちい 地衣 [Moos]flechte f. -n ‖ 地衣類学 Lichenologie f.; Flechtenkunde f.

ちい 地位 Stellung f. -en; (Gesellschafts-)klasse f. -n; Posten m. -s, -; Rang m. -(e)s, ⸗e; Stand m. -(e)s, ⸗e; Stelle f. -n/地位のある人々 Männer (Frauen) von Stand 《³Rang》/地位を得る eine Stelle (Stellung) bekommen* (erlangen); 《俗》 kriegen)/自分の地位をわきまえる ³sich seiner ²Stellung bewusst sein; sich erkennen*, was man für eine Stelle bekleidet hat /責任のある地位 eine verantwortungsvolle Stelle (Stellung); Vertrauensstellung/金で地位が自由になる Geld regiert die Welt (die Stellungen).

ちいき 地域 [Land]strecke f. -n; [Land-]strich m. -(e)s, -e; Bereich m. -(e)s, -e; Bezirk m. -(e)s, -e; Gebiet n. -(e)s, -e; Gegend f. -en; Raum m. -(e)s, ⸗e; Region f. -en; Zone f. -n/地域的 gebietsmäßig; regional; zonenmäßig ‖ 地域手当 die gebietsmäßige Zulage, -n; der zonenmäßige Zuschuss 《-es, -e》/地域冷暖房 Fernkühlung und -heizung f.

ちいく 知育 die intellektuelle Erziehung; die verstandesmäßige Ausbildung.

チーク Tiekbaum m. -(e)s, ⸗e 《木》; Tiekholz n. -es, -e 《木材》.

チークダンス チークダンスをする auf Tuchfühlung tanzen.

ちいさい 小さい ❶ klein; gering; wenig; winzig/小さい声で mit leiser (schwacher) Stimme; in flüsterndem Ton/小さい虫 Würmchen n. -s, -; Made f. -n/小さい時から von klein auf (an); vom Kindesbeinen an; von Kindheit auf (an)/小さい時に in meiner Kindheit; als ich noch klein war. ❷ [微細] fein; delikat; zart. ❸ [つまらぬ] geringfügig; kleinlich; schwach; unbedeutend/小さい人物 ein unbedeutender (engherziger) Mensch, -en, -en; eine kleinliche Natur, -en (Seele, -n)/小さいこと Geringfügigkeit f. -en; Kleinlichkeit f. -en; Unbedeutendheit f. -en; Unwichtigkeit f. -en. — 小さく in kleinem, in kleinem Maß[stab]; auf kleinem Fuß 《小規模に》. —— 小さくなる ❶ kleiner werden; ab[nehmen]*; schwinden* 《S》/服が小さくなった Die Kleider sind für mich zu klein geworden. ❷ [畏縮する] ⁴sich ducken; krie-

チーズ [h.s] ; hübsch bescheiden sein; kleinlaut werden. ³[卑下する] ⁴sich demütigen; ⁴sich erniedrigen; ⁴sich klein machen.

チーズ Käse m. -s, -/チーズのような käsig ‖ チーズケーキ Käsekuchen m. -s, -/チーズナイフ Käsemesser m. -s, -.

チータ Gepard m. -s, -e.

チーフ Chef m. -s, -s.

チーム [Spiel]mannschaft f. -en; Spielgruppe f. -n ‖ チームワーク Teamwork n. -s, -; Gemeinschaftsarbeit (Gruppen-; Zusammen-) f. -en/外来チーム Auslandsmannschaft (Gast-) f. -en/早稲田チーム die Waseda-Mannschaft; die Waseda-Elf, -en ((サッカーの)).

ちえ ❶ 知恵 Weisheit f.; Einsicht f. -en; Gescheitheit f. -en; Intelligenz f.; Klugheit f.; Verstand m. -[e]s; die rasche Auffassungsgabe, -n/知恵のある weise; einsichtig; intelligent; klug; verständig/知恵のない unweise; einfältig; [ge]hirnlos; geistlos; hohlköpfig; uneinsichtig; ungescheit; unklug; unverständig; unwissend/知恵を搾る ³sich den Kopf zerbrechen* (zermartern) (《über⁴》); nach[denken (《über⁴》)/知恵をつける einen Wink geben*³; zu verstehen geben*³⁴; nahe legen³⁴; eine praktische Anweisung in Worten geben*³/知恵づく gescheit(er) (verständig(er)) werden*/知恵の輪 Vexierring m. -[e]s, -e/知恵の板 Vexierplatte f. -n. ❷ [知謀] Findigkeit f. -en. ❸ [助言] Ratschlag m. -[e]s, ⸚e; nützliche Worte 《pl》/…の知恵を借りる um ⁴Rat fragen (anrufen* 《jn》); ³sich Rat³ holen 《bei jm in³》/知恵を貸す Rat erteilen³ (geben*³)/知恵者 der findige Mensch, -en, -en; einer*, der ³sich zu helfen weiß.

チェーン ❶ [自転車の] [Rollen]kette f. -n. ❷ [タイヤチェーン] Schneekette f. -n. ❸ [商店などの系列] Ladenkette f. -n ‖ チェーンストア Filialbetrieb m. -[e]s, -e; Zweiggeschäft n. -[e]s, -e; Kettenladen m. -s, ⸚/ドアチェーン Sicherheitskette f. -n.

ちえきけん 地役権 《法》 Realservitut f. -en; Nutzungsrecht n. -[e]s, -e.

チェコ Tschechien n. -s/チェコの tschechisch ‖ チェコ語 Tschechisch n. -s/チェコ人 Tscheche m. -n, -n; Tschechin f. -nen ((女)).

チェス Schach n. -s/チェスのこま Schachfigur f. -en ‖ チェス盤 Schachbrett n. -[e]s, -er/チェス盤の目 Schachfeld n. -[e]s, -er.

ちぇっ pah!; pfui!; puh!/ちぇっ, くそ Pfui, Teufel!; Du, meine liebe Zeit!; Verflixt nochmals!; Zum Kuckuck!.

チェック an|haken⁴; kreuzen⁴ ((かぎ印·×印をつける)); überprüfen⁴ ‖ チェックポイント Kontrollpunkt m. -[e]s, -e/チェックリスト Kontrollliste f. -n.

チェロ Cello n. -s, -s (Celli) ‖ チェロ奏者 Cellist m. -en, -en.

ちえん 遅延 Verspätung f. -en; Ver-zögerung f. -en; Verzug m. -[e]s, ⸚e; Aufschub m. -[e]s, ⸚e; Säumigkeit f. -en; Saumseligkeit f. -en. 遅延する ⁴sich verspäten; ⁴sich verzögern; in Verzug kommen* (geraten)* 《s》 (《mit³》); aufgeschoben werden*/列車は一時間遅延している Der Zug hat eine Stunde Verspätung./発刊の期限をとうに遅延してしまっている Der Erscheinungstermin hat sich lange hinausgezögert.

チェンバロ 《楽》 Cembalo n. -s, - (..bali).

ちか 地価 der abgeschätzte (eingeschätzte; steuerbare) Preis (eines Grundstück[s]); Bodenpreis m. -es, -e ‖ 地価改正 die erneute Abschätzung (Ein-) (《von³》) des Bodenpreises/地価割 die Abschätzung (Ein-) (《von³》) des Bodenpreises zwecks Besteuerung; der Steuersatz m. -es, ⸚e des Bodens.

ちか 地下の unterirdisch; unter der Erde; unter Tage ((鉱山で)); vergraben [埋めてある]; im Grab[e] (unter dem grünen Rasen) ((墓中の))/地下にもぐる unter die Erde tauchen [s.h] ‖ 地下運動 Untergrundbewegung f. -en; die heimliche Kampfbewegung ((gegen Gewaltherrschaft))/地下街 eine unterirdische Einkaufspassage, -en/地下茎 Wurzelstock m. -[e]s, ⸚e; 《植》 Rhizom n. -s, -e/地下ケーブル der unterirdische Leitungsdraht, -[e]s, ⸚e; das unterirdische Kabel, -s, -/地下資源 die unterirdische Hilfsquelle, -n/地下室 Keller m. -s, -/地下実験 ((核兵器)) ein unterirdischer Versuch, -[e]s, -e/地下水 Grundwasser (Unter-) n. -s/地下組織 Untergrundorganisation f. -en/地下駐車場 Tiefgarage f. -en/地下鉄 U-Bahn (Untergrundbahn) f. -en/地下道 der unterirdische Gang, -[e]s, ⸚e; Straßenunterführung f. -en.

ちかい 誓い Eid m. -[e]s, -e; Eidablegung f. -en; [Eid]schwur m. -[e]s, ⸚e; Eidesleistung f. -en; die feierliche Beteuerung, -en; Gelöbnis n. -nisses, -nisse; Gelübde n. -s, -/誓いを決行する ein Gelübde in Erfüllung bringen*/誓いを守る (破る) einen Eid (ein Gelöbnis; einen Schwur) heilig halten* (brechen*; verletzen)/誓いを立てる einen Eid ablegen (leisten; schwören*); ein Gelübde ablegen (leisten).

ちかい 地階 Keller m. -s, -; Kellergeschoss n. -es, -e.

ちかい 近い ❶ [距離] nahe; benachbart; dabei; daneben; nebenan; in nächster Nähe 《至近》. ❷ [時間] früh; baldig; kurz; nahe; zeitig/近いうちに、近々に bald (eher, ehestens; またに balder (bälder), baldest (bäldest)); nächstens; binnen (in) kurzem; in einigen (ein paar) Tagen; in kurzer Zeit; in naher Zukunft/近いうちに伺います Nächster Tage besuche ich Sie. ❸ [関係] nah[e]; eng; inning/近い身寄りの nahe (enge) Verwandte*, -n, -n. ❹ [ほとんど] beinah[e]; fast; nahe; ungefähr/五十[歳]近い an die (gegen) fünfzig Jahre alt

ちがい 違い Unterschied *m.* -(e)s, -e; Verschiedenheit *f.* -en; Abweichung *f.* -en; Differenz *f.* -en《差》; Ungleichheit *f.* 《不同》; Widerspruch *m.* -(e)s, ⁼e《矛盾》/年齢の違い Altersunterschied *m.* -(e)s, -e/両者の違いは絶大だ Die beiden werden durch Berge und Meere getrennt.

ちがいだな 違い棚 Stufengestell *n.* -(e)s, -e; Etagere *f.* -n.

ちがいない (...に)違いない Ich bin ganz sicher, dass ....; gewiss; müssen*/彼はそう言ったに違いない Er muss es gesagt haben.

ちがいほうけん 治外法権 Exterritorialität *f.*/治外法権の exterritorial.

ちかう 誓う schwören*⁽⁴⁾ (*auf*⁴); beteuern⁴; geloben³⁴; vereid(ig)en*; feierlich versprechen*³⁴; einen Eid ab|legen (leisten; schwören*); ein Gelübde ab|legen (leisten)/誓って Meiner Treu!: Bei meiner Ehre!: Bei Gott!: Auf mein Wort!: Ehrenwort!: Ich schwöre, dass ....

ちがう 違う ❶《相違する》verschieden(artig) sein (*von*³); nicht dasselbe sein; ungleich⁴ sein; ⁴sich unterscheiden* (*von*³). ❷《変化する》⁴sich [ver]ändern; ⁴sich um|formen; anders werden/以前会ったときとはずいぶん違った Er ist ganz anders geworden, seit ich ihn zum letzten Mal gesehen habe. ❸《一致しない》nicht überein|stimmen (*mit*³); ³sich (einander) widersprechen*; im Widerspruch stehen* (*zu*³). ❹《間違う》⁴sich irren (*in*³); falsch (irrig; im Irrtum) sein.

ちがえる 違える ❶《改変する》[ver]ändern⁴; um|ändern⁴; anders (bunt; mannigfaltig) machen⁴; modifizieren⁴; verwandeln⁴; [ab]wechseln⁴; ⁴sich um|kleiden; ⁴sich um|ziehen*; Kleider 《*pl*》wechseln; ⁴sich verkleiden《変装》/服装を違える ⁴sich um|kleiden. ❷《間違える》⁴sich irren (*in*³); einen Irrtum 《-s, ⁼e》begehen*; ⇒ちがえる. ❸《骨を》aus|renken⁴; verrenken⁴.

ちかく 知覚 Wahrnehmung *f.* -en; das Wahrnehmen⁴ -s; Perzeption *f.* -en./知覚する wahr|nehmen*⁴; gewahr*⁽²⁾ werden. ‖ 知覚神経 der sensorische Nerv, -s, -en.

ちかく 地核 Erdkern *m.* -(e)s.

ちかく 地殻 Erd:kruste (-rinde) *f.* -n ‖ 地殻変動 Krustenbewegungen《*pl*》; die Veränderung (das Heben) der Erdkruste.

ちかく 近く ❶《間もなく》⇒ちかい(近い) ❷《近い所》 ⃠ 《近接》dicht *dabei*; nebenan; in der Nachbarschaft (Nähe)《*von*³》; 以下同様); unfern⁽²⁾; unweit⁽²⁾; nicht weit (entfernt)/彼はすぐ近くに住んでいる Er wohnt in meiner nächsten Nachbarschaft. ❸《ほとんど》⇒ちかい(近い)④.

ちがく 地学 die physikalische Geographie ‖ 地学協会 die Gesellschaft (der Verein, -(e)s) der physikalischen Geographie.

ちかごろ 近頃 heutzutage; kürzlich; neulich; unlängst; in letzter Zeit; seit einiger Zeit; vor kurzem/近頃まで bis vor kurzem; noch bis vor kurzem《つい近頃まで》/近頃の学生 der Student《-en, -en》von heute; der jetzige Student/近頃の傾向 die jüngste Richtung (Tendenz).

ちかしい 近しい nahe; eng; gut befreundet; innig; intim; vertraut/近しくしている auf freundschaftlichem (vertrautem) Fuß stehen* (*mit*³); in dicker Freundschaft leben (*mit*³).

ちかちか ちかちかする ❶《目が》*jm* brennen die Augen./雪で目がちかちかする Der Schnee blendet die Augen. ❷《星が》Die Sterne funkeln.

ちかづき 近づき Bekanntschaft *f.* -en; der Bekannte*, -n, -n; Bekanntenkreis *m.* -es, -e/近づきになる Bekanntschaft machen (schließen*)《*mit*³》; bekannt werden《*mit*³》; kennen lernen⁴.

ちかづく 近づく ❶⁴sich nähern³; (⁴sich) nahen³; heran|kommen* ⓢ; in die Nähe kommen* ⓢ; nahe (näher) kommen*/近づきやすい(がたい), 近づける(ない) (un)nahbar sein; (un)erreichbar sein; leicht (schwer) zu erreichen sein; (un)zugänglich sein/年末が近づくとともに wie das Jahresende herannaht (herannrückt); mit dem Herannahen (Heranrücken) des Jahresendes. ❷《交際》⁴sich an|freunden《*mit*³》; Freundschaft schließen*《*mit*³》; ⁴sich unter die Leute mischen. ⇒ちかづき(近づきになる).

ちかづける 近づける ❶ näher an ⁴sich bringen*⁴; näher heran|kommen (herantreten) lassen*³⁴. ❷《交際》einen engeren Umgang pflegen (*mit*³); in seiner Nähe leiden* (*jn*).

ちかった 違った [ほかの(に)] verschieden; anders; geändert; verändert; [間違った] falsch; irrig.

ちかみち 近道 Richtweg *m.* -(e)s, -e; der kürzere (kürzeste) Weg, -(e)s, -e/近道をする einen Weg ab|kürzen; den kürzeren (kürzesten) Weg ein|schlagen*.

ちかよせる 近寄せる ⇒ちかづける.

ちかよる 近寄る ⇒ちかづく.

ちから 力 ❶《体の》die physische (körperliche) Kraft, ⁼e《Stärke, -n》/力が抜ける erschlaffen; entkräftet werden; schwach (schwächer) werden/力が尽きる von Kräften kommen* ⓢ; erschöpft (ermüdet; verbraucht) werden/力が強い《弱い》stark (schwach) sein; von großer (kleiner) Kraft (Stärke) sein/力にまかせに aus allen Kräften (mit aller Kraft)/力を出させる *js* Kräfte beanspruchen (in Anspruch nehmen*)/力を出す Kräfte sammeln (zusammen|nehmen*)/力が抜けた Meine Kräfte sind hin. ❷《勢い》Kraft *f.* ⁼e; Energie *f.* -n; Stärke *f.* -n/力の尽きた弾丸 die kraftlose Kugel, -n. ❸《気力》Lebenskraft *f.* ⁼e; Energie *f.* -n; Herz *n.* -ens; Lebhaftigkeit *f.* -en;《俗》Mumm *m.* -s; Mut *m.* -(e)s; Schmiss *m.* -es, -e; Schwung *m.*

ちからいっぱい -(e)s, -e; Tatkraft f. ¨e /力なげに kraftlos; kraft- und hilflos; entmuutigt; mutlos; verzagt /力を落とす den Mut verlieren (sinken lassen*); entmutigt (niedergeschlagen) werden /力をつける ermutigen (auf|muntern; ermunntern) 《jn》 (ver)stärken《mit³》; frischen Antrieb geben《jm》. ❹ [努力] Anstrengung f. -en; Bemühung f. -en /力を注ぐ, 力を込めて, 力を合わせる, 力を尽くす alle Kräfte verein(ig)en (zusammen|fassen); zusammen|wirken (mit|-); kooperieren /力を尽くさ sein Möglichstes tun*; alle Kräfte an|spannen; alles auf|bieten*. ❺ [助力] [Bei]hilfe f. -n; Beistand m. -(e)s. ¨e; Stütze f. -n; Unterstutzung f. -en /力を添えて助ける helfen*³ 《jm》; in die Hand arbeiten 《jm》; zur Seite gehen* 《jm》/力と頼む angewiesen sein《auf⁴》; ⁴sich halten*《an⁴》; rechnen《auf⁴》; ⁴sich verlassen*《auf⁴》/杖を力に mit Hilfe von einem Stock(e); mittels eines Stock(e)s; auf einen Stock gelehnt. ❻ [能力] Fähigkeit f. -en; das Können*. -s; Kraft f. ¨e; Talent n. -(e)s. -e; das Vermögen*, -s /力に及ばない über js ⁴Kraft (Leistungsfähigkeit; Vermögen) gehen* ⓢ /力の及ぶ限り努める alles auf|bieten*, was man kann (vermag); sein bestes (möglichstes) tun*; alles tun*, was in seinen Kräften steht / ドイツ語の力がつく es in der deutschen Sprache weit bringen*; ³sich gediegene (tüchtige) Kenntnisse《pl》in der deutschen Sprache erwerben*. ❼ [権力] Macht f. ¨e; Gewalt f. -en; Autorität f. -en; Einfluss m. -es, ¨e; Wucht f. -en /勢力を得る seinen Einfluss geltend machen (zur Geltung bringen*). ❽ [語勢] Nachdruck m. -(e)s; Bedeutung f. -en; Akzent m. -(e)s, -e; Emphase f. -n; Gewicht n. -(e)s, -e /語に力を入れて mit ³Nachdruck《³Bedeutung》; nachdrücklich; bedeutungsvoll; auf seine Worte Gewicht legend. ── 力のある ❶ mächtig; einflussreich; energisch; gewaltig; kräftig; stark; stämmig. ❷ [技量ある] (leistungs)fähig《zu³》; talentvoll; talentiert; tüchtig《zu³》; vermögend. ── 力のない ❶ machtlos; ohnmächtig; einflusslos; nicht energisch; nicht gewaltig; kraftlos; schwach. ❷ [技量のない] (leistungs)unfähig《zu³》; talentlos; nicht talentiert; untüchtig《³Dummheit》; unvermögend. ── 力を入れる Kraft auf|bieten*; nachdrücklich betonen⁴ 《語に》; hervor|heben*⁴《同上》; frischen Antrieb geben*《jm》.

ちからいっぱい 力一杯 mit voller Kraft; [全力をふるって] aus allen Kräften.
ちからおとし 力落とし らくたん.
ちからくらべ 力競べ Kraftprobe f. -n; das Kraftmessen*, -s /力競べをする seine Kräfte messen*《mit³》; in ⁴Wettstreit treten*《mit³》.
ちからこぶ 力瘤 der angespannte Bizeps, -es, -e; die wulstig hervortretende Sehne, -n /力瘤を入れる unter die Arme greifen*《jm 以下同じ》; die Stange halten*; auf die Beine helfen*; den Rücken stützen.
ちからしごと 力仕事 Muskelarbeit f. -en.
ちからじまん 力自慢する ⁴sich mit seiner Kraft rühmen; ⁴sich mit seiner Kraft dick tun*.
ちからずく 力ずくで gewaltsam; gewalttätig; mit ³Gewalt; unter ³Anwendung von ³Gewalt /力ずくでも金ずくでも nicht für ⁴Geld und gute Worte (zu haben sein); weder durch ⁴Gewalt noch durch Geld (zu gewinnen sein).
ちからだめし 力試しをする seine Kräfte messen*.
ちからづく 力づく Kräfte《pl》(Gesundheit《病後》; frischen Mut《元気》) wieder|bekommen* (wieder|erlangen); ⁴sich erholen; ⁴sich gut kräftigen; neue Kräfte sammeln.
ちからづける 力づける ermutigen (auf|muntern)《jn》; jm Mut ein|flößen.
ちからづよい 力強い kräftig; [勇気づける] ermutigend /力強いことば ermutigende Worte《pl》.
ちからまけ 力負ける durch Überanstrengung daneben schießen*; durch die falsche Verwendung der Kraft fehl|schlagen*.
ちからもち 力持ち Kraftmensch m. -en, -en; ein Mann《mit³, ¨er》von Riesenkraft; ein Herkules m. -, ..lesse.
ちからわざ 力業 die kraftanstrengende (grobe) Arbeit, -en; Kraftleistung f. -en 《力技》.
ちかん 痴漢《俗》Grapscher (Grabscher) m. -s, -s; Sittlichkeitsverbrecher m. -s, -.
ちかん 置換 Ersetzung f. -en; Substitution f. -en; Austausch m. -(e)s; Verdrängung f. -en.
ちかん ⇨しかん(弛緩).
ちき 地気 Erd[dampf m. -(e)s, ¨e (-dunst m. -(e)s, ¨e); 【理】Erdschluss m. -es, ¨e.
ちき 稚気 Kindlichkeit f.; Kindereien《pl》; das kindische Wesen*, -s; Unreife f. /稚気を帯びた kindlich; naiv; unreif.
ちぎ 千木 die Dekorationsquerbalken《pl》(am Dachfirst eines Schinto-Schreins).
ちきゅう 地球 Erde f. 〈地の天体の意でも. pl -n); Erdkugel f. -n; Globus m. -(..busses), -.(..busse) || 地球温暖化 globaler Temperaturanstieg, -s /地球儀 Erdkugel f. -n; Globus.
ちぎょ 稚魚 Fischbrut f.
ちきょう 地峡 Landenge f. -n; Isthmus m. -, ..men 《特にコリントの》/地峡の isthmisch || パナマ地峡 die Landenge von Panama.
ちぎょう 知行 ❶ [支配] Herrschaft f. -en. ❷ [封土] Lehen n. -s, -; [封建的]⁴Lehen (Ritter-) f.; Lehensgut n. -(e)s. ¨er. ❸ das Wissen* und Tun*.
ちきょうだい 乳兄弟 Milchbruder m. -s, ¨《男》; Milchschwester f. -n《女》.
ちぎり 契り Gelöbnis n. ..nisses, ..nisse;

Gelübde *n.* -s, -; Schwur *m.* -[e]s, ¨e; Versprechen *n.* -s, -; das verpfändete Wort, -[e]s, -e; Band *n.* -[e]s, -e《えにし》; Bürgschaft *f.* -en《保証》.

ちぎる 契る feierlich geloben[34] (versprechen*[34]); ein Gelübde ab|legen《*jm*》; beteuern[34]; schwören*[34]; verheißen*[34]; versichern[34]; zu|sagen[34] / 二世を契る [3]sich (einander) ewige Liebe und Treue schwören*; [3]sich (einander) für ewig einen Liebesschwur leisten (ab|legen).

ちぎる [zer]reißen*[4]; auseinander reißen*[4]; in Stücke reißen*[4]; gewaltsam in Teile trennen[4]; [ab|]pflücken[4].

ちぎれちぎれに zerfetzt; zerlumpt; zerpflückt; in zerrissenen Stücken.

ちぎれる los|gehen* [s]; [auseinander] gerissen (zerrissen) werden; in Stücke gehen* [s].

チキン チキンスープ Hühnersuppe *f.* -n/フライドチキン gebackenes Huhn, -[e]s, ¨er/ローストチキン Brathuhn *n.* -[e]s, ¨er; gebratenes Huhn.

ちく 地区 Geländeabschnitt *m.* -[e]s, -e; Distrikt *m.* -[e]s, -e; Gebiet *n.* -[e]s, -e; Sektor *m.* -s, -en.

ちくいち 逐一 von [3]Anfang bis zu [3]Ende; bis ins Kleinste; ins Einzelne gehend; genau; peinlich.

ちぐう 知遇 die freundliche Anerkennung, -en; Begünstigung *f.* -en; Gönnerschaft *f.*; Gunst *f.* -en; Patronat *n.* -[e]s, -e/知遇を得る *js* freundliche Anerkennung genießen*; in [3]Gunst stehen*《*bei*[3]》; *js* verständnisinniger [2]Begünstigung teilhaftig sein.

ちくおんき 蓄音器 Grammophon *n.* -s, -e; Plattenspieler *m.* -s, -; Phonograph *m.* -en, -en《蝋(ろう)管式》; Sprechmaschine *f.* -n/蓄音器の針 Grammophonnadel *f.* -n/電気蓄音器 Elektrogrammophon *n.* -s, -e; das elektrische Grammophon/蓄音器をかける ein Grammophon auf|ziehen*; eine Schallplatte《-n》auf dem Grammophon spielen/蓄音器に吹き込む ⇨ふきこむ③.

ちくけん 畜犬 das Halten*《-s》eines Hundes; Haushund *m.* -[e]s, -e《飼犬》.

ちくご 逐語的に wörtlich; wortgetreu (-wörtlich); Wort für Wort; verbaliter ‖ 逐語訳 die wörtliche (wortgetreue; wortwörtliche) Übersetzung, -en.

ちくざい 蓄財 die Anhäufung《-en》(Aufspeicherung, -en; Vermehrung, -en) des Geldes《貯(たくわ)えること》; das angehäufte (aufgespeicherte; vermehrte) Geld, -[e]s, -er《貯えた金》‖ 蓄財家 der Sparsame* (*Haushälterische*; Wirtschaftliche**), -n, -n; Geizhals *m.* -es, ¨e《けちんぼ》.

ちくさん 畜産 Viehzucht *f.* -en; Viehbestand *m.* -[e]s, ¨e《家畜の頭数》‖ 畜産学 Viehzuchtlehre *f.* -n/畜産局 Viehzuchtabteilung *f.* -en.

ちくじ 逐次[に] der Reihe nach; aufeinander folgend; einer nach dem anderen; hintereinander (nach-).

ちくしょう 畜生 Tier *n.* -[e]s, -e; Bestie *f.* -n; Biest *n.* -es, -er; Unmensch *m.* -en, -en《人非人》; Vieh *n.* -[e]s/畜生! Verdammt! Hol' dich der Teufel! Zum Teufel damit!/畜生のあさましさで Nun es sich um unvernunftiges Tier handelt./こん畜生め Du Bestie (Monstrum)! ‖ 畜生道 Teufelei *f.* -en; das teuflische Treiben*, -s; Blutschande *f.* -n《近親相姦》; Inzest *m.* -es, -e《同上》.

ちくじょう 築城 Befestigung *f.* -en ‖ 築城学 Befestigungslehre *f.* -n.

ちくじょう 逐条 paragraphenweise; Paragraph für Paragraph/逐条審議する paragraphenweise (Paragraph für Paragraph) durchsprechen* (durchnehmen*)《eine Gesetzesvorlage》.

ちくせき 蓄積 Ansammlung *f.* -en; Anhäufung *f.* -en; Aufspeicherung *f.* -en/蓄積する an|sammeln[4]; [an|]häufen[4]; auf|häufen[4]; auf|speichern[4].

ちくちく ちくちく刺す prickeln[4]; stechen*[4]; sticheln[4]《皮肉で》/ちくちくする(痛む) es prickelt《*jm*》; es sticht《*jn*》; viele feine Stiche《*pl*》hintereinander bekommen*.

ちくてい 築庭 Gärtnerei *f.* -en; Gartenkunst *f.* ¨e.

ちくてい 築堤 Eindämmung *f.* -en; Eindeichung *f.* -en; Dammanlegung (Deich-) *f.* -en/築堤する mit [3]Damm ([3]Deich) umgeben*[4]; ein|deichen[4].

ちくでん 逐電 das Durchgehen*, -s;【俗】das Durchbrennen*, -s; das heimliche Entweichen*, -s. ── 逐電する durch|gehen* (-|brennen*) [s]; heimlich entweichen* [s];【俗】türmen [s].

ちくでん 蓄電 Elektrizitätsaufspeicherung *f.* -en. ── 蓄電する den Strom speichern (sammeln). ‖ 蓄電器 Kondensator *m.* -s, -en/蓄電池 Akkumulator *m.* -s, -en《略: Akku》; Akkumulatorenbatterie *f.* -n.

ちくのうしょう 蓄膿症 Empyem *n.* -s, -e.

ちくば 竹馬の友 Jugendfreund *m.* -[e]s, -e; Jugendfreundin *f.* ..dinnen; der Busenfreund aus frühester Kindheit (Jugendzeit).

ちぐはぐ ちぐはぐになる unzusammenhängend (zusammenhang[s]los; nicht übereinstimmend) sein; unpaarig sein《対をなさぬ》.

ちくび 乳首 [Brust]warze *f.* -n; Lutscher *m.* -s, -《哺乳瓶の》; Sauger *m.* -s, -《同上》;【俗】Schnuller *m.* -s, -《同上》; Zitze *f.* -n《おもに獣の》.

ちくり ちくりと皮肉を言う eine spitze Bemerkung fallen lassen*.

ちけい 笞刑 das Peitschen*, -s; Peitschung *f.* -en; Geißelung *f.* -en; Prügelstrafe *f.* -n; das Stäupen*, -s.

ちけい 地形 Bodengestalt *f.* -en (-gestaltung *f.* -en; -beschaffenheit *f.* -en; -struktur *f.* -en); Gelände *n.* -s, -; Terrain *n.* -s, -s; Topographie *f.* -n《地形学》/地形[学]上の topographisch ‖ 地形図 die topographische Karte, -n.

チケット Marke *f.* -n; [入場券] Eintrittskarte *f.* -n; [乗車券] Fahrkarte *f.* -n; [クレジットカード] Kreditkarte *f.* -n.

ちけむり 血煙をたてて in spritzenden Blutstrahlen《*pl*》; indem Blut spritzt.

ちご 稚児 ❶ Säugling *m.* -s, -e; Baby *n.* -s, -s; Wickelkind *n.* -[e]s, -er. ❷ [小姓] Page *m.* -n, -n; Edelknabe *m.* -n, -n. ❸ festlich gekleidete Knaben und Mädchen《*pl*》in einem Festzug.

ちこう 地溝 Graben *m.* -s, ⸚; Grabenbruch *m.* -[e]s, ⸚e; Grabensenke *f.* -n.

ちこく 遅刻する ^{4}sich verspäten; zu spät [in die Schule; zur Arbeit] kommen* [s] ‖ 遅刻者 Spätling *m.* -s, -e; der zu spät Gekommene*, -n, -n/遅刻届 der Entschuldigungszettel《-s, -》wegen ^{2}Verspätung.

ちこく 治国平天下[の策] Staats¦klugheit *f.* (-kunst *f.* ⸚e).

ちこつ 恥骨〖解〗Schambein *n.* -[e]s, -e.

ちさ ⇨ちしゃ.

ちさい 地裁 ⇨ちほう(地方裁判所).

ちし 地誌 Topographie *f.* -n; Gelände¦beschreibung (Lage-; Orts-) *f.* -en.

ちし 致死的な tödlich; todbringend; lebensgefährlich; unheilbar ‖ 致死量《薬の》eine tödliche Dose (Dosis), -n/傷害致死 die einem anderen zugefügte zum Tod führende Körperverletzung, -en.

ちじ 知事 Gouverneur *m.* -s, -e; Statthalter *m.* -s, - ‖ 知事職 Gouverneuramt *n.* -[e]s, ⸚er; Statthalterschaft *f.* -en.

ちしお 血潮 ⇨ち(血).

ちしき 知識 ❶ Kenntnis *f.* ..nisse; Wissen *n.* -s; Wissenschaft *f.*; Gelehrsamkeit *f.*《学識》; Kunde *f.* -n/…の知識のない ohne irgendwelche Kenntnisse《*pl*》von^{3} …; unkundig^{2}; unwissend《*von*^{3}》. ❷ [物識り] der Gelehrte* (Weise*), -n, -n. ‖ 知識階級 die Gebildeten*《*pl*》; die gebildete Klasse; die gebildeten Kreise《*pl*》; die denkende Oberschicht; Intelligenz *f.* -en; Intelligenzler *m.* -s, -/知識欲 Wissens|drang *m.* -[e]s (-durst *m.* -[e]s; -trieb *m.* -[e]s, -e); Wissbegier[de] *f.*; die Liebe zur Wissenschaft.

ちじき 地磁気 Erdmagnetismus *m.* -.

ちじく 地軸 Erdachse *f.*

ちしつ 地質 Bodennatur *f.*; der Bau《-es》der Erde; Geologie *f.* ── 地質上の geologisch; erdgeschichtlich. ‖ 地質学 Geologie *f.*; Erdkunde *f.*/地質学者 Geologe *m.* -n, -n; der Erdgeschichtskundige*, -n, -n/地質図 die geologische Karte, -n.

ちしつ 知悉する ^{4}sich aus|kennen*《*in*^{3}》; in- und auswendig kennen*^{4}; gründliche Kenntnisse《*pl*》haben《*von*^{3}》; wohl bekannt (vertraut) sein《*mit*^{3}》; genau Bescheid wissen*《*in*^{3}; *über*^{4}; *um*^{4}》.

ちしま 千島海流 Kurilenstrom *m.* -[e]s/千島列島 die Kurilen《*pl*》.

ちしゃ 〖植〗Lattich *m.* -[e]s, -e.

ちしゃ 知者 der Weise* (Einsichtige*), -n, -n; der Mann《-[e]s, ⸚er》von Weisheit (Einsicht); der hervorragende Gelehrte*, -n, -n.

ちじょう 地上 ❶ ⇨じめん. ❷ auf der Erde; auf Erden; in der irdischen Welt/地上の irdisch; weltlich/地上の生活 das irdische (weltliche) Leben, -s, -; das Leben auf dieser Welt. ‖ 地上管制施設 Bodenorganisation *f.* -en/地上勤務員 Bodenpersonal *n.* -s, -e.

ちじょう 痴情 die törichte (blinde) Liebe (Leidenschaft, -en); Eifersucht *f.*《嫉妬心》; Betörung *f.* -en《溺愛》; Vernarrtheit *f.* -en《*in*^{4}》.

ちじょく 恥辱 Schande *f.* -n; Scham *f.*; Schmach *f.*; Unehre *f.*

ちじん 痴人 Idiot *m.* -en, -en; Dummkopf *m.* -[e]s, ⸚e; Einfaltspinsel *m.* -s, -; der Schwachsinnige*, -n, -n.

ちじん 知人 der Bekannte*, -n, -n; Bekanntschaft *f.* -en; Freund *m.* -[e]s, -e; Freundin *f.* ..dinnen《女》.

ちず 地図 [Land]karte *f.* -n; Atlas *m.* - (..lasses), ..lasse (..lanten)《地図書》; Plan *m.* -[e]s, ⸚e《都市の》; die topographische Spezialkarte, -n/地図で捜す einen Ort (eine Stelle) auf der [Land]karte suchen ‖ 掛(折)地図 Wandkarte *f.* -n (die zusammenlegbare Karte, -n)/球面地図 die sphärische Karte; die Karte in globarer Projektion.

ちすい 治水 Fluss¦regulierung (Strom-) *f.* -en; Fluss¦korrektion (Strom-) *f.* -en ‖ 治水工学 Wasser¦baukunst *f.* ⸚e/治水工事 Wasser¦bau (Uferschutz-) *m.* -[e]s, -ten.

ちすじ 血筋 Blut *n.* -[e]s; Geblüt *n.* -[e]s; Abkunft *f.* ⸚e; Abstammung *f.* -en; Blutsverwandtschaft *f.*; Geburt *f.* -en; Geschlecht *n.* -[e]s, -er; Stamm *m.* -[e]s, ⸚e/血筋の縁 Bluts¦freundschaft *f.* -en (-gemeinschaft *f.* -en)/血筋がよい von blauem (adligem; gutem; hohem; vornehmem) Blut sein/血筋のよい人だ Er ist aus guter (hoher; vornehmer) Familie (Abkunft).

ちせい 知性 Intellekt *m.* -[e]s.

ちせい 地勢 die geographische Lage, -n; Geländebeschaffenheit *f.* -en; topographische Wesenszüge《*pl*》eines Landes.

ちせい 治世 [時期] Regierungszeit *f.* -en.

ちせいがく 地政学 Geopolitik *f.*/地政学[上・的]の geopolitisch.

ちせき 治績 das Ergebnis《..nisses, ..nisse》der Verwaltung (Regierung)/治績大いにあがる Seine Verwaltung (Regierung) war sehr glänzend (reich an Ergebnissen).

ちせき 地積 Flächen¦inhalt *m.* -[e]s, -e (-raum *m.* -[e]s, ⸚e); Areal *n.* -[e]s, -e; [Boden]¦fläche (Grund-) *f.* -n.

ちせつ 稚拙 kindisch; primitiv; unreif.

ちそ 地租 Grundsteuer *f.* -n; die Steuer《-n》auf ^{4}Grundbesitz/地租割 Gemeindegrundsteuer *f.* -n.

ちそう 地層 Erd¦schicht (Gesteins-) *f.* -en; Lagerung *f.* -en.

ちそく 遅速 ❶ Langsam- oder Schnel-

ちたい 遅滞 Verzögerung f. -en; Verspätung f. -en; Verzug m. -(e)s; Aufschieben*. -s; Aufschub m. -(e)s. -e; Säumnis f. ..nisse (n. ..nisses, ..nisse); Saumseligkeit f. -en. —— 遅滞なく ohne ᵃVerzug; unverzüglich; pünktlich; sofort. —— 遅滞する zögern*; ᵃsich verzögern; ᵃsich verspäten; Verspätung haben 《交通機関》; ᵃsich in die Länge ziehen*; überfällig sein. ‖ 遅滞利息 Verzugszins m. -es, -en.

ちたい 痴態 Dummheit f. -en; Narrheit f. -en; Torheit f. -en.

ちたい 地帯 Zone f. -n; Gebiet n. -(e)s, -e; Gegend f. -en; Landᵃgürtel m. -s, (-strich m. -(e)s, -e).

ちだらけ 血だらけ blutig; blutᵃbefleckt (-beschmutzt; -beschmutzt).

チタン Titan n. -s.

ちち 乳 Milch f./乳をしぼる melken*'/乳をはなす abᵃsäugen*; entwöhnen⁴/子供が乳を飲む Das Kind nimmt die Brust. -/子供に乳を飲ませる einem Kind die Brust geben* (reichen); den Säugling stillen/母の乳よく出る(出ない) Der Mutter Milch fließt gut (ist unzureichend).

ちち 父 Vater m. -s, ..̈.

ちち 遅々 langsam; säumig; schleichend; schwerfällig; träge; zögernd/遅々として進まない gar nicht vonstatten gehen wollen*; nur langsame Fortschritte 《pl》 machen.

ちぢかむ 縮かむ schrumpfen ⓢ; einᵃschrumpfen (zusammen|-) ⓢ; vor ³Kälte starr sein. ⇨かじかむ.

ちぢくさい 乳臭い ❶ Es riecht nach Milch. ❷ 《うぶな・青二才の》milchbärtig sein; noch nicht trocken hinter den Ohren sein.

ちぢこまる 縮こまる zusammen|schrumpfen ⓢ; ᵃsich ducken; ᵃsich ernietdrigen. ⇨ちぢむ.

ちぢむ 縮まる zusammen|ziehen*⁴; kontrahieren⁴; ab|kürzen⁴; verkürzen⁴; vermindern⁴; einlaufen lassen*⁴ 《布を水につけて》; [皺(し)を寄せる] runzeln⁴; zerfurchen; zerknittern⁴.

ちぢみ 縮み [布地の] Krepp m. -s, -e (-s) 《pl は種類を示す》; der gekräuselte (krause; wellige) Flor, -s, -e.

ちぢみあがる 縮み上がる zusammen|fahren⁴ ⓢ 《vor ³Furcht》; zurück|schrecken* ⓢ; ᵃsich verkriechen* 《vor³; gegen⁴》; ᵃsich zusammen|kauern.

ちぢむ 縮む ❶ ein|gehen* ⓢ 《目がつむ; ein|laufen* ⓢ 《同上》; ᵃsich falten 《皺が寄る》; ᵃsich runzeln 《同上》; runzlig werden; ᵃsich zusammenfahren* 《収縮》; ᵃsich verkürzen 《短縮》; ab|nehmen* 《縮小》/縮まぬ nicht einlaufend 《布が》. ❷ [畏縮する] ᵃsich ducken; gedrückt sein; kleinlaut werden.

ちぢめる 縮める ❶ zusammen|ziehen*⁴ 《収縮》; verkürzen⁴ 《短縮》; vermindern⁴ 《縮小》; ein|ziehen*⁴ 《引っ込める》. ❷ [簡約] ⇒つづめる.

ちちゅう 地中で unter der Erde/地中に in die Erde/地中の unterirdisch/地中の宝 unterirdische (vergrabene) Schätze 《pl》; unter der Erde verborgene Schätze 《pl》.

ちちゅうかい 地中海 Mittelmeer n. -(e)s; das Mittelländische Meer. -(e)s.

ちぢらす 縮らす kräuseln⁴; locken⁴; ondulieren⁴ 《波形に》; wellen⁴ 《同上》.

ちぢれげ 縮れ毛 Kraushaar n. -(e)s, -e; das gekräuselte (gelockte; ondulierte; gewellte) Haar, -(e)s, -e.

ちぢれる 縮れる ᵃsich kräuseln; ᵃsich locken; ᵃsich ringeln 《輪形に》; ᵃsich wellen; wellig werden; gewellt werden.

ちつ 膣 [解] (Mutter)scheide f. -n; Vagina f. -e ‖ 膣炎 Scheidenentzündung f. -en; Vaginitis f. ..tes.

チッキ Gepäckschein m. -(e)s, -e/チッキにする das Gepäck 《-(e)s, -e》 auf|geben* (ab|geben⁴).

ちっきょ 蟄居 das Zuhausehocken*, -s; die Lebensweise 《-n》 eines Stubenhockers; Stubenhockertum n. -s; Hausᵃarrest (Stuben-) m. -es, -e; die ritterliche Haft, -en. —— 蟄居する zu Hause hocken; ᵃsich auf sein Haus zurück|ziehen*; in ³Abgeschiedenheit (Zurückgezogenheit) leben.

チック Pomade f. -n; die fette Haarsalbe, -n.

ちっこう 築港 Hafenbau m. -(e)s, -ten/築港する einen Hafen 《-s, ..̈》 an|legen ((aus|-)bauen) ‖ 築港会社 Hafenbaugesellschaft f.

ちつじょ 秩序 Ordnung f. -en/秩序ある [wohl] geordnet; ordnungsᵃgemäß (-mäßig); geregelt; methodisch; regelmäßig; reguliert; systematisch/秩序正しく in guter Ordnung/秩序を維持する die Ordnung aufrecht|erhalten* (beobachten; bewahren)/万事秩序整然たり Alles ist in bester (schönster) Ordnung. /《俗》Alles ist in Butter. /秩序なく ordnungslos; ohne ⁴Ordnung; kunterbunt; regellos; ungeordnet; in ³Unordnung/秩序が乱れている ungeordnet sein 《in ³Unordnung》; nicht in ³Ordnung sein/秩序を乱す Unordnung herbei|führen (stiften); in ⁴Unordnung bringen*⁴ ‖ 無秩序 Unordnung f.; Chaos n. -《混名》; Durcheinander n. -s; Wirrwarr m. -s.

ちっそ 窒素 Stickstoff m. -(e)s; Nitrogen(ium) n. -s, -《記号: N》/窒素質の stickstoffhaltig/窒素と化合させる 者³Stickstoff (Nitrogen(ium)) verbinden*⁴ ‖ 窒素計 Nitrometer n. (m.) -s./窒素固定 Stickstofffixierung f. -en/窒素肥料 Stickstoffdünger m. -s.

ちっそく 窒息 Erstickung f. -en; das Ersticken*, -s; Asphyxie f. -n/窒息性の erstickend; Erstickungs-. —— 窒息する ersticken ⓢ; erstickt (erdrückt) werden. ‖ 窒息死 Erstickungstod m. -(e)s, まれに -e.

ちっと ❶ [少し] ein wenig; ein bisschen; etwas;《俗》eine Idee. ❷ [暫時] ein Weilchen; einen Augenblick; einen Moment; zu Zeiten《時折》; dann und wann《同上》.

ちっとも (ganz und) gar nicht; absolut nicht; überhaupt nicht; nicht im Geringsten; keine Spur／ちっとも変わらない Das ist mir alles andere als verständlich. ⇨すこしも.

チップ Trinkgeld n. -(e)s, -er; Geldgeschenk n. -(e)s, -e／チップ一割制度 das Zehnprozent-Trinkgeldsystem n. -s, -e／チップを与える ein Geldgeschenk (Trinkgeld) geben*³／チップをユーロでもらった Er hat mir 1 Euro als Trinkgeld gegeben.

ちっぽけ ちっぽけな winzig; winzig klein／ちっぽけな犬 ein winzig kleiner Hund, -(e)s, -e.

ちてき 知的 intellektuell／知的生活 das intellektuelle Leben, -s.

ちてん 地点 Örtlichkeit f. -en; Ort m. -(e)s, -e; der geographische Punkt, -(e)s, -e; Stelle f. -n.

ちどう 地動 ❶ die Bewegung der Erde (um die Sonne). ❷ [地球の自転] Rotation f. -en; Umdrehung f. -en. ❸ [地球の公転] Revolution f. -en; Umlauf m. -(e)s, -e. ‖ 地動説 das kopernikanische (heliozentrische) Weltsystem, -s; die heliozentrische (kopernikanische) Planetentheorie, -n.

ちどめ 血止め〔薬〕das blutstillende Mittel, -s, -.

ちどり 千鳥〔鳥〕Regenpfeifer m. -s, -.

ちどりあし 千鳥足で歩く taumeln〔h.s〕; torkeln〔s〕; wack(e)lig (im Zickzack) gehen*〔s〕; hin und her schwanken.

ちどん 鈍遅な schwerfällig; träg(e); phlegmatisch《粘液質の》; stupid(e)《愚鈍の》; stumpfsinnig.

ちなまぐさい 血腥い blutig; blutrünstig; nach Blut riechend; schauerlich.

ちなみに 因に in diesem Zusammenhang; beiläufig; nebenbei; übrigens; en passant.

ちなむ 因む in ³Beziehung stehen* (zu³); in ¹Verbindung stehen* (mit³)／…に因んで in Bezug auf⁴;／¹Hinsicht auf⁴; im Anschluss an⁴／…に因んで名づける (be)nennen*⁴《nach³》.

ちねつ 地熱 die unterirdische Hitze (Temperatur, -en, -).

ちのう 知能 Geisteslkraft f. -e (-fähigkeit f. -en); die intellektuelle Fähigkeit, -en; Intellekt m. -(e)s, -e; Verstand m. -(e)s, -e／知能を啓発する das Denk- und Erkenntnisvermögen entwickeln (entfalten)／知能検査を行う eine Intelligenzprüfung vor|nehmen*‖ 知能指数 Intelligenzquotient m. -(e)s, -en／知能犯 das intellektuelle Verbrechen, -s, -.

ちのみご 乳飲み児 Säugling m. -s, -e.

ちのみち 血の道 Hysterie f. -n; das ewige Weh und Ach der Frau.

ちはい 遅配 Zuteilungsstockung f. -en (-verspätung f. -en; -verzögerung f. -en)／遅配十日 die zehn Tage verspätete (verzögerte) Zuteilung; Die Zuteilung ist zehn Tage lang in Stockung geraten.

ちばしる 血走る blutunterlaufen sein／血走った目 die blutunterlaufenen (mit Blut unterlaufenen) Augen.

ちばなれ 乳ばなれ Absäugung f.; Entwöhnung f.／乳ばなれする ein Kind von der Brust entwöhnen.

ちび Dreikäsehoch m. -s, -(s); Zwerg m. -(e)s, -e.

ちひょう 地表 Erdoberfläche f.

ちび(り)ちび(り) nippend; ein kleines Schlückchen nach dem anderen; sparsam／ちびちび出す《金を》 sparsam aus|geben*／ちびりちびり飲む langsam nippen《an³》; langsam ein kleines Schlückchen nach dem anderen nehmen.

ちびる verschleißen*〔s〕; ⁴sich ab|nutzen; ⁴sich ab|reiben*〔h〕; ⁴sich abnutzen; abgenutzt; abgerieben／この鉛筆はすぐちびる Dieser Bleistift schreibt sich schnell ab.

ちぶ 恥部 Schamgegend f. -en; Schamteile《pl》.

ちぶさ 乳房 Brust f. ⸚e; Euter m. -s, -《家畜の》.

チフス Typhus m. -／チフス性の typhusartig; typhös ‖ チフス菌 Typhuslkeim m. -(e)s, -e (-bazillus m. -, ...zillen)／パラ〔発疹〕チフス Paratyphus (Flecktyphus) m. -.

ちへい 地平座標 die Horizontalkoordinaten《pl》／地平線 Horizont m. -(e)s, -e; Horizontallinie f. -n／地平線上に über (接して) der Horizontallinie／地平面 Horizontalebene f. -n.

チベット Tibet n. -s／チベットの tibetisch ‖ チベット語 Tibetanisch n.; Tibetisch n.／チベット人 Tibeter m. -s, -.

ちへん 地変 ❶ Naturkatastrophe f. -n. ❷《地》die Veränderung (-en) der Erdrinde.

ちほ 地歩 Stellung f. -en; der feste Boden, -s, -; Platz m. -es, ⸚e; Posten m. -s, -; Stand m. -(e)s, ⸚e; Standpunkt m. -(e)s, -e／地歩を占める Fuß fassen; Boden gewinnen*; Platz (Standpunkt) behaupten; ⁴sich postieren (auf|stellen)／地歩を進める (失う) um ⁴sich greifen* (an Boden verlieren*).

ちほう 地方 ❶ [区域] Gegend f. -en; Bezirk m. -(e)s, -e; Distrikt m. -(e)s, -e; Gebiet n. -(e)s, -e; Kreis m. -es, -e; Landstrich m. -(e)s, -e; Region f. -en／この地方では in dieser Gegend; in diesem Teil des Landes. ❷ [いなか] Land n. -(e)s／地方の人 Landlbewohner (Provinz-) m. -s, -; Provinzler m. -s, -. ❸ [政治上の区画] Provinz f. -en, -en. ❹ [付近] Umgebung f. -en; Umgegend f. -en; Nachbarschaft f. -en; Nähe f. -n. —— 地方の ländlich; lokal; provinzial; provinziell; provinzlerisch ‖ 地方化 Lokalisation f. -en／地方化する lokalisieren; örtlich beschränken*《auf⁴》／地方官憲 Provinzialbehörde (Orts-) f. -n／地方議会 [Provinzial]landtag m. -(e)s, -e／地方

ちほう 記事 die lokale Nachricht, -en/地方行政(自治) Gemeinde|verwaltung f. -en (-selbstregierung f. -en)/地方局 die Abteilung 《-en》 für Provinzialangelegenheiten/地方区 Provinzialwahlbezirk m. -(e)s, -e 《選挙の》/地方警察 Provinzial|polizei (Orts-) f./地方財政 Gemeinde|finanz (Provinzial-) f. -en/地方裁判所 Land|ge|richt (Amts-; Bezirks-) n. -(e)s, -e/地方時 Ortszeit f. -en/地方色 Lokalfarbe f. -n/地方新聞 Lokal|blatt (Provinzial-) n. -(e)s, ⸗er; Lokal|zeitung (Provinzial-) f. -en/地方税 Gemeinde|abgabe (Provinzial-) f. -n; Gemeinde|steuer (Provinzial-) f. -n/地方制度 Gemeinde|wesen (Provinzial-) n. -s, -/地方長官 Gouverneur m. -s, -e; Statthalter m. -s, -/地方訛 Provinzialismus m. -, -men; Ortseigentümlichkeit f. -en/地方版 die Lokalausgabe 《-n》 (einer großen Zeitung)/地方病 Endemie f. -n; die endemische (einheimische; örtliche) Krankheit, -en/地方分権 die Dezentralisation der Gewalt; Selbstverwaltung der Provinzen/京都地方 die Gegenden 《pl》 um ⁴Kyoto; Kyoto und seine Umgebung/東北地方 die Nördostlichen Distrikte 《pl》.

ちほう 痴呆〔症〕〖医〗 Dementia f.; Schwachsinn m. -(e)s ‖ 早発痴呆 Dementia praecox; der vorzeitige Schwachsinn.

ちぼう 知謀 Findigkeit f.; Klugheit f.; Kriegslist f. -en/知謀に富む klug und findig (einfallsreich) sein; nie um ein Mittel verlegen sein/知謀に富む人 ein Mann 《m. -(e)s, ⸗er》 voller Findigkeit; ein Mensch 《m. -en, -en》 voller List und Ränke 《権謀術策の人》.

ちまた 巷 ❶〔辻〕 Kreuzweg m. -(e)s, -e; Kreuzung f. -en. ❷〔街談〕 Straße f. -n; Gasse f. -n. ❸〔世間〕 Welt f. -en; 巷の声 Volksstimme f. -n. ❹〔場面〕 Schau|platz m. -es, ⸗e (-bühne f. -n); Szene f. -n; Betätigungsfeld n. -(e)s, -er/戦の巷 Schlachtfeld.

ちまつり 血祭りにする als erstes Opfer 《pl, -》 schlachten⁴; aus jm einen Sündenbock machen.

ちまなこ 血眼になって mit blutunterlaufenen Augen 《pl》; ferberhaft; rasend; wie verrückt; verzweifelt; wahnsinnig.

ちまみれ 血まみれの blutig; blut|befleckt (-rünstig; -übergossen)/血まみれになって ³Blut gebadet/血まみれになって倒れていた Als Blutklumpen lag er da.

ちまめ 血豆が足に出来ている eine Blutblase 《-n》 an den Füßen haben.

ちまよう 血迷う den Verstand verlieren*; Der Verstand steht jm still.; verrückt werden.

ちみ 地味 Boden|beschaffenheit f. -en (-art f. -en); Frucht- und Unfruchtbarkeit 《f.》 des Bodens.

ちみち 血道を上げる〔上げている〕 schwärmen 《für⁴》.

ちみつ 緻密な Genauigkeit f. -en; Exaktheit f. -en; Feinheit f. -en; Korrektheit f. -en; Peinlichkeit f. -en; Sorgfalt f.; Sorgfältigkeit f. -en; Sorgsamkeit f. -en. ── 緻密な ❶〔微細〕 fein; subtil. ❷〔精細〕 haar|genau; exakt; genau; korrekt. ❸〔精巧〕 kunstvoll; elaboriert. ❹〔周到〕 peinlich; sorgfältig; sorgsam.

ちみどろ 血みどろになって ❶ am ganzen Körper blutend. ❷〔懸命に〕 verzweifelt; auf ⁴Leben und ⁴Tod/血みどろの闘争 der Kampf 《-(e)s, ⸗e》 ums Leben 〖生命を賭しての〗.

ちみゃく 地脈 Gesteins|ader f. -n (-schicht f. -en).

ちめい 地名 Ortsname m. -ns, -n; der geographische Eigenname ‖ 地名辞典 das geographische Wörterbuch, -(e)s, ⸗er (Lexikon, -s, -ka).

ちめい 致命的な tödlich; todbringend; lebensgefährlich/致命的打撃 Todesstreich m. -(e)s, -e ‖ 致命傷 die unheilbare Krankheit, -en/致命傷 Todeswunde f. -n/致命傷を受ける tödlich (auf den Tod) verwundet (verletzt) werden; eine Todeswunde versetzt bekommen*.

ちめい 知名の〔well〕 bekannt; berühmt; gefeiert; hervorragend/知名の士 die berühmte Persönlichkeit, -en; Berühmtheit f. -en; Honoratioren 《pl》; Notabeln 《pl》; Männer 《pl》 von ⁴Ruf; Zelebrität f. -en.

ちもく 地目 das klassifizierte Grundstück, -(e)s, -e ‖ 地目変換 die Umklassifizierung 《-en》 der Grundstücke.

ちゃ 茶 ❶ Tee m. -s, -s; Teebaum m. -(e)s, ⸗e 《木》; Teeblatt n. -(e)s, ⸗er 《葉》/茶を出す jm Tee servieren; jm eine Tasse Tee an|bieten*; Tee ziehen lassen* 〖湯をさして出るまでおく〗/茶が出た Tee ist serviert. Tee ist bereit./茶を入れる(たてる) Tee machen (kochen); auf|brühen)/茶を入れかえる Tee neu kochen/茶を煎('')る(ほうじる) Tee rösten/茶を飲む Tee (eine Tasse Tee; ein Glas Tee) trinken*/濃い(薄い)お茶がよろしいですか Trinken Sie gerne starken (schwachen) Tee?/茶の栽培 Teebau m. -(e)s (-plantage f. -n). ❷〔茶の湯〕 Teezeremonie f. -n/彼女はお茶のけいこをしている(教えている) Sie nimmt (gibt) Stunden für die Teezeremonie./お茶の会を催す einen Tee (eine Teegesellschaft) geben*. ❸〔おやつ;お茶〕 Nachmittagstee m. -s, -s. ⇒**おちゃ**お茶にする, お茶を濁す, お茶の子, お茶を飲む(など).

チャーター チャーターする chartern⁴; mieten⁴ ‖ チャーター機 Charter|flugzeug n. -(e)s, -e (-maschine f. -n).

チャーミング チャーミングな charmant; entzückend; reizend; reizvoll.

チャイム Glocken 《pl》; 〔呼び鈴〕〔Tür〕klingel f. -n.

チャイルドシート Kindersitz m. -es, -e.

ちゃいろ 茶色 〔Hell〕braun n. -s/茶色の 〔hell〕braun.

ちゃえん 茶園 Teeladen m. -s, ⸗ 《店》. ⇒**ちゃばたけ**

ちゃがし 茶菓子 Tee|gebäck n. -(e)s, -e

ちゃかす 茶化す *jn* mit ^4et auf|ziehen*; *jn* foppen; ^4et lächerlich machen; *jn* necken; mit ^4et Kurzweil treiben*; *jn* zum Besten halten*/なんでも茶化して Er zieht alles ins Lächerliche./彼はそれを茶化してしまった Er hat seine Kurzweil damit getrieben.

ちゃかっしょく 茶褐色 Kastanienbraun *n.* -s/-es und kastanienbraun.

ちゃがら 茶殻 Teesatz *m.* -es, ⸚e.

ちゃき 茶気 Scherzhaftigkeit *f.* -en; Jovialität *f.* -en; Spaßhaftigkeit *f.* -en/茶気のある drollig; jovial; lustig; schelmisch; scherzhaft; spaßhaft; zu Späßen aufgelegt.

ちゃき 茶器 ⇨ちゃどうぐ.

ちゃきちゃき ちゃきちゃきの ❶ ausgesprochen; echt; gediegen; typisch; unverfälscht; unvermischt; ganz und gar; durchaus; völlig/ベルリン子(江戸っ子)のちゃきちゃき ein ausgesprochener Berliner (Toki(o)ter) bis in die Knochen (von echtem Schrot und Korn). ❷ [有数の] führend; maßgebend/共産党のちゃきちゃき die maßgebende Persönlichkeit 〈-en〉 in der kommunistischen Partei.

ちゃぎょう 茶業 Tee|industrie *f.* -n 〈-geschäft *f.* -s, -e〉 ‖ 茶業組合 Teehändlerverein *m.* -[e]s, -e.

ちゃく 着 Ankunft *f.* ⸚e; das Eintreffen, -s/着した sofort (unverzüglich) nach meiner Ankunft/第一着を占める den ersten Platz nehmen*/⸺だいいっちゃく. ⸺ する ❶ an|kommen* ⓢ 〈*an*³; *in*³〉; an|langen 〈*an*³; *in*³〉; ein|treffen* ⓢ 〈*an*³; *in*³〉; gelangen 〈*an*³; *in*³〉. ❷ [着る] ⇨きる〔着る〕.

-ちゃく 着 洋服一着 Anzug *m.* -[e]s, ⸚e; Garnitur *f.* -en 〈一揃い〉/一着分全部揃って三万円です Die ganze Garnitur kostet 30000 Yen./ズボン一着 eine Hose; ein Paar Hosen.

ちゃくえき 着駅 Ankunfts|station *f.* -en 〈Bestimmungs-〉 *f.* -en, -e; Bestimmungsort *m.* -[e]s, -e 〈貨物の〉; End|bahnhof *m.* -[e]s, ⸚e 〈-station〉 〈終着駅〉.

ちゃくがん 着眼 Augenmerk *n.* -[e]s, -e; Ziel *n.* -[e]s, -e. ⸺ する着眼する sein Augenmerk (seine Aufmerksamkeit) auf ^4et richten; ^4et ins Auge fassen; auf ^4et zielen. ‖ 着眼点 Ziel *n.* -[e]s, -e 〈目標〉; Gesichtspunkt *m.* -[e]s, -e 〈見地〉.

ちゃくし 嫡子 Erbe *m.* -n, -n; Stammhalter *m.* -s, der älteste Sohn; -.

ちゃくじつ 着実 着実な(に) solid; ehrlich; genau; gesund; getreu (getreulich); gewissenhaft; zuverlässig/着実な人(会社) ein solider Mensch, -en, -en 〈eine solide Firma, ..men〉/着実な金融状態 eine gesunde finanzielle Lage, -n.

ちゃくしゃ 着車 Ankunft 〈*f.* ⸚e〉 eines Zuges.

ちゃくしゅ 着手 Angriff *m.* -[e]s, -e; Anfang *m.* -[e]s, ⸚e; Beginn *m.* -[e]s, -e. ⸺ する an|fangen*⁽⁴⁾ 〈*mit*³〉; beginnen* 〈*mit*³〉; ^4et an|greifen*⁽⁴⁾; ^4et unterneh-

men*; an ^4et Hand an|legen*; ^4et in Angriff nehmen*/仕事に着手する *sich* an die Arbeit machen; ans Werk (zu Werk) gehen*/工事はいまだ着手するに至らない Mit dem Baubeginn ist es noch nicht so weit.

ちゃくしゅつ 嫡出 legitim; ehelich ‖ 嫡出子 das legitime (eheliche) Kind, -[e]s, -er.

ちゃくしょく 着色 Färbung *f.* -en; das Färben*, -s; Kolorit *n.* -s, -e. ⸺ する着色する färben; Farben auf|tragen* ⓢ; aus|malen. ‖ 着色画 Gemälde *n.* -s, -; Farbendruck *m.* -[e]s, -e 〈色刷り〉; 着色石版 Chromolithographie *f.* -n 〈-en〉 ⇨ さいしき.

ちゃくすい 着水 das Wassern*, -s; das Wassern auf dem Wasser. ⸺ する着水する wassern [s.h]; auf dem Wasser landen [h.s].

ちゃくせき 着席 Platz nehmen*; ^4sich setzen/着席順に nach der Reihenfolge der Sitzplätze.

ちゃくせん 着船 das Einlaufen ⟨-s⟩ eines Schiffes.

ちゃくそう 着想 Einfall *m.* -[e]s, ⸚e; Gedanke *m.* -ns, -n; Idee *f.* -n; Konzeption *f.* -en/よい(拙な)着想 ein glücklicher (origineller) Einfall/その着想は悪くない Das ist eine Idee./誰の着想ですか Wer ist auf den Gedanken gekommen?

ちゃくたいしき 着帯式 die Zeremonie ⟨-⟩ der Umstandskorsett-Anlegung.

ちゃくだんきょり 着弾距離 Schuss|weite 〈Trag-〉 *f.* -n/着弾距離内(外)にある innerhalb (außerhalb) der Tragweite sein.

ちゃくだんてん 着弾点 Auftreffpunkt *m.* -[e]s, -e.

ちゃくちゃく 着々と gleichmäßig; stetig; sicher; Schritt für Schritt/トンネル工事は着々と進んでいる Die Tunnelarbeit ist gut im Gang(e) (macht gleichmäßige Fortschritte)./貿易は着々と増大しつつある Der Außenhandel wächst stetig./我々は着々と前進しつつある Wir kommen Schritt für Schritt (schrittweise; mit sicheren Schritten) vorwärts.

ちゃくでん 着電 ...からの着電によれば nach dem Telegramm von ....

ちゃくに 着荷 Eingang *m.* -[e]s, ⸚e; Ankunft 〈*f.* ⸚e〉 〈von Waren; Gütern〉/新たに着荷した neuangekommen ‖ 着荷払い Nachnahme *f.* -n.

ちゃくにん 着任 Amts|antritt 〈Dienst-〉 *m.* -[e]s, -e/来月一日着任します ich werde meine Stelle am 1. nächsten Monats antreten.

ちゃくふく 着服 Veruntreuung *f.* -en; Unterschlagung *f.* -en; Unterschleif *m.* -[e]s, -e. ⸺ する着服する veruntreuen⁴; unterschlagen⁴; Unterschleif treiben*; ^3sich unrechtmäßig an|eignen⁴; unrechtmäßig verwenden⁽⁴⁾⁽⁴⁾; in die Kasse greifen*〈公金に手を出す〉.

ちゃくもく 着目 ⇨ちゃくがん.

ちゃくよう 着用 着用する ^4et an|ziehen*; ^4et an|kleiden/衣服(手袋, 長靴, 黒衣, 白衣)を着用する die Kleidung (die Handschuhe, die Stiefel, schwarz,weiß) an|ziehen*/着用している tragen*⁴; an|haben*⁴/シルクを着用

ちゃくりく 着陸 Landung f. -en. — 着陸する landen ⓗⓢ(*in*³). ‖ 着陸場 Landungsplatz m. -es, ⸚e (-zone f. -n)/着陸装置 Fahrgestell (Landungs-) n. -[e]s, -e/不時着陸 Notlandung f. -en; Zwischenlandung f. -en 《中間着陸》/無着陸飛行 Dauerflug m. -[e]s, ⸚e; Flug m. -[e]s, ⸚e ohne Zwischenlandung.

ちゃくりゅう 嫡流 die eheliche (direkte) Abstammung, -en.

チャコ Speckstein m. -[e]s, -e; Schneiderkreide f. -n.

ちゃさじ 茶匙 Teelöffel m. -s, -/茶匙一杯の砂糖 ein Teelöffel Zucker.

ちゃしつ 茶室 Teezimmer n. -s, -; Stube (f. -n) für die Teezeremonie.

ちゃしぶ 茶渋 Überkruste (f. -n) vom Tee.

ちゃしゃく 茶杓 ⇨ちゃびしゃく.

ちゃじん 茶人 der Meister (-s, -) der Teezeremonie; ein Mann (m. -[e]s, ⸚er) des feinen Geschmacks (茶流人).

ちゃせき 茶席 ❶ Teezeremonie f. -n. ❷ ⇨ちゃしつ.

ちゃせん 茶筅 Teequirl m. -[e]s, -e.

ちゃだい 茶代 Trinkgeld n. -[e]s, -er/茶代廃止 Trinkgelder nicht angenommen.

ちゃたく 茶托 Untertasse f. -n (-satz m. -es, ⸚e).

ちゃだな 茶棚 Bord n. -[e]s, -e; Fach (n. -es, ⸚er) [für Teegeschirre].

ちゃだんす 茶箪笥 Schrank (m. -[e]s, ⸚e) [für Teegeschirre]; Büfett n. -[e]s, -e.

ちゃち ちゃちな kitschig; billig; nichtig.

ちゃちゃ ちゃちゃを入れる jm ein Bein stellen; ᵃet herabsetzen; ᵃet vereiteln; ᵃet verderben/.

ちゃっかん 着艦する [航空母艦に] auf einem Flugzeugträger (m. -s, -) landen ⓢⓗ.

チャック Reißverschluss m. -es, -e/チャックのついたラグラン式コート Raglan (m. -s, -s) mit Reißverschluss.

ちゃっこう 着港 Einlauf m. -[e]s, -e; Ankunft (f. ⸚e) (in einem Hafen)/着港する einlaufen* ⓢ (*in*⁴); ankommen* ⓢ (*in*³).

ちゃづつ 茶筒 ⇨ちゃつぼ.

チャット [電算] Chat m. -[e]s, -s/チャットする chatten.

ちゃつぼ 茶壺 Teedose f. -n (-büchse f. -n).

ちゃつみ 茶摘み Teelese f. -n ‖ 茶摘み女 Teeleserin f. ..rinnen/茶摘み時 Teemond m. -[e]s, -e (-monat m. -[e]s, -e).

チャド Tschad n. -s (m. -[s])/チャドのtschadisch/チャド人 Tschader m. -s, -.

ちゃどう 茶道 Teezeremonie f. -n (-kult m. -[e]s, -e).

ちゃどうぐ 茶道具 Teegeschirr n. -[e]s, -e (-service n. -s, -; -utensilien (*pl*)).

ちゃのま 茶の間 ❶ [茶室] Teestube f. -n. ❷ [居間] Wohnzimmer n. -s, -.

ちゃのみ 茶飲み友達 Gesellschafter (m. -s, -) beim Tee; Zechgenosse m. -n, -n/茶飲み話 Teegespräch n. -[e]s, -e (-geplauder n. -s, -; -geschwätz n. -es, -e); Klatschgeschichte (f. -n) beim Tee 《うわさ話》.

ちゃばこ 茶箱 Teekasten m. -s, ⸚ (-büchse f. -n).

ちゃばたけ 茶畑 Teegarten m. -s, ⸚ (-pflanzung f. -en; -plantage f. -n).

ちゃばら 茶腹 茶腹も一時 Teetrinken ist immer noch besser als nichts zu essen; Teetrinken tut es, wenn man furchtbar Hunger hat.

ちゃばん 茶番〔狂言〕 Schwank m. -[e]s, ⸚e; Burleske f. -n; Farce f. -n; Harlekinade f. -n; Posse f. -n.

ちゃびしゃく 茶柄杓 Teeschöpfkelle f. -n (-schöpflöffel m. -s, -).

ちゃぶだい ちゃぶ台 Esstisch (Speise-) m. -[e]s, -e.

チャペル Kapelle f. -n.

チャボ Bantamhuhn n. -[e]s, ⸚er.

ちゃほう 茶帯 Federbesen m. -s, -.

ちゃほうじ 茶焙じ Teeröster m. -s, -.

ちゃほや ちゃほやする zärtlich umgehen* ⓢ (*mit*³); verhätscheln⁴; verzärteln⁴; den Hof machen*³; Komplimente machen³; schöne Dinge sagen³; schöntun* (*mit*³).

ちゃぼん 茶盆 Teebrett n. -[e]s, -er (-tablett n. -[e]s, -e).

ちゃみせ 茶店 Erfrischungshäuschen n. -s, -; Teekiosk m. -[e]s, -e.

ちゃめ 茶目 ❶ das braune Auge, -s, -n. ❷ [いたずら小僧] Schelm m. -[e]s, -e; Spaßvogel m. -s, ⸚; Spitzbube m. -n, -n; Witzbold m. -[e]s, -e/茶目な schelmisch; spaßig/茶目らしい目つきをしている Der Schelm guckt ihm aus den Augen.

ちゃや 茶屋 [料理屋] Teehaus n. -es, ⸚er; Restaurant n. -s, -s; [茶商] Teehändler m. -s, - (-laden m. -s, ⸚).

ちゃらちゃら Klinglang! Klingling!/ちゃらちゃら鳴らす klimpern.

ちゃらんぽらん ちゃらんぽらんを言う ins Blaue hinein reden.

ちゃりょう 茶寮 Teehaus n. -es, ⸚er; (japanische) Konditorei, -en; Gaststube f. -n.

チャルメラ Rohrpfeife f. -n.

ちゃわん 茶碗 Teetasse f. -n; Reisschale f. -n 《御飯の》.

チャンス Chance f. -n; Gelegenheit f. -en; Möglichkeit f. -en/チャンスを逃がす die Gelegenheit verpassen/絶好のチャンスをつかむ die günstigste Gelegenheit ergreifen*.

ちゃんちゃら ちゃんちゃらおかしい Lächerlich! Ach, wie albern! Dass ich nicht lache!

ちゃんと ❶ [整然と] ordentlich; sauber; sorgfältig; wohl geordnet/ちゃんとする(しておく) in Ordnung bringen*⁴ (halten*⁴)/部屋をちゃんと片づける ein Zimmer (sauber) aufräumen (ordnen). ❷ [十分に] durch und durch; gänzlich; gründlich; perfekt; völlig/ちゃんと調べてあります Ich habe es gründlich untersucht. ❸ [正しく] fehlerlos; genau; korrekt; richtig; anständig/あの人は作法をちゃんと心得ている Er benimmt sich sehr korrekt./ちゃんとした服装をしている

Er ist sehr anständig angezogen. ❹ [正確に] förmlich; genau; pünktlich; präzis/あの人は毎月ちゃんと支払いをする Er bezahlt jeden Monat pünktlich./計算がちゃんと合う Die Rechnung stimmt ganz genau. ❺ [しっかりした・一定の] bestimmt; fest/今はちゃんとした職があります Ich bin jetzt fest angestellt./ちゃんとした答を求める Er fordert eine bestimmte Antwort. ❻ [はっきりした] deutlich; klar/ちゃんとした目的someone klare Ziele vor Augen haben/顔にちゃんと書いてある Das steht dir an der Stirn geschrieben. Das kann ich dir deutlich am Gesicht ablesen. Das sieht man schon von deinen Augen.

チャンネル ¶ ほかのチャンネルを入れる auf einem anderen Kanal empfangen*; einen anderen Kanal wählen.

チャンピオン Meister (*m.* -s, -) [in Wettspielen] ‖ チャンピオンシップ Meisterschaft *f.* -en.

ちゃんぽん abwechselnd; alternierend; erst einer, dann der andere/ちゃんぽんにする durcheinander bringen*[4]/ビールと酒をちゃんぽんに飲む Bier und Sake abwechselnd (durcheinander) trinken*.

ちゆ 治癒 Heilung *f.* -en; Genesung *f.* -en; Gesundung *f.* -en; Wiedergenesung *f.* -en; Wiederherstellung *f.* -en. —— 治癒する heilen ⓢ.; geheilt werden; genesen* ⓢ. (*von*[4]); wieder gesund (wiederhergestellt) werden.

ちゆう 知勇 Weisheit und Heldenmut/知勇兼備の名将 der hervorragende, ebenso weise wie heldenmütige Heerführer, -s, -; der General, dem es an [3]Einsicht und Tapferkeit nicht fehlt.

ちゅう 宙 [空] in der Luft; [漠として] im Ungewissen*; unsicher; [そらで] auswendig/宙に迷っている in der Schwebe sein (bleiben*) ⓢ./宙になって auswendig her|sagen[4]/宙ぶらりんになって in der Schwebe; unentschieden; ungewiss; unentschlossen/[決断のつかぬ]それは宙ぶらりんの状態だ Es hängt (schwebt) in der Luft./宙を飛ぶ durch die [4]Luft (in der Luft) fliegen* ⓢ.h./宙を飛んでいる in fliegender Eile (Hast); mit größter Geschwindigkeit; möglichst schnell; schnell wie ein Pfeil; so schnell wie möglich/彼は魂が宙外に飛ぶ思いだった Er war überglücklich (wie im siebenten Himmel). [有頂天だった]./Er war vor Schreck starr (wie gelähmt).《肝をつぶした》.

ちゅう 中 ❶ [中位] Mitte *f.* -n《中央》; Mittel *n.* -s, -《中間》; Durchschnitt *m.* -[e]s, -e《並み》; Mittelweg *m.* -[e]s《中庸》; Mittelklasse *f.* -n《等級の》; die mittlere Qualität, -en《品質の》; die mittlere Größe, -n《大きさの》/[中位]mittler; mittelmäßig; befriedigend; mäßig《中位》/中巻 der zweite Band, -e《三巻の中》. ❷ [...の間]...の最中 während *n.*; im Verlauf[2]《*von*[3]》; im Lauf[e][2]; an[3]; auf[3]; bei[3]; in[3]; unter[3]; binnen[3(2)]《以内》; innerhalb[2(3)]《同上》/話し中 im Verlaufe eines Gesprächs/二日[二週間]中に binnen (innerhalb) zwei Tage (vierzehn Tagen)/旅行中である verreist (auf Reisen) sein/戦争中 während des Krieges/彼女は食事中だ Sie ist bei Tisch (beim Essen)./この家は建築中だ Das Haus befindet sich im Bau./お話し中です[電話] Die [Telefon]leitung ist besetzt. ❸ [...を通じて] ganz《in》; durch; hindurch/国中 im ganzen Land[e]; überall im Land[e]/一年[一日, 一晩]中ずっと das [ganze] [4]Jahr (den ganzen [4]Tag, die ganze [4]Nacht) hindurch. ❹ [...のうち] unter[3]; von[3]/十中八九で zehn gegen (zu) eins; todsicher; im Allgemeinen《たいてい》/兄弟[三人の学生]中の最年少者 der jüngste von den Brüdern (unter drei Studenten).

ちゅう 注 ⇨ ちゅうかい《注解》/注のある kommentiert/注をつける Anmerkungen machen《zu einem Buch》; kommentieren*[4]; mit [3]Anmerkungen versehen*[4] ‖ 脚注 Fußnote *f.* -n/傍注 Randbemerkungen (*pl*); Randglosse *f.* -n.

ちゅう 忠 ❶ [*n.*] Loyalität *f.*; Treue *f.*; Ehrlichkeit *f.*; Redlichkeit *f.*《篤実》. ❷ [*a.*] loyal; treu; redlich.

ちゅう 駐── in einem Ort residierend/駐独 (英, 仏)日本大使 der japanische Botschafter 《-s, -》in [3]Berlin (London, Paris). ⇨ ちゅうさつ.

ちゅうい 中位 ⇨ ちゅう《中》.

ちゅうい 中尉 Oberleutnant *m.* -s, -s《略: Oblt.》; Oberleutnant zur See《略: Oblt. z. See 海軍》.

ちゅうい 注意 ❶ [気をつけること] Aufmerksamkeit *f.*; Achtung *f.* -en; Beachtung *f.* -en《顧慮》; Interesse *n.* -s, -n《関心》. ❷ [用心] Vorsicht *f.*; Behutsamkeit *f.*《慎重》. ❸ Sorgfalt *f.*《細心》; [忠告](Er)mahnung *f.* -en; Warnung *f.* -en《警告》; Wink *m.* -[e]s, -e《示唆》/注意周到な bedachtsam; sorgfältig; umsichtig/細心の注意を払って mit angespannter [3]Aufmerksamkeit; mit aller gebotenen [3]Vorsicht/注意をひく[4] *js* Aufmerksamkeit an|ziehen* (erregen; fesseln); Beachtung finden*[4]/注意を喚起する(促す) *js* Aufmerksamkeit lenken《*auf*[4]》; *jn* auf [4]*et* aufmerksam machen/注意を向ける seine Aufmerksamkeit zu|wenden*[3]; *[4]* Beachtung schenken*[3]/注意を集中する seine Aufmerksamkeit konzentrieren《*auf*[4]》/注意を怠る außer Acht (aus der [3]Acht) lassen*[4]. —— 注意する ❶ [気をつける] [auf]merken《*auf*[4]》; achten[2]《*auf*[4]》; Acht geben* (haben)《*auf*[4]》; beachten[4]; in Acht haben*[4]/[4]Interesse nehmen*《関心をもち》an[3]; für[4]. ❷ [用心する] [4]sich in Acht nehmen*《*vor*[3] 用心する》; [4]sich hüten《*vor*[3] 同上》; vorsichtig sein《警戒する》in[3]; gegen[4]. ❸ (er)mahnen《*jn* zu [3]*et* 励ます》; mahnen《*jn* zu *et* 忘れぬよう促す》; *jn* um (gegen) [4]*et* 返すよう促す》; warnen《*jn,* [4]*et* zu tun しないように警告する》; *jn* vor[3]

警戒させる; jm einen [guten] Wink geben* 《それとなく注意する》/一生懸命に注意している ganz Ohr sein; ganz bei der ²Sache sein/注意[せよ] Achtung! Vorsicht! Nimm dich in Acht! Merke wohl (Wohlgemerkt)!【略】NB. 《=notabene》/階段御注意 Achtung (Vorsicht)! Stufen! Gib (Hab') Acht auf die Stufen! /かぜをひかぬよう注意ない Hüten Sie sich vor Erkältung! /危険だから注意したまえ Nimm dich wahr doch vor der Gefahr. /すり(にせ物)に御注意 Vor Taschendieben (Nachahmungen) [wird] gewarnt! /私は彼のせっかくの注意を本にはしない Ich lasse seinen freundschaftlichen Wink nicht unbenutzt. /悪い仲間には注意したまえ Hüte dich vor schlechter Gesellschaft! — 注意すべき beachtenswert (bemerkens-); bedeutend 《いちじるしい》. — 注意深い[く] aufmerksam; achtsam; vorsichtig; behutsam. ‖ 注意事項 Bemerkung f. -en (注意書); Notabene n. -s, -[s] 《同上》/注意人物 die verdächtige (gefährliche) Person, -en; der Gebrandmarkte*, -n, -n.

チューインガム Kaugummi m. -s.

ちゅうえい 中衛 [サッカー・ホッケー] Läufer m. -s, -; [9人制バレー] Mittelspieler m. -s, -; Mittelmann m. -[e]s, ⸗er.

ちゅうおう 中欧 Mitteleuropa, -s.

ちゅうおう 中央 Mitte f. -n; Zentrum n. -s, ..tren (..tra)/中央の zentral; Mittel-/中央に集める zentralisieren⁴ ‖ 中央アジア(アメリカ) Mittelasien (Mittelamerika) n. -s/中央アフリカ共和国 die Zentralafrikanische Republik/中央駅 Zentralbahnhof (Haupt-) m. -[e]s, ⸗e/中央官庁 Zentralbehörde f. -n/中央金庫 Hauptkasse f. -n/中央銀行 Zentralbank f. -en/中央市場 Hauptmarkt m. -[e]s, ⸗e/中央執行委員会 Zentralvollzugsausschuss m. -es, ⸗e/中央集権 Zentralisierung f. -en; Zentralisation f. -en; Zentralismus m. -/《制度》中央政府 Zentralregierung f. -en/中央郵便局 Hauptpostamt n. -[e]s, ⸗er (-post f. -en).

ちゅうおん 中音[部] Bariton m. -s, -e 《男声》; Mezzosopran m. -s, -e 《女声》.

ちゅうおう 中夏 Hochsommer (Mitt-) m. -s, -.

ちゅうか 鋳貨 [貨幣鋳造] Münzprägung f. -en; das Münzen*, -s; [貨幣] Münze f. -n/鋳貨する Geld [aus]münzen; Münzen (Geld) prägen (schlagen*).

ちゅうかい 注解 Anmerkung f. -en 《略: Anm.》; Auslegung f. -en; Erklärung f. -en; Erläuterung f. -en; Kommentar m. -s, -e/Glosse f. -n 《傍注》/注解付の kommentiert; mit Anmerkungen versehen; kritisch 《版本 Ausgabe について》. — 注解する Anmerkungen machen (zu einem Buch); mit ³Anmerkungen versehen*⁴; kommentieren⁴; aus|legen⁴ (erklären⁴; erläutern⁴)《解釈する》. ‖ 注解者 Ausleger (Erläuterer) m. -s, -; Kommentator (Glossator) m. -s, -en.

ちゅうかい 仲介 Vermittlung f. -en; Dazwischenkunft f. ⸗e 《調停》/仲介の vermittelnd. — 仲介する vermitteln⁴ 《zwischen ³Streitenden》; sich ins Mittel legen (schlagen*). ‖ 仲介者 Vermittler m. -s, -; Mittelsmann m. -[e]s, ..leute; Zwischenhändler m. -s, -; Agent m. -en, -en 《代理人》.

ちゅうがい 中外 [adv] innen und außen; [n.] das In- und Ausland, -[e]s.

ちゅうがい 虫害 Insektenschaden m. -s, ⸗/虫害を受ける durch ⁴Insekten beschädigt werden (Schaden nehmen*).

ちゅうがえり 宙返り Purzelbaum m. -[e]s, ⸗e; Luftsprung m. -[e]s, ⸗e; Salto m. -s, -s, (..ti); Looping n. -s, -s 《飛行機の》. — 宙返りする einen Purzelbaum machen (schießen*; schlagen*); einen Salto machen; [飛行機が] ein Looping (einen Schleifenflug) machen; ⁴sich überschlagen* ‖ 宙返り飛行 Schleifenflug m. -[e]s, ⸗e; der Überschlag m. -[e]s, ⸗e (aufwärts).

ちゅうかく 中核 Kern m. -[e]s, -e.

ちゅうがく 中学[校] Mittelschule f. -n ‖ 中学程度の die Stufe (-n) (das Niveau, -s, -s) einer Mittelschule; Mittelschulrang m. -[e]s, ⸗e/中学部 Mittelschulabteilung f. -en.

ちゅうかじんみんきょうわこく 中華人民共和国 die Volksrepublik China.

ちゅうがた 中型 die mittlere Größe, -n/中型の mittelgroß.

ちゅうかん 中間 Mitte f. -n; Mittel n. -s, -; Zwischenraum m. -[e]s, ⸗e 《あいだ》. — 中間の dazwischenbefindlich (dazwischenliegend) 《介在する》; mittler 《中央・中立の》; Mittel-; Zwischen-. — 中間に dazwischen; in der ³Mitte²; zwischen³ 《間に》. ‖ 中間駅 Zwischenbahnhof m. -[e]s, ⸗e (-station f. -en)/中間周波 Zwischenfrequenz f. -en/中間宿主 [生] Zwischenwirt m. -[e]s, -e/中間商人 Zwischenhändler m. -s, -/中間政府 Zwischenregierung f. -en; Interimsregierung 《仮政府》/中間判決 Zwischen|bescheid m. -[e]s, -e (-urteil n. -s, -e)/中間反応 Zwischenreaktion f. -en/中間物 Medium n. -s, ..dien/Mitteilding n. -[e]s, -e 《雑種》/中間貿易 Zwischenhandel m. -s/中間報告 der vorläufige Bericht, -[e]s, -e/中間利得[利潤] Zwischengewinn m. -[e]s, -e.

ちゅうかんばん 中甲板 Mitteldeck (Zwischen-) n. -[e]s, -e.

ちゅうき 中気 Paralyse f. -n; Paralysis f. ..lysen; Lähmung f. -en/中気の paralytisch; gelähmt; gichtbrüchig/中気の人 Paralytiker m. -s, -; der Gichtbrüchige*, -n, -n/中気になる einen Schlag(anfall) bekommen*; vom Schlage gerührt werden.

ちゅうき 中期 die Mitte 《-n》der Zeit ‖ 江戸時代中期 die Mitte der Edo-Zeit.

ちゅうぎ 忠義 Loyalität f.; Leh(e)nstreue (Untertanen-) f. -/忠義の loyal; treu ‖ 忠義立て die übertriebene Dienstfertigkeit, -en; Zudringlichkeit f. -en.

ちゅうきゅう 中級 Mittelstufe f. -n/中級用の教材 Lehrstoffe für Mittelstufe ‖ 中級官吏 der mittlere Beamte*, -n, -n.

ちゅうきょう 中共 die Chinesische Kommunistische Partei 《党》‖ 中共軍 die chinesische kommunistische Armee, -n.

ちゅうきょり 中距離競走 Mittelstreckenlauf m. -(e)s, ..e/中距離選手 Mittelstreckenläufer m. -s, -/Mittelstreckler m. -s, -/中距離ミサイル Mittelstreckenrakete f. -n.

ちゅうきん 忠勤 der treue Dienst, -(e)s, -e; Ergebenheit f. -/忠勤を勤め《励わる》 treu dienen 《jm》(in «Eid und Pflicht nehmen*《jn》).

ちゅうきん 鋳金 das Gießen*, -s; Guss m. -es, ¨e ‖ 鋳金家 Gießer m. -s, -; Metallarbeiter m. -s, -.

ちゅうきんとう 中近東 der Nah- und Mittlere Osten, -s.

ちゅうくう 中空 ❶ 〔空中〕Luft f.; Himmel m. -s; Äther m. 《天空》/中空に〔mitten〕in der ³Luft. ❷ 〔うつろ〕hohl f. -en; [Aus]höhlung f. -en/中空の hohl.

ちゅうくらい 中位の mittler; mittelmäßig 《普通の》/中位の大きさの mittelgroß; von mittlerer Größe.

ちゅうけい 中継 〔電〕Übertragung f. -en/オペラを中継放送する eine Oper 《durch den Rundfunk《durch Fernsehen》》übertragen*/この野球の試合は生中継される Diese Baseballspiel wird live übertragen. ‖ 中継系 Übertrager m. -s, -; Übertragungsapparat m. -(e)s, -e; Relais n. -; 《継電器》/中継局 Übertragungs|station f. -en 《-sender m. -s, -》; Zwischensender/中継線 Verbindungsleitung f. -en; Fernleitung 《電話の》/中継放送 Anschlusssendung f. -en; Relaissendung.

ちゅうけん 中堅 ❶ 〔兵〕Zentrum n. -s, ..tren; Hauptmacht f. -e 《主力の》; Hauptquartier n. -s, -e 《本営》/敵の中堅をつく das Zentrum der feindlichen ²Stellung an|greifen*. ❷ 〔人物〕Führer m. -s, -; Leiter m. -s, -; Kern m. -(e)s, -e/彼は国家の中堅である Er ist eine Stütze des Staates. ‖ 中堅作家 der führende Schriftsteller, -s, -.

ちゅうげん 中元 der 15. Juli; das Geschenk 《-(e)s, -e》am Totenfest 《贈り物》.

ちゅうげん 忠言 der 〔freundliche〕Rat 《Ratschlag》, -(e)s; Ermahnung f. -en 《諌言》; Warnung f. -en 《戒告》/彼は忠言に耳をかさない Er lässt sich nicht raten 《sich nichts sagen》.

ちゅうこ 中古 ❶ 〔中世〕Mittelalter n. -s/中古の mittelalterlich. ❷ ⇒ちゅうぶる.
‖ 中古史《文学》die Geschichte 《Literatur》des Mittelalters.

ちゅうこう 忠孝 die Untertanentreue und Kindesliebe; die Untertanen- und Kindespflicht.

ちゅうこう 中興 Wiederherstellung f. -en; Wiederbelebung f. -en; Restauration f. -en 《復興》/中興の祖 Wiederhersteller m. -s, -; der Urheber 《-s, -》der Restauration.

ちゅうこう 中項 《数》Innenglied n. -(e)s, -er ‖ 比例中項 mittlere Proportionale*, -n, -n.

ちゅうこうしょく 昼光色の hell.

ちゅうこうねんれいそう 中高年齢層 die alte und mittlere Generation, -en.

ちゅうこく 忠告 Rat m. -(e)s 《助言》; Ratschlag m. -(e)s, ..schläge 《同上》; [Er-]mahnung f. -en 《訓戒》; Warnung f. -en 《警告》/忠告に従う einem Rat folgen; js ⁴Rat befolgen; auf einen Rat 《Warnungen》hören; ³sich von jm raten lassen*; nach js ³Rat handeln/忠告を与える jm Rat geben*; jm Ratschläge erteilen; jm eine Warnung zukommen lassen* 《erteilen》/忠告を聞かない ³sich nicht raten lassen*; Warnungen nicht beachten; in den Wind schlagen*)/忠告してやめさせる jm ab|raten*⁽⁴⁾《von ³et》/忠告をすましたが、それをやめた方がいいでしょう Wenn ich Ihnen einen guten Rat geben darf, lassen Sie das lieber./私の忠告に従ってやっと彼は医者の診察を求めた Auf meinen Rat hat er endlich den Arzt aufgesucht./そんな忠告はまっぴらだ Ich danke für solchen Rat! — 忠告する jm raten*⁽⁴⁾《in ju³ 勧める》; jm mahnen 《an⁴》; jm warnen 《⁴et zu tun 《dass ...》しないように; vor³ 警戒するように》. ‖ 忠告者 Berater 《Ratgeber; [Er]mahner; Warner》.

ちゅうごく 中国 ❶ 〔国の中央部〕die Mitte eines Landes. ❷ 〔中国地方〕der westliche Teil 《-(e)s》der Hauptinsel von Japan. ❸ 〔中華人民共和国〕China n. -s.
‖ 中国人 Chinese m. -n, -n; Chinesin f. ..sinnen 《女》/中国通 Chinakenner m. -s, -; der Chinakundige*. -n, -n; Sinologe m. -n, -n.

ちゅうごし 中腰 das halbe Aufstehen*, -s/中腰の halb aufstehend; in vorgebeugter Haltung.

ちゅうこしゃ 中古車 Gebrauchtwagen m. -s, -.

ちゅうさ 中佐 Oberstleutnant m. -s, -s 《陸軍》; Fregattenkapitän m. -s, -e 《海軍》.

ちゅうざ 中座する ⁴sich französisch 《englisch》drücken; sich höflich 《auf französisch》empfehlen*/ちょっと中座します Entschuldigen Sie bitte, einen Augenblick! Ich komme gleich! Komme gleich zurück!

ちゅうさい 仲裁 Vermittlung f. -en; Intervention f. -en; Schlichtung f. -en; Dazwischenkunft f. -e; Beilegung f. -en/仲裁に応ずる《を拒む》die Vermittlung an|nehmen* 《ab|lehnen》. — 仲裁する vermitteln⁽⁴⁾《zwischen³》; intervenieren 《in³》; ⁴sich ins Mittel legen; schlichten⁴; durch Schiedsspruch 《schiedsgerichtlich》beilegen⁴ 《裁定する》; schiedsrichterlich entscheiden**⁴ 《同上》. ‖ 仲裁裁判 Schiedsgerichtsbarkeit f. -en 《裁判権》/仲裁の schiedsrichterliche Entscheidung, -en 《裁定》/Schiedsspruch m. -(e)s, ¨e 《同上》/仲裁裁

判に付する einem schiedsrichterlichen Spruch (einem Schiedsgericht) unterwerfen*⁴/仲裁裁判所 Schiedsgericht *m.* -[e]s, -e/仲裁条約 Schiedsvertrag *m.* -[e]s, ᵉe/仲裁人 Vermittler *m.* -s, -; Friedensrichter (Schieds-) *m.* -s, -; Schiedsmann *m.* -[e]s, ᵉer.

ちゅうざい 駐在 Aufenthalt *m.* -[e]s, -e/駐在の wohnhaft (*in*³); stationiert (*in*³). —— 駐在する residieren (*in*³); ⁴sich aufhalten*; seinen Wohnsitz haben; stationiert sein. ‖ 巡査駐在所 [Polizei]wache *f.* -n.

ちゅうさつ 駐箚 Aufenthalt *m.* -[e]s, -e/駐箚の residierend (⁴sich aufhaltend) (in einem Ort). —— 駐箚する residieren (seinen Wohnsitz haben; ⁴sich aufhalten) (*in*³). ‖ 駐箚官 Resident *m.* -en, -en/日本駐箚ドイツ大使 der deutsche Botschafter (-s) in Japan (Tokio).

ちゅうさんかいきゅう 中産階級 die mittlere Klasse, -n; Mittelstand *m.* -[e]s; Mittelständler (*pl* 人々).

ちゅうし 中止 die [zeitweilige] Aufhebung, -en; das Aufhören*, -s; Einstellung *f.* -en; Suspendierung *f.* -en; Suspension *f.* -en; Unterbrechung *f.* -en. —— 中止する [zeitweilig] auf|heben*⁴; auf|hören [mit ³*et*; ⁴*et* zu tun]; ein|stellen⁴; suspendieren⁴; unterbrechen*⁴/演説を中止する ³sich in der Rede unterbrechen*/仕事を中止する auf|hören zu arbeiten; mit der Arbeit auf|hören; mitten in der Arbeit an|halten*/ ストライキを中止する einen Streik ab|blasen*/試合が中止となった Der Wettkampf ist suspendiert worden./Das Wettspiel ist verregnet. (雨で)/その集会は中止を命じられた Die Versammlung ist aufgelöst worden. (ist gesprengt worden (強制的に)).

ちゅうし 注視 das aufmerksame (starre) Ansehen, -s; das Anstarren*, -s; Aufmerksamkeit *f.* —— 注視する aufmerksam (starr; mit unverwandten Augen) an|sehen*⁴; an|starren⁴; genau betrachten⁴. ⇒ちゅうもく.

ちゅうじ 中耳 Mittelohr *n.* -[e]s, -en‖中耳炎 Mittelohrentzündung *f.* -en.

ちゅうじつ 忠実 Treue *f.*; Aufrichtigkeit *f.*; Ehrlichkeit *f.*; Redlichkeit *f.* —— 忠実な(に) treu; treulich; aufrichtig; ehrlich.

ちゅうしゃ 駐車 das Parken*, -s. —— 駐車する im Kraftfahrzeug ab|stellen; parken*/【方】parkieren*) (ein ⁴Auto). ‖ 駐車禁止 Parkverbot *n.* -[e]s, -e; Parken verboten! (掲示)/駐車場 Park|platz (Abstell-) *m.* -es, ᵉe; Parkstelle *f.* -n.

ちゅうしゃ 注射 Einspritzung *f.* -en; Injektion *f.* -en; Spritze *f.* -n/その注射はよくきく(一向きかない) Die Einspritzung wirkt gut (gar nicht). —— 注射する ein|spritzen⁴; injizieren⁴; spritzen⁴. ‖ 注射液 Injektion, Spritzmittel *n.* -s, -; 〖注射薬〗/注射器 Einspritzer *m.* -s, -; [Injektions-]spritze *f.* -n/注射針 Injektionsnadel *f.* -n; Kanüle *f.* -n/皮下(静脈, 筋肉)注射 die subkutane (intravenöse, intramuskuläre) Einspritzung.

ちゅうしゃく 注釈 ⇒ちゅうかい(注解).

ちゅうしゅう 中秋 die Mitte des Herbstes/中秋の名月 der Vollmond ([-[e]s]) zu Herbstanfang.

ちゅうしゅつ 抽出 das Ausziehen*, -s; Extraktion *f.* -en. —— 抽出する aus|ziehen*⁴; extrahieren⁴. ‖ 抽出物 Auszug *m.* -[e]s, ᵉe; Extrakt *m.* (*n.*) -[e]s, -e.

ちゅうじゅん 中旬 die mittleren zehn Tage (*pl*) des Monats/一月中旬 ⁴Mitte Januar.

ちゅうしょう 中傷 Verleumdung *f.* -en; Diffamierung *f.* -en; Lästerung *f.* -en; Lästerrede *f.* -n. —— 中傷的に verleumderisch; ehrenrührig; lästerlich. —— 中傷する verleumden⁴; lästern[s] (auf (gegen; über) *jn*); an|schwärzen [übel von *jm*]; in üblen Ruf bringen*) (*jn*). ‖ 中傷者 Verleumder *m.* -s, -; Anschwärzer *m.* -s, -; Lästerer *m.* -s, -; Lästermaul *n.* -[e]s, ᵉer.

ちゅうしょう 抽象 das Abstrahieren*, -s; Abstraktion *f.* -en/抽象的 abstrakt; rein begrifflich/抽象的観念 der abstrakte (unanschauliche; abgezogene) Begriff, -[e]s, -e/彼の説明は全く抽象論に陥ってしまった Er erging sich in abstrakten (unanschaulichen) Darlegungen. —— 抽象する abstrahieren⁴; ab|ziehen*⁴. ‖ 抽象芸術 abstrakte Kunst *f.* ᵉe/抽象名詞 Abstraktum *n.* -s, ..ta; das begriffliche Hauptwort, -[e]s, ᵉer; Begriffswort.

ちゅうじょう 中将 Generalleutnant *m.* -s, -[陸軍]; Vizeadmiral *m.* -s, -e (海軍).

ちゅうじょう 表情 das Innerste* (-[e]n) des Herzens/衷情を打ち明ける *jm* sein Innerstes offenbaren.

ちゅうじょう 柱状の pfeiler|förmig (säulen-).

ちゅうしょうきぎょう 中小企業 die kleineren (mittleren und kleinen) Unternehmungen (*pl*) ‖ 中小企業者 der kleinere (mittlere und kleine) Unternehmer, -s, -.

ちゅうしょく 昼食 Mittag[s]essen *n.* -s, -(-brot. -[e]s; -mahl *n.* -[e]s, -e (ᵉer)); Mittag *m.* -s/昼食をとる zu Mittag essen* (speisen); 〖方〗mittagmahlen.

ちゅうしん 忠臣 der treue Untertan, -en (-s), -en; der treue Diener, -s, -.

ちゅうしん 衷心 das Innerste* (-s) des Herzens; die Tiefe des Herzens; Herzensgrund *m.* -[e]s/衷心から aus ³Herzensgrund (tiefstem Herzen; tiefster Seele); aufs Herzlichste; von ganzem Herzen; herzinniglich (ねんごろに)/彼の目(ことば)には衷心から同情の色が見えた Tiefes Mitleid sprach aus seinen Augen (Worten).

ちゅうしん 中心 ❶ [真ん中] Mitte *f.* -n; Mittelpunkt *m.* -[e]s; Zentrum *n.* -s, ..tren (..tra)/中心の zentral; zentrisch/商業の中心 das Zentrum des Handels; Handelszentrum/中心に置く in den Mittelpunkt stellen⁴; zentrieren⁴. ❷ [核心]

ちゅうしんこく Kern *m.* -(e)s, -e; das Innerste*, -n; Herz *n.* -ens, -en/都会の中心 das Innere (Herz) der Stadt; die innere Stadt (Innenstadt) ¨e; Zentrum². ❸〔平衡〕Balance *f.* -; Gleichgewicht *n.* -(e)s《重心》/中心を取る〔⁴sich〕balancieren; ³das Gleichgewicht halten*/中心を失う das Gleichgewicht verlieren*; aus dem Gleichgewicht kommen* ⓢ.‖ 中心軸 Zentralachse *f.* -n/中心人物 der führende Geist, -(e)s, -er; Führer *m.* -s, -; Hauptperson *f.* -en; Seele *f.* -n《団体などの》; Rädelsführer《主謀者》/中心点 Zentralpunkt; Zentrale *f.* -n; Hauptpunkt《主要点》/中心問題 Hauptfrage *f.* -n.

ちゅうしんこく 中進国 ein entwicklungsfähiges Land, -(e)s, ¨er.

ちゅうすい 虫垂〔解〕Wurmfortsatz *m.* -es, ¨e; Appendix *m.* -(es), -e (..dizes)‖ 虫垂炎 Wurmfortsatzentzündung *f.* -en; Appendizitis *f.* ..tiden.

ちゅうすう 中枢 Zentrum *n.* -s, ..tren (..tra); Mittelpunkt *m.* -(e)s, -e; Herz *n.* -ens, -en/都市の中枢に im Herzen (Inneren; Zentrum) der Stadt‖ 神経中枢 Nervenzentrum.

ちゅうする 沖する ⁴sich in den Himmel erheben*; in die Luft steigen* ⓢ/火災天に沖する Die Flammen lodern (Das Feuer lodert) zum Himmel.

ちゅうせい 中世 Mittelalter *n.* -s《略 MA.》/中世の mittelalterlich《略:ma.》. ⇨ ちゅうこ①. ❷ 中世〔地〕Mesozoikum *n.* -s/中世代の mesozoisch.

ちゅうせい 中性 ❶〔文法〕Neutrum *n.* -s, ..tren (..tra); das sächliche Geschlecht, -(e)s/中性の neutral; sächlich.‖〔化〕Neutralität *f.*/中性の neutral.‖ 中性液 die neutrale Flüssigkeit *f.* -en/中性子〔理〕Neutron *n.* -s, -en/中性洗剤 neutrales (synthetisches) Waschmittel, -s, -; Neutralwaschmittel *n.* -s, -/中性名詞 das sächliche Hauptwort, -(e)s, ¨er; Neutrum.

ちゅうせい 中正 Billigkeit *f.*; Gerechtigkeit *f.*; Unparteilichkeit *f.*/中正に den ³Billigkeit gemäß/中正の billig; gerecht; unparteiisch.

ちゅうせい 忠誠 Treue *f.*; Leh(e)nstreue (Untertanen-) *f.*; Ergebenheit *f.*/忠誠を誓う *jm* Treue schwören* (geloben); den Eid der Treue leisten.

ちゅうぜい 中背の mittelgroß; von mittlerer (mäßiger) Größe.

ちゅうせいだい 中生代 Mesozoikum *n.* -s/中生代の mesozoisch.

ちゅうせき 柱石〔Grund〕pfeiler *m.* -s, -;〔Haupt〕stütze *f.* -n/彼は国家の柱石だ Er ist eine Stütze des Staates.

ちゅうせき 沖積期 Holozän *n.* -s; Alluvium *n.* -s; die geologische Gegenwart/沖積土, ¨/沖積の alluviale Boden (Alluvialboden), -s, ¨/沖積層 Alluvion *f.* -en; Anlandung *f.* -en; Anschwemmung *f.* -en/沖積平原 Alluvialland *n.* -(e)s, ¨er.

ちゅうせつ 忠節〔Leh(e)ns〕treue *f.*; Loyalität *f.*; Untertanentreue/忠節を尽くす *jm* die Treue bewahren (halten*).

ちゅうぜつ 中絶 Unterbrechung *f.* -en; Abbrechung *f.* -en; das Aufhören, -s./中絶した unterbrochen; abgebrochen. ── 中絶する〔絶える〕ab|brechen*; auf|hören; unter|bleiben* ⓢ;〔やめる〕ab|brechen*⁴; ein|stellen⁴; aus|setzen⁴; unterbrechen*; künstlich abortieren《妊娠》/研究を中絶する sein Studium ab|brechen* (unterbrechen*)‖ 妊娠中絶 Schwangerschaftsunterbrechung *f.* -en; der künstliche Abort, -s, -e.

ちゅうせん 抽籤 das Losen, -s; Verlosung *f.* -en; Ziehung *f.* -en; Lotterie *f.* -n《富籤》/抽籤に当たる das große Los (den Haupttreffer) gewinnen* (ziehen*). ── 抽籤する das Los ziehen* (*um*¹); losen (*um*⁴)/抽籤で決める durch das Los (durch Losen; durchs Los) entscheiden*⁴; aus|losen⁴; verlosen⁴.‖ 抽籤器 Glücksrad (Verlosungs-) *n.* -(e)s, ¨er/抽籤券 Lotterielos *n.* -es, -e/抽籤番号 Losnummer *f.* -n/抽籤割増金付債券 Lotterieanleihe *f.* -n.

ちゅうぞう 鋳造 das Gießen*, -s; Guss *m.* -es, ¨e;〔貨幣〕das Münzen* (Prägen*), -s; Prägung *f.* -en/貨幣の鋳造は国が行う Der Staat lässt Geld schlagen (prägen; münzen). ── 鋳造する〔鐘・像・活字などを〕gießen*⁴; münzen《⁴Geld》; prägen 《⁴Münzen; ⁴Geld》; schlagen*⁴. ‖ 鋳造術 Gießkunst *f.* ¨e; Gießerei *f.* -en/鋳造所 Gießhaus *n.* -(e)s, ¨er (-häuser *-en*); Gießerei.

ちゅうそううん 中層雲 die mittelhohen Wolken《*pl*》.

ちゅうたい 中隊 Kompa[g]nie *f.* -n《略: Kp.》; Kompaniechef *m.* -s, -s (-führer *m.* -s, -)/騎兵中隊 Schwadron *f.* -en/砲兵中隊 Batterie *f.* -n《略: Batt[r.]》.

ちゅうだん 中段 Mittelstufe *f.* -n; Podest *n.* (*m.*) -es, -e《階段の》;〔Treppen〕absatz *m.* -es, ¨e《踊り場》; Mitte *f.* -n 《中間》⇨ ちゅうかん.

ちゅうだん 中断 das Entzweibrechen*, -s; Unterbrechung *f.* -en《中絶》; Stockung (Störung) *f.* -en《同上》; Pause *f.* -n《休止》; das Aufhören, -s《中止》. ── 中断する in der Mitte teilen⁴; entzwei|brechen*⁴; unterbrechen*⁴;〔vorübergehend〕auf|hören《*mit*³》; ein|stellen⁴《休止する》/話を中断する eine Rede unterbrechen*; *jm* in die Rede (ins Wort) fallen*《他人の》; ⁴sich in seiner ³Rede unterbrechen*⁴.

ちゅうちゅう ちゅうちゅう鳴く quiek[s]en《ねずみなどが》; zirpen《虫などが》; zwitschern《すずめなどが》.

ちゅうちょ 躊躇 das Zögern* (Zaudern*; Schwanken*), -s;〔Bedenken *n.* -s,〕《疑念》; Unentschlossenheit (Unschlüssigkeit) *f.*《不決断》/躊躇して zögernd; unschlüssig/躊躇せずに ohne zu zaudern; ohne ⁴Bedenken. ── 躊躇する zögern*, zaudern; schwanken; unentschlossen (unschlüssig; wankelmütig) sein; Bedenken haben (hegen; tragen*) 《^{4}*et* zu tun 疑念をいだく》/彼はこうと考えたことをやるのに一瞬たりとも躊躇しなかった Er schwankte keinen Augenblick, das zu tun, was er für richtig hielt.

ちゅうっぱら 中っ腹の missvergnügt; misslaunig; unmutig; ärgerlich/中っ腹になる Anstoß nehmen* 《*an*^{3}》; ^{4}sich beleidigt fühlen; übel 〔auf|〕nehmen*^{4}.

ちゅうてつ 鋳鉄 Gusseisen *n.* -s ‖ 鋳鉄所 Eisengießerei *f.* -en.

ちゅうてん 中天 die Mitte des Himmels; Zenit *m.* (*n.*) -〔e〕s/太陽が中天にある Die Sonne steht im Zenit (im Scheitel ihrer Bahn)./月が中天にかかる Der Mond steht 〔hoch〕 am Himmel.

ちゅうと 中途で auf halbem Weg〔e〕; halbwegs; unterwegs/中途から引き返す auf halbem Weg〔e〕 um|kehren [s]/談話(旅行)を中途でやめる die Unterhaltung (seine Reise) ab|brechen*.

ちゅうとう 中等 Mittelmaß *n.* -es; Mittelmäßigkeit *f.* 《中位》; die mittlere Qualität, -en 《品質》. ── 中等の mittler; mittelmäßig; mittelfein (mittelgut) 《品質》; zweiten ^{2}Ranges 《等級》; befriedigend 《成績など》. ‖ 中等学校 die mittlere Schule, -n; Mittelschule *f.* -n/中等教育(教員) Mittelschulbildung *f.* -en (Mittelschullehrer *m.* -s, -)/中等品 die Ware 《-n》 mittlerer ^{2}Güte (von mittlerer Qualität); Mittelsorte *f.* -n.

ちゅうとう 中東 der Mittlere Osten, -s ‖ 中東戦争 der Krieg 《-〔e〕s, -e》 im Mittleren Osten.

ちゅうどう 中道 Mittelweg *m.* -〔e〕s, -e; die richtige (goldene) Mitte 《中庸》 ⇨**はんと**(半途)/中道を歩む(行く) den Mittelweg ein|schlagen*; die 〔rechte〕 Mitte halten*; Maß halten*.

ちゅうどく 中毒 Vergiftung *f.* -en/中毒性の giftig; toxisch; vergiftend. ── 中毒する ^{4}sich vergiften 《*an*^{3}; *durch*^{4}》/彼はきのこで中毒した Er hat sich durch den Genuss von Pilzen vergiftet. ‖ 中毒症 Toxikose *f.* -n; die Krankheit 《-en》 durch Vergiftung/中毒症候 Vergiftungserscheinung *f.* -en.

ちゅうとたいがく 中途退学 der vorzeitige Abgang 《-〔e〕s, ⸗e》 von einer Schule/中途退学する von der Schule ab|gehen* [s].

ちゅうとはんぱ 中途半端な(に) halb; unvollendet/中途半端にしておく(のままである) unterwegs (unvollendet) lassen*^{4} (unterwegs bleiben* [s]; *auf halbem Weg〔e〕 stehen* bleiben*)/中途半端なことをしてはならぬ Man darf nichts halb tun./彼は何によらず中途半端な処置がきらいだ Er ist gegen jede halbe Maßnahme./彼の知識は万事中途半端だ Er weiß alles nur halb.

ちゅうとん 駐屯 Einquartierung *f.* -en; Stationierung *f.* -en/この町には駐屯部隊はいない In der Stadt stehen keine Truppen. ── 駐屯する als ^{1}Besatzung (in ^{3}Garnison) stehen*; garnisonieren; sein Standquartier haben; stationiert sein. ‖ 駐屯軍 Besatzung *f.* -en; Besatzungstruppen 《*pl*》; Garnison *f.* -en/駐屯地 Station *f.* -en; Garnison; Standort *m.* -〔e〕s, -e; Standquartier *n.* -s, -e; Besatzungszone *f.* -n 《占領地区》.

チューナー Abstimmvorrichtung *f.* -en 《ラジオの》.

ちゅうにかい 中二階 Halb¦geschoss (Zwischen-) *n.* -es, -e; Entresol *m.* (*n.*) -s, -s; Mezzanin *n.* -s, -e.

ちゅうにくちゅうぜい 中肉中背の人 der Mann 《-〔e〕s, ⸗er》 mittlerer ^{2}Größe (von mittlerer Größe).

ちゅうにち 中日 der Tag 《-〔e〕s, -e》 des Äquinoktiums 《彼岸の》.

ちゅうにゅう 注入 Eingießung *f.* -en; Einspritzung *f.* -en; Einflößung *f.* -en 《思想などの》. ── 注入する ein|gießen*^{4}; ein|spritzen^4; ein|flößen (-|geben*; -|prägen) 《*jm* ^{4}*et* 思想を》; ein|pauken 《詰め込む *jm* ^{4}*et*; *jn* in ^{3}*et*》. ‖ 注入主義 Einpaukerei *f.* -en 《詰め込み主義》.

ちゅうにん 仲人 [仲介人] Vermittler *m.* -s, -; Mittelsmann *m.* -〔e〕s, ..leute; Zwischenperson *f.* -en; [仲裁人] Friedensstifter *m.* -s, -; [媒酌人] Heirats¦stifter (-vermittler)/仲人になる den Vermittler machen; ins Mittel treten* [s] (^{4}sich ins Mittel schlagen*) 《仲介(裁)する》; den Heiratsvermittler spielen 《媒酌する》.

ちゅうねん 中年 das mittlere (reife) Alter, -s; Mannesalter *n.* -s; das beste Mannesalter 《男盛り》/中年の人 die Person 《-en》 in mittleren Jahren (in (von) mittlerem Alter); der Mann 《-〔e〕s, ⸗er》 in den besten (in reiferen) Jahren 《男盛りの人間》; der reife Mann/中年になると考え方も違ってくる In reif〔er〕en Jahren denkt man anders.

ちゅうのう 中農 der Bauer 《-n, -n》 von mittlerem Besitz; Mittelbauer *m.* -n, -n.

ちゅうのう 中脳 Mittelhirn *n.* -〔e〕s, -e.

ちゅうのり 宙乗り das Voltigieren* 《-s》 in der Luft; Luftsprung *m.* -〔e〕s, ⸗e.

ちゅうは 中波 Mittelwelle *f.* -n.

チューバ 〘楽〙 Basstuba *f.* ..ben.

ちゅうばい 虫媒の entomophil; insektenblütig ‖ 虫媒花(植物) Insektenblüte *f.* -n (Insektenblütler *m.* -s, -).

ちゅうはば 中幅 die mittlere Breite/中幅の von mittlerer Breite.

ちゅうばんせん 中盤戦 der Höhepunkt 《-〔e〕s, -e》 eines Kampfes/試合は中盤戦に入った Das Spiel erreichte seinen *Höhepunkt*.

ちゅうぶ 中部 der mittlere Teil, -〔e〕s, -e; Mitte *f.* -n; Zentrum *n.* -s, ..tren ‖ 中部地区 Mittelbezirk *m.* -〔e〕s, -e/中部ドイツ Mitteldeutschland *n.* -s.

チューブ Tube *f.* -n; Schlauch *m.* -〔e〕s, ⸗e 《自転車などの》/チューブ入り絵の具 Tubenfarbe *f.* -n.

ちゅうふう 中風 ⇨**ちゅうき**(中気).

ちゅうふく 中腹 〔Berg〕abhang *m.* -〔e〕s, ⸗e;

der Hang《-[e]s, ⸚e》eines Berges (Hügels); Berg¦halde (-lehne) *f.* -n.
ちゅうぶる 中古の alt; aus zweiter Hand; gebraucht; antiquarisch《本》/中古で買う antiquarisch (aus zweiter Hand) kaufen⁴ ‖ 中古品 die Waren《*pl*》aus zweiter Hand.
ちゅうべい 中米 Mittelamerika *n.* -s/中米の mittelamerikanisch.
ちゅうぼう 厨房 Küche *f.* -n; [船の] Kombüse *f.* -n; [航空機の] Anrichte *f.* -n.
ちゅうぼく 忠僕 der treue Diener, -s, -.
ちゅうみつ 稠密の dicht; [zusammen]gedrängt/稠密な人口 die dichte Bevölkerung, -en/人口稠密の地 die dicht (stark) bevölkerte Gegend, -en; der volkreiche Landstrich, -[e]s, -e.
ちゅうもく 注目 Aufmerksamkeit *f.*; [Be-]achtung *f.* -en; das Aufsehen*, -s《注視・評判》; Bemerkung (Berücksichtigung) *f.* -en《留意》/注目される(を引く) *js* Aufmerksamkeit erregen; beachtet werden; *jm* ins Auge fallen* [s]/世人の注目の的となる öffentliche Aufmerksamkeit erregen; Aufsehen erregen (machen)《評判になる》/彼の著作は注目の的になった Seine Bücher wurden viel beachtet./世人の注目を避けるために um ⁴Aufsehen (öffentliche ⁴Aufmerksamkeit) zu vermeiden. ── 注目すべき beachtens¦wert (bemerkens-); bedeutend (bezeichnend)《著しい》. ── 注目する seine Aufmerksamkeit (sein Augenmerk) richten《*auf*⁴》; Acht geben*《*auf*⁴》; beachten; bemerken⁴; ins Auge fassen⁴; Notiz nehmen*《*von*³》.
ちゅうもん 注文 ❶ [あつらえ] Bestellung *f.* -en; Auftrag *m.* -[e]s, ⸚e; Order *f.* -n/注文に応じる(を受ける) einen Auftrag erhalten*《*auf*⁴》; eine Bestellung an|nehmen*《*auf*⁴》; Aufträge (Bestellungen) entgegen|nehmen*/注文に応じて作る auf ⁴Bestellung machen⁴; nach ³Bestellung an|fertigen⁴; nach ³Maß machen⁴《洋服などを》/御注文に応じ(により) Ihrem Auftrag (Ihrerm Order) gemäß/注文を取り消す eine Bestellung rückgängig machen; ab|bestellen⁴/注文を取る ⁴sich um ⁴Bestellungen bewerben*/応じきれぬほどの注文を受けている(注文が山積している) mit Aufträgen überhäuft sein/注文しなおす eine ⁴Bestellung neu auf|geben*. ❷ [希望] Wunsch *m.* -[e]s, ⸚e; Verlangen *n.* -s, -; [要求] Anspruch *m.* -[e]s, ⸚e; Forderung *f.* -en/注文をつける Anspruch erheben* (machen)《*auf*⁴; *an*⁴》/注文どおりに nach ³Wunsch; wie erhofft (erwünscht)/万事彼の注文どおりになる Ihm geht alles nach Wunsch./全くこれは注文どおりの好機会だ Diese Gelegenheit kommt mir sehr erwünscht./それは無理な注文だ Das ist zu viel verlangt./喜んで御注文に従いましょう Ich richte mich gern nach Ihren Wünschen. ── 注文する bestellen⁴《bei *jm*》; eine Bestellung ab|geben*《auf ⁴*et*》; in ⁴Auftrag geben*⁴《bei *jm*》; einen Auftrag (eine Order) erteilen《*jm*》/予約注文する voraus|bestellen⁴/これは注文して作った服です Ich habe diesen Anzug nach Maß machen lassen. ‖ 注文記入係 Bestellungsschreiber *m.* -s, -/注文先 [注文主] Auftraggeber *m.* -s, -; Besteller *m.* -s, -; [注文引受人] Auftragnehmer *m.* -s, -; Bezugsquelle *f.* -n《仕入元》/注文書 Bestellungs¦formular (Auftrags-) *n.* -s, -e (..rien); Bestell¦vordruck *m.* -[e]s, -e (-zettel *m.* -s, -s)/注文帳 Bestell[ungs]¦buch (Kommissions-; Order-) *n.* -[e]s, ⸚er/注文取 Kundenwerbung *f.* -en; [人] Kundenwerber *m.* -s, -; der Geschäftsreisende, -n, -n/注文票(カード) Bestell¦schein *m.* -[e]s, -e (-zettel *m.* -s, -)/注文品 die bestellte Ware, -n; die Ware auf Bestellung.
ちゅうや 昼夜 Tag und Nacht/昼夜兼行で働く Tag und Nacht [rastlos] arbeiten ‖ 昼夜勤務 Tag- und Nachtdienst *m.* -[e]s, -e/昼夜平分 Äquinoktium *n.* -s, ..tien; Tagundnachtgleiche *f.* -n/昼夜平分線 Äquinoktiallinie *f.*
ちゅうゆ 注油する ölen⁴; [グリス類を] schmieren⁴ ‖ 注油器 Öler *m.* -s, -; Schmierer *m.* -s, -.
ちゅうゆう 忠勇 Treue und Tapferkeit/忠勇なる treu und tapfer.
ちゅうよう 中庸 der [goldene] Mittelweg, -[e]s, -e; Maß *n.* -es, -e; Mäßigkeit *f.*/中庸をえた Maß haltend; mäßig/中庸を守る Maß halten*; die richtige Mitte ein|halten*; den goldenen Mittelweg gehen* [s].
ちゅうようとっき 虫様突起 ⇨**ちゅうすい**.
ちゅうりつ 中立 Neutralität *f.*; Parteilosigkeit *f.*/中立の neutral; parteilos; unparteiisch; unbeteiligt《局外の》/中立の標識 Neutralitätsabzeichen *n.* -s, -/中立の態度をとる ⁴sich neutral verhalten*/中立を守る neutral bleiben* [s]; ⁴es mit keiner Partei halten* (⁴sich zu keiner Partei schlagen*)《どの党派にも属さない》. ── 中立させる neutralisieren (neutral machen)《ein ⁴Gebiet》. ‖ 中立違反 Neutralitätsverletzung *f.* -en/中立化 Neutralisierung *f.*/中立議員 der Wilde*, -n, -n《無所属の》/中立国 der neutrale Staat, -[e]s, -en/中立宣言 Neutralitätserklärung *f.* -en/中立地帯 die neutrale Zone, -n/中立派 die Neutralen《*pl*》/武装(好意)中立 die bewaffnete (wohlwollende) Neutralität.
チューリップ Tulpe *f.* -n.
ちゅうりゃく 中略 [*n.*] Ellipse *f.* -n; Auslassung *f.* -en; Weglassung *f.* -en; [*adv*] abgekürzt.
ちゅうりゅう 中流 ❶ [川の] der Mittellauf《-[e]s, ⸚e》des Flusses; die Mitte《-n》des Stroms. ❷ [中流階級] die mittlere Klasse, -n; Mittelstand *m.* -[e]s/中流[階級]の人 Mittelständler *m.* -s, -.
ちゅうろう 中老 [年配] das Alter《-s》von fünfzig ³Jahren; das mittlere (reife) Alter; [人] der Mann《-[e]s, ⸚er》mittleren Alters (in mittleren Jahren); der ältere Mann.

ちゅうわ 中和 Neutralisation f. -en; Neutralisierung f. -en/中和する neutralisieren⁴ ‖ 中和点 Neutralisationspunkt m. -(e)s, -e.

ちゅかんし 中間子〖理〗Meson n. -s, -en; Mesotron n. -s, -en.

チュニジア Tunesien n. -s/チュニジア人 tunesisch ‖ チュニジア人 Tuneser m. -s, -.

ちょ 著 Werk n. -(e)s, -e/Arbeit f. -en/ …著… von … verfasst ‖ 貴著 Ihr wertvolles (kostbares) Werk.

ちょ 緒につく seinen Anfang nehmen*; in ⁴Gang kommen* ⓢ; Hand ans Werk legen; den ersten Anlauf nehmen*; den ersten Anstoß geben* (zu³); glücklich unterwegs sein.

ちょいちょい ❶〔時間的〕dann und wann; ab und zu; von Zeit zu Zeit. ❷〔量的〕in kleinen Stücken; stückweise. ⇨ちょくちょく.

ちょう 寵 ⇨ちょうあい.

ちょう 丁 ❶〔偶数〕die gerade Zahl, -en/丁か半か Gerade oder Ungerade!‖Kopf oder Wappen! ❷〔枚・葉〕Bogen m. -s, -; Blatt n. -(e)s〖計数の単位としては pl -〕. ❸〔一個・一片〕Stück n. -(e)s〔計数の単位としては pl -〕. ❹〔町の区画〕Straße f. -n; Häuserblock m. -(e)s (-s); Stadtviertel n. -s, -.

ちょう 挺 Stück n. -(e)s〔計数の単位としては pl -〕; Paar n. -(e)s, -e (二本よりなるもの)/はさみ一挺 ein Paar Scheren.

ちょう 庁 ❶〔政庁〕Behörde f. -n; Amtsstelle (Regierungs-) f. -n. ❷〔庁舎〕Ministerialgebäude n. -s, -/Regierungskanzlei f. -en/県庁 Präfekturgebäude n. -s, -/市庁 Rathaus (Stadt-) n. -es, ⁼er.

ちょう 蝶 Schmetterling m. -s, -e/蝶よ花よと愛する einen Liebling -s, -e) mit verschwenderischer Gunst überhäufen; mit allen Fasern seines Herzens an einem Lieblingskind hängen* ‖ 蝶類 Schmetterlingsarten (pl).

ちょう 朝 ❶〔王朝〕Dynastie f. -n; Herrschergeschlecht n. -(e)s, -er (〖詩〗-e)/清(明)朝 die Dynastie Ching (Ming); die Ching- (Ming-) Dynastie. ❷〔宮廷〕Hof m. -(e)s, ⁼e. ❸〔治世〕Herrschaft f. -en; Regierung(szeit) f. -en; Epoche f. -n; Periode f. -n/奈良朝 die Nara-Periode.

ちょう 兆 ❶〔数〕Billion f. -en. ❷〔きざし〕⇨ちょうこう(兆候).

ちょう 長 ❶〔首領〕[Ober]haupt n. -(e)s, ⁼er;〖俗〗der Alte*, -n, -n; Anführer m. -s, -; Chef m. -s, -s; Direktor m. -s, -en; Führer m. -s, -; Häuptling m. -s, -e; Leiter m. -s, -; Meister m. -s, -; Präsident m. -en, -en; der Vorgesetzte*, -n, -n; Vorsteher m. -s, -. ❷〔長所〕⇨ちょうしょ(長所)/長を取る Nutzen aus den Vorzügen eines anderen ziehen*; von anderen an Vorzügen an|nehmen*, was einem dienen (nützlich sein) kann. ❸〔年長者〕⇨ねんちょう(年長者).

ちょう 疔〖医〗Karbunkel m. -s, -; Furunkel m. -s, -.

ちょう 腸 Gedärm n. -(e)s, -e (Gedärme n. -s, -)〖ふつう pl〕; Eingeweide n. -s, -〖ふつう pl〕; Darm m. -(e)s, ⁼e; Intestinum n. -s, ..na. — 腸の intestinal; enteral; Eingeweide-; Darm-. ‖ 腸間膜 Mesenterium n. -s, ..ria/腸結核 Darmtuberkulose f. -en/腸脱出〔Darm〕vorfall m. -(e)s, ⁼e/腸捻[転]Darmverwicklung f. -en/腸閉塞(⁽⁾) Darmverschluss m. -es, ⁼e.

ちょう- 超- über-〔前つづり〕; ultra-〔前つづり〕/超音 Überschall m. -(e)s/超短波 Ultrakurzwelle f. -n.

-ちょう -調〖楽〗七五調 die Takte (pl) von 7 und 5 Silben/短(長)調 Moll f. -. (Dur m. -, -).

ちょうあい 寵愛 Gunst f.; Begünstigung f. -en; Bevorzugung f. -en; Gefallen m. -s, -; Gefälligkeit f. -en; Schutz m. -es; Wohlwollen n. -s/…の寵愛を得る in besonderer Gunst stehen* (bei³); Gnade finden* (vor³); ⁴sich einer besonderen Bevorzugung erfreuen; gut angeschrieben sein (bei³). — 寵愛する begünstigen⁴; beschützen⁴; bevorzugen⁴; geneigt sein (jm); eine ausgesprochene Vorliebe haben (für⁴); herzen⁴; liebkosen⁴.

ちょうい 弔意 Beileids|bezeigung (-äußerung) f. -en; Kondolenz f. -en/弔意を表して in [tiefer] Trauer/弔意を表す [tiefe] Trauer bezeigen (äußern) (jm über⁴); sein Beileid bekunden (aus|sprechen*) (jm über⁴); kondolieren (jm zu³).

ちょうい 弔慰 Bedauern n. -s; Kondolenz f. -en; Teilnahme f. -. — 弔慰する Beileid äußern und Trost zu|sprechen* (jm). ‖ 弔慰金 Trostgeld n. -(e)s, -er(⁼er) für ⁴Hinterlassene]; die Beileidsbezeigung (Beileidsäußerung) in pekuniärer Form.

ちょういん 調印 Unter|schreibung f. -en (-zeichnung f. -en); das Siegeln*, -s; Signatur f. -en. — 調印する unterschreiben*⁴; unterzeichnen⁴; das Siegel drücken (auf⁴); signieren⁴; siegeln⁴; unterstempeln⁴.

ちょうウラン 超ウラン元素 Transurane (pl).

ちょうえき 懲役 Zuchthausstrafe f. -n; Zwangsarbeit f. -en/懲役にやられる ins Zuchthaus gefangen (gesetzt; gesperrt; geworfen) werden; hinter ⁴Schloss und ⁴Riegel gesetzt (eingekerkert) werden; zu Zuchthaus verurteilt werden/懲役にいっている seine Strafe ab|sitzen*; im Zuchthaus [ab]sitzen*/彼は五年(終身)の懲役宣言を受けた Er ist zu 5 Jahren Zuchthaus (lebenslänglichem Zuchthaus) verurteilt worden. ‖ 懲役人 Zuchthäusler m. -s, -; Sträfling m. -s, -e.

ちょうえつ 超越〔優越〕Über|legenheit f. (-bietung f. -en); Übermacht f. ⁼e; Vor|rang m. -(e)s (-trefflichkeit f.);〔超絶〕Transzendenz f. -en. — 超越の transzendental. — 超越する〔優越〕überlegen sein (jm an³); über jm stehen*; überbieten*⁴

ちょうえん 長円 ⇨だえん.

ちょうおん 調音 ❶ [Ab]stimmung *f.* -en; Intonation *f.* -en. ❷ [諧調] Harmonie *f.* -n; Ein|klang (Gleich-) *m.* -[e]s. ━ 調音する [ab]stimmen⁴; an|stimmen⁴; intonieren⁴.

ちょうおん 長音 der lange Ton, -[e]s, ¨e; der lange Vokal, -s, -e (Selbstlaut, -[e]s, -e) ‖長音符 das Längezeichen (-s, -) über ³Vokalen.

ちょうおんかい 長音階 [楽]Durtonleiter *f.* -n.

ちょうおんき 聴音器 Schallfänger *m.* -s, -; Audiophon *n.* -s, -e; Hörapparat *m.* -[e]s, -e.

ちょうおんそく 超音速 [理]Ultraschall|geschwindigkeit *f.* -en; die supersonische Geschwindigkeit, -en ‖超音速機 Überschallflugzeug *n.* -[e]s, -e/超音速飛行 Überschallflug *m.* -[e]s, ¨e.

ちょうおんぱ 超音波 [理]Ultraschallwelle *f.* -n; die supersonische Welle, -n.

ちょうか 超過 Über|schuss *m.* -es, ¨e (-fluss *m.* -es, ¨e; -maß *n.* -es, -e; -rest *m.* -[e]s, -e). ━ 超過する über|schießen⁴[s]; mehr betragen* als ...; hinaus|gehen* [s] (über⁴); überschreiten*⁴; übersteigen*⁴. ‖超過額 der überschießende Betrag, -[e]s; das Überflüssige*, -n/超過勤務 Überstunde *f.* -n; -ⁿ‖超過勤務手当 Überstundenarbeit *f.* -en/超過所得税 Konjunkturgewinnsteuer *f.* -n/輸出超過 der Überschuss der Ausfuhr (des Export[e]s)/輸入超過 der Überschuss der Einfuhr (des Import[e]s).

ちょうか 町家 Kaufmannsǀhaus (Bürger-) *n.* -es, ¨er.

ちょうかい 町会 Gemeindeversammlung *f.* -en ‖町会議員 der Gemeindevertreter *m.* -s, -; der Stadtverordnete*, -n, -n.

ちょうかい 懲戒 Disziplinar|strafe (Dienst-; Ordnungs-) *f.* -n; Verweis *m.* -es, -e. ━ 懲戒する disziplinieren⁴; maß|regeln⁴. ‖懲戒処分 Disziplinarmaßnahmen (*pl*)/懲戒処分をうけた Er ist diszipliniert (gemaßregelt) worden./懲戒免官 die disziplinare Entlassung, -en.

ちょうかい 潮解 [化]Zerfließung *f.* -en; das Zerfließen*, -s. ━ 潮解する zer|fließen* [s]. ‖潮解性物質 die zerfließbare (zerfließende; zerfließliche) Substanz, -en.

ちょうがい 蝶貝 Perlmuschel *f.* -n 《真珠貝》Perlmutter (*f.* [貝殻]; Perlmutt *n.* -s 《同上》).

ちょうかいよう 腸潰瘍 Darmgeschwür *n.* -[e]s, -e.

ちょうかく 聴覚 Gehör *n.* -[e]s; Gehörempfindung *f.* -en; Gehörsinn *m.* -[e]s ‖聴覚器 Gehörorgan *n.* -s, -e/聴覚神経 Gehörnerv *m.* -s, -en/聴覚心像 die akustische Vorstellung, -en.

ちょうかく 頂角 Scheitelwinkel *m.* -s, -.

ちょうかタル 腸カタル Darm|entzündung *f.* -en (-katarr[h] *m.* -s, -e).

ちょうかん 長官 Chef *m.* -s, -s; Gouverneur *m.* -s, -e 《知事》(Ober)haupt *n.* -[e]s, ¨er; Leiter *m.* -s, -; Minister *m.* -s, - 《閣員》; Präsident *m.* -en, -en; Prinzipal *m.* -s, -e; Statthalter *m.* -s, - 《知事》; der Vorgesetzte*, -n, -n; Vorsteher *m.* -s, - ‖國務長官 Staatssekretär *m.* -s, -e 《アメリカの》.

ちょうかん 朝刊 Morgen|ausgabe *f.* -n (-blatt *n.* -[e]s, ¨er; -zeitung *f.* -en).

ちょうかんかくてき 超感覚的 übersinnlich.

ちょうかんず 鳥瞰図 [Vogel]perspektive *f.* -n; das Fernbild 《Vogel[perspektive]》 *n.* -[e]s, -er; aus der Luft; Luftbild *n.* -[e]s, -er; der allgemeine Überblick, -[e]s, -e; Vogelschau *f.* -.

ちょうき 長期 die lange Frist, -en; der lange Termin, -s, -e. ━ 長期の langdauernd (-fristig; -wierig; -zeitig)/長期にわたる lange dauern (währen); ⁴sich auf eine lange Zeit erstrecken (aus|dehnen). ‖長期貸付 die langfristige Obligation, -en/長期社債 die langfristige Obligation, -en/長期戦 der langwierige Krieg, -[e]s, -e/長期手形 der langsichtige Wechsel, -s, -/長期取引 die langen Lieferungsgeschäfte (*pl*); Termingeschäfte (*pl*).

ちょうき 弔旗 Trauer|fahne (-flagge) *f.* -n /弔旗を掲げる eine Trauerfahne hissen; [eine Flagge] halbmast hissen; halbmast flaggen; eine Flagge auf ⁴Halbmast setzen.

ちょうきょう 調教 Abrichtung *f.* -en; Dressur *f.* -en/調教する ab|richten⁴; dressieren⁴ ‖調教師 Abrichter *m.* -s, -; Dresseur *m.* -s, -e.

ちょうきょり 長距離 die große Entfernung, -en; die weite Ferne, -n; Langstrecke *f.* -n; die große Schussweite, -n 《射程》‖長距離競走 Lang(strecken)lauf (Marathon-) *m.* -[e]s, ¨e; Waldlauf 《断郊競走》/長距離射撃 Fernbeschießung *f.* -en/長距離送電線 Überlandleitung *f.* -en/長距離電話 Fern|gespräch *n.* -[e]s, -e (-anruf *m.* -[e]s, -e)/長距離飛行 Fernflug *m.* -[e]s, ¨e/長距離砲 Fern|geschütz *n.* -es, -e (-kanone *f.* -n).

ちょうきん 彫金 Ziselierarbeit *f.* -en/彫金する ziselieren⁴ ‖彫金師 Ziselierer *m.* -s, -; Ziseleur *m.* -s, -e.

ちょうく 長軀 der hohe Wuchs, -es, ¨e; die große (hohe) Gestalt, -en (Statur, -en); der wandelnde Turm, -[e]s, ¨e.

ちょうく 長駆 ein langer Ritt (-[e]s, -e) machen; eines langen Weg[e]s reiten* [h.s.] 《場所の移動に重きをおくとき》; eine lange Strecke Weges vor dem Feind verfolgen 《敵を追って》.

ちょうぐう 寵遇 Gunst *f.*; Begünstigung *f.* -en; Bevorzugung *f.* -en; Gewogenheit *f.*; Gnade *f.* -n; Huld *f.*; Wohlwollen *n.*

-s. ⇨ちょうあい.
ちょうけい 長兄 der älteste Bruder, -s, ¨.
ちょうけいけんてき 超経験的 transzendental.
ちょうけし 帳消しにする begleichen*⁴; ab|rechnen⁴ (-|tragen*⁴); aus|gleichen*⁴; bezahlen⁴; tilgen⁴／帳消しになる miteinander quitt sein; gegenseitig befriedigt sein.
ちょうげんじつは 超現実派 Super|realismus (Supra-) m. -.
ちょうこう 聴講 Besuch ⟨m. -(e)s, -e⟩ ⟨eines Vortrags; einer Vorlesung⟩／聴講者が多い stark besucht sein. —— 聴講する eine Vorlesung ⟨einen Vortrag⟩ hören; einer Vorlesung ⟨einem Vortrag⟩ bei|wohnen; in eine Vorlesung ⟨einen Vortrag⟩ gehen* ⓢ. ∥ 聴講券 Einlasskarte f. -n; Zulassung f. -en／聴講生 Gasthörer m. -s, -／聴講無料 Eintritt frei!《掲示》／聴講料 Eintrittsgeld n. -(e)s, -er; Besuchergebühr f. -en.
ちょうこう 徴候 (An)zeichen n. -s, -; Kennzeichen; Merkmal n. -s, -e; Omen n. -s, Omina; Symptom n. -s, -e; Vorbote m. -n, -n; Vorbedeutung f. -en／彼は流感の徴候がある Bei ihm zeigen sich Zeichen der Grippe.｜Es lässt sich an, als ob er Grippe hätte.
ちょうごう 調合 〔Ver〕mischung f. -en; Präparation f. -en; Zubereitung f. -en. —— 調合する 〔ver〕mischen⁴; mengen⁴; präparieren⁴; zu|bereiten⁴; zusammen|mischen⁴ ⟨-|setzen⁴⟩.
ちょうこうぜつ 長広舌 〔Zungen〕geläufigkeit f.; Redegewandheit f.; Zungenfertigkeit f.／長広舌を振う *sich des Breiteren aus|lassen* ⟨über⁴⟩; ein Langes und Breiteres erzählen; des Langen und Breiten reden; seinem Redefluss (Redeschwall) freien Lauf lassen*.
ちょうこうそうビル 超高層ビル Wolkenkratzer m. -s, -.
ちょうこうそくど 超高速度 Super|geschwindigkeit (Maximal-) f. -en／超高速度撮影機 Supergeschwindigkeitskamera f. -s.
ちょうこく 彫刻 〔作業・術〕Bildhauerei f.; Bildhauerkunst f. ¨e; (Bild)schnitzerei f. -en; Bildwerk n. -(e)s, -e; das (Aus)meißeln*, -s; Gravierung f. -en; das Schnitzen*, -s; Skulptur f. -en; das Ziselieren*, -s《金銀の》; 〔彫刻物〕Bildhauer|arbeit (Schnitz-) f. -en; Bildwerk (Schnitz-) n. -(e)s, -e; Skulptur f. -en; Statue f. -n《像》／彫刻的な顔 scharf geschnittene Züge ⟨pl.⟩. —— 彫刻する bildhauern⁴(⁴); hauen*(*)⁴ ⟨in⁴⟩; aus|meißeln⁴; gravieren⁴⟨in⁴⟩; schnitzeln⁴; schnitzen*⁴; stechen*⁴; ziselieren*⁴. ∥ 彫刻師 Bildhauer m. -s, -; Bildner m. -s, -／(Bild)schnitzer m. -s, -; Holzschnitzer m. -s, -／Schnitzler m. -s, -《以上の女の場合: -in, -rinnen》／Graveur m. -s, -／《金属の》彫刻刀 Schneide|messer (Schnitz-) n. -s, -; Grabstichel

m. -s, -.
ちょうこっかしゅぎ 超国家主義 Übernationalismus m. -. ∥ 超国家主義者 Übernationalist m. -en, -en.
ちょうさ 調査 Untersuchung f. -en; Anfrage f. -n《照会》; Erforschung f. -en; Erkundung f. -en; Ermitt(e)lung f. -en; Nachforschung f. -en; Nachfrage f. -n《問合せ》; Prüfung f. -en; Umfrage f. -n《アンケート》; Zensus m. -, -《人口・国勢の》／調査中である in ³Untersuchung begriffen sein／調査を進める weiter untersuchen⁴ (forschen⁴); weitere Untersuchungen ⟨pl⟩ vor|nehmen*; weitere Nachforschungen ⟨pl⟩ an|stellen／警察はこの事件の厳重な調査を進めている Die Polizei ist eben dabei, die Angelegenheit scharf und genau zu untersuchen. —— 調査する untersuchen⁴; an|fragen ⟨jn (bei jm) nach³ (um⁴)⟩; erforschen⁴; erkunden⁴; ermitteln⁴; nach|forschen³; nach|fragen ⟨bei jm nach³⟩; prüfen⁴; eine Untersuchung vor|nehmen*; eine Umfrage halten*; einen Zensus durch|führen《人口・国勢の》／徹底的に調査する von Grund aus (durch und durch) untersuchen⁴; bis in die Einzelheiten untersuchen*⁴／それはまだ十分調査されていない Darüber ist keine genügende Untersuchung angestellt worden.｜Man hat die Sache noch nicht gründlich untersucht. ∥ 調査委員(会) Untersuchungsausschuss m. -es, ¨e; Examinationskommission f. -en／調査官 Prüfer m. -s, -; der Prüfende*, -n, -n／調査局 Untersuchungsbehörde f. -n／調査局 Untersuchungsamt n. -(e)s, ¨er／調査部 Untersuchungsabteilung f. -en／再調査 die wiederholte Untersuchung.
ちょうざ 長座する einen langen Besuch machen ⟨bei jm⟩; lange ⟨sitzen⟩ bleiben* ⓢ／どうもたいへん長座いたしました Vielleicht habe ich zu viel von Ihrer Zeit in Anspruch genommen.
ちょうざい 調剤 Arzneibereitung f. -en／B博士調剤の bereitet von Dr. B. —— 調剤する eine Arznei bereiten (nach ³Rezept verfertigen). ∥ 調剤師 Apotheker m. -s, -; Pharmazeut m. -en, -en／調剤術 Pharmazie f. -n／調剤書 Arzneibuch n. -(e)s, ¨er; Pharmakopöe f. -n《薬局方》／調剤所 Apotheke f. -n; Hausapotheke f. 《医院の薬局》.
ちょうざめ 蝶鮫 Stör m. -(e)s, -e.
ちょうし 銚子 die kleine Sake-Flasche, -n; das Sakefläschchen, -s.
ちょうし 調子 ❶〔音調〕Ton m. -(e)s, ¨e; Tonart f. -en; Tonhöhe f. -n《高低》; Harmonie f. -n; Klang m. -(e)s, ¨e; Klangart f. -en; Melodie f. -n; Noten ⟨pl⟩; Singart f. -en; Takt m. -(e)s, -e; Weise f. -n／調子はずれの unmelodisch; klanglos; misstönend; unharmonisch／調子が合っている richtig gestimmt sein／調子が狂う *sich verstimmen; verstimmt sein《狂っている》／調子を上げる herauf|stimmen⁴; die Stimme

erheben*/調子をおろす **1)** herab|stimmen⁴; die Stimme senken. **2)** [比喩的] mäßigen⁴; auf den rechten Grad herab|setzen⁴/調子のよい **1)** wohlklingend; harmonisch; klangvoll; melodienreich; melodiös; melodisch. **2)** [比喩的] liebenswürdig; freundlich; glatt; ling/調子がわるい falsch gestimmt sein/調子の高い (低い) höher (niedriger) gestimmt. ❷ [体の具合] 調子が悪い ⁴sich schlecht (unwohl) fühlen; an einer Gesundheitsstörung leiden*; in schlechter Verfassung sein/調子がわるい ⁴sich wohl fühlen; in guter Stimmung (Verfassung) sein/選手の調子がよい Der Sportler ist in {großer; guter; richtiger} Form. ❸ [率・速度] Tempo n. -s, -s (..pi); Geschwindigkeit f. -en/この調子でいけば我々の仕事は二年でできる Wenn wir so weitermachen, (Unter diesen Verhältnissen) sind wir in zwei Jahren mit unserer Arbeit fertig. ❹ [漕艇の] Fahrgeschwindigkeit f. -en/調子を上げる(下ろす) mit beschleunigtem (verlangsamtem) Schlage rudern. ❺ [絵の] Abstufung f. -en. ¶ 調子に乗る ⁴sich gehen (hinreißen; wegtragen) lassen*; ⁴sich {selbst} vergessen*/彼女はお調子にのってそしきり出しのゲ を入の頭. / 調子うく **1)** ⇨ 調子に乗る. **2)** [仕事などが] in ⁴Schwung kommen* ⓢ; einen guten Fortgang haben; in flotten Gang kommen*; leicht fort|kommen* ⓢ. /調子がえる (an⁴) ; ⁴sich eifrig hineinarbeiten (in⁴); ⁴sich vertraut machen (mit⁴) / 調子を合わせる **1)** ab|stimmen⁴ (auf⁴); ein|stellen⁴ (auf⁴³); in ⁴Stimmung versetzen⁴. **2)** [話などの] ein|stimmen (mit³); zu|stimmen (jm in³); ins Horn blasen* (mit³)/調子をのみ込む den Rummel verstehen*; im Bilde sein; ⁴sich verstehen* (auf⁴)/調子よく運ぶ flott vonstatten gehen* ⓢ; guten Fortgang haben.

ちょうし 長子 der älteste Sohn, -[e]s, ⸚e; das älteste Kind, -[e]s, -er ‖ 長子相続 Erstgeburt f. -en; Primogenitur f. -en/長子相続権 Erstgeburtsrecht n. -[e]s, -e.

ちょうじ 弔辞 Beileids|worte (pl) (-brief m. -[e]s, -e; -schreiben n. -s, -); Grab|rede (Leichen-; Trauer-) f. -n, -n.

ちょうじ 寵児 Günstling m. -s, -e; Busenkind n. -[e]s, -er; Favorit m. -en, -en (王侯の); Liebling m. -s, -e; Lieblingskind n. -[e]s, -er; „Löwe" m. -n, -n (大文豪の); Schoßkind / 文壇の寵児 der volkstümlichste Schriftsteller, -s, -/時代の寵児 der Löwe (der Held, -en, -en) des Tages (der Zeit)/運命の寵児 Glücks|kind (-pilz m. -es, -e; -sohn m. -[e]s, ⸚e; -vogel m. -s, ⸚).

ちょうじく 長軸 die große Achse, -n; Hauptachse f.

ちょうしぜん 超自然の übernatürlich ‖ 超自然主義[論] Supra|naturalismus (Super-) m. -; Offenbarungs|glaube (Wunder-) f. -ns.

ちょうじゃ 長者 ❶ [財産家] der Reiche*, -n, -n; der vermögende (wohlhabende) Mann, -[e]s, ⸚er; Millionär m. -s, -e; Milliardär m. -s, -e. ❷ ⇨ちょうじょう (長上). ‖ 長者番付 die Ranglist ⟨-n⟩ der Millionäre.

ちょうしゅ 聴取 das [An]hören* (Horchen*; Zuhören*), -s; Radioempfang m. -[e]s, ⸚e. ── 聴取する ❶ hören* (; [³sich] an|hören*); horchen (auf⁴); zu|hören³. ❷ [ラジオ・無電を] auf|nehmen*⁴; empfangen*⁴/ラジオで聴取する im Rundfunk (Radio) hören⁴. ‖ 聴取者 Rundfunkhörer m. -s, -/聴取装置 Empfangs|apparat m. -[e]s, -e (-gerät n. -[e]s, -e); (Rundfunk]empfänger m. -s, -/聴取テスト Empfangstest m. -[e]s, -e.

ちょうじゅ 長寿 ⇨ちょうじゅい ‖ 長寿法 Makrobiotik f.; die Kunst, ein hohes Alter zu erreichen.

ちょうしゅう 聴衆 [Zu]hörer m. -s, -; [Zu]hörerschaft f. -en; Auditorium n. -s, ..rien; Publikum n. -s/聴衆は少なかった Die [Zu]hörerschaft war klein an der Zahl. ‖ 聴衆席 [Zu]hörerbank f. ⸚e; Hörsaal m. -[e]s, ..säle; Sitzplatz m. -[e]s, ⸚e; Zuhörerraum m. -[e]s, ⸚e.

ちょうしゅう 徴収 Beitreibung f. -en; Einkassierung f. -en; das Einnehmen (-s); Ein|sammlung f. -en (-ziehung f. -en); Erhebung f. -en; Requisition f. -en. ── 徴収する bei|treiben*⁴ ein|kassieren (-|nehmen*⁴; -|sammeln⁴; -|ziehen*⁴); erheben*⁴; requirieren⁴/税を徴収する Steuern (pl) ein|treiben* (erheben*).

ちょうしゅう 徴集 [An]werbung f. -en (志願); Aushebung f. -en (強制); Einberufung f. -en. ── 徴集する [an]|werben*⁴; aus|heben*⁴; ein|berufen*⁴; zum Soldatendienst ein|ziehen*⁴ (ein|berufen*⁴). ‖ 徴集令 Einberufungsbefehl m. -[e]s, -e.

ちょうじゅう 鳥獣 Harr- und Federwild n.

ちょうじょ 長所 Stärke f. -n; bessere Eigenschaft, -en, -en; die starke Seite, -n, -n; Verdienst n. -[e]s, -e; Vorzug m. -[e]s, ⸚e/他の長所を認めてやる jm das Seine* geben*; js Vorzüge (pl) gelten lassen* (anerkennen*)/これは彼女の長所の一つだ Das zählt (gehört) mit zu ihren starken Seiten.

ちょうしょ 調書 Protokoll n. -s, -e; die (ur-schriftliche) Niederschrift, -en; (Verhandlungs]niederschrift f. -en.

ちょうじょ 長女 die älteste Tochter, ⸚.

ちょうしょう 嘲笑 Hohn m. -[e]s; das Hohnlächeln*, -s; Hohngelächter n. -s; das hämische (höhnische; sardonische; sarkastische; spöttische; verächtliche) Lachen*, -s; Spott m. -[e]s, -e; Spötterei f. -en; Verspottung f. -en. ── 嘲笑的 höhnisch; hohnlachend; sardonisch; sarkastisch; spöttisch; verächtlich. ── 嘲笑する hohn|lachen⁴ (über⁴); hämisch (höhnisch; sardonisch; sarkastisch; spöttisch; verächtlich) lachen (über⁴); ins Lächer-

ちょうじょう ①[頂上] ❶ Gipfel m. -s, -; die höchste Erhebung, -en; Kuppe f. -n; Pik m. -s, -e (-s); die höchste [Berg]spitze, -n; der oberste Teil, -[e]s, -e; [Baum]krone f. -n/頂上を征服する den höchsten Gipfel bezwingen*/物価は頂上をいっている Die Preise sind jetzt auf der Spitze (auf dem Gipfel). ❷ [極点] Zenit m. -[e]s; Akme f.; Gipfelpunkt m. -[e]s, -e; der höchste Punkt, -[e]s, -e; Höhepunkt; Krisis (Krise) f. ..ssen 《病気の》; Scheitel m. -s, -; Scheitelpunkt.

ちょうじょう 長上 der Altere*, -n, -n; Altmeister m. -s, -; Senior m. -s, -en; der Vorgesetzte*, -n, -n.

ちょうしょく 調色 Färbung f. -en; [Ab]tönung f. -en.

ちょうじり 帳尻 Rechnung f. -en; Bilanz f. -en; Konto n. -s, ..ten (-s od. ..ti); Kontoabschluss m. -es, ⸚e/帳尻が合う [⁴sich] balancieren; Die Rechnung stimmt./帳尻をごまかす den Rechenschaftsbericht (die Bilanz) schminken (frisieren; verschleiern).

ちょうじる 長じる ❶[生長] [auf]wachsen* [s]; heran|wachsen* [s]; groß werden. ❷[精通] ⁴sich aus|zeichnen (in³); beherrschen⁴; [be]meistern⁴; gute Kenntnisse 《pl》 haben (besitzen) (in³); bewandert sein (in³); Herr* werden.

ちょうしん 調進する auf ⁴Bestellung machen⁴; an|fertigen⁴; [zu]bereiten⁴; beschaffen³⁴; liefern³⁴; versorgen (in mit³).

ちょうしん 聴診 [医] Auskultation f. -en; das Horchen*, -s; Behorchung f. -en. ── 聴診する auskultieren⁴; ab|horchen⁴. ǁ 聴診器 Stethoscop n. -s, -e; Hör|rohr (Horch-) n. -[e]s, -e.

ちょうしん 長針 [時計の] der große Zeiger, -s, -; Minutenzeiger m. -s, -.

ちょうしん 長身 groß.

ちょうしん 超人 Übermensch m. -en, -en. ── 超人的な übermenschlich. ǁ 超人格 Übermenschlichkeit f. -en.

ちょうしんけい 聴神経 Gehörnerv m. -s, -en.

ちょうすい 潮水 Flutwasser n. -s, ⸚ ǁ 潮水表 Fluttabelle f. -n.

ちょうずばち 手水鉢 Wasch|becken n. -s, - (-schüssel f. -n).

ちょうする 徴する ❶ [判断] urteilen 《über⁴》; beurteilen⁴; in ⁴Betracht ziehen*⁴; ⁴Rücksicht nehmen* 《auf⁴》; auf ⁴et schließen* 《aus³》/...に徴するに gemäß³; in ³Anbetracht²; in ³Ansehung²; bezugnehmend 《auf⁴》; laut³; um nach ⁴et zu schließen³/最近公表の統計に徴して laut der neuerdings bekannt gemachten ³Statistik; um nach der in letzter Zeit veröffentlichten ³Statistik zu urteilen. ❷ [求める] 意見を徴する nach js ³Meinung fragen; befragen⁴; konsultieren⁴; ³sich ⁴Rat holen 《bei³》; um ⁴Rat bitten* (an|gehen*; fragen) 《jn》; zu Rate ziehen* 《jn》. ❸ [集める] ⇨ちょうしゅう(徴集).

ちょうせい 調製 Verfertigung f. -en; Anfertigung f. -en; Fabrikation f. -en; Herstellung f. -en; Manufaktur f. -en; Präparation f. -en; Zubereitung f. -en. ── 調製な verfertigen⁴; an|fertigen⁴; fabrizieren⁴; her|stellen⁴; machen⁴; manufakturieren⁴; präparieren⁴; zu|bereiten⁴.

ちょうせい 調整 Regelung f. -en; Anordnung f. -en; Modulation f. -en; Regulierung f. -en; das Richtigstellen*, -s. ── 調整する regeln⁴; an|ordnen⁴; ins Gleiche (in ⁴Ordnung) bringen*⁴; modulieren⁴; regulieren⁴; richtigstellen⁴; zum Austrag bringen*⁴. ǁ 調整機 Regelvorrichtung f. -en; Regler m. -s, -; Regulator m. -s, -en.

ちょうぜい 徴税 Steuer|einnahme f. -n (-erhebung f. -en). ── 徴税する Steuern erheben* (bei|treiben) ein|stehen*). ǁ 徴税令書 Steuerzettel m. -s, -.

ちょうせき 長石 [Feld]spat m. -[e]s, -e (⸚e).

ちょうせつ 調節 Kontrolle f. -n; Beaufsichtigung f. -en; Modulation f. -en; Regelung f. -en; Regulierung f. -en; Überwachung f. -en. ── 調節する kontrollieren⁴; auf die Finger sehen*³ (passen³); beaufsichtigen⁴; modulieren⁴; in Ordnung bringen*⁴; regeln⁴; regulieren⁴; überwachen⁴. ǁ 米価調節 die Kontrolle der Reispreise.

ちょうぜつ 超絶 Überlegenheit f.; Vortrefflichkeit f.; [哲] Transzendenz f./超絶的 transzendent. ── 超絶する übersteigen⁴; übertreffen*⁴. ǁ 超絶論(主義) Transzendentalismus m. -.

ちょうせん 朝鮮 Korea n. -s ǁ 朝鮮海峡 Koreastraße f./朝鮮語 Koreanisch n. -[s]; die koreanische Sprache/朝鮮人 Koreaner m. -s, -; Koreanerin f. ..rinnen 《女》/朝鮮戦争 Koreakrieg m. -[e]s/朝鮮人参 der koreanische Ginseng, -s/朝鮮民主主義人民共和国 die Demokratische Volksrepublik Korea. ⇨だいかんみんこく.

ちょうせん 挑戦 Herausforderung f. -en; Aggression f. -en; Anreiz m. -es, -e; Aufforderung f. -en. ── 挑戦的な herausfordernd; aggressiv; anreizend; auffordernd; polemisch; trotzig/挑戦状を出す eine schriftliche Herausforderung zu|stellen³ (zu|schicken³)/挑戦に応じる in die Schranken treten* [s]; ⁴sich einer Herausforderung gegenüber bereit erklären; eine Herausforderung an|nehmen*/挑戦的態度をとる den Angreifer heraus|kehren; eine polemische Haltung ein|nehmen*; ⁴sich streitsüchtig zeigen 《gegen⁴》/...に挑戦する zum Kampf heraus|fordern⁴; den Fehdehandschuh hin|werfen*³; einen Streit vom Zaun(e) brechen*; in die Schranken laden*⁴ (fordern⁴).

ちょうぜん 超然たる erhaben (über *et*); gleichgültig (gegen⁴) 無関心の; unbeteiligt (an⁴) ; neutral 〔中立の〕/超然たる態度 die unparteiische Haltung, -en/超然としている erhaben sein (über³); fern|bleiben* ⓢ; fern|stehen* (von³); ⁴sich fern|halten* (von³); neutral bleiben* ⓢ/名利に超然としている Ruhm und Reichtum erhaben sein/僕はそんなことには超然たるものだ Ich mache mir nichts daraus./その話は全く(全ては)ちょうぜんだ Das ist mir ganz (alles; völlig) Wurst (Wurstern).; Das ist mir höchst gleichgültig.

ちょうそ 彫塑 Plastik *f.* -en; Bildhauerei *f.*; Bildnerei *f.*

ちょうぞう 彫像 Statue *f.* -n; Bildsäule *f.* -n; Standbild *n.* -[e]s, -er 〔立像〕.

ちょうそく 長足の進歩をする große (bedeutende; befriedigende; großartige; rasche; recht hübsche) Fortschritte (*pl*) machen; sehr rasch (gewaltig; schnell; in großen Sätzen; mit gewaltigen Sprüngen; mit Riesenschritten) vorwärts kommen* ⓢ.

ちょうぞくてき 超俗的 über|irdisch (-weltlich); unweltlich.

ちょうだ 長蛇のごとき in langer Reihe; ⁴sich schlängelnd 〔Schlange stehend〕; ⁴sich windend/映画館の前で長蛇の列を作っている Vor dem Kino stehen Menschen Schlange. ¶ 長蛇を逸する Etwas Großartiges wird *jm* vor der Nase weggeschnappt.

ちょうだい 頂戴物 Geschenk *n.* -[e]s; Gabe *f.* -n; Gift *n.* -[e]s, -e/頂戴する empfangen*⁴; an|nehmen*⁴; bekommen*⁴; beschenkt werden; geschenkt (beschert) bekommen*⁴; erhalten*⁴/entgegen|nehmen*⁴; mit…erhalten*⁴/…を頂戴 Geben Sie mir …; Gib mir …. ¶ …して頂戴 Seien Sie bitte so freundlich (gut) …; Sei so freundlich (gut) ….

ちょうたつ 調達 Anschaffung *f.* -en; Aufbringung *f.* -en; Auftreibung *f.* -en; Erlangung *f.* -en; Herbeischaffung *f.* -en; Lieferung *f.* -en 〔供給〕; Zusammenbringung *f.* -en. — 調達する an|schaffen⁴; auf|bringen⁴; auf|treiben*⁴; erlangen⁴; erschwingen⁴ 〔*inf* とp.p. のみ; ふつう否定を伴う〕; herbei|schaffen⁴; liefern⁴; zusammen|bringen*⁴/金を調達する Geld auf|treiben*; eine Anleihe (-n) auf|nehmen* 〔起債する〕; Geld zusammen|scharren 〔汚い手段で〕.

ちょうだつ 超脱 Transzendenz *f.*; das Hinausgehen (-s) über das Sinnenleben. — 超脱する ⁴sich über der irdischen Welt fern|halten*; alle irdischen Dinge seelenruhig aus|fahren lassen*.

ちょうたん 長短 ❶ Länge und Kürze, der - und -. ❷〔長所と短所〕Stärke und Schwäche, der - und -; starke und schwache Seiten (*pl*); Vor- und Nachteile (*pl*); Vorzüge (*pl*) und Mängel (*pl*).

ちょうたん 長嘆する einen langen (schweren; tiefen) Seufzer (-s, -) tun* 〔aus|stoßen*〕.

ちょうたんぱ 超短波〔電〕Über|kurzwelle

(Ultra-) *f.* -n.

ちょうチフス 腸チフス〔Unterleibs〕typhus *m.* -; Typhus abdominalis.

ちょうちょう 町長 Orts|vorsteher (Gemeinde-) *m.* -s, -/中野町の町長 der Vorsteher des Ort[e]s Nakano.

ちょうちょう 長調〔楽〕Dur *n.* -, -.

ちょうちょう 喋々 ❶〔饒舌〕geschwätzig; redselig; redesüchtig; schwatzhaft/喋々とやる ⁴sich verbreiten (über⁴); ⁴sich des breiteren aus|lassen* (über⁴); ein Langes und Breites erzählen (über⁴); des Langen und Breiten reden (über⁴) /喋々喃々(ㅅㅅ)と語る in endlose Liebesgespräche vertieft sein. ❷〔能弁〕beredt; fließend; flüssig; glatt; redegewandt; zungenfertig.

ちょうちん 提灯 Papierlaterne *f.* -n; Lampion *m.* -[e]s, -s; Laterne *f.* -n ‖ 提灯競走 Lampionwettlauf *m.* -[e]s, ᵉe/提灯行列 Lampionfackelzug *m.* -[e]s, ᵉe/提灯持ち 1) Laternen|träger (Lampion-) *m.* -s, -. 2)〔称賛者〕An|preiser (Lob-) *m.* -s, -; Reklamemacher *m.* -s, -/…の提灯を持つ ⁴sich in ³Lobeserhebungen *js* ergehen*; bis in den Himmel erheben* (*jn*); heraus|streichen*⁴; viel Rühmens machen (von³).

ちょうつがい 蝶番 Angel *f.* -n; Scharnier *n.* -s, -e; Gelenk *n.* -[e]s, -e 〔関節〕/蝶番をつける mit Angeln (Scharnieren) versehen*⁴/蝶番をはずす aus den Angeln heben*⁴.

ちょうづけ 帳付 Buchführung *f.* -en; Buchhalter *m.* -s, - 〔人〕.

ちょうづけ 丁付け Paginierung *f.* -en; Seitenzählung *f.* -en/丁付けする paginieren⁴; mit ³Seitenzahlen versehen*⁴.

ちょうづめ 腸詰め Wurst *f.* ᵉe/腸詰を作る wursten; Wurst machen; die Wurst füllen (stopfen) 〔詰める〕‖ 燻製腸詰め geräucherte Wurst.

ちょうてい 調停 Versöhnung *f.* -en; Ausgleichung *f.* -en; Aussöhnung *f.* -en; Beilegung *f.* -en; das Dazwischenkommen* (Dazwischentreten*), -s; Dazwischenkunft *f.* ᵉe; Fürsprache *f.* -n; Schlichtung *f.* -en/調停に付する eine Angelegenheit (-en) der ³Schlichtung überlassen* (anheim stellen) /調停の労をとる ³sich die Mühe geben* (⁴sich bemühen, ⁴sich ins Mittel zu legen); es auf ⁴sich nehmen*, eine Schlichtung zu bewerkstelligen. — 調停する versöhnen⁴ (mit³); aus|gleichen*⁴ (einen Streit); aus|söhnen⁴(mit³); einen Streit beilegen; dazwischen|kommen* (-|treten*) ⓢ; Frieden stiften; Fürbitte 〔in〕 (Fürsprache, -n) tun* (ein|legen) (für *jn* bei³); fürbitten* 〔*p.p.* とinf のみ〕; schlichten⁴; ⁴sich ins Mittel legen; ⁴sich verwenden(*) (für *jn* bei³); vermitteln⁴. ‖ 調停案 Versöhnungsplan *m.* -[e]s, ᵉe/Vermittlungsvorschlag *m.* -[e]s, ᵉe/調停者 der (Ver)mittler *m.* -s, -; Fürsprecher *m.* -s, -; Schlichter *m.* -s, -.

ちょうてん 頂点 Zenit *m.* -[e]s; Akme *f.*;

ちょうでん 弔電 Beileids|telegramm (Kondolenz)- n. -s, -e; das telegraphische Beileid, -(e)s/弔電を打つ ein Beileids|telegramm auf|geben* ((ab|senden*); sein Beileid drahten.

ちょうと 長途の労をねぎらう für eine lange (weite) Reise belohnen (jn)/長途の旅をする ein großes Stück Weges zurück|legen; eine weite Reise machen.

ちょうど 丁度 gerade (noch); eben; genau; just; Pünkt; pünktlich; soeben/ちょうど六時に genau um (Punkt) 6 Uhr/君はちょうどよい時に来た Du kommst gerade (eben) recht.∥Du bist wie gerufen da./ちょうど...するところ im Begriff sein (auf dem Punkte stehen*; auf dem Sprung stehen*), *et zu tun.

ちょうど 調度 Hausrat m. -(e)s; Gerät n. -(e)s, -e; Möbel n. -s, -; Utensilien 〈pl〉.

ちょうとうは 超党派 überparteiisch∥超党派外交 die überparteiische Diplomatie, -n.

ちょうどきゅう 超特級⇨どきゅうかん.

ちょうとっきゅう 超特急〔列車〕Extraschnellzug m. -(e)s, ..züge; Luxuszug 《一等車のみ》.

ちょうな 手斧 Dachsbeil n. -(e)s, -e; Deichsel f. -, -; Krumm|hacke (Schropp-) f. -n.

ちょうない 町内 im Flecken; im Städtchen; im Stadtbezirk; in der Nachbarschaft∥町内会 Nachbarschaftsverein f. -e.

ちょうなん 長男 der älteste Sohn, -(e)s, ¨e.

ちょうにん 町人 Händler m. -s, -; Handelsmann m. -(e)s, ..leute 《小商人》; Kaufherr m. -n, -en 《大商人》; Kaufmann m. -(e)s, ..leute 《一般の商人》; Kramer (Krämer) m. -s, - 《けいべつ的に》; Kauf|mann|geist m. -(e)s, -er (-seele f. -n); Philisterei f. -en; Philistertum n. -s; Spieß|bürgerlichkeit f. - (-bürgertum n. -s, -er).

ちょうネクタイ 蝶ネクタイ Schleife f. -n.

ちょうは 長波 Langwelle f. -n∥長波放送 Langwellen(fern)sendung f. -en.

ちょうば 帳場 Kasse f. -n; Buchhalterei f. -en; Kontor n. -s, -e; Zahl|stelle f. -n (-tisch m. -(e)s, -e).

ちょうば 調馬 das Bereiten* (Zureiten*), -s. — 調馬する ein Pferd ein|reiten (zu|-); ein Pferd zum Reiten ab|richten (aus|-bilden).∥調馬師 Bereiter (Zureiter) m. -s, -/調馬場 Pferdekoppel f. -n; Reitplatz m. -es, ¨e.

ちょうば 嘲罵 Hohn m. -(e)s; Beschimpfung f. -en; Schmähung f. -en; Spott m. -(e)s; Verhöhnung f. -en; Verspottung f. -en; die ehrverletzende Beleidigung, -en. — 嘲罵する〈をあびせる〉in allen Tonarten beschimpfen* (schmähen*; spotten⟨²⟩ ⟨über⁴⟩; verspotten*); *sich in ³Schmä-

hungen ergeben*; her|ziehen* 〈über⁴〉; keinen guten Fetzen lassen* 〈an³〉; wie ein Rohrspatz schimpfen 〈auf⁴〉.

ちょうば 跳馬〔器具〕Bock m. -(e)s, ¨e; 〔跳躍〕Bockspringen n. -s.

ちょうはつ 徴発 Requisition f. -en; Beitreibung f. -en; das Furagieren*, -s 《糧秣(ねんぐ)の》; Pressung f. -en 《強制の》. — 徴発する requirieren⁴; bei|treiben**; furagieren⁴; zum Militärdienst pressen.

ちょうはつ 挑発 Herausforderung f. -en; Anreiz m. -es, -e; Aufreizung f. -en; Er|regung f. -en; Provokation f. -en. — 挑発的に aufreizend; anreizend; herausfordernd; erbitternd; Ärgernis erregend; provozierend. — 挑発する heraus|fordern⁴; an|reizen⁴; auf|reizen⁴; erregen⁴; provozieren⁴/劣情を挑発する niedere (lascive) Gefühle aus|lösen (hervor|rufen*).

ちょうはつ 長髪 langes Haar, -(e)s, -e/長髪の langhaarig/長髪の若者 ein junger Mann (-(e)s, ¨er) mit langen Haaren.

ちょうばつ 懲罰 Bestrafung f. -en; Disziplin f. -en; (Disziplinar)strafe f. -n; Zucht f./懲罰委員(会)に付する dem Disziplinarkomitee anheim stellen⁴. — 懲罰する (be)strafen⁴; disziplinieren⁴; in ⁴Zucht nehmen*⁴.∥懲罰令 Dienststrafordnung f. -en.

ちょうはん 丁半〔賭博〕Glücks|spiel (Hasard-; Würfel-) n. -(e)s, -e. ⇨ばくち.

ちょうふく 重複 Verdoppelung f. -en; Wiederholung f. -en; Wiederkehr f.; das wiederholte Auftreten, -s; 《文法》Pleonasmus m. -, ..men. — 重複する *sich verdoppeln; *sich wiederholen; wieder|kehren ⓢ; noch einmal gesagt (getan) werden; dasselbe* wird zum zweiten Mal gesagt (getan); tautologisch werden.

ちょうぶん 長文 der lange Satz, -es, ¨e; die lange Schrift, -en∥長文電報 das lange (ausführliche) Telegramm, -s, -e.

ちょうぶん 弔文 Beileids|schreiben (Kondolenz-) n. -s, -; Trauer|rede (Grab-) f. -n.

ちょうふんせき 鳥糞石 Guano m. -s.

ちょうへい 徴兵 ❶ (Zwangs)aushebung f. -en; Konskription f. -en; Rekrutierung f. -en. ❷ 〔人〕der Dienst|pflichtige* (Heeres-; Wehr-), -n, -n. ❸ 〔兵役〕(Militär-)dienst (Heeresdienst) m. -es, -e/徴兵適齢の dienstpflichtig (heeres-; wehr-)/徴兵にとられる *sich ausheben (konskribieren) lassen*; *Soldat werden; den Soldatenrock an|ziehen*; im (beim) Heer dienen; in ein Heer ein|treten* ⓢ; unter das Militär (die Soldaten) gehen* ⓢ/徴兵を忌避する *sich vor der Militärpflicht drücken; *sich der Dienstpflicht entziehen*/徴兵を猶予する den Militärdienst auf|schieben* (hinaus|schieben*; zurück|stellen).∥徴兵忌避者 Drückeberger m. -s, -/徴兵検査 Musterung f. -en; -s/徴兵制度 Wehrsystem n. -s, -e/徴兵免除 die Befreiung (-en) von der Konskription; Konskrip-

ちょうへき 腸壁 Darmwand f. ＂e.

ちょうへん 長編 das lange Stück, -[e]s, -e; das umfangreiche (bänderreiche) vielbändige) Werk, -[e]s, -e ‖ 長編物 **1)** [小説の] Roman m. -s, -e; die lange Erzählung, -en; Artikelreihe f. -n (続きもの). **2)** [映画の] der lange Film, -[e]s, -e.

ちょうぼ 徴募 [An]werbung f. -en; Aushebung f. -en; Einberufung f. -en; Rekrutierung f. -en (新兵の)/強制徴募をうける pressen³ gewaltsam werben*⁴. ── 徴募する [an]werben*⁴; aus|heben*⁴; zur Fahne ein|berufen*⁴; rekrutieren⁴.

ちょうぼ 帳簿 [Haupt]buch n. -[e]s, ＂er; Konto|buch (Rechnungs-)/ 帳簿の締切り der Abschluss -es, ＂e eines Buch[e]s/帳簿に記入する [ver]buchen⁴; ins Buch ein|tragen*⁴ ‖ 帳簿係 Buchhalter m. -s, -.

ちょうほう 重宝 praktisch; bequem; brauchbar; dienlich; handlich; handgerecht; nutzbar; nützlich; tauglich; verwendbar. ── 重宝がる praktisch finden*⁴; nützlich zu machen wissen (aus⁴).

ちょうほう 弔砲 Trauer|salut m. -[e]s, -e (-schuss m. -es, ＂e (ふつう pl)).

ちょうほう 諜報 die geheime Nachricht, -en (Auskunft, ＂e; Kundschaft, -en) ‖ 諜報制度 Spioniersystem n. -s, -e; das militärische Spionagenwesen, -s, -/諜報網 Spionagenetz n. -es, -e.

ちょうぼう 眺望 Aussicht f. -en; [An]blick m. -[e]s, -e; Ausblick m. -[e]s, -e; Landschaft f. -en; Überblick m. -[e]s, -e; Überblick ‖ ここは眺望絶佳る Die Landschaft hier ist über alle Beschreibung schön.‖ Hier hat man auf einer ganz ausdruck herrliche Aussicht. ── ...を眺望する eine Aussicht (einen [Aus]blick) haben (auf⁴).

ちょうほうけい 長方形 Rechteck n. -[e]s, -e /長方形の rechteckig.

ちょうほんにん 張本人 Rädelsführer m. -s, -; Anführer m. -s, - (徒党の); Anstifter m. -s, - (争いなどの).

ちょうまんいん 超満員 übervoll; bis zum Rande (Platzen) voll; voll bepackt (車両が).

ちょうみ 調味 Würze f. -n. ── 調味する würzen⁴; schmackhaft machen⁴; mit Zutaten versetzen⁴. ‖ 調味料 Gewürz n. -es, -e.

ちょうみん 町民 Bürger m. -s, -; Städter m. -s, -; Stadtleute (pl 総称).

ちょうむすび 蝶結び die (kleine) Schleife, -n (Fliege, -n); Querbinder m. -s, -.

ちょうめい 長命 Langlebigkeit f.; das [lange] Lebensdauer f.; das lange Leben / 長命の秘訣 die Geheimnisse (pl), das Leben zu verlängern; ein hohes Alter zu erreichen; lange zu leben; alt zu werden)/長命の人の langlebige Mensch, -en, -en; der Langlebige*, -n, -n / 長命の血統である aus einer langlebigen Familie stammen; Langlebigkeit liegt jm im Blut.

ちょうめいばんち 町名番地 Straßenname (-ns, -n) und -nummer (-, -n); Adresse f. -n.

ちょうめん 帳面 [Schreib]heft n. -[e]s, -e; Haupt|buch (Anmerk-) n. -[e]s, ＂er; Konto|buch (Notiz-)/帳簿につける in das Hauptbuch ein|tragen*⁴ (同上); einen Posten ein|tragen*⁴ (同上); Buch führen (同上); auf js Konto schreiben*⁴ (口座); in einem Notizbuch auf|schreiben*⁴; in ein Notizbuch ein|tragen*⁴; ³sich auf|schreiben*⁴; ³sich notieren⁴.

ちょうもと 帳元 Geschäftsführer m. -s, -; Bankhalter m. -s, - (賭博の); Croupier m. -s, -s (賭博の); Direktor m. -s (劇場の).

ちょうもん 弔問 Begräbnisteilnahme f./弔問する an einem Begräbnis teil|nehmen*⁴ ‖ 弔問客 Begräbnisteilnehmer m. -s, -.

ちょうもんかい 聴聞会 die öffentliche Disputation.

ちょうや 朝野 die Regierung und das Volk (-[e]s); die ganze Nation/朝野の名士 die Berühmtheiten (Notabeln) (pl) aus allen Kreisen.

ちょうや 長夜 die lange Nacht, ＂e/長夜の宴を張る die ganze Nacht durchschwelgen (hindurch schwelgen); eine Nacht durchschwärmen (durchzechen) (飲み明かす)/長夜の眠りより覚める aus einem langen Schlaf (aus einem Wahn) erwachen (s); aus allen Himmeln fallen* (stürzen) (s) (迷夢からさめる); zur Besinnung (Vernunft) kommen* (s) (本心にかえる).

ちょうやく 跳躍 das Springen*, -s; Sprung m. -[e]s, ＂e; Satz m. -es, ＂e ── 跳躍する springen* (h.s) (場所の移動のときに); hüpfen (s); einen Sprung (Satz) machen. ‖ 跳躍板 Sprungbrett n. -[e]s, -er.

ちょうゆう 長幼 die Jungen* und die Alten* (pl) /長幼の序 Altersfolge f./長幼序あり Einem Älteren muss man den Vorrang einräumen.‖Das Alter muss man ehren.

ちょうよう 徴用 der vaterländische Hilfsdienst, -[e]s, -e.

ちょうらく 凋落 Verfall m. -[e]s; das Verfallen* (Abblühen*), -s; Abnahme f. -n; das Dahinschwinden*, -s; Dekadenz f. (退廃); Niedergang m. -[e]s, -e; das Schlechterwerden* (Verblühen*); Vergehen*; [Ver]wehen*; [Ver]welken*, -s. ── 凋落する [しぼむ] ab|blühen (h.s); verblühen; [ver]welken (s); [零落] verfallen* (s); in ⁴Verfall geraten* (s); auf den Hund kommen* (s); ruiniert werden (s); zugrunde (zu ³Grunde) gehen* (s).

ちょうり 調理 [料理] das Kochen*, -s; Kocherei (Köcherei) f. -en (下手な); Kochkunst f. -e; Speisen[zu]bereitung f. -en. ── 調理する kochen⁴; an|richten⁴; fertig machen⁴; [zu]bereiten⁴.‖調理台 Küchentisch m. -[e]s, -e; Anrichte f. -n; Anrichtetisch; Büfett n.; Kredenz f. -en;

Schank¦tisch (Schenk-). ⇨りょうり.

ちょうりつ 調律 Stimmung f. -en/調律する stimmen⁴ ‖ 調律師 Stimmer m. -s, -.

ちょうりつ 町立の städtische ‖ 町立学校 Gemeindeschule f. -n.

ちょうりゅう 潮流 ❶ [Gezeiten]strömung f. -en; Meeres¦strom m. -(e)s, ⸚e (-strömung). ❷ [趣(ｷﾞ)勢] [Geistes]strömung f. -en; der Geist der Zeiten; Richtung f. -en; Tendenz f. -en; Zeitgesinnung f. -en.

ちょうりょう 跳梁 das [Über]wuchern*, -s; Überhandnahme f.; das Umsichgreifen*, -s; Vorherrschaft f. -en; Zügellosigkeit f. -en. ── 跳梁する [über]wuchern* (überhand) haben (gewinnen*); sein [Un]wesen treiben*; überhand¦nehmen*; um ⁴sich greifen*; vor¦herrschen.

ちょうりょく 張力 Spannung f. -en; [理] Expansivkraft f. ⸚e; Spannkraft f. ⸚e; Tension f. -en ‖ 張力計 Spannungsmesser m. -(e)s, -s/張力試験 Spannungstest m. -(e)s, -s (-e).

ちょうりょく 聴力 Gehör n. -(e)s; Gehörvermögen n. -s, -; Tonsinn m. -(e)s ‖ 聴力計 Gehörmesser m. -(e)s, -/聴力試験 Gehörtest m. -(e)s, -s (-e).

ちょうるい 鳥類 Vögel (pl) Feder¦vieh n. -(e)s (-volk n. -(e)s); Federn (pl); Geflügel n. -s ‖ 鳥類学 Ornithologie f.; Vogelforschung f. -en/鳥類学者 Ornithologe m. -n, -n; Vogelkenner m. -s, -.

ちょうろう 長老 ❶ der Älteste* (Ältester*), -n, -n; Altmeister m. -s, -; Obmann m. -(e)s, ⸚er (..leute); Senior m. -s, -en. ❷ [教会の] der Kirchenälteste*, -n, -n; Kirchen(gemeinde)rat m. -(e)s, ⸚e; Kirchenvorsteher m. -s, -; Prälat m. -en, -en; Presbyter m. -s, - ‖ 長老教会 die presbyterianische Kirche, -n.

ちょうろう 嘲弄 Hohn m. -(e)s; das Hohnlächeln*, -s; Gespött n. -(e)s; Spott m. -(e)s; Spötterei f. -en; Verspottung f. -en. ── 嘲弄する höhnen*; hohn¦lachen (hohn¦lächeln) (über⁴); an der Nase herum¦führen⁴; ins Lächerliche ziehen*⁴; lachen (über⁴); ⁴sich lustig machen (über⁴); spotten⁽²⁾ (über⁴); verhöhnen⁴; verspotten⁴; zum Besten haben⁴; zum Narren haben.

ちょうわ 調和 Harmonie f. -n; [一致] Einklang m. -(e)s, ⸚e; Eintracht f.; Übereinstimmung f. -en; [和解] Aussöhnung f. -en; Versöhnung. ── 調和した harmonisch; einträchtig; wohlklingend/調和しない unharmonisch; misstönend; uneinig. ── 調和させる in ⁴Einklang (⁴Harmonie; ⁴Übereinstimmung) bringen*⁴; harmonisieren⁴; versöhnen⁴. ── 調和した harmonieren (überein¦stimmen; in ³Einklang stehen*) (mit³); einig sein (in Eintracht leben) (mit³)/黒い帽子がコートによく調和している Der schwarze Hut stimmt mit dem Mantel überein.

チョーク Kreide f. -n/チョーク二本 zwei Stück Kreide (pl にしない).

ちょきん 貯金 ❶ [行為] das Ersparen*, -s; Ersparnis f. ..nisse; Ersparung f. -en; das Sparen*, -s. ❷ [貯蓄金] das Ersparte, -n; Ersparnis n. ..nisses, ..nisse 《ふつう pl》; Spargeld n. -(e)s, -er; Postsparkasse f. -n 《郵便貯金》/彼には百万円の貯金がある Er hat ein Bankkonto von einer Million Yen./貯金を引き出す Geld von der Bank ab¦heben* (³sich auszahlen lassen*). ── 貯金する Geld [er]sparen (deponieren (in³; auf³); ein¦legen; ein¦zahlen; hinter¦legen; nieder¦legen; zurück¦legen). ‖ 貯金局 Spar(kassen)amt n. -(e)s, ⸚er/貯金者 Einzahler m. -s, -; Hinterleger m. -s, -; Kontoinhaber m. -s, -; Sparer m. -s, -/貯金通帳 Spar(kassen)buch n. -(e)s, ⸚er.

ちょく 勅を奉じて auf kaiserlichen Befehl; dem kaiserlichen Befehl Folge leistend.

ちょく 直な ❶ [率直] ehrlich; aufrichtig; freimütig; gerade; offen; rechtschaffen; redlich. ❷ [簡素] einfach; anspruchslos; billig (安 直); einfältig; prunklos; schlicht; ungekünstelt.

ちょくえい 直営の(事業) (ein Unternehmen (n. -s, -)) unter direkter Betriebsleitung (Verwaltung; Kontrolle) 《例: der Regierung 政府の》.

ちょくえんすい 直円錐 ein [gerader] Kegel, -s, -.

ちょくえんちゅう 直円柱 ein [gerader] Zylinder, -s, -.

ちょくげきだん 直撃弾 der direkte Treffer, -s, -; Volltreffer m. -s, -.

ちょくげん 直言 die ungeschminkte (deutliche; freimütige; offene; unverblümte) Rede/直言実行の人 ein Mann (m. -(e)s, ⸚er) von ehrlicher Rede und Handlungsweise. ── 直言する ⁴sich [offen] aus¦sprechen* (mit jm über⁴); kein Blatt vor den Mund nehmen*; ohne ⁴Vorbehalt (freiheraus; rundheraus) sprechen* (reden).

ちょくご 勅語 die kaiserlichen Worte (pl); die kaiserliche Rede, -n; Thronrede f. -n 《開院式の》.

ちょくご 直後の unmittelbar (gleich; sofort; unverzüglich) nach³; auf den Fersen folgend; dicht hinter³,⁴.

ちょくさい 直裁な frei(mütig); ehrlich; gerade; klar und deutlich; offen; unbeschönigt; unverblümt/直裁に言えば um das Kind beim rechten Namen zu nennen.

ちょくし 勅使 der kaiserliche Bote, -n, -n; der Überbringer (-s, -) kaiserlicher Worte.

ちょくし 直視する gerade ins Gesicht (Auge) sehen*³ (schauen³)/事実を直視する Tatsachen (pl) an¦sehen*, wie sie wirklich sind.

ちょくしゃ 直射 ❶ [太陽の] die unmittelbaren [Sonnen]strahlen (pl)/直射を受ける von unmittelbaren [Sonnen]strahlen belichtet werden; der direkten Strahlung ausgesetzt sein. ❷ [射撃の] Flachfeuer *n.* -s, -; der direkte Beschuss, -es, ⸚e; Kernschuss *m.* -es, ⸚e. ── 直射する ❶ [太陽などが] prallen 《*auf*^{4}》; unmittelbar fallen* [s] 《*auf*^{4}》. ❷ gerade ins Ziel (ins Schwarze) schießen* 《直撃》. ‖ 直射影法 die orthographische Projektion, -en/直射砲 Flachfeuergeschütz *n.* -es, -e.

ちょくじょう 直情〔径行〕 Triebhaftigkeit *f.* -en; die leichte Erregbarkeit, -en; Leidenschaftlichkeit *f.* -en/直情径行の人 Hitzkopf *m.* -〔e〕s, ⸚e; der impulsive Mensch, -en, -en; Hans Dampf 《固有名詞的に》; einer*, der ^{4}sich gleich hinreißen lässt (Feuer fängt); einer*, der gleich durchgeht.

ちょくしん 直進する geradeaus gehen* [s] (marschieren [s]); stracks vorwärts gehen* [s].

ちょくせつ 直接 Unmittelbarkeit *f.*; Unvermitteltheit *f.* ── 直接の(に) direkt; unmittelbar; unvermittelt/直接に聞いた話 Nachrichten 《*pl*》 aus erster Quelle (Hand)/直接に面会する persönlich (in Person) sprechen*^{4} (sehen*^{4}). ‖ 直接行動 Faustrecht *n.* -〔e〕s, -e; Ellbogenfreiheit *f.* -en/直接国税 die direkten Staatssteuern 《*pl*》/直接証拠 der direkte Beweis, -es, -e/直接照明 die direkte Beleuchtung, -en/直接選挙 die direkten (unmittelbaren) Wahlen 《*pl*》/直接談判 die unmittelbare Verhandlung, -en (Auseinandersetzung, -en).

ちょくせつほう 直説法 Indikativ *m.* -s, -e; Wirklichkeitsform *f.* -en.

ちょくせん 直線 die gerade Linie, -n; die Gerade*, -n, -n ‖ 直線形 die geradlinige Figur, -en/直線コース die gerade Laufbahn, -en; Luftlinie *f.* -n/直線美 Linienschönheit *f.* -en. ⇨いっちょくせん.

ちょくせん 勅撰 die kaiserliche Ernennung (Berufung), -en 《*zu*^{3}》.

ちょくぜん 直前の(に) unmittelbar (kurz) vor^{3}.

ちょくぞく 直属の unter direkter Kontrolle.

ちょくだい 勅題 die Aufgabe 《-n》 (das Thema, -s, ..men (-ta)) für den kaiserlichen Tanka-Wettkampf zu Neujahr.

ちょくちょう 直腸 〖解〗 Mastdarm *m.* -〔e〕s, ⸚e; Rektum *n.* -s, ..ta.

ちょくちょく ❶ [折々] bisweilen; dann und wann; gelegentlich; bei ^{3}Gelegenheit; hin und wieder; manchmal; mitunter; von Zeit zu Zeit; zuweilen. ❷ [しばしば] häufig; oft; wiederholt.

ちょくつう 直通 die direkte Verbindung, -en; der durchgehende Verkehr, -s, まれに -e/直通〔旅客〕列車 F〔ern〕-D-Zug *m.* -〔e〕s, ⸚e. ── 直通する eine direkte Verbindung haben; durch|gehen* (-|laufen*) [s].

ちょくばい 直売 Direktverkauf *m.* -〔e〕s, ⸚e; der Verkauf 《-〔e〕s, ⸚e》 ohne Zwischenhandel ‖ 直売店 Großhandlung *f.* -en.

ちょくほうたい 直方体 Quader *m.* -s, -.

ちょくめん 直面する entgegen|sehen*^{3} (-|-treten*^{3} [s]); ins Auge blicken (schauen; sehen*) 《^{3}*et*》; gegenüber|stehen*^{3}/困難に直面する ^{4}sich einer Schwierigkeit gegenüber sehen*.

ちょくやく 直訳 die wörtliche (buchstäbliche; wortgenaue; wortgetreue; wortwörtliche) Übersetzung, -en (Übertragung, -en). ── 直訳する wörtlich (buchstäblich; wortgenau; wortgetreu; wortwörtlich; Wort für ^{4}Wort) übersetzen (übertragen*^{4}).

ちょくゆ 直喩 〖修〗 Gleichnis *n.* ..nisses, ..nisse; Vergleich *m.* -〔e〕s, -e.

ちょくゆしゅつ 直輸出 die unmittelbare Ausfuhr, -en. ⇨ゆしゅつ.

ちょくゆにゅう 直輸入 die unmittelbare Einfuhr, -en. ⇨ゆにゅう.

ちょくりつ 直立の aufrecht; aufgerichtet; emporgerichtet; kerzengerade; lotrecht; perpendikulär; senkrecht; steil; vertikal. ── 直立する ^{4}sich auf|richten; ^{4}sich empor|richten; ^{4}sich in die Höhe richten. ‖ 直立書体 die senkrechte 〔Hand〕schrift, -en; Steilschrift *f.* -en/直立不動〔の姿勢〕 die militärische Haltung, -en; die „Stillgestanden!"-Positur, -en.

ちょくりゅう 直流 〖電〗 Gleichstrom *m.* -〔e〕s, ⸚e ‖ 直流電動(発電)機 Gleichstrommotor *m.* -s, -en (Gleichstromdynamo *m.* -s, -s; 〖俗〗 Gleichstromdynamomaschine *f.* -n; Gleichstromerzeuger *m.* -s, -).

ちょくれい 勅令 das kaiserliche Edikt, -〔e〕s, -e; die kaiserliche Verordnung, -en.

ちょくれつ 直列 〖電〗 Serien⁞schaltung (Reihen-) *f.* -en ‖ 直列回路 Serienstromkreis *m.* -es, -e.

ちょげん 緒言 Vorwort *n.* -〔e〕s, -e; Vorrede *f.* -n; Einführung *f.* -en; Einleitung *f.* -en; Geleitwort *n.* -〔e〕s, -e.

ちょこざい ちょこ才な naseweis; dreist; frech; keck; neunmalklug; schnippisch; super⁞klug (über-); unverschämt; vorlaut; vorwitzig/ちょこ才なまねはよせ Lass deinen Vorwitz! ⁞ Sei kein Naseweis!

ちょこちょこ ❶ ⇨ちょくちょく. ❷ [忙しそうに] hastig; betriebsam; geschäftig; rastlos; ruhelos; rührig; [歩きぶり] watschelnd; watschelig; schlendernd; trippelnd; hastigen Schrittes/ちょこちょこ歩く人、Knirps *m.* -es, -e 《幼児》. ── ちょこちょこ歩く watscheln [s]; trippeln [s].

ちょこまか hastig; betriebsam; geschäftig; rast⁞los (ruhe-); rührig.

チョコレート Schokolade *f.* -n/クリーム入りチョコレート Praline *f.* -n/チョコレート色の schokolade〔n〕farben; dunkelbraun ‖ 板チョコレート eine Tafel 《-n》 Schokolade.

ちょさく 著作 [著述] Schreiben *n.* -s; das Schriftstellern*, -s; Schriftstellerei *f.* -en; [著作物] Artikel *m.* -s, -; Aufsatz *m.* -es, ⸚e; Buch *n.* -〔e〕s, ⸚er; das Geschriebene*, -n; das geistige Produkt, -〔e〕s, -e; Schrift *f.* -en; das 〔literarische〕 Werk, -〔e〕s, -e/著作に従事する ^{4}sich mit schrift-

ち

ちょしゃ stellerischer Tätigkeit beschäftigen (befassen)/ 著作で生活する als Schriftsteller seinen Lebensunterhalt erwerben (verdienen); von der Feder leben/ 著作権を侵害する unerlaubt nach|drucken⁴; plagiieren⁴; Nachdruck (Freibeutertum) treiben*. ── 著作する ein Buch ((-(e)s, -⁼er)) schreiben; ein Werk ((-(e)s, -e)) unter der Feder haben. ‖ 著作家 Schreiber m. -s, -; Autor m. -s, ..en; Schriftsteller m. -s, -; Verfasser m. -s, -、《以上の女の場合:..rin, ..rinnen》; der Mann ((-(e)s, ⁼er)) von der Feder 《男》/著作権 Urheberrecht n. -(e)s, -e; Copyright n. -s, -s; Verlagsrecht n. -(e)s, -e/著作権所有 Alle Rechte vorbehalten.｜Nachdruck ist verboten./著作権侵害 der gesetzlich unerlaubte Nachdruck, -(e)s, -e; das literarische Freibeutertum, -s, ⁼er; Plagiat n. -(e)s, -e/著作権侵害者 der literarische Freibeuter, -s, -; Nachdrucker m. -s, -; Plagiator n. -s, -en.

ちょしゃ 著者 ⇨ちょさく(著作家).

ちょしゅつ 著出 ⇨ちょさく.

ちょしょ 著書 Buch n. -(e)s, ⁼er; das geistige Produkt, -(e)s, -e; Schrift f. -en; das [literarische Werk].

ちょすい 貯水池 [Wasser]becken n. -s, -; Reservoir n. -s, -e; Sammelbecken n. -s, -; Stausee m. -s, -n; Teich m. -(e)s, -e; Weiher m. -s, -/貯水量 die aufgestaute (aufgespeicherte) Wassermenge, -n.

ちょぞう 貯蔵 das Aufspeichern* (Lagern*), -s; Aufbewahrung f. -en; 貯蔵する auf|bewahren⁴ (-|speichern⁴); lagern⁴ 《ストックする》; ein|machen⁴ (konservieren⁴) 《塩漬·砂糖漬にする》. ‖ 貯蔵物 Dauerobst (Lager-) n. -(e)s/貯蔵庫 Lager|haus (Vorrats-) n. -es, ⁼er; Speicher m. -s, - 《倉庫》/貯蔵室 Vorrats|kammer f. -n (-raum m. -(e)s, ⁼e)/貯蔵品 Lager f. -s, -; Lagerbestand m. -(e)s, ⁼e; Vorrat m. -(e)s, -e/貯蔵びん Einmach[e]glas n. -es, ⁼er; Vorratsflasche f. -n/冷凍貯蔵 Kühllagerung f. -en; Kaltluftaufbewahrung.

ちょちく 貯蓄 [行為] das Ersparen*, -s; Ersparnis f. ..nisse; Ersparung f. -en; das Sparen*, -s; [貯蓄金] das Ersparte*, -s; Ersparnis n. ..nisses, ..nisse 《ふつう pl》; Spargeld n. -(e)s, -er. ── 貯蓄する [er]sparen⁴; auf|speichern⁴ 《貯蓄》; beiseit[e]|legen⁴; hamstern⁴ 《買い溜め》; sparsam um|gehen⁵ 《mit³》; gut wirtschaften 《mit³》; zurück|legen⁴. ‖ 貯蓄運動の宣伝 Werbung ((-en)) für ⁴Sparen/貯蓄銀行(債券) Sparkasse f. -n; Sparbank f. -en (Sparschein m. -(e)s, -e)/貯蓄心 Spar[samkeits]sinn m. -(e)s; Sparsamkeit f.; Wirtschaftlichkeit f./貯蓄心のある sparsam; haushälterisch; wirtschaftlich/貯蓄心のない unwirtschaftlich; verschwenderisch/貯蓄預金 Depositen ((pl)); Verwahrgelder ((pl)).

ちょっか 直下 gerade (geradezu; direkt; unmittelbar) unter / 直下する lotrech[t] (senkrecht) herab|stürzen (hinab|-).

ちょっかい ちょっかいを出す die Krallen ((pl)) zeigen 《猫に》; [おせっかいする] ⁴sich ein|lassen⁵ ((in⁴)); ⁴sich ungerufen ((in⁴))|mengen ((in⁴)); ⁴sich [ein]|mischen ((in⁴)); die Nase stecken ((in⁴)); seinen Senf zu|geben*.

ちょっかく 直角 der rechte Winkel, -s, -/直角に, 直角をなした winkelrecht ((zu³)); im rechten Winkel ((zu³))/...に直角を成す einen rechten Winkel bilden ((zu³)); rechtwink[e]lig (rechtwinklig) sein ((zu³)). ‖ 直角三角形 das rechtwink[e]lige Dreieck, -(e)s, -e ((-en)).

ちょっかつ 直轄 die direkte Kontrolle, -n. ── 直轄する direkt kontrollieren⁴.

ちょっかっこう 直滑降 [スキー] Schussfahrt f. -en/直滑降する schuss|fahren* ⓢ.

ちょっかん 直観 Intuition f. -en; die unmittelbare Erkenntnis, ..nisse; Fingerspitzengefühl n. -(e)s, -e (das [geistige] Schau, -en; der sechste Sinn, -[e]s; Instinkt m. -(e)s, -e 《本能》. ── 直観的(な)に intuitiv; durch ⁴Intuition (unmittelbare Erkenntnis; inneres Auge) erfasst. ── 直観する intuitiv (durch Intuition; unmittelbare Erkenntnis; inneres Auge) erkennen*⁴ (erfassen⁴; fühlen⁴; wissen*⁴). ‖ 直観説 Intuitionismus m. -/直観力 Anschauungskraft f. ⁼e (-vermögen n. -s, -).

ちょっかん 直諫 die unverblümte Vorhaltung, -en; der frei heraus geäußerte Tadel, -s, -. ── 直諫する vor|halten*³·⁴, indem man kein Blatt vor den Mund nimmt; tadeln⁴ ((wegen²⁽³⁾)), ohne ⁴et durch die Blume zu sagen.

ちょっかん 直感 Intuition f. -en/直感にたよる einer Intuition folgen ⓢ/直感的に intuitiv.

チョッキ Weste f. -n; die ärmellose Unter|jacke, -n.

ちょっけい 直径 Durchmesser m. -s, -; Diameter m. -s, - /直径五メートルだ einen Durchmesser von 5m (Meter[n]) haben; 5 m (Meter) im Durchmesser (Diameter) sein.

ちょっけい 直系 die direkte (gerade) Linie (Abkunft)/直系の子孫 der Nachkomme, -n, -n (Nachfahr, -s (-en), -en (-en)); Nachkömmling, -s, -e) in gerader Linie ‖ 直系会社 die unmittelbar angegliederte Unternehmung, -en/直系尊(卑)属 der Vorfahr ((-en, -en)) (Nachkomme) in gerader Linie.

ちょっけつ 直結する unmittelbar verbinden*⁴ ((mit³)); dicht an|schließen*⁴ ((an⁴·³)).

ちょっこう 直航 die direkte (durchgehende) Schifffahrt, -en 《船》; die Luftfahrt ohne ⁴Zwischenlandung 《飛行機》. ── 直航する direkt fahren* ⓢ ((nach³ 船が)); direkt fliegen* ⓢ ((nach³ 飛行機が)). ‖ 直航船 der durchgehende Dampfer, -s, -; das durchgehende Dampfschiff, -(e)s, -e/直

ちょっこう 航路 die direkte Linie. -n.

ちょっこう 直行する durch|gehen* (-lfahren)⟨s⟩; ohne ⁴Unterbrechung (ohne Umsteigen) fahren* ⟨s⟩/彼は東京から直行して来た Er kommt, ohne seine Reise zu unterbrechen, von Tokio. ‖ 直行便 Direktflug m. -[e]s, ⸗e 〔飛行機〕.

ちょっと ❶ [しばらく] einen Augenblick (Moment); ein Weilchen; eine (kleine (kurze)) Weile/ちょっとの間に in einem Augenblick; in kurzer Zeit; im Nu; im Umsehen/ちょっと前に(後に) erst vorhin; kurz vorher; vor kurzem (kurz darauf; kurz nachher, nach einer kleinen Weile)/ちょっと見 ein kurzer (flüchtiger) Blick, -[e]s (ein flüchtiger) Eindruck, -[e]s/ちょっと一杯やろう Wollen wir schnell eins trinken!/ちょっとこれを着てみて下さい Bitte probieren Sie mal diesen Anzug an!/ちょっとお待ち下さい [Nur] einen Augenblick (Moment) bitte! Wart' ein Weilchen! Warten Sie ein Momentchen! Bleib noch eine Weile!/まあちょっとお上りになりませんか〔訪問客に〕 Wollen Sie bitte einen Augenblick hereinkommen? ❷ [少し] ein bisschen; ein wenig; etwas; leicht/ちょっと見た所で auf den ersten Blick/ちょっとした〔わずかの〕 gering; leicht;〔かなりの〕 leidlich; hübsch/ちょっとした〔疑惑,財産〕eine Kleinigkeit, -en (ein leichter Zweifel, -s, -; ein hübsches Vermögen, -s, -)/ちょっとかぜを引いて(お神酒が)がいって います Ich habe mich leicht erkältet. (Ich bin zu etwas angeheitert.)/ちょっと手紙で言ってあげた方がよいでしょう Es wäre gut, wenn du ihm etwas schriebest./もうちょっとのことで列車に乗り遅れるところだった Ich hätte beinahe den Zug verpasst. Es fehlte nicht viel, so hätte ich den Zug versäumt. ❸ [たやすく] leicht; mühelos/ちょっとできない 話だ Es ist keine leichte Sache. Es nimmt sich [die] Zeit dazu.〔暇取る〕/それはちょっと 引き受けられない Ich kann es nicht so leichthin übernehmen. ❹ [呼びかけ] Hör mal!/ちょっと失礼ですが…〔Bitte〕Verzeihung, …; Entschuldigen Sie bitte, …/ちょっと失礼 Ich komme gleich!〔用便などで席をはずす時〕; Komme gleich zurück!〔同上、またはちょっと出かける時〕/ちょっとこいらっしゃい Komm mal her!/ちょっと、コーヒーを一杯〔下さい〕Fräulein! Eine Tasse Kaffee, bitte!〔ウエートレスに〕/ちょっと写真をとらせて下さい Darf ich Sie mal knipsen?

ちょとつ 猪突猛進する ⁴sich blindlings stürzen ⟨auf⁴⟩.

ちょびひげ ちょび髯 der spärliche Schnurrbart, -[e]s, ⸗e.

ちょめい 著名な gefeiert; berühmt; wohl bekannt. ⇒ゆうめい(有名).

ちょろちょろ rieselnd; in Bächlein; in Tropfen/ちょろちょろ流れる rieseln ⟨h.s⟩; sachte fließen* ⟨s⟩; (fließen h.s)/ちょろちょろ水 das rieselnde (sachte fließende; tröpfelnde) Wasser, -s, -.

ちょまかす klauen⁴; es nicht so genau nehmen*; lange Finger machen; mausen; Mein und Dein verwechseln; mitgehen heißen*; organisieren⁴; stibitzen⁴.

ちょろん 緒論 Einführung f. -en; Einleitung f. -en; Vorwort n. -[e]s, -e; Vorrede f. -n.

ちょんまげ 丁髷 eine Art der altjapanischen Frisur.

ちらかす 散らかす in ⁴Unordnung (⁴Wirrwarr) bringen**⁴; zerstreuen⁴; durcheinander werfen**⁴; ⁴sich|streuen⁴; verwirren(*)⁴ ⟨p.p.⟩ verwirrt, verworren/何もかも散らかしてあった Alles war durcheinander geworfen.

ちらかる 散らかる in ⁴Unordnung (⁴Wirrwarr) kommen* ⟨pl⟩ (geraten*) ⟨s⟩; ⁴sich zerstreuen/彼の部屋は本で散らかっている Bücher liegen in seinem Zimmer umher. In seinem Zimmer liegen Bücher in wirrem Durcheinander.

ちらし Reklame(flug)zettel m. -s, -; Flugblatt n. -[e]s, ⸗er.

ちらしぐすり 散らし薬 〔Auf〕lösungsmittel n. -s, -〔はれ物の〕.

ちらす 散らす ❶ zerstreuen⁴; (auseinander) sprengen⁴; auseinander streuen⁴ (treiben⁴); umher|streuen⁴; in alle Winde zerstreuen⁴. ❷〔刃物などを〕auf|lösen⁴〔例: eine ⁴Geschwulst〕.

ちらちら ❶ [雪片・紙片など] flatternd; in ¹Flöckchen ⟨pl⟩/雪がちらちら降り出した Es fing an, in leichten Flocken zu schneien. ❷ [火影など] flackernd; flimmernd; zitternd. ❸ [きらきら] glitzernd; aufblitzend; funkelnd. ❹ [間欠的に] abwechselnd; in Abständen. ❺〔ここかしこ〕hier und dort; hie(r) und da. ❻ [時々ちらちら耳にすること がある] Zuzeiten kommt es mir zu Ohren. Ab und zu muss ich davon hören.
── ちらちらする ❶ [雪片・紙片などが] flattern ⟨s.h⟩; ⁴sich hin und her bewegen. ❷ [火影などが] flackern; flimmern; zittern; [きらきらする] glitzern; auf|blitzen; funkeln; blinken.

ちらつく 目先にちらつく immer wieder vor js ³Augen ⟨pl⟩ flattern ⟨s.h⟩ (flitzen ⟨s⟩; huschen ⟨s⟩). ⇒ちらちら(ちらちらする).

ちらばる 散らばる ⁴sich zerstreuen; ⁴sich aus|streuen; ⁴sich zerstreuen; in ⁴Unordnung geraten* ⟨s⟩/色々なものが散らばっていた Seine Siebensachen lagen dort wie Kraut und Rüben durcheinander.

ちらほら ❶ hie(r) und da; an einzelnen (mehreren) Orten; stellenweise; zu zweien und dreien; sporadisch; vereinzelt; in einzelnen Stücken/梅がちらほら咲いていた Es blühen Pflaumenblüten hie(r) und da auf. ❷ [時々] dann und wann; hin und wieder.

ちらり ちらりと ❶ flüchtig; mit flüchtigem Blick ⟨auf⁴⟩/ちらりと見る einen flüchtigen Blick werfen* ⟨auf⁴⟩; einen kurzen (flüchtigen) Einblick bekommen ⟨in⁴⟩. ❷ [ふと] zufällig(erweise); von ungefähr/ちらりと聞きこむ zufällig hören*; von ungefähr zu Ohren ⟨pl⟩ kommen* ⟨s⟩ ⟨jm⟩;

durch ⁴Zufall Kenntnis nehmen* (*von*³).
ちり 地理 Geländebeschaffenheit *f.* -en; die geographischen Hauptzüge 《*pl*》eines Landes/この辺の地理に明るい(暗い) Er kennt diese Gegend gut (schlecht).｜Er kennt sich an diesem Ort aus (gar nicht aus). —— 地理上の geographisch.‖地理学 Geographie *f.*; Erdkunde *f.*/地理学者 Geograph *m.* -s, -en; Erdkundeforscher *m.* -s, -/地理書 eine geographische Schrift, -en; ein geographisches Werk, -[e]s -e/自然地理学 die physikalische (physische) Geographie; Wirtschaftsgeographie.

ちり 塵 Staub *m.* -s, -e (⸚e); Kehricht *m.* (*n.*) -s; Müll *m.* -s/塵の多い staubig; bestäubt; staubbedeckt; voll Staub/塵を払う ab|stäuben⁴ (aus|-); ab|bürsten⁴ (aus|-); fort|-); fort|kehren⁴ (*von*³ ほうきで); ab|klopfen⁴; ab|wischen⁴/塵も積もれば山となる,Viele Wenig gibt ein Viel. —— 塵ほども nicht im Geringsten (Entferntesten; Leisesten); kein Fünkchen von³;《俗》einen Quark; keine Spur von³; kein Stäubchen von³.

チリ Chile *n.* -s/チリの chilenisch‖チリ人 Chilene *m.* -n, -n; Chilenin *f.* -ninnen《女》.

ちりがみ 塵紙 Toilettenpapier *n.* -s, -e.
ちりだめ 塵溜 Abfall|eimer *m.* -s, - (-kasten *m.* -s, ⸚); Aschengrube *f.* -n; Müll|-eimer (-kasten).

ちりぢり 散散に zerstreut; voneinander getrennt (gesondert); vereinzelt; verstreut/ちりぢりになる ⁴sich zerstreuen; in alle Winde zerstreuen; auseinander fliegen* ⒮; ⁴sich auseinander treiben lassen*; zerflattern ⒮; ab|schweifen ⒮ (*von*³ 群れから)/一家もりぢりになって This Fa-
milie hat sich aufgelöst.｜Die Familienglieder leben nicht mehr zusammen.

ちりとり 塵取 Kehricht|schaufel *f.* -n (-schippe *f.* -n).

ちりばめる 鏤める ein|legen⁴ (*in*⁴); besetzen⁴ (*mit*³); gravieren⁴《彫刻》; ziselieren⁴《鏤》《彫刻》.

ちりはらい 塵払い Abwischer *m.* -s, -; Abstäuber *m.* -s, -.

ちりめん 縮緬 Krepp *m.* -s, -s (-e)《*pl* は種類を示す》‖縮緬紙 Krepppapier *n.* -s, -e/縮緬皺(じ) feine Falten 《*pl*》.

ちりょく 地力 ⇨ちほう.
ちりょう 治療 die ärztliche (medizinische) Behandlung, -en; Heilbehandlung *f.* -en; Kur *f.* -en; Pflege *f.* -n/治療中 in ärztlicher Behandlung sein; in der Pflege eines *Arztes* sein/治療を受ける ärztlich (medizinisch) behandelt werden; ⁴sich einer ärztlichen (medizinischen) Behandlung unterziehen*/歯の治療を受ける einen Zahn ⁴sich, ⸚e behandeln lassen*. —— 治療する ärztlich (medizinisch) behandeln⁴; heilen⁴; kurieren⁴; auf den Damm bringen⁴*《手療治をする》.‖治療学 Therapeutik *f.*; die Lehre《-n》von der Behandlung der Krankheiten/治療所 Heilstätte *f.* -n; Krankenhaus *n.* -es, ⸚er/治療代 Arztgebühr *f.* ⸚e; das ärztliche Honorar, -s, -e; Schmerzensgeld *n.* -[e]s, -er《事故時に被害者がもらう》/治療法 Behandlungsart *f.* -en; Heil|methode *f.* -n (-verfahren *n.* -s, -).

ちりょく 知力 Verstand *m.* -[e]s; Denkfähigkeit *f.* -en; Erkenntnisvermögen *n.* -s, -; Geisteskraft *f.* ⸚e; Intellekt *m.* -[e]s; Intelligenz *f.* -en/知力の発達した hochintelligent.

ちりよけ 塵除けの staubdicht‖塵除けカバー《家具などの》Staubdecke *f.* -n.

ちりれんげ 散蓮華 der kurze Porzellanlöffel, -s.

ちりんちりん Klingklang *m.* -[e]s; Klingeling *n.* -s; Gebimmel *n.* -s, -; Bimmelei *f.*; klingklang!‖klinge[e]ling! klinglingling! bim! bimbam!／ちりんちりんなる klingeln; bimmeln.

ちる 散る ❶ [散落] ⇨ちりぢり(ちりぢりになる)／乱れ散る in alle Himmelsrichtungen《*pl*》auseinander fliegen* (zerfliegen*); zerflattern ⒮. ❷《花が》ab|fallen* ⒮; auf dem Boden fallen*; verblühen ⒮/散りかかる im Begriff sein (stehen*) abzufallen (zu fallen); auf dem Punkt stehen* abzufallen (zu fallen); an|fangen⁴ abzufallen (zu fallen). ❸ [気が] außer ⁴sich sein (*über*¹ *vor*¹); abgelenkt (zerstreut) sein. ❹ [退散] auf|brechen* ⒮; ⁴sich auf|lösen; auseinander gehen* ⒮; ⁴sich zerstreuen. ❺《インクが》aus|laufen* ⒮; ⁴sich verbreiten; ⁴Flecken《*pl*》machen. ❻ [はれ物が] ⁴sich auf|lösen.

ちわ 痴話 das tändelnde Gespräch, -[e]s, -e‖痴話狂い Tändelei (Hätscherei; Liebelei) *f.* -en/痴話げんか der ⁴Tändeleien entstandene Zwist, -es, -e.

ちん 狆 ein japanischer Mops, -es, -e (Schoßhund, -es, -e).

ちん 珍 Seltsamkeit *f.* -en; Kuriosum *n.* -s, ..sa; Merkwürdigkeit *f.* -en; Rarität *f.* -en; Seltenheit *f.* -en; Wunder *n.* -s, -. ⇨ちんき(珍奇な).

ちんあげ 賃上げ Lohnerhöhung *f.* -en.
ちんあつ 鎮圧 Niederkämpfung *f.* -en; Bekämpfung *f.* -en; Besiegung *f.* -en; Unterdrückung *f.* -en; das Niederschlagen*, -s. —— 鎮圧する nieder|kämpfen⁴; bekämpfen⁴; besiegen⁴; unter|drücken⁴; nieder|halten⁴* (-schlagen⁴*).

ちんうつ 沈鬱 Schwermut *f.* -en; Düsterheit *f.*; Düsterkeit *f.*; Gramversunkenheit *f.*; Melancholie *f.* -en; Trübsal *f.* -e; Trübsinn *m.* -[e]s; Wehmut *f.*; Weltschmerz *m.* -es, -en. —— 沈鬱な schwermütig; düster; gramversunken; melancholisch; trüb|selig (-sinnig); wehmütig; weltschmerzlich.

ちんか 沈下 Senkung *f.* -en; das [Ab]sinken (Sichsenken*; Sichsetzen*; Versinken*), -s. —— 沈下する ⁴sich senken; [ab|-]-sinken* ⒮; ⁴sich setzen; unter|sinken* ⒮

ちんか 鎮火する〔(aus)löschen〕*s* bezwingen*⁴*; dämpfen*⁴*; hemmen*⁴*; aus|gehen*⁴* *s* 〈消える〉.

ちんかり 賃借り das Mieten*, -s; Miete *f.* -n; das Pachten*, -s; Pachtung *f.* -en. ― 賃借りする mieten*⁴ 〈bei *jm*〉; pachten*⁴. ‖ 賃借価格 Miet|wert (Pacht-) *n.* -[e]s, -e/賃借権 Miet|recht (Pacht-) *n.* -[e]s, -e/賃借地 das gemietete (gepachtete) Grundstück, -[e]s, -e/Pachtstück *n.* -[e]s, -e/賃借人 Mieter *m.* -s, -/賃借料 Miete *f.* -n/Mietgeld *n.* -[e]s, -er (-preis *m.* -es, -e); Pacht *f.* -en (-zins *m.* -es, -e); Pacht|geld (-preis; -zins).

ちんき 珍貴な kostbar; köstlich; edel; selten vorhanden; sehr wertvoll.

ちんき 珍奇な ungewöhnlich; absonderlich; außergewöhnlich; befremdend; befremdlich; fremdartig; kurios; merkwürdig; neuartig; fantastisch; seltsam; sonderbar; wunderlich.

チンキ Tinktur *f.* -en ‖ キニーネ(ヨード)チンキ Chinin(Jod)tinktur *f.*).

ちんきゃく 珍客 der seltene und wilkommene Gast, -[e]s, ⸗e/これは珍客の御入来だ Du hast dich lange nicht blicken lassen!

ちんきん 沈金(彫・塗) die geschnitzte und vergoldete Lackarbeit, in die mit eingestreutem Goldstaub verzierte Lackarbeit.

ちんぎん 賃金〔Arbeits〕lohn *m.* -[e]s, ⸗e/Löhnung *f.* -en/Gehalt *n.* -[e]s, ⸗er/Sold *m.* -[e]s, ⸗e/…の賃金 Tagelohn *m.* -[e]s, ⸗e/…の賃金で gegen einen Lohn von …/賃金を上げる den Lohn erhöhen/賃金を得る den (seinen) Lohn beziehen*) (empfangen*; erarbeiten; erhalten*; erwerben*) in Empfang nehmen*; verdienen); belohnt (bezahlt) werden/賃金を下トる den Lohn kürzen ‖ 賃金基金 Lohnfonds *m.* -, -/賃金指数 Lohnindex *m.* -[es], -e (..dizes)/賃金支払表 Lohn(bezahlungs)liste *f.* -, -n/賃金水準 Lohnniveau *n.* -s (-skala *f.* -s ⟨..len⟩)/賃金生活者 Lohnarbeiter *m.* -s, -/Lohnempfänger (Gehalts-) *m.* -s, -/賃金制度 Lohnsystem *n.* -s, -e/賃金鉄則 das eherne Lohngesetz, -es, -e/賃金闘争 Lohnkampf *m.* -[e]s, ⸗e/賃金引き上げ Lohnerhöhung *f.* -en/賃金物価体系 Lohn-Preis-Gefüge *n.* -s, -/Lohn-Preissystem *n.* -s, -e/賃金ベース Gehalts|basis (-base) *f.* ..basen/最低賃金 Mindest|lohn (Minimal-) *m.* -[e]s, ⸗e/賃金高(時間) 払賃金 Stücklohn (Akkordlohn) *m.* -[e]s, ⸗e.

ちんけいざい 鎮痙剤 Antispasmodika 〈*pl*〉; Krampfmittel *n.* -s, -.

ちんこうそくど 沈降速度〔血液の〕Blutsenkungsgeschwindigkeit *f.* -en.

ちんこんきょく 鎮魂曲 Requiem *n.* -s, -s.

ちんこんさい 鎮魂祭 Totenfeier *f.* -, -n; Requiem *n.* -s, -s; Seelen|messe (Toten-) *f.* -, -n.

ちんざ 鎮座する auf göttlichem Thron sitzen; in einem Schrein eingeschlossen werden; seinen heiligen Sitz haben.

ちんし 沈思 die sinnende Betrachtung (Beschaulichkeit), -en; Grübelei *f.* -en; das tiefe Nachdenken* (Nachsinnen*), -s; Kontemplation *f.* -en; Meditation *f.* -en. ― 沈思する sinnend betrachten (beschauen); grübeln 〈*über*¹〉*⁴; sich Gedanken 〈*pl*〉 machen 〈*über*⁴〉; nach|denken* 〈*über*⁴〉; nach|sinnen* 〈*über*⁴〉/彼は沈思黙考している Er ist in tiefen Gedanken versunken.

ちんじ 珍事 Unfall *m.* -[e]s, ⸗e; Unglück *n.* -[e]s, -e; (まれに の) Unglücksfall *m.* -[e]s, ⸗e; Zufall *m.* -[e]s, ⸗e; Zwischenfall *m.* -[e]s, ⸗e; Tragödie *f.* -n 〈悲劇〉/珍事が起こる Ein Unfall ereignet sich (tritt ein; geschieht; kommt vor).

ちんしごと 賃仕事 Stück|arbeit (Akkord-) *f.* -en; Geschäftchen *n.* -s, -; Lohnarbeit *f.* -en/賃仕事をする im Akkord arbeiten (Akkordarbeit) tun*; im Akkord arbeiten.

ちんしゃ 陳謝 Entschuldigung *f.* -en; Abbitte *f.* -; Verzeihung *f.* -en. ― 陳謝する *⁴sich entschuldigen* 〈bei *jm* wegen*²*⁽³⁾〉; *js* Bedauern über aus|drücken* 〈*jm* wegen*²*⁽³⁾〉; um *⁴*Entschuldigung (*⁴*Verzeihung) bitten* 〈*jn* wegen*²*⁽³⁾〉; Abbitte leisten (tun*) 〈bei *jm* für*⁴〉.

ちんしゃく 賃借〔pauschal〕mieten*⁴.

ちんじゅ 鎮守 der Schutzgeist *m.* -[e]s, ⸗er; eines Schreins (eines Ort⸗s, -[e]s, -e); Dorfschrein *m.* -[e]s, -e.

ちんじゅつ 陳述 Darlegung *f.* -en; Angabe *f.* -n; Auseinandersetzung *f.* -en; Aussage *f.* -n; Erwähnung *f.* -en; Feststellung *f.* -en. ― 陳述する dar|legen*⁴; an|geben*⁴; auseinander setzen*⁴; aus|sagen*⁴; erwähnen*⁴; fest|stellen*⁴; *⁴*sich Rechenschaft geben* (ab|legen*) 〈*über*⁴〉‖ 陳述書 das Darlegungs|schreiben* (Erklärungs-, -s; Darlegungsschrift *f.* -en.

ちんじょう 陳情〔Bitt〕gesuch *n.* -[e]s, -e; Supplikation *f.* -en; Vorstellung *f.* -en 〈非難〉. ― 陳情する ein Gesuch ein|reichen (machen) 〈bei*³ wegen*²*⁽³⁾〉; supplizieren 〈*um*⁴〉; Vorstellungen 〈*pl*〉 erheben* (machen) 〈*jm über*⁴〉; vorstellig werden* 〈bei*³ wegen*²*⁽³⁾ *⁴sich wenden** 〈*an*¹〉.‖ 陳情者 Bittsteller *m.* -s, -; Bittstellerin *f.* ..rinnen 〈女〉; Supplikant *m.* -en, -en; Supplikantin *f.* ..tinnen 〈女〉/陳情書 Bittschrift *f.* -en; Eingabe *f.* -n; Supplik *f.* -en.

ちんせい 鎮静 Besänftigung *f.* -en; Beruhigung *f.* -en; Ruhe *f.* -. ― 鎮静する ❶ [しずめる] besänftigen*⁴; zur Ruhe bringen*⁴; beruhigen*⁴; stillen*⁴. ❷ [しずまる] *⁴sich beruhigen*; ab|flauen; zur Ruhe gebracht werden; zur Ruhe kommen* *s*; *⁴sich ruhig verhalten*; nach|lassen*; ruhig werden.
‖ 鎮静剤 Sedativ *n.* -s, -e; Sedativum *n.* -s, ..va; Beruhigungsmittel *n.* -s, -.

ちんせつ 珍説 eine unglaubliche (unwahr-

scheinliche) Behauptung, –en.
ちんぞう 珍蔵する aufs Eifersüchtigste hegen⁴ (horten⁴); wie seinen Augapfel hüten⁴.
ちんたい 賃貸 Vermietung *f.* –en; Verpachtung *f.* –en; das Verleihen*, –s. ── 賃貸する vermieten³⁴; verpachten³⁴; verleihen*³⁴. ‖ 賃貸価格 Miet:wert (Pacht–) *m.* –[e]s, –e/賃貸契約 Miet:vertrag (Leih–; Pacht–) *m.* –[e]s, ⸗e/賃貸借 Miete *f.* –n/賃貸人 Vermieter *m.* –s, –; der Verpachtende*, –n, –n.
ちんたい 沈滞 Stillstand *m.* –[e]s; Flauheit *f.* –en; Flaute *f.* –n; Mattheit *f.*; Stagnation *f.* –en; Stockung *f.* –en; Trägheit *f.*
ちんだん 珍談 das lustige Geschichtchen, –s, –; Anekdote *f.* –n; die witzige Geschichte, –n; Scherzgeschichte *f.* –n.
ちんちくりん Stups *m.* –es, –e/ちんちくりんな stupsig.
ちんちゃく 沈着 Gelassenheit *f.*; Gefasstheit *f.*; Geistesgegenwart *f.*; Gemütsruhe *f.*; Gesetztheit *f.*; Selbstbeherrschung *f.*/沈着に in (mit) kühler Ruhe. ── 沈着な gelassen; gefasst; geistesgegenwärtig; gesetzt; ruhig.
ちんちょう 珍重する hoch schätzen⁴; eine große Meinung (große Dinge) haben ⟪*von*³⟫; viel halten* ⟪*von*³⟫.
ちんちょうげ 沈丁花 ⇨じんちょうげ.
ちんちん ちんちん鳴る klingeln; bimmeln.
ちんちん [犬の芸] das Hocken* (das Kauern*) ⟪–s⟫ mit aufgehobenen Vorderpfoten/ちんちんする mit aufgehobenen Vorderpfoten hocken (kauern); ⁴sich auf die Hinterfüße ⟪*pl*⟫ auf|setzen.
ちんつう 鎮痛 das Stillen* ⟪–s⟫ des Schmerzens; Erleichterung *f.* –en; Linderung *f.* –en; Milderung *f.* –en ‖ 鎮痛液 das flüssige Linderungsmittel, –s, –/鎮痛剤 Antalgika ⟪*pl*⟫; Balsam *m.* –s, –e; Linderungsmittel.
ちんつう 沈痛な traurig; beklagenswert; betrübt; ernsthaft; ergreifend; pathetisch; rührend; schmerzlich/沈痛な口調で in ernst[haft]em (gesetztem; schwerwiegendem) Tone.
ちんてい 鎮定する ❶ [しずめる] nieder|halten*⁴ (–|schlagen*⁴; –|zwingen*⁴); hemmen⁴; nicht aufkommen lassen*⁴. ❷ [しずまる] nieder:gehalten (–geschlagen; –gezwungen) werden; zum Schweigen gebracht werden.
ちんでん 沈殿 Fällung *f.* –en; Ablagerung *f.* –en; Absetzung *f.* –en; Niederschlag *m.* –[e]s, ⸗e; Präzipitat *n.* –[e]s, –e; Präzipitation *f.* –en; Sedimentation *f.* –en. ── 沈殿する [⁴sich] ab|lagern [自動詞のとき[s]]; ⁴sich [ab|]setzen; nieder|schlagen*; präzipitieren. ── 沈殿させる ab|lagern⁴; ab|setzen⁴; nieder|schlagen*⁴. ‖ 沈殿池(槽) Klär:bassin *n.* –s, –s (–becken *n.* –s, –; –gefäß *n.* –es, –e; –tank *m.* –s, –s)/沈殿物 Ablagerung *f.* –en; Absetzung *f.* –en; Bodensatz *m.* –es, ⸗e; Niederschlag *m.* –[e]s, ⸗e.
ちんどんや ちんどん屋 der mit viel Lärm Reklame machende Ausrufer, –s, –.
ちんにゅう 闖入 das Eindringen* (Sicheindrängen*), –s; Einbruch *m.* –[e]s; Einfall *m.* –s; das Einrennen*, –s. ── 闖入する ein|dringen* [s]; ⁴sich ein|drängen; ein|brechen* [s]; ein|fallen* [s]. ‖ 闖入者 Eindringling *m.* –s, –e; Einbrecher *m.* –s, –.
チンパンジー Schimpanse *m.* –n, –n.
ちんぴら Schlingel *m.* –s, –; Frechdachs *m.* –es, –e.
ちんぴん 珍品 Kuriosum *m.* –s, ..sa; Kuriosität *f.* –en; Rarität *f.* –en.
ちんぷ 陳腐な abgestanden; abgeblasst; abgedroschen; abgegriffen; abgenutzt, altgewöhnlich; banal; fade; gemeinplätzig/陳腐な物 Banalität *f.* –en/陳腐な句 Gemeinplatz *m.* –es, ⸗e; die abgegriffene (abgedroschene) Phrase, –n (Redensart, –en).
ちんぶん 珍聞 die merkwürdige (seltsame; tolle; wunderliche) Geschichte, –n.
ちんぷんかんぷん ❶ [妄語] Kauderwelsch *m.* –[s]; Jargon *m.* –s, –s; Rotwelsch *m.* –[s]; ein Buch ⟪–[e]s, ⸗er⟫ mit sieben Siegeln/ちんぷんかんぷんで解らぬ Das sind mir böhmische (spanische) Dörfer. ❷ [人] wer Kauderwelsch spricht; Doofmann *m.* –[e]s, ⸗er.
ちんぼつ 沈没 das Sinken*, –s; Schiffbruch *m.* –[e]s, ⸗e ⟪難船⟫; Untergang *m.* –[e]s, ⸗e; das Versinken*, –s. ── 沈没する sinken*; unter|gehen*; tauchen; versinken* ⟪以上どれも[s]⟫. ‖ 沈没船 das gesunkene (untergegangene; versunkene) Schiff, –[e]s, –e; Wrack *n.* –[e]s, –e (–s).
ちんぽん 珍本 das seltene Buch, –[e]s, ⸗er; Inkunabel *f.* –n.
ちんまり ちんまりと[した] gemütlich; behaglich; bequem; heimlich; traulich; traut.
ちんみ 珍味 Leckerbissen *m.* –s, –; Delikatesse *f.* –n; Feinkost *f.*; Köstlichkeit *f.* –en; Leckerei *f.* –en; Naschwerk *n.* –[e]s; Schlemmerkost *f.*; Schmackhaftigkeit *f.* –en.
ちんみょう 珍妙な drollig; lächerlich; possierlich; spaßhaft; ulkig.
ちんむるい 珍無類の eigentümlichst; fremdartigst; groteskest; komischst; seltsamst; sonderbarst; wunderlichst.
ちんもく 沈黙 [Still]schweigen *n.* –s; Schweigsamkeit *f.*; Stille *f.*; Verschlossenheit *f.*; Verschwiegenheit *f.*; Verstummung *f.*; Wortlosigkeit *f.*/沈黙は金なり Schweigen ist Gold./沈黙を守る schweigsam (sprachlos; still; verschlossen; verschwiegen; wortlos) sein*; [Still]schweigen beobachten; keinen Laut von ³sich geben*; den Mund (das Maul) halten*; nichts sprechen*/沈黙を破る das Schweigen brechen*. ── 沈黙させる zum Schweigen bringen*⁴; nicht zu Worte kommen lassen*⁴. ── 沈黙する [still|]schweigen*;

nicht zu Worte kommen* [s]; die Sprache verlieren*.
ちんゆう 沈勇 Geistesgegenwart *f.*; die gleichmütige Tapferkeit bei überraschenden Ereignissen.
ちんりん 沈淪する [4]sich ins Verderben stürzen; sinken* [s]; zugrunde (zu Grunde) gehen* [s]; zugrunde (zu Grunde) gerichtet werden/不幸に沈淪する [4]sich ins Elend stürzen; in bittere Not geraten* [s]; die Beute des Elends werden.
ちんれつ 陳列 Aus¦stellung (Auf–; Schau–) *f.* –en; Schau *f.* –en; Auslage *f.* –n. ── 陳列する aus|stellen[4] (auf|–); aus|legen[4]; zur Schau stellen[4]/それは次の部屋に陳列してある Das ist im nächsten Raum ausgestellt (zur Schau gestellt). ‖ 陳列会 Ausstellung; Schau/陳列館(所) Museum *n.* –s, ..-seen; Galerie *f.* –n; Kunst¦halle *f.* –n (–kammer *f.* –n)/陳列室 Ausstellungs¦raum (Vorführungs–) *m.* –[e]s, ¨e/陳列だな Schau¦kasten *m.* –s, ¨ (–kästchen *n.* –s, –; –schrank *m.* –[e]s, ¨e); Vitrine *f.* –n/陳列品 das Ausgestellte*, –n; der zur Schau gestellte Gegenstand, –[e]s, ¨e/陳列窓 Schaufenster *n.* –s, –.

つ

〜つ ¶ 浮きつ沈みつ bald sinkend, bald auftauchend/行きつ戻りつ hin und her; auf und ab.
ツアー Tour *f.* –en.
つい 対 ❶ Paar *n.* –[e]s, –e/一(二)対の花瓶 ein (zwei) Paar Vasen. ❷ [あるものの対をなすもの] Gegenstück *n.* –[e]s, –e. ── 対をなす ❶ ein Paar bilden. ❷ das Gegenstück bilden 《*zu*[3]》. ‖ 好一対 ein schönes Paar/彼らは好一対だ Sie sind ein schönes Paar.¦Sie passen schön zueinander.
つい ❶ [ほんの] つい今しがた gerade jetzt; soeben/つい最近 erst neulich/ついそこで gerade (gleich) dort; ganz in der Nähe. ❷ [うっかり] ohne [4]Absicht; unabsichtlich; unwillkürlich; unbewusst; ohne es zu wollen; [誤って] aus [3]Versehen; versehentlich.
ツイード 〖織〗 Tweed *m.* –s, –s (–e).
ついえる 潰える ⇨つぶれる(潰れる).
ついおく 追憶 ¶ 昔の追憶にふける [4]sich der [3]Erinnerung hin|geben*/彼女は死んだ夫の追憶にふけった Ihre Gedanken gingen zu ihrem verstorbenen Mann. ⇨ついそう.
ついか 追加 Nachtrag *m.* –[e]s, ¨e; Zusatz *m.* –es, ¨e; Ergänzung *f.* –en 《補い》. ── 追加する hinzu|fügen[4]; nach|tragen*[4]; zu|setzen[4]; ergänzen[4] 《補う》. ‖ 追加支払 Nachzahlung *f.* –en/追加条項 Zusatzartikel *m.* –s, –/追加注文 Nachbestellung *f.* –en/追加注文する nach|bestellen[4]; nachträglich (zusätzlich) bestellen[4]/追加予算 Nachtrags¦haushalt (Zusatz–) *m.* –[e]s, –e.
ついかんばん 椎間板 Band¦scheibe (Zwischenwirbel–) *f.* –n ‖ 椎間板ヘルニア Band-scheiben¦prolaps *m.* –es, –e (–vorfall) *m.* –[e]s, ¨e.
ついき 追記 Nach¦schrift *f.* –en 《略: NS》 (–trag *m.* –[e]s, ¨e); Postskript *n.* –[e]s, –e 《略: PS》.
ついきゅう 追求する nach|gehen*[3] (–|jagen[3]) [s]; jagen 《*nach*[3]》; streben (suchen) 《*nach*[3]》; suchen[4]; verfolgen[4]/快楽を追求する dem Vergnügen nach|jagen; nach [3]Genuss jagen/真実を追求する die Wahrheit suchen; nach Wahrheit streben.
ついきゅう 追及する ❶ [追い付く] *jn* ein|holen; *jn* erreichen. ❷ [責め立てる] *jn* [be-]drängen; in *jn* dringen*; *jm* zu|setzen/責任を追及する *jn* zur Rechenschaft (Verantwortung) ziehen* 《*wegen*[2(3)]》.
ついきゅう 追究する nach|forschen[3] (–|fragen[3]); untersuchen[4].
ついく 対句 Verspaar *n.* –[e]s, –e; 〖修〗 Antithese *f.* –n/対句をなす eine Antithese bilden.
ついげき 追撃 Verfolgung *f.* –en/追撃する verfolgen[4]; jagen[4]; nach|jagen[3] ‖ 追撃機 Verfolgungsjäger *m.* –s, –; Jagdflugzeug *n.* –[e]s, –e/追撃戦 Verfolgungskampf *m.* –[e]s, ¨e.
ついごう 追号を給う *jm* nach dem Tod[e] einen Titel verleihen*.
ついこつ 槌骨 〖解〗 Hammer *m.* –s, ¨.
ついし 墜死 Todessturz *m.* –es, ¨e/墜死する bei einem Sturz um|kommen* [s] (den Tod finden*); infolge eines Sturzes sterben* [s].
ついしけん 追試験 Nachprüfung *f.* –en.
ついじゅう 追従する nach|folgen[3] [s]; nach|ahmen[3] 《模倣する》/他の追従を許さない unerreicht bleiben* [s], nicht seinesgleichen haben.
ついしょう 追従 Schmeichelei *f.* –en; Geschmeichel *n.* –s; Lobhudelei *f.* –en/追従のことば Schmeichelrede *f.* –n; süße Worte 《*pl*》. ── 追従する *jm* schmeicheln; *jm* (まれに *jn*) lobhudeln; *jm* Süßholz raspeln. ‖ 追従者 Schmeichler *m.* –s, –; Speichellecker *m.* –s, –; Süßholzraspler *m.* –s, –/追従笑い schmeichelhaftes Lächeln, –s.
ついしん 追伸 Nachschrift *f.* –en 《略: NS》; Postskript *n.* –[e]s, –e 《略: PS》.
ついせき 追跡 Verfolgung *f.* –en; Jagd *f.* –en/追跡する *jn* (*js* [4]Spur) verfolgen; *js* [3]Spur folgen [s]; *jn* jagen ‖ 追跡権 〖法〗 Verfolgungsrecht *n.* –[e]s, –e/追跡者 Ver-

folger *m*. -s, -.
ついぜん 追善のため im Gedanken an den Toten; dem Verstorbenen zu ^{3}Ehre ‖ 追善供養 Seelenmesse *f*. -n/追善興行 Aufführung《*f*. -en》zum Gedächtnis von *jm*.
ついそ 追訴 die nachträgliche Anklage, -n; Ergänzungsanklage/追訴する nachträglich an|klagen^{4}.
ついぞ ついぞ…しない nie; niemals; nimmer; gar nicht; durchaus (überhaupt) nicht/そんなことはついぞ聞いたことがない Davon habe ich noch nie gehört./ついぞ知らなかったよ Das habe ich gar nicht gewusst.
ついそう 追想 Erinnerung *f*. -en; Andenken *n*. -s, -; Rückblick *m*. -〔e〕s, -e/追想する ^{4}sich erinnern《*an*^{4}》; gedenken^{*2}; 〔zurück|〕denken*《*an*^{4}》; zurück|blicken《*auf*^{4}》/昔を追想する der alten ^{2}Zeit〔gedenken*; an frühere Zeiten zurück|denken*.
ついたち 朔日 der erste Tag (der Erste) des Monats; der erste Monatstag, -〔e〕s/朔日に am ersten Tag (am Ersten) des Monats; am ersten Monatstag/四月朔日 der 1.〔読み方: erste〕April; den 1.〔読み方: ersten〕April《手紙の日付などに》.
ついたて 衝立 Wandschirm *m*. -〔e〕s, -e; eine spanische Wand, ⸗e; Paravent *m*. (*n*.) -s, -s.
ついちょう 追徴する den Nachtrag ein|kassieren《bei *jm*》; *jn* nachzahlen lassen* ‖ 追徴金 Nachtrag *m*. -〔e〕s, ⸗e/追徴税 Steuernachtrag *m*. -〔e〕s, ⸗e.
ついて ついて来る(行く) *jm*〔auf der Ferse〕folgen [s]; *jm* auf den Fersen sein; [同伴する] *jn* begleiten; [尾行する] *jn* verfolgen; [歩調を合わせる] mit *jm* ^{4}Schritt halten*/彼は時代の急速な進歩について行けなかった Er konnte dem raschen Fortschritt der Zeit nicht folgen.¦Er konnte den raschen Fortschritt der Zeit nicht mitmachen.
～ついて ❶ [...に関して] von^{3}; über^{4}; in Bezug auf^{4}; bezüglich^{2}; in Betreff^{2}; betreffs^{2}; betreffend^{4}; in ^{3}Hinsicht auf^{4}; hinsichtlich^{2}/そのことについて davon; darüber/私については was mich anlangt (betrifft); für meine Person. ❷ [...を伴って] mit^{3}; in ^{3}Begleitung^{2}. ❸ [...に沿って] entlang$^{(4)}$《*an*^{3}》. ❹ [...の指導下に] bei^{3}; unter^{3}/彼女はA教授についてピアノを学んだ Sie hatte Klavierunterricht bei Prof. A. ❺ [...ごとに] je; per; pro/一個について百円です Es kostet per (pro) Stück 100 Yen.¦Es kostet ein Stück 100 Yen.¦Es kostet 100 Yen das Stück.
ついで Gelegenheit *f*. -en/ついでの折に bei ^{3}*Gelegenheit*; *gelegentlich*/ついでのあり次第 bei erster Gelegenheit/このついでに bei dieser Gelegenheit; in diesem Zusammenhang; anschließend; nebenbei; beiläufig/おついでの節に wenn Sie einmal Gelegenheit〔dazu〕haben/どっちみち大阪まで行く用があったので, ついでに伯母を訪問した Weil ich sowieso nach Osaka fahren musste, benutzte ich die Gelegenheit, um meine Tante dort zu besuchen.
ついとう 追悼 Trauer *f*.; Gedenken *n*. -s《追想》/追悼の辞 Trauerrede *f*. -n; Nachruf *m*. -〔e〕s, -e《auf *jn*》/…を追悼して zum Gedenken (Gedächtnis). ── 追悼する trauern《*um*^{4}》; betrauern^{4}; gedenken^{*2}《追想する》. ‖ 追悼歌 Trauerlied *n*. -〔e〕s, -er/追悼会 Gedenk¦feier (Gedächtnis-) *f*. -n.
ついとう 追討する bekämpfen^{4}; gegen *jn* vor|gehen* [s].
ついとつ 追突する von hinten zusammen|stoßen* [s]《*mit*^{3}》; von hinten an|stoßen* [s]《*an*^{4}》.
ついな 追儺 Beschwörung《*f*. -en》böser ^{2}Geister; Exorzismus *m*. - ..men.
ついに 遂に [最後に] am Ende; zum Schluss; schließlich; zuletzt; [やっと] endlich/遂には schließlich; am Ende; auf die Dauer/私は遂に成功した Es gelang mir endlich./三時間以上待っていたが, 彼は遂に来なかった Wir haben über drei Stunden auf ihn gewartet, aber er ist doch nicht gekommen.
ついにん 追認 nachträgliche Genehmigung, -en (Bestätigung, -en); Ratifikation *f*. -en/追認する nachträglich genehmigen^{4} (bestätigen^{4}); ratifizieren^{4}.
ついのう 追納 nachträgliche Zahlung, -en; Nachzahlung *f*. -en/追納する nachträglich zahlen^{4}; nach|zahlen^{4}.
ついばむ 啄む picken^{4}.
ついび 追尾する *js* ^{3}Spur folgen; *jn* verfolgen; *jm* nach|jagen/敵機を追尾する das feindliche Flugzeug verfolgen.
ついぼ 追慕する *js* mit ^{3}Liebe (in ^{3}Treue) gedenken*; *js* Andenken〔mit ^{3}Liebe〕pflegen.
ついほう 追放 Verbannung *f*. -en; Exil *n*. -s, -e; Säuberung *f*. -en《粛清》; Ausschluss *m*. -es, ⸗e《除名》. ── 追放する verbannen^{4}; in das Exil schicken^{4}; aus|schließen^{*4}《*aus*^{3}》/国外に追放する aus|weisen^{*4}《*aus*^{3}》; des Landes verweisen^{*4}. ‖ 公職追放 Ausschluss aus dem öffentlichen Amt (Leben)/国外追放 Ausweisung *f*. -en/ナチ追放 Entnazifizierung *f*. -en.
ついやす 費す auf|wenden$^{(*)4}$《*für*^{4}》; verwenden$^{(*)4}$《*auf*^{4}》; [支出する] aus|geben^{*4}; [時を] verbringen^{*4}; [使用する] gebrauchen^{4}; [消費する] verbrauchen^{4}; konsumieren^{4}; [浪費する] verschwenden^{4}; vergeuden^{4}/この任務のために多大の時間と労力が費された Für diese Aufgabe hat man viel Zeit und Mühe aufgewendet (aufgewandt)./そんなことをしていてはいたずらに貴重な時を費やすだけだ Wir verlieren auf diese Weise nur die kostbare Zeit.
ついらく 墜落〔Ab〕sturz *m*. -es, ⸗e; Fall *m*. -〔e〕s, ⸗e/墜落する〔ab|〕stürzen [s]; herunter|fallen* [s]/家の屋根から墜落する vom Dach des Hauses ab|stürzen (herunter|fallen*)/飛行機が水中に墜落した Ein Flugzeug stürzte ins Wasser.
つう 通 ❶ [精通した人]〔Sach〕kenner *m*. -s, -; der Sachkundige* (Sachverständige*),

-n, -n; Experte *m.* -n, -n; Fachmann *m.* -[e]s, ..er (..leute); Autorität *f.* -en《権威》/通である ⇨つうぎょう/通を振りまわす sein Wissen (seine Kenntnisse) zur Schau stellen/彼はドイツ通だ Er ist [ein] Deutschlandkenner. ❷[書類などの部数] Exemplar *n.* -[e]s, -e《略: Ex[pl].》/書類一通 eine Urkunde in einem Exemplar (in einfacher Ausfertigung)/書類二通 eine Urkunde in zwei ³Exemplaren (in doppelter Ausfertigung)/手紙一通 ein Brief *m.* -[e]s/写し三通 drei Kopien《*pl*》.

つう つうと言えばかあ vollkommen aufeinander eingespielt sein.

つういん 痛飲する tüchtig trinken*⁴; saufen*⁴.

つううん 通運 Güter¦beförderung (Fracht-) *f.* -en; Spedition *f.* -en ‖ 通運会社 Speditions¦firma *f.* ..men (-geschäft *n.* -[e]s, -e)/通運業者 Spediteur *m.* -s, -e.

つうか 通貨〖経〗Kurant *n.* -[e]s, -e; Kurantgeld *n.* -[e]s, -er; kursierendes (umlaufendes) Geld, -[e]s, -er; Währung *f.* -en《貨幣本位》/通貨の安定 Währungsstabilität *f.*/強い通貨 eine stabile Währung ‖ 通貨改革 Währungsreform *f.* -en/通貨危機 Währungskrise *f.* -n/通貨収縮 Deflation *f.* -en/通貨体系 Währungssystem *n.* -s, -e/通貨統合 Währungsintegration *f.* -en/通貨膨張 Inflation *f.* -en/単一通貨 Einheitswährung.

つうか 通過 Durchgang *m.* -[e]s, ..e; Durchfahrt *f.* -en《乗物で》; Durchreise *f.* -n《旅行の途次で》; [かたわらを通り過ぎること] das Vorbeigehen* (Vorbeifahren*), -s; 〖商〗Durchfuhr *f.* -en; Transit *m.* -s, -e; [議案などの] das Durchgehen*, -s《通過すること》; das Durchbringen*, -s《通過させること》. ── 通過する durch|gehen* [s]; durch|fahren* [s]《乗物で》; vorbei|fahren* [s]《*an*³ 傍らを》; bestehen*⁴《合格する》/トンネルを通過する einen Tunnel durch|fahren*; durch einen Tunnel fahren*/法案を通過させる einen Gesetzentwurf durch|bringen*. ‖ 通過駅 Station (*f.* -en), an der D-Züge nicht halten*/通過貨物 Durchgangs¦gut (Transit-) *n.* -[e]s, ..er/通過関税 Transitzoll *m.* -[e]s, ..e/通過貿易 Transithandel *m.* -s, ..

つうかい 痛快な(に) sehr schön (angenehm; befriedigend; erfreulich)/痛快な奴 ein famoser (patenter) Kerl, -[e]s, -e/ああ痛快だ Ich fühle mich so wohl.¦Ich freue mich so.

つうがく 通学 Schulbesuch *m.* -[e]s, -e/通学の途次に auf dem Weg zur ³Schule/通学する die Schule besuchen; zur Schule (in die Schule) gehen* [s] ‖ 通学生《寄宿生に対して》der Externe*, -n, -n.

つうかん 通観 Überblick *m.* -[e]s, -e; Übersicht *f.* -en/通観する überblicken⁴; übersehen*⁴.

つうかん 通関する den Zoll (die Zollkontrolle) passieren; durch die Zollabfertigung gehen* [s]/通関手続はもう終わりましたか Haben Sie die Zollkontrolle schon hinter sich?

つうかん 痛感する tief (genau) empfinden*⁴; klar erkennen*⁴ (ein|sehen*⁴)/私は賃金の即時引上げの必要を痛感する Ich finde es dringend nötig, dass man den Lohn sofort erhöht./私は責任を痛感している Ich bin mir meiner Verantwortung tief bewusst.

つうぎょう …に通暁する ⁴sich aus|kennen*《*in*³》; Bescheid wissen*《*in*³》; bewandert sein《*in*³》; vertraut sein《*mit*³》/彼はドイツの哲学に通暁している Er ist ein großer Kenner der deutschen Philosophie.

つうきん 通勤する zum täglichen Dienst gehen* (fahren*) [s]/ちょうど通勤時刻だったのですわる席がなかった Es war gerade die Hauptverkehrszeit, wo alle Leute zu ihren Arbeitsplätzen fuhren, und ich konnte keinen Sitzplatz [im Zug] finden.

つうく 痛苦 Schmerz *m.* -es, -en. ⇨くるしみ.

つうげき 痛撃 ein harter (schmerzlicher) Schlag, -[e]s, ..e/痛撃を加える *jm* einen harten Schlag versetzen.

つうげん 痛言 eine scharfe Bemerkung, -en/痛言する unumwunden (unverblümt) seine Meinung sagen; scharf kritisieren⁴.

つうこう 通行 das Durchgehen* (Passieren*), -s; [車での] das Durchfahren*, -s; Durchfahrt *f.* -en; [交通] Verkehr *m.* -s/この道路は通行禁止です Die Straße ist [für den Verkehr] gesperrt./トラックの通行禁止 Verkehrsverbot für Lastkraftwagen!/ドイツでは車は右側通行だ In Deutschland ist Rechtsverkehr.¦In Deutdchland fährt man rechts. ── 通行する durch|gehen* [s]; passieren⁴; [車で] durch|fahren* [s]; [通りかかる] vorbei|gehen* (vorüber|-) [s]; vorbei|fahren* (vorüber|-) [s]; [往来する] verkehren. ‖ 通行許可証 Passierschein *m.* -[e]s, -e/通行止め Verkehrsverbot *n.* -[e]s, -e/通行人 Passant *m.* -en, -en; der Vorübergehende*, -n, -n.

つうこう 通航 Schifffahrt *f.* -en; Schiffsverkehr *m.* -s.

つうこく 通告 Mitteilung *f.* -en; Benachrichtigung *f.* -en/通告する *jm* mit|teilen⁴; *jm* eine Mitteilung machen; *jn* benachrichtigen《*von*³》.

つうこん 痛恨 großes (tiefes) Bedauern, -s/彼の夭(よう)折は痛恨にたえない Es ist wirklich bedauerlich, dass er so jung gestorben ist.¦Sein früher Tod ist sehr zu bedauern.

つうさん 通算する zusammen|rechnen⁴ (-|-zählen⁴); summieren⁴; zusammen|fassen⁴《概括する》; resümieren⁴《同上》/これを通算すると alles in allem; zusammengerechnet; summa summarum.

つうじ 通じ Stuhlgang *m.* -[e]s; Stuhl *m.* -[e]s, ..e; Stuhlentleerung *f.* -en/通じがある(ない) Stuhl[gang] (keinen Stuhl[gang]) haben/通じが正常(不規則)である einen regelmäßigen (unregelmäßigen) Stuhlgang

うじたい 通時態〖言〗Diachronie f.

つうじて 通じて durch⁴; [...を仲介として] durch ⁴Vermittlung⁽²⁾ 《von³》/一年間を通じて durch das ganze Jahr; das ganze ⁴Jahr hindurch/本屋を通じて雑誌を購読する eine Zeitschrift durch einen Buchhändler beziehen⁴.

つうじてきな 通時的な diachronisch.

つうしょう 通称 Rufname m. -ns, -/ガブリエーレ，通称ガービ Gabriele, allgemein Gabi genannt.

つうしょう 通商 Handel m. -s/通商の自由 Handelsfreiheit f.‖通商航海条約 Handels- und Schifffahrtsvertrag m. -[e]s, ¨e/通商条約 Handelsvertrag m. -[e]s, ¨e; Handelsabkommen n. -s, -/⁽通商協定⁾.

つうじょう 通常 gewöhnlich; im Allgemeinen; in der Regel; normalerweise/通常の gewöhnlich; 《正規の》 ordentlich; regelmäßig 《定期的》; normal 《正常の》‖通常会員 ein ordentliches Mitglied, -s, -er/通常国会 eine ordentliche Parlamentssitzung, -en/通常郵便物 eine gewöhnliche Postsache, -n.

つうじる 通じる ❶ [通ría] ⇨つうぎょう(通暁). ❷ [理解される] verstanden werden 《von jm》; Verständnis finden⁴ 《bei jm》; [聞き届けられる] erhört werden/通じさせ verständlich (begreiflich) machen⁴/彼にはドイツ語は通じない Er versteht kein Deutsch. ❸ [道路・交通機関などが] führen 《zu³; in⁴》; gehen⁵ 《bis zu³ (nach³)》; [開通する] eröffnet werden/この道はどこに通じていますか Wohin führt dieser Weg? ❹ [内通する] heimlich in ⁴Verbindung treten⁵ 《mit³》; ⁴sich heimlich in ⁴Verbindung setzen 《mit³》; [内通している] in ³Verbindung stehen 《mit³》/ひそかに気脈を通じる heimlich zusammen|halten⁴ 《mit³》; unter einer ³Decke stecken 《mit³》. ❺ [密通する] ⇨みっつう(密通)./情を通じる ein Verhältnis ein|gehen⁴ 《mit³》/彼はある女性と情を通じている Er hat Verhältnis mit einer Frau. ❻ [電話が] ⁴Telefonanschluss (Telefonverbindung) bekommen 《haben》/この電話は目下通じません Das Telefon ist im Augenblick außer Betrieb. ❼ [電流を] [elektrischen] Strom ein|schalten/鉄条網に電流を通じている Der Stacheldraht ist elektrisch geladen. ❽ [通用する] ⇨つうよう(通用).

つうしん 通信 Korrespondenz f. -en 《新聞通信》; Berichterstattung f. -en 《報道》; Verbindung f. -en 《連絡》; Kommunikation f. -en 《同上》; Nachricht f. -en 《ニュース》; Bericht m. -[e]s, -e 《報告》/台風のため島との通信は杜絶した Wegen des Taifuns ist jede Verbindung mit der Insel abgebrochen worden. ── 通信する im berichten⁽¹⁾ 《über⁴》; jm ⁴Nachricht geben⁴ 《über⁴; von³》/ある人と通信している mit jm im Briefwechsel (in ³Verbindung) stehen⁴.‖通信員 Korrespondent m. -en, -en; Berichterstatter m. -s, -/通信衛星 Nachrichtensatellit m. -en, -en/通信教育 [授] Fern|unterricht m. -[e]s, -e [-studium n. -s, ..dien]/通信教育学生 Fernstudent m. -en, -en/通信工学 Nachrichtentechnik f. -en, -en/通信社 Nachrichten|büro n. -s, -s [-dienst m. -[e]s, -e; -agentur f. -en]/通信隊 Nachrichtentruppe f. -en/通信筒 Meldebeutel m. -s, -/通信販売 Versandgeschäft n. -[e]s, -e; Versandhandel m. -s/通信費 Portokosten 《pl》/通信簿 Zeugnis n. -nisses, -nisse/通信網 Nachrichtennetz n. -es, -s/通信欄 Postnetz n. -es, -e.

つうじん 通人 [世慣れた人] ein Mann 《m. -[e]s, ¨er》 von ⁴Welt; Weltmann m. -[e]s, ¨er; [識者] Kenner m. -s, -; [道楽者] Lebemann / 人ぶる den Kenner (Lebemann) spielen.

つうせい 通性 gemeinsame Eigenschaft, -en; gemeinsamer Charakter, -s 《性格》/日本人の通性 die den ³Japanern gemeinsame Eigenschaft; der Nationalcharakter der ³Japaner.

つうせき 痛惜 großes (tiefes) Bedauern, -s/痛惜する (außerordentlich) bedauern⁴/彼の詩が聞き痛惜の念に堪えず Zu meinem aufrichtigen Bedauern erfahre ich jetzt seinen Tod.

つうせつ 通説 allgemeine (geltende) Ansicht, -en/通説に逆う den allgemeinen Ansichten widersprechen⁴/ここではこれが通説です Diese Ansicht ist hierzulande (hier zu Lande) gang und gäbe.

つうせつ 痛切 herzlich 《心からの》; innig 《同上》; tief 《深い》; scharf 《鋭い》; dringend 《切迫した》; notgedrungen 《必要に迫られた》/痛切に必要とする dringend benötigen⁴.

つうそく 通則 allgemeine Regel, -n.

つうぞく 通俗 通俗[的な(に)] populär; volkstümlich/通俗的な表現 eine populäre (volkstümliche) Darstellung, -en /通俗的に言えば volkstümlich gesprochen/通俗を狙う nach ⁴Popularität haschen‖通俗小説 Unterhaltungsroman m. -s, -e.

つうたつ 通達 Bekanntmachung f. -en; Mitteilung f. -en; Erlass m. -e 《命令》/軍政府の通達により auf Erlass der Militärregierung. ── 通達する bekannt machen⁴; mit|teilen³⁴; erlassen⁴.

つうたん 痛嘆 (nagender) Gram, -[e]s; tiefe Trauer, -n; bittere Klage, -n/痛嘆する ⁴sich 〔zu ⁴Tod[e]〕 grämen 《über⁴》; tief trauern 《über⁴; um⁴》; bitter klagen 《über⁴; um⁴》.

つうち 通知 [知らせること] Mitteilung f. -en; Benachrichtigung f. -en; Meldung f. -en 《届出》; Anzeige f. -n 《公告》; [知らせ] Nachricht f. -en; Kunde f. -n; Bescheid m. -[e]s, -e; Bericht m. -[e]s, -e 《報告》/通知を受ける Nachricht (Bescheid) bekommen⁴ 《erhalten⁴》. ── 通知する jm mit|teilen⁴; jn benachrichtigen 《von³》; jm Be-

つうちょう 通牒 eine schriftliche Mitteilung, -en; [外交ni] Note f. -n; 通牒を発する jm schriftlich mit|teilen⁴; jm eine schriftliche Mitteilung machen; jm die Note senden⁽*⁾ ‖ 最後通牒 Ultimatum n. -s, ..ten.

つうちょう 通帳 [銀行預金の] Kontoauszug m. -[e]s, ¨e ‖ 郵便貯金通帳 Postsparbuch n. -[e]s, ¨er.

つうどく 通読する durch|lesen*⁴ / さっと通読する durch|blättern⁴.

ツートンカラー ツートンカラーの zweifarbig.

つうねん 通念 eine allgemein anerkannte (akzeptierte) Idee, -n; eine geltende (allgemein verbreitete) Ansicht, -en.

つうば 痛罵する jn heftig beschimpfen; jn derb (tüchtig) an|fahren* (an|schnauzen); jn grob tadeln.

ツーピース ein zweiteiliges Kleid, -[e]s.

つうふう 通風 Lüftung f. -en; Ventilation f. -en/通風がよい(悪い) gut (schlecht) belüftet sein ‖ 通風管 Luft|rohr (Lüftungs-) n. -[e]s, ¨er/通風器 Ventilator m. -s, -en/通風孔 Luftloch n. ¨er/通風装置 Lüftungseinrichtung f. -/Ventilationsanlage f. -n/通風窓 Lüftungsfenster n. -s, -.

つうふう 痛風 [医] Gicht f. -/痛風にかかる Gicht bekommen* / 痛風に苦しむ an Gicht leiden*.

つうふん heftiger Zorn, -[e]s; rasende Wut; Entrüstung f./痛憤のあまり vor ³Wut.

つうぶん 通分する Brüche [mit verschiedenem Nenner] gleichnamig machen.

つうへい 通弊 allgemeines (gemeinsames) Übel, -s, -.

[つうほう] 通報 ⇒つうち(通知) ‖ 気象通報 Wetterbericht m. -[e]s, -e.

つうぼう 痛棒をくらわす jm einen harten Schlag versetzen; [俗] jm eins auf den Hut geben* ; jm eine verpassen.

つうぼう 通謀する ⁴sich verschwören* ⟨mit jm⟩; ⁴sich in ³Verbindung setzen ⟨mit jm⟩.

つうやく 通訳する das Dolmetschen*, -s; Dolmetscher m. -s, - / ⟨人⟩/通訳を務める den Dolmetscher machen/通訳する dolmetschen; verdolmetschen⁴.

つうゆう 通有の allgemein; gemeinsam ‖ 通有性 Allgemeinheit f. -en; Gemeinsamkeit f. -.

つうよう 通用 Gültigkeit f.⟨有効⟩; Umlauf m. -[e]s⟨流通⟩; täglicher Gebrauch, -e ⟨常用⟩. ── 通用する gelten* ⟨有効⟩; gültig sein ⟨同上⟩; um|laufen* ⟨s⟩⟨流通⟩; in ³Umlauf sein ⟨同上⟩/この切手(紙幣)はもう通用しない Diese Briefmarke (Der Geldschein) gilt nicht mehr. ‖ 通用期間 Gültigkeitsdauer f. -/通用口(門) Neben|eingang (Seiten-) m. -[e]s, ¨e; Lieferanteneingang m. -[e]s, ¨e⟨配達商人用の⟩.

つうよう 痛痒 通痒を感じない Das macht [mir] nichts [aus]. Das ist mir völlig gleichgültig (egal).

つうらん 通覧 Überblick m. -[e]s, -e; Übersicht f. -; das Durchlesen*, -s ⟨本の⟩/通覧する überblicken⁴; übersehen*⁴; durch|lesen*⁴.

つうりき 通力 ⇨じんつうりき.

ツーリスト der Vergnügungsreisende*, -n, -n; Tourist m. -en, -en/ツーリストビューロー Reisebüro n. -s, -s.

つうれい 通例 Regel f. -n; Gewohnheit f. -en ⟨慣例⟩/通例[は] in der ³Regel; gewöhnlich; im Allgemeinen ⟨一般には⟩/通例の regelmäßig; gewöhnlich/それが通例で す Das ist die Regel.

つうれつ 痛烈な heftig; scharf; schneidig; schneidend/痛烈な打撃 ein heftiger (starker) Schlag, -¨e/痛烈な皮肉 beißende Ironie, -n/痛烈に攻撃[批評]する scharf (heftig) an|greifen*⁴ (kritisieren⁴).

つうろ 通路 Weg m. -[e]s, -e; Durchgang m. -[e]s, ¨e; Durchfahrt f. -en⟨車両のための⟩/通路を空けておく den Weg frei|machen; den Durchgang (die Durchfahrt) frei|halten*/通路を切り開く ³sich einen Weg bahnen ⟨durch⟩.

つうろん 通論 Umriss m. -es, -e⟨あらまし⟩; Einführung f. -en⟨入門⟩‖ 世界史通論 Weltgeschichte in Umrissen/哲学通論 Einführung in die Philosophie.

つうわ 通話 Telefongespräch n. -[e]s, -e ‖ 通話用語 Buchstabiertafel f. -n/通話料 Telefon|gebühr (Fernsprech-) f. -en/遠距離通話 Ferngespräch n. -[e]s, -e.

つえ 杖 Stock m. -[e]s, ¨e; Stecken m. -s, - ⟨特に南独で用いられる⟩; Stab m. -[e]s, ¨e/散歩用の杖 Spazierstock m. -[e]s, ¨e/竹(籐)の杖 Bambusstock (Rhorstock)/杖を頼りにmit ³Hilfe eines Stockes/杖にすがる ⁴sich auf einen Stock stützen/杖をついて歩く am Stock gehen* ⟨s⟩/息子は私の老後の杖です Mein Sohn ist die Stütze meines Alters. ‖ 登山杖 Bergstock.

ツェツェばえ ツェツェ蝿 Tsetsefliege f. -n.

つか 塚 Hügel m. -s, -; Grabhügel m. -s, -⟨墓塚⟩‖ 蟻塚 Ameisenhaufen m. -s, -/一里塚 Meilenstein m. -[e]s, -e/巨人塚 ⟨史⟩ Hünengrab m. -[e]s, ¨er.

つか 柄 ⇨え(柄) ‖ 柄頭 Degenknopf m. -[e]s, ¨e.

つが 栂 [植] Helmlocktanne f. -n.

つかい 使い Botschaft f. -en; Auftrag m. -[e]s, ¨e⟨委託⟩; Botengang m. -[e]s, ¨e⟨使いに行くこと⟩; [使者] Bote m. -n, -n; Botin f. .tinnen⟨女⟩; Botengänger m. -s, -; Austräger, Überbringer m. -s, -⟨持参人⟩; Laufbursche (-junge) m. -s, -⟨配達人⟩; Kurier m. -s, -e⟨急使⟩/使いをする einen Botengang verrichten; einen Auftrag erledigen; als ¹Bote geschickt werden / お使いに行く ⟨買物など⟩ Besorgungen (Einkäufe) machen; einkaufen gehen* [s]/使いをもって durch ⁴Boten/使いを送る einen Boten senden* (schicken)/医者の所に使いにやる *jn* zum Arzt schicken ❖ 医者を呼びにやる場合は *jn* nach dem Arzt schickten.

つがい 番 ❶ [一対] Paar *n.* -〔e〕s, -e/一つがいの雉(きじ) ein Paar 《*n.* -〔e〕s, -e》 Fasanen; ein Fasanenpaar. ❷ [つがい目] Fuge *f.* -n/つがいを外す aus den Angeln heben*⁴; aus den Fugen bringen⁴. ‖ 蝶番 Angel *f.* -n.

つかいかた 使い方 Gebrauchsweise *f.* -n; Gebrauch *m.* -〔e〕s, ⸗e; Behandlung *f.* -en 《取扱い》; Anwendung *f.* -en 《適用》; [使用法に関する指示] Gebrauchsanweisung *f.* -en; Benutzungsvorschrift *f.* -en/君はこの機械の使い方を知っているのか Weißt du, wie man diese Maschine bedienen soll?/彼女はお金の使い方が軽率だ Sie geht leichtsinnig mit ihrem Geld um./彼は人の使い方を心得ている Er weiß mit den Leuten umzugehen.

つかいきる 使い切る ⇨つかいはたす.

つかいこなす 使いこなす fertig werden 《*mit*³》; beherrschen⁴ 《ことばなどを》; bewältigen⁴ 《材料などを》; geschickt handhaben*⁴ 《道具類を》/英語とドイツ語を完全に使いこなす Englisch und Deutsch vollkommen beherrschen/この車は君には使いこなせないよ Mit diesem Wagen wirst du gar nicht fertig.

つかいこみ 使い込み Unterschlagung *f.* -en; Veruntreuung *f.* -en; Unterschleif *m.* -〔e〕s, -e/使い込みをする eine Unterschlagung begehen*; ³sich eine Veruntreuung zuschulden (zu Schulden) kommen lassen*.

つかいこむ 使い込む unterschlagen*⁴; veruntreuen⁴.

つかいすぎる 使い過ぎる ❶ [消費過剰] zu viel verbrauchen/金を使い過ぎる zu viel ⁴Geld aus|geben*. ❷ [酷使] übermäßig gebrauchen⁴; überanstrengen⁴/頭を使い過ぎる sein Gehirn (seinen Kopf) überanstrengen/身体を使い過ぎる ⁴sich überarbeiten; ⁴sich überanstrengen/気を使い過ぎるよ Du denkst an zu vieles (zu viele Dinge).

つかいすて 使い捨ての zum Wegwerfen/使い捨ての皿 Wegwerfteller *m.* -s, -.

つかいだて お使いだてして恐縮です Es tut mir Leid, Sie bemühen zu müssen.¦Es tut mir Leid, Sie bemüht zu haben. 《すんだあとで》.

つかいちん 使い賃 Botenlohn *m.* -〔e〕s, ⸗e; Trinkgeld *n.* -〔e〕s, -er 《チップ》.

つかいつくす 使い尽くす ⇨つかいはたす.

つかいて 使い手 Benutzer *m.* -s, - 《利用者》; *Verbraucher m.* -s, - 《消費者》; Arbeitgeber *m.* -s, - 《雇い主》; Meister *m.* -s, - 《達人》/彼は剣にかけてはなかなかの使い手だ Er ist ein großer Könner in der Fechtkunst.

つかいなれる 使い馴れる ⁴sich 〔durch langen Gebrauch〕 gewöhnen 《*an*⁴》/この機械はまだ使い馴れていません Ich bin diese Maschine noch nicht gewohnt.¦Ich bin an diese Maschine noch nicht gewöhnt.

つかいのこす 使い残す 〔unverbraucht〕 übrig lassen*⁴/使い残しの übrig geblieben (gelassen; behalten).

つかいのこり 使い残り 〔Über〕rest *m.* -〔e〕s, -e; Überbleibsel *n.* -s, -/使い残りはもう何もないのか Hast du nichts mehr übrig?

つかいはたす 使い果たす verbrauchen⁴; auf|brauchen⁴; durch|bringen*⁴ 《財産などを》/金を使い果たす sein ganzes Geld aus|geben*/彼は一財産を短い間に使い果たした Er hat ein Vermögen in kurzer Zeit durchgebracht./我々はこの戦いで全精力を使い果たした Wir haben uns in diesem Kampf völlig verbraucht.

つかいふるす 使い古す ab|nutzen⁴; ab|brauchen⁴; verbrauchen⁴; [服などを] ab|tragen*⁴; verschleißen*⁴/使い古された abgenutzt; abgebraucht; verbraucht; abgetragen; verschlissen/使い古しの靴 abgetragene Schule 《*pl*》.

つかいみち 使い道 Gebrauch *m.* -〔e〕s, ⸗e; Beschäftigung *f.* -en 《人の》/使い道が広い vielseitig verwendbar sein/使い道がない unbrauchbar sein; 〔zu〕 nichts nützen/この道具の使い道は何ですか Wozu gebraucht man dieses Gerät?/彼はその金の使い道に苦しんでいた Er wusste nicht, was er mit dem Geld anfangen sollte.

つかいもの 遣い物 Geschenk *n.* -〔e〕s, -e/遣い物をする *jm* ein Geschenk geben* (machen).

つかいもの 使い物 ¶ とても使い物にならない Das ist gar nicht zu gebrauchen.

つかう 使う ❶ [物を] gebrauchen⁴; benutzen⁴; verwenden⁽*⁾⁴; ⁴sich bedienen²/使う前に(使った後で) vor (nach) ³Gebrauch; vor (nach) Benutzung/使われている im Gebrauch sein/使われなくなる außer ³Gebrauch kommen* [s]/このことばが使われだしたのは比較的最近です Der Gebrauch des Wortes ist verhältnismäßig neu./そのことでずいぶん気を使いました Darüber habe ich mir den Kopf zerbrochen. ❷ [人を] gebrauchen⁴; verwenden⁽*⁾⁴; [雇用する] beschäftigen⁴; an|stellen⁴/...に使われている bei *jm* beschäftigt (angestellt) sein; *jm* dienen* 《奉公》/彼は二百人の労働者を使っている Er beschäftigt 200 Arbeiter./彼はなかなか使える人間だ Er ist ein brauchbarer Mensch. ❸ [取り扱う] handhaben*⁴; bedienen⁴; behandeln⁴ 《人を》/道具を使う ein Instrument handhaben*/機械を使う eine Maschine bedienen. ❹ [消費する] verbrauchen⁴; konsumieren⁴; aus|geben*⁴ 《金を》/本にたくさん金を使う für ⁴Bücher viel aus|geben*. ❺ [手品・魔法などを] treiben*⁴/トリックを使う einen Trick an|wenden⁽*⁾.

つがう 番う ⁴sich paaren; ⁴sich begatten/番わせる paaren⁴.

つかえる 使える brauchbar (verwendbar) sein 《*zu*³》; nützlich (tauglich) sein 《*zu*³; *für*⁴》/あの男はなかなか(何にでも)使える Der Mann ist gut (zu allem) zu 〔ge〕brauchen./これは使える Das kann man gut ge-

つかえる 仕える *jm* dienen; [給仕する] auf|warten; *jn* bedienen / 二君に仕える zwei ³Herren dienen.

つかえる [途中で] stecken (hängen) bleiben* [s]; [詰っている] verstopft sein; [停滞する] stocken; [邪魔になっている] im Weg(e) stehen* / 少しもつかえずに ohne jede Stockung; ganz glatt; [胸につかえる] im Magen liegen* / のどにつかえる *jm* im Hals(e) (in der Kehle) stecken bleiben* / 交通がつかえる Der Verkehr stockt. / 彼は演説の途中でつかえてしまった Er blieb (mitten) in seiner Rede stecken. / 私は仕事がつかえています Ich habe viel Arbeit.; Ich bin sehr beschäftigt. / あとがつかえていますよ Man wartet.

つがえる 番える ❶ [組合わせる] paaren⁴. ❷ [弦に矢を] [einen Pfeil auf die Sehne] setzen.

つかさどる 司る verwalten⁴; führen⁴; leiten⁴; betreuen⁴; beaufsichtigen⁴ / 会計を司る die Kasse verwalten; für die Kasse verantwortlich sein / 職を司る ein Amt verwalten (aus|üben); eines Amtes walten.

つかつか つかつかと [まっすぐに] geradewegs; direkt; [ためらわずに] ohne zu zögern; ohne ⁴Umstände.

つかぬこと 付かぬことを伺いますが Entschuldigen Sie meine unvermittelte Frage, aber ....: Übrigens, ich möchte Sie etwas fragen.

つかねる 束ねる ⇨たばねる(束ねる)／手を束ねて mit gekreuzten Armen／手を束ねて見ている untätig zu|sehen* / これ以上手を束ねて見ているわけにはいかない Ich kann es nicht mehr mitansehen.

つかのま 束の間に sehr schnell (rasch); im Nu / 束の間の augenblicklich; flüchtig; nur kurz; von kurzer Dauer / 束の間の成功 Eintagserfolg *m.* -[e]s, -e / 私はそれを束の間も忘れたことがありません Ich habe es nicht für einen Augenblick (für einen Moment) vergessen.

つかまえどころ つかまえ所 ⇨とらえどころ.

つかまえる 掴まえる ❶ ⇨とらえる(捕らえる). ❷ [手で持つ] ergreifen*⁴; fassen⁴; fest|halten*⁴ / 僕をしっかり掴まえていてくれ Halte mich fest!

つかませる ¶ 金をつかませる *jm* Geld in die Hand drücken; *jm* die Hände schmieren (versilbern); *jn* be|stechen* / にせものをつかませる *jn* an|schmieren*⁴ / *jm* an|schmieren⁴ (an|drehen; auf|schwindeln⁴); *jm* auf|schwatzen⁴ [弁舌によって].

つかまる ❶ [捕らえられる] gefangen (festgehalten; gefasst) werden; [逮捕される] werden / 犯人はその場でつかまった Der Täter wurde auf der Stelle festgenommen. ❷ [すがる] ⁴sich fest|halten* ⟨*an*³⟩ / 僕にしっかりつかまるんだ Halte dich an mir fest!

つかみ Griff *m.* -[e]s, -e / 一つかみで mit einem [einzigen] Griff / 一つかみの米 eine Hand voll Reis / 一つかみにする mit einem Griff packen⁴.

つかみあい つかみ合い Rauferei *f.* -en; Balgerei *f.* -en; Prügelei *f.* -en; Handgemenge *n.* -s, - / つかみ合いをする mit *jm* raufen (balgen); [けんかの当事者双方を主語として] ⁴sich prügeln; handgemein werden / つかみ合いを始める.

つかみかかる ⁴sich auf *jn* stürzen (werfen*) / ⁴sich über *jn* her|machen; über *jn* her|fallen* [s].

つかみころす つかみ殺す mit der ³Hand er|drücken (tot|drücken⁴).

つかみだす つかみ出す [品物を] heraus|nehmen*⁴; [人を戸の外へ] hinaus|werfen*⁴; vor die Tür setzen⁴.

つかみとる つかみ取る *jm* (mit Gewalt) weg|nehmen*⁴ [奪い取る]; erfassen⁴ [意味・要点を].

つかむ (er)greifen*⁴; fassen⁴; packen⁴; fest|halten*⁴; fangen*⁴ [投げたボールなどを]; [意味を] erfassen⁴ / しっぽをつかむ [比] *jn* [auf einer ⁴Lüge] ertappen / 手(腕)をつかむ *jn* bei der Hand (am Arm) ergreifen*⁴ (fassen⁴) / 要点をつかむ die Hauptpunkte (die wichtigsten Punkte; das Problem) erfassen⁴ / 藁をもつかむ Der Ertrinkende klammert sich an einen Strohhalm.

つかる 漬かる ❶ [ひたる] stehen* (liegen*) ⟨*in*³⟩; stehen* (liegen*) ⟨*unter*³⟩ 姿を没して]; stecken ⟨*in*³⟩ / 湯につかる [in ⁴warmes] Bad nehmen* [入浴する]; ins warme Wasser steigen* [s] [湯の中に入る] / 高潮のために床まで水につかった Infolge des Hochwassers geriet der Fußboden unter Wasser. ❷ [漬物が] durch essertig sein.

つかれ 疲れ Müdigkeit *f.* -en; Ermüdung *f.* -en; Ermattung *f.* -en; Abspannung *f.* -en; Erschöpfung *f.* -en / 疲れが出る ⁴sich müde fühlen; erschöpft sein / 疲れが取れる ⁴sich erholen; ⁴sich erholen / 疲れを休める ⁴sich aus|ruhen / 彼女は旅の疲れからすっかり回復した Sie hat sich von den Anstrengungen der Reise vollkommen erholt. / それはきっと仕事の疲れが出たんですよ Das kommt sicher von der anstrengenden Arbeit. / 彼は疲れを知らない男だ Er wird nie müde.

つかれはてる 疲れ果てる ganz erschöpft sein; übermüdet [todmüde; erschossen] sein; ⁴sich völlig verbrauchen / 帰宅したとき彼はつかれ果てていた Als er nach Hause kam, war er zum Umsinken müde.

つかれる 疲れる müde (matt) werden; er|müden [s]; ermatten [s] / 僕はすっかり疲れてしまった Ich bin so müde. / Ich bin ganz erschöpft. / この仕事は疲れる Diese Arbeit ist anstrengend. / Es ist eine ermüdende Arbeit. / 彼は疲れやすい Er wird leicht müde. / Er ermüdet schnell. ── 疲れさせる *jn* müde machen; *jn* ermüden / 疲れている müde (matt; ermüdet; ermattet; erschöpft; abgespannt) sein.

つかれる 憑かれる besessen sein / [悪魔に]憑かれたように wie besessen [vom ³Teufel].

つかわす 遣わす ❶ ⇨**はけん**(派遣). ❷ ⇨**あたえる**(与える).

つき 月 ❶ [天体の] Mond *m.* -[e]s, -e / 月のあかりで bei ³Mondlicht (Mondschein) / 月の出 Mondaufgang *m.* -[e]s / 月の入り Monduntergang *m.* -[e]s / 月の光 Mond¦licht *n.* -[e]s (-schein *m.* -[e]s) / 月の暈(かさ) Hof *m.* -[e]s, ¨e / 月が出た(沈んだ) Der Mond ist aufgegangen (untergegangen). / 月が雲間を渡る Der Mond zieht durch die Wolken. / 月が皓々(こうこう)と輝いている Der Mond scheint hell und klar. / 月に暈がかかっている Der Mond hat einen Hof. / それは月とすっぽんだ Das ist ein himmelweiter Unterschied. ❷ [暦の] Monat *m.* -[e]s, -e / 月に一度 monatlich (jeden Monat) einmal; einmal pro ⁴Monat / 月のもの das Monatliche*, -n ⇨**げっけい**. ‖ 月着陸船 Mondfähre *f.* -n / 月ロケット Mondrakete *f.* -n.

つき 突き Stoß *m.* -es, ¨e; Stich *m.* -[e]s, -e 《刺突》; Ausfall *m.* -[e]s, ¨e 《フェンシングの》.

つき 付き ¶ (このおしろいは)付きがよい(悪い) Diese Schminke haftet gut (schlecht). / 君のライターは付きがよい Dein Feuerzeug funktioniert (tut es) gut.

つき ⇨**うん**(運).

〜つき 〜付き ¶ 五分利付きの mit fünfprozentigem Zinssatz; mit fünf Prozent Zinsen / 家具付きの部屋 ein möbliertes Zimmer, -s, - / 大使館付き武官 Militärattaché *m.* -s, -s / 浴室付きの部屋 Zimmer 《*n.* -s, -》 mit Bad ‖ 賄い付き mit Verpflegung; mit voller Pension.

〜つき ❶ [ごとに] auf⁴; für⁴; pro⁴; per⁴; je / 一人につき für jede Person; pro ⁴Person (Kopf); auf den Kopf / 一個につき das (je) Stück; pro (per) ⁴Stück / 小麦粉一ポンドにつき卵三個の割合で drei Eier auf (pro) ein Pfund Mehl. ❷ [ゆえに] wegen²⁽³⁾; halber²; infolge² / 病気につき krankheitshalber.

つぎ 次の nächst; folgend 《続く》; kommend 《来るべき》 / 一つ置いて次の zweitnächst; übernächst / 次に im Folgenden; dann 《それから》; ferner 《更に》; zweitens 《二番目に》 / …の次に nächst³; nach³; neben³ 《…と並んで》 / 次の如く folgendermaßen; wie folgt / この次のときは das nächste ⁴Mal / 次の機会に bei der nächsten Gelegenheit / この次の日曜日に am nächsten (kommenden) Sonntag / その次の日に am nächsten (folgenden) Tag / 次の時代 die kommende Zeit / 次の間 das nächste Zimmer, -s, -; Nebenzimmer *n.* -s, -; [控えの間] Vorzimmer *n.* -s, - / 彼は次のように言った Er sagte folgendes. ¦ Er sprach die folgenden Worte. / 次は僕の番だ Jetzt bin ich daran. / 色々な考えが次から次へと私の念頭に浮かんできた Verschiedene Gedanken kamen mir, einer nach dem anderen.

つぎ 継ぎ Flicken *m.* -s, -; Fleck *m.* -[e]s, -e / 継ぎを当てる flicken⁴; einen Flicken (Fleck) setzen 《*auf*⁴》; [穴に] stopfen⁴ / 継ぎだらけの voller ²Flecken / 靴下に継ぎをする Socken (Strümpfe) stopfen.

-づき -付の zugeteilt³ / …付になる zugeteilt³ werden / 大(公)使館付武官 Militärattaché *m.* -s, -s.

つきあい 付合い ⇨**こうさい**(交際) / お付合いで aus gesellschaftlichen Rücksichten; *jm* zuliebe; um *jm* einen Gefallen zu tun / 付合いのよい人 ein geselliger (umgänglicher) Mensch, -en, -en / 付合いのわるい人 ein unzugänglicher Mensch; eine verschlossene Natur, -en / 彼は付合いが広い Er hat einen großen Bekanntenkreis.

つきあう 付き合う ⇨**こうさい**(交際) / 誰とも付き合わない mit niemandem verkehren; gar keinen Umgang haben / 晩飯を付き合わないか Willst du nicht mit mir zusammen zu Abend essen?

つきあう 突き合う ⁴sich gegenseitig stoßen*.

つきあかり 月明り Mond¦licht *n.* -es (-schein *m.* -[e]s) / 月明りの夜 eine mondhelle Nacht, ¨e.

つきあげ 突き上げ Stoß 《*m.* -es, ¨e》 nach oben / 下からの突き上げ der Stoß von unten; das Drängen* 《-s》 von unten 《督促》.

つきあげる 突き上げる nach oben (in die Höhe) stoßen*.

つきあたり 突き当たり wo man nicht mehr weiterkommt; Ende *n.* -s, -n / 廊下の突き当たり das Ende des Korridors (Gangs) / あそこの十字路を右に曲って突き当たりのところにたばこ屋があります Wenn Sie dort an der Kreuzung rechts einbiegen, so finden Sie am Ende der Straße das Zigarettengeschäft.

つきあたる 突き当たる ⇨**しょうとつ**(衝突) / この道を突き当たって右に入る am Ende dieser Straße nach links ein|biegen* [s].

つきあてる 突き当てる stoßen*⁴ 《*auf*⁴; *gegen*⁴》; mit ³*et* stoßen* [s] 《*auf*⁴; *gegen*⁴》.

つきあわせる 突き合わせる ❶ [対決させる] gegenüber|stellen⁴ 《*mit*³》; gegeneinander stellen⁴; konfrontieren⁴ 《*mit*³》. ❷ [照合する] vergleichen*⁴ 《*mit*³》; gegeneinander stellen⁴.

つぎあわせる 継(接)ぎ合わせる zusammen|flicken⁴ 《繕う》; zusammen|fügen 《組み合わせる》; zusammen|stoppeln 《寄せ集める》; [接着剤で] ⇨**つぐ**(接ぐ).

つきおくれ 月遅れの vom vorigen (letzten) Monat.

つきおとす 突き落とす hinab|stoßen*⁴ (hinunter|-) / 不幸の中に突き落とす *jn* ins Elend stürzen.

つきかえす 突き返す ⇨**つきもどす**.

つきかげ 月影 Mond¦licht *n.* -[e]s (-schein *m.* -[e]s).

つきがけ 月掛 eine monatliche Zahlung, -en.

つぎき 接ぎ木 das Pfropfen*, -s; Pfropfung *f.* -en / 接ぎ木をする pfropfen⁴ 《*auf*⁴》 / バラの接ぎ木をする Rosensträucher pfropfen.

つききず 突き傷 Stichwunde *f.* -n.

つきぎめ 月極めの monatlich; Monats- / 月極めで monatsweise.

つききり 付き切り ¶ 彼女は付き切りで病人の世話をした Sie pflegte den Kranken, ohne

つきくだく 搗き砕く zerstoßen*⁴; zerstampfen⁴; zermahlen⁴.

つぎこむ 注ぎ込む ein|gießen*⁴ ⟨in⁴⟩; ein|flößen ⟨in⁴⟩; [金を] an|legen; stecken ⟨in⁴⟩ / 彼にこの事業にたくさんの金を注ぎ込んだ Er hat viel Geld in dieses Unternehmen gesteckt.

つきころす 突き殺す erstechen*⁴; zu ³To[d]e stechen*⁴; tot|schlagen*⁴.

つきころばす 突き転ばす ⇨つきたおす

つきさす 突き刺す [刺し貫く] durchstechen*⁴ ⟨mit³⟩; durchbohren⁴ ⟨mit³⟩; durchstoßen*⁴ ⟨mit³⟩; [突き入れる] [hinein]|stoßen*⁴ ⟨in⁴⟩; jm stoßen*⁴ ⟨in⁴⟩ / 銃剣で突き刺す jn mit dem Bajonett durchstoßen*⁴ / 彼は敵の胸にナイフを突き刺した Er stieß seinem Gegner das Messer in die Brust.

つぎだい 次代 ⇨じだい⁶⁾まつ.

つきせぬ 尽きせぬ unerschöpflich / 尽きせぬ泉 unversiegbare Quelle, -n.

つきそい 付添い [同伴者] Begleiter m. -s, -; Begleiterin f. ..rinnen; [病人の] Pfleger m. -s, -; Pflegerin f. ..rinnen.

つきそう 付き添う [同伴する] jn begleiten; [護衛する] jn geleiten; jm Geleit geben*; [病人に] jn pflegen (warten).

つきたおす 突き倒す nieder|stoßen*⁴ (um|-).

つきだす 首を前に突き出す den Kopf vor|strecken / 窓から身体を突き出す ⁴sich aus dem Fenster hinaus|lehnen / 戸外へ突き出す jn hinaus|stoßen*; jn vor die Tür setzen / 警察に突き出す jn der ³Polizei aus|liefern (übergeben*).

つぎたす 注ぎ足す nach|gießen*⁴ ⟨zu|-⟩ ⟨in⁴⟩.

つぎたす 継ぎ足す hinzu|fügen⁴ ⟨-|tun*⁴⟩†

つきたてる 突き立てる

つきたらず 月足らず Frühgeburt f. -en / 月足らずの子 ein frühgeborenes (vorzeitig geborenes) Kind, -[e]s, -er / 月足らずで生まれる vor der Zeit geboren werden.

つきづき 月々に monatlich; jeden Monat; pro (je) Monat / 月々の monatlich.

つぎつぎ 次々に einer* nach dem anderen*; nacheinander; hintereinander; ununterbrochen [絶え間なく].

つきつける 突き付ける jm vor|halten*⁴ / 短刀を胸(鼻先)に突きつける jm einen Dolch vor die Brust (vor die Nase) halten*⁴ / ピストルを突きつける mit vorgehaltener Pistole.

つきつめる 突き詰める auf den Grund gehen*³ §; gründlich nach|forschen³ §; genau untersuchen⁴ / 突き詰めて考える genau überlegen; ernstlich nach|denken* ⟨über⁴⟩ ⇨おもいつめる.

つきでる 突き出る vor|stehen*; hervor|stehen*; vor|springen* §; hervor|springen* § / 突き出た頰骨 vorstehende (vorspringende) Backenknochen (pl).

つきとおす 突き通す [...で] durchstoßen*⁴ ⟨mit³⟩; [...を] hinein|stoßen*⁴ ⟨in⁴⟩.

つきとばす 突き飛ばす weg|stoßen*⁴.

つきとめる 突き止める [確かめる] ermitteln⁴; fest|stellen⁴; [見つけ出す] ausfindig machen⁴; heraus|bekommen*⁴ / 原因を突き止めるdie Ursache ermitteln (heraus|finden*).

つきなみ 月並 ❶ [月例の] monatlich; Monats- ❷ ⇨ちんぷ.

つきぬく 突き抜く durch|stoßen*⁴ ⇨つらぬく / 底を突き抜く den Boden ein|schlagen*.

つきのける 突きのける beiseite stoßen*⁴; weg|stoßen*⁴.

つきのわ 月の輪 ❶ [月の暈(かさ)] Hof m. -[e]s, ⸚e. ❷ [熊の] ein weißer Streifen, -s, -; eine weiße Krause, -n. ‖ 月の輪熊 Kragenbär m. -en, -en.

つぎはぎ 継ぎはぎする zusammen|flicken⁴; zusammen|stoppeln⁴ / 継ぎはぎ細工 Flickarbeit f. -en; Stoppelwerk n. -[e]s, -e.

つきはじめ 月初め Anfang m. -[e]s, ⸚e des Monats / 月初めに am Anfang des Monats; am Monatsersten (朔日(ついたち)に).

つきはなす 突き放す ab|stoßen*⁴; von ³sich stoßen*⁴; [見放す] verlassen*⁴; von Stich lassen*⁴ / 突き放すような態度をとる ⁴sich abweisend verhalten* (zeigen) ⟨gegen⁴⟩; ⁴sich distanzieren ⟨von jm⟩.

つきばらい 月払い ⇨げっぷ(月賦).

つきばん 月番 ¶ 私は五月が月番です Mein Dienstmonat ist Mai.

つきひ 月日 Tage und Monate ⟨pl⟩; Jahre ⟨pl⟩; Zeit f. -en; Datum n. -s, ..ten ⟨日付⟩ / 月日のたつにつれて md der Zeit / 月日のたつのは早いものだ Die Zeit vergeht doch rasch!

つぎほ 接ぎ穂 [園] Pfröpfling m. -s, -e; Pfropfreis n. -es, -er / 話の接ぎ穂を失う den Faden des Gespräch[e]s (der Rede) verlieren*.

つきまぜる 搗きまぜる vermischen⁴.

つきまとう 付き纏う jm nach|laufen* §; jm hinterher|laufen* §; jm folgen §; jn verfolgen; jm nicht von der Seite (nicht von js ³Seite) weichen* (³傍を離れない) / 影の如くに付きまとう jm wie ein Schatten folgen § / この考えが彼に付きまとって離れなかった Dieser Gedanke verfolgte ihn und ließ ihm keine Ruhe.

つきみ 月見をする den Mond betrachten / 月見の宴をはる ein Mondbetrachtungsfest feiern (halten*; begehen*).

つきみそう 月見草 [植] Nachtkerze f. -n.

つぎめ 接ぎ目 Fuge f. -n; Naht f. ⸚e (特に縫い目); Stoß m. -es, ⸚e (特にレールの) / 接ぎ目なしの nahtlos.

つきもどす 突き戻す zurück|stoßen*⁴; [拒否・却下する] zurück|weisen*³⁴; ab|lehnen³⁴; [返送する] zurück|senden(*)³⁴ ⟨-|-schicken³⁴⟩.

つきもの 付きものである gehören⁽³⁾ ⟨zu³⟩ / クリスマスには樅の木が付きものである Zum Weihnachtsfest gehört ein Tannenbaum. Man kann sich kein Weihnachtsfest ohne Tannenbaum vorstellen.

つきもの 憑き物がする von einem bösen Geist besessen sein / まるで憑き物がついたよう

に wie ein Besessener*.
つきやとい 月雇い ¶ これは月雇いです Das ist eine Anstellung, bei der man den Vertrag monatlich erneuern muss.
つきやぶる 突き破る durchbrechen*⁴; durch|stoßen*⁴ / 塀(封鎖)を突き破る die Mauer (Blockade) durchbrechen*.
つきやま 築山 eine künstliche Erhebung, -en; ein künstlicher Hügel, -s, -.
つきゆび 突き指をする ³sich einen Finger verstauchen《捻挫》; ³sich einen Finger verrenken《脱臼》.
つきよ 月夜 Mondnacht *f.* ⸗e.
つきる 尽きる [汲み尽くされる] erschöpft werden; [消費尽くされる] aufgebraucht (aufgezehrt; verbraucht) werden; [なくなる] aus|gehen* [s]; [終わりになる] zu ³Ende gehen* [s]; [すっかりになる]〖俗〗alle werden / 貯(たくわ)えが尽きる Die Ersparnisse (Vorräte) gehen aus. / おれはもう精魂尽きたよ Ich bin ganz (völlig) erschöpft.⁝Ich kann nicht mehr. ── 尽きない unerschöpflich; endlos《はてしない》.
つきわり 月割 ⇨げっぷ(月賦).
つく 就く, 即く, 着く ❶ [席に] Platz nehmen*; ⁴sich setzen / 食卓につく ⁴sich zu ³Tisch setzen / スタートラインにつく an den Start gehen* [s]. ❷ [職に] eine Stelle (eine Stellung; ein Amt) an|treten*; [就職] eine Stelle (Stellung) erhalten* (bekommen*). ❸ [王位に] den Thron besteigen*. ❹ [到着する] an|kommen* [s]《*in*³》; ein|treffen* [s]《*in*³》; [到達する] erreichen⁴; gelangen [s]《*an*⁴》/ 目的地につく das Reiseziel erreichen; an den Bestimmungsort gelangen / 家につく zu ³Hause an|kommen*; nach ³Hause gelangen. ❺ [家(旅)路に] ⁴sich auf den Heimweg (die Reise) machen. ❻ [師に] bei *jm* lernen (Unterricht nehmen*) / 私は彼についてピアノを勉強している Ich nehme bei ihm Klavierstunden.
つく 付く ❶ [付着する] haften《*an*³》; an|haften³; [粘着する] kleben《*an*³》/ 血のついたハンカチ ein blutbeflecktes (blutiges) Taschentuch, -[e]s, ⸗er / あなたのネクタイにしみがついていますよ Sie haben einen Fleck auf der Krawatte. / この膠(にかわ)はとてもよくつきます Der Leim klebt sehr gut. ❷ [付属する] バスのついた部屋 ein Zimmer《*n.* -s, -》mit ³Bad / 柄(ふた)がついている einen Henkel (Deckel) haben / この列車には食堂車がついている Dieser Zug führt (hat) einen Speisewagen. ❸ [生じる] an|setzen; ⁴sich bilden; [増す] zu|nehmen*《*an*³》; gewinnen*《*an*³》/ 実(つぼみ)がつく Früchte (Knospen) an|setzen / 根がつく Wurzel fassen / 肉(体重)がつく 〔an Gewicht〕 zu|nehmen* / さび(脂肪)がつく Rost (Speck) an|setzen. ❹ [接触する] berühren⁴; in ⁴Berührung kommen* [s]《*mit*³》. ❺ [従う・くみする] *jm* folgen [s]; *js* Partei nehmen* (ergreifen*); auf *js* ⁴Seite treten* [s] / 敵方につく zum Feind (ins feindliche Lager) über|gehen* [s]; 〔zum Gegner〕 über|laufen* [s]. ❻ [付き添う] bei *jm* bleiben* [s]; [同伴する] mit *jm* gehen* [s]; *jn* begleiten; [看護する] *jn* pflegen. ❼ [火・灯が] Feuer fangen*〔物が主語〕/ どうやら足もとに火がついたようだ Es wird allmählich brenzlig. / このライターはよくつかない Das Feuerzeug brennt (funktioniert) nicht gut. / その瞬間にあかりがついた In dem Augenblick ging das Licht an. ❽ [ある値段に] kosten; betragen* / 高く(安く)つく viel (nur wenig) ⁴Geld kosten / 総計二千円につく Die Gesamtsumme beträgt 2 000 Yen. ¶ 足がつく Die Polizei kommt *jm* auf die Spur. / 話がつく mit *jm* einig werden《*über*⁴》/ 人目につく auf|fallen* [s] / この件はもう片がついた Die Sache ist schon erledigt. / いつのまにか早起きの習慣がついてしまった Ohne es zu merken, ist es mir zur Gewohnheit geworden, früh aufzustehen.
つく 搗く stampfen⁴; zerstoßen*⁴ / 米を臼で搗く ⁴Reis im Mörser stampfen (zerstoßen*).
つく 突く, 衝く stoßen*⁴; einen Stoß geben*³ / 針で突く mit einer Nadel stechen*⁴ / 肘(つの)で突く mit dem Ellbogen (mit den Hörnern) stoßen*⁽⁴⁾《*nach*³》/ 球を突く《ビリヤード》⇨つく(撞く) / 敵を背後より衝く den Feind im Rücken (von hinten) an|greifen* / 夜と霧を衝いて馬を走らせる bei Nacht und Nebel (durch Nacht und Nebel) reiten* [s].
つく 撞く an|schlagen*⁴ (läuten⁴)《eine ⁴Glocke》/ 球を撞く die Kugel stoßen*.
つく 吐く [息を] Atem holen (schöpfen) / ほっと息をつく auf|atmen / 溜息をつく einen Seufzer aus|stoßen*; seufzen; [嘘を] lügen* / 嘘をつけ Du lügst!⁝Das ist nicht wahr!
つく 憑く ⇨とりつく② / …に憑かれている besessen (behext) sein《*von*³》/ 物に憑かれたように wie besessen (wie ein Besessener*).
つく ¶ 彼はついている Das Glück ist ihm günstig 〔geworden〕. / 今日は全くついていない Heute hat das Glück mir den Rücken gekehrt.
つぐ 接ぐ [組み合わせる] aneinander fügen⁴ (zusammen|fügen); [接合する] zusammen|fügen⁴; [接着剤で] aneinander leimen⁴《膠(にかわ)で》; zusammen|kitten⁴《セメントで》/ 骨を接ぐ ⇨ほねつぎ / 木を接ぐ ⇨つぎき.
つぐ 注ぐ gießen*⁴《*in*⁴; *auf*⁴》; [注ぎ入れる] ein|gießen*⁴《*in*⁴》; ein|schenken⁴《酌をする》/ 酒を注ぐ *jm* Wein ein|schenken / お茶をお注ぎいたしましょうか Soll ich Ihnen Tee einschenken?
つぐ 次ぐ [続く] folgen⁽³⁾《*auf*⁴》; kommen* [s]《*nach*³》; [位する] stehen*《*neben*³》; rangieren《*hinter*³》/ 次いで dann; darauf; danach; zweitens《第二に》/ 母に次いで姉が私の最も親しい人間だ Nach meiner Mutter ist mir meine Schwester die nächste. / …に次いで nach³; nächst³; hinter³; neben³ / 相次いで ⇨つぎつぎ.
つぐ 継ぐ ❶ [継承する] erben⁴; übernehmen*⁴; folgen³《続く》/ 王位(財産)を継ぐ den Thron (ein Vermögen) erben. ❷ [継ぎをする] ⇨つぎ(継ぎ).

つくえ 机 Tisch m. -[e]s, -e/机に向かって本を読む am Tisch sitzen* und lesen* ‖ 書物机 Schreibtisch m. -[e]s, -e.

つくし〔植〕Ackerschachtelhalm m. -[e]s, -e; Pferdeschwanz m. -es, -e.

つくす 尽くす erschöpfen⁴〔汲み尽くす〕; auf|brauchen⁴〔使い果たす〕; verbrauchen⁴〔消費する〕/筆舌に尽くしがたい unbeschreiblich (unsagbar) sein/義務を尽くす seine Pflicht tun* (erfüllen); das Seinige tun*/食べ尽くす auf|essen*⁴; verzehren⁴/手を尽くす alles (alle Mittel und Wege) versuchen; nichts unversucht lassen*/全力を尽くす sein Bestes tun*/彼は私のためにいろいろと尽くしてくれた Er hat mir viel Gutes erwiesen. Er hat für mich vieles getan.

つくづく つくづくいやになる völlig (ganz und gar) angewidert sein (von³)/つくづく考えてみる die Nase voll haben (von³)/つくづく考えてみる stark nach|denken* (über²)/つくづく眺める genau überlegen⁴/つくづく眺める genau (aufmerksam) betrachten⁴; in js ⁴Anblick versunken sein/彼の利己主義につくづく愛想がつきた Ich habe seine Selbstsucht endlich satt./病気のときにはつくづく健康とはよいものだと思います Wenn man krank ist, dann wird es einem ganz deutlich, dass die Gesundheit doch etwas Schönes ist.

つぐない 償い Entschädigung f. -en; Vergütung f. -en; Wiedergutmachung f. -en; Ersatz m. -es; Ausgleich m. -[e]s, -e/罪の償い Buße f. -n; Sühne f. -n/罪の償いをする die Schuld büßen (sühnen) ‖ 償い金 Geldentschädigung f. -en.

つぐなう 償う entschädigen⁴; vergüten⁴; wieder gut|machen⁴ 〔Ich mache es wieder gut, wieder gutgemacht〕; ersetzen⁴; aus|gleichen*; decken⁴;〔罪を〕büßen⁴; sühnen⁴/損失を償う einen Verlust ersetzen (wieder gut|machen)/収支が相償わない Die Ausgaben stehen in keinem Verhältnis zu den Einnahmen.

つくねる 捏ねる ⇨こねる.

つくねんと müßig; untätig.

つぐみ 鶫〔鳥〕Drossel f. -n.

つぐむ 噤む den Mund (das Maul) halten*; schweigen* /...に関して口を噤む schweigen* (über³); verschweigen⁴; reinen Mund halten* (in³).

つくり 作り, 造り Machart f. -en; Ausführung f. -en;〔構造〕Bau m. -[e]s;〔様式〕Stil m. -[e]s, -e;〔細工〕Arbeit f. -en;〔装い〕Aufmachung f. -en; Kostümierung f. -en〈衣装〉/髪の作り Frisur f. -en/にわか作りのバラック eine behelfsmäßige (in aller Eile gebaute) Baracke, -n/彼女は若作りすぎる Sie macht sich zu jung für ihr Alter auf. ‖ れんが造り Ziegelbau (Backstein-) m.

つくりあげる 作り上げる ❶〔完成〕fertig bringen*⁴ (machen*; stellen⁴); vollenden⁴. ❷〔捏(ネ)造する〕erfinden*⁴/この話は一から十まで彼が作り上げたものだ Diese Geschichte hat er von A bis Z erfunden.

つくりかえ 作り替え Umarbeitung f. -en; Umbildung f. -en; Umgestaltung f. -en; Umbau m. -[e]s, -ten (-e)〔建物・機械などの〕.

つくりかえる 作り替える um|arbeiten⁴; um|bilden⁴; um|gestalten⁴; um|bauen⁴〔建物・機械などを〕.

つくりかた 作り方 Machart f. -en; Herstellungsweise f.〔製造法〕/母は私に目玉焼の作り方を教えてくれた Die Mutter brachte mir bei, wie man Spiegeleier macht.

つくりごえ 作り声 eine verstellte Stimme, -n/作り声をする eine Stimme verstellen.

つくりごと 作り事 Erfindung f. -en; Erdichtung f. -en/作り事を言う eine Geschichte erfinden⁴ ⇨つくりばなし.

つくりだか 作り高 Produktionssumme f. -n〔生産高〕; Ernteertrag m. -[e]s, ⸗e〔収穫高〕.

つくりなおす 作り直す ⇨つくる.

つくりつけ 作りつけにする ein|bauen⁴ (in⁴);〔固定る〕befestigen⁴ (an³)/作りつけの戸棚 ein eingebauter Schrank, ⸗e.

つくりばなし 作り話 eine erfundene Geschichte, -n; Erfindung f. -en; Erdichtung f. -en; Fiktion f. -en/それは全くの作り話だ Das ist eine reine Erfindung. Das ist glatt erfunden.

つくりわらい 作り笑い gezwungenes Lachen (Lächeln), -s/作り笑いをする gezwungen lachen⁴/彼女は愉快さを装って作り笑いをした Sie lachte gewollt lustig.

つくる 作る machen⁴; erzeugen⁴; hervor|bringen*⁴; produzieren⁴;〔製造・作成〕her|stellen⁴; verfertigen⁴; an|fertigen⁴;〔創造〕schaffen⁴;〔形成〕bilden⁴; formen⁴; gestalten⁴/道路を作る eine Straße an|legen (bauen)/映画を作る einen Film drehen/雰囲気を作る eine Atmosphäre schaffen⁴*/花を作る Blumen an|bauen (züchten)/ひまを作る *sich die Zeit freimachen/会社を作る eine Firma (Gesellschaft) gründen/身体を作る seinen Körper kräftigen (stählen); ab|härten/家庭を作る eine Familie gründen; *sich verheiraten〔結婚する〕/庭を作る einen Garten an|legen/料理を作る kochen; eine Speise (ein Gericht) zu|bereiten/性格を作る den Charakter bilden/借金を作る Schulden machen; in ⁴Schulden geraten* 5/野菜(キャベツ)を作る Gemüse (Kohl) an|bauen/洋服を作る ein Kleid (einen Anzug) machen〔仕立てる〕/君はこの服をどこで作ったのか Wo hast du dir diesen Anzug machen lassen?/あいつはなりを作っているだけだよ Er tut nur so.

つくろい 繕い〔つぎはぎ〕das Flicken⁴, -s;〔修繕〕Ausbesserung f. -en; Reparatur f. -en;〔復旧〕Wiederherstellung f. -en/母は繕いものをしています Die Mutter ist gerade beim Flicken.

つくろう 繕う〔つぎはぎをする〕flicken⁴;〔修繕する〕aus|bessern⁴; reparieren⁴;〔復旧〕wieder|her|stellen⁴/靴下を繕う Strümpfe aus|bessern (flicken; stopfen)/体面を繕う

つけ Rechnung f. -en/付けで買う auf Kredit kaufen⁴; anschreiben lassen*⁴/付けを払う die Rechnung bezahlen (begleichen*)/どうか付けでお願いします Bitte schreiben Sie es an!

つげ 黄楊《植》Buchs m. -es, -e; Buchsbaum m. -[e]s, ⸚e/黄楊の buchsbaumen.

つげ 告げ ⇨おつげ.

-づけ -付の datiert vom .../九月十八日付のお手紙 Ihr Brief vom 18. September.

つけあがる 付け上がる aufdringlich (zudringlich; frech; unbescheiden; unverschämt) werden/彼は大目に見てやれば付け上がるだけだ Unsere Nachsicht nutzt er nur aus.

つけあわせ 付け合わせ Beilage f. -n; Zukost f.; Zugemüse n. -s《野菜の》.

つけいる 付け入る ⇨つけこむ.

つけおとす 付け落とす vergessen*⁴, *et einzutragen/彼はその項目をうっかり付け落としたEr hat den Posten versehentlich ausgelassen.

つけかえる 付け換える wechseln⁴; erneuern⁴《新しくする》.

つけぐすり 付け薬 Arzneimittel (n. -s, -) zum äußerlichen Gebrauch.

つけぐち 告げ口をする jm erzählen⁴; jm verraten*⁴; jm zultragen*⁴; 《密告する》jn anlzeigen (anlgeben)⁴; denunzieren (bei jm).

つけくわえる 付け加える hinzulfügen⁴ (-lsetzen⁴); beilfügen⁴; addieren⁴.

つけこむ 付け込む Vorteil ziehen*《aus³; von³》; ³sich ausnutzen (zu Nutze) machen⁴; auslnutzen⁴; missbrauchen⁴/弱味につけ込む js Schwäche auslnutzen; aus js ³Schwäche Vorteil ziehen*.

つけたし 付け足し Hinzufügung f. -en; Beifügung f. -en; Nachtrag m. -[e]s, ⸚e.

つけたす 付け足す hinzulfügen³⁴ (-lsetzen³⁴, -tun*³⁴); beilfügen³⁴/あとからつけたす nachträglich hinzulfügen³⁴.

つけたり 付け足り ⇨ふろく/これはほんのつけたりの点にすぎません Das ist nur ein nebensächlicher Punkt. Dies nur nebenbei.

つけどころ 目の付けどころ Augenmerk n. -[e]s, -e; Gesichts⊦punkt (Stand-) m. -[e]s, ⸚e《観点》/彼はさすが専門家だけあってやはり目のつけどころが違う Als Fachmann richtet er sein Augenmerk doch auf etwas anderes.

つけとどけ 付け届け Geschenk n. -[e]s, -e; Bestechungsgeschenk n. -[e]s, -e《賄賂》/つけ届けをする jm Geschenk machen; 《贈与する》jn bestechen*⁴; jn mit einem Geschenk schmieren.

つけな 漬け菜 Salatpflanze (f. -n) zum Einmachen.

つけね 付け値 der gebotene Preis, -es, -e; Angebot n. -[e]s, -e.

つけね 付け根 Gelenk n. -[e]s, -e《骨・枝葉の》; Wurzel f. -n《根もと》/股のつけ根 Leiste f. -n; Leistengegend f. -en《鼠蹊部》/髪の毛のつけ根まで赤くなる bis unter die Haarwurzeln erröten.

つけねらう 付け狙う ⇨つけまわす/生命をつけ狙う jm nach dem Leben trachten.

つけび 付け火 ⇨ほうか《放火》.

つけひげ 付け髭 ein falscher (künstlicher) Bart, -[e]s, ⸚e; ein falscher (künstlicher) Schnurrbart, -[e]s, ⸚e《口ひげ》/つけ髭をしている einen falschen (künstlichen) [Schnurr]bart tragen*.

つけぶみ 付け文 Liebesbrief m. -[e]s, -e/つけ文をする jm einen Liebesbrief schreiben* (schicken).

つけぼくろ 付け黒子 ein künstliches [Mutter]mal, -s, ⸚er.

つけまつげ 付け睫毛 eine falsche Wimper, -n.

つけまわす 付け回す jm nach⊦laufen*⦅s⦆; jm hinterher⊦laufen*⦅s⦆; jm auf Schritt und Tritt nach⊦gehen*⦅s⦆; 《待ち伏せする》jm nach⊦stellen (auf⊦lauern); 《追跡する》jm verfolgen.

つけめ 付け目 Absicht f. -en; Ziel n. -[e]s, -e《目標》/...がつけ目である es auf *et ab⊦sehen* (an⊦legen); ab⊦zielen《auf⁴》/それがまさにつけ目であった Es war eben darauf abgesehen.

つけもの 漬物 eingemachtes (eingelegtes) Gemüse, -s / 漬物用のガラス容器 Einmachglas n. -es, ⸚er/漬物をつける Gemüse ein⊦machen.

つけやきば 付け焼刃 ¶ それはつけ焼刃だ Das ist nur aufgepfropft.

つける 付（着）ける ❶《付着させる》an⊦heften⁴《an⁴》; befestigen《an³》;《おしろい・膏(?)薬などを》auf⊦legen⁴《auf⁴》/糊《ぎ》で付ける an⊦kleben《an⊦nageln⁴》/縫い（塗り）付ける an⊦nähen《an⊦schmieren⁴》/パンにバターをつける Butter auf das Brot schmieren/傷口に軟膏(?)をつける Salbe auf eine Wunde auf⊦legen. ❷《記入する》ein⊦tragen*⁴《in³》; ein⊦schreiben*⁴《in³》; 《帳簿に》buchen⁴;《手帳などに》auf⊦schreiben*⁴; notieren⁴/帳簿（日記）をつける Buch (ein Tagebuch) führen. ❸《値段を》einen Preis an⊦setzen; 《買手が値を》einen Preis bieten*/《品物に法外な値をつける (für eine Ware)/einen unverschämten Preis an⊦setzen (verlangen)/高値をつける einen hohen Preis bieten*. ❹《ともす》an⊦machen; an⊦zünden/明りをつける Licht an⊦machen/電灯をつける das elektrische Licht ein⊦schalten/火をつける Feuer an⊦zünden; Feuer (Brand) an⊦legen《放火》/たばこに火をつける eine Zigarette an⊦zünden/建物に火をつける ein Gebäude in ⁴Brand setzen (stecken)/懐中電灯（ラジオ）をつける eine Taschenlampe an⊦knipsen (Radio an⊦stellen). ❺《尾行する》nach⊦folgen³⦅s⦆; verfolgen;《俗》beschatten⁴. ❻《着用する》an⊦ziehen*⁴; an⊦legen⁴; an⊦heften⁴《勲章などを》;《着用している》an⊦haben*⁴; tragen*⁴/勲章をつける ³sich einen Orden an⊦legen; einen Orden tragen*. ❼《乗物を》船を岸につける das Schiff an⊦legen (ans Ufer bringen*)/車を

つける 正面玄関につける den Wagen vor den Haupteingang fahren* (setzen).

つける 漬ける ❶ [液体の中に] ⇒ひたす(浸す). ❷ [漬物を] ein|legen⁴; ein|machen⁴/塩に漬ける ein|salzen⁽*¹⁴⁾; ein|pökeln/酢につけるin ⁴Essig ein|legen*/mit ⁴Essig einmachen⁴.

-つける ¶ …しつけている gewohnt⁽⁴⁾ sein ⟪不定詞句または dass 文を伴って⟫; pflegen ⟪zu 不定詞を伴って⟫/彼はこのようなものは食べつけていなかった Er war [ein] solches Essen nicht gewohnt. Es war nicht gewohnt, so etwas zu essen.

つげる 告げる [述べる] jm sagen⁴; jm erzählen⁴; [知らせる] jm berichten⁴; jm mit|teilen⁴; [通告する] jm an|kündigen⁴/暇を告げる jm Lebewohl sagen; Abschied nehmen* ⟪von jm⟫/終わりを告げる ein Ende nehmen*; zu ³Ende gehen* (kommen*) ⟨s⟩/真実を告げる die Wahrheit sagen³ (reden³)/時計は十時を告げた Die Uhr schlug zehn.

つごう 都合 ❶ [事情・具合] Umstand m. -[e]s, ⸚e; Verhältnisse (pl)/都合のよい(わるい) günstig (ungünstig); passend (unpassend); gelegen (ungelegen)/都合により umständehalber (umstands-)/都合によっては unter ³Umständen; je nach den Umständen/都合よく zum Glück; glücklicherweise / 都合よくいけば wenn man Glück hat; wenn alles gut (glatt) geht; in günstigstem Fall/もしも御都合がよろしければ wenn es Ihnen passt (gelegen ist) / 財政上の都合から aus finanziellen Gründen/今日は都合が悪い Heute passt es mir schlecht. /どうぞ御都合のよろしいように! Ganz wie es Ihnen beliebt!/君がやって来てくれれば都合がよいのだが Es wäre mir lieb, wenn du gleich kommen könntest. ❷ [やり繰り] 都合のつき次第 bei der ersten Gelegenheit, sobald es mir möglich wird/旅に出たいのだが，金の都合がつかぬか Ich möchte gerne verreisen, aber es fehlt mir das nötige Geld. ❸ [総計] insgesamt; alles in allem. ── 都合する ein|richten⁴; arrangieren⁴; [可能にする] möglich machen⁴; [調達する] besorgen⁴; beschaffen⁴; auf|bringen*⁴/何とか都合しよう Ich will es versuchen.

つじ 辻 [十字路] Straßenkreuzung f. -en; Kreuzweg m. -[e]s, -e; [町角] Straßenecke f. -n; [街路] Straße f. -n/辻に立つ an einer Straßenecke stehen*.

つじうら 辻占 Glückslos n. -es, -e/辻占がよい(わるい) Das ist ein gutes (böses) Omen.! Das ist ein gutes (schlechtes) Zeichen.

つじぎり 辻斬りをする Passanten mit dem Schwert überfallen*.

つじごうとう 辻強盗 Straßenräuber m. -s, -.

つじせっぽう 辻説法 Straßenpredigt. f. -en.

つじつま 辻褄 ¶ 辻褄の合った folgerichtig; konsequent; logisch (論理的な); [辻褄の合わない) folgewidrig; inkonsequent, widersprüchlich; unlogisch / 辻褄が合う ⁴sich zusammen|reimen/辻褄が合わなくなる in ⁴Widerspruch geraten* ⟨s⟩/辻褄を合わせる den äußeren Schein retten/どこか辻褄が合わないから Da stimmt etwas nicht.

つじばしゃ 辻馬車 Lohnkutsche f. -n; Droschke f. -n; Fiaker m. -s, -.

つじみせ 辻店 Straßenverkaufsstand m. -[e]s, ⸚e; Verkaufsbude (f. -n) an der Straße; Kiosk m. -[e]s, -e.

つた 蔦 [植] Efeu m. -s ‖ 蔦かずら Efeuranke f. -n.

-づたい -伝いに entlang⁽⁴⁾ ⟨an³⟩/岸伝いに am Ufer entlang/屋根伝いに von ³Dach zu ³Dach.

つたえ 伝え Überlieferung f. -en/伝え話 ⇒ でんせつ.

つたえる 伝える ❶ [伝承] überliefern³⁴/後世に伝える der ³Nachwelt überliefern⁴. ❷ [伝達] übermitteln³⁴; mit|teilen³⁴; aus|richten³⁴/メッセージを伝える eine Botschaft übermitteln (aus|richten; zu|stellen)/彼によろしくお伝え下さい Grüßen Sie mir ihn! Richten Sie ihm meine Grüße aus! ❸ [伝授] jn⁴ lehren⁴; jn ein|weihen ⟨in⁴⟩ 秘密などを). ❹ [伝来] ein|führen⁴⟨in⁴⟩/キリスト教を日本に伝える das Christentum in ⁴Japan ein|führen. ❺ [伝播] leiten⁴; fort|pflanzen⁴/電気(熱)を[よく]伝える die Elektrizität (Wärme) [gut] leiten/波動を伝える Wellen fort|pflanzen.

つたない 拙い ungeschickt; plump; unbeholfen/拙い筆 eine unbeholfene Handschrift.

つたわる 伝わる ❶ [伝承] überliefert werden/後世に(口から口へ) überliefert werden der ³Nachwelt [mündlich] überliefert werden. ❷ [伝達] übermittelt (mitgeteilt) werden; verbreitet werden/[伝播]/その知らせは早速口から口へ伝わった Die Nachricht ging rasch von Mund zu Mund. ❸ [伝来] eingeführt werden ⟨in⁴⟩/当時仏教が日本に伝わった Damals wurde der Buddhismus in Japan eingeführt. ❹ [伝導] geleitet werden (熱・電気などが); ⁴sich fort|pflanzen (波動の)/光は音よりも速く伝わる Das Licht pflanzt sich rascher fort als der Schall. ❺ [沿って行く] entlang gehen* ⟨s⟩ ⟨an³⟩/川を伝わって行く den Fluss (am Fluss) entlang gehen*/屋根を伝わって逃げる über die Dächer fliehen*⟨s⟩.

つち 槌 Hammer m. -s, ⸚; Schlegel m. -s, -/槌で打つ mit einem Hammer schlagen* (klopfen); hämmern.

つち 土 Erde f. -n; Boden m. -s, ⸚ [地面]; Schlamm m. -[e]s [泥]; Ton m. -[e]s, -e [粘土・陶土] / 土製の irden; tönern / 土がつく [敗れる] verlieren*; geschlagen (besiegt) werden; eine Niederlage erleiden*/再び土に帰る wieder zu ³Staub werden (zerfallen* ⟨s⟩)/土に埋める in die Erde begraben*⁴ (ein|graben*⁴)/土をかける mit ³Erde bedecken*/異郷の土となる in der Fremde sterben* ⟨s⟩/依然土つかずである (unbesiegt) bleiben* ⟨s⟩; immer noch kei-

つちいじり 土いじりをする mit ³Erde spielen; [庭仕事] die Gartenarbeit machen; im Garten arbeiten.

つちいろ 土色の erd|farben (-farbig); [顔色の悪い] blass; bleich.

つちかう 培う [植物を] ziehen*⁴; bauen⁴; [一般に] nähren⁴; pflegen⁴; kultivieren⁴. ⇨かんよう(涵養).

つちくさい 土臭い bäurisch; bauernhaft; ländlich; ungeschliffen.

つちくれ 土塊 Erd|klumpen *m.* -s, - (-kloß *m.* -es, ⸗e; -scholle *f.* -n).

つちけむり 土煙 Staubwolke *f.* -n; Staubfahne *f.* -n/土煙を立てる Staubwolken auf|wirbeln.

つちにんぎょう 土人形 Tonfigur *f.* -en; Terrakotta *f.* ..tten.

つちふまず 土踏まず Fußwölbung *f.* -en.

つちやき 土焼 eine unglasierte Tonware, -n.

つちろう 土牢 ein unterirdisches Gefängnis, ..nisses, ..nisse; Verlies *n.* -es, -e.

つつ 筒 ❶ [円筒] Rohr *n.* -(e)s, -e; Röhre *f.* -n; Pfeife *f.* -n; Zylinder *m.* -s, -/鉄砲の筒 Gewehr|lauf *m.* -(e)s, ⸗e (-rohr *n.* -(e)s, -e)/筒状の röhrenförmig.

つつ 津々浦々に überall; allerorts; in allen Ecken und Enden; im ganzen Land.

～つつ ❶ 悪いと知りつつ wider besseres 'Gewissen/留守としりつつ彼を訪ねた Ich besuchte ihn, obwohl ich wusste, dass er nicht zu Haus(e) war./月は満ちつつある Der Mond ist im Wachsen./会員数は絶えず増加しつつある Die Anzahl der Mitglieder ist stets im Wachsen./彼女は泣きじゃくりつつやって来た Schluchzend kam sie zu uns.

つついて 次いて AがB氏が登壇した Dann (Als Nächster) trat Herr A auf die Bühne. ⇨つけて.

つっかいぼう 突っ支い棒 Stütze *f.* -n/突っ支い棒になる als ¹Stütze (zur Stütze) dienen/突っ支い棒をする stützen⁴.

つっかえす 突っ返す ⇨つきもどす.

つっかかる 突っ掛かる an|stoßen* ⓈS (*gegen*⁴; *nach*³); an|laßen**⁴; [けんかを売るために] an|rempeln⁴; heraus|fordern⁴(*zu*³)/突っ掛かるような態度 ein herausforderndes Benehmen, -s.

つっかける 突っ掛ける ¶ サンダルを突っ掛けるin die Sandale schlüpfen Ⓢ.

つつがなく 恙なく gesund 《健康に》; heil 《無事に》; wohl|behalten (-erhalten) 《無事に》; *intakt* 《無傷に》; glücklich 《首尾よく》; ohne ¹Unfall (Störung) 《故障なく》.

つづき 続き Fortsetzung *f.* -en; Folge *f.* -n; Reihenfolge *f.* -n 《列》/続き具合 Zusammenhang *m.* -(e)s, ⸗e 《関連》/二ページからの続き(続きはニページへ) Fortsetzung von (auf) Seite 2/彼は不幸続きです Er wird dauernd vom Unglück verfolgt./箱根では雨続きでした In Hakone hatten wir immer Regen.

‖ 続き物 Serie *f.* -n 《シリーズ》; Fortsetzungsroman *m.* -s, -e 《連載小説》.

つづきがら 続柄 〔Verwandtschafts〕verhältnis *n.* ..nisses, ..nisse; Beziehung *f.* -en; Verwandtschaft *f.* -en 《親属関係》.

つっきる 突っ切る ⇨よこぎる.

つつく ❶ [啄く] *jn* tippen 《手で *an*⁴; *auf*⁴》; picken 《くちばしで *an*⁴; *auf*⁴》; schnappen 《*nach*³ 魚が餌を》. ❷ [唆かす] ⇨そそのかす. ❸ [あら捜しをする] bekritteln⁴; bemäkeln⁴; be|mängeln⁴/つつき出す herum|kritteln 《*an*³》.

つづく 続く ❶ [継続] 〔an|〕dauern; fort|dauern; währen; an|halten*/戦争五年間続いた Der Krieg dauerte 5 Jahre 〔lang〕. ❷ [後続] folgen⁽³⁾ Ⓢ 《*auf*⁴》/不幸が後から後からと続いた Ein Unglück folgte auf das andere./次号に続く 《連載物》 Die Fortsetzung folgt 〔in der nächsten Nummer〕.

つづけて 続けて weiter 《更に続けて》; 〔an|〕dauernd 《持続して》; fortlaufend 《同上》; unablässig 《絶えず》; ununterbrochen 《同上》; hintereinander 《続けさまに》/三晩続けて drei Abende (dreimal) hintereinander/続けて仕事をする weiter arbeiten; un|ablässig (ununterbrochen) arbeiten.

つづける 続ける fort|setzen⁴ (-|fahren* 《*mit*³; *in*³》; -|führen⁴); weiter|machen⁴/努力を続ける mit seinen Bemühungen fort|fahren⁴; seine Bemühungen fort|setzen⁴/話を続ける weiter erzählen (reden); in der Erzählung (Rede) fort|fahren*/父の仕事を続ける das Werk (Geschäft) seines Vaters fort|führen⁴/どうか続けて下さい Bitte fahren Sie fort! ¦ Bitte machen Sie weiter!

つっけんどん 突慳貪な《~に》 barsch; grob; mürrisch; unfreundlich; kurz ange|bunden.

つっこむ 突っ込む ❶ [さし入れる] stecken⁴ 《*in*⁴》; [液の中に] tauchen 《*in*⁴》/ポケットに突っ込む in die Tasche stecken⁴/水中に頭を突っ込む den Kopf ins Wasser stecken⁴/…に首を突っ込む ⁴sich ein|lassen* 《*auf*⁴; *in*⁴》/彼は棺桶に片足を突っ込んでいる Er steht schon mit einem Fuß im Grab[e]. ❷ [立ち入る] ein|dringen* Ⓢ 《*in*⁴》; [突進する] los|gehen* Ⓢ 《*auf*⁴》/突っ込んで調べる ein|gehend (gründlich) prüfen⁴ (untersuchen⁴)/生徒達は次から次へと先生に突っ込んだ Die Schüler stellten dem Lehrer schonungslos Fragen über Fragen.

つつさき 筒先 Mündung *f.* -en 《銃の》/筒先を向ける die Mündung richten 《*auf*⁴》.

つつじ 〘植〙 Azalee *f.* -n; Azalie *f.* -n.

つつしみ 慎しみ Enthaltsamkeit *f.* 《節制》; Mäßigkeit *f.* 《中庸》; Bescheidenheit *f.* 《控え目》; Selbstbeherrschung *f.* 《自制》; Besonnenheit *f.* 《慎重》; Umsicht *f.* 《周到》; Vorsicht *f.* 《用心》; Sittsamkeit *f.* 《礼儀》; Züchtigkeit *f.* 《躾》/慎しみを忘れる die Selbstbeherrschung verlieren*; außer ³sich geraten* Ⓢ/慎しみのない質問をする eine indiskrete Frage stellen. ── 慎しみ深い mäßig; bescheiden; zurückhaltend 《控え目の》; besonnen; umsichtig; vorsichtig;

sittsam; züchtig; diskret.

つつしむ 慎しむ, 謹しむ ❶ [控える] mäßig sein《in^3》; ^{4}sich mäßigen《in^3》; ^{4}sich enthalten^{*2}; zurück|halten^{*4}; vorsichtig sein《in^3》/酒(たばこ)を慎しむ ^{4}sich im Trinken (Rauchen) mäßigen/口を慎しむ seine Zunge zügeln (beherrschen); im Reden vorsichtig sein; vorsichtig sprechen*《慎重に話す》/行いを慎しむ ein sittsames (anständiges) Leben führen; vorsichtig handeln《慎重に行動する》. ❷ [恐れ謹しむ] 謹んで答える ehrfurchtsvoll (ehrerbietig) antworten^3《auf^4》/謹しんでお祝い申し上げます Ich gratuliere herzlich./謹しみてお弔みのことばを申し述べます Ich gestatte mir, Ihnen mein aufrichtiges Beileid auszudrücken.

つつそで 筒袖 ein enger Ärmel, –s, –/筒袖の着物 ein Kimono《*m.* –s, –s》 mit engen Ärmeln.

つったつ 突っ立つ auf|stehen* [s]《立ち上がる》; ^{4}sich auf|richten《同上》; 〔aufrecht〕 stehen*《立っている》; stecken《ささっている》. ⇨**そびえる**.

つつぬけ 筒抜け ¶ 壁が薄いので隣室の声が筒抜けだ Die Wand ist so dünn, dass man direkt hört, was man nebenan spricht./あらゆる秘密は敵に筒抜けだった Alle unsere Geheimnisse gelangten direkt in die Hände des Feindes.

つっぱねる 突っぱねる ab|lehnen^4; ab|weisen^{*4} (zurück|–)/彼にすげなく突っぱねられてしまった Er fertigte mich kurz ab.

つっぱり 突っ張り ⇨**しちゅう**(支柱).

つっぱる 突っ張る ❶ stemmen^4《$gegen^4$》/戸に身体を突っ張る ^{4}sich gegen die Tür stemmen. ❷ [支柱として] stützen^4; einen Halt geben*/塀を突っ張る die Mauer stützen. ❸ [固執する] ⇨**こしつ**(固執).

つつましい 慎ましい(く) bescheiden; anspruchslos; mäßig; einfach; diskret; sittsam/慎ましく暮らす ein einfaches (sittsames) Leben führen/慎ましやかに目を伏せて die Augen sittsam niedergeschlagen.

つつみ 堤 Damm *m.* –〔e〕s, ⸚e; Deich *m.* –〔e〕s, –e/堤を築く einen Damm (Deich) bauen (errichten)/堤が切れた Der Damm (Deich) ist gebrochen.

つつみ 包み Pack *m.* –〔e〕s, –e (⸚e); Packen *m.* –s, –; Päckchen *n.* –s, –《小包》; Paket *n.* –〔e〕s, –e《同上》; Ballen *m.* –s, –《梱(こり)》; Bündel *m.* –s, –《束》/一包みの新聞(本) ein Pack Zeitungen (Bücher)/一包みの綿 ein Ballen Baumwolle / 包みをほどく aus|packen^4.

つづみ 鼓 Handtrommel *f.* –n.

つつみかくし 包み隠し Verheimlichung *f.* –en; Verhehlung *f.* –en; Verschweigung *f.* –en/包み隠しのない話 eine wahre Geschichte, –n; nackte (ungeschminkte) Wahrheit, –en; eine nackte Tatsache, –n/包み隠しのない人 ein offenherziger (freimütiger) Mensch, –en, –en/包み隠しをする ⇨**つつみかくす**.

つつみかくす 包み隠す verheimlichen^{34}; verhehlen^{34}; verschweigen^{*34}/包み隠さず offen; offenherzig《率直に》; freimütig《あけすけに》/包み隠さず白状する offen gestehen^{*34}.

つつみがみ 包紙 〔Ein〕pack|papier (Einschlag–) *n.* –s, –e.

つつみなおす 包み直す um|packen^4《包装を変える》; anders packen^4《やり方を変えて》; nochmals packen^4《もう一度》.

つつむ 包む ❶ [くるむ] ein|wickeln^4《in^4》; ein|schlagen^{*4}《in^4》; 〔ein|〕hüllen^4《in^4》; 〔ein|〕packen^4《in^4 包装》; verpacken^4《in^4 同上》/紙に包む in ^{4}Papier ein|wickeln^4 (ein|packen^4)/マントに身を包む ^{4}sich in einen Mantel ein|hüllen (ein|wickeln). ❷ [蔽い包む] 〔ver〕hüllen^4; verdecken^4/ベールで顔を包む das Gesicht mit einem Schleier verhüllen/雲(炎)に包まれて in ^{4}Wolken (Flammen) gehüllt.

つづめる ab|kürzen^4; 〔ver〕kürzen^4; kurz zusammen|fassen^4《要約する》/話をつづめる die Rede 〔ab|〕kürzen/原稿(作文)をつづめる ein Manuskript (einen Aufsatz) 〔ab|〕kürzen/つづめて言えば kurz 〔gesagt〕.

つづら Kleiderkorb *m.* –〔e〕s, ⸚e.

つづらおり つづら折り ¶ 道はつづら折りに上っている Die Straße windet sich im Zickzack in die Höhe.

つづり 綴り Silbe *f.* –n《音節》/綴りの分け方 Silbentrennung *f.* –en/正しい綴り〔方〕 die richtige Schreibweise *f.*; Rechtschreibung *f.*; Orthographie *f.*/一(二)綴りの einsilbig (zweisilbig)/単語の綴りを言う ein Wort buchstabieren ‖ 前(後)綴り Vorsilbe (Nachsilbe) *f.* –n.

つづりかた 綴り方 ⇨**さくぶん**.

つづる 綴る ❶ [単語を] buchstabieren^4. ❷ [文章を] schreiben^{*4}. ❸ [とじる] zusammen|heften^4; ein|binden^{*4}《製本する》; zusammen|nähen^4《縫い合わせる》.

つづれ ⇨**ぼろ**① ‖ つづれ錦 Brokat *m.* –〔e〕s, –e.

つて 伝手 Vermittlung *f.* –en《仲介》; Verbindung *f.* –en《連絡》; Beziehung *f.* –en《コネ》/…の伝手によって durch *js* ^{4}Vermittlung; dank *js* ^{2}Vermittlung/…に有力な伝手がある zu *jm* gute (einflussreiche) Beziehungen haben.

つと 苞 Strohüberzug *m.* –〔e〕s, ⸚e.

つと plötzlich《突然》; unvermittelt《いきなり》; jäh《急激に》.

つど 都度 jedes Mal, wenn...; sooft/その都度 jedes Mal; immer; jeweils.

つどい 集い Treffen *n.* –s; Zusammenkunft *f.* ⸚e; Versammlung *f.* –en/外国留学生の集い Zusammentreffen《*n.* –s》 der Auslandsstipendiaten.

つどう 集う zusammen|kommen* [s]; zusammen|treffen*《mit^3》; ^{4}sich versammeln.

つとに 夙に früh; schon früher; schon lange; längst.

つとまる 勤まる geeignet sein《$für^4$ 適している》; ^{4}sich eignen《$für^4$ 同上》; gewachsen^3 sein《太刀打ちできる》; ertragen (aushalten) können^{*4}《我慢できる》/これは彼には勤まらん

つとめ よ Das kann er nicht. Er ist dieser Aufgabe nicht gewachsen.

つとめ 勤め, 務め Dienst *m.* -{e}s, -e《勤務》; Pflicht *f.* -en《義務》; Beruf *m.* -{e}s, -e《職務》; Gottesdienst *m.* -{e}s, -e《勤行》/日々の務め tägliche Pflichten《*pl*》/務めを果たす seinen Dienst verrichten; seine Pflicht erfüllen; das Seine* tun*/務めを怠る seinen Dienst vernachlässigen; seine Pflicht versäumen.

つとめぐち 勤め口 Stellung *f.* -en; Stelle *f.* -n; Arbeit *f.* -en《仕事》/勤め口を探す eine Stellung suchen; Arbeit suchen.

つとめさき 勤め先 das Amt 〈-{e}s, ⁼er〉《die Firma, in der man angestellt ist》; *js* Arbeitsplatz *m.* -es, ⁼e《職場》.

つとめにん 勤め人 der Büroangestellte*, -n, -n; Gehaltsempfänger *m.* -s, -《サラリーマン》.

つとめぶり 勤め振り *js* Benehmen (Betragen)〈*n.* -s〉im Dienst.

つとめる 努める, 勉める *sich* bemühen《骨を折る》; *sich* *⁴Mühe geben*《同上》; *sich* an|strengen《努力する》; fleißig arbeiten《勤勉に働く》; versuchen《試みる》; streben《*nach*³ 得ようとして》/向上に努める aufwärts streben/努めてそういたしましょう Ich werde mich bemühen. /彼女は涙を押さえようと努めた Sie versuchte, ihre Tränen zurückzuhalten.

つとめる 勤める ❶《勤務》dienen《*bei*³》; angestellt sein《*bei*³》; in ³Stellung sein《*bei*³》; tätig sein《*bei*³》/勤め上げる ab|dienen*⁴/*農家で下男を勤める bei einem Bauern als ¹Knecht dienen/どこの会社に勤めていらっしゃるのですか Bei welcher Firma sind Sie angestellt (tätig)? ❷《役割を》 spielen*⁴; machen*⁴/通訳を勤める den Dolmetscher machen/恋人役を勤める die Rolle des Liebhabers spielen.

つな 綱 Seil *n.* -{e}s, -e; Strick *m.* -{e}s, -e;《太綱》Tau *n.* -{e}s, -e; Reep *n.* -s, -e;《細綱》Leine *f.* -n; Schnur *f.* ⁼e/綱を張る ein Seil (eine Leine) spannen; Leinen ziehen*《洗濯物を干すために》/犬を綱につけておく einen Hund an der Leine haben/頼みの綱も切れてしまった Der letzte Hoffnungsfaden ist zerrissen. ‖ 綱《吊》綱 Kabel *n.* -s, -/命綱 Sicherheitsseil *n.* -{e}s, -e/物干綱 Waschleine *f.* -n. ⇨なわ.

ツナ Thunfisch *m.* -{e}s, -e ‖ ツナサラダ Thunfischsalat *m.* -{e}s, -e.

つながり 繋がり《関係》Beziehung *f.* -en; Verhältnis *n.* -nisses, -nisse;《連関》Zusammenhang *m.* -{e}s, ⁼e;《共通》Verbindung *f.* -en;《共通》Gemeinschaft *f.* -en;《親類関係・類似》Verwandtschaft *f.* -en/血の繋がり Blutsverwandtschaft *f.* -en/繋がりがある in ³Beziehung stehen*《*mit*³》; einen Zusammenhang haben《*mit*³》; in ³Verbindung stehen*《*mit*³》/繋がりができる in ⁴Beziehung treten*〈s〉《*zu*³》/in ⁴Verbindung treten*〈s〉《*mit*³》/有力な繋がりをもっている gute (einflussreiche) Beziehungen haben/この事件は彼の死と何の繋がりもない Dieser Vorfall steht in keinem Zusammenhang (hat nicht zu tun) mit seinem Tod.

つながる 繋がる ⇨つながり/電話が繋がる die {telefonische} Verbindung mit der Telefonanschluss) bekommen/彼ら二人は血が繋がっている Sie sind beide blutsverwandt. /自動車が長く繋がって止っている Die Autos stehen Schlange.

つなぎ 繋ぎに um die Lücke auszufüllen; zur ³Aushilfe; als Ersatz《*für*³》; als Lückenbüßer/繋ぎをつとめる den Lückenbüßer machen; als Lückenbüßer dienen; ein|springen*〈s〉《*für*³》.

つなぎあわせる 繋ぎ合わせる miteinander verbinden*⁴; zusammen|schließen*⁴; zusammen|kitten⁴《セメントで》; zusammen|ketten⁴《鎖で》; zusammen|kleben《糊などで》; zusammen|schweißen⁴《鍛接する》.

つなぎとめる 繋ぎとめる ⇨つなぐ《縛る》/繋ぎとめる dem Tod{e} entgehen*〈s〉; *jm* das Leben retten《他人の命を》/そのおかげで僕は命を繋ぎとめることができました Das hat mir das Leben gerettet.

つなぎめ 繋ぎ目 Verbindungsstelle *f.* -n; Fuge *f.* -n; Naht *f.* ⁼e《縫い目》; Stoß *m.* -es, ⁼e/レールの繋ぎ目 Schienenstoß *m.* -es, ⁼e.

つなぐ 綱具 Tau|werk (Takel-) *n.* -{e}s, -e; Takelage *f.* -n.

つなぐ 繋ぐ ❶《結びつける》binden*⁴《*an*⁴》; an|binden*⁴; fest|binden*⁴《*an*³》; fest|machen⁴《*an*³》/手足を繋がれて mit gefesselten Händen und Füßen/小船を岸に繋ぐ den Kahn ans Ufer binden*; das Boot am Ufer fest|machen/鎖に繋ぐ an die Kette (in ⁴Ketten) legen*⁴; an|ketten⁴/牢獄に繋ぐ *jn* ins Gefängnis werfen*; *jn* hinter ⁴Schloss und Riegel bringen*. ❷《連絡を》 verbinden*⁴《*mit*³》; verknüpfen*⁴《*mit*³》;《電話を》verbinden*⁴《*mit*³》/どうぞ…に繋いでください Bitte verbinden Sie mich mit …!/申し訳ありませんが線が故障《お話中》のためお繋ぎできません Ich kann Sie leider nicht verbinden, da die Linie gestört (besetzt) ist. ❸《絶やさぬ》…に希望を繋ぐ die Hoffnung setzen《*auf*⁴》/わずかに命を繋ぐ sein Leben (Dasein) kümmerlich fristen.

つなばしご 綱梯子 Strickleiter *f.* -n.

つなひき 綱引{を}する Tauziehen〈*n.* -s〉 machen.

つなみ 津波 Flutwellen《*pl*》; Hochwasser *n.* -s, -《高潮》.

つなわたし 綱渡し Seilfähre *f.* -n.

つなわたり 綱渡り Seiltanzen *n.* -s/危ない綱渡り《比》Seiltanzerei *f.* -en; eine akrobatisches Kunststück, -{e}s, -e/綱渡りをする auf dem Seil laufen*〈s〉{tanzen} ‖ 綱渡り師 Seiltänzer *m.* -s, -; Seiltänzerin *f.* -, -rinnen《女》.

つね 常の gewöhnlich; üblich; gebräuchlich; 常に immer; stets; dauernd《継続的に》/常のごとくに wie gewöhnlich《üblich》; wie immer; wie sonst/…を常とする pflegen《*zu* 不定詞句を伴って》; gewohnt sein/学者

つねづね 常々 wie gewöhnlich bei einem Gelehrten der Fall ist; wie es bei gelehrten Leuten üblich ist/彼女は常に家にいるわけではない Sie ist nicht immer zu Haus(e)./彼は夕食後散歩をするのを常としていた Er pflegte nach dem Abendessen einen Spaziergang zu machen./Es war seine Gewohnheit, nach dem Abendbrot spazieren zu gehen.

つねづね 常々 gewöhnlich; immer; stets;/彼は常々人に憎まれていた Man hasste ihn schon lange.

つねる 抓る kneifen*[4]; zwicken*[4];/頬を抓る jm (jn) in die Backe kneifen*; jn in die Wange zwicken.

つの 角 Horn n. -(e)s, -̈er 〔牛・山羊の〕; Geweih n. -(e)s, -e 〔鹿の〕/角のある gehörnt/一(二)本の角の生えた einhörnig (zweihörnig)/角で突く mit den Hörnern stoßen*[4]/角を生える Hörner bekommen*/角を出す 〔嫉妬して〕 auf jn eifersüchtig werden (sein)/角をつかまえる an (bei) den Hörnern packen*[4] (fassen*[4])/角を突き合わせる mit jm auf gespanntem Fuß stehen*/角を矯(た)めて牛を殺す das Kind mit dem Bad ausschütten.

つのざいく 角細工 Hornarbeit f. -en.

つのぶえ 角笛 Horn n. -(e)s, -̈er; Kiesel m. -s, -〈小石〉/〔角笛を〕吹く 〔das〕 Horn blasen*; ins Horn stoßen*[s].

つのる 募る ❶ 〔募集する〕 〔集める〕 sammeln*[4]/同志を募る Gleichgesinnte suchen*[4]/兵を募る Soldaten (Freiwillige) werben*/会員を募る Mitglieder werben*/寄付金を募る Geld (freiwillige Beiträge) sammeln/公債を募る eine Anleihe auflegen (aufnehmen*). ❷ 〔激しくなる〕 heftiger (stärker) werden; ⁴sich verstärken; zu|nehmen*; 〔病気の病勢は目に見えすす募ってきた Sein Zustand verschlechterte (verschlimmte) sich zusehend./風が募る Der Wind nimmt zu./私の疑念は一方的に強まった Mein Zweifel verstärkte sich immer mehr.

つば 鍔 ❶ 〔刀の〕 Tsuba n. -(s), ..ben; Stichblatt n. -(e)s, -̈er; Glocke f. -n. ❷ 〔帽子の〕 Rand m. -(e)s, -̈er/鍔の広い(狭い) breitrandig (schmalrandig).

つば 唾 Speichel m. -s, -; 〈俗〉 Spucke f. -n./唾を吐き又は吐きかける唾を吐きかけるan|speien; jn an|spucken; 顔に唾を吐きかける jm ins Gesicht speien (spucken).

つばき 唾 ⇒つば〔唾〕.

つばき 椿 〔植〕 Kamelie f. -n ‖ 椿油 Kamelienöl n. -(e)s, -e/椿姫 die Kameliendame 〔デューマ作の小説〕.

つばさ 翼 Flügel m. -s, -; Schwinge f. -n; Fittich m. -(e)s, -e/翼を広げる die Flügel (Schwingen) 〔aus|〕breiten.

つばぜりあい 鍔競り合い ein totes Rennen, -s/鍔競り合いになる zum toten Rennen werden; ein totes Rennen liefern.

つばめ 燕 Schwalbe f. -n/燕の巣〔食用になる〕 Schwalbennest n. -(e)s, -er/若い燕 der junge Geliebte*, -n, -n.

ツバル Tuvalu n. -s.

つぶ 粒 Korn n. -(e)s, -̈er; Körnchen (-lein) n. -s, - 〈小粒〉; Tropfen m. -s, -〈雫〉/粒状の kornförmig.

つぶさに 具に ausführlich; genau.

つぶし 潰しがきく für verschiedene Zwecke verwendbar sein/潰しとして古い鉄に売る werfen*[4]; verschrotten[4]/彼は潰しのきく男だ Er ist sehr verwendbar./彼は他には全然潰しがきかない Zu etwas anderem taugt er gar nicht.

つぶしね 潰し値で zu ³Schleuderpreisen.

つぶす 潰す 〔圧し潰す〕 zerdrücken*; zerquetschen*[4] 〔だめにする〕 zunichte (kaputt) machen*/家畜を潰す Vieh schlachten/肝っ玉を潰す erschrecken*; einen Schrecken bekommen* (kriegen)/身代を潰す ein ganzes Vermögen vergeuden. ⇨つぶし, い つぶす.

つぶぞろい 粒揃いの gleich groß 〈大きさが〉; gleich gut 〈質が〉/彼の部下は粒揃いの腕ききばかりだ Seine Untergebenen sind alle gleich tüchtig.

つぶつぶ 粒々の körnig.

つぶて Stein m. -(e)s, -e; Kiesel m. -s, - 〈小石〉/梨のつぶてである von ³sich nichts hören lassen*/彼は故郷に帰ってから梨のつぶてだ Seitdem er in die Heimat zurückgekehrt ist, hört man nichts mehr von ihm.

つぶやく 呟く murmeln; 〔不機嫌にぶつぶつと〕 murren; brummen; 〔ささやく〕 flüstern; tu|scheln; 〔独り言をつぶやく vor ⁴sich hin murmeln.

つぶより 粒よりの ausgesucht; auserwählt.

つぶらな ⇒まる〔丸い〕.

つぶる 瞑る ¶ 目を瞑る die Augen schließen* 〔zu|machen〕; 〔大目に見る〕 ein Auge zu|drücken 〔bei*〕; durch die Finger sehen*.

つぶれる 潰れる 〔崩壊する〕 zusammen|brechen* 〔-|fallen*〕[s]; ein|stürzen; 〔砕ける〕 zerbrechen* [s]; 〔破裂する〕 auf|platzen [s]; zerplatzen [s]; 〔だめになる〕 zunichte werden; kaputt gehen* [s]/時間が潰れる Zeit verlieren* 〔vergeuden〕/顔面目が潰れる sein Gesicht (Ansehen) verlieren*/目が潰れる das Augenlicht (Gesicht) verlieren*; er|blinden/胃が潰れる Das Geschwür geht (platzt) auf./あの計画は潰れてしまった Der Plan ist ins Wasser gefallen./彼の会社は潰れた Seine Firma machte (ging) Bankrott./この建物は潰れかかっている Das Gebäude ist schon baufällig./私の面目はまる潰れだ Ich habe mein Gesicht vollkommen verloren.

つべこべ つべこべ言う meckern; 〔理屈をこねる〕 räsonnieren; 〔批評する〕 kritisieren; krit|teln; herum|nörgeln/つべこべ言うな Halt den Mund!

ツベルクリン 〔薬〕 Tuberkulin n. -s ‖ ツベルクリン検査 Tuberkulinprobe f. -n/ツベルクリン反応 Tuberkulinreaktion f. -en.

つぼ 坪 Tsubo n., -s, - (= 3.3m²) pro Tsubo/この土地はちょうど百坪あります Das Grundstück ist genau 〔ein〕hundert Tsubo groß. ‖ 坪数 Flächeninhalt *m.* -〔e〕s, -e.

つぼ 壺 ❶ Topf *m.* -〔e〕s, ¨e; Krug *m.* -〔e〕s, ¨e《取手のある》. ❷ 壺にはまった treffend; zutreffend; triftig; passend; richtig／思う壺にはまる nach ³Wunsch gehen* [s]／彼は壺を心得ている Er kennt den Pfiff. ‖ インク壺 Tintenfass *n.* -es, ¨er／牛乳壺 Milchtopf *m.* -〔e〕s, ¨e／骨壷 Urne *f.* -n.

つぼね 局 Hofdame *f.* -n《女官》.

つぼまる kleiner (enger; schmäler) werden／この花瓶は上がつぼまっている Diese Vase verjüngt sich nach oben. ⇨**せばまる**(狭まる).

つぼみ 蕾 Knospe *f.* -n; Keim *m.* -〔e〕s, -e《萌芽》／蕾のうちに im Keim／蕾をつける Knospen an|setzen.

つぼめる 窄める kleiner (enger; schmäler) machen⁴; schließen*⁴《閉じる》／雨傘をつぼめる einen Regenschirm zu|machen／肩をつぼめる die Schulter ein|ziehen*／口をつぼめる den Mund (die Lippen) spitzen. ⇨**すぼめる**.

つま 妻 Frau *f.* -en; Gattin *f.* ..tinnen《丁重な表現》; Gemahlin *f.* ..linnen《ごく丁重な表現》; Ehefrau *f.* -en《結婚している女の意》／妻に迎える *jn* zur Frau nehmen*／妻をめとる ³sich die Frau nehmen*; sich verheiraten《結婚する》／これが妻です Das ist meine Frau.

つま 《料理の》 Garnierung *f.* -en.

つまさき 爪先 Zehenspitze *f.* -n; Zehe *f.* -n／頭のてっぺんから足の爪先まで vom Wirbel bis zur Zehe／爪先で歩く auf ³Zehenspitzen gehen* [s]／爪先で立つ ⁴sich auf die Zehen stellen.

つまされる ¶ 身につまされる sehr gerührt sein《*von*³》; vom Mitleid gepackt werden／この話を聞いて身につまされ夜眠れなかった Als ich diese Geschichte hörte, konnte ich, vom Mitleid gepackt, nachts nicht schlafen.

つましい(く) sparsam; bescheiden; einfach／つましく暮らす sparsam (einfach) leben; ein bescheidenes (genügsames) Leben führen.

つまずき 躓き das Stolpern* (Straucheln*), -s ⇨**ざせつ**／躓きの石 〖聖〗ein Stein《*m.* -〔e〕s》des Anstoßes.

つまずく 躓く stolpern [s]《*über*⁴》; straucheln [s]《*über*⁴》; an|stoßen*《*an*⁴》／石に躓く über einen Stein stolpern; an einen Stein an|stoßen*. ⇨**ざせつ**.

つまだつ 爪立つ ⇨**つまさき**(爪先).

つまはじき 爪弾き Fingerschnipser *m.* -s, -; Schnippchen *n.* -s, -; [排斥] Verrufserklärung *f.* -en; Boykott *m.* -〔e〕s, -e／爪弾きに会う in ⁴Verruf geraten* (kommen*) [s]; boykottiert werden. — 爪弾きする schnippen; schnipsen; [排斥する] in ⁴Verruf bringen*⁴ (erklären⁴); boykottieren⁴.

つまびらか つまびらかな(に) ausführlich; genau／つまびらかに記す genau auf|schreiben*⁴; ausführlich beschreiben*⁴《描写する》／つまびらかにする klar machen⁴; [確かめる] ermitteln⁴; fest|stellen⁴／それはいまだつまびらかでない Das ist noch nicht bekannt (ganz klar).

つままれる ¶ 狐につままれる behext werden／狐につままれたような顔をする ein dummes Gesicht machen／まるで狐につままれたような話だ Ich werde überhaupt nicht klug daraus.

つまみ 摘み ❶ [引出しなどの] Knopf *m.* -〔e〕s, ¨e. ❷ [つまむこと] Kniff *m.* -〔e〕s, -e／一つまみのたばこ(砂糖) eine Prise Tabak (Zucker). ❸ [ビールなどの] Beilage *f.* -n／おつまみにはピーナッツがあった Zum Knabbern gab es Erdnüsse.／おつまみは何にしますか Was isst man dazu?

つまみぐい 摘み食いをする naschen《*von*³; *an*³》／公金の摘み食いをする öffentliche Gelder veruntreuen.

つまむ 摘む ❶ [指で] kneifen*⁴; zwicken⁴; *jn* zupfen《*an*³ つまんで引っぱる》⇨**つむ**(摘む)／鼻をつまむ *jn* an der Nase zupfen《他人の》; ³sich die Nase zu|halten*《悪臭で》⇨**はなつまみ**／つまみ出す hinaus|werfen* (-|schmeißen*⁴); vor die Tür setzen⁴／奴をつまみ出せ Hinaus ('Raus) mit ihm!／どうぞおつまみください《客に食物をすすめて》Bitte langen (greifen) Sie zu. ❷ [摘要] kurz fassen／かいつまんで言えば um es kurz auszudrücken (zu fassen); kurz.

つまようじ 爪楊枝 Zahnstocher *m.* -s, -／爪楊枝を使う ⁴sich eines Zahnstochers bedienen; ³sich 〔mit einem Zahnstocher〕 in den Zähnen stochern.

つまらない [些細な] geringfügig; unbedeutend; bedeutungslos; [無価値な] wertlos; nichtswürdig; [無用の] nichtsnutzig; [愚劣な] dumm; albern; blöde; [退屈な] langweilig; [面白くない] uninteressant／つまらない人間 ein unbedeutender (langweiliger; nichtsnutziger) Mensch, -en, -en／つまらないことで争う um nichts 〔und wieder nichts〕 streiten*／つまらないことを言う ⁴Unsinn (Quatsch) reden／つまらないまねをする eine Torheit begehen*; dummes Zeug machen／そんな話は僕にはつまらない Solche Geschichten sind mir langweilig. Das interessiert mich gar nicht.

つまらなそう つまらなそうに gelangweilt《退屈して》; uninteressiert《興味をもたずに》; gleichgültig《無関心に》; enttäuscht《失望して》／つまらなそうな顔をする ein gelangweiltes Gesicht machen《退屈して》; eine enttäuschte Miene auf|setzen《失望して》; ein langes Gesicht machen《同上》.

つまり ❶ ⇨**けっきょく**(結局). ❷ [要するに] kurz; um es kurz zu sagen; mit einem Wort. ❸ [前言の内容を説明して] nämlich; das heißt ...; ich meine ...《自分の真意は...である》／つまりこうなんです Das ist nämlich so ....／彼の妻君, つまり僕は彼の最初の奥さんのことを言っているんだが, ... Seine Frau, ich meine jetzt seine erste Frau, ...

つまる 詰まる ❶ [ふさがる] verstopft sein; [停滞する] stocken; stecken bleiben* [s]／管(鼻)が詰まっている Die Röhre (Die Nase) ist verstopft.／交通が詰まっている Der Verkehr stockt.／彼は話の途中で詰まった Er blieb 〔mitten〕 in seiner Erzählung stecken. ❷

[充満する] Voll gestopft sein 《mit³》; voll (überfüllt) sein 《von³》/列車には人がぎっしり詰まっていた Der Zug war gestopft voll./彼の予定はぎっしり詰まっている Sein Stundenplan ist voll besetzt. ❸ [窮する] nicht (weder) ein noch aus wissen*; in ³Not sein/返答につまる keine Antwort mehr (nicht mehr zu antworten) wissen*/ことばにつまる stocken/金につまっている in finanzieller Not sein. ❹ [短かくなる] kürzer (kleiner) werden; [布がちぢまる] schrumpfen [s]; ein|gehen* [s].

つみ 罪 [宗教·道徳上の] Sünde *f.* -n; [罪責] Schuld *f.*; [責任] Verantwortung *f.* -en; [犯罪] Verbrechen *n.* -s, -; [違反] Vergehen *n.* -s, -; Verstoß *m.* -es, ⸚e; [過失] Fehler *m.* -s, -; [罰] Strafe *f.* -n/罪と罰 Schuld und Sühne/罪のある sündig; schuldig/罪のない sünd〔en〕los; unschuldig; schuldlos/罪なくして ohne ⁴Schuld; unschuldig; unverschuldet/罪に服する ⁴sich schuldig bekennen*; seine Schuld (Sünde) bekennen* (ein|gestehen*)/罪に処する *jn* bestrafen; *jn* verurteilen 《zu³》/罪をあばく ein Verbrechen auf|decken/罪をあがなう seine Sünden büßen; die Schuld (ein Verbrechen) büßen (sühnen)/…の罪をあがなう Sühne leisten 《für⁴》/罪を罰する ein Verbrechen bestrafen/罪を減じる eine Strafe mildern (ermäßigen)/罪を白状する seine Schuld gestehen*/罪を着せる *jn* ²*et* beschuldigen; [転嫁する] von ³sich auf *jn* die Schuld ab|wälzen; *jm* die Schuld zu|schieben*/罪をまぬがれる der ³Strafe entgehen* [s]/罪を犯す eine ⁴Sünde (ein Verbrechen) begehen*/罪を負う die Schuld (Verantwortung) auf ⁴sich nehmen*; die Schuld (Verantwortung) tragen*/罪を許す *jm* die Sünde (die Schuld; das Vergehen) vergeben* (verzeihen*)/それは誰の罪でもない Niemand ist (hat) daran schuld./罪は彼にあるのではない Die Schuld liegt nicht bei ihm./彼はすべての罪を仲間に負わせようとした Er versuchte, alle Schuld seinem Genossen in die Schuhe zu schieben.

-づみ -積み ¶ 二トン積みの貨車(トラック) Güter¦wagen (Last-) 《*m.* -s, -》 von 2 Tonnen ³Ladefähigkeit; Zweitonner *m.* -s, -.

つみあげる 積み上げる auf|häufen⁴; auf|schichten; auf|türmen⁴.

つみいれ 積み入れ ⇨つみこみ.

つみおろし 積み卸し Laden und Löschen, des - und -s; Verladung und Ausladung, der - und -/積み卸しする laden*⁴ und löschen; verladen*⁴ und aus|laden*⁴.

つみかえ 積み替え Umladung *f.* -en.

つみかえる 積み替える um|laden*⁴/商品を別な船に積み替える Waren von einem Schiff in ein anderes um|laden*.

つみかさなる 積み重なる ⁴sich häufen; ⁴sich stapeln; ⁴sich wiederholen 《繰り返される》/積み重なっている aufeinander (übereinander) liegen*; aufgestapelt (aufgeschichtet) sein.

つみかさねる 積み重ねる ⇨つみあげる(積み上げる)/こうしたことは経験を積み重ねてみてはじめてできることです Das kann man erst, wenn man genügend Erfahrungen gesammelt hat.

つみき 積み木 Bauklotz *m.* -es, ⸚e; Baustein *m.* -〔e〕s, -e ‖ 積み木箱 Baukasten *m.* -s, ⸚.

つみきん 積金 ⇨つみたて.

つみくさ 摘み草をする junge Gräser (Kräuter) 〔zum Essen〕 pflücken (sammeln)/摘み草に行く zum Kräutersammeln gehen* [s].

つみこみ 積み込み das Laden*, -s; Verladung *f.* -en; Einschiffung *f.* -en 《船への》.

つみこむ 積み込む 〔ver〕laden*⁴/船に積み込む auf ein Schiff verladen*⁴; ein|schiffen⁴.

つみだし 積み出し Versendung *f.* -en 《発送》; Verladung *f.* -en 《積荷》; Verschiffung *f.* -en 《船での》.

つみだす 積み出す versenden⁽*⁾⁴ 《発送する》; verladen*⁴ 《積荷する》; verschiffen⁴ 《船で》.

つみたて 積み立て das Ersparen* (Zurücklegen*), -s ‖ 積立金 zurückgelegtes Geld, -〔e〕s, -er; Ersparnis *f.* ..nisse; [準備金] Reservefonds *m.* -, -.

つみたてる 積み立てる ersparen⁴; zurück|legen⁴/旅行のために彼は金をいくらか積み立てておいた Für die Reise hat er sich etwas Geld zurückgelegt.

つみつくり 罪作りな böse; schlecht; unrecht; gottlos; grausam; herzlos; sündhaft; sündig/罪作りな行い eine böse Tat, -en/そんな罪作りなことをするなよ Begehe nicht so eine Sünde! ¦ Lass doch den Unfug!

つみとる 摘みとる ab|pflücken⁴/…の芽を摘みとる im Keim ersticken⁴.

つみに 積荷 Ladung *f.* -en; Fracht *f.* -en; Kargo *m.* -s, -s 《特に船の》/船の積荷をおろす eine Schiffsladung löschen; das Schiff (Waren aus dem Schiff) aus|laden* ‖ 積荷保険 Transportversicherung 《*f.* -en》 von ³Waren; Kargoversicherung *f.* -en/積荷目録 Ladungsverzeichnis *n.* ..nisses, ..nisse; Frachtliste *f.* -n; Manifest *n.* -〔e〕s, -e.

つみぶかい 罪深い sündhaft; sündig; schuldbeladen.

つみほろぼし 罪滅ぼし Buße *f.* -n; Sühne *f.* -n/罪滅ぼしをする büßen⁴; Buße tun* 《für⁴》; sühnen⁴; Sühne leisten 《für⁴》.

つむ 紡錘 Spindel *f.* -n/紡錘の形をした spindelförmig.

つむ 摘む 〔ab|〕pflücken⁴/花(いちご)を摘む Blumen (Erdbeeren) pflücken/悪の芽を摘む das Laster im Keim ersticken.

つむ 詰む ❶ ⇨つまる/目の詰んだ engmaschig. ❷ [将棋で] 〔schach〕matt werden.

つむ 積む ❶ [搭載する] laden*⁴ 《auf⁴; in⁴》; beladen⁴ 《mit³》/貨物をトラックに積む Fracht auf den Lastwagen laden*; den Lastwagen mit ³Fracht beladen*/その船は建築用材を積んでいた Das Schiff war mit Bauholz beladen./この潜水艦はロケットを積

つむぎ 紬 ein grobes seidenes Gewebe, -s, -‖紬糸 grober gezwirnter Seidenfaden, -s, -.

つむぎぐるま 紡ぎ車 Spinnrad n. -[e]s, ¨er.

つむぐ 紡ぐ spinnen** ⁴ / 糸を紡ぐ Fäden (Garn) spinnen*.

つむじ Wirbel m. -s, - / つむじ曲がりの powerkarperf; eigensinnig; / つむじを曲げる den Beleidigten spielen; verstimmt (schwierig) werden / つむじを曲げている verärgert sein; schlechter ²Laune sein / 彼はつむじ曲がりだ Er ist ein Querkopf (eine schwierige Person).

つむじかぜ 旋風 Wirbel|wind m. -[e]s, -e (-sturm m. -[e]s, ¨e); Zyklon m. -s, -e.

つめ 詰め ❶ [詰め合わせ] りんご三十個詰めの箱 eine Kiste mit dreißig Äpfeln. ❷ [勤務] 大阪支店詰めを命ぜられる nach Osaka versetzt werden. ❸ [将棋の] Schachmatt n. -[e]s.

つめ 爪 Nagel m. -s, ¨; [鳥獣の] Klaue f. -, -n; Kralle f. -, -n; Haken m. -s, - / 手[足]の爪 Fingernagel (Zehennagel) m. -s, ¨ / 爪に火を点[ヒ]す mit seinem Geld geizen (knausern); ein äußerst sparsames Leben führen / …の爪の垢[ｱｶ]を煎じて飲む ³sich jn zum Vorbild nehmen* / 爪を立てて引掻く ³sich (jm) die Nägel schneiden* (stutzen) / 爪を研ぐ ³sich die Krallen schärfen‖爪印 ⇨つめいん / 爪切りばさみ Nagelschere f. -, -n / 爪ブラシ Nagelbürste f. -, -n / マニキュア [術] Nagelpflege f.; Manikür [e] f. / 爪やすり Nagelfeile f. -, -n.

つめあわせ 詰め合わせ Geschenkpackung f. -, -en.

つめえり 詰襟 Stehkragen m. -s, -.

つめかえる 詰め替える um|füllen⁴ (in⁴ 他の容器へ); um|packen⁴ (荷造り直す) / トランクを詰め替えるbeim Koffer um|packen / このワインを別の壜に詰め替えてくれ Fülle den Wein bitte in eine andere Flasche um!

つめかける 詰めかける hin|drängen (um⁴); zusammen|strömen [s] (zu³) ⇨おしよせる / 駅にはその有名な俳優を見ようとして大勢の人々が詰めかけていた Auf dem Bahnhof hatten sich viele Menschen eingefunden, um den berühmten Schauspieler zu bewundern.

つめこむ 詰め込む stopfen* ⁴ (in⁴); hinein|stopfen⁴ (in⁴); [ぎっしりと] voll|stopfen* (mit³); überfüllen⁴ (mit³); [くそ勉強をする] büffeln; pauken / 単語を頭に詰め込む ³sich Vokabeln ein|pauken / [腹一杯に] ³sich den Magen voll|stopfen (überfüllen).

つめしょ 詰所 Büroraum m. -[e]s, ¨e 《事務室》; Pförtnerhäuschen n. -s, - 《門衛の》;

Hausmeisterloge f. -n 《建物の管理人の》; Wachstube f. -n 《番兵などの》/ 門衛の詰所で beim Pförtner.

つめたい 冷たい kalt; kühl / 氷のように冷たい eiskalt / 冷たい人間 ein kaltherziger Mensch, -en, -en / 冷たい戦争 ein kalter Krieg, -[e]s, -e / 冷たい態度をとる jm die kalte Schulter zeigen; jn kühl (gleichgültig) behandeln / 冷たくなる kalt werden; sterben* [s] 《死ぬ》/ 今朝はとても冷たい Es ist heute Morgen sehr kalt. / 彼は冷たく迎えられた Es wurde ihm ein kalter Empfang zuteil.

つめたさ 冷たさ Kälte f.; Kühle f.

つめて 詰手 [Schach] mattzug m. -[e]s, ¨e.

つめばら 詰腹 ein aufgezwungenes Harakiri, -[s], -s / 詰腹を切らせる jm ⁴Harakiri auf|zwingen*; jn zwingen*, sein Amt niederzulegen (seine Stellung aufzugeben).

つめもの 詰物 Füllung f. -, -en; Füllsel n. -s, -; Füllstoff m. -[e]s, -e; Polsterung f. -, -en 《家具・クッションなどの》; Holzwolle f. -n 《包装用の木屑のパッキング》.

つめよせる 詰め寄せる ⇨おしよせる.

つめよる 詰め寄る ⁴sich jm drohend nähern; jn bedrohen / 彼は私に詰め寄った Er kam auf mich drohend zu.

つめる 詰める ❶ [満たす] füllen⁴ (mit³); [詰め込む] stopfen⁴ (in⁴); [穴をふさぐ] verstopfen⁴ (mit³); [荷物を] packen⁴ (in⁴); [歯を充填[ﾃﾝ]する] plombieren / 壜に水を詰める eine Flasche mit ³Wasser füllen / カバンに本を詰める Bücher in die Mappe packen / 耳に綿を詰める ³sich Watte in die Ohren stopfen / パイプにたばこをつめる seine Pfeife stopfen / 席を詰める Platz machen (für⁴ 詰めて空けてやる); zusammen|rücken [s] / 詰めて書く eng schreiben* / どうか少々詰めていただけませんか Bitte, wollen Sie etwas zusammenrücken! ❷ ⇨つめる，せつやく. ❸ [将棋で] in matt setzen. ❹ [息を] [den Atem] an|halten*. ❺ [当直する] im Dienst sein; in ³Bereitschaft sein 《待機する》. ❻ つめて仕事をする schwer (pausenlos; mit ³Hochdruck) arbeiten.

つめわた 詰綿 Watte f. -n; Wattierung f. -en.

つもり 積もり ❶ [意向] Absicht f. -, -en; Vorhaben n. -s, -; Vorsatz m. -es, ¨e; [計画] Plan m. -[e]s, ¨e; [見込] Erwartung f. -, -en; Hoffnung f. -, -en; Voraussicht f. / …の積もりで in der Absicht, ... 《意図》; in der Erwartung, dass ... 《期待》/ …の積もりである erwarten⁴ 《期待》; rechnen (mit³ 予測) / …する積もりである die Absicht haben, ...; beabsichtigen⁴; vor|haben*** / 君は何の積もりでここに来たのか In welcher Absicht (Zu welchem Zweck) bist du hierher gekommen? / 彼女と結婚する積もりはありません Ich habe nicht die Absicht (Ich denke nicht daran), sie zu heiraten. / そんな積もりで言ったのではありません Das habe ich nicht so gemeint. / 私をどうする積もりなのか Was hast du mit mir vor? / 彼は親切の積もりでしたのだ Er hat es gut gemeint. / 彼女は自分が美人の積

もりなんだ Sie bildet sich ein, eine Schönheit zu sein. ◊ 後々来ない積もりにしていた方がよい Wir rechnen besser damit, dass er nicht kommt. ❷ ⇨みつもり.

つもる 積もる ❶ ⇨みつもる(見積もる). ❷ [堆積する] ⁴sich an|häufen/積もる話があります Ich habe dir (Ihnen) viel zu erzählen./雪は一晩で二十センチ積もった Der Schnee erreichte in einer Nacht eine Höhe von 20 Zentimetern. / この雪はきっと積もるだろう Der Schnee wird sicher liegen bleiben.

つや 通夜 Totenwache (f. -n) bei ³Nacht/お通夜をする [die ganze ¹Nacht hindurch] Totenwache halten⁴.

つや 艶 Glanz m. -es, -e; Glätte f. 〈滑らかさ〉/艶のある glanzvoll, glänzend/艶のない glanzlos; matt/艶が出る Glanz bekommen⁴/艶を出す einem Glanz geben*³; polieren⁴/艶を失う seinen Glanz verlieren*/彼は艶々した血色をしている Er strahlt vor Gesundheit.

つやけし 艶消し ❶ [das Mattieren, -s/艶消しにする mattieren⁴; matt (glanzlos) machen⁴; entglänzen⁴. ❷ [興ざめ]艶消しのエ 興ざましの nüchternd; enttäuschend. ‖艶消しガラス Mattglas n. -es, "er.

つやごと 艶事 ⇨じょうじ(情事).

つやだし 艶出し das Polieren*, -s; Politur f. -en; das Mangeln*, -s 〈洗濯物の〉/艶出しをする polieren⁴; mangeln⁴ 〈洗濯物を〉. ‖艶出し機〈洗濯物の〉Mange f. -n; Mangel f. -n.

つやっぽい 艶っぽい amourös; erotisch; sinnlich/艶っぽい場面 Liebesszene f. -n/艶っぽい唇(目) sinnliche Lippen (Augen) (pl).

つやぶきん 艶布巾 Polierlappen m. -s, -.

つゆ 汁 Suppe f. -n 〈スープ〉; Brühe f. -n 〈肉汁〉; Saft m. -[e]s, "e 〈ジュース〉.

つゆ 梅雨[時] Regenzeit f. -en.

つゆ 露 Tau m. -[e]s, -e/露の玉 Tautropfen m. -s, -/露しげき tauig/露ほども[...せぬ] nicht ein bisschen; nicht im Geringsten/露が降る Es taut. Tau fällt./そんなことは露知らなかった Das habe ich gar nicht gewusst./Davon hatte ich keine Ahnung. ‖ 朝露 Morgentau.

つよい 強い〈く〉stark; kräftig 〈力強い〉; mächtig 〈強大な〉; gewaltig 〈強力な〉; tapfer 〈勇敢な〉; mutig 〈勇気〉; heftig 〈はげしい〉; tief 〈深い〉; rüstig 〈強壮な〉; fest 〈堅固な〉/船(酒)に強い seefest (trinkfest)/意志の強い willensstark/強い風は強い光 ein starker (hefiger) Wind, -[e]s, -e/強い光 starkes (grelles) Licht, -[e]s, -e/強くなる stark (mächtig) werden; ⁴sich verstärken/強く主張する nachdrücklich (mit ³Nachdruck) behaupten⁴/彼は酒が強い Er ist ein starker Trinker./この酒はとても強い Dieser Wein ist sehr stark./彼はその噂を強く否定した Er bestritt das Gerücht nachdrücklich (entschieden; energisch).

つよがる 強がりを言う groß tun*; prahlen; aufschneiden*; ⁴sich dick stellen/奴は強がりを言っているだけさ Er stellt sich nur so.

Er tut nur so.

つよき 強気 ❶ [気が] 強気の selbstsicher 〈自信のある〉; unnachgiebig 〈不屈の〉; dickköpfig 〈強情な〉. ❷ [相場]Haussiers m. -s, Hausse f. -n〈株価の騰貴〉. ‖ 強気筋 Haussier m. -s, -s.

つよごし 強腰 強腰である unnachgiebig sein (gegenüber³)/強腰を示す ⁴sich unnachgiebig zeigen (gegenüber³).

つよさ 強さ Stärke f.; Intensität f.

つよまる 強まる stark (mächtig) werden; stärker (mächtiger) werden; ⁴sich verstärken; zu|nehmen* 〈増大する〉; ⁴sich steigern 〈同上〉/圧力が強まる Der Druck verstärkt (steigert) sich./晩方風が強まった Gegen Abend nahm der Wind zu.

つよみ 強み Stärke f.; die starke Seite f. -n; Vorteil m. -[e]s, -e 〈長所〉; Vorzug m. -[e]s, "e 〈同上〉/これが彼の強みだ Das ist seine Stärke.

つよめる 強める stark (mächtig) werden lassen*⁴; stärker (mächtiger) machen⁴; verstärken⁴; stärken⁴ 〈身体・健康などを〉; steigern⁴ 〈高める〉; betonen⁴ 〈強調する〉/疑惑(印象)を強める den Zweifel (Eindruck) verstärken/語気を強めて主張する (stark) betonen⁴; nachdrücklich behaupten⁴.

つら 面 Gesicht n. -[e]s, -er; [軽蔑的に]Fratze f. -n; Visage f. -n; Fresse f. -n〈元来はロの意〉/面を一発なぐる jm eins (eine) in die Visage (Fresse) hauen*/そんな馬鹿面をするな Mach doch nicht so ein dummes Gesicht!/どの面さげて今更家へ帰れようか Wie soll ich mich jetzt zu Haus(e) sehen lassen!

つらあて 面当てに [いやがらせに] um jn zu ärgern; aus reiner Bosheit; [反抗するために] aus ³Trotz (gegen⁴); [zum Protest (gegen⁴)]/面当てを言う absichtlich eine böse (schnippische) Bemerkung machen. ⇨あてこすり(当てこすり).

つらい 辛い bitter; bitterlich; [きつい] hart; [苦痛] schmerzlich; [骨の折れる] mühsam; mühselig; anstrengend; [困難] schwer; schwierig/辛い仕事 eine mühsame (harte, schwere) Arbeit/辛い目に会う Schweres durch|machen; Schlimmes erleben/辛い立場にある in einer schwierigen Lage sein/辛く当たる jn grob (herzlos; rücksichtslos) behandeln; schwer von jm loskommen/彼の辛い Es fällt mir schwer, mich von ihm zu trennen./金を稼ぐのは辛いものだ Es ist schwer (bitter; traurig), dass man kein Geld hat.

つらがまえ 面構え Gesichtszüge (pl); Aussehen n. -s/不適な面構えをしている ein furchtloses Gesicht (ein tollkühnes Aussehen) haben; eine verwegene Gestalt sein.

つらさ 辛さ Bitterkeit f. -en; Bitternis f. -nisse; [苦痛]Schmerz m. -es, -en; [骨の折れること] Mühseligkeit f.; [困難さ] Schwierigkeit f. -en/貧乏の辛さを知る die Not der ²Armut kennen lernen/私の立場の辛さを察してください Versetzen Sie sich doch in meine schwierige Lage!

つらだましい 面魂 ¶ 彼は不屈の面魂の持ち主だ Die Festigkeit seines Charakters ist ihm ins Gesicht geschrieben.

つらつら つらつら考える ³sich genau überlegen⁴; 〔lange ⁴Zeit〕 nach|denken* 《*über*⁴》/つらつら思うに wenn ich es mir richtig überlege; wenn ich darüber nachdenke. ⇨つくづく.

つらなる 連なる ⁴sich aneinander reihen; ⁴sich erstrecken 《延びている》/席に連なる bei|wohnen³; anwesend (dabei) sein/北部には千メートル以上の山々が連なっている Im Norden reihen sich Berge von über 1 000 Meter aneinander.

つらにくい 面憎い unsympathisch; widerlich / 彼女は面憎いほど落ち着きはらっている Ihre Gelassenheit ist beinahe (geradezu) herausfordernd.

つらぬく 貫く [貫通する] ❶ durchbohren⁴; durchdringen*⁴/心臓を貫く《弾丸・ナイフが》 *js* Herz durchbohren/川は平野を貫いて流れている Der Fluss durchfließt die Ebene. ❷ [貫徹する] durch|führen⁴ (–|setzen⁴)/志を貫く seinen Willen durch|setzen; sein Ziel erreichen.

つらねる 連ねる reihen⁴《*an*⁴》; an|reihen³⁴/彼も名前を連ねています Sein Name ist auch drin.

つらのかわ 面の皮の厚い dick¦fellig (–häutig); frech; unverschämt/面の皮が厚い ein dickes Fell haben; frech (unverschämt) sein/面の皮を剥ぐ *jn* beschämen (demütigen) 《辱しめる》; *jm* die Maske vom Gesicht reißen* 《仮面を剥ぐ》.

つらよごし 面汚し Schande *f.* –n/面汚しな schändlich/面汚しになる *jm* zur Schande gereichen; *jm* ⁴Schande bereiten/奴は俺たちの面汚しだ Er ist eine Schande für uns.

つらら 氷柱 Eiszapfen *m.* –s, –.

つり 釣り ❶ [魚釣り] das Angeln*, –s/釣りをする angeln/釣りに行く angeln gehen* [s]/彼は釣りが好き(上手)だ Er ist ein leidenschaftlicher (guter) Angler. ❷ [釣銭] Wechselgeld *n.* –[e]s, –er; Retourgeld *n.* –[e]s, –er; Rest *m.* –[e]s, –e 《残金》/お釣りを出す den Rest zurück|geben* (heraus|geben*)/お釣りは十円です Sie bekommen 10 Yen zurück./お釣りは要りません Es stimmt.¦Der Rest ist für Sie.¦Den Rest können Sie behalten./はいお釣りです Hier haben Sie den Rest./千円でお釣りはありますか Können Sie mir auf 1 000 Yen herausgeben?

つりあい 釣合 Gleichgewicht *n.* –[e]s, –e 《平衡》; Balance *f.* –n 《同上》; Verhältnis *n.* ..nisses, ..nisse 《割合》; Proportion *f.* –en 《同上》; Ebenmaß *n.* –es, –e 《均斉》; Gleichmaß *n.* –es, –e 《同上》; Symmetrie *f.* –n 《左右相称》; Einklang *m.* –[e]s, ⸗e 《調和》; Harmonie *f.* –n 《同上》; Trimm *m.* –[e]s 《船の前後の》/釣合が取れている ⁴sich im Gleichgewicht befinden* 《*mit*³》; im richtigen Verhältnis stehen* 《*mit*³; *zu*³》; wohlproportioniert (ebenmäßig; gleichmäßig; symmetrisch) sein; harmonieren /釣合を取る ins Gleichgewicht bringen*⁴; balancieren⁴; gleichmäßig verteilen⁴; trimmen⁴ 《船の前後の》/釣合を失う das Gleichgewicht verlieren*; aus dem Gleichgewicht kommen* [s]/賃金と仕事の釣合が取れない Der Lohn steht in keinem Verhältnis zur Arbeit.

つりあう 釣り合う ⁴sich im Gleichgewicht befinden* 《*mit*³ 平衡》; ⁴sich balancieren 《均衡》; im richtigen Verhältnis stehen* 《割合 *mit*³; *zu*³》; wohlproportioniert (ebenmäßig; gleichmäßig; symmetrisch) sein 《均斉》; in ³Einklang stehen* 《*mit*³ 調和》; harmonieren 《*mit*³ 調和》; *jm* an|stehen* 《似合う・ふさわしい》; ⁴sich ziemen 《*für*⁴ 同上》/それは君には釣り合わないよ Das steht dir nicht an.¦Das ziemt sich nicht für dich.

つりあげる 吊り上げる ❶ [物体を] 〔auf|〕heben*⁴; empor|heben*⁴; in die Höhe ziehen*⁴; hoch|ziehen*⁴ (auf|–). ❷ [物価を] 〔den Preis〕 hoch|treiben*⁴.

つりあげる 釣り上げる aus dem Wasser 〔heraus|〕ziehen*⁴; ³sich angeln; fischen⁴.

つりいと 釣糸 Angel¦schnur *f.* ⸗e (–leine *f.* –n).

つりかご 吊籠 〖航〗〔Ballon〕korb *m.* –[e]s, ⸗e 《気球の》; Gondel *f.* –n 《飛行船の》.

つりがね 釣鐘 Glocke *f.* –n/釣鐘を鋳る eine Glocke gießen* ‖ 釣鐘草 Glockenblume *f.* –n.

つりかわ 吊革 Griff 《*m.* –[e]s, –e》 〔zum Festhalten〕/吊革につかまる ⁴sich am Griff fest|halten*.

つりこむ 釣り込む hinein|locken⁴ (herein|–) 《*in*⁴ 誘い入れる》; an|locken⁴ 《好餌(こうじ)で》; verleiten⁴ 《*zu*³ 邪道に》.

つりざお 釣竿 Angelrute *f.* –n.

つりさがる 吊り下がる herab|hängen*; herunter|hängen*; hängen*.

つりさげる 吊り下げる herab|hängen⁴; auf|hängen⁴; hängen⁴/窓から吊り下げる vom Fenster heraus|hängen⁴.

つりせん 釣銭 ⇨つり②.

つりだい 吊台 Tragbahre *f.* –n.

つりだす 釣り出す hinaus|locken⁴ (heraus|–) 《*aus*³》. ⇨おびく(誘く).

つりだな 吊棚 Wandbrett *n.* –[e]s, –er.

つりて 釣手 Angler *m.* –s, – 《釣りをする人》; Aufhänger *m.* –s, – 《蚊帳などの》.

つりてんじょう 釣天井 Hänge¦decke (Schwebe–) *f.* –n; Deckenattrappe *f.* –n 《見せかけの天井》.

つりどうぐ 釣道具 Angelgerät *n.* –[e]s, –e.

つりどうろう 釣灯籠 Hänge¦lampe *f.* –n (–laterne *f.* –n).

つりどこ 吊床を吊る eine Hängematte 《–n》 auf|hängen 《*zwischen*³》.

つりなかま 釣り仲間 Angelfreund *m.* –[e]s, –e.

つりばし 吊橋 Hängebrücke *f.* –n; Seil¦brücke (Kabel–) *f.* –n 《鋼索の》; Kettenbrücke *f.* –n 《鎖の》.

つりばしご 吊梯子 Hänge¦leiter (Strick–) *f.* –n; 〖海〗 Jakobsleiter.

つりばり 釣針 Angelhaken *m.* -s, -.
つりひも 吊紐 Aufhängeschnur *f.* ⸗e.
つりぶね 釣舟 Fischer|boot *n.* -[e]s (-kahn *m.* -[e]s, ⸗e).
つりぶね 〘航〙Gondel *f.* -n.
つりぼり 釣堀 Angelteich *m.* -[e]s, -e.
つりめ 吊り目 ein schräg stehendes Auge, -s, -n.
つりランプ 吊ランプ Hängelampe *f.* -n.
つりわ 吊環〔体操〕Schaukel|ringe 《*pl*》.
つる 弦 ❶〔弓の〕Sehne *f.* -n/弦を張る einen Bogen bespannen/弦を引き絞る einen Bogen spannen. ❷〔楽器の〕⇨**げん**〈弦〉.
つる 弦 Griff *m.* -[e]s, -e (どびんなどの); Bügel *m.* -s, - 《めがねなどの》.
つる 蔓 Ranke *f.* -n/蔓状の rankenartig/蔓を出す [sich] ranken/蔓からみつく ⁴sich ranken 《*um*⁴》/蔓ばら Kletterrose *f.* -n.
つる 鶴 Kranich *m.* -[e]s, -e.
つる 釣る ❶〔魚を〕angeln⁴; fischen⁴. ❷〔欺く〕an|locken⁴; [an]ködern⁴ 〔餌で〕; herein|legen⁴/僕は彼にまんまと釣られてしまった Er hat mich schön hereingelegt.
つる 吊る auf|hängen⁴ 〔掛ける・吊り下げる〕; tragen*⁴ 〔剣・勲章などを〕/ 腕を包帯で吊る den Arm in der Schlinge tragen*.
つる 痙る Krämpfe (den Krampf) bekommen*; in ⁴Krämpfe verfallen* 〘s〙/筋肉が痙る Muskelkrämpfe bekommen*/彼は足が痙った Er hat den Krampf in den Beinen.
つるぎ 剣 Schwert *n.* -[e]s, -er.
つるくさ 蔓草 Kletter|pflanze (Schling-, Ranken-) *f.* -n.
つるし 吊し 吊して買う von der ³Stange kaufen⁴ 〔洋服など〕.
つるしあげる 吊し上げる auf|hängen⁴; hoch|ziehen*⁴; *jm* zu|setzen 〔追究する〕; *jn* zur Rede stellen 〔答弁を迫る〕; mit *jm* streng (scharf) ins Gericht gehen* 〘s〙〔はげしく非難攻撃する〕.
つるす 吊るす ⇨**つる**〈吊る〉.
つるつる つるつるした glatt 〔滑らかな〕; schlüpfrig 〔ぬるぬるした〕/つるつるした道 ein glatter (schlüpfriger) Weg, -[e]s, -e/つるつるした氷 ein glatter Fußboden, -s, ⸗/つるつる滑る氷 〔路面の〕Glatteis *n.* -es/顔をつるつるに剃る ⁴sich glatt rasieren.
つるはし 鶴嘴 Spitz|hacke (Kreuz-) *f.* -n; Pickel *m.* -s, - 〔特に登山用の〕.
つるべ 釣瓶 Schöpfeimer *m.* -s, -/釣瓶打ちにする dicht hintereinander feuern (schießen⁴)/秋の日は釣瓶落しとの如く Im Herbst dunkelt (dämmert) es so schnell.
つれ 連れ Begleiter *m.* -s, -; Begleiterin *f.* ..rinnen〔女〕; 〔旅の〕Gefährte *m.* -n, -n; Gefährtin *f.* ..tinnen〔女〕/彼には連れがあった Er war nicht allein.
~つれ ⇨**つれ**.
つれあい 連れ合い Lebensgefährte *m.* -n, -n; Lebensgefährtin *f.* ..tinnen〔女〕⇨**つま**〈妻〉.

つれかえる 連れ帰る zurück|bringen⁴/家に連れ帰る nach ³Haus[e] [zurück]|bringen⁴ (mit|nehmen⁴).
つれこ 連れ子 Kind (*n.* -[e]s, -er) aus erster (früherer) Ehe.
つれこみやど 連れ込み宿 Absteigequartier *n.* -[e]s, -e.
つれこむ 連れ込む mit|nehmen⁴ 《*in*⁴》; mit *jm* ab|steigen* 〘s〙《*in*³》.
つれそう 連れ添う ⁴sich verheiraten 《mit *jm* 結婚する》; verheiratet sein 《mit *jm* 結婚している》.
つれだす 連れ出す heraus|holen⁴; heraus|locken⁴ 《おびき出す》; entführen⁴ 《かどわかす》/散歩に連れ出す zu einem Spaziergang mit|nehmen⁴/若い女性を連れ出す eine junge Frau entführen⁴.
つれだつ 連れ立つ [zusammen]|gehen* 〘s〙《*mit*³》; begleiten⁴/子供たちと連れ立って zusammen mit den Kindern.
つれづれ Lang[e]weile *f.*; Langweiligkeit *f.*/つれづれなるまま vor (aus) ³Langeweile; um die Lang[e]weile (Zeit) zu vertreiben; weil ich sonst nichts Vernünftiges zu tun hatte/つれづれに ⁴sich langweilen.
つれて 〔時のたつにつれ〕mit der Zeit; im Laufe der Zeit/病状の進むにつれ mit dem Fortschreiten der Krankheit; je mehr die Krankheit fortschreitet/彼は年を取るにつれ謙虚になった Je älter er wurde, desto bescheidener wurde er.
つれない herzlos; mitleidslos; rücksichtslos; unbarmherzig; grausam.
つれる 連れる mit|nehmen⁴; mit|bringen*⁴ 〔同伴する〕《*mit*³》/ ...と一緒に in ³Begleitung von *jm*; begleitet von *jm*/連れて行く 〔連れてくる〕[ab]|holen⁴/警官に連れて行かれる von einem Polizisten abgeführt werden/私も連れて行って下さい Nehmen Sie mich auch mit!/私は彼を病院に連れて行った Ich brachte ihn zum Krankenhaus.
つれる 痙れる ⇨**つる**〈痙る〉.
つわもの 兵 Soldat *m.* -en, -en/古つわもの ein alter Soldat; Veteran *m.* -en, -en.
つわり Schwangerschaftsbeschwerde *f.* -n.
つん つんとした hoch|mütig 〔-näsig〕; eingebildet.
つんざく zerreißen*⁴/耳をつんざくような 호rreiß耳をつんざいた Plötzlich zerriss ein Schuss uns 〔ein ohrenbetäubender Knall〕die Stille.
つんつん つんつんしている 〔zu *jm*〕sehr unfreundlich sein; ⁴sich 〔zu *jm*〕sehr unfreundlich zeigen; schlechter ²Laune sein 不機嫌である.
つんと つんとした顔〔態度〕eine steife Miene (Haltung); eine unfreundliche Miene (Haltung)/つんと澄ます geziert tun* 《気どる》; ⁴sich steif (unfreundlich) zeigen 《固い態度をする》/鼻をつんと突く 《ある臭いとか》/悪臭がつんと鼻にきた Ein ekelhafter Geruch stach mir in die Nase (schlug mir ins Gesicht).
ツンドラ Tundra *f.* ..ren.
つんのめる nach vorne hin|fallen* 〘s〙.

て

て 手 ❶ Hand *f.* ¨e; Arm *m.* -[e]s, -e《腕》; Handteller *m.* -s, -《掌》; Pfote *f.* -n《動物の前足; 人間の手の蔑称》; Tatze *f.* -n《動物の前足; ぶかっこうな人間の手》/手のひら die flache Hand/手の甲 die umgekehrte (verkehrte) Hand/手いっぱい mit vollen Händen/手に手をとって ^{4}Hand in ^{3}Hand; ^{4}Arm in ^{3}Arm《腕を組んで》/手で押しのける mit der Hand fort|stoßen*^{4} (weg|-)/手ではかる über den Daumen peilen^4《口語》/手からもぎとる aus den Händen reißen*^{4}《*jm*》/手から手へわたる von ^{3}Hand gehen* (wandern) [s]/手もとにある zur Hand sein/手に取る in die (zur) Hand nehmen*^{4}/手を上げる die Hand heben*; die Hand erheben*《gegen *jn* なぐろうとして》; ^{3}sich nicht mehr zu helfen wissen*《もてあます》/手を合わせて拝む mit gefalteten Händen beten/手を合わせて頼む inständig (flehentlich) bitten*《*jn* um^4》/手を触れる berühren^4; fühlen^4《手探りする》/手を放す los|lassen*^{4}; aus der Hand fahren (fallen) lassen*^{4}/手を広げる die Arme《*pl*》aus|dehnen (aus|breiten)/手をこする ^{3}sich die Hände reiben*/手を握る die Hand drücken (geben*; reichen); sich (einander) die Hände reichen《互いに》; die [Hand zur] Faust ballen《こぶしを固める》; ^{4}sich aus|söhnen《mit *jm* 和解する》; ^{4}sich versöhnen《mit *jm* 同上》/手を押さえる am (beim) Arm fassen《*jn*》/手を取る bei der Hand fassen《*jn*》/手を打つ in die Hände klatschen/頭を手にかかえる den Kopf in die Hand stützen/子供の手を引く ein Kind an der Hand führen/両手をしばる die Hände binden* (fesseln)《*jm*》/手を離せ Hände weg! ❷ [手段] Mittel *n.* -s, -; Weg *m.* -[e]s, -e; Mittel und Wege《*pl*》; Methode *f.* -n; Art und Weise《方法》; Kniff *m.* -[e]s, -e《手管》; Kunstgriff *m.* -[e]s, -e《同上》/手を尽くす mit allerlei Mitteln (Mittelchen) zu erreichen suchen^4; allerlei Manöver versuchen (machen); kein Mittel unversucht lassen*/手を変え品を変えて口説く auf tausenderlei (alle mögliche) Art und Weise zu gewinnen suchen^4《*jn*》/二度とその手は食わぬ So lasse ich mich nicht noch [ein]mal (nie wieder) hereinlegen./その手は食わぬ Mach mir keine Wippchen vor!/次の手を打っておかないと危い Tust du den nächsten Schritt nicht, kann es gefährlich werden.⁝ Wenn du den nächsten Schritt unterlässt, [dann]…. ❸ [相撲などの] Griff *m.* -[e]s, -e; Manöver *n.* -s, -; Schlich *m.* -[e]s, -e《まれ》. ❹ [将棋などの] Zug *m.* -[e]s, ¨e/一手差す einen Zug tun* (machen)/先手である den ersten Zug haben/悪い手を差す einen falschen Zug tun* (machen). ❺ [カルタの] Hand/手がよい(悪い) eine gute (schlechte) Hand haben. ❻ [手跡] [Hand]schrift *f.* -en; Hand; Duktus *m.* -《筆法》; [Schrift]zug *m.* -[e]s, ¨e《筆跡》/手があがる eine bessere Hand zu schreiben an|fangen*; besser zu schreiben an|fangen*; Die Schrift verbessert sich./手がよい(わるい) eine gute (schlechte) [Hand]schrift haben/手が確かだ(覚束ない) eine sichere (unsichere) Hand haben/彼の手は読みやすい(読めない) Er hat eine leserliche (unleserliche) Hand (Schrift)./水くきの跡も美しい手だ Sie hat einen zierlichen Duktus (Zug).⁝ Ihre Schrift ist [sehr] zierlich. ❼ [柄] Griff *m.* -[e]s, -e; Handhabe *f.* -n; Henkel *m.* -s, -《コーヒー茶碗などの》. ❽ [種類] Art *f.* -en; Sorte *f.* -n/この手の傘 Schirme《*pl*》dieser Art (Sorte). ❾ [人手] Hände《*pl*》; [Arbeits]kräfte《*pl*》/手が足りない es fehlt (mangelt) *jm* an Arbeitskräften (Helfern); wenig Arbeitskräfte haben; unter Mangel an Arbeitskräften leiden*/手を貸す zur (an die) Hand gehen* [s]《*jm*》; behilflich sein《*jm* bei^3》; bei|springen* [s]《*jm*》; unter die Arme greifen*. ❿ [成句で] 〖手が〗手があく freie Zeit bekommen*《*jm*》/手があいている frei haben; unbeschäftigt sein; nichts zu tun haben; nicht in Anspruch genommen sein; Zeit haben/手が出ない hilf⁝los (rat-) sein; unfähig (außerstande; außer Stande) sein《zu ...》/手が塞がっている [vollauf] beschäftigt sein; alle Hände voll zu tun haben/手が出た Die Hand ist mir ausgerutscht./手がかかる zu schaffen machen《*jm*》; Mühe kosten (machen; verursachen)/手が回っている《警察の》Die Polizei ist dem Täter auf der Spur./〖手も〗手も足も出ない ^{3}sich nicht mehr zu helfen wissen*; weder (nicht) aus noch ein wissen*; *jm* steht der Verstand still/手もなく ohne weiteres; direkt; einfach; kurzweg; schlecht⁝hin (-weg); unmittelbar/〖手に〗手に余る(合わぬ) über seine Kräfte gehen* [s]; nicht Herr^2 werden können*; ^{4}es nicht auf|nehmen können*《mit *jm* 敵わない》; ^{4}sich nicht messen können*《mit *jm* 同上》; nicht gleich|kommen* [können*]《*jm* 同上》/手に汗を握って in atemloser Spannung; mit verhaltenem Atem/手に入る, 手に落ちる in die Hände kommen* (fallen*; gelangen) [s]; zu Händen (zur Hand) kommen* [s]; in den Besitz *js* kommen* [s]/この本は偶然手に入ったものだ Das Buch hat mir der Zufall in die Hand gespielt.⁝ Dieses Buch ist mir zufällig in die Hände (Hand) gekommen./手に入れる in die Hand bekommen*^{4}; in Besitz nehmen*⁴; Besitz ergreifen* (von³)/手に掛ける **1)** [引き受けてする] übernehmen*⁴; auf ⁴sich nehmen*; besorgen*⁴; sich verpflichten (⁴et zu tun). **2)** [世話をする] ⁴sich kümmern (um*³); Acht geben* (haben) (auf³); ³sich an|nehmen*²; sehen* (nach³). **3)** [殺す] töten (jn); kalt|machen (jn 俗); über die Klinge springen lassen* (jn 剣); 手にとるように greifbar; handgreiflich; anschaulich / 手に唾(⊙)して立つ ⁴sich auf|raffen; seine Kräfte (pl) zusammen|nehmen*⁴; ⁴sich mit³Mut gürten/手につかぬ⟨仕事が⟩ nicht aufgelegt sein (zu³); nicht gelaunt (gestimmt) sein (zu³); zu unruhig (ruhelos) sein, um⁴zu unternehmen zu können (um⁴et zu unternehmen) / 手に渡る in js Hände über|gehen*⁵/手に渡す übergeben*⁴ (jm); in die Hände geben*⁴ (jm); aus|händigen⁴ (jm³)/手の [手の]かかる umständlich; kompliziert; verzwickt; zeitraubend/手の切れるような札 eine knisternde Banknote, -n/手のこんだ sorgfältig gearbeitet; kunstvoll / 手の長い langfingerig; diebisch; spitzbübisch; lange Finger haben; krumme Finger machen/手の届く⟨届かぬ⟩所にある innerhalb (außerhalb) js ²Reichweite sein (liegen*); erreichbar (unerreichbar) sein/手のつけようがない nicht wissen*, was man damit anfangen soll; ratlos vor ⁴et (einem chaotischen Durcheinander) stehen*/手の裏を返すように gewissen|los (scham-; skrupel-); ohne ²Scheu; ohne zu zögern/[手を] 手を出す **1)** die Hand aus|strecken (bieten*). **2)** [事業なとに] ⁴sich ein|lassen⟨ (in*⁴; auf³); in Angriff nehmen*⁴; ⁴sich beteiligen (an³; bei³); unternehmen*⁴. **3)** [干渉する] ⁴sich ein|mischen (-|mengen) (in*⁴); dazwischen|kommen* ⓢ. **4)** [女性に] in ein (Liebes)verhältnis treten*⁵ (mit j)/⁴sich einer Frau nähern; ⁴sich an eine Frau heran|machen / 手をひく die (helfende) Hand ab|ziehen* (von jm); nicht mehr helfen* (jm); 手を省く kürzer machen; aus|lassen*⁴ (fort|-; weg|-) /...の手を経る durch js Hände gehen* ⓢ/手を切る das Verhältnis brechen* (mit jm); nichts mehr zu tun haben wollen* (mit jm); ⁴sich trennen (von jm) / 手を下す Hand legen (an⁴); selbst (selber) tun*⁴; um|bringen* (jn 殺す)/手をこまねく die Hände in den Schoß legen (in die Tasche stecken)/手を回す 1) [人を遣わす] einen Boten schicken; einen Agenten beschäftigen; aus|kundschaften⁴ (探索する). **2)** [手回しする] für|bereiten*⁴; Vorsorge (Vorkehrungen (pl)) treffen*/手を空しうして mit leeren Händen; unverrichteter⁴dinge (-|sache)/手を出す **1)** die Hände aus|strecken. **2)** [事業などに] sein Geschäft aus|dehnen (vergrößern, erweitern); 手を濡らさずして mit ³Leichtigkeit; ohne ²Mühe/手を染める Hand an|legen (an⁴); Hand ans Werk legen; ³sich vor|nehmen*⁴; den ersten Schritt machen; versuchen⁴/手を着ける **1)** [触れる] berühren*⁴; in Angriff nehmen*⁴; habhaft² (触れるまじきものに);《俗》organisieren⁴ 《くすねる》; eine Frau seinem Willen gefügig machen《女性に》. **2)** [始める] beginnen*⁴; an|fangen*⁴/手を打つ **1)** in die Hände (mit den Händen) klatschen (vor Freude); in die Hände zusammen|schlagen* 《打ちあわせる》. **2)** [契約の成立などに] handelseinig werden; einen Handel (einen Vertrag) ab|schließen*/手を焼く³sich die Finger verbrennen*; ins Fettnäpchen treten*⁵ 《しくじる》.

て 出 **❶** [出所・出身] Abstammung f. -en/あの人は高貴の出 Er ist [von] hoher Abstammung.|Er stammt von altem Adel. 《名門の出》/良家の出である aus guter Familie stammen (sein)/彼はどこの出ですか— 鹿児島です Woher stammt er? — Aus Kagoshima./彼女は大学出です Sie ist akademisch gebildet.|いなかからぱっと出の娘さん eine Unschuld frisch vom Land[e]. **❷** [流出] 水⟨ガス⟩の出がよい Das Wasser (Das Gas) strömt gut aus./この万年筆はインクの出が悪い Diese Füllfeder stockt fortwährend. **❸** [人出] たいへんな人出でもあわれた Ich wurde von einer wogenden (gärenden) Menge umhergestoßen./展覧会は大した人出ではなかった Die Ausstellung war nicht besonders stark besucht.

～で **❶** [時] in³; binnen³; zu³/一時間で in einer Stunde/一週間で《以内に》binnen 8 Tagen ❖heute in 8 Tagen (来週の今日の場合の in は「後」の意/ここに来てからクリスマスで三年になる Zu Weihnachten werde ich drei Jahre hier sein./すぐこの足で stehenden Fußes. **❷** [場所] an³; auf³; bei³; in³; zu³/窓辺(河畔)で am Fenster (an einem Flusse)/その場で an Ort und Stelle/往来(田舎)で auf der Straße (auf dem Land[e])/食卓で beim Tisch/本屋(床屋)で beim Buchhändler (beim Friseur)/ロンドン(フランス)で in London (in Frankreich)/私の家で bei mir; bei uns; bei mir zu Haus[e]/新聞で読みました Ich habe es in der Zeitung gelesen./どこの人に会いました Wo haben Sie ihn getroffen?/口車に場所の副詞を用いて ここで hier/あそこで dort/あちこちで hin und da. **❸** [年齢] mit³/あのおばあさんは九十歳で死にかけている Die alte Frau wird mit neunzig sterben./...歳で im Alter von ... Jahren/高齢で im hohen Alter/彼女は十代でもう恋を知った Unter zwanzig Jahren hat sie schon lieben gelernt./三十そこそこで彼は博士になった Am Beginn der Dreißiger (Anfangs der Dreißiger) hat er sich habilitiert./五十代で結婚した Als ein Fünfziger hat er geheiratet./彼女は六十歳で今や盛めで死んだ Sie starb als Witwe im Alter von 60. **❹** [価格] für⁴; zu³/千円で昼めしを食う für 1 000 Yen zu Mittag essen*/一メートル二千円で服地を買う den Stoff zu 2 000 Yen den Meter kaufen. **❺** [標準] auf³; in³; nach³; um⁴; zu³/請負で出来高で働く auf (in) Akkord (im Gedinge) arbeiten/時間

払いでタクシーに乗る ein Taxi auf Zeit nehmen* / 目方で売る nach dem Gewicht verkaufen^4 / 僕の時計で五時だった Es war fünf nach meiner Uhr. / 低賃金で働く um einen kleinen Lohn arbeiten / 三人で zu dreien; zu dritt / 〖-weise を用いて〗時間で stundenweise / グループで gruppenweise / 対で paarweise. ❻ [言語] auf^4; in^3; zu^3 / ドイツ語で auf Deutsch; im Deutschen; zu Deutsch. ❼ [乗物] mit^3 / 飛行機で(列車で, 船で) mit dem Flugzeug (mit der Eisenbahn; mit dem Schiff) / 空路で(水路で, 陸路で) auf dem Luftweg (zu Wasser, zu Lande) / 何等で行きますか—二等で行きます Welcher Klasse fahren Sie? — Ich fahre zweiter. ❖「...等で」は二格を用いる. ❽ [材料] aus^3; von^3 / 鉄で(木で)つくってある(つくられる) aus Eisen (aus Holz) gemacht sein (werden) / 昔の鏡は鉄でできている Der Spiegel der alten Zeiten ist von Eisen. ❾ [手段・方法] auf^4; durch^4; in^3; mit^3; mittels^2; vermittels^2 / つけ(掛)で auf Kredit (Borg) / 分割払いで auf Abzahlung / 手紙で通知をする in einem Brief (brieflich) mit|teilen^4 / 手紙を郵便で送る einen Brief durch die Post (mit der Post) schicken / 数字で示す in Ziffern an|geben*^{4} / 金で役にありつく durch Geld zu einem Amt gelangen [s] / 腕力で mit Gewalt / 〖その他副詞を用いて〗電話で telefonisch / 書面で schriftlich / 口頭で mündlich. ❿ [用具] mit^3; in^3 / ペンで書く mit der Feder schreiben*^{4} / 油絵具で描く in Öl malen. ⓫ [判断の根拠] an^3; nach^3 / その効果でわかる ^{4}*et* an der Wirkung erkennen* / ことばつきでわかる *jn* an der Sprechweise erkennen* / 彼の手紙(の文面)で見ると nach seinem Brief (laut^2 seines Briefes) / 彼は自分の標準で人を判断する Er beurteilt andere nach sich. / 〖an- の前つうりを有する an|fühlen (-|hören; -|merken; -|riechen*; -|sehen*; -|spüren) 《以上三・四格支配》を用いて〗一目で外国人とわかる Man sieht den Ausländer sogleich an. / 君の声で風邪をひいているのがわかる Man hört 〔es〕 dir an, dass du erkältet bist. ⓬ [生活の根拠] von^3; in^3 / 薄給で暮らす von einem kleinen Gehalt leben / 信念で生きている in dem Glauben (des Glaubens) leben. ⓭ [原因・理由] an^3; aus^3; infolge^2; von^3; vor^3; wegen$^{2(3)}$ / 彼は伝染病で(傷で)死んだ Er starb an einer ansteckenden Krankheit (infolge einer Wunde). / いろいろな理由で aus verschiedenen Gründen / 寒さで指がこわばる Die Finger erstarren vor Frost. / 怒りで赤くなる vor Zorn rot werden / あの方は病気で失礼すると言っていました Er lässt sich wegen seiner *Krankheit entschuldigen.* 《伝言》. ⓮ [それで] で, 君どうする Und? Was machst du? / それでと, どうしたらいいかな Und nun! Wie sollen wir es machen? ⓯ [その上] 美人で金持だ Sie ist schön und noch dazu reich.

てあい 手合 ❶ [連中] Gesindel *n.* -s, -; Bande *f.* -n; Gelichter *n.* -s; Pack *n.* -〔e〕s; Pöbel *m.* -s. ❷ [種類・程度] Art *f.* -en; Schlag *m.* -〔e〕s, ⸚e; Rang *m.* -〔e〕s, ⸚e; Grad *m.* -〔e〕s, -e.

であいがしら 出会いがしらに plötzlich beim Entgegenkommen; 〖もっと具体的に〗 plötzlich beim Türaufmachen; ganz zufällig an der Ecke / 出会いがしらに頭をぶつけた Plötzlich beim Entgegenkommen stießen wir mit den Köpfen zusammen.

であう 出会う ❶ [会合] *jn* treffen*; *jm* begegnen [s]. ❷ [遭遇] stoßen* [s] 《*auf*^{4}》; zusammen|stoßen* [s] 《*mit*^{3}》; zusammen|treffen* [s] 《*mit*^{3}》 / 途中雨に出会った Unterwegs bin ich vom Regen überrascht worden. / 彼は災難に出会った Ihm ist ein Unglück zugestoßen. ¦ Er ist von einem Unglück betroffen worden.

てあか 手垢 Daumen〔schmutz〕fleck *m.* -〔e〕s, -e / 手垢のついた mit Flecken von Fingern (Daumen); mit Daumen〔schmutz〕flecken.

てあし 手足 Hand und Fuß; Hände und Füße 《*pl*》; Arm und Bein; Arme und Beine 《*pl*》; die Gliedmaßen 《*pl*》; die Extremitäten 《*pl*》 / 手足のように働く ^{4}sich als 〔willfähriges〕 Werkzeug gebrauchen lassen*; auf *js* Wink und Ruf bereit sein; jedem Wink bereit folgen [s].

であし 出足 Start *m.* -〔e〕s, -s / 出足の速い geschwind; flink; hurtig; schnell / 出足の遅い langsam; säumig / 出足がよい einen guten Start (Anlauf) nehmen* (haben) / スタートの出足は大してよくなかった Er kam nicht ganz so glänzend weg. 《競技》/ この車は出足がよい Dieser Wagen fährt gut an.

てあたり 手当たり 〔Tast〕gefühl *n.* -〔e〕s. ⇨てざわり ¶ 手当たり次第に aufs Geratewohl; auf gut Glück; unmethodisch.

てあつい 手厚い 〔gast〕freundlich; herzlich; innig; liebevoll; warmherzig / 手厚い介護を受ける in sorgfältiger (aufopfernder; liebevoller) Pflege sein; sorgfältig (aufopfernd; liebevoll) gepflegt werden / 手厚くもてなす größte Gastfreundlichkeit üben 《an *jm*》; herzlich auf|nehmen* (empfangen*) 《*jn*》 / 手厚く礼をする reichlich belohnen 《*jn für*^{4}》; reichliche Gegen¦geschenke (-gaben) machen (dar|bringen*; geben*) 《*jm* 返礼》.

てあて 手当 ❶ [加(治)療] die 〔ärztliche〕 Behandlung, -en (Hilfe, -n); Behandlungsweise *f.* -n; Heilverfahren *n.* -s, -; Kur *f.* -en. ❷ [給与] Gehalt *n.* -〔e〕s, ⸚er; Besoldung *f.* -en 《給金》; Fixum *n.* -s, ..xa 《定収入》; Honorar *n.* -s, -e 《謝礼》; Lohn *m.* -〔e〕s, ⸚e 《賃金》; [ボーナス] Bonus *m.* - (..nusses), - (..nusse); Extrazahlung *f.* -en; Gratifikation *f.* -en; [僅少な] Hungerlohn. ❸ [用意] Vorbereitung *f.* -en; Vorkehrung *f.* -en; Vorsorge *f.* ── 手当をする 〔ärztlich〕 behandeln 《*jn*》 (〔bei|〕helfen* 《*jm*》); 〔ärztliche〕 Behandlung (Hilfe) angedeihen lassen* 《*jm*》; eine Wunde behandeln (verbinden*) 《傷の》; erste Hilfe 〔bei Unfällen〕 leisten 《*jm* 応急の》; ^{4}sich kümmern 《um *jn* 世話する》. ── 手当を与える belohnen 《*jn für*^{4}》; besolden 《*jn*》; ho-

てあぶり 手焙り das kleine Feuer|becken (Holzkohlen-), -s, -.

てあみ 手網 Handnetz n. -es, -e.

てあみ 手編みの mit der Hand gestrickt (gehäkelt); hand|gestrickt (selbst gestrickt).

てあらい 手洗い das Händewaschen*, -s ‖ 手洗い場 Waschraum m. -[e]s, "e; Toilette f. -n/手洗い鉢 Wasch|becken n. -s, - (-napf m. -[e]s, "e); Hand|schüssel f. -n)/手洗い水 Hand|wasser (Wasch-) n. -s.

てあらい 手荒い gewaltsam; grob; heftig; rau; stürmisch; unsanft; unzart; wild; unnatürlich《不自然な》.

であるく 出歩く umher|schlendern s, 4sich herum|treiben*/あの男はいつも出歩いている Er ist immer unterwegs./あの奥さんは出歩いてばかりいる Sie ist eine aushäusige Frau.

てあわせ 手合わせ ❶〔勝負〕Partie f. -n; Spiel n. -s, -e; Spielen*n. -s, -/将棋の手合わせ eine Partie Schach. ❷〔取引〕Geschäft n. -[e]s, -e. ―― 手合わせする ❶〔勝負する〕eine Partie (ein Spiel[chen]) spielen (machen)《mit jm》. ❷〔取引する〕ein Geschäft (einen Handel) ab|schließen*; handelseinig werden.

てい 低 Prunk|haus (Fürsten-; Herren-) n. -es, "er; Fürsten|sitz (Herren-) m. -es, -e; Palast m. -[e]s, "e; Prachtbau m. -[e]s, -ten; Residenz f. -en; Schloss n. -es, "er‖邸内 das Haus nebst Grund und Boden; Grundstück n. -[e]s, -e.

てい 亭 (Garten|laube f. -n; Garten|haus n. -es, "er (-häuschen n. -s, -); Kiosk m. -[e]s, -e; Pavillon m. -s, -s; Restaurant n. -s, -s《料亭》.

てい 体 ⇨ ていさい/体のよい詐欺 der beschönigte (bemäntelte; maskierte) Betrug, -[e]s (Schwindel, -s)/紳士体の男の scheinbar wirkende Gentleman, -s, -men; der wie ein Gentleman wirkende Mann, -[e]s, "er; Er erweckt den Anschein eines Gentlemans, -s/体のよいことを言う einen bloßen Lippendienst tun*.

ていあつ 低圧 Niederdruck m. -[e]s, "e;〔電〕Niederspannung f. -en‖低圧蒸気 Niederdruckdampf m. -[e]s, "e/低圧線 Niederdruckleitung f. -en.

ていあん 提案 Vorschlag m. -[e]s, "e; Antrag m. -[e]s, "e; Anbieten n. -s, - (提出). ―― 提案する vor|schlagen*4《jm》; einen Vorschlag machen《jm》; in 4Vorschlag bringen*4《jm》 ❖ 固い表現なのでまず vor|schlagen* という方がよい; an|tragen*4《jm》; einen Antrag stellen; an|bieten*4《jm》. ‖提案者 der Vorschlagende, -n, -n; Antragsteller m. -s, -; der Anbietende, -n, -n.

ていい 帝位 der [kaiserliche] Thron, -[e]s; Kaiserthron m. -[e]s, -e/帝位につく(上る) den [kaiserlichen] Thron (Kaiserthron) besteigen*; auf den [kaiser-lichen] Thron (Kaiserthron) gelangen s/帝位を退く、譲る vom Kaiserthron steigen*s; dem [kaiserlichen] Thron entsagen/帝位を継ぐ auf den Thron folgen s.

ティー Tee m. -s ‖ ティーカップ [Tee]tasse f. -n/ティースプーン Teelöffel m. -s, -/ティーバッグ Teebeutel m. -s, -/ティーポット Teekanne f. -n.

ティーシャツ T-Shirt n. -s, -s.

ディーゼル ディーゼルカー Eisenbahnwagen mit Dieselantrieb m. -s, -/ディーゼル機関車 Diesellokomotive f. -n/ディーゼル自動車 Dieselauto n. -s, -s/ディーゼルモーター Dieselmotor m. -s, -en/ディーゼル列車 Dieselzug m. -[e]s, "e.

ディーラー Händler m. -s, -.

ていいん 艇員 Bootsmann m. -[e]s, ..leute《pl はクルーの総称》; Bootsmannschaft f. -en.

ていいん 定員 die festgesetzte Zahl《-en》 an Personen; Vollzähligkeit f.《全員》; Gesamtzahl《総数》; die volle Anzahl《同上》; Aufnahmevermögen n. -s《収容力》; Platz|zahl (Höchst-)《座席数》; Personalbestand m. -[e]s, "e《職員の》;〔Kopf]stärke f.《兵員などの》/定員に達している vollzählig sein/まだ定員に達していない Wir sind noch nicht vollzählig.; Es sind noch nicht alle da.

ティーンエージャー Teenager m. -s, -.

ていえん 庭園〔Landschafts]garten (Zier-) m. -s, "; Park m. -s, -s《広大な》‖庭園師 Gärtner m. -s, -; Gartenkünstler m. -s, -/庭園術 Garten|kunst (Gärtner-) f. "e.

ていおう 帝王 Kaiser m. -s, -; der kai-serlich《帝王切開術 Kaiserschnitt m. -[e]s, -e. ⇨ こうてい(皇帝).

ていおん 低音 die tiefe Ton, -[e]s; die tiefe Stimme, -n《声》; Bass m. -es, "e《低音部》; Tiefstimme《同上》/低音を tief|tönend (-klingend); mit tiefem Ton (Klang).

ていおん 定温 die konstante Temperatur, -en; die feste Temperatur《恒温》.

ていおん 低温 Tieftemperatur f. -en/低温殺菌する pasteurisieren4‖低温殺菌法 Pasteurisation f.

ていか 定価 der fest[gesetzt]e (fixe) Preis, -es, -e/定価の―割引きで mit einem Rabatt (einer Ermäßigung) von 10% (v. H.) des normalen fest[gesetzt]en Preises/定価通りに zu fest[gesetzt]en Preisen; zum fest-gesetzten (vorgeschriebenen) Preis ‖ 定価表 Preis|liste f. -n (-verzeichnis n. ..nisses, ..nisse).

ていか 低下 das Herabsinken*, -s; das Fallen*, -s;〔価値の〕Entwertung f. -en; Wertverminderung f. -en/この品は質が非常に低下した Diese Ware (Die Qualität dieser Ware) hat sich sehr verschlechtert.

ていかい 停会 Vertagung f. -en; Prolongation f. -en《議会の》/停会する vertagt (pro-

ていかい 低回 das Herum(bummeln (-lungern*; -schlendern*) (od. Umher-, -s; das Zögern* (Zaudern*), -s 《躊躇》.
— 低回する herum|bummeln (umher|-) (od. -|lungern; -|schlendern); zögern; zaudern. ‖ 低回趣味 Dilettantismus m. -.

ていかいはつ 低開発国 Entwicklungsland n. -(e)s, ⸚er.

ていかく 底角《数》Basiswinkel m. -s, -.

ていがく 停学 die vorübergehende Verweisung (-en) von der Schule; der vorübergehende Ausschluss (-es, ⸚e) vom Studium 《大学の》/停学を命じる vorübergehend von der Schule verweisen* 《jn》; vorübergehend vom Studium aus|schließen* 《jn》.

ていがく 定額 der festgesetzte (feste) Betrag, -(e)s, ⸚e; die festgesetzte (feste) Summe, -n ‖ 定額ично Amortisation f. -en/定額預金 das feste Deposit m. -s, ..sita (..sit-); die feste Spareinlage, -n.

ていがくねん 低学年 die unteren Klassen (Jahrgänge) 《pl》.

ていカロリー 低カロリーの kalorienarm.

ていかん 定款 Satzung f. -en; Statut n. -(e)s, -en.

ていかんし 定冠詞《文法》der bestimmte Artikel, -s, -; das bestimmte Geschlechtswort, -(e)s, ⸚er. ⇨かんし《冠詞》.

ていき 提起 das Einbringen*, -; Einbringung f. -en; Einleitung f. -en; Vorbereiten*, -(e)s; Vorlegung f. -en; das Vorlegen*, -(e)s/提起する einen Antrag ein|bringen* 《案件を》; einen Prozess ein|leiten 《訴訟を》; eine Frage vor|legen (stellen) 《問題を》.

ていき 定期の regelmäßig 《wiederkehrend; auftretend》; periodisch; Termin-; Zeit- ‖ 定期改選 die periodische Wieder(wahl (Neu-)/定期貸付 das Darlehen 《-s, -》auf bestimmte Zeit / 定期刊行物 die regelmäßig (in regelmäßigen Zwischenräumen) erscheinende Zeitschrift, -en/定期券 Dauerkarte (Zeit-) f. -n/定期券で通う mit Zeit|karte (Dauer-) fahren* s./定期券使用者 Abonnent m. -en, -en; Zeitkartenbenutzer (Zeit-) m. -s, -; -; Zeitkarteninhaber (Dauer-) m. -s, -/定期航海 der regelmäßige Schiffsverkehr/定期航空 der regelmäßige Flugverkehr, -s, 《まれに -e》/定期航空便 [Groß]verkehrsflugzeug n. -(e)s, -e / 定期航空路 《Schifffahrts》linie, -n/定期試験 die regelmäßig wiederkehrende Prüfung, -en; das regelmäßig wiederkehrende Examen, -s, - 《..mina》/定期船 der regelmäßig fahrende Dampfer, -s, -/定期賃貸借 Zeitpacht f. -en/定期取引 Zeit|geschäft (Termin-) n. -(e)s, -e; Zeithandel m. -s/定期年金 die Rente 《-n》auf bestimmte Zeit/定期売買 Zeit|kauf (Termin-) m. -(e)s, ⸚e/定期預金 das feste Deposit, -s, ..siten (..sit-); die feste Spareinlage, -n/欧州航路定期船 der auf der Europa-Linie regelmäßig fahrende (verkehrende) Dampfer.

ていき 定規の vorgeschrieben; vorschrifts|mäßig (ordnungs-); normal; regelrecht.

ていぎ 定義 Definition f. -en; Begriffsbestimmung f. -en/定義を下す definieren*; einen Begriff bestimmen (fest|legen); begrifflich fest|legen.

ていぎ 提議 ⇨ていあん.

ていきあつ 低気圧 Tiefdruck m. -(e)s, ⸚e; der tiefe Luftdruck 《まれ》; Tief n. -(e)s, -e 《地域》/低気圧の中心 das Zentrum 《-s, ..tren》(der Mittelpunkt, -(e)s, -e) des Tiefdruckgebiets ‖ 低気圧地帯 Tiefdruckgebiet n. -(e)s, -e.

ていきゅう 庭球 ⇨テニス.

ていきゅう 低級の nieder; niedrig; gemein; proletenhaft; vulgär/低級な趣味 der niedere (niedrige; proletenhafte; vulgäre) Geschmack, -(e)s, ⸚e.

ていきゅうび 定休日 der regelmäßige Ruhetag, -(e)s, -e; der Geschäftsfeiertag, -(e)s, -e 《der geschäftsfreie Tag》《商店の》.

ていきょう 提供 Anerbieten n. -s; Angebot n. -(e)s, -e; Anbietung f. -en; Offerte f. -n. — 提供する an|bieten*⁴ 《jm》; ein Anbieten machen 《jm》; offerieren⁴; liefern⁴ 《要求物件を》; bei|bringen*⁴ 《証拠を》. ‖ 提供物 das Angebotene*, -n.

ていぎょう 定業 der feste (ordentliche) Beruf, -(e)s, -e/定業につく einen festen (ordentlichen) Beruf ergreifen*.

ていぎん 低吟 das Vor-sich-hin-Summen*, -s/低吟する vor ⁴sich hin summen; 〔²sich〕 ein Lied summen.

ていきんり 低金利 der niedrige Zinsfuß, -es, ⸚e 《Zinssatz, -es, ⸚e》/低金利で zu einem niedrigen Zinsfuß 《Zinssatz》‖ 低金利政策 die Politik 《-, -en》des niedrigen Zinsfußes.

ていくう 低空 die geringe Höhe, -n/低空を飛ぶ飛行機 Tiefflieger m. -s, - ‖ 低空飛行 Niederflug m. -(e)s, ⸚e; der niedere Flug, -(e)s, ⸚e/低空飛行をする niedrig fliegen* s.; tief streifen.

ていけ 手活けの selbst arrangiert (gesteckt).

ていけい 蹄形 huf(eisen)förmig; U-förmig; hufartig ‖ 蹄形磁石 Hufeisenmagnet m. -(e)s, -(e)s, -e.

ていけい 定形 die festgesetzte (regelmäßige) Form, -en 《Gestalt, -en》/定形のない amorph; form|los 《gestalt-》.

ていけい 梯形 ⇨だいけい.

ていけい 提携 Zusammen|arbeit (Mit-) f.; Mitwirkung f.; das Zusammenarbeiten*, -s; Kooperation f. -en/提携して in ³Zusammenarbeit 《mit jm》; unter ³Mitwirkung 《von jm》. — 提携する zusammen|arbeiten (mit|-) 《mit jm》; mit|wirken 《bei³; an³》; kooperieren.

ていけつ 締結 Abschluss m. -es, ⸚e/締結する ab|schließen*⁴/条約を締結する einen Vertrag ab|schließen 《mit jm》.

ていけん 定見 die feste Überzeugung, -en;

die unumstößliche (feste) Meinung, –en/定見がある eine feste Überzeugung haben《*von*^{3}》; fest überzeugt sein《*von*^{3}》; eine unumstößliche (feste) Meinung haben《*von*^{3}; *über*^{4}》.

ていげん 逓減 die stufenweise (allmähliche) Verminderung, –en (Abnahme, –n); Verlangsamung *f.* –en《速度の》/報酬逓減の法則 das Gesetz (–es, –e) des abnehmenden Ertrags (vom abnehmenden Ertrag). ── 逓減する ^{4}sich stufenweise (allmählich) vermindern; stufenweise (allmählich) ab|nehmen*.

ていげん 低減 Ver¦minderung (–jüngung; –kleinerung; –ringerung) *f.* –en; Abnahme *f.* –n; Herabsetzung *f.* –en; Reduzierung *f.* –en. ── 低減する ^{4}sich vermindern (verjüngen; verkleinern; verringern); ab|nehmen*; herab|sinken* [s]; reduziert werden.

ていげん 定言的 〚哲〛 kategorisch ‖ 定言的命令 der kategorische Imperativ, –s, –e.

ていこ 艇庫 Boots¦haus *n.* –es, ⸚er (–schuppen *m.* –s, –).

ていこう 抵抗 Widerstand *m.* –[e]s, ⸚e; das Widerstreben*, –s; Opposition *f.* –en《反対》; Resistenz *f.* –en; Trotz *m.* –es《反抗》/部隊は頑強な抵抗を受けた Die Truppen stießen auf hartnäckigen Widerstand./抵抗し難い unwiderstehlich; zwingend. ── 抵抗する widerstehen*^{3}; Widerstand leisten^3; ^{4}sich widersetzen^3; ^{4}sich widerstreben^3; resistieren《まれ》; ^{4}Trotz bieten*^{3}/泥棒(強盗)は抵抗せずに逮捕された Der Dieb (Einbrecher) ließ sich ohne Widerstand festnehmen. ── 抵抗力のある(ない) widerstandsfähig (widerstandslos) ‖ 抵抗運動 Widerstandsbewegung *f.* –en/抵抗療法 Widerstandskur *f.* –en/抵抗力 Widerstands¦kraft *f.* ⸚e (–fähigkeit *f.* –en)/消極的抵抗 der passive Widerstand/空気抵抗 Luftwiderstand.

ていこく 定刻 die festgesetzte Zeit, –en (Stunde, –n)/定刻に来る pünktlich (zur festgesetzten Zeit) kommen* [s]; [fahr-]planmäßig an|kommen* [s]《列車・汽船などが》/定刻に遅れる ^{4}sich verspäten; die festgesetzte Zeit verfehlen; verspätet an|kommen* (ein|treffen*) [s].

ていこく 帝国 [Kaiser]reich *n.* –[e]s, –e/帝国の kaiserlich; imperial ‖ 帝国主義 Imperialismus *m.* –/帝国主義的 imperialistisch/帝国主義者 Imperialist *m.* –en, –en/帝国政府 die Kaiserliche Regierung/神聖ローマ帝国 das Heilege Römische Reich [Deutscher Nation]/大英帝国 das Britische Weltreich, –[e]s (Empire, –s).

ていさい 体裁 Aussehen *n.* –s; Anschein *m.* –[e]s《外観》; das Äußere*, –n; [die äußere] Erscheinung, –en; Form *f.* –en; Gestalt *f.* –en; Typus *m.* –, ..pen; Typ *m.* –s, –en《タイプ》; Format *n.* –[e]s, –e《書物の》/体裁を繕う beschön[ig]en^4; in ein vorteilhaftes Licht setzen^4; den Schein retten (wahren)/体裁を飾るのが好きだ Er stellt sich gern zur Schau. ── 体裁のよい hübsch aussehend; von gutem Aussehen; nett; schick《スマートな》; präsentierbar《贈物など》/体裁がよい(わるい) hübsch (schlecht) aus|sehen*; von gutem (schlechtem) Aussehen sein; geschmackvoll (geschmacklos) sein《様子などの》/体裁のいいことを言う geziert daher|reden; schön|färben^4. ── 体裁ぶる ^{4}sich in die Brust werfen*; vornehm (stolz) tun*; ^{3}sich ein Ansehen geben wollen*; ^{4}sich spreizen.

ていさつ 偵察 Aufklärung *f.* –en; Auskundschaftung *f.* –en; Erkundung *f.* –en; Späherei *f.* –en《探索》. ── 偵察する auf|klären^4; aus|kundschaften^4; erkunden^4; spähen^4 / 偵察に行く auf ^{4}Kundschaft aus|gehen* [s]/戦況(敵情)を偵察する die Gefechtslage (die feindliche Lage) auf|klären (erkunden)/偵察の任務に当たるのは飛行機だ Die Aufklärung (Erkundung) übernehmen die Flieger. ‖ 偵察機 Aufklärer *m.* –s, –; Aufklärungs¦flugzeug (Erkundungs–《まれ》) *n.* –[e]s, –e/偵察者 Aufklärer; [Aus]kundschafter *m.* –s, –; Späher *m.* –s, –/偵察飛行 Erkundungsflug *m.* –[e]s, ⸚e.

ていし 停止 Einstellung *f.* –en; die zeitweilige Aufhebung, –en; Stillstand *m.* –[e]s; Suspension *f.* –en; Unterbrechung *f.* –en《中断》. ── 停止する ❶ [停まる] [an|]halten*; still|stehen*; zum Stillstand kommen*[s]; ^{4}sich auf|halten*/停止する所を知らず kein Ende nehmen wollen*; keine Grenzen kennen*. ❷ [停める] ein|stellen^4; zeitweilig auf|heben*^{4}; zum Stillstand bringen*^{4}; suspendieren^4; unterbrechen*^{4}《中断する》/歌舞音曲を停止する alle [musikalischen und dramatischen] Darbietungen zeitweilig untersagen. ‖ 停止信号 Haltesignal *n.* –s, –e; [標識] Haltezeichen *n.* –s, –/停止線 Haltelinie *f.* –n/営業停止 Geschäftsverbot *n.* –[e]s, –e/支払停止 Zahlungseinstellung/発行停止 die Einstellung der Herausgabe.

ていじ 呈示 Vor¦zeigung (–legung) *f.* –en; das Vorzeigen*, –s/呈示次第 bei Vorzeigung (Vorlegung)/呈示する vor|zeigen^4 (–|legen^4)《*jm*》/ 手形を呈示する einen Wechsel vor|zeigen (–legen).

ていじ 丁字 die Gestalt (Form) (–en) eines T/丁字形の T-förmig.

ていじ 定時 die festgesetzte Zeit, –en/定時外に働く Überstunden《*pl*》machen/定時退庁(退社)する keine Überstunden machen ‖ 定時外労働 die Überstunden《*pl*》/定時制学校 Teilzeitschule *f.* –n/定時総会 die ordentliche Generalversammlung, –en.

ていしき 定式の regelrecht; ordnungs¦mäßig (vorschrifts–).

ていじつ 定日 der festgesetzte (anberaumte) Tag, –[e]s, –e/定日に am (an dem) festgesetzten (anberaumten) Tag[e].

ていしぼう 低脂肪の fettarm.

ていしゃ 停車 Halt *m.* –[e]s, –e; das [An-]

ていしゅ 亭主 [Ehe]mann m. -[e]s. -̈er 〔夫〕;〔戯〕Göttergatte m. -n, -n; Gastgeber m. -s, -〔主人役〕; Hauswirt m. -[e]s, -e〔同上〕;〔Gast〕wirt〔料理屋の〕/亭主役 Gastgeber; Hauswirt/亭主を持つ einen Mann bekommen (kriegen)/…を亭主にする zum Mann[e] bekommen (kriegen)⟨jn⟩/亭主になる der Gastgeber (Hauswirt) sein; den Gastgeber (Wirt) spielen/彼女は亭主を尻に敷いている Die Frau hat den Mann unter dem Pantoffel.| Sie hat (hält) den Mann unter dem Pantoffel. Sie führt (schwingt) den Pantoffel.

ていじゅう 定住する einen ständigen (festen) Wohnsitz (Wohnort) haben; ˢich [wohnhaft] nieder|lassen*⟨in³⟩; ˢich ansässig machen; ansässig werden ‖ 定住地 der ständige (feste) Wohn|sitz, -es, -e (-ort, -[e]s, -e).

ていしゅうにゅう 定収入 das feste Einkommen, -s; Fixum n. -s, -xa〔固定給〕.

ていしゅうは 低周波 Niederfrequenz f. -en ‖ 低周波増幅器 Niederfrequenzverstärker m. -s, -.

ていしゅく 貞淑 die weibliche Treue; Sittsamkeit f.; Unbescholtenheit f./貞淑な treu; sittsam; unbescholten.

ていしゅつ 提出 das Einbringen*, -s; Einbringung f. -en (-reichung f. -en); das Einreichen*, -s; vor|legung f. -en (-zeigung f. -en); das Vorzeigen*, -s. — 提出する ein|bringen*⁴; vor|legen⁴; beantragen⁴〔弱変化〕〔動議を〕; ein|reichen⁴〔願書などを〕; vor|bringen*⁴; vor|zeigen⁴〔手形などを〕/動議を提出する einen Antrag ein|bringen* (vor|legen)/法案を提出する einen Gesetz[es]entwurf ein|bringen* (vor|legen).‖ 提出者 der Vorschlagende*, -n, -n; Antragsteller m. -s, -.〔動議の〕.

ていじょ 貞女 die treue (tugendhafte; züchtige; keusche) Frau, -en/貞女の鑑 ein Ausbund (m. -[e]s, -̈e) an weiblicher Treue (Tugend[en]); ein Muster (n. -s, -) weiblicher Treue (Tugend[en]).

ていしょう 提唱 Befürwortung f. -en; Verfechtung f. -en; Vorschlag m. -[e]s, -̈e. — 提唱する befürworten⁴; verfechten*⁴; vor|schlagen*⁴.

ていしょう 低唱する leise vor ˢich hin singen*⁴.

ていじょう 呈上 Darreichung f. -en; das Anbieten*, -s; Überreichung f. -en; Widmung f. -en; Zueignung f. -en/呈上する dar|reichen⁴ ⟨jm⟩; an|bieten*⁴ ⟨jm⟩; ü-berreichen⁴ ⟨jm⟩; widmen⁴ ⟨jm⟩; zu|eignen⁴ ⟨jm⟩.

ていじょうぎ 丁定規 das T-Lineal, -s, -e.

ていしょく 停職 die Supension, -en; die zeitweilige Amts|entsetzung (-enthebung), -en/停職を命じる suspendieren ⟨jn⟩; zeitweilig seines Amtes entsetzen (entheben*) ⟨jn⟩.

ていしょく 定職 der feste Beruf, -[e]s, -e; die regelmäßige Beschäftigung, -en/定職がある einen festen Beruf (eine regelmäßige Beschäftigung; eine feste Arbeit) haben.

ていしょく 抵触 Wider|streit m. -[e]s, -e (-spruch m. -[e]s, -̈e); Kollision f. -en; Konflikt m. -[e]s, -e; Verstoß m. -es, -̈e. — 抵触する wider|streiten*³; widersprechen*³; in Widerspruch stehen* ⟨mit³⟩; kollidieren ⟨mit³⟩; verletzen⁴; verstoßen* ⟨gegen⁴; wider⁴⟩/彼の企ては法に抵触する Sein Vorhaben verstößt gegen (wider) das Gesetz.

ていしょく 定食〔料理店の〕Gedeck n. -[e]s, -e; Menü (Menu) n. -s, -s.

ていしょく 呈色反応 Farbenreaktion f. -en.

ていしん 艇身 Bootslänge f. -n/三艇身の差で勝つ mit drei Bootslängen [Vorsprung] gewinnen*.

ていしん 挺進する an der Spitze marschieren ⓢ; als erster schreiten* ⓢ ((voran|-) gehen* ⓢ); vor|stoßen* ⓢ.

ていしんたい 挺進隊 Stoßtrupp m. -s, -s.

ていすい 泥酔 totale (vollständige) Besoffenheit f.; sinnlose Betrunkenheit f. — 泥酔する ˢich sinnlos betrinken*; total besoffen (betrunken) sein/彼はべろべろに泥酔している Er ist sternhagelvoll (blau wie Märzveilchen).

ていすう 定数 ❶ die fest[gesetzt]e Zahl, -en; Vollzähligkeit f.〔全員〕; die beschlussfähige Anzahl 〔von Mitgliedern〕〔会議などの定足数〕/ 定数に満ちる die beschlussfähige Anzahl erreichen; eine beschlussfähige Anzahl aus|machen; vollzählig werden〔全員〕/定数を越す die beschlussfähige Anzahl überschreiten*. ❷〔運命〕Schicksal n. -s, -e; Geschick n. -[e]s; Los n. -es, -e; Verhängnis n. ..nisses, ..nisse〔悲運〕.

ディスカウント〔手形などの〕Diskont m. -e; Diskonto m. -[s], -s (..ti); Abzug m. -[e]s, -̈e; Rabatt m. -[e]s, -e; 〔売王の値引〕Nachlass m. -es, -e (-̈e)/ディスカウントする diskontieren; ab|ziehen*⁴; Diskont (Abzug; Rabatt) geben*; nach|lassen*⁴.

ディスクジョッキー Diskjockei (Diskjockey) m. -s, -s.

ディスクドライブ 〘電算〙Diskettenlaufwerk n. -[e]s, -e.

ディスコ Disko f. -s.

ディスプレー〘電算〙Display n. -s, -s.

ディスポーザー Zerkleinerungsapparat (m.) für Küchenabfälle ⟨pl⟩〔台所の〕.

ていする 呈する ❶〔呈上〕an|bieten*⁴; beschenken ⟨jn mit³⟩; dar|bieten*⁴ (-reichen⁴) ⟨jm⟩; schenken⁴ ⟨jm⟩; spenden⁴ ⟨jm⟩; überreichen⁴ ⟨jm⟩; widmen⁴ ⟨jm⟩/賛辞を呈する Lob erteilen (spenden; zollen)

ていせい ❶ [示す] zeigen⁴; bieten⁴; entfalten⁴; erkennen lassen⁴; präsentieren⁴ ◆活気を呈する eine Lebhaftigkeit entfalten/惨状を呈する traurig anzusehen sein ◆einen traurigen Anblick bieten* を使うのは生硬である.

ていせい 帝政 die kaiserliche Regierung, -en; Kaiserherrschaft f. -en; Kaisertum n. -s ‖ 帝政時代 Kaiserzeit f. -en/帝政ロシア das Russland (unter) der Zarenherrschaft (unter den Zaren).

ていせい 訂正 Verbesserung f. -en; Berichtigung f. -en; Korrektur f. -en; Revision f. -en《修正》; Richtigstellung f. -en. —— 訂正する verbessern⁴; berichtigen⁴; korrigieren⁴; revidieren⁴; richtig stellen⁴; retuschieren⁴《写真の》. ‖ 訂正増補 verbessert und erweitert (erweitert; ergänzt).

ていせい 定性 die bestimmte (feste) Qualität, -en/定性的な qualitativ ‖ 定性分析 die qualitative Analyse, -n.

ていせつ 貞節 Treue f. /貞節な treu.

ていせつ 定説 die unumstößliche Theorie, -n; die herrschende Meinung, -en.

ていせん 停戦 die zeitweilige Einstellung 《-en》 der Feindseligkeiten; der zeitweilige Waffenstillstand, -(e)s -e; Waffenstillstand auf Zeit; Waffenruhe f. —— 停戦する die Feindseligkeiten zeitweilig (bis auf weiteres) ein|stellen; zum Waffenstillstand (zur Waffenruhe) kommen* s. ‖ 停戦協定 die Vereinbarung 《-en》 der Waffenruhe/停戦命令 der Befehl, -(e)s, -e zur Einstellung der Feindseligkeiten; der Befehl, die Feindseligkeiten bis auf weiteres einzustellen.

ていせん 停船 das Schiff an|halten* (zum Halten bringen*); bei|drehen/停船を命じる befehlen⁴, das Schiff anzuhalten (zum Halten zu bringen).

ていそ 提訴する eine Klage 《-n》 (Klageschrift, -en) ein|reichen (gegen jn); einen Prozess (eine Klage) an|strengen (gegen jn).

ていそう 貞操 Keuschheit f. ; die weibliche Ehre; Jungfräulichkeit f. 《処女性》; (Sitten)reinheit f. ; Unbefleckheit f. 《無垢》; Unschuld f. 《純潔》/貞操の正しい keusch; sittsam; rein; jungfräulich; unbefleckt; unschuldig / 貞操を蹂躙（じゅうりん）する die Keuschheit vergewaltigen (rauben); entjungfern⁴ (eine Frau); die Ehre rauben⁴ (einer Frau); um die Ehre bringen⁴ (eine Frau)/貞操を守る keusch (sittlich rein; jungfräulich; unbefleckt) bleiben* s. [³sich] die Keuschheit (Sittenreinheit; Jungfräulichkeit; Unbefleckheit; Unschuld) bewahren / 貞操を重んじる vie'l auf Keuschheit (Sittenreinheit; Jungfräulichkeit; Unbefleckheit) halten*/彼女は貞操を破った Sie hat sich preisgegeben. ‖ 貞操の蹂躙 die Vergewaltigung 《-en》 (der Raub, -(e)s -e) der Keuschheit; Entjungferung f. -en 《処女凌辱（りょうじょく）?》.

ていそう 逓送 das Durchgeben*, -s; Durchgabe f. -n; das Weiter|befördern* (-geben*), -s; Weiter|beförderung f. -en (-gabe, -n -leitung f. -en) 《pl 逓送する durch|geben*⁴; weiter|befördern⁴; weiter|geben⁴.

ていぞう 逓増する allmählich zu|nehmen*; stufenweise vermehren⁴.

ていそく 定足 die fest(gesetzt)e Regel, -n.

ていそくすう 定足数 die beschlussfähige Zahl, -en.

ていたい 停滞 Stockung f. -en; Stauung f. -en; Verstopfung f. -en 《つまること》; Verzögerung f. -en 《の地帯》; Anhäufung f. -en 《山積》; Rückstand m. -(e)s -¨e 《支払の》; Stagnation f. -en 《水などの》; Stillstand m. -(e)s 《停頓（ていとん）》/交通の停滞 Verkehrs|stockung f. 《俗》-verstopfung f. ; die Stauung 《-en》 des Verkehrs. —— 停滞する stocken; ins Stocken geraten* (kommen* s); ³sich verstopfen; ³sich verzögern; ³sich an|häufen; rückständig sein; stagnieren; still|stehen* / 貨物が停滞する [Die] Güter häufen sich an./すべての事務が停滞している Die (Alle) Geschäfte stocken.

ていたい 手痛い ⇒ていど.

ていたく 邸宅 Villa f. Villen; Herrenhaus n. -es -¨er; ein großes Wohnhaus.

ていたらく Figur f. -en/さんざんのていたらくである eine miserble Figur ab|geben⁴. ⇒さま.

ていだん 鼎談 die Unterredung 《-en》 zu dritt ‖ 三巨頭鼎談 die Unterredung (das Gespräch, -(e)s -e) der Drei Großen.

ていたん 泥炭 Torf m. -(e)s -e (¨e) ‖ 泥炭地 Torfmoor n. -(e)s -e.

ていち 低地 Tief|land (Unter-) n. -(e)s -¨er; Niederung f. -en; Tiefebene f. -n; Vertiefung f. -en 《凹地》.

ていちゃく 定着《写》Fixation f. -en. —— 定着する fixieren⁴. ‖ 定着液 Fixierflüssigkeit f. -en/定着剤 Fixiermittel n. -s, -; Fixativ n. -s, -e/定着ソーダ Fixiernatron n. -s.

ていちゅう 泥中の蓮 ein Lotus 《m. -, -》 im Schlamm; ein Engel 《m. -s, -》 inmitten verderbter Umgebung; eine Unschuld im Sumpf; Blüte 《f. -n》 im Sumpf; Sumpfblüte f. -n.

ていちょう 低潮 die geringe Flut, -en; Nipp|flut f. -en (-tide f. -n).

ていちょう 艇長 Bootsführer m. -s, -; Kapitän m. -s, -e.

ていちょう 低調 der tiefe Ton, -(e)s ¨-e; Flauheit f. -en 《不振》; Flauigkeit f. -en 《同上》/低調な tieftönig; flau; träge/市況は低調である Die Geschäfte gehen (sind) flau. Der Markt ist flau.

ていちょう 丁重 ⇒ていねい①.

ティッシュペーパー Papiertaschentuch n. -(e)s, -¨er.

ていっぱい 手一杯 ❶ 手一杯の仕事がある alle Hände voll zu tun haben; voll beschäftigt (in Anspruch genommen) sein/手一杯に暮らす sofort auf|brauchen, was man ge-

ていてつ 蹄鉄 Hufeisen *n.* -s, -/馬に蹄鉄を打つ einem Pferd(e) die Hufeisen auflegen; den Pferdehuf (das Pferd) beschlagen*‖ 蹄鉄工 Hufschmied *m.* -(e)s, -e/蹄鉄工場 Hufschmiede *f.* -n/Hufschmiedehandwerk *n.* -(e)s, -e; das Hufschmieden*, -s.

ていてん 定点 ein bestimmter Punkt, -(e)s, -e ‖ 定点観測 Observation (Observierung) (*f.* -en) auf einem bestimmten Punkt(e).

ていでん 停電 das Versagen* (-s) der Elektrizität; Stromausfall *m.* -(e)s, ⸚e (-sperre *f.* -n)/停電する Die Elektrizität versagt./停電した Der Strom ist gesperrt./停電だ Es ist kein Strom da./ Der Strom bleibt weg.

ていど 程度 Grad *m.* -(e)s, -e; Ausmaß *n.* -es, -e (規模); Ausdehnung *f.* -en (広がり); Format *n.* -(e)s, -e (スケール); Grenze *f.* -n (限界); Größe *f.* -n (大きさ); 〖俗〗 Kaliber *n.* -s, - (質); Maßstab *m.* -(e)s, ⸚e (標準); Stärke *f.* -n (強さ); Stufe *f.* -n (段階)/程度問題 die Frage, bis zu welchem Grad (wieweit) es (¹*et*) geht/程度の高い(低い) von hohem (niedrigem) Grad(e); von hohem (tiefem) Niveau/ある程度までは bis zu einem gewissen Grad(e); einigermaßen/中学程度の学校 eine Schule, die (im Niveau) etwa einer Mittelschule entspricht; eine Schule mit dem (vom) Niveau (etwa) einer Mittelschule/この程度の auf dieser Höhe/この程度でやめておこう Lass es genug sein! Hiermit (Hierbei) wollen wir es bei sich haben lassen (bewenden)./物には程度がある Alles hat seine Grenze./それとに程度の差ではなく種類の差だ Dies ist nicht dem Grad, sondern der Art nach verschieden von jenem./Diese beiden Dinge sind nicht dem Grad, sondern dem Wesen nach (voneinander) verschieden./生活程度 Lebens|standard *m.* -(s), -s (-haltung *f.* -en).

ていど 低度 der niedrige (niedere) Grad, -(e)s, -e; das tiefe Niveau, -s, -s.

ていとう 抵当 (Sicherheits)pfand *n.* -(e)s, ⸚er; Garantie *f.* -n (保証); Hypothek *f.* -en (抵当権); Sicherheit *f.* -en (抵当として)/pfandweise/抵当流れになる ein Pfand für verfallen erklären/抵当に入れる verpfänden*; (als) Pfand geben*⁴; lombardieren⁴ (まれ)/抵当にもとる zum (als) Pfand nehmen*¹/抵当を取って金を貸す Geld gegen Pfand leihen* (*jm*)/家を抵当に入れる eine Hypothek auf ein Haus aufnehmen*; ein Haus mit einer Hypothek belasten. ‖ 抵当銀行 Hypothekenbank *f.* -en/抵当権 Hypothek *f.* -en; Pfandrecht *n.* -(e)s, -e/抵当権者 Hypotheken|gläubiger (Pfand-) *m.* -s, -/抵当権設定者 Pfandgeber *m.* -s, -/抵当証券 Hypotheken|brief (Pfand-) *m.* -(e)s, -e/抵当担保 die hypothekarische Sicherheit/抵当流れ Verfallspfand/抵当物 das verpfändete Gut, -(e)s, ⸚er; Pfand; Sicherheit/一番(二番)抵当 die erste (zweite) Hypothek/二重抵当 das doppelte Pfand/不動産抵当 das unbewegliche Pfand/無抵当社債 der Schuldschein (-(e)s, -e) ohne Pfand.

ていとう 低頭 ⁴sich verneigen (verbeugen) (vor *jm*); Kotau machen (vor *jm* 中国流のおじぎ).

ていとく 提督 Admiral *m.* -s, -e (⸚e); Flotten|führer (Geschwader-) *m.* -s, - (艦隊司令官).

ていとん 停頓 Stillstand *m.* -(e)s; die (völlige) Stockung, -en/停頓する still bleiben*ⓢ; nicht weiter|können*⁴; ins Stocken geraten* (kommen*) ⓢ; zum Stillstand kommen*ⓢ ❖ stehen bleiben*ⓢ というほうが正確でなくてよい; auf einen toten Punkt kommen* (gelangen) ⓢ.

ていねい 丁寧 ❶ [丁重] Höflichkeit *f.* -en; Artigkeit *f.* -en; Zuvorkommenheit *f.* -en. ❷ [注意] Sorgfalt *f.*; Sorgfältigkeit *f.*; Bedacht *m.*; Behutsamkeit *f.*; Genauigkeit *f.*; Gründlichkeit *f.* (徹底); Vorsicht *f.* (慎重). —— 丁寧に(な) ❶ [丁重] höflich; artig; zuvorkommend. ❷ [注意] sorgfältig; bedächtig; behutsam; genau; gründlich; vorsichtig/丁寧に扱う höflich (mit ³Höflichkeit; zuvorkommend) behandeln (handhaben⁴, gehandhabt) (*jn* 人を); sorgfältig (mit Sorgfalt) behandeln⁴ (handhaben⁴) (物を)/丁寧に調べる sorgfältig (genau; gründlich) untersuchen⁴ (erforschen⁴).

ていねい 泥濘 ⇨ぬかるみ/泥濘膝を没する中を行く bis an die Knöchel im Schlamm wate n ⓢ.

ていねん 丁年 Mündigkeit *f.*; Volljährigkeit (Groß-) *f.*/丁年に達する mündig (volljährig); großjährig; majorenn werden/丁年を宣する mündig sprechen* (*jn*) ‖ 丁年者 der Mündige* (Volljährige*; Großjährige*) -*n,* -*n*/丁年未満者 der Unmündige*. ⇨せいねん(成年).

ていねん 定年 (Dienst)altersgrenze *f.* -n/定年に達する die (Dienst)altersgrenze erreichen ‖ 定年制 das System (-s, -e) der (Dienst)altersgrenze.

ていのう 低能 Schwach|sinn (Blöd-) *m.* -(e)s; Schwach|sinnigkeit (Blöd-) *f.*; Idiotie *f.* -n (白痴)/低能な schwach|sinnig (blöd-); idiotisch; unternormal.

ディバイダー Zirkel *m.* -s, -/ディバイダーで測る ab|zirkeln⁴.

ていはく 停泊 das (Ver)ankern* (Vor|ankerliegen*), -s; Verankerung *f.* -en. —— 停泊する ankern; vor Anker gehen*ⓢ; ⁴sich vor ⁴Anker legen/停泊している vor ³Anker liegen*; auf der Reede liegen* (沖合に). ‖ 停泊所 Anker|platz *m.* -es, ⸚e (-grund *m.* -(e)s, ⸚e -stelle *f.* -n); Liegeplatz; Reede *f.* -n (沖合の)/停泊税 Ankerzoll *m.* -(e)s, ⸚e/停泊船 das vor Anker

ていはつ 剃髪 Tonsur f. -en/剃髪する die Tonsur anlegen; tonsurieren⁴; ¹Geistlicher werden《僧になる》.

ていひょう 定評 die lobende (ständige) Anerkennung (Beurteilung; Wertung), -en; der gute Ruf, -[e]s (Name, -ns, -n)/定評のある allgemein anerkannt; hoch geschätzt; überall geschätzt; in hohem Ansehen stehend; einen guten Ruf (Namen) habend/氏の作品は既に世に定評がある Seine Werke sind bereits weltbekannt./わが社の製品の品質に関しては既に定評がある Unsere Qualitätswaren genießen das höchste Ansehen (stehen in höchstem Ansehen)./Die hohe Qualität unserer Produkte ist allgemein anerkannt.

ディフェンス Abwehr f.; Deckung f. -en.

ていぶっか 低物価 die niedrigen Preise (pl) ‖ 低物価政策 die Politik (-en) der niedrigen Preise.

ディベート Debatte f. -n.

ていへん 底辺《数》Grundlinie f. -n; Basis f. Basen.

ていぼう 堤防 Deich m. -[e]s, -e; Damm m. -[e]s, ¨e / 堤防の決壊 Deichbruch (Damm—) m. -[e]s, ¨e/堤防を築く einen Deich (Damm) bauen (auf[führen], errichten); [ein]dämmen⁴ ‖ 堤防工事 Deichbau (Damm—) m. -[e]s, -e; Deicharbeiten (Damm—) (pl).

ていほん 底本 das originäre Buch, -[e]s, ¨er.

ていほん 定本 das authentische Buch, -[e]s, ¨er; Vorlage f. -n.

ていまい 弟妹 der jüngere (kleine) Bruder (-s, ¨) und die jüngere (kleine) Schwester (-, -n); die jüngeren Geschwister (pl).

ていめい 締盟 der Abschluss (-es, ¨e) eines Vertrags; Vertragsabschluss ‖ 締盟国 Vertragsstaat m. -[e]s, -en -en《macht f. ¨e》; Signaturstaat《記名国》.

ていめい 低迷 ↑暗雲低迷する Dunkle Wolken als Vorboten des Sturmes stehen zögernd am Himmel./Dunkle Wolken, Vorboten des Sturmes, hängen im Himmel.

ていめん 底面 Basis f. Basen; Grundfläche f. -n.

ていめんせき 底面積 Grundflächen[inhalt] m. -[e]s, -e《—raum m. -[e]s, ¨e》.

ていやく 締約 ⇨ていめい《締盟》.

ていよう 提要 Ab[r]iss (Auf-; Grund-; Um-) m. -es, -e; die Hauptpunkte (Kern-) (pl); Inbegriff m. -[e]s, -e; Zusammenfassung f. -en《総括》;《書名》Handbuch n. -[e]s, ¨er; Leitfaden m. -s, ¨; Vademekum n. -s, -s《便覧》.

ていらく 低落 Fall*, -s; Fall m. -[e]s, ¨e; das [Herab]sinken*《Nachgeben》, -s / 物価の低落 das Fallen*《Nachgeben》; Sinken*》der Preise; Preissenkung f. -en. —— 低落する fallen* [s]; herab[sinken]* [s]; nach[geben]*/諸物価が急に低落した Die Preise sind plötzlich gestürzt.

ていらず 手入らずの unberührt; jungfräulich; primitiv《原始的な》/手入らずに mühelos; ohne ⁴Mühe.

ていり 定理《数》[Lehr]satz m. -es, ¨e; Theorem n. -s, -e/この定理を証明せよ Beweise diesen Satz!

ていり 低利 die niedrigen Zinsen (pl)/ der niedrige Zins[fuß] (-satz), -[e]s, ¨e《《利率》/低利で貸す Geld zu niedrigen (geringen) Zinsen leihen*《jm》‖ 低利資金 der Fonds (-, -) zu niedrigem Zinsfuß (Zinssatz).

でいり 出入り ❶ Ein- und Ausgehen* (n.); Ein- und Austritt (m.); Kommen und Gehen (n.)《以上二格は定冠詞をつけ第二語には -s をつける》/港への出入りは警察が監視している Alle Zugänge zum Hafen sind von der Polizei überwacht.❷[日・月の]Auf- und Untergang m. des - und - des. ❸《収支》Einnahmen (Eingänge) und Ausgaben (pl); das Ein und Aus. ❹[出入りの許可] Zutritt m. -[e]s, -e; Zugang m. -[e]s, ¨e/出入りを禁ず Kein Zutritt (Zugang)!《掲示》/あの人のところに出入りを許されるのはむずかしい Es ist nicht leicht, Zutritt zu ihm zu erlangen./彼は自由に劇場に出入りできる Er hat freien Zutritt im Theater.《木戸御免》/彼に出入りを差止めた Ich verbot ihm das Haus. ❺《常雇の》in ständigem Dienst; in ständiger Beschäftigung/出入りのお医者 Hausarzt m. -es, ¨e/出入りの大工 unser Zimmermann, -[e]s, ..leute《うちの大工》. ❻《訴訟》Prozess m. -es, -e. ❼《もめごと》Schwierigkeit f. -en; Unannehmlichkeit f. -en; Verwickelung f. -en/出入りの多いやつでも Er macht immer Schwierigkeiten./ 女出入り Liebeshandel m. -s, - (-abenteuer n. -s, -). ❽ [出入口] Zugang; Torweg m. -[e]s, -e/その家には別の出入口がついています Die Wohnung hat einen separaten Zugang./出入帳 das Einnahme- und Ausgabebuch, -[e]s, ¨er; Kassenbuch n. -[e]s, ¨er.

ていつ 定律 der natürliche Grundsatz, -es, ¨e; [Natur]gesetz n. -es, -e; das rhythmische Maß, -es, -e《韻律》.

ていつ 定率 die feste Rate, -n; der feste Prozentsatz, -es, ¨e.

ていつ 低率 die niedrige Rate, -n; der niedrige Prozentsatz, -es, ¨e.

ていりつ 鼎立 Dreigemeinschaft f. Trio f. -s, -s; die Feindschaft unter Drei《敵対的な》/鼎立する Die Drei bilden eine Gemeinschaft; ein Trio bilden; Die Drei sind untereinander verfeindet.《敵対的に》.

ていりゅう 底流 Unterströmung f. -en; die untere (verborgene) Strömung《比喩的》.

ていりゅうじょ 停留所 Haltestelle f. -n; Halteplatz m. -es, ¨e.

ていりょう 定量 die bestimmte (feste) Quantität, -en (Menge, -n)/定量の quantitativ ‖ 定量分析 die quantitative Analyse, -n.

ていれ 手入れ ❶ Pflege f. -n; Besorgung f. -en; Betreuung f. -en; Wartung f. -en; das Stutzen*《Beschneiden*》, -s《植木など

ていれい 定例 der feste Brauch, -(e)s, ¨e; Geschäftsordnung f. -en 《議会の》/定例の regelmäßig; gebräuchlich; üblich; konventionell 《因習的な》/定例により einem festen Brauch gemäß; der Geschäftsordnung gemäß ‖ 定例閣議 die regelmäßige Kabinettssitzung, -en.

ディレッタント Dilettant m. -en, -en.

ていれん 低廉な billig; preiswert; wohlfeil. ⇒やすい(安い).

ディンクス Dinks 《pl》.

てうす 手臼 Handmühle f. -n/手臼でひく mit einer Handmühle mahlen*⁴.

てうす 手薄い knapp; kärglich; spärlich; ungenügend 《不十分な》; schwach 《弱い》/防御が手薄である Die Verteidigung ist schwach.

てうち 手打ち ❶ Handschlag m. -(e)s; das Übereinkommen*, -s 《合意》. ❷ 《殺害》手打にする jn eigenhändig zu Tode niederhauen*.

テーゼ These f. -n.

データ 《事実》Daten 《pl》; Tatsachen 《pl》;《詳細》Einzelheiten 《pl》;《資料》Daten 《pl》‖ データ処理 Datenverarbeitung f. -en/データ通信 Datenübertragung f. -en/データバンク Datenbank f. -en/データベース Datenbank/データ保護 Datenschutz m. -es.

デート Treffen n. -s, -; Verabredung f. -en; Stelldichein n. -s, -; Rendezvous n. -, -/デートする ⁴sich 〔mit jm〕 verabreden; eine Verabredung 〔mit jm〕 haben; ein Rendezvous (Stelldichein) haben 〔verabreden; ein|halten*〕.

テープ Band n. -(e)s, ¨er; Zielband 《決勝点の》; Tonband (Tonbandkassette f. -n) 《録音テープ》; Papierschlange f. -n 《送迎の紙テープ》/《録音》テープに取る auf ein Tonband auf|nehmen*⁴/〔ゴールの〕テープを切る als Erster durchs Ziel gehen* ⓢ ‖ テープレコーダ Tonbandgerät n. -(e)s, -e (-apparat m. -(e)s, -e); Kassettenrekorder m. -s, -.

テーブル (Ess)tisch m. -(e)s, -e; Tafel f. -n/テーブルに着く ⁴sich an den Tisch (zur Tafel) setzen ‖ テーブルクロス Tisch|decke f. -n (-tuch n. -(e)s, ¨er); Tafeltuch/テーブルスピーチ Tischrede f. -n/テーブルスピーチをする eine Tischrede halten*/テーブルセンター Tischläufer m. -s, -/テーブルマナー die

Tischmanieren 《pl》; die guten Manieren 《pl》 beim Essen (bei Tisch).

テーマ Thema n. -s, ..men (-ta) ‖ テーマ音楽 Kennmelodie f. -n 《放送番組などの》/テーマパーク Themenpark m. -s.

ておい 手負いの verwundet.

ておくれ 手遅れである zu spät sein/手遅れになる die rechte Zeit verpassen.

ておけ 手桶 Eimer m. -s, -; Pütze f. -n.

ておし 手押し車 Handkarren m. -s, -/手押しポンプ Handpumpe f. -n.

ておち 手落ち Fehler m. -s, -《失敗》; Versehen n. -s, -《見落とし》; Vernachlässigung f. -en《怠り》; Unaufmerksamkeit f. -en《不注意》/いささかの《大した》手落ちもなく ohne jeden (großen) Fehler/それは私の手落ちでした Das war mein Fehler (meine Schuld).

ておの 手斧 Axt f. ¨e; Beil n. -(e)s, -e.

ており 手織りの handgewebt ‖ 手織物 Handwebware f. -n.

てがい 手飼いの selbst 〔auf〕gezogen/手飼いの犬 der selbst 〔auf〕gezogene (mit eigener Hand aufgezogene) Hund, -(e)s, -e; Lieblingshund/手飼いの犬です Diesen Hund habe ich selbst (mit eigener Hand) aufgezogen.

でかい groß; gigantisch; massig; riesig; ungeheuer;《でっかい》riesen|groß (mords-); Mords-; Riesen-/でかい仕事 Riesenarbeit f. -en/でかい話 Mordsgeschichte f. -n.

てがかり 手掛かり ❶ 《つかみ所》Halt m. -(e)s, -e; Stütze f. -n. ❷ 《糸口》Spur f. -en; Anhaltspunkt m. -(e)s, -e; Schlüssel m. -s, -; Fährte f. -n/手掛かり/手掛かりを得る auf die Spur kommen* ⓢ 《jm》; einen Anhaltspunkt bekommen* (gewinnen*)《zu¹; für⁴》; auf eine Fährte kommen* ⓢ 《かぎつける》.

でがけ 出がけに im Weggehen*; bei der Abfahrt《乗物の場合》/出がけに駅で会って来ました Bei der Abfahrt habe ich ihn auf dem Bahnhof gesehen.

てがける 手掛ける ❶ 《扱う》handhaben⁴ (handhabte, gehandhabt); behandeln⁴; hantieren 《mit³》; manipulieren⁴; um|gehen* ⓢ 《mit³》. ❷ 《世話する》⁴sich kümmern 《um⁴》; pflegen⁴; sorgen 《für⁴》; Sorge tragen* 《für⁴》; warten 《jn; js》; auf|ziehen* 《jn》《育てる》.

でかける 出かける ❶ fort|gehen* ⓢ; ⁴sich auf den Weg machen; ab|fahren* ⓢ 《乗物で》;〔旅に〕ab|reisen ⓢ; verreisen ⓢ; auf|brechen*/我々は朝早く出かけた Wir brachen frühmorgens auf./彼は旅に出かけた Er trat seine Reise an./買物に出かける ein|kaufen gehen* ⓢ.

てかげん 手加減 ⇒てごころ.

てかご 手籠 Hand|korb m. -(e)s, ¨e (-körbe -).

てかず 手数 ⇒てすう.

でかす ¶ でかし顔 ein triumphierendes Gesicht, -(e)s, -er/でかし顔をして triumphierend; stolz auf den Erfolg; die Nase hoch tragend/でかした Bravo! Anerkennung!

てかせ Ausgezeichnet!
てかせ 手枷 ⇨てじょう.
でかせぎ 出稼ぎ Auswanderung f. -en（国外へ）; Einwanderung f. -en（他国からの）. ― 出稼ぎに出る aus|wandern（他国から）; js Glück in einem fremden Land versuchen*. ¶ 出稼ぎ者 Auswanderer m. -s, -; Einwanderer m. -s, -.
てがた 手形 Wechsel m. -s, -; Wechselbrief m. -[e]s, -e; Scheck m. -s, -s（小切手）/手形上の wechselmäßig/手形を振り出す einen Wechsel aus|stellen（ziehen*）（auf jn）/手形の引受を拒絶する einen Wechsel protestieren（zurück|weisen*）/手形を引き受ける einen Wechsel（ein|lösen）; honorieren/手形を支払う einen Wechsel ein|lösen/手形を裏書きするには einen Wechsel girieren（indossieren）/手形を売る einen Wechsel unter|bringen*/手形を割り引する einen Wechsel diskontieren ‖ 手形勘定 Wechselkonto n. -s, -ten（-s od. -ti）-rechnung f. -en/手形偽造 Wechselfälschung f. -en/手形支払 Wechselzahlung f. -en/手形支払期間 Wechselgebrauch m. -[e]s, ⸚e/手形支払地 Wechseldomizil n. -s, -e（-platz m. -es, ⸚e）/手形所持人 Wechselinhaber m. -s, -/手形信用 Wechselkredit m. -[e]s, -e/手形送付 Wechselsendung f. -en/手形帳 Wechselbuch n. -[e]s, ⸚er/手形手数料 Wechselgebühr f. -en/手形転売取引 Wechselarbitrage f. -n/手形取引 Wechselgeschäft n. -[e]s, -e（-handlung f. -en/手形取引所 Wechselgeschäft（-stube f. -n）/手形取引店 Wechselhaus n. -es, ⸚er/手形仲買人 Wechselagent m. -en, -en（-händler m. -s, -/-makler m. -s, -/-sensal m. -s, -e）/手形引受 Wechselakzept n. -[e]s, -e/手形引受人 Wechselakzeptant m. -en, -en（-nehmer m. -s, -）/手形振出人 Wechselaussteller m. -s, -/手形法 Wechselgesetz n. -es, -e（略: WG）/手形保証 Wechselbürgschaft f. -en/手形保証人 Wechselbürge m. -n, -n/手形割引 Wechseldiskont m. -[e]s, -e/手形割引人 Wechseldiskontierer m. -s, -/手形割引率 Wechselagio n. -s, -/手形一覧払手形 der Wechsel auf ⁴Sicht/空手形使用 Wechselreiterei f. -en/為替手形 der gezogene（trassierte）Wechsel/白地式手形 der offene Wechsel/短期手形 der kurze Wechsel（der Wechsel auf kurze Sicht）/約束手形 der eigene（trockene）Wechsel.
でかた 出方 ❶［態度］Haltung f. -en; Stellungnahme f. -n; Verhalten n. -s, -. ⇨てよう. ❷［昔の劇場の］Platzanweiser m. -s, -; Theaterdiener m. -s, -.
てがたい 手堅い［人が］bieder; gediegen; solid; sicher; vertrauenswürdig; vorsichtig《用心深い》; angesehen《商店などの信用ある》; glaubwürdig《支払について》［市況が］fest; solid.
デカダン Dekadenz f.; der Dekadente*, -n, -n ‖ デカダン派 die Dekadents（pl）.
てかてか spiegelblank; glänzend/頭髪をか

かてかさせる das Haar sorgfältigst gepflegt haben.
でかでか in großen Schlagzeilen/この事件は新聞にでかでかと書かれた Die Zeitungen brachten diese Geschichte in großen Schlagzeilen.
てがみ 手紙 Brief m. -[e]s, -e; Schreiben n. -s, -;［書簡］Epistel f. -n（信書）; Sendbrief（-schreiben）（使書）/手紙のやりとり Briefwechsel m. -s, -; -verkehr m. -s, -e; くまねし -e; der briefliche Verkehr; Korrespondenz f. -en/手留の手紙 Einschreiben n. -s, -; der eingeschriebene Brief/お手紙 Ihr werter Brief; Ihr wertes Schreiben/本月十日付のお手紙 Ihr Brief vom 10. d. M./手紙を書く einen Brief schreiben*（jm; an jn）/手紙を投函する einen Brief in den Briefkasten werfen*（-tun*）/手紙を出す einen Brief ein|werfen*/手紙に切手をはる einen Brief frankieren（freimachen）/手紙のやり取りをする in（im）Briefwechsel stehen*（mit jm）; miteinander korrespondieren/手紙を郵便に出す einen Brief zur Post geben*/手紙を開く（閉じる）einen Brief öffnen（schließen*）.
てがら 手柄 Verdienst n. -[e]s, -e;［Helden］tat f. -en; die（anerkennenswerte（hervorragende）]Leistung, -en/手柄をたてる Verdienste haben（um⁴; an³）; ⁴sich aus|zeichnen（durch⁴; in³）; ⁴sich hervor|tun*（durch⁴; in³ ぬきんでる）/手柄顔に言う ³sich zugute tun*（auf⁴）. ⇨こうじ(功).
でがらし 出がらしの茶 der mehrmals aufgegossene, dünne Tee, -s, -s/そのお茶はもう出がらしで出ません Der Tee wurde so oft aufgegossen, dass er nicht mehr zieht.
てがる 手軽な einfach; leicht; schlicht; billig（安い）; improvisiert（即席の）; populär《民衆的な》; zwanglos（儀式ばらぬ）/手軽な昼食 Imbiss m. -es, -e（-s）; Gabelfrühstück n. -[e]s, -e; das leichte（einfache）Mittagessen, -s, -/手軽な料理 Imbiss m. -es, -e; die kleine Mahlzeit, -en/手軽な料理屋 Büfett n. -[e]s, -e; Automatenrestaurant n. -s, -s《セルフサービス》/手軽な食事 das leichte（einfache）Essen, -s, -/手軽な生活をする ein schlichtes（ungezwungenes）Leben führen.
てき 敵 ❶ Feind m. -[e]s, -e; Erb|feind（Tod-）（不倶戴天の敵）/人類（社会）の敵 der Feind der Menschheit（Gesellschaft）. ❷［反対者］Gegner m. -s, -; Gegenspieler m. -s, -; Antagonist m. -en, -en; Widersacher m. -s, -. ❸［競争者］Rivale m. -n, -n; Konkurrent m. -en, -en; Nebenbuhler m. -s, -. ❹［対等者］der Ebenbürtige*, -n, -n; seinesgleichen*/敵ではない einen Gegner ab|geben*（für jn）; ⁴es gar nicht aufnehmen können*（mit jm）; gar nicht gewachsen sein（jm）. ¶ 敵は他方にあり Unser Hauptaugenmerk richtet sich auf etwas anderes./Unser Hauptaugenmerk müssen wir auf etwas anderes richten. ‖ 敵味方 Freund und Feind.
てき 滴 Tropfen m. -s, -/二三滴 zwei, drei

(ein paar; einige) Tropfen 《pl》.

でき 出来 ❶《製作ぶり・できばえ》Arbeit *f.*; Ausführung *f.* -en; Bearbeitung *f.* -en; Fertigstellung *f.* -en; Herstellung *f.* -en; 《服などの場合》Schnitt *m.* -[e]s, -e; Fasson *f.* -s; Form *f.* -en/出来がいい(悪い) gut (schlecht) gearbeitet 《ausgeführt》 sein; gut (schlecht) geraten* 《aus|fallen*》 §/この服は非常に出来がよく身体にあっている Der Anzug ist sehr gut geschnitten (《俗》 gebaut) und sitzt gut./あの工場の製品は出来不出来がある Erzeugnisse dieser Fabrik sind nicht gleichmäßig. ⇨できばえ. ❷《結果・成績》Effekt *m.* -[e]s, -e; Ergebnis *n.* ..nisses, ..nisse; Erfolg *m.* -[e]s, -e 《成果》/学校の出来はよい方です Er schafft ziemlich gut in der Schule. ❸《収穫》Ernte *f.*, -n; Ertrag *m.* -[e]s, -e/米の出来がよい Die Reisernte ist gut./すいかの出来が悪かった Wassermelonen sind schlecht geraten 《ausgefallen》. ❹《...製》それはドイツの出来です Das ist in Deutschland angefertigt.

できあい 溺愛 Affenliebe *f.*; Vernarrtheit *f.* ── 溺愛する zu *jm* eine Affenliebe haben; 'sich in *jn* vernarren; in *jn* vernarrt sein.

できあい 出来合い fertig; vorrätig; Konfektions-/この服は出来合いで買いました Ich habe diesen Anzug fertig gekauft./この手はまだ出来合いでありますか Haben Sie noch diese Qualität vorrätig? ‖ 出来合品 eine fertige Ware *f.* -n/出来合服 ein fertiger Anzug, -[e]s, -̈e; Konfektionskleid *n.* -[e]s, -er; ein Kleid von der Stange 《ぶら下がり》/私の身体は出来合服に合うように出来ています Ich habe gute Konfektionsfigur. ⇨きせい《既成(製)》.

できあがり 出来上がり Vollendung *f.*; Fertigstellung *f.* -en.

できあがる 出来上がる vollendet sein; fertig gestellt sein; fertig werden 《sein》/三日で出来上がります In drei Tagen wird es fertig sein.

できあき 出来秋 Erntezeit *f.* -en.

てきい 敵意 die feindliche Gesinnung, -en; Feindschaft *f.*; Feindseligkeit *f.* -en; Erbitterung *f.* -en 《うらみ》; Hass *m.* -es 《憎悪》/敵意をはさむ《抱く》feindliche Gesinnung (Feindschaft; Hass) hegen 《gegen*》.

てきえい 敵影 der Anblick 《-[e]s》 des Feindes/敵影を認めず Keine Feinde lassen (Kein Feind lässt) sich blicken.

てきおう 適応する 'sich an|passen³; 'sich akkom(m)odieren³; 'sich an|bequemen³; 'sich an|gleichen* 《an⁴》 ‖ 適応症 Indikation *f.* -en; das Anzeichen 《-s, -》 für die Heilung/適応性 Anpassungsfähigkeit *f.* (-vermögen *n.* -s); Nachgiebigkeit *f.* 《柔軟性》/適応性のある anpassungsfähig; nachgiebig / 適 応 性 のない anpassungsunfähig; unnachgiebig; nicht anpassungsfähig.

てきがいしん 敵愾心 Feindseligkeit *f.* -en; die feindliche Gesinnung, -en/敵愾心を起こす Feindseligkeit erregen 《hervor|rufen*; wecken》/彼らは互いに敵愾心を抱いていた Sie waren sich 《gegeneinander》 feindlich gesinnt.

てきかく 適格者 der Qualifizierte* 《Überprüfte*》, -n, -n ‖ 適格審査委員会 Berechtigtenüberprüfungskommission *f.* -en; die Kommission zur Überprüfung der Berechtigung 《zu³》.

てきかく 的確な genau; bestimmt; exakt; präzis.

てきぎ 適宜の angemessen; geeignet; passend; entsprechend; mäßig (ほどほどの); Maß haltend 《同上》; beliebig 《任意の》; willkürlich 《勝手な》/適宜に nach eigenem Ermessen; nach Belieben (Gutdünken; Wunsch); wie es einem beliebt; wie man will/適宜に計らう nach freiem Ermessen bewerkstelligen⁴ 《tun*⁴》.

てきぐん 敵軍 Feindesheer *n.* -[e]s, -e; die Feindmächte 《pl》; die feindliche Truppe, -n 《Armee, -n》; die feindlichen Streitkräfte 《pl》; die Feinde 《pl》.

てきごう 適合 Übereinstimmung *f.* -en; Anpassung *f.* -en; Verträglichkeit *f.* 《相容れること》. ── 適合する übereinstimmen 《mit³》; in Übereinstimmung sein 《mit³》; 'sich an|passen³; entsprechen*³; passen 《zu³》; 'sich vertragen* 《mit³》. ── 適合させる an|passen³⁴; in ⁴Übereinstimmung bringen*⁴ 《mit³》. ⇨てきおう《適う》.

てきごころ 出来心 eine plötzliche Anwandlung; Impuls *m.* -es, -e/出来心で der Augenblicksanwandlung folgend; vom Teufel geritten; unter dem Impuls des Augenblicks.

できごと 出来事 Ereignis *n.* ..nisses, ..nisse; Vorfall *m.* -s, -̈e; Vorkommnis *n.* ..nisses, ..nisse; Begebenheit *f.* -en; Zwischenfall *m.* -s, -̈e; Zufall *m.* -[e]s, -̈e 《偶発の》; Unfall *m.* -[e]s, -̈e 《事故》/日常の出来事 alltägliche Begebenheiten 《pl》; Alltäglichkeit *f.* -en.

てきざい 適材の rechte (geeignete; richtige; tüchtige) Mann, -[e]s, -̈er; die rechte (geeignete; richtige; tüchtige) Person, -en/適材でない《上例を nicht で否定する他》 gänzlich ungeeignet sein ‖ 適材適所 der rechte Mann an der rechten Stelle (am rechten Ort).

てきし 敵視 Anfeindung *f.* -en; die feindliche Gesinnung, -en; Feindschaft *f.* -en; Feindseligkeit *f.* -en. ── 敵視する an|feinden 《*jn*》; feindselig (feindlich) gestimmt sein 《gegen *jn*》; einen Feind erblicken 《sehen*》 in *jm*.

てきじ 適時 rechtzeitig; zeitgemäß; gelegen; der Zeit angepasst.

できし 溺死 das Ertrinken* 《Ersaufen*》, -s /危く溺死をまぬがれた Ich wäre um ein Haar ertrunken. ── 溺死する ertrinken* 《ersaufen*》 §; ein feuchtes Grab (sein Grab in den Wellen) finden*; 'sich ertränken 《投身》; ins Wasser gehen* § 《入水》. ──

てきしゃ 溺死させる ertränken⁴; ersäufen⁴. ‖ 溺死者 der Ertrunkene*, -n, -n.

てきしゃ 適者 der Geeignete* (Tauglich(st)e*), -n, -n ‖ 適者生存 die natürliche Auslese《自然淘汰》; die Auslese der Tüchtigen《同上》.

てきしゅ 敵手 [相手] Gegner *m*. -s, -; Gegenspieler *m*. -s, -; Antagonist *m*. -en, -en; Wider|sacher *m*. -s, -(-part *m*. -[e]s, -e).

てきしゅつ 摘出 Exstirpation *f*. -en; die völlige Entfernung, -en; Ausschneidung *f*. -en; das Heraus|ziehen* (-schneiden*), -s. —— 摘出する exstirpieren⁴; völlig entfernen⁴; aus|schneiden*⁴; heraus|ziehen*⁴ (-|schneiden*⁴).

てきしょ 適所 die richtige (geeignete) Stelle, -n; der richtige (geeignete) rechte Ort, -[e]s, -e (Platz, -es, ⸗e).

てきじょう 敵情 die feindliche Lage; die Lage des Feindes; Verhältnisse 《pl》 beim Feind[e].

てきじん 敵陣 Feindeslager *n*. -s, -; das feindliche Lager, -s, -; die feindliche Stellung, -en (Linie, -n) (ふつう *pl*).

てぎ 手疵 Wunde *f*. -n; Verletzung *f*. -en; Verwundung *f*. -en/手疵を負う eine Wunde (Verletzung; Verwundung) davon|tragen* ([ab]|bekommen*); etwas ab|bekommen*《被る》.

テキスト Lehrbuch *n*. -[e]s, ⸗er/ドイツ語のテキスト Deutschlehrbuch; das Lehrbuch der deutschen Sprache/テキストの二十四ページを開きなさい Öffnen Sie Ihre [Lehr]bücher, Seite 24!

てきする 敵する ❶ ⇒てきたい. ❷ [匹敵] ⁴es aufnehmen können* 《mit *jm*》; ebenbürtig (gewachsen) sein《*jm*》; ⁴sich messen können* 《mit *jm*》/歌では彼に敵する者はない Im Gesang hat er keinen Ebenbürtigen. Im Gesang kommt ihm keiner gleich.

てきする 適する passen 《*zu³*; *für⁴*》; passend sein 《*zu³*; *für⁴*》; ⁴sich eignen 《*zu³*; *für⁴*》; geeignet sein 《*zu³*; *für⁴*》; taugen 《*zu³*; *für⁴*》; tauglich sein 《*zu³*; *für⁴*》; entsprechen*³; gut sein 《*zu³*》有益である》; zu|sagen³ 《この本は贈物に大変適している Diese Bücher eignen sich vortrefflich als Geschenk[e].

てきせい 敵性 feindlich gesinnt ‖ 敵性国家 der feindlich gesinnte Staat, -[e]s, -en.

てきせい 適正 recht; richtig; angemessen; gebührend ‖ 適正価格 der vernünftige (angemessene) anständige) Preis, -es, -e.

てきせいけんさ 適性検査 Eignungsprüfung *f*. -en.

てきせつ 適切 [zu]treffend; angemessen; geeignet; passend/適切な言 die treffende Bemerkung, -en; das treffende Wort, -[e]s, -e.

てきぜん 敵前 vor dem Feind[e]; vor den Augen des Feindes ‖ 敵前上陸 eine Landung (-en) unter ³Feindeinsicht (vor den Augen des Feindes.

できそこない 出来損い Pfuscherei *f*. -en; Stümperei *f*. -en. —— 出来損いの fehler|haft (mangel-); missraten; plump ungeraten.

できそこなう 出来損う fehl|schlagen* ⓢ; misslingen* ⓢ; pfuschen⁴.

てきたい 敵対 Widerstand *m*. -[e]s, ⸗e (-streit *m*. -[e]s); das Widerstreben*, -s; Opposition *f*. -en; Feindseligkeiten 《*pl* 敵対行動》. —— 敵対する widerstehen*³; Widerstand leisten³; ⁴sich widersetzen³; widerstreben³; [⁴sich] opponieren 《*gegen⁴*》; die Spitze bieten³.

できだか 出来高 ❶ [穀物の] Ernte *f*. -n; Ernteertrag *m*. -[e]s, ⸗e/じゃがいもの出来高 Kartoffelertrag. ❷ [製品の] Produktion *f*. -en; Ausbeute *f*. -en《鉱山の産出量》. ❸ [売買高] Geschäfte 《*pl*》; Umsatz *m*. -es, ⸗e/昨日の株式は相当な出来高だった Gestern herrschte an der Börse ein stürmischer Umsatz. ‖ 出来高仕事 Akkord|arbeit (Gedinge-) *f*. -en/出来高払い Akkordlohn *m*. -[e]s, ⸗e.

できたて 出来たての eben gemacht; frisch (direkt) [von der Pfanne]; funkelnagelneu/出来たてのパン neu gebackenes (frisches) Brot, -[e]s, -e/出来たての御飯 eben gekochter Reis, -es.

てきだん 擲弾 [Hand]granate *f*. -n ‖ 擲弾筒 Granatwerfer *m*. -s, -/擲弾兵 Grenadier *m*. -s, -e《昔の》.

てきだん 敵弾 die feindlichen Kugeln (Geschosse) 《*pl*》.

てきち 敵地 Feindesland *n*. -[e]s; das Gebiet -[-e]s, -e 《des Feindes/敵地に入る(はまる) in[s] Feindesland ein|fallen* ⓢ (im Feindesland weilen).

てきちゅう 的中の den rechten Fleck treffen*; genau treffen*⁴; den Nagel auf den Kopf treffen*; ins Schwarze treffen*; nicht daneben|schießen*/彼の予言はことごとく的中した Seine Prophezeiungen haben sich bewahrheitet (haben sich als wahr erwiesen).

てきど 適度 Mäßigkeit *f*.; Enthaltsamkeit *f*.; das rechte Maß, -es, -e/適度の mäßig; enthaltsam; gemäßigt; Maß haltend; maßvoll/適度に mäßig in nichts*; im Trinken mäßig sein (maß|halten*).

てきとう 適当の geeignet 《*zu³*; *für⁴*》, entsprechend; passend; mäßig 《ほどほどの》; beliebig 《任意の》/適当と認める für angemessen (gut) halten*⁴/適当に分けて下さい [Ver]teilen Sie, wie es Ihnen beliebt (wie es Ihnen richtig scheint; wie Sie wollen; wie Sie es für richtig halten). ❷ [時宜に適った] rechtzeitig; zeitgemäß; gelegen; der Zeit angepasst. ❸ ⇒てきせつ. —— 適当する passen 《*zu³*; *für⁴*》; ⁴sich eignen 《*zu³*; *für⁴*》; taugen 《*zu³*; *für⁴*》; entsprechen*³; zu|sagen³. ⇒できする《適する》.

てきにん 適任の geeignet 《*zu³*; *für⁴*》; brauchbar 《*zu³*; *für⁴*》; geschaffen 《*für⁴*》; passend 《*zu³*; *für⁴*》; qualifiziert 《*für⁴*》; tauglich 《*zu³*; *für⁴*》. —— 適任でない un-

できね 出来値〔株式〕Kurs|notierung f. -en (-wert m. -[e]s, -e)／今日の出来値じゃ大したことはない Die heutigen Notierungen sind nicht sehr ermutigend.

できばえ 出来映え Ergebnis n. -nisses, ..nisse; Erfolg m. -[e]s, -e; Leistung f. -en／彼の演技はりっぱな出来ばえだった Seine Aufführung war hervorragend.／ボクサーはみごとな出来ばえで判定勝を占めた Der Boxer errang einen eindrucksvollen Punktsieg.／かなかの出来ばえで彼は演説を終えた Mit einem guten Erfolg beendete er seine Rede. ⇨ でき.

てきばき lebhaft; behände; flink; flott; geschwind; 〘話〙 fix／仕事をてきぱきする eine Arbeit gewandt und schnell erledigen.

てきはつ 摘発 Enthüllung f. -en; Aufdeckung f. -en; Bloßstellung f. -en／摘発する enthüllen[4]; auf|decken[4]; bloß|stellen[4].

てきひ 適否 Eignung f.; Geeignetheit f. ⇨ てきふてき.

てきひょう 適評 die treffende (richtige) Kritik (Besprechung; Beurteilung), -en／適評を下す treffend (richtig) kritisieren[4] (besprechen[*4]; beurteilen[4])／適評である zu|treffen[*]; treffend (richtig) kritisiert (bemerkt) sein.

てきふてき 適不適 Eignung f. 〘適性〙; Angemessenheit f.; Geeignetheit f.／人により適不適がある Die einen sind dazu geeignet, die anderen nicht.／Der eine ist dazu geeignet, der andere nicht.

てきへい 敵兵 der feindliche Soldat, -en; einer[*] der Feinde; Feind m. -[e]s, -e 〘総称的〙.

てきほう 適法の gesetz|mäßig (recht-); legal; legitim／適法に nach [dem] Gesetz; mit Fug und Recht.

てきほんしゅぎ 敵本主義 Scheingrund m. -[e]s, ¨e; Verstellung f. -en; Vorspiegelung f. -en／彼の行為は敵本主義であった Bei seiner Tat hatte er Hintergedanken (tiefere Beweggründe).

てきみかた 敵味方 Freund und Feind／敵味方に分かれる [4]sich in zwei entgegengesetzte (-gesetzte) Lager (Parteien) spalten[*] gespalten, gespaltet.／敵味方に乱れて戦った Freunde und Feinde kämpften im Nahkampf Mann gegen Mann.

てきめん 覿面に sofort; sogleich; augenblicklich; im Augenblick (Nu); auf der Stelle; unverzüglich／この薬は覿面にきいた Das Mittel (Die Arznei) tat sofort seine Wirkung (wirkte sofort).

できもの 腫物 Beule f. -n 〘はれ物〙; Pustel f. -n 〘膿(う)症〙; Ausschlag m. -[e]s, ¨e 〘吹出物〙; Geschwulst f. ¨e 〘腫物(しゅもつ)〙; Abszess m. -es, -e 〘膿瘍〙; Anschwellung f. -en 〘腫脹〙.

てきや てき屋 der [unsaubere] Geschäftemacher, -s, -; Schieber m. -s, -.

てきやく 適薬 die geeignete Arznei, -en; das geeignete Mittel, -s, - (Medikamente, -[e]s, -e); Sonderheilmittel n. -s, - 〘特効薬〙; Spezifikum n. -s, ..ka 〘同上〙.

てきやく 訳訳 die glückliche (passende; treffende; [vor]treffliche) Übersetzung (Übertragung), -en／適訳をつける glücklich (passend; treffend; [vor]trefflich) über|setzen[4].

てきやく 適役 die [für jn] geeignete (passende) Rolle, -n (Stellung, -en).

てきよう 摘要 Auszug m. -[e]s, ¨e; die gedrängte Inhaltsangabe, -n ‖ 摘要欄 die Erläuterungen 〘pl〙; die Anmerkungen 〘pl〙; die Randbemerkungen 〘pl〙.

てきよう 適用 Anwendung f. -en／適用しうる(えぬ) anwendbar (unanwendbar) 〘auf[4]〙. —— 適用する an|wenden[(*)4] 〘auf[4]〙.

てぎらい 出嫌い Stubenhocker m. -s, -; Stubensitzer m. -s, -〘人〙／出嫌いである zu faul auszugehen.

てきりょう 適量 die richtige Dosis, ..sen (Menge, -n); die passende Quantität, -en; das rechte Maß, -es, -e／適量を過ごす zu viel (eine zu große Dosis) ein|nehmen[*]; das rechte Maß überschreiten[*].

できる 出来る ❶ [...しうる] können[*]; vermögen[*]; fähig sein; imstande (in: in der Lage) sein; möglich sein; [4]sich lassen[*]; 〘zu を伴う不定詞句とともに〙 sein (haben)／容易に理解出来る Es ist leicht zu verstehen.／まだ何とかすることが出来る Es ist noch zu machen.／まだ多少期待出来ますよ Etwas haben wir noch zu erwarten.／金があれば何でも出来る Mit Geld lässt sich alles machen.／あのあたりは気持ちよく暮らすことが出来ます Dort lässt es sich angenehm wohnen.／出来るだけのことはいたしましょう Ich werde tun, was in meiner Macht steht.／あれは情勢判断の出来る男だ Er ist ein Mann, der die Lage zu beurteilen vermag.／彼にはそれが出来る Er ist imstande (im Stande), das zu tun.／Er kann es tun.／それならまだがまん出来る Das ist noch erträglich.／その条件ならば承服出来る Diese Bedingung ist nur noch annehmbar. ❖ 上の二例の様に -lich, -bar の後綴をもつ形容詞と sein を用いる方法もある／出来るなら wenn möglich; womöglich／何とか出来ればいいのだが Nur wenn ich irgend kann! —— 出来ない 〘上の表現を否定するはか〙 versagen; verhindert werden; zu ..., um .....／足腰が弱くて歩くことが出来ない Meine Beine versagen mir den Dienst.／仕事のつごうで来ることが出来なかった Er ist geschäftlich verhindert [zu kommen].／彼は頭(が)が高いから入ることが出来ない Er ist zu stolz, [um] Rat anzunehmen.／とてもお伺い出来ません Ich kann un-

てぎれ 手切れ der Abbruch (-[e]s, ¨e) der Beziehungen (zu jm); Bruch m. -[e]s, ¨e (mit jm); die Lösung (-en) des Verhältnisses; Scheidung f. -en (von jm); Trennung f. -en (von jm). — 手切れになる es kommt zu einer Scheidung (Trennung); eine Scheidung (Trennung) zur Folge haben. ‖ 手切れ金 Abfindungsgeld n. -[e]s, -er (-summe f. -n); Aliment n. -[e]s, -e (/離別扶養料); 手切れ話 Scheidungs|vorschlag (Trennungs-) m. -[e]s, ¨e.

てきれい 適齢 das dienst|pflichtige (gestellungs-) Alter, -s ‖ 適齢者 der Dienstpflichtige* (Gestellungs-), -n, -n /結婚適齢期 das heiratsfähige (-reife) Alter; Heiratsfähigkeit f. /彼女は適齢期だ Sie ist mannbar (heiratsfähig).

てきれい 適例 das (zu)treffende Beispiel, -[e]s, -e; der hierhergehörige (zu)treffende) Fall, -[e]s, ¨e; die glückliche (glänzende) Illustration, -en.

てきろく 摘録 die kurze Zusammenfassung, -en; Hauptinhalt m. -[e]s, -e; [Inhalts]übersicht f. /摘録する kurz zusammen|fassen*⁴; den Hauptinhalt an|geben*; eine [Inhalts]übersicht geben*.

てぎわ 手際 Geschicklichkeit f. f.; Geschick n. -[e]s, -e; Gewandtheit f.; [Kunst]fertigkeit f. -en (/細工); Routine f. /手際がよい Geschick haben (zu³; für⁴); geschickt (gewandt; [kunst]fertig) sein (in³); routiniert sein; gut ausgeführt sein 《仕上げ》/手際よく mit Geschicklichkeit (Gewandtheit; [Kunst-]fertigkeit; Routine); routiniert /見事な手際 Meisterhand f.: die meisterhafte Ausführung /手際を見せる mit vollendeter Meisterschaft tun*⁴; *sich als Meister erweisen*; meisterhaft aus|führen⁴.

てきん 手金を打つ Handgeld geben*; eine Anzahlung machen (leisten); an|zahlen (以上どれも für⁴).

てぐす [釣糸の] [Katzen]darmsaite f. -n; Saite (/) aus Katzendarm.

てぐすね 手ぐすねひいて wohl vorbereitet; fieberhaft gespannt /手ぐすねひいて待っている ungeduldig harren (js ²et; auf⁴); ungeduldig warten (auf⁴).

てくせ 手癖の悪い langfing[e]rig; diebisch; stehlsüchtig; zum Stehlen geneigt /手癖の悪い人 Langfinger m. -s, -; Kleptomane m. -n, -n (窃盗狂); der Stehlsüchtige*, -n, -n /手癖が悪い langfing[e]rig (diebisch; stehlsüchtig; zum Stehlen geneigt) sein /ちょくちょく手癖のわるいところを見せる男だ Er lässt [es] häufig oft etwas mitgehen.

てくだ 手管 die Kniffe (pl); die Pfiffe (pl); die Ränke (pl); die Schliche (pl); Koketterie (-/ぽう態) /手管にたける kniffig; pfiffig; ränkevoll; tückisch; verschlagen; verschmitzt; mit allen Wassern gewaschen sein (海千山千の); kokett (媚態を作る) /手管にかける einen Streich spielen (jm); umgarnen (jm); mit List umspinnen*⁴ (jn); umstricken⁴ (jn); kokettieren (mit jm 媚態を呈する) /手練手管を弄(ミ)する Kniffe und Ränke (Pfiffe) an|wenden*⁴/彼女は彼を愛嬌で手管にかけた Sie hat ihn mit ihrer Liebenswürdigkeit umsponnen.

てぐち 手口 [Art und] Weise f. -n; Methode f. -n; Verfahren n. -s, -; [手際] Kniff m. -[e]s, -e; Trick m. -s, -s /彼の平生の手口だ Es ist immer das alte (dasselbe) Lied mit ihm.

でぐち 出口 Aus|gang m. -[e]s, ¨e (-weg m. -[e]s, -e); Aus|lass m. -es, ¨e (-lauf m. -[e]s, ¨e) (/気体・液体の).

てくてく てくてく歩く auf Schusters Rappen gehen* ⓢ.

テクニック Technik f. -en; Kunst|fertigkeit (Hand-) f. -en (技巧); die technische Handhabung, -en /テクニックを覚える *sich mit der Technik vertraut machen; das Technische (die Technik) meistern.

でくのぼう 木偶の坊 Pappschädel m. -s, -; Tropf m. -[e]s, ¨e; Pinsel m. -s, - /このでくのぼうが Flasche!

テクノロジー Technologie f. -n /テクノロジーの technologisch.

てくばり 手配り [An]ordnung f. -en; Arrangement n. -s, -s; Aufstellung f. -en (配置); Verteilung f. -en (同上); Vorkehrung f. -en /手配りをする an|ordnen⁴; arrangieren⁴; Arrangements treffen*; auf|stellen⁴ (人員などを配置する); verteilen⁴; Vorkehrungen treffen* (備え

てくび 手首 Handgelenk *n.* -(e)s, -e／手首を握る am Handgelenk fassen 《*jn*》.

てくび 手込め Vergewaltigung *f.* -en; Notzucht *f.*; Schändung *f.* -en／手込めする ein Mädchen vergewaltigen (notzüchten《notzüchtete, notgezüchtet》; schänden).

てぐりいと 手繰糸 Handgarn *n.* -(e)s, -e.

てぐるま 手車 ⇨**たおし**.

デコレーション Dekoration *f.* -en; Ausschmückung *f.* -en; Schmuck *m.* -(e)s, -e.

げいこ 出稽古する Unterricht 《*jm in*³》 im Haus(e) des Schüler geben／.

てころ 手頃な handlich; handgerecht; angemessen; brauchbar; praktisch; sachdienlich; zweckentsprechend;［値段が］mäßig; preiswert; vernünftig; mittlerer Preis; mittlere Preislage.

てこ 梃子 Hebel *m.* -s, -; Hebe|balken *m.* -s, - (-baum *m.* -(e)s, =e-stange *f.* -n)／梃子の柄 Hebel|arm *m.* -(e)s, -e (-griff *m.* -(e)s, -e)／梃子の作用 Hebel|kraft *f.* =e (-wirkung *f.* -en)／梃子の腕 Hebel|arm *m.* -(e)s, -e (-stange *f.* -n)／梃子で mit einem Hebel; mittels (mit Hilfe) eines Hebels／梃子で持ち上げる mit einem Hebel [hoch]|heben*⁴ 《über⁴》*／梃子でも動かない wie angewurzelt stehen*[bleiben*] 《s》; keinen Fußbreit weichen*《davon ab|treten*》*／あいつは梃子でも動かない奴だ Er beharrt starr (stur) bei seiner Meinung. ‖ 梃子装置(仕掛) Hebel|vorrichtung *f.* -en (-werk *n.* -(e)s, -e).

てごわい 手強い stark; fest; hart; hartnäckig; schwer bezwingbar; unnachgiebig; verbissen; zäh／手強い敵 ein grimmiger (hartnäckiger) Feind, -(e)s, -e／手強くはねつける glatt (rund|weg) ab|lehnen*⁴ (-|-schlagen**⁴*; verweigern*⁴*) 《*jm*》; einen derben Korb aus|teilen 《*jm* 求愛する男に対し》.

デザート Nach|tisch *m.* -(e)s (-speise *f.* -n); Dessert *n.* -s, -s.

てごころ 手心 Rücksicht *f.* -en; Rücksichtnahme *f.*; Berücksichtigung *f.* -en; Diskretion *f.*; Schonung *f.* -en; Takt *m.* -(e)s, -e; Umsicht *f.*; Zart|gefühl (Fein-; Takt-) *n.* -(e)s, -e／手心を加える Rücksicht nehmen*《*auf*⁴》; berücksichtigen*⁴*; mit Diskretion (Schonung; Takt; Umsicht) behandeln*⁴*; schonen 《*jn*》／手心がわからない wenig erfahren sein 《*in*³》; *et* kaum gewohnt sein; wenig vertraut sein 《*mit*³》.

ていく 手細工 Handarbeit *f.* -en／手細工の mit der Hand gemacht; handwerklich gearbeitet.

デザイナー Zeichner *m.* -s, -.

デザイン Entwurf *m.* -(e)s, =e; Zeichnung *f.* -en; Muster *n.* -s, -.

てこずる keinen Rat wissen*; ratlos sein; mit seinem Latein (Witz(e); Verstand) am Ende sein; nicht mehr weiter wissen*; ³sich nicht mehr zu raten oder noch zu helfen wissen*; nicht mehr aus noch ein wissen*. —— てこずらせる zu schaffen machen 《*jm*》; Mühe (Sorgen) bereiten 《*jm*》; viel Kopfzerbrechen machen (verursachen) 《*jm*》; in *⁴*Verlegenheit setzen 《*jn* 困惑させる》.

でさかり 出盛り［出盛る時］❶［人の］Hauptgeschäftsstunden 《*pl*》; Stoßverkehrsstunden 《ラッシュアワー》; die Zeit, wo viele Leute auf den Beinen sind; Hochsaison *f.* -s 《療養地などのシーズンの盛り》／展覧会(映画館, 劇場, 観光地などの出盛りは die Zeit, wo eine Ausstellung (das Kino; das Theater; Sehenswürdigkeiten) am stärksten besucht wird 《観光地のときは *pl* であるから werden》. ❷［果物などの］Hochsaison 《*für*⁴》; die beste Zeit 《*für*⁴》.

てごたえ 手応え Rück|wirkung (Gegen-) *f.* -en 《反動》; Rück|schlag (Gegen-) *m.* -(e)s, =e 《はね返り》; Widerstand *m.* -(e)s, =e 《抵抗》; Effekt *m.* -(e)s, -e 《効果》; Wirkung *f.* -en 《同上》／手応えのある 1)［抵抗］wider|stehend (-strebend); unnachgiebig. 2)［効果］effektiv; wirksam; wirkungsvoll／手応えのない 1)［抵抗］widerstandslos; nachgiebig; passiv; gleichgültig 《無関心の》; teilnahmslos 《同上》. 2)［効果］ineffektiv; unwirksam; wirkungslos／手応えがある 1)［抵抗］wider|stehen*³; wider|streben³; Widerstand leisten*³; nicht nach|geben*³. 2)［効果］wirksam (wirkungsvoll; effektiv) sein; ³sich aus|wirken／何をしても手応えがない Alles, was ich tue, bleibt wirkungslos (hat keine Wirkung).

てさき 手先 ❶ Hand *f.* =e／手先が器用(不器用)である eine geschickte (ungeschickte) Hand haben; geschickt (ungeschickt) sein. ❷［お先棒］Handlanger *m.* -s, -; Werkzeug *n.* -(e)s, -e. —— 手先になる者／手先として *für jn* Handlangerdienste leisten (tun)*; ⁴sich als *⁴*Werkzeug gebrauchen lassen*.

でさき 出先 der Ort, wo man hingegangen ist／出先きは解りかねます Ich weiß nicht, wohin er gegangen ist／出先きから彼の所に回りましょう Ich werde unterwegs bei ihm vorbeikommen.／今出先から電話をかけています《電話口で》Ich bin jetzt unterwegs. Ich rufe Sie nicht von zu Haus(e) an. ‖ 出先機関 Zweigbehörde *f.* -n.

てこぼこ 凸凹 Unebenheit *f.* -en. —— でこぼこの uneben; ungleich; hügelig; höckerig; rau; gefurchert 《溝・畝(う)などで》; gekerbt 《ぎざぎざのある》; knotig 《ふしだけの》; wellig 《波状の》.

てさぐり 手探り das Umhertasten (Umhertappen*), -s／手探りで探す tasten (tappen) 《*nach*³》.

てさげ 手提袋 Handtasche *f.* -n 《ハンドバッグ》／手提かご Handkorb *m.* -(e)s, =e／手提カバン Handkoffer *m.* -s, - 《トランク》; Reisetasche *f.* -n 《旅行用の》; Akten|tasche *f.* -n (-mappe *f.* -n) 《書類カバン》／手提金庫 Geldkassette *f.* -n.

てさばき 手捌き Hand|habung *f.* -en (-griff

m. -〔e〕s, -e)/手捌きがよい(悪い) eine geschickte (ungeschickte) Handbewegung haben; manuell geschickt (ungeschickt) sein.

てざわり 手触りが堅い(柔かい) ⁴sich hart (weich) an|fühlen/この布地は手触りが荒い(なめらかだ) Der Stoff fühlt sich rau (glatt) an.

でし 弟子 Schüler *m.* -s, -; Zögling *m.* -s, -e; Anhänger *m.* -s, -; Lehrling *m.* -s, -e《従弟》/弟子である *js* Schüler sein; bei *jm* in der Ausbildung begriffen sein; bei *jm* in der Lehre sein/弟子にする *jn* als Schüler auf|nehmen*/弟子をとる *jm* in ³*et* Unterricht geben*; *jm* in ³*et* Stunden geben*/弟子入りする *js* Schüler werden; zu *jm* in die Lehre kommen* (gehen*) [s]/彼はある歯医者に弟子入りした Er ist zu einem Dentisten in die Lehre gegangen./彼はドイツ語の弟子をとっている Er gibt deutsche Stunden.

デシ デシグラム Dezigramm *n.* -s, -e《略: dg》/デシメートル Dezimeter *m.* (*n.*) -s, -《略: dm》/デシリットル Deziliter *m.* (*n.*) -s, -《略: dl》.

てしお 手塩にかけて育てる mit liebevoller Sorgfalt groß|ziehen*⁴.

てしごと 手仕事 Hand¦arbeit *f.* -en (-werk *n.* -〔e〕s, -e).

てした 手下 Anhänger *m.* -s, -; Handlanger *m.* -s, -/彼と彼の手下達 er und seine Leute (die Seinigen).

デジタル デジタル計算機 Digitalrechner *m.* -s, -; Digitalcomputer *m.* -s, -/デジタル時計 Digitaluhr *f.* -en.

てじな 手品 Taschenspielerei *f.* -en; Taschenspieler¦kunst *f.* ⸚e (-streich *m.* -〔e〕s, -e; -stück *n.* -〔e〕s, -e); Zauberei *f.* -en; Zauber¦kunst *f.* ⸚e (-〔kunst〕stück); Gaukelei *f.* -en; Gaukel¦kunst (-spiel *n.* -〔e〕s, -e; -werk *n.* -〔e〕s, -e); Kunststück *n.* -〔e〕s, -e; Trick *m.* -s, -s《ごまかし》/手品を使う Taschenspieler〔kunst〕stücke《*pl*》machen; gaukeln; jonglieren; einen Trick vor|führen (zeigen) ‖ 手品師 Taschenspieler *m.* -s, -; Zaub〔e〕rer *m.* -s, -; Zauberkünstler *m.* -s, -; Gaukler *m.* -s, -; Jongleur *m.* -s, -e.

でしな 出しな ⇨**でがけ**.

てじまい 手仕舞い 〔株式の〕 Liquidation f. -en; Abrechnung *f.* -en.

てじゃく 手酌で飲む ³sich selbst Sake ein|schenken (-|gießen*); ⁴sich mit Sake bedienen.

でしゃばり Naseweis *m.* -es, -e; Vorwitz *m.* -es, -e; Topfgucker *m.* -s, -《お節介者》/でしゃばりである vor¦dringlich (zu-) sein; naseweis (vorlaut; vorwitzig) sein.

でしゃばる ⁴sich vor|dränge〔l〕n; ⁴sich in jeden Quark 〔ein〕mischen; in alles (in jeden Dreck; in jeden Quark) die Nase 〔hinein|〕stecken (hängen) ⇨**でる**⑨.

てじゅん 手順 〔An〕ordnung *f.* -en; Arrangement *n.* -s, -s; Programm *n.* -s, -e; 〔Reihen〕folge *f.* -n/手順よく glatt; ohne ⁴Stockung/手順が狂う in ⁴Unordnung kommen* (geraten*) [s]; vom rechten Wege ab|gehen* [s]/手順が悪い schlecht angeordnet (arrangiert) sein/手順を定める an|ordnen⁴; arrangieren⁴; ein Programm auf|stellen (machen).

てじょう 手錠 Hand¦fesseln (-schellen)《*pl*》/手錠をかける Handfesseln (Handschellen) an|legen《*jm*》.

～でしょう ❶ [推量] ich denke; ich glaube; ich nehme an; ich vermute; ich fürchte/お忙しいでしょう Sie haben sehr viel zu tun, glaube ich./彼は遅れるでしょう Ich fürchte, dass er sich verspätete./あとから来るでしょう Ich nehme an, dass er später käme./そんな所でしょうね Das glaube ich gern./あの人がやったのでしょう Er wird es getan haben./そうでしょうね Kann sein.《可能性》; Mag sein.《推量》/ 明日はいいお天気でしょう Morgen dürfte (wird wohl) schönes Wetter sein. ❷ [たぶん・おそらくは] **1**) vielleicht; vermutlich; wohl; 〔höchst〕wahrscheinlich; möglicherweise; eventuell / 来ないですね, きっとこのことを知らないんでしょう Er kommt ja nicht. Vielleicht wüsste er davon gar nichts./恐らくひまがないでしょう, あの人は Er wird wohl keine Zeit haben. **2**)〘助動詞で〙 werden*; können*; mögen*; dürfen*. ❸ [念を押す] nicht wahr? ¦ nicht? ¦ was? ¦ gelt? / もちろんあなたお出になるでしょう Sie kommen doch, nicht wahr?/そりゃやっぱり本当なんでしょう Das ist doch wahr, was?

てしょく 手燭 Handleuchter *m.* -s, -.

てすう 手数 Mühe *f.* -n《苦労》; Bemühung *f.* -en《骨折り》; Umstände《*pl* 煩雑》/手数のかかる mühevoll; umständlich/手数がかかる *jn* (*jm*) ⁴Mühe kosten/手数を省く ³sich ⁴Mühe 〔er〕sparen/手数をかける *jm* ⁴Mühe verursachen (machen); *jn* bemühen/お手数をおかけしました Vielen Dank für die Bemühung!

てすうりょう 手数料 Gebühren《*pl*》/手数料を納める Gebühren entrichten (bezahlen) ‖ 試(受)験手数料 Prüfungsgebühren.

てずから 手ずから mit eigener ³Hand; eigenhändig; persönlich.

てすき 手すき freie Zeit; Muße *f.*/お手すきでしたら wenn Sie jetzt Zeit haben; wenn Sie nichts zu tun haben.

てすきがみ 手漉紙 handgeschöpfes Papier, -s, -e; Büttenpapier *n.* -s, -e.

ですぎる 出過ぎる ❶ zu weit voran (voraus) sein《前の方へ》; zu sehr hervor|stehen*《突出し過ぎ》; zu sehr heraus|stehen*《外へ》; zu viel fließen* [s]《液体・気体が》/彼はみんなより先へ出過ぎている Er ist allen anderen zu weit voraus./この万年筆はインクが出過ぎる Die Tinte fließt zu viel aus diesem Füllfederhalter. ❷ [でしゃばる] 自分に関係のないことにあまり出過ぎたまねはよし給え Mischen Sie sich nicht in Sachen ein, die Sie nichts angehen. ⇨**でしゃばる**. ❸ [お茶が] 少し出過ぎましたかな Vielleicht habe ich den Tee zu lang ziehen lassen.

デスク 〔Schreib〕tisch *m.* -〔e〕s, -e; [新聞社

の] Zeitungsredakteur *m.* -s, -e; der verantwortliche Redakteur, -s, -e.

てすじ 手筋 ❶ ⇨てそう. ❷ [筆跡] Handschrift *f.* -en / 手筋がわるい(よい) eine schlechte (gute; schöne) Hand〔schrift〕 haben.

テスト Prüfung *f.* -en; Probe *f.* -n; Test *m.* -〔e〕s, -s (-e) ‖ テストケース Probe:fall (Test-) *m.* -〔e〕s, ⸚e/テストパイロット Testpilot *m.* -en, -en/テストパターン Testbild *n.* -〔e〕s, -er《テレビの》/知能テスト Intelligenz:prüfung (-test).

デスマスク Totenmaske *f.* -n.

てすり 手摺 Geländer *n.* -s, -.

てずり 手刷り Handdruck *m.* -〔e〕s, -e/手刷りの handgedruckt.

てせい 手製の selbst gemacht《自分で作った》; mit der Hand gemacht《手で作った》/手製のパン selbst gebackenes Brot, -〔e〕s, -e.

てぜま 手狭な klein; eng/この家は私どもには手狭すぎます Dieses Haus ist für uns zu klein.

てそう 手相 Handlinien《*pl*》/手相を見る Handlinien lesen*/手相を占う aus ³Handlinien *js* ⁴Zukunft wahr|sagen ‖ 手相術 Hand:lesekunst *f.* (-deutung *f.* -en); Chiro:logie (-gnomie; -mantie) *f.*/手相見 Handleser *m.* -s, -; Chiromant *m.* -en, -en.

でそこなう 出損う die Gelegenheit verpassen, hinzugehen《外出》; einen Fehlstart machen《フライング》; einen schlechten Start haben《スタートの出遅れ》; versagen《砲弾などが》.

でぞめしき 出初式 der Neujahrsaufzug《-〔e〕s, ⸚e》der Feuerwehr.

でそろう 出揃う vollzählig da sein (erscheinen*); bereit sein《all とともに》/重役たちも全部出揃った Auch die Direktoren sind vollzählig versammelt./陳列するものは全部出揃った Alle Gegenstände sind bereit zur Ausstellung. / みんな出揃ったか Sind sie〔alle〕vollzählig da?

てだい 手代 Kommis *m.* -, -; Handlungs:gehilfe (Laden-) *m.* -n, -n.

てだし 手出し Ein:mischung *f.* -en (-mengung *f.* -en); Dazwischentreten *n.* -s. ── 手出しをする ❶ [干渉] ⁴sich ein|mischen (-|mengen)《*in*⁴》; dazwischen|treten* [s]. ❷ [けんかなどで] heraus|fordern《*jn*》; einen Streit vom Zaun brechen*. ❸ [女性などに] ⁴sich mit einer Frau ein|lassen*; ein〔Liebes〕verhältnis an|knüpfen (beginnen*)《mit einer Frau》.

てだすけ 手助け〔Bei〕hilfe *f.* -n; Beistand *m.* -〔e〕s; Unterstützung *f.* -en; Nutzen *m.* -s, -《有用》/手助けになる behilflich sein《*jm bei*³ (*in*³)》; von ³Nutzen sein《*jm* 有益である》/この辞書はいくらか手助けになる Dieses Wörterbuch kann (wird) mir von einigem Nutzen sein. ── 手助けをする helfen*《*jm bei*³》; Hilfe (Beistand) leisten《*jm*》; unterstützen《*jn*》; nützen《*jm* 役に立つ》.

てだて 手だて ⇨て②.

てだま 手玉にとる in der Gewalt haben; herum|bekommen*（〖俗〗-|kriegen); nach Willkür lenken; um den〔kleinen〕Finger wickeln《以上 *jn*》/手玉に使う wie eine Puppe behandeln《*jn*》; eine Marionette machen《aus *jm*》.

でたらめ Münchhaus〔en〕iade *f.* -n; Ammenmärchen *n.* -s, -; Erdichtung *f.* -en. ⇨でほうだい.

てぢか 手近な(の) nah〔e〕; an:grenzend (-liegend; -stoßend)《隣接する》; benachbart《隣りの》; nahe liegend (stehend); alltäglich《ありふれた》; bekannt《知られた》; vertraut《なじみの》; handlich《手頃な》/手近に in der Nähe; bei der (zur) Hand; dicht nebenan; hart dabei; in ³Rufweite/手近な例 ein nahe liegendes (bekanntes) Beispiel, -〔e〕s, -e/すぐ手近にある ⁴sich in nächster (greifbarer) Nähe befinden*.

てちがい 手違い Versehen *n.* -s, -; Fehler *m.* -s, -; Irrtum *m.* -s, ⸚er/手違いで versehentlich; aus ³Versehen; fälschlich; irrig; irrtümlicherweise / 手違いになる fehl|gehen* (schief|-) [s]; Ein Versehen kommt vor (unterläuft *jm*).《手違いである》.

でちがい 出違いになる *jn* verfehlen; nicht an|treffen*⁴/出違いで会いそこなった Wir haben einander verfehlt./出向いたのですが, 出違いで会えませんでした Ich ging Ihnen entgegen, aber verfehlte Sie.

てちょう 手帳 Notiz:buch (Merk-) *n.* -〔e〕s, ⸚er/手帳に書き留める ³sich im Notizbuch (Merkbuch) notieren⁴; ins Notizbuch (Merkbuch) schreiben*⁴ (ein|tragen*⁴); im Notizbuch (Merkbuch) auf|schreiben*⁴ (fest|halten*⁴; vermerken⁴).

てつ 鉄 Eisen *n.* -s, -/鉄の eisern/鉄の肺 eine eiserne Lunge, -n/鉄のカーテン der Eiserne Vorhang, -〔e〕s.

てつ 轍 Wagenspur *f.* -en; Geleise *n.* -s, -/前車の轍を踏む den Fehler seines Vorgängers wiederholen.

てつあれい 鉄亜鈴〖運〗Hantel *m.* -s, - (*f.* -n).

てっか 鉄火〔Geschütz〕feuer *n.* -s, -/鉄火肌の女 Flinten:weib (Mann-) *n.* -〔e〕s, -er; Amazone *f.* -n.

てっかい 撤回 Zurück:nahme *f.* (-ziehung *f.* -en); Dementi *n.* -s, -s; Widerruf *m.* -〔e〕s, -e. ── 撤回する zurück|nehmen*⁴ (-|ziehen*⁴); dementieren⁴; widerrufen*⁴/今言ったことを撤回します Ich widerrufe das eben Gesagte.

てっかく 適格 ⇨てきかく(適格).

てっかく 的確 ⇨てきかく(的確).

てつがく 哲学 Philosophie *f.* -n/哲学的 philosophisch. ── 哲学する philosophieren. ‖ 哲学史 die *Geschichte der Philosophie*/哲学者 Philosoph *m.* -en, -en/実存(生の)哲学 Existenzphilosophie (Lebensphilosophie).

てつかぶと 鉄兜 Stahlhelm *m.* -〔e〕s, -e.

てづかみ 手掴みにする mit der ³Hand fassen⁴ (greifen*⁴); ergreifen*⁴/手掴みで食べる mit den Fingern essen*⁴.

てっかん 鉄管 Eisenrohr n. -[e]s, -e; das eiserne Rohr, -[e]s, -e/鉄管を埋める Rohre [ver]legen.

てつき 手つき ¶ 危かっしい(不器用な)手つきで mit ungeschickter (unsicherer) Hand.

てっき 敵機 der feindliche Flieger, -s, -; das feindliche Flugzeug, -[e]s, -e; die feindliche Maschine, -n.

てっき 摘記する kurz zusammen|fassen⁴; eine zusammenfassende (kurz gedrängte) Übersicht geben* (*über*⁴).

てっき 鉄器 die Eisenwaren (*pl*); die Metall|kurzwaren (*pl* 金物類) ‖ 鉄器時代 Eisenzeit f.; das eiserne Zeitalter, -s/鉄器商 Eisenwarenhändler m. -s, -; Eisenmann m. -[e]s, ⸚er/鉄器店 Eisen[waren]handlung f. -en; Eisenladen m. -s, ⸚ (-).

デッキ Deck n. -[e]s, -e (-s); (Außen)plattform f. -en (客車の).

てっきょ 撤去 Räumung f. -en; Abbruch m. -[e]s, ⸚e (家屋などのとりこわし); Beseitigung f. -en (除去); Demontage f. -n (工場などの); Entfernung f. -en (撤去); Evakuation f. -en (強制疎開); Zurückziehung f. -en (撤退). — 撤去する räumen⁴; ab|brechen*⁴; beseitigen⁴; demontieren⁴; entfernen⁴; evakuieren⁴; zurück|ziehen*⁴.

てっきょう 鉄橋 Eisen|brücke (Stahl-) f. -n; die eiserne Brücke, -n; Eisenbahnbrücke (鉄道の).

てっきり sicher; ein für allemal; ganz bestimmt; gewiss; offenbar; ohne ⁴Zweifel; unbestreitbar; zweifellos; zweifelsohne/てっきり道に迷ったと思った Ich glaubte, ich hätte mich ganz bestimmt verlaufen.

てっきん 鉄筋 Draht|geflecht (Eisen-) n. -[e]s, -e ‖ 鉄筋コンクリート Eisenbeton m. -s, -s (-[e]) /鉄筋コンクリート建築 [Eisen]betonbau m. -[e]s, -ten.

てっくず 鉄屑 Eisenabfälle (*pl*); Schrott m. -[e]s, -e (屑鉄).

てづくり 手作りの mit der ³Hand gemacht (手で作った); selbst gemacht (自分で作った); hausgemacht (自家製の); Hausmacher- (同上)/手作りのパン hausgebackenes Brot, -[e]s, -e/手作りのソーセージ Hausmacherwurst f. ⸚e.

てつけ 手付[金] Hand|geld (Drauf-; An-; Auf-) n. -[e]s, -er/彼は契約の際に手付金として百ユーロ払った Beim Abschluss des Vertrags zahlte er als Angeld 100 Euro.

てっけつ 鉄血宰相 der Eiserne Kanzler, -s/鉄血政策 die Blut- und Eisen-Politik.

てっけん 鉄拳 die geballte Faust, ⸚e ‖ 鉄拳制裁 die Züchtigung (-en) mit Faustschlägen (durch ⁴Faustschläge)/鉄拳制裁を加える mit geballter Faust (geballten Fäusten) schlagen* und züchtigen (*jn*) /鉄拳制裁の雨が降った Ein Hagel von Faustschlägen ging auf ihn nieder.! Es hagelte Faustschläge.! Mit geballten Fäusten ging es Schlag auf Schlag.

てっこう 手っ甲 Handrückenschutz m. -es, -/手っ甲をはめる einen Handrückenschutz an|legen.

てっこう 鉄工 Eisen|arbeit f. -en (-konstruktion f. -en); [人] Eisen|arbeiter (⸚gießer) m. -s, - ‖ 鉄工場(所) Eisenhütte f. -n (-gießerei f. -en); -hammer m. -s, -; -[hammer]werk n. -[e]s, -e; Hammerwerk.

てっこう 鉄坑 Eisen|bergwerk n. -[e]s, -e (-grube f. -n).

てっこう 鉄鉱石 Eisenerz n. -es, -e.

てっこうぎょう 鉄鋼業 Eisen- und Stahlindustrie f. -n.

てっこく 敵国 Feindesland n. -[e]s (土地); Feindland n. -[e]s (国家).

てっこつ 鉄骨 Eisengerippe n. -s, - ‖ 鉄骨建築 Stahlbau m. -[e]s, -ten.

てつざい 鉄材 Eisenrohmaterial n. -s, -lien.

てつざい 鉄剤 [医] Eisenpräparat n. -[e]s, -e; ein eisenhaltiges Arzneimittel, -s, -; Eisenmittel n. -s, -.

てっさく 鉄柵 Eisenzaun m. -[e]s, ⸚e (-gitter n. -s, -)/鉄柵を張りめぐらす mit einem Eisenzaun ein|fassen*⁴.

てっさく 鉄索 Drahtseil n. -[e]s, -e.

てっさん 鉄山 Eisen|bergwerk n. -[e]s, -e (-mine f. -n).

デッサン Dessin n. -s, -s.

てっしゅう 撤収 ⇨てったい.

てっしょう 徹宵 die ganze ⁴Nacht [hindurch].

てつじょうもう 鉄条網 Draht|verhau m. -[e]s, -e (-hindernis n. ..nisses, ..nisse)/鉄条網を張る einen Drahtverhau an|legen ‖ 有刺鉄条網 Stacheldrahtverhau-; Stacheldraht m. -[e]s, ⸚e.

てつじん Phiposoph m. -en, -en; der Weise*, -n, -n (賢人).

てつする 徹する bis auf den Grund gehen* [s] (徹底する); durch|dringen* [s] (貫徹する) /骨身に徹する *jm* durch ⁴Mark und ⁴Bein gehen* [s] /夜を徹して die ganze ⁴Nacht [hindurch].

てっする 撤する zurück|ziehen*⁴; ab|ziehen*⁴; zurück|nehmen*⁴; weg|räumen⁴ (片づける); beseitigen⁴ (除去する); ab|brechen*⁴ (取りこわす).

てっせい 鉄製の eisern; aus ³Eisen.

てっせき 鉄石の eisenfest ‖ 鉄石心 ein eiserner Wille, -ns, -n; in fester Entschluss, -es, ⸚e.

てっせん 鉄扇 ein eisenstäbiger Fächer, -s, -.

てっせん 鉄線 Eisendraht m. -[e]s, ⸚e ‖ 有刺鉄線 Stacheldraht m. -[e]s, ⸚e.

てっそう 鉄窓 Gitterfenster n. -s, -; ein eisernes Gitter, -s, -/鉄窓の下に hinter den ³Gittern [des Gefängnisses].

てっそく 鉄則 eine eiserne Regel, -n.

てったい 撤退 Abzug m. -[e]s, ⸚e; Zurückziehung f. -en /撤退する ab|ziehen* [s]; zurück|ziehen*⁴.

てつだい 手伝い ❶ Hilfe f. -n; Beistand m. -[e]s, ⸚e/手伝いの女性 《家事の》 Putz|frau

(Zugehe-) *f.* -en; Haushilfe *f.* -n; Raumpflegerin *f.* ..rinnen／手伝いをする *jm* ⁴Hilfe (Beistand) leisten ⇨てつだう. ❷ Helfer *m.* -s, -; Gehilfe *m.* -n, -n《助手》; Handlanger *m.* -s, -; Hilfskraft *f.* ⸗e.

てつだう 手伝う *jm* helfen*; *jm* behilflich sein; *jm* bei|stehen*／家事(仕事)を手伝う *jm* im Haushalt (bei der ³Arbeit) helfen*／手伝って捜す(洗濯する) *jm* beim Suchen (Waschen) helfen*／コートを着るのを手伝う *jm* in den ⁴Mantel helfen*.

でっち 丁稚 Lehrling *m.* -s, -e; Lehrbursche (-junge) *m.* -n, -n; Neuling *m.* -s, -e ‖ 丁稚奉公 Lehr¦zeit *f.* -en (-jahre《*pl*》); Lehre *f.* -n／丁稚奉公にやる zu *jm* in die Lehre geben*⁴ (schicken⁴)／丁稚奉公をする bei *jm* in der Lehre sein.

でっちあげる でっち上げる aus|denken*⁴; erdenken*⁴; erdichten⁴; erfinden*⁴; frisieren⁴／何とうまくでっち上げたものですな Sie haben sich das alles schön ausgedacht.／嘘をでっちあげる eine Lüge erdenken* (erdichten)／そのニュースは全然でっちあげだ Die Nachricht ist frei erfunden.／報告をでっちあげて辻褄(つじつま)を合わせる einen Bericht frisieren／根も葉もないでっちあげのうわさだ Diese Gerüchte sind völlig aus der Luft gegriffen.

てっつい 鉄槌 Eisenhammer *m.* -s, -／鉄槌を下す *jm* einen harten (schweren) Schlag (Hieb) versetzen; *jn* maßregeln (derb zurecht|weisen*).

てつづき 手続 Verfahren *n.* -s, -; Prozedur *f.* -en; Schritt *m.* -[e]s, -e／必要な手続を取る die nötigen Schritte unternehmen* (tun*)／手続を誤る falsch verfahren*; verkehrt vor|gehen* [s]; den zweiten Schritt vor dem ersten tun* ‖ 裁判手続 Gerichtsverfahren／訴訟手続 Prozessverfahren.

てってい 徹底 Gründlichkeit *f.* -en／徹底的な(に) gründlich; vollständig／徹底する bis auf den Grund gehen* [s]／やるならやるで徹底的にやれ Wenn schon, denn schon!／徹底した律義者 ein grundehrlicher Mensch, -en, -en.

てつどう 鉄道 Eisenbahn *f.* -en／鉄道を敷設する eine Eisenbahn an|legen (bauen)／鉄道自殺をはかる ⁴sich auf die Schienen werfen* (legen) ‖ 鉄道案内所 Eisenbahnauskunftstelle *f.* -n／鉄道運賃 Eisenbahnfahrpreis *m.* -es, -e／鉄道運輸 Eisenbahnverkehr *m.* -s (-transport *m.* -[e]s, -e)／鉄道会社 Eisenbahngesellschaft *f.* -en／鉄道公安官 Bahnpolizist *m.* -en, -en／鉄道工夫 Bahnarbeiter *m.* -s, -／鉄道事故 Eisenbahn¦unglück *n.* -[e]s, -e (-unfall *m.* -[e]s, ⸗e)／鉄道従業員 der [Eisen]bahnbeamte*, -n, -n; Eisenbahner *m.* -s, -; Eisenbahnpersonal *n.* -s《総称》／鉄道網 Eisenbahnnetz *n.* -es, -e／鉄道旅行 Eisenbahn¦reise *f.* -n (-fahrt *f.* -en)／鉄道連絡 Eisenbahnverbindung *f.* -en／鉄道路線 Eisenbahn¦linie *f.* -n (-schiene *f.* -n《レール》)／国有鉄道 Staatsbahn *f.* -en／私有鉄道 Privatbahn *f.* -en.

てっとうてつび 徹頭徹尾 von Anfang bis Ende; von A bis Z; durchweg; durch und durch.

てっとりばやい 手っ取り早い flink; rasch; schnell／手っ取り早く flink; rasch; schnell; kurz《手短かに》; ohne weiteres《直ちに・さっさと》; einfach《有無を言わさず》／手っ取り早く言えば um es kurz zu sagen／手っ取り早くやれよ Mache es schnell! ¦ Beeile dich!／あいつなんか打ち殺してしまうのが一番手っ取り早い Am besten schlägt man ihn einfach tot.／そのほうがずっと手っ取り早い So geht es viel schneller.

デッドロック ein völliger Stillstand, -[e]s; eine völlige Stockung, -en; Sackgasse *f.* -n; eine verfahrene Lage, -n／デッドロックに乗り上げる ⁴sich völlig fest|fahren* [s]; auf einem toten Punkt an|langen [s].

でっぱ 出っ歯 Vollzahn *m.* -[e]s, ⸗e; die vortretenden Vorderzähne《*pl*》; die vorstehenden Zähne《*pl*》.

てっぱい 撤廃 Abschaffung *f.* -en; Aufhebung *f.* -en; Beseitigung *f.* -en《除去》. ── 撤廃する ab|schaffen⁴; auf|heben*⁴; beseitigen⁴.

でっぱる 出っ張る hervor|springen* [s] (-|treten* [s]; -|stehen*《状態》).

てっぱん 鉄板 Eisenplatte *f.* -n; eine eiserne Platte, -n.

てっぴつ 鉄筆 Eisenstift *m.* -[e]s, -e; Grabstichel *m.* -s, -《たがね》.

てつびん 鉄瓶 ein gusseiserner Wasserkessel, -s, -.

でっぷり でっぷりした wohlbeleibt; dickwanstig; feist; fett; fleischig; korpulent; schwerbauchig; [ずんぐり] gedrungen; untersetzt.

てっぷん 鉄粉 Eisen¦staub *m.* -[e]s (-feilspäne《*pl*》; -pulver *n.* -s, -).

てっぺい 撤兵 Zurückziehung《*f.* -en》der Truppen; Abzug *m.* -[e]s, ⸗e; Räumung *f.* -en. ── 撤兵する Truppen zurück|ziehen* (ab|ziehen*)／要塞から撤兵する die Festung räumen.

てっぺき 鉄壁 eine eiserne Wand, ⸗e (Mauer, -n)／鉄壁の《要塞堅固な》uneinnehmbar; unangreifbar ‖ 金城鉄壁 eine uneinnehmbare Festung, -en.

てっぺん Spitze *f.* -n《先端》; Gipfel *m.* -s, -《頂上》／頭のてっぺん Scheitel *m.* -s, -／頭のてっぺんから足の先まで vom Scheitel (Kopf) bis zur Sohle (zu den Füßen); von oben bis unten.

てつぼう 鉄棒 Eisenstab *m.* -[e]s, ⸗e; Eisenstange *f.* -n; 〖体操〗Reckstange *f.* -n.

てっぽう 鉄砲 Gewehr *n.* -[e]s, -e; Flinte *f.* -n／鉄砲を担ぐ das Gewehr (die Flinte) schultern／鉄砲を打つ das Gewehr ab|feuern; die Flinte ab|schießen* ‖ 鉄砲傷 Schusswunde *f.* -n／鉄砲玉 [Gewehr]kugel *f.* -n.

てづまり 手詰まりである ❶ [金銭の] knapp an ³Geld sein; schlecht bei ³Kasse sein. ❷ [手段に] nicht (weder) aus noch ein wissen*; in der ³Klemme sein (sitzen*).

てつめんぴ 鉄面皮 Unverschämtheit f. -en; Frechheit f. -en; Dreistigkeit f. -en/鉄面皮な unverschämt; frech; dreist.

てつや 徹夜する die ganze Nacht (hindurch) auf|bleiben* 〘s〙 (nicht schlafen)*; die Nacht durchwachen / 徹夜して疲れている übernächtig sein/徹夜して仕事をする die ganze Nacht durch|arbeiten.

てつり 哲理 ein philosophisches Grundprinzip, -s, ..pien.

てづり 手釣り das Angeln* (-s) ohne ⁴Rute.

てづる 手蔓 Beziehung f. -en 〈コネ〉; Verbindung f. -en 〈連絡〉; Vermittlung f. -en 〈仲介〉. ⇨って.

ててなしご 父無し子 ein vaterloses (uneheliches) Kind, -(e)s, -er.

てどうぐ 手道具 Bedarfsartikel (Gebrauchs-) m. -s, - (od. -gegenstand m. -(e)s, -¨e); Gerätschaft f. -en (〈ふつう pl〉); Handwerkszeug n. -(e)s, (まれに od.) Utensilien ⟨pl⟩.

でどころ 出所 Quelle f. -n; Ursprung m. -(e)s, -¨e; Herkunft f. -¨e/その噂はききましたが，出どころが怪しいわね Ich habe es sagen hören, aber aus trüben Quellen./この金の出所はどこだ Von woher hast du dieses Geld?

てどり 手取り ❶ 〔捕獲〕 Fang m. -(e)s, -¨e; das Fangen*, -s; Gefangennahme f. -n (-nehmung f. -en) /手取りにする fangen*⁴; gefangen|nehmen* 〈jn〉. ❷ 〔手取金〕 Netto|ertrag (Rein-) m. -(e)s, -¨e (od. -gewinn m. -(e)s, -e); Nettolohn m. -(e)s, -¨e (od. -einnahme (Rein-) f. -n; Nettogehalt n. -(e)s, -¨er.

テナー ⇨テノール.

ないしょく ⇨ないしょく.

~でないにしろ sonst; oder.

でなおす 出直す wieder|kommen* 〘s〙; wieder [neu] an|fangen*/また出直していただけませんか Wollen Sie bitte ein andermal kommen?

てなが 手長蜘蛛 〔(pl)〕 die langbeinige Spinne, -n/手長猿 Gibbon m. -s, -s; Langarmaffe m. -n, -n.

てなづける 手懐ける für ⁴sich gewinnen* 〈jn〉; ³sich gefügig machen 〈jn〉; zu seinem Werkzeug(e) machen 〈jn〉; zähmen⁴ 〈動物を〉; ab|richten⁴ 〈同上〉.

てなみ 手並 Geübtheit f.; Geschicklichkeit f.; Gewandtheit f.; Handfertigkeit f./手並を表わす seine Geübtheit (Geschicklichkeit; Gewandtheit; Handfertigkeit) zeigen (entfalten; an den Tag legen).

てならい 手習い das Schreiben*, -s; Schreibübung f. -en/六十の手習い Zum Lernen ist es nie zu spät. / Selbst ein Sechzigjähriger kann noch ⁴zu lernen anfangen. — 手習いする ⁴sich im [Schön]schreiben üben; Stunden (Unterricht) bei einem Schreiblehrer nehmen* (haben) 〈師匠について〉. ‖ 手習い草紙 Schreibheft (n. -(e)s, -e) (mit Vorlagen).

デニール Denier n. -[s], -.

テニス Tennis n. -; Tennisspiel n. -[e]s, -e; Lawn-Tennis 《ローンテニス》 / テニスの試合 Tennis|turnier n. -s, -e (-wettkampf m. -(e)s, -¨e). — テニスをする Tennis spielen. ‖ テニスコート Tennisplatz m. -es, -¨e/テニス選手 Tennisspieler m. -s, -; Tennis|champion m. -s, -s (-meister m. -s, -) 〘選手権保持者〙/テニスボール Tennisball m. -(e)s, -¨e/硬(軟)式テニス das Tennis mit harten (weichen) Bällen.

デニム grober [Baumwoll]drillich, -[e]s, -e.

てにもつ 手荷物 [Hand]gepäck (Reise-) n. -(e)s, -e/手荷物を預ける das Gepäck auf|geben* (aufbewahren lassen*) ‖ 手荷物合札 Gepäckschein m. -(e)s, -e/手荷物一時預り所 Gepäckaufbewahrung f. -en/手荷物運賃 Gepäckfracht f. -en/手荷物係 der Gepäckabfertigungsbeamte*, -n, -n/手荷物車 Gepäckwagen m. -s, -/手荷物発送 Gepäckabfertigung f. -en/手荷物引受[所] Gepäck|annahme (-aufgabe) f. -n/手荷物引渡[所] Gepäckausgabe f. -n.

てぬい 手縫い handgenäht.

てぬかり 手ぬかり ⇨ておち.

てぬぐい 手拭い Handtuch n. -(e)s, -¨er/手拭いを絞る ein Handtuch aus|w|ringen* ‖ 手拭い掛け Handtuch|halter (-ständer) m.

てぬるい 手ぬるい mild 〈きびしくない〉; gelinde 〈同上〉; nachsichtig 〈寛大な〉; nachlässig 〈なげやりな〉/手ぬるい処罰 eine milde (gelinde) Strafe, -n. — 手ぬるくする locker|lassen*; nachsichtig sein.

てのうち 手の内を見せる seine Absicht offen zeigen / 手の内を見透かされる durchschaut werden.

てのうら 手の裏を返す die Hand um|drehen / 手の裏を返すように im Handumdrehen, plötzlich.

テノール 《楽》 Tenor m. -s, -¨e (-e) ‖ テノール歌手 Tenorsänger m. -s, -; Tenorist m. -en, -en; Tenor.

てのこう 手の甲 Handrücken m. -s, -.

てのこんだ 手の込んだ verwickelt; kompliziert.

てのすじ 手の筋 Handlinien 〔pl〕. ⇨てそう.

てのひら 掌 Handfläche f. -n; Handteller m. -s, -; die flache (hohle; innere) Hand, -¨e; Hohlhand.

デノミ〔ネーション〕 Denomination f. -en; Aktienabstemp[e]lung f. -en.

では ❶ 〔則〕 also; (also) dann; denn; nun; wenn ja (nein); wenn dem so ist (wäre)/では三時にお迎えに行きます Also, um drei Uhr hole ich Sie ab./では明日まで待ちましょう Wenn dem so ist, werde ich bis morgen warten. ❷ 〔場所〕 bei³; in³; zu³ 《その他 wo?から答える場所の前置詞》/東京〔私のうち〕では普通そういうことはしません In Tokio ist es nicht üblich. (Bei mir (uns) zu Haus(e) machen wir es anders. ❸ 〔...の点では〕 in Bezug auf⁴; in Hinsicht auf⁴ /あ

デパート る点では彼は何だか前任者に似たような所がある In einer gewissen Hinsicht erinnert er mich an seinen Vorgänger.

デパート Warenhaus (Kauf-) n. -es, ¨er/デパートの店員 Verkäufer m. -s, -; Verkäuferin f. ..rinnen《女》; Gehilfe m. -n, -n《学生アルバイトのような手伝い》; Gehilfin f. ..finnen《女》/デパートの食堂 Erfrischungsraum m. -(e)s, ¨e.

てはい 手配する〔用意〕vorbereiten⁴; Vorbereitung (f. -en) treffen*《für⁴》;〔指令〕anordnen⁴;〔配置〕aufstellen⁴;〔警察が〕Maßnahmen (pl) zum Arrest des Verbrechers ergreifen*.

ではいり 出入り das Ein- und Ausgehen; des und -s/出入りする hineingehen* und herauskommen*⃞; ein- und ausgehen*⃞《in³; bei》; häufig besuchen. ⇨ていり①、④.

てばこ 手箱〔Schmuck〕kästchen n. -s, -; Schatulle f. -n.

てはじめ 手始め Anfang m. -(e)s, ¨e;〔Anbeginn m. -(e)s; Auftakt m. -(e)s, -e 《序幕》/手始めの erst; einleitend; Anfangs-/ 手始めに am 〔im; zu〕 Anfang; im Anbeginn; bei〔zu〕Beginn; anfangs; eingangs; als Erstes; in erster Linie; zuerst (-nächst)/これを手始めに... Das war der Auftakt zu ....

てはず 手筈 Anordnung f. -en; Arrangement n. -s, -e; Plan m. -(e)s, ¨e; Programm n. -s, -e;〔申し合わせ〕Übereinkommen n. -s; Übereinkunft f. ¨e; Vereinbarung f. -en/手筈を定める anordnen⁴; Anordnungen (Arrangements) treffen*; arrangieren⁴; planen⁴; einen Plan entwerfen* (fassen; schmieden); ein Programm aufstellen⁴; übereinkommen*⃞《mit jm über⁴》; ein Übereinkommen (eine Übereinkunft) treffen*《mit jm über⁴》/手筈を定める表現; vereinbaren⁴《mit jm》;《sich vereinbaren《mit jm über⁴》/手筈が狂った Unser Plan wurde durchkreuzt (gestört).

てばた 手旗〔Winker〕flagge f. -n ‖ 手旗信号 Winkerzeichen n. -s, -/ 手旗信号の符号 Winkerzeichen n. -s, -.

てばな 手鼻をかむ *sich die Nase mit den Fingern schnäuzen.

では 出端 ❶ Anfang m. -(e)s, ¨e; Beginn m. -(e)s; Start m. -(e)s, -s/ 出はなをひどくたたかれる Beim Beginn hat er einen schweren Schlag erhalten;〔ボクシングなどで〕⇨てばな(出鼻). ❷〔出しな〕⇨でかけ.

でばな 出鼻 Anfang m. -(e)s, ¨e; Beginn m. -(e)s/ 出鼻をくじく jm gerade am Anfang den Mut benehmen* / すっかり出鼻をくじかれた Gleich zu Beginn musste ich schon die Flinte ins Korn werfen.

てばな 出花 der erste Ausguss. -es, -e《vom Tee》/ 鬼も十八番茶も出花 Jeder hat eine gute Zeit.: Die goldene Siebzehn!《間投詞的に》.

てばなし 手放しで ❶ freihändig; die Hände loslassend/ 手放しで自転車に乗る freihändig Rad fahren*⃞. ❷〔露骨に〕unverhohlen; frei heraus (gerade-); offen; unumwunden/ 手放しでのろける ganz offen ein Loblied auf eine Frau singen*〔anstimmen〕.

てばなす 手放す ❶〔譲渡〕veräußern⁴; *sich entäußern²; verkaufen⁴《jm》. ❷〔子供などを〕abschicken (⁴) (teil-; weg-)《jm》; entlassen⁴《jm》; *sich trennen《von jm》. ❸〔放任〕allein (unbeaufsichtigt) lassen*《jm》; freie Hand (freies Spiel) lassen*《jm》.

でばぼうちょう 出刃包丁 Hackmesser n. -s, -.

ではまた〔別れの時の〕Auf Wiedersehen!; Also dann!/ ではまた、後ほど Also dann, bis nachher!/ ではまたお近い中に Auf baldiges Wiedersehen!

てばやい 手早い flink; behände; flott; geschwind; rasch; geschickt《巧妙な》; gewandt《同上》.

てばらう 出払う ❶〔人が〕fort (weg) sein*/ みな出払っています Sie sind alle fort (ausgegangen). ❷〔物が〕an 3et nichts mehr übrig sein; alle werden/ その品物はストックもみな出払っております Diesen Artikel haben wir nicht mehr auf Lager./自動車は今みな出払っております Alle Wagen sind jetzt unterwegs.

でばる 出張る〔出っぱる〕vorragen; vorspringen*⃞; hervorstehen*; vorstoßen*; überhängen*; auskragen (-laden)⃞《建物の一部が》.

でばん 君の出番だ Du bist an der Reihe./ Die Reihe ist an dir.

てびかえ 手控え ❶ Zurückhaltung f. -en. ❷〔覚書〕〔Schreib〕block (Notiz-) m. -(e)s, -e; Notizbuch (Merk-) n. -(e)s, ¨er; Memorandum n. -s, ..den (..da).

てびかえる 手控える *sich zurückhalten*《fern-》《von³》; auf der Hut sein《警戒する》.

てびき 手引き ❶〔案内〕〔Ein〕führung f. -en;〔An〕leitung f. -en/ 手引きする〔ein-〕führen《jn in⁴》; anleiten《jn zu³《in⁴》; leiten《jn in⁴》. ❷〔紹介〕Empfehlung f. -en/A 氏の手引きで durch freundliche Empfehlung von Herrn A. ❸〔人〕物〕〔Reise〕führer m. -s, -《旅行案内書》; Leitfaden m. -s, ¨《入門書》; Wegweiser m. -s, -《案内者・指針》.

デビスカップ Davis-Pokal m. -s《杯》; Davispokalmeisterschaften (pl デビスカップ戦) / 今年のデビスカップの日本代表は誰でしょうか Wer vertritt Japan dieses Jahr beim Devis-Pokal?

てひどい 手酷い streng; bitter; hart; rau; scharf; schneidend; schroff; grausam《残酷な》; erbarmungslos《無慈悲な》; unbarmherzig/ 手酷いことば eine bissige Bemerkung. -en; sarkastische Worte (pl 冷罵)/ 手酷く催促する ungestüm mahnen《jn wegen²⁽¹⁾ 借金を》.

デビュー Debüt n. -s, -s/ 彼は国際劇場でデビューした Er feierte sein Debüt im Ko-

kusai-Theater.
てびょうし 手拍子をとる mit den Händen den Takt schlagen* (an|geben*).
てびろい 手広い 〔weit〕ausgedehnt; weit; groß; geräumig《場所の》/手広く商売をする ein ausgedehntes Geschäft treiben*.
でぶ der Dicke*, -n, -n; Dickerchen *n.* -s, -; Fettwanst *m.* -es, ⸚e/でぶの dick; feist; fett; fleischig; wohlbeleibt.
てふうきん 手風琴 Hand¦harmonika (Zieh-)*f.* ..ken (-s); Akkordeon *n.* -s, -s; Drehorgel *f.* -n《手まわし風琴》.
デフォルメ Deformation *f.* -en.
てふき 手拭き Handtuch *n.* -〔e〕s, ⸚er; Taschentuch《ハンカチ》; Schürze *f.* -n《前掛け》.
てぶくろ 手袋 Handschuh *m.* -〔e〕s, -e; Fingerhandschuh *m.* -〔e〕s, -e《5本指の手袋》; Fausthandschuh *m.* -〔e〕s, -e《親指のほか指のわかれていない》; Fäustling *m.* -s, -e《同上》; Glacé *n.* -〔s〕, -s《光沢のある皮手袋》; Glacéhandschuh《同上》/手袋をはめた in Handschuhen; behandschuht/手袋をはめる(とる) Handschuhe an|ziehen* (aus|ziehen*) ‖ 長手袋《中世武士の乗馬用の》Fehdehandschuh.
でぶしょう 出不精 Stubenhockerei *f.* -en/出不精な stubenhockerisch / 出不精な人 Stubenhocker *m.* -s, -.
てぶそく 手不足である unter ³Mangel an Arbeitskräften leiden*; nicht genug Arbeitskräfte haben; Es sind nicht genug Arbeitskräfte da.
てふだ 手札型〘写〙Viertel¦format (Visitenkarten-) *n.* -〔e〕s, -e.
でぶね 出船 das auslaufende (abgehende) Schiff, -s, -e ‖ 出船入船 aus- und einlaufende Schiffe《*pl*》.
てぶら 手ぶらで mit leeren Händen/手ぶらで帰る unverrichteter¦ding (-sache) heim|kehren [s] (-|ziehen* [s]).
てぶり 手振り ⇨**てまね**.
デフレ Deflation *f.* -en ‖ デフレ政策 Deflationspolitik *f.* -en.
てぶんこ 手文庫 Kästchen *n.* -s, -; Kasten《*m.* -s, ⸚》〔für Briefpapier〕.
でべそ 出臍 der vorstoßende Nabel, -s, -.
デポ Depot *n.* -s, -s.
でほうだい 出放題 Quasselei *f.* -en; lauter Unsinn, -〔e〕s/出放題に ungereimt; unsinnig/出放題なことを言う lauter Kohl (Unsinn) reden; ungereimtes Zeug schwatzen.
てほどき 手解き Ein¦führung *f.* -en (-leitung *f.* -en)《*in*⁴》; Anleitung *f.* -en《*zu*³》; Einweihung *f.* -en《*in*⁴ 奥義などの》; Aufklärung *f.* -en《*über*⁴ 性教育などの》; die Anfangsgründe《*pl* 基礎・初歩》/手解きをする ein|führen (-|leiten)《*jn in*⁴》; an|leiten《*jn zu*³》; ein|weihen《*jn in*⁴ 奥義などの》; auf|klären《*jn über*⁴ 特に性教育の》.
てほん 手本 ❶ Muster *n.* -s, -; Modell *n.* -s, -e; Vorlage *f.* -n. ❷ ⇨**もはん**/手本とするに足る行い die muster¦gültige (-hafte) Haltung (Handlung), -en; das mustergültige Verhalten, -s. ― 手本とする nach einem Muster her|stellen⁴; bilden⁴ (formen⁴)《*nach*³》; ³sich ein Vorbild nehmen*《an *jm*》; als Muster (Vorbild) hin|stellen《*jn*》; ³sich zum Vorbild nehmen*《*jn*》.
てま 手間 ❶ [時] Zeit *f.*/手間がかかる zeitraubend; mühselig《骨の折れる》/手間どらせる in Anspruch nehmen*《*jn*》; auf|halten*《*jn*》; am Weiterkommen hindern《*jn* ひきとめる》/手間どる viel Zeit in Anspruch nehmen*; aufgehalten werden; am Weiterkommen gehindert sein. ❷ [手間賃] Lohn *m.* -〔e〕s, ⸚e/手間を払う einen Lohn zahlen; die Arbeit bezahlen. ❸ [労力] Mühe *f.* -n/手間をいとわぬ keine Mühe scheuen; ³sich keine Mühe verdrießen lassen*/大変な手間だった Die Mühe war groß.¦Das war eine Heidenarbeit (Riesenarbeit). ‖ 手間仕事 Lohnarbeit *f.* -en; Akkordarbeit《請負の》; Stückarbeit《出来高の》.
デマ Demagogie *f.* -n; Gemunkel *n.* -s; Fabel *f.* -n; Märchen *n.* -s, -《作り話・虚構》/デマを飛ばす《扇動の意では》auf|wiegeln⁴; auf|putschen⁴;《あることないことを言う意味では》eine Lügengeschichte verbreiten; Märchen《*pl*》erzählen/デマを飛ばす人 Demagog〔e〕 *m.* ..g〔e〕n, ..g〔e〕n; Aufwiegler *m.* -s, -《扇動家》; Erdichter *m.* -s, -; Flunkerer *m.* -s, -/たいへんなデマを飛ばすやつだ Er lügt das Blaue vom Himmel herunter.
てまえ 手前 ❶ ich*《私》; du*《君》/手前ども wir*《我々》; ihr*《君ら》. ❷ [こちら] diese Seite/橋の手前に diesseits (auf dieser Seite) der ²Brücke; dicht vor der ³Brücke. ❸ [体面上] aus (mit) Rücksicht《*auf*⁴》; rücksichtlich²/子供たちの手前それ以上言えなかった Aus Rücksicht auf die Kinder konnte ich nicht weiter sprechen.
でまえ 出前する ins Haus liefern⁴ ‖ 出前持ち Austräger《*m.* -s, -》des Restaurants.
てまえかって 手前勝手 Selbstsucht *f.*; Eigen¦liebe *f.* (-nutz *m.* -es; -sinn *m.* -〔e〕s; -sucht *f.*); Rücksichtslosigkeit *f.* -en《無遠慮》; Egoismus *m.* -《利己主義》. ― 手前勝手な selbstsüchtig; eigen¦nützig (-sinnig; -süchtig); rücksichtslos; egoistisch. ― 手前勝手なことをする selbstsüchtig (rücksichtslos; egoistisch) handeln; keine Rücksicht auf andere nehmen*; keine Nachsicht haben (üben)《mit *jm*》; andere 〔Leute〕 aus|nützen.
てまえみそ 手前味噌〔をならべること〕 Eigen¦-lob (Selbst-) *n.* -〔e〕s; Selbstverherrlichung *f.*;〘俗〙Angabe *f.*/手前味噌をならべる ⁴sich selber loben (preisen*; rühmen); ein Loblied auf ⁴sich selber singen* (an|stimmen); sein eigenes Lob aus|posaunen; 〘俗〙an|geben*/手前味噌ではないが… Ich bin zwar kein Prahlhans, aber ....¦Es klingt fast wie Angabe, aber ....
でまかせ 出まかせにしゃべる ins Blaue hinein reden. ⇨**でほうだい**.
てまき 手巻きたばこ die selber (selbst) ge-

て

てまくら 手枕をして seinen Arm als Kopfkissen benützend (benutzend); indem man seinen Arm zum Kopfkissen macht/手枕をする seinen Arm als Kopfkissen benützen (benutzen); seinen Arm zum Kopfkissen machen.

でまど 出窓 Erkerfenster (Ausbau-) *m.* -s, -.

てまね 手真似 Gebärde *f.* -n; Gebärdenspiel *n.* -(e)s, -e; Gestikulation *f.* -en/手真似で話す mit den Händen reden; in Zeichensprache reden 《指話法で》/手真似をする gestikulieren; Gebärden (Gesten; Handbewegungen) machen; mit den Händen (in der Luft herum) fuchteln/手真似で知らせる *sich durch Gebärden (Zeichen) verständlich machen; mit der Hand ein Zeichen geben*.

てまねき 手招き Wink *m.* -(e)s, -e; das Heranwinken*, -s/手招きする mit der Hand (heran)winken; mit der Hand ein Zeichen geben*.

てまめ 手まめな ❶ [動勉な] emsig; arbeitsam (betrieb-); rührig; unternehmend. ❷ [器用な] anstellig; fingerfertig (hand-); geschickt; gewandt.

てまり 手毬 der (kleine) Gummiball, -(e)s, ⸚e; der Ball aus *Fäden 《糸など》/手毬をつく mit einem federnden Ball spielen.

てまわし 手回し Vorbereitung *f.* -en; Vorkehrung *f.* -en; Arrangement *n.* -s, -s/手回しがよい gut vorbereitet (arrangiert) sein/手回しをする Vorbereitungen (Vorkehrungen; Arrangements) treffen* ➡ *vorbereiten*; alles veranlassen (tun*); arrangieren* などという方が生硬でなくてよい.

てまわり 手回りの品 ❶ die Personaleffekten 《pl》; die (Sieben)sachen 《pl》. ❷ [手荷物] Handgepäck *n.* -(e)s, -e; Bagage *f.* -n.

てまわり 出回り Warenverkehr *m.* -s/コーヒーの出回りが少ない Kaffee ist nur spärlich am Markt(e) vertreten./Der Kaffeemarkt ist ziemlich erschöpft.

でまわる 出回る auf den Markt kommen* ⓢ; erscheinen* ⓢ/茶は十分に出回っている Der Markt ist reichlich mit Tee beschickt.

てみじか 手短かな(に) kurz; bündig; kurz und bündig (gut); gedrängt; in (der) Kürze/手短かに言えば kurz (gesagt); mit kurzen Worten; um kurz zu sagen (machen).

でみせ 出店 Zweiggeschäft *n.* -(e)s, -e; Bude *f.* -n; Kiosk *m.* -(e)s, -e 《縁日などの》.

てむかい 手向かい ⇨ていこう.

でむかえ 出迎え das Abholen*, -s/駅(劇場)へ出迎えに行く *jn* am Bahnhof (vom Theater) ab|holen/駅に誰か出迎えに来ているかしら Erwartet uns jemand auf dem Bahnhof?

でむかえる 出迎える *jn* ab|holen; *jn* empfangen*.

でむく 出向く〔extra〕gehen* ⓢ 《*auf*⁴; *in*⁴; *nach*³; *zu*³》; *sich begeben* 《*an*⁴; *nach*³》; *sich wenden* 《*an jn wegen* ²*et*》; eine Geschäftsreise (Dienstreise) machen 《*nach*³ 出張》.

でめ 出目 Glotzauge *n.* -s, -n/出目の glotzäugig ‖ 出目金 Teleskopfisch *m.* -(e)s, -e.

〜ても ¶ どんなに努力しても so sehr man sich anstrengt; mag man sich anstrengen, wie man will (wolle)/どんなに苦しいことがあっても in welchen schlechten Verhältnissen auch immer; wie schlecht die Verhältnisse auch sein mögen/今から行ってもだめだろう Sie können zwar (ja mal) hingehen, doch ich fürchte, es ist schon zu spät (es wird (schon) zu spät sein).

でも ❶ [...でさえ] [ja] auch; selbst; sogar/子供でもそのくらいのことは知っている Sogar (Selbst) ein Kind weiß so was./それは消息通でも知らないニュースだった Diese Nachricht war selbst den Gutinformierten ganz neu. ❷ [また] sowohl ... als auch ...; entweder ... oder ...; weder ... noch ...;/彼はよい語り手でもあるし、またよい聞き手でもある Er ist sowohl ein guter Redner als auch ein guter Zuhörer./うどんでもそばでも、どちらでもけっこう (Entweder) Nudel oder Buchweizennudel, mir ist es ganz egal./彼は利口でもないし金持ちでもない Er ist weder klug noch reich. ❸ [...とも] auch (selbst; und) wenn; wenn auch; wenngleich; obschon; obgleich; obwohl; wie auch (immer)/雨でも遠足はありますか Machen wir den Ausflug, auch wenn es regnet?/彼は王様だが、それでもそれは出来ない Obgleich er ein König ist, kann er es nicht machen./何とでもされ Es mag geschehen, was da wolle. ❹ [...の中に] noch/今日にでも来るでしょう Er wird noch heute kommen. ❺ [それでも、...にもかかわらず] trotzdem; dennoch; demungeachtet; dessenungeachtet. ❻ [がしかし] aber; doch; jedoch/でも(何はなんでも)それはひどい Aber, das ist doch starker Tabak!

デモ Demonstration *f.* -en; Kundgebung *f.* -en/デモ行進をやる eine Straßenkundgebung veranstalten (machen).

デモクラシー Demokratie *f.* -n/デモクラシーの demokratisch.

てもち 手持ち Vorrat *m.* -(e)s, ⸚e; Bestand *m.* -(e)s, ⸚e; das Vorhandene*, -n; Besitz *m.* -es 《所有》‖ 手持ち資材 das vorrätige Material, -s, ..lien.

てもちぶさた 手持ち無沙汰である (die) Daumen drehen; nicht mit sich anfangen können*; *sich langweilen.

てもと 手許 ❶ die Hände 《pl》. ❷ [財政] die Vermögensverhältnisse 《pl》; die finanzielle (pekuniäre) Lage, -n/手許が苦しい in bedrängter Lage (in bedrängten Verhältnissen) sein; Der (Geld)beutel hat die Schwindsucht./unter ³Geldmangel leiden*. ── 手許に ❶ [手近に] nahe; in (der) Nähe; in ³Rufweite. ❷ [持ち合わせて] bei (zur) Hand; bei ³sich. ‖ お手許金 Privatkasse *f.* -n 《-schatulle *f.* -n》.

でもどり 出戻り die Geschiedene, -n, -n.

でもの 出物 ❶ die Ware 《-n》aus zweiter

Hand; die gebrauchte Sache, –n; der Artikel 《–s, –》 zum Verkauf. ❷ ⇨ふきでもの/出物はれ物ところ嫌わず ,Not kennt kein Gebot.'

てもり 手盛り Selbstbedienung *f.* –en.

デュエット Duett *n.* –[e]s, –e; Duo *n.* –s, –s; Zwiegesang *m.* –[e]s, ⸗e.

でよう 出様 Haltung *f.* –en; Stellungnahme *f.* –n; Verhalten *n.* –s/当方の出様は君の返答次第だ Unsere Haltung (Stellungnahme) hängt von Ihrer Antwort ab./政府がこの問題にどういう出様をするかまだわからない Man weiß noch nicht, welche Stellung die Regierung zu dieser Frage nimmt.

てら 寺 [ein buddhistischer] Tempel, –s, –/寺に詣る einen Tempel besuchen ‖ 寺男 Tempeldiener *m.* –s, –/寺参り Tempelbesuch *m.* –[e]s, –e.

てらう 衒う ❶ [誇示する] prahlen 《*mit*^{3}》; groß|tun* 《*mit*^{3}》; zur Schau tragen*^{4}; ^{4}sich rühmen^2. ❷ [偉ぶる] an|geben*; auf|schneiden*; ^{4}sich dick[e]|tun*/奴は衒っているだけだ Er tut nur so.

テラコッタ Terrakotta *f.* ..kotten; Terrakotte *f.* –n.

てらこや 寺子屋 eine private Schreibschule 《–n》 für ^{4}Kinder.

てらす 照らす ❶ bescheinen*^{4}; bestrahlen^4; beleuchten^4 《照明器具が》. ❷ [比べる] vergleichen*^{4} 《*mit*^{3}》/…に照らして im Vergleich mit^3; mit Rücksicht auf^4.

テラス Terrasse *f.* –n.

てらせん 寺銭 Zins 《*m.* –es, –en (–e)》 für den Bankhalter.

デラックス Luxusausstattung *f.* –en/デラックスな luxuriös; in Luxusausstattung/[本の]デラックス版 Luxusausgabe *f.* –n.

てり 照り Sonnenschein *m.* –[e]s, –e 《日射》; Sonnen¦strahl *m.* –[e]s, –en (–hitze *f.* 《太陽の熱》); trockenes Wetter, –s 《ひでり》.

テリーヌ 〖料〗 Terrine *f.* –n.

てりかえし 照り返し Zurückstrahlung *f.*; Reflexion *f.* –en.

てりかえす 照り返す zurück|strahlen$^{(4)}$; das Licht (den Lichtschein) reflektieren 《光線を》; die Hitze zurück|werfen* 《熱を》.

デリケート [形状] zart; zierlich; fein; [性格] empfindsam; heikel; sensitiv; delikat.

てりつける 照りつける brennen*; heiß sein/照りつける太陽 die brennende (heiße) Sonne.

デリバティブ Derivat *n.* –[e]s, –e.

テリヤ [犬] Terrier *m.* –s, –.

てりやき 照り焼きにする mit ^{3}Sojasoße backen$^{(*)4}$.

てりゅうだん 手榴弾 Handgranate *f.* –n.

てりょうじ 手療治 Selbst¦behandlung *f.* –en (–kur *f.* –en); Hausbehandlung 《家庭療法》. —— 手療治をする selbst (eigenhändig) behandeln^4.

てりょうり 手料理 Hausmacherkost *f.*; ein selbst gekochtes Essen, –s, –/手料理を作る selbst (eigenhändig) kochen.

デリンジャーげんしょう デリンジャー現象 Mögel-Dellinger-Effekt *m.* –[e]s, –e; Dellinger-Effekt *m.* –[e]s, –e.

てる 照る scheinen*/降っても照っても ob Regen oder Sonne; ob es regnet oder nicht; bei jedem Wetter.

でる 出る ❶ [現われる] heraus|kommen* [s]; erscheinen* [s]; ^{4}sich zeigen; auf|treten* [s] 《舞台に》; auf|tauchen [s]; hervor|gehen* [s] 《出現》; in die Erscheinung treten* [s]; zum Vorschein kommen* [s]/星が出ている Die Sterne stehen am Himmel./もういちごが出ている Erdbeeren sind schon auf den Markt (zum Verkauf) gekommen./証人として法廷に出た Er erschien als Zeuge vor Gericht./また水面に浮かび出た Er tauchte an der Oberfläche des Wassers wieder auf. ❷ [外出] [hin]aus|gehen* (fort|–) [s]; spazieren gehen* [s] 《散歩に》/今出ています Er ist aus (nicht im Büro)./さあ出ようか Nun gehen wir!¦Machen wir uns fort. ❸ [出席] anwesend (gegenwärtig; zugegen) sein 《*bei*^{3} 出ている》; bei|wohnen^3; mit|machen^4 《物などに》; erscheinen* [s]; teil|nehmen* 《*an*^{3} 参加》; besuchen^4 《学校などに》; hören^4 《講義などに》/会(商議, 儀式)に出る einer Versammlung (einer Verhandlung; einer Zeremonie) bei|wohnen/彼はめったに会に出ない Er zeigt sich nur selten in der Gesellschaft.¦Er lässt sich nur selten bei der Versammlung sehen./陸上競技選手権大会に出る an den Leichtathletik-Meisterschaften teil|nehmen*/百メートルの決勝に出る人は誰々ですか Wer startet im 100-Meter (m)-Endlauf? ❹ [流出] heraus|-fließen* (–|strömen) [s]; quellen* [s] 《湧(わ)く》/傷口から血が流れ出る Die Wunde fließt./彼女の目から涙があふれ出た Tränen quollen aus ihren Augen. ❺ [発芽] [hervor|-] sprießen* [s]; empor|sprießen*; keimen; auf|schießen* [s]/種から芽が出る Die Saat geht auf./暖かい雨でまいた種から芽が出た Der warme Regen ließ Saat aufschießen (emporsprießen). ❻ [発生] auf|brechen* [s]; entstehen* [s]; vor|kommen* [s]/火事が出た Es brach ein Feuer aus./漏電で火事が出たのだ Das Feuer entstand durch einen Kurzschuss.¦Ein Kurzschuss verursachte das Feuer./上海にコレラが出た Die Cholera ist in Schanghai ausgebrochen./交通事故で死者二名重傷者九名が出た Zwei Tote und neun Schwerverletzte hat ein Verkehrsunfall gefordert. ❼ [発行] herausgegeben (verlegt; veröffentlicht) werden; erscheinen* [s]/その本はもう間もなく出ます Das Buch wird bald herausgegeben werden./どれくらい出ますか Wie stark ist die Auflage? 《出版部数》; Wie groß ist der Umsatz (Absatz)? 《売行》/もう第五版が出ました Das Buch hat schon fünf Auflagen (eine fünfte Auflage) erlebt./新版が出ました Das Buch ist in neuer Auflage erschienen. ❽ [掲載] stehen*; geschrieben stehen*; ein|gerückt werden/それは聖書に出ています Das steht in der Bible geschrieben./新聞にこんなことが出ている Es steht in der Zeitung Folgendes./きっと新聞に名前が出ま

すよ Er wird noch in die Zeitungen kommen. ❾ [差し出る] ⁴sich ein|mengen (-|mischen); einlschreiten; ein|schreiten (*gegen*⁴); ein|greifen (*in*⁴); vorlaut (naseweis) sein [出しゃばり]/僕のことにそんなに差し出るな Mischen Sie sich nicht in meine Sachen ein. ❿ [出没] spuken; nicht geheuer sein/あの家にはお化けが出るそうだ In dem Haus soll es spuken. ⓫ [出発] [ab|]gehen* ⓈⒹ; weg|gehen* Ⓢ; ab|fahren* Ⓢ [乗物で]; ab|reisen Ⓢ [旅に]; auf|brechen* Ⓢ/船は明日出るはずです Das Schiff wird morgen abfahren. ⓬ [退去] verlassen*; gehen* Ⓢ; ab|gehen* [fort|-; weg|-]; ab|hauen* Ⓢ; ⁴sich auf die Beine machen/学校を出る von der Schule ab|gehen*; 学校を出る die Schule absolvieren/牢屋を出る aus dem Gefängnis entlassen werden/学校を出るとくに出て東京に出た Nach der Schulentlassung verließ ich meine Heimat und ging nach Tokio. ⓭ [売れる] ⁴sich verkaufen [lassen*]; gehen* Ⓢ/この品物はよく出る Diese Waren gehen (verkaufen sich) gut. /この種の本が一番よく出る Diese Bücher verkaufen sich (gehen) am besten./この品物はもうすっかり出てしまいました Diese Sorten sind schon vollständig ausverkauft. ⓮ [話題・議題] erwähnt werden; zur Sprache gebracht werden (kommen* Ⓢ); von *³et die Rede sein/これがその話に出た会社ですよ Das ist das erwähnte Haus (die erwähnte Firma). / その点は話に出ませんでした Dieser Punkt ist nicht zur Sprache gekommen (gebracht worden).

デルタ [三角州] Delta *n*. -s, -s (..ten); [ギリシャ文字] Delta *n*. -[s], -s.

てれかくし 照れ隠しに um seine Verlegenheit zu verbergen (nicht zu verraten).

てれくさい 照れ臭い ⁴sich genieren; ⁴sich schämen.

テレスコープ Fernrohr *n*. -[e]s, -e; Teleskop *n*. -s, -e.

テレタイプ Fernschreiber *m*. -s, -/テレタイプで fernschriftlich.

テレックス Telex *n*. (*m*.) -; Fernschreiber *m*. -s, -.

でれでれ でれでれする ❶ [女に対し] in *jn* vernarrt (vergafft; verschossen) sein (ひどく惚れ); buhlerisch (verbuhlt) sein [好色]; knutschen; liebeln; schäkeln; tändeln (いちゃつく); *jm* kriecherisch (speichelleckerisch; hündisch) sein [おべっか]. ❷ [決断力のない] unentschlossen sein.

テレパシー Telepathie *f*. -n.

テレビ Fernsehen *n*. -s; Television *f*./テレビに出演する im Fernsehen auf|treten* Ⓢ; vor dem Bildschirm erscheinen* Ⓢ/テレビを見る fern|sehen*/彼は一晩中テレビを見ていた Er hat den ganzen Abend ferngesehen. ‖ テレビカメラ Fernsehkamera *f*. -s/テレビゲーム Telespiel *n*. -[e]s, -e/テレビ受信料 Fernsehgebühren (*pl*)/テレビ受像機 Fernsehgerät *n*. -[e]s, -e (-apparat *m*. -[e]s, -e)/テレビ番組 Fernsehprogramm *n*. -s, -e/テレビ放送 Fernseh|sendung *f*. -en (-rundfunk *m*.

-s, -e).

テレビン テレビン油 Terpentinöl *n*. -[e]s, -e.

テレホンカード Telefonkarte *f*. -n.

テレマーク [スキー] Telemark *m*. -s, -s; Telemarkschwung *m*. -[e]s, ⸗e.

テレメーター Telemeter *n*. -s, -.

てれる 照れる in ⁴Verlegenheit geraten* (kommen* Ⓢ); ⁴sich genieren; ⁴sich schämen [恥じる].

てんてこまい 手練手管で mit Listen.

テロ Terror *m*. -s, -/テロ行為 Terror|akt *m*. -[e]s, -e (-aktion *f*. -en)/白(赤)色テロ ein weißer (roter) Terror.

テロリスト Terrorist *m*. -en, -en.

テロリズム Terrorismus *m*. -.

てわけ 手分け Arbeitsteilung *f*. -en/仕事の手分けをする die Rollen verteilen; jedem seine Aufgaben zu|teilen/手分けして捜す in ³Zusammenarbeit suchen⁴.

てわざ 手業 Handarbeit *f*. -en [手仕事]; Handwerk *n*. -[e]s, -e [手織]; Handgriff *m*. -[e]s, -e [手練].

てわたし 手渡しする aus|händigen³⁴; eigenhändig übergeben*³⁴ (⁴überreichen³⁴).

てん 貂 [動] Marder *m*. -s, -/貂の毛皮 Marder; Marder|fell *n*. -[e]s, -e (-pelz *m*. -es, -e).

てん 点 ❶ Punkt *m*. -[e]s, -e; Tupfen *m*. -s, - [斑点] Fleck *m*. -[e]s, -e; Flecken *m*. -s, -/微細な点 der Punkt (das Tüpfelchen) auf dem i/一点また一点 Punkt auf Punkt/一点の相違もなく [bis] auf den Punkt/点を打つ einen Punkt setzen; mit einem Punkt (Tupfen) versehen*⁴; tupfen⁴ [斑点を]. ❷ Zensur *f*. -en [評点]; Note *f*. -n; Tor *n*. -[e]s, -e 《スポーツの場合、特にサッカーで》/ 点が甘い (辛い) freigebig (sparsam) gute Zensuren (Noten) geben*³ (erteilen³); mild (streng) zensieren/点を引かれる einen Punkt verlieren*/点をとる eine Zensur (Note) bekommen*; ein Tor erzielen 《サッカー》/点をつける eine Zensur (Note) geben* (erteilen³) (*jm*); zensieren³; mit einer Zensur (Note) begutachten⁴/チームは7対3の点で勝った Unsere Mannschaft siegte mit 7:3 Toren (hat 7 zu 3 gewonnen). ❸ Komma *n*. -s, -s (-ta) [小数点]/5,3702 fünf Komma sieben null zwei ◆ ドイツ語では小数点は 3,14 のように [,] で書く。 ❹ [見地・論拠] Stand|punkt (Gesichts- *m*. -[e]s, ⸗e); Beziehung *f*. -en [関係]; Hinsicht *f*. -en/どの点から見ても in jeder Beziehung (Hinsicht)/この点では in dieser Beziehung (Hinsicht)/...の点から見れば von diesem Standpunkt aus betrachtet (gesehen). ❺ [欠点] 点が行き所がない einwandfrei sein; nichts zu wünschen übrig lassen*; über jeden (allen) Tadel erhaben (sein).

てん 天 ❶ Himmel *m*. -s, -; Firmament *n*. -[e]s, -e; Himmelsgewölbe *n*. -s, -/天の/天の himmlisch; göttlich; Himmels-/天から vom Himmel [herab]; von oben [her]/天の方へ himmelwärts; gegen (zum) Himmel; nach oben/天にも昇るような心地である

[vor Freude] wie im [siebenten] Himmel sein;《俗》Der Himmel hängt *jm* voller Geigen./天を仰ぐ gegen Himmel [hinauf]schauen/天を摩する in den Himmel [hinein]ragen; himmelhoch emporragen. ❷ 〖天国〗 Himmel *m*. -s; -; Himmels|reich (Gottes) *n*. -(e)s; das Reich Gottes. ❸ 〖天命〗 Himmel; Gott *m*. -es (まれに -s); Gottes Hand (Finger; Wille); Vorsehung *f*. -en;《摂理》Himmels|gabe (Gottes-) *f*. -n; Segen *m*. -s, -;《祝福》/天は自ら助くる者を助く 'Hilf dir selbst, so hilft dir Gott.'/天なり命なり [Großer] Gott, Dein Wille geschehe! ❹ 〖上部〗 der oberste Teil, -(e)s, -e (eines Gegenstandes).

でん 伝 ❶ 〖伝記〗 Leben *n*. -s; Lebens|beschreibung *f*. -en; Biografie *f*. -n/ゲーテ伝 das Leben Goethes/自叙伝 Autobiografie *f*. -n. ❷ 〖方法〗 Art *f*. -en; Weise *f*. -n/いつもの伝で wie es immer seine Art ist/いつもの伝にちがう Das ist sonst seine Art nicht./その伝でいくと wenn ich recht verstanden habe; wenn das gerade so sein soll.

でんあつ 電圧 [elektrische] Spannung, -en; Voltspannung *f*. -en ‖ 電圧計 Voltmeter *n*. -s, -.

てんい 天意にもとる gegen den Willen des Himmels verstoßen*; dem göttlichen Willen widersprechen*.

てんい 転移 〖医〗 Dislokation *f*. -en; Lage|veränderung *f*. -en; 〖理〗 Umlagerung *f*. -en. ── 転移する dislozieren⁴; die Lage verändern; um|lagern⁴.

てんい 電位 Potential *n*. -s, -e ‖ 電位計 Potentio|meter (Elektro-) *n*. -s, -/電位差 Potential|differenz (-spannung) *f*. -en.

てんいむほう 天衣無縫にした göttlichen Ursprungs; vom Genius eingegeben.

てんいん 店員 Laden|gehilfe (Handlungs-) *m*. -n, -n; Handlungspersonal *n*. -s《総称的》; Ladendiener *m*. -s, -; Laden|bursche (-junge) *m*. -n, -n《小僧》; Verkäufer *m*. -s, -, Verkäuferin -, -rinnen《女》; Ladenmädchen *n*. -s, -《同上》; Kommis *m*. -,《番頭》.

てんうん 天運 ⇨ふ(運).

でんえん 田園 die ländliche Umgebung, -en; Gut *n*. -(e)s, ¨er;《Siedlungs》farm *f*. -en/田園化する ländlich machen⁴ (werden)/田園生活をする ein ländliches Leben führen. ── 田園(風)の ländlich; vorstädtisch; bukolisch; 〖詩〗 田園交響楽 Pastorale *n*. -s, -s/田園詩 Idyll *n*. -s, -e; Idylle *f*. -n; Hirtengedicht *n*. -(e)s, -e/田園詩人 Bukoliker *m*. -s, -; Idyllendichter *m*. -s, -/田園都市 Gartenstadt *f*. ¨e/田園文学 die idyllische Literatur, -en.

てんおん 天恩 die Gnade (-n) Gottes (des Himmels); die kaiserliche Gnade《君恩》.

てんか 転嫁 〖責任の〗 Anschuldigung *f*. -en; Beschuldigung *f*. -en; Bezichtigung *f*. -en. ── 転嫁する an|schuldigen² (*jn*); be|schuld(ig)en² (*jn*); bezichtigen² (*jn*); ab|wälzen (von ³sich auf *jn*); ⁴sich ab|wenden⁽*⁾ (*von*³ 顧みない); verantwortlich (weiblich) machen (*jn für*⁴); zu|schieben*⁴ (*jm*); zu|schreiben*⁴ (*jm*).

てんか 転化 Um|bildung (-formung; -gestaltung) *f*. -en; Verwandlung *f*. -en. ── 転化する ⁴sich um|bilden (-|formen; -|gestalten); ⁴sich verwandeln; umgebildet (umgeformt; umgestaltet; verwandelt) werden.

てんか 点火 〖An〗zündung *f*. -en; Entzündung *f*. -en. ── 点火する [an]zünden⁴; entzünden⁴. ‖ 点火管 Zündpfanne *f*. -n/点火器 Zündler *m*. -s, -/点火装置 die Vorrichtung (-en) zum [An]zünden; Zünd|maschine *f*. -n《-vorrichtung *f*. -en》/点火薬 Zünd|pulver *n*. -s, -《-satz *m*. -es, ¨e》; Zünder *m*. -s, -.

てんか 転訛 Entstellung *f*. -en; Korruption *f*. -en; Verschiebung *f*. -en/転訛する ⁴sich entstellen (verschieben)*.

てんか 天下 das ganze Land (Reich), -(e)s; Welt *f*./天下を取る das ganze Land (Reich) regieren; über das ganze Land (Reich) herrschen; die Herrschaft über das ganze Land (Reich) haben/天下に im ganzen Land (Reich(e)); auf der [ganzen] Erde; auf Erden; in der [ganzen] Welt; unter der Sonne; unter dem Mond(e)/天下一品の einzigartig; einzig in seiner Art; beispiellos; einmalig; ohnegleichen/天下分け目の戦い der entscheidende Kampf, -(e)s, ¨e; Entscheidung *f*. -en; Entscheidungsschlacht *f*. -en/der Krieg -(e)s, -e), von dem (die Schlacht (-en), von der) das Schicksal des Landes abhängt/天下晴れての夫婦となる vor ³Gott 'Mann und ¹Frau werden/天下の権を握る die Herrschaft an ⁴sich reißen*; ⁴sich der ²Herrschaft bemächtigen; die Macht ergreifen*; an die Macht gelangen⁽s⁾/天下泰平である Die Welt ist in Ruhe und Frieden./天下に敵なし Keiner in der ganzen Welt kommt ihm gleich./Keiner [auf Erden] kann es mit ihm aufnehmen.

てんが 典雅 Feinheit *f*.; Anmut *f*.; Eleganz *f*.; Grazie *f*.; 典雅な fein; anmutig; anmut(s)voll; elegant; graziös.

でんか 殿下 Hoheit *f*.; -en; Durchlaucht *f*. -en《公国の》; Ew. (Eure) Kaiserliche Hoheit《二人称》; Seine Kaiserliche Hoheit《三人称》 ♦ 妃殿下の場合は Seine の代わりに Ihre を、また王国の場合は Kaiserliche の代わりに Königliche を用いる/殿下のお出ましがあった… Seine Kaiserliche Hoheit haben geruht zu sagen, daß…/実はその殿下がハイデルベルクのことをお話しなさいましたので… Es ist — weil Ew. Durchlaucht von Heidelberg gesprochen — … ♦《上例のように「殿下」が主語の場合動詞は複数形を用いる》‖ 皇太子殿下 Seine Kaiserliche Hoheit der Kronprinz《二格 Seiner Kaiserlichen Hoheit des Kronprinzen》; 日常会話では単に der Kronprinz, -en, -en を使う。

でんか 電化 Elektrifizierung *f*. -en; E-lektrifikation *f*. -en; das Elektrisieren*,

てんか ― 電化する elektrifizieren; elektrisieren⁴ / うちの台所は全部電化しました Unsere Küche ist voll elektrifiziert.

てんか 伝家の angestammt; erblich; geerbt / 伝家の宝刀 1) Erbschaftsschwert n. -(e)s, -er. 2) [奥の手] 伝家の宝刀を抜く das letzte Mittel ergreifen*; den letzten Trumpf ausspielen.

てんがんきょう 天眼鏡 Vergrößerungsglas n. -es, ⸗er; Lupe f. -n.

てんがんつう 天眼通 Hellseherei f.; das Hellsehen*, -s; Hellsichtigkeit f.; Sehenblick m. -(e)s, -e (-gabe f. -n); das zweite (doppelte) Gesicht, -(e)s, -e.

てんき 転記 [商] das Eintragen* (-s) ins Hauptbuch / 転記する ins Hauptbuch eintragen*⁴.

てんき 転機 Krise (Krisis) f. Krisen-; Wendepunkt m. -(e)s, -e.

てんき 天気 Wetter n. -s, -; Witterung f. -en《気象状況》; das schöne (gute; heitere) Wetter《晴天》/天気の変化 Wetterwechsel m. -s, - / 天気険悪のため wegen ungünstiger Wetterlage; infolge widrigen Wetters / よい天気 das schöne (gute; heitere) Wetter / 悪い天気 das schlechte Wetter / どんな天気でも einerlei bei welchem Wetter; bei (in) Wind und Wetter《悪天候でも》/天気になる *sich aufklären (-heitern; -hellen) / 天気がよければ bei gutem Wetter; wenn das Wetter schön ist; wenn das Wetter (es) erlaubt / 天気がよくなる Es (Das Wetter) klärt sich auf (wird besser). Es wird besseres Wetter. / 山męは天気博士と思っていけません Ein Bergsteiger soll sich nicht für einen Wetterpropheten (Wetterfachmann) halten. ‖ 天気概況 die allgemeine Wetterlage, -n / 天気次第 je nach dem Wetter; je nach (der) Wetterlage / 万事天気次第です Alles hängt vom Wetter ab. / 天気図 Wetterkarte f. -n / 天気予報 Wetterprognose f. -n (-bericht m. -(e)s, -e; -prophezeiung f. -en); Wettervoraussage (-vorhersage) f. -en / 天気予報は晴です Nach dem Wetterbericht wird es (das Wetter) schön (werden).

てんき 転義 die übertragene (bildliche; figürliche) Bedeutung, -en; der übertragene (bildliche, figürliche) Sinn, -(e)s, -e.

でんき 電気 Elektrizität f. -en / 電気の elektrisch; Elektrizitäts-; Elektro- / 電気をかける elektrisieren⁴; ein|schalten《電流を通じる》; galvanischen Strom zur Heilung an|wenden⁽*⁾《病人に》/ 電気にかけられた様にいすから飛び上がった Er fuhr wie elektrisiert vom Stuhl auf. / 電気をつける das Licht ein|schalten (an|knipsen; [an]|machen) / 電気をけす das Licht aus|schalten (aus|machen; aus|knipsen) / 電気をひく eine elektrische Leitung (an|legen / その家には電気がひいてある Das Haus ist für elektrische Beleuchtung eingerichtet. ‖ 電気化学 Elektrochemie f. / 電気学 Elektrizitätslehre f. -n / 電気学者 Elektrotechniker m. -s, -; Elektriker m. -s, - / 電気器具 Elektrohaushaltsgeräte (pl 家庭用品); elektrische Kochgeräte (pl 台所用品); das elektrische Gerät, -(e)s, -e / 電気技師 E-

---

てんかん 癲癇 Epilepsie f.; Fallsucht f.; die fallende Sucht / 癲癇を起こす einen epileptischen Anfall bekommen* ‖ 癲癇持ち Epileptiker m. -s, -/ der Fallsüchtige*, -n, -.

てんかい 展開 ❶ [軍隊の] der Aufmarsch (-es, ⸗e) in Linien. ❷ [局面の] Entwicklung f. -en; Entfaltung f. -en; Fortgang m. -(e)s 《進行》. ― 展開する ❶ [軍隊が] in Linien auf|marschieren. ❷ [局面が] *sich entwickeln; *sich entfalten; fort|schreiten* (-|gehen*)ⓢ《進行する》.

てんかい 転回 [Um]drehung f. -en; Kreis|lauf (Um-) m. -(e)s, ⸗e; Rotation f. -en; [Um]wendung f. -en. ― 転回する *sich [um]drehen; *sich im Kreislauf bewegen; rotieren; um|laufen*ⓢ / 転回する [um]wenden*⁽*⁾ / 局面を転回させる der Lage (Situation) eine neue (andere) Wendung geben*; die Lage wenden⁽*⁾; den Spieß [her]um|kehren (um|drehen).

てんがい 天界 Himmels|kreis m. -es, -e (-sphäre f. -n).

てんがい 天涯 Horizont m. -(e)s, -e; Fremde f.; das weit entlegene Land, -(e)s, ⸗er / 天涯の孤客 der [einsame] Wanderer (-s, -) in der Fremde.

てんがい 天蓋 Baldachin m. -s, -e; Himmel m. -s, -; Bett|himmel (Thron-; Trag-) m. -s, -; Gewölbe n. -s, -.

てんかい 電解 Elektrolyse f. -n. ― 電解する elektrolysieren⁴; die Elektolyse aus|führen. ‖ 電解物[質] Elektrolyt m. -en, -en.

てんがく 転学 der Wechsel 《-s, -》 der Schule; Schulwechsel m. -s, - / 転学する die Schule wechseln; eine andere Schule besuchen; um|satteln《転科》.

でんがくざし 田楽刺しにする durchbohren⁴; durchstechen*⁴; durchstoßen*⁴; spießen⁴.

てんかつ 転貸 Unter|vermietung (After-; Weiter-) f. -en; Weiter|verpachtung (After-) f. -en / 転貸する unter|vermieten⁴ (after|-; weiter|-); weiter|verpachten (after|-). ⇒ たかし.

てんかつ 天蝎宮 [占星] Skorpion m. -s, -e.

てんかぶつ 添加物 Hinzu|fügung (Bei-) f. -en; das Hinzu|gefügte* (Bei-), -n; An|hang m. -(e)s, ⸗e; Ergänzung f. -en《補足》; Nachtrag m. -(e)s, ⸗e.

てんかふん 天花粉 Talkum n. -s; Streu|puder (Körper-) n. -s, - / 天花粉をかける talkumieren⁽n⁾; mit Talkum bestreuen⁽n⁾.

てんかん 転換 Umwand[e]lung f. -en; Verwandlung f. -en; Konvertierung f. -en; 気分の転換に zur Abwechslung (Ablenkung); zum Zeitvertreib《楽しみに》; zur Zerstreuung《同上》‖ 転換期 Wendepunkt m. -(e)s, -e; Wende f. -n / 転換社債 Wandel|schuldverschreibung (-obligation) f. -en.

でんき lektroingenieur *m*. -s, -e/電気エンジニア Elektrometer *n*. -s, -/電気工学 Elektrotechnik *f*. -, -en/電気工業 Elektroindustrie *f*. -, -n/電気コンロ Elektrokocher *m*. -s, -; Elektrokochplatte *f*. -, -n/電気仕掛け das elektrische Verfahren, -s, -; die elektrische Vorrichtung, -en/電気仕掛けの elektrisch (an)getrieben /電気事業 Elektrizitätswerk *n*. -[e]s, -e (-wirtschaft *f*.)/電気死刑 Hinrichtung *f*. -, -en auf dem elektrischen Stuhl/電気死刑に処する auf dem elektrischen Stuhl hin|richten[4]/電気自動車 Elektrofahrzeug *n*. -[e]s, -e; Akkumulatorenfahrzeug /電気スタンド [Schreib]tisch|lampe (Lese-; Steh-) *f*. -, -n; Nachttischlampe /枕もとの/ /電気ストーブ der elektrische Ofen, -s, -/電気洗濯機 die elektr[ische] Waschmaschine, -, -n/電気時計 die elektrische Uhr, -, -en/電気発動機 Elektromotor *m*. -s, -en/電気版 Galvano *n*. -s, -s; Elektrotypie *f*. -, -n/電気版にする galvanoplastisch vervielfältigen[4]/電気火花 der elektrische Funke, -n, -n/電気分解 Elektrolyse *f*. -, -n/電気分解の elektrolytisch; galvanisch/ 電気分解物 Elektrolyt *m*. -en, -e[n] /電気分析 Elektroanalyse *f*. -, -n/電気放射 die elektrische Strahlung, -, -en/電気マッサージ Elektromassage *f*. -, -n /電気マッサージをかける [4]sich eine [2]Elektromassage bedienen; massieren /電気めっき Galvanisierung *f*. -, -en; Elektroplattierung *f*. -, -en/電気めっきする galvanisieren[4]; elektrisch plattieren[4]/電気冶金 Elektrometallurgie *f*./電気溶接 die elektrische Schweißung, -, -en; El-Ira-Schweißung *f*. (= Elektro-Linde-Rapide-Schweißung) / 電気療法 Elektrotherapie *f*.; Elektrotherapeutik *f*. -, -en.

でんき 伝記 Biografie *f*. -, -n; Lebensbeschreibung *f*. -, -en /シラーの伝記 das Leben Schillers. ― 伝記風の biografisch. ‖ 伝記作家 Biograf *m*. -en, -en.

でんき 伝奇 das Romantische[*], -n, -n; A-benteuerlichkeit *f*. -. ― 伝奇的な a-benteuerlich; romantisch. ‖ 伝奇小説 Abenteuerroman *m*. -s, -e; die seltsame Geschichte, -, -n; die romantische Erzählung, -en (物語).

でんきうなぎ 電気鰻 Zitteraal *m*. -[e]s, -e.

でんきゅう 電球 Himmelskugel *f*. -, -n ‖ 天球儀 Himmelsglobus *m*. -, -..busses/ -, -ben(..busse).

でんきゅう 電球 Glühbirne *f*. -, -n; [die elektrische] Birne, -, -n; Glühlampe *f*. -, -n/電球がきれた Der Leuchtdraht (Der Glühfaden) ist zersprungen./四十ワットの電球の一つ下さい Ich möchte gerne eine 40-Watt-Lampe haben.

てんきょ 典拠 Autorität *f*. -, -en (権威); Quelle *f*. -, -n (出典); Grund *m*. -[e]s, ˷e (根拠)/典拠のある (確実な) zuverlässig.

てんきょ 転居 Wohnungswechsel *m*. -s, -; Umzug *m*. -[e]s, ˷e. ― 転居する die Wohnung wechseln; um|ziehen[*s]. ‖ 転居先 die neue Wohnung, -, -en; die neue Adresse, -, -n (宛先).

てんぎょう 転業 Berufswechsel *m*. -s, -; Umsattelung *f*. -, -en; das Umsatteln, -s. ― 転業する den Beruf wechseln; einen anderen Beruf wählen (ergreifen[*]); um|satteln (auf[4]). ‖ 転業資金 die Fonds (*pl*) zum Berufswechsel.

でんきょく 電極(棒) Elektrode *f*. -, -n.

てんきん 天金 [製本] Goldschnitt *m*. -[e]s, -e.

てんきん 転勤 Versetzung *f*. -, -en/転勤させる *jn* versetzen /彼は大阪に転勤になった Er ist nach Osaka versetzt worden.

てんぐ 天狗 **❶** der langnasige Berggeist, -[e]s, -er /天狗の面 die langnasige Maske, -, -n. **❷** [高慢] der überhebliche (falsche) Stolz, -es; Prahlerei *f*. -, -en; Angabe *f*. -, -n; Aufschneiderei *f*. -, -/[人] Prahler *m*. -s, -; Prahlhans *m*. -es, ˷e; Angeber *m*. -s, -; Aufschneider *m*. -s, -/天狗になる überheblich (eitel; großspurig; prahlerisch; ruhmredig) werden; mit überheblichem (falschem) Stolz behaftet sein. ‖ 天狗猿 Nasenaffe *m*. -n, -n /天狗茸(也) Pantherpilz *m*. -es, -e.

てんくう 天空 ⇨ そら(空).

デングねつ デング熱 Denguefieber *n*. -s, -.

でんぐりかえる でんぐり返る [4]sich überschlagen[*]; [とんぼ返り] einen Purzelbaum machen (schlagen[*]); koppheister schießen[*]; einen Kobolz schießen[*]; einen Salto machen; [ひっくり返る] um|kippen (-|stürzen)[s] /でんぐり返るような騒ぎだった Es gab einen heillosen Wirrwarr./Das war eine tolle Verwirrung./Das war ein wüstes Durcheinander./Alles wurde auf den Kopf gestellt.

てんけい 典型 Vor|bild (Ur-) *n*. -[e]s, -er; Ausbund *m*. -[e]s, ˷e; Ideal *n*. -s, -e; Muster *n*. -s, -; Typus *m*. -, ..pen /典型的の vor|bildlich (ur-); ideal; musterhaft; typisch /美の典型 ein Ausbund von Schönheit.

てんけい 天啓 Offenbarung *f*. -, -en.

てんけい 天恵 Gottes|gabe (Himmels-; Natur-) *f*. -, -n; die Gnade des Himmels.

でんげき 電撃 der elektrische Schlag, -[e]s, ˷e; Blitz *m*. -es, -e /電撃にうたれる einen elektrischen Schlag bekommen[*]; vom Blitz geschlagen werden (雷電)/電撃をうけたように立ちすくんだ Er stand wie vom Blitz getroffen. ‖ 電撃戦 Blitzkrieg *m*. -[e]s, -e.

てんけん 天険 Natur|festung *f*. -en (-boll-werk *n*. -[e]s, -e); das natürliche Bollwerk /天険に拠る eine Naturfestung (ein Naturbollwerk) halten[*]; in einer Naturfestung (in einem Naturbollwerk) seine Zuflucht nehmen[*] (suchen) (逃げこむ).

てんけん 点検 Besichtigung *f*. -, -en; Inspektion *f*. -, -en; Musterung *f*. -, -en; Überwachung *f*. -, -en (監督). ― 点検する besichtigen[4]; inspizieren[4]; mustern[4]; überwachen[4].

でんけん 電鍵 das elektrische Schloss, -es, ¨er.

でんげん 電源 Stromquelle f. -n ‖ 電源開発 Erschließung (f. -en) der Stromquellen.

てんこ 点呼 Namensaufruf m. -[e]s; Appell m. -[e]s, -e/点呼をとる jn beim Namen auf|rufen*; einen Appell ab|halten*.

てんこう 転校 Schulwechsel m. -s; Umschulung f. -en / 転校する die Schule wechseln.

てんこう 転向 Wendung f. -en 《転回》; Übertritt m. -[e]s, -e 《移行》; Bekehrung f. -en (Konversion) 《改宗》; Meinungswechsel m. -s, - 《変説》. —— 転向する ⁴sich wenden⁽*¹⁾; über|treten* 〔s〕(zu⁴); ⁴sich bekehren (zu³) / 彼はカトリックに転向した Er ist zum katholischen Glauben übergetreten. ‖ 転向者〔脱党者〕Überläufer m. -s, -.

てんこう 天候 Wetter n. -s, -/天候が悪化〔回復〕する Das Wetter verschlechtert (verbessert) sich. ‖ 悪天候 schlechtes Wetter. ⇨てんき (天気).

でんこう 電光 das elektrische Licht, -[e]s; 〔稲妻〕Blitz m. -es, -e; 〔Blitz〕strahl m. -[e]s, -en/電光石火のごとく blitzschnell; wie ein geölter Blitz; wie der Blitz; flink wie ein Wiesel 〔素早い〕/電光石火のような考えが頭にひらめいた Es blitzt mir ein Gedanke durch die Seele. ‖ 電光形 Zickzack m. -[e]s, -e/電光形に im Zickzack; zickzack/電光ニュース laufende Leuchtnachrichten 〈pl〉; laufende Leuchtreklame〈pl〉; Lichtreklame f. -n 《広告》.

てんこく 篆刻 ⇨いんこく (印刻).

てんごく 天国 Paradies n. -es, -e; Himmel m. -s, -; Himmel|reich (Gottes-) n. -[e]s; das Reich Gottes; Elysium n. 《楽土》.

てんごん 伝言 Botschaft f. -en 《an⁴》; Nachricht f. -en; Mitteilung f. -en; Gruß m. -es, ¨e/何か御伝言でも？ Soll ich etwas (eine Botschaft) ausrichten？/こちらから御伝言です Ich habe ihm etwas zu bestellen/あの方からこういう御伝言です Er lässt [mich] Folgendes sagen.: Ich soll Ihnen Folgendes ausrichten.; Ich bin von ihm beauftragt worden, Ihnen Folgendes zu berichten./よろしくとの御伝言です Er lässt Sie bestens grüßen.; Viele Grüße an Sie 〔von jm.〕./よろしく御伝言願います Wollen Sie ihm einen Gruß von mir ausrichten？/Bestellen Sie ihm meine besten Grüße. —— 伝言する jm ⁴et aus|richten (bestellen); eine Botschaft zurück|lassen* 〔言い置く〕. ⇨ことづて.

てんさい 天災 Naturkatastrophe f. -n/天災にあう von einer ³Naturkatastrophe heimgesucht werden; eine Naturkatastrophe erleben.

てんさい 転載 Ab|druck (Nach-) m. -[e]s, -e/転載を禁じる Nachdruck verboten.; Alle Rechte vorbehalten. —— 転載する ab|drucken⁴ (nach|-) 《aus³》.

てんさい 天才 Genie n. -s, -s; Genialität f. -en 《独創性》; Naturtalent n. -[e]s, -e 《天賦の才》/天才的な genial ‖ 天才教育 Virtuosenerziehung f. -en; Begabtenförderung f. -en 《英才教育》.

てんさい 甜菜 〔植〕Zuckerrübe f. -n ‖ 甜菜糖 Rübenzucker m. -s.

てんざい 点在する verstreut sein; zerstreut liegen*/谷間に点在する家々 die im Tal verstreuten Häuser 〈pl〉.

てんさく 添削 Verbesserung f. -en; Korrektur f. -en/添削する verbessern⁴; korrigieren⁴.

でんさんき 電算機 eine elektronische Rechenmaschine, -n ‖ 卓上電算機 ein elektronischer Tischrechner, -.

てんさんぶつ 天産物 Naturprodukt n. -[e]s, -e.

てんし 天使 Engel m. -s, -; Himmelsbote m. -n, -n/天使のような engelhaft; 〔詩〕 englisch ‖ 大天使 Erzengel m. -s, -/堕天使 der gefallene Engel.

てんし 天子 Himmelssohn m. -[e]s, ¨e; Kaiser m. -s, -. ⇨てんのう.

てんし 天資 eine natürliche Anlage, -n; Naturgabe f. -n/天資聡明である mit hoher Intelligenz begabt sein; von Natur klardenkend sein.

てんじ 展示 Ausstellung f. -en/展示する aus|stellen⁴/展示会を開く eine Ausstellung eröffnen (veranstalten).

てんじ 点字 Blinden|schrift (Braille-) f. -en ‖ 点字印刷[物] Blindenschrift / 点字印刷 in ³Blindenschrift gedruckt/点字法 Braille-System n. -s, -e.

でんし 電子 Elektron n. -s, -en ‖ 電子音楽 elektronische Musik/電子カメラ 〔写〕eine elektronische Kamera, -n/電子工学(顕微鏡) Computer m. -s, -/電子工学 Elektrotechnik f. (Elektronenmikroskop n. -s, -e)/電子出版物 elektronische Bücher 〈pl〉/電子頭脳 Elektronengehirn n. -[e]s, -e/電子マネー E-Cash n. -/電子メール E-Mail f. -s/電子レンジ Mikrowellenherd m. -[e]s, -e.

でんじき 電磁気(学) Elektromagnetismus m. -/電磁気の elektromagnetisch/電磁気学の理論はマクスウェルの法則である Die theoretische Grundlage des Elektromagnetismus ist die Maxwellsche Theorie.

てんじく 天竺 Indien n. -s/天竺の indisch ‖ 天竺葵(⁽ᵃᵒ⁾) Geranie f. -n; Geranium n. -s, ..nien; Pelargonie f. -n/天竺鼠(⁽ⁿ⁾) Meerschwein n. -s, -/天竺牡丹(⁽ᵈʰ⁾) Dahlie f. -n; Georgine f. -n/天竺木綿(⁽ᵒʰ⁾) der dicke Baumwollstoff, -[e]s, -e/天竺浪人 Globetrotter m. -s, -; Weltenbummler m. -s, -.

でんじしゃく 電磁石 Elektromagnet m. -en, -en.

でんじは 電磁波 elektromagnetische Wellen 〈pl〉.

てんしゃ 転写 das Abschreiben* (Abziehen*), -s; Abzug m. -[e]s, ¨e; Kopie f. -n /転写する ab|schreiben**⁴; ab|ziehen**⁴/ kopieren⁴ ‖ 転写画 Abziehbild n. -[e]s, -er.

てんしゃ 電車 die Elektrische*, -n; Straßenbahn f. -en 《市電》; 〔以下どれもf. -en〕 Vorortsbahn 《郊外電車》; S-Bahn 《都市近郊電車》; Hochbahn 《高架鉄道》; U-Bahn 《地下鉄》; Ringbahn 《環状線》. — der Schaffner (der Führer) mit der Elektrischen; mit der Straßenbahn ‖ 電車車庫 Wagenschuppen m. -s, -; Straßenbahn-Remise f. -n/電車従業員 Bahnpersonal n. -s, -e; der Bahnbeamte*, -n; 電車賃 Fahr|geld n. -[e]s, -er (-preis m. -es, -e/電車停留所 [Straßenbahn]haltestelle f. -n 《市電などの》; Bahnhof m. -[e]s, -e 《JR・地下鉄などの》; Endstation f. -en 《終点》/電車道 Straßenbahn|gleis n. -es, -e (-linie f. -n)/花電車 Schmuckwagen m. -s, -.

てんしゃく 転借 das Borgen* (Entleihen*) 〈-s〉 aus zweiter Hand; [住居の] Aftermiete (Unter-) f. -en; [土地の] Afterpacht (Unter-) f. -en. — 転借する aus zweiter Hand borgen⁴ (entleihen*⁴); in ⁴Untermiete (Unterpacht) nehmen*⁴. ‖ 転借人 After|mieter (Unter-) m. -s, -; After|pächter (Unter-) m. -s, -.

てんしゃだい 転車台 〔鉄〕 Dreh|scheibe (-brücke) f. -n.

てんしゅ 店主 Laden|inhaber (-besitzer) m. -s, -; Chef m. -s, -s.

てんしゅ 天主 Herrgott m. -[e]s; der Herr, -n ‖ 天主教 Katholizismus m. -/天主教会 die katholische Kirche.

てんじゅ 天寿 Lebenserwartung f. -en; die natürliche Lebensdauer f./天寿を全うする eines natürlichen Todes sterben* [s]; im Bett sterben*.

てんじゅ 天授の vom Himmel (von Gott) verliehen; göttlich; von Gott stammend; Gottes-.

でんじゅ 伝授 Einweihung f. -en 《in⁴》; Belehrung f. -en; Unterweisung f. -en; Unterricht m. -[e]s, -e; Einführung f. -en 《in⁴ 手ほどき》. — 伝授する jn in ⁴et ein|weihen; über ⁴et belehren⁴; jn in ⁴et unterweisen*⁴; in ³et unterrichten⁴; [手引き] zu ⁴et an|leiten⁴; jn in ⁴et ein|leiten⁴/彼は秘伝を伝授されていた Er ist [in das Geheimnis] eingeweiht.

てんじゅう 転住する eine andere Wohnung 〈-en〉 beziehen*; die Wohnung wechseln 《家》; den Wohnort wechseln 《土地》. ⇨てんきょ(転居).

てんじゅう 填充する [aus]füllen⁴; ab|dämmen*, verdämmen⁴ 《粘土で穴などを》; ab|dichten⁴ 《充填する》; verstopfen⁴; zu|stopfen⁴.

てんしゅかく 天守閣 Bergfried m. -[e]s, -e; Hauptturm m. -[e]s, ¨e.

てんしゅつ 転出する ⁴sich ab|melden 《in³》; [aus]ziehen* [s] 《von³》.

てんしょ 添書 Begleitschreiben n. -s, - 《添介状》; Empfehlungsschreiben 《推薦状・紹介状》; Empfehlungsbrief m. -[e]s, -e.

てんしょ 篆書 Siegelschrift f. -en; die Kleine Siegelschrift 《小篆》; die Große Siegelschrift 《大篆》.

てんじょう 天上 Himmel m. -s, -; Paradies n. -es, -e/天上の himmlisch; paradiesisch/天上の至楽 die himmlische Wonne, -n; die ewige Seligkeit/天上天下 唯我独尊 《仏教》 Hochheilig bin ich allein in ganzen Weltall.

てんじょう 天井 [Zimmer]decke f. -n; der oberste Teil, -[e]s, -e 《eines Gegenstandes》/天井知らずの grenzen|los 《maß-》; ohne ⁴Grenzen 《Maß》/天井裏で über der Decke/天井を張る die Decke verschalen; die Decke mit Brettern verkleiden (bekleiden) ‖ 天井画 Deckengemälde n. -s, -/天井価格 Höchstpreis m. -es, -e.

でんしょう 伝承 Überlieferung f. -en/伝承する überliefern⁴.

てんしょく 天職 js angeborener Beruf, -[e]s, -e; js Bestimmung f. -en 《使命》; js Mission f. -en 《同上》/天職をまっとうする seine Bestimmung (Mission) erfüllen.

てんしょく 転職 Berufswechsel m. -s, -/転職する seinen Beruf wechseln (ändern).

でんしょばと 伝書鳩 Brieftaube f. -n ‖ 伝書鳩통信 Brieftaubenpost f.

てんじる 点じる ❶ [滴らす] tröpfeln*; tröpfeln lassen*; in ³Tropfen fallen lassen*⁴. ❷ [灯(ひ)す] an|zünden⁴; an|machen⁴.

てんじる 転じる ❶ [回転なり] ⁴sich [um|-] drehen. ❷ [変える] ändern*; wechseln*; wenden(*)⁴ 《方向を》/注意を他に転じる js ⁴Aufmerksamkeit ab|lenken/方向を転じる die Richtung ändern/矛先を転じる den Gegenstand des Angriffes ändern/話題を転じる das Gesprächsthema wechseln/禍を転じて福となす aus der ³Not eine ⁴Tugend machen.

てんしん 転進する einen neuen Kurs ein|schlagen*; den Kurs ändern (wechseln).

でんしん 電信 Telegraf m. -en, -en; Telegrafie f. -n; Funk m. -s 《無線》; Kabel n. -s, - 《海外用》; Fernschreiber m. -s, - 《テレタイプ》/電信を発する telegrafieren; funken; kabeln/電信が不通になった Die Telegrafenverbindung ist unterbrochen. / Das Telegrafennetz ist völlig gestört. — 電信で telegrafisch; drahtlos; durch Funk; fernschriftlich / 電信の Telegrafen-; Telegraf-; Funk-. ⇨でんぽう. ‖ 電信為替 die telegrafische Anweisung f. -en/電信機 Telegrafen|apparat (Funk-) m. -s, -e; Morseapparat 《モールス電信機》; 〔テレタイプ〕 Fern|schreiber (-drucker) m. -s, -/電信技師 Hell|schreiber m. -s, -/電信技師 Telegrafist m. -en, -en; der Telegrafenbeamte*, -n; der Funker m. -s, -/電信局 Telegrafen|amt n. -[e]s, ¨er (-station f. -en/電信コード Telegrafencode m. -s, -s/電信線 Telegrafie f./電信中継器 Über|träger (-träger) m. -s, -/電信柱 ⇨でんちゅう.

でんしんひげ 天神髭 Knebel|bart (Bocks-; Geiß-, Ziegen-) m. -[e]s, ¨e.

てんしんらんまん 天真爛漫な naiv; natürlich; unschuldig; arglos; harmlos; offen-herzig/天真爛漫な人間 ein naiver natür-

てんすい 天水 Regenwasser n. -s ‖ 天水桶 Regenfass n. -es, ⁼er.

てんすう 点数 Punktzahl f. -en; Punkt m. -[e]s, -e; Zensur f. 《成績》; Note f. -n 《同上》/点数をつける eine Zensur (Note) geben*/点数かせぎに um eine bessere Zensur (Note) zu bekommen; um auf jn einen günstigen Eindruck zu machen《印象をよくするために》.

てんせい 天性 Natur f. -en; eine natürliche Anlage, -n/天性の angeboren; geboren; natürlich/天性 〔生まれながらにして〕 von ³Natur 〔aus〕/天性の商人 ein geborener Kaufmann, -[e]s, ⁼er/第二の天性となる jm zur zweiten Natur werden.

てんせい 展性 Dehnbarkeit f. -en; Hämmerbarkeit f. -en/展性のある dehnbar; hämmerbar.

てんせい 電請する telegrafisch bitten* 《in um⁴》; drahtlich ersuchen 《in um⁴》.

でんせいかん 伝声管 Sprachrohr n. -[e]s, -e; Megaphon n. -s, -e.

でんせつ 点説 Überlieferung f. -en; das Überlieferte*, -n; Legende f. -n; [Volks-]sage f. -n; Tradition f. -en/伝説的 legenden|artig (-haft); sagenhaft; traditionell; im Volksmund überliefert/伝説的英雄 Sagenheld m. -en, -en/それをめぐる伝説 Traditionen, die damit im Zusammenhang stehen ‖ 伝説学 Sagenkunde f.; Sagenforschung f. 《研究》/伝説時代 Sagenzeit f. -en.

てんせん 点線 eine punktierte Linie, -n《…》; eine gestrichelte Linie 《- - -》/点線を引く eine punktierte (gestrichelte) Linie ziehen*.

てんせん 転戦する seinen Kampfplatz wechseln/各地に転戦する an verschiedenen Orten (Fronten) kämpfen.

でんせん 電線 [Leitungs]draht m. -[e]s, ⁼e; Kabel n. -s, -.

でんせん 伝染 Ansteckung f. -en; Infektion f. -en; Infizierung f. -en; Kontagion f. -en. ── 伝染性の ansteckend; infektiös; kontagiös; seuchenartig; epidemisch 《流行性の》. ── 伝染する ❶ 《病気に感染する》 von einer Krankheit angesteckt werden; infiziert werden 《von³》. ❷ 〔病気を人にうつす〕 jn mit einer Krankheit anstecken; eine Krankheit auf jn übertragen*; 〔病気を主語にして〕 an|stecken*; infizieren*; *sich übertragen*/その病気は人間にも伝染する Die Krankheit überträgt sich auch auf Menschen. ‖ 伝染系統 Ansteckungsweg m. -[e]s, -e/伝染病 die ansteckende Krankheit, -en; Infektionskrankheit f. -en; Seuche f. -n 《悪疫》; Epidemie f. -n 《流行病》/伝染病学 Epidemiologie f./伝染病患者 der Infektionskranke*, -n, -n; der Infektionsverdächtige*, -n, -n 《疑似患者》/伝染病研究所 das Forschungsinstitut 《-[e]s, -e》 für Infektionskrankheiten/伝染病流行地 Ansteckungs|gebiet n. -[e]s, -e 《-herd m. -[e]s, -e》.

でんせん 伝線 Laufmasche f. -n《ストッキングの》.

てんそう 転送する nach|schicken³⁴; weiter|schicken³⁴/その手紙は彼の所に転送しました Den Brief habe ich ihm weiter geschickt./転送されたし《封筒に》 Bitte nachsenden.

でんそう 電送 die drahtlose Übertragung; die telegrafische Überweisung 《送金》. ── 電送する drahtlos senden*⁴; per Draht senden*⁴ 《有線》; durch Bildfunk übertragen*; fernfotografisch senden*⁴《写真などを》; drahtlich überweisen* 《金を》. ‖ 電送写真 die fotografische Fernaufnahme, -n 《受けた写真》; Bildtelegramm f. -[e]s, -e/電送写真機 das fernfotografische Gerät, -[e]s, -e/電送写真術 Bildtelegrafie f. -n; Fernfotografie f. -n.

てんそく 纏足 das Füßebinden*, -s/纏足する die Füße binden*.

てんそく 天測 eine astronomische Messung (Beobachtung), -en ‖ 天測器械 astronomisches Messgerät, -[e]s, -e.

テンソル 《数》Tensor m. -s, -en.

てんたい 天体 Himmelskörper m. -s, - ‖ 天体カメラ Himmelskamera f. -s/天体観測 eine astronomische Beobachtung, -en/天体写真 Astro|fotografie (Himmels-) f. -n/天体図 Himmelskarte f. -n/天体物理学 Astrophysik f./天体物理学者 Astrophysiker m. -s, -/天体望遠鏡 Astroskop n. -s, -e; ein astronomisches Fernrohr, -[e]s, -e.

てんたく 電卓 Taschenrechner m. -s, -; eine tragbare (transportable) Elektronenrechenmaschine, -n; ein tragbarer (transportabler) Elektronenrechner.

でんたつ 伝達 Über|mitteilung f. -en 《--bringung f. -en/-lieferung f. -en》; Zustellung f. -en; Mitteilung f. -en 《通告》; Fortpflanzung f. -en 《音などの》/光は音より伝達が早い Das Licht pflanzt sich rascher fort als der Schall./伝達ずみです Schon mitgeteilt. 《通達》; Schon zugestellt. 《送達》. ── 伝達する übermitteln⁴; ein|händigen⁴; überbringen⁴; überliefern; weiter|geben*⁴; zu|stellen⁴; mit|teilen⁴ 《以上とも》; *sich fort|pflanzen.

てんたん 恬淡 frei 《こだわらない》; einfach 《飾り気のない》; gleichgültig 《無関心な》/恬淡無欲な selbstlos; uneigennützig.

てんち 転地 Luft|wechsel (Klima-; Orts-) m. -s, -/転地する zwecks Heilung (Erholung) seinen Aufenthaltsort ändern/転地をすすめる einen Kuraufenthalt empfehlen* 《jm》 ‖ 転地療法 die Kur 《-en》 durch Luftwechsel.

てんち 天地 ❶ Himmel und Erde; Kosmos m. -; Universum n. -s; Weltall n. -s. ❷ 〔上下〕 oben und unten. ❸ 〔境地〕 Wirkungskreis m. -es, -e/独自の天地 seine eigene Welt. ‖ 天地無用 Nicht stürzen!

でんち 田地 Feld n. -[e]s, -er; Land n. -[e]s; Reisfeld n. -[e]s, -er; Acker m. -s, ⁼;

Acker¦feld (–land *n.* –[e]s); Farm *f.* –en/田地を耕す das Land (den Acker; das Feld) bebauen/新たに田地を開く ein neues Land an|bauen (erschließen*).

でんち 電池 [elektrische] Batterie, –n; Element *n.* –[e]s, –e; Zelle *f.* –n/電池を充電する eine Batterie auf|laden*/電池が切れた Die Batterie ist verbraucht (leer). ‖ 乾電池 Trockenelement *n.* –[e]s, –e; das galvanische Element/蓄電池 Akkumulator *m.* –s, –en; Akku *m.* –s, –s; Sammler *m.* –s, –; [Sammler]batterie *f.* –n.

てんちゅう 天誅 Gottesgeißel *f.* –n/天誅を加える im Verfolg des Willens Gottes bestrafen (*jn*); bestrafen, weil man im Glauben (glaubt), dadurch den Willen Gottes zu erfüllen.

でんちゅう 電柱 Telegrafenstange *f.* –n; Leitungs¦mast (Licht–) *m.* –[e]s, –en (–e); Kandelaber *m.* –s, –《電灯用》.

てんちょう 天頂 Zenit *m.* –[e]s; Scheitelpunkt *m.* –[e]s.

てんで durchaus; absolut; gänzlich; ganz und gar/てんで話にならぬ Das kommt überhaupt (ganz und gar) nicht in Frage.¦ Das ist absolut (überhaupt) unmöglich. ⇨**まったく**.

てんてい 天帝 Gott (*m.* –[e]s) im Himmel; Herrgott *m.* –[e]s.

てんてい 点綴 ¶ 谷間に点綴して見える家々 die im Tal verstreuten Häuser《*pl*》.

てんてき 点滴 Tropfen *m.* –s, –/点滴石を穿(ウガ)つ Steter Tropfen höhlt den Stein.

てんてき 天敵 〖生〗ein natürlicher Feind, –[e]s, –e.

てんてこまい てんてこ舞いをする alle Hände voll zu tun haben/全くてんてこ舞いだった Ich wusste gar nicht, wo mir der Kopf stand.

てんてつ 転轍 〖鉄〗Weichenstellung *f.* –en. —— 転轍する die Weiche [um|]stellen. ‖ 転轍器 Weiche *f.* –n/転轍手 Weichen¦steller (–wärter) *m.* –s, –.

てんてつ 点綴 ⇨**てんてい**.

てんてん 点々として hie und da; verstreut; zerstreut; überall hingestreut.

てんてん 転々する ❶ ⇨**ころがる**. ❷ 各地を転々する von einem Ort zum andern wandern [s]/転々と持ち主を変える von Hand zu Hand gehen* [s]; durch viele Hände gehen*.

でんでんむし でんでん虫 Schnecke *f.* –n/でんでん虫の殻 Schneckenhaus *n.* –es, ¨er/でんでん虫の角 Stielauge *n.* –s, –n《目》; Fühler *m.* –s, –《触角》.

てんと 奠都 die Festlegung《–en》des Residenzsitzes.

テント Zelt *n.* –[e]s, –e/テントの[布]地 Zelt¦bahn *f.* –en (–stoff *m.* –[e]s, –e; –tuch *n.* –[e]s, ¨er)/テントを張る(たたむ) ein Zelt auf|schlagen* (ab|brechen*) ‖ テント生活 Zeltleben *n.* –s/テント村 Zelt¦lager *n.* –s, – (–platz *m.* –es, ¨e).

でんと gewichtig; [威厳をもって] würdevoll.

てんとう 店頭 Laden *m.* –s, ¨《店》; Ladentisch *m.* –[e]s, –e《店台》; Schaufenster *n.* –s, –《飾り窓》/商品を店頭に飾る Waren aus|stellen/商品を店頭に出す Waren zum Verkauf stellen ‖ 店頭価格 Ladenpreis *m.* –es, –e.

てんとう 点灯する Licht an|machen (an|zünden; an|knipsen《スイッチで》).

てんとう 転倒する ❶ ⇨**ころぶ**/気が転倒する den Kopf verlieren*; außer ³Fassung geraten* [s]. ❷ [さかさにする] verkehrt machen⁴; um|kehren⁴/本末を転倒する Anfang und Ende verwechseln; die Mittel für den Zweck halten*《目的と手段を》; das Pferd hinter den Wagen spannen.

てんどう 天道 [神意] Gott *m.* –es; der Wille《–ns, –n》Gottes; Vorsehung *f.* –en《摂理》/天道人を殺さず Gott ist allgütig.

でんとう 電灯 das elektrische Licht, –[e]s, –er; die elektrische Lampe, –n (Beleuchtung, –en)/電灯をひく [das ⁴Haus, das Zimmer] mit elektrischem Licht versehen*《家に, へやに》/電灯をともす das Licht [an|]machen; an|knipsen; an|zünden; ein|schalten/電灯を消す das Licht aus|machen (aus|löschen; aus|knipsen; aus|schalten)/電灯が消えた—おやまたついた Das Licht ging aus. — Ach, es zündete sich wieder./電灯をつけ放しにしないで下さい Bitte, das Licht nicht brennen [zu] lassen!¦ Bitte, das Licht aus[zu]schalten!《必ず消して下さい》‖ 電灯会社 eine Gesellschaft für elektrische Beleuchtung/電灯装飾 Lichtschmuck *m.* –[e]s, –e; Lichtreklam *f.* –en《広告用》/電灯料 Lichtgebühr *f.* –en《使用料》; Beleuchtungsunkosten《*pl* 会社などの光熱費の一部》/懐中電灯 Taschenlampe *f.* –n.

でんとう 伝統 Tradition *f.* –en; Überlieferung *f.* –en; Brauch *m.* –[e]s, ¨e; das Herkommen*, –s; Schlenderian *m.* –[e]s, –e《因襲》/伝統的 traditionell; konventionell/伝統に従う ⁴sich an die Überlieferung halten*; an der Tradition fest|halten*《固執する》/伝統を破る mit dem alten Brauch brechen*; auf die überlieferten Formen verzichten ‖ 伝統主義 Traditionalismus *m.* –.

でんどう 伝道 Ausbreitung《*f.* –en》des Glaubens; Propaganda *f.*; Mission *f.* –en; die Äußere Mission《海外伝道》; die Innere Mission《国内伝道》; das Predigen*, –s《説教》/南洋の原住民の伝道に従事している in der Mission bei den Einwohnern der Südsee tätig sein. —— 伝道する missionieren; in Mission sein; das Evangelium verkünden. ‖ 伝道協会 Missionsgesellschaft *f.* –en/伝道師 Missionar (Missonär) *m.* –s, –e; Bekehrer *m.* –s, –; Evangelist *m.* –en, –en.

でんどう 伝導 Leitung *f.* –en;《力などの》Übertragung *f.* –en; Transmission *f.* –en. —— 伝導する leiten⁴; übertragen*⁴; transmittieren⁴. ‖ 伝導性 Leitungsfähigkeit *f.*; Leitvermögen *n.* –s/伝導体 Leiter *m.* –s, –/伝導度(率) Leitfähigkeit *f.* –en.

でんどう 電動 der elektrische Antrieb,

-〔e〕s, -e ‖ 電動機〔elektrischer〕Motor, -s, -en/電動発電機 Motorgenerator *m.* -s, -en/電動力 elektromotorische Kraft, ¨e《略: EMK》.

でんどう 殿堂 Palast *m.* -〔e〕s, ¨e; Palais *n.* -, -; Heiligtum *n.* -s, ¨er《聖殿》; Tempel *m.* -s, -《神社》.

てんどうせつ 天動説 das Ptolemäische Weltsystem, -s.

てんとうむし 天道虫〖昆〗Marienkäfer *m.* -s, -.

てんとして 恬として gleich¦gültig (-mütig); unberührt; unbewegt; blasiert; seelenruhig; gelassen / 恬として恥じない unverschämt sein; keine Spur von Reue zeigen.

てんとり 点取り Anschreiber *m.* -s, -《記録係》‖ 点取り競争 Wettstreit《*m.* -〔e〕s, -e》um gute Zensuren/点取り虫 Streber *m.* -s, -.

てんにゅう 転入する ^{4}sich an|melden《*in*^{3}》; ein|ziehen* [s]《*in*^{4}》.

てんにょ 天女 Himmelsmädchen *n.* -s, -.

てんにん 天人 ein himmlisches Wesen, -s, - ‖ 天人花〖植〗Myrte *f.* -n.

てんにん 転任 ⇨てんきん(転勤).

でんねつき 電熱器 der elektrische Strahlofen, -s, ¨《暖房用》; der elektrische Kocher, -s, -《料理用》.

てんねん 天然 Natur *f.*/天然の natürlich; Natur-; wild《野生の》/天然の美 Naturschönheit *f.* -en ‖ 天然ガス Natur¦gas (Erd-) *n.* -es, -e/天然記念物 Naturdenkmal *n.* -s, ¨er (-e)/天然資源 eine natürliche Hilfsquelle, -n/天然色 Naturfarbe, -n/天然色映画 Farbfilm *m.* -〔e〕s, -e/天然色写真 Farbenfotografie *f.* -n; Farbfoto *n.* -s, -s. ⇨しぜん(自然).

てんねんとう 天然痘 Pocke *f.* -n; Blatter *f.* -n ‖ 天然痘予防接種 Pocken-Schutzimpfung *f.* -en.

てんのう 天皇 Tenno *m.* -s, -s; 〔ein japanischer〕Kaiser, -s, - ‖ 天皇制 Tenno-System *n.* -s, -e/天皇陛下 Seine Majestät der Kaiser.

てんのうせい 天王星〖天〗Uranus *m.* -.

でんば 電場 das elektrische Feld, -〔e〕s, -er.

でんぱ 電波 die elektrische Welle, -n ‖ 電波計 Wellenanzeiger *m.* -s, -; Detektor *m.* -s, -en/電波妨害〔willkürliche〕Störung《-en》einer Rundfunksendung《電波妨害放送》/電波妨害局 Störsender *m.* -s, -/電波探知機 Radar *m.* -s, -s/電波望遠鏡 Radioteleskop *n.* -s, -e/妨害電波 Störwelle *f.*

でんぱ 伝播 Verbreitung *f.* -en; Ausbreitung *f.* -en; Ausstreuung *f.* -en. —— 伝播する(広まる) ^{4}sich verbreiten; ^{4}sich aus|breiten/うわさは遼原の火のごとく伝播した Das Gerücht verbreitete sich wie ein Lauffeuer. —— 伝播させる verbreiten^4; aus|breiten^4; aus|streuen^4; ^{4}*et* unter die Leute bringen*.

てんばい 転売 Weiter¦verkauf (Wieder-) *m.* -〔e〕s, ¨e; das Begeben*, -s《手形・公債などの譲渡》/転売のできる weiter¦verkäuflich (wieder-)/転売する weiter|verkaufen^4 (wieder|-); begeben*^{4} ‖ 転売買戻し Weiterverkauf (Wiederverkauf) und Wiederkauf (Rückkauf).

でんぱた 田畑 Feld *n.* -〔e〕s, -er. ⇨たはた.

てんばつ 天罰 Gottes¦strafe (Himmels-) *f.* -n; Gottesgeißel *f.* -n; Gotteszorn *m.* -〔e〕s/天罰をこうむる von Gott (vom Himmel) bestraft werden; die Strafe Gottes (Himmels) erleiden* ‖ 天罰覿(てき)面 Geschwind ist die Strafe des Himmels (Gottes)!

てんぱん 典範 ❶ ⇨もはん(模範). ❷ [法] Gesetz *n.* -es, -e ‖ 皇室典範 das Kaiserliche Hausgesetz.

てんぴ 天日 Sonne *f.*; Sonnenlicht *n.* -〔e〕s; Sonnenwärme *f.*《太陽熱》/天日にさらす der ^{3}Sonne aus|setzen^4.

てんぴ 天火 Backofen *m.* -s, ¨/天火で焼く in einem Ofen backen$^{(*)4}$.

てんびき 天引き der Abzug《-〔e〕s, ¨e》(die Abrechnung) im Voraus/天引きする im Voraus (vorher) ab|ziehen*^{4} (ab|rechnen^4)/利子を天引きする Zinsen im Voraus (vorher) ab|ziehen* (ab|rechnen).

でんぴょう 伝票 Schein *m.* -〔e〕s, -e; Zettel *m.* -s, -; Zettelchen *n.* -s, -; Karte *f.* -n; Rechnung *f.* -en《勘定書》; Beleg *m.* -〔e〕s, -e《領収書の類》‖ 支払(入金, 振替)伝票 Auszahlungs¦schein (Einzahlungs-; Übertragungs-).

てんびん 天秤 ❶ [衡]〔Schnell〕waage *f.* -n/天秤で計る auf der Waage wiegen*^{4}; auf die Waage legen^4. ❷ [天秤棒] Waagebalken *m.* -s, -《さおばかりのさお》; Trage *f.* -n; 〔Trag〕stange *f.* -n/天秤棒でかつぐ an einer Trage (〔Trag〕stange) tragen*^{4}. ‖ 天秤宮〖占星〗Waage *f.* -n/天秤座〖天〗Waage.

てんぴん 天稟 Gabe *f.* -n; Begabung *f.* -en; Anlage *f.* -n; Talent *n.* -〔e〕s, -e/天稟の angeboren. ⇨てんぷ(天賦).

てんぷ 添付 Beifügung *f.* -en; Beilegung *f.* -en. —— 添付する bei|fügen^4; bei|legen^4. ‖ 添付書類 Beilage *f.* -n; Anlage *f.* -n.

てんぷ 天賦の angeboren; natürlich/天賦の人権 angeborenes Menschenrecht, -〔e〕s, -e/天賦の才 ein natürliches Talent, -〔e〕s, -e; eine natürliche Begabung, -en.

でんぶ 臀部 Gesäß *n.* -es, -e; Hinterbacken《*pl*》; 〖俗〗Arsch *m.* -es, ¨e; 〖戯〗Popo *m.* -s, -s; Bürzel *m.* -s, -《鳥獣の》; Steiß *m.* -es, -e《特に鳥の》.

でんぶ 田夫野人 Bauer *m.* -n, -n; Flegel *m.* -s, -; der rohe, ungesittete Mensch, -en, -en; Grobian *m.* -〔e〕s, -e; Bauerntölpel *m.* -s, -; Hanstaps *m.* -es, -e.

てんぷく 転覆 Umsturz *m.* -es, ¨e; das Umkippen*, -s《車や船の》; das Umschlagen*, -s《同上》. —— 転覆する um|stürzen [s]; um|kippen [s]; um|schlagen* [s]; kentern [s]/政府を転覆させる die Regierung stürzen/ボートが転覆した Das Boot kippte um (kenterte).

てんぷら 天ぷらにする in ³Öl backen(*)⁴.

てんぶん 天分 die natürliche Begabung, -en; Anlage f. -n; Eignung f. -en (適正); Natur f. -en (素質); Talent n. -[e]s, -e (才能)/天分の豊かな hochbegabt; vielseitig begabt (zu³)/語学の天分がある sprachbegabt (sprachlich begabt) sein.

でんぶん 電文 Wortlaut (m. -[e]s, -e) des Telegramms; Telegramm n. -s, -e/電文によれば nach dem Wortlaut des Telegramms; Das Telegramm lautet [folgendermaßen;].

でんぶん 伝聞するところによれば wie ich höre.

でんぷん 澱粉 Stärke f. -n; Amylum n. -s; 澱粉質の stärke|artig (-haltig) ‖ 澱粉類 Stärkezucker m. -s.

テンペラ Tempera f. -s ‖ テンペラ画 Temperamalerei f. -en.

てんぺん 転変 Wechsel m. -s, -; Verwandlung f. -en; Veränderlichkeit f. -en/転変常なき wechselvoll; veränderlich; unbeständig/有為転変の世の中に in dieser wechselvollen (unbeständigen) Welt.

てんぺん 天変 Naturkatastrophe f. -n.

てんぽ 店舗 Laden m. -s, :- ⇨みせ(店).

てんぽ 填補 ⇨ほてん(補塡).

テンポ Tempo n. -s, -s (..pi); Geschwindigkeit f. (速度)/速い遅いテンポで in schnellem (langsamem) Tempo/テンポを速める (落とす, 守る) das Tempo beschleunigen (herab|setzen, ein|halten*).

てんぼう 展望 Aussicht f. -en; Aus|blick (Rund-; Über-) m. -[e]s, -e. —— 展望する eine Aussicht haben (über⁴)/展望鏡 Periskop n. -s, -e; Feldstecher m. -s, - (双眼鏡); Fernglas n. -es, :-er (望遠鏡)/展望車 Aussichtswagen m. -s, -/展望台 Observatorium n. -s, ..rien (観測所); Aussichtspunkt m. -[e]s, -e (見晴らし台).

でんぽう 電報 Telegramm n. -[e]s, -e; Depesche f. -n; Drahtnachricht f. -en; Drahtung f. -en; Kabel n. -s, - (海外電報); Hell|schreiber (Fern-) m. -s, - (テレタイプ); Funkspruch m. -[e]s, :-e; Funktelegramm n.; Radiogramm (特に無線といいたい時) /電報を打つ ein Telegramm schicken; telegrafieren (an⁴); depeschieren; drahten; kabeln. —— 電報で telegrafisch; drahtlich; durch (per) Draht. ‖ 電報為替 telegrafische Geldanweisung, -en/電報頼信紙 Telegrammformular n. -s, -e/電報料金 Telegrammgebühr f. -en/電報略語 Chiffretelegramm (Kodetelegramm)/慶弔電報 das Glückwunsch- und Beileidstelegramm/国内 (外国) 電報 Inlandstelegramm (Überseetelegramm)/至急電報 das dringende Telegramm.

てんま 天馬 Flügel|pferd n. -[e]s, -e (-ross n. -es, -e); Pegasus m. -, ..susse.

てんま 天魔 ⇨あくま.

デンマーク Dänemark n. -s/デンマーク(語)の dänisch ‖ デンマーク語 Dänisch n. -[e]s/デンマーク人 Däne m. -n, -n; Dänin f. -..ninnen (女).

てんまく 天幕 ⇨テント.

てんません 伝馬船 [Last]kahn m. -[e]s, :-e.

てんまつ 顚末 Hergang m. -[e]s; Verlauf m. -[e]s/事の顚末を物語る den ganzen Hergang erzählen.

てんまど 天窓 Dach|fenster n. -s, - (-luke f. -n).

てんめい 天命 Fügung (f. -en) des Himmels; Vorsehung f. -en (摂理); Schicksal n. -s, -e (運命)/天命とあきらめる ⁴sich ins Schicksal fügen; ⁴sich in sein Schicksal ergeben*/天命逃れ難し Seinem Schicksal kann man nicht entgehen./人事を尽くして天命を待つ sein Bestes tun* und das weitere dem Himmel überlassen*.

てんめつ 点滅 (灯火を) an- und aus|ma|chen(*); ein- und aus|schalten⁴ ‖ 点滅器 Schalter m. -s, -.

てんもう 天網恢々 (かいかい) 疎にして漏らさず Das Netz des Himmels ist groß und weitmaschig, lässt aber nichts durch./Gottes Mühlen mahlen langsam, aber sicher.

てんもん 天文 Himmelserscheinung f. -en; eine astronomische Erscheinung, -en ‖ 天文学 Astronomie f.; Himmelskunde f. /天文学的な astronomisch/天文学的数字 astronomische Zahlen (Ziffern)/天文学者 Astronom m. -en, -en/天文台 Sternwarte f. -n.

でんや 田野 Feld n. -[e]s, -er; Land n. -[e]s.

てんやわんや Durcheinander n. -s; Chaos n. -/家の中はてんやわんやの大騒ぎだった Im Haus war ein wüstes Durcheinander.

てんゆう 天佑 佑によって mit Gottes ³Hilfe/それは天佑であった Das war eine Gnade des Himmels.

てんよう 転用する zu anderem Zweck (anderwärtig) gebrauchen⁴ (verwenden(*)⁴).

てんらい 天来の himmlisch; göttlich (神の) /天来の妙音 ein himmlischer Klang, :-e; himmlische Musik.

でんらい 伝来 ❶ [移入] Überlieferung f. -en; Einführung f. -en/仏教の伝来 die Einführung des Buddhismus in Japan. ❷ [世襲] Erbschaft f. -en; Überlieferung f. -en/いまだに伝来の因襲に固執している Er hält sich immer noch an die überlieferten Formen. —— 伝来の ❶ [...より伝えられた] herrührend (von³; aus³); eingeführt (von³; aus³). ❷ [世襲・伝統的な] angestammt; ererbt; erblich; hergebracht; überliefert; traditionell; Erb[schafts]-. —— 伝来する ❶ [伝わる] her|rühren (von³; aus³); her|kommen* (von³); überliefert werden. ❷ von jm auf jn [als Erbteil] über|gehen* s.

てんらく 転落 Fall m. -[e]s, :-e; Sturz m. -es, :-e; das Herunterkommen*, -s (零落). —— 転落する fallen* s.; stürzen s.; hinunter|kommen* s./水中に転落する ins Wasser fallen* (stürzen).

てんらん 天覧の die Besichtigung (-en) durch [Seine Majestät] den Kaiser/天覧に供する [Seiner ³Majestät] dem Kaiser zei-

てんらんかい 展覧会 Ausstellung f. -en/ピカソ展(覧会) Picasso-Ausstellung ‖ 展覧会場 Ausstellungs¦gebäude n. -s, -/-halle f. -n/美術展覧会 Kunstausstellung.

てん 天理 Naturgesetz n. -es, -e/天理に背く gegen das Naturgesetz verstoßen*.

でんり 電離 die elektrolytische Dissoziation, -en; Ionisation f. -en. ── 電離させる ionisieren*. ‖ 電離層 Ionosphäre f.

でんりゅう 電流 [elektrischer] Strom, -(e)s, ⸗e; Kraftstrom m. -(e)s, ⸗e; Starkstrom 〈強電流〉/電流を通じる ein¦schalten*; elektrisieren*/電流を遮断する aus¦schalten*; den Strom ab¦stellen/電流を切り換える um¦schalten*. ‖ 電流計 Galvano¦meter (Ampere-) n. -s, -; Strommesser m. -s, -/電流量 Stromstärke f.; Amperezahl f. -en; Amperestunde f. -n 〈略: Ah〉.

でんりょく 電力 die elektrische Kraft, ⸗e; [Kraft]strom m. -(e)s, ⸗e; Elektrizität f. -en ‖ 電力供給 Elektrizitätsversorgung f. -en; Kraftverteilung f. -en; Elektrizitätszuleitung f. -en/電力計 Watt¦meter (Dynamo-) n. -s, -/電力工業 Elektrizitätsindustrie f. -n/電力国営 Verstaatlichung der Kraftwerke/電力統制(制限) Kraftkontrolle f. -n (Krafteinschränkung f. -en)/電力割り当て Kraft¦zuteilung (-rationierung) f. -en.

でんれい 電鈴 [elektrische] Klingel f. -n. ⇨りん.

でんれい 伝令 Ordonnanz f. -en. ── 伝令する einen Befehl überbringen*. ‖ 伝令犬 Meldehund m. -(e)s, -e/伝令将校 Ordonnanzoffizier m. -s, -e/伝令兵 Meldegänger m. -s, -; Meldereiter m. -s, - 《騎兵》.

でんわ 電話 Telefon n. -s, -e; Fernsprecher m. -s, - 〈通話〉; Telefongespräch n. -(e)s, -e 《通話》; Telefonie f. 《術》/電話の(で) telefonisch/電話のダイヤル Nummernscheibe f. -n/ダイヤルで〔プッシュホンで〕1068 番を回す〔押す〕eins, null, sechs, acht wählen/電話で話す mit jm telefonieren (telefonisch sprechen*)/電話で来るように言う jm telefonisch bestellen; 《俗》jm her¦telefonieren/電話で断わる ab¦telefonieren/電話に出る ans Telefon kommen* ⓢ; den Hörer ab¦nehmen* 〈受話器をとり上げる〉/電話をかける mit jm telefonieren; jm an¦rufen* (-¦klingeln)/電話口に呼び出す jn ans Telefon bitten*/電話がかかる am Telefon gewünscht sein; an den Apparat gebeten sein; Das Telefon klingelt./電話をひく 〔das ⁴Haus, das ⁴Zimmer〕 mit einem Telefonapparat versehen* 〈家に, 部屋に〉; die Telefonleitung an¦legen lassen*/電話をきる ab¦legen; den Hörer auf¦legen; ab¦läuten/電話がきれる Die Verbindung wird getrennt./電話中 Das Gespräch wird unterbrochen./電話だよ Ein Anruf für Sie!; Sie sind ans Telefon gebeten./お電話です Sie sind am Telefon gewünscht./電話がふさがっています Das Telefon ist besetzt. 〈使用中〉; Die Nummer ist besetzt. 〈相手が出ている〉/いま話中 Ich spreche [noch] weiter. 〈いま話中です〉/電話の受話器 Hörer m. -s, -; Hörmuschel f. -n 〈耳にあてる所〉; Sprechmuschel f. -n 〈口許の所〉/電話加入者 Telefonteilnehmer m. -s, -/電話機 Telefon; Fernsprecher; Telefonapparat m. -(e)s, -e/電話交換局 Telefonamt n. -(e)s, ⸗er; Ortsamt 〈市外局〉; Fernamt 〈長距離電話局〉/電話交換手 Telefonist m. -en, -en; Telefonistin f. ..tinnen 《女》/電話室 Telefonzelle f. -n; Fernsprechzelle 《公衆電話の場合も用いる》; Telefonhäuschen n. -s, - 《公衆電話の場合のみ》/電話帳 Telefonbuch (Fernsprech-) n. -(e)s, ⸗er/電話番号 Telefonnummer f. -n; Sammelnummer 〈代表番号〉; Direktanschlussnummer 〈直通〉; Privatanschlussnummer 〈自宅〉; Apparatnummer 〈内線〉/電話料 Telefongebühr f. -en; Telefontarif m. -s, -e 《一通話の規定料金》/公衆電話 Münzfernsprecher m. -s, -; der öffentliche Fernsprecher; Kartentelefon n. -s, -e 《カード式》/卓上電話 Tischtelefon n. -s, -e; Nebenanschluss m. -es, ⸗e 〈内線電話〉/押しボタン式電話機 [Druck]tastentelefon n. -s, -e/長距離電話 Ferngespräch n. -(e)s, -e 《通話》; Fernleitung f. -en 《電話線》.

と

と 戸 Tür f. -en/戸口に(で) an (in) der Tür; am Eingang/戸を閉める eine Tür schließen* (zu¦machen)/戸を開ける eine Tür öffnen (auf¦machen)/戸をばたんと閉める eine Tür zu¦schlagen* (zu¦werfen*)/戸を叩く an der ³Tür (an die Tür) klopfen/戸がぱたんと閉まった Die Tür fiel ins Schloss. ‖ 引き戸 Schiebetür f. -en/鎧(⸗)戸 《窓の》 Fensterladen m. -s, ⸗.

と 都 Stadt f. ⸗e 〈都市〉; Hauptstadt 〈首都〉; Residenzstadt 《みやこ》/都営の städtisch; Stadt- ‖ 都営住宅 ein städtisches Miethaus, -es, ⸗er/都議会 das Stadtparlament [-(e)s] von Tokio/都知事 der Oberbürgermeister (Gouverneur) (-s) von Tokio/都庁 das Rat¦haus (Stadt-) (-es) von Tokio/都電 Straßenbahn f. -en/都民 Bewohner (Bürger) 《m. -s, -》 von Tokio.

と 徒 ‖ 忘恩の徒 ein undankbarer Mensch, -en, -en/無頼の徒 〔総称〕 Gesindel n. -s, -; Lumpenpack n. -s.

と 途 ‖ 渡独の途につく die Deutschlandreise

an|treten*; nach [3]Deutschland ab|reisen [s]/帰国の途〔次〕にある auf dem Weg〔e〕nach der Heimat sein; [4]sich auf der Heimreise befinden*.

ト〖楽〗g *n.* -, - ‖ ト短調 g-Moll *n.* -《記号: g》/ト長調 G-Dur *n.* -《記号:G》.

～と ❶［及び］ und; sowie/男と女 Mann und Frau/天と地 Himmel und Erde/彼は音楽と文学にセンスを持っている Er hat Sinn für Musik sowie für schöne Literatur. ❷［一緒に］ mit[3]/友人と散歩に行く mit seinem Freund spazieren gehen* [s]/ドイツ人と結婚する [4]sich mit einem (einer) Deutschen verheiraten. ❸［...の時］ als/家に帰ると友人が来ていた Als ich nach Haus〔e〕kam, fand ich meinen Freund vor. ❹［仮定］ wenn/彼がやって来ると wenn er kommt/そうだとすると wenn dem so ist. ❺［認容］ ob/行こうと行くまいと ob ich gehe oder nicht.

ど 度 ❶［程度］ Maß *n.* -es, -e; Grad *m.* -〔e〕s, -e; Stufe *f.* -n; Grenze *f.* -n《限度》; Mäßigkeit *f.*《適度》/度を守る Maß halten* (maß|halten*); [4]sich beherrschen; [4]sich mäßigen《*in*[3]》/度を過ごす maßlos (unmäßig) sein; die Grenzen überschreiten*. ⇨**せつど**. ❷［度数］ Mal *n.* -〔e〕s, -e/三度目に beim (zum) dritten Mal/一度ならず mehr als einmal. ❸［角度・目盛］ Grad *m.* -〔e〕s〖角・温度・経度・緯度・めがねなどの度数を示すときは*pl* なし〗; Gradeinteilung *f.* -en/零下十度 10 Grad unter Null; minus 10 Grad/北緯三十五度 35 Grad nördlicher Breite/東経五十度 50 Grad östlicher Länge/度を盛る in Grade ein|teilen; mit einer Skala versehen*; kalibrieren[4]/度を計る messen*[4]; ab|messen*[4] (aus|-)/度の強いめがね die hochgradige Brille, -n. ❹［平静］〖どれも*pl* なし〗 Fassung *f.*; Gefasstheit *f.*; Haltung *f.*/度を失う die Fassung verlieren*; aus der Fassung geraten* (kommen*) [s]; hitzköpfig werden.

ど 度する erlösen/度しがたい unverbesserlich; unbeholfen; hartgesotten; gottlos/度しがたいやつだ Er ist ein unmöglicher Kerl.

ド〖楽〗c *n.* -, -; do.

ドア Tür *f.* -en ‖ ドアエンジン(自動開閉装置) der pneumatische Türverschluss, -es, ⸚e.

とあみ 投網 Wurfnetz *n.* -es, -e/投網を打つ ein Netz aus|werfen*.

とある ein*; ein gewisser*/とある人里離れた町で in einer abgelegenen Stadt; in einem abgelegenen Ort.

とい 問い Frage *f.* -n/問いをかける an *jn* eine Frage stellen (richten)/問いに答える eine Frage beantworten; auf eine Frage antworten.

とい 樋 Rinne *f.* -n; Traufe *f.* -n/雨樋 Regenrinne *f.* -n; Dachrinne《屋根樋》; Regenrohr *n.* -〔e〕s, -e《屋根から地面に縦に下る部分》.

といあわせ 問い合わせ Anfrage *f.* -n; Erkundigung *f.* -en.

といあわせる 問い合わせる eine Anfrage richten《an *jn*》; an|fragen[4]《bei *jm*》; [4]sich erkundigen《bei *jm*》; *jn* um [4]Auskunft bitten*/書面(電話)で問い合わせる schriftlich (telefonisch) an|fragen《bei *jm*》.

といき 吐息 ⇨**ためいき**.

といし 砥石 Wetzstein *m.* -〔e〕s, -e; Schleifstein *m.* -〔e〕s, -e《研磨盤》.

といた 戸板 eine hölzerne Schiebetür, -en.

といただす 問いただす *jn*〔be〕fragen《*über*[4]; *wegen*[2(3)]》; [4]sich bei *jm* erkundigen《*über*[4]》. ⇨**といつめる**.

ドイツ Deutschland *n.* -s/きっとドイツ製品と競争になりますよ Sie werden mit Waren deutscher Herkunft konkurrieren müssen./これはドイツ工業規格によったものです Diese Qualität entspricht der Deutschen Industrie-Norm〔en〕《略: DIN》. ‖ ドイツ系アメリカ人 Deutschamerikaner *m.* -s, -/ドイツ人 der Deutsche*, -n, -n/ドイツ魂(精神) Deutschtum *n.* -s; Deutschheit *f.*; der deutsche Geist, -〔e〕s/ドイツ連邦共和国 die Bundesrepublik Deutschland《略:BRD》/ドイツ民主共和国 die Deutsche Demokratische Republik《略:DDR; 旧東ドイツ (1949-1990)》.

ドイツご ドイツ語 das Deutsche*, -n; Deutsch *n.* -〔s〕; die deutsche Sprache, -n/ドイツ語の deutsch;〔auf〕Deutsch geschrieben/ドイツ語の本(手紙) das deutsche Buch, -〔e〕s, ⸚er (der deutsche Brief, -〔e〕s, -e)/ドイツ語を習う(書く, 話す) Deutsch lernen (schreiben*, sprechen*)/よいドイツ語で〔auf〕gut Deutsch (im guten Deutsch) ‖ ドイツ語学 Germanistik *f.*; die deutsche Sprachwissenschaft. ⇨**ドイツ**, **えいご**.

といつめる 問い詰める *jn* zur [3]Rede stellen; *jn* zur [3]Antwort drängen.

トイレ〔ット〕 Toilettenraum *m.* -〔e〕s, ⸚e ‖ トイレットペーパー Toilettenpapier *n.* -s, -e. ⇨**べんじょ**.

とう 党 Partei *f.* -en/新党を結成する eine neue Partei bilden (gründen)/党に入る(党から脱する) einer [3]Partei bei|treten* [s] (eine Partei verlassen*) ‖ 党員 Partei:mitglied *n.* -〔e〕s, -er (-genosse *m.* -n, -n)/党機関誌 Parteiorgan *n.* -s, -e/党書記〔長〕 Parteisekretär *m.* -s, -e/党大会 Partei:tag *m.* -〔e〕s, -e (-kongress *m.* -es, -e)/政党 eine politische Partei.

とう 灯 Licht *n.* -〔e〕s, -er; Lampe *f.* -n ‖ ブンゼン灯 Bunsenbrenner *m.* -s, -.

とう 籐〔ein spanisches〕Rohr, -〔e〕s, -e; Rotang *m.* -s, -e ‖ 籐いす Rohrstuhl *m.* -〔e〕s, ⸚e; Korbsessel *m.* -s, -.

とう 当 ❶［正当］ 当を得る richtig (schicklich; angebracht; angemessen) sein/当を得た(得ない)ことば eine gut (schlecht) angebrachte Bemerkung, -en. ❷［該当］ 当の dieser*《この》; jener*《あの》; betreffend《当該の》/結婚式当日に am Tag der [2]Hochzeit/当家にとりましては für uns (für unsere Familie). ‖ 当人 er* (sie*) selbst; die betreffende Person, -en.

とう 刀 Schwert *n.* -〔e〕s, -er; Degen *m.* -s, -; Säbel *m.* -s, -《サーベル》; Messer *n.* -s, -

《短刀・外科用メス》/一刀の下に mit einem Schlag (Hieb).

とう 等 ❶ [等級] Klasse *f.* -n; Rang *m.* -[e]s, ¨e; Grad *m.* -[e]s, -e/一(二)等に乗る erster (zweiter) ²Klasse fahren* [s]/彼の腕前は数等上だ Er kann es viel besser. ❷ [など] und so weiter 《略:usw.》; und so fort 《略:usf.》; et cetera 《略:etc.》.

とう 塔 Turm *m.* -[e]s, ¨e; Pagode *f.* -n 《東洋の寺院の》/塔の番人 Turmwächter *m.* -s, -; Türmer *m.* -s, - ‖ 五重塔 eine vierstöckige Pagode.

とう 薹が立つ schießen* [s]/薹が立った女 eine verblühte Frau, -en.

とう 問う ❶ fragen 《*jn nach*³ (*über*⁴; *wegen*²⁽³⁾); *jn* (von *jm*) ⁴*et*》; eine Frage 《-n》 stellen (richten; tun*) 《*jm*; an *jn*》; befragen 《*jn nach*³ (*über*⁴; *um*⁴; *wegen*²⁽³⁾)》/安否を問う ⁴sich nach *js* ³Befinden erkundigen / 問うは一時の恥問わぬは末代の恥 ,Fragen ist für den Augenblick beschämend, Nichtfragen aber bringt Schande für das ganze Leben.' ❷ [照会] ⁴sich erkundigen 《bei *jm nach*³》; nach|fragen³. ❸ [罪に] beschuldigen² 《*jn*》/殺人罪に問われて auf ⁴Beschuldigung eines Mordes hin/彼は友人殺しの罪に問われた Er wurde beschuldigt, seinen Freund ermordet zu haben. —…を問わず ⇨～とわず.

とう 訪う besuchen⁴; einen Besuch machen (ab|statten) 《*jm*》. ⇨ほうもん.

-とう -頭 ¶ 家畜五頭 fünf Stück Vieh/牝牛百頭 hundert Stück Kühe.

どう 銅 Kupfer *n.* -s, - ‖ 銅貨 Kupfermünze *f.* -n/銅線 Kupferdraht *m.* -[e]s, ¨e/銅板 Kupferstich *m.* -[e]s, -e.

どう 堂 ❶ Bet|haus (Gottes-) *n.* -es, ¨er; Kapelle *f.* -n; Tempel *m.* -s, -. ❷ [大広間] Halle *f.* -n; Saal *m.* -[e]s, Säle; Aula *f.* ..-len. ¶ 堂に入る ein wahrer Meister sein 《*in*³》; über ein großes Können verfügen 《*in*³》; ⁴*et* meisterhaft beherrschen.

どう 胴 ❶ [身体の] Rumpf *m.* -[e]s, ¨e; Leib *m.* -[e]s, -er; Torso *m.* -s, -s 《彫刻の》. ❷ [太鼓などの] Trommel|gehäuse *n.* -s, - (-kasten *m.* -s, ¨). ❸ [鎧(よろい)などの] Plastron *m.* -s, -s; Brust|harnisch *m.* -es, -e (-platte *f.* -n). ❹ [胴体] ⇨どうたい(胴体). ❺ [服の] Taille *f.* -n; Mieder *n.* -s, -; Leibchen *n.* -s, -.

どう ❶ wie; was. ⇨いかが/どうするか Wie soll ich es machen? | Was tun? 《どうしよう》; Was machen wir? 《どうしましょう》/どうする気か Was wollen Sie machen?/どうするのが一番よいか Wie macht man es am besten?/どういうつもりか Was meint er damit? | Was *will er damit sagen?*/どうしてここへ来たのか Was führt Sie hierher?/どうしてこういうことになったのか Wie kommt (kam) es, dass ...?/彼は今日どういうあんばいです Wie geht es ihm heute?/商売はどうです Wie geht das Geschäft? | Was macht das Geschäft?/これ(あれ)はどうです Wie finden Sie es? | Wie gefällt es Ihnen? | Was sagen Sie dazu? ❷ どうあっても, どうでも [ぜひ] auf jeden Fall; um jeden Preis; komme, was da wolle; koste es, was es wolle (will); [否定は] auf keinen Fall; um keinen Preis (der Welt)/どうあってもやらねばならぬ Es muss auf jeden Fall gemacht werden. | Komme, was da wolle, es muss gemacht werden./どうあってもそりゃだめだ Das geht auf keinen Fall./どうあってもそんなことはしない Ich werde es um keinen Preis tun. ❸ どうでも [どちらでも] gleichgültig; egal; eins; einerlei; gleich/どうでもよろしい Es ist mir gleichgültig (egal)./どうでもお好きなように Wie Sie wollen. | Wie es Ihnen gefällt./どうでもかってにしなさい Mach, was du willst. ❹ どうにかして so oder so; irgendwie; auf irgendwelche (irgendeine) Weise/どうにかしてできるようにもって行きましょう Ich werde es irgendwie ermöglichen (zuwege bringen). ❺ どうみても nach dem Anschein zu urteilen; allem Anschein nach; aller Wahrscheinlichkeit nach/どうみても彼は元軍人だ(三十以上だ) Allem Anschein nach ist er ein ehemaliger Offizier (über dreißig)./どうみてもこりゃ雨だ Es hat ganz den Anschein, als ob es regnet./どうみても彼は商人ではない Er ist alles andere (nichts weniger) als ein Kaufmann. ❻ どういう was für ein*; was für welch*; welch*/どういう男ですか, いったい Was für ein Mann ist er denn? | Was ist er denn für ein Mann?/どういう人間ですか Was für eine Art Mensch ist er?/どういうわけで来なかったんだ Aus welchem Grund bist du nicht gekommen? / 本をもらいました—どういう本を? Ich habe ein Buch geschenkt bekommen. — Was für ein[e]s (ein Buch) ist es? ⇨どんな. ❼ どういたしまして Bitte, bitte! | Bitte sehr! | Bitte schön! | Nichts zu danken! | Gern geschehen! | [Gar] keine Ursache; Ganz meinerseits 《私の方こそ》. ❽ どうにもならないこと etwas Unvermeidliches (Unumgängliches) 《免れ難き》; etwas Unwiderrufliches 《取返しのつかぬ》; etwas Unabänderliches 《変更できぬ》/どうするもこうするもない Es bleibt nichts anders übrig, als 《⁴*et* zu tun》/そいつはもうどうにもならない Dagegen kann man nichts machen. | Nichts zu machen./世の中のことはそうしたものでどうにもならない Das ist [doch] nun einmal so in der Welt.

どう- 同- 《前述の》 oben (früher; schon; vorher; vorhin) erwähnt.

どう どう! halt! 《馬に》.

とうあ 東亜 Ostasien *n.* -s 《東アジア》; Ferner Osten, - -s 《極東》/東亜の ostasiatisch; fernöstlich.

どうあげ 胴上げする *jn* tragen* und in die Höhe schleudern.

とうあつせん 等圧線 [気] Isobare *f.* -n.

とうあん 答案 Klausur *f.* -en; Klausurarbeit *f.* -en; Prüfungsarbeit; Antwort *f.* -en 《解答》/答案を調べる Klausurarbeiten durch|sehen*; eine Klausur (Prüfungsarbeit) zensieren (bewerten) 《評点をつける》 ‖ 答案用紙 Prüfungspapier *n.* -s, -e.

とうい 頭囲 Kopfumfang *m.* -[e]s, ¨e.

とうい 等位 ⇨**とうきゅう**(等級).

とうい 糖衣 Zuckerguss *m.* -es, ⸗e ‖ 糖衣錠 eine gezuckerte Tablette, -n; eine Tablette mit [3]Zuckerguss.

とうい 当為 das Sollen*, -s.

どうい 同意 Zustimmung *f.* -en; Billigung *f.* -en; Be¦willigung (Ein-) *f.* -en; Einverständnis *n.* ..nisses, ..nisse; Genehmigung *f.* -en; dieselbe Meinung (Ansicht), -en《同意見》/ 彼女はうなずいて同意を示した Sie gab durch Kopfnicken ihre Einwilligung zu erkennen.¦ Sie nickte ein „Ja" (zustimmend). ── 同意する zu|stimmen[3]; *jm* bei|stimmen; seine Zustimmung geben*[3]; *jm* bewilligen[4]; mit *jm* die Ansicht (Meinung) teilen; auf [4]*et* ein|gehen* [s]; ein|willigen《*in*[4]》; einverstanden sein《*mit*[3]》; mit *jm* über [4]*et* überein|kommen* [s]《意見一致》; einer Meinung bei|treten* [s]; derselben Meinung sein《同意見》/ 私は…のあなたの考えに同意する Ich stimme Ihrer Meinung bei, dass …. / とうてい同意しかねる Ich kann unmöglich darauf eingehen.

どうい 同位 ❶ [地位] der gleiche Rang, -[e]s, ⸗e; Gleichstellung *f.* -en / 同位にある vom gleichen Rang (gleichgestellt) sein; *jm* gleich|stehen*. ❷ [数学] die gleiche Ziffer, -n; die gleiche Stelle, -n / 同位(桁)の数 Zahl von (mit) gleichen Ziffern (Stellen). ‖ 同位角 der korrespondierende Winkel, -s, - / 同位元素 Isotop *n.* -s, -e.

どういぎ 同意義 dieselbe (gleiche) Bedeutung, -en; derselbe Sinn, -[e]s, -e. ── 同意義の gleichbedeutend; sinnverwandt; synonym[isch].

どういご 同意語 Synonym *n.* -s, -e《Antonym *n.* の対》; ein sinnverwandtes (begriffsverwandtes) Wort, -[e]s, ⸗er.

とういそくみょう 当意即妙 Schlagfertigkeit *f.* / 当意即妙の schlagfertig / 当意即妙の答えをする eine schlagfertige Antwort geben*.

とういつ 統一 Einheit *f.* -en《統一体》; Einheitlichkeit *f.* -en《統一性》; Vereinheitlichung *f.* -en《統一化》/ ドイツの再統一 die Wiedervereinigung [2]Deutschlands / 統一のある einheitlich / 彼らは統一のある服装をしていた Sie waren einheitlich gekleidet. ── 統一する vereinheitlichen[4] / 精神を統一する [4]*sich geistig sammeln*; [4]sich konzentrieren. ‖ 統一価格 Einheitspreis *m.* -es, -e / 統一行動 eine einheitliche Handlung, -en; Aktionseinheit / 統一戦線 Einheitsfront *f.* -en. ⇨**とうごう**(統合), **とうせい**(統制).

どういつ 同一 Gleichheit *f.* -en; Identität *f.* -en; Einförmigkeit *f.* -en; Einheitlichkeit *f.* -en; Eintönigkeit *f.* -en; Gleichartigkeit *f.* -en / 同一の der¦selbe* (die-; das-); der nämliche*; ein und derselbe*; identisch; gleich / 同一視する identifizieren[4]《*mit*[3]》; gleichsetzen[4]《*mit*[3]》; als gleich an|sehen*[4] / 帰する所は同一だ Es kommt auf dasselbe hinaus. / もはや昔の彼と同一人ではない Er ist nicht mehr der alte.《人間が変わった》/ 同一人だということを明らかにせねばいけません Sie müssen sich identifizieren. / 彼の誕生日は私の結婚記念日と同一日にあたる Sein Geburtstag fällt mit meinem Hochzeitstag zusammen.

とういん 党員 Partei¦mitglied *n.* -[e]s, -er (-genosse *m.* -n, -n).

とういん 頭韻〖詩〗Stabreim *m.* -[e]s, -e; Alliteration *f.* -en / 頭韻を踏む alliterieren.

どういん 動員 Mobilisation *f.* -en; Mobilisierung *f.* -en; Mobilmachung *f.* -en / 動員令を下す den Mobilmachungsbefehl erlassen* / 動員する mobilisieren[4]; mobilmachen ‖ 動員解除 Demobilisation *f.* -en; Demobilisierung *f.* -en / 動員解除する demobilisieren[4]; ab|rüsten《復員》.

とうえい 冬営 Winter¦lager *n.* -s, - (-quartier *n.* -s, -e).

とうえい 倒影 Widerspiegelung *f.* -en / 倒影する [4]sich wider|spiegeln.

とうえい 投影〖数〗Projektion *f.* -en / 投影する projizieren ‖ 投影幾何学 die projektive Geometrie.

どうおんご 同音語 Homonym *n.* -s, -e; das gleich lautende Wort, -[e]s, ⸗er.

とうおんせん 等温線 Isotherme *f.* -n.

とうか 灯火 [Lampen]licht *n.* -[e]s, -er; Beleuchtung *f.* -en《照明》/ 灯火に親しむ beim Lampenlicht [bis spät in die Nacht] lesen* (über [3]Büchern sitzen*) ‖ 灯火管制 Verdunkelung *f.* / 灯火管制をする das Licht verdunkeln.

とうか 等価 Gleichwertigkeit *f.*; Äquivalenz *f.* -en / 等価の gleichwertig; von gleichem Wert; äquivalent.

とうか 糖果 Zucker¦ware (Süß-) *f.* -n; Süßigkeit *f.* -en; Bonbon *m.* (*n.*) -s, -s.

とうか 糖化 Verzuckerung *f.* -en / 糖化する verzuckern[4]; in [4]Zucker verwandeln[4].

とうか 投下 Abwurf *m.* -[e]s, ⸗e / 投下する [hin]ab|werfen*[4] (hinunter|-) ‖ 爆弾投下 Bombenabwurf *m.* -[e]s, ⸗e.

とうが 灯蛾 Nachtfalter *m.* -s, -.

どうか 道家 Taoist *m.* -en, -en / 道家の taoistisch.

どうか ❶ [なにとぞ] bitte; gefälligst; wollen Sie die Güte haben …; seien Sie so gut …; wollen Sie so freundlich sein …; wenn ich Sie bitten darf / どうか一つおはねおり願えませんか Wollen Sie bitte die Güte haben, mir diesen Dienst zu erweisen? ❷ [ぜひ] unter allen Umständen; um jeden Preis; wohl oder übel ⇨**どう**②. ❸ [何とか] irgendwie; zur Not; allenfalls / 彼はどうかこうかやっている Er schlägt sich so durch.¦ Er wurstelt so durch. / 一万円どうかならないか Kannst du mir mal [eben] 10 000 Yen pumpen, wenn du irgend kannst? / さあ, どうかと思うな Na, ist das möglich! ❹ [どういたしまして] どうかもう bitte schön; bitte sehr; Bitte schön, gar keine Ursache (Nicht zu danken; Gern geschehen)! / どうかどうか, もういいんですから Bitte sehr, schon gut.¦ Bitte, bitte, schon in Ordnung. ❺ [愚昧(ぐまい)] 頭がどうかしている In seinem Kopf (Bei ihm) ist eine Schraube los (locker).¦ Er hat ein

Brett vor dem Kopf. Er hat als Kind heiß gebadet. Er hat einen Sparren zu viel (zu wenig). 《狂っている》; Er hat Tinte gesoffen. 《気が変だ》/今日は君どうかしているね Sie sind nicht auf der Höhe heute. 《健康状態》; Da kenne ich dich gar nicht wieder. 《いつもの君と違う》.

どうか 同化 Assimilation f. -en (an⁴); Angleichung f. -en (an⁴); Anpassung f. -en (an⁴). —— 同化する assimilieren³·⁴; anl|gleichen*⁽³⁾⁴ (an⁴); an|passen³·⁴. ‖ 同化作用 Assimilationsprozeß m. -es, -e/同化力 Assimilationsfähigkeit f. -en (-e/-kraft f.; -vermögen n. -s).

どうか 銅貨 Kupfermünze f. -n; Groschen m. -s, -.

どうが 動画 animierter Film, -[e]s, -e; Karikaturfilm 《漫画の》.

とうかい 倒壊 Ein|sturz (Zusammen-) m. -es, -e/倒壊する ein|stürzen (zusammen-) -[s].

とうかい 当該の betreffend; zuständig 《所管の》 ‖ 当該官庁 die betreffende (zuständige) Behörde, -n.

とうかい 等々の賞をもらう einen Trostpreis bekommen*.

とうかい 導火管 Zünder m. -s, -; Zündpfanne f. -n; Sprengkapsel f. -n.

とうかく 倒閣する das Kabinett (die Regierung) stürzen.

とうかく 等角の gleichwink[e]lig ‖ 等角三角形 ein gleichwinkliges Dreieck, -[e]s, -e.

とうかく 頭角を現わす ⁴sich aus|zeichnen; ⁴sich hervor|tun* / 彼は数学の知識により頭角を現わした Er zeichnete sich durch seine Kenntnisse in Mathematik aus.

どうかく 同格 Ebenbürtigkeit f.; Gleichheit f.; der gleiche Rang (Stand), -[e]s, ⸚e;《文法》Apposition f. -en. —— 同格の(に)ebenbürtig; gleichgestellt; gleichwertig 《同価値》; gleichberechtigt 《同権》; ranggleich; vom gleichen Rang;《文法》appositionell/彼らは[階級が, 生まれからみて]同格だ Sie sind ebenbürtig [nach Rang; nach Geburt]./とうとうあの人は彼と同格の地位にまで漕ぎつけた Endlich hat er es so weit gebracht, ihm gleichgestellt zu werden./彼は私と同格である Er steht auf gleicher Stufe mit mir. ‖ 同格名詞 das appositionelle Substantiv, -[e]s, -e.

どうかく 同角 Gleicheck n. -[e]s, -e/同角の gleicheckig 《-winklig》.

どうかく 同額 die gleiche Summe, -n; der gleiche Betrag, -[e]s, ⸚e.

どうがく 道学 Sittenlehre f.; Moral f. -en; Moralphilosophie f.; Konfuzianismus m. - 《儒教》; Taoismus m. - 《道教》. —— 道学的 moralisch; sittengemäß; sittlich. ‖ 道学者 Moralist m. -en, -en.

どうかこうか ❶ [かろうじて] ⇒どうにか. ❷ [方法] irgendwie; auf irgendeine Weise / どうかこうかできるでしょう Ich glaube, es kann es irgendwie schaffen. ⇒どうか③, どうにか.

どうかして irgend[wie]; auf irgendeine Weise; auf die eine oder [die] andere Weise; so oder so/家なとどうかして見つかるでしょう Das Haus findet er schon irgendwie. / どうかしてやっていけるでしょう Auf irgendeine Weise wird es schon gehen.

どうかすると ❶ [時々] manchmal; dann und wann; gelegentlich; bis|weilen (zu-) / どうかするとワインを一杯位やることもある Er trinkt gelegentlich ein Glas Wein. ❷ [まれに] ein oder das andere Mal; selten; vereinzelt/そう多々ではないがどうかするとそういうこともある Das kommt zwar nicht oft, aber vereinzelt vor. ❸ [ことによると] unter Umständen; je nach den Umständen; allenfalls; eventuell; etwa; möglicherweise; vermutlich/どうかすると道にでも迷ったんじゃないかな Ich fürchte, er könnte sich etwa verlaufen. / 電話を下ろってもどうかすといことがよくあります Ich bin möglicherweise nicht da, wenn Sie anrufen. ❹ [よく…しがち] leicht; gern; oft;《また上の副詞とともに》neigen; geneigt sein (zu³) / どうかすると彼は軽率なことをやりかねない Sie neigt oft zum Leichtsinn. / どうかすると彼は一日中そにすわっていることがあった Er konnte den ganzen Tag hindurch dasitzen. / どうかすると何かばけたことをやってみたいと思うことがよくあった Es konnte ihm einfallen, irgendeine Dummheit zu begehen. ❖ 過去の場合は können の過去形を用いるとよい.

どうかせん 導火線 ❶ Zünd|schnur f. ⸚e (-strick m. -[e]s, -e); Lunte f. -n 《火なわ》; Zünd|band n. -[e]s, ⸚er (-draht m. -[e]s, ⸚e) 《索》. ❷ [誘因] Anlass m. -es, ⸚e; An|reiz m. -es, -e; Anstoß m. -es, ⸚e/ Antrieb m. -[e]s, -e/そのうわさが導火線となって色々な憶測が行われた Das Gerücht hat zu allerhand Mutmaßungen Anlass gegeben./それが彼がそんなことをする導火線となったのだ Das bot ihm einen Anreiz, so etwas zu begehen. / 最初の導火線は彼だった Er gab den ersten Anstoß dazu.

どうかつ 統轄 Oberaufsicht f.; Leitung f./ 統轄する die Oberaufsicht haben (über⁴)/leiten⁴.

どうかなる ❶ [都合がつく] aus|kommen* [s] (mit ³et); hinweg|kommen* [s] (über⁴); fertig werden (mit³) / 心配するな, どうかなるよ Sei ohne Sorge! Wir werden schon damit fertig. ❷ [変になる] verkommen*; faulen; vermodern; entgleisen; verrückt werden 《気が狂う》.

どうがね 銅金 Metall|öse f. -n (-ring m. -[e]s, -e)/銅金つくりの太刀 ein mit Metallösen versehenes Schwert, -[e]s, -er.

とうから seit langem; schon lange; längst / 私はとうから知っていた Ich habe es [schon] längst gewusst.

とうがらし 唐辛子《植》Paprika m. -s, -s; spanischer Pfeffer, -s, -.

とうかん 統監 ❶ [総督] Generalgouverneur m. -s, -s. ❷ [監督すること] Oberaufsicht f.; Leitung f.

とうかん 投函する in den [Brief]kasten stecken⁴ (werfen*⁴); auf die Post geben*⁴.

とうかん 等閑に付する vernachlässigen⁴; versäumen⁴; außer Acht lassen*⁴.
とうがん 東岸 das östliche Ufer, -s, - 《川の》; die östliche Küste 《海の》.
どうかん 同感 ❶ Nachempfindung *f.* -en; das Nachfühlen*, -s; Sympathie *f.* -n/同感する *jm* ⁴*et* nach|fühlen (-|empfinden*)/この詩趣にはまことに同感できる Ich kann diese Dichtung sehr gut nachempfinden. ❷ [同意] Übereinstimmung *f.* -en; Zustimmung *f.* -en 《*zu*³》; dieselbe Meinung (Ansicht), -en/同感である derselbe Meinung sein; überein|stimmen 《*mit*³》/その点については皆同感だった Sie waren alle darüber einer Meinung.
どうかん 導管 Röhre *f.* -n; Rohr *n.* -[e]s, -e; Leitung *f.* -en/水道(ガス)の導管 Wasserleitung (Gasleitung) *f.* -en/導管を敷く die Leitung legen.
どうがん 童顔 das knabenhafte (jugendfrische) Gesicht, -[e]s, -er.
とうき 陶器 Ton¦ware (Töpfer-) *f.* -n; Keramik *f.* -en; Porzellan *n.* -s, -e 《磁器》/陶器製の keramisch; porzellanen.
とうき 冬季 Winter *m.* -s, -; Winterzeit *f.* -en ‖ 冬季オリンピック競技 die Olympischen Winterspiele 《*pl*》/冬季休暇 Winterferien 《*pl*》.
とうき 投機 Spekulation *f.* -en/投機的な spekulativ/投機をする spekulieren ‖ 投機家 Spekulant *m.* -en, -en/投機熱 Spekulations¦fieber *n.* -s (-wut *f.*).
とうき 登記 Eintragung *f.* -en; Registrierung *f.* -en. ── 登記する ein|tragen*⁴ 《*in*⁴》; registrieren⁴. ‖ 登記所 Eintragungsamt *n.* -[e]s, ¨er; Registerbehörde *f.* -n; Grundbuchamt/登記簿 Register *n.* -s, -; Grundbuch *n.* -[e]s, ¨er/登記料 Eintragungs¦gebühren (Register-) 《*pl*》.
とうき 党紀 Parteidisziplin *f.* -en.
とうき 騰貴 Steigerung *f.* -en. ── 騰貴する steigen* [s]/物価(株)が騰貴した Die Preise (Die Aktien) sind gestiegen. ‖ 物価騰貴 Teuerung *f.* -en.
とうき 当期 diese Frist, -en; diese Periode, -n ‖ 当期決算 der Rechnungsabschluss 《-es, ¨e》 für diesen ⁴Geschäftstermin.
とうぎ 討議 Erörterung *f.* -en; Diskussion *f.* -en; Debatte *f.* -n 《議会の》/討議に付する zur Diskussion (Debatte) stellen⁴. ── 討議する erörtern⁴; diskutieren 《*über*⁴》; debattieren 《*über*⁴》.
とうぎ 闘技 Wettkampf *m.* -[e]s, ¨e ‖ 闘技者 [Wett]kämpfer *m.* -s, -/闘技場 Kampfplatz *m.* -es, ¨e; Arena *f.* ..nen. ⇨きょうぎ(競技).
とうぎ 党議 Erörterung (Diskussion) 《*f.* -en》 in der ³Partei 《議論》; Parteibeschluss *m.* -es, ¨e 《決議》/党議に服する ⁴sich der ³Entscheidung der ²Partei fügen.
どうき 同期 dieselbe Periode, -n; derselbe Jahrgang, -[e]s, ¨e; Synchronismus *m.* -, ..men/同期の von demselben Jahrgang/昨年の同期に比し im Vergleich mit (zu) demselben Zeitabschnitt vorigen Jahres ‖ 同期生 Klassen¦kamerad (Schul-) *m.* -en, -en.
どうき 動悸 Herz¦klopfen *n.* -s, - (-pochen *n.* -s, -; -schlag *m.* -[e]s, ¨e)/動悸がする heftig klopfen; unregelmäßig schlagen*; schnell pochen. ⇨どきどき.
どうき 動機 Beweggrund 《*zu*³; *für*⁴》 *m.* -[e]s, ¨e; Motiv *n.* -s, -e; Anlass 《*zu*³》 *m.* -es, ¨e; Antrieb *m.* -[e]s, -e; Triebfeder *f.* -n; Ursache *f.* -n/…が動機となって angetrieben 《*von*³》; angereizt 《*von*³》; 〔動機を主語として〕 Anlass geben* 《*zu*³》; einen Ansporn geben* 《*zu*³》; herbei|führen; verursachen/鉄道の開通が大きな動機となって移住が行われた Die Eisenbahn hat der Kolonisierung einen gewaltigen Ansporn gegeben./彼の犯行の動機はまだ不明である Der Beweggrund für seine Übeltat ist noch unbekannt./彼があいう行動に出た動機はしっとであった Neid war die Triebfeder seines Handelns. ‖ 動機論 Motivismus *m.* -.
どうき 銅器 Kupfer¦gerät *n.* -[e]s, -e (-ware *f.* -n) ‖ 銅器時代 Bronzezeit *f.*; Kupferzeitalter *n.* -s.
どうぎ 道義 Moral *f.*; Moralität *f.*; Sittlichkeit *f.* ‖ 道義退廃 Niedergang 《*m.* -[e]s, ¨e》 der Sitte; Demoralisation *f.* -en; Sittenverfall *m.* -s.
どうぎ 動議 Antrag *m.* -[e]s, ¨e; Vorschlag *m.* -[e]s, ¨e 《提議》/何某の動議で auf *js* Antrag [hin]/動議を出す einen Antrag auf ⁴*et* stellen (vor|legen)/動議に賛成する einen Antrag unterstützen/動議をいれる einen Antrag an|nehmen* (billigen)/動議が成立する Ein Antrag geht durch./動議が拒否される Der Antrag wird abgelehnt.¦ Der Antrag fällt./動議を撤回する den Antrag zurück|nehmen*/動議を表決する über einen Antrag ab|stimmen/動議に賛成の(反対の)投票をする für (gegen) den Antrag stimmen/散会の動議を出します Ich stelle einen Antrag auf Vertagung./その動議は握りつぶされた Man ließ den Antrag unter den Tisch fallen.¦ Man schob den Antrag auf die lange Bank. ‖ 動議提案者 Antragsteller *m.* -s, -.
どうぎ 胴着 Wams *n.* (*m.*) -es, ¨er; Kamisol *n.* -s, -e; Koller *m.* -s, -.
どうぎ 同義 ⇨どういぎ(同意義).
とうきゅう 等級 Klasse *f.* -n; Stufe *f.* -n; [程度] Grad *m.* -[e]s, -e; Größe *f.* -n 《星の》/等級をつける klassifizieren⁴; in ⁴Klassen ein|teilen⁴.
とうきゅう 討究 Untersuchung *f.* -en; Erforschung *f.* -en/討究する untersuchen⁴; erforschen⁴.
とうぎゅう 闘牛 Stierkampf *m.* -[e]s, ¨e 《競技》; Kampfstier *m.* -[e]s, -e 《牛》 ‖ 闘牛士 Stierkämpfer *m.* -s, -; Matador *m.* -s (-en), -e (-en)/闘牛場 Arena *f.* ..nen.
どうきゅう 同級 dieselbe Klasse, -n ‖ 同級会 Klassenversammlung *f.* -en/同級生 Klassen¦genosse *m.* -n, -n (-kamerad *m.*

とうぎょ 統御 Herrschaft *f.* -en《支配》; Beherrschung *f.* -en《同上》; Regierung *f.* -en《統治》; Verwaltung *f.* -en《管理》; Kontrolle *f.* -n《統制》. — 統御する herrschen (*über*⁴); beherrschen⁴; regieren (*über*⁴); verwalten⁴; kontrollieren⁴.

どうきょ 同居 das Zusammen|wohnen* (-leben*), -. — 同居する zusammen|wohnen (-leben) (*mit*³; *bei*³); bei *jm* wohnen. ‖ 同居人 Hausgenosse *m.* -n, -n; Insasse *m.* -n, -n《間借人・下宿人》; Kostgänger *m.* -s, -; Mieter *m.* -s, -; Pensionär *m.* -s, -e／同居人を置く ein Zimmer vermieten.

とうぎょう 糖業 Zuckerindustrie *f.* -n.

どうきょう 同郷 dieselbe Heimat, -en; dieselbe Präfektur, -en《同県》; dieselbe Provinz, -en; dieselbe Stadt, =e; dasselbe Dorf, -(e)s, =er／彼は私と同郷です Er ist mein Landsmann. / Er stammt aus derselben Präfektur wie ich. ‖ 同郷人 Landsmann *m.* -(e)s, ..leute ◆ Landmann は Bauer のこと.

どうきょう 道教 Taoismus *m.* -. ‖ 道教信者 Taoist *m.* -en, -en.

どうぎょう 同業 das gleiche Geschäft, -(e)s, -e; der gleiche Beruf, -(e)s, -e ‖ 同業組合 Berufsgenossenschaft *f.* -en; Innung *f.* -en; Gilde *f.* -n; Zunft *f.* =e／同業者 Berufsgenosse *m.* -n, -n; Kollege *m.* -n, -n; die zeitgenössische Zeitung, -en《新聞の》; unsere Kollegin, ..ginnen《他社を呼ぶとき》.

とうきょく 当局 Behörde *f.* -n; Obrigkeit *f.* -en; Autorität *f.* -en／当局の命により von ²Obrigkeits wegen ‖ 学校当局 Schulvorstand *m.* -(e)s, =e.

とうきょり 等距離 gleiche Entfernung, -en／等距離に gleich entfernt; in gleicher ³Entfernung.

どうきょり 同距離 die gleiche Entfernung, -en; der gleiche Abstand, -(e)s, =e《間隔》／同距離の gleichweit entfernt; abstandsgleich; in gleicher Entfernung.

どうきん 同衾する *jm* bei|wohnen; schlafen* (*mit*³).

どうぐ 道具 ❶ Werkzeug *n.* -(e)s, -e; Gerät *n.* -(e)s, -e; Gerätschaften (*pl*); Instrument *n.* -(e)s, -e; Haushaltgerät《家庭道具》; Handwerkszeug《職人の道具》; Geschirr *n.* -(e)s, -e《台所道具》; Utensilien (*pl* 家内道具); Zubehör *m.* (*n.*) -(e)s, -e 《オーストリアで*f.*》; Möbel *n.* -s, -《家具》⇨どぐ／道具好き Stückkenner *m.* -s, - -(-liebhaber *m.*) ❷《劇》《大道具》Kulisse *f.*; Bühnenwand *f.* =e; Szenerie *f.* -n;《小道具》Requisiten (*pl*); Theaterbehör *m.* (*n.*) -(e)s, -e. ‖ 道具箱 Werkzeugkasten *m.* -s, =／道具屋《古道具屋》Möbelhändler *m.* -s, -(Trödel-);《骨董(き)屋》Antiquitätenladen *m.* -s, - (=);《古道具屋》Antiquitätenhändler *m.* -s, - (=)／大道具方 Bühnenarbeiter *m.* -s, -; Maschinist *m.* -en, -en; Kulissen|rücker *m.* -s, -(-schieber *m.* -s, -)／小

道具方 Requisitenmeister *m.* -s, -; Requisiteur *m.* -(e)s, -e.

とうぐう 東宮 Kronprinz *m.* -en, -en. ⇨こうたいし.

どうぐだて 道具立て ❶《準備・設備》Einrichtung *f.* -en; Aufmachung *f.* -en; Aufstellung *f.* -en《上演などの》; Vorkehrung *f.* -en／そういう修繕をするには道具立てがそろっていません Wir besitzen keine Einrichtungen für solche Reparaturen. ❷《劇場の》Bühnenwerk *n.* -(e)s, -e; Ausstattung *f.* -en; Dekoration *f.* -en; Szenerie *f.* -n; Bauten (*pl* 映画のセット). ❸《顔の》Gesichtszug *m.* -(e)s, =e／あの人は顔の道具立てがお父さんそっくりだ Er ist seinem Vater wie aus dem Gesicht geschnitten.

どうくつ 洞窟 Felsenhöhle *f.* -n.

とうげ 峠《Berg》pass *m.* -es, =e; Gipfel *m.* -s, -《頂上》; Kulm *m.* -(e)s, -e《頂点》; Krise *f.*《危機》／ブレンナー峠 Brennerpass／峠を越す die Krise überwinden*／病気が／これで峠を越した Wir sind jetzt über den Berg.《比喩的にも》

どうけ 道化 Hanswursterei *f.* -en; Narretei *f.* -en; Possen (*pl*); Possenspielerei *f.* -en;《俗》Schnurre *f.* -n; Schwank *m.* -(e)s, =e; Spaß *m.* -es, =e. ‖ 道化芝居 Schwank *m.* -(e)s, =e; Burleske *f.* -n; Farce *f.* -n; Narretei *f.*; Possenspiel *n.* -(e)s, -e／道化話 eine drollige Geschichte, -n／道化(の)役者 Bajazzo *m.* -s, -s; Hanswurst *m.* -(e)s, =e; Narr *m.* -en, -en; Spaßmacher *m.* -s, -; Possenreißer *m.* -s, -.

どうけ 同家 die gleiche Familie, -n.

とうけい 統計(学) Statistik *f.* -en／統計(学)的な statistisch／統計を取る eine statistische Erhebung machen; eine Statistik auf|stellen ‖ 統計学者 Statistiker *m.* -s, -／統計図表 eine graphische Darstellung (-en) von ²Statistiken／統計表 eine statistische Tabelle, -n.

とうけい 東経《地》östliche Länge《略: ö.L.》／東経百三十五度 135 Grad östlicher ²Länge《略: 135° ö.L.》／ベルリンは東経十三度の地点にある Berlin liegt unter 13° östlicher Länge.

とうけい 闘鶏 Hahnenkampf *m.* -(e)s, =e／闘鶏用の鶏 Kampfhahn *m.*

とうげい 陶芸 Porzellan|kunst (Töpfer-) *f.* =e ‖ 陶芸家 Töpferkünstler *m.* -s, -.

どうけい 憧憬 Sehnsucht *f.* =e; das Sehnen*, -. ⇨あこがれ.

どうけい 同型 der gleiche (derselbe) Typ, -s, -en (Typus, -, ..pen); Schlag, -(e)s, =e; dieselbe Art, -en;《俗》das gleiche Kaliber, -s, -.

どうけい 同形 Gleichförmigkeit *f.* -en; I-somorphie *f.*

どうけい 同慶の至り herzlich zu ³*et* gratulieren; herzliche Glückwünsche zu ³*et* aus|sprechen* (dar|bringen*); *jn* zu ³*et* beglückwünschen／お子さんがお生まれの由でまことに御同慶の至りです Herzliche Glückwünsche zur Geburt des neuen Erdenbürgers!

どうけい 同系の verwandt《*mit*³》; stammverwandt《*mit*³》; versippt; zugehörig³; von demselben Clan《*m.* -s, -e (-s)》; von demselben Stamm《*m.* -〔e〕s, ⸚e》‖ 同系会社 Tochter¦gesellschaft (Schwester-) *f.* -en; Zweiggesellschaft; Unterlieferant *m.* -en, -en《下請会社》.

とうけつ 凍結 das Einfrieren*, -s / 凍結する ein|frieren* [s]; gefrieren* [s]; zu|frieren* [s]《川・池が》/ 資金を凍結する das Kapital einfrieren lassen* / 川の水が凍結した Der Fluss ist zugefroren.

とうげつ 当月 dieser Monat, -〔e〕s; der laufende Monat / 当月十日に am 10. dieses Monats《略: am 10. d. M.》.

どうけつ 洞穴 Höhle *f.* -n; Stollen *m.* -s, -《横坑》.

どうける 道化る Possen reißen* (spielen; treiben*); Spaß machen / 道化た drollig; burlesk; farcenhaft; juxig; närrisch; possenhaft.

とうけん 闘犬 Hundekampf *m.* -〔e〕s, ⸚e / 闘犬用の犬 Kampfhund *m.* -〔e〕s, -e.

とうけん 刀剣 ⇨かたな.

どうけん 同権 gleiches Recht, -〔e〕s, -e; Gleichberechtigung *f.* ‖ 男女同権 die Gleichberechtigung beider ²Geschlechter (von Mann und Frau).

どうけんじん 同県人 der Mann《-〔e〕s, ⸚er》(die Frau《-en》) aus der gleichen ³Präfektur (³Provinz; ³Heimat); Landsmann *m.* -〔e〕s, ⸚er (..leute); Landsmännin *f.* ..ninnen.

とうげんれい 登舷礼 Paradeaufstellung *f.* -en / 登舷礼を行う Paradeaufstellung ein|nehmen*.

とうこう 投降 Übergabe *f.* -n; Kapitulation *f.* -en / 投降する ⁴sich ergeben*³; kapitulieren.

とうこう 投稿 ⇨とうしょ(投書).

とうこう 陶工 Töpfer *m.* -s, -; Keramiker *m.* -s, -.

とうこう 登校する in die Schule (zur ³Schule) gehen* [s] / 登校の途中 auf dem Weg zur ³Schule.

とうごう 投合 Übereinstimmung *f.* -en / 投合する überein|stimmen《*mit*³》/ …と意気投合する ⁴sich mit *jm* gut verstehen*《*in*³》/ 彼らは意気投合した Sie verstanden sich sehr gut.《理解し合う》; Sie mochten sich gerne.《愛し合う》.

とうごう 統合 Vereinigung *f.* -en; Vereinheitlichung *f.* -en《統一化》/ 統合する vereinigen⁴; vereinheitlichen⁴.

とうごう 等号 〖数〗Gleichheitszeichen *n.* -s, -.

どうこう 同行 das Zusammen¦gehen* (-reisen*), -s; das Mitgehen*, -s; Begleitung *f.* -en. ── 同行する zusammen|gehen* (-|reisen) [s]《*mit*³》; in Gesellschaft mit *jm* gehen* [s]; begleiten⁴; *jm* Gefolgschaft leisten《お伴する》; *jn* mit|nehmen*《連れて行く》/ 遠足に同行する den Ausflug mit|machen. ‖ 同行者 der Mitreisende*, -n, -n; Begleiter *m.* -s, -; Gefolgschaft *f.* -en《従者》.

どうこう 瞳孔 Pupille *f.* -n; Augenstern *m.* -〔e〕s, -e ‖ 瞳孔拡大(縮小) Pupillenerweiterung *f.* -en (Pupillenverengung *f.* -en).

どうこう 動向 Tendenz *f.* -en; Neigung *f.* -en; Richtung *f.* -en / 世論の動向 die allgemeine Richtung der öffentlichen Meinung. ⇨けいこう(傾向).

どうこう 銅鉱 Kupfererz *n.* -es, -e ‖ 黄銅鉱 Kupferkies *m.* -es, -e.

どうこう 銅坑 ⇨どうざん.

どうこう 同好の士 Leute《*pl*》vom gleichen Geschmack;《一般には具体的に表現して》Filmfreund *m.* -〔e〕s, -e《映画の》; Kunst¦freund (-liebhaber *m.* -s, -)《芸術・美術品などの》; Hundeliebhaber《犬の》‖ 音楽同好会 Gesellschaft《*f.* -en》der Musikfreunde.

どうこう ⇨どうのこうの.

どうこういきょく 同工異曲である das Gleiche in anderer Aufmachung sein.

とうこうせん 等高線 Höhenlinie *f.* -n.

とうごく 投獄 Einkerkerung *f.* -en; Einsperrung *f.* -en / 投獄する ins Gefängnis werfen*⁴; ein|kerkern⁴; ein|sperren⁴. ⇨たいほ.

どうこく 同国 dasselbe (das gleiche) Land, -〔e〕s, ⸚er ‖ 同国人 Landsmann *m.* -〔e〕s, ..leute; Nations¦genosse (Volks-) *m.* -n, -n.

どうこく 慟哭する wehklagen《*über*⁴; *p.p.* gewehklagt》; brüllen; heulen; plärren; in Tränen schwimmen* [s]; beweinen⁴; jammern《*über*⁴》.

とうこつ 頭骨 Schädel *m.* -s, -; Schädelknochen *m.* -s, -.

とうごろん 統語論 〖言〗Syntax *f.* -en; Satzlehre *f.* -n / 統語論的な syntaktisch.

とうこん 当今 jetzt; heutzutage; gegenwärtig / 当今の若者たち die jungen Leute《*pl*》von heute.

とうさ 等差 〖数〗gleicher Unterschied, -〔e〕s, -e ‖ 等差級数 arithmetische Reihe, -n.

とうさ 踏査 Besichtigung *f.* -en; Untersuchung *f.* -en. ── 踏査する besichtigen⁴; untersuchen⁴; [測量する] vermessen*⁴.

とうざ 当座の augenblicklich; momentan; vorläufig; einstweilig; provisorisch《暫定的な》/ 当座のところ augenblicklich; momentan; vorläufig; einstweilen; für jetzt; vorübergehend; bis auf weiteres ‖ 当座貸越 Überziehung *f.* -en / 当座勘定 laufende Rechnung, -en; Kontokorrent *n.* -〔e〕s, -e / 当座勘定簿 Kontokorrentbuch *n.* -〔e〕s, ⸚er / 当座帳 Kladde *f.* -n / 当座預金 Kontokorrentkonto *n.* -s, -s (..ten). ⇨とうぶん(当分).

どうさ 礬水 das alaunhaltige Leimwasser, -s / 紙に礬水を引く Papier leimen (planieren; satinieren).

どうさ 動作 Bewegung *f.* -en; Aufführung *f.* -en; Auftreten *n.* -s; Benehmen *n.* -s; Betragen *n.* -s; Gebärde *f.* -n; Handlung *f.* –en; Handlungsweise *f.* –n; Verhalten *n.* –s.

とうさい 搭載 Einschiffung *f.* –en; Verladung *f.* –en. ── 搭載する ein|schiffen⁴; verladen*⁴. ‖ 搭載量 Tragfähigkeit *f.*; Tonnengehalt *m.* –[e]s, –e.

とうさい 当歳の diesjährig ‖ 当歳子 Jährling *m.* –s, –e《動物の》.

とうざい 東西 Ost[en] und West[en]/古今東西を問わず zu allen Zeiten und in allen Ländern; immer und überall ‖ 東西南北 die vier Himmelsgegenden《*pl*》/東西屋 Ausrufer *m.* –s, –; Marktschreier *m.* –s, –.

と

どうざい 同罪 Mit|schuld *f.* (–täterschaft *f.*)/同罪である mitschuldig sein; an demselben verbrecherischen Strang gezogen haben.

とうざいく 籐細工 Rohr|geflecht (Korb–) *n.* –[e]s, –e.

どうざいく 銅細工 Kupferarbeit *f.* –en.

とうさく 倒錯 〘医〙 Perversion *f.* –en; Perversität *f.* –en/倒錯の pervers.

どうさつ 洞察 Einsicht *f.* –en; Einblick *m.* –[e]s, –e; Scharfsinn *m.* –[e]s. ── 洞察する ein|sehen*⁴; durchschauen⁴; durchsehen*⁴; ein|dringen* [s]《*in*⁴》; ⁴sich ein|fühlen《*in*⁴》; Einsicht (Einblick) haben《*in*⁴》; ergründen⁴; *js* Herz durchschauen; wahr|nehmen*⁴. ‖ 洞察力 Einsichtsvermögen *n.* –s.

とうさん 倒産 ⇨はさん.

どうさん 動産 Mobilien《*pl*》; Mobiliar *n.* –s, –e; die bewegliche (fahrende) Habe.

どうざん 銅山 Kupferbergwerk *n.* –[e]s, –e.

とうし 投資 Kapitalanlage *f.* –n; Investition *f.* –en; Investierung *f.* –en. ── 投資する Kapital an|legen《*in*⁴》; Geld investieren《*in*⁴》. ‖ 投資会社 Investmentgesellschaft *f.* –en/投資者 Anleger *m.* –s, –/投資信託 Investitionstreuhand *f.* ¨e.

とうし 透視 das Hellsehen*, –s; Röntgendurchleuchtung *f.* –en《X 線の》. ── 透視する hell|sehen*⁴; röntgen⁴《X 線で》. ‖ 透視画法 Perspektive *f.* –n/透視者 Hellseher *m.* –s, –.

とうし 闘志 Kampfgeist *m.* –[e]s; Kampf[es]lust *f.*/闘志満々の kampflustig/闘志に燃える vor ³Kampfgeist brennen*/闘志があるね, あの男は Kampfgeist hat er!

とうし 闘士 (Vor)kämpfer *m.* –s, –; Verfechter *m.* –s, –/自由の闘士 Kämpfer für die Freiheit.

とうし 凍死 Erfrierung *f.*; das Erfrieren*, –s. ── 凍死する erfrieren* [s]. ‖ 凍死者 der Erfrorene*, –n, –n.

とうし 唐紙 chinesisches Papier, –s, –e; *Reispapier n.* –s, –e.

とうじ 湯治 Badekur *f.* –en/湯治に行く zur ³Kur gehen* [s]/伊東温泉に湯治に行きます Ich gehe zur Kur nach Bad Ito. ‖ 湯治客 Kur|gast (Bade–) *m.* –[e]s, ¨e/湯治場 Kur|ort (Bade–) *m.* –[e]s, –e.

とうじ 冬至 Winter|sonnenwende *f.* –n (–solstitium *n.* –s, ..tien) ‖ 冬至祭 Julfest *n.* –[e]s, –e《ゲルマン民族の》.

とうじ 答辞 Erwiderungsansprache *f.* –n; Gegenrede *f.* –n/答辞を述べる eine Erwiderungsansprache (Gegenrede) halten*.

とうじ 蕩児 Liederjahn *m.* –[e]s, –e; Lebemann *m.* –[e]s, ¨er; Lüstling *m.* –s, –e; ein verlorener Sohn, –[e]s, ¨e《放蕩息子》.

とうじ 等時の 〘理〙 isochron ‖ 等時性 Isochronismus *m.* –.

とうじ 当時 [その頃] die damalige Zeit/当時の damalig/当時は damals; zu jener ³Zeit/当時私はまだ子供だった Damals war ich noch ein Kind./当時の状態 die damaligen Zustände《*pl*》; die Zustände《*pl*》von damals.

どうし 動詞 Verbum *n.* –s, ..ba; Verb *n.* –s, –en; Tätigkeits|wort (Zeit–) *n.* –[e]s, ¨er ‖ 自(他)動詞 das intransitive (transitive) Verb[um]/弱(強)変化動詞 das schwach (stark) konjugierende Verb[um].

どうし 同志(士) der Gleichgesinnte*, –n, –n; Genosse *m.* –n, –n; Kamerad *m.* –en, –en; der Verbündete*, –n, –n/好いた同士 Liebespaar *n.* –[e]s, –e; die beiden Liebenden*《*pl*》‖ 同志討ち der Kampf《–[e]s, ¨e》zwischen Befreundeten*/彼等は同志討ちをやった Sie schlugen untereinander eine Schlacht.

どうじ 同時の gleichzeitig; synchron; synchronistisch. ── 同時に gleichzeitig《*mit*³》; in derselben Zeit; zu gleicher Zeit; zugleich; zur selben Zeit《wie》/その映画は東京と大阪で同時に上映される Der Film wird gleichzeitig in Tokio und Osaka gezeigt werden./皆は同時に起立した Sie alle standen zugleich auf./夜明けと同時に出発した Gleichzeitig mit dem Tagesanbruch brachen wir auf. ‖ 同時通訳 [行為] Simultandolmetschen *n.* –s; [人] Simultandolmetscher *m.* –s, –/同時通訳する simultan (gleichzeitig) dolmetschen⁴/同時発生 Synchronismus *m.* –; Gleichzeitigkeit *f.*/同時録音 Synchronisation *f.* –en.

とうしき 等式 〘数〙 Gleichheit *f.* –en.

とうじき 陶磁器 Porzellan *n.* –[e]s, –e; Porzellanware *f.* –n/陶磁器の porzellanen.

とうじく 等軸の 〘鉱〙 kubisch; isometrisch ‖ 等軸晶系 kubisches Kristallsystem, –s, –e.

とうじしゃ 当事者 der Betreffende*, –n, –n《当該者》; der Beteiligte*, –n, –n《関係者》; der Zuständige*, –n, –n《担当の者》.

どうじだい 同時代 dieselbe (die gleiche) Zeit, –en (Periode, –n; Generation, –en); dasselbe (das gleiche) Zeitalter, –s, –. ── 同時代の zeitgenössisch; gleichzeitig; von demselben Zeitalter/同時代の人 Alters|genosse (Zeit–) *m.* –n, –n; Mitwelt *f.*; Generation *f.* –en《一時代の人々》.

とうじつ 当日 der (dieser; jener) Tag, –[e]s; der betreffende (bestimmte) Tag/結婚式当日に am Tag[e] der Hochzeit/当日雨天の際は wenn es an dem (diesem) Tag[e] regnen sollte/当日は早く起きた An dem (dem betreffenden) Tag[e] stand ich früh auf.

どうしつ 同室 dasselbe (das gleiche) Zimmer, -s, -; dieselbe (die gleiche) Kammer (Stube), -n/同室した das Zimmer (die Kammer; die Stube) teilen 《mit³》.

どうしつ 同質の homogen; gleichartig; übereinstimmend; von gleicher Beschaffenheit 《f.》.

どうじつ 同日 ❶ derselbe Tag, -[e]s, -e; dasselbe Datum, -s, ..ta (..ten)《日付》/同日に am selben Tag; an dem nämlichen Tag; noch an demselben Tag/先月(来)月の同日 dieselbe Tag vor einem Monat (in einem Monat). ❷ 同日の談に非ず jm (³et) nicht gleich|kommen* ⓢ; jm nicht gleichstellen können**⁴; jm noch lange nicht gewachsen sein; keine Parallele ziehen können*《zwischen³》; keinen Vergleich mit jm aus|halten*.

どうして ❶ [なぜ] warum？ weshalb？ weswegen？ wieso？ ❷ [いかにして] wie？ auf welche Weise？ in welcher Weise？

どうしてどうして どうしてどうして...どころではない [Gott] bewahre！(Gott verhüte！) Nicht doch！Um Himmels Willen, nein！

どうしても [どうしたって] ❶ auf alle Fälle; durchaus; komme, was da wolle; um jeden Preis; unter allen Umständen; was du auch getan hast. ❷ [否定の場合] durchaus nicht; auf keine (in keiner) Weise; keines|falls (keinen-); keineswegs; um alles in der Welt nicht; um keinen Preis; unter keinen Umständen. ❸ [いやおうなしに] mir nichts dir nichts; gern oder ungern; gutwillig oder nicht; nolens volens; ob man will oder nicht; ohne ⁴Widerrede; unwiderstehlich; wohl oder übel.

どうじめ 胴締め Gürtel m. -s, -; Gurt m. -s, -e.

どうしゃ 投射 Projektion f. -en;【理】Einfall m. -[e]s, ⸚e. ── 投射する projizieren⁴;【理】ein|fallen*ⓢ. ∥ 投射影 Projektion f. -en/投射角 Einfallswinkel m. -s, -.

どうしゃ 謄写 Kopierdruck m. -[e]s, -e; Vervielfältigung f. -en. ── 謄写する kopieren⁴; vervielfältigen⁴. ∥ 謄写版(器) Vervielfältigungsapparat m. -[e]s, -e; Kopiermaschine f. -n.

どうしゃ 透写する durch|zeichnen⁴∥ 透写紙 Pauspapier n. -s, -e; Durchzeichnenpapier.

どうじゃく 瞠若たらしめる überstrahlen⁴; in den Schatten stellen⁴; aus|stechen**⁴; jn aus dem Sattel heben*.

どうしゅ 党首 Parteiführer m. -s, -.

どうしゅ 当主 jetziger Herr, -n, -en.

どうしゅ 投手 Werfer m. -s, -. ∥ 投手板(プレート) Werferplatte f. -n.

どうしゅ 同種 dieselbe (die gleiche) Art, -en (Gattung, -en; Rasse, -n; Sorte, -n).

どうしゅう 踏襲する [nach]folgen³; befolgen⁴.

どうしゅく 投宿する ein|kehren ⓢ《bei jm; in³》/私たちは箱根の友人の所に投宿した Wir sind bei unserem Freund in Hakone eingekehrt.

どうしゅく 同宿 das Wohnen《⁴-s》in denselben (dem gleichen) Hotel; die Einkehr in ein- und demselben Gasthof ∥ 同宿人 Mitbewohner m. -s, -; Hausgenosse m. -n, -n; Zimmernachbar m. -s (-n), -n.

どうしょ 当初 anfangs; am Anfang; zuerst／当初より von Anfang an.

とうしょ 投書 Leserbrief m. -[e]s, -e《読者の》; Eingesandt n. -s, -; Zuschrift f. -en; Einsendung f. -en《投書すること》. ── 投書する ein|senden**⁴. ∥ 投書家 Einsender m. -s, -/投書箱 der Kasten《⁴》für ⁴Eingesandt.

どうしょ 同所 derselbe (der gleiche) Ort, -[e]s, -e; dieselbe (die gleiche) Stelle (Adresse), -n.

どうしょ 同書 dasselbe (das gleiche) Buch, -[e]s, ⸚er (Werk, -[e]s, -e)/同書よりの ebd.《ebenda の略》, ib.《ibidem の略》.

とうしょう 凍傷 Frostbeule f. -n, -n; Frost m. -[e]s, -e/凍傷になる erfrieren* ⓢ.

とうしょう 闘将 Vorkämpfer m. -s, -; Vorfechter m. -s, -.

とうじょう 登場 Auftritt m. -[e]s, -e; Auftreten n. -s, -. ── 登場する auf|treten* ⓢ; auf der ³Bühne erscheinen* ⓢ. ∥ 登場人物 die Personen 《pl》.

とうじょう 搭乗する ein|steigen*《in⁴》; an ⁴Bord gehen* ⓢ ∥ 搭乗員 Besatzung f. -en《乗組員》; Passagier m. -s, -e《乗客》/搭乗券 Bordkarte f. -n.

どうじょう 道場 Ertüchtigungssaal m. -[e]s, ..säle ∥ 剣道場 Fechtsaal／柔道道場 Übungshalle f. für Judo.

どうじょう 同情 Mitgefühl n. -[e]s, -e《für⁴》; Mitleid n. -[e]s, -e《mit³》; Anteilnahme f. 《für⁴》; Teilnahme f.《für⁴》; Sympathie f. -n《für⁴》; Erbarmen n. -s《mit³ 憐憫(怜)の情》/同情ストを行う zum Sympathiestreik auf|rufen*; im Sympathiestreik treten*／同情のしるしとして als (zum) Zeichen der tiefsten Anteilnahme《an³》/彼は世間の同情を喚起しようとしている Er versucht, allgemeines Mitleid zu erregen／同情すべき mitleidens|wert (bejammerns-); mitleiderregend (Mitleid erregend); erbärmlich／同情して voller Mitleid; mit tiefer Anteilnahme／同情的な(に) mitleidig; mitleidsvoll; mitfühlend; teilnahmsvoll; barmherzig／同情のない mitleid[s]los; anteillos; empfindungslos; gefühllos; dickfellig. ── 同情する imdm 《³et》 Mitgefühl haben; mit|fühlen⁴《-|empfinden*⁴》; mit jm Mitleid haben; jm Mitleid bezeigen; bemitleiden⁴; an ³et Anteil nehmen*; für jn Teilnahme empfinden*; mit jm Erbarmen fühlen*; ⁴sich erbarmen《über³; ²et》／ご同情いたします Ich habe ein großes Mitgefühl mit Ihnen. Ich kann Ihnen den Schmerz sehr gut nachfühlen.

∥ 同情者 der Mitfühlende*, -n, -n.

どうじょう 同上 desgleichen; wie oben; detto; dito; ditto.

どうじょう 同乗する zusammen|fahren* [s]; zusammen|reiten* [s] 《馬に》; trampen [s] 《ヒッチハイク》; per Anhalter fahren* [s] 《同上》 ‖ 同乗者 Insasse *m*. -n, -n; der Mitfahrende*, -n, -n; Beobachter *m*. -s, - 《飛行機の同乗操縦士》/同乗席 Nebensitz *m*. -es, -e; Soziussitz 《オートバイの》.

どうしょく 銅色 Kupferfarbe *f*. -n/銅色の kupfer¦farben (-farbig; -rot).

どうしょくぶつ 動植物〔界〕 die Tier und Pflanzenwelt; das Tier- und Pflanzenreich; Tiere 《*pl*》 und Pflanzen 《*pl*》; Fauna und Flora.

とうじる 投じる ⇨なげる(投げる)/獄に投じる *jn* ins Gefängnis werfen*/一票を投じる seine Stimme ab|geben*/…に身を投じる ⁴sich werfen* 《*auf*⁴》; ⁴sich widmen³ 《身を捧げる》/政界に身を投じる ¹Politiker werden; eine politische Laufbahn ergreifen* (ein|schlagen*)/人気に投じる einen allgemeinen Beifall finden*/資本を投じる sein Kapital stecken 《*in*⁴》; Geld an|legen 《*in*⁴》.

どうじる 動じる ⁴sich beunruhigen 《*durch*⁴; *über*⁴》; ⁴sich rühren 《*über*⁴; *durch*⁴; *vor*³》; ängstlich (erregbar; nervös) sein/彼女はすぐ物に動じるたちだ Sie ist sehr nervös veranlagt. ── 動じない [*v*.] ⁴sich nicht leicht aufregen lassen*; unbewegt (unerschüttelt; fest) sein; nicht gerührt sein; [*adv*] mit stoischer Ruhe; mit Gleichmut; ohne eine Miene zu verziehen /彼はいっこうに動じなかった Er verzog keine Miene./そんなことでは彼は動じない So etwas rührt ihn nicht.

とうしん 投身 ⇨みなげ.

とうしん 灯心 〔Lampen〕docht *m*. -〔e〕s, -e ‖ 灯心草 Binse *f*. -n.

とうしん 盗心 Stehlsucht *f*./盗心のある diebisch.

とうしん 等身〔大〕の lebensgroß; in ³Lebensgröße ‖ 等身像 lebensgroßes Bild, -〔e〕s, -er.

とうしん 答申 berichten³⁴; benachrichtigen 《*von*³》/委員会の答申によれば laut (nach) ³Bericht des Ausschusses ‖ 答申書 Bericht *m*. -〔e〕s, -e.

とうしん 等親 Verwandtschaftsgrad *m*. -〔e〕s, -e ‖ 一等親 Verwandtschaft 《*f*. -en》 im ersten Grad.

とうじん 党人 Parteimann *m*. -〔e〕s, ⸗er (..leute). ⇨とういん(党員).

とうじん 蕩尽する verschwenden⁴; vergeuden⁴/財産を蕩尽する sein Vermögen verschwenden (vergeuden).

どうしん 童心 die 〔fromme〕 Einfalt; Kinderseele *f*.; Kindlichkeit *f*.; Naivität *f*.; Unschuld *f*.; das unschuldige Gemüt, -〔e〕s/童心に返る unschuldig wie ein neugeborenes Kind werden.

どうじん 同人 ⇨どうにん.

どうしんえん 同心円 der konzentrische Kreis, -es, -e.

とうすい 陶酔 Berauschung *f*. -en; Rausch *m*. -es, -e; [恍惚] Entzückung *f*. -en/恋の陶酔 der Rausch der ²Liebe. ── 陶酔する ⁴sich berauschen; entzückt sein 《*vor*³》.

とうすい 統帥権 Kommandogewalt *f*. -en.

どうすいがく 動水学 Hydrodynamik *f*.; Hydraulik *f*.

とうすう 等数 gleiche Zahl, -en.

とうすう 頭数 Kopf¦zahl (Personen-) *f*. -en.

どうすう 同数の gleichzahlig; von derselben Zahl 《*f*.》; so viele wie.

とうずる 投ずる ⇨とうじる.

とうぜ 党是 Parteiprogramm *n*. -s, -e.

どうせ ❶ [どのみち] sowieso; auf jeden Fall; auf alle Fälle; immerhin; irgendwie/どうせ間に合わないなら明日にしよう Nun ich mich verspätet habe, will ich's morgen tun. ❷ [結局] am Ende; im Grunde; schließlich/どうせ僕の言うとおりになる Schließlich wird's nach mir gehen.¦ Am Ende setze ich mich durch.

とうせい 党勢 parteiischer Einfluss, -es, ⸗e; die Macht 《⸗e》 der ²Partei.

とうせい 統制 Kontrolle *f*. -n; Regierung *f*. -en; Anordnung *f*. -en. ── 統制する kontrollieren⁴; regulieren⁴; an|ordnen⁴. ‖ 統制経済 Planwirtschaft *f*. -en.

とうせい 当世 Gegenwart *f*./当世の gegenwärtig; jetzig; heutig; modern ‖ 当世風 Zeitgeschmack *m*. -〔e〕s, ⸗e; neueste Mode, -n/当世風の neumodisch.

とうせい 陶製の porzellanen; keramisch.

どうせい 動静 der Stand 《-〔e〕s》 der Dinge; Bewegungen 《*pl*》; 〔Sach〕lage *f*. -n; Situation *f*. -en; das Treiben*, -s; Umstände 《*pl*》/政界の動静 die politische Situation; die Bewegungen in den politischen Kreisen/敵の動静 das Verhalten (Benehmen; Tun und Lassen) des Feindes; das, was der Feind vornimmt/御動静御通知下さい Lassen Sie uns wissen, wie es mit Ihnen steht (wie es sich mit Ihnen verhält).

どうせい 同姓 derselbe Familienname, -ns, -n; der gleiche Sippenname ‖ 同姓同名 derselbe Vor- und Familienname.

どうせい 同性 dasselbe* (das gleiche) Geschlecht, -〔e〕s ‖ 同性愛 die homosexuelle Liebe; Homosexualität *f*.; [男性間の] Urningismus *m*. -; [女性間の] die lesbische Liebe; Sapphismus *m*. -; Tribadie *f*.; Tribadismus *m*. -.

どうせい 同棲 das Zusammenleben* (Beisammenwohnen*), -s; Kohabitation *f*. -en; die wilde Ehe, -n 《野合》. ── 同棲する 〖*mit*³ とともに〗 zusammen|leben; beisammen|wohnen; kohabitieren; Tisch und Bett teilen; in wilder Ehe leben 《野合》.

どうぜい 同勢 Gesellschaft *f*. -en; Haufe〔n〕 *m*. ..fens, ..fen; Schar *f*. -en; Trupp *m*. -s, -s/同勢三十人 eine 〔Reise〕gesellschaft (ein Trupp) von dreißig Personen.

とうせき 投石する einen Stein werfen* 《*nach*³》.

とうせき 党籍 Parteiregister *n*. -s, -/党籍

にある in einer Partei eingetragen sein/党籍を離れる die Partei verlassen.

どうせき 同席 das Beisammen|sitzen* (-sein*), -s/同席する beisammen|sitzen* (-sein*) bei|einander (gemeinschaftlich) an einem Ort sitzen*.

とうせつ 当節の gegenwärtig; heutig; jetzig.

どうせつ 同説 dieselbe (die gleiche) Meinung, -en / 同説である dieselbe (die gleiche) Meinung (Ansicht) haben (hegen); derselben (der gleichen) Meinung (Ansicht) sein; js Meinung (Ansicht) teilen; überein|stimmen 《mit³》/私はあなたと全く同説です Ich stimme mit Ihnen vollkommen überein.

とうせん 当選 Wahl f. -en; Erwählung f. -en / 当選の見込みのある(ない)候補者 aussichtsreicher (aussichtsloser) Kandidat, -en, -en / 当選する gewählt (erwählt) werden 《zu³》; einen Preis gewinnen* 《懸賞に》/ 代議士に当選する zum Abgeordneten gewählt werden*/一等に当選する den ersten Preis gewinnen*. ‖ 当選者 gewählter Kandidat, -en, -en; der Erwählte*, -n, -n.

とうぜん 当然の [正しい] gerecht; richtig; [適当な] gebührend; gehörig; passend; [十分…に値する] wohlverdient; [自然の] natürlich; [必然の] notwendig; [自明の] selbstverständlich / 当然の罰 eine gerechte Strafe, -n / 当然の結果 natürliche (unvermeidliche, zwangsläufige) Folgen 《pl》/ 当然のこと Selbstverständlichkeit f. -en / …は当然のことを受けたにすぎない、dass…《当然である》/ es versteht sich 《von selbst》, dass …《自明である》/ 彼の行為は当然賞賛されるべきだ Seine Tat verdient eine Anerkennung. / 彼が来なかったのは当然だ Dass er nicht gekommen ist, hat seinen guten Grund. / 彼女は君のことを怒っているが、それも当然だ Sie hat alles Recht, auf dich böse, und mit Recht. / 私は当然のことをしたまでです Ich habe nur meine Pflicht getan.

どうぜん 陶然と berauscht; trunken; [酩酊(て)して] angetrunken; angeheitert; betrunken; beschwipst/彼の演奏を聞いて聴衆は陶然とした Sein Spiel berauschte die Zuhörer.

どうせん 導線 Leitungsdraht m. -[e]s, "e.
どうせん 銅線 Kupferdraht m. -[e]s, "e.
どうせん 同船する mit|fahren* 〔s〕 auf demselben Schiff[e] fahren* 〔s〕 ‖ 同船者 Mitfahrer m. -s, -; Fahrtgenosse m. -n, -n; Mitpassagier m. -s, -e.

どうぜん 同前 ⇒どうじょう(同上).
どうぜん 同然 ⇒どうよう(同様).
どうぜ ⇒どうぜ.
とうそう 党争 Parteikampf m. -[e]s, "e.
とうそう 闘争 Kampf m. -[e]s, "e / 闘争する kämpfen 《mit³》. ‖ 闘争資金 Streikkasse f. -n / 階級闘争 Klassenkampf m.

とうそう 逃走 Flucht f. -en; Entweichung f. -en / 逃走中である auf der ³Flucht sein.

— 逃走する flüchten 〔s〕; [ent]fliehen*³ 〔s〕; entweichen*³ 〔s〕. ‖ 逃走者 Flüchtling m. -s, -e.

とうそう 党葬 ein parteiliches Begräbnis, ..nisses, ..nisse.

どうそう 同窓[生] [大学の] Mitstudent m. -en, -en, die Mitstudierende*, -en, -en; Hochschul|genosse (Universitäts-) m. -n, -n; Kommilitone m. -n, -n; [大学以下の] Mitschüler m. -s, -; Schulgenosse/同窓の会合 die Versammlung alter Kommilitonen (Mitstudenten) 《大学の》; die Versammlung alter Schulkameraden 《大学以下の》‖ 同窓会 der Verein 〔-(e)s, -e〕 alter Kommilitonen (Mitstudenten) 《大学の》; der Verein alter Schulkameraden 《大学以下の》.

どうぞう 銅像 Bronzestatue f. -n.
とうそく 党則 Parteivorschriften 《pl》.
とうそく 等速 gleichförmige (gleichmäßige) Geschwindigkeit, -en ‖ 等速運動 gleichmäßige Bewegung, -en.

とうぞく 盗賊 Dieb m. -[e]s, -e 〔泥棒〕; Einbrecher m. -s, - 〔押込みの〕; Räuber m. -s, - 〔強盗・追いはぎ〕.

どうぞく 同族 dieselbe* Rasse, -n; dieselbe* Familie, -n ‖ 同族会社 die angegliederten Gesellschaften 《pl》; Familiengesellschaft f. -en/同族結婚 Endogamie f. -n; Inzucht f. -en.

とうそくるい 頭足類 Kopffüß[l]er m. -s, -.
とうそつ 統率する führen⁴; leiten⁴ ‖ 統率者 Führer m. -s, -; Leiter m. -s, -.

とうた 淘汰 Zuchtwahl f.; Abbau m. -[e]s 《人員の》. — 淘汰する ⁴Zuchtwahl treiben*; aus|lesen*⁴; ab|bauen⁴ / 自然(人為)淘汰 natürliche (künstliche) Zuchtwahl.

とうだい 当代 Gegenwart f. 《現代》; die heutige Zeit/当代の gegenwärtig; heutig / 当代随一の政治家 der größte Staatsmann 〔-(e)s, "er〕 von heute.

とうだい 灯台 Leuchtturm m. -[e]s, "e/灯台下暗し Am Fuße des Leuchtturmes ist es dunkel. / Über Dinge, die uns am meisten angehen, wissen oft andere mehr als wir selbst. ‖ 灯台船 Feuerschiff n. -[e]s, -e/灯台守(り) Leuchtturmwärter m. -s, -/航空灯台 Luftfahrtleuchtturm.

どうたい 導体 Leiter m. -s, -; Konduktor m. -s, -en 〔電気〕; Medium n. -s, ..dien 〔媒体〕.

どうたい 動態 Bewegung f. -en/人口の動態統計 die Statistik 《-en》der Bevölkerungsbewegung.

どうたい 胴体 Rumpf m. -[e]s, "e; Leib m. -[e]s, -er; [飛行機などの] [Flugzeugs-]rumpf; 〔船の〕Schiffskörper m. -s, - / 胴体着陸をする eine Bauchlandung 《-en》 machen.

とうたつ 到達 Ankunft f. "e. — 到達する erreichen⁴; an|kommen* 〔s〕《an³; in³; auf³》; mit|treffen* 〔s〕《in³; auf³》/ 我々は目的に到達した Wir haben das Ziel erreicht. / 彼らは次の結論に到達した Sie kamen zu folgendem Ergebnis. ‖ 到達局 Bestimmungsbüro *n.* -s, -s/到達港 Bestimmungshafen *m.* -s, -.

とうだん 登壇する ans Rednerpult treten* [s]; die Rednerbühne (das Rednerpodium) besteigen*.

トウダンス Spitzen¦tanz (Zehen-) *m.* -es, ⸚e.

とうち 当地 dieser Ort, -[e]s; diese Gegend; dieses Land, -[e]s/当地の hiesig/当地に(で) hier [bei uns]; hierorts; hier in dieser Gegend (in diesem Land[e]).

とうち 統治 Herrschaft *f.* -en; Regierung *f.* -en/…の統治下にある unter *js* ³Herrschaft stehen*. ── 統治する herrschen (*über*⁴); regieren⁴. ‖ 統治権 Herrschaftsrecht *n.* -[e]s, -e/統治者 Herrscher *m.* -s, -; Regent *m.* -en, -en/委任統治 Mandat *n.* -[e]s, -e/委任統治領 Mandatsgebiet *n.* -[e]s, -e.

とうち 倒置法〘文法〙Inversion *f.* -en《定動詞倒置》.

とうちゃく 到着 Ankunft *f.* ⸚e; das Eintreffen*, -s. ── 到着する an|kommen* [s] (*in*³); ein|treffen* [s] (*in*³)/家(ベルリン)に到着する zu ³Haus[e] (in ³Berlin) an|kommen*/村(港)に到着する im Dorf (im Hafen) an|kommen* ❖ankommen は nach Haus[e], ins Dorf, in den Hafen などとは結びつかないことに注意/君の手紙がやっと到着した Dein Brief ist endlich da. ‖ 到着駅(港) Ankunftsstation *f.* -en (Ankunftshafen *m.* -s, ⸚)/到着時刻 Ankunftszeit *f.*/到着時刻表 Ankunftstafel *f.* -n/到着ホーム Ankunftsbahnsteig *m.* -[e]s, -e.

どうちゃく 撞着 Widerspruch *m.* -[e]s, ⸚e; Inkonsequenz *f.* -en; Ungereimtheit *f.* -en; Unvereinbarkeit *f.* -en; Konflikt *m.* -[e]s, -e; Zusammenstoß *m.* -es, ⸚e. ── 撞着する widersprechen*³; in Widerspruch geraten* [s] (in (im) Widerspruch stehen*) (*mit*³; *zu*³); inkonsequent sein/彼の言には自家撞着する所がある Er widerspricht sich in seinen Aussagen./彼の行動は約束とたいへんに撞着している Seine Handlungen stehen in schreiendem Widerspruch zu seinen Versprechungen.

どうちゃく 同着 gleichzeitige Ankunft, ⸚e; gleichzeitiges Erreichen (-s, -) des Ziels/同着になる gleichzeitig das Ziel erreichen.

とうちゅう 頭注 Randbemerkung *f.* -en.

どうちゅう 道中で auf der Reise (auf dem Weg) (*nach*³); während der Reise/道中ご無事を祈る Glückliche Reise!〘俗〙Mach's gut!/道中無事で gesund und munter; wohlbehalten; glücklich; programmgemäß《予定どおりに》/道中する reisen [s]; eine Reise machen; auf Schusters Rappen gehen* [s]《徒歩旅行をする》‖ 道中記 Reisebeschreibung *f.* -en.

とうちょう 盗聴 das Abhören* (Abhorchen*), -s; das Schwarzhören*, -s《聴取料を払わずにラジオなどを》. ── 盗聴する *jm* ⁴*et* ab|hören (ab|horchen)/ラジオ(講義)を盗聴する Radio (Vorlesungen) schwarz hören《料金を払わずに, あるいは資格なしに》. ‖ 盗聴器 Abhörgerät *n.* -[e]s, -e.

とうちょう 登庁する ins Amt (Büro) gehen* [s].

とうちょう 登頂する den Gipfel eines Berges ersteigen*; die Spitze eines Berges erreichen.

どうちょう 同調する ⁴sich nach *jm* (*js* Wünschen; *js* Befehlen) richten; ⁴sich an|schließen* (*an*⁴).

とうちょく 当直 Dienst *m.* -[e]s, -e; Wache *f.* -n《見張り》. ── 当直する Dienst haben; im Dienst sein; ⁴Wache stehen* (auf ³Wacht sein)《見張りをする》. ‖ 当直医 Arzt (*m.* -es, ⸚e) im Dienst; ein Dienst habender Arzt/当直員《見張り》Wache *f.* -n; Wächter *m.* -s, -.

とうちりめん 唐縮緬〘織〙Musselin *m.* -s, -e.

とうつう 疼痛 Schmerz *m.* -es, -en/患者は背中の疼痛を訴えた Der Kranke klagte über den Rückenschmerz.

とうてい 到底 ❶ [結局] schließlich; am Ende; überhaupt. ❷ [どうしても] gar (durchaus; überhaupt) nicht; auf keinen Fall / 彼はもはや到底助かりません Ihm ist nicht mehr zu helfen./それは私には到底できなかった Das war mir überhaupt nicht möglich.

どうてい 童貞 Keuschheit *f.*; Jungfräulichkeit *f.*; Unbeflecktheit *f.*; Unschuld *f.* /童貞を守る(破る) unschuldig bleiben* [s] (um seine Keuschheit kommen* [s]).

どうてい 道程 Entfernung *f.* -en; Entlegenheit *f.* -en; Weg *m.* -[e]s, -e; Weite *f.* -n; das zurückgelegte Stück Weges.

どうてき 動的 dynamisch; bewegend; kinetisch.

とうてつ 透徹する [行きわたる] durchdringen*⁴; ein|dringen* [s] (*in*⁴)/透徹した durch¦sichtig (-dringend); eindringend; klar; verständlich《わかり易い》.

どうでも[こうでも] ⇨どう②/どうで, どうでもよい ⇨どう③.

とうてん 東天 östlicher Himmel, -s.

とうてん 冬天 Winterhimmel *m.* -s.

とうてん 当店 ¶ 当店ではハンドバッグを扱ってはおりません Handtaschen führen wir nicht.

とうでん 盗電する die Elektrizität schwarz (ohne ⁴Erlaubnis) benutzen.

どうてん 同点 die gleiche Punktzahl, -en; die gleichen Stimmen (*pl* 票数)/同点になる punktmäßig gleich|stehen* (*mit*³).

どうでん 導電〘電〙Elektrizitätsleitung *f.* ‖ 導電体 Elektrizitätsleiter *m.* -s, -/導電率 [elektrische] Leitungsfähigkeit.

とうど 陶土 Töpferton *m.* -[e]s, -e; Töpfereierde *f.* -n.

とうとい 貴い ⇨たっとい.

とうとう endlich; am Ende; schließlich; zuletzt/我々はとうとうやり遂げたぞ Endlich hatten wir das erledigt.

とうとう 等々 und so weiter《略: usw.》; und so fort《略: usf.》; und andere[s] [mehr]《略: u.a.[m.]》.

とうとう 滔々と reißend 《川が》; fließend 《弁舌が》; beredsam 《同上》/ 滔々たる流れ reißender Strom, -〔e〕s, ⸚e / 彼はそれについて滔々と論じた Er hat darüber fließend gesprochen.

どうとう 同等 Gleichheit *f.* -en; Gleich¦berechtigung *f.* -en (-stellung *f.* -en); Ebenbürtigkeit *f.* -en; Parität *f.* -en. —— 同等の gleich; gleich¦berechtigt (-gestellt); ebenbürtig; par; auf gleichem Fuß stehend. —— 同等にする gleich|machen^4 《*mit*^{3}》; auf gleiche Stufe (Höhe; Tiefe) bringen*^{4} 《*mit*^{3}》; nivellieren^4; über einen Kamm scheren*^{4}.

どうどう 同道する *jn* begleiten 《*nach*^{3}》; *jm* das Geleit geben*; mit|gehen* [s]; *jn* mit|nehmen* 《連れて行く》. ⇨**どうこう**(同行).

どうどう 堂々たる(と) stattlich; ansehnlich; ehrwürdig; erhaben; imposant; königlich; majestätisch / 堂々たるおし出しである Er ist eine stattliche Erscheinung. / 彼の決然たる態度は誠に堂々たるものがあった Seine entschlossene Haltung imponierte uns sehr. ⇨**せいせいどうどう**.

どうどうめぐり 堂々巡り Kreislauf *m.* -〔e〕s, ⸚e; Abstimmung 《*f.*》 im Parlament 《国会の》. —— どうどうめぐりする ^{4}sich im Kreis〔e〕 bewegen (drehen); 〔ab〕stimmen 《国会で》/ 彼の考えはその一点をめぐってどうどうめぐりしている Seine Gedanken kreisen immer nur um den einen Punkt.

どうとく 道徳 Sittlichkeit *f.*; Ethik *f.*; Moral *f.* -en; Tugend *f.* -en. —— 道徳的な sittlich; ethisch; moralisch; tugendhaft. ‖ 道徳家 Sittenrichter *m.* -s, - / 道徳観(感) die moralische Anschauung, -en; das moralische Gefühl, -〔e〕s, -e / 道徳心 der moralische Geist, -〔e〕s (Sinn, -〔e〕s); Moralität *f.* / 道徳律 Sittengesetz *n.* -es, -e.

とうとつ 唐突な plötzlich ⇨**とつぜん** / 唐突な申し出 plötzlicher Vorschlag, -〔e〕s, ⸚e.

とうとぶ 貴ぶ ⇨**たっとぶ**.

とうどり 頭取 Direktor *m.* -s, -en; Präsident *m.* -en, -en; Chef *m.* -s, -s / 銀行の頭取 Bankdirektor *m.* -s, -en.

とうな 唐菜 〔chinesischer〕 Raps, -es, -e.

どうなが 胴長の langrumpfig; mit einem langen Rumpf 《*m.* -〔e〕s, ⸚e》.

とうなす 唐茄子 Kürbis *m.* ..bisses, ..bisse.

とうなん 盗難 Diebstahl *m.* -〔e〕s, ⸚e / 盗難にあう ^{3}sich stehlen lassen*^{4}; gestohlen werden 《*jm*》/ 盗難よけの dieb〔e〕ssicher / 旅行中に時計の難にあった Auf meiner Reise ist mir meine Uhr gestohlen worden. ‖ 盗難品 Dieb〔e〕sgut *n.* -〔e〕s, ⸚er / 盗難保険 Diebstahlsversicherung *f.* -en.

とうなん 東南 Südost *m.* -〔e〕s; Südosten *m.* -s / 東南の südöstlich ‖ 東南アジア Südostasien / 東南東 Ostsüdost *m.* -〔e〕s; Ostsüdosten *m.* -s.

とうに vor langer Zeit; längst; [既に] schon; bereits / 私の祖母はとうに死にました Meine Großmutter ist schon lange tot.

どうにか どうにかこうにか ❶ irgendwie; auf irgendeine Weise; auf die eine oder 〔die〕 andere Weise / どうにかこうにかできるでしょう Irgendwie wird es schon gehen. ❷ [辛うじて] mit knapper Not; mit Mühe und Not; zur Not / 月給でどうにかこうにかやっていけます Ich komme mit dem Gehalt zur Not aus. —— どうにかなる Es wird schon 〔bald wieder〕 werden.¦ Lass es gehen, wie es Gott gefällt. 《成行きにまかせよう》/ どうにかなるならやってくれたまえ Wenn du irgend kannst, so tue es. —— どうにかする bewerk¦stelligen^4 (-tätigen^4); managen; in die Hand nehmen*^{4} / それは私がどうにかしましょう Ich werde es schon bewerkstelligen. 《取計う》; Ich werde es irgendwie managen. 《処理する》; Das werde ich in die Hand nehmen. 《引受ける》.

どうにもこうにも auf keine Weise; unter keinen Umständen / どうにもこうにもこうした処置を取らざるをえないのです Zwingender Umstände halber sehen wir uns genötigt, diesen Schritt zu tun. / どうにもこうにも仕方がない Dafür (Dagegen) ist kein Kraut gewachsen. / どうにもこうにもならないやつだ Er ist unverbesserlich.¦ Er ist hoffnungslos unbeholfen.¦ An (Bei) ihm ist Hopfen und Malz verloren. 《ぬかにくぎの様な男》.

とうにゅう 投入する 〔hin〕ein|werfen* 《*in*^{4}》.

どうにゅう 導入 Einführung *f.* -en / 導入する ein|führen^4 《*in*^{4}》.

とうにょうびょう 糖尿病 Zucker¦krankheit *f.* (-harnruhr *f.*) ‖ 糖尿病患者 der Zuckerkranke*, -n, -n; Diabetiker *m.* -s, -.

とうにん 当人 der Betreffende*, -n, -n.

どうにん 同人 ❶ [会員] Mit¦glied *n.* -〔e〕s, -er (-arbeiter *m.* -s, -); der Mitbeteiligte* (Mitwirkende*), -n, -n. ❷ [その同一人] gerade der Mann (die Frau); dieselbe Person *f.* ‖ 同人雑誌 Privatzeitschrift *f.* -en.

とうねん 当年 dieses Jahr, -〔e〕s; [その年] jenes Jahr / 彼は当年とって二十五歳です Er ist fünfundzwanzig ^{4}Jahre alt.

どうねん 同年 ❶ [同じ年] dasselbe (das gleiche) Jahr, -〔e〕s / 同年に in demselben (dem nämlichen) Jahr. ❷ [同じ年齢] dasselbe (das gleiche) Alter, -s / 同年の gleich¦altrig (-jährig) / 彼らは同年です Sie sind gleich alt. / 彼は私と同年です Er steht in meinem Alter.

どうのこうの どうのこうの言う kritisieren^4; ^{4}sich bei *jm* über ^{4}*et* beschweren; bekritteln^4; bemäkeln^4; bemängeln^4; ein|wenden* 《*gegen*^{4}》; kritteln (mäkeln) 《*an*^{3}》; nörgeln 《*an*^{3}》/ 何にでもどうのこうのと文句をつける男だ Er hat an allem zu nörgeln.¦ Er findet immer ein Haar in der Suppe.

とうは 党派 Partei *f.* -en 《政党》; Fraktion *f.* -en 《議会内の各派》 ⇨**とう**(党), **ととう**(徒党) / 党派的な parteiisch; parteilich ‖ 党派心 Parteisucht *f.*; Parteilichkeit *f.*

とうは 踏破する druchwandern^4; durchqueren^4 《横断する》/ 彼は既に二百キロを踏破した Er hat schon 200 Kilometer hinter sich.

どうはい 同輩 Kamerad *m.* -en, -en; Schul¦kamerad (Spiel-) *m.* -en, -en; 〔Studien]genosse *m.* -n, -n; Kommilitone *m.* -n, -n《大学で》; Kollege *m.* -n, -n; der Gleichstehende*, -n, -n.

どうはい 銅牌 Kupfermedaille *f.* -n.

とうはつ 頭髪〔Kopf〕haar *n.* -〔e〕s, -e.

とうばつ 盗伐 Holzdiebstahl *m.* -〔e〕s, ⸚e ‖ 森林盗伐 Forstdiebstahl.

とうばつ 討伐 Bekämpfung *f.* -en; Bezwingung *f.* -en; Unterwerfung *f.* -en/討伐する bekämpfen⁴; bezwingen*⁴; unterwerfen*⁴.

とうばつ 党閥 Cliquenwesen *n.* -s; Parteiwirtschaft *f.*

とうはん 登攀する steigen*《*auf*⁴》[s]; besteigen*⁴; klettern《*auf*⁴》[s].

とうはん 盗犯 Diebstahl *m.* -〔e〕s, ⸚e.

とうばん 当番 Dienst *m.* -〔e〕s, -e/当番の dienst¦habend (-tuend); vom Dienst/当番である Dienst haben; im Dienst sein; d〔a〕ran (an der ³Reihe) sein《番が回ってきている》/今日は僕らの当番だ Wir sind heute dran. ⇨**とうちょく**(当直).

どうはん 同伴する *jn* begleiten; mit|gehen* (-|kommen*) [s]; zusammen|gehen* (-|-kommen*) [s]; *jn* bringen*《*nach*³》; *jm* das Geleit〔e〕 geben* ❖ 定冠詞なしで Geleit〔e〕 geben というと, 自分が同伴せず, 同伴者をつけてやること; mit|nehmen*⁴《連れて行く》/...と同伴で in Begleitung《*js*》; in Gesellschaft mit *jm*/彼は妻子同伴でやって来た Er kam mit seiner Frau und seinen Kindern.¦ Er hat seine Frau und seine Kinder mitgebracht./私は彼女に少しばかり同伴した Ich begleitete sie ein Stück Wegs. ⇨**どうこう**(同行).

どうばん 銅板 ❶ Kupferplatte *f.* -n. ❷ [銅板刷] Kupfer¦stich *m.* -〔e〕s, -e (-druck *m.* -〔e〕s, -e); Kupferdruckerei *f.* -en《印刷術・所》.

とうひ 党費 Parteiausgabe *f.* -n.

とうひ 橙皮 Orangen¦schale (Pomeranzen-) *f.* -n ‖ 橙皮油 Orangen¦schalenöl (Pomeranzen-) *n.* -〔e〕s, -e.

とうひ 等比 ein gleiches Verhältnis, ..nisses, ..nisse ‖ 等比級数 eine geometrische Reihe, -n.

とうひ 当否 richtig oder nicht/彼の行動の当否を判断することは困難だ Es ist schwer zu beurteilen, ob er richtig (schicklich) gehandelt hat oder nicht.

とうひ 逃避〔行〕Flucht *f.* -en/逃避する fliehen*⁽⁴⁾《*vor*³》[s]; entfliehen*³ [s]; weichen*《*vor*³》.

とうび 棹尾 Ende *n.* -s/棹尾の勇 die letzte Anstrengung, -en; Endspurt *m.* -〔e〕s, -e《ラストスパート》.

とうひょう 投票 *Abstimmung f. -en;* Stimmabgabe *f.* -n. ── 投票する stimmen; seine ⁴Stimme (sein Votum) ab|geben*; ab|stimmen《*über*⁴ 採決を行う》/賛成(反対)投票をする für (gegen) *jn* (⁴*et*) stimmen; seine Stimme für (gegen) *jn* (⁴*et*) geben*/私は彼に投票した Ich habe ihm meine Stimme gegeben. ‖ 投票権 Stimm¦-recht (Wahl-) *n.* -〔e〕s, -e/投票所 Wahllokal *n.* -〔e〕s, -e/投票箱 Wahlurne *f.* -n/投票日 Wahltag *m.* -〔e〕s, -e/投票用紙 Stimm¦zettel (Wahl-) *m.* -s, -/信任(不信任)投票 Vertrauensvotum (Misstrauensvotum) *n.* -s, ..ten (..ta)/秘密(記名)投票 geheime (namentliche) Abstimmung.

とうびょう 投錨 das Ankern*, -s. ── 投錨する Anker werfen*; ankern; vor ⁴Anker gehen* [s]; ⁴sich vor ⁴Anker legen. ‖ 投錨地 Anker¦grund *m.* -〔e〕s, ⸚e (-platz *m.* -es, ⸚e).

とうびょう 痘苗 Impfstoff *m.* -〔e〕s, -e.

とうびょう 闘病 Kampf《*m.* -〔e〕s, ⸚e》 gegen die Krankheit/闘病生活を送る gegen seine (die) Krankheit kämpfen.

どうひょう 道標 Wegweiser *m.* -s, -; Richtungsschild *n.* -〔e〕s, -er.

どうびょう 同病相憐む Gleiches Leid schafft Freunde.¦ Geteilter Schmerz ist halber Schmerz.

とうひん 盗品 ein gestohlener Gegenstand, -〔e〕s, ⸚e; eine gestohlene Sache, -n ‖ 盗品故買 Hehlerei *f.* -en.

とうふ 豆腐 Bohnenstich *m.* -〔e〕s; eine quarkähnliche Speise aus ³Sojabohnen; Tofu *m.* -〔s〕.

とうぶ 東部 der östliche Teil, -〔e〕s, -e; die östliche Gegend, -en; Osten *m.* -s/東部に行く nach ³Osten gehen* (fahren*) [s].

とうぶ 頭部 Kopf *m.* -〔e〕s, ⸚e/頭部に負傷する am Kopf verwundet werden.

どうふう 同封 An¦lage (Bei-; Ein-) *f.* -n; Beischluss *m.* -es, ⸚e; Beipack *m.* (*n.*) -〔e〕s, -e (⸚e). ── 同封の anbei; anliegend; beiliegend; beigeschlossen; beigepackt; in der Anlage; als Beilage/同封書面により...御承知下さい Aus der Anlage werden Sie ersehen, dass .... ── 同封する bei|fügen⁴ (-|legen⁴; -|schließen*⁴)/詳細仕様書同封いたします Genaue Beschreibung liegt bei./写しを同封いたします Wir fügen eine Abschrift bei.《商用文など》.

どうぶつ 動物 Tier *n.* -〔e〕s, -e ‖ 動物愛護会 Tierschutzverein *m.* -〔e〕s, -e/動物園 der zoologische Garten, -s, ⸚; Zoo *m.* -〔s〕, -s/動物界 Tier¦welt *f.* -en (-reich *m.* -〔e〕s, -e)/動物学 Zoologie *f.* -n/動物学者 Zoologe *m.* -n, -n/動物虐待 Tierquälerei *f.* -en/動物誌 Fauna *f.* ..nen/動物磁気 der tierische Magnetismus, -/動物実験 Tierversuch *m.* -〔e〕s, -e/動物崇拝 Tier¦anbetung *f.* -en (-kult *m.* -〔e〕s, -e (Kultus)); Zoolatrie *f.* -n/動物性 Tiernatur *f.*; Animalismus *m.* -《動物的獣性》; Sinnlichkeit *f.*; Lebenstrieb *m.* -〔e〕s/動物性の animalisch; tierisch; fleischlich; sinnlich/動物性脂肪 das animalische Fett, -〔e〕s, -e/動物性蛋白質 tierisches Eiweiß *n.* -es, -e.

とうぶん 等分 Teilung《*f.* -en》 in gleiche Teile/等分する in gleiche Teile teilen⁴/二等分する halbieren⁴/等分に分け与える gleichmäßig verteilen⁴《an *jn*》.

とうぶん 当分 vorläufig; einstweilen; für jetzt《今のところ》; zurzeit《同上》; au-

とうぶん 当分 genblicklich 《同上》; momentan 《同上》; bis auf weiteres《追って沙汰あるまで》; eine ⁴Weile《しばらくの間》/それはここ当分の間実現しないだろう Das wird sich so bald nicht verwirklichen.

とうぶん 糖分 Zucker m. -s 《糖》; Zuckergehalt m. -[e]s 《糖含有量》/糖分を含んだ zuckerhaltig ‖ 糖分測定器 Zuckermesser m. -s, -.

どうぶん 同文 der gleich lautende Satz, -es, ⸗e; dieselbe Satzform, -en; und so weiter〔略: usw.〕‖ 同文電報 Mehrfachtelegramm n. -[e]s, -e/以下同文 und dergleichen〔mehr〕〔略: und desgl.〔m.〕〕; und so weiter〔略: usw.〕.

とうへい 党弊 Parteiübel n. -s, -/党弊を除く Parteiübel beseitigen(beheben*).

とうへき 盗癖 Stehlsucht f.; Kleptomanie f./盗癖のある stehlsüchtig; kleptomanisch.

とうへん 等辺 gleichseitig ‖ 等辺三角形 ein gleichseitiges Dreieck, -s, -e.

とうべん 答弁 Antwort f. -en; Beantwortung f. -en; Entgegnung f. -en; Erwiderung f. -en; Bescheid m. -[e]s, -e/答弁する jm antworten 《auf⁴》; jm eine Antwort geben*; ⁴et beantworten; entgegnen (erwidern)《auf⁴》; jm ⁴Bescheid geben*.

どうへんぼく 唐変木 Klotz m. -es, ⸗e; Dummkopf m. -[e]s, ⸗e; Idiot m. -en, -en/この唐変木め Du Idiot!

とうぼ 登簿 Eintragung f. -en; Registrierung f. -en.——登簿する ein|tragen*⁴; registrieren*⁴ ‖ 登簿トン数 Registertonne f. -n. ⇨とうろく.

とうほう 当方 wir⁴/当方では主[う]ns; auf unser ³Seite; unser[er]seits/修繕代(酒代)は当方で支払います Die Reparaturen (Getränke) gehen auf unsere Kosten.

とうほう 東方 Osten m.; Ost m. -[e]s/東方に ostwärts; nach ³Osten/光は東方より Das Licht kommt aus Osten. ‖ 東方政策 Ostpolitik f.

とうぼう 逃亡 Flucht f. -en; das Entfliehen*(Entkommen*), -s; Fahnenflucht f. -en《軍隊からの》; Desertion f. -en《同上》.——逃亡する [ent]fliehen*《同上》; davon|laufen*《同上》;《俗》ab|hauen*《同上》; fahnenflüchtig werden《軍隊から》; desertieren《同上》‖ 逃亡者 Ausreißer m. -s, -; Flüchtling m. -s, -e《とくに難民》/逃亡兵 der Fahnenflüchtige*, -n, -n; Deserteur m. -s, -e.

どうほう 同胞 Brüder 《pl》; Geschwister 《pl》; der Nächste, -n, -n; Mitmensch m. -en, -en;〔「国民同胞」の意で〕Landsleute 《pl》; Mitbürger m. -s, -/同胞 Nations|genosse (Volks-) m. -n, -n ‖ 同胞愛 Brüderliebe f.; Bruderschaft f. -en; Gemeinschaft f. -en.

とうほういせん 等方位線 Isogone f. -n.

とうほく 東北 Nordost m. -s; Nordosten m. -s/東北の nordöstlich ‖ 東北地方 nordöstliche Provinzen 《pl》/東北東 Ostnordost m. -[e]s; Ostnordosten m. -s.

とうほん 謄本 Abschrift f. -en; Kopie f. -n.

とうほんせいそう 東奔西走する hin und her laufen*《s》; von ³Ort zu ³Ort (von einer ³Stelle zur anderen; überall herum) laufen*《s》; viel unterwegs sein.

どうまき 胴巻 Geldkatze f. -n.

どうまわり 胴回り Taille f. -n; die Weite des Hosenbundes/彼女は胴回りが小さい Sie hat eine schlanke Taille./彼女は胴回り63センチメートルだ Sie hat Taille 63./Sie hat 63 cm Taille.

とうみ 唐箕 Getreide|reinigungsmaschine f. -n《-schwinge f. -n》.

とうみつ 糖蜜 [Zucker]sirup m. -s, -e.

どうみゃく 動脈 Arterie f. -en; Puls|ader (Schlag-) f. -n/動脈の arteriell; Pulsader-/東海道線は日本の動脈である Die Tokaido-Linie ist die Verkehrsader Japans. ‖ 動脈炎 Pulsaderentzündung f. -en/動脈血 Arterienblut n. -[e]s/動脈硬化〔症〕Arterienverkalkung f. -en/動脈瘤 Pulsadergeschwulst f. ⸗e.

とうみょう 灯明 geweihtes Licht, -[e]s, -e/灯明をあげる ein Licht (eine Kerze) an|zünden (machen).

とうみん 島民 Inselbewohner m. -s, -; Insulaner m. -s, -.

とうみん 冬眠 Winterschlaf m. -[e]s/冬眠する den Winterschlaf halten* ‖ 冬眠動物 Winterschläfer m. -s, -.

とうむ 党務 Parteiangelegenheiten 《pl》/党務を処理する Parteiangelegenheiten regeln.

とうめい 透明 Durchsichtigkeit f.; Transparenz f. -en/透明な durchsichtig; transparent/水晶のように透明な kristallhell; kristallklar/透明体 durchsichtiger Körper, -s, -/透明な水 klares Wasser, -s/半透明の halb durchsichtig/透明になる durchsichtig werden.

どうめい 同盟 Bund m. -[e]s, ⸗e; Bündnis n. ..nisses, ..nisse; Pakt m. -[e]s, -e; Union f. -en; Verband m. -[e]s, ⸗e; Allianz f. -en; Entente f. -n.——同盟する einen Bund ein|gehen《s》; ⁴sich verbünden; ein Bündnis (einen Pakt) schließen《mit³》; ⁴sich alliieren/同盟して verbündet《mit³》; im Bündnis《mit³》‖ 同盟休校 Schülerstreik m. -[e]s, -s/同盟軍 die verbündeten Streitkräfte《pl》; die alliierte Armee, -n; Bundestruppen《pl》/同盟国〔総称〕die Verbündeten《pl》; die Alliierten《pl》/同盟国民〔個別的〕Bundesgenosse m. -n, -n;〔個別的の〕Alliierte*, -n, -n/〔同盟諸国〕Bundesgenossenschaft f. -en/同盟条約 Bundesvertrag m. -[e]s, ⸗e/同盟罷業 Streik m. -[e]s, -s; Ausstand m. -[e]s, ⸗e/同盟罷業する streiken; in den Ausstand treten*《s》/同盟罷業者 die Streikenden《pl》/攻守同盟 Schutz- und Trutzbündnis n. ..nisses, ..nisse/三国同盟 Dreibund m. -[e]s, -e; Dreiländerpakt m.

どうめいいじん 同名異人 Namens|vetter

とうめん *m.* -s, -n (-bruder *m.* -s, =; -schwester *f.* -n)/人違いです.同名異人なのです Das war nicht der richtige. Er ist nur der Namensvetter von ihm.

とうめん 当面の augenblicklich; [緊急の] dringend; [現在の] gegenwärtig; jetzt/当面の問題 dringende Frage, -n.

どうも ❶ [強意] aber; doch; ja; wirklich; in der Tat/どうも時間がないもんでね Ich habe aber keine Zeit./どうもこりゃいやはやだな Das ist aber zu dumm./どうもああ男じゃないね Er kann es doch nicht sein./どうもすまいまいし い奴だ Er ist ja wirklich ein Tausendsassa. ❷ [どうしても] keines|falls (-wegs); auf keinen Fall; in keinerlei Weise/どうも役者という柄じゃない Er ist keinesfalls ein Schauspieler./どうもうまくいきそうもない Es geht doch auf keinen Fall. ❸ どうもこうもない wohl oder übel; wollend oder nicht; gern oder ungern; man mag wollen oder nicht; nolens volens/どうもこうもない、やるより仕方がない Es muss doch gemacht werden, man mag nun wollen oder nicht.

どうもう 獰猛 Wildheit *f.*; Grausamkeit *f.*/獰猛な(に) wild; grausam; grimmig; ungestüm.

とうもく 頭目 Haupt *n.* -[e]s, =er; Chef *m.* -s, -s; Führer *m.* -s, -. ⇨かしら(頭).

とうもろこし 玉蜀黍 Mais *m.* -es; Welschkorn (Türken-) *n.* -s; 《俗・方》Türken *m.* -s/玉蜀黍の粉 Maismehl *n.* -[e]s, -e.

とうや 陶冶 Bildung *f.* -en; Erziehung *f.* -en; Kultivierung *f.* -en/陶冶する bilden⁴; erziehen*⁴; kultivieren⁴ / 人格を陶冶する den Charakter (den Geist) bilden.

とうやく 投薬する *jm* eine Arznei (Medizin) verordnen (verschreiben*).

どうやら irgendwie; auf irgendeine (in irgendeiner) Weise; dem Schein[e] nach; wie es scheint; Es lässt sich an, als ob...

とうゆ 灯油 Brennöl *n.* -[e]s, -e; Kerosin *n.* -s.

とうゆし 桐油紙 Ölpapier *n.* -s, -e.

とうよう 登用 [任官] Bestallung *f.* -en; Amtseinsetzung *f.* -en; [任命] Ernennung *f.* -en; Anstellung *f.* -en; Berufung *f.* -en; 《教授などの》; [昇進] Beförderung *f.* -en. ── 登用する *jn* in ein Amt bestallen (einsetzen); *jn* ernennen* 《*zu*³》; *jn* an|stellen 《*zu*³; als³》; *jn* berufen* 《*zu*³》; [昇進させる] *jn* befördern 《*zu*³》/ 人材を登用する fähige (geeignete) Leute [be]fördern.

とうよう 東洋 Osten *m.* -s; die östliche Welt; Orient *m.* -[e]s《主として近東》; Asien *n.* -s《アジア》; Morgenland *n.* -[e]s《Abendland に対し》/東洋の östlich; orientalisch; asiatisch; morgenländisch ∥ 東洋学 Orientalistik *f.*/東洋学者 Orientalist *m.* -en, -en/東洋人 Orientale *m.* -n; Asiate *m.* -n, -n; Morgenländer *m.* -s.

とうよう 盗用 das Stehlen*, -s《盗むこと》; Entwendung *f.* -en《窃取》; Unterschlagung *f.* -en《横領》; Plagiat *n.* -[e]s, -e《(剽)(°)窃》. ── 盗用する stehlen*⁴; entwenden(*)⁴; unterschlagen*⁴; plagiieren⁴.

とうよう 当用の im Gebrauch; zum augenblicklichen (vorläufigen) Gebrauch ∥ 当用漢字 ein chinesisches Schriftzeichen 《-s, -》 im Gebrauch/当用日記 Taschenkalender *m.* -s, -.

どうよう 動揺 ❶ [揺れ] das Rütteln* (Hinundhergeworfenwerden*); Sich|schütteln*), -s; Schwanken *n.* -s; das Stampfen*, -s《船の縦揺れ》; das Rollen*, -s《横揺れ》. ❷ [心の] Unruhe *f.* -n; Aufregung *f.* -en; Beunruhigung *f.* -en; Erregung *f.*; Gärung *f.* -en; Ruhelosigkeit *f.* ❸ [騒ぎ] Trubel *m.* -s, -; Aufruhr *m.* -[e]s, -e; Erschütterung *f.* -en; Getümmel *n.* -s, -; Tumult *m.* -[e]s, -e. ── 動揺する ❶ [揺れる] rütteln; hin und her geworfen werden; schlingern; *sich* schütteln; schwanken; stampfen; rollen. ❷ [心の] aufgeregt (beunruhigt; erregt) werden. ❸ in ⁴Aufruhr geraten* ⓢ; erschüttert werden.

どうよう 童謡 Kinder|lied *n.* -[e]r (-reim *m.* -[e]s, -e) ∥ 童謡劇 ein Schauspiel 《-s, -e》 mit ³Kinderliedern (Kinderreimen)/童謡集 die Sammlung 《-en》 von Kinderliedern; gesammelte Kinderlieder 《*pl.*》.

どうよう 同様 ⇨おなじ① / 同様に ebenso 《wie》; ähnlich 《wie》; desgleichen; eben|falls (gleich-); auf gleiche (in gleicher) Art (Weise)/同様の gleich[artig]; derselbe*; identisch; so gut wie 《...と同様》/これは新品も同様(然)です Das ist so gut wie neu.

どうよく 胴欲な ❶ geizig; gewinn|gierig (raff-); gewinn|süchtig (hab-); nur auf eigene ⁴Vorteile bedacht. ❷ [非道な] selbstsüchtig; gefühllos; grausam; unbillig; unmenschlich.

とうらい 到来する an|kommen* ⓢ 《*in*³》; ein|treffen* ⓢ 《*in*³》; ⁴sich bieten* 《機会が》/時機到来の節は wenn die Zeit dazu kommt .../彼に好機が到来した Es bot sich ihm eine günstige Gelegenheit.

とうらく 騰落 Steigen* und Fallen*, des -und -s; das Schwanken*, -s; Fluktuation *f.* -en.

とうらく 当落 Wahlresultat *n.* -[e]s, -e.

どうらく 道楽 ❶ [放蕩・浪費] Ausschweifung *f.* -en; Liederlichkeit *f.* -en; Schwelgerei *f.* -en; Verschwendung *f.* -en; Verworfenheit *f.* -en/道楽をする ein ausschweifendes (flottes) Leben führen; einen lockern (liederlichen) Lebenswandel führen; im Genuss[e] davon|schwelgen; prassen. ❷ [娯楽・嗜好] Liebhaberei *f.* -en; Steckenpferd *n.* -[e]s, -e; Vergnügen *n.* -s, -; Zeitvertreib *m.* -[e]s, -e; Zerstreuung *f.* -en/道楽に切手収集をする Markensammeln ist meine Liebhaberei./いろいろ道楽の多い人 ein Mann 《*m.* -[e]s, =er》 von mehreren Lieblings|beschäftigungen; ein vielseitiger Amateur, -s, -e. ── 道楽に aus Liebhaberei (Vergnügen); zum Zeitvertreib. ∥ 道楽者 der liederliche Bruder, -s, =; liederlicher Hans, -en, -en;

どうらん Liederjan m. -(e)s, -e; der Verworfene*, -n, -n/道楽息子 der verlorene Sohn, -(e)s, ¨-e.

どうらん 動乱 Aufruhr m. -s, -e/Aufstand m. -(e)s, ¨-e; Empörung f. -en; Erhebung f. -en; Meuterei f. -en; Tumult m. -(e)s, -e/動乱が起こる in Aufruhr geraten* (kommen*) s; 《動乱を主題にして》aus|brechen*/動乱を起こす *et in Aufruhr bringen*(versetzen); einen Aufstand erregen; *sich empören (erheben*) 《gegen*》/動乱を静める den Aufruhr unterdrücken (beruhigen; dämpfen; ersticken).

どうらん 胴乱 Beutel m. -s, -; Ranzen m. -s, -; Felleisen n. -s, -; Brieftasche f. -n; Pflanzentrommel f. -n 《植物用》.

とうり 党利 Parteiinteressen 《pl》

どうり 道理 Vernunft f.; Grund m. -(e)s, ¨-e《理由》; Recht f.《正当》; Verstand m. -(e)s《分別》; Ursache f. -n/道理にかなった rational; vernünftig; vernunftgemäß(-mäßig); verständig; verstandesmäßig(-mäßig); gerecht; richtig/道理にそむいた unvernünftig; vernunftwidrig (sinn-); albern/道理![当然]vermutet haben (erweise)/道理を説く jn zur Vernunft bringen*; jm den Kopf zurecht|setzen; jn durch Beweisgründe überzeugen*/…の道理がない Es besteht kein erdenklicher Grund dafür, dass …/私は頗る尤も nichts vernünftigen Grund dafür, dass …/それは道理だ[道理がある] Recht haben; im Recht sein/君がそう言うのも道理だ Du sagst es mit 《gutem》Recht./あの男の言うにはいつも道理がある Was er sagt, hat immer Hand und Fuß. — 道理で 《das ist》kein Wunder, dass (wenn) …; es ist natürlich, dass …; wie ich richtig vermutet habe.

とうりゅう 逗留 Aufenthalt m. -(e)s, -e/長逗留する lange auf|halten*(verweilen)/どのくらい東京に御逗留ですか Wie lange bleiben Sie in Tokio? — 逗留する *sich auf|halten*《bei jm; in³》; *《sich》verweilen《bei jm; in³》║逗留客 lange bleibender Gast, -(e)s, ¨-e.

とうりゅうもん 登竜門 eine Gelegenheit 《-en》zum Erfolg.

とうりょう 等量 Äquivalent n. -(e)s, -e.

とうりょう 棟梁 ❶《首領》Führer m. -s, -; Haupt n. -(e)s, ¨-er; Chef m. -s, -s. ❷《大工の》Zimmermeister (Bau-) m. -s, -.

どうりょう 同僚 Kollege m. -n, -n; 《Amts-》genosse m. -n, -n; Gefährte m. -n, -n; Gesellschafter m. -s, -; Kamerad m. -en, -en.

どうりょく 動力 Triebkraft f. ¨-e; die dynamische (treibende; wirkende) Kraft; Kinetik f. ║動力計 Kraftmesser m. -s, -.

とうるい 糖類 Zuckerarten 《pl》.

どうるい 同類 ❶ die gleiche Art, -en (Klasse, -n; Sorte, -n). ❷《共犯者》Komplice m. -n, -n; Helfershelfer m. -s, -/der Mitschuldige*, -n, -n; Mittäter m. -s, -; Spießgeselle m. -n, -n.

とうれい 答礼 Gegengruß m. -es, ¨-e/答礼をする den Gruß erwidern; einen Gegenbesuch machen 《jm》《訪問に対して》║答礼使節 der Gesandte* 《-n, -n》für einen Gegenbesuch.

どうれつ 同列 dieselbe (die gleiche) Reihe, -n; derselbe (der gleiche) Rang, -(e)s, ¨-e/彼はちょっとほかの人と同列にはおけない Man kann ihn unmöglich den anderen an die Seite stellen.

どうろ 道路 Straße f. -n; Weg m. -(e)s, -e ⇨**みち**(道, 路)/道路改修 Straßenumbau m. -(e)s, -(e)s《-(ausbesserung f. -en)/道路工事 Straßenbau m. -(e)s, -e 《-ten》/道路交通 Straßenverkehr m. -s/道路交通取締規則 Verkehrsordnung f.-en/道路地図 Straßenkarte f. -n/道路標識 Meilenstein m. -(e)s, -e; Richtungsschild n. -(e)s, -er; Wegweiser m. -s, -/道路妨害 Verkehrshindernis n. -nisses, -nisse.

とうろう 蟷螂の斧をふるう wider den Stachel lecken (löken).

とうろう 灯籠 Laterne f. -n; Hängelaterne 《吊り灯籠》; Steinlaterne 《石灯籠》║盆灯籠 Laterne für das Ahnenfest.

とうろく 登録 Eintragung f. -en; Registrierung f.; Einschreibung f. -en/登録済みの registriert. — 登録する ein|tragen*⁴《in⁴》; registrieren*《in⁴》; ein|schreiben*《in⁴》. ║登録商標 eingetragene Schutzmarke, -n/登録簿 Registratur f. -en/登録料 Registergebühren 《pl》.

とうろん 党論 die Ansicht 《-en》einer ²Partei; Parteiansicht f. -en; 〔綱領〕Parteiprogramm n. -(e)s, -e.

とうろん 討論 Debatte f. -en; Erörterung f. -en; Diskussion f. -en ⇨**とうぎ**(討議). — 討論する debattieren 《über⁴》; erörtern⁴; disputieren (diskurieren) 《über⁴》. ║討論会 Debatte/討論者 Diskussionsredner m. -s, -; Disputant m. -en, -en.

どうわ 童話 (Kinder)märchen n. -s, -; Feenmärchen ║童話劇 Märchendrama (Feen-) n. -s, -men.

どうわ 道話 Moralpredigt f. -en; 《俗》Moralpauke f. -n; Parabel f. -n 《たとえ話》.

とうわく 当惑 Verlegenheit f.; Ratlosigkeit f.《途方に暮れること》; Verwirrung f.《狼狽》; Not f. ¨-e《窮境》/当惑した verlegen; ratlos; verwirrt; perplex. — 当惑する verlegen werden*; in *Verlegenheit 《Verwirrung》geraten* (kommen*) s; in *Not geraten*; weder aus noch ein wissen*.

とえい 都営の städtisch ║都営バス(住宅) ein städtischer Omnibus, -busses, -busse; ein städtisches Mietshaus, -es, ¨-er.

どえらい außerordentlich; erstaunlich; unerhört; ungeheuer; erstaunlich; wahnsinnig/その会社はどえらい赤字を出した Das Unternehmen hat ungeheuere Verluste erlitten.

とお 十 zehn. ⇨**じゅう**(十).

とおあさ 遠浅の海岸 ein seichter Strand, -(e)s, ¨-e; eine seichte Küste, -n/ここの海岸は遠浅だ Am hiesigen Strand ist es ganz seicht.

とおい 遠い(く) ❶ weit; fern; entfernt/遠い距離 eine weite (große) Entfernung, -en/遠い遠い国 in weiter Weg, -(e)s, -e/遠い国々 ferne Länder (pl)/遠くから von fern/遠い将来に in ferner ³Zukunft; von da an kommt's da weit. Das Dorf ist noch weit weg von hier.; Es ist noch weit bis zum Dorf. ❷〔耳が〕schwerhörig sein; schlecht hören/彼は耳が遠い Er hört schlecht. ❸ 気が遠くなる ohnmächtig werden; in ⁴Ohnmacht fallen* (s)/気が遠くなるような騒音 ein (ohren)betäubender Lärm, -(e)s.

とおう 渡欧する nach ³Europa fahren* (reisen) (s).

とおえん 遠縁 eine entfernte (weitläufige) Verwandtschaft, -en/遠縁の者 der entfernte (weitläufige) Verwandte*, -n, -n.

とおか 十日 zehn Tage (pl); der zehnte [Tag] (月の)/五月十日に am zehnten Mai/それは十日十日間続いた Es dauerte gerade zehn Tage lang.

とおからず 遠からず in nicht ferner ³Zeit; in absehbarer ³Zeit; in kurzem; bald/遠からず春になるだろう Es wird nicht mehr lange dauern, bis der Frühling kommt (da ist).

トーキー Tonfilm m. -(e)s, -e.

トーゴ Togo n. -s/トーゴの togoisch; togolesisch ‖ トーゴ人 Togoer m. -s, -; Togolese m. -n, -n.

とおざかる 遠ざかる ❶〔遠くなる〕⁴sich entfernen; ferner werden. ❷〔近寄らない〕⁴sich fern halten* (von³)/〔抑制する〕⁴sich enthalten*²; ⁴sich zurück|halten* (von³).

とおざける 遠ざける ❶ entfernen⁴; 〔近寄らせない〕fern halten*; ³sich vom Leibe halten*⁴/人を遠ざけて bei (hinter) verschlossenen Türen; unter vier ³Augen. ❷〔抑制する〕⇒とおざかる❷.

とおし 通しの durchgehend; direkt/通しで行く direkt fahren* (s) (nach³) ‖ 通し切符 durchgehende Fahrkarte, -n.

-どおし -通し ¶ 夜通し die ganze ⁴Nacht [hindurch (dauernd)]; die ⁴Nacht über/…し通しである stetig; unaufhörlich; ununterbrochen; es nicht lassen können*, ... zu tun.

とおす 通す ❶〔通過させる〕durch|lassen*⁴; [hin]durchgehen lassen*⁴ (vorübergehen) lassen*⁴;〔入れる〕ein|lassen*⁴; zu|lassen*⁴/糸を針に通す eine Nadel (-n) ein|fädeln/光線を通す die Lichtstrahlen (pl) durch|lassen*/さっと目を通す flüchtig durch|sehen* (jn)/水を通さす Wasser fließen (laufen) lassen*. ❷〔案内する〕führen⁴ (in⁴); eintreten lassen*⁴ (in⁴)/客を応接間に通す einen Gast ins Empfangszimmer führen. ❸〔貫通する〕durch|schlagen⁴; durchbohren⁴; durchbrechen⁴; durchdringen⁴/雨(水)を通さぬ regendicht (wasserdicht)/岩を通す einen Felsen durchbohren (durchbrechen). ❹〔貫徹する〕durchsetzen⁴; durch|bringen⁴ (法案を); 意志を通す seinen Willen durchsetzen. ❺〔続ける〕fort|setzen⁴ (-|führen⁴)/泣き通す durch|weinen/独身で通す ledig

(unverheiratet) bleiben* (s)/一週間降り通した Es regnete eine Woche lang. ❻〔ふりをする〕⁴sich aus|geben* (für⁴).

トースター Brotröster m. -s, -; Toaster m. -s, -.

トースト Toast m. -(e)s, -e (-s)/トーストにする Brot rösten.

とおせんぼう 通せん坊をする im Weg[e] sein (stehen*) (jm); in den Weg treten* (kommen*) (jm).

トーチカ Betonstand m. -(e)s, ⁼e; Bunker m. -s, -.

ドーナツ Pfannkuchen m. -s, -.

トーナメント Turnier n. -s, -e; Wettkampf m. -(e)s, ⁼e ‖ テニストーナメント Tennisturnier n. -s, -e (-wettkampf m. -(e)s, ⁼e).

となり 遠鳴り ferner Donner, -s, -.

とおく 遠退く ⁴sich entfernen (von³); weg|gehen* (s); immer seltener kommen* (s)/(来る).

とおのり 遠乗り Distanzritt m. -(e)s, -e (馬の); Distanzfahrt f. -en (自動車などの). — 遠乗りする einen Distanzritt (eine Distanzfahrt) machen/僕たちは箱根まで自転車で遠乗りするつもりです Wir wollen eine Radwanderung nach Hakone unternehmen.

ドーピング Doping n. -s; Anwendung (f. -en) des Reizmittels (n.) ‖ ドーピング検査 Nachprüfung (f. -en) des Dopings; Dopingprüfung f. -en.

とおぼえ 遠吠え das Heulen*, -s/遠吠えする heulen.

とおまき 遠巻きにする in weitem Kreis[e] umgeben*⁴.

とおまわし 遠回しに andeutungsweise; indirekt (間接に)/遠回しに言う auf ³Umwegen sagen⁴; andeutungsweise sprechen* /遠回しな言い方 Periphrase f. -n; Umschreibung f. -en.

とおまわり 遠回り Umweg m. -(e)s, -e; Umschweif m. -(e)s, -e/遠回りをする einen Umweg machen (fahren* (s))/遠回りをして auf ³Umwegen.

とおみ 遠見〔遠景〕Fernsicht f. -en; weite Aussicht, -en;〔背景〕Hintergrund m. -(e)s, ⁼e/遠見がきく eine Fernsicht haben (über⁴).

とおみち 遠路 ❶〔遠い路〕weiter Weg, -(e)s, -e/遠路をする einen weiten Weg gehen* (s). ❷〔迂回〕⇒とおまわり.

とおみみ 遠耳の schwerhörig.

ドーム Dom m. -(e)s, -e; Kuppel f. -n.

とおめ 遠目 ❶〔遠望〕Fern[an]sicht f. -en/遠目には aus der ³Ferne (gesehen)/遠目がいい eine gute Fernsicht haben. ❷〔遠視〕Weitsichtigkeit (Fern-) f./遠目がきく weitsichtig sein.

ドーラン Schminke f. -n/ドーランを塗る ⁴sich schminken.

とおり 通り ❶〔道路〕Weg m. -(e)s, -e; 〔街路〕Straße f. -n;〔通路〕Gang m. -(e)s, ⁼e/通りは人でいっぱいだ Die Straßen wimmeln von Menschen. ❷〔往来〕Verkehr m. -s. ⇒ひととおり. ❸〔流通〕Zug m. -(e)s, ⁼e〔空気・風の〕; Durchfluss m. -es, ⁼e〔水の〕/この

〜とおり パイプは通りがよくない Die Pfeife hat keinen [rechten] Zug. ❹ [種類] Art *f.* -en; Sorte *f.* -n／それは五通りある Es gibt fünf Arten (davon). ❺ [方法] Weg *m.* -[e]s, -e; Methode *f.* -n; Weise *f.* -n. ❻ [評判] Ruf *m.* -[e]s／通りがよい in *js* ³Gunst (bei *jm* in ³Gunst) stehen*.

〜とおり 〜の通り(に) wie; [eben]so wie; zufolge³; gemäß³《後置して》／ごらんの通りは Sie wissen es ja gewöhnlich (sonst)／前に述べた通り wie oben erwähnt (gesagt)／全くその通り genau so wie／言われた通り dem Befehl gemäß／時間通り pünktlich／君の言った通りだ Du hast Recht.／その通りです So ist's.

-どおり gemäß³; laut².³; nach³; wie; zufolge².³／時間通り pünktlich; ohne ¹Verspätung; auf die Minute genau; zur vereinbarten Zeit《約束の時間に》／規則通り gemäß der Regel; laut den Bestimmungen des Gesetzes《法規通り》／命令通り dem Befehl gemäß《命令通り》／指図通り gemäß den Anordnungen《指図通り》／文字通り buchstäblich; wortwörtlich／約束通り dem Versprechen gemäß; wie verabredet／予定通り wie vorgesehen; programmgemäß.

とおりあめ 通り雨 [Regen]schauer *m.* -s, -; Platzregen *m.* -s, -; Regenguss *m.* -es, ⸚e／単なる通り雨だった Es war nur ein kurzer Schauer.

とおりあわせる 通り合わせる zufällig vorüber|gehen*[s]《*an*³》; zufällig vorbei|gehen*(vorbei|kommen*)[s].

とおりいっぺん 通り一遍の zufällig; gelegentlich; vorübergehend《一時的な》; formell《形式的な》; oberflächlich《表面的な》／通り一遍の挨拶 formelle Grüße《*pl*》

とおりがかり 通りがかりの vorübergehend; vorbeikommend／通りがかりに訪問する im Vorbeigehen besuchen《*jn*》

とおりかかる 通りかかる vorüber|gehen*[s]《*an*³》

とおりこす 通り越す [行き過ぎる] zu weit gehen*[s]; vorbei|gehen*[s]《*an*³》; [乗り越す] zu weit fahren*[s]; vorbeilfahren*[s]《*an*³》／危機を通り越す eine Krise durch|machen.

とおりことば 通り言葉 Schlagwort *n.* -[e]s, ⸚er; Jargon *m.* -s, -s; das Rotwelsche*, -n《盗賊の》.

とおりすぎる 通り過ぎる vorbei|gehen*[s]《歩いて》; vorbei|fahren*[s]《乗り物で》／僕らは大学の前を通り過ぎた Wir sind an der Universität vorbeigefahren.

とおりそうば 通り相場 Marktpreis *m.* -es, -e.

とおりぬけ 通り抜け Durchgang *m.* -[e]s, ⸚e／通り抜け無用 [Hier ist] kein Durchgang.《掲示》.

とおりぬける 通り抜ける [hindurch]gehen*[s]《*durch*⁴》.

とおりま 通り魔 Phantom *n.* -s, -e.

とおりみち 通り道 Durchgang *m.* -[e]s, ⸚e; Durchfahrt *f.* -en《車の》／通り道の邪魔にな

る im Weg stehen*(sein)／郵便局は駅の通り道にあります Das Postamt ist auf dem Weg zum Bahnhof.

とおる 通る ❶ [通行する] gehen*; passieren; fahren*《乗物で》; hindurch|gehen*《*durch*⁴》; vorbei|gehen* (-|kommen*)《vorbei|kommen*(-|gehen*)》《以上いずれも *an*³》[s]; [部屋などに] [ein]|treten*[s]《*in*⁴》; gehen*[s]《*in*⁴》; betreten*⁴／通れない ungangbar; nicht passierbar; unfahrbar《乗物が》／通れる gangbar; passierbar; fahrbar《乗物が》／通れる vorbei|fahren*[s]; durch|lassen*⁴／部屋へ通る in ein ⁴Zimmer treten* (gehen*)[s]／左(右)側を通る links (rechts) gehen* (fahren*)[s]／議会を通る im Parlament durch|gehen*[s]; anerkannt werden／試験に通る die Prüfung (das Examen) bestehen*／このバスは銀座を通りませんか Fährt der Bus nicht durch die Ginza? ❷ [通用する] gelten*《*als*¹; *für*》; anerkannt sein《*als*¹》／馬鹿で通る als dumm gelten*. ❸ [許容される] zulässig (erlaubt) sein／そんな逃げ口上を言っても僕には通らないよ Mit solchen Ausflüchten kommt er bei mir nicht durch. ❹ 筋道が通っている konsequent (logisch) sein.

とおる 透る durch|dringen*《*in*⁴》[s]／水の透る wasserdurchlässig／水の透らぬ wasserdicht／彼の声はよく透る Er hat eine klare Stimme.

トおんきごう ト音記号 [楽]Violinschlüssel

とか 渡河 Fluss|überquerung *f.* -en (-übergang *m.* -[e]s, ⸚e)／渡河する einen Fluss überqueren; über|setzen[s].

とか 都下 都下での各小学校 die Volksschulen (*pl*) in Tokio (in der Hauptstadt).

〜とか ❶ 佐藤とかいう男(女)の人 ein gewisser Herr (eine gewisse Frau) Sato／イエスとかノーとか言える前に bevor man ja oder nein sagt／横浜とか神戸とかいうような大きな港 große Häfen wie Yokohama oder Kobe／奥様はお病気とか伺いましたが Ich habe gehört, dass Ihre Gattin krank ist.

とが 咎 Schuld *f.* -en《罪》; Fehler *m.* -s, -《過失》／咎のない schuld|los (-frei); unschuldig／咎をこうむる beschuldigt² werden. ⇨とがめ.

とかい 都会 Stadt *f.* ⸚e／都会の städtisch／彼は都会育ちだ Er ist ein geborener Stadtmensch. ‖ 都会人 Stadt|bewohner *m.* -s, -《-mensch *m.* -en, -en》; Städter *m.* -s, -／都会生活 Stadtleben *n.* -s／大(小)都会 eine große (kleine) Stadt; Großstadt (Kleinstadt).

どがいし 度外視する nicht achten《*auf*⁴》; außer Acht lassen*⁴; nicht beachten⁴; nicht in Betracht ziehen*⁴; ³*et* keine Beachtung schenken; nicht berücksichtigen⁴; vernachlässigen; in Grund lassen*⁴ sen⁴《無視する》; aus|schalten⁴《除外する》／彼の言は全く度外視された Man schenkte seinen Worten keine Beachtung.／彼はいつも僕を度外視している Er lässt mich immer links liegen.

とがき ト書き 〖劇〗 Bühnenanweisung f. -en.

とかく 兎角 ¶ 彼には兎角のうわさがある Man redet dies und das über ihn./ 彼は兎角浪費の癖がある Er neigt zur Verschwendung./ 彼女は兎角物忘れをする Sie vergisst leicht./ こうしたことは兎角起こりやすいものだ So etwas kommt leicht vor./ 兎角する中に彼がやって来た Inzwischen (Mittlerweile) kam er.

とかげ 蜥蜴 〖動〗 Eidechse f. -en.

とかす 溶かす [auf]lösen⁴ 《in³ 液体中に》; schmelzen*⁴ 《固体を液体に》; zum Schmelzen bringen*⁴ 《同上》/ 砂糖を水に溶かす ⁴Zucker in ³Wasser [auf]lösen/ バターを溶かす Butter schmelzen* (zerlassen*); 水(雪)を溶かす das Eis (den Schnee) schmelzen* (zum Schmelzen bringen*).

どかどか どかどかと hinein|stürzen (herein|-) s.; hinein|dringen* s.; ⁴sich hinein|drängen / どかどか歩く lärmenden² Schrittes laufen* s.

とがま 利鎌 eine scharfe Sichel, -n/ 利鎌のような月 der sichelförmige Mond, -[e]s.

とがめ 咎め Schuld f. -en 《罪》; Fehler m. -s, - 《過失》; Tadel m. -s 《非難》; Vorwurf m. -[e]s, ⁼e 《同上》; Verweis m. -es, -e 《叱責》; Rüge f. -n 《同上》/ 良心の咎め Gewissensbiss m. -es, -e; ein schlechtes (böses) Gewissen, -s / 咎めどころのない tadellos.

とがめだて 咎め立て Vorwurf m. -[e]s, ⁼e; Verweis m. -es, -e / あれこれと咎め立てをする nörgeln; bekritteln/ immer ⁴etwas auszusetzen haben 《an³》.

とがめる 咎める ❶ [非難する] jn tadeln 《wegen²⁽³⁾》; jn vor|werfen*⁴ 《wegen²⁽³⁾》; [叱責する] jm einen ⁴Vorwürfe machen 《wegen²⁽³⁾》; jm einen Verweis (eine Rüge) erteilen 《wegen²⁽³⁾》/ 気が咎める ein böses (schlechtes) Gewissen haben; Reue empfinden* (verspüren) 《後悔する》. ❷ [傷などが] ⁴sich entzünden 《炎症を起こす》; ⁴sich verschlimmern 《悪化する》.

とがらす 尖らす spitz machen⁴; [zu]spitzen⁴ 《鉛筆》; schärfen¹⁴ / 口(鉛筆) を尖らす den Mund (einen Bleistift) spitzen/ 神経を尖らせる Nerven an|spannen; nervös werden.

とがり 尖り Spitze f. -n ¶ 尖り鼻 Spitznase f. -n; eine spitze (spitzige) Nase, -n.

とがる 尖る spitz (spitzig) sein*; 尖っている spitz zu|laufen* s. / 尖った spitz; spitzig / 針のように尖る so spitz wie eine Nadel.

どかん 土管 Ton|röhre (Steingut-) f.

どかんと どかんと落ちる mit einem Donnerknall fallen* s.; mit einem Bums herunter|fallen* s.; bumsen.

とき 鴇, 朱鷺 〖鳥〗 Ibis m. Ibisses, Ibisse.

とき 時 Zeit f. -en; Stunde f. -n 《時間》; 〖文法〗 Tempus n. -, ..pora; Fall m. -[e]s, ⁼e 《場合》; Gelegenheit f. -en 《機会》; Jahreszeit f. -en 《季節》; Saison f. -s 《シーズン》. ¶ 時の人 (流行) der Mann -[e]s, ⁼er (die Mode 《-n》) der Zeit/ 時の助動詞 ein temporales Hilfszeitwort, -[e]s, ⁼er/ 復讐の時 die Stunde 《-n》 der Rache/ 収穫の時 die Zeit der Ernte/ 時はずれの unzeitgemäß; ungünstig/ 時を得た zeitgemäß; rechtzeitig; günstig/ 時に応じて je nachdem/ 時を嫌わず immer; zu jeder Zeit/ 時を違えず pünktlich; rechtzeitig/ 時を移さず unverzüglich; ohne ⁴Verzug/ 危急の時に備えて auf den Notfall/ そういった時には in solchem Fall/ 彼が万一来ない時には wenn (falls) er nicht kommen sollte/ 彼女が子供の時に als sie noch klein (ein Kind) war/ 時を得る (得ない) die Zeit gewinnen* (sparen)/ 時を待つ die günstige Zeit ab|warten/ 時を過ごす die Zeit verbringen*/ 時をつぶす die Zeit tot|schlagen* (vertreiben*)/ 時を失う die Zeit verlieren*; die gute Gelegenheit verpassen 《機会を逸する》/ 時のたつのは早いものだ Die Zeit vergeht so rasch (schnell)./ その時には彼は旅行中でした Damals (Zu jener Zeit) war er verreist./ 彼女にも幸福な(若い)時があったのだ Sie hat auch bessere Zeiten gesehen. (Sie war auch einmal jung.)/ 時が万事を解決する Kommt Zeit, kommt Rat./ Die Zeit bringt Rosen./ 時は金なり Zeit ist Geld.

とぎ 研ぎ das Wetzen* (Schleifen*; Abziehen*), -s; das Polieren*, -s 《磨き》.

どき 怒気 Ärger m. -s; Empörung f. -en; Entrüstung f. -en; Unwille[n] m. ..willens; Wut f.; Zorn m. -[e]s 《aus³; vor³; über⁴》/ 怒気をおびて ärgerlich; aufgebracht; empört; entrüstet; erzürnt; unwillig; zornig 《über⁴》.

どき 土器 Steingut n. -[e]s, -e; Terrakotta f. -s (..kotten); Terrakotte f. -n; Tongeschirr n. -[e]s, -e.

ときいろ とき色 altrosa (blass-) 〖無変化〗.

ときおよぶ 説き及ぶ erwähnen⁴; berühren⁴ / 彼はこの点にまで説き及んだ Er berührte auch diesen Punkt.

ときおり 時折り ⇨ときどき.

ときかす 説き聞かす erklären³⁴ (説明する); jn belehren 《über⁴》 教える・教訓を与える; predigen³⁴ (説教する).

とぎし 研師 Schleifer m. -s, -; Schwertfeger m. -s, - 《刀剣の》.

ときすすめる 説き勧める jn überreden (説得する).

ときたま 時たま ⇨ときどき/ そういうこともときたまはあります Das kommt auch vor. Das ist auch nicht ausgeschlossen.

どぎつい krass; grob; zu weitgehend; radikal; extrem; entsetzlich; unerhört; [色] grell; auffällig.

ときつける 説き付ける jm zu|reden (すすめる); jn überreden (説得する).

どきっと どきっとする zusammen|fahren* s; zurück|schrecken*⁽s⁾ s; einen Schreck[en] kriegen/ どきっとさせる jm einen (schönen) Schrecken ein|jagen; jn in Schrecken setzen; jm einen Schock geben*/ どきっとして betroffen; vom Donner gerührt; wie vom Blitz getroffen/ 全くもってどきっとした Der Schreck ist mir in die Glieder gefahren./ 彼は彼女を見てどきっとした Er fuhr bei ihrem Anblick zusammen.

ときどき 時々 ab und zu; hin und wieder; von Zeit zu Zeit; manchmal; gelegentlich《折にふれて》/そういうことはときどきある Das kommt manchmal (ab und zu) vor.

どきどき どきどきする《心臓が》Das Herz klopft (hämmert; pocht; schlägt) schnell (heftig; unregelmäßig). /胸をどきどきさせて mit klopfendem Herzen/興奮して胸がどきどきする Mir pocht das Herz vor Erregung.¦Das Herz schlägt mir vor Erregung bis zum Hals〔herauf〕.

ときとして 時として失敗もありうる Misslingen ist auch möglich (nicht ausgeschlossen).

ときならぬ 時ならぬ unzeitgemäß; unzeitig; unerwartet《思いがけない》.

ときに 時に《話題を変えるとき》übrigens/時にあなたのお仕事の方はいかがですか Übrigens, was macht Ihre Arbeit?

ときには 時には ab und zu; hin und wieder; von Zeit zu Zeit/時には休息も必要だ Ab und zu muss man sich auch mal ausruhen.

ときの 時の《当時の》damalig/時の総理大臣 der damalige Ministerpräsident《-en, -en》; der Ministerpräsident von damals.

ときのこえ 鬨の声 Schlacht¦geschrei *n.* -s (-ruf *m.* -〔e〕s, -e)/鬨の声を上げる ein Schlachtgeschrei erheben*/鬨の声を上げて喜ぶ ein freudiges Geschrei erheben*; jubelnd schreien*; laut jubeln.

ときはずれ 時外れの unzeitgemäß; unzeitig; ungelegen《生憎の》.

ときふせる 説き伏せる *jn* überreden《*zu*³》; *jn* überzeugen《*von*³ 納得させる》.

どぎまぎ どぎまぎして fassungslos《*vor*³》; bestürzt《*über*⁴》; betroffen《*über*⁴》; verlegen; verwirrt; zerrüttet. ── どぎまぎする die Fassung verlieren*; aus der Fassung kommen* [s]. ── どぎまぎさせる *jn* aus der Fassung bringen*; *jn* aus dem Gleichgewicht bringen*.

ときめき ¶ 胸のときめき das Klopfen* (Pochen*)《-s》des Herzens.

ときめく ❶ [胸が] klopfen; pochen/期待に胸がときめく Das Herz klopft (pocht) vor Erwartung. ❷ [時めく] auf der ³Höhe seiner ²Macht stehen*.

どぎも 度肝を抜く frappieren⁴; verblüffen⁴; bestürzt machen⁴/まだ度肝を抜かれることがあるぞ *Du wirst noch dein blaues Wunder* erleben (sehen)./…を聞いて彼はすっかり度肝を抜かれた Er wäre fast vom Stuhl gefallen, als er erfuhr, dass ….

どきゅうかん 弩級艦 Dreadnought *m.* -s, -s; Großkampfschiff *n.* -〔e〕s, -e ‖ 超弩級艦 Superdreadnought; Übergroßkampfschiff.

ドキュメンタリー ドキュメンタリー映画 Dokumentarfilm *m.* -〔e〕s, -e; Dokumentar-Spielfilm《脚色したもの》.

どきょう 度胸 Mut *m.* -〔e〕s; Kühnheit *f.*; [腹] die innere Haltung, -en; Charakterfestigkeit *f.*/度胸のよい mutig; beherzt; schneidig; charakterfest / 度胸のない furchtsam; ängstlich; zaghaft; nicht unternehmungslustig/度胸をすえる ³sich ein Herz (einen Mut) fassen; auf ⁴*et* gefasst sein; ⁴sich bereit finden*; ⁴sich in ⁴*et* ergeben*/まあ, 度胸をすえるこった Aber, du musst gute Nerven haben!/いい度胸だ Er kann Haltung bewahren.

とぎれ 途切れ Unterbrechung *f.* -en; Pause *f.* -n.

とぎれとぎれ 途切れ途切れに mit〔manchen; vielen〕³Unterbrechungen (Pausen)/途切れ途切れの声で mit stockender ³Stimme/隣室の話声は途切れ途切れにしか聞こえなかった Die Stimmen von nebenan hörte man nur bruchstücksweise.

とぎれる 途切れる unterbrochen (abgebrochen) werden; aus¦setzen; stocken/脈が途切れる Der Puls stockt (setzt aus)./連絡が途切れる Die Verbindung wird abgebrochen.

ときわ 常盤の immergrün/常盤の松 immergrüne Kiefer, -n ‖ 常盤木 ein immergrüner Baum, -〔e〕s, ⁻e; ein immergrünes Holzgewächs, -es, -e.

ときん 鍍金 ⇨めっき.

どきん どきんとする einen Schock《-〔e〕s, -s》erleiden* (bekommen*); einen Nervenschock bekommen*.

とく 徳 Tugend *f.* -en; [能力] Fähigkeit *f.* -en / 徳のある(高い) tugendhaft; tugendreich/徳を養う ⁴Tugend üben.

とく 得 Gewinn *m.* -〔e〕s, -e; Vorteil *m.* -〔e〕s, -e; Nutzen *m.* -s, -; Erwerb *m.* -〔e〕s, -e; Verdienst *m.* -〔e〕s, -e/得になる vorteilhaft sein《für *jn*》; nützlich sein《*jm*; für *jn*》/得をする gewinnen*; Vorteil haben《*von*³》; sparen⁴《時間的に》/地下鉄でおいでになれば十分間得ですよ Mit der U-Bahn können Sie zehn Minuten sparen. ── 得な nützlich; vorteilhaft; einträglich; gewinnbringend (Gewinn bringend); nutzbar/得な性分 die glückliche Natur, -en.

とく 解く ❶ [ほどく]〔auf¦〕lösen⁴; auf¦binden*⁴; ab¦binden*⁴; ab¦knüpfen⁴《特に結び目を》; auf¦machen⁴; öffnen⁴; entwirren⁴《もつれを》/髪を解く ³sich das Haar auf¦lösen/靴のひもを解く die Schuhe《*pl*》los¦schnüren/なわを解く einen Strick los¦binden*/包みを解く ein Paket《*n.* -〔e〕s, -e》auf¦machen〈eröffnen〉. ❷〔解答する〕〔auf¦〕lösen⁴; beantworten⁴ / 暗号を解く entziffern⁴/誤解を解く ein Missverständnis《*n.* ..nisses, ..nisse》lösen/方程式を解く eine Gleichung《*f.* -en》lösen. ❸ [解除する]〔auf¦〕lösen⁴;〔auf¦〕haben*⁴; zurück¦ziehen*⁴/囲みを解く die Belagerung auf¦heben*/警戒を解く die Wachen ein¦ziehen*/契約を解く einen Vertrag (Kontrakt) lösen (auf¦heben*)/禁を解く ein Verbot auf¦heben*. ❹ [解雇する] entheben*²《*jn*》. ❺ [怒りを] *js* Zorn beschwichtigen. ❻ [梳(す)く] kämmen ⇨くしけずる.

とく 説く erklären⁴; erläutern⁴; deutlich machen⁴; [解釈する] aus¦legen⁴; [説得する] überreden《*jn* zu ³*et*; *jn*, ⁴*et* zu tun》; zu¦

reden 《jm》; [諫(かん)止する] ab|raten* 《jm von ^{3}et; jm ^{4}et》; [説教する] predigen^4/色々説いたにもかかわらず trotz allem Zureden/意味を説く den Sinn erklären/詳しく(簡単に)説く ausführlich (kurz) erklären^4/道(教え)を説く die Wahrheit (eine Lehre) predigen.

とく 溶く ❶ ⇨とかす. ❷ ⇨とける(溶ける).

とぐ 研ぐ ❶ [刃物を] schärfen^4; schleifen*^{4} 《研磨盤で》; wetzen^4 《砥(と)石で》; ab|ziehen*^{4} 《研革で》/ナイフ(鎌)を研ぐ ein Messer (eine Sense) schärfen (schleifen*; wetzen)/かみそりを研ぐ ein Rasiermesser schärfen (ab|ziehen*). ❷ [磨く] glätten^4; polieren^4. ❸ [米を] waschen*^{4}.

どく 毒 ❶ Gift n. -[e]s, -e; Giftstoff m. -[e]s, -e; Virus n. -, ..ren 《病毒》/毒を入れた(塗った) vergiftet; giftig/毒を飲む Gift [ein]nehmen*; ^{4}sich vergiften/毒を盛る Gift mischen; jm Gift bei|bringen*/毒にも薬にもならぬ harmlos; ungefährlich; unbedeutend; ein Mann 《m. -[e]s, ¨er》, der kein Wässerchen trübt 《人》/毒をもって毒を制す ,Auf einen groben Klotz gehört ein großer Keil.' ¦ den Teufel durch Beelzebub aus|treiben*; 〖俗〗 Hundehaare auf|legen/毒食わば皿まで ,Wer A sagt, muss auch B sagen.' ¦ Wenn schon, denn schon. ¦ Es gibt kein Zurück. ❷ [害] Schaden m. -s, ¨; Übel n. -s; Unheil n. -s. ── 毒する vergiften^4; verderben*^{4}/子供心を毒する die Seele eines Kindes vergiften. ── 毒になる schädlich (gesundheitswidrig; giftig) sein; schaden^3/仕事が身体に毒になることはあるまい 《その身体なら大丈夫》 Arbeit würde dem Körper wahrhaftig nicht schaden./電気をつけずに読書などしては目の毒ですよ Sie werden sich die Augen verderben, wenn Sie ohne Licht lesen.

どく 退く aus dem Weg gehen* [s]; beiseite treten* [s]; Platz machen/どけどけ Platz da! ¦ Platz gemacht!/おばあさんが来たのでとうとう席をどかされた Endlich musste ich einer alten Dame meinen Platz überlassen.

とくい 得意 ❶ [自負] Stolz m. -es; Hochmut m. -[e]s; Überhebung f. -en; Anmaßung f. -en/得意になって stolz; triumphierend/得意がる stolz sein 《auf^4》; [^{4}sich] groß|tun* 《mit^3》; prahlen 《mit ^{3}et gegen jn》; ^{4}sich rühmen^2/彼は…と考えて得意であった Er gefiel ^{3}sich in dem Gedanken, dass …./得意顔をして mit triumphierender ^{3}Miene. ❷ [得手] Stärke f. -n; die starke Seite, -n; [十八番] Steckenpferd n. -[e]s, -e/…が得意である stark (zu ^{3}Haus[e]) sein 《in^3》; vertraut sein 《mit^3》/彼は幾何が得意だ Er ist stark in der Geometrie. ❸ [顧客] Kunde m. -n, -n; Kundschaft f. 《総称》/得意が多い eine große Kundschaft haben/得意回りをする die Kunden 《pl》 besuchen. ‖ 得意先 [der ständige] Kunde.

とくい 特異な eigentümlich; sonderbar; seltsam.

とくいく 徳育 moralische Erziehung, -en; Moralerziehung f. -en.

どくえい 独英の deutsch-englisch ‖ 独英協定 das deutsch-englische Abkommen, -s, -/独英辞典 ein deutsch-englisches Wörterbuch, -[e]s, ¨er.

どくえん 独演する allein spielen; allein vor|führen ‖ 独演会 Solo¦aufführung f. -en (-vorführung f. -en; -vortrag m. -[e]s, ¨e); Einmann-Vorstellung f. -en/独演者 alleiniger Spieler, -s, - (Vorsteller, -s, -); Solist m. -en, -en.

どくが 毒牙 Giftzahn m. -[e]s, ¨e/毒牙にかかる jm (^{3}et) zum Opfer fallen* (erliegen*) [s]; überwältigt werden 《von^3》.

どくが 毒蛾 der giftige Falter, -s, -; Giftfalter m. -s, -.

とくがく 篤学の lernbegierig; fleißig/篤学の士 der fleißig Studierende*, -n, -n.

どくがく 独学 Selbst¦erziehung f. -en (-unterricht m. -[e]s, -e)/独学の autodidaktisch. ── 独学する [allein] ohne Lehrer studieren; ^{4}sich selbst unterrichten und bilden; ^{4}sich durch Selbstunterricht bilden ‖ 独学者 Autodidakt m. -en, -en; Selbstlerner m. -s, -.

どくガス 毒ガス Giftgas n. -es, -e/毒ガスを用いる Giftgas verwenden(*); jn vergasen ‖ 毒ガス弾 Gasbombe f. -n/毒ガスマスク Gasmaske f. -n.

どくがん 独眼の einäugig; auf einem Auge blind.

とくぎ 特技 Spezialität f. -en.

とくぎ 徳義 Sittlichkeit f./徳義上の sittlich; moralisch/徳義を重んじる ein ^{4}Ehrgefühl haben ‖ 徳義心 Sittlichkeits¦gefühl (Ehr-) n. -[e]s, -e.

どくぎん 独吟 Deklamation f. -en; Rezitation f. -en; Solo n. -s, -s (..li). ── 独吟する deklamieren$^{(4)}$; rezitieren^4; solo singen*$^{(4)}$.

どくけし 毒消し Gegengift n. -[e]s, -e; Gegenmittel n. -s 《gegen^4》; Antitoxin n. -s 《抗毒素》.

どくご 独語 ❶ Selbstgespräch n. -[e]s, -e; Monolog m. -s, -e 《独白》. ── 独語する ^{4}et vor ^{3}sich hin sprechen*; ein Selbstgespräch halten*; mit^3 sich selbst reden; monologisieren; einen Monolog halten*. ❷ ⇨ドイツご.

どくごかん 読後感 Eindrücke 《pl》 nach der ^{3}Lektüre 《f. -n》.

とくさ 木賊 〖植〗 Schachtelhalm m. -[e]s, -e; Katzenschwanz m. -es, ¨e.

どくさい 独裁 Diktatur f. -en; Autokratie f. -n; Despotie f. -n; Allein¦herrschaft (Gewalt-; Selbst-) f. -en. ── 独裁の(で) diktatorisch; autokratisch; despotisch. ‖ 独裁君主国 die absolute Monarchie f. -n/独裁者(独裁君主) Diktator m. -s, -en; Autokrat m. -en, -en; Despot m. -en, -en; Allein¦herrscher (Gewalt-; Selbst-) m. -s, -; Gewalthaber m. -s, -; Tyrann m. -en, -en/独裁政治 Diktatur; Autokratie; Despotie; die unbeschränkte Regierungsform 《形態》; Tyrannei f. -en.

とくさく 得策 kluges Verfahren, -s, -; Rätlichkeit f./得策な rätlich; ratsam; aufg/タクシーで行かれる方が得策ですよ Sie fahren besser mit dem Taxi.

とくさつ 毒殺 Giftmord m. -(e)s, -e (-mischerei f. -en) 毒殺する jn vergiften. ‖ 毒殺者 Vergifter m. -s, -; Giftmischer

とくさん 特産 Sondererzeugnis n. ..nisses, ..nisse; Hauptprodukt n. -(e)s, -e (産物).

とくし 篤志 ❶〔慈善〕Güte f.; Wohlwollen n. -s. ❷〔熱心〕Eifer m. -s; Teilnahme f. ‖ 篤志家 gütiger (wohl wollender) Mensch, -en, -en.

とくし 特赦 besondere Gnade, -n.

とくし 特使 der Spezialgesandte*, -n, -n/特使を立てる einen Spezialgesandten schicken (senden*).

とくじ 独自の eigen(artig); eigentümlich; einzig(artig); individuell; originell; (特異な) apart; besonders; sonderlich/独自な見解を出す eine eigene Meinung (-en) aufgeben*/独自な模様(服) ein apartes Muster, -s, - (Kleid, -(e)s, -er)/あの男は独自な着想をする Er hat originelle Einfälle.

とくしつ 特質 ⇨とくしょく.

とくしつ 得失 Vorteil und Nachteil, des - und -(e)s; Gewinn und Verlust, des - und -(e)s; 〔利害関係〕Interessen (pl).

とくじつ 篤実 Rechtschaffenheit f.; Redlichkeit f.; Aufrichtigkeit f.; 篤実な rechtschaffen; redlich; aufrichtig.

とくしゃ 特赦 Straferlass m. -es, -e (オーストリアで: "e); Begnadigung f. -en; Amnestie f. -n/特赦を行う die Strafe erlassen* (jm); begnadigen (amnestieren)

とくしゃ 読者 Leser m. -s, -; Leser|kreis m. -es, -e (-schaft f. -en); Publikum n. -s (読者層); Abonnent m. -en (新聞などの予約購読者) ‖ 読者欄 Leserspalte f. -n.

とくじゃ 毒蛇 Giftschlange f. -n; Natter f. -n; Viper f. -n (まむし).

とくしゃく 独酌する allein trinken*; für ⁴sich trinken*.

とくしゅ 特種 besondere Sorte, -n; Spezialart f. -en.

とくしゅ 特殊の besonder; speziell; [特色ある] charakteristisch; eigenartig; typisch; ausgeprägt; [個性的な] individuell/特殊な地位 Sonderstellung f. -en ‖ 〔哲〕Besonderheit f. -en; Spezifikation f. -en/特殊科学 Einzelwissenschaft f. -en/特殊学級 Sonderklasse f. -n/特殊学校 Sonderschule f. -n/特殊感覚 die spezielle Empfindung, -n, -en/特殊教育 Sonderschulwesen n. -s, -/特殊鋼 Spezialstahl m. -(e)s, "e/特殊性 Besonderheit f. -en.

とくしゅ 毒酒 der vergiftete Wein, -(e)s, -e.

とくしゅう 独習 Selbstunterricht m. -(e)s, -e/独習する für ⁴sich lernen* ‖ 独習書 Buch (n. -(e)s, "er) zum Selbstunterricht/ドイツ語独習書 Deutsche Sprachlehre (n. -) zum Selbstunterricht. ⇨どくがく.

とくしゅうごう 特集号 Sondernummer f. -n.

どくしょ 読書 das Lesen*, -s; Lektüre f. -n; Leserei f. -en; Durchsicht f. -en (目を通すこと)/読書に日を暮らす die Zeit mit Lesen verbringen* (hin|bringen*)/読書にふける über den Büchern sitzen* (hocken). — 読書する lesen*⁴; ein Buch (in einem Buch) lesen* ❖ 四格の場合は読むことに、前置詞のある場合は本に重点がある。‖ 読書家 ein (leidenschaftlicher; eifriger) Leser, -s, -; Bücherfreund m. -(e)s, -e/読書界(界) Leser|kreis m. -es, -e (-schaft f. -en); Lesepublikum n. -s (-zirkel m. -s, -)/読書狂 Bücherwurm m. -(e)s, "er; Lese|ratte f. -n (-wut f.)/読書癖 die Zuneigung ((-en)) zum Lesen.

どくしょう 独唱 Solo n. -s, -s (..li); Sologesang m. -(e)s, "e; 独唱する solo singen*⁽⁴⁾. ‖ 独唱会 Solovortrag m. -s, "e; Liederabend m. -s, -e (von³)/独唱者 Solist m. -en, -en; Solistin f. -, -tinnen (女); Solosänger m. -s, -.

とくしょく 特色 Eigenart f. -en; Charakter m. -s, -e; Eigentümlichkeit f. -en ⇨とくせい(特性)/特色のある eigenartig; charakteristisch; kennzeichnen/特色づける charakterisieren*⁴; kennzeichnen*⁴.

どくしん 涜神 Blasphemie f. -n; Gotteslästerung f. -en/涜神の gotteslästerlich; blasphemisch.

とくしん 得心する ein|willigen (in³); zu|stimmen³; [満足する] zufrieden sein (mit³) /得心のいくように説明する bis zu js Zufriedenheit erklären*⁴; [確信する] ⁴sich überzeugen (von³). — 得心させる einwilligen machen (in in³); [説き伏せる] überreden (jn zu³); [確信させる] überzeugen (jn von³).

どくしん 独身 Ehelosigkeit f.; Ledigkeit f.; Junggesellenstand m. -(e)s, "e; Junggesellentum n. -(e)s, "e/独身者(女) Junggesellin f. -, -nen (女); Zölibat m. (n.) -(e)s (宗教上の)/独身の allein stehend; ledig; unverheiratet; ehelos/一生独身で暮らす fürs Leben ledig bleiben*/彼女は独身で通すと心にきめている Sie ist entschlossen, ledig zu bleiben. ‖ 独身者 Junggeselle m. -n, -n (男); [alte] Jungfer f. -n (女); Hagestolz m. -es, -e (妻帯ぎらい); der (die) Unverheiratete*, -n, -n/独身主義 Junggesellentum n. -s; Junggesellentum n. -s/彼は独身主義者だ Er ist ein eingefleischter Junggeselle.

どくしんじゅつ 読唇術 das Ablesen* ⟨-s⟩ von den Lippen/読唇術をする von den Lippen ab|lesen*⁴.

どくしんじゅつ 読心術 das Gedankenlesen*, -s/読心術を行う js Gedanken lesen*.

とくせい 特性 besondere Eigenschaft (Beschaffenheit), -en ⇨とくちょう(特徴)/特性を発揮する eine besondere Eigenschaft zeigen.

とくせい 徳性 Sittlichkeit f.; Moralität f./徳性を涵(ク)養する ⁴sich in ³Moral (Tugend) aus|bilden lassen*.

とくせい 特製の besonders gemacht (hergestellt; angefertigt).

どくせい 毒性 Giftigkeit *f.*／毒性の giftig.
とくせつ 特設の speziell (besonders) eingerichtet／特設する speziell (besonders) ein|richten⁴.
どくぜつ 毒舌 Gift|zunge (Schlangen-) *f.* -n; ein ungewaschenes Maul, -(e)s, ⸚er／毒舌を振う herunter|machen⁴; scharf her|nehmen⁴⁴; durch die Hechel (den Kakao) ziehen⁴⁴ (こきおろす); sein Gift verspritzen.
どくぜり 毒芹 Wasserschierling *m.* -s, -.
とくせん 特選 besondere Auszeichnung, -en／特選の auserwählt; erwählt ‖ 特選品 ausgesuchte Ware, -n.
とくせん 特撰の besonders vorbereitet.
どくせん 独占 Monopol *n.* -s, -e; der ausschließliche Besitz, -es, -e; Alleinhandel *m.* -s, - 《独占取引》; Alleinherstellung *f.* -en 《製造》; Alleinverkauf *m.* -(e)s, ⸚e. — 独占する momopolisieren⁴; ⁴*et* für ⁴sich allein in Anspruch nehmen*; an ⁴sich reißen* (einen Handel; die Unterhaltung 商売でも談話でも). ‖ 独占禁止 Monopolverbot *n.* -(e)s, -e／独占権 Monopolrecht *n.* -(e)s, -e; das ausschließliche Recht, -(e)s, -e; Allein|handelsrecht (-herstellungrecht, -verkaufsrecht) *n.* -(e)s, -e／その新聞はこのニュース発表の独占権を得た Die Zeitung bekam das ausschließliche Recht auf die Veröffentlichung dieser Nachricht.／独占事業 Monopolunternehmung *f.* -en／独占資本 Monopolkapital *n.* -s, -e／独占資本主義 Monopolkapitalismus *m.* -／独占者 Monopolist *m.* -en, -en; Alleinhändler *m.* -s, -.
どくぜん 独善 Selbst|gefälligkeit *f.* (-gerechtigkeit *f.*); Eigennützlichkeit *f.* -en／独善的 selbst|gefällig (-gerecht); egozentrisch; dogmatisch.
とくせんたい 督戦隊 Beobachtungsheer *n.* -(e)s, -e.
どくそ 毒素 Giftstoff *m.* -(e)s, -e; Toxin *n.* -s, -e; Ptomain *n.* -s, -e.
とくそう 徳操 Sittlichkeit *f.*; Moralität *f.*; Tugend *f.*
どくそう 独創 Originalität *f.* -en; Ursprünglichkeit *f.* -en; Erfindung *f.* -en／独創的な originell; eigentümlich; einzig-; neuartig; schöpferisch／独創の die schöpferische Begabung, -en ‖ 独創力 Schöpferkraft *f.* -e.
どくそう 独奏 Solo *n.* -s, -s (..li); Solospiel *n.* -(e)s, -e／独奏する solo spielen (vor|tragen⁴) ‖ 独奏会 Solo|konzert *n.* -(e)s, -e (-vortrag *m.* -(e)s, ⸚e.
どくそう 毒草 Giftpflanze *f.* -n.
どくそう 独走する den anderen einen großen Vorsprung haben; mit einem großen Vorsprung gewinnen* (siegen)／独走態勢に入る großen Vorsprung vor anderen gewinnen*.
とくそく 督促 Aufforderung *f.* -en; Mahnung *f.* -en《借金・税金などの》. — 督促する auf|fordern (*jn zu*³); mahnen (*jn um*⁴). ‖ 督促状 Mahn|brief *m.* -(e)s, -e (-zettel *m.* -s, -).

ドクター Doktor *m.* -s, -en《略:Dr.》; Arzt *m.* -es, ⸚e《医者》.
とくたい 特待 spezielle Behandlung, -en; [優遇] Bevorzugung *f.* -en. — 特待する speziell behandeln⁴; bevorzugt⁴. ‖ 特待生 bevorzugter Schüler, -s, -／[給費生] Stipendiat *m.* -en, -en.
とくだい 特大の extragroß; überdurchschnittlich groß ‖ 特大号(の雑誌) eine besonders angereichte Ausgabe, -n.
とくだね 特だね Sonderbericht *m.* -(e)s, -e.
どくだん 独断 die willkürliche Beurteilung, -en; die eigenmächtige Entscheidung, -en; Dogma *n.* -s, ..men. — 独断(の)で dogmatisch; eigenmächtig; willkürlich; nach eigenem Ermessen; auf eigene Faust／独断で事を行う eigenmächtig handeln; in einer Sache eigenmächtig verfahren*. — 独断する willkürlich (eigenmächtig) entscheiden⁴⁴ (beurteilen⁴⁴); dogmatisieren; ⁴sich dogmatisch äußern (*über*⁴); zum Dogma erheben⁴⁴. ‖ 独断家 Dogmatiker *m.* -s, -／独断論 Dogmatismus *m.* -.
どくだんじょう 独壇場 Monopol *n.* -s, -e／彼の独壇場である Es ist sein Monopol. Er beherrscht ganz allein die Szene.／Keiner kommt ihm darin gleich.／Keiner kann sich darin mit ihm messen.／Er ist in seinem Element.
とぐち 戸口 Tür *f.* -en; [Tür]eingang *m.* -(e)s, ⸚e／戸口で(に) an (vor; in) der ³Tür; am Eingang.
とくちょう 特徴 [charakteristisches] Merkmal, -(e)s, -e; Eigentümlichkeit *f.* -en／特徴のある charakteristisch; eigentümlich.
とくちょう 特長 Stärke *f.* -n《長所》.
どくづく 毒づく fluchen (*jm*; *auf*⁴); [auf] *jn* herzlich schimpfen; *jn* mit Schimpf über|schütten; keinen guten Fetzen an *jm* lassen*; wie ein Rohrspatz auf *jn* schimpfen／彼は口汚く毒づいた Er hat ihm wie ein Landsknecht geflucht.
とくてい 特定の bestimmt; spezifisch ‖ 特定財産 Spezialvermögen *n.* -s, -／特定人 bestimmte Person, -en／特定物 Spezies *f.* -.
とくてん 特典 besondere Vergünstigung, -en; [特権] Vorrecht *n.* -(e)s, -e／特典を得る besondere Vergünstigung erhalten*.
とくてん 得点 Punkt *m.* -(e)s, -e; Punktzahl *f.* -en／彼はこのゲームで得点が三百になった Bei diesem Wettkampf erreichte er 300 Punkte. — 得点する Punkte (*pl*) bekommen*.
とくでん 特電 Sondertelegramm *n.* -s, -e／AP 特電 die AP-Sondermeldung, -en.
とくと 篤と sorgfältig《念入りに》; herzlich《心から》; ernst|lich《真面目に》; genau《正確に》; gründlich《根本的に》／篤と考えるなら sorgfältig wählen⁴／篤と考えてから nach reiflicher ³Überlegung.
とくど 得度する in den buddhistischen Priesterstand ein|treten* s.
とくとう 特等 Sonderklasse *f.* -n; spezielle

とくとう 特等 best; extrafein; superfein ‖ 特等席 bester Platz, -es, ⸗e; Loge *f*. -n 《劇場の》.

とくとう 禿頭 Kahlkopf *m*. -[e]s, ⸗e; kahler Kopf / 禿頭の kahl[köpfig] ‖ 禿頭病 Alopezie *f*.; Haarausfall *m*. -[e]s.

とくとく 得々と stolz; hochmütig (fahrend) / 得々と語る stolz reden.

とくとく 独特の eigentümlich; besonder; bezeichnend (*für*⁴); charakteristisch (*für*⁴); eigen; einzig; eigenartig / 独特に in eigenartiger (eigentümlicher) Weise / 彼にはそれ独特の価値がある Es hat einen ganz eigenen (besonderen) Wert. / 彼には独特の風格がある Er hat eine eigene Art.

どくどくしい 毒々しい ❶ [あくどい] grell; aufgeputzt; herausgeputzt; schreiend; schillernd wie ein Pfau (wie eine Pfingstrose); übertrieben / 毒々しい緑色 giftiges (grell wirkendes) Grün / 彼女は満艦飾で毒々しくめかした Sie hat sich in vollem Staat herausgeputzt. ❷ [憎々しい] giftig; bösartig; bitter; gehässig / 毒々しい回答だった Die Antwort war sehr giftig. / どうしてまたそんなに毒々しくあの人に当たるのですか Wie können Sie nur so gehässig zu ihm sein?

とくに 特に besonders; insbesondere; vor allem (なかんずく); ausschließlich (もっぱら).

とくのう 篤農家 fleißiger Bauer, -n, -n (Landwirt, -[e]s, -e).

とくは 特派する eigens (besonders) schicken (senden*) (*jn nach*³) ‖ 特派員 der Abgesandte* (Delegierte*), -n, -n; Sonderberichterstatter *m*. -s, -《新聞などの》.

どくは 読破する [ein Buch; eine Schriftstück] fertig lesen*; durch|lesen*⁴; durchlesen*⁴; ⁴sich durch ein Buch durch|lesen*.

とくばい 特売 Ausverkauf *m*. -[e]s, ⸗e / 特売する zu 〚Sonderpreisen verkaufen⁴〛 ‖ 特売品 Ausverkaufsware *f*. -n.

どくはく 独白 Monolog *m*. -s, -e ‖ 独白劇 Monodrama *n*. -s, ..men.

とくひつ 特筆 besondere Erwähnung, -en / 特筆すべき bemerkenswert; beachtlich. ── 特筆する nachdrücklich erwähnen⁴ (schreiben*⁴); nachdrücklich (besonders) hervor|heben*⁴.

どくひつ 毒筆を振う eine scharfe (spitze) Feder führen; scharfe (niederreißende) Kritik üben (*an*³); sein Gift versprizten.

とくひょう 得票 Stimm[en]zahl *f*. -en.

どくふつ 独仏 deutsch-französisch. ⇨どくえい.

どくぶん 独文 der deutsche Satz, -es, ⸗e; das Deutsche*, -n; [das] Deutsch / 独文の手紙 der deutsche Brief, -[e]s, -e / 独文を auf gut Deutsch ‖ 独文科 die Abteilung für deutsche Literatur (Germanistik) / [日本]独文学会 die [japanische] Gesellschaft für Germanistik / 独文研究室 das Institut ‹-s, -e› für Germanistik / 独文和訳 die Übersetzung aus dem Deutschen ins Japanische.

とくべつ 特別の besonder; speziell; [異常の] außer[gewöhnlich (-ordentlich) / 特別の理由で aus besonderen Gründen 《*pl*》. ── 特別に besonders; insbesondere; außergewöhnlich; [例外的に] ausnahmsweise / 特別に変わったことはありません Es gibt nichts Besonderes. ‖ 特別会員 außerordentliches Mitglied, -[e]s, -er / 特別会計 Sonderrechnung *f*. -en / 特別休暇 Sonderurlaub *m*. -[e]s, ⸗e / 特別号 Sondernummer *f*. -n / 特別席 reservierter Platz, -es, ⸗e / 特別手当 Sonderzulage *f*. -n / 特別årshit Sonderausgabe *f*. -n /《ラジオ・テレビの》特別予算 Sonderbudget *n*. -s, -s / 特別列車 Sonderzug *m*. -[e]s, ⸗e; Extrazug.

とくほう 特報 Sonderbericht *m*. -[e]s, -e.

とくぼう 徳望 moralischer Einfluss, -es, -e ‖ 徳望家 ein Mensch (*m*. -en, -en) von gutem Ruf.

どくぼう 独房 Einzelzelle *f*. -n ‖ 独房監禁 Einzelhaft *f*.

どくほん 読本 Lesebuch *n*. -[e]s, ⸗er ‖ 小学読本 Volksschullesebuch -[e]s, ⸗er.

ドグマ Dogma *n*. -s, ..men ‖ ドグマ論(主義) Dogmatismus *m*.

どくみ 毒味をする ab|schmecken⁴; [ein wenig] kosten⁴; probieren⁴.

どくむし 毒虫 das giftige Insekt, -s, -en; Ungeziefer *n*. -s, -.

とくめい 匿名 Anonymität *f*.; [仮名] Pseudonymität *f*. / 匿名の anonym; pseudonym / 匿名で unter dem angenommenen Namen; inkognito.

とくめい 特命 besondere Ernennung, -en; besonderer Befehl, -[e]s, -e ‖ 特命全権大使 der außerordentliche Gesandte* (-[e]n, -n) und bevollmächtigte Botschafter, -s, -.

とくやく 特約 Spezialkontrakt *m*. -[e]s, -e / 特約する einen Spezialkontrakt [ab]schließen* (*mit*³) ‖ 特約店 Spezialagent *m*. -en, -en.

どくやく 毒薬 Gift *n*. -[e]s, -e ‖ 毒薬学 Giftlehre *f*.; Toxikologie *f*.

とくゆう 特有の eigentümlich; eigen; eigentlich (本来の); charakteristisch (特徴的な) / この付近特有の美しさ die der ³Gegend eigene Schönheit, -en.

とくよう 徳用の wirtschaftlich; ökonomisch ‖ 徳用品 wirtschaftlicher Artikel, -s, -.

とくり 徳利 ⇨とっくり.

どくりつ 独立 Unabhängigkeit *f*. -en; Selbstständigkeit (Selbständigkeit) *f*.; Selbstversorgung *f*. -en / 独立不羈の aller Fesseln ledig; frei und unabhängig / 独立の(で) unabhängig; selbstständig (selbständig); auf eigene Faust; aus eigener Kraft / 独立して暮らせるだけの収入がある finanziell unabhängig sein, mit seinem Gehalt gut aus|kommen* ⟨s⟩; sein hinreichendes (genügendes; reichliches) Auskommen haben; eine sichere Existenz haben (finden*; gewinnen*); ³sich sein Salz (Brot) verdienen können*/ 彼は独立して商

どくりょく 　　　　　　　　　904　　　　　　　　　**どこ**

売をしている Er ist ein selbstständiger (selbständig.) Kaufmann./彼は独立して世帯をもった Er hat ³sich einen eigenen Herd gegründet./まだまだ独立の生計はとても営めない Er ist noch lange nicht selbstständig (selbständig). ―― 独立する unabhängig werden 《*von*³》; ⁴sich selbstständig (selbständig) machen; [独立している] auf eigenen Füßen stehen*; auf ⁴sich selbst gestellt (angewiesen) sein/独立独行する selbständig (selbständig) denken* und handeln; ⁴*et* auf eigene Faust tun*; ⁴sich auf seine Faust verlassen*《自力による》. ‖ 独立家屋 das allein stehende (freistehende) Haus, -es, ⁼er/独立記念日《アメリカの》der Jahrestag *f.* -《-e*s*》der Unabhängigkeitserklärung/独立権 Autonomie *f.* -n; Selbst|bestimmung *f.* -en (-verwaltung *f.* -en); politische Selbstständigkeit 《eines Landesteils; einer Gemeinde》/独立国 der unabhängige Staat, -《-e*s*》 -en/独立採算 unabhängige Rentabilität/独立採算制 System 《*n.* -s, -e》 wirtschaftlicher ²Un- abhängigkeit jeder ²Abteilung 《innerhalb eines Betriebes》/独立自尊 Selbstständigkeit (Selbständigkeit) und Selbstachtung 《*f.*》/独立心 Selbstständigkeitssinn (Freiheits-) *m.* -《-e*s*》/独立宣言 Unabhängigkeitserklärung *f.* -en.

どくりょく 独力の(で) unabhängig 《*von*³》; allein; eigenhändig; frei; selbstständig (selbständig); auf eigene Faust; aus eigener Kraft; ohne ⁴Hilfe/この仕事にはとてもいいりません.独力できます Bei dieser Arbeit brauche ich keine Hilfe. Ich kann es schon allein erledigen.

とくれい 特例 besonderer Fall, -《-e*s*》 ⁼e; Ausnahme *f.* -n 《例».

とくれい 督励する an|treiben* 《*jn zu*³》; auf|muntern 《*jn zu*³》.

とぐろ とぐろを巻く ringeln; ⁴sich zusammen|rollen/とぐろを巻いた蛇 eine zusammengeringelte Schlange, -n.

どくろ 髑髏 Hirnschale *f.* -n; Schädel *m.* -s, -/髑髏の舞 Totentanz *m.* -es, ⁼e.

どくわ 独和 deutsch-japanisch. ‖ 独和辞典 ein deutsch-japanisches Wörterbuch, -《-e*s*》.

とげ 刺 Stachel *m.* -s, -n; Dorn *m.* -《-e*s*》 -en (⁼er)/バラなどの)刺のある stachelig, dornig/刺のあることば spitze (spitzige), bissige Bemerkung, -en/刺を抜く einen Dorn aus|ziehen* (heraus|nehmen*)/刺のないバラはない „Keine Rosen ohne Dornen‟.

とけい 時計 Uhr *f.* -en/時計の振子 Pendel *n.* -s, -/時計の側 Uhrgehäuse *n.* -s, -/時計の針(Zeiger *m.* -s, -/時計のぜんまい Uhrfeder *f.* -n/時計を合わせる(進ませる, 遅らせる)die ⁴Uhr stellen (vor|stellen, nach|stellen)/時計を巻く die Uhr auf|ziehen*/時計が進む(遅れる)Die Uhr geht vor (nach)./時計が鳴る(かちかちと時を刻む)Die Uhr schlägt (tickt)./この時計は極めて正確だ Die ²Uhr geht sehr genau./この時計は直っさたばかりです Diese Uhr habe ich mir gerade re- parieren lassen./時計回りに im Uhrzeigersinn/反時計回りに entgegen dem Uhrzeigersinn ‖ 時計工業 Uhrenindustrie *f.*/時計工場 Uhrenfabrik *f.* -en/時計仕掛け Uhrwerk *n.* -《-e*s*》 -e/時計台 Uhrturm *m.* -《-e*s*》 ⁼e/時計屋 Uhrmacher *m.* -s, -《人》: Uhrgeschäft *n.* -《-e*s*》 -e《店》: Uhrenfabrikant *m.* -en, -en《製造業者》/腕時計 Armbanduhr *f.*/置時計 Tischuhr *f.*/懐中時計 Taschenuhr/掛時計 Wanduhr/郭公《ﾆﾂｺｳ》時計 Kuckucksuhr/金(銀)時計 eine goldene (silberne) Uhr/砂時計 Sanduhr/デジタル時計 Digitaluhr/電気時計 eine elektrische Uhr/電子時計 Elektronenuhr/日時計 Sonnenuhr/目覚し時計 Weckuhr; Wecker *m.* -s, -.

とけい 徒刑 Zuchthausstrafe *f.* -n.

とじうお 刺魚《魚》Stichling *m.* -s, -e.

とざ 土下座する einen Fußfall tun* 《*vor*³》; [auf die Knie] nieder|fallen* ⓢ 《*vor*³》; ⁴sich nieder|werfen* 《*vor*³》; ⁴sich demütigen.

とけつ 吐血 das Blutbrechen*, -s; Hämatemesis *f.*/吐血する Blut brechen*.

とげとげしい 刺々しい stachelig; spitz (spitzig); scharf; bissig; giftig/刺々しい空気 eine frostige Atmosphäre/刺々しい返事をする eine spitze (scharfe) Antwort geben*³; giftig antworten³.

とける 溶ける ⁴sich [auf]|lösen 《*in*³ 液体中へ》; schmelzen* ⓢ《固体が液体に》; zergehen* ⓢ《同上》/砂糖が水に溶ける Zucker löst sich in Wasser auf./水(雪)が溶ける Das Eis (Der Schnee) schmilzt (zergeht)./この肉は舌の上で溶けそうなくらい柔らか Das Fleisch ist so zart, dass es einem auf der Zunge zergeht./鉛は溶け易い Blei schmilzt leicht.

とける 解ける ❶ [ほどける・解決する] ⁴sich lösen; gelöst werden; auf|gehen* ⓢ《結び目が》/縫い目(結び目)が解けた Die Naht (Der Knoten) ist aufgegangen./この謎(方程式)が解けますか Können Sie das Rätsel (die Gleichung) lösen? ❷ [怒り・疑いなどが] 怒りが解けた Der Zorn hat sich gelegt./疑惑が解けた Der Verdacht hat sich zerstreut.

とげる 遂げる durch|führen⁴《完遂する》; zu ³Ende bringen*⁴《同上》; vollenden⁴《同上》; erreichen⁴《到達する》; verwirklichen⁴《実現する》; begehen*⁴《自殺などを》/悲惨な最期を遂げる einen grausamen (elenden) Tod finden* (erleiden*)/目的を遂げる sein Ziel erreichen/思いを遂げる seine Absicht (seinen Traum) verwirklichen.

とける 退ける beiseite legen⁴ (setzen⁴).

どけん 土建 ⇒どぼく.

とこ 床 ❶《寝床》Bett *n.* -《-e*s*》 -en/床の中で im Bett/床につく zu ³Bett gehen* ⓢ《就寝》; ⁴sich ins Bett legen《病臥》/床について いる zu ³Bett liegen*/床を離れる das Bett verlassen*/床をとる(たたむ) das Bett machen (auf|legen). ❷ ⇒ ゆかね(床). ❸ ⇒とこのま(床の間). ❹ [苗床] Beet *n.* -《-e*s*》 -e.

どこ wo; welcher Ort (Teil); welche Stelle/どこへ wohin; nach welchem Ort/どこから

woher; von welchem Ort/どこからか irgendwoher; anderswoher《どこか他の所から》/どこからでも(どこへでも) 1) [肯定] 〔von-〕 überallher (überallhin). 2) [否定] nirgendher (nirgendhin). ── どこにも, どこでも ❶ [肯定] überall; allenthalben; allerorts; in allen Landen; in allen Ecken und Enden; in jeder Gegend/キロあたり二ユーロでどこでも買えます Man kauft diese Ware überall um zwei Euro das Kilo. ❷ [否定] nirgend〔s〕wo; an keinem Ort; überhaupt nicht/どこにもいない Er ist nirgends zu finden. ── どこであろうと(どこでも) wo auch nur; wo auch immer; überall, wo/どこにいようが見つけ出してやる Ich werde ihn finden, wo er auch nur sei. ── どこまで bis wohin; 〔in〕wiefern; 〔in〕wieweit/どこまであなたが正しいのか, まだわからない Inwiefern (Inwieweit) Sie Recht haben, kann man jetzt noch nicht ermessen./どこまでも wohin auch immer; überallhin; durch dick und dünn《どんなことがあっても》; bis ans Ende《最後まで》; durch und durch《徹底的に》/どこまでも道が続く Der Weg nimmt kein Ende./どこまでも欲が深い(けちだ) Er ist ein Nimmersatt (Pfennigfuchser) vom Hacken bis Nacken (vom Scheitel bis zur Sohle)./彼は彼女をどこまでもいじめつける Er quält sie bis aufs Mark. ── どことなく irgendwelcher*; irgendwie; ich weiß nicht wie; undefinierbar/どことなく愛嬌(あいきょう)がある Da lächelt irgendwelche Anmut aus ihrem Gesicht./どことなくいい女だ Sie ist nicht ganz ohne. ── どこからみても in jeder Hinsicht; jeder Zoll/どこからみても彼は政治家だ Er ist jeder Zoll ein Politiker. ── どこからともなく Gott weiß woher.

どご 土語 die Sprache《*f.* -n》der Provinzen; einheimische Mundart, -en; die Sprache des Einheimischen*; Dialekt *m.* -〔e〕s, -e; die Sprache des Wilden*《野蛮人の》.

とこあげ 床上げ Genesung *f.* -en/床上げする vom Krankenbett (〔Kranken〕lager) auf|stehen* [s]; von einer ³Krankheit genesen* [s]/床上げを祝う *js* Genesung feiern.

とこいり 床入りする ⁴sich ins Brautbett legen.

とこう 渡航 Fahrt *f.* -en; Reise *f.* -n《旅》; See¦fahrt (Luft-)《船(飛行機)による》; See¦reise (Luft-)《船(空)の旅》‖ 渡航者 der Reisende*, -n, -n; Passagier *m.* -s, -e《乗客》/海外渡航 Übersee¦fahrt (-reise).

どごう 怒号する wütend (rasend) schreien*; ein ⁴Zorngeschrei《*n.* -s》erheben*; ein ⁴Geschrei《*n.* -s》der Wut (des Zorns) erheben*; vor ³Wut laut schreien*; in einen Wutschrei aus|brechen* [s].

どこか 何処かで(に) ❶ irgendwo; ich weiß nicht wo; [どこか他の所で] anderswo; sonst wo; woanders/どこかでお目にかかりました Ich habe Sie irgendwo getroffen./どこか他の場所で会おう Sehen wir uns irgendwoanders./でなかったらどこか別の所で買わなければならない Sonst muss ich meine Einkäufe anderswo machen./どこかへ irgendwohin; [どこか他の所へ] anderswohin; sonst wohin/どこか別の所へ当たってみねばなるまい Wir werden uns anderswohin wenden müssen. ❷ [何となく] ⇨**どこ**(どことなく)/どこかこの辺に〔irgendwo〕 hier in der Nähe; hierherum/どこかこの辺にポストがありますか Ist hier in der Nähe ein Briefkasten?

とこずれ 床擦れ aufgelegene (durchgelegene) Stellen《*pl*》/床擦れができる ⁴sich auf|liegen*; ⁴sich durch|liegen*; ³sich die Haut durch|liegen*.

とこなつ 常夏 ❶ ein ewiger Sommer, -s. ❷〘植〙wilde Nelke, -n.

とこのま 床の間 Tokonoma *m.* -s; eine japanische Wandnische, -n.

とこばなれ 床離れが悪い ungern auf|stehen* [s]; Langschläfer sein.

どこふくかぜ どこ吹く風と聞き流す mit tauben Ohren an|hören⁴; taub auf einem Ohr sein; ⁴*et* in〔den〕Wind schlagen*; bei einem Ohr hinein, beim anderen heraus/彼は戒告をどこ吹く風と聞き流した Er schlug die Warnung in den Wind./どこ吹く風と相手にされなかった Ich habe tauben Ohren (den Steinen) gepredigt.¦Ich habe in den Wind geredet.

とこや 床屋 ❶ [理髪師] Frisör (Friseur) *m.* -s, -e; Haar¦schneider *m.* -s, - (-pfleger *m.* -s, -). ❷ [理髪店] Haarschneidesalon *m.* -s, -s.

とこやみ 常闇 ewige Finsternis *f.*/常闇の ewig finster.

ところ 所 ❶ [場所] Stelle *f.* -n; Ort *m.* -〔e〕s, -e; Platz *m.* -es, ⸚e; Raum *m.* -〔e〕s, ⸚e; Gegend *f.* -en《地方》/所得顔に triumphierend; stolz/所嫌わず überall; allenthalben/人の居る所で in anderer ³Gegenwart/所を得る am richtigen Platz sein/元の所に戻す wieder an seinen Platz bringen*⁴ (tun*⁴)/いかがわしい所に出入りする verdächtige Örter besuchen/所変われば品変わる ‚And〔e〕re Länder, and〔e〕re Sitten.‘ ❷ [住所] Wohnung *f.* -en; Adresse *f.* -n《所書》/おばの所に居る bei seiner ³Tante wohnen/僕の所へいらっしゃい Kommen Sie zu mir!/彼の所の庭は純日本風です Sein Garten ist rein japanisch./彼女は金持ちの所へ嫁に行きました Sie hat in eine reiche Familie geheiratet. ❸ [面] Seite *f.* -n; Eigenschaft *f.* -en《特徴》/強い所 die starke Seite, -n; Stärke *f.* -n/弱い所 die schwache Seite, -n; Schwäche *f.* -n/それが彼の彼たる所だ Das ist eben seine Art./誰にでも不完全な所がある Jeder hat seine Schwächen. ❹ [時] Zeit *f.*; Augenblick *m.* -〔e〕s/…する所へ(に)〔gerade〕als …; wenn/今の所は jetzt; zur ³Zeit/…する所である im Begriff sein, ⁴*et* zu tun; gerade dabei sein, ⁴*et* zu tun/彼は今起きた所だ Er ist eben aufgestanden./すんでの所でひかれる所でした Ich wäre fast überfahren worden./よい所に来てくれた Gut, dass Sie gekommen sind. ❺ [限り] 私の知っている所では soviel ich weiß/私の見る所では meiner ³Meinung nach. ❻

と

[事] Sache f. -n; was/君の言う所は僕にはわかるよ Ich verstehe, was du sagst (meinst)./それはおれの知った所ではない Es ist nicht meine Sache.

ところが aber; allein; [je]doch/ところが反対なのさ Aber, im Gegenteil!

~どころか nichts weniger als; nicht im Entferntesten; noch lange nicht; bei weitem nicht; weit davon entfernt; geschweige denn; von ³et ganz zu schweigen/彼は金持どころか, 赤貧洗う様な有様だ Er ist nichts weniger als reich, sondern arm wie eine Kirchenmaus./手伝うどころか手伝ってもらった Ich habe nicht im Entferntesten Hilfe geleistet. Im Gegenteil, er war es, der mir half./今月の家賃どころか前の分だってまだ払ってないのだ Er hat die letzte Miete noch nicht bezahlt, geschweige denn die jetzige./美人で利口どころじゃ収まらない Sie ist schön und klug, von ihren anderen vorzüglichen Eigenschaften ganz zu schweigen.

ところで [時に] nun; wohl; [ついでに] übrigens; nebenbei.

ところどころ hie[r] und da; hier und dort; zerstreut 《散在して》.

どえい Brechmittel n. -s, -.

どざえもん 土左衛門 der Ertrunkene*, -n; Wasserleiche f. -n/土左衛門になる ertrinken* ⓢ; im Wasser um|kommen* ⓢ.

とさか 鶏冠 Hahnenkamm m. -es, ᵉe; Kopfhaube f. -n.

どさくさ Kribskrabs m. (n.) -; Durcheinander n. -s; Getümmel n. -s, -; Gewirr[e] n. ..wirr[e]s, ..wirre; Gewühl n. -[e]s, -e; Konfusion f. -en; Spektakel m. -s, -; Unordnung f.; Verwirrung f. -en; Wirrwarr m. -s/どさくさまぎれに eine verwirrte Lage benutzend; im Schutz der allgemeinen Verwirrung/どさくさにーもうけする in Trüben fischen.

とざす 閉ざす schließen*⁴; zu|machen⁴; [錠をかけて] zu|schließen*⁴; verschließen*⁴; [遮断する] ab|sperren⁴; versperren⁴/口を閉ざす den Mund halten*/門を閉ざす das Tor (die Tür) schließen*/国中が悲しみに閉ざされていた Das ganze Land war von Trauer erfüllt.

どさまわり どさ回り Vorstellungsreise《f. -n》[einer Schauspielgruppe; eines Zirkus] auf dem Land 《n.》(in den Provinzen).

どさり bums!; aufbumpsend.

とざん 登山 das Berg|steigen* (-gehen*, -wandern*), -s; Bergsport m. -[e]s/登山をする auf einen Berg steigen* ⓢ; einen *Berg besteigen*⁴/あなたも富士登山をしたことがありますか Haben Sie einmal den Fuji bestiegen? ; Sind Sie einmal oben auf dem Fuji gewesen? ‖ 登山家 Berg|steiger m. -s, -/登山靴 Bergschuh m. -[e]s, -e/登山杖 Berg|stock (Alpen-) m. -[e]s, ᵉe/登山鉄道 Bergbahn f. -en.

とし 年 ❶[歳] Jahr n. -[e]s, -e/年の市 Jahrmarkt m. -[e]s, ᵉe/年の暮(瀬) Jahresende n. -s, -n/年の市とともに mit den ³Jahren; im Verlauf der ²Jahre/年の内に innerhalb des Jahres/年を迎える das Neujahr begrüßen/年を送る das (alte) Jahr verabschieden. ❷[齢] Alter n. -s, -; Jahre (pl)/年をとった alt; bejahrt/年の順に nach dem Alter/年のかげん(せい)で wegen (infolge) des Alters/年とともに mit dem Alter/年の割に für sein ⁴Alter/あの年で in seinem Alter; in seinen ³Jahren/二十五の年に im Alter von 25 ³Jahren/年を取る älter werden; alt (¹Greis) werden《老人になる》/年は二十である 20 ⁴Jahre alt sein/年に不足なく死ぬ im hohen Alter sterben* ⓢ/年相応に見える so alt aus|sehen*, wie er* ist/彼は私より年が二つ上です Er ist zwei Jahre älter als ich./彼女と私の母はちょうど同じ年です Sie ist ebenso alt wie meine Mutter./年はいくつですか Wie alt sind Sie?/年に勝てぬ(年は争われぬ) Das Alter verrät sich./彼はもう年だ Er ist ja schon alt./亀の甲より年の功 Je älter, desto weiser.*

とし 都市 Stadt f. ᵉe/都市の städtisch ‖ 都市化 Verstädterung f. -en/都市ガス Stadtgas n. -es, -e/都市銀行 Groß|bank (Stadt-) f. -en/都市計画 Städtebau m. -[e]s; Stadtplanung f. -en/都市国家 Stadtstaat m. -[e]s, -en/都市生活 Stadtleben n. -s/大学都市 Universitätsstadt f. ᵉe.

とじ 刀自 Matrone f. -n.

とじ 綴じ das Binden*, -s《製本》; das Heften*, -s《仮綴じ製本》; das Nähen*, -s《縫い》/綴じのよい(悪い) gut (schlecht) gebunden ‖ 革綴じ Ledereinband m. -[e]s, ᵉe.

とじ 途次 ⇒とちゅう.

とじ とじを踏む [ver]pfuschen; stümpern; murksen; ⁴sich vergreifen*; daneben|greifen*; verderben*; eine schöne Geschichte an|richten. ⇒ヘま.

とじいと 綴じ糸 Heft|faden m. -s, - (ᵉ) (-garn n. -[e]s, -e);《製本》Heftschnur f. ᵉe.

としうえ 年上の älter/年上の人 der Ältere*, -n, -/私は彼女より三つ年上です Ich bin drei Jahre älter als sie.

としがい 年甲斐もない seinem Alter nicht entsprechend/年甲斐もなく trotz seines Alters/彼は年甲斐もない男だ In dem Alter müsste er das eigentlich besser wissen.

としかさ 年かさの alt; bejahrt/五つ年かさである fünf ⁴Jahre (pl) älter sein (als).

としご 年子 ein Kind (n. -[e]s, ᵉer), das ein Jahr nach seinem Bruder (seiner Schwester) geboren ist.

としこし 年越し Jahreswende f. -n;［大晦日] Silvesterabend m. -s, -e/年越しをする den Silvesterabend feiern.

としごと 年毎に jährlich; jedes Jahr; alle Jahre/東京の人口は年毎に増加する Die Bevölkerung in Tokio nimmt mit jedem Jahr zu.

とじこみ 綴じ込み [整理用の] Heft|mappe (Sammel-) f. -n; Briefordner m. -s, -《書

とじこむ 綴じ込む ein|binden*⁴ 《in⁴》; ein|nähen 《in⁴ 縫い込む》/新聞を綴じ込んで整理する Zeitungen in den Halter befestigen (klemmen; stecken).
とじこめる 閉じ込める ein|schließen*⁴ 《-l|sperren⁴》《in⁴》.
とじこもる ⁴sich ein|schließen*《in⁴》; hüten⁴/部屋(家)に閉じ籠る das Zimmer (Haus) hüten/それ以来彼女は書斎に閉じ籠ったきりで Seitdem verlässt sie kaum das Arbeitszimmer.
としごろ 年頃 [年配] Alter n. -s; [妙齢] heiratsfähiges Alter/年頃の heiratsfähig; heiratbar; mannbar/彼女はもう結婚している年頃です Sie ist in heiratsfähigem Alter. ⇨ねんぱい.
とした 年下の jünger/年下の人 der Jüngere*, -n, -n/彼は私より五歳年下です Er ist fünf Jahre jünger als ich.
としつき 年月 Jahre 《pl》; Zeit f. -en/長い年月を経て nach langen ³Zeit/年月がたつ Die Zeit vergeht (verfließt).
〜として als; zum (als) Zeichen 《の印に》; in seiner ³Eigenschaft als³ 《の資格で》; abgesehen von³ 《davon, dass ...》《は別として》/ ...としては für⁴/...としても wenn auch; auch wenn; angenommen, dass .../私としては ich für meine Person/御礼として zum Zeichen des Dankes/それはそれとして abgesehen davon/彼がどこにいるとしても wo er auch sein mag/私にそれができるとしても (selbst) wenn ich es könnte/紳士として振舞う als Ehrenmann handeln.
どしどし ⇨どんどん.
としなみ 寄年波 Jahre 《pl》寄る年波に wegen hohen Alters.
とは 年端もいかぬ幼児 ein Kind 《n. -[e]s, -er》 in zartem Alter.
としま 年増 ältere Frau, -en.
とじまり 戸締りをする die Tür ab|schließen* (verschließen⁴).
としまわり 年回りがよい(わるい) in seinen glücklichen (unglücklichen) Jahren sein.
とじめ 綴じ目 Naht f. ⁼e.
としゃ 吐瀉する ⁴sich erbrechen* und ab|führen⁴ 吐瀉物 Ausscheidungen 《pl》.
どしゃ 土砂 Erde und Sand, die Erde und des Sandes || 土砂崩れ Bergrutsch m. -[e]s, -e; Bergsturz m. -es, ⁼e; Erdrutsch m. -[e]s, -e.
どしゃぶり どしゃ降り der heftige ((nieder-)strömende; starke) Regen, -s, -; Regenguss m. -es, ⁼e; Sturzregen; Wolkenbruch m. -[e]s, ⁼e/どしゃ降りだ Es regnet in Güssen (Strömen). Es gießt [wie aus Scheffeln]. Es regnet Bindfäden.
としゅ 徒手空拳(じ) で mit leeren Händen 《pl》; [無能力で] mittellos; unbemittelt.
としょ 図書 Bücher 《pl》 || 図書閲覧室 Lesesaal m. -[e]s, -säle/(-halle f. -n; -zimmer n. -s, -)/図書閲覧人 Leser m. -s, -; Bibliotheksbenutzer m. -s, -/図書係(館員) Bibliothekar m. -s, -e; Bibliothekarin f. ..rinnen 《女》/図書館 Bibliothek f. -en/図書館学 Bibliothekographie f./図書館長 Bibliothekdirektor m. -s, -en.
どじょう 泥鰌 Schmerle f. -n; Bartgrundel f. -n/柳の下に泥鰌はいない 1) Schwein (Glück) hat man nicht immer. 2) Ich werde mich hüten, das wieder zu tun.
どじょう 土壌 Erde f. -n; Boden m. -s, ⁼ || 土壌汚染 Bodenkontamination f. -en/土壌改良 Bodenreform f. -en/土壌学 Bodenkunde f./土壌洗浄 Bodensanierung f. -en/土壌調査 Bodenanalyse f. -n.
としょうひげ 泥鰌髭 Flaumbart m. -[e]s, ⁼e, Anflug 《m. -[e]s, ⁼e》 von Bart.
としょうぼね 土性骨 der Mumm f. -[e]s) in den Knochen 《pl》; ein zähes Rückgrat 《-[e]s, -e》; Unbezwingbarkeit f./奴は土性骨がある Er hat Mumm in den Knochen. Er ist unbezwingbar in seinem Willen.
としょく 徒食する ein müßiges Leben führen; in den Tag hinein leben; faulenzen/徒食の輩 Müßiggänger m. -s, -; Faulenzer m. -s, -.
としより 年寄 [男性] der Alte*, -n, -n; Greis m. -es, -e; [女性] die Alte*, -n, -n; Greisin f. ..sinnen; [総称] Alter n. -s/年寄の old; bejahrt.
 ~になる alt werden; in die Jahre kommen* [s]; altern [s] 《老衰する》.
とじる 閉じる schließen*⁴; zu|schließen*⁴; zu|machen⁴/目を閉じる die Augen schließen* (zu|machen)/店を閉じる das Geschäft (den Laden) schließen*; die Bude zu|machen.
とじる 綴じる binden*⁴ 《製本》; [ein|]heften⁴ 《仮綴》; zu|nähen⁴ 《縫合》.
とし 都心 Stadtkern m. -[e]s, -e || 都心部 der innere Stadtteil, -[e]s, -e; Stadtmitte f.
どしん bauz! bum! paff! rums! mit ³Knall und Fall.
とす 賭す ⇨とする.
トス 《運》das Werfen*, -s; Wurf m. -[e]s, ⁼e/トスを上げる werfen*.
どす ¶ どすのきいた声で一喝する mit Schreck einflößender ³Stimme an|brüllen 〈an|schnauzen; an|donnern〉.
どすう 度数 Anzahl f.; [電話] die Anzahl stattgefundener Telefongespräche (Telefonate); Gesprächszahl f. -en || 通話度数 Gesprächszahlen f.
ドスキン Rehleder n. -s, -; [服地] Doeskin n. -s, -s; [織物] Lieferungsstoff m.
どすぐろい どす黒い schwarz|braun (dunkel-).
とする 賭する riskieren⁴; aufs Spiel setzen⁴/生命を賭する das Leben aufs Spiel setzen⁴; das Leben riskieren/彼は彼女を身を賭して救った Er rettete sie unter eigener Lebensgefahr.
とせい 渡世 Lebensunterhalt m. -[e]s; [職業] Beruf m. -[e]s, -e/彼は大工を渡世としている Er ist seines Zeichens Zimmermann.

— 渡世する leben 《*von*³》; seinen Lebensunterhalt verdienen 《*durch*⁴》.

どせい 土星 Saturn *m.* -s/土星の輪 der Ring 《-(e)s, -e》 des Saturn.

どせい 土製の irden; tönern.

とぜつ 途絶 Stockung *f.* -en; Stillstand *m.* -(e)s, -e; Unterbrechung *f.* -en (中絶); Einstellung *f.* -en (停止); Sperrung *f.* -en 《遮断》. **— 途絶する** stocken; still|stehen*; still|liegen*; unterbrochen (eingestellt; gesperrt) werden / 停電で交通が途絶した Die Stromstörung hat einen Stillstand des Verkehrs verursacht.

とせん 渡船 Fähre *f.* -n; Fährboot *n.* -(e)s, -e; Eisenbahnfähre (鉄道用の).

とそ 屠蘇 gewürzter Sake, -s, -.

とそう 塗装する (an)|streichen* 《*mit*³》; überziehen*⁴ 《*mit*³》/ペンキ(ニス)で塗装する mit Farbe (Firnis) streichen*⁴.

どそう 土葬 Beerdigung *f.* -en; das Versenken 《-s》 in die Erde/土葬にする beerdigen*⁴; bestatten*⁴; in die Erde versenken*⁴.

どぞう 土蔵 der mit ³Mörtel beworfene [feuersichere] Speicher, -s, -/土蔵造りの mit ³Mörtel beworfen; feuersicher ‖ **土蔵破り** Speichereinbrecher *m.* -s, -.

どそく 土足で ohne die Schuhe 《*pl*》 (das Schuhwerk) auszuziehen/土足にかける mit dem Fuß treten*³; einen Fußtritt geben*³; nieder|trampeln/土足お断り Eintritt mit Schuhwerk verboten! (掲示).

どぞく 土俗 Orts|gebrauch *m.* -(e)s, ⸚e (--sitte *f.* -n) ‖ **土俗学** Ethnologie *f.*

どだい 土台 Fundament *n.* -s, -e; Basis *f.* Basen; Grund *m.* -(e)s, ⸚e; Grundlage *f.* -n; Unterlage *f.* -n/ -(e)s, -e (-ten)/土台石をすえる den Grundstein legen 《*zu*³》/経済の建設にはしっかりした土台が必要である Die Wirtschaft muss auf einer gesunden Grundlage aufgebaut werden./ドイツ語の土台は大体習得した Ich habe so ungefähr die Grundlagen der deutschen Sprache erlernt.

どだい [もともと·元来·全く] von Anfang an; von vorne herein; grundsätzlich; eigentlich; überhaupt/どだい無理な注文だ Das geht von vorne herein nicht./Das wird eine schwierige Kiste (eine harte Nuss) sein./どだいちがう Er hat unter aller Kanone gespielt./《仕事などか》Das ist ja unter aller Sau (unter allem Hund)./どだい話にならぬ Das lässt sich überhaupt nicht hören.

とだえる 途絶える ⇨ **ちゅうぜつ**.

とだな 戸棚 Schrank *m.* -(e)s, ⸚e ‖ **食器戸棚** Geschírrschrank *m.* -(e)s, ⸚e; Büfett *n.* -(e)s, -e.

どたばた polternd; geräuschvoll; mit Höllenlärm ‖ **どたばた喜劇** Farce *f.* -n.

どたり どたりと; mit einem Plumps; mit dumpfem Schlag.

どたん 塗炭の苦しみに陥る in äußerste Not 《⸚e》 geraten* ⓢ.

とたん Zink *n.* -(e)s ‖ **とたん板** Zinkblech *n.* -(e)s, -e (-platte *f.* -n)/**とたん屋根** Zinkdach *n.* -(e)s, ⸚er.

とたん とたんに gerade als ...; kaum ..., da/私たちが席についたとたんに音楽が始まりました Kaum saßen wir, da begann die Musik./彼が外出したとたんに彼女が来た Gerade als er hinausgegangen war, kam sie.

どたんば 土壇場 der kritische (letzte) Moment, -(e)s, -e (Augenblick, -(e)s, -e); die höchste (bitterste) Not, ⸚e/最後の土壇場に来る in des Henkers (Teufels) Küche geraten* ⓢ; Da kommt (tritt) Not an den Mann./am Rande sein; zwischen Tür und Angel stecken/土壇場になってあきらめる Als es zum Äußersten kam, musste er sich in sein Schicksal fügen.

とち 土地 ❶ [地面·地方] Boden *m.* -s, -; Erde *f.* -n; Land *n.* -(e)s; Flur *f.* -en (耕地); Grundstück *m.* -(e)s, -e 《地所》/肥沃な(痩せた)土地 fruchtbarer (magerer) Boden; fruchtbare (magere) Erde/土地を耕す das Land bebauen (bestellen)/土地を買う (売る) ein Grundstück kaufen (verkaufen). ❷ [その土地] Land *n.* -(e)s; Gegend *f.*; Ort *m.* -(e)s/土地の人間 der Eingeborene* (Einheimische*), -n, -n/土地の訛り Mundart *f.* -en/土地に詳しい(不案内な) ortskundig (ortsfremd)/彼はこの土地の人間です Er ist (stammt) aus dieser Gegend. ‖ **土地改革** Bodenreform *f.* -en/**土地所有(土地)** Grund besitz (Land--) *m.* -es/**土地造成** Baulanderschließung *f.* -en/**土地台帳** Grundbuch *n.* -(e)s, ⸚er; Kataster *m.* (*n.*) -s, -/**土地(建物)周旋業者** Grundstücksmakler (Hausmakler) *m.* -s, -/**土地売買** Grundstückshandel *m.* -s, ⸚.

とち 栃 Rosskastanie *f.* -n.

とちかん 土地 勘 [örtlicher] Orientierungssinn, -(e)s/この辺は大いに土地勘がある an diesem Ort Bescheid wissen*; *sich* an (in) diesem Ort aus|kennen*.

どちゃく 土着の einheimisch; beheimatet; ureingesessen ‖ **土着動物** einheimische Tiere 《*pl*》/**土着民** Ureinwohner *m.* -s, -; der Einheimische*, -n, -n; Landeskind *n.* -(e)s, -er.

とちゅう 途中で auf dem Weg; unterwegs; auf halbem Weg ⓢ; halbwegs/家へ帰る(学校へ行く)途中で auf dem Nachhauseweg (zur Schule)/仕事(話)の途中で mitten in deiner Arbeit (im Gespräch)/途中下車をする die Fahrt unterbrechen* [und aus|steigen* ⓢ].

トちょう ト調 《楽》G-Dur *n.* -《長調, 記号: G》; g-Moll *n.* -《短調, 記号: g》.

どちら ❶ [どれ] welcher* (welche; welches); wer*/どちらがよいか Welches ist besser?/犬が二匹いるが、どちらがほしいか Hier sind zwei Hunde. Welchen wollen Sie haben?/お前たちのどちらか準備ができているか Wer von euch ist dazu bereit? ❷ [二者選択] どちら entweder ... oder .../あの男がまちがっているか、それとも、どちらが Entweder er ist im Irrtum oder ich./どちらかに決めてもらおう Entweder, oder!/どちらか一方を選びたまえ

Wählen (Nehmen) Sie dies oder jenes. ❸ [両者否定] どちらも…でない weder ... noch ...; ebenso wenig ... wie/彼らはあの人にも私にもどちらも役に立たない Sie werden weder für ihn noch für mich von Nutzen sein./カールもハインリヒもどちらも居合わせなかった Weder Karl noch Heinrich war anwesend.※主語になる語が的 pl の場合、また最後の名詞が pl の場合を除き、一般に動詞は単数形を用いる/彼は酒もたばこも、どちらもやらない Er trinkt weder Sake, noch raucht er Tabak.〔文が改まる場合は定形倒置にする〕/僕も彼も、どちらもそんなことはしない Ich tue es ebenso wenig wie er. ❹ [両者肯定] どちらも…だ beide; sowohl ... als auch (wie auch)/どちらも嘘だ Beides ist erlogen./彼も彼女もどちらも音楽が好きだ Sowohl er als auch (wie auch) sie hören die Musik gern. ❺ [むしろ] どちらかといえば eher; lieber; vielmehr; womöglich; mir wäre es lieber, wenn ...; ich möchte glauben; ich glaube fast/どちらかといえば出発したいのですが Ich möchte eher sofort abreisen./どちらかといえば、ご自分で来ていただきたいのです Mir wäre es lieber, wenn Sie selbst kämen./どちらかといえば恋愛で結婚したのだ Er hat sie mehr aus Vernunft als aus Liebe geheiratet. ❻ [無関心] どちらでも welcher* auch immer; einerlei welcher*/どちらでも好きなものを一つお取りなさい Nehmen Sie irgendeins davon, ganz einerlei welches./どちらでもよい Es ist mir [ganz] gleich (einerlei; egal; 〖俗〗wurst!). ❼ [どこ] wo; wohin (どちらから) woher/お宅はどちらですか Wo wohnen Sie?/お国はどちらですか Woher sind Sie zuhause?/どちらへお出かけですか Wohin gehen Sie?

とちる [台詞を] ⁴sich versprechen*; ⁴sich verheddern/[失敗する] straucheln 《an³》; Fehler machen.

とついでいく hin und her; bald dieses, bald jenes; zögernd/とついでいって hin und her überlegen⁴.

とっか 特価 Sonder|preis (Spezial-; Vorzugs-) m. -es, -e/特価で zum Sonderpreis ‖ 特価提供 Sonderangebot n. -es, -e.

どっかい 読会 Lesung f. -en/第一(第三)読会 die erste (dritte) Lesung.

とっかく 凸角 Winkel m. -s.

どっかり どっかりと plump(s)!/どっかりといすにかける Er setzt sich plump auf den Stuhl. Er plumpst in den Sessel.

どっかん 突貫 ⇒とつげき ‖ 突貫工事 Hetz|arbeit (Akkord-) f. -en.

とっき 特記 besondere Erwähnung (Bemerkung) f. -en/特記事項を besonders erwähnen⁴ (bemerken⁴).

とっき 突起 Vorsprung m. -[e]s, ¨e/〖解〗Fortsatz m. -es, ¨e/突起した vorspringend; hervorstehend/突起している vor|springen* hervor|stechen* (-|stehen*) ‖ 虫様突起 Wurmfortsatz m./毛様突起 Ziliarfortsatz.

どっき 毒気 ❶ [schädlicher] Brodem, -s (Dunst, -[e]s)/[giftiges] Gas, -es, -e; Stickluft f. ¨e. ❷ [悪意] böse Absicht,

-en; Bosheit f. -en/すっかり毒気をぬかれた形だった Er war ganz verblüfft (verdutzt; überrumpelt).

とっきゅう 特急 Expresszug, -[e]s, ¨e; Fern-D-Zug m. -[e]s, ¨e/超特急で〖大急ぎで〗in ³D-Zug-Tempo; in großer ³Eile; rasant schnell.

とっきゅう 特級 Spezialklasse f. -n.

とっきょ 特許 Sonder|erlaubnis f. ..nisse (-genehmigung f. -en); Konzession f. -en; Lizenz f. -en; Patent n. -[e]s, -e (専売特許)/特許を与える eine Lizenz (in Patent) erteilen/特許を申請する ein Patent an|melden ‖ 特許権 Patentrecht n. -[e]s, -e/特許権所有者 Patentinhaber m. -s, -/特許権侵害 Patentverletzung f. -en/特許権保護 Patentschutz m. -es/特許申請(請求) Patentanmeldung f. -en/特許申請(請求)書 Patent[an]spruch m. -[e]s, ¨e/特許庁 Patentamt n. -[e]s, ¨er/特許法 Patentgesetz n. -es, -e.

どっきょ 独居 ⇒ひとりぐらし.

ドッキング Kopp[e]lung (Kupp[e]lung) f. -en/ドッキングする koppeln (kuppeln) miteinander.

とっく とっくに [schon] längst.

とつぐ 嫁ぐ heiraten 《jn》; ⁴sich verheiraten 《mit jm》/彼女は彼に嫁いだ Sie ist seine Frau geworden.

ドック Dock n. -[e]s, -e (-s); Hafenbecken n. -s, -/ドックに入れる docken; [ein Schiff] ins Dock bringen*/ドックに入る(から出る) ins Dock gehen* (s) (aus dem Dock kommen* s) ‖ 浮きドック Schwimmdock n. -[e]s, -e.

とっくみあう 取っ組み合う ringen.

とっくり 徳利 Sake-Flasche f. -n.

とっくりと ⇒とくと.

とっくん 特訓 Sondertraining n. -s, -s; Sonderpensum n. -s, ..pensen/特訓を受ける ⁴sich einem Sondertraining unterziehen* (unterwerfen*).

とっけい 特恵関税 Vorzugs|zoll (Präferenz-) m. -[e]s, ¨e ‖ 特恵待遇 Vorzugsbehandlung f. -en.

とつげき 突撃 [Sturm]angriff m. -[e]s, -e; [An]sturm m. -[e]s, ¨e/突撃する [an]stürmen (s); ⁴Sturm laufen* 《gegen⁴; auf⁴》. ⇒とっかん.

とっけん 特権 Sonderrecht n. -[e]s, -e; Vorrecht, Privileg n. -[e]s, ..gien/特権階級 ein bevorrechteter Stand, -[e]s, ¨e; eine privilegierte Klasse, -n.

どっこい hoppla! / hops! / oha! / どっこい生きているHoppla, wir leben!/どっこいそうは行かぬ Ja, Kuchen!; Gott hat es nicht gewollt. Darauf kannst du lange warten.

どっこいしょ [つまらぬ時] hoppla! [物を持ち上げる時] hoppsa! hoppsasa!

とっこう 特効 eine besondere [Heil]wirkung, -en; eine besondere Heilkraft f. ‖ 特効薬 Spezifikum n. -s, ..ka; Sondermittel n. -s, -.

とっこう 徳行 ein tugendhaftes Betragen (Verhalten), -s; Tugend f. -en/徳行の士

とっこう ein tugendhafter Mensch, -en, -en.
とっこう 篤行 eine gute Tat, -en.
とっこうけいさつ 特高警察 Geheimpolizei f.
どっこうせん 独航船〔ohne Mutterschiff〕allein fahrendes Fischerboot, -[e]s, -e.
とっこうたい 特攻隊 Himmelfahrtskommando n. -s, -s.
とっさ とっさの augenblicklich; momentan; sofortig; unverzüglich; とっさの間に im Augenblick; im Nu/とっさの急を救う aus einer dringenden ³Gefahr befreien (retten) 《in》.
とつじ 凸字 erhabene Schrift, -en; [点字] Blindenschrift f. -en. ⇨てんじ(点字).
とっしゅつ 突出する vor|springen* ⓢ; hervor|ragen (-|stehen*)/突出した vorspringend; hervor|ragend (-stehend) ‖ 突出部 Vorsprung m. -[e]s, ⸚e.
とつじょ 突如 ⇨とつぜん.
どっしり どっしりした massig; massiv; gediegen; solid; wuchtig; [威厳のある] gewichtig; Achtung gebietend; beeindruckend; imposant; imponierend; würdevoll.
とっしん 突進 Ansturm m. -[e]s, ⸚e. — 突進する an|stürmen 《gegen⁴; auf⁴》; los|stürmen 《auf ⁴et》; los|stürzen 《auf jn》; 'sich stürzen 《auf⁴》/敵に向かって突進する 'sich auf den Feind stürzen.
とつぜん 突然に plötzlich; auf einmal; mit eins; unerwartet; 「思いがけなく」 / 突然の plötzlich; unerwartet; 「思いがけない」 / 突然の訪問 plötzlicher Besuch, -[e]s, -e/突然現われる plötzlich erscheinen* ⓢ/彼は突然立ち上がった Er ist plötzlich aufgestanden./彼の父は突然脳溢血で死にました Sein Vater ist plötzlich an Hirnblutung gestorben.
どっち welcher* 〔von beiden〕; beide* ⇨どちら①/どっちみち ⇨どの(どのみち).
とって 取っ手 Griff m. -[e]s, -e; Klinke f. -n 《戸の》.
~とって ~にとって〔は〕 für⁴/それは彼にとっては死活問題だ Es ist eine Lebensfrage für ihn./それは彼女にとって最善の策です Es ist das Beste für sie.
とってい 突堤 Wehrdamm m. -[e]s, ⸚e; Wellenbrecher m. -s, -.
とっておき とっておきの aufbewahrt; reserviert/取って置きの手を出す seine besten Karten 《pl》 aus|spielen.
とっておく 取って置く auf|bewahren⁴; reservieren⁴; auf|behalten*⁴; auf|heben*⁴; [わきへ置く] beiseite setzen⁴; [貯(ﾀ)える] [auf|]sparen⁴; ersparen⁴/私に席を取って置いて頂けませんか Würden Sie mir einen Platz reservieren?
とってかえす 取って返す sofort zurück|kehren ⓢ.
とってかわる 取って代る ersetzen 《jn》; an die Stelle treten* ⓢ 《von³》.
とってくる 取って来る holen⁴.
とってつけた 取ってつけたような unnatürlich; gezwungen; gekünstelt/取ってつけたようなお世辞を言う leere Komplimente 《pl》 machen.

どっと [ur]plötzlich; jäh[lings]; überraschend; unerwartet; unvermittelt; unversehens; auf einmal; mit ¹Ungestüm; mit ³Urgewalt/どっと逃げ出す in kopfloser Angst entfliehen* ⓢ; in panischem Schrecken die Flucht ergreifen*/どっと湧き出る hervor|strömen ⓢ 《aus³》; 'sich ergießen* 《aus³》/どっと笑い出す in ein Gelächter aus|brechen* ⓢ; urplötzlich zu lachen an|fangen*/どっと病の床につく mit einmal [plötzlich] erkranken ⓢ.
どっとと schnell; hurtig; [すぐに] sofort; sogleich/どっとと出て行け Gleich weg mit dir!/どっとと失せやがれ Geh' zum Teufel!
とつにゅう 突入する herein|brechen* 《in⁴》; ein|stürmen ⓢ 《auf⁴; in⁴》; ein|dringen* ⓢ 《in⁴》/敵は町の中に突入した Die Feinde drangen in die Stadt ein.
とっぱ 突破 Durchbruch m. -[e]s, ⸚e; Überwindung f. -en 《克服》; Überschreitung f. -en 《限度を》. — 突破する durchbrechen*⁴; überwinden*⁴; überschreiten*⁴/難関を突破する Schwierigkeiten 《pl》 überwinden*/彼は試験を突破した Er hat die Prüfung bestanden.
とっぱつ 突発 Ausbruch m. -[e]s, ⸚e/突発的に plötzlich/突発する aus|brechen* ⓢ. ‖ 突発事件 plötzlicher Zwischenfall, -[e]s, ⸚e.
とっぱん 凸版印刷 Reliefdruck (Hoch-) m. -[e]s, -e.
とっぴ 突飛な überspannt; verstiegen; [異常な] außergewöhnlich; ungewöhnlich; [変わった] sonderbar; exzentrisch; [無思慮の] rücksichtslos; unbesonnen; [愚かな] närrisch; töricht/突飛なふるまいをする unbesonnen handeln.
とっぴょうしも 突拍子もない ⇨とっぴ.
トップ Spitze f. -n/トップを切る an der ³Spitze stehen*/彼はいつもクラスでトップだ Er ist immer der Beste in der Klasse. ‖ トップ会談 Gipfelkonferenz f. -en/トップクラス Spitzenklasse f. -n/トップニュース Aufmacher m. -s, - 《テレビの》/トップマネージメント Topmanagement n. -s, -.
とっぷう 突風 Stoßwind m. -[e]s, -e; Bö f. -en 《海上の》/突風に煽(ﾊｵ)られる von einem Stoßwind gewehkt werden.
とっぷり とっぷりと vollständig; gänzlich; ganz und gar; völlig/日がとっぷりと暮れる Es wird vollständig dunkel 〔stockfinster〕.
トップレス トップレスの topless; busenfrei/トップレスの水着 Oben-ohne-Badeanzug m. -[e]s, ⸚e/トップレスバー Toplessnachtklub m. -s, -s.
とつべん 訥弁の unberedt/訥弁家 ungeschickter Redner, -s, -.
どっぽ 独歩の beispiellos; einmalig; ohnegleichen; unvergleichlich/古今独歩である keine Parallele in der Geschichte haben.
どっぽう 独法 das deutsche Recht, -[e]s.
とつめん 凸面 Konvexfläche f. -n; konvexe Oberfläche, -n ‖ 凸面レンズ Konvexlinse f. -n.

とつレンズ 凸レンズ Konvexlinse *f.* -n.

～とて ❶ [たとえ…としても] wenn auch …; auch wenn …; obgleich …; obwohl …; wie … auch …/いくら美しいとて wie schön sie auch sein mag. ❷ [理由] wegen[2(3)]; um[2] … willen; weil …/天気が悪いとて wegen schlechten Wetters. ❸ [目的] um … zu tun/妻に会うとて um seine Frau zu sehen.

どて 土手 Damm *m.* -[e]s, ¨e; Deich *m.* -[e]s, -e; Wall *m.* -[e]s, ¨e; [Stau]wehr *n.* -[e]s, -e.

とてい 徒弟 Lehrling *m.* -s, -e; [門弟] Schüler *m.* -s, -‖徒弟期間 Lehrjahre *(pl)*/徒弟制度 Lehrlingswesen *n.* -s.

とてつ 途轍もない ungewöhnlich; unerhört; unvernünftig; unsinnig; übertrieben/とてつもない事を言う Unsinn reden.

とても ❶ ⇨とうてい. ❷ [非常に] sehr; recht; höchst; kolossal; beträchtlich; schrecklich ⇨ひじょう(非常に)/彼はドイツ語を話すのがとても上手だ Er spricht sehr gut Deutsch./この薬はそれにとてもよく効く Diese Arznei ist sehr wirksam dagegen.

どいつ 都々逸 eine Art der japanischen (scherzhaften) Volkslieder *(pl)*.

ととう 徒党 Bande *f.* -n; Clique *f.* -n; [蔑] Klüngel *m.* -s, -; Sippschaft *f.* -en; Verschwörung *f.* -en/(暴動の)徒党を組んで[3]Bande/徒党を結ぶ [4]sich verschwören *(gegen[4]; zu[3])*.

どとう 怒涛 Sturzwelle *f.* -n; aufgeregte (brandende; stürmische; wilde) Wogen *(pl)*/怒涛の海 die tobende (sturmgepeitschte) See, -n.

とどく 届く ❶ [到着・到達] an|kommen* s. (着く); ein|treffen* s. (同じ); erreichen[4] (達する); reichen/目まで届く soweit das Auge reicht/頭が天井に届く mit dem Kopf bis an die Decke reichen/昨日手紙が届いた Gestern kam der Brief an./昨日届いた Gestern habe ich den Brief erhalten./電報は彼の手元に届かなかった Das Telegramm erreichte ihn nicht. ❷ ⇨ゆきとどく. ❸ [願いが][4]sich erfüllen; in [4]Erfüllung gehen* s.

どどく 渡独する nach [3]Deutschland gehen* (fahren*; reisen) s.

とどけさき 届け先 Bestimmungsort *m.* -[e]s, ¨e (送り先); Empfänger *m.* -s, -《受取人》.

とどけで 届け出 [An]meldung *f.* -en; Anzeige *f.* -n/届け出なしに ohne [4]Meldung; ungemeldet/届け出の義務 Anzeigepflicht *f.*《犯罪や伝染病の》.

とどけでる 届け出る an|melden[4]; an|zeigen[4] (訴え出る); eine Anzeige erstatten《同上》/病気を届け出る [4]sich krank melden/警察に届け出る bei der [3]Polizei melden (an|zeigen[4])/転入(転出)を届け出る [4]sich an|melden (ab|melden) ❖「出入」を区別しなくてよい.

とどける 届ける ❶ [送付] senden(*), [4] (送る); schicken[4] (同じ); über|geben*[4] (引き渡す)/家に届ける *jm* ins Haus (in die Wohnung) schicken. ❷ [申告] ⇨とどけでる.

とどこおり 滞り ❶ [未払] Rückstand *m.* -[e]s, ¨e/家賃(賃金)の滞り die rückständige Miete, -n (der rückständige Lohn, -[e]s, ¨e). ❷ [停滞] Stockung *f.* -en; Verzögerung *f.* -en (遅延)/滞りなく ohne [4]Stockung (Verzögerung); glatt《滑らかに》; ohne Zwischenfälle《突発事故なしに》/万事滞りなく行われた Es ging alles glatt (ohne Stockung). ❸ [滞貨] Anhäufung *f.* -en.

とどこおる 滞る ❶ [支払が] im Rückstand sein*; rückständig sein《*mit[3]*》/支払(家賃)が滞る mit [3]Zahlungen (mit der Miete) rückständig (im Rückstand) sein. ❷ [物事が] stocken; [4]sich verzögern. ❸ [貨物などが][4]sich an|häufen.

ととのう 整う ❶ [整頓する] in [3]Ordnung sein; reguliert sein《調整されている》; gestimmt sein《楽器の調子が》/彼は整った身なりをしている Er ist ordentlich gekleidet. ❷ [用意が] vorbereitet sein *(zu[3]et)*; in [3]Bereitschaft sein *(zu[3])*/彼の歓迎準備は万端整っています Alles ist zu seinem Empfang vorbereitet. ❸ [まとまる] abgeschlossen sein; zu [3]Ende sein.

ととのえる 整える ❶ [整頓する] ordnen[4]; in [4]Ordnung bringen*[4]; stimmen[4]《楽器の調子が》/髪を整える das Haar ordnen. ❷ [用意する][vor]bereiten[4] *(für[4]; auf[4])*; [4]sich vor|bereiten *(zu[3])*; [4]Vorbereitungen treffen* (machen) *(zu[3])*/旅仕度を整える Vorbereitungen zu einer [3]Reise treffen* (machen)/夕食を整える A-bendessen zu|bereiten (vor|bereiten). ❸ [まとめる] ab|schließen*[4]; zum Abschluss bringen*[4]; vollenden[4] (完成する); zustande (zu Stande) bringen*[4]《同上》/縁談を整える eine Heirat《-en》zustande (zu Stande) bringen*. ❹ [買い求める] ein|kaufen[4].

とどのつまり ⇨けっきょく.

とどまつ とど松[植] [Sachalin]tanne *f.* -n.

とどまる 留まる《とまる(止まる, 留まる)》❶ [残る] bleiben* s./家にとどまる zu Hause bleiben*/記憶にとどまる im Gedächtnis bleiben*/期待された効果はむなしくとどまった Die erwartete Wirkung blieb aus. ❷ [限られる][4]sich beschränken *(auf[4])*/責任者は彼にとどまらない Er ist nicht der Einzige, der daran schuld ist.

とどめ 止めの一刺 Gnaden|stoß (Fang-) *m.* -es, ¨e/止めの一発 Gnaden|schuss (Fang-) *m.* -es, ¨e/止めを刺す *jm* den Gnadenstoß (Rest) geben*; *jm* den Garaus machen.

とどめる 留める ¶ 足をとどめる stehen bleiben* s.《同じ》/くるまをとどめる *(von[3])*; *jn* zurück|halten* *(von[3])* /…とどめておく [4]sich beschränken *(mit[3])*/彼は歴史に名をとどめている Sein Name ist in die Geschichte eingegangen.

とどろかす 轟かす ¶ 胸を轟かせて mit klopfendem (pochendem) Herzen/世界に名を轟かす weltberühmt (weltbekannt) werden.

とどろき 轟き das Donnern* (Dröhnen*;

とどろく Krachen*, -s; das Brausen* (Sausen*), -s 《水音・風音の》; das Klopfen* (Pochen*), -s 《心臓の》/雷の轟き das Rollen* 《-s》 des Donners/波の轟き Brandung *f.* -en.

とどろく 轟く donnern; dröhnen; krachen; klopfen (pochen) 《心臓が》/名が世界に轟く weltberühmt (weltbekannt) sein/砲声が轟く Der Donner der Geschütze dröhnt./物凄い雷鳴が轟いた Es krachte ein gewaltiger Donnerschlag.

ドナー 〔医〕Spender *m.* -s, -.

となえる 唱える **❶**〔念仏など〕rezitieren*; vor|tragen*⁴ 《朗読》. **❷** 〔唱導〕befürworten*; auf|stellen⁴ 《学説などを》. **❸** 〔叫ぶ〕rufen*⁴; schreien*⁴/万歳を唱える hurra rufen*.

となえる 称える nennen*; heißen*.⇨しょうする《称する》.

となかい〘動〙Renntier *n.* -(e)s, -e.

どなた 何方 wer*; 〔irgend〕einer*; jemand*; jeder*《どなたでも...ない》/どなたですか, あの方は Wer ist der Mann da?/どなた様でしょうか Wie ist Ihr Name, bitte? 〔取次のとき〕Wen soll ich melden? 〔電話口で〕Wer ist (spricht) dort (am Apparat)?; Mit wem spreche ich? ⇨だれ.

どなべ 土鍋 der irdne Topf, -(e)s, =e.

となり 隣 Nachbarschaft *f.* -en; Nähe *f.*; 〔隣人〕Nachbar *m.* -s (-n), -n; der Nächste*, -n, -n; 〔隣家〕Nachbarhaus *n.* -es, =er; nächstes Haus, -es, =er; das Haus nebenan/隣に benachbart; nächst; nachbarlich/隣の部屋の人 Zimmernachbar*, -n, -n/一軒おいて隣 das übernächste Haus/右(左)隣の家 das nächste Haus rechts (links)∥隣近所 Nachbarschaft /隣座敷 Nebenzimmer *n.* -s, -; das nächste Zimmer/隣うきあい Nachbarschaft / 隣 村 Nachbardorf *n.* -(e)s, =er.

どなる 怒鳴る brüllen; 〔laut〕 aus|rufen*; donnern; schreien*/どなりつける an|brüllen⁴; an|donnern⁴; an|fahren*⁴; an|fauchen⁴; keifen 〔mit; gegen (auf⁴; gegen⁴; über⁴)〕; *jm* über den Mund (übers Maul) fahren* 〘s.〙 — どなり込む ⁴sich bei *jm* über ⁴et beschweren; gegen ⁴et Protest ein|legen/かんかんになって彼は隣家にどなり込んだ Aus der Haut gefahren, legte er heftigen Protest bei den Nachbarn ein.

とにかく ⇨ともかく.

とねりこ〘植〙Esche *f.* -n.

との 殿 Gnädiger Herr!《呼びかけ》. ⇨とのさま.

どの welcher*/どの...も welcher* (was) auch immer; jeder*; keiner*〔否定〕⇨どんな. /どの辺に wo ungefähr; wo etwa; in *welcher Gegend*/お住まいはどの辺ですか Wo ungefähr ist Ihre Wohnung?

-どの 殿 Herr *m.* -n, -en/何某殿 Herr N. N. 〔呼びかけ〕; Herrn N. N. 〔手紙の上書〕/かしこまりました 大佐殿 Zu Befehl, Herr Oberst!

どのう 土嚢 Sandsack *m.* -(e)s, =e; Ballast *m.* -(e)s, -e/土嚢で守る 〔den Fluss; die Flut〕 mit Sandsäcken ein|dämmen (-|deichen).

とのがた 殿方 Herren《*pl*》; Männer《*pl*》∥殿方用〔für〕⁴Herren《洗面所など》.

どのくらい wie viel; wie fern; wie wenig; wie weit《程度》; wie viel《量》; wie schwer《重さ》; wie weit《距離》; wie lang《長さ》; wie tief《深さ》; wie breit《幅》; wie groß《大きさ》; wie hoch《高さ》/ここからどのくらいあるでしょうか Wie weit ist es von hier?《*nach*³》.

とのこ 砥の粉 Polierpulver *n.* -s, -.

とのさま 殿様 Fürst *m.* -en, -en; mein hoher ⁴Herr《呼び掛け》/殿様扱いする wie einen Fürsten behandeln《*jn*》/彼は殿様暮しをしている Er lebt fürstlich. ∥殿様蛙 Ochsenfrosch *m.* -es, =e.

どのみち auf alle Fälle; jedenfalls; sowieso.

～とは ¶ 人生とは何ぞや Was ist 〔das〕 Leben?/生きるとは戦うことなり Leben heißt kämpfen./「自由」とはどういうことか Was meinen Sie mit „Freiheit"?/ Was versteht man unter „Freiheit"?/君は愛した経験がおるかい—愛したとは Hast du einmal geliebt? — Wie meinst du das?/君がそんなことをするとは思わなかった Ich hätte nicht gedacht, dass du so etwas tun würdest. / So etwas hätte ich nicht von dir erwartet./彼が死んでしまったとは Dass er sterben musste!/彼女もう三十歳とはとても思われない Es ist kaum zu denken, dass sie schon dreißig Jahre alt sein sollte. / Sie kann nicht schon dreißig sein./ここから駅まで十分とはかかりません Von hier bis zum Bahnhof braucht man höchstens (kaum) 10 Minuten.

とば 賭場 Spiel|bank *f.* =e (-hölle *f.* -n; -haus *n.* -es, =er; -kasino *f.* -s, -s).

どば 駑馬 der abgetriebene Gaul, -(e)s, =e; Klepper *m.* -s, -; Kracke *f.* -n; Saumpferd *n.* -(e)s, -e; Schindmähre *f.* -n/駑馬にむちう打つ ein Saumpferd an|treiben* (peitschen); ⁴sich ab|rackern《努力》.

～とはいえ 〔従属接続詞で〕 obwohl; obgleich; obschon; 〔相関的接続詞で〕 zwar《gewiss》..., aber ...; 〔副詞で〕 doch; jedoch; dennoch; trotzdem; gleichwohl; allerdings; immerhin; 〔前置詞で〕 trotz²⁽³⁾/彼女は若いとはいえ obwohl sie noch jung ist; jung, wie sie ist/春とはいえ戸外はまだ寒かった Zwar war es Frühling, aber es war draußen noch kalt./財布にはわずかの金しかなかった. とはいえ, 何もないよりはましだった Im Portemonnaie (Portmonee) war nur wenig Geld, immerhin besser als nichts.

とばく 賭博 Glücksspiel *n.* -(e)s, -e/全財産を賭博で失う das ganze Vermögen (den letzten Heller) verspielen. — 賭博をする〔um ⁴Geld〕 spielen. ∥賭博者 Spieler *m.* -s, -.

とばし 土橋 die mit ³Erde bedeckte Brücke, -n, -n.

とばす 飛ばす **❶** fliegen lassen*⁴/凧を飛ばす einen Drachen steigen lassen*. **❷**〔急がせる〕die Geschwindigkeit beschleunigen/全速力で飛ばす《車を》Vollgas geben*⁴/車(馬)を飛ばしてかけつける mit dem Auto

どはつ (Pferd) hin|eilen (*zu*³; *nach*³)／そんなに飛ばすな Fahr(e) nicht so schnell! ❸ [はねかす] spritzen⁴. ❹ [跳び越す] überspringen*⁴／数ページ飛ばす einige Seiten überspringen*.

どはつ 怒髪天をつく vor Wut kochen (schäumen); über ⁴et sehr aufgebracht sein.

とばっちり ❶ [はね] Spritzer *m.* -s, -／とばっちりをかける *jn* bespritzen (*mit*³). ❷ [そばえ] Seitenhieb *m.* -[e]s, -e／とばっちりをくらう einen Seitenhieb bekommen*／彼はこの事件のとばっちりを受けた Er ist in die Sache verwickelt worden.

とばり 帳 Vorhang *m.* -[e]s, ¨e／夜の帳が下りる Die Nacht senkt sich auf die Erde.

とび 徒費 ⇨ろうひ(浪費).

とび 鳶 ❶ [鳥] Gabelweihe *f.* -n. ❷ [消防夫] Feuerwehrmann *m.* -[e]s, ¨er (..leute).

とび 跳び Sprung *m.* -[e]s, ¨e／一跳びに mit einem Sprung ‖ 三段跳び Dreisprung／走り高跳び Hochsprung／走り幅跳び Weitsprung.

どび 土匪 Bandit *m.* -en, -en; Buschklepper *m.* -s, -; Rebell *m.* -en, -en.

とびあがる 飛び上がる auf|fliegen* ⓢ.

とびあがる 跳び上がる auf|springen* ⓢ; auf|fahren* ⓢ (驚き・怒りなどで)／いすに飛び上がる auf einem Stuhl auf|springen* ⓢ／跳び上がって喜ぶ vor Freude [vom Sitz] auf|springen* ⓢ.

とびあるく 飛び歩く umher|laufen* (herum|-) ⓢ／彼はしょっちゅう方々を飛び歩いている Er ist dauernd unterwegs.

といし 飛び石 Steinpfad *m.* -[e]s, -e [石の道]; Bruchsteinplatte *f.* -n [板状の石]／飛び石を伝って歩く über den Steinpfad (die Steine) gehen* ⓢ.

とびいた 飛び板 [運] Sprungbrett *n.* -[e]s, -er 《スプリングボード》.

とびいり 飛び入り unprogrammgemäße Teilnahme, -n; freiwillige Beteiligung, -en; unprogrammgemäßer (freiwilliger) Teilnehmer, -s, -s 《参加者》／飛び入りをする unprogrammgemäß teil|nehmen* (*an*³); ⁴sich freiwillig beteiligen (*an*³).

とびいろ 鳶色の braun.

とびうお 飛び魚 [魚] Flugfisch *m.* -[e]s, -e.

とびうつる 飛び移る ¶ 岸に飛び移る an Land (Ufer) springen* ⓢ／ちょうが花から花へ飛び移る Die Schmetterlinge fliegen von Blume zu Blume.

とびおきる 飛び起きる auf|springen* ⓢ; auf|fahren* ⓢ／寝床から飛び起きる aus dem Bett (aus den Federn) springen* ⓢ.

とびおりる 飛び降り auf den Absprungen*, -s; 飛び降り自殺する Selbstmord (*m.* -[e]s) durch Herabspringen begehen*.

とびおりる 飛び降りる ab|springen* ⓢ (*von*³); hinab|springen* (herab|-) ⓢ; hinunter|springen* (herunter|-) ⓢ／走っている電車から飛び降りる von einem noch nicht fahrenden Straßenbahnwagen ab|springen* ⓢ.

とびかかる 飛びかかる auf *jn* springen* ⓢ; *jn* an|springen*; ⁴sich auf *jn* stürzen (werfen)《突進する》; auf *jn* her|fallen* ⓢ 《襲いかかる》.

とびきり 飛び切り außergewöhnlich (-ordentlich); besonders／飛び切り上等の piekfein; prima 《無尽化》／飛び切り安い spottbillig; ganz besonders gut.

とびぐち 鳶口 Feuerhaken *m.* -s, -.

とびこえる 飛び越える ⇨とびこす.

とびこす 飛び越す springen* ⓢ (*über*⁴); überspringen*⁴／堀を飛び越す ーー／溝を飛び越す einen Graben überspringen* ⓢ; einen Graben überspringen*／一級飛び越す eine Klasse überspringen*.

とびこみ 飛び込み 《水泳》 das Springen*, -s; Sprung *m.* -[e]s, ¨e; Kunstspringen*, -s 《飛び板飛び込み》／飛び込みの選手 Kunstspringer *m.* -s, - ‖ 飛び込み台(塔) Sprungturm *m.* -[e]s, ¨e／飛び込み板 Sprungbrett *n.* -[e]s, -er／逆(立)飛び込み Kopfsprung (Fußsprung)／高飛び込み das Turmspringen*.

とびこむ 飛び込む hinein|fliegen* (herein|-) ⓢ 《飛翔》; hinein|springen* (herein|-) ⓢ 《跳躍》; hinein|stürzen (herein|-) ⓢ 《駆け込む》／水中に飛び込む ins Wasser springen* ⓢ; ⁴sich ins Wasser stürzen／彼は息をはずませて部屋に飛び込んで来た Er stürzte mit keuchendem Atem ins Zimmer herein.

とびだす 飛(跳)び出す hinaus|fliegen* (heraus|-) ⓢ; hinaus|springen* (heraus|-) ⓢ／部屋から飛び出す aus dem Zimmer stürzen ⓢ／家を飛び出す (家出) vom Haus weg|laufen* ⓢ; sein Haus (seine Familie) verlassen*／檻の中から飛び出す aus dem Käfig aus|brechen* ⓢ. ⇨とびでる.

とびたつ 飛び立つ auf|springen* ⓢ 《跳び上がる》; auf|fliegen* ⓢ 《飛び去る》／私は嬉しさのあまり飛び立つ思いがした Mir tanzte das Herz vor Freude.／彼は今朝ハンブルクへ飛び立った Er ist heute Morgen nach Hamburg abgeflogen.

とびち 飛び地 ein getrennt (separat) liegendes Grundstück, -[e]s, -e.

とびちる 飛び散る auseinander fliegen* (umher|fliegen*) ⓢ; spritzen ⓢ／血(火花)が飛び散る Das Blut spritzt (Funken spritzen).

とびつく 飛びつく ⇨とびかかる／子供は母親に飛びついた Das Kind flog der Mutter in die Arme.／彼はこの話に飛びつこうとしなかった Er wollte nicht anbeißen.

トピック Gesprächs|gegenstand *m.* -[e]s, ¨e -stoff *m.* -[e]s, -e); Thema *n.* -s, ..men (-ta).

とびでる 飛び出る [突出する] [her]vor|treten* (heraus|-) ⓢ; [her]vor|stehen*／目の玉が飛び出るほど高い unglaublich (wahnsinnig) teuer. ⇨とびだす.

とびどうぐ 飛び道具 Schusswaffe *f.* -n.

とびとび 飛び飛びに hie und da 《そこここに》; ver|streut sein* ⓢ 《散在して》; einzeln 《個々別々に》; in ³Abständen 《間隔を置いて》.

とびなわ 跳び縄 Springseil *n.* -[e]s, -e.

とびのく 飛び退く zurück|springen* ⓢ 《後へ》; beiseite (zur Seite) springen* ⓢ 《傍へ》.

とびのり 飛び乗り das Aufspringen*, -s.
とびのる 飛び乗る 〔auf|〕springen* [s] 《*auf*^{4}》/馬に飛び乗る aufs Pferd springen* [s]; ^{4}sich aufs Pferd werfen*/電車に飛び乗る auf die 〔fahrende〕 Straßenbahn springen* (auf|springen*).
とびばこ 跳び箱 〘体操〙 Sprungkasten *m.* -s, =.
とびはなれて 飛び離れて bei weitem; außer¦gewöhnlich (-ordentlich); besonders《特に》/彼女は飛び離れて美しい Sie ist bei weitem die schönste.¦Sie ist viel viel schöner als die anderen.
とびはねる 飛び跳ねる hüpfen; springen*.
とびひ 飛び火 ❶ Feuerfunke *m.* -ns, -n. ❷ [膿痂疹] Eiterflechte *f.* -n. ── 飛び火する über|springen* 《*auf*^{4}》; über|greifen* 《*auf*^{4}》/一軒置いて隣の家に飛び火した Das Feuer griff (Der Funke sprang) auf das übernächste Haus über.
とびまわる 飛(跳)び回る umher|fliegen* [s] 《飛翔》; umher|springen* [s] 《跳躍》; herum|fliegen* (-|springen*) [s] 《*um*^{4} の周囲を》; umher|laufen* 《仕事などで》/彼はいつも飛び回っている Er ist immer unterwegs.
どひょう 土俵 ❶ ⇨どのう. ❷ [相撲の] Ringplatz *m.* -es, ⸚e/土俵際で im entscheidenden Augenblick; in zwölfter Stunde; fünf Minuten vor Zwölf. ‖ 土俵入り Schauaufstellung 《*f.* -en》 der japanischen Ringkämpfer; Eintrittszeremonie 《*f.* -n》 des japanischen Ringkampfmeisters.
とびよみ 飛び読みする stellenweise lesen*^{4}; diagonal (querdurch) lesen*^{4}; durch|blättern^4; überfliegen*^{4}.
とびら 扉 Tür *f.* -en; Tor *n.* -〔e〕s, -e 《門扉》; Flügeltür *f.* 《両開きの》; Schiebetür *f.* 《引き戸》; Titelblatt *n.* -〔e〕s, ⸚er 《書物の》/家(部屋)の扉 Haus¦tür (Zimmer-)/扉を開く die Tür öffnen (auf|machen).
どびん 土瓶 der irdne Teetopf, -〔e〕s, ⸚e/どびん敷 Untersatz 《*m.* -es, ⸚e》 des Teetopfs; Untersetzer *m.* -s, -.
とふ 塗布 das Schmieren*, -s/塗布する schmieren^4《*mit*^{3}》; ein|schmieren^4《*mit*^{3}》/…に軟膏(こう)(香油)を塗布する mit Salbe ein|schmieren^4; ein|salben^4.
とぶ 飛ぶ fliegen* [s]/空飛ぶ円盤 eine fliegende Untertasse, -n/飛ぶように急いで in fliegender ^{3}Eile (Hast)/ひらひら飛びまわる umher|flattern [s]/空中を飛ぶ durch die Luft fliegen* [s]/矢のように飛ぶ wie ein ^{1}Pfeil fliegen*; flitzen [s]/飛ぶように売れる reißenden Absatz haben (finden*)/飛ぶ鳥をも落とす勢いである auf dem Gipfel der Macht sein (stehen*).
どぶ 溝 *Abfluss m. -es, ⸚e; Drän m. -s, -s* (-e); Gosse *f.* -n; Kloake *f.* -n; Rinne *f.* -n; 〔Abwasser〕schleuse *f.* -n ‖ 溝さらい Rinnenreinigung *f.* -en 《作業》; Rinnenreiniger *m.* -s, - 《人》/溝ねずみ Wasserratte *f.* -n.
とぶくろ 戸袋 Nische 《*f.* -n》 für ^{4}Schiebetüren.
どぶろく 濁酒 der ungeläuterte Sake, -s.
どぶん plump〔s〕!/どぶんと落ちる plumpsen.
どべい 土塀 Mauergehege 《*n.* -s, -》 aus Lehm.
とほ 徒歩 das Zufußgehen* (Laufen*), -s/徒歩で行く zu ^{3}Fuß gehen* [s]; laufen* [s] ‖ 徒歩競走 das Wettgehen*, -s/徒歩者 Fuß¦gänger (-geher 《オーストリアで》) *m.* -s, -/徒歩旅行 Fußreise *f.* -n; Wanderung *f.* -en.
とほう 途方もない(なく) außer¦gewöhnlich (-ordentlich); ungemein; ungewöhnlich; ungeheuerlich; maßlos; unglaublich 《信じ難い》/途方もなく高い unglaublich (unverschämt; wahnsinnig) teuer/途方もないことを言う Unsinn (dummes Zeug) reden/途方に暮れる ratlos sein; weder aus noch ein wissen*.
どぼく 土木 Ingenieur¦wesen (Bau-) *n.* -s, - ‖ 土木請負 Bauakkord *m.* -〔e〕s, -e; Akkordbauarbeit *f.*/土木請負師 Bau¦unternehmer *m.* -s, - (-meister *m.* -s, -)/土木監督 Bau¦führer *m.* -s, - (-aufseher *m.* -s, -)/土木技師 Bauingenieur *m.* -s, -e; Architekt *m.* -en, -en/土木建築業 Hochbauindustrie *f.* -n; Baugesellschaft *f.* -en/土木工学 Technik *f.* -en; Ingenieurkunst *f.*; Bau¦kunst *f.*/土木工事 Bau *m.* -〔e〕s, -ten; Bau¦arbeit *f.* -en (-werk *n.* -〔e〕s, -e); öffentliche Bauten 《*pl*》.
とぼける ❶ [知らぬふりをする] ^{4}sich unwissend (unschuldig) stellen/彼はとぼけたふりをした Er tat, als ob er davon nichts wüsste. ❷ ⇨ぼける①. ❸ ⇨どうけ(道化).
とぼしい 乏しい knapp; gering; ungenügend 《十分でない》; unzureichend 《同上》/乏しい才能 eine geringe Begabung, -en/乏しい収入 ein knappes (schlechtes) Einkommen, -s, -; niedrige Einkünfte 《*pl*》/…に乏しい arm sein 《*an*^{3}》; es fehlt (mangelt) *jm* an ^{3}*et*/時間(金)が乏しい Die Zeit (Das Geld) ist knapp./彼は経験(魅力)に乏しい Er hat nur wenige Erfahrungen (Reize).
とぼとぼ とぼとぼと mühsam 《大儀そうに》; gebrochen 《打ちひしがれて》; niedergeschlagen 《同上》; mutlos 《意気阻喪して》/とぼとぼ歩く ^{4}sich fort|schleppen.
とま 苫 Binsen¦matte *f.* -n (-decke *f.* -n)/苫をかける mit ^{3}Binsenmatten decken^4.
どま 土間 ❶ [家の] Estrich *m.* -s, -e; Diele *f.* -n; Tenne *f.* -n. ❷ [劇場の] Parterre *n.* -s, -s; Rasierplatz *m.* -es, ⸚e 《〘俗〙かぶりつき; ひげそりの時の様に上を向くから》; Parkett *n.* -〔e〕s, -e 《前の数列》; Sperrsitz *m.* -es, -e 《その後方》.
とます 富ます bereichern^4; reich machen^4.
とまつ 塗抹する übermalen^4 《絵の具などを》; schmieren^4 《油・タールなどを》; salben 《軟膏(こう)などを》.
トマト Tomate *f.* -n ‖ トマトケチャップ Tomatenket〔s〕chup *m.* (*n.*) -s/トマトスープ Tomatensuppe *f.* -n/トマトソース Tomatensoße *f.* -n/トマトピューレ Tomatenmark *n.* -〔e〕s.
とまどう 戸惑う in ^{4}Verlegenheit geraten*

とまり 泊り ❶ [宿泊] das Übernachten, -s; Übernachtung f. -en; [滞在] Aufenthalt m. -(e)s, -e/泊りを重ねて nach einer mehrtägigen ³Reise／一晩泊りを超えて ⁴Nacht bleiben*／彼女は泊りがけで伯母の家にきている Sie ist bei ihrer Tante zum Übernachten zu Besuch. ❷ [宿直] Nachtdienst m. -(e)s, -e.

とまり 止まり ❶ [停止] Halt m. -(e)s, -e; Stillstand m. -(e)s, -e/止まり場所 Haltestelle f. -n; [終わり] Ende n. -s, -n.

とまりぎ 止まり木 [Sitz]stange f. -n; Aufsitzstange f. -n/止まり木に止まっている auf einer ³Stange sitzen*.

とまりきゃく 泊り客 Gast m. -(e)s, ⁼e; Logierbesuch m. -(e)s, -e.

とまりちん 泊り賃 Hotelrechnung f. -en.

とまりばん 泊り番 Reihenfolge (f. -n) im Nachtdienst.

とまる 泊る übernachten ⟨in³; bei jm⟩; bleiben* ⟨in³; bei jm⟩; ein|kehren ⟨in³⟩; [滞在する] ⁴sich auf|halten* ⟨in³; an³; bei jm⟩; [泊っている] logieren ⟨in³⟩; wohnen／一晩泊る übernachten; die ⁴Nacht über bleiben*／どのホテルにお泊りのつもりですか In welchem Hotel wollen Sie wohnen?

とまる 止る, 留まる ❶ [停止する] [an]halten*; stehen bleiben* ⓢ; still|halten*; ab|laufen* ⓢ/[時計が] ⁴/止まっている still|halten*; stehen bleiben* ⓢ/急に止まる plötzlich halten*/この急行は大きな駅しか止まりません Dieser Schnellzug hält nur auf den großen Stationen./時計が止まってしまった Die Uhr ist abgelaufen./[ぜんまいが切れて] Die Uhr ist stehen geblieben. ❷ [鳥が] ⁴sich setzen/鳥が木に止まっている Ein Vogel sitzt auf einem Baum. ❸ [やむ] auf|hören; enden; nach|lassen*/痛みは止まったか Hat der Schmerz nachgelassen? ❹ [中断する] unterbrochen (gehindert) werden/交通が止まってしまった Der Verkehr ist unterbrochen. /[塞がる] unterbrochen (gesperrt; verstopft) werden/水道が止まってしまった Die Wasserleitung ist gesperrt. ❺ [目に] auf|fallen* ⓢ ⟨jm⟩; ins Auge fallen* ⓢ ⟨jm⟩.

どまんじゅう 土饅頭 Grabhügel m. -s, -.

とみ 富 Reichtum m. -s, ⁼er; Vermögen n. -s, -/富をなす reich werden; ⁴sich ein ³Vermögen erwerben*; zu ³Vermögen kommen* ⓢ/富の分配 die Verteilung eines Reichtums.

とみくじ 富籤 Lotterie f. -n; Lotterielos n. -es, -e/[富籤に]当たる in der ³Lotterie gewinnen*/富籤を引くin der ³Lotterie spielen.

とみに 頓に [にわかに] plötzlich; auf einmal; [目だって] auffallend.

ドミニカ ドミニカ共和国 die Dominikanische Republik／ドミニカ国 Dominica n. -s ‖ ドミニカ人 Dominikaner m. -s, -.

ドミノ Domino n. -s, -(s)／ドミノの駒 Dominostein m. -(e)s, -e.

とみふだ 富札 Lotterielos n. -es, -e.

とみん 都民 ⇨と(都).

とむ 富む reich sein ⟨an³ 富んでいる⟩/見聞に富む viele Kenntnisse ⟨pl⟩ haben／才能に富む hochbegabter Mann, -(e)s, ⁼er/彼は経験に富んでいる Er hat große Erfahrungen.

とむらい 弔い [埋葬] Begräbnis n. -nisses, ..nisse; Leichenbegängnis n. -nisses, ..nisse; Beerdigung f. -en; Bestattung f. -en; [弔問] Beileidsbezeigung f. -en (-bezeugung f. -en); [弔問] Beileidsbesuch m. -(e)s, -e; [追善] Totenmesse f. -n; [弔式] Begräbnisfeier f. -n. —— 弔いをする begraben*⁴; beerdigen; bestatten⁴ ‖ 弔い合戦 Vergeltungskampf m. -(e)s, ⁼e.

とむらう 弔う [悔みを言う] sein Beileid bezeigen (aus|sprechen*) ⟨jm⟩; [悼む] trauern ⟨um⁴; über³⟩; [供養する] eine Totenmesse halten*; Messe halten*; beten (für einen Toten).

とめおき 留置き ❶ ⇨りゅうち. ❷ postlagernd (手紙の上書) ‖ 留置きとめくとめ.

とめおく 留置く ❶ ⇨りゅうち. ❷ (郵便などを)zurück|behalten*⁴.

とめがさ 留傘 kleiner Holzeimer, -s, -.

とめがね 留金 Schnalle f. -n/留金で留めるan|schnallen⁴.

とめどなく ununterbrochen; unaufhörlich.

とめなわ 留縄 Hemmtau n. -(e)s, -e.

とめばり 留針 ⇨ANstecknadel f. -n.

とめびょう 留鋲 Reißnagel m. -s, ⁼; Reißzwecke (Heft-) f. -n.

とめる 泊める beherbergen ⟨jn⟩; unter|bringen* ⟨jn⟩; logieren ⟨jn⟩/お客を泊める einen Gast unterbringen*／今夜泊めていただけませんか Könnten Sie mir heute Nacht Obdach gewähren?

とめる 止める ❶ [停止させる] an|halten*⁴; zum Stehen bringen*⁴; stillen⁴; sperren⁴/息を止める den Atem an|halten*／痛みを止める den Schmerzen stillen/テレビを止める den Fernsehapparat ab|stellen／出血を止める die Blutung stillen. ❷ [禁止する] verbieten*⁴ ⟨jm ⁴et⟩; untersagen ⟨jm ⁴et⟩/彼は医者から喫煙を止められた Ihm wurde vom Arzt das Rauchen untersagt. ❸ [固定する] befestigen⁴ ⟨mit³⟩/釘で止める mit einem Nagel befestigen⁴. ❹ [抑止する] zurück|halten*⁴ ⟨von³⟩; ab|halten* ⟨von³⟩; [引き留める] auf|halten*⁴; hemmen ⟨in³⟩; hindern ⟨an³⟩/もうあなたを止めません Ich will Sie nicht länger zurückhalten./私は涙を止めることができなかった Ich konnte meine Tränen nicht zurückhalten.

とも 艫 Heck n. -(e)s, -e; Hinterschiff n. -(e)s, -e.

とも 友 Freund m. -(e)s, -e; [仲間] Genosse m. -n, -n; Kamerad m. -en, -en; Gefährte m. -n, -n; Kommilitone m. -n, -n 《大学時代の》/竹馬の友 Jugendfreund m. -(e)s, -e／同窓の友 Schulfreund; Kommilitone m. -n, -n (大学の)/親しい友 der wahre Freund／親しい友 der intime (vertraute; gute) Freund／友を選ぶ einen Freund wählen/

…を友とする ³sich *jn* zum Freund(e) machen/友を得る einen Freund gewinnen*/よい時だけの友 Freunde 《*pl*》 im Glück/まさかの時の友こそ真の友 „In der Not erkennt man seine Freunde.'/君はいい友だよ Du bist mir ein schöner Freund.《皮肉》

とも 供 Gefolge *n*. -s, - 《集合名詞》; Gefolgschaft *f*. -en 《総称》; Begleiter *m*. -s, - 《同行者》/供を連れる Gefolge (einen Begleiter) mit|nehmen*/供をする folgen 《*jm*》; ¹folgen 《*jm*》; gehen* s 《mit *jm*》/お供してよろしいですか Kann ich mit Ihnen gehen?/駅までお供しましょう Ich werde Sie bis zum Bahnhof begleiten.

〜とも [もちろん] gewiss; sicher(lich); bestimmt; natürlich; doch/聞いたかね—え 聞いたとも Hast du's gehört? — Ja doch./彼女に手紙出したかい—出したとも Hast du ihr geschrieben? — Gewiss! ❷ [さえも] sogar; selbst; auch/にっこりともせずに ohne ⁴Lächeln. ❸ [見積もり] 遅くとも spätestens/少くとも wenigstens; mindestens. ❹ [仮定] auch (selbst) wenn; wenn auch; obgleich/命にかかわるとも auch wenn es mir ans Leben (an den Hals) ginge/彼が何を言おうとも er mag sagen, was er will/彼が何をしようとも es mag daraus wergen, was da wollen; […であろうとあるまいと] ob … ob (oder) nicht／彼が知っていても知らなくとも ob er weiß, ob er nicht. ❺ [含有] einschließlich²; inklusiv²/送料とも五百円 500 Yen einschließlich Porto. ❻ [強意] 教師ともあろうのが gerade ein Lehrer.

-ども 】 押せども引けども全くらちがあかなかった Ob man schob oder zog, kam man nicht vorwärts.

ともあれ ⇒ともかく.

ともえ 巴 ¶ まんじ巴と ⇒まんじ.

ともかく auf jeden ⁴Fall; jedenfalls; auf alle Fälle; immerhin; sowieso; […は別として] abgesehen von³ … 《(davon), dass …》; [いわんや] geschweige 《denn》/それはともかく [um] davon zu schweigen/冗談はともかく Scherz beiseite!／ともかく私の家に来なさい Kommen Sie jedenfalls zu mir!／ともかくできるだけ早く仕事をします Sowieso arbeite ich so schnell wie möglich.

ともかせぎ 共稼ぎ Doppelverdiener *m*. -s, -／共稼ぎする gemeinsam (Geld) verdienen/夫婦共稼ぎしている Diese Eheleute sind (Dieses Ehepaar ist) Doppelverdiener.

ともぐい 共食い gegenseitiges Auffressen *n*. -s; Kannibalismus *m*. -/共食いをするeinander auf|fressen*⁴.

ともしび 灯火 Licht *n*. -(e)s, -er/灯火をつける 《*das*》 Licht (an|)machen (an|)zünden.

ともしらが 共白髪まで生きる bis ins hohe ⁴Alter zusammen|leben.

ともす 灯す, 点す an|zünden⁴; an|machen.

ともすれば leicht; neigen 《*zu*³》/ともすれば風邪を引く ⁴sich leicht erkälten/ともすれば彼はだまされやすい Er neigt, betrogen zu werden.

ともだおれ 共倒れになる mit unter|gehen* s; gemeinsam zugrunde (zu Grunde) gehen* s. 友達 ⇒とも(友).

ともづな 艫 [Schiffs]tau *n*. -(e)s, -e/艫を解く ein Schiff von den ³Tauen los|machen; ab|fahren* 《出航》.

ともども 共々 zusammen; miteinander. ⇒ともに.

ともなう 伴う begleiten⁴《人・物に》; folgen《同上》; mit|nehmen*⁴《人・物を》; mit ³sich bringen*⁴《同上》/大きな困難を伴う große ⁴Schwierigkeiten mit ³sich bringen*/彼は妻を伴って外出した Er ging mit seiner Frau aus.

ともに 共に zusammen; mit; beide(s)《両方共》; sowohl … als 《wie》(auch)《同上》; [同時に] zugleich／…と共に mit³ 《zusammen》; samt³/夫婦共に Mann und Frau／老若共に Jung und Alt／それと共に damit／年と共に mit den ³Jahren／共に働く zusammen|ar beiten; mit|arbeiten／共に暮す zusammen|leben／共にする teilen⁴《mit³》; teil|nehmen*《mit *jm* an ³*et*》/苦楽を共にする Freud und Leid teilen《mit *jm*》/利害を共にする dieselben Interessen haben／生涯を共にする *js* Leben teilen／…と運命を共にする *js* ⁴Schicksal teilen／こう言うと共に mit diesen ³Worten／夜明と共に彼らは出発した Mit Tagesanbruch machten sie sich auf dem Weg.

ともばたらき 共働き ⇒ともかせぎ.

ともまわり 供回り Gefolge *n*. -s, -; Gefolgschaft *f*. -en; Begleiter *m*. -s, -. ⇒とも(供).

ともる 灯る, 点る angezündet (angebrannt) werden.

どもる 吃る stottern; stammeln; stocken《訥弁》/ひどく吃る stark stottern/興奮して吃るばかり Vor Erregung stammelte er bloß. —— 吃りながら stotternd; stammelnd／彼は吃りながらおずおずわびを言う訳をした Er stotterte schüchtern eine Entschuldigung.

とや 鳥舎 ⇒とりごや《鳥小屋》/鳥舎につく schlafen gehen* s《寝にいく》; [auf den Eiern] brüten《sitzen》《卵を抱く》.

とやかく とやかく言う [干渉する] ⁴sich ein|mischen《*in*⁴》; [批評する] kritisieren⁴; bemängeln⁴; bekritteln⁴; [不平を言う] ⁴sich beklagen《*über*⁴》; ⁴sich beschweren《*über*⁴》; [異議を唱える] Einwände erheben* 《vor|bringen》; ein|wenden*; /他人のことについてとやかく言うな Kümmere dich nicht um fremde Sachen!

どやす einen Streich versetzen³; eins geben*³.

どやどや in ³Haufen (Massen) 《*pl*》; scharenweise; zuhauf.

どよう 土用 die Hundstage《*pl*》, die heißeste Jahreszeit. 土用干し das der Sommerhitze Aussetzen*, -s/土用休みの Sommerferien (Hundstags-)《*pl*》.

どようび 土曜日 Samstag *m*. -s, -e; Sonnabend *m*. -s, -e 《特に北ドイツで》.

どよめく dröhnen; brummen; hallen; in ⁴Unruhe geraten* s《胸が》; aufgewiegelt werden《群衆などが》/笑いどよめく schallendes (dröhnendes) Gelächter ertönen lassen*.

とら 虎 Tiger *m.* -s, -/虎になる [4]sich besaufen*/虎の威を借る狐 ein Esel in (unter) der [3]Löwenhaut/虎の尾を踏む sehr gefährlich sein.

どら 銅鑼 Gong *m.* (*n.*) -s, -s; Tamtam *n.* -s, -s.

とらい 渡来する eingeführt werden; besuchen[4] 《人が》/仏教の渡来 die Einführung des Buddhismus 〔in [4]Japan〕.

ドライ ドライな kaltblütig; kaltherzig; rücksichtslos; ohne Rücksichtnahme; teilnahmslos; herzlos; empfindungslos; abgestumpft; unerschütterlich. ‖ ドライアイス Trockeneis *n.* -es/ドライクリーニング chemische Reinigung, -en/ドライフラワー Trockenblume *f.* -n/ドライフルーツ Trockenobst *n.* -〔e〕s.

トライアスロン Triathlon *n.* -s, -s.

ドライバー [運転者] Fahrer *m.* -s, -; [ねじ回し] Schraubenzieher *m.* -s, -.

ドライブ Spazierfahrt *f.* -en/ドライブする eine Spazierfahrt machen; aus|fahren* [s] ‖ ドライブウェー Fahrweg *m.* -〔e〕s, -e; Autobahn *f.* -en/ドライブ禁止 Fahrverbot *n.* -〔e〕s, -e.

ドライヤー Föhn *m.* -〔e〕s, -e; Trockner *m.* -s, -; Trockenapparat *m.* -〔e〕s, -e ‖ ヘアドライヤー Fön *m.* -s, -e; Föhn *m.* -〔e〕s, -e.

とらえどころ とらえ所 Haupt¦sache *f.* -n (-punkt *m.* -〔e〕s, -e); Kernpunkt *m.* -〔e〕s, -e / とらえ所がない aalglatt; unfassbar; schlüpferig; [あいまいな] zweideutig; [はっきりしない] unklar/彼はとらえ所のない人物だ Er ist glatt wie ein Aal.

とらえる 捕らえる fangen*[4]; fassen[4]; ergreifen*[4]; gefangen|nehmen* 《*jn* 捕虜にする》; fest|nehmen* 《*jn* 逮捕する》/襟首を捕らえる am Nacken fassen (ergreifen*) 《*jn*》/機会を捕らえる eine Gelegenheit 《-en》 ergreifen* (fassen)/腕を捕らえる beim Arm fassen 《*jn*》/彼は現行犯で捕らえられた Er ist auf frischer Tat ertappt worden.

トラクター Zugmaschine *f.* -n; Trecker *m.* -s, -; Schlepper *m.* -s, -.

どらごえ どら声 die raue Stimme, -n.

トラコーマ 〖医〗Trachom *n.* -s, -e. ⇨トラホーム.

とらす 取らす geben*[4]; haben lassen*[4].

トラスト Trust *m.* -〔e〕s, -e (-s).

トラック ❶ [車] Lastkraftwagen *m.* -s, - 《略: LKW》; Last¦auto *n.* -s, -s (-wagen *m.* -s, -)/トラック運転手 Lastwagenfahrer *m.* -s, -. ❷ [競技の] 〔Lauf〕bahn *f.* -en 《競技の》/トラック競技 Sportarten 《*pl*》 auf der Laufbahn.

ドラッグストア Drogerie *f.* -n.

とらねこ 虎猫 Tigerkatze *f.* -n.

どらねこ どら猫 die herrenlose (verirrte) Katze, -n.

とらのこ 虎の子 das Tigerjunge*, -n, -n; Schatz *m.* -es, ⸚e 《大切な物》.

とらのまき 虎の巻 Schlüssel *m.* -s, -; Eselsbrücke *f.* -n.

トラピスト トラピスト修道院 Trappistenkloster *n.* -s, ⸚.

とらぶち 虎斑の tigerfleckig.

トラベラーズチェック Reisescheck *m.* -s, -s.

トラホーム 〖医〗Trachom *n.* -s, -e ‖ 急性(慢性)トラホーム akutes (chronisches) Trachom.

ドラマ Drama *m.* -s, ..men.

ドラマー Trommler *m.* -s, -.

ドラム Trommel *f.* -n; ドラムを叩く; die Trommel schlagen* ‖ ドラム缶 Kanister *m.* -s, -; Öltrommel *f.* -n.

どらむすこ どら息子 der verlorene Sohn, -〔e〕s, ⸚e.

とらわれ 捕われ Gefangenschaft *f.* -en; Gefangennahme *f.* -n; Haft *f.*; Verhaftung *f.* -en/捕われの身 der Gefangene*, -n, -n/捕われの身となる Gefangener werden; gefangengenommen werden; ins Gefängnis geworfen (gesetzt) werden 《投獄》.

とらわれる 捕われる gefangengenommen werden 《von *jm*》; verhaftet werden 《von *jm*》; [拘泥(こうでい)する] kleben 《*an*[3]》/彼は煩悩に捕われている Er ist der Sklave seiner Leidenschaften.

トランク Koffer *m.* -s, -; Handkoffer *m.* -s, - 《手さげの》; Truhe *f.* -n 《大型の》; Kofferraum *m.* -〔e〕s, ⸚e 《自動車の》/このトランクをタクシーまで運んで下さい Bitte, tragen Sie diesen Koffer zum Taxi!

トランクス Hose *f.* -n; Boxhose 《ボクシング用》; Badehose 《水泳用》.

トランシーバー Funksprechgerät *n.* -〔e〕s, -e; Walkie-Talkie *n.* -s, -s.

トランジスター Transistor *m.* -s, -en ‖ トランジスターラジオ Transistorradio *n.* -s, -s.

トランス Transformator *m.* -s, -en.

トランプ [遊び] Kartenspiel *n.* -〔e〕s, -e; [札] 〔Spiel〕karte *f.* -n/トランプをする Karten 《*pl*》 spielen; 〖俗〗 karten / トランプを切る(配る) Karten 《*pl*》 mischen (geben*).

トランペット Trompete *f.* -n/トランペットを吹く die Trompete blasen* ‖ トランペット奏者 Trompetenbläser *m.* -s, -.

トランポリン Trampolin *n.* -s, -e.

とり 鳥 Vogel *m.* -s, ⸚; [鶏] Huhn *n.* -〔e〕s, ⸚er; [家禽(きん)] Federvieh *n.* -〔e〕s/鳥なき里の蝙蝠(こうもり) ‚Unter den Blinden ist der einäugige König.'

とりあい 取合い Gereiß〔e〕 *n.* ..reißes/取合いする [4]sich reißen* 《*um*[4]》.

とりあう 取り合う ❶ [奪い合う] [4]sich reißen* 《*um*[4]》. ❷ [構いつける] berücksichtigen[4]; achten 《*auf*[4]》; hören 《*auf*[4]》; [関係する] zu tun haben 《mit *jm*》/取り合わない taub sein 《*bei*[3]; *gegen*[4]; *für*[4]》; nicht achten 《*auf*[4]》/彼なぞに取り合うんじゃないよ Du darfst nichts mit ihm zu tun haben. ❸ 手を取り合って泣く [4]sich gegenseitig bei der [3]Hand fassen und weinen.

とりあえず 取りあえず sofort; sogleich; unverzüglich; vorläufig 《差し当たり》; fürs erste 《先ず》/取りあえず…する [4]sich beeilen, [4]*et* zu tun/取るものも取りあえず stehenden [2]Fußes/取りあえずお礼申し上げます Ich bei-

le mich, Ihnen zu danken.
とりあげる 取り上げる ❶《手に》in die Hand nehmen*⁴. ❷ [奪う] weg|nehmen*⁴《jm》; entziehen*⁴《jm》; [没収する] in ⁴Beschlag nehmen*⁴. ❸ [採用する] auf|nehmen*⁴; an|nehmen*⁴/提案を取り上げる einen Vorschlag《-[e]s, ⸗e》auf|nehmen*. ❹《子供を》vom Kind[e] entbinden*《jm》.
とりあつかい 取扱い Behandlung *f.* -en《人の》; Handhabung *f.* -en《物事の》; Führung *f.* -en《事務の》/取扱い方 Behandlungsweise *f.* -n / 取扱いが便利な handlich/取扱い注意 Vorsichtig handhaben (behandeln)! ‖ 取扱人 Behandler *m.* -s, -; Geschäftsführer *m.* -s, -/事務取扱 Stellvertreter *m.* -s, -.
とりあつかう 取り扱う behandeln⁴; handhaben⁴《handhabte, gehandhabt》; führen⁴ /紳士として取り扱う *jn* als ⁴Herrn behandeln.
とりあつめる 取り集める [ein|]sammeln⁴.
とりあみ 鳥網 Vogelgarn *n.* -[e]s, -e (-netz *n.* -es, -e).
とりあわせ 取り合わせ Zusammenstellung *f.* -en《配列》; Zusammensetzung *f.* -en《組み合わせ》; Mischung *f.* -en《配合》/取り合わせ物 Mischmasch *m.* -es, -e; Gegensatz *m.* -es, ⸗e《対照》.
とりあわせる 取り合わせる zusammen|stellen⁴ (-|setzen⁴); mischen⁴; gegenüber|stellen⁴.
とりい 鳥居 Torii *n.* -s; Schreintor *n.* -[e]s, -e.
とりいる 取り入る ⁴sich ein|schmeicheln《bei *jm*》; ⁴sich in *js* Gunst ein|schmeicheln; ⁴sich in ⁴Gunst setzen《bei *jm*》.
とりいれ 取入れ Ernte *f.* -n; [収穫高] Ertrag *m.* -[e]s, ⸗e.
とりいれる 取り入れる [ein|]ernten⁴《穀物を》; [搬入する] ein|scheuern⁴; [採用する] ein|führen⁴; an|nehmen*⁴《説などを》/この語は国語に取り入れられた Das Wort ist in unsere Sprache aufgenommen.
とりうち 鳥打 [帽子] Sportmütze *f.* -n; [猟] Vogeljagd *f.* -en/鳥打に行く auf die Vogeljagd gehen* [s].
トリウム 〖化〗Thorium *n.* -s《記: Th》.
とりえ 取柄 [長所] Stärke *f.* -n; die starke Seite, -n; Vorzug *m.* -[e]s, ⸗e; [価値] Wert *m.* -[e]s, -e; [よい点] der gute Punkt, -[e]s, -e; [よい性質] die gute Eigenschaft, -en/取柄のある brauchbar; verwendbar; wertvoll/取柄のない unbrauchbar; wertlos/彼は自分で取柄があると思っている Er will etwas sein./その学生は特別これといった取柄はありません Der Student hat keine besonderen Vorzüge.
とりえ 鳥餌 Vogelfutter *n.* -s.
トリオ Trio *n.* -s, -s.
とりおさえ 取抑え Festnahme *f.* -n; Verhaftung *f.* -en.
とりおさえる 取り抑える fest|nehmen*⁴; verhaften⁴/犯人を取り抑える einen Verbrecher fest|nehmen*.
とりおとす 取り落とす aus der ³Hand fallen* (gleiten*) [s]《*jm*》〔物が主語〕; verlieren*⁴《失う》.
とりがい 鳥貝 Herzmuschel *f.* -n.
とりかえ 取替 Tausch *m.* -[e]s, -e; [更新] Erneuerung *f.* -en.
とりかえし 取り返し Zurücknahme *f.* -n; Wiederherstellung *f.* -en《回復》/取返しのつかない unwiederbringlich; unersetzlich; unwiderruflich/取り返しのつかない損失 unwiederbringlicher Verlust, -[e]s, -e/彼は取り返しのつかない失敗をした Er hat einen unwiderruflichen Fehler gemacht.
とりかえす 取り返す zurück|nehmen*⁴; wieder|bekommen*⁴; wieder|erlangen⁴; wieder gut|machen⁴《過失などを》; nach|holen⁴《損失などを》; wieder|ein|bringen*⁴《同上》; ersetzen⁴《埋め合わせする》/遅れを取り返す Versäumtes nach|holen/睡眠不足を取り返す den Schlaf nach|holen.
とりかえる 取り替える [ver]tauschen⁴《*gegen*⁴; *für*⁴; *mit*³; *um*⁴》; wechseln⁴《*mit*³》; [新しくする] erneuern⁴/この時計は気に入らないとき取り替えて頂けますか Darf ich diese Uhr umtauschen, wenn sie mir nicht gefällt?
とりかかる 取りかかる an|fangen*⁴; beginnen*⁴/仕事に取りかかる an die Arbeit gehen* [s]; ⁴sich ans Werk machen/彼は新作に取りかかっている Er ist mit einem neuen Stück beschäftigt.
とりかご 鳥籠 [Vogel]käfig *m.* -s, -e; [Vogel]bauer *n.* (*m.*) -s, -.
とりかこむ 取り囲む umgeben*⁴; ein|schließen*⁴; umfassen⁴/敵を取り囲む den Feind《-[e]s, -e》ein|schrießen*/四方を山に取り囲まれている ringsum von den Bergen eingeschlossen sein.
とりかじ 取舵にする [ein ⁴Schiff] nach der ³Backbordseite wenden* (richten)/取舵 Backbordruder!《号令》‖ 取舵一杯 Hart (Ganz) [nach] Backbord!
とりかた 取り方 Aufnahme *f.* -n《写真の》/彼は写真の取り方がかなり上手だ Er kann ziemlich gut fotografieren.
とりかぶと 鳥兜 Akonit *n.* -[e]s, -e; Sturmhut *m.* -[e]s, ⸗e.
とりかわす 取り交わす aus|tauschen⁴《*gegen*⁴; *für*⁴》; aus|wechseln⁴《*gegen*⁴》/批准書を取り交わす die Ratifikationsurkunden《*pl*》aus|tauschen/彼は彼女と手紙を取り交わしている Er steht in (im) Briefwechsel mit ihr.
とりきめ 取決め Festsetzung *f.* -en; Bestimmung *f.* -en; Entscheidung *f.* -en《決定》; Beschluss *m.* -es, ⸗e《決議》; das Übereinkommen*, -s《協定》.
とりきめる 取り決める fest|setzen⁴; bestimmen⁴; entscheiden*; beschließen*; vereinbaren⁴/契約を取り決める einen Vertrag《-[e]s, ⸗e》schließen*.
とりくずす 取り崩す ⇨**とりこわし**(取りこわす).
とりくち 取口 der Stil《-[e]s, -e》im Ringkampf《相撲の》.
とりくむ 取り組む ❶ mit *jm* ringen*《相撲などで》; *jm* [im Wettkampf] gegenüber|stehen*《競技で》. ❷ [為替などを] aus|stellen⁴;

とりげ 鳥毛 Feder *f.* -n;〔わた毛〕Daune *f.* -n; Flaumfeder *f.* -n.

とりけし 取消し Zurücknahme *f.* -n; Widerruf *m.* -(e)s, -e; Aufhebung *f.* -en《契約・判決などの》; das Ausstreichen*, -s《取消し》/取消しのできる widerruflich/取消しを要求する den Widerruf fordern (verlangen) ‖ 取消し請求 Anfechtung *f.* -en.

とりけす 取り消す widerrufen*4; zurück|nehmen*4.

とりこ 虜 der Gefangene*, -n, -n;〔奴隷〕Sklave *m.* -n, -n;/虜にする gefangen|nehmen*4; fesseln4《女性などが》; bezaubern4《同上》/虜になる gefangengenommen werden《von *jm*》; gefesselt (bezaubert) werden《von *jm*》/美貌の虜になる von der ³Schönheit einer ²Frau gefesselt werden.

とりこしぐろう 取越苦労する ³sich unnötige Sorgen《*pl*》um die Zukunft machen.

トリコット Trikot *m.* (*n.*) -s, -s〘トリコット製品〙Trikotware *f.* -n.

とりこみ 取込み〔混雑〕Verwirrung *f.* -en; Unordnung *f.* -en; Unglück *n.* -(e)s/彼の所では何か取り込みができたようだ Bei ihm scheint etwas passiert zu sein.

とりこむ 取り込む ❶〔取り入れる〕[her]ein|nehmen*4; ein|ernten4《刈り込むに》; die Wäsche《-n》herein|nehmen*《洗濯物を》. ❷〔混雑する〕in ⁴Unordnung (Verwirrung) sein; [sehr] beschäftigt sein《忙しい》.

とりごや 鳥小屋 Vogelhaus *n.* -es, ≈er; Hühner|haus (-stall *m.* -(e)s, ≈e)《鶏の》.

とりこわし 取り壊し Niederreißung *f.*; Abbrechung *f.*

とりこわす 取りこわす nieder|reißen*4; ab|brechen*4; ab|reißen*4/家を取りこわす ein Haus nieder|reißen* (ab|brechen*).

とりさげる 取り下げる ⇨とっか.

とりさし 鳥差し Vogelfänger *m.* -s, -.

とりさた 取沙汰 Gerücht *n.* -(e)s, -e; Nachrede *f.* -n ⇨うわさ/取沙汰をする ein ⁴Gerücht《, dass ...》verbreiten⁴/彼については色々と取沙汰されて Ihm wird allerlei nachgeredet.

とりさばき 取捌き Unterbringung *f.* -en《商品の処分》; Entscheidung *f.* -en《決定》; Schlichtung *f.* -en《調停》; Beilegung *f.* -en《同上》.

とりさばく 取り捌く〔決定する〕entscheiden*《*in*³; *über*⁴》;〔遂行する〕durch|führen⁴; unter|bringen⁴《品物を》;〔調停する〕schlichten⁴; bei|legen⁴.

とりさる 取り去る beseitigen⁴; entfernen⁴; weg|nehmen*⁴.

とりしまり 取締り〔仕事〕Kontrolle *f.* -n; Beaufsichtigung *f.* -en;〔人〕Aufseher *m.* -s, -; Inspektor *m.* -s, -en.

とりしまりやく 取締役 Direktor *m.* -s, -en ‖ 専務取締役 Hauptgeschäftsverwalter *m.* -s, -.

とりしまる 取締る beaufsichtigen⁴; kontrollieren⁴; die Aufsicht haben (führen)《*über*⁴》; dirigieren⁴; überwachen⁴/厳重に取締る streng beaufsichtigen⁴;〔管理する〕

verwalten⁴; leiten⁴/家事を取締る den ⁴Haushalt besorgen (führen; versehen*).

とりしらべる 取り調べる 取り調べる untersuchen⁴; prüfen⁴/問題を取り調べる eine Frage《-n》untersuchen.

とりすがる 取りすがる ⁴sich [an]klammern《*an*⁴》; ⁴sich fest|halten*《*an*³》/袖に取りすがる ⁴sich am Ärmel fest|halten*《*jm*》.

とりそこなう 取り損う ⇨とりにがす.

とりそろえる 取り揃える ⇨そろえる.

とりだか 取高 Einkommen *n.* -s, -; Einkünfte《*pl*》《収入》; Gehalt *n.* -(e)s, ≈er《給与》; Ertrag *m.* -(e)s, ≈e《収穫》; Anteil *m.* -(e)s, -e《分け前》.

とりだす 取り出す heraus|nehmen*⁴《*aus*³》; aus|packen⁴《包装を解いて》.

とりただす 取りただす ⇨ただす《糾す》.

とりたて 取立て Einkassierung *f.* -en; das Einkassieren, -s; Einziehung *f.* -en; Eintreibung *f.* -en; Erhebung *f.* -en《税などの》;〔任命〕Ernennung *f.* -en;〔昇進〕Beförderung *f.* -en ‖ 取立人 Einsammler *m.* -s, -/代金取立 Inkasso *n.* -s, -.

とりたての 取りたての frisch/取りたての果実 frische (frisch gepflückte) Früchte《*pl*》/取りたての魚 frische (frisch gefangene) Fische《*pl*》.

とりたてて 取り立てて besonders; insbesondere/取り立てて言うほどのことはない Das ist nicht besonders der Rede wert.

とりたてる 取り立てる ein|kassieren⁴; ein|sammeln⁴; ein|treiben*; erheben*⁴; er|nennen*《*zu*³》; befördern《*jn*》.

とりちがえる 取り違える verwechseln⁴《*mit*³》; vertauschen⁴《*mit*³》; ⁴sich irren《*in*³》; missverstehen*《言葉など》.

とりちらす 取り散らす in ⁴Unordnung bringen*⁴/この部屋は取り散らかしてある Das Zimmer ist in Unordnung.

とりつぎ 取次 ❶〔取次販売〕Agentur *f.* -en; Kommissionsgeschäft *n.* -(e)s, -e. ❷〔伝達〕Übermitt[e]lung *f.* -en. ❸〔来客の〕Anmeldung *f.* -en/取次を頼む ⁴sich [an]|melden. ‖ 取次人 Agent *m.* -en, -en;〔Ge-schäfts〕vermittler *m.* -s, -.

とりつく 取り付く〔取りすがる〕⁴sich fest|halten*《*an*³》; ⁴sich klammern《*an*⁴》/取りつく島もない hilflos da|stehen* (sein).〔悪霊などが〕behexen⁴; verzaubern⁴/悪魔に取りつかれている vom Teufel besessen sein/彼は重い病気に取りつかれています Er litt an einer schweren Krankheit.

トリック Trick *m.* -s, -e; Kunstgriff *m.* -(e)s, -e; Kniff *m.* -(e)s, -e/トリックを使う einen Trick an|wenden[*] ‖ トリック映画 Trickfilm *m.* -s, -e.

とりつぐ 取り次ぐ ❶〔取次販売する〕als ¹Agent handeln;〔仲買する〕Zwischenhandel treiben*. ❷〔伝達する〕übermitteln《*jm ⁴et*》/この事を A 氏にお取り次ぎ下さいませんか Wollen Sie bitte dies Herrn A übermitteln? ❸〔来客を〕[an]|melden《*jn*》/取り次いでもらう ⁴sich [an]|melden lassen《bei *jm*》.

とりつくろう 取り繕う ❶〔修理する〕aus|bessern⁴; reparieren⁴; flicken⁴《衣服など》;

stopfen^4 《同上》. ❷ [言いつくろう] beschönigen^4; bemänteln^4; vertusche〔l〕n^4 / 体裁を取りつくろう den Schein retten (wahren).

とりつけ 取りつけ ❶ [銀行の] 〔An〕sturm *m.* -〔e〕s, ..e / 銀行が取りつけにあった Die Bank wurde bestürmt. ❷ [預金の] Abhebung *f.* -en. ❸ [設備] Einrichtung *f.* -en.

とりつける 取りつける ❶ [預金を] ab|heben*^{4}; zurück|ziehen*^{4}. ❷ [設備する] ein|richten^4; an|legen^4; auf|stellen^4.

とりっこ 取りっこ ⇨**とりあい**.

とりて 取手 Annehmer *m.* -s, -; Empfänger *m.* -s, -.

とりで 砦 Festung *f.* -en; Fort *n.* -s, -s.

とりとめのない zusammenhang〔s〕los; unzusammenhängend; unsinnig 《無意味な》; sinnlos 《同上》; töricht 《馬鹿げた》/ とりとめのない話 dummes (leeres) Geschwätz, -es, -e / 病人はとりとめのないことを口走っている Der Kranke redet irre.

とりとめる 取り止める [命を] das ^{4}Leben retten 《*jm*》.

とりどり とりどりに verschieden; mannig-fach (-faltig); verschiedenartig / 色とりどりに bunt.

とりなおす 取り直す fest ergreifen*^{4} 《ペンなどを》; [気を] ^{4}sich wieder auf|raffen (fassen); [相撲] erneut ringen* 《mit *jm*》.

とりなし 執成し Für-sprache *f.* -n (-bitte *f.* -n); Vermittlung *f.* -en 《仲介》; Empfehlung *f.* -en 《推薦》/ とりなしを頼む um *js* 〔gütige〕 ^{4}Fürsprache bitten*.

とりなす 執り成す ^{4}Fürbitte (Fürsprache) ein|legen 《bei *jm* für ^{4}*et* (*jn*)》; [仲介] vermitteln 《*zwischen*^{3}》; [推薦] empfehlen* 《*jm* ^{4}*et*》.

とりなべ 鳥鍋〔料理〕 in einer flachen Pfanne gekochtes Hühnerfleisch, -es.

とりなわ 捕縄 die Stricke 《*pl*》 zur ^{3}Fesselung eines Verbrechers.

とりにがす 取り逃がす entwischen (entkommen) lassen*^{4} / 機会を取り逃がす eine Gelegenheit 《-en》 verpassen (versäumen).

トリニダード Trinidad *n.* -s 《島》/ トリニダードの trinidadisch ‖ トリニダード人 Trinidader *m.* -s, -/ トリニダード・トバゴ Trinidad und Tobago *n.* - - -s.

とりのけ 取除け ❶ [除去] Beseitigung *f.* -en; Entfernung *f.* -en. ❷ [例外] Ausnahme *f.* -n.

とりのける 取り除ける ❶ [除去する] beseitigen^4; weg|räumen^4 / 障害を取り除ける ein Hindernis 《*n.* ..nisses, ..nisse》 beseitigen. ❷ [除外する] eine Ausnahme machen 《*mit*^{3}》.

トリノコ Torinoko-Papier *n.* -s, -e; festes, glattes Papier, -s, -e.

とりのこす 取り残す zurück|lassen*^{4}; liegen lassen*^{4}. ⇨**のこす**.

とりはからい 取計らい Behandlung *f.* -en 《取扱い》; Verfahren *n.* -s 《同上》; Führung *f.* -en 《管理》; Leitung *f.* -en 《指導》; Anweisung *f.* -en 《指図》/ 特別の取計らい eine besondere Behandlung.

とりはからう 取り計らう behandeln^4; führen^4; leiten^4; handhaben^4 《handhabte, gehandhabt》; besorgen^4 《世話する》; ^{4}Maßregeln 《*pl*》 treffen* (ergreifen*) 《処置する》/ 穏便に取り計らう in ^{3}Güte (friedlich) ab|machen^4.

とりはずし 取外し Wegnahme *f.* -n; [分解] Zerlegung *f.* -en / 取外しのできる absetzbar; zerlegbar.

とりはずす 取り外す weg|nehmen*^{4}; [分解する] zerlegen^4.

とりはだ 鳥肌 Gänsehaut *f.* ..e / 鳥肌が立つ eine Gänsehaut kriegen.

とりはらい 取払い Wegräumung *f.* -en; [除去] Entfernung *f.* -en; Fortschaffung *f.* -en / 取払いになる weggeräumt (entfernt; fortgeschafft) werden 《von *jm*》.

とりはらう 取り払う weg|räumen^4; fort|schaffen^4; entfernen^4 / 邪魔物を取り払う Hindernisse 《*pl*》 weg|räumen.

とりひき 取引 〔Kauf〕handel *m.* -s, ..e; 〔Kauf〕geschäft *n.* -〔e〕s, -e; Geschäftsverkehr *m.* -s; Umsatz *m.* -es, ..e; Handelsgeschäft / 取引を中止する die Geschäfte 《*pl*》 ab|brechen* 《*mit*^{3}》/ 取引を開始する in ^{4}Geschäftsverbindung 《*f.* -en》 treten* [s] 《*mit*^{3}》/ 取引を結ぶ einen Handel ab|schließen*. ── 取引する handeln 《*mit*^{3}》; Geschäfte 《*pl*》 machen 《*mit*^{3}》. ‖ 取引関係 Geschäftsverbindung *f.* -en / 取引関係にある in ^{3}Geschäften stehen* 《*mit*^{3}》/ 取引銀行 seine Bank, -en / 取引先 Kunde *f.* -n; Geschäftsfreund *m.* -〔e〕s, -e / 取引所 Börse *f.* -n / 取引所員〔仲買人〕 Börsenmakler *m.* -s, - / 取引高 Umsatzbetrag *m.* -〔e〕s, ..e / 取引立合 Börsenoperation *f.* -en / 取引法 Börsengesetz *n.* -es, -e / 株式取引所 Aktienbörse *f.* -n / 証券取引委員会 Börsengericht *n.* -〔e〕s, -e.

とりひしぐ 取りひしぐ besiegen^4; zu ^{3}Boden schlagen*^{4}.

とりひろげ 取広げ Vergrößerung *f.* -en; Erweiterung *f.* -en.

とりひろげる 取り広げる vergrößern^4; erweitern^4.

とりぶえ 鳥笛 Vogelpfeife *f.* -n; Lock-flöte (-pfeife) *f.* -n.

ドリブル Vorsichhertreiben *n.* -s, - / ドリブルする 〔den Ball〕 vor sich her treiben*; dribbeln.

とりぶん 取り分 Anteil *m.* -〔e〕s, -e.

とりまぎれる 取り紛れる in ^{4}Verwirrung geraten* [s]; in ^{4}Verlegenheit geraten* (kommen*) [s]; zerstreut sein 《心が》; [多忙である] sehr beschäftigt sein.

とりまきれん 取巻連 Umgebung *f.* -en; Anhänger *m.* -s, -.

とりまく 取巻く ⇨**とりかこむ**.

とりまぜる 取り交ぜる mischen^4 《*unter*^{4}; *in*^{4}》; vermischen^4 《*mit*^{3}》/ 取り交ぜて 〔alles〕 zusammen; durcheinander 《ごちゃごちゃに》.

とりまとめる 取り纏める sammeln^4; zusammen|packen^4 《荷物を》; in Ordnung bringen*^{4} 《整理する》; entscheiden* 《決着する

über^{4}; *in*^{3}》.

とりまわし 取り回し［管理］Verwaltung *f.* –en; Leitung *f.* –en; Führung *f.* –en;［待遇］Behandlung *f.* –en／人の取り回しがうまい *jn* geschickt (klug) behandeln.

とりみだす 取り乱す ❶［あわてる］aus seiner ^{3}Fassung kommen* [s]; den Kopf verlieren*／取り乱した verwirrt;［興奮した］aufgeregt／取り乱した様子もなく gelassen; ruhig. ❷［物·姿·形などを］in Unordnung bringen*^{4}; unordentlich machen^{4}; verwirren／彼の部屋は取り乱してあった Sein Zimmer war in Unordnung.／取り乱した unordentlich; schlampig《服装など》／取り乱した服装 die schlampige (unordentliche) Kleidung, –en／取り乱した髪をして mit unordentlichem Haar.

トリミング トリミングする trimmen^{4}《犬の毛を》.

とりめ 鳥目 Nachtblindheit *f.*／鳥目の nachtblind.

とりもち 取持ち ❶ ⇨**たいぐう**. ❷ 女の取持ちをする eine Frau verkuppeln《an *jn*》. ⇨**しゅうせん**(周旋).

とりもち 鳥黐 Vogelleim *m.* –[e]s.

とりもつ 取り持つ［待遇する］behandeln^{4}; auf|nehmen*^{4}; empfangen*^{4};［周旋する］vermitteln^{4}; verkuppeln^{4}《男女の仲を》／二人の間を取り持つ zwei Menschen miteinander verkuppeln／客を取り持つ einen Gast bewirten.

とりもどす 取り戻す zurück|nehmen*^{4}; wieder|erlangen^{4}.

とりもなおさず 取りも直さず nämlich; nichts anderes als ...;［すなわち］das heißt《略: d. h.》／人生は取りも直さず戦いである Leben bedeutet Kämpfen.

とりもの 捕物 Verhaftung *f.* –en; Gefangennahme *f.* –n ‖ 捕物帖 Detektivroman *m.* –s, –e《推理小説》.

とりや 鳥屋 Vogelhändler *m.* –s, –《人》／鳥肉屋 Geflügelhändler《人》.

とりやめ 取止め ⇨**ちゅうし**(中止).

とりょう 塗料 Farbe *f.* –n; Anstrich *m.* –[e]s, –e.

どりょう 度量 Edel¦mut (–sinn) *m.* –[e]s; Groß¦herzigkeit *f.* (–mut *f.*; –zügigkeit *f.*); Hoch¦herzigkeit (Weit–) *f.*／度量の広い edel; edel¦denkend (–gesinnt; –herzig; –mütig; –sinnig); groß¦herzig (–zügig); hoch¦herzig (weit–)／度量の狭い beschränkt; eng¦herzig (klein–); gemein; kleinlich.

どりょうこう 度量衡 Maße《*pl*》und Gewichte《*pl*》‖ 度量衡学 Metrologie *f.*; Maß– und Gewichtskunde *f.*

どりょく 努力 Bemühung *f.* –en; Anstrengung *f.* –en; Beeiferung *f.* –en; [Be]streben *n.* –s, Bestrebungen; Trachten *n.* –s／努力のかいあって dank den Bestrebungen; indem seine Bemühungen von Erfolg gekrönt (begleitet) sind／努力を惜しむ Mühe scheuen; mit ^{3}Bemühungen geizen (sparsam um|gehen* [s]). —— 努力する ^{4}sich bemühen《*um*^{4}》; alles auf|bieten*; alle Kräfte an|strengen (auf|bieten*); ^{4}sich an|strengen; ^{4}sich beeifern; ^{4}sich befleiß[ig]en^{2}; ^{4}sich bestreben; ringen*《*nach*^{3}; *um*^{4}》; sinnen* und trachten; streben《*nach*^{3}》; trachten《*nach*^{3}》／努力して unter anstrengender Arbeit; alles aufbietend; mit großer Mühe. ‖ 努力家 der Fleißige*, –n, –n; der strebende Geist, –[e]s, –er; wer* ^{4}sich strebend bemüht.

とりよせる 取り寄せる kommen lassen*^{4};［注文する］bestellen^{4}／本を取り寄せる ein ^{4}Buch《–[e]s, ⸗er》kommen lassen*《*von*^{3} …から》.

とりわけ 取り分け vor allem; besonders; namentlich; vorzüglich／私は取り分け梨が好きです Ich liebe Birnen besonders.

とる 取る ❶［in die Hand］nehmen*^{4};［er-］greifen*^{4}; fassen^{4}; fangen*^{4}《捕獲する》; pflücken^{4}《摘む》; packen^{4}《むんずと掴(つか)む》; besetzen^{4}《占有する》; erobern^{4}《攻め取る》; reichen^{34}《渡す》; fühlen^{4}《脈を》; auf|nehmen*^{4}《写真を》; *jm* schmeicheln《機嫌を》／取って来る holen《^{4}*et*》／取りにやる holen lassen*^{4}《durch *jn*》／取るものも取りあえず in großer ^{3}Eile; ohne weiteres／筆を取る die Feder ergreifen*／人の手を取る bei der ^{3}Hand nehmen*《*jn*》／領土を取る ein Gebiet ein|verleiben／魚を取る Fische《*pl*》fangen*／写真を撮る eine Aufnahme machen; fotografieren^{4}; knipsen^{4}《スナップを》／写真を取ってやろう Lass mich dich fotografieren!／床を取る das Bett machen／辛子を取って下さい Reichen Sie mir Senf, bitte! ¦ Darf ich um Senf bitten? ❷［受け取る］bekommen*^{4}; erhalten*^{4}; empfangen*^{4}; [an|]nehmen*^{4}; gewinnen*^{4}《獲得する》／学位を取る einen Titel (eine Würde) erhalten*／二十万円の月給を取る das Gehalt von 200 000 Yen beziehen*／賞を取る einen Preis gewinnen*／わいろを取る ^{4}sich bestechen lassen*／嫁を取る heiraten《*jn*》. ❸［採択］erwählen^{4}; aus|wählen^{4}; vor|ziehen*^{43}《4の方を取る》; auf|nehmen*^{4}《採用する》; an|nehmen*^{4}《意見などを》; engagieren^{4}《雇う》／別の処置を取る ein anderes Verfahren ein|schlagen*／挑戦的態度を取る eine herausfordernde Haltung an|nehmen*／私はビールよりワインの方を取る Ich ziehe Wein dem Bier vor. ❹［採集する］[ein|-]sammeln^{4}; pflücken^{4}《植物を》; fangen*^{4}《動物を》; machen^{4}《作る》; finden*^{4}《見つける》／花を取る Blumen《*pl*》pflücken (sammeln)／酒は米から取る Sake wird aus Reis gemacht. ❺［買う］kaufen^{4}; ^{3}sich nehmen*^{4}; bestellen^{4}《注文する》. ❻［食う］[zu ^{3}sich] nehmen*^{4}; ein|nehmen*^{4}; essen*^{4}; fressen*^{4}《動物が》／滋養物を取る die Nahrung zu ^{3}sich nehmen*. ❼［料金などを］fordern^{4}; verlangen^{4}／利子を取る Zinsen《*pl*》nehmen* (fordern). ❽［要する］brauchen^{4}; in ^{4}Anspruch nehmen*^{4}; erfordern^{4}; bedürfen*^{2}／手間を取る viel Zeit in Anspruch nehmen*. ❾［除去する］beseitigen^{4}; entfernen^{4}／しみを取る einen Fleck beseitigen;［脱ぐ］aus|ziehen*^{4}; ab|-

nehmen*⁴/帽子を取る den Hut ab|nehmen*/靴を取る die Schuhe《pl》aus|ziehen*. ⑩ [解する] nehmen*⁴; meinen⁴; verstehen*⁴《unter³》/よく取る gut nehmen*⁴/悪く取る übel nehmen*《jm ⁴et》/どうかそれを悪く取らないで下さい Bitte nehmen Sie es nicht übel! ⑪ [事務を] führen⁴; verwalten⁴/事務を取る seinen ³Geschäften nach|gehen* [s]; ein Geschäft führen. ⑫ [保存する] behalten*⁴; auf|bewahren⁴; auf|heben*⁴. ⑬ [購読する] halten*⁴/新聞(雑誌)を取る eine Zeitung (Zeitschrift) halten*. ⑭ [予約する] abonnieren《auf⁴》; subskribieren《auf⁴》; reservieren⁴《席・部屋などを》/部屋を二晩予約しておいて下さいませんか Würden Sie mir bitte ein Zimmer für zwei Nächte bestellen?

ドル Dollar *m.* –s, –s/ドルの国 das Dollarland, –[e]s, ⸗er; das Land, wo sich die Dollars häufen; Dollarkurs *m.* –es, –e; der Wechselkurs《–es, –e》des Dollars. ―― ドルで in Dollars. ‖ ドル買い die Spekulation《–en》durch ⁴Dollarankauf/ドル貨手形 Dollarwechsel *m.* –s, –/ドル為替 Dollaranweisung *f.* –en/ドル箱 1) Geld¦kasten *m.* –s, ⸗ (–schatulle *f.* –n); Stahl¦fach *m.* –[e]s, ⸗er (まれに –e) (–kassette *f.* –n). 2) [金主] Patron *m.* –s, –e; Beschützer *m.* –s, –; Geldquelle *f.* –n; Gönner *m.* –s, –; Schutzherr *m.* –n, –en; Wohltäter *m.* –s, –.

トルクメニスタン Turkmenistan *n.* –s/トルクメニスタンの turkmenisch ‖ トルクメニスタン人 Turkmene *m.* –n, –n; Turkmenin *f.* ..-ninnen《女》.

トルコ die Türkei ‖ トルコ石 Türkis *m.* –es, –e/トルコ語 das Türkische*, –n/トルコ皇帝 Sultan *m.* –s, –e/トルコ宰相 Großwesir *m.* –s, –e/トルコ人 Türke *m.* –n, –n; Türkin *f.* ..kinnen《女》/トルコ[帝]国 das türkische (osmanische; ottomanische) Reich/トルコ帽 Fes *m.* –[es], –[e]; türkische Mütze, –n.

トルソ〖美〗Torso *m.* –s, –s; Rumpf *m.* –[e]s, ⸗e.

とるにたらぬ 取るに足らぬ unbedeutend; wertlos; unwichtig; geringfügig; nichts sagend; unbeträchtlich; unerheblich/取るに足らぬ話 eine alte Geschichte/取るに足らぬ人間 der unbedeutende Mensch, –en, –en/取るに足らぬ物 Tand *m.* –[e]s.

ドルフィン ドルフィンキック泳法 Delphinschwimmen *n.* –s.

どれ ❶ [さあ] also; gut; nun; wohlan; wohlauf/どれ出かけるとするか Also, hauen wir ab!/どれ一つやってみるか Mal sehen, ob es geht.《うまくいくかどうか》; Mal sehen, ob es schmeckt.《うまいかどうか》. ❷ [いずれ] welcher*/どれがほしいか Welches wollen Sie haben?/どれにしよう Welches nehmen wir?/どれでも irgendein*; irgendwelcher*; welcher auch immer ⇨どちら⑥/どれほど wie auch immer ⇨どんな④/どれか irgendein*; entweder ... oder ... ⇨どちら②/どれも beide; weder ... noch ...《否定》⇨どちら③.

どれい 奴隷 Sklave *m.* –n, –n; Sklavin *f.* ..-vinnen《女》; Sklaverei *f.* –en《身分》/奴隷の様な(に) sklavisch; wie ein Sklave; Sklaventum *n.* –s; Sklaverei/奴隷のように働く wie ein Sklave arbeiten; ⁴sich ab|rackern; schuften/情欲の奴隷になる seinen Lüsten frönen/酒の奴隷になる ⁴sich völlig dem Trunk ergeben* ‖ 奴隷解放 Sklavenbefreiung *f.* –en/奴隷根性 Sklaverei; Knechterei *f.* –en/奴隷市場 Sklavenmarkt *m.* –[e]s, ⸗e/奴隷廃止運動 Kampagne《*f.* –n》gegen Sklaverei/奴隷廃止論 Abolitionismus *m.* –/奴隷廃止論者 Abolitionist *m.* –en, –en/奴隷売買 Sklavenhandel *m.* –s, –/奴隷売買人 Sklavenhändler *m.* –s, –.

トレーシングペーパー Pauspapier *n.* –s, –e.

トレーナー [人] Trainer *m.* –s, –; [衣服] Sweatshirt *n.* –s, –s.

トレーラー Anhänger *m.* –s, –; Trailer *m.* –s, –.

ドレス Damenkleidung *f.* –en; Toilette *f.* –n ‖ ドレスメーカー Damenschneiderin *f.* ..-rinnen.

とれだか 取れ高 ⇨**とりだか**.

ドレッサー Frisiertisch *m.* –[e]s, –e.

ドレッシング〖料〗Dressing *n.* –s, –s.

ドレミファ Tonleiter *f.* –n/ドレミファを歌う(奏する) solmisieren; solfeggieren; Tonleiter spielen.

トレモロ〖楽〗Tremolo *n.* –s, –s (..li)/トレモロで歌う tremulieren.

とれる 取れる ❶ [離れる] los|gehen* [s]; ab|springen* [s]《ぽろりと》; nach|lassen*《痛みが》/ボタンが取れた Ein Knopf ist ab[gesprungen]./痛みは取れましたか Ist der Schmerz vorbei? ❷ [得られる] gewonnen (geerntet; erzeugt) werden; gefangen werden《魚などが》/この魚は簡単に取れます Dieser Fisch fängt sich leicht./今年は米がたくさん取れるだろう In diesem Jahr werden wir eine gute Reisernte haben. ❸ [金が] gewonnen (verdient) werden/それでたくさん金が取れるよ Damit kannst du viel Geld verdienen. ❹ [要する] in ⁴Anspruch nehmen*⁴; brauchen⁴/それは大分手間が取れますよ Das nimmt viel Zeit in Anspruch.¦Das kostet viel Zeit.

トレンチコート Trenchcoat *m.* –[s], –s; Wettermantel *m.* –s, ⸗.

とろ 吐露 Ergießung *f.* –en/吐露する ergießen*⁴; äußern⁴; ⁴sich aus|schütten《心中を》/心情を吐露する ⁴sich frei aus|sprechen*.

どろ 泥 ❶ Schmutz *m.* –es; Dreck *m.* –[e]s; Kot *m.* –[e]s; Schlamm *m.* –[e]s, –e; Schlick *m.* –[e]s, –e/泥だらけの schmutzig; dreckig; kotig; schlammig《泥深い》; schlick[e]rig《泥濘の》. ❷ 泥をはく ein|gestehen*⁴; die Katze aus dem Sack lassen*/泥をはかす *jm* die Würmer aus der Nase ziehen*; *jn* Lügen strafen/顔に泥をぬる *jm* Schande an|tun* (bereiten; bringen*); *js* Ehre (*js* Ansehen) besudeln.

とろい schwerfällig; dumm; stumpfsinnig/とろい奴 schwerfälliger Kerl, –[e]s, –e/火がとろい Das Feuer ist schwach.

とろう 徒労 vergebliche Mühe, -n 〈Bemühung, en〉; vergebenes Mühen〈s〉, -s/徒労に帰す vergeblich (umsonst) sein; zu nichts (²Schaum) werden.

どろえのぐ 泥絵の具 lehmiger Farbstoff 〈[-e]s, -e〉〔für traditionelle japanische Malerei〕.

トロール トロール網〔Grund〕schleppnetz n. -es, -e; Trawl n. -s, -s/トロール船 (Fisch-)trawler m. -s, -e; Schleppnetzfischerboot n. -〔e〕s, -e.

どろかき 泥掻き〔落とし〕Kratzer m. -s, -〈掻具〉; Abtreter m. -s, -〈玄関などの靴ふき〉; Fußabstreicher m. -s, -〈同上〉; Schmutzbürste f. -n〈靴などとしのブラシ〉; Scharreisen n. -s, -〈靴の泥落とし棒〉.

とろかす ❶ ⇨とかす. ❷〔心を〕entzücken⁴; bezaubern⁴; fesseln⁴.

どろがめ 泥亀 Sumpfschildkröte (Alligator-) f. -n.

どろくさい 泥臭い unfein; unverfeinert; ungesittet; unglatt ausgedrückt; ländlich; lümmelhaft (tölpel-; rüpel-).

とろける ❶ ⇨とかす. ❷〔心が〕entzückt (bezaubert; gefesselt) sein; ⇨こうこつ(恍惚).

どろじあい 泥試合 das Durch-den-Dreck-Ziehen*〈-s〉der politischen Gegner《政界の》.

トロッコ Lore f. -n; Förder|wagen (Roll-) m. -s, -; Zugkarre f. -n.

ドロップ Drops n. (m.) -, -; Fruchtbonbon m. (n.) -s, -s; Zuckerplätzchen n. -s, -〈以上ふつう pl〉.

とろとろ ❶〔溶解〕とろとろになる schmelzen*〔s〕/とろとろ煮る bei gelindem Feuer kochen⁴/火がとろとろ燃えている Das Feuer brennt schwach. ❷〔居眠り〕とろとろする schlummern; leise schlafen*.

どろどろ どろどろの dick(flüssig); breiig; kleisterig; matschig; pappig; seimig; 〔泥で〕schlammig; schmutzig; dreckig; matschig/どろどろのぬかるみを歩く durch Matsch waten〔s〕; patsche〔l〕n. — どろどろになる〕breiig werden (machen)/雪がとけて往来がどろどろになった Der Schnee ist getaut und die Straßen sind schlammig.

どろぬま 泥沼 Sumpf m. -〔e〕s, =e; Morast m. -〔e〕s, -e (=e)/泥沼にはまり込むin den Sumpf geraten*〔s〕; in den Sumpf (Morast) stecken bleiben*〔s〕; weder ein noch aus wissen*〈比喩的に〉.

とろび とろ火 gelindes (schwaches) Feuer, -s, -/とろ火で煮る bei gelindem Feuer kochen⁴.

トロフィー Trophäe f. -n; Pokal m. -s, -e/彼はいくつもトロフィーを獲得している Er hat mehrere Pokale gewonnen.

どろぼう 泥棒〔盗人〕Dieb m. -〔e〕s, -e; Einbrecher m. -s, -; Langfinger m. -s, -; Räuber m. -s, -; Stehler m. -s, -;〔盗み〕Diebstahl m. -〔e〕s, -e; Einbruch m. -〔e〕s, =e; Mauserei f. -en; Räuberei f. -en/こそ泥 Einsteigdieb; Mauser m. -s, -/泥棒に追銭を与える auf schlechtes Geld gutes hinzu|geben*/泥棒をみて縄をなう „Wenn das Kind in den Brunnen hineingefallen ist, deckt man ihn zu.'/人を見たら泥棒と思え Vorsicht, das Gegenteil lügt!/泥棒にあう gestohlen (beraubt) werden; eingebrochen werden〈はいられる〉. — 泥棒する jm stehlen*⁴; jn bestehlen* 〈um⁴〉; jm rauben⁴; jn berauben²; mausen⁴; einen Diebstahl begehen*. ‖ 泥棒根性 die diebische Veranlagung, -en; Diebeshang m. -〔e〕s; Stehlsucht f. =e; Kleptomanie f. -.

どろみず 泥水 das schmutzige (schlammige) Wasser, -s; Schmutzwasser n. -s〈汚水〉‖ 泥水稼業 ein schändlicher Beruf, -〔e〕s, -e.

どろよけ 泥除け Kotflügel m. -s, -; Schutzblech n. -〔e〕s, -e; Spritzblech (-brett) n. -〔e〕s, -er); Raddeckel m. -s, -《車輪蔽(き)い》.

トロリーバス Trolleybus m. ..busses, ..busse; Oberleitungs(omni)bus; Obus.

とろろ geriebene Jamswurzel, -n/とろろ芋 Jamswurzel.

とろん とろんとした〔眠そうな〕schläfrig;〔にごった〕trübe/とろんとした目をしている trübe Augen haben.

どろん どろんをきめる durch|brennen* 〈-gehen*〉〔s〕; die Beine 〈pl〉 unter die Arme 〈pl〉 (in die Hand) nehmen*; die Fersen 〈pl〉 zeigen; Reißaus nehmen*; in den Sack hauen*; ⁴sich aus dem Staube machen.

ドロンゲーム das unentschiedene Spiel, -〔e〕s, -e; Unentschieden n.

トロンボーン Posaune f. -n.

〜とわず 〜を問わず〔…を顧慮せずに〕ohne ⁴Rücksicht 〈auf⁴〉;〔…の差別なく〕ohne Unterschied⟨²⟩〈von³〉/年齢(性別)を問わず ohne Unterschied des Alters (des Geschlechts)/晴雨を問わず bei jedem Wetter; einerlei, ob es regnet oder nicht/夜昼を問わず sei es in der Nacht, sei es am Tage; Tag und Nacht/多少を問わず mehr oder weniger.

とわずがたり 問わず語りに unaufgefordert; ohne danach gefragt zu werden.

どわすれ ど忘れする js Gedächtnis versagt für den Augenblick.‖ nicht gleich ins Gedächtnis zurückrufen können*⁴/ど忘れしました Das ist mir jetzt im Augenblick aus dem Gedächtnis ausgewischt.

トン Tonne f. -n/トン数 Tonnengehalt m. -〔e〕s; Tonnage f. -n/五万トンの汽船 ein Dampfer 〈m. -s, -〉 von 50 000 ³Tonnen/石炭五トン fünf Tonnen Kohle.

どん 鈍な〔愚鈍〕dumm; blöd〔e〕; schwer von Begriff〔en〕;〔運鈍〕träge; schwerfällig; untätig;〔鈍感〕unempfindlich; stumpfsinnig;〔刃物など〕stumpf/鈍な男〔鈍物〕Dummkopf m. -〔e〕s, =e; Esel m. -s, -; Papp|schädel (-stoffel) m. -s, -.

どん ¶ 用意, ドン Fertig, los!/どんとぶつかる mit einem Bums 〈n. -es, -e〉 an|stoßen*/どんぴしゃりと einen Treffer ins Schwarze haben; den Nagel auf den Kopf treffen*.

トンガ Tonga n. -s/トンガの tongaisch ‖ トンガ人 Tongaer m. -s, -.

どんかく 鈍角 der stumpfe Winkel, -s, -/鈍角の stumpfwink(e)lig.

とんかつ 豚カツ Schweinskotelett n. -s, -e (-rippchen n. -s, -); Schweineschnitzel n. -s, -.

どんかん 鈍感な unempfindlich; abgestumpft; dick|fellig (-häutig); gepanzert; stumpf/彼は実に鈍感だ Er hat unempfindlich ein dickes Fell. Er ist gegen alles gepanzert.

どんき 鈍器 das stumpfe Werkzeug, -(e)s, -e; das stumpfkantige Gerät, -(e)s, -e.

どんきょう 頓狂な toll/頓狂な人 Tollkopf m. -(e)s, ¨e/頓狂な声を出す grell schreien*.

どんぐり 団栗 Eichel f. -n/どん栗まなこ Glotzauge n. -s, -n; どん栗まなこの; glotzäugig/彼らはどんぐりの背くらべだ Sie sind durch die Bank über denselben Leisten geschlagen. Sie sind alle mittelmäßig, der eine wie der andere.

どんこう 鈍行列車 Personenzug m. -(e)s, ¨e; Bummelzug.

とんざ 頓挫する stocken; ins Stocken geraten* (kommen*) ⓈI; einen Rückschlag erleiden* (erfahren*).

とんさい 頓才 ⇨とんち.

どんさい 鈍才 の dumm; beschränkt; schwachköpfig; stumpfsinnig.

とんし 頓死 plötzlicher Tod, -(e)s/頓死する plötzlich sterben* ⓈI.

とんじ 遁辞 Ausflucht f. ¨e; Ausrede f. -n; Vorwand m. -(e)s, ¨e/遁辞を設る Ausflüchte (pl) machen (suchen); *sich aus|reden.

とんじゃく 頓着 ⇨とんちゃく.

どんじゅう 鈍重な phlegmatisch; bleiern; schwerfällig; teilnahmslos.

とんしょ 屯所 Militärstation f. -en; Polizeistation f. -en 《警察の》. ⇨たむる.

どんじり どん尻 das allerletzte Ende, -s, -n/どん尻に(で) am allerletzten Ende; an der allerletzten ³Stelle (f.).

どんす 緞子 [Seiden]damast m. -(e)s, -e.

とんせい 遁世する *sich von der ³Welt zurück|ziehen*; zurückgezogen leben/遁世生活を送っている Er führt ein zurückgezogenes Leben. ‖ 遁世者 Einsiedler m. -s, -; Klausner m. -s, -.

とんそう 遁走する ⇨とうそう(逃走).

どんぞこ どん底 Tiefe f. -n; Boden m. -s, ¨; die unterste Schicht, -en/どん底に沈む ins äußerste Elend geraten* (versinken*) ⓈI; vor Nichts stehen* 《im wahrsten Sinne des Wortes》; rettungslos verloren sein/どん底の生活をする ein Hundeleben führen; in bitterer Not sein/無知と罪悪のどん底 Abgrund (m. -(e)s, ¨e) von Unwissenheit und Laster.

とんだ 《驚くべき》 erstaunlich; überraschend; wunderlich; 《恐しい》 schrecklich; furchtbar; 《異常な》 ungewöhnlich; außerordentlich; 《意外な》 unerwartet; 《ばかげた》 unsinnig; widersinnig; töricht; dumm; [不合理な] unvernünftig/とんだ話 eine dumme Geschichte, -n/とんだ目に会う Pech (großes Unglück) haben/とんだ災難を受けるda unerwartet ins Unglück geraten* ⓈI.

とんち 頓知 Witz m. -es, -e; Schlagfertigkeit f. -/頓知のある witzig; schlagfertig/頓知のない witzlos; fade/彼はなかなか頓知がある Er ist sehr witzig. ‖ 頓知のある人 witziger Mensch, -en, -en (Kopf, -(e)s, ¨e).

とんちゃく 頓着する *sich kümmern 《um⁴》; ³sich ⁴Sorge machen 《um⁴》/頓着なく ³sich ⁴nichts machen 《aus³》/に頓着なく ohne ⁴Rücksicht auf⁴ .../ 身なりに頓着しない ⁴sich nicht um seine Kleidung kümmern/そんなことに僕は頓着しないよ Das ist mir gleichgültig.

どんちゃん どんちゃん騒ぎ das ausgelassene (ausschweifende; wüste) [Trunk]gelage, -s, -; Bacchanal n. -s, -e (..lien); Orgie f. -n; der lustige Schmaus, -es, ¨e; lärmende Schmauserei, -en; Zecherei f. -en/どんちゃん騒ぎをする in übermütiger Laune trinken* (zechen); in einem wüsten Gelage haben.

どんちょう 緞帳 Vorhang m. -(e)s, ¨e ‖ 緞帳芝居 Wanderbühne f. -n; Schmiere f. -n/緞帳役者 Schauspieler 《m. -s, -》 der Wanderbühne; Komödiant m. -en, -en.

とんちんかん とんちんかんな unsinnig; sinnlos; zusammenhangslos; unzusammenhängend; ungereimt; unverständlich; unvernünftig/とんちんかんな返事をする eine sinnlose Antwort geben*/とんちんかんなことを言う ⁴sich um die ³Sache sprechen*.

どんつう 鈍痛 dumpfer Schmerz, -es, -en/横腹のあたりで鈍痛がある Ich habe einen dumpfen Schmerz an der Seite.

とんでもない ⇨とんだ/とんでもない値段 der unsinnige (schreckliche) Preis, -es, -e/とんでもない失敗 der große schreckliche Fehler, -s, -/とんでもない Unsinn! Ach wo! Keinesfalls! Keine Ursache!/とんでもない事態になった Die Lage wandte sich zum Bösen./彼はとんでもない要求をした Er hat unsinnige Forderungen gestellt.

どんてん 曇天 das wolkige (bewölkte; trübe) Wetter, -s, -; der wolkenumfüllte (bewölkte) Himmel, -s, -.

どんでんがえし どんでん返し eine der ³Erwartung völlig entgegengesetzte Entwicklung des (dramatischen) Vorgangs; eine auf den Kopf gestellte Entwicklung der ²Dinge.

どんと ganz; gänzlich; ganz und gar; völlig; vollkommen; durchaus/彼女の言うことはよくわからない Ich verstehe gar nicht, was sie sagt.

どんと mit einem Knall (鳴る); klaps!(しまる); bums!; plump!(落ちる)/どんと戸がしまった Klaps! war die Tür zu./どんと尻もちをついた Bums! da saß er auf seinen vier Buchstaben. ❖!で一旦きって、小文字で始めて表現する.

とんとん tapp (tapp)《擬声語》/窓を低くとん

とんたくが聞こえた Man hörte an das Fenster tappen (klopfen)./とんとん拍子にうんとん拍子に大臣に出世した Nach Wunsch brachte es [bis] zum Minister./とんとんである kaum die ⁴Kosten decken (bestreiten)*;／[あいこである] quitt sein《mit jm》.

どんどん ❶ [迅速に] schnell; geschwind; rasch; in schneller Folge/どんどん売れた Die Waren wurden schnell verkauft./何もかもどんどんうまく片がついていった Es ging alles rasch hintereinander. ❷ [多量に] in Mengen; haufenweise; gehäuft; massenhaft／捕虜はどんどん収容された Die Gefangenen wurden haufenweise eingebracht./人々はどんどんつめかけて来た Die Leute kamen massenhaft herbeigeströmt. ❸ [勢よく] stark; heftig; ungestüm／雨がどんどん降る Es regnet stark (in Strömen); es gießt./火災はどんどん燃えひろがる Mit Ungestüm frisst sich das Feuer immer weiter vorwärts. ❹ [遠慮なく] dreist; offen[herzig]; hemmungslos／一番いいのは、どんどん自分の考えを言うことだ Das Beste ist, sich dreist auszusprechen.／彼は思ったことをどんどん言う Er handelt hemmungslos. ❺ [ひたすら] nur so／どんどん食べた Er aß (fraß) nur so./どんどん雪が降る [dass es (nur so)] eine Art hat Es schneit, dass es nur so eine Art hat. ❻ [音] bummern《音をたてること》; Bumbum *m.* -s《太鼓の》／どんどん戸をたたく heftig an die Tür klopfen; an die Tür hämmern (trommeln)／床をどんどん鳴らす auf den Fußboden stampfen／どんどんと太鼓の音がする Es trommelt.

どんな ❶ [どの様な] was für ein*; welch ein*; was [in aller Welt]; wie／どんな学校に行っていたか Was für eine Schule hast du besucht?／逆に回してみたらどんなもんでしょう Wie wäre es, wenn Sie anders herumtreiben?／昨日はどんなでした Wie war's gestern?／さあどんな事になるかな Na, ich bin gespannt, was jetzt kommt.／一体どんな積もりなんだろう Was [in aller Welt] meint er nur damit? ❷ [どんな…でも] jeder [x-beliebige]; was [nur] für [ein*] auch immer; einerlei welcher*; welcher* auch [in aller Welt]／どんな事情であっても was für Gründe wir auch immer haben; einerlei welche Gründe wir auch haben／どんな事情でも welcher Beschaffenheit es auch sein mag／どんな要求でも welches auch immer die Ansprüche sein mögen／どんな事があっても geschehe, was da wolle／どんな事をしても koste, was es koste (wolle); um jeden Preis／どんな人でも er sei, was er sei (wolle). ❸ [どんなに…でも] was auch [immer]; was nur; wie sehr (viel); wie [sehr] auch immer／どんなにやってみても was immer er versuchen mag／どんなに悪いお天気でも wie schlecht das Wetter auch sein mag／どんなにお金持ちでも『最上級を用いて』auch (selbst) der Reichste*. ❹ [程度] wie／どんなに嬉しかったことでしょう Ach, wie froh war ich!／どんなに君は僕を苦しめた知らないのだろう Du weißt nicht, wie weh du mir getan hast. ❺ どんなんだい Guck mal, was ich nur geschafft habe.

とんにく 豚肉 Schweinefleisch *n.* -[e]s.

トンネル Tunnel *m.* -s, -(-s)／列車はトンネルを通ります Der Zug fährt durch einen Tunnel. ‖ トンネル工事 Tunnelbau *m.* -[e]s.

とんび 鳶 ❶ Weihe *f.* -n ⇒とび〔鳶〕. ❷〔外套〕Havelock *m.* -s.

ドンファン Don Juan *m.* -s, -s; Frauenheld (Damen-) *m.* -en, -en; Frauenliebling *m.* -s, -e; Schürzenjäger *m.* -s, -; Casanova *m.* -s, -s; Salonlöwe *m.* -n, -n.

どんぶく 傾服 Schluckmixtur *f.* -en.

どんぶり 丼 Napf *m.* -s, ⸚e; Schüssel *f.* -n／丼物 Eintopfgericht *n.* -[e]s.

どんぶり plumps! plansch!《ばちゃん》／池にどんぶり落ちる in den Teich plumpsen[s.h.]

とんぼ 蜻蛉 Libelle *f.* -n／トンボ返り Wassersprünger *f.* -n／とんぼを切る einen Salto schlagen* (machen)／とんぼ返り Purzelbaum *m.* -[e]s, ⸚e(-bock *m.* -[e]s, ⸚e); Schleife *f.* -n《飛行機の》／とんぼ返りする einen Purzelbaum machen《飛行機が》／とんぼ釣り das Fangen* ⟨-s⟩《の》²Libellen.

とんま Esel *m.* -s, -; Schafs:kopf (Dumm-) *m.* -[e]s, ⸚e／彼は見かけほどではありません Er ist nicht so dumm, wie er aussieht.

とんや 問屋 Großhändler *m.* -s, -《人》; Großkaufmann *m.* -[e]s, ⸚...leute《同上》; Großhandel *m.* -s《商売》; Engroshandel *m.* -s《同上》; Großhandlungshaus *n.* -es, ⸚er《店》／そうは問屋が卸さない Das machen Sie andern weiss! ‖ 問屋値段 Großhandelpreis *m.* -es, -e.

どんよく 貪欲 Geiz *m.* -es, -e; Hab:gier (Geld-; Raub-) *f.*; Hab:sucht (Gewinn-) *f.*; Gierigkeit *f.*; Gefräßigkeit *f.*／貪欲な geizig; hab:gierig (geld-; raub-); hab:süchtig (gewinn-)／貪欲漢 Geizhals *m.* -es; Geiz:hammel (-kragen) *m.* -s, -.

どんより どんよりした trübe; düster; fahl; glanzlos; matt／どんよりした目 trübe Augen (*pl*)／どんよりした目 trübäugig, -n.／顔色 die fahle Gesichtsfarbe, -n.

な

な 名 ❶[名称] Name *m.* -ns, -n; Benennung *f.* -en; Bezeichnung *f.* -en; Titel *m.* -s, -/名ばかりの nur dem Namen nach; nominell; angeblich; Namen-; Schein-/名ばかりの王 Scheinkönig *m.* -s, -e/…という名の unter dem Namen (Deckmantel; Vorwand)[2] 〈*von*[3]〉/名にそむかぬ seines Namens würdig sein; mit Recht seinen Namen führen; seinen Namen bestätigen/名だけは知っている nur dem Namen nach kennen* 〈*jn*〉/名をかたる ⁴sich fälschlich aus|geben* 〈*für*⁴; *als*¹ als⁴〉; als ¹*et* gelten wollen*; fälschlich behaupten, ¹*et* zu sein /春とは名ばかり Auf dem Kalender nur ist es Frühling./スープとは名ばかりだ Soll dieses armselige Zeug Suppe sein? **❷**[呼び名] Vor|name (Ruf-; Tauf-)/子供の名 Name eines Kindes; ein Kind namens (mit ³Namen) Taro; ein Knabe, der Taro heißt/名を付ける einen Namen geben* 〈*jm*〉; benennen*⁴; betiteln⁴; bezeichnen⁴; heißen*⁴; taufen*⁴ /伯母の名を取って洗礼につけた Das Kind ist nach seiner Tante genannt (auf den Namen getauft) worden. **❸**[姓氏] Familien|name (Nach-)/名を告げる den Namen nennen* (sagen). **❹**[名声] der (gute) Name (Ruf, -(e)s); Ruhm *m.* -(e)s; Geltung *f.* -/名もない namen|los (ruhm-); unbekannt; unberühmt; unbedeutend 〈つまらぬ〉 dunkel 〈かくれた〉/名が売れている, 知れている bekannt (berühmt) sein; 〈名にかかわる〉 seinen Ruhm aufs Spiel setzen (verlieren*) 〈*durch*⁴; *mit*³〉/名もない輩(やから) ein Niemand *m.* -(e)s; eine Null; eine Unbedeutendheit/彼は名もない人だ Er ist ganz ohne Namen (ein Namenloser)./名に負う, 名のある ⇨**ゆうめい**(有名な)/名をあげる ⁴sich berühmt machen; ³seinen Namen machen; ⁴sich aus|zeichnen; ⁴sich hervor|tun*; von ³sich reden machen (言う(吁) seinen Namen schänden (verunehren)/seinem Ruf (Ruhm) einen Schandfleck an|hängen (auf|setzen) (Schmach an|tun*)/名を後世に伝える seinen Namen der Nachwelt überliefern; seinen (guten) Ruf den Nachkommen hinterlassen*/名が惜しい Dazu gebe ich meinen Namen nicht her.; Dazu ist mir mein Name (wirklich) zu schade./政界にその名を知られている Er genießt (einen) hohen Ruhm in den politischen Kreisen. **❺**[名目・口実] の名において unter dem Namen/病気の名を借りて eine Krankheit vorschützen.

な 菜 das (frische) Gemüse, -s, -; Raps *m.* -es, -e 〈菜種〉/菜の花 Rapsblüten (*pl*)/菜の畑 Gemüsegarten *m.* -s, =; Rapsfeld *n.* -(e)s, -er.

～なあ ❶[感嘆] wie …!; was für ein …!; welch (ein) …!/いいなあ Wie schön (herrlich)!/今年は変な天気だなあ Welch ungewöhnliches Wetter haben wir dieses Jahr!; Was für ein seltsames Wetter wir dieses Jahr haben! **❷**[願望] Ich wollte (wünschte) 〈*doch*〉…; wenn ich doch …!/行きたいなあ Ich wollte, ich könnte doch hin!; Könnte ich doch hin! **❸**[ほんとうに] in der Tat; wirklich/返事は出しんたでしょうかな Sie haben doch brieflich geantwortet, nicht wahr? **❹**〔軽い気持ちで〕Sehen Sie; siehst du; 《俗》siehste/二週間も待ったんですからなあ Habe ich doch zwei Wochen lang warten müssen!/それで正しいんですからなあ Das ist doch richtig, sehen Sie.

ナース Krankenschwester *f.* -n.

なあて 名宛 Adresse *f.* -n; An|schrift (Auf-) *f.* -en/名宛のない unadressiert; ohne ⁴Adresse (Anschrift; Aufschrift)/名宛は違う falsch adressiert sein; mit einer falschen Anschrift versehen sein/名宛を書く adressieren⁴; mit ³Anschrift versehen*⁴ ‖ **名宛人** Adressat *m.* -en, -en; Empfänger *m.* -s, -.

ない ❶[存在しない] nicht (vorhanden) sein; nicht bestehen*; nicht da|sein*; nicht existieren; nicht haben*⁴; nicht vor|liegen*; nicht zu finden sein; es gibt⁴ nicht (keinen*)/ないことを言いふらす ein falsches Gerücht verbreiten; 〔etwas, was nicht wahr ist〕, als wahr hin|stellen/ないも同然 so gut (viel) wie nicht da|sein; fast gar nicht vorhanden sein/休養などはないも同然 だ Da kann man fast von gar keiner Erholung sprechen./ないとあきらめる verloren geben*⁴; für verloren an|sehen*⁴/その金はないものとあきらめた Das Geld habe ich als verloren betrachtet (abgeschrieben)./…がなかったら ohne⁴; wenn … nicht (gewesen) wäre; wenn es … nicht gäbe (gegeben hätte)/ないよりまし besser als (rein) gar nichts sein/何もないよりはましだ ,Etwas ist doch besser als gar nichts.'/知恵がない ohne Verstand sein/本がない Ich vermisse das Buch.; Das Buch ist nicht zu finden. /金がない Ich habe kein Geld./風は全くない Es regt sich gar kein Wind (Lüftchen)./礼儀がない Das ist doch keine Art!/ない袖はふれぬ ,Wo nichts ist, hat selbst der Kaiser sein Recht verloren.'/とげのないばらはない ,Keine Rosen ohne Dornen.' **❷**[欠く] ¹*es* fehlt (gebricht; mangelt) 〈*an*³〉; ⁴*es* fehlen (gebrechen; mangeln) lassen* 〈*an*³〉; bar² sein; entbehren*⁴〈²〉; aus Mangel an /彼にはユーモアがない Es fehlt ihm an Humor.; Ihm fehlt Humor. **❸**[…も…もない]

weder ... noch; keins von beiden/どちらも悪くない Keinen von beiden trifft die Schuld./船も船長も二度と見られなかった Weder Schiff noch Kapitän wurde(n) jemals wieder gesehen./薬にしたくもない Da ist keine Spur davon./夢にも考えられない Da ist nicht im Geringsten daran zu denken./それをする理由はないでない Man tut es nicht ohne Grund.

ないい 内意 Privat|meinung *f.* -en (-ansicht *f.* -en); die persönliche (nicht amtliche) Absicht, -en; der persönliche Wunsch, -(e)s, ⸚e/内意を受けて im Geheimen beauftragt; außeramtlich angeordnet (verordnet); auf *js* persönlichen Wunsch (hin)/内意を伝える *js* Privatmeinung (Privatansicht) mit|teilen (*jm*); *js* private Absicht (persönlichen Wunsch) wissen lassen* (*jn*).

ナイーブ ナイーヴな naiv/彼女は非常にナイーヴな感じがする Sie macht einen sehr naiven Eindruck.:Sie ist die Naivität selbst.

ないえん 内縁 die nicht ins Familienregister eingetragene Ehe, -n; die freie Ehe 《野合》/内縁の妻 die nicht gesetzlich eingetragene (verheiratete) Frau, -en/内縁の夫婦となる nicht gesetzlich Mann und Frau werden; in die nicht gesetzlich eingetragene Ehe schließen*/内縁の関係を結んでいる in freier Ehe leben.

ないえん 内苑 (innere) Parkanlage *f.* -n 《明治神宮などの》.

ないか 内科 die innere Medizin ‖ 内科医 der Facharzt (-es, ⸚e) für innere Krankheiten/内科医院 das Krankenhaus (-es, ⸚er) für innere Krankheiten; die Klinik (-en) der inneren Medizin/内科治療 die Behandlung (-en) innerer Krankheiten/内科病室 der Krankensaal (-(e)s, ..säle) für innere Krankheiten.

ないかい 内海 Binnen|meer *n.* -(e)s, -e (-see *f.* -n)/瀬戸内海 das Seto-Binnenmeer; die Seto-Binnensee; die Seto-"Inlandsee".

ないがい 内外 ❶ [内部と外部] das Innere* und das Äußere*, des -n und -n; innere und äußere Seite; die Innen- und Außenseite; (dr)innen und (dr)außen/内外相応じて sowohl drinnen als auch draußen; ebenso im Innern wie im Äußern; nicht nur auf der innern, sondern auch auf der äußeren Seite. ❷ [国の内外] das Innere* und das Auswärtige*, des -n und -n; In- und Ausland *n.* -(e)s/内外の情勢 die inneren und auswärtigen Verhältnisse (*pl*); die Situation (-en) im In- und Ausland; der Stand (-(e)s) der Dinge sowohl im Innern als auch im Auswärtigen. ❸ [およそ] etwa; gegen⁴; rund; (so) an die; um⁴; zirka 《略:ca.》❖ 数を文字で表わせば「約」の意をもたせることができる/一週間以内でも etwa in acht Tagen/聴衆は二百名内外集まった An die zweihundert Zuhörer versammelt./内外多事 sowohl im Inneren wie auch im Auswärtigen stark in Anspruch genommen sein; nicht nur inländisch, sondern auch auswärtig voll beschäftigt (beansprucht) sein.

ないかく 内角 [数] Innenwinkel *m.* -s, -; der innere Winkel, -s, -.

ないかく 内閣 [Gesamt]ministerium (Staatsministerium) *n.* -s, ..rien; Kabinett *n.* -(e)s, -e; Regierung *f.* -en/内閣の成立 die Bildung (-en) eines Kabinett(e)s; Kabinettsbildung (-en)/内閣の瓦解 Kabinettssturz (Regierungs-) *m.* -(e)s, ⸚e/内閣の改造 Kabinettsumbildung (Regierungs-) *f.* -en (*od.* -reorganisation *f.* -en)/内閣の閣員 Kabinetts|mitglied *n.* -(e)s, -er -minister *m.* -s, -/内閣の危機 Kabinettskrise (-krisis) *f.* (*od.* Ministerial-; Regierungs-) *f.* -n, ..krisen/内閣の更迭 Kabinettswechsel (Minister-; Regierungs-) *m.* -s, -/内閣による ein Kabinettsmitglied sein; im Kabinett sein/内閣に入る ein Kabinettsmitglied werden; ins Kabinett (ein)treten* [S]/内閣を辞す das Kabinett ab|treten* (*an jn*)/内閣を作る(組織する) ein Kabinett bilden (organisieren) ‖ 内閣官房長官 der Präsident (-en, -en) der Kanzlei (des Sekretariats) des Premierministers/内閣総辞職 der Rücktritt *m.* -(e)s, -e des ganzen Kabinetts/内閣総理大臣 Premier|minister (Erst-) *m.* -s, -; der erste Minister; Ministerpräsident *m.* -en, -en/内閣総理大臣官邸 Kanzlei (-en) (des Sekretariat, -(e)s, -e) des Premierministers/内閣府 Kabinettsamt *n.* -(e)s; Kabinettsbüro *n.* -s/小泉内閣 das Koizumi-Kabinett; das Kabinett Koizumi/政党内閣 das auf einer politischen Partei fußende Kabinett/連立内閣 Koalitionskabinett; das auf der Zusammenarbeit mehrerer Parteien fußende Kabinett.

ないがしろ nicht beachten⁴; links liegen lassen* (*jn*); außer (aller) Acht lassen*⁴.

ないき 内規 die inoffizielle (nicht öffentlich bekannt gegebene) Bestimmung, -en (Regelung, -en).

ないきょく 内局 Ministerialabteilung *f.* -en.

ないきん 内勤 Innendienst *m.* -(e)s, -e; Büroarbeit *f.* -en ‖ 内勤社員 der Angestellte* (-n, -n) im Innendienst.

ないぐう 内宮 der Erste Tempel (-s) von Ise.

ないけい 内径 innerer (lichter) Durchmesser, -s, -/[口径] Kaliber *n.* -s, -.

ないこう 内攻 das Hineinschlagen*, -s; das Nach-Innen-Schlagen*, -s 《einer Krankheit innern 病気の》/内攻する nach innen schlagen* [h.s].

ないこう 内向 nach innen 4 sich gekehrt.

ないこうしょう 内交渉 Präliminarien (*pl*); Vor|besprechung *f.* -en (-verhandlung *f.* -en)/内交渉をする eine Vorverhandlung führen (*über*⁴).

ないさい 内債 Inlandanleihe *f.* -n/内債を起

ないさい こす eine Inlandanleihe machen (auf|nehmen*) 《bei³》.

ないさい 内済 die Aussöhnung 《-en》 (Versöhnung, -en) unter vier Augen; die private Schlichtung, -en; Kompromiss *m.* (*n.*) -es, -e; Notvergleich *m.* (-[e]s, -e/内済する ⁴sich unter vier Augen aus|söhnen (versöhnen) 《mit *jm*》; eine private Schlichtung machen; privat schlichten⁴; einen Notvergleich schließen* 《mit *jm*》; ⁴sich kompromittieren 《mit *jm*》; Schulden tilgen 《借金を》 ‖ 内済金 Beschwichtigungsgeld *n.* -(e)s, -er.

ないざい 内在 das Innewohnen*, -s; Immanenz *f.*/内在的 innewohnend; immanent.

ないし 乃至 von ³... bis⁴ 《zu³》; zwischen³; [または] order; beziehungsweise 《略 bzw.》; alle ...電車は三分ない五分の運転間隔である Die Bahn fährt alle 3 bzw. 5 Minuten.

ないじ 内耳 das innere Ohr, -(e)s, -en.

ないじ 内示 die außeramtlich (inoffizielle) Bekannt¦gabe, -n (-machung *f.* -en)/内示する außeramtlich (inoffiziell) bekannt geben*⁴ (machen⁴). ‖ 予算内示会 der Ausschuss 《-es, ⸚e》 (das Komitee, -s, -s) für die außeramtliche (inoffizielle) Bekanntgabe des Budgets.

ナイジェリア Nigeria *n.* -s/ナイジェリアの nigerianisch ‖ ナイジェリア人 Nigerianer *m.* -s, -.

ないしきょう 内視鏡 【医】 Endoskop *n.* -s, -e.

ないじつ 内実 in ³Wirklichkeit 《Wahrheit》; um die Wahrheit zu sagen.

ないじゅ 内需 der einheimische Bedarf, -(e)s; der inländische Verbrauch, -(e)s 《Konsum, -s》.

ないしゅうげん 内祝言 eine nicht öffentlich bekannt gemachte Hochzeit, -en.

ないしゅっけつ 内出血 die innere Blutung, -en; die interne Hämorrhagie, -n.

ないじょ 内助 die treue Beihilfe 《-n》 (Mitarbeit, -en) der [Ehe]frau/内助による dank der treuen ³⁽²⁾Beihilfe ³⁽²⁾Mitarbeit) der [Ehe]frau; da *jm* seine [Ehe]frau getreu zur Seite gestanden hat.

ないしょう 内証 Geheimnis *n.* ..nisses; Geheimhaltung *f.* -en; Heimlichkeit *f.* -en; Verschwiegenheit *f.*; Vertraulichkeit *f.* -en/内証の話だが unter ⁴uns gesagt; Es bleibt unter uns! Bitte um Diskretion! Ganz im Vertrauen!/内証話をする ein vertrautes Zwiegespräch führen 《mit *jm*》; eine private Unterredung halten* 《mit *jm*》/これは内証の話だよ Lassen Sie es bitte nicht laut werden! Ich möchte Sie bitten, reinen Mund zu halten. —— 内証で geheim; heimlich; inoffiziell 《非公式に》; im Geheimen; unter der Hand; unter vier Augen; vertraulich/両親に内証で hinter dem Rücken der Eltern/私に内証で ohne mein Wissen. ‖ 内証事 Geheimnis, Privatsache *f.* -n.

ないじょう 内情 die inneren Verhältnisse (*pl*); die innere Lage, -n (Situation); der Stand f. -(e)s/der Dinge im Innern; die Privatverhältnisse (*pl*)/内情に通じる um die inneren Verhältnisse (Situation) in der inneren Lage (Situation) gut unterrichtet sein; in den Stand der Dinge eingeweiht sein; mit den inneren Verhältnissen gut vertraut sein; reiche Kenntnisse von der inneren Lage (Situation) haben; ⁴sich in Privatverhältnissen aus|kennen*/内情に通じている人 der Eingeweihte*, -n, -n.

ないしょく 内職 Nebenarbeit *f.* -en (-beruf *m.* -(e)s, -e; -beschäftigung *f.* -en; -betätigung *f.* -en; -tätigkeit *f.* -en; Zusatz¦arbeit (Schwarz-)/内職をする ⁴sich mit einer Nebenarbeit (Zusatzarbeit) beschäftigen.

ないしん 内申 das inoffizielle Gutachten, -s; der inoffizielle Bericht, -(e)s, -e.

ないしん 内診 Endoskopie *f.* -n.

ないしん 内心 *js* Inner[st]es*, ..ner¦(st]en; der geheimste (verborgenste) Gedanke, -ns, -n/内心は im Inner[st]en; im Herzen; im Stillen; für ⁴sich/内心ふるえながら innerlich zitternd; im Innern erschüttert/内心心配する innerlich (im Innern) besorgt (unruhig) sein; eine geheime Sorge hegen 《für⁴》.

ないじん 内陣 der innerste Teil 《-(e)s》 eines Schreins (Tempels); Altarraum *m.* -(e)s, ⸚e; Sanktuarium *n.* -s, ..rien.

ないしんのう 内親王 die kaiserliche Prinzessin, ..zessinnen.

ナイス schön! fein! wunderbar!

ないせい 内省 Innenschau *f.* -en; das Nach-innen-schauen*, -s; Beschaulichkeit *f.*; Selbstbetrachtung *f.* -en/内省的な nach innen schauend (gerichtet); beschaulich; selbstbetrachtend. —— 内省する nach innen schauen; beschauen 《目的語なしに》; ⁴sich selbst betrachten.

ないせい 内政 Innenpolitik *f.*; die inneren [Staats]angelegenheiten (*pl*)/内政に干渉する ⁴sich in die Innenpolitik (die inneren [Staats]angelegenheiten) eines Landes ein|mischen (ein|mengen).

ないせん 内戦 der innere Krieg, -(e)s, -e.

ないせん 内線 [配線の] Innenleitung *f.* -en; [電話の] Nebenanschluss *m.* -es, ⸚e; Haus¦anschluss 《構内・部局内の》 ‖ 内線電話 mein Apparat *m.* -(e)s, -e 《専用》; unser Apparat 《部局などの室内の共用》; Klappe *f.* -n 《オーストリアで》/内線番号 Apparat (Hausruf; Klappe) ... 《このあとに番号をつける》.

ないそう 内装工事 [Innen]raumgestaltung *f.* -en; Innendekoration *f.* -en; Einbau 《*m.* -(e)s》 der inneren Räume.

ないぞう 内臓 die inneren Organe (*pl*); die Eingeweide (*pl*); die Gedärme (*pl*) ‖ 内臓病 innere Krankheit, -en; die Krankheiten der inneren Organe.

ないぞう 内蔵する inne haben*⁴.

ないだいじん 内大臣 der Kaiserliche Ge-

heimsiegelbewahrer, -s, -.
ないだく 内諾 die nicht offizielle (nicht förmliche) Einwilligung, -en (Beistimmung, -en; Zustimmung, -en)/内諾を与え る inoffiziell (nicht förmlich) ein|willigen (*in*⁴) [bei|stimmen (zu|stimmen) (*in*³)]; eine inoffizielle (nicht förmliche) Einwilligung (Beistimmung; Zustimmung) geben* (*jm in*³).

ないたつ 内達 die inoffizielle (nicht amtliche) Bekanntmachung, -en (Bekanntgabe, -n)/内達する inoffiziell (nicht amtlich) bekannt machen (*jn mit*³) (bekannt geben*³⁴ (*jm*)).

ないだん 内談 Privat|unterhandlung *f.* -en (-unterredung *f.* -en); die private (persönliche; vertraute; inoffizielle) Unterhandlung (Unterredung)/内談する [上記の名詞を四格にとって] halten*⁴ (*mit jm über*³ (*von*³)).

ないち 内地 Inland *n.* -(e)s; Binnenland *n.* -(e)s, ¨er; das Landinnere*, -n; Heimatland (故国) Vaterland (祖国) *n.* -(e)s, ¨er/内地産の einheimisch; im [In]lande hergestellt (angefertigt; produziert; verfertigt). — 内地の inländisch; binnenländisch; (ein)heimisch; heimatlich (故国の); vaterländisch (祖国の); Inlands-; Binnenlands-; Heimats-; Vaterlands-. ‖ 内地製品 das inländische (einheimische) Erzeugnis, -nisses, -nisse (Fabrikat, -(e)s, -e; Produkt, -(e)s, -e); die inländische (einheimische) Ware, -n; Landes|erzeugnis (-fabrikat; -produkt; -ware)/内地人 Inländer *m.* -s, -; der Einheimische*, -n. -n; Bewohner ⟨-s, -⟩ des Heimatlandes (Vaterlandes)/内地米 Inlandsreis *m.* -es, -e (*pl* は種類を示すとき).

ないち 内治 die innere Verwaltung, -en (Administration, -en; Politik); Innenpolitik *f.*

ないつう 内通 geheime Verbindungen (Beziehungen; Konnexionen) (*pl*) mit dem Feind(e); Geheimbund (*m.* -(e)s, ¨e) mit dem Feind(e)/内通する in geheimer Verbindung (Beziehung; Konnexion) mit dem Feind(e) stehen*; einen Geheimbund mit dem Feind(e) geschlossen haben.

ないてい 内定 die inoffizielle (nicht amtliche) Festlegung, -en (Festsetzung, -en)/内定する inoffiziell (nicht amtlich) fest|legen⁴ (-|setzen⁴).

ないてい 内偵する ⁴sich im Geheimen erkundigen (*nach*³); inoffiziell Erkundigungen (*pl*) ein|ziehen*; nicht öffentlich zu ermitteln suchen⁴.

ナイト ❶ [夜] Nacht-. ❷ [騎士] Ritter *m.* -s, -; Kavalier *m.* -s, -e/ナイトの役を買って出る ⁴sich zum Ritter einer Dame auf|werfen*. ‖ ナイトガウン Nacht|gewand *n.* -(e)s, ¨er (-hemd *n.* -(e)s, -en (婦人・子供用))/ナイトキャップ Nacht|mütze (Schlaf-) *f.* -n/ナイトクラブ Nachtklub *m.* -s, -s.

ないない 内々 geheim; heimlich; unauffällig; verborgen; versteckt; inoffiziell (非公式に)/極く内々の streng vertraulich/内々で unter der Hand; unter vier Augen; ohne Aufsehen [zu erregen] (人目を忍んで)/内々にする unter dem Siegel der strengen Verschwiegenheit (内々に事を) geheim halten*⁴; für ⁴sich behalten*⁴; mit ³Schweigen übergehen*⁴; verborgen halten*⁴; verheimlichen*⁴; innerhalb²/内々に済ます vertusche[l]n⁴; im Geheimen erledigen⁴/内々のことにしておこう Das sei nur unter uns gesagt!

ないねんきかん 内燃機関 Verbrennungs|[kraft]maschine *f.* -n (-motor *m.* -s, -en).

ナイフ (Feder)messer *n.* -s, -; Brotmesser (パン切り); Buttermesser (バターナイフ); Obstmesser (果物ナイフ); Gemüsemesser (野菜用ナイフ); Käsemesser (チーズナイフ); Klappmesser (ジャックナイフ); Tafelmesser (食卓用); Taschenmesser (懐中用)/ナイフの柄 Messer|griff *m.* -(e)s, -e (-heft *n.* -(e)s, -e)/ナイフをひらく(たたむ) ein Messer auf|klappen (zu|klappen).

ないぶ 内部 das Innere* (Inwendige*), -n; Innenseite *f.* -n; die innere Seite, -n; der innere Teil, -(e)s, -e/内部から von innen (vom Innern) [her]/内部に innerhalb²; [dr]innen; im Innern/内部の inner(lich); intern; inwendig; im Innern befindlich/内部の事情 die innere Angelegenheit, -en; die Verhältnisse (*pl*) im Innern/X 光線で身体の内部を見る mittels X-Strahlen (*pl*) die inneren Teile (*pl*) des Körpers untersuchen.

ないふく 内服 die innerliche Anwendung, -en ‖ 内服薬 die innerlich anzuwendende Arznei, -en; das innerlich anzuwendende Mittel, -s, -.

ないふん 内紛 die inneren Verwicklungen (*pl*).

ないぶん 内聞にする geheim halten*⁴; für ⁴sich behalten*⁴; mit ³Schweigen übergehen*⁴; reinen Mund halten* (*über*⁴).

ないぶんぴつ 内分泌 die innere Sekretion, -en (Absonderung, -en; Ausscheidung, -en); Endokrin *n.* -s/内分泌の endokrin ‖ 内分泌液 die innere Sekret, -(e)s, -e/内分泌腺 die endokrine Drüse, -n/内分泌臓器 das endokrine Organ, -s, -e.

ないほう 内包 [論] Begriffsinhalt *m.* -(e)s, -e.

ないほう 内報 die außeramtliche (nicht öffentliche; vertrauliche) Mitteilung, -en (Nachricht, -en).

ないみつ 内密 Geheimhaltung *f.* -en; Verheimlichung *f.* -en; das Verschweigen*, -s; Verschweigung *f.* -en/内密の ⇨ **ないない**.

ないむ 内務 die inneren Angelegenheiten (*pl*); die innere Verwaltung, -en (Administration, -en) ‖ 内務省 Innenministerium *n.* -s, -ministerien; das Ministerium des Innern/内務大臣 Innenminister *m.* -s, -; der Minister (-s, -) des Innern.

ないめい 内命 der geheime Befehl (-(e)s, -e) (Auftrag, -(e)s, ¨e); die inoffizielle

Anweisung, -en (Instruktion, -en)/内命を下す einen geheimen Befehl (Auftrag) erteilen (geben)《jm》/内命を受ける einen geheimen Befehl (Auftrag) erhalten《von jm》.

ないめん 内面 Innenseite f. -n; die innere Seite; das Innere*, -n/内面的に innen; im Innern; in Bezug auf das Innere ‖ 内面考察 Innenschau f. -en; Selbst|betrachtung f. -en (-beobachtung f. -en)/内面生活 Innen|leben (Seelen-) n. -s.

ないや 内野 das innere Spielfeld, -(e)s, -e《野球》.

ないやく 内約する ein inoffizielles Abkommen (eine nicht öffentliche Vereinbarung, -en) treffen*.

ないゆう 内憂 die inneren Unruhen《pl》; die bedenkliche Gärung im Innern《eines Landes》‖ 内憂外患 die inneren Unruhen und die Bedrohungen von außen; der Gärungszustand (-(e)s, =e) im Innern wie auch Berührung von außen.

ないよう 内容 Inhalt m. -(e)s, -e; Gehalt m. -(e)s, -e; das Enthaltene* (Umschlossene*), -n; Substanz f. -en; Kern m. -(e)s, -e《中核》/内容の貧弱な inhalt(s)leer (gehalt-); arm an ³Inhalt (Gehalt); minderwertig/内容の充実している本 ein inhalt(s)-schweres (inhaltvolles) Buch, -(e)s, =er; die gediegene Lektüre, -n ‖ 内容証明《郵便》die Postsache《-n》mit amtlich bescheinigtem Inhalt/内容見本《本の》Probe|seite f. -n.

ないらん 内乱 die inneren Unruhen《pl》; Bürgerkrieg m. -(e)s, -e; Rebellion f. -en《反乱》/内乱を起こさせしめる die inneren Unruhen《pl》entstehen lassen* (unterdrücken).

ないらん 内覧 Voruntersuchung f. -en; die vorherige (präliminare; private) Untersuchung, -en.

ないりく 内陸 Binnenland n. -(e)s, =er; Inland n. -(e)s, -e.

ナイロン Nylon n. -s.

なう 綯う drehen⁴; flechten⁴/なわを綯う ein Seil (einen Strick) drehen.

ナウル Nauru n. -s/ナウルの nauruisch ‖ ナウル人 Nauruer m. -s, -.

なえ 苗 Sämling (Keimling; Pflänzling) m. -s, -e; die junge Keimpflanze, -n/苗を移し植える Sämlinge pikieren (verpflanzen; verstopfen) ‖ 苗売人 Sämlings|händler (Keimlings-; Pflänzlings-) m. -s, -/苗木 Setzling m. -s, -e; das junge Bäumchen, -s, -/苗床 Beet n. -(e)s, -e; Baum|schule (Pflanz-) f. -n (-garten m. -s, =).

なえる 萎える ❶ [しおれる] [ver]welken《s》; ab|welken《s》; welk werden. ❷ [力がなくなる] erschlaffen《s》; nach|geben*《s》; schlaff (kraftlos) werden; schwach (schwächer) werden; von Kräften kommen*《s》. ❸ [麻痺(⁵)する] [er]lahmen《s》; lahm (gelähmt; paralysiert) werden.

なお ❶ [一層] 《noch+比較級の形で》その方がなおよい Das ist noch besser./この問題はなお

研究してみよう Wir wollen dieses Problem noch weiter studieren. ❷ [今でも] noch; immer noch; noch immer/彼は今なお喫煙をやめない Er lässt noch nicht das Rauchen. ❸ [他に] ferner; außerdem.

なおさら 《noch+比較級+umso (desto)+比較級の形で》彼が来なければなおさらよい Wenn er nicht kommt, dann ist es noch (umso) besser.

なおざり なおざりにする vernachlässigen⁴; versäumen⁴; unterlassen*⁴/この問題はなおざりにはできない Diese Frage darf man nicht unbeachtet lassen.

なおし 直し ❶ [訂正] Verbesserung f. -en; Korrektur f. -en; Berichtigung f. -en. ❷ [修繕] Reparatur f. -en; Ausbesserung f. -en.

なおす 直す(治す) ❶ [訂正・改善] verbessern⁴; berichtigen⁴; korrigieren⁴/文章を直す einen Satz verbessern/誤植を直す Druckfehler korrigieren. ❷ [修繕] reparieren⁴; aus|bessern⁴/道路を直す eine Straße aus|bessern/故障を直す《除去する》eine Störung beseitigen/この時計はもう直せない Die Uhr kann nicht mehr repariert werden. ❸ [治癒] heilen⁴; kurieren⁴/病気(傷)を直す eine Krankheit (eine Wunde) heilen. ❹ [復旧] wieder|her|stellen⁴《ich stelle es wieder her; wiederhergestellt》; restaurieren⁴/建物を直す ein Gebäude wieder|her|stellen. ❺ [変更] ändern⁴; verändern⁴/ドイツ語に直す ins Deutsche übersetzen⁴/円をユーロに直して計算する Yen in ⁴Euro um|rechnen. ❻ [整頓] in ⁴Ordnung bringen*⁴; zurecht|machen⁴/身なりを直す sich zurecht|machen. ❼ [再度] やり直す noch einmal machen (tun*⁴); wiederholen⁴/書き直す neu schreiben*⁴.

なおや 名親 Pate m. -s, -n (f. -n《女》); Gevatter m. -s 《-n》, -n; Gevatterin f. ..rinnen《女》.

なおる 直る(治る) ⇒**なおす**/この時計は直りますか Kann man diese Uhr reparieren?/故障はもう直った Die Störung ist schon beseitigt worden./この病気は治らない Die Krankheit ist unheilbar./直れ《頭右(左)の号令に続いて》Augen geradeaus!

なおれ 名折れ Schande f. -n; Blamage f. -n/そんなことをしては家族全体の名折れになる Das ist eine Blamage für die ganze Familie.

なか 中 ❶ [内部] das Innere*, -n; Innenseite f. -n; die innere Seite, -n/家(箱)の中 das Innere* eines Hauses (Kastens)/機械の中 die Innenteile einer Maschine. ❷ [真ん中] Zentrum n. -s, ..tren; Mitte f. -n. ❸ [多数の中] 彼らの中に一人の英雄がいる Unter ihnen ist auch ein Held./大勢の中へ割り込んで行った Ich drängte mich unter die Menge. —— ...の中に(へ) ❶ in³,⁴; unter³,⁴/家の中へ入れる in das Innere eines Hauses hinein|geben*《s》. ❷ [...の内に;内部に] innerhalb²; im Innern³/城の中に innerhalb (im Innern) des Schlosses/中にはいる ⁴sich ins Mittel legen; dazwischen|treten*《s》; schiedsrichterlich entscheiden*⁴; ⁴sich

なか ⁴Mittler ein|schalten; vermitteln⁴; ⁴sich ein|mischen《干渉する》 —— 豪雨の中を im (bei) strömenden Regen/雨を通って durch⁴ (... hindurch)《例: ein Zimmer/森の中を通って durch den Wald gehen*》/中をとる die goldene Mitte finden*. —— 中から ⁴von³ (aus³) ...; aus der Mitte/五人の中から二人を選ぶ von fünf Personen zwei (heraus)wählen/ひしめく群衆の中から抜け出て来た者がある Einer drängte sich aus dem Gedränge heraus. —— 人の中で in der Öffentlichkeit; vor der Welt/満座の中で inmitten der (unter den) Versammelten; von allen Dasitzenden; [さいちゅう] 嵐の中で作業を続ける inmitten des Sturms (mitten im Sturm) weiter|arbeiten.

なか 仲 die [persönliche] Beziehung, -en; das persönliche Verhältnis, ..nisses, ..nisse/仲のいい gut (wohl) befreundet; auf vertrautem Fuße stehend; intim; nahe stehend; vertraut/仲のいい友 der gute (intime; vertraute) Freund, -e; Busen|freund (Herzens-); der gut (wohl) Befreundete*, -n, -n /仲のわるい befeindet; feindselig; verfeindet; auf Kriegsfuß stehend; entzweit; unfreundlich/仲がわるい feindliche Beziehungen haben (zu jm); auf Kriegsfuß stehen* (mit jm); ⁴sich miteinander nicht gut vertragen können*; nicht zueinander passen/切っても切れない仲だ auf Gedeih und Verderb miteinander verbunden sein/あの女とい仲だ Er hat ein Verhältnis mit ihr./仲を裂く ent|fremden (jn jm); abtrünnig (abwendig) machen (jn von jm); von der Freundschaft ab|bringen* (jn); trennen (jn von jm) / 二人の中を取り持つ den Zwischenträger spielen*/...と仲よくする ⁴sich befreunden (mit jm); gute ⁴Freunde (Kameraden) werden; gute Freundschaft schließen* (ein|gehen*) (mit jm); ein freundschaftliches Verhältnis an|knüpfen (mit jm); ⁴sich in ³Freundschaft an|schließen* (jm). — 仲よく in ³Friede und ³Eintracht; auf gutem (freundlichem) Fuße; harmonisch; in ³Harmonie/仲よく暮す in Friede und Eintracht leben; ein ¹Herz und eine ¹Seele sein; harmonieren (mit jm).

ながあめ 長雨 Landregen (Dauer-) m. -s, -; der anhaltende ((an)dauernde) Regen, -s, -.

ながい 長居 das lange Bleiben* (Verweilen*), -s; der lange Besuch (Aufenthalt), -(e)s, -e/長居をする lange bleiben* [s] (verweilen); ⁴sich lange auf|halten*; nicht nach Hause gehen wollen*/長居して嫌がられる über seine Zeit hinaus bleiben*; länger als erwünscht bleiben*; durch zu langes Bleiben (Verweilen) ermüden (jn).

ながい 長い ❶ lang; gedehnt; gestreckt; (fort)dauernd / 長い間, 長いこと (⁴Zeit); geraume ⁴Weile; eine ganze ⁴Weile/長い間 auf die Länge (die Dauer) am Ende; schließlich 《終には》/長い間の交際 der langjährige (bleibende) Umgang, -(e)s, -e (Verkehr, -s, れに-e) 《mit jm》; der Umgang von langjähriger Dauer/長い物には巻かれろ ,Nicht wider den Stachel löcken!'/長い年月がかかる viel Zeit in ⁴Anspruch nehmen*. ❷ [長引いた] in die Länge gezogen; langsam verlaufend; langwierig; chronisch 《慢性の》. ❸ [長過ぎる] zu lang.

ながいき 長生き Langlebigkeit f.; das lange Leben, -s; die lange Lebensdauer/長生きする ⁴ange leben; ein langes Leben genießen*; ⁴es zu hohen Jahren bringen*/...より長生きする länger leben als ...; überleben (jn); ein längeres Leben genießen* als .../兄弟の中で一番長生きした Er hat all seine Geschwister überlebt.

ながいす 長椅子 Sofa n. -s, -s; Kanapee n. -s, -s; Liegestuhl m. -(e)s, ..stühle; Ruhebett n. -(e)s, -en; Diwan (Divan) m. -s, -e/長椅子(トルコふうのペルシア風の); Ottomane f. -n 《オスマントルコ風の》.

ながいも 長芋 Jam(s)wurzel (Yams-) f. -n.

ながいり 中入り Intervall n. -s, -e; [Zwischen]pause f. -n; Zwischenzeit f. -en.

ながえ 轅 (Wagen)deichsel f. -n.

ながおれ 中折(帽子) der (weiche) (Filz)hut, -(e)s, ..e.

なかがい 仲買 ❶ [業] Maklerberuf m. -(e)s, -e (-geschäft n. -(e)s, -e) ⇒ なかだち ②. ❷ [人] Makler (Mäkler) m. -s, -; Agent m. -en, -en; (Geschäfts)vermittler m. -s, -; Kommissionär m. -s, -e; Zwischenhändler m. -s, -. ‖ 仲買手数料 Provision f. -en/株式取引仲買人 Börsenmakler (-mäkler) m. -s, -; Jobber m. -s, -; Effektenhändler (Aktien-) m. -s, -.

ながく 長く ange; lange ⁴Zeit; geraume ⁴Weile; eine ganze ⁴Weile; lange ⁴Jahre (Monate); auf ewig 《永久に》; für immer 《同上》/長くかかる viel Zeit in ⁴Anspruch nehmen*; lange Zeit brauchen/長くなる lang (länger) werden; ⁴sich verlängern; verlängert werden; ⁴sich in die Länge ziehen*; ⁴sich hin|ziehen*; ⁴sich hin|legen 《寝ころぶ》/長くする lang (länger) machen⁴; verlängern⁴; in die Länge ziehen*/長く続く lange dauernd; fortdauernd; anhaltend; eine lange Zeit während ⇒ ながつづき /長く(は)かかりません Es wird nicht lange dauern./話が長くなる/話が長くなった Die Rede wollte gar kein Ende nehmen./Die Rede zog sich schrecklich in die Länge./夜がしだいに長くなる Die Nächte werden allmählich länger.

ながぐつ 長靴 Reit(stiefel m. -s, -); Russenstiefel; der hohe Schuh, -(e)s, -e.

なかごろ 中ごろ die ungefähre Mitte; ziemlich (fast; ungefähr) die Mitte; etwa in der Mitte/来週の中頃に Mitte nächster Woche.

ながさ 長さ Länge f. -n; Dauer f. 《時の》; Maß n. -es, -e 《寸法》; Strecke f. -n 《距離》/長さ三メートル 3m lang/長さはどれくらいか Wie lang ist das?; Wie lange dauert das? 《時間》.

なかし 仲仕 Stauer m. -s, -; Löscher m. -s, -; Schiffsbelader m. -s, -; Hafen|arbeiter (Werft-) m. -s, -.

ながし 流し ❶ Ausguss m. -es, =e 《台所の》; Aufwaschbecken n. -s, - 《同上》; Brunnenbecken (井戸の)~. ❷ 〔銭湯の〕 Waschplatz m. -es, =e 《im Badehaus》. —— 流しのタクシー das herumfahrende Taxi, -s, -s /流しの芸人 Bänkel|sänger (Jahrmarkts-) m. -s, -.

ながしこむ 流し込む hinein|gießen*⁴; hinunter|spülen⁴ 《食物を》 / 茶漬を流し込む gekochten Reis mit ³Tee 〈schnell〉 hinunter|schlucken.

ながしめ 流し目 Seitenblick m. -[e]s, -e; der Blick von der Seite; der schielende Blick /流し目に見る einen Seitenblick (einen Blick von der Seite) werfen* 《auf⁴》; mit schielenden Blicken (scheelen Augen) 《pl》 an|sehen*¹.

ながじゅばん 長襦袢 das lange Unterkleid, -[e]s, -er; das japanische Nachthemd, -[e]s, -en.

なかす 中洲 Sandbank 《f. =e》 im Fluss.

ながす 流す ❶ 〔液体を〕 fließen (strömen) lassen*⁴; vergießen* 《血·涙など》 / 桶(ぶ)の水を流す den Eimer aus|gießen* 《》. ❷ 〔固体を〕 treiben (schwimmen) lassen*⁴; den Wellen preis|geben*⁴ /筏(☆)を流す Holz schwemmen. ❸ 〔罪人を〕 verbannen 《jn》; verweisen* 《jn》; exilieren 《jn》; expatriieren 《jn》/ナポレオンはセントヘレナ島に流された Napoleon wurde nach der Insel St. Helena verbannt. ❹ 〔塵·垢などを〕 ab|waschen*⁴ 《weg|-》; ab|spülen⁴ 《weg|-》. ❺ 〔質草を〕 verfallen lassen*⁴; für verfallen erklären. ❻ 〔タクシーが〕 umher|fahren* ⟨s⟩, um Fahrgäste aufzugreifen. ❼ 恨みを水に流そう Der Groll sei gewesen und vergessen!

なかせる 泣かせる ⇨なく〔泣く〕.

なかぞら 中空 Luft f.; 《詩》 Lüfte 《pl》/中空に漂かか die Luft (den Lüften).

なかだか 中高 konvex; gewölbt; hochrund; 〔rund〕wölbig / 中高の顔 Adlergesicht n. -[e]s, -er.

なかたがい 仲違い Entfremdung f. -en; Disharmonie f. -en; Misshelligkeit f. -en; Uneinigkeit f. -en; Zwietracht f.; Zwist m. -es, -e /仲違いになる in ⁴Misshelligkeit (Disharmonie; Uneinigkeit; Zwietracht) geraten* ⟨s⟩; entfremdet³ werden; misshellig (uneinig) werden 《mit jm》/仲違いしている in ³Misshelligkeit (Disharmonie; Uneinigkeit) leben; entfremdet³ sein; ⁴sich nicht vertragen* 《können》; nicht zusammen|passen.

なかだち 仲立ち ❶ 〔仲介者〕 Vermittler m. -s, -; Mittelsmann m. -[e]s, ..leute; Unterhändler m. -s, -; Zwischenträger m. -s, -; Makler m. -s, - 《仲買》/仲立ちをする den Vermittler spielen. ❷ 〔仲立業〕 Makler|beruf m. -[e]s, -e (-geschäft n. -[e]s, -e). ❸ 〔媒的〕 Ehestiftung f. -en; Heiratsvermittlung f. -en. ‖ 仲立ち手数料 Maklergebühr f. -en; Courtage f. -en; Provision f. -en.

ながたらしい 長たらしい lang und breit; langatmig; langwierig; langweilig 《退屈な》; ausgedehnt; umständlich; weitschweifig.

なかだるみ 中弛み das Nachlassen* (Erschlaffen*), -s /中だるみになる in ein Nachlassen (Erschlaffen) geraten* ⟨s⟩; nach|lassen*; erschlaffen ⟨s⟩.

ながだんぎ 長談義 das langatmige (weitschweifige) Gerede, -s, -; die ermüdende, nicht endenwollende Rederei, -en; Wortschwall m. -[e]s, -e /長談義を聞かせる ⁴sich verbreiten 《über⁴》; ausführlich (weitläufig) erzählen; ein Langes und Breites schwatzen; ⁴sich des breiteren aus|lassen* 《über⁴》/下手の長談義 die lange Predigt der Ungeschickten; Ein schlechter Redner redet weitschweifig (langatmig).

なかつぎ 中継ぎ ❶ 〔仲介〕 Vermittlung f. -en; 〔仲介者〕 Vermittler m. -s, -; Mittelsmann m. -[e]s, ..leute. ❷ 〔電信〕 Übertragung f. -en; Staffel f. -n 《放送など》 ‖ 中継ぎ貿易 Durchfuhr|handel (Transit-) m. -s/中継ぎ港 Transithafen m. -s, =.

〜なかったら ⇨ 〜なければ.

ながつづき 長続き 〔Fort〕dauer f.; 〔Fort〕bestand m. -[e]s, -e; das Fortbestehen*, -s; Permanenz f.; Ständigkeit f. —— 長続きする lange dauern; fort|dauern; an|halten*; eine lange Zeit währen / どうせ長続きはしないだろうがまあやってみよう Es kann wohl unmöglich von Dauer sein, doch lassen wir es einmal versuchen 〈doch wollen wir es einmal versuchen〉.

なかて 中手 〔中稲〕 die mittlere Reifernte 《-n》 von dreien 《三者中》; der Reis 《-es》 der mittleren Erntezeit.

ながどうちゅう 長道中 die weite (lange) Reise, -n (Wanderung, -en).

なかなおり 仲直り Ver|söhnung (Aus-) f. -en; Beilegung f. -en /仲直りする ⁴sich versöhnen (aus|söhnen) 《mit jm》; den Streit bei|legen; ⁴sich die Hände reichen; ⁴sich wieder vertragen* 《mit jm》.

なかなか ❶ 〔予想外に〕 über alle Erwartungen; mehr als man erwartet hat; tüchtig; ziemlich /なかなかどうして ganz im Gegenteil; weit davon entfernt; wider alle Erwartungen. ❷ 〔非常に〕 sehr; hochgradig; hochmütig, höchlich, in hohem Grad[e] (Maß[e]) 《》/なかなか重大な von nicht geringer Bedeutung; von großem Belang /なかなかむずかしい問題 Das ist eine sehr schwierige Frage. ❸ 〔容易には〕 nicht leicht; nicht ohne ⁴Mühe /なかなか骨がおれる große Mühe kosten 《》 〔物が主語〕/なかなか答えられない Das lässt sich schwer beantworten. /栓がなかなか抜けない Der Pfropfen ist nicht leicht herauszuziehen.

ながなが 長々 lange 〔Zeit〕; geraume ⁴Weile; eine ganze ⁴Zeit/長々と ausholend; langatmig; umständlich; weitläufig; weitschweifig/長々と述べる ⁴sich verbreiten 《*über*⁴》 ⇨ながだんぎ / 長々と横になる ⁴sich längelang hin|legen.

なかにわ 中庭 Hof *m*. -〔e〕s, ⸚e; Hofraum *m*. -〔e〕s, ⸚e; Innen-Garten *m*. -s, ⸚; der innere Garten/中庭で auf dem Hof.

ながねん 長年 lange (viele) ⁴Jahre 《*pl*》; jahrelang; lang¦jährig (viel-); ⁴Jahr und ⁴Tag/長年の功労を謝す für langjährige Verdienste 《*pl*》 danken 《*jm*》; ⁴sich für *js* verdienstvolle Tätigkeit seit langen Jahren erkenntlich zeigen.

ながの 長の別れ ein Abschied 《-〔e〕s, -e》 fürs Leben (für immer).

なかば 半ば ❶ [半分] Hälfte *f*. -n/半ば本気で halb im Ernst; teilweise ernstlich. ❷ [中頃] Mitte *f*. -n; Mittel *n*. -s, -/…の半ばに in der Mitte²; mitten in³/五月半ばに ⁴Mitte Mai/三十半ば ⁴Mitte dreißig/仕事半ばに mitten in seinem Wirken (in seiner Trätigkeit). ❸ [いくらか] zum Teil; teilweise / 客の半ばは若く半ばは年配であった Die Gäste waren teils jung, teils älter.

なかばたらき 仲働き Stubenmädchen *n*. -s, -.

ながばなし 長話 die lange Rede, -n; das viele Reden*, -s/長話の好きな男だ Er spinnt gern sein Garn.

なかびく 中低の konkav; 〔rund〕hohl; gehöhlt; vertieft.

ながびく 長引く ⁴sich in die Länge ziehen*; ⁴sich hin|ziehen*; kein Ende nehmen (nicht aufhören) wollen*; sehr lange dauern; langsam verlaufen* [s] 《病気などが》; chronisch werden 《慢性になる》/長引かす in die Länge ziehen*⁴/長引く病気 die langwierige (chronische) Krankheit, -en/長引く会談だ Die Verhandlung dauert bis in alle Ewigkeit.

なかほど 中程 Mitte *f*. -n; der halbe Weg, -〔e〕s/中程に ungefähr in der Mitte 《*zwischen*³》; auf halbem Wege (halber Strecke); halbwegs; ungefähr gleich weit entfernt 《*von*³》/道の中程に in der Mitte des Wegs/中程へ願います Hinein gehen bitte!

なかま 仲間 ❶ [同僚] Gefährte *m*. -n, -n; Genosse *m*. -n, -n; Kamerad *m*. -en, -en; Kollege *m*. -n, -n; Partner *m*. -s, -; Teilhaber *m*. -s, - 《同業》; Komplice *m*. -n, -n 《悪事の》/仲間となる ⁴sich an|schließen*³; mit|machen⁴; teil|nehmen* 《*an*³》. ❷ [連中] Gesellschaft *f*. -en; Anhang *m*. -〔e〕s, ⸚e; Anhänger *m*. -s, -; Brüder 《*pl*》; Clique *f*. -n; Gruppe *f*. -n; Koterie *f*. -n 《徒党》; Kreis *m*. -es, -e; Partei *f*. -en; Bande *f*. -n 《悪事の》; Horde *f*. -n; Rotte *f*. -n/学生仲間では unter den Studenten; im Studentenkreis〔e〕/仲間に入る ¹Genosse werden; bei|treten*³ [s]; gezählt werden 《*zu*³》; ⁴sich reihen 《*an*⁴》; ⁴sich verbinden* 《mit *jm*》; ⁴sich vereinigen 《mit *jm*》; ⁴sich verschwören* 《mit *jm* 悪事の》/仲間外れにする aus|schließen* 《*jn*》; ächten 《*jn*》; aus dem Kreis〔e〕〔aus|〕treiben* 《*jn*》; kalt|stellen 《*jn*》; über ⁴Bord werfen* 《*jn*》; wie einen Außenseiter behandeln 《*jn*》. ‖ 仲間喧嘩(割れ) Streit 《*m*. -〔e〕s, -e》 (Uneinigkeit *f*. -en; Zwietracht *f*.) unter Genossen; Spaltung *f*. -en/仲間値段 der Preis 《-es, -e》 unter Brüdern/飲み仲間 Zech¦genosse (Trink-) *m*. -n, -n (*od*. -bruder *m*. -s, ⸚).

なかまく 中幕 Mittel¦stück (Zwischen-) *n*. -〔e〕s, -e; Zwischen¦akt *m*. -〔e〕s, -e (-spiel *n*. -〔e〕s, -e).

なかみ 中身 ❶ [内部] das Innere*, -n. ❷ Inhalt *m*. -〔e〕s, -e; Gehalt *m*. -〔e〕s, -e; Substanz *f*. -en 《実質》; Füllung *f*. -en 《詰め物》. ❸ [刀身] Klinge *f*. -n.

ながみち 長道をする eine lange (weite) Reise machen; eine lange Strecke (ganze Meilen) 〔zu Fuß〕 gehen* [s]; ein gutes Stück 〔Wegs〕 zurück|legen.

ながめ 眺め Aus¦sicht (An-; Fern-; Rund-) *f*. -en; Aus¦blick (An-; Rund-) *m*. -〔e〕s, -e; Panorama *n*. -s, ..men 《全景》; Prospekt *m*. -〔e〕s, -e 《眺望》; Landschaft *f*. -en 《風物》/春の眺め die Aussicht im Frühling; die frühlingsmäßige Aussicht/屋上からの眺めはすばらしい Vom Dachgarten aus bietet sich eine herrliche Aussicht (ein herrlicher Rundblick).

ながめる 眺める ❶ überblicken⁴; überschauen⁴; ⁴sich der ²Aussicht erfreuen. ❷ [凝視] ³sich an|sehen*⁴ (-|schauen⁴); betrachten⁴; fixieren⁴; 〔fest〕 ins Auge fassen⁴; an|starren⁴ 《目を据えて》/飽かず眺める nicht genug sehen können*⁴; ganz ¹Auge sein; die Augen nicht wegwenden können*.

ながもち 長持ち ❶ Dauerhaftigkeit *f*.; Haltbarkeit *f*./長持ちする dauern; 〔lange〕 bestehen*; bleiben* [s]; ⁴sich 〔er〕halten*; währen; dauerhaft (haltbar) sein; von Dauer sein/このスーツは長持ちする Dieser Anzug trägt sich lange./夏には肉は長持ちしない Im Sommer hält sich Fleisch nicht lange 〔Zeit〕. ❷ [家具] die lange Truhe (Lade), -n.

ながや 長屋 Mietskaserne *f*. -n; Miethaus *n*. -es, ⸚er; Massenquartier *n*. -s, -e; Reihenhaus/長屋建ての mietskasernenmäßig (im Mietskasernenstil) gebaut/長屋ずまいをする in einer Mietskaserne wohnen (leben); ¹Bewohner einer Mietskaserne sein.

なかやすみ 中休み 〔Erholungs〕pause *f*. -n; Ruhe¦pause (Zwischen-); das Innehalten*, -s; Intervall *n*. -s, -e/中休みをする eine 〔Erholungs〕pause machen 《*in*³; *mit*³》; inne|halten* 《*mit*³》.

なかゆび 中指 Mittelfinger *m*. -s, -.

なかよく 仲よく ⇨なか(仲).

なかよし 仲良し der gute (intime; vertraute) Freund, -〔e〕s, -e; Busen¦freund (Herzens-); der Intimus, -, ..mi/仲良しである

gute (intime; vertraute) Freunde sein; freundschaftliche Beziehungen《pl》haben《zu jm》; auf freundschaftlichem Fuß[e] stehen*《mit jm》; [4]sich gut vertragen* [können*]／仲良しになる gute (intime; vertraute) Freunde werden; freundschaftliche Beziehungen an|knüpfen《mit jm》; auf freundschaftlichen Fuß zu stehen kommen* [s].

～ながら ❶ […しつつ] indem; während[(2)]; zugleich; zu gleicher Zeit／涙ながらに別れる unter [3]Tränen Abschied nehmen*《von[3]》; weinend [4]sich trennen《von[3]》／寝ながら本を読む im Bett liegend ein Buch lesen*／食事しながら話す über [3]Tisch (während des Essens) sprechen*／笑いながら言う mit einem Lächeln sagen[4]. ❷ [けれども] ob|gleich (-schon; -wohl; -zwar); dennoch; gleichwohl; trotzdem; ungeachtet; wenn auch; wenngleich／貧しいながら幸福に暮らす Wir sind zwar arm, doch leben wir glücklich.／我ながらつまらないことをしたものだ Wie däm[e]lich es von mir war!／残念ながらできません Leider (Zu meinem Leidwesen) kann ich es nicht. ❸ [全部] beide*; alle*; sämtlich／五人ながら帰って来た Die fünf Menschen waren alle wieder da. ❹ [そのままの] 生まれながらの詩人 der geborene Dichter, -s, -／いつもながら間違いだらけだ Es wimmelt wie immer von Fehlern. ¦ Die Arbeit steckt wie gewöhnlich voll Fehler.

ながらえる 長らえる weiter|leben (fort|-); am Leben bleiben* [s]; [4]sich eines langen Lebens erfreuen; überleben／長らえれば恥多し Hohe Jahre bedeuten eben so viele Schanden.

ながらく 長らく lange; lange [4]Zeit; geraume [4]Weile; eine ganze [4]Weile.

ながれ 流れ ❶ Strom *m.* -[e]s, ⸗e; Strömung *f.* -en; Bach *m.* -[e]s, ⸗e; Fluss *m.* -es, ⸗e; Wasser¦lauf *m.* -[e]s, ⸗e (-weg *m.* -[e]s, -e)／流れに従って mit dem Strom[e]／流れに逆らって gegen (wider) den Strom. ❷ [末流] Abstammung *f.* -en; Ab¦kunft (Her-) *f.* ⸗e; Deszendenz *f.*; Herkommen *n.* -s. ❸ [流派] Schule *f.* -n／カントの流れを汲む zu der kantischen Schule gehören. ❹ [時日の] [Ab]lauf (Verlauf) *m.* -[e]s, ⸗e. ¶ 会はお流れになった Die Versammlung ist zu Wasser geworden.

ながれくる 流れ来る daher geschwemmt kommen* [s]; herunter|fließen* [s].

ながれこむ 流れ込む ein|fließen* (-|strömen; -|treten*; -|münden) [s].

ながれさぎょう 流れ作業 Fließarbeit *f.* -en; Fließbandsystem *n.* -s, -e; die Arbeit am laufenden Band.

ながれだま 流れ弾 die verirrte Kugel, -n; der Schuss《-es, ⸗e》ins Blaue.

ながれつく 流れ着く ans Ufer getrieben werden; stranden [s].

ながれでる 流れ出る aus|fließen* (-|strömen; -|treten*); durch|sickern《洩れる》; entspringen*; hervor|brechen*; rinnen*《汗などが》《以上どれも [s]》.

ながれぼし 流れ星 Stern¦schnuppe *f.* -n (-schuss *m.* -es, ⸗e); Meteor *m.* (*n.*) -s, -e.

ながれもの 流れ者 ⇨わたりもの.

ながれや 流れ矢に当たる von einem verirrten Pfeil《*m.* -[e]s, -e》getroffen werden; Ein verirrter Pfeil trifft *jn.* ⇨ながれだま.

ながれる 流れる ❶ [水など] fließen* [s]; fluten [h,s]《滔々(とうとう)と》; hervor|brechen* [s]《どっと》; platschen (plätschern) [h,s]《ぱちゃぱちゃ》; rieseln [s,h]《さらさら》; rinnen* [s]《ゆるやかに》; sprudeln [s]《こんこんと》; strömen [s]《漲って》／涙が頬を流れる Tränen rinnen (laufen) *jm* über die Wange[n]. ❷ [物体が] ab¦geschwemmt (weg-) (*od.* -gespült; -gewaschen) werden. ❸ [時日が] verfliegen* [s]; verfließen* [s]; vergehen* [s]; verrauschen [s]; verrinnen* [s]; verstreichen* [s]／それ以来多くの歳月が流れた Seitdem sind viele Jahre ins Land gegangen. ❹ [ろうそくのろうが] triefen[(*)] [s]; drippe[l]n [s]; laufen* [s]; träufeln [s]. ❺ [抵当物が] verfallen* [s]; für verfallen erklärt werden. ❻ [陥る] [hin|]neigen《zu[3]》; die Neigung (Tendenz) haben《zu[3]》; tendieren《zu[3]》／奢侈(しゃし)に流れる zum Luxus neigen; Vorliebe für Luxus haben; Neigung zu Luxus haben. ❼ [流浪] vagabundieren; ohne Wohnsitz leben; ein Nomadenleben führen. ❽ [会が] zu Wasser werden.

ながわずらい 長患い die langwierige (chronische; langsam verlaufende; schleichende) Krankheit, -en.

なかんずく vor allem《物の場合》; vor allen《人の場合》; unter anderem《物の場合》; unter anderen《人の場合》; vor allen (unter anderen) Dingen; ganz besonders; hauptsächlich; insbesondere; in Sonderheit; in erster Linie; vornehmlich／この点なかんずく注意を要する Hierauf ist in erster Linie Rücksicht zu nehmen.

なき 亡き verstorben; abgeschieden; dahin¦gegangen (heim-); selig; verblichen; verschieden／亡き父 mein seliger Vater; mein Vater selig／亡き人々 die Verstorbenen*《pl》／亡き魂 die Seele《-n》des Verstorbenen／亡き後の事を託す beim Tod[e] einem Vertrauensmann die Geschäfte《pl》an|vertrauen; sterbend einen Vertrauensmann um die Verrichtung von Geschäften bitten*／亡き後を弔う die Seele des Verstorbenen trösten; zum Heil des Verstorbenen religiöse Feier veranstalten; einen Priester kommen lassen*; Seelenmesse lesen lassen*／亡き数に入る zur großen Armee ab|gehen* [s] (abberufen werden); zu seinen Vätern versammelt werden.

なき 泣きの涙で unter [3]Tränen; bitterlich weinend／泣きを入れる um [4]Nachsicht (Duldsamkeit; Schonung) bitten* (an|flehen)《jn》.

なぎ 凪 [Meeres]stille *f.*; Windstille *f.*; Flaute *f.* -n ‖ べた凪 die tote (große) Stille／夕凪 die Abendstille.

なきあかす 泣き明かす die ganze Nacht verweinen (hindurch weinen); unaufhörlich weinen, bis der Morgen graut.

なきいる 泣き入る bitterlich weinen; ^{3}sich die Augen aus|weinen; zum Stein〔e〕 erbarmen weinen.

なきがお 泣き顔 ⇨なきっつら.

なきがら 亡骸 Leiche *f.* –n; leichnam *m.* –〔e〕s, –e／亡骸にとりすがって泣く die Leiche umklammernd heftig weinen.

なきくずれる 泣き崩れる in Tränen zerfließen* [s]; viele Tränen weinen.

なきくらす 泣き暮らす die ganze Zeit verweinen; Tag und Nacht weinend hin|bringen*; in ^{3}Verzweiflung leben.

なきごえ 泣き声 die weinerliche Stimme; der mit ^{3}Weinen durchmischte Ton, –〔e〕s, ⸚e／泣き声で mit weinerlicher Stimme; in weinerlichem Ton〔e〕／泣き声を出す mit weinerlicher Stimme sagen^{4}; einen weinerlichen Ton von ^{3}sich geben*; auf|schluchzen.

なきごえ 鳴き声 Gesang *m.* –〔e〕s, ⸚e; das Singen*, –s; das Schlagen*, –s《ナイチンゲールの》; das Schmettern*, –s《鳥の高らかな》; das Trillern*, –s《ふるえ声で》; das Zirpen*, –s《虫などの》; das Zwitschern*, –s《つばめなどの》; das Kläffen, –s《きゃんきゃん》; das Miauen*, –s《猫の》; das Muhen*, –s《牛の》; das Piepen*, –s《ぴいぴい》; das Wiehern*, –s《馬のいななき》; Kikeriki *n.* –s, –s《雄鶏》. ⇨なく(鳴く).

なきごと 泣き言 Klage *f.* –n; das Klagen* (Jammern*), –s; das Murren*, –s《ぶつくさ》／泣き言を言う klagen《*über*^{4}》; jammern《*über*^{4}; *um*^{4}》; murren.

なぎさ 渚〔Meeres〕küste (See–) *f.* –n; das flache〔Meeres〕ufer, –s, –;〖詩〗Gestade *n.* –s, –; Strand *m.* –〔e〕s, ⸚e.

なきさけぶ 泣き叫ぶ heulen; schreien*; laut lamentieren; jaulen《おいおいと》.

なきじゃくる 泣きじゃくる voll Verzweiflung (krampfhaft) schluchzen.

なきじょうご 泣き上戸 der rührselige Mensch, –en, –en; der leicht zu Tränen Gerührte*, –n, –n; der rührselige (sentimentale) Trunkenbold, –〔e〕s, –e.

なぎたおす 薙ぎ倒す nieder|mähen^{4} (–|-hauen*^{4} –|machen^{4}).

なきだす 泣き出す zu weinen an|fangen* (beginnen*); in ^{4}Tränen aus|brechen* [s]《わっと》.

なきつく 泣き付く inständig (flehentlich) um ^{4}Hilfe bitten*《*jn*》; um Hilfe an|flehen《*jn*》; um Hilfe flehen《zu *jm*》; mit Bitten bestürmen《*jn* やいのやいのと》; mit Bitten zu|setzen《*jm* うるさく》.

なきっつら 泣きっ面 das in ^{3}Tränen schwimmende Gesicht, –〔e〕s, –er; das tränenbenetzte Gesicht; die von ^{3}Tränen überströmenden Augen《*pl*》／泣きっ面に蜂 ‚Ein Unglück kommt selten allein.'／正に泣きっ面に蜂というわけだが um das Unglück voll zu machen; um allem Unglück die Krone aufzusetzen.

なきつぶす 泣き潰す [目を] ^{4}sich blind weinen.

なきどころ 泣き所 wunder (schwacher; empfindlicher; neuralgischer) Punkt, –〔e〕s, –e; Achillesferse *f.* –n; Lindenblattstelle *f.* –n.

なきなき 泣き泣き ⇨なく(泣く).

なぎなた 薙刀 Hellebarde *f.* –n; das Schwert《–〔e〕s, –e》an einem langen Schaft; die lanzenartige Hiebwaffe, –n.

なきねいり 泣き寝入りになる ^{4}sich fügen《*in*^{4}》; den Leidenskelch leeren müssen*; in den sauren Apfel beißen*; nicht mehr nach|trauern^{3}; über ^{4}sich ergehen lassen*^{4}. ── 泣き寝入りする ❶ [黙って忍ぶ] verzichten《*auf*^{4}》. ❷ [泣きながら寝る] weinend ein|schlafen* [s]; ^{4}sich in den Schlaf hinein weinen.

なぎはらう 薙ぎ払う ab|mähen^{4} (weg|–); ab|hauen*^{4} (weg|–).

なきはらす 泣き腫らす [目を] bitterlich weinen, bis die Augen geschwollen sind; ^{3}sich die Augen rot weinen.

なきふす 泣き伏す ^{4}sich weinend nieder|werfen*; in Tränen auf die Knie nieder|sinken* [s].

なきぼくろ 泣き黒子〔Mutter〕mal am (unterm) Auge《*n.* –s, –e》.

なきまね 泣き真似 das erheuchelte Weinen*, –s; die erheuchelte Träne, –n; Krokodilsträne *f.* –n／泣き真似する erheuchelte Tränen weinen; ^{4}sich stellen, als ob man weinte; Krokodilstränen《*pl*》vegießen*.

なきむし 泣き虫 der rührselige Mensch, –en, –en; der* leicht weint; der weinerliche kleine Schreihals, –es, ⸚e; Heulsuse *f.* –n.

なきやむ 泣き止む ^{4}sich aus|weinen; zu weinen auf|hören.

なきわかれ 泣き別れ der tränen¦volle (–reiche) Abschied, –〔e〕s, –e; die Trennung unter viel ^{3}Tränen／泣き別れする einen tränenvollen (tränenreichen) Abschied nehmen*《von *jm*》; ^{4}sich unter viel Tränen trennen《von *jm*》.

なきわらい 泣き笑い ❶ [無理笑い] das unter ^{3}Tränen erkünstelte Lächeln*, –s; das gezwungene Lächeln*〔beim Weinen〕. ❷ [泣いたり笑ったり] das abwechselnde Weinen* und Lachen*; das vom Weinen unterbrochene Lachen*; das hysterische Lachen*.

なく 泣く [人が] weinen; schreien*《涙を出して》; heulen《わめく》; flennen《めそめそ》; greinen《口をゆがめて》; jammern《慟哭(どう)》; jaulen《悲しげに》; plärren《赤ん坊が》; schluchzen《すすり泣く》; wimmern《しくしく》; winseln《哀泣する》／泣きたいだけ泣く nach ^{3}Herzenslust weinen; ^{4}sich tüchtig aus|weinen; ^{4}sich satt weinen／泣きたくなる weinen mögen*; ^{4}sich zu Tränen gerührt (bewegt) fühlen; Es wird *jm* weinerlich zumute (zu Mute).／本を読んで泣く bei der Lektüre eines Buches weinen; über einem Buch weinen／声を出して泣く laut (mit lautem Geräusch) weinen／おいおい泣く bitterlich weinen／嬉し泣きに泣く vor ³Freude weinen; Freudentränen《*pl*》weinen (vergießen*)／泣くこともできない程の悲しみ ein zu großer Schmerz, als dass man darüber weinen könnte; ein so schweres Leid, dass es nicht einmal beweint werden kann／枕に顔を押し当てて泣いた Sie drückte ihr Gesicht ins Kissen und weinte vor sich hin.／泣く子と地頭には勝てない Gegen ein schreiendes Kind und einen Gutsherrn 〔in der Feudalzeit〕 kann man nicht aufkommen.｜Ein heulendes Kind und ein 〔feudaler〕 Gutsherr hat immer recht. ── 泣いて weinend; unter ³Tränen／泣いて頼む weinend (unter Tränen) bitten*《*jn um*⁴》; schluchzend um Gottes willen bitten* ⇨なきつく. ── 泣き泣き, 泣きながら unter ³Tränen (Schluchzen); mit von Tränen gebrochener Stimme／泣く泣く身の上をあかす seine Leidensgeschichte (seinen Leidensweg) heraus|schluchzen. ── 泣かせる weinen machen《*jn*》; zu ³Tränen rühren (bewegen)《*jn*》; in ⁴Tränen auflösen lassen*《*jn*》／親を泣かせる seinen Eltern großten Kummer bereiten (verursachen); seinen Eltern solche Qualen bereiten, dass sie bittere Tränen weinen müssen.

なく 鳴く, 啼く singen*《鳥・虫》; krähen《おんどり》; gackern (glucken)《めんどり》; krächzen《烏》; piep〔s〕en《雛》; zwitschern《小鳥》; quaken《かえる・あひる》; quäken《ねずみ》; schnattern《がちょう》; kreischen《雁(ｶﾞﾝ)》; schreien*《わし・くじゃくなど》; kollern《七面鳥の雄》; rufen*《かっこう・ふくろう》; girren (gurren)《鳩》; singen*《鳴鳥・せみなど》; trillern《さえずる》; schmettern《朗らかにさえずる》; zirpen《こおろぎなど》; kläffen《犬》; knurren《同上》; bellen《吠える》; winseln《犬が打たれて》; miauen《猫》; brüllen《雄牛》; muhen《雌牛》; blöken《羊・やぎ》; meckern《やぎ》; wiehern《馬》; schreien*《ろば》; rören《鹿, 特に交尾期の》; grunzen《豚》; trompeten《象》; heulen《おおかみ》; pfeifen*《ねずみ》; zischen《蛇》.

なぐ 凪ぐ still〔er〕 (ruhig〔er〕; schwach; schwächer) werden; nach|lassen*; ⁴sich beruhigen; ⁴sich legen／嵐(海)が凪いだ Der Sturm hat sich gelegt (Die Wellen haben sich beruhigt).

なぐさみ 慰み [楽しみ] Vergnügen *n*. –s, –; Vergnüglichkeit *f*. –en; Vergnügung *f*. –en; Unterhaltung *f*. –en; [気晴らし] Ablenkung *f*. –en; Erheiterung *f*. –en; Erholung *f*. –en; Zeitvertreib *m*. –〔e〕s, –e; Zerstreuung *f*. –en／慰み半分に halb zum (aus) Spaß; zum Teil vergnügungs halber (spaßes–); nicht ganz im Ernst／慰みに zum Vergnügen (Spaß; Zeitvertreib); zur Vergnügung (Unterhaltung; Ablenkung; Erheiterung; Erholung)／慰みにやったのです Daraus habe ich mir einen Spaß gemacht. ‖ 慰み物 Spielzeug *n*. –〔e〕s, –e; das willenlose Werkzeug, –〔e〕s, –e.

なぐさめ 慰め Trost *m*. –es, das Trösten*, –s; Tröstung *f*. –en／慰めのことば Trostwort *n*. –〔e〕s, –e; das tröstende (trostreiche) Wort; Trostspruch *m*. –〔e〕s, ⸚e ‖ 慰め手 Tröster *m*. –s, –; Trostzusprecher *m*. –s, –.

なぐさめる 慰める trösten《*jn*》; Trost ein|flößen (gewähren; spenden; zu|sprechen*)《*jm*》; zum Trost gereichen《*jm*》; ermuntern《*jn* 励ます》／人の不幸を慰める in seinem Leid trösten《*jn*》／自ら慰める ⁴sich selbst trösten; ³sich selbst Trost ein|flößen (gewähren; spenden; zu|sprechen*)／…を見て目を慰める seine Augen weiden (ergötzen)《*an*³》; Augentrost finden*《*in*³》; zur Augenweide gereichen lassen*⁴／大して慰められもしない Das ist mir ein schwacher Trost.

なくす verlieren*⁴; verlustig² gehen* [s]; ein|büßen⁴; kommen* [s]《*um*⁴》; verwirken⁴; beraubt² werden／妻をなくす seine Frau verlieren*.

〜なくて ❶ [無しで] ohne⁴; mangels²; aus ³Mangel an³; in Ermangelung von³; da es an ³*et* fehlt (gebricht; mangelt)／なくても auch ohne; auch wenn es an ³*et* fehlt (gebricht; mangelt)／なくてもよい entbehrlich; was entbehrt werden kann; überflüssig; überzählig; unnötig／なくて済ませる entbehren können*⁴／なくてはならぬ unentbehrlich; was nicht entbehrt werden kann; nötig; notwendig; unerläßlich; wesentlich. ❷ [...でなくて] nicht ... sondern／来るのを忘れたのではなくて初めから手伝う気がなかったのだ Nicht, dass er zu kommen vergessen hat, sondern dass er von Anfang an gar keine Lust zum Mitwirken hatte.

なくなる ❶ [欠乏] zu Ende gehen* [s]; ein Ende haben; alle werden; erschöpft werden; nichts mehr da sein; völlig verbraucht werden／もう金がない Ich habe kein Geld mehr. ❷ [紛失] verloren gehen* [s]; verloren werden; abhanden kommen* [s]; dahin (weg) sein; Einbuße erleiden*《*an*³》; nicht mehr gefunden werden können*／なくした財布 die verlorene Brieftasche, –n. ❸ [消滅] 〔dahin|〕schwinden* [s]; entschwinden* (verschwinden*) [s]／跡形もなくなる spurlos verschwinden*／姿はもうなくなった Er ist meinen Blicken entschwunden. ❹ [死亡] 〔ver〕sterben*《以下 [s]》; entschlafen*; hin|scheiden*; von hinnen gehen*.

なぐりあい 殴り合い Rauferei *f*. –en; Raufhandel *m*. –s, ⸚; Boxerei *f*. –en; Handgemenge *n*. –s, –; Prügelei *f*. –en; Schlägerei *f*. –en／殴り合いを始める in ⁴Rauferei geraten* [s]; eine Schlägerei an|fangen*; handgemein werden; zu Tätlichkeiten über|gehen* [s].

なぐりあう 殴り合う raufen (prügeln; schlagen*)《mit *jm*》; ³einander Schläge《*pl*》 geben*.

なぐりかえす 殴り返す zurück|schlagen*

なぐりがき なぐり書き Gekritzel n. -s, -; Geschmier(e) n. -res; Geschreibe n. -s, -; Geschreibsel n. -s, -; Sudelei f. -en/なぐり書きをする 〔hin〕kritzeln*⁴; 〔hin〕schmieren*⁴; hastig und schlecht schreiben*⁴; sudeln*⁴; schnell hin|schreiben*⁴; flüchtig hin|werfen*⁴.

なぐりこみ 殴り込みをかける einen Überfall machen 《auf⁴》; einen Einfall machen 《in⁴》; einen Gewaltstreich führen 《gegen⁴》.

なぐりころす 殴り殺す tot|schlagen* 《jn》; zu ³Tode schlagen* 《jn》; erschlagen* 《jn》.

なぐりたおす 殴り倒す nieder|schlagen* 《jn》; k.o. (knockout) schlagen* 《jn》; zu ³Boden schlagen* 《jn》.

なぐる 殴る schlagen* 《jn》; 〖俗〗bimsen 《jn》; 〔ver〕hauen* 《jn》; 〔ver〕prügeln 《jn》; 〖俗〗verwamsen 《jn》/einen Schlag versetzen 《jm》/頭(顔)を殴る auf den Kopf (ins Gesicht) schlagen* 《jn》/めちゃくちゃに殴る 〖俗〗zusammen|hauen* 《jn》.

なげ 投げ ❶ [相撲の] [Nieder]wurf m. -[e]s, -̈e/投げをうつ einen [Nieder]wurf geben* 《jm》. ❷ [投機] liquidation f. -en. ❸ [将棋などの] Aufgabe f. -n.

なげあげる 投げ上げる auf|werfen*⁴ (empor-); in die Höhe werfen*⁴ (schleudern*).

なげいれる 投げ入れる hinein|werfen*⁴ (-|schleudern*) 《in⁴》.

なげうつ 擲つ weg|werfen*/生命を擲つ sein Leben hin|geben* (opfern; in die Schanze schlagen*).

なげうり 投げ売り Schleuderverkauf m. -[e]s, -̈e; Verkauf unter (m) ³Wert; ³Verlust; Verschleuderung f. -en; [Räumungs]ausverkauf 〈蔵払い〉; Schleuderausfuhr -en 〈海外市場への〉; Dumping n. -s, -s. ── 投げ売りする verschleudern⁴; zum Schleuderverkauf bringen⁴; unter (mit) ³Verlust verkaufen⁴; zu Schleuderpreisen verkaufen⁴; aus|verkaufen⁴ 〈蔵払いする〉; zu Schleuderpreisen aus|führen⁴ 〈海外市場へ〉.

なげかえす 投げ返す zurück|werfen*⁴/ボールを投げ返す den Ball zurück|werfen⁴.

なげかわしい 嘆かわしい bedauerns|wert (bejammerns-); beklagens-) 《od. -würdig》; bedauerlich; jämmerlich; kläglich/嘆かわしいこと das Bedauernswerte* (Bejammerns-; Beklagens-), -n 《od. -würdige*, -n》; das Bedauerliche* (Jämmerliche*; Klägliche*), -n/まことに嘆かわしい次第には zu meinem größten Bedauern (Leidwesen)/この風潮はまことに嘆かわしい Diese Tendenz ist wirklich zu bedauern.

なげき 嘆き 〔Weh〕klage f. -n; Betrübnis f. ..nisse; Gram m. -[e]s, -e; Jammer m. -s; Kummer m. -s; Trauer f. -/嘆きのあまり vor ³Betrübnis; von ³Betrübnis überwältigt; außer ³sich vor Gram/嘆きに沈む in tiefe Trauer versinken* 〖s〗; von großer Betrübnis überwältigt werden.

なげキス 投げキスする jm eine Kusshand zu|werfen*.

なげく 嘆く ❶ [悲嘆] [weh]klagen (jammern) 《über⁴》; bejammern⁴; beklagen⁴; ⁴sich bekümmern 《über⁴》; betrauern⁴; betrüben⁴; ⁴sich grämen 《um⁴; über⁴》; beweinen⁴ 〈涙を流して〉/早死を嘆く js frühen Tod betrauern (beklagen; beweinen). ❷ [痛嘆] von tiefem Schmerz erfüllt sein.

なげこむ 投げ込む hinein|werfen*⁴ (-|schleudern) 《in⁴》.

なげし 長押 Gebälk n. -[e]s, -e; Architrav m. -s, -e; Fries m. -es, -e; Gesimsstreifen m. -s, -; Tragbalken m. -s, -.

なげすてる 投げ捨てる weg|werfen*⁴ (ab|-) 《od. -|schleudern, -|schmeißen*》; über ⁴Bord werfen* 〈投げ荷について〉.

なげだす 投げ出す ❶ hinaus|werfen*⁴ (-|schleudern*4 -|schmeißen*4 aus|strecken*⁴ 〈足を〉. ❷ [放棄] auf|geben*⁴; opfern⁴; entsagen⁴; her|geben*⁴; ⁴sich entgehen lassen*⁴; verzichten 《auf⁴》/地位を投げ出す ab|danken*; seine Stellung auf|geben*; seine Arbeit nieder|legen; 命を投げ出す auf ⁴Kosten seines Lebens; auf die Gefahr seines Lebens hin; sein eigenes Leben aufs Spiel setzend; unter ³Aufopferung seines Lebens 〈命を棄てて〉/主義のために命を投げ出した Er starb für seine Überzeugung. 大枚百万円を投げ出す nicht weniger als sage und schreibe eine Million Yen zur Verfügung stellen 《jm》; die stattliche Summe von einer Million spenden (opfern⁴; bereit|stellen⁴).

なげつける 投げつける ❶ bewerfen⁴; beschmeißen*⁴ 《mit³》; an|werfen*⁴ (-|schleudern*⁴) 《gegen⁴》; zu|werfen*⁴ (-|schleudern*⁴, -|schmeißen*⁴) /列車に石を投げつけた者がある Der Zug wurde mit Steinen beworfen. [投げ倒す] nieder|werfen*⁴; zu ³Boden werfen*⁴ /わけもなく相手を投げつけた Er hat den Gegner mühelos zu Boden geschleudert.

なけなし なけなしの金 das miserabel (erbärmlich; jämmerlich) wenige Geld, -[e]s, -er.

なげに 投げ荷 die über ⁴Bord geworfene Ladung, -en 《Waren 《pl》; Güter 《pl》》; das Überbordwerfen* 《-s》 der Ladung.

なげやり 投げ槍 [Wurf]speer m. -[e]s, -e; [Wurf]spieß m. -[e]s, -e. ⇨やりなげ.

なげやり 投げやり ❶ [仕事を] vernachlässigen⁴; auf ³sich beruhen lassen*⁴; es nicht genau nehmen* 《mit³》; übersehen*⁴; unterlassen*⁴; versäumen⁴ /投げやりな nachlässig, [fahr]lässig; säumig; ungenau; pflichtvergessen 《義務を怠る》. ❷ [物を] Dinge 《pl》 herumliegen lassen*; Dinge ungeordnet um ⁴sich liegen lassen*.

なける 泣ける ¶ その話をきいて思わず泣けてしまった Als ich es erfuhr, konnte ich nicht umhin zu weinen (konnte ich mich nicht der Tränen nicht enthalten).

なげる 投げる ❶ werfen*⁴; schmeißen*⁴; schleudern⁴/球(石)を投げる mit einem Ball (einen Stein) werfen*; mit einem Ball (einem Stein) werfen*/爆弾を市街に投げる eine Stadt mit ³Bomben belegen/下手投げで den Ball mit gestrecktem Arm werfen*. ❷ [放棄] auf|geben*⁴ (her|); entsagen³; verzichten (auf⁴). ❸ [取引の] liquidieren⁴.

～なければ ohne*; wenn (falls; wofern) nicht; außer (wenn); es sei denn, dass .../雨でなければ行くのだが Wenn es nicht regnete, würde ich hingehen (ginge ich hin)./あなたでなければできません Keiner kann es fertig bringen als Sie./正規会員でなければ入れません Sie können nicht eintreten, es sei denn, dass Sie ein Mitglied wären./心から行いを改めるのでなければそれを信じない Ich glaube es nicht, es sei denn, dass er sich gründlich bessere./金がなければ生活できない Ohne Geld kann man nicht leben./彼の援助があの時なければ... wenn er mir damals nicht geholfen hätte, ...

なこうど 仲人 Heirats|vermittler m. -s, -(-stifter m. -s, -); Ehestifter/仲人をする den Heiratsstifter spielen; die Rolle des Heiratsstifters spielen; eine Heirat (eine Ehe) stiften/仲人口をきく die Fehler 《pl》 (die Mängel 《pl》) eines anderen beschönigen (bemänteln); falsches Bild geben* 《von jm》.

なごむ 和む lauwarm werden 《水が》; milder werden 《気分が》; sanft werden (⁴et) milde stimmen⁴.

なごやか 和やかな sanft(mütig); friedlich; mild(e); sacht(e); zart; harmonisch 《調和的な》; lammfromm 《おとなしい》.

なごり 名残り ❶ [余波] Über|rest m. -(e)s, -e; Überbleibsel n. -s, -; Spur f. -en 《痕跡》; Kielwasser n. -s 《航跡》/江戸の名残り をとどめる Manche Spuren vom alten Edo sind noch vorhanden. Manches erinnert noch an das alte Edo./名残りの雪 (der noch nicht geschmolzene) Schneerest. ❷ [別離] Abschied m. -(e)s, -e; Scheidung f. -en; Trennung f. -en; Abschieds|schmerz (Scheidungs-; Trennungs-) m. -es, -en/名残りを惜しむ sich ungern trennen 《von³》; der Abschied wird jm nicht leicht; mit ³Schmerzen auseinander gehen* ⓢ; ⁴sich mit schmerzlichen Gefühlen verabschieden 《von³》/名残り惜しげに zögernd (zaudernden) Schrittes fort|gehen* ⓢ 《von jm》; nur wider Willen verlassen* 《jn》. ‖ お名残り興行 Abschieds|aufführung (-vorstellung) f. -en.

なさけ 情 ❶ warmes Gefühl, -(e)s, -e; Mitleid n. -(e)s 《同情》; Mitgefühl n. -(e)s, -e 《共感》; Zuneigung f. -en 《愛情》; Liebe f. -n 《愛》; Wohlwollen n. -s 《好意》; Freundlichkeit f. -en 《親切》; Güte f. 《親切心》; Barmherzigkeit f. -en 《慈悲》; Erbarmen n. -s 《憐憫(れんびん)》/お情で aus Mitleid 《同情心から》; durch js Wohlwollen 《好意によって》/情をかける eine Wohltat erweisen*³ /情は人のためならず,Tugend findet ihren Lohn in sich selbst.' —— 情のある warm; mitleidig; mitfühlend; teilnehmend; liebevoll; wohlwollend; freundlich; gütig; barmherzig. —— 情のない、情を知らぬ kalt; kaltblütig; herzlos; gefühllos; teilnahmslos; lieblos; unfreundlich; unbarmherzig / 情容赦なく unbarmherzig; schonungslos; grausam; ohne jede Rücksicht.

なさけない 情ない ❶ [あわれな] erbärmlich; armselig; jämmerlich; elend; miserabel/情ない境遇 erbärmliche Verhältnisse 《pl》/僕はとても情ない気持ちだ Ich fühle mich so elend. ❷ [恥ずべき] beschämend; schändlich; schimpflich/君がそれを知らないなんて情ない Es ist doch eine Schande, dass du es nicht weißt./情ないが僕はいまだにその本を読んだことがないんだ Ich muss mich schämen, aber ich habe das Buch noch nicht gelesen.

なさけぶかい 情深い warm; mitleidig; mitfühlend; teilnehmend; liebevoll; wohlwollend; freundlich; gütig; barmherzig.

なざす 名指す 《mit ³Namen》 nennen*⁴; js ⁴Namen nennen*/名指しで unter ³Nennung des Namens.

なさそう ¶ 明日雨が降ることはまずなさそうだ Morgen wird es kaum regnen./彼は余り健康ではなさそうだ Er scheint nicht so gesund zu sein.

なさぬなか なさぬ仲の子 Stiefkind n. -(e)s, -er 《継子》; Adoptivkind n. -(e)s, -er 《養子》/彼女は彼とはなさぬ仲の母親であった Sie war nicht seine eigene Mutter.

なし 梨 Birne f. -n 《実・木》/梨の木 Birn|baum m. -(e)s, -̈e. ¶ 彼からは依然として梨のつぶてだ Er lässt immer noch nichts von sich hören.

～なし ～なしで ohne*; ausgenommen⁴ 《...を除いて》/許可なしに ohne Erlaubnis/なしで済ます entbehren⁴/彼は酒無しではいられない Er kann sich nicht vom Alkohol trennen.

なしくずし 済し崩し Abschlags|zahlung (Raten-; Teil-)/済し崩しで払う in ³Raten bezahlen⁴ / 済し崩しにやる stückweise (nach und nach) machen⁴.

なしとげる 成し遂げる fertig bringen*⁴; voll|bringen*⁴; durch|führen⁴.

なじみ 馴染 ❶ Vertrautheit f. -en; Vertraulichkeit f. -en; Intimität f. -en; das innige Verhältnis, ..nisses, ..nisse/お馴染だから um der guten alten Vertrautheit willen; da wir seit alters miteinander bekannt sind/馴染になる ⁴sich an|freunden 《mit jm》; ein vertrautes (intimes) Verhältnis an|knüpfen 《mit jm》; miteinander bekannt werden. ❷ [知人] der (die) Vertraute*, -n, -n; Intimus m. -, ..mi; der (die) in vertrauten (intimen) Verhältnissen Stehende*, -n, -n 《zu jm》. ‖ 馴染客 Stammgast m. -(e)s, -̈e; der fleißige (regelmäßige) Besucher, -s, -; der beständige Bordellgast, -(e)s, -̈e 《遊郭の》/昔馴染

der alte Bekannte*, -n, -n (Kamerad, -en, -en).

なじむ 馴染む ❶ 〔なつく〕 vertraut (intim) werden; ein vertrautes (intimes) Verhältnis ein|gehen* (zu *jm*); auf du und du zu stehen kommen* s; ein Herz und eine Seele werden. ❷ 〔慣れる〕 ⁴sich gewöhnen (*an*⁴); gewohnt⁴ werden 《例: eine Arbeit／環境に馴染む ⁴sich in seine Umgebung ein|gewöhnen／酒に馴染む ⁴sich das Trinken an|gewöhnen／よく馴染んだ仲です Wir sind miteinander vertraut (haben Verständnis füreinander).／まだ仕事には一向に馴染んでいません Ich bin meine Arbeit noch gar nicht gewohnt.

ナショナリズム Nationalismus *m*. -.
ナショナル ナショナルチーム Nationalmannschaft *f*. -en.

なじる vor|werfen*⁴ (*jm*); einen Vorwurf machen (*jm wegen*²⁽³⁾ (*über*¹)); missbilligen⁴ (*bei jm*); rügen (*⁴et an jm*); verweisen*⁴ (*jm*); einen Verweis geben (erteilen) (*jm*); zur Last legen⁴ (*jm*).

なす 為す, 成す ❶ 〔行う〕 ～する／なすべきことをなす seine Pflicht tun*; etw ist in途方にくれてなす所を知らなかった Er wusste nicht, wo aus und wo ein. ❷ 〔成就する〕 vollbringen*⁴; vollenden⁴. ❸ 〔作る〕 bilden⁴; formen⁴; machen⁴／輪をなす einen Kreis bilden／群をなして In ³Scharen.

なずな 〔植〕 Hirtentäschelkraut *n*. -[e]s, ⁼er.

なす[び] 茄子 Eierpflanze *f*. -n; Aubergine *f*. -n.

なすりつける ⇒なる／罪をなすりつける die Schuld schieben* (ab|wälzen) (*auf*⁴); die Schuld zu|schieben*³ (*jm*)／彼は私の責任を私になすりつけた Er schob es mir in die Schuhe.

なぜ 何故 warum; weshalb; weswegen; wieso; aus welchem Grund[e]; wozu 《何のために》／何故ならば denn; weil; da／何故だか知らない Ich weiß nicht warum.

なぞ 謎 Rätsel *n*. -s, -; 謎めいた rätselhaft／謎の人物 eine rätselhafte Person, -en／謎を当てる ein Rätsel raten* (erraten*)／謎をかける ein Rätsel auf|geben*; eine Andeutung machen (暗示する)／謎を解く ein Rätsel lösen／彼はやっと謎が通じたらしい Endlich scheint er den Wink (die Anspielung) verstanden zu haben.

なぞらえる ❶ 〔模する〕 nach|machen³; nach|ahmen⁴. ❷ 〔たとえる〕 vergleichen* (*mit*³).

なぞる nach|malen⁴; auf|zeichnen⁴ (durch|-) 《トレースする》.

なた 鉈 Beil *n*. -[e]s, -e; Hacke *f*. -n.
なだ 灘 ¶ 玄界灘 die Genkai-See／豊後灘 die Bungo-Meerstraße.

なだかい 名高い ❶ berühmt; namhaft; renommiert; weltbekannt; Weltruf habend; berüchtigt 《悪名が》; verschrien 《同上》. ❷ 〔卓越〕 ausgezeichnet; hervorragend; vortrefflich; vorzüglich／名高くなる berühmt werden; Berühmtheit erlangen; ⁴es zu großer Berühmtheit bringen*; zu großer Berühmtheit gelangen s; einen hohen Ruf ernten (davon|tragen*; erwerben*)／彼は著作で名高くなった Er ist durch sein Werk berühmt geworden.／彼は天下に名高い学者だ Er ist ein Gelehrter von Weltruf.

なたね 菜種 Raps *m*. -es, -e 《植》; Rapssaat *f*. -en 《種子》／菜種油 Rapsöl *n*. -[e]s, -e.

なたまめ 鉈豆 Schwertbohne *f*. -n.

なだめる 宥める beschwichtigen (*jn*); beruhigen (*jn*); besänftigen (*jn*); Frieden finden lassen* (kommen lassen*) (*jn*); zur Ruhe bringen* (*jn*); mäßigen⁴; mildern⁴／宥めすかす alles mögliche tun*, um *jn* zu beschwichtigen; mit Aufgebot aller Überredungskunst besänftigen (*jn*).

なだらか なだらかな 〔平坦〕 glatt; ruhig; sanft; reibungslos; ungehindert; 〔緩傾斜の〕 sanft (leicht) ansteigend (absteigend)／なだらかな坂 der sanfte Abhang, -es, ⁼e; die sanfte Neigung, -en.

なだれ 雪崩 〔雪くずれ〕 Schneelawine *f*. -n; Lawine *f*. -n; Schneesturz *m*. -es, ⁼e; die stürzende Schneemasse, -n. ❷ 〔地滑り〕 Erd|rutsch (Berg-) *m*. -[e]s, -e; Bergsturz *m*. -es, ⁼e. ¶ なだれを打って押し寄せる ⁴sich in dichten Massen heran|stürzen; in hellen Haufen herbei|strömen; wie eine Lawine herangestürzt zusammen|laufen s.

なだれる ab|fallen* s; ⁴sich neigen; ⁴sich senken; hinunter|rutschen s; 《なだれ落ちる》; rutschend hinunter|stürzen s／...になだれ込む in hellen Haufen (mit ³Ungestüm) hinein|stürzen s (*in*⁴); in dichten Mengen hinein|stürmen s (*in*⁴).

ナチ[ス] Nazi *m*. -s, -s; Nationalsozialist *m*. -en, -en／ナチ化する nazifizieren (*jn*)／ナチ[ス]の nationalsozialistisch ‖ ナチ化 Nazifizierung *f*. -en／ナチドイツ das Nationalsozialistische Deutschland, -s／ナチ党 Nationalsozialistische Deutsche Arbeiterpartei *f*. (略: NSDAP)／非ナチ化 Entnazifizierung／非ナチ化する entnazifizieren (*jn*).

ナチズム Nazismus *m*. -; Nationalsozialismus *m*. -.

ナチュラル 〔楽〕Auflösungszeichen *n*. -s, -.

なつ 夏 Sommer *m*. -s, -／夏に im Sommer／夏の, 夏らしい, 夏向きの sommerlich; Sommer-／夏の朝 Sommermorgen *m*. -s, -／夏の日 Sommertag *m*. -[e]s, -e／夏のシーズン Sommersaison *f*. -s, -s／夏のスポーツ Sommersport *m*. -[e]s, -e／夏の晩 Sommerabend *m*. -s, -e／夏の夜 Sommernacht *f*. ⁼e／夏負けする unter der Hitze leiden* ‖ 夏学期 Sommersemester *n*. -s, -／夏枯れ die Geschäftsstille im Sommer／夏雲 Sommerwolke *f*. -n／夏時間 Sommerzeit *f*.／夏場 Sommerzeit *f*.／夏服 Sommerkleidung *f*. 〔総称〕; Sommeranzug *m*. -[e]s, ⁼e 《男の》; Sommerkleid *n*. -[e]s, -er 《女のワンピース》; Sommerhut *m*. -[e]s, ⁼e／夏物 Sommersachen (*pl*); Sommerkleidung *f*. -en 《衣類》／夏物一掃大売り出し Som-

なついん 捺印 stempeln⁴.

なつかしい 懐かしい lieb; teuer; ersehnt/懐かしくなる sehn|süchtig(-suchtsvoll)/懐かしがる ⁴sich sehnen 《nach³》; schmachten 《nach³》/故郷が懐かしい Ich habe Sehnsucht nach meiner Heimat./それは懐かしい伯母さんだった Das war meine liebe Tante.

なつかしさ 懐かしさ ein warmes Gefühl, -[e]s, -e; Sehnsucht f.《あこがれ》; Freundschaftlichkeit《友情》.

なつく 懐く 'hängen' 《an³》; ⁴sich gewöhnen 《an⁴》; lieb gewinnen⁴⁴; zahm werden《野生のものが》/犬は主人に懐いている Der Hund hängt an seinem Herrn.

なづけ 菜漬 eingemachtes Gemüse, -s, -.

なづけおや 名付け親 Namenspate.

なづける 懐ける für ⁴sich gewinnen⁴⁴; auf seine Seite ziehen⁴《味方に引き入れる》; an ⁴sich gewöhnen⁴《自分に馴れさせる》; zähmen⁴《動物などを馴らす》.

なづける 名付ける nennen* 《jn ⁴et》; heißen* 《jn ⁴et》/両親は子供を祖父に因んでカールと名付けた Die Eltern nannten ihn nach seinem Großvater Karl./この子を何と名付けようか Welchen Namen sollen wir dem Kind geben?

なっせん 捺染 Zeugdruck n. -[e]s, -e.

ナッツ Nuss f. ⁼e.

なっていない miserabel (sehr schlecht) sein/この作文はなっていない Dieser Aufsatz ist einfach unmöglich.

ナット Mutter f. -n《ねじ》.

なっとう 納豆 gegorene Sojabohnen 《pl》.

なっとく 納得 Einwilligung f. -en《同意》; Zustimmung f. -en《賛成》; Einverständnis n. -nisses, -nisse《了解》.—納得する ein|willigen 《in⁴》; zu|stimmen 《³》; einverstanden sein 《mit³》 a.; ⁴sich selbst überzeugen 《von³》/納得させる jn überzeugen 《von³》; jn überreden 《説得する》/彼はまだ納得していないようだ Er scheint damit noch nicht ganz einverstanden zu sein.

なっぱ 菜葉 ⇨な《菜》|菜葉服 Überziehanzug m. -[e]s, ⁼e; Overall m. -s, -s; Arbeitskittel m. -s, -《仕事着》.

なつめ【植】Judendorn m. -[e]s, -e[n]; Brustbeere f. -n ‖ なつめやし Dattel f. -n《実》; Dattelbaum m. -[e]s, ⁼e《木》.

なであげる 撫で上げる nach oben (rückwärts) streichen⁴⁴ (kämmen⁴); nach rückwärts bürsten⁴.

なでおろす 撫で下ろす ¶ 胸を撫で下ろす erleichtert tief auf|atmen; Ein Stein fällt jm vom Herzen./Es wird jm leicht ums Herz.; ⁴sich befreit fühlen.

なでがた 撫肩 無肩の少女 das Mädchen 《-s, -》 mit schmalen, wohlgeformten Schultern.

なでぎり 撫斬りにする sämtlich zusammen|hauen* (nieder|-)《jn》; bis auf den letzten nieder|metzeln (-machen)《jn》/片っ端から撫斬りだぞ Los! will euch einen nach dem anderen niederhauen!

なでしこ 撫子【植】Nelke f. -n.

なでつける 撫でつける glatt kämmen⁴; die Haare glatt machen/ポマードで髪を撫でつける das Haar pomadisieren.

なでる 撫でる streichen*⁴; streicheln⁴; zärtlich hin|fahren* 《über³》/子供の頬《に》を撫でる einem Kind unter das Kinn streichen* h. s.; das Kinn eines Kindes streicheln.

～など 【副】❶〔等類〕und so weiter (略: usw.)/u.s.w.); und so fort (略: usf.)/u.s.f.); und andere(s) (mehr) (略: u.a.(m.)); und dergleichen (mehr) (略: u.dgl.(m.)); und viele(s) andere (mehr) (略: u.v.a.(m.)); und was nicht alles; et cetera (略: etc.). ❷《[...]のような》私などには was mich angeht (an|betrifft)/私などのようなもの meinesgleichen; so einer wie ich/お茶など飲みませんか Wollen Sie etwa Tee trinken?

なとり 名取 ein beglaubigter Meister, -s, -; ein Meister, dem ein Künstlername von seinem Lehrmeister erteilt wurde; Esoteriker m. -s, -.

ナトリウム Natrium n. -s.

なな 七 ⇨しち(七).

ななくせ 七癖 ¶ 無くて七癖 Jeder hat seine Fehler.

ななし 名無し namenlos/名無しの権兵衛 ein Niemand m. -[e]s; ein Jemand 《m. -[e]s, -e》 ohne Namen; der Namenlose*, -n, -n.

ななつ 七つ sieben ⇨しち(七)/七つ道具 Siebensachen 《pl》.

ななふしぎ 七不思議 sieben Wunder 《pl》/世界の七不思議 die Sieben Weltwunder 《pl》.

ななめ 斜め(の) geneigt(傾斜した); schräg; schief; quer/斜め右(左) halb rechts (links)/斜め前方 schräg gegenüber/斜めの方向 eine schräge Richtung, -n/斜めの線 eine schräge Linie, -n / 御機嫌斜めである schlecht gelaunt (übler ²Laune) sein/斜めならず喜ぶ ⁴sich richtig freuen 《über⁴》.

なに 何 was〔疑問〕/何も nichts〔否定〕⇨にも/何か etwas ⇨なにか/何でも alles ⇨なんでも/何かしら irgendwie; ich weiß nicht warum/何から何まで alles; von Anfang bis zu Ende/何もかも alles/何を隠そう um es offen zu sagen/何をおいても vor allem; vor allen Dingen; zu allererst/いに、何とか wozu; wie/何はともあれ jedenfalls/何をおくか alles in allem; insgesamt/何を差し上げましょうか(店で) Was möchten Sie haben?/ Was darf das sein?/何を好んでこんな所を散歩しているのか Was kannst du für einen Grund haben, in solcher Gegend spazieren zu gehen?/何もないけれどたくさん食べてくれ Zwar gibt es nichts Besonderes, du musst aber tüchtig essen./何、彼が来たって What? Ist er gekommen?/何、かまうものか Ach was! Es schadet gar nichts.

なにか 何か 〔irgend〕etwas; 【話】 was/何か新しいこと etwas Neues/何か飲むもの etwas zu trinken/何か御希望でもおありですか Haben Sie irgendeinen Wunsch (irgendwelche Wünsche)?

なにがし 某 eine gewisse Person, -en; Soundso m. -s, -s;《俗》Dings m. (f.) 《-/なにがし

なにがし かの金 eine gewisse Summe, -n/昨日木村某という人物が私の家に来た Gestern kam ein gewisser Kimura zu uns.

なにくそ 何くそ Verflucht Verdammt 〔nochmal〕!

なにくわぬ 何食わぬ顔をする ˢsich unschuldig stellen; eine unschuldige Miene auflsetzen.

なにげなく 何気なく unabsichtlich 《意図せずに》; unschuldig 《無邪気に》; arglos 《下心なく》; zufällig 《ふと》; unvorsichtig 《うっかり》/何気なく装う ˢsich unschuldig stellen/何気なく言ったことが彼を怒らせてしまった Meine unbedachte Äußerung machte ihn böse.

なにごと 何事 was 《疑問》; etwas 《何事か》; nichts 《何事も...ない》; alles 《何事も皆》; was auch immer 《譲歩》/何事にも in allem; in allen Sachen/何事が起こったか Was ist geschehen? / Was ist los?/何事が起こったらしい Es scheint etwas passiert zu sein. /何事も私にお任せ下さい Bitte, überlassen Sie mir alles./今回は何事もなく済んだ Diesmal ging alles glatt.

なにしろ 何しろ ⇨ともかく.

なにぶん 何分よろしくお願いします Bitte, nehmen Sie sich meiner an!/何分彼も若いからねSchließlich ist er ja noch jung.

なにほど 何程 ⇨いくら.

なにも 何も nichts / 僕は何も知らない Ich weiß gar nichts./ここには何も食べるものがない Hier gibt es nichts zu essen./詳しいことは何もわかりません Wir wissen nichts Genaues./何も泣かなくてもいいじゃないか Es gibt doch keinen Grund zum Weinen.

なにもの 何者 wer 《誰》; 〔irgend〕jemand 《誰か》; niemand 《誰も》⇨だれ/それは...以外の何者でもない es ist kein anderer als ....

なにゆえ 何故 ⇨なぜ.

なにより 何用あって für welchen Zweck 《何の目的で》; aus welchem Grund〔e〕《何の理由で》.

なぬし 名主 Ortsvorsteher *m*. -s, -; Schultheiß *m*. -en, -en.

なのり 名乗りをあげる ˢsich 〔an〕melden; kandidieren 《für》立候補する.

なのる 名乗る seinen Namen sagen 〔nennen〕 《名前を述べる》; ˢsich nennen* 《称する》; heißen* 《同上》; *sich* *jm* vor|stellen 《自己紹介する》.

ナパームばくだん ナパーム爆弾 Napalmbombe *f*. -n.

なびかせる 靡かせる ❶ [曲げる] biegen*⁴; krümmen; geschmeidig 〔gefügig〕 machen⁴. ❷ [従わす] zur Annahme von Bedingungen zwingen* 《*jn*》; bezwingen* 《*jn*》; den Fuß auf den Nacken setzen 《*jm*》; klein kriegen 《*jn*》; unter|kriegen 《*jn*》 [durch hartnäckige Werbung] die Liebe [einer Frau] gewinnen* 《女を口説かせる》. ❸ [翻わす] 髪を靡かせて mit flatternden Haar/風に髪が靡いた Die Haare wehten im Wind.

なびく 靡く ❶ [屈する] biegen* ⓢ; ˢsich biegen 〔beugen〕 lassen*; ˢsich krümmen; geschmeidig 〔gefügig〕 werden*/彼に靡いた Sie hat ihr Herz an ihn gehängt 〔verloren〕.; Sie hat ihm ins Herz geschlossen. ❷ [翻える] flattern; wehen / 草木も靡く Bäume schütteln ihre Wipfel, und Gräser ihre Ähren im Wind〔e〕. ❸ [服する] ˢsich ergeben* 《*jm*》; gehorchen 《*jm*》; ˢsich 《in ³Liebe》hin|geben* 《überlassen*》; widmen》《*jm*》; ˢsich unterwerfen* 《*jm* 屈服》.

ナビゲーター Navigator *m*. -s, -en.

ナフキン ⇨ナプキン.

ナプキン Serviette *f*. -n; Mundtuch *n*. -〔e〕s, ⸚er ‖ ナプキンリング Serviettenring *m*. -〔e〕s, ⸚e.

なふだ 名札 ❶ Namenplatte *f*. -n; Türschild *n*. -〔e〕s, -er. ⇨ひょうさつ. ❷ [荷札など] 〔Gepäck〕anhänger *m*. -s, -; Etikett *n*. -〔e〕s, -e.

ナフタリン Naphtalin *n*. -s.

なぶりごろし なぶり殺しにする zu Tode foltern 〔martern〕 《*jn*》; einen langsamen und qualvollen Tod bereiten 《*jm*》.

なぶりもの なぶり者 Zielscheibe *f*. -〔e〕s des Spottes; der Gegenstand *m*. -〔e〕s, ⸚e des Gelächters/なぶりものにする ⇨なぶる.

なぶる auf|ziehen*《*jn*》; hänseln; veralbern; zum Gespött machen; zum Narren haben; 〔俗〕auf den Arm nehmen*; an den Pranger stellen.

なべ 鍋 Pfanne *f*. -n 《浅い》; Kessel *m*. -s, - 《深い》; Kochtopf *m*. -〔e〕s, ⸚e 《深い煮鍋》/鍋を火にかける einen Topf aufs Feuer 《auf die Flamme》 stellen 〔setzen〕 ‖ 鍋うる Pfannen|henkel 《Kessel-; Kochtopf-》 *m*. -s, -/鍋蓋(⸚) Pfannen|deckel 《Kessel-; Kochtopf-》 *m*. -s, -/シチュー鍋 Kasserolle *f*. -n/フライ鍋 Bratpfanne *f*.

なま 生の roh 《加工・調理しない》; ungekocht 《同上》; frisch 《新鮮な》; unreif 《熟さない》; nicht durchgebraten 《gar》《生煮えの・生焼けの》/生の肉 rohes Fleisch, -〔e〕s/生の食物 Rohkost *f*. /魚を生で食べる Fische 《*pl*》roh essen* ‖ 生菜食者 Rohköstler *m*. -s, -.

なま [現金] Bargeld *n*. -〔e〕s, -er; bar〔es〕 Geld; Kasse 《Kassa》 *f*. -n Kassen.

なまあくび 生あくび 生あくびをかみころす ˢsich das Gähnen 《-s》 verkneifen*.

なまあたたかい 生暖かい lau〔warm〕; angewärmt.

なまいき 生意気な naseweis; vorlaut; vorwitzig; frech/生意気な小僧 ein vorlauter Junge, -n, -n/生意気そうな Sei nicht so frech 〔vorlaut〕!

なまえ 名前 Name *m*. -ns, -n; Vorname *m*. -ns, -n 《姓に対して》/お名前は Wie ist Ihr Name, bitte 《お名》.

なまかじり 生かじり oberflächliche Kenntnisse 《*pl*》 Halbwissen *n*. -s/生かじりの unvollkommen 《不完全な》; oberflächlich 《浅薄な》; halb 《中途半端な》; unreif 《未熟な》.

なまかわ 生皮 rohe Haut, ⸚e 《皮膚》; ein rohes Fell, -〔e〕s, -e 《毛皮》.

なまき 生木 ein lebender Baum, -〔e〕s, ⸚e 《地面に生えている木》; grünes 《noch nicht abgetrocknetes》Holz, -es, ⸚er 《生のまだ乾いていない》木材や薪/生木を割く ein Ehepaar

なまきず 生傷 eine frische Wunde, -n.
なまぐさい 生臭い ❶〔魚臭い〕nach ³Fisch riechen*. ❷ ⇨なま臭い
なまぐさぼうず 生臭坊主 ein verderbter Priester, -n -(Bonze, -n, -n).
なまくび 生首 ein frisch abgeschnittener Kopf, -(e)s, ¨e.
なまくら 生鈍 ein stumpfes Schwert, -(e)s, ¨er 《鈍刀》; Nichtsnutz (Taugenichts) m. -es, -e《ろくざもの》.
なまクリーム 生クリーム Sahne f.
なまけぐせ 怠け癖 chronische Tachinose, -n 《tachinieren よりうくった戯語; 主としてオーストリアで》; Faulenzerei f. -en《怠け癖がつく ³sich Faulheit (Faulenzerei) an|gewöhnen; in schlechte Gewohnheit, auf der faulen Haut zu liegen, verfallen* [s].
なまけもの ❶ ein fauler Mensch, -en, -en; Faulenzer m. -s, -; Faulpelz m. -es, -e; Müßiggänger m. -s, -/なまけものの faul; träge 《あの男は恐ろしくなまけものだ Er ist stinkfaul. Er stinkt vor Faulheit.》 ❷ 《動》 Faultier n. -(e)s, -e.
なまける 怠ける faulenzen; auf der faulen Haut liegen*/...を怠ける vernachlässigen*; versäumen*; schwänzen* 《学校(講義)を怠ける die Schule (eine Vorlesung) schwänzen.》
なまこ 海鼠 See|gurke f. -n (-walze f. -n)/なまこ板 Wellblech n. -(e)s, -e.
なまごみ 生ごみ Küchenabfälle 《pl》.
なまごろし 生殺しにする halb tot (nicht ganz tot) machen*.
なまざかな 生魚 ein roher (frischer) Fisch, -(e)s, -e; Frischfisch m. -(e)s, -e《鮮魚》.
なまじ(っか) unnötigerweise/なまじそんなことはせぬがよい Sehen Sie besser davon ab!/なまじっか来なければよかった Ich hätte lieber nicht kommen sollen.
なまじろい 生白い blass; bleich.
なまず 鯰 Wels m. -es, -e 電気鯰 Zitterwels m. -es, -e.
なまず 薬〔皮膚病〕Leukoderma n. -s, -.
なまたまご 生卵 ein rohes Ei, -(e)s, -er.
なまつば 生唾が出る〔vermehrte〕Speichel ab|sondern; 〔vermehrte〕Speichelabsonderung hervor|rufen*; 《唾を主語として》 ³sich an|sondern; 《形容詞として》 Speichel fördernd/生唾が出る Das Wasser läuft im Mund(e) zusammen./生唾を飲み込む auf ⁴et (nach ⁴et) lüstern sein; darauf lüstern sein, ⁴et zu tun.
なまづめ 生爪を剥がす jm ³sich einen Fingernagel heraus|reißen*.
なまなましい 生々しい frisch/生々しい傷口 eine frische Wunde, -n/記憶に生々しく残っている frisch im Gedächtnis haben*/その思い出はまだ生々しい Die Erinnerung ist noch frisch.
なまにえ 生煮えの halb gekocht; halb roh 《半分生の》; noch nicht gar《まだ煮え上がっていない》.
なまぬるい 生温い lau; lauwarm/生温い水 laues Wasser, -s.
なまハム 生ハム roher Schinken, -s, -.
なまはんか 生半可な halb《中途半端な》; unvollkommen《不完全な》; oberflächlich《浅薄な》/彼の知識はすべて生半可だ Er weiß alles nur halb.
なまビール 生ビール Fassbier n. -(e)s, -e; das Bier frisch vom Fass.
なまびょうほう 生兵法 die mangelhafte Taktik, -en; ein Anflug 《m. -(e)s, ¨e》 von ³Kriegskunst; Halbwisserei f. -en; Scheinwissen n. -s/生兵法は怪我のもと「Halbes Wissen ist gefährlich.」
なまフィルム 生フィルム Rohfilm m. -(e)s, -e.
なまへんじ 生返事 eine unbestimmte (zweideutige) Antwort, -en《曖昧な》; eine unwillige (widerwillige) Antwort《渋々の》/生返事をする eine unbestimmte (unwillige) Antwort geben*; ausweichend antworten.
なまほうそう 生放送 Original|sendung f. -en (-übertragung f. -en); Live-Sendung f. -en.
なまぼし 生干し halbtrocken (halb getrocknet).
なまみ 生身 ein lebendiger Leib, -(e)s, -er《生きている身体》; rohes Fleisch, -(e)s《生の肉》.
なまみず 生水 frisches (ungekochtes) Wasser, -s, -.
なまめかしい 艶かしい anmutig《優美な》; reizend《魅力ある》; kokett《媚態をつくる》.
なまやけ 生焼けの halb gebraten《肉・魚など》; halb gebacken《パンなど》; halb roh《半分生の》; noch nicht gar《まだ焼け上がっていない》.
なまやさい 生野菜 frisches Gemüse, -s, -; Rohgemüse.
なまやさしい 生やさしい ¶ この仕事はそれほど生やさしいものではない Diese Aufgabe ist gar nicht so einfach (leicht).
なまよい 生酔いの leicht betrunken*; beschwipst; angeheitert.
なまり 鉛 Blei n. -(e)s, -/鉛のように重い Die Füße sind mir〔schwer〕wie Blei. ‖ 鉛ガラス Bleiglas n. -es/鉛中毒 Bleivergiftung f. -en.
なまり 訛り eine dialektische (mundartliche) Aussprache, -n《方言的発音》; ein dialektischer (mundartlicher) Akzent, -(e)s, -e《方言的アクセント》; Dialekt m. -(e)s, -e《方言》; Mundart f. -en《同上》/彼のことばには全然訛りがない Er spricht ohne jeden〔fremden〕Akzent. Er spricht akzentfrei.
なまる 訛る mit einem dialektischen (mundartlichen) Akzent sprechen*《訛った話し方》; Dialekt (Platt) sprechen*《方言を話す》.
なまワクチン 生ワクチン ⇨ワクチン.
なみ 並 mittlere Qualität, -en《中級》; Mittelmäßigkeit f. -en《平凡》; Durchschnitt m. -(e)s, -e《平均》/並の gewöhnlich《普通の》; mittelmäßig《平凡な》; durchschnitt-

lich《平均の》; normal《常態・標準の》/並外れて außer¦gewöhnlich (un–); außerordentlich; ungemein; überdurchschnittlich/それは並大抵のことではなかった Es war gar nicht einfach. ¦ Das war außerordentlich schwer.

なみ 波 Welle *f.* –n; Woge *f.* –n《大波》; Brandung *f.* –en《砕波・磯波》; Brecher *m.* –s, –《砕波》/波に呑まれる von den Wellen verschlungen werden/〔時代の〕波に乗る [4]sich von den Wellen 〔der Zeit〕 tragen lassen*/波に溺れる in den Wellen ertrinken* [s]/波にさらわれる von den Wellen weggerissen werden/波に漂う auf den Wellen treiben*/波が高い Die Wellen gehen hoch./波が静かである Die See liegt ruhig./今日は波が荒い Heute haben wir schweren (hohen) Seegang./波が海岸(岩)に打ち寄せる Die Wellen schlagen ans Ufer (an die Felsen)./微風が水面に波を立てる Ein sanfter Wind kräuselt das Wasser./感激の波はやがて静まった Die Wellen (Wogen) der Begeisterung glätteten sich allmählich.

なみあし 並足 ein gewöhnlicher (langsamer) Schritt, –〔e〕s, –e/馬が並足で歩く Die Pferde gehen im Schritt.

なみうちぎわ 波打際 Strand *m.* –〔e〕s, ¨e/波打際に am Strand.

なみうつ 波打つ wogen; wellen/波打つ髪 gewellte Locken《*pl*》; welliges Haar, –〔e〕s, –e/彼女の胸は波打っていた Ihre Brust wogte.

なみがしら 波頭 Wellenkamm *m.* –〔e〕s, ¨e.

なみがた 波形 Wellenform *f.* –en/波形の wellenförmig; wellig ‖ 波形ブリキ Wellblech *n.* –〔e〕s, –e.

なみがた 並型 Normal¦form *f.* –en (–größe *f.* –n《並の大きさ》).

なみき 並木 Baumreihe *f.* –n ‖ 並木道 Straße《*f.* –n》 zwischen [3]Baumreihen; Allee *f.* –n.

なみじ 波路 Seeweg *m.* –〔e〕s, –e/波路はるかに weit übers Meer.

なみだ 涙 Träne *f.* –n/熱い(血の)涙 heiße (blutige) Tränen《*pl*》/お涙頂戴的な rührselig/涙ながらに unter Tränen/涙にかきくれて in [3]Tränen aufgelöst/涙にぬれて tränenbenetzt; tränenfeucht/涙を浮かべて [4]Tränen (mit Tränen) in den Augen/涙ぐむ den [3]Tränen nahe sein/涙を流す Tränen vergießen*/嬉(うれ)し涙を流す vor [3]Freude weinen/涙にかきくれる in [3]Tränen zerfließen* [s] (schwimmen*)/涙にむせぶ in [4]Tränen aus|brechen* [s]/涙がでるほど笑う Tränen lachen/目に涙を一杯浮かべる die Augen voll Tränen haben/彼女の目からは涙が滝のように流れた Die Tränen stürzten ihr aus den Augen./彼は涙を流さんばかりに感動していた Er war zu Tränen gerührt./玉ねぎをむいて目から涙が出た Die Augen tränen von Zwiebeln./煙のために目に涙が浮かんできた Der Rauch trieb mir die Tränen in die Augen. ‖ 嬉し涙 Tränen《*pl*》der Freude/空(そら)涙 falsche Tränen《*pl*》; Krokodiltränen.

なみだきん 涙金 Schmerzensgeld *n.* –〔e〕s, –er.

なみだぐましい 涙ぐましい rührend; ergreifend.

なみだごえ 涙声 eine weinerliche Stimme, –n.

なみだもろい 涙脆い rührselig; empfindsam; sensibel; sentimental/涙脆い人 ein rührseliger (empfindsamer) Mensch, –en, –en.

なみなみ なみなみと ¶ コップになみなみと注ぐ ein Glas bis zum Rande füllen《*mit*[3]》.

なみなみ 並々ならぬ außer¦gewöhnlich (un–); ungemein; außerordentlich; überdurchschnittlich/彼女は彼に並々ならぬ好意を示した Sie bewies ihm ein ungewöhnliches Wohlwollen.

なみのり 波乗り Wellenreiten*, –s/波乗りをする Wellen reiten*.

ナミビア Namibia *n.* –s/ナミビアの namibisch ‖ ナミビア人 Namibier *m.* –s, –.

なみま 波間に auf (in) den Wellen.

なみよけ 波除け Wellenbrecher *m.* –s, –.

なむさんぼう 南無三宝 Mein Gott! ¦ O Himmel!

なめくじ Nacktschnecke *f.* –n.

なめし 鞣革 Leder *n.* –s, – ‖ 鞣屋 Gerber *m.* –s, –《鞣工》; Gerberei *f.* –en《鞣業》.

なめす 鞣す gerben[4].

なめらか 滑らかな glatt; eben《平坦な》; schlüpf〔e〕rig《すべりやすい》/滑らかに glatt/滑らかにする glatt machen[4]; glätten[4]; ebnen[4]; schlüpf〔e〕rig machen[4]/すべてが滑らかに運んだ Es ging alles glatt vonstatten.

なめる ❶ [舌で] lecken[4]/犬が私の手をなめた Der Hund leckte mir die Hand./彼は皿まできれいになめてしまった Er leckte den Teller ab./炎はたちまち納屋をなめつくした Die Scheuer ging im Nu in Flammen auf. ❷ [味をみる] schmecken[4]; probieren[4]. ❸ [経験する] erleben[4]; durch|machen[4]/辛苦をなめる viel Schweres durch|machen. ❹ [侮る] über die Achsel an|sehen*[4]; gering|schätzen[4]; leicht (auf die leichte Schulter) nehmen*[4]/彼はとかく万事をなめてかかる傾向がある Er nimmt gern alles auf die leichte Schulter.

なや 納屋 Schuppen *m.* –s, –; Scheune *f.* –n; Scheuer *f.* –n; Speicher *m.* –s, –.

なやましい 悩ましい schmerzlich《苦痛を与える》; qualvoll《同上》; melancholisch《憂鬱な》; schwermütig《同上》/悩ましいシーン eine erregende (erotische) Szene, –n.

なやます 悩ます quälen[4]《苦しめる》; plagen[4]《同上》; belästigen[4]《煩わす》; bekümmern[4]《心配をかける》; [4]Sorge machen[3]《同上》/頭を悩ます [3]sich den Kopf zerbrechen*《*über*[4]》/心を悩ます [3]sich Sorgen machen《*um*[4]; *über*[4]》/神経を悩ます [4]sich beunruhigen《*über*[4]》/あいつのくだらない質問にはいつも悩まされるよ Er belästigt mich fortwährend mit seinen dummen Fragen.

なやみ 悩み Leiden *n.* –s, –; Leid *n.* –〔e〕s, –en; Kummer *m.* –s; Schmerz *m.* –es, –en/恋の悩み Liebeskummer *m.* –s/心の悩み Herzeleid *n.* –〔e〕s, –en; Seelennot *f.* ¨e/良

なやむ 心の悩み Gewissensnot *f.* ⸗e; ein schlechtes Gewissen, -s/「若きヴェルテルの悩み」 „Die Leiden des jungen Werthers".

なやむ 悩む leiden* 《*unter*⁴》; ⁴sich quälen 《*mit*³》; ⁴sich bekümmern 《*um*⁴》; ³sich Sorge(n) machen 《*um*⁴》/暑さに悩む unter der Hitze leiden*/恋に悩む liebeskrank sein/空腹に悩む Hunger leiden*/借金に悩む in ³Schulden stecken/彼は子供のことで悩んでいる Er macht sich Sorgen um sein Kind.

なよなよ なよなよした schmächtig; schwächlich; schlank 《ほっそりした》.

なよやか ⇨しなやか❶.

~ら ❶［もし…なら］wenn; falls ⇨もし/できることなら wenn es möglich ist; womöglich /必要ならば wenn es nötig ist; nötigenfalls /今日なら行ける Heute kann ich gehen. **❷** ［…に関しては］was *jn*《*et*》betrifft/私のことならお話し中し上げましょう Was mich betrifft/数学なら彼が一番だ In der Mathematik ist er der erste.

ならい 習い Gewohnheit *f.* -en 《習慣》; Sitte *f.* -n 《慣習》;［Ge]pflogenheit *f.* -en 《同上》; Gepflogenheit *f.* -en 《同上》/世の習い eine allgemeine Sitte, -n/習いとなる *jm* zur Gewohnheit werden/習い性となる 'Gewohnheit wird zur zweiten Natur.'

ならう 習う lernen*; studieren* 《大学で》; Unterricht nehmen* 《レッスンをうける》; ⁴sich üben 《*in*³ 練習する》/ドイツ語を習う Deutsch lernen/ピアノを習う Klavier [spielen] lernen/私は彼に歌を習っている Ich nehme bei ihm Gesangsunterricht./それは誰に習いましたか? Von wem haben Sie es gelernt?

ならう 倣う ⁴sich richten 《*nach*³》; folgen³; nach|ahmen³ ⁴; nach|machen³ ⁴/他人の例に倣う dem Beispiel eines anderen folgen/私は彼に倣って水に入った Ich folgte ihm ins Wasser./右〔左〕へならえ Rechts 〔Links〕 richtet euch!

ならく 奈落 ❶ Hölle *f.*/奈落の底 Abgrund *m.* ⸗[e]s, ⸗e. ❷［劇］Versenkung *f.* -en.

ならす 均らす ebnen⁴; eben machen⁴; planieren⁴/地面を均らす den Boden ebnen. ❷［平均する］einen Durchschnitt nehmen*/均らして durchschnittlich. ⇨へいきん.

ならす 慣[馴]らす ❶ 〔馴(ﾅ)致〕 zähmen⁴; bändigen⁴; gewöhnen 《*an*⁴》; dressieren⁴ 《訓練する》. ❷［習慣］gewöhnen 《*an*⁴》/風土に慣らす akklimatisieren⁴/身体を寒さに慣らす seinen Körper gegen die Kälte ab|härten.

ならす 鳴らす ❶ ［音を］ertönen (erklingen) lassen*/半鐘を鳴らす klingeln; die Glocke läuten/警笛を鳴らす《自動車が》hupen/口笛を鳴らす pfeifen*/喉を鳴らす《猫が》schnurren/ラッパを鳴らす Trompete blasen*/手を鳴らす in die ⁴Hände klatschen. ❷ ［名声を］ bekannt werden/当時は彼も鳴らしたものだ Damals war er ein bekannter Mann. ❸［不平を］⁴sich beklagen 《*über*⁴》; ⁴sich beschweren 《*über*⁴》.

ならずもの ならず者 Schuft *m.* -[e]s, -e; Schurke *m.* -n, -n; Lump *m.* -en, -en; Nichtsnutz *m.* -es, -e 《ろくでなし》.

~ならない ❶…してはならない nicht dürfen*; nicht sollen*/この部屋で喫煙をしてはならない In diesem Zimmer darf man nicht rauchen./君は嘘をついてはならない Du sollst nicht lügen. ❷ …しなくてはならない müssen*; sollen*/我々は今すぐ行かねばならない Wir müssen sofort gehen./貧しい者は助けなければならない Dem Armen soll man helfen.

~ならば ⇨~なら.

ならび 並び Reihe *f.* -n 《列》; Seite *f.* -n 《側》/一並びの家 eine Reihe ¹Häuser/彼の家は同じ並びにある Seine Wohnung befindet sich auf derselben Seite.

ならびなき 並びなき unvergleichlich; einzigartig; ohne|gleichen (sonder-)/並びなき業績 eine einzigartige Leistung, -en; eine Leistung ohne|gleichen.

ならびに 並びに und (auch); sowie; sowohl … als auch/紳士淑女に淑女諸君 meine Damen und Herren!/日本並びに中国 sowohl Japan als auch China.

ならぶ 並ぶ ❶ in einer ³Reihe stehen* (lie|gen*; sitzen*) 《一列に》; nebeneinander stehen* (liegen*; sitzen*) 《横に》/並んですわる nebeneinander sitzen*/彼は私と並んで立っていた Er stand neben mir (an meiner Seite)./二人は並んで眠っていた Die beiden schliefen Seite an Seite. ❷［匹敵］剣をとっては彼に並ぶものがない Er in der Fechtkunst hat er nicht seinesgleichen. ⇨ならびなき.

ならべる 並べる ❶ ［陳列］nebeneinander stellen⁴ (legen⁴) 《横に》; aus|stellen⁴; aus|legen⁴/商品を並べる Waren aus|stellen/中庭には車が並べてあった Im Hof waren die Wagen aufgestellt. ❷［列挙］auf|zählen⁴/欠点を並べ立てる Fehler auf|zählen. ❸［比較］vergleichen*⁴ 《*mit*³》/彼と肩を並べる者はいない Ihm ist niemand an die Seite zu stellen. ❹［整列］auf|stellen⁴/一列に並べる in einer Reihe auf|stellen⁴.

ならわし Gewohnheit *f.* -en 《習慣》; Sitte *f.* -n 《慣習》;［Ge]brauch *m.* -[e]s, ⸗e 《同上》; Gepflogenheit *f.* -en 《慣例》; Tradition *f.* -en 《伝統》/国によってそれぞれならわしも異なる 'Andere Länder, andere Sitten.'

なり 鳴り Klang *m.* -[e]s, ⸗e; Ton *m.* -[e]s, ⸗e; Schall *m.* -[e]s, -e (⸗e)/鳴りがよい einen guten (schönen) Klang haben; gut (schön) klingen*/鳴りを静める still werden; still sein 《状態》/人々は鳴りを静めて傾聴した Man lauschte mit verhaltenem Atem./彼は近頃鳴りを静めている Er ist in letzter Zeit still geworden.

なり ❶［形］Form *f.* -en; Figur *f.* -en; Wuchs *m.* -es 《体格》; Statur *f.* -en 《同上》/なり大きい〔小さい〕von großer (kleiner) Statur sein. ❷［外見］die äußere Erscheinung, -en; Kleidung *f.* -en 《服装》/こんななりで in solcher Aufmachung/なりふり構わない nicht auf sein Äußeres halten*/彼は質素なりをしている Er ist schlicht gekleidet.

なりあがる 成り上る empor|kommen* ⓢ; vorwärts kommen* ⓢ; ⁴es zu ³*et* bringen*; ⁴Karriere machen／成り上り者 Emporkömmling *m.* -s, -e; Parvenü *m.* -s, -s／彼は大臣にまで成り上った Er hat es bis zum Minister gebracht.

なりきん 成金 der Neureiche*, -n, -n; Emporkömmling *m.* -s, -e; Parvenü *m.* -s, -s; Raffke *m.* -s, -s／成金さん《軽蔑的に》Herr (Frau) Neureich (Raffke) ‖ 戦争成金 Kriegsgewinnler *m.* -s, -.

なりさがる 成り下がる herab|kommen* (herunter|-) [s]; herab|sinken* [s]／彼があんなにまで成り下がるとは思わなかった Ich hätte nicht gedacht, dass er so tief herabsinken würde.

なりすます 成りすます ⁴sich aus|geben*《*für*⁴》; *js* ⁴Rolle spielen.

なりそこなう 成り損なう es misslingt *jm*, ¹*et* zu werden／彼は飛行士になり損なった Er verfehlte (versuchte ohne Erfolg), Flieger zu werden.

なりたち 成り立ち Entstehung *f.* -en《発生》; Zustandekommen *n.* -s《成立》; Hergang *m.* -[e]s《これまでの経過》; Organisation *f.* -en《組織》; Bestandteil *m.* -[e]s, -e《要素》.

なりたつ 成り立つ ❶ [発生・成立] entstehen* [s]; zustande (zu Stande) kommen* [s]. ❷ [実現] ⁴sich verwirklichen. ❸ [締結] abgeschlossen werden／契約が成り立つ Ein Vertrag wird abgeschlossen. ❹ [構成] bestehen*《*aus*³》／水は水素と酸素とから成り立っている Wasser besteht aus Wasserstoff und Sauerstoff. ❺ [存続] bestehen*; existieren／この値段では芝居は成り立ってゆかない Bei den Preisen kann das Theater nicht bestehen. ❻ [議論が] stand|halten*³／そんな説は少し詳しく検討してみれば成り立たないよ Eine solche Behauptung hält einer näheren Prüfung nicht stand. ⇨**せいりつ**.

〜なりと ¶ 誰なりと wer auch immer; jeder／どこなりと wo auch immer; überall／いつなりと wann auch immer; zu jeder Zeit／何なりと was auch immer; alles; jedes／何なりと召し上って下さい Sie können alles essen.／どこなりと場所を決めて下さい Bestimmen Sie den Ort, wie es Ihnen gefällt!

なりひびく 鳴り響く erklingen* [s]; ertönen [s]; erschallen [s]／彼の名は天下に鳴り響いている Sein Name ist in der ganzen Welt wohl bekannt.

なりもの 鳴り物 Musik *f.*《音楽》; Musikinstrument *n.* -[e]s, -e《楽器》／鳴り物入りで mit Pauken und Trompeten.

なりゆき 成行き ❶ [結果] Ausgang *m.* -[e]s. ❷ [経過] Verlauf *m.* -[e]s; Hergang *m.* -[e]s《これまでの》; Fortgang *m.* -[e]s《これからの》／自然の成行き ein natürlicher Lauf (Verlauf), -[e]s／成行きに任せる freien Lauf lassen*³／成行きを見守る den Verlauf beobachten／先ず成行きを待とう Wir wollen erst abwarten, wie es weiter verläuft.

なりわたる 鳴り渡る ⇨**なりひびく**.

なる 成る ❶ ¹*et* (zu ³*et*) werden* [s]／商人になる ¹Kaufmann werden／大人になる《若者が》ein ¹Mann (zum Mann) werden; erwachsen* [s]／貧乏になる arm werden／寒く(暑く)なる kalt (warm) werden／君は何になるつもりか Was willst du werden?／日が長く(短く)なる Die Tage werden länger (kürzer).／僕はもういやになった Ich habe es satt. ⁝ Ich habe keine Lust mehr. ❷ [完成] fertig werden／ローマは一日にして成らず ‚Rom ist nicht an einem Tage erbaut worden.' ❸ [構成] bestehen*《*aus*³》／この本は三部からなる Dieses Buch besteht aus drei Teilen. ❹ [年齢] erreichen⁴／高齢になる ein hohes Alter erreichen／三つになる子供 ein Kind von drei Jahren; ein dreijähriges Kind／彼女は明日で十六歳になる Sie wird morgen sechzehn〔⁴Jahre alt〕. ❺ [値段] betragen*⁴; machen⁴／たばこ一箱とガムで四ユーロになる Ein Päckchen Zigarette und ein Kaugummi machen vier Euro.

なる 生る tragen*⁴〖主語は木, 実が四格の目的語〗／この木には実が生らない Der Baum trägt keine Früchte.

なる 鳴る klingen*; klingeln; tönen; schallen／ベル(鐘)が鳴る Es klingelt (läutet).／電話が鳴る Das Telefon klingelt.／雷が鳴る Es donnert.／耳が鳴る Die Ohren klingen (sausen).／胸が鳴る Das Herz klopft.／サイレンが鳴る Die Sirenen heulen.／太鼓が鳴る Die Trommel dröhnt (wirbelt).／時計が鳴った Die Uhr hat geschlagen.／彼はすでに腕が鳴っていた Es zuckte ihm schon in den Händen.

なるこ 鳴子 Klapper〔mühle〕*f.* -n.

ナルシスト Narzisst *m.* -en, -en; Narziss *m.* -, -e.

なるべく ❶ [できる限り] möglichst／なるべく早く möglichst schnell; so schnell wie möglich／なるべく早目にいらっしゃい Kommen Sie möglichst früh.／なるべく明日伺います Ich will versuchen, morgen zu Ihnen zu kommen. ❷ [できれば] wenn möglich; womöglich／なるべくなら今日来て下さるとよいのですが Kommen Sie womöglich heute schon.

なるほど 成程 Ich verstehe.《わかりました》; Sie haben ganz recht.《ごもっともです》; aha《ははあ》; So war das.《そうだったのか》.

なれ 慣れ Gewohnheit *f.* -en《習慣》; Erfahrung *f.* -en《経験》; Geschicklichkeit *f.* -en《熟練》.

なれあい 馴れ合い ❶ [共謀] heimliches Einverständnis, ..nisses, ..nisse ⇨**なれあう**. ❷ [共謀した仕事] eine abgekartete (heimlich verabredete) Sache, -n. ❸ [密通] 二人は馴れ合いの夫婦だ Die beiden leben in wilder Ehe.

なれあう 馴れ合う ❶ [共謀] in heimlichem Einverständnis stehen*《*mit*³》; ⁴sich heimlich verabreden《*mit*³》; unter einer Decke stecken《*mit*³》／…と馴れ合って im Einverständnis《*mit*³》. ❷ [密通] ein Verhältnis haben《*mit*³》; im intimen Verkehr stehen*《*mit*³》.

なれっこ 慣れっ子になる ⁴sich gewöhnen《*an*⁴》; ³sich an|gewöhnen⁴; *jm* zur Gewohnheit werden／朝早く起きるのはもう慣

な

なれっこ れっ子になっている Ich bin gewohnt, früh aufzustehen.

なれなれしい 馴々しい(く) vertraulich; zutraulich; unbezwungen 《固苦しない》; frei 《自由な》/いやに馴々しい奴 ein aufdringlicher Kerl, -(e)s, -e/馴々しくする vertraulich (freundlich) tun*.

なれのはて なれの果て ¶ 貴族のなれの果て der heruntergekommene Adlige*, -n, -n.

なれる 馴れる zahm werden 《野生のものが》; ²sich gewöhnen 《an³》/馴れた zahm/馴れない scheu 《憶病な》; wild 《野生の》/この犬は僕に馴れている Dieser Hund ist an mich gewöhnt.

なれる 慣れる ⁴sich gewöhnen 《an³》; ²sich an|gewöhnen⁴; jm zur Gewohnheit werden/慣れた gewohnt; gewöhnlich/慣れない ungewohnt/慣れない仕事 eine ungewohnte Arbeit, -en/彼は次第に早起きにも慣れてきた Nach und nach gewöhnte er sich, früh aufzustehen./僕は自炊に慣れている Ich bin gewohnt, für mich selber zu kochen.

なわ 縄 Seil n. -(e)s, -e 《太い》; Strick m. -(e)s, -e 《細い》; Leine f. -n 《細い》; Tau n. -(e)s, -e 《特に太い》/縄にかかる festgenommen (verhaftet) werden 《逮捕される》/縄を張る ein Seil (eine Leine) spannen/縄をなう mit einem Strick an|binden*⁴; verschnüren⁴ 《zu|schnüren》 《荷物などに》; fest|nehmen* (verhaften) 《逮捕する》/縄をなう ein Seil (einen Strick) drehen/縄を解く einen Strick los|binden*; jn los|binden* 《自由にする》.

なわしろ 苗代 Reisbeet n. -(e)s, -e.

なわつき 縄付きの Gefesselte*, -n, -n 《縛られた人》; Verbrecher m. -s, - 《犯罪者》; Sträfling m. -s, -e 《囚人》.

なわて 畷 ⇨ あぜ.

なわとび 縄飛び Seilspringen n. -s/縄飛びをする ²Seil springen*; über das Seil springen* (hüpfen) §.

なわのれん 縄暖簾 Seilvorhang m. -(e)s, ⸗e; Kneipe f. -n 《居酒屋》; Taverne f. -n 《同上》.

なわばしご 縄梯子 Strickleiter f. -n.

なわばり 縄張り ein mit einem Seil abgesperrter Platz, -es, ⸗e; Einflusssphäre f. -n 《勢力範囲》; Einflussgebiet n. -(e)s, -e 《同上》; Machtbereich m. -(e)s, -e 《同上》; Revier n. -s, -e 《同上》/縄張りをする mit einem Seil ab|sperren⁴/縄張りを荒す in js ⁴Machtbereich ein|brechen* (ein|dringen*) ³sich einander die Einflusssphäre streitig machen; ²sich um das Revier streiten* 《mit³》.

なわめ 縄目にかかる festgenommen (verhaftet) werden/縄目にかける ⁴Fesseln an|legen; in ⁴Fesseln legen⁴; fest|nehmen*⁴; verhaften⁴/縄目を解く jm ⁴Fesseln ab|nehmen*; los|binden*⁴; befreien⁴.

なん 難 ❶ 《難事》Schwierigkeit f. -en 《困難》; Not f. ⸗e 《困窮》; Unglück n. -(e)s, -e 《災難》; Unfall m. -(e)s, ⸗e 《事故》; Gefahr f. -en 《危険》/難なく ohne ⁴Schwierigkeit; ohne Mühe/難に打ち勝つ Schwierigkeiten überwinden*/難を免れる einer ³Gefahr entgehen* (entkommen*) §./難を…に避ける seine Zuflucht nehmen* 《zu³》. ❷ 《欠点》Fehler m. -s, -; Makel m. -s, -/難のない Fehler|frei (-los); makellos; tadel|frei (-los)/彼女には全然難がない An ihr ist kein Makel. ¦ An ihr ist nichts auszusetzen.
‖ 教室難 Schulraum|not f. (-mangel m. -s)/住宅難 Wohnungsnot f.

-なん -男 Sohn m. -(e)s, ⸗e/長(次, 三)男 der erste (zweite, dritte) Sohn.

なんあ 南ア Südafrika n. -s/南アの südafrikanisch ‖ 南ア戦争 Südafrikanischer Krieg, -(e)s; Burenkrieg m. -(e)s.

なんい 難易 schwer oder leicht/それは仕事の難易による Es kommt auf die Schwierigkeit der Arbeit an.

なんい 南緯 die südliche Breite/南緯三十八度 der achtunddreißigste Breitengrad, -(e)s.

なんおう 南欧 Südeuropa n. -s/南欧の südeuropäisch.

なんか 軟化 Erweichung f. -en/軟化する weich werden; erweicht werden; ⁴sich erweichen lassen* ‖ 脳軟化 Gehirnerweichung f. -en.

なんか 南下する nach Süden [hinunter]gehen* (-|fahren*; -|ziehen*).

～なんか ❶ 君なんかにわかるものか Ein Mann wie du kann es unmöglich verstehen./君なんかの場合は違う Bei dir ist es anders./我々なんかにはまだ自動車は買えない Unsereiner kann sich noch kein Auto leisten.

なんかい 難解 schwer verständlich; schwer; schwierig/この本は難解だ Dieses Buch ist schwer zu lesen (zu verstehen)./この箇所が特に難解です Diese Stelle ist besonders schwierig.

なんかげつ 何か月 ¶ ドイツへ来てから何か月になりますか Wie viel Monate sind Sie schon in Deutschland?

なんがつ 何月 ¶ 今は何月ですか Welchen Monat haben wir jetzt?

なんかん 難関 Schwierigkeit f. -en 《困難》; Hindernis n. ⸗nisses, ⸗nisse 《障害物》; Hürde f. -n 《同上》/難関を切り抜ける Schwierigkeiten (Hindernisse) überwinden*.

なんぎ 難儀 Schwierigkeit f. -en 《困難》; Mühe f. -n 《苦労》; Not f. ⸗e 《困窮》; Strapaze f. -n 《労苦》/難儀な schwierig; mühsam; mühevoll; anstrengend; strapaziös/難儀する Schwierigkeiten haben; Mühe haben 《mit³》; ⁴Not leiden*/荷物を送るのに大いに難儀した Es kostete mich viel Mühe, das Gepäck abzuschicken./私はいつもお金がなくて難儀する Ich leide am chronischen Geldmangel./私はこれまで両親に多くの難儀をかけてきた Ich habe bisher meinen Eltern viele Unbequemlichkeiten bereitet.

なんぎょうくぎょう 難行苦行 ⇨ きょう.

なんきょく 難局 eine schwierige Lage, -n; eine schwierige Situation, -en; Krise f. -n 《危機》/難局を打破する die Lage (Situation) retten.

なんきょく 南極 Südpol *m.* -s／南極の südpolar; antarktisch ‖ 南極光 Südlicht *n.* -〔e〕s; südliches Polarlicht, -〔e〕s／南極大陸 Südpolarkontinent *m.* -〔e〕s; Australkontinent; Antarktika *f.*／南極探検 Südpolarexpedition *f.* -en／南極地方 Südpolargebiet *n.* -〔e〕s, -e; Antarktis *f.*; Südpolarländer《*pl*》.

なんきん 南京錠 Vorhängeschloss *n.* -es, ⸚er／南京玉 Glasperle *f.* -n／南京豆 Erdnuss *f.* ⸚e／南京虫 Wanze *f.* -n.

なんきん 軟禁する inhaftieren[4]; internieren[4].

なんくせ 難癖をつける kritisieren[4]; aus|setzen[4]《*an*[3]》; nörgeln《*an*[3]》; kritteln《*an*[3]》／彼は何にでも難癖をつけずにはいない Er hat an allem zu nörgeln. ¦ Er hat an allem etwas auszusetzen.

なんこ 何個 wie viel〔Stück〕／卵は何個さし上げましょうか Wie viel Eier möchten Sie haben?

なんこう 難航 eine schwierige Fahrt, -en《船・列車など》; ein strapaziöser Flug, -〔e〕s, ⸚e《飛行機》.

なんこう 軟膏 Salbe *f.* -n ‖ グリセリン軟膏 Glyzerinsalbe *f.* -n.

なんこうがい 軟口蓋 der weiche Gaumen, -s, - ‖ 軟口蓋音 Velar *m.* -s, -e.

なんこうふらく 難攻不落の uneinnehmbar; unbezwingbar.

なんこつ 軟骨〘解〙Knorpel *m.* -s, - ‖ 軟骨膜 Knorpelhaut *f.* ⸚e.

なんさい 何歳 ¶ 彼は何歳ですか Wie alt ist er?

なんざん 難産である eine schwere Geburt《-en》haben.

なんじ 難事 eine schwierige Sache, -n (Angelegenheit, -en).

なんじ 何時に um wie viel Uhr; um welche Zeit; wann／何時までに bis wie viel Uhr; bis wann／今何時ですか Wie viel Uhr ist es? ¦ Wie spät ist es? ¦ Wie spät haben wir〔es〕?

なんじ 難治の schwer heilbar; unheilbar; hoffnungslos《希望のない》.

なんじかん 何時間 wie viel Stunden; wie lange.

なんしき 軟式テニス Gummiballtennis *n.* - ⇨ **こうきゅう**(硬球)／軟式野球 Softball *m.* -〔e〕s.

なんじゃく 軟弱な schwach; schwächlich; weichlich; weibisch／軟弱に流れる [4]sich verweichlichen ‖ 軟弱外交 eine nachgiebige Diplomatie; Außenpolitik《*f.* -en》des Nachgebens／軟弱者 Schwächling *m.* -s, -e; Weichling *m.* -s, -e.

なんじゅう 難渋 ⇨ **なんぎ**.

なんしょ 難所 eine schwierige Stelle, -n; ein gefährlicher Weg, -〔e〕s, -e《危険な道》／あのカーブは自動車を運転する者には難所です Das ist eine gefährliche Kurve für den Autofahrer.

なんしょく 難色を示す seine Missbilligung aus|sprechen*; sein Missfallen äußern; [4]sich abgeneigt (unwillig) zeigen; zögern《躊躇する》.

なんすい 軟水 weiches Wasser, -s.

なんせい 南西 Südwest *m.* -〔e〕s; Südwesten *m.* -s／南西の südwestlich ‖ 南西風 Südwestwind *m.* -〔e〕s, -e.

なんせいげかん 軟性下疳〘医〙weicher Schanker, -s, -.

なんせん 難戦 ein schwerer (nicht leichter) Kampf, -〔e〕s, ⸚e.

なんせん 難船 ⇨ **なんぱ**(難破) ‖ 難船者 der Schiffbrüchige* (Gestrandete*), -n, -n／難船信号 Notsignal *n.* -s, -e.

ナンセンス Unsinn *m.* -〔e〕s; dummes Zeug, -〔e〕s, -e;〘俗〙Quatsch *m.* -s; dummes Gerede, -s《馬鹿げた話》／ナンセンスな unsinnig.

なんだ 何だ Was?／何だい〖相手のことばを理解しなかったとき〗Bitte? ¦ Wie, bitte?;〖人に呼ばれて, または人の話に割り込んで〗Was ist?／それは何だい Was ist das?／何だ一体〔何事が起こったのか〕Was ist denn los?／何だと Was denn?／何だ, 君か Ach, du bist es!／何だ, ばかばかしい Ach, was! Ach, Quatsch!／何だって笑うんだ Warum (Was) lachst du?／何が何だかさっぱりわからない Ich weiß gar nicht, was da los ist.

なんだい 難題 ❶ ⇨ **なんもん**. ❷ [無理な要求] eine unbillige (ungerechte) Forderung, -en; ein unmögliches Verlangen, -s, -; Zumutung *f.* -en／君, それは難題というものだ Du verlangst etwas Unmögliches. ¦ Das ist zu viel verlangt.

なんたいどうぶつ 軟体動物 Weichtier *n.* -〔e〕s, -e; Molluske *f.* -n.

なんだか 何だか irgendwie; etwas《いくらか》; ein wenig《同上》／何だか変だ Es ist irgendwie komisch.／何だか彼が病気になったような気がする Ich habe so eine Ahnung, als ob er krank geworden wäre.／僕は何だか行きたくないんだ Ich weiß nicht warum, aber ich mag nicht hingehen.

なんたん 南端 das südliche Ende, -s.

なんちゃくりく 軟着陸 weiche Landung, -en; Großmutterlandung *f.* -en／軟着陸する weich landen [s]《*auf*[3]》／宇宙船は月に軟着陸した Das Raumschiff ist auf dem Mond weich gelandet.

なんちょう 難聴の schwerhörig; gehörleidend.

なんでも 何でも ❶ [何事によらず] alles《一切》; jedes《各々のもの》／私は何でも食べます Ich kann alles essen.／彼は何でもできる(何でも屋だ) Er kann alles.／何でもいいから食べる物を持ってきてくれ Geben Sie mir etwas zu essen, egal was!／僕は何でもいい Mir ist alles egal (gleichgültig). ❷ [何でもかでも] um jeden Preis《是非とも》; jedenfalls《いずれにしても》; auf jeden Fall《同上》; unter allen Umständen《いかなる事情があっても》／何でもいいから来てくれ Auf jeden Fall musst du kommen. ❸ [うわさによれば] wie ich höre／彼は何でも戦死したとかいう話だ Er soll gefallen sein.／何でもそんな話だ Man sagt so.

なんでもない 何でもない gering〔fügig〕《些細な・微々たる》; kleinlich《同上》; unbedeutend《重要でない》; leicht《容易な》; harmlos《無害な》／何でもないこと nichts; Kleinigkeit *f.* -en／そんなこと何でもないよ Es ist eine Klei-

な

なんてん 難点 ein schwieriger Punkt, -(e)s, -e《むずかしいところ》; Nachteil m. -(e)s, -e《不都合》; Fehler m. -s, -《非難すべきところ》/難点のない fehlerlos (makellos; tadellos).

なんと 何と ❶ was/何と言ったらよいでしょう Was (Wie) soll ich sagen?/何といっても君は彼の父親ではないか Schließlich bist du ja sein Vater./何と言われたって行かないよ Was man auch sagen mag, ich gehe nicht./それに対しては何とか手を打たねばならぬ Dagegen muss man irgendwas unternehmen./それは何とかできるでしょう Das wird sich irgendwie machen lassen./私には何ともならない Ich kann nichts machen./何となく変だ Es ist irgendwie komisch./何となれば denn; weil/私は何としても今日中に家に帰らねばならぬ Ich muss unbedingt heute noch nach Hause zurück. ❷ [感嘆] wie; was für ein; welch ein/何というかわいい赤ん坊だろう Was für ein süßes Baby!/何と美しいことだろう Wie schön!

なんど 納戸 Kleideraufbewahrungszimmer n. -s, -.

なんど 何度 ⇨なんべん(何遍)

なんとう 南東 Südost m. -(e)s; Südosten m. -s/南東の südöstlich ‖ 南東風 Südostwind m. -(e)s, -e.

なんどき 何時でも zu jeder Zeit; jederzeit; wann auch immer/何時でも御都合のよい時に zu jeder Zeit, wenn (wie) es Ihnen passt; wann Sie wollen/彼はいつ何時現れるかもしれない Er kann jederzeit erscheinen. ⇨いつ.

なんなら 何なら伺いましょうか Soll ich lieber zu Ihnen kommen?/何なら僕のところに来て下さい Wenn es Ihnen passt (recht ist), kommen Sie zu mir./何なら駅まで送っていってやるよ Wenn du willst, begleite ich dich bis zum Bahnhof.

なんなんとする 垂んとする ¶ 彼も今や90歳に垂んとする Er ist jetzt schon fast neunzig Jahre alt.: Er erreicht nun das hohe Alter von beinahe neunzig./彼はすでに90年近くを肩に背負っている Er hat schon nahezu neunzig Jahre auf dem Buckel (Rücken)《話語》.

なんなんせい 南南西 Südsüdwest m. -(e)s; Südsüdwesten m. -s.

なんなんとう 南南東 Südsüdost m. -(e)s; Südsüdosten m. -s.

なんにせよ 何にせよ immerhin; auf jeden Fall; jedenfalls.

なんにち 何日 ¶ 今日は何日ですか Den Wievielten haben wir heute?/何日が御都合よろしいですか Welcher Tag passt Ihnen am besten?/何日間ここにいらっしゃいますか Wie viel Tage (Wie lange) bleiben Sie hier?

なんねん 何年 ¶ 何年間ドイツ語をやっていますか Wie viel Jahre lernen Sie Deutsch?/あなたは何年のお生まれですか In welchem Jahr sind Sie geboren?/何学年だ In welcher Klasse bist du?《どのクラス》.

なんの 何の ❶ [疑問] 何の御用ですか Was kann ich für Sie tun?/このお金は何のために御入要なのですか Wozu brauchen Sie das Geld?/何のためにそんなことを言うのです Warum sagst du so etwas?/僕には何のことかさっぱりわからない Ich werde daraus gar nicht klug. Ich werde daraus gar nichts klug. ❷ [否定] 何の理由もなく ohne jeden Grund/何の役にも立たぬ奴 Nichtsnutz m. -es, -e/私は何の気もなしに言ったのです Das habe ich nur so (ohne jede Absicht) gesagt.

なんぱ 軟派 ein verweichlichter Taugenichts, -es, -e.

なんぱ 難破する Schiffbruch erleiden*; stranden; scheitern ‖ 難破船 ein gestrandetes (gescheitertes) Schiff, -(e)s, -e/Wrack n. -(e)s, -s (-e).

ナンバー Nummer f. -n ‖ ナンバーワン Nummer 1 (eins); die erste Klasse (Spitzenklasse)/自動車ナンバー Autonummer f. -n.

ナンバリング Nummeriermaschine f. -n.

なんばん 何番ですか Welche Nummer?/Welche Größe?《大きさ》.

なんびょう 難病 eine bösartige Krankheit, -en《悪性の》; eine schwere (unheilbare) Krankheit, -en《重い》/難治(不治の).

なんぴょうよう 南氷洋 Südliches Eismeer, -(e)s; Südpolarmeer; Antarktischer Ozean, -s.

なんぶ 南部 Süden m. -s; der südliche Teil, -(e)s, -e; die südliche Gegend, -en/南部の südlich ‖ 南部諸州(アメリカの) Südstaaten (pl)/南部ドイツ Süddeutschland n. -(e)s.

なんぷう 軟風 ein sanfter Wind, -(e)s, -e; eine leichte Brise, -n.

なんぶつ 難物 eine schwieriger Mensch, -en, -en《扱い難い人》; eine harte Nuss, ⸗e《難事・難問》; ein schwieriges Kapitel, -s, -.

なんぶんがく 軟文学 Liebesdichtung f. -en; Liebesroman m. -s, -e《恋愛小説》.

なんべい 南米 Südamerika n. -s/南米の südamerikanisch.

なんべん 何遍 Wie oft? Wievielmal?/何度も oft; vielmal; wiederholt; immer wieder.

なんべん 軟便 weicher Stuhl, -(e)s, ⸗e.

なんぽう 南方 Süden m. -s; Süd m. -(e)s《南の方向》; die südliche Gegend, -en《南の地方》; südliche Länder (pl/im Süden n. -s/南方の südlich (von)/im Süden/南方へ südwärts; nach Süden.

なんぼく 南北 Norden und Süden ‖ 南北戦争(アメリカの) Sezessionskrieg m. -(e)s.

なんみん 難民 Flüchtling m. -s, -e《避難民》; der Heimatvertriebene*, -n, -n《故郷を追われたもの》; der Betroffene*, -n, -n《(罹)災者》; der Geschädigte*, -n, -n《同上》; Opfer n. -s, -《犠牲者》‖ 難民収容所 Flüchtlingslager n. -s, -.

なんもん 難問 eine schwierige Frage, -n; ein schwieriges Problem, -s, -e.

なんよう 南洋 Südsee f. ‖ 南洋諸島 Südseeinseln (pl).

なんようび 何曜日 ¶ 今日は何曜日ですか Welchen Tag (Wochentag) haben wir heute?

なんら 何ら〔か〕の ❶ [何かの] irgendein〘名詞が *pl* の場合は irgendwelch を用いる〙/何らかの理由で aus irgendeinem Grund/何らかの処置をとる irgendeine Maßnahme ergreifen*. ❷ [否定] kein/何らの理由なくして ohne jeden Grund/それについては何らの疑いもない Daran ist kein Zweifel.

に

に 二 zwei; Zwei *f.* -en/第二 der (die; das) zweite* ⇨**だいに**/二三の zwei bis drei; ein paar; einige/二者択一 Entweder-oder *n.* -, -/二週間後に in zwei Wochen; in 14 Tagen/二の次にする auf|schieben*⁴; vernachlässigen⁴.

に 荷 ❶ Ladung *f.* -en; Fracht *f.*《運送貨物》; Güter《*pl* 貨物》; Gepäck *n.* -〔e〕s, -e《手荷物》/荷を卸す aus|laden*⁴; löschen⁴《船荷を》/荷を積む 〔ein|〕laden*⁴/荷を解く aus|packen⁴. ❷ [重荷] Last *f.* -en; Bürde *f.* -n/荷になる *jm* zur Last fallen* [s]/それは彼には荷が重すぎる Das geht über seine Kraft.

ニ〘楽〙d *n.* -, - ‖ ニ短調 d-Moll *n.* -《記号: d》/ニ長調 D-Dur *n.* -《記号:D》.

〜に ❶ [時] an³; in³; um⁴; zu³ ⇨**〜から**④/五時半に um halb sechs/日曜に am Sonntag/五月十日に am zehnten Mai/八月に im August/冬に im Winter/二〇〇三年に im Jahr 2003 (zweitausenddrei)/明日のこの時間に morgen um diese Zeit/五歳の時に im Alter von fünf Jahren; als ich fünf Jahre alt war. ❷ [所] an³·⁴; auf³·⁴; bei³; in³·⁴; nach³; zu³/道路に auf der Straße/壁に an der Wand/岸辺に am Ufer/家にいる zu Hause sein/家に帰る nach Hause gehen* (kommen*) [s]/伯母の所に住む bei der Tante wohnen/芝生に腰を下ろす ⁴sich auf den Rasen hin|setzen《動作》; auf dem Rasen sitzen*《状態》/ポケットに入れる in die Tasche stecken⁴. ❸ [その他] 口実に zum Vorwand; als ¹Vorwand/友人に手紙を書く seinem Freund schreiben*/乞食に金をやる einem Bettler Geld geben*/犬に噛まれる von einem Hund gebissen werden/寒さにふるえる vor Kälte zittern/泳ぎ(買物)に行く schwimmen (einkaufen) gehen* [s]/食事に行く zum Essen gehen* [s]/お茶に招く zum Tee ein|laden*⁴/年に一度 jährlich einmal/一日に十ユーロ zehn Euro pro ⁴Tag.

にあい 似合いの gut zusammenpassend/これは似合いの夫婦だ Diese Eheleute passen gut zueinander.

にあう 似合う 〔gut〕 passen《*zu*³》; 〔gut〕 kleiden《*jn*》; 〔gut〕 stehen* (sitzen*)《*jm*》/この色は似合わないよ Diese Farbe kleidet dich nicht./この服は彼女によく似合う Das Kleid steht ihr gut.

にあげ 荷揚げ Abladung *f.* -en; Ausladung *f.* -en; Löschung *f.* -en. ── 荷揚げする eine Schiffsladung löschen (aus|laden*; ab|laden*). ‖ 荷揚げ港 Löschhafen *m.* -s, ¨/荷揚げ場 Ablade¦platz (Lösch-) *m.* -es, ¨e/荷揚げ人足 Löscher *m.* -s, -; Hafenarbeiter *m.* -s, -; Schauerleute《*pl*》/荷揚げ料 Löschgeld *n.* -〔e〕s, -er.

にあし 荷足 Ballast *m.* -〔e〕s, -e/荷足を積み込む Ballast ein|nehmen*.

ニアミス Beinahezusammenstoß *m.* -es, ¨e/またニアミスがあった Schon wieder hat es fast einen Zusammenstoß gegeben. ¦〘俗〙 Das hat noch mal gut gegangen.《「またうまくすれ違った」「うまく行った」の意で》.

にいんせいど 二院制度 Zweikammersystem *n.* -s, -e.

にうけ 荷受け Frachtabnahme *f.* -n; Abnahme der Güter ‖ 荷受係 der Abnahmebeamte*, -n, -n《人》; Annahme¦stelle *f.* -n (-station *f.* -en)《場所》/荷受人 Empfänger *m.* -s, -; Adressant *m.* -en, -en; Konsignatar (Konsignatär) *m.* -s, -e.

にうごき 荷動き Güter¦bewegung *f.* -en (-transport *m.* -〔e〕s, -e); Güter¦verkehr (Fracht-) *m.* -s.

にうす 荷薄 Waren¦mangel *m.* -s, ¨ (-knappheit *f.*).

にうま 荷馬 Pack¦pferd (Saum-; Zug-) *n.* -〔e〕s, -e; Karrengaul *m.* -〔e〕s, ¨e.

にえきらない 煮え切らない unschlüssig; schwankend; zögernd/煮え切らない態度をとる eine unschlüssige Haltung《-en》ein|nehmen*《*in*³》; unschlüssig bleiben* [s]/煮えきらない男だ Bei ihm ist ein ewiges Hin und Her (Entweder-oder). ¦ Er ist ein schwankendes Rohr. ¦ Er ist weder Fisch noch Fleisch.《えたいが知れない》.

にえゆ 煮え湯 das kochende Wasser, -s. ¶ 煮え湯をのます *jn* übers Ohr hauen*; *jm* die Haut (das Fell) über die Ohren ziehen*.

にえる 煮える kochen; sieden⁽*⁾; brodeln《ぶつぶつと》; gelinde kochen 〔lassen*〕《とろとろと》/この肉はよく煮えている Das Fleisch ist gar gekocht./煮えたつ auf|kochen [s,h]; auf|wallen [s]/煮え溢れる über|kochen [s]; auf|kochen und über|laufen* [s]/煮え返る wallen [s,h]; sprudeln [s]/煮えすぎる übergar werden (sein)/やわらかに煮えている sehr zart (weich) gekocht sein. ¶ 煮えくり返るような気持だ Es kocht in mir《*vor*³》. ¦ Das Blut wallt in mir.

におい 匂い ❶ [一般に] Geruch *m.* -〔e〕s, ¨e. ❷ [芳香] Duft *m.* -〔e〕s, ¨e; Aroma *n.* -s, -s; Wohlgeruch *m.* -〔e〕s, ¨e; Odeur *n.* -s, -s (-e). ❸ [悪臭] Gestank *m.* -〔e〕s. ¶ 匂いのない geruchlos; duftlos/匂いのよい wohl-

に

riechend; duftend; duftig; aromatisch／匂いのわるい übelriechend; stinkend; pestilenzialisch／よい(わるい, いやな, 刺すような, 強烈な, 焦げくさい, 何か焦げているような)匂いがする Es (Etwas) riecht gut (schlecht, übel, scharf, stark, brandig, wie angebrannt).／魚の(コーヒーの)匂いがする Es (Etwas) riecht nach Fisch (Kaffee).／よい匂いをつける parfümieren⁴; aromatisieren⁴／鼻風邪を引いて匂いがわからない Ich habe 〔den〕 Schnupfen und kann nichts riechen.／この花の匂いをかいでごらんなさい Riechen Sie mal an dieser Blume!／この辺は硫黄の匂いがする《温泉などで》 Die Luft hier stinkt nach Schwefel. ⇨におう(匂う).

においぶくろ 匂い袋 Riechkissen *n.* -s, -.

におう 仁王 der Dewa-König, -s, -e; Nio-Wächter *m.* -s, -／仁王立ちになる mit gespreizten Beinen aufrecht stehen* ‖ 仁王門 das Tempeltor mit Nio-Wächtern.

におう 匂う ❶ riechen*; duften; stinken* 〖以上 es, または物を主語として〗／ジャスミンとライラックがむせるように匂っている Jasmin und Flieder duften betäubend (berauschend).／梅の花が家の中まで匂う Die Pflaumenblüte sendet Duft bis ins Haus hinein. ❷ 〔色などが〕 glänzen; strahlen; blühen／匂うばかりの美しさ die strahlende Schönheit.

におくりにん 荷送り人 ⇨にぬし.

におろし 荷卸し das Abladen* (Ausladen*; Ausschiffen*; Entladen*; Löschen*), -s. ── 荷卸しする ab|laden*⁴ 《vom Lastwagen; vom Zug》; aus|laden*⁴ 《vom Schiff》; aus|schiffen⁴; entladen*⁴ 《例:ein Schiff; einen Wagen》; löschen⁴ 《例:eine Schiffsladung; Waren》／車の(船の)荷卸しをする einen Wagen ab|laden* (ein Schiff aus|laden*).

におわせる 匂わせる ❶ 〔香を放つ〕 Duft aus|senden* (verbreiten); riechen* 《*nach*³》; duften 《*nach*³》／彼は香水をぷんぷん匂わせている Er parfümiert sich furchtbar (zu stark). ❷ 〔ほのめかす〕 an|deuten³⁴; an|spielen 《*auf*⁴》; zu verstehen geben*³⁴; durchblicken lassen*⁴; durch die Blume sprechen*／彼女は彼を愛していないことを匂わせた Sie deutete ihm an (gab ihm zu verstehen), dass sie ihn nicht liebt.／彼は打つ手があることを匂わせた Er ließ durchblicken, dass er Abhilfe wüsste.／一体誰があの男にそんなことを匂わせたんだ Wer hat ihm gegenüber darauf angespielt. 《そそのかし》.

にかい 二回 zweimal／二回目 das zweite Mal, -〔e〕s, -e／二回目に zum zweiten Male／月二回 zweimal im Monat; monatlich zweimal.

にかい 二階 der erste Stock, -〔e〕s, ⸗e; die erste Etage, -n／二階に住む eine Treppe hoch (im ersten Stock) wohnen／二階に上る(からおりる) eine Treppe hinauf|gehen* (hinunter|gehen*) [s]／二階から落ちる 〔vom ersten Stock〕 die Treppe hinab|fallen* [s]／二階から目薬 Perlen vor die Säue werfen*; den Bock melken ⇨めぐすり ‖ 二階家 das zweistöckige Haus, -es, ⸗er／中二階 Zwischenstock *m.* -〔e〕s, ⸗e.

にがい 苦い 〔gallen〕bitter／苦い経験 die bittere (schlechte) Erfahrung, -en 《ふつう *pl*》／苦い顔をする eine saure Miene (ein saures Gesicht) machen 《*zu*³》／苦い経験をなめる in den sauren Apfel beißen müssen* ⇨りょうやく.

にかえす 煮返す noch einmal kochen⁴; auf|kochen⁴.

にがお 似顔 Abbild *n.* -〔e〕s, -er; Porträt *n.* -s, -s／これが彼の似顔だそうだ(のつもりだとさ) Diese Zeichnung soll sein Abbild darstellen (sein).

にかく 二格 der zweite Fall, -〔e〕s, ⸗e; Genitiv *m.* -〔e〕s, -e; Wesfall *m.* -〔e〕s, ⸗e／この動詞は二格支配です Dieses Zeitwort regiert (fordert) den zweiten Fall.

にがす 逃がす frei|lassen*⁴; gehen (fliegen) lassen*⁴; entgehen³ (entlaufen³; entkommen³; entschlüpfen³) lassen*; 〔列車・機会などを〕 ver|passen⁴; versäumen⁴／機会を逃がす ³sich eine Gelegenheit entgehen lassen*; eine Gelegenheit verpassen／鳥を逃がしてやる einen Vogel fliegen lassen*／この機を逃がしてはならない Diese Gelegenheit soll mir nicht entgehen.／最後のところでその魚を逃がしちゃった Im letzen Augenblick ist der Fisch mir (aus meiner Hand) entschlüpft. ❖「逃げられる」の意のときはこの構文の方がよい.

にがつ 二月 Februar *m.* -〔s〕, -e 《略:Febr.》.

にがて 苦手 Schwäche *f.*; die schwache Seite, -n; Achillesferse *f.* -《弱点・不得手》; die harte Nuss, ⸗e; der gefährliche Gegner, -s, -／そいつは苦手だ Das ist eine harte Nuss für mich. | Das schlägt nicht in mein Fach. 《畑ちがい》／音楽ときてはもう全くの苦手だ Musik ist nun mal meine Schwäche.

にがにがしい 苦々しい 〔困却の気持を伴って〕 unangenehm; misslich; peinlich; verdrießlich; 〔気に食わぬ〕 unerfreulich; unleidlich; unlieb; 〔下品〕 unanständig; gemein; gewöhnlich; 〔不道徳〕 unsittlich; schamlos.

にがみ 苦味 Bitterkeit *f.*; der bittere Geschmack, -〔e〕s, ⸗e／ホップの苦味 Hopfenbitter *n.* -s／苦味走った顔 das strengernste Gesicht, -〔e〕s, -er.

にがむし 苦虫 ¶ 苦虫をかみつぶしたような顔 ein Gesicht 《*n.* -〔e〕s, -er》 wie sieben Tage Regenwetter.

にかよう 似通う ähnlich³ sein; 〔große; gewisse; viel〕 Ähnlichkeit haben 《*mit*³》.

にがよもぎ 〖植〗 Wermut *m.* -〔e〕s; Absinth *m.* -〔e〕s, -e.

ニカラグア Nicaragua (Nikaragua) *n.* -s／ニカラグアの nicaraguanisch ‖ ニカラグア人 Nicaraguaner *m.* -s, -.

にがり Bitterlauge *f.* -n.

にがりきる 苦り切る so verdrießlich wie sieben Tage Regenwetter aus|sehen*; sauertöpfisch sein; sauer reagieren.

にかわ 膠 Leim *m.* -〔e〕s, -e／膠でつける leimen⁴.

にがわせ 荷為替 Waren〔auslieferungs〕anweisung *f.* -en.

にがわらい 苦笑い das gezwungene Lachen*, –s/苦笑いする gezwungen lachen; verlegen lächeln.

にがん 二眼レフ〖写〗eine zweiäugige Spiegelreflexkamera, –s.

にきび Finne *f*. –n; Pickel *m*. –s, –/にきびのできた finnig; pickelig ‖ にきび面 das Gesicht《–〔e〕s, –er》voller Pickel.

にぎやか 賑やかな lebhaft; belebt; gedeihlich《繁盛》; lustig; munter; fröhlich; heiter《以上陽気》; verkehrsreich; wimmelnd《*von*³ 雑踏》/ 飲めや歌えで賑やかだった Es ging hoch (lustig) her.

にきゅう 二級の zweitklassig; zweiten ²Ranges ‖ 二級品 Waren《*pl*》zweiter Güte.

にきょく 二極の zweipolig; bipolar ‖ 二極管 Zweipolröhre *f*. –n; Diode *f*. –n.

にぎり 握り Griff *m*. –〔e〕s, –e; Henkel *m*. –s, –《器物の》; Handhabe *f*. –n《取手・柄》; Stiel *m*. –〔e〕s, –e《柄・把手》/ひと握りの砂 eine Hand voll Sand.

にぎりこぶし 握り拳 Faust *f*. ⸗e/握り拳をかためる die Faust (die Hand zur Faust) ballen.

にぎりしめる 握りしめる fest 〔er〕greifen*⁴; fest packen⁴《胸倉などを》; drücken⁴《握手》/手を握りしめる *jm* herzlich die Hand drücken《相手の》; die Faust (die Hand zur Faust) ballen《拳に》; die Hände ringen*《両手を》/ 手を握りしめて mit geballten Fäusten.

にぎりつぶす 握り潰す ❶ in der Hand (mit den Händen) zerdrücken⁴ (zerquetschen⁴). ❷ [問題・願いなどを] beiseite legen⁴; unberücksichtigt lassen*⁴; unter den Tisch fallen lassen*⁴; auf die lange Bank schieben*⁴.

にぎりめし 握り飯 Reiskloß *m*. –es, ⸗e.

にぎりや 握り屋 Geiz¦hammel *m*. –s, – (–kragen *m*. –s, –); Pfennigfuchser *m*. –s, –; Filz *m*. –es, –e; Knauser *m*. –s, –; Knicker *m*. –s, –/彼は握り屋だ Er gibt nicht gern.

にぎる 握る 〔er〕greifen*⁴; fassen⁴; packen⁴; ballen⁴《拳に》; drücken⁴《握手で》/手を握る *jn* bei der Hand fassen; *jm* die Hand greifen*; *jm* die Hand drücken《握手》; die 〔Hand zur〕 Faust ballen《自分の》/手を握って《協力》Hand in Hand; Schulter an Schulter/弱点を握る *jn* bei seiner schwache Seite fassen/権力を握る die Macht ergreifen*; an die Macht kommen* [s]; zu Macht gelangen [s]; die Macht in 〔den〕 Händen haben《握っている》/金を握る zu Geld (Vermögen) kommen* [s]/金を握らせる *jm* Geld in die Hand drücken《チップなど》; *jn* (*jm* die Hände) schmieren《賄賂》/証拠を全部握っている alle Beweise beisammen|haben*/秘密を握る hinter *js* Geheimnis kommen* [s].

にぎわい 賑わい ❶ [繁盛] Aufschwung *m*. –〔e〕s, ⸗e; das Gedeihen*, –s. ❷ Lebhaftigkeit *f*.《賑やか》; Andrang *m*. –〔e〕s《雑踏》; Gedränge *n*. –s《人混み》.

にぎわう 賑わう〔blühen und〕gedeihen*《繁盛》; lebhaft (belebt) sein; gedrängt voll sein《*von*³》; wimmeln《*von*³》/通りは人出で賑わっている Die Straßen wimmeln von Menschen.

にぎわす 賑わす beleben⁴; feierlich machen⁴; in Aufschwung bringen*⁴《Geschäft *n*.「商売」などを》/新聞を賑わした出来事 das in der Zeitung vielbesprochene Ereignis, ..nisses, ..nisse.

にく 肉 ❶ Fleisch *n*. –〔e〕s; Muskel *m*. –s, –n; Fleischwaren《*pl* 肉類》/肉の fleischig; fleischlich《肉欲的》/肉がつく dicker (stärker) werden; zu|nehmen*/肉がおちる mager werden; ab|nehmen*; ⁴sich ab|zehren; ⁴sich ab|magern/肉のしまった muskulös; sehnig/肉のおちた abgezehrt; abgemagert; mager/肉の厚い dick; stark/肉の薄い dünn/かたい肉 das harte (zähe) Fleisch/柔かい肉 das weiche (zarte; mürbe) Fleisch/脂の多い(少ない)肉 das fette (magere) Fleisch. ❷ [印肉] Stempeltinte *f*. –n. ❸ [厚み] Dicke *f*.; Stärke *f*.
‖ 霜降肉 das mit Fett getüpfte Fleisch.

にくい 憎い gehässig; hassenswert; abscheulich; verabscheuungswürdig; verhasst/憎からず思う verehren⁴; *jm* zugeneigt sein; *jm* innig (sehr) zugetan sein; ⁴sich hingezogen fühlen《*zu*³》/憎々しい〖上掲語の他〗boshaft; tückisch; unverschämt; schamlos/憎らしげに hasserfüllt; böse; aufsässig; giftig/全く憎らしい奴だ Das ist mir ja ein sauberer Freund!/まああなたったら憎らしい Das finde ich sehr nett von dir.

-にくい schwer; schwierig; schlecht. ¶ あつかいにくい人 der schwierige (schwer zu behandelnde) Mensch, –en, –en/聞き(見)にくい schlecht hören⁴ (sehen*⁴)/そりゃ僕からは口を出しにくい Ich kann da schlecht etwas sagen.

にくいろ 肉色 Fleischfarbe *f*. –n/肉色の fleischfarbig.

にくが 肉芽 Granulation *f*. –en; Fleischwärzchen *n*. –s, –; Körnchen *n*. –s, –/肉芽ができる granulieren; körnen.

にくがん 肉眼で見る(わかる) mit bloßem Auge sehen*⁴ (erkennen⁴ können*).

にくげ 憎気のない harmlos; arglos; ohne ⁴Falsch; gut¦artig (–mütig).

にくしみ 憎しみ Hass *m*. –es; Groll *m*. –〔e〕s; Grimm *m*. –〔e〕s/憎しみをうける ³sich Hass (*js* Feindschaft) zu|ziehen*/憎しみをいだく Hass auf (gegen) *jn* hegen; einen Groll auf *jn* haben; Hass im Herzen tragen* (nähren).

にくしゅ 肉腫 Geschwulst *f*. ⸗e.

にくじゅう 肉汁 Fleischsaft *m*. –〔e〕s, ⸗e; Bratensoße *f*. –n; Fleischbrühe *f*. –n《スープ》.

にくじゅばん 肉襦袢 das fleischfarbene Trikot, –s, –s.

にくしょく 肉食 Fleischkost *f*. / 肉食の Fleisch fressend《動物の》; ⁴sich von Fleisch nährend《人》. ── 肉食する haupt-

にくしん 肉親 Blutsverwandtschaft *f.* -en; der Blutsverwandte*, -n, -n; *js* eigen[es] Fleisch und Blut, - und -s/肉親の血のつながった; leiblich/肉親の兄弟(姉子) der leibliche Bruder, -, ≃ (Erbe, -n, -n).

にくずく〖植〗Muskat *m.* -[e]s, -e; Muskatnuss *f.* -.

にくせい 肉声 seine eigene Stimme, -n.

にくたい 肉体 Körper *m.* -s, -; Leib *m.* -[e]s, -e; Fleisch *n.* -[e]s/肉体の körperlich; leiblich; physisch; fleischlich/肉体的に恵まれている(相撲など) Er hat gute körperliche Anlagen. ‖ 肉体的快楽 der sinnliche (fleischliche) Genuss, -es, -e/肉体美 die körperliche Schönheit, -en; der robuste Körperbau, -[e]s 〖筋骨隆々〗/肉体労働 die körperliche Arbeit, -en.

にくだん 肉弾 Menschengeschoss *n.* -es, -e ‖ 肉弾戦 Handgemenge *n.* -s, -; Sturm *m.* -[e]s, ≃e; die blutige Schlacht, -en.

にくづき 肉きの fleischig; wohlbeleibt; dick[leibig]; stark; muskulös 〖筋骨たくましい〗/肉づきのわるい mager; knochig; hager; [klapper]dürr; abgemagert.

にくづけ 肉付けする [彫刻などの] modellieren*; [論文など] gehaltvoller (gehaltreicher) machen*; Gehalt und Gestalt geben*³; [作品の人物など] aus (von) Fleisch und Blut gestalten*; [一般に] vervollkommnen*.

にくにくしい 憎々しい ⇨にくい(憎い).

にくはく 肉薄 an|rücken (*an*⁴) 〖s〗; angerückt kommen* 〖s〗; *jm* zu Leibe gehen* (rücken) 〖s〗 〔攻撃する〕; *jm* auf der Ferse folgen (auf den Fersen sein) 〔追い迫る〕; ⁴sich mit *jm* an ³*et* messen [können]* 〖塁を摩する〗.

にくばなれ 肉離れ Muskelriss *m.* -es, -e; Muskelzerrung *f.* -en.

にくひき 肉挽き [Fleisch]wolf *m.* -[e]s, ≃e; Fleischhackmaschine *f.* -n.

にくひつ 肉筆 ❶ [印刷物やコピーでない] Handschrift *f.* -en; Originalbild *n.* -[e]s, -er 〔絵〕. ❷ [自筆] Autogramm *n.* -[e]s, -e; Handschreiben *n.* -s, -/肉筆の 1) mit der Hand geschrieben (gemalt); handschriftlich; echt; original. 2) eigenhändig; selbst geschrieben (gemalt); autographisch.

にくぶと 肉太の[に] dick; kräftig; fett 〖印刷〗/肉太の筆勢で mit kräftigen (dicken) Zügen.

にくへん 肉片 Fleisch|stück *n.* -[e]s, -e (-schnittchen *n.* -s, -).

にくまれぐち 憎まれ口を叩く eine gehässige Rede führen; über *jn* schlecht reden; auf *jn* schlecht zu sprechen sein 〖以上悪口〗; bekritteln⁴; nörgeln⁴; bemäkeln⁴; bemängeln⁴ 〖以上あら捜し・こきおろし〗/よく人の 憎まれ口を叩く奴だ Er hat eine böse (scharfe; spitze) Zunge.

にくまれっこ 憎まれっ子 das räudige Schaf, -[e]s, -e; Lausbub *m.* -en, -en 〖悪童〗; der unverbesserliche Bengel *m.* -s, -/憎まれっ子世にはばかる ‚Unkraut vergeht nicht.'

にくまれやく 憎まれ役 die undankbare Rolle, -n; Prügel|knabe (-junge) *m.* -n, -n; Sündenbock *m.* -[e]s, ≃e; Blitzableiter *m.* -s, -; Prellbock *m.* -[e]s, ≃e/憎まれ役を買う eine undankbare Rolle spielen; den Prügelknaben für *jn* ab|geben*.

にくまれる 憎まれる sich verhasst (unbeliebt) machen; ³sich Hass zu|ziehen*.

にくみ 憎み ⇨にくしみ.

にくむ 憎む hassen⁴; [mit] *jm* grollen; feindlich gesinnt sein; verabscheuen⁴/憎むべき verhasst; abscheulich; unausstehlich.

にくや 肉屋 Fleischer *m.* -s, -; Metzger *m.* -s, - 《人》; Fleischerladen *m.* -s, ≃; Metzgerei *f.* -en 〔店〕.

にくよく 肉欲 die fleischliche Begierde, -n; die fleischliche Lust, ≃e; die Lust des Fleisches; Wollust *f.* ≃e/肉欲の奴隷である〔に耽っている〕 ein Knecht (ein Sklave) seiner fleischlichen Lüste sein (einer Lust des Fleisches frönen). — 肉欲[的]の fleischlich; sinnlich; wollüstig; geil; lüstern.

にくらしい 憎らしい ⇨にくい(憎い).

にくるま 荷車 Karren *m.* -s, -; Lastwagen *m.* -s, -/荷車を引く den Karren ziehen*.

ニクロム ニクロム線 Nickelchromdraht *m.* -[e]s, ≃e.

にげ 逃げを打つ[張る] ⁴sich drehen und wenden(*⁴*); ⁴sich ³*et* zu entziehen suchen; ⁴sich heraus|zureden (⁴sich heraus|zu|helfen); ⁴sich zu drücken) suchen; nicht dran wollen*/逃げを打つな Keine Ausrede!

にげあし 逃げ足で fliehenden Schrittes; fluchtartig 〖そそくさと〗/逃げ足が早い schnell in der Flucht sein; schnell davonlaufen können*/逃げ足になる bereit (geneigt; im Begriff) sein, davonzulaufen (auszureißen; zu entfliehen).

にげうせる 逃げ失せる ⁴sich verduften; [spurlos] verschwinden* 〖s〗; das Weite gewinnen* 〖s〗; über alle Berge sein.

にげおおせる 逃げ了せる glücklich entkommen* (davon|laufen*) 〖s〗.

にげおくれる 逃げ遅れる nicht mit entwischen (davonkommen) können*; nicht rechtzeitig entkommen*³ 〖s〗.

にげかえる 逃げ帰る zurück|fliehen* 〖s〗; sein Heil in der Flucht suchen 〖命からがら〗; davon|kommen* 〖s〗 ◆ 〖‚助かる' の意〗で mit heiler Haut (安全に); mit einem blauen Auge (大したことなく) などとともに.

にげかくれる 逃げ隠れる *jm* entweichen* 〖s〗; herum|schleichen* 〖s〗; ⁴sich heimlich davon|stehlen*/durch|brennen* 〖s〗 〖逐電〗; ⁴sich drücken 〖ずらかる〗.

にげこうじょう 逃口上 Ausrede *f.* -n; Ausflucht *f.* ⸚e; Vorwand *m.* -〔e〕s, ⸚e《口実》; die ausweichende Antwort, -en《言い抜け》/そいつは見えすいた逃口上だ Das sind faule Ausreden.

にげごし 逃げ腰になる ⁴sich zur Flucht bereiten; aus dem Weg gehen wollen*; ⁴sich zu entziehen suchen; ⁴sich feige zeigen.

にげこむ 逃げ込む flüchten [s]《*in*⁴; *hinter*⁴; *unter*⁴》; hinein|laufen* [s]《*in* ⁴ 走り込む》; seine Zuflucht nehmen*《*zu*³》; 〔seine〕 Zuflucht (Schutz) suchen《*bei*³》; ⁴sich unter|stellen《*vor*³ 雨やどり》.

にげじたく 逃げ支度をする ⁴sich vor|bereiten, zu 〔ent〕fliehen (die Flucht zu ergreifen; ⁴sich abzusetzen《退却》; durchzubrennen《逐電》).

にげそこなう 逃げそこなう Es glückt *jm* nicht (schlecht), zu entfliehen. ⇨**にげおくれる**.

にげだす 逃げ出す ⁴sich davon machen; auf und davon gehen* [s]; davon|laufen* [s]; ⁴sich dünn〔e〕machen; aus|reißen* [s]/大急ぎで逃げ出した Er lief eilends davon.

にげのびる 逃げ延びる entfliehen*³ (enteilen³) [s]《*bis*⁴; *nach*³》; ⁴sich glücklich flüchten.

にげば 逃げ場 Zuflucht *f.* ⸚e《避難所》; Rettung *f.* -en《脱出》; Ausweg *m.* -〔e〕s, -e《逃げ道》/逃げ場がない Ich sehe mir keinen Ausweg mehr. ¦ Hier gibt es keine Rettung mehr. ⇨**にげみち**.

にげまどう 逃げ惑う holterdiepolter hin und her fliehen* [s]; wirr durcheinander flüchten [s].

にげまわる 逃げ回る herum|laufen* [s], um vor *jm* auszureißen (um nicht gefasst zu werden)《つかまらぬように》; umher|schleichen* [s], um *jm* auszuweichen《人を避けて》(um dem Gläubiger durchzubrennen《借金取りをまくために》).

にげみち 逃げ道 Ausweg *m.* -〔e〕s, -e; Zuflucht *f.* -en; Rettung *f.* -en; Hintertür *f.* -en/逃げ道がない keinen Ausweg finden*《*aus*³》; Es gibt keine Rettung mehr./逃げ道をつくっておく eine Hintertür offen lassen*/逃げ道を断つ *jm* die Flucht (den Weg) ab|schneiden*.

にげる 逃げる fliehen* [s]《*vor*³》; entfliehen*³ [s]; flüchten [s]《*vor*³》; entkommen*³ [s]; entlaufen*³ [s]; entwischen³ [s]; ⁴sich aus dem Staub machen《そうっと》; ⁴sich dünn|machen《こっそり》; ⁴sich davon machen; auf und davon gehen* [s]; ⁴sich drücken《ずらかる》; durch|gehen*³ [s]《かけおち, または相手の男(女)から》;〘俗〙aus|reißen* [s]; Fersengeld geben*《逃亡》; durch|brennen*³ [s]《逐電する・人をまく》; aus|brechen*《*aus*³ 檻や監獄から》/彼は女房に逃げられた Seine Frau ist 〔ihm〕 durchgegangen (fortgelaufen)./まいて逃げるつもりじゃあるまいな Du wirst mir nicht durchbrennen./ライオンが檻から逃げた Der Löwe ist aus dem Käfig ausgebrochen./彼は仕事から逃げた Er hat sich von der Arbeit gedrückt.

にげん 二元 Dualität *f.* -en/二元的(論)の dualistisch ‖ 二元論 Dualismus *m.* -/二元論者 Dualist *m.* -en, -en.

にけんだて 二軒建の家 Doppelhaus *n.* -es, ⸚er; das Zweifamilienhaus ❖ 二家族が上下に住めるものの方が多い.

にこう 二項〔式〕の binominal; binomisch ‖ 二項式 Binom *n.* -〔e〕s, -s; Binominalreihe *f.* -n.

にごう 二号 Nummer zwei《略:Nr.2》; [妾] Neben¦frau (Kebs-) *f.* -en; Kebse *f.* -n.

にこごり 煮こごり Sülze *f.* -n.

にごす 濁す ❶ trüben⁴; unklar machen⁴. ❷ [ことばを] ⁴sich unklar (undeutlich; verblümt) aus|drücken; zweideutig reden⁴ (antworten《*auf*⁴》); Ausflüchte machen; es mit der Wahrheit nicht so genau nehmen* (wollen*).

ニコチン Nikotin *n.* -s ‖ ニコチン中毒 Nikotinvergiftung *f.* -en; Nikotinismus *m.* -.

にこにこ にこにこして lächelnd; strahlend《vor Freude; vor Glück; vor Dankbarkeit》; gut aufgelegt/にこにこする lächeln; schmunzeln; strahlen《*vor*³; das Gesicht が主語》; leuchten lassen*《*über*³; das Antlitz が主語》; das Lächeln nicht halten können*/にこにこ顔で mit einem freudestrahlenden Gesicht; freudestrahlend; frohmütig; froh gelaunt.

にこみ 煮込み Gulasch *n.* -〔e〕s, -e《肉の》; Eintopfgericht *n.* -〔e〕s, -e.

にこやか にこやかに *jn* anlächelnd; *jn* anstrahlend; [愛想よく] ansprechend; zuvorkommend.

にごり 濁り ❶ Trübe *f.*; Trübheit *f.*; Trübung *f.* -en; Unreinheit *f.* ❷ [濁音] der weiche (stimmhafte) Laut, -〔e〕s, -e; Zeichen《*n.* -s, -》für den stimmhaften Konsonanten/濁りを打つ 〔mit zwei Punkten〕 als stimmhaft bezeichnen⁴《かなにつける濁音符号》.

にごる 濁る trübe (unklar; glanzlos) werden; ⁴sich trüben. —— 濁った trüb〔e〕; unklar; unrein; glanzlos《光沢のない》; rau《声》; dumpf《陰にこもったような声》.

にごん 二言を吐く mit gespaltener Zunge reden《二枚舌》; sein Wort brechen*/男子に二言なし „Ein Mann ein Wort."

にざかな 煮魚 der gekochte Fisch, -〔e〕s, -e.

にさん 二三の zwei oder drei; einige; ein paar; etliche/二三日したら in einigen (ein paar) Tagen/二三日の中に binnen ein paar Tagen; innerhalb zwei, drei Tagen.

にさんか 二酸化物 Dioxyd *n.* -〔e〕s, -e/二酸化炭素 Kohlendioxyd *n.* -〔e〕s, -e.

にし 西 Westen *m.* -s; West *m.* -〔e〕s/西の westlich; West-/西に im Westen; nach Westen《西の方へ》; auf der Westseite《西側に》; westlich《*von*³ …の西方に》/西の方へ westwärts; nach (gegen) Westen/西へ行く nach Westen ziehen* (fahren*) [s]/太陽は西に沈む Die Sonne geht im Westen unter./西から風が吹いている Der Wind kommt von Westen. / 風見は西を向いている Die Wetterfahne zeigt nach Westen. ‖ 西風 Westwind *m.* -〔e〕s, -e; Wind aus Westen.

にじ 虹 Regenbogen *m.* -s, -/虹が出る(出ている) Ein Regenbogen erscheint (steht am Himmel; spannt sich über den Himmel; überspannt den Himmel).

にじ 二次〔の〕 zweit; sekundär/二次的な sekundär; untergeordnet; nebensächlich; Neben- ‖ 二次会 Nachfeier *f.* -n/二次会をする nach|feiern[4] (weiter|-)/二次電池 Sekundärbatterie *f.* -n/二次方程式 die quadratische Gleichung, -en.

ニジェール Niger *n.* -s/ニジェールの nigrisch ‖ ニジェール人 Nigrer *m.* -s, -.

にしき 錦 Brokat *m.* -〔e〕s, -e/故郷に錦を飾る ruhmbedeckt heim|kehren [s] (in die Heimat zurück|kehren [s]; die Heimat wieder|sehen*).

にじき 二食 ⇨にしょく.

にしきえ 錦絵 Farben druck *m.* -〔e〕s, -e (-holzschnitt *m.* -〔e〕s, -e).

にしきへび 錦蛇 Pythonschlange *f.* -n; Python *m.* -s, -s (-en).

～にしては für[4]; als; in Anbetracht[2]; im (in) Hinblick auf[4]; im Verhältnis zu[3]/あの子の年にしては力が強い Der Junge ist für sein Alter kräftig./五千円とは謝礼にしては少ない 5 000 Yen als Belohnung, das ist zu wenig./この仕事にしては賃金が安い Im Verhältnis zu der Arbeit ist der Lohn gering./あの年にしては元気だ In Anbetracht seines höhen Alters ist er rüstig.

～にしても ❶ [仮に…にしても] gesetzt, dass ...; zugegeben, dass ...; unter der Annahme, dass ...; auch wenn; selbst wenn; und wenn; auch dann (selbst dann; sogar dann), wenn. ❷ [事実…にしても] obgleich; obwohl; obschon; obzwar; wenngleich; wiewohl; ob ... auch (gleich) ...; wenn ... auch; wenn ... selbst; wenn ... schon/それにしても trotzdem; und doch; dennoch; nichtsdestoweniger; trotz (bei) alledem/それを別にしても《それはしばらくおき》 ganz abgesehen von ... (davon, dass ...)/それが事実にしても angenommen (gesetzt; zugegeben), dass es wahr sei/どんな人であるにしても was für ein Mann er auch sein mag; er sei, was er sei (wolle); er mag sein, was er will/たとえ都合が悪いにしても事実は事実だ Tatsache bleibt Tatsache, 〔auch〕 wenn (auch dann) sie dir unbequem ist. Tatsache bleibt selbst dann noch Tatsache, wenn sie dir unbequem ist.

にしはんきゅう 西半球 die westliche Hemisphäre, -n; die westliche Halbkugel, -n.

にしび 西日 Nachmittagssonne *f.* -n/この部屋には西日が差しこむ Dieses Zimmer hat spätnachmittags viel Sonne.

にじむ 滲む durch|sickern [s]《浸透する》; heraus|sickern [s]《しみ出る》; langsam ab|laufen* (ab|fließen*) [s]; laufen* [s]《インクなど》/にじんでいる durchtränkt sein《*von*[3]; *mit*[3]》/傷口から血がにじみ出ている Die Wunde blutet leicht. Das Blut fließt langsam aus der Wunde ab./血のにじむ思いだ Das Herz blutet《*vor*[3]》. blutenden [2]Herzens《血のにじむ思いで》.

にしめる 煮しめる aus|kochen[4]; durch|kochen[4]; gar kochen[4].

にじゅう 二重 das Doppelte* (Zweifache*), -n/二重の doppelt; Doppel-; zweifach/二重に物が見える doppelt sehen*[4]/二重払いをする doppelt (den doppelten Betrag) bezahlen[(4)]/テレビが二重にうつっている Da ist ein Doppelbild auf dem Fernsehschirm. — 二重にする doppeln[4]; übereinander legen[4]《重ねる》. ‖ 二重あご Doppelkinn *n.* -〔e〕s, -e/二重写し Doppelbelichtung *f.* -en《写真の》; Überblendung *f.* -en《映画の》/二重課税 Doppel besteuerung (-〔ver〕steuerung) *f.* -en/二重結婚 Doppelehe *f.* -n《重婚》; Doppelhochzeit *f.* -en《兄弟などの同時結婚》/二重国籍 Doppelstaatsangehörigkeit *f.* -en/二重国籍者 Doppelstaater *m.* -s, -/二重人格 Doppelpersönlichkeit *f.* -en/二重スパイ Doppelagent *m.* -en, -en/二重生活 Doppelleben *n.* -s/二重奏 Duett *n.* -〔e〕s, -e/二重帳簿 die doppelte Buchführung (Buchhaltung), -en/二重ドア Doppeltür *f.* -en/二重母音 Doppellaut *m.* -〔e〕s, -e; Diphthong *m.* -〔e〕s, -e/二重窓 Doppelfenster *n.* -s, -.

にじゅう 二十 zwanzig/第二十 der (die; das) zwanzigste*/二十番目に zwanzigstens/二十分の三 drei zwanzigstel/千九百二十年代に in den zwanziger Jahren des 20. (vergangenen) Jahrhunderts/二十代である in den Zwanzigern sein.

にじょう 二乗 Quadrat *n.* -〔e〕s, -e; die zweite Potenz, -en/二乗する ins Quadrat erheben*[4]/距離の二乗に反比例する im Quadrat der Entfernung ab|nehmen*/六の二乗は三十六 Das Quadrat von 6 ist 36.

にしょく 二食 zwei Mahlzeiten am Tag/一日二食にする nur zweimal am Tag essen*.

にしょくずり 二色刷り Zweifarbendruck *m.* -〔e〕s, -e.

にじりよる にじり寄る [4]sich schrittweise nähern《*jm*》; 〔seitwärts〕 näher rücken (heran|rücken) [s]; *jm* auf den Pelz (Leib) rücken [s]《肉薄する》.

にしん 鰊 Hering *m.* -〔e〕s, -e; der marinierte Hering《酢漬の》; Rollmops *m.* -es, ¨e《巻き鰊》.

にしんほう 二進法 binäres System, -s.

ニス Firnis *m.* ..nisses, ..nisse/ニスを塗る firnissen[4]; mit Firnis bestreichen*[4].

にすぎる 煮過ぎる zu stark (zu lang; zu sehr) kochen[4]/煮過ぎた übergar; zu weich gekocht; zu stark gebraten.

にせ 贋 ❶ [模造品] Imitation *f.* -en; Kopie *f.* -n; Abklatsch *m.* -〔e〕s, -e《絵などの》; Nachahmung *f.* -en; Nachbau《*m.* -〔e〕s, -e》〔ohne Lizenz〕. ❷ [偽造品] Fälschung *f.* -en; Falsifikat *n.* -〔e〕s, -e; Simili *m.* (*n.*) -s, -s《宝石などの》; Talmi *n.* -s《まがい物・くわせもの》/贋の falsch; gefälscht; unecht; 〔真似〕 nach geahmt (-gebaut; -gemacht);

einfach kopiert／贋の署名 die gefälschte (nachgeahmte) Unterschrift, -en／それは贋者だった Das war ein Blender (nicht der Richtige). ‖ 贋医者 Quacksalber *m.* -s, -; Kurpfuscher *m.* -s, -／贋印 der gefälschte Stempel, -s, -／贋証文 das falsche Dokument, -〔e〕s, -e.

にせ 二世を契る sich (einander) ewige Treue schwören*／二世も三世も bis in alle Ewigkeit.

にせい 二世 die zweite Generation, -en; [日系米人] Japanisch-Amerikaner *m.* -s, -; [二代目] ヴィルヘルム二世 Wilhelm II 《der Zweite》／林二世 Hayashi jr. (jun.) 《der Junior》.

にせがね 贋金 das falsche Geld, -〔e〕s, -er; die gefälschte Banknote, -n 《札》 ‖ 贋金造り Falschmünzer *m.* -s, -.

にせさつ 贋札 das falsche Papiergeld, -〔e〕s, -er; die falsche Banknote, -n. ⇨**にせがね**.

にせもの 贋物 ⇨**にせ**(贋).

にせる 似せる ❶ an|ähneln[3 4]; an|ähnlichen[3 4]; an|nähern[3 4]; an|gleichen*[3 4]／乃木大将に似せて扮装する das Gesicht so schminken (die Maske so bilden), wie es (sie) an General Nogi erinnert／雛型にできるだけ似せてつくった Ich habe es der Schablone möglichst angenähert (möglichst weit angeglichen). ❷ [模倣] nach|ahmen[3 4]; nach|machen[3 4]; nach|bilden[4]; imitieren[4]. ❸ [贋(がん)造]〔ver〕fälschen[4].

にそく 二足 zwei Paar 《*pl* にしない, 靴など》／二足のわらじをはく zwei (mehrere) Eisen im Feuer haben.

にそくさんもん 二束三文 Spottpreis *m.* -es, -e／二束三文の(に, で) spottbillig; zu einem Spottgeld; für (um) ein Butterbrot; fast geschenkt (umsonst); um Gotteslohn／二束三文で売りとばす um ein Butterbrot hin|geben*[3 4] (〖俗〗 verkitschen[3 4]).

にだい 荷台 [車の] Pritsche *f.* -; Kipperpritsche 《上下可動式》; [自転車の] Gepäckträger *m.* -s, -.

にだいせいとうしゅぎ 二大政党主義 Zweiparteiensystem *n.* -s.

にたき 煮焚き das Kochen*, -s／煮焚きする kochen; zu|bereiten[4] 《調理する》.

にだし 煮出し Brühe *f.* -n; Absud *m.* -〔e〕s, -e／煮出す aus|kochen[4] (ab|-); ab|sieden[4].

にたつ 煮立つ auf|kochen; kochen; sieden*; wallen.

にたて 煮たての gerade fertig gekocht (gebraten); direkt aus der Pfanne; noch kochend; brühheiß.

にたてる 煮たてる sieden (wallen) lassen*[4]; aufkochen lassen*[4]; kochend heiß machen[4].

にたにた にたにた笑う grinsen; grienen; schmunzeln; geziert lächeln／彼はすっかりにたにたした Er grinste über das ganze Gesicht.

にたもの 似たもの夫婦 ⇨**にる**(似る).

にたり にたりと笑う an|lächeln[4]; an|schmunzeln[4]／馬鹿にしたようににたりとする *jn* dumm an|lächeln.

にたりよったり 似たり寄ったり ⇨**にる**(似る).

にちえい 日英の japanisch-englisch; englisch-japanisch ‖ 日英協会 die Britisch-Japanische Gesellschaft, -en.

にちげん 日限 Termin *m.* -s, -e; Frist *f.* -en; der festgesetzte Tag, -〔e〕s, -e; Zeitpunkt *m.* -〔e〕s, -e／日限を定める einen Termin fest|setzen (aus|machen); eine Frist bestimmen／日限が切れる Die Frist läuft ab.／日限を守る den Termin ein|halten*／来月二日で手形の日限がきれる Der Wechsel wird am 2. nächsten Monats fällig.

にちじ 日時 Zeit *f.* -en; Datum *n.* -s, ..ten 《年月日》／会合の日時をきめる Tag und Stunde der Versammlung (Zusammenkunft) fest|legen.

にちじょう 日常 Alltag *m.* -〔e〕s, -e／日常の 〔all〕täglich; gewohnt; gewöhnlich／日常の仕事 Alltagsbeschäftigung *f.* -en; Routine *f.* -n; der alltägliche Geschäftsgang, -〔e〕s, ⸚e 《会社などの》 ‖ 日常茶飯事 die alltägliche Begebenheit, -en; das alltägliche Ereignis, ..nisses, ..nisse; Alltäglichkeit *f.* -en 《日常の瑣事(さ)》／日常生活 Alltagsleben *n.* -s; das tägliche (gewöhnliche) Leben, -s.

にちどく 日独の japanisch-deutsch; deutsch-japanisch ‖ 日独協会 die Deutsch-Japanische (Japanisch-Deutsche) Gesellschaft, -en／日独交換学生 der deutsch-japanische Austauschstudent, -en, -en (Austauschakademiker, -s, -).

にちにち 日々 täglich; jeden Tag; alle Tage; einen Tag um den anderen; von Tag zu Tag 《日毎に》; Tag für Tag 《日増しに》; tageaus, tagein 《明けても暮れても》.

にちふつ 日仏の japanisch-französisch; französisch-japanisch.

にちべい 日米の japanisch-amerikanisch; amerikanisch-japanisch ‖ 日米安全保障条約 das US-Japanische Sicherheitsabkommen, -s, -.

にちぼつ 日没 Sonnenuntergang *m.* -〔e〕s, ⸚e ‖ 日没前(頃, 後) vor (gegen, nach) Sonnenuntergang.

にちや 日夜 Tag und Nacht; tageaus, tagein 《明けても暮れても》.

にちゃく 二着 der zweite 〔Sieger, -s, -〕／二着になる als Zweiter ans Ziel kommen* [s]／残念ながら二着だった Leider musste ich hinter dem Sieger bleiben.

にちゃにちゃ にちゃにちゃした klebrig 《ねばねば》; kleistrig 《糊のような》; dick¦flüssig (zäh-) 《どろどろ》; breiig 《粥のような》; teigig 《ねり粉のような》; schleimig 《粘液状》; schlammig 《どろんこ》.

にちよう 日曜日 Sonntag *m.* -〔e〕s, -e／日曜日に am Sonntag／日曜毎に jeden Sonntag; sonntags; sonntäglich／次の日曜日に 〔am〕 nächsten (kommenden) Sonntag ‖ 日曜学校 Sonntagsschule *f.* -n／日曜版 Sonntagsausgabe *f.* -n 《新聞の》.

にちよう 日用の täglich; alltäglich; zum täglichen Gebrauch ‖ 日用語 Umgangs-

にちょう 日用 Tagesgebrauch (Rede-) n. -/日用品 der tägliche Bedarf, -[e]s; der tägliche Bedarfsartikel, -s, -; die täglichen Bedarfsgegenstände 《pl》; Haushaltsware f. -n.

にちょう ニ調《楽》D-Dur n. -《長調, 記号: D》; d-Moll n. -《短調, 記号:d》/ニ長調で in D-Dur.

にっか 日課 Tagewerk n. -[e]s, -e; die tägliche Arbeit, -en; das tägliche Pensum, -s, ..sen (..sa); der tägliche Arbeitsturnus, -, ..nusse; der alltägliche Geschäftsgang, -[e]s, ⁼e / 日課を行う das Tagewerk verrichten / 交通事故は今や日課のようなものになった Verkehrsunfälle sind nun an der Tagesordnung. ‖ 日課表 die tägliche Arbeitseinteilung, -en; Stundenplan m. -[e]s, ⁼e《学校の時間割》.

ニッカーボッカー Knickerbocker m. -[s], -[s]; Golfhose f. -n; Kniehose f. -n.

にっかい 肉塊 Fleischklumpen m. -s, -; Fleischschnittchen n. -s, -《ぶち切り》.

にっかん 日韓 japanisch-koreanisch; koreanisch-japanisch.

にっかん 肉感 das sinnliche (fleischliche) Gefühl, -[e]s, -e / 肉感を挑発する fleischliche (sündliche) Lüste reizen / 肉感的 sinnlich; fleischlich; animalisch; lüstern / 肉感的快楽 die Befriedigung der Fleischeslust.

にっかん 日刊 Tages- ‖ 日刊新聞 Tageszeitung f. -en; Tagespresse f. -n《総称》.

にっき 日記 Tagebuch n. -[e]s, ⁼er 《帳》; Logbuch n. 《航海日誌》; Taschenkalender m. -s, -《ポケット日記》/ 日記をつける [ein] Tagebuch führen / 日記につける ins Tagebuch schreiben*⁴.

にっきゅう 日給 Tagelohn m. -[e]s, ⁼e / 日給で働く im Tagelohn arbeiten / 日給で雇う im Tagelohn nehmen*⁴ ‖ 日給取り Tagelöhner m. -s, -.

ニックネーム Spitzname m. -ns, -n.

にづくり 荷造り das Packen*, -s; [Ver]packung f. -en《梱包》/ 荷造りを解く aus|packen*⁴ / 荷造りが不完全な mangelhaft (schlecht) verpackt. —— 荷造りする packen*; ein|packen*; verpacken*⁴ ‖ 主として発送用に》/ 鉄道便向きに (船便向きに) 荷造りする bahnmäßig (seetüchtig) verpacken. ‖ 荷造り人 [Ver]packer m. -s, -/荷造り費 Verpackungskosten 《pl》.

につけ 煮つけ Gemüseplatte f. -n《野菜の》; das gekochte Fisch, -es《魚の》.

にっけい 肉桂 Zimt m. -[e]s, -e.

にっけい 日系 von japanischer Herkunft ‖ 日系米人 Japaner 《m. -s, -》mit amerikanischer Staatsangehörigkeit.

にっけいれん 日経連 der Japanische Arbeitgeber-Zentralverband, -[e]s, ⁼e.

ニッケル Nickel m. -s / ニッケルめっきをする vernickeln*; mit Nickel überziehen*⁴《plattieren》.

にっこう 日光 Sonnen|licht n. -[e]s (-strahl m. -[e]s; -schein m. -[e]s) / 日光にさらす an (in) die Sonne legen*⁴; sonnen*⁴; in der Sonne trocknen*⁴《乾かすため》/ 日光のよくあたる sonnen|beschienen (-überflutet)/日光で漂白する in der Sonne bleichen*⁴ ‖ 日光消毒 die Desinfektion (-en) durch Sonnenstrahl / 日光浴 Sonnenbad n. -[e]s, ⁼er / 日光浴をする in der Sonne liegen* (sitzen*)/日光浴室 Glasveranda f. ..den/日光療法 Sonnentherapie f. -n.

にっこり にっこりする an|lächeln*⁴《相手の顔を見て》; schmunzeln / にっこりともしない keine Miene verziehen*; mit eisiger (eiserner) Miene《にこりともしないで》.

にっさん 日産 Tagesleistung f. -en《機械などの製造高》; Tagesförderung f. -en《石炭などの》.

にっさん 日参する tagtäglich besuchen*⁴; jeden Tag einen Besuch ab|statten《jm》/ あの男は私の所に日参したのだ Er kam zu mir tagtäglich.

にっし 日誌 Tagebuch n. -[e]s, ⁼er. ⇨にっき.

にっしゃびょう 日射病 Sonnenstich m. -[e]s, -e / 日射病にかかる einen Sonnenstich bekommen*.

にっしょう 日照時[An]recht 《n. -[e]s, -e》 auf Sonnenschein / 日照時間 Zeit 《f. -n》 der Sonnenanstrahlung (Bestrahlung).

にっしょうき 日章旗 die Flagge 《-n》 der Aufgehenden Sonne.

にっしょく 日食 Sonnenfinsternis f. ..nisse.

にっしんげっぽ 日進月歩の Tag für Tag, Monat für Monat [immer] fortschreitend; Tag um Tag, Monat um Monat vorwärts kommend / 日進月歩の今日は in diesem Zeitalter der raschen Fortschritte.

にっすう 日数 die [An]zahl der Tage; Tage 《pl》; Zeit f. -en / そんなに日数はかかりません So viele Tage brauchen wir nicht.

にっちもさっちも にっちもさっちもいかない weder vorwärts noch rückwärts können*; weder aus noch ein wissen*; [eklig] in der Klemme sein; schön in der Tinte (Patsche) sitzen* (stecken); aufgeschmissen sein / にっちもさっちもいかなくなる schön in die Tinte geraten*⁴ §: Es gibt kein Aus- und Weiterkommen [mehr].

にっちゅう 日中《昼間》Tageszeit f. -en / 日中は(に) am [hellen; hellrichten] Tag; bei Tag; zur Tageszeit / 日中から何時でも zu jeder Tageszeit; zu allen Tageszeiten / 彼は日中でも働いています Er arbeitet am (bei) Tag.

にっちゅう 日中の japanisch-chinesisch; chinesisch-japanisch.

にっちょく 日直 Tagesdienst m. -[e]s, -e / 今日は日直だ Heute habe ich Dienst am Tag. : Ich bin heute im Tagesdienst.

にってい 日程 Tagesordnung f. -en《議事などの》; Reiseprogramm n. -s, -e《旅行の》/ 日程にのせる auf die Tagesordnung setzen*⁴ / 日程にのっている auf der Tagesordnung stehen* / 日程から除く von der Tagesordnung ab|setzen*⁴; aus der Tagesordnung streichen*⁴ / 日程に入る zur Tagesordnung über|gehen* §/旅の日程を作る ein Reiseprogramm auf|stellen.

にっと にっと笑う grinsen; feixen; die Zähne flecken (fletschen) ⟨gegen⁴⟩.

ニット ニットのジャケット Strickjacke f. -n/ニットのワンピース Strickkleid n. -[e]s, -er ‖ニット製品 Strickwaren ⟨pl⟩.

にっとう 日当 Tagegeld n. -[e]s, -er ⟨出張旅行などの⟩; Tagelohn m. -[e]s, -e ⟨労働者などの⟩/彼は日当八千円もらっている Sein Lohn beträgt 8 000 Yen pro Tag./旅行中日当一万円を支給する Während der Reise erhalten Sie eine Aufwandsentschädigung in Höhe von 10 000 Yen pro Tag.

ニッパー Zwick|zange (Nagel-; Beiß-) f. -n.

にっぽう 日報 [新聞] Tagesblatt n. -[e]s, ¨er; Tagespresse f. -n; [報告] Tagesbericht m. -[e]s, -e; Tagesmeldung f. -en; Tagesneuigkeiten ⟨pl ニュース⟩.

にっぽん 日本 ⇨にほん.

につまる 煮つまる ein|kochen ⟨S⟩/スープが煮まった Die Suppe ist eingekocht.

にづみ 荷積み das [Be]laden*, -s; Ladung f. -en; Fracht f. -en ⟨積荷⟩. ── 荷積みする laden*⁴ ⟨auf⁴; in⁴; mit³⟩; beladen* ⟨mit³⟩; befrachten⁴ ⟨mit³⟩; verladen*⁴ ⟨mit³⟩ ⟨以上の動詞及び前置詞の目的語に注意, 例文参照⟩/船に木材を荷積みする das ⁴Schiff mit Holz laden*; Holz auf (in) das ⁴Schiff laden*/石炭を船に荷積みする das ⁴Schiff mit Kohlen beladen* (verfrachten); ⁴Kohlen auf (in) das Schiff verladen*.

につめる 煮つめる ein|kochen⁴ ⟨ジャムなどを作るとき⟩; aus|kochen⁴ ⟨だしをとるとき⟩.

にてひなる 似て非なる ⇨にせ.

にと 二兎を追う一兎をも得ず Wer zweierlei zugleich will, bekommt keines von beiden. ‖ ⁴sich zwischen Stühle setzen ⟨二兎を追う⟩.

にど 二度 zweimal; noch einmal/二度目 das zweite Mal, -[e]s -e/二度目の der zweite*/二度目に zum zweiten Mal/二度としない twiederwun tun*/二度染め(塗り)の二度としない い機会 die nie wiederkehrende Gelegenheit./二度とない機会

にとう 二等 die zweite Klasse, -n ⟨列車など⟩; der zweite Rang, -[e]s, ¨e ⟨劇場, 但しドイツでは三階席⟩; Sperrsitz m. -es, -e ⟨映画館, 階下の中央あたり, ドイツでは後方は上階⟩; der zweite Platz, -es, ¨e ⟨競技⟩/二等の der zweite ²Klasse; des zweiten ²Ranges ⟨二級の⟩/二等の; zweitklassig; zweitrangig ⟨二流の⟩/二等で ゴールインする als Zweiter ins (durchs) Ziel kommen* ⟨S⟩; zweiter hinter dem Sieger sein ⟨一等が⟩/せいぜい二等しか望まない allenfalls ein Anwärter auf Platz 2 sein. ¶ ボンまで二等[往復]の二枚 zwei Zweiter ⟨Rückfahrkarten⟩ nach Bonn/二回目の投擲⟨計⟩でもう二等に落ちた Schon nach dem zweiten Wurf fiel er auf den zweiten Rang zurück. ‖ 二等国 eine Macht ⟨¨e⟩ zweiten Ranges/二等車 Zweiter-Klasse Wagen m. -s, -/二等賞 der zweite Preis, -es -e/二等親 ein Verwandter* ⟨m. ..ten, ..ten⟩ zweiten Grades/二等船室 die Kabine ⟨-n⟩ der Touristenklasse (der zweiten Klasse).

にとうだて 二頭立の馬車 Zweigespann n. -[e]s, -e; Zweispänner m. -s, -.

にとうぶん 二等分する [数] halbieren⁴; in zwei Hälften teilen⁴; in zwei gleiche Teile zerschneiden*⁴ ‖ 二等分線 Mittellinie f. -n.

にとうへんさんかっけい 二等辺三角形 gleichschenkliges Dreieck, -[e]s, -e.

ニトログリセリン Nitroglyzerin n. -s.

になう 担う ❶ [かつぐ] tragen*⁴ ⟨auf der Schulter 肩に; auf dem Rücken 背に; im Rucksack リュックサックに入れて⟩; nehmen*⁴ ⟨auf die Schulter; auf den Rücken⟩; schultern⁴ ⟨特に銃を⟩. ❷ [引き受ける] auf ⁴sich nehmen*⁴; übernehmen*⁴ ⟨栄誉を担う⁴sich mit Ruhm bedecken (担よ銃に[立つ])⟩ Das Gewehr über!

にん 二人乗り Zweisitzer m. -s, -/二人乗りの zweisitzig/二人三脚 Dreibeinlauf m. -[e]s, ¨e.

にぬし 荷主 Absender m. -s, -; Konsignant m. -en, -en ⟨荷送り人⟩; Befrachter (Verfrachter) m. -s, -; Einsender m.; der Eigentümer ⟨-s, -⟩ der Güter.

にのあし 二の足を踏む zögern ⟨mit³; zu 不定詞句⟩; Bedenken haben (hegen; tragen*) ⟨zu 不定詞句⟩; ⁴sich scheuen ⟨vor³⟩; zurück|schrecken*⟨¹ ⟨S⟩ ⟨vor³⟩⟩.

にのうで 二の腕 Oberarm m. -[e]s, -e.

にのく 二の句がつげない [einfach] sprachlos sein ⟨vor³⟩; baff (platt) sein ⟨über⁴⟩; [俗] Mir bleibt die Spucke weg.

にのぜん 二の膳 das zweite gedeckte Tischchen ⟨-s, -⟩ ⟨beim japanischen Festmahl⟩.

にのつぎ 二の次の sekundär; untergeordnet /二の次にする eine Sache beschlafen [lassen*]; auf die lange Bank schieben*; zu links liegen lassen*/そのことは二の次にして ... ⁴et beiseite ⟨例: Spaß beiseite⟩; um auf ⁴et zurückzukommen ⟨...に話を戻すとして⟩.

にのまい 二の舞を演じる denselben Fehler (dieselbe Dummheit) begehen* (machen) ⟨wie⟩; dummerweise in js Fuß[s]tapfen treten* ⟨S⟩.

～には um ... an; damit; auf dass ...; für ...; zu³/学生には für Studenten/金をもうけるには zum Geldgewinnen; um Geld zu machen; wenn Sie Geld verdienen wollen/成功するには um Erfolg zu haben/新聞によれば nach der Zeitung/私には für mich; mir/私個人として思うには meiner persönlichen Meinung (Ansicht) nach/[その他前置詞句を文面におくことによって] 東京にはそういうものはない In Tokio gibt es so etwas nicht./日曜には学校はない Am Sonntag ist keine Schule. [nicht の部分否定により] Wir gehen nicht sonntags zur Schule./五時頃までには戻ります Bis gegen 5 Uhr bin ich wieder da (komme ich zurück)./十歳の時にはもう頭角をあらわしていた Als zehnjähriges Kind hat er sich schon hervorgetan. ¶ 行くには行ったが, うまく行かなかった Ich bin zwar hinge-

にばい 二倍 doppelt／二倍になる *sich ver|doppeln*／二倍にする verdoppeln⁴／彼は私の二倍も稼いでいる Er verdient doppelt so viel wie ich. ⇨ばい．

にばしゃ 荷馬車 Pferd|karren *m.* -s, - (-karre *f.* -n).

にばん 二番 **❶**《順位》Nummer zwei《略：Nr.2》; der Zweite*／クラスの二番 der Zweite* der Klasse／二番町まで行く mit dem zweiten Zug fahren*. **❷**《度数》zweimal《二度》; zum zweiten Mal《二度め》. ‖二番せんじ Wieder|holung *f*. -en《-gabe *f*. -n》.

にびょうし 二拍子 Zweivierteltakt *m.* -(e)s.

ニヒリスト Nihilist *m.* -en, -en.
ニヒリズム Nihilismus *m*. -.

にぶ 二部 zwei Teile《*pl* 巻》; zwei Bände《*pl* 冊》; zwei Exemplare《*pl* 冊》／契約書を二部送る den Vertrag in zweifacher Ausfertigung schicken‖二部合唱〔奏〕Duett *n.* -(e)s, -e／二部教育 Unterricht《*m*. -(e)s, -e》in zwei Schichten.

にぶい 鈍い stumpf《刃物・頭》; [光] glanzlos; matt; [色] trüb(e); blass; [音] dumpf《鈍感・愚鈍》empfindungslos; dick|fellig《-häutig; -köpfig》; schwerfällig／頭の鈍い奴だ Er ist stumpfsinnig.／Er hat eine lange Leitung.

にふだ 荷札 Anhänger *m.* -s, -; Anhängeschild *n.* -(e)s, -er.

にぶね 荷船 Fracht|schiff *n.* -(e)s, -e (-kahn *m.* -s, ̈e); Leichter *m.* -s, -《はしけ》.

にぶる 鈍る stumpf werden;《'sich》ab|stumpfen《感覚にも》; wanken s.h.《in seinem Entschluss 決心が》; erschlaffen《気力が》／腕〔記憶〕が鈍る Seine Fähigkeit《sein Gedächtnis》lässt nach.／感覚が鈍る Der Sinn speist *et* ab.／慣れっこになって勘が鈍ったりする Lange Angewohnheit hat mich abgestumpft. —— 鈍らせる stumpf machen*; ab|stumpfen⁴.

にぶん 二分する in zwei《gleiche》Teile teilen⁴; halbieren⁴／二分の一 halb‖二分音符 eine halbe Note, -n／二分休符 eine halbe Pause, -n.

にべ 魚膠 Hausenblase *f*. -.／にべもなく断わる rundweg ab|schlagen*⁴; glatt ab|lehnen⁴; schroff ab|sagen⁴; *jn* ab|blitzen lassen*《はねつける》／にべもない態度である kurz angebunden sein*／にべもない返事だった Er antwortete nur barsch.

にほん 日本 Japan *n.* -s／日本の japanisch／日本製の in Japan hergestellt; selbst|gemacht《-hergestellt》《国産の》／日本化する japanisieren*‖日本アルプス die Japanischen Alpen《*pl*》／日本画 die japanische Malerei, -en; das japanische Gemälde, -s, -／日本学 Japanologie *f*.; Japankunde *f*. -n／日本髪 die japanische Haartracht, -en／日本銀行 die japanische Staatsbank,

-en／日本語 die japanische Sprache, -n; das Japanische*, -n; Japanisch *n.*《一・四格のみ》／日本語で auf Japanisch im Japanischen; japanisch／日本語からドイツ語へ訳す aus dem Japanischen ins Deutsche übersetzen⁴／よい日本語を私の下手なドイツ語に訳す aus gutem Japanisch in mein schlechtes Deutsch übersetzen／日本人 Japaner *m.* -s, -; Japanerin *f*. ..rinnen《女》／日本脳炎 die japanische Gehirnentzündung, -en／日本晴 das wolkenlose heitere〔herrliche〕Wetter, -s／日本品 das japanische Erzeugnis, ..nisses, ..nisse／日本風〔式〕die japanische Art〔und Weise〕; der japanische Stil, -(e)s, -e／日本料理 die japanische Küche, -n.

にほんだて 二本立て Zweizwecksystem *n.* -s, -e; Doppelprogramm *n.* -s, -e／この映画館は二本立てです In diesem Theater laufen zwei Hauptfilme.

にまい 二枚 zwei Blätter〔Bogen〕《*pl*》／二枚の zwei|blätterig〔-flügelig〕; Doppel-／二枚の紙 zwei Blatt〔zwei Stück〕Papier‖二枚折り Folio *n.* -s, -s《..lien》; Folioblatt *n.* -(e)s, ̈er／二枚折り屏風 die zweiflügige〔Steh〕wand, ̈e／二枚舌 Doppelzüngigkeit *f*.／二枚舌の doppelzüngig／彼は二枚舌を使う Er redet mit gespalter Zunge.／二枚目 Liebhaberrolle *f*. -n《役》; Liebhaber *m.* -s, -《人》／彼は二枚目だ Er spielt die Rollen des Liebhabers.

にまめ 煮豆 die gekochten Bohnen《*pl*》.

〜にも auch; noch; selbst; -weise. ¶君にもそういうことはありうる Auch dir kann es so gehen (so etwas passieren).／そんなことは夢にも考えなかった Das habe ich mir auch (selbst) nicht im Traum einfallen lassen.／明日といわず今晩にも〔今いう今にも〕, 今日の午後のうちにも〕やっておきましょう Ich werde das nicht morgen, sondern noch heute Abend〔noch in dieser Minute, noch im Laufe des heutigen Nachmittags〕tun.／愚かにもそれを洩らしてしまった Dummerweise habe ich es verraten.／泣くにも泣けぬ Ich weiß nicht, ob ich weinen oder lachen soll.／冗談にも程がある Es wird mir zu bunt.

にもうさく 二毛作 die zwei Ernten《*pl*》im Jahr／この辺は二毛作です Hier erntet man zweimal im Jahr.

にもつ 荷物 Gepäck *n.* -(e)s, -e; Sachen《*pl* 手回り品》; Last *f*. -en《積荷》; Ladung *f*. -en《載貨・貨物》;《俗》Klamotten《*pl*》; もつ（手荷物）／荷物を積む laden*⁴《例：*et* auf den Wagen; den Wagen mit *et*》; be|laden*⁴《*mit*³》; auf|laden*⁴／荷物をおろす laden⁴《*aus*³》; aus|laden⁴《*aus*³》; entladen⁴《例：ein ⁴Schiff; einen Wagen》／荷物を預ける ein Gepäck auf|geben*《発送のため》; ein Gepäck aufbewahren lassen*《一時間》／網棚に荷物を上げる〔おろす〕《例：》die Sachen in das Gepäcknetz legen《aus dem Gepäcknetz herunter|nehmen*》.

にもの 煮物 das Kochen*, -s《料理》; die warme Speise, -n; etwas Gekochtes《食

物》/煮物をする kochen⁴.

にゃあ にゃあと鳴く miauen.

にやく 荷役 Be- und Ausladen* *n.* des – und –s/石炭の荷役をする Kohle auf|laden* 《*auf⁴*》.

にやけた stutzerhaft; affig; erkünstelt; geckenhaft; geziert; zimperlich 《きざな》; 〖俗〗etepetete/にやけた男 Stutzer *m.* –s, –; Geck *m.* –en, –en; 〔Patent〕fatzke *m.* –n, –n/にやける stutzerhaft sein.

にやっかい 荷厄介な lästig; belastend; beschwerlich; hinderlich; störend/荷厄介にする *jn* als eine schwere Belastung für ⁴sich betrachten/荷厄介になる *jm* lästig werden (sein); *jm* zur Last fallen* [s]/この冬オーバーが荷厄介になってきた Dieser Wintermantel ist mir jetzt lästig./大きな財産をかかえているのはかえって荷厄介だ Der große Besitz ist vielmehr eine Belastung.

にやにや にやにや笑う grinsen; grienen 《軽蔑的に》; feixen 《したり顔に》; einfältig lächeln 《気どって》; schmunzeln 《ほくそえむ》. ⇨**にやり**.

にやり にやりとする lächeln 《悪意をもつ場合も》; die Zähne blecken (fletschen) 《おどして》; ³sich in den Bart lachen 《ほくそ笑む》/我が意を得たりというようににやりとする zustimmend lächeln. ⇨**にやにや**.

ニュアンス Nuance *f.* –n; Abschattierung *f.* –en; Abstufung *f.* –en; 〔Ab〕tönung *f.* –en/ニュアンスのある文学 die Dichtung 《–en》 mit feinen Nuancen; die fein abschattierte Dichtung.

ニュー neu ‖ ニュースタイル der neue Stil, –〔e〕s, –e; die neue Art, –en/ニューファッション die neue Mode, –n/ニューフェース das neue Gesicht, –〔e〕s, –er; der neue Star, –s, –s.

にゅういん 入院 der Eintritt 《–〔e〕s, –e》 (die Aufnahme, –n) ins Krankenhaus (Hospital)/入院中である im Krankenhaus liegen*. —— 入院する ins Krankenhaus aufgenommen werden. —— 入院させる in einem Krankenhaus unter|bringen* 《*jn*》. ‖ 入院患者 der klinische Patient, –en, –en (Kranke*, –n, –n); Krankenhauspatient *m.* –en, –en/入院手続 die zum Eintritt (zur Aufnahme) ins Krankenhaus (Hospital) nötigen Formalitäten 《*pl*》/入院料 Krankenhaus¦〔un〕kosten (Hospital–) 《*pl*》.

にゅうえい 入営 der Eintritt 《–〔e〕s, –e》 ins Heer/入営する ins Heer ein|treten* [s]; 〔zur Fahne〕 einberufen werden; ¹Soldat werden.

にゅうえき 乳液 Milchsaft *m.* –〔e〕s, ⸗e 《植物の》; Gesichtmilch *f.* 《化粧用》.

にゅうか 入荷 die Ankunft 《⸗e》 neuer, den Vorrat ergänzender Waren.

にゅうか 乳菓 Milchbonbon *m.* (*n.*) –s, –s; Laktokuchen *m.* –s, –.

にゅうか 乳化する emulgieren⁴ ‖ 乳化剤 Emulgierungsmittel *n.* –s, –.

にゅうかい 入会 Eintritt 《*m.* –〔e〕s, –e》 in einen Verein 《Verein は…会と具体的にいう》; Beitritt *m.* –〔e〕s, –e; das Mitglied¦werden* (Teilnehmer–), –s/入会を申し込む um den Eintritt an|suchen; ⁴sich um Mitgliedschaft bewerben*. —— 入会する in einen Verein ein|treten* [s]; einem Verein bei|treten* [s]; ¹Mitglied (Teilnehmer) werden. ‖ 入会許可 Eintritts¦erlaubnis (Aufnahme–) *f.* ..nisse/入会金 Eintritts¦geld (Beitritts–) *n.* –〔e〕s, –er; Aufnahmegebühr *f.* –en/入会者 der Beitretende*, –n, –n; das neue Mitglied, –〔e〕s, –er; der neu Aufgenommene*, –n, –n.

にゅうかく 入閣 der Eintritt 《–〔e〕s, –e》 (die Aufnahme, –n) ins Kabinett/入閣する ins Kabinett ein|treten* [s]; ¹Kabinettsmitglied werden; einen Platz im Kabinett bekommen*.

にゅうがく 入学 der Eintritt 《–〔e〕s, –e》 in die Schule; Immatrikulation *f.* –en 《大学》/入学を許可する auf|nehmen* 《*jn* in die Schule》; immatrikulieren 《*jn* 大学へ》. —— 入学する ein|treten* [s] 《in die Schule》; aufgenommen werden 《in die Schule》; immatrikuliert werden/息子を大学へ入学させるのが父の願いである Der Wunsch des Vaters geht dahin, seinen Sohn studieren (die Hochschule besuchen (beziehen)) zu lassen. ‖ 入学願書 Eintritts¦gesuch (Aufnahme–) *n.* –〔e〕s, –e/入学期 Eintritts¦zeit (Aufnahme–) *f.* –en; Eintritts¦frist (Aufnahme–) *f.* –en; Eintritts¦termin (Aufnahme–) *m.* –s, –e/入学許可 Eintritts¦erlaubnis (Aufnahme–) *f.* ..nisse; Immatrikulation 《大学への》/入学金 Eintritts¦geld (Aufnahme–) *n.* –〔e〕s, –er/入学志願者 Eintritts¦aspirant *m.* –en, –en (–bewerber *m.* –s, –)/入学試験 Eintritts¦prüfung (Aufnahme–) *f.* –en (*od.* –examen *n.* –s, ..mina)/入学試験を受ける ⁴sich der Eintrittsprüfung unterziehen*/入学難 Eintrittsnöte 《*pl*》.

にゅうがん 乳癌 〖医〗Brust¦krebs (Mamma–) *m.* –es, –e.

にゅうぎゅう 乳牛 Milchkuh *f.* ⸗e.

にゅうきょ 入渠 das 〔Ein〕docken*, –s; die Unterbringung 《–en》 im Dock. —— 入渠させる 〔ein Schiff〕 〔ein|〕docken (im Dock unter|bringen*). —— 入渠する ⁴sich 〔ein|-〕docken; ins Dock kommen* (gehen*) [s] ‖ 入渠船 das auszubessernde Schiff 《–〔e〕s, –e》 im Dock/入渠料 Dock¦gebühren (Unterbringungs–) 《*pl*》.

にゅうきょ 入居する ein|ziehen* [s] 《*in⁴*》; in eine Wohnung ziehen* [s]; beziehen* 《ein Haus や eine Wohnung などが目的語》 ‖ 入居者 〔Haus〕bewohner *m.* –s, –; Einwohner; Mieter *m.* –s, – 《借家人》; Insasse *m.* –n, –n 《施設などの》.

にゅうぎょう 乳業 Molkerei *f.* –en; Milchwirtschaft *f.* –en; Meierei *f.* –en.

にゅうきん 入金 〔Bar〕bezahlung *f.* –en; das eingezahlte Geld, –〔e〕s, –er; das erhaltene Geld 《受け取った金》; das eingenommene Bargeld 《同上》; Teil¦zahlung (Raten–) *f.* –en 《一部の》; die teilweise Zahlung 《同上》. —— 入金する 〔bar〕 bezahlen⁴; teilwei-

にゅうこ se (auf ⁴Abschlag; in ³Raten) zahlen⁴; teilweise (nach und nach; auf Abschlag; in ³Raten) erhalten*⁴. ‖ 入金伝票 der Zettel 〈-s, -〉 (Beleg. -[e]s, -e) für eingezahlte Gelder.

にゅうこ 入庫 ❶ das Einspeichern* ([Ein]lagern*) 〈-s〉 (von Waren) 《商品の》. ❷ [車両の] das Einfahren* 〈-s〉 (eines Wagens) ins Depot; das Abstellen* 〈-s〉 eines Wagens. —— 入庫する ❶ [商品を] Waren (pl) ein|speichern ([ein]lagern). ❷ [車両が] ins Depot ein|fahren* ⓢ (ab|stellen* von Wagen).

にゅうこう 入港 das Einlaufen* 〈-s〉 (in einen Hafen); Einlauf m. -[e]s, ⸚e; Hafeneinfahrt f. -en. —— 入港する in einen Hafen ein|laufen* (ein|fahren*) ⓢ; einen Hafen an|laufen* (erreichen*) / 日本丸は十日神戸に入港した Die Nipponmaru ist am 10. in Kobe eingelaufen. ‖ 入港証明書 das Zertifikat 〈-[e]s, -e〉 über das Einlaufen/入港税 Hafen|zoll m. -[e]s, ⸚e (-steuer f. -n)/入港手数料 Hafen|gebühren (-gelder) (pl)/入港手続 Einfahrts|verfahren n. -s 〈-formalitäten (pl)〉.

にゅうこく 入国 Einreise (f. -n) in ein [fremdes] Land; Einwanderung f. -en; Immigration f. -en 《移住》/入国を禁止する die Einreise verbieten* (jm). —— 入国する in ein [fremdes] Land ein|reisen ⓢ/オーストリアへ入国する nach Österreich ein|reisen ‖ 入国管理局 Einwanderungsbehörde f. -n 《移民の》/入国許可 Einreise|erlaubnis f. ..nisse; Einwanderungserlaubnis f. ..nisse/入国禁止 Einreise|verbot n. -[e]s, -e/入国査証 Einreise|visum n. ..s/..sa/入国者 der Eingereiste*, -n, -n/入国制限 Einwanderungsbeschränkung f. -en 《移民の》.

にゅうごく 入獄 Einkerkerung f. -en; das Im-Gefängnis-Sitzen*, -s. —— 入獄させる ein|kerkern (jn); ins Gefängnis (in den Kerker) stecken (schicken; werfen*) (jn); gefangen|setzen (jn). —— 入獄する eingekerkert werden; ins Gefängnis (in den Kerker) gesteckt (geschickt; geworfen) werden; gefangengesetzt werden.

にゅうざい 乳剤 Emulsion f. -en.

にゅうさつ 入札 [Lieferungs]angebot n. -[e]s, -e; [Arbeits]ausschreibung f. -en; Submission f. -en; Verdingung f. -en. —— 入札する submittieren; an einer Submission teil|nehmen*; ⁴sich um einen Auftrag bewerben* / 入札に付する durch (in) Submission kaufen⁴ oder verkaufen⁴; in ⁴Submission geben*. ‖ 入札者 Bewerber m. -s, -; Bieter m. -s, -; Submittent m. -en, -en/入札売買 Kauf oder Verkauf durch⁴ (in³) Submission.

にゅうさん 乳酸 Milchsäure f. ‖ 乳酸塩 Laktat n. -[e]s, -e; Milchsäuresalz n. -es, -e/乳酸菌 Milchsäurebazillus m. -, ..zillen.

にゅうし 乳歯 Milchzahn m. -[e]s, ⸚e.

にゅうじ 乳児 Säugling m. -s, -e; Baby n.

960

ニュース

-s, -s; das noch nicht entwöhnte Kind, -[e]s, -er.

ニュージーランド Neuseeland n. -s/ニュージーランドの neuseeländisch ‖ ニュージーランド人 Neuseeländer m. -s, -.

にゅうしゃ 入社する in eine [Handels]firma ein|treten* ⓢ; js ¹[Geschäfts]partner (Teilhaber) werden (一員として); ʻMitglied der Redaktion werden (編集局に).

にゅうしゃかく 入射角 Einfallswinkel m. -s, -.

にゅうじゃく 柔弱 Weichlichkeit f.; Schwächlichkeit f.; Verweichlichung f.; das weibische Wesen, -s/柔弱な weichlich; schwächlich; verweichlicht; weibisch.

にゅうじゃく 入寂 Nirwana n. -[s].

にゅうしゅ 入手 Erlangung f. -en; Erhaltung f. -en; Erreichung f. -en; Erwerbung f. -en; Beschaffung f. -en; Erstehung f. -en. —— 入手する erlangen⁴; ³sich beschaffen⁴; erhalten*⁴; erreichen⁴; erwerben*⁴; erstehen*⁴/やっとその本を入手することができた Endlich habe ich mir das Buch anschaffen können. ‖ 入手価値 Erstehungswert m. -[e]s, -e.

にゅうしょう 入賞する einen (den) Preis bekommen* ‖ 入賞者 Preisträger m. -s, -.

にゅうじょう 入場 Ein|tritt (Zu-) m. -[e]s, -e; Ein|lass (Zu-) m. -es, ⸚e ‖ 入場禁止 Eintritt verboten! 《掲示》/入場券 Eintritts|karte (Zutritts-) f. -en; Einlass|karte (Zulassungs-) ❖ 俗に -karte の代わりに -billett n. -[e]s, -e (-s), また -zettel m. -s, -も用いる, 入場料の場合は -geld n. -[e]s, -er; -gebühren (pl), -preis m. -es, -e を使えばよい; Bahnsteigkarte (駅の)/入場券売場 Kasse f. -n (Billett-) m. -s, -/(駅などの)入場者 Besucher m. -s, -; Publikum n. -s 《総称的》; Besucherschaft f. 《同上》/入場随意 Jedermann zugänglich! 《掲示》; Eintritt wilkommen! 《同上》/入場無料 Eintritt frei! 《掲示》.

にゅうじょう 乳状の milchartig; milchig.

にゅうじょう 入城する einen triumphierenden Einzug in eine Festung halten*.

にゅうしょく 入植する ein|wandern ⓢ; immigrieren ⓢ.

にゅうしょくガラス 乳色ガラス Milchglas n. -es, ⸚er; das milchweiße Glas, -es, ⸚er.

にゅうしん 入神 göttlich/入神の技《プレー》 göttliches Können, -s, - (Spiel n. -[e]s, -e).

ニュース Nachrichten (pl); Neuigkeiten (pl); Neues* n. /ニュースが入る Eine Nachricht trifft ein (geht ein; kommt an). ‖ ニュースアナウンサー Nachrichtensprecher m. -s, -/ニュース解説 der Kommentar 〈-s, -e〉 zu Neuigkeiten/ニュース解説者 der Kommentator 〈-s, -en〉 von Neuigkeiten/ニュース放送 Nachrichtensendung f. -en/海外(国内)ニュース die auswärtigen (inneren) Nachrichten; Tagesnachrichten / 電光

にゅうせいひん ニュース Lichtnachrichten; Nachrichten durch ⁴Leuchtbuchstaben.

にゅうせいひん 乳製品 Milchprodukt *n*. -[e]s, -e.

にゅうせき 入籍 die Eintragung 《-en》 [des Namens] ins Familienregister／入籍する *js* Namen ins Familienregister ein|tragen* [lassen*].

にゅうせん 乳腺 Mamma *f*. -e; Brust|drüse (Milch-) *f*. -n.

にゅうせん 入選する aufgenommen werden; eine Aufnahmeprüfung bestehen*‖入選する展入選画 ein in eine Kunstausstellung aufgenommenes Gemälde, -s, -; ein Gemälde, das die Prüfung des Aufnahmeausschusses einer Kunstausstellung bestanden hat.

にゅうたい 入隊 der Eintritt 《-[e]s, -e》 in eine Truppeneinheit‖入隊者 Rekrut *m*. -en, -en.

にゅうちょう 入超 der Überschuss 《-es, ¨e》 der Einfuhr (des Imports) über die Ausfuhr (den Export); die Unterbilanz 《-en》 im Außenhandel.

にゅうでん 入電 das eingetroffene Telegramm, -s, -e; die angekommene Drahtnachricht, -en／…の旨入電あり Ein Telegramm ist eingetroffen, in dem es heißt, dass ….／Eine Drahtnachricht ist angekommen, in dem es heißt, dass ….

にゅうとう 入党 der Eintritt 《-[e]s, -e》 in eine politische Partei; das Mitgliedwerden* 《-s》 bei einer politischen Partei／入党する in eine politische Partei ein|treten* ⓢ; ¹Mitglied einer politischen Partei werden.

にゅうとう 乳頭 Papille *f*. -n; [Brust]warze *f*. -n.

にゅうとう 乳糖 Laktose *f*.; Milchzucker *m*. -s.

にゅうどう 入道 Laien|bonze *m*. -n, (-priester *m*. -s, -)‖入道雲 Kumulus|wolke (Haufen-) *f*.; eine turmhoch aufragende Wolkenmasse, -n／大入道 Monstrum *n*. -s, ..stren; Ungeheuer *n*. -s, -; [巨人] Gigant *m*. -en, -en; Hüne *m*. -n, -n; Koloss *m*. -es, -e; Riese *m*. -n, -n.

ニュートリノ Neutrino *n*. -s, -s.

ニュートロン Neutron *n*. -s, -en.

にゅうねん 入念な sorgfältig; peinlich／入念に mit ³Sorgfalt; peinlich／入念に仕上げた sorgfältig ausgearbeitet.

にゅうばい 入梅[時] Regenzeit *f*. -en; Regenmonate 《*pl*》／入梅になる Die Regenzeit setzt ein. (梅雨).

にゅうはくしょく 乳白色の milchweiß.

にゅうばち 乳鉢 Mörser *m*. -s, -.

にゅうひ 入費 [Un]kosten 《*pl*》; Aus|gaben (-lagen) 《*pl*》; Spesen 《*pl*》／入費に構わず ohne ⁴Rücksicht auf (unbekümmert um) die ⁴Unkosten／入費お構いなしの人だ Bei ihm spielt Geld keine Rolle.／この仕事は入費がかさむ Bei diesem Geschäft sind die Unkosten (Spesen) zu hoch.⇨ひよう.

にゅうぼう 乳棒 [Mörser]keule *f*. -n; Pistill

にゅうもん 入門 ❶ [弟子入り] der Eintritt 《-[e]s, -e》 in eine Privatanstalt; das Schülerwerden* 《-s》 bei einem Meister. ❷ [初歩の書] Ein|führung *f*. -en (-leitung *f*. -en); Anfangsgründe 《*pl*》; Fibel *f*. -n; Leitfaden *m*. -s, ¨; Rudimente 《*pl*》／入門者用 für ⁴Anfänger／ドイツ語入門 das Elementarbuch 《-[e]s, ¨er》 (das ABC, -, -) der deutschen Sprache. ── 入門する in eine Privatanstalt ein|treten* ⓢ; bei einem Meister ¹Schüler werden.

にゅうよう 入用な erforderlich (*für*⁴); geboten (*zu*³); nötig (*zu*³); notwendig (*für*⁴)／…が入用である bedürfen*²; brauchen⁴; suchen⁴; verlangen⁴; nötig haben⁴／…は入用でない Es besteht kein Bedürfnis nach ….／しかじかの金額がどうしても入用です Die und die Summe ist absolut erforderlich.

にゅうようじ 乳幼児 Säuglinge und Kleinkinder 《*pl*》.

にゅうよく 入浴 Bad *n*. -[e]s, ¨er; das Baden*, -s／入浴する baden; ein Bad nehmen*.

にゅうりょく 入力 ⇨インプット.

にゅうろ 入路 Einfahrt *f*.

にゅうわ 柔和 Sanftheit *f*.; Sanftmütigkeit *f*.; Milde *f*.／柔和な sanft[mütig]; mild[e]／羊のように柔和な男だ Er ist lammfromm.

にゅっと urplötzlich; jäh[lings]; unvermittelt／暗闇からにゅっと手が出た Eine Hand fuhr aus der Dunkelheit wie aus der Pistole geschossen heraus.

にょう 二様の zweierlei; zwei／二様に zweierlei／二様に表現できる Es gibt zwei Ausdrucksmöglichkeiten.／この文章は二様に解釈できる Diesen Satz kann man zweierlei auslegen.

にょう 尿 Urin *m*. -s, -e; Harn *m*. -[e]s／尿様の urinös; harnartig／尿をする urinieren; harnen‖尿瓶 Urinal *n*. -s, -e; Urin|flasche *f*. -n (-glas *n*. -es, ¨er).

にょうい 尿意 kleines Bedürfnis, ..nisses, ..nisse／尿意を催す ein Bedürfnis haben; ein menschliches Rühren fühlen.

にょうかん 尿管 Harnleiter *m*. -s, -; Ureter *m*. -s, -en.

にょうけんさ 尿検査 [医] Uroskopie *f*. -n; Harnuntersuchung *f*. -en.

にょうさん 尿酸 Harnsäure *f*.

にょうそ 尿素 Harnstoff *m*. -[e]s, -e.

にょうどう 尿道 [解] Urethra *f*. ..ren; U-rethra *f*. ..thren; Harn|röhre *f*. -n‖尿道炎 [医] Urethritis *f*. ..tiden; Harnröhrenentzündung *f*. -en.

にょうどくしょう 尿毒症 [医] Urämie *f*.; Harnvergiftung *f*. -en.

にょうぼう 女房 [Ehe]frau *f*. -en; die bessere Hälfte, -n (ベターHn)／女房孝行の seiner Gattin sehr ergeben (unterwürfig)／女房に seine Frau vernarrt／悪い女房 Haus|drache *m*. -n (-kreuz *n*. -es, -e); die böse Sieben; Xanthippe *f*.／[悍(ﾝ)婦]／女房の尻に敷かれる unter dem Pantoffel stehen*;

にょきにょき ³sich die Pantoffelherrschaft gefallen lassen" 《müssen~》/彼の女房は夫を尻に敷いている Seine Frau führt (schwingt) den Pantoffel (hat ihren Mann unter dem Pantoffel). ¶女房役の Getreue*, -n, -n; js rechte Hand, ⁼e.

にょきにょき einer nach dem anderen; rasch nacheinander/きのこがにょきにょき生える Pilze schießen (wachsen) einer nach dem anderen aus der Erde empor.

にょじつ 如実に natur|getreu (wahrheits~; wirklichkeits~); so wie es wirklich (in Wirklichkeit) ist; in seiner wahren (wirklichen) Gestalt; anschaulich 《まざまざと》/生活を如実に描く das Leben in seiner nackten (reinen) Wahrheit dar|stellen.

にょにんきんせい 女人禁制 Zutritt für Frauen verboten! Frauen dürfen hier nicht herein! 《ともに掲示》.

によらい 如来 Buddha *m.* -s.

により 似寄りの ähnlich; gleichartig; gleichaussehend 《見かけが》.

によろよろ によろよろ動く (⁴sich) schlängeln; ⁴sich krümmen; ⁴sich winden*; ⁴sich krümmen und winden.

にら [植] Lauch *m.* -[e]s.

にらみ 睨み ❶ das Starren, -s; der Blick, -[e]s, -e; das Anglotzen*, -s/ひとにらみでちぢみ上がらせた Ein scharfer Blick auf ihm ent er wurde ganz klein. /ein starrer Blick schreckte ihn einfach zurück. ❷ [威圧] Einfluss *m.* -es, ⁼e; Macht *f.* ⁼e/睨みがきく über *jn* Macht haben; auf *jn* einen großen Einfluss haben.

にらみあい 睨み合い ❶ das Einanderanstarren*, -s. ❷ [反目] Fehde *f.* -n; Feindschaft *f.* -en; Hader *m.* -s; Zwist *m.* -[e]s, -e. ⇨にらみあう.

にらみあう 睨み合う ❶ einander an|starren⁴ (an|glotzen⁴)/彼らは口もきかずに睨み合っている Sie sehen sich mit unverwandten Augen starr an, ohne ein Wort zu sagen. ❷ [反目] in Feindschaft (in Zwist) leben《*mit*³》; in Fehde liegen*《*mit*³》; auf schlechtem (gespanntem) Fuß stehen*《*mit*³》/二派に分かれて睨み合っていた Sie trennten sich in zwei Parteien und leben miteinander in Zwist. ❸ [対峙] (sich) gegenüber|stehen*/彼らは敵意をもって睨み合っている Sie stehen sich feindlich gegenüber./両軍長期戦がまえで睨み合っている Beide Gegner liegen einander in Dauerstellung gegenüber.

にらみあわせる 睨み合わせる gegenüber|stellen⁴; nebeneinander stellen⁴; die Parallele ziehen*《*zwischen*³》; vergleichen*⁴《*mit*³》/... と睨み合わせて im Hinblick auf⁴; mit (aus) Rücksicht auf⁴《考慮して》/この二つの成果を睨み合わせてみると...ということがわかる Wenn man die beiden Leistungen gegenüberstellt, findet man, dass ..... /費用と睨み合せて旅程をつくらなきゃ Das Reiseprogramm müssen wir mit Rücksicht auf die Reisekosten aufstellen.

にらみかえす 睨み返す einen scharfen Blick zurück|werfen*《*auf*⁴》; mit einem starren Blick antworten³.

にらむ 睨む ❶ an|starren⁴; hin|starren《*auf*⁴》; [mit unverwandten Augen] scharf an|sehen*⁴; [睨みつける] einen drohenden Blick zu|werfen*³; durchbohrend an|blicken⁴/すごい目で睨む einen bösen (heimtückischen; grausamen) Blick zu|werfen*³; drohend an|starren⁴/じっと睨む starr an|sehen*⁴; fixieren⁴. ❷ [目をつける] ein Auge haben《*auf*⁴》; im Auge haben (behalten*⁴); [の目で睨む] *jn* verdächtigen² 《例:eines Verbrechens》/警察は彼を怪しいと睨んでいる Die Polizei hat ihn im Verdacht (auf ihn Verdacht)./先生に睨まれている Ich bin (stehe) bei meinem Lehrer schlecht angeschrieben. ❸ [見当をつける] für ⁴*et* an|sehen*⁴ (halten*⁴); nehmen⁴《と思う》; ab|schätzen⁴《評価》; schätzen⁴《*für*⁴》/損害が約十億円と睨む den Schaden auf etwa eine Milliarde Yen ab|schätzen/もっと早上とっていると睨む *in* für noch älter schätzen/あの男がこうと睨んだらたいがい間違いはない Auf sein Urteil kann man etwas geben.

にらめっこ 睨めっこ Fratzenspiel *n.* -[e]s, -e/にらめっこする Gelächter spielen.

にらんせい 二卵性の zweieiig ‖二卵性双生児 zweieiige Zwillinge 《*pl*》.

にりつはいはん 二律背反 Antinomie *f.* -n.

にりゅう 二流の zweitklassig; zweiter ²Klasse; zweiten ²Ranges ‖ 二流チーム eine zweitklassige Mannschaft, -en; Unterliga-Mannschaft.

にりん 二輪 zwei Räder《*pl* 二個の》; Doppelrad *n.* -[e]s, ⁼er《二対》; zwei Blumen《*pl* 花》/二輪の zweirädrig ‖ 二輪咲きの die paarweise blühende Blume, -n; ein Paar Blume.

にる 煮る kochen⁴; zu|bereiten⁴《調理する》; sieden*⁴《ゆでる》; schmoren⁴《とろ火で》/煮た gekocht; gesotten; geschmort/よく(柔らか)煮る gar (weich) kochen⁴/煮ても焼いても食えない奴 der abgefeimte (durchtriebene) Kerl, -[e]s, -e《Schurke, -n, -n》.

にる 似る ähnlich³ sein (sehen*); ähneln³; aus|sehen*《wie》; arten《*nach*³》; erinnern (gemahnen)《*an*⁴ 似た所がある《...を思わす所がある》》/ともよく似ている *jm* wie aus dem Gesicht geschnitten sein; einander wie ein Ei dem anderen gleichen*; sich ähnlich wie ein Ei dem anderen sehen*《うり二つ》; auffallende Ähnlichkeit haben《*mit*³》/似ていない unähnlich³ sein; verschieden sein《*von*³》; anders sein《*als*》/姿かたちが(性格が)似ている *jm* in Gestalt (in Wesen) sehr ähnlich sein; 弟が間違えられる程似ている seinem Bruder täuschend (zum Verwechseln) ähnlich sein*/この絵はどうも私に似ていないな Der Maler hat dich gar nicht gut getroffen. ¶ 似たりよったり kein großer Unterschied sein《*zwischen*³》; [大した差しない、どうでもよいという気持で] Es ist Jacke wie Hose. ‖ Das ist gehüpft wie gesprungen./

似ても似つかぬ ein Unterschied wie Tag und Nacht sein; ganz aus dem Rahmen fallen* [s]; ganz verschieden sein《von³; an Größe 大きさが, in der Farbe 色が, durch die Gestalt 形が》/似て非なる Schein-; pseud〔o〕- 〘母音に続くときは o を省く〙; vorgetäuscht; dem Aussehen nach ähnlich, aber im Wesen verschieden ⇨えせ/似たもの夫婦 Wie der Mann, so die Frau. ¦ Was ähnlich ist, findet sich zusammen. ¦ Der Ochs geht mit dem Ochsen, der Esel mit dem Esel.

にるい 二塁 das zweite Laufmal, -〔e〕s, -e/二塁打を打つ einen Zwei-Mal-Lauf erzielen ‖ 二塁手 Spieler《m. -s, -》am zweiten Mal.

にれ〘植〙Ulme *f.* -n.

にれつ 二列 Doppelreihe *f.* -n; zwei Reihen《pl》/二列で行進する in Doppelreihen (in zweier Reihen; in Reihen zu zweien) marschieren [s]/二列に並ぶ ⁴sich in Doppelreihen auf|stellen/前から二列目にすわる in der zweiten Reihe〔vorne〕sitzen*/二列の zweireihig; doppelreihig ❖ 但し洋服の「ダブル」の意に用いる方が多い.

にれんぱつ 二連発〔銃〕Doppel¦büchse *f.* -n (-flinte *f.* -n).

にろくじちゅう 二六時中 Tag und Nacht; stets und ständig; alle¦zeit (jeder-).

にわ 庭 Garten *m.* -s, ⸚; Hof *m.* -〔e〕s, ⸚e《中庭・前庭》; Anlage *f.* -n《庭園》; Ziergarten *m.* -s, ⸚《花園》; Hinterhof *m.* -〔e〕s, ⸚e/庭を作る Gartenbau treiben*; einen Garten an|legen/庭いじりをする im Garten arbeiten《道楽に》; gärtnern《専門的に》/庭の手入れをする einen Garten pflegen ‖ 庭作り Garten¦bau *m.* -〔e〕s (-arbeit *f.* -en).

にわいし 庭石 Zierstein《m. -〔e〕s, -e》im Garten (für einen Garten).

にわか 仁輪加《狂言》Posse *f.* -n; Schwank *m.* -〔e〕s, ⸚e.

にわか 俄かの(に) plötzlich; jäh; auf einmal; überraschend〔erweise〕; unerwartet; unvermutet; Knall und Fall《adv》/経済界がにわかに景気づく Die Wirtschaft nimmt einen〔raschen〕Aufschwung./にわかに心配になってきた Jäh überfiel ihn die Furcht.

にわかあめ 俄雨〔Regen〕schauer *m.* -s, -/俄雨にあう von einem Platzregen (Regenschauer) überrascht werden.

にわかじこみ 俄仕込みの eilfertig gelernt; eilends erworben; in Eile eingepaukt.

にわかじたて 俄仕立ての eiligst vorbereitet; zur Not (in Eile) zusammengestellt (zusammengesetzt).

にわかなりきん 俄成金 Emporkömmling *m.* -s, -e; Parvenü *m.* -s, -s《さげすんで》. ⇨なりきん.

にわかべんきょう 俄勉強 Einpaukerei *f.* -en; Büffelei *f.* -en/俄勉強する ⁴sich ein|pauken〔im letzten Augenblick〕;〔notgedrungen〕büffeln (ochsen).

にわき 庭木 Gartenbaum *m.* -〔e〕s, ⸚e; Baum《m. -〔e〕s, ⸚e》im Garten (für einen Garten).

にわし 庭師 Gärtner *m.* -s, -《植木屋》; Gartenbaukünstler *m.* -s, -《庭づくり》.

にわたし 荷渡し〔Ab〕lieferung (Auslieferung)《f. -en》〔von Waren〕/三日後に荷渡し致します Die Lieferung wird in 3 Tagen erfolgen./顧客が荷渡しを急ぐ Der Kunde drängt auf Lieferung〔von Waren〕.

にわとこ〘植〙Holunder *m.* -s, -.

にわとり 鶏 [一般に] Huhn *n.* -〔e〕s, ⸚er; [雄] Hahn *m.* -〔e〕s, ⸚e; [雌] Henne *f.* -n; [ひな] Küchlein *n.* -s, -; Küken *n.* -s, -; Hühnchen *n.* -s, -; Hähnchen *n.* -s, -; Hennchen *n.* -s, -; [肉] Hühnerfleisch *n.* -〔e〕s/鶏を飼う ³sich Hühner halten*/鶏をつぶす eine Henne schlachten/鶏をさくに牛刀をもってする mit Kanonen nach Spatzen schießen* ‖ 鶏小屋 Hühnerstall *m.* -〔e〕s, ⸚e.

にん 任 Amt *n.* -〔e〕s, ⸚er; Dienst *m.* -〔e〕s, -e; Obliegenheit *f.* -en; Pflicht *f.* -en; Aufgabe *f.* -n; Posten *m.* -s, -《持ち場》/任にあたる ⁴*et* auf ⁴sich nehmen*;〔ein ⁴Amt; die Verantwortung《für⁴》〕übernehmen*/任につく ein Amt (einen Dienst) an|treten*/任に堪えない nicht〔mehr〕verantwortlich sein können*《für⁴》; Das geht über seine Kräfte./任に堪える einer Aufgabe (einem Posten) gewachsen sein/任を全うする sein Amt (seine Pflicht) aus|üben; seine Pflicht (Aufgabe) erfüllen/任満ちて ⇨にんき(任期)/彼はその任ではない Er ist kein richtiger Mann dazu (an diesem Platz).

-にん -人 男八人女五人 8 Männer und 5 Frauen/全部で十三人 insgesamt 13 Personen/三人で(四人で, 五人で) zu dritt (zu viert, zu fünft)/二人乗り Zweisitzer *m.* -s, -《自動車・自転車など》/軍勢は五万人を擁している Das Heer ist 50 000 Mann stark.《Mann は pl にしない》.

にんい 任意の beliebig; willkürlich; freiwillig/任意に nach Belieben (Wahl; eigenem Ermessen); wie es beliebt; ungeheißen; spontan; aus freiem Stück/任意の場所に an irgendeiner Stelle; gleichgültig wo/任意の時に zu beliebiger Zeit; gleichgültig wann/行く行かないは君の任意だ Es steht dir frei, zu gehen oder zu bleiben./直線 l 上の任意の点を P とせよ P sei ein beliebiger Punkt auf der Geraden l. ‖ 任意出頭 das freiwillige Erscheinen*, -s/任意清算 die freiwillige Liquidation, -en.

にんか 認可 Genehmigung *f.* -en; Lizenz *f.* -en; Billigung *f.* -en; Erlaubnis *f.* ..nisse; Sanktion *f.* -en《裁可》/認可を得る(受ける) genehmigt (bewilligt) werden; sanktioniert (bestätigt) werden 〘以上物が主語〙; die Genehmigung (die Lizenz)〔erteilt〕bekommen*《für⁴》. —— 認可する genehmigen³⁴; billigen⁴; erlauben³⁴; autorisieren⁴; sanktionieren⁴. ‖ 認可証 Lizenz *f.* -en; Zeugnis *n.* ..nisses, ..nisse; die obrigkeitliche Bestätigung, -en《その筋の》.

にんかん 任官 Amtsantritt *m.* -〔e〕s, -e《就任》; Ernennung *f.* -en《任命》/任官する ein

Amt (eine Stelle; einen Dienst) an|treten* [s]; ernannt werden 《zu³》; eingesetzt werden 《zu³; als¹》.

にんき 任期 Amtsdauer *f.*; Dienstzeit *f.* -en; Dienstalter *n.* -s 《在職年数》/ 任期満了して nach Ablauf der Amtsdauer / 彼の任期は満了した Er hat seine Dienstzeit abgedient. ¦ Er hat die Altersgrenze erreicht. 《停年に達した》.

にんき 人気 ❶ [気受け] 〔die allgemeine〕 Beliebtheit; Popularität *f.* / 人気のある populär 《bei³》; beliebt 《bei³》; Lieblings- / 人気がある sehr beliebt (populär) sein 《bei³》; ⁴sich großer ²Beliebtheit erfreuen; große Popularität genießen* / 人気がない nicht 〔besonders〕 beliebt (populär) sein / 人気がなくなる seine Popularität verlieren* (ein|büßen); seine Popularität verscherzen 《人気をおとす》/ 人気が増す mehr und mehr populär werden / 人気に投じる sehr zugkräftig (ein Reißer) sein 〘物が主語〙; beim Publikum gute Aufnahme finden* 《本など》/ 人気をとる ⁴sich beliebt machen; das Publikum gewinnen*; Aufsehen erregen 《mit³》/ 人気取りをやる nach Popularität haschen; nach dem Beifall der Menge haschen / 彼は一夜にして人気の的となった Über Nacht wurde er Gegenstand allgemeiner Bewunderung. / 彼は大衆に人気のある人物だ Er ist eine volkstümliche Persönlichkeit. ❷ [気風] Ton *m.* -〔e〕s / この辺は人気の無い所です Hier in dieser Gegend herrscht ein freier Ton. ¶ 市場の買人気をあおる die Kauflust an|regen; eine Kauflust bewirken 〘好材料が主語〙. ‖ 人気投票 die Wahl der Beliebtesten 《durch Abstimmung; durch Fragebogen》/ 人気取り Effekthascherei *f.* -en; Schaumschlägerei *f.* -en / 人気取り政治 die nach Beifall haschende Politik, -en / 人気俳優 der beliebte Schauspieler, -s, - 《舞台の》; der populäre Filmschauspieler 《映画の》; Star *m.* -s, -s 《beim Theater, Film, Fernsehen》/ 人気者 Liebling *m.* -s, -e; Löwe *m.* -n, -n 《花形》; Löwin *f.* ..winnen 《女》; Günstling *m.* -s, -e 《寵児》; Favorit *m.* -en, -en / 彼女は町の人気者だ Sie ist bei jedermann in der Stadt beliebt. / 彼女は断然クラスの人気者だ Sie ist der unbestrittene Liebling der Klasse.

にんぎょ 人魚 See¦jungfer (Meer-) *f.* -n; Meerweib *n.* -〔e〕s, -er; Meermann *m.* -〔e〕s, ⸗er 《男》.

にんきょう 任侠 Großmut *f.*; Ritterlichkeit *f.* / 任侠の großmütig; ritterlich 〔gesinnt〕.

にんぎょう 人形 Puppe *f.* -n; Marionette *f.* -n 《あやつり人形》; Kleiderpuppe *f.* -n 《マネキンなどの》; Gliederpuppe *f.* -n 《手足の動く》/ 人形のような顔 Engelsgesicht *n.* -〔e〕s, -er 《赤ん坊・子供などの》; Puppengesicht *n.* -er 《主として女に; 美しいが無表情の, また無教育の》 ‖ 人形使い Puppenspieler *m.* -s, - / 人形芝居 Puppentheater *n.* -s, -; Puppen¦spiel (Marionetten-) *n.* -〔e〕s, -e 《劇》.

にんく 忍苦 Ausdauer *f.*; das Ausstehen* (Erdulden*; Ertragen*), -s / 忍苦が目的達成の鍵 Ausdauer führt zum Ziel. / 忍苦し欠乏に耐えよ ‚Ertrage und entbehre!'

にんげん 人間 ❶ Mensch *m.* -en, -en; Person *f.* -en; der Sterbliche*, -n, -n; das menschliche Wesen, -s, -; Erden¦bürger *m.* -s, - (-kind *n.* -〔e〕s, -er; -sohn *m.* -〔e〕s, ⸗e; -wurm *m.* -〔e〕s, ⸗er). ❷ [人物] Persönlichkeit *f.* -en; Geist *m.* -〔e〕s, -er. ❸ [人類] Menschengeschlecht *n.* -〔e〕s, -er; Menschheit *f.* / 人間以上の übermenschlich / 人間以下の untermenschlich; entmenscht / 人間らしい menschlich; menschenwürdig / 人間らしい生活 das menschenwürdige Leben, -s, - / 人間の力に及ばない Das übersteigt menschliche Kräfte. ¦ Es hilft kein menschliches Mittel. ¦ 〘俗〙 Das ist 〔ja〕 nicht menschenmöglich. ── 人間の menschlich; Menschen-. ¶ 人間ドックに入る ins Krankenhaus gedockt werden / 人間並の gewöhnlich; alltäglich; durchschnittlich; Durchschnitts- / 人間業でない übermenschlich; mehr als ein Mensch 〔leisten〕 kann / 人間業とは思えないほど wie der Teufel; überirdisch / 人間万事塞翁が馬 Nichts Wahres lässt sich von der Zukunft wissen. 《Schiller》 ¦ Das Glück gleicht einem Balle. ‖ 人間ぎらい Menschenhass *m.* -es; Misanthropie *f.* -n 《性質》; Menschen¦hasser *m.* -s, - (-feind *m.* -〔e〕s, -e); Misanthrop *m.* -en, -en 《人》/ 人間ぎらいの menschenfeindlich; misanthropisch / 人間苦 das menschliche (irdische) Leiden, -s, - / 人間工学 Ergonomie *f.* / 人間社会(生活) Menschengesellschaft *f.* -en (Menschenleben *n.* -s, -) / 人間性 Menschlichkeit *f.*; die menschliche Natur; Menschheit *f.*; Menschentum *n.* -s; Humanität *f.* / 人間味 Menschenfreundlichkeit *f.* -en; ein Anflug 《*m.* -〔e〕s, ⸗e》 von Menschlichkeit / 人間味のある mensch〔enfreund〕lich; human; wohl¦gesinnt (-wollend); warmherzig.

にんさんぷ 妊産婦 Frauen 《*pl*》 in den Wochen.

にんしき 認識 Erkenntnis *f.* ..nisse; das Erkennen*, -s; Verständnis *n.* ..nisses, ..nisse / 事態を彼はまだ認識していない Diese Situation erkennt er noch nicht. ¦ Er hat noch keine Einsicht für diese Lage. ── 認識する erkennen*⁴ 《*an³*》; ein|sehen*⁴; verstehen*⁴. ‖ 認識不足 Mangel 《*m.* -s, ⸗》 an Erkenntnisvermögen; Einsichtslosigkeit *f.*; Unwissenheit *f.* / 認識論 Erkenntnis¦theorie (-lehre) *f.* -n.

にんじゅう 忍従 Ergebung *f.* -en; Demut *f.*; Demütigung *f.* -en; Unterwerfung *f.* -en; Unterwürfigkeit *f.* -en / 忍従する ⁴sich unterwerfen*³; ⁴sich *jm* 〔auf Gnade und Ungnade〕 ergeben*; erleiden*⁴.

にんしょう 人称 〘文法〙 Person *f.* -en ‖ 人称代名詞 Personalpronomen *n.* -〔e〕s, ..mina; das persönliche Fürwort, -〔e〕s, ⸗er / 一(二, 三)人称 die erste (zweite, dritte) Person / 非人称動詞 das unpersönliche

にんしょう 認証 Beglaubigung f. -en; Vereidigung f. -en/認証する beglaubigen⁴; vereidigen⁴ / 大臣を認証する einen Minister beim Amtsantritt vereidigen ‖ 認証式 Vereidigung f. -en; Investitur f.

にんじょう 刃傷(沙汰) das Blutvergießen*, -s /刃傷におよぶ zum Schwert[e] greifen*; zum Blutvergießen kommen* [s].

にんじょう 人情(味) das menschliche Gefühl, -[e]s, -e; Mensch[enfreund]lichkeit f.; die menschliche Natur, -en /《人性》/人情のある mensch[enfreund]lich; warmherzig; mitleid(s)voll /人情のない unmenschlich; gefühllos; kaltherzig; herzlos /人情の機微にふれる eine empfindliche Saite (Saiten) der Brust berühren; ins Innerste des Wesens der menschlichen Natur (vor)dringen* [s] /人情の機微に通じる viel Lebenserfahrung und Einsehen haben; die Menschen kennen* ⇒きび(機微) /人情風俗を察する Sitten und Gebräuche des Volkes beobachten/そう思うのが人情だ Das ist doch natürlich, dass man so denkt. ‖ 人情話 die rührende Erzählung, -en.

にんじる 任じる ernennen*⁴ [zu³]; einsetzen⁴ [in das Amt; als⁴] /市長に任ぜられる in das Bürgermeisteramt (als neuer Bürgermeister) eingesetzt werden / 自ら...をもって任じる ⁴sich berufen fühlen [zu²; zu 不定詞句]; ⁴sich ein|bilden [zu 不定詞句; dass]; ⁴sich aus|geben [für⁴; als⁴].

にんしん 妊娠 Schwangerschaft f. -en; Schwängerung f. -en; Empfängnis f. ..nisse (受胎); Gravidität f./妊娠3ヵ月である im 8. Monat sein; seit 8 Monaten schwanger sein. —— 妊娠する schwanger werden; empfangen*⁴ / 妊娠している schwanger sein; guter ²Hoffnung sein; in anderen Umständen sein; ein Kind unter dem Herzen tragen*; ein Kind erwarten; [主に動物が]tragen*; trächtig sein. —— 妊娠させる schwängern⁴; imprägnieren⁴.

‖ 妊娠中絶 Schwangerschaftsunterbrechung f. -en; der künstliche Abort, -s, -e /妊娠徴候 Schwangerschaftszeichen n. -s, -/妊娠テスト Schwangerschaftstest m. -[e]s, -s ‖ -e[-e]/人工妊娠 die künstliche Befruchtung, -en.

にんじん 人参 Mohrrübe f. -n; Karotte f. -n; Möhre f. -n; Ginseng m. -s, -s《朝鮮人参》.

にんずう 人数 die Zahl der Personen; die Anzahl [von Menschen]; Stärke f. -n; Kopfzahl f. -en 《頭数》/人数の多い家 die große Familie, -n /人数を数える die Personen (die Köpfe) zählen /人数がふえる(減る) an Zahl größer (kleiner) werden /人数が揃う Die Zahl ist voll. ‖ Alle sind da. /当方人数は八十人です Wir sind unserer 80. /人数数千人だ Die Menge ist einige tausend Köpfe stark.〚定動詞は単数扱い〛/ Die Menge zählt nach Tausenden. /従業員の人数はどれくらいですか Wie groß (stark) ist die Belegschaft?

にんそう 人相 Physiognomie f. -n; Gesichtsbildung f. -en (-linie f.); Gesichtszüge (pl); Visage f. -n /人相のよくない mit den bösen (hässlichen; unfreundlichen) Blick (in den Augen); mit einer Visage wie ein Verbrecher; Galgengesicht n. -[e]s, -er《悪党らう》/人相を見る aus der Gesichtsbildung (den Gesichtszügen) wahr|sagen; den Gesichtsausdruck deuten ‖ 人相書 Personenbeschreibung f. -en; Signalement n. -s, -e; Steckbrief m. -[e]s, -e /人相書に合う der Personenbeschreibung entsprechen* / 人相書を作る eine Personenbeschreibung aus|fertigen / 人相学 Physiognomik f./人相見 Physiognom m. -en, -en; Gesichtsdeuter m. -s, -.

にんたい 忍耐 Geduld f.; Ausdauer f.; Beharrlichkeit f.《不屈》; Langmut f.《気長》/忍耐強い geduldig; ausdauernd; beharrlich; langmütig; zäh/忍耐強く続行する beharrlich fort|setzen⁴; beharrlich weiter machen 《mit³》/あの人は忍耐がある Er ist zäh. /この仕事には非常な忍耐が必要だ Zu dieser Arbeit gehört grisse Geduld. —— 忍耐する Geduld (Ausdauer) haben; aus|dauern; aus|halten*⁴; beharren 《bei³》; erdulden⁴; ertragen*⁴.

にんち 認知 Anerkennung f. -en/認知する an|erkennen*⁴ /私生児を認知する das uneheliche Kind als sein eigenes an|erkennen*.

にんち 任地 Posten m. -s, -; Amt n. -[e]s, -er /任地に赴く zu seinem (neuen) Posten gehen* [s]《⁴sich begeben*》/今度任地が大阪にかわりました Ich bin diesmal nach Osaka versetzt worden.

にんてい 認定 Anerkennung f. -en; das Erkennen*, -s《承認》; Beglaubigung f. -en《認証》; Bestätigung f. -en《保証・確認》; Genehmigung f. -en《認可》/認定する an|erkennen*⁴《als⁴》; erkennen*《für⁴; als⁴》; beglaubigen⁴; bestätigen⁴; genehmigen⁴; gut|heißen⁴*.

にんにく 大蒜 Knoblauch m. -[e]s.

にんぷ 妊婦 die schwangere Frau, -en; Frau in gesegneten Umständen; die werdende Mutter, ⸚ 《初めての》 ‖ 妊婦体操 Schwangerengymnastik f./妊婦服 Umstandskleid n. -[e]s, -er.

にんむ 任務 Aufgabe f. -n; Amt n. -[e]s, -er《職務》; Obliegenheit f. -en; Pflicht f. -en《義務》; Sendung f. -en《使命》/任務を果たす eine Aufgabe (eine Pflicht) erfüllen; ein Amt gut aus|üben; einen Auftrag aus|führen /ある任務をおびて mit einer (gewissen) Aufgabe beauftragt; von einer Sendung übertragen.

にんめい 任命 Ernennung f. -en /任命する ernennen*⁴ 《zu³》/彼は大使に任命された Er ist zum Botschafter ernannt worden.

にんめん 任免 Ernennung und Entlassung, der, - und -/任免する ernennen*⁴ und abdingen³ /任免権 Ernennungs- und Kündigungsrecht n. -[e]s, -e.

にんよう 任用 Einsetzung f. -en; Anstellung *f.* -en; Ernennung *f.* -en/任用する ein|setzen⁴《*in*⁴》; an|stellen⁴《*als*⁴》; ernennen*⁴《*zu*³》. ⇨にんめい.

にんよう 認容 Einräumung *f.* -en; Zugeständnis *n.* ..nisses, ..nisse; Konzession *f.* -en ‖ 認容文 Einräumungs¦satz (Konzessive-) *m.* -es, ⸚e.

ぬ

ぬい 縫い das Nähen*, -s; Stickerei *f.* -en《ししゅう》⇨ぬいとり/手縫いの handgenäht.

ぬいあわせる 縫い合わせる zusammen|nähen⁴; zu|nähen⁴《縫いつける》.

ぬいいと 縫い糸 Nähgarn *n.* -〔e〕s, -e《木綿》; Nähseide *f.* -n《絹糸》.

ぬいこみ 縫い込み Einschlag *m.* -〔e〕s, ⸚e; Umschlag *m.* -〔e〕s, ⸚e; Aufnäher *m.* -s, -; Falte *f.* -n/縫い込みを出す den Einschlag aus|lassen*.

ぬいこむ 縫い込む ein|schlagen*⁴; zusammen|ziehen*⁴; in Falten legen⁴; Falten nähen《*in*³》; [すそ・袖口など] um|nähen⁴; um|legen⁴.

ぬいつける 縫い付ける an|nähen⁴《*an*⁴》; auf|nähen⁴《*auf*⁴》zu|nähen⁴/ボタンを縫いつける den Knopf an|nähen/ひだ飾りを縫いつける die Borte auf|nähen.

ぬいとり 縫い取り Stickerei *f.* -en; Stickarbeit *f.* -en《できたものも》/縫い取りをする sticken⁽⁴⁾/縫い取りをした gestickt.

ぬいなおす 縫い直す wieder neu nähen⁴; von neuem nähen⁴.

ぬいばり 縫い針 Nähnadel *f.* -n.

ぬいめ 縫い目 Naht *f.* ⸚e; Wundnaht *f.* ⸚e《傷口の》/縫い目をほどく die Naht auf|trennen/縫い目がほころびる Die Naht platzt (geht auf)./縫い目なしの nahtlos.

ぬいもの 縫い物 das Nähen*, -s; Näherei *f.* -en; Näharbeit *f.* -en《でき上り物も》/縫い物をする nähen⁽⁴⁾; die Näharbeit machen/縫い物の賃仕事で暮らす ⁴sich mit Näherei fort|bringen*.

ぬいもよう 縫い模様 das gestickte Muster, -s, -.

ぬう 縫う nähen⁴; sticken⁴《刺繍する》/服(傷口)を縫う ein Kleid nähen (eine Wunde 〔zusammen|〕nähen). ¶ 人ごみの中を縫って歩く ⁴sich durch die Menge durch|winden*; ⁴sich mühsam durchs Gedränge schlängeln.

ヌーディスト Nudist *m.* -en, -en; Anhänger《*m.* -s, -》des Nudismus (der Nacktkultur) ‖ ヌーディスト運動 nudistische Bewegung, -en.

ヌード Akt *m.* -〔e〕s, -e; Nacktheit *f.* -en《画像・写真など》‖ ヌードモデル Aktmodell *n.* -s, -e.

ヌードル Nudeln《*pl*》.

ぬえ 鵺 Chimära *f.*/ぬえ的人物 Sphinx *f.*; der rätselhafte (mysteriöse) Mensch, -en, -en/ぬえ的存在だ Er ist weder Fisch noch Fleisch.

ぬか 糠 Reiskleie *f.* -n; Kleienmehl *n.* -〔e〕s, -e/糠にくぎ tauben Ohren predigen; in den Wind reden ‖ 糠味噌 Kleienmus *n.* -es, -e.

ヌガー Nougat (Nugat) *m.* -s, -s.

ぬかあめ 糠雨 Staub¦regen (Sprüh-) *m.* -s, -/糠雨が降る Es sprüht. ¦ Es nieselt.

ぬかす 抜かす ❶ [省略する] aus|lassen*⁴; weg|lassen*⁴; überschlagen*⁴《見・読み・書き落とす》; überspringen*⁴《とばす》; übergehen*⁴《見落とす意にも》; passen*《パスする》/ざっと大切でない所を抜かして読む ⁴*et* überfliegen*; diagonal lesen*⁴/数ページ抜かして読む ein paar Seiten überspringen* (überschlagen*)/この文章(語)はわざと抜かしたのだ Ich habe diesen Satz (dieses Wort) absichtlich ausgelassen. ❷ [言う] sagen⁴; an|geben*《大口をたたく》; eine Lippe riskieren《口はばったいことを》/よくもそんなことが抜かせるな Wie kannst du so was sagen!/大きなことを抜かしやがって Du, Angeber!/さあ, 抜かせ Los! Heraus damit./何をぐずぐず抜かしているんだ Was babbelst du denn?/抜かしたな, ただではおかないぞ Du sagst es mir ins Gesicht, Mensch! Das sollst du büßen! ¶ 腰を抜かす Nerven verlieren*; Das Herz fällt *jm* in die Hose./うつつを抜かす〔wie〕im siebten Himmel sein; ⁴sich wie im siebten Himmel fühlen.

ぬがす 脱がす *jn* aus|kleiden; *jn* entkleiden; *jm* ablegen helfen*/コートを脱がせてやる *jm* aus dem Mantel helfen*/子供たちの服を脱がせる Kinder aus|kleiden/侍女が女主人の服を脱がせた Die Zofe entkleidete ihre Herrin.

ぬかずく in frommer Andacht nieder|knien《神前に》; ⁴sich nieder|werfen*《*vor*³》; [おじぎ] ⁴sich tief verbeugen《*vor*³》; [ひざまずく] ⁴sich auf die Knie werfen*《*vor*³, 以下同じ》; auf die Knie fallen* [s]; auf den Knien liegen*; [屈従] ⁴sich demütigen; 〔demütig〕 in den Staub sinken* [s]; im Staub kriechen* [s]/ぬかずいて乞い願う kniefällig flehen《zu *jm*; um ⁴*et*》.

ぬかばたらき 糠働き das Fass《-es, ⸚er》der Danaiden; Leerlauf *m.* -〔e〕s, ⸚e/すべては糠働きだった Alles war nur ein Fass ohne Boden (ein bodenloses Fass; ein Danaidenfass). ¦ Wir haben alles getan, um nur dabei leer auszugehen.

ぬかよろこび 糠喜び die vorzeitige (verfrühte) Freude, -n/糠喜びだった Wir haben uns zu früh gefreut.

ぬからぬ 抜からぬ顔で mit einem wissenden Blick; mit wissender Miene 《場合により unwissend でもよい》.

ぬかり ❶ Versehen n. -s, -; Fahrlässigkeit f. -en; Fehler m. -s, -; ¹Unvorsichtigkeit f. -en/ぬかりがない wissen*, wo Barthel den Most holt; nicht auf den Kopf gefallen sein; *es faustdick hinter den Ohren haben/そこにぬかりはありません Daran habe ich natürlich gedacht; So säumig bin ich nicht. ❷ ⇨ぬかるみ.

ぬかる ❶ [道が] schlammig (matschig) werden (sein). ❷ [手落ち] einen Schnitzer machen; verpfuschen⁴ 《へまをする》; einen Bock (mehrere Böcke) schießen* ⟨bei³⟩; danebenǀhauen* (-ǀgreifen*⁴; -ǀschießen*⁴)/ぬかったな Das ist aber zu dumm./ぬかるな Sei vorsichtig (auf der Hut)!

ぬかるみ Schlamm m. -(e)s, -e (-̈e); Matsch m. -es, -e; Dreck m. -(e)s, -̈e; Schmutz m. -es; die (dreckige) Pfütze, -n/ぬかるみに踏み込む in den Schmutz (Matsch) treten* ⟨s⟩/ぬかるみでえんこする 《車など》 im Schlamm stecken bleiben* ⟨s⟩.

ぬき 緯(糸) Einschlag m. -(e)s, -̈e; Querfaden m. -s, -.

ぬき 抜き ¶五人抜き fünf Gegner einen nach dem anderen (der Reihe nach; nacheinander) besiegen (überwältigen); bezwingen*)/冗談は抜きにして Scherz beiseite!; Das hier ist kein Spaß!/食費は抜きにて abgesehen vom Kostgeld; Kostgeld gerechnet (nicht inbegriffen); außer dem Kostgeld/…抜きでは entbehren können*.

ぬきあし 抜き足 Schleichgang m. -(e)s, -e; der schleichende Gang (Schritt, -(e)s, -e)/抜き足し足で歩む auf den Zehen (schleichenden Schrittes) gehen* ⟨s⟩/抜き足し足で忍び寄る *sich heranǀstehlen*; [⁴sich] heranǀschleichen* [sich のないときは ⟨s⟩]/抜き足し足で獲物に忍び寄った Der Jäger pirschte sich vorsichtig an das Wild heran.

ぬきうち 抜き打ち的に ungewarnt; ohne ⁴Ansage (Warnung); jäh; unvermittelt; unvermutet; urplötzlich.

ぬきがき 抜き書き Auszug m. -(e)s, -̈e; Extrakt m. -(e)s, -e; Zitat n. -(e)s, -e 《引用》/抜き書きする [her]ausǀziehen*⁴; extrahieren⁴; zitieren⁴ 《引用する》.

ぬきさし 抜き差しならぬ羽目に陥る in eine verteufelte Lage geraten* ⟨s⟩; in die Klemme (Patsche; Tinte) kommen* ⟨s⟩; nicht ein, noch aus wissen*; *sich nicht mehr zu raten und zu helfen wissen*.

ぬきずり 抜き刷り Abdruck m. -(e)s, -̈e; Sonder(ab)druck m. -(e)s, -e.

ぬきだす 抜き出す herausǀziehen*⁴ (-ǀlesen*⁴; -ǀnehmen*⁴; -ǀwählen*⁴); extrahieren⁴.

ぬきて 抜き手 das Hand-über-Hand-Schwimmen*, -s; das Schwimmen* mit tüchtigen Stößen/抜き手を切る ⁴Hand über ⁴Hand (mit tüchtigen Stößen) schwimmen* ⟨s,h⟩.

ぬきとる 抜き取る ❶ herausǀnehmen*⁴ (-ǀlesen*⁴; -ǀziehen*⁴); entfernen⁴ 《除去》. ❷ 盗む stehlen*⁴; entwenden*⁴.

ぬきはなす 抜き放す ❶ aus der Scheide (vom Leder) ziehen*⁴; mit Gewalt herausǀziehen*⁴ 《ぐいと引き出す》. ❷ [抜量など で] übertreffen* ⟨jn in³ (an³)⟩; überragen ⟨jn in³⟩.

ぬきみ 抜き身 das blanke (nackte; gezogene) Schwert, -(e)s, -er; 《詩》 der blanke (nackte) Stahl, -(e)s, -̈e.

ぬきんでる 抜きん出る hervorǀragen (-ǀstechen*); ⇨ひいでる. — 抜きんでた hervorragend (-s echend). ⇨けっしゅつ.

ぬく 抜く ❶ [her]ausǀziehen*⁴; entkorken*⁴ ⟨栓を⟩; losǀschrauben⟨らせん形の栓などを⟩; [aus der Scheide] ziehen*⁴ ⟨刀を⟩. ❷ 除去 beseitigen⁴; entfernen⁴; entleeren⁴ ⟨空にする⟩; wegǀlassen*⁴ ⟨aus¹; fort-⟩; -の省略 aus¹; von³⟩. ❸ [抜粋] ausǀlesen*⁴ (-ǀwählen*⁴); extrahieren⁴; zitieren⁴ 《引用》. ❹ [優越] überbieten* (überflügeln; überholen; übertreffen; übertreffen*) ⟨jn in³ (an³)⟩; überlegen sein ⟨jm in³⟩; den Raǀng abǀlaufen* ⟨jm⟩; die Oberhand haben*; die Spitze halten*; das Übergewicht haben; den Vorrang behalten*/彼は実力の点で断然他を抜いている Was das Können angeht, stellt er alle anderen weit in den Schatten. ❺ [攻略] erobern⁴; bezwingen*⁴; einǀnehmen*⁴; überrumpeln⁴ 《奇襲して》/堅塁はどうしても抜けなかった Trotz aller Angriffe ließ sich die starke Festung durchaus nicht nehmen.

ぬぐ 脱ぐ [⁴sich] ausǀkleiden*⟨⁴⟩; *sich ausǀkleiden, *sich entkleiden; ausǀlegen*⁴ (-ǀziehen⁴); *sich seiner Kleider entledigen; die Kleider abǀwerfen* (abǀstreifen)/服を(靴を, 手袋を)脱ぐ *sich die Schuhe, die Handschuhe) ausǀziehen*/帽子を脱ぐ den Hut abǀnehmen*/肌脱ぎする den Oberkörper frei machen/上着を脱いだまま in Hemdärmeln.

ぬぐう 拭う wischen⁴ ⟨von³⟩; reiben*⁴; schrubben⁴ 《こすって》; putzen⁴; [拭いとる] abǀtupfen⁴; abǀwischen⁴ (-ǀaus-); abǀreiben*⁴/涙を目から(額から)汗を)拭う die Tränen aus den Augen (den Schweiß von der Stirn) wischen/口をぬぐう *sich den Mund wischen; *sich von den Lippen tupfen*; [知らん顔] *sich unschuldig stellen/拭うべからざる恥辱 eine unauslöschbare (nie wieder auszulöschende) Schande.

ぬくまる ⁴sich wärmen; warm werden.

ぬくみ Wärme f./触れるとほのかにぬくみを感じる Berührt man es, fühlt man, wie es eine leichte Wärme von sich gibt.

ぬけあな 抜け穴 der geheime Durchgang, -(e)s, -̈e; die geheime Unterführung, -en 《地下の》; Ausweg m. -(e)s, -e 《逃げ道》.

ぬけがけ 抜け駆け das eigenmächtige Zuvorǀkommen*, -s; die voreilende Verrichtung《-en》einer Handlung／抜け駆けの功名を立てる den anderen zuvorkommend einen Erfolg erzielen; den anderen ein Schnippchen schlagend mit einem Erfolg gekrönt werden.

ぬけがら 脱け殻 die abgeworfene (abgelegte; abgestreifte; von ^{3}sich geworfene) Haut, ⸗e; Exuvien《*pl*》.

ぬけかわり 抜け替り Mauser *f.*; Mauserung *f.*; das Mausern*, -s／抜け替る〔^{4}sich〕mause〔r〕n; in der Mauser sein.

ぬけげ 抜け毛 das ausgefallene Haar, -〔e〕s, -e. ⇨だつもう.

ぬけさく 抜け作 ⇨まぬけ.

ぬけでる 抜け出る ❶［人が…から］〔^{4}sich〕davon|schleichen*《*aus*^{3}; sich のないときは[s]》; ^{4}sich weg|stehlen*《*aus*^{3}》; ^{4}sich unbemerkt entfernen《*von*^{3}》; ^{4}sich auf französisch empfehlen*; ^{4}sich heimlich davon|machen《*von*^{3}》. ❷［物が］aus|fallen* [s]; entfallen*^{3} [s]; ^{4}sich〔auf|〕lockern《ゆるむ》.

ぬけに 抜け荷 Schmuggelware *f.* -n; Schleichgut *n.* -〔e〕s, ⸗er.

ぬけぬけ ぬけぬけと unverschämt〔erweise〕; unverfroren〔erweise〕; schamlos.

ぬけみち 抜け道 ❶ der heimliche Durchgang, -〔e〕s, ⸗e; Durchgangsgasse *f.* -n; Schleichweg *m.* -〔e〕s, -e. ❷［活路］die letzte Zuflucht. ❸［比喩的］Ausweg *m.* -〔e〕s, -e; Hintertür *f.* -en／法律の抜け道を捜す nach Mitteln und Wegen suchen, um gesetzlichen Bestimmungen zu entgehen.

ぬけめ 抜け目なく(ない) schlau; durchtrieben; füchsisch; gerissen; verschlagen; verschmitzt; vorsichtig《用心深い》／金儲けにかけては抜け目がない im Geldverdienen übergescheit sein; ein tüchtiger Geschäftsmann sein.

ぬける 抜ける ❶［脱落］aus|fallen* (ab|-; fort|-; weg|-) [s]; verlieren*^{4}《歯が》／柄が抜けている Der Griff ist weggefallen.／歯が抜けた Ich habe einen Zahn verloren. ❷［不足］fehlen; aus|bleiben* (fort|-; weg|-) [s]; nicht da sein; vermisst (entbehrt) werden／一行抜けている Eine Zeile fehlt. ❸［離散］entweichen* [s]; entfliehen* [s]; los$^{4(2)}$ werden／ガスが抜けた Gas ist entwichen.／鼻風邪が抜けた Ich bin den Schnupfen los. ❹［通過］durch|gehen* [s]／台風が南から北東へ抜けた Der Taifun ist von Süden nach Nordosten durchgetobt. ❺［脱出］entfliehen*^{3} [s]; entlaufen*^{3} [s]; davon|laufen*^{3} [s]; ^{4}sich davon|machen／機を見て抜けよう Laufen wir bei passender Gelegenheit davon!

ぬげる 脱げる *jm* ab|fallen* [s]; *jm* entgleiten* [s]《服などが》; ab|rutschen; herunter|rutschen《ズボンなどが》／靴が脱げた Der Schuh fiel mir ab (weg).

ぬさ 幣 das geweihte Papiergehänge《-s, -》〔im Schintoschrein〕.

ぬし 主 ❶［持ち主］Besitzer *m.* -s, -; Eigentümer *m.* -s, -; Eigner *m.* -s, -; Herr *m.* -n, -en／主のない, 主の知れぬ herrenlos; nicht als Eigentum beansprucht／主なき家 das unbewohnte (verlassene) Haus, -es, ⸗er. ❷［主人］Herr *m.* -n, -en; Gebieter *m.* -s, -;〔Ehe〕gatte *m.* -n, -n《夫》／主ある女 die verheiratete Frau, -en. ❸［池・沼などの］Schutzgeist *m.* -〔e〕s, -er; Genius *m.* -, ..nien.

ぬすっと 盗人 ⇨ぬすびと.

ぬすびと 盗人 Dieb *m.* -〔e〕s, -e; Stehler *m.* -s, -; Einbrecher *m.* -s, -《押込》; Räuber *m.* -s, -《強盗》; Mauser *m.* -s, -《こそ泥》／盗人に追い銭 dem, der einen übervorteilt hat, noch etwas nach|werfen*; dem Dieb noch Geld nach|werfen*.

ぬすみ 盗み das Stehlen*, -s; Diebstahl *m.* -〔e〕s, ⸗e; Dieberei *f.* -en《盗人根性》; das Mausen*, -s《こそ泥》; Mauserei *f.* -en《同上》／盗みをする stehlen*^{4}《*jm*》; einen Diebstahl begehen*; ^{4}sich eines Diebstahls schuldig machen.

ぬすみぎき 盗み聞き das〔Er〕lauschen*, -s; das Abhören* (Abhorchen*), -s／盗み聞きをする erlauschen^4《*jm*》; lauschen《*jm*》; ab|hören^4 (-|horchen^4)《*jm*》; schwarz|hören《ラジオ・講義など》; ^{4}sich beim Telefon heimlich ein|schalten《電話》.

ぬすみみる 盗み見る verstohlen (heimlich) an|blicken^4; einen verstohlenen (heimlichen) Blick werfen* (tun*)《*auf*^{4}》.

ぬすみわらい 盗み笑いをする ^{3}sich ins Fäustchen lachen; heimlich (im Geheimen) lachen; vor ^{4}sich hin lachen.

ぬすむ 盗む ❶［物を］stehlen*^{4}《*jm*》; bestehlen*《*jn um*^{4}》; einen Diebstahl verüben《an *jm*》; entwenden$^{(*)4}$《*jm*》; entziehen*^{4}《*jm*》; mausen^4《こっそり》; an ^{4}sich reißen*^{4}／盗まれる gestohlen werden〖物が主語〗; um ^{4}*et* beraubt werden〖人が主語〗／盗み去る weg|praktizieren^4《*jm*》／少年は自転車を盗みとった Der Junge hat ein fremdes Rad stibitzt. ❷［人の目を］^{4}sich der Aufmerksamkeit anderer entziehen*; ^{4}sich weg|stehlen*／人目を盗んで会う ^{4}sich im Geheimen treffen*《mit *jm*》; ^{3}sich ein heimliches Rendezvous (Treffen; Stelldichein) geben*《mit *jm*》. ❸［暇を］^{3}sich ein Weilchen freie Zeit zunutze (zu Nutze) machen; eine kurze (kleine) Weile für ^{4}sich zu benutzen (benützen) wissen*／暇を盗んでちょっと寝る ein Schläfchen halten* (machen), indem man ein Weilchen freie Zeit benützt／暇を盗んでちょっと来てくれ Kommen Sie doch zu mir, wenn Sie über ein paar Minuten freie Zeit verfügen können. ❹［他人の文章など］ab|schreiben*^{4}《*von*^{3}》; plagiieren^4《*von*^{3}》; ein Plagiat begehen*《*an*^{3}》; plündern^4《*aus*^{3}》／この本の中身は全部盗んだものだ Das ganze Buch ist zusammengestohlen (zusammengeräubert).¦Lauter fremde Federn! ⇨ひょうせつ.

ぬっと jäh〔lings〕; auf einmal; unvermittelt; unvermutet; unversehens;〔ur-〕plötzlich; steil emporragend《そびえ立って》; grob《無礼に》; unhöflich《同上》.

ぬの 布 Tuch *n.* -〔e〕s, -e《*pl* は種類を示す》;

ぬのめ 布目 Gewebe *n.* -s, -; Textur *f.* -en／布目に織った；[詩] gewoben; von feiner Netzarbeit; netzartig; retikulär.

ぬま 沼 Sumpf *m.* -[e]s, ¨-e; Bruch *m.* -[e]s, ¨-e (*n.* -[e]s, ¨-e(r)); Moor *n.* -[e]s, -e; Morast *m.* -[e]s, -e (¨-e) ‖ 沼地 Sumpf|land (Bruch-; Moor-) *n.* -[e]s, ¨-er; Sumpfboden *m.* -s, ¨-.

ぬらす 濡らす be|netzen⁴; nässen⁴; nass machen⁴; be|gießen*⁴; befeuchten⁴; durchtränken⁴ ／浸みこます／手を濡らさずに [労せずして] ohne jede Mühe; völlig mühelos.

ぬらぬら ぬらぬら feucht und klebrig (schlüpf[e]rig); fettig (脂で)／ぬらぬらする feucht und klebrig (schlüpf[e]rig) sein; fettig sein.

ぬり 塗り Anstrich *m.* -[e]s, -e; Bewurf *m.* -[e]s, ¨-e; Tünche *f.* -n; Überzug *m.* -[e]s, ¨-e; das Stuckieren, -s 《漆喰(にっ)》; das Lackieren*, -s 《漆》; das Firnissen*, -s 《ニス》; das Glasieren*, -s 《エナメル》; das An|malen*, -s 《色を》; das Bemalen*, -s 《色を》／塗りのよい gut angestrichen (beworfen; getüncht; überzogen; stuckiert; lackiert; gefirnisst; glasiert; angemalt; bemalt) ‖ 塗下駄(げ) die lackierten Holzsandalen (*pl*)／塗箸(ばし) das lackierte Essstäbchen, -s, -／塗盆 das lackierte Tablett, -[e]s, -e.

ぬりかえる 塗り替える neu an|streichen*⁴; einen neuen Anstrich geben*³.

ぬりぐすり 塗り薬 Einreibe|mittel (Einreibungs-) *n.* -s, -; Liniment *n.* -[e]s, -e; Salbe *f.* -n.

ぬりたて 塗立て frisch [an]gestrichen ‖ ペンキ塗立て Achtung! Frisch gestrichen!《掲示》.

ぬりつける 塗りつける ⇨ぬる.

ぬりもの 塗り物 Lack|ware *f.* -n (-arbeit *f.* -en) ‖ 塗[物]師 Lackierer *m.* -s, -／塗物屋 Lackwarengeschäft *n.* -[e]s, -e《店》; Lackwarenhändler *m.* -s, -《人》.

ぬる 塗る ❶ an|streichen*⁴《絵の具・ペンキを》; an|malen⁴《色を》; bewerfen*⁴《漆喰(にっ)を》; stuckieren⁴《同上》; tünchen⁴《上塗りを》; überziehen*⁴; lackieren⁴《漆を》; firnissen⁴《ニスを》; glasieren⁴《エナメルを》. ❷ [罪を] die Schuld auf|bürden (*jm*) (schieben* *auf jn*); an|schwärzen (*jm*); in die Schuhe schieben*⁴ (*jm*); zur Last legen⁴ (*jm*).

ぬるい ❶ [微温] lau[warm]. ❷ [手ぬるい] schlapp; unentschlossen; unschlüssig.

ぬるぬる ぬるぬる glatt; schlüpf[e]rig. ⇨ぬらぬら.

ぬるまゆ ぬるま湯 das lauwarme Wasser, -s, -《Bad, -[e]s, ¨-er》.

ぬるむ lau[warm] werden; ein wenig wärmer werden.

ぬるめる lau[warm] machen⁴; ein wenig wärmer machen⁴.

ぬれえん 濡れ縁 die offene Veranda, ..den; der unbedeckte Vorraum, -[e]s, ¨-e.

ぬれぎぬ 濡れ衣 Angeberei *f.* -en; Hinterbringung *f.* -en; Denunziation *f.* -en／濡れ衣を着せる an|geben* (*jn*); an|schwärzen (*jn*); hinterbringen* (*jn*); denunzieren (*jn*)／濡れ衣を着る angegeben (angeschwärzt; hinterbracht; denunziert) werden／それは濡れ衣だ Das ist mir fälschlich zur Last gelegt.

ぬれて 濡れ手 die nasse Hand, ¨-e／濡れ手で粟をつかむ wie Heu Geld machen (verdienen); ohne jegliche Mühe sein Glück machen.

ぬれねずみ 濡れ鼠になる pudelnass (triefnass; durch und durch nass) werden; durchnässt werden; bis auf die Haut (die Knochen) nass werden; keinen trockenen Faden am Leib haben; zum Auswringen nass werden.

ぬれば 濡れ場 Liebesszene *f.* -n.

ぬれる 濡れる nass (feucht) werden／濡れた nass; feucht; angefeuchtet 《湿った》.

ね

ね 根 ❶ [草木の] Wurzel *f.* -n／根が付く Wurzel fassen (schlagen*)／根を張る Wurzeln aus|breiten／根を絶つ entwurzeln⁴; aus|rotten⁴／この木は地面に深く根を張っている Der Baum wurzelt tief in dem Boden. ❷ [転じて] 根も葉もない unbegründet／根も葉もない嘘 eine glatte Lüge, -n／根無し草のような人間 ein entwurzelter Mensch, -en, -en／悪の根を絶つ die Wurzel des Übels aus|rotten／彼は根はよい人間だ Eigentlich (Im Grunde) ist er ein guter Mensch.／彼女はそのことを根掘り葉掘り尋ねた Sie fragte mich nach dieser Angelegenheit aus.／彼は私に対してその ことを根にもっている Er trägt es mir nach. ‖ 根無し草 ein wurzelloses Gras, -es, ¨-er.

ね 音 Klang *m.* -[e]s, ¨-e; Ton *m.* -[e]s, ¨-e／音が美しい einen schönen Klang haben; schön klingen*／この笛は音がよい Diese Flöte hat einen guten (schönen) Ton.／彼にそう言われて僕はぐうの音も出なかった Auf seine Worte wusste ich gar nichts zu antworten.

ね 値 Preis *m.* -es, -e《値段》; Wert *m.* -[e]s, -e《値打ち》／値が高い teuer sein; einen hohen Preis haben; hoch im Preis stehen*／値が安い billig sein; einen niedrigen Preis haben; niedrig im Preis stehen* / 値が上がる(下がる) im Preis steigen* (sinken*) [s] / 値を上げる(下げる) den Preis erhöhen (senken; herab|setzen) / 値を決める den Preis fest|setzen 《für⁴》; mit einem Preis versehen*⁴.

ね(ねえ) ❶ nicht wahr? ⁞ nicht? 〚方〛 gelt? 〔南独で〕; 〚俗〛 was? / よい天気ですね Schönes Wetter, nicht wahr? / これ貰(もら)っていってもいいね Das darf ich doch mitnehmen, nicht? / ねえ, 彼女は素晴らしい美人じゃないか Sie ist eine große Schönheit, was? ❷ [呼びかけ] hallo! ⁞ heda! ⁞ Hören Sie mal! ⁞ Hör mal! 《お聞きなさい》 ⁞ Wissen Sie was? ⁞ Weißt du was? 《あのね》 / ねえ, よい考えがあるんだ Weißt du was? Ich habe eine schöne Idee!

ねあがり 値上がり Preissteigerung *f.* –en; das Steigen* der Preise / 値上がりする 〔Preis が主語〕 steigen* [s]; auf|schlagen* [s]; an|ziehen* / 牛乳が値上がりする Der Preis der Milch steigt.

ねあげ 値上げ Preiserhöhung *f.* –en / 値上げする den Preis erhöhen ‖ 運賃値上げ die Erhöhung der Transportkosten / 賃金値上げ Lohnerhöhung.

ねあせ 寝汗 Nachtschweiß *m.* –es, –e / 寝汗をかく Nachtschweiß haben.

ねいき 寝息 das Atmen* 《–s》 eines Schlafenden* / 彼はぐっすり眠っている父親の寝息を聞いた Er hörte seines Vaters Atem gehen, der fest schlief.

ねいじつ 寧日 ¶ 私はほとんど寧日なき有様です Ich habe kaum noch ruhige Tage.

ねいす 寝椅子 Liege⁞stuhl *m.* –〔e〕s, ⸚e (–sofa *n.* –s, –s); Couch *f.* –s.

ネイティブスピーカー Muttersprachler *m.* –s, –.

ねいりばな 寝入りばなに beim Einschlafen / 私はちょうど寝入りばなに起こされた Ich war gerade am Einschlafen, da wurde ich aufgeweckt.

ねいる 寝入る ein|schlafen* [s]; in ⁴Schlaf fallen* (sinken*) [s].

ねいろ 音色 Klangfarbe *f.* –n; Timbre *m.* (*n.*) –s, –s.

ねうち 値打 Wert *m.* –〔e〕s, –e 《価値》; Würde *f.* –n 《品位》 / 値打のある wertvoll; kostbar / 値打のない wertlos / …の値打がある wert² sein; verdienen⁴ / これは何の値打もない Das ist nichts wert. / 彼は信頼する値打がない Er verdient kein Vertrauen. / これは彼の値打にかかわる Das ist unter seiner Würde.

ねえさん 姉さん ❶ [姉] die ältere Schwester, –n. ❷ [料理屋の] Kellnerin *f.* ..rinnen; *Fräulein n.* –s, – 《呼びかけ》.

ネーブル Navel *f.* –s; Navelorange *f.* –n.

ネオ– neo– / ネオナチズム Neonazismus *m.* – / ネオナチ主義者 Neonazist *m.* –en, –en / ネオファシズム Neofaschismus *m.* – / ネオファシスト Neofaschist *m.* –en, –en.

ねおき 寝起きする ❶ [起居] leben 《mit *jm*》; wohnen 《bei *jm*》 / 私は伯母のところに寝起きしている Ich wohne bei meiner Tante. ❷ [目覚め] 寝起きがわるい nicht so leicht auf|wachen [s]; beim Erwachen schlecht gelaunt sein.

ネオン Neon *n.* –s ‖ ネオンサイン Neonlicht *n.* –〔e〕s, –er; Lichtreklame *f.* –n 《広告の》.

ネガ 〚写〛 Negativ *n.* –s, –e.

ねがい 願い Wunsch *m.* –〔e〕s, ⸚e 《願望》; Verlangen *n.* –s, – 《渇望》; Bitte *f.* –n 《依頼》; Gesuch *n.* –〔e〕s, –e 《請願》 / 君にお願いがある Ich habe eine Bitte an dich. / お願いだ Ich bitte dich. / 私にこの願いをかなえて下さい Gewähren Sie mir diese Bitte (diesen Wunsch)!

ねがいごと 願い事 Wunsch *m.* –〔e〕s, ⸚e; Anliegen *n.* –s, –; Bitte *f.* –n / 実はお願い事があるのです Ich habe ein Anliegen (eine Bitte) an Sie. / 彼の願い事はかなえられた Ihm wurde das Anliegen gewährt.

ねがいさげる 願い下げる eine Bitte (ein Gesuch) zurück|ziehen* / そんな事は願い下げにしたいね So etwas möchte ich lieber nicht tun.

ねがいでる 願い出る ein Gesuch ein|reichen 《bei *jm*》; ⁴sich bewerben* 《bei *jm* um ⁴*et*》 / 彼は辞職を願い出た Er reichte das Rücktrittsgesuch ein.

ねがう 願う *jn* bitten* 《依頼・懇願 *um*⁴》; wünschen⁴ 《願望》; verlangen 《*nach*³ 渇望》; hoffen⁴ 《希望》 ⇨**ねがいでる** / あなたが早く健康になられることを願っています Wir hoffen, dass Sie bald wieder gesund werden. / 彼は私に許しを願った Er bat mich um Verzeihung.

ねがえり 寝返りを打つ ❶ ⁴sich 〔auf die andere Seite〕 herum|drehen. ❷ [裏切る] ein Versprechen brechen* (nicht halten*) 《約束を破る》; zum Feind (ins feindliche Lager) über|gehen* [s] 《敵方に走る》.

ねがお 寝顔 *js* Gesicht 《*n.* –〔e〕s, –er》 (Gesichtsausdruck *m.* –〔e〕s, ⸚e) beim Schlafen.

ねかす 寝かす ❶ schlafen schicken⁴ 《寝かしにやる》; zum Schlafen bringen*⁴ 《寝かしに連れてゆく》; ein|schläfern⁴ 《寝つかせる》; ein|wiegen⁴ 《揺って寝かせる》. ❷ [横にする] auf die Seite legen⁴. ❸ [商品・資金などを] 〔unbenutzt〕 liegen lassen*⁴; brachliegen lassen*⁴.

ねがったり 願ったり叶ったり mit Kusshand 《ありがたがって》; wunschlos glücklich 《…の状態》 / 願ったり叶ったりだ 〔物を主語にして〕 *js* Wünsch und Erwartungen völlig entsprechen*; *jm* ein gebundenes Fressen sein 《お誂向き》 / …すれば願ったり叶ったりだ Mehr kann man nicht wünschen (verlangen), wenn ….

ねがわくは 願わくは hoffentlich / 願わくは彼の来訪の近からんことを Hoffentlich kommt er bald wieder. / 願わくは汝(なんじ)に神の祝福あらんことを Gott segne dich!

ねがわしい 願わしい wünschenswert; erwünscht / 願わしくない unerwünscht.

ねぎ 葱 Porree *m.* –s, –s; Zwiebel *f.* –n 《玉葱》.

ねぎらう ¶ 労をねぎらう *jm* für *js* ⁴Be-

ねきりむし 根切虫 eine Kohlpflanzen zerfressende Raupe, -n.

ねぎる 値切る den Preis herab|drücken*; feilschen (*um*⁴); markten (*um*⁴)／値切り倒す aufs Äußerste feilschen.

ネクタイ Krawatte *f.* -n; Schlips *m.* -es, -e; Selbstbinder *m.* -s, -/ネクタイを結ぶ [³sich] die Krawatte binden* ‖ ネクタイピン Krawatten|nadel (Schlips-) *f.* -n/蝶ネクタイ Schleife *f.* -n.

ねくび 寝首をかかれる beim Schlafen ermordet werden.

ねぐら 塒 Nest *n.* -[e]s, -er; Schlafsitz *m.* -es, -e; Hühnerstange *f.* -en 《鶏のとまり木》; Hühnerstall *m.* -[e]s, -e 《鶏舎》／鳥が塒に帰る Die Vögel fliegen zu ihrem Nest zurück.

ネグリジェ Negligee (Négligé) *n.* -s, -s.

ねぐるしい 寝苦しい schlecht schlafen*／昨夜は暑くて寝苦しかった Heute Nacht konnte ich wegen der Hitze nicht gut schlafen.

ねげしょう 寝化粧 die Toilette vor dem Schlafengehen.

ねこ 猫 Katze *f.* -n 《牝猫》; Kater *m.* -s, - 《牡猫》; Kätzchen *n.* -s, - 《仔猫》／猫が鳴く miauen／猫もしゃくしも Hinz und Kunz／猫に鰹節を預ける den Wolf ⁴Schafe hüten lassen*／猫の目のように変わる wetterwendisch 《wie Wetterfahne》 sein／猫をかぶる heucheln; vor|täuschen／猫に小判 'Perlen vor die Säue werfen.'

ねこいらず 猫いらず Rattengift *n.* -[e]s, -e.

ねこぎ 根こぎ samt mit der Wurzel aus|reißen*⁴; entwurzeln⁴; aus|rotten⁴.

ねごこち 寝心地がいい(わるい) Es schläft sich gut (schlecht).

ねこざめ 猫鮫 Katzenhai *m.* -[e]s, -e.

ねこじた 猫舌である etwas Heißes (または具体的に熱い Essen, heiße Suppe) nicht vertragen*.

ねこぜ 猫背 eine gebeugte Haltung, -en; ein krummer Rücken, -s, -; hängende Schultern 《*pl*》／猫背の男 ein Mann mit gekrümmten Schultern.

ねこそぎ 根こそぎ von Grund aus; völlig; vollständig; gründlich／根こそぎ持って行く mit der Wurzel aus|rotten⁴／根こそぎ持ってゆく alles mit|nehmen*.

ねごと 寝言 das Sprechen 《-s》 im Schlaf／寝言を言う im Schlaf sprechen*／つまらぬ寝言を言うな Das ist doch Quatsch.

ねこなでごえ 猫撫声で mit schmeichelhafter Stimme; in schmeichelhaftem Ton.

ねこばば 猫ばばする in die Tasche stecken⁴; unterschlagen*⁴.

ねこみ 寝込みを襲う im Schlaf überfallen*⁴.

ねこむ 寝込む ❶ ⇨ねいる. ❷ 《病気で》zu Bett liegen*; das Bett hüten; ans Bett gefesselt sein.

ねこやなぎ 猫柳 Salweide *f.* -n／猫やなぎの花 Weidenkätzchen *n.* -s, -.

ねごろ 値頃の preis|wert (-würdig).

ねころぶ 寝転ぶ ⁴sich hin|legen.

ねさがり 値下がり das Sinken* 《-s》 der Preise; der Preissturz *m.* -es, -e 《急激な》／値下がりする im Preis[e] fallen* 《*s*》.

ねさげ 値下げ Preis|senkung *f.* -en 《-abbau *m.* -[e]s》／値下げする den Preis senken (herab|setzen; ab|bauen)／値下げ断行 Herabgesetzte Preise! 《揭示》.

ねざけ 寝酒 Schlaf|trunk (-trank) *m.* -[e]s, -̈e.

ねざす 根差す ❶ 《根付く》Wurzel schlagen* (fassen). ❷ 《基く》wurzeln (*in*³); er|springen*³ 《*s*》; stammen (*aus*³); her|kommen* 《*s*》 (*von*³).

ねざめ 寝醒め das Erwachen *n.* -s／寝醒めがわるい 《良心の苛責(さく)》 ein böses (schlechtes) Gewissen haben; Gewissensbisse haben (fühlen).

ねざや 値鞘 Differenz *f.* -en.

ねじ 螺子 Schraube *f.* -n ‖ ねじ回し Schraubenzieher *m.* -s, -／雌(雄)ねじ Schrauber|mutter *f.* -n (-spindel *f.* -n).

ねじあける ねじ開ける auf|drehen⁴ 《ねじって開ける》; auf|brechen⁴ 《無理に開ける》; mit Gewalt öffnen⁴ 《同上》／戸をねじ開ける eine Tür auf|reißen*.

ねじおる ねじ折る ab|drehen⁴; drehend ab|brechen*⁴.

ねじきる ねじ切る ab|drehen⁴; drehend ab|reißen*⁴／錠前をねじ切る ein Schloss auf|brechen*.

ねじける ❶ 《歪(ゆが)む》verdreht (verbogen) werden*; ⁴sich verbiegen*. ❷ 《ひねくれる》verkrümmen 《*s*》; boshaft werden／ねじけた verbogen; verkrümmt; boshaft.

ねじこむ ねじ込む ❶ 《押す》hinein|drehen⁴ (-|schrauben) ❷ 《抗議する》protestieren 《*gegen*⁴》.

ねしずまる 寝静まる fest (tief) schlafen*／家中が寝静まっていた Das ganze Haus lag in tiefem Schlaf.

ねしな 寝しなに beim Schlafengehen (Ein|schlafen).

ねじふせる ねじ伏せる zu Boden zwingen*⁴.

ねじまげる ねじ曲げる verdrehen⁴; verbiegen*⁴／事実をねじ曲げる einen Tatbestand (die Wahrheit) verdrehen.

ねじむける ねじ向ける hin|drehen⁴ 《*gegen*⁴》.

ねじめ 音締めをする ⁴Saiten stimmen.

ねしょうべん 寝小便 Bettnässen *n.* -s／寝小便をする das Bett nässen.

ねじり Torsion *f.* -en ‖ ねじり振動 Torsionsschwingung *f.* -en／ねじり秤(はかり) Torsionswaage *f.* -.

ねじる drehen⁴; schrauben⁴ 《ねじで回す》／全をねじる einen Hahn drehen.

ねじれる verdreht werden*; ⁴sich verbiegen*／ねじれた verdreht; verbogen; krumm; geknickt／verbiegen; verbogen; krumm; geknickt.

ねじろ 根城 Stützpunkt *m.* -[e]s, -e 《拠点》; Hauptquartier *n.* -[e]s, -e 《本拠》; Hochburg *f.* -en 《牙城》.

ねすごす 寝過ごす ⇨ねぼう／寝過ごして列車に乗り損ねる den Zug verschlafen*.

ねずのばん 寝ずの番 ⇨ふしんばん.

ねずみ 鼠 Ratte *f.* -n; Maus *f.* -̈e／鼠色の

ねぞう mausgrau; grau ‖ 鼠取り Ratten|falle (Mäuse-) f. -n 〔捕鼠器〕; Ratten|gift (Mäuse-) n. -[e]s, -e〔殺鼠剤〕.

ねぞう 寝相 die Liegeart (Positur) beim Schlafen.

ねそびれる 寝そびれる nicht einschlafen können*; keinen Schlaf finden*.

ねだ 根太 Fußbodenlatte f. -n; Diele f. -n/根太を張る mit ³Fußboden versehen*⁴; dielen⁴.

ねたましい 妬ましい eifersüchtig (neidisch) sein 《auf⁴》/彼の成功が妬ましい Ich bin eifersüchtig auf seine Erfolge.

ねたみ 妬み Eifersucht f.; Neid m. -[e]s/ねたみ深い eifersüchtig; neidisch.

ねたむ 妬む eifersüchtig (neidisch) sein 《auf⁴》; beneiden⁴/ねたんで aus ³Eifersucht (Neid).

ねだる jn bitten* 《um⁴》; jn an|sprechen* 《um⁴》; jn an|betteln 《um⁴》; jn an|pumpen 《um⁴》/彼はまたも金をねだった Er pumpte mich schon wieder um Geld an.

ねだん 値段 Preis m. -es, -e/お値段はいくらですか Was (Wie viel) kostet das? /値段により けりだ Es kommt auf den Preis an. ‖ 値段表 Preisliste f. -n. ⇨ね|値.

ねちがえる 寝違える ¶ 首の筋を寝違える ³sich beim Schlafen den Hals verrenken (verstauchen).

ねちっこい ねちねちした klebrig; 〔性格〕 zäh; zu|dringlich; lästig beharrlich.

ねつ 熱 ❶ Hitze f. -n; Wärme f. -n. ❷〔体温・病熱〕〔Körper〕temperatur f. -en;〔体温〕Fieber n. -s〔病熱〕/熱がある(出る) Fieber haben/熱が高い hohes (starkes) Fieber haben/熱に浮かされる im Fieber fantasieren*/熱を計る die Körpertemperatur messen*/熱を下げる das Fieber senken (vertreiben*)/熱が上がる(下がる) Das Fieber steigt (fällt). ❸〔熱心〕 Eifer m. -s; Fieber n. -s; Manie f. -en; Begeisterung f.; Leidenschaft f. /熱のない返事 eine teilnahmslose Antwort, -en/彼はダンス熱にうかされている Er ist wie besessen von der Tanzleidenschaft. ‖ スポーツ熱 Sportfieber n. -s/太陽熱 Sonnenwärme f.

ねつあい 熱愛 heiße (feurige; glühende; innige; leidenschaftliche) Liebe, -n/熱愛する heiß (feurig; glühend; innig; leidenschaftlich) lieben⁴.

ねつい 熱意 Eifer m. -s; Lust f.; Begeisterung f. /熱意がない ohne ⁴Lust sein; keine Lust haben.

ねつえん 熱演する mit ³Eifer (leidenschaftlich) spielen⁴.

ねつかがく 熱化学 Thermochemie f.

ねつかく 熱核の thermonuklear ‖ 熱核反応 thermonukleare Reaktion, -en/熱核兵器 Thermonuklearwaffe f. -n /熱核融合 Kernverschmelzung f. -en.

ねつがく 熱学 Wärmelehre f.

ネッカチーフ Halstuch n. -[e]s, ⸚er.

ねっから durchaus; ganz und gar/彼はねっからの悪玉ではない Eigentlich ist er kein schlechter Mensch.

ねつき 寝付き das Einschlafen*, -s/寝付きがよい leicht (schnell) ein|schlafen*/寝付きがわるい schwer (schlecht) ein|schlafen*.

ねつき 熱気 heiße Luft; Hitze f. -n ‖ 熱気消毒 Heißluftsterilisation f. -en/熱気消毒器 Heißluftsterilisator m. -s, -en/熱気発動機 Heißluftmotor m. -s, -e.

ねつぎ 根接ぎする an der Wurzel pfropfen⁴.

ねつきかん 熱機関 Wärmekraftmaschine f. -n.

ねつきょう 熱狂 Aufregung f. -en〔興奮〕; Begeisterung f. -en〔感激〕; Enthusiasmus m. -〔同上〕; Fanatismus m. -〔狂信〕/熱狂的に(な) aufgeregt; begeistert; enthusiastisch; fanatisch. —— 熱狂する ⁴sich auf|regen; ⁴sich begeistern 《für⁴》; begeistert werden 《von³》.

ねつく 寝付く ein|schlafen* [s]; in ⁴Schlaf fallen* (sinken*) [s]/寝付かせる zum Einschlafen bringen*⁴.

ネックレス Hals|band n. -[e]s, ⸚er -|kette f. -n).

ねっけつ 熱血を注いで mit ³Leib und ³Seele ‖ 熱血漢 ein heißblütiger Mann, -[e]s, ⸚er; Hitzkopf m. -[e]s, ⸚e.

ねつげん 熱源 Wärmequelle f. -n.

ねつさまし 熱さまし Fiebermittel n. -s, -.

ねつじき 熱磁気 Thermomagnetismus m. -, ..men.

ねつじょう 熱情 Leidenschaft f. -en/熱情的な leidenschaftlich ‖ 熱情家 ein leidenschaftlicher Mensch, -en, -en/熱情ソナタ die Appasionata-Sonate.

ねっしょり 熱処理 Wärmebehandlung f. -en; Vergütung f. -en〔焼入れ&焼戻し〕; Härtung f. -en〔焼入れ〕;〔Aus〕glühen n. -s〔焼鈍〕; Anlassen n. -s〔焼戻し〕. —— 熱処理する mit ³Wärme behandeln⁴; vergüten⁴; härten⁴; [aus]glühen⁴; an|lassen⁴.

ねっしん 熱心 Eifer m. -s〔熱心〕; Fleiß m. -e〔勤勉〕; Leidenschaft f. 〔熱情〕; Begeisterung f. 〔感激〕; Teilnahme f.〔関心〕; Lust f.〔気乗り〕. —— 熱心な eifrig; fleißig; leidenschaftlich; begeistert; teilnahmsvoll. —— 熱心に eifrig; mit Eifer; fleißig; mit Begeisterung; leidenschaftlich; begeistert; mit Lust/熱心に勉強する eifrig (fleißig) lernen⁴/熱心に耳を傾ける teilnahmsvoll zu|hören³. ‖ 熱心家 ein Eifrige*, -n, -n; der Fleißige*, -n; der Ernst m. -[e]s〔真摯〕; Wahrhaftigkeit f. 〔誠実〕; Leidenschaft f. 〔熱情〕/熱誠あふれる歓迎 eine herzliche Aufnahme, -n.

ねっせん 熱線〔理〕Wärmestrahl m. -[e]s, -en;〔電〕Hitzdraht m. -[e]s, ⸚e ‖ 熱線電流計 Hitzdrahtinstrument n. -[e]s, -e.

ねっせん 熱戦 ❶〔競技の〕 ein heißer (hefti-

ねつぞう 捏造 Erfindung *f.* -en; Erdichtung *f.* -en; Lüge *f.* -n《嘘》/この話は彼の捏造だ Diese Geschichte hat er bloß erfunden./捏造する erfinden*[4]; erdichten*[4]; aus|denken*[4].

ねったい 熱帯 Tropenzone *f.*; die heiße (tropische) Zone; Tropen《pl》/熱帯の tropisch[1]/熱帯植物 eine tropische Pflanze, -n; die tropische Flora《総称》/熱帯地方 Tropenländer《pl》/熱帯 Tropen《pl》/熱帯病 Tropenkrankheit *f.* -en.

ねっちゅう 熱中する[4] sich begeistern《für[4]》; schwärmen《für[4]》; [4]sich widmen[3]; [4]sich vertiefen《in[4]》/彼は研究に全霊をこめて熱中している Er widmet sich der Forschung mit Leib und Seele.

ねっちゅうしょう 熱中症 Hitzschlag *m.* -[e]s /熱中症にかかる einen Hitzschlag bekommen[4].

ねつでんき 熱電気 Thermoelektrizität *f.* -en.

ねつでんどう 熱伝導《理》Wärme|leitung *f.* (-übertragung *f.*); ⇒ねつでんき.

ネット Netz *n.* -es, -e /ネットを張る ein Netz spannen /ネットボール(ネットプレー)【テニス】Netzball *m.* -[e]s, ¨e (Netzspiel *n.* -[e]s, -e)/ネットワーク Netzwerk *n.* -[e]s, -e; [ラジオ]Rundfunk]netz *n.* -es, -e; Sendergruppe *f.* -n.

ねっとう 熱湯 kochendes (siedendes) Wasser, -s, -/熱湯を浴びせる mit kochendem Wasser begießen*[4].

ねつでんたい 熱導体 Wärmeleiter *m.* -s, -.

ねっとり ねっとりした dickflüssig; kleb[e]rig.

ねっぱ 熱波 Hitzewelle *f.* -n.

ねつびょう 熱病 Fieber *n.* -s, -; Fieberkrankheit *f.* -en/熱病にかかる vom Fieber befallen sein; fieberkrank sein /熱病患者 der Fieberkranke, -n, -n.

ねっぷう 熱風 ein heißer Wind, -[e]s, -e.

ねつふくしゃ 熱輻射 Wärmestrahlung *f.* -en.

ねつべん 熱弁 eine feurige (hinreißende) Rede, -n /熱弁を奮う eine feurige Rede halten[4].

ねつぼう 熱望 ein heißer (lebhafter) Wunsch, -[e]s, ¨e; Herzenswunsch, -[e]s, ¨e; ein heißes (sehnsüchtiges) Verlangen, -s, -/読者の熱望に応えて auf die lebhaften Wünsche der ²Leser〔hin〕. ── 熱望する sehnlich (von ganzem Herzen) wünschen[4]; begierig sein《auf[4]》; [4]sich heiß sehnen《nach[4]》.

ねづよい 根強い tief eingewurzelt; hartnäckig; unausrottbar /根強い習慣 ein tief eingewurzelter Brauch, -[e]s, ¨e.

ねつりきがく 熱力学 Thermodynamik *f.*.

ねつりょう 熱量 Wärmemenge *f.* -n /熱量計 Wärmemesser *m.* -s, -; Kalorimeter *n.* -s, -/熱量測定 Wärme[mengen]messung *f.* -en; Kalorimetrie *f.* /熱量単位 Wärmeeinheit *f.* -en; Kalorie *f.* -n.

ねつるい 熱涙を流す heiße Tränen vergießen[4].

ねつれつ 熱烈な leidenschaftlich; feurig; heiß; glühend /熱烈な場面 eine leidenschaftliche Szene, -n /熱烈な恋愛 heiße (glühende; feurige) Liebe, -n.

ねどこ 寝床 Bett *n.* -[e]s, -en /寝床に入る ins Bett gehen*《病気で》; zu ¹Bett gehen* s《就寝する》; sich zu Bett legen《同上》/寝床を離れる aus dem Bett (aus den Federn) springen*《早いよう》s; Bett verlassen*; auf|stehen* s《起床する》/寝床をこしらえる Bett machen.

ねとまり 寝泊りする wohnen《bei *jm*; in³》/ホテル(伯父の所に)寝泊りする in einem Hotel (bei seinem Onkel) wohnen.

ネパール Nepal *n.* -s/ネパールの nepalesisch /ネパール人 Nepaler *m.* -s, -; Nepalese *m.* -n, -n/ネパール語 Nepali *f.*.

ねばつく 粘つく ⇒ねばねば.

ねばねばした kleb[e]rig; zähflüssig; schleimig《粘液状の》/ねばねばする kleben, klebrig /粘り着く kleben. ❷【執着】Zähigkeit *f.* -en; Beharrlichkeit *f.* -en; Ausdauer *f.* /粘り強い zäh; beharrlich; hartnäckig《強情な》.

ねばる 粘る ❶ ⇒ねばねば. ❷【執着】durch|halten*《頑張り通す》⇒ねばり. ❸ 彼は二時間も喫茶店で粘っていた Er klebte zwei Stunden lang im Café.

ねはん 涅槃 Nirwana *n.* -s.

ねびえ 寝冷え eine im Schlaf zugezogene Erkältung /寝冷えを[する] ³sich im Schlaf eine Erkältung zu|ziehen*[4].

ねびき 根引きする〔根こさぎする〕entwurzeln[4]. ❷〔身受けする〕los|kaufen[4].

ねびき 値引きする ⇒わりびき.

ねぶかい 根深い tief wurzeln; tief eingewurzelt sein /根深い習慣 ein[tief] eingewurzelter Brauch, -[e]s, ¨e /彼の邪推は根深かった Sein Misstrauen wurzelte tief.

ねぶそく 寝不足 Schlafmangel *m.* -s /寝不足のために wegen des ungenügenden Schlafes /彼は寝不足そうな顔をしている Er sieht übernächtig aus.

ネプツニウム Neptunium *n.* -s《記号: Np》.

ねぶと 根太《医》Furunkel *m.* -s, -.

ねぶみ 値踏み Bewertung *f.* -en; [Ab]schätzung *f.* -en; Veranschlagung *f.* -en /値踏みする bewerten[4]; [ab]schätzen[4]; veranschlagen[4]/財産を値踏みする ein Vermögen schätzen /田畑の値踏みは間違っていた Grund und Boden wurden falsch veranschlagt.

ネフローゼ Nephrose *f.* -n.

ねぼう 寝坊 Langschläfer *m.* -s, -; Spätaufsteher *m.* -s, - /寝坊する lange schlafen*; spät auf|stehen* s; [4]sich verschlafen*/寝坊して列車に乗り遅れる den Zug verschlafen*.

ねぼけ 寝ぼけた schlaftrunken; verschlafen /寝呆け目をこする ³sich seine verschlafenen Augen reiben*/彼は寝呆けているんだよ Er ist noch ganz verschlafen. ¦ Er schläft noch. ‖ 寝呆け顔 ein verschlafenes Gesicht, -〔e〕s, -er.

ねま 寝間 Schlafzimmer *n.* -s, -.

ねまき 寝巻 Schlafanzug *m.* -〔e〕s, ⸚e; Pyjama *m.* (*n.*) -s, -s; Nachtkleid *n.* -〔e〕s, -er.

ねみみ 寝耳 ¶ それは寝耳に水だ Ich bin ja überrascht. ¦ Das ist mir sozusagen ein Blitz aus heiterem Himmel.

ねむがる 眠がる schläfrig (müde) sein.

ねむけ 眠気 Schläfrigkeit *f.* -en; Müdigkeit *f.* -en/眠気がさす schläfrig (müde) werden/眠気に襲われる vom Schlaf überfallen werden/眠気を払う ^{3}sich den Schlaf vertreiben*; den Schlaf verscheuchen/眠気を誘う einschläfernd wirken/眠気ざましにコーヒーでも飲もう Ich will mal Kaffee trinken, um mich wach zu halten.

ねむそう 眠そうな(に) schläfrig; müde/眠そうな声 eine schläfrige Stimme, -n/彼は眠そうな顔をしている Er sieht schläfrig (müde) aus.

ねむり 眠り Schlaf *m.* -〔e〕s; Schlummer *m.* -s 《まどろみ》/眠りが浅い einen leichten Schlaf haben/眠りにつく schlafen gehen* [s]; ein|schlafen* [s] 《寝入る》 ‖ 眠り薬 Schlaf¦mittel *n.* -s, - (-tablette *f.* -n 《錠剤》; -pulver *n.* -s, - 《散薬》); Betäubungsmittel 《麻酔薬》/眠り病 Schlafkrankheit *f.* -en.

ねむりそう 眠り草 Sinnpflanze *f.* -n; Mimose *f.* -n.

ねむる 眠る schlafen*; schlummern 《まどろむ》; ein|schlafen* 《寝入る》/ぐっすり眠る fest (tief) schlafen*/眠られない夜 eine schlaflose Nacht, ⸚e/僕は一晩中眠れなかった Ich lag die ganze Nacht wach./よく眠れたかい Hast du (Haben Sie) gut geschlafen?

ねもと 根元に am Fuß 〔des Baumes〕.

ねものがたり 寝物語 ein Gespräch 《*n.* -〔e〕s, -e》 im Bett; Gardinenpredigt *f.* -en 《妻の夫に対する愚痴》.

ねやす 値安の billig.

ねらい 狙いが外れる das Ziel verfehlen/狙いを誤る falsch zielen/狙いを定める zielen 《*auf*^{4}》/狙いをすます genau zielen 《*auf*^{4}》.

ねらいどころ 狙い所 Zielpunkt *m.* -〔e〕s, -e.

ねらう 狙う ❶ zielen 《*auf*^{4}; *nach*^{3}》; visieren 《*auf*^{4}; *nach*^{3}》; an|visieren^4; aufs Korn (Visier) nehmen*^{4}; ^{4}es absehen* (an|legen) 《*auf*^{4}》/よく狙う gut (genau) zielen/彼はピストルで私を狙った Er zielte mit dem Revolver auf mich. ❷ [窺(うかが)う] lauern 《*auf*^{4}》; ab|passen^4; nach|stellen^3/機会を狙う auf eine Gelegenheit lauern/女性をつけ狙う einer Frau nach|stellen.

ねり 練り ⇨ねる(練る) ‖ 練絹 appretierte (zugerichtete) Seide, -n/練薬 Latwerge *f.* -n/練粉 Teig *m.* -〔e〕s, -e/練白粉(おしろい) Schminkcrem *f.* -s/練歯磨き Zahn¦pasta *f.* ..ten; Zahncrem *f.* -s/練塀 die Lehmmauer 《-n》 mit ^{3}Ziegeldach/練物 Pasta *f.* ..ten.

ねりあるく 練り歩く ¶ 町を練り歩く durch die Straßen ziehen* [s].

ねる 寝る ❶ schlafen* 《眠る》; zu Bett (ins Bett) gehen* 《床に就く》/寝ずに ohne zu schlafen/寝たふりをする ^{4}sich schlafend stellen/今日は早く寝なさい Heute musst du früh ins Bett./もう寝る時刻だ Es ist Zeit zum Schlafen. ❷ [横臥(おうが)] liegen*; ^{4}sich hin|legen 《横になる》/あおむけに(腹這いに)寝る auf dem Rücken (Bauch) liegen*/芝生に寝る ^{4}sich auf den Rasen hin|legen. ❸ [病気で] zu Bett liegen*; das Bett hüten; ^{4}sich ins Bett legen 《床につく》/彼は二週間来病気で寝ている Seit vierzehn Tagen ist er ans Bett gefesselt.

ねる 練る ❶ [粉を] kneten^4. ❷ [絹などを] appretieren^4; zu|richten^4. ❸ [鉄を] tempern^4. ❹ [彫琢] 文章を練る an einem Satz feilen/草案を練る einen Entwurf aus|arbeiten. ❺ [鍛錬] 身体を練る den Körper ab|härten (stählen; trainieren)/技を練る ^{4}sich üben 《*in*^{3}》.

ネル Flanell *m.* -s, -e ‖ 本ネル Wollflanell; echter Flanell/綿ネル Baumwollflanell.

ねわけ 根分けする die Wurzeln teilen.

ねわざ 寝業 Bodenkampf *m.* -〔e〕s, ⸚e.

ねん 年 ❶ Jahr *n.* -〔e〕s, -e/二〇〇三年に im Jahr〔e〕 2003/年に一度 einmal im Jahr; jährlich einmal/年から年中 jahraus, jahrein; Jahr um ^{4}Jahr. ❷ ⇨**ねんき**(年季).

ねん 念のため vorsichtshalber; um sicher zu gehen / 念を入れて sorgfältig / 念を押す ^{4}sich vergewissern^2/念には念を入れた方がいいからね Es ist ja besser, dass man sicher geht.

ねんいり 念入りな(に) sorgfältig; sorgsam; vorsichtig; behutsam / 念入りに調査する sorgfältig (mit ^{3}Sorgfalt) untersuchen^4.

ねんえき 粘液 Schleim *m.* -〔e〕s, -e; Phlegma *n.* -s, ..men/粘液性(質)の schleimig (phlegmatisch) ‖ 粘液質 〖心〗 phlegmatisches Temperament, -〔e〕s, -e.

ねんが 年賀 Neujahrsglückwunsch *m.* -〔e〕s, ⸚e/お年賀に行く einen Neujahrsbesuch machen 《bei *jm*》 ‖ 年賀状 Neujahrskarte *f.* -n/年賀郵便 Neujahrspost *f.*

ねんがく 年額 Jahresbetrag *m.* -〔e〕s, ⸚e/年額百万円 jährlich (pro ^{4}Jahr) 1 000 000 Yen.

ねんがっぴ 年月日 Datum *n.* -s, ..ten.

ねんかん 年鑑 Jahrbuch *n.* -〔e〕s, ⸚er; Almanach *m.* -s, -e; Annalen 《*pl*》.

ねんかん 年間平均 Jahresdurchschnitt *m.* -〔e〕s, -e/年間予算 Jahres¦haushalt *m.* -〔e〕s, -e (-etat *m.* -s, -s; -budget *n.* -s, -s).

ねんがん 念願 Herzenswunsch *m.* -〔e〕s, ⸚e; ein großes Anliegen, -s, -/念願が成就した Der Wunsch ist in Erfüllung gegangen.

ねんき 年季 Dienstzeit *f.* -en 《奉公期間》; Lehrzeit *f.* -en 《見習期間》/年季を入れる dienen 《bei *jm*》; ^{4}sich aus|bilden 《*in*^{3}》/年季を済ます aus|dienen; seine Lehrzeit beenden / 彼の年季はすでにあけた Seine Dienstzeit ist abgelaufen. ‖ 年季奉公 Dienst *m.* -〔e〕s, -e; Lehre *f.* -n.

ねんき 年忌 Todestag *m.* -〔e〕s, -e.

ねんきゅう 年級 Schuljahr *n.* -〔e〕s, -e/三年級 das dritte Schuljahr.
ねんきん 年金 Jahresrente *f.* -n; Pension *f.* -en/年金で暮らす von seiner Pension leben ‖ 年金受領者 Rentner *m.* -s, -; Pensionär *m.* -s, -e/終身年金 Leibrente *f.* -n. ⇨**おんきゅう**.
ねんぐ 年貢 Grundsteuer *f.* -n/年貢を収める(取り立てる) [4]Grundsteuer zahlen (bei|treiben*) / 俺もそろそろ年貢の納め時だ Meine Zeit ist allmählich um.
ねんげつ 年月 Jahre und Monate/年月がたつにつれて im Verlauf der [2]Jahre; mit der Zeit/年月を経て nach [3]Jahren.
ねんげん 年限 Frist *f.* -en; Termin *m.* -s, -e/二か年の年限 die Frist von zwei [3]Jahren/年限が切れた Die Frist ist abgelaufen. ‖ 義務年限 Pflichtzeit *f.*/在職年限 Dienstzeit *f.* -en (-jahre《*pl*》).
ねんこう 年功 langjährige Verdienste《*pl* 多年の功績》; lange Erfahrungen《*pl* 経験》; Dienstalter *n.* -s, -《在職年数》/年功を積む Erfahrungen sammeln/年功序列に従って nach dem Dienstalter ‖ 年功加俸 Dienstalterszulage *f.* -n/年功制度 Anciennitätsprinzip *n.* -s, ..pien.
ねんごう 年号 der Name《-ns, -n》einer [2]Ära.
ねんごろ ねんごろな(に) ❶ [入念] ⇨**ねんいり**. ❷ [懇切] freundlich; herzlich; innig; höflich/客をねんごろに迎える einen Gast herzlich auf|nehmen*/…とねんごろになる [4]sich befreunden《*mit*[3]》; intim werden《*mit*[3] 男女が》.
ねんざ 捻挫 Distorsion *f.* -en; Verstauchung *f.* -en/捻挫する [3]sich verstauchen[4] /私は右足を捻挫した Ich habe mir den rechten Fuß verstaucht.
ねんさい 年祭 Jahresfeier *f.* -n (-fest *n.* -〔e〕s, -e); Jahrestag *m.* -〔e〕s, -e《記念日》; Jubiläum *n.* -s, ..läen《同上》/二十五年祭 das fünfundzwanzigste Jahresfest (Jubiläum).
ねんさん 年産 die jährliche Produktion, -en.
ねんし 年始 ⇨**ねんが**.
ねんじ 年次報告 Jahresbericht *m.* -〔e〕s, -e.
ねんしゅう 年収 Jahreseinkommen *n.* -s, -; jährliche Einnahmen《*pl*》.
ねんじゅう 年中 das ganze [4]Jahr 〔hindurch〕; jahraus, jahrein; immer《常に》 ‖ 年中無休 ganzjährlich geöffnet.
ねんしゅつ 捻出 ¶ 金を捻出する [4]Geld auf|bringen* (auf|treiben*[4]).
ねんしょう 燃焼 Verbrennung *f.* -en/燃焼する verbrennen* [s] ‖ 燃焼物 Brennstoff *m.* -〔e〕s, -e (-material *n.* -s, ..lien)/〔不〕完全燃焼 〔un〕vollkommene Verbrennung.
ねんしょう 年少の jünger/年少のために wegen [2]Minderjährigkeit/年少気鋭の jung und frisch ‖ 年少者 Jugend *f.*; der Minderjährige* (Jugendliche*), -n, -n.
ねんじる 念じる beten《祈る》; hoffen[4]《期待する》; wünschen[4]《望む》.
ねんすう 年数 die Anzahl der Jahre/年数が経つにつれて mit den Jahren.
ねんずる 念ずる ⇨**ねんじる**.
ねんだい 年代 Zeit *f.* -en; Zeitalter *n.* -s, -; Epoche *f.* -n《時期》; Periode *f.* -n《同上》/年代順に der [3]Zeit nach; chronologisch/千八百三十年代に in den dreißiger Jahren des neunzehnten Jahrhunderts ‖ 年代学 Chronologie *f.* -n/年代記 Chronik *f.* -en.
ねんちゃく 粘着 das Kleben*, -s/粘着性の klebrig/粘着する kleben《*an*[3]》; haften《*an*[3]》‖ 粘着力 Klebkraft *f.*
ねんちゅうぎょうじ 年中行事 eine jährliche Veranstaltung, -en; Jahresfest *n.* -〔e〕s, -e.
ねんちょう 年長の älter ‖ 年長者 der Ältere*, -n, -n.
ねんど 年度 Jahr *n.* -〔e〕s, -e/年度替り(末)に beim Wechsel (am Ende) des fiskalischen Jahres ‖ 会計年度 Rechnungsjahr (Etat-; Fiskal-; Haushalts-)/学年度 Schuljahr *n.* -〔e〕s, -e.
ねんど 粘土 Ton *m.* -〔e〕s, -e; Lehm *m.* -〔e〕s, -e/粘土質の tonig; lehmig ‖ 粘土細工 Tonarbeit *f.* -en/粘土層 Tonlager *n.* -s, -.
ねんとう 年頭 Jahresanfang *m.* -s (-beginn *m.* -s); Neujahrstag *m.* -〔e〕s, -e/年頭のあいさつ Neujahrsgruß *m.* -〔e〕s, ¨e.
ねんとう 念頭にある im Kopf haben[4] / 念頭に置く im Kopf behalten*[4]; denken*《*an*[4]》/念頭に置かない nicht denken*《*an*[4]》; [4]sich nicht kümmern《*um*[4]》/念頭に浮かぶ *jm* ein|fallen* [s]; *jm* in den Sinn kommen* [s] /念頭を離れぬ *jm* nicht aus dem Sinn kommen*/このことを念頭に置いておけ Behalte es im Kopf!/この考えが突然念頭に浮かんだ Der Gedanke schoß mir plötzlich durch den Kopf./あのかわいそうな犬のことが念頭を離れない Der arme Hund kommt mir nicht aus dem Sinn.
ねんない 年内に innerhalb des Jahres; vor dem Ende des Jahres.
ねんねん 年々 jährlich; jedes [4]Jahr《毎年》‖ 年々歳々 jahraus, jahrein.
ねんぱい 年輩 Alter *n.* -s, -/年輩の男 ein älterer Mann, -〔e〕s, ¨er/あの二人はほぼ同年輩だ Die beiden sind ungefähr in gleichem Alter.
ねんぴょう 年表 Zeittafel *f.* -n; eine chronologische Tafel, -n (Tabelle, -n).
ねんぷ 年賦 die jährliche Abzahlung, -en/年賦で支払う in [3]Jahresraten zahlen[4]; jährlich ab|zahlen[4].
ねんぷ 年譜 Lebenslauf *m.* -〔e〕s, ¨e《履歴》; Chronik *f.* -en《年代記》.
ねんぶつ 念仏を唱えて zu [3]Buddha beten; Buddha an|rufen*.
ねんぽう 年報 Jahresbericht *m.* -〔e〕s, -e.
ねんぽう 年俸 Jahresgehalt *n.* -〔e〕s, ¨er.
ねんまく 粘膜 Schleimhaut *f.* ¨e.
ねんまつ 年末 Jahresende *n.* -s/年末に am Ende des Jahres ‖ 年末賞与 Jahresendegratifikation *f.* -en.
ねんゆ 燃油 Heizöl *n.* -〔e〕s, -e.
ねんらい 年来 seit [3]Jahren/年来の宿望 ein

ね

ねんり jahrelang gehegter Wunsch, -(e)s, ⸚e/二十年来の親交 die Freundschaft seit zwanzig ³Jahren.

ねんり ³年利 jährliche Zinsen 《pl》/年利四分 jährlich vier Prozent 〔Zinsen〕.

ねんりき 念力 Willenskraft f. ⸚e; Wille m. -ns, -n/念力岩を徹す ,Wo ein Wille ist, ist auch ein Weg.'

ねんりょう 燃料 Brenn¦stoff (Heiz-) m. -(e)s, -e; Brenn¦material (Heiz-) n. -s, ..lien; Heizmittel n. -s, -; Treib¦stoff (Be-triebs-) m. -(e)s, -e《内燃機関》/燃料を補給する tanken⁴《ガソリンなど》‖ 燃料油 Heiz¦öl n. -es, -e/燃料補給機 Tankerflugzeug n. -(e)s, -e/燃料用ガス Heizgas n. -es, -e/液体(気体)燃料 flüssiger (gasförmiger) Brennstoff (Treibstoff)/家庭用燃料 Hausbrand m. -(e)s, ⸚e.

ねんりん 年輪 Jahresring m. -(e)s, -e《木の》.

ねんれい 年齢 Alter n. -s, -/彼は年の割に小さい Er ist für sein Alter ziemlich klein.

の

の 野 Feld n. -(e)s, -er; Flur f. -en; Acker m. -s, ⸚《田畑》; Grün n. -s《緑野》; Ebene f. -n《平野》/野の花 Feld¦blume (Wiesen-) f. -n/野へ出る〔野ら働きに〕hin (aufs) Feld gehen* ⓢ/あとは野となれ山となれ ,Nach mir die Sintflut.'

-の ❶ [所有・所属] an³; von³; gehören³《所有者が三格》; gehörig³;《そのほか二格, 所有形容詞を用いる》/ X 大学の教授 Professor 《m. -s, -en》an der Universität X/東京の住民 Einwohner 《pl》von Tokio/彼の友人 ein Freund m. -(e)s, -e von ihm; sein Freund/服の色 die Farbe eines Anzugs/彼の財産 das ihm gehörige Eigentum, -s, ⸚er/これは私の家です Dieses Haus gehört mir. ❷ [に関する] für⁴; in³; von³; über⁴; zu³/ドイツ語の先生 Lehrer 《m. -s, -》für Deutsch/算数の授業 Unterricht 《m. -(e)s, -e》im Rechnen/三位一体の教え die Lehre von der Dreieinigkeit/政策の解説 der Kommentar 《-s, -e》über die Regierungspolitik/ゲーテのファウストの注釈 Erläuterungen 《pl》zu Goethes Faust. ❸ [における・にある] an³; auf³; in³; zu³/ライン河畔の都市 Städte 《pl》am Rhein/田舎の伯父 der Onkel 《-s, -》auf dem Land(e)/ドイツの出張所 die Zweigstelle 《-n》in Deutschland /京都の大学 die Universität zu (in) Kyoto /ケルンのドーム der Dom 《-(e)s, -e》in Köln. ❹ [に対する] gegen⁴; für⁴; über⁴; zu³/ 咳の妙薬 ein gutes Mittel 《-s, -》gegen Husten/胃の薬 eine Arznei 《f. -en》für den Magen/卸しの値段 Preis 《m. -es, -e》für Wiederverkäufer/先月の勘定 die Rechnung 《-en》für den letzten Monat/一万円の小切手 ein Scheck 《m. -s, -s》über 10 000 Yen/その金額の受取の証 der Schein 《-(e)s, -e》über den Betrag/この曲の歌詞 der Text zu dieser Musik. ❺ [による] von³; durch⁴/シラーの著作 Werke 《pl》von Schiller; Schillers Werke/航空便の小包 das Paket 《-(e)s, -e》durch (die) Luftpost (mit Luftpost). ❻ [材料] aus³; von³/絹の服 ein Kleid 《n. -(e)s, -er》aus Seide/木の机 ein Tisch 《m. -(e)s, -e》aus Holz. ❼ [その他の] 《形容詞を使って》ドイツ語の先生 ein deutscher Lehrer, -s, -/《ドイツ人教師とまぎらわしくない時》/スイスのチーズ Schweizer Käse m. -s, -/グリムの童話 die Grimmschen Märchen 《pl》/〔国境の町〕Grenzstadt f. ⸚e/言論出版の自由 Pressefreiheit f. -en. ¶ 兵士の奴 ein Schurke von einem Soldaten/ドイツ語の挨拶 eine Ansprache auf Deutsch/意志の男 ein Mann vom eisernen Willen/実の多くないのです ,,Heiß" ist gar kein Ausdruck./あいつの足の速いの速くないのって Er läuft wie der Teufel.

ノア Noah m. -(s)《Noä》/ノアの箱船 die Arche Noah (Noä)/ノアの洪水 Sintflut f.

のあそび 野遊びに行く ins Freie gehen* ⓢ; eine Landpartie machen《少し大がかりな》.

のいばら 野茨 Heidenröslein n. -s, -.

ノイローゼ Neurose f. -n/ノイローゼにかかっている an Neurose leiden*; neurotisch sein ‖ ノイローゼ患者 Neurotiker m. -s, -.

のう 脳〔Ge〕hirn n. -(e)s, -e ‖ 脳外科 Gehirnchirurgie f./脳腫瘍 Gehirn¦geschwulst f. ⸚e《-tumor m. -s, ..ren》.

のう 膿 Eiter m. -s, -/膿を持つ eitrig; Eiter-/膿を持つ eitern; ('sich) vereitern/膿が出る ¹Eiter ab¦sondern; dringen* 《aus³》.

のう 能 [能力] Fähigkeit f. -en; das Können*, -s; Begabung f. -en; Talent n. -(e)s, -e/それではあまり能がない Das finde ich doch zu taktlos (zu prosaisch; banal; uninteressant)./能ある鷹は爪をかくす ,Stille Wasser sind tief.'; Wer wirkliche Talente hat, hängt sie nicht an die große Glocke.

のういっけつ 脳溢血 Gehirnblutung f. -en; [Hirn]schlagfluss m. -es, ⸚e; Hirnschlag m. -(e)s, ⸚e; Hirnapoplexie f. -n《卒中》/脳溢血で倒れる vom Hirnschlag getroffen (gerührt) werden; Ein Schlagfluss trifft jn.

のうえん 農園 Landwirtschaft f. -en; Farm f. -en; [Bauern]gut n. -es, ⸚er; Meierei f. -en; Pflanzung f. -en《大規模な》/彼はいなかに農園を持っている Er hat ein Gut auf dem Land(e). ‖ 農園主 Gutsherr m. -n, -en; Landwirt m. -(e)s, -e.

のうえん 脳炎 Gehirnentzündung f. -en;

のうえん Enzephalitis *f.*

のうえん 濃艶な bezaubernd; berückend; verführerisch schön; wollüstig 《肉感的に》.

のうか 農家 Bauern|haus *n.* -es, ¨-er 〈-hof *m.* -[e]s, ¨-e); Bauernstand *m.* -[e]s, ¨-e 〈階級); Bauer *m.* -n, -n 〈農民)/農家の出である aus dem Bauernstand stammen.

のうか 農科 die landwirtschaftliche Fakultät, -en/農科大学 die landwirtschaftliche Hochschule.

のうかい 納会 Schlusssitzung (*f.* -en) des Jahres; Geschäftsabschluss (*m.* -es, -e) des Monats (株式).

のうがき 能書き [Reklame]tamtam *n.* -s, -s; Eigenlob *n.* -[e]s, -e (自賛); die marktschreierische Reklame, -n/能書きを並べる Vorzüge auf|zählen*; die Wirkung (den Wert) übertreiben*.

のうがく 農学 Landwirtschafts|lehre *f.* -n (-wissenschaft *f.* -en); Ackerbaukunde *f.* -n/農学の landwirtschaftlich; Landwirtschafts- *f.* -/農学校 die landwirtschaftliche Schule, -n/農学博士 Doktor (*m.* -s, -en) der Landwirtschaft (略:Dr. agr. -)/農学部 die landwirtschaftliche Fakultät, -en.

のうがく 能楽 No-Spiel *n.* -[e]s, -e‖能楽堂 die No-Bühne, -n.

のうかすいたい 脳下垂体 Hypophyse *f.* -n; Hirnanhang *m.* -[e]s, ¨-e‖脳下垂体移植 Verpflanzung (*f.* -en) der Hirnanhangsdrüse.

のうかん 納棺 das Einsargen*, -s/納棺する ein|sargen*; in den Sarg legen*‖納棺式 Aufbahrung *f.* ✤ 正確には納棺前に棺台に遺体あるを最後の別れをすること.

のうかんき 農閑期 Zeit (*f.* -en) außer bäuerlichen Betrieben.

のうき 納期 Lieferzeit *f.* -en; Liefer|termin (Zahlungs-) *m.* -[e]s, -e/納期どおり納入する termingemäß liefern*.

のうぎょう 農業 Acker|bau (Land-) *m.* -[e]s; Landwirtschaft *f.* -en; Agrikultur *f.*/農業の landwirtschaftlich; Agrar-/農業に従事する Landwirtschaft betreiben*; im Landgut arbeiten/農業が盛んだ Die Landwirtschaft ist hoch entwickelt./農業は今や機械化している Der Landbau ist stark technisiert.‖農業協同組合 die landwirtschaftliche Genossenschaft, -en/農業銀行 die landwirtschaftliche Bank, -en/農業国 Agrarstaat *m.* -[e]s, -en/農業政策 Agrarpolitik *f.* -en/農業大学 die landwirtschaftliche Hochschule, -n/農業労働者 Landarbeiter *m.* -s, -/集約農業 die konzentrierte (rationalisierte) Landwirtschaft.

のうきん 納金 Zahlung *f.* -en 〈支払); Einzahlung *f.* -en 〈入金); Geldforderung *f.* -en 〈納入すべき); Geldeinlage *f.* -n 〈納入済み).

のうぐ 農具 das landwirtschaftliche Gerät, -e; Landmaschine *f.* -n 〈機械).

のうげい 農芸 die landwirtschaftliche Technologie‖農芸化学 Agrarchemie *f.*

のうこう 濃厚な(に) dick; dicht 〈霧など); stark 〈コーヒー・香など); schwer; fett 〈脂っぽい); giftig 〈毒々しい色); gekünstelt; überladen 〈化粧の); [顕著な] gut sichtbar; auffallend; bemerkenswert ⇨のうしゅく/濃厚に化粧している überladen mit Schminken sein/疑いが濃厚である schwer verdächtig² sein/裏切りの気配濃厚だと思う Ich wittre Verrat. — 濃厚になる dick[er] werden; ⁴sich verdichten; ⁴sich verdichten; stark (stärker) werden; schwer werden; ⁴sich vergrößern 〈増す); [顕著になる] auf|fallen*; gut sichtbar werden. — 濃厚にする dick[er] (stärker) machen⁴; verdichten⁴; ein|dicken⁴; verdicken⁴. ⇨⟨濃⟩.

のうこう 農耕 Bebauung *f.* -en; Bodenbearbeitung *f.* -en.

のうこつどう 納骨堂 Beinhaus *n.* -es, ¨-er; Ossarium *n.* -s, ..rien; Krypta *f.* ..ten 〈教会地下の遺物安置所).

のうさぎ 野兎 Hase *m.* -n, -n.

のうさくぶつ 農作物 Ernte *f.* -n 〈収穫物); Getreide *n.* -s, - 〈穀類); Feldfrucht *f.* ¨-e 〈作物)/農作物は台風ですっかりやられてしまった Der Taifun hat die gesamte Ernte vernichtet./農作物は今年はだめだった Die Ernte ist dieses Jahr schlecht ausgefallen.

のうさつ 悩殺する bezaubern⁴; berücken⁴; bestricken⁴; entzücken⁴; hin|reißen*⁴.

のうし 脳死 Gehirntod *m.* -[e]s.

のうじ 農事 Acker- und Pflanzenbau *m.* -[e]s; Landwirtschaft *f.*; Landwirtschaftswissenschaft *f.*/農事の landwirtschaftliche Angelegenheit, -en‖農事試験所 die landwirtschaftliche Versuchsanstalt, -en.

のうしゅ 膿腫 Abszess *m.* -es, -e; Eitergeschwür *n.* -[e]s, -e; Geschwulst *f.* -e.

のうじゅうけつ 脳充血 Hyperämie (*f.*) im Gehirn.

のうしゅく 濃縮 Konzentration *f.* -en; Anreicherung *f.* -en/濃縮する konzentrieren⁴; an|reichern⁴. ⇨のうこう‖濃縮ウラン das konzentrierte Uran, -/濃縮ジュース konzentrierter Fruchtsaft, ¨-e.

のうしゅっけつ 脳出血 Gehirnblutung *f.* -en.

のうしょ 能書 ⇨のうひつ.

のうしょう 脳漿 Hirn *n.* -[e]s, -e/脳漿をしぼる ³sich das Hirn zermartern 〈mit³); sein Hirn an|strengen*; ³sich den Kopf zerbrechen* 〈über⁴).

のうじょう 農場 Gut *n.* -[e]s, ¨-er; Plantage *f.* -n ⇨のうえん〈農園)/彼は信州に農場をもっている Er hat ein Gut in Shinshu.

のうしんけい 脳神経 Gehirnnerv *m.* -s, -en.

のうしんとう 脳震盪 Gehirnerschütterung (*f.* -en) bekommen*.

のうずい 脳髄 Ge[hirn] *n.* -[e]s, -e.

のうぜい 納税 Steuerzahlung *f.* -en. — 納税する seine Steuer[n] zahlen 〈für⁴); versteuern 〈物の税を)‖納税額 Steuerbetrag *m.* -[e]s, ¨-e/納期日 Steuer-

のうぜんかずら 〖植〗Klettertrompete f. -n.
のうそっちゅう 脳卒中 Hirnschlag m. -[e]s, ¨e; Schlaganfall m. -[e]s, ¨e.
のうそん 農村 Land|gemeinde f. -n (-kreis m. -es, -e); Bauerndorf n. -[e]s, ¨er/農村の ländlich-; Agrar-; Land- ‖ 農村生活 Landleben n. -s, -/農村婦人 Bauern|frau (Land-) f. -en/農村文化 die ländliche Kultur, -en/農村問題 Agrarproblem n. -[e]s.
のうたん 濃淡 hell und dunkel; [Ab]schattierung f. -en; [Ab]tönung f. -en; Ton m. -[e]s, ¨e; Abstufung f. -en (濃淡度)/濃淡をつけて 描く schattieren¹; ab|tönen¹ ‖ 濃淡法 Helldunkel n. -s; Chiaroscuro n. -[s].
のうち 農地 Ackerland n. -[e]s; Boden m. -s, ¨; Feld n. -[e]s, -er; Flur f. -en; der landwirtschaftliche Besitz; -es, -e ‖ 農地買上げ Landabgabe (f. -n) gegen Entschädigung; Enteignung (f. -en) gegen Entschädigung des Bodens gegen Entschädigung / 農地改革 Agrar|reform (Boden-) f. -en/農地法 Agrargesetz n. -es, -e.
のうちゅう 囊中 in der Tasche/囊中無一文 である keinen Groschen (keinen [roten] Heller) [mehr] haben; die Schwindsucht im Beutel haben.
のうてん 脳天 Scheitel m. -s, -; Schädel m. -s, -/脳天の禿げた《人》mit einem kahlen Scheitel.
のうど 濃度 Dichtigkeit f.; Dichte f.; Kondensation f. -en.
のうど 農奴 der Leibeigene*, -n, -n; Leibeigenschaft f. -en 《身分》.
のうどう 能動的 aktiv ‖ 能動態 〖文法〗Aktiv n. -s, -e; Tatform f. -en.
のうなし 能無し Nichtsnutz m. -es, -e; Versager m. -s, -; Tunichtgut m. - (-[e]s, -e); Taugenichts m. -[e]s, -e/能無しの nichtsnutzig; unfähig; beschränkt.
のうなんかしょう 脳軟化症 Gehirnerweichung f. -en.
のうにゅう 納入 Lieferung f. -en ⇨のうふ(納付).
のうは 脳波計 Elektroenzephalograph m. -en, -en/脳波図 Elektroenzephalogramm n. -s, -e.
ノウハウ Know-how n. -s; [technische] Erfahrung, -en; praktisches Wissen, -s; Fachwissen n.
のうはんき 農繁期 Säe- und Erntezeit f. -en.
のうひつ 能筆 das Schönschreiben, -s; die schöne Handschrift, -en; Schönschreib[e]kunst f. ¨e 《能書》; Kalligraphie f./彼は能筆だ Er hat eine gute Handschrift. ‖ 能筆家 Schönschreiber m. -s, -; Kalligraph m. -en, -en.

のうひん 納品 Lieferung f. -en《納入すること》; die gelieferte Ware, -en《品物》; der zu liefernde Gegenstand, -[e]s, ¨e《納入すべき物件》/納品する [aus]|liefern¹.
のうひんけつ 脳貧血 Gehirnblutleere f. -n; Anämie 《f. -n》im Gehirn/脳貧血を起こす eine Gehirnblutleere bekommen*.
のうふ 納付 Lieferung f. -en《物品》; Zahlung f. -en《税払》。— 納付する liefern¹; zahlen¹. ‖ 納付書 Lieferschein m. -[e]s, -e; Vordruck (m. -[e]s, -e) für [Ein]|zahlung.
のうふ 農夫 Bauer m. -n, -n; Ackermann m. -[e]s, ..leute; Landmann m. -[e]s, ..leute《「いなか者」の意にも》; Landsmann 《は同郷人》; Landwirt m. -[e]s, -e《「農場経営者」の意にも》.
のうべん 能弁 Beredsamkeit f.; Beredtheit f./能弁な beredsam; beredt; redegewandt /能弁である redegewandt sein; eine beredte Zunge haben (sein); den Mund auf dem rechten Fleck haben; nicht auf den Mund gefallen sein/彼はなかなか能弁だ Er kann reden! ‖ 能弁家 der gute (faszinierende) Redner, -s, -.
のうほん 納本 Widmungs|exemplar (Pflicht-) n. -[e]s, -e.
のうまく 脳膜 [Ge]hirnhaut f. ¨e ‖ 脳膜炎 [Ge]hirnhautentzündung f. -en.
のうみそ 脳味噌 [Ge]hirn n. -[e]s, -e/脳味噌をしぼる ³sich den Kopf zerbrechen* 《über¹》; klügeln; spintisieren《過去》/脳味噌をしぼって考え出す aus|klügeln¹; aus|tüfteln¹/脳味噌が足りない Wenig (nicht alle) auf den Kasten haben; Stroh im Kopf haben; Ihm haben sie das Gehirn geklaut.
のうみん 農民 Bauer m. -n, -n; Landmann m. -[e]s, ..leute/農民一揆 Bauernaufstand m. -[e]s, ¨e/農民運動 Bauernbewegung f. -en/農民階級 Bauern|stand m. -[e]s, -e (-schaft f. -en)/農民組合 Bauernverein m. -[e]s, -e/農民文学 Bauerndichtung f. -en.
のうむ 濃霧 der dichte (dicke) Nebel, -s, -/海上は濃霧がたちこめている Ein dichter Nebel lagert über der See.
のうやく 農薬 〖駆虫剤〗Insektenvertilgungs|mittel (Insektenvertreibungs-).
のうり 脳裡に浮かぶ jm in den Sinn kommen*《s》; ³sich *et einfallen lassen*/脳裡を去らない nicht aus dem Sinn gehen*《s》; jm immerfort im Kopf herum|gehen*《s》; noch in seinem Kopf spuken《以上物が主語》; immer an *et denken müssen*《人が主語》/深く脳裡に刻まれる ³sich *et gesagt sein lassen*《人が主語》; ⁴sich jm tief in die Seele ein|prägen《物が主語》.
のうりつ 能率 Leistung f. -en; Kapazität f. -en; Leistungs|fähigkeit f. -en (-vermögen n. -s, -)/ Wirkungsgrad m. -[e]s, -e/能率をあげる(に) wirksam; effektiv (に) unwirksam; unwirtschaftlich/能率をあげる die

のうりょう Leistung steigern／能率をさげる die Leistung vermindern／能率がさがる an Leistung(en) verlieren*; 年の損失 Leistungsverlust m. -(e)s, -e／そんなやり方では能率はあがらない Auf diese Weise kann man keine gute Leistung erzielen.／本工場は能率一杯の仕事を引き受けている Die Kapazität dieses Werks ist [voll] ausgelastet.∥能率給 Leistungslohn m. -(e)s, ¨e; Leistungszulage f. -, -n／能率に対して支払うボーナス／能率減退 Leistungsrückgang m. -(e)s／能率増進 Leistungssteigerung f. -en／最大能率 Spitzenleistung f.／労働(切羽)能率 Arbeitsleistung (Strebleistung).

のうりょう 納涼 die kühle Luft genießen*; 納涼のため ⁴sich in der Kühle des Abends zu erfrischen／川端に納涼に行く ins Kühle am Fluss gehen*∥納涼客 Brisenjäger m. -s, -／納涼大会 Erfrischungsabend m. -s, -e.

のうりょく 能力 Fähigkeit f. -en; Kapazität f. -en; Befähigung f. -en《才幹または権能による》; das Können*, -s, -;［技能］Talent n. -(e)s, -e; Fertigkeit f. -en;［力］Kraft f. ¨e; Macht f. ¨e; Anlage f. -; Begabung f. -en／彼の能力は衰えて来た Seine Fähigkeit lässt nach. ── 能力のある fähig; befähigend; talentiert; vermögend; veranlagt《以上どれも zu³》; imstande (im Stande) [sein]／競争能力のある wettbewerbsfähig／支払能力のある zahlungsfähig／彼は責任能力ある者と認められた Er ist für zurechnungsfähig erklärt worden.∥製作(生産)能力 Fertigungskapazität (Produktions-) f. -en／無能力者の不幸なる Mensch, -en, -en; Versager m. -s, -; die rechtsunfähige Person, -en《法律上》.

のうりん 農林 Landwirtschaft und Forstwesen, der und des -s; Land- und Forstwirtschaft, der -und -／農林水産省 Ministerium für Land- und Forstwirtschaft und Fischereiwesen n. -s.

ノー nein／イエスとノー das Ja und das Nein, des und -s／ノーと答える[mit einem] Nein antworten; in negativem Sinne antworten.

ノーコメント Kein Kommentar!

ノート ❶［心覚え］Notiz f. -en; Aufzeichnung f. -en. ❷［帳面］Kollegheft n. -(e)s, -e《大学ノート》; Schulheft n. -(e)s, ¨er; Merkbuch n. -(e)s, ¨er《雑記帳》; Notizbuch《メモ用》／ノートをとる ³sich auf[schreiben*｜ in der Vorlesung mit|schreiben*《講義の》; ³sich Notizen machen (書きとめる).

ノーベル ノーベル賞 Nobelpreis m. -es, -e／ノーベル賞受賞者 Nobelpreisträger m. -s, -.

ノーマーク ノーマークの ungedeckt／ノーマークの選手 ein freier Mann, -(e)s, ¨er.

ノーマル ノーマルな normal; regelrecht《正規の》; üblich《普通の》; gesetzlich gesund.

のがす 逃がす ⇒にがす／逃げようとしたのがすもの Du sollst mir nicht entfallen.／この好機のがしてなるものか Diese günstige Gelegenheit soll mir nicht entgehen.

のがれる 逃れる ❶［逃げる］fliehen*⁵; flüchten⁵; ⁴sich davon machen ⇒にげる／国外に逃れる ⁴sich ins Ausland retten; aus einem Lande fliehen*／警察の追求から逃れる der Verfolgung der Polizei entrinnen. ❷［逃げ去る］entfliehen*³⁵; entfliegen*³⁵; entgehen*³⁵; entkommen*³⁵; entlaufen*³⁵; entrinnen*³⁵; entweichen*³⁵; entwischen³⁵; zu jm《³et》seine Zuflucht nehmen*《逃げ込む》. ❸［免れる・避ける］entgehen*³⁵; entkommen*³⁵; entweichen*³⁵; entrinnen*³⁵; ³sich befreien《von³》; los|kommen⁵《von³》; los|werden*⁴; ⁴sich retten. ¶ 逃れ難い unausweichlich; unvermeidlich; unentrinnbar; zwangsläufig／あやう逃れる mit knapper Not entkommen*／法律を逃れる das Gesetz umgehen*／責任を逃れる ⁴sich von seinen Verpflichtungen drücken《逃げる》; seiner ²Verantwortung enthoben werden《解除される》／借金取りから逃れられない dem Gläubiger nicht loswerden können*／死を逃れる dem Tod(e) entgehen*.

のき 軒 Dach|vorsprung m. -(e)s, ¨e (-gesims m. -es, -e, ¨e;［Dach］traufe f. -n／軒並に von Tür zu Tür; an jeder Tür; von Haus zu Haus／軒先に am Dachvorsprung; vor der Tür／軒下に unter dem Vordach／軒伝いに an den Häusern entlang [unter der Traufe]／軒を並べる nebeneinander stehen*／宿屋が軒を並べて立っている Hotels stehen in einer Flucht.／彼は軒を軒並み歩いて歩いた Er bettelte die ganze Straße ab.

のぎ 芒 Bart m. -(e)s, -e; Granne f. -n.

ノギス Nonius m. -, -nien.

のく 退く zur Seite treten* ⁵; aus dem Weg gehen*⁵《脇へ》; aus|weichen*³; Platz machen《場所をあける》; ⁴sich entfernen《去る》; のきさる退いた Platz da! Lass Platz frei! Bahn frei!《スキーで》.

ノクターン《楽》Nokturne f. -n; Notturno n. -s, -s (..ni); Nachtsstückchen n. -s, -.

のけぞる 仰け反る ⁴sich zurück|beugen; den Kopf in die Höhe richten; ⁴sich wichtig tun《いばる》; auf den Rücken fallen*⁵《あおむけに倒れる》.

のけもの 除け者 der Ausgestoßene (Verbannte*), -n, -n／除け者にする jn aus der Gesellschaft (Gemeinschaft) aus|stoßen*《aus|schließen*》; jn von der Gesellschaft verstoßen*《会・団体から》; exkommunizieren*⁴; aus der Kirchengemeinschaft aus|schließen*《宗教団体から》; boykottieren⁴; den Verkehr《die Beziehung, den Umgang; die Verbindung》 mit jm ab|brechen*《複数, 例えば wir を主語にして》／除け者にされる《『上記を受動にする他』》 von allen Freunden verlassen werden; links liegen lassen werden《無視される》.

のける 除ける ❶［除去］entfernen⁴; beseitigen⁴; fort|schaffen⁴; weg|nehmen*⁴; weg|räumen⁴; weg|schaffen⁴; weg|tun*⁴; aus dem Weg räumen⁴《schaffen》《邪魔にならぬように》; beiseite schieben*⁴《押

しのける). ❷ [除外] aus|lassen*⁴; weg|lassen*⁴ [オミットする]; aus|nehmen*⁴; aus|schließen*⁴ [除外する]; beiseite legen⁴ [お金などを別にしておく] ⇨のぞく(除く). ❸ [やってのける] fertig bringen*⁴; schaffen⁴ / 何とかやってのける [irgendwie] managen*⁴; bewerkstelligen⁴.

のこぎり 鋸 Säge f. -n / 鋸の歯 Sägezahn m. -[e]s, ⸚e / 鋸のおがくず Sägemehl n. -[e]s, -e / 鋸で引く sägen⁴; ab|sägen⁴ [引き落とす]; durch|sägen⁴ [切断する]; ein|sägen⁴ [切り込む] / 鋸の目をたてる die Sägezähne schärfen; die Zähne der Säge schränken.

のこぎりそう 鋸草 [植] Schafgarbe f. -n.

のこす 残す [余분] hinter|lassen*⁴; zurück|lassen*⁴; zurück|legen⁴ [遺言して] vermachen⁴; [testamentarisch] nach|lassen*⁴; [予備として] auf|heben*⁴; beiseite legen⁴; [節約して] sparen⁴; ersparen⁴; [生徒などを] nachsitzen lassen*⁴; [相撲で] durch|halten⁴; übrig behalten*⁴ [相当してある] / 痕跡(借金, 財産)を残す Spuren (Schulden, ein Vermögen) hinterlassen*⁴ / 仕事を残す die Arbeit unerledigt lassen*⁴ / 私にお菓子を少し残しておいて下さい Lassen Sie mir etwas Kuchen für mich auf! / Heben Sie etwas Kuchen für mich auf! / この切符は君のために残しておく Wir legen diese Karte für Sie zurück (beiseite). / 彼はちょっとした小金を残した Er konnte eine hübsche Summe beiseite legen. / Er hat sich etwas Geld zurückgelegt. / その子は放課後学校に残された Der Junge musste in der Schule nachsitzen. / 虎は死して皮を残し, 人は死して名を残す Wenn der Tiger starb, lässt er doch das Fell zurück; wenn der Mensch stirbt, hinterlässt er seinen Namen. / 一文も残さず ⇨のこらず.

のこのこ このこと [厚かましく] frecherweise; unverschämt; unverfroren; [平気で·無遠慮に] ohne weiteres; einfach; glattweg / あいつまたこのこやって来た Er hat die Unverfrorenheit, wieder zu kommen. / よくもまあこのこと人前に顔出しできたもんだ Wie konnte er so ohne weiteres in der Gesellschaft erscheinen?

のこらず 残らず all*; allesamt; ganz; gänzlich; hundertprozentig; restlos; sämtlich; völlig; vollkommen; [例外なしに] ausnahmslos; ohne Ausnahme / 一人残らず samt und sonders; [alle] bis auf den letzten Mann (bis zum letzten Mann) / 残らず話す alles erzählen; alles offen heraus|sagen; alles ein|gestehen*⁴; [隠さずに] ²et ohne ³Hehl gestehen*⁴; aus ³et kein Hehl machen⁴ / 一文残らず支払う (使い果たす) et (bei) Heller und Pfennig bezahlen⁴; bis auf den letzten Heller aus|geben⁴ / 組合の全員残らず反対だった Die ganze Gewerkschaft war dagegen. / [阿つり ab で] 残らず車で捜し出す|suchen⁴ / モーターの各部に残らず油をさす den Motor ab|schmieren.

のこり 残り das Übrige*, -n; Rest m. -[e]s, -e; Überbleibsel m. -s, -; Überrest m. -[e]s, -e [残り物]; Überschuss m. -es, ⸚e [余剰·残金]; Rückstand m. -[e]s, ⸚e [支払いの]; Ladenhüter m. -s, - [たなざらし品]; Restant m. -en, -en [前の二語と同意語] / 残りがある ²et übrig haben⁴ / 昼食の残り der Rest vom Mittagmahl / 残りはほんの少ししかなかった Es blieb nur ein geringer Überschuss. / もう残りはない Ich habe nichts mehr übrig. / 彼に借金の残りが三十万円ある Ich bin ihm noch 300 000 Yen schuldig. / 残り少なくなる knapp werden; zu Ende gehen* ⓢ [期間などが] / 持ち金も残り少なくなった Ich habe nur noch wenig Geld. — 残りの übrig; übrig geblieben; restlich; zurückbleibend; überschüssig [余剰の]. ‖ 生き残りの Überlebende*, -n, -n.

のこりおしい 残り惜しい es ist zu bedauern (ich bedauere), dass ...; ungern sehen*⁴; ⁴sich von ³et ungern trennen; 残り惜しげに (残り惜しそうに) mit innerem Widerstreben; nur ungern; nicht geneigt; zögernd / 残り惜しげに立ち去った Er entfernte sich mit zögerndem Schritt (zögernden Schrittes).

のこりもの 残り物 [Über]rest m. -[e]s, -e; Ladenhüter m. -s, - [店ざらし品]; Ramsch m. -es, -e [見切品]. ⇨のこり / 残り物には福がある In übrig gebliebenen Dingen ist Glück. ¦ Manchmal ist das, was übrig bleibt, gerade das Beste.

のこる 残る bleiben* ⓢ; übrig bleiben* ⓢ [余る]; heil bleiben* ⓢ [災害を免れて]; hängen bleiben* ⓢ [行ったまま]; sitzen bleiben* ⓢ [落第して]; zurück|bleiben* ⓢ [残留する]; überleben ⓢ [生き残る]; noch bestehen [依然として] / あとに残った者 [遺族] der Hinterbliebene*, -n, -n / 五から三引くと二残る Fünf weniger drei ist (bleibt) zwei. / 何も残らなかった Es ist nichts übrig geblieben. / その建物は戦災を免れて残った Das Gebäude hat den Krieg überdauert. ¦ Das Gebäude ist [ohne Kriegsschaden] heil geblieben. / 彼はフランスに居残った Er ist in Frankreich hängen geblieben. / まだ病気の気配が残っている Es sind noch Spuren der Krankheit zurückgeblieben. / まだ痛みが残っている Der Schmerz besteht noch weiter. / 彼だけが生き残った Er ist der einzige Überlebende. / 彼にはまだ借金が一万円残っている Ich bin ihm noch 10 000 Yen schuldig. / このことばはまだまざまざと記憶に残っている Dieses Wort bleibt mir noch lebendig im Gedächtnis.

のさばる ⁴sich rücksichtslos benehmen*; ⁴sich behaupten; ⁴sich geltend machen / 彼は自分の勢力を伸ばそうとのさばって来た Er versucht allmählich, seinen ganzen Einfluss geltend zu machen.

のざらし 野晒しの verwittert / 野晒しにする dem [Wind und] Wetter aus|setzen⁴; der freien Luft aus|setzen⁴.

のし Geschenkzeichen n. -s, - / のしをかける geschenkfertig machen⁴ [ein|packen⁴] / のしをつけてやる jm ⁴et angedeihen lassen*; jm ⁴et zum Geschenk machen / そんなものにのしをつけてくれてやる Geben tue ich so was gern [gratis].

のしあがる のし上がる vorwärts kommen* [s] 《*in*³》; ⁴es bringen* 《*zu*³》／相当のし上がった(とうとう常務にまでのし上がった) Er hat es weit (es bis zum Generaldirektor) gebracht.

のしかかる のし掛かる 〔⁴sich〕 neigen 《*über*⁴》; [態度] *jm* hart (heiß; scharf) zu|setzen; *jn* bedrängen.

のじゅく 野宿する im Freien schlafen* (übernachten); zelten 《テントで》; biwakieren 《露営》.

のす ❶ [伸ばす] aus|dehnen⁴; glätten⁴; bügeln⁴ 《アイロンで》 ⇨**のばす**③. ❷ [やっつける] *jm* das Fell gerben; vermöbeln⁴; verprügeln⁴; verwamsen⁴. ❸ [発展する] ⁴es bringen* 《〔*bis*〕 *zu*³ 出世》; in Schwung (in Fluss) kommen* [s]; auf hohe Touren kommen* 《会社などが》; Boden gewinnen*; 〔festen〕 Fuß fassen 《地歩をしめる》.

のせる 載(乗)せる ❶ [上に置く] 〔auf|〕setzen⁴; hin|setzen⁴; 〔auf|〕legen⁴; 〔hin|〕stellen⁴; 〔auf|〕laden* 《以上どれも *auf*⁴》／子供を膝にのせる ein Kind auf den Schoß setzen／机の上にのせる ⁴*et* auf den Tisch legen. ❷ [乗物に] einsteigen lassen*⁴; an Bord führen⁴ 《船に》; fahren lassen*⁴; reiten lassen*⁴ 《馬に》; auf|nehmen*⁴ 《途中で拾う場合も》; mit|nehmen*⁴ 《乗せて行く》／手をかして乗せる *jm* helfen* 《*auf*⁴; *in*⁴》／定員(積載量)以上にのせる mehr als 〔Höchst〕zulassung auf|nehmen*⁴ (laden*⁴)／他人の自動車に乗せてもらう 《ヒッチハイクする》 trampen; per Anhalter fahren* [s]／学生を一杯のせたバス ein Bus 《*m*. Busses, Busse》 voll 〔von〕 Studenten／駅まで乗せてってくれませんか Können Sie mich bis zum Bahnhof mitnehmen?／ボートにのせてやろうか Kommst du nicht mit zum Rudern? ❸ [記載する] schreiben*⁴ 《*für*⁴; *in*³》; bringen*⁴ 《*in*⁴》; ein|rücken⁴ 《*in*⁴》; veröffentlichen⁴ 《*in*³》; verzeichnen⁴ 《*in*³ 特に表示》; ein|tragen*⁴ 《*in*⁴ 名簿などに》; an|zeigen⁴; inserieren⁴ 《結婚・死亡広告などを》／売家の広告を新聞にのせる den Verkauf eines Hauses in der Zeitung an|zeigen／ABC 順に人名をリストにのせる Namen in alphabetischer Reihe in eine Liste ein|tragen*／雑誌に広告をのせる ein Inserat in eine Zeitschrift ein|rücken／広告をのせてもらう(依頼する) eine Anzeige auf|geben*³ 《*für*⁴》／それについてはどの新聞も何ものせなかった Die Zeitungen haben darüber nichts gebracht. ❹ [だます] betrügen*⁴ 《*in*³》; hinein|legen⁴; *jm* das Fell über die Ohren ziehen*; *jn* hinters Licht führen. ⇨**のる**(乗る)⑤.

のぞき 覗き das Hineingucken*, -s ‖ 覗き穴 Guckloch *n*. -〔e〕s, ⸗er／覗き窓 Guckfenster *n*. -s, -／覗きめがね Guckkasten *m*. -s, ⸗.

のぞく 覗く gucken 《*in*⁴; *durch*⁴》; blicken 《*in*⁴; *durch*⁴》; schauen 《*in*⁴; *durch*⁴》; hinein|gucken (-|blicken; -|schauen) 《外から中を》; hinaus|gucken (-|blicken; -|schauen) 《中から外を》; vorbei|kommen* [s] 《立ち寄る》; einen Blick werfen* 《*auf*⁴ ちょっと見る》／鍵穴から(すき間から)覗く durch das Schlüsselloch (durch die Spalte) gucken／窓から中(外)を覗く zum Fenster hinein|sehen* (hinaus|sehen*)／彼の肩ごしに本を覗き込む über seine Schulter auf das Buch hin|schauen／人の顔を覗き込む *jm* ins Gesicht sehen*／ちょっと覗いて見ようか 《映画館など》 Wollen wir mal 〔kurz〕 reingehen?

のぞく 除く ❶ [取りのける] beseitigen⁴ 《*jn* 殺す》; entfernen⁴; beiseite bringen*⁴ 《殺す意にも》; beiseite legen⁴ 《お金などを別にしておく》; beiseite schaffen⁴ 《どける》; weg|räumen⁴ 《取り片づける》; aus dem Weg schaffen 《邪魔物を》／しみを除く 〔die〕 Flecke〔n〕 entfernen. ❷ [除外] aus|nehmen*⁴; aus|schließen*⁴／障害(困難)を除く Hindernisse (Schwierigkeiten) beseitigen／名前を名簿から除く den Namen aus der Namensliste streichen*／仲間から除く *jn* aus der Gesellschaft aus|schließen*. ❸ [省く] aus|lassen*⁴ (fort|-)／その文章(箇所)は契約からわざと除いたのだ Der Satz (Die Stelle) habe ich absichtlich von dem Vertrag ausgelassen.／もちろん女の方は除いての話です Die Damen habe ich natürlich ausgenommen. ¶ …を除いて, …を除けば außer³; abzüglich²; ausschließlich²; bis auf⁴; ⁴*et* ausgenommen; abgesehen von³; mit Ausnahme von³; ohne⁴／彼を除いて全部 alle* außer ihm; all bis auf ihn／雑費を除いて abzüglich der Unkosten／それを除けば万事オーケー Davon abgesehen, alles in Ordnung.／但し…の場合を除く es sei denn, dass …; es wäre denn, dass …; es müsste denn … 〘一般に denn を含む接続法を用いる〙／証明書持参のものを除き, ここの通抜けを禁じる Niemand darf hier durch, er hätte denn einen Ausweis. ¦ Ohne Ausweis, kein Durchgang hier.

のそだち 野育ちの bäu〔e〕risch; ungehobelt; ungezogen; unkultiviert; wild.

のそのそ のそのそと langsam; langweilig; unentschlossen; zaudernd; verschleppend; träge／のそのそした奴だよ Ein langweiliger Kerl ist er.

のぞましい 望ましい wünschenswert; erwünscht; ratsam／望ましからぬ unerwünscht; unerfreulich; unlieb; unratsam 〘または wünschenswert などを nicht で打ち消す〙／…が望ましい Es ist erwünscht, dass …. ¦ Es wäre zu empfehlen, dass ….／あの人が一緒に来てくれることは非常に望ましい Es ist sehr zu begrüßen, wenn (dass) er mitkommt.

のぞみ 望み ❶ [願望] Wunsch *m*. -〔e〕s, ⸗e; Verlangen *n*. -s, - 《欲求》; Ersuchen *n*. -s, - 《懇願》／望みをいだく einen Wunsch hegen (haben); ein Verlangen nach ³*et* haben (hegen; tragen*) ⇨②／望みをかなえる *js* ⁴Wunsch (*jm* den Wunsch) erfüllen (erhören; gewähren); *js* ³Wunsch (Wünschen) entgegen|kommen* [s] (entsprechen*; nach|kommen* [s])／望みがかなう, 望みをとげる das Ziel (die Absicht; den Zweck) erreichen; Der Wunsch erfüllt sich. ¦ Das Verlangen wird befriedigt.／望みどおりに wie man 〔es ³sich〕 wünscht; wie

のぞむ 望む ❶ [願望] [³sich] wünschen⁴; wollen* 《第三者の側からいえば sollen* を使う》; verlangen⁽⁴⁾ ⟨nach³⟩; ⁴sich sehnen ⟨nach³⟩, trachten ⟨nach³⟩/望むらくは ich wünschte; es wäre zu wünschen ⟨dass+接続法⟩; ich würde mich freuen; es wäre schön ⟨wenn+接続法⟩; ich hoffe [und wünsche]; hoffentlich ⇨② /僕に何を望むのですか Was wünschen Sie von mir?／Was willst du von mir?／名声栄誉などは望まない Nach Ruhm und Ehre trachte ich nicht. ❷ [期待] hoffen ⟨auf⁴⟩; erwarten⁴ /万一を望む verzweifelt geringe Hoffnung setzen ⟨auf⁴⟩; am Grab(e) noch die Hoffnung auf|pflanzen／最善を望む das Beste hoffen／そういうことはまず望めないな Das lässt sich kaum erwarten. ❸ [選択] lieber wollen* ⟨als⟩; vor|zieh[en]*³⁴ /名誉より金を望む das Reichtum der ³Ehre vor|ziehen*. ❹ [見渡す] einen Überblick haben ⟨über³⟩; eine Aussicht bieten ⟨haben⟩ ⟨auf⁴; über³⟩/海を望む部屋 ein Zimmer ⟨n. -s, -⟩ mit Ansicht aufs Meer.

のぞむ 臨む ❶ [面する] [mit der Front] stehen* ⟨liegen*⟩ ⟨nach³⟩; [hinaus]|gehen* ⓢ ⟨auf²⟩; blicken ⟨auf⁴⟩/大きな庭に臨む部屋 ein Zimmer ⟨m. -s, -⟩, das auf den großen Garten hinausgeht／別荘は海に臨んでいる Die Villa blickt aufs Meer.／その窓は南を臨んで(通りに臨んだり)ある Das Fenster steht nach Süden (geht auf die Straße). ❷ [当面する] stehen* ⟨vor³⟩; ⁴sich ³ent-gegen|sehen*; entgegen|sehen*³ (-|treten*³ ⓢ)/危険に死に臨む einer Gefahr (dem Tod(e)) entgegen|sehen* (entgegen|treten*)／この際に臨んで ausgerechnet gerade jetzt; ausgerechnet gerade hier／死に臨んで am Sterbebett; beim Eintritt des Todes; als seine Stunde kam. ❸ [出席] kommen* ⓢ ⟨zu³⟩; ⁴sich begeben ⟨zu³⟩; anwesend sein ⟨bei³⟩. ❹ [態度] begegnen ⟨jm mit³⟩/寛大の親切に臨む jm mit Nachsicht (Güte) begegnen.

のたうつ ⁴sich wälzen; ⁴sich herum|werfen* ⇨**のたくる**.

のたくる ⁴sich [hin und her] winden*; ⁴sich schlängeln; [hin]|kritzeln⁴ ⟨⁵⟩.

のたれじに のたれ死にする [wie ein Hund] am Wege sterben* ⓢ; eines elenden Todes sterben*; als Bettler sterben*; krepieren ⓢ ⟨くたばる⟩.

のち 後 Zukunft f.; Folgezeit f. -en; Nachwelt f. ── 後の später; nach|malig (-herig); [将来の] [zu]|künftig; [来るべき] angehend; kommend. ── 後に später; danach; hernach; hinterher; in der Folge; nachher; dann ⟨それから⟩; nach³; nachdem ⟨conj⟩; [将来] in Zukunft; dereinst; fernerhin; späterhin. ¶ その後〈その以来〉darauf; seitdem; seither; seit³/三日後に nach drei Tagen; in drei Tagen/曇り後晴れ zunächst bewölkt, später heiter／後の世 Jenseits n. ⟨来世⟩; Nachwelt f.; die kommende Generation, -en ⟨後世⟩/彼は後になって私に話した Er erzählte es mir erst später./後ほど nachher; später／ではまた後ほど Also dann, bis nachher!／後はどお目にかかりましょう Wir sehen uns nachher.／後々 Zukunft f./後々のことは心配するな Du kannst beruhigt der Zukunft entgegensehen.

のちぞい 後添い die zweite Frau, -en.

ノッカー [Tür]klopfer m. -s. ⟨ドアの⟩.

ノッキング das Klopfen⁽⁵⟩ ⟨-s⟩ des Motors.

ノック Klopfen⁽*⟩, -s ⟨ドアの⟩; Schlag m. -(e)s, ⁼e ⟨打撃⟩/ドアをノックする an die Tür klopfen (pochen)／ノックする音がする Es klopft an der Tür.／Es pocht jemand an die Tür.

ノックアウト Knockout m. -[s], -s ⟨略: K.o., k.o.⟩; Niederschlag m. -(e)s, ⁼e／第一ラウンドでノックアウトする jn in der ersten Runde (k.o.) schlagen*／ノックアウトで勝つ(負ける) durch K.o. gewinnen*⁴ (verlieren*⁴).

ノックダウン Knockdown m. -[s], -s.

のっそり のっそりと langsam ⟨ゆっくり⟩; geistesabwesend ⟨ぼんやり⟩.

ノット Knoten m. -s, -／二十ノットで走る 20 Knoten in der Stunde laufen* ⓢ／三十ノットを出す [die Geschwindigkeit von] 30 Knoten entwickeln.

のっとる 則る ⁴sich richten ⟨nach³⟩;

〔nach|〕folgen³; zum Vorbild nehmen*⁴; entsprechen*³/に則って gemäß³; nach³; entsprechend³/規定に則る ⁴sich nach der Vorschrift richten; ⁴sich an die Vorschrift halten*; der ³Bestimmung entsprechen* (gemäß sein)〖物が主語〗.

のっとる 乗っ取る besetzen⁴; in Besitz nehmen*⁴; an ⁴sich reißen*⁴; ³sich〔widerrechtlich〕an|eignen⁴; ⁴sich bemächtigen²/町を乗っ取る eine Stadt besetzen (erobern)/指導権(支配権)を乗っ取る die Führung (die Herrschaft) an ⁴sich reißen*/知らぬ間に土地を彼に乗っ取られた Das Grundstück ging, ehe ich es merkte, in seinen Besitz über.

のっぴきならぬ [避けがたい] unabweisbar; unabweislich; unabwendbar; unausweichlich; unentrinnbar; unumgänglich; unvermeidlich; [緊急の] unaufschiebbar; dringend/のっぴきならぬ事情で in einer unumgänglichen Angelegenheit/のっぴきならなくなる schön in die Klemme kommen* [s]; schön in der Klemme sitzen*《状態》.

のっぺり のっぺりした顔 Vollmondgesicht *n.* -〔e〕s, -er.

のっぽ die „lange Latte", -n; Hopfenstange *f.* -n.

～ので ❶ da; weil; indem; nachdem《南独で》; dass; so dass; so ..., dass; zu ..., um zu (als dass). ❷〖前置詞で〗aus³; infolge²; wegen²⁽³⁾. ¶ 彼は病気だったので, 来られなかった Da (Weil) er krank war, konnte er nicht kommen./彼が彼女のことを言い出したので, 約束を〔忘れていたことを〕思い出した Ich erinnerte mich, indem er von ihr sprach, an mein Versprechen./どうもこういう次第なので nachdem das einmal so ist/彼は貧乏なので損をする Er leidet darunter, dass er arm ist./村中すっかり焼けたので, 一軒も残らなかった Das ganze Dorf brannte nieder, so dass kein Haus übrig blieb./あんまりびっくりしたので, 物も言えなかった Ich war so erschrocken, dass ich nicht sprechen konnte./話がうますぎるので, 本当とは思えない Es ist zu schön, 〔als〕 dass es wahr sein könnte./彼は衰弱がひどいので, 一人で起きられない Er ist zu schwach, um allein aufzustehen./金が無かったので彼はそんな事をしたのだ Aus Mangel an Geld hat er es getan./酒ばかり飲んでいたので胃をこわした Ich habe mir infolge (wegen) des vielen Trinkens den Magen verdorben./何しろあの男は強いので, 力では誰もかなわない Stark, wie er ist, kommt ihm niemand an Kräften gleich./友達全部に見棄てられたので, 彼は途方にくれている Von allen Freunden verlassen, ist er ganz ratlos./悪く思わないで下さいよ, なんせ事情がどうものみ込めてなかったのでね Nehmen Sie es nicht übel! Weiß man doch nicht, wie die Sache steht.

のてん 野天で(の) im Freien; im Grünen; bei Mutter Grün (Natur); an der Luft; draußen/野天の芝居 Freilichttheater *n.* -s, - ‖ 野天ぶろ Bad《*n.* -〔e〕s, ¨er》im Freien ⇨ろてん(露天).

のど 喉 ❶ Kehle *f.* -n; Gurgel *f.* -n; Hals *m.* -es, ¨e; Rachen *m.* -s, -; Schlund *m.* -〔e〕s, ¨e/喉が赤い Der Rachen ist rot./喉がかわく Durst haben (bekommen*)/喉につかえる *jm* im Hals (in der Kehle) stecken bleiben* [s]《Gräte *f.* 魚の骨が, Wort *n.* ことばが》/喉を痛める Halsschmerzen haben; Der Hals tut *jm* weh. ¦ Der Hals ist heiser (trocken; rau; entzündet)./喉をうるおす den Durst stillen (löschen⁽*⁾)/喉を締める *jm* die Kehl (die Gurgel) zu|schnüren (zusammen|pressen); *jn* würgen; *jn* an (bei) der Gurgel fassen (packen)/喉を鳴らす《猫が》schnurren. ❷ [音声] Stimme *f.* -n/喉がいい eine schöne Stimme haben. ¶ 喉から手が出るほどほしい *jn*〔hungert und〕dürstet《*nach*³》; ⁴sich gelüsten lassen*《*nach*³》/彼の名前は喉まで出かかっているのだが思い出せない Sein Name schwebt mir auf der Zunge, ich finde ihn aber nicht./喉もと過ぎれば熱さを忘れる ‚Gefahr vorüber, Gott vergessen.' ¦ Wenn die Not vorüber ist, vergisst man den Wohltäter.

のどかな friedlich; geruhsam; ruhig; wohlig/のどかな日 ein sonniger, windloser Tag, -〔e〕s, -e/のどかな日々(その日その日) friedliche Tage《*pl*》.

のどじまん 喉自慢 eine Person《-en》, die stolz auf ihre Stimme ist/しろうと喉自慢大会 Amateur-Wettgesang *m.* -〔e〕s, ¨e.

のどひこ 喉ひこ Zäpfchen *n.* -s, -.

のどぶえ 喉笛 Luftröhre *f.* -en; Stimmritze *f.* -n《声門》.

のどぼとけ 喉仏 Adamsapfel *m.* -s, ¨.

のどもと 喉元すぎれば... ⇨**のど**.

～のに ❶ [...にも拘らず] ⇨**～かかわらず**. ❷ [...なのに; ...のくせに] da (weil) ... doch ...; der* ... doch ...; nachdem ... doch ...; wenn ... doch ...; wo ... doch ...〖その他一般に従属文に doch を入れる〗; während; jedoch/妻子があるのに, 他の女に恋している Da er doch eine Familie hat, liebt er eine andere Frau./手近にあるのに, 遠い所にそれを求めることはよくある Man sucht oft nach Dingen, die man doch ganz in der Nähe besitzt, nur in der Ferne./他の人はもう寝ているのに, 彼は働いている Er arbeitet, während die anderen 〔doch〕 schon schlafen./私は色々と提案したのに誰も賛成してくれない Ich habe mehreren Vorschläge gemacht, ohne jedoch eine Gegenliebe zu finden. ❸〔...するために〕zu ³*et* (動作名詞); um ... zu .../この事件を調査するのに um diesen Fall zu untersuchen; zur Untersuchung dieses Falls. ❹ [願望] wenn ...〔doch; nur〕.../〖その他一般に接続法第二式を用いて〗彼が来ればいいのに Wenn er doch käme!/そんなことしなけりゃよかったのに Er hätte es nicht tun sollen!/タクシーに乗ればよかったのに Sie hätten eine Taxi nehmen können.

ののしる 罵る schimpfen《*auf*⁴; *über*⁴》; beschimpfen⁴; fluchen《*auf*⁴; *über*⁴》; geifern; lästern《*über*⁴》; schelten*⁴⁴; auf|schelten*⁴/口ぎたなく罵る wie ein Rohrspatz schimpfen; seinen Geifer wider *jn* aus|lassen*《毒づく》/大馬鹿野郎だといって

の

罵る *jn* einen großen Dummkopf schelten*.

のばす 伸(延)ばす ❶ [一般に] strecken 《手足でも, スープをうすめるのも, 金属の打ちのばしも, 塗料でも, 曲がったものをでも》. ❷ [長くする] verlängern⁴; länger machen⁴; [こね粉などを] aus|rollen⁴; aus|walzen⁴ / 線を二メートル伸ばす die Linie um 2 Meter verlängern / 髪の毛を伸ばす die Haare wachsen lassen* / その木は丈が伸びたばかりでなく, 枝も横に伸びた Der Baum ist nicht nur in die Höhe, sondern auch in die Breite gewachsen. ❸ [まっすぐにする] gerade machen⁴; gerade|biegen*⁴; 〔gerade|〕richten⁴ 《曲がったものを》; 〔aus|-〕strecken⁴; recken⁴ 《手足など》; flach machen⁴; glätten⁴ 《縮んだものを》; aus|streichen*⁴; [アイロンで] aus|bügeln⁴; aus|plätten⁴; 〔an|〕spannen⁴ 《ぴんと》 / 足を伸ばす die Beine 〔aus|〕strecken / 手を伸ばして取ろうとする nach ³*et* die Hand aus|strecken / 鉄を打って延ばす Eisen 〔ab|〕recken (strecken) / 床の上に長々と身体を伸ばす ⁴sich auf dem Bett dehnen und recken (aus|strecken) / 曲った棒をまっすぐに伸ばす eine gebogene Stange gerade|richten / 折目を伸ばす Falten glätten. ❹ [延期] auf|schieben*⁴ 《*auf*⁴》; verschieben*⁴ 《*auf*⁴》; [支払などを] zögern 《*mit*³》; verzögern⁴; [期限などを] verlängern⁴; prolongieren⁴; [引き延ばす] in die Länge 〔hin|〕ziehen*⁴; [会議などを] vertagen⁴ 《*auf*⁴》 / 出発(会見)をのばす die Abreise (die Zusammenkunft) verschieben* / 回答(支払)をのばす mit der Antwort (Zahlung) zögern / 滞在をのばす das Aufenthalt verlängern / 会期はもっと(次の月曜まで)のばされる Die Sitzung wird auf längere Zeit (bis zum nächsten Montag) vertagt. / 本件はこれ以上延ばされない Die Sache duldet (leidet) keinen Aufschub mehr. ❺ [才能·能力など] (seine Fähigkeiten) entwickeln; aus|bilden. ❻ [うすめる] ミルク(スープ, ソース)をのばす Milch (die Suppe, die Tunke) verlängern (strecken). ❼ [やっつける] hin|strecken⁴; nieder|schmettern⁴ / 一発で彼をのばした Ein Hieb machte ihn fertig. ❽ [行く] アメリカからヨーロッパへ足をのばす seine Amerika-Reise nach Europa aus|dehnen / その機会にロンドンまで足をのばす bei dieser Gelegenheit einen Abstecher nach London machen.

のばなし 野放し das Weiden*, -s 《放牧》. ── 野放しにする [放牧] weiden⁴ 《例: die Kühe; das Vieh》; den Hund von der Kette los|lassen* 《犬を》; [放任] ⁴*et* laufen lassen*; ³*et* seinen Lauf lassen*; *jn* ³sich selbst überlassen*; *jn* nicht binden* / 犬は野放しにしてはいけません *Hunde sind an der* Leine zu führen.

のはら 野原 Feld *n*. -〔e〕s, -er; Wiese *f*. -n; Anger *m*. -s, -; Grasplatz *m*. -es, ⸚e; Grün *n*. -s.

のばら 野ばら die wilde Rose, -n ❖Heidenröslein *n*. はふつう「野いばら」.

のび 野火 Lauf|feuer (Boden-) *n*. -s.

のび 伸(延)び ❶ [手足を伸ばして] 伸びをする ⁴sich strecken 〔und dehnen〕 / ねこは目がさめると背を円くして伸びをする Nach dem Schlaf macht die Katze einen Buckel und streckt sich. ❷ [成長] Wuchs *m*. -es, ⸚e / 伸びがよい(早い) gut (rasch) wachsen* [s] 〔in die Höhe〕. ❸ [塗料·おしろいなどの] 伸びがよい ⁴sich gut aus|breiten; ⁴sich gut 〔aus|-〕dehnen.

のびあがる 伸び上がる ⁴sich auf die Zehen stellen; auf 〔den〕 Zehenspitzen stehen* 《つま先で》; ⁴sich hoch strecken.

のびちぢみ 伸び縮みする ausziehbar 《蛇腹など》; elastisch 《弾性の》. ⇨**しんしゅく**.

のびなやむ 伸び悩む überbewertet 〔sein〕 《相場が》 / 才能はあるのだが, 腕の方はどうも伸び悩んでいる Er hat zwar eine gute natürliche Begabung, aber seine Kunst will sich nicht entwickeln. / 社会主義政党は伸び悩んでいる Der sozialitische Partei fällt es schwer, die Stimmen wie erwartet einzusammeln.

のびのび ❶ [心身が] sorgenfrei; behaglich; gemächlich; ungezwungen; zwanglos; [とらわれない] natürlich; unbefangen / のびのびする ⁴sich behaglich fühlen; ⁴sich erleichtert fühlen 《ほっとする》 / のびのびと振舞う ⁴sich ganz ungezwungen geben*; ⁴sich zwanglos benehmen* / のびのびと横になる ⁴sich bequem strecken (dehnen) und recken 《ins Bett 床の中へ, auf den Sofa ソファーの上へ》 / あの人は何かこうのびのびした所がある Er hat eine zwanglose Art. / 少しのびのびしないといけませんな 《静養》 Sie sollten sich ein wenig entspannen. ❷ [時日などが] のびのびになる ⁴sich verzögern; wieder und wieder verschoben (aufgeschoben) werden; ⁴sich die Länge ziehen* / あの件はのびのびになっている Die Angelegenheit verzögert sich. / 彼からの回答はまだのびのびになっている Mit der Antwort hat er uns schon lange hingehalten.

のびる 伸(延)びる ❶ [長くなる] ⁴sich verlängern; länger werden; [続く·達する] ⁴sich 〔aus|〕strecken; ⁴sich aus|dehnen; ⁴sich vergrößern 《大きくなる》 / 春になると日が伸びる Die Tage nehmen im Frühling zu. ¦ Die Tage werden länger im Frühling. / 道はずっと森の中まで延びている Der Weg streckt sich (führt) weit bis hinein in den Wald. / それはゴムテープのようによく伸びる Das dehnt sich wie ein Gummiband aus. / 間隔が延びた Der Abstand hat sich vergrößert (erweitert). ❷ [日延べ] verschoben werden 《*auf*⁴》; aufgeschoben werden 《*auf*⁴》; [期限が] ⁴sich verlängern; vertagt werden 《*auf*⁴ 会議などが》; [長びく] ⇨**のびのび**② / 飛行機の出発は十一時に延びた Der Abflug ist auf 11 Uhr verschoben worden. ⇨**えんき**(延期). ❸ [成長する] wachsen* [s]; heran|wachsen* [s] / 伸びる世代 das heranwachsende Geschlecht, -〔e〕s, -er / この辺は草がよくのびる Das Gras wächst hier rasch. / 背が伸びて服が合わなくなった Er ist aus seinen Kleidern herausgewachsen. ❹ [進歩·発展する] ⁴sich entwickeln; ⁴sich

[の]

entfalten; Fortschritte machen《in^3》; weiter|kommen* [s]; es bringen*《zu^3》; gedeihen* [s]; steigen* [s]／あの男は伸びますよ Er wird weiterkommen. ¦ Er wird. ¦ Er verspricht, etwas zu werden.／彼は二流歌手までにしか伸びなかった Er hat es nur bis zu einem zweitrangigen Sänger gebracht.／輸出は年々伸びていっています Der Ausfuhrhandel steigt von Jahr zu Jahr.／株価は最近数か月ずっと伸びました Die Aktien sind in den letzten einigen Monaten fortwährend gestiegen. ❺［塗料・おしろいなど］⇨**のび** ③. ❻［グロッキー］ermattet (erschöpft) sein; erledigt (fertig; schachmatt; schlapp) sein; todmüde (hundemüde) sein; erschossen sein; ganz herunter sein／彼は疲労の余りのびてしまった Er brach vor Erschöpfung zusammen.／アッパーカットをくらってのびてしまった Er war durch einen Kinnhaken völlig niedergeschmettert.／大酒を飲んでのびている Er hat schief geladen und ist jetzt kein Mensch mehr.

ノブ〔Tür〕klinke *f.* -n.

のぶし 野武士 Freibeuter *m.* -s, -.

のべ 延べ ❶［総計］gesamt; total; Gesamt-; Total-; im Ganzen; insgesamt; kumulierend／延べ日数(人員) die Gesamtzahl《-en》der Tage (der Menschen)／延べ十八か月 18 Monate hintereinander／この築造には延べ一万人(延べ一万日)を要する Dieser Bau fordert 10 000 Tagewerk (Tagesarbeit).／延べ(建)坪 die gesamte Baufläche (Bodenfläche); bedeckte Fläche. ❷［延べ取引］Termin¦geschäft (Zeit-) *n.* -〔e〕s, -e／延べ取引をする Termingeschäfte betreiben*.

のべ 野辺 Wiese *f.* -n／野辺の送りをする zu Grabe tragen*^{4}; zur letzten Ruhe betten^4; das letzte Geleit geben*^{3}.

のべがね 延べ金〔Fein〕blech *n.* -〔e〕s, -e; Metallplatte *f.* -n.

のべつ unaufhörlich; unablässig; ununterbrochen; pausenlos; nicht endenwollend《えんえんと》; in einem fort／のべつ幕なしにしゃべる ununterbrochen reden^4; wie ein Wasserfall reden^4; das Blaue vom Himmel herunter reden^4.

のべばらい 延べ払い Abzahlung *f.* -en; Ratenzahlung *f.* -en; das langfristige Kredit, -〔e〕s, -e.

のべぼう 延べ棒 Barre *f.* -n／金の延べ棒 Barrengold *n.* -〔e〕s.

のべる 延べる ❶ ⇨**のばす**. ❷［床(とこ)を］das Bett machen.

のべる 述べる ❶［話す］reden$^{(4)}$《von^3; $über^4$》; sprechen*《von^3; $über^4$》; aus|führen^4《詳しく》; bemerken^4《気づいたことを》; ［描写的に］beschreiben^4; schildern^4; ［叙述的に］dar|legen^4; dar|stellen^4; an|geben*^{4}; erklären^4《説明》; erzählen^4《物語る》; ［報告的に］berichten^4; mit|teilen^4; sagen《言う》. ❷［言い表す］äußern^4; aus|drücken^4; aus|sagen^4; aus|sprechen*^{4}; zum Ausdruck bringen*^{4}. ❸［言及する］erwähnen^4; berühren^4／意見(希望)を述べる seine Meinung (seinen Wunsch) äußern／自分の考えを述べる ^{4}sich äußern《$über^4$》／事情を述べる die Sachlage erklären／簡単に述べる ^{4}sich kurz fassen／礼を述べる *jm* Dank sagen《$für^4$》; *jm* seinen Dank zum Ausdruck bringen*《$für^4$》／理由を述べる den Grund an|geben*／上(前)に述べたように wie oben (vorhin) erwähnt／これについてはまたあとで述べます Ich werde nachher wieder darauf zurückkommen.／本件をもう少し詳しく述べさせていただきます Gestatten Sie mir, die Sache näher auszuführen (genauer darzustellen)!／述べたてる ^{3}sich die Zunge aus dem Hals reden; ein langes und breites reden (erzählen)《ながながと》; vom Hundertsten ins Tausendste kommen* [s]《あれやこれやと》⇨**のべつ**.

のほうず 野放図な außer Rand und Band; toll und ausgelassen; wild.

のぼせ Blutandrang《*m.* -〔e〕s, ⸗e》〔zum Kopf〕《上気》; ［興奮］Aufregung *f.* -en; Erregtheit *f.* -en; Vernarrtheit *f.*《夢中》; die sinnlose Leidenschaft, -en《血迷い》／のぼせ性の leicht erregbar; hitzköpfig; für den Blutandrang anfällig.

のぼせる ［上気］einen Blutandrang zum Kopf haben; ［興奮・逆上］^{4}sich auf|regen; ^{4}sich erregen《$über^4$》; ^{4}sich erhitzen《$wegen^{2(3)}$》; leicht hitzig werden; leicht in Hitze kommen* [s]; ［取り乱す］außer ^{3}sich (aus dem Häuschen) geraten* [s]《vor^3; $über^4$》; den Kopf verlieren*; ^{4}sich nicht mehr kennen《vor^3》; ［天狗になる］*jm* in den Kopf steigen* [s]〘物が主語〙; ^{4}sich auf|blähen《vor^3》／彼女はのぼせている Sie ist aufgebracht.《憤怒》; Das Blut ist ihr in die Wangen gestiegen.《上気》／暑さでのぼせている Die Hitze verdreht *jm* den Kopf.／彼は彼女にのぼせ上っている Er vernarrt sich in sie.／うまくいったのでのぼせ上っている Der Erfolg ist ihm in den Kopf gestiegen.

のほほん のほほんとしている〔völlig〕gleichgültig sein《$gegen^4$; $über^4$; um^4》; ^{4}sich bei einer Sache uninteressiert zeigen; uninteressiert sein《an^3》.

のぼり 幟 Banner *n.* -s, -; Bannerwimpel *m.* -s, -／幟をたてる das Banner auf|pflanzen.

のぼり 上り An¦stieg (Auf-) *m.* -〔e〕s, -e; Steigung *f.* -en／上りの ansteigend; aufwärts／上り下り Auf- und Absteigen* (Auf und Ab) *n.*／上り列車 der Zug《-〔e〕s, ⸗e》, der in Richtung Tokio fährt《日本で》❖ ドイツでは慣用でない／上り坂 Anhöhe *f.* -n; Anstieg *m.* -〔e〕s, -e; Hügel *m.* -〔e〕s, -／上りに三時間かかった Der Aufstieg hat 3 Stunden in Anspruch genommen.／そこから道は急な上りになる Der Weg führt (geht) von dort ab steil aufwärts.／この株は上り坂です Diese Papiere haben Neigung zum Steigen.

のぼる 上る, 登る ❶［上昇する］auf|gehen* [s]; auf|steigen* [s]《煙・ロケットなど》; steigen* [s]《物価など》; hinauf|gehen*$^{(4)}$ [s]《坂や階段を》; ［山など］steigen* [s]《auf^4》; besteigen*^{4}; ersteigen*^{4}; ［よじ登る］klettern [s]《auf^4》; erklettern^4; kraxeln [s]《南独で》

の

/川(流れ)をのぼる einen Fluss hinauf fahren* [s]; gegen den Strom fahren*/木に登る auf den Baum klettern/山に登る auf den Berg steigen* (klettern); einen Berg besteigen* (erklettern)/演壇に登る auf der Rednersbühne auf|treten* [s]; vor das Publikum treten* [s]/気温が三十度に(二度だけ)昇った Die Temperatur ist auf 30 Grad (um 2 Grad) gestiegen./太陽は東から昇る Die Sonne geht im Osten auf./階段を登って左側です Die Treppe hoch und links! ❷ [達する] aus|machen; ergeben*[4]; [4]sich belaufen* 《*auf*[4]》; betragen*[4]/債務百万円にのぼる Seine Schulden belaufen sich auf eine Million Yen./支払額は十万円以上にのぼる Die Rechnung beträgt (ergibt) mehr als zehntausend Yen./毎日二ユーロ貯金すれば，一年で約七百三十ユーロにのぼる Wenn man täglich 2 Euro beiseite legt, so macht das im Jahr rund 730 Euro aus (〖俗〗so sind das im Jahr 730 Euro). ❸ [昇進] auf|steigen* [s]; auf|streben; empor|kommen*(voran|–) [s]; [4]es bringen* 《*bis zu*[3]》/課長にまでのぼる [4]es bis zum Abteilungsleiter bringen*/王位にのぼる den Thron besteigen*. ❹ [出て来る] 人の噂にのぼる in aller Leute Mund sein/話にのぼる Es ist von [3]*et* (*jm*) die Rede./食膳にのぼる es gibt[4]; aufgetragen werden/議題にのぼる vorgelegtwerden.

のます 飲ます *jm* zu trinken geben*; *jn* trinken lassen*/赤ん坊に乳を飲ます den Säugling stillen《母乳》; dem Säugling die Flasche geben* 《牛乳》/毒を飲ます *jn* vergiften/薬を飲ます *jm* eine Arznei geben* (verabreichen)/馬に水を飲ます ein Pferd tränken/一杯飲ませる zum Trinken ein|laden*[4]; Getränke verabfolgen/あそこはよい酒を飲ませる Dort trinkt man gut.

のまれる ❶ [波に] von den Wellen verschlungen (weggerissen) werden; [蛇や鮫(さめ)に] verschluckt (verschlungen) werden 《*von*[3]》. ❷ [相手に] überwältigt werden 《*von*[3]》; [4]sich einschüchtern lassen* 《*von*[3]; *durch*[4]》; [4]sich ins Bockshorn jagen lassen* 《*von*[3]; *durch*[4]》/このことばで彼は完全にのまれてしまった Er war durch diese Worte vollkommen eingeschüchtert.

のみ 鑿 Meißel *m.* –s, –; Stemm|eisen (Ball–) *n.* –s, –/鑿で彫る meißeln[4].

のみ 蚤 Floh *m.* –[e]s, ⸚e/蚤の夫婦 ein kleiner Ehemann mit seiner großen Frau/蚤のサーカス Flohzirkus *m.* –, –e/蚤に食われる(悩まされる) von Flöhen gebissen (geplagt) werden/蚤の食ったあと Flohstich *m.* –[e]s, –e; Flohbiss *m.* –es, –e/蚤をとる *jn* flöhen; nach Flöhen ab|suchen[4]/蚤とりまなこで mit spähenden Augen.

のみあかす 飲み明かす die Nacht über (die ganze Nacht hindurch) trinken*; die ganze Nacht vertrinken*.

のみあるく 飲み歩く〔von einer Kneipe zur anderen〕eine Bierreise machen; so richtig bummeln gehen* [s].

のみかけ 飲みかけ Rest 《*m.* –[e]s, –e》〔im Glas〕; Neige *f.*/飲みかけを残しておく die Neige (den Rest im Glas) stehen lassen*/それは私の飲みかけです Das ist mein 〔angetrunkenes〕Glas.

のみくい 飲み食い Essen und Trinken, des – und –s.

のみぐすり 飲み薬 Arznei (Medizin) 《*f.* –en》 zur innerlichen Anwendung/これは飲み薬ではありませんから，注意して下さい Seien Sie vorsichtig, diese Medizin ist nicht innerlich (nur äußerlich) anzuwenden.

のみくせ 飲み癖 Angewohnheit 《*f.* –en》 zu trinken/飲み癖がついている [3]sich das Trinken angewohnt haben; trunksüchtig sein.

のみぐち 飲み口 Zapfen *m.* –s, –; Spund *m.* –[e]s, ⸚e; [穴そのもの] Zapfen|loch (Spund–) *n.* –[e]s, ⸚er/たるに飲み口をつける ein Fass an|zapfen (an|stechen*).

のみくらべ 飲みくらべ das Wetttrinken*, –s; 〖学〗Biermensur *f.* –en/飲みくらべをする um die Wette trinken*.

のみこみ 飲み込み ❶ [嚥下(えんか)] das Herunterschlucken*, –s. ❷ [理解] Auffassung *f.* –en; Auffassungsgabe *f.* –n; Begriff *m.* –[e]s, –e/飲み込みがよい rasch (schnell) auf|fassen[4]; 〖俗〗eine kurze Leitung haben/飲み込みがわるい schwer von Begriff sein; 〖俗〗eine lange Leitung haben; schwer von Kapee sein/非常に飲み込みのよい子供だ Das Kind besitzt ein ungewöhnliches Auffassungsvermögen./実に飲み込みの悪い奴だ Bei ihm fällt der Groschen pfennigweise.

のみこむ 飲み込む ❶ [嚥下(えんか)する] herunter|schlucken[4]; verschlucken[4]; verschlingen*[4]. ❷ [理解する] auf|fassen[4]; begreifen*[4]; *jm* einleuchten 〖物が主語〗; dahinter|kommen* [s]; verstehen*[4]; 〖俗〗kapieren[4]/これで飲み込めたか Hast du es nun gefressen? | Ist nun der Groschen gefallen?/どうもよく飲み込めない Das will mir nicht einleuchten./やっと飲み込めた Jetzt geht mir ein Seifensieder (ein Licht) auf.

のみしろ 飲み代 Geld 《*n.* –[e]s, –er》 zum Trinken; Trinkgeld *n.* –[e]s, –er 《チップ》; Zeche *f.* –n 《飲み屋の支払い》.

のみすぎ 飲み過ぎ das Zu–viel–trinken*, –s; Völlerei *f.* –en.

のみすぎる 飲み過ぎる zu viel (unmäßig) trinken*[4]; einen zu viel haben; einen über den Durst trinken* 《酔うほど》/飲み過ぎて身体をこわす [4]sich krank trinken*.

のみすけ 飲み助 Trinker *m.* –s, –; Alkoholiker *m.* –s, –; Trunkenbold *m.* –[e]s, –e; Säufer *m.* –s, –; 〖俗〗Saufigel *m.* –s, –; Saufloch *n.* –[e]s, ⸚er; Schnapsbruder *m.* –s, ⸚; Süffel *m.* –s, –; der durstige Bruder, –s, ⸚; die durstige Seele, –n.

のみち 野道 Feldweg *m.* –[e]s, –e.

のみつぶす 飲み潰す ❶ [相手を] *jn* unter den Tisch trinken*. ❷ [財産を] sein Vermögen vertrinken* (versaufen*).

のみつぶれる 飲み潰れる sinnlos betrunken (besoffen) sein; [4]sich um den Verstand

のみともだち trinken*（理性を失う）.
のみともだち 飲み友達 Zech¦bruder *m.* -s, ⸚ (-kumpan *m.* -s, -e; -genosse *m.* -n, -n).
のみとりこ 蚤取粉 Insektenpulver *n.* -s, -.
のみとりまなこ 蚤取り眼で ⇨のみさがす.
のみなかま 飲み仲間 ⇨のみともだち.
のみならず ❶ 〔その上〕 außerdem; dazu (noch); obendrein; übderdies; zudem; zum anderen. ❷ 〔…のみならず…また…〕 nicht nur (nicht allein; nicht bloß) …, sondern (auch) …; sowohl … als auch …; so …, wie …/彼は狡猾であるのみならず、また破廉恥にも Er ist nicht nur schlau, sondern auch unverschämt./Schlau ist er und dazu noch unverschämt./単に…のみならず、…において特に（最も）…である nicht nur …, sondern vor allem ~ (am ~sten) (sein)/そういう欠点は何か特別な場合においてのみならず、日常生活において最もよく現れる Solch ein Mangel zeigt sich nicht bloß bei einer besonderen Gelegenheit, sondern am häufigsten im Alltagsleben.
のみにくい 飲みにくい schwer zu trinken; widerlich schmecken.
のみにげ 飲み逃げ Zechprellerei *f.* -en/飲み逃げをする *jm* die Zeche prellen; *jn* um die Zeche prellen.
ノミネート ノミネートをする nominieren*.
のみほす 飲み干す aus|trinken*⁴/飲み干したまえ Ex!/一びん飲み干す einer Flasche den Hals brechen*; aus|trinken*⁴/一息で飲み干す das Glas auf einen Zug leeren/ぐっと飲み干す in einem kräftigen Zug aus|trinken*/すっかり飲み干す das Glas bis zur Neige aus|trinken*.
のみまわす 飲み回す einen Becher (einen Pokal) herum|reichen/高杯で飲み回された Das Pokal machte die Runde (ging herum).
のみみず 飲み水 Trinkwasser *n.* -s; 〔戯語として〕 Gänse¦wein (Kinder-) -n -; Brunnewitzer *m.* -s, -; Pumpenheimer *m.* -s, - (以上二語は泉の); Leitungswasser *n.* -s 〈水道の〉.
のみもの 飲み物 Getränk *n.* -[e]s, -e; Erfrischung *f.* -en 〈ソフトドリンク〉/お飲み物は何にいたしますか Was trinken Sie?
のみや 飲み屋 Kneipe *f.* -n; Schenke *f.* -n; Lokal *n.* -s. -e; Spelunke *f.* -n 〈売春婦などのいるあやしげな〉.
のみよい 飲みよい leicht zu trinken (trinkbar); fein schmecken 〈口あたりがよい〉.
のむ 飲む ❶ 〔液体を〕 trinken*⁴; schlürfen*⁴〈する〉; nippen⁴ 〔ちびちび〕; hinunter|schlucken⁴ 〔飲み込む〕; hinunter|stürzen⁴ 〔ぐいぐい〕; 〔zu ¹sich〕 nehmen*⁴ 〔摂取する〕; ein|nehmen*⁴ 〔薬を〕/コップで〔手でくって〕飲む aus dem Glas (aus der hohlen Hand) trinken*/茶を飲む 〔eine Tasse〕 Tee trinken*/コーヒーを飲みには aus eine Tasse Kaffee hinein|gehen*/茶を飲みながらおしゃべりする über einer Tasse Tee plaudern/ぐうっと飲む in langen Zügen trinken*/がぶがぶと飲む einen kräftigen Zug (einen tüchtigen Schluck) tun* 〈*aus*³〉/涙を飲む die Träne herunter|schlucken (verschlucken); eine Niederlage erleiden* 〈敗北〉 ⇨もめる. ❷ 〔一杯飲む・酒を〕 trinken*⁴; saufen*⁴; sich einen genehmigen; einen heben* (kippen; pfeifen*; stemmen); einen hinter die Binde (die Krawatte; den Schlips) gießen*; 〔酒場などで〕 kneipen; zechen/底なしに飲む wie ein Loch (eine Senke) saufen*/もう一杯だけ最後に飲もうじゃないか Trinken wir noch einen zum Abgewöhnen./いくら飲む奴ぞ Er hat wohl einen Schwamm im Magen. ❸ 〔たばこを〕 rauchen(⁴)/パイプでたばこを飲む aus einer Pfeife (eine Pfeife) rauchen/私はたばこはのみません Ich bin kein Raucher. ❹ 〔軽くみる〕 *jn* nicht für voll nehmen*; von *jm* nichts halten*; *jn* von oben herab behandeln; 〔物を〕 *et* auf die leichte Schulter nehmen*⁴; ³sich nichts machen 〈*aus*³〉/初めからのみてかかった Von Anfang an habe ich ihm auf den Kopf gespuckt (ihn von oben herab angesehen). ⇨もめる. ❺ 〔受諾する〕 an|nehmen*⁴ (gelten lassen*) 〔がまんする〕; hinter|schlucken⁴; 〔ver〕schlucken⁴/条件を全部のむ alle Bedingungen gelten lassen* (herunter|schlucken)/恨みをのむ einen Groll verschlucken*; ³sich *jm* auf Gnade und Ungnade ergeben* 〈敗北〉 ⇨①. ❻ 〔波が〕 verschlingen*⁴ ⇨もめる. ❼ 〔携えるstecken⁴ 〈*in*³〉; tragen*⁴/短刀をのんでいる ein Dolch im Busen tragen*.
のめやうたえ 飲めや歌えの騒ぎ Feierei *f.* -en; Orgie *f.* -n; Saufgelage *n.* -s, - 〈学〉 Budenzauber *m.* -s, - 〈主として自宅での〉/飲めや歌えの大騒ぎをする wahre Orgien feiern/飲めや歌えの生活をする 〈放湯〉 prassen; in Saus und Braus leben.
のめる 飲める trinkbar sein 〈水などが〉; trinken* 〈人が酒を〉/彼は飲めるくちだ Er trinkt (kann trinken)./この酒は飲める Dieser Sake lässt sich trinken (ist zu trinken)./この水は飲めない Das Wasser ist nicht trinkbar (zum Trinken).
のめる 〔つんのめる〕 (über die eigenen Beine) stolpern ⓢ; nach vorne ins Schwanken kommen*⁽ⓢ⁾; straucheln ⓢ 〈つまずいて〉; 〔ころぶ〕 hin|fallen*; hin|stürzen*.
のやま 野山 Berge und Felder 〈*pl*〉.
のら 野良 Feld *n.* -[e]s, -er/野良仕事 Feldarbeit *f.* -en/野良仕事に行く ins [aufs] Feld gehen*/野良仕事をする das Feld bebauen (bestellen; pflügen).
のらいぬ 野良犬 Straßenköter *m.* -s, -; der herrenlose Hund, -[e]s, -e.
のらくら bummelig; müßig; saumselig; träge; ziellos/のらくら暮らす die Zeit vertrödeln (vertändeln); die Zeit müßig hin|bringen*; umher|lungern. ── のらくらする auf der Bärenhaut (auf dem Faulbett; auf dem Lotterbett) liegen*; den lieben Gott einen guten Mann sein lassen*. ‖ のらくら息子 der nichtsnutzige Sohn, -[e]s, ⸚e; Drohne *f.* -n./のらくら者 Bummelant *m.* -en, -en; Müßiggänger *m.* -s, -; Faulpelz

のり 糊 Klebpaste f. -n; Kleister m. -s, -; Leim m. -(e)s, -e (膠(ﾆｶﾜ)状の); Stärke f. -n (衣服用)/糊で張る kleben⁴(auf⁴); kleistern⁴; an|kleben⁴ (はりつける); auf|kleben⁴ (上に); zu|kleben⁴ (はって閉じる)/糊をつける stärken⁴/糊をつけたカラー der gestärkte Kragen, -⁼.

のり 海苔 Meer|lattich m. -(e)s, -e (-salat m. -(e)s, -e) ‖ 干し(焼き, 味付け)海苔 der getrocknete (geröstete, gewürzte) Meerlattich.

のり 乗り ❶ [顔料などの] 乗りがよい ⁴sich gut aufstreichen lassen*. ❷ [定員] 一(二, 三)人乗りの einsitzig (zweisitzig, dreisitzig); einmann- (zweimann-, dreimann-)/一(二)人乗の乗り物 《車・船・航空機》 Einsitzer (Zweisitzer) m. -s, -/二人乗り自転車 Zweimannwagen m. -s, -/百五十人乗り飛行 Flugzeug m. -(e)s, -e mit 150 Insassen.

のりあい 乗合い das Zusammenfahren*, -s /乗合いで行く mit jm zusammen|fahren* ⓢ ‖ 乗合船 Fähre f. -n (渡し船); Aussichtsboot n. -(e)s, -e.

のりあげる 乗り上げる laufen* ⓢ (auf⁴); sto-Ben* ʰˢ (auf⁴); [座礁] auf den Grund auf|laufen* ⓢ; stranden/暗礁に乗り上げる auf eine Klippe auf|laufen* (stoßen*) ⓢ /歩道に乗り上げる 《自動車などが》 auf den Bürgersteig fahren* ⓢ/交渉は暗礁に乗り上げた Die Verhandlung ist auf Schwierigkeiten gestoßen.

のりあわす 乗り合わす 偶然 zufällig mit|fahren* (mit|fliegen*) ⓢ; zufällig sein (auf³; in⁴) /乗り合わせた客 der Mitreisende*, -n, -n/同じ船室に乗り合わす die Kabine teilen (mit³)/同じ列車に乗り合わす zufällig denselben Zug nehmen*.

のりいれる 乗り入れる [馬で] (h)in|ein|reiten* ⓢ (in⁴); [車で] (h)in|ein|fahren* ⓢ (in⁴); [鉄道などを] verlängern⁴; erweitern⁴/郊外線の市内乗り入れ Streckenerweiterung (f. -en) der Vorortbahn in die Stadt/トラック乗入れ禁止 Einfahrt für Lastkraftwagen verboten!

のりうつる 乗り移る ❶ [乗換] um|steigen* ⓢ (in⁴); wechseln⁴ (馬でも車でも). ❷ [悪霊などが] reiten⁴; von ³et besessen sein 〔乗り移られる人が主語〕/悪霊が彼に乗り移っている Der Teufel reitet ihn. ‖ Er ist vom Teufel besessen.

のりおくれる 乗り遅れる verpassen⁴; versäumen⁴ (den Zug 列車に, das Flugzeug 飛行機に).

のりおり 乗り降り das Ein- und Aussteigen*, des - und -s/乗り降りする ein- und aus|steigen* ⓢ (車に); auf- und ab|steigen* ⓢ (自転車など).

のりかえ 乗換え das Umsteigen*, -s/乗換えなしで行けますか Kann man direkt (ohne Umsteigen) hinfahren? / 京都行は乗換えなし Nach Kyoto umsteigen [hier]! ‖ 乗換駅 Umsteig(e)bahnhof m. -(e)s, ⁼e/乗換切符 Umsteig(e)billet n. -(e)s, -e (-karte f. -n).

のりかえる 乗り換える um|steigen* ⓢ (in⁴); wechseln⁴ (馬を)/渋谷で乗り換えて地下鉄に乗る in Shibuya um|steigen* und die U-Bahn nehmen*/別の列車に乗り換えるまたは別の列車に連結しますから Wir brauchen nicht umzusteigen. Wir werden umgehängt werden.

のりかかる 乗り掛かる, 乗り掛ける im Begriff sein, einzusteigen; gerade einsteigen wollen* 《車・飛行機などに》; gerade an Bord gehen wollen*; im Begriff sein, ⁴sich einzuschiffen/乗り掛かった船 ,Wer A sagt, muss auch B sagen.' ¦ ,Wenn schon, denn schon.'

のりき 乗り気になる (reges) Interesse zeigen (für⁴); ⁴sich sehr interssieren (für⁴); ⁴sich begeistern (zu³)/乗り気でみる Interesse haben (für⁴); begierig (erpicht) sein (auf⁴)/大して乗り気じゃない keine rechte Lust haben (zu³)/乗り気になって [仕事などを] している mit Lust und Liebe an einer Sache sein; mit großen (wachsenden) Interessen an ³et arbeiten/金の話となるとすぐ乗り気になる Er spitzt die Ohren, wenn es sich um Geld handelt.

のりきる 乗り切る ❶ [川などを馬・船などで] fahren* (reiten*; schwimmen*) ⓢ (durch⁴)/その川を馬でうまく乗り切った Er ist mit einem Pferd durch den Fluss erfolgreich geschwommen./百キロの悪路を乗りきった Wir haben 100 Kilometer schlechten Weg zurückgelegt. ❷ [困難などを] ⁴sich hinweg|bringen* (über⁴) ⓢ; hinweg|kommen* ⓢ (über⁴); [erfolgreich] hinter sich haben⁴; durch|setzen⁴ (やり通す); durch|halten* (in³ 最後まで持ちこたえる); überstehen*⁴ (克服する); überwinden*⁴ (克服する)/苦しい時代を乗りきる in schweren Zeiten durch|halten*.

のりくみいん 乗組員 [Schiffs]besatzung f. -en; Mannschaft f. -en (総称); Mitglied (n. -(e)s, -er) der Mannschaft [個人]. ❖ 但しюいмの場合は Maschinistenmaat m. -(e)s, -e(n) (機関部)とか Offizier m. -s, -e (高級船員)とか具体的ないろいろが多い/乗組員は何人か Wie groß ist die Besatzung?/乗組員は百五十名です Die Mannschaft ist 150 Mann groß (stark). 《Mann は pl にしない》/彼はこの船の乗組員です Er ist ein Offizier dieses Schiffes.

のりくむ 乗り組む an Bord gehen* ⓢ (船・飛行機に); ⁴sich ein|schiffen/ビスマルク号に乗り組んでいる an Bord „Bismarck" sein.

のりこえる 乗り越える hinüber|gelangen ⓢ (über⁴); hinweg|klettern ⓢ (über⁴); hinweg|springen ⓢ (über⁴ 馬術の障害を); überwinden*⁴ (克服する) ❖ のりきる ❷/泥棒は塀を乗り越えて逃げた Der Dieb entfloh über die Mauer hinweg./この苦境は何としても乗り越えなくてはならぬ Wir möchten irgendwie diese Not hinter ⁴uns bringen.

のりごこち 乗心地 angenehm zu fahren sein/この車はスムーズに走って乗心地が Der Wagen fährt ruhig und angenehm.

のりこす 乗り越す hinaus|fahren* ⓢ 《*über*⁴》; vorbei|fahren* ⓢ 《*an*³》; zu weit fahren* ⓢ/乗越し切符を買う eine Fahrkarte nach|lösen/本を読んでいて二駅乗り越してしまった Über dem Lesen bin ich zwei Stationen zu weit gefahren. ‖ 乗越し運賃 Zuschlag *m*. -[e]s, -e.

のりこなす 乗りこなす ein Pferd gut lenken [können*]〈bändigen〉; 〔慣らす〕ein Pferd zu|reiten*.

のりこむ 乗り込む ❶ ein|steigen* ⓢ 《*in*³》; an Bord nehmen*⁴; 〔船に〕 sich ein|schiffen 《船に》. ❷ 〔おもむく〕⁴sich begeben*; heran|gehen* ⓢ 《*bei*³》; ein|marschieren ⓢ; ein|ziehen* ⓢ 《繰り込み》 ◆おしかける 〔*例*〕かざり立てて乗り込んで来た In vollem Staat kam sie herein.

のりすてる 乗り捨てる aus|steigen* ⓢ 《*aus*³》; ab|steigen* ⓢ 《*von*³》; 〔置いておく〕〔den Wagen〕stehen lassen*; liegen lassen*⁴;〔ab|stellen*〕.

のりそこねる 乗りそこねる ⇨のりおくれる.

のりだす 乗り出す ❶ 〔着手・出馬〕⁴sich machen 《*an*¹》; vor|gehen* ⓢ 《*gegen*⁴; *mit*³》; in die Hand nehmen*⁴;⁴sich ein|setzen 《*für*⁴》;⁴sich ein|lassen* 《*auf*⁴; *in*⁴》/交渉に乗り出す *sich* auf Unterhandlungen mit *jm* ein|lassen*/社会に乗り出す in die [weite] Welt gehen* ⓢ/政界に乗り出す ins politische Leben ein|treten* ⓢ/出帆し海に乗り出す in See gehen* ⓢ 《*stechen*》; weg|fahren* ⓢ. ❸ 〔身体を〕⁴sich nach vorn|e neigen 《lehnen》;/窓(らんかん)から身体を乗り出す ⁴sich aus dem Fenster 《über das Geländer》 lehnen.

のりつける 乗り付ける ❶ vor|fahren* ⓢ 《*bei jm; an*³》; an|fahren* ⓢ/ガソリンスタンドに乗り付ける an einer Tankstelle vor|fahren*/教会の入口に乗り付ける bis vor den Eingang in die Kirche an|fahren*. ❷ 〔乗慣れる〕gewohnt sein 《pflegen》, zu reiten 《reiten》.

のりつぶす 乗り潰す ein Pferd zuschanden 《kaputt》 reiten*《馬を》; ein Rad ab|fahren*《自転車を》.

のりて 乗り手 Reiter *m*. -s, -《馬の》; Fahrer *m*. -s, -《車の》; Jockei *m*. -s, -s 《騎手》.

のりと 祝詞をあげる das Shinto-Gebet 〈-[e]s, -e〉 verrichten.

のりならす 乗り馴らす ein Pferd zu|reiten* 《ein|reiten*》; ein Pferd ein|fahren*《馬車などを引くように》.

のりにげ 乗り逃げをする ⁴sich davon|machen, ohne die Fahrt zu bezahlen; die Fahrt prellen und Fersengeld geben*《代金を払わずに》; einen Wagen mitgehen heißen*⁴《und damit die Weite suchen》《車を盗む》.

のりはぐれる 乗りはぐれる verpassen*; versäumen*⁴《den Zug; das Schiff などを目的語として》.

のりまわす 乗り回す ⇨のりまわる.

のりまわる 乗り回る herum|fahren* 《umher|-》 ⓢ; 〔馬で〕herum|reiten* 《umher|-》 ⓢ/町の周辺を自動車で乗り回る mit dem Wagen um die Stadt herum|fahren*; spazieren fahren* ⓢ 《ドライブして》.

のりもの 乗り物 Fahrzeug *n*. -[e]s, -e; Fuhrwerk *n*. -[e]s, -e; Wagen *m*. -s, -/乗り物の便 Fahrgelegenheit *f*. -en; Transportmittel *n*. -s, -《主として運輸交通》/乗り物の便は全然ありません Es gibt keine Fahrgelegenheit./そこの乗り物の便はどうですか Wie ist die Fahrgelegenheit da? : Welche Fahrmöglichkeiten gibt es da?

のる 乗る ❶ 〔動作・車馬などに〕steigen* ⓢ 《*auf*⁴; *in*⁴》; auf|steigen* ⓢ 《*auf*⁴》; besteigen*⁴; nehmen*⁴ 《列車・バス・車・船など》. ❷ 〔利用〕benutzen*⁴ 《利用する》/馬に乗る, 馬に乗って mit dem Wagen 《mit dem Schiff, geritten》 zu Wagen 《zu Schiff, zu Pferd》/車[馬]に乗っている im Wagen 《zu Pferd》 sein 《sitzen*》/船に乗っている im Schiff 《an Bord》 sein/エレベーターに乗る mit dem Fahrstuhl fahren*/自動車に乗って三時間で着いた Nach dreistündiger Autofahrt waren wir da./タクシーに乗ればすぐ行けます Mit dem Taxi können Sie ohne weiteres hinfahren. ❸ 〔物の上に〕steigen* ⓢ 《*auf*⁴》; treten* ⓢ 《*auf*⁴》; ⁴sich stellen 《*auf*⁴》; stehen* 《*auf*⁴》; ⁴sich quer legen; stehen*/波〔風〕に乗る ⁴sich von den Wellen 《von Wind》 tragen lassen*/時勢の波に乗る mit dem Wind zu segeln verstehen*/本は机の上に乗っている Das Buch liegt auf dem Tisch./この踏み台に乗ってみて下さい Stehen Sie mal auf diesem Schemel!/もう二箱ありますかな Kann man noch zwei Kisten darauf setzen? ❹ 〔ひと口のる・加わる〕⁴sich beteiligen 《*an*³ 〈einer Unternehmung〉》; ⁴sich ein|lassen* 《*auf*⁴; *in*⁴》; ⁴sich an|schließen*³ 《*例*: einer Bewegung》/相談にのる 《auf *js* Wunsch 《Bitte》 hin》⁴sich mit *jm* über ⁴*er* beraten*/相談にあずかる sich an einer Beratung beteiligen; 〔支持・助力する〕 *jn* unterstützen; *jm* 〔mit Rat und Tat〕bei|stehen* 《zur Seite stehen*》/気が乗る 《⁴sich neigen 《*zu*³》; Interesse zeigen 《*für*⁴》 ⇨のりき/彼はその話には乗って来なかった Er hat kein Interesse dafür gezeigt./彼は我々の要求にひと口乗ってくれた Er hat sich unserer Bitte angeschlossen. ❺ 〔計略に〕an|bei|ßen*⁴; *jm* ins Garn gehen* ⓢ; [*jm*] auf den Leim gehen*/その手には乗らぬ Du kannst mich nicht rein legen. : So ohne weiteres beiße ich nicht an./まんまと乗ってしまった Ich habe mich einfach auf den Leim führen 《locken》 lassen*./口車に乗るな Lass dich nicht beschwatzen! ❻ 油が乗っている 〔上首尾〕so recht im Zug sein; im besten Zug sein; 〔鳥獣などに〕im Feist 《in der Feiste》 sein.

のる 載る 〔記載される〕geschrieben werden 《*in*³》; gebracht werden 《*in*³》; eingerückt werden 《*in*⁴》; veröffentlicht werden 《*in*³》; verzeichnet werden 《*in*³》/載っている 《geschrieben》/この語は辞書に載っていない Dieses Wort ist im Wörterbuch nicht zu finden./大見出しで新聞に載った Es

ノルウェー Norwegen n. -s/ノルウェーの norwegisch ‖ ノルウェー語 Norwegisch n. -(s); das Norwegische*/ノルウェー人 Norweger m. -s, -.

のるかそるか biegen oder brechen; auf Biegen oder Brechen; auf Gedeih und Verderb/のるかそるかやってみる es darauf ankommen lassen*; aufs Spiel setzen*/のるかそるかの大ばくちを打つ ein gewagtes Spiel auf Biegen und Brechen treiben*.

ノルマ Norm f. -en/ノルマとされる als Norm gelten*/ノルマを果たす die Norm erfüllen.

のれん 暖簾 ❶ Ladenvorhang m. -(e)s, ¨e 《店先の》; Behang m. -(e)s, ¨e 《飾りの》/のれんに腕押し Das heißt in die Luft greifen (ins Leere greifen); Luftstreiche machen; leeres Stroh dreschen; Wasser in ein Sieb schöpfen. ❷ 《信用》 der gute Ruf, -(e)s, -e; der gute Name, -ns, -n; Firmenwert m. -(e)s, -e/のれんが古い Das ist ein Laden von altem Schrot und Korn. Das ist eins der ältesten Geschäfte./のれんにかかわる seinen [guten] Namen beflecken (besudeln); seinen guten Ruf gefährden/のれんを分ける jm ein gleiches Geschäft ein|richten; jm erlauben, dasselbe Firmenzeichen zu benutzen/のれんにかかわる問題だ Es handelt sich um eine Prestigefrage./それでのれんが汚された Der gute Name des Geschäftes hat darunter gelitten. ‖ 縄のれん Seilvorhang.

のろい 呪い Fluch m. -(e)s, ¨e; Verwünschung f. -en/この一家には呪いがかかっている Es liegt ein Fluch über dieser Familie.

のろい langsam 《おそい》; träge 《遅鈍な》; stumpfsinnig 《にぶい》; blöde 《愚鈍な》; dämlich 《ばんやり》; doof 《間抜け》/仕事がのろい langsam in der Arbeit sein/頭がのろい langsam von Begriff sein; eine lange Leitung haben; ein Brett vor dem Kopf haben 《おろか》; 《俗》 "unterbelichtet" sein.

のろう 呪う fluchen³; verfluchen⁴; verwünschen⁴; verdammen⁴/呪うべき verflucht; zu verwünschend; verdammt/呪われた verflucht; verwünscht; verdammt; verflixt; 《運命に》 verhängnisvoll; fatal; schicksalhaft /呪われている Unheil beladen sein; Unheil bringend sein/彼は私を呪っている Er wünscht mir nur Böses (Unheil)./人を呪わば穴二つ 'Wer anderen eine Grube gräbt, fällt selbst hinein.'

のろけ 惚気を言う von seiner Liebe erzählen; seine eigene Liebesgeschichte vor[tragen* (zum Besten geben*)]/とうとう彼ののろけ話を傾聴させられた Endlich musste ich schönen Abenteuer zuhören.

のろし Signalfeuer n. -s, -; Rakete f. -n/のろしをあげる ein Signalfeuer an|zünden; eine Rakete ab|brennen* (ab|schießen*).

のろのろ のろのろと schleppend; langsam wie eine Schnecke; im Zeitlupentempo; im Schneckentempo. ⇨のろい.

のろま Trottel m. -s, -; Depp m. -s, -(n); Tepp m. -s, -e; Nölpeter m. -s, -; Nölsuse f. -n; Flasche f. -n/のろまな langsam; saumselig. ⇨のろい.

のわき 野分 der heftige (starke) Wind 《-(e)s, -e》《im Herbst》; Windstoß m. -es, ¨e《im Winter》; Taifun m. -s, -e《台風》.

のんき 呑気な bequem; gemächlich; leichtlebig 《気楽な》; sorgen|frei (-los) 《心配のない》; [無とん着な] gleichgültig; unbekümmert; fahrlässig 《ずぼらな》; unbefangen 《こだわれぬ》; lebensfroh; zuversichtlich; optimistisch 《楽天的な》 ⇨**のんびり**/呑気に構えていること es 'sich leicht machen; auf die leichte Achsel nehmen*⁴ 《軽く扱う》; leicht nehmen*⁴ 《簡単に考える》; alles, wie es ist, nehmen* 《余計なことにこせこせしない》; die Hände in den Schoß (in die Tasche) legen 《傍観する》/呑気に暮らす in guten Verhältnissen leben 《金の心配なく》; auf der Bärenhaut liegen* ⇨**のんき**/そんな呑気なやり方じゃどんな事業だってつぶれますよ Mit solchen sinnlosen Methoden wird jeder Betrieb ruiniert./呑気なことを言っている場合じゃない Optimismus hin, Optimismus her (Ratschläge hin, Ratschläge her), es geht um die Wurst! Nicht reden, sondern handeln! ‖ 呑気者 Optimist m. -en, -en.

ノンセクト ノンセクト[学生] der nichtorganisierte Student, -en, -en.

のんだくれ 飲んだくれ Trunkenbold m. -(e)s, -e /⇨**のみすけ**.

のんびり のんびりと[した] bähäbig; anheimelnd; aufgeräumt; behaglich; gemächlich; friedlich; ungezwungen; 《俗》 lauschig; 《俗》 mollig; bequem 《人について》/のんびりと暮らす ein sorgenfreies Leben führen; in der Wolle sitzen* 《裕福》; auf der Bärenhaut liegen*; in Ruhe unter dem Schatten des Ölbaums leben/のんびり育つ sorgenlos auf|wachsen* s (großgezogen werden). —— のんびりする es sich leicht (bequem) machen; ⁴sich wie zu Hause fühlen; [仕事などをすませて] ⁴sich entlastet fühlen; ⁴sich entspannen; ⁴sich aus|spannen; ⁴sich erholen.

ノンフィクション Non-fiction f. -en; Sachbuch n. -(e)s, ¨er.

ノンプロ Amateur m. -s, -e; Amateurspieler m. -s, - /ノンプロの nichtberuflich; nichtberufsmäßig; Amateur-.

のんべえ 飲んべえ ⇨**のみすけ**.

のんべんだらり のんべんだらりと bummelig; saumselig; tatenlos; trödelig/のんべんだらりと日を過ごす auf der Bärenhaut (auf dem Faulbett; auf dem Lotterbett) liegen*; den lieben Gott einen guten Mann sein lassen*.

ノンポリ der politische Uninteressierte*, -n, -n; die unpolitische Figur, -en, -en; Vertreter 《m. -s, -》 der schweigenden Mehrheit.

は

は 歯 ❶ [人・動物の] Zahn *m.* -[e]s, ¨e/歯の dental/歯なしの zahnlos/歯の鋭い scharfzähnig/歯がいい（悪い）gute (faule) Zähne haben/歯がはえる Zähne bekommen*; zahnen/歯が痛む Die Zähne gehen *jm* aus./歯をみがく Zahnschmerzen haben/歯を抜く(³sich die Zähne putzen (bürsten)/歯を抜く *jm* einen Zahn ziehen/歯を抜いてもらう ³sich einen Zahn ziehen lassen*/歯を治療してもらう seine Zähne behandeln lassen/歯をむき出す die Zähne zeigen (blecken)/歯をむき出して笑う grinsen (stumpfe) Schneide/歯を食いしばる die Zähne aufeinander beißen*; die Zähne zusammen|beißen*/彼は歯に衣を着せない(着せる) Er spricht frei von der Leber weg. (Er redet nicht geziert.)/この仕事はぼくには歯が立たない Diese Arbeit geht über meine Kraft. ❷ [くし・のこぎり・歯車などの] Zahn *m.* -[e]s, ¨e/歯のある gezahnt; gezähnt.

は 刃 Schneide *f.* -n; Schärfe *f.* -n; Klinge *f.* -n; Rasierklinge *f.* -n (かみそりの)/鋭い(鈍い)刃 die scharfe (stumpfe) Schneide/刃のある(ない) scharf (stumpf)/刃をつける schärfen⁴/刃をとぐ schleifen*⁴; wetzen⁴.

は 葉 Blatt *n.* -[e]s, ¨er (木・草の); Nadel *f.* -n (針葉); Wedel *f.* - (しだ類の); Laub *n.* -[e]s (総称的); Halm *m.* -[e]s, -e (麦身)/葉が多く密に葉を持つ/葉の多い葉のない blattlos; entblättert (落葉した); bloß; nackt/葉を出す Blätter bekommen*/葉を落とす ⁴sich entblättern/木々に葉が出る Die Bäume schlagen aus./木々の葉がすっかり落ちてしまった Die Bäume sind ganz entblättert.

は 派 ❶ [宗派] Sekte *f.* -n; Konfession *f.* -en. ❷ [流派] Schule *f.* -n オランダ派の画家たち die Maler der holländischen Schule. ❸ [党派] Partei *f.* -en; Fraktion *f.* -en; Gruppe *f.* -n (仲間・組); 革新派 Reformpartei *f.* -en/保守派 die konservative Partei/戦前(後)派 Vorkriegsgeneration (Nachkriegsgeneration) *f.* -en/彼は戦後派(アプレゲル)だ Er gehört zur Nachkriegsgeneration./彼は社長派だ Er ist auf der Seite des Direktors.

覇を唱える herrschen (*über*)⁴; die Führung ergreifen* (*mit jm*); *jm* den Vorrang streitig machen.

は ja (応答); genau; freilich (もちろん); は？(なんですか) Wie bitte？ Was meinen Sie？

ハ [楽] c *n.* -, - / ハ短調 c-Moll *n.* - (記号: c)/ハ長調 C-Dur *n.* - (記号: C).

〜は ❶ [不定冠詞の] あれはジェット機です Das ist ein Düsenmaschine. ❖ 比較: あれがジェット機です Das ist die Düsenmaschine. ❷ [定冠詞の] 昔男がいた、その男は貧乏だった Es war einmal ein Mann. Der Mann war arm. ❸ [前置詞で] 名前だけは支配者だ nur dem Namen nach ein Herrscher sein/名は何と言うか Wie heißt er mit Vornamen?/人数は百人だ Sie sind hundert an (der) Zahl. ❹ [an|betreffen*; betreffen* を用いて] あの女性は服は十分持っている Was Kleider betrifft, so ist sie damit gut versehen./その町は人口が多い Was die Stadt anbetrifft, so ist ihre Einwohnerzahl groß.

ば 場 ❶ [芝居の] Szene *f.* -n; Auftritt *m.* -[e]s, -e/二幕三場 zwei Akte und drei Szenen (劇全体); 2. Akt. 3. Szene (劇の一場)/濡れ(愁嘆)場 Liebesszene (rührende Szene). ❷ [場所] Platz *m.* -es, ¨e; Raum *m.* -[e]s, ¨e; Markt *m.* -[e]s, ¨e (取引の) ⇨ばしょ/場を取るぶさで viel Raum ein|nehmen*; ⁴sich breit machen/場をとって置く einen Platz (Sitz) bestellen (reservieren) 《座席が立たない》/場をはずす vorher fort|gehen*/《俗》 ⁴sich drücken; ⁴sich französisch empfehlen* (中座する)/その場で auf der Stelle (dem Fleck; dem Platz); sofort; sogleich (直ちに)/その場で捕らえる auf frischer Tat ertappen (verhaften) (einen Dieb)/前(後)場 Morgenmarkt (Nachmittagsmarkt) *m.* -[e]s, ¨e/場の理論 Feldtheorie *f.* -n. ❸ ⇨ばあい/その場限りのことを言う ganz unüberlegt sprechen/その場に及んで mit entscheidenden (letzten) Moment.

ばあ [驚かすとき] bu[h]! hu[h]!; [赤ん坊をあやすとき] guckguck-da! (いないいないばあ).

バー Bar *f.* -s; Schankstube *f.* -n (-tisch *m.* -[e]s, -e); Schenke *f.* -n/バーの女 Barmädchen (Schenk-) *n.* -s, -; Kellnerin *f.* -/-rinnen.

パー (ゴルフの) Par *n.* -s; die festgesetzte Schlagzahl, -en.

ばあい 場合 Fall *m.* -[e]s, ¨e; Gelegenheit *f.* -en (機会); Lage *f.* -n; Sache *f.* -n; Umstände (*pl* 事情); Verhältnisse (*pl* 事態)/場合により unter Umständen; je nach den Umständen (事情次第で)/...の場合には falls; im Falle, dass...; im Falle (...の場合には)/反対(他)の場合には widrigenfalls (andernfalls)/万一の場合には im Notfall (火急の場合に); nötigenfalls (必要の場合に); im schlimmsten Fall (最悪の場合)/目下の (そういう)場合には in vorliegenden Fall (unter solchen Umständen)/どんな場合にも auf alle Fälle; auf jeden Fall; jedenfalls/どんな場合にも is in keinen Fall; unter keinen Umständen; in keinem Falle; keinesfalls/そんな場合が度々ある Das kommt oft vor./場合によるさ Das kommt auf den Fall an.

パーキング パーキングメーター Parkometer *n.* -s, -; Parkuhr *f.* -en/パーキングビル Hochgarage *f.* -n; Park(hoch)haus *n.* -es, ≃er; Autosilo *m.* -s, -s《俗》.

はあく 把握する ❶ [つかむ] (er)greifen**; fassen*; packen《むんずと》. ❷ [理解する] begreifen**; fassen**; verstehen**.

バーゲン Ausverkauf 《*m.* -(e)s, ≃e》 [zu besonders niedrigen Preisen]《特売》; Ramschverkauf《見切売》; Gelegenheitskauf *m.* -(e)s, ≃e《見切品の売買》/バーゲンデー Ramschtag *m.* -(e)s, -e.

バーコード Strichkode *m.* -s.

バーコレーター Kaffeemaschine *f.* -n.

バーサー Zahl;meister (Proviant-) *m.* -s, -.

バージ ⇒つしほう ‖ レッドパージ Kommunistensäuberung *f.* -en.

バージョン Version *f.* -en.

パーセンテージ Hundert;satz (Prozent-) *m.* -es, ≃e.

パーセント Prozent *n.* -(e)s, -e《略: p.c., pZ号: %》; vom Hundert《略: v. H.》/四パーセント vier Prozent; vier vom Hundert.

バーター Tauschhandel *m.* -s.

ばあたり 場当たり Effekthascherei *f.* -en; Knalleffekt *m.* -(e)s, -e《人気とり》;《劇》Kniff *m.* -(e)s, -e; Theatercoup *m.* -s, -s/場当たりの sensationell《際物的》; auf (billigen) Effekt (Beifall) haschend; sensationell auf Effekt zielend; für die Galerie spielend; nach Volksgunst streben; nach Effekt haschen; um billige Wirkung beim Zuschauer werben*.

バーチャル バーチャルリアリティー die virtuelle Realität.

パーティー Party *f.* -s; Gesellschaft *f.* -en ‖ カクテルパーティー Cocktail-Party/ダンスパーティー Tanz-Party; Ball *m.* -(e)s, ≃e/ティーパーティー Tee-Party.

バーテン Büfettier《*m.* -s, -e; Mixer *m.* -s, -.

ハート Herz *n.* -ens, -en; Cœur *n.* -(s), -(s)《トランプの》/ハート形の herzförmig/ハートのエース As *n.* -ses, -e《Daus *n.* -es, -e (≃er) in Cœur (Herz); Cœurass *n.* -es, -e (≃er).

ハードウェア Hardware *f.* -s.

パートタイマー Halbtags;arbeiter (Kurz-) *m.* -s, -.

パートタイム die verkürzte Arbeitszeit, -en; Halbtagsarbeit *f.* -en; Teil;arbeit (Kurz-).

ハードディスク Festplatte *f.* -n.

ハードトップ《自動車の》Hardtop *n.* (*m.*) -s, -s.

パートナー Partner *m.* -s, -; Partnerin *f.* ..rinnen《女》.

ハードル Hürde *f.* -n ‖ ハードル競走 Hürdenlauf *m.* -(e)s, ≃e/ハードル選手 Hürdenläufer *m.* -s, -/ハイ(ロー)ハードル die hohen (niedrigen) Hürden.

はあはあ はあはあいう keuchen; schwer atmen/はあはあいいながら außer Atem.

ハーブ Heilkraut *n.* -(e)s, ≃er; Kräuter《*pl*》‖ ハーブティー Kräutertee *m.* -s.

ハープ Harfe *f.* -n/ハープをひく Harfe spielen; harfen ‖ ハープ奏者 Harfenist *m.* -en, -en; Harfenspieler *m.* -s, -; Harfenistin *f.* ..tinnen《女》.

ハーフタイム《サッカー》Halbzeit *f.* -en.

ハーフバック《サッカー》Läufer *m.* -s, -; Mittelläufer《センターハーフ》.

バーベキュー Barbecue *n.* -(s), -s.

バーベル Scheibenhantel *f.* -n/バーベルを持ち上げる eine Scheibenhantel (hoch);stemmen.

パーマ Dauerwelle *f.* -n/パーマをかける ³sich Dauerwellen legen lassen*.

ハーモニカ Mundharmonika *f.* -s (..ken).

ばあや 婆や [乳母]《Säug;amme *f.* -n; Kinderamme; [下女] alte Magd, ≃e.

パーラー Gesellschaftszimmer *n.* -s, -; Salon *m.* -s, -s.

はあり 羽蟻 eine geflügelte Ameise, -n.

バール ❶ [気圧の単位] Bar *n.* -s, -❖ 現在はヘクトパスカルを用いる. ❷ [工具] Brechstange *f.* -n.

バーレーン Bahrain *n.* -s/バーレーンの bahrainisch ‖ バーレーン人 Bahrainer *m.* -s, -.

ハーレム Harem *m.* -s, -s.

はい 胚 Keim *m.* -s, -e.

はい 灰 Asche *f.* -n/灰のような aschig/灰色のasch;fahl (-farben; -farbig; -grau)/灰にする äschern*; *et in [Schutt und] Asche verwandeln (legen)/灰になる ³sich in Asche verwandeln/タバコの灰を落とす die Asche von der Zigarette schütteln.

はい 肺 Lunge *f.* -n/肺の Lungen-/彼は肺を病んでいる Er hat es auf der Lunge. ⇒はいびょう.

はい ja; gewiss《確かに》; allerdings《もちろん》; jawohl《かしこまりました》; doch《否定疑問文に対して肯定するとき》; nein《否定疑問文に対して否定するとき》; sicher《もちろんですとも》; gern《喜んで;承知しました》; hier《出欠をとるときの返事》/はい、かしこまりました Jawohl!! Sehr gern!/彼は家にいませんか — はい、いますません Ist er nicht zu Hause? — Doch, er ist zu Hause. (Nein, er ist nicht zu Hause.) / 君がそれができるって — はい、できますとも Glaubst du, dass du es erledigen kannst? — Ja, sicher.

-はい -杯 コーヒー(紅茶) 2杯 zwei Tassen Kaffee (Tee)/ビールを5杯飲む fünf Glas Bier trinken*.

ばい 倍 ❶ [*n.*] das Doppelte*; das Zwei;fache* (-fältige*). ❷ [*adv*] doppelt (noch einmal) so viel/2倍の doppelt; zwei;fach (-fältig); zweifältig (zwiefältig)/倍(三倍)になる ⁴sich verdoppeln (⁴sich verdreifachen)/倍(三倍)にする〔ver〕doppeln⁴ (verdreifachen⁴); doppelt (dreifach) machen⁴/千倍 tausendmal (so viel); tausendfach/何倍にもする vervielfachen⁴; vervielfältigen⁴/人一倍勉強する doppelt so viel wie andere (mit verdoppelten Anstrengungen) arbeiten*/A は B より二倍半大きい(長い, 年長である) A ist zweieinhalbmal so groß (lang, alt) als B./三の二倍は六である Zweimal drei ist sechs.

パイ Pastete *f.* -n《肉・魚などの》‖ アップルパイ

はいあがる 這い上がる kriechen* ⓢ.h 《*auf*⁴》; klettern ⓢ.h 《*auf*⁴》.
バイアスロン Biathlon *n.* -s, -.
はいあん 廃案 der abgelehnte Gesetzantrag, -[e]s, ⸚e/廃案にする den Antrag ablehnen.
はいい 廃位 Entthronung *f.* -en/廃位する entthronen⁴.
はいいん 敗因 die Ursache ⟨-n⟩ der Niederlage/原子爆弾の投下が敗因となった Der Abwurf der Atombombe verursachte die Niederlage.
ばいいん 売淫 ⇨いんばい.
ばいう 梅雨 ⇨つゆ(梅雨).
ハイウエー Autobahn *f.* -en; Highway *m.* -s, -s; Schnellstraße *f.* -.
はいうけ 灰受 Asch[en]kasten *m.* -s, ⸚; [灰皿] Asch[en]becher *m.* -s, -.
はいえい 背泳 Rückenschwimmen *n.* -s.
はいえき 廃液 Abwasser *n.* -s 《工場などの》.
はいえつ 拝謁 Audienz *f.* -en 《*bei*³》/拝謁を許す jm eine Audienz erteilen ⟨gewähren⟩.
はいえん 肺炎 Lungenentzündung *f.* -en; Pneumonie *f.* -n 《急性肺炎 die akute Lungenentzündung/クループ性肺炎 die kruppöse Lungenentzündung》.
ばいえん 煤煙 Ruß *m.* -es; Rauch *m.* -[e]s.
ばいえん 梅園 Pflaumengarten *m.* -s, ⸚.
ハイオクタン von hoher ³Oktanzahl.
バイオセンサー Biosensor *m.* -s, -en.
バイオテクノロジー Biotechnologie *f.* -.
パイオニア Bahnbrecher *m.* -s, -; Pionier *m.* -s, -e.
バイオマス Biomasse *f.*
バイオリズム die Biorhythmen 《*pl*》.
バイオリン Geige *f.* -n; Violine *f.* -n; 《俗》Fiedel *f.* -n/第一バイオリンをひく die erste Geige spielen/バイオリンの名手 Meister ⟨*m.* -s, -⟩ auf die Geige; Violinvirtuose *m.* -s, -n ∥ バイオリン協奏曲 Violinkonzert *n.* -[e]s, -e/バイオリン奏者 Geiger *m.* -s, -; Geigenspieler ⟨Violin-⟩ *m.* -s, -; Violinist *m.* -en, -en; Geigerin *f.* ..rinnen; Violinistin *f.* ..tinnen ⟨女⟩; Fiedler *m.* -s, - ⟨下手な⟩/第一バイオリン奏者 der erste Geiger.
パイオレット Veilchen *n.* -s, -; Violett *n.* -s ⟨色⟩/バイオレット色の violett; veilchenblau.
ばいおん 倍音 《楽》Oberton *m.* -[e]s, ⸚e.
はいか 配下 Gefolge *n.* -s, - ⟨従者⟩; die Seinigen⟨*pl* ⟨部下・手下⟩; die Untergeordneten* ⟨*pl* 下級の者⟩/配下となって働く unter jm arbeiten.
はいか 排貨 Boykott *m.* -[e]s, -e.
はいが 胚芽 Keimknospe *f.* -n.
ばいか 売価 〈Verkaufs⟩preis *m.* -es, -e ∥ 売価切下げ Preisabbau *m.* -[e]s; Preissenkung *f.* -en ⟨値下げ⟩.
ハイカー Ausflügler *m.* -s, -; Wanderer *m.* -s, -.
はいかい 徘徊する umher|wandern ⓢ -|-|streichen* ⓢ; -|streifen ⓢ; umher|gehen* ⓢ 《歩き回る》; hin- und her gehen* ⓢ 《行ったり来たりする》; bummeln 《ぶらつく》/怪しい男がここらを徘徊している Ein verdächtiger Mann streicht hier umher.
はいがい 排外の fremdenfeindlich ∥ 排外運動 die fremdenfeindliche Bewegung, -en/排外思想 der fremdenfeindliche Gedanke, -ns, -n.
ばいかい 媒介 Vermittlung *f.* -en; Dazwischenkunft *f.* 《仲裁》; Intervention *f.* -en ⇨ちゅうさい. — 媒介する vermitteln⁴; 《sich ins Mittel legen ⟨schlagen⟩》《仲裁する》; intervenieren 《同上》; den Zwischenträger spielen; übertragen*⁴ ⟨病毒を⟩. ∥ 媒介者 〈Ver⟩mittler *m.* -s, -; Mittelsperson *f.* -en; Zwischenhändler *m.* -s, - 《仲介人》; Agent *m.* -en, -en ⟨代理人⟩/媒介物 Medium *n.* -s, ..dien; Träger *m.* -s, -; Mittel *n.* -s, - ⟨媒体⟩.
はいかき 灰掻き Ofenkrücke *f.* -n; Schüreisen *n.* -s, - ⟨火掻き⟩.
はいかきょう 拝火教 Feueranbetung *f.* -en; Parsismus *m.* - 《ゾロアスター教の一派》∥ 拝火教徒 Feueranbeter *m.* -s, -.
はいかつりょう 肺活量 Lungen|kapazität ⟨Atmungs-⟩ *f.* -en; 肺活量計 Spirometer *n.* 《*m.*》 -s, - /肺活量測定 Spirometrie *f.* -.
ハイカラ schick 《シックな》; elegant 《エレガントな》; modisch 《流行の》; modern 《モダンな》; fein 《洗練された》; geckenhaft 《おしゃれの》/ハイカラな男 ⟨だて男⟩ Dandy *m.* -s, -s; Geck *m.* -en, -en; 《俗》Laffe *m.* -n, -n; Stutzer *m.* -s, -.
はいかん 廃刊 das Eingehen*, -s /廃刊になる ein|gehen* ⓢ /廃刊にする eingehen lassen*⁴ /新聞は廃刊された Die Zeitung ging ein.
はいかん 拝観 sehen*⁴; besichtigen⁴; [³sich] an|sehen*⁴; [³sich] an|schauen⁴; besuchen⁴ 《行って見る》/拝観を許す Besichtigung erlauben 《*jm*》∥ 拝観者 Besucher *m.* -s, - /拝観料 Eintrittsgebühren ⟨*pl*⟩.
はいがん 肺癌 Lungenkrebs *m.* -es, -e.
はいき 廃棄 Abschaffung *f.* - 《風俗・制度・条約など》; Aufhebung *f.* -en 《法律・条約など》; Widerruf *m.* -[e]s, -e 《法律・判決・権利など》; Widerrufung *f.* -en 《同上》; Annullierung *f.* -en 《無効宣言》. — 廃棄する ab|schaffen⁴; auf|heben*⁴; auf|lösen⁴; widerrufen*⁴; annullieren⁴ 《無効とする》; ungültig machen⁴ 《同上》.
はいき 排気 Auspuff *m.* -[e]s, -e 《ガスなどが出ること》; Ventilation *f.* -en 《ガスなどを排除すること》; Lüftung *f.* -en 《換気》. — 排気する aus|puffen⁴. ∥ 排気ガス Auspuffgas *n.* -es, -e; Abgas/排気装置 Dampfablasrohr *n.* -[e]s, -e 《蒸気の》; Ventilator *m.* -s, -en 《換気装置》.
はいきしゅ 肺気腫 《医》Lungenemphysem *n.* -s, -e.
ばいきゃく 売却 ⇨うる(売る).
はいきゅう 配給 Verteilung *f.* -en; Austeilung *f.* -en; Rationierung *f.* -en 《統制の》/配給する verteilen ⟨*jm* *et* 以下同じ⟩; aus|

teilen; in Rationen zu|teilen ‖ 配給所 Verteilungsstation *f.* –en/配給統制 Rationierung/配給米 in ³Rationen verteilter Reis, –es.

はいきょ 廃墟 Ruine *f.* –n; Trümmer《*pl*》/廃墟となる verfallen* [s]; in ⁴Trümmer gehen* (zerfallen*) [s].

はいぎょう 廃業 Geschäfts¦aufgabe *f.* –n (–schluss *m.* –es, ⸗e)/廃業する sein Geschäft auf|geben* (schließen*)《閉店する》; seine Praxis auf|geben*《医師・弁護士などが》; ⁴sich von der Bühne zurück|ziehen*《俳優などが》; ⁴sich von der Arena zurück|ziehen*《ボクサーなどが》.

はいきょうしゃ 背教者 Apostat *m.* –en, –en; der 〔Glaubens〕abtrünnige*, –n, –n; Renegat *m.* –en, –en.

はいきん 背筋〘解〙Rückenmuskel *m.* –s, –n.

ばいきん ばい菌 Bazillus *m.* –, ..llen; Bakterie *f.* –n; Bakterium *n.* –s, ..rien; Spaltpilz *m.* –es, –e《分裂菌》; Stäbchenpilz《桿(かん)状菌》; Mikrobe *f.* –n; Mikrobion *n.* –s, ..bien;〘生〙Mikroorganismus *m.* –, ..men《微生物》;〔Krankheits〕keim *m.* –〔e〕s, –e《病原菌》/ばい菌の bazillär; bakteriell/ばい菌のない keimfrei;〘医〙steril《無菌の》/ばい菌を殺す [*a.*] bakterizid; keimtötend《殺菌性の》; [*v.*] entkeimen⁴; sterilisieren⁴《殺菌する》‖ ばい菌学 Bakteriologie *f.*; Bakterienkunde *f.*/ばい菌学者 Bakteriologe *m.* –n, –n/ばい菌培養 Bakterienkultur *f.*/ばい菌病 Bakteriose *f.* –n《植物の》.

ハイキング Ausflug *m.* –〔e〕s, ⸗e; das Wandern*, –s/ハイキングに行く einen Ausflug machen ‖ ハイキングコース Ausflugsziel *n.* –〔e〕s, –e.

バイキング [料理]〔kaltes〕Büffet, –〔e〕s, –s (–e).

はいきんしゅぎ 拝金主義 Mammonismus *m.* –; Mammonsdienst *m.* –〔e〕s, –e ‖ 拝金主義者 Mammonsdiener *m.* –s, –.

はいく 俳句 Haikai *n.* –, –s; Haiku *n.* –, –s; Hokku *n.* –, –s.

はいぐうしゃ 配偶者 ❶ [夫] Gemahl *m.* –s, –e; Gatte *m.* –n, –n; Lebens¦gefährte *m.* –n, –n (–genosse *m.* –n, –n); Mann *m.* –〔e〕s, ⸗er. ❷ [妻] Gemahlin *f.* ..linnen; Gattin *f.* ..tinnen; Lebens¦gefährtin *f.* ..tinnen; Genossin *f.* ..nossinnen; Frau *f.* –en.

はいぐん 敗軍 ❶ [軍隊] das geschlagene Heer, –〔e〕s, –e; die besiegte Armee, –n/敗軍の将兵を語らず Man darf nicht von verlorenen Schlachten reden. ❷ [敗北] die Niederlage, –n; die verlorene Schlacht, –en.

はいけい 拝啓 ❶ [対男性] Hoch geehrter Herr! ¦ Sehr geehrter Herr! ¦ Verehrter Herr!《やや丁重さを欠く》. ❷ [対女性] Hoch geehrte Dame! ¦ Sehr geehrte 〔gnädige〕 Frau! ❸ [親しい相手に] Lieber ...!《男に》; Liebe ...!《女に》. ❹ [対会社など] Sehr geehrte Herren!

はいけい 背景 ❶ [空間的な] Hintergrund *m.* –〔e〕s, ⸗e; Szenerie *f.* –n《舞台装置》; Bühnenausstattung *f.* –en《同上》;〔Hintergrund〕kulisse *f.* –n《書き割り》/山を背景に写真をとる mit einem Hügel als Hintergrund fotografieren⁴. ❷ [抽象的な] Hintergrund *m.* –〔e〕s, ⸗e; Unterstützung *f.* –en《後援》/政治的背景 der politische Hintergrund.

はいげき 排撃する aus|schließen*⁴. ⇨はいせき.

はいけっかく 肺結核 Lungentuberkulose *f.* –n;〔Lungen〕schwindsucht *f.* ⸗e/肺結核の lungentuberkulös ‖ 肺結核患者 der Lungentuberkulöse* (Schwindsüchtige*), –n, –n.

はいけつしょう 敗血症 Sepsis *f.* ..psen/敗血症の septisch.

はいけん 拝見する sehen*⁴;〔³sich〕an|sehen*⁴;〔³sich〕an|schauen⁴; betrachten⁴; prüfen⁴《吟味する》/ちょっと拝見 Darf (Kann) ich mal sehen? ¦ Bitte, zeigen Sie es mir!《やや丁重さを欠く》/切符を拝見します Bitte, Fahrkarten〔vorzeigen〕!/お手紙拝見しました Dankend habe ich Ihren Brief erhalten.

はいご 背後 Rücken *m.* –s, –; Hinterseite *f.* –n《建物などの》; Hintergrund *m.* –〔e〕s, ⸗e《背景》/背後に hinter³; im Rücken²/敵の背後を衝く dem Feind〔e〕 in den Rücken fallen* [s]/背後に敵を受ける den Feind im Rücken haben/彼の背後には資産家が控えている Hinter ihm steht ein Millionär.

はいご 廃語 das veraltete Wort, –〔e〕s, ⸗er; das Wort außer Gebrauch.

はいこう 廃坑 die abgebaute Grube, –n; der abgebaute Schacht, –〔e〕s, ⸗e.

はいこう 廃校する eine Schule《–n》schließen*.

はいごう 配合 Zusammensetzung *f.* –en《薬剤など》; Zusammenstellung *f.* –en《色など》; Verbindung *f.* –en《結合》; Mischung *f.* –en《混合》; Harmonie *f.* –n《調和》/配合のよい harmonisch; gut zusammengesetzt/その色は配合がいい Diese Farben passen gut zusammen. ── 配合する zusammen|setzen⁴《調合・化合する》; zusammen|stellen⁴《取り合わせる》; verbinden*⁴《*mit*³ 結合する》; legieren⁴《合金する》; vermischen⁴《同上》. ‖ 配合飼料 Mischfutter *n.* –s, –/配合肥料 gemischtes Düngemittel, –s, –; Mischdünger *m.* –s, –.

ばいこく 売国 Landesverrat *m.* –〔e〕s; Verrat《*m.* –〔e〕s》am Volk〔e〕/売国的 landesverräterisch ‖ 売国奴 Landes¦verräter (Vaterlands–) *m.* –s, –/彼は売国奴だ Er verriet sein Vaterland.

はいこむ 這い込む hinein|kriechen* [s].

はいざい 配剤 ⇨ちょうざい/天の配剤 das Walten*《–s》der Vorsehung/天の配剤により durch göttliche Fügung.

はいざら 灰皿 Asch〔en〕becher *m.* –s, –; [灰受] Asch〔en〕kasten *m.* –s, ⸗.

はいざん 敗残の geschlagen; besiegt; niedergeworfen; [零落した] verfallen/彼らは人生の敗残者だ Sie sind gescheiterte Existen-

はいざん ‖ 敗残兵 der Versprengte*, -n, -n; ein versprengter Soldat.

はいし 廃止 Abschaffung f. -en; Aufhebung f. -en; Beseitigung f. -en/廃止する ab|schaffen⁴; auf|heben⁴*; beseitigen⁴/法律を廃止する ein Gesetz ab|schaffen.

はいしゃ 配車 die Verteilung der Wagen/配車する Wagen verteilen.

はいしゃ 敗者 der Besiegte*, -n, -n/敗者復活戦 Hoffnungslauf m. -[e]s, ≃e 《特に漕艇》.

はいしゃ 歯医者 Zahnarzt m. -es, ≃e/歯医者にかかる einen Zahnarzt konsultieren.

はいしゃく 媒酌 Ehestiftung f. -en; Heiratsvermittlung f. -en 《職業的》/媒酌する eine Heirat stiften (vermitteln); den Heiratsstifter spielen/...の媒酌で durch js Ehestiftung ‖ 媒酌人 Ehestifter m. -s, -; Heiratsvermittler m. -s, -.

ハイジャック Flugzeugentführung f. -en; Luftpiraterie f. -n/ハイジャックの犯人 Flugzeugentführer m. -s, -; Luftpirat m. -en, -en.

ハイジャンプ 《運》 Hochsprung m. -[e]s, ≃e.

はいしゅ 胚種 Keim m. -[e]s, -e; Keimling m. -s, -e ‖ 胚細胞 Keimzelle f. -n.

ばいしゅう 買収 ❶ [買い取り] Übernahme f. -n; Ankauf m. -[e]s, ≃e; [Ein]kauf m. -[e]s, ≃e; Ankaufs|preis (Einkauf-) m. -es, -e; Kaufpreis. ❷ [贈賄] Bestechung f. -en; Erkaufung f. -en ── 買収する [買い取る] übernehmen*; an|kaufen; [ein]kaufen; [贈賄する] bestechen*; erkaufen (jn). ── 買収される *sich bestechen lassen* 《収賄》/僕はそうやすやすとは買収されんよ Ich lasse mich nicht so leicht bestechen./彼は買収されない男だ Er ist ³Bestechungen zugänglich./彼は反対党に買収された Er hat sich der (an die) Gegenpartei verkauft./証人たちが買収されたのは明らかだ Die Zeugen waren offenbar bestochen. ‖ 買収価格 Ankaufs|preis (Einkauf-) m. -es, -e ‖ 買収政策 Bestechungspolitik f. -en/買収運動 Bestechungskampagne f. -n/買収者 Bestecher m. -s, -.

はいしゅつ 輩出する hintereinander erscheinen* ⓢ.

はいしゅつ 排出する aus|stoßen*⁴; ab|lassen*⁴; aus|werfen*⁴.

ばいしゅん 売春 Prostitution f.; (gewerbsmäßige) Unzucht f. ‖ 売春婦 die Prostituierte*, -n, -n; Dirne f. -n; Freudenmädchen n. -s, -; [Straßen]hure f. -n; Flittchen n. -s, -; Flitsche f. -n.

はいしょ 配所 Verbannungsort m. -[e]s, -e/配所の月を見る in der Verbannung leben.

はいじょ 排除 Ausschließung f. -en; Ausschluss m. -es, ≃e 《排斥・除名》; Wegschaffung f. -en 《除去》/排除する aus|schließen*¹; weg|schaffen⁴ 《除去》; aus|pumpen⁴ 《水などを》.

はいしょう 廃娼 die Abschaffung der konzessionierten Prostitution ‖ 廃娼運動 Antiprostitutionsbewegung f. -en.

ばいしょう 賠償 Entschädigung f. -en; [Schaden]ersatz m. -es; Schadloshaltung f. -en; Genugtuung f. -en; Vergütung f. -en; Reparation f. -en 《特に戦争の》; Indemnisation f. -en 《補償》; Kompensation f. -en 《相殺》/賠償の請求 Entschädigungsforderung f. -en; Entschädigungsanspruch m. -[e]s, ≃e/賠償を請求する Anspruch auf ⁴Schadensersatz leisten ── 賠償する entschädigen (schadlos halten*) (jn für⁴); Ersatz (Genugtuung) leisten (jm für⁴); ersetzen (vergüten); wieder|gut|machen (jm ⁴et)/ある人が他人に損害賠償の訴訟を起こす jn auf ⁴Schadensersatz verklagen. ‖ 賠償会議 Reparationskonferenz f. -en/賠償金 Geldentschädigung f. -en; Ersatzsumme f. -n; Reparationen (pl 戦争の)/賠償支払 Reparationszahlung f. -en.

はいしん 背信 Treu|bruch (Vertrauens-) m. -[e]s, ≃e; Verrat m. -[e]s/背信の verräterisch.

はいしん 背進 Rück|marsch m. -es, ≃e (-bewegung f. -en) 《退却》 Zurückziehung f. -en/背進する zurück|marschieren (-|gehen*) ⓢ; ⁴sich zurück|zieh|en*.

はいじん 廃人 Krüppel m. -s, -; der Kränkliche*, -n, -n 《病気がちな人》/彼は廃人同様だ Er gleicht einer wandelnden Leiche.

はいじん 俳人 Haiku-Dichter m. -s, -.

はいしん 陪審〔裁判〕 Geschwor(e)nen|gericht (Schwur-) n. -[e]s, -e; Jury f. -s (..ries)/陪審裁判にかける vor die Geschworenen stellen (jn) ‖ 陪審員 der Geschwor(e)ne*, -n, -n; Jurat m. -en, -en; Juryman m. -, ..men; die Geschwor(e)nen (pl 総称)/陪審員が犯人に有罪の評決をした Die Geschworenen sprachen den Verbrecher schuldig/陪審員席 Geschwor(e)nenbank f. ≃e/陪審制度 Schwurgerichtswesen n. -s.

はいしんじゅん 肺浸潤 Lungeninfiltration f. -en.

はいすい 排水 Wasserableitung f. -en; Entwässerung f. -en; Dränierung f. -en; Wasserabschlag m. -[e]s, ≃e ── 排水する entwässern⁴ 《⁴Felder 田の水を》; dränieren⁴ 《同上》; Wasser ab|leiten. ‖ 排水管 Abflussröhre f. -n; Entwässerungsröhre f. -n/排水溝 Abflussgraben m. -s, ≃/排水孔 Abflussloch n. -[e]s, ≃er/排水工事 Entwässerungsanlage f. -n/排水装置 Dränung f. -en/排水トン数 Entwässerungstonnage f. -n/排水量 Wasserverdrängung f. -en 《von 4 000 Tonnen》/この船の排水量は五千トンです Das Schiff verdrängt 5 000 Tonnen.

はいすい 配水 Wasserversorgung f. -en/配水する mit ⁴Wasser versorgen⁴; Wasser verteilen ‖ 配水管 Wasserleitungsröhre f. -n.

はいすい 背水の陣を敷く alle Schiffe hinter ³sich verbrennen*; alle Brücken hinter ³sich ab|brechen*.

ばいすう 倍数 das Vielfache*, -n ‖ 倍数比例 multiple Proportion, -en/最小公倍数

ハイスクール das kleinste gemeinsame Vielfache.

ハイスクール Oberschule *f.* -n.

はいする 排する〖押しのける〗beseitigen⁴; entfernen⁴; weg|schaffen⁴; 〖押し開く〗auf|stoßen*⁴; 〖押しだす〗aus|schließen⁴; aus|stoßen*⁴; 〖拒否する〗verwerfen*⁴; ab|weisen*⁴/万難を排して trotz aller ²Schwierigkeiten; auf alle Fälle/困難を排する Hindernisse (Schwierigkeiten) beseitigen.

はいする 廃する ab|schaffen⁴〖法律・制度など を〗; auf|heben*⁴〖同上〗; auf|geben*⁴〖仕 事・習慣など〗; ab|legen⁴〖悪癖などを〗; widerrufen*⁴〖法律などを〗⇨はいし/学業を廃す る sein Studium auf|geben*/帝王を廃する vom Throne stoßen* (*jn*).

はいする 拝する〖礼拝する〗beten (*zu*²); ˆsich verbeugen (*vor*³); 〖崇拝する〗an|beten⁴; verehren*⁴; 〖拝受する〗empfangen*⁴; erhalten*⁴; 〖見える〗scheinen*; aus|sehen*/彼の 命を拝して auf seinen Befehl.

はいせき 排斥〖拒否〗Verwerfung *f.* -en; 〖除外〗Ausschluss *m.* -es, ⸗e; Ausschließung *f.* -en; 〖追放〗Verbannung *f.* -en; 〖ボ イコット〗Verruf *m.* -[e]s, -e. —— 排斥する verwerfen*⁴; aus|schließen*⁴; verbannen⁴; verrufen*⁴. ‖ 排斥運動 die Bewegung, -en (*gegen*⁴).

ばいせきはんじ 陪席判事 beisitzender Richter, -s, -; Beisitzer *m.* -s, -; Assessor *m.* -s, -en.

はいせつ 排雪 das Wegräumen* ⟨-s⟩ des Schnees ‖ 排雪車 Schneepflug *m.* -[e]s, ⸗e.

はいせつ 排泄〖医〗das Ausscheiden*, -s; Ausscheidung *f.* -en; Entleerung *f.* -en; Absonderung *f.* -en; Exkretion *f.* -en. —— 排泄する ausscheiden*⁴; entleeren⁴; ab|sondern⁴. ‖ 排泄器官 Ausscheidungsorgan *n.* -[e]s, -e/排泄物 Exkret *n.* -[e]s, -e; Ausscheidung *f.* -en; Auswurf *m.* -[e]s, ⸗e.

はいせん 配線 die (elektrische) Leitung, -en; 〖工事〗das Drahtlegen*, -s/配線する Draht legen; mit ³Draht versehen*⁴.

はいせん 配船する ein Schiff bestimmen (*für*⁴).

はいせん 廃船 ein außer ³Dienst gestelltes Schiff, -[e]s, -e.

はいせん 敗戦 Niederlage *f.* -n ‖ 敗戦国 das besiegte Land, -[e]s, ⸗er/敗戦主義 Defätismus *m.* -;〖俗〗Miesmacherei *f.*

はいせん 肺尖 Lungenspitze *f.* -n ‖ 肺尖カ タル Lungenspitzenkatarr[h] *m.* -s, -e.

はいぜん 配膳する den Tisch decken ‖ 配膳 台 Küchentisch *m.* -[e]s, -e; Kredenz *f.* -en; Anrichte *f.* -n.

ばいせんざい 媒染剤 Beize *f.* -n.

はいそ 敗訴 der Verlust ⟨-[e]s, -e⟩ eines Prozesses/敗訴する einen Prozess verlieren*.

はいそう 敗走 Flucht *f.* -en/敗走させる in die Flucht schlagen*⁴ (jagen⁴; treiben*⁴) /敗走する (ent)fliehen*³ ⓢ; entlaufen*³ ⓢ; ˆsich in die Flucht geben*.

ばいぞう 倍増 Verdoppelung *f.* -en/倍増す る verdoppeln/給料を倍増する die Löhne auf das Doppelte erhöhen.

はいぞく 配属する zu|weisen*³⁴.

はいた 排他的 ausschließlich; exklusiv.

はいたい 敗退する geschlagen werden ⟨von *jm*⟩; ˆsich zurück|ziehen*; verlieren*⁴. ⇨はいぼく.

はいたい 胚胎する〖萌芽する〗keimen; 〖起因す る〗entspringen* ⓢ ⟨*aus*³⟩; her|rühren ⟨-|-kommen* ⓢ⟩ ⟨*von*³⟩; 〖みごもる〗schwanger gehen* ⓢ; trächtig sein〖動物の〗.

ばいだいごう 倍大号 Doppelheft *n.* -[e]s, -e; doppeltes Heft, -[e]s, -e.

はいたつ 配達〖Ab]lieferung *f.* -en; Zustellung *f.* -en; Austragung *f.* -en〖郵便・新聞 などの〗; Bestellung, -en〖郵便の〗/配達違 い die falsche [Ab]lieferung; die falsche Bestellung, -en〖郵便の〗/配達不能の手紙 der unbestellbare Brief, -[e]s, -e/十時の配 達便 der Postbote mit der 10 Uhr Bestellung. —— 配達する ab|liefern⁴; aus|tragen*⁴〖郵便など を〗/配達していただけますか Können Sie es mir bitte zustellen?; Kann ich es zugeschickt bekommen? ‖ 配達先 Bestimmungsort *m.* -[e]s, -e; Adresse *f.* -n/配達時 [Ab]lieferungszeit *f.* -en; Bestellzeit *f.* -en〖郵便の〗/配達車 Lieferwagen *m.* -s, -/配達証明書 Empfangsbescheinigung *f.* -en/配達人 Ablieferer *m.* -s, -; Austräger *m.* -s, -〖新聞などの〗; Briefträger〖郵便の〗/配達料 Ablieferungsgebühren (*pl*); Bestellgebühren (*pl* 郵便の〗/市内配達 Stadtbestellung *f.* -en.

はいち 配置〖配列〗Anordnung *f.* -en; Arrangement *n.* -s, -s;〖区分〗Einteilung *f.* -en; Gliederung *f.* -en;〖分配〗Verteilung *f.* -en;〖軍隊などの〗Aufstellung *f.* -en;〖設 置〗Einrichtung *f.* -en;〖庭園などの設計〗 Plan *m.* -[e]s, ⸗e. —— 配置する an|ordnen⁴; arrangieren⁴; ein|teilen⁴; gliedern⁴; verteilen⁴;〖軍隊などを〗auf|stellen⁴; ein|setzen⁴; stationieren⁴; ein|richten⁴ 〖設置する〗. ‖ 配置転換 Umstellung *f.* -en; Transposition *f.* -en.

ハイチ Haiti *n.* -s/ハイチの haitianisch ‖ ハイ チ人 Haitianer *m.* -s, -.

はいちゃく 廃嫡 Enterbung *f.* -en/廃嫡する enterben⁴.

はいちょう 拝聴する hören⁴; (³sich) an|hören⁴.

はいてい 廃帝 der enthronte (abgesetzte) Kaiser, -s, -; Exkaiser *m.* -s, -; der ehemalige Kaiser.

ハイテク Hightech *n.* -[s].

はいでる 這い出る heraus|kriechen* ⓢ.

はいでん 配電 die Verteilung ⟨-en⟩ der Elektrizität. —— 配電する die Elektrizität verteilen. ‖ 配電所 Verteilungszentrale *f.* -n/配電線 Verteilungsleitung *f.* -en/配電 盤 Schalt|brett *n.* -[e]s, -er ⟨-tafel *f.* -n⟩.

ばいてん 売店 [Verkaufs]stand *m.* -[e]s, ⸗e; Verkaufslokal *n.* -[e]s, -e; [Markt]bude *f.* -n 〖露店〗; Messbude〖大市の〗; Kiosk *m.* -[e]s, -e〖新聞・飲料水などの〗; Verkaufs-

バイト〖電算〗Byte n. -[s], -[s].

はいとう 配当 [割当]Zuteilung f. -en; Verteilung f. -en; [配当金]Dividende f. -n/配当落ち ausschließlich ⁴Dividende/配当付き einschließlich ⁴Dividende. —— 配当する zu|teilen³⁴; verteilen⁴ (an⁴); Dividende zahlen³〖配当金を支払う〗.

はいとく 背徳 Unsittlichkeit f.; Sittenlosigkeit f.; Verderbtheit f.; Immoralität f./背徳の unsittlich; sittenlos; immoralisch ‖ 背徳漢 Sittlichkeitsverbrecher m. -s, -; der unsittliche Mensch, -n.

ばいどく 梅毒 Syphilis f.; Lues f.; Lustseuche f., -n; Franzosenkrankheit f. -en〖俗〗die Franzosen* (pl)/梅毒性の syphilitisch; luetisch/梅毒にかかる an (der) ³Syphilis (Lues) erkranken ⓢ; Syphilis bekommen*; syphilitisch werden ‖ 梅毒患者 Syphilitiker m. -s, -; der Lues'kranke* (-erkrankte*), -n, -n; Luetiker m. -s, -.

パイナップル Ananas f. - (..nasse).

はいにち 排日 的 antijapanisch; japanfeindlich ‖ 排日論者 Japanfeind m. -[e]s, -e/排日運動 antijapanische Bewegung, -en.

はいにゅう 胚乳〖植〗Endosperm n. -s, -e; Nährgewebe n. -s, -.

はいにょう 排尿〖医〗das Urinieren*, -; das Harnen*, -/排尿する urinieren; harnen; den Harn lassen*.

はいにん 背任[罪]Treubruch m. -[e]s, ̈e.

はいのう 背嚢〖兵〗Tornister m. -s, -; Rucksack m. -[e]s, ̈e〖登山用の〗; Ranzen m. -s, -; Ränzel n. -s, -.

はいば 廃馬 ein ausrangiertes [Dienst-] pferd, -es, -e; ein ausgedienter Gaul, -[e]s, ̈e.

ばいばい 売買 Kauf und Verkauf; Ein- und Verkauf; Handel m.〖取引〗; Umsatz m. -es, -e〖同上〗; Geschäft n. -[e]s, -e〖商売〗; Geschäftsverkehr m. -s〖商取引〗/売買の約束をする einen Handel (Kauf) ab|schließen*; handelseinig werden. —— 売買する kaufen und verkaufen⁴; handeln (mit⁴); Handel treiben* (mit³). ‖ 売買価格 Kaufwert m. -[e]s, -e/売買拒絶 Boykott m. -[e]s, -e/売買契約 Kaufabschluss m. -es, ̈e (-vertrag m. -[e]s, ̈e)/売買契約者 Kontrahent m. -en, -en; der Vertragschließende*, -n, -n/売買契約書 Vertragsurkunde f. -n (über ⁴Kaufabschluss); Kaufbrief m. -[e]s, -e〖とくに不動産の〗; Kaufkontrakt m. -[e]s, -e/売買結婚 Kaufehe f. -n/売買条件 Kaufbedingungen (pl)/売買総額 Umsatzbetrag m. -[e]s, ̈e; -e/現金売買 Bar|geschäft (Kassen-)/現物売買 Loko|geschäft (-verkehr); Effektivgeschäft〖直取引〗/人身売買 Menschenhandel (Sklaven-).

パイパス Umgehungsstraße f. -n.

はいはん 背反 Verstoß m. -es, ̈e〖違反〗; Widerspruch m. -[e]s, ̈e〖矛盾〗/背反する verstoßen* (gegen⁴); widersprechen*³

‖ 二律背反 Antinomie f. -n.

はいび 配備 Aufstellung f. -en; Einsatz m. -es, ̈e/警察部隊を配備する das Polizeikommando ein|setzen.

ハイヒール Schuhe (pl) mit hohen Absätzen.

ハイビスカス〖植〗Hibiskus m. -, ..ken.

はいびょう 肺病 Lungenkrankheit f. -en; [Lungen]schwindsucht f. ̈e (-tuberkulose f. -n〖肺結核〗/肺病にかかっている an der Schwindsucht leiden*; lungenkrank sein ‖ 肺病患者 der Lungenkranke* (Schwindsüchtige*), -n, -n.

はいひん 廃品 ⇨はいぶつ.

ばいひん 売品 Verkaufsartikel m. -s, -; Verkäuflich!〖掲示〗.

はいふ 配付 Verteilung f. -en; Austeilung f. -en〖分配〗; Zuteilung f. -en〖同上〗; Teilung f. -en〖分割〗/配付する verteilen⁴ (an⁴); aus|teilen⁴ (an⁴; unter⁴); zu|teilen⁴ (jm).

パイプ ❶〖たばこの〗[Tabaks]pfeife f. -n. ❷〖管〗Rohr n. -[e]s, -e; Röhre f. -n. ❸〖オルガンの〗[Orgel]pfeife f. -n. ‖ パイプオルガン Orgel f. -n/パイプカット〖医〗Verschneidung f. -en〖去勢術〗/パイプたばこ Pfeifentabak m. -s, -e/パイプライン〖石油などの〗Pipeline f. -s; -/Ölleitung f. -en.

ハイファイ Hi-Fi n. -s ‖ ハイファイ装置 Hi-Fi-Anlage f. -n.

はいぶつ 廃物 das unbrauchbare (nutzlose) Zeug, -[e]s, -e; Abfall m. -[e]s, ̈e〖くず〗/廃物になる unbrauchbar werden ‖ 廃物利用 Abfallverwertung f. -en.

はいぶつきょう 拝物教 Fetischismus m. - ‖ 拝物教徒 Fetischist m. -en, -en.

ハイブリッド ハイブリッドの hybrid ‖ ハイブリッドエンジン Hybridmotor m. -s, -en/ハイブリッドカー Hybridfahrzeug m. -[e]s, -e.

バイブル Bibel f. -n; die Heilige Schrift, -en. ⇨せいしょ(聖書).

バイブレーター Vibrator m. -s, -en.

ハイフン Bindestrich m. -[e]s, -e/ハイフンでつなぐ mit einem Bindestrich versehen*².

はいぶん 配分 Verteilung f. -en〖分配〗; Zuteilung f. -en〖割当〗; Anteil m. -s, -e〖配分されたもの〗/配分する verteilen⁴; zu|teilen⁴.

ばいぶん 売文 literarische Tagelöhnerei, -en ‖ 売文業者 Federfuchser m. -s, -/Lohnschreiber m. -s, -; Schreiberling m. -s, -e; Zeilen|reißer (-schinder) (-schreiber) m. -s, -; Zeitungsschreiber; Skribent m. -en, -en.

はいべん 排便 Stuhlgang m. -[e]s, ̈e; Ausleerung f. -en; Entleerung f.

ハイボール der Whisky (-s, -s) mit Soda.

はいぼく 敗北 Niederlage f. -n/敗北する eine Niederlage erleiden*; besiegt werden; die Schlacht (den Krieg; den Kampf) verlieren* (un|terliegen*); zurückgeschlagen werden ‖ 敗北主義 Defätismus m. -/敗北主義者 Defätist m. -en, -en.

はいほん 配本 Lieferung f. -en/第一回配本 die erste Lieferung.

はいめい 拝命する ernannt werden《von *jm* *zu*^{3}》; eine〔amtliche〕Ernennung empfangen*.
ばいめい 売名 Selbstreklame *f.* –n; eigene Propaganda / 売名に努める nach Berühmtheit streben/売名のために um ^{3}sich einen Namen (^{4}sich berühmt) zu machen; um ^{3}sich den Ruf zu erwerben (verdienen)/売名の徒 Ehrenjäger *m.* –s, –.
バイメタル Bimetall *n.* –s, –e.
はいめつ 敗滅 Verfall *m.* –〔e〕s; Zusammenbruch *m.* –〔e〕s, ⸗e; Untergang *m.* –〔e〕s/敗滅する in ^{4}Verfall geraten* [s]; verfallen* [s]; zu ^{3}Grunde gehen* [s].
はいめん 背面 Rücken *m.* –s, –《人や動物の》; Rückseite *f.* –n《裏側》/敵の背面を攻撃する dem Feind〔e〕in den Rücken fallen* [s] ‖ 背面攻撃 Rückangriff *m.* –〔e〕s, –e/背面行進 Rückmarsch *m.* –es, ⸗e.
ハイヤー〔Miet〕auto *n.* –s, –s; Taxi *n.* –s, –s /ハイヤーを呼んで下さいませんか Lassen Sie bitte ein Mietauto kommen.
バイヤー Käufer *m.* –s, –.
はいやく 配役〘劇〙Rollen¦besetzung *f.* –en (–verteilung *f.* –en)/この映画の配役はすばらしい Die Besetzung in diesem Film ist ausgezeichnet./配役する eine Rolle besetzen《mit *jm*》; eine Rolle verteilen《*jm*》.
ばいやく 売約 Verkaufs¦kontrakt *m.* –〔e〕s, –e (–vertrag *m.* –〔e〕s, ⸗e)/売約済 Verkauft.《掲示》/売約済みである Der Verkauf ist abgeschlossen. ── 売約する einen Verkaufsvertrag ab|schließen*《mit *jm*》.
ばいやく 売薬 Arzneiware *f.* –n; Droge *f.* –n; Drogenwaren《*pl*》; Drogeriewaren《*pl*》; Quacksalberei *f.* –en《いんちき薬》; Geheimmittel *n.* –s, –《同上》‖ 売薬商人 Arznei¦händler (Drogen–) *m.* –s, –; Drogist *m.* –en, –en; Apotheker *m.* –s, –《薬剤師》; Drogenhandlung *f.* –en; Drogerie *f.* –n; Apotheke *f.* –n《以上薬局》.
はいゆう 俳優 Schauspieler *m.* –s, –《男》; Schauspielerin *f.* ..rinnen《女》/俳優になる Schauspieler (Schauspielerin) werden; zur Bühne gehen* [s]《舞台に立つ》‖ 映画俳優 Filmschauspieler; Filmschauspielerin.
はいよう 胚葉〘植〙Keimhaut *f.* ⸗e.
ばいよう 培養〔An〕bau *m.* –〔e〕s《栽培》; Kultivierung *f.* –en; Kultur *f.* –en; Pflanzung *f.* –en《栽培》; Pflege *f.* –n《同上》; Zucht *f.* –en《特に細菌の》. ── 培養する〔an|〕bauen^{4}《植物を》; ziehen*^{4}《花などを》; kultivieren^{4}; züchten^{4}《細菌を》. ‖ 培養液 Kultur¦lösung (Nähr–) *f.* –en/培養家 Pflanzer *m.* –s, –; Züchter *m.* –s, –/培養基 Nährboden *m.* –s, ⸗《細菌》/培養所 Pflanzschule *f.* –n; Baumschule《苗圃》/ばい菌培養器 Brutapparat *m.* –〔e〕s, –e.
ハイライト Glanzlichter《*pl*》; Höhepunkt *m.* –〔e〕s, –e.
はいり 背理 Sinnwidrigkeit *f.* –en; Verkehrtheit *f.* –en; Vernunftwidrigkeit *f.* –en; Absurdität *f.* –en/背理の sinnwidrig; verkehrt; vernunftwidrig; absurd.
はいり 背離 Entfremdung *f.* –en; Abwendung *f.* –en; Abneigung *f.* –en/背離する ^{4}sich entfremden^{3}; ^{4}sich ab|wenden* (ab|trennen)《*von*^{3}》.
はいりつ 廃立する *jn* entthronen und einen anderen* auf den Thron setzen.
ばいりつ 倍率 Vergrößerungskraft *f.* ⸗e; Vergrößerung *f.* –en.
はいりょ 配慮［心配］Sorge *f.* –n; Besorgnis *f.* ..nisse; ［同情］Anteil *m.* –s, –e; ［ほねおり］Mühe *f.* –n/御配慮有難う存じます Ich danke Ihnen herzlichst für Ihre Mühe. ── 配慮する besorgen^{4}; sorgen《*für*^{4}》.
ばいりん 梅林 ⇨**ばいえん**.
バイリンガル バイリンガルの bilingual; zweisprachig.
はいる 入る ❶［歩み入る］〔ein|〕treten* [s]《*in*^{4}》; betreten*^{4}; ［乗り入れる］ein|fahren* [s]《*in*^{4}》; ［飛び込む］ein|fliegen* [s]《*in*^{4}》; ［走り入る］ein|laufen* [s]《*in*^{4}》; ［入って行く］hinein|gehen* (–|treten*) [s]《*in*^{4}》/入り込む hinein|gehen* (–|treten*) [s]《*in*^{4}》; ein|dringen* [s]《*in*^{4}》/ふろに入る ein Bad nehmen*; ^{4}sich baden/寝床に入る zu ^{3}Bett (ins Bett) gehen* [s]/どうぞお入り下さい Bitte, kommen Sie herein!/列車が駅に入りました Der Zug ist in den Bahnhof eingefahren. ❷［侵入する］ein|brechen* (–|dringen*) [s]《*in*^{4}》. ❸［加入する］ein|treten* [s]《*in*^{4}》; ^{4}sich an|schließen*$^{(3)}$《*an*^{4}》; bei|treten*^{3} [s]/学校に入る in eine Schule ein|treten*/軍隊に入る in das Heer ein|treten*; ^{1}Soldat werden. ❹［含む］enthalten*^{4}; fassen^{4}/この瓶には水が入っている Die Flasche enthält Wasser. ❺［収容する］fassen^{4}; auf|nehmen*^{4}/この広間には五十人入る Der Saal kann 50 Personen aufnehmen. ❻［収入がある］haben*^{4}; bekommen*^{4}; erhalten*^{4}/彼は月に二十万円入ります Er hat ein Einkommen von 200000 Yen monatlich.
はいれつ 配列〔An〕ordnung *f.* –en; Aufstellung *f.* –en; Disposition *f.* –en/配列する〔an|〕ordnen^{4}; auf|stellen^{4}; in ^{4}Ordnung bringen*^{4}.
パイロット Pilot *m.* –en, –en; Flieger *m.* –s, – ‖ テストパイロット Testpilot *m.* –en, –en; Einflieger *m.* –s, –.
バインダー Hefter *m.* –s, –; Ordner *m.* –s, –.
はう 這う kriechen* [s,h]; auf allen vieren〔Händen und Füßen〕gehen* [s]; auf den Knien rutschen [s]; bäuchlings gehen*.
ハウスキーパー Haushälterin *f.* ..rinnen; Mamsell *f.* –en《いなかで》; Wirtschafterin *f.* ..rinnen.
はうた 端唄 das kurze, einfache Lied, –〔e〕s, –er; Liedchen *n.* –s, –.
パウダー Puder *m.* –s, –.
はうちわ 羽団扇 Federfächer *m.* –s, –.
パウンドケーキ Sandkuchen *m.* –s, –; Sandtorte *f.* –n.
はえ 蝿 Fliege *f.* –n/蝿を叩く eine Fliege klatschen / 自分の頭の蝿を追え Kümmere dich um deine〔eigenen〕Sachen! ‖ 蝿叩き Fliegen¦klappe *f.* –n (–klatsche *f.* –n).
はえ 栄え Ruhm *m.* –〔e〕s/栄えの ruhmvoll;

はえ 鮠 Weißfisch *m.* -es, -e.

はえぬき 生え抜きの einheimisch; echt《本当の》/彼は生え抜きの江戸っ子だ Er ist ein echter Tokio(t)er.

はえる 生える wachsen* [s]; sprießen* [s]《芽が》; aus|schlagen*《木が発芽する》; durch|brechen*《上》wuchern《雑草などが》/草(苔)の生えた mit Gras (Moos) bewachsen.

はえる 映える ❶《輝く》funkeln; leuchten; scheinen*/夕日に映える in Abendröte scheinen*. ❷《見映えがする》anziehend (schön) aus|sehen*/映えない dumpf《色が》/この服を着ると彼もなかなか映える In diesem Anzug sieht er besser aus.

はおう 覇王 der〔oberste〕Gebieter, -s, -; Oberlehnsherr *m.* -n, -en; Gewalthaber *m.* -s, -.

ばおくれ 場後れ Lampenfieber *n.* -s《舞台での》/場後れがする ängstlich (nervös) werden; den Mut verlieren*《気後れする》; Lampenfieber bekommen*〔haben〕《舞台で》.

はか 墓 Grab *n.* -[e]s, "er; Grabstätte *f.* -, -n/墓参りをする ein Grab (Gräber) besuchen/墓を建てる ein Grab errichten ‖ 墓石 Grabstein *m.* -[e]s, -e/墓場 Friedhof *m.* -[e]s, "e; Kirchhof《教会の》; Gottesacker *m.* -s, -《同上》; Begräbnisstätte *f.* -, -n/墓掘り〔男〕Totengräber *m.* -s, -/墓守 Küster *m.* -s, -.

ばか 馬鹿 ❶ Dummkopf *m.* -[e]s, "e; Dummerjan (Dummrian) *m.* -s, -e; Dumm|bart *m.* -[e]s, -e〈-bartel *m.* -s, -〉; dummer Hans. -[e]s, -e; Dümmling *m.* -[e]s, -e〈Einfalts〉pinsel *m.* -s, -; Esel *m.* -s, -; Geck *m.* -en, -en; Gimpel *m.* -s, -; Hohl|kopf《とんま》; 〔Horn〕ochs[e] *m.* ..sen, -sen; Idiot *m.* -en, -en; Narr *m.* -en, -en; Schaf *m.* -[e]s, -e; Schafskopf; Schöps *m.* -es, -e《阿呆》; Schwachkopf; Simpel *m.* -s, -《お人よし》; Strohkopf; Tölpel *m.* -s, -; Tor *m.* -en, -en《痴人》/馬鹿にされる 'sich zum Narren her|geben*; 'sich lächerlich machen/馬鹿を見る am Narrenseile führen《*jn*》; zum Narren haben〔halten〕*jn*; foppen〔hänseln〕zum Besten haben《*jn* からの》/'sich lustig machen《über *jn* 同上》; gering schätzen' 〈verachten'〉; verlachen'; verspotten'《あざける》/馬鹿のふりをする 'sich dumm〔an〕stellen; ein dummes Gesicht machen/馬鹿に付ける薬はない 'Mit der Dummheit kämpfen Götter vergebens.'/ 'Narrenkopf wird nimmer klug.'/馬鹿にされる! Lass dich nicht auslachen!/馬鹿のあと思案 'Rat nach Tat kommt zu spät.'/馬鹿の種は尽きない Die Narren werden nicht alle.'/馬鹿と子供は正直だ 'Kinder und Narren reden die Wahrheit.'/馬鹿やろう Dummer Kerl!/Du Einfaltspinsel (Ochs)!/あいつは馬鹿だから Dummheit geschlagen.〈Er gehört zu den von Dummheit geschlagen.〉 Alle werden es. Er kann nicht bis drei zählen. Er stammt aus Dummsdorf./ Er hat eine lange Leitung.《悟りが鈍い》; Er ist dumm wie die Nacht (wie die Sünde; wie Bohnenstroh).《大馬鹿だ》/彼は見かけだけの馬鹿ではない Er ist nicht so dumm, wie er aussieht./それが違っていたら私は馬鹿と言われてもいい Ich will Hans heißen, wenn das anders ist./年寄りの馬鹿は度しがたい 'Die alten Narren sind die Schlimmsten.'/私はなかなか馬鹿じゃないよ So dumm bin ich nicht! ❷《言動》Dummheit *f.* -en; Narrheit *f.* -en; Albernheit *f.* -en《間抜け》; Stumpfheit *f.* -en《鈍感》; Dämelei *f.* -, -en; Eselei *f.* -, -en; Gimpelei *f.* -, -en; Tölpelei *f.* -, -en; Blöd|sinn《Schwach-; Stumpf-》*m.* -[e]s, -e; Stuss *m.* -es, -; Unsinn《不合理》; Lächerlichkeit *f.* -, -en; Ungereimtheit *f.*《不合理》; Geistesarmut *f.*《無知》/馬鹿な, 馬鹿らしい albern; töricht; abgeschmackt; närrisch; läppisch; unklug; dumm; einfältig; blöd|sinnig《schwach-; stumpf-》; stupid[e]; idiotisch; trottelhaft; ungereimt《不合理》; unsinnig; lächerlich《おかしい》; drollig《こっけいな》; kindisch《幼稚な》; primitiv《行以上》nasgend《つまらぬ》/馬鹿なことを言う dummes (albernes; tolles) Zeug reden; Stuss (Unsinn) reden; 《俗》dämeln/馬鹿なことをする eine Dummheit (Torheit) begehen*; Stuss (Unsinn; dummes Zeug) machen; dämeln/馬鹿に《非常に》außerordentlich; äußerst; übermäßig; ungemein《恐ろしく》furchtbar; schrecklich;《とてつもなく》abnorm; fabelhaft; wahnsinnig/馬鹿に好きになる einen Narren gefressen haben《*an* 3 ある人(物)が》/馬鹿に高(安)い wahnsinnig teuer (fabelhaft billig; spottbillig)/馬鹿騒ぎする dumme (tolle; törichte) Streiche machen; 'es toll treiben'/ganz aus dem Häuschen geraten*[s]/馬鹿の上の馬鹿 auf dem Bummel gehen*[s]《飲み回る》/馬鹿丁寧な übermäßig〔zu〕höflich; überlautes Lachen, -s/馬鹿なまねはよせよ Mach keine Dummheiten (Geschichten)! Sei doch vernünftig (kein Kind)!/馬鹿なことを言うな) Blödsinn! Dummes Zeug! Gewäsch! 〔Lauter〕Unsinn! Quatsch!/あ, 馬鹿なことをした Ach, eine dumme Geschichte!/こんな馬鹿な話ってなかった Eine größere Torheit gab es nicht./それは馬鹿にならぬ Das ist nicht zu verachten./年だけとっても馬鹿は治らぬ 'Alter schützt vor Torheit nicht.' ‖ 馬鹿正直 einfältige Ehrlichkeit; Simplizität *f.*《馬直》/馬鹿話〔albernes〕Geschwätz, -es, -e; Narrengeschwätz; Klatscherei *f.*; 《俗》Quatsch *m.* -es, -e; Unsinn/大馬鹿 Erzdummkopf; ausgemachter (vollkommener) Narr; Narr in 3 Folio.

はかい 破壊 Zerstörung *f.* -en; Vernichtung *f.* -en; Zertrümmerung *f.* -en; Demolierung *f.* -en/破壊しがたい unzerstörbar/破壊的な zerstörend; vernichtend. —破壊する zerstören'; vernichten'; zertrümmern'; demolieren'/原子を破壊する Atome《*pl*》zertrümmern. ‖ 破壊者 Zerstörer

はかい 破壊 *m.* -s, -; Vernichter *m.* -s, -/破壊欲 Zerstörungslust *f.*; Zerstörungswut *f.* 《激しい》/破壊力 die zerstörende Kraft, -¨e.

はかい 破戒 die Übertretung 〈-en〉 der Gebote 〈Buddhas〉/破戒無慚(に)の lasterhaft ‖ 破戒僧 der sündhafte Priester, -s, -.

はかいじめ 羽交い締めにする *js* beide Arme von hinten fest|halten*.

ばかがい 馬鹿貝 Trogmuschel *f.* -n.

はき 破瓜期 Pubertät *f.*; Pubertätszeit *f.*

はがき 葉書 [Post]karte *f.* -n/はがきを出す eine [Post]karte schicken 〈*jm*〉 ‖ 絵はがき Ansichtskarte/往復はがき Postkarte mit [Rück]antwort.

はかく 破格 Ausnahme *f.*; 《文法》Sprachfehler *m.* -s, -/破格の außergewöhnlich 《特別の》; abnorm 《変則の》; regelwidrig 《同上》/破格の値段だ Das ist lächerlich billig.

はがす 剥がす ⇨はぐ(剝ぐ).

ばかす 化かす behexen⁴; bestricken⁴; bezaubern⁴; betrügen*⁴ 〈欺く〉; betören⁴ 〈惑わす〉; irre|führen⁴ 〈迷わす〉. — 化かされる ⁴sich berücken (betören) lassen*.

ばかす 場数をふむ ⁴Erfahrungen sammeln; viel Erfahrungen machen/場数をふんだ人 erfahrener Mann, -[e]s, ¨er; Mann von ³Erfahrung/彼はその方面では場数をふんでいる Er hat auf dem Gebiet viel Erfahrungen.

はかせ 博士 ⇨はくし(博士).

はかどる 捗る vorwärts kommen* ⓢ 〈*in*⁴〉; ⁴Fortschritte machen 〈*in*⁴〉; gut voran|gehen* 〈vonstatten gehen*〉 ⓢ/仕事は捗っている Die Arbeit geht gut voran. — 捗らせる schnell fortschreiten lassen*⁴; beschleunigen⁴.

はかない [束の間の] flüchtig; vergänglich; vorübergehend; 〈空虚な〉leer; eitel; 〈哀れな〉traurig; ärmlich/はかない恋 die Liebe von kurzer Dauer/はかない望みを抱く eitle Hoffnungen hegen/はかない最期を遂げる ein trauriges Ende nehmen*.

はかなさ Flüchtigkeit *f.*; Vergänglichkeit *f.*; Leerheit *f.*; Eitelkeit *f.*

はかなむ verzweifeln 〈*an*³〉 ⓢ; alle Hoffnungen verlieren* 〈*über*⁴〉; pessimistisch werden*/世をはかなむ am Leben verzweifeln ⓢ/彼は世をはかなんで自殺した Er hat aus Überdruss am Leben Hand an sich gelegt.

はがね 鋼 Stahl *m.* -[e]s, ¨e/鋼の stählern/鋼にする stählen⁴.

ぱかぱか Hopp, hopp!/ぱかぱかと小馬が走る Hopp, hopp, hopp, Pferdchen läuft Galopp.

はかばかしい 捗々しい(く) ❶ 〈急速な〉schnell; geschwind; rasch. ❷ 〈満足な〉genügend; befriedigend/商売は捗々しくありません Die Geschäfte gehen schlecht.

はかま 袴 ❶ 〔着物の〕die weite Pluderhose, -n. ❷ 〔植物の〕Blattscheide *f.* -n. ❸ 〔徳利の台〕Untersatz *m.* -es, ¨e.

はぎしみ 歯がみする mit den Zähnen knirschen.

はがゆい 歯痒い ungeduldig sein 〈*über*⁴ 歯がゆく思っている〉/彼の態度が私には歯がゆい Sein Verhalten macht mich ungeduldig (nervös).

はからい 計らい [処置] Verfahren *n.* -s, -; Behandlung *f.* -en; [助力] Hilfe *f.* -n; Gefälligkeit *f.* -en/...の計らいで durch ⁴Hilfe (Gefälligkeit)/お計らいにお任せします Ich überlasse es Ihrem Urteil.

はからう 計らう [処置する] verfahren* 〈*mit*〉; behandeln⁴; ein|richten⁴; [思案する] überlegen⁴; bedenken*⁴; [相談する] ⁴sich unterhalten 〈*mit*〉; besprechen*⁴.

はからず 図らずも unerwartet; unversehens; unvermutet; [偶然] zufällig; [幸運にも] glücklicherweise/図らずも私はそこに居た Ich war zufällig da.

はかり 量り Maß *n.* -es, -e; Gewicht *n.* -[e]s, -e 〈重さ〉/量りをよく(わるく)する reichlich (knapp) wiegen* 〈messen*〉.

はかり 秤 Waage *f.* -n; Brückenwaage *f.* -n 〔台秤〕; Schnellwaage 〔さお秤〕; Balkenwaage 〔天秤〕/秤にかける 〔abl〕wiegen*⁴; vergleichen*⁴ 〈*mit*〉 比較する〉 ‖ 秤の重り Gewicht *n.* -[e]s, -e/秤ざお 秤皿 Waagebalken *m.* -s, -/秤の皿 Waagschale *f.* -n/自動秤 Uhrwaage.

〜ばかり 〜許り ❶ [限定] nur; allein; bloß; lauter; nichts als/...ばかりでなく nicht nur (nicht allein; nicht bloß) ... sondern auch; so wohl ... wie (als) 〈auch〉/見てくればかりで味はまずい Bloß der Anblick erfreut, nicht der Genuss./それは皆口先ばかりの(真赤なうそ)だ Das sind alles bloße Worte (lauter Lügen)./誰にも欠点はあるものだが、君ばかりは別だ Alle haben ihre Fehler, ausgenommen du (dich ausgenommen)./私はただ驚くばかりだった Ich konnte nur staunen. ❷ [頻繁な特定行為] immer; stets/嵐は激しくなるばかりだ Der Sturm wird immer heftiger./彼は貧乏(金持)になるばかりだ Er wird immer ärmer (reicher)./こうほめられてから彼は increase するばかりだ Nach diesem Lob wird er immer noch übermütiger. ❸ [およその数量] ungefähr; etwa/百円ばかり etwa (ungefähr) hundert Yen [前後]; fast (beinahe) hundert Yen 〈近く〉. ❹ [まさに...せんとする] im Begriff sein; nahe daran sein/泣かんばかりに頼る an|flehen (flehentlich bitten*) 〈*jn um*⁴〉/彼は失神せんばかりだった Er war einer ³Ohnmacht nahe./彼は割れんばかりに強く戸を締めた Er schlug die Tür, dass es nur so krachte./すんでのことに私は彼にいっさいを打ち明けんばかりだった Ich stand nahe auf dem Punkt, ihm alles zu sagen. ❺ [...して間もない] eben (nur) [jetzt]; [eben] erst/彼は学校を出たばかりだ Er hat eben die Schule verlassen./彼は学校から帰ったばかりだ Er kommt frisch von der Schule. ❻ [ほとんど] beinahe; fast; so gut wie/彼女はよけいなおせっかいよと言わんばかりの顔付きをした Sie sah aus, als wolle sie sagen: „Bekümmere dich um dich selbst!" ❼ [そう思い込んで] い許りが im Glauben, dass jetzt die geeignetste Zeit dafür sei. ❽ [それだけが原因で] ...であるばかり

に nur weil; deswegen, weil／ある人に会い(気に入られ)たいばかりに nur um *jn* zu sehen (bloß um *jm* zu gefallen).

はかりがたい 測り難い unermesslich《数・量の》; unmessbar《同上》; unergründbar《深さ・意味などの》; unergründlich《同上》; unerforschlich《同上》; unsicher《不確実な》; unschätzbar《価値の》／火山がいつ再び活動するか測り難い Es ist nicht vorauszusehen, wann der Vulkan wieder tätig sein kann.

はかりごと 謀[策略] List *f.* -en; Kunstgriff *m.* -〔e〕s, -e; [計略] Kriegs|list (-plan *m.* -〔e〕s, ⸗e); [計画] Plan *m.* -〔e〕s, ⸗e; [意図] Vorhaben *n.* -s, -／謀に陥る ins Garn gehen* (laufen*) [s] 《*jm*》; in die Falle gehen*／謀をめぐらす mit einem Plan um|gehen* [s]; Pläne fassen; [陰謀] Ränke schmieden (spinnen*).

はかる 諮る zu ^{3}Rate ziehen*《*jn über*^{4}》; um ^{4}Rat fragen《同上》; 〔^{4}sich〕 beratschlagen《mit *jm*》／会議に諮る der ^{3}Konferenz zur Beratung überweisen*.

はかる 図る[計画する] planen^{4}; einen Plan entwerfen* vor|haben^{*4}; [志す] beabsichtigen^{4}; streben《*nach*^{3}》; zielen《*auf*^{4}》／あに図らんや zu *js* ^{3}Überraschung／公益を図る ^{4}sich um das Gemeinwohl bemühen／自殺を図る einen Selbstmord versuchen／私利を図る auf seinen Vorteil sehen* (bedacht sein).

はかる 謀る betrügen^{*4}／謀られる in die Falle gehen* [s] 《*jm*》; ins Garn gehen* (laufen*) [s] 《*jm*》.

はかる 計る, 測る, 量る〔ab|〕messen^{*4}《長さ・大きさ》; ab|wiegen^{*4}《重さ》; aus|messen^{*4}《容積》; 〔aus|〕loten《水深》; [計算する]〔aus|〕rechnen^{4}; berechnen^{4}; [評価する] schätzen^{4}; [推定する] vermuten^{4}／時間を計る die Zeit messen*／距離を測る die Entfernung berechnen／身長(体温)を測る *js* ^{4}〔Körper〕größe (die Körperwärme) messen*.

はがん 破顔一笑する lächeln; geradeheraus lachen.

バカンス Ferien《*pl*》; Urlaub *m.* -〔e〕s, -e.

はき 破棄 [取り消し] Vernichtung *f.* -en; Bruch *m.* -〔e〕s, ⸗e《約束の》; Widerruf *m.* -〔e〕s, -e《判決などの》; Aufhebung *f.* -en《同上》; [破壊] Zerstörung *f.* -en／破棄する vernichten^{4}; brechen^{*4}; widerrufen^{*4}; auf|heben^{*4}; zerstören^{4}／判決を破棄する ein Urteil《-s》verwerfen*.

はき 覇気 Ehrgeiz *m.* -es／覇気のある ehrgeizig; hochstrebend; tatkräftig／あの男は覇気がない Er ist ein leidenschaftsloser Mensch.

はぎ 萩 Süßklee *m.* -s.

はぎ 脛 Unterschenkel *m.* -s, -; Schiene *f.* -n (Schienbein *n.* -〔e〕s, -e)《脛(け)骨》; Wade *f.* -n《ふくらはぎ》／脛もあらわに mit nackten Beinen.

はぎ 接ぎ Fleck *m.* -〔e〕s, -e; Flicken *m.* -s, -《縫い物の》; Riester *m.* -s, -《靴の》／接ぎのある geflickt; mit Flicken bedeckt; gefleckt／接ぎをあてる〔zusammen〕flicken^{4}.

⇨つぐ(接ぐ).

はきくだし 吐き下し〔das〕Erbrechen und 〔der〕Durchfall.

はきけ 吐き気 Ekel *m.* -s; Übelkeit *f.* -en; 〚医〛Brechreiz *m.* -es, -e／吐き気のするような ekelhaft／吐き気を催す Ekel haben (empfinden*); ^{4}sich erbrechen wollen*.

はぎしり 歯軋りする mit den Zähnen knirschen.

パキスタン Pakistan *n.* -s／パキスタンの pakistanisch ‖ パキスタン人 Pakistaner *m.* -s, -.

はきだす 掃き出す aus|fegen《客を》; weg|fegen^{4}《ごみを》.

はきだす 吐き出す erbrechen^{*4}《もどす》; 〔aus|〕speien^{*4}《口中のものを》; aus|werfen^{*4}《同上》; aus|atmen^{4}《息を》; aus|hauchen^{4}《同上》; aus|stoßen^{*4}《煙を》／吐き出すように言う verächtlich sagen／血を吐き出す Blut speien* (aus|werfen*).

はきだめ 掃溜め Kehricht|haufen (Schutt-) *m.* -s, -.

はきちがえ 穿違え [思い違い] die falsche Auffassung, -en; [混同] Verwechselung *f.* -en.

はきちがえる 穿き違える ❶ [靴を] die Schuhe eines ^{2}anderen an|ziehen*. ❷ [誤解する] verwechseln^{4}《*mit*^{3}》; missverstehen^{*4}／彼は自由というものを穿き違えている Er hat eine irrtümliche (falsche) Auffassung von der Freiheit.

はぎとる 剥ぎ取る ❶ [身につけたものを] *jn* aus|ziehen*《服を》; *jn* entblößen《同上》; *jn* entkleiden《同上》; *jn* aus|plündern《強奪する》; *jn* berauben^{2}《同上》／彼は服を剥ぎ取られた Er wurde der Kleidung beraubt. ❷ [獣皮などを] ab|reißen^{*4}《外皮・殻・カレンダーを》; ab|streifen^{4}《獣皮を》; ab|ziehen^{*4}《皮・莢(さや)・仮面・カバーを》. ⇨はぐ(剥ぐ).

はきはき はきはきと lebhaft; munter; flink; frisch; heiter／はきはきと答える klar und deutlich antworten《*auf*^{4}》／彼ははきはきしていない Er ist träge.

はきもの 履物 Fußbekleidung *f.* -en; [靴] Schuhe《*pl*》; Schuhwerk *n.* -〔e〕s, -e.

ばきゃく 馬脚を現わす sein wahres Gesicht zeigen; seinen wahren (bösen) Charakter zeigen; den Pferdefuß zeigen; Bei *jm* kommt der Pferdefuß zum Vorschein. ¦ ^{4}sich entlarven／馬脚が現われた Da schaut der Pferdefuß hervor. ¦ Da guckt der Pferdefuß heraus.

はきゅう 波及する ^{4}sich verbreiten; ^{4}sich aus|dehnen; ^{4}sich fort|pflanzen; um ^{4}sich greifen*; [影響] beeinflussen^{4}; wirken／ストライキが波及する Der Streik dehnt sich aus.／音波は四方に波及する Die Schallwellen pflanzen sich nach allen Richtungen fort.

はぎょう 覇業 die Vollendung《-en》der Herrschaft／覇業をなしとげる seine Herrschaft vollenden.

はきょく 破局 Katastrophe *f.* -n; der unglückliche Ausgang, -〔e〕s, ⸗e; das schreckliche Ende, -s, -n; Umsturz *m.*

はぎれ 歯切れのよい ❶ [ことばつき] klar; deutlich/歯切れのよい調子で in klarem Ton/彼の話しっぷりは歯切れがよい Er spricht klar und deutlich. ❷ [まぎみびしみ] lebhaft; temperamentvoll. ❸ [食物の] knusprig; mürbe.

はく 掃く fegen⁴; kehren⁴; [塗りつける] an|streichen⁴ (-|pinseln⁴)/破局的段階に入る Die Sache nimmt eine kritische Wendung./掃き掃除 das Fegen*, -s; Reinigung f. -en/掃き寄せる zusammen|kehren⁴.

はく 箔 [Metall]blatt n. -[e]s, ⸚er; Folie f. -n; Flitter m. -s, -《装飾用の》/箔がついた würdevoll; wichtig《権威のある》/箔をつける plattieren⁴ (mit³); [目だたせる] hervor|heben⁴; hervortreten lassen⁴/彼は政治家としての箔がついた Er ist als Politiker ins Gewicht gefallen. ‖ 金箔 Gold|blatt n. -[e]s, ⸚er -[blättchen n.

はく 吐く ❶ [口から] aus|speien⁴; spucken⁴; aus|werfen⁴; [俗] kotzen; [嘔吐する] ⁴sich erbrechen⁴; ⁴sich übergeben⁴; vomieren / 血 (たん) を吐く Blut speien⁴ (Schleim spucken)/つばを吐く (aus|)spei⁴en⁴/彼は吐きそうとなった Er wollte sich erbrechen. ❷ [噴き出す] aus|speien⁴; aus|werfen⁴ (-|stoßen⁴); aus|atmen《息を》/ため息を吐く einen Seufzer aus|stoßen*. ❸ [吐露する] äußern⁴; aus|drücken⁴; aus|stoßen⁴《雑言を》; gestehen⁴《白状する》/意見を吐く seine Meinung (Ansicht) äußern/彼はとうとう泥を吐いた Endlich hat er gepfiffen.

はく 穿[履]く an|ziehen⁴; [穿いている] an|haben⁴; tragen⁴; [急いで穿く] fahren* [s] (in⁴)/靴下、ズボンを穿く die Schuhe (Strümpfe, Hose) an|ziehen*/長靴を穿く ⁴sich stiefeln/穿いてごらんなさい Probieren Sie es mal an!/彼はいつもゴム底の靴を穿いている Er trägt immer Schuhe mit Gummisohlen.

-はく -泊する übernachten/三泊旅行 eine viertägige Reise / 私はここに一泊しかしない Ich bleibe hier nur eine Nacht.

はく 剝ぐ ❶ [身につけたものを] ab|reißen⁴/服を剝ぐ aus|ziehen⁴; jn entblößen⁴/夜具を剝ぐ ⁴sich auf|decken/官位を剝ぐ jn aus dem Amt und Rang nehmen*/身ぐるみ剝ぐ jn aus|plündern; jn berauben²/仮面などを剝ぐ ab|ziehen⁴. ❷ [獣皮を] ab|balgen⁴; ab|häuten⁴; ab|streifen⁴; [ent-] häuten⁴; schinden⁴《以上どれも獣が四格》/外皮/膠/鱗・液汁》などを剝ぐ ab|schälen⁴《豆・果実などは四格》; enthülsen⁴《同上》; schälen⁴《同上》/樹皮を剝ぐ einen Baum ab|rinden. ❸[貼付したものを] 裏地を剝ぐ das Futter nehmen⁴《服などの》/貼った紙を剝ぐ einen Anschlag ab|reißen*. ❹ [比喩的に] 面皮を剝ぐ jn entlarven.

はぐ 接ぐ [zusammen|]flicken⁴.

ばく 漠とした vag[e]; unbestimmt; undeutlich; unklar; dunkel; nebelhaft; zweideutig 《あいまい》; ungewiss《ふたしか》/広漠たる weit [ausgedehnt]; unermesslich; grenzenlos; unbegrenzt; unbeschränkt.

ばく 馬具 [Pferde]geschirr n. -[e]s, -e; Sattelzeug n. -[e]s, -e; Sattlerwaren (pl.); Pferdeschmuck m. -[e]s, -e《装飾馬具》; Staatsgeschirr《同上》; Schabracke f. -n《馬衣》/馬具をつける[はずす] ein Pferd satteln (ab|satteln); ein Pferd an|schirren (ab|schirren)/ 馬具師 Geschirrmacher m. -s, -; Sattler m. -s, -.

はく 白亜 Kreide f. -n/白亜[質]の kreidig ‖ 白亜紀[地] Kreidezeit f. -en.

はくあい 博愛 Menschen|liebe f. -[freundlichkeit f. -en]; Philanthropie f. 博愛の menschenfreundlich; philanthropisch ‖ 博愛家 Menschenfreund m. -[e]s, -e; Philanthrop m. -en.

はくい 白衣 das weiße Gewand, -[e]s, ⸚er (Kleid, -[e]s, -er)/白衣の勇士 der Kriegsbeschädigte* (-n, -n)/白衣の天使[看護婦] Krankenschwester (f. -n) in Weiß; Johannisterin f. -rinnen. Ordensschwester (Rotkreuz-) f. -n/白衣の婦人 eine Dame (-n) in Weiß [gekleidet].

はくうん 白雲 die weiße (helle) Wolke, -n.

はくうんせき 白雲石 Bitterkalk m. -[e]s, -e.

はくうんも 白雲母 Katzensilber n. -s.

はくえん 白鉛 Bleiweiß n. -es.

ばくおん 爆音 Knall m. -[e]s, -e《爆発の》; das Schwirren, -s《航空機の》; das Dröhnen*, -s《der Flugzeugmotoren》/爆音を発する knallen; detonieren; schwirren [h,s]《ぶんぶん唸る; [s] の時は飛び来(去)る意》; dröhnen《モーターの唸動》.

ばくが 麦芽 Malz n. -es/麦芽に作る malzen⁴; mälzen⁴ ‖ 麦芽製造人 Malzer (Mälzer) m. -s, -/麦芽糖 Maltose f. -/Malzzucker m. -s/麦芽床 Malztenne f. -n/麦芽ビール Malzbier n. -[e]s, -e.

はくがい 迫害 Verfolgung f. -en; Bedrückung f. -en. — 迫害する verfolgen⁴; bedrängen⁴; bedrücken⁴. ‖ キリスト教徒迫害 Christenverfolgung f. -en/ユダヤ人迫害 Juden|hetze f. -n (-verfolgung f. -en; -pogrom n. -e).

はくがく 博学 Gelehrsamkeit f.; Belesenheit f.; Gelehrtheit f./博学の gelehrt; belesen/博学多才の gelehrt und befähigt (begabt; talentiert); vielseitig gebildet.

はくがん 白眼視する abgünstig (verbittert) an|blicken⁴; teilnahmslos (kaltblütig) an|sehen*⁴; mit Blicken erdolchen⁴.

はぎ 歯茎 Zahnfleisch n. -[e]s/歯ぐきをむき出して笑う grinsen.

はくぎよくろうちゅう 白玉楼中の人となる in die Ewigkeit ein|gehen* [s] (abgerufen werden); das Zeitliche segnen; heim|gehen* [s].

はぐくむ 育む ❶ [養育する] auf|ziehen⁴; groß|ziehen*⁴. ❷ [動物を] ernähren⁴; füt-

ばくげき 爆撃 Bombenangriff *m.* -[e]s, -e; Bombardierung *f.* -en. —— 爆撃する mit Bomben belegen (bewerfen*) ((einen Ort)); bombardieren*; verbomben* ‖ 爆撃機 Bomber *m.* -s, -; Bombenflugzeug *n.* -[e]s, -e (-werfer *m.* -s, -).

ばくげきほう 迫撃砲 Grabenmörser *m.* -s, -.

ばくさい 白菜 Chinakohl *m.* -[e]s, -e.

ばくさい 爆砕する zersprengen*.

はくし 博士 Doktor *m.* -s, -en 《略: Dr.》／文学博士何某 Dr. phil. N.N. ‖ 博士号 Doktorat *n.* -[e]s, -e; Doktorwürde *f.* -n／博士号を授ける(得る) den Titel eines Doktors verleihen* (*jm*) (erwerben*); promovieren／博士論文 Doktorarbeit *f.* -en.

はくし 薄志 Willensschwäche *f.*; Unentschlossenheit *f.*; Weichlichkeit *f.*／薄志弱行の willensschwach und unentschlossen; charakterschwach und schwankend／あの人は薄志弱行でだめだ Ich halte nicht viel von ihm. Er ist immer ängstlich und weich nicht, was er will.

はくし 白紙 das weiße Papier, -s, -e; das unbeschriebene Blatt, -[e]s, ⸚er／白紙(状態)で ein (*jn*⁴et) als unbeschriebenes Blatt an|sehen*／白紙に返す das Bisherige vergessen*; Geschehen ungeschehen sein lassen*／白紙委任状 Blankovollmacht *f.* -en; die unbeschränkte Vollmacht.

ばくし 爆死する durch Bombenabwurf getötet werden; durch Bomben[attentat] ermordet werden《暗殺される》; mit einem Sprengmittel ⁴Selbstmord begehen* 《爆薬自殺する》.

はくしき 博識 die reichen Kenntnisse 《*pl*》 Belesenheit *f.*; das vielseitige, reiche Wissen, -s／博識な belesen; kenntnisreich; viel wissend.

はくじつ 白日 der helle Tag, -[e]s, -e／白日のもとにさらす ⁴et an den Tag bringen* (legen; ziehen); ⁴et an das Sonnenlicht (an die (breite) Öffentlichkeit) bringen*.

はくしゃ 拍車 Sporn *m.* -[e]s, Sporen; (刺激・激励) Antrieb *m.* -[e]s, -e; Ansporn *m.* -[e]s, -e／拍車をかける die Sporen geben* (*jm*; einem Pferde); an|spornen; an|stacheln*; an|treiben* 《以上 *zu*³ と ともに》.

はくしゃ 薄謝 das (der) kleine Entgelt, -[e]s, -e; die kleine Belohnung (Vergütung)／薄謝を呈する *jm* ein kleines (bescheidenes) Entgelt zahlen; eine (kleine) Belohnung an|setzen (*für*⁴『採用の分には…』といったときの言い方).

はくしゃ 白砂青松(はくしゃせいしょう) der sandige Strand ⟨-[e]s, -e⟩ mit Kiefern; der schöne Meeresufer ⟨-s, -⟩ mit weißem Sand und grünen Kiefern.

はくしゃく 伯爵 Graf *m.* -en, -en; Grafschaft *f.* -en 《身分》‖ 伯爵夫人 Gräfin *f.* ..nnen.

はくじゃく 薄弱 Schwäche *f.* -n; Schwachheit *f.* -en 《性格・意志等の》／薄弱な schwach; haltlos／意志薄弱 Willensschwäche *f.*; Willenlosigkeit *f.*; Schwachheit *f.*／意志薄弱な willensschwach; charakterlos; willenlos; ohne Rückgrat; entschlusslos／性格薄弱 Charakterschwäche *f.*／性格薄弱な charakterschwach／根拠薄弱である nicht genügend (entsprechend) begründet sein.

はくしゅ 拍手 das Händeklatschen*, -s; Beifall *m.* -[e]s／割れるような拍手 der stürmische (brausende; tosende; frenetische) Beifall, -[e]s／満場の拍手をもって迎えた Das ganze Publikum begrüßte ihn mit Beifall (Händeklatschen)／芝居がはねると割れるような拍手が起こった Es wurde nach der Vorführung stark (stürmisch) geklatscht.／手をたたいて拍手する in die Hände klatschen; *jm* (³et) Beifall klatschen (spenden; zollen); *jn* (⁴et) beklatschen; hochrufen*.

はくじゅうじ 白十字 das weiße Kreuz, -es, -e ‖ 白十字会 der Verein ⟨-[e]s, -e⟩ vom Weißen Kreuz.

はくしょ 白書 Weißbuch *n.* -[e]s, ⸚er ‖ 外交(経済)白書 das diplomatische (wirtschaftliche) Weißbuch.

はくじょう 薄情 Gefühllosigkeit *f.*; Fischblut *n.* -[e]s; Gefühlshärte *f.*; Herzlosigkeit (Mitleid-) *f.*; Kaltblütigkeit *f.*; Kaltherzigkeit *f.*; Treulosigkeit *f.* 《不実》; Unbarmherzigkeit *f.*; Unmenschlichkeit *f.*／薄情な kalt; empfindungslos (gefühl-; herz-); kalt|blütig (-herzig); mitleidlos; teilnahmslos; treulos; unbarmherzig; unmenschlich.

はくじょう 白状 (Ein)geständnis *n.* -nisses, -nisse; Bekenntnis *n.* -nisses, -nisse; Enthüllung *f.* -en 《打明け事》; Beichte *f.* -n 《ざん悔》. —— 白状する ein|gestehen*⁴; (zu)|gestehen*⁴; bekennen*⁴; *jm* ⁴et enthüllen; die Wahrheit sprechen*; zu|geben*⁴; beichten⁴／罪を白状する(告白する) *js* Schuld (Sünde) [ein]|gestehen* (bekennen*)／本当のことを白状します. 嘘いつわりのないところです Ich gestehe die Wahrheit. Ja, ich spreche die nackte (ungeschminkte) Wahrheit.／しぶしぶ白状しましょう (仕方がない言ってしまいましょうという軽い気持ちで) Also, ich beichte.／白状しろ Heraus damit!／Heraus mit der Sprache!／すっかり白状した Er gestand alles frei heraus.

ばくしょう 爆笑 schallendes (homerisches) Gelächter, -s, -／爆笑する in (ein lautes (schallendes)) Gelächter aus|brechen* ⟨s⟩; ein lautes Gelächter erheben*; (俗) vor Lachen brüllen.

はくじん 白人 der Weiße*, -n, -n ‖ 白人種 die weiße Rasse, -n; die Weißen* 《*pl*》.

はくじん 白刃 das blanke Schwert, -[e]s, -e／白刃の下に ⁴sich der Gefahr im Gefecht aus|setzen／白刃をくぐったからこそ Er hat noch kein Pulver gerochen.

ばくしん 驀進する dahin|schießen* ⟨s⟩; los|stürmen (*auf*⁴); los|stürzen ⟨s⟩ (*auf*⁴); mit Ungestüm [an]|laufen* ⟨s⟩ (*gegen*⁴).

ばくしんち 爆心地 der Explosionspunkt 《-[e]s, -e》 [der [2]Bombe].

はくする 博する ernten[4]; erringen*[4]; erwerben*[4]; erzielen[4]; gewinnen*[4]/名声を博する Ruhm (einen geachteten Namen) erwerben*; [3]sich einen Namen machen/信用(信望)を博する *js* Vertrauen (die Achtung) erwerben*; Ansehen gewinnen*/賞賛(喝采)を博する Anerkennung (Beifall) ernten/勝利を博する den Sieg erringen*; den Sieg davon|tragen*/成功を博する den Erfolg erringen* (erzielen)/名医としての名声を博した Er hat den Ruf eines tüchtigen Arztes erworben (verdient).

はくせい 剥製 das [Tier]ausstopfen*, -s; das ausgestopfte Tier, -[e]s, -e/剥製の ausgestopft/剥製にする aus|stopfen[4]/剥製の標本 das ausgestopfte Exemplar, -s, -e 《eines Tier[e]s; eines Vogels》 ‖ 剥製術 die Kunst 《⸗e》 des Tierausstopfens/剥製屋 [Tier]ausstopfer *m.* -s, -.

ばくぜん 漠然と(した) vag[e]; unbestimmt; undeutlich; unklar; dunkel; zweideutig 《あいまいな》; zwecklos 《とりとめのない》/漠然とした不安を感じる eine unerklärliche Furcht (Angst) haben 《*vor*[3]》/私はそれを漠然としか思い出さない Ich erinnere mich dunkel (habe eine dunkle Erinnerung) daran. /彼はそれが漠然とわかるだけだ Er hat nur eine dunkle (unklare) Vorstellung davon.

はくそ 歯屎 Unreinigkeit 《*f.* -en》 der Zähne; Zahnstein *m.* -[e]s, -e 《歯石》.

はくたい 白苔 der weiße Belag, -[e]s, ⸗e 《der Zunge》 / 舌に白苔ができている Die Zunge ist weiß (mit einer weißen Bakterienschicht) belegt. ⇨ぜったい(舌苔).

ばくだい 莫大な ungeheuer; riesig; gewaltig [groß]; kolossal; enorm; unermesslich; unendlich; immens/彼は莫大な富を擁している Er hat Geld wie Heu. ¦ Er hat dicke Gelder. ¦ Er schwimmt (erstickt; wühlt) im Geld.

はくだつ 剥奪する ⇨うばう.

はくだつ 剥脱する [4]sich schälen; ab|blättern [s]; ab|bröckeln [s]; [4]sich ab|schälen; [4]sich ab|schilfern; [4]sich ab|schiefern; [4]sich ab|schuppen.

ばくだん 爆弾 Bombe *f.* -n; Fliegerbombe 《投下弾》; Sprenggeschoss *n.* -es, -e 《破裂弾》; Sprengkugel *f.* -n/爆弾に耐える(よけの) bomben¦fest (-sicher)/爆弾の雨 Bombenhagel *m.* -s/爆弾の破片 Bomben¦stück *n.* -[e]s, -e (-splitter *m.* -s, -) ‖ 爆弾投下 Bombenabwurf *m.* -[e]s, ⸗e; das Bombenwerfen*, -s/爆弾を投下する Bomben [ab|]werfen* 《*auf*[4]》; mit [3]Bomben belegen (bewerfen*) 《einen Ort》; bombardieren[4]; verbomben[4] 《爆撃する》/爆弾搭載量 Bombenlast *f.* -en/原子爆弾 Atombombe/時限爆弾 Zeitbombe/水素爆弾 Wasserstoffbombe.

ばくち 博打 [Hasard]spiel *n.* -[e]s, -e; Hasard *n.* -s; Glücks¦spiel (Würfel-)/博打で勝つ(負ける) das Spiel gewinnen* (verlieren*)/博打を打つ [Hasard] spielen; um Geld spielen; hoch spielen; ein Spiel (Spielchen) machen; Würfel (mit Würfeln) spielen; würfeln; knobeln/彼は博打で持ち金をすった Er verspielte sein Geld. ‖ 博打場(宿) Spiel¦haus *n.* -es, ⸗er (-hölle *f.* -n).

ばくちく 爆竹 [Hand]schwärmer *m.* -s, -; Knallfrosch *m.* -[e]s, ⸗e.

はくちゅう 白昼 der hell[licht]e Tag, -[e]s, -e/白昼に am hell[licht]en Tag ‖ 白昼夢 Tagtraum *m.* -[e]s, ⸗e.

はくちゅう 伯仲の間にある *jm* gleich|kommen* [s]; [4]es mit *jm* auf|nehmen* (aufnehmen können*); *jm* ebenbürtig sein; *jm* die Waage halten*; *jm* gewachsen sein/彼は私と伯仲の間にある 《一般に技量でも力でも》 Er kann es mit mir aufnehmen./ふたりは学問(力)の点で伯仲している Die beiden sind fast gleich gelehrt (stark).

はくちょう 白鳥 Schwan *m.* -[e]s, ⸗e.

ばくちん 爆沈する(させる) durch Explosion versinken* [s] (versenken[4]).

ぱくつく eifrig essen*[4]; mit vollen Backen essen*; mampfen[4].

はくてっこう 白鉄鋼 Markasit *m.* -[e]s, -e.

バクテリア ⇨ばいきん.

はくどう 白銅 Nickel *m.* -s ‖ 白銅貨 Nickel *m.* -s, -; Nickelmünze *f.* -n.

はくどう 搏動 das Pulsieren*, -s; das Herzklopfen*, -s; Pulsschlag *m.* -[e]s, ⸗e.

はくないしょう 白内障 der graue Star, -[e]s, -e; Katarakta *f.* ..ten; Katarakt *f.* -e.

はくねつ 白熱 das Weißglühen*, -s; Weißglut *f.*/白熱的歓迎をうける ganz begeistert begrüßt und empfangen werden/白熱的興奮にどよめいた Die Wogen der Begeisterung gingen hoch. ── 白熱する [weiß-]glühen; den Höhepunkt erreichen. ‖ 白熱戦 der hitzige (gewaltige) Kampf, -[e]s, ⸗e/白熱電球 Glüh¦lampe *f.* -n (-licht *n.* -[e]s, -e).

ばくは 爆破 Sprengung *f.* -en; Explosion *f.* -en. ── 爆破する [in die Luft] sprengen[4]; zersprengen[4]/爆破して岩に孔を穿(うが)つ [4]Löcher in einen Felsen sprengen. ‖ 爆破作業 Sprengarbeit *f.* -en / 爆破力 Sprengkraft *f.* ⸗e.

ぱくぱく ぱくぱく食う ⇨ぱくつく/口をぱくぱくさせる《喘(あえ)いで》 nach [3]Luft schnappen.

はくはつ 白髪 das weiße (graue) Haar, -[e]s, -e/白髪の weiß¦haarig (grau-); ergraut; silberhaarig 《銀髪の》/白髪になる graue (weiße) Haare bekommen* 〘人が主語〙; grau (weiß) werden 〘髪が主語〙.

ばくはつ 爆発 Explosion *f.* -en; das Bersten*, -s; das Platzen*, -s; Entladung *f.* -en; die Verpuffung, -en 《突燃》; Detonation *f.* -en; Ausbruch *m.* -[e]s, ⸗e 《火山の》; Eruption *f.* -en 《同上》/爆発性の explosiv; explodierbar. ── 爆発する explodieren [s]; verpuffen [s]; zerknallen [s]; detonieren; aus|brechen* [s] 《火山・革命などが》/感情が爆発する in [4]Zorn (Wut) geraten* [s]/私はあの男の感情を爆発させた Ich

はくび 白眉 der Beste*, -n, -n 《*von*¹; *unter*³》; Ausbund m. -(e)s, ¨e; Stern m. -(e)s, -e 《花形》; Star m. -s, -s 《同上》; Meisterwerk n. -(e)s, -e 《傑作》/短編小説中の白眉 eine der besten Novellen.

はくひょう 薄氷を踏むに等しい jm ist, wie wenn er auf Eiern geht (aufs Glatteis geht).⁴sich [unsicher] fühlen, als ob er nur [noch] an einem [dünnen] Faden hinge.

ばくふ 幕府 Shogunat n. -(e)s, -e; Shogunatsregierung f. -en/幕府の Shogunats-; feudal/幕府時代の(に) in der Feudalperiode; in den Tagen des Shogunats.

ばくふう 爆風 Bombenwindstoß m. -es, ¨e.

はくぶつがく 博物学 Naturkunde f. (-beschreibung f.)‖博物学者 der Naturkundige*, -n, -n.

はくぶつかん 博物館 Museum n. -s, ..seen.

はくへい 白兵戦 Nahkampf m. -(e)s, ¨e; Handgemenge n. -s, -; Kampf (m. -(e)s, ¨e) bis aufs Messer; Kampf Mann gegen Mann/白兵戦を演じる Mann gegen Mann kämpfen; einen Nahkampf führen (kämpfen).

はくぼく 白墨 Kreide f. -n; Kreidestift m. -(e)s, -e/白墨一(二)本 ein (zwei) Stück Kreide/白墨で書く mit Kreide schreiben*⁴ (zeichnen⁴); kreiden⁴.

はくまい 白米 der gereinigte Reis, -es.

ばくまつ 幕末 die letzte Zeit 《-en》 (letzte Tage 《pl》) des Shogunats.

はくめい 薄命 die traurige Schicksal, -s, -e; Ungunst (f. -en) des Schicksals; Missgeschick n. -(e)s, -e; Unglück n. -(e)s, -e; Unstern m. -(e)s, -e 《薄命の不幸》; mitleiderregend; trostlos; unselig; unter einem Unstern geboren; unter keinem günstigen Stern gestanden‖美人薄命 Schönheit und Glück vertragen sich selten.

はくめん 白面の 〔未熟の〕 bartlos; unerfahren; unreif; noch frisch (noch nicht trocken) hinter den Ohren [sein]/白面の青年 der grüne (unerfahrene) Junge, -n, -n; der junge Bursche, -n, -n; Milchbart m. -(e)s, ¨e.

ばくやく 爆薬 Explosivstoff m. -(e)s, -e; Sprengmittel n. -s, - (-pulver n. -s, -; -stoff)‖爆装装填(ﾂ) Sprengladung f. -en.

はくよう 白楊 〔植〕 Espe f. -n. はこやなぎ参照.

はくよう 白羊宮 〔占星〕 Widder m. -s, -.

はくらい 舶来の importiert; ausländisch; Auslands-; im Ausland gefertigt《》舶来品 die importierte Ware, -n; Einfuhrartikel m. -s, -; das ausländische Erzeugnis, ..nisses, ..nisse.

はぐらかす aus|weichen*³ 《§》; ⁴sich entziehen* 《³et》/質問をはぐらかす einer Frage aus|weichen*/返答をはぐらかす eine Antwort umgehen*.

はくらん 博覧 Belesenheit f.; Gelehrsamkeit f.; die umfassenden [reichen] Kenntnisse 《pl》; das vielseitige, reiche Wissen*, -s/博覧強記な belesen 《in³》; kenntnisreich; viel wissend; enzyklopädisch.

はくらんかい 博覧会 Ausstellung f. -en; Messe f. -n 《見本市》/博覧会に行く in die Ausstellung gehen* 《§》; die Ausstellung besuchen/博覧会を開催する eine Ausstellung veranstalten (eröffnen)‖博覧会場 Ausstellungsgebäude n. -s, - (-gelände n. -s, -).

はくり 薄利 der kleine Nutzen, -s, -; der geringe Gewinn, -(e)s, -e; der kleine Profit, -(e)s, -e/薄利で売る mit geringerem Gewinn (Nutzen) verkaufen⁴; billig feilbieten*⁴‖薄利多売 Kleiner Nutzen, schneller Umsatz.: Großer Umsatz, kleiner Nutzen.

ばくり ばくりと mit einem ³Schnapp/ばくりと 噛みつく schnappen 《nach³》.

ばくりょう 幕僚 Stab m. -(e)s, ¨e 《総称》; Stabsoffizier m. -s, -e 《個人》.

はくりょく 迫力 Spannung f. -en; Lebhaftigkeit f./迫力のある spannend; fesselnd; packend.

はぐるま 歯車 Zahnrad n. -(e)s, ¨er; Stufenrad n. -(e)s, ¨er 《段歯車》; Schrägverzahnung f. -en 《はすば歯車》; Stirnrad n. -(e)s, ¨er 《平歯車》; Kammrad n. -(e)s, ¨er 《嵌(ﾊ)歯車》; Kugelrad n. -(e)s, ¨er 《傘歯車》; Kettenrad n. -(e)s, ¨er 《鎖歯車》; Sperrrad n. -(e)s, ¨er 《爪歯車》; Schneckenrad n. -(e)s, ¨er 《ｳｫｰﾑ歯車》; Schraubenrad n. -(e)s, ¨er 《同上》; Pfeilrad n. -(e)s, ¨er 《山形歯車》/歯車装置 Getriebe n. -s, -.

はぐれる 逸れる ⁴sich verirren; ⁴sich verlaufen*; ab|schweifen 《§》《*von*³》; ab|irren 《§》《*von*³》/仲間にはぐれた男 ein verirrter Mann, -(e)s, ¨er.

ばくろ 暴露 Enthüllung f. -en; Entlarvung f. -en; Bloßstellung f. -en; Aufdeckung f. -en 《*Entdeckung*》; das Ausgesetztsein*, -s 《暴露・曝(ﾊ)すこと》; Exposition f. -en 《同上》/政党の暴露戦術 das Durchden-Dreck-Ziehen*, -s. ── 暴露する ❶ 〔あばく〕 enthüllen⁴; entlarven⁴; bloß|stellen⁴ (-|legen⁴); auf|decken⁴; demaskieren⁴; entdecken⁴; ans Licht bringen*⁴; an den Tag bringen*⁴ 《暴く》 (legen⁴; ziehen*⁴); verraten*⁴/ある人の秘密を暴露する js Geheimnis 《jn》 verraten*; 〔俗〕品行を verpfeifen* 《警察などにばらす》 ❷ 〔ばれる〕 ⁴sich enthüllen; entdeckt (entlarvt; aufgedeckt; bloßgestellt; ans Licht gebracht) werden; ans Licht (an den Tag) kommen* 《§》. ❸ 〔身を曝す・曝される〕 ⁴sich aus|setzen³; ⁴sich exponieren³.

はくろう 白蠟 das weiße Wachs, -es, -e;

Lot *n.* -[e]s, -e《はんだ》.

ばくろう 博労 Pferde¦händler (Ross-) *m.* -s, -; Rosstäuscher *m.* -s, -.

ばくろん 駁論 Angriff *m.* -[e]s, -e《auf (gegen) *jn*》; Polemik *f.* -en《論戦》; Widerlegung *f.* -en《反駁》/駁論を避ける eine Polemik vermeiden*; einer ³Polemik aus dem Wege gehen* [s]. —駁論する an|greifen*⁴; polemisieren《*gegen*⁴》; widerlegen⁴/彼は新聞紙上で激しく駁論された Er wurde in den Zeitungen scharf angegriffen.

はけ 刷毛 Bürste *f.* -n《靴などの》; Pinsel *m.* -s, -《のり・絵具などの》/刷毛をかける bürsten⁴ ‖ ラシャ刷毛 Kleiderbürste *f.* -n.

はけ ❶ [水はけ] Abfluss *m.* -es, ⸗e/はけがよい(わるい) gut (schlecht) ab|fließen* [s]. ❷ [売れ行き] Ab¦satz (Um-) *m.* -es, ⸗e; [需要] Nachfrage *f.* -n/はけがよい(わるい) guten (schlechten) Absatz haben (finden*).

はげ 禿 Kahlheit *f.* -en; Glatze *f.* -n《禿げたところ》; Kahlkopf *m.* -[e]s, ⸗e《禿頭・人》; Glatzkopf/禿の kahl[köpfig] ‖ 禿げ山 der kahle (nackte) Berg, -[e]s, -e.

ばけ 化けの皮を剥ぐ die Maske ab|reißen* (ab|nehmen*; ab|ziehen*)《*jm*》; entlarven《*jn*》/化けの皮をかぶる ⁴sich verstellen/あいつの化けの皮が現れた Er hat die Maske von sich geworfen (sein wahres Gesicht gezeigt).

はげいとう〖植〗Amarant *m.* -[e]s, -e.

はけぐち 捌口 ❶ [水・感情などの] Ausfluss *m.* -es, ⸗e. ❷ [商品の] Markt *m.* -[e]s, ⸗e; [需要] Nachfrage *f.* -n/はけ口を捜す einen Markt suchen.

はげしい 激しい(く) ❶ [肉体的に] [痛み] groß; heftig; rasend; furchtbar; schrecklich; quälend; stechend; [病気など] schwer; ernst; [喝き] groß; heiß; brennend; [飢え] groß/ぼくは頭が激しく痛む Ich habe heftige (rasende) Kopfschmerzen. ❷ [精神的・感情的に] [愛情] brünstig; feurig; glühend; heiß; tief; [笑い] laut; herzhaft; [憎悪] bitter; heiß; tödlich; heftig《号泣》; [怒り] schwer; wild; wütend; toll; heftig; groß《喜び・悲しみ》/激しい感情 die heftige Leidenschaft, -en/激しい気質 das cholerische (hitzige) Temperament, -[e]s, -e/激しい怒りが彼を襲った Heftiger Zorn hat ihn ergriffen. ❸ [天候] [雨] stark; heftig; strömend; [雪] dicht; stark; [寒さ] streng[e]; eisig; grimmig; stark; schneidend; heftig; stechend; hart; [暑さ] groß; stark; brennend; [風] heftig; stark; scharf; schneidend/雨が激しく降った Es hat stark geregnet./激しい風が東から吹いてきた Der *heftige (starke) Wind kam von Osten.* ❹ [衝突] heftig; hart; [議論] heftig; hitzig; intensiv; [ことば] scharf; hitzig; [戦い] gewaltig; heftig; hart; heiß; [打撃] stark; hart; heftig; gewaltig; hitzig《反論》/議論が激しく戦わされた Es wurde hitzig debattiert./敵と激しく戦った Sie kämpften heftig mit dem Feind. ❺ [仕事] hart; schwer/彼は激しい労働をした Er leistete eine anstrengende Arbeit. ❻ [薬物] [毒] scharf; stark; [酒] stark; heftig; hitzig; feurig.

はげたか 禿鷹 Geier *m.* -s, -; Kondor *m.* -s, -e.

バケツ [Wasser]eimer *m.* -s, -/バケツ一杯の水 ein Eimer voll Wasser.

ばけのかわ 化けの皮を剥ぐ entlarven⁴; *jm* die Maske vom Gesicht reißen*.

はげます 励ます ❶ [鼓舞する] an|regen⁴; erregen⁴; reizen⁴; an|spornen⁴; an|stacheln⁴; an|treiben*⁴; [元気をつける] auf|muntern⁴; beleben⁴; beseelen⁴; ermutigen⁴; erheitern⁴; ermuntern⁴/励まして…させる *jn* zu ³*et* an|regen (-|treiben*)/ぼくは彼を励まして仕事をさせた Ich trieb ihn an zu arbeiten. ❷ [声を] die Stimme erheben*/声を励まして mit erhobener Stimme.

はげみ 励み ❶ [刺激] Anregung *f.* -en; Anreiz *m.* -es, -e; Ansporn *m.* -[e]s, -e; Antrieb *m.* -[e]s, -e; Reizung *f.* -en/励みになるような anregend/君の誉めことばは彼にとってよい励みになる Ihr Lob ist ein guter Ansporn für ihn. ❷ [元気づけ] Aufmunterung *f.* -en; Belebung *f.* -en; Ermutigung *f.* -en/励みになるような ermutigend. ❸ [熱心] Eifer *m.* -s; Fleiß *m.* -es; Bemühung *f.* -en (Bestreben *n.* -s)《励むこと》.

はげむ 励む ❶ [努力する] ⁴sich bemühen《*um*⁴; ⁴*et* zu tun》; ⁴sich bestreben《*um*⁴; ⁴*et* zu tun》; streben《*nach*³》; ⁴sich ³*et* widmen《専心する》; ⁴sich verlegen《*auf*⁴ 同上》/励み合う miteinander wetteifern. ❷ [骨を折る] ⁴sich an|strengen; ³sich Mühe geben*. ❸ [勤勉である] fleißig (emsig) sein/学問に励む fleißig studieren/仕事に励む sein Geschäft eifrig treiben*/忠勤を励む *jm* treu dienen.

ばけもの 化け物 ⇨おばけ ‖ 化け物屋敷 Geister¦haus (Gespenster-) *n.* -es, ⸗er.

はげやま 禿げ山 ⇨はげ.

はける ❶ ab|fließen* [s]; ab|laufen* [s]/ここは水がよくはける Hier fließt das Wasser gut ab. ❷ [売れる] ⁴sich verkaufen; einen Absatz finden*/この商品はよくはける(はけない) Diese Waren verkaufen sich gut (schlecht).

はげる 禿げる kahl[köpfig] werden; die Haare verlieren*; kahl (nackt) werden《山など》.

はげる 剥げる ❶ los|gehen* [s]《貼り(とり)つけたものが》; ab|gehen* [s]《塗りつけたものが》; ⁴sich ab|schälen《皮・殻が》/洗っても剥げない waschecht/うるし(ペンキ)が剥げている Der Lack (Die Farbe) ist abgegangen. ❷ [色が] ab|gehen* [s]; aus|fallen* (-|gehen*) [s]; ⁴sich entfärben《染色があせる》; ⁴sich verfärben《同上》/色の剥げた verfärbt; verschossen/洗っても剥げない色 eine [wasch-]echte Farbe, -n.

ばける 化ける ⁴sich verwandeln《*in*⁴》; ⁴sich um|gestalten《*in*⁴》; ⁴sich verkleiden《変装する *als*¹; *in*⁴》/彼は異国人に化けたが, 声は変えられなかった Er verkleidete sich als Fremden, konnte aber seine Stimme nicht verstellen.

はけん 派遣 Absendung f. -en; Abschickung f. -en; Abfertigung f. -en; Delegation f. -en《委員などの》. —— 派遣する ab|senden*⁴; ab|schicken⁴; ab|fertigen⁴/軍隊を派遣する eine Armee 《-n》 ab|senden*/大使を派遣する einen Botschafter senden*. ‖ 派遣軍 die abgeschickten Truppen《pl》.

はけん 覇権 〔Ober〕herrschaft f. -en; Hegemonie f. -n/覇権を握る herrschen《über³》/海上の覇権を握る die Herrschaft zur ³See haben.

ばけん 馬券 Totalisatorkarte f. -n/馬券を買う eine Totalisatorkarte lösen (kaufen).

はこ 箱 Kasten m. -s, ⸚; Schachtel f. -n《厚紙・薄紙・ブリキ製の》; Kiste f. -n《木製の》; Dose f. -n《円筒形の小さい》; Büchse f. -n《同上》; Schatulle f. -n《金・宝石用の》/梨一箱 eine Kiste Birnen ‖ 貯金箱 Sparbüchse《-dose》f. -n/針箱 Nähkästchen n. -s, -/マッチ箱 Streichholzschachtel f.

はごいた 羽子板 Rakett n. -[e]s, -e《des [japanischen] Federballspiels》.

はこいり 箱入りの eingepackt; eingeschachtelt ‖ 箱入娘 Lieblingstochter f. ⸚; sorgsam geschütztes Mädchen f. -.

はごく 破獄 Ausbruch m. -[e]s, ⸚e aus dem Gefängnis/破獄する aus dem Gefängnis aus|brechen*《s》.

はこづめ 箱詰の eingepackt; eingeschachtelt/箱詰の死体 der in eine Kiste gepackte Leichnam, -[e]s, -e/箱詰にする《in einen Kasten》ein|schließen*⁴《ein|packen》; ein|schachteln⁴.

はこにわ 箱庭 Miniaturgarten m. -s, ⸚.

はこばしゃ 箱馬車 der geschlossene Wagen, -s, -.

はこび 運び《持ち運び》das Tragen*, -s;《処置》Einrichtung f. -en; Maßregel f. -n;《進捗(しんちょく)》Fortschritt m. -[e]s, -e; Entwicklung f. -en;《なりゆき》Gang m. -[e]s, -e;《段階》Stufe f. -n/足の運び Schritt m. -[e]s, -e, -/筋肉の運び die Handlung 《-en》《der Erzählung》/ 運びをつける ein|richten⁴; durch|führen⁴;《進捗(しんちょく)させる》fördern⁴;《かたをつける》durch|bringen*⁴; erledigen⁴/実現の運びとなる verwirklicht werden《von³》/原稿はまだ印刷の運びに至らない Die Manuskripte sind noch nicht drucktüchtig.

はこぶ 運ぶ tragen*⁴; bringen*⁴; schaffen⁴; fahren*⁴《車・船で》; transportieren⁴《同上》; befördern⁴《同上》;《進捗する》fort|schreiten⁴《s》; Fortschritte machen;《進める》aus|führen⁴《事などを》glatt vonstatten gehen*《s》/ことばを運ぶ Die Sache hat gute Fortschritte gemacht./しばしば彼の所へ足を運んだ Ich habe ihn oft besucht.

はこぶね 箱舟 Arche f. -n/ノアの箱舟 die Arche ²Noah's.

はこべ《植》Vogelmiere f. -n.

はこや 箱屋 Kasten¦macher《Kisten-》Schachtel- m. -s, -.

はこやなぎ《植》Espe f. -n; Zitterpappel f.

-n.

はごろも 羽衣 Federrobe f. -n.

バザー Basar《Bazar》m. -s, -e; Wohltätigkeitsbasar《慈善市》.

はさい 破砕する《in Stücke》brechen*⁴; zerbrechen*⁴; zerschellen⁴; zerschmettern⁴ ‖ 破砕機 Brecher m. -s, -.

はさかいき 端境期 Außerernteit f. -en; die Jahreszeit《-en》zwischen zwei [Reis-]ernten.

はさまる 挟まる eingeklemmt《eingelegt; eingeschoben; dazwischengelegt》werden; stecken bleiben*《s》; liegen*《zwischen³》; dazwischen|liegen*《介在する》/歯の間に何か挟まった Etwas ist mir zwischen die Zähne gekommen.

はさみ 鋏 Schere f. -n《えび・かになどにも使う》; Gartenschere f. -n《花鋏》; Nagelschere《爪切鋏》; Knipszange f. -n《改札鋏》/鋏を入れる mit der Schere schneiden《庭木などに》; trimmen⁴《犬の毛の刈込み》; lochen⁴《改札》/改札鋏を入れてもらって下さい Lassen Sie Ihre Karte an der Sperre lochen《knipsen》.

はさみうち 挾撃ち Angriff《m. -[e]s, -e》auf beide Flanken《von beiden Seiten》/挾撃きする auf beide Flanken《von beiden Seiten》an|greifen⁴; den Frontal- und Rückenangriff gleichzeitig machen《auf⁴》.

はさみむし 挾虫 Ohrwurm m. -[e]s, ⸚er.

はさむ 挾む stecken⁴《in³》; ein|klemmen⁴; ein|legen⁴; ein|schieben*⁴; ein|stecken⁴; klemmen⁴《in³》/鉛筆を耳に挾む einen Bleistift hinters Ohr stecken/ことばを挾む jm in die Rede fallen*《s》/指で挾む mit den Fingern an|fassen⁴; zwischen den Fingern halten*⁴/戸で指を挾んだ Ich habe mir den Finger in der Tür〔ein〕geklemmt./私が彼のために一言口を挾んだ Ich legte ein Wort für ihn ein.

はさん 破産 Konkurs m. -es, -e; Bankrott m. -[e]s, -e. —— 破産する in Konkurs geraten*《s》; Bankrott machen. ‖ 破産管財〔管財〕人 Konkursverwalter m. -s, -/破産債権 Konkursforderung f. -en/破産債権者 Konkursgläubiger m. -s, -/破産債務 Konkursschuld f. -en/破産債務者 Gemeinschuldner m. -s, -/破産清算人 Treuhänder m. -s, -/破産手続 Konkursverfahren n. -s, -/破産法 Konkursordnung f. -en.

はし 橋 Brücke f. -n/橋を架ける eine Brücke schlagen*《bauen》/ライン川にかかっている橋 die Brücke über den Rhein/この川には橋がない Keine Brücke führt über diesen Fluss. ‖ 橋杭 Brücken¦pfahl m. -[e]s, ⸚e《-pfeiler m. -s, -》/橋桁(げた) Brücken¦träger m. -s, -《-balken m. -s, -》/橋銭 Brückenzoll m. -s, ⸚e/橋台(台) 〔Brücken〕widerlager n. -s, -; Auflager n. -s, -.

はし 箸《Ess》stäbchen n. -s, -/箸で食べる mit Stäbchen essen*⁴《4》/箸にも棒にもかからぬ unverbesserlich; unbekehrbar; hartgesotten ‖ 箸箱 Stäbchenetui n. -s, -s.

はし 端 Ende *n.* –s, –n; Ecke *f.* –n; Rand *m.* –[e]s, ⸚er; Saum *m.* –[e]s, ⸚e／端から端まで von einem Ende bis zum anderen／この廊下の端の左側の入口です Es ist die letzte Tür links am Ende dieses Gangs.／この長屋のいちばん端の家です Das ist die letzte Wohnung dieser Reihenhäuser.

はじ 恥 Schande *f.* –n; Schmach *f.*; [恥じらい] Scham *f.*; [不名誉] Unehre *f.*; [侮辱] Schimpf *m.* –[e]s／恥をかかす beschämen 《*jn*》; in ^{4}Schande bringen* 《同上》; schänden 《同上》; lächerlich (verächtlich) machen; Schande an|tun* 《*jm*》／恥をかく Schande auf ^{4}sich laden*; in ^{4}Schande geraten* [s]; ^{4}sich lächerlich machen／恥を忍ぶ mit ^{3}Schande bestehen*; eine Beleidigung ein|stecken／恥を知る Ehrgefühl 《*n.* –[e]s》 haben／恥をそそぐ seine Ehre wieder|her|stellen／恥の上塗りをする ^{3}sich weiter Schande zu|ziehen*／生き恥をさらす in ^{3}Schande [weiter|]leben／貧は恥ではない ‚Armut ist keine Schande.'／僕は君にこんな恥をかかせたくない Ich will dir diese Schande ersparen.／恥を知れ Schäme dich!

はじいる 恥じ入る ^{4}sich schämen 《^{2}*et*; *über*^{4}; *wegen*$^{2(3)}$; *vor*^{3}》／深く恥じ入る ^{4}sich ins Herz (in die Seele) hinein schämen; ^{4}sich in Grund und Boden schämen.

はしか 麻疹 Masern 《*pl*》／はしかにかかる ^{3}sich Masern holen (zu|ziehen*)／はしかはもうすみました Masern hat er schon hinter sich.

はしがき 端書き Vorwort *n.* –[e]s, –e; Einführung *f.* –en; Einleitung *f.* –en; Vorbemerkung *f.* –en.

はじく 弾く schnellen^4; schnippen^4; ab|stoßen*^{4} 《油が水を》; [拒絶する] aus|schließen*^{4}; zurück|weisen*^{4}; ab|schlagen*^{4}／弦を弾く eine Saite an|streichen* (an|schlagen*)／弾かれたように立つ auf|fahren* [s].

はしくれ 端くれ Schnipfel *m.* –s, – (Schnipsel *m.* (*n.*) –s, –); Schnitzel *n.* (*m.*) –s, –／これでも医者のはしくれです Von Heilkunde verstehe ich, wenn auch nicht viel, so doch einigermaßen.／私も役人のはしくれです Ich bekleide doch ein kleines Amt in der Behörde.

はしけ 艀 Leichter (Lichter) *m.* –s, – ‖ はしけ料 Leichter¦geld *n.* –[e]s, –er (–fracht *f.* –en).

はじける 弾ける bersten* [s]; platzen; auf|springen* [s] ‖ 弾け豆 geröstete Puffbohne *f.* –n.

はしご 梯子 Leiter *f.* –n; Strickleiter *f.* –n 《縄梯子》; [消防用] Dreh¦leiter (Feuerwehr–); die mechanische Leiter; Fahrt *f.* *–en* 《*鉱山の坑内の*》／*梯子の横木* *Sprosse f.* –n; Stufe *f.* –n／梯子をかける eine Leiter an|legen 《*an*^{4}》／梯子酒をする eine Bierreise machen／梯子乗り Akrobat 《*m.* –en, –en》 auf der Leiter; Balanceakt 《*m.* –[e]s, –e》 mit der Leiter／避難梯子 Rettungsleiter; Nottreppe *f.* –n.

はしごだん 梯子段 Treppe *f.* –n; Treppenhaus *n.* –es, ⸚er／梯子段を上る(下りる) [die Treppe] hinauf|gehen* [s] (hinab|gehen* [s]); treppauf (treppab) gehen* [s].

はじさらし 恥さらし 彼は一家の恥さらしだ Er ist die Schande seiner Familie.

はじしらず 恥知らずな frech; schamlos; ruchlos; unempfänglich für ^{4}Schande; ehrlos; schändlich.

はした 端た Bruch *m.* –[e]s, ⸚e; Bruchstück *n.* –[e]s, –e; Rest *m.* –[e]s, –e; das einzelne Stück, –[e]s, –e; die gebrochene Zahl, –en 《半端な数》; Schnippel (Schnipsel) *m.* (*n.*) –s, – 《小片・切端》／はしたを切り捨てる(切り上げる) ab|runden; nach unten runden (nach oben runden)／はしたが二つ出た Es bleibt zwei Stück über. ‖ はした金 die einzelne Münze, –n 《ばら銭》; Kleingeld *n.* –[e]s, –er 《小銭》; die kleine Summe, –n 《小額》.

はしたない ❶ unmanierlich; derb; grob; krude; rüde; ungebührlich; ungehobelt; ungeschliffen. ❷ [所を得ぬ] taktlos; unangebracht; unangemessen; ungehörig; unmöglich.

はしぢか 端近 in der Tür／そこは端近です, どうぞこちらへ So kann ich Sie nicht empfangen, bitte treten Sie näher!

はしっこい flink; adrett; alert; flott; fesch 《気のきく》; gewitz[ig]t 《ずるい》.

ハシッシュ Haschisch *n.* –.

ばじとうふう 馬耳東風と聞き流す in den Wind schlagen*^{4}; nicht beachten^4; sein Ohr verschließen* 《*jm*》; taub sein 《*gegen*^{4}》.

はしばみ 榛 Hasel *f.* –n／榛の実 Haselnuss *f.* ⸚e.

はじまる 始まる an|fangen*; beginnen*; ein|setzen 《季節などが》; ein|treten* [s] 《同上》; aus|brechen* [s] 《戦争・火事が》; entstehen* [s] 《同上》; [起因する] entspringen* [s] 《*in*^{3}》; seinen Ursprung nehmen* 《von ^{3}*et*》; seinen Ursprung haben 《in ^{3}*et*》／一時間めは八時半に始まります Die erste Stunde beginnt um halb neun.／まもなく戦争が始まるだろう Bald wird ein Krieg ausbrechen.／梅雨が始まった Die Regenzeit ist eingesetzt.／一体何事が始まったのだ Was ist denn los?

はじめ 初め Anfang *m.* –[e]s, ⸚e; Beginn *m.* –[e]s; [起源] Ursprung *m.* –[e]s, ⸚e; [手ほどき] Einleitung *f.* –en; [冒頭] Schwelle *f.* –n／初めから von ^{3}Anfang an; von neuem 《改めて》; aufs Neue 《同上》／初めから終わりまで von ^{3}Anfang bis zu ^{3}Ende; von A bis Z／初めに am (im; zu) Anfang; [最初に] erst [ens]; [初期に] früher; [第一に] zunächst; [もともと] ursprünglich／初めの anfänglich; [最初の] der Erste*; [初期の] früh; [もとの] ursprünglich; [手はじめの] einführend／初めて zum ersten Mal; erstmals／初めは anfangs; anfänglich; am Anfang; [もとは] ursprünglich; eigentlich／五(今)月の初めに [am] Anfang Mai (dieses Monats)／年の初めに zu Anfang (Beginn) des Jahres／初めからやり直す wieder von vorn an|fangen*／初めよければ終わりよし ‚Anfang gut, Ende gut.'／そんなことは初めから知っていたよ So was habe ich von vorn gewusst.

〜はじめ … und; sowohl … als 〔auch〕; nicht nur … sondern 〔auch〕/彼をはじめ彼の妻も sowohl er als seine Frau.

はじめて 初めて zum ersten Mal; erstmals; das erste ⁴Mal/…は初めてです Es ist das erste Mal, dass …./初めてそのことを述べたのは彼だった Er war der Erste, der das erwähnte./彼女に会ったのは初めてです Zum ersten Mal habe ich sie gesehen./初めてお目にかかります Es freut mich 〔sehr〕, Sie zu sehen (kennen zu lernen)! ¦ Sehr erfreut, Ihre Bekanntschaft zu machen!

はじめる 始める beginnen*⁴; an|fangen*⁴; [開く] eröffnen⁴; [設立する] errichten⁴; gründen⁴; [着手する] vor|nehmen*⁴/店を始める ein Geschäft eröffnen/仕事を始める(にとりかかる) an die Arbeit gehen* [s]/雨が降り始める Es fängt an zu regnen./何から始めたらよいでしょうか Womit soll ich anfangen?/始めましょうか Wollen wir anfangen?/はじめまして Es freut mich, Sie kennen zu lernen! ¦ Sehr angenehm!

はしゃ 覇者 Gebieter *m.* -s, -; Oberstherrscher *m.* -s, -; [スポーツの] Meister *m.* -s, -; Sieger *m.* -s, -/彼は卓球の覇者となった Er hat die Meisterschaft im Tischtennis erworben.

ばしゃ 馬車 Wagen *m.* -s, -; Fuhrwerk *n.* -〔e〕s, -e; Kutsche *f.* -n《大型四輪馬車》; Kupee *n.* -s, -s; Coupé *n.* -s, -s《二人乗りの箱型》; Equipage *f.* -n《豪華な》; Omnibus *m.* ..busses, ..busse《乗合馬車》; Droschke *f.* -n《辻馬車》;〖方〗Fiaker *m.* -s, -《辻馬車》;〖方〗Komfortabel *m.* -s, -《辻馬車》; Cab *n.* -s, -s; Mietwagen《貸馬車》; Chaise *f.* -n《軽馬車》; Break *m.* -s, -s《同上, 四輪》; Phaet〔h〕on *m.* -s, -s《無蓋(ﾑｶﾞｲ)四輪》; Jagdwagen《猟用車》/馬車で行く in (mit) einem Wagen fahren* [s]; Pferdebahn *f.* -en/一頭立(二頭立)の馬車 Einspänner (Zweispänner) *m.* -s, -/四頭立の馬車 vierspännige Kutsche; Vier¦spänner *m.* -s, -(-gespann *n.* -〔e〕s, -e); Viererzug *m.* -〔e〕s, ⸚e ‖ 馬車馬 Wagen¦pferd *n.* -〔e〕s, -e (Kutsch-); Karrenpferd《荷馬車の》/馬車代 Fahr¦geld *n.* -〔e〕s, -er (-preis *m.* -es, -e)/がた馬車 klappriger Wagen; Klapperkasten *m.* -s, ⸚/儀装馬車 Staatskutsche; Karosse *f.* -n/幌馬車 verdeckter Wagen; Kalesche *f.* -n《軽馬車》; Landauer *m.* -s, -《四人乗りの》/郵便(駅伝)馬車 Postkutsche.

はしゃぐ ⁴sich vor Freude nicht zu lassen wissen*; ⁴sich lustig machen《*über*⁴》; vor Freude an die Decke springen* [s]/はしゃいでいる ausgelassen (lustig) sein; kreuzfidel (quietschvergnügt; lustig und guter Dinge) sein.

パジャマ Schlafanzug *m.* -〔e〕s, ⸚e; Pyjama *m.* -s, -s.

はしゅつ 派出 Absendung *f.* -en; Abfertigung *f.* -en/派出する schicken⁴; ab|fertigen⁴; ab|senden*⁴ ‖ 派出員 Agent *m.* -en, -en/派出所 Zweigstelle *f.* -n; Polizeiwache *f.* -n《交番》/派出婦 Aushilfe *f.* -n; Aushilfs¦frau *f.* -en (-wirtschaftlerin *f.* ..-rinnen).

ばじゅつ 馬術 Reitkunst *f.* ⸚e; Reiterei *f.*; Reiterkünste《*pl*》; Reitsport *m.* -〔e〕s, -e ‖ 馬術〔教〕師 Reit¦lehrer (-meister) *m.* -s, -/馬術練習 Reitstunde *f.* -n/馬術練習所 Reit¦schule *f.* -n (-haus *n.* -es, ⸚er; -platz *m.* -es, ⸚e)/高等馬術 die hohe Schule.

ばしょ 場所 ❶ [場席] Platz *m.* -es, ⸚e; Raum *m.* -〔e〕s, ⸚e; Sitz *m.* -es, -e; Parzelle *f.* -n《一区画の敷地》; Baustelle *f.* -n《同上》/場所をあける Platz (Raum) machen《*jm*》/場所をふさぐ viel Raum (Platz) ein|nehmen*; ⁴sich breit machen/場所ふさぎ Lückenbüßer *m.* -s, -《埋め草·間に合わせ》; Hindernis *n.* ..nisses, ..nisse《じゃま》. ❷ [座席] Sitz; Platz. ❸ [地点] Fleck *m.* -〔e〕s, -e; Stelle *f.* -n; Ort *m.* -〔e〕s, -e; Platz; Stätte *f.* -n/公共の場所で an öffentlichen Orten《道路·広場など》. ❹ [位置·所在地] Lage *f.* -n; Position *f.* -en; Stellung *f.* -en; Örtlichkeit *f.* -en; Ort; Standort; Lokalverhältnisse《*pl*》; Grundstück *n.* -〔e〕s, -e《地面》; Bauplatz《敷地》; Sitz; Lokal *n.* -〔e〕s, -e《現場》; Szene *f.* -n《同上》; 〔Schau〕platz《事件のあった》/場所がら Örtlichkeit; Lokalität *f.* -en; Lage《位置》; Gelegenheit *f.* -en《場合》/場所がらもわきまえずに ohne ⁴Rücksicht auf die Umgebung (die Stelle)/場所がよい(わるい) gut (schlecht) liegen* (gelegen sein); ⁴sich in einer guten (schlechten) Lage befinden*/場所割り Anweisung《*f.* -en》der Plätze/場所割りをする die Plätze an|weisen*. ❺ [相撲の興行期間] 春場所 Frühlings¦wettkampf *m.* -〔e〕s, ⸚e (-turnier *n.* -s, -e).

はじょう 波状 Welle *f.* -n; Wellenform *f.* -en/波状の wellen¦förmig (-artig); wellig ‖ 波状運動 Wellenbewegung *f.* -en/波状攻撃 der wellenförmige Angriff, -〔e〕s, -e/波状スト der wellenförmige Streik, -〔e〕s, -s.

ばしょう 芭蕉〖植〗Bananenbaum *m.* -〔e〕s, ⸚e; Pisang *m.* -s, -e.

ばじょう 馬上で zu Pferde; beritten/馬上の武者 reitender (gerittener) Krieger, -s, -.

はしょうふう 破傷風 Starrkrampf *m.* -〔e〕s, ⸚e; Tetanus *m.* -, -.

はしょる ❶ [すそなどを] auf|schürzen⁴. ❷ [省略] kurz machen⁴; ab|kürzen⁴; ⁴sich kurz fassen⁴.

はしら 柱 ❶ Pfeiler *m.* -s, -; Pfosten *m.* -s, -; Säule *f.* -n《円柱》. ❷ [電柱など] Mast *m.* -〔e〕s, -en (-e); Stange *f.* -n. ❸ [一家·会社などの] Stütze *f.* -n.

はじらう 恥じらう ❶ [赤面する] schamrot werden. ❷ [遠慮する] ⁴sich genieren (scheuen)《*von*³》.

はしらす 走らす laufen lassen*⁴; fahren*⁴《船·車を》; reiten*⁴《馬を》; in die Flucht schlagen*⁴《敗走さす》/使いを走らす einen Boten senden* (schicken)《*nach*³》/駆足(速足, 並足)で馬を走らす 〔im〕 Galopp (Trab, Schritt) reiten*.

はしらどけい 柱時計 Wanduhr *f.* -en.

はしり 走り Erstlinge 《pl》; Frühobst n. -[e]s, -e 《pl は種類を示すとき》; erste Früchte (Gemüse)/鰹の走り der erste Katsuofisch (Bonito) auf dem Markt.

はしり 走り入る(下りる、出る、込む) hinauf|laufen* (hinab|laufen*, hinaus|laufen*, hinein|laufen*)/一走り行ってこよう Ich werde schnell (für) mal hingehen./ここからほんの一走りのところです Es ist nur ein Katzensprung von hier./そのことでずい分走り回りました Ich habe viel Lauferei(en) damit gehabt./家に走り帰った Ich eilte nach Hause.

はしりがき 走り書き die in Eile geschriebenen Zeilen/走り書きをする in Eile (hastig; schnell; flüchtig) schreiben*⁴; hinunter|schreiben*⁴; hin|kritzeln⁴.

はしりたかとび 走り高跳び Hochsprung m. -[e]s, -e.

はしりつかい 走り使い [人] Bote m. -n, -n; Lauf|bursche m. -n, -n (-junge m. -n, -n); [仕事] Boten|gang m. -[e]s, ⸚e (-dienst m. -[e]s, -e)/走り使いをする Botendienste (Botengänge) verrichten.

はしりばばとび 走り幅跳び Weitsprung m. -[e]s, ⸚e.

はしりよみ 走り読みする flüchtig [durch]lesen*⁴ (durch|blättern⁴; überblicken⁴).

はしる 走る laufen* 〘s〙; rennen* 〘s〙; fahren* 〘s〙〘乗物が〙; segeln 〘s〙〘帆走する〙; [馬が] traben 〘s〙; galoppieren 〘s〙/名利に走る nach Ruhm und Reichtum begehren/敵側に走る zum Feind über|laufen* (über|gehen*) 〘s〙/己を極端に走る 4et auf das Äußerste treiben*; in Extrem verfallen* 〘s〙/百メートルは何秒で走れますか In wie viel Sekunden laufen Sie 100 Meter?

はじる 恥じる 4sich schämen(²) 《über*⁴》; [赤面する] erröten 《über*⁴》; schamrot werden/人目を恥じる 4sich schämen, gesehen zu werden/己を恥じる 4sich ²seiner selbst schämen/あなたはそれを恥じるには及びません Sie brauchen sich dessen (deshalb; deswegen) nicht zu schämen.

はしわたし 橋渡しする ❶ vermitteln⁴; jm eine Brücke bauen. ❷ [調停] für jn Fürbitte (ein [gutes] Wort) ein|legen (bei jm); 4sich ins Mittel legen; ins Mittel treten* 〘s〙; 4sich bei jm verwenden*⁴》《für*⁴》.

はす 斜め(に) schräg; diagonal; quer; schief; überzwerch.

はす 蓮 Lotus (Lotos) m. -, -/蓮の花 Lotosblume f. -n ‖ 蓮池 Lotosteich m. -[e]s, -e.

はず 筈(である) sollen*; müssen*; in ³Aussicht stehen*; zu erwarten sein (stehen*)/筈がない nicht können*; kaum (schwerlich) möglich sein; Ich kann unmöglich einsehen, wie (warum).../そんな筈はない Das ist unwahrscheinlich (unglaubwürdig)./列車は午後4時到着の筈だ Der Zug soll um 8 Uhr ankommen.

バス Bass m. -es, ⸚e; Bassist m. -en, -en 〘歌手〙; Basssänger m. -s, - 《同上》.

バス Omnibus m. ..busses, ..busse; Autobus; Bus m. Busses, Busse ‖ バス停 Bushaltestelle f. -n.

バス Badetuch n. -[e]s, ⸚er/バスタブ Badewanne f. -n/バスマット Bademette f. -n/バスルーム Badezimmer n. -s, -/バスローブ Bademantel m. -s, -.

パス Zeitkarte f. -n 〘定期券〙; Freikarte 《無料パス》; Passierschein m. -[e]s, -e 〘通行証〙; [球技] das Zuspielen*, -s/ボールをパスする jm den Ball zu|spielen*/試験にパスする eine Prüfung bestehen*.

はすう 端数 die gebrochene Zahl, -en; Bruch m. -[e]s, ⸚e; Bruchzahl f. -en 〘分数〙.

バズーカほう バズーカ砲 Bazooka f. -s.

ばすえ 場末 Vorstadt f. ⸚e; Vorort m. -[e]s, -e; nächste Umgebung, -en 《einer ²Stadt》/場末の vorstädtisch.

はずかしい 恥ずかしい ❶ [v.] ⁴sich schämen(²) 《über*⁴; wegen²(³)》; Scham empfinden*; ⁴sich in die Erde verkriechen wollen*. ❷ [a.] schändlich; ehrlos; Schande bringend; schimpflich/恥ずかしい話だが Ich muss leider sagen, dass ... ./Zu meiner Schande muss ich gestehen (sei es gesagt), dass ... ./恥ずかしそうに wie beschämt; schamhaft.

はずかしからぬ 恥ずかしからぬ würdig²; achtbar; anständig; ehrenwert; wert².

はずかしがり 恥ずかしがり der Schüchterne* (Scheue*), -n, -n.

はずかしがる 恥ずかしがる schüchtern (gehemmt; scheu) sein*.

はずかしめ 辱め [恥辱] Schande f. -n; Unehre f. -n; [侮辱] Beleidigung f. -en; [強姦] Schändung f. -en; Vergewaltigung f. -en.

はずかしめる 辱める schänden; Schande bringen* 《über jn》; um die Ehre bringen* 《jn》; vergewaltigen⁴ 《婦女を》/家名を辱める die Ehre seiner Familie beflecken; auf (über) seine Familie ⁴Unehre (⁴Schande) bringen*; seine Familie in ⁴Verruf bringen*. —— 辱められる einen Schimpf erleiden*; geschändet (entehrt; missbraucht; vergewaltigt) werden.

パスカル 〘理〙 Pascal n. -s, -.

バスケット Korb m. -[e]s, ⸚e ‖ バスケットボール Basketball m. -[e]s; Korbball.

はずす 外す ❶ ab|nehmen*⁴; ab|stellen⁴; [ab]|trennen⁴; entkuppeln⁴; los|lösen⁴/めがねを外す die Brille (-n) ab|setzen⁴. ❷ [関節を] verrenken⁴; aus|renken⁴. ❸ [機会などを] verfehlen⁴; missen⁴; nicht treffen*⁴; vorbei|treffen*⁴. ❹ [回避] ⁴sich entfernen 《von³》; aus|weichen*³; ⁴sich fort|schleichen* 《von³》.

パスタ 〘料〙 Pasta f.

はすっぱ 蓮葉な flatterhaft; gefallsüchtig; kokett; leichtfertig; windig ‖ 蓮葉娘 Schlampe f. -n; Weibchen n. -s, -.

パステル Pastell m. -[e]s, -e.

パスポート Reisepass m. -es, -e.

はずみ 弾み ❶ Anstoß m. -es, ⸚e; Antrieb m. -[e]s, -e; Impuls m. -es, -e; Schwung-

かraft (Trieb-) f. ¨e; Moment n. -[e]s, -e/はずみが抜ける entmutigt (niedergeschlagen; verzagt) sein; den Mut sinken lassen*/はずみがつく ermutigt (angespornt; aufgemuntert) werden/auf den Schwung bringen* ⟨jn⟩; Dampf dahinter machen/時のはずみで ³der Eingebung des Augenblicks folgend; unter dem ersten Eindruck. ❷ 〔機会〕 Gelegenheit f. -en; Anlass m. -es, -e; Veranlassung f. -en/なにかのはずみで bei irgendwelcher Gelegenheit; auf irgendeine Veranlassung.

はずむ 弾む ❶ 〔はねかえる〕 zurück|prallen (-|schnellen) ⟨s⟩ ⟨von³⟩. ❷ 〔気が〕 ⁴sich auf|muntern; lebhaft (angeregt; animiert; munter) werden/話がはずんでいる Das Gespräch wird lebhaft geführt. / Das Gespräch setzt sich munter fort. ❸ 〔おごる〕 ⁴sich leisten⁴. ❹ 〔息が〕 außer ⁴Atem (atemlos) sein; schwer atmen; keuchen.

パズル Rätsel n. -s, -; Puzzle n. -s, -s.

はずれ 外れ ❶ 〔からくじ〕 Niete f. -n. ❷ 〔失敗〕 Fiasko n. -s, -n) ❸ 〔町の〕 das äußerste Ende ⟨-s, -n⟩ einer Straße; der äußere Rand (-[e]s, ¨er) die nächste Umgebung, (-en) einer Stadt; Randgebiet n. -[e]s, -e; Vorort m. -[e]s, -e; Vorstädte ⟨pl⟩.

はずれる 外れる ❶ ⁴sich los|lösen (los|machen), ⁴sich [ab]|trennen; aus den Fugen gehen* ⟨s⟩; entgleisen ⟨s⟩/柄が外れている Der Griff fehlt. / Der Henkel ist weg. ❷ 〔関節が〕 verrenkt (ausgerenkt) sein. ❸ 〔目的が〕 verfehlen*⁴; missen*⁴; nicht treffen*⁴ (-reichen⁴); vorbei|treffen*⁴. ❹ 〔弾丸が〕 verfehlen⁴; daneben|gehen* ⟨s⟩; nicht treffen*⁴. ❺ 〔道理・規則に〕 verstoßen* ⟨gegen⁴; wider⁴⟩; ab|weichen* ⟨von³⟩; dagegen|handeln; übertreten*⁴.

パスワード Passwort n. -[e]s, ¨er.

はぜ ❶ 〔魚〕 Meergründel f. -n; Gründling m. -s, -e; Kaulkopf m. -[e]s, ¨e. ❷ 〔植物〕 Talgbaum m. -[e]s, ¨e.

はせい 派生する ⁴sich ab|leiten ⟨von³⟩; her|kommen* ⟨von³⟩/この語はギリシア語から派生したものだ Dieses Wort wird vom Griechischen abgeleitet (ist eine Ableitung vom Griechischen; kommt vom Griechischen her). ‖ 派生語 Ableitung f.

はせき 場席 ❶ 〔余地〕 Raum m. -[e]s, ¨e; Platz m. -es, ¨e. ❷ 〔座席〕 Sitz m. -es, -e. ⇨座[席]①.

はせさんじる 馳せ参じる in aller ⟨großer⟩ Eile kommen* (-treten*⁴); eilends (schnellstens) [ab]|fahren* [ab]|reisen ⟨s⟩.

バセドー バセドー病 Basedowsche Krankheit f.

パセリ Petersilie f. -n.

はせる 馳せる rennen* ⟨s⟩; hasten*, ⁴sich beeilen; fahren*⁴ 〔乗物を〕; reiten* ⟨s⟩; galoppieren ⟨馬を〕/使いを馳せる einen Boten senden* (schicken) ⟨nach³⟩/名声を馳せる ³sich ⟨als⁴ et⟩ einen Namen machen. / auf|springen* ⟨s⟩; auf|bersten* ⟨s⟩; los|platzen ⟨s⟩.

はせん 波線 Wellenlinie f. -n.

ばぞく 馬賊 berittener Bandit, -en, -en (Brigant, -en, -en).

パソコン Personalcomputer m. -s, -, ⟨略: PC⟩.

はそん 破損 Schaden m. -s, ¨-; Beschädigung f. -en; Bruch m. -[e]s, ¨e/破損する(している) beschädigt werden ⟨sein⟩; gebrochen (zerbrochen) werden ⟨sein⟩; kaputt gehen*⟨s⟩ 破損箇所 der (das) beschädigte Teil, -[e]s, -e; die beschädigte Stelle, -n.

はた 機 Webstuhl m. -[e]s, ¨e/機を織る weben*¹⁴; wirken*¹ ‖ 機屋 ⟨緑・際⟩/側の者を避ける ⟨事⟩; Weber m. -s, - ⟨人⟩/機械機 der mechanische Webstuhl/機場工場 Weberei f. -en.

はた 側[端] Seite f. -n; Nähe f. ⟨近く⟩; Rand m. -[e]s, ¨er (縁・際)/側の者 die anderen ⟨pl⟩; der Anwesende*, -n, -n ⟨die Umstehenden ⟨pl⟩; Umgebung f. -en ⟨取巻き・側近⟩; Außenseiter m. -s, - ⟨局外者⟩; Zuschauer m. -s, - 〔傍観者〕/側から見ると für den Dritten (die Unbeteiligten; den Außenstehenden)/避難民の状態は側の見る目も気の毒であった Der Zustand der Flüchtlinge erfüllt uns selbst mit Mitleid. — 側で an der Seite; in der Nähe; 〔前置詞を用いて〕 an³; neben³/側で騒ぐ 〔騒動〕 an|treiben*⁴; auf|hetzen⟨s⟩. 2) 〔干渉〕 nicht in Ruhe lassen*⁴; ⁴sich ein|mischen; kiebitzen.

はた 旗 Fahne f. -n; Flagge f. -n; Wimpel m. -s, - ⟨小旗⟩; Banner n. -s, - ⟨腕⟩⟨旗⟩; Standarte f. -n ⟨軍旗・党旗などの標識⟩/旗を上げる die Fahne auf|ziehen* (hin|aus|-hängen); die Fahne herunter|holen (streichen*) ‖ 旗行列 Umzug ⟨m. -[e]s, ¨e⟩ mit Fahnen.

はだ 肌 ❶ Haut f. ¨e 〔皮膚〕; Leib m. -[e]s, -er; Körper m. -s, - ⟨からだ⟩/肌ぬぎになる ³sich die Schultern entblößen/肌を刺すような寒さ die schneidende (beißende) Kälte/一肌ぬぐ jm zur Hilfe an|bieten*/肌を許す ⁴sich jm hin|geben*. ❷ 〔性質〕 Gemütsart f. -en 〔気質〕; Charakter m. -s, -e ⟨性格⟩; Neigung f. -en ⟨性向⟩/彼は学者肌だ Er gehört zum Wissenschaftlertyp./肌に合わない nicht leiden⁴ können*.

バター Butter f./バター臭い 〔においの〕 nach Butter riechend; butterig; 〔西洋の〕 ausländisch; europäisch; fremd; exotisch; von europäischer (fremder) Art 〔angesteckt〕/バターを製造する Butter schlagen* (rühren); buttern/バター付きパン Butterbrot n. -e; Butterschnitte f. -n/バターつきトースト Röstschnitte (geröstete Brotschnitte) ⟨f. -n⟩ mit Butter/パンにバターを塗る Butter aufs Brot schmieren (streichen*); das Brot mit Butter bestreichen* ‖ バターナイフ Buttermesser n. -s, -/バターミルク Buttermilch *f*./バター容器 Butterdose *f*. -n《卓上用バター皿》; Buttertopf *m*. -[e]s, ⸚e《バター壷》/塩入りバター gesalzene Butter/人造バター Kunstbutter; Margarine *f*. -n.

はだあい 肌合い ⇨はだ②.

はたあげ 旗上げ Aufstand *m*. -[e]s, ⸚e; Empörung *f*. -en/旗上げをする ⁴sich auf|stehen*; ⁴sich erheben*; ⁴sich empören《以上どれも *gegen*⁴》; in ³*et* sein Glück versuchen《運だめし》; ⁴sich auf (in) eine neue Unternehmung ein|lassen*《起業》.

ばだい 場代 Preis *m*. -es, -e《eines Platzes 席料》; Eintrittsgebühren《*pl* 入場料》.

はたいろ 旗色 Kriegsglück *n*. -[e]s《戦運》; die Aussicht《-en》auf Sieg; Lage *f*. -n《形勢》; Lauf *m*. -[e]s, ⸚e《なりゆき》/旗色がよい Das Kriegsglück lächelt *jm*. ¦ Das Glück ist *jm* günstig. ¦ Die Lage wendet sich zum Guten./旗色が悪い Das Kriegsglück lächelt *jm* nicht. ¦ Das Glück kehrt *jm* den Rücken. ¦ Die Lage wendet sich zum Bösen./旗色をうかがう den günstigen Augenblick ab|warten; eine abwartende Haltung ein|nehmen*.

は

はたおりむし 機織虫 Heuschrecke *f*. -n.

はだか 裸の ❶ nackt; bloß; entkleidet《衣服を脱いだ》; ungekleidet《衣服をつけていない》/丸裸の ganz nackt; splitternackt/裸になる ⁴sich entkleiden; ⁴sich nackt aus|ziehen*; kahl werden《樹木が》/裸にする entkleiden⁴; nackt aus|ziehen*⁴/裸になって話し合いをする ⁴sich mit *jm* offenherzig unterhalten*. ❷ [無一文の] mittellos; ohne ⁴Geld/裸にする aus|plündern⁴《強奪などで》/裸にされる ausgeplündert werden/裸一貫で mit leeren Taschen.

はだかうま 裸馬 ein nacktes (ungesatteltes) Pferd, -[e]s, -e/裸馬に乗って auf nacktem (ungesatteltem) Pferd.

はたがしら 旗頭 Haupt *n*. -[e]s, ⸚er; Führer *m*. -s, -; Häuptling *m*. -s, -e.

はだかび 裸火 das bloße Licht, -[e]s, -er.

はだかむぎ 裸麦 Roggen *m*. -s, -.

はたき Staubwedel *m*. -s, -/はたきをかける mit einem Wedel ab|stauben⁴.

はだぎ 肌着 Unterkleid *n*. -[e]s, -er; Unterhemd *n*. -[e]s, -en《とくにシャツ》; Wäsche *f*. -n《総称》.

はたく ❶ [払う] ab|stauben⁴; aus|klopfen⁴. ❷ [打つ] schlagen*⁴; klopfen⁴. ❸ [なぐる] ohrfeigen; einen Klaps geben*《*jm*》; einen langen (knallen). ❹ [空にする] [aus|]leeren⁴/財布の底をはたく ⁴sich völlig (restlos) verausgaben; bis auf den letzten Groschen aus|geben*.

はた[け] 畑 ❶ Feld *n*. -[e]s, -er; Acker *m*. -s, ⸚; Flur *f*. -en; Küchen¦garten (Gemüse-) *m*. -s, ⸚《野菜園》/畑を耕やす den Acker bauen (bestellen); ackern⁴; pflügen⁴/畑で働く auf dem Feld arbeiten. ❷ [専門] Fach *n*. -[e]s, ⸚er; Fachgebiet *n*. -[e]s, -e; Arbeits¦feld (Tätigkeits-) *n*. -[e]s, -er/それは僕の畑じゃない Das schlägt nicht in mein Fach.《専門外》; Das liegt außerhalb meiner Kompetenz.《権限外》/外交畑で働いている Er steht in diplomatischen Diensten.

はたけ [皮膚病] Schuppenflechte *f*. -n; Krätze *f*. -n; Räude *f*. -n.

はだける die Brust entblößen《胸を》/胸をはだけて mit offener Brust.

はたざお 旗竿 Fahnenmast *m*. -[e]s, -en (-e); Flagg[en]stock *m*. -[e]s, ⸚e.

はだざむい 肌寒い kalt; frostig.

はだざわり 肌触り Gefühl *n*. -[e]s/肌触りが堅い(柔らかい, よい) ⁴sich hart (weich, angenehm) an|fühlen.

はだし 裸足・跣 nackte Füße《*pl*》/はだしの barfüßig/はだしで barfuß/はだしになる barfuß werden/くろうとはだしである Fachleute beschämen.

はたしあい 果たし合い Zweikampf *m*. -[e]s, ⸚e. ⇨けっとう(決闘).

はたしじょう 果たし状 [die schriftliche] Herausforderung《-en》[zum Zweikampf].

はたして 果たして(果たせるかな) ❶ wie erwartet (vermutet); wie ich gedacht (gefürchtet) habe/果たして然らば wenn das so ist (dem so ist); wenn es der Fall ist/果たしてそれでよかった Wie erwartet, stellte es sich als richtig heraus (erwies es sich als richtig)./果たせるかな, そうは行かなかった Es fiel anders aus, wie ich gefürchtet hatte. ❷ [実際] in der Tat; tatsächlich; wirklich.

はたじるし 旗じるし Wappen *n*. -s, -《紋章》; Wappenbild *n*. -[e]s, -er; Schlagwort *n*. -[e]s, -e《標語》.

はたす 果たす ❶ [実行・遂行] erfüllen⁴; aus|führen⁴ (durch|-); erledigen⁴; erreichen⁴; vollenden⁴; vollziehen*⁴/義務(条件)を果たす eine Pflicht (eine Bedingung) erfüllen/目的を果たす das Ziel erreichen; ans Ziel kommen* [s]; zum Ziel gelangen [s]/使命を果たす seine Aufgabe vollenden/約束を果たす ein Versprechen erfüllen; sein Wort halten*. ❷ [満足さす] Genüge tun*³ (leisten³); erfüllen⁴; genügen³/望みを果たす *js* Wunsch erfüllen (gewähren)/要求を果たす einem Anspruch Genüge leisten.

はたち 二十[歳] das zwanzigste Lebensjahr, -[e]s / 二十(二十代)である zwanzig Jahre alt (in den Zwanzigern) sein/二十前である unter zwanzig Jahre alt sein/noch nicht zwanzig sein/二十を過ぎている über zwanzig Jahre alt sein; über die Zwanzig hinaus sein.

はたと ❶ [突然] plötzlich; auf einmal/はたと戸を閉める die Tür zu|schlagen*. ❷ [全く] gänzlich; völlig/はたと当惑する Plötzlich weiß er keinen Rat mehr. ¦ Da weiß er nicht ein noch aus (weder hin noch her). ❸ はたとにらむ auf *jn* einen stechenden Blick werfen*; *jm* einen stechenden Blick zu|werfen*.

はタバコ 葉タバコ das getrocknete Tabakblatt, -[e]s, ⸚er.

ぱたぱた ❶ [騒々しく] flatternd; klappernd/ぱたぱたする flattern [h,s]《場所の移動の時は

ばたばた [s]; klappern《戸などが》; ⁴sich überstürzen《あわてる》;《mit Händen und Füßen》zappeln《もがく》; strampeln [h]《同上》/ばたばた羽ばたきする mit den Flügeln schlagen*(flattern)《鳥が》. ❷〔つうけつぎまに〕einer nach dem anderen; in rascher Folge/ばたばた倒れる schnell hintereinander hin|fallen* / 仕事をばたばた片づける die Arbeit schnell ab|machen.

ばたばた ばたばたする flattern《帆・旗など》; trappeln [h.s]《足音》/翼をばたばたさせる mit den Flügeln schlagen*.

はたび 旗日〔祭日〕Nationalfeiertag m. -[e]s, -e.

バタフライ〔水泳〕Butterfly|stil (Schmetterlings-) m. -[e]s, -e.

はたふり 旗振り〔人〕Signalgeber m. -s, -; Winker m. -s, -.

はだみ 肌身 Körper m. -s, -/肌身離さず持っている immer bei ⁴sich tragen*⁴(haben)/肌身を許す ⁴sich jm hin|geben*.

はためく flattern《旗など》; fliegen*[s.h]; wehen.

はたもち 旗持 ⇨きしゅ(旗手).

はたらかす 働かす 〔人を〕beschäftigen*; arbeiten lassen*⁴; ⁴et zu tun geben*³.〔機械などを〕betätigen*; in Gang bringen*⁴; in Bewegung (Tätigkeit) setzen*⁴. ❸〔頭を〕mit ⁴sich zu Rate gehen*;³sich beikommen lassen*⁴; 《俗》aus|klügeln*⁴/想像力を働かす seiner Fantasie freien Lauf lassen*.

はたらき 働き Arbeit f. -en〔仕事〕; Tätigkeit f. -en〔活動〕; Fähigkeit f. -en〔能力〕; Talent n. -[e]s, -e〔才能〕; Verdienst n. -[e]s, -e〔功績〕; Funktion f. -en〔機能〕/働きのある fähig; gewandt; tüchtig/働きのある人, der fähige Mensch, -en, -en (Kopf, -[e]s, ⸚e)/ 働きのきかない beschränkt; unfähig; untüchtig/働きのない人 Versager m. -s, -; Taugenichts m. -[es], -e/働き者 der fleißige Arbeiter, -s, -; Ernährer m. -s, -;〈一家の〉die tüchtige Kraft, ⸚e〈会社・工場などの〉/働き盛りの Er ist in den besten Jahren./それは私の働きではなかったのです Das war nicht mein Verdienst./心臓の働き die Funktion des Herzens.

はたらきかける 働きかける ein|wirken《auf⁴》; an jn mit ⁴et heran|treten*[s]; ⁴sich verlegen auf⁴; ⁴sich wenden*《an⁴; mit⁴》; Fühlung nehmen*《mit⁴》/この件では政府に働きかけるつもりだ Er ist mit dieser Angelegenheit an die Regierung herangetreten./彼らは彼を働かそうと働きかけた Sie wirkten auf ihn ein.

はたらきぐち 働き口 Stelle f. -n;〔An〕stellung f. -en; Arbeit f. -en/働き口を探す eine Stellung suchen; ⁴sich nach Arbeit um|sehen*/働き口を見つける Arbeit finden*; angestellt werden《bei³》.

はたらきばち 働き蜂 Arbeitsbiene f. -n; Arbeiterin f. -rinnen.

はたらく 働く arbeiten《an³》; schaffen*; ⁴sich beschäftigen《mit³》; ⁴sich betätigen《an³; bei³》. ❷〔ほねをおる〕⁴sich bemühen《um⁴》; es ³sich angelegen sein lassen*⁴/あの人の信用を博するように一つ働いてみましょう Ich werde es mir mal angelegen sein lassen, sein Vertrauen zu gewinnen. ❸〔悪事などを〕begehen*⁴; verüben*⁴/悪事を働く ein Verbrechen (ein Vergehen) verüben. ❹〔勤務する〕angestellt sein《bei³》; eine Stellung (ein Amt) bekleiden; ein Amt verwalten (versehen*); arbeiten/会社の責任ある地位で働いている Er bekleidet eine verantwortliche Stellung in der Firma./彼女は A さんの所で五年間お手伝いさんをして働いた Sie hat als Haushälterin bei Herrn A fünf Jahre gedient (gearbeitet). ❺〔活動する〕wirken《als》; tätig sein《als》; fungieren《als》. ❻〔機械が〕funktionieren; arbeiten; laufen*[s].

はたん 破綻 ❶〔失敗〕Misserfolg m. -[e]s, -e; das Misslingen*, -s; Verfall m. -[e]s; das Versagen*, -. ❷〔決裂〕Bruch m. -[e]s, ⸚e; Entzweiung f. -en; Uneinigkeit f. -en. ❸〔破産〕Bankrott m. -[e]s, -e; Konkurs m. -es, -e; Börsensturz m. -es, ⸚e〔相場の〕. ── 破綻をきたす Schiffbruch erleiden*[s];《an³》scheitern [s]; versagen; zahlungsunfähig werden; Konkurs machen.

はだん 談談 Bruch m. -[e]s, ⸚e〔すでにまとまっていたもの〕; Abbruch m. -[e]s, ⸚e〔交渉中のものの〕/破談にする brechen*⁴《すでにあるもの》; ab|brechen*⁴《進行中のもの》.

ばたん peng!/ドアをばたんと閉める die Tür zu|schlagen*(zu|knallen).

ばたん ¶ ばたんと戸を閉める eine Tür zu|schlagen*/戸がばたんとしまった Die Tür ist zugeschnappt.

はたんきょう 巴旦杏 Mandel f. -n.

はち 八 acht/第八の der (die; das) achte*/八分の一 Achtel n. -s, -/額に八の字を寄せる die Stirn runzeln/腹八分目にしておく mäßig essen*/八時間労働 Achtstundentag m. -[e]s, -e/八分音符 Achtelnote f. -n/八分休符 Achtelpause f. -n.

はち 蜂 Biene f. -n〔蜜蜂〕; Wespe f. -n《スズメバチ属》; Hornisse f. -n《スズメバチ属》; Hummel f. -n《マルハナバチ》/蜂の巣 Bienenstock m. -[e]s, ⸚e〔蜜蜂の〕; Wespennest n. -[e]s, -er《スズメバチなどの》/蜂の針 der Stachel (-s, -n) der Biene/蜂に刺される von der Biene gestochen werden/蜂の巣をつついたような騒ぎになる(である) in äußerste Verwirrung geraten*[s] (in äußerster Verwirrung sein).

はち 鉢 Becken n. -s, -《たらい形》; Krug m. -[e]s, ⸚e《つぼ形》; Schüssel f. -n《盤形》; Topf m. -[e]s, ⸚e《深なべ形》; Vase f. -n《花瓶》; Hirnschale f. -n《頭蓋》/植木鉢 Blumentopf m. -[e]s, ⸚e.

ばち 撥 Plektron n. -s, ..tren (..tra) Schlagring m. -[e]s, -e〔琵琶(びわ)の〕; Spielblättchen n. -s, -《マンドリン》.

ばち 枹 Trommelschlegel m. -s, - (-stock m. -[e]s, ⸚e)《太鼓の》.

ばち 罰 Strafe f. -n; Bestrafung f. -en; Züchtigung f. -en〔こらしめ〕; Verdammnis

はちあわせ 鉢合せする *jm* mit dem Kopf stoßen* 〈頭を〉; treffen*⁴ 〈出会う〉; zusammen|stoßen* 〚s〛〈衝突する〉.

はちうえ 鉢植 Topfblume *f.* -n〈花〉; Topfpflanze *f.* -n〈植物〉.

ばちがい 場違い falsch eingesetzt; nicht angebracht; ungeeignet; ungehörig; unpassend/君の非難はここでは場違いだ Deine Vorwürfe sind hier fehl am Platz.

はちがつ 八月 August *m.* -[e]s (-), -e〈略: Aug.〉.

パチカン パチカン市国 die Vatikanstadt/パチカンの vatikanisch ‖ パチカン宮殿(法王庁) Vatikan *m.* -s; Vatikanpalast *m.* -s.

はちきれる はち切れる bersten* 〚s〛; platzen 〚s〛; zerspringen* 〚s〛/はちきれそうに元気である bei Kräften sein; voll von Kraft sein/砂糖の袋にはお砂糖がいっぱい詰まってはちきれそうだ Der Sack ist zum Platzen voll mit Zucker.

はちく 破竹の勢いで mit unwiderstehlicher Gewalt.

ばちくり ¶ 目をばちくりする mit den Augen blinzeln; große Augen machen〈驚いて〉.

はちじひげ 八字髭 Knebelbart *m.* -[e]s, ¨e〈先のとがった〉; Schnurrbart.

はちじゅう 八十 achtzig/第八十 der (die, das) achtzigste*/八十分の一 Achtzigstel *n.* -s, -.

はちじゅうしょう 八重唱(曲)(八重奏(曲))〚楽〛Oktett *n.* -[e]s, -e.

バチスカーフ Bathyskaph *m.* -en, -en; Bathyscaphe *m.* (*n.*) -[s], -..

はちどり 蜂鳥 Fliegenvogel *m.* -s, ¨.

ばちばち ばちばち拍手する in die Hände klatschen/目をばちばちさせる mit den Augen blinzeln/火がばちばち燃えている Das Feuer knistert.

はちまき 鉢巻する ein Handtuch um den Kopf winden*.

はちみつ 蜂蜜 Honig *m.* -s.

はちめんたい 八面体〚数〛Oktaeder *n.* -s, -; Achtflächner *m.* -s, -.

ぱちゃぱちゃ ⇨ぴちゃぴちゃ.

はちゅうるい 爬虫類 Kriechtier *n.* -[e]s, -e; Reptil *n.* -s, -(..tilien).

はちょう 波長 Wellenlänge *f.* -n/長(中、短、極短)波(長) Langwelle (Mittelwelle, Kurzwelle, Ultrakurzwelle) *f.* -n/波長を...局に合わせる einen Sender ein|stellen ‖ 波長計 Wellenmesser *m.* -s, -.

ハチョウ ハ調〚楽〛C-Dur *n.* -〈長調, 記号: C〉; c-Moll *n.* -〈短調, 記号: c〉.

ぱちり ¶ ぱちりとカメラのシャッターを押す knipsen.

バチルス Bazillus *m.* -, ..llen; Stäbchenpilz *m.* -es, -e/バチルス(について)の bazillär /政界のバチルス politischer Bazillus (Unruhstifter *m.* -s, -).

ぱちんこ knips!; knaps!; klipp!; klapp!/切符にぱんと鋏を入れる die Fahrkarte knipsen.

ぱちんこ [飛び道具] Schleuder *f.* -n, -. ❷ [遊技場の] Spielautomat *m.* -en, -en.

はつ 発 ❶ Abfahrt *f.* -en〈略: Abf.〉/午後九時発の列車 der 21- Uhr-Zug. -[e]s, ¨e/二十九日午前一時羽田空港発 Abflug am 29. um 1 Uhr vom Flughafen Haneda/午前九時東京発、午後一時大阪着 9 Uhr ab Tokio, 13 Uhr an Osaka《旅行表などの書き方》/新聞ロンドン発ユーピー〈新聞〉London UP. ⇨はつでん. ❷ [弾の数] Schuss *m.* -es, ¨e/五発うつ fünf Schüsse ab|geben*.

ばつ 閥 Clique *f.* -n; Sippschaft *f.* -en;〚蔑〛Klüngel *m.* -s, -;〚党派〛Fraktion *f.* -en; Partei *f.* -en;〚党派心〛Cliquenwesen *n.* -s;〚排他・独占主義〛Exklusivität *f.*/〚排他・独占主義〉/閥をつくる eine Clique (Koterie) bilden ‖ 閥族 Clan *m.* -s; Lehns|verband (Stamm-) *m.* -[e]s, ¨e; Clanschaft *f.*/閥族政府 Clankabinett *n.* -[e]s, -e/閥族打破 Zerstörung *f.* -en) des Cliquenwesens/学閥 akademische Clique; Zunft (*f.* ¨e) der ²Gelehrten.

ばつ 罰 Strafe *f.* -n; Bestrafung *f.* -en; Züchtigung *f.* -en〈懲罰〉/罰を課する(罰する) eine Strafe auf|erlegen (*jm*); eine Strafe verhängen (über *jn*); [be]strafen (*jn*)/罰を受ける eine Strafe [er]leiden*; in ⁴Strafe verfallen* 〚s〛; bestraft werden《wegen²⁽¹⁾》/罰を免じる(赦す) eine Strafe erlassen* (schenken) (*jm*, *für*¹)/罰を免れる ungestraft davon|kommen* 〚s〛.

ばつ ばつが悪い ⁴sich verlegen fühlen〈具合が悪い〉; ⁴sich schämen〈恥かしい〉/ばつが悪そうな目付き verlegene Blicke (*pl*)/ばつを合わせる in demselben Ton ein|stimmen《mit *jm*》; bei|stimmen (zu|stimmen)(*jm*); einen Blick des Einverständnisses tauschen《mit *jm*》.

はつあん 発案 Vorschlag *m.* -[e]s, ¨e; Anregung *f.* -en; Einfall *m.* -[e]s, ¨e; Idee *f.* -n; Gedanke *m.* -ns, -n; Plan *m.* -[e]s, ¨e/それは彼の発案ではない Dieser Gedanke stammt nicht von ihm./誰の発案ですか Wer ist auf den Gedanken gekommen?/彼が発案者です Er ist der Vater des Gedankens./彼の発案でこの計画は実行された Auf seine Anregung hin (Auf seinen Vorschlag) wurde dieser Plan durchgeführt./私の発案はどれもいれられなかった Meine Vorschläge haben keine Gegenliebe gefunden. ⇨はつい.

はつい 発意 Initiative *f.* -n; Anregung *f.* -en/自分の発意でやったのだ Er handelte aus eigener Initiative. ⇨はつあん.

はついく 発育 Wachstum *m.* -s; Entwicklung *f.* -en/発育のよい gut gewachsen/発育の悪い im Wachstum zurückgeblieben/発育盛り Wachsalter *n.*/発育盛りの子 Kind *n.* -[e]s, -er) im Wachsalter. ── 発育する [auf]wachsen* 〚s〛; ⁴sich ent|wickeln; groß werden.

はつうり 初売り der erste Verkauf, -[e]s, ¨e

はつえんとう 発煙筒 Rauch[melde]patrone f. -n; 〔航〕Rauchofen m. -s, ≃ 〈風口測定用〉.

はつおん 発音 Aussprache f. -n/発音どおりに so wie ein Wort ausgesprochen wird/発音どおりの綴字法 die der Aussprache gemäße Rechtschreibung/発音の誤り die falsche (schlechte) Aussprache. ── 発音する aus|sprechen*[4]/彼は発音がよい Er spricht akzentfrei. ‖ 発音学 Aussprachelehre f. -n; Phonetik f. /発音器官 Sprechorgan n. -s, -e (-werkzeug n. -[e]s, -e)/発音記号 das phonetische Zeichen, -s, -.

はっか 薄荷 [Pfeffer]minze f. -n/はっか油 [Pfeffer]minzöl n. -[e]s, -e/はっか入りドロップ Pfefferminzplätzchen n. -s, -/はっか脳 Menthol n. -s, -.

はっか 発火 Entzündung f. -en 〔引火〕; Verbrennung f. -en 〔燃焼〕; das Feuern*, -s 〔発射〕. ── 発火する *sich entzünden*; Feuer fangen*. ‖ 発火点 Entzündungspunkt m. -[e]s, -e/自然発火 Selbstentzündung f. -en.

はつが 発芽 das Keimen*, -/発芽する keimen; sprießen* ⓢ; sprossen ⓢ.

ハッカー 〔電算〕Hacker m. -.

はっかい 発会 Eröffnung f. -en/発会するeröffnen[4] ‖ 発会式 Eröffnungsfeierlichkeit f. -en.

はっかく 発覚 Entdeckung f. -en; Enthüllung f. -en; Bloßstellung f. -en/発覚する entdeckt (enthüllt) werden 〈von[3]〉/an den Tag (ans Licht) kommen* ⓢ.

はっかく 八角[形] Achteck n. -[e]s, -e; Oktogon n. -s, -e/八角[形]の achteckig; oktogonal.

はつかねずみ 二十日鼠 Maus f. ≃e.

はっかん 発汗 Schweißausbruch m. -[e]s, ≃e; das Schwitzen*, -s;〔医〕Hautausdünstung f. -en/発汗の効ある schweißtreibend. ── 発汗させる zum Schwitzen bringen*[4]. ── 発汗する schwitzen. ‖ 発汗剤 Schweißmittel n. -s, -/発汗療法 Schwitzkur f.

はっかん 発刊 Herausgabe f. -n; Verlag m. -[e]s, -e; Neuherausgabe 〔創刊〕/発刊する heraus|geben*[4] verlegen[4]; publizieren[4] neu heraus|geben*[4]〔創刊する〕/その新しい雑誌はまもなく創刊される Die neue Zeitschrift erscheint bald.

はつがん 発癌性の krebserzeugend (Krebs erzeugend); karzinogen ‖ 発癌性物質 ein krebserzeugender (Krebs erzeugender; karzinogener) Stoff, -[e]s, -e.

はっき 白旗 ⇨らはた.

はっき 発揮 Entfaltung f. -en; das Zeigen*, -s; Offenbarung f. -en/発揮する entfalten[4]; zeigen[4]; offenbaren[4]; beweisen*[4]/実力を発揮する seine (wirkliche) Fähigkeit beweisen*.

はつぎ 発議 Vorschlag m. -[e]s, ≃e; Antrag m. -[e]s, ≃e; Initiative f. -n/発議する einen Vorschlag machen 〈zu[3]〉; jm vor|schlagen*[4]; einen Antrag stellen 〈bei jm; auf[4]〉; jm beantragen[4] ‖ 発議者 der Vorschlagende*, -n, -; Antragsteller m. -s, -.

はっきゅう 薄給 das kleine (kärgliche; knappe) Gehalt, -[e]s, ≃er; Hungerlohn m. -[e]s, ≃e.

はっきょう 発狂 Wahnsinn m. -[e]s; Verrücktheit f. -en/発狂した wahn|sinnig (irr-); verrückt; toll. ── 発狂する wahnsinnig (verrückt; toll) werden. ‖ 発狂者 der Wahn|sinnige* (Irr-) (Verrückte*), -n, -n.

はっきり はっきりした〔明白な〕deutlich; klar; 〔正直な〕offen; 〔明確な〕genau; sicher; 〔明確な〕bestimmt; entschieden; scharf, -schieden, -ste/はっきりした頭 der klare Kopf, -es, ≃e/はっきりした発音 die deutliche Aussprache, -n/はっきりした返事 die bestimmte Antwort, -en/はっきりしない天気 das schwankende Wetter, -s, -/はっきり言うと offen gesagt/はっきりと断わる rund ab|schlagen*[4]/はっきりおっしゃって下さい Bitte, sagen Sie es geradeheraus!/はっきりとは存じません Ich weiß es nicht genau.

はっきん 白金 〔化〕Platin n. -s 〔記号: Pt〕.

はっきん 罰金 [Geld]strafe ([Geld]buße) f. -n; Strafgeld n. -[e]s, -er 〔科[罰]金〕/罰金で済む mit einer Geldstrafe davon|kommen* ⓢ/罰金を課する eine Geldstrafe auf|erlegen 〈jm〉; mit einer Geldstrafe belegen 〈jm〉; um Geld strafen 〈jm〉; zu einer Geldstrafe verurteilen 〈jm〉/彼は千円の罰金に処せられた Er wurde zu tausend Yen [Geldstrafe] verurteilt./彼はスピード違反のために一万円の罰金を取られた Er musste wegen der Geschwindigkeitsüberschreitung zehntausend Yen Strafe bezahlen.

パッキング ❶〔荷造り〕das Einpacken*, -s; Verpackung f. -en. ❷〔詰め物〕Füllmaterial (Stopf-) n. -s, -...lien; Holzwolle f. 〔木屑の〕. ❸〔管の継ぎ目の〕Dichtungsmaterial n. -s, -...lien; Dichtungsring m. -[e]s, -e 〔環状の〕.

バック ❶ [n.] Rücken m. -s, -; Rückseite f. -n 〔背後〕; Hintergrund m. -[e]s, ≃e; Verteidiger m. -s, - 〔後衛の〕; Beistand m. -[e]s, ≃e 〔後援者〕; Unterstützer m. -s, - 〔同上〕. ❷ [adv] rückwärts 〔後方へ〕. ── バックする(させる) rückwärts gehen* ⓢ (rückwärts gehen lassen*). ‖ バックアップ バックデッキング f.; Schützhilfe f. -n/バックグラウンドミュージック Hintergrundmusik f./バックストローク Rückenschwimmen n. -s/バックナンバー alte Nummer, -n 〈einer ²Zeitung (Zeitschrift)〉/バックハンド〔テニス〕Backhand m. -[s], -s; Rückhand f./バックハンドスピン Rückhandschlag m. -[e]s, ≃e/バックボーン Rückgrat n. -[e]s, -e 〔背骨〕; Charakterstärke f. 〔気骨〕; Festigkeit f. 〔硬骨〕; Willenskraft f. -en 〔意志力〕/あの男にはバックボーンがある(ない) Er ist ein [Mann von festem] Charakter. (Er hat keine[n] Schneid.) Er ist ein Waschlappen.)/バックミラー Rückblickspiegel m.

パック Packung f. -en; Gesichtsmaske f. -n

バックスキン Wildleder n. -s, -; Buckskin m. -s, - / バックスキンの aus ³Wildleder; aus ³Buckskin / バックスキンの靴 Wildlederschuh m. -[e]s, -e.

はっくつ 発掘 Ausgrabung f. -en / 発掘する aus|graben*⁴; öffnen⁴ 《墓を》 ‖ 発掘品 Fund m. -[e]s, -e.

はっくぶ 八九分〔通り〕 fast; beinahe; zehn gegen eins / 仕事は八九分かたつづいた Die Arbeit ist beinahe fertig.

ばっくり ⇨はっくり

ばつぐん 抜群の hervorragend; ausgezeichnet; unübertrefflich; unvergleichlich; einzig / 抜群の功績 außerordentliches Verdienst, -[e]s, -e / 抜群の成績で mit vorzüglicher Leistung / 抜群の成績で試験に及第する eine Prüfung mit Glanz bestehen* / 彼の勇気は抜群だ Mut zeichnet ihn aus. / 彼は数学(学識)が抜群だった Er zeichnete sich [unter (vor) andern] in Mathematik (durch seine Kenntnisse) aus.

はっけ 八卦 Weissagung f. -en; Propheziung f. -en / 八卦を見る jm weis|sagen⁴ (*p.p.* geweissagt) / 当たるも八卦当たらぬも八卦 Eine Prophezeiung kann eintreffen oder nicht.

はっけい 八景 ¶ 近江八景 die acht Gesichter von Biwasee; die acht Sehenswürdigkeiten am Biwasee.

はっけっきゅう 白血球 das weiße Blutkörperchen, -s, -; Leukozyten (*pl*).

はっけつびょう 白血病 Leukämie f. -n; Blutkrebs m. -es, -e / 白血病の leukämisch.

はっけん 発見 Entdeckung f. -en — 発見する entdecken⁴; finden*⁴; auf|decken⁴ 《暴露する》/ 犯人は死体となって発見された Der Verbrecher wurde tot aufgefunden. ‖ 発見者 Entdecker m. -s, -; Finder m. -s, - 《拾得物などの》.

はつげん 発言〔権〕 Wort n. -[e]s, -e / 発言を求める ums Wort bitten*; ⁴sich zu Wort melden / 発言を許す jm das Wort geben⁴ (erteilen) / 発言を許される das Wort erhalten* / 発言を禁じる jm das Wort entziehen* (verbieten*) / 発言を有する das Wort haben* / ここでは発言権がない Ich habe hier nicht mitzusprechen. / この情勢変化で反対党の発言が大きくなった Durch diese Wendung hat jetzt die Opposition mehr Wort. — 発言する das Wort ergreifen* (nehmen*; führen).

ばっこ 跋扈 das anmaßende Benehmen, -s; Ausgelassenheit f. -en 《わがまま》; Zügellosigkeit f. -en 《放恣》; das Überhandnehmen*, -s 《蔓延》; das Umsichgreifen* (Vorherrschen*), -s. — ばっこする ⁴sich anmaßend benehmen* 《わがままにふるまう》; ausgelassen (mutwillig; ungezähmt; zügellos) werden; überhand|nehmen* 《蔓延する》; um ⁴sich greifen*; vor|herrschen*.

はつこい 初恋 js erste Liebe.

はっこう 発行 Herausgabe f. -n; Verlag m. -[e]s, -e; Ausgabe f. -n 《株券・紙幣などの》/ 毎日(週, 月)発行の täglich (wöchentlich, monatlich) herausgegeben / この雑誌は発行部数が多い Diese Zeitschrift hat einen großen Leserkreis. — 発行する heraus|geben*⁴; verlegen⁴; publizieren⁴; aus|geben*⁴. ‖ 発行価格 Emissionskurs m. -es, -e / 発行禁止 das gesetzliche Verbot 〈-[e]s, -e〉 der Herausgabe / 発行所 Verlagsbuchhandlung f. -en / 発行停止 die Einstellung 《-en》 der Herausgabe / 発行人 Herausgeber m. -s, - / 発行年 Erscheinungsjahr n. -[e]s, -e / 発行日 Erscheinungsdatum m. -[e]s, -e / 発行部数 Auflage(höhe) f. -n.

はっこう 薄光 das gedämpfte Licht, -[e]s, -er.

はっこう 薄幸な unglücklich; unselig.

はっこう 醗酵 Gärung f. -en; Fermentation f. -en / 醗酵性の gärungsfähig. — 醗酵する gären*⁴; fermentieren / ワインが醗酵して酢になった Der Wein ist zu Essig gegoren. ‖ 醗酵素 Gär:mittel n. -s, - 〈-(stoff m. -[e]s, -e); Ferment n. -[e]s, -e.

はっこう 発光 [Aus]strahlung f. -en; das Strahlen*, -s. — 発光する [aus]strahlen; Licht aus|strömen. ‖ 発光菌 Strahlenpilz f. -es, -e / 発光体 der strahlende Körper, -s, - / 発光塗料 Leuchtfarbe f. -n.

はっこう 発航 Abfahrt f. -en; Abreise f. -n / 発航する ab|fahren* 〈s〉; ab|segeln 〈s〉.

はっこう 発効 In-Kraft-Treten -s; Inkraftsetzung f. -en / 発効する ⁴in ⁴Kraft treten* 〈s〉 / 発効させる ⁴in ⁴Kraft setzen⁴ / この法律は来月一日に発効する Das Gesetz tritt am 1. nächsten Monats in Kraft.

はつこうかい 初航海 Jungfernfahrt f. -en.

はつこうぎょう 初興行 ❶ 〔劇の〕 [Erst]aufführung (Uraufführung) f. -en; Premiere f. -n. ❷ 〔劇団の〕 die erste schauspielerische Leistung 《-en》 einer Schauspielertruppe.

はっこつ 白骨 Gerippen n. -s, -; Skelett n. -[e]s, -e.

ばっさい 伐採 Holzschlag m. -[e]s, ⸗e; Abholzung f. -en; Fällung f. -en; Lichtung f. -en 《間伐》. — 伐採する fällen 《Bäume》; schlagen* 《同上》; ab|holzen 《einen Wald》; ab|forsten⁴; lichten 《den Wald伐する》.

はっさん 発散 Ausdünstung f. -en 《蒸気など》; Ausstrahlung f. -en 《光・熱》; Ausbreitung f. -en. — 発散する aus|breiten⁴; aus|duften⁴ 《におい》; aus|dünsten⁴; aus|senden*⁴; aus|strahlen⁴; von ³sich geben*⁴. ‖ 発散レンズ Zerstreuungslinse f. -n.

はっし 発止と受けとめる einen Hieb parieren / 丁々発止と切り結ぶ Schwerthiebe schmettern; mit Schwert wuchtig schlagen*.

ばっし 抜歯 Zahnziehen n. -s, - / 抜歯する einen Zahn ziehen* 《jm》.

ばっし 抜糸 Fädenziehen n. -s, - / 〔医〕抜糸する die Fäden ziehen* 《jm》.

バッジ Ab:zeichen (Kenn-) n. -s, -; Or-

はっしゃ 発車 Abfahrt *f.* -en; Abgang *m.* -(e)s, ¨e /発車間際に乗り込んだ Gerade noch vor Abgang des Zuges bin ich eingestiegen. — 発車する ab|fahren* ⓈN; ab|gehen* ⓈN; ⁴sich in Bewegung setzen /駅長が発車合図などと列車は静かに発車した Der Fahrdienstleiter gab das Abfahrtszeichen, und der Zug fuhr weich an. ‖ 発車ホーム Abfahrt(s)-bahnsteig *m.* -(e)s, -e.

はっしゃ 発射 das Abfeuern* (Abschießen*), -s. — 発射する [ab]feuern*⁴; [ab]schießen*⁴; entladen*⁴; los|schießen*⁴; aus|stoßen*⁴《魚雷》. ‖ 発射基地 Abschussbasis *f.* -basen/発射試験 Probeschuss *m.* -es, ¨e/発射台 (ロケットなどの) Abschussrampe *f.* -n/発射発射管 Torpedo(ausstoß)rohr *n.* -(e)s, -e.

はっじょう 発情 Brunst *f.* -e; Geschlechtstrieb *m.* -(e)s, -e; Liebeswut *f.*; [動物の] Brunft *f.* -e; Läufigkeit *f.* 《犬》/発情した brünstig; geschlechtlich erregt; brünftig; läufig ‖ 発情期 Pubertät *f.*; Geschlechtsreife *f.*; [交尾期] Brunft|zeit (Lauf-) *f.* -en.

はっじょう 発条 Feder *f.* -n.

ばっしょう 跋渉する durchstreichen*⁴; durchstreifen⁴; durchwandern⁴; durchforschen⁴《踏査する》; umher|wandern ⓈN《遍歴する》; durchreisen⁴《周遊する》/山野を跋渉する über ⁴Berg und ⁴Tal wandern ⓈN; ⁴Berg und ⁴Tal durchstreichen*/全国を跋渉する das Land nach allen Richtungen durchwandern.

はっしょうち 発祥地 Wiege *f.* -n; Entstehungsort *m.* -(e)s, -e; Heimat *f.* -en.

バツじるし バツ印をつける an|kreuzen⁴.

はっしん 発疹 (Haut)ausschlag *m.* -(e)s, ¨e /発疹性の mit Ausschlag begleitet ‖ 発疹チフス Fleckyphus *m.*

はっしん 発信 das Aufgeben* (-s) 《eines Briefes》; das Drahten*, -s. — 発信する [手紙] 《einen Brief》auf|geben*; zur Post geben*⁴; in den Briefkasten einwerfen*⁴; [電信] drahten⁴; kabeln⁴; telegrafieren⁴ (telegraphieren). ‖ 発信人 Absender *m.* -s, - 《略 Abs.》; Sender *m.* -s, -/発信地 Aufgabeort *m.* -(e)s, -e; Aufgabe[post]amt *n.* -(e)s, ¨er 《f.》.

はっしんき 発振器《理》Oszillator *m.* -s, -en.

ばっすい 抜粋 Extraktion *f.* -en 《抽出》; Auszug *m.* -(e)s, ¨e; Extrakt *m.* (*n.*) -(e)s, -e; Exzerpt *n.* -(e)s, -e 《抜き書き》; Auslese *f.* -n 《えり抜き》; Auswahl *f.* -en /新聞からの抜粋 Ausschnitt *m.* -(e)s, -e 《aus einer Zeitung》; Zeitungsausschnitt. — 抜粋する aus|ziehen*⁴; einen Auszug (einen Extrakt; ein Exzerpt) machen⁴; extrahieren⁴; exzerpieren⁴. ‖ 抜粋曲 Auslese; Auswahl; [Klavier]auszug 《ピアノ抜粋曲》.

はっする 発する ❶ [使者を] senden*⁴; schicken⁴. ❷ [命令・法令などを] ergehen lassen*⁴; erlassen*⁴; erteilen⁴; verkünden⁴; öffentlich bekannt machen⁴. ❸ [光・熱などを] aus|strahlen⁴; aus|strömen⁴; [臭い] duften 《におい》; stinken* 《悪臭を》. ❹ [声を] einen Laut hervor|bringen*; aus|stoßen*⁴ 《叫び声を》; erheben*⁴ /彼女は絹をさくような叫び声を発した Sie stieß einen durchdringenden Schrei aus. ❺ [源を] entspringen* ⓈN 《川など》; stammen 《aus³ テマなど》/ライン川はスイスに源を発する Der Rhein entspringt in der Schweiz.

ばっする 罰する (be)strafen 《*jn* für ein Vergehen (wegen eines Vergehens)》; in ⁴Strafe nehmen* 《*jn*》; züchtigen 《*jn*》/罰せられずに ungestraft; straffrei 《罪罪になって》/罰すべき strafbar; straf|fällig (-würdig).

はっせい 発生 Entwicklung *f.* -en; Ausbruch *m.* -(e)s, ¨e 《病気など》; Entstehung *f.* -en; das Erscheinen*, -s; Erzeugung *f.* -en 《電気などの》; das Vorkommen*, -s 《事件》; das Wachsen* 《植物》/発生上の (上の) genetisch 《Entstehungs-》. — 発生する ⁴sich entwickeln; aus|brechen* ⓈN; entstehen* ⓈN 《aus³》; erscheinen* ⓈN; ⁴sich erzeugen; ⁴sich ereignen 《事件》; vor|kommen* ⓈN; wachsen* ⓈN. ‖ 発生学 Embryologie *f.*/発生地 Heimat *f.* -en 《動・植物》; Wiege *f.* -n; Herd *m.* -(e)s, -e.

はっせい 発声 Stimmbildung *f.* -en; Phonation *f.* -en /A氏の発声で B氏に万歳が三唱された: Auf Veranlassung von Herrn A wurde ein dreifaches Hoch auf Herrn B ausgebracht. — 発声する einen Laut hervor|bringen*; die Stimme erschallen lassen*; aus|sprechen*⁴. ‖ 発声器 Stimmorgan *n.* -s, -e/発声法《楽》Stimmgebung *f.* -en.

はっそう 発送 Versendung *f.* -en; Versand *m.* -(e)s, -e. — 発送する versenden*⁴; ab|liefern⁴; ab|senden*⁴; befördern⁴; spedieren⁴; verfrachten⁴. ‖ 発 送 料 Frachtkosten *pl.* -s, -; Paketannahme *f.* -n 《郵便局の》/発送地 Ort 《*m.* -(e)s, -e》der Ablieferung; Verladungshafen *m.* -s, ¨ 《港》; Bahnstation (*f.* -en) der Auflieferung 《駅》.

はっそく 発足 Anfang *m.* -(e)s, ¨e; Beginn *m.* -(e)s; Start *m.* -(e)s, -e ⇨しゅっぱつ/二社は合併し新会社として発足した *Die zwei Firmen haben sich fusioniert (amalgamiert) und als eine neue Firma das Geschäft eröffnet.*

ばっそく 罰則 Straf|bestimmung (-ordnung) *f.* -en; Strafstatuten 《*pl*》; Strafgesetz *n.* -es, -e 《刑法》.

ばった 飛蝗 Gras|hopfer *m.* -s, - (-hüpfer *m.* -s, -); Heuschrecke *f.* -n.

バッター Schläger *m.* -s, - 《野球の》.

はったつ 発達 die Entwicklung 《-en》 [der Industrie]; die Fortschritte 《*pl*》 [der Menschheit]; die Vergrößerung 《-en》 [der Kenntnisse]; das Wachstum 《-s》 [einer Stadt]. — 発達する ⁴sich entwickeln; den Kinderschuhen entwachsen* ⓈN; Fortschritte machen; ⁴sich vergrößern;

ばったり [突然] plötzlich; auf einmal; [偶然に] zufällig; unerwartet; [音をたてて] mit einem Plumps; plump(s)♂/ばったり倒れる lang (der ³Länge nach) auf den Boden (die Erde) fallen* ⓈⒷ/ばったり行き合う stoßen* Ⓢ (auf *jn*); [an]treffen* (*jn*); zufällig begegnen Ⓢ (*jm*).

ばったり plötzlich; auf einmal; mit einemmal; unerwartet [思いがけず]; 道でばったり会う *jn* auf der Straße treffen*/彼はばったり来なくなった Auf einmal blieb er aus.

ハッチ Luke *f.* -n.

はっちゃく 発着 Abfahrt und Ankunft; Abflug und Landung 《飛行機の》‖ 発着時表 Fahrplan *m.* -(e)s, ⸚e; Flugplan 《飛行機の》/汽船発着所 Landungsbrücke *f.* -n; Pier *m.* -s, -e (-s) (*f.* -s).

はっちゅう 発注する *jm* einen Auftrag (*über*³) erteilen (geben)*; *jm* eine Bestellung (*über*⁴; *von*³) auf|geben*; bei *jm* bestellen*.

ぱっちり ぱっちりした目 große (klare) Augen (*pl*)/目をぱっちり開ける die Augen auf|schlagen*.

バッティング 《野球》 das Schlagen*, -s.

ばってき 抜擢 Auslese *f.* -n〔-wahl *f.* -en〕; Bevorzugung *f.* -en/抜擢する aus[er]lesen* (aus|wählen) (*jn*); bevorzugen (*jm* vor anderen).

バッテリー ❶ 《野球》 Werfer und Fänger, des - und -s, - und -. ❷ 《電》 Batterie *f.* -n.

はってん 発展 Entfaltung *f.* -en; das Sichentfalten*, -s; [Aus]dehnung *f.* -en; das Wachsen*, -s; Wachstum *n.* -s/発展的解消 Aufhebung *f.* -en; die entwicklungsentsprechende Auflösung, -en/発展性 Entwicklungsmöglichkeit *f.* -en. —— 発展する ❶ 'sich entfalten*; [aus]dehnen*; wachsen* Ⓢ. ❷ 《道楽》 im Genuss leben; ein flottes (liederliches) Leben führen; das Leben flott (lustig) genießen*. ‖ 発展家 Wollüstling *m.* -s, -e; Lebemann *m.* -(e)s, ⸚er; Schwelger *m.* -s, -; Wüstling *m.* -(e)s, -e/発展途上国 Entwicklungsland *n.* -(e)s, ⸚er.

はってん 発電 ❶ Stromerzeugung *f.* -en/発電する elektrischen Strom erzeugen. ❷ [電報] Telegramm (*n.* -s, -e) aus Bonn/三月二日チペーアーカイロ発電 《新聞》 Kairo, 2. März (dpa) 《Deutsche Presseagentur od.》. ‖ 発電機 Generator *m.* -s, -en; Dynamo *m.* -s, -s 《旧式の》/この発電機は...キロワットを発電する Dieser Generator leistet ... kW./発電子 Anker *m.* -s, -; Armatur *f.* -en/発電所 Kraftwerk *n.* -(e)s, -e/火力発電所 Wärmekraftwerk 《火力》/水力発電所 Wasserkraftwerk 《水力》/原子力発電所 Atomkraftwerk 《原子力》.

ばってん 罰点 schlechte Zensur, -en; ungenügende Note 《落第点》/罰点をもらう eine schlechte Note (Zensur) bekommen*.

はっと 法度 ⇨ごはっと.

はっと はっとする verblüfft sein; auf|schrecken* Ⓢ; stutzen; wie vom Blitz getroffen sein / はっとして höchst verblüfft (erschreckt); zu *js* ³Erschrecken.

バット 《野球》 Schläger *m.* -s, -; Schlagstock *m.* -(e)s, ⸚e; 《写》 Schale *f.* -n.

ぱっと ❶ ぱっと明りをつける plötzlich Licht an|machen (an|zünden; an|knipsen)/ぱっと燃える auf|flammen Ⓢ/ぱっと飛び立つ auf|fliegen* Ⓢ/噂がぱっと広まった Das Gerücht verbreitete sich blitzschnell. ❷ あまりぱっとしないね Das ist nicht so (besonders) schön.

パッド Polster *n.* -s, -; Polsterung *f.* -en/パッドを入れた Sakko (*m.* -s, -s) mit gepolsterten Schultern.

はつどう 発動 Inbetriebsetzung *f.* -en 《機械などの》; Inkraftsetzung *f.* 《法の》. —— 発動する ❶ [モーター・機械などが] an|lassen*⁴; in Gang (Betrieb) setzen*; in Bewegung bringen*⁴. ❷ [法を] in Kraft setzen* (treten lassen*⁴)/法令第二条を発動する Artikel 2 der Verordnung in Kraft setzen. ‖ 発動機 Motor *m.* -s, -en/発動機船 Motor|boot (-schiff) *n.* -(e)s, -e/発動力 Antriebskraft *f.*

ばっとう 抜刀 blankes (bloßes; gezogenes) Schwert, -(e)s, ⸚er; gezückter Degen (Säbel), -s, -; blanke Waffe, -n 《白刃》/抜刀して mit blankem (gezogenem) Schwert (Degen; Säbel); mit blanker Waffe. —— 抜刀する das Schwert (den Degen; den Säbel) ziehen* (zücken); blank ziehen*; zum Degen (Schwert) greifen*.

はづな 端綱 Halfter *m.* (*n.*) -s, -.

はつなり 初なり die ersten Früchte an einem Baum (einer Pflanze).

はつに 初荷 die erste Fracht (Warenbeförderung) im neuen Jahr(e).

はつねつ 発熱 Fieberanfall *m.* -(e)s, ⸚e/彼は発熱四十度六分に達した Bei ihm ist das Fieber auf 40,6 Grad gestiegen./発熱する fieberhaft (fieb(e)rig) werden; Fieber haben (kriegen); Fieber packt *jn*.

はっぱ 発破 das Schießen*, -s; das Sprengen*, -s/発破をかける schießen*⁴; sprengen⁴ ‖ 発破係 Schießmeister *m.* -s, -; Schießsteiger *m.* -s, -/《坑内の》発破作業 Schieß|arbeit (Spreng-) *f.* -en/発破薬 Sprengstoff *m.* -(e)s, -e.

ぱっぱ ぱっぱと金を使う Geld verschwenden (vergeuden); mit dem Geld um 'sich werfen* (schmeißen*).

はつばい 発売 Verkauf *m.* -(e)s, ⸚e/この種の商品の発売は禁止された Der Verkauf dieser Gattung von Waren ist verboten worden. —— 発売する verkaufen⁴; ab|setzen⁴; auf den Markt bringen*⁴; feil|bieten*⁴ (⸚halten*⁴). ‖ 発売禁止 Verkaufsverbot *n.* -(e)s, -e/発売所 Verkaufsstelle *f.* -n; Vertriebsagentur *f.*

はつはる 初春 Neujahr *n.* -(e)s, -e; Jahreswende *f.* -n; Frühjahr *n.* -(e)s, -e 《春》.

はっぴ 法被 Kittel *m.* -s, -; Arbeitsjacke *f.* -n.

はつひので 初日の出 Sonnenaufgang 《*m.* -〔e〕s, ¨-e》 am Neujahrsmorgen.
はつびょう 発病する krank werden; erkranken [s] 《*an*³》.
はっぴょう 発表 Veröffentlichung *f.* -en; 〔öffentliche〕 Bekanntmachung, -en／発表する veröffentlichen⁴; an|künd〔ig〕en⁴; 〔öffentlich〕 bekannt machen⁴; äußern⁴ 《意見を》.
ばつびょう 抜錨する die Anker lichten; ab|fahren* [s] 《*von*³ 出帆する, 以下同様》; ab|segeln [s]; aus|laufen* [s].
はっぷ 発布 Erlass *m.* -es, -e; Proklamation *f.* -en; Promulgation *f.* -en; Verkünd〔ig〕ung *f.* -en／発布する erlassen*⁴; amtlich bekannt machen⁴; proklamieren⁴; promulgieren⁴; verkünd〔ig〕en⁴／憲法を発布する die Verfassung promulgieren.
はつぶたい 初舞台 Debüt *n.* -s, -s; das erste Auftreten, -s／初舞台をふむ das Debüt feiern (machen) 《*in*³》; debütieren.
ばつ〔ぶん〕 跋〔文〕 Epilog *m.* -s, -e; Nachschrift *f.* -en (-wort *n.* -〔e〕s, -e); Postskript *n.* -〔e〕s, -e.
はっぷん 発憤・発奮する ⁴sich auf|raffen; ⁴sich auf|schwingen*; ⁴sich ermannen; ⁴sich ermuntern; ⁴sich ermutigen; den Mut zusammen|raffen.
はっぽう 発砲 das Schießen* (Feuern*), -s／発砲する feuern; schießen*⁴ 《*auf*⁴》; ab|feuern⁴; ab|schießen*⁴; los|schießen*⁴; entladen*⁴／警官はまず初めに威嚇発砲をした Der Polizist feuerte (schoss) zunächst in die Luft.
はっぽう 発泡スチロール Schaumstoff *m.* -〔e〕s, -e／発泡ワイン Schaumwein *m.* -〔e〕s.
はっぽう 八方 alle Richtungen (Seiten) 《*pl*》／八方から von allen Seiten (Richtungen)／八方に(へ) nach allen Richtungen; auf allen (alle) Seiten; allerseits ‖ 八方美人 Allerweltsfreund *m.* -〔e〕s, -e; Jedermannsfreund／八方ふさがり völlig in der Klemme sein.
ばっぽう 罰俸 strafweiser Gehaltsabzug, -〔e〕s, ¨-e／罰俸を科する mit einer Gehaltskürzung bestrafen 《*jn*》; ⁴*et* vom Gehalt ab|ziehen* 《*jm* zur Strafe》／一か月の罰俸を科する(くらう) *js* Gehalt auf einen Monat suspendieren (einen Monatsbetrag vom Gehalt zur Strafe abgezogen bekommen*).
ばっぽんてき 抜本的な gründlich; entscheidend.
はつみみ 初耳である etwas ganz Neues erfahren*.
はつめい 発明 Erfindung *f.* -en; das Erfinden*, -s／発明の才 Erfindergeist *m.* -〔e〕s. — 発明する erfinden*⁴; aus|hecken⁴ 《よからぬことを》. ‖ 発明者 Erfinder *m.* -s, -.
はつもの 初物 Erstling *m.* -s, -e; die ersten Früchte (Produkte) 《*pl*》 einer Jahreszeit; Früh-.
はつゆき 初雪 der erste Schnee, -s (Schneefall, -〔e〕s, ¨-e).
はつゆめ 初夢 der Traum 《-〔e〕s, ¨-e》 im neuen Jahr.
はつよう 発揚 Erhöhung *f.* -en; Begünstigung *f.* -en; Erhebung *f.* -en; Förderung *f.* -en／発揚する erhöhen⁴; begünstigen⁴; erheben*⁴; fördern⁴.
はつらつ 溌剌とした lebendig; feurig; frisch; lebhaft; munter／元気溌剌としている Er ist die Lebendigkeit (Frische; Lebhaftigkeit; Munterkeit) selbst.
はつれい 発令 die offizielle Bekanntmachung, -en; die Bekanntgabe im Amtsblatt／発令する offiziell bekannt machen⁴ (geben*⁴); im Amtsblatt veröffentlichen⁴／昇任が発令された Seine Beförderung ist öffentlich bekannt gemacht worden.
はつろ 発露 Äußerung *f.* -en; Manifestation *f.* -en; Offenbarung *f.* -en; Ausfluss *m.* -es, ¨-e 《流露》.
はて 果て ❶ [終局] Ende *n.* -s, -n; 〔Ab-〕schluss *m.* -es, ¨-e／果ては endlich; schließlich; zuletzt; zum guten Schluss; zu guter Letzt／果てはどうなるやら Ich weiß nicht (Gott weiß), wie das enden wird (wie es ausgeht). ❷ [結果] Folge *f.* -n; Ausgang *m.* -〔e〕s, ¨-e; Ergebnis *n.* ..nisses, ..nisse／なれの果て ein Schatten 《*m.* -s, -》 seines früheren Ichs (seines einstigen Selbst). ❸ [限界] Grenze *f.* -n／世界の果てまで bis an das äußerste Ende der Welt／北の果て die weiteste Nordgrenze, -n.
はて ❶ [怪訝(けげん)] Na 〔na〕! ¦ Schau! ¦ Ob's stimmt! ¦ Nur ruhig! ¦ Ansichtssache!／はて変だぞ Na! Abwarten und Tee trinken! So ganz ist es nicht zu glauben. ❷ [思案] Warte mal! ¦ Lass mal sehen!
はで 派手 Pracht *f.* 《きらびやか》; Prunk *m.* -〔e〕s 《豪華》; Gepränge *n.* -s 《華美》; Auffälligkeit *f.* 《人目にたつこと》; Buntheit *f.* 《色とりどり》; Grelle *f.* 《けばけばしさ》; Prachtliebe *f.* 《派手好み》; Luxus *m.* - 《ぜいたく》. — 派手な prächtig; prunkhaft; prunkvoll; auffallend; auffällig; bunt; grell; luxuriös; prahlerisch 《誇大な》／派手な服装をしている auffällig angezogen sein／派手な暮らしをする ein pomphaftes Leben führen; üppig leben／この服はぼくには派手すぎる Dieser Anzug ist zu hell für mich. 《若向き》／派手に宣伝をする eine kolossale Reklame 《-n》 machen.
パテ Kitt *m.* -〔e〕s, -e／窓ガラスをパテづけにする Fensterscheiben verkitten (mit ³Kitt befestigen).
ばてい 馬蹄 Pferdehuf *m.* -〔e〕s, -e ‖ 馬蹄形 Pferdehufsform *f.* -en／馬蹄形磁石 Hufeisenmagnet *m.* -〔e〕s, -e.
はてし 果てしない(なく) ❶ [終わりなき] endlos; ewig 〔und drei Tage〕; nicht enden wollend; unaufhörlich. ❷ [無制限] unendlich; grenzenlos; schrankenlos; unermesslich／果てしがない kein Ende haben 〔wollen*〕; ohne ⁴Grenze sein; keine Grenzen kennen*.
はてな ⇨はて.
はてる 果てる ❶ end〔ig〕en; zu Ende kommen* (gehen*) [s]. ❷ [死ぬ] sterben* [s];

heim|gehen* [s]; fallen* [s] 《戦死》; um|kommen* [s]. ❸ 彼は変わり果てた姿をしている Er ist nur noch ein Schatten seines 〔früheren〕 Ichs. ¦ Er ist nur mehr ein Schatten seines einstigen Selbst.

はてんこう 破天荒の beispiellos; bahnbrechend; einmalig; ohnegleichen; unerhört.

パテント Patent *n.* -〔e〕s, -e / パテントをとる ein Patent nehmen*; patentieren lassen^{*4}.

はと 鳩 Taube *f.* -n ‖ 鳩小屋 Taubenschlag *m.* -〔e〕s, ⸗e.

はとう 波濤 Woge *f.* -n; Welle *f.* -n; Sturzsee *f.* -n / 波濤をけって進む durch die Wellen fahren* (streichen*) [s] / 万里の波濤を越えて über den Ozean.

はどう 波動 Wellenbewegung *f.* -en; Undulation *f.* -en / 波動する wogen; wellen; ^{4}sich wellenförmig bewegen ‖ 波動計 Wellenmesser *m.* -s, - / 波動説 Undulations¦theorie (Wellen-) *f.* -n / 波動力学 Wellenmechanik *f.*

ばとう 罵倒 Beschimpfung *f.* -en; Schimpf *m.* -〔e〕s, -e; Schmähung *f.* -en; Kränkung *f.* -en 《侮辱》. — 罵倒する beschimpfen^{4}; schimpfen$^{(4)}$ 《*auf*^{4}》; mit Schimpf (Spott und Hohn) überschütten 《*jn*》; schmähen 《〔auf (gegen; über)〕 *jn*》; kränken^{4} 《侮辱する》. ‖ 罵倒演説 Schmährede *f.* -n; Philippika *f.* ..ken 《弾劾演説》.

はとば 波止場 Kai *m.* -s, -s; Pier *m.* -s, -e (〖海〗 *f.* -s); Hafenanlage *f.* -n ‖ 波止場使用料 Kaigeld *n.* -〔e〕s, -er; Löschgeld 《荷馬料》 / 波止場渡し Lieferung 《*f.* -en》 frei Schiff.

バドミントン Federball *m.* -〔e〕s, ⸗e; Federballspiel *n.* -〔e〕s, -e.

はとむぎ 鳩麦 Perlgraupe *f.* -n.

はとむね 鳩胸 Hühnerbrust *f.* ⸗e.

はどめ 歯止め ⇨ブレーキ.

パトロール Streife *f.* -n; Patrouille *f.* -n / パトロールする streifen [h,s]; Runde machen; patrouillieren [h,s] ‖ パトロールカー Streifenwagen *m.* -s, -.

ハトロン ハトロン紙 Kraftpapier *n.* -s, -e.

パトロン Patron *m.* -s, -e; Schutzherr *m.* -n, -en; Gönner *m.* -s, -; Mazän *m.* -s, -e 《芸術家の》.

バトン Baton *m.* -s, -s; Stab *m.* -〔e〕s, ⸗e 《継走用の》; 〖楽〗 〔Takt〕stock *m.* -〔e〕s, ⸗e 《指揮棒》 / バトンを渡す den Stab weiter geben* 《an einen nächsten Läufer》.

はな 花 ❶ Blume *f.* -n; Blüte *f.* -n / 花が咲く blühen; auf|blühen [s]; erblühen [s]; Blüten treiben* ⇨さく(咲く) / 花の咲いた *blühend; blütenreich;* in Blüte / 花を咲かせる *zur Blüte bringen^{*4}* / 花のような *blühend;* blumig / 花のようなおとめたち ein Flor 《*m.* -s, -e》 schöner ^{2}Mädchen / 木々に花が咲く Die Bäume treiben Blüten. / 梨の木は花盛りだ Die Birnbäume stehen in voller Blüte. / 彼女は花のように美しい娘になった Sie ist zu einem schönen Mädchen erblüht. ❷ [生花] das Blumenstecken*, -s / 花をいける Blumen stecken / 花を習う Unterricht (Stunden) im Blumenstecken nehmen*. ❸ [精華] Blüte *f.*; Geist *m.* -〔e〕s; Kern *m.* -〔e〕s, -e; Wesen *n.* -s, -; das Wesentliche*, -n / 武士〔道〕の花 die Blüte der Ritterschaft / 人生の花盛り des Lebens Mai *m.* -s. ❹ [花札] ⇨はなふだ. ❺ [心付け] Trinkgeld *n.* -〔e〕s, -er. ❻ [慣用句で] 花よりだんご Klöße sind besser als Blumen. / 月にむら雲花に風 Schönheit und Glück sind vergänglich. / 言わぬが花 Besser, wenn es unerwähnt bleibt. / 花を持たせる *jm* um des lieben Friedens willen Recht geben*; *jn* gewinnen lassen* 〔,um *jm* die Freude nicht zu nehmen〕 / 議論に花を咲かす lebhaft diskutieren / 若いうちが花だ Schön blühende Zeit ist die Jugend.

はな 端 ❶ [初め] Anfang *m.* -〔e〕s, ⸗e; Beginn *m.* -〔e〕s / 端っから von Anfang (Beginn) an; von vornherein. ❷ [末端] Ende *n.* -s, -n; Nase *f.* -n; Spitze *f.* -n.

はな 鼻 Nase *f.* -n; Rüssel *m.* -s, - 《象の》; Schnauze *f.* -n 《犬・馬・豚などの》 / かぎ(しし, 反り, わし)鼻 die krumme (stumpfe, aufgeworfene, gebogene) Nase / 鼻の穴 Nasenloch *n.* -〔e〕s, ⸗er / 鼻がきく eine gute (feine) Nase (einen guten Riecher) haben / 鼻がつまる Die Nase ist verstopft. / 鼻にかかる 《物を言う時》 näseln; durch die Nase 〔aus|〕sprechen^{*4} / 鼻にしみる in die Nase gehen* (fahren*) [s] / 鼻をほじる in der Nase bohren / 鼻をかむ ^{3}sich die Nase putzen (schnäuzen; wischen) / 鼻をくんくんいわす schnüffeln / 鼻をならす nüstern 《馬などが》; Nasen machen 《不満で》 / 鼻をつまむ ^{3}sich die Nase zu|halten* 《臭気で》. ¶ 〖慣用句で〗 鼻で笑う *jm* eine lange Nase machen (schneiden*); *jn* an der Nase zupfen / 鼻であしらう die Nase rümpfen 《*über*^{4}》; *jn* wegwerfend (verächtlich) behandeln / 鼻が高い die Nase hoch tragen*; hochnäsig sein; ^{4}sich aufs hohe Pferd setzen; auf dem hohen Ross sitzen* / 鼻にかける stolz wie ein Pfau sein 《*auf*^{3}》; ^{3}sich einen Stiefel ein|bilden 《*auf*^{4}》; ^{4}sich wie ein Pfau brüsten 《*mit*^{3}》 / 鼻の下の長い ^{4}sich leicht verlieben (verknallen; verplempern; verschießen*) / 鼻につく von ^{3}*et* die Nase 〔gestrichen〕 voll haben; *jm* auf die Nerven gehen* (fallen*) [s]; Das hängt *jm* zum Hals〔e〕 heraus. / 鼻つき合わせて die Köpfe zusammensteckend; von Angesicht zu Angesicht / 鼻高々と aufgeblasen 〔wie ein Frosch〕; dummstolz / 鼻をあかす *jm* ein Schnippchen schlagen*; *jn* ins Garn locken; übertölpeln / 鼻を折る *jn* klein kriegen; *jm* eins auf die Nase geben* / 鼻を突っ込む *die Nase in alles* (in jeden Dreck; in *jeden Quark*) *〔hinein|〕stecken; überall* mit der Nase dabei sein.

はな 洟 Nasenschleim *m.* -〔e〕s, -e; Rotz *m.* -es / 洟たれ小僧 Rotzbube *m.* -n, -n / 洟をすする die Nase hoch|ziehen* / 洟をたらす Die Nase läuft *jm.* / 洟をかむ ⇨はな(鼻).

はなあおい 花葵 Stockrose *f.* -n.

はないき 鼻息 Atem m. -s, -《durch die Nase》; Schnauf m. -[e]s, -/鼻息があらい schnaubend; schnaufend; [いばり屋が] angeberisch; prahlerisch; hochnäsig; [張りきった] feurig; hitzköpfig; heißblütig / と相手の鼻息をうかがう jm den Bart gehen* ' Honig (Brei) um den Mund schmieren; ⁴sich Liebkind machen.

はないけ 花生け Blumen|vase f. -n (-gefäß n. -es, -e).

はないろ 花色 Hellblau n. -s/花色の hellblau | 花色木綿 die hellblaue Baumwolle.

はなうた 鼻唄 das Summen n. -s; Gesumm[e] n. ..summ[e]s; Gebrumme n. -s/鼻唄まじりでやる summend arbeiten/鼻唄を歌う summen*; vor sich hin summen; summend singen*.

はなうり 花売り Blumen|verkäufer (-händler) m. -s, - ‖ 花売り娘 Blumen|mädchen n. -s, - (-verkäuferin f. ..nnen).

はなお 鼻緒 Geta-Riemen m. -s, -; Holzschuh|riemen m. -s, - (-strippe f. -n)/鼻緒ずれ Schramme (Blase) (f. -n) durch den Geta-Riemen/鼻緒をすげる einen Riemen (eine Strippe) an einem Holzschuh befestigen (an einem Holzschuh an|machen).

はなかご 花籠 Blumenkorb m. -[e]s, ⸗e.

はながすみ 花霞 Blütenmeer n. -[e]s, -e.

はなかぜ 鼻風邪 Schnupfen m. -s, -; Sommererkältung f. -en/鼻かぜにかかる(かかっている) ³sich den Schnupfen holen; den Schnupfen kriegen (haben).

はながた 花形 Star m. -s, -s; Stern m. -s, -e; [舞台の] Bühnen|größe f. -n (-star m. -s, -s); Theatergröße f.; [映画の] Film|star (-größe f.); Primadonna f. ..donnen (オペラ歌手の); Löwe m. -n, -n 《男》; Diva f. -ven 《女》/社交界の花形 der Löwe (die Löwin, .. winnen) der Gesellschaft; Salonlöwe m. -n, -n /ニューフェイスを花形とした映画 ein Film mit einem Nachwuchs in der Hauptrolle/彼女は今では映画の(舞台の)花形 Sie ist jetzt ein Star (eine Berühmtheit; ein Stern) beim Film (im Theater). ‖ 花形株 die populäre Aktie, -n/花形選手 Sportkanone f. -n.

はながみ 鼻紙 Toiletten|papier (Klosett-) n. -s, -e; Papiertaschentuch n. -[e]s, ⸗er.

はなかんざし 花簪 Haarnadel (f. -n) von künstlichen Blumen.

はなぐすり 鼻薬 ❶ [薬品] Arznei (f. -en) gegen Nasenkrankheit. ❷ [賄賂] Geschenk (n. -[e]s, -e) zur Bestechung; Schmier|geld (Trink-) n. -[e]s, -er/鼻薬をかがせる jm (die Hände) schmieren (versilbern).

はなくそ 鼻くそ Popel m. -s, -; Nasenschleim m. -[e]s, -e/鼻くそをほじる popeln; in der Nase bohren.

はなぐもり 花曇 das wolkige (trübe) Wetter (-s, -) in der Kirschblütenzeit; der bedeckte Himmel (-s, -) des Frühlings.

はなげ 鼻毛 die Haare (pl) in den Nasenlöchern/鼻毛を抜く jn an der Nase herum|führen; jn über den Löffel barbieren; jn mit sich herum|ziehen/鼻毛を読む jm auf der Nase herum|tanzen.

はなごえ 鼻声 Nasenstimme f. -n; die näselnde Aussprache, -n; das Näseln*, -s; Nasallaut m. -[e]s, -e 《鼻音》/鼻声で言うを出す》 näseln; durch die Nase sprechen*; wimmern 《泣言》.

はなごおり 花氷 in Eis eingefrorene Blumen (pl).

はなことば 花詞 Blumensprache f. -n.

はなごよみ 花暦 Blumenkalender m. -s, -.

はなざかり 花盛りである in voller Blüte stehen*; im Flor sein/木々は花盛りだ Die Bäume stehen in voller Blüte.

はなさき 鼻先に (jm direkt) vor der Nase/鼻先へ jm vor die Nase/鼻先もおよばない Es liegt ja vor deiner Nase!/鼻先であしらう über jn die Nase rümpfen; jn wegwerfend behandeln.

はなし 話 ❶ [談話] Gespräch n. -[e]s, -e; Rede f. -n; Unterhaltung f. -en/話の種 Unterhaltungsgegenstand m. -[e]s, ⸗e; Gesprächsstoff m. -[e]s, -e /話上手(下手)の gute (schlechte) Redner, -s, -/話をして話をする reden; sprechen* (von³ ...のことを何だかんだと; über¹ ...について, ついて); erzählen*; ⁴sich unterhalten; einen Vortrag halten* (über⁴ 講演). ⇨はなす(話す)/早い話が um es kurz zu sagen; mit zwei Worten/ここだけの話だが unter uns (ganz vertraulich; im Vertrauen) gesagt/話はちがうが übrigens; wenn ich von etwas³ anderem sprechen darf/話をそらす das Gespräch von ³et weglenken (auf *et hin|lenken)/話を横取りする jm das Wort aus dem Mund nehmen*/話の腰を折る jm das Wort ab|schneiden*/話を...の方へもって行った Er brachte das Gespräch auf⁴ .... /話がはずんで Die Unterhaltung wird lebhafter. | Ein Wort gibt das andere. 《議論の場合》/話に...に移る Das Gespräch geht auf⁴ ... über (kommt auf⁴ ...)./ちょっと話したいことがある Ich habe (etwas) mit Ihnen zu sprechen. | Ich hätte gerne mal mit Ihnen gesprochen. 《丁重》/(Auf) ein Wort!/それについている話もた Er redete drum herum./彼らは私のことを話していたのだ Ihre Worte galten mir./あの人の話は大きいからね Er bauscht eine Sache immer mächtig auf. | Er macht immer aus einer Sache eine Staatsaktion. ❷ [雑談] Geschwätz n. -es, -e; Geplauder n. -s, -; Gerede n. -s; Klatsch n. -es, -e; Plauderei f. -en/話好きな Schwätzer m. -s, - 《男》; Klatschbase f. -n 《女》/実のない話 das bloße Geschwätz. ❸ [物語] Geschichte f. -n; Erzählung f. -en/昔の話 eine Erzählung aus alten Zeiten/話をして聞かせる eine Geschichte erzählen. ⇨ものがたり. ❹ [うわさ] Gerücht n. -[e]s, -e; das Hörensagen*, -s /...という話だ Man sagt (Es heißt), dass .... | Es geht das Gerücht, dass .... | Gerüchte sind im Umlauf, dass .... | Gerüchtweise verlautet, dass ....|wie ich gehört habe

《挿入句》/人の話など気にするな Kümmere dich nicht um das〔bloße; leere〕Gerede der Leute./彼は病気だ(金がある, 当地にいる)という話だ〖sollen を用いて〗Er soll krank (reich, hier) sein. ❺ [慣用句で] 話をつける ^{4}sich verständigen (^{4}sich vereinbaren) 《mit *jm* *über*^{4}》; ab|machen^4《*mit*^{3}》; Abmachung treffen* 《*über*^{4}》/話がつく〔^{3}sich〕einig werden (^{4}sich einigen) 《mit *jm* *über*^{4}》; überein|kommen* [s] 《mit *jm* über ^{4}*et*》; ^{4}sich vergleichen* 《mit *jm* *über*^{4}; *wegen*$^{2(3)}$》; ^{4}sich entscheiden* 《決着》; handelseinig (handelseins) werden 《商談》/話にならない nicht in Frage kommen* [s]; außer Betracht stehen*; jeder Beschreibung spotten 《言語に絶する》/話に出る zur Sprache kommen*; die Rede sein 《*von*^{3}》/お話中〖電話〗Die Leitung ist besetzt.

はなしあい 話し合い Besprechung *f.* –en; Rücksprache *f.* –n; Unterredung *f.* –en 《相談》; [交渉·商議] Unterhandlung *f.* –en; Verhandlung *f.* –en; [会議] Konferenz *f.* –en; Sitzung *f.* –en/社長はこの件の話し合いのために重役会を開いた Der Vorstand berief eine Direktionssitzung zur Besprechung dieser Angelegenheit./話し合いはまだ初期の段階にある Die Unterhandlung ist noch im Anfangsstadium./話し合いの上で nach Rücksprache 《*mit*^{3}》/話し合いがつく ⇨**はなし** ❺/ついに話し合いがついた Schließlich wurde einem Ausgleich zugestimmt.

はなしあいて 話し相手 Gesellschafter *m.* –s, –; Gesellschafterin *f.* ..rinnen/話し相手がない Ich habe niemand, der mir Gesellschaft leistet.

はなしあう 話し合う besprechen*^{4}; eine Besprechung 《mit *jm* *über*^{4}》 haben; zu einer Besprechung zusammen|kommen* [s]; eine Rücksprache 《mit *jm*》 haben (nehmen*; pflegen*); ^{4}sich unterreden 《mit *jm*》; unterhandeln 《mit *jm*〔über〕^{4}*et*》; verhandeln 《mit *jm*; gegen *jn*;〔über〕^{4}*et*; *wegen*$^{2(3)}$》.

はなしか 咄家·噺家 der humorige (humoristische) Geschichtenerzähler, –s, –.

はなしがい 放し飼いにする weiden^4 《放牧》/犬を放し飼いにしてはいけない Hunde sind an der Leine zu führen.

はなしかける 話しかける *jn* an|sprechen*; *jn* an|reden; das Wort richten 《*an*^{4}》; 〖俗〗*jn* an|hauen*.

はなしごえ 話し声 Stimme 《*f.* –n》〔beim Gespräch〕/隣室の話し声が聞こえる Ich höre jemand〔en〕 im Nebenzimmer sprechen. ¦ Stimmen im Nebenzimmer sind hörbar.

はなしことば 話し言葉 die gesprochene *Sprache*; *Sprechsprache f.*/ドイツ語の話し言葉 gesprochenes Deutsch.

はなしこむ 話しこむ ^{4}sich ein ^{4}Gespräch vertiefen; ^{4}sich (die Zeit) verplaudern; mit gemütlichem Plaudern verbringen*^{4}; ein langes Gespräch haben (führen).

はなしずき 話し好き Redseligkeit *f.*; Mitteilsamkeit *f.* 《性質》; die geschwätzige (gesprächige) Person / 話し好きの geschwätzig; gesprächig; mitteilsam; redselig; unterhaltsam.

はなしぶり 話し振り Sprech¦art *f.* –en (–weise *f.* –n)/話し振りでお里が知れる Seine Sprache verrät seine Herkunft.

はなしょうぶ 花菖蒲 Schwertlilie *f.* –n; Schwertel *m.* –s, –.

はなす 話す ❶ [語る] sprechen*; reden/ドイツ語(フランス語)をたっしゃに(流暢(りゅうちょう)に, つかえながら)話す Deutsch (Französisch) geläufig (fließend, stockend) sprechen*/明らさまに話す offen (frei) sprechen* (reden). ⇨**はなし**. ❷ [告げる] erzählen^4; äußern^4《意見などを》; berichten^4; mit|teilen^4; an|vertrauen^4 《打ち明けて》/物語を話す *jm* eine Geschichte erzählen/隠しごとを打ち明けて話す *jm* ein Geheimnis anvertrauen. ❸ [話し合う] ^{4}sich unterhalten*; klatschen; plaudern 《mit *jm* *über*^{4}》; sprechen* 《mit *jm* *von*^{3}》. ❹ [述べる] beschreiben*^{4}; schildern^4; erzählen^4; berichten^4.

はなす 放す befreien^4 《*von*^{3}》; entbinden*^{4} 《*von*^{3} 義務などから》; entfesseln^4 《*von*^{3} 束縛などから》; enthaften^4 《拘留から》; entjochen^4 《軛(くびき)·圧制から》; entketten^4 《鎖から》; entlassen*^{4} 《*aus*^{3} 牢屋から》; entlasten^4 《仕事から》; entledigen 《*jn* ^{2}*et*》; [自由にする] frei|geben*^{4} (–|lassen*^{4}; –|machen^4); fliegen (gehen; laufen) lassen*^{4}; los|lassen*^{4} (–|machen^4)/犬を放す den Hund〔von der Kette〕los|lassen*/捕虜を放してやる die Gefangenen befreien (frei|lassen*).

はなす 離す [分つ] ab|trennen^4; ab|sondern; scheiden*^{4} 《以上 *von*^{3}》; ab|reißen*^{4} 《引き離す》; ab|schneiden*^{4} 《切り離す》; ab|stoßen*^{4} 《突き離す》; entfernen^4 《遠ざける》; los|lassen*^{4} 《手などを》; los|lösen^4 《ゆるめて》; los|machen^4; [車両·列車などを] ab|hängen^4; entkuppeln^4 / 病人から目が離せない Wir können den Kranken nicht allein lassen./あの男から目を離さないでくれ Du sollst ein Auge auf ihn haben. ¦ Lass ihn nicht aus den Augen.

はなすじ 鼻筋 Nasenrücken *m.* –s, –/鼻筋の通っている人 eine Person 《–en》 mit wohlgeformter Nase.

はなせる 話せる gescheit; vernünftig; verständig; einsichtsvoll; feinspürig; geistreich/あの男は話せる Er lässt mit sich reden. ¦ Er ist ein vernünftiger Mensch./あの男は話せない Man kann mit ihm nicht vernünftig reden. ¦ Er ist〔geistig〕beschränkt.

はなぞの 花園 Blumen¦garten *m.* –s, ⸚ (–anlage *f.* –n); Blumenbeet *n.* –〔e〕s, –e 《花壇》.

はなたけ 鼻茸 Nasenpolyp *m.* –en, –en.

はなたば 花束 *Blumenstrauß m.* –es, ⸚e; Bukett *n.* –〔e〕s, –e.

はなたらし 鼻たらし Rotznase *f.* –n; Rotzbube *m.* –n, –n 《小僧》; Grünschnabel *m.* –s, ⸚ 《青二才》.

はなぢ 鼻血 das Nasenbluten*, –s/鼻血が出る Die Nase blutet *jm.* ¦ Nasenbluten haben.

はなつ 放つ ❶〔弾丸など〕ab|feuern⁴; feuern ⟨auf⁴⟩; ab|schießen*⁽⁴⁾; los|schießen* ⟨auf⁴; nach⟩; entladen*⁴/空弾(実弾)を放つ blind (scharf) feuern (schießen*)/矢を放つ einen Pfeil ab|schießen* (ab|schnellen)/一発放つ einen Schuss ab|geben* (ab|feuern; tun*); einen 〔Wind〕fahren lassen* 〔放屁〕. ❷〔香気〕ab|atmen*⁴ (-|duften⁴; -|hauchen⁴; 〔光熱〕aus|senden*⁽⁴⁾ (-|strahlen⁴; -|streuen⁴); glänzen; 〔一般に〕〔um *sich〕verbreiten*/von ³sich geben*⁴/彼は異彩を放っている Er sticht hervor. ❸〔解放〕befreien⁴; los|lassen*⁴ ⇨放す(放り)/犬を放つ den Hund (von der Kette) los|lassen*; einen Hund auf jn hetzen 〔けしかける〕/スパイを放つ einen Spion aus|senden⁽*⁾ (aus|schicken; auf|stellen). ❹〔慣用句で〕火を放つ ⁴et in Brand setzen (stecken); Brand stiften/しゃれを放つ einen Witz reißen* (los|lassen*)/悪口雑言を放つ jn mit einer Flut von Schimpfwörtern überschütten/流言を放つ ⁴et als Gerücht aus|sprengen; ein 〔falsches〕Gerücht in Umlauf bringen* (setzen)/声を放って泣く wie ein Schoßhund (Kettenhund) heulen; laut weinen.

はなつくり 花作り Blumen|gärtnerei f. -en ⟨-zucht f.⟩; 〔人〕Florist m. -en, -en; Blumen|gärtner m. -s, ⟨-züchter m. -s, -⟩.

はなつじ 鼻っ柱が強い Haare auf den Zähnen haben; die große Klappe haben/あの人はなかなか鼻っ柱が強い Ihm sind Haare auf den Zähnen gewachsen.

はなつまみ 鼻摘み Ekel n. -s, -; der abscheuliche (ekelhafte) Mensch, -en, -en; der ungern gesehene Gast, -(e)s, -̈e.

はなでんしゃ 花電車 der geschmückte Straßenbahnwagen, -s, -.

はなどき 花時 Kirschblüten|zeit (Blumen-) f. -en.

バナナ Banane f. -n.　　　〔f. -n.

はなばさみ 花鋏 Garten|schere (Blumen-)↲

はなばしら 鼻柱 Nasen|rücken m. -s, -/鼻柱をくじく jm den Nasen|rücken brechen*.

はなばたけ 花畑 Blumen|garten m. -s, -̈ ⟨-beet n. -(e)s, -e⟩/高山のお花畑 Alpenblumenzone f. -n.

はなはだしい 甚だしい sehr; außergewöhnlich (-ordentlich); äußerst; bemerkenswert; merklich; riesig; schrecklich; ungeheuer; ungemein; genug; viel; weitaus; in hohem Maß(e) (Grad(e)); über alle Maßen/甚だしい誤り der grobe Fehler, -s, - (Irrtum m. -s, -̈er)/甚だしい暑さ Affen|hitze (Bären-; Bomben-) f./甚だしい寒さ Hunde|kälte (Bären-; Mords-) f./甚だしく貧困な blutarm/甚だしく金のある stein|reich/甚だしい損害をこうむる einen schweren (unersetzlichen) Verlust erleiden*/甚だしく失望した Ich habe mich grausam getäuscht./人を愚弄するも甚だしい Das geht mir über den Spaß./Das geht denn doch zu weit./軍備競争はますます甚だしくなった Das Wettrüsten ist immer heftiger geworden.

はなばなしい 花々しい(しく) glänzend; glorreich; herrlich; prächtig; ruhmvoll/花々しい生涯 der glänzende Laufbahn, -en/花々しい戦い der gigantische Kampf, -(e)s, -̈e/花々しい最期 der glorreiche Tod, -(e)s, -e; Heldentod m. -(e)s, -e/花々しい最期をとげる den Tod eines Helden sterben* ⟨s⟩/花々しく開店する einen Laden in großer Aufmachung eröffnen.

はなび 花火 Feuerwerk n. -(e)s, -e/花火を上げる ein Feuerwerk ab|brennen* (laufen lassen*)/今度は仕掛け花火だ Jetzt werden Brillantsätze (bengalische Feuerwerke) abgebrannt. 花火師 Feuerwerker m. -s, -.

はなびら 花弁 Blumen|blatt n. -(e)s, -̈er.

はなふだ 花札 japanische Spielkarten ⟨pl⟩; der japanische Skat, -s/花札をする (japanischen) Skat spielen; skaten.

はなふぶき 花吹雪 ein Regen ⟨m. -s, -⟩ von Blumen.

パナマ Panama n. -s ‖ パナマ運河 Panamakanal m. -s/パナマ帽 Panama m. -s, -s; Panamahut m. -(e)s, -̈e.

はなまつり 花祭 Buddhas Geburtstagsfest n. -(e)s, -e; 〔一般的には〕Blumenfest n. -(e)s, -e.

はなみ 花見 Blütenschau f. -en; Frühlingsausflug m. -(e)s, -̈e⟨春の行楽⟩/花見に行く zur Blütenschau gehen* ⟨s⟩; eine Landpartie zur Blütenschau machen.

はなみち 花道 Bühnensteg m. -(e)s, -e; Seitenbühne f. -n.

はなむけ 餞 Abschieds|geschenk n. -(e)s, -e ⟨-gruß f. -n⟩.

はなむこ 花婿 Bräutigam m. -s, -e; der Neuvermählte*, -n, -n/花婿の付き添い Brautführer m. -s, -.

はなむしろ 花筵 die gemusterte (geblümte) verzierte) Binsen|matte, -n.

はなむすび 花結び Knoten ⟨m. -s, -⟩ mit Schleifen.

はなめがね 鼻眼鏡 Kneifer m. -s, -; Klemmer m. -s, -; Pincenez n. -, -.

はなもち 鼻持ちならぬ ❶〔悪臭ある〕stinkend; stinkig/鼻持ちならぬ悪臭 abscheulicher (誇張して pestilenzialischer; infernalischer) Gestank, -(e)s, -e. ❷〔人・行為など〕abscheulich; ekelhaft; gemein; ausstehlich; unerhört; widerlich/鼻持ちならぬやつだ Er ist ein Ekel (ein unausstehlicher Fant).

はなや 花屋 Florist m. -en, -en ⟨人⟩; Blumenladen m. -s, -̈ ⟨店⟩.

はなやか 華やかな farbenprächtig; blühend; brillant; farbenfreudig; feierlich; glänzend; herausgeputzt; herrlich; prächtig; prangend; prunkhaft; prunkvoll; strahlend/はなやかなしころ Blüte|zeit (Glanz-) f. -en; das goldene Zeitalter, -s, -; Höhe|punkt m. -(e)s, -e; Zenit m. -(e)s/はなやかな文体の blühender Stil, -(e)s, -e.

はなやさい 花野菜 Blumenkohl m. -(e)s, -e ⟨カリフラワー⟩.

はなよめ 花嫁 Braut f. -̈e/花嫁の付き添い

はなれ 離れ[座敷] das getrennte Zimmer, -s, -; Séparée f. -s 《料理屋などの》.

はなれじま 離れ島 die entlegene Insel, -n.

ばなれる 場馴れる erfahren 《in³》; gewohnt⁴; gewöhnt 《an³》; bewandert 《in³》; geübt; erprobt; geschickt/場馴れてくる ⁴sich an ³et gewöhnen; ⁴et gewohnt (gewöhnt) werden; in ³et große Fertigkeiten erlangen 《習熟する》.

はなればなれ 離れ離れ(の) getrennt; einzeln; separat; vereinzelt; zerstreut; zusammenhanglos.

はなれや 離れ家 Nebenhaus n. -es, -er; das allein stehende Haus, -es, ⁼er.

はなれる 離れる ⁴sich [ab]trennen; ⁴sich ablsondern; ⁴sich entfernen; ⁴sich abl scheiden; ablfallen ⓢ 《離れ落ちる》; ablblasen ⓢ; ablkommen ⓢ; los|fahren ⓢ 《ほうり と》; los|gehen ⓢ; los|kommen ⓢ; los|lösen 《以上 von³》; verlassen⁴/彼はひそかに自分の部署から離れた Er hat sich heimlich von seinem Posten entfernt (seinen Posten verlassen)./その所で彼は本題から離れた Dort schweifte er vom Thema ab./私はあの女からどうしても離れられない Ich kann mich unmöglich von ihr trennen. ── 離れた [ab]getrennt; abgesondert; allein stehend; [遠い] abgelegen; entfernt; entlegen; fern/百メートル離れた所に 100 Meter weit (entfernt)〔von hier〕; in einer Entfernung von 100 Meter/僕の家は駅から〔ここから〕かなり離れた所にある Ich wohne ziemlich weitab von der Station (weit von hier). ── 離れて ab; abseits 《von³》; fort; hinweg; weit(ab)《von³》; in der Ferne; von weitem/国を離れて fern 〔von〕 der Heimat.

はなれわざ 離れ業をやってのける eine verblüffende [Kraft]leistung 〈-en〉 vollbringen* / 離れ業を演じる ein frappantes Kunststück zeigen.

はなわ 鼻輪 Nasenring m. -[e]s, -e.

はなわ 花輪 Kranz m. -es, ⁼e; Gewinde n. -s, -; Girlande f. -n; Blumenkrone f. -n 《花冠》/花輪を作る Blumen zum Kranz winden (binden*); Kränze (Girlanden) winden* (binden*).

はにかむ ⁴sich genieren; ⁴sich scheuen 《vor³》; verschämt (schüchtern) sein.

ばにく 馬肉 Pferdefleisch n. -[e]s.

バニシングクリーム Tagescreme f.

パニック Panik f. -en; ein panischer Schrecken, -s, -/パニックに襲われる von einer Panik ergriffen werden.

はにわ 埴輪 Terrakotta f. ...kotten; Terrakotte f. -n.

パヌアツ Vanuatu n. -s.

はね 羽根 Federball m. -[e]s, ⁼e/羽根をつく Federball spielen ‖ 羽根つき Federballspiel n. -[e]s, -e.

はね 羽 Feder f. -n 《羽毛》; Daune f. -n; Flaum m. -[e]s 《羽ぶとんの》; Gefieder n. -s, - 《全体》; [翼] Fittich m. -[e]s, -e; Flügel m. -s, -; Schwinge f. -n; Tragfläche f. -n 《飛行機の》/羽のある mit Flügeln versehen; geflügelt/羽のはえた gefiedert; befiedert; flügge 《飛べるようになった》/羽がはえたように売れる wie warme Semmel ablgehen* ⓢ/羽をのばす ³sich bequem machen; den lieben Gott einen guten Mann sein lassen*.

はね ❶ [泥の] Spritzer m. -s, -; Spritzfleck m. -[e]s, -e/はねを上げる an|spritzen⁴; besspritzen⁴; besprenkeln⁴ 《以上とも mit³》/はねだらけになっている Er ist über und über mit Schmutz bespritzt. ❷ [芝居などの] Ende n. -s, -; Schluss m. -es, ⁼e.

はね 発条 Feder f. -n; Sprung|feder (Spring-; Trieb-); ‖ はね仕掛 Federwerk n. -[e]s, -e; Uhrwerk 《時計仕掛》; Federgetriebe n. -s, -; Federung f. -en 《車のはね装置》/はね秤り Federwaage f. -n.

はねあがる 跳ね上がる auf|springen* ⓢ; auf|fahren ⓢ; in die Höhe springen ⓢ/物価がひどくはね上がった Die Preise haben furchtbar aufgeschlagen./引け際のはね上がり気配で取引所はわいた Wegen einer plötzlichen Haussebewegung gegen Schluss war auf der Börse große Aufregung.

はねあげる 撥ね上げる bespritzen⁴ 《どろ・水などを》; auf|springen lassen*⁴ 《はね戸などを》.

はねおきる 跳ね起きる auf|springen* ⓢ 《vom Bett》; auf|fahren ⓢ 《aus dem Schlaf; von³》; aus dem Bett springen* ⓢ.

はねかえす 跳ね返す abprallen (zurückprallen) lassen*⁴; zurück|stoßen*⁴; [拒絶] jn ablblitzen lassen*⁴; ablschlagen*⁴; zurück|weisen*⁴.

はねかえり 跳ね返り ❶ Anprall m. -[e]s, -e; Widerhall m. -[e]s, -e 《反響》. ❷ [おてんば] Range f. -n; Fratz m. -es, -e; Flittchen n. -s, -; die kleine Hexe, -n.

はねかえる 跳ね返る ablprallen (zurück-) ⓢ 《von³; auf⁴》; wider|hallen 《声が》/ボールがへいにあたってはね返る Der Ball prallt von der Mauer zurück.

はねかす 撥ねかす [be]spritzen⁴; planschen; plätschern; platschen.

はねつける 撥ねつける jn ablblitzen lassen*; kurz ablfertigen⁴; ablehnen⁴; ablsagen⁴; ablschlagen*⁴; ablweisen*⁴; zurück|stoßen*⁴ (-|weisen*); jm einen Korb geben*; von ³sich weisen*⁴/彼の要求ははねつけられた Er blitzte mit seinem Gesuch ab./Sein Gesuch wurde zurückgewiesen./彼女にはねつけられた Ich habe deinen Korb von ihr bekommen.

はねつるべ 撥ね釣瓶 Brunnenschwengel m. -s, -/はねつるべの井戸 Ziehbrunnen m. -s, -.

はねとばす 跳ね跳ばす um|stoßen*⁴; um|werfen*⁴; jn über den Haufen (zu Boden) rennen*; ⁴et über den Haufen werfen*/自動車にはねとばされた Er ist von einem Auto angefahren worden.

はにに 荷 Seewurf m. -[e]s, ⁼e; das Überbordwerfen*, -s.

はねのける 撥ね除ける ablstoßen*⁴ (aus|-);

はねばし 跳ね橋 Zugbrücke *f.*
はねぶとん 羽布団 Daunen|bett *n.* -[e]s, -en (-decke *f.* -n).
はねまわる 跳ね回る umher|springen* [s] (-l-]hopsen [s] -hüpfen [s] -tanzen [s]); Freudensprünge machen (喜んで); hüpfend herum|laufen* [s].
はねる 跳[撥]ねる ❶ [跳ねる] springen* [s,h]; hopsen [s]; hüpfen [s]. ❷ [上がる] auf|springen* [s] (-|fahren* [-|schnellen] [s]; ⁴sich auf|schwingen* (馬が). ⁴sich bäumen; bocken (後脚で). ❸ [水が] planschen; platschen; plätschern; spritzen. ❹ [火が] knistern, knattern (音が)/火花が四方に跳ねる Funken sprühen nach allen Seiten. ❺ [終る] aus sein/芝居がはねてから会おう Treffen wir uns nach dem Theater. ❼ [試験などで] aus|mustern⁴ (-|schalten⁴; -|scheiden⁴; -|schließen*⁴) (⁴審査の結果(第二次選考で)はねられる durch die Musterung im Vorlauf) ausgeschieden werden. ❽ [上前を] veruntreuen⁴; unterschlagen*⁴; (俗) einen Teil des Gewinns veruntreuen (in die Tasche stecken). ❾ [首を] ab|haupten⁴; köpfen⁴; *jn* um einen Kopf kürzer machen. ❿ ⇒はねつける.

パネル Paneel *n.* -s, -e; Tafel *f.* -n; Platte *f.* -n/パネルディスカッション Podiumgespräch *n.* -s, -e.

パノラマ Panorama *n.* -s, -men.

はは 母 Mutter *f.*; Mütterchen *n.* -s, - (愛称); Mutti *f.* -s (ママ); Mama *f.* -s (同上)/母方の mütterlich/母らしい mutterhaft; mütterlich/母のない mutterlos/母らしさ Mütterlichkeit *f.* -/母になる (妊娠・分娩する) (zur) Mutter werden/生みの母 die leibliche (echte) Mutter/育ての母 Pflegemutter *f.*/母の義務 Mutterpflicht *f.* -en/母のへそくり Mutterpfennig (*pl*) (-e)/母の日 Muttertag *m.* -[e]s, -e/母の秘蔵っ子 Muttersohn *m.* -[e]s, "-e/母の慈愛 Mutterliebe *f.* -/母の愛情 Mutteraugue *n.* -s, -n/母の心(情) Mutterherz *n.* -ens, -en/母の座 Mutterstelle *f.* -n/母を同じくする(異にする) von derselben Mutter (verschiedenen Müttern) geboren sein/母に気をつかっている *bei (an) jm* Mutterstelle vertreten*; *um jn* wie eine Mutter besorgt sein/彼の母がわりになってくれ Sei Mutter an ihm (über ihn)/我が家は貧しい母は Sie sind den Armen eine wahre Mutter./必要は発明の母 Not macht erfinderisch/注意は知恵の母 Vorsicht ist die Mutter der Weisheit./母にきな乳房はない Auf der Mutter Schoß werden Kinder groß./母を慕う Muttermord *m.* -[e]s, -e; Muttermörder *m.* -s, - (犯人).

はは haha!/ははと笑う ein lautes Gelächter lachen.

はば 幅 ❶ [草木が] Breite *f.* -n; Weite *f.* -n (広さ)/幅の広い 幅の狭い schmal; eng (手狭な)/幅が三メートル[も]ある [nicht weniger als] 3 Meter breit sein/幅を広げる breit[er]

machen⁴; erweitern⁴/この川の幅はどれくらいあるか Wie breit ist dieser Fluss? ❷ [勢力] 幅がきく einflussreich; Einfluss haben (*auf*⁴) / 幅をきかせる Einfluss aus|üben (*auf*⁴)/当時西部では無法者が幅をきかせていた Damals herrschten im Westen die Schmuggler.

ばば 馬場 Renn|bahn *f.* -en (-platz *m.* -es, "-e); Arena *f.* -nen (曲馬の).

パパ Papa *m.* -s, -s/Vati *m.* -s, -s.

ははあ aha; hoho; so/ははあ、そうだったのか Ach, so!

ばばあ 婆 alte Frau, -en; die Alte*, -n, -n; Greisin *f.* -sinnen; Hexe *f.* -n (鬼婆).

パパイア 〖植〗Papayabaum *m.* -s, "-e.

はばかり 憚り ❶ [ためらい・遠慮] Zögerung *f.* -en (ためらい); Zurückhaltung *f.* (遠慮) /憚りさまですが…して下さい Würden Sie ...?: Könnten Sie ...?: Darf ich Sie bitten (*um*⁴; ... zu tun) ?/...するには憚りがある zögern (*mit*³; ... zu tun). ❷ [便所] ⇒べんじょ.

はばかる 憚る ⁴sich fürchten (*vor*³ 恐れる), ⁴sich enthalten (*von*³ 控える), zögern (*mit*³ ためらう)/憚るところなく ohne ⁴Bedenken; ohne Zögern; ohne Zurückhaltung /人前を憚る vor anderen schüchtern sein/人前も憚り ohne Rücksicht auf die anderen/誤らを改めるに憚ることなかれ Besser spät als nie./憎まれっ子世に憚る Unkraut vergeht nicht.

はばたき 羽ばたき Flügel|schlag *m.* -[e]s, "-e (-schwingen *f.* -s)/羽ばたきする mit den Flügeln schlagen*.

はばとび 幅跳び Weitsprung *m.* -[e]s, "-e/幅跳びの選手 Weitspringer *m.* -s, -.

パハマ Bahamas (*pl*)/パハマの bahamisch ‖ パハマ人 Bahamaer *m.* -s, -.

はばむ 阻む [ver]hindern⁴; hemmen⁴; zurück|halten*⁴ (引き止める).

はびこる ❶ [草木が] wuchern; üppig wachsen [s]/うちの庭には雑草がはびこっている In meinem Garten wuchert das Unkraut. ❷ [勢力などが] Einfluss gewinnen*. ❸ [病気など] ⁴sich aus|breiten; um ⁴sich greifen*; ⁴sich verbreiten/大都会にはあらゆる悪がはびこっている In Großstädten herrschen allerlei Übel.

ばひつ 馬匹 Pferde (*pl*) / 馬匹を手入れする Pferde (ab]warten (besorgen; pflegen; putzen) / 馬匹改良 Vered[e]lung (*f.* -en) der Pferde.

パビリオン Pavillon *m.* -s, -s.

はふ 破風 Giebel *m.* -s, - / 破風屋根 Giebeldach *n.* -[e]s, "-er.

パフ Puderquaste *f.* -n (おしろいの).

パブ Bar *f.* -s; Schenke *f.* -n; Kneipe *f.* -n; Pinte *f.* -n (スイスで).

パプア・ニューギニア Papua-Neuguinea *n.* -s / パプア・ニューギニアの papua-neuguineisch ‖ パプア・ニューギニア人 Papua-Neuguineer *m.* -s, -.

パフェ Parfait *n.* -s, -s / チョコレートパフェ Schokoladen-Parfait.

はぶく 省く ❶ [除く] aus|lassen*⁴; aus|schließen*⁴; fort|lassen*⁴ (weg|-) / ことば

はブラシ

を省く das Wort aus|lassen*. ❷ [節約する] sparen*/時間(手数)を省く Zeit in(Mühe) sparen/この方法をとれば私は労力がたいへん省ける Dieses Verfahren spart mir viel Mühe. ❸ [減じる] ein|schränken*/〔切りつめる〕 mindern*; verkürzen*; vermindern*/費用を省く Kosten ein|schränken.

はブラシ 歯ブラシ Zahnbürste f. -n.

はぶり 葉振り Laubwerk n. -(e)s, -e.

はぶり 羽振りがよい einflussreich sein; beliebt sein (人気がある).

ばふん 馬糞 Pferde|dünger m. -s, - (-mist m. -(e)s, -e; Stalldünger (厩(うた)肥)).

はへん 破片 Bruchstück n. -(e)s, -e; Fragment n. -(e)s, -e; Splitter m. -s, -; Stintzel n. -s, -/ ガラス(爆弾)の破片 Glassplitter (Bombensplitter) m. -s, -.

はぼうき 羽帚 Federbesen m. -s, -.

はぼたん 葉牡丹 Grünkohl m. -(e)s, -e.

はほん 端本 das unvollständige Werk, -(e)s, -e.

はま 浜(辺) Strand m. -(e)s, =e; Gestade n. -s, -; Küste f. -n; Meeresufer n. -s, -.

はまき 葉巻 Zigarre f. -n; Zigarillo m. -s, -s 〔細巻〕/葉巻切り Zigarren|ab|schneider m. -s, - (-schere f. -n)/葉巻の吸い差し (Zigarren)stummel m. -s, -.

はまぐり 蛤 Venusmuschel f. -n.

はまちどり 浜千鳥 Regenpfeifer m. -s, -.

はまりこむ はまり込む ❶ [陥る] geraten*[s] (in⁴); fallen*[s] (in⁴); ver|fallen*[s] (in⁴)/苦境(悪習)にはまり込む in die Klemme (in eine schlechte Gewohnheit) geraten*. ⇔おちる⓫. ❷ [溺惑] vernarrt sein (in⁴); ⁴sich ver|narren (in⁴); betört (gefesselt) sein (von⁴)/女にはまり込んでいる in eine Frau ganz vernarrt sein.

はまりやく はまり役 die passende (geeignete) Rolle, -n/それは彼にとっては正にはまり役だ Die Rolle ist ihm auf den Leib geschrieben./端役の末に至るまではまり役だ Bis in die kleinsten Nebenrollen hinein ist alles treffend besetzt.

はまる ❶ [嵌る] stecken/泥沼にはまる im Schlamm stecken/鍵がはまっている Der Schlüssel steckt (im Schloss)./指に指輪がはまっている Der Ring steckt am Finger. ❷ [適合] ⁴sich eignen (für⁴; zu³); geeignet sein (für⁴; zu³); passen (in⁴); ⁴sich schicken (in⁴)/彼はこの仕事(地位)にはまらない Er ist für dieses Amt nicht geeignet.: Er passt nicht in diese Stellung./戸がはまらない Die Tür passt (geht) nicht hinein. ❸ [陥る] geraten*[s]. ⇔はまりこむ. ❹ [欺かれる] getäuscht (betrogen) werden/計略にはまる jm in die Schlinge fallen*[s]; jm ins Garn gehen* (laufen*)[s]; jm auf den Leim kriechen* (gehen*)[s]/ 彼はすぐわなにはまる Er lässt sich leicht täuschen (irreführen).

はみがき 歯磨 Zahn(reinigungs)pulver n. -s 〔粉〕; Zahnpasta f. ..sten 〔練歯磨〕; Zahnwasser n. -s 〔水歯磨〕.

はみだす はみ出す heraus|gucken; heraus|quellen*[s]/〔あんこ・クリームなどが〕一杯のポケットからハンカチがはみ出している Ein Taschentuch guckt aus voller Tasche heraus.

ハム ❶ Schinken m. -s, -. ❷ [アマチュア無線家] Radioamateur m. -s, -e. ‖ ハムエッグス Spiegelei (pl) mit Schinken; gebratene Schinkenscheiben (pl) mit Spiegeleiern/ ハムサンドイッチ Schinkenbrot n. -(e)s, -e.

はむかう 刃向かう *sich widersetzen; jm die Stirn (Trotz) bieten*; ⁴sich gegen jn auf|lehnen; ⁴sich auf die Hinterbeine stellen (setzen); wider den Stachel löcken.

はむし 羽虫 Florfliege f. -n; Gnitze f. -n ◆ドイツの Gnitze (ぶよ) は刺さない.

ハムスター [動] Hamster m. -s, -.

はめ 羽目 ❶ Verschalung f. -en/羽目を張る bekleiden*; täfeln*; verkleiden*. ❷ [窮境] die missliche Lage, -n; Klemme f. -n; Patsche f. -n/苦しい羽目にある(schwer) in der Klemme (Patsche; Tinte) sein (sitzen*; stecken*)/苦しい羽目に陥る in die Klemme (Patsche; Tinte) kommen* (geraten*)[s]/苦しい羽目に陥れる jn in die Klemme treiben*; jn in die Patsche bringen* (reiten*)/妙な羽目になった Das ist aber dumm (eine dumme Sache; eine dumme Geschichte). — 羽目をはずす eine Sache zu weit treiben*; es zu bunt treiben*; Da geht es bunt her (zu)./羽目をはずして飲む wie ein Bürstenbinder (wie ein Loch; wie eine Senke; wie das liebe Vieh; wie eine Spritze; 〔俗〕 wie eine Unke) saufen*⁴/羽目をはずして喜ぶ vor ³Freude an die Decke springen*[s]. ‖ 羽目板 Getäfel n. -s, -; Paneel n. -s, -e; Wand|bekleidung (-täfelung -verkleidung) f. -en/腰羽目 Wandleiste f. -n; Rand|bekleidung (Saum-) f. -n.

はめこむ 嵌め込む hinein|stecken (in⁴; unter⁴; zwischen⁴). ⇔はめる.

はめつ 破滅 Ruin m. -s; Untergang m. -(e)s, =e; des Verderben*, -s; Verfall m. -(e)s; Vernichtung f. -en; Zerstörung f. -en; Zusammenbruch m. -(e)s, =e/破滅に た ruiniert; verdorben/破滅の淵にひんする am Rand des Ruins (Untergangs; Verderbens) sein; auf dem letzten Loch〔俗〕pfeifen*/そんなことをして彼もいよいよ破滅だ Er wird sich damit schon noch zugrunde (zu Grunde) richten./その失敗が彼の破滅だった Dieser Fehlschlag war sein Ruin. — 破滅する zugrunde (zu Grunde) gehen*[s]; ⁴sich ruinieren; unter|gehen*[s]; verderben*[s]; ver|fallen*[s]; ⁴vernichtet (zerstört) werden; zusammen|brechen*[s]/助けてやらなければあの男は確実にはまる Er geht unter (zugrunde; zu Grunde), wenn wir ihm nicht helfen.

はめる 嵌める ❶ stecken(an⁴; in⁴); ein|fügen* (-|legen⁴; -|setzen⁴; -|stecken⁴)(in⁴)/かぎを鍵穴にはめる den Schlüssel ins Schloss stecken/窓にガラスをはめる Scheiben in ein Fenster ein|setzen/絵(鏡)を枠にはめる ein Bild (einen Spiegel) ein|rahmen/たるにたがをはめる einem Fass Reifen an|legen. ❷ [着用] 手袋をはめる die Handschuhe an|zie-

ばめん 場面 Szene f. -n〔芝居の〕; Auftritt m. -[e]s, -e;〔Schau〕platz m. -es, ¨-e; Stelle f. -n; Ort m. -[e]s, -e; Raum m. -[e]s, ¨-e〔以上場所〕;〔劇〕Situation f. -en.

はも 鱧〔魚〕Seeaal m. -[e]s, -e.

はもの 刃物 Messer|waren (Stahl-)《pl》‖ 刃物師 Messerschmied m. -[e]s, -e.

はもの 端物 das einzelne Stück n. -[e]s, -e 〔aus einem Paar; aus einem vollständigen Satz〕; der einzelne Teil, -[e]s, -e;〔残り〕Rest m. -[e]s, -e (-er, -en); Überbleibsel n. -s, -; ¨-Überrest m. -[e]s, -e;〔端物になる〕unvollständig werden; einzeln werden.

はもん 破門 Bann m. -[e]s, -e; Exkommunikation f. -en/破門する in den Bann tun*[4], exkommunizieren[4]; aus|stoßen*[4], verweisen*[4].

はや bereits; schon; nun《今や》; bald genug《とても早く》.

はやあし 早足 die eilige (schnelle) Schritt, -[e]s, -e (Marsch, -es, ¨-e), Trab m. -[e]s, -e〔馬の〕/早足で mit eiligen (schnellen) Schritten; in vollem Trabe; mit Riesenschritten/早足で進む mit eiligen (schnellen) Schrittes marschieren〔s〕.

はやい 早い ❶〔速度〕schnell; behänd[e]; flink; geschwind; rasch/足が早い schnellfüßig sein; Schnelläufer sein/仕事の早い人 der* rasch mit einer Arbeit fertig wird/耳が早い ein feines Gehör haben; für Neuigkeiten sehr empfänglich sein/早耳/早い話が kurz; kurzum; kurz und gut; um [4]es kurz zu fassen/合図の笛を聞くが早いか彼はすぐに飛び出した Kaum hatte er die Signalpfeife gehört, als er gleich wegflief. /早いもち Wer zuerst kommt, mahlt zuerst. /早ければ早い程よい Je rascher, je besser. /早く[しろ] Mach[t] schnell (fix)!;《俗》Dalli, dalli! ❷〔時間〕早い/早[時間]; unverzüglich; zeitig; verfrüht《尚早の》/早めの夕食 das frühe Abendessen, -s, -/出発にはまだ早い Es ist noch zu früh, um aufzubrechen. /朝早く in frühen Morgenstunden.

はやうま 早馬 Postpferd n. -[e]s, -e; das rennende Pferd.

はやおき 早起 früh (zeitig; bald) auf|stehen*〔s〕(das Bett verlassen*)/早起きの人 Frühaufsteher m. -s, -/早起きは三文の徳 'Morgenstunde hat Gold im Munde.'

はやおけ 早桶〔schlichte fassförmige〕Sarg, -[e]s, -e.

はやがってん 早合点 ⇨はやのみこみ.

はやがね 早鐘を打つ die Sturm|glocke (Alarm-) läuten (schlagen*); die Feuerglocke in rascher Folge schlagen*/胸が早鐘を打つ Das Herz hämmert [zum Zerspringen (Zerbrechen)] (klopft schnell und unregelmäßig).

はやがわり 早変わり der schnelle Wechsel,

-s, -; die rasche Verwandlung, -en/早変わりに rasch verwandeln ‖ 早変わり役者 der rascher Verwandlung (Verkleidung) fähige Schauspieler, -.

はやく 端役 Pöstchen n. -s, -; eine unbedeutende Rolle, -n/端役を演じる eine unbedeutende Rolle spielen ‖ 端役俳優 Komparse m. -n, -n; Statist m. -en, -en.

はやく 破約 Vertrags|bruch (Kontrakt-; Wort-) m. -[e]s, ¨-e/破約する einen Vertrag -[e]s, ¨-e〔einen Kontrakt, -[e]s, -e〕brechen*; sein Wort brechen* (nicht halten).

はやくち 早口 das hastige Sprechen*, -s;《俗》das Haspeln*, -s/早口の flink im Sprechen; zungenfertig/早口にしゃべる hastig sprechen*; schnell plappern; haspeln.

はやさ 早さ ❶〔高速〕Schnelligkeit f.; Hurtigkeit f.; Raschheit f. ❷〔速度〕Geschwindigkeit f. -en; Velozität f. -en.

はやし 林 Forst m. -[e]s, -e (f. -en -s); Dickicht n. -[e]s, -e; Hain m. -[e]s, -e; Wäldchen n. -s, -.

はやし 囃子 Musik|bande f. -n (-kapelle f. -n); Festmusik f.〔祭礼の〕, -en/囃子入りで mit ³Musikbegleitung; von ³Musik begleitet ‖ 囃子方 Musiker m. -s, -; Orchester n. -s, -.《総称》.

はやじに 早死に der vorzeitige (frühe) Tod, -[e]s, -e (Todesfall, -[e]s, ¨-e); Sterben n. in jüngeren Jahren erfolgte Tod. ⇨わかじに.

ハヤシライス Hasche (n. -s, -s) mit ³Reis.

はやす 囃す ❶〔笛・太鼓などで〕Musik machen; begleiten[4]〔例: auf der Flöte〕. ❷〔喝采〕Beifall klatschen (rufen*; spenden; zollen)《jm》; applaudieren《jm; jn》; freudig begrüßen《jn》; zu|jubeln《jm》. ❸〔ひやかす〕auf|ziehen*《jn》; ins Lächerliche ziehen*《jn》; necken《jn》; zum Narren haben (halten*)《jn》.

はやす 生やす wachsen*〔s〕(lassen*)/口ひげを生やす ³sich einen Schnurrbart wachsen lassen*.

はやせ 早瀬〔Strom〕schnelle f. -n; der reißende Strom, -[e]s, ¨-e.

はやて 疾風 Sturmwind m. -[e]s, -e; Orkan m. -s, -e〔台風〕.

はやてまわし 早手回しの früher tun*; zeitig Vorbereitungen treffen*.

はやね 早寝する früh zu Bett gehen*〔s〕; früh schlafen gehen*; [4]sich zeitig zur Ruhe begeben* ‖ 早寝早起き das frühe Zu-Bett-gehen* und Aufstehen*/早寝早起きする früh zu Bett gehen* und zeitig auf|stehen*〔s〕.

はやのみこみ 早呑込み das leichtsinnige Annehmen*, -s; die voreilige Folgerung, -en/早呑込みする leichtsinnig an|nehmen*[4]; eine voreilige Folgerung ziehen*《aus》; für bare Münze nehmen*[4].

はやばまい 早場米 der früh geerntete Reis, -es, -e《pl は品種を示すとき》.

はやばや 早ばや[と] früh[zeitig]; geschwind

《急いで》/早ばやおでかけ下さい Kommen Sie so früh wie nur 〔irgend〕 möglich.

はやびき 早引きする früher als sonst Feierabend machen; vor der Zeit (verfrüht) die Schule (den Unterricht; das Büro) verlassen*.

はやびけ 早引け der früher als sonst gemachte Feierabend, –s, –e; der unzeitige (verfrühte) Geschäftsschluss, –es, ⸚e.

はやぶさ 隼 〖鳥〗 Wanderfalke *m.* –n, –n/隼のごとく blitzschnell wie ein Wanderfalke.

はやまる 早まる hastig (übereilt; voreilig; vorschnell) sein/早まって ohne große (viel〔e〕; alle) ^{4}Überlegung; ohne sorgsam durchdacht zu haben/早まった事をする unüberlegt handeln.

はやみひょう 早見表 die übersichtliche (synoptische) Tabelle, –n; die kurz gefasste Tafel, –n.

はやみみ 早耳 schnell im Hören sein; eine große Empfänglichkeit für Neuigkeiten haben; eingeweiht sein 《*in*^{4} 内情に通じている》.

はやめ 早めに 〔ein wenig〕 früh〔zeitig〕er 《*als*》; mit genügend bemessener Zeit.

はやめる 早める beschleunigen^4; dahinter Dampf machen; die Geschwindigkeit erhöhen; Gas geben*^{3}; schneller werden lassen*^{4}/足を早めて mit eiligen (schnellen) Schritten; in raschem Tempo/期日を早める das Datum 《–s, ..ten》 vor|rücken/死期を早める einen früheren Tod herbei|führen; ein verfrühtes Ende bereiten 《*jm*》/速力を早める eine höhere Geschwindigkeit 《–en》 entwickeln.

はやり 流行 Mode *f.* –n; das Neueste*, –n; der neueste Geschmack, –〔e〕s, ⸚e/はやりの modisch; beliebt; zeitgemäß/はやりの新型 die allerneueste Mode, –n; der letzte Schrei, –〔e〕s, –e/はやりすたりが早い Die Moden sind kurzlebig. ‖ はやり歌 Modelied *n.* –〔e〕s, –er; Schlager *m.* –s, –/はやりかぜ Influenza *f.*; Grippe *f.* –n/はやりことば Modewort *n.* –〔e〕s, ⸚er (–ausdruck *m.* –〔e〕s, ⸚e)/はやりっ子 der Held 《–en, –en》 (der Löwe 《–n, –n》) des Tages; die populäre Berühmtheit, –en/はやり目 die epidemische Ophthalmie, –n.

はやる ❶ Mode werden; in die Mode kommen* [s]; ^{4}sich einer großen Popularität (Beliebtheit) erfreuen/はやらなくなる aus der Mode kommen*; nicht mehr der Geschmack des Tages sein. ❷ um ^{4}sich greifen*; toben; wüten 《病気など》. ❸ [繁盛] gedeihen* [s]; auf einen grünen Zweig kommen* [s]; eine große Kundschaft (viele Kunden) haben; gut vonstatten gehen* [s]/あの医者ははやる Der Doktor hat eine ausgedehnte (große) Praxis. —— はやらせる in die Mode bringen*^{4}; um ^{4}sich greifen (gedeihen) lassen*^{4}; zum Erfolg verhelfen* 《*jm*》.

はやる 逸る ungeduldig (heftig; stürmisch; ungestüm) sein; aus seiner Fassung kommen* [s]/逸る心を押ししずめる ^{4}sich beherrschen; ^{4}sich selbst im Zaum〔e〕 halten*.

はやわかり 早解り das rasche Verstehen*, –s/早解りのする rasches Verständnis entgegenbringend; intelligent/この本は早解りがする Das Buch ist leicht zu verstehen.

はやわざ 早業 Behändigkeit *f.*; die rasche Arbeit, –en; Flinkheit *f.*; Schlagfertigkeit *f.*

はら 原 Feld *n.* –〔e〕s, –er; Ebene *f.* –n; Wiese *f.* –n; Wildnis *f.* ..nisse 《荒野》. ⇨そうげん.

はら 腹 ❶ Bauch *m.* –〔e〕s, ⸚e; Unterleib *m.* –〔e〕s, –e; Darm *m.* –〔e〕s, ⸚e 《腸》; Magen *m.* –s, – 《胃》/腹がへる(へっている) Hunger bekommen* (haben); hungrig werden (sein); es hungert *jn*/腹が張る ^{4}sich sättigen; einen vollen Magen haben/腹が痛む Bauchschmerzen haben/腹が下る Durchfall haben; an Durchfall leiden* 《下している》/腹が鳴る Der Magen knurrt./腹ごなしに um die Verdauung zu befördern (anzuregen)/腹一杯食べる ^{3}sich satt (dick; voll) essen*/腹の中で笑う ^{3}sich in den Bart (ins Fäustchen) lachen; in sich hinein lachen/腹をかかえて笑う ^{4}sich bucklig (schief; krumm) lachen; ^{3}sich vor Lachen die Seiten halten*/腹を切る ⇨せっぷく(切腹)/腹をこわす ^{3}sich den Magen verderben*. ❷ [心など] Herz *n.* –ens, –en; Gemüt *n.* –〔e〕s, –er; Absicht *f.* –en; Mut *m.* –〔e〕s/腹ができた resolut; standhaft; unentwegt/腹がきれいな offenherzig; freimütig/腹がない kleinmütig; schwachherzig; zaghaft/腹が大きい groß|mütig (–zügig); weitherzig/腹に一物ある ^{4}sich mit ^{3}*et* tragen* 《例: mit Plänen; mit der Absicht, ^{4}*et* zu tun》/腹に据えかねる über die Grenzen menschlicher Geduld gehen* [s]; nicht mehr ausstehen können*^{4}; aufgebracht sein 《gegen *jn*; über ^{4}*et*》/腹の黒い hinterhältig; boshaft; intrigant; ränkevoll/腹の中は im Grunde des Herzens/腹のすわった beherzt; mannhaft; unerschrocken; mutig/腹を合わせる unter einer ^{3}Decke mit *jm* stecken; ^{4}*et* mit *jm* ab|karten (heimlich aus|machen)/腹を合わせて vorweg verabredet; abgekartet/腹を決める den Entschluss fassen; ^{3}sich ein Herz fassen; ^{3}sich einen Ruck geben*; ^{3}sich ^{4}*et* vor|nehmen*/腹をさぐる bei *jm* an|klopfen (an|tippen; sondieren); bei *jm* auf den Busch klopfen/腹を立てる ^{4}sich entrüsten 《*über*^{4}》; ^{4}sich erzürnen 《*über*^{4}》; in Zorn geraten* [s]/腹の虫がおさまらない *jm* in die Krone fahren* 〖原因が主語〗; auf achtzig (程度に応じて: neunundneunzig; hundert; hundertzehn) sein ❖ 自動車のスピードから来た俗語/腹を割って話せば offen gesagt; wenn ich frisch (frei) von der Leber weg reden darf; um ehrlich zu sein/痛くもない腹を探られる ^{4}sich grundlos verdächtig machen/腹を肥やす ein|stecken^4 (–|sacken^4); ^{4}sich bereichern/あの人は腹ができている Er hat einen festen Charakter. ¦ Er weiß, was er will.

ばら 薔薇 Rose *f.* -n; Rosenstock *m.* -[e]s, ⸚e〔株〕; Rosenstrauch *m.* -[e]s, ⸚er〔樹〕/ばらの花びら〔葉〕 Rosenblatt *n.* -[e]s, ⸚er ‖ ばら色 Rosenfarbe *f.*/ばら色の rosen|farben (-farbig); rosig; rosa《無変化》/野ばら wilde Rose.

ばら ばらで〔の〕〔ばら荷・ばら積の〕in losen Haufen; nicht in ³Originalpackung; unverpackt;〔小売り〕einzeln; stückweise; nach Gewicht〔目方〕;〔ばらで売る〔買う〕 einzeln (im Kleinen); stückweise) verkaufen⁴ (kaufen⁴)/ばら品 lose Ware, -n; Frachtgüter 〈*pl*〉 in losen Haufen; Sturzgüter 〈*pl*〉.

パレード Ballade *f.* -n.

はらい 祓い Besprechung *f.* -en《加持祈祷》; Geisterbeschwörung *f.* -en; Exorzismus *m.* -..men.

はらい 払い das Zahlen*, -s;〔Be〕zahlung *f.* -en; Rechnung *f.* -en《勘定》;払いをする zahlen⁽⁴⁾; bezahlen⁴; eine Zahlung leisten/ピアノは現金引換払いでお送りします Wir werden Ihnen das Klavier gegen (durch) Nachnahme liefern. ‖ 現金払い Zahlung in bar; bare Bezahlung/先払い(代金引換払い) Nachnahme *f.* -n/全額払い volle Bezahlung/前払い Voraus(be)zahlung *f.* -en.

はらいこみ 払い込み Einzahlung *f.* -en; Anzahlung *f.* -en《内金の》; Teilzahlung *f.* -en《月賦などの》 ‖ 払込額 Einzahlungssumme *f.* -n/払込資本 das eingezahlte Kapital, -s, -e〈..lien〉/払込請求 Zahlungsaufforderung *f.* -en; Forderung *f.* -en.

はらいこむ 払い込む ein|zahlen⁴; an|zahlen⁴.

はらいさげ 払い下げ Verkauf 〈*m.* -[e]s, ⸚e〉 des Staatseigentums ‖ 払下品 das zum Verkauf stehende Staatseigentum, -s, -e.

はらいさげる 払い下げる〔das Staatseigentum〕 verkaufen⁴.

はらいすぎ 払い過ぎ Überzahlung *f.* -en.

はらいすぎる 払い過ぎる zu viel (zu teuer); überreichlich bezahlen; zu hoch belohnen⁴《報酬などを》.

はらいずみ 払い済み bezahlt; frankiert《郵税前納》/返信料払い済み Antwort bezahlt/払い済みで受領印もとってあります Es ist schon bezahlt und quittiert.

はらいせ 腹癒せ Rache *f.*; Revanche *f.* -n/腹癒せに den Ärger abreagieren⁴; racheburstig; rachgierig (-süchtig)/腹癒せをする *jn* rächen (für⁴; wegen²⁽³⁾); ³sich rächen (an *jm*)《仕返し》; ⁴sich Genugtuung verschaffen; *jn* ⁴*et* fühlen lassen*; *jm* heim|zahlen.

はらいのこし 払い残し Rückstand *m.* -[e]s, ⸚e; Schulden 〈*pl*〉/払い残しがある ⁴sich〔bei *jm*〕im Rückstande befinden*; mit den Zahlungen im Rückstand bleiben* ⓢ.

はらいもどし 払い戻し Rückzahlung *f.* -en; Erstattung *f.* -en《超過納税額の》; Rabatt *m.* -[e]s, -e《戻し》 ‖ 税込戻し Rückzoll *m.* -[e]s, ⸚e.

はらいもどす 払い戻す zurück|zahlen⁴; erstatten⁴; rabattieren⁴.

はらいもの 払い物 Zeug 〈*n.* -[e]s, -e〉 zu verkaufen〔屑物・がらくた〕.

はらいわたし 払い渡し〔Aus〕zahlung *f.* -en/払渡金五百ドル用意してあります Es liegen 500 Dollar zur Auszahlung bereit./ドイツ銀行払渡所 Zahlstelle bei der Deutschen Bank ‖ 払渡局〔局〕Kasse *f.* -n (Auszahlungspostanstalt *f.* -en; Zahlstelle *f.* -n).

はらいわたす 払い渡す aus|zahlen⁴; eine Zahlung leisten.

はらう 払う ❶ zahlen⁽⁴⁾; bezahlen⁴; begleichen*⁴《勘定・借金を》; entrichten⁴《債務を》; Kosten bestreiten* (tragen*)《費用を》; honorieren⁴《謝礼を》/現金で(小切手で)払う(in) bar (mit Scheck) zahlen. ❷〔除去〕ab|stauben⁴《塵を》; aus|bürsten⁴《ブラシで》; aus|klopfen⁴《はたいて》; ab|hauen⁽*⁾⁴〔伐り払う〕; 〔einen Baum〕ab|ästen (auf|-; aus|-)《木の枝を》; (die Tränen aus den Augen) wischen《涙を》. ❸〔祓う〕vertreiben*⁴; beschwören*⁴《悪魔を》; besprechen⁴《祈祷で》.

パラエティー Abwechslung *f.* -en《変化》; Mannigfaltigkeit *f.* -en《多様性》; Verschiedenheit *f.* -en《差異》; Varietät *f.* -en《変種・変形》;〔劇〕 Varieté *n.* -s, -s《バリエテ・ボードビル》; Varietétheater *n.* -s, -《同上》.

パラオ Palau *n.* -s.

はらおび 腹帯 Bauchbinde *f.* -n; Bauchgurt *m.* -[e]s, ⸚e《馬の》.

はらぐあい 腹具合 Magenbeschwerden haben; ³sich den Magen verderben*; an schlechter Verdauung leiden*;《俗》 Der Magen streikt.

パラグアイ Paraguay *n.* -s ‖ パラグアイ人 Paraguayer *m.* -s, -.

パラグライダー Gleitschirm *m.* -[e]s, -e; Palagleiter *m.* -s, -.

パラグラフ Paragraph *m.* -en, -en《記号: §》.

パラサイト Parasit *m.* -en, -en.

パラジウム《化》Palladium *n.* -s《略: Pd》.

パラシュート Fallschirm *m.* -[e]s, -e/パラシュートで飛び降りる mit dem Fallschirm ab|springen* ⓢ ‖ パラシュート部隊 Fallschirmtruppe *f.* -n/パラシュート部隊員 Fallschirmjäger *m.* -s, -.

はらす 晴らす ❶〔疑いなどを〕 ⁴sich *jn* von einem Verdacht reinigen (entlasten); den Verdacht von ³sich (*jm*) ab|lenken; den Zweifel zerstreuen. ❷〔恨み・うっ憤などを〕 *jm* heim|zahlen; seinen Ärger (seinen Zorn) aus|lassen*(an*⁴); eine (alte) Scharte aus|wetzen. ❸ ⁴sich (*jn*) zerstreuen; ⁴sich (*jn*) auf|heitern; ³sich Luft machen; ⁴sich erfrischen.

ばらす ❶〔ばらばらにする〕in ⁴Stücke hauen*⁴ (schlagen*⁴; schneiden*⁴); zerstückeln⁴; zerlegen⁴《解体する》. ❷〔売り払う〕los|schlagen*⁴; verkaufen⁴. ❸〔殺す〕töten (*jn*); um|bringen* (*jn*)/あいつをばらしてしまえ Nieder mit ihm! ❹〔あばく〕bloß|stellen⁴; enthüllen⁴; verraten⁴; ans Licht ziehen*⁴.

バラス〔ト〕 Ballast *m.* -[e]s, -e《底荷》; Schotter *m.* -s, -《鉄道・舗装用の》; Schotterbett *n.* -[e]s, -en; Bettung *f.* -en《鉄道線路の》.

ばらせん ばら銭 loses Geld, -[e]s, -er; kleine Münze, -n《小銭》.

パラソル Sonnenschirm *m.* -[e]s, -e‖ビーチパラソル Strandschirm.

パラダイス Paradies *n.* -es, -e.

はらだち 腹立ち Ärger *m.* -s; Wut *f.*; Zorn *m.* -[e]s/腹立ち紛れに aus (im; vor) Zorn.

ばらだま 散弾 Schrot *m.*(*n.*) -[e]s, -e. ⇨さんだん(散弾).

はらちがい 腹違い halbbürtig/腹違いの兄弟 Halb¦geschwister (*pl*) (-bruder *m.* -s, =; -schwester *f.* -n).

パラチフス〖医〗Paratyphus *m.* -.

バラック Baracke *f.* -n; Hütte *f.* -n; Bretterhütte *f.* -n; temporäres (vorläufiges; zeitweiliges) Haus, -es, ≈er.

ばらつく 雨がばらつく Es tröpfelt (drippelt)./髪をばらつかせて mit fliegendem Haar; mit zerzausten Haaren.

はらつづみ 腹鼓‖満腹の腹鼓を打つ ³sich den Leib voll¦schlagen*.

ばらづみ ばら積み lose Verladung, -en/ばら積み(に)する verfrachten* (in losen Haufen; lose) verladen*⁴‖ばら〔積み〕荷物 Schüttgut *n.* -[e]s, ≈er.

パラドックス Paradox *n.* -es, -e.

パラノイア〖医〗Paranoia *f.*

はらばい 腹這いになる auf dem Bauch liegen* ⓢ; ⁴sich (auf den Boden) hin¦strecken.

はらはら in atemloser Erregung sein; Herzklopfen bekommen*; gespannt wie ein Flitzbogen sein《緊張で》/はらはらさせる *jm* den Atem rauben (benehmen*; versetzen; verschlagen*); *jm* Angst ein¦jagen/はらはらながらに beklommenem Herzens; mit klopfendem Herzen; mit [entsetzlichem] Herzklopfen; in atem[be]raubender Spannung/はらはらするような atem[be]raubend; hinreißend.

ばらばら はらはら[と]落ちる flatternd [herab¦|-]fallen* ⓢ《木の葉など》; Die Tränen stürzen *jm* aus den Augen.《涙》.

ばらばら ばらばら降って来る〔音をたてる〕prasseln ⓢ (prasseln ⓗ)《雨・ひょうが》/ばらばらに in ³Stücken; zerstückelt; zerstreut《散在》; getrennt; gesondert; separat. ── ばらばらになる ⁴Stücke gehen* (springen*; [zer]fallen*) ⓢ; zerbrechen* ⓢ; aus dem Leim gehen* ⓢ《本などが》; kaputt werden; ⁴sich zerstreuen《分散》; auseinander gehen* ⓢ; ⁴sich trennen/彼の一家はばらばらになった Seine Familie ist auseinander gegangen (hat sich aufgelöst)./列がばらばらになった Die Reihen sind in Unordnung geraten./ばらばらにする ⁴in ⁴Stücke reißen*⁴ (schlagen*⁴; schneiden*⁴; hauen*⁴); zerbrechen*⁴; auseinander legen⁴《機械》; ab¦montieren《同上》.

ばらばら ばらばら降る〔nieder¦|〕prasseln《*auf*⁴》/ 雨が窓にばらばら吹きつける Regen prasselt an die Fenster.

パラフィン〖化〗Paraffin *n.* -s, -e‖パラフィン紙 Paraffinpapier *n.* -s, -e/パラフィン油 Paraffinöl *n.* -[e]s, -e.

パラフレーズ Paraphrase *f.* -n.

はらまき 腹巻 Bauchbinde *f.* -n.

ばらまく aus¦streuen⁴; verbreiten⁴; umher¦streuen⁴/種をばらまく《⁴Samen》breitwürfig säen/金銭をばらまく sein Geld verschwenden (verschleudern; vergeuden)《浪費する》; mit [dem] Geld um ⁴sich werfen* (schmeißen*)《同上》; sein ⁴Geld unter die Leute bringen*《散財する》.

はらむ 孕む schwanger werden; empfangen*⁴/帆が風を孕む Die Segel werden vom Wind geschwellt./孕んでいる schwanger sein; ein Kind erwarten; guter Hoffnung sein; in anderen (gesegneten) Umständen sein; [ein Kind unter dem Herzen] tragen*; trächtig sein《動物の》/孕ませる schwängern*; schwanger machen*.

ばらもん 婆羅門 ❶《種族》Brahmane *m.* -n, -n; Brahmin *m.* -n, -n. ❷《婆羅門教の僧侶》Brahmane; Brahmane *m.* -n, -n; Brahmapriester *m.* -s, -/婆羅門教の brahmanisch; brahminisch.‖婆羅門教 Brahma[n]ismus *m.* -./婆羅門教徒 Brahmane.

はららご Rogen *m.* -s, -; Milch *f.*

ばらり ばらりと entzwei《二つに》; getrennt《離れ離れに》; zerstreut《ばらばらと》/ばらりと切り落とす mit einem Schlag ab¦schneiden*⁴.

パラリンピック Paralympics (*pl*).

はらわた 腸 Eingeweide (*pl*); Gedärme *n.* -s, -; Därme (*pl*); Gekröse *n.* -s, -《臓物》/はらわたを出す〔抜く〕aus¦weiden⁴; auf¦brechen*⁴/はらわたを断つ思いがする Das Herz dreht ⁴sich *jm* im Leibe um.

はらん 波乱・波瀾 ❶《葛藤》Reibung *f.* -en; Störung *f.* -en; Unruhe *f.*; Verwirrung *f.* -en; Aufregung *f.* -en/波乱を起こす eine Reibung verursachen; eine Störung hervor¦rufen*; Unruhe stiften; den Frieden stören/家庭の波乱 Reibereien (*pl*) im Familienleben. ❷《盛衰》Auf und Ab; Wechselfall *m.* -[e]s, ≈e; Schwankung *f.* -en《相場の》/波乱に富んだ wechsel¦voll (ereignis-)/波乱の多い時代だった Die waren ereignisvolle (viel Unruhe verursachende) Zeiten./相場には相当波乱があった Die Börse verkehrte in heftig schwankender Haltung.‖波乱万丈 Wechselfälle des Glücks.

バランス Gleichgewicht *n.* -[e]s; Balance *f.* -;〖経〗Saldo *m.* -s, ..den (-s, ..di)《差引残高》/バランスを保たせる〔保っている〕im Gleichgewicht halten*⁴ (sein)‖バランスシート〖経〗Bilanz *f.* -en《貸借対照表》.

はり 梁 (Quer)balken *m.* -s, -.

はり 玻璃 Glas *n.* -es/玻璃の gläsern; Glas-; Kristall-. ⇨ガラス.

はり 針、鍼 ❶ Nadel *f.* -n; Nähnadel *f.* -n《縫針》; Stecknadel *f.*《留針》; Stricknadel *f.*《編針》; Zwecke *f.* -n《ピン》/針でさすような痛

ばり み stechende Schmerzen 《*pl*》; es sticht 《痛い》/針に糸を通す die Nadel ein|fädeln. ❷ [鍼医の] Akupunkturnadel/針（鍼）をする akupunkturieren⁴; im Stichverfahren heilen⁴. ❸ [釣針] Angelhaken *m*. -s, -. ❹ [魚・草木] Stachel *m*. -s, -n; Dorn *m*. -[e]s, -en. ❺ [虫の] Stich *m*. -[e]s, -e; Stachel *m*. -s, -n. ❻ [時計の] Zeiger *m*. -s, -/ Stundenzeiger *m*. -s, -《短針》; Minutenzeiger《長針》. ❼ [縫目] Stich *m*. -[e]s, -e/傷口を六針縫う eine Wunde mit 6 Stichen zu|nähen. ❽ [慣用句] 針はどのことを棒ほどに言う aus einer Mücke einen Elefanten machen/針の穴から天井のぞく einen sehr beschränkten Maßstab an|legen/針のむしろにすわるようだ wie auf Nadeln sitzen*. ‖ 鍼療治 Akupunktur *f*. -en.

ばり 罵詈 Schmähung *f*. -en; Beschimpfung *f*. -en; Schimpf *m*. -[e]s, -e; Verunglimpfung *f*. -en 《誹謗》. ── 罵詈する schmähen⁴; beschimpfen⁴; schimpfen 《auf *jn*》; verunglimpfen⁴; mit Schimpf überschütten 《*jn* 罵詈雑言する》.

パリ Paris *n*. ‖ パリっ子 Pariser *m*. -s, -; Pariserin 《…rinnen *f*.《女》.

はりあい 張り合い [競争相手] Nebenbuhlerschaft *f*.; Wetteifer *m*. -s; Konkurrenz *f*. -en/張り合いがある ermutigend (aufmunternd, lohnend) sein; ⁴sich sehr bewogen fühlen/張り合いのない entmutigend; enttäuschend/張り合いが抜けがする entmutigt (enttäuscht) sein/張り合いが抜けてがっかりした Die Felle sind mir weggeschwommen.

はりあう 張り合う ⁴wetteifern 《*mit*³》; konkurrieren 《*mit*³; *um*⁴》; rivalisieren 《*mit*³》; ⁴sich mit *jm* messen* 《*an*³》; *jm* gleichzukommen suchen.

はりあげる 張り上げる 《声を》die Stimme erheben*/声を張り上げて mit lauter Kehle; aus voller Kehle.

はりい 鍼医 Akupunkteur *m*. -s, -e.

はりいた 張り板 Täfelung *f*. -en/張り板をる täfeln⁴.

バリウム [化] Barium *n*. -s.

バリオン Baryon *n*. -s, -en.

はりかえ 張り替え das Neubekleben*, -s《紙など》; das Neubespannen*, -s《傘・弓など》; das Neuüberziehen*, -s《いすなど》.

はりかえる 張り替える neu bekleben⁴ 《*mit*³》; neu auf|spannen⁴《*auf*⁴ カンバスなど》; neu bespannen⁴《*mit*³》; neu beziehen⁴《*mit*³》; neu tapezieren⁴《*mit*³》; neu überziehen*⁴ 《*mit*³》/安楽いすを革に張り替える einen Sessel mit Leder neu überziehen*/かさを張り替える einen Regenschirm neu bespannen lassen*.

はりがね 針金 Draht *m*. -[e]s, ̈-e/針金に伸ばす zu Draht ziehen*⁴ 《aus|ziehen*⁴》; zu Draht walzen⁴/針金のように細い wie Draht; sehnig; zäh ‖ 針金細工 Drahtwerk *n*. -[e]s, -e.

はりがねむし 針金虫 Drahtwurm *m*. -[e]s, ̈-e.

はりがみ 貼紙 Beklebezettel *m*. -s, -; Auf-klebeadresse *f*. -n《付箋》; Aufklebeschild *n*. -[e]s, -er; Etikett *n*. -[e]s, -e《レッテル》⇒ はりふだ/貼紙する bekleben⁴《*mit*³》; bezetteln⁴《*mit*³》; an|flicken⁴《つぎばり》.

バリカン Haarschneidemaschine *f*. -n.

ばりき 馬力 ❶ [動力の単位] Pferdekraft *f*. ̈-e -stärke *f*. -n《略: PS》; HP《略》/馬力をかける ⁴sich ins Zeug werfen* (legen); mit vollem Dampf (aus Leibeskräften) arbeiten; alle ⁴Kräfte an|strengen (auf|bieten*). ❷ [荷馬車] Pferdewagen *m*. -s, -.

はりきって 張り切って ❶《網などが》[aus]gespannt (aufgespannt) sein; gestrafft sein/張り切った綱 ein straffes Seil, -[e]s, -e. ❷ [気持が] lebhaft⁴ erleisten (erlassen); alles auf|bieten* (ein|setzen); alle Kräfte an|spannen⁴/独創的な物を書こうと張り切っている Er spannt jeden Nerven auf (an), um etwas Originelles zu schreiben.

バリケード Barrikade *f*. -n/バリケードで防（塞）ぐ [ver]barrikadieren⁴; versperren⁴.

はりこ 張り子 Papiermaché *n*.

はりこむ 張り込む ❶ [金などを奮発する] es ³sich [viel] kosten lassen*; [mit] Geld heraus|rücken; [sich] erlauben (erleben); 《俗》 die Spendierhosen ab|haben*. ❷ [張り番する] wachen《auf*⁴; über⁴》/目を張り込む aus den Augen lassen*⁴; *jm* auf|lauern; auf *jn* lauern; Wache (Schmiere) stehen* 《für⁴; bei³》; beschatten⁴《尾行》.

バリコン Drehkondensator *m*. -s, -en.

はりさける 張り裂ける brechen* [s]; auseinander brechen* [s]; bersten* [s]; springen* [s]; splittern [s.h.] zerbrechen* [s]; zerreißen* [s]/胸も張り裂けるばかりだ Mir bricht das Herz.

はりさし 針刺し Nadelkissen *n*. -s, -.

はりしごと 針仕事 Näherei *f*. -en; Nadelarbeit *f*. -en/針仕事をする nähen⁴; mit der Nadel arbeiten《*an*³》/針仕事で暮らしをたてる mit Näherei den Lebensunterhalt verdienen (erwerben*).

はりたおす 張り倒す nieder|schlagen*⁴; nieder|schmettern⁴; [引っぱたく] verwamsen⁴; *jm* das Fell gerben; *jm* eine herunter|hauen*.

はりだし 張り出し [建物の] Vorsprung *m*. -[e]s, ̈-e; das Ausladen*, -s; Überhang *m*. -[e]s, ̈-e ‖ 張り出し窓 Erker *m*. -s, -; Ausbaufenster *n*. -s, -.

はりだし 貼り出し Anschlag *m*. -[e]s, ̈-e; Plakat *n*. -[e]s, -e.

はりだす 張り出す vorspringen (ausladen; überhängen) lassen*⁴/張り出している vor|springen*; aus|laden*; über|hängen*.

はりだす 貼り出す an|schlagen*⁴; an|kleben⁴.

はりつけ 磔 Kreuzigung *f*. -en/はりつけにす る kreuzigen⁴; ans Kreuz schlagen*⁴ ‖ はりつけ柱 Kreuz *n*. -es, -e.

ぱりっと ⓟ 彼女はぱりっとした服装をしている Sie ist schmuck gekleidet.

パリティー Parität *f*. -en.

バリトン Bariton *m*. -s, -e; Baritonist *m*. -en, -en《歌手》.

はりねずみ 針鼠 Igel *m.* -s, -.

はりばこ 針箱 Nähkasten *m.* -s, ⸚.

ばりばり ❶〔音〕ritsch, ratsch! ❷ ばりばりと仕事をする energisch arbeiten.

ばりばり ばりばりに焼いた(揚げた) knusp[e]rig 〔gebraten〕/ばりばりに糊のついたカラー ein steifer Kragen, -s, -/ビスケットをばりばり噛じる an ³Gebäck knuspern (knabbern)/ばりばりの江戸っ子 ein echter Tokioer (Tokioter), -s, -.

はりばん 張り番 ❶〔見張り〕Wache *f.* -n; Wachmann *m.* -[e]s, ⸚er 〈..leute〉; Lauerer *m.* -s, -/張り番する wachen 〈auf⁴〉; *über⁴*〉; *jm* auf|lauern; bewachen⁴; *et* in Obacht nehmen*; Wache halten*; Schmiere stehen* 〈泥棒などが *für*⁴; *bei*³〉. ❷〔番人〕Wächter *m.* -s, -; Wärter *m.* -s, -; Strandwache *f.* 〈海水浴場の〉; Streikposten *m.* -s, -.《ストライキのときのピケ》⇒ばんぺい, ほしょう(歩哨)/張り番をする Wache stellen; [die] Wachen aus|stellen.

はりふだ 貼札 Anschlag *m.* -[e]s, ⸚e; Affiche *f.* -n《まれ》; Anschlagzettel *m.* -s, -; Plakat *n.* -[e]s, -e/貼札無用 Plakatankleben verboten!〔掲示〕/貼札をする (ein Plakat) an|schlagen*⁴ 〈auf⁴〉; an|kleben〈auf⁴〉.

はりもの 張り物をする gestärkte Wäsche aufs Brett auf|spannen.

はる 春 Frühling *m.* -s, -e; Frühjahr *n.* -[e]s, -e; Lenz *m.* -es, -e/春の訪れ/春めく frühlingshaft werden/春になると wenn der Frühling kommt; wenn es Frühling wird/春の目覚め Frühlingserwachen *n.* -s/人生の春 der Frühling des Lebens.

はる 貼る ❶ kleben〈*an*⁴; *auf*⁴〉; an|kleben 〈*an*⁴〉; auf|kleben〈*auf*⁴〉; bekleben〈*mit*³〉. ❷〔膏(ɔ)薬を〕ein Pflaster auf|legen 〈*auf*⁴〉. ❸〔掲示を〕an|schlagen*⁴ 〈*an*⁴〉. ❹〔切手を〕[einen Brief] frankieren.

はる 張る ❶〔伸張〕spannen⁴〈綱・弦などを〉; auf|spannen⁴〈*auf*⁴ カンバスなどを〉; aus|spannen⁴〈帆などを〉; bespannen⁴〈*mit*³ 弓を〉; beziehen*⁴ 〈*mit*³ いす・ベッドなどを〉; überziehen*⁴ 〈*mit*³ いすなどを〉. ❷〔突き出す〕eine stramme Haltung nehmen* 〈胸を張る〉; ²sich in die Brust werfen* 〔「いばる」意で〕; ²sich im[den] Ell[en]bogen〕breit machen 〈ひじを張る〉. ❸〔傘を〕bespannen⁴; 〔壁を〕 tapezieren⁴; 〔羽目板を〕paneelieren. ❹〔平手で〕eine Ohrfeige geben*³; eine langen³. ❺〔値段が〕teuer 〈kostspielig〉sein; Es kostet viel. ❻〔見栄を〕[gern] ein Ansehen geben*. ❼〔気が〕aufs Äußerste 〔höchste〕angespannt sein. ❽〔水が〕zu|frieren* ⓢ. ⇒えん(宴), まく(幕), テント.

はるか 遥かに ❶〔距離〕weit entfernt; in weiter Ferne; in der Ferne/遥か彼方に見える Ich sehe es in weiter Ferne./海上遥かに weit entfernt auf hoher See. ❷〔比較〕bei weitem; viel; weit〔gehend〕; um vieles; erheblich/この方が遥かによい Das ist bei weitem 〔viel; um vieles〕besser. (–wind *m.* -[e]s, -e(–nebel *m.* -s, -).

はるがすみ 春霞 Frühlings|dunst *m.* -[e]s, -e(–nebel *m.* -s, -).

はるかぜ 春風 Frühlings|hauch *m.* -[e]s, -e(–wind *m.* -[e]s, -e).

バルカン Balkan *m.* -s ‖ バルカン諸国 Balkanstaaten 〈*pl*〉/バルカン半島 Balkanhalbinsel *f.*

はるぎ 春着 Neujahrsanzug *m.* -[e]s, ⸚e; Frühlingskleid *n.* -[e]s, -er《春向きの》.

はるさき 春先 Frühlingsanfang *m.* -[e]s, ⸚e/春先に Anfang des Frühlings.

バルサム Balsam *m.* -s, -e ‖ バルサム材 Balsamholz *n.* -es, ⸚er.

はるさめ 春雨 Frühlingsregen *m.* -s, -.

パルチザン Partisan *m.* -s〈-en〉, -en.

はるばしょ 春場所 Sumo-Turnier 〈*n.* -s, -e〉im Frühling.

バルバドス Barbados *n.* Barbados'/バルバドスの barbadisch ‖ バルバドス人 Barbadier *m.* -s, -.

はるばる 遙々 aus weiter Ferne (der Ferne); fernher; von fern [her]; weit her/彼は遠路をいとわずはるばるとやって来た Er hat den langen Weg nicht gescheut und ist aus weiter Ferne gekommen.

バルブ ❶〔弁〕Ventil *n.* -s, -e/バルブを開ける(閉じる)ein Ventil öffnen (schließen*). ❷〔真空管〕Elektronenröhre *f.* -n; Vakuumröhre *f.* -n; Röhre *f.* -n. ❸〔電球〕[Glüh]birne *f.* -n.

パルプ Papierbrei *m.* -[e]s; Papierstoff *m.* -[e]s; Ganzzeug *n.* -[e]s.

はるまき 春蒔きの im Frühling gesät.

はれ 腫れ das [An]schwellen*, -s; [An]schwellung *f.* -en; Wassersucht *f.*《水腫》/腫れがひく Das Anschwellen lässt nach. Die Anschwellung geht zurück.

はれ 晴 das klare (schöne; heitere) Wetter, -s, -/曇後晴 wolkig bis heiter; bewölkt, später aufklärend/晴れの場所で bei einer feierlichen Gelegenheit/晴れの身となる von einer Schuld (einem Verdacht) gereinigt sein.

ばれい 馬齢 ¶ 徒らに馬齢を重ねる müßig gehen* ⓢ und altern ⓢ.

ばれいしょ 馬鈴薯 Kartoffel *f.* -n; Erdapfel *m.* -s, ⸚《別称》.

バレエ Ballett *n.* -[e]s, -e ‖ バレエ団 Ballettkorps *m.* -, -/バレエダンサー Ballett|tänzer *m.* -s, -《男》(–tänzerin *f.* ..rinnen《女》); Balletteuse *f.* -n《女》. ⇒バレリーナ.

ハレーション Lichthofbildung *f.* -en; Lichthof *m.* -[e]s, ⸚e.

パレード Parade *f.* -, -n.

バレー〔ボール〕 Volleyball *m.* -[e]s.

はれがましい 晴れがましい ❶〔目を引く〕auffällig; auffallend; ungewöhnlich; aus dem Rahmen fallend. ❷〔上品〕ad[e]lig; feudal.

はれぎ 晴れ着 Festkleidung *f.* -en; [Sonntags]staat *m.* -[e]s; Galaanzug *m.* -[e]s, ⸚e.

パレスチナ Palästina *n.* -s/パレスチナの pa-

はれつ 破裂 Explosion *f.* -en; Ausbruch *m.* -[e]s, ..e; Eruption *f.* -en《火山》; Bruch *m.* -[e]s, ..e 《談判》破裂する bersten* ⓢ; explodieren ⓢ; in die Luft fliegen* (gehen*) ⓢ; platzen ⓢ; zerspringen* ⓢ 《談判》破裂する zum Bruch kommen* ⓢ 《談判》/血管が破裂した Ein Blutgefäß ist ihm geborsten./装薬を破裂させる die Sprengladung zur Explosion bringen*.

パレット Palette *f.* -n.

はれて 晴れて offen(kundig); öffentlich; in aller Öffentlichkeit; vor aller Welt/天下晴れて夫婦になる öffentlich eine Familie gründen.

はればれ 晴々した ❶〔晴朗〕klar; heiter; hell; schön. ❷〔快活〕fröhlich; froh[mütig]; erfreut; heiter; munter; sonnig/気が晴々する ⁴sich aufgeheitert (erheitert; erfrischt) fühlen/彼はいつも晴々した顔をしている Er zeigt immer eine fröhliche Miene./彼の顔が晴々する Sein Gesicht klärt sich auf.

はれま 晴れ間 Regenpause *f.* -n/晴れ間を待って帰って来た Ich bin zurückgekommen, während der Regen aufhörte./雨後曇時々晴れ間あり nach Regen wolkig mit Aufheiterungen.

はれもの 腫れ物 Furunkel *m.* -s, -; Geschwür *n.* -[e]s, -e; Geschwulst *f.* -e; Schwäre *f.* -n; Beule *f.* -n ⇒**できもの**/腫れ物にさわるように möglichst schonende Weise; äußerst zart.

バレリーナ Ballerina *f.* ..nen; Ballerine *f.* -n.

はれる 晴れる ❶〔天気・霧などが〕⁴sich auf|klären (auf|heitern; auf|hellen); ⁴sich entwölken; klar werden; auf|steigen* ⓢ《霧が》; auf|hören《雨が》/空がだんだん晴れてくる Der Himmel entwölkt sich langsam. ❷〔嫌疑など〕⁴sich zerstreuen《Bedenken, Verdacht, Zweifel を主語として》; ⁴sich von einem Verdacht reinigen (entlasten)《人を主語として》. ❸〔気が〕⁴sich [wieder] erheitert (erfrischt) fühlen; wieder in gehobener Stimmung sein.

はれる 腫れる [an]schwellen* ⓢ/腫れた[an]geschwollen/ぶつけた所が腫れて来る Das verletzte Glied schwillt an./扁桃腺が腫れている Ich habe geschwollene Mandeln.

ばれる ans Licht (an den Tag) kommen* ⓢ《あらわれる》; durch|sickern ⓢ; entdeckt (enthüllt) werden《露顕する》/一件がばれたらどうする Was wirst du tun, wenn es herauskommt?

ハレルヤ halleluja!; Halleluja *n.* -s, -s.

バレンタインデー Valentinstag *m.* -[e]s, -e.

はれんち 破廉恥 Ehrlosigkeit *f.* -en; Gewissenlosigkeit *f.* -en; Schandbarkeit *f.* -en; Schamlosigkeit *f.* -en; Gemeinheit *f.* -en; Unverschämtheit *f.* -en/破廉恥な ehrlos; gemein; gewissenlos; schandbar; schändlich; schamlos; unverschämt ‖ 破廉恥漢 der Schamlose*, -n, -/破廉恥罪 das schändliche Verbrechen, -s.

バロック Barock *n.* (*m.*) -s/バロックの barock ‖ バロック音楽 Barockmusik *f.*/バロック時代 Barockzeit *f.*/バロック様式 Barockstil *m.*

パロディー Parodie *f.* -n.

バロメーター Barometer *n.* -s, -.

ハワイ Hawaii *n.* -s/ハワイ(語)の hawaiisch ‖ ハワイ人 Hawaiier *m.* -s, -.

はわたり 刃渡り die Länge《-n》einer Klinge.

はん 半 Hälfte *f.* -n; das Halbe*, -n; halb (*a.*)/一つ半 ein(und)einhalb, anderthalb/二つ半 zwei(und)einhalb, dritt[e]halb/三つ半 drei(und)einhalb, viert[e]halb/半時間 eine halbe Stunde/一時間半 ein und eine halbe Stunde 《二格: ein und einer halben Stunde》/一時間半の anderthalb (eineinhalb) Stunden ❖ 形容詞の語尾の有無・名詞の単複に注意。以下も同じ/二日半 zwei und ein halber Tag; dritthalb (zweienhalb) Tage/三キロ半 drei und ein halber Kilometer; vierthalb (dreieinhalb) Kilometer/四センチ半 vier und ein halber Zentimeter; fünfhalb (viereinhalb) Zentimeter ❖ 度量衡の単位を示す男・中性名詞の場合は複数にしない/前(後)半 die erste (zweite) Hälfte/ああもう半だ Ach, es ist (schlägt) schon halb./面接には半時間の余裕がある Für das Interview ist eine halbe Stunde angesetzt.

はん 範 Beispiel *n.* -[e]s, -e; Muster *n.* -s, -; Vorbild *n.* -[e]s, -er/範を垂れる für *jn* mit gutem Beispiel voran|gehen* ⓢ/範をとる ³sich an einem Beispiel an *jm* nehmen*; ³sich *jn* zum Vorbild nehmen*.

はん 班 Trupp *m.* -s, -s; Abteilung *f.* -en; Gruppe *f.* -n; [Turn]riege *f.* -n《体操の》.

はん 藩 Clan *m.* -s, -e; Lehen *n.* -s, -; Stamm *m.* -[e]s, -e ‖ 藩主 Lehnsherr *m.* -n, -en/藩臣 Lehnsmann *m.* -[e]s, -er (..leute); Dienstmann *m.* -[e]s, -en/藩閥 Clansippe *f.* -n; Clanclique *f.* -n; Sippschaft *f.* -en/藩閥政府 Clanregierung *f.*

はん 版 Druck *m.* -[e]s, -e; Auflage *f.* -n; Ausgabe *f.* -n/版をおこす in Druck geben*⁴/版を重ねる (wiederholt) auf|legen ⓢ/第一(二)版 die erste (zweite) Auflage ‖ 改訂版 die verbesserte (revidierte) Auflage/教科書版 Schulausgabe/限定版 die beschränkte Auflage/豪華版 Luxus|ausgabe (Pracht-)/縮刷版 Taschenausgabe/地方版 Lokalausgabe/普及版 Volksausgabe.

はん 判 ❶ Stempel *m.* -s, -; Petschaft *n.* -[e]s, -e; Siegel *n.* -s, -/判を押す stempeln; den Stempel setzen; das Siegel drucken《auf⁴》/判を彫る einen Stempel schneiden*/判を押したように stereotyp (regelmäßig); stur wie eine Schallplatte/判で押したように同じことの繰り返しだ Es ist [immer] dasselbe./判を捺す: Man legt immer dieselbe Platte auf.《比喩的に》. ❷ Format *n.* -[e]s, -e《紙·本の》. ‖ 二つ折判(フォリオ判)

はん- 汎- pan- (Pan-); gesamt- (Gesamt-)/汎アメリカ主義 Panamerikanismus m. -.

はん- 反- anti- (Anti-)/反ファシズム Antifaschismus m. -/反ファシズムの antifaschistisch/反軍国主義 Antimilitarismus m. -/反軍国主義的 antimilitaristisch/反共 Antikommunismus m. -; Antikomintern f./反米(的) antiamerikanisch (antideutsch).

-はん -犯 ¶ 強力犯 Gewaltverbrechen n. -s, -; Gewaltverbrecher m. -s, -《人》‖ 前科三犯 die dreimalige Vorstrafe/知能犯 das intellektuelle Verbrechen, -s, -;der intellektuelle Verbrecher, -s, -《人》.

ばん 番 ❶〔見張り〕Bewachung f. -en; Wache f. -n; das Wachen*, -s; Aufsicht f. -; Hut f. -en; Dienst m. -[e]s, -e《当直》; Wächter m. -s, -《人》/番をする bewachen*; Wache halten* (über*); wachen (über*; auf*); hüten* (die Aufsicht führen (haben) (über*); in *Obacht nehmen*; *sich in *Obacht nehmen* (vor*); wachsam sein (auf*; über*)/家(家畜,店)の番をする das Haus (das Vieh, den Laden) hüten/子供の番をする ein wachsames Auge auf das Kind haben/当(非)番である Dienst (keinen Dienst) haben/夜番 Nachtwache. ❷〔順番〕Reihe f. -n; [Reihen]folge f. -n/番に当たる an die Reihe kommen* (gelangen*)/番が狂う aus der Reihe (Ordnung) kommen*; in *Unordnung geraten*(s)/だれの番だ An wem ist die Reihe? /こんどは君の番だ Jetzt bist du d(a)ran (an der Reihe).Die Reihe ist an dir (kommt an dich). ❸〔番号〕Nummer f. -n/一番のNummer eins; der Erste*, -n, -n/一番のErste* in der ³Klasse《首席》/何番?《交換手が》Welche Nummer, bitte?/Ihre Nummer, bitte. ❹〔勝負の回数〕Mal n. -[e]s, -e; Partie f. -n; Runde f. -n/将棋を一番する(勝つ, 負ける) eine Partie *Schach spielen (gewinnen*, verlieren*). ❺〔大小の型〕Größe f. -n; Format n. -[e]s, -e/三十番の糸 Garn Nummer 30.

ばん 盤 [Spiel]brett n. -[e]s, -er《碁・将棋の》; [Schall]platte f. -n《音盤》/時計の文字盤 Zifferblatt n. -[e]s, -er ‖ LP(長時間)盤 LP-Platte; Langspielplatte f. -n/円盤 Scheibe f. -n/将棋盤 Schachbrett/将棋盤の目 Schachfeld n. -[e]s, -er/水盤 Becken n. -s, -/配電盤 Schalttafel f. -n.

ばん 判 Format n. -[e]s, -e《本・紙などの型》/大(中, 小)判の von großem (mittelgroßem, kleinem) Format/中[間]版の紙 Medianpapier n. -s, -e; mittelgroßes Papierformat ‖ A5(B6)版 Buchformat 14⁴/₅×21cm (12⁴/₅×18¹/₅)/二つ折判 Folio n. -s, -lien (-s)《略: Fol.;2°》/八つ折判 Oktav n. -s, -e《略: 8°》/四つ折判 Quart n. -[e]s, -e《略: 4°》

ばん 晩 Abend m. -s, -e; Abenddämmerung f. -en; Zwielicht n. -[e]s; Tagesende n. -s; Einbruch m. -[e]s《der ²Nacht》《以上やて夕[暮]》; Nacht f. -《夜》/晩に am Abend; des Abends; abends《略: abds》; bei Einbruch der Nacht (Dunkelheit)/晩のあいさつをする einen guten Abend sagen (bieten*; wünschen)《jm》/晩の八時に um 8 Uhr abends; abends um 8 Uhr/ある晩に eines Abends/火曜の晩に *Dienstagabend《特定の一回的》; dienstagabends (dienstags abends)《反復的》/朝から晩まで von [früh] morgens bis abends/今晩は Guten Abend!/晩になる Es wird Abend.; Es geht auf (gegen) den Abend./よろしかったら今晩お伺いしたいと存じますが Ich würde Sie gerne heute Abend besuchen, wenn es Ihnen paßt. ‖ 晩方 gegen Abend/晩飯 Abend[brot n. -[e]s (-essen n. -s, -)/晩飯を食べる zu Abend essen*/今晩 heute Abend; diesen Abend/昨[明]晩 gestern (morgen) Abend/毎晩 allabendlich; jeden Abend; alle *Abend[e].

パン Brot n. -[e]s, -e/パン一切れ ein Schnitt (eine Scheibe) Brot/パンの木 Brot[frucht]baum m. -[e]s, =e/パンの耳 Brotkruste f. -n/バターつきパン Butterbrot/何もつけないパン trockenes Brot/パンにバターをつける Butter aufs Brot schmieren; das Brot mit *Butter bestreichen*/パンを焼く Brot backen*《作る》; Brot rösten《トーストにする》/日々のパンをかせぐ(³sich) das tägliches Brot verdienen/人はパンのみにて生くるものにあらず《聖》Der Mensch lebt nicht vom Brot allein. ‖ パン切り包丁 Brot[messer n. -s, - (-säge f. -n)/パン屑 Krumen (pl); Krümel (pl)/パン粉 Paniermehl n. -s, -e/パン屋 Hefe f. -n/パン屋 Bäcker m. -s, -; Bäckerei f. -en《店》/パン焼きがま Backofen m. -s, =/パン焼器 Brotröster m. -s, -; Toaster m. -s, -/黒パン Schwarz[brot (Roggen-)/白パン Weiß[brot (Weizen-)/フランスパン Franzbrot.

はんい 犯意 die böse Absicht, -en/犯意なくして ohne böse Absicht/...の犯意をもって mit Absicht ... zu tun《例: töten; stehlen》.

はんい 範囲 Bereich m. -[e]s, -e; Kreis m. -es, -e; Sphäre f. -n; Umfang m. -[e]s, =e; Weite f. -n; [限界] Grenze f. -n; Rand m. -[e]s, =er; Umgrenzung f. -en/範囲内の(で) im Bereich; im Rahmen; in den Grenzen《以上 von³ また二格と》/範囲外の(で) außer dem Bereich; außerhalb der Grenzen《以上 von³ また二格と》/声の届く(聞こえる)範囲 Rufweite (Hörweite)/範囲を限る ³et Grenzen setzen; begrenzen*; beschränken*; ein[schränken*(auf⁴)/私の知る範囲では soviel ich weiß; soweit ich [davon] weiß; soviel ich gehört (gesehen) habe/この飛行機の行動範囲は広い Der Aktionsradius dieses Flugzeugs ist groß./彼の活動範囲は局限されている Sein Wirkungskreis ist beschränkt./商売の範囲が狭いからもうからない Bei diesem Umfang des Geschäfts ist der Gewinn nur gering.

はんえい 反映 Wider[spiege[l]ung f. -en (-schein m. -[e]s, -e); Zurückwerfung f.

–en; Reflexion *f.* –en. ― 反映する wider|spiegeln⁴ (–|scheinen*); widerscheinen*; zurück|werfen*⁴ / 国民性が芸術に反映している Das Wesen des Volks spiegelt sich in seiner Kunst〔wider〕.

はんえい 繁栄 das Gedeihen*, –s; der wirtschaftliche Aufschwung, –〔e〕s, ⸚e; Wohlstand *m.* –〔e〕s, ⸚e / 繁栄する gedeihen* [s]; blühen. ⇨**はんじょう**(繁盛).

はんえいきゅうてき 半永久的に fast auf ewig; fast für immer; fast fristlos; ohne〔besondere〕Zeitangabe / 彼は半永久的に我々の所から立ち去った Er ist fast auf ewig von uns gegangen.

はんえん 半円〔形〕Halbkreis *m.* –es, –e / 半円〔形〕の halbkreisförmig; halbrund.

はんおん 半音 Halbton *m.* –〔e〕s, ⸚e / 半音の chromatisch; in halben Tönen fortschreitend《半音階の》‖ 半音階 die chromatische Tonleiter *f.* –n; Chromatik *f.*《半音階法》/ 半音程 das chromatische Intervall, –s, –s / 半音符 die halbe Note, –n.

はんか 繁華 Lebhaftigkeit *f.* / 繁華な lebhaft; belebt; verkehrsreich ‖ 繁華街〔Haupt〕geschäftsstraße *f.* –n; die lebhafte (belebte; verkehrsreiche) Straße, –n.

はんが 版画 Holzschnitt *m.* –〔e〕s, –e《木版》; Kupferstich *m.* –〔e〕s, –e《銅版》; Steindruck *m.* –〔e〕s, –e《石版》.

ばんか 挽歌 Grablied *n.* –〔e〕s, –er; Toten¦gesang (Trauer–) *m.* –〔e〕s, ⸚e; Trauergedicht *n.* –〔e〕s, –e《弔詩》; Elegie *f.* –n《悲歌》; Klage¦gedicht (–lied).

ハンガー〔Kleider〕bügel *m.* –s, – / ハンガーに掛ける auf (über) den Bügel hängen⁴.

バンカー [ゴルフの] Bunker *m.* –s, –.

ハンガーストライキ Hungerstreik *m.* –〔e〕s, –s.

ばんかい 挽回 Wieder¦herstellung *f.* –en (–erlangung *f.* –en; –gewinnung *f.* –en; –nahme *f.* –n). ― 挽回する wieder|her|stellen⁴; wieder|gewinnen*⁴ (–|erlangen⁴; –|nehmen*⁴; –|ein|bringen*⁴《償う》); zurück|nehmen*⁴; nach|holen⁴ / 家運(信用, 商況)を挽回する seine häuslichen Verhältnisse wiederherstellen (seinen Kredit wiedererlangen, den Markt wieder|beleben). ― 挽回できない unwiederbringlich; nicht wiedererlangbar (wiederherstellbar); unersetzbar (unersetzlich)《償い難い》.

ばんがい 番外 Extranummer *f.* –n《一般に》; Extrablatt *n.* –〔e〕s, ⸚er; Sonder¦ausgabe *f.* –n (–blatt; –nummer *f.* –n)《以上号外・特別附録・臨時増刊》/ 番外の ungewöhnlich; außerordentlich; Sonder–; Extra–.

はんがく 半額 der halbe Preis, –es, –e; die Hälfte《–n》der Summe (des Betrags) / 半額で zum halben Preis〔e〕/ 半額にさげる den Preis um 50% herab|setzen (ermäßigen) / きず物は半額でさばかれた Die beschädigten Waren wurden zu halben Preisen verkauft. / 旅費の半額は当方でおもちします Die Reisekosten werden wir Ihnen zur Hälfte vergüten. ¦ Die Hälfte der Reisekosten tragen wir. / 半額をもっていただけませんか Wollen Sie sich zur Hälfte mit mir einlassen? / 子供は半額です Kinder zahlen den halben Preis.

ばんがく 晩学 das Lernen*《–s》im späteren Alter / 晩学では語学はうまくできない Im späteren Alter wird aus Sprachstudium nichts Gescheites.

はんかくめい 反革命 Gegenrevolution *f.* –en; Konterrevolution ‖ 反革命運動 die gegenrevolutionäre Bewegung, –en / 反革命党 Gegenrevolutionäre《*pl*》.

はんかこうひん 半加工品 Halbfabrikat *n.* –〔e〕s, –e; halbfertige Waren《*pl*》.

ばんがさ 番傘〔japanischer〕gewöhnlicher Papierregenschirm, –〔e〕s, –e.

ばんがた 晩方 gegen Abend; abends; bei ³Einbruch der Nacht.

ハンカチ Taschentuch *n.* –〔e〕s, ⸚er.

はんかつう 半可通 ❶ [人] Halbwisser *m.* –s, –; der Halbgebildete*, –n, –n; Dilettant *m.* –en, –en; [知ったかぶり] der Neunmalkluge*, –n, –n; Gescheittuer *m.* –s, –; Alles¦wisser (Besser–) *m.* –s, –. ❷ [知識の] die oberflächliche Kenntnis, ..nisse; Halbwisserei *f.* –en; Halbwissen *n.* –s; Dilettantismus *m.* –; Lexikonweisheit *f.* ― 半可通の halbwissend; dilettantisch; oberflächlich.

ばんカラ 蛮カラ [人] Barbar *m.* –en, –en; Rohling *m.* –s, –e; grober (roher) Mensch, –en, –en; [言動] Barbarei *f.* –en; Rohheit *f.* –en; Ungeschliffenheit *f.* –en / 蛮カラの barbarisch; grob; roh; wild; ruppig《身装の》.

ハンガリー Ungarn *n.* –s / ハンガリー〔人・語〕の ungarisch ‖ ハンガリー人 Ungar *m.* –n, –n; Madjar *m.* –en, –en.

バンガロー Bungalow *m.* –s, –s; Bangalo *m.* –s, –s.

はんかん 反感 Antipathie *f.* –n; Abneigung *f.* –en; Feindschaft *f.* –en; Hass *m.* –es; Widerwille *m.* –ns, –n / 反感を抱く Abneigung gegen *jn* fühlen; eine Abneigung gegen *jn* haben (fassen) / 反感を買う ³sich die Feindschaft einer Person (*js* Unwillen) zu|ziehen*; ³sich *jn* zum Feind machen; bei *jm* Anstoß erregen / あの男は僕に反感を抱いている Er ist mir feindlich gesinnt. ¦ Er fasst eine Abneigung gegen mich. / A 氏に対する反感は大きい Die〔allgemeine〕Abneigung gegen Herrn A ist groß.

はんかん 半官半民の halbstaatlich.

はんがん 斑岩 Porphyr *m.* –s, –e.

ばんかん 万感 tausend Gefühle《*pl*》/ 万感交々こもごも至る Unzählige Gedanken lösen sich ab.

はんき 反旗 die Fahne《–n》der Rebellion / 反旗をひるがえす ⁴sich gegen *jn* empören (rebellieren; verschwören*).

はんき 半期 Halbjahr *n.* –〔e〕s, –e / 半期の halbjährig; Halbjahres– / 半期ごとの halb-

は

jährlich ‖ 半期決算 Halbjahresabschluss *m.* -es, ⸚e; Halbjahresbilanz *f.* -en/半期配当 Halbjahresdividende *f.* -n/上(下)半期 die erste (zweite) Hälfte des Geschäftsjahres (des Rechnungsjahres)/四半期 Quartal *n.* -s, -e; Vierteljahr *n.* -[e]s, -e/四半期毎に quartalsweise; vierteljährlich.

はんき 半旗 Flagge 《*f.* -n》 auf Halbmast/半旗を掲げる die Flagge halbmast (auf Halbmast) hissen; halbmast flaggen/半旗を掲げている Die Flagge ist (weht) auf Halbmast.

はんぎ 版木 Holzstock *m.* -[e]s, ⸚e ‖ 版木師 Holzschneider *m.* -s, -.

はんぎご 反義語 Antonym *n.* -s, -e 《Homonym の対》.

はんぎゃく 反逆 Auflehnung *f.* -en; Aufruhr *m.* -s, -e; Aufstand *m.* -[e]s, ⸚e; Empörung *f.* -en; Hoch¦verrat (Landes-) *m.* -[e]s; Meuterei *f.* -en; Putsch *m.* -es, -e; Verräterei *f.* -en; Verschwörung *f.* -en; Rebellion *f.* -en; Revolte *f.* -n/時代の反逆児 Revolutionär 《*m.* -s, -e》 der Zeit /反逆を企てる ⁴sich verschwören* 《*mit*³; *gegen*⁴》; eine Verschwörung an|spinnen* (an|stiften; an|zetteln); [陰謀] intrigieren; Ränke schmieden 《*gegen*⁴》. —— 反逆する ⁴sich empören; ⁴sich auf|lehnen; ⁴sich revoltieren; ⁴sich verschwören* 《以上 *gegen*⁴》; abtrünnig³ werden. ‖ 反逆者 Empörer *m.* -s, -; Aufrührer *m.* -s, -; Verräter *m.* -s, -; Verschwörer *m.* -s, -.

はんきゅう 半弓 der kleine Bogen, -s, -.

はんきゅう 半休[日] der halbe Feiertag, -[e]s, -e; der freie Nachmittag, -[e]s, -e.

はんきゅう 半球 Halbkugel *f.* -n; Hemisphäre *f.* -n; Erdhälfte *f.* -n/半球の halbkugelig; hemisphärisch ‖ 東(西)半球 die östliche (westliche) Hemisphäre/両半球 die beiden Erdhälften.

はんきょう 反共 Antikommunismus *m.* - 《主義》; Autikommunist *m.* -en, -en 《人》 ‖ 反共運動 die antikommunistische Bewegung, -en; Antikomintern-Kampagne *f.* -n.

はんきょう 反響 Echo *n.* -s, -s; Widerhall *m.* -[e]s, -e; das Widerhallen*, -s; Erwiderung *f.* -en; [影響] Einfluss *m.* -es, ⸚e; Einwirkung *f.* -en 《以上どれも *auf*⁴》; Sensation *f.* -en 《評判》/反響がある ein Echo (einen Widerhall) finden*/反響を呼び起こす Sensation erregen/この放送は視聴者間に大きな反響があった Diese Sendung fand in den Zuschauern ein starkes Echo (eine starke Resonanz)./父の言は彼に何の反響もなかった Vaters Worte fanden bei ihm gar *keinen Widerhall.* —— *反響する wider|hallen* 《*von*³》; echoen; beeinflussen⁴; Einfluss haben (aus|üben) 《*auf*⁴》; [ein|]wirken 《*auf*⁴》/この好材料は物価に大きく反響した Diese günstigen Berichte haben einen großen Einfluss auf die Preise.

はんきれ 半切れ das halbe Stück, -[e]s, -e.

パンク Reifenpanne *f.* -n/家へ帰る途中タイヤがパンクした Auf dem Heimweg hatten wir eine Reifenpanne.

ばんぐみ 番組 Programm *n.* -s, -e; Spielfolge *f.* -n; Repertoire *n.* -s, -s 《レパートリー》; Spielplan *m.* -[e]s, ⸚e 《同上》/番組外の演奏 Sonderaufführung *f.* -en/番組に入れる in das Programm auf|nehmen*⁴/番組を作る(発表する, 変える) das Programm auf|stellen (veröffentlichen, ab|ändern)/番組通りにやる programmmäßig spielen; dem Programm folgen ‖ 放送番組 Sende¦plan (-folge); Rundfunkprogramm.

バングラデシュ Bangladesch (Bangladesh) *n.* -s/バングラデシュの bangalisch ‖ バングラデシュ人 Bangale *m.* -n, -n.

ばんくるわせ 番狂わせ Überraschung *f.* -en; unerwartete Folge, -n 《意外な結果》/番狂わせの unerwartet/番狂わせをやる überraschen⁴; überraschende (unerwartete) Ergebnisse bringen*.

はんけい 半径 Radius *m.* -, ..dien; Halbmesser *m.* -s, -.

はんげき 反撃 Gegen¦angriff *m.* -[e]s, -e (-offensive *f.* -n)/反撃に転じる zur Gegenoffensive über|gehen* [s]/反撃を撃退する den Gegenangriff zurück|weisen*/反撃する den Gegenangriff ergreifen*.

はんけつ 判決 Urteil *n.* -s, -e; Entscheidung *f.* -en; Judikat *n.* -[e]s, -e; Urteils¦spruch (Rechts-; Richters-) *m.* -[e]s, ⸚e/判決を下す das Urteil fällen 《*über*⁴》; verurteilen 《*jn zu*³》; erkennen* 《*auf*⁴》; entscheiden*⁴/判決を言い渡す(延期する, くつがえす, 取り消す) das Urteil sprechen* (aus|setzen, um|stoßen*, widerrufen*)/判決に服する ⁴sich dem Urteil unterwerfen*/判決に不服をとなえる einen Einspruch gegen das Urteil erheben*; dem Urteil widersprechen*/被告に有利な判決が下った Das Urteil des Gerichts lautete (Der Richter fällte das Urteil) zugunsten des Beklagten./判決は取り消された Das Urteil wurde aufgehoben (widerrufen; zurückgenommen)./彼は死刑(損害賠償, 三年の禁固)の判決を受けた Er wurde zum Tod[e] (zum Schadenersatz, zu drei Jahren Gefängnis) verurteilt. ‖ 判決文 der Tenor 《-s》 des Urteils; das [schriftliche] Urteil/判決例 Judikatur *f.* -en; Präzedens *n.* -, ..denzien; Präzedensfall *m.* -[e]s, ⸚e.

はんげつ 半月 Halbmond *m.* -[e]s, -e ‖ 半月形 Halbkreis *m.* -es, -e/半月形の halb¦mondförmig (-kreisförmig).

はんけん 版権 Urheber¦recht (Verlags-) *n.* -[e]s, -e/日本の版権を獲得しました Wir haben das Verlagsrecht für Japan erworben./その本の版権はもう消滅しました Das Verlagsrecht des Buches ist frei geworden./その本には版権があります Das Buch ist eine verlagsrechtliche Ausgabe. ¦ Das Buch ist [verlagsrechtlich] gegen Nachdruck geschützt. ‖ 版権譲渡 Übertragung 《*f.* -en》 des Verlagsrechts/版権条約 Verlagsabkommen *n.* -s, -/版権所有 Besitz 《*m.* -es》 des Urheberrechts; alle Rechte vorbehalten 《奥付の》/版権所有者 Verlagsrechtsinhaber m. -s, -/版権侵害 Verletzung (f. -en) des Urheberrechts/それは版権侵害になるでしょう Das wäre ein Überschreitung der Verlagsrechte./版権法 das Gesetz (-es, -e) über literarisches Eigentumsrecht.

はんげん 半減 Verminderung (Verringerung; Herabsetzung) (f. -en) auf (um) die Hälfte/半減する um die Hälfte herab|setzen⁴ (vermindern⁴; verringern⁴); auf die Hälfte reduzieren⁴/夏以来生産が半減したSeit dem Sommer ist die Produktion um die Hälfte herabgesetzt worden./それで価値が半減した Damit hat sich der Wert um die Hälfte vermindert. ‖ 半減期 〖理〗 Halbierungszeit f. -en.

はんげん 半舷 Breitseite f. -n ‖ 半舷上陸 Beurlaubung f. -en der halben Besatzung.

ばんけん 番犬 Wach|hund (Haus-) m. -(e)s, -e.

はんこ 判子 Stempel m. -s, -; Petschaft n. -(e)s, -e; Siegel n. -s, -/はんこで押したような stereotyp; abgedroschen; banal; langweilig/はんこで押す regelmäßig (規則的). ⇨はん(判).

はんご 反語 Ironie f. -n; rhetorische Frage, -n/反語的な ironisch.

はんこう 犯行 Verbrechen n. -s, -; Vergehen n. -s, -/犯行は明らかにされなかった Das Verbrechen ist unaufgeklärt geblieben.

はんこう 反抗 Widerstand m. -s, -; Auflehnung f. -en (gegen⁴); Ungehorsam m. -(e)s; Opposition f. -en; Resistenz f. -en. — 反抗する Widerstand leisten³ (jm Trotz bieten*; jm trotzen; ⁴sich entgegen|stellen; ⁴sich widersetzen³; widerstehen*³; widerstreben³; [ことばの上で] jm widersprechen*).

はんごう 飯盒 Kochgeschirr n. -(e)s, -e.

ばんこう 蛮行 Barbarei f. -en; Brutalität f. -en; Grausamkeit f. -en; Grässlichkeit f. -en; Vandalismus m. --, --; Gewalttätigkeit f. -en 《無法な行為》.

ばんごう 番号 Nummer f. -. -n (略: Nr.; pl Nrn.)/番号のない unnummeriert; ohne ⁴Nummer / 番号をつける nummerieren⁴; [be]nummern⁴; mit Nummern versehen*⁴/番号 Abzählen [号令] Nummerierungsmaschine f. -n/番号順に nach der Nummer (Reihenfolge)/番号札 Nummernkarte f. -n; Nummernschild n. -(e)s, -er 《自動車の》/連続番号 laufende Nummer (略: lfd. Nr.).

ばんこく 万国 Welt f.; alle Länder (Nationen) (pl)/万国に(万国にわたる)in allen Ländern; bei allen ³Völkern; in der ganzen ³Welt/万国(的)の international; universal; weltumfassend; zwischen|staatlich (-völkisch); Welt-; Völker-/万国に Weltruf m. -(e)s/万国に weltberühmt ‖ 万国旗 Flaggen (pl) aller ²Länder/万国博覧会 Weltausstellung f. -en/万国標準時 universale Normalzeit, -en/万国平和会議 〖史〗 internationale Friedenskonferenz, -en《ハーグの》.
⇨せかい, こくさい(国際).

ばんごや 番小屋 Wachthaus n. -es, -er; Schilderhaus 《衛兵所》.

はんごろし 半殺しする jn halb tot prügeln (machen); jn hauen*[¹], dass die Fetzen fliegen (dass die Schwarte knackt); jm das Leder gerben/半殺しの目にあう halb tot geprügelt werden; beinah getötet werden.

ばんこん 晩婚 eine späte Verheiratung, -en/晩婚である spät heiraten.

はんさ 煩瑣 Umständlichkeit f. -en; Weitschweifigkeit f. -en; Umstandskrämerei f. -en/煩瑣な umständlich; lästig; langatmig; peinlich genau; weitschweifig ‖ 煩瑣哲学 die scholastische Philosophie, -n; Scholastismus m. --.

はんざい 犯罪 das Verbrechen, -s, -; Delikt n. -(e)s, -e; Frevel m. -s, -/犯罪の verbrecherisch; kriminal; kriminell 《犯罪上の》/犯罪の現場 Tatort m. -(e)s, -e/犯罪を犯す ein Verbrechen begehen*/犯罪を発見する(の真相を明らかにする, 密告する, 捜査する, 罰する) ein Verbrechen auf|decken (auf|klären, an|zeigen, untersuchen, bestrafen) ‖ 犯罪学 Kriminologie f. -n/犯罪学者 Kriminologe m. -n, -n/犯罪行為 das Verbrechen n. -s, -/犯罪人 Verbrecher m. -s, -/戦争犯罪人 Kriegsverbrecher m. -s, -.

ばんざい 万歳 ❶ [n.] Banzai n. -; Hoch n. -s, -rufe; Hochruf m. -(e)s, -e; Hurra n. -s, -s; Hurrageschrei n. -s, -; Hurraruf. ❷ [int.] banzai! hoch! hurra! heil!/万歳を三唱する dreimaliges Banzai (Hoch; Hurra) geben* (aus|bringen*)/in dreimal hurra rufen*/皇帝陛下万歳 Seine Majestät der Kaiser, hurra (er lebe hoch)!/Tenno lebe der Kaiser!/A さん万歳 Herr A lebe hoch!

ばんさく 万策尽きる kein Mittel mehr haben; mit seinem Latein (seiner Weisheit) zu Ende sein; weder vorwärts noch rückwärts können*.

はんざつ 繁雑 Verwicklung f. -en; Kompliziertheit f. -en; Lästigkeit f. -en; Umständlichkeit f. -en/繁雑な verwickelt; beschwerlich; kompliziert; lästig; umständlich/実におおげさ式で繁雑きわまる Es ist fürchterlich bürokratisch und sehr umständlich.

ハンサム schön; hübsch/ハンサムな男 ein schöner Mann, -(e)s, -er.

はんさよう 反作用 Reaktion f. -en; Gegenwirkung (Rück-) f. -en/反作用する reagieren; rück|wirken 《以上 auf⁴》; eine Gegenwirkung auf⁴et aus|üben.

ばんさん 晩餐 Abendmahl n. -(e)s, -e (-er) 《特に 聖餐》‖ 晩餐会 Abendgesellschaft (Tisch-) f. -en; Soiree f. -n 《夜会》/晩餐会を開く eine Abendgesellschaft geben* (veranstalten) /最後の晩餐 das letzte Mahl (Christi mit seinen Jüngern).

はんじ 判事 Richter m. -s, -; Auditor m.

-s, -en《軍法会議の判事》; Auditeur *m.* -s, -e《同上》‖判事試補 Assessor *m.* -s, -en/判事席 Richter|stuhl *m.* -[e]s, ⸚e (-bank *f.* ⸚e)/上席判事 der Vorsitzende*, -n, -n/ Gerichtspräsident *m.* -en, -en/陪席判事 Beisitzer *m.* -s, -.; Assessor/予審判事 Untersuchungsrichter *m.* -s, -.

ばんじ 万事 alle Dinge (*pl*); jede Sache, -n; alles*; jedes*/万事に in allen ³Dingen; in jeder ¹Hinsicht; gänzlich《全然》; völlig /万事に気がつく auf alles achten sein; immer umsichtig handeln (aufmerksam sein)/万事にけちをつける an allem ⁴etwas wissen/; in allem ⁴etwas suchen/万事意のごとくならず Alles geht mir schief.｜Es geht nichts nach Wunsch./万事心得ている ein offenes Auge für alles haben/万般の事の理解/; ganz orientiert sein《über ⁴*et* es*/事への理解/万事好都合だ Alles geht gut.｜Es geht mir alles gut./万事休す Ich bin verloren (nicht zu retten).｜Alles ist verloren (vorbei).｜Es ist um mich geschehen./万事が万事 Wer eine Nadel stiehlt, stiehlt auch eine Axt.｜Von einem Mal kann man auf alle Male schließen./万事よろしくたのむ Ich stelle Ihnen alles anheim.｜Ich vertraue Ihnen alles an./人間万事金の世の中 Für Geld bekommt man alles.｜Geld regiert die Welt.

パンジー《植》Stiefmütterchen *n.* -s, -.
はんじえ 判じ絵 Rebus *m.* (*n.*) -, ..busse; Bilderrätsel *n.* -s, -.
はんじかん 半時間 eine halbe Stunde, -n/ 半時間ごとに alle halben Stunden; um halb jeder Stunde.
はんした 版下 Klischee *n.* -s, -s; Klischeeunterlage *f.* -, -n ‖ 版下屋 Klischeezeichner *m.* -s, -.
はんし[はんしょう] 半死[半生]の halb tot/ 半死半生の態だった Er war mehr tot als lebendig.｜Er lag wie tot da.
はんじもの 判じ物 Rätsel *n.* -s, -; Raterei *f.* -en.
はんしゃ 反射 Reflex *m.* -es, -e; Reflexion *f.* -en; Abglanz *m.* -es; Gegen|schein (Wider-) *m.* -[e]s, -e; Rück|schein *m.* -[e]s, -e (-strahl *m.* -[e]s, -e); Spiegelung *f.* -en; Zurückstrahlung *f.* -en. — 反射的な reflektiv; reflektorisch; abspiegelnd; ab|strahlend (rück-). — 反射する reflektieren⁴; ab|spiegeln⁴; ab|strahlen⁴; zurück|strahlen⁴ (-|werfen⁴⁴). ‖ 反射運動 Reflexbewegung *f.* -en/反射鏡 Reflexwinkel *m.* -s, -/反射器 Lichtwerfer *m.* -s, -/反射器 Reflektor *m.* -s, -en/反射鏡 Reflektor/反射現象 Reflexerscheinung *f.* -en/反射顕微鏡 Spiegelmikroskop *n.* -s, -e/反射光 Reflex *m.* -es, -e; der reflektierte (zurückgeworfene) Strahl, -[e]s, -en/反射光学器械 Spiegel|instrument *n.* -[e]s, -e (-apparat *m.* -[e]s, -e)/反射作用 Reflexwirkung *f.* -en/反射像 Reflexbild *n.* -[e]s, -er/反射灯 Spiegellampe *f.* -n/反射望遠鏡 Spiegel|teleskop *n.* -[e]s, -e (-fernrohr *n.* -[e]s, -e)/反射面 Reflexionsfläche *f.* -n/反射炉 Reverberier|ofen (Flamm-) *m.* -s, ⸚/条件反射 bedingter Reflex.

はんしゃかい 反社会的な gesellschaftsfeindlich; asozial; antisozial.
ばんしゃく 晩酌をやる einen Abendtrunk [-[e]s, ⸚e] nehmen*.
はんしゅう 半周 Halbkreis *m.* -es, -e/半周する eine halbe Runde machen.
ばんしゅう 晩秋 Spätherbst *m.* -[e]s, -e; später Herbst; Herbstende *n.* -s, -n/晩秋のころ gegen ⁴Ende des Herbstes; im späten Herbst; im Spätherbst; spät im Herbst.
はんじゅく 半熟の weich gekocht《卵》; halbreif《果実》‖ 半熟卵 das weich gekochte Ei, -[e]s, -.
はんしゅつ 搬出する 〔her〕aus|bringen⁴⁴; [hin]aus|tragen⁴⁴; retten⁴《火事のときなど》.
ばんしゅん 晩春 Spätfrühling *m.* -s, -e; später Frühling; Frühlingsende *n.* -s, -n /晩春のころ gegen ⁴Ende des Frühlings; im späten Frühling; im Spätfrühling; spät im Frühling.
はんしょう 反証 Gegenbeweis *m.* -es, -e; Widerlegung *f.* -en/反証をあげる einen Gegenbeweis an|treten* (bei|bringen*; führen; geben*; liefern).
はんしょう 半鐘 Feuer|glocke (Alarm-; Sturm-) *f.* -n.
はんじょう 繁盛 das Gedeihen (Blühen), -s; Aufschwung *m.* -[e]s, ⸚e; Wohlstand *m.* -[e]s, ⸚e/繁盛した (繁盛せぬ) erfolgreich; florierend/繁盛せぬ flau; geschäftslos; still; stockend; tot. — 繁盛する gedeihen* ⓢ; blühen; florieren; fort|kommen* ⓢ; vorwärts kommen* ⓢ; gutes Geschäft machen; Erfolg haben; viel (stark) besucht werden《劇場などが》; große (schöne) Praxis haben《医者が》/商売が繁盛する(しない) Das Geschäft blüht (stockt).
ばんじょう 半畳 ❶ die halbe Matte, -n. ❷ [やじ] Zwischenruf *m.* -[e]s, -e /半畳を入れる aus|pfeifen⁴⁴; aus|zischen⁴; *jn* mit faulen Äpfeln werfen*; *jm* einen Zwischenruf rufen*.
ばんしょう 晩鐘 Abend|glocke (Vesper-) *f.* -n; das Abendläuten*, -s.
ばんしょう 万象 alle Dinge (Naturen; Wesen) (*pl*); alles*, was existiert; ganze Schöpfung *f.*; Weltall *n.*; Universum *n.* -s.
はんしょう 万障 ¶ 万障お繰合わせ御出席下さい Ich bitte Sie, uns gütigst mit Ihrer Anwesenheit zu beehren.
ばんじょう 万丈の気炎をあげる das große Wort führen《大言壮語する》; auf|schneiden*; einen übermütigen (hochmütigen) Ton an|schlagen*/黄塵万丈の町だ Die Straßen sind voller Staubwolken.
パンジョー Banjo *n.* -s, -s.
はんしょく 繁殖 Wachstum *n.* -s; Zuwachs *m.* -es, ⸚e; Fortpflanzung *f.* -en; Vermehrung *f.* -en. — 繁殖する 〔an|-〕

ばんしょく 晩食 ⇨ばんめし.

はんしょくぎょうてき 半職業的 halbberuflich.

はんじる 判じる〔なぞなど〕raten*⁴; erraten*⁴;〔夢など〕deuten⁴; aus|legen⁴;〔暗号〕entziffern⁴;〔未来・運勢など〕weissagen⁴ (*p.p.* geweissagt);〔判断〕urteilen.

はんしん 半身 der halbe Körper; die Hälfte ⟨-n⟩ des Körpers ‖ 上(下)半身 Oberkörper (Unterkörper) *m.* -s, -/上半身裸になる den Oberkörper frei machen/半身 Büste *f.* -n; Brustbild *n.* -[e]s, -er/半身不随 Hemiplegie *f.*; die halbseitige Lähmung, -en/半身不随の hemiplegisch; halbseitig gelähmt.

ばんじん 蛮人 Barbar *m.* -en, -en; der Wilde*, -n, -n; Ureinwohner *m.* -s, -/〈原住民〉.

はんしんはんぎ 半信半疑 das Bedenken* (Misstrauen*), -s; Ungewissheit *f.*; Unsicherheit *f.*; Zweifel *m.* -s, -/半信半疑である noch in (im) Zweifel sein ⟨*über*⁴⟩, noch einige Bedenken haben ⟨*gegen*⁴⟩; in Ungewissheit schweben/今になってどうも半信半疑になってきた Es steigen mir jetzt Zweifel auf./彼にやられるかどうか半信半疑で Ich traue es ihm nicht ganz zu.

はんしんろん 汎神論 Pantheismus *m.* -/汎神論の pantheistisch ‖ 汎神論者 Pantheist *m.* -en, -en.

はんすう 反芻 das Wiederkäuen, -s/反芻する wieder|käuen*; nach|sinnen* ⟨*über*⁴ 熟慮⟩ ‖ 反芻類(動物) Wiederkäuer *m.* -s, -.

はんすう 半数 die Hälfte ⟨-n⟩ ⟨der Zahl⟩/出席者は会員の半数にも満たなかった Nur weniger als die Hälfte der Mitglieder waren anwesend. ‖ 過半数 Mehrheit *f.* -en/会員の過半数の投票を得たものが当選する Gewählt ist, wer die Stimmen der Mehrheit der Mitglieder erhält (auf sich vereinigt).

ハンスト Hungerstreik *m.* -[e]s, -s/ハンストに入る in den Hungerstreik treten* ⟨s⟩/ハンストを打ち切る(貫徹する) den Hungerstreik ab|brechen* ⟨durch|halten⟩.

はんズボン 半ズボン Kniehose *f.* -n; die kurze Hose, -n; Knickerbocker *m.* -s, - 《ゴルフ用の》.

はんする 反する ❶〔反対・対立〕⁴sich entgegen|setzen* ⟨-|stellen⟩; entgegen|stehen* ⟨*jm*; ³*et*⟩; entgegengesetzt (das Gegenteil von ³*et*) sein. ❷〔そむく〕⁴sich widersetzen³; wider ⁴*et* (gegen ⁴*et*) sein, widerstehen*. ❸ ⇨ぅらぎる/意志に反して wider ⟨*js*⟩ Willen; widerstrebend/これに反して Im Gegenteil; dagegen; andererseits/予期に反して wider Erwarten; das geht wider alles Erwarten〔予期以上〕/それは約束に反する Das ist gegen die Abmachung./全く期待に反したことになってしまった Ich habe (sehe) mich völlig in meiner Erwartung getäuscht./それはどうも私の気持に反する Das widersteht mir leicht.

はんせい 反省 Einkehr *f.*; Reflexion *f.* -en; das Nachdenken* (Nachsinnen*), -s; Betrachtung *f.* -en; Erwägung *f.* -en; Überlegung *f.* -en. —— 反省する innere Einkehr halten*; bei (in; mit) ³sich [selbst] Einkehr halten*; ⁴sich selbst zum Gegenstand stiller Betrachtung machen; ³sich Gedanken machen; reflektieren ⟨*以上 über*⁴⟩/彼はそれを全然反省しない Er macht sich darüber durchaus keine Gedanken.

はんせい 半生 das halbe Leben, -s, -; die Hälfte ⟨-n⟩ des Lebens ‖ 前半生 die erste Hälfte des Lebens (der Lebenszeit).

ばんせい 万世 alle Geschlechter (Generationen) ⟨*pl*⟩; Ewigkeit *f.*/万世不易の ewig; unvergänglich; unabänderlich.

はんせいひん 半製品 Halbfabrikat *n.* -[e]s, -e ⟨-ereugnis *n.* ..nisses, ..nisse; -zeug *n.* -[e]s, -e⟩; halbfertige Waren ⟨*pl*⟩.

はんせつ 半切 das halbe Format, -[e]s, -e.

はんせん 帆船 Segler *m.* -s, -; Segel_boot *n.* -[e]s, -e ⟨-schiff *n.* -[e]s, -e⟩.

はんせん 反戦主義 Antikriegsgesinnung *f.* -en ‖ 反戦運動 Antikriegsbewegung *f.* -en.

はんぜん 判然と〔した〕klar; augenfällig; deutlich; handgreiflich; kennzeichnend; unverkennbar; scharf〔画然とした〕/どうもまだその件は僕には判然としない Ich habe noch keine klare Vorstellung von dieser Sache./その回答には判然としない所がたくさんある Diese Antwort lässt an Deutlichkeit noch viel zu wünschen übrig./両者の間には実に判然たる区別がある Zwischen den beiden ist ein ins Auge fallender Unterschied.

ばんぜん 万全 vollkommene Sicherheit *f.*; Vollkommenheit *f.* -en/万全の of oder (ganz; vollkommen) sicher/万全の策をとる die allersichersten Maßregeln nehmen* ⟨ergreifen*; treffen*⟩.

はんそ 反訴 Wider_klage ⟨Gegen-⟩ *f.* -n/反訴する widerklagen ⟨*gegen*⁴⟩; *p.p.* widergeklagt); eine Gegenklage ein|bringen* ⟨*gegen*⁴⟩.

はんそう 帆走 das Segeln*, -s/帆走する segeln ⟨s.h⟩/向かい風(追風)で帆走する gegen den Wind (mit dem Wind; vor dem Wind) segeln.

ばんそう 伴奏 [musikalische] Begleitung, -en; Musikbegleitung *f.* -en/伴奏なしで ohne ⁴Begleitung; a cappella/ある人(ピアノ)の伴奏で unter *js* Begleitung (Klavierbegleitung). —— 伴奏する begleiten⁴; akkompagnieren⁴/ピアノで歌の伴奏をする den Gesang auf dem Klavier begleiten. ‖ 伴奏者 Begleiter *m.* -s, -; Begleiterin *f.* ..rinnen 《女》/伴奏部 Begleitstimme *f.* -n; Begleitung.

ばんそうこう 絆創膏 [Heft]pflaster *n.* -s, -; Klebepflaster/ばんそうこうをはる ein Heft-

はんそく 反則 ❶ [競技の] Foul n. -s, -; Regel|verstoß m. -es, ⸚e (-widrigkeit f. -en); Fehlstart m. -[e]s, -s 《フライング》; Fehlsprung m. -[e]s, ⸚e 《跳躍競技》; Fehlwurf m. -[e]s, ⸚e 《投てき競技》. ❷ [法規の] Übertretung f. -en; Überschreitung f. -en; Verstoß m. -es, ⸚e 《gegen⁴》/反則を犯す ein Foul (eine Regelwidrigkeit) begehen*; regelwidrig spielen; ein Verbot übertreten* 《禁を犯す》; das Gesetz überschreiten* 《法を犯す》/それは反則だ Das ist ein regelwidriges (unfaires) Spiel (ein Fehlsprung; ein Fehlstart). | Das ist eine Übertretung 《違法》. ‖ 反則者 Regelverletzer m. -s, -; Übertreter m. -s, -.

はんそで 半袖 der kurze Ärmel, -s, -.

はんだ Lot n. -[e]s, -e; Lötmittel n. -s, -; Lötzinn n. -s, -[e]s/はんだ付け Lötung f. -en/はんだ付けにする löten*; auf|löten* (ein|-; zusammen|-); verlöten*.

パンダ Bambusbär m. -en, -en; 〔Großer〕 Panda m. -s, -s.

はんたい 反対 ❶ [逆] Gegen|teil n. -[e]s, -e (-satz m. -es, ⸚e); das Gegenüber, -s, -; das Umgekehrte*, -n, -n; Umkehrung f. -en; Kehr|seite (Rück-) f. -n 《裏側》/彼はいつも言われたこと反対のことをする Er tut immer das Gegenteil von dem, was man ihn heißt./彼の口と腹は反対だ Er meint stets anders als er sagt./全然反対の方向に来てしまった Ich bin ganz entgegengesetzt gegangen. ❷ [反抗・異論] Widerstand m. -[e]s, ⸚e; Einspruch m. -[e]s, ⸚e; Einwand m. -[e]s, ⸚e; Widerspruch m. -[e]s, ⸚e; Widerstreit m. -[e]s, ⸚e/反対して aus Trotz 《gegen⁴》; ³et zum Trotz; gegen⁴/反対運動を起こす eine Gegenbewegung 《-en; gegen⁴》 ins Leben rufen*/強硬な反対にあう bei jm auf starken Widerspruch stoßen*; heftigen Widerspruch bei jm finden*/それには何も反対はありません Ich habe nichts dagegen einzuwenden. — 反対に(の) entgegengesetzt; gegenteilig; umgekehrt; verkehrt; im Gegenteil; im Gegensatz 《zu³》/反対の entgegengesetzt; feindlich; gegensätzlich; gegenüberstehend. — 反対する ⁴sich widersetzen³; ein|wenden*〔*〕 《gegen⁴》; entgegen|setzen³⁴ (-|treten*³); gegenüber|stellen⁴; widersprechen*³. ‖ 反対給付 Gegenleistung f. -en/反対語 Antonym n. -s, -e/反対者 Gegenpart m. -[e]s, ⸚e; Widersacher m. -s, -/反対尋問 Kreuz|verhör n. -[e]s, ⸚e (-|frage f. -n)/反対声明 Gegenerklärung f. -en/反対勢力 Gegenmacht f. ⸚e; Widerpart m. -[e]s, -e/反対説 die entgegengesetzte Meinung, -en/反対党 Opposition f. -en; Gegenpartei f. -en; Widerpart f. -en/反対動議 Genantrag m. -[e]s, ⸚e/反対投票 Gegenstimme (Nein-) f. -n/反対投票する gegen ⁴et (in) stimmen.

ばんだい 番台 Aufsehersitz 《m. -es, -e》〔in einer Badeanstalt〕.

はんだくおん 半濁音 P-Laut m. -[e]s, -e; Tenuis 《f. ..nues》 P.

パンタグラフ Stromabnehmer m. -s, -.

バンタムきゅう バンタム級〔バンタムウエイト〕Bantamgewicht n. -[e]s, -e.

パンタロン Pantalons 《pl》.

はんだん 判断 Urteil n. -s, -e; Entscheidung f. -en 《断定》; Beurteilung f. -en 《意見》; Ansicht f. -en 《見解》; das Ermessen*, -s 《裁量》; Deutung f. -en 《夢などの》/私の判断では meines Erachtens/あるいは判断を下す js Urteil über *et ab|geben*; ³sich ein Urteil bilden 《über⁴》. — 判断する 〔v.i.〕 urteilen 《über⁴》; schließen* 《von³ (aus³) auf⁴》; 〔v.t.〕 entscheiden*⁴ 《in³; über⁴》; beurteilen⁴; aus|legen⁴ 《als⁴; für⁴》; deuten⁴; folgern⁴ 《aus³》; schließen*⁴ 《aus³》/彼の話から判断すると nach seinen Reden zu urteilen/自分で判断して nach meinem eigenen Ermessen. ‖ 判断力 Urteilsvermögen n.; Urteilskraft f. ⸚e; Entscheid m. -[e]s, -e.

ばんたん 万端 ⇒ばんじ.

ばんち 番地 Haus|nummer f. -n (Straßen-) f. -n; Adresse f. -n 《所番》/番地入り A 市地図 Stadtplan 《m. -[e]s, ⸚e》 von A mit Hausnummern/この手紙は宛て所違いだ Der Brief ist falsch adressiert./お宅は何番地ですか Welche Hausnummer haben Sie?

パンチ ❶ 〔切符などの〕Loch|zange f. -n (-eisen n. -s, -)/切符にパンチを入れる eine Fahrkarte lochen. ❷ 〔拳固の一撃〕 ein Faustschlag m. -[e]s, ⸚e/パンチをくらわす mit der Faust schlagen*⁴. ‖ パンチカード Lochkarte f. -n.

ばんちゃ 番茶 gemeiner (minderwertiger) Tee, -s, -s; eine geringe Sorte Tee/〔鬼も十八 番茶も出花〔の娘盛り〕〕 die Goldene Siebzehn.

パンチャー Locher m. -s, -; Locherin f. ..rinnen 《女》.

はんちゅう 範疇 Kategorie f. -n/…の範疇に入る in die Kategorie (zu der Kategorie) 《von³》 gehören.

ハンチング Sportmütze f. -n.

パンツ Unterhose f. -n/パンツスーツ Hosenanzug m. -[e]s, ⸚e ‖ 運動パンツ eine kurze Sporthose/海水パンツ Badehose/ショートパンツ eine kurze Hose, -n.

はんつき 半月 ein halber Monat, -[e]s; Halbmonat m. -[e]s, -e/半月ごとの halbmonatlich.

はんつきまい 半搗米 der halb gereinigte Reis, -es.

ばんづけ 番付 Programm n. -s, -e; Liste f. -n; Spielplan m. -[e]s, ⸚e/競馬の番付 Rennliste f. -n/芝居の番付 Theaterzettel m. -s, -/相撲の番付 Ringerliste f.

はんつぶれ 半潰れの halb zerrüttelt (zerquetscht; gequetscht; zusammengebrochen).

ばんて 番手 〔糸の〕 die Gewichtsnummerierung 《-en》 der Garne; Titer m. -s, -.

はんてい 判定 ❶ ⇒はんだん. ❷ Entscheidung f. -en 《審判官などの》/判定で勝つ

パンティー nach Punkten gewinnen* (den Gegner schlagen*). ― 判定する entscheiden*⁴; richten⁴. ― 判定勝ち Sieg m. -[e]s, -e) nach Punkten.

パンティー (Damen)slip m. -s, -s ‖ パンティーストッキング Strumpfhose f. -n.

ハンディキャップ Handicap m. -s, -s; Vorsprung m. -[e]s, *e/ハンディキャップをつける handicapen⁴; einen Vorsprung geben* (jm)/ハンディキャップをつけられる benachteiligt sein (durch*).

はんていし 舟艇身 eine halbe Länge (eines Ruderbootes)/半艇身の差で勝つ(リードする) mit einer halben Länge siegen (über jn) (führen).

はんてん 斑点 Fleck m. -[e]s, -e; Sprenkel m. -s, -; Tüpfel m. (n.) -s, -/斑点のある fleckig; gefleckt; sprenk[e]lig; gesprenkelt; tüpf[e]lig; getüpfelt/斑点をつける flecken⁴; sprenkeln⁴; tüpfeln⁴.

はんてん 半纏 die (gesteppte) Jacke, -n; der (gesteppte) Arbeitskittel, -s, -.

はんてん 反転する ⁴sich wenden(*¹; ⁴sich drehen; ⁴sich wälzen; ⁴sich um|wenden*¹.

はんと 半途で auf halbem Weg; halbwege (halbwegs)/半途で学業を廃する das Studium ab|brechen* (unterbrechen*)/半途で引き返す auf halbem Weg um|kehren s.

はんと 版図 Territorium n. -s, ..rien. ⇒りょうど.

はんと 反徒 Aufrührer m. -s, -; Empörer m. -s, -; Meuterer m. -s, -; der Aufständische*, -n, -n.

ばんど 礬土 Ton[erde] (Alaun-) f./礬土の a-laun[haltig (-artig).

バント 〔野球〕leichter Schlag, -[e]s, *e (ins Spielfeld).

バンド ❶〔革帯〕[Schnür]band n. -[e]s, *er; Schnur f. -e; Gürtel m. -s, -; Riemen m. -s, -. ❷〔楽団〕(Musik)kapelle f. -n ‖ バンドマスター Kapellmeister m. -s, -/ブラスバンド Trompeterkorps n. -,-.

はんとう 半島 Halbinsel f. -n/マライ半島 die Malaiische Halbinsel/スカンジナビア半島 Skandinavien n.

はんどう 反動 Gegen|wirkung (Rück-) f. -en; Reaktion f. -en; Gegen|stoß (Rück-) m. -es, *e 《銃などの》; Rücklauf m. -[e]s, *e 《大砲の》/反動的な reaktionär; rückwirkend. ― 反動する gegen|wirken (zurück|-); eine Gegenwirkung aus|üben; reagieren (以上 auf⁴). ‖ 反動期 Reaktionszeit f. -en 《主としてドイツの反動時代 1850-58》/反動思想 der reaktionäre Gedanke, -ns, -n/反動主義 Reaktion f./反動主義者 Reaktionär m. -s, -e/反動安(高)い die reaktionäre Baisse (Hausse), -n.

ばんとう 番頭 ❶〔大番頭〕Bürovorsteher m. -s, -; Geschäftsführer m. -s, - 《支配人》. ❷〔店員〕Kommis m. -, -; Kontorist m. -en, -en; Handlungsgehilfe m. -n, -n; Laden|diener m. -s, - 《丁稚でない》.

ばんとう 晩祷 Abend|andacht f. -en (-gebet n. -[e]s, -e; -gottesdienst m. -[e]s, -e);

はんねん Vesper f. -n 《晩拝式》.

はんどうたい 半導体〔化〕Halbleiter m. -s, -.

はんとうめい 半透明 Halbdurchsichtigkeit f.; das Durchscheinen*, -s/半透明の halb durchsichtig; durchscheinend.

はんどく 判読 Entzifferung f. -en/判読する entziffern⁴; heraus|bekommen*⁴/そこまでは判読できる So weit ist es noch entzifferbar (zu entziffern).

はんとし 半年 ein halbes Jahr, -[e]s, -e. ⇒はんねん.

ハンドバッグ Handtasche f. -n.

ハンドブック Handbuch n. -[e]s, *er.

ハンドボール Handball m. -s/ハンドボールをする Handball spielen.

パントマイム Pantomime f. -n.

ハンドル Griff m. -[e]s, -e; Türklinke f. -n 《ドアの》; Lenkstange f. -n 《自転車の》; Lenkrad n. -[e]s, *er; Steuerrad 《自動車・モーターボートなどの》; Steuerknüppel m. -s, - 《飛行機の》/自分でハンドルを握ってドライブする Er sitzt selbst am Steuer und fährt.

ハンドン 半ドン der halbe Feiertag, -[e]s, -e; der freie Nachmittag, -[e]s, -e; Samstag m. -[e]s, -e; Sonnabend m. -s, -e.

ばんなん 万難 allerlei Hindernisse (pl); tausenderlei Schwierigkeiten (pl)/万難を排して auf jede Gefahr (hin); durch dick und dünn; durch allerlei ⁴Hindernisse hindurch; um jeden Preis/万難を排する alle Hindernisse (Schwierigkeiten) beseitigen (überwinden*); ⁴sich in ⁴Gefahr begeben* 《危険を冒す》.

はんにえ 半煮えの halb gar (gekocht); nicht gar.

はんにち 半日 ein halber Tag, -[e]s, -e ❖ または単に Vormittag, Nachmittag を用いる.

はんにゅう 搬入 Einbringung f. -en/搬入する ein|bringen*⁴ (-|tragen*⁴); hinein|schaffen (in⁴).

はんにん 犯人 Täter m. -s, -; Frevler m. -s, -; Missetäter m. -s, -; Verbrecher m. -s, -/犯人を捜す nach dem Täter suchen (fahnden); den Täter ermitteln (ausfindig machen)/犯人を発見する (逮捕する、逮捕拘禁する、罰する) den Täter entdecken (ergreifen*, fest|nehmen*, bestrafen)/犯人を現行犯で捕らえる einen Täter auf (bei; in) frischer Tat ertappen.

ばんにん 番人 Wächter m. -s, -; Wärter m. -s, -; Hüter m. -s, -; Aufseher m. -s, -; Türhüter m. -s, -; 《玄関番》Pförtner m. -s, - 《同上》.

ばんにんむき 万人向きの ganz nach aller Geschmack; beim Volk beliebt; volkstümlich; populär 《通俗的な》.

はんね 半値 der halbe Preis, -es, -e/半値にまける den Preis um 50 Prozent ermäßigen/たな卸しにつき半値でお売りします Räumungshalber verkaufen wir zu halben Preisen.

はんねん 半年 ein halbes Jahr, -[e]s, -e; Halbjahr n. -[e]s, -e/半年[間]の halbjährig/半年ごとの halbjährlich.

ばんねん 晩年 js hohes Alter, -s, -; js spätere (letzte) Lebensjahre 《pl》; js Lebensabend m. -s/晩年には js späteren Jahren; spät im Leben; am Abend s Lebens.

はんのう 反応 Reaktion f. -en; Gegen|wirkung (Rück-) f. -en; Wirkung f. -en 《効果》; Folge f. -n 《結果》/アルカリ性(酸性)の反応を呈する alkalisch (sauer) reagieren; ⁴Lackmuspapier blau (rot) färben/注射《薬》は体に反応が現れないらしい Die Einspritzung (Die Arznei) wirkt gar nicht auf den Kranken./あの男はそれに対して一向反応を示さない(話にのって来ない) Er reagiert nicht darauf.: Er geht nicht darauf ein. — 反応する reagieren (⁴); zurück|wirken 《auf⁴》; eine Gegenwirkung aus|üben 《auf⁴》; entgegen|wirken³; ein|wirken 《auf⁴》. ‖ 化学反応 die chemische Reaktion.

ばんのう 万能 All|macht f. (-gewalt f.)/万能の allmächtig; allgewaltig; in allen Sätteln gerecht 《何でもやれる》/万能の人 vielseitiger (vielseitig gebildeter) Mensch, -en, -en; in allen Sätteln gerechter Mensch 《何でも屋》/万能の神 der Allmächtige*, -n, -n ‖ 万能選手 vielseitiger Kämpfer, -s, - (Meister, -s, -)/万能薬 Allheilmittel n. -s, -; Universalmittel; Panazee f. -n.

はんのき 榛の木 Erle f. -n; Else f. -n;〔方〕Eller f. -n.

はんぱ 半端の unvollständig; unvollkommen; ungerade (奇数); überzählig 《数があまった》; einzeln/まだ半端の小銭が少しある Es ist noch etwas Kleingeld übrig./物事を中途半端でやめる auf halbem Weg stehen bleiben* 〔s〕 ⁴et nur halb getan liegen lassen*/中途半端は大きらいです Ich hasse alle Halbheit bis in den Tod. ‖ 半端物 Überbleibsel n. -s, -; Bruchstück n. -[e]s, -e; Bruchteil n. -[e]s, -e; Fragment n. -[e]s, -e; Ramsch m. -es, -e (Ramschwaren 《pl》)《見切品など》.

パンパー Stoßstange f. -n.

ハンバーグ [ステーキ] deutsches Beefsteak, -s, -s.

はんばい 半杯 ein halbes Glas, -es/半杯飲む ein Halbes (ein halbes Glas; ein halbes Seidel) trinken*; einen Halben (einen halben Schoppen) trinken* 《¹/₄リットル入りのコップ》; eine Halbe (eine halbe Maß) trinken* 《1 リットル入りの杯》.

はんばい 販売 Verkauf m. -[e]s, ⁺e; Vertrieb m. -[e]s, -e; Absatz m. -es, ⁺e 《売行き》; Umsatz m. -es, ⁺e 《売上げ》/1日の販売量は平均二十梱〔⁶〕に達する Die täglichen Verkäufe belaufen sich durchschnittlich auf 20 Ballen./この商品は販売が思わしくない Diese Waren verkaufen sich schwer (schlecht).: Der Absatz dieser Waren ist schwierig./最近数週間砂糖の販売は非常に少なかった In den letzten Wochen war der Umsatz in Zucker sehr gering. — 販売する verkaufen⁴; vertreiben*⁴; ab|setzen⁴ (um|-); Handel treiben* 《mit³ ある物を》. ‖ 販売課 Vertriebs|abteilung (Verkaufs-) f. -en/販売価格 Verkaufs|preis m. -es, -e/販売者 Verkäufer m. -s, -/販売組合 Gilde f. -n; Innung f. -en; Zunft f. ⁺e/販売政策(術) Verkaufspolitik f. -en/販売店 Verkaufsstelle f. -n; Laden m. -s, ⁺/販売人 Agent m. -en, -en; Lieferant m. -en, -en/販売網 Verkaufsnetz n. -es, -e/販売割合 Verkaufsquote f. -n.

はんばく 反駁 Widerlegung f. -en; Anfechtung f. -en; die treffende scharfe Erwiderung, -en/反駁する widerlegen⁴; an|fechten*⁴; bestreiten⁴; jm zurück|geben*⁴ 《さかねじをくわせる》; jn des Irrtums überführen.

はんぱく 半白の grau; ergraut/まだ若いのに半白だ Er ist vorzeitig ergraut.

はんぱつ 反発(力) Abstoßung f. -en; Rück|schlag m. -[e]s, ⁺e (-stoß m. -es, ⁺e); Elastizität f. -en; Spannkraft f. -e/若さの反発力 Spannkraft der Jugend/彼のやり方にはいつも反発を感じる Seine Art stößt mich stets ab.: Ich stoße mich immer an seiner Art. — 反発力のある spannkräftig; elastisch; federnd. — 反発する ab|stoßen*⁴; zurück|prallen 〔s〕 (-schlagen*⁴; -|stoßen*⁴; -|werfen*⁴)/同じ磁極は相反発する Gleichnamige (Gleiche) (Magnet)pole stoßen einander ab./市況は引opener に多少反発した Die Börse war gegen Schluss etwas belebter.

はんはん 半々に halb und halb; zu gleichen Hälften/半々にする halbieren⁴; in zwei gleiche Teile teilen⁴ (schneiden*⁴); mit jm halbpart machen (折半); halb und halb mischen⁴ (混ぜる)/費用はいっさい両社で半々にします Alle Unkosten werden zu gleicher Hälfte von beiden Firmen getragen. ⇨せっぱん.

ばんぱん 万般 alle Dinge (Sachen) 《pl》; alles*.

はんびょうにん 半病人 der halb kranke Mensch, -en, -en; die kränkliche (gebrechliche; schwächliche) Person, -en/あなたは半病人だ, お家へお帰りなさい Sie sind ja halb krank. Gehen Sie nach Hause!

はんびらき 半開きの halb geöffnet (geschlossen); teilweise (halb) aufgeblüht (花の).

はんぴれい 反比例 das umgekehrte Verhältnis, -nisses, -nisse; die umgekehrte Proportion, -en/反比例する im umgekehrten Verhältnis (in umgekehrter Proportion) stehen* 《zu³》 ◆ 冠詞つきと無冠詞両用あり.

はんぷ 頒布 Austeilung f. -en; Verteilung f. -en; [告知] Bekanntmachung f. -en; Verkündigung f. -en/頒布する aus|teilen⁴; verteilen⁴; in Umlauf setzen⁴; bekannt machen⁴; verkünden⁴. ⇨はいふ.

はんぷく 反復 Wiederholung f. -en/反復する wiederholen⁴; nochmals machen (sagen) ‖ 反復記号 Wiederholungszeichen n. -s, -.

パンプス Pumps m. -, - (ふつう pl).

ばんぶつ 万物 alle Dinge (Wesen) 《pl》; Schöpfung f.; 〔Welt〕all n. -s; Universum n. -s; ganze Natur f. 《天地万物》/人は万物の霊長である Der Mensch ist die Krone der Schöpfung.

はんぶっしつ 反物質 〖理〗 Antimaterie f. -n.

パンフレット Flugschrift f. -en; Pamphlet n. -〔e〕s, -e; Broschüre f. -n.

はんぶん 半分 ❶ Hälfte f. -n; das Halbe*, -n/半分の halb/半分にする halbieren⁴; in gleiche Teile teilen⁴ (schneiden*⁴); [半減] um die Hälfte vermindern⁴; auf die Hälfte reduzieren⁴/半分半分 halb und halb/半分ほど彼にやった Ich gab ihm halb so viel./このへやは隣室の半分しかない Dies Zimmer ist nur halb so groß wie das Benachbarte./講演は半分しか解らなかった Ich habe den Vortrag nur halb verstehen können./子供たちにりんごを半分ずつやった Ich gab von dem Apfel jedem Kind eine Hälfte. ❷ 面白半分に spaßeshalber; aus Spaß.

はんぶんじょくれい 繁文縟礼 Bürokratismus m. -; Beamtenwirtschaft f.; Amtsschimmel m. -s/繁文縟礼の bürokratisch; vom grünen Tisch aus verfügt/繁文縟礼の徒だ Er reitet gern den Amtsschimmel.

ばんぺい 番兵 Posten m. -s, -; 〔Schild〕wache f. -n; Wachtposten; Wächter m. -s, -; Wachmannschaft f. -en 《隊》.

はんべつ 判別 Unterscheidung f. -en; Beurteilung f. -en/暗くて色の判別ができない Es ist so dunkel, dass man die Farben nicht unterscheiden kann./品質の判別は我々にはむずかしい Es ist uns schwer, die Güte der Ware zu beurteilen. ── 判別する unterscheiden*⁴ 《von³》; urteilen 《über⁴》; beurteilen⁴.

はんぼう 繁忙 Drang 《m. -〔e〕s》 der Geschäfte; Überbürdung f./繁忙な geschäftig; sehr beschäftigt; mit Arbeit sehr belastet; stark in Anspruch genommen. ⇨いそがしい.

ハンマー Hammer m. -s, ⸗/ハンマー投げ Hammerwerfen n. -s.

はんみち 半道 der halbe Weg, -〔e〕s, -e; die Hälfte 《-n》 des Weges.

ばんみん 万民 alle Menschen 《pl》; ganze Nation f.; ganzes Volk, -〔e〕s.

はんめい 判明する klar werden; an den Tag (ans Licht) kommen* [s]; zutage (zu Tage) treten* [s]; ⁴sich erweisen* 《als》; ⁴sich heraus|stellen; ermittelt (herausgebracht; festgestellt) werden/事情が判明するまで待たねばなるまい Wir müssen warten, bis die Lage klarer wird./それは過失だということが判明した Es hat sich als ein Versehen herausgestellt. / 彼の居所はまだ判明しない Sein Aufenthaltsort ist noch unbekannt (noch nicht ermittelt).

ばんめし 晩飯 Abend¦essen n. -s (-brot n. -〔e〕s; -mahlzeit f. -en); Nachtessen/晩飯に食べる zum Abendessen nehmen*⁴; zu Abend essen*⁴/晩飯を食べる zu ³Abend essen*; Abendbrot essen*/いっしょに晩飯を食べませんか Wollen Sie bei uns zu Abend essen? 《私たちの家で》; Wollen Sie zum Abendessen zu uns kommen? 《同上》; Wollen Sie mit uns zu Abend essen? 《レストランで》/晩飯は何ですか Was gibt's zum Abendessen?

はんめん 半面 ❶ das halbe Gesicht, -〔e〕s, -er; Profil n. -s, -e/彼は神経痛で半面ひきつっている Sein halbes Gesicht ist vom Nervenschmerz verzerrt. ❷ [一面] eine Seite, -n; die andere Seite, -n; [adv] auf der anderen Seite; andererseits/半面から見た見解 eine einseitige Auffassung, -en; Voreingenommenheit f. -en/彼にはこうした妙な半面もある Er hat auch solch eine komische Seite./その言には半面の真理がある Das Gesagte gilt auch für halb./それは半面の真理がある Da steckt doch etwas Wahrheit drin.

はんも 繁茂 Üppigkeit f.; Geilheit f.; Geilung f. 《異常繁茂》/繁茂する üppig (geil) wachsen* [s]; wuchern/繁茂した dicht; dick; geil; üppig/雑草が繁茂する Das Unkraut wuchert.

はんもう 半盲の halb blind; blödsichtig 《弱視》‖ 半盲症 Hemianopsie f.; Halbblindheit f.

はんもく 反目 Fehde f. -n; Feindlichkeit f. -en; Feindschaft f. -en; Gegnerschaft f. -en; Zwie¦spalt m. -〔e〕s, -e (-tracht f.); Antagonismus m. -, ..men/それで私は彼の反目を買ったわけだ Dadurch habe ich mir seine Feindschaft zugezogen. ── 反目する ⁴sich feindlich gegenüber|stehen*; jm (gegen jn) feindlich sein; mit jm in Fehde liegen*; ³sich jn zum Gegner (Feind) machen; mit jm auf schlechtem (gespanntem) Fuß stehen* (leben)/彼らは反目している Es herrscht Zwietracht unter ihnen.¦Sie leben in Feindschaft miteinander./彼は僕に反目している Er ist mir (gegen mich) feindlich gesinnt. ── 反目させる Zwietracht säen (stiften) 《unter³》; einen Keil treiben* 《zwischen⁴》.

ハンモック Hängematte f. -n/ハンモックを吊る(たたむ) eine Hängematte auf|hängen⁽*⁾ (zusammen|falten).

はんもん 煩悶 Seelen¦pein f. (-qual f. -en; -not f. ⸗e); Beunruhigung f. -en; der innere Kampf, -〔e〕s, ⸗e; Kummer m. -s; Leiden n. -s, -/彼は酒で煩悶を忘れようとした Er suchte seine Qual durch Trinken zu betäuben. ── 煩悶する ⁴sich beunruhigen 《über⁴; um⁴; wegen²⁽³⁾》; ⁴sich quälen 《über⁴; wegen²⁽³⁾》; ⁴sich grämen 《über⁴》; ³sich Kopfschmerzen machen/死ぬほど煩悶する ⁴sich zu Tode grämen (quälen)/彼は非常に煩悶して苦しんだ Er litt furchtbare 〔seelische〕 Qualen.

はんもん 反問 Gegen¦frage (Rück-) f. -n; 〖法〗 Kreuz¦frage (-verhör n. -〔e〕s, -e); [言い返し] Entgegnung f. -en; Erwiderung f. -en. ── 反問する rückfragen 《p.p. rückgefragt》; ein Kreuzverhör an|stellen 《mit³》; jn ins Kreuzverhör nehmen*; [言

い返す] scharf und bestimmt antworten; auf ⁴et scharf erwidern; jm entgegnen.

パンヤ Kapok m. -s, -.

はんやけ 半焼け **❶** [家] halb verbrannt (gebrannt)/半焼け十戸 10 Häuser wurden durch Feuer teilweise zerstört. **❷** [食物] halb gar; halb roh 〖生の〗 nicht durchgebraten.

ばんゆう 蛮勇 blinder (verwegener) Mut, -(e)s; Tollkühnheit f.; Verwegenheit f.; Waghalsigkeit f./蛮勇をふるう tollkühn (waghalsig) sein; verwegen (gewalttätig) handeln.

ばんゆう 万有 〖ganze〗 Natur (Schöpfung) f.; Universum n. -s; Weltall n. -s; Kosmos m. -. ‖ 万有引力 allgemeine (universale) Gravitation f./万有神教(神論) Pantheismus m. -. 〖汎神論〗

はんようし 反陽子 Antiproton n. -s, -en.

ばんらい 万雷の拍手 ein donnernder (stürmischer) Applaus, -es, -e.

はんらたい 半裸体の(で) halb nackt (entblößt) /子供たちが半裸体で走りまわる Die Kinder rennen halb nackt herum.

はんらん 氾濫 Hochwasser n. -s, -; Überflutung f. -en (-schwemmung f. -en); -strömung f. -en)/大雨続きで氾濫が起こった Die schweren Regenfälle haben Hochwasser verursacht. —— 氾濫する überfluten⁴; überschwemmen⁴; überströmen⁴ 〖以上 v.i. のとき分離動詞となる über⁴〗/川は岸からあふれて町に氾濫した Der Fluss ist aus den Ufern getreten und hat die Stadt überschwemmt. / 市場は外国製品で氾濫している Der Markt ist mit fremden Erzeugnissen überschwemmt (überflutet).

はんらん 反乱 Empörung f. -en; Auflehnung f. -en; Aufruhr m. -s, -e; Aufstand m. -(e)s, ⁼e; Meuterei f. -en; Rebellion f. -en/反乱する ⁴sich empören (jm; gegen⁴); ⁴sich erheben⁴ (gegen⁴); ⁴sich auf|lehnen (gegen⁴); meutern; rebellieren.

ばんり 万里 Tausende von ³Meilen/万里の長城 die Chinesische Mauer.

はんりゅうし 反粒子 Antipartikel f. -n.

はんりゅうどうたい 半流動体 die zähe Flüssigkeit, -en; der halb flüssige Körper, -s, -.

はんりょ 伴侶 Gefährte m. -n, -n; Genosse m. -n, -n; Gesellschafter m. -s, -; Kamerad m. -en, -en; Gattin m. -s, -n 〖夫〗; Gattin f. ..tinnen 〖妻〗/旅の伴侶 Reisebegleiter m. -s, - (-gefährte m. -n, -n).

ばんりょく 蛮力 rohe Gewalt, -en.

はんれい 凡例 Zeichenerklärung f. -en; Verzeichnis n. ..nisses, ..nisse/der Zeichen und Abkürzungen; Vorbemerkung f. -en.

はんれい 判例 Präzedens n. -, ..denzien ⇨ **はんけつ(判決例)** ‖ 判例法 Judikaturrecht n. -(e)s, -e.

はんろ 販路 Markt m. -(e)s, ⁼e; Absatzgebiet n. -(e)s, -e/販路を拡張する das Absatzgebiet erweitern (vergrößern)/新販路を開く neue Absatzgebiete erschließen⁴ (eröffnen).

はんろん 汎論 Grundriss m. -es, -e; Umriss m. -es, -e; Überblick m. -(e)s, -e.

ひ

ひ 否 Nein n. -s; Neinstimme f. -n /否とする者多数であった Neinstimmen haben überwogen.

ひ 碑 Grabstein m. -(e)s, -e; 〖Ehren〗grabmal n. -(e)s, -e (⁼er); Monument n. -(e)s, -e.

ひ 梭 〖Weber〗schütze f. -n; Web〖er〗schiff n. -(e)s, -e; Schiffchen n. -s, -.

ひ 非 **❶** [邪悪] Unrecht n. -(e)s, Laster n. -s, -; Missetat f. -en; Unbill f.; Untugend f.; Vergehen n. -s, -/非を鳴らす öffentlich rügen; (be)krittein; brandmarken 〖以上の れも jn〗; verweisen*⁴ (geben*) (jm). **❷** [欠点] Fehler m. -s, -; Defekt m. -(e)s, -e; Gebrechen n. -s, -; Unvollkommenheit f. -en/非を打つ ⁴et auszusetzen haben (an*)/一点非の打ちどころなく übergewissenhaft sein; einwandfrei (makelfrei; tadellos) sein.

ひ 比 **❶** Vergleich m. -(e)s, -e 〖比較〗; Gegensatz m. -es, ⁼e 〖対照〗; Kontrast m. -es, -e 〖同上〗; Verhältnis n. ..nisses, ..nisse. **❷** [匹敵] das Gleichkommen*, -s; Ebenbürtigkeit f. -en; das auf-gleicher-Höhe(Stufe)-stehen*, -/ 彼の比ではない Ich kann ihm nicht das Wasser reichen. ⇨**ひるい、たぐい**.

ひ 緋 Scharlach m. -s, -e; das brennende Rot, -s; 緋の衣 Purpurgewand n. -(e)s, ⁼er (〖詩〗-e).

ひ 火, 灯 **❶** Feuer n. -s, -; Brand m. -(e)s, ⁼e; Flamme f. -n; Glut f. -en; Funke(n) m. ..kens, ..ken; Licht n. -(e)s, -er; Lohe f. -n /火の気 Spuren 〖pl〗 vom Feuer/火の気がない kein Zeichen vom Feuer auf|weisen*/火の子 der sprühende Funke(n)/火のつきやすい entzünd|bar (-lich); leicht brennend/火のような feurig; flammend; glühend/火が燃えている auf|flammen ⓈⓀ; auf|lodern (empor|-) ⓈⓀ; auf|lohen ⓈⓀ; in ⁴Flammen auf|gehen* ⓈⓀ/火がつく Feuer fangen* 〖火がつくように主語〗/火にたきる ⁴sich am Feuer (durch)wärmen (durch|wärmen)/火にかける ans Feuer setzen⁴; den

Flammen übergeben*/火にくべる ins Feuer (hinein)werfen*⁴; ein Raub der Flammen werden lassen*⁴/火を扇ぐ Feuer anfachen (schüren)/火を吹く Feuer anblasen* (durch ⁴Pusten anfachen)/火を吐く(吹く) Feuer schlagen*; Flammen speien*/火をつぐ dem Feuer Kohlen zu|führen; das Feuer mit Kohlen speisen/火をいける das Feuer vergraben* (verscharren)/火を掻き立てる das Feuer schüren/火を起こす Feuer (an)machen/火を消す das Feuer (aus)löschen (aus|gehen machen)/火打ち[火打石で] Feuer (Funken) schlagen*/目から火が出る es ist *jm* zumute (zu Mute), als ob seine Augen vor Schrecken Funken sprühten./たばこ(葉巻)に火をつける eine Zigarette an|zünden; sich eine Zigarre an|brennen*). ❷《火事》Feuer *n*. -s, -; Brand *m*. -(e)s, ¨e; Feuersbrunst *f*. ¨e/火の番 Feuer|wächter (Nacht-) *m*. -s, -/火の見 Feuerwache *f*. -n; Feuer(wacht)turm *m*. -(e)s, ¨e/火の見櫓(?³)/火の手 das [auf]lodernde Feuer; die aufflackernde Flamme, -n/火の手があがる in ⁴Flammen auf|gehen* [s]; lichterloh auf|brennen* [s]/火の用心をする Vorsichtsmaßnahmen 《*pl*》gegen ⁴Feuer treffen*/火を出す eine Feuersbrunst entstehen lassen*/火をつける《放火》Feuer an|legen; Häuser an|brennen* (an|stecken; in ⁴Brand stecken)《家に》/火は納屋から出た Die Scheune war es, wo das Feuer ausbrach. ❸《灯》Licht *n*. -(e)s, -er; Beleuchtung *f*. -en/灯をつける das Licht an|zünden (ein|schalten; machen)/ランプに灯をつける eine Lampe an|zünden/灯を細くする das Licht verdunkeln; eine Lampe herunter|schrauben*/灯を消す das Licht [aus]löschen (ab|schalten)/灯が消えた Das Licht ist ausgegangen. ❹《慣用句で》火の出るような 1) energisch; tatkräftig. 2) feurig; fürchterlich; hetzig; kochend; leidenschaftlich; rasend/火の消えたようになる mäuschenstill (totenstill) werden; keinen Laut von ⁴sich geben*; jegliche ⁴Regung sein/火の車 größte [Geld]not/火の車である in bitterster [Geld]not sein; in Jammer und Not sein/火のない所に煙はない Wo Rauch ist, da ist auch Feuer./火も見るよりも明らかである sonnenklar sein; am Tage liegen*/⁴*et* mit Händen greifen können*/ über jeden Zweifel erhaben sein.

ひ ❶《太陽・日光》Sonne *f*. -n; Sonnenlicht *n*. -(e)s, -er (-schein *m*. -(e)s)/日の当たる、日当たりのよい sonnig; viel Sonne habend; von der Sonne beleuchtet (beschienen)/日にあたる《日光浴》⁴sich sonnen; im Sonnenschein liegen*; ⁴sich an der Sonne wärmen/日に乾かす an der Sonne trocknen⁴ (trocken machen⁴)/日にさらす ³Sonnenstrahlen aus|setzen⁴/日に焼けた sonnenverbrannt; sonnengebräunt; sonnengerbt/日を入れる Sonnenstrahlen ein|lassen*/Sonnenlicht herein|kommen lassen*/日をよける die Sonnen ab|halten*; vor Sonnenstrahlen beschirmen⁴/日が短い Die Sonne neigt sich rasch./まだ日が高いから da die Sonne noch hoch am Himmel steht (brennt)/日が射す die Sonne sendet ihre Strahlen zum Fenster in das Zimmer. ❷《時間的意味の》Tag *m*. -(e)s, -e; Zeit *f*. -en/日ならず demnächst; binnen kurzem; dieser Tage; in nächst 1) ⇨ ³Bälde; nächstens/日に日に、日に月に 2)《ずんずん》rasch; mit Riesenschritten/あの日に an jenem Tag/日を切る einen Termin ⟨-s, -e⟩ fest|setzen; eine Frist ⟨-en⟩ bestimmen (an|beraumen)/日を送る seine Tage zu|bringen* (verbringen*); seine Zeit hin|bringen* (verleben)/日がたつ Tage vergehen./Die Zeit verstreicht. ❸ ⇨ ひつじ.

ひ 樋 Wasser[leitungs]rohr *n*. -(e)s, -e; Gerinne *n*. -s, -.

ひ- 非- Nicht-; nicht-; anti-; gegen-; Un-; un-; wider-/非連邦主義 Antiföderalismus *m*. -en, -en/非労働組合主義者 Non-Unionist *m*. -en, -en.

び 美 Schönheit *f*. -en; das Schöne*, -n; 《詩》Schöne*, -n/風景の美 landschaftliche Schönheiten 《*pl*》.

び 微に入り細に入る auf ⁴Einzelheiten (ins Detail) ein|gehen*; eingehend (bis ins Detail) ein|gehen*; Haarspaltereien treiben*/微細にわたって説く eingehend erörtern⁴; erschöpfend behandeln*.

ひあい 悲哀 Traurigkeit *f*. -en; Betrübnis *f*. -nisse; Leid *n*. -(e)s; Schmerz *m*. -es, -en; Weh *n*. -(e)s; Wehmut *f*. -/幻滅の悲哀 grausame Enttäuschung, -en/悲哀を感じる ⁴sich traurig (wehmütig) fühlen; von ³Traurigkeit (³Wehmut) befallen werden.

ひあいこくてき 非愛国的 unpatriotisch; nicht vaterländisch (gesinnt).

ひあかり 火明り Feuer|licht *n*. -(e)s, -er (-schein *m*. -(e)s, -e).

ひあがる 干上がる、あがり|dorren (-|trocknen) [s]; versiegen [s]; vertrocknen [s]/あごが干上がる darben (*an*³); an Hungertuch nagen (nähen); nichts zu beißen haben; verhungern [s].

ひあし 火足 Das Feuer griff rasch um sich.

ピアス Ohrstecker *m*. -s, -.

ひあそび 火遊び mit dem Feuer spielen.

ひあたり 日当たりがわるい(よい) wenig (viel) Sonne haben.

ピアノ Klavier *n*. -s, -e; Flügel *m*. -s, -《グランドピアノ》; Pianoforte 《略: Piano》*n*. -s, -s; Pianino *n*. -s, -s/《縦型ピアノ》/ピアノを弾く [auf einem⁴] Klavier spielen*/ピアノを習う (教える) Klavierstunden nehmen* (geben*³)/ピアノで伴奏をする [den Gesang] am (auf dem) Klavier begleiten/ピアノが素晴らしくうまい in meisterhafter Klavierspielerei sein ‖ ピアノコンチェルト Klavierkonzert *n*. -s, -e/ピアノ調律師 Klavierstimmer *m*. -s, -/ピアノ弾き Klavierstuhl *m*. -(e)s, ¨e/ピアニスト Klavierspieler *m*. -s,

ひあぶり 火炙り Feuertod (Flammen-) *m*. -[e]s/火あぶりになる den Tod auf dem Scheiterhaufen erleiden*; den Feuertod (den Flammentod) erleiden*/火あぶりにする auf den Scheiterhaufen werfen* *jn*.

ピーアール Public Relations (*pl*); PR/大いにピーアールをする eine tatkräftige Werbung machen (leisten) *für*⁴; *um*²/ ‖ ピーアール活動 Öffentlichkeitsarbeit.

ビーカー Becherglas *n*. -es, -e.

ひいき 晶屓 ❶ [愛顧] Gunst *f*.; Begünstigung *f*.; Gönnerschaft *f*.; Patronat *n*. -[e]s, -e/ひいきの Lieblings-; begünstigt; favorisiert/ひいき客 Beschützter *m*. -s, -; Gönner *m*. -s, -/ひいき客 *m*. -n, -n; Stammgast *m*. -[e]s, ⸚e/ひいき目に見える in ein günstiges Licht rücken (setzen; stellen) 《*jn*》/ひいき目に見ても bei günstigstem Licht(e) besehen; gelind(e) gesagt/ひいきのひき倒しをする durch übermäßige Gunst ins Verderben stürzen 《*jn*》/ドイツびいきだ Deutschlandfreund (-[e]s, -e) (germanophil) sein. ❷ [偏愛] Vorliebe *f*.; die besondere Neigung; Hang *m*. -[e]s; Liebhaberei *f*. -en. ── **ひいきにする** ❶ [愛顧] Gunst erweisen* 《*jm*》; begünstigen⁴; beschützen⁴; protegieren⁴. ❷ [偏愛] Vorliebe haben (hegen; zeigen) 《*für*⁴》. ❸ [味方する] Partei nehmen* (ergreifen*) 《für *jn*》; auf *js* ⁴Seite treten*.

ピーク Gipfel *m*. -s, -.

ビーコン Bake *f*. -n ‖ ラジオビーコン Funkbake *f*. -n.

ピーシービー PCB; polychlorierte Biphenyle (*pl*).

ヒーター Heiz¦gerät *n*. -[e]s, -e (-¦körper *m*. -s, -); [Heiz]ofen *m*. -s, ⸚.

ビーだま ビー玉 Marbel (Märbel; Marmel; Murmel) *f*. -n; Klicker *m*. -s, -; Schusser *m*. -s, -/ビー玉遊びをする Marbeln spielen.

ビーチ ビーチウェア Strandkleidung *f*. -en/ビーチパラソル Garten¦schirm (Sonnen-) *m*. -[e]s, -e.

ぴいちくぱいちく piep, piep!/ぴいちくぱいちく鳴く piep[s]en; zirpen.

ビーナス Venus *f*.

ピーナッツ Erdnuss *f*. ⸚e.

ビーバー [動] Biber *m*. -s, -.

ひいばば 曾祖母 Urgroßmutter *f*. ⸚.

ぴいぴい piep, piep!; pieps, pieps!/ぴいぴい鳴く piep[s]en; pfeifen*《汽笛が鳴る意にも》. ❷ [金がなくて] ぴいぴいしている ⁴sich spärlich durchs Leben bringen*; ein kümmerliches Dasein fristen《生活上》; die Schwindsucht im Beutel haben*; schlecht bei Kasse (knapp mit dem Geld) sein.

ピーピーエム parts per million (p.p.m.); part[s] per million《英語をそのまま使う》.

ビーフ Rindfleisch *n*. -[e]s ‖ ビーフシチュー das Schmorgericht 《-[e]s, -e》 mit ³Rindfleisch.

ひいまご 曾孫 Urenkel *m*. -s, - 《男》/Urenkelin *f*. ..linnen《女》.

ピーマン Paprika¦schote *f*. -n, Piment *m*. (*n*.) -[e]s, -e.

ひいらぎ 柊 die japanische Stechpalme, -n ‖ 西洋柊 Stech¦palme.

ビール Bier *n*. [e]s, -e; helles Bier《普通のビール》/ビールを飲みに行く zum Bier (zu Biere) gehen*/ビール三杯 drei Glas Bier ‖ ビール醸造所 Bierbrauerei *f*. -en ‖ 黒ビール dunkles Bier; Porter *m*. -/生(貯蔵)ビール Fassbier (Lagerbier).

ひいれ 火入れ Kohlenbecken *n*. -s, -; das Anzünden* 《-s》 zur Einweihung 《eines Schmelzofens 溶鉱炉の》.

ヒーロー Held *m*. -en, -en.

びう 微雨 der feine (leise) Regen, -s, -; [方]Nieselregen *m*. -s, -《細雨》; Sprühregen《霧雨》/微雨が降る Es nieselt (sprüht).

ひうちいし 火打ち石 Feuerstein *m*. -[e]s, -e.

ひうらがきにん 被裏書人 Indossat *m*. -en, -en; Indossatar *m*. -s, -e.

ひうん 悲運 Missgeschick *n*. -[e]s; Unglück *n*. -[e]s/悲運に陥る ⁴Missgeschick geraten*.

ひえ 稗[植] Hirse *f*. -n.

ひえいせい 非衛生的な unhygienisch; gesundheitsschädlich; ungesund.

ひえいりの 非営利の gemeinnützig.

ひえき 裨益 empfäる sein von⁴Nutzen (Vorteil) sein; nutzen³ (nützen)³; nützlich (vorteilhaft) sein《*für*⁴》.

ひえしょう 冷え性 die gegen Kälte empfindliche Körperbeschaffenheit/冷え性だ Ich bin empfindlich gegen Kälte. /Ich leide Mangel (Mir fehlt es) an Körperwärme.

ひえる 冷える erkalten [s]; ⁴sich ab¦kühlen; kalt (kühl) werden/冷えないうちに召し上がれ Essen Sie gleich, sonst wird das Essen kalt. /私はからだが冷えきっている Ich friere wie ein Schneider.

ピエロ Pierrot *m*. -s, -s; Hanswurst *m*. -[e]s, ⸚e.

ひおうぎ 檜扇 ❶ hölzerner Fächer, -s, -. ❷ [植物] Leopardenblume *f*. -n.

ひおおい 日覆い ❶ Sonnendach *n*. -[e]s, ⸚er; Sonnenschirm *m*. -[e]s, -e《パラソルなど》; Blende *f*. -n《ブラインド》; Markise *f*. -n《商店などの》; Schutzdach *n*. -[e]s, ⸚er《同上》; Sonnenzelt *n*. -[e]s, -e《船の》/日覆いをする ein Sonnendach (Sonnenschirm) auf¦spannen; eine Blende herab¦ziehen*. ❷ [帽子の] Überzug *m*. -[e]s, ⸚e.

ビオトープ Biotop *m*. (*n*.) -s, -e.

ビオラ Viola *f*. ..len; Bratsche *f*. -n; Arm¦geige *f*. -n.

びおん 鼻音 Nasal *m*. -s, -e; Nasal¦laut (Nasen-) *m*. -[e]s, -e/鼻音化する nasalieren⁴/鼻音の nasal.

びおん 微温 lauwarm/微温の lau; gleichgültig/微温的態度をとる ⁴sich gleichgültig stellen.

ひか 皮下の subkutan; hypodermatisch‖皮下注射 die subkutane Injektion, -en; die Einspritzung《-en》unter die Haut/

ひか 下注射をする subkutan injizieren⁴; unter die Haut ein|spritzen⁴/皮下注射療法 die Therapie 〈-n〉 mittels subkutaner Injektionen; die medizinische Behandlung 〈-en〉 mittels Einspritzungen unter die Haut.

ひか 悲歌 Klagelied *n.* -[e]s, -er; Elegie *f.* -n; Klage|gesang (Trauer-) *m.* -[e]s, ⸚e; Klage|gedicht (Trauer-) *n.* -[e]s, -e.

ひか 彼我 er* und ich*; sie* und ihr*; einander; die beiden Seiten; Gegenseitigkeit *f.*

びか 美化 Verschönerung *f.* -en/美化する schön machen⁴; verschönern⁴; aus|schmücken⁴; verzieren⁴.

ひがい 被害 Schaden *m.* -s, -; [Be]schädigung *f.* -en; Einbuße *f.* -n; Verlust *m.* -[e]s, -e/家屋の被害 Schäden 《*pl*》an Häusern/稲作に大変な被害があった Die Reisernte hat bedeutenden (großen; ungeheuren) Schaden erlitten (genommen)./人畜の被害なし Sowohl Menschen als auch Tiere bleiben (blieben) verschont./台風の被害は大阪がいちばんひどかった Der Taifun hat der Stadt Osaka den schwersten Schaden zugefügt.‖ 被害者 der Leidende* (Betroffene*; Geschädigte*; Leidtragende*), -n, -n; Dulder *m.* -s, -; Opfer *n.* -s, -/被害地 die verwüstete (verheerte; zerstörte) Gegend, -en.

ひかいち ぴか一 Ass *n.* -es, -e; die größte Kanone, -n; die größte Nummer, -n; das größte Tier, -[e]s, -e; Löwe *m.* -n, -n; Salonlöwe *m.* -n, -n/〈社交界で〉.

ひかえ 控え ❶ 〔覚書〕 Notiz *f.* -en; Denkschrift *f.* -en; Memorandum *n.* -s, ...den (..da); (Vor)merkbuch *n.* -[e]s, ⸚er; 〔ノート〕 Notizbuch *n.* -[e]s, ⸚er; Memorial[e] *n.* -s, ..le (..lien); (Vor)merkbuch. ❷ 〔副本〕 Duplikat *n.* -[e]s, -e; Abschrift *f.* -en; Durchschlag *m.* -[e]s, ⸚e; Kopie *f.* -n; Zweitschrift *f.* -en/...の控えをとる eine Abschrift machen 《*von*³》. ❸ 〔手形・受取証などの〕 (Kontroll)abschnitt *m.* -[e]s, -e; (Kontroll)zettel *m.* -s, -; 〔Empfangs〕quittung *f.* -en. ❹ 〔支柱〕 Stütze *f.* -n; Strebe *f.* -n.

ひかえしつ 控室 Warte|halle *f.* -n (-raum *m.* -[e]s, ⸚e -saal *m.* -s, ..säle; -zimmer *n.* -s, -); Vorzimmer *n.* -s, -.

ひかえめ 控え目 Mäßigkeit *f.*; Bescheidenheit *f.*; Enthaltsamkeit *f.*/控え目にする (mäßig 〈*besch*eid*en*〉 enthaltsam) sein 《*in*³》; ⁴sich mäßigen 《*in*³》; ⁴sich bescheiden*; ⁴sich enthalten*² 《*gen*》.

ひかえり 日帰り旅行 die Reise 〈-n〉, von der man an einem Tage zurückkehren kann; Tages|reise 〈-n〉 (-ausflug *m.* -[e]s, ⸚e)/日帰り旅行者 der Tagesreisende*, -n, -n/日帰り旅行する an einem Tage hin und zurück reisen 〈s〉.

ひかえる 控える ❶ 〔書き留める〕 notieren⁴; auf|zeichnen⁴; buchen⁴; vermerken⁴. ❷ 〔引き止める〕 zurück|halten*⁴ 《*auf*-》. ❸ 〔酒・たばこ・食事など〕 ⁴sich enthalten*² 《*gen*》; ent-

behren⁴; entsagen³. ❹ 〔待つ〕 warten 《*auf*⁴》.

ひかき 火掻き Feuerhaken *m.* -s, -; Schür|eisen *n.* -s, - (-stange *f.* -n).

ひかく 皮革 Leder *n.* -s, -. ‖ 皮革工業 Lederindustrie *f.* -en/皮革商 Lederhändler *m.* -s, -/皮革製品 Lederware *f.* -n.

ひかく 比較 Vergleich *m.* -[e]s, -e. — 比較的 verhältnismäßig; relativ/比較的に vergleichsweise; relativ/比較的 ist um vergleichsweise zu sprechen/比較的若い時にはあの時彼が若い男だった als er noch ein jungerer Mann war. — 比較する vergleichen*⁴ 《*mit*³》; einen Vergleich an|stellen 《*mit*³》/...と比較すれば verglichen mit³; im Vergleich mit³; im Gegensatz zu³ 《*対照*》/彼とは比較にならない Ich kann keinen Vergleich aushalten mit ihm. ‖ 比較級 〚文法〛 Komparativ *m.* -s, -e; Steigerungsstufe *f.* -n/比較心理学 die vergleichende Psychologie/比較表 Vergleichstabelle *f.* -n.

びがく 美学 Ästhetik *f.*/美学上の ästhetisch ‖ 美学者 Ästhetiker *m.* -s, -.

ひかげ 日陰 Schatten *m.* -s, -; der schatti(ge) (schattenreiche) Platz, -es, ⸚e/日陰者 der Verdorbene*, -n, -n 《世に出られぬ》; der Ausgestoßene*, -n, -n 《世に捨てられた》; der Vorbestrafte*, -n, -n 《前科者》.

ひがけ 日掛け 〔貯金などの〕 die tägliche Teilzahlung, -en/日掛けにする durch tägliche Teilzahlungen bezahlen⁴.

ひかげん 火加減を見る zu|sehen*, ob ¹*et* heiß genug ist; auf das Art des Verbrennens Acht geben³.

ひがさ 日傘 Sonnenschirm *m.* -[e]s, -e; Parasol *m.* 〈*n.*〉 -s, -s.

ひがし 干菓子 das trockene Naschwerk, -[e]s, -e.

ひがし 東 Osten *m.* -s; Ost *m.* -[e]s/東の östlich; Ost- /東に nach³ Osten 〔zu〕; gegen ⁴Osten/部屋は東に面する Das Zimmer geht nach Osten./東は東、西は西 Ost und West ist West./太陽は東からのぼり西に沈む Die Sonne geht im Osten auf und im Westen unter. ‖ 東風 Ostwind *m.* -[e]s, -e.

ひがしティモール 東ティモール Ost-Timor *n.* -[e]s, -e.

ひかず 日数 die [An]zahl von Tagen/いくらか日数がかかる Es dauert einige Tage.

びカタル 鼻カタル Nasenkatarr[h] *m.* -s, -e; Schnupfen *m.* -s, -.

ぴかぴか ぴかぴか光る funkeln; flimmern; flittern; glitzern; zwinkeln; flinken 《星が》; glänzen 《輝く》; schillern; schimmern 《絹地など》/指にはめたダイヤモンドがぴかぴか光る Die Brillanten an den Fingern funkeln./ぴかぴかと 〔上の動詞に -d をつける〕 funkelnd.

ひがみ Vorurteil *n.* -s, -e; Minderwertigkeitskomplex *m.* -es, -e 《劣等感》; Vorein|genommenheit *f.*/ひがみを抱く ein Vorurteil haben 《*gegen*⁴》; neidisch (eifersüchtig) werden 《*auf*⁴》.

ひがむ vorurteilsvoll (voreingenommen)

sein 《gegen⁴》; von einem Minderwertigkeitskomplex befangen sein／ひがんだ vorurteilsvoll; voreingenommen; von einem Minderwertigkeitskomplex befangen.

ひがめ ひが目 Fehlurteil *n.* -s, -e; das falsche (irrige) Urteil, -s, -e; Irrtum *m.* -s, ⸚er; Missverständnis *n.* ..nisse.

ひがら 日柄がよい(わるい) ein glück¦verkündender (unglück-) Tag sein／日柄を選ぶ einen glückverkündenden Tag aus|wählen.

ひからす 光らす glänzend (blank; hell) machen⁴; polieren⁴ 《磨く》／…に目を光らす scharfe Aufsicht haben (führen) 《über⁴》; scharf auf|passen 《auf⁴》.

ひからびる 干からびる 〔aus|〕dorren; aus|trocknen; 〔ver〕trocknen; trocken werden; verdorren 《以上どれも [s]》.

ひかり 光 ❶ Licht *n.* -〔e〕s, -er; 〔Licht-〕strahl *m.* -〔e〕s, -en 《光線》／光を放つ **1**) [*v.*] Licht aus|strahlen (-|senden*; -|strömen); glänzen; leuchten; strahlen. **2**) [*a.*] Licht aus¦strahlend (-sendend; -strömend); glänzend; leuchtend; strahlend. ❷ [光輝] Glanz *m.* -es; Schein *m.* -〔e〕s, -e. ❸ [微光] Schimmer *m.* -s, -; Flimmer *m.* -s, - 《星などの》; Glimmer *m.* -s, -. ❹ [光沢] Glanz *m.* -es; Gefunkel *n.* -s／玉の光 das Funkeln* 《-s》 eines Edelsteins. ❺ [威光] 親の光で den Nimbus seiner Eltern geltend machend.

ぴかり zuck!／ぴかりと光る 〔auf|〕blitzen; zucken／電光がぴかりと光った Aufblitzte es. ❖ 前綴 auf- を文頭において表す; Ein Blitz zuckte durch die Luft.／懐中電灯がぴかりと光った Aufzuckte eine Taschenlampe.

ひかる 光る glänzen; leuchten; scheinen*; strahlen; glimmern 《かすかに》; schimmern 《同上》; flimmern 《星など》; funkeln 《星・宝石など》; blitzen 《雷光など》; glitzern 《露など》／ドイツ語では彼が断然光っている Sein Deutsch ist ohnegleichen. ¦ Im Deutschen kennt er seinesgleichen nicht (kommt ihm niemand gleich).

ひかん 悲観 Pessimismus *m.* -; Melancholie *f.* -n／悲観的な pessimistisch; melancholisch; schwarzseherisch; schwermütig／極度の悲観 der konsequente Pessimismus; die Tiefe der Schwermut. ── 悲観する pessimistisch (melancholisch; schwarzseherisch;schwermütig) sein; die Flügel hängen lassen*; ³sich schwarz aus|malen⁴; ³sich graue Haare wachsen lassen*／そんなに悲観しないように Weg mit deinem verdammten Pessimismus! ‖ 悲観説 die pessimistische (melancholische; schwarzseherische) Anschauung, -en (Ansicht, -en)／悲観論者 Pessimist *m.* -en, -en; Melancholiker *m.* -s, -; Schwarzseher *m.* -s, -.

ひかん 避寒 Überwinterung *f.* -en／避寒する überwintern; die strenge Kälte vermeiden*; ⁴sich an einen wärmeren Ort begeben* ‖ 避寒地 Überwinterungs¦ort (Winterkur-) *m.* -〔e〕s, -e.

ひがん 彼岸 ❶ [仏教] Nirwana *n.* -〔s〕; Jenseits *n.* -. ❷ [期間] die äquinoktiale Woche, -n／彼岸の中日 der äquinoktiale Tag, -〔e〕s, -e／春の(秋の)彼岸 Frühlings¦tagundnachtgleiche (Herbst-) *f.*; Äquinoktium *n.* -s, ..tien. ‖ 彼岸会 Nirwana〔gottes〕dienst *m.* -〔e〕s, -e／彼岸桜 der früh blühende Kirschbaum, -〔e〕s, ⸚e.

びかん 美感 Schönheits¦gefühl *n.* -〔e〕s, -e (-sinn *m.* -〔e〕s).

びかん 美観 schöner Anblick, -〔e〕s, -e; schöne Ansicht, -en／美観を傷つける das schöne Aussehen² verderben*／美観を呈する einen herrlichen (schönen) Anblick bieten*.

ひき 匹, 疋 ❶ [動物の] Stück *n.* -〔e〕s／牛十匹 zehn Stück Kühe 《Stück は *pl* にしない》. ❷ [反物] Stück *n.* -〔e〕s／一疋の反物から何枚もの着物が作れる Aus einem Stück Tuch kann man mehrere Kimonos machen.

ひき 悲喜 Freud und Leid／悲喜こもごも至る bald freudig, bald traurig sein; gemischte Gefühle 《*pl*》 haben.

ひき 引き ❶ das Ziehen* (Zerren*), -s; Zug *m.* -〔e〕s, ⸚e. ❷ [ひいき] Bevorzugung *f.* -en; Förderung *f.* -en; Gönnerschaft *f.*; Gunstbeziehung *f.* -en; Protektion *f.* -en; Unterstützung *f.* -en; Vetternwirtschaft *f.*／引きで会社に入る durch ⁴Gunstbeziehungen in einer Firma angestellt werden. ¶ 引きもきらず ununterbrochen; fort und fort; in einem fort; ohne ⁴Unterlass.

-びき -引きの ❶ [塗装] bedeckt (überzogen) 《mit ³*et*》／ゴムびきの gummiert. ❷ [割引] 五分びきで mit 5% ³Rabatt. ⇨**わりびき**.

びぎ 美技 brillante (saubere) Technik, -en 《スポーツ・演奏者の》; sauberes Spiel, -〔e〕s, -e 《ファインプレイ》.

ひきあい 引合いに出す ❶ [証人として] ⁴sich berufen* 《auf⁴》; als einen Beweis (ein Zeugnis) an|führen⁴. ❷ [例証する] zitieren⁴ 《aus³》; wörtlich wieder|geben*⁴.

ひきあう 引き合う ⁴sich lohnen; einträglich (ersprießlich; ertragreich; gewinnbringend (Gewinn bringend); nutzbringend (Nutz bringend); lukrativ; rentabel) sein／引き合う商売 ein Geschäft, das sich lohnt (das viel Geld einbringt)／てんで引き合う仕事ではなかった Die Arbeit brachte mir nicht einen Pfennig ein.

ひきあげ 引揚げ Heimkehr *f.*; Evakuation *f.* -en ‖ 引揚げ者 Heimkehrer *m.* -s, -; der Heimgekehrte*, -n, -n／引揚げ者収容所 Heimkehrer¦lager (Evakuierten-) *n.* -s, -.

ひきあげ 引上げ das Herauf¦ziehen* (Hinauf-), -s; Bergung *f.* -en 《沈没船の》; das Wiederflottmachen*, -s 《同上》; Erhöhung *f.* -en 《給料などの》 ‖ 引上げ工事 Bergungsarbeiten 《*pl*》.

ひきあげる 引き上げる ❶ [船を] bergen*⁴; wieder flott machen⁴. ❷ [給料を] erhöhen⁴; empor|schrauben⁴; vergrößern⁴; vermehren⁴／乗車賃を引き上げる Fahrgelder 《*pl*》 verteuern.

ひきあみ 引網 Schleppnetz *n.* -es, -e;

Großgarn *n.* -[e]s, -e.

ひきあわせ 引合わせ ❶[紹介] das Bekanntmachen*, -s; Vorstellung *f.* -en. ❷[対照] das Gegenüberstellen*, -s; Vergleich *m.* -[e]s, -e. ❸[照合] Kollation *f.* -en; Schriftenvergleichung *f.* -en.

ひきあわせる 引き合わせる ❶[紹介] bekannt machen《*jn* mit *jm*》; vor|stellen《*jn jm*》. ❷[対照] gegenüber|stellen^{34}; vergleichen*^{4}《*mit*^{3}》. ❸[照合] kollationieren^{4}; Schriften [miteinander] vergleichen*.

ひきいる 率いる [an|]führen^{4}; kommandieren^{4}; leiten^{4}; voran|gehen*^{3} [s]/軍を率いて an der Spitze einer Armee; ein Heer kommandierend (führend).

ひきいれる 引き入れる ❶ hinein|ziehen*^{4} (-|verwickeln^{4}). ❷[味方に] auf seine Seite bringen* (ziehen*)《*jn*》; für ^{4}sich ein|nehmen* (gewinnen*)《*jn*》.

ひきうけ 引受け Übernahme *f.* -n; Bürgschaft *f.* -en《保証》; Akzept *n.* -[e]s, -e《為替手形の》; Annahme *f.* -n《同上》‖ 引受価格 Übernahmepreis *m.* -es, -e/引受拒絶 Annahmeverweigerung *f.* -en/引受条件 Übernahmebedingungen《*pl*》/引受人 Übernehmer *m.* -s, -; Bürge *m.* -n, -n《保証人》; Akzeptant *m.* -en, -en《手形の》; [Wechsel]annehmer *m.* -s, -.

ひきうける 引き受ける ❶[請負] übernehmen*^{4}; auf ^{4}sich nehmen*^{4}/仕事を引き受ける eine Arbeit《-en》übernehmen*. ❷[責任を負う]〖*für*^{4} とともに〗die Verantwortung übernehmen*; verantwortlich sein; ^{4}sich verantwortlich machen; bürgen; ^{4}sich verbürgen; sorgen/食事の世話は私が引き受けます Für Essen sorge ich. ❸[譲受] akzeptieren^{4}《手形を》; an|nehmen*^{4}《同上》/この手形を引き受けたのは誰か Wer hat diesen Wechsel akzeptiert?

ひきうす ひき臼 Hand¦mühle *f.* -n (-mörser *m.* -s, -).

ひきうつし 引写し Pause *f.* -n《透写》; Durchzeichnung *f.* -en《同上》; Abschrift *f.* -en《筆写》/引写しする durch|pausen^{4} (-|zeichnen^{4})《製図》; ab|schreiben*^{4}.

ひきおこす 引き起こす ❶[倒れたものを] auf|richten^{4} (empor|-); auf|heben*^{4} (empor|-); auf die Beine stellen^{4}; in die Höhe richten^{4}. ❷[問題などを] verursachen^{4}; Anlass (Gelegenheit) geben*《*zu*^{3}》; bewirken^{4}; erwirken^{4}; herauf|beschwören*^{4}; herbei|führen^{4}; hervor|rufen*^{4}; in die Wege leiten^{4}; veranlassen^{4}; zeitigen/それがゆゆしい問題を引き起こすかもしれない Das mag wohl etwas Bedenkliches hervorrufen. ⇨おこす(起こす)③. ❸[喚起] auf|wecken^{4}; erwecken^{4}; aus|lösen^{4}.

ひきおろす 引き下す ❶ herunter|ziehen*^{4} (-|bringen*^{4}; -|lassen*^{4}); nieder|holen^{4}. ❷[座礁船を] ab|schleppen^{4}; flott machen.

ひきかえ 引換え [Aus]tausch *m.* -[e]s; das [Um]wechseln*, -s/…と引換えに als Entgelt (Ersatz) für^{4}; [an]statt^{2}; für^{4}; gegen^{4}/品物を引換えに勘定する bei ^{3}Lieferung bezahlen/代金引換えで商品を送る eine Ware gegen (durch) ^{4}Nachnahme senden*《*jm*》. ‖ 引換券 Austauschschein *m.* -[e]s, -e; die vorläufige Bescheinigung, -en.

ひきかえす 引き返す zurück|kehren (-|fahren*; -|gehen*; -|kommen*) [s]; um|kehren (wieder|-) [s]; auf demselben Weg[e] (den gleichen Weg) zurück|gehen* [s].

ひきかえる 引き換える ein|tauschen《*gegen*^{4}; *für*^{4}》/小切手を現金に引き換える einen Scheck ein|kassieren (ein|lösen). ¶ それに引き換えて im Gegensatz (Unterschied) dazu; dagegen; wo[hin]gegen.

ひきがえる ひき蛙 Kröte *f.* -n.

ひきがし 引菓子 Zier¦kuchen (Dekorations-; Schmuck-) *m.* -s, -.

ひきがね 引き金 [鉄砲の] Drücker *m.* -s, -; Abzug *m.* -[e]s, ¨e.

ひきげき 悲喜劇 Tragikomödie *f.* -n/悲喜劇の tragikomisch.

ひきこみせん 引込線 Zimmerantenne *f.* -n《屋内空中線》; Zuleitungsdraht *m.* -[e]s, ¨e《ラジオの》; Nebengleis *n.* -es, -e《鉄道の側線》.

ひきこもる 引き籠る einsam (still für ^{4}sich) leben; in ^{3}Einsamkeit (Zurückgezogenheit) leben; immer zu ^{3}Hause hocken; danieder|liegen*《*an*^{3} 病気で》/いなかに引き籠る auf dem Land[e] im Verborgenen leben; eine ländliche Art an|nehmen*/インフルエンザで引き籠っていました Infolge einer Grippe habe ich das Zimmer (Bett) hüten müssen.¦ Mit einer Grippe bin ich ans Bett gefesselt gewesen.

ひきころす 轢き殺す tödlich überfahren*《*jn*》.

ひきさがる 引き下がる ^{4}sich weg|ziehen*; ab|treten* (zurück|-) [s]; ^{4}sich entfernen; ^{4}sich weg|begeben*; weg|gehen* [s].

ひきさく 引き裂く ❶[zer]reißen*^{4}; auseinander reißen*^{4}; in Stücke reißen*^{4}; zerspalten$^{(*)4}$《*p.p.* zerspalten》; zersplittern^{4}. ❷[人との仲を] entfremden《*jn* [von] *jm*》; abtrünnig (abwendig) machen《*jn* [von] *jm*》; von der Freundschaft ab|bringen*^{4}.

ひきさげ 引下げ [Ab]kürzung *f.* -en; Abzug *m.* -[e]s, ¨e; Reduktion *f.* -en.

ひきさげる 引き下げる ❶ herunter|ziehen*^{4} (-|lassen*^{4}); nieder|holen^{4}. ❷[値段を] [ab|]kürzen^{4}; ab|ziehen*^{4}; herunter|schrauben^{4}; reduzieren^{4}.

ひきさる 引き去る ❶[退去] fort|gehen* [s]. ⇨ひきさがる. ❷ ⇨ひく(引く)⑩.

ひきざん 引算 das Abziehen*, -s; Subtraktion *f.* -en/引算する ab|ziehen*^{4}; subtrahieren^{4}.

ひきしお 引き潮 Ebbe *f.* -n/引き潮になる Es ebbt ab.¦ Das [Meer]wasser fällt.

ひきしぼる 引き絞る ❶[幕などを] auseinander ziehen*^{4}. ❷[弓を] den Bogen《-s, -》aufs Äußerste spannen.

ひきしまる 引き締まる ^{4}sich versteifen; straffer werden; ^{4}sich auf|raffen《気分が》; ^{4}sich zusammen|nehmen*《同上》.

ひきしめる 引き締める ❶ fester binden*⁴; straffer ziehen*⁴; zusammen|schnüren⁴. ❷[統制](im Zaum(e) in ³Ordnung) halten*⁴; die Aufsicht führen (*über*³) {⁴sich} auf|raffen⁴; spannen⁴.

ひぎしゃ 被疑者《法》der Beschuldigte*, -n, -n.

ひきずる 引 き 摺 る [nach]schleppen⁴; [nach]schleifen⁴/足を引き摺って歩く ⁴sich schleppen (schleifen)/引き摺り出す heraus|zerren⁴ (-|schleppen⁴)/引き摺り込む herein|ziehen*⁴ (-|zerren⁴; -|schleppen⁴) /女を引き摺り込む eine Frau verlocken (verführen).

ひきたおす 引き倒す nieder|reißen*⁴; zu Boden reißen*⁴. ⇨たおす.

ひきたおす 轢き倒す über den Haufen rennen* (werfen*) (*jn*).

ひきだし 引出し ❶ Schub|lade *f.* -n {-fach *n.* -[e]s, "-er; -kasten *m.* -s, "-}; Schieblade (-fach); Zug *m.* -[e]s, "-e/引出しを抜く eine Schublade heraus|ziehen*⁴. ❷[預金などの] Abhebung *f.* -en; Entnahme *f.* -n/預金の引出しに備える ³Vorkehrungen begegnen⁴; Maßnahmen (*pl*) gegen Abhebungen treffen*.

ひきだす 引 き 出 す heraus|ziehen*⁴ (hinaus|-); heraus|schleppen⁴ (hinaus|-) 《引きずり出す》/銀行から預金を引き出す Geld von der Bank ab|heben* (³sich aus|zahlen lassen*); das deponierte Geld entnehmen*/銀行から預金を小切手で引き出す Geld von der Bank ab|heben*, indem man einen Scheck ausstellt (schreibt).

ひきたつ 引き立つ ❶[活気づく] lebhaft werden; blühen/気が引き立つ ⁴sich auf|muntern (erheitern); ermuntert werden; Mut fassen. ❷[見えあがる] besser aus|sehen*; ⁴sich günstig ab|heben*⁴ (ab|stechen*) (*von*³); ⁴sich zu seinem Vorteil unterscheiden (*von*³)/あのスマートな服で引き立って見える Die schmucke Kleidung lässt ihre Gestalt hervortreten.

ひきたて 引立て Gunst *f.*; Gunstbezeigung *f.* -en; Begünstigung *f.* -en; Bevorzugung *f.* -en; Gönnerschaft *f.*; Patronat *n.* -[e]s, -e; Schutz *m.* -es; das (Unter)stützen*, -s; Unterstützung *f.* -en; Empfehlung *f.* -en《推薦》/御引立てに預る eine Gunst genießen*; in Gunst stehen* (*bei jm*); ⁴sich *js* ²Gunst erfreuen*; begünstigt (bevorzugt; unterstützt) werden.

ひきたてる 引き立てる ❶ begünstigen (*jn*); bevorzugen (*jn*); unterstützen (*jn*); empfehlen* (*jn* 推薦する). ❷[気を] erheitern; an|regen; auf|muntern; beseelen; ermutigen 《以上どれも *jn*》; frischen Antrieb geben* (*jn*). ❸[見ばえさせる] in ein günstig [er]es Licht stellen⁴; günstig ab|heben*⁴ (ab|stechen*) (*von*³). ❹[罪人などを] ab|führen (weg|-) (*jn*).

ひきちぎる 引きちぎる ab|reißen*³⁴ (los|-); entreißen*³⁴; zerreißen*³⁴; entwinden*³⁴.

ひきちゃ 挽茶 Teestaub *m.* -[e]s; Staubtee *m.* -s, -s.

ひきつぎ 引継ぎ Übernahme *f.* -n《事務など》; Überlieferung *f.* -en《引渡し》/事務引継ぎ Amtsfolge *f.* -n.

ひきつぐ 引き継ぐ[引き渡す] übergeben* (*jm et*); [引き受ける] übernehmen*⁴/業務を引き継ぐ ein Geschäft übernehmen*.

ひきつける 引きつける ❶[引き寄せる] heran|ziehen*⁴. ❷[魅了する] zu ³sich ziehen*⁴; an|ziehen*⁴; bezaubern⁴; reizen⁴/彼女には人を引きつける所がある Sie hat etwas Anziehendes. ❸[けいれんする] Krämpfe bekommen*; von ³Krämpfen befallen werden.

ひきつづいて 引き続いて ununterbrochen; dauernd; fortgesetzt; von neuem《新たに》; nacheinander《次々に》; hintereinander《同上》/一週間引き続いて acht ⁴Tage hindurch/三日間引き続いて drei ⁴Tage/講演に引き続いて討議が行われます Anschließend an den Vortrag findet eine Aussprache statt.

ひきつづき 引き続き Fortsetzung *f.* -en; Weiterführung *f.* -en.

ひきつづく 引き続く fort|dauern; [an]dauern/不幸が引き続いて起こった Ein Unglück folgte auf das andere.

ひきづな 引綱 [船・グライダーの] Schlepp|seil (Zug-) *n.* -[e]s, -e; Schlepptau *n.* -[e]s, -e; Zugstrang *m.* -[e]s, "-e; Glockenzug *m.* -[e]s, "-e《ベル・鐘の》.

ひきつる 引きつる ⁴sich krampfen; einen Krampf haben (bekommen*)/足が引きつる einen Krampf im Beine bekommen*.

ひきて 弾き手 Spieler *m.* -s, -.

ひきて 引手 (Tür)klinke *f.* -n; (Tür)griff *m.* -[e]s, -e.

ひきでもの 引出物 Geschenk *n.* -[e]s, -e; Andenken *n.* -s, -; Angebinde *n.* -s, -; Belohnung *f.* -en; [水引] Bindfaden *m.* -s, "-.

ひきど 引戸 Schiebetür[e] *f.* ...ren.

ひきとめる 引き止める ❶[客などを] auf|halten*⁴ (zurück|-) (*jn*); beim Knopf fest|halten*⁴ (*jn*). ❷[阻止する] (ver)hindern⁴; hinderlich sein (*jm bei*³ *in*³ *et*); im Weg[e] stehen*⁴/馬を引き止める ein Pferd an|halten*⁴; Zügel (*pl*) an|ziehen*.

ひきとりにん 引取人 Anspruchsberechtigte, -n, -n; Anspruchmacher *m.* -s, -; Beanspruchter *m.* -s, -《請求者》; [話人] Aufseher *m.* -s, -; Beschützer *m.* -s, -.

ひきとる 引き取る ❶[退去] ⁴sich zurück|ziehen*; ab|treten* (zurück|-) [s]; ⁴sich entfernen; fort|gehen* (weg|-) [s]. ❷[受け取る] empfangen*⁴; entgegen|nehmen*⁴; erhalten*⁴; übernehmen*⁴《引き受ける》; zurück|bringen*⁴ (-|nehmen*⁴) 《取り戻す》. ❸[息を] den letzten Atemzug tun*; aus|atmen; den Geist auf|geben*.

ひきなおす 引き直す [再び引く] aufs Neue (von neuem) ziehen*⁴ 《線を》.

ビキニ ❶[ビキニ環礁] das Atoll (-s) Bikini. ❷[水着] Bikini *m.* -s, -s.

ひきにく 挽き肉 das gehackte Fleisch, -[e]s; das Gehackte*, -n; Hackfleisch *n.*

ひきにげ　-[e]s ‖ 挽き肉器 Fleischzerkleinerungsmaschine (Fleischzerreiß-) f. -n; [Fleisch]wolf m. -[e]s, ⸚e.

ひきにげ　轢き逃げ Fahrer|flucht (Unfall-) f. ⸚e ‖ 轢き逃げ運転手 ein flüchtiger Fahrer, -s, -／轢き逃げの自動車 Tatwagen m. -s, -; der geflüchtete Wagen.

ひきぬく　引き抜く ❶ heraus|reißen⁴ (-|ziehen⁴); aus|jäten⁴《草を》. ❷《選抜》aus|lesen⁴ (-[er]wählen⁴; -|sondern⁴);《他会社の人材などを》(einer ³Firma) ab|werben⁴ 《jn》. ⇨ ぬく ①, ②, ③.

ひきのける　引き退ける weg|ziehen⁴; ziehend nehmen⁴.

ひきのばし　引伸器 Vergrößerungsapparat m. -[e]s, -e/引伸し写真 das vergrößerte [fotografische] Bild, -[e]s, -er/引伸し法 Vergrößerungsverfahren n. -s, -.

ひきのばす　引き延ばす ❶ [aus]|dehnen⁴; [aus]|strecken⁴; erweitern⁴; spannen⁴; verbreitern⁴; verlängern《期間を》. ❷ [箔(ﾊｸ)などに] aus|schlagen⁴ (-|dehnen⁴); breit schlagen⁴. ❸《写真を》vergrößern⁴ (eine Vergrößerung machen. ❹《期日を》verschieben⁴; hinaus|schieben⁴.

ひきはずす　引き外す los|reißen⁴ (-|binden⁴; -|machen⁴; -|trennen⁴).

ひきはなす　引き離す ❶ auseinander halten⁴; entzweien⁴; separieren⁴; voneinander trennen⁴; entfremden《jm jn 友人などを》/ある問題を他の問題と引き離して考える eine Frage für ⁴sich (getrennt von anderen Fragen) in Betracht ziehen⁴ (behandeln). ❷《競走で》einen Vorsprung gewinnen⁴《vor jm》.

ひきはらう　引き払う ⇨ たちのく.

ひきふだ　引札 Verkaufs|anzeige (Geschäfts-) f. -n; Reklame(flug)zettel m. -s, -.

ひきぶね　曳船 Schlepper m. -s, -; Schlepp|boot n. -[e]s, -e (-kahn m. -[e]s, ⸚e); Treidelei f.《曳船業》‖ 曳船path Treidelweg m. -[e]s, -e/曳船料 Bugsierlohn m. -[e]s, ⸚e.

ひきまく　引幕 Zug|vorhang (Theater-) m. -[e]s, ⸚e; der [Theater]vorhang zum Auf- und Zuziehen nach rechts und links.

ひきまど　引窓 Dach|fenster n. -s, - (-luke f. -n); Ober|licht n. -[e]s, -er (-beleuchtung f. -en).

ひきまゆ　引眉 die nachgezogenen (angestrichenen; bemalten) Augenbrauen《pl》.

ひきまわす　引き回す ❶ 幕などを] herum|ziehen⁴《um⁴》. ❷〔連れ歩く〕herum|führen《jn》; von einer Stelle zur anderen führen《in³》.

ひきむしる　引きむしる ab|rupfen⁴《weg|-》; ab|reißen⁴《los|-; weg|-》.

ひきもどす　引き戻す zurück|ziehen⁴ (-|bringen⁴); an die frühere Stelle ziehen⁴.

ひきゃく　飛脚 Eilbote m. -n, -n; Kurier m. -s, -e.

ひきやぶる　引き破る ⇨ ひきさく.

ひきゅう　飛球《野球》Flugball m. -[e]s, ⸚e; hochfliegender Ball, -[e]s, ⸚e.

びきょ　美挙 die bewundernswerte (lobenswerte) Tat, -en (Unternehmung, -en).

ひきょう　卑怯 Feigheit f. -en／卑怯な feig[e]; gemein; weibisch／卑怯なるまをする ⁴sich feige zeigen／卑怯なねばはよしない Benehmen Sie sich nicht unehrlich! ‖ 卑怯者 Feigling m. -s, -e;《けいべつ》Memme f. -n.

ひきょう　悲境 traurige (unglückliche) Lage, -n; Unglück n. -[e]s; Not f. ⸚e／悲境に陥る ⁴in Not geraten⁴ ⓢ／悲境に陥っている in großer Not (Bedrängnis) sein.

ひきょう　罷業 ⇨ ストライキ.

ひきょく　秘曲 esoterisches [Musik]stück, -[e]s, -e.

ひきょく　悲曲 traurige Melodie, -n.

ひきよせる　引き寄せる [her]an|ziehen⁴／彼の演奏会は大ぜいの人を引き寄せた Sein Konzert war gut besucht.

ひぎり　日切り in bestimmter Frist; mit festgesetztem Termin／日切りの仕事 die in der Frist von wenigen Tagen zu erledigende Arbeit, -en; eine Arbeit, bei der ein Termin festgesetzt ist.

ひきわけ　引分け das Unentschieden*, -s; ein unentschiedenes Spiel, -[e]s, -e《試合》／引分けになる unentschieden aus|gehen* (bleiben*) ⓢ.

ひきわける　引き分ける auseinander ziehen⁴; trennen⁴／なぐり合っている人を引き分ける die Raufenden trennen.

ひきわたし　引渡し Aus|lieferung ([Ab]-) f. -en; Übergabe f. -n; Aushändigung f. -en／引渡し済[の] ausgeliefert; eingehändigt ‖ 引渡状 Auslieferer (Ab-) m. -s, -／罪人引渡し契約 Auslieferungsvertrag m. -[e]s, ⸚e.

ひきわたす　引き渡す [aus]|liefern³⁴; aus|händigen³⁴; übergeben*³⁴《譲渡する》／犯人を警察に引き渡す einen Verbrecher der Polizei ausliefern.

ひきわり　ひき割り[麦] Grütze f. -n; Graupen《pl》 ‖ ひき割り大臼 Graupenmühle f. -n／ひき割り大麦 Graupengrütze f. -n.

ひぢか　卑近な einfach; gewöhnlich; nahe liegend; leicht verständlich

ひきんぞく　卑金属 Grundmetall n. -s, -e.

ひきんぞく　非金属 Nichtmetall n. -s, -e; Metalloid n. -[e]s, -e／非金属の nichtmetallisch.

ひく　轢く überfahren*⁴／バスが子供を轢いた Der Omnibus überfuhr ein Kind.／僕たちはトラックに轢かれるところだった Wir wären um ein Haar von einem Lastwagen überfahren worden.

ひく　挽(碾)く sägen⁴ (鋸(ﾉｺ)で); mahlen⁴ (臼(ｳｽ)で); drehen⁴《臼を》／穀物を挽きつぶす das Getreide zerreiben⁴.

ひく　退く ❶《後退》zurück|treten* ⓢ《von³》; ⁴sich zurück|ziehen*《von³》; rückwärts gehen* ⓢ. ❷《減退》⁴sich ab|nehmen*; nach|lassen*; fallen* ⓢ; sinken* ⓢ; ⁴sich legen; ebben

《潮が》/川の水がひく Der Fluss sinkt (fällt). /熱はひきましたか Hat das Fieber nachgelassen?/はれはまだひきません Die Geschwulst geht noch nicht zurück. ❸ [引退する] ⇨じしょく.

ひく 弾く spielen$^{(4)}$《auf^3》/ピアノ(バイオリン)を弾く Klavier (Geige) spielen/彼女はバッハをうまく弾く Sie spielt Bach gut./私の伯父はチェロを弾くのが上手です Mein Onkel ist ein guter Cellospieler.

ひく 引(曳)く ❶ [引っ張る] ziehen*^{4}; schleppen^4《引きずる》; schleifen^4《同上》; führen^4《牛馬を》; leiten^4《同上》; spannen^4《弓などを》; zupfen^4《袖などを》/袖を引く am Ärmel zupfen《jn》/その子の手を引いて下さい Führen Sie das Kind an der Hand, bitte! ❷ [惹きつける] an|ziehen*^{4}; fesseln^4; an ^{4}sich ziehen*^{4}/注意を引く Aufmerksamkeit erregen (fesseln)/人目を引く die Augen der Leute auf ^{4}sich lenken (ziehen*). ❸ [かぜを] ^{4}sich erkälten; ^{3}sich eine Erkältung holen (zu|ziehen*)/ひどくかぜを引きました Ich habe eine tüchtige (starke) Erkältung bekommen. ❹ [図を引く] zeichnen$^{(4)}$. ❺ [辞書などを] nach|schlagen*^{4}; nach|sehen*《in^3》/そのことばを辞書で引いてみたかい Hast du das Wort im Wörterbuch nachgeschlagen? ❻ [引用する] an|führen^4; zitieren^4/詩人の句を引用する einen Dichter zitieren. ❼ [架設する] versehen*《^4et mit ^3et》; legen^4《ガス・水道など》/電話を引く Telefon ein|richten; ein Haus mit ^{3}Telefon versehen*/ガス(水道)を引く Gas (Wasserleitung) in ein Haus legen. ❽ [系統を]〚von^3 とともに〛her|stammen (-|kommen* [s]); ab|stammen/名門の血を引く aus vornehmer Familie stammen. ❾ [値段を] nach|lassen*^{4} (ab|-); ab|ziehen*^{4}; ermäßigen^4; Rabatt geben*/現金払いなら少し値段を引いてくれますか Geben Sie etwas Rabatt bei Barzahlung?/百円お引きしましょう Ich will Ihnen 100 Yen ablassen. ❿ [数を] ab|ziehen*^{4}; subtrahieren^4/五から三引く von 5 3 ab|ziehen* (subtrahieren)/五引く二は三 Fünf weniger zwei ist (gleich) drei. ⓫ [塗る] ein|reiben*^{4}; bestreichen*^{4}/油を引く ^4et mit Öl ein|reiben*/ろうを引く wachsen^4; mit Wachs bestreichen*^{4}/眉を引く Augenbrauen nach|ziehen*.

びく 比丘 der buddhistische Priester, -s, -; Bonze *m.* -n, -n ‖ 比丘尼 die buddhistische Priesterin, ..rinnen; Nonne *f.* -n.

びく 魚籠 Fischkorb *m.* -[e]s, ⸚e.

ひくい 低い ❶ [高さの] niedrig; tief; klein《背が》; leise《声などの》; bescheiden《腰が》; demütig《同上》/低い鼻 flache Nase, -n/低い声で話す leise sprechen*. ❷ [地位などの] niedrig; nieder; gemein/身分が低い von niedriger Herkunft sein.

ひくいどり 火食鳥 Kasuar *m.* -s, -e.

ひくく 低くする herab|lassen*^{4}; herab|setzen^4; senken^4/声を低くする die Stimme senken/低くなる fallen* [s]; sinken* [s]; ^{4}sich senken; herunter|gehen* [s]《値が》.

びくしょう 微苦笑 das bittersüße (schmerzliche) Lächeln*, -s/彼は微苦笑した Er lächelte bittersüß. ¦ Er zwang sich zu einem Lächeln.

ひぐち 樋口 Traufe *f.* -n; Schleuse *f.* -n.

ひくつ 卑屈 Sklaverei *f.*; Kriecherei *f.*/卑屈な sklavisch; kriecherisch; niedrig/卑屈な考え方の niedrig gesinnt (denkend)/卑屈な男 Schleicher *m.* -s, -; Kriecher *m.* -s, -.

びくっと びくっとする zusammen|schrecken* [s]; zurück|schrecken* (-|weichen*) [s].

ひくて 引く手あまたの viel umworben sein. ⇨ひっぱりだこ.

びくとも びくともしない ^{4}sich nicht einschüchtern (entmutigen) lassen*《おじけない》; gelassen (ruhig und gefasst; unerschütterlich) bleiben* [s]《泰然としている》; nicht zurück|schrecken* (zurück|weichen*) [s]《vor^3 臆しない》/びくともせずに ohne eine Miene zu verziehen/嵐にびくともしない den Sturm auf|halten* (bestehen*)/敵の攻撃にびくともしない einem feindlichen Angriff widerstehen*/彼に脅迫されてもびくともしなかった Seine Drohungen schreckten mich nicht zurück./彼はびくともせずに所信を述べた Er äußerte unerschrocken seine eigene Meinung./彼はびくともする男じゃない Er lässt sich nichts anmerken.《そぶりにも現さない》/彼はびくともしなかった Er hat nicht (mit keiner Wimper) gezuckt.《毅然たる様子》.

ピクニック Picknick *n.* -s, -e (-s); Landpartie *f.* -n; Ausflug *m.* -[e]s, ⸚e《遠足》/ピクニックをする picknicken; einen Ausflug machen; aus|fliegen* [s].

ひくひく ひくひくする keuchen; schwer atmen / 手足をひくひく動かす die Glieder krampfhaft bewegen.

びくびく びくびくする Angst (Furcht) haben《vor^3》; ängstlich (furchtsam; zaghaft) sein; ^{4}sich ängstigen (fürchten)《vor^3》; nervös sein《病的に》; vor Furcht zittern《おびえる》/びくびくしながら彼はやっとその話をした Mit Zittern und Zagen hat er es endlich gesagt./彼はびくびくしている Ihm ist Angst und Bange./そうびくびくするな Sei nicht so ängstlich! ¦ Lass dich nur nicht einschüchtern./私はあの男にびくびくしていやしないよ Ich habe nichts vor ihm zu fürchten.

ぴくぴく zuck! zuck!/ぴくぴくする zucken; krampfhaft zittern/鼻をぴくぴくさす〔mit der Nase〕schnüffeln; schnuppern/身体をぴくぴくさせて横たわっていた Er lag in krampfhaften Zuckungen.

ひぐま 羆〖動〗der braune (grauhaarige) Bär, -en, -en.

ひぐらし〖昆〗die „Higurashi"-Zikade, -n; die in der Dämmerung zirpende Zikade.

ピクルス Mixpickles (Mixed Pickles)《pl》《単数なし》; Cornichon *n.* -s, -s; Essiggemüse *n.* -s, -.

ひぐれ 日暮〔Abend〕dämmerung *f.* -en; der Einbruch《-[e]s, ⸚e》der Nacht; Halbdunkel *n.* -s; Zwielicht *n.* -[e]s/日暮に bei einbrechender Dämmerung; gegen Abend; sowie es dunkelt/日暮前に vor Einbruch (Eintritt) der Dunkelheit (Dämmerung)/日暮になる Es wird dunkel. Die Dämmerung bricht an.

ひけ 引け ❶ [退出] (Be)schluss *m.* -es, ⸚e; Feierabend *m.* -s, -e; Schlussstunde *f.* -n 《退出時間》/学校がひけた後 nach der Schule. ❷ [破損] Verlust *m.* -[e]s, -e; Einbuße *f.* -n ❸ [劣勢] Nachteil *m.* -[e]s, -e; die ungünstige Lage, *n*; Schwache *f.* -n/引け目を感じる ⁴sich niedergeschlagen (mutlos) fühlen; kleinlaut werden (*vor jm*)/引けをとる den kürzeren ziehen*; ins Hintertreffen kommen* (geraten)*; Schaden (er)leiden*; zu kurz kommen* ⓢ; schlecht dabei weg|kommen* ⓢ.

ひげ 髭 Bart *m.* -[e]s, ⸚e; Backenbart *m.* -[e]s, ⸚e《ほほひげ》; Kaiserbart 《カイゼルひげ》; Kinnbart《あごひげ》; Knebelbart《口ひげ》; Kotelette (*pl* ほおひげ);Napoleonsbart《ナポレオンひげ》; Schnurrbart 《鼻下ひげ》; Spitzbart《尖ったひげ》; Vollbart《顔一面のひげ》; Schnurrhaare (*pl* ねこなどの); Bartel *f.* -n《魚の》; Unruhfeder *f.* -n《時計の》/ひげのある bärtig; buschig (buschicht)《ひげ深い》; zottelig 《もじゃもじゃの》/ひげのない bartlos; ohne ⁴Bart; glatt (gut) rasiert 《剃った》/ひげをはやす ³sich[D] den Bart wachsen lassen*; einen Bart tragen* (haben)/ひげを剃る ⁴sich rasieren (barbieren; rasieren)*; ³sich den Bart scheren* ‖ 彼は武者の Starkbärtige*, ein Mann (*m.* -[e]s, ⸚er) mit ³Vollbart.

ひげ 卑下する ⁴sich erniedrigen; ⁴sich demütigen; ⁴sich herab|lassen*《目下に対し》; ⁴sich herab|würdigen/卑下して demütig; mit ³Demut; bescheiden; ⁴Blick zu ³Boden. ⇨**けんそん**.

ピケ《織》Pikee (Piqué) *n.* -s, -s.

ひげいじゅつてき 非芸術的 unkünstlerisch; unästhetisch.

ひげき 悲劇 ❶ [劇] Tragödie *f.* -n; Rührstück *n.* -[e]s, -e/悲劇的 tragisch. ❷ [惨事] Unglück *n.* -[e]s, -e; Schrecklichkeit *f.* -en; Übel *n.* -s; Unstern *m.* -[e]s, -e. ‖ 悲劇作家 Tragödien|dichter (Trauerspiel-) *m.* -s, -/悲劇役者 Tragöde *m.* -n, -n《女性は⸚》.

ひけつ 秘訣 Geheimnis *n.* ,,nisses, nisse; Geheimschlüssel *m.* -s, -/成功の秘訣 Geheimnisse (Tragödien|schlüssel), um es weit in der Welt zu bringen.

ひけつ 否決 Ablehnung *f.* -en; Negation *f.* -en; Verwerfung *f.* -en; Zurückweisung *f.* -en/否決する ab|lehnen⁴; negieren⁴; übersimmen⁴; verwerfen*⁴; zurück|weisen*⁴/否決される abgelehnt (negiert; verworfen; zurückgewiesen) werden/増税案は八対三で否決された Der Antrag auf Steuererhöhung ist mit 8:3 (acht zu drei) abgelehnt.

ピケット Streikposten *m.* -s, -/ピケットを張る Streikposten stehen* (auf|stellen)/工場にピケットを敷く die Fabrik mit Streikposten umstellen.

ひけね 引け値 Rabatt *m.* -[e]s, -e; Preisnachlass *m.* -es, -e (⸚e); der Preis 《-es, -e》 am Schluss der Börse《株式》.

ひける 引ける ¹verlassen⁴《例: die Schule》; ⁴sich entfernen (*von*³).

ひけん 卑見 meine unmaßgebliche (bescheidene) Meinung/卑見を述べれば meines Erachtens; meinem Dafürhalten nach; wenn ich meine unmaßgebliche Meinung sagen (äußern) soll.

ひけん 比肩 ⁴es auf|nehmen*《mit *jm*》; gewachsen³ sein; auf gleicher Höhe stehen*; die Waage halten*³; nicht zurück|stehen*; nicht hinter *jm* sein (*in*³)/彼に比肩するものはない Keiner ist ihm ebenbürtig.

ひげんぎょう 非現業員 die Nicht-Handarbeiter (*pl*).

ひご 卑語 Slang *m.* (*n.*) -s, -s; die niedere (burschikose; gemeine; lässige) Umgangssprache, -n.

ひご 飛語 die falsche Meldung, -en; die lügenhafte Nachricht, -en; Fabelei *f.* -en; [Zeitungs]ente *f.* -n.

ひご 庇護 Schutz *m.* -es; Begünstigung *f.* -en; Beschirmung *f.* -en, Beschützung *f.* -en; Gönnerschaft *f.*; Obhut *f.*/庇護する schützen (*jn*); begünstigen⁴; beschirmen; in seine Obhut nehmen*; in ⁴Schutz nehmen*《以上どれも*jn*》; Schutz angedeihen lassen*《gewähren》《*jm*》; unter die Flügel (Fittiche) nehmen*《*jn*》.

ひごい 緋鯉 der rote Karpfen, -s, -.

ひこう 非行 Missetat (Übel-) *f.*/非行少年 Straßenjunge *m.* -n, -n.

ひこう 飛行 Flug *m.* -[e]s, ⸚e; das Fliegen*, -s; Luftfahrt *f.* -en《航空》.—— 飛行する fliegen* ⓢ,ⓗ/飛行競争 Wettflug *m.* -[e]s, ⸚e/飛行距離 Flugstrecke *f.* -n/飛行時間 Flug|stunde *f.* -n (-zeit *f.* -en)/飛行時間表 Flugplan *m.* -[e]s, ⸚e/飛行試験 Probeflug/飛行写真 Luftbild *n.* -[e]s, -er/飛行場 Flugplatz *m.* -es, ⸚e/飛行に好適な Wetter 《-s, -》 für eine Luftfahrt/飛行保険 Luftfahrtversicherung *f.* -en/高空飛行 Höhenflug/世界一周飛行 Rundflug um die Welt; Rund-um-die-Welt-Flug/単独飛行 Einzelflug/低空飛行 Tiefenflug/偵察飛行 Aufklärungsflug; Erkundungsflug/背面飛行 Rückenflug/編隊飛行 Formationsflug/夜間飛行 Nachtflug/遊覧飛行 Schauflug/練習飛行 Übungsflug.

ひごう 非業の unnatürlich; gewaltsam; vorzeitig/非業の死をとげる um|kommen* ⓢ; einen (eines) unnatürlichen Tod (Todes) sterben* ⓢ.

ひこう 備考 Anmerkung *f.* -en; Bemerkung *f.* -en; Notiz *f.* -en.

ひこう 微光 Glimmer *m.* -s, -; Glimmlicht *n.* -[e]s, -er; Schimmer *m.* -s, -.

ひこう 鼻孔 Nasenloch *n.* -[e]s, ⸚er; Nüster *f.* -n《ふつう*pl* とくに馬の》.

びこう 尾行する nach|schleichen* (-|gehen*)《*jm*》; beschatten《*jn*》; scharf beobachten《*jn*》; unbemerkt (überwachend) verfolgen《*jn*》/刑事に尾行される

びこう 犯人 ein Verbrecher (m. -s, -), dem ein Geheimpolizist wie sein Schatten folgt.

びこう 微行する inkognito (unter fremdem Namen) reisen ⓢ; verkleidet gehen* ⓢ; das Inkognito wahren.

ひこうき 飛行機 Flugzeug n. -(e)s, -e; Flieger m. -s, -; Flugmaschine f. -n/飛行機で in (mit) einem Flugzeug/飛行機に乗って luftkrank werden/あなたは飛行機に乗ったことがありますか Sind Sie schon einmal geflogen?; Sind Sie schon einmal in (mit) einem Flugzeug gefahren (geflogen)?/日航の飛行機でドイツに参ります Mit dem JAL-Flugzeug fliege ich nach Deutschland. ‖ 軍用(飛行)機 Militärflugzeug《以下いずれも n. -(e)s, -e》; Kriegsflugzeug/旅客(飛行)機 Verkehrsflugzeug.

ひこうきぐも 飛行機雲 Kondensstreifen m. -s, -s.

ひこうし 飛行士 Flieger m. -s, -; Luftfahrer m. -s, -; Flugzeugführer m. -s, -; Fliegerin f. ..rinnen《女》; Luftfahrerin f. ..rinnen《女》.

ひこうしき 非公式な(に) inoffiziell; nicht formell; nicht amtlich.

ひこうじょう 飛行場 Flug|hafen m. -s, ¨ (-platz m. -es, ¨e).

ひこうせん 飛行船 Luftschiff n. -(e)s, -e ‖ 硬(軟)式飛行船 starre (unstarre) Luftschiff/ツェッペリン飛行船 Zeppelin m. -s, -e; Zeppelinluftschiff.

ひこうてい 飛行艇 Flugboot n. -(e)s, -e; Amphibienflugzeug n. -(e)s, -e《水陸両用》.

ひこうふく 飛行服 Fliegeranzug m. -(e)s, ¨e.

ひこうぼう 飛行帽 Fliegerkappe f. -n.

ひごうほう 非合法(的)な ungesetzmäßig; ungesetzlich; illegal; unrechtmäßig.

ひこく 被告 der Angeklagte* (Beklagte*; Verklagte*), -n, -n ‖ 被告席 Anklagebank f. ¨e/被告代理人 der Vertreter des Angeklagten/被告弁護人 der Verteidiger [für den Angeklagten].

ひこくみん 非国民 unpatriotischer Mensch, -en, -en; Volksverräter m. -s, - 《売国奴》.

ひこつ 腓骨《解》Wadenbein n. -(e)s, -e.

びこつ 鼻骨 Nasenbein n. -(e)s, -e.

ひごと 日毎に (all)täglich; einen Tag nach dem anderen; jeden Tag; von Tag zu Tag/日毎につけ上がる男だ Er wird von Tag zu Tag dreister.

ひこばえ Sproß m. -es, -e.

ひごろ 日頃 gewöhnlich; alltäglich; gewohnheitsgemäß; immer《常に》; regelmäßig; üblich/日頃の願い der lang gehegte (seit langem gepflegte) Wunsch, -(e)s, ¨e/日頃の恨み der seit langem gefaßte Groll, -(e)s《über⁴》/日頃の行いが悪い《Alltags》benehmen ist schlecht./Er benimmt sich gewöhnlich schlecht.

ひざ 膝 Knie n. -s; Schoß m. -es, -e 《すわった人の腰から膝頭までの部分》/膝までの深さの knietiefe/膝を組む die Beine übereinander schlagen*/膝を屈する das Knie beugen《vor jm》/膝をくずす ungezwungen sitzen*; ⁴es ³sich bequem machen/膝を交じえて語る sein Herz öffnen《jm》/子供を膝に抱く ein Kind ⁴auf den Schoß nehmen*/彼らは膝まで水につかった Sie standen bis an die Knie im Wasser.

ビザ (旅券の) Visum n. ..sa, Visa (Visen).

ピザ Pizza f. -s.

びさい 微細な(に) 《微小な》winzig; [haar-]klein; [haar]fein; 《微妙な》delikat; zart; 《詳細な》ausführlich; eingehend; genau; umständlich/微細にわたる im Detail (in die Einzelheiten) ein|gehen*⁴/ eingehend besprechen*⁴ (prüfen⁴).

ひざい 微罪 das leichte (unbedeutende) Vergehen, -s; die kleine Sünde, -n.

ひざかけ 膝掛け Kniedecke f. -n《馬車の》; Schürze f. -n《前掛け》.

ひざがしら 膝頭 Kniescheibe f. -n.

ひざかり 日盛り Mittagshitze f./日盛りに am hellen Mittag; in der größten Hitze des Tages.

ひざくりげ 膝栗毛で行く auf ²Schusters ⁴Rappen (zu ³Fuß) reisen ⓢ.

ひさご 瓢 Flaschenkürbis m. ..bisses, ..bisse. ⇨ ひょうたん(瓢箪).

ひさし 庇 Vordach n. -(e)s, ¨er; das vorspringende Dach, -(e)s, ¨er; Mützenschild n. -(e)s, -er (-schirm m. -(e)s, -e)《帽子の》.

ひざし 日ざし Sonnen|licht n. -(e)s (-schein m. -(e)s; -höhe f. -n《太陽の位置》.

ひさしい 久しい lange; langwährend; lange ⁴Zeit/久しぶりで nach langer Zeit/...してから久しぶりです Es ist lange her, seit ..../お久しぶりですね Wir haben uns lange nicht gesehen./ Ich habe Sie lange nicht gesehen./久しぶりで映画に行きました Nach langer Zeit bin ich ins Kino gegangen./ドイツ語を習いだして久しい Seit langem lerne ich Deutsch.

ひざづめ 膝詰談判する zur Rede stellen (setzen) 《jn》; direkt unterhandeln《mit jm über⁴ et》.

ひざまくら 膝枕をする seinen Kopf auf den Schoß eines anderen legen.

ひざまずく 跪く knie|n; nieder|knien ⓢ; ⁴sich auf die Knie werfen*《vor jm》/彼女は長い間マリア像の前に跪いていた Lange lag sie vor dem Marienbild auf den Knien.

ひざもと 膝元で nahe (bei jm)/親の膝許で育つ im Elternhaus aufgezogen werden/彼は子供のときに親の膝元を離れた Als Kind nahm er vom Elternhaus Abschied.

ひさん 悲惨 Elend n. -(e)s; Not f. -e; Trübsal f. -e; Misere f. -n/悲惨を極める im tiefsten Elend sein/悲惨な elend; trübe;《俗》miserabel; erbärmlich; jämmerlich; traurig/悲惨な最期を遂げる eines tragischen Todes sterben* ⓢ/彼らは実に悲惨な生活をしている Sie leben in recht traurigen Verhältnissen.

ひさん 砒酸《化》Arseniksäure f./.

ひさん 飛散する ⁴sich nach allen Richtungen zerstr(r)euen; zersplittern ⓢ.

ひし 菱〖植〗Wassernuss *f.* ..e.

ひし 秘事 Geheimnis *n.* ..nisses, ..nisse; Mysterium *n.* ..s, ..rien《不可解なこと》; die heimliche (persönliche; private; vertraute) Angelegenheit, -en.

ひじ 肘 Ell(en)bogen *m.* -s, -／肘で押し分け通る ⁴sich mit den Ellbogen durch einen Haufen hindurch|drängen／肘で押す mit dem Ellbogen stoßen* (schieben*)／肘でそっと突く《注意を促して》mit dem Ellbogen heimlich und leise an|stoßen* ⟨*jm*⟩／肘を張る den Ellbogen stemmen／肘を枕にする aus seinem Ellbogen ein Kopfkissen machen; seinen Kopf auf dem Ellbogen ruhen lassen*／肘を机にかける den Ellbogen an einen Tisch lehnen.

びし 微視的 mikroskopisch.

ひじかけ 肘掛け〔Arm〕lehne *f.* -n ‖ 肘掛いす Armstuhl (Lehn-) *m.* -[e]s, ..e.

ひしがた 菱形 Rhombus *m.* -, ..ben; Raute *f.* -n; Karo *n.* -, -s／菱形の rauten|förmig (karo-).

ひしぐ zerquetschen⁴; zerdrücken⁴; zermalmen⁴; [zer]brechen*⁴《くじく》; demütigen⁴《慢心を》／高慢の鼻をひしぐ einen Schlag (eins) auf die Nase geben* ⟨*jm*⟩; demütigen ⟨*jn*⟩／ひしげる zerbrochen werden.

ひじつき 肘突き Ellbogenpolster *n.* -s, -《肘クッション》; das Anrempeln*, -s《肘で突くこと》.

ひじてっぽう 肘鉄砲 Korb *m.* -[e]s, ¨e; Abweisung (Zurück-) *f.* -en; der derbe Verweis, -es, -e／肘鉄砲をくらう einen [derben] Korb bekommen*; ³sich einen Korb holen; eine abschlägige Antwort empfangen* (bekommen*; kriegen)／肘鉄砲をくらす einen [derben] Korb geben* (Körbe aus|teilen) ⟨*jm*⟩; die kalte Schulter zeigen ⟨*jm*⟩; links liegen lassen* ⟨*jn*⟩.

ビジネス Geschäft *n.* -[e]s, -e／ビジネスライクな geschäftlich ‖ ビジネスクラス Business-class *f.*／ビジネスマン Geschäftsmann *m.* -[e]s, ¨er (..leute).

ひしと dicht [gedrängt]《密集して》; in ³Haufen《同上》; durch ⁴Mark und ⁴Bein《心に》／この音楽は私の心にひしひしとしみ込む Diese Musik geht mir durch Mark und Bein.

びしと《厳しく》streng; hart; scharf; rigoros; unnachgiebig;《激しく》heftig; mit aller Stärke／びしびし処罰する streng bestrafen⁴.

ひしめく lärmen (騒ぐ)-; ⁴sich aneinander drängen《押し合う》.

ひしゃく 柄杓 Schöpf|löffel *m.* -s, - (-kelle *f.* -n)／柄杓でくむ mit einem Schöpflöffel schöpfen⁴.

ひじゃく 微弱な gering; klein; kraftlos; schwach; unbedeutend; leise.

びしゃびしゃ《道路が》schlammig; schlüpfrig.

びしゃもん 毘沙門〖天〗der buddhistische Kriegsgott, -es.

びしゃり びしゃりと klatsch!; klaps!; krach!／mit einem Knall (Klatsch)／びしゃりと部屋を締めきる das Zimmer fest ab|schließen*／びしゃりと戸を締めた Klatsch! schloss er die Tür zu.／Er schlug die Tür zu, dass es nur so knallte.／彼女は彼の頬をびしゃりと打った Sie hat ihm eine [Ohrfeige] geknallt.／Klatsch! hat sie ihm einen Backenstreich versetzt.

ひじゅう 比重 〖理〗das spezifische Gewicht, -[e]s, -e／比重を測る das spezifische Gewicht messen* (bestimmen; ermitteln) ‖ 比重計 Senkwaage *f.* -n ‖ 比重びん Pyknometer (Stereo-) *n.* -s, -／比重びん Pyknometer *n.* -s, -.

びじゅう 美醜 Schönheit und (oder) Hässlichkeit; das persönliche Aussehen, -s《容貌》／容貌の美醜を問わず ob er (sie) schön ist oder nicht.

ひじゅつ 秘術 Geheimkunst *f.* ¨e; die raffinierteste Technik, -en／秘術を尽くす alles mögliche tun*; alle Künste zum Besten geben* (an den Tag legen)／秘術を伝えるin die Geheimkunst ein|weihen ⟨*jn*⟩; die letzte Geheimnis ein|führen ⟨*jn*⟩.

びじゅつ 美術 Kunst *f.* ¨e; schöne Künste (*pl*)／美術的 künstlerisch ‖ 美術院 Kunstakademie *f.* -n ‖ 美術家 Künstler *m.* -s, -／美術学校 Kunstschule *f.* -n ‖ 美術館 Kunst|halle *f.* -n (-sammlung *f.* -en)／美術工芸(工芸品) Kunstgewerbe *n.* -s, -／美術工芸展覧会 Kunstgewerbeausstellung *f.* -en／美術史 Kunstgeschichte *f.* -n ‖ 美術商 Kunsthandel *m.* -s, ¨／美術心 Kunstsinn *m.* -[e]s, -e (-gefühl *n.* -[e]s, -e)／美術趣味 Kunstgeschmack *m.* -[e]s, ¨e《美術趣味》／美術通 Kunstkenner *m.* -s, -／美術展 Kunstausstellung／美術批評 Kunstkritik *f.*／美術品 Kunst|erzeugnis *n.* ..nisses, ..nisse (-werk *n.* -[e]s, -e).

ひじゅん 批准 Ratifikation *f.* -en; Genehmigung *f.* -en; Gutheißung *f.* -en. —— 批准する ratifizieren⁴; an|erkennen⁴; genehmigen⁴; gut|heißen*⁴ ‖ 批准交換 der Austausch (-[e]s) der Ratifikationsurkunden.

ひしょ 避暑 das Übersommern*, -s／避暑に行くin die Sommerfrische gehen* ⓢ／避暑する den Sommer zu|bringen* ⓢ ‖ 避暑客 Sommerfrischler *m.* -s, -／避暑地 Sommerfrische *f.* -n (-aufenthalt *m.* -[e]s, -e).

ひしょ 秘書〔Privat〕sekretär *m.* -s, -e《男》;〔Privat〕sekretärin *f.* ..rinnen《女》.

ひしょう 費消 Veruntreuung *f.* -en《着服》; Unterschlagung *f.* -en《同上》; Unterschleif *m.* -[e]s, -e《同上》／費消する veruntreuen⁴; unterschlagen*⁴ ‖ 公金費消 Veruntreuung öffentlicher Gelder.

ひしょう 飛翔する fliegen* ⓢ／場所の移動の意味の少ないとき ⓗ; einen Flug machen.

ひじょう 非常 Not *f.* ¨e; der unerwartete Vorfall, -[e]s, ¨e; das unvorhergesehene Ereignis, ..nisses, ..nisse ‖ (un-);／ außer|gewöhnlich (un-); außerordentlich; äußerst; enorm; erheblich; gewaltig; kolossal; phänomenal; ungeheuer;／非常の際には im Notfall; wenn die Not drängt

ひじょう /非常に備え ⁴sich auf das Schlimmste gefasst machen; auf das Allerletzte* (Äußerste*) vorbereitet sein/非常うを吹く Alarm blasen* ‖ 非常階段 Not|leiter f. -n (-treppe f. -n)/非常貸出 Notdarlehen n. -s, -/非常口 Nottür n. -en (-ausgang m. -[e]s, -̈e)/非常警報 Notsignal n. -s, -e (-ruf m. -[e]s, -e); Alarm m. -[e]s, -e; Alarmzeichen n. -s, -/非常呼集 A|larm|ruf (Not-) m. -[e]s, -e/非常時 Notzeit f. -en; Ernstfall m. -[e]s, -̈e; die ernste Zeit/国家の非常時だ Unser Staat sieht sich in seinem Fundament ernstlich bedroht./非常手段 die außergewöhnlichen (ungewöhnlichen; allerletzten; drastischen) Maßnahmen (-regeln) ⟨pl⟩/非常手段をとる zum letzten Mittel greifen*; die allerletzten Maßnahmen (Maßregeln) ergreifen*/非常召集 Not|appell m. -s, -e (-einberufung f. -en) ⟨aller Wehrpflichtigen⟩/非常信号 Notsignal n. -s, -e/非常制動 Notbremse f. -n/非常線 Sperr|linie f. -n (-kette f. -n); Kordon m. -s, -s; Postenkette (Sperrkette) auf|stellen (durch|brechen*)/非常線 ⟨列車内などの⟩ Notleine f. -n/非常警知機 Alarm|apparat m. -[e]s, -e (-gerät n. -[e]s, -e; -glocke f. -n); Sirene f. -n.

ひじょう 非情の gefühllos (geist-); blasiert; gefühlskalt; unbeseelt.

びしょう 微笑 das Lächeln. -s/微笑を浮べて lächelnd; mit einem Lächeln um den Mund ⟨口もとに⟩/愛らしい⟨愛想の^い、皮肉の ironisch⟩ lächeln/彼女は口もとに微笑を浮かべていた⟨誘なれらしい⟩ Sie hielt ein Lächeln um den Mund/彼の目には微笑が宿っている Um seinen Mund spielte ein Lächeln (Er lächelte unter Tränen). — 微笑する lächeln; schmunzeln ⟨はくそ笑む⟩/微笑しうなずき zustimmend Beifall zu|lächeln ⟨jm⟩.

びじょう 美称 Ehren|name m. -ns, -n (-titel m. -s, -) ⟨尊称⟩.

びじょう 尾錠 Schnalle f. -n; Spange f. -n/びじょうで留める an|schnallen⁴; um|schnallen⁴.

ひじょうしき 非常識な sinnlos; albern; absurd; irrational; ungereimt; un|sinnig (wider-); vernunftwidrig; dem gesunden Menschenverstand gerade ins Gesicht schlagend.

ひじょうすう 被乗数 ⟨数⟩ Multiplikand m. -en, -en (Multiplikator m. -en).

びしょうねん 美少年 der schöne Junge, -n, -n ⟨Jüngling, -s, -e⟩; Adonis m. -, -nisse.

びしょく 美食 Leckerbissen m. -s, -; Delikatesse f. -n; Feinkost f.; Leckerei f. -en; Schlemmerei f. -en ⟨食道楽⟩. — 美食する Leckereien gern essen* (haben); lecken (lecker sein); schlemmen. ‖ 美食家 Feinschmecker m. -s, -; Gourmand m. -s, -s; Gourmet m. -s, -s; Leckermaul n. -[e]s, -̈er.

ひじょうすう 被除数 ⟨数⟩ Dividend m. -en, -en ⟨Divisor の対⟩.

びしょぬれ びしょ濡れになる ganz (durch und durch) nass werden; bis auf die Haut (auf die Knochen) nass werden/びしょ濡れの durchnass; [ganz] durchnässt; pitschi|nass (patsch-; pudel-)/僕は全身びしょ濡れだった Ich hatte keinen trockenen Faden [mehr] am Leib[e]./Ich war völlig durchnässt./Ich wurde tüchtig nass [vom Regen].

びしょびしょ びしょびしょ濡れる ⇨びしょぬれ/雨がびしょびしょ降る Es regnet fein. Es nieselt. Es sprüht.

ビジョン Konzeption f. -en; ⟨空想力⟩ Fantasie f. -n.

ひじり 聖 der Heilige*, -n, -n; der vorzüglich Fromme*, -n, -n; der Weise*, -n, -n.

ぴしり ぴしりと knack[s]! schnapp!/ぴしりと鞭をならす mit der Peitsche knallen/ぴしりと鞭で打つ knacks! (schnapp!) peitschen⁴.

びしん 微震 leichtes Erdbeben, -s, -. ⇨びどう

びじん 美人 Schönheit f. -en; die Schöne*, -n, -n; schöne (hübsche) Frau, -en, -en; schönes (hübsches) Mädchen, -s, -/彼女は絶世の美人だ Sie ist ein Ausbund (Wunder) von Schönheit (eine vollendete Schönheit). ‖ 美人コンテスト Schönheitskonkurrenz f. -en.

ひすい 翡翠 ❶ ⟨川蟬⟩ Königsfischer m. -s, -; Eisvogel m. -s, -̈. ❷ ⟨鉱物⟩ Jade m. -.

ビスケット Biskuit m. ⟨n.⟩ -[e]s, -e ⟨-s⟩; Keks m. ⟨n.⟩ - ⟨-es⟩, - ⟨-e⟩; ⟨feiner⟩ Zwieback, -[e]s, -̈e ⟨-̈e⟩.

ヒスタミン ⟨化⟩ Histamin n. -s ‖ 抗ヒスタミン剤 ⟨薬⟩ Antihistaminmittel n. -s, -.

ヒステリー Hysterie f. -n/ヒステリーの hysterisch/ヒステリーを起こす einen hysterischen Anfall bekommen*⁴.

ピストル Pistole f. -n; ⟨自動式⟩ Selbstladepistole f. -n; Revolver m. -s, -/ピストルで撃つ⟨射殺する⟩ mit der Pistole schießen* (erschießen*)/ピストルを胸につきつける jm die Pistole auf die Brust setzen (richten)/ピストルの革制⟨(帯)⟩ Pistolentasche f. -n ‖ ピストル強盗 Revolverheld m. -en, -en.

ピストン Kolben m. -s, -.

ひずみ 歪み Verbiegung f. -en; Verdrehung f. -en/歪みのある verdreht.

ひする 秘する geheim halten*⁴; bei ³sich ⟨für ⁴sich⟩ halten*⁴; verstecken⁴ ⟨隠す⟩/名を秘して inkognito; unerkannt.

ひする 比する ❶ vergleichen*⁴ ⟨mit³⟩; eine Parallele ziehen* ⟨zwischen³⟩; einen Vergleich an|stellen ⟨mit³⟩. ❷ ⟨たとえる⟩ bildlich übertragen*⁴ ⟨auf⁴⟩/…にすれば verglichen ⟨mit³⟩; im Vergleich ⟨zu³; mit³⟩. ❸ ⟨匹敵する⟩ gleich|kommen*³ ⟨s. ebenbürtig⟩ sein; auf gleicher Höhe (Stufe) stehen* ⟨mit³⟩.

びせい 美声 die schöne (süße; melodische) Stimme, -n.

びせいぶつ 微生物 Mikrobe f. -n; Mikrobion n. -s, ..bien; Mikroorganismus m. -, ..men.

ひせき 砒石 《化》Arsenik *n.* -s‖砒石中毒《医》Arsenikvergiftung *f.*

びせきぶん 微積分 Infinitesimalrechnung *f.*

ひぜめ 火攻め Feuerangriff *m.* -[e]s,-e

ひぜめ 火責め die Tortur (-en) (Folter, -n) durch ⁴Feuer; Feuerpein *f.*《地獄の》/火責めにする ¹4Feuer foltern (martern) (*in*).

ひせん 卑賤 Niedrigkeit *f.*; Gemeinheit *f.*/卑賤な niedrig; gemein/卑賤より身を起こす von unten (von der Pike) auf dienen

ひぜん 皮癬《皮膚病》Krätze *f.* -n; Räude *f.* -n《家畜の》/皮癬の krätzig; räudig.

ひせん 微賤 Niedrigkeit (*f.*) der Abstammung; die niedrige Herkunft; der niedere Stand, -̈e, ̈=e; die bescheidene Stellung. — 微賤な niedrig; nieder; gering; bescheiden; aus niedriger ³Stellung empor¦arbeiten; von der Pike (von unten) auf dienen

びぜん 美髯 der schöne Bart (Schnurrbart), -[e]s, ̈-e/美髯を貯[たくわ]える ³sich den schönen (Schnurr)bart wachsen lassen*.

ひせんきょけん 被選挙権 Wählbarkeit *f.*; Wahlfähigkeit *f.*/被選挙権がある wählbar sein.

ひせんとういん 非戦闘員 Nicht¦kombattant *m.* -en, -en (-kämpfer, -s, -); der Zivilist (-en, -en) in der Kriegszeit《広義の》.

ひせんろん 非戦論 Pazifismus *m.* ‖ 非戦論者 Pazifist *m.*

ひそ 砒素 Arsen *n.* -s‖砒素中毒 Arsenvergiftung *f.*/塩化砒素 Arsenchlorid *n.* -[e]s.

ひそう 皮相 Oberflächlichkeit *f.*; Seichtheit *f.*/皮相な oberflächlich; seicht/皮相な見解 die oberflächliche Ansicht, -en/彼は事物を皮相のみで判断する Er urteilt nur nach dem Äußeren.

ひそう 悲壮な pathetisch; tragisch; rührend/彼は悲壮な最期を遂げた Er starb einen tragischen Tod.

ひぞう 脾臓 Milz *f.* -en ‖ 脾臓病 Milzsucht *f.*

ひぞう 秘蔵の hoch geschätzt; Lieblings-;[大切な] wertvoll; kostbar/秘蔵する sorgfältig auf¦bewahren*; hoch schätzen*《大切にする》‖秘蔵っ子 Augapfel *m.* -s, =; Goldkind *n.* -[e]s, -er/秘蔵弟子 Lieblingsschüler *m.* -s, -/秘蔵品 Schatz *m.* -es, ̈-e.

びそう 美装 Kleiderpracht *f.*; prächtige (kostbare) Kleider (*pl*)/彼女は美装をこらしている Sie geht reich gekleidet.‖Sie kleidet sich gut (fein; nett; vornehm)./Das Reichste Kleid ist oft gefüttert mit Herzeleid.

ひそか ひそかな heimlich; verborgen; geheim; vertraulich/ひそかに heimlich; im Geheimen; vertraulich (静かに); unbemerkt《人知れず》; verstohlen《同上》/ひそかに思う bei ³sich denken*; heimlich lieben《人 愛する》/彼らはひそかに会っている Sie treffen sich heimlich.

ひぞく 匪賊 Bandit *m.* -en, -en; [Straßen-]räuber *m.* -s, -.

ひぞく 卑俗な gemein; gewöhnlich; niedrig; unanständig.

ひそひそ ひそひそ[と] heimlich《内密に》; verborgen《かくれて》; leise《小声で》; flüsternd《同上》/ひそひそ話 Geflüster *n.* -s/ひそひそ話をする flüstern; leise sprechen*.

びひょう 鼻疽病 Rotz *m.* -es, -e; Rotzkrankheit *f.* -en.

ひそむ 潜む ⁴sich versteckt halten* (verbergen); ⁴sich verbergen* (verstecken); stecken/犯人まぢ近くに潜んでいます Der Verbrecher verbirgt sich hier in der Nähe.

ひそめる 潜める ❶ [声を] die Stimme dämpfen (sinken lassen*)/声を潜めて mit leiser (gedämpfter) Stimme. ❷ [身を] ⁴sich verbergen* (verstecken)/彼らは森に身を潜めた Sie haben sich im Wald verborgen.

ひそめる 眉をひそめる die (Augen)brauen zusammen¦ziehen*; die Stirn runzeln (in ⁴Falten ziehen*).

ひだ Falte *f.* -n; etwas Aufgenähtes*, -; Kniff *m.* -[e]s, -e; Plissee *n.* -s《押しひだ》/ひだをとる falten⁴; auf¦knifen⁴; kniffen⁴; plissieren⁴.

ひたい 額 Stirn *f.* -en/広い額 die breite (hohe) Stirn/狭い額 die niedrige Stirn/額を集めて相談する die Köpfe zusammen¦stecken/額にしわを寄せる die Stirn runzeln/額に汗して働く im Schweiße des Angesichts arbeiten.

ひだい 肥大 Feistheit *f.*; Feistigkeit *f.*; Beleibtheit *f.*; Dicke *f.*; Hypertrophie *f.* -n; Korpulenz *f.*/肥大した feist; beleibt; dick; hypertroph; korpulent.

びたい 媚態 das kokette Benehmen, -s; Koketterie *f.* -n.

びたいちもん びた一文も持たない keinen [roten (lumpigen; blutigen)] Heller bei ³sich haben⁴/びた一文残らず支払う bei ³Heller und Pfennig bezahlen⁴; bis auf den letzten Heller bezahlen⁴/それはびた一文の値打ちもない Das ist keinen Heller wert.

ひたおし ひた押しに押す nach ³Kräften heran¦rücken⁴.

ピタゴラス Pythagoras/ピタゴラス派の pythagorisch/ピタゴラスの定理《数》der pythagoreische Lehrsatz ‖ ピタゴラス学派[の人] Pythagoreer *m.* -s, -.

ひたす 浸す ein¦tauchen⁴ (*in*⁴); ein¦weichen⁴.

ひたすら ernstlich; heftig(st); dringend; inbrünstig; ganz; innig; von ganzem Herzen《表より》; einzig (もっぱら); ausschließlich《同上》.

ひだち 肥立 ❶ [発育] Wachstum *n.* -s; Wuchs *m.* -es, ̈-e. ❷ [病後の] Rekonvaleszenz *f.*; Genesung *f.*; Gesundung *f.*/産後の肥立がよい Sie stellt sich wieder her (erholt sich gut) nach der Entbindung.

ひだつ 肥立つ auf¦wachsen* ⟨s⟩; groß werden*.

ひだね 火種 etwas Glühendes* als Feuer zündendes Material/火種がない keine glü-

ビタミン Vitamin n. -s, -e／ビタミン B 状の Vitamin-B-ähnlich／ビタミンの多い(少ない) vitaminreich (vitaminarm)∥ビタミン欠乏症 (B 欠乏症) Vitaminmangel m. -s (Vitamin-B-Mangel)／ビタミン C Vitamin C.

ひだり 左 ❶ Linke f. -n, -n; die linke Hand (Seite); der linke Flügel, -s《左翼》／左に links; zur Linken／左の link; linkseitig／左向けた Links um!／左の耳から入って右の耳に抜けるて zu einem Ohr herein, zum anderen wieder (flugs) hinaus.❷《左派》die Linken (pl)／彼は左だ Er ist (steht) links.

ひたり ⇨ひだり.

ひだりうちわ 左団扇で暮らす ⁴es gut haben; in der Wolle (weich und warm) sitzen*; in Behaglichkeit leben; wie die Maden im Speck sitzen*.

ひだりがわ 左側 die linke Seite／左側に auf der linken Seite／左側を通りなさい Gehen Sie auf der linken Seite!

ひだりきき 左利き ❶ Linkshändigkeit f.《状態》; Linkhand f. ⸗e《同上》《人》Linkshänder m. -s, -《同上》; der Linkshändige*, -n, -n《同上》;《俗》Linkser m. -s, -《同上》. ❷《酒好き》Bacchusbruder m. -s, ⸗; Gewohnheitstrinker m. -s, -; Schnapsteufel m. -s, -; Zecher m. -s, -／左利き投手 der linkshändige Werfer, -s, -.

ひだりて 左手 die linke Hand／左手に linker ⁴Hand; zur linken Hand.

ひだりまえ 左前になる auf die schiefe Bahn geraten* ⓢ; auf den Hund kommen* ⓢ; auf keinen grünen Zweig kommen*; Es geht mit ³et schief (abwärts; bergab).

ひだりまき 左巻きの ❶ entgegen dem Uhrzeigersinn; linkswendig《貝・かたつむりの殻など》; linkswindend《植物のなど》. ❷《ひねくれ》verdreht; verrückt; launisch.

ひだりわけ 左分け ¶ 髪を左分けにける die Haare (pl) links scheiteln (teilen).

ひたる 浸る eintauchen ⓢ; ⁴sich hinlgeben*《ふける》; ⁴sich überlassen《同上》／彼は酒に浸った Er ergab sich dem Trunk.

ひたん 悲嘆 Trübsal f. -e; Betrübnis f. -nisse; Trauer f. -n; Gram m. -(e)s; Kummer m. -s; Leid n. -(e)s／悲嘆にくれる ⁴sich zu ³Tode grämen (über⁴); vor ³Gram vergehen* ⓢ; tief betrübt sein.

びたん 美談 bewundernswürdige (lobenswerte) Geschichte, -n; schöne Anekdote, -n; Großtat (Helden-) f. -en.

ピチカート《楽》Pizzikato n. -s, -s (..ti); pizzicato.

びちく 備蓄 Vorrat m. -(e)s, ⸗e／石油(食料品)の備蓄 ein Vorrat an Öl (Lebensmitteln).

ぴちぴち ぴちぴちした lebendig und hurtig; fit und fix; munter wie ein Fisch; munter wie ein Fisch im Wasser.

ぴちゃぴちゃ platsch! patsch!／ぴちゃぴちゃ わかす plantschen; platschen; plantschen; plätschern; bespritzen (mit³)／ぴちゃぴちゃ 食べる《犬などが》[auf]schlappen⁽⁴⁾; schlap-pern; schlabbern／ぬかるみの中をぴちゃぴちゃ 歩く durch Schlamm plätschernd hindurch|gehen* ⓢ; im Schmutz platsch! platsch! waten ⓢ.

ひちょう 飛鳥 der fliegende Vogel, -s, ⸗; der Vogel im Flug(e)／飛鳥のように wie ein schnell fliegender Vogel; flugs; mit ³Blitzesschnelle; wie geflügelt.

ひちょう 悲調 der traurige (klagende, wehmütige) Ton, -(e)s, ⸗e; ein trauriger Gefühlston, -(e)s《比喩的》悲調をおびた wehklagend; herzergreifend.

ひつ 櫃 Lade f. -n; Truhe f. -n.

ひつう 悲痛な kummervoll; betrübt; traurig; schmerzlich.

ひっか 筆禍を招く wegen eines Artikels angeklagt werden (von jm).

ひっかかり 引っ掛かり Beziehung f. -en (zu¹; mit³ 関係); Verbindung f. -en (mit³); Angelegenheit f. -en《懸案》.

ひっかかる 引っ掛かる ❶《掛かる》an|hangen* (an⁴ et); hängen bleiben*《掛かっている》／くぎに引っ掛っている an einem Nagel hängen bleiben*.❷《わな》jm ins Garn gehen* (laufen) ⓢ; in die Falle gehen*／ねずみがわなに引っ掛かった Eine Maus hat sich in der Falle gefangen.／そこが引っ掛かるところだ Da hakt es (die Geschichte). ❸《だまされる》betrogen werden (von jm);《同上》彼女は不良少年に引っ掛かった Sie ist von einem Straßenjungen verführt worden. ❹《掛かり合う》⁴sich verwickeln (in⁴); verwickelt werden (in⁴; von jm).

ひっかく 引っ掻く [zer]kratzen⁴; ritzen⁴／爪で引っ掻く mit den Krallen (Nägeln) [zer-] kratzen⁴／引っ掻き回す durch|wühlen⁴ (durchwühlen⁴)《捜し求めて》; durch|stöbern⁴《同上》; alles durcheinander werfen*《ごた混ぜにする》; seine Nase stecken (in ⁴et 口出しする)／彼は猫にさんざん引っ掻かれた Die Katze hat ihn tüchtig gekratzt.

ひっかける 引っ掛ける ❶ [an]hängen⁴; an|haken⁴. ⇨かける(掛ける). ❷《だます》betrügen*⁴; hintergehen*⁴; verführen⁴《女などを》. ❸《賃物を倒す》betrügen⁴ (jm um ⁴et);《同上》; nicht bezahlen⁴／酒代を引っ掛ける den Wirt um die Zeche prellen. ❹《着る》über|werfen*⁴／彼女はオーバーを引っ掛けた Sie warf den Mantel über. ❺ 一杯引っ掛ける (eins) trinken*.

ひっかぶる 引っ被る ⇨かぶる／ふとんを引っ被る die Decke über den Kopf ziehen*.

ひつき 火付きがよい leicht entzündlich (brennbar)／火付きがわるい schwer entzündlich (brennbar).

ひっき 筆記 Schreiben n. -s; Notiz f. -en《覚え書》. 〜筆記する auf|schreiben*⁴ (nieder|-); ⁴sich eine Notiz machen《メモを取る》; nach|schreiben*⁴《口述を》.──筆記させる diktieren⁴ (jm).《筆記試験 schriftliche Prüfung, -en／筆記者 Abschreiber m. -s, -; Kopist m. -en; Nachschreiber m. -s, -／ Stenograf m. -en, -en《速記者》筆記帳 Notizbuch n. -(e)s,

ひつぎ 棺 Sarg m. -[e]s, "e.

ひっきょう 畢竟 schließlich; am Ende; im Grunde; letzten Endes/世の中は畢竟そうしたものさ Im Grunde geht es so in der Welt.

ひっきりなしに ununterbrochen; unaufhörlich; ohne ⁴Unterbrechung; ohne Unterlass; ⁴er]dauernd/彼にはひっきりなしに来客がある Er hat unaufhörlich Besuch.

ピックアップ Tonabnehmer m. -s, -. ― ピックアップ プレーヤー f. ― ピックアップする auf|nehmen*⁴; auf|lesen*⁴ 《拾う》; auf|sammeln⁴ 《拾い集める》; mit|nehmen*⁴ 《自動車などに》/簡単な単語をピックアップする《たまたま見たり聞いたりでおぼえる》 einfache Wörter auf|schnappen. ‖ ピックアップチーム Auswahlmannschaft f. -en.

ビッグバン Urknall m. -[e]s, -e.

びっくり びっくりさせる erschrecken 《jn》; entsetzen 《jn》; überraschen 《jn 不意打ちする》; in ³Erstaunen setzen 《jn ぼう然とさせる》; bestürzen (bestürzt machen) 《jn 度を失わせる》; verblüffen 《jn mit ³et (durch ⁴et) 同上》; verwundern 《jn in ⁴Verwunderung setzen》《jn 驚き怪しむ》/人をびっくりさせるにはどがある Du hast mir einen schönen Schrecken eingejagt. ― びっくりして erschrecken* s 《über⁴》; ⁴sich entsetzen 《vor³》; erstaunen s 《⁴sich erstaunen 《über⁴》; ⁴sich [ver]wundern 《über⁴》; bestürzt (verblüfft) sein/それを聞いて私はびっくりした Ich habe mit Entsetzen davon gehört./それを聞かれたらあなたはさぞびっくりなさるでしょう Sie werden sich sehr (höchlich; über die Maßen) wundern, wenn Sie das hören. ― びっくりして erschrocken; entsetzt; überrascht; erstaunt (mit ³Erstaunen); verblüfft; vor ³Verwunderung/びっくりして青くなる(腰が抜ける) vor Schrecken erbleichen s 《starr sein》/びっくりして彼は口がきけなかった Er war vor Erstaunen sprachlos./彼女の返事にびっくりして彼は二の句がつけなかった Von ihrer Antwort verblüfft, schwieg er./びっくりした顔で彼は私を見つめた Verwundert blickte er mich an. ‖ びっくり箱 Schachtelmännchen n. -s, -.

ひっくりかえし ひっくり返しの umgekehrt; verkehrt/ひっくり返しに kopfüber 《上下逆に》; kopfunter 《同上》; umgekehrt 《裏返しに》; verkehrt 《同上》/ひっくり返しに着る verkehrt tragen*⁴.

ひっくりかえす ひっくり返す [um]stürzen⁴; um|werfen*⁴; nieder|werfen*⁴ 《倒す》; um|kehren⁴ 《-|wenden⁴》《裏返す》; verkehren⁴ 《同上》.

ひっくりかえる ひっくり返る um|stürzen (-|schlagen*) s 《転覆する》; um|fallen* s 《転倒する》/《あおむけになる》/家中ひっくり返る大きな騒ぎであった Die ganze Familie war in höchster Verwirrung./突風のためボートがひっくり返った Durch den Stoßwind ist das Boot umgestürzt.

ひっくるめる zusammen|schnüren⁴ 《-|binden*⁴》; in ein Bündel packen⁴; zusammen|fassen 《総括する》; ein|schließen*⁴ 《ひっくるめて言えば ⁴alles zusammen gefasst; um ⁴es kurz zu sagen; kurz gesagt.

ひづけ 日付 Datum n. -s, ..ten; Tagesangabe f. -n/日付のない手紙 der undatierte Brief, -[e]s, -e/日付をつける datieren⁴/今日の日付で unter heutigem Datum/彼は手紙の日付を十月五日にした Er hat den Brief vom 5. Oktober datiert./四月十日付の君の手紙受け取った Ich habe deinen Brief vom 10. April erhalten. ‖ 日付印 Datumsstempel (Tages-) m. -s, -/日付変更線 Datumsgrenze f.

ひっけい 必携 unentbehrlich; unerlässlich/必携の書 Handbuch n. -[e]s, "er; Vademekum n. -s, -s.

ピッケル Pickel f. -n; Hacke f. -n; Pickel m. -s, -/《登山用》.

ひっこう 筆耕 das Abschreiben*, -s; Abschreiber m. -s, - 《人》; Kopist m. -en, -en 《人》/筆耕料 Abschreibgebühr f. -en.

ひっこし 引っ越し Umzug m. -[e]s, -e; das Umziehen*, -s; Wohnungswechsel m. -s, -. ‖ 引っ越し料 Umzugskosten (pl).

ひっこす 引っ越す um|ziehen* s; die Wohnung wechseln; aus|ziehen* (weg|-) s 《出る》; in ein Haus beziehen* 《はいる》; in ein Haus beziehen⁴/いつ引っ越しなさいますか Wann ziehen Sie um?/私は渋谷に引っ越しました Ich bin nach Shibuya umgezogen. ⇨てん.

ひっこみ 引っ込みがちの häuslich; stubenhockerisch/引っ込みがちの人 Stubenhocker m. -s, -/引っ込みがつかない in der Klemme sein (sitzen)⁴/引っ込み思案 Zauderei f. -en/引っ込み思案の scheu 《内気の》; unentschlossen; schwankend.

ひっこむ 引っ込む zurück|treten* s 《退く》; ⁴sich zurück|ziehen* 《同上》; zurückgezogen leben 《隠退生活する》; ⁴sich vertiefen s 《くぼむ》/押すと引っ込む dem Druck nach|geben*⁴/いなかに引っ込む ⁴sich aufs Land zurück|ziehen*/彼はいつも家に引っ込んでいる Er steckt immer zu Hause./無理が通れば道理引っ込む Gewalt geht vor Recht. ― 引っ込んだ abgeschlossen 《隠退した》; vertieft 《くぼんだ》/引っ込んだ目 tief liegende Augen (pl).

ひっこめる 引っ込める zurück|ziehen*⁴ (ein|-)/手を引っ込める seine Hand zurück|ziehen*/彼女の忠告で彼は要求を引っ込めた Auf ihren Rat hat er seine Forderung zurückgezogen.

ピッコロ《楽》Pikkoloflöte f. -n.

ひっさげる 引っさげる bei (mit) ³sich führen 《⁴et》; tragen*⁴ 《同上》/手に引っさげる in der Hand tragen*⁴/トランクを引っさげて mit einem Koffer in der Hand.

ひっさん 筆算 das Rechnen*, -s.

ひっし 必死 verzweifelt; rasend; ungestüm; aus allen (vollen) Kräften; aus ³Leibeskräften/必死の場合 der kritische Augenblick, -[e]s, -e/必死の戦い der verzweifelte Kampf, -[e]s, "e/必死の努力をす

る verzweifelte Anstrengungen machen.

ひっし 筆紙に尽くし難い jeder ²Beschreibung spotten; über alle Beschreibung gehen* [s].

ひつじ 羊 Schaf *n.* -[e]s, -e; [小羊] Lamm *n.* -[e]s, ⸚er/羊の皮 Schaffell *n.* -[e]s, -e/羊の毛 [Schaf]wolle *f.*/羊の肉 Hammel¦fleisch (Schaf-) *n.* -[e]s/迷える小羊 ein verirrtes Schaf ‖ 羊飼 Schäfer *m.* -s, -; Schafhirt *m.* -en, -en/羊小屋 Schafstall *m.* -[e]s, ⸚e.

ひっしゃ 筆者 ⇨**ちょさく**(著作家).

ひっしゃ 筆写 Abschrift *f.* -en; Kopie *f.* -n /筆写する ab|schreiben*⁴; kopieren⁴.

ひっしゅうかもく 必修課目 Pflichtfach *n.* -[e]s, ⸚er; das obligatorische Lehrfach.

ひつじゅひん 必需品 Notwendigkeiten《*pl*》; [生活必需品] Lebensbedürfnisse《*pl*》.

ひっしょう 必勝を期する siegesgewiss sein; fest auf den Sieg rechnen.

びっしょり びっしょり濡れる ⇨**びしょぬれ**/汗びっしょりになる [wie] in ³Schweiß gebadet sein; heftig (tüchtig) schwitzen/彼はびっしょり汗をかく(かいている) 〖俗〗Er schwitzt wie eine Sau (wie ein Schwein[ebraten]).

ひっす 必須の notwendig; unentbehrlich; unerlässlich; unbedingt notwendig ‖ 必須条件 die unerlässliche Bedingung, -en.

ひっせい 筆勢 Feder¦strich *m.* -[e]s, -e (-zug *m.* -[e]s, ⸚e)/力強い筆勢で in kräftigen Zügen.

ひっせい 畢生の lebens¦lang (-länglich)/畢生の目的 Lebensziel *n.* -[e]s, -e/畢生の事業 Lebens¦aufgabe *f.* -n (-werk *n.* -[e]s, -e)/畢生の努力をする ⁴sich aufs ⁴Äußerste an|strengen; sein Bestes tun*.

ひっせき 筆跡 Handschrift *f.* -en; Hand *f.*/筆跡がよい(わるい) eine gute (schlechte) Hand schreiben*.

ひつぜつ 筆舌に尽くしがたい ⇨**ひっし**(筆紙).

ひっせん 筆洗 Pinseltrog *m.* -[e]s, ⸚e.

ひつぜん 必然的に(の) notwendig; unvermeidlich; [確実に] sicher ‖ 必然性 Notwendigkeit *f.*

ひっそり ひっそりした still; ruhig; geräuschlos; totenstill; einsam《寂しい》.

ひったくる 引ったくる entreißen*《*jm* ⁴*et*》; weg|reißen*《同上》; an ⁴sich reißen*⁴.

ひったてる 引っ立てる ab|führen《*jn*》; fest|nehmen*《同上》; in ⁴Haft bringen*《同上》.

ぴったり ぴったり合う wie angegossen sitzen* (passen)《服・靴が》; aufs Haar (haargenau; bis aufs i-Tüpfelchen) stimmen《話・計算が》; ganz nach *js* Geschmack sein《趣味が》/ぴったり寄りそって dicht nebeneinander《sitzend; stehend》/ぴったりあてはまる buchstäblich zu|treffen*《*für*⁴》/ぴったりと戸を閉ざす die Tür fest ab|schließen*/ぴったりと当たる《図星をついている》den Nagel auf den Kopf treffen*; ins Schwarze treffen*/ぴったりと当てる die Zeilscheibe genau in die Mitte treffen*《*mit*³ 的に》; ganz richtig erraten*⁴《あて物など》/ぴったりした表現 der gerade zutreffende Ausdruck, -[e]s, ⸚e/三時ぴったりに [um] Punkt drei Uhr.

ひつだん 筆談 der schriftliche Austausch, -[e]s/筆談する ⁴sich schriftlich verständigen《mit *jm*》.

ひっち 筆致 [Feder]zug *m.* -[e]s, ⸚e; Federstrich *m.* -[e]s, -e; Stil *m.* -[e]s, -e《文体》; Schreibart *f.* -en.

ピッチ [ボートの] [Ruder]schlag *m.* -[e]s, ⸚e; Rudertempo *n.* -s, -s/同じピッチで漕ぐ die Ruderschlag gleichmäßig aus|führen (halten*)/ピッチ四十を出す 40 Schläge [in der Minute] erzielen/ピッチを上げる(下げる) das Rudertempo erhöhen (herab|setzen); [一般に] die Geschwindigkeit beschleunigen (verringern).

ヒッチハイカー Anhalter *m.* -s, -.

ヒッチハイク Anhalter *m.* -s, -《車》/ヒッチハイクする〖俗〗trampen; per (auf; mit) Anhalter fahren* [s] (reisen [s]).

ピッチャー〖野球〗Werfer *m.* -s, -/ピッチャーをする Werfer spielen ‖ ピッチャープレート Werferplatte *f.* -n.

ひっちゅう 筆誅する schriftlich bekämpfen⁴ (herab|setzen⁴).

ひっつく an|kleben《an ³*et*》; [an|]haften《an ³*et*》; stecken《in ³*et*》.

ひってき 匹敵する gewachsen (ebenbürtig) sein《*jm*》; seinen Mann stehen*; ⁴es auf|nehmen*《mit *jm*》/匹敵する者がない seinen Mann nicht finden* (haben); keinen ebenbürtigen Gegner finden* (haben)/彼に匹敵する者はいません Er hat nicht seinesgleichen.

ヒット その映画は大ヒットしました Der Film war ein gewaltiger Reißer. ‖ ヒット商品 Reißer *m.* -s, -/ヒットソング Schlager *m.* -s, -; Hit *m.* -[s], -s.

ビット〖電算〗Bit *n.* -[s], -[s].

ひっとう 筆頭 der Erste* auf der ³Liste/…の筆頭である an der Spitze der Liste stehen*; als ¹Erster auf der Liste stehen* ‖ 筆頭総務 der Älteste*《-n, -n》der politischen Partei.

ひっとう 筆答 die schriftliche Antwort, -en / 筆答する schriftlich antworten《*auf*⁴》; schriftlich beantworten⁴ ‖ 筆答試験 das schriftliche Examen, -s, -; die schriftliche Prüfung, -en.

ひつどく 必読の書 die notwendige Lektüre, -n.

ひっぱく 逼迫 Knappheit *f.*; Mangel *m.* -s, ⸚; Not *f.* ⸚e/金融の逼迫 Geld¦klemme *f.* (-mangel *m.* -s, ⸚); die Gedrücktheit des Marktes/逼迫する in ⁴Not geraten* [s]; knapp werden.

ひっぱたく schlagen*⁴; durch|prügeln⁴《散々に》;〖俗〗walken⁴《同上》/顔をひっぱたく ins Gesicht schlagen*《*jn*》/横面をひっぱたく eine Ohrfeige geben*《*jm*》.

ひっぱりだこ 引っぱりだこである sehr gefragt (begehrt; gesucht) sein; populär (beliebt) sein《人気がある》/卒業生が引っぱりだこの有様だ Die Graduierten sind sehr begehrt.

ひっぱる 引っぱる ❶ [引く] ziehen*⁴; zerren⁴; spannen⁴; schleppen⁴ 《引きずる》; schleifen⁴《同上》.⇨ひく《引く》. ❷ 《張る》ziehen*⁴《引き綱を in ein Seil ziehen*. ❸ 〔誘う〕auf|fordern⁴; an|locken⁴; ein|laden*⁴; hinein|ziehen*⁴《客を引っぱる Gäste 《pl》an|locken. ❹ 〔連行する〕fort|führen*⁴《-l-schleppen⁴》/巡査に引っぱられる vom Polizisten fortgeschleppt werden*/彼を引っぱって来い Bring ihn mit! ❺ 〔延ばす〕auf|schieben*⁴; verschieben*⁴.

ヒッピー Hippie m. -s, -s; Gammler m. -s,

ひっぽう 筆法 ❶ Schreibweise f. -n 《-art f. -en》. ❷ 〔遣り口〕Weise f. -n; Methode f. -n/同じ筆法で auf gleiche Weise/それが彼の筆法さ Das ist so seine Art.

ひっぽう 筆峰が鋭い eine beißende (scharfe) Feder haben.

ひづめ 蹄 Huf m. -[e]s, -e/蹄にかける mit dem Huf schlagen*⁴.

ひつめい 筆名 Schriftstellername m. -ns, -n; Pseudonym n. -s, -e.

ひつよう 必要 Notwendigkeit f. -en; Unerlässlichkeit f.; Bedürfnis n. ..nisses, ..nisse; Erfordernis n. ..nisses, ..nisse/必要な notwendig, nötig, unentbehrlich; unerlässlich; erforderlich/必要に応じて wenn 〔es〕nötig 〔ist〕; nach ³Bedarf/必要の際には im Fall〔e〕der Not; im Notfall〔e〕; notwendigenfalls; wenn es gilt/必要とする brauchen⁴; bedürfen*²/必要上やむを得ず genötigt; 〔aus ³Not〕gezwungen/必要は発明の母 Not macht erfinderisch./繰り返して言う必要はない Es braucht nicht wiederholt zu werden.‖必要条件 die notwendige Bedingung, -en/必要品 Notwendigkeiten 《pl》; Bedürfnisse 《pl》.

ビデ Bidet n. -s, -s.

ひてい 否定 Verneinung f. -en; 〔Ab〕leugnung f. -en; Negation f. -en/否定的で neinend; negativ. —— 否定する verneinen*⁴; 〔ab〕leugnen⁴/否定することのできない unleugbar; unstreitig; unbestreitbar/それは否定できない Es lässt sich nicht bestreiten. Es ist nicht zu leugnen.‖否定語 Verneinungswort n. -[e]s, ¨er.

びていこつ 尾てい骨〔解〕Steißbein n. -[e]s, -e.

ビデオ ビデオカセット Videokasette f. -n/ビデオカメラ Videokamera f. -s/ビデオテープ Videoband n. -[e]s, ¨-er/ビデオレコーダー Videorekorder m. -s, -/ビデオ販売店 Videothek f. -en.

びてき 美的 ästhetisch ‖ 美的生活 das ästhetische Leben, -s, -.

ひてつ 非鉄金属 Nichteisenmetall n. -s, -e.

ひでり 日照り ❶ Dürre f. -n; Austrocknung f. -en; Trockenheit f.; Wassermut f./ひでり続き die anhaltende Dürre. ❷ 〔欠乏〕Mangel m. -s, ¨; Knappheit f.

ひでん 秘伝 Geheimnis n. ..nisses, ..nisse; das Unerforschliche*, -n; Geheimlehre f. -n; Mysterium n. -s, ..rien; Arkanum f. ..na《秘伝の妙薬》; Geheimmittel n. -s, -《同上》/秘伝を伝授するin das letzte Geheimnis ein|weihen 《jn》; über die Geheimlehre belehren 《jn》.

びてん 美点 die gute (gute) Eigenschaft, -en; Vorzug m. -[e]s, ¨-e; Vortrefflichkeit f. -en; Stärke f. -n; starke (gute) Seite, -n; Lichtseite f. -n/彼女にはなかなか美点がある Sie hat viele Vorzüge (gute Seiten).

ひてんか 妃殿下 Ihre Kaiserliche Hoheit/雅子妃殿下 Ihre Kaiserliche Hoheit Prinzessin Masako.

ひと 人 ❶ 〔人間〕Mensch m. -en, -en; Person f. -en; Leute 《pl 人々》; man* 《不特定の》; jemand*《ある人》; irgendeiner*《同上》; der andere*《他人》/人のよい gut/人をくった態度 die freche Haltung, -en/東京の人 Tokio/fer m. -s, -/うちの人(夫)mein Mann m. -[e]s, -er; mein Gatte m. -n/人を人とも思わぬ verachten 《jn》/人の肩を持つ Beistand leisten 《jm》/彼は京都の人です Er ist aus Kyoto. ❷ 〔成人〕der Erwachsene*, -n, -n/人となる heran|wachsen*³. ❸ 〔人柄〕Charakter m. -s, -e; Natur f. -en; Persönlichkeit f. -en/彼はどんな人ですか Was für ein Mensch ist er?/人を見る目がある Er ist ein Menschenkenner.

ひとあし 人足繁き geschäftig; beschäftigt; viel besucht; voller ²Menschen.

ひどい 酷い ❶ hart; gewaltsam; heftig; schwer; stark; unmäßig; 酷い雨 der heftige (starke) Regen, -s, -/酷い荒れ der wütende (tobende) Sturm, -[e]s, ¨-e/酷い雪 der heftige (starke) Schneefall, -s, ¨-e/それはあんまり酷い Das ist doch zu stark (bunt; viel). Es ist grausam von Ihnen ⁴et zu tun. ❷ 〔恐ろしい〕schrecklich; entsetzlich; furchtbar; fürchterlich/酷い目にあう Schreckliches* erleben; Furchtbares* über ⁴sich ergehen lassen müssen*; hergeben müssen*; teuer zu stehen kommen*/彼なんかにあわせてやろう Nimm dir diese Lehre zu Herzen!/Ich will dir ein Leid antun. ❸ 〔法外な〕maßlos; unvernünftig; wahnsinnig. —— 酷くなる schlechter (übler) dran sein.

ひといき 一息 ❶ ein Atem m. -s; ein Atemzug m. -[e]s/一息に in einem Atem[zug]; mit einem Schlag 《一気に》/一息に飲み干す einen Zug Wein austrinken*. ❷ eine Pause 《一休み》/一息ついて nach einer ³Pause/一息する ⁴sich ein bisschen erholen.

ひといきれ 人いきれ Dumpfigkeit f.; Schwüle f.

ひといちばい 人一倍 ungewöhnlich; außerordentlich (-gewöhnlich)/人一倍働く härter als die anderen arbeiten.

ひどう 非道 Unmenschlichkeit f. -en; Gemeinheit f. -en; Grausamkeit f. -en《残忍》; Schurkerei f. -en《姦悪》; Tyrannei f. 《暴君》; Unbilden 《pl》Unbill f./非道な unmenschlich; gemein; grausam; schurkenhaft; schurkisch; tyrannisch; ungerecht.

びとう 尾灯 Schlusslicht (Rück-) n. -[e]s, -er; Hecklicht, n. -[e]s, -er《飛行機の》.

びどう 微動 ❶ [軽微な動き] leichte (schwache) Bewegung, –en/微動だもしない fest (unverwandt) stehen*; nicht um ein Haar〔breit〕weichen* [s]. ❷ [微震] leichtes Erdbeben, –s, – ‖ 微動計 Mikroseismometer *n.* –s, –.

ひとうけ 人受けがよい(わるい) beliebt (unbeliebt); populär (unpopulär).

ひとうち 一打ち ein Schlag, –〔e〕s; ein Streich, –〔e〕s; ein Hieb, –〔e〕s; ein Stoß, –es《以上何れも *m.*》/一打ちに mit einem Schlag (Hieb).

ひとえ 一重の einfach/一重の花 die einfache Blüte, –n.

ひとえ 単衣 das ungefütterte Kleid, –〔e〕s, –er; Sommerkleid *n.* –〔e〕s, –er《夏着》.

ひとえに 偏えに ausschließlich《もっぱら》; ergebenst; von ganzem Herzen; wirklich/私が成功したのは偏えにあなた様のおかげです Ihnen verdanke ich meinen Erfolg./御返却下さいますよう偏えにお願い申し上げます Ich erbitte es mir von Ihnen zurück.

ひとおもい 一思いに auf einen Schlag; mit einem Schlag; auf einmal; ohne weiteres; ein für alle Mal/いっそ一思いに死にたい Ich wünsche mir einen schnellen Tod.

ひとがき 人垣 Gedränge *n.* –s; Spalier *n.* –s, –e《二列の》/人垣を作る ⁴sich drängen; Spalier bilden/交番の前に人垣ができている Die Menge drängt sich vor der Polizeiwache.

ひとかげ 人影 der Schatten《–s, –》eines Menschen; die menschliche Gestalt, –en《人姿》/人影一つ見えなかった Es war keine Spur von einem Menschen zu sehen.

ひとかさね 一重ね ⇨ひとそろい.

ひとかた 一方ならぬ außergewöhnlich; ungewöhnlich; außerordentlich/一方ならず außergewöhnlich; ungewöhnlich; außerordentlich; nicht wenig; in hohem Grad〔e〕/一方ならずお世話になりました Ich danke Ihnen außerordentlich für Ihren gütigen Beistand.

ひとかど 一廉の tüchtig; bedeutend; hervorragend; achtbar; brauchbar; beträchtlich《財産》; hübsch《同上》/一廉の人物 der bedeutende Mensch, –en, –en; der tüchtige Mann, –〔e〕s, ⸚er/一廉の財産 das hübsche Vermögen, –s, –/彼は一廉のことをした Er hat Tüchtiges geleistet.

ひとがら 人柄 Charakter *m.* –s, –e; Persönlichkeit *f.* –en/人柄のよい gutmütig/彼はどんな人柄の人ですか Was für ein Mensch ist er?

ひとぎき 人聞き Ruf *m.* –〔e〕s, –e; Gerücht *n.* –〔e〕s, –e/人聞きの悪い verrufen.

ひときわ 一際 [際だって] auffallend; hervorragend; [特に] besonders; vornehmlich; vorzüglich; [一層] noch mehr (weiter; unvergleichlich)《比較にならぬほど》/一際美しい hervorragend schön.

びとく 美徳 die〔schöne〕Tugend, –en; der ausgezeichnete (schöne) Charakterzug, –〔e〕s, ⸚e; die sittliche Vortrefflichkeit, –en/美徳の人 der tugendhafte Mensch, –en, –en; ein Mann《*m.* –〔e〕s, ⸚er》von Tugend/美徳を行う(養う) eine Tugend üben (der ³Tugend nach|streben).

ひとくせ 一癖ある charakteristisch《特徴のある》; außergewöhnlich《非凡な》; verdächtig《怪しい》; zweifelhaft《疑わしい》/彼は一癖ありそうに見える Er hat ein verdächtiges Aussehen./彼女は一癖ある女だ Sie ist eine schlaue Frau.

ひとくち 一口 ❶ [食物の] ein Mund voll *m.* –s; ein Bissen *m.* –s; ein Schluck *m.* –〔e〕s《食物の》/一口に auf einmal《essen》; mit einem Schnapp《essen》; mit einem Zug《trinken》/一口でも召し上って下さい Essen Sie doch ein wenig! ❷ [一言] ein Wort *n.* –〔e〕s/一口で言うと mit einem Wort; kurz; um ⁴es kurz zu sagen.

ひどけい 日時計 Sonnenuhr *f.* –en.

ひとこえ 一声 eine Stimme; ein Schrei *m.* –〔e〕s/一声叫ぶ einen Schrei aus|stoßen*; ein Geschrei erheben*/鶴の一声 die Stimme des Vorgesetzten.

ひとごえ 人声 die menschliche Stimme, –n/ドアの前で人声がする Vor der Tür lässt sich eine Stimme hören.

ひとごこち 人心地がつく〔wieder〕zum Bewusstsein kommen* [s].

ひとこと 一言 ein〔einziges〕Wort, –〔e〕s/一言で言うと mit einem Wort/一言も漏らさない kein Wort verlieren*《*über*⁴》/一言申し上げたい Bitte, auf ein Wort!/いま一言 Noch ein Wort!/彼は一言も言わずに行ってしまった Er ging, ohne ein Wort zu sagen./私は一言も英語を話せません Ich kann kein Wort Englisch.

ひとごと 人事 fremde Angelegenheiten (Sachen)《*pl*》/人事にとやかく言う ⁴sich in fremde Sachen mischen/人事とも思えない tief mit|fühlen《mit *jm*》/人事に立ち入ってはいけません Stecken Sie Ihre Nase nicht in fremde Sachen!

ひとごみ 人込み〔Menschen〕gedränge *n.* –s; Menschenmenge *f.* –n/人込みに紛れ込む ⁴sich unter die Menge drängen/彼は人込みを押し分けて進んだ Er drängte sich durch die Menge.

ひところ 一頃 einst; einmal; eine ⁴Zeit.

ひとごろし 人殺し [事] Mord *m.* –〔e〕s, ⸚e; Totschlag *m.* –〔e〕s, ⸚e; Mordtat *f.* –en; [人] Mörder *m.* –s, –; Totschläger *m.* –s, –/人殺しをする morden《*jn*》; einen Mord begehen*/人殺し Mord!/彼には人殺しの嫌疑がかかっている Er ist des Mordes verdächtig.

ひとさかり 一盛り eine kurze Blütezeit.

ひとさしゆび 人差指 Zeigefinger *m.* –s, –.

ひとざと 人里 Dorf *n.* –〔e〕s, ⸚er/人里離れた abgelegen; entlegen.

ひとさらい 人さらい [事] Entführung *f.* –en; Menschenraub *m.* –〔e〕s; [人] Entführer *m.* –s, –; Menschenräuber *m.* –s, –.

ひとさわがせ 人騒がせ der blinde Lärm, –〔e〕s, –e/人騒がせをする blinden Lärm schlagen*/人騒がせするな Bange machen (Bangemachen) gilt nicht!

ひとしい 等しい gleich³; ähnlich³《似ている》;

ひとしお 一しお besonders; [一層] noch mehr; umso mehr/一しお美しくなる noch schöner werden

ひとしきり 一頻り eine ⁴Zeit lang; einige ⁴Zeit lang; einst 《かつて》

ひとじち 人質 Geisel *m*. -s, - (*f*. -n); Leibbürge *m*. -n, -n/人質を立てる Geiseln stellen 《geben*》/人質に取る als ¹Geisel nehmen* 《*jn*》/人質となる als ¹Geisel genommen werden 《von *jm*》

ひとしれず 人知れず ungesehen; heimlich; im Vertrauen; im Geheimen/彼女は人知れず泣いた Sie weinte heimlich.

ひとしれぬ 人知れぬ unbekannt; unbemerkt; ungesehen; heimlich 《秘密の》; innerlich 《内心の》/人知れぬ苦労 innere Sorge, -n

ひとずき 人好きのする liebenswürdig; anziehend; reizend/人好きがしない unliebenswürdig; abstoßend.

ひとすじ 一筋 eine gerade Linie/一筋に in erster ¹Linie/彼は一筋縄では行かない Er lässt sich nicht leicht fangen. ⇨いちず‖/一筋道 ein gerader Weg, -(e)s.

ひとずれ 人擦れした（していない） durchtrieben; schlau 《unschuldig; unverdorben; rein》.

ひとそろい 一揃 ein Satz *m*. -es 《道具の》; eine Garnitur 《衣服などの》; ein Anzug *m*. -(e)s 《洋服の》/一揃いの品物 ein Satz Waren.

ひとだかり 人だかり Gedränge *n*. -s; Gewimmel *n*. -s; Menschenmasse *f*. -n/人だかりがする Die Menschen laufen zusammen.

ひとだすけ 人助け Wohltat *f*. -en.

ひとだま 人魂 die Seele 《-n》 eines Verstorbenen*; Irrlicht *n*. -(e)s, -er (-wisch *m*. -(e)s, -e) 《鬼火》.

ひとたまりもない 一溜まりも無い ohne den kleinsten Widerstand; hilflos.

ひとちがい 人違いをする verwechseln 《*jn* mit *jm*》/彼はAをBと人違いした Er hat A mit B verwechselt.

ひとつ 一つ ❶ eins*/一つの ein*; einzig 《唯一の》; gleich 《同じ》/一つに ④百 hundert Yen pro ⁴Stück/一つ一つ einzeln; eins nach dem anderen 《順に》/一つになる ³sich vereinigen; eins werden/一つには erstens 《第一に》; teils 《部分的に》/一つ残らず alle (alles)/彼は手紙一つ満足に書けない Er kann nicht einmal schreiben./コーヒーを一つ下さい Eine Tasse Kaffee, bitte! ❷ [一度] 一つ私の言うことを聞いて下さい Hören Sie mir mal zu!

ひとつあな 一つ穴の貉 Komplice *m*. -n, -n; Mittäter *m*. -s, -; der Mitschuldige*, -n.

ひとつおき 一つ置きに immer das Zweite*; eins um das andere.

ひとづかい 人使いが荒い hart behandeln 《*jn*》.

ひとつかみ 一つかみ eine Hand voll/一つかみの米 eine Hand voll ¹Reis/一つかみで mit einem Griff/一つかみする mit einem Griff erfassen*.

ひとづきあい 人付きのよい（わるい） gesellig; gesellschaftlich; umgänglich 《ungesellig; unumgänglich》.

ひとづきあい 人付合い Umgang *m*. -(e)s 《交際》; Verkehr *m*. -s/人付合いのよい gesellschaftlich.

ひとっこ 人っ子一人通らなかった Nicht ein einziger Mensch ging vorbei.

ひとつごと 一つ事 一つ事だって dieselbe Sache/一つ事です Das ist dasselbe./一つ事を繰り返して言う immer wieder dasselbe sagen.

ひとづて 人伝に聞く aus zweiter Hand hören*.

ひとつばなし 一つ話 Anekdote *f*. -n; die wohl bekannte Geschichte, -n.

ひとつぶ 一粒 [米などの] ein Korn *n*. -(e)s; ein Körnchen *n*. -s/一粒ずつの auserlesen/一粒ようにする sorgfältig aus|wählen*; [雨などの] ein Tropfen *m*. -s.

ひとつぶだね 一粒種 das einzige Kind, -(e)s; *js* einziger Sohn, -(e)s 《einzige Tochter》.

ひとづま 人妻 ❶ [他人の夫人] die Frau 《-en》 eines ²anderen. ❷ [結婚した女] die verheiratete Frau, -en/人妻となる Frau werden; heiraten.

ひとつめ 一つ目小僧 der einäugige Kobold, -(e)s, -e.

ひとで 人手 Hand *f*. ⁼e 《働き手》; die Hilfe [eines anderen] 《他人の手助け》/人手にかかる getötet werden 《von *jm* 殺される》/人手に渡る in andere ⁴Hände über|gehen* 《を》/人手がありません Wir haben keine Hilfe zur Hand./人手がたりない Es fehlt uns an Händen.

ひとで 海星 【動】 Seestern *m*. -(e)s, -e.

ひとで 人出 Gedränge *n*. -s; Gewimmel *n*. -s; Menschenmasse *f*. -n/通りは大した人出だった Die Straßen wimmelten von Menschen.

ひとでなし 人でなし Unmensch *m*. -en, -en; Teufel *m*. -s, -; Schurke *m*. -n, -n/何という人でなしだ Was für ein Unmensch!

ひととおり 一通り [一応] im Allgemeinen; im Großen und Ganzen; [簡単に] kurz; in der Hauptsache/一通りの allgemein; gewöhnlich; genügend 《かなりの》/一通りでない außer|gewöhnlich 《un-》/一通りの知識 allgemeine Kenntnisse 《*pl*》/一通り目を通す durch|sehen*⁴ 《durchlesen*》; durch|lesen*⁴/彼には一通り話をしておきました Ich habe ihm kurz davon Bescheid gegeben.

ひとどおり 人通り Verkehr *m*. -s/人通りの多い（少ない） verkehrsreich 《verkehrsschwach》/人通りの多い道 die belebte Straße, -n/の道は人通りがとだえていた Die Straße war [menschen]leer.

ひととなり 人となり Natur *f.* -en; Persönlichkeit *f.* -en; Charakter *m.* -s, -e／彼は人となりのりっぱな人だ Er ist eine Persönlichkeit.

ひとなか 人中で unter den ^{3}Leuten. ⇨**ひとまえ**.

ひとなみ 人波 〔Menschen〕gedränge *n.* -s; 〔Menschen〕menge *f.* -n／人波をかきわけて進む ^{4}sich durch die Menge drängen.

ひとなみ 人並の gewöhnlich; ordentlich; alltäglich／人並に gewöhnlich; ordentlich; alltäglich; wie andere Leute／人並はずれた ungewöhnlich; außergewöhnlich／人並すぐれた vortrefflich; hervorragend; ausgezeichnet／彼は人並の暮らしをしている Er hat sein gutes Auskommen.／彼女のドイツ語の知識は人並以上だ Ihre Kenntnisse im Deutschen gehen über den Durchschnitt.

ひとなれ 人馴れする ^{4}sich an ^{4}Menschen gewöhnen; zahm werden／その子供は人馴れしている Das Kind ist an Menschen gewöhnt.

ひとにぎり 一握り eine Hand voll; eine Hand 《長さ》／一握りの砂 eine Hand voll Sand.

ひとのみ 一呑み ein Schluck *m.* -〔e〕s／一呑みに mit einem Schluck (Zug); auf einmal／一呑みにする hinunter|schlucken.

ひとはしり 一走り ein Lauf *m.* -〔e〕s／そこまではほんの一走りだ Es ist nur ein Katzensprung (eine kurze Strecke) bis dahin.

ひとはた 一旗挙げる ⇨**ひとはな**.

ひとはだ 一肌脱ぐ Hilfe an|bieten* 《*jm*》; helfen* 《*jm*》.

ひとはな 一花咲かせる ^{3}sich einen Namen machen.

ひとばらい 人払いする die Anwesenden* entfernen.

ひとばん 一晩 eine Nacht; die ganze ^{4}Nacht 〔hin〕durch 《一晩中》; die ^{4}Nacht über 《一夜越し》; über ^{4}Nacht／一晩中飲み明かす die ganze Nacht hindurch trinken*.

ひとふし 一節 ein Knoten *m.* -s; ein Gelenk *n.* -〔e〕s 《竹の》; ein Lied *n.* -〔e〕s 《調》; ein Tonstück *n.* -〔e〕s 《同上》.

ひとふで 一筆 ein Pinselstrich *m.* -〔e〕s; ein Brief *m.* -〔e〕s, -e／一筆書き送る einen Brief senden* 《*jm*; an *jn*》.

ひとまえ 人前 Öffentlichkeit *f.*／人前で öffentlich; vor der Welt; vor anderen Menschen／人前をはばからず ohne ^{4}Rücksicht auf ^{4}andere／人前を繕う den Schein retten.

ひとまく 一幕 ❶ ein Akt *m.* -〔e〕s／一幕見の客 Galeriebesucher *m.* -s, -. ❷ [一騒ぎ] Szene *f.* -n. ‖ 一幕物 Einakter *m.* -s, -.

ひとまず 一先ず fürs ^{4}Erste; vorläufig; einstweilen; für den Augenblick; augenblicklich.

ひとまちがお 人待顔 ¶ 彼は人待顔をしている Er sieht aus, als ob er auf jemand wartet.

ひとまとめ 一まとめに〔して〕 in Bausch und Bogen; im Ganzen／何もかも一まとめにする alles in einen Sack stechen*.

ひとまね 人真似 Nachahmung *f.* -en; Nachäfferei *f.* -en 《猿真似》／人真似する nach|ahmen 《*jn*》; nach|äffen 《*jn*; *jm*》.

ひとまわり 一回り eine 〔Um〕drehung; eine Runde／一回りする ^{4}sich einmal 〔um〕drehen; eine Runde machen／一回り大きい(小さい) um einen Grad größer (kleiner) sein／公園を一回りしましょう Wollen wir im Park herumgehen!

ひとみ 瞳 Pupille *f.* -n.

ひとみごくう 人身御供 Menschenopfer *n.* -s, -; Ritualmord *m.* -〔e〕s, -e／人身御供を捧げる ein Menschenopfer dar|bringen*／その娘は人身御供に上げられた Das Mädchen wurde geopfert.

ひとみしり 人見知りする menschenscheu sein; schüchtern sein 《vor *jm*》／その子は人見知りする Das Kind fürchtet sich vor Fremden.

ひとむかし 一昔 vor einem Jahrzehnt; vor zehn ^{3}Jahren／あなたにお会いしたのはもう一昔前になります Es ist schon lange her, dass ich Sie nicht gesehen habe.

ひとめ 一目 ein 〔schneller〕 Blick, -〔e〕s; ein 〔flüchtiger〕 〔An〕blick／一目で auf den ersten Blick; beim ersten Anblick／一目でわかる mühelos (mit einem Blick) sehen*^{4}／一目見たいと思う ^{4}sich sehnen 《*nach*^{3}》.

ひとめ 人目 die Augen 《*pl*》 der Leute (der Welt); Öffentlichkeit *f.*; Welt *f.*／人目にふれる Aufmerksamkeit erregen／人目をはばかる ^{4}sich vor der Welt schämen／人目を引く die 〔*js*〕 Aufmerksamkeit auf ^{4}sich ziehen* (an|ziehen*); auf|fallen* [s] 《*jm*》／人目を避ける die Öffentlichkeit scheuen／人目を忍んで heimlich／人目があるからやめなさい Lassen Sie das, die Leute sehen es!

ひとやく 一役買ってでる unter die Arme greifen* (fassen) 《*jn*》; helfen* 《*jm*》.

ひとやすみ 一休みする eine 〔kleine〕 Pause machen; Atem holen (schöpfen)／一休みさせて下さい Lassen Sie mich erst zu Atem kommen!

ひとやま 一山 eine Menge; ein Haufen *m.* -s／一山五百円 Ein Haufen kostet 500 Yen.

ひとやま 人山を築く Eine große Menge Leute laufen zusammen.

ひとらしい 人らしい生活をする sein anständiges Auskommen haben. ⇨**にんげん**.

ひとり 一人 eine Person／一人ぼっちの allein; einzig; verlassen／一人一人 Mann für Mann; einer nach dem anderen／一人当たり für eine Person; pro ^{4}Kopf／一人残らず aller*; jeder*; ein* jeder*; bis auf den letzten 〔Mann〕／彼は僕の友人の一人です Er ist einer meiner Freunde.／彼女は一人ぼっちで住んでいる Sie wohnt allein. ‖ 一人っ子 das einzige Kind, -〔e〕s／一人部屋 Einzelzimmer *n.* -s, -／一人息子 der einzige Sohn, -〔e〕s／〜人娘 die einzige Tochter.

ひどり 日取り der festgesetzte Tag, -〔e〕s, -e; Datum *n.* -s, ..ta (..ten); Frist *f.* -en; Termin *m.* -s, -e／日取りを決める den Tag (das Datum) bestimmen (fest|setzen; nennen*; verab|reden)／日取りは未定です Der Tag ist noch nicht festgesetzt.

ひとりあて 一人宛 für jede Person; pro ⁴Kopf.

ひとりあるき 独り歩き das Alleingehen*, -s; Unabhängigkeit f. -en《独立》/子供はもう独り歩きします Das Kind läuft schon allein.

ひとりあんない 独り案内 die Anleitung 《-en》zum Selbstunterricht; Eselsbrücke f. -n.

ひとりぎめ 独り合点 die leichtfertige Dafürhalten*, -s《独断》; der voreilige Schluss, -es, ¨e《早合点》.

ひとりぎめ 独り決め ⇨ひとりがてん.

ひとりぐらし 一人暮らし das einsame Leben*, -s《独居》; Ehelosigkeit f.《独身生活》; das unverheiratete Leben*, -s《同上》; Zölibat m. (n.) -(e)s《特に宗教上の理由による》/一人暮らしをする allein leben.

ひとりげいこ 独り稽古 Selbstunterricht m. -(e)s, -e (-studium n. -s, ..dien).

ひとりごと 独言 Selbstgespräch n. -(e)s, -e; Monolog m. -s, -e《独白》/独言を言う mit ³sich selbst sprechen*; vor ⁴sich hin sprechen*.

ひとりだち 独り立ち ⇨ひとりあるき.

ひとりたび 一人旅 das Alleinreisen*, -s/一人旅をする allein reisen ⓢ.

ひとりで 独りで allein; für ⁴sich《単独》; von ³selbst《自発的に》; automatisch《自動的》; selbstständig (selbständig)《独立して》.

ひとりでに 独りでに von ³selbst (selber); automatisch《自動的に》; selbsttätig《同上》/自動車はひとりでに動いた Das Auto bewegte sich von selbst.

ひとりぶたい 独り舞台である allein maßgebend sein; beherrschen⁴; der ⁴Chef (Herr) vom Ganzen sein.

ひとりまえ 一人前 ⇨いちにんまえ.

ひとりもの 一人者 Junggeselle m. -n, -n《男》; die ledige Frau, -en《女》/彼は一人者です Er ist ledig (unverheiratet).

ひとりよがり 独り善がり Selbstgefälligkeit f.; Eigendünkel m. -s; Selbstzufriedenheit f./独りよがりの selbst|gefällig (-zufrieden).

ひとわたり 一渡り目を通す durch|sehen*⁴; durch|gehen*⁴.

ひとわらわせ 人笑わせの lächerlich; lachenswert; komisch.

ひな 雛 ❶《人形》Puppe f. -n/雛遊びをする mit ³Puppen spielen. ❷《雛鳥》das Junge*, -n, -n; Kücken n. -s,《鶏の》; Hühnchen n. -s, -《同上》.

ひなが 日長になる Die Tage werden immer länger./春の日長に am langen ³Frühlingstag(e).

ひながた 雛形 ❶《模型》Modell n. -s, -e; Form f. -en; Schablone f. -n/雛形を取る ein ⁴Modell ab|nehmen*. ❷《見本》Muster n. -s, -; Probe f. -n; Vorbild n. -(e)s, -er《手本》.

ひなぎく 雛菊 Gänseblümchen n. -s, -; Maßliebchen n. -s, -; Tausend|schön n. -s, -e (-schönchen n. -s, -).

ひなげし 雛芥子《虞美人草》Klatschmohn m. -(e)s, -e.

ひなた 日向 sonnige Stelle, -n; sonniger Platz, -es, ¨e/日向の sonnig/日向ぼっこをする ⁴sich sonnen; in der ³Sonne liegen*/日向に出るin die (helle) Sonne gehen* ⓢ.

ひなまつり 雛祭 Puppenfest n. -(e)s, -e.

ひなわ 火縄 Lunte f. -n; Zündschnur f. ¨e ‖ 火縄銃 Luntenflinte f. -n.

ひなん 避難 Zuflucht f. -en; Schutz m. -es《避難先》/避難する seine Zuflucht nehmen* (zu³); Schutz suchen (in³); ⁴sich unter ⁴Obdach bringen*; ⁴sich flüchten. ‖ 避難港 Schutz|hafen (Not-) m. -s, ¨/避難民 Flüchtling m. -s, -e/避難所 Zufluchtsort m. -(e)s, -e/避難民 Flüchtlinge (pl)/緊急避難 Notstand m. -(e)s, ¨e.

ひなん 非難 Tadel m. -s, -; Vorwurf m. -(e)s, ¨e; Verweis m. -es, -e; Rüge f. -n/非難の的となる der Mittelpunkt des Tadels werden/非難を招く ³sich einen Tadel zu|ziehen*/彼の非難は当はずれだ Sein Tadel trifft nicht. ── 非難する tadeln; schelten*; rügen《以上 jn wegen ²et》; verweisen* (jm ⁴et); vor|werfen* (jm ⁴et)/非難すべき verwerflich; tadelnswert; tadelhaft/非難するところのない tadellos; untadelig; vorwurfslos.

びなん 美男 der hübsche Mann, -(e)s, ¨er.

ビニール Vinyl n. -s.

ひにく 皮肉 Ironie f. -n; Spott m. -(e)s; Satire f. -n; Anspielung f. -en《あてつけ》; Stichelei f. -en《同上》/皮肉を言う spitzige Bemerkungen machen/運命の皮肉で Ironie des Schicksals/それはあなたへの皮肉ですよ Das ist eine Anspielung auf Sie. ── 皮肉な ironisch; satirisch; spöttisch; stechend/皮肉な笑みを浮かべる ironisch lächeln. ‖ 皮肉家 Zyniker m. -s, -; Ironiker m. -s, -; Satiriker m. -s, -.

ひにょうき 泌尿器 Harnorgan n. -s, -e ‖ 泌尿器医 Urologe m. -n, -n/泌尿器病 Harnkrankheit f. -en.

ひにん 否認 Verleugnung f. -en; Ableugnung f. -en; Abweisung f. -en; Ablehnung f. -en; Absage f. -n; Verneinung f. -en. ── 否認する (ver)leugnen⁴; ab|leugnen⁴; ab|weisen*⁴; ab|sagen⁴; verneinen⁴. ‖ 否認権 Veto n. -s, -s.

ひにん 避妊《医》Kontrazeption f.; Empfängnis|verhütung (Schwangerschafts-) f.; Geburten|regelung (-beschränkung) f.《産児制限》/避妊する die Schwangerschaft verhüten ‖ 避妊薬 Antibabypille f. -en/避妊法(薬) Verhütungsmittel n. -s, -.

ひねくる 捻くる schnell um|drehen⁴; wirbeln⁴; quirlen⁴; spielen《mit³ もてあそぶ》; vernünfteln《屁理くつを》.

ひねくれた krumm《曲がった》; gekrümmt《同上》; böse《意地悪い》; boshaft《同上》; verschroben《偏屈な》; wählerisch《気むずかしい》/ひねくれた考え verrückte Gedanken (pl)/ひねくれ者 Querkopf m. -(e)s, ¨e.

ひねつ 比熱〖理〗spezifische Wärme.
びねつ 微熱 das leichte Fieber, -s, -/微熱がある(出る) leichtes Fieber haben (bekommen*).
ひねもす den ganzen Tag 〔hindurch〕.
ひねり 捻り[ビリヤード] Drehung *f.* -en.
ひねる 捻る um|drehen[4]; wirbeln[4]; quirlen[4] 《身体を》; kneifen*[4] 《つねる》/スイッチを捻る ein|schalten[4] 《つける》; aus|schalten[4] 《消す》/首を捻る den Kopf neigen (schütteln 《不可解》).
ひのいり 日の入り Sonnenuntergang *m.* -〔e〕s, ⸚e.
ひのき 檜 die japanische Zypresse, -n/檜舞台を踏む auf einer öffentlichen (ehrenreichen) Bühne auf|treten* [s].
ひのくるま 火の車 ¶ 借金で火の車である Er steckt bis über die Ohren in Schulden.
ひので 日の出 Sonnenaufgang *m.* -〔e〕s, ⸚e/日の出の勢である im Aufsteigen begriffen sein.
ひのべ 日延べ das Verschieben*, -s; Verschiebung *f.* -en; Aufschub *m.* -〔e〕s, ⸚e; Verzug *m.* -〔e〕s/日延べする verschieben*[4]; auf|schieben*[4]; verlängern[4]/出発を日延べする eine Abreise verschieben*.
ひのまる 日の丸の旗 Sonnenflagge *f.* -n.
ひのめ 日の目を見る in die Welt aus|gehen* [s]/日の目を見ない immer zu Hause hocken 《閉じこもる》; unbekannt bleiben* [s] 《世に知られない》.
ビバーク Biwak *n.* -s, -s/ビバークする biwakieren.
ひばいどうめい 非買同盟 Boykott *m.* -〔e〕s, -e; das Boykottieren*, -s; Boykottierung *f.* -en/非買同盟をする boykottieren[4]; den Boykott verhängen 《*über*[4]》.
ひばいどうめい 非売同盟 die Liefersperre 《-n》 gegen die Käufer.
ひばいひん 非売品 der unverkäufliche (nicht feile) Gegenstand, -〔e〕s, ⸚e; „Unverkäuflich"; „Nicht feil" 《掲示》.
ひばし 火箸 〔Feuer〕zange *f.* -n ‖ 焼け火箸 der rotglühende (rot glühende) Speiler, -s, -.
ひばしら 火柱が立つ Eine Feuersäule lodert auf. ¦ Ominöse Flammen lodern hoch.
ひばち 火鉢 Kohlen¦becken (Feuer-) *n.* -s, -; Kohlenpfanne *f.* -n.
ひばな 火花 Funke〔n〕 *m.* ..kens, ..ken/火花が散る funkeln; Funken 《*pl*》 sprühen (schlagen*) / 火花を散らして戦う unerbittlich (mit aller Anstrengung (Kraft; Wucht)) kämpfen/舌戦に火花を散らす hitzig hin und her disputieren 《*über*[4]》 ‖ 火花放電 Funkenentladung *f.* -en.
ひばり 雲雀〖鳥〗Lerche *f.* -n.
ひはん 批判 Kritik *f.* -en; Begutachtung *f.* -en; die kritische Beurteilung, -en (Bemerkung, -en)/批判的に kritisch 《*gegen*[4]》; streng prüfend/彼の講演は随分批判を受けた Sein Vortrag ist vielseitigen Kritiken unterzogen worden. ¦ An seinem Vortrag übte man eine scharfe Kritik. —— 批判する kritisieren[4]; kritisch beurteilen[4] (bemerken[4]; prüfen[4]; untersuchen[4]). ‖ 批判哲学 Kritizismus *m.* -; die kritische Philosophie, -n.
ひばん 非番の dienstfrei; außer[3] (ohne[4]) Dienst/非番の日 der freie Tag, -〔e〕s, -e; der Tag, an dem man frei hat/非番になる außerhalb des Dienstes sein; nicht im Dienst〔e〕 sein ‖ 非番警官 der dienstfreie (nicht Dienst tuende) Polizist, -en, -en.
ひひ〖動〗Pavian *m.* -s, -e; Mandrill *m.* -s, -e.
ひび 日々 〔tag〕täglich; einen Tag um den anderen (nach dem anderen); jeden Tag; Tag für Tag; von Tag zu Tag/日々の alltäglich; werktäglich/日々の務め die tägliche Pflichterfüllung, -en; die täglichen Arbeiten 《*pl*》; Alltagsbeschäftigung *f.* -en.
ひび ❶ [皮膚の] die aufgesprungene, rissige Haut, ⸚e/ひびが切れる auf|springen* [s]; einen Riss 《-es, -e》 bekommen*. ❷ [割れ目] Spalt *m.* -〔e〕s, -e; Sprung *m.* -〔e〕s, ⸚e/ひびが入る [4]sich spalten[(*)]; einen Spalt (Sprung) bekommen*; zerspringen* [s].
びび 微々たる gering〔fügig〕; sehr klein; unbedeutend; winzig/微々としてふるわない in einem unentwickelten Zustand sein; nicht gedeihen* (auf|kommen*) [s]; unbelebt (untätig) sein; flau gehen* [s] 《不況など》.
ひびき 響き Klang *m.* -〔e〕s, ⸚e; Echo *n.* -s, -s 《反響》; Knall *m.* -〔e〕s, -e 《爆音》; Laut *m.* -〔e〕s, -e; Schall *m.* -〔e〕s, -e (⸚e); Ton *m.* -〔e〕s, ⸚e; Widerhall *m.* -〔e〕s, -e 《反響》/すさまじい響きを立てて mit einem fürchterlichen Krachen; mit einer Detonation.
ひびく 響く ❶ klingen*; echoen; knallen; einen Laut von [3]sich geben*; schallen[(*)]; tönen; wider|hallen (まれに widerhallen)/響きわたる weit und breit klingen*; in weiter Ferne erschallen[(*)] [s]. ❷ [影響する] Einfluss 《*m.* -es, ⸚e》 (〔Nach〕wirkung *f.* -en) haben (aus|üben) 《*auf*[4]》.
ひひょう 批評 Kritik *f.* -en; die kritische Besprechung, -en/批評的 kritisch; rezensierend. —— 批評する kritisieren[4]; kritisch besprechen*[4] (beurteilen[4]); rezensieren[4]. ‖ 批評家 Kritiker *m.* -s, -; Rezensent *m.* -en, -en/批評論集 die Sammlung 《-en》 kritischer Aufsätze/比較(解釈)批評 die vergleichende (interpretierende) Kritik/美術批評家 Kunstrichter *m.* -s, -/文芸(文明)批評家 Literatur¦kritiker (Zivilisations-) *m.* -s, -/本文批評 Textkritik *f.* -en.
びひん 備品 Ausstattungs¦gegenstände (Ausrüstungs-) 《*pl*》; Einrichtung *f.* -en 《調度》; Möbel *n.* -s, - 《同上》.
ひふ 皮膚 Haut *f.* ⸚e; 〖俗〗Fell *n.* -〔e〕s, -e ‖ 皮膚科 Dermatologie *f.*/皮膚科病院 die dermatologische Klinik, -en; das Krankenhaus 《-es, ⸚er》 für [4]Dermatologie/皮膚感覚 Hautempfindung *f.* -en (-sinn *m.* -〔e〕s, -e)/皮膚病 Hautkrankheit *f.* -en.
ひぶ 日歩 die tägliche Rate, -n; der tägli-

びふ 尾部 Leitwerk *n.* -(e)s, -e《飛行機の》.

びふう 微風《sanftes (leises)》Lüftchen, -s, -; Lufthauch *m.* -(e)s, -e; Luft *f.* -; leichter (gelinder; sanfter) Wind, -(e)s, -e; Brise *f.*《軟風》.

びふう 美風 gute (schöne; feine) Sitte *f.* -, -; gute Gebräuche《*pl*》.

ひふきだけ 火吹き竹 das Gebläse《-s, -》von《Bambus; das Blasrohr《-(e)s, -e》aus ³Bambus.

ひふく 被服 (Be)kleidung *f.* -en; Kleider《*pl*》.

ひふく 被覆 Bedeckung *f.* -en; Überzug *m.* -(e)s, ⸚e《被覆線》der übersponnene Draht, -(e)s, ⸚e; der isolierte Draht《絶縁線》.

びふく 美服 schönes (feines) Kleid, -(e)s, -er《*pl* は着衣の全揃い》; reiche Kleider《*pl*》/美服をまとっている reich gekleidet gehen*《s》(sein); fein angezogen sein/食うに食わねば美服をまとうもないなし Was nützen schöne Kleider, wenn nichts zu beißen ist?

ひふくれ 火脹れ Brandblase *f.* -n.

ひぶた 火蓋を切る zu feuern (zu schießen) beginnen*; das erste Geschoss《-es, -e》(den ersten Schuss) ablfeuern. ⇨**はじめる**《始める》.

ビフテキ Beefsteak *n.* -s, -s.

ひふん 悲憤 Ingrimm *m.* -(e)s; Ärger *m.* -s; der verbissene Grimm; Empörung *f.* -en; Entrüstung *f.* -en; Erbitterung *f.* -en; Verdruss *m.* -es, -e/悲憤の涙を流す/Tränen verbissenen Grimms vergießen*; erbitterte Tränen weinen/悲憤慷慨する《-する》⁴sich furchtbar ärgern《*über*⁴》; ⁴sich zähneknirschend erbittern《*gegen*⁴; *über*⁴》.

ひぶん 碑文 Grablinschrift *f.* -en《-mal *n.* -(e)s, -e(⸚er)》; Epitaph *n.* -s, -e, die Inschrift《-en》auf einem Grab.

びぶん 微分 Differenzial *n.* -s, -e; Differenzialrechnung *f.* -en《微分学》‖ 微分方程式 Differenzialgleichung *f.* -en.

びぶん 美文 kunstvolle Prosa *f.*; eleganter (feiner; schöner) Stil, -(e)s, -e《美文調》.

ひぶんめい 非文明の unzivilisiert; unkultiviert; barbarisch.

ひへい 疲弊 Erschöpfung *f.* -en; Kräfteverfall *m.* -(e)s; Verarmung *f.* -en/疲弊する erschöpft (verarmt) werden*; in ⁴Kräfteverfall kommen*《geraten*》《s》.

ピペット Pipette *f.* -n.

ひほう 秘法 Geheimllehre《-methode *f.* -n; -mittel *n.* -s, -》n.; Arkanum *n.* -s, -na.

ひほう 悲報 die traurige (schmerzliche) Nachricht, -en《Mitteilung, -en》.

ひほう 飛報 Eiltelegramm *n.* -s, -e; die alarmierende Depesche, -n.

ひほう 非法 Gesetzwidrigkeit *f.* -en; Illegalität *f.*; Ungesetzlichkeit *f.*; Widerrechtlichkeit *f.*/非法な gesetzwidrig; illegal; ungesetzlich; widerrechtlich.

ひぼう 非望 das Hochhinauswollen*, -s; des Ruhmes Geiz; große Rosinen《*pl*》

Streberei *f.*

ひぼう 誹謗 Verleumdung *f.* -en; Bemäkelung *f.* -en; Diffamierung *f.* -en; Hechelei *f.*; Schmähung *f.* -en; Verunglimpfung *f.* -en/誹謗する verleumden⁴; bemäkeln⁴; diffamieren⁴; hecheln⁴; schlecht sprechen*《von *jm*》; schmähen⁴; verunglimpfen⁴.

びほう 彌縫《das (Zusammen)flicken*, -s; Ausbesserung *f.* -en; Flickwerk *n.* -(e)s, -e; Vertusch[el]ung *f.* -en. ── 彌縫する [zusammen]flicken⁴; halbe ⁴Maßregeln treffen*; den Mantel nach dem Wind[e] hängen《日和見をする》; ⁴sich nach den Umständen richten《同上》; ⁴sich behelfen*《*mit*³ 間に合せる》; bemänteln (beschönigen)⁴《言いつくろう》. ‖ 彌縫策 Auskunftsmittel *n.* -s, -; halbe Maßregeln《*pl* 中途半端的処置》; Notbehelf *m.* -(e)s, -e; Lückenbüßer *m.* -s, -.

びぼう 美貌 schönes (hübsches) Gesicht, -(e)s, -er; elegantes (reizendes) Aussehen, -s; feine Züge《*pl*》/美貌の人《美男》schöner (hübscher) Mann, -(e)s, ⸚er;《美女》schöne (hübsche) Frau, -en/その女の美貌に魅せられるの von der ³Schönheit der ³Frau gefesselt werden.

びぼう 備忘 Notiz *f.* -en《備忘録 Memorandum *n.* -s, -dien《..da》; Merkbuch *n.* -(e)s, ⸚er; Notiz[buch]《備忘録に記入する ³sich eine Notiz machen⁴; in seinem Notizbuch bemerken⁴.

ひほけん 被保険者 der Versicherte*《Assekurierte*》, -n, -n/被保険[物] der versicherte (assekurierte) Gegenstand, -(e)s, ⸚e.

ひごこく 被保護国 Schutzstaat *m.* -(e)s, -en; Protektorat *n.* -(e)s, -e; Schutzgebiet *n.* -(e)s, -e.

ヒポコンデリー Hypochondrie *f.* ‖ ヒポコンデリー患者 Hypochonder *m.* -s, -.

ひぼし 干乾しになる verhungern《s》; darben; vor ³Hunger sterben*《s》; ²Hungers sterben*《干乾しにする verhungern lassen《*jn*》; vor ³Hunger (Hungers) sterben lassen*《*jn*》.

ひぼし 日干し das der ³Sonne Aussetzen* (Bloßstellen*), -s/日干しの der Sonne ausgesetzt (bloßgestellt)/日干しにする der Sonne auslsetzen⁴ (bloßstellen⁴) ‖ 日干しれんが der getrocknete Ziegelstein, -(e)s, -e, der luftgetrocknete Lehmziegel, -s, -.

ひはん 非凡の außerordentlich; außergewöhnlich; ungewöhnlich; einzig[artig]; eminent; hervorragend; unerreicht/彼は非凡な人だ Er ist einzig in seiner Art. : Er ist selbst ein Wunder.

ひま 《植》Rizinus *m.* -, -《..nusse》‖ ひま子油《-の》Rizinusöl *n.* -(e)s; Kastoröl.

ひま 暇 ❶《時間・閑暇》Zeit *f.*; Muße *f.*/暇がある Zeit haben*/暇なる Zeit brauchen (kosten)《*zu*³》; lange dauern; ⁴sich verspäten《遅れる》; trödeln《油を売る》/暇をつぶす die Zeit《unnütz》verlbringen*; die Zeit totlschlagen*《verkürzen*》; ³sich die

ひまご Zeit vertreiben* 〈*mit*³ 退屈しのぎをする〉/休む暇でしたら wenn Sie Zeit zum Ruhen haben/お暇でしたら wenn Sie Zeit haben/ぐずぐずしてる暇は君なんだよ Du hast keine Zeit zu verlieren. / 私にはそうしている暇はない Ich habe keine Zeit dazu (dafür)./私と映画に行く暇がおありですか Haben Sie Zeit, mit mir ins Kino zu gehen? ❷ [閑散] 商売に暇がある Die Geschäfte gehen flau. ❸ [休暇] Urlaub *m.* -[e]s, -e/暇をやる Urlaub geben* 〈nehmen*〉/暇を願い出る um ⁴Urlaub bitten*/彼女は今暇を取っています Sie ist auf Urlaub. ❹ [解雇] Entlassung *f.* -en; Abschied *m.* -[e]s, -e/暇を取る seinen Dienst auf|geben* 〈verlassen*〉/暇をやる entlassen*⁴; verabschieden*; Abschied erteilen 〈geben*〉 〈*jm*〉/暇が出る seine Stellung verlieren*; entlassen werden 〈*von jm*〉. —— 暇な frei; flau 〈商売が〉; lau 〈同上〉.

ひまご ヒマゴ ⇨ひいまご.

ひまし 日増しに von Tag zu Tag; täglich mehr/病人の様態は日増しによくなってくる Dem Kranken geht es nun täglich besser.

ひまつ 飛沫 Wasserstaub *m.* -[e]s; 〈海〉 Spritzwasser *n.* -s, -; 〈海〉 Sprühregen *m.* -s, -/飛沫を浴びる besprützt werden 〈mit Wasser〉.

ひまつぶし 暇潰し Zeit|vertreib *m.* -[e]s 〈-verlust *m.* -[e]s〉/暇つぶしをする die Zeit tot|schlagen* 〈töten; verlieren〉; die Zeit 〈unnütz〉 verbringen*.

ヒマラヤ ヒマラヤ山脈 Himalaja *m.* -[s].

ひまわり 向日葵 Sonnenblume *f.* -n.

ひまん 肥満 Beleibtheit *f.*; Dicke *f.*; Stärke *f.*; Korpulenz *f.*; Feiste *f.*; Feistheit *f.*, Feistigkeit *f.*; 〈医〉 Hypertrophie *f.*/肥満した beleibt; dick; fett; feist; korpulent; stark.

びみ 美味 ❶ 〈うまい味〉 der feine 〈köstliche〉 Geschmack, -[e]s, ..e; Wohlgeschmack; Schmackhaftigkeit *f.*; Köstlichkeit *f.*. ❷ 〈うまい物〉 Leckerbissen *m.* -s, -; Leckerei *f.* -en; Delikatesse *f.* -n; Feinkost *f.*/美味の köstlich; wohl|schmeckend 〈fein-〉; schmackhaft; delikat; lecker.

ひみつ 秘密 Geheimnis *n.* ..nisses, ..nisse; Heimlichkeit *f.*; Mysterium *n.* ..rien 〈神秘〉/秘密をあばく〈もらす〉ein Geheimnis enthüllen 〈verraten*〉/秘密を打ち明ける in ein Geheimnis ein|weihen 〈*jn*〉; ein Geheimnis an|vertrauen 〈*jm*〉/秘密の鍵を握る den Schlüssel zum Geheimnis haben*/秘密を探る einem Geheimnis nach|spüren/秘密を守る ein Geheimnis bewahren/公然の秘密 ein öffentliches Geheimnis/我々の秘密はばれてしまった Unser Geheimnis ist bekannt geworden 〈verraten〉. —— 秘密の geheim; verborgen; heimlich; geheimnisvoll; mystisch 〈神秘な〉; mysteriös. —— 秘密に heimlich; im Geheimen 〈Verborgenen〉; privat; unter vier Augen 〈二人だけの〉.∥秘密会議 eine geheime Sitzung, -en 〈Versammlung, -en〉/秘密外交 Geheimdiplomatie *f.*/秘密警察 Geheimpolizei *f.*/秘密結社 geheimer Bund, -[e]s, ⸗e/秘密出版 geheime Herausgabe, -n/秘密条約 Geheimvertrag *m.* -[e]s, ⸗e/秘密探偵 Geheimagent *m.* -en, -en/秘密文書 Geheimdokument *n.* -[e]s, -e.

びみょう 微妙 Feinheit *f.*; Eleganz *f.*; Zartheit *f.*; Zierlichkeit *f.*/微妙な fein; delikat; elegant; wundersam; zart; zierlich; subtil/彼女はこんな事柄には微妙な感覚を持っている Sie hat ein feines Empfinden für solche Dinge./これは微妙な問題だ Das ist eine delikate 〈schwierige; heikle〉 Angelegenheit.

ひむろ 氷室 Eis|keller *m.* -s, - 〈-haus *n.* -es, ⸗er〉.

ひめ 姫 Edelfräulein *n.* -s, -; Prinzessin *f.* ..zessinnen.

ひめい 悲鳴 Schmerzens|ruf 〈Not-〉 *m.* -[e]s, -e; Notschrei *m.* -[e]s, -e/悲鳴をあげる ein 〈klägliches〉 Geschrei erheben 〈aus|stoßen*〉; kläglich schreien*/彼は悲鳴をあげて助けを呼んだ Er rief um Hilfe.

ひめい 碑銘 ⇨ひぶん.

びめい 美名 der gute Name, -ns, -n; der gute Ruf, -[e]s, -e/慈善の美名の下に im Namen 〈unter dem Vorwand〉 der Wohltätigkeit.

ひめる 秘める geheim halten*⁴; bei ³sich 〈für ⁴sich〉 behalten*⁴; verheimlichen 〈*jm* ⁴et〉/彼女は彼に対する愛を胸に秘めていた Sie verschloss ihre Liebe zu ihm im Busen.

ひめん 罷免 Entlassung *f.* -en/罷免する entlassen*⁴; verabschieden*/罷免される entlassen werden 〈同上〉; verabschiedet werden 〈同上〉; seinen 〈den〉 Abschied erhalten* 〈bekommen*〉. ⇨ひま.

ひも 紐 ❶ Schnur *f.* ⸗en; Band *n.* -[e]s, ⸗er; Binde *f.* -n; Bindfaden *m.* -s, ⸗; Borte *f.* -n 〈打ち紐〉; Riemen *m.* -s, - 〈皮紐〉; Lederstreifen *m.* -s, - 〈同上〉; Strick *m.* -[e]s, -e 〈綱〉/紐をほどく 〈結ぶ〉 eine Schnur auf|lösen 〈fest|binden*〉. ❷ ⇨じょうふ(情夫).∥靴紐 Schuh|band *n.* -[e]s, ⸗er 〈-riemen *m.* -s, -〉.

びもく 眉目 Gesicht *n.* -[e]s, -er; Gesichtsbildung *f.* -en; Gesichtszüge 〈*pl*〉; Antlitz *n.* -es, -e; Aussehen *n.* -s 〈容貌〉/眉目秀麗の青年 ein schöner 〈hübscher〉 Jüngling, -s, -e.

ひもじい ⇨くうふく.

ひもつきゆうし 紐付融資 gebundenes Darlehen, -s, -.

ひもと 火元 der Herd 〈-[e]s, -e〉 des Brandes/火元はどこですか Wo ist das Feuer ausgebrochen?

ひもの 乾物 getrockneter Fisch, -[e]s, -e/乾物にする einen Fisch trocknen.

ひや 冷 kaltes Wasser, -s/冷で飲む den Sake kalt trinken*/お冷一杯ください Ein Glas 〈frisches〉 Wasser, bitte!

ひや 火箭 Feuerpfeil *m.* -[e]s, -e.

ひやあせ 冷汗 Angstschweiß *m.* -es, -; kalter Schweiß, -es/冷汗をかく kalten Schweiß

ひやかし ⁴Angstschweiß schwitzen; vor ³Angst schwitzen〈心配で〉

ひやかし 冷やかし ❶〔からかい〕Neckerei *f.* -en/Scherz *m.* -e；Fopperei *f.* -en/冷やかし半分に halb aus (im; zum) Scherz (Spaß). ❷〔店・商品などを〕das bloße Ansehen 〈-s〉 der Waren.

ひやかす 冷やかす ❶〔からかう〕necken 〈*jn*〉; foppen〈同上〉；¹sich lustig machen 〈über *jn*〉/冷やかすなよ Spaß beiseite! ❷〔店・商品などを〕nur nach dem Preis fragen〈*jn*〉.

ひやく 秘薬 Geheimmittel *n.* -s, -；Arkanum *n.* -s, ..kana.

ひやく 飛躍 Sprung *m.* -(e)s, ⸚e；Satz *m.* -es, ⸚e；(Auf)schwung *m.* -(e)s, ⸚e；Skisprung *m.* -(e)s, ⸚e〈スキーの〉；飛躍をとげる rasche Fortschritte manchen 〈*in*¹〉/交通は飛躍的発展をとげた Der Verkehr hat sich sprunghaft entwickelt. ─ 飛躍的な einen Sprung (Satz) machen. ‖ 論理飛躍 ein sprunghafter Schluss, -es, ⸚e.

ひゃく 百 hundert; Hundert *n.* -s, -e/第百 der (die; das) hundertste*/二百, 四百, 二千 zwei (drei, vier) hundert/数百の Hunderte 〈*von*³〉; einige (viele) hundert/幾百となく zu Hunderten/百メートル競走 Hundert-Meter-Lauf *m.* -(e)s, ⸚e/百も承知 Ich weiß (sehr wohl) 'wissen'/三つ子の魂百まで,Art lässt nicht von Art.'/,Die Katze lässt das Mausen nicht.'/,Jung gewohnt, alt getan.'

ひゃく 媚薬 Aphrodisiakum *n.* -s, ..ka.

ひゃくい 白衣 das weiße Kleid, -(e)s, -er/白衣の身に着ける; in Weiß. ⸚e.

ひゃくさい 百歳〔ein〕hundert Jahre alt/百歳の人 der Hundertjährige*, -n, -n.

ひゃくしゃく 百尺竿頭〔一歩〕頭一歩を進める noch einen gewagten Schritt weiter gehen*〈s〉; noch einen Sprung ins Weitere machen.

ひゃくしゅつ 百出 in bunter (bunter) Folge erscheinen* 〈auf|treten〉*; vor|fallen*〉〈s〉/この問題で議論百出した Diese Frage wurde hin und her besprochen. ‖ Die Sache kam zur kontrollen Diskussion. ‖ Die verschiedensten Ansichten über diese Sache wurden geäußert. ‖ In rascher Reihe wurden Vorschläge und Gegenvorschläge vorgebracht.

ひゃくせん 百戦百勝 einen Sieg nach dem anderen erringen*〈davon|tragen〉*/百戦百勝の immer triumphal; unbesiegbar; unüberwindlich/百戦練磨である in allen Sätteln gerecht sein/百戦老巧の士 Veteran *m.* -en, -en.

ひゃくだん 白檀 Sandelholz *n.* -es, ⸚er〈-baum *m.* -(e)s, ⸚e〉.

ひゃくてん 百点 hundert Punkte; die beste Zensur, -en〈満点〉/百点とった〖学〗Ich habe hundert gebaut.

ひゃくにち 百日〔ein〕hundert Tage /百日の説法屁一つ die vergebliche Liebesmühe.

ひゃくにちぜき 百日咳 Keuchhusten *m.* -s; Pertussis *f.*

ひゃくにちそう 百日草 Zinnie *f.* -n.

ひゃくねん 百年〔ein〕hundert Jahre; Jahrhundert *n.* -(e)s, -e/百年の hundertjährig; hundertjährlich/百年ごとの/百年の計 der weitblickende (weit blickende; weit sehende) Plan, -(e)s, ⸚e; die weitsichtige Politik, -en; das weit gesteckte (hohe) Ziel, -(e)s, -e. ‖ 百年河清を待つどいう Da fließt noch viel Wasser die Donau (den Rhein) hinab (hinunter)./ここで逢うのが百年目 Es ist das Erste und das Letzte Mal, dass ich dich treffe./こうなっては百年目だ Nun bin ich in des Teufels (des Henkers) Küche geraten. ‖ 百年祭 Hundertjahrfeier〈Zentenar-〉*f.* -n; Zentenarium *n.* -s, ..rien/創立百年祭 Feier〈*f.* -n〉zum hundertjährigen Bestehen.

ひゃくパーセント 百パーセント hundert Prozent *n.* (*m.*) -(e)s, -e/百パーセントアメリカ人 der hundertprozentige Amerikaner, -s, -; ein Amerikaner von echtem Schrot und Korn/効果百パーセントの hundertprozentig wirksam.

ひゃくはちじゅうど 百八十度の転換をする ⁴sich 100%ig (hundertprozentig) um|stellen〈*auf*⁴〉.

ひゃくぶん 百分の zentesimal; hundertteilig/百分の一 ein Prozent *n.* (*m.*) -(e)s, -e〈略: Proz.; v.H.〉; ein Hundertstel; vom Hundert/百分する in hundert Teilen*⁴ ‖ 百分率 Prozent *n.*; Prozentsatz (Hundert-) *m.* -es, ⸚e.

ひゃくぶん 百聞は一見にしかず,Erfahrung ist die beste Lehrmeisterin.'

ひゃくまん 百万 Million *f.* -en/百万分の一 millionstel/第百万 der (die; das) millionste*/百万長者 Millionär *m.* -s, -e.

ひゃくや 白夜 Polarnacht *f.* ⸚e.

ひゃくやく 百薬の長 das beste aller Arzneien; die Arznei der Arzneien.

ひゃくらい 百雷の一時に落つるがごとく ohrenbetäubend, wie die Hölle los ist; donnernd, um einen Toten aufzuwecken.

ひゃくろう 白蝋 Lot *n.* -(e)s, -e.

ひやけ 日焼け Sonnenbrand *m.* -(e)s/日焼けする von der Sonne verbrannt werden/日焼けした sonnenverbrannt.

ひやざけ 冷酒 der kalte Sake, -s.

ヒヤシンス Hyazinthe *f.* -n.

ひやす 冷やす 〔abl|kühlen*⁴; kalt werden lassen*⁴; kalt machen*⁴/冷やした〔ab〕gekühlt/冷やしたビール gut gekühlte Biere/肝を冷やす erschrecken* 〈*über*⁴〉.

ひゃっか 百科事典(全書)Enzyklopädie *f.* -n; Sachwörterbuch *n.* -(e)s, ⸚er.

ひゃっか 百花咲き乱れる voll von verschiedenen Blumen stehen*; mit verschiedensten Blumen wie übersät sein.

ひゃっかてん 百貨店 Kaufhaus (Waren-) *n.* -es, ⸚er ⇨ デパート.

ひゃっきやこう 百鬼夜行 Pandämonium *n.* -s, ..nien; Höllenspektakel *n.* -s, -; Walpurgisnacht *f.*

ひゃっけい 百計つきる ⇨ はんさく.

ひゃっぱつ 百発百中の ne das Ziel (die Scheibe) verfehlen; nie fehl|schießen*⁴.

ひゃっぱん 百般の all*, jeder*; allerhand; al-

lerlei; alles mögliche; verschiedene.
ひゃっぽう 百方手を尽くす kein Mittel unversucht lassen*; alle Mittel ein|setzen (auf|bieten*); alle Minen springen lassen*.
ひやとい 日雇 ⇨ひようとり.
ひやといかせぎ 日雇稼ぎ ⇨ひようとり.
ひやひやする 冷や冷やする kalt (kühl) sein 《寒さで》; frösteln 《寒気がする》; in großer Angst (Unruhe) sein 《不安で》; ängstlich (unruhig) sein; Angst haben.
ビヤホール Bier¦halle *f.* -n (-haus *n.* -es, ⸚er; -schenke *f.* -n); Kneipe *f.* -n 《簡易な》; Wirtshaus.
ひやめし 冷飯 kalt gewordener Reis, -es ‖ 冷飯食い Schmarotzer *m.* -s, - 《居候》; Nassauer *m.* -s, - 《同上》; der Verborgene*, -n, -n 《不遇の人》.
ひややか 冷やかな(に) ❶ [涼しい] kühl; [寒い] kalt. ❷ [冷淡な] kalt; gefühllos; [冷静な] kühl; kalt; gelassen／冷やかな人 der kalte Mensch, -en, -en.
ひやり 冷やりとする ^{4}sich kalt (kühl) fühlen 《寒さで》; 〔große〕 Angst haben 《心配で》; schaudern 《*vor*^{3}》／試験に落ちはしないかと冷やりとしました Ich fürchete sehr, dass ich in der Prüfung durchfallen würde.
ひゆ 比喩 [直喩] Gleichnis *n.* ..nisses, ..nisse; Vergleich *m.* -〔e〕s, -e; [隠喩] Metapher *f.* -n; [諷喩] Allegorie *f.* -n; Parabel *f.* -n; 〔Sinn〕bild *n.* -〔e〕s, -er; [寓話] Fabel *f.* -n／比喩的な(に) allegorisch; metaphorisch; parabolisch; 〔sinn〕bildlich.
ひゅう ひゅうと鳴る pfeifen*; sausen; schwirren; zischen／ひゅうと風を切る durch die Luft pfeifen* (zischen)／風がひゅうひゅう吹く Der Wind heult (pfeift).／弾丸がひゅうひゅう耳をかすめた Kugeln zischten mir an den Ohren vorbei.
びゅうけん 謬見 Irrtum *m.* -s, ⸚er; Irrwahn *m.* -〔e〕s; Täuschung *f.* -en; Wahn *m.* -〔e〕s.
ヒューズ Sicherung *f.* -en／ヒューズをつける mit einer Sicherung aus|statten^{4} (versehen*^{4})／ヒューズが切れた Die Sicherung ist durchgebrannt.
びゅうせつ 謬説 ❶ eine falsche (irrige; irrtümliche) Ansicht (Meinung) *f.*; Trugschluss *m.* -es, ⸚e 《謬論》; eine falsche (irreführende) Theorie, -n. ❷ [うわさ] ein grundloses Gerücht, -〔e〕s, -e; eine falsche Nachricht, -en.
ぴゅうっと husch!¦pfiff!／ぴゅうっと風がふく Der Wind pfeift.¦Es pfeift der Wind nur so. 《ぴゅうぴゅうと》／弾丸がぴゅうぴゅうかすめ飛ぶ Die Kugeln pfeifen vorbei.／ホースから水がぴゅうっと出る Wasser spritzt zischend aus dem Schlauch.
ピューリタン Puritaner *m.* -s, -; Puritanismus *m.* - 《主義》／ピューリタンの puritanisch.
ピューリッツァーしょう ピューリッツァー賞を得る den Pulitzer-Preis 《-es, -e》 erhalten* 《*für*^{4}》 ‖ ピューリッツァー賞受賞作品 Pulitzer-Preis-Werk *n.* -〔e〕s, -e.
ヒュッテ Hütte *f.* -n.
ひょい ひょいと ❶ zufällig; plötzlich; von selbst; von ungefähr; absichtslos; unvorsichtig 《うっかりと》／ひょいと思いついたことだ Das war nur ein plötzlicher Einfall.／ひょいと頭を上げる zufällig (unvorsichtig) den Kopf heben*／ひょいとそんなことになった Das kam so von ungefähr.／いい(おもしろい)考えがひょいと浮かんだ Ein guter (witziger) Einfall kam mir zufällig. ❷ [身軽に] gelenkig; geschmeidig; leichtfüßig; hurtig; flink 《敏捷》／ひょいと身をかわす leichtfüßig aus|weichen*^{3} [s]; beschwingten Fußes zurück|weichen* [s]／ひょいと立ち上がる plötzlich auf|stehen*／ひょいと跳ぶ hopsen; hoppeln; hüpfen 《以上どれも [s]》.
ぴょいぴょい hopp, hopp!¦hops〔a〕, hops〔a〕!¦hupf, hupf!／ぴょいぴょいはねる hüpfen [s]; hopsen [s]; Hopser tun*. ⇨ぴょんぴょん.
ひよう 費用 Kosten 《*pl*》; [無駄な] Unkosten 《*pl*》; [支出] Ausgabe *f.* -n／費用がかかる kosten; kostspielig (teuer) sein／費用のかかる kostbar; kostspielig; teuer／費用を負担する die Kosten tragen*／費用を惜しまない keine Kosten scheuen／費用を見積もる einen Kostenanschlag machen 《für ^{4}*et*》／この費用は私が持つ Das geht auf meine Kosten.／その旅行には費用が五万円かかるだろう Die Reisekosten werden 50 000 Yen betragen.
ひょう 豹 Leopard *m.* -en, -en; Panther *m.* -s, -.
ひょう 表 Liste *f.* -n; Aufstellung *f.* -en; Tabelle *f.* -n; Verzeichnis *n.* ..nisses, ..nisse／2002年6月30日現在の統計表 Statistik 《*f.* -en》 nach dem Stand vom 30. Juni 2002／数が全部集まったらこの表に書き入れて下さい Wenn alle Zahlen gesammelt sind, sollen sie in diese Liste eingetragen werden (in dieser Aufstellung vereinigt werden).／表にする eine Liste auf|stellen (machen); tabellarisch ordnen^{4} ‖ 時刻表 Fahrplan *m.* -〔e〕s, ⸚e 《交通機関の》.
ひょう 雹 Hagel *m.* -s, -; Schloße *f.* -n／雹が降る es hagelt (schloßt).
ひょう 票 Stimme *f.* -n; Wahlzettel *m.* -s, -／一票を投じる seine Stimme ab|geben*／誰それに票を投じる *jm* seine Stimme geben*／票を集める die Stimmen sammeln／三十三対十一で採択する(否決する) mit 33 gegen (zu) 11 Stimmen an|nehmen*^{4} (ab|lehnen^{4}) ‖ 浮動票 die schwebende Stimme. ⇨とうひょう.
ひょう 標 Pfosten *m.* -s, -; Pfahl *m.* -〔e〕s, ⸚e. ⇨ひょうしき ‖ 道標 Wegweiser *m.* -s, -; Richtungsschild *n.* -〔e〕s, -er／里程標 Meilen¦stein *m.* -〔e〕s, -e (-säule *f.* -n).
ひょう 評 Kritik *f.* -en. ⇨ひひょう.
-ひょう -俵 ¶ 米五俵 fünf Sack (Ballen) Reis 《*pl* にしない》.
びよう 美容 Verschönerung *f.* -en 《美粧》 ‖ 美容院 Damensalon *m.* -s, -s／美容師 Friseur *m.* -s, -e 《男》; Friseuse *f.* -n 《女》; Friseurin *f.* ..rinnen 《女》; Verschönerer *m.* -s, -／美容術 Kosmetik *f.*; Schönheitspflege *f.*

びょう 秒 Sekunde *f.* -n/秒を刻む tick|tacken; ticken ‖ 秒針 Sekundenzeiger *m.* -s, -/秒速 Sekundengeschwindigkeit *f.* -en/秒読み das Sekundenzählen*, -s.

びょう 廟 Schrein *m.* -[e]s, -e; Mausoleum *n.* -s, ..leen.

びょう 鋲 Zwecke *f.* -n; Niete *f.* -n 《リベット》; Stift *m.* -[e]s, -e; Schuhnagel *m.* -s, 〜 《くつ底の》/鋲でとめる mit Zwecken heften; mit Zwirnageln etwas beschlagen[4] ‖ 鋲釘 Nietnagel *m.* -s, 〜/鋲打ち nieten*, -s.-/鋲締 Nietung *f.*; das Nieten*, -s.-/鋲つぎて Nietnaht *f.* 〜e.

びょう 濃たる winzig; klein; unbedeutend; unwesentlich.

びょういつ 飄逸な leichtblütig; frank und frei; leichtlebig; sorgenlos; unbefangen; unbetrübt; ungebunden.

びょういん 病院 Krankenhaus *n.* -es, 〜er; Hospital *n.* -s, -e (〜er); Klinik *f.* -en; Lazarett *n.* -[e]s, -e/病院に入れる（はいる）ins Krankenhaus schicken[4] (kommen* [s])/病院に行く zur Klinik gehen* [s]; die Klinik besuchen; ambulatorisch behandelt werden 《通院》/病院に見舞う *jn* im Krankenhaus besuchen ‖ 病院長 Krankenhausdirektor *m.* -s, -en/病院列車(船) Lazarettzug *m.* -[e]s, 〜e (Lazarettschiff *n.* -[e]s, -e)/避病院 Isolier|baracke *f.* -n (-krankenhaus *n.*).

ひょうか 評価 [Ab]schätzung (Einschätzung) *f.* -en; Veranschlagung *f.* -en; Würdigung *f.* -en/評価する [ab]schätzen[4]; ein|schätzen[4]; [be]werten[4]; taxieren[4]; veranlagen[4]; veranschlagen[4]; würdigen[4]/高く評価する hoch schätzen[4]/損害は…円と評価された Der Schaden wurde auf … Yen abgeschätzt. ‖ 評価額 Abschätzung; Schätzungswert *m.* -[e]s, -e.

ひょうが 氷河 Gletscher *m.* -s, 〜 ‖ 氷河時代 Gletscherzeit *f.* -en.

びょうか 病家 Patient *m.* -en, -en/病家を回る Krankenbesuche machen/医者は病家を回っている Der Doktor ist auf Krankenbesuch./その医者は病家が多い Der Arzt hat eine schöne (große) Praxis.

びょうが 病臥する krank (zu Bett) liegen*; auf dem Krankenbett liegen*; [krank] darnieder|liegen*; mit einer Krankheit das Bett hüten.

ひょうかい 氷海 die eisbedeckte See, -n.

ひょうかい 氷塊 ein Stück (*n.* -[e]s) Eis; Eisblock *m.* -[e]s, 〜e; Eisscholle *f.* -n; Treibeis *n.* -es 《流氷》.

ひょうかい 氷解する [疑問・嫌疑・疑いなどが] [4]sich klären, [4]sich auf|lösen; hin|schwinden* [s]; verschwinden* [s]; vertrieben (zerstreut) werden*/疑いは氷解した Der Zweifel wurde völlig zerstreut (geklärt).

ひょうかん 剽悍な beherzt; furchtlos; [toll]kühn; verwegen; wacker; waghalsig.

ひょうき 表記の überschrieben; angegeben ‖ 表記の住所 auf dem Umschlag (auf der Rückseite) angegebene Anschrift *f.*/価格表記 Wertangabe *f.* -n/価格表記郵便 Wertbrief *m.* -[e]s, -e.

ひょうぎ 評議 Besprechung *f.* -en; Aussprache *f.* -n; Berat[schlag]ung *f.* -en; Erörterung *f.* -en; Konferenz *f.* -en; Meinungsaustausch *m.* -[e]s, -e; Rücksprache *f.* -en; Verhandlung *f.* -en; Unterredung *f.* -en; [論議] Auseinandersetzung *f.* -en; Diskussion *f.* -en/この件については評議の余地がある Die Sache schwebt noch./評議は一決した Die Besprechung ist in einer Entscheidung gekommen./ 評議は一つの結果を生んだ Die Verhandlung führte zu einem Ergebnis. —— 評議する besprechen*[4]; [4]sich beraten* (beratschlagen) (mit *jm* über[4]; *p.p.* beratschlagt); in Beratung ziehen*[4]; zu einer Besprechung zusammen|kommen* [s]; erörtern[4]; durch|sprechen*[4]; verhandeln (*mit*[3]; *über*[4]); [4]sich unterreden (*mit*[3]; *über*[4])/[4]sich an einen Tisch setzen/この問題を一度評議せねばならない Wir müssen einmal diese Frage durchsprechen. ‖ 評議員 Rat *m.* -[e]s, 〜e; Berater *m.* -s, -; Ratsmitglied *n.* -[e]s, -er; Ratgeber *m.* -s, -/評議会 Besprechung *f.* -en; Konferenz *f.* -en; Zusammenkunft *f.* -e; [評議員会] Rat *m.*; der beratende Ausschuss, -e.

びょうき 病気 Krankheit *f.* -en; Übelkeit *f.* -en; das Unwohlsein*, -s 《不快》; Leiden *n.* -s, - 《病苦》; Seuche *f.* -n 《悪疫》; Infektionskrankheit *f.* (eine ansteckende Krankheit) 《伝染病》; eine akute (chronische) Krankheit 《急性の（慢性の）病気》; Beschwerde *f.* -n 《苦痛》/病気の krank (*an*[3])/病気である krank sein (*an*[3]); leiden* (*an*[3]); bettlägerig sein; in Behandlung sein; *jm* unwohl (nicht wohl) sein; es fehlt *jm* etwas; nicht recht zu Wege sein/病気がちの kränklich; anfällig; gebrechlich; leidend; schwächlich; siech; mit einer Krankheit behaftet 《病気をしょっている》/病気にかかる krank werden; an [3]*et* erkranken [s]; von einer Krankheit befallen (heimgesucht) werden; [3]sich eine Krankheit haben (zu|ziehen)/[しょい込んで来る]/病気が治る heilen [s.h]; wieder gesund werden; [4]sich wieder|her|stellen (erholen) (*von*[3]); eine Krankheit überstehen* 《切りぬける》 ⇨ なおる, なおす/病気の峠をこす über den Berg sein 《病人が上潤》 ‖ 病気休暇 Krankenurlaub *m.* -[e]s, -e/病気欠席 das Ausbleiben *n.* -s, - wegen einer Krankheit/病気届 Abmeldung *f.* -en wegen einer Krankheit/病気を装う [4]sich krank melden/病気見舞 Krankenbesuch *m.*

ひょうきん witzig; drollig; neckisch; schnurrig; schwankhaft; spaßhaft/ひょうきんなまねを faseln; Faxen machen ‖ ひょうきん者 Faxenmacher *m.* -s, -; Hanswurst *m.* -[e]s, -e (〜e); Spaßvogel *m.* -s, 〜; Witzbold *m.* -[e]s, -e.

びょうきん 病菌 Virus *n.* -, -ren; Bakterie *f.* -n; Bazillus *m.* -, ..zillen; Krankheitserreger *m.* -s, - (-keim *m.* -[e]s, -e)/病菌を発見する das Virus ab|sondern (aus|-).

ひょうぐ 表具 das Aufziehen*, -s/表具する auf|ziehen*⁴ (⁴ein Bild) ‖ 表具屋 Handwerker (m. -s, -) zum Aufziehen des Bildes; Tapezier m. -s, -e.

ひょうく 病苦 Leiden n. -s, -; Beschwerde f. -n; Störung f. -en; Übel n. -s; Weh n. -(e)s, -e.

ひょうけつ 表決, 票決 Abstimmung f. -en; Stimmabgabe f. -n /表決によって決める durch Abstimmung ent|scheiden* (-)/挙手によって決める durch Handaufheben ab|stimmen (手をあげて)/表決する ab|stimmen (über⁴); zur Abstimmung bringen*⁴.

ひょうけつ 氷結する gefrieren*; ein|frieren*(fest|-; zu|-); (ver)eisen (以上どれも s.)/氷結しない eisfrei /池が氷結した Der Teich ist zugefroren. /洗面器の水が氷結した Das Wasser im Waschbecken ist eingefroren.

ひょうげん 氷原 Eisfeld n. -(e)s, -er.

ひょうげん 表現 Ausdruck m. -(e)s, ¨e; Darstellung f. -en; Formulierung f. -en/表現的 expressionistisch; ausdrucksvoll; ausdrückend. —— 表現する aus|drücken⁴; formulieren⁴; in Worte fassen⁴ (kleiden⁴); ³et ⁴Worte leihen*¹. ‖ 表現主義 Expressionismus m. -/表現派 Expressionisten (pl); die expressionistische Schule, -n/表現力 Ausdruckskraft f. -.

びょうげん 病原 Krankheitsursache f. -n; Pathogenese f. -n/病原不明の病気 eine Krankheit von unfeststellbarer (unbekannter) Ursache ‖ 病原学 Ätiologie f. -/病原ウィルス Virus n. -, -en; Bakteriengift n. -(e)s, -e; Krankheitserreger m. -s, -.

ひょうご 標語 Motto n. -s, -s; Losung f. -en; Parole f. -n; Schlagwort n. -(e)s, ¨er (-e); Wahlspruch m. -(e)s, ¨e.

びょうご 病後 nach der Krankheit; [回復期] Rekonvaleszenz f.; Genesungszeit f. -/病後の人 Rekonvaleszent m. -en; der Genesende*, -n, -n/彼は病後間もない Er ist erst vor kurzem (von seiner Krankheit) wiederhergestellt.

ひょうこう 標高 ⇨ かいばつ.

びょうこん 病根 ⇨ びょうげん.

ひょうさつ 標札 Tür|schild (Firmen-; Haus-; Namen-) n. -(e)s, -er/標札を出す ein Türschild auf|hängen (an|bringen*).

ひょうざん 氷山 Eisberg m. -(e)s, -e.

ひょうし 拍子 ❶ Takt m. -(e)s, -e; Rhythmus m. -, ..men/拍子をとる den Takt halten* (schlagen*)/拍子が揃う im Rhythmus (Ebenmaß) bleiben* s. ❷ [はずみ] Anlass m. -es, -e; Gelegenheit f. -en; die Gunst des Augenblicks /なにかの拍子に man weiß nicht aus welchem Anlass/拍子抜けする Eine Entspannung tritt ein./拍子抜けした顔をする Man sieht ihn enttäuscht.

ひょうし 表紙 [Buch]deckel m. -s, -; Vorder|deckel (Hinter-); Einband m. -(e)s, ¨e; Einbanddecke f. -n; Papier|buch]deckel (Leder-); Papp|einband (Leder-) m. -(e)s, ¨e/表紙をつける in ⁴Papier heften⁴ (⁴ein Buch; ein Heft); in ⁴Pappe (Leder; Leinwand) ein|binden*⁴.

ひょうじ 表示 Angabe f. -n; Anzeige f. -n; Äußerung f. -en; Bezeichnung f. -en; Bekundung f. -; Kundgebung f. -en. —— 表示する an|geben⁴; an|zeigen⁴; äußern⁴; bezeichnen⁴; bekunden⁴; kund|tun*⁴ (-|-geben*⁴). ‖ 意思表示 Willens|äußerung (-erklärung)/内容表示 Inhaltsangabe.

びょうし 病死 das Sterben* (-s) [an einer Krankheit]/病死する an einer Krankheit sterben* s; im Bett sterben*; einen natürlichen Tod sterben*.

ひょうしき 標識 Marke f. -n; Markierung f. -en; [境界標] Grenz|marke (Land-) f. -n; Grenz|zeichen (Markierungs-) n. -s, -/航空標識 Funkbake f. -n/航路標識 Bake f. -n; Seezeichen n. -s, -.

ひょうしぎ 拍子木 Holzklapper m. -.

ひょうしきごう 拍子記号 [楽] Takt|vorzeichnung f. en (-zeichen n. -s, -).

びょうしつ 病室 Kranken|raum m. -(e)s, ¨e (-saal m. -(e)s, ..säle, ..stube f. -n); Krankenverschlag m. -(e)s, ¨e (船の); Krankenrevier m. -s, -e (病棟).

ひょうしゃ 評者 ⇨ ひょう(批評家).

ひょうしゃ 描写 Beschreibung f. -n; Darstellung f. -en; Schilderung f. -en; das Malen*, -s/描写する beschreiben*⁴; dar|stellen⁴; schildern⁴; [ab]malen.

ひょうしゃく 評釈 die kritische Auslegung, -en; Glosse f. -n; Kommentar m. -s, -e.

びょうじゃく 病弱の kränklich; gebrechlich; schwächlich; siech; ungesund; altersschwach 《老弱》/病弱である kränklich sein; infolge einer Krankheit schwächlich sein. ⇨ びょうしん(病身).

ひょうじゅん 標準 ❶ Standard m. -s, -s; Kriterium n. -s, ..rien; Norm f. -en; Maßstab m. -(e)s, ¨e; Regel f. -n; [Richt]maß n. -es, -e; Richtschnur f. -en /標準を定める den Maßstab für ⁴et bilden/標準化する normen⁴; normieren⁴; normalisieren⁴; ⁴et auf eine Norm bringen*/同じ標準で彼女を見るのは気の毒です Man kann an sie nicht denselben Maßstab anlegen. /Man muss an sie einen anderen Maßstab anlegen. ❷ [平均] Durchschnitt m. -(e)s, -e; Mittelmaß n. /標準以上(以下)である über (unter) Durchschnitt stehen*. ❸ [レベル] Niveau n. -s, -s /標準が高い(低い) von hohem (geringem) Niveau sein. —— 標準の normal; maßgebend; durchschnittlich; Norm-; Standard-; Durchschnitts-. ‖ 標準型 Normaltyp m. -s, -e/標準語 Hochsprache (Normal-) f. -n/標準時 Normalzeit f. -en/標準状態 Normalzustand m. -(e)s, ¨e/標準生活費 Durchschnittslebensunterhalt m. -(e)s, ¨e/標準時計 Normaluhr f. -en/標準偏差 Normalabweichung f. -en/万国標準 Universalmaß.

ひょうしょう 表章 Ab|zeichen (Kenn-; Wahr-) n. -s, -; Emblem n. -s, -e.

ひょうしょう 表象 ❶ Vorstellung f. -en; Bild n. -(e)s, -er/表象する ³sich vor|stellen⁴. ❷[象徴] Symbol *n.* -s, -e. ⇨しょうちょう. ‖ 表象感情 Vorstellungsgefühl *n.* -[e]s, -e／表象の型 Vorstellungstypus *m.* -, ..pen／表象力 Vorstellungskraft *f.* ⸚e.

ひょうしょう 表彰 die [öffentliche] Auszeichnung, -en; Anerkennung *f.* -en; Ehren¦verleihung *f.* -en (-erweisung *f.* -en)／表彰する [öffentlich] aus|zeichnen ⦅*jn*⦆; an|erkennen* ⦅*jn*⦆ ⦅*p.p.* anerkannt⦆; Ehren verleihen* (erweisen*) ⦅*jm*⦆／彼は大いに表彰された Er ist mit Lob überschüttet worden. ‖ 表彰式 Auszeichnungszeremonie *f.* -n.

ひょうじょう 表情 [Gesichts]ausdruck *m.* -[e]s, ⸚e; Miene *f.* -n; Äußerung *f.* -en／表情に富んだ ausdrucksvoll／表情のない(に乏しい) ausdruckslos (verschlossen)／彼は表情一つ変えずに聞いていた Er hörte es mit eisiger (eiserner) Miene.／彼女は表情たっぷりに歌った Sie sang mit viel Ausdruck.／彼は全然表情のない顔をしている Er hat ein Sphinxgesicht.

ひょうじょう 評定 Besprechung *f.* -en; Konferenz *f.* -en ⇨ひょうぎ／小田原評定をする ⁴*et* hin und her besprechen*, ohne zu einer Entscheidung zu kommen.

びょうしょう 病症 die Natur der Krankheit; Krankheits¦bild *n.* -[e]s, -er (-erscheinung *f.* -en); Symptom *n.* -s, -e.

びょうしょう 病床 Kranken¦bett *n.* -[e]s, -en (-lager *n.* -s, -)／病床にふせきりである bettlägerig sein; dauernd das Bett hüten／病床に侍する an *js* Bett sitzen*; pflegen⁴; warten⁴ ‖ 病床日誌 Kranken¦journal *n.* -s, -e (-diarium *n.* -s, ..rien).

びょうじょう 病状 Zustand ⦅*m.* -[e]s, ⸚e⦆ des Kranken; Krankheits¦bild *n.* -[e]s, -er (-kennzeichen *n.* -s, -).

びょうじょく 病褥 Kranken¦bett *n.* -[e]s, -en (-lager *n.* -s, -).

びょうしん 病身 beeinträchtigte (erschütterte) Gesundheit *f.*; Krankhaftigkeit *f.*; eine schwache körperliche Verfassung *f.*／彼は長いこと病身である Die Krankheit steckt schon lange in ihm. ⇨びょうじゃく, びょうき(病気がちの).

びょうしん 秒針 ⇨びょう(秒).

びょうすい 病衰する ⁴sich ab|zehren; ab|magern [s]; angegriffen werden／病衰している angegriffen (heruntergekommen; mitgenommen) sein.

ひょうする 表する aus|drücken⁴; aus|sprechen*⁴; bezeigen⁴; zum Ausdruck bringen*⁴; dar|bieten*⁴; erweisen*⁴; an den Tag legen⁴; zollen⁴; [弔意を] sein Beileid bezeigen (bekunden; aus|sprechen*); [恭順の意を] *jm* huldigen; *jm* Huldigungen dar|bieten*; [満足の意を] seine Zufriedenheit zum Ausdruck bringen*; [敬意を] *jm* seine Achtung bezeigen (erweisen*; zollen); *jm* Ehre erweisen* (erzeigen); [謝意を] Dank ab|statten (bezeigen; zollen); seine Dankbarkeit an den Tag legen; [祝意を] Glückwünsche aus|sprechen* (dar|bringen*).

びょうせい 病勢 Krankheits¦zustand *m.* -[e]s (-verlauf *m.* -[e]s)／病勢が高まる Der Zustand des Kranken verschlechtert sich. ¦ Die Krankheit verschlimmert sich. ¦ Die Krankheit nimmt eine kritische Wendung.

ひょうせつ 剽窃 Plagiat *n.* -[e]s, -e; Abschreiberei *f.* -en; die literarische Freibeuterei, -en; das Pflügen* ⦅-s⦆ mit fremdem Kalbe. ── 剽窃する plagiieren; ein Plagiat begehen*; ab|schreiben*³⁴; mit fremdem Kalbe pflügen; ⁴sich mit fremden Federn schmücken. ‖ 剽窃者 Plagiator *m.* -s, -en; Abschreiber *m.* -s, -; der literarische Freibeuter, -s, -.

ひょうぜん 飄然と[して] [zweck- und] ziellos; ohne ⁴Ziel; unerwartet／彼は飄然として家を出た Seiner Eingebung folgend verließ er sein Heim.

ひょうそ 〚医〛 Nagelgeschwür *n.* -[e]s, -e.

ひょうそう 表装 Einband *m.* -[e]s, ⸚e; das Einbinden*, -s; das Versehen* ⦅-s⦆ eines Buch[e]s mit ³Deckel; das Aufziehen*, -s ⦅絵の⦆／表装する ein|binden*⁴; auf|ziehen*⁴.

ひょうそう 表層構造 〚言〛 Oberflächenstruktur *f.* -en.

びょうそう 病巣 Krankheitsherd *m.* -[e]s, -e.

びょうそく 秒速 Sekundengeschwindigkeit *f.* -en／秒速 60 メートルで mit einer Geschwindigkeit von 60 Metern in der Sekunde; mit einer 60 Meter Sekundengeschwindigkeit.

ひょうだい 標題 Titel *m.* -s, -; Rubrik *f.* -en; Überschrift *f.* -en ⦅論文などの⦆; Kopf *m.* -[e]s, ⸚e ⦅新聞の⦆.

ひょうたん 瓢簞 Kürbis *m.* ..bisses, ..bisse; Kürbisflasche *f.* -n ⦅ひさご⦆／ひょうたん形の kürbisförmig. ¶ ひょうたんなまずである aalglatt sein; äußerst schwer zu fassen sein; mit allen Wassern gewaschen sein.／ひょうたんから駒が出る Aus Scherz wird Ernst.

ひょうたん 氷炭相容れぬ wie Tag und Nacht (himmelweit) verschieden sein.

ひょうちゃく 漂着する angetrieben kommen* [s] ⦅ans Ufer; an die Küste⦆; verschlagen werden ⦅an die Küste⦆／難破した人たちは孤島に漂着した Die Schiffbrüchigen wurden auf eine einsame Insel verschlagen.

ひょうちゅう 氷柱 Eiszapfen *m.* -s, -; Eisblock *m.* -[e]s, ⸚e.

ひょうちゅう 標注 Rand¦note *f.* -n (-bemerkung *f.* -en).

びょうちゅう 病中 während *js* Krankheit／病中である krank sein (liegen*; darnieder|liegen*)／病中をおして trotz der Krankheit.

ひょうてき 標的 Scheibe *f.* -n; Ziel¦scheibe (Schieß-) *f.* -n; Ziel *n.* -[e]s, -e.

びょうてき 病的な krankhaft; ungesund; pathologisch; abnorm／病的な状態 ein krankhafter Zustand, -[e]s, ⸚e／彼の功名心はもう病的だ Sein Ehrgeiz ist schon krankhaft.

ひ

ひょうてん 氷点 Gefrierpunkt m. -(e)s ‖ 氷点下 unter dem Gefrierpunkt/氷点下五度 5° (fünf Grad) unter dem Gefrierpunkt(e) (unter ³Null); minus 5°.

ひょうでん 評伝 Kritik (f. -en) in Lebensbildern; die kritische Biographie.

びょうとう 病棟 Station f. -en; Krankenrevier n. -s, -e.

びょうどう 平等 Gleich|heit f. (-berechtigung f.; -mäßigkeit f.); Parität f. -en ‖ 平等に; gleich; gleichberechtigt (-mäßig); paritätisch; unparteiisch; unterschiedslos/平等にする gleich machen/死は万人を平等にする Der Tod macht alle gleich./平等に分ける gleichmäßig verteilen⁴⟨an⁴; unter¹⟩/法の前には平等 die Gleichheit aller vor dem Gesetz/神は平等である Gott ist unparteiisch. ‖ 平等主義 Gleichmacherei f./民族平等 Gleichberechtigung f. der Völker.

びょうどく 病毒 Virus n. -, ..ren; Bazillus m. -, ..zillen; Krankheits|erreger m. -s, - (keim m. -(e)s, -e)/病毒に感染する ⁴sich mit einer Krankheit an|stecken; von einer Krankheit angesteckt werden/病毒の伝播(ばんば)を防ぐ der Verbreitung der Viren vor|beugen³; gegen die Virenverbreitung Maßnahmen treffen* ‖ 病毒潜伏期 Inkubationszeit f. -en.

ひょうどり 日雇取り〔仕事〕Tagelöhnerei f. -en; Tagelöhnerarbeit f. -en; 〔人〕Tagelöhner m. -s, -/日雇取り稼ぎをする auf ⁴Tagelohn arbeiten.

びょうにん 病人 der Kranke*, -n, -n; Patient m. -en, -en; Fall m. -(e)s, ⁻e 〈医者の立場から〉.

ひょうのう 氷嚢 Eisbeutel m. -s, - ‖ 氷嚢吊り Eisbeutelhalter m. -s, -.

ひょうはく 漂泊 Wanderung f. -en; das Herum|streichen* (-strolchen*), -s, -; Vagabondage f.; Vagabundentum n. -s, ..ta/漂泊する wandern; herum|streichen* (-|strolchen); umher|schweifen; vagabundieren 〈以上どれも §〉; ohne ⁴Wohnsitz leben; ein Nomadenleben führen.

ひょうはく 漂白 das Bleichen, -s/漂白する bleichen⁴ ‖ 漂白液 Bleichlauge f. -n/漂白剤 Bleichmittel n. -s, -. ⇨さらし, さらし粉〔晒す〕.

ひょうばん 評判 ❶〔名声〕Ruf m. -(e)s, -e; Ansehen n. -s; Name m. -ns, -n; Reputation f. -en; Ruhm m. -(e)s, -e. ❷〔人気〕Popularität f.; Volksgunst f. ❸〔噂〕Gerücht n. -(e)s, -e; Gemunkel n. -s; Geruch m. -(e)s, -e; Geruch m. -(e)s, ⁻e; Stadtgespräch n. -(e)s, -e; Sensation f. -en. — 評判の 〔all〕bekannt; berühmt; in aller 〔Leute〕Munde; namhaft; populär; viel besprochen (genannt); Ansehen erregend; sensationell; 〔悪評〕anrüchig; berüchtigt; kompromittiert; verrufen; verschrien.

— 評判がよい einen guten Ruf (Namen) haben; ⁴sich eines guten Rufes erfreuen; in gutem Geruch (Ruf) stehen*; eine gute Presse haben; angesehen (populär) sein / 同僚間の評判がよい Er ist bei seinen Kollegen beliebt./この品物は評判がよろしゅうございます Dieser Artikel steht sehr in Nachfrage./評判がわるい einen schlechten (zweifelhaften) Ruf haben; ⁴sich keines guten Rufes erfreuen; in schlechtem Ruf (Geruch) stehen*; eine schlechte Presse haben. — 評判になる ins Gerede kommen* §; rasch von Mund zu Mund gehen* §; ⁴sich wie ein Lauffeuer verbreiten; Staub auf|wirbeln 〔物議をかもす〕; ⁴sich herum|sprechen*; ...という評判だ es läuft (geht) das Gerücht (Gerede), dass ...; gerüchtweise verlautet, dass ...; es steht im Ruf, dass ...; es hat sich herumgesprochen, dass .../たいへんな評判である Alle Münder sind voll davon. / Die Spatzen pfeifen es von den Dächern. / Das ist Stadtgespräch geworden. — 評判をとる ⁴sich den Ruf erwerben*/評判だてをする ins Gerede der Leute bringen*⁴; in üblen Ruf bringen*⁴ 〔悪評〕; an die Glocke hängen* 〔余計なことを〕/評判を落とす den guten Namen flecken (besudeln; schänden); in schlechten Ruf geraten* §; seinen (guten) Ruf verlieren*; der ²Ehre verlustig gehen* §. — 評判する von ³et klatschen (plaudern; schwatzen; sprechen*); ins Gespräch bringen*⁴; herum|tragen*⁴.

ひょうひ 表皮 Oberhaut f. ⁻e; 〔医〕Epidermis f. ..men; Rinde f. -n 〔樹皮〕‖ 表皮組織 Rindengewebe n. -s, -.

ひょうひょう 飄々として leicht|blütig (-herzig; -lebig); unbefangen; unbeschwert; unbekümmert; ungehemmt.

びょうぶ 屏風 Setzwand f. ⁻e; Wandschirm m. -(e)s, -e; die spanische Wand, ⁻e/屏風をたてる eine Setzwand hin|stellen/屏風をたてたような岩 eine schroffe Felswand; eine steile 〔jähe; lotrechte; senkrechte〕Felswand.

びょうへい 病兵 der kranke Soldat, -en, -en; der Invalide*, -n, -n.

びょうへき 病癖 eine krankhafte Angewohnheit, -en (Sucht, ⁻e); Absonder|lich|keit f. -en.

ひょうへん 豹変する ⁴sich plötzlich bekehren 〈zu³〉; um|satteln; den Mantel nach dem Wind(e) hängen; abtrünnig werden 〔背反〕/あの男は無節操でぞう豹変する Er ist wetterwendisch und hängt sein Mäntelchen leicht nach dem Wind(e).

ひょうぼう 標榜する ⁴sich bekennen* 〈zu³〉; öffentlich erklären⁴; verkünden⁴; demonstrieren⁴. ⇨かんばん.

びょうぼう 渺茫たる weit 〔ausgedehnt〕; weit und breit; endlos; grenzenlos; übermäßig groß/渺茫たる太平洋 der weit ausgedehnte Pazifik, -.

ひょうほん 標本 Exemplar n. -s, -e; Probestück n. -(e)s, -e 〔見本〕/ 学者の標本 das Musterbild 〔Urbild; Vorbild〕 f. (⁻er) eines Gelehrten 〔典型〕/珍しい植物の標本 ein seltsames Exemplar einer Pflanze ‖ 標本抽出 Stichprobe f. -n.

ひょうめい 表明 Äußerung f. -en; Darlegung f. -en; Darstellung f. -en; Erklärung *f.* -en/表明する äußern⁴; dar|stellen⁴; ⁴sich aus|drücken; seine Meinung wieder|geben*; erklären⁴/無実を表明する seine Unschuld beweisen*.

びょうめい 病名 Krankheitsname *m.* -ns, -n.

ひょうめん 表面 ❶ Oberfläche *f.* -n; Außenseite *f.* -n《外面》; Gesichts¦seite (Ober-; Vorder-) *f.* -n《貨幣の》. ❷ [外見] das Äußere*, -n; 〔An〕schein *m.* -〔e〕s, -e; Aussehen *n.* -s; Erscheinung *f.* -en; Exterieur *n.* -s, -e/表面を取りつくろう den Schein retten (wahren)/表面に現われる an die Öffentlichkeit dringen*; an den Tag kommen*; zutage (zu Tage) treten*; heraus|kommen*《以上どれも [s]》/表面だけでは判断できない Der Schein trügt./表面はそうらしい Dem Schein nach scheint es so./彼は物の表面だけしか見ない Er plätschert nur an der Oberfläche. ── 表面上の(は) scheinbar《見かけ》; anscheinend《見たところ》; wie es scheint; dem Anschein nach; nach dem Augenschein/表面の [皮相] oberflächlich; äußerlich. ── 表面に auf der Oberfläche; an der Oberfläche 〔bleiben*〕《皮相に止まる》; auf der Außenseite《外側に》. ── 表面化する in den Vordergrund kommen*.

ひょうめんちょうりょく 表面張力〘理〙 Oberflächenspannung *f.* -en.

びょうよみ 秒読み Countdown *n.* -s.

ひょうり 表裏 ❶ [物の両面] die Vorder- und Rückseite, -n; die zwei Seiten 〔eines Dinges〕. ❷ [二心] Doppl¦züngigkeit (Zwei-) *f.* -en; Doppelsinnigkeit *f.* -en; Falschheit *f.* -en. ── 表裏のある doppel¦züngig (zwei-); doppelsinnig; falsch; treulos; verräterisch/表裏のない 〔grund-〕ehrlich; aufrichtig; redlich; treu.

びょうり 病理〔学〕 Krankheitslehre *f.* -n; Pathologie *f.* ‖ 病理解剖 pathologische Anatomie *f.*

ひょうりゅう 漂流 das Treiben* (Sich-treiben-lassen*), -s. ── 漂流する treiben* [s, h]; getrieben werden; ⁴sich treiben lassen*; Schiffbruch 〔er〕leiden*; Wind und Wellen preisgegeben sein. ‖ 漂流者 der Schiffbrüchige*, -n, -n/漂流船 das treibende Wrack, -〔e〕s, -e (-s); das hilflos treibende Schiff, -〔e〕s, -e/漂流物 Trift *f.* -en; Strand¦gut (Treib-) *n.* -〔e〕s, ¨er; das 〔treibende〕 Wrackgut; Schiffstrümmer《*pl* 難破船の》.

ひょうりょく 飛揚力 Flugkraft *f.* ¨e.

びょうれき 病歴 Krankheitsgeschichte *f.* -n.

ひょうろう 兵糧 Mundvorrat *m.* -〔e〕s, ¨e; Proviant *m.* -〔e〕s, -e; Verpflegung *f.* -en ‖ 兵糧攻め Aushungerungsstrategie *f.* -n; die Strategie des Zufuhrabschneidens.

ひょうろん 評論 Kritik *f.* -en; die kritische Besprechung, -en (Beurteilung, -en); Rezension *f.* -en; Leitartikel *m.* -s, -《新聞雑誌の短評》; Zeitkritik *f.* -en《時評》. ── 評論する kritisieren⁴; kritisch besprechen*⁴ (beurteilen⁴); rezensieren⁴. ‖ 評論家 Kritiker *m.* -s, -; Rezensent *m.* -en, -en/評論雑誌 Revue *f.* -n; Rundschau *f.* -en/独文学評論 die Kritik der deutschen Dichtung (Literatur)/文芸評論 die literarische Kritik; der kritische Essay (Essai), -s, -s.

ひよく 肥沃 Fruchtbarkeit *f.*; Ergiebigkeit *f.*/肥沃な fruchtbar; ergiebig; üppig.

びよく 尾翼 Höhenflosse *f.* -n《飛行機の》.

ひよけ 日除け ⇨**ひおおい**.

ひよこ 雛 Küken *n.* -s, -; Hühnchen *n.* -s, -; [青二才] Gelbschnabel *m.* -s, ¨.

ぴょこん ぴょこんとお辞儀をする mit dem Kopf knicksen《*vor*³》; einen Knicks mit dem Kopf machen.

ひょっこり zufällig〔erweise〕; gelegentlich; unerwartet; unvorhergesehen/彼にひょっこり会った Ich traf ihn durch Zufall (zufällig; unerwartet).

ひょっと zufällig; durch ⁴Zufall; unbeabsichtigt; unerwartet; von ungefähr/ひょっとしたら vielleicht; eventuell; möglicherweise; womöglich; wohl/ひょっとしたらそのうわさは事実かもしれない Es mag sein, dass es sich bei dem Gerücht um eine Tatsache handelt. / そのことがひょっと耳に入った Ich habe es zufällig erfahren.

ひょっとこ ein wunderliches 〔Mannes〕gesicht《-〔e〕s, -er》 mit vorgestülptem Mund; eine lächerliche Maske, -n.

ひよどり〘鳥〙 Wacholderdrossel *f.* -n.

ぴよぴよ ぴよぴよ鳴く piep〔s〕en.

ひより 日和 Wetter *n.* -s, -《天候》; klares (schönes) Wetter《晴天》; 〔Sach〕lage *f.* -n《形勢》/日和を見る das Wetter beobachten; nach dem Wetter sehen*; [形勢を見る] eine abwartende Haltung ein|nehmen*; opportunistisch sein/よいお日和ですね Es ist schönes Wetter./待てば海路の日和あり ‚Mit der Zeit pflückt man Rosen.' ¦ ‚Die Zeit bringt Rosen.' ‖ 日和見主義 Opportunismus *m.* -/日和見主義者 Opportunist *m.* -en, -en; Konjunkturritter *m.* -s, -.

ひょろつく hin und her wackeln (schwanken; taumeln; wanken); kraftlos (unsicher) gehen* [s].

ひょろながい ひょろ長い länglich; 〔lang〕 gestreckt; in die Länge gezogen; lang und dünn.

ひょろひょろ ひょろひょろ〔と〕 ❶ [よろめき] wack〔e〕lig; schwankend; taum〔e〕lig; taumelnd; unsicher; wankend; kraftlos《力なく》/ひょろひょろ歩く hin und her wackeln (schwanken; taumeln; wanken); kraftlos (unsicher) gehen* [s]/彼はひょろひょろと立ち上がった Er hat sich mit Mühe auf die Füße gebracht. ❷ [細長く] zu schlank; klapper¦dürr (spindel-); mager.

ぴょんぴょん auf und ab; hin und her/ぴょんぴょん跳びはねる hin und her hüpfen [s]; auf und ab tanzen [h, s]. ⇨**ぴょいぴょい**.

ひら 片 Blatt *n.* -〔e〕s, ¨er《葉・花の》; Flocke *f.* -n《雪の》.

ひら 平〔の〕 gewöhnlich; einfach/手の平 Hand¦teller *m.* -s, - (-fläche *f.* -n)/平に

ernstlich; angelegentlich[st]/平に御容赦願います Ich bitte inständigst um Entschuldigung. ‖ 平社員 ein einfacher Angestellte*, -n, -n.

ビラ Flugblatt n. -[e]s, ⸚er 〔ちらし〕; 〔Anschlag〕zettel m. -s, - 〔貼札〕; Plakat n. -[e]s, -e; Reklamezettel 〔引札〕/ビラをまく Flugblätter ausstreuen.

ひらい 飛来する geflogen kommen* s.

ひらいしん 避雷針 Blitzableiter m. -s, -.

ひらおよぎ 平泳ぎ das Brustschwimmen*, -s.

ひらおり 平織 der glatte Stoff, -[e]s, -e.

ひらき 開き ❶〔出入口〕Öffnung f. -en. ❷〔戸棚〕Wandschrank m. -[e]s, ⸚e. ❸〔差異〕Unterschied m. -[e]s, -e; Abstand m. -[e]s, ⸚e/四秒の開きで im Abstand von 4 Sekunden.

ひらきど 開戸 Flügeltür f. -en.

ひらきなおる 開き直る eine drohende (trotzige) Haltung ein|nehmen*⁴.

ひらきふう 開き封 der offene Briefumschlag, -[e]s, ⸚e/開き封で送る unversiegelt senden*⁴.

ひらく 開く ❶〔開ける〕öffnen⁴; auf|machen⁴; auf|schließen*⁴〔かぎで〕; auf|decken⁴ 〔蓋(ふた)を〕; auf|spannen⁴〔かさを〕; auf|schlagen⁴〔本などを〕. ❷〔開始する〕an|fangen*⁴〔同上〕; errichten⁴〔創立する〕; gründen⁴〔同上〕/店を開く einen Laden eröffnen. ❸〔開拓する〕kultivieren⁴; bebauen⁴; urbar machen⁴/森を開く den Wald lichten. ❹〔催す〕[ab]halten*⁴; veranstalten⁴; geben*⁴/集会を開く eine Versammlung halten⁴. ❺〔花が〕auf|blühen s. ⁴sich entfalten. ❻〔道を〕den Weg bahnen (ebnen).

ひらけた 開けた zivilisiert 〔開化した〕; aufgeklärt 〔開明上〕; offen 〔開放〕; ausgedehnt 〔広々とした〕; modern 〔モダンな〕; verständig 《物わかりのよい》/開けた人 ein verständiger Mensch, -en, -en.

ひらける 開ける 〔開化する〕zivilisiert (aufgeklärt) werden; sich entwickeln; gedeihen*s; angelegt werden《鉄道が》; verständig (vernünftig) werden《物わかりがよくなる》/彼に運が開けてくる Das Glück ist ihm hold./視野が開ける Sein Gesichtskreis erweitert sich.

ひらぞこ 平底 das flache (ebene) Boden, -s, - ‖ 平底船 das flache Boot, -[e]s, -e; Kahn m. -[e]s, ⸚e.

ひらたい 平たい eben; flach; einfach 〔簡単〕/平たくする ebnen⁴; flach (eben) machen⁴; vereinfachen⁴〔簡単にする〕/平たく言えば um einfach zu sprechen; mit einfachen Worten.

ひらち 平地 Ebene f. -n; Flachland n. -[e]s, ⸚er; das flache (ebene) Land, -[e]s, ⸚er.

ひらづみ 平積〔建〕Holzverband m. -[e]s, ⸚e; Mauerverband.

ひらて 平手 die flache Hand, ⸚e; Handteller m. -s, - (-fläche f. -n)/平手で打つ mit der flachen Hand schlagen*⁴.

ひらどま 平土間 Parkett n. -[e]s, -e; Parterre n. -s, -s.

ひらひら flatternd/ひらひらする flattern/ひらひら散る flatternd herab|fallen* s 〔旗が風にひらひらひるがえっている Die Flagge flattert im Wind.

ひらひら zitterig; zitternd. ⇒ひらひら.

ピラフ 〔元来は〕Reis (m. -es, -e) mit Hammelfleisch; 〔日本で一般に使っている意味では〕Butterreis (m. -es, -e) mit³ ...《mit のあとには Krabben(小えび) pl などを入れる》.

ピラミッド Pyramide f. -n/ピラミッド形の pyramidenförmig.

ひらめ 〔魚〕Flunder f. -n; Scholle f. -n.

ひらめかす 閃めかす leuchten (auf)blitzen lassen*⁴; schwingen⁴〔剣を〕.

ひらめき 閃めき Blitz m. -es, -e; das Aufblitzen*, -s; das Flattern*, -s〔旗などの〕/才知の閃めき Geistesblitz m. -es, -e.

ひらめく 閃めく ❶〔auf〕blitzen; blinken; flackern 〔炎が〕/私の心にある考えが閃めいた Es ist mir ein Gedanke durch die Seele geblitzt. ❷〔揺らぐ〕flattern; wehen.

ひらや 平屋 das ebenerdige Haus, -es, ⸚er; Bungalow m. -s, -s.

ひらやね 平屋根 das flache Dach, -es, ⸚er.

ひらり flink; schnell; hurtig; gewandt; rasch/馬からひらりと飛び下りる vom Pferd ab|springen* s.

びらん 糜爛〔炎症〕Entzündung f. -en; 〔化膿〕das Eitern⁴, -s; Geschwür n. -[e]s, -e; 〔腐敗〕das Verfaulen*, -s; Verwesung f. -en; Zersetzung f. -en/糜爛する ⁴sich entzünden; eitern; schwären; verfaulen s; verwesen s; ⁴sich zersetzen. ‖ 糜爛ガス Senfgas n. -es, -e; Gelbkreuz n. -es.

びり der Letzte*, -n, -n; der Unterste*, -n, -n; Ende n. -s, -n 〔最後〕/2番目(3番目)の人 der Vorletzte* (der Drittletzte*)/彼は一番びりだった Er war der Letzte (Unterste) in seiner Klasse. (クラスの); Er kam zuletzt (als Letzter). (どんじりに来た).

ピリオド Punkt m. -[e]s, -e/ピリオドを打つ einen Punkt setzen; ein Ende machen 〔終わりにする〕.

ひりつ 比率 Verhältnis n. ..nisses, ..nisse; Prozentsatz m. -es, ⸚e 〔百分率〕/十対五の比率 das Verhältnis von zehn zu fünf.

ひりっけん 非立憲〔政〕Verfassungswidrigkeit f. / 非立憲の verfassungswidrig.

ぴりっと ぴりっと辛い auf der Zunge beißen (brennen*)/ぴりっと辛い味がある Es schmeckt pikant./山椒は小粒でもぴりっと辛い Das Pfefferkorn ist, wenn auch klein, scharf beißend.

ひりひり ひりひりする ❶〔味が〕brennend (beißend; scharf) schmecken/わさびはひりひりする Der Meerrettich brennt auf der Zunge. ❷〔傷などが〕brennen*; stechende Schmerzen haben / 傷がひりひりする Die Wunde brennt.

びりびり びりびり破る (裂く) ritsch, ratsch [zer]reißen*⁴〔紙などを〕; zerfetzen 〔寸断

びりびり びりびり震える beben; zittern; vibrieren (振動する).

びりびり びりびりする ❶ stechen*; beißen*; brennen*/煙が目にしみてびりびりする Der Rauch beißt in die Augen./日やけで背中がびりびりする Der Rücken brennt vom Sonnenbrand./傷のところがびりびり痛む Ich habe stechende Schmerzen an der Wunde./そ の使用人は主人にびりびりしている Der Diener zittert vor dem Herrn. ❷ びりびり鳴らす trillern*; pfeifen*⁴/彼女は絹布をびりびり裂いて Entzwei riss sie die Seide. : Rips, rips! riss sie die Seide in zwei Teile.

ビリヤード Billard *n.* -s; Billardspiel *n.* -(e)s, -e/ビリヤードのキュー(棒) Queue *n.* -s; Billardstock *m.* -(e)s, ¨e. ‖ビリヤードをする Billard spielen. ‖ ビリヤード場 Billardsaal *m.* -(e)s, ..säle/ビリヤード台 Billard, Billardtisch *m.* -(e)s, -e.

びりゅうし 微粒子《写》Feinkorn *n.* -s, ¨er; Feinkörnigkeit *f.*《微粒子性》/微粒子[状]の feinkörnig ‖ 微粒子フィルム der feinkörnige Film, -(e)s, -e.

ひりょう 肥料 Dünger *m.* -s, -; Dung *m.* -(e)s -/肥料を施す düngen*⁴ ‖ 化学肥料 Kunstdünger/窒素肥料 Stickstoffdünger.

びりょう 微量 eine geringe (minimale) Menge, -n/ごく[ほんの]僅かな ganz (nur) klein wenig ‖ 微量天秤 Mikrowaage *f.* -n.

びりょく 微力 die geringe (schwache) Kraft, ¨e/微力を尽すalle seine Kräfte anlstrengen; ³sich ⁴et mit ganzer (voller) ³Kraft widmen; sein Bestes (Äußerstes; Möglichstes) tun⁴/それは微力の及ぶところでない Das geht über meine Kräfte./微力の及ぶだけのことは致しましょう Was in meinen Kräften steht, werde ich tun.

ひる 蛭 Blutegel *m.* -s, -/蛭をつける einen Blutegel setzen《*jm*》.

ひる 昼 [昼間] Tageszeit *f.* -en; Tag *m.* -(e)s, -e; [正午] Mittag *m.* -(e)s, -e/昼に am Tag(e); bei ³Tag(e)/昼すぎに am Nachmittag; nachmittags/昼前に am Vormittag; vormittags/昼じゅう den ganzen Tag/昼も夜も Tag und Nacht/太陽は昼輝く Die Sonne scheint am Tag(e).

ピル《避妊剤》(Antibaby)pille *f.* -n.

ひい 比 類なき unvergleichbar; unvergleichlich; einzig; ohnegleichen; unübertroffen/それは比類のないことだ Das geht über allen Vergleich.

ひるがえす 翻す [変える] wechseln⁴; [ver]ländern⁴; wehen lassen*《⁴*et* ひらめかす》; schwingen《同上》; um|wenden*⁴《裏返す》/主を翻す sich anders besinnen⁴/前言を翻す sein Wort brechen⁴/身をさっと (rasch) zur Seite springen*; sich aus|weichen⁴《同上》/彼はとうとう決心を翻しました Endlich hat er seinen Entschluss geändert.

ひるがえる 翻る flattern; wehen; sich um|wenden*⁴《裏返る》/風に翻る im Wind flattern. ¶ 翻って考えると bei³ näherer ³Überlegung.

ひるがお 昼顔《植》Winde *f.* -n.

ビルディング Hochhaus *n.* -es, ¨er.

ひるね 昼寝 Mittags|schlaf *m.* -(e)s (-schläfchen *n.* -s, -)/昼寝する Mittagsschlaf (Mittagsschläfchen) halten*《machen》.

ひるなか 昼日中に am hellen Tage; bei lichtem Tage.

ひるま 昼間 Tageszeit *f.* -en; Tag *m.* -(e)s, -e/昼間に am Tag; bei ³Tag(e)/彼は昼間まで寝ている Er schläft in den Tag hinein.

ビルマ《ミャンマーの旧称》Birma *n.* -s/ビルマの birmanisch ‖ ビルマ人 Birmane *m.* -n, -n.

ひるむ 怯む zurück|weichen (-|schrecken)《s》《*vor*³》; den Mut verlieren《勇気を失う》/ひるむな Lass dich nur nicht ein|schüchtern!/彼を見た時彼女はひるんだ Sie ist zurückgeschreckt, als sie ihn sah.

ひるめし 昼飯 Mittagessen *n.* -s, -; Lunch *m.* -(e)s, -(e)s, -e/昼飯を食べる am ³Mittag essen*;《den》Lunch ein|nehmen*; lunchen/昼飯を食べましたか Haben Sie zu Mittag gegessen?

ひるやすみ 昼休み Mittags|pause *f.* -n (-rast *f.* -en; -ruhe *f.*).

ひれ 鰭 Flosse *f.* -n; Floßfeder *f.* -n; Finne *f.* -n/尾にひれをつけて話す übertreiben*⁴ ‖ 尾びれ Schwanzflosse *f.* -n/背びれ Rückenflosse.

ひれい 比例 Proportion *f.* -en; Verhältnis *n.* -nisses, ..nisse/..に比例して im Verhältnis《*zu*³》. —— 比例する im Verhältnis (in ³Proportion) stehen*/支出は収入と比例しなければならない Ausgaben müssen im Verhältnis zu den Einkünften stehen. ‖ 比例式 Proportionsgleichung *f.* -en/比例尺 das proportionale Maß, -es/比例代表[制] Verhältniswahl *f.* -en/比例配分 der verhältnismäßige Anteil, -e.

ひれき 披瀝する ³sich äußern《*über*⁴》; ent|hüllen⁴/胸中を披瀝する sein Herz aus|schütten《entdecken》《*jm*》.

ひれつ 卑劣 Niedrigkeit *f.*; Gemeinheit *f.*; Niederträchtigkeit *f.*/卑劣な niedrig; gemein; niederträchtig/卑劣な所業 das gemeine (niedrige) Betragen*《Verhalten》, -s.

ヒレにく ヒレ肉 Filet *n.* -s, -s.

ピレネー ピレネー山脈 die Pyrenäen《*pl*》.

ひれふす ひれ伏す ³sich nieder|werfen*《*vor jm*》; ³sich zu ³Füßen werfen*《*jm*》.

ひろい 広い breit; weit; ausgedehnt; geräumig; groß; umfangreich; umfassend; hoch《額が》/心が広い weitherzig《groß-》/交際〔顔〕が広い Er hat einen großen Bekanntenkreis haben.

ひろいあげる 拾い上げる auf|nehmen*⁴ (-|lesen*⁴; -|heben*⁴)/手袋を拾い上げる einen Handschuh auf|heben*/拾い集める auf|sammeln⁴; aus|wählen⁴.

ひろいぬし 拾い主 Finder *m.* -s, -.

ひろいもの 拾い物 Fund *m.* -(e)s, -e; etwas Gefundenes*, -n; Glücksfall *m.* -(e)s, ¨e《意外の利得》; Gottesgabe *f.* -n《同上》/拾い物をする finden*《⁴*et*》; einen guten (glücklichen) Fund tun*《machen》《意外の》.

ひろいよみ 拾い読みする ❶ [やっと読む] entziffern⁴. ❷ [所々読む] flüchtig (stellenweise) lesen⁴⁴/新聞を拾い読みする eine Zeitung stellenweise lesen⁴.

ヒロイン Heldin *f.* ..dinnen.

ひろう 披露 Empfehlung *f.* -en; Vorstellung *f.* -en; Bekanntmachung *f.* -en. —披露を勧める empfehlen⁴⁴; vor|stellen⁴; bekannt machen⁴; an|kündigen⁴. ‖ 開店披露 die Bekanntmachung einer Geschäftseröffnung/結婚披露〔宴〕 Hochzeitsmahl *n.* -[e]s, ..er.

ひろう 疲労 Ermüdung *f.* -en; Ermattung *f.* -en; Erschöpfung *f.* -en〔疲弊〕/疲労のために wegen (vor) Müdigkeit/彼は少しも疲労の色を見せない Er zeigt keine Spur von Ermüdung. — 疲労する müde werden; ermüden ⓢ; ermatten ⓢ; ⁴sich erschöpfen. — 疲労させる müde (matt) machen⁴; ermüden⁴; ermatten⁴; erschöpfen⁴.

ひろう 拾う auf|heben⁴⁴ (-[nehmen⁴⁴; -[lesen⁴⁴]; finden⁴⁴ [見つける]; aus|suchen⁴ [捜し出す]; [auf]sammeln⁴/活字を拾う Typen aus|suchen⁴/落穂を拾う Ähren (*pl*) lesen⁴⁴/彼は命を拾った Er ist mit dem Leben davon gekommen.

びろう 尾籠な anstößig; unanständig; unschicklich; indezent; unflätig 〔不潔な〕/びろうな振舞をする ⁴sich anstößig benehmen⁴; ⁴sich ungehörig auf|führen⁴/びろうな話ですが... Nimm mir nicht übel, wenn ich das sage.... ‖ Es ist zwar nicht so fein, aber ..

ビロード Samt *m.* -[e]s, -e; Sammet *m.* -s, -e/ビロード[製]の samten/ビロードのような samtig; samtartig ‖ 綿ビロード Baumwollsamt *m.* -[e]s, -e.

ひろがり 広がり Ausdehnung *f.* -en; Ausbreitung *f.* -en; Erweiterung *f.* -en; Weite *f.* -n.

ひろがる 広がる ⁴sich verbreiten; ⁴sich aus|dehnen; ⁴sich erstrecken; um ⁴sich greifen⁴ 〔蔓延する〕; ⁴sich erweitern〔同上〕. ⇒ひろまる.

ひろく 秘録 Geheimdokument *n.* -[e]s, -e.

ひろく 広く weit; ausgedehnt; geräumig; groß; umfangreich/広く知られた weit bekannt/彼は広く旅をした Er ist weit gereist. — 広くする breiter (weiter) machen⁴; verbreiten⁴; aus|dehnen⁴; vergrößern⁴; erweitern⁴/家を広くする ein Haus vergrößern (erweitern). — 広くなる breiter (weiter) werden; ⁴sich vergrößern; ⁴sich erweitern.

ひろげる 広げる verbreiten⁴; aus|dehnen⁴; vergrößern⁴ 〔拡大〕; aus|breiten⁴ 〔同上〕; auf|breiten⁴ 〔展開〕; entfalten⁴/道路を広げる einen Weg verbreiten⁴/家を広げる ein Haus vergrößern (erweitern)/生徒たちは本を広げます Die Schüler schlagen Bücher auf.

ひろこうじ 広小路 die (breite (große)) Straße, -n.

ひろさ 広さ ❶ [幅] Breite *f.* -n; Größe *f.* -n; Weite *f.* -n; Umfang *m.* -[e]s, ¨e 〔範囲〕/その道の広さは十メートルです Der Weg ist 10 Meter breit. ❷ [面積] Flächen|inhalt *m.* -[e]s, -e (-raum *m.* -[e]s, ¨e). ⇒めんせき.

ビロティー Haus 〈*n.* -es, ¨er〉 auf Stelzen.

ひろば 広場 (der freie) Platz, ¨e 〔駅前広場〕Bahnhofsplatz *m.* -es, ¨e.

ひろはばおり 広幅織 der Stoff 〈-[e]s, -e〉 von doppelter [japanischer] Breite.

ひろびろ 広々した weit; ausgedehnt; groß; geräumig 〔家〕; weitläufig 〔同上〕/広々とした家に住む geräumig wohnen.

ひろま 広間 Saal *m.* -[e]s, Säle; Halle *f.* -n 〔大広間〕; Salon *m.* -s, -s 〔ホテルなどの〕.

ひろまる 広まる ⁴sich verbreiten (aus|breiten); bekannt werden 〔知れわたる〕; ⁴sich greifen⁴ 〔蔓延する〕; ¹Mode werden 〔流行する〕; in 〔die〕 ¹Mode kommen⁴/そのニュースはたちまち広まった Die Nachricht hat sich schnell verbreitet.

ひろめや ひろめ屋 〔Stadt〕ausrufer *m.* -s, -; Reklame|mann *m.* -[e]s, ¨er (..leute) 〈-büro *m.* -s, -s〉.

ひろめる 広める verbreiten⁴; bekannt machen⁴ 〔知らせる〕; an|zeigen⁴ 〔広告する〕; weiter (breiter) machen⁴/知識を広める seine Kenntnisse erweitern/福音を広める das Evangelium verkünd〔ig〕en/うわさを広める ein Gerücht verbreiten.

ひろんりてき 非論理的 unlogisch; folgewidrig; inkonsequent.

びわ 〔鳥〕Gartenfink *m.* -en, -en.

びわ 枇杷 die japanische Mispel, -n.

びわ 琵琶 Biwa *f.*; die japanische Laute, -n/琵琶を弾じる auf der ³Biwa spielen; die Laute schlagen⁴ ‖ 琵琶法師 Biwaspieler *m.* -s, -.

ひわい 卑猥な unzüchtig; unanständig; unsittlich; schlüpfrig; schmutzig; zotig; obszön/卑猥な話 die unanständige Geschichte, -n.

ひわたり 火渡り der Lauf 〈-[e]s, ¨e〉 über glühende Kohlen.

ひわり 日割 ❶ der tägliche Satz, -¨e. ❷ die Festsetzung 〈-en〉 des Tages (Datums); die tägliche Verteilung, -en/日割にする am Tag (nach dem Tage) verteilen⁴/日割を定める die Zeiteinteilung bestimmen/試験の日割を発表する das Prüfungsprogramm veröffentlichen.

ひわれ 乾割れする von ³Trockenheit bersten⁴; ¹Risse bekommen⁴.

ひん 貧 Armut *f.*; Not *f.* ¨e/貧する arm werden; in ¹Armut geraten ⓢ; dürftig werden/貧すれば鈍する 'Armut macht unverschämt.

ひん 品 〔品格〕 Würde *f.* -n; Vornehmheit *f.*/品がつく vornehmer werden/品がわるい gemein; unfein; elegant; würdelos; roh/品がよい vornehm; elegant; würdevoll/品を下げる seiner ³Würde etwas vergeben⁴. — 〔品質〕Qualität *f.* -en.

びん 瓶 Flasche *f.* -n; Karaffe *f.* -n 〈食卓用口栓付〕; Karaffine *f.* -n 〔同上小型〕; Phiole *f.* -n 〔フラスコ〕; Arzneiglas *n.* -es, ¨er.

《薬瓶》/瓶の口をあける eine Flasche entkorken; den Kork (Pfropfen) aus einer Flasche ziehen*/一瓶飲み尽くす einer ^{3}Flasche den Hals brechen*; eine Flasche aus|stechen* ‖ 牛乳瓶 Milchflasche *f.* -n.

びん 鬢 Seitenlocken《*pl*》‖ 鬢付油 japanische Haarpomade, -n/鬢止め Lockennadel *f.* -n《カールピン》.

びん 便 ❶ [郵便] Post *f.* -en/次の便で mit nächster (umgehender) ^{3}Post. ❷ [機会] Gelegenheit *f.* -en; Fahrgelegenheit《船・車の》/便のありしだい bei erster (nächster) ^{3}Gelegenheit; baldmöglichst (möglichst bald); umgehend.

ピン Nadel *f.* -n; Stecknadel *f.* -n《留め針》; Haarnadel《ヘアピン》/ピンでとめる ^{4}*et* mit Nadeln (einer Nadel) [an|]stecken/ピンをはずす Nadeln heraus|nehmen*; los|heften^4 ‖ ピンカール Lockenwickel *m.* -s, -/安全ピン Sicherheitsnadel/ネクタイピン Schlips-nadel (Schmuck-).

ピン 先生にもピンからキリまである Es ist ein Unterschied zwischen Lehrer und Lehrer./ピンをはねる, ピンはねをする ^{3}sich einen Teil in die Tasche stecken; einen Teil mitgehen lassen* (heißen*); *jm* ab|zwacken^4《相手の意思に反して》.

ひんい 品位 ❶ [品格] Würde *f.* -n; Vornehmheit *f.*/品位のある(ない) würdevoll (würdelos)/品位を落とす seiner ^{3}Würde etwas vergeben*/品位を高める adeln^4/品位を保つ seiner ^{3}Würde nichts vergeben*; den Schein retten (wahren)《体面を保つ》. ❷ [品質] Qualität *f.* -en; Karat *n.* -[e]s, -e《金などの》.

びんかつ 敏活 Regsamkeit *f.*; Behändigkeit *f.*; Flinkheit *f.*; Schnelligkeit *f.* — 敏活な(に) regsam; behänd[e]; flink; schnell.

びんかん 敏感 Empfindlichkeit *f.* -en; Empfänglichkeit *f.* -en; Feingefühl *n.* -[e]s; Sensibilität *f.* — 敏感な empfindlich《*gegen*^{4}》; empfänglich《*für*^{4}》; feinfühlig; reizbar; sensibel.

ひんきゃく 賓客 [Ehren]gast *m.* -[e]s, ⸚e; Besucher *m.* -s, -.

ピンク Rosa *n.* -s/ピンクの rosa《無変化》.

ひんけつ 貧血 Anämie *f.* -n; Blutarmut *f.*/貧血の anämisch; blutarm.

ひんこう 品行 Benehmen *n.* -s; Betragen *n.* -s; Lebenswandel *m.* -s/品行のよい anständig; wohlerzogen/品行のわるい unanständig; sittenlos/品行がよい(わるい) einen anständigen (schlechten) Lebenswandel führen.

ひんこん 貧困 Armut *f.*; Bedürftigkeit *f.*; Not *f.* ⸚e/貧困の arm; bedürftig; armselig; dürftig/貧困をのがれる ^{4}sich aus der Armut erheben*/貧困と戦う mit ^{3}Not kämpfen ‖ 貧困者 der Arme*, -n, -n.

ひんし 品詞〖文法〗Wortart *f.* -en; Redeteil *m.* -[e]s, -e ‖ 品詞論 Formenlehre *f.* -n.

ひんし 瀕死の sterbend; tödlich/瀕死の状態にある im Sterben liegen*/瀕死の人間 der Sterbende*, -n, -n/瀕死の重傷を負う tödliche Verletzungen erleiden*.

ひんじ 賓辞〖文法〗Prädikat *n.* -[e]s, -e.

ひんしつ 品質 Qualität *f.* -en; Güte *f.*; Beschaffenheit *f.* -en/品質のよい von guter ^{3}Qualität.

ひんじゃ 貧者 der Arme*, -n, -n/貧者の一灯 das Scherflein des Armen.

ひんじゃく 貧弱な arm; armselig; knapp; dürftig; mager; kläglich/貧弱な風采 unansehnliche Erscheinung, -en.

ひんしゅ 品種 Art *f.* -en; Sorte *f.* -n; Gattung *f.* -en; Abart *f.* -en《変種》; Spielart *f.* -en; Varietät *f.* -en《同上》.

びんしょう 敏捷 Behändigkeit *f.*; Flinkheit *f.*; Promptheit *f.*; Schnelligkeit *f.* ⇨**すばしこい**.

びんじょう 便乗する mit|fahren* [s]; ^{4}sich ein|schiffen; aus|nutzen^4 (-|nützen^4)《うまく利用する》/時局に便乗する die Zeitlage gut aus|nützen; ^{4}sich in die Zeit[umstände] schicken《順応する》‖ 便乗主義者 Gelegenheitspolitiker *m.* -s, -; Opportunist *m.* -en, -en.

ひんする 瀕する am Rande einer Sache stehen*; nahe (dicht) sein《*an*^{3}》/死に瀕する am Rande des Grabes stehen*; im Sterben liegen*.

ひんせい 品性 Charakter *m.* -s, -e/品性の陶冶 Charakterbildung *f.* -en.

ピンセット Pinzette *f.* -n; Federzange *f.* -n/ピンセットで挟む mit einer Pinzette fassen^4 (greifen*^{4}; kneifen*^{4}).

ひんせん 貧賤の arm und niedrig/貧賤の生まれ von niedriger Geburt.

びんせん 便箋 Briefbogen *m.* -s, -; Brief-papier (Schreib-) *n.* -s, -e.

びんせん 便船 das zur Abfahrt bereitliegende Schiff, -[e]s, -e; die erste Schiffsgelegenheit/便船のあり次第 bei erster ^{3}Fahrgelegenheit/便船を待つ die günstige Fahrgelegenheit ab|warten; auf das nächste Schiff warten. ⇨**びん**(便)②.

びんぜん 憫然たる armselig; elend; erbärmlich; jämmerlich; bemitleidenswert; kläglich.

ひんそう 貧相な mager; armselig/貧相な男 der Mann《-[e]s, ⸚er》mit abgemagertem Gesicht.

びんそく 敏速な schnell; geschwind; flink; hurtig; rasch. ⇨**びんしょう**.

ピンチ Klemme *f.* -n; Not *f.* ⸚e/ピンチにある aufgeschmissen sein; in Not sein; in der Patsche (in der Suppe) sitzen*/ピンチに襲われる in die Patsche kommen* [s] (gebracht werden); in eine böse Suppe hinein|geraten* [s] ‖ ピンチヒッター Notschläger *m.* -s, -《野球》/ピンチヒッターに出る《人を助けるの意で》ein|springen* [s]《*für*^{4}》.

びんづめ 瓶詰めの in ^{4}Flaschen gefüllt/瓶詰めのワイン Flaschenwein *m.* -[e]s, -e. — 瓶詰めにする auf ^{4}Flaschen [ab|]ziehen*^{4}.

ヒント Wink *m.* -[e]s, -e; Andeutung *f.* -en/ヒントを与える einen Wink geben*《*jm*》; eine Andeutung machen《*von*^{3}》.

ひんど 頻度 Häufigkeit f. ‖ 高頻度 Hochfrequenz f.

ぴんと ❶ ぴんと縄を張る ein Seil an|spannen (straff spannen)/ぴんと扉に錠をおろす mit einem Klaps die Tür ab|schließen*/ぴんと皿が割れた Knacks! ist der Teller gesprungen./気がぴんと張りつめている Die Nerven sind aufs äußerste angespannt./指先でぴんとはねる mit den Fingern schnipsen⁴ (schnipsen⁴)/犬は耳をぴんと立てている Der Hund spitzt die Ohren. ❷ ぴんと来る《わかる》jm gleich ein|leuchten/すぐぴんと来た Der Groschen ist [mir] gleich gefallen./あいつはなかなかぴんと来ない奴だ Bei dem fällt der Groschen nur pfennigweise./その提案はどうもぴんと来ないな Ich kann mich für diesen Vorschlag nicht begeistern./この絵はぴんと来ない Dieses Gemälde spricht nicht an.

ピント Brennpunkt m. -(e)s, -e; Fokus m. -, -/《望遠鏡, 写真などの》ピントを合わせる (ein Fernglas, einen Fotoapparat) richtig (scharf) ein|stellen 《auf⁴》/ピントが合っていない(はずれている) nicht richtig (nicht scharf genug) eingestellt sein ⇒ピンぼけ/彼の言うことはピントはずれだ Seine Bemerkung trifft nicht zu.《当たっていない》; Seine Bemerkung ist nicht zur Sache gehörig.《本題から外れている》/彼は話のピントを外そうと努力する Er versucht stets, an der Hauptsache vorbeizureden. ‖ ピントグラス Mattscheibe f. -n.

ピンナップガール Pin-up-girl n. -s, -s; Sexbombe f. -n.

ひんぱつ 頻発 Häufigkeit f.; das häufige Vorkommen*, -s/頻発する ⁴sich häufig ereignen; häufig vor|fallen* ⓢ.

ぴんはね〔Gewinn〕anteil m. -(e)s, -e; Provision f. -en; Schwindelprofit m. -(e)s, -e/ぴんはねする seinen Profit 〔vorweg〕zie-hen*《aus³》; seinen Anteil 〔in die Tasche〕ein|stecken; Profite ein|heimsen 《軽蔑的に》.

ひんぴん 頻繁 häufig; öfter; wiederholt/頻繁に häufig; oft; öfter; wiederholt.

ひんぴょう 品評 Kritik f. -en; Beurteilung f. -en/品評する kritisieren⁴; beurteilen⁴ ‖ 品評会 Ausstellung f. -en/犬の品評会 Hunde|ausstellung (-schau f. -en).

ひんぴん 頻々 ⇒ひんぱん.

ぴんぴん munter wie ein Fisch im Wasser sein; voller Leben sein; auf der Höhe sein (auf dem Damm) sein; vollkommen in Form sein; in einer ausgezeichneten Verfassung sein;〔gesund und〕rüstig sein/魚がぴんぴんはねる Der Fisch schnellt〔⁴sich〕empor (umher).

ひんぷ 貧富 Reichtum und Armut;〔人〕reich und arm: Reiche* und Arme*/貧富の差 der Unterschied zwischen ³Reichen und ³Armen.

ひんぼう 貧乏 Armut f.;〔Be〕dürftigkeit f.; Mangel m. -s, ⸚; Not f. -e/貧乏この上なし blutarm (äußerst arm) sein; arm wie eine Kirchenmaus sein/貧乏くじを引く eine Niete (den kürzeren) ziehen*. ── 貧乏な arm;〔be〕dürftig; mittellos《無産の》; Not leidend《困窮した》/貧乏になる arm werden; in Armut geraten* ⓢ; verarmen ⓢ《零落する》. ❝ 貧乏ゆすりする ⁴sich nervös schütteln/貧乏ゆすりもしない unerschütterlich (unerschüttert) bleiben* ⓢ《sein》/貧乏神が舞いこむ ⁴in Armut geraten*/貧乏人の友は真の友 'Ein Freund in der Not ist ein Freund im Tod.', 'Freunde erkennt man in der Not.'/貧乏すれば友だちも減る ,An der Armut will jedermann die Schuh[e] wischen.'; ,Freunde in der Not gehen hundert auf ein Lot.'/貧乏は恥ではない Armut ist keine Schande (schändet nicht).

ピンぼけ ピンぼけた ❶〔写真〕verschwommen sein. ⇒ピント. ❷〔的はずれ〕nicht zur Sache gehörig sein.

ひんみん 貧民 die Armen《pl》; arme Leute《pl》/貧民を救済する die Armen unterstützen; den Armen helfen³ ‖ 貧民学校 Armenschule f. -n/貧民救済法 Armengesetz n. -es, -e/貧民窟 Armenviertel n. -s, -.

ひんもく 品目 Artikel m. -s, -/品目表 Warenverzeichnis n. -nisses, -nisse.

びんらん 紊乱 Unordnung f. -en; Verwirrung f. -en; das Durcheinander, -s; Konfusion f. -en; Chaos n. -; Wirrwarr m. -s; Zerrüttung f. -en. ── 紊乱した unordentlich; verwirrt; verworren; zerrüttet/紊乱した財政 zerrüttete Vermögensverhältnisse《pl》. ── 紊乱する〔乱れる〕in ⁴Unordnung geraten* 〔kommen〕 ⓢ; ⁴sich verwirren⁽*⁾; 〔乱す〕in ⁴Unordnung bringen*⁴; verwirren⁽*⁾⁴; zerrütten⁴/社会秩序を紊乱する gegen die gesellschaftliche Ordnung verstoßen*. ‖ 風紀紊乱 der Verstoß (-es, ⸚e) gegen die öffentliche Moral.

びんらん 便覧 ⇒べんらん.

びんろうじ 檳榔子 Betelpalme f. -n《木》; Betelnuss f. ⸚e《実》.

びんわん 敏腕 Tüchtigkeit f.; Fähigkeit f. -en; Geschicklichkeit f.; Talent n. -(e)s, -e/敏腕を振う seine Fähigkeiten (Gewandtheit) zeigen. ── 敏腕な fähig; geschickt; gewandt; tüchtig. ‖ 敏腕家 der tüchtige (talentvolle) Mensch, -en, -en; ein Mann《m. -(e)s, ⸚er》von Fähigkeit (Talent).

ふ

ふ 歩 [チェス] Bauer *m.* -n, -n/歩をならせる einen Bauer zur Königin machen／歩をつく komponieren／歩をつく einen Bauer vorrücken lassen*; mit einem Bauer ziehen* ‖ なり歩 ein zur Königin gemachter Bauer.

ふ 譜 ❶ [楽譜] Noten （*pl*）; Notenblatt *n.* -[e]s, ¨er; Partitur *f.* -en／[総譜]／歌詞に譜をつける komponieren; ein Musikstück schaffen* (verfassen); in ⁴Musik setzen*; vertonen⁴. ❷ [系図] Stammbaum *m.* -[e]s, ¨e; Stammtafel （*f.* -n） in ³Baumform; Ahnenverzeichnis （*n.* ..nisses, ..nisse） in Bildform; Genealogie *f.* -n （系譜学）.

ふ 府 ❶ Groß(verwaltungs)bezirk *m.* -[e]s, -e／京都府 der Groß(verwaltungs)bezirk Kyoto／府下 in einem Groß(verwaltungs)bezirk[e] geleitet (beaufsichtigt; geführt; verwaltet). ❷ [中心地] Zentrum *n.* -s, ..tren; Mittelpunkt *m.* -[e]s, -e; Sitz *m.* -es, -e. ‖ 府議会 die Volksvertretung eines Groß(verwaltungs)bezirk[e]s／府議会議員 das Mitglied （-[e]s, -er） der Volksvertretung eines Groß(verwaltungs)bezirk[e]s／府参事会 die Ratsversammlung （-en） eines Groß(verwaltungs)bezirk[e]s／府参事会員 das Mitglied （-[e]s, -er） der Ratsversammlung eines Groß(verwaltungs)bezirk[e]s／府知事 der Gouverneur （-s, -e） eines Groß(verwaltungs)bezirk[e]s／府庁 das Verwaltungsgebäude （-s, -）

ふ 符 ❶ [割符] Kerbholz *n.* -es, ¨er; Gegenstück (Seiten-) *n.* -[e]s, -e. ❷ [護符] Talisman *m.* -[e]s, -e; Amulett *n.* -[e]s, -e; Schutzzauberzeichen *n.* -s, -; Zauberschutzmittel *n.* -s, -.

ふ 麩 eine Keksart, -en; Weizenkuchen *m.* -s, -.

ふ 賦 ❶ [上納金・賦役] Tribut *m.* -[e]s, -e; [Zwangs]abgabe *f.* -n; Beitrag *m.* -[e]s, ¨e; Zoll *m.* -[e]s, ¨e. ❷ [詩賦] Prosagedicht *n.* [ ], -e aus chinesische (japanischer) Gedicht （-[e]s, -e） in antikem Metrum.

ふ 負 の [数] negativ; minus; unter ³Null ‖ 負号 das negative Zeichen, -s, -; Minuszeichen/負数 die negative Zahl, -en （Größe, -n）.

腑に落ちる ein|sehen*⁴; begreifen*⁴; ⁴sich überzeugen （*von*³）; ⁴sich verstehen*⁴ （*auf*⁴）; ins Klare (Reine) kommen* ⓢ （*über*⁴）; aus ³*et* klug werden／腑に落ちるように説明する (eindringlich) erklären³⁴／どうも腑に落ちない Das will mir nicht einleuchten.

ふ 訃 ⇨ふほう （訃報）.

ふ 部 ❶ [部分] Teil *m.* -[e]s, -e; Portion *f.* -en. ❷ [部局・課など] Abteilung *f.* -en; Sektion *f.* -en; Fakultät *f.* -en （大学の学部）. ❸ [印刷物の] Exemplar *n.* -s, -e; Band *m.* -[e]s, ¨e.

ふ 歩 ❶ [地坪] ⇨つぼ（坪）. ❷ Rate *f.* -n （歩合）; Anteil *m.* -[e]s, -e （取り分）; Provision *f.* -en （口銭）; Prozentsatz *m.* -es, ¨e （パーセンテージ） ‖ ふあい／歩がよい(わるい) im Vorteil (im Nachteil) sein. ⇨かちめ.

ふ 分 ❶ [厚み] Stärke *f.* -n; Dicke *f.* -n. ❷ [歩合] Prozent *n.* (*m.*) -[e]s, -e; vom Hundert／分引き Abzug *m.* -[e]s, ¨e; Diskonto *m.* -[s], -s （..ti）; Rabatt *m.* -[e]s, -e／五分 fünf Prozent; fünf Hundertstel; fünf vom Hundert. ⇨わりびき.

ふ 武を尊ぶ auf kriegerische Ertüchtigung viel (großen) Wert legen／武を練る ⁴sich kriegerisch (militärisch) ertüchtigen (aus|bilden; züchten).

ファ [楽] *f n.* -, -; fa.

ファースト ⇨いちるい.

ファーストフード Fastfood *n.* -[s].

ぶあい 歩合 Rate *f.* -n （率）; Verhältnis *n.* ..nisses, ..nisse （比）; Prozent *n.* (*m.*) -[e]s, -e （利率）; Diskonto *m.* -[s], -s （..ti） （割引歩合）; Provision *f.* -en; Kommission *f.* -en （口銭）; Lizenzgebühr *f.* -en; Tantieme *f.* -n （印税などの）／歩合を出す Anteil geben*³ ‖ 歩合契約 Prozentkontrakt *m.* -[e]s, -e／歩合算 Prozentrechnung *f.* -en／歩合高 Höhe （*f.*） des Prozentsatzes.

ぶあいきょう 無愛嬌 Schroffheit *f.*; Grobheit *f.*; Rauheit *f.*／無愛嬌な schroff; grob; rau; griesgrämig; sauertöpfisch.

ぶあいそう 無愛想 Ungeselligkeit *f.*; Ungast[freund]lichkeit *f.*; Unwirtlichkeit *f.*; Derbheit *f.*; Barschheit *f.*――無愛想な ungesellig; nicht gastfreundlich; ungefällig; unsympathisch; grob; derb; trocken; kurz angebunden／無愛想な女 eine reizlose Frau／無愛想な男 Murr|kater *m.* -s, ¨-kopf *m.* -[e]s, ¨e／無愛想にはねつける jn ab|blitzen lassen*.

ファイト Kampfgeist *m.* -[e]s.

ファイバー Faser *f.* -n ‖ グラスファイバー Glasfaser *f.* -n.

ファイル Briefordner *m.* -s, - （手紙の）; Papierordner （紙の）; Dokument|halter (Akten-) *m.* -s, - （書類の）; Zeitungshalter （新聞の.

ファインダー Sucher *m.* -s, - （カメラの）; Suchglas *n.* -es, ¨er （望遠鏡の）.

ファインプレー das feine (saubere) Spiel, -[e]s.

ファウル [反則] das falsche (regelwidrige;

ファクシミリ Faksimile n. -s, -s (..milia); Faksimiledruck m. -[e]s, -e; Faksimileausgabe f. -n; fototechnische, originalgetreue Nachbildung, -en (Nachdruck m. -[e]s, -e) ∥ ファクシミリ電送機 Faksimileschreiber m. -s, -.

ファゴット Fagott n. -[e]s, -e.

ファシスト Faschist m. -en, -en.

ファシズム Faschismus m. -; Fascismus m.

ファスナー ❶ [固定具] Befestiger m. -s, -. ❷ [締め金] Verschluss m. -es, ..schlüsse; Reißverschluss m. (チャック).

ぶあつ 厚囊 dick; dickleibig《書物など 例: ein dickleibiger Wälzer 大部の著述的》.

ファックス (Tele)fax n. -, -(e).

ファッショ Faschismus m. -《主義》; die faschistische Partei《党》; Faschist m. -en, -en《党員》 / ファッショ的 faschistisch. ∥ ファッショ運動 die faschistische Bewegung, -en / ファッショ化 Faschistischmachung f. -en / ファッショ化する faschistisch machen⁴ / ファッショ思想 die faschistische Idee, -n; der faschistische Gedanke, -ns, -n.

ファッション Fashion f. -; Mode f. -n; Schnitt m. -[e]s, -e ∥ ファッションショー Mode(n)schau f. -en.

ふあん 不安 Unruhe f. -n; Angst f. ⸚e; Besorgnis f. ..nisse; Besorgtheit f.; Sorge f. -n; Ungewissheit f.; Unsicherheit f. —— 不安な unruhig; beängstigend; besorgt; sorgenvoll; ungewiss; unsicher. —— 不安に思う ⁴sich unruhig fühlen; Angst bekommen*; ein banges Vorgefühl haben; es ist jm angst (um⁴); schwer ums Herz sein (jm).

ファン Freund m. -[e]s, -e; Enthusiast m. -en, -en; Schwärmer m. -s, -; Schwarmgeist m. -[e]s, -er ∥ 読者ファン der fanatische Leser, -s, - / 野球ファン Baseballschwärmer m. -s, - / ラジオ(映画)ファン Radio-Freund (Film-Freund).

ファンタジー Fantasie f. -n.

ふあんてい 不安定 Schwanken n. -s; Labilität f.; Unbeständigkeit f. -en. —— 不安定な schwankend; labil; unbeständig; ⇨ふあん(不安な) ∥ 不安定感 Unsicherheitsgefühl n. -[e]s, -e; Ruhelosigkeit f.; Ungewissheit f. -en.

ふあんない 不案内 Ungewohntheit f.; Erfahrungslosigkeit f.; Unbekanntheit f. (mit³); Unerfahrenheit f. (in³); Unkenntnis f. ..nisse (von³); Unvertrautheit f. (in³). —— 不案内な ungewohnt²; erfahrungslos (in³); unkundig²; ununterrichtet (über⁴; von³); unvertraut (mit³); nicht kennen*⁴ / この土地には不案内で Hier in der Gegend weiß ich gar keinen Bescheid.

ファンファーレ Fanfare f. -n.

ふい 不意の(に) unerwartet; unvermutet; plötzlich《突然》; unangemeldet《予告なし》; überraschend《不意打ちの》; über jn herfallen*⁴; überraschen⁴ / 昨日は家族を引きつれて弟が不意にたずねて来た Gestern ist mein Bruder mit seiner ganzen Familie unangemeldet zu Besuch gekommen. /《俗》Gestern hat mein Bruder mit seiner ganzen Familie mich überrascht. ∥ 不意打ち Überfall m. -[e]s, ⸚e; Überraschung f. -en.

ふい ふいになる verloren gehen*⸣; zunichte (zu Wasser) werden;《俗》⁴sich in Wohlgefallen auf|lösen《反語的にだめになる》. —— ふいにする verlieren*⁴; verbringen* (《俗》verplempern⁴; verschwenden⁴; ver|tun*⁴)《浪費する》; zunichte machen⁴《失敗させる》.

ふい 武威 Waffen|ruhm m. -[e]s (-tat f. -en).

ブイ Boje f. -n; Bake f. -n; Tanne f. -n; Rettungsring m. -[e]s, -e.

フィアンセ der Verlobte*, -n, -n.

フィート Fuß m. -es, 《pl は基数の次では -》/ 長さ三フィート drei Fuß lang.

フィードバック Rückkopp[e]lung f. -en; Feedback n. -s, -s / フィードバックする rück|koppeln.

フィールド [Spiel]feld n. -[e]s, -er ∥ フィールド競技 Feldspiel n. -[e]s, -e / フィールドワーク Feldarbeit f.

フィギュアスケート Eiskunstlauf m. -[e]s ∥ フィギュアスケート選手 Eiskunstläufer m. -s, -.

ぶいく 撫育 das Aufziehen*, -s; Pflege f. -n; Hegen und Pflegen, des- und -s / 撫育する auf|ziehen*⁴; hegen und pflegen⁴; pflegen⁴.

フィクション Fiktion f. -en.

ふいご Blasebalg m. -[e]s, ⸚e / ふいごを踏む den Blasebalg treten*.

フィジー Fidschi n. -s / フィジーの fidschianisch ∥ フィジー人 Fidschianer m. -s, -.

ふいちょう 吹聴 Ankündigung f. -en; Bekanntmachung f. -en; Reklame f. -n; Empfehlung f. -en《推奨》/ この知らせを当分御吹聴なきように Halten Sie diese Mitteilung vorläufig noch geheim. / この品をよろしくお友達に御吹聴下さい Ich möchte Sie bitten, diese Ware Ihren Freunden zu empfehlen. / 彼の真価には吹聴を要しない Er empfiehlt sich selbst. —— 吹聴する an|kündigen⁴; an|zeigen⁴; bekannt machen⁴; Reklame machen (für⁴); veröffentlichen⁴ / それは吹聴するほどのことではない Das ist nicht erwähnenswert (der Erwähnung wert).

ふいと auf einmal《急に》; plötzlich《同上》; unerwartet《思いがけず》; zufällig《偶然に》/ ふいと見えなくなる rätselhafterweise verschwinden*⸣《子供などが》.

ふいに ohne weiteres; plötzlich; abrupt / ふいと立ち去る ohne weiteres (ohne Aufwiedersehen zu sagen) weg|gehen*⸣ / あの人はときどきふいということがある Er ist manchmal übel|nehmerisch.

フィナーレ Finale n. -s, -s; das Ende《-s,

フィニッシュ Finish n. -s, -s.

フィヨルド Fjord m. -[e]s, -e.

ブイヨン Brühe f. -n; Bouillon f. -s.

フィラメント Glühfaden m. -, ¨.

ふいり 不入りである schlecht besucht sein 《劇場などが》; Der Besuch ist nicht befriedigend.

フィリピン die Philippinen (pl.); die philippinischen Inseln (pl 群島); philippinisch ‖ フィリピン人 Philippino m. -s, -s; Philippiner m. -s, -.

フィルター [写真の] Filter m. (n.) -s, -; [濾過器] Filtrierapparat m. -[e]s, -e; Filterpapier n. -s, -e; [紙] ‖ フィルター付タバコ Filterzigarette f. -n.

フィルハーモニー Philharmonie f. -n. ‖ ウィーンフィルハーモニー管弦楽団 die Wiener Philharmoniker.

フィルム Film m. -[e]s, -e; Film|streifen (Bild-) m. -[e]s, -e; Filmband n. -[e]s, ¨e 《丸枠に巻いた》; Filmrolle f. -n 《映画の一巻分の》; フィルム番号指示器 Filmzähler m. -s, -/フィルムパック Filmpack m. (n.) -[e]s, -e (¨e)/フィルムライブラリー Filmarchiv n. -s, -e; Kinemathek f. -en. ⇨ えいが [映画].

ぶいん 部員 Mitglied n. -[e]s, -er; Mitgliederschaft f. -en; Stab m. -[e]s, -e.

フィンランド Finnland n. -s/フィンランドの finnländisch ‖ フィンランド語 Finnisch n. -[s]/フィンランド語(人)の finnisch/フィンランド人 Finne m. -n, -n, Finnländer m. -s, -; Finnin f. -nen 《女》.

ふう 封 (Wachs)siegel n. -s, -; Petschaft n. -[e]s, -e; Siegelabdruck m. -[e]s, ¨e/封を切る das Siegel aufbrechen* (erbrechen* lösen)/封をする ¹besiegeln⁴; versiegeln⁴; ein Siegel drücken (auf⁴); mit einem Siegel verschließe** ⁴.

ふう 風 ❶ [風采] Erscheinung f. -en; Anblick m. -[e]s, -e; der äußere (An)schein, -[e]s, -e; Aussehen n. -s; das Äußere*, -n; die äußere Gestalt, -en; Miene f. -n/ ~風の (ans)sehend; den Anblick von ... bietend/風の悪い schlecht (aus)sehend; einen verdächtigen Anblick bietend/風のいい gut (wohl) aussehend (gekleidet); von guter Figur (Gestalt)/いかにも~風をする ²sich breit (dick; groß; wichtig) machen (tun*); den Nacken steif (hoch) tragen*; eine große Miene an|nehmen*; ³sich ein Ansehen geben wollen*/~ような風をする schäbig (ärmselig) gekleidet sein; ⁴sich lächerlich machen. ❷ [風俗] Sitte f. -n; (Ge)brauch m. -[e]s, ¨e; Gewohnheit f. -en; Tradition f. -en; Usus m. -, -. ❸ [仕方] Weise f. -n; Art und Weise; Manier f. -en/こんな風に auf diese We[g]e/レンブラント風に in Rembrandtscher Manier; à la Rembrandt. ❹ [種類] Art f. -en; Gattung f. -en; Schlag m. -[e]s, ¨e; Typus m. -, ..pen/ああいう風な人はきらいだ Leute wie ihn mag ich nicht. Seinesgleichen ist mir zuwider. ❺ ⇨ ふり.

ふうあつ 風圧 Luft|druck (Wind-) m. -[e]s, ¨e; 【海】Leeweg m. -[e]s, -e.

ふうい 風位 Windrichtung f. -en/風位を測る(示す) die Windrichtung fest|stellen (an|zeigen)/風位が南に転じた Der Wind sprang nach Süden um. Der Wind änderte seine Richtung nach Süden.

ふういん 封印 Siegel n. -s, -; Petschaft n. -[e]s, -e; Stempel m. -s, -/封印する (be-)siegeln⁴; versiegeln⁴; petschieren⁴/封印してある gesiegelt.

ふういん 風韻 Fluidum n. -s, ..da.

ふうう 風雨 Wind und Regen, des - und -s; Wind und Wetter, des - und -s; [Un-]wetter n. -s, -; Sturm m. -[e]s, ¨e/風雨に耐える wetterfest/風雨にさらされた dem Wind und Wetter ausgesetzt; verwittert; wetterhart; vom Wetter mitgenommen 《風雨でいたんだ》/風雨にさらされる dem Wetter ausgesetzt werden (sein)/風雨を冒して bei (in) ³Wind und Wetter; in Sturm und Regen.

ふううん 風雲に乗じる ³sich eine günstige Gelegenheit (Wendung) zunutze machen; bei gutem Wind fort|kommen* [S]; mit dem Wind zu segeln verstehen*/風雲急を告げる Es herrscht eine gespannte (kritische) Lage. Dunkle (Drohende) Wolken stehen (ziehen) am politischen Himmel. 《政界の》‖ 風雲児 Glücksritter m. -s, -.

ふうか 風化 Ausblühung f. -en; Verwitterung f. -en/風化する aus|blühen [h.s]; verwittern [S]; aus|wittern [S] 《風解する》.

ふうが 風雅 der (gute) Geschmack, -[e]s, ¨e; Anmut f. -; Eleganz f. -; Feinheit f. -en; Grazie f.; Raffinement n. -s, -s. — 風雅な geschmackvoll; anmutig; elegant; fein; graziös; raffiniert/風雅な人 ein Mensch (m. -en, -en) von hohem Schönheitsempfinden.

フーガ 【楽】Fuge f. -n.

ふうがい 風害 Windschaden m. -s, ¨; Windbruch m. -[e]s, ¨e 《森林の》; die durch den Wind verursachten Schäden (pl).

ふうかく 風格 Charakter m. -s, -e 《品格》; Persönlichkeit f. -en 《人格》; Aussehen n. -s 《風采》; Stil m. -[e]s, -e 《風趣》/風格のある文章を書く einen charakteristischen (markigen) Stil schreiben*/彼からは一種独特の風格が感じられる Ein eigenartiges Fluidum geht von seiner Persönlichkeit aus.

ふうがわり 風変わりな wunderlich; absonderlich; bizarr; exzentrisch; kurios; merkwürdig; originell; seltsam; überge-schnappt; überspannt; verdreht; verschroben/風変わりな男 Eigenbrötler m. -s, -; Kauz m. -[e]s, ¨e; Original n. -s, -e; Sonderling m. -s, -e.

ふうがん 風眼【医】Ophthalmie f. -n.

ふうかんはがき 封緘葉書 Kartenbrief m.

ふうき 風紀 Zucht f. -en 《男女間のふうぎ》; Sittlichkeit f. 《同上》/風紀の退廃 Sitten|verderbnis f. -nisse (-ver-

ふうき 風紀 Reichtum und Ruhm; Wohlhabenheit ‖ 富ъ貴ぶ arm und reich; hoch und niedrig; vornehm und gering (Vornehme und Geringe 《pl》)

ふうぎ 風儀 ❶ Sitte *f*. -n; Sitte und Gesinnung; der sittliche Lebenswandel, -s; gute Manieren 《pl》/風儀の悪い ungesittet; schlecht erzogen; unanständig; unartig; unmanierlich; unschicklich; unsittsam/風儀のよい gut (wohl) gesittet; gut (wohl) erzogen; anständig; artig; manierlich; schicklich; sittsam/近ごろ学生の風儀が乱れてきた Manche heutige(n) Studenten führen einen nicht eben makellosen Lebenswandel. ❷ 《慣習》 Gewohnheiten 《pl》; (Ge)bräuche 《pl》.

ふうきり 封切 Uraufführung *f*. -en 《eines Film(e)s》; Premiere *f*. -n/封切る uraufführen[4] (ich uraufführe) ‖ 封切物《映画》 der uraufgeführte Film, -s.

ふうきん 風琴 [大型の] Orgel *f*. -n《パイプオルガン》; [小型の] Harmonium *n*. -s, ..ien《リードオルガン》; [手風琴] Ziehharmonika *f*. -s (..ken); Akkordeon *n*. -s, -s《(Hand)harmonika》; Konzertina *f*. -s《六角形の》; [ハーモニカ] Mundharmonika; [手回し] Drehorgel *f*.

ふうけい 風景 Landschaft *f*. -en; Aussicht *f*. -en《展望》; Ausblick *m*. -(e)s, -e《眺望》 ‖ 風景画 Landschafterei *f*. -en; Landschafts|bild *n*. -(e)s, -er(-malerei *f*. -en); Seestück *n*. -(e)s, -e《海洋画》; Landschaftsmaler *m*. -s, -/風景写真 Landschaftsaufnahme *f*. -n(-fotografie *f*. -n)《術》/街頭風景 Straßenszene *f*. -n.

ふうげつ 風月 Naturschönheit *f*. -en; die anmutigen Naturbilder 《pl》/風月を友とする ein Naturfreund 《*m*. -(e)s, -e》 sein; einen engen Verkehr mit der Natur pflegen (unterhalten[*]).

ふうこう 風光 Naturschönheit *f*. -en/風光明媚な地 die Landschaft von unbeschreiblicher Naturschönheit. ⇨ふうけい.

ふうこう 風向 Windrichtung *f*. -en.

ふうさ 封鎖 Blockade *f*. -n; Blockung *f*. -en; Einschließung *f*. -en; Sperrung *f*. -en/封鎖を宣言する(解く, 破る) die Blockade erklären (auf|heben[*], brechen[*])‖ 〜する blockieren[*]; ein|schließen[*]; sperren[*]《港湾・小切手などを》. ‖ 封鎖勘定 Sperrkonto *n*. -s, ..ten (-s *od*. ..ti)/封鎖預金 Sperrdepot *n*. -s, -s/海上封鎖 Seesperre *f*. -n.

ふうさい 風采 Aussehen *n*. -s; das Äußere[*], -n(r)en; die (äußere) Erscheinung, -en/風采のあがらぬりっぱな unansehnlich (stattlich)/彼は風采があがらない Er sieht nach nichts aus./彼は風采がよい Er sieht elegant (schneidig) aus.《スマートだ》; Er macht eine gute Figur.《りゅうとしたスタイルだ》; Er ist eine stattliche Erscheinung.《堂々としている》.

ふうし 諷示 Andeutung *f*. -en; Hinweis *m*. -es, -e/諷示する an|deuten[4]; hin|weisen 《auf[4]》; zu verstehen geben[*³⁴].

ふうし 諷刺 Anspielung *f*. -en《当てこすり》; der witzige Spott, -(e)s; Satire *f*. -n《諷刺(詩文)》; Sarkasmus *m*. -, ..men《冷罵》/諷刺的 satirisch; spöttisch; beißend; sarkastisch. ‖ 〜する an|spielen 《auf[4]》; eine versteckte Anspielung machen 《auf[4]》; bespötteln[4]; verspotten[4]. ‖ 諷刺家 Satiriker *m*. -s, -; Satirendichter *m*. -s, -《諷刺詩人》/諷刺画 Spottbild *n*. -(e)s, -er; Karikatur *f*. -en/諷刺画家 Fratzenmaler *m*. -s, -; Karikaturenzeichner *m*. -s, -; Karikaturist *m*. -en, -en/諷刺詩 Spottgedicht *n*. -(e)s, -e; Satire.

ふうしゃ 風車 Windmühle *f*. -n/風車小屋 Mühlenhaus *n*. -es, ⸗er/風車場 Mühle *f*.

ふうしゅう 風習 Sitte *f*. -n; Brauch *m*. -(e)s, -e; Gebräuch *m*. -(e)s, -e《慣習》; Gepflogenheit *f*. -en/風習に従う die Sitten befolgen, [*]sich den Sitten an|passen/風習を破る mit der Gepflogenheit brechen[*]; von dem Brauch ab|kommen[*]《脱する》/風習に反して gegen die Sitten verstoßen[*]《反する》.

ふうしょ 封書 der (versiegelte) Brief, -(e)s, -e.

ふうしょく 風食 Verwitterung *f*. -en/風食した verwittert.

ふうじる 封じる verschließen[*⁴]; versiegeln[4]; unter[*] Siegel legen[4]. ⇨ほうじる.

ふうしん 風疹 die Röteln 《pl》; die Rubeolen 《pl》.

ふうじん 風塵を避ける zurückgezogen leben.

ふうすいがい 風水害 Wind- und Wasserschaden《*m*. -s, ⸗》.

ふうする 諷する an|spielen 《auf[4]》; an|deuten[4]/...を諷して auf[*4] anspielend; in Anspielung auf[*4]/僕の言ったことを諷しているのだ Er spielt auf meine Bemerkung an.

ふうせつ 風説 Gerücht *n*. -(e)s, -e; das Hörensagen, -s; Nachrede *f*. -n《風評》; Stadtgespräch *n*. -(e)s, -e《街談》. ⇨うわさ.

ふうせつ 風雪 Schneesturm *m*. -(e)s, -e; das dichte Schneegestöber, -s, -.

ふうせん 風船 (Luft)ballon *m*. -s, -s (-e) ‖ 風船玉 Ballon.

ふうぜんのともしび 風前のともしびである an einem Haar hängen[*]; an einem (dünnen; seidenen) Faden hängen[*]/彼の生命は風前のともしびだ Sein Leben hängt nur (noch) an einem (dünnen) Faden.

ふうそく 風速 Windgeschwindigkeit *f*. -en/毎秒五十メートルの風速で mit einer Windgeschwindigkeit von 50 Metern die Sekunde ‖ 風速計 Anemometer *n*. -s, -.

ふうぞく 風俗 Sitte *f*. -n; (Ge)brauch *m*. -(e)s, ⸗e; Gewohnheit *f*. -en; die öffent-

ふうたい 風袋 Tara *f.* -s (..ren); Verpackungsgewicht *n.* -[e]s, -e/風袋は2%と見積もってある Für Tara werden 2% berechnet. / 風袋込み Bruttogewicht *n.* -[e]s, -e/風袋ぬき Nettogewicht/普通(平均, 正味)風袋 die usancemäßige (durchschnittliche, reine) Tara.

ブータン Bhutan *n.* -s.

ふうち 風致 Reiz *m.* -es, -e; Anmut *f.*; Eleganz *f.*; Feinheit *f.*; Geschmack *m.* -[e]s; die landschaftliche Schönheit, -en; die anmuteten Landschaftsbilder 《*pl*》/風致ある geschmackvoll (in feinem Geschmack) sein; viel Eleganz (Feinheiten) haben; landschaftlich reizend sein 《風景の》; malerisch sein 《同上》‖ 風致地区 die Zone 《-n》mit schonen Aussichten/風致庭園 Schmuckanlage *f.* -n (-platz *m.* -es, -e).

ふうちょう 風潮 Zeitströmung *f.* -en; Geist 《*m.* -[e]s》der Zeiten; Zeit|gesinnung *f.* -en (-rich- tung *f.* -en)/世の風潮に従う mit dem Strom schwimmen* [s,h]; ⁴sich in die herrschende (nach der herrschenden) Richtung der Zeit fügen; ⁴sich in den Zug der Zeit schicken.

ふうてい 風体 ❶ Aussehen *n.* -s, -; das Äußere *n.*; Anschein *m.* 《外見》. ❷ 《衣服》Anzug *m.* -[e]s, -e; Kleidung *f.* -en/怪しき風体の Verdacht erregend/みすぼらしい風体の lumpig; in Lumpen gehüllt; schäbig (elend) angezogen.

ふうど 風土 Klima *n.* -s, -s; Geländebeschaffenheit *f.* -en; Himmelsstrich *m.* -[e]s, -e; Witterungsverhältnisse 《*pl*》/風土に慣れる ⁴sich akklimatisieren; heimisch werden‖ 風土記 Topographie *f.* -n; Gelände-beschreibung (Orts-) *f.* -en/風土病 die endemische (ein|heimische; örtliche); ortsüb- liche) Krankheit *f.* -en; Ortskrankheit *f.* -en.

フード ❶ 《食品》Esswaren *f.* -; Nahrungsmittel 《*pl*》. ❷ 《コートなどの》Kaputze *f.* -n.

ふうとう 封筒 [Brief]umschlag *m.* -[e]s, -e; Kuvert *n.* -[e]s, -e/封筒に入れる ⁴et in den Umschlag stecken (tun*).

ふうどう 風洞 Windkanal *m.* -s, -e.

プードル 《犬》Pudel *m.* -s, -.

ふうにゅう 封入 Beilegung *f.* -en; Einlegung *f.* -en. —— 封入する bei|fügen³⁴; bei|legen³⁴; ein|legen⁴ (in einen Brief)/ 手紙に小切手を封入する einem Brief einen Scheck beilegen/...を封入しておきますからお受取り下さい Anbei (Beifolgend) erhalten Sie ..../見本一部封入してお送り致します Als (In der) Anlage senden wir Ihnen eine Probe.‖ 封入物 Beilage *f.* (eines Briefes); Einlage; Einschluss *m.* -es, -e.

ふうは 風波 ❶ Wind und Wellen (Wogen) 《*pl*》; die Wind gepeitschten Wellen (Wogen); der hohe Seegang, -[e]s, -e; Sturm *m.* -[e]s, -e/風と戦う ³Wind und Wellen zum Trotz (Trotz bietend); ⁴sich dem Sturm[e] heftig widersetzend. ❷ 《不和》Zwist *m.* -es, -e; Krach *m.* -[e]s, -e; Streit *m.* -[e]s, -e; Uneinigkeit *f.* -en; Unruhe *f.* -n; Zank *m.* -[e]s, -e; Zwiespalt *m.* -[e]s, -e 《-e》(-tracht *f.*)/あの家庭は風波が絶えない In dieser Familie gibt es unaufhörliche Zwistigkeiten.

ふうばい 風媒 《植》Anemophilie *f.* -n; Wind|befruchten *f.* -en; die Bestäubung *f.* -en/風媒の anemophil; wind|befruchtet (-bestäubt)‖ 風媒花 die anemophile (windbefruchtete; windbestäubte) Blume, -n.

ふうび 風靡する das Zepter (Szepter) führen; Führung haben; in ³Gewalt haben⁴; am Ruder sein; zu Paaren treiben*⁴; regieren⁴; vor|herrschen/人心を風靡する die Herrschaft über den Zeitgeist aus|üben; die Zeitgenossen um den Finger wickeln.

ふうふ 夫婦 Mann und Frau; Eheleute 《*pl*》; [Ehe]paar *n.* -[e]s, -e; das verheiratete Paar, -[e]s, -e/夫婦の ehelich; verheiratet; Ehe- / 夫婦の縁 Ehe|band *n.* -[e]s, -(bund *m.* -[e]s, -e)/ 夫婦になる Mann und Frau werden; ehelichen⁴; eine Ehe ein|gehen* [s] 《*mit*³》; in den Hafen der Ehe ein|laufen* [s]; ehelich (durch eine Heirat) verbunden werden; ⁴sich verheiraten (vermählen); vermählt werden/夫婦約をする einen Ehe|kontrakt (-vertrag) schließen*; einander ewige Treue schwören*; ⁴sich ver- loben 《*mit*³》/夫婦の ehelicher Liebe; Gattenliebe *f.*/夫婦げんか Ehe|streit *m.* -[e]s, -e (-streitigkeit *f.* -en); Ehe|zwist *m.* -es, -e 《-zwistigkeit *f.*》/夫婦仲 Ehe|leben *n.* -s, -(-stand *m.* -[e]s, -e; -verhältnis *n.* ..nisses, ..nisse)/新夫婦 die Neu- vermählten 《*pl*》; das jung verheiratete Paar/若夫婦 das junge [Ehe]paar.

ふうふう ふうふう言う ❶ 《警笛》hupen; tuten. ❷ 《息切らす》schnauben; schnaufen; 《息を切らす》keuchen; nach ³Luft schnappen (schnaufen); außer Atem kommen* [s]/走ってふうふう言う Nach dem Laufen ringt man nach Luft./コーヒーをふうふう吹く die heißen Kaffee geräuschvoll pusten/激しいインフレで民衆はふうふう言っている Unter der starken Inflation ächzt das Volk.

ぶうぶう ぶうぶう言う ❶ 《警笛》hupen; tuten. ❷ 《不平》brummen; knurren; murren.

ふぶい。

ふうぶつ 風物 Landschaftsbild *n.* -[e]s,

ふうぶん 風聞 Gerücht n. -(e)s, -e (*über*⁴); Hörensagen n. -s; Kunde f. -n ‖ 風聞録 Anekdotensammlung f. -en.

ふうぼう 風防 Windschutz m. -es ‖ 風防ガラス Windschutzscheibe f. -n.

ふうみ 風味 Geschmack m. -(e)s, ⁻e / 風味をつける schmackhaft machen⁴; würzen⁴ / 風味のない geschmacklos; fade schal / 風味のよい schmackhaft; wohlschmeckend; appetitlich; delikat; fein; köstlich / これはなかなか風味のない (さっぱり風味のない、風味の悪い) 料理だ Dieses Gericht schmeckt sehr gut (gar nicht, schlecht).

ふうらいぼう 風来坊 Wanderer m. -s, -; Landstreicher m. -s, -; Vagabund m. -en, -en; der launenhafte (wetterwendische) Mensch, -en, -en〈気まぐれ者〉.

ふうりゅう 風流 Eleganz f. -en; Feinheit f. -en; der verfeinerte Geschmack, -(e)s, ⁻e / 風流を解せぬ geschmacklos; prosaisch; unromantisch / 彼は風流を解する Er hat einen verfeinerten Geschmack. Er hat eine poetische Ader. — 風流な elegant; fein; geschmackvoll; poetisch〈風雅な〉/ 風流な人 der Mann (-(e)s, ⁻er) von feinem Geschmack.

ふうりょく 風力 Windstärke f. -n; Windgeschwindigkeit f. -en〈風速〉/ 風力が加わる Der Wind nimmt zu. ‖ 風力計 Wind(stärke)messer m. -s, -; Anemometer n. -s, - / 自記風力計 Anemograph m. -en, -en.

ふうりん 風鈴 Windglöckchen n. -s, - ‖ 風鈴草 Glockenblume f. -n.

プール ❶〔水泳用〕 Schwimmbecken n. -s, -〈水槽〉 Schwimmbad n. -(e)s, ⁻er; Schwimmanstalt f. -en〈水泳施設〉/ プールに泳ぎに行く baden gehen* ⓢ / 市営プールは清潔で手入れがが行きとどいている Das städtische Bad ist sauber und gepflegt. ❷〔商業〕 Pool m. -s, -s; Ring m. -(e)s, -e / プールする poolen⁴; zusammen|legen⁴, - / einen Ring bilden. ❸ モータープール Fahrbereitschaft f. -en.

ふうろう 封蠟 Siegellack m. (n.) -(e)s, -e (-wachs n. -es, -e) / 封蠟で封をする siegeln⁴; hermetisch verschließen*⁴〈密封する〉.

ふうん 不運 Unglück n. -(e)s, -e; Missgeschick n. -(e)s, -e; Missgeschick n. -(e)s, -e; Pech n. -(e)s, -e / 不運な unglücklich; Unglücks-; unter einem Unstern geboren / 不運にも unglücklicherweise / 彼は不運な男でいつも不運つづきだ Er ist ein Pechvogel, und die Pechsträhne reißt ihm nie ab.

ぶうん 武運 Kriegsglück n. -(e)s, -e / 武運拙く屈した Das Kriegsglück lächelte uns nicht, und wir mussten zu Kreuz kriechen. ‖ 武運長久 Mit Gott für König und Vaterland; Für Gott, Ehre, Vaterland.

ぶうん ぶうんと音をたてる summen; brummen.

ふえ 笛 Flöte f. -n; Dudelsack m. -(e)s, ⁻e 〈風笛〉 Flageolett n. -(e)s, -e〈縦笛〉; Pikkoloflöte〈小笛〉; Pfeife f. -n, Pfiff m. -(e)s, -e〈呼び笛〉 Querflöte (-pfeife)〈横笛〉/ 笛の穴 Flötenloch n. -(e)s, ⁻er / 笛を吹く (auf der) Flöte spielen (blasen*); flöten; pfeifen* / 笛を鳴らる die Pfeife ertönen lassen* / 笛が鳴りとも踊らず nicht nach einer anderen Pfeife tanzen ‖ 笛吹き Flötenspieler m. -s, -; Flötist m. -en, -en; Pfeifer m. -s, -.

フェア fair; anständig; ehrlich; redlich ‖ フェアプレー Fairplay n. -.

ふえいせい 不衛生 Ungesundheit f.; die Vernachlässigung (-en) der Hygiene / 不衛生な ungesund; gesundheits|schädlich (-widrig); unhygienisch.

フェイント [ボクシング・バレーボールなどの] Scheinangriff m. -(e)s, -e; Finte f. -n / フェイントをする eine Finte machen; fintieren.

フェーン Föhn m. -(e)s, -e.

ふえき 賦役 Zwangsarbeit (f. -en) und erpresste Abgabe (f. -en) / 賦役を課する eine Fronarbeit auf(er)legen (jm).

フェザーきゅう フェザー級 Federgewicht n. -s.

フェスティバル Festspiele (pl) / Festival n. -s.

ふえて 不得手 Schwäche f. -n; die schwache Seite. -n; die angreifbare Stelle, -n; Ungeschick n. -(e)s, -e〈不器用〉; Ungeschicklichkeit f.〈同上〉/ 不得手である schwach (ungeschickt) sein (*in*³) / 商売は不得手だ Im Geschäft fühle ich mich nicht in meinem Fahrwasser (Element(e)).

フェニックス Phönix m. -(e)s, -e.

フェミニスト Feminist m. -en, -en.

フェミニズム Feminismus m. -, -men.

フェリー〔渡し場〕Fähre f. -n;〔渡船〕Fähre f. -n; Fährboot n. -(e)s, -e / Fährschiff n. -(e)s, -e / フェリーボート Autofähre f. -n.

ふえる 殖える ⁴sich vermehren; [an]wachsen* ⓢ; größer (stärker) werden; zu|nehmen*; [an]schwellen* ⓢ / ふえるばかりで nur weiter zu|nehmen*; nicht auf|hören, ⁴sich zu vermehren / 川水がふえる an Fluss ist angeschwollen. / 目方がふえる an ³Gewicht zu|nehmen*.

フェルト Filz m. -es, -e / フェルト製の filzig.

フェロモン Pheromon n. -s, -e.

ふえん 敷衍 Erweiterung f. -en; Ausdehnung f. -en; Entwicklung f. -en; Vergrößerung f. -en / 敷衍する erweitern⁴; aus|dehnen⁴ (*auf*⁴); entwickeln⁴; vergrößern⁴.

フェンシング das Fechten f. -s; Fechtkunst f. ⁻e / フェンシングをする fechten* (*mit*³; *gegen*⁴); einen Gang fechten*〈一試合する〉/ フェンシングの試合 Fechtkampf m. -(e)s, ⁻e / フェンシングの道具 Fechtgeräte (pl) ‖ フェンシング競技場 Fechtboden m. -s, - 〈 -saal m. -(e)s, -säle〉/ フェンシング師範 (達人) Fechtmeister m. -s, -; Fechtlehrer m. -s, -; der ausgezeichnete Fechter, -s, -.

フェンス Zaun m. -(e)s, ⁻e.

フェンダー Kotflügel m. -s, -; Schutzblech

ぶえんりょ 無遠慮 [率直] Offenheit f. -en; Freimütigkeit f. -en; [顧慮・仮借せぬ] Rückhaltlosigkeit f. -en; Rücksichtslosigkeit f. -en; [物おじせぬ] Keckheit f. -en; Dreistigkeit f. -en/無遠慮な(に) offen; freimütig; rückhaltlos (-sichtslos); nicht zurückhaltend; rau; keck; ungezwungen; zudringlich; ohne Umschweife auf den Kern der Sache kommen* ⁴/無遠慮に批評する schonungslos (rücksichtslos) kritisieren⁴/無遠慮に立ち去る ohne weiters weggehen* ⓢ.

フォーカス Fokus m. -, ..kusse; Brennpunkt m. -[e]s, -e.

フォークソング Folksong m. -s, -s.

フォービズム Fauvismus m. -.

フォームラバー Schaumgummi m. -s, -[s].

フォーラム Forum n. -s, -, Fora.

ぶおとこ 醜男 ein hässlicher Mann, -[e]s, ⸗er; ein grässliches Ungetüm, -[e]s, -e 〈怪物〉.

フォルテ forte.

フォワード Stürmer m. -s, -.

ふおん 不穏 Unruhe f. -n; Beunruhigung f. -en/形勢不穏である Es herrscht eine gespannte Lage. ― 不穏な unruhig; beunruhigend; bedrohlich 〈威嚇の〉; drohend 〈同上〉; aufrührerisch (aufwieglerisch); aufständisch 〈反抗的な〉; ungebührlich 〈不穏当な〉/不穏な言辞を弄する in drohendem Tone sprechen*; eine aufrührerische Rede halten*. ‖ 不穏文書(分子) die aufrührerischen (gefährlichen) Dokumente (Elemente) (pl).

フォンデュ [料] Fondue n. -s, -s.

ふおんとう 不穏当な ungebührlich; ungehörig; ungerecht; unschicklich; unziemlich/この処置はなはだ不穏当である Diese Maßnahme ist sehr ungerecht.

ふか 不可の unbillig; unerlaubt; unrecht; unberechtigt; nichtgenügend (ungenügend) 〈成績の〉/不可とする missbilligen⁴; verurteilen⁴; vor|werfen*³⁴/可もなく不可もない (leidlich; mittelmäßig; weder gut noch schlecht) sein/可とする者と否とする者の三だった Die Stimmen dafür waren acht, die dagegen drei.

ふか 賦課 Auf[er]legung f. -en/税を賦課する eine Steuer legen (auf⁴); jm Steuern auferlegen; besteuern⁴.

ふか 付加する bei|fügen⁴; [hin]zu|fügen⁴ 〈zu⁴〉; an|hängen⁸ 〈添える〉; ergänzen⁴ 〈補足する〉. ― 付加の beigefügt; hinzugefügt; hinzugesetzt; ergänzend 〈補足的〉; nachträglich 〈追加的〉; zusätzlich. ‖ 付加刑 Nebenstrafe f. -n/付加語 Attribut n. -[e]s, -e; Beifügung f. -en/付加税 [Steuer]zuschlag m. -[e]s, ⸗e; Zuschlagsteuer f. -n/付加物 Anhang m. -[e]s, ⸗e; Ergänzung f. -en 〈補追〉; Nachtrag m. -[e]s, ⸗e; Zusatz m. -es, ⸗e.

ふか 鱶 Hai m. -[e]s, -e; Haifisch m. -[e]s, -e.

ふか 孵化 Ausbrütung f. -en; das Brüten*, -s/孵化する aus|brüten⁴; aus|hecken⁴; ausgebrütet werden 〈卵が〉 ‖ 人工孵化 die künstliche Ausbrütung.

ふか 部下 der Unter|geordnete* (-gebene*), -n, -n; Anhänger m. -s, -; Leute n. -s, -, Leute (pl)/…の部下である jm unter|stehen*; jm untergeben sein.

ふかい 深い ❶ [浅いの対] tief 〈深い海 das tiefe Meer, -s, -/深い皿 der tiefe Teller, -s, -/深い傷 die tiefe Wunde, -n, -n/深く掘る tief graben*⁴ 〈in⁴〉/敵地深く侵入する tief ins feindliche Land ein|dringen* ⓢ/雪が深く積もっている Es liegt tiefer (hoher) Schnee. ❷ [比喩的] tief; gründlich; profund; tief|gründig (-sinnig)/深い印象 der tiefe (nachhaltige; unauslöschliche) Eindruck, -[e]s, ⸗e/深い考え die tiefe Gedanke, -ns, -n; Überlegung f. -en 〈熟慮〉; Vorbedacht m. -[e]s 〈事前の考慮〉/深い考えのある人 der tief Denkende*, -n, -n; der gescheite (kluge; geistvolle) Mensch, -en, -en; der tiefe Weise*, -n, -n/深い考えもなく ohne ⁴Vorbedacht; unabsichtlich 〈何気なく〉; unachtsam/深いかかわり/深い味に関する/深い興味をもつ sehr interessiert sein 〈an³〉; großes Interesse haben 〈an³〉; regen Anteil nehmen* 〈an³〉/深い眠りにおちる in tiefen (festen; gesunden) Schlaf fallen* (sinken*) ⓢ/深い嘆息をつく einen tiefen (schweren) Seufzer aus|stoßen*; tief (aus tiefer Brust) seufzen/それには深い訳がある Das lässt tief blicken. ― 深く tief; aus tiefster ³Seele (aus tiefstem ³Herzen) 〈衷心から〉/深い悲嘆する tief (aus tiefste) beklagen⁴; voller Trauer sein 〈über⁴〉/深く確信(感動)する fest überzeugt (sehr gerührt) sein 〈von³〉/深くさを vertiefen⁴; verstärken⁴/印象が深くなる Der Eindruck verstärkt (vertieft) sich. ❸ 〈濃い・茂った〉 dicht; dick; dunkel (satt) 〈色〉/深い霧 der dichte (dicke) Nebel, -s, -/深い緑 das dunkle (satte; tiefe) Grün, -s, -/深い森の中で im tiefen (mitten im) Wald[e]/草が深い mit ³Gras bewachsen (überwuchert). ❹ 〈親密な〉 innig; intim; vertraut/深い仲である ein [Liebes]verhältnis mit jm haben; ein Verhältnis miteinander haben 〈双方が〉; sich (einander) lieben; ein Herz und eine Seele sein 〈俗・卑〉/一つ頭と一つAsch sein/一つ頭と

ふかい 不快 ❶ [不愉快] das Missfallen*, -s; Unbehagen n. -s; Verdruss m. -es, -e; Verstimmung f. -en 〈不機嫌〉; Ärger m. -s 〈腹立ち〉; Ekel m. -s 〈嫌悪〉. ❷ [病気] das Übelbefinden*, -s; das Unwohlsein*, -s. ⇨ **びょうき** ― 不快な ❶ [不愉快な] missfällig; unangenehm; unbehaglich; verdrießlich; verstimmt; abstoßend 〈眠らい〉; ärgerlich 〈腹立たしい〉/不快に感じる ⁴sich gekränkt (verletzt) fühlen; Anstoß nehmen* 〈an⁴〉; Ekel empfinden 〈vor³〉. ❷ [病気の] übel 〈気分がすぐれない〉; unpässlich; unwohl.

ふがいない 不甲斐ない charakterschwach; effeminiert; feig(e); lebensuntüchtig;

ふかいり 深入りする ❶ [敵地などに] tief ein¦dringen* ⟨in⁴⟩. ❷ eifrig ein¦gehen* ⓢ ⟨auf⁴ 立ち入る⟩; ⁴sich zu tief ein¦lassen* ⟨in⁴; mit³⟩; ⁴sich verstricken ⟨in⁴ 巻き込まれる⟩; [俗] ⁴sich schon hinein¦reiten* ⟨in⁴ 同上⟩ / 彼には深入りし過ぎるな Lass dich nicht zu weit mit ihm ein!

ふかかい 不可解 Unbegreiflichkeit f.; das Geheimnisvolle* (Rätselhafte*), -n; Dunkel n. -s / ⁴nicht zu unbegreiflich; unerklärlich; geheimnisvoll; rätselhaft; dunkel / 不可解な人物 der rätselhafte Mensch, -en, -en; Sphinx f. -.

ふかかち 付加価値 Mehrwert m. -[e]s, -e ‖ 付加価値税 Mehrwertssteuer f. -.

ふかぎゃく 不可逆の unumkehrbar; irreversibel ‖ 不可逆反応 eine irreversible Reaktion, -en.

ふかく 俯角 Depressionswinkel m. -s, - 〖天〗 Depression f. -en.

ふかく 不覚 Fehler m. (Versehen n.), - 〈手落ち〉; Fehlgriff m. -[e]s, -e 〈失策〉; Misserfolg m. -[e]s, -e 〈失敗〉; Niederlage f. -n 〈敗北〉/不覚を取る besiegt werden (im Kampf 敗北する); et misslingt jm 〈失敗する〉; durch¦fallen* ⓢ 〈落第する〉/前後不覚の(に) bewusstlos (in tiefer Bewusstlosigkeit) / 彼は不覚の涙を流した Er war unwillkürlich zu Tränen gerührt / それは私の不覚だった Die Schuld lag an mir.; Es war meine Schuld (mein Fehler).

ぶがく 舞楽 ❶ Tanz und Musik. ❷ der altjapanische Tanz ⟨-es, ⸚e⟩ mit Hofmusik.

ふかくじつ 不確実 Ungewissheit f. -en; Unzuverlässigkeit f. -en / 不確実な ungewiss; unsicher; unzuverlässig.

ふかけつ 不可欠の unentbehrlich; unerlässlich.

ふかこうりょく 不可抗力 Unwiderstehlichkeit f. -en; Unvermeidlichkeit f. -en; 〖法〗 die höhere Gewalt (Vis major).

ふかさ 深さ Tiefe f. -n / 深さの知れない bodenlos; grundlos; unergründlich 〈測り難い〉/ 深さを測る die Tiefe loten / 水の深さどれ程か―四メートルだ Wie tief ist das Wasser? — Es ist 4m tief.

ふかざけ 深酒する stark (übermäßig; zu viel) trinken*; [俗] zu tief ins Glas gucken (schauen); [俗] einen über den Durst trinken*; wie ein Bürstenbinder (wie ein Loch; [俗] wie eine Unke; wie das liebe Vieh) saufen* 〈鯨(⸚)飲する〉.

ふかしぎ 不可思議 Wunder n. -s, -; Rätsel n. -s, - 〈謎〉; Unbegreiflichkeit (Unerforschlichkeit) f. -en 〈不可解〉/ 不可思議な unbegreiflich; unergründlich; unverständlich; geheimnisvoll 〈神秘的な〉; rätselhaft; übernatürlich 〈超自然的な〉; wunderbar; wundervoll. ⇨ふしぎ.

ふかしん 不可侵 Unverletzlichkeit f.; Unangreifbarkeit f. 《不侵略》/ 不可侵の unan¦tastbar; unverletzlich; heilig 〈神聖な〉; unangreifbar; heilig ‖ 不可侵条約 Nichtangriffspakt m. -[e]s, -e / 不可侵条約を結ぶ einen Nichtangriffspakt ⟨-[e]s, -e⟩ [ab]schließen* ⟨mit³⟩.

ふかす 蒸かす dämpfen*; dünsten*; mit(in) ¹Dampf kochen*.

ふかす [たばこを]吹かす [Tabak] rauchen; eine Pfeife (aus einer Pfeife) rauchen 《パイプを》; eine Zigarre (Zigarette) rauchen 《葉巻(シガレット)を》; eine Pfeife (an einer Pfeife) paffen 《すぱすぱやる》; einen Zug tun* 〈一服する〉; wie ein Schlot rauchen 〈猛烈に〉.

ふかち 不可知の unerforschlich; unerkennbar; unergründlich ‖ 不可知論 Agnostizismus m. - / 不可知論者 Agnostiker m. -s, -.

ぶかっこう 不恰好な(に) miss¦gestaltet (un-); miss¦förmig (un-); plump; entstellt; ungeschlacht 〈ぶさいく〉/ 不恰好な姿 eine unförmige Gestalt.

ふかっぱつ 不活発 Unbelebtheit f.; Untätigkeit f.; Trägheit f.; Flauheit f.; Stille f. 〈沈滞の〉; Stockung f. -en 〈沈滞〉/ 不活発な nicht lebhaft; energielos; träge; untätig; unbelebt; flau; still; stockend.

ふかづめ 深爪 たる den Nagel ⟨-s, ⸚⟩ zu kurz (tief) schneiden*.

ふかのう 不可能 Unmöglichkeit f. -en. / 不可能な unmöglich; unausführbar ⟨できそうもない⟩; undenkbar ⟨ありそうもない⟩; unerreichbar ⟨及び難い⟩/ それはほとんど不可能なこと Es ist beinahe unmöglich (kaum zu erwarten).: Es lässt sich keine Möglichkeit absehen.: Es ist keine Aussicht dazu vorhanden. 《とうてい見込なし》‖ 不可能なる Unmögliche* / 不可能事を企てる Unmögliches versuchen (an¦streben); dem Unmöglichen nach¦jagen S; mit dem Kopf durch die Wand (rennen) wollen* 〈無理を通そうとする〉.

ふかひ 不可避の unausbleiblich; unvermeidlich.

ふかふか ふかふかした枕 elastisch-weiches Kissen, -s, - / ふかふかした饅頭(⸚) eben gedämpftes Manju, -s, -s.

ふかぶん 不可分 Unteilbarkeit f. / 不可分の unteilbar.

ふかみ 深み Tiefe f. -n / 深みにはまり込む die Tiefe fallen* ⓢ / rutschen ⓢ / ずるずる深みに落ち込む in ⁴Unannehmlichkeiten hinein¦schlittern ⓢ; langsam (widerstandslos) hinein¦geraten* ⓢ; in ⁴Sünde verstrickt werden; in sein ⁴Verderben rennen* ⓢ 〈破滅の淵に落ち入る〉./ 深みのある tief[gründig]; profund 〈深遠な〉; bedeutsam (bedeutungsvoll) 〈意味深重な〉; sinnvoll 〈含蓄ある〉/ 深みのない ohne ⁴Tiefe; leichtfertig 〈軽薄な〉; geringfügig; sinnlos.

ふかめる 深める ⇨ふかくする(深くする).

ふかん 俯瞰する überblicken⁴; überschauen⁴; aus der Vogelschau betrachten* ‖ 俯瞰図 Vogelperspektive f. -n; Vogelschau f. -en.

ぶかん 武官 Militär|offizier (Marine-) _m._ -s, -e; Offizier _m._ -s, -e ‖ 大(公)使館付武官 Militär|attaché (Marine-) _m._ -s, -s.

ふかんしへい 不換紙幣 das inkonvertible (uneinlösbare; unkonvertierbare) Papiergeld, -(e)s, -er; das Papiergeld ohne ⁴Deckung.

ふかんしょう 不感症 Geschlechtskälte _f._; Frigidität _f._ / 不感症の geschlechtskalt; frigid.

ふかんしょう 不干渉 Nichteinmischung _f._ -en; Nichtintervention _f._ -en ‖ 不干渉主義 Nichtinterventionsprinzip _n._ -s, -pien.

ふかんぜん 不完全 Unvollkommenheit _f._ -en; Unvollständigkeit _f._ -en / 不完全な unvollkommen; unvollständig; mangelhaft 《不十分な》; fehlerhaft 《欠陥のある》; unfertig 《未成の》.

ふき 付記 Nachwort _n._ -(e)s, -e 《あとがき》; Anhang _m._ -(e)s, ⸚e 《付録》/ 付記する hinzu|fügen⁴.

ふき 不羈独立の frei und unabhängig / 不羈奔()放の生涯を送る ein ungebundenes (zügelloses) Leben führen.

ふき 蕗 japanischer Huflattich, -s, -e / 蕗のとう Blüte (_f._ -n) des Huflattiches.

ふぎ 付議する zur Sprache bringen*⁴; in der Sitzung (Konferenz) besprechen*⁴ (behandeln)⁴; beraten*⁴; debattieren⁴ 《über》; diskutieren⁴; erörtern⁴; zur Debatte stellen⁴.

ふぎ 不義 ❶ [不道徳] Unsittlichkeit _f._; Sünde _f._ -n; Ungerechtigkeit _f._ / 不義の unsittlich; sündhaft; ungerecht / 不義の富 der unrechtmäßig (unehrenhaft) erworbene Reichtum, -s, -er; der böse Gewinn, -(e)s, -e. ❷ [密通] Ehebruch _m._ -(e)s, ⸚e; die Verletzung der ehelichen Treue / 不義を働く die Ehe brechen*; Ehebruch begehen* (treiben*); die eheliche Treue verletzen⁴ / 不義の子 das uneheliche (natürliche) Kind, -(e)s, -er; Bankert _m._ -s, -e; Bastard _m._ -(e)s, -e; das Kind der Liebe 《私生児》.

ぶき 武器 Waffe _f._ -n; Zeug _n._ -(e)s, -e / 武器をとる die Waffen ergreifen*; zu den Waffen greifen* / 武器をすてる die Waffen nieder|legen (strecken) ‖ 武器庫 Arsenal _n._ -s, -e; Rüstkammer _f._ -n; Zeughaus _n._ -es, ⸚er / 武器貸与 Verpachtung (_f._) der Waffen und Munition / 武器密輸 Waffenschmuggel _m._ -s, -.

ふきあげ 吹上 Springbrunnen _m._ -s, - 《噴水》.

ふきあげる 吹き上げる auf|blasen*⁴; auf|wirbeln⁴ 《風がちりなどを》.

ふきおとす 吹き落とす auf den Boden wehen⁴; herunter|blasen*⁴.

ふきおろす 吹き下ろす hernieder|blasen* / 寒い北風が山から吹き下ろす Der kalte Nordwind bläst von den Bergen herunter (hernieder).

ふきかえ 吹替を勤める heimlich ein|springen* 〘§〙《für einen Schauspieler 陰の代役をする》.

ふきかえす 吹き返す [息を] wieder zu ³Atem (zum Bewusstsein; zu ³sich) kommen* 〘§〙; wieder|aufleben 〘§〙; wieder zu ³Kräften kommen* 〘§〙《活気を取り戻す》.

ふきかける 吹き掛ける ❶ [息を] an|hauchen⁴; [水を] mit ³Wasser besprengen⁴ (besprühen⁴). ❷ [けんかを] Händel suchen 《mit jm》; heraus|fordern 《jn》. ❸ [値段を] tüchtig auf|schlagen*⁴; überfordern 《jn》.

ふきけす 吹き消す aus|blasen*⁴ / ろうそくを吹き消す die Kerze aus|blasen* (aus|löschen).

ふきげん 不機嫌 die schlechte (üble) Laune, -n; Missbehagen _n._ -s《不快》; Unmut _m._ -(e)s《不満》; Verdruss _m._ -es, -e; Verstimmung _f._ -en. ━ 不機嫌な schlecht gelaunt; missvergnügt; unzufrieden; mürrisch; verdrießlich; verstimmt / 不機嫌な顔をする ein finsteres (verdrießliches) Gesicht machen; schmollen 《mit jm すねる》.

ふきこむ 拭き込む glätten⁴; glänzend machen⁴; polieren⁴.

ふきこむ 吹き込む ❶ [風・雪などが] herein|dringen* 〘§〙; herein|wehen (hinein|wehen) 〘§〙《風が》/ 雨が部屋の中へ(雪が窓から)吹き込む Es regnet ins Zimmer (schneit zum Fenster) herein. ❷ [息を] hauchen (in⁴); [思想を] ein|flößen³⁴; ein|geben*³⁴. ❸ [録音を] auf|nehmen*⁴ 《auf eine Kassette カセットテープに》/ その曲はテープに吹き込まれた Das Musikstück wurde auf ein Tonband aufgenommen.

ふきさらし 吹き曝しの dem Wind ausgesetzt; voll Windeswehen; windig / 吹き曝しの小屋 die vom Wind umwehte Hütte, -n.

ふきすさぶ 吹き荒ぶ ❶ [吹き荒れる] wüten; toben; heftig brausen. ❷ [笛などを] zum Vergnügen auf der Flöte (die Flöte) blasen* (spielen).

ふきそ 不起訴 die Einstellung 《-en》 des 〔gerichtlichen〕 Verfahrens / 不起訴にする nicht an|klagen⁴; gerichtlich nicht belangen⁴ (verfolgen⁴); keine 〔gerichtliche〕 Anklage erheben* 《gegen jn》/ 彼は不起訴になった Das 〔gerichtliche〕 Verfahren ist gegen ihn eingestellt.

ふきそうじ 拭き掃除 Reinigung _f._ -en 《des Zimmers》; Hausarbeit _f._ 《家事労働》/ 拭き掃除をする das Zimmer auf|wischen (reinigen); Hausarbeit verrichten.

ふきそく 不規則 Unregelmäßigkeit _f._ -en / 不規則な(に) unregelmäßig; regellos; regelwidrig (anomal) 《変則の》; unmethodisch (unsystematisch) 《秩序のため》/ 不規則な生活をする einen unordentlichen Lebenswandel (ein liederliches Leben) führen / 不規則動詞 das unregelmäßige Zeitwort, -(e)s, ⸚er.

ふきたおす 吹き倒す um|blasen*⁴ (-|wehen⁴).

ふきだす 吹き出す ❶ [噴出] 〔hervor〕sprítzen 〘§〙; 〔hervor〕sprudeln 〘§〙《噴き出る》;

ふきだまり 吹溜り Schneewehe *f.* -n.

ふきちらす 吹き散らす auseinander wehen⁴; verwehen⁴.

ふきつ 不吉 das böse (schlimme) Vorzeichen, -s, -; ⟨Omen, Ominaʒ; Unglück *n.* -[e]s/不吉な unglücks|verheißend (-schwanger); unheildrohend; verhängnisvoll/不吉の前兆だ Das ist von böser (schlechter; schlimmer) Vorbedeutung.

ふきつけ 吹付け das Spritzen*, -s; Verstäubung *f.* -en ‖ 吹付け塗装器 Spritzpistole *f.* -n/吹付け[塗装]法 Spritzverfahren *n.* -s, -.

ふきつける 吹き付ける stoßen*; wehen⁴ (gegen⁴); treiben*⁴ (gegen⁴); ans Land (Ufer) treiben*⁴ (-schwanger); [風が]⁴sich erheben* [植物が芽を] [浪が溶岩などを]; aus|werfen*⁴ (火山が溶岩などを); [風が]⁴sich erheben* [植物が芽を]

ふきでもの 吹出物 Ausschlag *m.* -[e]s, "e; Exanthem *n.* -s, -e (発疹); Pustel *f.* -n (膿疱); ⟨俗⟩ Pickel *m.* -s, - (-n) (にきび)/吹出物でできた的 finnig; pickelig; voller Bläschen.

ふきとおす 吹き通す ❶ durch|wehen (-|-blasen*⁴)/吹き通しのよい部屋 das gut gelüftete Zimmer, -s, -. ❷ [吹き続ける] fort|wehen.

ふきとばす 吹き飛ばす ❶ weg|blasen*⁴ (-|-wehen⁴); weg|fegen⁴ [雪などを]/風で屋根の雪が吹き飛ばされた Der Schnee wurde vom Dach geweht. ❷ [ほらを] ⇨ふきまくる❷.

ふきとる 拭き取る ab|wischen⁴ (auf|-; aus|-; weg|-); verwischen⁴ (ぬぐい去る)/額の汗を拭き取る die Stirn (den Schweiß von der Stirn) ab|trocknen; ³sich den Schweiß von der Stirn [ab]wischen.

ふきながし 吹流し Wimpel *m.* -s, -.

ふきぬく 吹き抜く durch|blasen*⁴; durch|wehen.

ふきはらう 吹き払う fort|wehen⁴; weg|fegen⁴ [風が雪を]; weg|wehen⁴; weg|blasen*⁴ (-schwager⁴) [岸に].

ふきぶり 吹降り Regensturm *m.* -[e]s, "e.

ふきまくる 吹き捲る ❶ [暴風が] rasen h.s (toben); [荒れ狂う]; fegen h.s (durch⁴ 吹きかすめる); fegen⁴ (weg|blasen*⁴) [吹き払う]. ❷ [大言する] an|geben*⁴; auf|schneiden*; bramarbasieren; prahlen.

ふきまわし 吹き回し どういう風の吹きまわしか wer weiß (ich weiß nicht) aus welchem Grund[e]; durch irgendeinen Zufall/どういう風の吹きまわしで君はこの町に来たのか Welcher gute Wind (günstige Zufall) hat dich in diese Stadt geweht (getrieben)?

ぶきみ 不気味 unheimlich; geheimnisvoll; nicht geheuer; seltsam; übernatürlich/不気味な気持ちにおそわれる Es wird *jm* unheimlich zumute (zu Mute)./なんだかが不気味な感じがする Das kommt mir nicht ganz geheuer vor.

ふきや 吹矢 Blasrohr *n.* -[e]s, -e.

ふきやむ 吹き止む [風が] auf|hören; ⁴sich legen; nach|lassen*.

ふきゅう 普及 Aus|breitung (Ver-) *f.* -en; Verallgemeinerung *f.* -en (一般化); Popularisierung *f.* -en (大衆化)/知識の普及を図る ⁴sich um die Verbreitung von ⁴Kenntnissen bemühen/普及する aus|breiten (verbreiten) ‖ 普及版 Volksausgabe *f.* -n.

ふきゅう 不朽 Unsterblichkeit *f.*; Unvergänglichkeit *f.*; Ewigkeit *f.* — 不朽の unsterblich; unvergänglich; unzerstörbar; ewig/不朽の名声 der unsterbliche (unvergängliche) Ruhm, -[e]s/彼は不朽の名をとどめた Er hat sich unsterblich gemacht./Sein Name ist verewigt (unsterblich gemacht) worden.

ふきゅう 不急 nicht dringend (eilig)/不急不要の事から unwesentliche Dinge ⟨*pl*⟩; die Nebensächlichkeiten ⟨*pl*⟩.

ふきゅう 不休[の] rastlos; unablässig; unaufhörlich; unermüdlich.

ふきょう 布教 Mission *f.* -en (伝道); die Verbreitung (-en) einer Religion; Propaganda *f.*/布教する Mission treiben*; propagieren⁴ ‖ 布教師 Missionar (Missionär) *m.* -s, -e.

ふきょう 不況 Flaue *f.*; Flauheit *f.*; Flaute *f.* -n; [Geschäfts]stille *f.* -n; Geschäftsstockung *f.* -en; der schlechte Geschäftsgang, -[e]s, "e; Tiefstand *m.* -[e]s ⟨der ²Wirtschaft⟩ / 不況を切り抜ける schlechte Zeiten durch|machen/商売は不況である Das Geschäft geht (ist) flau (geht schlecht)./Die Geschäfte stocken. — 不況の flau; lustlos [買気のない]; still; unbelebt/不況の時代 schlechte Zeiten ⟨*pl*⟩; Zeiten wirtschaftlichen Tiefstandes. ⇨ふけいき.

ふきょう 不興 Missfallen *n.* -s; Missvergnügen *n.* -s; Ungnade *f.*; Ungunst *f.*/...の不興をこうむる bei *jm* in Ungnade fallen* s; ³sich das Missfallen (*js* Ungnade) zu|ziehen*/不興げな missfällig; missvergnügt; schlecht gelaunt; ungnädig; verdrießlich.

ぶきよう 不器用 Unbehonheit *f.*; Ungeschicklichkeit *f.*; Plumpheit *f.*; Stümperei *f.* -en; Tollpatsch *m.* -es, -e/不器用な[に] unbeholfen; ungeschickt; linkisch; plump; stümperhaft/指先が不器用である keine Fingerfertigkeit haben ‖ 不器用者 Plumpsack *m.* -[e]s, "e; Stümper *m.* -s, -; Tölpel *m.* -s, -.

ふぎょうじき 不行儀 das schlechte Benehmen (Betragen), -s; Flegelei *f.* -en; Grobheit *f.* -en; Rohheit *f.* -en; Unart *f.* -en; Ungezogenheit *f.* -en; Unmanierlichkeit *f.* -en. — 不行儀な flegelhaft; grob; roh; unartig; unerzogen; unmanierlich; ungezogen; unhöflich.

ふきょうわ 不協和 [不一致] Unstimmigkeit *f.* -en; Uneinigkeit *f.* -en ‖ 不協和音 Dissonanz *f.* -en; Disharmonie *f.* -n; Missklang *m.* -〔e〕s, ⸚e.

ぶきょく 部局 Abteilung *f.* -en; Department *n.* -s, -s; Sektion *f.* -e／部局の Abteilungs-.

ふきよせ 吹寄せ Schneewehe *f.* -n《雪の》; Potpourri *n.* -s, -s《音曲の》.

ふきよせる 吹き寄せる zusammen|wehen^4.

ふぎり 不義理 Undankbarkeit *f.*《忘恩》; Schulden《*pl* 借金》; Passiva (Passiven)《*pl*》／不義理がある seine Schuldigkeit noch nicht bezahlt (entrichtet) haben／不義理の undankbar; ehrlos; unehrlich; ungerecht; unredlich.

ふきりつ 不規律 Disziplin¦losigkeit (Zucht-) *f.*; Unordnung *f.*《無秩序》／不規律な disziplinlos; undiszipliniert; zuchtlos; unordentlich.

ふきりょう 不器量 ⇨**ぶきりょう**.

ぶきりょう 不器量な hässlich; unschön.

ふきわける ふき分ける ❶[穀物を] worfeln^4《簸(ひ)で》; sichten^4《篩(ふるい)う》. ❷[金属を] schmelzen$^{(*)4}$《aus ^{3}Erz》; läutern^4 (reinigen^4)《精錬する》; [鉱石を] scheiden^{*4}《von taubem Gestein》.

ふきん 付近 Nähe *f.*; Umgebung *f.* -en《周囲》／付近に in der Nähe《*von*^{3}》; nahe《*an*^{3}; *bei*^{3}》／付近の benachbart; in der Nähe (nahe) liegend／この付近に hierherum (hier herum).

ふきん 布巾 Mund¦tuch (Teller-) *n.* -〔e〕s, ⸚er《ナプキン》; Serviette *f.* -n《同上》; Abwaschtuch《皿洗用》.

ふきんこう 不均衡 Der Mangel《-s》an Ebenmaß; Missverhältnis *n.* ..nisses; Ungleichmäßigkeit *f.* -en; Asymmetrie *f.* -n／不均衡な nicht ebenmäßig; ungleichmäßig; unsymmetrisch; asymmetrisch.

ふきんしん 不謹慎 Unbesonnenheit *f.* -en; Unvorsichtigkeit *f.* -en／不謹慎な行い die unbedachte (unüberlegte) Handlung, -en; das anstößige Benehmen, -s.

ふく 服 ❶[総称] Kleidung *f.* -en; die Kleider《*pl*》; [一着の服] Anzug *m.* -〔e〕s, ⸚e《スーツ》; Kleid *n.* -〔e〕s, -er《女の》; die Kleidungsstücke《*pl*》; Gewand *n.* -〔e〕s, ⸚er (-e)《特にガウン》. ❷[服装] Tracht *f.* -en; Kostüm *n.* -s, -e《狭義: コスチューム・スーツ》 ❸ Amtstracht《職服》; Berufsanzug《作業服》; Überkleid《スモック》; Uniform *f.* -en《制服》; Zivilanzug《平服》; Straßenanzug《背広》; Gesellschaftsanzug《夜会服》; Abendkleid《同上女子用》／でき合いの服を買う einen Anzug (ein Kleid; ein Kostüm) von der Stange kaufen《吊しの》／その新しい洋服はよく合いますよ Der neue Anzug steht dir gut (sitzt gut).

ふく 服 ⇨**いっぷく**.

ふく 福 Glück *n.* -〔e〕s; Glücksfall *m.* -〔e〕s, ⸚e; Glückseligkeit *f.*《至福》; Segen *m.* -s, -《祝福》／福の神 Glücksgöttin *f.* ..tinnen; Glücksbringer *m.* -s, - (Maskottchen *n.* -s, -)《マスコット》／彼は福を授かっている Ihm lächelt Fortuna.¦Das Glück ist ihm günstig (hold).

ふく 吹く ❶[風が] blasen$^{*(4)}$; wehen$^{(4)}$; toben《荒れ狂う》; pfeifen*《ひゅうひゅう吹く》／微風(強風)が吹く Es weht ein Lüftchen (Es bläst ein starker Wind). ❷[口で] blasen^{*4}; an|hauchen^4《息を吹きかける》／スープを吹いて冷ます die Suppe blasen*, damit sie kalt wird／吹けば飛ぶような人間だ Er ist ein unbedeutender Mensch (ein hohler Kopf).¦Er zählt nicht〔mit〕. ❸[笛などを] blasen^{*4}; spielen (pfeifen*)《auf einem Blasinstrument》／口笛を吹く〔mit dem Mund〔e〕〕 pfeifen*. ❹[芽を吹く] keimen; Knospen an|setzen (treiben*). ❺[大言する] an|geben*; auf|schneiden*; prahlen.

ふく 噴く speien^{*4}《火などを》; spritzen^4《水などを》 ⇨**ふきだす**①／なべが噴きこぼれる Der Topf siedet und fließt (läuft) über.／鯨が潮を噴く Der Walfisch spritzt.

ふく 葺く bedachen^4 (überdachen^4)《屋根をつける》／屋根を葺く das Dach (ein Haus mit einem Dach) decken; ein Dach mit Stroh (Ziegeln, Schindeln, Schiefern) decken《藁, 瓦, 屋根板, スレートで》.

ふく 拭く wischen^4 ⇨**ふきとる**／顔(手, 足)を拭く ^{3}sich das Gesicht (die Hände, die Füße) ab|trocknen／口を拭く ^{3}sich den Mund〔ab|〕wischen／涙を拭く ^{3}sich die Tränen ab|wischen; ^{3}sich die Augen aus|wischen.

ふく- 副- stellvertretend《代理の》; sekundär《副次の》; Hilfs-《補助》; Neben-; Unter-; Vize-《人にのみ用いる》／副会長(委員長) der stellvertretende Vorsitzende*, -n, -n／副監督 Unteraufseher *m.* -s, -／副支配人 der stellvertretende Geschäftsführer, -s, -／副社長 Vizedirektor *m.* -s, -en／副将 Unterbefehlshaber *m.* -s, -《副司令官》; Unterfeldherr *m.* -n, -en;〘運〙der zweite〔Mannschafts〕führer -s, -／副総理 Vizekanzler *m.* -s, -／副題 Untertitel *m.* -s, -／副大統領(議長・総裁) Vizepräsident *m.* -en, -en／副代理人 Unteragent *m.* -en, -en／副知事 Vizegouverneur *m.* -s, -e／副読本 ergänzendes Lesebuch, -〔e〕s, ⸚er／副領事 Vizekonsul *m.* -s, -n.

ふぐ 河豚〘魚〙Igel¦fisch (Kugel-) *m.* -〔e〕s, -e／ふぐは食いたし命は惜しし Kugelfische möchte man essen, doch einem ist das Leben teuer.

ふくあん 腹案 Plan *m.* -〔e〕s, ⸚e; Absicht *f.* -en《意図》; Entwurf *m.* -〔e〕s, ⸚e《構想》; Vorhaben *n.* -s, -《企画》／腹案なしに話す aus dem Stegreif (ohne ^{4}Vorbereitung) reden$^{(4)}$／腹案をたてる einen Plan entwerfen* (fassen; schmieden); planen^4 (planmäßig zurecht|legen^4); mit einem Gedanken um|gehen* [s].

ふくいく 馥郁たる duftig; wohlriechend／馥郁とした香を放つ süß (stark) duften.

ふくいん 福音 ❶[よい知らせ] die gute Nachricht, -en (Botschaft, -en); [思いがけぬ幸福] das unerwartete Glück, -〔e〕s; Glücksfall *m.* -〔e〕s, ⸚e／天来の福音 Gottesgabe *f.* -n. ❷[キリストの] Evangelium *n.* -s, ..lien; die Frohe Botschaft／福音を説く das Evangelium predigen (verkünd[ig]en). ‖ 福音教会 die evangelische Kirche, -n/福音書 Evangelienbuch n. -(e)s, ¨er; Evangelium.

ふくいん 復員 Demobilmachung f. -en; Demobilisierung f. -en/復員する demobilisieren⁴; auf den Friedensstand zurückführen⁴; aus dem Heer entlassen⁴⁴ ‖ 復員軍人 der ehemalige Frontsoldat, -en, -en.

ふぐう 不遇 Missgeschick n. -(e)s, -e; das Vom-Glück-nicht-begünstigtsein*, -s; Namenlosigkeit (Ruhm-) f.; das widrige Schicksal, -s, -e (Geschick, -(e)s, -e). — 不遇な vom Glück nicht begünstigt (bevorzugt); namenlos (ruhm-); von widrigen Schicksal[e] (Geschick) verfolgt/不遇な地位に nicht zu seinem Recht kommen können*; nicht auf ³Rosen gebettet sein. ‖ 不遇時代 die vom Glück nicht bevorzugte Zeit; Unglückstage, (pl).

ふくえき 服役 [Militär]dienst m. -(e)s, -e 〈兵役〉; Zwangsarbeit f. -en 〈懲役〉/服役する dienen (als gemeiner Soldat 兵隊として; bei der Artillerie 砲兵として); seine Strafe (Zeit) ab|sitzen* 〈刑に服する〉.

ふくえん 復縁する als js Mann (Frau) wieder aufgenommen werden/別れた妻に復縁を迫る die geschiedene Frau zur Wiederverheiratung zwingen*.

ふくおん 複音の vielstimmig; polyphon[isch] ‖ 複音楽 Polyphonie f. -n; Vielstimmigkeit f.

ふくがみ 複紙 Eselsohr n. -(e)s, -en.

ふくがん 複眼 Netzauge n. -s, -n.

ふくぎょう 副業 Neben|beschäftigung f. -en ⟨-arbeit f. -en; -gewerbe n. -s, -⟩.

ふくぎょう 復業する wieder an die Arbeit gehen* ⓢ/ストライキ終了後労働者は復業した Nach Beendigung des Streiks nahmen die Arbeiter die Arbeit wieder auf.

ふくげん 復元 Wiederherstellung f. -en/復元する wieder|her|stellen⁴ ‖ 復元力 Stabilität f. 《船舶などの》.

ふくごう 複合 Zusammensetzung f. -en; 複合の zusammengesetzt; komplex/複合する zusammen|setzen⁴ ‖ Konglomerat n. -(e)s, -e; Betriebskomplex m. -es, -e/複合競技 kombinierte Wettkämpfe (pl)/複合語 Kompositum n. -s, ..ta (..siten); das zusammengesetzte Wort, -(e)s, ¨er/複合ビタミン zusammengesetzte Vitamine (pl)/複合文 der zusammengesetzte Satz, -es; Satzgefüge n. -s, - 《従属の》; Satzverbindung f. -en 《並列の》/複合名[動]詞 das zusammengesetzte Substantiv, -s, -e (Verb, -s, -en).

ふくさ 袱紗 the kleine, seidene Einschlagtuch, -(e)s, ¨er.

ふくざい 服罪 Schuldbekenntnis n. -nisses, ..nisse/服罪する seine Schuld bekennen⁴ (ein|gestehen⁴); ⁴sich schuldig bekennen⁴; ⁴sich [für] schuldig erklären; ⁴sich einem Richterspruch unterwerfen⁴ 《判決に》/服罪しない seine Schuld (sein Verbrechen) leugnen; ⁴sich für unschuldig erklären.

ふくざい 伏在する dahinter stecken; verborgen sein/誰が黒幕として伏在しているか Wer steckt dahinter?/裏面にはなにか秘密が伏在しているEs⟨Da⟩ steckt etwas dahinter. Dahinter ist ein Geheimnis verborgen.

ふくざつ 複雑 Verwickel|ung f. -en; Kompliziertheit f. -en; Schwierigkeit f. -en; Umständlichkeit f. -en 《煩雑》. — 複雑な verwickelt; verworren; kompliziert; beschwerlich; schwierig; umständlich/複雑な事情 die Verwicklung von Umständen/複雑な問題 das verzwickte Problem, -s, -e. — 複雑にする verwickeln⁴; verwirren⁴*; verzwicken⁴; komplizieren⁴; erschweren⁴. — 複雑になる ⁴sich verwickeln; in ⁴Verwirrung geraten* ⓢ; schwierig werden.

ふくさよう 副作用 Nebenwirkung f. -en/副作用のない harmlos; unschädlich.

ふくさんぶつ 副産物 Nebenprodukt n. -(e)s, -e.

ふくし 福祉 Wohlfahrt f.; Wohl n. -(e)s; Wohlergeh[en] n. -s; Wohlstand m. -(e)s/国民の福祉を増進する das Wohl des Volkes (die öffentliche Wohlfahrt) fördern ‖ 福祉国家 Wohlfahrtsstaat m. -(e)s, -en/福祉事業 Wohlfahrtspflege f. -n/福祉施設 die Wohlfahrtseinrichtungen (pl)/児童福祉 Kinderfürsorge f.

ふくし 複視 《医》das Doppelsehen*, -s; Diplopie f.

ふくし 副詞 Adverb n. -s, ..bien 《略: adv.》; Adverbium n. -s, ..bia; Umstandswort n. -(e)s, ¨er/副詞的な[に] adverbia[lisch] ‖ 副詞的規定 das Adverbiale, -s, ..lia 《状況語》; die adverbiale Bestimmung, -en 《副詞句》/副詞文(文章) Adverbialsatz m. -es, ¨e 《状況語文》; Umstandssatz.

ふくじ 服地 [Kleider]stoff m. -(e)s, -e; Tuch n. -(e)s, ¨er 《pl 種類を示すとき; -e、個々の織物の場合: ¨er》/その服地はシングル(ダブル)幅です Der Stoff liegt einfach (doppelt) breit.

ふくしき 複式の doppelt; zusammengesetzt ‖ 複式機関 Verbundmaschine f. -n/複式投票(権) Plural|wahlrecht n. (Mehrstimmen-) n. -(e)s/複式簿記 die doppelte Buchführung, -en.

ふくしきこきゅう 腹式呼吸 Bauchatmung f. -en.

ふくじてき 副次的 sekundär; subordiniert; untergeordnet; neben-; nebensächlich ‖ 副次的現象 sekundäre Erscheinung, -en; Begleiterscheinung f. -en 《随伴現象》.

ふくしゃ 複写 Kopie f. -n; Nachbildung f. -en; Reproduktion f. -en; Vervielfältigung f. -en. — 複写する kopieren⁴; nach|bilden⁴ 《絵などの》; vervielfältigen⁴; durch|schreiben⁴⁴ 《カーボン紙などの》/原稿(写真)を複写する ein Manuskript kopieren (eine Fotografie reproduzieren). ‖ 複写器 Kopiergerät n. -(e)s,

ふくしゃ 伏射 das Schießen (-s) in liegender Stellung/伏射する in liegender Stellung schießen*.

ふくしゃ 〔Aus〕strahlung f. -en; Radiation f. -en/輻射(状)の strahlend; strahlig; radiant. /輻射する 〔aus〕strahlen⁽⁴⁾. ∥ 輻射計 Strahlungsmesser m. -s, -; Radiometer n. -s/輻射線 Strahl m. -(e)s, -en/輻射熱 Strahlungswärme f.

ふくしゅう 復讐 Rache f.; (Wieder)vergeltung f. -en 〔報復〕; Blutrache (血讐); Vendetta f. ..detten 〔同上〕; Revanche f. -n/復讐の念に燃える〔v.〕 nach ³Rache dürsten; 〔a.〕 rachedursten; rachgierig /父の復讐をする seinen Vater rächen/彼らはこっぴどい復讐を受けた Es wurde ihnen tüchtig heimgezahlt. — 復讐する rächen 〈in für² (wegen²⁽³⁾) ある人のために〉; ⁴sich an jm rächen 〈ある人に für⁴; wegen²⁽³⁾〉; an jm ⁴Rache nehmen* 〈für⁴; wegen²⁽³⁾ 同上〉; vergelten* (heim)zahlen 〈jm ⁴et 同上〉; Repressalien ergreifen* 〈jn 報復手段をとる〉. ∥ 復讐者 Rächer m. -s, -; Vergelter m. -s, -/復讐心 Rach|gier f. -sucht f./復讐戦 Revanchespiel n. -(e)s, -e 〈競技の〉; Rückspiel 〔同上〕/復讐戦で彼が勝った Das Rückspiel wurde von ihm gewonnen.

ふくしゅう 復習 Wiederholung f. -en; Repetition f. -en/復習する wiederholen⁴; repetieren⁴.

ふくじゅう 服従 Gehorsam m. -(e)s; Unterwerfung f. -en〔屈服〕; Folgsamkeit f. (従順)/絶対服従を求める unbedingten ⁴Gehorsam verlangen. —服従するgehorchen³; folgen³; gehorsam sein; ⁴sich unterwerfen*³ 〔sich ⁴fügen⁽³⁾ 〈in⁴ 順応する〉. —服従させる zum Gehorsam bringen*⁴; unterwerfen*⁴.

ふくじゅそう 福寿草 Adonisröschen n. -s, -; Adonis m. -, ..nisse.

ふくしょ 副署 Gegen|unterschrift f. -en (-zeichnung f. -en)/法令には更に大臣の副署が必要である Die Verfügung bedarf noch der Gegenzeichnung des Ministers./副署する gegen|zeichnen; mit seiner Gegenunterschrift versehen*⁴.

ふくしょう 副将 ➡ふくたいしょう.

ふくしょう 副賞 Extra|preis (Neben-) m. -es, -e.

ふくしょく 復職 Wieder|anstellung f. -en (-einsetzug m. -en) -eintritt m. -(e)s, -e/復職させる wieder an|stellen⁴; in ein Amt wieder ein|setzen⁴/会社に復職するin seine frühere Firma wieder ein|treten*⁽ˢ⁾.

ふくしょく 服飾 Fashion f. -; Mode f. -n 〔服飾デザイナー Modezeichner m. -s, -; Modeschöpfer m. -s, -.

ふくしょくぶつ 副食物 Zukost f.; Zuspeise

f. vertraut; treu/腹心の友 der intime (bewährte) Freund, -(e)s, -e; Busenfreund m. -(e)s, -e; der Vertraute*, -n, -n/彼は私の腹心の部下だ Er ist meine rechte Hand (mein rechter Arm).

ふくじん 副腎 〔解〕 Nebenniere f. -n ∥ 副腎皮質 Nebennierenrinde f. -n/副腎皮質ホルモン Nebennierenrindenhormon n. -s, -e.

ふくすい 覆水盆に帰らず Es ist töricht, Geschehenes zu beklagen. Futsch ist futsch und hin ist hin.

ふくすい 腹水 Bauchwasser n. -s, -/腹水がたまる Das Bauchwasser sammelt sich (in der Bauchhöhle) an. Das Wasser sammelt sich in der Bauchhöhle (an).

ふくすう 複数 Plural m. -s, -e 〈略: pl.; Plur.〉; Mehrzahl f. -en/複数の pluralisch ∥ 複数語尾 Pluralendung f. -en.

ふくする 服する ❶ ➡ ふくじゅう(服従する)/判決に服する ⁴sich einem Richterspruch unterwerfen*/命に服する einem Befehl gehorchen/運命に服する ⁴sich ins ³Unabänderliche fügen/私はあなたの説には服するわけにはいかない Ich kann mich Ihrer Meinung nicht anschließen. ❷ ➡ ふくす(服喪する)/喪に服する trauern 〈um jn ある人の〉. ❸ 〔服用〕 (ein)nehmen*⁴ 〔薬などを〕.

ふくする 伏する ❶ ➡ ふくす(服する). ❷ ⁴sich verstecken 〔隠れる〕; auf|lauern³ (待ち伏せする); ¹nieder|fallen*⁽ˢ⁾ (vor jm ひれ伏す); zu ³Füßen fallen*³ ⁽ˢ⁾.

ふくする 復する wiederhergestellt werden; in den früheren Zustand gebracht (zurückversetzt) werden 〔旧に復する〕/元の体に復する wieder gesund werden/正常に復する den normalen Zustand wieder erlangen; sein Gleichgewicht wieder|finden* 〈落ち着きを取り戻す〉/彼はすっかり元の からだに復した Er ist ganz wiederhergestellt.

ふくせい 複製 Wiedergabe (f. -n) 〔durch Druck〕; Reproduktion f. -en; Nachdruck m. -(e)s, -e 〈複製本〉; Vervielfältigung f. -en 〈複製物〉. —複製する nach|drucken⁴; reproduzieren⁴; vervielfältigen⁴; wieder|geben*⁴. ∥ 不許複製 Nachdruck verboten. Alle Rechte vorbehalten.

ふくせき 復籍 wieder aufgenommen werden 〈in die eigene Familie〉; ins Elternhaus zurück|kommen⁽ˢ⁾ 〈nach der Ehescheidung〉.

ふくせん 伏線 die Andeutung (-en) auf eine spätere Entwicklung; Vorwegnahme f. 〈早手回し〉/伏線を張る eine zarte Andeutung machen; vor|sorgen 〈für³〉; vor|greifen*⁴; zuvor|kommen*³ ⁽ˢ⁾ /これが後の伏線になっている Diese Stelle deutet die folgende Entwicklung an.

ふくせん 複線 Doppel|geleise n. -s, - (-gleis n. -es, -e; -/複線の doppelgleisig; zweispurig/鉄道は複線化している Die Eisenbahn fährt zweigleisig.

ふくそう 輻輳 Anhäufung f. -en; Ansammlung f. -en; Drang m. -(e)s, ⸗e 〈der Geschäfte 事務の〉; Überfüllung f. -en 《*mit*³ 貨物などの》; Zusammenlauf *m.* -〔e〕s, ⸚e《雑踏》. ── 輻輳する ⁴sich an|häufen; ⁴sich an|sammeln; überfüllt sein《*mit*³; *von*³》; wimmeln《*von*³》; ⁴sich zusammen|drängen《密集する》/仕事が輻輳する im Drang der Geschäfte sein; mit ³Geschäften überhäuft (überlastet) sein.

ふくそう 服装 Kleidung *f.* -en; Kostüm *n.* -s, -e; Tracht *f.* -en/服装に凝る ⁴sich mit ³Geschmack kleiden/トップモードの(軽快な)服装をする ⁴sich nach der neuesten Mode kleiden (⁴sich leicht an|ziehen*)/彼女の服装はとっぴだ Sie geht auffallend gekleidet.

ふくぞう 腹蔵なく frei (offen)〔heraus〕; frei (frisch) von der Leber; geradeheraus; ohne ⁴Rückhalt/腹蔵なく言う freimütig (frei von der Leber weg; offen〔herzig〕) reden; das (sein) Herz auf der Zunge haben (tragen*)《なんでもあけすけに言う》/腹蔵のない意見を述べる ⁴sich offen aus|sprechen* (äußern)《gegen *jn* über ⁴*et*》.

ふぐたいてん 不倶戴天の敵 der geschworene (unversöhnliche) Feind, -〔e〕s, -e; der grimmig gehasste Gegner, -s, -; der bis auf den Tod gehasste Feind; Todfeind *m.* -〔e〕s, -e.

ふくつ 不屈の unbeugsam; unbezwingbar; unerschütterlich/不屈の意志を持つ einen eisernen (stählernen; starken) Willen haben.

ふくつう 腹痛 Bauchschmerzen《*pl*》; Leibweh *n.* -〔e〕s; Magenschmerzen《胃痛》/腹痛がする Ich habe Bauchweh (Leibschmerzen). ¦ Der Magen tut mir weh (schmerzt mir).

ふくどく 服毒する Gift nehmen*; ⁴sich vergiften《服毒自殺する》.

ふくはい 腹背に敵を受ける von hinten und vorn angegriffen (ringsum von Feinden eingeschlossen) werden.

ふくひ 複比 das zusammengesetzte Verhältnis, ..nisses, ..nisse ‖ 複比例 die zusammengesetzte Proportion, -en.

ふくびき 福引 Lotterie *f.* -n/福引で一等に当たる das große Los gewinnen* (ziehen*)/福引を引く ein Los ziehen* ‖ 福引景品 Lotteriegewinn *m.* -〔e〕s, -e/福引券 Lotterielos *n.* -〔e〕s, -e.

ふくぶ 腹部 Bauch *m.* -〔e〕s, ⸚e; Unterleib *m.* -〔e〕s, -er; Hinterleib《魚・鳥などの》.

ぶくぶく ぶくぶく泡立つ sprudeln; schäumen/ぶくぶく脹れた ausbauchend; bauschig; beutelartig; feist/ぶくぶくと沈む schäumend sinken* [s].

ふくぶくしい 福々しい glückstrahlend; pausbackig (pausbäckig)《顔の》/福々しいほお Pausbacke *f.* -n; Pausbacken *m.* -s, -; die dicke Wange, -n.

ふくぶん 複文 der zusammengesetzte Satz, -es, ⸚e.

ふくぶん 副文〔章〕 Nebensatz *m.* -es, ⸚e.

ふくへい 伏兵 Hinterhalt *m.* -〔e〕s, -e/伏兵を置く einen Hinterhalt legen³.

ふくぼく 副木〘医〙Schiene *f.* -n.

ふくほん 副本 Abschrift; Zweitausfertigung; Zweitschrift《以上どれも *f.* -en》; Kopie *f.* -n; Duplikat *n.* -〔e〕s, -e/副本をつくる eine Kopie an|fertigen.

ふくほんいせい 複本位制 Doppelwährung *f.* -en; Bimetallismus *m.* - ‖ 複本位制論者 Bimetallist *m.* -en, -en.

ふくまく 腹膜 Bauchfell *n.* -〔e〕s, -e ‖ 腹膜炎 Bauchfellentzündung *f.* -en.

ふくませる 含ませる ❶ [口に] in den Mund geben*³⁴/幼児に乳房を含ませる einem Kind die Brust geben* (reichen); ein ⁴Kind säugen. ❷ [浸す] ein|weichen⁴《in ⁴Wasser》; tränken⁴《mit ³Öl》; tunken⁴《*in*⁴》; sättigen⁴《*mit*³ 飽和させる》/大豆に水を含ませる Bohnen in Wasser ein|weichen. ❸ [包含] ⇨ふくめる.

ふくまでん 伏魔殿 der Aufenthalt《-〔e〕s, -e》der bösen Geister; Pandämonium *n.* -s, ..nien; Brutstätte *f.* -n《陰謀罪悪の画策地》.

ふくみ 含み ❶ [含蓄] der〔tiefere〕Sinn, -〔e〕s, -e; Bedeutung *f.* -en; Andeutung *f.* -en《ほのめかし》/含みのある sinn¦voll (bedeutungs-); sinn¦reich (geist-)/...の含みがある an|deuten⁴《dass ...》. ❷ [了解] Einverständnis *n.* ..nisses, ..nisse/...の含みで unter der Voraussetzung, dass .../価格に何分の含みをもたせてくれませんか Können Sie mir wegen des Preises einigen Spielraum lassen? ❸ [相場の] Haltung *f.* -en; Stimmung *f.* -en/弱含みである Die Haltung der Börse ist flau (schwach).

ふくみごえ 含み声 die gedämpfte Stimme, -n.

ふくみわらい 含み笑い das Kichern*, -s/含み笑いをする kichern; verstohlen lachen.

ふくむ 服務 Dienst *m.* -〔e〕s, -e/彼は今服務中である Er ist gerade im Dienst. ── 服務する dienen. ‖ 服務規定 Dienst¦ordnung *f.* -en (-vorschrift *f.* -en)/服務時間 die Dienststunden《*pl*》/服務年限 Dienstalter *n.* -s, -; Dienst¦zeit (Amts-) *f.* -en.

ふくむ 含む ❶ [口に] im Mund〔e〕halten*⁴/笑みを含んで lächelnd. ❷ [包含] enthalten*⁴; in ⁴sich schließen*⁴; 〔mit〕ein|begreifen*⁴/目に涙を含む Tränen in den Augen haben/この値段の中に諸雑費がみな含まれている Bei (In) diesem Preis sind alle Unkosten einbegriffen. ❸ [心に留める] beherzigen⁴; im Gedächtnis (Kopf; Sinne) behalten*⁴; [懐く] hegen⁴《*gegen*⁴ 恨みなどを》/含むところがある böse sein《*auf*⁴; *mit*³》; grollen³/彼は私に意趣を含んでいる Er hegt einen Groll gegen mich./このことはよく含んでおいて下さい Nehmen Sie bitte hiervon Kenntnis!

ふくめい 復命する amtlich berichten⁽⁴⁾《*über*⁴》‖ 復命書 der amtliche Bericht, -〔e〕s, -e《*über*⁴》.

ふくめる 含める ❶ [包含]〔mit〕ein|begreifen*⁴; ein|schließen*⁴/食費を含めて einschließlich des Kostgeldes/それは瓶を含めての(含めない)値段です Der Preis versteht sich mit (ohne) Flasche.《商用語》. ❷ [言い聞かせる] belehren⁴《*über*⁴》; unterweisen*⁴《*in*³》; verständigen⁴《わからせる

von³; über⁴); ein|prägen³,⁴ 《銘記させる》; überreden⁴ 《zu ³et; ⁴et zu tun 納得させる》.

ふくめん 覆面 Maske *f*. -n 《仮面》/ 覆面の maskiert; vermummt; mit verhülltem Gesicht / 覆面する sein Gesicht verschleiern; ⁴sich maskieren (vermummen); ⁴sich [mit einem Schleier] verhüllen.

ふくやく 服薬する Arznei nehmen*.

ふくよう 複葉 〔植〕 Doppelblatt *n*. -[e]s, -"er ‖ 複葉機 Doppeldecker *m*. -s, -.

ふくよう 服用する [ein]nehmen*⁴ 《薬を一日三回服用する eine Arznei (ein Medikament) dreimal täglich ein|nehmen.

ふくらしこ 膨(脹)らし粉 Backpulver *n*. -s, -.

ふくらはぎ 腓腸 Wade *f*. -n.

ふくらます 膨らます an|schwellen⁴ (-|blähen⁴; -|blasen*⁴); aus|bauchen auf|quellen⁴ 《湿気で木材・豆などが》/ほおを膨らます die Backen auf|blasen*; schmollen 《ふくれ面する》/ 風船(空気まくら)を膨らます einen Ballon (ein Luftkissen) auf|blasen* / 懐を膨らます ⁴sich bereichern 《an³》; 《俗》sich die Taschen füllen / パンを膨らます das Brot aufgehen lassen* / 彼は喜びに胸を膨らませた Freude schwellte seine Brust. / 風が帆を膨らます Der Wind schwellt die Segel.

ふくらみ 膨らみ [An]schwellung *f*. -en; Ausbauchung *f*. -en; Bausch *m*. -es, -e (¨e); Puff *m*. -[e]s, -e 《髪・衣服の》; Puffe *f*. -n 《衣服その他の》/ 膨らみをつける 《髪・衣服に》 puffen⁴; bauschig machen⁴.

ふくらむ 膨らむ ⁴sich an|bauchen ⇨ふくれる①/ 膨らんだつぼみ die schwellende Knospe, -n / 懐中が膨らむ viel [Geld] 《俗》 dicke Gelder verdienen / 感激に胸が膨らむ Die Brust (Das Herz) schwillt vor Begeisterung. / 帆が風に膨らむ Die Segel bauschen sich im Wind.

ふくり 福利 ⇨ふくし(福祉).

ふくり 複利 Zinseszins *m*. -es, -en / 複利で計算する auf Zinseszinsen rechnen⁽⁴⁾ ‖ 複利法 Zinseszinsverzinsung *f*. -en; Anatozismus *m*. --, --.

ふくりょう 腹量 Dosis *f*. -sen.

ふくれっつら 脹れっ面をする ein mürrisches Gesicht machen / 《俗》ein Gesicht wie sieben Tage Regenwetter machen.

ふくれる 脹れる ❶ schwellen* 〔s〕; (⁴sich) bauchen; ⁴sich bauschen; ⁴sich aus|dehnen 《膨張する》; auf|gehen* 〔s〕 《パンなどが》; auf|quellen* 〔s〕 《豆などが湿気で》/ 食い脹れる ⁴sich satt essen* / 人口が急速に脹れ上がった Die Bevölkerung wuchs schnell an. ❷ 〔すねる〕 schmollen (trotzen) 《mit *jm*》; murren 《über⁴ むくれる》; mürrisch (übellaunig; verdrießlich) sein.

ふくろ 袋 Beutel *m*. -s, - 《小型の》; Tasche *f*. -n 《同上》; Tüte *f*. -n 《紙袋》; Sack *m*. -[e]s, -"e 《大袋》; Schlauch *m*. -[e]s, -"e 《皮袋》/ 彼は袋のねずみ同然である Er ist schon so gut wie gefangen. / 袋に入れる〔詰める〕 in den Sack stecken⁴ (stopfen⁴); sacken⁴ 《穀物などを》‖ 買物袋 Einkaufstasche ❷

-n; Einkaufsnetz *n*. -es, -e 《網の》.

ふくろあみ 袋網 Sacknetz *n*. -es, -e.

ふくろう 梟 Eule *f*. -n 《梟が鳴く Die Eule schreit.

ふくろこうじ 袋小路 Sackgasse *f*. -n / 袋小路に入り込む in eine Sackgasse geraten* 〔s〕《比喩的に》.

ふくろだたき 袋叩きになる 《俗》eine derbe (gehörige; ordentliche) Tracht Prügel beziehen* 《von einer Menge Menschen》/ 袋叩きにする ⁴Prügel (Schläge) aus|teilen³; verhauen*⁴ / 彼は袋叩きにされた Man hat ihm eine Tracht Prügel verabreicht.

ふくろとだな 袋戸棚 Wandschrank *m*. -[e]s, -"e.

ふくろもの 袋物 die Beutel 《*pl*》aller Art ‖ 袋物師(商) Beutelmacher *m*. -s, -; Beutelhändler *m*. -s, -.

ふくわじゅつ 腹話術 Bauchrednkunst *f*./ 腹話術をする bauchreden 《*p.p.* gebauchredet》.

ぶくん 武勲 Waffenruhm *m*. -[e]s; Kriegsehren 《*pl*》; Militärverdienst *n*. -[e]s, -e ‖ 武勲赫々《に》mit Waffenruhm bedeckt. ⇨ぶめい.

ふけ 雲脂〔Kopf〕schuppe *f*. -n; Schinn *m*. -[e]s, -e; Schinne *f*. -n 《以上はつうij *pl*》/ ふけを取る Kopfschuppen aus|bürsten; schinnen*.

ぶけ 武家 ❶ eine kriegerische Familie, -n; Kriegerkaste *f*. -n. ❷ 〔武士〕Krieger *m*. -s, -; Ritter *m*. -s, -; Samurai *m*. -[s], -[s] 《武家の出である Er stammt aus einer Samurai-Familie. / 武家奉公をする bei einer Samurai-Familie dienen; als Lehnsmann dienen ‖ 武家時代 das Zeitalter 《-s》der Samurai-Herrschaft.

ふけい 父兄 Beschützer *m*. -s, - 《保護者》.

ふけい 婦警 Polizeibeamtin *f*. ..tinnen; Polizistin *f*. ..tinnen.

ふけい 不敬 Unehrerbietigkeit *f*. -en 《*gegen*³》; [Gottes]lästerung *f*. -en 《冒涜(ỳ)》/ 不敬な unehrerbietig; unhöflich; gotteslästerlich ‖ 不敬罪 Majestätsbeleidigung *f*. -en.

ぶげい 武芸 die kriegerischen Künste 《*pl*》; Waffentat *f*. -en.

ふけいき 不景気 Flaue *f*.; Flaute *f*. -n; [Geschäfts]stille *f*.; der schlechte Geschäftsgang *m*.; die schlechten Zeiten 《*pl* 不景気時代》. —— 不景気な〔不況の〕flau; still; unbelebt / 商売は不景気である Das Geschäft stockt (geht schlecht). / [元気のない]gedrückt; niedergeschlagen; düster 《陰鬱な》; schäbig 《不景気な風貌をしている trübe blicken (aus|sehen*)》; 《俗》ein langes Gesicht (ein Gesicht wie sieben Tage Regenwetter) machen.

ふけいざい 不経済 Unwirtschaftlichkeit *f*.; Unsparsamkeit *f*.; Verschwendung *f*. -en 《浪費》. —— 不経済な nicht haushälterisch; unwirtschaftlich; verschwenderisch; kostspielig 《費用がかかる》/ それは全く時間の不経済だ Das ist bloße Zeitverschwendung.

ふけつ 不潔 Unreinlichkeit f. -en; Unsauberkeit f. -en; Schmutzigkeit f. -en (よごれ) / 不潔な unrein(lich); unsauber; schmutzig ‖ 不潔漢 [俗] Schmutzfink m. -en, -en/不潔物 die Unreinigkeiten (pl)/ Schmutz m. -es; Unflat m.

ふける 耽る ⁴sich ergeben*³ (hin|geben*³); schwelgen (in⁴ 浸る); ⁴sich versenken (vertiefen) (in⁴ 浸る)/悪事(飲酒)に耽る einem Laster frönen (dem Trunk ergeben sein)/勉学に耽る ⁴sich dem Studium widmen/道楽に耽る in eine Liebhaberei (ganz) vernarrt sein/冥(沈)想に耽る ⁴Gedanken versunken (vertieft) sein; ⁴sich seinen Gedanken überlassen*.

ふける 老ける alt (bejahrt) werden; altern h.s 老けた gealtert / 年の割に老けて見える alt für sein Alter aus|sehen*/ 彼は年よりも老けて見える Er sieht älter aus, als er ist./ 老ける老けないは気の持ちよう Man ist so alt, wie man sich fühlt.

ふける 更ける spät werden; vor|rücken (時が進む)/夜が更けて in später (tiefer) Nacht; spät in der Nacht/夜が更ける Die Nacht rückt vor.

ふけん 父権 Vaterrecht n. -[e]s, -e; Patriarchat n. -[e]s, -e.

ふけん 夫権 Gattenrecht n. -[e]s, -e.

ふけん 府県 Provinz f. -en/府県の provinzial ‖ 府県会 Provinzial(land)tag m. -[e]s, -e.

ふげん 付言 die nachträgliche (zusätzliche) Bemerkung, -en; Anhang m. -[e]s, ⸚e; Nachschrift f. -en (-wort n. -[e]s, ⸚er); Zusatz m. -es, ⸚e/付言する hinzu|fügen (zu⁴ et).

ふけんこう 不健康 die schlechte Gesundheit; Ungesundheit/不健康な ungesund; kränklich (病弱の); [gesundheits]schädlich (不衛生な). ⇨ふけんぜん.

ふけんしき 不見識 würdelos; unedel; unter js ³Würde (ある人の体面にかかわる); entehrend (恥ずべき); leichtsinnig (軽率な)/不見識だと思う [für] unter seiner Würde halten*⁴.

ふげんじっこう 不言実行 die Tatenfreudigkeit eines Schweigsamen; Tatendrang (m. -[e]s) ohne ³Wortgepränge / 不言実行の人だ Er ist ein Mann von Taten, kein Maulheld.

ふけんぜん 不健全な ungesund; krankhaft (病的な); schädlich (verderblich) (有害な).

ふこう 不孝 der Ungehorsam (-[e]s) gegen die Eltern/不孝な ungehorsam; unkindlich; pietätlos.

ふこう 不幸 ❶ [不運] Unglück n. -[e]s, -e; Unglücksfall m. -[e]s, ⸚e; Missgeschick n. -[e]s, -e; [災難] Unfall m. -[e]s, ⸚e; Not f. ⸚e; Elend n. -[e]s (窮迫の); [俗] Pech n. -[e]s/不幸に陥っている Unglück (Pech) haben; in schwieriger Lage sein; eine Pechsträhne haben in seiner Pechsträhne sein) (運が傾いている)/不幸続きだ Die Pechsträhne reißt nicht ab./Ein Unglück kommt zum anderen. Unglück und Unglück! (一難去ってまた一難). ❷ [死去] der Hinscheiden*; Tod m. -[e]s; der [schmerzhafte] Verlust, -[e]s, -e/御不幸の御由つつしみてお悔み申し上げます Gestatten Sie mir, Ihnen meine aufrichtige Teilnahme an dem schmerzlichen Verlust auszusprechen, den Sie erlitten haben. — 不幸な unglücklich; elend; jämmerlich; unglückselig; unheilvoll; [俗] kreuzunglücklich (tod-) (ひどく不幸な)/不幸な男 [俗] Unglückswurm m. (n.) -[e]s, ⸚er (不運児)/ [俗] Pechvogel m. -s, ⸚. — 不幸にも zum Unglück; unglücklicherweise; leider (不幸にして).

ふごう 符号 [Geheim]zeichen n. -s, -; Chiffre f. -n; Marke f. -n; Ziffer f. -n/符号で書く in Chiffren schreiben*⁴. ⇨ふちょう(符丁).

ふごう 符合 Übereinstimmung f. -en; Angemessenheit f.; das Entsprechen*, -s; Entsprechung f.; Koinzidenz f.; das Zusammenfallen*, s; das Zusammentreffen*, s. — 符合する überein|stimmen (mit³); angemessen³ sein; ⁴sich (einander) decken; entsprechen*³; koinzidieren (mit³); zusammen|fallen* (|-treffen*) s (mit³)/彼の人相書に符合している Das entspricht seiner Personalbeschreibung.

ふごう 富豪 Millionär m. -s, -e; Geldadel m. -s (-aristokrat m. -en, -en); Krösus m. -, ..susse; Protz m. -en, -en (成金); der Reiche*, -n, -n.

ふごうかく 不合格 Untauglichkeit f.; das Ausmustern*, -s; Unbrauchbarkeit f.; Verwendungsunfähigkeit f.; Zurückweisung f. -en; Durchfall m. -[e]s, ⸚e/不合格の untauglich; ausgemustert; unbrauchbar; verwendungsunfähig; zurückgewiesen; durchgefallen (落第の). ‖ 不合格の für unfähig (ungeeignet) Erklärte*, -n, -n/ der Durchgefallene*, -n, -n (落第者)/不合格品 die als wertlos ausgeschiedene Ware, -n.

ふこうそく 不拘束のまま ohne ⁴Freiheitsbeschränkung (Verhaftung).

ふこうへい 不公平 Unbilligkeit f. -en; Ungerechtigkeit f. -en; Einseitigkeit f. -en; Parteilichkeit f. -en (偏頗)/ここではこどもたちの取扱いに不公平がない Die Kinder werden hier unterschiedslos behandelt. — 不公平な(に) unbillig; ungerecht; unredlich; einseitig; par[t]eiisch (parteilich)/ 不公平なやり方をする Unrecht an|tun*³ (zu|fügen³).

ふごうり 不合理 Unvernünftigkeit f.; Irrationalität f.; Sinnwidrigkeit (Vernunft-) f. -en; Widersinnigkeit f. -en/不合理の unvernünftig; irrational; sinnwidrig (vernunft-); widersinnig.

ふこく 富国強兵 die Bereicherung eines Landes/富国強兵を計る Maßregeln zur Bereicherung und Verstärkung des Landes treffen*.

ふこく 布告 ❶ [公告・告示] Ankündigung (Verkünd[ig]ung) *f.* -en; Ausrufung *f.* -en; die [öffentliche] Bekanntmachung, -en; Proklamation *f.* -en. ❷ [訓令] Dekret *n.* -[e]s, -e; Erlass *m.* -es, -e (¨e). ❸ [宣言] Erklärung *f.* -en. — 布告する an|kündigen³⁴; aus|rufen (*jn zu³*); bekannt machen⁴; proklamieren⁴; verkünd[ig]en⁴ / 布告をして ein Edikt (-[e]s, -e) (eine Verordnung, -en) erlassen* / 宣戦を布告して dem Krieg erklären (*gegen*⁴).

ふこころえ 不心得 Taktlosigkeit *f.* -en; Unbesonnenheit *f.*《無分別》; das schlechte Betragen, -s《不品行》/ 不心得をさす zur Vernunft bringen*⁴ / 不心得をす る⁴ sich schuldenfrei machen (schlecht) betragen*; einen Fehltritt begehen* (*tun*)《不品行をする》.

ふこつ 跗骨 Fußwurzel *f.* -n; Tarsus *m.* -, Tarsen.

ぶこつ 無骨 Derbheit *f.*; Grobheit *f.*; Plumpheit *f.*; Rauheit *f.*; Rohheit *f.*《以上 *pl* -en》. — 無骨な bäurisch; derb; grob; plump; rau; ungehobelt. 無骨者 Grobian *m.* -s, -e; Plumpser *m.* -s, -《家》; Lümmel *m.* -s, -.

ふさ 房, 総 ❶ Quaste *f.* -n《飾り総》; Troddel *f.* -n; Franse *f.* -n《総べり》/ 総のついた quastig; fransig / 総をつける mit Quasten schmücken; mit Fransen besetzen⁴ / 毛の 房 Zotte[l] *f.* -n; das (der) Büschel (-s, -, -)《of Haaren. ❷ [果物, 特にぶどうの] Traube *f.* -n《果物, 特にぶどうの》/ 房になって büschelweise / 一房のバナナ eine Traube Bananen.

ブザー Summer *m.* -s, -.

ふさい 負債 Schuld *f.* -en; [商] die Passiva (*pl*) / 負債を弁済する eine Schuld bezahlen (tilgen); ⁴sich schuldenfrei machen《皆済する》.《借り入り》, しゃっきん.

ふさい 夫妻 Ehepaar *n.* -[e]s, -e / 山田夫妻 Herr und Frau Yamada.

ふざい 不在 Abwesenheit *f.* -en / 不在である abwesend sein; nicht da sein; nicht zu Haus[e] sein / 御不在中にお客がありました Sie haben während Ihrer Abwesenheit einen Besuch gehabt. / あの人が来たら不在ということにしておいてくれ Ich bin für ihn nicht zu Haus[e]. ‖ 不在地主 der nicht auf seinem Gut lebende Gutsherr, -n, -en / 不在者投票 Briefwahl *f.* -en / 不在者投票をする die Wahl (-en) in Abwesenheit *f.* / 不在投票 Abstimmung *f.* -en / 不在投票日 der Tag (-[e]s, -e) vor dem Wahltag.

ぶさいく 不細工な ❶ [不手際な] plump; ungeschickt; stümperhaft. ❷ [ぶさいな] miss|gebildet (-gestaltet).

ふさがる 塞がる ❶ geschlossen (verschlossen; zugemacht) werden《閉じる》; zu|gehen* [ɕ]; ⁴sich stopfen; verstopft werden《詰まる》; gesperrt werden《遮断される》/ 息が塞がる Der Atem stockt *jm* (*bei jm aus*). / ⁴Atem kommen* [ɕ] (sein) / 傷が塞がる Die Wunde schließt sich. / 往来は倒れた樹木のために塞がっている Die Straße ist durch die umgestürzten Bäume versperrt. ❷ [気持の] ⁴sich [an]füllen《一杯になる》/ 胸が塞がる od. beklemmt sein Herz. ‖ Seine Kehle ist wie zugeschnürt. ‖ Der Kummer nagt ihm am Herzen (drückt ihm das Herz ab).《悲しみで》. ❸ [部屋など] besetzt sein《室が》; bewohnt sein《家が》/ この席は塞がっている Der Platz ist besetzt. / 座席がみんな塞がっている Es ist alles besetzt. ‖ Das Theater (Der Zug) ist bis auf den letzten Platz besetzt.《劇場[列車]など》. ❹ 手が塞がっている alle Hände voll (sehr viel) zu tun haben; ganz in Anspruch genommen sein.

ふさく 不作 ⇒ **きょうさく**《凶作》.

ふさぐ 塞ぐ ❶ [ver]schließen*⁴《閉ざす》; zu|machen⁴; [ver]stopfen⁴《詰める》; aus|füllen⁴《間隙などを》/ 穴を塞ぐ ein Loch zu machen; Strümpfe stopfen《靴下の》/ ein Defizit decken《欠損を補填(ﾛﾝ)する》/ 口を塞ぐ den Mund halten*; den Mund stopfen (*jm* 口止めする); den Mund verbieten* (*jm* 口をきかせない) / 目を塞ぐ die Augen schließen*《見まいとする》; seine Augen verschließen* (*gegen*⁴ 見まいとする); ein Auge zu|drücken (*bei* ³et 大目に見る) / 耳を塞ぐ ³sich die Ohren verstopfen《聞かぬように》; sein Ohr verschließen* (*jm* 人の言に耳をかさぬ). ❷ ein|nehmen*⁴《場所を》/ 通を塞ぐ《道・往来などを》/ 家具が場所を塞ぎすぎる Die Möbel nehmen zu viel Raum ein. ❸《責めを塞く》seinen Platz aus|füllen; die Pflicht erfüllen.

ふさぐ 鬱ぐ in trüber Stimmung sein; kopfhängerisch (niedergedrückt; trübsinnig) sein; 《俗》den Kopf (die Ohren; die Flügel) hängen lassen*.

ふさくい 不作為 [法] Unterlassung *f.* -en ‖ 不作為犯 Unterlassungsdelikt *n.* -[e]s, -e.

ふざける ❶ Freudensprünge (Luftsprünge) machen; hüpfen [s]; hopsen [s]; Kapriolen machen. ❷ [悪ふざけ] dummes Zeug treiben*; Mutwillen treiben*; Unsinn machen. ❸ [冗談] scherzen; spaßen; ⁴sich belustigen (*an*³; *mit*³; *über*⁴). ❹ [男女に] liebeln; flirten; knutschen; tändeln; ふざけて《冗談に》aus (im; zum) Scherz; scherzhaft[erweise]; schalkhaft; scherzend; spaß|halber (-haft); spaßig / ふざけるな！ Mach keinen Unsinn! ‖ Mach nicht solchen Quatsch! ‖ Sei nicht so patzig!《ふざけたまねをするな》.

ふさふさ ふさふさした髪 das buschige (dicke; zottige) Haar, -[e]s, -e.

ぶさほう 無作法 Unmanierlichkeit *f.* -en; Unart *f.* -en / 無作法な unmanierlich; ungehobelt; unmanierisch; ungesittet; ungezogen / 無作法にも ungesitteterweise; bäurisch; grob / そいつは君, 無作法というものだ Das ist recht ungezogen von dir. ‖ 無作法者 Grobian *m.* -[e]s, -e; ein roher (ungehobelter; ungehobelter) Mensch, -en, -en.

ぶざま 無様なる❶ miserabel; erbärmlich; liederlich《だらしない》; plump / 無様な敗北

ふさわしい 相応しい [a.] angemessen³ (相応の); entsprechend³ (同上); gebührend (相当の); geeignet (für⁴ 適当な); passend (同上); schicklich (für⁴ 同上); geziemend (似合わしい); würdig² (に値する); [v.] ⁴sich passen (に); es gebührt sich, dass ... (至当である)/王位につくにふさわしい des Thrones würdig sein/そんな振舞は君にふさわしくない Dein Benehmen geziemt dir nicht./それは彼女にふさわしからぬことだ Das schickt sich nicht für sie.

ふさん 不参 das Ausbleiben*, -s; Abwesenheit f. ‖ 不参者 der Abwesende*, -n, -n.

ふさんせい 不賛成 Missbilligung f. -en; die Stimmen dagegen (反対投票)/不賛成である dagegen sein; nicht ein|willigen (in⁴); nicht zu|stimmen (に); 不賛成を唱える ⁴sich (gegen¹) erklären; missbilligen (⁴p. missbilligt); widersprechen*³ (異議を唱える)/彼の意見には不賛成だ Ich stimme mit seiner Ansicht nicht überein.

ふし 父子 Vater und Kind, des - und -(e)s.

ふし 節 ❶ Gelenk n. -(e)s, -e; (関節) Knöchel m. -s, -; (指・膝の) 節々を痛む Ich habe Gliederschmerzen. ❷ Knorren m. -s, - (節こぶ); Knoten m. -s, - (結節); Ast m. -es, ⸚e (木の節)/節だらけの knorrig; knotig; ästig/節なしの材木 das astfreie (knotenfreie) (Bau)holz, -es, ⸚er/竹の節 Bambusknoten m. -s, -. ❸ Punkt m. -(e)s, -e (点); Stelle f. -n (箇所)/わからぬ節がまだ二三ある Einige Punkte sind mir noch unklar. ❹ [楽曲の] Melodie f. -n; Ton m. -(e)s, ⸚e; Weise f. -n/歌に節をつける einen Text komponieren (vertonen); einen Text in ⁴Musik setzen.

ふし 不死の unsterblich; unvergänglich; ewig/不死の霊薬 Ambrosia f. ‖ 不死鳥 Phönix m. -(es), -e.

ふし 不時の [思いがけぬ] unerwartet; unvorhergesehen; [時ならぬ] unzeitig; [急の] dringend/不時に備える für den Notfall zurück|legen*; ⁴sich einen Notpfennig auf|sparen (万一に備えて貯蓄する). ‖ 不時着 Notlandung f. -en/不時着陸(着水)する notlanden [h.s] (ich notlande; p.p. notgelandet) (notwassern [h.s]《変化は notlanden 参照》).

ふじ 不治の unheilbar; tödlich/不治の難病 der hoffnungslose Fall, ⸚es, ⸚e/不治の病 die unheilbare Krankheit, -en.

ふじ 藤 Glyzinie f. -n; Wistarie f. -n (ふじの一種、北米産)/藤の蔓(つる) Glyzinienranke f. -n ‖ 藤色 Lila n. -s/藤色の lila [無変化]; lila farben/藤棚 Glyzinenspalier n. -s, -e.

ふし 武士 Samurai m. -(s), -(s); Krieger m. -s, -; Ritter m. -s, -; Soldat m. -en, -en/武士気質の ritterlich; soldatisch; samuraihaft gesinnt/武士の情 Ritterlichkeit f. -en; Ritterreue f. ‖ 武士は食わねど高楊子(ようじ) Ein Ritter verliert seine Haltung nicht. ‖ 武士道 Rittertum n. -s; Bushido

m. -(s)/武士道の精華 Vorbild (n. -(e)s, -er) der Ritterwürde/武士道精神 Rittergeist m. -(e)s, -er (-würde f. -n).

ふじ 無事 Sicherheit f. (安全); Friede m. -ns, -n; Ruhe f. (平穏); Wohlbefinden n. -s (健康). ── 無事な(に・で) glücklich; friedlich; gefahrlos; unversehrt; ruhig; ereignislos; gesund; heil; wohlbehalten/無事に着いた gute Ankunft (電文)/無事でいる ⁴sich wohl befinden* ; in Frieden leben/無事に逃れる unversehrt davon kommen*[s]/無事に任を果たす seine Pflicht befriedigend erfüllen/無事に解決する glücklich erledigen (eine Frage, einen Streit 問題、争いなどを)/無事に経過する glatt verlaufen* (gehen*) [s].

ふしあな 節穴 Astloch n. -(e)s, ⸚er.

ふしあわせ 不仕合せ Unglück n. -(e)s; Missgeschick n. -(e)s, -e; Pech n. -(e)s/あなたも不仕合せつづきです Ihre Pechsträhne reißt nicht ab. ⇨ ふこう (不幸).

ふしいと 節糸 die grobe Seide, -n.

ふしおがむ 伏し拝む demütig (demutsvoll) an|beten*; einen Fußfall machen und an|beten* /伏し拝んでたのむ jn fußfällig (kniefällig) bitten* (um⁴).

ふしぎ 不思議 Wunder n. -s, -; etwas Wunderbares* (物); Geheimnis n. -sses, -nisse; Rätsel n. -s, - (謎); Mysterium n. -s, ..rien (奇跡) Wundertat f. -en/この世界の七不思議 die sieben Wunder der Welt. ── 不思議な wunderbar; seltsam; geheimnisvoll; mysteriös; rätselhaft; übernatürlich; verwunderlich/不思議に思う ⁴sich wundern (über⁴); staunen (über⁴); ⁴sich verwundern (über⁴)/不思議なことには wunderbarer|weise (seltsamer-); man muss ⁴sich wundern, dass ... /(別に)何ら不思議ではない(es ist) kein Wunder, dass ... ; (es wäre) kein Wunder, wenn ... ; was Wunder, dass (wenn) ... /その薬が不思議に効いて病気が治った Die Arznei hat Wunder gewirkt, und er ist wieder hergestellt.

ふしくれだつ 節くれだつ knötig (knorrig) sein; knochig sein (骨ばった).

ふしぜん 不自然な unnatürlich; widernatürlich; künstlich (人為的); gekünstelt (気どった); gesucht (わざとらしい); forciert (無理な); gemacht (作為的).

ふしだらな schlampig; ausschweifend; liederlich; locker; lose; fahrlässig; nachlässig; schlaff/ふしだらな人 [俗] Liederjan m. -(e)s, -e; Schlamper m. -s, -; Schlampe f. -n (女).

ふじつ 不実 Untreue f. -n (不信); Treulosigkeit f. -en (不信); Hartherzigkeit f. (無情); Falschheit f. -en (虚偽)/不実な unaufrichtig; unredlich; untreu; hartherzig; falsch.

ふしづけ 節付 Vertonung f. -en/節付する in ⁴Musik setzen. ⇨ ふし❹ (節).

ぶしつけ 不躾 Frechheit *f.* -en; Unhöflichkeit *f.* -en; Unmanierlichkeit *f.* -en; Zumutung *f.* -en《押付けがましいこと》/不躾な unhöflich; unerzogen; ungesittet; unmanierlich; derb; grob; roh; frech ⟨さぶさよう⟩/ぶしつけですが... wenn ich Sie fragen darf (dürfte)《尋ねるとき》/ぶしつけながらお願いたします Ich möchte mir die Freiheit, Sie zu bitten.〈ぶしつけなるまいをする ³sich zu viel Freiheiten erlauben; ³sich zu viel (unerhörte) Freiheiten gegen *jn* herausnehmen*.

ふじ 富士壺《動》Seepocke *f.* -n.

ふしまつ 不始末 ❶《不手際》die schlechte Verwaltung, -en; Misswirtschaft *f.* ❷《ふしだら》Schlampigkeit *f.* -en; Schlamperei *f.* -en; Schlampigkeit *f.*; Nachlässigkeit *f.*; das schlechte Betragen, -s《不行跡》❸《浪費》Unwirtschaftlichkeit *f.*; Verschwendung *f.* -en; Veruntreuung *f.* -en 《横領・背任》; Unterschleif *m.* -e, -e《使い込み》. — 不始末な regellos《無秩序》; liederlich《ふしだら》; verschwenderisch《浪費》.

ふしまわし 節回し Melodie *f.* -n; Weise *f.* -n.

ふじみ 不死身 Unverwundbarkeit *f.*/不死身の unverletzlich; unverwundbar; gefeit (gegen⁴); unbeugsam《不屈の》.

ふじむらさき 藤紫 Dunkellila *n.* -s; Schmalte *f.* -n《絵の具原料》.

ふしめ 伏目 die niedergeschlagenen Augen (*pl*)/伏目になる die Augen niederschlagen*; den Blick zu Boden schlagen*; die Augen (den Blick) senken*/伏目がちに mit gesenkten Augen; die Augen niederschlagend.

ふしゅ 浮腫 Tumor *m.* -s, -en.

ふじゆう 不自由《不便》Unbequemlichkeit (Unbehaglichkeit) *f.* -en; Ungemach *n.* -[e]s, -e《困窮》Mangel *m.* -s, -;Not *f.* -e/不自由のない人々 wohlhabende Leute (*pl*)/何不自由なく暮らす leben (angenehm; vergnügt) leben; ein gutes Leben haben; gut dran sein; in guten Verhältnissen leben. — 不自由な unbefriedigend; unbequem; mangelhaft; Not leidend《貧窮した》; krüppelhaft《手足のきかない》/不自由ながら暮らしかねる kümmerlich leben; in ärmlichen (dürftigen; gedrückten) Verhältnissen leben. —...に不自由する es mangelt (fehlt) *jm* (*an*³); Mangel haben (leiden*) *an*³/彼は足がご不自由で Seine Beine versagen.

ふじゅうじゅん 不従順 Ungehorsam *m.* -[e]s, -e; Unlenksamkeit *f.*/不従順な ungehorsam; unfolgsam; unlenksam.

ふじゅうぶん 不十分 Unzulänglichkeit *f.*《不足》; Mangelhaftigkeit *f.*《不完全》/不十分な ungenügend (ungenügend)《不満足な》; unzulänglich; unzureichend; mangelhaft; unvollständig/彼は証拠不十分のため免訴になった Er wurde mangels genügender Beweise freigesprochen.

ふしゅび 不首尾 ❶《失敗》Fehlschlag *m.* -[e]s, -e; das Misslingen*, -s/不首尾に終

わる fehl|schlagen*[s]; daneben gehen*[s]; ins Wasser fallen*《失敗》; bei *jm* in Ungnade fallen*《不興》. ❷《不興》Ungnade *f.*; Ungunst *f.*

ふじゅん 不順 Unzeitigkeit *f.*; Unregelmäßigkeit *f.*《不規則》/不順な unzeitig; unzeitgemäß; unregelmäßig/不順な天候 das launenhafte (unsichere; veränderliche; ungünstige; wechselnde) Wetter, -s/天候不順の折柄なので(から) infolge der Ungunst der Witterung.

ふじゅん 不純 Unreinheit *f.* -en; Unechtheit *f.*《贋》; Unlauterkeit *f.*《心の》/不純な unrein; unecht; falsch; unlauter/不純な動機 das unsaubere Motiv, -s, -e/不純物 die unreinen (fremden) Teile (*pl*)/不純分子 die unliebsamen (schlechten) (üblen) Elemente (*pl*).

ふじょ 扶助《Bei》hilfe *f.* -n《援助》; Unterhalt *m.* -[e]s《扶養》; Unterstützung *f.* -en/扶助する beistehen*³; helfen*³; unterhalten*⁴; unterstützen*⁴. ‖扶助金(料) Unterstützungsgelder (*pl* 国庫などから); Alimente (Unterhaltsbeiträge) (*pl* 扶養料、特に別居手当)/遺族扶助料 Pension *f.* -en.

ふしょ 部署 Posten *m.* -s, -; Amt *n.* -[e]s, ⸚er; Stelle *f.* -n/部署につく seinen Posten (sein Amt) an|treten*/部署にとどまる auf seinem Posten bleiben*[s].

ふしょう 不肖《自分に》meine Wenigkeit/不肖の子である seines Vaters unwürdig sein/不肖ながら bedeutend (namenlos), wie ich bin.

ふしょう 不祥 Böses verkündend; von böser (schlimmer) Vorbedeutung; Unglück verheißend; Unheil verkündend; unheilvoll; verhängnisvoll; ominös/不祥の兆し ein böses Omen, -s, Omina; ein böses Vorzeichen, -s, -/不祥事 Unfall *m.* -[e]s, ⸚e; Unglück *n.* -[e]s, -s; Skandal *m.*

ふしょう 負傷 Verletzung *f.* -en; Verwundung *f.* -en; Wunde *f.* -n; Brausche *f.* -n《打傷》; Quetschung *f.* -en《挫傷・咬傷》; Schnitt *m.* -[e]s, -e《切傷》; Schmarre *f.* -n《顔の切傷》. — 負傷する sich verletzen; ⁴sich verwunden; eine Wunde bekommen*《以上 *an*³》/足に負傷をする ⁴sich am Bein (³sich das Bein) verletzen (verwunden). ‖負傷者 der Verletzte* (Verwundete*), -n, -n/負傷兵 der verwundete Soldat, -en, -en; die Verwundeten (*pl* 総称).

ふじょう 不浄 Unsauberkeit *f.* -en《不潔》; Unreinheit *f.* -en《汚れ》; Unehrlichkeit *f.* -en《心の汚れ》; Abort *m.* -[e]s, -e《便所》/不浄の unsauber; unreinlich).

ふじょう 不定 ungewiss; unsicher/老少不定「Heute rot, morgen tot.」

ふしょう 武将 Kriegsheld *m.* -en, -en; General *m.* -s, -e.

ぶしょう 不精 Bequemlichkeit *f.*; Faulheit *f.* -en; Trägheit *f.* -en; Nachlässigkeit *f.* -en《放慢》/不精な bequem; faul; träge;

ふしょうか 〔nach〕lässig; schlaff ‖ 不精者 Faulpelz m. -es, -e;〖俗〗Liederjan m. -s, -e; Stubenhocker m. -s, -e 《出不精》/あの不精者がそんなことをやるものか Dazu ist er viel zu bequem.

ふしょうか 不消化 Unverdaulichkeit f.; Verdauungsschwäche f.《消化不良》/不消化の schwer verdaulich; unverdaulich; unverdaut ‖ 不消化物 die schwer verdauliche Speise, -n.

ふしょうじき 不正直 Unehrlichkeit f.; Unredlichkeit f./不正直な(に) unehrlich; unredlich.

ふしょうじけん 不祥事件 Skandal m. -s, -e; schmachvolles Ereignis, ..nisses, ..nisse; skandalöser (Kriminal)fall, -(e)s, ..e; schändliche Tat, -, -en; ruchloses Verbrechen, -s, -.

ふしょうち 不承知 Missbilligung f. -en; Unstimmigkeit f. -en;〔異議〕Einspruch m. -(e)s, ..e; Einwand m. -(e)s, ..e;〔拒否〕Absage f. -n; Ablehnung f. -en. — 不承知である nicht einverstanden sein (mit³); nicht ein|willigen (in⁴); missbilligen⁴; nicht zu|stimmen³; Einspruch erheben* (gegen⁴); ein|wenden[*] (gegen⁴); ab|sagen⁴; ab|lehnen⁴/彼は不承知だ Er ist dagegen. / Er willigt nicht ein.

ふしょうぶしょう 不承不承 unwillig; widerwillig/不承不承に ungern; unwillig; widerwillig; mit schwerem Herzen; mit Widerstreben; ohne Lust. ⇨いやいや.

ふじょうり 不条理 Unvernunft f.; Vernunftwidrigkeit f.; Widersinn m. -(e)s; Absurdität f. -en/不条理の unvernünftig; vernunftwidrig; widersinnig; absurd; ungereimt ‖ 不条理演劇〔劇〕absurdes Theater, -s. ⇨ふごうり(不合理).

ふしょく 腐食 Korrosion f. -en; Ätzung f. -en; das Beizen*, -s; Anfressung f. -en; Zerfressung f. -en (-nagung f. -en; Zerstörung f. -en;〔腐朽〕Vermoderung f. -en; Verwesung f. -en/腐食をうけやすい leicht ätzbar sein; anfällig gegen Korrosion sein. — 腐食する korrodieren⁴; ätzen⁴; beizen⁴; an|fressen*⁴; zerfressen*⁴; zernagen⁴. ‖ 腐食剤 Ätzmittel n. -s, -; Beize f. -n. ⇨ふはい(腐敗).

ふしょく 扶植 Einpflanzung f. -en; Ausdehnung f. -en; Erweiterung f. -en; Gründung f. -en《確立》/扶植する ein|pflanzen⁴; aus|dehnen⁴; sich durch|setzen; erweitern⁴; vergrößern⁴; begründen⁴/勢力を扶植していく den Wirkungskreis aus|dehnen/あらゆる障害に抗して他勢を扶植した Er setzte sich gegen alle Widerwärtigkeiten durch.

ぶじょく 侮辱 Beleidigung f. -en; Beschimpfung f. -en; Kränkung f. -en. — 侮辱する beleidigen⁴; beschimpfen⁴; kränken⁴; schänden⁴/侮辱を受ける beleidigt werden; in Schimpf und Schande geraten* (s.). ‖ 法廷侮辱罪 die Missachtung des Gerichtes.

ふしょくど 腐植土 Humus m. -; Humusboden m. -s, ..;〔Acker〕krume f. -n; Gartenerde f.

ふしょくふ 不織布 ungewobenes Tuch, -(e)s, ..er.

ふじょし 婦女子 ❶〔女〕Frau f. -en;〔総称〕die Frauen (und Mädchen)《pl》❷〔婦人や子供〕die Frauen und Kinder《pl》.

ふしん 普請 Bau m. -(e)s, -ten; Aufbau m. -(e)s, -ten; das Bauen*, -s/普請は改築でも新築と同じくらいかかるでしょう Der Umbau würde nicht viel weniger kosten als ein Neubau. — 普請する bauen⁴; an[*et an|bauen⁴《建増し》; um|bauen⁴《改築・修繕》; zu|bauen⁴《増築》; aus|bessern⁴; reparieren⁴《修繕》. ‖ 普請小屋 Bauhütte f. -n/普請中 in Bau (im Bau begriffen) sein/普請場 Bau|hof m. -(e)s, ..e (-platz m. -es, ..e).

ふしん 不審 ❶ Zweifel m. -s, -; Bedenken n. -s, -; Frage f. -n; Ungewissheit f. -en. ❷〔不信・嫌疑〕Misstrauen n. -s, -; Verdacht m. -(e)s, ..e/不審な fraglich; bedenklich; zweifelhaft; verdächtig; Verdacht erregend/不審な顔付をして fragend; misstrauisch; mit fragenden Blicken; unsicher/不審そうなしぶりで in fragendem Ton/不審な箇所に印をつける unverständliche (fragliche) Stellen an|haken (an|kreuzen)/不審に思う ⁴sich wundern; jm seltsam vor|kommen*《妙に思う》; bezweifeln⁴; zweifeln (an³); ⁴et in Zweifel stellen (ziehen*)《疑う》; auf jn (in jm) Verdacht haben; jn verdächtig machen (verdächtigen)《嫌疑》.

ふしん 不振 Flauheit f. -en; Depression f. -en; Stille f. -n; das Stillliegen*, -s; Stillstand m. -(e)s; Stockung f. -en; Trägheit f. -en; Unbelebtheit f. -en/不振の flau; still; stillliegend; stockend; träge; untätig/商売は不振 Die Geschäfte sind flau.

ふしん 不信 Abtrünnigkeit f. -en; Falschheit f. -en; Treulosigkeit f. -en; Untreu f. -en《不誠実》Wortbruch m. -(e)s, ..e《違約》; das Misstrauen, -s《疑惑》/不信な abtrünnig; falsch; treulos; untreu; unaufrichtig; wortbrüchig; misstrauisch/彼の不信行為は実証された Seine Untreue ist erwiesen./こうして私に対する不信は消失した So ist das Misstrauen gegen mich geschwunden.

ふじん 布陣 das Lagern*, -s; Schlachtordnung f. -en《陣立て》.

ふじん 婦人 Frau f. -en; Dame f. -n《淑女》; das weibliche (schöne; schwache; zarte) Geschlecht, -(e)s;〔総称〕Für Damen!《表示》‖ 婦人運動 Frauenbewegung f. -/婦人科 Frauenheilkunde f. -n; Gynäkologie f.-/婦人科医 Frauenarzt m. -es, ..e; Gynäkologe m. -n, -n/婦人会 Frauenverein m. -(e)s, -e/婦人解放 Frauenemanzipation f./婦人記者〔Zeitungs〕berichterstatterin f. ..rinnen; Reporterin f. ..rinnen/婦人警官 Polizistin (in Polizistin) f. ..nnen/婦人参政権 Frauenstimmrecht n. -(e)s -/婦人参政権論者 Frauenstimmrechtler m. -s,

ふじん /―婦人団体 Frauenorganisation *f.* -en/婦人病 Frauenkrankheit *f.* -en/婦人服 Frauen|kleid (Damen-) *n.* ..[e]s, -er; Frauenkleidung ..*en*《靴・帽子を含む全装全体》.

ふじん 夫人 Frau *f.* -en; Gattin *f.* ..tinnen; Gemahlin *f.* ..linnen;〔敬称〕Frau《略: Fr.》/H 夫人 Frau H/今夫人をよろしく御伝言下さい Bitte empfehlen Sie mich gütigst Ihrer Frau Gemahlin!

ぶじん 武人 Krieger *m.* -s, -; Degen *m.* -; Soldat *m.* -en, -en.

ふしんこう 不信仰 ⇨ふしんじん.

ふしんじん 不信心 Unglaube *m.* -ns; Irreligiosität *f.*; Gott|losigkeit (Pietät-) *f.* -en /不信心な ungläubig; irreligiös; gottlos; pietätlos; ruchlos; skeptisch《懐疑的》‖ 不信心者 der Ungläubige*, -n, -n;〔キリスト教からみて〕Nichtchrist *m.* -en, -en; Heide *m.* -n, -n.

ふしんせつ 不親切 Unfreundlichkeit *f.* -en /不親切な unfreundlich; lieb|los (rück|sichts-); ungefällig; unzuvorkommend《以上これを gegen¹》.

ふしんにん 不信任 das Misstrauen*, -s; Mangel *m.* -s, =;〔Vertrauen (Zuversicht)〕‖ 不信任案 Misstrauensantrag *m.* -[e]s, =e/不信任投票(決議) Misstrauensvotum *n.* -s, ..ten/〔ドイツ〕連邦議会は連邦内閣総理大臣に対して不信任を表明することができる Der Bundestag kann dem Bundeskanzler das Misstrauen aussprechen.

ふしんばん 不寝番 Nachtwache *f.* -n; Nachtwächter *m.* -s, -《人》.

ふしんよう 不信用 das Misstrauen*, -s; Misskredit *m.* -[e]s, -e; Argwohn *m.* -s《以上これを gegen¹》.

ふす 伏す ⁴sich hinlegen; ⁴sich hiniederwerfen*; einen Fußfall machen; auf den Bauch liegen*.

ふず 付図 Abbildung *f.* -en; Illustration *f.* -en.

ふずい 不随 Lähmung *f.* -en; Paralyse *f.* -n /不随の gelähmt; paralysiert /不随になる lahm (paralysiert) werden; (er)lahmen.

ふずい 付随する begleitet sein《*von*³》; verbunden sein《*mit*³》; gehörig sein《*zu*³》/付随の begleitend; hinzukommend; Neben-/この処置には多少の危険が付随する Die Maßnahmen sind mehr oder weniger von Gefahr begleitet./それは戦争の付随現象だ Das sind die Begleiterscheinungen des Krieges.

ぶすい 不粋 geschmacklos; gemütsarm; prosaisch; spießerisch; unelegant; unfein; taktlos /不粋な人 ein Mensch《*m.* -en, -en》ohne Feingefühl.

ふずいい 不随意の unwillkürlich; unfreiwillig ‖ 不随意運動 die unwillkürliche Bewegung, -, -en/不随意筋 der unwillkürliche Muskel, -s, -n.

ふすう 負数 eine negative Zahl, -en.

ぶすう 部数 die Zahl《-en》der Exemplare ‖ 発行部数 Auflage *f.* -n/この新聞の発行部数はどれくらいですか?— 100 万部です Wie hoch ist die Auflage dieser Zeitung?—Sie hat eine Auflage von einer Million.

ぶすっと mürrisch; ungesprächig; trotzig; übel|gelaunt /彼はいつもぶすっとしている Er ist immer mürrisch.

ふすま 襖 Schiebe|tür (Tapeten-) *f.* -en.

ぶすり bums!; plump! /ぶすりと彼は彼女の胸に短刀を突きさした Bums! stach er ihr den Dolch in die Brust.

ふする 付する ❶〔付加〕an|fügen*《bei|-〔hin〕zu|-》; hinzu|setzen⁴/条件を付する *jm* Bedingungen auf|erlegen*; ⁴*et* zur Bedingung machen. ❷〔付託〕anheim stellen³⁴; überlassen*³⁴; übergeben*³⁴; überweisen*³⁴/問題を委員会に付する die Angelegenheit dem Ausschuss überweisen*/競売に付する ⁴*et* zur Versteigerung bringen*/鑑定に付する *jm* ⁴*et* zur Begutachtung vor|legen/不問に付する ⁴*et* still|schweigend durchgehen lassen*.

ふせ 布施 Almosen *n.* -s, -/布施をする ein Almosen geben*³.

ふせい 不正 Unbilligkeit *f.* -en《不当》; Unrecht *n.* -[e]s《同上》; Ungerechtigkeit *f.* -en《不法》; Unredlichkeit *f.* -en《不正直》; Ungehörigkeit *f.* -en《不穏当》; Unschicklichkeit *f.* -en《同上》; Unregelmäßigkeit *f.* -en《ふつう *pl* 詐欺横領》; Schlechtigkeit *f.* -en《悪事》; Unrichtigkeit *f.* -en《誤り》/不正を働く ein Unrecht begehen*; ³sich ⁴Unregelmäßigkeiten zu Schulden kommen lassen*《詐欺横領をする》. —— 不正な unbillig; unrecht; ungerecht; ungebührlich; unredlich; ungehörig; unschicklich; schlecht; falsch; unrichtig; unrechtmäßig《違法の》/不正な金 der verächtliche Gewinn, -[e]s, -e; Schiebergewinn《闇利得》. ‖ 不正業者 Schacherer *m.* -s, -《不正商人》; Wucherer *m.* -s, -《暴利行為者》; Schwarzhändler (Schieber) *m.* -s, -《闇業者》/不正行為 die unehrliche (unredliche) Handlung, -en; Schwindelei *f.* -en《べてん》; Mogelei *f.* -en《[beim Spiel いかさま]》/不正事件 Unregelmäßigkeiten (*pl*); Unterschlagungen (横領); Bestechung *f.* -en《収賄》/不正手段 die unerlaubten Mittel (*pl*); Schiebung *f.* -en《闇取引》/不正手段で手に入れる auf Schleichwegen in Besitz nehmen*⁴/不正品 die verfälschte Ware, -, -n《混ぜ物をした食品》; Falsifikat *n.* -[e]s, -e《偽造物》; Schleichware《闇商品》.

ふせい 不斉 Ungleichmäßigkeit *f.* -en《不均斉》; Missverhältnis *n.* ..nisses, ..nisse《同上》; Unregelmäßigkeit *f.* -en《不整斉》/不斉の ungleichmäßig; asymmetrisch; unregelmäßig.

ふぜい 風情 ❶〔様子〕Aussehen *n.* -s, -; Art *f.* -en; Ausdruck *m.* -[e]s, =e; Eigenart *f.* -en; Gepräge *n.* -s, -; Wesen *n.* -s, -. ❷〔雅趣〕Anmut *f.*; Eleganz *f.*; Grazie *f.*; Geschmack *m.* -[e]s/風情ある elegant; fein; gepflegt; geschmackvoll; graziös/風情のない langweilig; geschmacklos; prosaisch; spießerisch /この町は中世的な風情がある Diese Stadt trägt ein mittelalterliches Gepräge./彼女の身のこなし方には風情がある Ihr Gehaben zeigt Anmut. ¦ Sie macht graziöse Bewegungen. ❸ [...風情] しがない町人風情 ein kleiner Kaufmann/私風情のもの so einer* wie ich*; unsereiner*; unsereins.

ぶぜい 無勢 Minderheit *f.* –en/無勢である zahlenmäßig schwächer sein《als》.

ふせいかく 不正確 Ungenauigkeit *f.* –en; Unrichtigkeit *f.* –en《以上 *pl* は「誤謬」の意》; Fehlerhaftigkeit *f.*/不正確な ungenau; unrichtig; fehlerhaft; ungewiss《不確かな》.

ふせいこう 不成功 Misserfolg *m.* –(e)s, –e; das Misslingen*, –s; Fehlschlag *m.* –(e)s, ⸚e《失敗》/不成功の erfolglos/不成功に終わる misslingen* [s]; missglücken [s]; fehl|schlagen* [s]/彼の計画は不成功に終わった Sein Unternehmen ist gescheitert (missraten).

ふせいさん 不生産的な unproduktiv; unfruchtbar ‖ 不生産的資本 das tote Kapital, –s, –e (..lien)/不生産(的)労働 die unproduktive Arbeit, –en.

ふせいじつ 不誠実 Unaufrichtigkeit *f.* –en; Unwahrheit *f.* –en; Falschheit *f.*/不誠実な unaufrichtig; unredlich; untreu; unwahr; falsch《不実の》.

ふせいしゅつ 不世出の außergewöhnlich; ausgezeichnet; unvergleichlich; unübertrefflich / 不世出の人物(英雄)である ein Mensch von seltenen Gaben (ein Held ohnegleichen) sein.

ふせいせき 不成績 ⇨ふでき.

ふせいとん 不整頓 Unordnung *f.* –en; Verwirrung *f.* –en/不整頓の unordentlich.

ふせいりつ 不成立 das Nichtzustandekommen*, –s《計画・協定などの》; das Misslingen*, –s《失敗》/不成立となる nicht zustande kommen* [s]; fehl|schlagen* [s]; misslingen* [s]; nicht angenommen werden《法律案・議案が》.

ふせき 布石 ❶ Schachzug *m.* –(e)s, ⸚e. ❷ Vorbereitung *f.* –en《用意》.

ふせき 浮石 Bimsstein *m.* –(e)s, –e.

ふせぎ 防ぎ Verteidigung *f.* –en ⇨ぼうぎょ/防ぎがつかない ³sich nicht zu raten noch zu helfen wissen*《進退きわまる》.

ふせぐ 防ぐ ❶ [防御] verteidigen⁴《*gegen*⁴》; ab|wehren《[von] *jm* ⁴ *et* ある人を守って; *jn* (*jm*) ある人を撃退する》; ⁴sich schützen《*vor*³ 身を守る》. ❷ [予防] verhüten⁴; vor|beugen³/感染を防ぐ einer³ Infektion vor|beugen. ❸ [抵抗] widerstehen*³; ⁴sich widersetzen³; ⁴Widerstand leisten³. ❹ [防止] ab|halten*⁴; hemmen⁴; verhindern⁴; wehren³/火事を防ぐ dem Feuer wehren/盗難を防ぐ einen Diebstahl verhindern/災いを防ぐ einem Unheil steuern; einem Übel ab|wehren.

ふせじ 伏字 Fliegenkopf *m.* –(e)s, ⸚e/伏字にする blockieren⁴; durch andere ⁴Zeichen ersetzen《fehlende ⁴Lettern》.

ふせつ 浮説 das falsche (grundlose) Gerücht, –(e)s, –e; die falsche Meldung, –en《虚報》;〖俗〗Ente *f.* –n《同上》.

ふせつ 敷設 das Legen*, –s; das Bauen*, –s《建設》. —— 敷設する legen⁴《水雷・海底電線などを》; an|legen⁴《鉄道などを》; bauen⁴《同上, その他を》. ‖ 敷設水雷 die unterseeische Mine, –n/鉄道敷設 Eisenbahnbau *m.* –(e)s, –ten/鉄道敷設権 Eisenbahnkonzession *f.* –en.

ふせっせい 不節制 Unmäßigkeit *f.* –en; Maßlosigkeit *f.* –en; Völlerei *f.* –en《酒食の》; Ausschweifung *f.* –en《性的》/不節制な unmäßig; maßlos; ausschweifend《放らつな》.

ふせっせい 不摂生 die Vernachlässigung《–en》der Gesundheit/不摂生な sorglos über (unbekümmert um) die Gesundheit; ungesund.

ふせぬい 伏縫 Saumnaht *f.* ⸚e; Hohlsaum *m.* –(e)s, ⸚e/伏縫をする säumen⁴.

ふせや 伏屋 die armselige (elende) Hütte, –n; Hundehütte *f.* –n;〖方〗Kotten (Kotter) *m.* –s, –.

ふせる 伏せる ❶ [裏返す] um|kehren⁴ (–|-drehen⁴; –|wenden⁽*⁾⁴); verdecken⁴《カルタを》. ❷ [下方に向ける] nieder|schlagen*⁴/目を伏せる den Blick (die Augen) senken. ❸ [被いかくす] bedecken⁴; verstecken⁴/伏せて置く geheim halten*⁴《秘しておく》/兵を伏せる *jm* einen Hinterhalt legen.

ふせん 付箋 (Anhangs)zettel *m.* –s, –; Etikett *n.* –(e)s, –e《貼札》; Allonge *f.* –n《手形の》/付箋をつける mit einem Zettel versehen*⁴; bezetteln⁴; etikettieren⁴.

ふせん 不戦条約 Kriegsächtungspakt *m.* –(e)s, –e/不戦勝となる rasten.

ふぜん 不善 Übel *n.* –s, –; das Böse*, –n; Unrecht *n.* –(e)s, –e; Unfug *m.* –(e)s. ¶ 小人閑居して不善をなす ,Müßiggang ist aller Laster Anfang.'

ぶぜん 憮然として düster; betrübt; enttäuscht; traurig.

ふせんしょう 不戦勝 Sieg《*m.* –(e)s, –e》ohne Kampf《*m.*》; kampfloser Sieg.

ぶそう 武装 Kriegs(aus)rüstung *f.* –en; Bewaffnung *f.* –en; Rüstung *f.* –en/武装している mit ³*et* bewaffnet sein; unter den Waffen stehen*/武装した bewaffnet; bis an die Zähne bewaffnet《すきなく厳重に武装して》/武装を解く entwaffnen⁴; ab|rüsten; entfestigen⁴《要塞の》. —— 武装する ⁴sich rüsten (aus|rüsten); ⁴sich bewaffnen. ‖ 武装解除 Entwaffnung *f.* –en; Abrüstung *f.*/武装中立 bewaffnete Neutralität, –en/武装平和 der bewaffnete Frieden, –s, –/武装列車 Panzerzug *m.* –(e)s, ⸚e《装甲列車》/非武装地帯 die entmilitarisierte Zone, –n.

ふそうおう 不相応な unangebracht; unangemessen; ungebührend; ungeeignet; ungehörig; ungeziemend; unpassend; unschicklich / 身分不相応な生活をする über seine Verhältnisse leben.

ふそく 付則 die zusätzliche (ergänzende) Regel, –n; Nebenbestimmung *f.* –en; Zusatzklausel *f.* –n.

ふそく 不足 ❶ Mangel *m.* -s, ¨; das Fehlen*, -s; Knappheit *f.* -en; Unzulänglichkeit *f.* -en; [欠損] Ausfall *m.* -[e]s, ¨e; Defizit *n.* -s, -s (-e); Fehlbetrag *m.* -[e]s, ¨e/不足なく暮らす in guten Verhältnissen leben; ^{4}es gut haben; in der Wolle (warm und weich) sitzen*《裕福》/不足がちに暮らす in engen Verhältnissen leben; ^{3}sich das Leben fristen; knapp gehalten werden《仕送り・配給・食料などが不足がちなこと》/この本は四ページ不足している Vier Seiten (Zwei Blätter) fehlen diesem Buch. /まだ二名不足だ Zwei Personen sind noch vermisst.《消息不明》/千円不足だ Es fehlt [*jm*] 1 000 Yen./当地は電力が非常に不足している Der [elektrische] Strom ist hier sehr knapp. ❷ [不満] Unzufriedenheit *f.* -en; Beschwerde *f.* -n; Klage *f.* -n/不足を言う ^{4}sich beschweren《bei *jm über*^{4}》; brummen^4; ein|wenden$^{(*)4}$《*gegen*^{4}》; nörgeln; murren^4《*über*^{4}》; quengeln; unzufrieden sein《*mit*^{3}; *über*^{4}》/不足はない vollkommen zufrieden sein《*mit*^{3}; *über*^{4}》; nichts einzuwenden haben《*gegen*^{4}》; ^{1}*et* lässt nichts zu wünschen übrig. ── 不足の ❶ fehlend; mangelhaft; knapp《以上どれも *an*^{3}》; vermisst《見当たらぬ》; unzulänglich; unzureichend《不十分》. ❷ [不満の] unzufrieden《*über*^{4}; *mit*^{3}》; missvergnügt; nicht zufrieden stellend. ── 不足する ^{1}*et* fehlt (ermangelt; mangelt) *jm*; es fehlt (ermangelt; mangelt) *jm*《*an*^{3}》; an ^{3}*et* knapp werden; Mangel haben (leiden*)《*an*^{3}》; unzulänglich (unzureichend) sein; vermissen《あるべきものが》. ‖ 不足料 Zuschlags¦gebühr (Straf-) *f.* -en; Nach¦porto (Straf-) *n.* -s, -s (..ti)《郵税》.

ふそく 不測の unvorhergesehen; unerwartet / 不測の事態 unvorhergesehene Umstände《*pl*》.

ふぞく 付属する zu|gehören《*zu*^{3}》; gehören《*zu*^{3}》; an|hängen*^{3}/付属の [zu]gehörig《*zu*^{3}》; hinzukommend《*zu*^{3}》; zusätzlich《*zu*^{3}》‖ 付属小学校 die zugehörige Volksschule, -n/付属品 Zubehör *m.* (*n.*) -[e]s, -e; das Dazugehörige*, -n, -n; Zutat *f.* -en; Ausrüstung *f.* -en/大学付属病院 Universitätsklinik *f.* -en.

ぶぞく 部族 Stamm *m.* -[e]s, ¨e; Völkerschaft *f.* -en.

ふそくふり 不即不離 Neutralität *f.* -en/不即不離の態度をとる ^{4}sich neutral verhalten*.

ふぞろい 不揃い Unebenheit *f.* -en; Ungleichheit *f.* -en; Ungleichmäßigkeit *f.* -en; Unregelmäßigkeit *f.* -en/不揃いな uneben; ungleich; ungleichmäßig; unregelmäßig; unterschiedlich; verschieden.

ふそん 不遜 Anmaßung *f.* -en; Arroganz *f.* -en; Dünkel *m.* -s; Hochmut *m.* -[e]s; Stolz *m.* -es/不遜な anmaßend; arrogant; eingebildet; hoch¦näsig (-mütig); stolz.

ふた 蓋 Deckel *m.* -s, -; Haube *f.* -n; Klappe *f.* -n/ふたをする [be]decken^4; zu|decken^4; zu|machen^4《閉じる》/ふたを開ける 1) den Deckel ab|nehmen*; auf|decken^4; auf|machen^4《開ける》. 2) [開業・開通など] eröffnen^4; ein|weihen^4 / ふた開け Eröffnung *f.* -en; Einweihung *f.* -en/ふた付きの mit Deckel versehen*; Deckel-/ふたなしの ohne ^{4}Deckel; deckellos. ¶ 臭いものにはふたをせよ Eigene schmutzige Wäsche soll man zu Haus waschen./割れなべにとじぶた ,Jeder Hans findet seine Grete.'

ふだ 札 Zettel *m.* -s, -; Etikett *n.* -[e]s, -e; Fahr¦karte (Eintritts-, Spiel-) *f.* -n《乗車券, 入場券, トランプの札》; Fahr¦schein (Gepäck-, Liefer-) *m.* -[e]s, -e《乗車券, 手荷物切符, 引換券》; [Gepäck]anhänger *m.* -s, -《荷物等の名札》; [Mauer]anschlag *m.* -[e]s, ¨e《貼札》; Plakat *n.* -[e]s, -e《同上》⇨あいふだ/札を付ける mit einem Zettel versehen*^{4}; einen Zettel an|hängen (an|heften; an|kleben)《*an*^{4}》; plakatieren^4; bezetteln^4; etikettieren^4.

ぶた 豚 Schwein *n.* -[e]s, -e; Eber *m.* -s, -《雄》; Ferkel *n.* -s, -《仔》; Sau *f.* ¨e《雌》/豚の脂 Schmalz *n.* -es, -e/豚に真珠を与える [die] Perlen vor die Säue werfen* ‖ 豚小屋 Schweinestall *m.* -[e]s, ¨e; Koben *m.* -s, -/豚肉 Schweinefleisch *n.* -[e]s.

ふたい 付帯の nebensächlich; beiläufig; Neben-. ── 付帯する begleiten^4; gehören《*zu*^{3}》; zu ^{3}*et* gehörig sein; hinzu|kommen* [s]. ‖ 付帯決議 Nebenbeschluss *m.* -es, -e/付帯行為 Nebenhandlung *f.* -en/付帯条件 Nebenbedingung *f.* -en/付帯請求 Nebenforderung *f.* -en.

ぶたい 部隊 Abteilung *f.* -en; Truppe *f.* -n; Korps *n.* -, - ‖ 部隊長 Truppenführer *m.* -s, -; Kommandeur *m.* -s, -e.

ぶたい 舞台 ❶ [演劇の] Bühne *f.* -n; Bretter《*pl*》; Schaubühne *f.*/舞台向きの bühnen¦fähig (-gerecht)/舞台人となる zur Bühne gehen* [s]/舞台を踏む auf die Bühne treten* [s]/舞台を去る von der Bühne ab|treten* [s]/舞台が変わる Die Szene wechselt. ❷ [活躍の] Bühne *f.*; Schauplatz *m.* -es, ¨e/舞台は十八世紀のドイツである Der Schauplatz ist das Deutschland vom 18. Jahrhundert./舞台を(場数を)踏んだ人 ein erfahrener Mann, -[e]s, ¨er; ein alter Praktikus, -, ..kusse/公の舞台から退く vom Schauplatz der öffentlichen Tätigkeit ab|treten* [s]/独り舞台である die wichtigste (maßgebendste) Persönlichkeit sein; *js* Solo-Vorstellung sein. ‖ 舞台裏 Kulisse *f.* -n/舞台顔 Maske *f.* -n/舞台監督 Regie *f.* -n; Inszenierung *f.* -en; Regisseur *m.* -s, -e《演出者》/舞台稽古 Probe *f.* -n; Haupt¦probe (General-) *f.* -n/舞台芸術 Bühnenkunst *f.* ¨e/舞台劇 Drama *n.* -s, ..men; Bühnenstück *n.* -[e]s, -e/舞台効果 Bühnen¦effekt *m.* -[e]s, -e (-wirkung *f.* -en)/舞台照明 Bühnenbeleuchtung *f.* -en/舞台装置 Bühnen¦ausstattung *f.* -en (-bild *n.* -[e]s, -er); Dekoration *f.* -en/舞台中継 Bühnenaufnahme *f.* -n/舞台面 Szene *f.* -n; Auftritt *m.* -[e]s,

ふ

ふたえ -e/初舞台 Debüt n. -s, -s/初舞台を踏む debütieren; zum ersten Mal auf|treten* ⓢ/〔作品を〕舞台にのせる〔ein Stück〕auf die Bühne bringen*/回り舞台 Drehbühne f. -n.

ふたえ 二重の doppelt; zweifach; Doppel- ‖ 二重あご Doppelkinn n. -[e]s, -e/二重瞼の der gerillte Augenlid, -es, -e.

ふたく 付託 das Übergeben, -s; das Überweisen, -s/...に付託する übergeben*³⁴; überweisen*³⁴/委員会に付託となる *et einem Ausschuss überweisen*. ⇨ふする②.

ふたご 双子 Zwilling m. -s, -e〔単数は2人のひとり〕/Zwillings|bruder m. -s, -⸚ (-schwester f. -n) 双子座〔天〕Zwillinge ⟨pl⟩.

ふたごころ 二心 Untreue f.; Doppelrolle f. -n; Falschheit f.; Unredlichkeit f.; Verräterei f.; Vertrauensmissbrauch m. -[e]s, -e/二心ある untreu; abtrünnig; falsch; unredlich; verräterisch.

ふたしか 不確か Unsicherheit f.; Ungewissheit f.; Unberechenbarkeit f.〔当てにならぬこと〕; Unklarheit f.〔不詳〕; Unzuverlässigkeit f.〔不信〕/不確かな unbestimmt; unsicher; schwankend; zweifelhaft; unberechenbar; unzuverlässig.

ふたたび 再び wieder; noch einmal; zweimal; schon wieder; von neuem/再びそういうことはしません Das soll nie wieder geschehen./彼は故郷を出て再び帰らなかった Er verließ seine Heimat, um nie wieder zurückzukommen.

ふたつ 二つ zwei; zweie〔二、三、四格 zweier, zweien, zweie〕/二つずつ je zwei; zu zweien; paarweise/二つとも beide; alle beide; alle zweie; jeder* von beiden; keiner* von beiden〔否定〕/二つに分ける in zwei (gleiche) Teile teilen*⁴; halbieren*/二つに折る entzwei|brechen*/二つに切る entzwei|schneiden*/二つ返事で bereit und willig; bereitwillig/二つとない einzig; alleinig; einzigartig; ohnegleichen/三つの(きの)うち alle drei; jeder* dritt- ...; (aller drei ...; jeden* dritt- ...)〔例: alle drei Tage; jeden dritten Tag 二日おきに; jeder dritte Mensch 三人おきの人〕/二つ折りの doppelt gefaltet/二つ折りの本 Foliant m. -en, -en.

ふだつき 札付〔者〕der sprichwörtlich gewordene Lump, -[e]s (-en), -e (-en); der Gebrandmarkte, -n, -n; der notorische (ruchlose) verruchte, verschriene; viel gescholtene) Kerl, -[e]s, -e. —— 札付の sprichwörtlich geworden; gebrandmarkt; notorisch; ruchlos; verrufen; verschrien; viel gescholten.

ふたば 二葉 Keim m. -[e]s, -e; Keimblatt n. -[e]s, -⸚er; Spross m. -es, -e; Kotyledone f. -n/二葉のうちに摘む im Keim ersticken*⁴〔未然に防ぐ〕. ‖ 栴檀は二葉より かんばし Das Genie zeigt sich schon von Kindheit 「Was ein Häckchen werden will, krümmt sich beizeiten.」

ふたばこ 脬箱 Polizeihaftraum m. -[e]s, -⸚e; Kittchen n. -s, -.

ふたまた 二股 Gabelung f. -en; Abzweigung f. -en/二股の gegabelt; gabelförmig/二股に分かれる sich in Zweige teilen; ⁴sich ab|zweigen/二股かけ合わる auf beiden Schultern Wasser tragen*⁴; ⁴mit beiden Parteien halten* ‖ 二股膏薬 Achselträgerei f. -en; Doppelzüngigkeit f. -en;〔人〕Achselträger m. -s, -; Doppelzüngler m. -s, -; Kalfaktor m. -s, -en/二股道 Gabelung f.; Gabelweg m. -[e]s, -e.

ふため 二目と見られない abscheulich; ekelerregend; fürchterlich; grässlich; grauenhaft;〔俗〕katastrophal; schauderhaft/二目と見れぬ大惨事の現場 der grauenhafte Trümmerplatz ⟨-es, -⸚e⟩ des fürchterlichen Unfalls.

ふたり 二人 zwei Personen〔die beiden ⟨pl 両人⟩; das Paar, -[e]s, -e〔対〕/二人で (ずつ) zu zweien; zu zweit; bei (in; zu) Paaren/二人とも alle zweie (beide); jeder* von beiden (zweien); keiner* von beiden〔否定〕/二人で利益を分ける Wir beiden teilen den Gewinn untereinander./二人で Wir sind unser zwei. Wir sind zu zweit (zweien)./二人連れ/二人で掛けられます Sie können da zu zweit sitzen./その仕事は二人でやったのです Zwei Mann haben daran gearbeitet./Mann im pl にない〕二人部屋 Doppelzimmer n. -s, -.

ふたん 負担 Bürde f. -n; Druck m. -[e]s, -⸚e; Last f. -en; Verpflichtung f. -en/負担を課する(かける) auf|bürden³⁴; auf|(er)legen³⁴; belasten〔mit³〕/負担を軽減する Lasten erleichtern/負担になる(なっている) jm zur Last fallen*〔auch auf³〕/こどもの心配が彼には大きな負担になっている Die Sorgen um seine Kinder belasten (bedrücken) ihn sehr./ここのところがこの機械の一番負担の多い所です Hier wird diese Maschine am stärksten (meisten) beansprucht./いろいろと義務上の負担が多いのです Es lasten viele Verpflichtungen auf mir. —— 負担する die Kosten (die Schuld) tragen*〔費用(負債)を〕; eine Last auf ⁴sich (auf ⁴Schultern) nehmen*; übernehmen*⁴/費用は全部彼が負担した Er hat alle Kosten bestritten. ‖ 負担額 Beitrag m.

ふだん 不断 ❶〔平常〕gewöhnlich;〔allgemein〕gebräuchlich; gewohnheitsmäßig; im Allgemeinen; sonst; stets; 〔all〕täglich; üblich/不断のとおり wie gewöhnlich (immer; üblich); aus Gewohnheit; dem alltäglichen Brauch nach/不断から...する pflegen (gewohnt sein; die Gewohnheit haben), *et zu tun/不断より早く früher als sonst; zeitiger als üblich/彼には不断と変わったところがなかった Ihm war nichts Ungewöhnliches anzumerken. ❷〔絶えず〕ununterbrochen; beständig; dauernd; fort und fort; in einem fort; fortgesetzt; immerzu; ohne aufzuhören; ohne ⁴Unterlass (Unterbrechung); unaufhörlich.

ブタン〘化〙Butan n. -s, -e.

ぶだん 武断 Militarismus m. -. ‖武断政治 Militärdiktatur f. -en/軍国主義 Militarismus m. -.

ぶだんぎ 不断着 Hauskleid n. -[e]s, -er (-rock m. -[e]s, ⸚e).

ふち 縁 Rand m. -[e]s, ⸚er; Grenzstreifen m. -s, -; Kante f. -n; Rahmen m. -s, -《額縁》; Saum m. -[e]s, ⸚e; Krempe f. -n《帽子の》; Felge f. -n《輪縁》; Kranz m. -es, ⸚e《同上》, -es, -《川岸》; Einfassung f. -en《衣服などの》/縁まで一杯の Rand[e] (bis an den Rand) voll/縁ないの絵 das ungerahmte Bild, -[e]s, ⸚er; ein Bild (Gemälde n. -s, -) ohne ⁴Rahmen/縁なしのめがね die Brille (-n) ohne ⁴[Fassungs-]rand/縁の広い麦わら帽子 der breitrandige Hut, -[e]s, ⸚e/[ページの縁の切ってない書物 das nicht aufgeschnittene Buch, -[e]s, ⸚er/縁縫いをする [be]säumen⁴; bordieren⁴; einfassen⁴/縁を取る rändern⁴; befransen⁴《ふさで》; mit ⁴Fransen besetzen⁴; umsäumen⁴; einfäumen⁴/縁をつける einfrahmen⁴《わくで》/第一ページの縁の注 die Randbemerkungen《pl》auf der ersten Seite/がけの縁 am Rand[e] der jähen Tiefe/金縁のめがね die goldene Brille, -n; die Brille mit vergoldeten Metallteilen/机の縁 Tischkante f. -n/縁いっぱいに水を入れる ein Glas bis an den Rand mit Wasser voll füllen; ein Glas bis zum Rand[e] mit Wasser voll machen ‖縁取りをする Bordieren⁴, -s.

ふち 淵 Tiefe f. -n; Abgrund m. -[e]s, ⸚e; Schlucht f. -en《詩》⸚e); Untiefe f. -n《深淵》.

ぶち 斑 Fleck m. -[e]s, -e; Flecken m. -s, -; Sprenkel m. -s, -; Tüpfel m.(n.) -s, -/斑のできた gesprenkelt; getüpft; scheckig/斑になるほどなぐる jn braun und blau (grün und gelb) schlagen*(hauen⁴).

ぶちこむ ぶち込む hineinjwerfen⁴ (-|schmeißen⁴); [刑務所などに] einbuchten⁴(-|kerkern⁴; -|lochen⁴; -|sperren⁴).

ぶちこわし ぶち壊し Zerstörung f. -en; das Niederreißen⁴ (Verderben⁴), -s/ぶちこわしをする verderben⁴; verhunzen⁴; verpfuschen⁴; eine schöne Geschichte (etwas Schönes; etwas Nettes) anrichten (役肉); beschmutzen⁴/Unordnung bringen⁴.

ぶちこわす ぶち壊す zerstören⁴; niederreißen⁴; vernichten⁴; zunichte machen⁴.

プチブル petit bourgeois m. - - Kleinbürger m. -s, -; Spießbürger m. -s, -《軽蔑的》/プチブル根性の kleinbürgerlich.

ふちゃく 付着する anhaften³; adhärieren³; ⁴sich fest|halten* 《an³》; [fest]kleben 《an³》; festlsitzen*《in³》; haften 《an³》; kleben bleiben*《an³》.

ふちゃく 不着 das Nichteintreffen (Nichterscheinen⁴), -s.

ふちゅう 不忠 Treulosigkeit f. -en (-bruch m. -[e]s, ⸚e); Untreue f.; Abtrünnigkeit f.《背信》; Felonie f.《臣下への》. — 不忠の treulos (-brüchig); untreu; abtrünnig.

ふちゅうい 不注意 Unaufmerksamkeit f.; Achtlosigkeit f.; Fahrlässigkeit (Nach-)f. -en; Unachtsamkeit f. -en; Unvorsichtigkeit f. -en. — 不注意な unaufmerksam; achtlos; fahrlässig (nach-); unachtsam; unvorsichtig/不注意をする unaufmerksam sein《auf⁴》; nicht Acht geben*《auf⁴》; fahrlässig (nachlässig) sein; keine Vorsicht üben/そんなことをしでかすなんてずいぶん不注意だったね Wie unbedachtsam war es, dass du so etwas herbeigeführt hast./不注意から彼に自分のUnvorsichtigerweise habe ich ihm Vertauen geschenkt.

ふちゅうじつ 不忠実 Falschheit f. -en; Falsch m. (n.)《詩》ohne Falsch などの成句のみ); Treulosigkeit f. -en; Untreue f. — 不忠実な falsch; treulos; untreu.

ふちょう 婦長 Ober(kranken)schwester f. -n; Oberin f. -rinnen.

ふちょう 符丁 Zeichen n. -s, -; Marke f. -n; Chiffre f. -n《暗号》; Parole f. -n《合言葉》; Preismarke f. -n《値段つき》/符丁をつける mit [geheimen] Zeichen versehen⁴.

ふちょう 不調 das Nichtübereinstimmen f.; Missverhältnis n. -nisses, -nisse《不釣合》; Misslingen n. -s《失敗》/不調に終わる zum Abbruch kommen⁸; keine Einigung ist zustande gekommen; fehl|schlagen*⁸; misslingen*⁸.

ぶちょう 部長 Chef m. -s, -s 《einer Abteilung》; Abteilungsleiter m. -s, -.

ぶちょうほう 不調法 Plumpheit f. -en; Ungeschicklichkeit f. -en; Taktlosigkeit f. -en; Rauheit f. -en; Rohheit f. -en《不作法》; ein dummer Fehler, -s, -; Schnitzer m. -s, -《失策》. — 不調法な plump; ungeschickt; linkisch; rau; taktlos; unhöflich; unmanierlich/彼にそんな不調法をしては Sie müssen ihm kein hässliches Benehmen zeigen/不調法です Entschuldigen Sie, ich trinke (rauche) nicht.《酒・たばこを飲めない》. ‖不調法者 Plumpsack m. -[e]s, ⸚e; Plumper m. -s, -.

ふちょうわ 不調和 Uneinigkeit f.; Disharmonie f. -n; Zwietracht f. — 不調和の uneinig; disharmonisch; zwieträchtig/不調和である uneinig (disharmonisch); zwieträchtig) sein; disharmonieren; nicht übereinstimmen《mit³》; nicht gut aus|kommen*⁸《mit³》.

ふちん 浮沈 das Auf und Ab des Lebens; Gedeih und Verderb (Ungedeih); die Wechselfälle《pl》des Lebens/人生の深浮に関する Es geht um das Glück und Unglück des Lebens./その全生涯の浮沈を決定的に bestimmen.

ふつう 普通の gewöhnlich; gebräuchlich; allgemein; verbreitet; üblich; generell; alltäglich《日常の》; normal《正常》; mittelmäßig《中位の》; durchschnittlich; Durchschnitts-《凡庸の》/あの人は普通じゃない Er ist nicht normal./当地ではそれが普通です Das ist hier üblich. — 普通に meistens; in den meisten Fällen; im Allgemeinen; gewöhnlich; generell; üblich. ‖普通急行〔gewöhnlicher〕Eilzug

(Schnell-), -〔e〕s, ¨e/普通教育 die allgemeine Schulpflicht, -en (Erziehung, -en)/普通人 Durchschnittsmensch *m.* -en, -en; der gewöhnliche Mann《-〔e〕s, Leute》auf der Straße/普通選挙 die allgemeine Wahl, -en/普通選挙によって選挙される in allgemeiner Wahl gewählt werden/普通選挙権 das allgemeine Wahlrecht, -〔e〕s, -e/普通名詞 Gattungsname *m.* -ns, -n/普通列車 Personen¦zug (Bummel-) *m.* -〔e〕s, ¨e.

ふつう 不通 Verkehrsunterbrechung *f.* -en《交通・通信など》; Verkehrssperre *f.* -n《遮断》; Verkehrsstockung *f.* -en《停滞》; Verkehrsstörung *f.* -en《障害による》/不通になる unterbrochen werden《*durch*^{4}》; abgebrochen (abgeschnitten; eingestellt) werden/地すべりで路線が不通です Die Bahnstrecke ist durch den Bergrutsch unterbrochen./私のブロークンのドイツ語では全く言語不通でした Mit meinem gebrochenen Deutsch hatte ich keine Verständigungsmöglichkeit. ‖ 交通不通 Störung《*f.* -en》im Verkehr; Stockung《*f.* -en》(Verstopfung *f.* -en) im Straßenverkehr/通信網不通 Störung des Fernmeldewesens/電話不通 Unterbrechung am Fernsprecher.

ふつか 二日 zwei Tage; der zweite 〔Tag〕《月の》/二日ごとに alle zwei Tage; jeden zweiten Tag; einen Tag um den anderen/二日置きに ⇨ふたつ/二日続きの休日 zwei Feiertage hintereinander/二日続けて明け方に雪がふった Zwei Tage hintereinander schneite es bei Tagesanbruch.

ぶっか 物価 〔Waren〕preis *m.* -es, -e; Wert *m.* -〔e〕s, -e/物価が上がる(下がる) Die Preise steigen (fallen)./物価の引上げ(引下げ) Preisheraufsetzung (Preisherabsetzung) *f.* -en/物価の変動 Preisschwankung *f.* ‖ 物価指数 Preisindex *m.* -〔es〕, -e (..dizes)/物価水準 Preisniveau *n.* -s, -s/物価政策 Preispolitik *f.*/物価調節 Preiskontrolle *f.*/物価騰貴(下落) Preissteigerung (Preissenkung) *f.* -en/物価統制令 Preisverordnung *f.* -en/物価表 Preis¦liste *f.* -n (-verzeichnis *n.* ..nisses, ..nisse); Preiszettel *m.* -s, -《正札》.

ぶっかく 仏閣 der buddhistische Tempel, -s, -.

ぶつがく 仏学 Buddhismus *m.* -; die buddhistische Lehre, -n (Wissenschaft, -en).

ふっかける 吹っ掛ける ⇨ふきかける.

ふっかつ 復活 Auferstehung *f.* -en《死者の》; Wiederbelebung *f.* -en《再生》; das Wiederaufblühen*, -s《復興》; Wiederaufstieg *m.* -〔e〕s《人気などの》. ── 復活させる wieder|beleben^4; ins Leben zurück|rufen*^{4}; erneuern^4; wieder ein|setzen^4《復職させる》; wieder ein|führen^4《習慣などを》; wieder|her|stellen^4《復興させる》. ── 復活する auf|erstehen* [s]; wiedergeboren werden; wieder auf|leben [s]; wieder auf|kommen* [s]《流行が》; wieder auf|blühen [s]《復興する》. ‖ 復活祭 Ostern *n.* -〖*pl* も〗/今年は復活祭が遅い Ostern fällt (Die Ostern fallen) diesmal spät./復活祭日 Ostersonntag *m.* -〔e〕s, -e.

ふつかよい 二日酔い Kater *m.* -s; Katzenjammer *m.* -s; Brummschädel *m.* -s/二日酔いである einen Kater (einen Katzenjammer) haben ❖ 必ず不定冠詞を用いる; verkatert sein.

ぶつかる ❶〔衝突〕zusammen¦stoßen* [s]《*mit*^{3}》; kollidieren《*mit*^{3}》; an (gegen) ^{4}*et* fliegen* [s] (prallen [s,h]; rennen* [s]; schlagen*; stoßen* [s,h]; stürzen [s]); an|rennen* [s]; an ^{4}*et* an|stoßen* [s]. ❷〔出会う〕treffen*^{4}; begegnen^3 [s]/よくぶつかることば das Wort《-〔e〕s, ¨er》, das man oft findet. ❸〔当たる〕treffen*. ❹〔困難などに〕auf Schwierigkeiten stoßen* [s]; ^{4}sich Schwierigkeiten gegenüber sehen*; gegenüber|stehen*^{3};〖困難・災難などを主語にして〗Das Unglück begegnet ihm. ❺〔日がかち合う〕auf demselben Tag 〔zusammen|-〕fallen* [s]. ❻〔利害が〕gegen *js* Interesse verstoßen*; *js* Interesse zuwider|laufen* [s]; entgegen|laufen* [s]; kollidieren《*mit*^{3}》. ❼〔面談〕persönlich (direkt) mit *jm* sprechen*. ❽〔やってみる〕mit *jm* Fühlung nehmen*《人に対し》; versuchen^4《物に対し》; es mit *jm* (^{3}*et*) probieren.

ぶっかん 副官 Adjutant *m.* -en, -en ‖ 高級副官 Generaladjutant *m.* -en, -en/連隊副官 Regimentsadjutant.

ふっかん 復刊 Neuauflage *f.* -n; Wiederherausgabe *f.* -n; Wiederaufnahme《*f.* -n》der eingestellten Herausgabe 〔von Zeitung (Zeitschrift)〕《休刊中の新聞・雑誌などの》.

ふっき 復帰 Umkehr *f.*; Rück¦kehr (-kunft) *f.*《カムバック》; das Wiederauftreten*, -s《舞台への》⇨ふくしょく(復職)/我々は彼の舞台への復帰を祝った Wir feierten seine Rückkehr (Rückkunft) zur Bühne. ── 復帰する um|kehren [s]; zurück|kehren [s]《*zu*^{3}; *auf*^{4}》.

ぶつぎ 物議 die kritische Bemerkung, -en; Diskussion *f.* -en; die öffentliche (allgemeine) Erörterung, -en; Kritik *f.* -en; Unruhe *f.* -n/物議をかもす zur allgemeinen Kritik Anlass geben*; öffentliches Ärgernis erregen; einer öffentlichen Kritik unterzogen werden.

ふっきゅう 復旧 Wiederherstellung *f.* -en; Wiedergutmachung *f.* -en《回復》; Restauration *f.* -en/鉄道は近く復旧の見込みである Der Betrieb der Eisenbahnen wird in Kürze wieder aufgenommen werden. ── 復旧する wiederhergestellt (ausgebessert) werden. ‖ 復旧工事 Ausbesserungs¦arbeit (Wiederherstellung-) *f.* -en/復旧費 die Ausbesserungs¦kosten (Reparatur-)《*pl*》.

ぶっきょう 仏教 Buddhismus *m.* -/仏教〔徒〕の buddhistisch ‖ 仏教徒 Buddhist *m.* -en, -en.

ぶっきらぼう ぶっきら棒な schroff; barsch; derb; grob; kurz angebunden/ぶっきら棒である gegen *jn* (mit *jm*) kurz angebunden sein／ぶっきら棒な返事 eine schroffe Antwort, –en／ぶっきら棒な物の言い方をする ⁴*et* derb heraus|sagen／ぶっきら棒な奴 ein grober Bursche, –n, –n.

ふっきれる 吹っ切れる plötzlich ab|reißen* [s] ⇨**きれる**／あの男はまだ吹っ切れていない Er ist noch nass (noch nicht trocken) hinter den Ohren.

ふっきん 腹筋〘解〙Bauchmuskel *f.* –n.

フック Haken *m.* –s, –.

ブック Buch *n.* –[e]s, ⸚er ‖ ブックエンド Bücherstütze *f.* –n／ブックカバー Schutzumschlag *m.* –[e]s, ⸚e／ブッククラブ Buchgemeinschaft *f.* –en; Leserring *m.* –[e]s, –e／ブックメイカー Buch¦macher (Bücher–) *m.* –s, –／ブックレビュー Bücher-Rundschau *f.* –en; Bücher-Revue *f.* –n.

ふっくらした weich und voll 《菓子など》; voll 《頬》.

ぶつける werfen*⁴ 《*an*⁴; *gegen*⁴》; schleudern⁴; schmeißen*⁴; schmettern⁴／頭を壁にぶつける ⁴sich mit dem Kopf an (gegen) die Wand stoßen*／人に石をぶつける *jn* mit einem Stein treffen*.

ふっけん 復権 Wiedereinsetzung *f.* –en 《in die früheren Rechte》; Rehabilitation *f.* –en／復権させる wieder ein|setzen 《*jn* in seine Rechte》; rehabilitieren⁴／彼らは復権した Sie sind wieder in ihre Rechte eingesetzt worden.

ぶっけん 物件 Gegenstand *m.* –[e]s, ⸚e; Artikel *m.* –s, –; Ding *n.* –[e]s, –e[r]; Sache *f.* –n／物件費 Verwaltungskosten 《*pl*》 ‖ 証拠物件 Beweis¦stück *n.* –[e]s, –e (–stoff *m.* –[e]s, –e).

ぶっけん 物権 Realrecht *n.* –[e]s, –e ‖ 物権法 Sachenrecht *n.* –[e]s, –e.

ふっこ 復古 Restauration *f.* –en; Wiederherstellung *f.* –en 《früherer ²Staatsformen》 ‖ 王政復古 Restauration; Wiedereinsetzung *f.* –en 《des Herrschers 復辟》; die Rückkehr (Rückkunft) anf den Thron 《復位》.

ふっこう 復航 Rückfahrt *f.* –en／復航の auf der Rückreise [befindlich].

ふっこう 復校 die Rückkehr in die Schule／復校を許される wieder zur Schule zugelassen werden.

ふっこう 復興 das Wiederaufblühen* (Wiederaufleben*), –s; Wiederherstellung *f.* –en 《復旧》; Wiederaufbau *m.* –[e]s 《再興》; Rekonstruktion *f.* –en 《再建》. — 復興する wieder auf|blühen [s]; wieder auf|leben [s]; wieder|auf|bauen⁴; wieder|beleben⁴; wieder|her|stellen⁴. ‖ 復興事業 Restaurationsarbeit *f.* –en; Wiederaufbauarbeit／欧州復興計画 das europäische Wiederaufbauprogramm, –s, –e; das Hilfsprogramm für ⁴Europa.

ふっこう 腹腔 Bauchhöle *f.* –n ‖ 腹腔妊娠 Bauchhöhleschwangerschaft *f.* –en.

ふつごう 不都合 ❶ [不便・故障] Unbequemlichkeit *f.* –en; Unannehmlichkeit *f.* –en; Belästigung *f.* –en; Schwierigkeit *f.* –en. ❷ [不埒(らち)] Ungehörigkeit *f.* –en; das schlechte Betragen, –s／不都合千万だ Das ist nicht zu rechtfertigen (nicht mehr gutzumachen). ¦ Das ist ja eine Unverschämtheit. — 不都合な ❶ [不便な] unbequem; unannehmbar. ❷ [不埒な] ungehörig; nicht zu rechtfertigend; unrecht; 〘より具体的に〙 frevelhaft; lasterhaft; schändlich; sündhaft; tadelhaft; unmoralisch; unsühnbar; unverantwortlich; widerrechtlich／不都合なことをする *jm* ein Unrecht [an|]tun*; ⁴sich vergehen* 《gegen das Gesetz; gegen *jn*》; etwas Unverzeihliches tun*.

ぶっさん 物産 Produkt *n.* –[e]s, –e; Erzeugnis *n.* ..nisses, ..nisse ⇨**さんぶつ** ‖ 物産会社 Produkten-Handelsgesellschaft *f.* –en／物産陳列館 Ausstellung 《*f.* –en》 der Produkte; Produktenausstellungsgebäude *n.* –s, –.

ぶっし 物資 ❶ [原料・資材] Material *n.* –s, ..lien; Roh¦material *n.* –s, ..lien (–stoff *m.* –[e]s, –e). ❷ [資源] Hilfsquelle *f.* –n; Naturprodukte 《*pl*》; Naturalien 《*pl*》. ❸ [商品] Ware *f.* –n; Artikel *m.* –s, –; Proviant *m.* –[e]s, –e 《糧食》／物資に富む an Naturalien reich sein／物資を供給する *jn* mit Rohmaterialien (Naturalien) versehen* (versorgen).

ぶつじ 仏事 das buddhistische Ritual, –s, –e; der buddhistische Ritus, –, ..ten.

ぶっしき 仏式により buddhistisch; nach dem buddhistischen Ritus 《*m.* –, ..ten》.

ぶっしつ 物質 Materie *f.* –n; Stoff *m.* –[e]s, –e; Substanz *f.* –en／物質の, 物[質]的 materiell; physisch; stofflich／物質的に恵まれている materiell gut gestellt sein; ⁴sich gut stehen*／物質的に恵まれぬ übel daran sein／物質上の損害 Materialschaden *m.* –s, ⸚ ‖ 物質界 Materialwelt *f.* –en／物質主義 Materialismus *m.* –／物質主義者 Materialist *m.* –en, –en／物質的慰安 der materielle Genuss, –es, ⸚e／物質不滅の法則 das Gesetz 《–es, –e》 der Erhaltung der Materie／物質文明 die materielle Zivilisation, –en.

プッシュホン Tastentelefon *n.* –s, –e; Telefon mit Drucktasten.

ぶっしょ 仏書 buddhistische Schriften 《*pl*》.

ぶつじょう 物情 die Lage 《–n》 der Dinge; Sachlage *f.* –n; die allgemeine Stimmung, –en／物情騒然たり Die große Masse ist sehr erregt (aufgeregt; sehr unruhig). ¦ Diese Sachlage hat große Unruhe hervorgerufen.

ふっしょく 払拭する ab|schaffen⁴; beseitigen⁴; aus|löschen⁴; aus|tilgen⁴; aus|merzen⁴; vertilgen⁴.

ぶっしょく 物色する suchen ⁽⁴⁾ 《*nach*³》; ⁴sich um|sehen* 《*nach*³》／仕事を物色する eine Anstellung (eine Arbeit) suchen.

ぶっしん 物心両面に materiell und moralisch; physisch und geistig.

ふっせき 沸石 Zeolith *m.* –[e]s (–en), –e[n].

ぶつぜん 仏前に供える vor den Hausaltar (vor den Altar Buddhas) dar|bieten*⁴.

フッソ フッ素 Fluor *n.* -s.

ぶっそう 仏葬 die buddhistische Beerdigung, -en; das buddhistische Begräbnis, ..nisses, ..nisse/仏葬にする *jn* nach buddhistischem Ritus begraben* (bei|setzen).

ぶっそう 物騒な unsicher; gefährlich; nicht geheuer; unruhig; verdächtig (うさん臭い)/物騒な世の中 böse (harte) Zeiten (*pl*)/あの男は物騒な血相をしている Er sieht ganz gefährlich (verdächtig) aus./この辺は物騒だ Es ist in dieser Gegend (Diese Gegend ist) nicht recht geheuer.

ぶつぞう 仏像 Buddhastatue *f.* -n.

ブッダ 仏陀 Buddha *m.* -.

ぶったい 物体 der feste Körper, -s, -; Gegenstand *m.* -(e)s, ¨e; Objekt *n.* -(e)s, -e; Substanz *f.* -en.

ぶつだん 仏壇 der buddhistische Hausaltar, -s, ¨e.

ぶつちょうづら 仏頂面をする schmollen; das Maul hängen lassen*.

ふつつか 不束な ❶ [ぶしつけな] unfein; ungebildet; ungehobelt; ungezogen. ❷ [非才] unfähig; untauglich; untüchtig (以上 *zu*¹); unerfahren (不慣れな). ‖ ふつつか者 Grobian *m.* -(e)s, -e; Versager *m.* -s, -.

ぶっつけ ぶっつけに direkt; geradeheraus; geradezu; offen; ohne Umschweife.

ふっつり gänzlich; völlig; plötzlich/ふっつり切れる ab|brechen* ⓢ 折れる, ⓗ もぎとる) ab|reißen* ⓢ /ここで報告はふっつり切れている Hier bricht der Bericht ab./談話がふっつりと途絶えた Das Gespräch riss plötzlich ab./彼はたばこをふっつりとやめた Er hat sich das Rauchen entschieden abgewöhnt. Er hat sich das Rauchens (vom Rauchen) völlig entwöhnt./彼女とはふっつり手を切った Mit ihr habe ich endgültig gebrochen.

ぶっつり ぶっつり切れる(切る) plötzlich ab|reißen*⁴ (自動詞のときはⓢ) /彼は話をぶっつり切った Mitten in seinem Gespräch schnappte er ab.

ぷっつり plötzlich (突然)/ぷっつり糸が切れた Abriss der Faden./電話がぷっつりきれた Abgetrennt wurde das Telefongespräch.

◆分離前綴 ab- を文御にふいて表現する。

ふってい 払底 Knappheit *f.*; Mangel *m.* -s (*an*³); Seltenheit *f.* -en; Spärlichkeit *f.*/払底する(している) knapp werden (sein); spärlich werden (sein) ‖ 小銭払底 Mangel an Kleingeld.

ぶつてきしげん 物的資源 Rohstoff *m.* -(e)s, -e; Hilfsquelle *f.* -n; Rohmaterial *n.* -s, ..lien.

ふっと ❶ mit einem Puff (*m.* -(e)s, -e (¨e)) /ふっと吹く paffen*⁴; puffen*⁴; pusten (*in*⁴); aus|paffen*⁴; aus|stoßen*⁴. ❷ ⇨ふと.

ふっとう 沸騰する ❶ sieden*; kochen; [auf]brausen (sein); [auf]wallen ⓢ/沸騰点に達する den Siedepunkt erreichen. ❷ [激昂] kochen; erregt werden (sein); in Wallung geraten*⁴ ⓢ (sein); gären(*); in Gärung sein/世論沸騰する Die öffentliche Meinung ist in Gärung./国中が沸騰する Es gärt im ganzen Volk./Das ganze Volk ist in Wallung.

ぶっとおし ぶっ通しに ununterbrochen; unablässig; unaufhörlich; in einem Zug; hintereinander; ohne Unterbrechung (Ablass)/五日間ぶっ通しに 5 Tage hindurch/四時間ぶっ通しに 4 Stunden hintereinander/三日間ぶっ通しに働く 3 Tage lang ununterbrochen [Tag und Nacht] arbeiten.

ふっとぶ 吹っ飛ぶ ⁴sich in alle Winde zerstreuen 〔飛散〕; in die Luft fliegen* ⓢ.ⓗ (gesprengt werden); explodieren 〔爆発〕.

フットボール American Football *m.*《アメリカンフットボール》; Fußballspiel *n.* -(e)s, -e《サッカー》; Rugby *n.* -(s)《ラグビー》.

フットライト Rampe *f.* -n; Rampenlicht *n.* -(e)s, -er/フットライトを浴びる vor die Rampe treten* ⓢ《人》; das Licht der Rampe erblicken 〔脚本〕.

ぶつのう 物納 Naturalleistung *f.* -en (-abgaben *pl*)/物納する in Waren bezahlen⁴; in Sachen entrichten³⁴.

ぶっぴん 物品 ❶ [物・物件] Ding *n.* -(e)s, -e; Sache *f.* -n; Gegenstand *m.* -(e)s, ¨e. ❷ [商品] Artikel *m.* -s, -; Ware *f.* -n; Güter (*pl*)/物品で支払う in Waren bezahlen⁴ ‖ 物品支払い Naturalohn *m.* -(e)s, ¨e (現物給与); Naturalabgaben (*pl* 税の物納); 物品税 Warensteuer *f.* -n/物品引換払 Betrag ist nachzunehmen./物品引換払で送る ⁴*et* als (unter; mit) Nachnahme schicken.

ぶつぶつ ぶつぶつ言う murren (*über* ⁴*et*; gegen *jn*); brummen; mucken; nörgeln (*über*¹); murmeln (つぶやく). ⇨ふへい.

ぶつぶつ 顔にぶつぶつできる Es bilden sich Ausschläge (Pusteln; Finnen) auf dem Gesicht.

ぶつぶつ 物々交換 Tauschhandel *m.* -s, -; Tausch *m.* -(e)s/物々交換をする einen Tauschhandel treiben*; durch Tausch handeln.

ぶつもん 仏門 Buddhismus *m.* -; das buddhistische Priestertum, -s/仏門に入る buddhistischer Priester werden.

ぶつよく 物欲 Habsucht *f.* (-gier *f.*)/物欲に目を光らせる gierig nach weltlichen Dingen sein; habsüchtig (habgierig) sein/物欲に促される *an* Hab und Gut hängen*/彼の物欲は飽くことを知らぬ Seine Habgier kennt keine Grenzen.

ぶつり 物理 ❶ die Natur der Dinge; Naturgesetz *n.* (-¨n). ❷ [物理学] Physik *f.*/物理学の physikalisch ‖ 物理化学 physikalische Chemie *f.*/物理学者 Physiker *m.* -s, -/物理的現象 ein physikalisches Phänomen, -s, -e/物理的性質(変化) die physikalische Eigenschaft (Veränderung), -en/物理療法 physikalische Therapie, -n, -.

ふつりあい 不釣合 Missverhältnis *n.* ..nisses, ..nisse; Ungleichheit *f.* -en; Unangemessenheit *f.* 《不相応》/不釣合である Es ist

ぶつりょう im Verhältnis stehen*; schlecht zusammen|passen; nicht passen. —— 不釣合の unverhältnismäßig; schlecht zusammenpassend; unangebracht; unangemessen/不釣合の結婚〈身分の上〉Ehe (f. -n) zur linken Hand; die morganatische Ehe/不釣合な夫婦 das schlecht zusammenpassende Ehepaar, -s.

ぶつりょう 物量 eine Menge (-n) von Materialien.

ふで 筆 ❶ [Schreib]pinsel m. -s, -; [Schreib]gänsefeder f. -n 《ペン》/筆の誤り Schreibfehler m. -s, -; Flüchtigkeitsfehler beim Schreiben; das Verschreiben*, -s /弘法にも筆の誤り ,Auch Homer schläft manchmal.'/筆太々と,in kühnen [Pinsel-]strichen; in kecker Pinselführung. ❷ [文章] das Schreiben*, -s; das Schriftstellern*, -s; das Schrift f. -en; das schriftliche Ausdrücken, -en; Schilderung f. -en 《記述》/筆がたつ geschickt zu schreiben wissen* (verstehen*); ein guter Schriftsteller sein/筆をおく schließen*⁴/筆の運を加える korrigieren⁴; [ver]bessern⁴; [durch|-] feilen⁴; ausbessern⁴; retuschieren⁴; überarbeiten⁴/筆を振るう 1) [字の場合] seine Malkunst entfalten (zur Geltung bringen*). 2) [文の場合] seine Schreibkunst wirksam handhaben (handhabte, gehandhabt)/筆不精(まめ)である schreibfaul (schreibfertig) sein. || 筆入(置) Pinselkasten m. -s, - (-ständer m. -s, -)/筆軸 Pinselstiel m. -s, -/筆づかい Pinselführung f. -en; [Pinsel]strich m. -[e]s, -e; Schreibkunst f.

ふてい 不貞 Betrug m. -[e]s 《夫婦間の》; Treubruch m. -[e]s; Untreu f.; Treulosigkeit f. -en; [移り気] Flatterhaftigkeit f.; Wankelmut m. -[e]s /不貞の treu|brüchig (-los); untreu; flatterhaft/不貞を働く einen Treubruch begehen*; betrügen*⁴ 《夫・妻が主語》.

ふてい 不逞 pöbelhaft; rebellisch; widerspenstig; zügellos/不逞の輩(やから) der ⁴sich gegen die Autorität Auflehnende*, -n, -n; der [politisch] Unzufriedene*, -n, -n; Gesindel n -s -/ Pöhel m -s Rebell m. -en, -en.

ふてい 不定 unbestimmt; ungewiß; unsicher; [変わり易い] unbeständig; unstet; schwankend; veränderlich; [未定] unentschieden; unentschlossen/住所不定の ohne festen Wohnsitz || 不定冠詞 der unbestimmte Artikel, -s, -/不定詞(形) Infinitiv m. -s, -e.

ふていき 不定期の unregelmäßig; ohne festen Fahrplan || 不定期航空 der unregelmäßige Flugverkehr, -s/不定期船舶 Schiff (n. -[e]s, -e) ohne festen Fahrplan; Tramp (n. -s, -s); Trampdampfer m. -s, -; Trampschifffahrt f. -en 《航海》/不定期列車 Sonderzug m. -[e]s, ⁼e 《臨時列車》; der Zug, der nicht täglich (nur während einer bestimmten Zeit) fährt.

ふていさい 不体裁 Unansehnlichkeit f.; Unscheinbarkeit f.; Unziemlichkeit f.; Schäbigkeit f.; Plumpheit f. 《ぶかっこう》; Ungeschicklichkeit f. 《不手際》/不体裁な(に) unansehnlich; unscheinbar; unziemlich; schäbig; plump; ungeschickt; schlecht aussehend; nicht vornehm/人に上げるなどには不体裁じゃないかな Ist es nicht gar unansehnlich als Geschenk?

ブティック Boutique f. -[s].

ブディング Pudding m. -s, -s (-e); Flammeri m. -[s], -s.

ふてき 不敵な dreist; kühn; furchtlos; unerschrocken; verwegen/不敵な面魂(つらだましい)で立ち現われた Er trat mit dreister Miene auf./不敵な若者 der unerschrockene Bursche, -n, -n.

ふでき 不出来 Mißerfolg m. -[e]s, -e; Erfolglosigkeit f.; Fehlschlag m. -[e]s, ⁼e; das schlechte Resultat, -[e]s, -e; Schlappe f. -n; das Versagen*, -s. —— 不出来な schlecht geraten; erfolglos; fehlgeschlagen; fruchtlos; mißlungen; unbefriedigend; unglücklich/仕事は不出来だった Die Arbeit war von (hatte) wenig Erfolg.

ふてきかく 不適格になる zu ⁴et als untauglich (ungeeignet) erklärt werden.

ふてきとう 不適当 Unangemessenheit f.; Ungehörigkeit f. 《不当》; Unschicklichkeit f.; Unziemlichkeit f./不適当である nicht am Platze sein; es ziemt ⁴sich nicht 《⁴et zu tun; dass ...》; nicht zu|treffen*. —— 不適当な(に) unangemessen 《zu³》; ungeeignet 《zu³; für³》; unpassend 《zu³; für⁴》; ungehörig; unschicklich; un[ge]ziemend³; [不適切] nicht geeignet; nicht richtig; nicht zutreffend.

ふてきにん 不適任 Unangemessenheit f.; Untauglichkeit f. /不適任 der Unangemessen; ungeeignet; unfähig; unpassend; untauglich; untüchtig 《以上 zu³》/不適任である zu ³et nicht taugen; nicht am richtigen Platz sein.

ふてぎわ 不手際 Unbeholfenheit f.; Ungewandtheit f./不手際な plump; taktlos; unbeholfen; ungeschickt; ungewandt; schwerfällig; täppisch/不手際にもほどがある Wie kann man nur ungeschickt sein!

ふてくされ 不貞腐れた mürrisch; schmollend, trotzig, unfreundlich/あくじを言う jm ⁴et zum Trotz sagen.

ふてくされる 不貞腐れる maulen; mucken; mürrisch still|schweigen* und unfreundlich werden; die Lippen spitzen (schürzen); schmollen.

ふてってい 不徹底な nicht gründlich; halb; lau; nicht überzeugend; folgewidrig; inkonsequent/そんな不徹底な回答じゃ伸合ない Diese Antwort ist nichts Halbes und nichts Ganzes./不徹底なことは嫌いで f Solche Halbheiten kann ich nicht leiden.

ふてね 不貞寝する aus Trotz [gegen jn] das Bett nicht verlassen* ||

ふてぶてしい dreist; keck; schamlos; störrisch; unverschämt.

ふと zufällig〔erweise〕; plötzlich; unerwartet〔erweise〕; unvorgesehen; unbeabsichtigt; von ungefähr/ふとしたことから durch 〔einen bloßen〕 Zufall; wie das Schicksal es wollte/ふと思い出した es fiel mir 〔plötzlich〕 ein, dass .../ふと彼に出会った Ich habe ihn zufällig (unerwartet) getroffen./ある考えがふと浮かんだ Ein Gedanke fuhr mir durch den Kopf. ¦ Es fuhr mir plötzlich durch den Sinn, dass ....

ぶと 蚋 ⇨ぶよ.

ふとい 太い ❶ dick/太って丸々した dick und rund〔lich〕. ❷ [声] tief/彼は太い声をしている Er hat eine tiefe (tief klingende) Stimme. ¦ Seine Stimme hat großen Umfang. 《音量》. ❸ [図太い] dreist; frech; keck; unerschrocken; unverschämt; verwegen.

ふとう 不当 Ungerechtigkeit *f.*; Ungebührlichkeit *f.*; Ungehörigkeit *f.*/不当な ungerecht; unbillig; unfair; ungebührlich; ungehörig; ungerechtfertigt/不当な要求 die ungebührliche Zumutung, -en/不当な処罰(取り扱い, 優遇) die ungerechte Bestrafung, -en (Behandlung, -en, Bevorzugung, -en) ‖ 不当利得 ungerechtfertigte Bereicherung; Schieberei *f.* -en; Wucherei *f.* -en.

ふとう 不等 Verschiedenheit *f.* -en; Ungleichheit *f.* -en ‖ 不等式 Ungleichung *f.* -en/不等辺三角形 das ungleichseitige Dreieck, -〔e〕s, -e.

ふとう 埠頭 Landungsplatz *m.* -es, ⸚e; Hafendamm *m.* -〔e〕s, ⸚e; Kai *m.* -s, -s.

ふどう 不動の bewegungslos; unbeweglich; unerschütterlich/不動の姿勢 die stramme 〔militärische〕 Haltung, -en/不動の姿勢をとる still|stehen*.

ふどう 不同 Ungleichheit *f.* -en; Differenz *f.* -en; Unebenheit *f.* -en; Ungleichartigkeit *f.* -en; Unterschied *m.* -〔e〕s, -e; Verschiedenheit *f.* -en/不同である ungleich (uneben; ungleichartig; verschieden) sein; differieren; ⁴sich unterscheiden* 《von³》.

ふどう 浮動する hin und her schwanken (schwingen*; wackeln); fluktuieren; in der Luft hängen*; nicht zur Ruhe kommen* [s]; ⁴sich zwischen zwei Zuständen befinden* ‖ 浮動購買力 die schwankende Kaufkraft, ⸚e/浮動票 die unzuverlässige 〔Wahl〕stimme, -n.

ぶとう 舞踏 Tanz *m.* -es, ⸚e; das Tanzen*, -s/舞踏の相手 Partner *m.* -s, -; Partnerin *f.* ..rinnen. ── 舞踏する tanzen [h, s]〖他動詞としては einen Tango (Walzer) tanzen〗. ‖ 舞踏家 〔Kunst〕tänzer *m.* -〔e〕s, -; Tänzerin *f.* ..rinnen/舞踏会 Tanzgesellschaft *f.* -en; Ball *m.* -〔e〕s, ⸚e/舞踏会を催す einen Ball geben* (veranstalten)/舞踏会に行く auf einen Ball gehen* [s]/舞踏学校(教師) Tanzschule *f.* -n (Tanzlehrer *m.* -s, -)/舞踏曲 Tanzmusik *f.*/舞踏靴 Tanzschuh *m.* -〔e〕s, -e/舞踏室(場) Tanz¦diele *f.* -n (-saal *m.* -s, ..säle); Tanzlokal *n.* -〔e〕s, -e 《ダンスホール》; Bumslokal 《品の悪い》/舞踏病 Veitstanz *m.* -es; Tanzwut *f.* 《舞踏狂》/舞踏服 Gesellschaftskleidung *f.* -en; Abendanzug *m.* -〔e〕s, ⸚e.

ぶどう 武道 ⇨ぶし.

ぶどう 葡萄 Wein *m.* -〔e〕s, -e; Weinbeere *f.* -n 《実》; Weintraube *f.* -n 《房》; Weinstock *m.* -〔e〕s, ⸚e 《木》. ── 葡萄色の wein¦farbig (-rot)/葡萄状の traubig. ‖ 葡萄液 《グレープジュース》 Trauben¦most *m.* -es, -e (-saft *m.* -〔e〕s, ⸚e)/葡萄園 Wein¦-berg *m.* -〔e〕s, -e (-garten *m.* -s, ⸚)/葡萄栽培 Weinbau *m.* -〔e〕s/葡萄栽培者 Weinbauer *m.* -n, -n/葡萄酒 Wein *m.* -〔e〕s, -e/葡萄酒の樽 Weinkufe *f.* -n/葡萄状球菌 Traubenkokkus *m.* -, ..kokken/葡萄状腺 die traubenförmige Drüse/葡萄だな Weingeländer *n.* -s, -/葡萄摘み Weinlese *f.* -n/葡萄糖 Traubenzucker *m.* -s, -; Glukose *f.*; Dextrose *f.*

ふどうい 不同意 Meinungsverschiedenheit *f.* -en; Missbilligung *f.* -en; Nichtübereinstimmung *f.* -en; Uneinigkeit *f.* -en; [異議] Einrede *f.* -n; Einspruch *m.* -〔e〕s, ⸚e; Einwand *m.* -〔e〕s, ⸚e; Entgegnung *f.* -en; Widerrede *f.* -n/不同意である anderer Meinung sein; eine andere Meinung haben; nicht überein|stimmen 《mit *jm*》; uneinig sein 《mit *jm*》; Einspruch (Einwand) erheben* 《gegen *jn*》; entgegnen³; widerreden³.

ふとういつ 不統一 Uneinigkeit *f.* -en; Uneinheitlichkeit *f.* -en; Diskrepanz *f.* -en/不統一な uneinig; uneinheitlich; zwiespältig; gespalten; diskrepant.

ふとうえき 不凍液 Gefrierschutzmittel *n.* -s, -.

ふどうか 不同化 Dissimilation *f.* -en; Entähnlichung *f.* -en.

ふとうこう 不凍港 der eisfreie Hafen, -s, ⸚.

ふどうさん 不動産 die unbewegliche (liegende) Habe; Immobilien 《*pl*》; Liegenschaften 《*pl*》 ‖ 不動産業 Immobiliengeschäft *n.* -〔e〕s, -e; 〔Grundstück-〕makler *m.* -s, - 《土地売買の》/不動産屋 Immobilienfirma *f.* -men.

ふどうたい 不導体 [電気の] Nichtleiter *m.* -s, -; Isolator *m.* -s, -en.

ふどうとく 不道徳 Unsittlichkeit *f.*; Immoralität *f.*; Verderbtheit *f.*/不道徳な unsittlich; entartet; immoralisch; sittenwidrig; unmoralisch; verderbt. ⇨ふぎ(不義).

ふとうめい 不透明 Undurchsichtigkeit *f.*/不透明な undurchsichtig; trübe.

ふとおり 太織 Gewebe 《*n.* -s, -》 aus grobem Garn.

ふとがき 太書きの fett gedruckt; dick geschrieben.

ふとく 不徳 ❶ [徳の不足] Mangel 《*m.* -s》 an Tugend; Unwürdigkeit *f.* ❷ [背徳] Untugend *f.* -en; Unsittlichkeit *f.*; die moralische Verderbnis, ..nisse/これ皆私の不徳のいたす所 Ich muss allein dafür büßen. ¦ Ich habe es sehr auf dem Ge-

ふとくい 不得意 ⇨ふえて.

ふとく 不徳な unwürdig[2]; unwert[2]; lasterhaft; ungerecht; unmoralisch. ‖ 不徳漢 der lasterhafte Mensch, -en, -en.

ふとくぎ 不徳義 Unehrenhaftigkeit *f.*; Ungerechtigkeit *f.*; Unsittlichkeit *f.* /不徳義な nicht ehrenhaft; lasterhaft; ungerecht; unsittlich.

ふとくさく 不得策 Unratsamkeit *f.*; Unrätlichkeit *f.*; Unzweckmäßigkeit *f.* /不得策です es ist nicht zu raten, dass ...; es ist nicht ratsam (nicht geraten) /ああ遠慮していてはかえって彼にとって不得策だ Seine Zurückhaltung ist ihm (für ihn) nachteilig. /不得策な nicht ratsam; nicht zu empfehlend; undienlich; ungünstig; unklug; unzweckmäßig; nachteilig.

ふとくようりょう 不得要領な ❶ nicht zur Sache gehörig; neben den Nagel auf den Kopf treffend. ❷〔捕捉しがたい〕schlüpf(e)rig; unklar; verschwommen; nichts verratend; aussweichend; winkelzügig; aalglatt/不得要領な答え die ausweichende Antwort, -en /彼の話はいつもとりとめもない不得要領だ〔俗〕Er kommt immer vom Hundertsten ins Tausendste und trifft nie den Nagel auf den Kopf.

ふところ 懐 ❶〔胸〕Busen *m.* -s, -; Brust *f.* ⸚e. ❷〔懐中〕Tasche *f.*; Beutel *m.* -s, -/懐に入れる *et* in die Tasche (ein)stecken /懐を肥やす sein Schäfchen ins Trockene bringen*; seine Tasche reich machen/懐が暖かい sein Schäfchen im Trockenen haben; eine gute gespickte Börse haben; bei vollem Beutel sein/懐が淋しい schlecht bei Kasse sein; knapp mit dem Geld sein; ein paar Kröten haben/懐が空だ auf den Trockenen sein; die Schwindsucht im Beutel haben; sein Pulver verschossen haben/懐を痛める aus seiner Tasche bezahlen; aus eigenem (aus eigenen Mittel) berappen; bluten/懐と相談する seinen Beutel zu Rate ziehen/懐を寒くする nach der Decke strecken.

ふところがたな 懐刀 ❶ Dolch *m.* -(e)s, -e. ❷〔腹心〕*js* rechte Hand, ⸚e; *js* vertrauter Beistand, ⸚e.

ふところで 懐手をして mit den Händen in den Taschen/懐手をして mit verschränkten Armen zu|sehen*[4] /懐手をしてもうける den Gewinn ein|heimsen, ohne dabei einen Finger zu rühren/懐手をして暮らす auf der Bärenhaut (der faulen Haut) liegen*.

ふとさ 太さ Dicke *f.* -n; Größe *f.* -n; Stärke *f.* -n; Umfang *m.* -(e)s, ⸚e/太さが二才ある zwei Zoll dick sein/木の太さを計る den Umfang eines Baumes messen*.

ふとじ 太字 die fette Schrift, -en ‖ 太字印刷 Fettdruck *m.* -(e)s, -e /太字印刷で印刷されて fett gedruckt.

ふとっちょ 太った dick; (wohl)beleibt; feist; fett; fleischig; korpulent; massig; rund; drall〔かた肥り〕; untersetzt〔ずんぐり〕; [太鼓腹] dickwanstig; schwerbäuchig.

ふとっぱら 太っ腹 Großmut *f.*; Edelmut *m.*; Hochherzigkeit *f.*; Seelengröße *f.* /太っ腹な groß|mütig (-zügig); groß|herzig /俗〕edelsinnig.

ふとどき 不届 ❶ ⇨ふゆきとどき. ❷ ⇨ふらち.

ブトマイン Ptomain *n.* -s, -e ‖ ブトマイン中毒 Ptomainvergiftung *f.* -en.

ふとまき 太巻き〔タバコの〕dicke Zigarre, -n (Zigarette, -n).

ふどまり 歩留り das Ausbringen*, -s.

ふともも 太股 (Ober)schenkel *m.* -s, -.

ふとらす 肥らす ❶ mästen[4]; nudeln[4]; verfetten[4]. ❷〔富ます〕bereichern[4]; gute Geschäfte machen; bei *3et* seinen Schnitt machen〔もうける〕.

ふとる 肥る zu|nehmen*; dick (fett; stark) werden; Fleisch an|setzen; sich mästen.

ふとん 蒲団 Bettzeug *n.* -(e)s, -e《寝具》; Decke *f.* -n〔掛蒲団〕Matratze *f.* -n《敷蒲団》; Sitzkissen *n.* -s, -〔座蒲団〕; Polster *n.* -s, -《足蒲団》/蒲団を敷く das Bett machen/蒲団をしまう das Bett auf|räumen (weg|räumen)/蒲団を干す die (Decke; die Matratze) lüften (sonnen).

ぶな 山毛欅 Buche *f.* -n /ぶなの実 Buch|ecker (-eichel) *f.* -n; Buchel (Büchel) *f.* -n.

ふなあし 船足 ❶ Geschwindigkeit *f.* -en《eines Schiffes》/船足が速い(遅い) schnell (langsam) fahren*〔s〕. ❷〔喫水〕Tiefgang *m.* -(e)s, ⸚e /船足の深(浅)い mit großem (geringem) Tiefgang.

ふなあそび 船遊び Boots:fahrt (Wasser-) *f.* -en/船遊びに出る eine Ruderfahrt (Kahnfahrt) machen; Boot (Kahn) fahren*; rudern〔s〕.

ぶない 部内 Kreise (*pl*) ‖ 政府部内 die Regierungskreise.

ふないた 船板〔Schiffs〕planke *f.* -n; Schiffsbauholz *n.* -es, ⸚er《造船用材》‖ 船板塀〔の〕der Zaun (-(e)s, ⸚e) aus alten Schiffsplanken.

ふなうた 船歌 Schiffer:lied (Matrosen-) *n.*

ふなか 不仲である *jm* Feind sein; gegeneinander feindlich gesinnt sein; mit *jm* auf feindlichem Fuß stehen*; zu *jm* feindliche Beziehung haben; mit *jm* in Fehde liegen*/不仲になる mit *jm* brechen*; *jm* mit in feindliche Beziehung geraten*〔s〕.

ふながいしゃ 船会社 Schiffahrtsgesellschaft *f.* -en; Reederei *f.* -en; Schiffsbaugesellschaft《造船会社》.

ふなかじ 船火事 Schiffsbrand *m.* -es, ⸚e.

ふなかぶ 船株 die Schiffahrtsaktien (*pl*).

ふなぐ 船具 Schiffsgerät *n.* -(e)s, -e; Takelage *f.* -n; Tak(el)ung *f.* -en; Takelwerk *n.* -(e)s, -e ‖ 船具商 Schiffsgerätehändler *m.* -s, - (-lieferant *m.* -en, -en).

ふなくいむし 船食い虫〔Schiffs〕bohrwurm *m.* -(e)s, ⸚er; Schiffswurm.

ふなじ 船路 Fahrwasser *n.* -s《水路》; Kurs *m.* -es, -e《航路》; Seeweg *m.* -(e)s, -e《同

ふなぞこ 船底 Schiffsboden m. -s, -; Bilge f. -n 《艙の底》.

ふなだいく 船大工 Schiffbauer m. -s, -; Schiffszimmermann m. -[e]s, ..er (..leute).

ふなたび 船旅 See|reise f. -n (-fahrt f. -en) /船旅する eine Seereise machen.

ふなちん 船賃 ❶ Fahrgeld n. -[e]s; Überfahrtsgeld 《渡船の》/彼は船賃の分を働いた Er arbeitete die Überfahrt (den Fahrpreis) ab. ❷ 《荷物の》Frachtgeld n. -[e]s; Fracht f. -en; Leichterlohn m. 《はしけ賃》. ❸ 《用船料》Schiffsmiete f. -n.

ふなつきば 船着き場 Lände f. -n (上陸地); Lande|platz (Landungs-) m. -es, ¨e (同上); Kai m. -s, -s (埠頭); Ankerplatz (停泊地); Hafen m. -s, ¨ (港).

ふなづみ 船積 Schiffsladung f. -en; [Ver-]ladung f. -en; Verschiffung f. -en ‖ 船積送状 Schiffsfrachtbrief m. -[e]s, -e/船積港 Verschiffungshafen m. -s, ¨/船積指図書 Schiffszettel m. -s, -; Ladeorder f. -n/船積書類 die Verschiffungs|papiere (Verlade-) 《pl》; die Versanddokumente 《pl》/船積通知書《案内状》das Verzeichnis (..nisses, ..nisse) der verschifften Waren (Ladungs)manifest n. -[e]s, -e 《発送通知》/船積報 Versandanzeige f. -n 《発送通知》/船積費用 die Verladungskosten 《pl》.

ふなで 船出 die Abfahrt 《-en》 des Schiffes /船出する ab|fahren* 〔s〕; ab|segeln 〔s〕; unter Segel gehen* 〔s〕.

ふなどんや 船問屋 Schiffsagent m. -en, -en; Spediteur m. -s, -e 《回漕問屋》.

ふなに 船荷 [Schiffs]fracht f. -en; Schiffsladung f. -en ‖ 船荷証券 [Schiffs]frachtbrief m. -[e]s, -e; Schiffsladeschein m. -[e]s, -e; Konnossement n. -[e]s, -e /船荷主 Verfrachter m. -s, -; Verschiffer m. -s, -.

ふなぬし 船主 Schiffs|eigner m. -s, - (-herr m. -n, -en); Reeder m. -s, -.

ふなのり 船乗り Schiffer m. -s, -; Seefahrer m. -s, -; Seemann m. -[e]s, ..er (..leute); Matrose m. -n, -n /船乗りになる Seemann werden; zur See gehen* 〔s〕 ‖ 船乗り生活 Seemannsleben n. -s, -.

ふなばし 船橋 Schiffsbrücke f. -n; Pontonbrücke.

ふなびと 舟人, 船人 [水夫] Bootsmann m. -[e]s, ..leute; Schiffer m. -s, -; [乗客] Fahrgast m. -[e]s, ¨e.

ふなびん 船便 Fahr|gelegenheit (Schiffs-) f. -en/船便で mit dem Schiff; per *Schiff /船便で送る durch Schiffe befördern*; verschiffen*; zu Schiff[e] versenden*/最初の船便で durch erste Schiffsgelegenheit.

ふなべり 船縁 Bord m. -[e]s, -e; Dollbord m. -[e]s, -e 《ボートのガンネル》; Schandeckel m. -s, - 《船のガンネル》.

ふなやど 船宿 Schiffsagent m. -en, -en 《回漕店》; Schiffsvermieter m. -s, - 《貸船屋》.

ふなよい 船酔い Seekrankheit f.; 船酔いする seekrank werden; nicht seefest sein/彼は船酔いしない Er ist seefest. / Er wird nicht seekrank.

ふなれ 不慣れ Unerfahrenheit f.; Ungewohntheit f./不慣れな unerfahren; ungewohnt²; unkundig²; unbekannt 《mit¹》; nicht vertraut 《mit³》; ungeschickt 《不器用な》/彼はまだその仕事には不慣れだ Er ist noch neu in der Sache.

ふなわたし 船渡し ❶ Fähre f. -n 《渡船場》. ❷ frei Schiff 《本船(積載)渡し》/frei an Bord; Lieferung frei Bord.

ふなん 無難《に》 ❶ [安全] sicher; gefahrlos; unversehrt. ❷ [まあまあの] leidlich; erträglich; tragbar; annehmbar/無難に仕事をやり遂げた Er hat die Arbeit leidlich gut gemacht./大臣としてまあ無難だ Als Minister ist er doch tragbar./無難な条件 annehmbare Bedingungen 《pl》.

ふにあい 不似合い [不適当な] unangemessen; unpassend; untauglich 《不適任の》; untüchtig; [不相応な] unschicklich; unziemlich; [不釣合] ungleich; schlecht (nicht) zusammenpassend; unverhältnismäßig; unproportioniert/この洋服は彼女に不似合だ Das Kleid steht ihr nicht (schlecht).

ふにく 腐肉 das verdorbene (faule) Fleisch, -[e]s; Aas n. -es, -e 《獣屍》; [医] Brand m. -[e]s, ¨e 《壊疽(å)・脱疽》; [医] Gangrän n. -[e]s, -e 《同上》.

ふによい 不如意である es steht schlimm mit jm (geht jm nicht gut); in beengten (schwierigen) Verhältnissen sein; in [Geld]not (Geld)verlegenheit) sein; nicht auf Rosen gebettet sein; schlimm dran sein/彼は万事不如意だ Es geht ihm alles schief.

ふにん 赴任する *sich nach seinem (neuen) Posten begeben* ‖ 赴任地 der Ort (js neuen Amtes (Postens); der neue Posten, -s, -.

ふにん 無人 Mangel (m. -s, ¨) an Personal; die kleine Dienerschaft, -en/無人の[な] ohne Hilfskräfte; unbewohnt /無人である nicht genug Leute (Hände) haben; Mangel an Arbeits|kräften (Hilfskräften) haben.

ふにんか 不認可 Missbilligung f. -en; Nichtanerkennung f. -en; Verweigerung f. -en; Verwerfung f. -en /不認可となる nicht genehmigt werden 《von¹》; verworfen (zurückgewiesen) werden.

ふにんき 不人気な unbeliebt; unpopulär /不人気である unbeliebt sein; nicht populär sein; keine Gunst beim Volk finden*; beim Volk in Ungunst stehen*/不人気になる unpopulär werden; die Gunst beim Volk verlieren*; beim Volk in Ungunst geraten* 〔s〕.

ふにんしょう 不妊症 Unfruchtbarkeit f.; Sterilität f./不妊(症)の unfruchtbar; steril.

ふにんじょう 不人情 Unmenschlichkeit f. 《残酷》; Unfreundlichkeit f. 《不親切》; Ge-

ふぬけ 腑抜けの marklos; unbeherzt; mutlos; feige; kleinmütig; memmenhaft; memmig; zaghaft; verzagt/腑抜けな奴 Memme f. -n; Feigling m. -s, -e.

ふね 船 [Wasser]fahrzeug n. -[e]s, -e《総称》; Schiff n. -[e]s, -e《船舶一般》; 狭義では大型船》; Dampfer m. -s, -《汽船》; Segelschiff《帆船》; Barkasse f. -n《ランチ》; Boot n. -[e]s, -e《ボート》; Kahn m. -[e]s, -e《小舟・川船》; Leichter m. -s, -《はしけ》; Linienschiff《定期船》; befördert zu ³Schiff (³Wasser); per ⁴Schiff《船便で》. — 船から落ちる vom Schiff ins Wasser fallen*; über Bord fallen* (gehen*)《船から降ろされる 》aus|steigen* (s)《aus ³Schiff》; von Bord gehen*〔上陸する〕an ⁴Land gehen*; ans Land kommen*(steigen*)《s》. — 船に乗り込む ein ⁴Schiff besteigen*; an ⁴Bord (des Schiffes) gehen*〔an ⁴Schiff (zu ³Schiff) gehen*〕;⁴sich ein|schiffen《nach³》/船に乗せる an ⁴Bord bringen*⁴ (nehmen*⁴); ein|schiffen⁴/船に酔う ⇨ふなよい. — 船をこぐ rudern [h.s]; einen Nicker (ein Nickerchen; ein Schläfchen) machen《居眠りを》; nicken《同上》. — 船が出る Das Boot segelt (fährt) aus. Der Dampfer fährt. Das Schiff dampft ab./船が入港する Das Schiff sticht in See./船が入港(出港)した Das Schiff ist in den Hafen eingelaufen (aus dem Hafen ausgelaufen).¶ 乗りかかった船,Wer A sagt, muss auch B sagen.'

ふねっしん 不熱心 der Mangel (-s, -) an ³Eifer; Unfleiß m. -es/彼は研究に(仕事に)不熱心である Er zeigt wenig Eifer für sein Studium (geht mit Unlust an die Arbeit)./不熱心な nicht eifrig; unfleißig; faul; gleichgültig《gegen⁴ 無関心な》; lau《生ぬるい》.

ふねんせい 不燃性 Unverbrennbarkeit f.; Feuerfestigkeit f.《耐火性》/不燃性の unverbrennbar; feuerfest(feuerbeständig)《耐火性の》‖ 不燃性フィルム Sicherheitsfilm m. -[e]s, -e.

ふねんとし 不燃都市 die unverbrennbar gebaute Stadt, "-e; die feuerfeste Stadt.

ふのう 不能 ❶ Unmöglichkeit f. -en 《ふかのう》/支払不能 die zahlungsunfähig. ❷［無能］Untauglichkeit f.; Untüchtigkeit f.; Unvermögenheit f.《心のう》‖ 性交不能 Impotenz f. -en; Zeugungsunfähigkeit f.

ふはい 腐敗 ❶［物質の］Fäulnis f.; -nisse; Verwesung f. -en《植物の》; Verwesung f. -en《動物の》; Zersetzung f. -en/腐敗止めの antiseptisch; aseptisch; Fäulnis verhindernd; fäulniswidrig; konservierend/腐敗しやすい leicht verderblich (vermodernd; verweslich). ❷［精神的］Verderbnis f.; Verderbtheit f.; die sittliche Schlechtigkeit, -en. — 腐敗する ❶［物質が］verfault (vermodert; verwest; durch Fäulnis zerstört; verdorben; zersetzt. ❷ [退廃]entartet; degeneriert; korrumpiert; verderbt; verkommen. — 腐敗する ❶［物質が］verfallen (s); vermodern (s); 《植物が》; verwesen (s)《動物の》; in ⁴Fäulnis über|gehen*(s); durch ⁴Fäulnis zerstört werden*; verderben*(s);⁴sich zersetzen. ❷［退廃する］entarten (s); degenerieren (s); korrumpiert werden; verderbt werden; verkommen (s);⁴sich sittlich verschlechtern.‖ 腐敗中毒 die septische Vergiftung, -en.

ふはい 不敗 Unüberwindlichkeit f./不敗の unüberwindlich.

ふばいどうめい 不買同盟 Boykott m. -[e]s, -e; das Boykottieren, -s/不買同盟を行う boykottieren《jn (⁴et) bei bestimmten Unternehmungen (aus gewissen Ländern); nicht kaufen wollen*.

ふはく 浮薄な flatterhaft; leicht[fertig (-herzig; -sinnig); oberflächlich; tändelnd.

ふばこ 文箱 Brief|behälter m. -s, - (-kästchen n. -s, -; -schachtel f. -n; -schächterlein n. -s, -).

ふはつ 不発 das Versagen* (Nichtlosgehen*), -s/不発に終わる versagen; nicht platzen (s); nicht zünden‖ 不発弾 Versager m. -s, -; Blindgänger m. -s, -; das nicht geplatzte Geschoss, -es, -e; das Geschoss, das nicht gezündet hat.

ふばつ 不抜の standhaft; ausdauernd; ohne ⁴Wanken; unbeugsam; unbezähmbar; unbiegsam; unentwegt; unermüdlich; unerschütterlich; unverwüstlich; zäh; zielbewusst/不抜の精神 der entschlossene Geist, -[e]s; der unbeirrbare Wille, -ns, -n.

ふばった 武張った kriegerisch; militärisch; soldatenhaft; soldatisch.

ふばらい 不払い Zahlungseinstellung f. -en; Nichtzahlung f. -en; Insolvenz f. -en《支払不能》.

ふばらい 賦払い Raten|zahlung f. -en (Teil-); Abschlag[s]-); Anzahlung f. -en《手金》/賦払いをする ratenweise (in Raten; in Monatsraten) bezahlen⁴/賦払いで買う auf Raten kaufen⁴.

ふび 不備 Mangel m. -s, "-; Mangelhaftigkeit f.; Defekt m. -[e]s, -e; Lückenhaftigkeit f.; Unvollständigkeit f. -en; Unzulänglichkeit f. -en. — 不備な mangelhaft; defekt; lückenhaft; schadhaft; unvollständig; unzulänglich/不備な点 Mängel (pl); das Mangelhafte*, -n; Mangelhaftigkeiten (nur トドも書が); Defekte; Lückenhaftigkeiten; Unzulänglichkeiten/不備な点が多い Der Mängel sind genug da.: Es weist verschiedene Mängel. Es lässt viel zu wünschen übrig.

ふび 武備 Kriegs(aus)rüstung f.; Bewaffnung f. -en; Kriegsmacht f. "-e. ⇨くんび.

ふびき 歩引き Abzug m. -[e]s, "-e; Rabatt m. -[e]s, -e; Diskonto m. -[s], -s (..ti); Skonto m. (n.) -s, -s.

ふひつよう 不必要な unnötig; entbehrlich; überflüssig.

ふひょう 浮標 Boje *f.* -n/浮標をつける bojen⁴; durch ⁴Bojen bezeichnen⁴.

ふひょう 浮氷 Treibeis (Drift-) *n.* -es; das schwimmende Eis, -es.

ふひょう 不評(判)［悪評］Verruf *m.* -(e)s; der üble (schlechte) Ruf (Geruch), -(e)s; [不人気] Unbeliebtheit *f.*; das abfällige (ungünstige) Urteil, -s, -e/不評(判)の平評される/彼は不評判である Er steht in üblem (hat einen schlechten) Ruf. Er steht in keinem guten (schlechten; üblem) Geruch.

ふひょうどう 不平等 Ungleichheit *f.* -en; [偏派] Parteilichkeit *f.* -en/不平等な nicht gleichberechtigt (gleichrangig); [偏派な] parteiisch; ungerecht.

ふびん 不憫な armselig; bemitleidenswert; erbärmlich; herzzerreißend; mitleiderregend. — 不憫がる, 不憫に思う ⁴sich erbarmen² (*über*⁴); *js* Mitleid erregen; es tut *jm* Leid (*um jn*)/子供がかわいそうだ Das Kind tut mir Leid.

ぶひん 部品 Teil *m.* -(e)s, -e; Zubehör *n.* -s, -e.

ひんこう 不品行 der lockere (schlechte) Lebenswandel, -s; Liederlichkeit *f.*; Unsittlichkeit *f.* -en. — 不品行な liederlich; ausschweifend; locker; unsolide; lasterhaft; sittenlos; unanständig.

ぶふうりゅう 無風流 Geschmacklosigkeit *f.* -en; Prosa *f.*; Mangel (*m.* -s, -) an Eleganz/無風流な geschmacklos; prosaisch; unfein; vulgär; bauerisch.

ふぶき 吹雪 Schneesturm *m.* -(e)s, -e (-gestöber *n.* -s).

ふふく 不服 ❶ ⇨ふまん. ❷ ⇨ふしょうち. ❸ [抗議] Einrede *f.* -n; Einspruch *m.* -(e)s, -e; Einwand *m.* -(e)s, -e; Protest *m.* -(e)s, -e; Widerrede *f.* -n (-spruch *m.* -(e)s, -e)/不服を唱える eine Einrede vor|bringen* (*gegen*⁴); einen Einspruch (Einwand; Winderspruch) erheben* (*gegen*⁴); protestieren (*gegen*⁴); widerreden (*jm*).

ふふん 疑惑・疑感] hm!; hem!; [冷笑] pah!; puh! ach sieh!; [侮蔑] pfui!

ぶぶん 部分 Teil *m.* -(e)s, -e; Abschnitt *m.* -(e)s, -e; Portion *f.* -en/部分的に teilweise; partiell; Teil-《例: Teilvorstellung *f.* 部分表象》; örtlich; beschränkt 《局度・制限され》]部分食 ⇨ぶぶんしょく(分食)/部分品 Zubehör *n.* (*m.*) -(e)s, -e; Ersatzteil *m.* -(e)s, -e; Teile (*pl*).

ぶぶんりつ 不文律 das ungeschriebene Gesetz, -es, -e; Gewohnheitsrecht *n.* -(e)s, -e.

ふへい 不平 ❶ [不満] Unzufriedenheit *f.*; Missmut *m.* -(e)s -[stimmung *f.* -en; -vergnügen *n.* -s, -)/不平である unzufrieden (unbefriedigt) sein (*mit³*); missvergnügt (missmutig) sein (*mit³*); ⁴sich unzufrieden geben*; ⁴sich unzufrieden (unbefriedigt) fühlen. ❷ [苦情] Beschwerde *f.* -n; Klage *f.* -n; Nörgelei *f.* -en/不平の平の der Gegenstand (-(e)s, -e) der Beschwerde/不平を言う ⁴sich beklagen (*über*⁴); ⁴sich beschweren (*über*⁴ bei *jm*); brummen; Klage führen (*über*⁴ gegen *jm*); nörgeln (*an jm*); seine Unzufriedenheit laut werden lassen*/今さら不平を言っても仕方がない Wozu soll man jetzt noch grollen?/不平家 der mürrische Mensch, -en, -en; Brummbär *m.* -en, -en; Nörgler *m.*; Schmoller *m.* -s -.

ふへん 不変 Unveränderlichkeit *f.*; Unwandelbarkeit *f.*; Beständigkeit *f.*; Konstanz *f.*/不変の unveränderlich; unwandelbar; beständig; konstant ‖ 不変色 die feste (dauerhafte); gleich bleibende, waschechte; lichtechte; Farbe, -n/不変数〔数〕Konstante *f.* -n; die unveränderliche Größe, -n.

ふへん 不偏(不党) Unparteilichkeit *f.*; Parteilosigkeit *f.*; Unbefangenheit *f.*; Unvoreingenommenheit *f.*; Neutralität *f.* 《中立》/不偏不党(の) unparteiisch; parteilos; überparteilich; unbeeinflusst; unbefangen; unvoreingenommen; neutral 《中立の》.

ふべん 不便 Unbequemlichkeit *f.* -en; Unannehmlichkeit *f.* -en; Ungelegenheit *f.* -en/いろいろの不便を忍ぶ ⁴sich eine Menge Schwierigkeiten gefallen lassen müssen*; ⁴sich mit einer Anzahl von Unbequemlichkeiten zufrieden geben*. — 不便な unbequem; unannehmber; ungelegen; unhandlich 《取扱い難い》; unpraktisch 《実用に適せない》.

ふへんかし 不変化詞 eine unflektierbare Wortart, -en; Partikel *f.* -n.

ふへんせい 普遍性 Allgemeinheit *f.*; Universalität *f.*/普遍的(な) allgemein; allumfassend; universal; universell ‖ 普遍妥当性 Allgemeingültigkeit *f.*

ふぼ 父母 (der) Vater und (die) Mutter; die Eltern (*pl*); die Erzeuger (*pl*)/父母の愛 Elternliebe *f.* 《『親孝行』の意》; die Liebe der Eltern zu dem Kind/若くして父母を失う in seiner Jugend die Eltern verlieren*; noch jung verwaist werden/父母と教師の会 (P.T.A.) die Elternvereinigung mit der Lehrerschaft ‖ 父母会 Elternvereinigung *f.* -en.

ふほう 訃報 Todesnachricht *f.* -en/訃報に接する über *j* ⁴Tod Nachricht (*f.* -en) erhalten*.

ふほう 不法［違法］Gesetzwidrigkeit *f.* -en; Ungesetzlichkeit *f.* -en; [不当] Ungebühr *f.*; Ungehörigkeit *f.* -en; [不正] Unrecht *n.* -(e)s, -e; 銃火器類の不法所有 der unerlaubte Besitz 《-es》 von ¹Feuerwaffen. 不法に rechtswidrig; ungesetzlich; unbillig; ungebührlich; un(ge)recht/不法なことをする *jm* ein Unrecht an|tun* (zu|fügen); ein Unrecht begehen*《不正を働く》‖ 不法越

境 Grenzverletzung *f.* -en/不法監禁 die ungesetzliche Haft, -en; Freiheitsberaubung *f.* -en/不法行為 die ungesetzliche Handlung, -en; die Unrechtmäßigkeiten《*pl*》;〔Gesetz〕übertretung *f.* -en/不法侵入 das unbefugte Betreten*, -s《fremden ^{2}Eigentums (^{2}Landes)》.

ふほんい 不本意 Abneigung *f.* -en; Widerwille *m.* -ns/不本意ながら gegen *js* ^{4}Willen; wider *js* ^{4}Willen; mit ^{3}Widerwillen; ungern/はなはだ不本意ながら貴意に添いかねます Es tut mir sehr Leid, Ihren Wunsch nicht erfüllen zu können./不本意の unfreiwillig; widerwillig; gezwungen; unwillig; abgeneigt/私としては全く不本意なことである Das ist ganz gegen meinen Wunsch.

ふまじめ 不真面目な nicht ernst (ernsthaft); unseriös; unredlich《不正直》; unaufrichtig《同上》; falsch《同上》; [軽率な] leichtfertig; leichtsinnig; flatterhaft; [無責任な] verantwortungslos; unbedacht; [だらしない] fahrlässig; liederlich.

ふまん 不満 Unzufriedenheit *f.*; Miss¦fallen *n.* -s (-vergnügen *n.* -s); Unmut *m.* -〔e〕s; Unwille *m.* -ns/それに不満はない Ich bin es (damit) zufrieden./不満な unzufrieden《*mit*^{3}》; missfällig (missvergnügt)《*über*^{4}》; unbefriedigt《*von*^{3}》; unbefriedigend《意に満たぬ》/不満に思う unzufrieden sein《*mit*^{3}》; unmutig sein《*über*^{4}》; ^{4}sich nicht zufrieden geben*《*mit*^{3}》/不満の色を表わす sein ^{4}Missfallen《*über*^{4}》zu erkennen geben*/それには大いに不満な所がある Das lässt viel zu wünschen übrig. ⇨ふへい①.

ふみ 文 Brief *m.* -〔e〕s, -e《手紙》; Buch *n.* -〔e〕s, ⸚er《書物》/文を差し上げる *jm* einen Brief schicken.

ふみあらす 踏み荒らす nieder|treten^{*4}; zertreten^{*4}.

ふみいし 踏石 Schrittstein *m.* -〔e〕s, -e《飛石》.

ふみいた 踏板 Fußbrett *n.* -〔e〕s, -er; Fußtritt *m.* -〔e〕s, -e《オルガンの》; Pedal *n.* -s, -e《ピアノ・ミシンなどの》.

ふみえ 踏絵 das Bild《-〔e〕s, -er》des Gekreuzigten《zum Treten》.

ふみかえる 踏み替える Tritt wechseln.

ふみかためる 踏み固める fest|treten^{*4}.

ふみきり 踏切 ❶ [鉄道の] Bahnübergang *m.* -〔e〕s, ⸚e/踏切の遮断機〔Bahn〕schranke *f.* -n/踏切を閉める(開ける) die Schranke〔n〕schließen* (auf|ziehen*). ❷ [競技の] Absprung *m.* -〔e〕s, ⸚e《跳躍の》; Startstrich *m.* -〔e〕s, -e《スタートライン》. ❸ [すもうの] das Überschreiten*, -s《der ^{2}Schranken eines Ringplatzes》. ❹ [ふんぎり] Entschluss *m.* -es, ⸚e/踏切がつかない unentschlossen sein; zögern. ‖ 踏切番 Bahn¦wärter (Schranken-) *m.* -s, -.

ふみきる 踏み切る ❶ [線路を] durchkreuzen^{4}; überschreiten^{*4}. ❷ [跳躍して] ab|springen* [s]. ❸ ⇨ふみこえる. ❹ [敢てする] übers Herz bringen^{*4}; wagen^{4}.

ふみくだく 踏み砕く in Stücke treten^{*4}; zertreten^{*4}.

ふみぐるま 踏車 Tretmühle *f.* -n.

ふみけす 踏み消す aus|treten^{*4}《火などを》.

ふみこえる 踏み越える überschreiten^{*4}.

ふみこたえる 踏み堪える stand|halten^{*3}; aus|halten^{*4}; aus|harren/困難を踏みこたえる ^{4}sich gegen ^{4}Strapazen ab|härten.

ふみこむ 踏み込む ❶ [はいり込む]〔ein|〕treten* [s]《*in*^{4}》. ❷ [侵入する] ein|dringen*《*in*^{4}》; eine Razzia führen (halten*; machen)《*auf*^{4} 警官が手入れをする》; überfallen^{*4} (überraschen^{4})《急襲する》.

ふみころす 踏み殺す tot|treten^{*4}.

ふみしめる 踏み締める fest|stampfen^{4} (-|treten^{*4})/足をしっかと踏みしめて festen Fußes.

ふみだい 踏台 Fußbank *f.* ⸚e; Schemel *m.* -s, -;〔Fuß〕tritt *m.* -〔e〕s, -e/踏台にする als Werkzeug gebrauchen^{4} (benutzen^{4}); ^{3}sich von *jm* die Kastanien aus dem Feuer holen lassen*; ^{4}sich als Mittel zum Zweck bedienen^{2}.

ふみたおす 踏み倒す nicht bezahlen^{4}《勘定・借金などを》/酒代を踏み倒す die Zeche prellen.

ふみだす 踏み出す vor|treten* [s]; auf|treten* [s]《登場する》; ein|treten* [s]《*in*^{4} 進出する》; ans Werk gehen* [s] (Hand ans Werk legen)《着手する》; an|fangen^{*4} (beginnen^{*4})《ein ^{4}Geschäft》/政界に踏み出す ins politische Leben ein|treten* [s]; die politische Laufbahn ein|schlagen*/踏み出しがよい einen guten Anfang machen.

ふみだん 踏段〔Tritt〕stufe *f.* -n; Fußbrett *n.* -〔e〕s, -er《馬車の》; Trittbrett《列車の》.

ふみつける 踏み付ける ❶ mit Füßen (unter die Füße) treten^{*4}; nieder|treten^{*4}/虫を踏みつける einen Wurm treten*. ❷ [踏みつけにする] geringschätzig behandeln^{4}; missachten^{4}; nicht beachten^{4}; verschmähen^{4}.

ふみとどまる 踏み止まる stand|halten^{*3}《持ちこたえる》; aus|halten$^{*(4)}$; durch|halten*《最後まで》; fest|halten*《an seiner Meinung 自説を固持する》; treu bleiben* [s]《einer ^{3}Überzeugung》; nicht wanken [s,h] und nicht weichen* [s] (nicht wanken noch weichen*)《断じて退かぬ》/最後まで踏み止まる決心だ Wir sind entschlossen, bis zum letzten Mann (bis zum Außersten) durchzuhalten.

ふみならす 踏み均す [土を] die Erde mit dem Fuß (mit Füßen) stampfen und ebnen; [道を] einen Weg glatt treten* (ebnen)/踏みならした道 Trampel¦pfad *m.* -〔e〕s, -e (-weg *m.* -〔e〕s, -e).

ふみならす 踏み鳴らす mit dem Fuß stampfen《auf die Erde》; trampeln.

ふみにじる 踏み躙る nieder|treten^{*4}; zertreten^{*4}; mit ^{3}Füßen (unter die Füße) treten^{*4}/約束を踏みにじる ein Versprechen (eine Versprechung) brechen*.

ふみぬき 踏抜きをする ^{3}sich einen Nagel (einen Dorn) in den Fuß treten*《くぎ(とげ)で》.

ふみぬく 踏み抜く ❶ [踏み破る] durch|treten^{*4}《板などを》. ❷ ⇨ふみぬき/彼はとげを踏み抜いた Er hat sich einen Stachel eingetreten.

ふみはずす 踏み外す aus|gleiten* [s]; fehl|treten* [s]; entgleisen [s]/足を踏み外す daneben treten* [s]/正しい道を踏み外す vom Pfad (Weg) der Tugend ab|weichen* [s]; den falschen Weg beschreiten*; auf dem Holzweg sein.

ふみまよう 踏み迷う den Weg verfehlen (verlieren*); irre|gehen* [s]; ^{4}sich verirren; ^{4}sich verlieren*; vom Pfad der Tugend ab|kommen* [s]《邪道に落ちる》.

ふみわける 踏み分ける ^{3}sich einen Weg bahnen《*durch*^{4}》.

ふみんしょう 不眠症 Schlaflosigkeit *f.*/不眠症で悩む(にかかる) an der Schlaflosigkeit leiden*.

ふみんふきゅう 不眠不休の(で) rastlos; ohne ^{4}Rast und Ruhe; Tag und Nacht; unaufhörlich.

ふむ 踏む ❶ [足で踏む] treten* [h,s]《踏み歩く場合は [s]; *auf*^{4}》; mit Füßen treten^{*4}; stampfen [h,s]《mit dem Fuß auf die Erde 踏みつける; 但し歩行のときは[s]》; trampeln《踏み鳴らす》/母国の地を踏む den heimischen Boden betreten*/彼は私の足を踏んだ Er hat mir (mich) auf den Fuß getreten./彼女は初舞台を踏んだ Sie ist zum ersten Mal〔e〕 aufgetreten./芝生を踏まないで下さい Bitte den Rasen nicht zu betreten!/踏んだりけったりの仕打ちをされる mit Füßen getreten (schlecht behandelt) werden《von *jm*》. ❷ [履行する] aus|führen^{4} (durch|–); erfüllen^{4}《約束を》/実地を踏む aus|üben^{4}; erfahren^{*4}; erleben^{4}/課程を踏む einen Kursus besuchen (durch|machen)/手続を踏む ein Verfahren ein|leiten; die vorgeschriebenen Formalitäten erfüllen. ❸ [評価する] schätzen^{4}; veranschlagen^{4}《*p.p.* veranschlagt》/安く踏む zu gering an|schlagen^{*4}.

ふむきな 不向きな ❶ [不適当の] ungeeignet《*für*^{4}; *zu*^{3}》; untauglich《*für*^{4}; *zu*^{3}》/不消化な食物は病人に不向きだ Schwere Speisen taugen dem Kranken nicht./彼はこの職に(労働に)不向きだ Er ist für dieses Amt nicht geeignet (ist unfähig zur Arbeit). ❷ [商品が] unmodisch《時好に合わぬ》; nicht begehrt (gesucht)《需要がない》.

ふめい 不明 ❶ Unklarheit *f.*; Undeutlichkeit *f.* –en; Ungewissheit *f.* –en/行くえ不明である verschollen sein. ❷ [不敏] Kurzsichtigkeit *f.*《短見》; Unverstand *m.* -〔e〕s; Dummheit *f.* –en/全く私の不明のいたすところです Es ist alles meine Schuld. — 不明な ❶ [物が] unklar; unbegreiflich; undeutlich; dunkel《朦朧(もうろう)とした》; ungewiss《不確かな》. ❷ [人が] einsichtslos; kurzsichtig; unverständig; albern.

ぶめい 武名 Kriegsruhm (Waffen-) *m.* -〔e〕s/武名をあげる ^{4}sich mit Waffenruhm bedecken; ^{3}sich als Krieger einen Namen machen. ⇨ぶくん.

ふめいよ 不名誉 Unehre *f.*; Schande *f.* –n; Schmach *f.*/彼は家族の不名誉だ Er ist der Schandfleck seines Hauses (die Schande seiner Familie). ¦ Er macht seiner ^{3}Familie schande. — 不名誉な unehrenhaft; schändlich; schmachvoll; schimpflich; ehrlos《屈辱的》/不名誉に思う für eine Schande halten^{*4}/ある人の不名誉になる eine Schande für *jn* sein; *jm* zur Unehre (Schande) gereichen.

ふめいりょう 不明瞭な unklar; undeutlich; dunkel/彼の発音は不明瞭だ Er hat eine undeutliche Aussprache.

ふめいろう 不明朗な unredlich; unehrenhaft; ehrlos; [疑わしい] verdächtig; zweifelhaft; bedenklich; zweideutig/不明朗な処置 verdächtige (zweifelhafte; bedenkliche) Maßnahme, –n (Maßregel, –n; Verfügung, –en).

ふめつ 不滅 Unvergänglichkeit *f.*; Unzerstörbarkeit *f.*; Unsterblichkeit *f.*《不死》/物質不滅の原理 das Prinzip《-s》der Erhaltung der Materie. — 不滅の unvergänglich; unzerstörbar; unsterblich. ‖ 霊魂不滅 Die Unsterblichkeit der Seele.

ぶめん 部面 Gebiet *n.* -〔e〕s, –e; Fach *n.* -〔e〕s, ⸚er; Feld *n.* -〔e〕s, –er; Seite *f.* –n; Zweig *m.* -〔e〕s, –e.

ふもう 不毛の unfruchtbar; steril; unergiebig; dürr; öde; wüst.

ふもと 麓 Fuß *m.* –es, ⸚e《eines Hügels》/山の麓に(で) am Fuß〔e〕 des Berges; unten am Berg〔e〕.

ふもん 不問に付する stillschweigend übergehen^{*4}; übersehen^{*4}《einen Fehler》; ^{4}Nachsicht haben (üben)《*mit*^{3}》; ein Auge zu|drücken《*bei*^{3}》/それは不問に付したい Ich will darüber hinwegsehen.

ぶもん 部門 Klasse *f.* –n; Gruppe *f.* –n; Sektion *f.* –en; Zweig *m.* -〔e〕s, –e; Teilung *f.* –en; Spaltung *f.* –en; Kategorie *f.* –n/部門に分ける〔in Klassen〕 ein|teilen^{4}; klassifizieren^{4}; kategorisieren^{4}.

ふやかす ein|weichen^{4}《*in*^{3}》; ein|wässern^{4}; durchtränken^{4}《*mit*^{3}》; auf|quellen^{4}《弱変化》/豆をふやかす Erbsen (Bohnen) in Wasser ein|weichen (auf|quellen).

ふやける eingeweicht werden (sein); an|schwellen* [s]; durchtränkt sein《*von*^{3}》/ふやけた顔 das aufgedunsene (aufgequollene) Gesicht, -〔e〕s, –er.

ふやじょう 不夜城 der nachtlose Betrieb, -〔e〕s, –e; ein Meer《-〔e〕s, –e》von Licht《光の海》; die festlich beleuchtete Hauptgeschäftsstraße, –n《街路》/そのナイトクラブは全くの不夜城だった Es herrscht ein reger nachtloser Betrieb in diesem Nachtlokal.

ふやす 殖やす vermehren^{4}; vergrößern^{4}; verstärken^{4}; vervielfältigen^{4}; erhöhen^{4}/財産を殖やす das Vermögen vermehren/乗組員をふやす die Besatzung verstärken.

ふゆ 冬 Winter *m.* –s, –; Winterzeit *f.* –en《冬期》/冬の winterlich; Winter-/冬の最中に mitten im Winter; im tiefsten Winter/冬の支度をする für den Winter (für den kommenden Winter) die Vorbereitung treffen* (^{4}sich vor|bereiten)/冬らしい winterlich; wintermäßig/冬めく Es wird 〔recht〕 winterlich. Es wintert.

ふゆう 浮遊 das Schwimmen*, -s; das Schweben*, -s; Schwebung *f.* ── 浮遊する 〔obenauf〕 schwimmen* [s]; schweben [s]; treiben* [s]; ^{4}sich 〔in der Luft; im Wasser〕 leicht fort|bewegen. ‖ 浮遊物 der schwimmende Gegenstand, -〔e〕s, ⸚e.

ぶゆう 武勇 Helden¦tat *f.* -en (-mut *m.* -〔e〕s); Heroismus *m.* -; Kühnheit *f.* -en; Tapferkeit *f.* -en ‖ 武勇談 die heroische Erzählung, -en/武勇伝 Heldenbuch *n.* -〔e〕s, ⸚er/武勇伝をやる handgemein werden.

ふゆかい 不愉快 das Unangenehme*, -n; Unannehmlichkeit *f.* -en; Unbehaglichkeit *f.* -en; Widrigkeit *f.* -en; Beschwerde *f.* -n《肉体的な》. ── 不愉快な(に) unangenehm; unannehmlich; unbehaglich; unerfreulich; missfällig; widrig; ek〔e〕lig/不愉快な奴 ein widriger Kerl, -s, -e/不愉快な天気 ein unangenehmes Wetter, -s, -; 〘俗〙Sauwetter *n.* -s, -.

ふゆがれ 冬枯れ Welkheit《*f.*》im Winter; die winterliche Wüstheit, -en; Flaue *f.*《商況不振》/冬枯れの景色 die 〔ausgestorbene; öde; wüste〕 Winterlandschaft, -en.

ふゆきとどき 不行届き Unachtsamkeit *f.* -en; Unvorsichtigkeit *f.* -en; 〔Nach〕lässigkeit *f.* -en; Vernachlässigung *f.* -en; Versäumnis *n.* ..nisses, ..nisse; die schlechte Bedienung, -en/不行届きがないように注意しなさい Sorgen Sie 〔dafür〕, dass alles in Ordnung bleibt./このホテルは不行届きだ Die Bedienung dieses Hotels lässt viel zu wünschen übrig./どうもたいへん不行届きでした《客にたいして》Leider war unsere Bewirtung sehr bescheiden. ── 不行届きな unachtsam; unvorsichtig; lässig; nachlässig; schlecht bedient.

ふゆごもり 冬籠り Überwinterung *f.* -en; Winterschlaf *m.* -〔e〕s, ⸚e《冬眠》/冬籠りする überwintern; den Winterschlaf halten*; ein Winterlager beziehen*《軍隊の冬営》.

ふゆふく 冬服 Winter¦anzug *m.* -〔e〕s, ⸚e (-kleid *n.* -〔e〕s, -er); die winterliche Kleidung, -en.

ふゆむき 冬向きの für den Winter; zum Gebrauch im Winter; Winter-.

ふゆもの 冬物 Winter¦zeug *n.* -〔e〕s, -e (-bedarf *m.* -〔e〕s); Winterlager *n.* -s, -《冬物ストック》; 〘その他具体的に〙 Winterhut *m.* -〔e〕s, ⸚e《冬の帽子》; Winterkleid *n.* -〔e〕s, -er《冬服》; Wintermantel *m.* -s, ⸚《冬のコート》.

ふゆやすみ 冬休み Winter¦ferien (Weihnachts-)《*pl*》.

ふよ 付与する erteilen^{34}; bekleiden^4《*mit*^{3}》; gewähren^{34}; verleihen*^{34}; zu|geben*^{4}; zu|gestehen*^{34}; zu|erkennen*^{34}; zuteil werden lassen*《*jm* ^{4}*et*》/権利を付与する *jm* ein Recht erteilen/職権を付与する *jn* mit einem Amt bekleiden/特典を付与する *jm* eine Vergünstigung zu|erkennen*.

ぶよ 蚋 Mücke *f.* -n.

ふよう 芙蓉〘植〙Eibisch *m.* -es, -e.

ふよう 扶養 Unterhaltung *f.* -en; Unterstützung *f.* -en; Ernährung *f.* -en/扶養の義務 Unterhaltspflicht *f.* -en/扶養の義務がある unterhaltspflichtig. ── 扶養する unterhalten*^{4}; ernähren^4; unterstützen^4. ‖ 扶養家族 die Familie zu unterhalten/扶養者 Ernährer *m.* -s, -.

ふよう 不用の unnötig; nutzlos; überflüssig; unbrauchbar; unnütz; zwecklos/不用の節は wenn außer Gebrauch gesetzt; wenn unnötig/不用となる außer Gebrauch kommen* [s]; unnötig (unbrauchbar) werden ‖ 不用物 das veraltete, unbrauchbare Ding, -〔e〕s, -e (-er); der nutzlose Gegenstand, -〔e〕s, ⸚e.

ぶよう 舞踊 Tanz *m.* -es, ⸚e; Bühnentanz *m.* -es, ⸚e ‖ 舞踊家 Berufs¦tänzer (Kunst-) *m.* -s, -/舞踊劇 ein dramatischer Tanz/郷土舞踊 Volks¦tanz (Heimats-).

ふようい 不用意 das Unvorbereitetsein*, -s; Unbedachtsamkeit *f.*《軽率》; Unvorsichtigkeit *f.*《油断》/不用意に乗じる *jn* überraschen《*bei*^{3}; *in*^{3}; *über*^{4}》; überrumpeln^4/不用意な unvorbereitet《*für*^{4}; *auf*^{4}》; nicht bereit《*zu*^{3}》; unbedacht; unbedachtsam; unvorsichtig; übereilt《*in*^{3}; *mit*^{3}》/不用意なことを言う eine leichtsinnige Bemerkung machen/不用意にも aus Unvorsichtigkeit; unvorsichtigerweise; unbedachtsamerweise.

ふようじょう 不養生 das Nichtschonen*《-s》der Gesundheit; Vernachlässigung《*f.* -en》der Gesundheit (Gesundheitsfürsorge; Gesundheitspflege); Unmäßigkeit *f.*/不養生な mit der Gesundheit unvorsichtig; unmäßig/不養生をする *js* Gesundheit nicht in Acht nehmen*; mit der Gesundheit wüsten.

ぶようじん 無用心な unbehütet; unbewacht; unsicher; nicht gesichert; unzuverlässig. ⇨ぶっそう(物騒な).

ぶよぶよ ぶよぶよの quabbelig; weichlich.

フライ das Gebratene*, -n; Braten *m.* -s, -/フライにする braten*^{4}《in der Pfanne》/魚のフライ Bratfisch *m.* -〔e〕s, -e ‖ フライパン Bratpfanne *f.* -n.

ぶらいかん 無頼漢 Halunke *m.* -n, -n; Lump *m.* -en, -en; Raufbold *m.* -〔e〕s, -e; Schelm *m.* -〔e〕s, -e; Schuft *m.* -〔e〕s, -e; Schurke *m.* -n, -n; die gemeine Bande, -n《悪の徒党》.

フライきゅう フライ級 Fliegengewicht *n.* -〔e〕s, -e.

フライスばん フライス盤 Fräsmaschine *f.* -n.

フライト Flug *m.* -〔e〕s, ⸚e ‖ フライトレコーダー Flugschreiber *m.* -s, -.

プライド Stolz *m.* -es/プライドの高い stolz《*auf*^{4}》; hochmütig; selbstgefällig《むしろ悪い意に》/わが家のプライド der Stolz unserer Familie.

フライドポテト Pommes frites《*pl*》.

プライベート プライベートな privat; persön-

フライング〘競技〙Fehlstart m. -(e)s, -s/フライングを犯す zu früh starten [h.s]; einen Fehlstart machen.
ブラインド Jalousie f. -n.
ブラウス Bluse f. -n.
ブラウン ブラウン管 Braunsche Röhre.
プラカード Plakat n. -(e)s, -e.
プラグ Stecker m. -s, -/〘電気器具〙.
ぶらさがる ⇒さがる①.
ぶらさげる ⇒さげる①.
ブラシ Bürste f. -n/ブラシをかける [aus]bürsten[4].
ブラジャー Büstenhalter m. -s, -.
ブラジル Brasilien n. -s/ブラジルの brasil[ian]isch/ブラジル人 Brasilianer m. -s, -; Brasilier m. -s, -.
プラス Plus n. -(記号); plus/三プラス四は七 Drei plus vier ist sieben./それで少しでもプラスになるのなら wenn wir dadurch etwas gewinnen können; wenn man damit ein kleines Plus an ³et haben kann/プラスどころか大きなマイナスだ Weit entfernt von einem Plus ist es ein großes Minus für uns./それではプラスマイナスゼロだ Da gleichen sich Gewinn und Verlust aus, und es bleibt nichts übrig./それは精神的にプラスになるかもしれない Das bedeutet vielleicht einen moralisches Plus.
フラスコ Flasche f. -n; [Glas]kolben m. -s, -.
プラスチック Kunststoff m. -(e)s, -e 〘合成樹脂〙; Plastik n. -s, -/✦ 性に注意, Plastik f.(造形美術)と区別すること ‖ プラスチック製品 Plastikwaren (pl).
フラストレーション Frustration f. -en.
ブラスバンド Blaskapelle f. -n.
プラズマ Plasma n. -s, ..men.
プラタナス Platane f. -n.
フラダンス Hula-Tanz m. -es, ⸗e.
ふらち 不埒 Ungebühr f. 〘不法〙; Unhöflichkeit f. -en 〘無礼〙; Unverschämtheit f. -en 〘厚顔〙; Lasterhaftigkeit f. -en 〘不品行〙. ── 不埒な ungebührlich; unhöflich; unverschämt; frech; lasterhaft; schändlich; gemein 〘低劣な〙; niederträchtig; unverzeihlich/不埒なことをする ⁴sich schlecht (ungehörig) benehmen*.
プラチナ Platin n. -s 〘記号: Pt〙.
ふらつく ❶ taumeln; wanken; wackeln; schlottern. ❷〘考えが〙 schwanken; zaudern; unschlüssig sein; wanken; unsicher sein; ⁴sich nicht entschließen können*.
ぶらつく spazieren gehen* [s]; bummeln; (umher[])lungern [s]; (umher[])schlendern [s].
ブラック ブラックアウト Blackout m. (n.) -[s], -s/ブラックコーヒー schwarzer Kaffee, -s/ブラックホール schwarzes Loch, ⸗er/ブラックリスト die schwarze Liste, -n/ブラックリストに載せられる auf die schwarze Liste kommen* [s] (gesetzt werden).
フラッシュ Blitzlicht n. -(e)s, -er/フラッシュ撮影をする Blitzlichtaufnahmen (pl) machen ‖ フラッシュガン Blitzleuchte f. -n/フラッシュバルブ Blitzbirne f. -n/ストロボフラッシュ Röhrenblit m. -es, -e 〘ストロボ〙/ストロボフラッシュユニット Röhrenblitzgerät n. -(e)s, -e.
フラット〘楽〙Erniedrigungszeichen (n. -s, -)〘vor einer Musiknote〙/50 メートルを40秒フラットで泳ぐ Er schwimmt 50 Meter in Punkt 40 Sekunden.
プラットホーム Bahnsteig m. -(e)s, -e.
フラッパー Flapper m. -s, -; Backfisch m.
プラトニックラブ die platonische Liebe, -n.
プラネタリウム Planetarium n. -s, ..rien.
ふらふら schlotternd〘足どり〙; schwankend〘足どり・気分など〙; unbeständig〘無定見〙; wankelmütig〘気紛れ〙; unwillkürlich〘思わず知らず〙; unabsichtlich; unüberlegt〘うっかり〙/ふらふら(と)歩き回る umherschlendern [s]/ふらふらと言ってしまう unbesonnen herauslsagen⁴; unüberlegt herauslplatzen [s]〘mit³〙/彼はふらふらとそうした Er tat es ganz unüberlegt./彼はふと不意のふらふらとした気持ちになった Er hat in einem unbedachten Augenblick getan. ── ふらふらする schwind(e)lig sein〘めまいがする〙; schlottern (taumeln [h.s]; wackeln [h.s])〘よろめき歩く〙; [s]は場所の移動のとき); schwanken [h.s] (taumeln [h.s])〘足・心が〙; ⁴sich nicht entschließen können*〘決心がつかぬ〙; unschlüssig sein/頭がふらふらする Ich bin (Mir wird) schwindlig./Mein Kopf (Mir) schwindelt./あっちこっちへふらふらと hin und her taumeln (schwanken)/疲れてふらふらになる ganz erschöpft (ermattet) sein;〘俗〙hundemüde sein.

ぶらぶら ❶〘ぶら下げる〙baumelnd; hängend; schaukelnd; schlenkernd; schlotterig; schwankend. ❷〘ゆるゆる〙bummelnd; langsam; schlendernd/ぶらぶら歩く (herum[])bummeln; lungern [s]; schlendern [s]. ❸〘怠けて〙bummelig; müßig; schlaff/ぶらぶら日をおくる faulenzen; müßig gehen*[s]; verbummeln⁴;〘俗〙vertrödeln⁴.
プラム Pflaume f. -n.
ふらり ふらりと unangemeldet〘突然〙; unerwartet; zufällig〘偶然に〙; ziellos〘あてどなく〙.
ぶらり ぶらりと behäbig; gemächlich; mit Muße; ziellos〘当てなしに〙/ぶらりと出かける zum Spaziergang gehen* [s]. ⇒ぶらぶら.
ふらん 腐乱 Fäulnis f. -en/腐乱する faulen; in ⁴Fäulnis über|gehen* [s]; vermodern [s]; verfaulen [s].
プラン Plan m. -(e)s, ⸗e; Entwurf m. -(e)s, ⸗e; Vorhaben n. -s, -; Projekt n. -(e)s, -e/プラン通りの(に) planmäßig/旅行のプランを立てる einen Plan für die Reise auflstellen (zurecht|legen).
ふらんき 孵卵器 Brutapparat m. -(e)s, -e.
ブランク ein leerer Raum, -(e)s, ⸗e/ブランクの blanko〘無変化〙; unausgefüllt/ブランクのままで in blanko.
プランクトン Plankton n. -s/植物性(動物性)プランクトン pflanzliches (tierisches) Plankton.

ぶらんこ Schaukel *f.* -n/ぶらんこをする ⁴sich schaukeln.

フランス Frankreich *n.* -s/フランスの französisch ‖ フランス菊 Margerite *f.* -n/フランス語 Französisch; das Französische, die französische Sprache, -n/フランス人 der Franzose*, -n, -n; Französin *f.* ..sinnen (女); die Franzosen (*pl* 総称)/フランス料理 die französische Küche, -n.

ブランデー Brandy *m.* -s, -s/ Kognak *m.* -s, -s (-e); Branntwein *m.* -[e]s, -e.

ブランド Marke *f.* -n ‖ ブランド商品 Markenartikel *m.* -s, -.

プラント Betriebs|anlage (Fabrik-) *f.* -n; Werk *n.* -[e]s, -e ‖ プラント輸出 Ausfuhr (*f.* -en) der gesamten Fabrikanlagen; Export (*m.* -[e]s, -e) von gesamten ³Produktionen (von einer ³Firma).

フランネル Flanell *m.* -s, -e/フランネルのflanellen.

ふり 不利 Nachteil *m.* -[e]s, -e; Schaden *m.* -s, ‥(損失); Ungunst *f.* ‥(不都合)/不利な nachteilig; ungünstig; unvorteilhaft/不利な立場にある im Nachteil[e] sein (*jm* gegenüber/…に対して)/不利になる zum Nachteil[e] gereichen (*jm* …の)/形勢は不利だ Die Verhältnisse liegen ungünstig./それは彼に不利な話だ Das spricht zu seinen Ungunsten.

ふり 降り Regen *m.* -s, -/雨が小降りになる Der Regen lässt nach./ひどい降りだ Es regnet stark (in Strömen)./ひと降りありそうな It sieht nach Regen aus.

ふり ❶[外見] das Äußere*, ..r[e]n (外貌); die äußere Erscheinung, -en; Aussehen *n.* -s (様子)/なりふりを構わない auf sein Äußeres (seine Kleidung) nicht achten/外見は立派だ Das Äußere ist stattlich. ❷[えせ] Schein *m.* -[e]s (見せかけ); Verstellung *f.* -en (偽装)/ふりをする ⁴sich [ver-]stellen; tun*, als ob …; heucheln⁴ (いつわる); vor|geben*⁴ (詐称する); ⁴sich aus|geben* (*für*⁴ 目的とする/愛するようなふりをする *jm* Liebe heucheln/見て見ないふりをする ⁴sich stellen, als sähe man nichts, ein Auge zu|drücken (*bei* ³*et* 大目に見る); Nachsicht haben (*mit*³)/知らぬふりをする ⁴sich unwissend stellen; Unwissenheit vor|schützen; ⁴sich dumm stellen (馬鹿を装う)『俗』*jn* schneiden* (会って知らぬ顔をする); *jn* wie Luft behandeln/同上/彼は金持ちのようなふりをする Er verhält sich so (gibt den Anschein), als ob er reich wäre./彼はエキスパートのようなふりをする Er tritt fälschlich als Fachmann auf./彼はなんでも知ったふりをする Er will alles immer besser wissen.

ふり 振り ❶ das Schwingen*, -s (振動). ❷[舞踊の] Körperhaltung *f.* -en; Positur *f.* -en/振りをつける. ⇨ふりつけ.

ふり 振りの Laufkunde *m.* -n, -n; Laufkundschaft *f.* (単数でも総称).

-ぶり -振り ❶[様子] Art *f.* -en; Weise *f.* -n/歩きぶり Gang *m.* -[e]s, -e; Gangart *f.* -en/歩き振りで *jn* am Gang erkennen*/話し振り Sprech|art *f.* -weise *f.* -n)/お国振りの landesüblich/知ったか振り Besserwisser *m.* -s, -; (-wisserei *f.* -en). ❷[時間の経過] lange her, dass …; Lange nicht gesehen! (挨拶)/五日振りに[で] nach fünf Tagen; am fünften Tage/一週間振りのお天気 ein schönes Wetter nach acht Tage Regen/十年振りの今年の一番の寒さ Die heißeste Wetter in diesen zehn Jahren.

ふりあい 振合 ❶ 他との振合を考える auf andere Rücksicht nehmen*; ⁴sich der allgemeinen ³Sitte an|passen (fügen).

ふりあげる 振り上げる aus|holen 《mit der Hand (Axt) 手 (斧)》.

ふりあて 振宛人 der Bezogene*, -n, -n (eines Wechsels 手形の); Trassat *m.* -en, -en.

ふりあてる 振り当てる verteilen⁴ 《割り当てる/仕事 (役割) を振り当てる *jm* eine Arbeit (Rolle) zu|teilen.

フリー frei ‖ フリーランサー der freischaffende (unabhängige) Künstler, -s, -.

フリック Freak *m.* -s, -s.

フリーザー Tiefkühlfach *n.* -[e]s, ‥er.

フリーハンド フリーハンドで描く aus freier Hand zeichnen⁴.

ブリーフケース Aktentasche *f.* -n; Mappe *f.* -n.

ふりえき 不利益 ⇨ふり (不利).

ふりおとす 振り落とす ab|schütteln⁴; ab|werfen*⁴ 《馬が騎手を》/馬車 (自動車) から振り落とされる aus dem Wagen heraus|stürzen ⓢ.

ふりかえ 振替 Überweisung *f.* -en; Giro *n.* -s, -s ‖ 振替する (..ri) ‖ 振替為替 Postscheck *m.* -s, -s/振替口座 Postscheckkonto *n.* -s, ..ten (-s *od.* -s)/振替預金払込票 Zahlkarte *f.* -n.

ふりかえる 振り替える überweisen*⁴; transferieren⁴/手形を振り替える einen Wechsel übertragen*.

ぶりかえし Rückfall *m.* -[e]s, ‥e; Wieder|ausbruch *m.* -[e]s, ‥e (-kehr *f.* -en).

ぶりかえす ぶり返す einen Rückfall bekommen*; zurück|fallen* ⓢ/病気がぶり返した Er hat bei seiner Krankheit wieder einen Rückfall gehabt./Er fiel in die Krankheit zurück.

ふりかえる 振り返る ⁴sich um|drehen (-|wenden*⁴) 《ふり向く》; ⁴sich um|blicken (-|sehen*) 《*nach*³ ふり返って見る》; zurück|blicken (*auf*⁴ 回顧する)/過去をふり返って見る in die Vergangenheit zurück|blicken.

ふりかかる 降り懸かる widerfahren*³ ⓢ; zu|stoßen*³ ⓢ; bevor|stehen*³ (迫る); drohen³ (危険が)/災いが降りかかる von einem ³Unglück (heim|gesucht) werden/彼の身に大きな不幸が降りかかってきた Ein schweres Unglück hat ihn betroffen (ist ihm zugestoßen)./Er wurde vom Schicksal schwer heimgesucht./Ein entsetzliches Geschick schwebte über ihm./身に降りかかる危険を彼は知らずにいた Er [be]merkt (erkannte) die drohende Gefahr nicht.

ふりかける 振り掛ける besprengen⁴ 《mit ³Wasser 注ぐ》; bespritzen⁴ (mit³ 撥ねかける); bestreuen⁴ (mit³ 振りまく); überschütten⁴ (mit ³Asche (Dünger)) / 食物に塩(砂糖)を振りかける eine Speise mit Salz (Zucker) bestreuen.

ふりかざす 振り翳す schwingen*⁴ 《刀などを》. ⇨**ふりあげる**.

ブリキ (Weiß)blech n. -(e)s, -e ‖ ブリキ缶 Blechbüchse f. -n/ブリキ細工 Blecharbeit f. -en/ブリキ張り Blechbeschlag m. ¨e/ブリキ屋 Klempnerei f. -en; Klempner m. -s, – 《職人》.

ふりきる 振り切る ⇨**ふりはなす**.

フリゲートかん フリゲート艦 Fregatte f. -n.

ふりこ 振子 Pendel m.(n.) -s, – ‖ 振子運動 Pendelbewegung f. -en/振子時計 Penduhr f. -en.

ふりこう 不履行 Nichterfüllung f. -en; Nicht befolgung f. -en 《beobachtung f. -en; beachtung f. -en 《規則などの》/契約の不履行 die Nichterfüllung eines Vertrags.

ふりこむ 降り込む herein│regnen 《雨が》; herein│schneien 《雪が》/雨(雪)に降り込められる eingeregnet (eingeschneit) sein/雨が部屋へ窓から降り込む Es regnet in das Zimmer (schneit zum Fenster) herein.

ふりしきる 降り頻る es regnet heftig (stark); es gießt; der Regen strömt unablässig; es schneit tüchtig 《雪が》/ひどく雪が降りしきる Es schneit in dichten Flocken.

ふりすてる 振り捨てる 〔gänzlich〕 auf│geben*⁴; verzichten 《auf⁴》; im Stich lassen*⁴ 《見捨てる》; sitzen lassen*⁴ 《男性が女性を》;《俗》jm den Laufpass geben*⁴ 《絶交する》.

プリズム Prisma n. -s, ..men / プリズムの prismatisch ‖ プリズムグラス 《双眼鏡》 Prismenglas n. -es, ¨er.

ふりそで 振袖 der langärmelige Kimono, -s, -s.

ふりだし ❶ 〔手形の〕 das Ziehen*, -s; Ausstellung f. -en. ❷ 〔出発点〕 Ausgangspunkt m. -(e)s, -e; Anfang m. -(e)s, ¨e 《最初》/振出しに戻る auf's Neue an│fangen*⁴/彼は振出しは微々たるものだったが今は大金持ちだ Er hat klein angefangen und ist jetzt ein schwerreicher Mann. ❸ 〔振出薬〕 Infusion f. -en. ‖ 振出地 Ausstellungsort m. -(e)s, -e/振出手形 Tratte f. -n; der gezogene Wechsel, -s, –/振出人 Aussteller m. -s, -; Ausgeber m. -s, -; Bezieher m. -s, – 《Trassant m. -en, -en/振出日付 Ausstellungstag m. -(e)s, -e.

ふりだす 振り出す ❶ aus│stellen (trassieren; ziehen) 《einen Wechsel auf jn ある人あてに手形を》; 〔über〕senden*⁴ 《⁴Geld 送金する》. ❷ ziehen lassen*⁴ 《薬を》.

ふりだす 降り出す Es fängt an zu regnen (schneien).

ふりたてる 振り立てる schütteln⁴; wedeln (mit³ 尾などを); erheben* 《die Stimme 声を》/頭を振り立てる mit dem Kopf(e) wackeln; den Kopf zurück│werfen*⁴ 《そり返る》.

ふりつけ 振付 T anzgliederung f. -en 《舞踊の》; Choreographie f. -n 《振付法》; die Gestaltung f. -en 《einer ³Rolle 芝居の》/振付(を)する choreographieren; die richtige Gestaltung geben*⁴ 《einer ³Rolle 役の》; einen neuen Tanz erfinden* 《舞踊の》/舞踊振付師 Tanzerfinder m. -s, -; Choreograph m. -en, -en.

ブリッジ 〔船橋〕 (Kommando)brücke f. -n; 〔跨線橋〕 Überführung f. -en; 〔列車の連結部〕 Übergangsbrücke f. -n; 〔列車の乗降部〕 Plattform f. -en; 〔義歯の〕 (Zahn)brücke f. -n; 〔トランプ〕 Bridge n. -; 〔眼鏡の〕 Steg m. -(e)s, -e; 〔レスリングの〕 Brücke f. -n.

ふりつづく 降り続く Es regnet andauernd (unaufhörlich; ununterbrochen).《雨など》

ふりはなす 振り放す ¶ *sich los│machen 《von³ 逃れる》; ⁴sich los│reißen 《von³ 身をもぎ放す》; ⁴sich entreißen*⁴ 《同上の意》.

ふりはらう 振り払う ¶ からだの雪を振り払う den Schnee von ³sich ab│schütteln. ⇨**ふりはなす**.

ぶりぶり ぶりぶりする vor Wut (Zorn) schnauben.

ぶりぶり ぶりぶりしている sehr erregt sein; ärgerlich sein 《auf⁴; über⁴》; verärgert (verstimmt) sein; aufgebracht sein 《gegen⁴; über⁴》. ⇨**ぷんぷん**❶.

ふりまく 振り撒く aus│streuen⁴; bestreuen⁴ (mit³); besprengen⁴ (mit Wasser 水を)/金を振りまく mit (dem) Geld um ⁴sich werfen* (schmeißen);《俗》sein Geld verpulvern / 愛きょうを振りまく ⁴sich gefällig zeigen; jm Augen (Äugelchen) machen (こびを呈する)/お世辞を振りまく jm Komplimente machen;《俗》jm Brei (Honig) um den Mund schmieren (追従する); liebedienern 《vor jm》;《俗》⁴sich Liebkind machen 《人に取り入る》;《俗》Süßholz raspeln 《女のきげんをとる》.

プリマドンナ Primadonna f. ..donnen.

ふりまわす 振り回す schwingen⁴ 《棒などを》; schwenken*⁴ 《刀などを》/ダンスで相手を振り回す seine Partnerin im Tanz(e) schwenken/腕を振り回す mit den Armen schleudern. ❷ 〔見せびらかす〕 zur Schau tragen*⁴; prahlen 《mit³》; prunken 《mit³》/やたらに外国語を振り回す mit Fremdwörtern um ⁴sich werfen*.

ふりみだす 振り乱す ¶ 髪を振り乱して mit zerzausten (wirren) Haaren.

ふりむく 振り向く ⁴sich um│wenden(*) 《nach³》; ⁴sich um│sehen* 《nach³》/ふり向きもしない außer Acht lassen*⁴; nicht beachten*; keinen Anteil nehmen* 《an³》.

ふりむける 振り向ける ❶ um│wenden(*)⁴ 《nach³》. ❷ 〔充当する〕 an│wenden(*)⁴ 《auf⁴》; an│wenden*⁴ 《für⁴》. ⇨**じゅうとう**.

ふりゅう 浮流する schwimmen* 〔h.s〕; treiben* 〔h.s〕《漂流する》.

ふりょ 俘虜 der Kriegsgefangene*, -n, -n/俘虜になる gefangen genommen (zum Gefangenen gemacht) werden; in ³Gefan-

ふりょ 不慮 die alten Sachen (Kleider; Möbel (pl); die Ware ⟨-n⟩ aus zweiter Hand/彼の服は兄のお古です Dies ist das abgelegte Kleid meines Bruders./古で買う alt (aus zweiter Hand) kaufen》.

ふりょ 不慮 unerwartet; ungeahnt; unvermutet; plötzlich; zufällig/不慮のできごと das unerwartete Ereignis, ..nisses, ..nisse; das Unvorhergesehene, -n; Zufall m. -(e)s, ⸚e; Unfall ⟨不慮⟩/不慮の死をとげる eines unnatürlichen Todes sterben*⟨s⟩⟨殺人・奇禍で⟩; eines gewaltsamen Todes sterben*⟨s⟩⟨横死する⟩; plötzlich sterben*⟨s⟩/彼は不慮の大災難にあった Ihm ist ein schwerer Unfall zugestoßen./前もって不慮の事はあるものとしていなければならない Man muss mit Unvorgesehenem rechnen.

ふりょう 不良 schlecht; schlimm; böse ⟨邪悪な⟩; niedrig ⟨低劣な⟩; verderbt ⟨堕落した⟩; verdorben ⟨腐敗した⟩; schädlich ⟨有害な⟩; fehlerhaft ⟨欠点のある⟩; ungesund ⟨不健康な⟩/不良の徒 der schlechte Mensch, -en, -en; der gemeine Kerl, -(e)s, -e; Halunke m. -n, -n; Hundsfott m. -(e)s, -e; Schubbejack m. -s, -s ⟨-e(n)⟩; Schuft m. -(e)s, -e; Schurke m. -n, -n/不良のため wegen des schlechten (ungünstigen) Wetters/彼は学業成績が不良なため Er bekam (hatte) schlechte Zensuren (Noten; Zeugnisse) in der Schule./今年の作柄は不良だ Die Ernte ist dieses Jahr missraten.‖不良化 Entartung f. -en; Verfall m. -(e)s/不良少女 der schlechte Mädchen, -s, -/不良少年 der ungeratene Bub, -en, -en; Gassenbube m. -n, -n; Straßenjunge m. -n, -n/不良品 die Schussware (fehlerhafte) Ware, -n; Ausschussware ⟨傷物・見切品⟩/不良老年 der alte Bock, -(e)s, ⸚e/稲作不良 die schlechte Reisernte, -n.

ふりょう 不漁(猟) der schlechte Fang, -(e)s, ⸚e; die schlechte Beute, -n ⟨猟⟩.

ぶりょう 無聊な日々 langweilige Tage (pl)/無聊に苦しむ vor Lang(e)weile fast sterben*⟨s⟩; ⁴sich zu Tode langweilen.

ふりょく 富力 Reichtum m. -s, ⸚er; Vermögen n. -s, -.

ふりょく 浮力 Auftrieb m. -(e)s, -e; Schwimmkraft f.

ぶりょく 武力 Kriegsmacht f.; Heeresmacht f. -s, ⸚e; Waffe f. -n; Wehrmacht f. /武力で mit gewaffneter Hand/武力に訴える zu den Waffen greifen*; die Waffen ergreifen*‖武力干渉 bewaffnete Intervention, -en/武力政治 Machtpolitik f.; Militärdiktatur f. -en.

ふりん 不倫 Unmoral f.; Unsittlichkeit f./不倫な unmoralisch; unsittlich/不倫な行い unsittliches Handeln; ⁴sich unsittlich benehmen*.

プリン ⇨プディング.

プリンス Prinz m. -en, -en. ⇨おうじ(皇子, 王子).

プリンター ⟨電算⟩ Drucker m. -s, -.

プリント ⟨布地⟩ der bedruckte Stoff, -(e)s, -e; ⟨謄写版の⟩ Abdruck m. -(e)s, -e; ⟨写真の⟩ Abzug m. -(e)s, ⸚e; ⟨映画の⟩ Kopie f. -n/プリントにする abdrucken lassen*⁴; vervielfältigen⁴; pausen⁴ ⟨トレースして⟩.

ふる 古 die alten Sachen (Kleider; Möbel (pl); die Ware ⟨-n⟩ aus zweiter Hand/彼の服は兄のお古です Dies ist das abgelegte Kleid meines Bruders./古で買う alt (aus zweiter Hand) kaufen.

ふる 降る es regnet (der Regen fällt) ⟨雨が⟩; es schneit (der Schnee fällt) ⟨雪が⟩; es hagelt ⟨霰(?)・霰⟩; es nieselt (rieselt) ⟨細雨が⟩; es schauert ⟨夕立が⟩/降っても照っても ob Regen oder Sonnenschein; obs regnet oder schneit; in jedem Fall; todsicher; unter allen Umständen/降ったりやんだりする Es regnet mit Unterbrechungen./間断なく降る Es regnet ununterbrochen (andauernd)./降りそう Es sieht regnerisch (nach Regen) aus.・Wir werden Regen bekommen.・Es will (droht zu) regnen.⟨今にも降りそう⟩/雨が激しく降る Es regnet stark (Bindfäden; junge Hunde; in Strömen; wie mit Mulden)./花が雨と降りそそいだ Ein Regen von Blumen ergoss sich./当日は雨に降られた Der Tag wurde verregnet.

¶ 降ってわいたのは ganz unerwartet.

ふる 振る ❶ schwenken⁴ ⟨旗・帽子などを⟩; schwingen*⁴ ⟨こん棒などを⟩; wedeln ⟨mit dem Schwanz 犬が尾を⟩/頭を横に振る den Kopf schütteln ⟨über⁴ 否定・嫌悪を⟩/腕をぶらぶら振る ⁴Arme (mit den Armen) schlenkern. ❷ ⟨拒否⟩ ablehnen⁴ ⟨はねつける⟩; jm die kalte Schulter zeigen ⟨冷淡にする⟩; jm einen Korb geben* ⟨女性が男性を⟩; sitzen lassen* ⟨男性が女性を⟩/女性に振られる ⟨俗⟩ einen Korb bekommen*; den Laufpass bekommen* (erhalten*) ⟨von einem Mädchen⟩. ❸ ⟨割当⟩ besetzen⁴ ⟨役などを⟩; verteilen⁴ ⟨同上⟩.

ぶる ❶ ⟨ふりをする⟩ ⁴sich stellen; ⁴sich anstellen; ⁴sich verstellen; spielen ⟨上品ぶる ⁴sich vornehm stellen/詩人ぶる einen Dichter spielen. ❷ ⟨大きな態度を⟩ angeben*⁴; wichtig tun*; mit ³et groß⁴tun⁴ (dick tun⁴); ⁴sich brüsten; ⁴sich spreizen ⟨sich einen gelehrten Anstrich geben* ⟨ひけらかす⟩/なんでも知ったかぶるやつだ Er will alles besser wissen./ぶったことを言うやつ ⟨俗⟩ Der gibt aber (eine Stange) an./Der schneidet aber auf.

ふるい 篩 Sieb n. -(e)s, -e; Rätter m. -s, - ⟨f. -n⟩ ⟨目の粗い篩⟩; ⟨坑⟩ 選別機/篩にかける (篩いける) ⟨aus⟩¹sieben⁴; durch¹sieben⁴; sichten⁴; rättern⁴ ⟨選別する⟩; aus¹wählen⁴ ⟨aus³ 選び分ける⟩; aus¹merzen⁴ ⟨除去する⟩.

ふるい 古い alt; ehemalig ⟨昔の⟩; althergebracht ⟨古来の⟩; altertümlich ⟨古代・古風の⟩; altmodisch ⟨流行遅れの⟩; überholt; unmodern; veraltet; vorsintflutlich ⟨旧弊な⟩; abgestanden ⟨気の抜けた・腐れかかった⟩; abgenutzt ⟨abgetragen⟩ ⟨使い⟨着⟩古した⟩/

ふるい 古い慣習 die althergebrachte Sitte, -n; die alten Gebräuche (*pl*)/頭の古い人 der altmodische (rückständige) Mensch, -en, -en; das Fossil, ..lien;《俗》der Gestrige* (Vergangene*), -n, -n《過去の人》/彼は頭が古い Seine Ansichten sind veraltet (von gestern). | Er hängt am alten Zopf.|《頑固目撃だ》;《俗》Bei ihm rieselt der Kalk.《動脈硬化症だ》.

ふるい 震いが来る es fröstelt *jn*; Fieberfrost haben.

ふるい 部類 Klasse *f*. -n; Art *f*. -en; Gattung *f*. -en; Ordnung *f*. -en. ⇨ぶるい.

ふるいおこす 振い起こす an|feuern⁴ ⟨*zu*¹⟩; an|regen⁴ ⟨*zu*³⟩; auf|rütteln⁴; ermuntern⁴ ⟨*zu*³⟩/勇気を振い起こす Mut fassen; ⁴sich ermutigen.

ふるいおとす 篩い落とす ⟨durch|⟩sieben⁴; sichten⁴; aus|merzen⟨除去する⟩; aus|mustern⁴⟨検査してはねる⟩/採用試験で篩い落される die Aufnahmeprüfung nicht bestehen*.

ふるいおとす 振り落とす ab|schütteln⁴.

ふるいたつ 振い立つ ⁴sich auf|raffen ⟨*zu*¹⟩; ⁴sich auf|rütteln; ⁴sich begeistern ⟨*für*⁴⟩; auf|stehen*⁴ 〔s〕 ⟨*gegen*⁴⟩ ⟨*wider*⁴ 蜂起する⟩.

ふるいつく 震いつく herzen⁴; in die Arme schließen*⁴; umklammern⁴/彼女は震いつきたいような美人だ Sie ist berauschend ⟨blendend⟩; über alle Begriffe; zum Küssen schön.

ふるう 振う ❶⟨振り動かす⟩ schwenken⁴⟨刀を⟩; schwingen*⁴⟨武器・こん棒などを⟩/衣服を振ってちりを出す⟨落とす⟩ den Staub aus den ³Kleidern ⟨die ⁴Kleider⟩ aus|schütteln ⟨ab|schütteln⟩. ❷⟨元気を⟩ ⁴sich auf|raffen ⟨*zu*¹ 奮う⟩; ⁴sich ermutigen⟨勇みたつ⟩/勇を振う seinen Mut zusammen|raffen/士気大いに振う⟨振わず⟩ Die Moral ⟨Zucht⟩ der Soldaten steht sehr hoch ⟨sinkt⟩. ❸⟨揮(ふ)う⟩ aus|üben⁴ ⟨gebrauchen⁴⟩⟨行使する⟩; beweisen*⁴ ⟨zeigen⁴⟩⟨発揮する⟩/弁舌を振う seine Beredsamkeit auf|bieten*/権力を振う Macht über *jn* aus|üben; seine Macht ⟨seinen Einfluss⟩ geltend machen; 腕力を振う Gewalt an|wenden⁽*⁾ ⟨*gegen*⁴⟩. ❹⟨繁盛する⟩ blühen; gedeihen*; einen Aufschwung nehmen*⟨振興する⟩/振わない flau ⟨unbelebt⟩ sein⟨状況から⟩; keine befriedigenden Fortschritte machen ⟨*in*³ 進境なし⟩; schlechte Zensuren bekommen* ⟨haben⟩ ⟨in der Schule 学業成績が⟩/商売が振わない Das Geschäft geht schlecht ⟨stockt⟩. | Der Handel liegt danieder.

ふるう 篩う ⇨ふるい(を)かける.

ブルース Blues *m*. -, -.

フルーツ Obst *n*. -⟨e⟩s ‖ フルーツケーキ Obstkuchen *m*. -s, -/フルーツサラダ Obstsalat *m*. -⟨e⟩s, -e.

フルート Flöte *f*. -n.

ブルーベリー Heidelbeere *f*. -n.

ふるえあがる 震え上がる zusammen|fahren* ⟨-|schaudern; -|schrecken*⟩ 〔s〕; am ganzen Leibe beben ⟨zittern⟩ ⟨*vor*³ 全身が⟩; eine Gänsehaut bekommen*⟨鳥肌がたつ⟩; 震え上がらす durchschaudern⁴; stark erschrecken*⁴⟨寒さ(恐ろしさ)で⟩震え上がる Ich schaudere ⟨Mir schaudert⟩ vor Kälte ⟨vor Entsetzen⟩.

ふるえごえ 震え声 die zitternde Stimme, -n.

ふるえる 震える beben⟨激しく・大きく⟩; zittern ⟨*vor*³ 小刻み⟩; schau⟨d⟩ern ⟨*vor*³ 戦いつける⟩; ⁴sich schütteln ⟨*vor*³ 恐怖・嫌悪など で⟩; frösteln ⟨悪寒がする⟩;《俗》bibbern ⟨puppern⟩⟨身ぶるいする⟩/からだ中が震える am ganzen Leib⟨e⟩ ⟨Körper⟩ zittern/ぶるぶる震える wie Espenlaub zittern/彼は足ががくがく震える Die Beine zittern ihm./彼は怒りに震えた Er zitterte vor Wut./私は恐ろしさ⟨寒さ⟩にがたがたと震えた Ich klapperte mit den Zähnen vor Furcht ⟨Kälte⟩./震えている筆跡 die zitt⟨e⟩rige Handschrift, -en.

ふるがお 古顔 der Ältere*, -n, -n⟨古参⟩; der Altgediente*, -n, -n; der Erfahrene*, -n, -n⟨老練家⟩; der alte Praktikus, -, -ker ⟨..kusse⟩⟨同上⟩.

ふるがね 古金⟨鉄⟩ Alteisen *n*. -s, -; Schrott *m*. -s, -e; Altmetall *n*. -s, -e⟨古金属⟩.

ふるかぶ 古株 ❶ der alte Stumpf, -⟨e⟩s, ⁼e. ❷ ⇨ふるがお.

ブルガリア Bulgarien *n*. -s/ブルガリアの bulgarisch ‖ ブルガリア人 Bulgare *m*. -n, -n.

ふるぎ 古着 die alten ⟨gebrauchten⟩ Kleider ⟨*pl*⟩ ‖ 古着屋〔人〕Altgewandler *m*. -s, -;〔Kleider⟩trödler *m*. -s, -;〔店⟩Trödelbude *f*. -n; Trödelrei *f*. -en.

ふるきず 古傷 die alte Wunde, -n; die Narbe, -n⟨傷痕⟩/古傷における old in einer alten Wunde wühlen/古傷をあばきたてる eine alte Wunde wieder auf|reißen*.

ブルキナファソ Burkina Faso *n*. -, -s.

ふるくさい 古臭い alt; altertümlich⟨古風な⟩; altmodisch⟨流行遅れの⟩; veraltet⟨時代遅れの⟩; überholt, abgedroschen⟨陳腐な⟩/彼の考えは古臭い Er hat altmodische Ansichten./そいつは古臭いしゃれだ Das ist ein alter ⟨altbackener; uralter⟩ Witz ⟨ein Witz mit Bart⟩./《俗》Der Witz hat einen Bart./そんな話は古臭いよ Das ist längst bekannt ⟨die alte Geschichte⟩. |《俗》So ein Bart!

フルコース Menü *n*. -s, -s.

ふるさと 故郷 Geburtsort *m*. -⟨e⟩s, -e; Heimat *f*. -en. ⇨きょうか.

ブルジョア Bourgeois *m*. -, -; Bürger *m*. -s, - ‖ ブルジョア階級 Bourgeoisie *f*. -n; Bürgerstand *m*. -⟨e⟩s, -⁼e.

ふるす 古巣 das alte Nest, -⟨e⟩s, -er; sein früherer ⟨ein⟩stiger Aufenthalt, -⟨e⟩s, -e.

フルタイム フルタイムで働く ganztägig arbeiten.

ふるだぬき 古狸 ❶ Schlau|berger *m*. -s, - ⟨-kopf⟩ -⟨e⟩s, ⁼e/あいつは古狸だ Er ist ein alter ⟨schlauer⟩ Fuchs ⟨ein durchtriebener Mensch⟩. ❷ ⇨ふるがお.

ふるった ❶⟨すばらしい⟩ ausgezeichnet; fabelhaft; fan⟨t⟩os; glänzend; prächtig/それはふるっている Das ist ausgezeichnet ⟨großartig)! ❷ 〔奇抜な〕 außergewöhnlich; eigenartig; originell; sonderbar/ふるった趣向 die glänzende Idee, -ns, -n/しゃれなふるっている Das ist ein famoser Witz.

ふるって 奮って ❶ 〔勇determined して〕 eifrig; energisch; mutig/奮って事にあたる eine Sache mit Energie treiben*; mit Eifer seiner ³Arbeit nach|gehen*[s]; ⁴sich auf|raffen 《zu³》. ❷ 〔進んで〕 bereit|willig (frei-); aus freien Stücken/奮って本書を御利用下さい Bitte benutzen Sie das Buch, soooft Sie wollen./彼等は奮って私の提案に応じたSie gingen auf meinen Vorschlag mit Freuden ein.

ふるつわもの 古強者 der altgediente Soldat, -en 〔古兵〕; Veteran m. -en, -en; der alte Praktikus, -, ..ker (..kusse)《老練家》.

ふるて 古手 ❶ die gebrauchten Kleider 《pl 古着》; die alten Möbel (Sachen) 《pl 古道具》. ❷ der Altgediente 《pl 永年勤続者》/古手の官吏 der altgediente Beamte*, -n; der im Dienst ergraute Beamte*/古手の alt; gebraucht.

ふるどうぐ 古道具 die Altwaren 《pl》; die Möbel 《pl》 aus zweiter Hand 《家具類》; Trödel m. -s, -; Kuriositäten 《pl 骨とう》 ‖ 古道具屋 〔人〕 Altwarenhändler; 〔店〕 Trödelbude f. -n; Antiquitätenladen m. -s, (-ö) 《骨とう店》.

ブルドーザー Raumpflug m. -(e)s, -ë; Bulldozer m. -s, -.

ブルドック Bulldogge f. -n; Bullenbeißer m. -s, -.

プルトニウム 《化》 Plutonium n. -s 《記号: Pu》.

ブルネイ Brunei n. -s/ブルネイの bruneiisch ‖ ブルネイ人 Bruneier m. -s, -.

ふるびる 古びる alt werden (aus|sehen*); veralten [s]; abgenutzt (abgetragen) werden 〔使い着古される〕/古びた alt (aussehend); abgetragen; 〔着古した〕; verschossen 〔色のさめた〕; veraltet.

ふるふく 古服 der alte Anzug, -(e)s, -ë; das abgetragene (abgelegte, strapazierte) Kleid, -(e)s, -er.

ぶるぶる ぶるぶる震える zittern [und beben] schaud(e)rn, vibrieren; zucken《引きつるように》; ぶるぶる ぶるぶる震える vor Schrecken (Entsetzen) schaudern 《非人称で》 Es schaudert mich vor Schrecken (Entsetzen)./ぶるぶる震える〔全身が〕ぶるぶる震える vor Kälte (vor Frost) [am ganzen Leib(e)] an allen Gliedern zittern.

ふるほん 古本 die alten (antiquarischen) Bücher 《pl》/古本で買う antiquarisch kaufen 《ein ⁴Buch》 ‖ 古本屋 〔人〕 Altbuchhändler m. -s, -; Antiquar m. -s, -e; 〔店〕 Altbuchhandlung f. -en; Altbücherei f. -en/ Antiquariat n. -(e)s, -e.

ブルマー Hosenrock m. -(e)s, -ë; Damenbeinkleid n. -(e)s, -er; Schlüpfer m. -s, -.

ふるまい 振舞 ❶ 〔行為〕 Benehmen n. -s; Betragen n. -s; Verhalten n. -s; Aufführung f. -en 《品行》; Haltung f. -en 《態度》; die Manieren 《pl 行儀》/不作法な振舞をする ⁴sich schlecht betragen*; keine (schlechte) Manieren haben; keine Lebensart haben/りっぱな振舞をする ⁴sich gut betragen*; ⁴sich gesittet benehmen*. ❷ 〔馳走〕 Bewirtung f. -en; Gastmahl n. -(e)s, -ër (-e); Gelage n. -s, - 《大盤振舞》; Schmauserei f. -en 《同上》; 《俗》Abfütterung f. -en 《同上》/振舞酒にあずかる mit Wein freigehalten(traktiert) werden.

ふるまう 振る舞う ❶ 〔行う〕 ⁴sich benehmen*; ⁴sich betragen*; ⁴sich verhalten*; ⁴sich auf|führen*; verfahren* [s.h.]/えらそうに振る舞う dick|tun*; ⁴sich brüsten; wichtig tun*; ⁴sich wichtig machen/上品に振る舞う ⁴sich höflich auf|führen (benehmen*)/勝手に振る舞う eigenmächtig verfahren* (handeln)/慎重に振る舞う vorsichtig auf|treten* [s] (handeln)/きちんと振る舞う ⁴sich anständig auf|führen (benehmen*)/勇敢に振る舞う ⁴sich tapfer verhalten* (zeigen). ❷ 〔馳走する〕 bewirten*; gastieren; zu Gast bitten*⁴ (laden*⁴); 《俗》ab|füttern⁴; zechfrei halten*⁴《おごる》; traktieren⁴《同上》/大いに振る舞ってやる reichlich bewirten (ab|füttern)/私は一同に振る舞ってやった Ich hielt die ganze Gesellschaft frei.

ふるめかしい 古めかしい ⇨ふるくさい.

ふるもの 古物 die alten Sachen (Kleider, Möbel) 《pl》; Trödel m. -s; die Altwaren 《pl》; Ladenhüter m. -s, - 《棚ざらし品》.

ブルンジ Burundi n. -s/ブルンジの burundisch ‖ ブルンジ人 Burundier m. -s, -.

ふれ 振れ Ablenkung f. -en 《偏差》; Abweichung f.

ふれ 触れ 〔布令〕 die öffentliche Bekanntmachung, -en; Verkündigung f. -en; Proklamation f. -en/触れを出す öffentlich aus|rufen*⁴ (bekannt machen⁴; verkünd|ig]en*⁴《布告する》.

ふれあう 触れ合う in Berührung kommen* [s]《mit³》 (einander) berühren.

ぶれい 無礼 Unhöflichkeit f. -en; Unartigkeit f. -en; Frechheit f. -en; Grobheit f. -en; Roheit f. -en; Beleidigung f. en. —— 無礼な unhöflich; unartig; frech; grob; roh/無礼なことを言う jm Grobheiten sagen/無礼なことをする ⁴sich gegen jn ungebührlich (unhöflich) benehmen*⁴/ご無礼しましたEntschuldigen Sie bitte, dass ich Sie habe lange warten lassen.《待たせたとき》; Ich fürchte, dass ich Sie sehr lange in Anspruch genommen habe.《長居をしたとき》.

プレイガイド Theateragentur f. -en.

ぶれいこう 無礼講 eine freie, ungezwungene Gesellschaft (Kneipe), -n/無礼講にする ⁴sich miteinander duzen lassen*; unter Verzicht auf gute Formen zechen lassen*.

プレー Spiel n. -(e)s, -e; 〔Theater〕stück n. -(e)s, -e 《演劇の》/いいプレーだ Sauber!‖ ファ

ブレーキ Bremse *f.* -n; Radschuh *m.* -(e)s, -e/ブレーキがきかない Die Bremse funktioniert nicht. Die Bremse versagt./ブレーキをかける bremsen; die Bremse ziehen* (betätigen)/ブレーキをゆるめる die Bremse lockern (lösen)/あの男には少しブレーキをかけないといけない Man muss bei ihm ein bisschen bremsen.

フレークにく フレーク肉 [Fleisch]flocke *f.* -n.

プレート Platte *f.* -n/プレートに立つ (als) Werfer spielen ‖ ピッチャープレート Werferplatte *f.* -n.

フレーム Rahmen *m.* -s, -; Gestell *n.* -(e)s, -e/めがねのフレーム Brillengestell *n.* -(e)s, -e.

プレーヤー [人] Spieler *m.* -s, -; [レコードプレーヤー] Plattenspieler *m.* -s, - ‖ CD プレーヤー CD-Player; CD-Player *m.* -s.

ブレーンストーミング Brainstorming *n.* -s, -(s)/ブレーントラスト Gehirntrust *m.* -e (-s).

ふれこみ 触込み Ankündigung *f.* -en; Verkünd[ig]ung *f.* -en; Reklame *f.* -n (宣伝).

ふれこむ 触れ込む an|kündigen*; verkünd[ig]en*; Reklame machen (für*); aus|geben* (jn für *et* 言い触らす); *sich* aus|geben* (für* 自称する).

ブレザー[コート] Blazer *m.* -s, -.

プレス ❶ [アイロンをかけること] das Bügeln*, -s/ズボンにプレスをかける die Hosen [aus]|bügeln. ❷ [新聞] Presse *f.* -n. ❸ [機械] Presse *f.* -n, -e. ❹ [重量挙げ] das Drucken*, -s. ‖ プレスカンファレンス Pressekonferenz *f.* -en (記者会見)/プレスコード Press-Kodex *m.* -(es), -e (..dizes).

フレスコが フレスコ画 Fresko *n.* -s, ..ken; Freske *f.* -n; Freskobild *n.* -(e)s, -er; Freskengemälde *n.* -s, - ‖ Wandgemälde (壁画).

プレゼント Geschenk *n.* -(e)s, -e; Angebinde *f.* -n/プレゼントする *jm* *et* zum Geschenk machen; schenken [3,4]/誕生日のプレゼントとして本をもらう ein Buch zum Geburtstagsgeschenk bekommen* ‖ クリスマスプレゼント Weihnachtsgeschenk *n.* -(e)s, -e (-bescherung *f.* -en).

プレタポルテ プレタポルテ(の服) Prêt-à-porter-Kleidung *f.* -en.

フレックスタイム フレックスタイム制 Arbeitszeitflexibilisierung *f.*

プレッシャー Druck *m.* -(e)s, -e/プレッシャーをかける einen Druck aus|üben (auf[4]).

フレッシュ フレッシュな frisch.

プレハブ vorgefertigt; Fertig-; zusammensetzbar ‖ プレハブ住宅 Fertighaus *n.* -es, -*er*.

ふれまわる 触れ回る aller ³Welt verkünd[ig]en[4]; bekannt machen[4]; aus|posaunen (p.p. ausposaunt 大げさに); aus|breiten[4] (うわさなどを); verbreiten[4] (同上); zirkulieren lassen* (流布させる).

プレミアム Prämie *f.* -n (株・保険・労賃などに関するもの); Aufschlag *m.* -(e)s, -e; Zusatz *m.* -es, -e (入場券などの)/プレミアムつきの入場券 die Eintrittskarte (-n) mit einem Preisaufschlag/だふ屋はどんどんプレミアムをつけた Die Billetenkettenhändler haben tüchtig aufgeschlagen. ‖ プレミアムつき証券 Prämienschein *m.* -(e)s, -e.

プレリュード 〖楽〗Präludium *n.* -s, ..dien; Vorspiel *n.* -(e)s, -e.

ふれる 触れる ❶ [接触] berühren[4]; fühlen[4]; in Berührung kommen* [s] (mit *jm*); an|stoßen* (*an*[4] 軽くぶつかる)/人の怒りに触れる *jn* ärgern (kränken); *sich* [4] *Ärger* zu|ziehen*/目に触れる erblicken[4] (ある人が); *jm* ins Auge fallen* [s] (ある人の)/手を触れるまで berühren[4]; betasten[4]/手を触れるな Nicht berühren! ❷ [抵触] übertreten*[4]; verletzen[4]/規則に触れる gegen die Regel verstoßen*. ❸ *sich* beziehen* (*auf*[4] 関係する); erwähnen[4] (言及する)/問題に触れる eine Angelegenheit berühren; auf eine Sache zu sprechen kommen* [s]. ❹ bekannt machen[4] (通告する).

ふれる 狂れる verrückt (wahnsinnig) werden (気が); *sich* umnachten; um den Verstand kommen* [s] (精神錯乱する)/彼は気がふれている Er ist nicht bei Verstand. 〖俗〗Er ist nicht ganz (recht) bei Trost. 〖俗〗Er ist übergeschnappt.

ふれんぞく 不連続面 Diskontinuitätsfläche (Unstetigkeits-) *f.* -n/不連続的に diskontinuierlich; unstetig ‖ 不連続線 〖気〗Diskontinuitätslinie *f.* -n.

ブレンド Melange *f.* -n (コーヒー豆の).

ふろ 風呂 Bad *n.* -(e)s, *er*/風呂にはいる ein Bad nehmen*; baden/風呂に行く baden gehen* [s]/風呂をたてる das Bad zurechtmachen (vor|bereiten) ‖ 風呂桶 Badewanne *f.* -n/風呂場 Badestube *f.* -n (-zimmer *n.* -s, -)/風呂屋 Badeanstalt *f.* -en (-haus *n.* -es, *er*).

プロ 〖俗〗Profi *m.* -s, -s; Professional *m.* -s, -e (英語発音のとき *pl* -s) /プロ選手 Berufsspieler *m.* -s, - (-sportler *m.* -s, -); [その他具体的に] Berufsboxer *m.* -s, - (ボクサー); Profifahrer *m.* -s, - (競輪選手等)/プロ野球試合 Berufsbaseballspiel *n.* -(e)s, -e/プロレス das Berufsringen*, -s.

フロアシフト [自動車の] Knüppelschaltung *f.* -en.

ブロイラー Masthähnchen *n.* -s, -.

ふろう 不老 die ewige Jugend; das ewige Leben, -s (永生)/不老不死の霊薬 Lebenselixier *n.* -s, -e; Ambrosia *f.*

ふろう 浮浪 Landstreicherei *f.*; das Umherstreichen*, -s; Vagabondage *f.*/浮浪生活を送る ein Vagabundenleben führen; *sich* als Landstreicher durch|schlagen*; [s] stornern. — 浮浪する herum|lungern; umher|streichen* [s]; umher|streifen [s]; vagabundieren; vagieren. ‖ 浮浪者 Landstreicher *m.* -s, -; Strolch *m.* -(e)s, -e; Vagabund *m.* -en, -en; 〖俗〗Stromer *m.* -s, -; 〖戯〗Lumpazivagabundus *m.* -, ..dusse (..di); Vagabundentum *n.* -s (総称).

ふろうしょとく 不労所得 das arbeitslose Einkommen, -s, -; das Einkommen aus Kapitalvermögen.

ブローカー Makler m. -s, -; Zwischenhändler m. -s, -; Vermittler m. -s, - ‖ ブローカー手数料 Maklergebühr f. -en; Provision f. -en; Courtage f. -n.

ブローチ Brosche f. -n; Spange f. -n.

ブローニング Browning m. -s, -s; Browning-Pistole f. -n.

ふろく 付録 Anhang m. -[e]s, ¨e; Nachtrag m. -[e]s, ¨e; Ergänzungsband m. -[e]s, ¨e 《補巻》; Beiblatt n. -[e]s, ¨er 《新聞の》; Beilage f. -n 《同上》.

プログラマー Programmierer m. -s, - 《コンピューターの》.

プログラミング Programmierung f. -en / プログラミングする programmieren⁴.

プログラム Programm n. -s, -e / プログラムを作る das Programm auf|stellen (zusammen|stellen) / プログラムによって nach dem Programm setzen⁴ / プログラムにのっている auf dem Programm stehen⁎.

プロシア Preußen n. -s / プロシアの preußisch ‖ プロシア人 Preuße m. -n, -n; Preußin f. -..Binnen 《女》.

プロジェクター Projektor m. -s, -en.

プロジェクト Projekt n. -[e]s, -e.

ふろしき 風呂敷 Einschlagtuch n. -[e]s, ¨er / 風呂敷に包む in ein Tuch ein|schlagen⁎⁴ (ein|wickeln⁴) / 大風呂敷を広げる an|ge|ben⁎; auf|schneiden⁎.

プロセス Prozess m. -es, -e.

プロダクション [映画] Film[herstellungs]gesellschaft f. -en; Produzent m. -en, -en 《製作会社》; Filmatelier n. -s, -s 《撮影所》.

ブロック Block m. -[e]s, ¨e 《家屋の区画》; Klotz m. -es, ¨e 《かたまり》; Bauklotz m. -es, -e 《おもちゃの積み木》/ ブロック経済 Großraumwirtschaft f. -en / ブロック建築 Blockbauart f. -en / ドルブロック Dollar-Raum m. -[e]s, ¨e (-Block m. -[e]s, ¨e; -Länder 《pl》).

フロックコート Gehrock m. -[e]s, ¨e.

フロッピーディスク Diskette f. -n.

プロテスタント Protestantismus m. - 《新教》; Protestant m. -en, -en 《信者》/ プロテスタントの protestantisch.

プロデューサー ❶ [映画・音楽] Produzent m. -en, -en; Hersteller m. -s, -; Produktionsleiter m. -s, -; Regisseur m. -s, -e 《監督》. ❷ [劇・ラジオ・テレビ] Intendant m. -en, -en.

プロバイダー [電算] Provider m. -s, -.

プロパガンダ Propaganda f.; Werbung f. -en / プロパガンダをする propagieren (für⁴); eine Propaganda betreiben⁎ (für⁴) / プロパガンダで競争会社を負かす die Konkurrenz nieder|propagieren.

プロパンガス Propan n. -s, -.

プロフィール Profil n. -s, -e.

プロフェッサー Professor m. -s, -en 《略: Prof.》.

プロペラ Propeller m. -s, - / プロペラを回す den Propeller in Drehung setzen ‖ プロペラ機 Propellerflugzeug n. -[e]s, -e.

プロポーズ einen [Heirats]antrag machen (einer Frau).

ブロマイド Bromit n. -[e]s, -e; Bromsilberpapier n. -s, -e 《感光紙》; Filmstar[karte (Schauspieler)-] f. -n 《映画俳優などの》; Ansichtskarte (f. -n) von einem Schauspieler (einer Schauspielerin) 《同上》.
◆ Standfoto n. -s, -s はスチールをいう。

ブロマイド ⇨ ブロマイド.

プロムナード Promenade f. -n ‖ プロムナードデッキ Promenadedeck n. -[e]s, -e (-s).

プロモーター Veranstalter m. -s, - 《主催者》; Gründer m. -s, - 《発起人》; Schausteller m. -s, - 《興業主》.

プロレス Catch-as-catch-can n. / プロレスラー Catcher m. -s, -.

プロレタリア Proletariat n. -[e]s, -e 《階級》; Proletarier m. -s, -; Prolet m. -en, -en 《縮小形》/ プロレタリアの proletarisch / プロレタリアの独裁 die Diktatur (-en) des Proletariats ‖ プロレタリア文学 die proletarische Literatur, -en.

プロローグ Prolog m. -[e]s, -e.

フロンガス Fluorchlorkohlenwasserstoffe (pl).

フロント 《ホテルの》 Empfang m. -[e]s, ¨e. ‖ フロントガラス 《自動車などの》 Windschutzscheibe f. -n 《風防》.

ブロンド blond / ブロンドの女 die Blondine⁎, -n.

プロンプター Souffleur m. -s, -e; Souffleuse f. -n.

ふわ 不和 ❶ Misshelligkeit f. -en; Missklang m. -[e]s, ¨e; Missverhältnis n. ..nisses, ..nisse; Uneinigkeit f. -en; Zwiespalt m. -[e]s, -e (-tracht f.) / 不和の種をまく Zwietracht säen (zwischen³); einen Zankapfel [hin]werfen⁎. ❷ [争い] Hader m. -s; Streit m. -[e]s, -e; Zwist m. -es, -e. —— 不和である mit jm auf schlechtem (gespanntem) Fuß stehen⁎ (leben); mit jm uneinig sein; mit jm in Feindschaft (wie Hund und Katze) leben / 不和になるmit jm in den Zwiespalt (in Zwist) geraten⁎ ⓢ; mit jm entzweien; mit jm zum Streit kommen⁎ ⓢ; jm abwendig werden.

ぶわけ 部分け Klassifikation f. -en; das Ordnen⁎, -s / 部分けする sortieren⁴; in Klassen ein|teilen⁴; ordnen⁴.

ふわたり 不渡り Nicht|honorierung f. -en (-zahlung f. -en; -einlösung f. -en) / 不渡りになる nicht honoriert werden; protestiert werden ‖ 不渡手形 der protestierte Wechsel, -s, -.

ふわふわ ふわふわした [綿毛状] flaumig; flockig; [海綿状] schwammig; schwammartig; weich; [気質] leichtfertig, unbeständig; unstet; unzuverlässig / ふわふわと [飛ぶ] schwebend; schwimmend.

ふわらいどう 付和雷同する ⁴sich blind bekennen⁎ (zu³); unbesonnen ins gleiche Horn blasen⁎ (stoßen⁎; tuten); ohne Überlegung auf js Seite treten⁎ ⓢ; an einer Leine ziehen⁎; den Mantel nach

ふわり ふわりと leicht; lüftig; luftig; sanft; weich; zart.

ふん 分 ❶ Minute f. -n／一分も遅わずに auf die Minute; pünktlich／十五分 fünfzehn Minuten; eine Viertelstunde／三十分 dreißig Minuten; eine halbe Stunde／三十分ごとに alle halben [Stunden]／一時十分(過ぎ) zehn [Minuten] vor eins (nach eins)／二時二十分(四十五分) [ein] Viertel nach zwei (vor drei); Viertel (drei Viertel) drei／三時二十分(四十分) zwanzig nach drei (vor drei); zehn vor (nach) halb vier／八時三十分です Es ist halb neun. ❷ 北緯三十度十五分において in 30°15′ (30 Grad 15 Minuten) nördlicher ²Breite.

ふん 糞 Kot m. -(e)s; [排泄物] Auswurf m. -(e)s, -e; die Exkremente (Fäkalien) (pl); [牛馬などの] Mist m. -es, -e; Dung m. -(e)s; [南米の海鳥の] Guano m. -s∥糞うまり Verstopfung f. -en／糞土 Düngererde f. -n; Dreck m. -(e)s《不用のもの》／糞(屎)(尿) Fäkalien; Mist.

ふん hm!《疑惑または承諾》; pah!《拒絶・嫌悪》; puh!《同上》; pfui!《軽蔑》.

ぶん 分 ❶ [分け前] Anteil m. -(e)s, -e; Portion f. -en; ❷ [出し分] Kontingent n. -(e)s, -e; Beitrag m. -(e)s, -e. ❸ [分限] js soziale Stellung, -en; Stand m. -(e)s, -e; Rang m. -(e)s, -e; [Geld]mittel n. -s, -,《資力》分に応じて standesgemäß (-mäßig); nach js Kräften; js Vermögen gemäß／分不相応に ungebührlich; ungehörig; über js Mittel／分不相応な暮らしをする Sie lesen über ihre Verhältnisse.／分に安んじる ⁴sich mit seiner Stellung zufrieden geben*; ⁴sich in sein Los schicken. ❹ [状態・具合] [Sach]lage f. -n; Zustand m. -(e)s, -e／この分ならば bei dieser Sachlage; wie die Dinge jetzt stehen; bei diesem Stand der Dinge; wie die Sachen jetzt liegen; wenn es auf diese Weise weiter geht. ❺ [割合・程度] Maß n. -es, -e; Grad m. -(e)s, -e／幾分か in gewissem Grad／十分に in vollem Maß. ❻ [本文] Pflicht f. -en; das Meinige* (Seinige*) ∥分を尽くす seine Pflicht erfüllen (leisten); das Seinige tun*. ❼ [品質・種類] Art f. -en; Qualität f. -en; Sorte f. -n／この分は値が高くなります Diese Sorte kostet mehr. ❽ [分量] Portion f. -en; Ration f. -en／二人分 zwei Portionen／三日分の薬 Arznei (f. -en) für drei Tage／一週間分の米の配給 Reis-Ration für eine Woche.

ぶん 分 ¶ 二分の一 eine Hälfte／二分の一の halb／三分の一 ein Drittel／四分の一 ein Viertel／二十分の一 ein Zwanzigstel／百分の一 ein Hundertstel; 1½ =ein(und)einhalb; anderthalb; 2½ zwei(und)einhalb; dritthalb; 3½ = drei(und)einhalb; viertehalb.

ぶん 文 ❶ Satz m. -es, -e; Aufsatz m. -es, -e《作文・論文》; Prosa f. ..sen《散文》; Stil m. -(e)s, -e《文体》. ❷ [文学] Literatur f. -en; Dichtung f. -en. ❸ [文事] Zivilangelegenheit f. -en; Gelehrsamkeit f. -en《武に対して》／文の Satz-; Zivil-／文は武より強し Die Feder ist mächtiger als das Schwert.

ぶんあん 文案 Entwurf m. -(e)s, -e; Kladde f. -n; Konzept n. -(e)s, -e; Skizze f. -n／文案を練る entwerfen**; aufsetzen*《einen Vertrag, einen Vortrag》契約，講演の／文案を練る einen Entwurf ausarbeiten (bearbeiten).

ぶんい 文意 Sinn m. -(e)s, -e《Bedeutung》; Inhalt m. -(e)s, -e des Satzes; Tenor m. -s《趣旨》.

ぶんいき 雰囲気 Atmosphäre f. -n; Duft m. -(e)s, -e／文学的雰囲気を出す eine literarische Atmosphäre hervorrufen*／市民的雰囲気の中に育つ in einem bürgerlichen Milieu aufwachsen*∥沈滞した(快適な)雰囲気がそこにはみなぎっていた Es herrschte eine gedrückte (fröhliche) Stimmung.／こんな雰囲気の中がくろしげる Er fühlt sich wohl in dieser Umgebung.

ぶんいん 分院 Zweighospital n. -s, -e (..täler) / -anstalt f. -en.

ぶんえん 文苑 ❶ ぶんだん(文壇). ❷ Sammlung f. -en der literarischen Meisterwerke; Anthologie f. -n. ❸ Feuilleton n. -s, -s《文芸欄》.

ぶんか 噴火 (Vulkan)ausbruch m. -(e)s, -e; Eruption f. -en／噴火中の tätig. — 噴火する ausbrechen* §; tätig sein《以上大火山が主語》.∥噴火口 Krater m. -s, -; Feuerschlund m. -(e)s, -e／噴火山 Vulkan m. -s, -e; der Feuer speiende Berg, -(e)s, -e.

ぶんか 分化 Differenzierung f. -en／分化する ⁴sich differenzieren.

ぶんか 分科 Fach n. -(e)s, -er; Abteilung f. -en; Fakultät f. -en; Zweig m. -(e)s, -e; Gebiet m. -(e)s, -e《分野》∥分科委員会 Sonder[ausschuss (Unter-) m. -es, -e／分科大学 Fakultät; Hochschule f. -n.

ぶんか 文化 Kultur f. -en; Zivilisation f. -en／文化の交流 Kulturaustausch m. -(e)s, -e／文化の日 der Tag der Kultur. — 文化の kulturell; kultiviert／非文化的 unkultiviert; kulturfeindlich.∥文化遺産 Kulturerbe n. -s／文化運動 Kulturbewegung f. -en／文化映画 Kulturfilm m. -(e)s, -e／文化協定 Kulturabkommen n. -s, -／文化勲章 Orden (m. -s, -) für kulturelle Verdienste; Verdienstorden (m. -s, -) für die Kultur／文化国家 Kulturstaat m. -(e)s, -en／文化財 Kulturgut n. -(e)s, -er／文化施設 Kultureinrichtung f. -en／文化人 Kulturmensch m. -en, -en (-träger m. -s, -)／文化生活 Kulturleben n. -s／文化政策 Kulturpolitik f.《まれに 中国の》Kulturrevolution f.／無形文化財 das geistige Kulturgut.

ぶんか 文科 die literarische Fakultät, -en; die geisteswissenschaftliche Abteilung der Oberschule.

ぶんがい 憤慨 Ärger m. -s; Entrüstung f. -en; Erbitterung f.; Wut f.; Zorn m. -(e)s. — 憤慨した(して) ärgerlich《auf⁴》; aufgebracht; entrüstet; zornig《über⁴》. — 憤慨する ergrimmen § 《gegen⁴》;

ぶんかい über⁴); ⁴sich ärgern (über⁴); ⁴sich empören (entrüsten) (über⁴); in Wut (Zorn) geraten*)/彼はひどく憤慨している Er speit (ist) Gift und Galle.|Er ist aufs Äußerste erbittert.

ぶんかい 分解 Analyse *f.* -n《分析》; Auflösung *f.* -en; Auseinandersetzung *f.* -en; Zerlegung *f.* -en; Demontage *f.* -n《機械など》. —— 分解する ❶ analysieren⁴; auf|lösen⁴; zerlegen⁴; ab|scheiden⁴. ❷《機械などを》auseinander nehmen*⁴ (-|setzen⁴; -|tun*⁴); demontieren⁴. ‖ 分解作用 zersetzende Wirkung, -en; Verwitterung *f.* -en《風化》/電気分解 Elektrolyse *f.* -n.

ぶんがく 文学 Literatur *f.* -en; Dichtung *f.* -en; Schrifttum *n.* -s/文学(上)的に literarisch; dichterisch/文学の素養 die literarische Bildung, -en/文学の素質 literarische Anlage *f.* -n/ 文学的才能がある literarisch veranlagt (begabt) sein/文学で暮らしをたてている Er bringt sich mit der Schriftstellerei durch. ‖ 文学士 Doktor 《*m.* -s, -》der Philosophie《略: Dr. phil.》/文学史 Literaturgeschichte *f.* -n/文学史家 Literarhistoriker *m.* -s, -/文学者 Literat *m.* -en, -en/文学趣味 der literarische Geschmack, -s/文学賞 Literaturpreis *m.* -es, -e/文学青年 ein junger Literaturfreund, -es, -e/文学博士 Doktor der Philosophie《略: Dr. phil.》/文学部 die literarische Fakultät, -en/文学部長 der Dekan 《-s, -e》der literarischen Fakultät/日本(ドイツ)文学 die japanische (deutsche) Literatur.

ぶんかつ 分轄 die gemeinsame Verwaltung, -en.

ぶんかつ 分割 Teilung *f.* -en; Spaltung *f.* -en; Abteilung *f.* -en《区分》; Aufteilung *f.* -en《領土などの》; Zergliederung *f.* -en《四肢・国などの》. —— 分割する teilen⁴ (in⁴); ab|teilen⁴; auf|teilen⁴; zerteilen⁴; spalten*⁴|⁴; trennen⁴ (von³); zergliedern⁴ /領土を分割する ein Gebiet ab|treten*/財産の一部を分割する *jm* einen Teil des Besitzes ab|treten*. ‖ 分割払い Raten|zahlung (Teil-) *f.* -en/分割渡し Teillieferung *f.* -en/ポーランド分割 Teilung Polens.

ぶんかん 文官 der Zivil|beamte* (Staats-), -n, -n.

ふんき 奮起 Aufrüttel(l)ung *f.* -en; Ermannung *f.*; Ermutigung *f.* -en —— 奮起させる auf|rütteln⁴; zur Tat begeistern 《*jn* durch seine Rede 弁舌で》; ermutigen⁴. —— 奮起する ⁴sich auf|raffen (empor|raffen) 《*zu*³》; ⁴sich auf|rütteln; ⁴sich ermannen《*zu*³》; seinen Mut zusammen|raffen (-|nehmen*).

ふんぎ 紛議 [論争] Streit *m.* -[e]s, -e; Streitfrage *f.* -n; Kontroverse *f.* -n; Uneinigkeit *f.* -en; [いざこざ] Verwicklung *f.* -en/紛議をかもす einen Streit (Zwist) herauf|beschwören*; Verwirrung an|richten (an|stiften).

ぶんき 分岐する〔sich〕ab|zweigen; ⁴sich gabeln; ⁴sich trennen; ⁴sich verästeln; ⁴sich verzweigen; auseinander gehen* ⓢ. ‖ 分岐点 Gabelung *f.* -en; Kreuzweg *m.* -[e]s, -e; Weiche *f.* -n; Wendepunkt *m.* -[e]s, -e.

ふんきゅう 紛糾 Verwickelung *f.* -en; Verwirrung *f.* -en; Wirrnis *f.* ..nisse; Wirrsal *n.* -[e]s, -e; Konfusion *f.* -en/紛糾を解決する Verwicklungen (die verwickelte Lage) entwirren (auseinander wirren⁴). —— 紛糾した verwickelt; verworren; wirr; konfus. —— 紛糾させる verwickeln⁴; in Unordnung bringen*⁴. —— 紛糾する ⁴sich verwirren*⁽*⁾; ⁴sich verwickeln; in Verwirrung geraten* ⓢ.

ぶんきょう 文教 Erziehung *f.* -en; Erziehungswesen *n.* -s, -/文教の府 der Hauptsitz《-es, -e》des Erziehungswesens.

ぶんぎょう 分業 Arbeitsteilung *f.* -en; Fließarbeit *f.* -en《流れ作業》.

ぶんきょうじょう 分教場 Zweigschule *f.* -n; Annexbau *m.* 《-[e]s, -ten》der Schule《新館/別館》.

ぶんきょく 分局 Zweig|amt *n.* -[e]s, ⸚er 《-stelle *f.* -n》.

ぶんきょく 分極(作用) Polarisation *f.* -en.

ぶんけ 分家 Zweigfamilie *f.* -n; Nebenlinie *f.* -n《血統上の傍系》/分家する einen neuen Hausstand gründen.

ぶんげい 文芸 Literatur *f.* -en; Kunst und Literatur; das dichterische Werk, -[e]s, -e 《文芸作品》 ‖ 文芸家協会 die Literaten-Verein, -[e]s, -e/文芸記者 Feuilletonist *m.* -en, -en/文芸講座 Literaturkursus *m.* -, ..kurse/文芸批評 die Kritik 《-en》über Kunst und Literatur; Kunstkritik *f.*; die literarische Rezension, -en/文芸部 die Abteilung《-en》für Kunst und Wissenschaft; Feuilletonabteilung *f.* -en 《新聞の》; Drehbuchsektion *f.* -en《撮影所の》/文芸復興 Renaissance *f.* -/文芸欄 Feuilleton *n.* -s, -s《新聞の》; Spalte《*f.* -n》für Kunst und Literatur.

ふんげき 憤激 ⇒ふんぬん/そのことを話したらすっかり彼の憤激を買った Als ich ihm das sagte, wurde er ganz falsch [auf mich].

ぶんけん 分遣 das Abkommandieren*, -s; Kommando *n.* -s, -s. —— 分遣する zu ³*et* ab|kommandieren⁴; detachieren⁴. ‖ 分遣艦隊 ein abkommandiertes Geschwader, -s, -; eine abgeschickte Flotte, -n/分遣隊 Kommando *n.* -s, -s; Detachment *n.* -s, -s.

ぶんけん 分権 Dezentralisation *f.* -en. —— 分権する dezentralisieren⁴; die Verwaltungsbehörden in verschiedene Orte legen. ‖ 地方分権 Dezentralisation *f.* -.

ぶんけん 文献 Literatur *f.* -en; Archiv *n.* -s, -e; Urkunde *f.* -n/この問題に関する文献 die (einschlägige) Literatur zu diesem Problem ‖ 文献学 Philologie *f.* -.

ぶんこ 文庫 ❶ [手箱] Schatulle *f.* -n; Schreibkästchen *n.* -s, -. ❷ [図書館・蔵書] Bibliothek *f.* -en; Bücherei *f.* -en. ❸

ぶんご 文語 Schriftsprache *f.* -n; der literarische (gehobene) Ausdruck, -[e]s, ¨e.

ぶんこう 分光 Spektrum *n.* -s, -tren (..tra) ‖ 分光器 Spektroskop *m.* -s, -e/分光写真 Spektrographie *f.* -n/分光分析 Spektralanalyse *f.*

ぶんこう 分校 Zweigschule *f.* -n.

ぶんごう 文豪 ein großer Dichter, -s, -; ein hervorragender Schriftsteller, -s, -.

ぶんこうじょう 分工場 Zweigstelle *f.* -en (-werkstatt *f.* ¨en,-werkstätte *f.* -n).

ぶんこつ 粉骨砕身する alle Kräfte an|spannen (an|strengen; auf|bieten*); alle (mögliche) (seine ganze Macht) auf|bieten*; sein Bestes (sein Möglichstes) tun*; alles tun*, was in seiner Macht steht; ⁴sich äußerst an|strengen (um ⁴*et* zu tun).

ぶんこつ 分骨 ein Teil (*m.* -[e]s, -e) der Asche der Verstorbenen.

ぶんさい 粉砕する zermalmen⁴; zerschlagen*⁴; zerschmettern⁴; zerstören⁴《破壊する》; zertrümmern⁴《同上》; vernichten⁴《せん滅する》/敵шап粉砕された Der Feind wurde geschlagen.

ぶんさい 文才 dichterische (literarische) Begabung (Veranlagung; Fähigkeit), -en; das schriftstellerische Talent, -[e]s, -e/文才がある literarisch begabt (veranlagt) sein.

ぶんざい 分際 *js* soziale Stellung, -en; Stand *m.* -[e]s, ¨e; Verhältnis *n.* ..nisse 《ふつう *pl.*》/ ..をする ⁴(³)sich als.. getrauen, ⁴*et* zu tun; ³sich als.. an|maßen, ⁴*et* zu tun.

ぶんさつ 分冊 Lieferung *f.* -en; Einzelausgabe *f.* -n/分冊で lieferungsweise; im Einzelnen.

ぶんさん 分散 das Auseinandergehen*, -; Zerstreuung *f.* -en. ⇨りさん.

ぶんし 憤死する ⁴sich zu Tode ärgern (grämen; kränken).

ぶんし 分子 ❶ [数学] Zähler *m.* -s, -. ❷ [化学] Molekül *n.* -s, -e; Molekel *f.* -n. ❸ [一部の者] Element *n.* -[e]s, -e/善良な分子が優勢を占めた Bessere Elemente gewannen die Oberhand. ‖ 分子遺伝学 Molekulargenetik *f.*/分子生物学 Molekularbiologie *f.* -n/分子式 Molekularformel *f.* -n/分子配列 Molekelanlagerung *f.* -en/分子量 Molekulargewicht *n.* -[e]s, -e/分子論 Molekulartheorie *f.* -n/低分子 schlechte (üble) Elemente (*pl* 悪い連中).

ぶんし 分詞 [文法] Partizip *n.* -s, ..pien; Partizipium *n.* ..pien《古 ..pia》; Mittelwort *n.* -[e]s, ¨er/分詞の partizipial/現在(過去)分詞 Partizip Präsens (Perfekt).

ぶんし 文士 Schriftsteller *m.* -s, -/ein Ritter (*m.* -s, -) von der Feder; Federheld *m.* -en, -en ‖ 三文文士 Federfuchser *m.* -s, -.

ぶんじ 文治 Zivilverwaltung *f.* -en/文治派 die bürgerlichen Parteien (*pl*).

ぶんしつ 紛失 Verlust *m.* -es, -e/紛失して verloren. — 紛失する [人が主語] verlieren*⁴; fallen lassen*⁴《落と物を》;[物が主語] verloren gehen* ⓢ; abhanden kommen* ⓢ/...が紛失した Das Buch ist mir abhanden gekommen. ‖ 紛失者 Verlierer *m.* -s, -/der Eigentümer (-s, -) eines verlorenen Gegenstandes/紛失物 die verlorene Sache, -n; Fund *m.* -[e]s, -e 《拾得物》.

ぶんしつ 分室 [官庁などの] Zweigstelle *f.* -en; Zweig *m.* -[e]s, ¨e.

ぶんしゃ 噴射 反動推進 Düsen|antrieb (Strahl-) *m.* -[e]s, -e/噴射推進式の der ³Düsenantrieb (Strahlmotor) ‖ 噴射推進機関 Strahlmotor *m.* -s, -en.

ぶんじゃく 文弱 Weichlichkeit *f.* -en; Schwächung *f.* -s/文弱な weichlich; rückgratlos; vom Frieden verwöhnt/文弱に流れる zu sehr vom Frieden verwöhnt sein; in vergeistigte Verfeinerung und Schwächung verfallen* ⓢ.

ぶんしゅう 文集 Auswahl (*f.* -en) von Prosaschriften; Essaysammlung *f.* -en; Causerien (*pl* 漫筆集); Anthologie *f.* -n.

ぶんしゅつ 噴出 das Heraus|spritzen* (Hervorströmen*), -s; Auswurf *m.* -[e]s, ¨e 《火山の; 噴出物の意にも》/噴出する heraus(|-)spritzen ⓢ; hervor|brechen* ⓢ;(-|sprudeln) ⓢ; spritzen⁴; aus|werfen⁴ 《火山が火・灰を》.

ぶんしょ 分署 Zweigamt *n.* -[e]s, ¨er; Polizeiwache *f.* -n 《警察の》; Feuerwache *f.* -n 《消防の》.

ぶんしょ 文書 Akte *f.* -n; Brief *m.* -[e]s, -e; Dokument *n.* -[e]s, -e; Schreiben *n.* -s, -; Unterlage *f.* -n; Urkunde *f.* -n/文書をもって schriftlich ‖ 文書課 Archiv *n.* -s, -e/文書課長 Archivar *m.* -s, -e/文書偽造 Urkundenfälschung *f.* -en.

ぶんじょう 紛擾 Verwirrung *f.* -en; Wirre *f.* -n 《ふつう *pl*》; Zwist *m.* -es, -e 《悶着》; Unruhe *f.* -n 《騒擾》; Aufruhr *m.* -s, -e 《同上》/紛擾を解決する Verwickelungen entwirren; Streitigkeiten (Unruhen) schlichten 《調停する》/政治的紛擾を引き起こす politische Unruhen an|stiften (entfachen); politische Verwickelungen (Wirren) verursachen.

ぶんしょう 文章 Satz *m.* -es, ¨e; Aufsatz *m.* -es, ¨e 《作文》; Abhandlung *f.* -en 《論文》; Essai (Essay) *m.* -s, -s 《随筆》; Prosa *f.* ..sen 《散文》; Stil *m.* -[e]s, -e 《文体》 ‖ 文章家 (Prosa)schriftsteller *m.* -s, -; Stilist *m.* -en, -en; Prosaiker *m.* -s, -/文章論 Syntax *f.*; Satzlehre *f.*

ぶんしょう 分掌する einen Teil der Arbeit übernehmen*⁴; ⁴sich mit *jm* in einer Arbeit teilen.

ぶんじょう 分譲する parzellieren⁴; in Parzellen verkaufen⁴ ‖ 分譲地 Parzelle *f.* -n 《zu verkaufen》.

ぶんしょく 粉飾 das Schminken*, -s 《化

ぶんしょく 粉飾 die mehlhaltigen (stärkehaltigen) Speisen 《pl》; Mehlspeisen 《pl》.

ぶんしょく 分食 die partielle Eklipse, -n (Finsternis, ..nisse).

ぶんしょく 文飾 ❶ die rhetorische Ausschmückung, -en; die stilistische Verschönerung, -en; Bombast m. -es《文体の浮華》; Schwulst m. -es, -e《文体の誇張》/文飾(し)で過ぎる Der Ausdruck ist bombastisch (schwülstig). ❷ [粉飾] ⇨ ぶんしょく(粉飾). ── 文飾する [literarisch; rhetorisch; stilistisch] aus|schmücken⁴; verschönern⁴.

ぶんしん 分針 Minutenzeiger m. -s, -《時計の》.

ぶんしん 分身 [子供] sein eigenes Kind, -[e]s, -er; [第二の我] sein anderes (zweites) Ich, -[s], -[s]; Doppelgänger m. -s, -.

ぶんじん 文人 Literat m. -en, -en; der Gelehrte, -n, -n; Schriftsteller m. -s, -; Kulturmensch m. -en, -en 《文化人》‖ 文人画家 Dichtermaler m. -s, -/ 文人社会 Gelehrtenkreis m. -es, -e; gebildeter Kreis, -es, -e.

ふんすい 噴水 Springbrunnen m. -s, -; Fontäne f. -n.

ぶんすい 分水界《分水嶺,分水線》 Wasserscheide f. -n.

ぶんすう 分数 Bruch m. -[e]s, ⸗e; Bruchzahl f. -en/ 分数の gebrochen; Bruch-/ 分数を約す einen Bruch heben* (kürzen)/ 分数を通分する Brüche unter den Generalnenner bringen*; die Nenner gleichnamig machen. ‖ 分数式 Bruchformel f./ 分数方程式 Bruchgleichung f./ 真(仮)分数 echter (unechter) Bruch.

ふんする 扮する ⇨ ふんそう(扮装する)/彼の扮するファウストはすばらしかった Er stellte Faust meisterhaft dar./ 逃亡するために彼は女に扮した Zur Flucht hat er sich als Frau verkleidet.

ぶんせい 文政 Zivilverwaltung f. -en《軍政の反対》; Erziehungswesen n. -s, -《教育制度》.

ぶんせき 分析 [chemische] Analyse, -n; Zerlegung f. -en; Erz|probe (Metall-) f. -n. ── 分析的 analytisch. ── 分析する analysieren⁴; zerlegen⁴; eine Probe mit³ et machen《金属》. ‖ 分析化学 analytische Chemie f./ 分析学 Analytik f./ 精神分析 Psychoanalyse f./ 定性(定量)分析 die qualitative (quantitative) Analyse.

ぶんせき 文責記者にあり Für den Inhalt (Wortlaut) ist der Redakteur verantwortlich.

ふんせん 奮戦 der erbitterte (heiße; hart-)näckige; verzweifelte) Kampf, -[e]s, ⸗e/ 奮戦する einen heißen Kampf führen; mit dem Mut der Verzweiflung kämpfen《必死に戦う》.

ふんぜん 奮然として beherzt; entschlossen; mutig; standhaft; tapfer; 奮然として事に当たる ⁴sich auf|raffen《zu⁴》.

ふんぜん 憤然[として] aufgebracht; entrüstet; rasend; wütend/ 憤然色をなす vor Zorn rot werden (erröten ⓢ).

ぶんせん 文選 Letternauslese f. -n/ 文選する Lettern (Schriften) aus|lesen*.

ふんそう 紛争 Streit m. -[e]s, -e; Streitfrage f. -n; Zwiespalt m. -[e]s, ⸗e; Konflikt m. -[e]s, -e; Verwicklung f. -en《紛糾》/ 紛争に巻き込まれる in Streit mit jm verwickelt werden/ 紛争を巻き起こす in ⁴Konflikt (Streit) geraten*ⓢ/ 紛争を避ける Streitigkeiten vermeiden*.

ふんそう 扮装 das Schminken*, -s《化粧》; Aufmachung f. -en《メーキャップ》; Darstellung f. -en《einer ²Rolle 演技》; Verkleidung f. -en《仮装》/ 扮装させる verkleiden (kostümieren⁴)《als》/ 扮装する ⁴sich schminken; dar|stellen《eine ⁴Rolle 演じる》; ⁴sich verkleiden《als in 変装する》/ 水夫に扮装して彼女は町へ出た Als Matrose verkleidet, ging sie auf die Straße.

ふんぞりかえる ふんぞり返る ⁴sich brüsten; ⁴sich in die Brust werfen*; ⁴sich breit machen; dick (wichtig) tun*/ ふんぞり返って anmaßend; diktuerisch; übermütig; unverschämt.

ぶんたい 文体 Stil m. -[e]s, -e; Ausdrucksweise f. -n/…の文体をまねて書く im Stil von jm schreiben* ‖ 文体論 Stilistik f.

ぶんたい 分隊 Korporalschaft f. -en; Abteilung f. -en; Gruppe f. -n ‖ 分隊長 Korporal m. -s, -e; Abteilungsführer m. -s, -.

ぶんだい 文題 Thema n. -s, ..men (-ta); Gegenstand m. -[e]s, ⸗e.

ふんたん 粉炭 Staubkohle f. -n; [Kohlen-]grus m. -es, -e.

ぶんたん 分担 Übernahme f. -n《引受け》; Zuteilung f. -en《割当》; Kontingent n. -s, -e《金額》. ── 分担する [mit] übernehmen*⁴; mit|tragen*⁴《die Kosten; den Verlust》; auf ⁴sich nehmen*⁴; ⁴sich in die⁴ teilen. ── 分担させる jm ⁴et an|weisen*; jm ⁴et zu|messen*; jm ⁴et zu|teilen; jm ⁴et zu|weisen.

ぶんだん 文壇 Schriftsteller|kreise (Literaten-) 《pl》; die literarische Welt, -, -en/ 文壇に名を知られる Er hat sich einen Namen in den Literatenkreisen gemacht.

ぶんだん 分団 Orts|gruppe (Unter-) f. -n.

ぶんちょう 文鳥 Reisvogel m. -s, ⸗.

ぶんちん 文鎮 Brief|beschwerer (Papier-) m. -s, -.

ぶんつう 文通 Briefwechsel m. -s, -; Korrespondenz f. -en. ── 文通する mit jm Briefe wechseln; korrespondieren/ 文通している/ ある人と文通を始める mit jm in Briefwechsel treten*; mit jm den Briefwechsel auf|-

ふんど 憤怒 ⇨いかり(怒り).

ふんとう 奮闘 der erbitterte (heftige; schwere) Kampf, -[e]s, ¨-e; das heftige Ringen*, -s/奮闘的な kämpferisch/奮闘する heftig (schwer) kämpfen (ringen*); äußerste (heftige) ⁴Anstrengungen machen; sein Äußerstes tun*/力戦奮闘して地位を得る ⁴sich eine Stellung erkämpfen.

ふんどう 分銅 Gewicht n. -[e]s, -e ‖ 分銅衡 Waage f. -n.

ふんどき 分度器 Winkelmesser m. -s, -; Transporteur m. -s, -e; Gradbogen m. -s, -.

ふんどし 褌 [Lenden]schurz m. -[e]s, -e (¨-e). ⁴褌を締めてかかる ⁴sich gürten (mit ³Mut); ⁴sich aufraffen (奮起する); seine Kräfte Zusammen|raffen; ⁴sich zusammen|reißen* (-[nehmen]*) (心を引き締める)/人の褌で相撲をとる mit fremdem Kalb pflügen.

ふんどり 分捕り das Erbeuten*, -s; das Kapern*, -s (拿捕(信)); das Aufbringen*, -s (徴発)/分捕り品 Beute f. -n; Kriegsbeute f. -n, -e; das Siegers); Prise f. -n (海上の); Kriegsraub m. -[e]s, -e; Trophäe f. -n (戦利品).

ふんどる 分捕る von jm erbeuten⁴; kapern⁴; auf|bringen*⁴; in Beschlag nehmen*⁴; mit Beschlag belegen⁴; plündern⁴ (略奪).

ぶんのう 分納 Teilzahlung f. -en/分納する in Raten (ratenweise) bezahlen⁴.

ぶんばい 分売する einzeln verkaufen⁴; teilweise liefern⁴; [den Boden] parzellieren (土地); in Parzellen verkaufen⁴/各冊分売します Jeder Band ist einzeln zu haben.

ぶんぱい 分配 Verteilung f. -en; Austeilung f. -en; Einteilung f. -en (時間・仕事など); Zuteilung f. -en (割当)/分配に与かる an ⁴et einen Anteil erhalten*; an ⁴et teil|haben* (相応の分配がある) einen gebührenden und rechtmäßigen Anteil haben. ― 分配する verteilen⁴ (unter³; an⁴); auf|teilen⁴ (分配し尽くす); aus|teilen⁴ (分与する unter³ an⁴); zu|teilen⁴, zu|weisen* ⁴ (分配に与らせる) gleichmäßig verteilen⁴ (zu|teilen⁴)/比例分配する prozentual zu|teilen⁴; anteilmäßig verteilen⁴; die Anteile in entsprechenden Verhältnissen verteilen/利益山州にして分配した Wir teilten den Gewinn unter uns.

ふんぱつ 奮発する ❶ ⁴sich an|strengen; ⁴sich befleißigen²; alle Kräfte (seine ganze Fähigkeit) auf|bieten* (大奮発する); sein Äußerstes tun* (同上). ❷ [気前よく⁴金を出す] heraus|rücken (mit Geld); ⁴sich freigebig (nobel) zeigen/チップを奮発する noble Trinkgelder geben*/一つ新しい帽子を奮発しよう Ich werde mir einen neuen Hut leisten.

ふんばり 踏ん張り Anstrengung f. -en; Beharrlichkeit f./踏ん張りのきく ausdauernd; beharrlich; [charakter]fest; standhaft/も う一踏ん張りする ⁴sich noch einmal an|strengen (bemühen).

ふんばる 踏ん張る ❶ die Beine spreizen (両足を); grätsch|en (跨める). ❷ ⁴sich an|strengen (bemühen) (頑張る). ❸ ⁴sich ins Zeug (Geschirr) legen (精を出す). ❸ an|dauern (耐え抜く); aus|harren (同上); stand|halten* (頑張る); beharren (固執する auf³; bei³; in³); bestehen* (auf³(⁴) 同上; 通常三格, 切望の対象③のときは四格支配) /自説を貫く ❶ bei seiner Meinung (auf seinem Standpunkte) verharren*; ⁴sich bis zum Ende ertragen**; durch|halten* (bis zum Äußersten どこまでも); beharrlich bleiben* [s] (bei seinem Vorsatze).

ふんぱん 噴飯ものなる Es ist zum Lachen. Das ist reiner Unsinn./噴飯の至りである ⁴sich vor Lachen nicht halten können*/ Das ist der Gipfel des Unsinns! (愚劣もはなはだしい).

ぶんぴつ 分泌 Sekretion f. -en; Absonderung f. -en; Sekret n. -[e]s, -e 《分泌物》/分泌する absondern⁴; ab|sondern⁴. ‖ 分泌器官 Sekretionsorgan n. -s, -e/分泌腺 Sekretionsdrüse f.

ぶんぴつ 分筆 Schreiberei f. -en; Schriftstellerei f. -en/文筆で食う von der Feder leben; durch Schreibereien den Lebensunterhalt verdienen ‖ 文筆業者 ein Mann (m. -[e]s, ¨-er) von der Feder; Schriftsteller m. -s, -; Federheld m. -en; Journalist m. -en, -en; Feuilletonist m. -en, -en.

ぶんぴょう 秒分を争う場合に Wir haben keine Zeit (keinen Augenblick) zu verlieren. Hier gilt kein Zaudern. Jetzt gilt es! (今にこの機をはずすな); Es ist höchste Zeit (höchste Eisenbahn)! (今が潮時だ).

ぶんぶ 文武 Zivil und Militär; Zivil- und Militärangelegenheiten (pl)/文武の道 Gelehrsamkeit und Kriegskunst/文武両道に達して sowohl gelehrt als auch kriegerisch ertüchtigt sein ‖ 文武官 Zivil- und Militärbeamter*; Staatsbeamter* und Offizier; Repräsentanten des Staats und der Wehrmacht.

ぶんぷ 分布 Verbreitung f. -en; Verteilung f. -en; Distribution f. -en. ― 分布する ⁴sich verbreiten. ‖ 分布曲線 Verteilungskurve f. -n/動物分布図 eine Karte (-n) der geographischen Verbreitung der Tiere.

ぶんぶつ 文物 Zivilisation f. -en; Kultur f. -en; Wissenschaft und Kunst/西洋の文物 europäische Kultur; europäische Einrichtungen (pl).

ふんぷん 紛々 verworren; unordentlich; kunterbunt (乱雑); durcheinander (advのみ) /諸説紛々としている Darüber ist man verschiedener Meinung. Die Meinungen (Urteile) darüber sind geteilt. ‖ 落花紛々 Die abfallenden Blüten wirbeln im Wind.

ぶんぶん das Summen* (Brummen*), -s; Gesumm[e], n. ..summes/ぶんぶんいう summen; brummen; schnurren; schwirren.

ぶんぷん ❶ ぷんぷん怒る vor Zorn wüten; wütend wie ein Stier (ein Berserker) sein;

ぶんべつ vor Wut blass (rot) sein; ⁴sich vor Wut nicht mehr kennen*; jn packt eine blinde Wut (ein heiliger Zorn). ❷ ぶんぷん匂う《匂うものを主語として》stark riechen*; einen scharfen (stechenden; betäubenden) Geruch verbreiten; die Luft mit Duft (Geruch) schwängern; stinken* 《悪臭》/香水をぷんぷん匂わせて stark durchduftend/彼は酒の匂いをぷんぷんさせている《俗》Er hat so eine Fahne vor der Nase.

ふんべつ 分別 Bedächtigkeit f.; Besonnenheit f.; Einsicht f. -en; Gesetztheit f.; die gesunde Vernunft; Verständnis n. -nisses, -nisse/分別がつく zu ³Verstand kommen* S/分別をつける beurteilen⁴; unterscheiden*⁴ 《von³》/分別のある bedächtig; einsichtig; einsichtsvoll; feinspürig; rücksichtsvoll; vernünftig; verständig; klug 《気のきいた》/分別のある人 der vernünftige (verständige) Mensch, -en, -en/分別のない bedachtlos; einsichtslos; kurzsichtig; unverständig; verständnislos; dumm 《気のきかぬ》/分別くさいことを言う klug|reden; klug sprechen* 《nisse》/分別のある 在 gesetzten Alter (in reife(re)n Jahren) sein/分別盛りの男 der Mann (-(e)s, ¨er) von gesetzten Jahren (in reiferen Jahren).

ふんべつ 分別ごみ der sortierte Müll, -(e)s.

ふんべん 分娩 Entbindung f. -en; Gebären*; Geburt f. -en; Niederkunft f. ¨e. ― 分娩する (ein Kind) gebären* (zur Welt bringen*; hervor|bringen*); mit einem Kind nieder|kommen* S/ von einem Kind entbunden werden.

ふんぼ 墳墓 Grab n. -(e)s, ¨er; Gruft f. ¨e/ 墳墓の地 1) 《故郷》Geburtsort m. -(e)s, -e; Heimat f. -, -en. 2) 《墓場》Grabstätte f.

ぶんぼ 分母 Nenner m. -s, -. ‖ 公分母 Generalnenner m. -s, -.

ぶんぽう 分蜂 《蜂の》 Bienenschwarm m. -(e)s, ¨e/分蜂する schwärmen h.s.

ぶんぽう 文法 Grammatik f. -en/文法(上)の、文法に適った grammatisch; grammatikalisch/文法的に正しい(正しくない) grammatisch richtig (falsch)/文法を誤る einen grammatischen Fehler machen/文法を無視した ungrammatisch ‖ 文法学者 Grammatiker m. -, -.

ぶんぼうぐ 文房具 Schreibwaren 《pl》; Schreibgerät n. -(e)s, -e ‖ 文房具屋 Schreibwarenhändler m. -s, -/《人》 Schreibwarenhandlung f. -en 《店》.

ふんまつ 粉末 Pulver n. -s, - 《特に一般、特に散剤》; Staub m. -(e)s 《特に鉱物の》; Mehl n. -(e)s, -e 《特に穀粉; 粉末は種類を示すとき》; Puder m. -s, - 《白粉など》/粉末にする pulverisieren⁴; zu Staub verfeinern⁴; [zer]pulvern⁴; [zer]mahlen*⁴ ‖ 粉末石鹸 Seifenpulver m. -s, -.

ふんまん 忿懣 Grimm m. -(e)s; Ingrimm m. -(e)s; Groll m. -(e)s; Ärger m. -s; Verbitterung f. -en; Ressentiment n. -s, -s/忿懣やる方ない Der Grimm ist unbegrenzt./Die Verbitterung ist nicht gestillt worden.

ぶんみゃく 文脈 Kontext m. -(e)s; Satzzusammenhang m. -(e)s, ¨e/文脈上 kontextmäßig; aus dem (im) Satzzusammenhang/文脈による Das ergibt sich aus dem Satzzusammenhang.

ぶんみん 文民 Zivilist m. -en, -en; Bürger m. -s, -.

ふんむき 噴霧器 Zerstäuber m. -s, -; Zerstäubungsapparat m. -(e)s, -e; 《園》 Spritze f. -n.

ぶんめい 文明 Zivilisation f. -en/文明の zivilisiert/文明の世 das aufgeklärtes Zeitalter, -s, -; die Zeiten 《pl》 der Zivilisation ‖ 文明国(国民) das zivilisierte Land (Volk), -(e)s, ¨er.

ぶんめい 文名 der dichterische (schriftstellerische) Ruhm, -(e)s / 文名を馳せる ⁴sich als Autor mit Ruhm bedecken; ³sich als Dichter einen Namen machen/ 文名噴々たる als Dichter in hohem Ansehen stehen*.

ぶんめん 文面 Inhalt m. -(e)s, -e 《eines Briefes》; Wortlaut m. -(e)s, -e; Tenor m. -s, -, -/文面によれば nach dem Brief (dem Schreiben); Der Brief lautet, ...

ぶんや 分野 Gebiet n. -(e)s, -e; Fach n. -(e)s, ¨er; Feld n. -(e)s, -er; Zweig m. -(e)s, -e/学問の新分野を開拓する ein neues Gebiet der Wissenschaft bebauen (erweitern)/彼はこの分野では立派に任を果している Auf diesem Gebiet steht er seinen Mann.

ぶんり 分離 Trennung f. -en; Absonderung f. -en; Abscheidung f. -en; Abtrennung f. -en; Isolierung f. -en; Loslösung f. -en; Scheidung f. -en, 《化》 Segregation f. -en. ― 分離する [ab]trennen*⁴ 《von³》; ab|sondern⁴ 《von³》; [ab]scheiden*⁴ 《von³》; isolieren⁴; 《化》 rein dar|stellen⁴. ‖ 分離器 Separator m. -s, -; Zentrifugalabscheider m. -s, -/分離主義 Separatismus m. -.

ぶんりつ 分立 Separation f. -en; Selbständigkeit (Selbständigkeit) f. -; Unabhängigkeit f. -; Dezentralisation f. -/分立する ⁴sich separieren; selbständig (selbständig) werden*; ⁴sich getrennt behaupten.

ふんりゅう 噴流 eruptiver Strom, -(e)s, -e; stürzender Strom.

ぶんりょう 分量 Quantität f. -en. ⇒りょう (量).

ぶんりょく 分力 Komponente f. -n.

ぶんるい 分類 Klassifikation f. -en; Anordnung f. -en; Einteilung f. -en (in Klassen); System n. -s, -e; das Zusammenordnen*, -s. ― 分類する klassifizieren⁴; in Klassen ein|teilen⁴; ordnen⁴; systematisieren⁴; sortieren⁴; passend zusammen|stellen⁴. ‖ 分類学 Systematik f. -en/分類引出 Aktenschrank m. -(e)s, ¨e; Ordnerschrank m. -(e)s, ¨e/分類表 Klassifikationstafel f. -n.

ふんれい 奮励 Anstrengung f. -en; Eifer m. -s; die eifrige Tätigkeit, -en/der unermüdliche Fleiß, -es. ― 奮励(努力)する ⁴sich sehr an|strengen; ³sich alle Mühe

ぶんれい 文例 Beispiel n. -[e]s, -e; Mustersatz m. -es, ⸗e.

ぶんれつ 分裂 ❶ Spaltung f. -en; Teilung f. -en/《細胞の》; Zerstückelung f. -en《四分五裂》; Furchung f. -en《卵割》. ❷ [不和] Trennung f. -en; Zwiespalt m. -[e]s, ⸗e; Riss m. -es, -e; Schisma n. -s, ..men (-ta)《教会・宗派の》/ 不和分裂の種をまく Zwietracht säen. ── 分裂する ⁴sich spalten《in》; ⁴sich teilen; ⁴sich zerspalten⁴; ⁴sich zertrümmern; ⁴sich trennen《von³》; mit jm brechen*/党は分裂した Die Partei hat sich gespalten. ‖ 分裂菌 Spaltpilz m.

-es, -e/分裂生殖 Spaltzeugung f.

ぶんれつ 分列 Schaustellung f. -en; Defilee n. -s; Parademarsch m. -es, ⸗e/分列式を行う eine Parade〔über ein Regiment〕ab|halten*/ defilieren; eine Parade ab|nehmen*《閲兵する側からいって》.

ブーイング ブーイングする jn aus|buhen.

ブーケ Bukett n. -[e]s, -e; Bouquet n. -s; Blumenstrauß m. -es, ⸗e.

ブース Kabine f. -n; Koje f. -n《展覧会などの》/見本市のブース Messestand m. -[e]s, ⸗e.

ブータン Bhutan n. -s/ブータンの bhutanisch/ブータン人 Bhutaner m. -s, -.

ブーツ Stiefel m. -s, -.

ブーム Boom m. -s, -s; Aufschwung m. -[e]s, ⸗e.

ブーメラン Bumerang m. -s, -e/ブーメランを投げる einen Bumerang werfen*.

へ

へ 屁〔Darm〕wind m. -[e]s, -e;《俗》Furz m. -es, ⸗e/屁をひる einen〔Wind〕fahren lassen*;《俗》furzen. ¶ 屁のかっぱ Lappalie f. -n; Bagatelle f. -n; Kinderei f. -en/屁とも思わぬ ³sich nicht das Geringste daraus machen; ¹et ist jm vollkommen egal (wurst).

ヘ《楽》f n. -, - ‖ ヘ短調 f-Moll n. -《記号: f》/ヘ長調 F-Dur n. -《記号: F》.

〜へ〔方向〕nach³; an⁴; auf⁴; bis auf⁴; bis nach³; bis zu³; gegen⁴; zu³/ の方へ auf⁴ zu; in der Richtung nach³.

ペア Paar n. -[e]s, -e/ダンスのペア Tanzpaar n. -[e]s, -e.

ヘアスタイル Haarschnitt m. -[e]s, -e.

ヘアドライヤー Haartrockner m. -s, -.

ヘアネット Haarnetz n. -es, -e.

ヘアバンド Haarband n. -es, ⸗er.

ヘアピン Haarnadel f. -n.

ヘアブラシ Haarbürste f. -n.

ベアリング Kugellager n. -s, -.

ヘアローション Haarwasser n. -s.

へい 弊 Übel n. -s, das Üble*, -n; der missliche〔schlechte〕Zustand, -[e]s, ⸗e. ⇨へいがい.

へい 塀 Zaun m. -[e]s, ⸗e; Einfried[ig]ung f. -en; Einzäunung f. -en; Umzäunung f. -en/塀をする einen Zaun auf|führen; mit einem Zaun⁴ umgeben*⁴; ein|fried[ig]en⁴; ein|zäunen⁴; umzäunen⁴.

へい 兵 ❶〔兵士〕Soldat m. -en, -en. ⇨へいし〔兵士〕. ❷〔軍勢〕Kriegsheer n. -[e]s, -e; Armee f. -n; Streitkräfte《pl》; Truppen《pl》. ❸〔軍事〕die militärischen Angelegenheiten《pl》; Kriegswesen n. -s《戦争》Krieg m. -[e]s, -e/兵を挙げる Waffen《pl》ergreifen*; zu den Waffen greifen* (rufen*⁴).

へいあん 平安 Friede(n) m. -dens, ..den; Ruhe f.; Stille f.; Eintracht f. -en/平安に in〔Ruhe und〕Frieden; auf friedliche Weise.

へいい 平易 Leichtigkeit f.; Einfachheit f. /平易に leicht; einfach; mühelos; schlicht /平易にする leichter machen⁴; erleichtern⁴; vereinfachen⁴/〔ドイツ語で〕平易に書いてある auf gut Deutsch (in gutem Deutsch) leicht verständlich geschrieben sein.

へいいん 兵員 Mannschaft f. -en; die Gesamtzahl der Soldaten; Personal n. -s, -e; Stärke f.

へいえい 兵営 Kaserne f. -n.

へいえき 兵役 Wehrdienst〔Militär-〕m. -[e]s / 兵役にたえざる者 der Dienstuntaugliche*, -n, -n/二年制兵役 das System《-s, -e》des zweijährigen Dienst[es]/ 兵役を拒否する den Wehrdienst verweigern/兵役に服する den Wehrdienst leisten ‖ 兵役義務 die Wehrpflicht, -en/兵役年限 Wehrdienstzeit f. -en/兵役代替社会奉仕 Zivildienst m. -[e]s.

へいおん 平穏 Ruhe und Friede(n), - und ..dens; Ruhe f.; Stille f. /平穏な ruhig〔und friedlich〕; still/平穏になる ruhig〔und friedlich〕werden; wieder in ⁴Ordnung gebracht werden.

へいか 平価 Parität f. -en; Nennwert m. -[e]s, -e/平価の〔で〕平価[以上]である über (unter) ³pari sein/平価を切り下げる devalvieren⁴; ab|werten⁴ ‖ 平価切下げ Devaluation f. -en; Devaluvation f. -en/平価〔為替の〕Wechseldevise f. -n; Valuta f. ..ten.

へいか 陛下 Seine〔Ihre〕Majestät; Ihre Majestäten《両陛下》/天皇〔皇后〕陛下 Seine

へいか (Ihre) Majestät der Kaiser (die Kaiserin)/天皇皇后両陛下 Ihre Majestäten der Kaiser und die Kaiserin 《二人称として使う時はEw. (Eure; Euer) Majestät》.

へいか 兵科 Waffengattung (Truppen-) f. -en ‖ 歩(騎,砲)兵科 die Waffengattung der Infanterie (Kavallerie, Artillerie).

へいか 米価 Reispreis m. -es, -e ‖ 米価調節策 Maßregeln (pl) zur Kontrolle des Reispreises.

へいか 米貨 [貨幣] amerikanische Münze, -n; amerikanisches Geld, -[e]s, -er.

へいかい 閉会 [Versammlungs]schluss m. -es, ¨e; Vertagung f. -en [休会]/閉会中である geschlossen sein; keine Tagung abhalten*. —閉会する schließen*⁴; vertagen⁴ [休会する]. ‖ 閉会の辞(挨拶) Schlussansprache f. -n (-rede f. -n)/閉会式 Schluss|feier f. -n (-zeremonie f. -n).

へいがい 弊害 Übel nts.(Miss-) m. -[e]s, ¨e; Schaden m. -s, ¨; Übel n. -s, -.

へいき 平気 ❶ [Gemüts]ruhe f.; Gefasstheit f.; Gelassenheit f.; Gesetztheit f.; Stille f. ❷ [無頓着な] Gleichgültigkeit f. -en; Indifferenz f. -en; Teilnahmslosigkeit f.; Unempfindlichkeit f. -en/平気を装う Gleichgültigkeit erkünsteln; gute Miene zum bösen Spiel machen. — 平気な ❶ ruhig; gefasst; gelassen; gesetzt; still. ❷ [無頓着な] gleichgültig; indifferent; teilnahmslos; unempfindlich/平気でいる [die] Fassung bewahren; kaltes (ruhiges) Blut bewahren; gefasst bleiben* s. nicht mit der Wimper zucken; ⁴sich nicht aus dem Gleichgewicht bringen lassen*/私は平気だ. Ich bleibe gelassen. Ich kehre mich nicht daran.

へいき 兵器 Waffe f. -n; Kriegsmaterial n. -s, ..lien; Rüstung f. -en ‖ 兵器庫 Rüstkammer (Munitions-) f. -n; Arsenal n. -s, -e/兵器廠(¹) Arsenal n. -s, -e/核兵器 Atomwaffen (pl)/生物兵器 biologische Waffen (pl)/秘密兵器 Geheimwaffe.

へいきん 平均 ❶ Durchschnitt m. -[e]s, -e/平均の durchschnittlich/平均して im Durchschnitt (Mittelwert)/一人平均 pro ⁴Kopf/平均点六十点以下は落第とする Derjenige Schüler, der nicht die Durchschnittszensur von 00 Punkten bekommen hat, wird nicht in die höhere Klasse) versetzt. ❷ [平衡] Gleichgewicht n. -[e]s, -e; Balance f. -n/体の平均を失う das Gleichgewicht (die Balance) verlieren*. — 平均する den Durchschnitt berechnen; das Mittel nehmen* (von³). ‖ 平均額 Durchschnittsbetrag m. -[e]s, ¨e/平均価値 Durchschnittswert m. -[e]s, -e/平均寿命 die durchschnittliche Lebenserwartung (Lebensdauer)/平均所得 Durchschnittseinkommen n. -s, -/平均台 [体操] Schwebebalken m. -s, -/平均点 Durchschnittszensur f. -en/平均値 Durchschnittszahl f. -en.

へいげん 平原 Ebene f. -n; Fläche f. -n; Prärie f. -n.

へいご 米語 Amerikanismus m. -, ..men [米国特有の英語]; amerikanisches Englisch, -[s].

へいこう 平行 Parallelismus m. -, ..men; das Gleichlaufen*, -s/平行の parallel; gleichlaufend. — 平行する parallel (nebeneinander) laufen* ‖ 平行座標系 das [cartesisch, cartesianisch] Koordinatensystem, -[e]s, -e/平行四辺形 Parallelogramm n. -s, -e/平行定規 Parallellineal n. -s, -e/平行線 Parallele f. -n/平行棒 [体操] Barren m. -s, -/段違い平行棒 Stufenbarren m. -s, -.

へいこう 平衡 Gleichgewicht n. -[e]s, -e; Balance f. -n ‖ 平衡水準器 Nivellierwaage f. -n.

へいこう 閉校する eine Schule (-n) schließen*.

へいこう 閉口する in Verlegenheit geraten* s (um⁴); verwirrt (verlegen) sein/彼の話には閉口だ Er langweilt mich mit seiner Rederei./この暑さには閉口だ Gegen diese Hitze kann man nicht an. — 閉口させる in ⁴Verlegenheit bringen* (versetzen) (jn); verwirrt (verlegen) machen (jn); fertig machen (jn); schaffen (jn).

へいごう 併合 Einverleibung f. -en; Annektierung f. -en; Annexion f. -en. — 併合する ein|verleiben⁴; annektieren⁴; fusionieren⁴. ⇒がっぺい.

へいこく 米穀 Reis m. -es ‖ 米穀商 Reishändler m. -s, -/米穀取引所 Reis|börse (Getreide-) f. -n.

へいこく 米国 Amerika, -s; die Vereinigten Staaten [von Amerika] (pl). ⇒アメリカ.

へいさ 閉鎖 das [Ver]schließen*, -s; [Ver]schluss m. -es, ¨e/閉鎖する [ver]schließen*⁴; versperren⁴ ‖ 閉鎖機関 das geschlossene (stillgelegte) Institut, -[e]s, -e/工場閉鎖 [労働争議の時の] Aussperrung f. -en.

へいさく 米作 Reisbau m. -[e]s [栽培]; Reisernte f. -n [収穫].

へいし 兵士 Soldat m. -en, -en; der Gemeine*, -n, -n; Landser m. -s, -; Mannschaft f. -en [総称].

へいじ 平時 Friedenszeit f. -en; die friedliche Zeit, die gewöhnliche Zeit [ふだん].

へいじ 兵事 Kriegswesen (Heer-) n. -s; die militärischen Angelegenheiten (pl).

へいじつ 平日 Alltag (Arbeits-; Werk-) Wochen-) m. -[e]s, -e/平日どおり wie an Wochentagen; wie gewöhnlich/平日の Alltags- (Arbeits-; Werks-; Wochen-; [a.] alltäglich (arbeits-; werk-; wochen-).

へいしゃ 兵舎 Kaserne f. -n; Baracke f. -n.

へいしゅう 弊習 Unsitte f. -n; die üble Sitte; Untugend f. -n; die üble [An]gewohnheit, -en.

へいしょ 兵書 das militärische Buch, -[e]s, ¨er; ein Werk (-[e]s, -e) über ⁴Strategie (Kriegswesen).

へいじょう 平常 ⇒いつも.

へいじょう 閉場する schließen*⁴; zu|machen*⁴ ‖ 本日閉場 Heute geschlossen!

へいしん 平身低頭する einen Kotau machen ⟨vor jm⟩; sich ducken (hin|werfen*; verneigen) ⟨vor jm⟩.

へいせい 平静 (Gemüts)ruhe f.; Fassung f.; (Seelen)friede(n) m. ..dens; Gelassenheit f.; Gesetztheit f. ‖ 平静を保つ(失う) [Gemüts]ruhe bewahren (verlieren*).

へいぜい 平生 sonst; alltäglich; gewöhnlich; im Allgemeinen; regelmäßig; üblich.

へいぜん 平然たる kaltblütig; gelassen; kühl; ruhig / 平然として in aller Seelenruhe; in voller Gemütsruhe; mit stoischer Ruhe / 平然たる gefasst bleiben ⓢ; nicht mit der Wimper zucken.

へいそ 平素 ⇨へいぜい.

へいそく 閉塞 Blockade f. -n; Blockierung f. -en; (Ein)sperrung f. -en /閉塞する 1) blockieren*⁴; (ein|sperren⁴ / 港を閉塞する einen Hafen blockieren. 2) [遮断] ab|brechen**⁴; ab|schneiden**⁴.

へいたい 兵隊 Soldat m. -en, -en; Heer n. -[e]s, -e; Truppe f. -n / 兵隊ごっこをする Soldaten spielen.

へいたん 兵站部 Verpflegungsamt n. -[e]s, ⸚er; Etappe f. -n.

へいたん 平坦な flach; platt / 平坦にする ebnen⁴; flächen⁴; planieren⁴.

へいだん 兵団 Armeekorps n. -, -.

へいち 平地 Ebene f. -n; Fläche f. -n; Flachland n. -[e]s.

へいちょう 兵長 der Obergefreite*, -n, -n.

へいてい 平定 Unterdrückung f. -en; Beherrschung f. -en / 平定する unterdrücken⁴; beherrschen⁴.

へいてい 閉廷する den Gerichtshof schließen*⁴.

へいてん 閉店 Ladenschluss m. -es / 閉店する den Laden schließen*⁴; den Laden auf|eben* [廃業] ‖ 法定閉店時間 Polizeistunde f. -n.

へいどん 併呑 Einverleibung f. -en; Annektierung f. -en; Annexion f. -en; Eingliederung f. -en / 併呑する ein|verleiben⁴; annektieren⁴; ³sich ein|gliedern (an|-).

へいねつ 平熱 die normale Temperatur, -en; die gewöhnliche Körperwärme.

へいねん 平年 das gewöhnliche (normale) Jahr, -[e]s, -e ‖ 平年作 Durchschnittsernte f. -n; die mittlere (gewöhnliche; normale) Ernte, -n / 平年作以上 über den Durchschnittsernte.

へいば 兵馬 Soldaten und Kriegspferde ⟨pl⟩; Kriegsmacht (Militär-) f. ⸚e /兵馬の間に im Feld[e]; im Ernst des Krieges /兵馬の権を握る die oberste Kriegsmacht (Militärmacht) ergreifen*.

へいはつ 併発 das Hinzutreten*, -s; das gleichzeitige Geschehen*, -s; der gleichzeitige Ausbruch, -[e]s, ⸚e ‖ Komplikation f. -en [併発症にも] / 併発する hinzu|treten* ⓢ (zu³); begleitet werden ⟨von³⟩; gleichzeitig geschehen* (aus|brechen*) ⓢ.

へいはん 平版 [印] Lithographie (Lithografie) f. -n / 平版印刷 Flachdruck m. -[e]s.

へいふう 弊風 Missstand (Übel-) m. -[e]s, ⸚er der falsche Brauch, -[e]s, ⸚e; Missbrauch m. -[e]s, ⸚e der schlechte Gewohnheit, -en; Unsitte f. -n / 弊風を打破する einen Missstand bekämpfen (beseitigen; ab|schaffen).

へいふく 平服 Zivil|anzug (Tages-) m. -[e]s, ⸚e.

へいふく 平伏する einen Fußfall machen (tun*) ⟨vor jm⟩; ³sich jm zu Füßen werfen*.

へいへい へいへいする ❶[v.] kriechen* ⟨vor jm⟩; den Staub von den Schuhen lecken ⟨jm⟩; niedrig schmeicheln⁴; ⁴sich demütigen. ❷[a.] kriecherisch; knechtisch; servil; sklavisch; unterwürfig.

へいほう 平方 Quadrat n. -[e]s, -e /平方の quadratisch /九平方キロメートル 9 Quadratkilometer /九キロメートル平方 9 Kilometer im Quadrat ‖ 平方根 Quadratwurzel f. -n.

へいほう 兵法 Kriegskunst f. -e; Strategie f. -n ⟨戦略⟩; Taktik f. -en ⟨戦術⟩ ‖ 兵法家 Stratege m. -n, -n; Taktiker m. -s, -.

へいぼん 平凡 Mittelmäßigkeit f. -en; Alltäglichkeit f. -en; Durchschnitt m. -[e]s, -e; Gewöhnlichkeit f. -en; Mittelmaß n. -es /平凡な mittelmäßig; alltäglich; durchschnittlich; gewöhnlich; prosaisch ⟨散文的な⟩; trivial ⟨取るに足らぬ⟩ /彼の顔は平凡だ Er sieht gewöhnlich aus. / Seinem Gesicht fehlen besondere Züge. ‖ 平凡人 Durchschnitts|mensch (Dutzend-) m. -en, -en.

へいまく 閉幕 das Fallen* (-s) des Vorhangs; Schluss m. -es, ⸚e /閉幕になる Der Vorhang fällt. / Es wird Schluss gemacht.

へいみん 平民 der Bürgerliche*, -n, -n; Staatsbürger m. -s, - /平民的な bürgerlich; demokratisch.

へいめん 平面 [Ober]fläche f. -n /平面の eben; flach; plan; platt ‖ 平面幾何学 Planimetrie f.; die ebene Geometrie /平面曲線 die ebene Kurve, -n /平面三角法 die ebene Trigonometrie /平面図 Grundriss m. -es, -e.

へいや 平野 Ebene f. -n; das flache Feld, -[e]s, -er.

へいよう 併用する zugleich (gleichzeitig; zusammen) gebrauchen⁴; den gleichzeitigen Gebrauch machen ⟨von³⟩.

へいりつ 並立 das Nebeneinanderbestehen*, -s; Mitdasein n. -s /並立する nebeneinander bestehen*; mit|dasein ⓢ.

へいりょく 兵力 Kriegsstärke f.; Streitmacht f. (-kräfte pl) /兵力二百の中隊 eine 200 Mann starke Kompanie, -n.

へいれつ 並列 das Nebeneinander|stehen* (Nebenher-), -s; Parallele f. -n /並列させる nebeneinander (parallel) stellen⁴ ‖ 並列接続 Parallelschaltung f. -en.

へいわ 平和 Friede(n) m. ..dens, ..den; Ruhe f.; Stille f. /平和な friedlich; ruhig; still /平和に im Frieden; auf ³Friedensfuß; auf friedliche Weise; in friedlicher Weise/平和を回復する(保つ) den Frieden wieder|her|stellen (〔aufrecht|〕erhalten*)/平和を破る den Frieden brechen* (stören)/永遠の平和を確保する den ewigen Frieden halten* (sichern)/彼らはその争いを平和的に解決した Sie schlichteten den Streit auf friedliche Weise. ‖ 平和愛好国 der friedliebende Staat, -〔e〕s, -en/平和運動 Friedensbewegung *f.* -en/平和革命 die friedliche Revolution, -en/平和記念日《第二次大戦の》Jahrestag《*m.* -〔e〕s, -e》des Waffenstillstandes/平和憲法 Friedensverfassung *f.*/平和攻勢 Friedensoffensive *f.* -n/平和条項 Friedensklausel *f.* -n/平和条約 Friedensvertrag *m.* -〔e〕s, ..e/平和部隊(国連派遣の) Friedenstruppe *f.* -n/平和論者 Pazifist *m.* -en, -en/ノーベル平和賞 Friedensnobelpreis *m.* -es, -e.

ベーカリー Bäckerei *f.* -en.

ベークライト Bakelit *n.* -s.

ベーコン Speck *m.* -〔e〕s, -e.

ページ Seite *f.* -n《略: S.》; Blatt *n.* -〔e〕s, ..er; Pagina《略:p.》*f.* -s/ページ付 Paginierung *f.* -en/ページ数 Seitenzahl *f.* -en/百五十ページの本 ein Buch von 150 Seiten/五ページめに auf der Seite fünf/ページをめくる um|blättern[4]/ページをつける mit Seitenzahlen versehen*[4]; paginieren[4]/二十五ページを開きなさい Schlagen Sie Seite 25 auf!

ベージュ ベージュの beige.

ベース〘野球〙Mal *n.* -〔e〕s, -e (..er); [賃金などの] Basis *f.* Basen; Grundlohn *m.* -〔e〕s, ..e; 〘楽〙Bass *m.* -es, ..e ‖ ベースアップ Grundlohnerhöhung *f.* -en/ベースアンパイヤ〘野球〙der Mal-Unparteiische*, -n, -n/ベースキャンプ〘登山〙Haupt¦lager (Ausgangs-) *n.* -s, -/ベースボール Baseball *m.* -s/ベースボールをする Baseball spielen/ベースライン Grundlinie *f.* -n《テニスなどの》.

ペース Schritt *m.* -〔e〕s, -e; Tempo *n.* -s, -s (..pi).

ペースト Paste *f.* -n; Pasta *f.* ..sten.

ペーパー Papier *n.* -s, -e; [紙やすり] Sandpapier *n.* -s, -e.

ペーパーナイフ Papiermesser *n.* -s, -; Brieföffner *m.* -s, -.

ペーパーバック Paperback *n.* -s, -s.

ぺえぺえ [下っ端] der kleine Angestellte*, -n, -n; der einfache Beamte*, -n, -n.

ベール Schleier *m.* -s, -/ベールをかける einen Schleier breiten (werfen*; ziehen*)《*über*[4]》; verschleiern[4]/ベールをかぶった婦人 verschleierte Frau, -en/ベールをかぶる einen Schleier an|legen; [4]sich verschleiern/ベールを上げて顔を出す den Schleier vor dem Gesicht zurück|schlagen*/花嫁はベールをかぶっている Die Braut trägt einen Schleier.

〜べからず nicht dürfen* (sollen*); verboten sein/盗むべからず Du sollst nicht stehlen./汚職すべからず Man soll sich nicht bestechen lassen (seine Amtsgewalt nicht missbrauchen)./立ち入る(通る)べからず Verbotener Eingang (Weg)! ¦ Eintritt (Durchgang) verboten!/芝生に立ち入るべからず Das Betreten des Rasens ist verboten!

べき 冪 Potenz *f.* -en ‖ 冪数 Exponent *m.* -en, -en.

へきえき 辟易する ❶ [ひるむ] zurück|weichen* (-|schrecken*) [s]《*vor*[3]》; scheu werden《*vor*[3]》. ❷ ⇨へいこう(閉口する).

へきが 壁画 Wand¦malerei *f.* -en (-gemälde *n.* -s, -); Fresko *n.* -s, ..ken.

へきがん 碧眼 das blaue Auge, -s, -n/碧眼の blauäugig.

へきぎょく 碧玉 Jaspis *m.* ..pisses, ..pisse.

へきそん 僻村 das abgelegene (entlegene) Dorf, -〔e〕s, ..er; das einsam gelegene Dorf.

へきち 僻地 der abgelegene (entlegene) Ort, -〔e〕s, -e.

へきれき 霹靂 der plözliche Donnerschlag, -〔e〕s, ..e/青天の霹靂 der Blitz《-es, -e》aus heiterm Himmel.

ペキン 北京 Peking.

ヘクタール Hektar *n.* (*m.*) -s, -《略:ha》; Hektare *f.* -n《スイスで》/40 ヘクタールの地所 ein Grundstück《*n.* -〔e〕s, -e》von 40 Hektar.

ヘクトパスカル Hektopascal *n.* -s, -《圧力の単位.略:hPa》.

ベクトル〘数·理〙Vektor *m.* -s, -en ‖ ベクトル関数 Vektorfunktion *f.* -en.

ぺけ ぺけになる zu nichts werden; ins [4]Wasser fallen* [s]/ぺけにする zurück|weisen*[4]; ab|lehnen[4].

へこたれる ❶ entmutigt (deprimiert; niedergeschlagen) werden; aus allen Himmeln fallen* [s]; den Kopf (die Flügel; die Ohren) hängen lassen*; den Mut verlieren* (sinken lassen*); die Flinte ins Korn werfen*. ❷ [疲れる] [4]sich ab|matten; erschöpft (ermattet; ermüdet) werden.

ベゴニア〘植〙Begonie *f.* -n.

ぺこぺこ ❶ ぺこぺこする dienern; kriechen*《vor *jm*》; [4]sich schmeichlerisch ducken/彼は上役にぺこぺこしている Er kriecht vor seinen Vorgesetzten. ❷ 僕は腹がぺこぺこだ Ich habe großen Hunger. ¦ Ich falle um vor Hunger.

へこます zu Mus machen (schlagen*); in Grund und Boden reden《*jn*》; demütigen《*jn*》; klein kriegen《*jn*》; verzagt machen《*jn*》; vollständig besiegen《*jn*》.

へこみ〔Aus〕höhlung *f.* -en; Höhle *f.* -n; 〔Ein〕senkung *f.* -en; Vertiefung *f.* -en; Nische *f.* -n《壁の》/この机は多年用いてへこみができている Der Tisch, viele Jahre in Anspruch genommen, hat Aushöhlungen.

へこむ ❶ hohl (eingebeult; eingedrückt; vertieft) werden; in die Tiefe sinken* [s]; [4]sich senken/土地がへこんだ Der Boden hat sich gesenkt./帽子は方々へこんでいた Der Hut war an vielen Stellen eingebeult (eingedrückt). ❷ [屈服] kleinlaut (gedemütigt; niedergeschlagen) werden.

へさき 舳先 Bug *m.* -〔e〕s, ..e; 〔Schiffs-〕schnabel *m.* -s, ..; Vorder¦steven *m.* -s, -s (-teil *m.* -〔e〕s, -e).

へ

～べし [当然·義務] sollen*／我々は何をなすべきか Was sollen wir tun? [命令] müssen*／列車に注意すべし Achtung vor dem Zug!
ベジタリアン Vegetarier *m.* -s, -s.
ペシミスト Pessimist *m.* -en, -en; Schwarzseher *m.* -s, -.
ペシミズム Pessimismus *m.* -.
ベスト ❶ [*a.*] best. ❷ [*n.*] das Beste*, -n／ベストを尽くす sein Bestes (Möglichstes) tun* ‖ ベストセラー Bestseller *m.* -s, -s; Reißer *m.* -s, -; best gehendes Buch, -〔e〕s, ¨er; Schlager *m.* -s, -.
ペスト Pest *f.* -en; Pestilenz *f.* -en; die schwarze Seuche, -n; der schwarze Tod, -〔e〕s, -e ‖ ペスト菌 Pestbazillus *m.* -, ..zillen.
へそ 臍 Nabel *m.* -s, ¨／臍で茶を沸かす zum Umfallen lächerlich sein ‖ 臍の緒 Nabel¦schnur *f.* ¨e (-strang *m.* -〔e〕s, ¨e).
べそ べそをかく ein weinerliches Gesicht machen; schluchzen 《すすり泣く》; wimmern 《めそめそする》／あとでべそをかくな Du wirst es bitter bereuen!
へそくり die heimlichen Ersparnisse 《*pl*》.
へた 〘植〙〔Blüten〕¦kelch *m.* -〔e〕s, -e.
へた 下手な ungeschickt; linkisch; pfuscher¦haft (stümper-); täppisch; unbeholfen; ungeübt／下手な人 der Ungeschickte*, -n, -n; Pfuscher *m.* -s, -; Stümper *m.* -s, -／下手になる an ^{3}Geschicklichkeit verlieren*; aus der Übung kommen* [s]／下手〔なこと〕をやる eine schöne Geschichte an|richten; eine dumme Geschichte machen／彼はドイツ語が下手だ Er radebrecht Deutsch.¦Er beherrscht nicht so gut Deutsch.／彼は勘定が下手だ Er ist ungeschickt im Rechnen.¦Rechnen ist seine schwache Seite.
べたいちめん べた一面 ⇨べたべた②.
べたぐみ べた組〘印〙Volldruck *m.* -〔e〕s, -e.
へだたり 隔たり Abstand *m.* -〔e〕s, ¨e; Differenz *f.* -en; Entfernung *f.* -en 《距離》; Unterschied *m.* -〔e〕s, -e 《差異》; Abkühlung *f.* -en 《冷却》; das Auseinanderklaffen*, -s 《疎遠》; Diskrepanz *f.* -en 《争い》; Zwiespalt *m.* -〔e〕s, -e (¨e)／貧富の隔たり der Unterschied zwischen ^{3}Armut und Reichtum／けんかのため二人の旧友間に隔たりができた Der Streit hat einen Zwiespalt zwischen den beiden alten Freunden zurückgelassen.
へだたる 隔たる ❶ entfernt (weg) sein 《*von*^{3}》. ❷ [疎遠] entfremdet (abtrünnig; geschieden) sein 《*von*^{3}》／隔たった entfernt; entlegen; fern (weit) abliegend 《*von*^{3}》.
べたつく ⇨べたべた④.
へだて 隔て ❶ Unterschied *m.* -〔e〕s, -e 《区別》; Unterscheidung *f.* -en; die unterschiedliche Behandlung, -en 《差別》／男女の隔てなく ohne ^{4}Rücksicht auf ^{4}Geschlechtsunterschied; einerlei, ob Männer, ob Frauen／隔てをつける einen Unterschied machen 《*zwischen*^{3}》; unterschiedlich behandeln^4／恋に上下の隔てなし Liebe hebt allen 〔gesellschaftlichen〕 Unterschied auf.¦Liebe macht alle 〔Menschen〕 gleichberechtigt. ❷ [疎隔] Entfremdung *f.* -en; Abkühlung *f.* -en; Entzweiung *f.* -en; Kälte *f.*; Trennung *f.* -en／隔てのある zurückhaltend; frostig; kühl; reserviert; zugeknöpft／隔てのない offen; frei〔mütig〕; offenherzig.
へだてて 隔てて ❶ [時間を] in einem 〔zeitlichen〕 Zwischenraum (Abstand) von ...; in Perioden von ...; in Zeitabständen. ❷ [距離を] in einer Entfernung von ...; aus der Ferne; von weitem. ❸ [間のものを] jenseit〔s〕^{2}; auf jener (der anderen) Seite; über^3／池を隔てて drüben hinter dem Teich〔e〕.
へだてる 隔てる ❶ [仕切る] ab|trennen^4 《*von*^{3}》; auseinander halten*^{4}. ❷ [離間する] entfremden^4; 〔voneinander〕 ab|bringen*^{4}; abtrünnig (abwendig) machen^4 《*von*^{3}》; Distanz halten* 《*von*^{3}》.
べたべた ❶ [粘着] べたべたする klebrig (dickflüssig; zäh) sein／べたべたくっつく haften 《*an*^{3}; *auf*^{3}; *in*^{3}》; 〔an|〕kleben 《*an*^{3}; *auf*^{3}》. ❷ [べた一面に] überall; über und über; völlig／べたべたなぐり書きする ^{4}Papier beschmieren (voll|schmieren). ❸ [こてこて] dick; reichlich; stark／べたべた塗る beschmieren^4 《*mit*^{3}》／べたべた白粉(おしろい)を塗る ^{4}sich stark pudern; ^{4}sich an|malen. ❹ [媚態] べたべたする kokettieren 《mit *jm*》; flirten 《mit *jm* いちゃつく》; liebäugeln 《mit *jm*》; ^{4}sich verliebt benehmen*; 〔mit einander〕 schnäbeln und girren.
ぺたぺた schlapp!¦klaps!／ぺたぺた貼る überall auf|kleben^4 《一面に》／ぺたぺたとスリッパで歩く klaps, klaps in Pantoffeln gehen* [s]; in Pantoffeln schlappen.
ペダル Pedal *n.* -s, -e 《ピアノ・自転車などの》; Tretkurbel *f.* -n 《自転車の》／ペダルを踏む Pedal treten*.
ぺたん plump〔s〕!¦bums!¦plauz!／ぺたんと座る ^{4}sich mit einem Plumps hin|setzen; hin|plumpsen 《*auf*^{4}》／ぺたんと尻餅をついた Bums! Da fiel er auf seinen Allerwertesten.
ペチカ 〔russische〕 Luftheizanlage, -n; Luftheizung *f.* -en. ❖ ロシア語は pechka.
ペチコート Petticoat *m.* -s, -s; Halbunterrock *m.* -〔e〕s, ¨e.
へちま Schwammkürbis *m.* ..bisses, ..bisse.
ぺちゃくちゃ ぺちゃくちゃしゃべる plappern$^{(4)}$; plaudern; quasseln$^{(4)}$; quatschen; schnattern; schwatzen$^{(4)}$; klatschen／ぺちゃくちゃしゃべる女 Schwatzbase; Klatschbase *f.* -n; Plaudertasche *f.* -n.
ぺちゃんこ ぺちゃんこになる zerdrückt (zerquetscht) werden／彼はすっかりぺちゃんこになった Er ist ganz niedergeschlagen.
へちょう へ調〘楽〙F-Dur *n.* - 《長調, 記号: F》; f-Moll *n.* - 《短調, 記号: f》.
べつ 別 Unterschied *m.* -〔e〕s, -e; Unterscheidung *f.* -en; Ausnahme *f.* -n 《例外》／人種(階級)の別 Rassenunterscheidung (Klassenunterschied)／彼〔の場合〕は

べつあつらえ 別(扱い)だ Wir machen bei (mit) ihm eine Ausnahme (behandeln ihn anders)./別(これとは)は Das ist etwas anderes. Das ist verschieden von jenem./誰にもそれが欠点はあるが君だけは別だ Alle haben ihre Fehler, ausgenommen du (dich ausgenommen). ― 別に: besonders; außerdem; sonst; extra/別にこれという程の話(用件)もない Ich habe nichts Besonderes zu sagen (tun)./彼は俸給以外に別に家からの収入はある Neben seinem Gehalt hat er noch Einkünfte durch sein Haus./別に変わったこともない Es gibt nichts Neues./別にする unterscheiden⁴ (von³); trennen⁴ (von³); eine Ausnahme machen (gehört nicht hierher). ― 別の/別個の anderer; besonder; außerordentlich; unterschieden; verschieden/別の日(別の時)に an einem anderen Tag(e) (einer ³Zeit)⁴Mal)/別の意見である anderer ²Ansicht (Meinung) sein; anders denken⁴/夏の海はまた別の趣がある Das Meer im Sommer hat seine besonderen Reize./それは別の問題だ Das ist eine andere Frage (Sache gehört nicht zur Sache)./このワインは全く別の代物だ Dieser Wein ist etwas ganz Besonderes. ― ...の別なく Unterschied²; rücksichtslos (gegen⁴); unbekümmert (um⁴); ohne Rücksicht (auf⁴)/男女(年令)の別なく ohne Rücksicht auf das Alter (年令)(Alter); ohne Unterschied des Geschlechts (Alters)/遠近の別なく nah und fern. ― ...は別として abgesehen (von³); ausgenommen⁴⁽¹⁾ /前置されるとき—格支配/; mit ³Ausnahme (von³); ungerechnet (nicht zu rechnen) (dass...) / 冗談は別として Scherz (Spaß) beiseite!/ Ohne Scherz (Spaß)!/君は別としてだれもみんな賛成しているよ Alle, dich ausgenommen, (Alle außer dich) stimmen zu./日曜日は別として毎日 an allen ³Tagen, ausgenommen am Sonntag; täglich; ausschließlich ²Sonntags.

べつあつらえ 別誂え besondere Bestellung, -en; Bestellung nach ³Maß. ― 別誂えにする besonders bestellen⁴; nach ³Maß machen lassen⁴.

べっかく 別格 Ausnahme f. -n/別格に扱う eine Ausnahme machen «bei³; mit³».

べっかん 別館 Nebengebäude n. -s, -; Nebenbau (Annex-) n. -[e]s, -ten.

べっかんじょう 別勘定 Extrabezahlung f. -en.

べっき 別記 [別の記録] andere Aufzeichnung, -en/[付属の記録] Beilage f. -n/Nachtrag m. -[e]s, "e/Zusatz m. -es, "e/別記のごとく wie in einem anderen Paragraphen verzeichnet/これは別記してある Das ist woanders (besonders) geschrieben.

べっきょ 別居 Trennung f. -en. ― 別居して別れて生活する getrennt leben «von jm»; ²sich trennen «von jm»/夫の離婚は別居生活をしている Das Ehepaar lebt getrennt [voneinander]. ‖別居手当て Alimente «pl 妻の扶助料»; Unterhaltsbeiträge «pl».

べつぐち 別口 andere Sorte, -n; andere (besondere) Rechnung, -en/別口座/その件は別口である Das ist eine andere Sache (etwas anderes).

べつぐん 別軍 Detachement n. -s, -.

べっけ 別家 Zweigfamilie f. -n; Nebenlinie (Seiten-) f. -n «einer ²Familie»/別家する eine eigenen Hausstand gründen (eine Nebenfamilie) gründen.

べっけん 瞥見 [flüchtiger] Blick, -[e]s, -e; Streifblick. ― 瞥見する einen [flüchtigen] Blick werfen⁴ «auf⁴»; flüchtig sehen⁴ «auf⁴»; flüchtig (plötzlich) blicken «auf⁴»/瞥見して彼女がわかった Er erkannte sie auf den ersten Blick.

べっこ 別個 anderer; besonder; speziell; verschieden/別個に anders; besonders; getrennt/これは別個の問題だ Das ist eine andere Frage (etwas anderes).

べっこう 別項 anderer Paragraph, -en, -en; besonderer Abschnitt, -[e]s, -e; neuer Absatz, -es, "e; spezieller Artikel, -s, -; besondere Klausel, -n 《条文の》/別項記載のごとく wie im anderen Paragraphen (Abschnitt) erwähnt (verzeichnet).

べっこう 鼈甲 Schildkrötenschale f. -n «-patt n. -[e]s»/鼈甲色の bernsteinfarben/鼈甲縁のめがね Brille (f. -n) mit Schildpattrand/べっ甲細工 Schildpattarbeit f. -en. ‖ べっ甲細工 Schildpattarbeit f. -en.

べっさつ 別冊 anderer (besonderer) Band, -[e]s, "e; Sonderdruck m. -[e]s, -e.

ペッサリー [Okklusiv]pessar n. -s, -e; Mutterring m. -[e]s, -e.

べっし 蔑視 Geringschätzung f. -en; Missachtung f. -en; Verachtung f. -en; Vernachlässigung f. -en. ⇒しいる

べっし 別紙 [別に添付の] das Beigefügte*, -n; Anhang m. -s, "e; [同封の] Einlage f. -n; Beilage f. -n; ³Anlage f. -en (beiliegender Briefe)/別紙のとおり laut ³Anlage (beiliegenden Briefe)/別紙見本を御覧下さい Ich bitte das anhängende Muster zu beachten.

べつじ 別辞 Abschieds;gruß m. -es, "e/-rede f. -n; -worte «pl».

べつじたて 別仕立ての [特別の] besonder; speziell; [裁縫] besonders gut gemacht; auf Bestellung (nach Maß) gemacht «注文仕立り».

べっしつ 別室 anderes (besonderes) Zimmer, -s, -; Separatzimmer n. -s, -.

べっして 別して [とりわけ] vor allem; unter anderem; [ことに] besonders; im Besonderen; vornehmlich; vorzüglich.

べっしゅ 別種 spezielle Sorte, -n (Art, -en), Abart f. -en «変種»; Spielart; Varietät f. -en «変種»/別種の (変種の) andersartig.

べつじょう 別条 [異状] außergewöhnlicher (ungewöhnlicher) Zustand, -[e]s, "e; [異変] Ereignis n. -nisses, -nisse; Unfall m. -[e]s, "e/別条ない(ない) in normalem Zustand; ereignislos; gesund (und munter); sicher; wohl[behalten]; unverletzt/別条はない Es ist alles beim Alten. Es geht mir gut. Es gibt nichts Neues. Die Sache ist

べつじん in Ordnung./人畜に別条なし Weder Menschen noch Tiere haben Schaden erlitten. Verluste sind nicht zu beklagen./生命に別条なし Es besteht keine Lebensgefahr.

べつじん 別人 anderer Mensch, -en, -en; andere Person, -en/彼は全く別人になった Er ist ein ganz anderer Mensch geworden. Er hat sich ganz verändert.

べっせかい 別世界 andere (verschiedene) Welt, -en/ここの生活はまるで別世界のようだ Hier lebt man wie in einer andern Welt (wie im Paradies).

べっそう 別荘 Landhaus n. -es, ¨er (-sitz m. -es, -e); Villa f. Villen; Sommerhaus (-wohnung f. -en) (夏別荘)/別荘生活者 Villenbewohner (pl)/別荘地 Villenkolonie f. -n (-viertel n. -s, -)/別荘番 Hüter (m. -s, -) einer ²Villa.

べったく 別宅 ⇨ べっそう.

べったり (ねばのよく) klebrig; zäh; dickflüssig/べったり付着する zäh haften 《an³; auf³》; kleben (wie Pech) 《an³; auf³》.

べったり ganz fest (しっかり) fest; flach (平らに); dicht (すき間なく)/べったりとくっつく fest (wie Pech) kleben 《an³; auf³》; flach haften 《an³; auf³》/べったりくっつける zäh kleben 《an⁴; auf⁴; in⁴》; flach (dicht) ankleben (an|pappen⁴) 《an⁴》/ べったりと地に伏す ⁴sich ganz flach (auf den Erdboden) hin|legen.

べつだん 別段(に) besonders; im Besondern; sonderlich; speziell/別段…でないnicht besonders (sonderlich)/別段変わったことはない Es gibt nichts Neues. Es ist alles beim Alten.

べっつい 別邸 ⇨ べっそう.

べってんち 別天地 ⇨ べっせかい.

ヘット Fett n. -es, -e; Schmalz n. -es, -e.

べっと 別途の ander; besonder; extra; speziell/別途の費用 Extraausgaben (pl) ∥ 別途積立金 Fonds (m. -, -) für besondere Ausgaben.

ベッド Bett n. -es, -en ∥ シングルベッド Einzelbett n. -es, -en/ダブルベッド Doppelbett n. -es, -en.

ペット Schoßtier n. -es, -e ❖ その -tier の代りに具体的な動物の名を当てはめる: Schoßhund (Hätschel-) m. -es, -e (犬など).

べつどうたい 別働隊 fliegende Kolonne, -n; Streif|kolonne f. -n (-korps n. -, -).

ヘッドホン Kopfhörer m. -s, -.

ヘッドライト Scheinwerfer m. -s, -.

べっとり [ドライバーなどの] Kopfstütze f. -n.

ヘッドレスト [ドライバーなどの] Kopfstütze f. -n.

べっぱ 別派 [宗派] andere Sekte, -n; Zweigsekte; [流派] andere Schule, -n; Zweigschule f. -n; [党派] andere Partei, -en.

べつはいたつ 別配達 besondere Ablieferung, -en; Briefbestellung f. -en (durch Eilboten)/速達 Eil|brief m. -es, -e (-sendung f. -en, -post f. -en).

べっぴん 別便で送る mit der Extrapost schicken⁴.

べっぴん 別嬪 die Schöne*, -n; Schönheit f. -en/彼女はずばぬけた別嬪だ Sie ist eine große (außerordentliche) Schönheit./《俗》Sie ist selten schön.

べっぷう 別封 beigleitschreiben n. -s, - (添状)/ Begleitbrief m. -es, -e (同上)/別封の手紙 anderer Brief, -e, -e; Brief in einem anderen Umschlag.

べつべつ 別々に einzeln; besonders; für sich; getrennt; im Einzelnen; in einzelnen ¹Teilen; einer nach dem anderen/ ⁴Stück für ⁴Stück/別々の einzeln; abgesondert; verschieden; individuell (個々の). — 別々にする voneinander trennen⁴.

べつむね 別棟 Nebengebäude n. -s, -.

べつめい 別名 anderer Name, -ns, -n; andere Bezeichnung, -en, -en; Beiname m. -ns, -n; Deckname (匿名); Pseudonym n. -s, -e (同上).

べつもんだい 別問題 andere Frage, -n/それは別問題だ Das ist eine andere Frage. Das gehört nicht zur Sache./それは別問題として abgesehen davon; ⁴das ausgenommen.

へつらい Schmeichelei f. -en; Geschmeichel n. -s; Honig m. -s-kucherei f. -en; Liebedienerei f. -en; Lobhudelei f. -en/ へつらい者 Schmeichler m. -s, -; Honigmaul n. ¨er; Kriecher m. -s, -; Liebediener m. -s, -; Lobhudler m. -s, -.

へつらう schmeicheln 《jm》; heucheln 《jm》; Honig (Papp) ums Maul schmieren (streichen*); lobhudeln 《jm》; schön|tun* (mit einer Dame); süße Worte machen; Weihrauch streuen (opfern) 《jm》.

へて 経て ❶ [時] nach ¹Ablauf (Verlauf) 《von³》. ❷ [経由] durch⁴; [auf dem Weg(e)] über⁴; via/ドイツ大使を経て durch ⁴Vermittlung des deutschen Botschafters/ドレスデン銀行の手を経て送金する durch die Dresdner Bank Geld senden* 《nach³》.

ペディキュア Pediküre f.

ヘディング Kopfball m. -es, -e/ヘディングする köpfen.

ベテラン Veteran m. -en, -en; Virtuose m. -n, -n.

ぺてん Betrug m. -es; Betrügerei f. -en; Schwindel m. -s, -; Schwindelei f. -en; Gaukelei f. -en; 《俗》Humbug m. -s; 《俗》Pfusch m. -es (トランプの). — ぺてんにかける [jn を伴って] betrügen⁴; beschwindeln; 《俗》beschummeln; 《俗》prellen; über den Löffel barbieren⁴/ぺてんにかけてだまし取る betrügen⁴ 《um ⁴et》; ergaunern/ぺてんにかかる betrogen werden; einem Schwindler zum Opfer fallen* s.; auf den Leim gehen* (kriechen*) s. ∥ ぺてん師 Schwindler m. -s, -; Betrüger m. -s, -; Hochstapler m. -s, -; Gauner m. -s, -.

へど 反吐 Erbrechen*, -s; das Erbrochene*, -n; Auswurf m. -es, ¨e/ヘどを吐く ⁴sich erbrechen*; aus|speien*; aus|werfen*⁴; kotzen; ⁴sich übergeben*/のど

ベトコン Vietcong n.

ベトナム Vietnam n. -s/ベトナムの vietnamesisch ‖ ベトナム人 Vietnamese m. -n, -n/ベトナム戦争 Vietnamkrieg m. -(e)s/北(南)ベトナム Nordvietnam (Südvietnam).

へとへと へとへとの übermüdet; abgearbeitet; abgehetzt; abgequält; ermattet; erschöpft; hundemüde.

へどもど へどもどする verwirrt (verlegen, betreten) sein.

へなちょこ へなちょこの erbärmlich; bejammernswert; despektierlich; geringschätzig; verächtlich; wertlos.

ペナルティー Strafe f. ‖ ペナルティーキック 〖運〗Strafstoß m. -es, ¨e/ペナルティータイム Strafzeit f. -en.

ベナン Benin n. -s.

ペナント Wimpel m. -s, -/〔野球などで〕Siegerkrone f. -n 〔勝利の栄冠〕; Meisterschaft f. -en 〔選手権〕 ‖ ペナントレース Meisterschaftsspiel n. -(e)s, -e.

べに 紅 [rote] Schminke, -n; Rot n. -s; Rouge n. -s/紅をさす schminken⁴; Schminke auf|legen (auf|tragen*) ‖ 口紅 Lippenstift m. -(e)s, -e 〘スティック〙/キスしても落ちない口紅 kussfeste (kusseche) Lippenstift/頬紅 Wangenschminke.

ペニー Penny m. -s, Pennies〔貨幣〕(Pence〔価格〕).

ペニシリン 〖薬〗Penicillin (Penizillin) n. -s, -e.

ペニス Penis m. -, ..nisse (Penes).

べにすずめ 紅雀 [Blut]hänfling m. -s, -e; Brüstling m. -s, -e.

べにぞめ 紅染 rot gefärbter Stoff, -[e]s, -e 〘染物〙.

べにばな 紅花 Saflor m. -s, -e; Färberdistel f. -n.

ペニヒ Pfennig m. -s, -e 〖単位, -〗 ❖ユーロ実施前のドイツの通貨単位.

べにます 紅鱒 rote Lachsforelle, -n.

べにやいた ベニヤ板 Furnier n. -s, -e/ベニヤ板を張る furnieren⁴; mit Furnieren belegen⁴.

ベネズエラ Venezuela n. -s/ベネズエラの venezolanisch ‖ ベネズエラ人 Venezolaner m. -s, -.

ベネルクス Benelux f.; Beneluxstaaten 〈pl〉.

へのかっぱ lächerlich (bis zur Lächerlichkeit) leicht; kinderleicht/こんなことはへのかっぱだ Nichts kann einfacher sein als dies.

ペパーミント Pfefferminze f. 〘植物〙; Pfefferminz n. -es, -e 〘キャンデー〙 -[e]s, -e 〘リキュール〙 ‖ ペパーミントティー Pfefferminztee m. -s, -e.

へばりつく ⁴fest|halten* 〈an³〉; haften [bleiben*] 〈an³; in³; auf³〉; kleben [bleiben*] 〈an³; auf³〉.

へび 蛇 Schlange f. -n/ぬけがら die abgezogene Haut 〘¨e〙 einer Schlange/蛇のような schlangen|artig (-förmig); ge-

schlängelt ‖ 蛇使い Schlangenbeschwörer m. -s, -.

ヘビー die plötzliche und höchste Anstrengung, -en; [End]spurt m. -s, -e; die vermehrte Schnelligkeit, -en/ヘビーをかける 1) die plötzliche und höchste Anstrengung machen; Gas geben*; die Schnelligkeit vermehren; stärkere Kraft ein|setzen. 2) 〔競技で〕spurten; [End]spurt machen. ‖ ヘビー級 Schwergewicht n. -(e)s, -e/ヘビースモーカー ein starker Raucher, -s, -.

ベビー Baby n. -s, -s ‖ ベビーシッター Babysitter.

ペプシン Pepsin n. -s, -e.

ヘブライ ヘブライの hebräisch ‖ ヘブライ語 Hebräisch n. -[s]; das Hebräische*, -n; die hebräische Sprache/ヘブライ教 Hebraismus m. -/ヘブライ人 Hebräer m. -s, -.

へべれけ へべれけに酔う saumäßig betrunken (besoffen) sein; schwer (ganz schön) geladen haben.

へぼ Ungeschick n. -[e]s; Stümperei f. -en; [人] Stümper m. -s, -/Halbwisser m. -s, -; Pfuscher m. -s, -/へぼな stümperhaft; grün; Pfusch-; pfuscherhaft; täppisch; unerfahren ‖ へぼ医者 Quacksalber m. -s, -; Kurpfuscher m. -s, -; Wunderdoktor m. -s, -en/へぼ学者 der halbwissende (unerfahrene) Gelehrte*, -n, -n/へぼ文士 Dichterling m. -s, -e; Tintenkuli m. -s, -; Zeilenschinder m. -s, -.

ヘボンしき ヘボン式ローマ字 die romanisierte Schreibart des Japanischen nach Hepburnschem System; die Hepburnsche Romanisierung des Japanischen.

へま へまをやる pfuschen; verpfuschen; stümpern; eine schöne Geschichte an|richten/へまなやつ Verpfuscher m. -s, -; Stümper m. -s, -.

ヘモグロビン Hämoglobin n. -s.

へや 部屋 Zimmer n. -s, -; Kammer f. -n; [Wohn]raum m. -[e]s, ¨e; Räumlichkeiten 〈pl〉; Stube f. -n; Kajüte f. -n 〘船室〙 ‖ 部屋捜し Zimmersuche f./部屋番号 Zimmernummer f. -n/一人部屋 Einzelzimmer n. -s, -/二人部屋 Doppelzimmer n. -s, -.

へら Spatel m. -s, -; Spachtel m. -s, - (f. -n)/へら形の spatelförmig.

へらす 減らす [ver]mindern⁴; geringer (kleiner) machen⁴; reduzieren⁴; verkleinern⁴; ab|nutzen 〔履物などを〕; ab|tragen*⁴ 〔衣服などを〕 ❷ 〔切り詰める〕 ⁴kürzen; ⁴verkürzen/出費を減らす die Ausgaben 〈pl〉 reduzieren (ein|schränken).

へらずぐち 減らず口をきく scharf und spitzig entgegnen (erwidern) 〈jm〉; seine Worte nicht sparen; gehässige Rede führen/'sich nicht für besiegt erklären wollen*.

べらべら ❶ 〔よどみなく〕fließend; geläufig; [薄舌] geschwätzig; plappernd/べらべらしゃべる plappern; plaudern; schnattern; schwatzen/ドイツ語を全く知らずドイツ語をしゃべる Wie fließend er Deutsch spricht! / Wie geläufig sein Deutsch ist! ❷ 〔薄っぺら〕べらべらした織物 dünnes Gewebe, -s, -.

べらべら ❶ [流暢] fließend; geläufig; ohne ⁴Stockung; [饒舌] geschwätzig; klatschmäulig; quasselig; wortreich; zungenfertig / べらべらしゃべる fließend (geläufig) sprechen*; wie ein Buch reden; ohne Punkt und Komma schwatzen; ein gutes (geöltes) Mundwerk (eine geläufige Zunge) haben; plappern; schnattern/彼はドイツ語がべらべらだ Er spricht fließend Deutsch. **❷** [薄い] dünn und locker.

べらぼう Dummkopf m. -[e]s, ¨e; Dummerjan m. -s, -e; Narr m. -en, -en; Ochs m. -en, -en; (Einfalts)pinsel m. -s, -. ―べらぼうな(に) **❶** [甚だしい(しく)] äußerst; furchtbar; schrecklich; übermäßig; übertrieben; ungewöhnlich. **❷** [ばかな(に)] lächerlich; unsinnig; töricht/べらぼうな値段 übertriebener (wahnsinniger) Preis, -e, -e/べらぼうに高い schrecklich (wahnsinnig) teuer; 《俗》unverschämt teuer/べらぼうに安い spottbillig; selten (außerordentlich) billig/べらぼうめ Du, Narr (Einfaltspinsel)! Hol dich der Teufel!/そんなべらぼうな話があるもんか Das ist reiner Unsinn!/Das ist ja Quatsch!

ベラルーシ Weißrussland n. -s; Belarus n. Belarus/ベラルーシの weißrussisch ‖ ベラルーシ人 Weißrusse m. -n, -n; Weißrussin f. ...ssinnen 《女》.

ベランダ Veranda f. ..den.

べらんめえ Du, Narr (Ochs)! 《罵語》/べらんめえことばを使う grobe (rohe) Worte gebrauchen; derb (rau) sprechen*.

へり 減り Verminderung f. -en; Verringerung f. -en; Abnahme f. -n; Einbuße f. -n; das Abnutzen* (Abtragen*), -s 《使いべり》.

へり 縁 Rand m. -[e]s, ¨er《外郭》; Ecke f. -n《端》; Kante f. -n《同上》; Felge f. -n《車輪の》; [Hut]krempe f. -n《帽子の》; Saum m. -[e]s, ¨e《返し縫いの》; Bord m. -[e]s, -e《笹縁》/縁取りした gesäumt; eingesäumt (um-); umrahmt; umrandet; umbortet 《縁をとる(つける)》[ein]|säumen⁴; umsäumen⁴; umrahmen⁴; umranden⁴; umborten⁴. ⇒ふちどり(縁).

ベリーズ Belize n. -s.

ヘリウム Helium n. -s.

ペリカン Pelikan m. -s, -e.

へりくだる 遜る demütig (bescheiden) sein; ⁴sich demütigen; ⁴sich erniedrigen; ⁴sich herab|lassen* 《目下に対し》/へりくだって Demut (Bescheidenheit) zeigend. ⇒けんそん.

へりくつ 屁理屈 Klügelei f. -en; Krittelei f. -en; Sophisterei f. -en; Vernünftelei f. -en/屁理屈を言う klügeln; kritteln; vernünfteln ‖ 屁理屈屋 Klügler m. -s, -/; Kritteler m. -s, -; Sophist m. -en, -en; Wortverdreher m. -s, -.

ヘリコプター Hubschrauber m. -s, -.

ヘリポート Hubschrauberlandeplatz m. -es, ¨e; Hubschrauber-Flughafen m. -s, ¨.

へる 減る ⁴sich vermindern (verkleinern); ab|nehmen*; geringer (kleiner) werden; reduziert werden; abgenutzt (abgetragen) werden 《履物・衣服などが》; knapp werden 《乏しくなる》; auf die (zur) Neige gehen* ⓢ《尽きてゆく》/体重が減る ‐ 《Körper》gewicht verlieren*; ab|nehmen*/参加者の数が減った Die Zahl der Teilnehmer wurde gelicht.tet./[川水]水が減る Das (Fluss)wasser fällt.

へる 経る **❶** [経過] vergehen* ⓢ; verfließen* ⓢ; verstreichen* ⓢ; vorüber|gehen* ⓢ 《dahin|-》ⓢ. **❷** [通過] durch|gehen* ⓢ; [reisen] ⓢ; berühren⁴《例: eine Stadt》/艱難(辛)辛苦を経る durch alle Strapazen hindurch|gehen* ⓢ.

ベル Klingel f. -n; Türklingel f. -n《入口の》/ベルを押す auf die Klingel drücken/ベルを鳴らす klingeln《自ら或人の戸口の》; die Klingel rühren/ベルを鳴らして人を起こす(呼ぶ) jm aus dem Schlaf klingeln (nach jm klingeln); ベルが鳴る Es klingelt.

ペルー Peru n. -s/ペルーの peruanisch ‖ ペルー人 Peruaner m. -s, -.

ベルギー Belgien n. -s/ベルギーの belgisch ‖ ベルギー人 Belgier m. -s, -.

ベルサイユ Versailles n. -s/ベルサイユ平和条約《史》 Friedensvertrag m. -[e]s) von ³Versailles; der Versailler Vertrag.

ペルシャ Persien n. -s/ペルシャの persisch ‖ ペルシャ語 das Persische, -n/ペルシャ語 Persisch n. -[s]; die persische Sprache, -n/ペルシャ皇帝 Schah m. -s, -s/ペルシャ人 Perser m. -s, -/ペルシャ猫 Perserkatze f. -n.

ベルツすい ベルツ水 Belzwasser n. -s.

ベルト Gürtel m. -s, -; Treibriemen m. -s, -《機械の》.

ヘルニア 《医》 Hernie f. -n; Eingeweidebruch m. -[e]s, ¨e.

ヘルメット Helm m. -[e]s, -e; Tropenhelm m. -[e]s, -e 《防暑用》.

ベルモット Wermut m. -[e]s.

ベレー Baret《帽》 Basken|mütze (Teller-) f. -n.

べろべろ べろべろ舐める auf|lecken⁴/べろべろに酔っている sinnlos (schwer; total; vollständig) betrunken sein; 《俗》sternhagel besoffen sein; besoffen wie ein Schwein sein.

ぺろり ぺろりとなめる ab|lecken⁴/ぺろりと舌を出す die Zunge heraus|st〔r〕ecken〔hin|strecken〕/ぺろりと平らげる ohne weiters auf|essen*⁴.

へん 変 **❶** [応急] Notfall m. -[e]s, ¨e; das unerwartete, gefährliche Ereignis, ..nisse, ..nisse. **❷** [乱] Aufruhr m. -[e]s, -e; Aufstand m. -[e]s, ¨e; Auseinandersetzung f. -en. **❸** [災禍] Un(glücks)fall m. -[e]s, ¨e/その gefährliche Zufall, -s, ¨e. ―変な **❶** wunderlich; bizarr; eigentümlich; fremdartig; merkwürdig; seltsam; sonderbar; ungewöhnlich; verschroben/変な話だが sonderbarerweise (seltsamer-)/変な目にあった jm ist etwas Seltsames (Sonderbares) zugestoßen (begegnet; passiert)./変に聞こえるようだが wenn es auch seltsam (sonderbar) klingt

へん (klingen mag)／変な心持ちがした Mir war seltsam (sonderbar) [zumute (zu Mute)].／少し変だ Hier stimmt etwas nicht.／Das reimt sich nicht zusammen. ❷〔怪しげな〕変なやつ der komische Kauz, -es, ¨e; der wunderliche Mensch, -en, -en; die windschiefe Natur, -en; Original n. -s, -e; Sonderling m. -(e)s, -e.

へん 編 ❶〔編纂〕Zusammen|stellung f. -en (-tragung f. -en); Kompilation f. -en; Sammlung f. -en／加藤氏編 von Herrn Kato zusammengestellt (zusammengetragen; gesammelt). ❷〔章〕Kapitel n. -s, -; Abschnitt m. -(e)s, -e. ❸〔巻〕Band m. -(e)s, ¨e; Buch n. -(e)s, ¨er. ❹〔詩歌の〕Gesang m. -(e)s, ¨e.

へん 辺 ❶〔ほとり〕Nachbarschaft f. -; Nähe f.; Umgebung f. -en; Umgegend f. -en; Umkreis m. -es, -e／この辺に彼が住んでいる Seine Wohnung befindet sich etwa hier in der Nähe.／私はこの辺は不案内です Diese Gegend ist mir fremd.／Ich kenne diese Gegend nicht. ❷〔図形の〕Seite f. -n.

べん 弁 ❶〔花弁〕Blumenblatt n. -(e)s, ¨er;〔バルブ〕Klappe f. -n; Ventil n. -s, -e. ❷〔舌〕das Reden* (Sprechen*), -s, -; Sprache f. -;〔能弁〕Beredsamkeit f. -en／弁が立つ fließend (geläufig) sprechen*; eine beredte Zunge haben; ein gutes Mundwerk haben／弁が立たぬ ungeschickt im Sprechen sein; eine schwere Zunge haben. ❸〔ことばつき〕Sprech|weise (Rede-) f. -n; [なまり] Dialekt m. -(e)s, -e; Mundart f. -en／南ドイツ方言で話す im süddeutschen Dialekt sprechen*. ‖ 安全弁 Sicherheitsventil n. -s, -e／大阪弁 Osaka-Dialekt.

べん 便 ❶〔便利〕Bequemlichkeit f.／便を計らう auf die Bequemlichkeit² Rücksicht nehmen* (bedacht sein)／交通の便 Verkehrsverbindung f. -en／旅行者の便を計って für die Bequemlichkeit der ²Reisenden／列車 (航空) の便 Eisenbahnverbindung (Luftverbindung) f. -en／バスの便あり Man kann mit dem Bus fahren.／この辺はバスの便がなかなかよくなった In dieser Gegend ist der Omnibusverkehr sehr entwickelt. ❷〔大小便〕Exkrement n. -(e)s, -e (ふつう pl); Kot m. -(e)s.

ペン Feder f. -n／ペンで書く mit der Feder schreiben*⁴／ペンをとる zur Feder greifen* ‖ ペン画 Federzeichnung f. -en／ペンクラブ PEN-Club m. -s, -s／ペン先 Federspitze f. -n (ペンの先端)／ペン皿 Federschale f. -n／ペン軸 Federhalter m. -s, -／ペンフレンド Brieffreund m. -(e)s, -e／ボールペン Kugelschreiber m. -s, -.

へんあつ 変圧 Transformation f. -en; Umspannung f. -en. ── 変圧する trasformieren⁴; die elektrische Spannung um|wandeln. ‖ 変圧器 Transformator m. -s, -en; Umspanner m. -s, -／変圧所 Transformatorenunterstation f. -en.

へんい 変位 〔電〕Verschiebung f. -en ‖ 変位電流 Verschiebungsstrom m. -(e)s, ¨e.

べんえき 便益 Nutzen m. -s, -; Vorteil m. -(e)s, -e;〔便宜〕Bequemlichkeit f.; Erleichterungen (pl).

へんか 返歌 Antwortgedicht n. -(e)s, -e; die gereimte Antwort, -en.

へんか 変化 ❶〔Ver〕änderung f. -en;〔Ver〕wandlung f. -en; Wechsel m. -s, -; Mannigfaltigkeit f. -en〔多様性〕; Umgestaltung f. -en〔変形〕／変化しやすい veränderlich, wechselvoll／変化のない生活 das monotone (eintönige) Leben, -s, -.❷〔文法〕Flexion f. -en; Beugung f. -en; Deklination f. -en《名詞的品詞》; Konjugation f. -en《動詞の》. ── 変化する ❶〔sich〕 [ver]ändern*; ⁴sich [ver]wandeln*; [Ver]änderungen ([Ver]wandlungen) durch|machen*; ⁴sich abwechslungsreich gestalten〔多様化〕; variieren〔同上〕; ⁴sich um|gestalten〔変形〕. ❷〔文法〕flektieren; beugen⁴; deklinieren⁴〔名詞などを〕; konjugieren⁴〔動詞を〕. ── 変化させる〔文法〕flektieren⁴; beugen⁴; deklinieren⁴〔名詞などを〕; konjugieren⁴〔動詞を〕.

べんかい 弁解 〔言いわけ〕Entschuldigung f. -en;〔申し開き・言い開き〕Rechtfertigung f. -en; Verteidigung f. -en;〔言い抜け〕Ausflucht f. ¨e; Ausrede f. -n;〔口実〕Vorwand m. -(e)s, ¨e／それは弁解にすぎない Das ist eine faule Ausrede.／彼は弁解のことばに窮した Er wusste keine Entschuldigung vor|zubringen.／彼は私に、どう弁解して言い逃れをしたらいいかと聞いた Er fragte mich, wie er sich herausreden sollte. ── 弁解する ⁴sich entschuldigen (bei jm wegen²⁽³⁾; mit²); ⁴sich rechtfertigen (wegen²⁽³⁾); ⁴sich verteidigen (wegen²⁽³⁾); Abbitte tun* (jm wegen²⁽³⁾); Ausflüchte (Ausreden) machen.

へんかく 変革 Umsturz m. -es, ¨e; Revolution f. -en; Umwälzung f. -en／変革する um|stürzen⁴; revolutionieren⁴; über den Haufen werfen*⁴; um|wälzen⁴.

べんがら 弁柄 Eisenmennige f.; Totenkopf m. -(e)s, ¨e.

へんかん 返還 ❶ das Zurück|geben* (Wieder-), -s; Rück|gabe (Wieder-) f. -n; Zurückschickung f. -en; Restauration f. -en〔政権の〕. Wiederabtretung f. -en〔領土の〕. ❷〔払戻し〕Rück|zahlung f. -en (-vergütung f. -en, -en. ── 返還する ❶ zurück|geben*³⁴ (wieder|-); zurück|schicken³⁴;restaurieren³⁴〔政権を〕; wieder|ab|treten³⁴〔領土を〕. ❷〔払い戻す〕zurück|zahlen³⁴ (-|vergüten³⁴).

べんき 便器 Klosett n. -s, -s (-e); Klosettbecken n. -s, -; Toilette f. -n;〔おまる〕Nachtstuhl m. -(e)s, ¨e;〔Nacht〕topf m.

べんぎ 便宜 〔好都合〕Bequemlichkeit f.; Schicklichkeit f.; Angemessenheit f.;〔便〕Nutzen m. -s, -; Vorteil m. -(e)s, -e; Erleichterungen (pl); Angemehmlichkeit f. -en（ふつう pl）／便宜な bequem; füglich; schicklich; angemessen; nützlich; ratsam／便宜な方法 Auskunfts-

mittel n. -s, -; Ausweg m. -[e]s, -e《便法》/便宜を得る Erleichterungen erhalten/便宜を与える Erleichterungen gewähren 《jm》; beilstehen* 《jm》/便宜を計る auf die Bequemlichkeit《⁴ Rücksicht nehmen*》(bedacht sein)/自己の便宜を計る auf seine eigene Bequemlichkeit bedacht sein; auf seinen Vorteil sehen*《私利を計る》/便宜がよい(わるい) Es ist günstig (ungünstig). Es passt gut (schlecht). ‖ 便宜主義 Anpassungspolitik f.; Nützlichkeitspolitik, Opportunismus m. -;《法》Opportunitätsprinzip n. -s/便宜主義者 Opportunist m. -en, -en; Gelegenheitsmensch m. -en, -en (-politiker m. -s, -)/便宜上の ²Bequemlichkeit halber (wegen), aushilfsweise《応急的に》.

ペンキ《Öl》farbe f. -n; Anstrich m. -[e]s, -e/ペンキを塗る anlstreichen*⁴/ペンキ塗り立てにつき注意 Vorsicht! Frisch gestrichen《掲示》‖ ペンキ屋 Anstreicher m. -s, -.

へんきゃく 返却 das Zurückgeben* (Wieder-), -s; Rücklgabe (Wieder-) f. -n; Zurückerstattung f. -en ⇨かえす①.

へんきょう 偏狂 Monomanie f. -; Zwangsvorstellung f. -en ‖ 偏狂者 der Monomane*, -n, -n.

へんきょう 偏狭 Engherzigkeit f.; Beschränktheit f.; Kleinlichkeit f. -en/偏狭の engherzig (-stirnig); beschränkt; kleinlich/島国的偏狭 die Engherzigkeit der Insulaner; die geistige Enge eines Insulaners.

へんきょう 辺境《Landes》grenze f. -n; Grenzland n. -[e]s, -er; Mark f. -en.

べんきょう 勉強 ❶《勉学》das Studieren*, -s; Studium n. -s, ..dien; das Lernen*, -s;《研究》das Forschen*, -s; Forschung f. -en; Untersuchung f. -en;《勉励》das eifrige Arbeiten*, -s; das Bemühen* (Streben*), -s; Anstrengung f. -en; Emsigkeit f.; Beflissenheit f.; Eifer m. -s;《勉強好きの（きらいの）》eifrig; emsig; fleißig; lernbegierig (faul; nachlässig; träge). ❷《値引》Preisermäßigung f. -en; Rabatt m. -[e]s, -e/全商品《現金払い》五分勉強 5 v. H. (vom Hundert) Rabatt auf alle Waren (bei Barzahlung). — 勉強する ❶《勉学する》studieren⁴; lernen⁴;《勉強》arbeiten⁴; ⁴sich anlstrengen; sich befleißigen²; ⁴sich bemühen (um⁴, -); [er]forschen⁴; untersuchen⁴;《以下学生語》streben (nach³);《以下学生語》büffeln《ガリ勉する》; pauken《同上》/勉強して病気になる ⁴sich krank studieren (arbeiten). ❷《値引きする》den Preis ermäßigen; billig verkaufen⁴; Rabatt geben* (gewähren)《jm》. ‖ 勉強家 fleißiger Mensch m. -en;《学》Streber m. -s, -;《学》Büffler (Ochser) m. -s, -《ガリ勉家》/勉強時間 Studienlzeit (Lern-) f. -en/勉強部屋 Studienlzimmer n. -s, - (-stube f. -n); Arbeitszimmer.

へんきん 返金《Zu》rückzahlung f. -en; Rückvergütung f. -en/返金する Geld zurücklzahlen; die Kosten《pl》vergüten 《jm》.

ペンギン《鳥》Pinguin m. -s, -e.

へんくつ 偏屈 Absonderlichkeit f. -en; Bigotterie f. -n; Borniertheit f. -en; Widerspenstigkeit f. -en/偏屈な [ab]sonderlich; bigott; borniert; widerspenstig.

へんげ 変化《Geister》erscheinung f. -en; Geist m. -[e]s, -er; Gespenst n. -[e]s, -er; Phantom n. -s, -e; Spuk m. -[e]s, -e.

へんけい 変形 Umformung f. -en (-gestaltung f. -en); Metamorphose f. -n; Transformation f. -en; Verwandlung f. -en/変形する『⁴sich とともに』umlformen; umlgestalten; metamorphosieren; transformieren; verwandeln ‖ 変形文法《言》Transformationsgrammatik f.

へんけい 弁慶格子《弁慶縞《模様》》Würfelmuster n. -s, -; gewürfeltes Muster, -s, -;《織物》gewürfelte (karierter) Stoff, -[e]s, -e; Karostoff m. -[e]s, -e.

へんけん 偏見 Vorurteil n. -s, -e; die vorgefasste Ansicht, -en (Meinung, -en); Präjudiz n. -es, -e; Voreingenommenheit f./偏見をもっている ein Vorurteil haben (gegen jn); durch ⁴Vorurteile (von vorgefassten Meinungen) beeinflusst (eingenommen) sein/偏見のある vorurteilsvoll; einseitig; parteiisch; voreingenommen; vorgefasst / 偏見のない vorurteilsfrei (-los); objektiv; sachlich; unparteiisch.

へんげん 変幻きわまりない proteusartig, kaleidoskopisch; in buntem Wechsel; ⁴sich in allerlei Gestalten verwandelnd.

へんげんせきご 片言隻語 ein paar Wörtchen, das Bruchstück (-[e]s, -e) einer Rede.

べんご 弁護 Verteidigung f. -en; Rechtfertigung f. -en; Ehrenrettung f. -en《弁明》Verfechtung f. -en《擁護》; das Plädieren*, -s. — 弁護する『Gericht verteidigen (vertreten⁴)《jn; js ⁴Sache》; plädieren; advozieren⁴; befürworten⁴; das Wort reden 《jm》; rechtfertigen⁴; auf|treten (eintreten〔s〕für jn 味方する》)/被告を弁護する den Angeklagten verteidigen; ⁴sich für den Angeklagten verwenden*《⁴ tätig sein》‖ 弁護人 Verteidiger m. -s, -; Fürsprecher m. -s, -; Plädeur m. -s, -e ⇨べんごし/弁護料 Advokatenlgebühren (Anwalts-)《pl》/国(私)選弁護人 Pflichtverteidiger (Wahl-)-.

へんこう 偏光 Polarisation f. -en; das polarisierte Licht, -[e]s, -er ‖ 偏光器 Polariskop n. -s, -e.

へんこう 変更 Änderung f. -en; Abländerung (Um- Ver-) f. -en/変更する ändern⁴; ablländern⁴ (um|-); verändern⁴; schieben⁴《射して位置をずらす》.

べんごし 弁護士《Rechts》anwalt m. -[e]s, ²-e/弁護士になる ⁴sich als Rechtsanwalt niederllassen*《開業する》; als Rechtsanwalt zugelassen werden《免許を得る》/弁護士を業とする 'Rechtsanwalt praktizieren《tätig sein》/弁護士を頼む einen Anwalt [an]nehmen* ‖ 弁護士会《Rechts》anwaltskammer *f*. -n/弁護士業(団)〔Rechts-〕anwaltschaft *f*. -en.

へんさ 偏差 Deklination *f*. -en; Variation *f*. -en《天体の》; Abweichung *f*. -en; Deviation *f*. -en《航路の》; Ausschlag *m*. -〔e〕s, ¨e《磁針の》.

へんさい 返済 ⇨**へんきゃく**.

へんざい 偏在 die schlechte Verteilung, -en/偏在する schlecht verteilt sein.

へんざい 遍在 Allgegenwart; das Allenthalbensein*, -s; Ubiquität *f*./遍在する allgegenwärtig (überall vorhanden; ubiquitär) sein.

べんさい 弁済 Rück¦zahlung *f*. -en (-vergütung *f*. -en); Tilgung *f*. -en; Zurückzahlung *f*. -en; Begleichung *f*. -en; Liquidation *f*. -en《清算》; Abrechnung *f*. -en《同上》. ── 弁済する zurück|zahlen^4; tilgen^4; begleichen*^{4}; liquidieren^4; ab|rechnen《mit *jm*》/借財を弁済する eine Schuld aus|gleichen* (begleichen*; bezahlen; tilgen). ‖ 弁済期限 Fälligkeitstermin *m*. -s, -e; Rückzahlungsfrist *f*. -en; Liquidationstermin/弁済期限に達する(を過ぎる) fällig (überfällig) werden.

べんさい 弁才 Rede¦gabe (Redner-) *f*. -n; Beredsamkeit *f*.; Beredtheit *f*.; Zungenfertigkeit *f*./弁才ある beredsam; beredt; rede¦fertig (-gewandt)/彼は弁才がある(ない) Er hat eine geläufige (schwere) Zunge.¦Er spricht fließend (ist unbeholfen im Sprechen).

へんさん 編纂 ⇨**へんしゅう**.

へんし 変死 der unnatürliche (gewaltsame) Tod, -〔e〕s, -e/変死する eines unnatürlichen (gewaltsamen) Todes sterben* [s].

へんじ 変事 Vor¦fall (Un-) *m*. -〔e〕s, ¨e; Affäre *f*. -n; das ungewöhnliche Ereignis, ..nisses, ..nisse.

へんじ 返事 Antwort *f*. -en; Entgegnung *f*. -en; Erwiderung *f*. -en/手紙の返事を書く auf einen Brief antworten/返事する antworten《*jm*; *auf*^{4}》; beantworten^4; eine Antwort geben*《*jm*》; entgegnen《*jm*; *auf*^{4}》/手紙で返事する brieflich antworten/御返事を乞う Um Antwort wird gebeten.《略: U.A. w.g.》.

べんし 弁士 Redner *m*. -s, -; Sprecher *m*. -s, -; Filmerklärer *m*. -s, -《映画の》.

へんしつ 変質 Entartung (Abartung; Ausartung) *f*. -en; Degeneration *f*. -en; Verschlechterung *f*. -en《悪化》/変質する entarten; ab|arten; aus|arten; degenerieren《以上どれも[s]》; aus der Art schlagen*[s] ‖ 変質者 abnormer (perverser) Mensch, -en, -en.

へんしつきょう 偏執狂 Monomanie *f*./偏執狂の monoman〔isch〕.

へんしゅ 変種〘植〙Varietät *f*. -en; Ab¦art (Spiel-) *f*. -en; Mutation *f*. -en.

へんしゅう 編集 Schriftleitung *f*. -en; Redaktion *f*. -en; Herausgabe *f*. -n; Edition *f*. -en. ── 編集する heraus|geben*^{4}; edieren^4; redigieren^4; zusammen|tragen*^{4}. ‖ 編集締切り Schlusstermin《*m*. -s, -e》der Redaktion (Redigierung); Termin des Redaktionsschlusses/編集者 Redakteur *m*. -s, -e; Herausgeber *m*. -s, -; Editor *m*. -s, -en; Schriftleiter *m*. -s, -/編集長 Chefredakteur *m*. -s, -e; Schriftleiter *m*. -s, -/編集部 Schriftleitung; Redaktion *f*. -en.

へんしょ 返書 ⇨**へんしん**(返信).

べんじょ 便所 Toilette *f*. -n; Abort *m*. -〔e〕s, -e; Klosett *n*. -s, -s (-e); Klo *n*. -s, -s; WC *n*. -〔s〕, -〔s〕/便所へ行く auf die Toilette (das Klosett; den Abort) gehen* [s]/便所はどこですか Wo ist die Toilette?¦Wo kann ich mir die Hände waschen?《上品に》/彼は今便所に行っている Er ist auf der Toilette. ‖ 共同(公衆)便所 Bedürfnisanstalt, -en; öffentliche Toilette.

へんじょう 返上 Zurück¦gabe (Wieder-) *f*. -n/返上する zurück|geben*^{4} (wieder|-)《*jm*》.

べんしょう 弁償 Entschädigung *f*. -en; Ersatz *m*. -es; Ersatzleistung *f*. -en; Schaden〔s〕ersatz; Vergütung *f*. -en; Wiedergutmachung *f*. -en. ── 弁償する entschädigen《*jn* für ^{4}*et*》; ^{4}Ersatz leisten《für ^{4}*et*》; ersetzen^4 (vergüten^4)《*jm*》; wieder|gutmachen^4/損害を弁償する Schaden (Verlust) ersetzen; für den Verlust (den Schaden) Ersatz leisten《*jm*》; Schadenersatz leisten《*jm*》/弁償を受ける entschädigt werden; ersetzt erhalten*^{4}.

べんしょうほう 弁証法 Dialektik *f*./弁証法的 dialektisch ‖ 弁証法的神学 dialektische Theologie *f*./弁証法的唯物論 dialektischer Materialismus, -.

へんしょく 変色 Farbenwechsel *m*. -s; Ver¦färbung (Ent-) *f*. -en/変色する die Farbe wechseln; ^{4}sich verfärben (entfärben); aus|bleichen* [s].

へんしょく 偏食 die einseitige Diät, -en; die ungleichmäßige Kost/偏食する eine abwechslungsarme Kost haben.

ペンション Pension *f*. -en.

べんじる 弁じる ❶ [述べる] sprechen*; reden/弁じ立てる fließend (geläufig) sprechen*/一席弁じる eine Rede halten*. ❷ [弁別する] trennen^4 (unterscheiden*^{4})《*von*^{3}》; [処理する] behandeln^4; erledigen^4; verrichten^4/用を弁じる eine Sache erledigen; *jm* zu ^{3}Diensten stehen*《ある人の》/それでは用は弁じられない Das genügt (hilft) nicht.

へんしん 返信 Antwortschreiben *n*. -s, -/返信料前納(で) Antwort〔voraus〕bezahlt/返信する auf einen Brief antworten (erwidern); einen Brief beantworten; ein Antwortschreiben ab|schicken ‖ 返信料 Rückporto *n*. -s, -s (..ti); das beigelegte Porto für Antwort.

へんしん 変心 Gesinnungs¦wechsel (-wandel) *m*. -s; Sinneswandel *m*. -s; die Unbeständigkeit der Gesinnung; Untreue *f*.; Wankelmut *m*. -〔e〕s/変心する seine Gesinnung (seinen Sinn) ändern; ^{4}sich untreu (wankelmütig) betätigen. ⇨**へんせつ**(変説す

へ

へんじん 変人 Sonderling *m.* -s, -e; der seltsame Kauz, ᵉe; Eigenbrötler *m.* -s, -; Original *n.* -s, -e; der Ungesellige *m.*, -n.

ベンジン Benzin *n.* -s, -e.

へんすう 変数〔数〕eine variable Größe, -n; die Variable*, -n, -n.

へんずつう 偏頭痛〔医〕Migräne *f.* -n; das einseitige Kopfweh, -[e]s.

へんせい 編成(制) Organisation *f.* -en; Organisierung *f.* -en; Formation *f.* -en; das Formieren*, -s/...で編成される Es besteht aus³ …. ‖ 編成替え Umgruppierung *f.* -en/編成替えする um|gruppieren⁴/編成する organisieren⁴; gliedern⁴; formieren⁴; ordnen⁴.

へんせい 変性 Degeneration *f.* -en; Entartung *f.* -en /脂肪変性 Fettdegeneration *f.* -en; Fettentartung *f.* -en.

へんせいがん 変成岩〔地〕metamorphes Gestein, -[e]s, -e.

へんせつ 変節 Treulosigkeit *f.* (-bruch *m.* -[e]s); die punische Treue; Abtrünnigkeit *f.*; Verrat *m.* -[e]s /変節する untreu (abtrünnig) werden; die Treue brechen*; über|gehen*⟨s⟩⟨*von*³; *zu*¹⟩; verraten*⁴ ‖ 変節漢 der Treulose* (Treubrüchige*; Abtrünnige*), -n, -n; Renegat *m.* -en, -en; Verräter *m.* -s, -.

へんせつ 変説する das früher Behauptete zurück|nehmen*; seine Meinung ändern; Widerruf leisten.

べんぜつ 弁舌 das Reden* (Sprechen*), -s; Redegabe *f.* -n; Beredsamkeit *f.* -en /弁舌を振るう(弁舌さわやかに話す) fließend (flüssig; geläufig) sprechen* ‖ 弁舌家 guter Redner, -s, -; beredter Sprecher, -s, -.

へんせん 変遷 Wechsel *m.* -s, -; Veränderung *f.* -en; Wechselfälle ⟨*pl*⟩ /変遷する Wechsel treten ein. | Mit ³*et* gehen Veränderungen vor.

ベンゼン〔化〕Benzol *n.* -s, -e ‖ ベンゼン核 Bozolkern *m.* -[e]s, -e.

へんそう 変装 Verkleidung *f.* -en; Maskierung *f.* -en /変装する maskiert /変装して als *et* (in *et*) verkleidet; unter der Maske² /商人に変装して als Kaufmann getarnt /変装する ⁴sich verkleiden (maskieren) ⟨als ¹*et*⟩.

へんそう 返送 Rücksendung *f.* -en; Zurück|schickung *f.* -en -sendung *f.* -en)/返送する rücksenden(*)⁴; zurück|schicken⁴ (-|senden⁽*⁾⁴).

へんぞう 変造 das Fälschen*, -s; (Ver)fälschung *f.* -en; Falsifikat *n.* -[e]s, -e.

へんそうきょく 変奏曲〔楽〕Variation *f.* -en.

ベンゾール ⇨ベンゾル.

へんそく 変則 Unregelmäßigkeit *f.* -en; Abnormität *f.* -en /変則的な unregelmäßig; abnorm; ungewöhnlich /変則的な発音 die unrichtige Aussprache, -n.

へんそくうんどう 変速運動 die Bewegung ⟨-en⟩ mit veränderlichen Geschwindigkeiten.

へんたい 編隊 Formation *f.* -en; Verband *m.* -[e]s, ᵉe /三機編隊で in einer Formation (einem Verband) von drei Flugzeugen ‖ 編隊飛行 Verbandsflug *m.* -[e]s, ᵉe.

へんたい 変態 ❶ Perversität *f.* -en. ❷〔生〕Metamorphose *f.* -n. ❸〔化〕Modifikation *f.* -en /変態心理 die abnorme Mentalität, -en /変態性欲 die abnorme Sexualität; der abnorme Geschlechtstrieb, -[e]s, -e; Perversion *f.* -en.

へんたつ 鞭撻する auf|muntern⁴; ermuntern⁴; ermutigen⁴; an|spornen⁴; an|regen⁴; an|treiben*⁴.

ペンダント Anhänger *m.* -s, -.

ベンチ Bank *f.* ᵉe.

ペンチ Zange *f.* -n〔道具〕.

へんちくりん wunderlich; bizarr; komisch.

へんちょう 変調〔電〕Modulation *f.* -en /変調をきたす Es sind seltsame Anzeichen vorhanden, dass …. /⁴sich verschlimmern〔病気が〕; schlimmer werden.

ベンチレーター Ventilator *m.* -s, -en〔Ent〕lüfter (Durch-) *m.* -s, -; Lüftungsvorrichtung *f.*

べんつう 便通 Stuhlgang *m.* -[e]s/Ent|leerung (Aus-) *f.* -en; Defäkation *f.* -en /便通がよい(わるい)、多い einen guten (einen harten, viel) Stuhlgang haben /便通を促す(よくする) den Stuhlgang befördern /便通はいかがですか(まだですか、何回でしたか) Wie ist der Stuhlgang? (Sind Sie noch verstopft?, Wie oft sind Sie zu Stuhl gegangen?) /一日三回便通があります Ich habe dreimal Stuhlgang an einem Tag(e).

へんでん 返電 Antworttelegramm *n.* -s, -e /返電する zurück|telegrafieren; als Antwort telegrafieren (drahten) ⟨*jm*⟩; ein (Antwort)telegramm schicken ⟨*jm*⟩.

べんてん 弁天〔財天〕Göttin ⟨*f.*⟩ der ²Beredsamkeit und der ²Musik.

へんでんしょ 変電所 Umspannwerk *n.* -[e]s, -e; Transformatorenhäuschen *n.* -s, -; Transformatorstation *f.* -en.

へんとう 返答 ⇨へんじ(返事).

へんとう 扁桃[腺]Mandel *f.* -n; Tonsille *f.* -n ‖ 扁桃[腺]炎 Tonsillitis *f.* ..tiden; Mandelentzündung *f.* -en.

へんどう 変動 ❶ Änderung *f.* -en; Veränderung *f.* -en; Umwandlung *f.* -en; Wechsel *m.* -s, -/変動を来たす von ³Änderungen getroffen werden; Veränderungen erleiden* (erfahren*). ❷〔相場などの高低〕(Konj)unktur〔Schwankung〕*f.* -en; Fluktuation *f.* -en; Hausse und Baisse, -n und -n/激しい変動 die heftige Schwankung, -en /物価の変動 Preisschwankung *f.* -en.

べんとう 弁当 Wegzehrung *f.* -en; Imbiss *m.* -es (-), -[e]s (-e)/弁当を食べる einen Imbiss nehmen*; zu Mittag (zum Lunch) essen*; Lunch haben; Lunch ein|nehmen*; lunchen ‖ 弁当代(料) Imbisskosten ⟨*pl*⟩; Kostgeld *n.* -[e]s, -er〔賄料〕/弁当箱 Ess-

へんにゅう [兵籍に] auf|nehmen* (in das Heer); ein|reihen (in); 2) [学生を] auf|nehmen* (in eine Schule); ein|ordnen (in eine Klasse).

べんにゅう 編入 Aufnahme f. -n (in eine Schule, Gesellschaft); Inkorporation f. -en; Zulassung f. -en (編入許可)/編入する 1) [兵籍に] auf|nehmen* (in das Heer); ein|reihen (in). 2) [学生を] auf|nehmen* (in eine Schule); ein|ordnen (in eine Klasse).

ペンネーム Schriftstellername m. -ns, -n.

へんねんし 編年史 Chronik f. -en; Annalen (pl); nach Jahren geordnete Geschichtswerk, -[e]s, -e.

へんのう 片脳 der raffinierte Kampfer, -s ‖ 片脳油 Kampferöl, -[e]s.

へんのう 返納 (Zu)rückgabe f. -n; Zurückerstattung f. -en/返納する zurück|geben⁴ (-|erstatten⁴) (jm).

へんぱ 偏頗 Parteilichkeit f.; Einseitigkeit f. -en; Voreingenommenheit f./偏頗な parteiisch; einseitig; unfair; voreingenommen; zur Partei gehörend/人に対して偏頗なことをする unterschiedlich (parteiisch) behandeln (jn)/偏頗なく unparteiisch; unvoreingenommen.

へんぱい 返盃 Bescheid tun* (jm); den Trunk erwidern (jm).

べんばく 弁駁 Widerlegung f. -en; Konfutation f. -en; Widerrede f. -n; Widerspruch m. -[e]s, ⸚e; [抗言] Polemik f. -en (論戦). — 弁駁する widerlegen⁴; widersprechen*⁴; an|fechten*⁴ (論駁する); bestreiten*⁴; polemisieren (gegen jn 論戦する); Einwände (Einwendungen) machen (erheben*; vor|bringen*) (gegen⁴ 異論を唱える). ‖ 弁駁書 schriftliche Widerlegung.

べんぱつ 弁髪 Zopf m. -[e]s, ⸚e/弁髪にする das Haar zöpfen.

へんぴ 辺鄙な abgelegen; abseits liegend; einsam; entlegen.

へんぴ 便秘 (Stuhl)verstopfung f. -en; Hartleibigkeit f.; Konstipation f. -en; Obstipation f. -en/便秘の hartleibig; verstopft (便秘させ) verstopfen⁴/便秘する verstopft sein; an ³Verstopfung leiden*; keinen Stuhlgang haben.

へんぴん 返品 die an den Produzenten zurückgesandte Ware, -n.

へんぷ 返付 (Zu)rückgabe f. -n; Wiedererstattung f. -en/返付する zurück|geben*⁴; wiedererstatten⁴. ⇨へんぷ(返付).

へんぺい 扁平 platt; flach ‖ 扁平足 Plattfuß m. -es, ⸚e.

べんべつ 弁別 [識別] Unterscheidung f. -en; das Unterscheiden*, -s; [洞察] Einsicht f. -en. — 弁別する unterscheiden*⁴ (von³); verstehen*⁴; erkennen*⁴ (an³)/是非を弁別する zwischen Gut und Böse unterscheiden*; das Richtige vom Falschen unterscheiden*.

べんべん 便々たる太鼓腹 Dick|bauch (Bier-) m. -[e]s, ⸚e/便々と [無為に] müßig; träg(e); faul; [だらだらと] langsam; [ぐずぐず] zaudernd; zögernd/便々と時を過す müßig (in den Tag hinein) leben.

べんぺんぐさ べんぺん草 〖植〗Hirtentäschelkraut n. -[e]s, ⸚er.

へんぼう 返報 (Wieder)vergeltung f. -en; Heimzahlung f.; Repressalie f. -n; Revanche f. -n; Vergeltungsmaßnahme f. -n / 返報する (wieder)vergelten*³⁴; heim|zahlen³⁴; Repressalien (Sanktionen; Vergeltungsmaßregeln) ergreifen* 〈an jm für⁴〉; ⁴sich revanchieren 〈an jm für⁴〉.

べんぽう 便法 [便利な方法] leichte (praktische) Methode, -n; [応急手段] Not|behelf m. -[e]s, -e (-mittel n. -s, -); Ausweg m. -[e]s, -e/便法を講じる geeignete Maßregeln treffen* (ergreifen*; nehmen*); einen Notbehelf ergreifen*/応急策を講じる.

へんぽん ‖ 旗が風にへんぽんとひるがえっている Die Fahne flattert (weht) im Wind(e).

べんまく 弁膜 Klappe f. -n ‖ 弁膜障害 Klappenfehler m. -s. -/心臓弁膜 Herzklappe/心臓弁膜症 Herzklappenfehler m. -s, -.

べんむかん 弁務官 (Regierungs)kommissar m. -s, -e ‖ 高等弁務官 Hochkommissar m. -s, -e.

へんむけいやく 片務契約 der einseitige (einseitig verpflichtende) Vertrag, -[e]s, ⸚e.

へんめい 変名 der falsche (angenommene) Name, -ns, -n; Deck|name (Versteck-) m. -ns, -n; Pseudonym n. -s, -e/変名で unter einem falschen (angenommenen) Namen/変名する einen falschen Namen an|nehmen*; unter falscher (fremder) Flagge segeln [s.h.]/彼は佐藤と変名していた Sein Deckname hieß „Sato".

べんめい 弁明 [申し開き] Rechtfertigung f. -en; Verteidigung f. -en; Apologie f. -n; [釈明] Rechenschaft f.; Erklärung f. -en; Entschuldigung f. -en; [口実] Vorwand m. -[e]s, ⸚e/弁明を求める Rechenschaft fordern (von jm über ⁴et); zur ³Rechenschaft ziehen* (jn wegen ²et)/君の行為には弁明の余地はない Dein Betragen ist nicht zu rechtfertigen. — 弁明する ⁴sich rechtfertigen (vor jm wegen²⁽¹⁾); Rechenschaft ablegen (über jm von ²et; über ⁴et); ⁴sich entschuldigen (bei jm wegen²⁽¹⁾) ‖ 弁明書 Rechtfertigungsschrift f. -en; Rechenschaftsbericht m. -[e]s, -e; Verteidigungsschrift, Entschuldigungsschreiben n. -s, -. ⇨べんこ.

べんもう 鞭毛 Flagellum n. -s, ..llen; Flagelle f. -n ‖ 鞭毛虫 Flagellate f. -n.

べんらん 便覧 Handbuch n. -[e]s, ..dien; Manual n. -s, -e; Taschenbuch; Vademekum n. -s, -s; führer m. -s, -.

べんり 弁理 [取扱] Behandlung f. -en; Handhabung f. -en; [処理] Führung f. -en

‖ 弁理士 Patentanwalt m. -[e]s, ⸚e.

べんり 便利 [好都合] Bequemlichkeit f./便

へんりん　1146　ポイント

利ずくめの(万事便利にできた) mit allen ³Bequemlichkeiten ausgestattet (versehen) 《設備の整った》/便利を図る auf die Bequemlichkeit² (den Vorteil²) bedacht sein / 交通を便利にする den Verkehr erleichtern / 君の家は地下鉄に近くて便利だ Dein Haus liegt günstig zur U-Bahn. —— 便利な [好都合な] bequem; gelegen; passend; [有用な] dienlich; günstig; nützlich; praktisch; vorteilhaft; [手ごろな] handlich / 便利なもの Bequemlichkeit f. -en. ⇨べんぎ(便宜).

へんりん 片鱗 Teilchen n. -s, -; Stückchen n. -s, -/...の片鱗をうかがう einen flüchtigen Einblick tun* (*in⁴*); flüchtig zu sehen bekommen*⁴.

へんれい 返礼 ❶ Gegen|geschenk n. -(e)s, -e (-leistung, -en)/...の返礼に als Gegengeschenk (Gegenleistung); in Anerkennung². ❷ [答礼訪問] Gegenbesuch m. -(e)s, -e; die Erwiderung (-en) des Besuches. —— 返礼する ❶ ein Gegengeschenk (eine Gegenleistung) machen³⁴. ❷ [答礼訪問する] einen Gegenbesuch machen; den Besuch erwidern 《*jm*》.

べんれい 勉励 Anstrengung f. -en; Beflissenheit f.; Eifer m. -s; Emsigkeit f.; Fleiß m. -es; das Bemühen* (Streben*), -s. —— 勉励する fleißig (emsig) arbeiten; eifrig (beflissen) sein; ⁴sich an|strengen; ⁴sich befleißigen²; ⁴sich ⁴Mühe geben 《*mit*³; *um*⁴; *von*³》/職務に勉励する seiner ³Pflicht eifrig nach|kommen* ⓢ.

へんれき 遍歴 [Fuß]wanderung f. -en; Fußreise f. -⁻n; Pilger|fahrt (Wall-) f. -en; das (Umher)wandern*, -s; Wanderschaft f./諸国遍歴の僧 Wanderpriester m. -s, -/遍歴する (zu ⁴Fuß) wandern ⓢ; eine Pilgerfahrt (Wallfahrt) machen; pilgern ⓢ; wallfahren ⓢ; [umher]wandern ⓢ.

べんろん 弁論 Debatte f. -n; Diskussion f. -en; Erörterung f. -en; Verhandlung f. -en; Argumentation f. -en《論証》; Plädoyer n. -s, -s《法廷における》; Verteidigung f. -en《同上》; Verteidigungsrede f. -n《同上》. —— 弁論する debattieren 《mit *jm* 《über》 *et*》; diskutieren 《mit *jm* 《über》 *et*》; erörtern⁴; argumentieren; bestreiten*⁴《論争する》; verhandeln⁴ 《mit *jm* über *et*》; plädieren《法廷で》; vor Gericht verteidigen⁴. ‖ 弁論家 der Debattierende*, -n, -n; Disputant m. -en, -en; Redner m. -s, -/弁論部 Debattier|verein m. -(e)s, -e (-klub m. -s, -s); Redeverein.

ほ

ほ 歩 Schritt m. -(e)s, -e/歩を速めて(弛めて) mit schnellen (langsamen) Schritten/歩を進める vor|schreiten* ⓢ; vorwärts gehen* ⓢ. ⇨いっぽ.

ほ 穂 Ähre f. -n/穂の形の ährenförmig/波の穂 Kamm ⟪-(e)s, ²e⟫ der ²Wellen/槍の穂 Speer|spitze (Lanzen-) f. -n/穂を出す in ⁴Ähren schießen* ⓢ.

ほ 帆 Segel n. -s, -/帆をあげる(かける) die Segel auf|ziehen* (hissen)/帆を巻く die Segel auf|rollen/帆をおろす die Segel nieder|holen (ein|holen)/帆を絞る die Segel auf|geien/帆をたたむ die Segel ein|falten/満帆に風をはらんだ mit vollen ³Segeln.

ホ《楽》*e* n. -, -‖ホ短調概 e-Moll n. -《記号: e》/ホ長調概 E-Dur n. -《記号: E》.

ほあん 保安 Sicherheit f. ‖ 保安警察 Sicherheitspolizei f./保安処分 Sicherheitsmaßnahmen f.(*pl*).

ほい 補遺 Nachtrag m. -(e)s, ²e; Anhang m. -(e)s, ²e; Zusatz m. -es, ²e/補遺の nachträglich; ergänzend.

ほい 本意なく(く) widerwillig; mit Widerwillen; ungern; der Not gehorchend; gezwungen. ⇨ほんい.

ほいと 乞い投げる hin|werfen*⁴ 《zu|》.

ほいく 保育 das Aufziehen*, -s; Pflege f. -n/保育する auf|ziehen*⁴ ⓢ; [hegen und] pflegen⁴/保育園 Kinderhort m. -(e)s, -e.

ボイコット Boykott m. -(e)s, -e; Boykottierung f. -en; Verruf m. -(e)s, -e; Verrufserklärung f. -en/ボイコットする boykottieren¹; in ⁴Verruf erklären (tun*⁴); verrufen*⁴; verfemen⁴.

ボイスレコーダー Voice-Recorder m. -s, -.

ホイッスル Pfeife f. -n/ホイッスルを鳴らす pfeifen*⁴.

ホイップクリーム Schlagsahne f.

ボイラー Boiler m. -s, -; [Dampf]kessel m.

ホイル Folie f. -n ‖ アルミホイル Aluminiumfolie f. -n.

ぼいん 母音 Vokal m. -s, -e; Selbstlaut m. -(e)s, -e/母音の vokal(isch) ‖ 母音化 Vokalisation f. -en; Vokalisierung f. -en 《von ³Konsonanten》/母音調和 Vokalharmonie f. -n/二重[母]音 Diphthong (Monophthong) f. -en/半[母]音, 幹, 基本[母]音 Halbvokal (Umlaut, Stammvokal, Grundvokal); 幹母音変化 Ablaut《母音交替》; Brechung f. -en《母音混乱》.

ぼいん 拇印 Daumenabdruck m. -(e)s, ²e/拇印を押す mit einem Daumenabdruck siegeln⁴.

ポイント ❶ [点] Punkt m. -(e)s, -e/九ポイント活字 9 Punkt, -s, -/[小数点] Komma n. -s, -s (-ta)/三ポイント一四 (3, 14) drei Komma eins vier (3,14) ❖ ドイツ語

では必ず Komma (,) を用いる, 特に書く場合に間違えぬこと. ❸ [転轍機] Weiche *f.* -n. ❹ [主題] ポイントから外れる vom Thema ab|schweifen [s]. ‖ ポイントマン Weichensteller *m.* -s, -. ⇨ピント.

ほう 法 ❶ [おきて] Gesetz *n.* -es, -e; Recht *n.* -[e]s, -e; Regel *f.* -n; Vorschrift *f.* -en; Satzung *f.* -en; Gebot *n.* -[e]s, -e/法にはずれた ungesetzlich; gesetzwidrig; ungesetzmäßig/法を改める（守る, 設ける, 犯す）ein Gesetz verbessern (halten*, geben*, brechen*). ❷ [方法] Methode *f.* -n; Weise *f.* -n; Mittel *n.* -s, -; Art *f.* -en. ❸ [道理] Vernunft *f.*; Wahrheit *f.*/人を見て法を説け ‚Nach dem Manne brät man die Wurst.' ❹ [除数] Divisor *m.* -s, -en. ‖ 教授法 Unterrichtsmethode *f.* -n/生活法 Lebensweise *f.* -n.

ほう 砲 Geschütz *n.* -es, -e; Kanone *f.* -n ⇨たいほう/二十八センチ砲 das 28 Zentimeter-Geschütz/砲を放つ ein Geschütz ab|feuern ‖ 機関砲 Maschinengewehr *n.* -[e]s, -e.

ほう 報 ⇨ほうこく(報告)/報に接する Nachricht《*f.* -en》bekommen*/最近の報によれば nach den letzten Nachrichten. ── 報じる berichten《*jm* ⁴*et*》; mit|teilen《同上》/出火を報じる Feuerlärm läuten (geben*)/時計が十二時を報じた Es hat zwölf geschlagen.

ほう 方 ❶ [方向・場所] Richtung *f.* -en; Seite *f.* -n《側》; Gegend *f.* -en《地方》/学校の方で seitens der ²Schule/右(左)の方に rechts (links)/西の方に gegen ⁴Westen; nach ³Westen/田舎の方に住む auf dem Land[e] wohnen. ❷ [対比] …の方がよい Es ist besser (das Bessere), dass ..../私の方の間違いです Es ist ein Fehler meinerseits./行かぬ方がよい Es ist besser, nicht hinzugehen. ❸ [方形] Quadrat *n.* -[e]s, -e.

ぼう 某 [*n.*] ein gewisser (irgend ein) ¹Herr, -n《某氏》; ¹Herr ¹Soundso (X)《同上》; der und der* (die und die*)《誰某》/某日に an dem und dem Tag[e]; am Soundsovielten des Monats; eines Tages/某市 die ¹Stadt X/某所 [*n.*] ein gewisser Ort, -[e]s; [*adv*] irgendwo/五月某日 der soundsovielte ¹Mai / 山田某 ein gewisser Yamada.

ぼう 坊 ❶ [僧坊] der kleine buddhistische Tempel, -s, -; Zelle *f.* -n. ❷ [男児] Junge *m.* -n, -n; der Kleine*, -n, -n. ⇨ぼうや.

ぼう 棒 ❶ Stab *m.* -[e]s, ⸚e; Stock *m.* -[e]s, ⸚e; Stange *f.* -n《竿》; Pfahl *m.* -[e]s, ⸚e《棒くい》; Knüttel *m.* -s, -《こん棒》; Prügel *m.* -s, -《同上》/棒で打つ mit einem Stock schlagen*⁴; knüppeln⁴/棒に振る unnütz verbrauchen⁴; vergeuden⁴; verprassen⁴《蕩尽する》;〚俗〛verplempern《乱費する》; verschwenden⁴; verspielen⁴《博打(ばくち)で》/一生を棒に振る sein Leben unnütz (töricht) verbringen*; zugrunde (zu Grunde) gehen* [s] (⁴sich zugrunde (zu Grunde) richten)《身を誤まる》/彼は全財産(身代)を棒に振った Er ist um sein ganzes Geld (Vermögen) gekommen./まるで足が棒のようだ Die Füße sind mir [schwer] wie Blei. ❷ [線] Linie *f.* -n; Strich *m.* -[e]s, -e/棒を引く eine Linie ziehen*; einen Strich machen; unterstreichen*⁴《アンダーラインする》; aus|streichen*⁴《抹消する》⇨ぼうびき. ‖ 警棒 Konstablerstab; Keule *f.* -n.

ぼう- 亡- selig; verschieden; verstorben/亡父 mein seliger Vater, -s.

ほうあん 法案 [Gesetz]antrag *m.* -[e]s, ⸚e; Gesetzentwurf *m.* -[e]s, ⸚e; Vorlage *f.* -n/法案を通過させる(提出する) eine Vorlage durch|bringen* (ein|bringen*).

ぼうあんき 棒暗記する auswendig lernen⁴; ⁴*et* dem Gedächtnis ein|prägen.

ほうい 包囲 Einkreisung *f.* -en; Belagerung *f.* -en; Einschließung *f.* -en; Umzingelung *f.* -en/包囲を解く die Belagerung auf|heben*/包囲攻撃 Belagerung *f.*; Einschließung *f.*/彼はカメラマンの包囲攻撃を受けた Er wurde von Bildreportern belagert (umlagert). ¦ Er hat das Kreuzfeuer der Fotografen über sich ergehen lassen. ── 包囲する ein|kreisen⁴; belagern⁴; ein|schließen*⁴; umzingeln⁴. ‖ 包囲軍 Belagerer *m.* -s, -; Belagerungsheer *n.* -[e]s, -e/包囲政策 Einkreisungspolitik *f.*

ほうい 方位 [Himmels]richtung *f.* -en/方位を測定する [an|]peilen⁴ ‖ 方位測定 Peilung *f.* -en/方位測定器 Peilkompass *m.* -es, -e/無線方位計 Peiler *m.* -s, -.

ほうい 法衣 Priester¦rock *m.* -[e]s, ⸚e (-gewand *n.* -[e]s, ⸚er); Soutane *f.* -n; Habit *m.* (*n.*) -s, -e《修道僧の》.

ぼうい 暴威を振う die Gewalt missbrauchen; gewalttätig sein; [伝染病などが] überhand nehmen*; [戦争などが] verheeren⁴《荒廃させる》; verwüsten⁴《同上》; [暴風雨などが] rasen [h, s]; toben; wüten.

ほういがく 法医学 Gerichtsmedizin *f.* ‖ 法医学者 Gerichtsarzt *m.* -es, ⸚e.

ほういつ 放逸な ausschweifend; liederlich; locker; schlampig《自堕落の》; schwelgerisch《享楽的》/放逸な生活を送る [飲めや歌えの生活] ein ausschweifendes (lockeres) Leben führen; in Saus und Braus leben; schwelgen und prassen.

ぼういん 暴飲 das unmäßige (starke) Trinken*, -s; das Saufen* (Zechen*), -s; Sauferei (Zecherei) *f.* -en. ── 暴飲する unmäßig (stark) trinken*; saufen*; zechen; ⁴sich toll und voll trinken*;〚俗〛einen Schwamm im Leib[e] haben.

ほうえ 法会 ⇨ほうじ(法事).

ぼうえい 防衛 Verteidigung *f.* -en; [Gegen]wehr *f.* -en; Schutz *m.* -es; Defensive *f.* -n; Abwehr *f.* ── 防衛する verteidigen⁴; schützen⁴; defendieren⁴; ab|wehren⁴/敵に対して祖国を防衛する das Vaterland gegen ⁴Feinde verteidigen (vor ³Feinden schützen). ‖ 防衛手段(設備) Verteidigungsmittel *n.* -s, - (Abwehrvorrichtung *f.* -en)/防衛同盟 Verteidigungs¦bündnis (Schutz-; Defensiv-) *n.* ..nisses, ..nisse/防衛力 Wehrkraft *f.*

ほ

ぼうえいちょう 防衛庁 Verteidigungsamt n. -(e)s ‖ 防衛庁長官 Verteidigungsminister m. -s.

ぼうえき 貿易 Handel m. -s; Handelsverkehr m. -s. ¶ 貿易する Handel treiben* ⟪mit⟫. ‖ 貿易港 Handelshafen m. -s/貿易差額(均衡) Handelsbilanz f. -en/貿易事務官 Handelsagent m. -en, -en/貿易業(輸出商) Ausführer m. -s, -; Exporteur m. -s, -e/(輸入商) Importeur m. -s, -e/貿易場 Handelsplatz m. -es, ⸗e; Emporium n. -s, ..rien/貿易商会 Handelsfirma f. ..men, - genossenschaft f. -en/貿易政策 Handelspolitik f. -en/貿易年鑑 Handelsjahrbuch n. -(e)s, ⸗er/貿易品 Handelsartikel m. -s, -ware f. -n/貿易風 Passat(wind) m. -(e)s, -e/外(内)国貿易 Außenhandel (Binnenhandel)/保護貿易 Schutzhandel m. -s; Schutzzoll m. -(e)s, ⸗e/保護貿易主義 Protektionismus m. -.

ぼうえき 防疫 Seuchenbekämpfung f. -en; die Verhütung (Vorbeugung) ⟪gegen⟫ ansteckender ²Krankheiten/防疫の手段をとる Vorbeugungsmaßregeln gegen ⁴Seuchen treffen* (ergreifen*; nehmen*) ‖ 防疫官 der Sanitätsbeamte*, -n, -n; der Quarantänebeamte* (検疫官).

ぼうえつ 法悦 Seligkeit f. -en; Seelenheil n. -(e)s; (die religiöse) Ekstase, -n/法悦に浸る beseligt sein; von göttlicher Gnade beseelt sein; in Ekstase geraten* ⟪（一般的意味で）⟫.

ぼうえん 砲煙 Pulverdampf m. -(e)s, ⸗e/砲煙弾雨の中を行く unter mörderischem Kreuzfeuer/gehen* (stehen*).

ほうえん 豊艶な üppig/豊艶な美人 die üppige Schönheit, -en.

ほうえん 方円 ¶ 水は方円の器に従う Das Wasser richtet sich [in der Form] nach dem Gefäß.

ぼうえんきょう 望遠鏡 Fernrohr n. -(e)s, -e; Teleskop n. -s, -e; Fernglas n. -es, ⸗er ⟪(小型の)⟫; Feldstecher m. -s, - ⟪(同上または双眼鏡)⟫/望遠鏡の(による) teleskopisch ‖ 望遠写真術 Fernfotografie f. -n; Telefotografie; Fernaufnahme f. -n ⟪(望遠撮影)⟫/望遠レンズ ⟪(写)⟫ Teleobjektiv n. -s, -e; Raumraffer m. -s, -/天体(地上)望遠鏡 die astronomische (terrestrische) Fernrohr/反射(屈折)望遠鏡 Spiegelteleskop (das dioptrische Fernrohr); Reflektor (Refraktor) m. -s, -en.

ほうえんこう 方鉛鉱 ⟪鉱⟫ Bleiglanz m. -es.

ほうおう 鳳凰 der chinesische Wundervogel, -s, ⸗; Phönix m. -(e)s, -e.

ほうおう 法王 Papst m. -(e)s, ⸗e; Pontifex m. -, ..tifices ‖ 法王職 Papsttum n. -s, -er/法王庁 Vatikan m. -s, -e/ローマ法王 Pontifex maximus ⟪(称号)⟫.

ほうおん 報恩のため aus Dankbarkeit; zum (als) Dank ⟪für⟫; um js Wohltat zu vergelten*; um ⁴sich für ⁴et erkenntlich zu zeigen.

ほうおん 忘恩 Undank m. -(e)s; Undankbarkeit f./忘恩の undankbar ⟪gegen⁴⟫; danklos.

ぼうおん 防音の schalldicht ‖ 防音装置 Schalldämpfer m. -s, -.

ほうか 法科 die juristische Fakultät, -en/大学は法科を卒業しました Ich habe Jura studiert.

ほうか 邦貨 die japanische Währung, -en; das japanische Geld, -(e)s, ⸗er/ユーロを邦貨に換算する Euro in japanische Währung (in Yen) um|rechnen.

ほうか 放火 Brandstiftung f. -en/その火事は放火だった Der Brand war angelegt. Das war eine Brandstiftung. ¶ 放火する Brand (Feuer) [an]legen (an|stiften); in Brand stecken (setzen); brandstiften⁴/家に放火する ein Haus an|stecken (in Brand setzen); Feuer an ein Haus legen; jm den roten Hahn aufs Dach setzen. ‖ 放火狂 Brandstiftungstrieb m. -(e)s, -e/放火罪 Brandstiftung f./放火犯人 Brandstifter m. -s, -.

ほうか 砲火 〔Artillerie〕feuer n. -s, -/砲火を浴びる mitten im Feuer (unter Feuer) stehen*; im Kreuzfeuer genommen werden/砲火を浴びせる Feuer geben* ⟪auf⁴⟫/砲火を交える gegenseitig ins Feuer kommen* ⓢ/砲火を集中する das Feuer vereinigen ⟪auf⁴⟫.

ほうか 放歌する laut (gellend; ohrenbetäubend) singen*⁽⁴⁾/放歌驕騒する laut singen und (viel) Lärm machen.

ほうか 放課になる Die Schule ist aus. ‖ 放課後 nach der Schule. ⟶あそびじかん.

ほうが 萌芽 Keim m. -(e)s, -e; Knospe f. -n; Sproß m. -es, -e; Keimung f. -en ⟪(萌芽ずること)⟫/萌芽のうちに摘みとる ⁴et im Keim ersticken / 萌芽する keimen; knospen; sprießen* ⓢ.

ぼうか 防火 Feuerschutz m. -es/防火(性)の feuer|beständig (-fest; -sicher); brand|fest ‖ 防火演習 Feueralarmübung f. -en/防火金庫 der feuerfeste Geldschrank, -(e)s, ⸗e/防火材料 das feuerfeste Material, -s, ..lien/防火設備 Feuerschutzvorrichtung f. -en; Feuerlöscheinrichtung f. -en ⟪(消防設備)⟫/防火栓 Feuerhahn m. -(e)s, ⸗e; Hydrant m. -(e)s, -en/防火線 Feuerschutzlinie f. -n/防火艇 Feuerlöschboot n. -(e)s, -e/防火戸 Feuer|schirm (Ofen-) m. -(e)s, -e/防火塗料 Feuerschutzanstrich m. -(e)s, -e/防火壁 Brand|mauer f./-n/.

ぼうが 忘我 Selbstvergessenheit f.; Ekstase f. -n ⟪(有頂天)⟫; Entzückung f. -en ⟪(夢中)⟫; Verzückung f. -en ⟪(こうこつ)⟫.

ほうかい 崩壊 Zusammenbruch m. -(e)s, ⸗e; Einsturz m. -es, ⸗e; Zerfall m. -(e)s, ⸗e; Krach m. -(e)s, ⸗e ⟪(暴落・破産)⟫/崩壊する zusammen|brechen* (-|sinken*) ⓢ; ein|stürzen ⓢ; zerfallen* ⓢ.

ほうがい 法外(に) ungeheuer; ausschweifend; enorm; über|mäßig (-|spannt) übertrieben; 《俗》schrecklich/法外な値段 der ungebührlich hohe Preis, -es, -e; 《俗》der gesalzene Preis/法外に高い 《俗》übermäßig 《俗》unverschämt teuer sein/法外に安い spottbillig (《俗》fabelhaft billig) sein.

ぼうがい 妨害 Hindernis *n.* ..nisses, ..nisse; Störung *f.* -en; [Ver]hinderung *f.* -en; Hemmung *f.* -en (阻止); Unterbrechung *f.* -en (中断); Obstruktion *f.* -en (議事進行の). —— 妨害する stören[4]; [ver]hindern[4]; hemmen[4]; unterbrechen[4]; obstruieren[4]; [sich] [ein]mischen[4] 《*in*[4] 干渉する》/ある人の勉強(演説)を妨害する *jn* bei der Arbeit (in seiner ³Rede) stören /議事の進行を妨害する den parlamentarischen Geschäftsgang hemmen (obstruieren). ‖ 妨害電波 Störwelle *f.* -n/妨害物 Hindernis; Hemmnis *n.* ..nisses, ..nisse; Hemmschuh *m.* -[e]s, -e; Last *f.* -en (重荷)/妨害放送 [Rundfunk]störung *f.* -en /安眠妨害 Ruhestörung.

ぼうがい 望外の unerwartet; unverhofft; unvermutet.

ほうかいせき 方解石 Kalzit *m.* -[e]s, -e; Kalkspat *m.* -[e]s, -e (⁻e).

ほうがく 法学 Rechtswissenschaft *f.*; Jura (*pl*) Jurisprudenz *f.*; Juristerei *f.* /法学の rechtswissenschaftlich; juristisch ‖ 法学士 Doktor (*m.* -s, -en) der Rechte; Dr. jur. (juris)/法学者 Jurist *m.* -en, -en/法学部 die juristische Fakultät, -en.

ほうがく 邦楽 die japanische Musik.

ほうがく 方角 Richtung *f.* -en; Himmelsrichtung *f.* -en (~gegend *f.* -en) (方位)/方角がわからなくなる die Richtung (die Orientierung) verlieren*/方角に迷う sich verirren/方角を見定める ⁴sich orientieren/ある方向をとる eine Richtung ein|schlagen* (ein|nehmen*)/…の方角へ die Richtung (*nach*³; *auf*⁴)/ 風はどの方角から吹いているか Woher kommt der Wind? ¦ Wo steht der Wind?/あの人はいつも方角をまちがえる Er hat kein Orientierungsgefühl.

ほうかちょう 奉加帳 Subskriptions|liste (Beitrags~) *f.* -n/奉加帳を回して金を集める auf den Subskriptionsweg sammeln.

ほうかつ 包括する umfassen*; ein|bezie|hen*⁴ 《*mit*³》; ein|schließen*⁴ 《*mit*³》; zusammen|fassen⁴/包括的な [viel] umfassend/包括的に in umfassender Weise; allgemein; im Ganzen.

ほうかん 法官 der Gerichtsbeamte*, -n, -n; Richter *m.* -s, -.

ほうかん 宝冠 [Adels]krone *f.* -n; Diadem *n.* -s, -e.

ほうかん 砲艦 Kanonenboot *n.* -[e]s, -e.

ほうがん 砲丸 Geschoss *n.* -es, -e; Kanonenkugel *f.* -n ‖ 砲丸投げ Kugelstoßen *n.* -s.

ほうがん 包含する ein|schließen*⁴; enthalten*⁴. ⇨ **ふくむ**.

ぼうかん 防寒 der Schutz 《-es》gegen die Kälte ‖ 防寒具(設備) das Schutzmittel 《-s, -》(die Vorkehrungen 《*pl*》) gegen die Kälte/防寒服 Winterkleid *n.* -[e]s, -er/防寒靴 die Schuhe 《*pl*》für kaltes Wetter.

ぼうかん 暴漢 der brutale (rohe) Bursche, -n, -n; Raufbold *m.* -[e]s, -e; Rohling *m.* -s, -e; Schurke *m.* -n, -n; Krakeeler *m.* -s, -; Messerstecher *m.* -s, -; Radaubruder *m.* -s, -⁻ 《狼藉(藉)者》/暴漢に襲われる von einem Raufbold angefallen werden.

ぼうかん 傍観する mit an|sehen*⁴; zu|schauen³; [ruhig] zu|sehen*³; eine gleichgültige Haltung an|nehmen*⁴ 《*bei*³ 態度をとる》‖ 傍観者 Zuschauer *m.* -s, -; die Umstehenden*.

ほうがんし 方眼紙 Millimeterpapier *n.* -s, -e.

ほうき 放棄 Aufgabe *f.* -n; das Aufgeben*, -s; Entsagung *f.* -en; Verzicht *m.* -[e]s, -e 《*auf*⁴》; Abkehr *f.* (廃棄). —— 放棄する auf|geben⁴; entsagen³; [pflichtwidrig] verlassen*⁴; verzichten 《*auf*⁴》; Verzicht leisten 《*auf*⁴》/権利を放棄する das Recht (den Plan) auf|geben*/要求(権)を放棄する auf einen Anspruch verzichten. ‖ 戦争放棄 Verzicht auf kriegerische Auseinandersetzung.

ほうき 法規 Gesetze und Verordnungen 《*pl*》/法規の定める所に従い gemäß den Bestimmungen des Gesetzes (der Verordnung).

ほうき 蜂起 Empörung *f.* -en 《*gegen*⁴》; Aufstand *m.* -[e]s, -⁻e; Aufruhr *m.* -s, -e/蜂起する ⁴sich empören 《*gegen*⁴》; auf|stehen* 《*gegen*⁴》; ⁴sich erheben* 《*gegen*⁴》.

ほうき 芳紀まさに十八歳 Sie steht im blühenden Alter von 18.

ほうき 箒 Besen *m.* -s, -/箒の柄 Besenstiel *m.* -[e]s, -e/箒で掃き集める 《ごみなどを》mit dem Besen zusammen|kehren⁴/箒で掃き清める (部屋などを) mit dem Besen aus|kehren⁴ ‖ 箒作り職人 Besenbinder *m.* -s, -.

ぼうぎ 謀議 [協議] Beratung *f.* -en; Besprechung *f.* -en (談合); [共謀] Konspiration *f.* -en; Komplott *n.* -[e]s, -e; Verschwörung *f.* -en. —— 謀議する ⁴sich beraten* (besprechen*) 《mit *jm* über *et*》; konspirieren; komplottieren; ⁴sich verschwören* 《*zu*¹》.

ほうきゃく 忘却 Vergessenheit *f.*; Vernachlässigung *f.* ⇨ **わすれる**.

ぼうきゃく 暴虐 Grausamkeit *f.* -en; Gewalttätigkeit *f.* -en (無法); Tyrannei *f.* -en (暴政); Willkürherrschaft *f.* -en (同上). —— 暴虐な grausam; tyrannisch.

ほうきゅう 俸給 Gehalt *n.* -[e]s, -⁻er; Besoldung *f.* -en; Bezüge 《*pl*》; Lohn *m.* -[e]s, -⁻e 《賃金》; Löhnung *f.* -en 《兵隊の》; Sold *m.* -[e]s, -e/俸給で生活する von dem Gehalt leben; auf das Gehalt angewiesen sein/俸給を上げる das Gehalt erhöhen (auf|bessern)/俸給を下げる *jm* das Gehalt kürzen; *jm* um das Gehalt kürzen/俸給を払う Gehalt [be]zahlen; besolden⁴/俸給を

ほうぎょ もらう Gehalt beziehen*／俸給の前借(前払)を頼む jn um einen Vorschuss bitten／俸給の前借(前払)をする jm einen Vorschuss leisten／彼の俸給は安い Er ist schlecht bezahlt. ‖ 俸給生活者 Gehaltsempfänger m. -s; der Besoldete*, -n, -n／俸給日 Zahltag (Löhnungs-) m. -(e)s, -e／俸給袋 Lohntüte f. -n.

ほうぎょ 崩御 die Heimfahrt (-en) des Kaisers; das Hinscheiden* (-s) des Kaisers／崩御する sich zu seinen Vätern versammeln; das Zeitliche segnen.

ほうぎょ 暴挙 ein rücksichtsloser Versuch, -(e)s, -e; ein tollkühnes Unternehmen, -s, -; Aufstand m. -(e)s, ⁼e; Putsch m. -es, -e.

ほうぎょ 防御 Abwehr f.; Gegenwehr f. -en; Schutz m. -es; Verteidigung f. -en; Defensive f. -n〈守勢〉／防御のない schutzlos; unbefestigt; wehrlos／防御の防ぐ、zend; verteidigend; defensiv／防御に当たる zu Schutz und Trutz／防御の位置に立つ eine Verteidigungsstellung einnehmen*; die Defensive ergreifen*〈守勢を取る〉; 'sich in der Defensive befinden*〈同上〉.
—— 防御する (be)schützen⁴(gegen⁴; vor¹); verteidigen (gegen⁴); 'sich wehren (gegen⁴; wider⁴); 'sich zur ³Wehr setzen (stellen). ‖ 防御工事 Verteidigungswerke (pl); Befestigung f. -en〈築城〉／防御者 der Verteidiger m. -s, -; Beschützer m. -s, -／防御陣地 Defensivstellung f. -en／防御戦 Defensivkrieg m. -(e)s, -e; Verteidigungskrieg; Abwehrkampf m. -(e)s, ⁼e／防御線(地域) Schutzlinie f. -n; Verteidigungslinie (Abwehrzone f. -n; Verteidigungszone)／防御同盟 Schutzbündnis (Verteidigungs-) n. -nisses, -nisse／防御兵器 Abwehrwaffe (Verteidigungs-) f. -n／防空砲 Flak f. -.

ほうきょう 豊頬 die dicke (runde; volle) Backe, -n (Wange, -n)／豊頬の dick bäckig (rund-; voll-).

ほうきょう 防共協定 Antikominternabkommen n. -s, -.

ほうきょう 望郷 ⇨かいきょう(懐郷).

ぼうくい 棒杭 Pfahl m. -(e)s, ⁼e; Pfosten m. -s, -／棒杭を打込む einen Pfahl einschlagen*(einrammen); pilotieren⁴(das 'Grundstück).

ぼうくう 防空 Luftschutz m. -es (-abwehr f.). ‖ 防空演習 Luftschutzübung f. -en／防空壕 Luftschutzkeller m. -s, - (-bunker m. -s, -)／防空施設 Luftschutzmaßnahmen (pl)／防空砲 Flak f. -.

ぼうぐみ 棒組 ❶〈印〉Fahne f. -n; Fahnenabzug m. -(e)s, ⁼e〈校刷〉／棒組に組む Fahnenabzüge machen (von³). ❷ ⇨あいぼう〈相棒〉.

ぼうくん 暴君 Tyrann m. -en, -en; Gewaltherrscher m. -s, -; Despot m. -en, -en.

ほうくん 亡君 der selige Herr, -n, -en／亡君のあだを討つ den seligen Lehnsherrn rächen⁽ˣ⁾ (für⁴; wegen²⁽³⁾).

ほうけい 包茎 Phimose f. -n; Vorhautverengung f. -en.

ほうげい 奉迎する jm Ehre bezeigen; entgegen|jubeln³; festlich empfangen*⁴ ‖ 奉迎門 Ehrenbogen m. -s, - (-pforte f. -n).

ぼうけい 傍系 Seitenlinie (Kollateral-) f. -n／傍系の von einer Seitenlinie (abstammend); kollateral; seitlich／傍系の会社 Tochtergesellschaft f. -en ‖ 傍系親族 der Kollateralverwandte* (Seiten-), -n, -n; Seitenverwandtschaft f. -en〈の総称〉.

ほうげき 砲撃 Beschießung f. -en; Kanonade f. -n; Bombardement n. -s, -s／砲撃する beschießen*⁴; bombardieren⁴; ins Kreuzfeuer nehmen*⁴; mit Granaten belegen⁴／砲撃を受けている in dem Feuer stehen*.

ほうけん 法権 das gesetzliche Recht, -(e)s, -e.

ほうけん 奉献 Weihung f. -en; Darbringung f. -en. ⇨けんのう(献納).

ほうけん 封建的 feudal; feudalistisch; Feudal- ‖ 封建思想 die feudalistische Gesinnung, -en／封建時代 Feudalzeit f. -en／封建主義 Feudalismus m. -／封建制度 Feudalität f. -en; Feudalsystem n. -s, -e; Feudalwesen n. -s.

ほうげん 放言 Bombast m. -(e)s; Renommisterei f. -en〈大言壮語〉; Wortschwall m. -(e)s, ⁼e〈喋りまくる〉; Kraftausdruck m. -(e)s, ⁼e; Kraftwort n. -(e)s, ⁼er〈不穏当な〉／首相の放言に議場は騒然となった Der Kraftausdruck des Ministerpräsidenten hat die Versammlung in Aufruhr gebracht.／あの人の放言癖には困ったものだ Sein immer wiederkehrender Wortschwall (Redeschwall) ist ganz leidig.／放言する ausschneiden⁴; bombastisch reden; einen leeren (hochtrabenden) Wortschwall entwickeln; einen Kraftausdruck gebrauchen.

ほうげん 方言 Mundart f. -en; Dialekt m. -(e)s, -e; Provinzialismus m. -, ..men／方言的の mundartlich ‖ 方言学 Mundartforschung f.; Dialektologie f.／方言学者 Mundartforscher m. -s, -.

ぼうけん 冒険 Abenteuer n. -s, -; das gewagte Unternehmen, -s, -; Risiko n. -s, -s (..ken); Wag(e)stück n. -(e)s, -e; Wagnis n. -nisses, -nisse／冒険に出かける auf ⁴Abenteuer aus|gehen* (aus|ziehen*) s.
—— 冒険の abenteuerlich; gewagt; kühn; verwegen; waghalsig; riskant〈危険な〉／冒険的にやってみる ⁴sich wagen (an⁴); auf gut ⁴Glück versuchen⁴; ⁴es darauf (auf ⁴s) an|kommen lassen*.——冒険をする wagen⁴; riskieren⁴; ⁴sich [den] ³Gefahren aussetzen; aufs Spiel setzen⁴ ‖ 冒険家 Abenteurer m. -s, -; Glücksjäger m. -s, -／冒険事業 das gewagte (kühne) Unternehmen／冒険小説 Abenteuerroman m. -s, -e／冒険団 eine Gruppe von Abenteurern; Mitglieder (pl) einer Expedition〈探検隊〉／冒険談 die abenteuerliche Geschichte, -n;

Abenteu〔r〕ergeschichte *f.* -n/冒険的精神 der abenteuerliche Geist, -〔e〕s; Abenteuerlust *f.*《冒険心》.

ぼうげん 暴言 beleidigende (heftige) Worte《*pl*》; verletzende Äußerungen (Bemerkungen)《*pl*》/暴言を吐く heftig reden《gegen *jn*》; heftig (herzhaft) schimpfen《〔auf〕*jn*》; ^{4}sich in ^{3}Scheltreden (Schmähungen) ergehen*.

ぼうげん 妄言 das eitle Geschwätz, -es, -e; Unsinn *m.* -〔e〕s; Lüge *f.* -n《うそ》. ── 妄言する lauter dummes Zeug schwatzen; ins Blaue hinein schwatzen (schwätzen); lügen$^{(4)}$《うそをつく》.

ほうこ 宝庫 Schatz¦kammer *f.* -n (-haus *n.* -es, ¨er).

ほうこう 砲口 Mündung *f.* -en; Kaliber *n.* -s, -《口径》.

ほうこう 放校 Verweisung《*f.* -en》von der Schule; Relegation *f.* -en/放校される von der Schule verwiesen werden; relegiert werden.

ほうこう 芳香 Wohlgeruch *m.* -〔e〕s, ¨e; Duft *m.* -〔e〕s, ¨e; Aroma *n.* -s, -s/芳香のする wohlriechend; duftend; aromatisch ‖ 芳香療法 Aromatherapie *f.* -n.

ほうこう 方向 Richtung *f.* -en/方向を探知する peilen^4; an|peilen^4; eine Richtung aus|peilen ‖ 方向舵 Seitenruder *n.* -s, -《飛行機の》/方向指示器 Winker *m.* -s, -《自動車の》; Blinker *m.* -s, -《同上》/方向探知(器) Peilung *f.* -en (Peiler *m.* -s, -)/方向板 Laufschild *n.* -〔e〕s, -er《電車などの》. ⇨ほうがく(方角).

ほうこう 奉公 Dienst *m.* -〔e〕s, -e; Lehre *f.* -n《徒弟奉公》; Staatsdienst《国への》/奉公している bei *jm* in Dienst stehen*; bei *jm* in der Lehre sein; bei *jm* in Brot und Lohn stehen*; ^{4}sich in dienender Stellung befinden*/奉公に出す bei *jm* in den Dienst geben*^{4}; zu *jm* in die Lehre geben*^{4}. ── 奉公する bei *jm* dienen (arbeiten)《als ^{1}*et*》; ^{4}sich bei *jm* vermieten《als ^{1}*et*》; fremdes Brot essen*; zu *jm* in die Lehre kommen* [s]. ‖ 奉公口〔Dienstboten〕stelle *f.* -n/奉公先 Dienst¦herr (Brot-) *m.* -n, -en/奉公人 der Hausangestellte*, -n, -n; Dienstbote *m.* -n, -n/奉公人根性 Knechterei *f.*; Servilität *f.*; Servilismus *m.* -.

ぼうこう 暴行 Gewalt¦tätigkeit *f.* -en (-tat *f.* -en; -samkeit *f.* -en); Frevel *m.* -s, -; Unfug *m.* -s, -/婦女に暴行を加える notzücht〔ig〕en^4; schänden^4; vergewaltigen^4. ── 暴行する Gewalt an|wenden$^{(*)}$ (an|tun*); Unfug treiben*.

ぼうこう 膀胱 Harnblase *f.* -n ‖ 膀胱炎 Harnblasenentzündung *f.* -en/膀胱結石 Harnblasenstein *m.* -〔e〕s, -e.

ほうこく 報告 Bericht *m.* -〔e〕s, -e; Auskunft *f.* ¨e; Meldung *f.* -en; Mitteilung *f.* -en; Nachricht *f.* -en; Rapport *m.* -〔e〕s, -e; Anzeige *f.* -n《公官署に対する》; Referat *n.* -〔e〕s, -e《調査・研究の》‖ 報告者 Melder *m.* -s, -; Berichterstatter *m.* -s, -; Referent *m.* -en, -en/それに関する報告は集めておきます Ich werde Erkundigungen darüber einziehen./それについては報告を絶やさぬようにします Sie werden darüber laufend unterrichtet.¦Ich werde Sie auf dem Laufenden halten. ── 報告する berichten《*jm* von^3 (über^4)》; Bericht erstatten《von^3; über^4》; benachrichtigen^4《*jn* von^3》; Nachricht geben*《*jm* über^4》; melden^{34}; mit|teilen^{34}; an|zeigen^{34}; referieren《über^4》/報告書 Bericht *m.*; Rechenschaft *f.* -en/年次報告 Jahresbericht *m.* -〔e〕s, -e.

ほうこく 報国の vaterländisch; patriotisch /報国の精神 Patriotismus *m.* -; Vaterlandssinn *m.* -〔e〕s, -e.

ぼうこく 亡国 der nationale Ruin, -s; ein dem Untergang geweihtes Land, -〔e〕s, ¨er《亡びる国》; ein zugrunde (zu Grunde) gegangenes (untergegangenes) Land《亡びた国》; [国の滅亡] nationaler Zusammenbruch, -〔e〕s, ¨e; Untergang《*m.* -〔e〕s》eines Landes; Verfall《*m.* -s》eines Landes. ── 亡国の dem Land〔e〕 verderblich (verhängnisvoll); entartet; demoralisiert《退廃した》/その国には亡国のきざしが見える Das Land zeigt Zeichen des Verfalls./亡国の民 ein heimatloses Volk, -〔e〕s, ¨er; ein verdorbenes Volk《堕落した》; ein erobertes Volk《征服された》. ‖ 亡国文学 die dekadente (degenerierte) Literatur, -en.

ぼうこん 亡魂 Manen《*pl*》. ⇨ぼうれい.

ぼうさい 防災 Unglücks¦verhütung *f.* -en (-schutz *m.* -es) ‖ 防災計画 die Vorsichtsmaßnahmen《*pl*》gegen Katastrophen.

ほうさく 方策 ⇨ほうりゃく.

ほうさく 豊作 die gute (reiche) Ernte, -n; Rekordernte *f.* -n《記録的な》/今年は豊作の見込みだ Die Ernte in diesem Jahr verspricht sehr ergiebig zu werden./今年は一般に豊作だった Die Ernte ist in diesem Jahr allgemein gut geraten (ausgefallen).

ぼうさつ 謀殺 Mord *m.* -〔e〕s, -e; Ermordung *f.* -en/謀殺の企て Mordanschlag *m.* -〔e〕s, ¨e. ── 謀殺する〔meuchlings〕ermorden^4; morden^4. ‖ 謀殺事件 Mordfall *m.* -〔e〕s, ¨e/謀殺犯 Mörder *m.* -s, -/謀殺未遂 Mordversuch *m.* -〔e〕s, -e.

ぼうさつ 忙殺される stark (sehr) in Anspruch genommen sein; mit Arbeit (Geschäften) überhäuft (überlastet) sein; furchtbar viel (alle Hände voll) zu tun haben/仕事に忙殺されてなかなか手があかない Viel Arbeit stapelt sich, dass man einfach nicht zu Rande kommen kann. ⇨いそがしい.

ほうさん 硼酸〘化〙Borsäure *f.* ‖ 硼酸軟膏(こう) Borsalbe *f.* -n.

ほうさん 放散 Ausstrahlung *f.* -en; Ausströmung *f.* -en; Diffusion *f.* -en《ガスなど》; Emanation *f.* -en; Irradiation *f.* -en《感情・痛覚など》; Radiation *f.* -en/放散する aus|strahlen$^{(4)}$; aus|strömen$^{(4)}$〘以上自動詞のときは[s]〙; ^{4}sich strahlen; aus|breiten;

ほ

diffundieren⁴; emanieren [s].

ほうし 法師 Bonze *m.* -n, -n; der Geistliche*, -n, -n.

ほうし 放恣 Ausgelassenheit *f.* -en; Ausschweifung *f.* -en; Ungebundenheit *f.*; Zügellosigkeit *f.*/放恣な ausgelassen; ausschweifend; ungebunden; zügellos.

ほうし 奉仕 Dienst *m.* -〔e〕s, -e; Aufwartung *f.* -en; Bedienung *f.* -en; Dienstleistung *f.* -en; Kundendienst *m.* -〔e〕s, -e; Liebesdienst *m.* -〔e〕s, -e《慈善の》. ── 奉仕する dienen³; auf|warten³; bedienen⁴; *jm* zu Diensten stehen*; mit Verlust verkaufen⁴. ‖ 奉仕事業 Wohlfahrtspflege *f.* -n / 社会奉仕 die öffentliche Wohlfahrtspflege, -n.

ほうし 芳志 Wohlwollen *n.* -s; Anteilnahme *f.*; das Entgegenkommen*, -s; Freundlichkeit *f.* -en; Güte *f.*; Herzlichkeit *f.* -en; Hilfsbereitschaft *f.*; Liebenswürdigkeit *f.* -en; Spende *f.* -n《寄付金》.

ほうし 胞子 Spore *f.* -n ‖ 胞子嚢(のう) Sporenbehälter *m.* -s, -; Sporangium *n.* -s, ..-gien.

ほうじ 法事 die 〔buddhistische〕 Trauerfeier, -n; das buddhistische Totenfest, -〔e〕s, -e.

ほうじ 邦字 die japanische Schrift, -en; das japanische Schriftzeichen, -s, -; die japanische Silbenschrift, -en《かな》‖ 邦字新聞 die japanische Zeitung, -en.

ぼうし 帽子 Hut *m.* -〔e〕s, ¨e; Mütze *f.* -n; Kopfbedeckung *f.* -en《総称》; Filzhut《ソフト》/帽子をかぶる den Hut auf|setzen; den Hut in die Augen (ins Gesicht) ziehen*《ま深に》/帽子をかぶったままで mit dem Hut auf /帽子をかぶってみる einen Hut probieren/帽子をかぶらない ohne den Hut (unbedeckt; barhaupt) sein/帽子を回す den Hut herumgehen lassen*《金を集めるために》/帽子をとる den Hut ab|nehmen* (ab|legen); den Hut lüften《あいさつのためにちょっと》/帽子をとらずにいる den Hut auf|behalten*/帽子のへり Einfassung *f.* -en; 〔Hut〕krempe *f.* -n《つば》/帽子のひさし 〔Mützen〕schirm *m.* -〔e〕s, -e/帽子のリボン Hut¦band *n.* -〔e〕s, ¨er (-schnur *f.* ¨e)/帽子のすべり皮 Schweißband/帽子の型 Hut¦form *f.* -en (-stock *m.* -〔e〕s, ¨e) ‖ 帽子掛け Hut¦ständer *m.* -s, - (-haken *m.* -s, -)/帽子製造人 Hutmacher *m.* -s, -/帽子屋 Hut¦verkäufer *m.* -s, - (-laden *m.* -s, ¨).

ぼうし 防止 Verhinderung *f.* -en; Verhütung *f.* -en; Vorbeugung *f.* -en《予防》. ── 防止する ab|halten*《*von*³》; auf|halten*⁴; hemmen⁴; hindern⁴; verhindern⁴; verhüten⁴; ³*et* zuvor|kommen* [s]; ³*et* Einhalt gebieten*.

ほうしき 方式 Form *f.* -en; Formel *f.* -n; Formular *n.* -s, -e; System *n.* -s, -e; Norm *f.* -en《規格》.

ぼうしつ 防湿の nassfest; feuchtdicht; gegen Feuchtigkeit geschützt.

ぼうじま 棒縞 der gestreifte (streifige) Stoff, -〔e〕s, -e/棒縞の gestreift; streifig.

ほうしゃ 放射 〔Aus〕strahlung *f.* -en; Ausströmung *f.* -en; Emission *f.* -en; Radiation *f.* -en/放射の ausstrahlend; radial; Strahlungs-; radioaktiv/放射状の radial; strahlenförmig; vom Mittelpunkt ausgehend. ── 放射する aus|strahlen⁴; aus|senden⁽*⁾⁴; aus|strömen⁴; ⁴sich strahlenförmig 〔aus|〕breiten. ‖ 放射状道路 Radial¦straße *f.* -n (-linie *f.* -n)/放射性物質 radioaktive Stoffe《*pl*》/放射性同位元素 das radioaktive Isotop, -s, -e (Element, -〔e〕s, -e); Radioindikator *m.* -s, -en/放射性廃棄物 radioaktiver Müll, -〔e〕s.

ほうしゃ 硼砂 Borax *m.* -〔e〕s.

ぼうしゃ 坊舎 Priestersnachtlager *n.* -s, -; Tempelklause *f.* -n.

ぼうじゃく 傍若無人の dreist; frech; unverschämt; schamlos; anmaßend《不遜の》/傍若無人にも…する ⁴sich an|maßen (⁴sich erdreisten), ⁴*et* zu tun/傍若無人の振舞をする ⁴sich unverschämt benehmen*/犯人は傍若無人な態度でその犯行を否認した Der Verbrecher hatte die Stirn (Dreistigkeit), seine Tat zu leugnen.

ほうしゃせん 放射線 radiale Strahlen《*pl*》‖ 放射線写真 Radiographie *f.* -n/放射線病 Krankheit《*f.* -en》durch radioaktive Bestrahlung/放射線療法 Strahlentherapie *f.* -n.

ほうしゃのう 放射能 Radioaktivität *f.*/放射能のある radioaktiv/放射能をもたす(をもつ) radioaktiv machen (werden)/水爆実験のため雨に放射能があるそうだ Wegen des Experimentes mit der Wasserstoffbombe soll der Regen radioaktiv sein./サイクロトロンはコンクリートの壁によって放射能を遮蔽してある Das Zyklotron ist zum Schutz gegen Radioaktivität durch Betonwände abgeschirmt./放射能の測定にはガイガー計数管が用いられる Zur Messung der Radioaktivität benutzt man den Geigerzähler./八百カウントの放射能が雨の中に検出された 800 Zählstöße sind im Regen nachgewiesen.

ほうしゅ 砲手 Kanonier *m.* -s, -e; Schütze *m.* -n, -n.

ぼうじゅ 傍受する ab|hören⁴/無線を傍受する eine drahtlose Meldung ab|hören.

ほうしゅう 報酬 Belohnung *f.* -en; Besoldung *f.* -en; Entgelt *n.* -〔e〕s, -e; Entschädigung *f.* -en; Honorar *n.* -s, -e《医者・弁護士など》; Gage *f.* -n《俳優の》; Gratifikation *f.* -en《心付け》; Trinkgeld *n.* -〔e〕s, -er《チップ》; Lohn *m.* -〔e〕s, ¨e《賃金・給料》; Vergütung *f.* -en《謝礼》/報酬を出す belohnen⁴《*mit*³》; lohnen《*jm* ⁴*et mit*³》; entgelten⁴; entschädigen《*jn für*⁴》; erwidern³《*mit*³》; honorieren⁴; vergelten⁴; 〖俗〗⁴sich revanchieren《*mit*³》; eine Belohnung《*von*³》aus|setzen《*für*⁴》/無報酬で um Gotteslohn; ohne ⁴Entgelt; gratis/…の報酬として als Belohnung (Honorar); zum Entgelt《*für*⁴》/報酬は要求しません Wir werden keine Entschädigung beanspruchen.

ほうじゅう 放縦 Zügellosigkeit *f.* -en;

Unmäßigkeit f. -en; Ausschweifung f. -en/放縦な zügellos; disziplinlos; maßlos; zuchtlos; [享楽的］ ausschweifend; genusssüchtig; schwelgerisch. ⇨**わがまま, ほうらつ**.

ぼうしゅう 防臭 Desodorisierung f. -en.
—— 防臭する schlechte Gerüche beseitigen (überdecken; räuchern). ‖ 防臭剤 Desodorant n. -s, -s (-e); Räucherkerze f. -n.

ほうしゅく 奉祝 Feier f. -n; das Begehen*, -s/-奉祝を feiern*; feierlich begehen*⁴.

ほうしゅつ 放出 ❶ Ausströmung f. -en; Ausfluss m. -es, ¨e; Ausguss m. -es, ¨e. ❷ Ausstoßung f. -en; Freigabe f. -n. —— 放出する ❶ ausfließen*⁶; ausgießen*⁴; ausströmen⁴. ❷ ausstoßen*⁴; feilbieten*⁴; freigeben*⁴. ‖ 放出物資 aus dem Überfluss abgegebene Waren (pl.).

ほうじゅつ 砲術 Artilleriewissenschaft f. -en; Schützwesen n. -s ‖ 砲術練習 Schießübung (f. -en) mit dem Geschütz.

ほうじょ 幇助 Begünstigung f. -en 〔法律〕; Beistand m. -[e]s, ¨e; Unterstützung f. -en/幇助者 Helfershelfer m. -s, -; Anstifter m. -s, -/幇助する begünstigen*; jm Vorschub (Beistand) leisten*; jn anstiften ⟨zu⟩ 〔教唆〕.

ほうしょう 報償 Entgelt n. -[e]s, -e; Entschädigung f. -en; Gegenleistung f. -en; Vergeltung f. -en; Vergütung f. -en/報償金として...ユーロの額を受取った Ich erhielt eine Summe von ... Euro als Entgelt. ‖ 報償金 Entschädigung f. -en.

ほうしょう 褒賞 ⇨**ほうび**.

ほうしょう 褒章 Verdienst|medaille f. -n (-abzeichen n. -s, -).

ほうしょう 褒状 Belobigungs|schreiben (-Anerkennungs) n. -s, -.

ほうしょう 帽章 Kokarde f. -n; Abzeichen ⟨n. -s, -⟩ der Mütze.

ほうしょう 傍証 Indizienbeweis m. -es, -e; Indiz n. -es, ..zien/傍証を固める Indizien sammeln.

ぼうじょう 棒状の stangenartig.

ほうしょうきん 報奨金 Prämie f. -n; Gratifikation f. -en; Subsidium n. -s, ..dien ‖ 報奨金制度 Prämiensystem n. -s, -e/学術振興報奨金 die Prämie zur Förderung der Wissenschaft.

ほうしょく 奉職する ein Amt (einen Dienst) an|treten*⁴; in ein Amt ein|treten*⁴ ⟨s⟩/奉職している ein Amt bekleiden (inne|haben*); amtieren; amten/外務省に通訳として奉職している Er bekleidet das Amt eines Dolmetschers im Auswärtigen Amt.

ほうしょく 暴食 Gefräßigkeit f. -en; Völlerei f. -en. —— 暴食する Völlerei treiben*; wie Scheunendrescher essen*. ‖ 暴食家 Völler m. -s, -; Vielfraß m. -es, -e.

ほうしょく 紡織 Spinnen* und Weben*, des - und -s ‖ 紡織機 Textilmaschine f. -n/紡織工業 Textilindustrie f. -en.

ぼうしょくざい 防蝕剤 Antiseptikum n. -s, ..ka. ⇨**ほうふ**(防腐剤).

ほうじる 焙じる rösten⁴/茶を焙じる Tee rösten.

ほうじる 奉じる ❶ 〔仰せ・命令など〕 Folge leisten³; befolgen⁴; beobachten⁴; gehorchen³; 'sich jm fügen; nach|gehen*³ ⟨s⟩ / 義務を奉じる Pflichten beobachten (ein|halten*). ❷ 〔宗旨を〕 ⁴sich bekennen ⟨zu⟩; an|nehmen*⁴; glauben ⟨an⁴⟩; ⁴sich hin|geben*³/人によりその奉じる神もちがう Als wie der Mensch, so ist sein Gott. ⇨**たてまつる**.

ほうじる 報じる ¶ 新聞の報じる所によれば wie die Zeitungen melden. ⇨**ほうこく, しらせる, むくいる**.

ほうじる 封じる jn mit einem Land belehnen; jm ein Gut zu Lehen geben*; zum Lehnsmann machen ⟨jn⟩.

ほうしん 方針 ❶ 〔一般に〕 Richtung f. -en; Prinzip n. -s, ..pien 〔主義〕; Politik f. -en 〔政策〕. ❷ 〔目的〕 Absicht f. -en; Ziel n. -[e]s, -e; Zielsetzung f. -en; Zweck m. -[e]s, -e. ❸ 〔意図・計画〕 Plan m. -[e]s, ¨e; Programm n. -s, -e; Vorhaben n. -s, -; Vorsatz m. -es, ¨e/方針を定める ³et eine (bestimmte) Richtung geben*; einen Plan entwerfen*; ³sich ein Ziel setzen/方針を誤まる einen falschen Weg ein|schlagen*; ⁴sich falsch ein|richten/方針どおりに programmäßig; wie vorgesehen/無方針に ohne Zweck und ⁴Ziel; planlos.

ほうしん 砲身 Geschützrohr n. -[e]s, -e; Lauf m. -[e]s, ¨e.

ほうしん 疱疹 Flechte f. -n.

ほうしん 放心(状態) Geistesabwesenheit f.; Gedankenlosigkeit f.; Zerstreutheit f./その時彼は全くぼんやりした放心状態にあった Dabei war er völlig zerstreut und nicht bei der Sache. —— 放心した geistesabwesend; gedankenlos; zerstreut/放心させる js Gedanken zerstreuen; jn ⟨js Aufmerksamkeit⟩ ab|lenken.

ほうじん 方陣 Karree n. -s, -s.

ほうじん 法人 die juristische Person, -en; Körperschaft f. -en/法人組織にする ⁴sich in einer Körperschaft zusammen|schließen*/法人設定する als juristische Person ein|tragen*⁴ ‖ 法人税 Körperschaftssteuer f. -n.

ほうじん 邦人 Japaner m. -s, -; Landsleute (pl 同胞); die japanische Kolonie, -n ⟨在外邦人⟩.

ぼうず 坊主 ❶ Bonze m. -n, -n; Mönch m. -[e]s, ¨e; buddhistischer Priester -s -/坊主臭い Er hat einen Bonzengeruch.: Er riecht (stinkt) nach Bonzen/坊主憎けりゃ袈裟(けさ)まで憎い An einer Person, die man hasst, findet man alles schlecht. /坊主頭 Tonsur f. -en; die glatt geschorene (kahl geschorene) Platte, -n. —— 坊主になる Bonze werden*; ³sich die Haare ganz kurz schneiden lassen* 〔坊主頭になる〕; Haare scheren lassen* 〔剃(そ)髪する〕/虫が木を食って坊主にしてしまった Die Raupen haben alle Bäume kahl gefressen.

ほうすい 放水 Abfluss m. -es, ¨e; Ablauf m. -[e]s, ¨e; Abzug m. -[e]s, ¨e/放水する

ぼうすい abziehen*⁴; abfließen (ablaufen) lassen*⁴ ‖ 防水管 Abfluss|rohr n. -(e)s, -e (-röhre f.) /防水門 Schleuse f. -n; Schleusentor n. -(e)s, -e /防水路 Abzugsgraben m. -s, =; Abfluss.

ぼうすい 紡錘 Spindel f. -n /紡錘形の spindelförmig.

ぼうすい 防水の wasser|dicht (-fest) ‖ 防水コート Regenmantel m. -s, -/防水堤(堰) Fang|damm (Kasten=) m. -(e)s, =e/防水扉 (時計)die wasserdichte Tür (Uhr), -en/防水布 der wasserdichte Stoff, -(e)s, -e.

ぼうすいき 豊水期 Regenzeit f. -en.

ぼうせい 法制 Gesetzgebung f. -en; Rechtsinstitut n. -(e)s, -e; Legislation f. /法制局 Legislatur f. -en; Legislaturbüro n. -s, -s/法制経済 Rechts- und Wirtschaftslehre f. -n.

ぼうせい 砲声 Geschütz|donner (Kanonen-) m. -s, -; das Brüllen* (-s) der Geschütze.

ほうせい 方正 Rechtschaffenheit; Aufrichtigkeit; Biederkeit; Rechtlichkeit; Tugendhaftigkeit《以上どれも f.》/方正なる rechtschaffen; aufrichtig; gerecht; ordentlich; sittenstreng; tugendhaft/品行方正な人 ein Mann (m. -(e)s, =er (Leute)) von Sittenreinheit.

ぼうせい 暴政 Tyrannei f. -en; Despotie f. -n; Willkürherrschaft f. -en.

ほうせき 宝石 Edelstein m. -(e)s, -e; Juwel n. -s, -en; Kleinod n. -(e)s, -e (-ien); Bijouterie f. -n /宝石で飾る mit Edelsteinen schmücken*⁴ ‖ 宝石細工 Schmuck|arbeit (Juwelen-) f. -en; Geschmeide n. -s, -/宝石商 Juwelier m. -s, -e; Juwelenhändler (Schmuck-) m. -s, -/(人)宝石店 Juwelen|laden (Schmuck-) m. -s, =/宝石箱 Juwelen|kästchen (Schmuck-) n. -s, -; Schatulle f. -n/宝石類 Schmucksachen (-waren) (pl); Juwelen(waren) (pl).

ぼうせき 紡績 das Spinnen*, -s; Spinnerei f. -en. — 紡績する spinnen*⁴. ‖ 紡績糸 Spinn|faser f. -n (-garn n. -(e)s, -e)/紡績会社 Textilgesellschaft f. -en/紡績機械 Spinnmaschine f. -n/紡績業 Spinnindustrie f. -n/紡績業者 Spinnfabrikant m. -en, -en/紡績絹糸 Spinnseide f. /紡績工 Spinner m. -s - (Spinnerin f. ...rinnen)/紡績工場 Spinnerei f. -en/紡績車 Spinnrad n. -(e)s, =er/紡績工場 Spinnfabrik f. -en.

ぼうせつ 妄説 ungereimte (unsinnige) Ansicht, -en; Trugschluss m. ..sse, ..sse 《〈じつけ〉》; Gerücht n. -(e)s, -e 《風説》.

ぼうせつ 傍接写 Ankreis m. -es, -e.

ぼうせつりん 防雪林 der Schutzwald (-(e)s, =er) gegen Schneeschutz.

ぼうせん 防戦 Abwehrschlacht f. -en; Defensivkrieg m. -(e)s, =e. — 防戦する die Defensive ergreifen*; ⁴sich verteidigen (gegen⁴); ⁴sich defensiv verhalten*; in der Defensive beharren.

ぼうせん 傍線 Unterstreichung f. -en /傍線を引く unterstreichen*⁴/傍線を施した unterstrichen.

ぼうぜん 茫然と ausdruckslos; geistesabwesend; gedankenlos; zerstreut/茫然自失する bestürzt (verblüfft; verdutzt; verwirrt) sein/茫然自失なす所を知らない Er ist einfach verblüfft und weiß nicht, was er machen soll.

ほうせんか 鳳仙花 Springkraut n. -(e)s, =er; Balsamine f.

ほうそ 硼素 Bor n. -s 《記号: B》.

ほうそう 法曹 der Justizbeamte*, -n, -n ⇒ **ほうかん**(法官) ‖ 法曹界 die juristische Welt, -en; der juristische Kreis, -es, -e.

ほうそう 放送 Sendung f. -en; Fernsehsendung 《テレビの》; Rundfunksendung 《ラジオの》/放送中である auf Sendung sein. — 放送する senden*¹⁴ 《ふつう弱変化》; übertragen*⁴ 《中継する》. ‖ 放送局 Sender m. -s, -; Fernsehsender 《テレビの》; Rundfunksender 《ラジオの》/放送劇 Hörspiel n. -(e)s, -e /いま放送をやっている Ein Hörspiel läuft jetzt (ist im Gang)/放送中継車 Übertragungswagen m. -s, - / 放送盗聴者 Schwarzhörer m. -s, -/放送番組 Fernsehprogramm n. -s, -e 《テレビの》; Radioprogramm n. -s, -e 《ラジオの》/衛星放送 Satellitenfernsehen n. -s/学校放送 Schulfunk m. -s/娯楽放送 Unterhaltungssendung/実況放送 Livesendung (Live-Sendung) f. -en/深夜放送 Nachtprogramm/第一(第二)放送 das erste (zweite) Programm, -s, -e/中継放送 Übertragung f. -en/中継放送局 Zwischensender m. -s, -/生放送 Livesendung (Live-Sendung) f. -en/Original|sendung; die direkte Übertragung/ニュース放送 Nachrichtensendung f. -en; Nachrichtenprogramm n. -s, -e/妨害放送 Störsendung f. -en/録音放送 Aufnahmesendung.

ほうそう 包装 (Ver)packung f. -en /包装する (ein)packen⁴ (in⁴); verpacken⁴ (in⁴) ‖ 包装紙 Pack|papier n. -s, -e.

ほうそく 法則 (Natur)gesetz n. -es, -e; Regel f. -n.

ほうそう 疱瘡 ❶ 《天然痘》 Pocken (pl); Blattern (pl)/疱瘡にかかる ³sich Pocken holen; von ³Pocken befallen werden. ❷ 《種痘》 Impfung (f. -en) gegen *Pocken/疱瘡をうえる gegen Pocken (Blattern) impfen lassen*/疱瘡がついた(つかなかった) Die Impfung war positiv (negativ).

ほうたい 包帯 Binde f. -n; Verband m. -(e)s, =e /包帯をする einen Verband machen (an|legen) (um³) (die (Wunden) verbinden*⁴; einen Verband machen (an|legen)/包帯をとりかえる den Verband erneuern/包帯をとる den Verband ab|nehmen*.

ほうだい 砲台 《兵》 Batterie f. -n /砲台を築く eine Batterie bauen (an|legen; errichten).

-ほうだい -放題 ¶ ...いいなり放題になる nach js ³Pfeife tanzen; ³sich in den Fetter wickeln lassen*/食い放題にする nach Herzenslust ⁴essen*/手当たり放題に取る das erste Beste* nehmen*/言いたい放題に言う aufs Geratewohl sagen.

ぼうだい 膨大な ungewöhnlich (ungeheuer) groß; gigantisch; gewaltig; riesig (riesenhaft); kolossal(isch).

ぼうだかとび 棒高跳び Stabhochsprung *m.* -[e]s, ⸚e.

ぼうだち 棒立になる aufrecht stehen*; ⁴sich bäumen 《馬が》.

ぼうだら 棒だら Stockfisch *m.* -[e]s.

ぼうだん 放談 das unverantwortliche Gerede, -s.

ほうだん 法談 Predigt *f.* -en; Kanzelrede *f.* -n.

ほうだん 砲弾 Geschoss *n.* -es, -e; [Kanonen]kugel *f.* -n/砲弾の雨 Kugelregen *m.* -s, -.

ぼうだん 防弾の kugelfest; bombenfest (-sicher) ‖ 防弾ガラス das kugelfeste Glas, -es/防弾チョッキ die kugelfeste Weste, -n (Jacke, -n).

ほうち 報知 Nachricht *f.* -en; Bericht *m.* -[e]s, -e; Mitteilung *f.* -en; Kunde *f.* -n/報知に接する ⁴Nachricht bekommen*. ― 報知する berichten⁴ (*jm*); mit|teilen 《同上》; benachrichtigen (*jn von*³); Bericht erstatten (ab|statten) (*jm über*⁴). ‖ 報知機 Alarmapparat *m.* -[e]s, -e/火災報知機 Feueralarm *m.* -[e]s, -e.

ほうち 放置する liegen lassen*⁴; [顧慮しない] außer ³Acht (aus der ³Acht) lassen*⁴; (auf ³Acht) beruhen lassen*⁴.

ほうちく 放逐 [追放] Ausstoßung *f.* -en; Verbannung *f.* -en; Vertreibung *f.* -en; Verstoßung *f.* -en/放逐する aus|stoßen*⁴; verbannen⁴; vertreiben*⁴; verstoßen*⁴.

ほうちこく 法治国 Verfassungsstaat *m.* -[e]s, -en.

ぼうちゅう 傍注 Bemerkungen 《*pl*》 am Rande; Rand|bemerkung *f.* -en (-glosse *f.* -n).

ぼうちゅう 防虫加工の mottensicher; mottengeschützt ‖ 防虫剤 Mottenschutzmittel *n.* -s, -; [粉末] Mottenpulver *n.* -s, -; [球状の] Mottenkugel *f.* -n.

ぼうちゅう 忙中あり Auch im Drang der Geschäfte kann man einen freien Augenblick finden.

ほうちょう 包丁 Küchenmesser *n.* -s, -; Hackmesser *n.* -s, - 《肉切り包丁》.

ぼうちょう 膨張 Ausdehnung *f.* -en; Anschwellung *f.* -en; Expansion *f.* -en; Ausbreitung *f.* -en 《拡張》; Erweiterung *f.* -en 《拡大》; des Anwachsen*, -s 《増加》; Zunahme *f.* -n 《増加》/都市の膨張 die Vergrößerung (Entwicklung) 《-en》 einer ²Stadt/膨張 Inflation *f.* -en. ― 膨張する ⁴sich aus|dehnen; an|schwellen* ⟨s⟩; ⁴sich expandieren; an|schwellen*; ⁴sich erweitern; an|wachsen* ⟨s⟩; zu|nehmen* 《*an*³》. ‖ 膨張計 Dilatometer *n.* -s, -/膨張係数 Ausdehnungskoeffizient *m.* -en, -en/膨張性 Ausdehnbarkeit *f.*/膨張性の expansiv/膨張力 Expansionskraft (Expansions-) *f.* ⸚e.

ぼうちょう 傍聴 das Zuhören* (Anhören*), -s/傍聴を禁止して unter ³Ausschluss der ²Öffentlichkeit; bei verschlossenen ³Türen 《秘密に》/公判に傍聴を禁止する die Öffentlichkeit aus|schließen*. ― 傍聴する zu|hören (*jm*); an|hören⁴ ‖ 傍聴禁止 Eintritt verboten!/公判は傍聴禁止された Die (Gerichts)verhandlung hat unter Ausschluss der Öffentlichkeit begonnen./傍聴券 Einlass|karte (Eintritts- *f.* -n)/傍聴者 Zuhörer *m.* -s, -; Zuhörerschaft *f.* -en 《総称》/傍聴席 Zuhörer|platz *m.* ⸚e, ⸚e (-raum *m.* -[e]s, ⸚e)/傍聴無料《随意》 Eintritt frei!/傍聴料 Eintrittsgeld *n.* -[e]s, -.

ぼうちょう 防諜 die Verhütung 《-en》 der Spionage.

ぼうちょうてい 防潮堤 Hochwasserdeich *m.* -[e]s, -e.

ぼうっと ⇒ぼんやり.

ほうてい 法廷 Gericht *n.* -[e]s, -e; Gerichtshof *m.* -[e]s, ⸚e/法廷で争う vor Gericht gehen* ⟨s⟩; gegen *jn* gerichtlich vor|hegen*/法廷に立つ vor Gericht erscheinen* ⟨s⟩/法廷に持ち出す *jn* (⁴*et*) vor (ein) Gericht bringen*; *jn* vor (bei) Gericht verklagen/法廷に召喚する *jn* vor Gericht laden (fordern)/法廷で申し開きをする ⁴sich vor Gericht verantworten/事件は法廷に持ち出された Die Sache kam vor Gericht.

ほうてい 捧呈 Überreichung *f.* -en/捧呈する überreichen⁴.

ほうてい 法定の gesetzlich (anerkannt; festgesetzt; vorgeschrieben); amtlich gültig; rechtsgültig; rechtmäßig ‖ 法定価格 der gesetzlich festgesetzte Preis, -es, -e/法定為替相場 die gesetzliche Valuta, -ten; der amtlich gültige Kurs, -es, -e/法定数 die beschlussfähige Anzahl/法定相続人 der gesetzliche Erbe, -n, -n/法定代理人 der gesetzliche Vertreter, -s, -/法定通貨 das gesetzliche Zahlungsmittel, -s, -/法定積立金 der gesetzliche Reservefonds, -, -/法定利率 der gesetzliche Zinsenfuß, -es, ⸚e (Zinssatz, -es, ⸚e).

ほうていしき 方程式 《数》 Gleichung *f.* -en/一(二、三)次方程式 Gleichung ersten (zweiten, dritten) Grades; die einfache (quadratische, kubische) Gleichung/方程式を作る(解く) eine Gleichung an|setzen (auf|lösen) ‖ 高次方程式 Gleichung hohen Grades/連立方程式 Gleichungssystem *n.* -s, -e; System von Gleichungen/微分積分、指数、代数、二項、不定方程式 die Differenzial- (Integral-, Exponential-, algebraische, binominale, diophantische) Gleichung.

ほうてき 法的 Rechts-; gesetzlich; gesetzmäßig (recht-); juristisch ‖ 法的意識 Rechtsbewusstsein *n.* -s/法的根拠 Rechtsgrund *m.* -[e]s, ⸚e.

ほうてき 放擲 Verzicht *m.* -[e]s, -e; Aufgabe *f.* -n 《中止》; Entsagung *f.* -en; Unterlassung *f.* -en 《中止》; Vernachlässigung *f.* -en; Versäumnis *n.* ..nisses, ..nisse 《等閑》/放

ぼうてつ 撤する verzichten 《auf⁴》; auf|geben*⁴; entsagen³; unterlassen*⁴; vernachlässigen⁴; versäumen⁴/彼はすべての希望を捨てしまった Er hat alle Hoffnungen aufgegeben./権利は放棄することにした Er entschloss sich zum Verzicht auf das Recht.

ぼうてつ 棒鉄 Stabeisen n. -s.

ほうてん 宝典 Thesaurus m. -, ..ren (..ri); Handbuch n. -[e]s, ¨er; Lexikon n. -s, ..ka.

ほうてん 法典 Gesetzbuch n. -[e]s, ¨er; Kodex m. -[es], -e (..dizes) ‖ 法典編纂 Kodifikation f.

ほうでん 放電 Entladung f. -en/放電する entladen* ‖ 放電叉 Entladungsstange f. -n.

ほうと 方途 Mittel n. -s, -; Weg m. -[e]s, -e; Mittel und Wege 《pl》.

ほうと 暴徒 Pöbel m. -s, -; Gesindel n. -s, -; Mob m. -s, -; Meuterer m. -s, -; Rotte f. -n; 《反逆》 Aufrührer m. -s, -; Empörer m. -s, -; Rebell m. -en, -en.

ほうとう 放蕩 Ausschweifung f. -en; Liederlichkeit f. ; Prasserei f. -en; Unzucht f.《淫行》/放蕩な ausschweifend; genießerisch; liederlich; locker; lüstern/彼は放蕩の限りを尽くした Er hat sich ausgetobt. — 放蕩する aus|schweifen; ein ausschweifendes (liederliches) Leben führen; der ³Sinnlichkeit frönen; in Saus und Braus leben. ‖ 放蕩者 Liederjan m. -[e]s, -e; Lockerling m. -s, -e/放蕩な Vogel, -s, ¨/放蕩息子 der verlorene Sohn, -[e]s, ¨e/どうらく.

ほうとう 宝刀 Prunkschwert n. -[e]s, -er; das wertvolle Schwert/伝家の宝刀を抜く altererbten Kunstgriff an|wenden⁴.

ほうとう 砲塔 Geschütz|bank f. ¨e (-stand m. -[e]s, ¨e); Panzerturm m. -[e]s, ¨e; Drehturm 《回転式》.

ほうとう 奉答 Antwort 《f. -en》an den Kaiser/奉答する dem Kaiser [ehrerbietig] antworten.

ほうどう 報道 Nachricht f. -en; Bericht m. -[e]s, -e; Meldung f. -en; Mitteilung f. -en; Reportage f. -n; Rapport m. -[e]s, -e/新聞の報道によれば laut ²⁽³⁾Zeitungsnachrichten; wie in der Zeitung steht; wie die Zeitung meldet/報道する berichten³⁴; Bericht erstatten 《jm über⁴》; benachrichtigen《jn über⁴; von³》; Nachricht geben*³⁴; melden³⁴; mit|teilen³⁴ /報道の自由 Pressefreiheit f. ‖ 報道関制 Nachrichtensperre f. -n/報道陣 Nachrichtenwesen n. -s, - (-agenturen《pl》); Pressevertreter《pl》/報道網 Nachrichtennetz n. -es, -e.

ほうとう 暴騰 das rapide (plötzliche) Steigen* 《-s》 der Preise; das Emporschnellen* (Hochschnellen*)《-s》 der Preise. — 暴騰する schnell und hoch steigen* [s]; energisch in die Höhe kommen*[s]. ‖ 株価暴騰[plötzliche (starke)] Hausse f. -n.

ぼうとう 冒頭 Anfang m. -[e]s, ¨e; Eingang m. -[e]s, ¨e; Kopf m. -[e]s, ¨e《書簡のはじめ・新聞の標題等》‖ 冒頭言 die Eingangsworte《pl》/冒頭陳述 Eingangsaussage f. -n.

ぼうどう 暴動 Aufruhr m. -s, -e; Aufstand m. -[e]s, ¨e; Empörung f. -en; Meuterei f. -en; Rebellion f. -en; Tumult m. -[e]s, -e; Putsch m. -es, -e《小暴動》; Unruhe f. -n《騒擾》/暴動を起こす einen Aufruhr erregen (stiften); ⁴sich empören; ⁴sich erheben*《gegen⁴》; meutern; rebellieren 《gegen jn》; tumultieren/町には暴動が起こって Es sind Unruhen in der Stadt.

ぼうとく 冒涜 Entweihung f. -en; Entheiligung f. -en; Blasphemie f. -n;[Gottes]lästerung f. -en;[洗聖] Kirchenraub m. -[e]s, -e; Heiligtumsschändung f. -en. — 冒涜する entweihen⁴; lästern⁴; schänden⁴; in den Schmutz zerren⁴.

ぼうどく 防毒 Gasschutz m. -es ‖ 防毒室 Gasschutzraum m. -[e]s, ¨e/防毒面 Gas[schutz]maske f. -n.

ほうにょう 放尿 das Harnlassen*, -s/放尿する sein Wasser ab|schlagen*; harnen; pissen; pinkeln《おしっこする》.

ほうにん 放任 Nichteinmischung f.; Laisser-faire n. -, -/事態は放任を許さぬ Man kann die Sache nicht mehr so weiter laufen lassen. — 放任する lassen*³; ⁴et gehen (laufen) lassen*; ⁴et geschehen lassen*《成行きにまかせる》; ⁴et bleiben (liegen und stehen) lassen*《そのままに》; ⁴et gut sein lassen*; es dabei bewenden lassen* 《それでよしとする》; jm《od》 freien Lauf (freie Bahn; freie Hand) lassen*《ほったらかす》; ⁴sich in ⁴et nicht ein|mischen (ein|mengen)《干渉せぬ》. ‖ 放任主義 Latitudinar[ian]ismus m. -; Freigeisterei f.

ほうねつ 放熱 Wärmeausstrahlung f. -en/放熱する Wärme ab|strahlen (aus|strahlen) ‖ 放熱器 Wärmestrahler m. -s, -; Heizkörper m. -s, -; Radiator m. -s, -en.

ほうねん 豊年 das Jahr 《-[e]s, -e》der reichen Ernte/今年は豊年だろう Wir haben dieses Jahr gute Ernteaussichten. ‖ 豊年祝 Erntesegenfest n. -[e]s, -e.

ほうねん 放念 ¶ 御放念下さい Machen Sie sich darum (darüber) keine Sorgen mehr! Machen Sie darüber keine Gedanken mehr!

ぼうねんかい 忘年会 Jahresschlussgelage n. -s, -.

ほうのう 奉納 Darbringung f. -en; Einweihung f. -en; Weihe f. -n; Widmung f. -en. — 奉納する dar|bringen*⁴;[ein]weihen⁴; widmen⁴. ‖ 奉納物 Weihgeschenk (Votiv-) n. -[e]s, -e; Votivbild n. -[e]s, -er《油絵》《画》; Votivtafel f. -n《絵馬》.

ぼうはてい 防波堤 Hafendamm m. -[e]s, ¨e; Mole f. -n; Wellenbrecher m. -s, -.

ぼうはん 防犯 Vorbeugung 《-en》 von Verbrechen.

ほうひ 包皮 《解》Vorhaut f.

ほうび 褒美 Belohnung f. -en, -en;[賞] Preis m. -es, -e/...の褒美として zur Belohnung 《für ⁴et》/褒美を得 den Preis erhalten* (ge-

ほうび winnen*)/褒美を授ける den Preis geben*〈zulerkennen*〉《jm》 褒美受領者 Preisträger m. -s

ほうび 防備 Verteidigung f. -en; Wehr f. -en; Verteidigungsanstalten 《pl 防御設備》; Verteidigungswerke 《pl 防御工事》; Befestigung f. -en《築城》; Festungswerke 《pl 同上》-en; Besatzung f. -en《守備隊》《防御のある(ない)》befestigt; verschanzt 〈schutzlos; unverteidigt; wehrlos〉/防備を厳にする eine Festung (die Besatzung) verstärken / 防備を施す befestigen《eine ⁴Stadt》; verschanzen⁴《ein ⁴Lager 設営る》; verteidigen⁴《eine ⁴Stadt; eine ¹Festung》/無防備都市 eine offene Stadt, m.

ぼうびき 棒引きにする [aus]streichen*⁴; durch[streichen*⁴; annullieren⁴; auf]heben*⁴; tilgen⁴《償却する》/勘定を棒引きにする eine Rechnung aus[gleichen*《begleichen*; quittieren》/これで棒引きだ Wir sind quitt 〈miteinander〉.

ほうふ 豊富 Fülle f.; Menge f. -n; Reichtum m. -s, -er; Über[fülle f. -(fluss m. -es)/豊富に(な)reich《an³》; reichlich; üppig; in Hülle und Fülle; in Mengen; im Überfluss; viel/豊富な知識 das reiche Wissen*, -s/豊富な経験〈資源〉die reiche Erfahrungen〈Bodenschätze〉《pl》/豊富に持っている ⁴et in Hülle und Fülle (im Überfluss) haben / この地方は石炭が豊富である Diese Gegend ist reich an Kohle.

ほうふ 抱負 ❶ [志願] das Streben*〈Trachten*〉, -s/抱負をいだく sein Streben auf ⁴et ein]stellen〈richten〉; einen großzügigen Plan im Leben haben; ehrgeizig sein/抱負を語る seinen Plan (seine Pläne) erzählen/彼は抱負をもって努める人だ Er ist ein Streber (ein strebsamer Mensch; ein zielbewusster Charakter). ❷ [功名心] Ehrgeiz m. -es; Ruhmsucht f.; Taten[durst m. -es (-lust f.). ❸ [計画] Plan m. -s, -e; Vorhaben n.; Vorsatz m. -es, -e.

ほうふ 防腐 die Verhinderung der ²Fäulnis; Antisepsis f.《傷口の》/防腐の fäulnis[hindernd 〈-widrig〉; antiseptisch 防腐剤 Konservierungsstoff m. -(e)s, -e; Antiseptikum n. -s, ...ka; das antiseptische Mittel, -s, /防腐を施す antiseptisch〈fäulniswidrig〉behandeln*.

ぼうふう 防風 der Schutz (-es) gegen ⁴Wind | 防風林 Windschutzwald m. -(e)s, -er.

ぼうふう(う) 暴風(雨) Sturm m. -(e)s, -e; Sturmwind m. -(e)s, -e《暴風》; Sturmwetter n. -s, -《暴風雨》; Unwetter n. -s, -《同上》; [Un]gewitter n. -s, -《雷雨》; Orkan m. -s, -e《台風》; Taifun (Teifun) m. -s, -e《台風》/暴風雨の stürmisch/暴風雨の中心の ruhige Mitte eines Wirbelsturms; Sturmzentrum n. -s, ...tren/暴風雨が起こる Ein Sturm erhebt sich. | Es (Das Wetter) stürmt.《荒天である》| 暴風[雨]警報 Sturmwarnung f. -en/暴風[雨]信号 Sturm[signal n. -s, -e (-zeichen n. -s,

-)/暴風雪 Schneesturm m.

ほうふく 報復 Vergeltung f. -en; Repressalie f. -n ⇒ふくしゅう(復讐)/報復的 Vergeltungs-. —— 報復する ⁴et mit ³et vergelten*; Vergeltung üben《an⁴》; Repressalien an[wenden*⁴《ergreifen*》《gegen³》; jm heim[zahlen. | 報復手段 Vergeltungsmaßnahme f.

ほうふく 法服 Amts[tracht (-kleidung) f. -en, Robe f. -n.

ほうふくぜっとう 抱腹絶倒する [vor Lachen] den Bauch (die Seiten) halten*; [vor Lachen] vom Stuhl fallen* [s]. ⁴sich tot lachen.

ほうふつ 彷彿とする ❶ mit ³et [große; viel] Ähnlichkeit haben; jm erinnern《an⁴》/彼女の姿が眼前に彷彿とする Ihr Bild schwebt mir vor den Augen./彼の[風貌]には父親を彷彿とさせるものがある Sein Aussehen erinnert mich an seinen Vater. ❷ [ぼんやり見える] verschwommen [nebelhaft] sichtbar sein 〈werden〉/山々ももやの中に彷彿として見る Die Berge verschwimmen in Duft.

ほうぶつせん 放物線《数》Parabel f. -n; Wurflinie f. -n/放物線を描く eine Parabel beschreiben*〈zeichnen〉| 放物面鏡 Parabolspiegel m. -s, -.

ぼうふら Moskitolarve f. -n.

ほうぶん 法文 der Wortlaut 〈-(e)s〉 des ²Gesetzes; Gesetz n. -es, -e.

ほうぶん 邦文 die japanische Sprache; das Japanisch《-n》; Japanisch n. /邦文の japanisch | 邦文タイピスト Maschinenschreiber m. -s, -《Japanisch》/邦文タイプライター die Schreibmaschine 〈-n〉 mit japanischen Typen.

ほうへい 砲兵 Artillerie f. -n《隊・科》; Artillerist m. -en, -en《兵》.

ほうへい 宝瓶宮《占星》Wassermann m. -(e)s, -er.

ほうへき 防壁 Schutz[mauer f. -n (-wall m. -(e)s, -er); Bollwerk n. -(e)s, -e《gegen⁴》.

ほうべん 方便 Hilfsmittel n. -s, -; [Not]behelf m. -(e)s, -e; [逃路] Aus[weg m. -(e)s, -e (-flucht f. -e)/方便としての嘘 Notlüge f. -n/嘘も方便,In der Not ist auch die Lüge erlaubt.'

ほうほう 方法 Methode f. -n; Art f. -en; Weise f. -n; Art und Weise; Weg m. -(e)s, -e; Verfahren n. -s, -《手順》; Mittel n. -s, -《手段》; Schritt m. -(e)s, -e; Maßnahme f. -n《措置》/こういう方法で auf diese Weise /いろいろな方法で auf mehr als eine Weise; auf verschiedene Wege/これは普通の方法じゃだめだ Das geht nicht auf den normalen Weg[es]./新しい手段方法を発見した Er hat neue Mittel und Wege gefunden./商売は今までと同じ方法で続けます Wir werden das Geschäft in der bisherigen Weise fortsetzen. | 方法論 Methodologie f.

ほうぼう《魚》Knurrhahn m. -(e)s, -e.

ほうぼう 方々で(に) überall; allenthalben; allerorten; allerorts; hier und dort; auf und ab; in jeder Richtung/方々から[へ]

von (nach) allen Seiten/方々ぶらつく umher|wandern [s]/それは方々にある Das findet man überall.

ぼうぼう 茫々たる ［果てもなく広い］ endlos weit;〔weit〕ausgedehnt; grenzenlos; unermesslich; [漠とした] undeutlich; dunkel.

ぼうぼう ❶ [草など]〔dicht und〕üppig; geil wachsend/草ぼうぼうたる庭 der mit Gras bewachsene (überwucherte) Garten, -s, ¨/草がぼうぼう茂っている Das Gras wächst üppig (geil). ¦ Das Unkraut wuchert wild. ❷ [髪など] ungekämmt; struppig; zott〔e〕l〕ig; [髭(ひげ)など] unrasiert; ungepflegt/ぼうぼうとした頭(髪)〔の人〕Strobel *m.* -s, -/ぼうぼうとした髭 der wilde (ungepflegte) Bart, -〔e〕s, ¨e. ❸ 火がぼうぼう燃える Das Feuer lodert〔zum Himmel〕.《炎々と》; Das Feuer prasselt (brennt knatternd)〔im Ofen〕.《ぱちぱち》.

ほうほうのてい ほうほうの体で wie ein begossener Pudel《冷汗三斗の思いで》; mit langer Nase《出鼻をくじかれて》; den Schwanz einziehend《しっぽをまいて》; mit knapper Mühe und Not《命からがら》; jählings《あわてて》; Hals über Kopf《足も空に》; deprimiert und geknickt《しおしおと》/ほうほうの体で逃げ出す ⁴sich Hals über Kopf aus dem Staub machen/ほうほうの体で引き下がる wie ein begossener Pudel ab|ziehen* [s].

ほうぼく 放牧 das〔Ab〕weiden*, -s/放牧する weiden⁴ ‖ 放牧権〔Vieh〕trift *f.* -en.

ほうまつ 泡沫 Schaum *m.* -〔e〕s, ¨e;〔Luft-〕blase *f.* -n; der leere Schein, -〔e〕s, -e《うつろな外面》 ‖ 泡沫会社 Schwindelgesellschaft *f.* -en.

ほうまん 放漫な locker; lose; nachlässig; liederlich《だらしない》; schlaff《だらけた》; ausschweifend《放蕩(ほうとう)》.

ほうまん 豊満な üppig; beleibt; drall; fleischig; wollüstig《嬌艶(きょうえん)》/豊満な頬 die runde Backe, -n/豊満なからだつき die üppige Figur, -en.

ほうみょう 法名 der buddhistische Name, -ns, -n.

ぼうみん 暴民 Pöbel *m.* -s, -; Gesindel *n.* -s, -; Meuterer *m.* -s, -; Aufrührer *m.* -s, -《反徒》.

ほうむ 法務 die gerichtlichen Angelegenheiten《*pl*》‖ 法務官 der Justizbeamte*, -n, -n/法務省 Justizministerium *n.* -s, ..rien/法務大臣 Justizminister *m.* -s, -.

ほうむる 葬る ❶ begraben*⁴《広い意味で》. ❷ [人を] beerdigen⁴; bei|setzen⁴; bestatten⁴; zu Grabe tragen*⁴; zur letzten Ruhe betten⁴; das letzte Geleit geben*³. ❸ [提案·議案などを] in ein Schubfach legen⁴; unter den Tisch fallen lassen*⁴ (setzen⁴); beiseite schieben*⁴. ❹ [うやむやに] vertuschen⁴;〖俗〗verdrücken⁴/死人(要求, 法案) を葬る einen Toten (eine Forderung, eine Gesetzesvorlage) begraben*/醜聞をうやむやに葬る einen Skandal vertuschen/彼らは彼を社会的に葬ってしまった Sie haben ihn in der öffentlichen Meinung unmöglich gemacht.

ほうめい 芳名 Ihr werter Name, -ns, -n ‖ 芳名録 Namenliste *f.* -n; Gästebuch *n.* -〔e〕s, ¨er.

ぼうめい 亡命 Exil *n.* -s, -e; Emigration *f.* -en. ── 亡命する ins Exil gehen* [s]; aus|wandern [s]; im Ausland Zuflucht suchen/亡命している im Exil leben. ‖ 亡命者 Emigrant *m.* -en, -en; Exilpolitiker *m.* -s, -/亡命政権 Exilregierung *f.* -en/亡命文学 Exilliteratur *f.*

ほうめん 方面 Richtung *f.* -en; Seite *f.* -n; [地方] Bezirk *m.* -〔e〕s, -e; Gegend *f.* -en; [領域] Bereich *m.* -〔e〕s, -e; Gebiet *n.* -〔e〕s, -e/静岡方面 Shizuoka-Gegend/確かな方面からの情報 eine Nachricht《-en》aus sicherer (zuverlässiger) Quelle/あらゆる方面から考える ⁴*et* von allen Seiten (allseitig) überlegen/それは方面違いで解らない Das liegt außerhalb meines Gesichtskreises.

ほうめん 放免 Freilassung *f.* -en; Befreiung *f.* -en; Entlassung *f.* -en; Freisprechung *f.* -en《無罪放免》/放免する frei|lassen*⁴; befreien⁴; entlassen*⁴; frei|sprechen*⁴; *jn* in Freiheit setzen/執行猶予で放免する bedingt frei|lassen*⁴; auf Bewährung entlassen*⁴/保釈金一万ユーロで放免する(放免してもらう) gegen eine Kaution von 10 000 Euro frei|lassen*⁴ (entlassen werden).

ほうもう 法網 der Arm《-s, -e》des Gesetzes (der Justiz); das Auge《-s, -n》des Gesetzes/法網にかかる ⁴sich ins Netz des Gesetzes verstricken; im Netz des Gesetzes gefangen sein; vom Arm des Gesetzes erreicht werden/法網をくぐる durch die Lücke des Gesetzes〔durch|〕schlüpfen [s]; ein Gesetz umgehen*.

ほうもつ 宝物 Schatz *m.* -es, ¨e; Kleinod *n.* -〔e〕s, -e; Hort *m.* -〔e〕s, -e.

ほうもん 訪問 Besuch *m.* -〔e〕s, -e; Aufwartung *f.* -en《儀礼訪問》; Visite *f.* -n/彼は快く訪問客を迎えた Er empfang den Besuch freundlich. ── 訪問する besuchen⁴; bei *jm* einen Besuch machen; *jm* einen Besuch ab|statten; auf|suchen⁴; vorbei|kommen* [s]《*bei*³ 立ち寄る》; vor|sprechen*《*bei*³》;〔bei〕*jm* seine Aufwartung machen《儀礼上》; interviewen⁴《記者などが》/皆さん方の所を訪問しよう《帰朝のあいさつ·年賀など》Ich werde einen Herrschaften meine Aufwartung machen (einen Höflichkeitsbesuch abstatten). ‖ 訪問記者 Interviewer *m.* -s, -/訪問者 Besucher *m.* -s, -; Besuch *m.* -〔e〕s, -e; Gast *m.* -〔e〕s, ¨e/今日は訪問者がある Wir haben (erwarten) heute einen Besuch.

ぼうや 坊や mein Kleiner*; mein Teuerer*; Söhnchen *n.* -s, -《よびかけ》. ⇨**ぼっちゃん**.

ほうよう 抱擁 Umarmung *f.* -en/抱擁する umarmen⁴; in die Arme schließen*⁴; herzen⁴; an die Brust ziehen*⁴; umhalsen⁴; *jm* um den Hals fallen* [s]《抱きつく》. ⇨**だく**(抱く).

ほうよう 包容 das Umfassen* (Enthalten*; Einschließen*), -s/包容する umfassen⁴;

ほうよう 包容 enthalten*⁴; ein|schließen*⁴; in sich haben; darin sein ‖ 包容力 Großmut f., -e; Kapazität f. -en/包容力のある umfassend; großmütig; weitherzig.

ほうよう 法要 Amt n. -(e)s/3 回忌の法要 das Zweijahramt.

ほうよう 茫洋とした unergründlich.

ほうよみ 棒読みする leiern*; 〘俗〙runter|leiern*⁴.

ほうらく 暴落 Preissturz m. -[e]s, ⸚e〘物価の〙; Kurssturz〘相場の〙f. -en; [starke] Baisse, -n〘株の〙/暴落する Die Preise stürzen; plötzlich fallen*.

ほうらつ 放埓 Ausschweifung f. -en. ⇨ほうとう(放蕩).

ぼうり 暴利 ungebührlicher Gewinn, -[e]s, -e; Wuchergewinn; Schiebung f. -en. —— 暴利をむさぼる Wucher treiben*; wuchern [mit Waren]; [ver]schieben*⁴. ‖ 暴利取締令 Wuchergesetz n. -es, -e/暴利取引 Wucher|geschäft (Schieber-) n. -(e)s, -e; Wucherhandel m. -s, -/暴利屋 Wucherer (Schieber; Gewinnler) m. -s, -.

ほうりあげる 放り上げる〘下の人から上へ〙hinauf|werfen*⁴ (-|schleudern*) ◆ 上にいる人の立場からというときは hinauf- の代わりに herauf- を用いる/これを放り上げようか—放り上げてくれ Soll ich es hinaufwerfen? — Ja, wirf es herauf!

ほうりがく 法理学 Rechts|wissenschaft f. (-philosophie f.) ‖ 法理学者 der Rechtsgelehrte*, -n, -n; Rechtsphilosoph m. -en, -en.

ほうりだす 放り出す ❶ hinaus|werfen*⁴/窓から放り出す zum Fenster hinaus|schmeißen*⁴. ❷〘放棄〙⇨ほうき(放棄). ❸〘追い出す〙auf die Straße setzen*; jm den Stuhl vor die Tür setzen/彼は放り出された(首になった)〘俗〙Er ist gegangen worden.

ほうりつ 法律 Gesetz n. -es, -e; Recht n. -(e)s, -e/法律上の gesetzlich; rechtlich; legal; juristisch; rechtmäßig; nach Recht und Gesetz; von Rechts wegen/法律上の手段をとる den Rechtsweg beschreiten*; gegen jn gerichtlich vor|gehen*/法律に明るい in Rechtssachen bewandert (kenntnisreich) sein/法律に反した gesetz|widrig (rechts-); außergesetzlich; widerrechtlich; illegal/法律にかなった recht|mäßig (gesetz-)/法律の名において im Namen des Gesetzes/法律に照らして laut des Gesetzes (dem Gesetz); dem Gesetz entsprechend/法律を制定する ein Gesetz geben* (erlassen*)/法律を施行する das Gesetz in Kraft setzen/法律に訴える rechtlich handeln⁴; den rechtlichen Weg ein|schlagen*/法律を守る das Gesetz befolgen; *sich an die Gesetze halten*/法律を犯す sich gegen die Gesetze verfehlen (übertreten*; umgehen*); einem Gesetz zuwider|handeln; gegen die Gesetze verstoßen*/それは法律で禁じられている(定まっている) Das ist gesetzlich verboten (vorgeschrieben). ‖ 法律案 Gesetzantrag m. -(e)s, ⸚e; Gesetzesvorlage f. -n/法律家 Jurist m. -en, -en; der Rechtsgelehrte*, -n, -n《法律通にも》/法律学 Rechtswissenschaft f. -/法律学上の法律行為 Rechts|geschäft n. (-handel m. -s, -; -handlung f. -en)/法律顧問 Rechts|berater m. -s, -; -beistand m. -(e)s, ⸚e/法律事務所 Rechtsberatungsstelle f. -n; Rechtsauskunftsstelle〘相談所〙/法律書 Gesetz|buch (Rechts-) n. -(e)s, ⸚er.

ほうりゃく 方略 Plan m. -[e]s, ⸚e〘計画〙; Mittel n. -s, -〘手段〙; Taktik f. -en〘駆引〙; Politik f. -en〘政略〙; Diplomatie f. -n〘権謀術数〙; Kriegskunst f. ⸚e〘戦術〙; Strategie f. -n〘戦術〙; List f. -en〘策略〙; Ränke〘pl〙Singular ungebr.

ぼうりゃく 謀略 List f. -en; Intrige f. -n; Komplott n. -(e)s, -e; Machenschaften〘pl〙; Ränke〘pl〙/謀略にたけている voller List und Ränke sein/謀略を用いる Kniffe und Ränke (Pffife) an|wenden*. ⇨ けいりゃく.

ぼうりょく 暴力〘rohe〙Gewalt, -en; Gewalttätigkeit f. -en; Zwang m. -(e)s/暴力で gewaltsam/暴力に訴える rohe Gewalt an|wenden*/暴力を加える jm Gewalt an|tun* ‖ 暴力革命 eine gewaltige Revolution f. -en/暴力行為 eine Gewalttat f. -en/暴力団 Gangster m. -s, -; Rohlingen|bande (Halunken-) f. -n/暴力犯罪 Gewaltverbrechen n. -s, -.

ボウリング Bowling n. -s, -s; Kegelspiel n. -(e)s, -e; Kegelschieben n. -s/ボウリングのレーン Bowling|bahn (Kegel-) f. -en/ボウリングをする bowlen; Kegel schieben*; kegeln ‖ ボウリング場 Kegelsporthalle f. -n.

ほうれい 法令 Gesetze und Verordnungen〘pl〙‖ 法令集 Gesetz|es|sammlung f. -en; Gesetz|buch n. -(e)s, ⸚er (-blatt n. -(e)s, ⸚er.

ぼうれい 亡霊 Manen〘pl〙; Gespenst n. -es, -er; Geist m. -es, -er.

ぼうれい 暴戻な tyrannisch; brutal; grausam; grässlich; roh; scheußlich; unmenschlich.

ほうれつ 砲列 Batterie|stellung (Geschütz-) f. -en; Artillerieschießplatz m. -es, -e/砲列をしく eine Batterie auf fahren*; die Geschütze in Stellung bringen*.

はっれんそう ほうれん草 Spinat m. -(e)s.

ほうろう 琺瑯 Email n. -s, -s; Emaile f. -n; Glasur f. -en/琺瑯引きにする emaillieren*⁴; glasieren*⁴‖ 琺瑯器 Emaillegefäß n. -(e)s, -e/琺瑯質 Schmelz m. -es〘歯の〙.

ほうろう 放浪する wandern; durch|ziehen*; umher|streifen (-|wandern; -|ziehen*); vagabundieren〘以上どれも⓹〙; nomadisieren/放浪性の wanderlustig; nomadenhaft; zigeunerhaft ‖ 放浪者 Wanderer m. -s, -; Landstreicher m. -s, -〘ホームレス〙; Strolch m. -(e)s, -e〘流浪者〙; Vagabund m. -en, -en; Nomade m. -n, -n/放浪生活 Wanderleben n. -s〘遊牧〙; Vagabondage f. -.

ぼうろう 望楼 Wachtturm m. -(e)s, ⸚e; Ausguck m. -(e)s, -e.

ほうろく 焙烙 die irdene Röstpfanne, -n.
ぼうろん 暴論 die unvernünftige (ungereimte; unsinnige) Behauptung, -en; die unverantwortliche Äußerung (Bemerkung), -en; Vernünftelei *f.*《詭弁・理屈》/暴論を吐く ungereimte Behauptung vor|bringen*.
ほうわ 法話〔Moral〕predigt *f.* -en.
ほうわ 飽和 Sättigung *f.* -en/飽和する ⁴sich sättigen ‖ 飽和状態 Sättigungszustand *m.* -〔e〕s, ⸚e/飽和点 Sättigungspunkt *m.* -〔e〕s, -e/飽和溶液(化合物) die gesättigte Lösung (Verbindung).
ほえごえ 吠え声 das Bellen*, -s; Gebell〔e〕 *n.* -〔e〕s; Gebrüll *n.* -〔e〕s; Geheul *n.* -〔e〕s《咆哮(ほうこう)》.
ほえづら 吠面 ¶ あとで吠面かくな Du sollst es noch büßen.
ほえる 吠える bellen; kläffen; heulen《おおかみなど》; brüllen《咆哮(ほうこう)》/犬が人に吠えつく Ein Hund bellt auf *jn* zu.¦Ein Hund bellt *jn* an.
ほお 頬 Backe *f.* -n; Wange *f.* -n/頬のこけた hohlwangig/頬をふくらませる die Wangen auf|blasen* (auf|bauschen); ［不満］schmollen; maulen; muck〔s〕en ‖ 頬骨 Wangenbein *n.* -〔e〕s, -e.
ボーイ Boy *m.* -s, -s; Junge *m.* -n, -n; ［料理店の］Kellner *m.* -s, -; Ober〔kellner〕 *m.* -s, -《給仕〔頭〕》; Aufwärter *m.* -s, -; ［事務所などの］Bürodiener *m.* -s, -; Laufbursche *m.* -n, -n; ［列車の］Zugwärter; ［汽船の］Schiffsjunge; Steward *m.* -s, -s; ［ホテルの］Hotelboy; Page *m.* -n, -n ‖ ボーイスカウト Pfadfinder *m.* -s, -;〖方〗Pfader *m.* -s, -/ボーイフレンド Freund *m.* -〔e〕s, -e.
ポーカー Poker *m.* -s《トランプ》‖ ポーカーフェイス das eiserne Gesicht, -〔e〕s, -er.
ほおかぶり 頬被りする ❶ mit einem Handtuch (Kopftuch) das Gessicht verhüllen. ❷ ［無視］auf die leichte Achsel nehmen*⁴; übersehen*⁴《見て見ぬふり》; überhören⁴《聞いて聞かぬふり》; außer Acht (³sich entgehen) lassen*⁴; durch die Finger sehen*⁴《大目に見る》; ⁴sich dumm (taub) stellen《知らぬふり》.
ボーキサイト Bauxit *m.* -s, -e.
ボーク Fehlwurf *m.* -〔e〕s, ⸚e《野球》.
ポーク Schweinefleisch *n.* -〔e〕s ‖ ポークカツレツ Schweine¦kotelett *n.* -s, -s (-schnitzel *n.* -s, -)/ポークチャップ Schweinerippchen *n.* -s, -.
ほおじろ 頬白〖鳥〗Ammer *f.* -n.
ホース Schlauch *m.* -〔e〕s, ⸚e; ein Schlauch zum Rasensprengen (Spritzen)《水まき用》; Feuerwehrschlauch *m.* -〔e〕s, ⸚e《消火用》.
ポーズ ❶ Pose *f.* -n; Haltung *f.* -en; Stellung *f.* -en/ポーズをとる eine Pose an|nehmen* (machen)/わざとらしいポーズ die gekünstelte (gesuchte) Pose. ❷ ［休止］Pause *f.* -n/ポーズをおく eine Pause machen.
ほおずき Blasenkirsche *f.* -n/ほおずきを鳴らす eine Blasenkirsche tönen lassen*.
ほおずり 頬ずりする sein Gesicht an *js* Wange drücken.
ポーター Gepäckträger *m.* -s, -; Hausdiener *m.* -s, -《ホテルの》.
ボーダーライン Grenze *f.* -n; Trennungslinie *f.* -n.
ポータブル tragbar; Koffer-; Reise- ‖ ポータブルタイプライター Reiseschreibmaschine *f.* -n/ポータブルテレビ(ラジオ) Kofferfernsehen *n.* -s, - (Kofferradio *n.* -s, -s).
ポーチ ［車寄せ］Einfahrt *f.* -en; Vorbau *m.* -〔e〕s, -ten; ［玄関］Vorhalle *f.* -n; Veranda *f.* ..den.
ほおづえ 頬杖をつく das Kinn (die Wange) auf die Hand stützen/頬杖をついて die Wangen auf die Hände gestützt《両頬を》.
ボート Boot *n.* -〔e〕s, -e; Barke *f.* -n; Gig *f.* -s; Kahn *m.* -〔e〕s, ⸚e; Kutter *m.* -s, -/ボートをこぎに行く rudern gehen* [s]/ボートのクルー Rudermannschaft *f.* -en; Besatzung *f.* -en ‖ ボートピープル Boatpeople《*pl*》; Bootflüchtlinge《*pl*》/ボートレース 〔Ruder〕regatta *f.* ..gatten; Ruderwettfahrt *f.* -en.
ボードゲーム Brettspiel *n.* -〔e〕s, -e.
ポートワイン Portwein *m.* -〔e〕s, -e.
ボーナス Bonus *m.* - (..nusses), - (..nusse); das dreizehnte (vierzehnte...) Gehalt, -〔e〕s, ⸚er《第十三・第十四の給与》.
ホーバークラフト Luftkissenfahrzeug *n.* -〔e〕s, -e; Hovercraft *n.* -s, -s.
ほおばる 頬ばる den Mund füllen《*mit*³》/口一杯頬ばって mit vollem Mund; mit vollen Backen.
ほおひげ 頬髭 Backenbart *m.* -〔e〕s, ⸚e.
ほおべに 頬紅 die rote Schminke, -n; Rouge *n.* -s, -s/頬紅をつける ⁴sich rot schminken.
ほおぼね 頬骨 Backenknochen *m.* -s, -/頬骨のとがった(突き出た)顔 ein Gesicht《*n.* -〔e〕s, -er》mit spitzen (vorspringenden) Backenknochen.
ホーム ❶ ［家庭］Heim *n.* -〔e〕s, -e; Familie *f.* -n; Herd *m.* -〔e〕s, -e; Haus *n.* -es, ⸚er; Daheim *n.* -s《わが家》. ❷ ［駅の］Bahnsteig *m.* -〔e〕s, -e. ❸ ［野球］Schlagmal *n.* -〔e〕s, ⸚er. ‖ ホームシック Heimweh *n.* -〔e〕s/ホームドクター Hausarzt *m.* -es, ⸚e/ホームバンキング Homebanking *n.* -s/ホームページ〖電算〗Homepage *f.* -s/ホームラン Vier-Mal-Lauf *m.* -〔e〕s, ⸚e/ホームレス Landstreicher *m.* -s, -; der Obdachlose*, -n, -n.
ホームスパン Homespun *n.* (*m.*) -s, -s.
ホームラバー ⇨フォームラバー.
ポーランド Polen *n.* -s/ポーランドの polnisch ‖ ポーランド語 das Polnische, -n; Polnisch *n.*/ポーランド人 Pole *m.* -n, -n; Polin *f.* ..linnen《女》.
ホール Halle *f.* -n; Saal *m.* -〔e〕s, Säle《広間》‖ ダンスホール Tanzlokal *n.* -〔e〕s, -e.
ボール Ball *m.* -〔e〕s, ⸚e; Kugel *f.* -n/ボール投げをする Ball spielen.
ボール ボール紙 Karton *m.* -s, -s (-e); Pappe *f.* -n/ボール箱 Karton; Pappschachtel *f.* -n.
ポール Stab *m.* -〔e〕s, ⸚e《棒高跳びの》.
ボールペン Kugelschreiber *m.* -s, -; Kuli *m.* -s, -s.

ほおん 保温 das Warmhalten*, -s; Wärmeschutz m. -es/保温がよい ⁴et lang(e) warm halten* ‖ 保温装置 Thermostat m. -(e)s (-en), -(e)n.

ほか 外, 他 ❶ ほかのもの《物・者》der (die, das) andere* 《pl die anderen》《二者の中の》; ein anderer*, eine andere*, ein anderes* 《pl andere*》《あるものを除いた他のもの》; etwas anderes* 《物》 jemand anders 《人, 一格なし》/外の者はとにかく Frage nicht (Fragen Sie nicht); was andere machen./外は何であげようがこればかりは Alles andere können Sie haben, nur das nicht./A 博士以外五名 Dr. A und fünf andere. 2 ほかの場所 der andere Ort, -(e)s/外で anderwärtig; anderwärts/どこか外で anderswo; sonst wo; woanders/外で約束があります Ich habe mich anderweitig verabredet./どこか外でやってみよう Ich werde es woanders versuchen. ❸ 〔外に〕 außer³; außerdem; noch; noch dazu; sonst noch/外に誰か《どうか, どこか》 irgendjemand anders (irgendwie anders, irgendwo anders)/外に何か Sonst noch was?《店員が客に》/外に何か御注意下さることはありませんか Haben Sie noch etwas zu erinnern?/…より外に誰か(どこも) niemand (nirgend(s)) anders als …/…より外に仕方がない Es bleibt nichts anderes übrig als …: Man kann nichts anderes tun als …/…以外ならぬ kein* Geringerer* als; nichts anderes (geringeres) als; nicht mehr und nicht weniger als/外ならぬビスマルクの言だ Kein Geringerer als Bismarck hat das gesagt. ❹ 〔外の〕 ander; zweit 《第二の》; former; weiter/外のもっとよい男 ein anderer besserer Mann/外の良い木で(できた) aus anderem gutem Holz. ❺ 〔…を除いて〕 außer³; bis auf³; mit Ausnahme⁽²⁾ ⟨von³⟩; von ³et abgesehen; ausgenommen 《四格を前または後に》; außer, dass …; es sei denn …/僕の外は全部 alle außer mir/この百貨店は月曜日の外は毎日やっています Dieses Kaufhaus ist täglich offen, ausgenommen an Montagen./白状する外はなかった Ich konnte nicht anders tun als zu gestehen.

ほかく 補角 Supplement winkel (Ergänzungs) m. -s, -.

ほかく 捕獲 Fang m. -(e)s, ⸚e; Beute f. -n; das Aufbringen* (Kapern*), -s 《以上の二語は船について》/相当な捕獲高だった Es war ein guter Fang. 捕獲する fangen*⁴; or beuten⁴; erhaschen; (als Prise) auf|bringen*⁴; kapern*⁴. ‖ 捕獲者 Fänger m. -s, -/捕獲物 Fang; Beute; Prise f. -,-n.

ほかげ 灯影 Licht n. -(e)s, -er/揺らめく灯影 das flackernde Licht.

ほかし 量し Abschattung f. -en; Abstufung f. -en; Nuance f. -n; Schattierung f. -en.

ほかす 暈す ab|schatten⁴; ab|stufen⁴; nuancieren⁴; schattieren⁴; verwischen⁴.

ぼかぼか ❶ ぼかぼかなぐる durch|bläuen⁴ ⟨-|-hauen*⁴⟩; windelweich schlagen*⁴. ❷ 〔陽気が〕 ぼかぼかして来る Es wird angenehm warm.

ほがらか 朗らかな ❶ 〔声の〕 klar; klangvoll; wohlklingend / 朗らかに mit klarer (wohlklingender) Stimme. ❷ 〔気分の〕 heiter; aufgeräumt; fidel; froh; fröhlich; (lebens)lustig; sonnig / 朗らかになる ⁴sich auf|heitern; ⁴sich auf|hellen 《顔つき・天気など》/朗らかな人 der heitere Mensch, -en, -en; der lustige Bursche, -n, -n/朗らかな人の顔 lustiges Wesen, -s, -.

ばかり ❶ plauz!: platz!/ばかりと彼は頭をぐった Plauz! versetzte er jm einen [Schlag] auf den Kopf. ❷ ばかりと穴があいた Aufriss da ein Loch. ❖ 前綴 auf|- を文頭において表す/深淵が彼らの前にぽかりと口を開いていた Ein tiefer Abgrund gähnte vor ihnen.

ほかん 保管 Aufbewahrung f. -en; Gewahrsam m. -s, -e; Verwahrung f. -en. ── 保管する auf|bewahren⁴; verwahren⁴; in Verwahrung behalten*⁴; in Gewahrsam (Verwahrung) nehmen*⁴/保管してもらう in Verwahrung geben*⁴; zur Aufbewahrung geben*⁴/貴重品は事務所で保管しています Wertsachen können beim Geschäftsleiter in Verwahrung gegeben werden. ‖ 保管人 Verwahrer m. -s, -/保管物 Gegenstand ⟨m. -(e)s, ⸚e⟩ in Verwahrung/保管料 Lagergeld n. -(e)s, -er; Verwahrungskosten ⟨pl⟩.

ほかん 母艦 Mutterschiff n. -(e)s, -e ‖ 航空母艦 Flugzeug mutterschiff (-träger m. -s, -).

ほかん ぼかんと ❶ 〔ぼんやり〕 zerstreut; geistesabwesend; verträumt; 〔呆然と〕 verdutzt; platt 《あけにとられて》; sprachlos; verblüfft; 〔馬鹿面して〕 dumm; gaffend/それを聞いて彼はぼかんとしてしまった 《驚き》 Als er das Wort, war er platt. ❷ ぼかんとなぐる eine knallen; eine aus|wischen³ (herunter|hauen*³; langen³); eins aufs Dach (auf den Deckel) geben*³.

ぼき 簿記 das Buch führen (*-halten*), -s; Buch führung f. -en (-haltung f. -en)/簿記をつける Buch führen (halten*); die Bücher führen ‖ 簿記係 Buchhalter m. -s, -; Rrchnungsführer m. -s, -/簿記帳 Konto buch (Rechnungs-) n. -(e)s, ⸚er/簿記用 Lineal n. -s, -e/単 ⟨複⟩式簿記 die einfache (doppelte) Buchführung.

ほきゅう 補給 Versorgung f. -en; Ersetzung f. -en; Nachschub m. -(e)s, ⸚e. ── 補給を 〔を〕 versorgen⁴; ersetzen⁴; speisen⁴; tanken⁴. ‖ 補給路 Nachschublinien ⟨pl⟩; Versorgungswege ⟨pl⟩/空中補給 ⟨給油⟩ das Tanken* (*) im Flug; Lufttankverfahren n. -s, -/〔作業〕燃料補給〔飛行〕機 Tankflugzeug n. -(e)s, -e.

ほきょう 補強 Verstärkung f. -en/補強する verstärken⁴; bestärken⁴ 〔陣地などを〕.

ぼきん 募金 Geldsammlung f. -en. ── 募金する Geld (Spenden) sammeln; für das Rote Kreuz sammeln 《赤十字に》. ‖ 募金箱 Sammelbüchse f. -, -n.

ほきんしゃ 保菌者 Bazillenträger m. -s, -.

ほきん knack[s]! | krach! | mit einem Knacks / ぼきんと折れる(折る) mit einem Knacks brechen* ⒮ (brechen**⁴) / 指をぼきんぼきんとならす mit den Fingern knacken.

ぼく 僕 ich*/僕の mein*/僕たち wir* (pl)/僕たちの unser*.

ほくい 北緯 die nördliche Breite/北緯五十度 auf dem 50 Grad nördlicher Breite; unter 50° nördlicher Breite/その地点は北緯三十度三十九分十七秒のところにある Der Ort liegt 35 Grad 39 Minuten 17 Sekunden nördlicher Breite. ◆ 分, 秒がつくときは前置詞を用いず, 分, 秒のみを pl にする.

ほくおう 北欧 Nordeuropa n. -s; Nordland n. -[e]s, ⸚er (アイスランド, スウェーデン, デンマーク, ノルヴェー, フィンランド).

ぼくぎゅう 牧牛 Rinderzucht f. -en.

ボクサー Boxer m. -s, -.

ぼくさつ 撲殺 das Totschlagen*, -s/撲殺する erschlagen**⁴; totschlagen**⁴; schlachten⁴; metzeln⁴; metzen⁴.

ぼくし 牧師 der Geistliche*, -n, -n; Pfarrer m. -s, -; Pastor m. -s, -en/牧師になる Pfarrer werden*; ein Pastoramt übernehmen* ‖ 牧師館 Pfarrhaus f. -es, ⸚er; Pastorat n.

ぼくじゅう 墨汁 Tusche f. -n.

ぼくじょう 牧場 Weide f. -n; Wiese f. -n.

ボクシング das Boxen*, -s ‖ ボクシンググローブ Boxhandschuhe (pl).

ぼくする ﾄﾞｸｽﾙ ❶〔占う〕weissagen³⁴; prophezeien¹; vorhersagen⁴ (voraus|-); wahr|sagen[⁴] 〔または非分離〕. ❷〔選定する〕bestimmen; fest|setzen; wählen / 居を卜する ⁴sich nieder|lassen*.

ほくせい 北西 Nordwest m. -[e]s; Nordwesten m. -s/北西の nordwestlich ‖ 北西風 Nordwestwind m. -[e]s, -e.

ぼくせき 木石 Bäume und Steine (pl); das leblose Wesen, - / 木石に等しい wie ein Felsblock gefühllos sein / 木石ではない von Fleisch und Blut sein; kein gefühlloser Mensch sein.

ぼくそう 牧草 Weide f. -n; Grasfutter n. -s, - ; Heu n. -[e]s 《干し草》.

ほくそえむ ほくそ笑む ³sich ins Fäustchen lachen; feixen; grinsen.

ほくち 火口 Zunder m. -s, -.

ぼくちく 牧畜 Viehzucht f.; Sennerei f. -en (酪業) ‖ 牧畜家 Viehzüchter m. -s, -.

ぼくてき 牧笛 Rohrpfeife f. -n; Hirtenflöte f. -n.

ほくとう 北東 Nordost m. -[e]s; Nordosten m. -s/北東の nordöstlich ‖ 北東風 Nordostwind m. -[e]s, -e.

ぼくとう 木刀 ⇨ぼっけん.

ぼくどう 牧童 Hirtenjunge m. -n; Hirt m. -en, -en; Rinderhirt m. -en, -en (カウボーイ).

ほくとしちせい 北斗七星 Großer Bär, -; Himmelswagen m. -s.

ぼくとつ 朴訥 Einfalt f.; Einfachheit f.; Schlichtheit f./朴訥な einfach sein; bieder; naiv; schlicht; ungekünstelt.

ぼくねんじん 朴念仁 der Enghèrzige*, -n, -n.

ほくぶ 北部 Norden m. -s; der nördliche Teil, -[e]s, -e.

ほくふう 北風 Nordwind m. -[e]s, -e.

ほくべい 北米 Nordamerika n. -s/北米の nordamerikanisch.

ほくほく ほくほくする ⁴sich sonnen; ⁴sich freuen (über⁴)/ほくほくしている heilfroh sein; aufgekratzt (obenauf; kreuzfidel) sein.

ほくほくせい 北北西 Nordnordwest m. -[e]s; Nordnordwesten m. -s.

ほくほくとう 北北東 Nordnordost m. -[e]s; Nordnordosten m. -s.

ぼくぼく ぼくぼくの schlaff; schotterig; bröcklig (ぼろぼろの).

ぼくめつ 撲滅 Ausrottung f. -en; Austilgung f. -en; Vernichtung f. -en; Vertilgung f. -en. —— 撲滅する aus|rotten⁴; aus|tilgen⁴; vernichten⁴; vertilgen⁴; bekämpfen⁴/害虫を撲滅する Ungeziefer vertilgen/社会悪を撲滅する soziale Übel (pl) aus|rotten. ‖ 撲滅運動 Kampagne f. -n (gegen⁴)/売春撲滅運動 Kampagne gegen Prostitution.

ぼくよう 北洋 der nördliche Ozean, -s, -e; Nordmeer n. -[e]s 《大西洋と北氷洋の中間》.

ぼくよう 牧羊 Schäferei f. -en.

ほぐれる ⁴sich entwirren; ⁴sich auf|drehen; auf|gehen* ⒮; ⁴sich ab|wickeln. ⇨ほぐす.

ほくろ 黒子 [Mutter]mal n. -[e]s, -e (⸚er).

ぼけ 木瓜 〔植〕die japanische Quitte, -.

ほげい 捕鯨 Wal[fisch]fang m. -[e]s, ⸚e ‖ 捕鯨会社 Walfanggesellschaft f. -en/捕鯨船 Walfang; Walfänger m. -s, -/《入·船》Walboot n. -[e]s, -e (-fänger)/捕鯨砲 Walkanone (Harpunen-) f. -n.

ぼけい 母型 〔印〕Hohlform f. -en; Matrize f. -n.

ぼけい 母系 die mütterliche Linie, -n; Mutterlinie f. -n/母系の in weiblicher Linie; von mütterlicher Seite; mütterlicherseits.

ぼけた 帆桁 Rahe f. -n.

ほけつ 補欠 ❶ Ausfüllung f. -en; Ergänzung f. -en; Ersetzung f. -en; [Stell]vertretung f. -en/補欠の Ergänzungs-; Ersatz-; Ersatz-/入学を許される in eine Schule aufgenommen werden, um die Schülerzahl voll zu machen. ❷〔人〕Ersatzmann m. -[e]s, ⸚er; Ersatzspieler m. -s, - 《選手》. ‖ 補欠学生募集 die nachträgliche Studentenwerbung, -en/補欠選挙 Ersatzwahl f. -en.

ほけつ 補血 Blutersatz m. -es.

ぼけつ 墓穴 Grab n. -[e]s, ⸚er/彼は自ら墓穴を掘るのだ Er gräbt (schaufelt) sich selbst sein Grab. Er führt selbst seinen Untergang herbei.

ポケット Tasche f. -n; Brusttasche f. -n 《胸の》; Innentasche 《上着内部の》; Seitentasche 《上着横の》; Hosentasche 《ズボンの》; Hüfttasche 《尻》; Westentasche 《チョッ

ぼける 呆ける ❶《感覚が》zerstreut (geistesabwesend) sein (werden); altersschwach (greisenhaft; senil) werden《もうろくする》. ❷《色が》matt werden; ⁴sich entfärben; verbleichen⁵; ⁵verschieben für/この写真はぼけている Das Bild ist verschwommen (verwackelt).

ほけん Gesundheitspflege f.; Hygiene f./保健上 gesundheitlich; hygienisch; aus Gesundheitsrücksichten; sanitär‖ 保健所 Gesundheitsamt n. -[e]s, ¨er; Sanitätsbehörde f. -n/保健状態 Gesundheitsverhältnisse《pl》(-zustand m. -[e]s).

ほけん Versicherung f. -en/保険を申し込む die Beantragung einer Versicherung stellen/⁴sich versichern [lassen]《gegen³》/貴社で生命保険をかけたいと思います Ich wünsche mein Leben bei Ihrer Gesellschaft zu versichern./保険の申し込みは書面でお願いします Die Beantragung einer Versicherung hat schriftlich zu erfolgen./備品には百万円の保険がつけてある Das Inventar ist für 1 000 000 Yen versichert./家に火災保険をつけました Ich habe mein Haus gegen Feuer versichert (versichern lassen)./自動車の保険は五月三日で満期になります Die Autoversicherung läuft am 3. Mai ab./年金保険は解約しました Ich habe meine Rentenversicherung gekündigt.‖ 保険会社 Versicherungsgesellschaft f. -en/保険価格 Versicherungswert m. -[e]s, -e/保険勧誘員(代理店) Versicherungsvertreter m. -s, -/保険業者 Versicherer m. -s, -/保険金受取人 Empfänger《m. -s, -》der Versicherungssumme/保険金額 Versicherungssumme f. -n/保険契約 Versicherungsvertrag m. -[e]s, ¨e/保険契約期間 Versicherungsdauer f. (-frist f. -en)/保険契約者 der Versicherte*, n. -n, -n; Versicherungsnehmer m. -s, -/保険証書 Versicherungspolice f. -n (-schein m. -[e]s, -e)/保険物 Versicherungsgegenstand m. -[e]s, ¨e/保険申込書 Versicherungsantrag m. -[e]s, ¨e/保険約款 Versicherungsklausel f. -n (-bedingungen《pl》)/保険料 Versicherungsprämie f. -n (-gebühr f. -en)/保険料率 Prämiensatz m. -es, ¨e/火災(生命, 健康, 傷害, 損害賠償, 信用, 盗難, 養老)保険 Feuer-(Lebens-, Kranken-, Unfalls-, Haftpflicht-, Kredit-, Diebstahls-, Alters-)versicherung/健康保険組合 Krankenkasse f. -n/被保険者 der Versicherte*, -n, -n.

ほこ 矛 Hellebarde f. -n.

ほご 保護 Schutz m. -es; Beschützung f. -en; Hut f.; Pflege f. -n; Schirm m. -[e]s, -e; Deckung f. -en《庇護・蔽護》; Beistand m. -[e]s, ¨e《支持》/保護を受ける unter js Hut (Schirm) stehen*; bei jm Schutz finden* / 保護を求める bei jm Schutz [und Schirm] (Zuflucht) suchen/生命財産保護のため警察官が差し向けられた Die Polizei wurde zum Schutz des Lebens und Eigentums eingesetzt. ── 保護する schützen⁴; behüten⁴《vor³》; [be]schirmen⁴; pflegen⁴; jn in Schutz (Obhut) nehmen*; jm Schutz gewähren; jn unter seine Fittiche nehmen*/この国では関税の壁を設けて外国品との競争を保護している Dieses Land ist gegen ausländischen Wettbewerb durch eine Mauer hoher Schutzzölle geschützt./孤児たちはよく保護されている Die Waisen sind in guten Händen.‖ 保護関税 Schutzzoll m. -[e]s, ¨e/保護関税率 Schutzzolltarif m. -s, -e/保護国 Protektorat n. -[e]s, -e; Schutzgebiet n. -[e]s, -e/保護者 [Be]schützer m. -s, -; Schirm|herr (Schutz-) m. -s, -en; Gönner m. -s, -; Patron m. -s, -e/保護色 Schutzfarbe f. -n/保護鳥 Schutzvogel m. -s, ¨/保護貿易 Schutzhandel m. -s, -/保護貿易論 Protektionismus m. -/保護貿易論者 Schutzzöllner m. -s, -; Protektionist m. -en, -en/保護林 Schutzwald m. -[e]s, ¨er/環境保護 Umweltschutz m. -es/自然保護(地区) Naturschutz m. -es (Naturschutzgebiet n. -[e]s, -e)/年少者労働保護 Kinderschutz m. -es/保護を受ける者 Schützling m. -s, -e; der Schutzbefohlene*, n. -n/文化(天然)記念物保護 Kulturdenkmalpflege f. -n (Naturdenkmalpflege).

ほご 反故 Papier|abfall m. -[e]s, ¨e (-fetzen m. -s, -); Mosch m. -[e]s; Makulatur f. -en/条約は一片のほごにすぎない Der Vertrag ist nur ein Fetzen Papier. ── ほごにする in den Papierkorb werfen* (schmeißen⁴); in den Ofen stecken*; [契約などを] rückgängig machen⁴; für [null und] nichtig erklären⁴;《約束を》das Wort (ein Versprechen) brechen* (nicht halten*).

ほこう 補講 das Nachholen*《-s》einer Vorlesung/補講する eine Vorlesung nachholen.

ほこう 歩行 das Gehen*, -s; Gang m. -[e]s, ¨e; Schritt m. -[e]s, -e/歩行する [zu Fuß] gehen*; laufen*《s》; schreiten*《s》; ⁴sich fort|bewegen‖ 歩行者 Fußgänger m. -s, -.

ほこう 母校 js Alma Mater f. -《大学》; js Schule f. -n.

ほこうしゃ 歩行者 Fußgänger m. -s, -; Fußgänger m. -s, -《オーストリアで》‖ 歩行者天国 Fußgängerparadies n. -es, -e.

ぼこく 母国 Heimat|land (Mutter-; Vater-) n. -[e]s, ¨er‖ 母国語 Muttersprache f. -n.

ほこさき 鉾先 Lanzenspitze f. -n《やりの》;

Spitze *f.* -n《議論などの》;〔überzeugende〕Kraft《*f.* ⸚e》der Worte《説得力》; Scharfzüngigkeit *f.*《しんらつ》/鋒先鋭くものを言う mit einer gewissen Spitze sagen⁴; scharfzüngig diskutieren《*über*⁴ 議論する》/彼は彼女のことばの鋒先を折った Er nahm ihrer Bemerkung die Spitze. ¦ Er brach ihrer Bemerkung die Spitze ab.

ほごす 解す entwirren⁴; auseinander bekommen*⁴. ⇨ほどく.

ほこら 祠 Schrein *m.* -〔e〕s, -e.

ほこり 誇り Stolz *m.* -es; Ruhm *m.* -〔e〕s; Selbstbewusstsein *n.* -s; Selbst〔wert〕gefühl *n.* -〔e〕s/誇りを傷つける *js* Stolz (*js* Ehrgefühl) verletzen ‖ 誇り顔 die stolze (triumphierende) Miene, -n ⇨ほこる.

ほこり 埃 Staub *m.* -〔e〕s, -e; Sandsturm *m.* -〔e〕s, ⸚e《砂塵》/埃だらけ staubig; staubbedeckt; verstaubt/埃がたつ stauben; staubig werden/埃を立てる bestauben⁴; staubig machen⁴;〔den〕Staub auf|wirbeln/埃がたまる Staub sammelt sich an./埃を払う ab|stauben⁴ (aus|-); ab|bürsten⁴ (aus|-); ab|klopfen⁴ (aus|-); Staub wischen/埃をしずめる den Staub löschen/埃が目にはいった Mir ist Staub in die Augen geflogen./口の中まで埃だらけになった Ich musste viel Staub schlucken.

ほこる 誇る stolz sein《*auf*⁴》; seinen Stolz setzen《*an*⁴》; ³sich viel (nicht wenig) zugute tun*《*auf*⁴》; ⁴sich brüsten《*mit*³》; ⁴sich rühmen²; ⁴*et* zur Schau stellen《誇示する》/伝統を誇る sich der Tradition rühmen; auf die Tradition stolz sein.

ほころび 綻び die aufgetrennte (aufgegangene) Naht, ⸚e/綻びを縫いつける die aufgegangene Naht zu|nähen.

ほころびる 綻びる ❶ aus der Naht gehen* [s]; Die Naht ist geplatzt (aufgegangen). ❷〔花が〕auf|platzen [s]; auf|blühen [s]; auf|brechen* [s]; ⁴sich entfalten【Knospe *f.* -n を主語として】.

ほさ 補佐〔事〕Hilfe *f.* -n; Hilfsleistung *f.* -en; Beistand *m.* -〔e〕s, ⸚e; Assistenz *f.* -en;〔人〕Gehilfe *m.* -n. -n; Beirat *m.* -〔e〕s, ⸚e; Beisteher *m.* -s, -; Berater *m.* -s, -/補佐の任にあたる bei *jm* als Ratgeber (Beirat; Beistand) wirken.

ぼさい 募債 die Auflegung《-en》der Anleihe. ― 募債する eine Anleihe auf|nehmen* (auf|legen). ‖ 募債価格 Anleihevaluta *f.* ..ten.

ほさかん 補佐官 Berater *m.* -s, -.

ぼざく brummen; muck〔s〕en; murmeln; murren; plappern; schwatzen.

ぼさつ 菩薩 Bodhisattwa *m.* -, -s; der buddhistische Heilige*, -n, -n.

ぼさん 墓参する ein Grab besuchen; Blumen aufs Grab legen.

ほし 星 ❶ Stern *m.* -〔e〕s, -e; Gestirn *n.* -〔e〕s, -e《全体》/星の降るような mit Sternen besät/星が流れる Sternschnuppen fallen* [s]/光る(明るい, 輝く, きらめく, またたく)星 leuchtende (helle, strahlende, funkelnde, blinkende) Sterne《*pl*》/空に星が出ている Die Sterne stehen am Himmel. ❷〔運勢〕Stern *m.* -〔e〕s, -e; Schicksal *n.* -s, -e; Glück *n.* -〔e〕s/星まわりがよい(わるい) unter einem glücklichen Stern geboren sein (unter keinem guten Stern stehen*)/そういう星まわりなのだ Es steht in den Sternen geschrieben. ❸〔標的〕Fleck *m.* -〔e〕s, -e《真中の黒点》; Schieß¦scheibe (Ziel-) *f.* -n/星を当てる Fleck (ins Schwarze) schießen*; ins Schwarze treffen*《図星》. ❹〔得点〕Punkt *m.* -〔e〕s, -e/星を稼ぐ Punkte machen (gewinnen*). ❺〔犯人〕Täter *m.* -s, -/星のあたりをつける *jn* aufs Korn nehmen*. ‖ 星明り Sternenlicht *n.* -〔e〕s/星明りの stern¦hell (-klar)/星占い Horoskop *n.* -s, -e; Sterndeuterei *f.* -en/星占いをする in den Sternen lesen*/星空 Stern〔en〕himmel *m.* -s/星月夜 Sternenabend *m.* -s, -e; die sternhelle (gestirnte) Nacht, ⸚e.

ほし- 干し- Trocken-; getrocknet/干しあんず die getrocknete Aprikose, -n/干しぶどう Rosine *f.* -n; Korinthe *f.* -n/干し草 Heu *n.* -〔e〕s; Trockenfutter *n.* -s/干し果物 Dörrobst *n.* -〔e〕s; Trockenfrucht *f.* ⸚e.

ほじ 保持 Erhaltung *f.* -en; Aufrechterhaltung *f.* -en/保持する erhalten*⁴; aufrecht|erhalten*⁴; bei|behalten*⁴; behaupten⁴ ‖ 世界記録(選手権)保持者 Weltrekordler *m.* -s, - (Weltmeister *m.* -s, -).

ぼし 母子 Mutter und Kind/母子ともに健在 Mutter und Kind befinden sich gut.

ぼし 墓誌 Grabschrift *f.* -en; Epitaph *n.* -s, -e.

ほしい 欲しい〔haben〕wollen*⁴;〔zu haben〕wünschen⁴; haben möchten⁴; verlangen⁴; es verlangt *jn*《*nach*³》;【欲しい物を主語にして】erwünscht sein;《必要の意味で》bedürfen*²; brauchen⁴; nötig haben*⁴/欲しい物を言いなさい Sagen Sie, was Sie gern haben wollen./金と名誉とどちらが欲しいか Welches ziehen Sie vor, Geld oder Ruhm?/何か(買って)欲しいものがありますか Haben Sie irgendetwas, was Sie gern haben (kaufen) wollen?/何が欲しいか Was wollen Sie haben? ¦ Was brauchen (wünschen) Sie?/ハンドバッグが欲しいのですが Ich möchte gern eine Handtasche haben.《買物の時の言い方》/明日までにそれをやって(仕上げて)欲しい Ich will es bis morgen getan (erledigt) haben./その製作用図面が欲しい《いただきたい》Die Werkstattzeichnung dafür ist〔uns〕erwünscht.

ほしいまま ほしいままな ❶〔専横〕willkürlich; eigenmächtig; herrisch; rücksichtslos. ❷〔圧制〕despotisch; diktatorisch; gebieterisch; tyrannisch. ❸〔気まま〕eigensinnig; eigenwillig eigensüchtig; selbstsüchtig. ― ほしいままにする ❶〔思う存分〕missbrauchen⁴; ³*et* freien Lauf lassen*/ほしいままに行動する ⁴sich rücksichtslos benehmen*; nach Gutdünken handeln/権勢をほしいままにする seiner Herrschsucht (Herrschlust; Herrschgier) freien Lauf lassen*/特権をほしいままにする Vorrecht missbrauchen. ❷〔ふける〕frönen³; ⁴sich ergeben*[3]; in [3]*et* schwelgen; *sich an* [3]*et* gütlich tun*; [3]*et* freien Lauf lassen*/空想をほしいままにする seiner Fantasie freien Lauf lassen*/情欲をほしいままにする seinen Leidenschaften frönen.

ほしがる 欲しがる haben wollen*; [3]*sich wünschen*[4]; begehren*[4]; begierig sein 《*nach*[3]》; gelüsten 《*nach*[4]》; es gelüstet *jn* 《*nach*[3]》; brennen* 《*auf*[4]》; 《その他 *nach*[3] とともに》 dürsten; fiebern; gieren; hungern; lechzen; schmachten; trachten/彼は見るものはなんでも欲しがる Er will alles haben, was er sieht./彼は名誉を欲しがっている Er ist nach Ruhm begierig (auf Ruhm erpicht)./その子は自転車をとても欲しがっている Das Kind wünscht sich sehr ein Fahrrad.

ほしくさ 干し草 Heu *n.* -[e]s/干し草を作る heuen.

ほしくる ⇒ほしる.

ほしば 干し場 Trocken|gerüst *n.* -[e]s, -e (-gestell *n.* -[e]s, -e; -kammer *f.* -n; -platz *m.* -es, ..plätze; -raum *m.* -[e]s, ..räume).

ほしもの 干し物 Wäsche (*f.* -n) [zum Trocknen].

ほしゃく 保釈 Freilassung (*f.* -en) gegen Bürgschaft/保釈を許す *jm* (dem Angeklagten) die Erstellung einer Bürgschaft (Kaution) bewilligen/保釈人となる Bürgschaft leisten 《für *jn*》; für *jn* bürgen/保釈出獄中である Er ist gegen Kaution aus der Haft entlassen worden. —— 保釈する gegen Bürgschaft freillassen*[4]; gegen Kaution aus dem Gefängnis entlassen*[4]; durch Kautionserlegung auf freien Fuß setzen*[4]/彼女は保釈金を払って彼を釈放してもらった She bewirkte seine Freilassung durch Erstellung einer Bürgschaft. / Sie hinterlegte für ihn eine Bürgschaft, um seine Freilassung zu bewirken. || 保釈金 Bürgschaft *f.* -en; Kaution *f.* -en; Bürgschafts|summe (Kautions-) *f.* -n 《金額》.

ほしゅ 捕手 《野球》 Fänger *m.* -s, -.

ほしゅ 保守(主義) Konservat(iv)ismus *m.* -/保守的 konservativ/保守的精神 der konservative Geist, -[e]s, -er/保守陣営 das konservative Lager, -s, -/保守勢力 die konservative Einfluss, -es, ..e/保守党 die konservative Partei, -en/保守党員(主義者) der Konservative*, -n, -n/保守反動主義 der reaktionäre Konservativismus.

ほしゅう 補習 Forthbildung *f.* -en; ergänzende Ausbildung, -en; Nachhilfeunterricht *m.* -[e]s; Nachhilfestunde *f.* -n. —— 補習する fort|bilden*[4]; ergänzenderweise aus|bilden*[4]; Nachhilfe:unterricht (-stunden) geben*. || 補習科 Fortbildungskursus *m.* -, ..kurse/補習学校 Fortbildungsschule *f.* -n/補習読本 Ergänzungslesebuch *n.* -[e]s, ..bücher.

ほしゅう 補充 Ergänzung *f.* -en; Ersatz *m.* -es; Ersetzung *f.* -en; Nachtrag *m.* -[e]s, ..träge 《追加》. —— 補充する ergänzen*[4]; ersetzen*[4]; vervollständigen*[4]; aus|füllen*[4]/欠員を補充する eine frei gewordene Stelle aus|füllen. || 補充品 Ersatz/補充兵 Reservist *m.* -en, -en; Ersatz; Ersatzmannschaft *f.* -en 《隊》.

ほしゅう 募集 [寄附] Geldsammlung *f.* -en; [募集広告] öffentliche Ankündigung, -en; Anzeige *f.* -n; Annonce *f.* -n; Stellungsangebot *n.* -[e]s, -e; Anwerbung *f.* -en; [公債など] Auflegung *f.* -en; Subskription *f.* -en/家庭教師募集 Hauslehrer gesucht!. —— 募集する Es wird gesucht 《*für*[4]》; an|kündigen*[4]; aus|heben*[4]; auf|legen*[4]; [an]werben*[4]; rekrutieren 《兵》.

ほじょ 補助 Hilfe *f.* -n; Beistand *m.* -[e]s, ..e; Unterstützung *f.* -en; Ersatz *m.* -es 《補充》; [補助金] Hilfsgeld *n.* -er; Subsidien (*pl*); Subvention *f.* -en; Staatszuschuss *m.* -es, ..e; [人] Gehilfe *m.* -n, -n; Aushilfe *f.* -n/補助の Hilfs-; Neben-; Ersatz-, Not-/この企業は国家の補助を受けて Dieses Unternehmen ist staatlich subventioniert./彼は名実共に私の補助者だ Er steht mir mit Rat und Tat bei. —— 補助する *jm* Hilfe (Beistand) leisten; *jm* helfen*(bei|stehen*); unterstützen*[4]; subventionieren*[4]/補助金を与える/彼は彼女の生活補助している Er kommt für ihn Unterhaltskosten auf. || 補助星 Hilfsnotsitz *m.* -es, -e/補助科学 Hilfswissenschaft *f.* -en/補助貨幣 Scheidemünze, -n; Kleingeld *n.* -[e]s, -er/補助艦 Hilfs(kriegs)schiff *n.* -[e]s, -e/補助道路 Nebenstrecke *f.* -n/補助翼 Querruder *n.* -s, -; Hilfsflügel *m.* -s, - 《飛行機の》.

ほしょう 保証 Garantie *f.* -n; Bürgschaft *f.* -en; Gewähr *f.*; Gewährleistung *f.* -en; Gutsagung *f.* -; Haftung *f.* -en; Sicherheit *f.* -en; Versicherung *f.* -en. —— 保証つきの(された) garantiert; verbürgt. —— 保証する garantieren*[4]; bürgen; eine Bürgschaft leisten 《für》; ein|stehen*; gut|sagen; gewährleisten; haften 《以上とも *für*[4]》; *jm* [4]*et* sicher|stellen*[4]; [4]*sich* verbürgen 《gegen *jn* für *et*》/保証されない [3]*et* nicht sicher sein; ungewiss (fraglich; zweifelhaft) sein ◆ その他上掲標語を打ち消して用いる/援助を保証します Er versicherte mir seine Unterstützung./この時計は一年間保証いたします Wir garantieren ein Jahr für diese Uhr./本品は模造品でないことを保証する Wir bürgen für die Echtheit der Ware. || 保証金 Bürgschaft *f.* -en; Kaution *f.* -en; Garantiesumme *f.* -n 《金額》/保証契約 Garantievertrag *m.* -[e]s, ..e/保証債務 Bürgschaftsobligation *f.* -en/保証書 Garantieschein *m.* -[e]s, -e/保証積立準備金 Garantiefonds *m.* -, -/保証人 Bürge *m.* -n, -n; Garant *m.* -en, -en; Gewährsmann *m.* -[e]s, -er (..leute)/保証人となる für *jn* Bürge werden; für *jn* bürgen/保証人を立てる einen Bürgen stellen.

ほしょう 保障 Garantie *f.* -n; Gewähr *f.*; Gewährleistung *f.* -en; Sicherstellung *f.* -en. —— 保障する gewährleisten 《*für*[4]》; sicher|stellen*[4]; sichern*[4]. || 保障条約 Beistandspakt *m.* -[e]s, -e/安全保障理事会 Sicherheitsrat *m.* -[e]s, ¨e/集団安全保障 die kollektive Sicherheit, -en.

ほしょう 歩哨 Posten *m.* -s, -; [Schild]wache *f.* -n/歩哨に立つ Posten (Wache) stehen*; auf Wache sein/歩哨に行く auf Posten (Wache) ziehen* [s]/歩哨を交替する den Posten ab|lösen ‖ 歩哨舎 Schilderhaus *n.* -es, ¨er.

ほしょう 補償 Entschädigung *f.* -en; Ausgleich *m.* -[e]s, -e; Ersatz *m.* -es; Schadloshaltung *f.*; Vergütung *f.* -en; Kompensation *f.* -en/会社は五千ユーロの補償を要求した Die Gesellschaft beanspruchte 5 000 Euro als Entschädigung. ── 補償する entschädigen 《*jn für*⁴》; aus|gleichen*⁴; ersetzen⁴; Ersatz leisten 《*für*⁴》; schadlos halten* 《*jn für*⁴》 vergüten⁴; kompensieren⁴/生じうべき損害に対しては必ず補償します Wir erklären uns bereit, Sie für jeden Verlust schadlos zu halten, der entstehen könnte. ‖ 補償金 Entschädigung; Schadenersatz *m.* -es; Entschädigungssumme *f.* -n 《金額》.

ほじょう 捕縄 Strick 《*m.* -[e]s, -e》 zum Fesseln.

ほしょく 補色 Komplementär¦farben (Ergänzungs-) 《*pl*》.

ぼしょく 暮色 Abend¦dämmerung *f.* -en (-zwielicht *n.* -[e]s)/暮色に至る Es fängt zu dämmern an./暮色そう然たる中に im Dämmerlicht (im Dämmerschein) des Abends.

ほじる ❶ bohren⁴; höhlen⁴; wühlen⁴; picken⁴ 《くちばしで木の実などを》; popeln 《鼻くそを》; [aus|]stocheln 《歯を》/鼻(歯)をほじる in der Nase bohren (in den Zähnen stocheln; ³sich die Zähne aus|stocheln)/耳の穴ほじってよく聞く mit beiden offenen Ohren zu|hören. ❷ [詮索] aus|spüren⁴; aus|kundschaften⁴/重箱の隅をほじる bekritteln⁴; kleinkrämerisch machen⁴/重箱の隅をほじるような人 Pedant *m.* -en, -en; Kleinigkeitskrämer *m.* -s, -.

ほしん 保身 Selbst¦erhaltung (-verteidigung) *f.*; Notwehr *f.* 《正当防衛》/彼は保身のためなら何でもやる Er scheut nichts, um sich zu verteidigen. ‖ 保身術 Selbstverteidigungskunst *f.* ¨e.

ほす 干す ❶ trocknen⁴; dörren⁴; sonnen⁴ 《ふとんなどを》/日に干す ⁴*et* in der Sonne trocknen/火に干す ⁴*et* zum Feuer auf|hängen; ⁴*et* am Feuer trocknen/ふとん(洗濯物)を干す das Bettzeug (Wäsche) sonnen. ❷ [水をなくす] trocken|legen⁴; entsumpfen⁴; entwässern⁴; drainieren⁴; ab|leiten⁴/池を干す einen Teich trocken|legen. ❸ [飲み干す] aus|trinken*⁴; ein Glas leeren; hinunter|stürzen⁴/彼は一息で杯を干した Er leerte das Glas auf einen Zug./彼はビールをぐっと干した Er stürzte das Bier in einem kräftigen Zug hinunter.

ボス Chef *m.* -s, -s; 〖俗〗der „Alte*", -n, -n; Boss *m.* -es, -e.

ほすうけい 歩数計 Schritt¦messer (-zähler) *m.* -s, -; Pedometer *n.* -s, -.

ポスター Plakat *n.* -[e]s, -e; [Mauer]anschlag *m.* -[e]s, ¨e; Zettel *m.* -s, -/ポスターを貼る Plakate auf ⁴*et* an|schlagen* (an|kleben)/ポスターを壁からはがす Plakate (Zettel) von der Mauer ab|reißen*.

ホステス Gastgeberin *f.* ..rinnen; Gesellschaftsdame *f.* -n.

ホステル Herberge *f.* -n ‖ ユースホステル Jugendherberge *f.* -n.

ホスト Gastgeber *m.* -s, -; Wirt *m.* -[e]s, -e ‖ ホストコンピューター Host *m.* -[s], -s.

ポスト ❶ [郵便の] Briefkasten *m.* -s, ¨/手紙をポストに入れる einen Brief in den Briefkasten hinein|werfen*; einen Brief zur Post geben*. ❷ [地位] Stelle *f.* -n; Amt *n.* -[e]s, ¨er; Posten *m.* -s, -; Position *f.* -en.

ボスニア・ヘルツェゴビナ Bosnien-Herzegowina *n.* -s.

ホスピス Hospiz *n.* -es, -e.

ほする 補する ernennen*⁴; bestellen⁴ 《ともに *zu*³》.

ほせい 補正 Berichtigung *f.* -en; Verbesserung *f.* -en; Korrektion *f.* -en; Korrektur *f.* -en; Revision *f.* -en/補正する berichtigen⁴; verbessern⁴ korrigieren⁴; revidieren⁴ ‖ 補正予算 Nachtragshaushalt *m.* -[e]s; der revidierte Etat, -s, -s.

ほせい 補整 Ausgleichung *f.* -en; Ausgleich *m.* -[e]s, -e; Regelung *f.* -en; Kompensation *f.* -en/補整する aus|gleichen*⁴; regeln⁴; kompensieren⁴.

ほぜい 保税 Warenniederlage 《*f.*》 unter Aufsicht der Zollbehörde ‖ 保税倉庫 Entrepot *n.* -s, -s; Zollspeicher *m.* -s, -/保税倉庫に入れる in Entrepot geben*⁴; unter Zollverschluss legen⁴/保税入庫 Zollverschluss *m.* -es, ¨e.

ぼせい 母性 Mutter *f.* ¨; Mutterschaft *f.* ‖ 母性愛 Mutterliebe *f.*; Mütterlichkeit *f.*/母性相談 Mütterberatung *f.*/母性礼賛 Verehrung der Mutterschaft.

ぼせき 墓石 Grab¦stein *m.* -[e]s, -e (-mal *n.* -[e]s, -e).

ほせん 保線 Unterhaltung (Instandhaltung) 《*f.* -en》 der Schienen (der Gleise) ‖ 保線工事 Streckenarbeit *f.* -en/保線作業員 Strecken¦wärter (Bahn-) *m.* -s, -; Streckenarbeiter *m.* -s, -.

ほぜん 保全 Sicherstellung *f.* -en; Unversehrtheit *f.*; Integrität *f.*/保全する in Sicherheit stellen⁴; unversehrt (intakt) erhalten*⁴ ‖ 領土保全 Territorialintegrität *f.*

ぼせん 母船 Mutterschiff *n.* -[e]s, -e.

ぼぜん 墓前 vor dem Grab/墓前に哭(こく)す über *js* Grab Tränen gießen* ‖ 墓前祭 Gedächtnisfeier 《*f.* -n》 vor dem Grab.

ほぞ 臍 Nabel *m.* -s, -/臍を噛む über ⁴*et* bittere Reue empfinden*; hinterher noch eine bittere Pille schlucken; ⁴sich selbst in den Hintern beißen*.

ほそい 細い fein; dünn; eng 《狭い》; schmal; spitz 《先が》/細い声 die dünne Stimme, -n/細い首 der schlanke (magere) Hals, -es,

¨e／細い線 die feine Linie, -n／細いズボン die enge Hose, -n／細い指 der spitze Finger, -s, -／細くする dünner (enger; schmaler) machen^4; verdünnen^4; verengen^4／細く長く生きる bescheidenerweise, aber lang leben.

ほそいと 細糸 der feine (dünne) Faden, -s, -; Garn *n*. -[e]s, -e; Zwirn *m*. -[e]s, -e.

ほそう 舗装 Pflaster *n*. -s, -; Pflasterarbeit *f*. -en. — 舗装する pflastern^4; bepflastern^4; auf Straßen Pflaster legen. ‖ 舗装道路 Pflasterweg *m*. -[e]s, -e; Straßenpflaster／舗装れんが Pflasterziegel *m*. -s, -.

ほそおび 細帯 der schmale Gürtel, -s, -.

ほそおもて 細面 das schmale (scharfgeschnittene) Gesicht, -[e]s, -er／細面の女だ Sie sieht spitz aus (ist schmal im Gesicht).

ほそく 補足 Ergänzung *f*. -en; Vervollständigung *f*. -en; Zusatz *m*. -es, ¨e; Nachtrag *m*. -[e]s, ¨e《補遺》; Komplement *n*. -[e]s, -e, Supplement *n*. -[e]s, -e. — 補足の ergänzend; Ergänzungs-／補足的に in (als) Ergänzung; ergänzungsweise. — 補足する ergänzen^4; vervollständigen^4; zu|setzen^4; nach|tragen^{*4}. ‖ 補足語 Objekt *n*. -[e]s, -e; Ergänzung.

ほそく 捕捉する greifen^{*4}; fangen^{*4}; fassen^4; haschen^4; packen^4; schnappen^4／捕捉しがたい schwer zu fassen; kaum greifbar; aalglatt《不得要領な》; unfasslich《同上》; unbegreiflich《理解しがたい》.

ほそながい 細長い lang und schmal; hager《腕や脚など》／一本の細長い布 ein Streifen Tuch《*n*. -[e]s, ¨er》／細長い部屋だ Das Zimmer ist ein Schlauch.

ほそびき 細引き Bindfaden *m*. -s, ¨; Schnur *f*. ¨e.

ほそぼそ 細々した schlank; feinglied[e]rig; klapperdürr; abgemagert／細々と ärmlich; dürftig; kärglich; knapp; kümmerlich; spärlich; zur Not／細々と暮らしをたてる kümmerlich sein Leben fristen (hin|bringen*); von der Hand in den Mund leben; ^{4}sich mühsam durchbringen*.

ほそみ 細身の schmal／細身の刀 das schmale Schwert, -[e]s, -e.

ほそみち 細道 der schmale Weg, -[e]s, -e; Steig *m*. -[e]s, -e; Pfad *m*. -[e]s, -e; Steg *m*. -[e]s, -e.

ほそめ 細目に ziemlich dünn (eng; schmal); mittelfein／細目に切る mittelfein schneiden^{*4}／細目に戸を開ける die Tür ein klein wenig öffnen.

ほそめる 細める ⇨**ほそい**(細くする).

ほそる 細る ab|magern [s]; ab|fallen* [s] mager (dünner) werden; an ^{3}Gewicht verlieren*.

ほぞん 保存 Verwahrung *f*. -en; Bewahrung *f*. -en; Erhaltung *f*. -en; Instandhaltung (Unter-) *f*. -en; Konservierung *f*. -en. — 保存する [auf|]bewahren^4; ein|machen^4《くだものなど》; erhalten^{*4}; in gutem Zustand halten^{*4}; instand|halten^{*4}; konservieren^4; unterhalten^{*4}; verwahren^4.

ポタージュ die legierte (dicke) Suppe, -n.

ぼたい 母胎 Mutterleib *m*. -[e]s; Mutter *f*. ¨.

ぼだい 菩提 [正覚(しょうがく)] das Erkennen*《-s》der höchsten Wahrheit; Erleuchtung *f*.; [仏果を得ること] Seligkeit *f*.; Seelenheil *n*. -[e]s／菩提を弔う für die Seligkeit des Verstorbenen beten (eine Messe lesen*) ‖ 菩提樹 Linde *f*. -n; Lindenbaum *m*. -[e]s, ¨e／菩提所 Familienbegräbnisplatz *m*. -es, ¨e; Familientempel *m*. -s, -《菩提寺》／菩提心 die religiöse Gesinnung, -en; die fromme Gemütsart, -en.

ほだされる gefangen (gefesselt) werden《*von*^{3}; *durch*^{4}》／情にほだされる von der Liebe gefesselt werden《zu *jm*》.

ほたてがい 帆立貝 Kammmuschel *f*. -n.

ぼたぼた ぼたぼた滴る tropfen; triefen$^{(*)}$; träufeln [以上 [h,s]].

ぽたぽた tropfenweise; in Tropfen／ぽたぽた滴る träufeln [h,s]; triefen$^{(*)}$ [h,s]; drippeln／汗が額からぽたぽた滴っている Der Schweiß trieft ihm von der Stirn.

ぽたり ぽたりと落ちる in einem größeren Tropfen fallen* [s].

ほたる 蛍 Leuchtkäfer *m*. -s, - (-wurm *m*. -[e]s, ¨er); Glühwürmchen *n*. -s, -／蛍の光 Schimmer《*m*. -s, -》(Schein *m*. -[e]s, -e) des Leuchtwurms ‖ 蛍狩り das Leuchtkäferfangen*, -s.

ほたるいし 蛍石 Flussspat *m*. -[e]s, -e.

ぼたん 牡丹 Päonie *f*. -n; Pfingstrose *f*. -n ‖ 牡丹園 Päoniengarten *m*. -s, -／牡丹刷毛(はけ) Puderquaste *f*. -n.

ボタン 釦 Knopf *m*. -[e]s, ¨e; Druckknopf *m*. -[e]s, ¨e《押ボタン》; Kragenknopf《カラーボタン》; Manschettenknopf《カフスボタン》／ボタン穴 Knopfloch *n*. -[e]s, ¨er／ボタンをかける zu|knöpfen／ボタンをはずす auf|knöpfen／ボタンをつける einen Knopf an|nähen.

ぼたんづる 牡丹蔓【植】Waldrebe *f*. -n.

ぼち 墓地 Friedhof *m*. -[e]s, ¨e《共同墓地にも》; Grabstätte *f*. -n; Kirchhof; Begräbnisplatz *m*. -es, ¨e.

ホチキス Heftmaschine *f*. -n.

ぼちぼち ⇨**ぼつぼつ**.

ぽちぽち ぽちぽちのある gepunktet; punktiert; getüpfelt《模様など》／ぽちぽち滴る träufeln [h,s]; tropfenweise fallen* [s]／ぽちぽち雨が降る Es tröpfelt.

ぼちゃぼちゃ plan[t]sch!／ぼちゃぼちゃさせる《水などをはねちらかす》 manschen$^{(4)}$; pan[t]schen$^{(4)}$; plan[t]schen$^{(4)}$.

ぽちゃぽちゃ ❶ [音] platsch, platsch!／ぽちゃぽちゃやる plan[t]schen; plätschern; platschen《水を》. ❷ [肥った] ぽちゃぽちゃした hübsch rund sein; pausbäckig sein《豊頬の》.

ぽちゃん p[l]atsch!／ぽちゃんと音をたてる platschen [h]／ぽちゃんと落ちる platschen [s]; platschend fallen* [s]／水をぽちゃんとたたく ins ^{4}Wasser platschen [h].

ほちゅう 補注 die ergänzende Bemerkung,

ほちょう 歩調 Schritt m. -[e]s, -e/ゆっくりした歩調で langsamen Schrittes/歩調を合わせる Schritt (Tritt) halten/歩調を早める (ゆるめる) seine Schritte beschleunigen (verlangsamen)/歩調を乱す aus dem Schritt kommen* s/歩調取れ Im Tritt!

ホちょう 本調〖楽〗E-Dur n. -（長調, 記号: E); e-Moll n. -（短調, 記号: e).

ほちょうき 補聴器 Hörapparat m. -[e]s, -e.

ぼっか 牧歌 Pastorale f. -n; Bukolik f.; Idylle f. -n; Hirtengedicht n. -[e]s, -e/牧歌ふうの pastoral; bukolisch; idyllisch; Hirten-; Schäfer-.

ぼつが 没我 Selbstlosigkeit f.; Uneigennützigkeit f.

ほっかい 北海 Nordsee f.

ほっき 発起 Anregung f. -en; Anstoß m. -es, -e; Antrag m. -[e]s, -e; Initiative f. -n; Veranlassung f. -en; Vorschlag m. -[e]s, -e/発起する auf js Anregung (hin); auf js Veranlassung/赤十字社の発起で直ちに救援が出された Auf Veranlassung des Roten Kreuzes wurde sofort Hilfe gesandt. ― 発起する den ersten Anstoß geben* (zu³); die Initiative ergreifen*; einen Vorschlag machen; Veranlassung geben* (zu³)/一念発起する von neuem den Entschluss (den Mut) auf|bringen*. ‖ 発起人 Stifter m. -s, -/Förderer m. -s, -/（祝賀会などの）der Vorschlagende*, -n, -/Gründer m. -s, -/Urheber m. -s, -/Veranstalter m. -s, -/発起人は彼なのです Die Anregung geht von ihm aus./発起人会 Versammlung (f. -en) der Gründer (der Veranstalter)/発起人株 Gründeraktien (pl).

ぼっき 勃起 das Aufrichten*, -s; Erektion f. -en/勃起する *sich auf|richten; gerade stehen*.

ぼっきゃく 没却 Geringschätzung f.; Vernachlässigung f./没却する außer Acht (unbeachtet) lassen*; nicht beachten; gering schätzen; vernachlässigen; vergessen*.

ほっきょく 北極 Nordpol m. -[e]s/北極の arktisch; Nordpolar-. ‖ 北極狐 Polarfuchs m. -es, -e/北極熊 Polar|bär (Eis-) m. -en/北極圏 Nordpolkreis m. -es, -e/北極光 Nordlicht n. -[e]s, -er; das nördliche Polarlicht, -[e]s, -er/北極星 Nordpolarstern m. -s, -e/北極探検 Nordpol|expedition f. -en (-fahrt f. -en)/北極地方 Nordpolgebiet n. -[e]s, -e; Arktis f.

ホック Haken m. -s, -.

ぼっくり ぼっくり死ぬ plötzlich ab|leben (ab|kratzen) s.

ホッケー Hockey n. -s.

ぼっけん 木剣 Holzschwert n. -[e]s, -e.

ぼっこう 勃興 Aufstieg m. -[e]s, -e; Erhebung m. -s, -e; das Erheben* (Emporkommen*), -s/貿易勃興のきざしが見える Der Außenhandel zeigt Zeichen des Aufschwungs. ― 勃興する einen Aufstieg machen; einen Aufschwung nehmen*; *sich erheben*/経済はどんどん勃興した Die wirtschaftlichen Verhältnisse nehmen einen raschen Aufschwung./ドイツはぐんぐん勃興する Deutschland ist in einem unaufhaltsamen Aufstieg (begriffen).

ぼっこうしょう 没交渉 unabhängig (non³); ohne *Beziehung (mit³); ohne Zusammenhang (mit³)/没交渉である mit jm (3et) nichts zu tun haben; keine Beziehung haben (mit³); in keiner Beziehung stehen* (mit³).

ほっこく 北国 die nördliche Provinz, -en; Norden m. -s; Nordland n. -[e]s, -er (pl は往々にして北欧諸国をいう) ‖ 北国人 der nördlich Wohnende*, -n, -n; Nordländer m. -s, -. （注々北欧人）.

ほっさ 発作 Anfall m. -[e]s, -e; Anwandlung f. -en; Paroxysmus m. ..men/発作的に(の) anfallsweise; paroxysmal/発作を起こす einen Anfall bekommen*/彼は卒中の発作がある Er hat einen Schlaganfall./彼は失神発作に襲われた Es wandelte ihn eine Ohnmacht an.

ぼっしゅう 没収 Beschlagnahme f. -n; Einziehung f. -en; Konfiskation f. -en. ― 没収する beschlagnahmen⁴; ein|ziehen⁴; konfiszieren⁴; mit Beschlag belegen⁴/ラジオは全部没収された Alle Radioapparate wurden beschlagnahmt (eingezogen). ‖ 没収財産 das verfallene Gut, -[e]s, -er; 没収商品 die mit Beschlag belegten Waren (pl).

ぼつしゅみ 没趣味 geschmacklos; alltäglich; abgedroschen; fade; gewöhnlich; langweilig; trocken.

ぼっしょ 没書 der zurückgewiesene Beitrag, -[e]s, -e/没書にする zurück|weisen*⁴; nicht an|nehmen*⁴; in den Papierkorb werfen*⁴ (schmeißen*⁴).

ぼつじょうしき 没常識 Mangel (m. -s, -) an gesundem Menschenverstand; Unvernunft f. -/没常識な sinnlos; albern; unvernünftig; überspannt （常規を逸した）.

ほっしん 発心 das religiöse Erwachen*, -s; Bekehrung f. -en (zu³)/発心する religiös erwachen s; *sich bekehren (zu³)/彼は発心してドイツ語を勉強し始めた Er hat von neuem den Mut gefasst und angefangen, wieder Deutsch zu lernen.

ほっす 法主 Oberhaupt (n. -[e]s, -er) einer Sekte.

ほっする 欲する wollen*; mögen*; wünschen⁴; verlangen⁴ ⇨ほしがる/欲すると否とにかかわらず man mag wollen oder nicht; wohl oder übel; nolens volens/欲するままにしなさい Machen Sie, was Sie wollen!/なんじの欲せざる所を人に施すなかれ Was du für dich selbst nicht wünschest, das tue auch nicht anderen./Was du nicht willst, dass man dir tu', das füg' auch keinem andern zu.

ぼっする 没する ❶ 〖沈む〗ein|sinken*; unter|gehen*; unter|tauchen (ein|-); verschwinden*/日は s/太陽が西に没するDie

ぼつぜん Sonne geht im Westen unter./帆が水平線の彼方に没した Das Segelboot verschwand hinter dem Horizont. ❷ [隠れて] reichen 《bis über⁴》/泥濘(ぬ)に膝を没する Der Schlamm reicht bis über die Knien (ist knietief). ❸ [死ぬ] sterben*; hin|scheiden*; verscheiden* [以上 S].

ぼつぜん 勃然として ❶ [急に] plötzlich; auf einmal. ❷ [憤然] vor Wut; von Wut erfüllt; vom Zorn ergriffen.

ほっそく 発足 Beginn m. -(e)s; [Be]gründung f. -en; Eröffnung f. -en/発足する beginnen*⁴; [be]gründen⁴; eröffnen⁴; ein|weihen⁴.

ほっそり ほっそりした schlank; abgemagert; feingliedrig; hager; mager; schmächtig/彼女はほっそりしている Sie ist von schlankem Wuchse.

ほったてごや 掘立小屋 Bretterbude f. -n; Baude f. -n; Hütte f. -n; Kate f. -n; Schuppen m. -s, -.

ほったん 発端 Anfang m. -(e)s, ⸚e; Beginn m. -(e)s; Entstehung f. -en; Geburt f. -en; Herkunft f. ⸚e; Quelle f. -n; Ursprung m. -(e)s, ⸚e/…が発端である seinen Ursprung in ³et haben*/事の発端をたずねる ⁴et bis zum Ursprung verfolgen.

ぼっちゃん 坊ちゃん ❶ [呼び掛け] Söhnchen! n. -s, -; Junge! m. -n, -n; Ihr Söhnchen! (あなたの); [男児] Sohn m. -(e)s, ⸚e; Junge m. -n, -n. ❷ [うぶな人] großes Kind, -er; grüner Junge; Muttersöhnchen n. -s, -; Schoßkind n. -(e)s, -er/坊ちゃん育ちだ Er ist nur ein großes Kind.

ぼっちり ein klein bisschen; verschwindend wenig; ein Fingerhut voll; ein Anflug 《von³》.

ほっておく 放っておく ❶ [等閑] hintan|setzen⁴ (-lassen⁴; -|stellen⁴); vernachlässigen⁴; versäumen⁴ [義務などを]. ❷ [そのままに] auf ⁴sich beruhen lassen*⁴; es bei (so gut) sein lassen⁴; es bei (mit) ³et bewenden lassen⁴; bewenden lassen*⁴; auf die lange Bank schieben*⁴ [延期]. ❸ [無干渉] es um ⁴et nicht [be]kümmern; gehen (laufen) lassen⁴; der freien Lauf lassen⁴.

ほってり ほってりした wohlbeleibt; fettleibig; feist; schwerwanstig [太鼓腹の]/ほってりして来る Der Körper setzt Fett an.

ほっと ⁴sich erleichtert fühlen; jm fällt ein Stein vom Herzen./ほっと息をつく erleichtert auf|atmen.

ぽっと ぽっと顔をあからめる jm steigt die Röte ins Gesicht.

ぼっとう 没頭 Hingabe f.; Versunkenheit f.; Vertiefung f. ⸚ …に没頭する ⁴sich vertiefen 《in⁴》; ⁴sich ³et ergeben* (ganz hin|geben*); von ³et ganz gefesselt sein; ⁴sich in ³et versunken (verloren) sein; ⁴sich ³et widmen/研究に没頭する Er vertieft sich in seine Arbeit.

ホットケーキ Eierkuchen m. -s, -.

ほっとで ほっと出 frisch vom Lande/ほっと出の田舎者 ein Bauerntölpel (-s, -) [, der ahnungslos in die Stadt gekommen ist); eine Landpomeranze ⟨-n⟩ [, die von der Großstadt keine Ahnung hat] (娘).

ホットドッグ Hot Dog n. -s, -s.

ぼつにゅう 没入 Versunkenheit f.; Vertiefung f. ⇨ぼっとう.

ぼつねんと einsam; allein; verlassen/ぼつねんと物思いにふける ganz allein in Gedanken versunken sein.

ぼっぱつ 勃発 Beginn m. -(e)s, -/戦争の勃発 Ausbruch des Krieges/勃発する aus|brechen* [S].

ほつぴょうよう 北氷洋 das Nördliche Eismeer, -(e)s.

ホップ Hopfen m. -s, -.

ポップコーン Puffmais m. -es; Popcorn n. -s.

ぼっぽ puff-puff! [列車]/列車はぽっぽと橋を渡った Der Zug dampfte puff-puff über die Brücke./食事はぽっぽと湯気が立っていた Das Essen wurde dampfend heiß serviert.

ほっぽう 北方 Norden m. -s; Nord m. -(e)s/北方の nordisch; nördlich/北方へ nordwärts/北方へ三キロメートルの所にある drei Kilometer nördlich [von hier] liegen* (stehen*).

ぽつぽつ Punkte ⟨pl⟩; Tüpfel m. (n.) -s, - [斑点]; Ausschlag m. -(e)s ⸚e [発疹]; Finne f. -n; Pustel f. -n [吹出物].

ぽつぽつ ❶ [少しずつ] allmählich; nach und nach; tropfenweise 《滴々と》. ❷ [徐々に] gemächlich; langsam; mit Muße/ぽつぽつ出掛けよう Wollen wir langsam gehen! ❸ [散在] hier und dort; vereinzelt.

ぼつぼつ 勃々たる feu⟨e⟩rig; kühn; lebhaft/勃々たる野心 der brennende Ehrgeiz, -es, -e ‖ 勇気勃々 voll unbezähmbaren ²Mutes sein.

ぽつぽつ ❶ [少しずつ] allmählich; nach und nach; schrittweise; Schritt für Schritt; stufenweise; einer nach dem anderen/ぽつぽつ来る allmählich zu zweit, zu dritt (einer nach dem anderen) kommen* [S]/そのうちぽつぽつ話して上げますよ Ich werde es Ihnen noch allmählich (nach und nach) erzählen. ❷ [水滴] tropfenweise/雨がぽつぽつ降り出した Es fängt an zu tröpfeln (drippeln). ❸ [散在して] hie⟨r⟩ und da; vereinzelt; zerstreut/山腹の向側には人家がぽつぽつ立っている Am südlichen Abhang stehen einzelne Wohnhäuser (befinden sich vereinzelt ein paar Häuser). ❹ [斑点でぽつぽつある] gepunktet; punktiert; gesprenkelt; getupft; getüpfelt/表面に一杯ぽつぽつができちゃった Die Oberfläche wurde mit Punkten übersät. ❺ ぽつぽつ出掛けましょうか Wollen wir allmählich gehen?/商売はいかがです —まあ、ぽつぽつです Was macht das Geschäft? —So leidlich./そういう帽子はぽつぽつ見かけます Ab und zu (Gelegentlich) sieht man so einen Hut.

ぼつらく 没落 Untergang m. -(e)s, ⸚e; Ruin m. -s; Verfall m. -(e)s; Fall m. -(e)s; Sturz m. -es, ⸚e [失脚]; [破産] Bankrott m. -(e)s, -e; Konkurs m. -es, -e; der finan-

ほつり zielle Zusammenbruch, -(e)s, ⸚e 《財政上の》/没落する unter|gehen*s; in Verfall (Konkurs) geraten*s zu Grunde gehen*s; Konkurs machen《破産する》.

ぽつり ¶ ぽつりと大粒の雨が手に落ちてきた Ein großer Regentropfen fiel auf meine Hand./ぽつりと星が一つ残っていた Da stand noch ein Stern verlassen am Himmel.

ほつれる sich auf|lösen; sich aus|fasern; lose (locker) werden; entwirrt werden/ほつれ髪 das lose Haar.

ボツワナ Botswana N. -s/ボツワナの botswanisch ¶ ボツワナ人 Botswaner m. -s, -.

ボディーガード Leibwache f. -n.

ボディービル Bodybuilding n. -(s)/ボディービルをする Bodybuilding betreiben*.

ほていばら 布袋腹 Dickwanst m. -es, ⸚e;《俗》Wampe f. -n; Hängebauch m. -(e)s, ⸚e;《俗》Mollenfriedhof m. -(e)s ⸚e《ビール腹》.

ポテトサラダ Kartoffelsalat m. -[e]s, -e.

ポテトチップス Kartoffelchips 《pl》.

ほてり 火照り Wärme f.; Erhitzung f. -en; Glut f.

ほてる 火照る brennen*; glühen; sich erhitzen; sich warm fühlen/ほてった顔をして mit glühenden Wangen/顔のほてるような思いだった Das Blut stieg mir in die Wangen (ins Gesicht).

ホテル Hotel n. -s, -s; Gasthaus n. -es, ⸚er; Gasthof m. -(e)s, ⸚e ¶ ホテルのボーイ Hotelboy m. -n, -n; Hotelboy m. -s, -s/ホテルに泊まる in einem Hotel ab|steigen*s (in einem Gasthaus) ein|kehren*s/ホテルに泊っている in einem Hotel wohnen (sich auf|halten*)/ホテルを経営する ein Hotel betreiben* (leiten; führen).

ほてん 補塡 Deckung f. -en; Ausgleich m. -(e)s, -e/補塡する decken*; aus|gleichen*;*4/赤字を補塡する einen Verlust decken/損失は利益で補塡された Der Verlust ist durch einen Gewinn ausgegelichen.

ほど 程 ❶ [程度] Maß n. -es, -e; Grad m. Bigkeit f./程よい gemäßigt; mäßig/あれ程 so viel; so sehr/どれ程 wie viel; in welchem Grad(e)/これ程 bis zu diesem Grad(e); so viel/僕の祖父はありあまる程の金を持っている Mein Großvater hat Geld mehr als genug./君ならそれがわかる程の年頃だ Du bist schon alt genug, [um] das zu verstehen./物には程がある Alles hat seine Grenzen./伯母は驚く程やせた Meine Tante ist erstaunlich abgemagert./スペイン語はどれ程お進みですか Wie weit sind Sie mit dem Spanischen?/私はまだそれ程ひどい目にあったことがありません In solch übler Lage bin ich noch nicht gewesen./用事という程の用もない Ich habe nichts Besonderes zu tun./冗談にも程があるよ Das geht über den Spaß./ Das fehlt mir noch! ❷ [分際] 身の程を忘れる sich vermessen*; zu hoch hinaus|wollen*/身の程を知れ „Schuster, bleib deinem Leisten!“ ❸ [距離] どれ程 wie weit/私の家は駅から程遠からぬ所にあります Mein Haus ist nicht so weit vom Bahnhof. ❹ [時間] 程なく bald; kurz darauf; nach einiger Zeit; später/程よい折に rechtzeitig; zur rechten Zeit/歩いて学校までどれ程かかりますか Wie lange braucht man zu Fuß zur Schule?/英語を習ってどれ程ですか Wie lange lernen Sie Englisch? ❺ [数・量] あれ程 wie viel/これいか程ですか Was kostet es? ❻ [およそ] etwa; ungefähr/二週間程 etwa vierzehn Tage/千人ほどの住民 etwa tausend Einwohner. ❼ [比較] je mehr ..., desto (umso) mehr 《益々》; je weniger ..., desto mehr (weniger)... 《以上》; so ..., wie ... 《のように》; so ..., so ... 《以上》; nicht so ..., wie ... 《否定》; ebenso wenig ..., wie ... 《以上》/この家の五倍程高い fünfmal so hoch wie das Haus/彼女は私程存は高くありません Sie ist nicht so groß wie ich./彼程フランス語のできる人はここにはいません Niemand kann hier so gut Französisch wie er./フランス語は習えば習う程よい Je mehr, desto besser./年を取れば取る程益々謙遜になる Je älter er wird, desto bescheidener wird er.

ほどあい 程合い Grad m. -(e)s, -e 《程度》; Maß n. -es, -e 《節度》; Mäßigkeit f. 《適度》;《頃合い》die günstige Gelegenheit, -en; die rechte Zeit, -en.

ほどう 歩道 Bürger|steig (Geh-) m. -(e)s, -e; Fußweg m. -(e)s, -e ¶ 横断歩道 Fußgängerübergang m. -(e)s, ⸚e; Überweg; Zebrastreifen m. -s, -.

ほどう 補導 Pflege f. -n; Führung f. -en; Leitung f. -en. —補導する pflegen*4; führen*4; leiten*4; den Weg zeigen*4; beraten**4. ¶ 少年補導官 Jugendpfleger m. -s, -.

ほどうきょう 歩道橋 Fußgänger|überführung (Straßen-) f. -en.

ほどく 解く lösen; auf|binden*4; auf|lösen*4; los|knüpfen*4; los|lösen*4; los|wickeln*4 《巻きものを解く》; entwirren*4 《もつれを》; auf|trennen*4 《縫・縫目を》; aus|packen*4 《荷物を》; auf|schnüren*4 《ひもを》.

ほとけ 仏 ❶ Buddha m. -s, -s/仏のような顔をした fromm aussehend/仏臭い priesterlich; pfäffisch; scheinheilig/仏の顔も三度 Geduld hat ihre Grenze./ Auch Buddhas Geduld ist nicht ohne Grenzen./仏作って魂入れず vergessen* 《versäumen》, die letzte Hand (Feile) an|zulegen/知らぬが仏 Was man nicht weiß, macht einen nicht heiß./Nichtwissen ist oft glücklicher als Wissen./ Vielwissen macht Kopfschmerzen. ❷ [故人] der Selige* (Heimgegangene*), -n, -n/仏になる heim|gehen*s 《die zeitliche segnen》/仏になる sich zu seinen Vätern versammeln; in den Himmel kommen*s.

ほどける 解ける sich auf|lösen; sich auf|lösen*; sich auf|lockern; sich auf|schnüren.

ほどこし 施し ❶ [施物] Almosen n. -s, -; die milde Gabe, -n; Spende f. -n. ❷ [慈善] Mildtätigkeit f.; Karitas f./施しをする auf Almosen angewiesen sein; von mildtätigen Spenden (Almosen) leben;

Gnadenbrot essen*/施しにやってやったのだ Für Gotteslohn habe ich es getan./施しをする(受ける) Almosen (Spenden) geben* (nehmen*).

ほどこす 施す ❶ geben*³⁴; schenken³⁴; verschenken⁴ 《an *jn*》; spenden³⁴; zukommen lassen*³⁴. ❷ [恵みを] Almosen (Spenden) geben*/恩恵を施す *jm* eine Gunst erweisen* (verschenken). ❸ [行う] machen⁴; aus|führen⁴; verrichten⁴/策を施す eine Maßregel (eine Maßnahme) treffen* (ergreifen*) 《*gegen*⁴》/手術を施す operieren⁴/まだ手術を施す余地がある Es ist noch operierbar./汝(なんじ)の欲せざるところ人に施すなかれ Was du nicht willst, dass man dir tu', das füg' auch keinem andern zu.¦Was du nicht willst, dass dir geschieht, das tu auch deinem Nächsten nicht.

ほとばしる 迸る 〔hervor|〕strömen [s]; ⁴sich ergießen*; hervor|quellen* [s]; 〔aus|〕spritzen [s]; 〔hervor|〕sprudeln [s]/傷から血がほとばしり出る Das Blut strömt aus der Wunde./泉が岩からほとばしり出る Die Quelle sprudelt aus dem Felsen.

ほとほと fast; beinah〔e〕; nahezu; [全く] völlig; ganz; überhaupt/彼奴の知ったかぶりにはほとほと厭になる Ich empfinde fast Widerwillen vor seiner Besserwisserei./彼の振舞いにはほとほとあいそうがつきる Sein Gehaben verdrießt mich fast arg.

ぽとぽと ⇨ぽたぽた.

ほとぼり ❶ Wärme *f.*; Hitze *f.* ❷ [情熱] Glut *f.* -en; Eifer *m.* -s; Fieber *n.* -s, -; Inbrunst *f.* ❸ [事件の] Sensation *f.* -en; Aufregung *f.* -en/ほとぼりがさめる ⁴sich ab|kühlen; erkalten [s]; ⁴sich legen; nach|lassen*/両人のほとぼりがさめた Die Zuneigung (Das Verhältnis) zwischen beiden ist abgekühlt.¦Ihre Liebe ist erkaltet./事件のほとぼりがさめる Die Aufregung des Falls legt sich (kommt zur Ruhe).

ほとり 辺 Nähe *f.* -n; Nachbarschaft *f.* -en/…のほとりに(で) an³; nah〔e〕《*an*³; *bei*³》; in der Nähe 《*von*³》/川のほとりに(で) am Fluss; an den Ufern des Flusses.

ほとんど 殆んど fast; beinah〔e〕, nahezu; so ziemlich; [否定] fast nicht (nie); kaum; schwerlich; wenig; [もう少しで] nahe daran sein, ⁴*et* zu tun; um Haaresbreite; um ein Haar/殆んど同年輩である Er ist ziemlich so alt wie ich.¦Er ist so ziemlich in meinem Alter./殆んど仕事は完成した Die Arbeit ist fast (ziemlich) fertig./殆んど不可能だ Es ist fast unmöglich (kaum möglich)./殆んど見込みがない Nur wenige Aussicht gibt es darauf.¦Es lässt sich kaum eine Möglichkeit dazu absehen./彼の前歴については殆んど知られていない Sein Vorleben ist nur den wenigsten bekannt./もう殆んど五十だ Er ist nahe an die Fünfzig./彼女は殆んど気絶せんばかりだった Sie war einer Ohnmacht nah./もうちょっとで殆んど落ちるところだった Wenig fehlte, und er wäre abgestürzt.¦Um ein Haar wäre er abgestürzt.

ボナンザグラム Silbenrätsel *n.* -s, -.

ポニーテール Pferdschwanz *m.* -es, ⸗e 《頭髪の》.

ほにゅう 哺乳 das Säugen*, -s ‖ 哺乳児 Säugling *m.* -s, -e/哺乳動物(類) Säugetier *n.* -〔e〕s, -e; Mammalia 《*pl*》/哺乳びん Saugflasche *f.* -n.

ぼにゅう 母乳 Muttermilch *f.*/母乳で育てる das Kind selbst nähren.

ほぬの 帆布 Segelleinwand *f.* ⸗e; Segeltuch *n.* -〔e〕s, ⸗er 《布の種類をいうときは *pl* -e》.

ほね 骨 ❶ Knochen *m.* -s, -; Bein *n.* -〔e〕s, -e; Gräte *f.* -n 《魚の》; Knorpel *m.* -s, - 《軟骨》/骨太な derbknochig; großgliedrig/骨だらけな, 骨っぽい knochig; grätig/骨までしゃぶる *jm* das Mark aus den Knochen saugen⁽*⁾/骨になる verknöchern [s]; sterben* [s] 《死ぬ》/骨のない knochenlos; wirbellos 《無脊椎の》; haltlos 《しっかりしていない》/骨のずいまで卑しい gemein bis in die Knochen/骨をちがえる(足の骨を, 肩の骨を) (³sich den Fuß, die Schulter) verrenken/骨を折る(腕の骨を, 足の骨を, 肋骨を) (³sich einen Arm; ein Bein; eine Rippe) brechen*/骨をつぐ(腕の骨を) (einen 〔gebrochenen〕 Arm) ein|renken (-|richten)/骨と皮ばかりである nur 〔noch〕 Haut und Bein sein; nichts als Haut und Bein sein; zum Skelett abgemagert sein; Man kann bei ihm alle Rippen zählen./喉に骨が立った Eine Gräte steckt mir im Hals./寒さが骨までしみる Die Kälte geht mir durch Mark und Bein. ❷ [扇・かさ・ちょうちんなど] Rippe *f.* -n/かさの骨 Schirm¦rippe 《一本一本の》 (-gestell *n.* -〔e〕s, -e 《全体》). ❸ [障子] Gitter *n.* -s, -. ❹ [労力] 骨をおる ⁴sich an|strengen; ³sich 〔viel〕 Mühe geben*; ⁴sich sehr bemühen/骨がおれる 〘物が主語〙 viel Mühe kosten; *jm* schwer fallen* [s]/骨のおれる anstrengend; arbeitsam; lästig; mühselig; schwer; schwierig. ❺ [気骨] Charakterstärke *f.*/あの男は骨がある(ない) Er hat (kein) Rückgrat.¦Er hat (kein) Mark in den Knochen.

ほねおしみ 骨惜しみ Arbeitsscheu *f.*; Bequemlichkeit *f.*; Trägheit *f.*/骨惜しみをする人 Arbeitsscheuer *m.* -s, -; Faulpelz *m.* -es, -e/骨惜しみをする arbeitsscheu sein; ⁴sich schonen; ⁴sich nicht an|strengen/骨惜しみしない keine Mühe scheuen; ³sich keine Mühe verdrießen lassen*; ⁴sich jeder Mühe unterziehen*.

ほねおり 骨折り Anstrengung *f.* -en; Bemühung *f.* -en; Mühe *f.* -n, Plackerei *f.* -en/骨折り損のくたびれもうけ ⁴sich mit nutzloser Plackerei ab|mühen/対立を橋渡ししようという骨折りは全部むだだった Alle Bemühungen, die Gegensätze zu überbrücken, waren zwecklos. ‖ 骨折り仕事 die anstrengende (angestrengte) Arbeit, -en.

ほねぐみ 骨組 ❶ [骨格] Gebein *n.* -〔e〕s, -e; Knochengerüst *n.* -〔e〕s, -e; Skelett *n.* -〔e〕s, -e; Körperbau *m.* -〔e〕s 《体格》/骨組のがっしりした robust (stämmig) gebaut. ❷ [構造] Gestell *n.* -〔e〕s, -e; Gebälk *n.* -〔e〕s,

-e; Aufbau *m.* -[e]s, -ten. ❸ [大体] Hauptzüge《*pl*》; Umriss *m.* -es, -e.

ほねつぎ 骨接ぎ Einrichtung *f.* -en; Einrenkung *f.* -en《整骨》. ⇨**ほね** ‖ 骨接ぎ医 Orthopäde *m.* -n, -n.

ほねなし 骨なし [人] Schlappschwanz *m.* -[e]s, ⸚e; Waschlappen *m.* -s, -/あいつは骨なしだ Er hat keinen (keine) Schneid. | Er hat kein Rückgrat.

ほねぬき 骨抜きの verstümmelt; marklos; entnervt; entmannt/骨抜きの報告 der verstümmelte (zugestutzte) Bericht, -[e]s, -e/本文は翻訳のときにすっかり骨抜きにされてしまった Der Text ist bei der Übersetzung völlig verstümmelt worden./彼女は彼を骨抜きにした Sie hat ihn verweichlicht (verzärtelt).

ほねみ 骨身にこたえる *jm* in die Knochen fahren* [s]; *jm* durch Mark und Bein (Mark und Pfennige) gehen* [s]/骨身にこたえるほど苦しめる *jn* bis aufs Mark quälen.

ほねやすめ 骨休め Ruhe *f.*; Entspannung *f.*; Erfrischung *f.* -en; Erholung *f.* -en; Erquickung *f.* -en; Pause *f.* -n/骨休めする nach (von) der Arbeit ruhen; ⁴sich entspannen; ⁴sich erfrischen; ⁴sich erholen; ⁴sich erquicken; eine Pause machen.

ほのお 炎 Flamme *f.* -n; Lohe *f.* -n; 〘詩〙 Waberlohe *f.* -n/炎のような flammig; flammenartig/炎がたつ es flammt [auf]; in Flammen auf|gehen* [s] (stehen*); es lodert (loht; wabert)/恋の(しっとの)炎に燃えている von Liebe (von Eifersucht) entflammt sein.

ほのか 仄かに dunkel; leise; schwach; undeutlich; unklar/ほのかにおぼえている eine blasse (dunkle; schwache) Erinnerung an ⁴*et* haben.

ほのくらい ほの暗い abgeblendet; dämmerig; düster; halbdunkel; matt erleuchtet; trübe/ほの暗い光 das trübe (gedämpfte; matte; schwache) Licht, -[e]s, -er/ほの暗く灯がついている Die Lichter brennen schwach und trübe.

ほのぼの ほのぼのと dämmernd; dämmerig; zwielichtig/ほのぼのと夜が明け始める Es dämmert allmählich. | Es fängt an, allmählich zu dämmern.

ほのめかす 仄めかす *jm* an|deuten⁴; *jm* ein|blasen*⁴; *jm* zu verstehen geben*⁴; merken lassen*⁴; [あてこする] an|spielen《*auf*⁴》; Anspielung machen《*auf*⁴》.

ほのめく 仄めく flackern; flimmerm; schimmern.

ほばく 捕縛 Ergreifung *f.* -en; Verhaftung *f.* -en; Festnahme *f.* -n; Inhaftierung *f.* -en/捕縛する ergreifen*; verhaften; fest|nehmen*; inhaftieren《以上 *jn*》/犯人はいまだ捕縛されず Der Täter ist noch auf freiem Fuß[e].

ほばしら 帆柱 Mast *m.* -[e]s, -en (-e); Mastbaum *m.* -[e]s, ⸚e.

ぼひ 墓碑 Grab|stein (Leichen-) *m.* -[e]s, -e; Grabmal *n.* -[e]s, ⸚er (-e)《大墓碑》‖ 墓碑銘 Grabschrift *f.* -en; Epitaph *n.* -s, -e; Epitaphium *n.* -s, ..phien《墓表》.

ホビー Hobby *n.* -s, -s; Freizeitaktivität *f.* -en.

ほひつ 輔弼 Beistand *m.* -[e]s, ⸚e; Hilfe *f.* -n; Beratung *f.* -en/輔弼する *jm* bei|stehen*; *jm* helfen*; *jn* beraten*《*über*⁴》; *jm* Beistand leisten; *jm* zur Seite stehen*. ⇨**ほさ.**

ポピュラー populär; volkstümlich; beliebt《*bei*³》.

ぼひょう 墓標 Grabdenkmal *n.* -s, ⸚er (-e).

ほふく 匍匐する kriechen* [s]; auf allen vieren gehen* [s]. ⇨**はう.**

ボブスレー Bobsleigh *m.* -s, -s; Bob *m.* -s, -s.

ポプラ Pappel *f.* -n ‖ ポプラ並木 Pappelallee *f.* -n.

ポプリン Popelin *m.* -s.

ほふる 屠る ❶ [殺す] schlachten⁴; metzeln⁴《牛馬を》; nieder|metzeln⁴《虐殺》. ❷ [負かす] schlagen*⁴; besiegen⁴; erobern⁴《攻略》.

ほへい 歩兵 ❶ Infanterist *m.* -en, -en; Fußsoldat *m.* -en, -en. ❷ [隊・科] Infanterie *f.* -n; Fußtruppe *f.* -n. ‖ 歩兵連隊 Infanterieregiment *n.* -[e]s, -er/歩兵師団 Infanteriedivision *f.* -en.

ぼへい 募兵 [An]werbung *f.* -en; Aushebung *f.* -en; Rekrutierung *f.* -en. ── 募兵する rekrutieren⁴《徴募する》; [als Rekruten] an|werben*⁴《同上》; Rekruten (Soldaten) aus|heben*《新兵を募集する》.

ほぼ 保母 Kindergärtnerin *f.* ..rinnen《幼稚園の》; Erzieherin *f.* ..rinnen.

ほぼ [ほとんど] fast; beinahe; [大部分] größtenteils; zum größten Teil; [およそ] etwa; ungefähr.

ほほえむ 微笑む lächeln/彼女はほほ笑みながら(やさしくほほ笑んで)答えた Sie antwortete lächelnd (mit einem feinen Lächeln)./彼女は両のほおに愛嬌(あいきょう)をたたえてほほ笑んだ Anmut lächelte auf ihren Wangen.

ポマード Pomade *f.* -n/ポマードをつける mit Pomade ein|reiben*⁴.

ほまえせん 帆前船 Segelboot *n.* -[e]s, -e.

ほまれ 誉れ Ehre *f.* -n; Ruhm *m.* -[e]s; Ruf *m.* -[e]s, -e《名声》; Ansehen *n.* -s《面目》/誉れとなる〖事を主語にして〗*jm* zur Ehre gereichen; *jm* Ehre machen/誉れとする ⁴sich rühmen²; ³sich ⁴*et* zur Ehre an|rechnen; seine Ehre darein setzen, dass ... (⁴*et* zu tun).

ほめそやす 誉めそやす in den Himmel [er]heben*⁴; viel Rühmens machen《*von*³》; über den grünen Klee (über alle Maßen) loben⁴; mit Lob überschütten⁴; lobhudeln⁴《*p.p.* gelobhudelt》; [lob]preisen*⁴/彼は彼女のことをほめそやして(ほめちぎって)いる Er ist voll Lobes über sie./そうむやみにほめそやさないでくれ Du sollst mich mit deinen Lobhudeleien verschonen.

ほめる 褒める, 誉める loben⁴《*um*⁴; *für*⁴; *wegen*²⁽³⁾》; an|erkennen*⁴; preisen*⁴; rühmen⁴《*wegen*²⁽³⁾》/皆彼女のことをほめる Jeder spricht lobend (anerkennend) über sie (von ihr)./自分のことをほめるわけではない

ホモ が、ほんとうにそうなのです Ohne mich zu rühmen, kann ich das sagen./自分のことははめにくい Sein eigenes Loblied singt man schlecht. ― はめべき löblich; lobenswert (-würdig); preiswürdig; rühmlich; anerkennenswert.‖はめること Lob *n*. -s, -; Lob|rede *f*. -n (-gesang *m*. -[e]s, *¨e*; -lied *n*. -[e]s, -er), Kompliment *n*. -[e]s, -e.

ホモ 〖同性愛〗Homosexualität *f*.; 〖同性愛の男性〗der Homosexuelle*, -n, -n/ホモの homosexuell; 〖俗〗schwul.

ほや 〖ランプの〗Lampen|zylinder *m*. -s, - (-glocke *f*. -n).

ぼや ein kleines Feuer, -s, -. ⇨かじ(火事).

ぼやく brummen; murren; ⁴sich beschweren.

ぼやける 〖werden とともに〗〖光が〗düster, trübe; 〖音などが〗undeutlich, unbestimmt; schwach; 〖記憶が〗dunkel; schwach; 〖色が〗matt; 〖一般に〗verschwimmen*/ぼやけている fließend sein (境界・意味などが).

ぼやぼや はやはやの funkelnagelneu; frisch; neu [ge]backen; neugeboren/なりたてのぼやほやの学士 der neu gebackene Doktor, -s, -en/いなかから出たてのぼやほやな eben vom Land[e] gekommen; frisch vom Land[e]/聞きたてのぼやほやの話をする *jm* brühwarm erzählen⁴.

ぼやぼや ぼやぼやしている zerstreut sein; nicht aufpassen; mit den Gedanken woanders sein; nicht [ganz] dabei sein/ぼやぼやするなよ Sie müssen mehr aufpassen.

ほゆう 保有 das Behalten*, -s; [Aufrecht-]erhaltung *f*. -en; Beibehaltung *f*.; Besitz *m*. -es, -e/〖米, 絹などの〗保有高(量) Bestand (*m*. -[e]s, *¨e*) [an Reis, Seide]/保有する [bei]behalten*⁴; [aufrecht]erhalten*⁴; besitzen*⁴; bewahren⁴.

ほよう 保養 Gesundheitspflege *f*. -n; Erholung *f*. -en; Erquickung *f*. -en; Kur *f*. -en/目の保養 Augenweide *f*. -n/保養する ⁴sich erholen; ⁴sich aus-ruhen; aus|spannen; ⁴sich erquicken; Ferien machen; eine Kur machen‖保養客 Kurgast *m*. -[e]s, *¨e*/保養地 Kurort *m*. -[e]s, -e.

ほら 法螺 ❶ 〖貝〗Tritonshorn *n*. -[e]s, *¨er*. ❷ 〖大言〗Angabe *f*. -n; Aufschneiderei *f*. -en; Dickturei *f*. -en; Großsprecherei *f*. -en; Prahlerei *f*. -en; Münchhauseniade *f*.; Windbeutelei *f*. -en. ― はらをふく ❶ 〖大言〗an|geben*; auf|schneiden*; bramarbasieren; das große Wort führen; dicke Töne reden; das Maul voll nehmen*; prahlen; aus einer Mücke einen Elefanten machen (針小棒大). ❷ 〖嘘〗*jm* Romane erzählen; von einem Bären auf|binden*; das Blaue vom Himmel herunter|lügen* (大ぼら).‖ほらふき Angeber *m*. -s, -; Maulheld *m*. -en, -en; Prahlhans *m*. -es, -e; Münchhausen *m*. -s, -.〖不定冠詞とともに用いる〗

ほらあな 洞穴 Höhle *f*. -n; Aushöhlung *f*. -en; Grotte *f*. -n.

ぼら 鯔 Meeräsche *f*. -n.

ボランティア freiwillige Helfer 《*pl*》.

ほり 堀 Graben *m*. -s, *¨*; Burg|graben (Schloss-; Stadt-; Wall-; Wasser-) *m*. -s, *¨*; Kanal *m*. -s, *¨e*/堀をめぐらす mit dem Wassergraben umgeben*⁴.

ほりいど 掘り井戸 Brunnen *m*. -s, -/掘り井戸をつくる einen Brunnen graben* ([er]bohren).

ポリープ Polyp *m*. -en, -en.

ポリエステル Polyester *m*. -s, -.

ポリエチレン Polyäthylen *n*. -s, -e.

ほりかえす 掘り返す um|graben*⁴ (-|wühlen⁴); [すき返す] um|ackern⁴ (-|pflügen⁴).

ほりくずす 掘り崩す untergraben*.

ほりさげる 掘り下げる ❶ ab|graben*⁴ (hinunter-); ab|teufen (縦坑を). ❷ 〖問題などを〗aus|forschen*; ergründen*.

ポリスチロール Polystyrol *n*. -s, -.

ほりだしもの 掘り出し物 Fund *m*. -[e]s, -e; Auffindung *f*. -en; der aufgefundene Schatz, -es, *¨e*; der gute (günstige, wohlfeile) Kauf, -[e]s, *¨e*/掘り出し物をさがす einen guten Fund tun*; ⁴et spottbillig kaufen.

ほりだす 掘り出す aus|graben*⁴ (-|heben*⁴); aus|höhlen⁴ (中身を).

ほりぬきいど 掘り抜き井戸 der artesische Brunnen, -s, -.

ボリビア Bolivien *n*. -s/ボリビアの bolivisch ‖ ボリビア人 Bolivianer (Bolivier) *m*. -s, -.

ポリぶくろ ポリ袋 Plastiktüte *f*. -n.

ぼりぼり ぼりぼりかじる ⁴*et* (an⁴ *et*) knabbern (knuspern); zerkauen⁴/ぼりぼり掻く tüchtig kratzen.

ほりもの 彫物 Bild|werk (Schnitz-) *n*. -es, -e; Bildhauerei *f*. -en; Schnitzerei *f*. -en; Bildhauerkunst *f*. ⇨いれずみ/彫物師 Bildhauer *m*. -s, -; Schnitzer *m*. -s, -; Graveur *m*. -s, -e/〖金属の〗Tätowierer *m*. -s, - ⇨いれずみ.

ほりゅう 保留 Reserve *f*. -n; Reservation *f*. -en; Vorbehalt *m*. -[e]s, -e/保留する ⁴*et* reservieren⁴; ³sich vor|behalten*⁴; ³sich aus|bedingen*⁴/金の一部を保留する einen Teil des Geldes zurück|behalten*/彼は最後的な決定は保留した Die letzte Entscheidung hat er sich vorbehalten./値段の点だけは保留しておいた Ich habe mir den Preis ausbedungen.

ほりゅうのしつ 蒲柳の質 die zarte (gebrechliche; schwächliche) Körperbeschaffenheit, -en; Anfälligkeit *f*./彼女は蒲柳の質だ Sie ist von zartem Körperbau.; Sie ist für Krankheiten sehr anfällig.

ボリューム Volumen *n*. -s, -《音の》; Umfang *m*. -[e]s, *¨e*《書物の》.

ほりょ 捕虜 der (Kriegs)gefangene*, -n, -n; Gefangenschaft *f*. -en/捕虜にする(としておく) gefangen nehmen*⁴; gefangen setzen⁴ (gefangen halten*⁴)/捕虜となる ⁴sich gefangen geben*; in Gefangenschaft geraten 〖s〗/捕虜生活中に während *js* Gefangenschaft ‖ 捕虜交換条約 Auslieferungsvertrag für Gefangene/捕虜収容所 Gefangenenlager *n*. -s, -.

ほりわり 掘り割 Kanal m. -s, ⸚e; Graben m. -s, ⸚.

ほる 掘る graben*⁴《穴など》; bohren⁴《井戸など》; höhlen⁴《内部を》; wühlen⁴《穿つ》; aus|graben*⁴《掘り出す》; aus|höhlen⁴《内をえぐる》; aus|schachten⁴《掘り下げる》; schürfen《試掘》; ab|teufen⁴《縦坑を》; bauen⁴《トンネルを》; ab|bauen⁴《石炭・鉱石を》.

ほる 彫る [aus|]hauen*⁴ (aus³; in³); aus|meißeln⁴ (aus³; in⁴); [aus|]schnitzen⁴ (aus³; in⁴)《in⁴ とともに》[ein|]schneiden*⁴《in⁴》; [ein|]graben*⁴; gravieren⁴; ritzen⁴; stechen*⁴/大理石像を彫る eine Figur in Marmor [aus|]hauen*⁴/絵を銅板に彫る Bilder in Kupfer stechen*⁴.

ほる unverschämt viel verlangen; jn tüchtig rupfen.⇨**ぼうち**.

ほるい 保塁 Fort n. -s, -s; Schanze f. -, -n; Festung f. -en.

ボルシェビキ Bolschewik m. -en, -en (..wiki); Bolschewist m. -en, -en.

ボルシェビズム Bolschewismus m. ⇨**ボルシェビズムのbolschewistisch**.

ボルト Volt m. -(-[e]s), -‖ボルトアンペア Voltampere n. -[s], -.

ボルドー Bordeaux m. -, -; [ワイン] Bordeauxwein m. -(e)s, -e.

ポルトガル Portugal n. -s/ポルトガルの portugiesisch. -s/ポルトガル語 das Portugiesische, -n; Portugiesisch n./ポルトガル人 Portugiese m. -n, -n; Portugiesin f. ..sinnen《女》.

ボルネオ Borneo n. -s.

ポルノ Pornographie f. -n; Porno m. -s, -s ‖ポルノ映画 Pornofilm m. -(e)s, -e.

ホルマリン Formalin n. -s.

ホルモン Hormon n. -s, -e‖ホルモン Hormondrüse f. -n/男性(女性)ホルモン männliches (weibliches) Hormon.

ホルン《楽》Horn n. -(e)s, ⸚er.

ボレー《テニス》Flugschlag n. -(e)s, ⸚e.

ほれぐすり 惚れ薬 Liebestrank m. -(e)s, ⸚e.

ほれぼれ 惚れ惚れするような bezaubernd; anziehend; ansprechend; einnehmend; entzückend; gewinnend.

ほれる 惚れる ⁴sich in jn verlieben (vergucken); verknallen); für jn ein Faible haben/ぞっこんほれ込む ⁴sich in jn vernarren; an jm einen Narren fressen*/首ったけほれている in jn bis über beide Ohren verknallt sein/あの人の人間にほれた Ich bewundere seine Persönlichkeit.

ほろ 幌 Plane f. -n; Plache f. -n; Decke f. -n; Verdeck n. -s, -e; Wagenplane f. -n/幌をかける ⁴et mit einer Plane bespannen ‖幌自動車 Kabriolett n. -s, -e/幌馬車 Planwagen m. -s, -; Kalesche f. -n.

ぼろ 襤褸 ❶ Lumpen m. -s, -; Lappen m. -s, -; Fetzen m. -s, -/ぼろぼろのzerlumpt; zerfetzt/ぼろをまとった in Lumpen (in Fetzen) gehüllt; schäbig angezogen/ぼろを着た人 in zerlumpter Kerl, -s, -e; Lump m. -en, -en. ❷ [欠点] Schwäche f. -n; Mangel m. -s, ⸚; Makel m. -s, -/ぼろを出す

⁴sich verraten*; den Pferdefuß schauen lassen*. ‖ぼろ買い Lumpen|sammler (-händler) m. -s, -/ぼろ服 Klamotte f.

ポロ Polo n. -s ‖ポロシャツ Polohemd n. -(e)s, -en/ウォーターポロ ⇨**すいきゅう**.

ぼろい einträglich; gewinnbringend (Gewinn bringend)/ぼろい儲けをする ein|heimsen⁴; zu leicht verdientem Geld kommen*⁽ⁱ⁾/彼はぼろい儲けをしている Er hat einen riesischen Gewinn eingeheimst./彼はぼろい商売をしている Er betreibt ein einträgliches Geschäft.

ポロシャツ Polohemd n. -(e)s, -en.

ポロネーズ《楽》Polonäse f. -n.

ほろびる 滅びる unter|gehen*⁽ⁱ⁾; hin|schwinden*⁽ⁱ⁾; verfallen*⁽ⁱ⁾; verderben⁽ⁱ⁾; vergehen⁽ⁱ⁾; vernichtet werden; zugrunde (zu Grunde) gehen*⁽ⁱ⁾; zusammen|brechen*(-/stürzen)⁽ⁱ⁾.

ほろぼす 滅ぼす ❶ zugrunde (zu Grunde) richten⁴《国など》; ruinieren⁴; verderben*⁴; zunichte machen⁴. ❷ [せん滅] aus|rotten⁴; vernichten⁴; vertilgen⁴/身を滅ぼす ⁴sich ins Verderben stürzen; ins Verderben rennen*⁽ⁱ⁾/敵を滅ぼす den Feind vernichten.

ほろほろ ほろほろ落ちる tropfenweise fallen*⁽ⁱ⁾; träufeln [s.h.] flatternd fallen*《ひらひらと》.

ぼろぼろ bröcklig; stück|weise (tropfen-); in Tropfen/ぼろぼろ涙をこぼす Große Tränen laufen jm über die Wangen. ──ぼろぼろになる ❶ bröcklig; zerfetzt; zerlumpt. ──ぼろぼろにする ❶ in Fetzen gehen*/fadenscheinig (schäbig) werden. ❷ [細片に] in Stück gehen*; zerbröckeln; zerkrümeln; zerfallen*《以上何れも⁽ⁱ⁾》; krümeln.

ほろほろちょう ほろほろ鳥 Perlhuhn n. -(e)s, ⸚er.

ぽろぽろ ぽろぽろと tropfenweise/彼はぽろぽろと涙をこぼした Tränen tröpfelten ihm von den Augen herunter.

ぼろもうけ ぼろ儲け Bombengeschäft n. -(e)s, -e; Pfundssache f. -n/ぼろ儲けをする ein Bombengeschäft machen《mit³; bei³》.

ほろよい ほろ酔い機嫌である angeheitert (angesäuselt); angetrunken; beschwipst; leicht bedus(el)t sein.

ほろり ほろりとする jm weinerlich zumute (zu Mute) sein《bei³》; zum Mitgefühl erschüttert werden; zu Tränen gerührt sein; tief ergriffen werden《von³》/Das wühlt die Tiefen der Seele auf./思わずほろりとした Ich hätte ihm Tränen der Rührung nachweinen können.

ホワイト ホワイトソース die weiße Soße, -n/ホワイトハウス das Weiße Haus, -《米大統領官邸》.

ほん 本 Buch n. -(e)s, ⸚er; [小冊子] Broschüre f. -n; Heft n. -(e)s, -e/本読みをする ein Drama mit verteilten Rollen lesen*/本のカバー Schutzumschlag m. -(e)s, ⸚e/本の[腰]帯 Bauchbinde f. -n/本の背表紙 Rücken m. -s, -/本の表紙 [Vorder]deckel *m.* -s, -/本のつくり Einband *m.* -[e]s, ⸚e《表紙・背・裏全部》/本にして出す ⁴*et* in Buchform veröffentlichen/本を(出版社から, 自費で)出した Er hat das Buch (im Verlag von ..., im Selbstverlag) herausgegeben./その本は絶版です Das Buch ist vergriffen./彼は本の虫だ Er sitzt immer über Büchern (ist ein Bücherwurm)./それは本で読みました Das habe ich in einem Buch gelesen. ‖ 本箱 Bücherschrank *m.* -[e]s, ⸚e/本屋 Buchhändler *m.* -s, -《商人》; Buch¦laden *m.* -s, ⸚ (-) (-handlung *f.* -en)《店》; Buch¦verkaufsstand *m.* -[e]s, ⸚e (-kiosk *m.* -[e]s, -e)《露店・売店》; Verleger *m.* -s, -《出版社》; Verlag *m.* -[e]s, -e《同上》; Verlagsbuchhandlung *f.* -en/本読み《戯曲の》das Lesen*《-s》mit verteilten Rollen.

ほん- 本- ❶ dieser*《この》; unser*《我々の》/本校 diese (unsere) Schule, -n/本学期 dieses Semester, -s, -. ❷ [問題の] in Frage stehend; vorliegend《当面の》; betreffend《当該》/本件においては im vorliegenden Falle. ❸ [主要な] Haupt-/本局 Hauptamt *n.* -[e]s, ⸚er; Hauptpost *f.* -en《郵便局の》/本社 Hauptverwaltung *f.* -en; Zentrale *f.* -n; Stammhaus *n.* -es, ⸚er. ❹ [正式の] ordentlich; regelrecht/本会員 das ordentliche Mitglied, -[e]s, -er.

ぼん 盆 ❶ [仏教の] Bon-Fest *n.* -[e]s, -e; der buddhistische Totengedenktag, -[e]s, -e. ❷ [器具] [Tee]brett *n.* -[e]s, -er; Tablett *n.* -[e]s, -e; Präsentierteller *m.* -s, -. ‖ 盆おどり Bontanz *m.* -[e]s, ⸚e.

ぽん knall! ¦ paff! ¦ mit einem Knall (Paff)/ぽんと抜ける《栓などが》mit einem Paff raus|kommen* [s] ⇨**ぽんと**①.

ほんあん 翻案 Bearbeitung *f.* -en/それはアンデルセンの翻案だ Das ist nach Andersen bearbeitet./翻案する bearbeiten⁴; um|arbeiten⁴.

ほんい 本意 der wahre (eigentliche; wirkliche) Wille, -ns, -n/そうしたのは彼の本意ではなかった Er tat es gegen seinen Willen.

ほんい 本位 ❶ Basis *f.* ..sen; Maßstab *m.* -[e]s, ⸚e; Niveau *n.* -s, -s; Norm *f.* -en. ❷ [主義] Prinzip *n.* -s, ..pien. ❸ [貨幣の] Währung *f.* -en; Münzfuß *m.* -es, ⸚e; Valuta *f.* ..ten/なかなか形式本位の人だ Er legt großen Wert auf Förmlichkeiten. ‖ 本位貨幣 das gesetzliche Zahlungsmittel, -s, -/金本位 Gold¦währung *f.* -en (-standard *m.* -s, -e)/自己本位 Selbstsucht *f.*; Egoismus *m.* -/自己本位の selbstsüchtig; egoistisch; egozentrisch/品質本位 Qualität vor Quantität.

ほんえい 本営 Hauptquartier *n.* -s, -e.

ほんか 本科 der reguläre Lehrgang, -[e]s, -en ‖ 本科生 Student《*m.* -en, -en》des regulären Lehrgangs.

ほんかい 本懐 Herzenswunsch *m.* -[e]s, ⸚e; Befriedigung *f.* -en《満足》/これで本懐だ Nun ist mein Herzenswunsch befriedigt. ⇨**ほんがん**, **ほんもう**.

ほんかいぎ 本会議 Voll¦sitzung *f.* -en (-versammlung *f.* -en); Plenarsitzung *f.* -en.

ほんかく 本格的な(に) regelrecht; ernstlich; ernsthaft; gründlich; ordentlich; richtig/本格的な調査 die regelrechte Untersuchung, -en/本格的な梅雨になる Jetzt beginnt die richtige Regenzeit./これから本格的になる Es wird Ernst./本格的に仕事を始めた Er fing an zu arbeiten, dass es nur so eine Art hatte.

ほんかん 本官 der Staatsbeamte*, -n, -n《Referent 嘱託に対し》/本官に仕ぜられる zum Staatsbeamten ernannt werden; richtig beamtet werden.

ほんかん 本館 Hauptgebäude *n.* -s, -.

ほんがん 本願 Herzenswunsch *m.* -[e]s, ⸚e; der sehnlichste Wunsch, -[e]s, ⸚e; Gelübde *n.* -s, -《神に対する誓約》/本願が成就する Der Herzenswunsch erfüllt sich (geht in Erfüllung; nimmt feste Gestalt an). ⇨**ほんかい**, **ほんもう**.

ほんき 本気 Ernst *m.* -[e]s; Ernst¦haftigkeit *f.* (-lichkeit *f.*); Nüchternheit *f.*《しらふ》/本気の(で) ernst; ernsthaft; ernstlich/本気で im Ernst; in allem (vollem) Ernst; allen Ernstes/本気で言うのか Ist es Ihr Ernst? ¦ Das ist nicht Ihr Ernst?《本気じゃあるまい》; Meinen Sie es ernstlich (ernsthaft)?/本気のさたではない Er ist nicht ganz bei Verstand (bei Trost[e]). ¦ Er hat den Verstand (den Kopf) verloren.

ほんぎまり 本決まりになる endgültig bestimmt (festgelegt; festgesetzt) werden.

ほんきょ 本拠 Hauptquartier *n.* -s, -e; [Operations]basis *f.* ..sen; Stützpunkt *m.* -[e]s, -e; Stütze *f.* -n/生活の本拠 die Stütze des Daseins.

ほんぎょう 本業 Haupt¦beruf *m.* -[e]s, -e (-beschäftigung *f.* -en); Hauptbetrieb *m.* -[e]s, -e《主要な事業》; der eigentliche Beruf, -[e]s, -e. ⇨**ほんしょく**.

ぼんくら Strohkopf *m.* -[e]s, ⸚e; Tropf *m.* -[e]s, ⸚e; Tölpel *m.* -s, -; Trottel *m.* -s, -; Faulpelz *m.* -es, -e; Tagedieb *m.* -[e]s, -e《のらくら》.

ほんけ 本家 Stammhaus *n.* -es, ⸚er; Urheber *m.* -s, -《創始者・元祖》; der erste Fabrikant, -en, -en《製造元》‖ 本家本元 Wiege *f.* -n; Heimat *f.* -en; Geburtsort *m.* -[e]s, -e; Urquelle *f.* -n; Ursprung *m.* -[e]s, ⸚e.

ぼんけい 盆景 Miniatur-Landschaft《*f.* -en》[auf dem Tablett].

ほんげん 本源 Urquelle *f.* -n; Ursache *f.* -n; Ursprung *m.* -[e]s, ⸚e.

ほんけんちく 本建築 der richtige Bau, -[e]s, -ten.

ぼんご 梵語 Sanskrit *n.* -s.

ほんこく 翻刻 Abdruck *m.* -[e]s, -e; Nachdruck *m.* -[e]s, -e/翻刻する ab|drucken⁴; nach|drucken⁴ ‖ 翻刻者 Nachdrucker *m.* -s, -/翻刻書 Abdruck/無断翻刻書 Raubausgabe *f.* -n.

ほんごく 本国 Heimat¦land *n.* -[e]s, ⸚er (-staat *m.* -[e]s, -en); Vater¦land (Mut-

ほ

ほんごし 本国政府 unsere Regierung 《japanisch; deutsch などを形容詞としてつけて具体的にいう方がよい》.

ほんごし 本腰で ernst; ernstlich; im Ernst; in allem (vollem) Ernst / 本腰を入れてやる Er macht sich der Sache Ernst.

ほんさい 本妻 die richtige (rechtmäßige) Frau, -en.

ほんさい 凡才 ein mittelmäßiger Kopf, -[e]s, ⸚e; ein Mann 《m. -[e]s, ⸚er》 (Schüler m. -s, -) von mittelmäßigen Fähigkeiten.

ほんさい 盆栽 Zwergbaum m. -[e]s, ⸚e.

ほんざん 本山 Hauptsitz 《m. -es, -e》 einer Sekte; Kathedrale f. -n.

ほんし 本旨 Hauptsache f. -n; das Wesentliche, -n; Herzstück n. -[e]s -e 《核心》 Grundgedanke m. -ns.

ほんじ 梵字 Sanskritschrift f. -en.

ほんしき 本式(の) ❶ 〔形式の整った〕förmlich; formell; in aller Form. ❷ 〔正式の〕regelrecht; ordentlich; regulär richtig. ❸ 〔然るべく〕gehörig; wie sich's gehört.

ほんしつ 本質 Wesen n. -s, -; Essenz f. -en; Kern m. -[e]s, -e; Substanz f. -en 《実体》; das Wesentliche, -n / 本質的に wesentlich; entscheidend; ausschlaggebend.

ほんじつ 本日 heute; der heutige Tag, -[e]s; Heute n. - / 本日以降 von heute an (ab) / 本日にも noch heute; heute noch / 本日より有効 ab heute gültig / 本日の便をもって mit heutiger Post / 本日付をもって N氏は退社いたしました Herr N ist mit dem heutigen Tag(e) aus unserem Geschäft ausgeschieden.

ほんしゃ 本社 Hauptverwaltung f. -en; Zentrale f. -n; Hauptgeschäft n. -[e]s, -e; Stammhaus n. -es, ⸚er; unser Büro n. -s, -s 《我が社》.

ほんしゅう 本州 die Hauptinsel Japans; Honshu n. -s.

ホンジュラス Honduras n. Honduras'/ホンジュラスの honduranisch ∥ ホンジュラス人 Honduraner m. -s, -.

ほんしょ 本署 Hauptpolizeiwache f. -n; Polizeipräsidium n. -s, ..dien; Hauptamt n. -[e]s, ⸚er.

ほんしょう 本省 das (dieses, unser) Ministerium n. -s, ..rien.

ほんしょう 本性 der wahre Charakter, -s, -e / 本性をあらわす ⁴sich entlarven (entpuppen; entschleiern); sein wahres Gesicht zeigen; die Maske fallen lassen* 《von ³sich werfen*》; herunter reißen* ab|rei-ßen*》. ⇨ほんせい.

ほんしょう 梵鐘 Tempelglocke f. -n.

ほんしょく 本職 ❶ 〔本務〕das eigentliche Amt, -[e]s, ⸚er; Hauptberuf m. -[e]s, -e; [Haupt]fach n. -[e]s, ⸚er. ❷ 〔専門家〕Fachmann m. -[e]s, ..leute; der Sachverständige*, -n, -n / 本職の beruflich; Berufs-; Fach- / 本職は医者です Er ist Arzt vom Beruf. / 本職は私の本職ですから Das ist doch nicht mein eigentliches Fach. / 彼は本職の

ほんしん 競輪選手だ Er ist Berufsfahrer.

ほんしん 本心 Herz n. -ens, -en 《心底》; die wahre Absicht, -en 《真意》; Gesinnung f. -en 《意向》; Gewissen n. -s, - 《良心》; Sinn m. -[e]s, -e 《分別》Vernunft f. 《理性》/ 本心を失う den Kopf (den Verstand) verlieren*; von Sinnen sein; ⁴sich 《sein Herz》an jn verlieren 《恋のために》/ 本心に立ち返る wieder zur Vernunft (zum Verstand) kommen* ⓢ.

ほんじん 凡人 Alltagsmensch (Durchschnitts-) m. -en, -en; mittelmäßiger Kopf, -[e]s, ⸚e; Spießbürger m. -s, -; Dutzendmensch 《さらにある人間》/ 凡人ではない Kein gewöhnlicher (alltäglicher) Kopf ist er. / Er ist nicht von gewöhnlichem Schlage.

ほんすじ 本筋 Haupt|sache f. -n (-punkt m. -[e]s, -e); der richtige Weg, -[e]s, -e / 本筋からはずれてはいない nicht bei der Sache sein (bleiben) ⓢ / それが本筋ですよ So ist es richtig.

ほんせい 本姓 der eigentliche Familienname, -ns, -n / 彼女の本姓〔実家の姓〕はマイヤーです Sie ist eine geborene Meyer. ⇨きゅうせい(旧姓).

ほんせい 本性 〔die angeborene〕 Natur, -en; Wesen n. -s, - / 彼はああいた本性なのだ Das liegt in seiner Natur. / Das liegt ihm im Blut. / Seine Natur ist nun einmal so. 《どうにもならぬ》. ⇨ほんじょう.

ほんせき 本籍(地) der registrierte Wohnort, -[e]s, -e.

ほんせき 盆石 Miniatursteingarten 《m. -s, ⸚》 (auf einem Tablett).

ほんせん 本線〔鉄〕Hauptlinie f. -n.

ほんせん 本船 Hauptschiff n. -[e]s, -e; Mutterschiff ∥ 本船渡し〔商〕fob.; frei an Bord.

ほんぜん 本然 ⇨ほんらい.

ほんぜん 翻然として mit einem Mal; plötzlich; jäh; wie vom Blitz getroffen / 翻然として改心す ⁴sich mit einem Mal zum Bessern wandeln; plötzlich einen neuen Menschen an|ziehen*.

ほんそう 奔走 ❶〔走り回ること〕das Hin- und Herlaufen*, - und -s; Lauferei f. -en. ❷〔努力・活動〕Dichten* und Trachten*, des- und -s; das Bestreben*, -s; Bemühung f. -en; Tätigkeit f. -en. —— 奔走する ❶〔走り回る〕hin und her laufen* ⓢ; auf den Beinen sein; von Pontius zu Pilatus laufen* ⓢ 《東奔西走する》. ❷〔努力・活動する〕⁴sich bestreben 《an|strengen; bemühen》 《et zu tun》; ³sich Mühe geben*; es ³sich Mühe kosten lassen*; ins Geschirr 《Zeug》 gehen* ⓢ 《sich ins Geschirr 《Zeug》 legen》; ⁴sich ⁴et angelegen sein lassen*; ⁴sich betätigen; ⁴sich tüchtig beschäftigen 《befassen》 《mit³》 / 国事(政治)に奔走する Er betätigt sich in den Staatsangelegenheiten 《politisch》.

ほんぞく 凡俗 ❶ Weltmensch (Herden-) m. -en, -en; Philister m. -s, -; der gewöhnliche Schlag, -[e]s; die große

Masse, -n. ❷ [僧侶の対] Laie *m.* -n, -n; Laienhaftigkeit *f.* -en/凡俗の 《 gewöhnlich; laienhaft; philiströs; profan; vulgär; weltlich.

ほんぞん 本尊 die geweihte Buddhastatue, -n/この寺の本尊はあみだ様だ Dieser Tempel ist Amitabha geweiht.

ほんたい 本隊 Haupttrupp *m.* -s, -s; Hauptmacht *f.* ⸚e 《主力》.

ほんたい 本体 Hauptteil *m.* -[e]s, -e; [哲] Noumenon *n.* ...mena; Substanz *f.* -en 《実体》 ‖ 本体論 Ontologie *n.* -n.

ほんだい 本題 Sache *f.* -n; Haupt|frage *f.* -n (-problem *n.* -e, -e), -punkt *m.* -[e]s, -e; -sache *f.*, -n)/当面の問題]/本題をはずれた nicht zur Sache gehörig.

ほんたく 本宅 Wohnung *f.* -en; Wohnsitz *m.* -es, -e 《居所》; Domizil *n.* -s, -e 《法律上の》.

ほんたて 本立て Bücherbrett *n.* -[e]s, -er; Buchstütze *f.* -n 《ブックエンド》.

ほんだな 本棚 Bücher|brett *n.* -[e]s, -er (-gestell *n.* -[e]s, -e, -regal *n.* -s, -e).

ぼんち 盆地 Becken *n.* -s, -; Mulde *f.* -n.

ほんちょうし 本調子 die richtige Tonart, -en; Grundton *m.* -[e]s, ⸚e 《基音》/ようやく本調子が出てきた Jetzt ist er endlich in seinem Element. / Jetzt läuft die Maschine richtig. 《機械が》.

ほんてん 本店 Hauptgeschäft *n.* -[e]s, -e; Zentrale *f.* -n; unser (dieser) Laden, -s, - 《この店》.

ほんでん 本殿 Hauptgebäude (*n.* -s, -) des Shinto-Tempels.

ほんど 本土 Festland *n.* -[e]s, ⸚er; die Hauptinsel (*f.* -n) Japans.

ぽんと ❶ ぽんと肩をたたく jm leicht auf den Schulter schlagen*/数回繰返したことくらいある。❷ [すげなく] glatt; glattweg; schlankweg; geradezu/ぽんとはねつける jn ablehnen*; jm einfach einen (derben) Korb geben*/ぽんと《金はなげり》のbel 《いわゆる「ふる」》. ❸ [気前よく] nobel 《いわゆる「ふる」》/ぽんと百万円なげ出した Er ließ sich nicht lumpen und sitftete eine Million Yen.

ポンド Pfund *n.* -[e]s, - 《目方; 英貨の単位》/二十ポンドある Es wiegt 20 Pfund 《複数にしない》/ポンドで売る pfundweise verkaufen⁴/それは一ポンドいくらですか Wie viel kostet es das Pfund? ❖ ...につきというときは定冠詞を用いる。

ほんとう 本当の wahr; echt 《純正》; richtig 《正しい》; treu 《歪曲のない》; wirklich; tatsächlich 《実際の》; eigentlich 《元来の》; gehörig 《正式の》; natürlich 《ありのままの》; unanzweifelbar 《疑いもない》/本当らしい wahrscheinlich; annehmbar; anscheinend; glaubhaft; möglich, vermutbar; sichtbar 《見かけだけ》; Es sieht so aus./Das ist nicht ausgeschlossen./本当は in Wahrheit/本当を言えば um die Wahrheit zu sagen; wenn ich unverblümt die Wahrheit sagen darf; offen gesagt 《率直に》; um ehr-

lich zu sein 《正直に言えば》/それは本当だ Das ist wahr./Dem ist so./本当に in der Tat; Etwas ist an der Sache./それを彼に知らせるのが本当と思います Das soll man ihn doch wissen lassen. — 本当に in der Tat; in Wirklichkeit; tatsächlich; wirklich/本当にする ⁴et für wahr halten*; ³et Glauben schenken (beimessen*); ⁴et ernst (für Ernst) nehmen*; auf *js* Wort bauen; ⁴et für bare Münze nehmen*.

ほんどう 本堂 Hauptgebäude (*n.* -s, -) des buddhistischen Tempels.

ほんどう 本道 Land|straße *f.* -n; Chaussee *f.* -n; der richtige Weg, -[e]s, -e 《正道》.

ほんどおり 本通り Haupt|straße *f.* -n (-geschäftstraße).

ほんにん 本人 der Betreffende*, -n, -n; die in Frage kommende (in Rede stehende) Person, -en; er* (sie*) selbst; jemand in [eigener] Person — 本人に 《代理人でない》 Person,oneself; in [eigener] Person; selbst/本人出頭のこと Persönlich erscheinen!/本人を知っている kenne ihn in Person./それは本人から聞いた話 Ich habe es von ihm selbst gehört. Ich hab's aus erster Hand.

ほんね 本音を吐く die Wahrheit ein[gestehen]*; Farbe bekennen*; die Katze aus dem Sack lassen*; [正体をあらわす] sein wahres Gesicht zeigen; die Maske fallen lassen* (von ³sich werfen*)/とうとう本音を吐いた Endlich haben wir ihn ausgeforscht.

ボンネット Bonnet *n.* -s, -s; Haube *f.* -n.

ほんの nur; bloß; kleine; nichts als/ほんのいたずらに nur aus (im; zum) Spaß/ほんのちょっとした言い誤りです Ich habe mich bloß versprochen. / ほんのちょっとした知合いです Ich kenne ihn nur flüchtig. : Ich habe ihn nur flüchtig kennen gelernt. /ほんのおれのしるしまでに差し上げます Darf ich mir zum Dank diese kleine Aufmerksamkeit erlauben? : Darf ich Ihnen zum Dank eine kleine Aufmerksamkeit erweisen?/それはほんのちょっとしたミスプリントだった Dabei handelte es sich nur um einen kleinen Druckfehler.

ほんのう 本能 Instinkt *m.* -[e]s, -e; [Natur]trieb *m.* -[e]s, -e/本能的(に) instinktivi instinktmäßig, triebartig; triebhaft/動物は本能によって行動する Das Tier lässt sich von seinem Instinkt leiten. ‖ 自己保存本能 Selbsterhaltungstrieb *m.* -[e]s, -e.

ほんのう 煩悩 weltliche Sorgen (*pl*); die sinnliche Begierde, -n; Sinngenuss *m.* -es, -e; Weltlust *f.* ⸚e; Wollust/煩悩の犬 Sklave *m.* -n, -n der Leidenschaft/煩悩になやまされる vom weltlichen Leiden belästigt werden.

ほんのり blass; matt; sanft/ほんのりと赤い (青い) blassrot (blassblau)/ほんのりと赤い (青味) ein blasses Rot (ein mattes Blau)/夕空がほんのりと赤い Eine sanfte Röte färbt den Abendhimmel.

ほんば 本場 Heimat *f.* -en; die beste Gegend, -en (*für*⁴)/本場の echt; unverfälscht／本場のものですよ Das ist echt!

ほんば 奔馬 das durchgehende (störrige) Pferd, -〔e〕s, -e.

ぽんびき ぽん引き Kuppler *m.* -s, -.

ほんぶ 本部 Zentrale *f.* -n; Hauptquartier *n.* -s, -e.

ぼんぷ 凡夫 ❶ Alltagsmensch *m.* -en, -en; der Sterbliche*, -n, -n ⇨ぼんじん／凡夫の悲しさに Ein Durchschnittsmensch, der er ist, ...¦von gewöhnlichem Schlag, wie er ist, ... ❷ ⇨ぼんぞく.

ポンプ Pumpe *f.* -n／自転車のポンプ Fahrradpumpe *f.* -n／ポンプで水をくむ Wasser pumpen《*aus*³; *in*⁴》／ポンプでくみ上げる auf|pumpen⁴／ポンプでくみ出す aus|pumpen⁴ ‖ 押上げポンプ Druckpumpe *f.* -n／空気ポンプ Luftpumpe *f.* -n／吸い上げポンプ Saugpumpe *f.* -n／排水ポンプ Wasserhaltungspumpe *f.* -n.

ほんぶたい 本舞台 Hauptbühne *f.* -n《Vorderbühne *f.* 前舞台 Bühnensteg *m.* 花道に対して》; Öffentlichkeit *f.*《世間・社会》／外交の本舞台に登場する auf die diplomatische Bühne treten* [s]／世間の本舞台に出る vor die Öffentlichkeit treten* [s].

ほんぶり 本降り ¶ いよいよ本降りになった Es fängt an, richtig zu regnen.¦Jetzt wird es ein richtiger Landregen.《梅雨の入りなど》.

ほんぶん 本文 Wortlaut *m.* -〔e〕s, -e; Text *m.* -es, -e; Inhalt *m.* -〔e〕s, -e.

ほんぶん 本分 Pflicht *f.* -en; Aufgabe *f.* -n; Obliegenheit *f.* -en; Verpflichtung *f.* -en; [天職] Beruf *m.* -〔e〕s, -e; Bestimmung *f.* -en; [職務] Amt *n.* -〔e〕s, ¨er; Dienst *m.* -〔e〕s, -e／本分を尽くす seine Pflicht tun* (erfüllen)／芸術家たるを自己の本分と感じた Er fühlte den Beruf zum Künstler.

ぼんぶんがく 梵文学 Sanskritliteratur *f.* -en.

ボンベ Bombe *f.* -n.

ほんぽう 本俸 das feste Gehalt, -〔e〕s, ¨er.

ぼんぼり Hand¦laterne *f.* -n (-leuchter *m.* -s, -).

ぼんぼん bim, bam!¦kling, klang! ‖ ぼんぼん時計 Regulator *m.* -s, -en.

ボンボン Bonbon *m.* (*n.*) -s, -s.

ぽんぽん ❶ [音] bum, bum!¦paff, paff!／ぽんぽん花火が上がった Bum, bum! aufstiegen Feuerwerke. ／ぽんぽん手をならす klaps, klaps! in die Hände klatschen. ❷ ぽんぽん言う *jm* ins Gesicht sagen⁴; frisch (frei) von der Leber weg reden; kein Blatt vor den Mund nehmen*; klipp und klar sagen; *jm* klaren (reinen) Wein ein|schenken〔und sagen〕／ぽんぽん当たり散らす seinen Ärger (Zorn)〔rücksichtslos〕einerlei ob an wen oder an was aus|lassen*. ❸ [おなか] Bäuchelchen *n.* -s, -.

ほんまつ 本末 das A und O, des - und -s; das Alpha und das Omega, des -s und des -s; Haupt- und Nebensache *f.* - und -／本末を転倒する das Pferd beim Schwanze auf|zäumen; die Pferde hinter den Wagen spannen.

ほんまる 本丸 Hauptburg *f.* -en; Bergfried *m.* -〔e〕s, -e.

ほんみょう 本名 der richtige Name, -ns, -n.

ほんむ 本務 Pflicht *f.* -en; Amt *n.* -〔e〕s, ¨er; Amtspflicht *f.* -en; Obliegenheit *f.* -en; die eigentliche Aufgabe, -n.

ほんもう 本望 ❶ der lang gehegte Wunsch, -〔e〕s, ¨e; die eigentliche Absicht, -en／本望をとげる am Ziel〔e〕seiner Wünsche gelangen (an|langen) [s]; hohe Ziele erreicht haben (sehen*). ❷ [満足] Befriedigung *f.* -en; Erfüllung *f.* -en／できれば本望だ Ich wäre ganz befriedigt (Es würde mir eine außerordentliche Freude bereiten), wenn es geht. ⇨ほんがん, ほんかい.

ほんもの 本物 Echtheit *f.*; Unverfälschtheit *f.*／本物の echt; unverfälscht／本物のレンブラントです Das ist ein echter Rembrandt.／正真正銘の本物です Für〔die〕Echtheit wird garantiert.

ほんや 本屋 Buchhandlung *f.* -en《店》; Buchhändler *m.* -s, -《人》.

ほんやく 翻訳 Übersetzung *f.* -en; Übertragung *f.* -en; Version *f.* -en／翻訳違い Übersetzungsfehler *m.* -s, -; die falsche Übersetzung／翻訳(不)可能な übersetzbar (unübersetzbar)／それは翻訳で読んだ Ich habe die Übersetzung davon gelesen. ― 翻訳する ⁴*et*〔aus dem Englischen ins Deutsche〕übersetzen《英語からドイツ語に》; ⁴*et* (ins Japanische) übertragen*《日本語に》; ⁴*et* mit ³*et* übersetzen《ある語で》; [暗号を] entziffern⁴; entschlüsseln⁴／彼はねこを犬と翻訳した Er hat Kater mit Hund übersetzt.／ただ逐語的に翻訳しただけです Ich habe es nur Wort für Wort (wortwörtlich) übersetzt.／それは翻訳しやすい Es lässt sich leicht (gut) übersetzen. ‖ 翻訳家(者) Übersetzer *m.* -s, -／翻訳権 Übersetzungsrecht *n.* -〔e〕s, -e／翻訳物(書) Übersetzung.

ぼんやり ❶ [茫然・無為] zerstreut; geistesabwesend; müßig; träge; träumerisch／ぼんやり暮らす müßig leben; vertrödeln⁴; verbummeln⁴／ぼんやり考え込む in Träumerei versunken sein; ⁴sich in Gedanken verlieren*／ぼんやり見つめる ins Leere starren／あの人は驚きの余りまだぼんやりしている Er ist vor dem Schreck noch ganz benommen.／ぼんやりしちゃおられぬ Wir dürfen nicht müßig bleiben.／何をぼんやりしているんだ Wo bist du denn?! ❷ [不注意] ぼんやりしている nicht auf|passen; nicht aufmerksam sein; zerstreut sein／ぼんやりしていました Ich bin nicht ganz dabei gewesen.¦Ich habe nicht aufgepasst.／今日はすっかりぼんやりしている Er ist heute ganz zerstreut.¦Er hat heute seine Gedanken nicht beisammen.／お前はぼんやりだな Du schläfst mit offenen Augen. ❸ [おぼろげ] unklar; unbestimmt; undeutlich; verschwommen ／ぼんやり見る ⁴*et* verschwommen sehen*／ぼんやりと知っている Ich habe nur eine dunkle Ahnung (Vorstellung) davon. ❹ [間ぬけ・気のきかない] stumpfsinnig; 〘俗〙doof／ぼんやり者 Tölpel *m.* -s, -; Trottel *m.* -s, -.

ほんらい 本来の eigentlich; ursprünglich; urtümlich; im Grunde genommen／語の本来の意味 die eigentliche Bedeutung 《-en》 eines Wortes.

ほんりゅう 本流 Hauptstrom *m*. -(e)s, ⸚e; Hauptstamm *m*. -(e)s, ⸚e《本家》.

ほんりょう 本領 Element *n*. -(e)s, -e; Wesen *n*. -s, -; Charakteristik *f*. -en; Fach *n*. -(e)s, ⸚er《本職》; Amt *n*. -(e)s, ⸚er《本務》／本領を発揮する in seinem Element sein; sein Wesen treiben*／それは彼の本領だ Das ist sein besonderes Fach.

ほんるい 本塁 ❶［本拠］Anhalt *m*. -(e)s, -e; Basis *f*. Basen; Stütze *f*. -n. ❷《野球》Schlagmal *n*. -(e)s, -e ‖ 本塁打 Vier-Mal-Lauf *m*. -(e)s, ⸚e.

ほんろう 翻弄する tändeln 《*mit*³》; spielen 《*mit*³》; *jn* an der Nase herum|führen《自由にひきまわす》; *jn* zum Narren haben《愚弄する》／船は波に翻弄された Das Schiff war den Wellen preisgegeben.／彼女は彼の感情を翻弄している Sie treibt ihr Spiel mit seinen Gefühlen.／猫が鼠を翻弄する Die Katze spielt mit der Maus.

ほんろん 本論 Haupt:frage *f*. -n (-sache *f*. -n); Grundgedanke *m*. -ns, -n; Wesensgehalt *m*. -(e)s, -e.

ま

ま 間 ❶〔あき〕〔Zwischen〕raum *m.* -[e]s, ¨e; Abstand *m.* -[e]s, ¨e; Lücke *f.* -n; 〔Zwischen〕spiel *n.* -[e]s, -e/三メートルの間をあけて in 3 Meter Abstand. **❷**〔室〕Zimmer *n.* -s, -; Stube *f.* -n/五間の家 Wohnung 〔*f.* -en〕mit 5 Zimmern/次の間 Nebenzimmer *n.* -s, -⇨へや〔部屋〕. **❸**〔時〕Zeit *f.* -en; Muße *f.* -n; Pause *f.* -n; Spanne *f.* -n; Weile *f.* -n/間がある Zeit haben; *³et* hat es noch Zeit 〔gute Weile〕; es dauert noch einige Zeit, bis...〔までには〕/間もなく bald; gleich; in absehbarer Zeit/ちょっとの間も《否定文中に用いて》selbst einen Teufel Augenblick; sogar ein Moment. **❹**〔成句〕間が悪く unglücklicherweise; leider/間が悪かった Ich habe Pech gehabt. 〔運が〕そうは私に〔sehr〕peinlich. 〔きまりが〕間がよかった Ich habe Glück 〔Schwein〕gehabt. 〔運が〕間の抜けた doof; dämlich; dumm/間の抜けた奴だ In seinem Kopf ist eine Schraube locker 〔los〕.

ま 魔 Teufel *m.* -s, -/魔の der böse Geist, -[e]s, -er; Satan *m.* -s/魔がさす vom Teufel besessen sein; von Teufel geritten werden/魔を払う den Teufel aus|treiben*〔bannen; verjagen〕; den Teufel besprechen*〔お祓いで〕/あの男は魔がさしたんだ Der Teufel ist in ihn gefahren.

ま 真にうける *⁴et* für wahr halten*; *⁴et* für baren Ernst 〔bar; bare Münze〕nehmen*.

まあ ❶ mal; nur; doch 〔どうかまあ〕/まあ考えてごらんなさい Stellen Sie sich mal vor！ Denken Sie sich nur！〔想像〕; Überlegen Sie sich mal！〔熟考〕/まあ少し辛抱なさい Haben Sie doch ein wenig Geduld！ **❷**〔多少のためらって〕nun; gut; na/まあ、いいさ Na, gut. /まあ、そうしておこう〔様子をみよう〕Na, ich will 〔ein〕mal sehen. /まあ、出て行くとしようか Nun, gut, ich gehe！ **❸**〔驚き〕ach; oh; あきれる Ach ja！; O Himmel！ Um Gottes willen！/まあ、なんてこと！ Mein Gott nochmals！/まあ、恐いこと！ Mein Gott nochmals！ **❹**〔止めるとき〕まあまあ Warte doch, Mensch！ Lass mal, mein Lieber！ **❺**〔程度〕lala; einigermaßen; leidlich/まあまあといった所です Es geht ihm so lala. 〔健康状態〕; dem Geschäft geht es so leidlich. 〔商売〕. **❻**〔どちらかといえば〕lieber; eher/まあ小さい方だ Er ist eher klein 〔als groß〕. /まあやめとこう Ich verzichte lieber darauf.

マーガリン Margarine *f.*

マーク Marke *f.* -n/マークをつける markieren⁴ | トレードマーク Warenzeichen *n.* -s, -.

マーケット Markt *m.* -[e]s, ¨e | マーケットリサーチ Marktforschung *f.* -en.

マーシャルしょとう マーシャル諸島 die Marshallinseln 〔*pl*〕.

マージャン Ma〔h〕-Jongg *n.* -s/マージャンする Ma〔h〕-Jongg spielen | マージャンクラブ Ma〔h〕-Jongg-Klub *m.* -s, -s.

マージン ❶〔利幅〕Gewinn|spanne 〔Verdienst〕*f.* -n; Marge *f.* -n; Handelsspanne. **❷**〔担保物件の市価と貸付金との差〕Sicherheits|summe 〔Hinterlegungs-〕*f.*; **❸**〔株式の証拠金〕〔Bar〕einschusszahlung *f.*; Deckung *f.* **❹**〔印〕〔本の欄外余白〕〔Seiten〕rand *m.* -[e]s, ¨er.

まあたらしい 真新しい funkelnagelneu.

マーチ Marsch *m.* -es, -e.

まあまあ ❶〔なだめて〕まあまあそんなに文句を言わないで Das sollten Sie doch akzeptieren müssen. **❷**〔まずまず〕それはまあまあの出来です Das ginge noch〔an〕.

マーマレード Marmelade *f.* -n/パンにマーマレードを塗る eine Schnitte Brot mit Marmelade 〔be〕streichen*.

まい 舞 Tanz *m.* -es, ¨e; das Tanzen*, -s/舞の曲 Tanzmusik *f.*; Tanz/舞を舞う tanzen; einen Tanz tanzen 〔vor|führen〕 | 舞扇 Tanzfächer *m.* -s, -.

まいー 毎ー jeder*; aller*.

-まい -枚 ❶〔一枚〔紙など〕〕ein Stück *n.* -[e]s, -e; ein Blatt *n.* -[e]s, -er; ein Bogen *m.* -s, -, eine Seite, -n;〔皿など〕ein Teller *m.* -s, -, eine Platte, -n/千円札五枚 fünf Tausend-Yen-Scheine/皿十二枚 zwölf Teller 〔Platten〕/紙三枚 drei Blatt Papier《Blatt は数量の単位としては無変化》.

まいあがる 舞い上がる empor|fliegen*〔hin|auf|-〕[s]; in die Höhe fliegen*〔steigen*〕[s]; empor|gewirbelt〔hin|auf-〕werden〔木の葉など〕.

まいあさ 毎朝 jeden Morgen; morgens.

マイカー Privat|wagen *m.* -s, -〔-auto *n.* -s, -s〕/マイカー乗入れ禁止 Zufahrt 〔*f.*〕für Privatwagen gesperrt.

マイク Mikrofon *n.* -s, -e/マイクに向かってしゃべる in dieses Mikrofon sprechen*.

マイクロ マイクロウエーブ Mikrowellen〔*pl*〕/マイクロエレクトロニクス Mikroelektronik *f.*/マイクロコンピュータ Mikrocomputer *m.* -s, -/マイクロ波 Mikrowellen〔*pl*〕/マイクロバス Kleinbus *m.* -busses, ..busse/マイクロフィッシュ Mikrofiche *n.*〔*m.*〕-s, -s/マイクロフィルム Mikrofilm *m.* -[e]s, -e/マイクロフィルムを作る einen Mikrofilm 〔-[e]s, -e〕 her|stellen/マイクロプロセッサ Mikroprozessor *m.* -s, -en/マイクロメーター Mikrometer *n.* -s, -.

まいこ 舞子 Tänzerin *f.* ..rinnen; das tanzende Mädchen, -s, -.

まいご 迷子 *das* verlaufene 〔verirrte; vermisste〕 Kind, -[e]s, -er/迷子になる *⁴sich* verlaufen*; *⁴sich* verirren; vermisst werden ‖ 迷子札 die Erkennungsmarke für ^{4}Kinder.

まいこむ 舞込む [客が] unverhofft (unerwartet) kommen* [s]; 〖俗〗〔mitten〕 hereingeschneit kommen*; 〖比〗 herein|schneien [s]; [災いが] begallen*^{4}; als ^{1}Unglück treffen*^{4}; heim|suchen^4.

まいしゅう 毎週 jede Woche; alle acht Tage; wöchentlich.

まいしん 邁進する ^{4}sich mutig vor|drängen*; mutig vorwärts dringen* [s]; mit tapferen Schritten vorwärts gehen* [s].

まいすう 枚数 Blätter¦zahl (Bogen–) *f.* –en.

まいせつ 埋設する unterirdisch (unter der Erde) legen^4 ‖ 埋設アンテナ die untere (unter der Erde gelegte) Antenne, –n.

まいそう 埋葬 Beerdigung *f.* –en; Begräbnis *n.* ..nisses, ..nisse; Bestattung *f.* –en. ── 埋葬する beerdigen 《*jn*》; begraben* 《*jn*》; bestatten 《*jn*》; das letzte Geleit geben* 《*jm*》; zu Grabe tragen* 《*jn*》; zur letzten Ruhe betten 《*jn*》 ‖ 埋葬式 Toten¦feier (Beerdigungs–; Begräbnis–; Bestattungs–; Leichen–) *f.* –n; Leichenbegängnis/埋葬証 Beerdigungs¦schein (Begräbnis–; Bestattungs–) *m.* –〔e〕s, –e/埋葬地 ⇨ぼち.

まいぞうりょう 埋蔵量《石炭の》der Kohlen〔lager〕vorrat 《–〔e〕s, ¨e》 in der Erde.

まいつき 毎月 ❶ jeden Monat; alle vier ^{4}Wochen / 毎月の 〔all〕monatlich; Monats–. ❷ [月ごとに] den Monat; pro ^{4}Monat/毎月二回 zweimal monatlich.

まいど 毎度 ❶ [常に] jedes Mal; immer 〔wieder〕; stets. ❷ [度々] oft; des Öfteren; öfters; vielfach; 〔häufig〕 wiederholt.

マイナス minus; Minus *n.* –, –; Minusbetrag *m.* –〔e〕s, ¨e 《額》/それはかえってマイナスになる Im Gegenteil bedeutet das für mich einen Nachteil.

まいにち 毎日 jeden Tag; alle ^{4}Tage; ^{4}Tag für ^{4}Tag; täglich.

まいねん 毎年 jedes Jahr; alle ^{4}Jahre; ^{4}Jahr für ^{4}Jahr/毎年…〔の割で〕 das ^{4}Jahr; jährlich; pro ^{4}Jahr/毎年の jährlich/毎年〔一回〕の jährlich wiederkehrend.

まいばん 毎晩 jeden Abend; abends.

まいぼつ 埋没している vergraben (begraben; eingescharrt; verschüttet) sein.

まいよ 毎夜 jede ^{4}Nacht; 〔all〕nächtlich.

-まいり –参り 伊勢参り eine Pilger¦fahrt (Wall–) nach dem Ise–Schrein/お参りをする pilgern; besuchen^4; wallen; wallfahr〔t〕en; eine Pilgerfahrt unternehmen*.

まいる 参る ❶ [訪問] besuchen 《*jn*》; einen Besuch machen (ab|statten) 《bei *jm*》; auf|warten 《*jm*》; kommen* [s] 《zu *jm*》; vor|sprechen* 《bei *jm*》/参りましょうか Sollen wir gehen?/車が参りました Der Wagen ist da. ❷ [負ける] geschlagen (besiegt; überboten; übertroffen) werden; ^{4}es verderben* 《*mit*^{3}》; Haare lassen müssen; verlieren*/参ったと言う ^{4}sich für geschlagen (besiegt; überboten; übertroffen) erklären; seine Niederlage bekennen* (bekunden; zu|geben*). ❸ [閉口する] auf den Mund geschlagen sein; aus der Fassung 〔gebracht〕 sein; baff; konsterniert; verdattert; verwirrt/その試験問題には参った Wegen der Prüfungsfragen stand mir der Verstand still. ¦ Ich bin starr vor diesen Prüfungsarbeiten.

マイル Meile *f.* –n/自動車を時速十マイルで走らせる ein Auto mit einer Geschwindigkeit von 10 Stundenmeilen fahren lassen*.

まう 舞う tanzen; einen Tanz tanzen; kreisen 《回る》; ^{4}sich drehen 《同上》.

まうえ 真上に(の) gerade (direkt; unmittelbar) über^{3,4} (auf^{3,4}) ❖ über は離れて, auf は密着して.

まうしろ 真後に(の) gerade (direkt; unmittelbar) hinter^{3,4}.

マウス Maus *f.* ¨e ‖ マウスパッド〔Maus〕pad *n.* –s, –s/マウスピース Mundstück *n.* –〔e〕s, –e.

マウンテンバイク Mountainbike *n.* –s, –s.

まえ 前 ❶ [場所] Vorderseite *f.* –n 《前面》; Vordergrund *m.* –〔e〕s, ¨e 《前景》; Vorderfront *f.* –en 《建物の前面》/…の前で(に) vor^3; gegenüber^3 《に面して》; in *js* Gegenwart 《人前》/…の前へ vor^4; nach vorne 《前方へ》/門の前に立つ vor dem Tor〔e〕 stehen*/ある人の前に進み出る vor *jn* hin|treten* [s]/私の前でやったのだ Er tat es in meiner Gegenwart. ❷ [時間] vor^3; [*conj*] bevor; ehe; [*adv*] ehemals; früher; vorher/三時五分前 5 〔Minuten〕 vor 3/前にすわる(立つ) vorn sitzen* (stehen*)/彼の帰って来る前に bevor er zurükkommt/前はこんなじゃなかった Früher war es anders./数日前に vor einigen Tagen; einige Tage vorher. ── 前の ❶ [場所] vorn; gegenüber¦stehend (–liegend)/通りに面した前の方の部屋に住む《宿屋など》 nach vorn〔e〕〔hinaus〕 wohnen; im nach vorn〔e〕 gelegenen Zimmer wohnen. ❷ [時間] früher; letzt; bisherig; ehemalig; vorig; 〔der〕einstig; Ex–; vorhergehend/前の大臣 der ehemalige Minister, –s, –; Exminister *m.* –s, –/前の日曜日に am letzten Sonntag/その前の日の朝 am vorhergehenden Morgen/切符は一週間前から売出します Man verkauft Eintrittskarten eine Woche voraus.

-まえ –前 für^4; auf^4, 〔auf〕 den Kopf; pro ^{4}Kopf; 〔für〕 die Person; jede Person/三人前の食事 drei Portionen Essen; dreimal 《例: Braten》/二人前働く für zwei 〔Mann〕 arbeiten; ^{4}es mit zwei 〔Mann〕 aufnehmen können*.

まえあし 前脚 Vorder¦bein *n.* –〔e〕s, –e (–fuß *m.* –es, ¨e); Vorderpfote *f.* –n 《動物の》; Unterschenkel *m.* –s, –.

まえいわい 前祝い Vorfeier *f.* –n; das vorbereitende Fest, –〔e〕s, –e.

まえうり 前売り Vorverkauf *m.* –〔e〕s, ¨e/前売りする im (zum) Voraus verkaufen^4 ‖ 前売り切符 Vorverkaufskarte *f.* –n.

まえおき 前置き Vorbemerkung *f.* –en; die einleitende (vorbereitende) Bemerkung; Vorwort *n.* –〔e〕s, –e/前置きが長すぎる ein zu umständliches Vorwort haben; mit

ま

まえがき 前書き Vor|wort n. -[e]s, -e [-be|merkung f. -en/-rede f. -n]; Einleitung f. -en; Präambel f. -n 《条約などの》.
まえかけ 前掛 [Träger]schürze f. -n.
まえがし 前貸し Vorschuss m. -es, ¨e; Vorauszahlung f. -en/前貸しする einen Vorschuss leisten (zahlen); vor|schießen*⁴; voraus|zahlen⁴; im (zum) Voraus zahlen⁴.
まえがみ 前髪 Stirn|locke (Vorder-) f. -n; Stirnhaar n. -[e]s, -e.
まえがり 前借り das Vorschuss|nehmen (Handgeld-)*; -s/前借りする einen Vorschuss (Handgeld-) nehmen* (erhalten*); sich einen Vorschuss (Handgeld) geben lassen*; sein Gehalt im Voraus bezahlt bekommen*.
まえきん 前金 Vorauszahlung f. -en/下宿代を前金で払う das Kostgeld voraus|zahlen (im Voraus zahlen)/御契約は前金で願います Beim Vertragsschluss wird um Vorauszahlung gebeten.
まえげいき 前景気 der Vorabend (-s, -e) der Hochkonjunktur; die viel versprechende Aussicht, -en/町は前景気にわき立っていた Die Stadt stand im Zeichen der sich ankündigenden Konjunktur.
まえこうじょう 前口上 Prolog m. -[e]s, -e.
まえば 前歯 ❶ Vorderzahn m. -[e]s, ¨e; der vordere Zahn, -[e]s, ¨e; Schneidezahn (門歯). ❷ [下駄の] Vorderstütze f. -n; die vordere Stütze, -n.
まえばらい 前払い Vorausbezahlung f. -en; die Bezahlung (-en) im Voraus; Vorschuss m. -es, ¨e/運賃前払い frachtfrei; franko/前払いする vorausbezahlen⁴; im Voraus bezahlen⁴; vor|schießen*⁴.
まえぶれ 前触れ Voranzeige f. -n; Omen n. -s, - (Omina) 《前兆》; Vorbedeutung f. -en 《同上》; Vorbote m. -n, -n 《前駆》/前触れをする eine Voranzeige machen; im (zum) Voraus an|kündigen⁴; vorher an|sagen⁴.
まえむき 前向き 向向きの〔方向が〕 vorwärts gesichtet; [態度・考え方が] zukunftsweisend/前向きに処理する in einer zukunftsweisenden Art erledigen⁴.
まえもって 前以って voraus-; im (zum) Voraus; vorher/前以って注文する(支払う) vor|aus|bestellen⁴ (voraus|bezahlen⁴)/前以って お礼を言う im Voraus danken³ (für⁴)/前以て申し上げますが Ich schicke hier eine Bemerkung voraus, dass .... Ich möchte vorausschicken, dass .... Es muss dabei voraus geschickt werden, dass ....
まえわたし 前渡し Vorschuss m. -es, ¨e.
まおとこ 間男 der den Ehemann betrügende Liebhaber, -s, -.
まがい まがい[物] Nachahmung f. -en; das Nach|geahmte (-gemachte*), -n, -n; I-mitation f. -en; Kunst-/Fälschung f. -en 《贋〔ᵍᵃⁿ〕造品》; Falsifikat n. -s, -e 《同上》; das Gefälschte*, -n, -n 《同上》/まがいの nach|geahmt (-gemacht); imitiert; künst-

---

lich; ge|fälscht (ver-) 《贋造の》; unecht.
まがう 紛う ¶ 雪かとまがう〔eben〕so weiß wie Schnee; schneeweiß; dem Schnee täuschend ähnlich. ⇨まぎれる①.
まがお 真顔になって mit ernster (feierlicher; gesetzter) Miene; ernst; feierlich; gesetzt.
まがき 籬 Hecke f. -n; Hag m. -[e]s, -e; Zaun m. -[e]s, ¨e/籬を作る eine lebende Einfried[ig]ung, -en/籬を廻らす mit einer (lebenden) Hecke versehen*⁴; ein|fried[ig]en⁴; ein|zäunen⁴; um|zäunen⁴.
まがし 間貸し das Vermieten (-s) eines Zimmers/間貸しする einen Zimmer vermieten; einen Untermieter bei ³sich haben.
マガジン Unter|haltungszeitschrift f. -en; Magazin n. -s, -e; Illustrierte f. -n.
まかす 負かす besiegen⁴; bewältigen⁴; eine Niederlage bereiten (bei|bringen*) 《jm》; (nieder)|schlagen*⁴ 《同上》; überwältigen⁴; unter|kriegen⁴.
-まかせ -任せ ¶ 力任せに mit ⁴Gewalt; unter ³Aufgebot aller Kräfte/人任せにする einem anderen überlassen*⁴ (anheim stellen)⁴.
まかせる 任せる ❶ [委任] an|vertrauen⁴ 《jm》; anheim geben*⁴ (stellen⁴) 《jm》; freie Hand lassen*⁴ 《jm》; js ³Sorge überlassen*⁴; über|tragen*⁴ 《jm》. ❷ [放任] einen andern tun lassen*, wie er will; keinen eigenen Willen haben; ⁴sich ergeben* (in⁴); ⁴sich fügen (in⁴)/彼に任せておこう Er soll tun, was er will. Lass ihn handeln, wie's ihm beliebt.
まがたま 勾玉 der gekrümmte [Edel]stein, -[e]s, -e; Schmuckstein; die kommaförmige Stein- oder Glasperle, -n.
まかつ 磨羯宮〔占星〕Steinbock m. -[e]s, ¨e.
まかない 賄 ❶ Kost f.; Be|köstigung (Ver-) f. -en; das Essen und Trinken*, des - und -s; Speisung f. -en; Verpflegung f. -en. ❷ [賄方] Koch m. -[e]s, ¨e; Lieferant m. -en, -en 《供給者》 ¶ 賄付貸間 Kost und Logis n. -, -; die Wohnung (-en) mit ³Kost; das Zimmer (-s, -) mit ³Beköstigung (Verköstigung)/賄料 Kostgeld n. -[e]s, -er.
まかなう 賄う ❶ in ⁴Kost nehmen* 《jn》; Kost geben* 《jm》; beköstigen (verköstigen) 《jn》; zu essen und zu trinken geben* 《jm》; speisen 《jn》; verpflegen 《jn》; liefern⁴ 《供給する》. ❷ [処理する] bewerkstelligen⁴/費用を賄う Kosten bestreiten* (decken).
まがも 真鴨 Wildente f. -n; die wilde Ente, -n.
まがり 間借り das Mieten* (-s) eines Zimmers/間借り生活をする in einem gemieteten Zimmer wohnen; als ¹Untermieter (Kostgänger) leben ¶ 間借り人 Untermieter m. -s, -; Kostgänger m. -s, -.
まがり 曲がり Biegung f. -en; Krümmung f. -en; Kurve f. -n; Schlängelung f. -en 《蛇行》/曲がり角 Straßenecke f. -n.

まかりとおる 罷り通る durchgesetzt werden.

まがりなり 曲りなりに irgendwie; auf irgendeine (irgendwelche) Weise; auf eine oder die andere Weise; mit ³Weh und ³Ach 〈辛うじて〉; mit knapper Not 〈同上〉.

まかりまちがえば 罷り間違えば schlimmstenfalls; wenn es zum Schlimmsten kommen sollte; wenn ⁸ef schief gehen sollte; im Notfall; notfalls/まか り間違えば警察問題になる Man muss das Schlimmste fürchten, kann man es doch mit der Polizei zu tun bekommen (zu schaffen haben).

まがる 曲がる ❶〈竹・木・身体など〉⁴sich biegen*; ⁴sich beugen; ⁴sich krümmen; ⁴sich neigen; nach|geben*³/曲りやすい biegsam; beugsam; leicht krümmbar; nachgiebig; flexibel; geschmeidig/年のせいで腰が曲がる vom Alter gebeugt sein. ❷〈道など〉eine Biegung (eine Kehre; eine Kurve; eine Wendung) machen; ⁴sich wenden*; ⁴sich winden*; 〔⁴sich〕 schlängeln 〈蛇行〉/曲りくねった verkrümmt; gewunden; 〔⁴sich〕 schlängelnd; geschlängelt; ⁴sich windend; verbogen.──曲がった ❶ krumm; gebogen; gewunden; geschweift; gewunden. ❷〔量見など〕verkehrt; pervers; verdreht; verschroben; 〔wind〕schief; unehrlich〈不正直な〉.

マカロニ Makkaroni 〈pl〉.

まき 薪〈Brenn〕holz n. -es, -er; Reisigbündel n. -s, -; 〈粗朶(ご)〉; Scheit n. -(e)s, -er (-e) ‖ 薪屋〔Brenn〕holzhandlung f. -en〈店〉; Brenn〔holz〕händler m. -s, -〈人〉/薪割り1）das Holz|hacken* (-spalten*), -s. 2）〔道具〕Holz|hacke f. -n (-spalter m. -s, -).

まき 巻 Band m. -[e]s, -̈e; Rolle f. -n/一の巻 Erster Band; Band I/ひと巻の布地〔布地ひと巻〕eine Rolle Tuch.

まきあげき 巻上機 Winde f. -n; Aufzug m. -[e]s, -̈e; 〔Förder〕haspel f. -n (まれに m. -s, -); Fördermaschine f. -n.

まきあげる 巻き上げる ❶ auf|winden*⁴; auf|rollen⁴; auf|wickeln⁴; auf|ziehen*⁴〈時計〉/すだれを巻き上げる einen Fensterladen (aus Rohr) hoch|ziehen*⁴. ❷〔だましとる〕ab|schwindeln⁴〈jm〉; betrügen*⁴〈jn um³〉.

まきえ 蒔絵 Lack|malerei f. -en (-kunst f.)/蒔絵をする mit ³Lackmalerei (-lackierisch) aus|statten⁴ ‖ 蒔絵師 Lackmaler (-künstler) m. -s, -.

まきがい 巻貝 Schneckenmuschel f. -n.

まきがみ 巻紙 das 〔zusammen〕gerollte 〔Brief〕papier, -s, -; eine Rolle 〈-n〉 Papier.

まきげ 巻き毛 Locke f. -n.

まきゲートル 巻ゲートル 〔Wickel〕gamasche f. -n.

まきこむ 巻き込む ein|wickeln⁴ (-hüllen⁴, -rollen⁴); verschlingen*⁴ 〈飲み込む〉/巻き込まれる hineinverwickelt werden; ⁴sich verfangen lassen*/機械に巻き込まれる von einer Maschine erfasst werden; in eine Maschine hinein|geraten*⁷ 〈s〉/波に巻き込まれる von den Wellen verschlungen (weg|gerissen) werden.

まきじた 巻舌 das Rollen* 〈-s〉 der Zunge; die gerollte Zunge, -n/巻舌で話す mit gerollter Zunge sprechen*/巻舌で発音する das gerollte "r" aus|sprechen*.

まきじゃく 巻尺 Band|maß (Meter-) n. -es, -e; Messband n. -[e]s, -̈er.

まきぞえ 巻き添え 〔Hinein〕verwick〔e〕lung f. -en; das Hineingezogensein*, -s; die widerwillige Anteilnahme, -n/巻き添えをくらわせる in ⁴Mitleidenschaften ziehen*⁴/巻き添えになる 〔hinein〕verwickelt (hineingezogen) werden 〈in⁴〉; widerwillig (wider Willen) teil|nehmen* 〈an³〉.

まきた 真北 genau nach ³Norden.

まきたばこ 巻たばこ Zigarette f. -n 〈紙巻〉; Zigarre f. -n 〈葉巻〉 ‖ 巻たばこ入れ Zigaretten|etui n. -s, -s (-behälter m. -s, -, -tasche f. -n).

まきちらす 撒き散らす ❶〔散らす〕aus|streuen⁴; bestreuen⁴ 〈mit Wasser〉; besprengen⁴ 〈同上〉; sprengen⁴/通りに水を撒き散らす die Straße sprengen⁴/うわさを撒き散らす ein Gerücht ausstreuen. ❷〔金銭を〕vergeuden⁴; verplempern⁴; verschleudern⁴; verschwenden⁴.

まきつく 巻き付く ⁴sich schlingen* 〈wickeln; winden〉 〈um³〉.

まきつける 巻き付ける 〔um〕schlingen*⁴; 〔um〕wickeln⁴; 〔um〕winden*⁴.

まきば 牧場 Weide f. -n; Weideplatz m. -[e]s, -̈e; Trift f. -en; Koppel f. -n 〈柵をめぐらした〉/牧場に放たれている weiden; grasen.

まきもどす 巻き戻す 〔フィルムを〕 〈einen Film〉 zurück|spulen.

まきもの 巻物 Makimono n. -s, -s; Bild|rolle 〈Schrift-〉 f. -n; „Roll"bild n. -[e]s, -er.

まぎらす 紛らす ❶〔気持ちを〕ab|lenken⁴ (-bringen⁴, -wenden*⁽⁴⁾) 〈von³〉; zerstreuen⁴; verbergen*⁴ 〈隠す〉; aus|weichen*⁴ 〈s〉 〈避ける〉/話を他の事に紛らす verstellend auf ein anderes Thema über|springen*⁴ 〈s〉; zur Verstellung von ³etwas ganz anderem sprechen*/気を紛らす ⁴sich zerstreuen; Aufmerksamkeit ab|lenken 〈von³〉; ⁴Gedanken 〈pl〉 ab|wenden⁽*⁾ 〈von³〉/酒に愛さを紛らす seinen Kummer vertrinken*; durch ³Trinken Sorgen vergessen*/sake als ⁴Sorgenbrecher wirken lassen*.

まぎらわしい 紛らわしい leicht zu verwechseln 〈mit³〉; zum Verwechseln ähnlich; schwer zu unterscheiden; zweideutig; fragwürdig; verdächtig 〈疑わしい〉.

まぎる 間切る 〔海〕lavieren; kreuzen.

まぎれこむ 紛れ込む ⁴sich verlieren* 〈in⁴〉; ⁴sich vermengen 〈in⁴〉; untereinander mischen; an einen falschen Ort kommen*〈s〉/群集に紛れ込む ⁴sich in einer ⁵Menschenmenge (im Gedränge; im Gewühl) verlieren*.

-まぎれに ¶ 嬉しまぎれに vor ³Freude (Lust; Vergnügen); in großer Freude (Lust); mit großem Vergnügen/腹立ちまぎれに vor ³Ärger (Wut; Zorn); im Wutanfall (Zorn[es]ausbruch).

まぎれもない 紛れもない unmissverständlich; augenscheinlich; deutlich; evident; offensichtlich; unverkennbar; keinem Zweifel unterliegend／紛れもなく ohne ⁴Zweifel; zweifelsohne; über allen Verdacht.

まぎれる 紛れる ❶ [区別し難い] kaum unterscheidbar sein; leicht verwechselt werden können《mit³》; fälschlich für ⁴etwas anderes gehalten werden können《mit³》; täuschend ähnlich aus|sehen*《einander》. ❷ [気が] ⁴sich zerstreuen; eine Zeit seinen Kummer (seine Sorgen) vergessen*. ❸ 夜に紛れて unter dem Schutz der Nacht (der Dunkelheit)／忙しさに紛れて zu viel ²Arbeit wegen.

まぎわ 間際に kurz (eben; gerade) vor³; im letzten Augenblick[e]; in der elften Stunde／出かける間際だった Ich war eben im Begriff (Ich stand auf dem Punkt[e]) auszugehen.／出発の間際に電報が来た Eben als ich gerade dabei war wegzufahren, kam ein Telegramm.

まく 膜 Membran[e] f. -nen; Häutchen n. -s, -.

まく 幕 ❶ Vorhang m. -[e]s, ⸚e; Behang m. -[e]s, ⸚e; Gardine f. -n; Zelt n. -[e]s, -e／幕を開ける《劇場などで》den Vorhang auf|ziehen* (hoch|ziehen*; aufgehen lassen*)／幕を降ろす den Vorhang herunter|lassen* (fallen lassen*)／幕を閉じる den (einen) Vorhang ziehen* (spannen)／幕を引く die Vorhänge zur Seite ziehen*《片方へ》; die Vorhänge auseinander ziehen*《両方へ》／幕が開く Der Vorhang geht auf.; Der Vorhang teilt sich.《両側へ》❷ [一幕] Aufzug m. -[e]s, ⸚e; Akt m. -[e]s, -e 《終末》これで幕だ Das ist das Ende vom Lied. ¶ 貴様の出る幕ではない Das geht dich nichts an.: Hier hast du nichts zu schaffen. ‖ 一幕物 das einaktige Schauspiel (Stück), -[e]s, -e; Einakter m. -s, -.

まく 巻く ❶ winden*⁴; wickeln⁴; [auf]rollen⁴《軸などに》; [auf]spulen⁴《糸巻きに》; zusammen|rollen⁴《旗などを》／掛け物を巻く das Rollbild《-er》auf|rollen／時計を巻く die Uhr auf|ziehen*／指に包帯を巻く einen Finger verbinden*; einen Verband um einen Finger wickeln. ❷ [巻き包む] ein|wickeln⁴《in³》; umwickeln⁴《mit³》. ❸ [巻きくくる] umbinden*《mit³》.

まく 蒔く (be)säen⁴／蒔かぬ種は生えぬ ‚Aus nichts wird nichts.'; Ungesäte Saat geht nicht auf.'

まく 撒く [水などを] besprengen⁴《mit³》; be|gießen*⁴《mit³》; besprizen⁴《mit³》／花に水を撒く die Blumen [mit Wasser] be|gießen*《Wasser auf die Blumen sprengen》／芝生に水を撒く den Rasen [mit Wasser] be|gießen*《Wasser auf den Rasen》 sprengen.

まく ¶ 人をまく den Verfolger auf die falsche Spur bringen*⁴; ⁴sich schlau dem Verfolger entziehen*.

まくあい 幕あい Pause f. -n; Zwischenakt m. -[e]s, -e／幕間に in der Pause; zwischen den Aufzügen (Akten).

まくうち 幕内 (相撲の) die erste Klasse; der Ringkämpfer (Ringer) 《-s, -》 erster Klasse.

まくぎれ 幕切れ その事件はあっけなく幕切れとなった Der Fall fand ein jähes Ende.

まぐさ 秣 (Trocken)futter n. -s; Pferdefutter (Vieh-); Furage f.; Heu n. -[e]s／まぐさを与える ein ⁴Tier füttern《mit³》; einem Tier[e] Futter geben* (reichen).

まくしたてる まくし立てる die Worte (den Worten) hervor|sprudeln; die Worte aus|schütten; seinen Redefluss geltend machen.

まぐそ 馬糞 Pferdeapfel (Ross-) m. -s, ⸚.

まぐち 間口 Frontbreite f. -n; Fassade f. -n; (Haus)front f. -en; Vorderfront.

まくつ 魔窟 Bordell n. -s, -e《売春宿》; der Versammlungsort 《-[e]s, -e》 aller bösen Geister《伏魔殿》.

マグニチュード Magnitude f. 《記号:M》.

マグネシウム Magnesium n. -s 《記号: Mg》.

マグマ [地] Magma n. -s, ..men.

まくら 枕 (Kopf)kissen n. -s, -; Kopfhalter m. -s, -; (Kopf)polster n. -s, -《長枕》／枕許に zu Häuptern des Bettes; am Kopfende [des Bettes]／枕をする den Kopf aufs Kissen legen／枕を高くして眠る mit ruhigem Gewissen schlafen*; den Schlaf des Gerechten schlafen*.

まくらカバー 枕カバー Kopfkissen:bezug (-überzug) m. -[e]s, ⸚e.

まくらぎ 枕木 [Eisenbahn]schwelle f. -n.

まくらことば 枕詞 das schmückende Beiwort, -[e]s, -er; das stereotypische Epitheton, -s, ..ta.

まくらびょうぶ 枕屏風 der Klappschirm 《-[e]s, -e》 am Kopfende des Lagers.

まくる 捲る auf|schürzen (-|stecken⁴)《裾を》; auf|krempeln⁴ (hoch|-)《ズボンを》; auf|schlagen*⁴ (hoch|-)《袖を》; auf|rollen《巻き上げる》; auf|streifen⁴《腕を》／腕を捲り上げて in Hemd[s]ärmeln; mit entblößten Armen; die Ärmel aufgeschlagen (hochgeschlagen).

まぐれあたり まぐれ当たり Glücksfall m. -[e]s, ⸚e; Zufallstreffer m. -s, -; Fuchs m. -es, ⸚e《ビリヤード》／まぐれ当たりで勝つ durch einen Fuchs gewinnen*.

まぐろ 鮪 Thunfisch m. -[e]s, -e.

マクロコスモス Makrokosmos m. -.

まぐわ 馬鍬 Egge f. -n／馬鍬でならす eggen⁴.

まくわうり まくわ瓜 (eine Art) Melone f. -n.

まけ 負け Niederlage f. -n; Ergebung f. -en; Verlust m. -[e]s, -e; Waffenstreckung f. -en; das verlorene Spiel, -[e]s, -e／負け碁(将棋) das verlorene Go-Spiel (Schach-Spiel)／負けいくさ der verlorene Krieg, -[e]s, -e; die verlorene Schlacht, -en; Niederlage.

まげ 髷 ❶ Haarknoten m. -s, -. ⇨ **まるまげ**.

まけおしみ 負け惜しみが強い hartnäckig seine Niederlage verleugnen; seine Niederlage nicht zugeben*; Trauben sind jm wie dem Fuchs zu sauer./負け惜しみの強い人 der hartnäckig seine Niederlage Verleugnende*, -n, -n; der schlechte Verlierer, -s, -/負け惜しみ Das ist sein falscher Kampfwille.: Er sollte sich für besiegt erklären.

まけさせる 負けさせる [値を] vom Preise herunter|handeln*.

まけじだましい 負けじ魂 der zähe Kampfgeist, -(e)s; Unnachgiebigkeit f.

まけず 負けず嫌いの nicht nachstehen wollend; kampflustig; unbeugsam; unnachgiebig／負けず劣らずの ebenbürtig; eben so begabt (fähig); konkurrenz|fähig (wettbewerbs-); gleichstehend 《同等の》.

マケドニア Mazedonien n. -s/マケドニアの mazedonisch／マケドニア人 Mazedonier m. -s, -.

まげもの 曲物 das aus Holzspänen gemachte Kästchen, -s, -.

まける 負ける ❶ [敗北] besiegt (bewältigt, [nieder]geschlagen; überwältigt) werden; erliegen* ⓢ; eine Niederlage erleiden*; unterliegen* ⓢ (jm); verlieren*. [劣る] nach|stehen* (jm); *es nicht aufnehmen können* (mit³); nicht gewachsen³ sein; nicht gleich|kommen*³/誰にも不足を取る He ist unerreicht./Keiner kann ihm das Wasser reichen. [値段を] herab|setzen* (auf⁴); billiger machen*; (er)mäßigen⁴; vom Preise nach|lassen*; Rabatt geben* (jm); reduzieren⁴/因業でひた一文負けない商人だ Dieser Kaufmann ist so geizig, dass er keinen Pfennig vom Preise nachlässt. [譲歩する] nach|geben* (jm); die Flinte ins Korn werfen*; klein bei|geben*; *weichen* (jm). ❷ 情が勝つ Die vorläufige Niederlage ist zuletzt ein Sieg.: Der Demütige gewinnt.: Beuge dich, um zuletzt zu gewinnen.

まげる 曲げる ❶ biegen⁴; beugen⁴; krümmen⁴; krumm machen⁴; neigen⁴/腰を曲げる ⁴sich bücken; nieder|beugen⁴. ❷ [意志を] ⁴sich fügen*; nach|geben*; ⁴sich unterwerfen*; unterliegen*³; [事実・意味などを] verdrehen⁴; entstellen⁴; verfälschen⁴ 《曲解》;「キ義を]ab|weichen* ⓢ (von³); ab|lenken⁴ 《転意》/承知する wider ⁴Willen einverstanden sein (mit³); trotz aller ⁴Unzufriedenheit ein|gehen* ⓢ (auf⁴)/法を曲げる das Gesetz verdrehen; dem Gesetz Gewalt an|tun*; *es mit dem Gesetz nicht genau nehmen*⁴; das Recht beugen.

まけんき 負けん気の unnachgiebig; unbeugsam/負けん気になってやる ⁴sich unterkriegen lassen wollen*.

まご 馬子 Packpferde|treiber (Saumpferde-, Saumtier-) m. -s, -/Pferdeknecht m. -(e)s, -e/馬子にも衣装 Kleider machen Leute.

まご 孫 Enkel|kind (Kindes-) n. -(e)s, -er; Enkel m. -s, -.《男》Enkelin f. .linnen 《女》.

まごころ 真心 Treue f.; Aufrichtigkeit f.; Ehrlichkeit f.; Redlichkeit f.; Treuherzigkeit f./真心こめて treu(herzig); aus tiefstem (von ganzem) Herzen; mit Herz und Seele; aufrichtig und ehrlich.

まごつく ❶ [当惑] nicht ein noch aus (weder hin noch her) wissen*; bestürzt (ratlos) sein; in ⁴Verlegenheit geraten* ⓢ; in ³Verlegenheit sein; in ⁴Verwirrung gebracht werden; ⁴sich keinen Rat wissen*; ³sich nicht zu helfen wissen*; ³sich nicht mehr zu raten wissen*. ❷ [うろつく] müßig umher|gehen* ⓢ; herum|lungern ⓢ; ⁴sich herum|treiben*.

まこと 誠, 真 ❶ [誠意] Treue f.; Aufrichtigkeit f.; Bieder|keit f. (-sinn m. -(e)s); Ehrlichkeit f.; Redlichkeit f. ❷ [真実] Wahrheit f. -en; Wirklichkeit f. -en. ❸ [ほんもの] Echtheit f.; Unverfälschtheit f. —— 誠の ❶ [誠意] treu; redlich; ehrlich. ❷ [真実] wahr; wirklich. ❸ [ほんもの] echt; unverfälscht. —— 誠に ❶ [実際] tatsächlich, in der Tat; wahrlich; wirklich; in ³Wahrheit (Wirklichkeit). ❷ [大いに] äußerst; gewaltig; kolossal; überaus. ¶ まことらしい話 1) eine sehr wahrscheinliche Geschichte, -n. 2) eine plausible Geschichte／まことしやかな scheinbar glaubwürdig; wie wirklich anmutend; Wirklichkeit vortäuschend; Schein-.

まごのて 孫の手 Rückenkratzer m. -s, -.

まさ 柾 [板目の対] die gerade Maserung, -en; die gerade (Holz)faser, -n.

まさか まさかの時[に] im Notfall; im schlimmsten Fall(e); wenn es zum Schlimmsten kommen sollte／まさかの時の用意をする ⁴sich auf das Schlimmste gefasst machen; ⁴sich auf den Notfall vor|bereiten; ⁴sich auf den übelsten Fall ein|stellen／まさか[そんなことはやりませんよ] Doch wohl nicht! Ich? Niemals!／まさかそんなことはない Ausgeschlossen!/Kommt gar nicht in Frage!／まさか彼がそんなことをするとは思わなかった Das hätte ich nicht von ihm erwartet!／まさかそんなはずはない Das kann doch nicht sein!

まさかり 鉞 Zimmermannsaxt f. -e; Handbeil n. -(e)s, -e; Streitaxt 《鴟啄》.

まさき 柾 [植] Pfaffen|baum (Spindel-) m. -(e)s, "e; Pfaffenhütchen n. -s, -.

まさしく 正しく wirklich und wahrhaftig; in ³Wirklichkeit (Wahrheit); ohne ⁴Zweifel; zweifellos; zweifelsohne; gewiss; sicher.

まさつ 摩擦 Reibung f. -en; Reiberei f. -en; Friktion f. -en; Zusammenstoß m. -es, -e 《軋轢》／摩擦のない reibungslos. — 摩擦する reiben*⁴. ‖ 摩擦音 Reibungs|laut (Frikativ-) m. -(e)s, -e; Frikative f. -n./摩擦角 Reibungswinkel m./摩擦計 Reibungsmesser m. -s, -/摩擦係数 Reibungskoeffizient *m.* -en, -en/摩擦抵抗 Reibungswiderstand *m.* -[e]s, ⸚e/摩擦電気 Reibungselektrizität *f.*/摩擦面 Reibungsfläche *f.* -n/摩擦力 Reibungskraft *f.* ⸚e.

まさに 正に richtig; genau; gerade; pünktlich 《正確に》/正に金一万円也 sage und schreibe 10 000 Yen/貴簡正に受け取りました Ihren Brief (Ihr Schreiben) habe ich richtig erhalten.

まさに まさに…しようとする im Begriff sein (stehen*), ⁴*et* zu tun; auf dem Punkte stehen*, ⁴*et* zu tun; drauf und dran (gerade dabei) sein, ⁴*et* zu tun/太陽はまさに没せんとしていた Die Sonne wollte eben untergehen. ¦ Die Sonne war gerade im Untergehen.

まざまざ まざまざと anschaulich; greifbar; lebendig; lebhaft; vif (viv).

まさめ 柾目 ⇨まさ.

まさゆめ 正夢 der die Wahrheit voraussagende Traum, -[e]s, ⸚e; der ⁴sich realisierende Traum/それは正夢だった Der Traum hat sich als wahr erwiesen. ¦ Der Traum hat sich bewahrheitet.

まざりもの 混り物 Beimischung *f.* -en; das Gemischte*, -n; Zusatz *m.* -es, ⸚e. ⇨まぜもの.

まさる 勝る überlegen sein 《*jm*》; besser (fähiger; stärker; vorzüglicher; wünschenswerter) sein 《als》; über *jm* sein; im Vorteil sein 《*jm* gegenüber》; übertreffen* 《*jn*》/勝るとも劣らぬ nicht schlechter (geringer; wertloser) sein 《als》.

まざる 混ざる ⁴sich [ver]mischen; ⁴sich [ver]mengen; vermischt (vermengt) werden; ineinander über|gehen* [s].

まし 増 Zunahme *f.* -n; Zusatz *m.* -es, ⸚e; Zuwachs *m.* -es; Extra-; Sonder-/二割増 die Zunahme von 20%; 20% Zunahme (Aufschlag); 20% Nebenkosten 《*pl* 料金など》.

まし besser sein 《als》; ³*et* vorzuziehen sein; man möchte lieber (eher) ...; man hätte ⁴*et* lieber/彼の方がましだ Er ist mit Vorzug zu behandeln./この方がましだ Dieses ist besser als jenes. ¦ Diesem ist ein höherer Wert beizumessen als jenem./無いよりましだ Etwas ist doch besser als gar nichts./遅れてもせぬよりはまし Besser spät als nie./死んだ方がましだ Der Tod wäre mir sogar erwünschter.

まじえる 交える ⇨まぜる. ¶ 一戦を交える einen Krieg führen 《*gegen*⁴》.

ましかく 真四角 Quadrat *n.* -[e]s, -e; das regelrechte Viereck, -[e]s, -e.

ました 真下に gerade (direkt; unmittelbar) unten.

マジック Magie *f.*

まして umso viel mehr 《肯定のとき》; umso viel weniger (minder) 《否定のとき》; geschweige denn 《同上》. ⇨いわんや.

まじない 呪 Zauber¦formel (Beschwörungs-) *f.* -n; Zauber¦spruch (Bann-) *m.* -[e]s, ⸚e/おまじないをする bezaubern⁴; behexen⁴; beschwören*⁴; durch Zauber bannen⁴; verzaubern⁴/ほんのおまじないほど nur ganz wenig; ein bisschen; nicht der Rede wert; nicht nennenswert.

まじまじ まじまじと見る mit festen Blicken an|sehen* (an|starren) 《*jn*》; unverwandt an|stieren 《*jn*》.

まじめ 真面目 Ernst *m.* -es; Ernsthaftigkeit *f.*; Ernst¦lichkeit (Feier-) *f.*/真面目な ernst[haft]; ernst¦lich (feier-)/真面目に im Ernst/大真面目に in allem (vollem) Ernst; allen (alles) Ernstes/不真面目 Mangel 《*m.* -s, ⸚》 an ³Ernst[haftigkeit] (³Ernstlichkeit); Unaufrichtigkeit *f.*; Frivolität *f.*/真面目な顔をする ernst aus|sehen*; eine ernste (feierliche) Miene an|nehmen*; ⁴sich ernst (feierlich) zeigen/真面目になる **1**) ernst (feierlich; besonnen) werden; ⁴sich ernüchtern. **2**) [行いを正す] ⁴sich bessern; ein anständiges Leben zu führen beginnen*; einen neuen Menschen an|ziehen*; ⁴sich zum Besseren wandeln; zu Vernunft kommen* [s]/真面目な顔をして聞いていた Er hörte mit gesetzter Miene zu. ¦ Er hörte (horchte) ernsthaft zu.

ましゃく 間尺に合わぬ ⁴sich nicht lohnen; keinen Gewinn ab|werfen* (ein|bringen*); nicht der ²Mühe wert sein/それでは間尺に合わない So etwas macht sich nicht bezahlt. ¦ Das muss man verlorene Mühe nennen.

ましゅ 魔手にかかる verführt werden/魔手を伸ばす verführen 《*jn*》.

まじゅつ 魔術 ❶ Zauberei *f.* -en; Zauberkunst *f.* ⸚e; Magie *f.* ❷ [手品] Taschenspielerei *f.* -en; Blendwerk *n.* -[e]s, -e; Gaukelei *f.* -en ‖ 魔術師 **1**) Zaub[e]rer *m.* -s, -; Magier *m.* -s, -; Magiker *m.* -s, -. **2**) [手品師] Taschenspieler *m.* -s, -; Gaukler *m.* -s, -.

まじょ 魔女 Hexe *f.* -n; Zaub[r]erin *f.* ..-rinnen.

ましょうめん 真正面 die gerade Front, -en (Stirnseite, -n; Vorderseite)/真正面に gerade gegenüber³; auf der gerade entgegengesetzten Seite.

まじりけ まじり気のない unvermischt; echt; pur; rein; unverfälscht; unversetzt.

まじる 混る ⁴sich [ver]mischen 《*unter*⁴》; ⁴sich mengen 《*mit*³》; untermischt (untermengt) werden 《*mit*³》.

まじわり 交わり Freudschaft *f.*; Umgang *m.* -[e]s; Verkehr *m.* -s; Verbindung *f.* -en/交わりを結ぶ Freundschaft schließen* (pflegen) 《mit *jm*》/交わりを絶つ den Verkehr ab|brechen* 《mit *jm*》; brechen* 《mit *jm*》; ⁴sich entzweien 《mit *jm*》; ⁴sich los|sagen 《von *jm*》.

まじわる 交わる ❶ [交際] 〚mit *jm* とともに〛 befreudet sein; um|gehen* [s]; Umgang haben (pflegen); verkehren; Verkehr haben; im Verkehr stehen*; in ³Verbindung stehen*. ❷ [交差] ⁴sich kreuzen (schneiden*); ⁴sich kreuzweise durchschnei-

ます 鱒 〔Lachs〕forelle *f.* -n.
ます 枡 ❶〔Hohl〕maß *n.* -es, -e; Trockenmaß/枡形の四角な; quadratisch/枡売りする viereckig (nach Maß) verkaufen⁴. ❷〔劇場などの〕Loge *f.* -n; Sperrsitz *m.* -es, -e. ‖ 枡目 Maß *n.* -es, -e/枡目がいっぱいない gut (schlecht) messen*⁴; reichlich (karg) messen*⁴.
ます 増す ❶〔*v.t.*〕 vermehren⁴; vergrößern⁴; größer machen⁴; verstärken⁴; schwellen lassen*⁴〔膨張〕; erhöhen⁴〔高める〕; erheben*⁴〔同上〕/給料を少し増す *js* Gehalt ein wenig erhöhen; eine kleine Zulage gewähren 〔*jm*〕. ❷〔*v.i.*〕 ⁴sich vermehren; ⁴sich vergrößern; größer werden; ⁴sich verstärken; schwellen* 〔s̲〕; ⁴sich erheben*/川の水が増した Der Fluss ist angeschwollen.‖ Der Fluss ist wasserreicher geworden.
まず 先ず ❶〔第一に〕 zuerst; als Erstes (Wichtigstes); anfangs; in erster Linie; zunächst; zuvor; zuvörderst. ❷〔話題を転じるとき〕 nun; also. ❸〔とかく〕 irgendwie; auf irgendeine Weise. ❹〔たぶん〕 vielleicht; möglicherweise; vermutlich; wohl/先づまあ及第するでしょう Ich glaube, er wird doch wohl das Examen bestehen. ❺〔およそ〕 ungefähr; etwa; fast; nahezu; schätzungsweise.
ますい 麻酔 Narkose *f.* -n; Betäubung *f.* -en/麻酔性の narkotisch; betäubend/麻酔をかける narkotisieren 〔*jn*〕; betäuben 〔*jn*〕 ‖ 麻酔剤 Narkotikum *n.* -s, ..ka; Betäubungsmittel *n.* -s, -.
まずい 不味い ❶〔味の〕 unschmackhaft; geschmacklos/この菓子はまずい Dieser Kuchen schmeckt gar nicht./まずそうな unappetitlich; wenig verlockend. ❷〔拙劣〕 ungeschickt; linkisch; plump; schwerfällig/この絵はまずい Dieses Bild ist schlecht geraten. ‖ Das Gemälde ist nicht gut gemalt. ❸〔醜い〕 hässlich; anmutlos (reiz-); unschön. ❹〔不得策〕 nicht ratsam; nicht empfehlenswert; taktlos; undiplomatisch; unpraktisch/今日行くのはまずい Es hätte wenig Zweck, dass wir heute dorthin gehen.
マスカット Muskatellertraube *f.*; Muskateller *m.* -s ‖ マスカットワイン Muskateller〔wein〕 *m.* -s.
マスク Maske *f.* -n; Gasmaske〔防毒マスク〕/マスクをかける eine Maske vor|stecken〔tragen*〕/マスクを外す eine Maske ab|legen.
マスゲーム Massenspiel *n.* -〔e〕s, -e.
マスコット Maskottchen *n.* -s, -;〔Glückspüppchen *n.* -s, -/この人形は私のマスコットです Diese Figur ist meine Maskotte.
マスコミ Massenkommunikationsmittel *n.* -s, -.
まずしい 貧い arm; armselig; bedürftig; mittellos; Not leidend/貧しく暮らす in Armut leben; ein armes (bedürftiges; kümmerliches) Leben (Dasein) führen (fristen).
マスター Chef *m.* -s, -s; der Alte*, -n, -n; Boss *m.* -es, -e.
マスターキー Hauptschlüssel *m.* -s, -.
マスタード Senf *m.* -〔e〕s, -e.
マスターベーション Masturbation *f.* -en.
マスト Mast *m.* -〔e〕s, -en 〔-e〕.
マスプロ Massen|fabrikation 〔-produktion〕 *f.* -en.
ますます 益々 mehr und mehr; noch mehr; in höherem (stärkerem) Maße; ⁴sich mehrend; zunehmend/ますます増加する immer verbissener arbeiten; fleißig wie nie zuvor lernen/ますます大きくなる größer und größer (immer größer; größer und größer) werden; an ³Größe ständig zu|nehmen*; in zunehmendem Maße ständig wachsen*⁴.
マスメディア Massenmedium *n.* -s, ..dien 〔*pl* のことが多い〕.
ますらお 益荒男 Haudegen *m.* -s, -; der erprobte Krieger, -s, -; der tüchtige Kämpe, -n, -n.
マズルカ Mazurka *f.* -s.
まぜかえす 混ぜ返す ❶〔物・液体を〕 durcheinander mischen⁴ (mengen⁴); das Oberste zu unterst kehren⁴ (mengen⁴). ❷〔人の言葉を〕 in die Rede (ins Wort) fallen* 〔s̲〕 〔*jm*〕; unterbrechen* 〔*jn*〕; lächerlich machen 〔*jn*〕; verächtlich ab|tun* 〔*js* Worte〕.
まぜこぜ まぜこぜにする unordentlich vermengen⁴; durcheinander mischen⁴ (werfen*⁴); zusammen|werfen*⁴.
ませた frühreif; altklug〔*-ig*〕; naseweis/ませた子供 das frühreife Kind, -〔e〕s, -er/ませた娘 das altkluge Mädchen, -s, -/ませている frühreif sein; früh entwickelt sein; für sein Alter zu klug sein.
まぜもの 混ぜ物 〔Bei〕mischung *f.* -en; Gemisch *n.* -es, -e; Zu|satz *m.* -es, -̈e〔-tat *f.* -en〕/混ぜ物のない unvermischt; echt; pur; rein; unversetzt/混ぜ物をする ⇒ **まぜる**②.
まぜる 混ぜる ❶〔ver〕mischen⁴ 〔ver〕mengen⁴. ❷〔混ぜ物をする〕 bei|mischen⁴; 〔zu-〕mengen⁴; manschen〔酒・ミルクなどに〕; panschen〔同上〕; verschneiden*〔同上〕; mischend verfälschen⁴〔劣悪化して〕.
マゾヒスト Masochist *m.* -en, -en.
マゾヒズム Masochismus *m.* -/マゾヒズムの masochistisch.
また ❶〔またその上に〕 und; außerdem; ferner; noch dazu; obendrein; überdies; weiter; zudem. ❷〔再び〕 wieder einmal; noch einmal/またまた immer wieder; wieder und wieder; wiederholt/またお目にかかりましょう Wir sehen uns also wieder! ❸〔今度また〕 ein andermal; das nächste Mal; noch einmal bei einer sonstigen Gelegenheit/またの次に ander/またの日 eines anderen Tages; irgendwann. ❹〔もまた〕 auch; eben|falls〔gleich-〕; sowohl als auch/彼は画家でありまた詩人でもある Er ist sowohl ein Maler als auch ein Dichter. ❺ または oder/またの名... alias ...; auch ...

また genannt; oder auch ...; sonst auch ... / またとない einzigartig 《唯一の》; einzig dastehend 《同上》; einzig in seiner Art 《同上》; unübertrefflich 《無敵の》; unvergleichlich 《無比の》; beispiellos 《同上》; unschätzbar 《無双の，金では買えない》/ またとないものに等しい als etwas Einzigartiges》zu schätzen wissen*; nichts höher schätzen als .../ またとない品物 eine einmalige Ware; etwas Unersetzliches*.

また 股，叉 ❶ [またぐら] Oberschenkel *m.* -s, -; Leiste *f.* -n; Leistengegend *f.* -en / 世界を股にかけるin der ganzen Welt herum|reisen (umher|reisen); ⁴sich in der ganzen Welt herum|treiben* (umher|treiben*); ein Globetrotter sein. ❷ [又] Gabel *f.* -n; Gabelung *f.* -en; Verzweigung *f.* -en / 又になっている ⁴sich gabeln; ⁴sich gabelförmig teilen; ⁴sich verzweigen.

まだ ❶ [これまで] noch / 彼はまだ来ない Er kommmt noch nicht. / 彼はまだ寝ている Er schläft noch. / 彼はまだ遅刻したことがない Er ist noch nie zu spät gekommen. / まだ十八世紀には noch im 18. Jahrhundert. / [これから] noch / まだする仕事が沢山ある Ich habe noch viel Arbeit zu erledigen. / まだ長くかかるでしょうか Wird es noch lange dauern? / まだ大分ありますよ Sie haben es noch ziemlich weit. 《遠距》; Davon haben wir noch ziemlich viel. 《量》/ まだ間に合いますよ Noch ist es Zeit. ❸ [そのほかに] noch / ほかにまだ何か Sonst noch etwas gefällig? / 店員が客に》ほかにまだ誰かいたか Wer war denn noch da? / まだまだ一つ言いたいことがある Das wäre noch nicht alles, was ich dir sagen. : Noch ein Wort! ❹ [依然として，今の所] noch immer; immer noch; noch / まだ日が高い Die Sonne steht noch hoch. / まだ金がある Ich habe noch Geld. / 彼の男はまだ生きているか Lebt er noch (immer noch)? / まだ火がくすぶっている Das Feuer schwelt immer noch. ❺ [とても] noch lange nicht / まだまだ半分にも達しない Das ist noch lange nicht die Hälfte. / まだまだとても片づかない Wir sind noch lange nicht damit fertig. ❻ [やっと] noch / まだ読み始めたばかり Ich habe nur erst angefangen, zu lesen. / ここに来てからまだ半年にしかならない Ich bin erst ein halbes Jahr hier. / まだ昨日聞いたばかり Erst gestern habe ich es erfahren.

まだい 間代 Zimmermiete *f.* -n / 高い(低い)間代を払う hohe (niedrige) Miete (für ein Zimmer) zahlen.

またいとこ 又従兄弟 der Vetter 《-s, -》 zweiten Grades.

またがし また貸し das Weiterverleihen*, -s; Unter|vermietung (After-) *f.* -n《下宿などの》/ また貸しする weiter|verleihen*⁴《jm》; in ⁴Untermiete (Aftermiete) geben*⁴《jm 下宿など》; wieder verpachten*《jm 土地など》‖ また貸し人 Unter|vermieter (After-) *m.* -s, -.

マダガスカル Madagaskar *n.* -s / マダガスカルの madagassisch ‖ マダガスカル人 Madagasse *m.* -n, -n.

またがり また借り das Borgen* 《-s》 aus zweiter Hand; Untermiete *f.* -n 《下宿など》/ また借りする aus ⁴zweiter Hand borgen* / また借りの家に住む in (zur) Untermiete wohnen ‖ また借り人 Untermieter *m.* -s, -.

またがる 跨る ❶ rittlings sitzen*《auf³》; auf|sitzen*; reiten*《h.s.》/ 馬に跨る ein Pferd besteigen*; aufs Pferd steigen*《s》; ⁴sich aufs Pferd setzen*; ⁴sich rittlings zu Pferde sitzen*. ❷ [亘る] ⁴sich aus|dehnen 《über⁴》; ⁴sich erstrecken 《über⁴》; reichen 《bis zu⁴》/ 富士は八州に跨る Der Fuji dominiert über ⁴acht Provinzen. ❸ [架かる] überspannen⁴; übergreifen⁴《über⁴》/ この橋は隅田川に跨っている Die Brücke überspannt den Sumida.

またぎき また聞き die Nachricht 《-en》 aus zweiter Quelle; Hörensagen *n.* -s; Gerücht *n.* -s, -e / また聞きする nur vom Hörensagen wissen*.

またぐ 跨ぐ schreiten*《s》《über⁴》; überschreiten⁴; hinüber|treten*《s》《über⁴》.

まだけ 真竹 der langgliedrige Bambus, ...busses. ..busse.

まだしも [noch とともに] entschuldbar; verzeihlich 《許せる》; begreiflich; zu verstehen 《解る》; erträglich; auszuhalten 《我慢できる》/ それはまだしも我慢できる Das mag noch hingehen. / 一回か二回ならまだしもだが Ein- oder zweimal wäre schon nicht verzeihlich. / 奴隷になるより死んだ方がまだしもだ Lieber tot als Sklave.

まだずれ 股ずれ die Hautentzündung 《-en》 an den Oberschenkeln; Wolf *m.* -(e)s, ⁴e / 股ずれがする ³sich einen Wolf laufen*《s》.

またせる 待たせる warten lassen*《jn》; auf|halten*《jn》; hin|halten*⁴《釣っておく》/ お待たせ致しました Entschuldigen Sie, dass ich Sie so lange habe warten lassen.

またたくま 瞬くま im augenblicklich; im Augenblick; im Handumdrehen; im Nu; ehe man sich's versieht.

またたび 木天蓼 猫にまたたび Das ist Wasser auf seine Mühle.: Das ist besonders wirkungsvoll.

マタニティー マタニティードレス Umstandskleid *n.* -(e)s, -er.

マダム Wirtin *f.* ...tinnen 《バーなどの》/ マダム然としている ⁴sich für Dame aus|geben*.

まだら 斑 Fleck *m.* -(e)s, -e; Sprenkel *m.* -s, -; Tüpfel *m.* (*n.*) -s, - / 斑になる gefleckt; gescheckt; gesprenkelt; tüpf(e)lig; scheckig / 斑のある牛 die scheckige Kuh, -en / 斑の猫 die getigerte Katze, -n 《虎の様な》.

まだるっこい ❶ [ぐずぐず] schleppend; langsam; zaudernd; zögernd. ❷ [七面倒くさい] umständlich; bürokratisch.

まち 襠 Zwickel *m.* -s, -; Lasche *f.* -n.

まち 町 Stadt *f.* ⁴e; Stadtteil *n.* -s, -; Straße *f.* -n 《通り》/ 町に行く in die Stadt gehen*《s》/ 町を見物する die Stadt besichtigen / 町をぶらつく durch die Straßen bummeln; die Stadt auf und ab bummeln; Pflaster treten*《s》/ 町筋 Straßenzug *m.* -(e)s, ⁴e.

まちあい 待合 Gastwirtschaft *f.* -en; Gaststätte《*f*. -n》〔mit Geisha-Bedienung〕 ‖ 待合室 Wartesaal *m*. -〔e〕s, ..säle; Warteraum *m*. -〔e〕s, ¨e《駅などの》; Wartezimmer *n*. -s, -《医者などの》/待合政治 die politische Unterhandlung hinter den Kulissen (in der Gastwirtschaft).

まちあかす 待ち明かす die〔ganze〕Nacht hindurch (die Nacht über) warten《*auf*^{4}》; die ganze Nacht auf|bleiben* [s] und warten《*auf*^{4}》.

まちあぐむ 待ちあぐむ ungeduldig (mit Schmerzen) warten《*auf*^{4}》; warten, bis man schwarz wird; ^{3}sich die Beine in den Leib stehen*.

まちあわす 待ち合わす ^{4}sich treffen*; ^{4}sich verabreden《*mit*^{3}; 時・場所の副詞とともに》; eine Zusammenkunft (ein Stelldichein; ein Rendevous) verabreden; zusammen|kommen* [s]/駅で待ち合わせよう Wir treffen uns auf dem Bahnhof.

まちうける 待ち受ける erwarten^{4}; entgegen|sehen^{3}; rechnen《*mit*^{3} 当てにする》.

まちがい 間違い ❶ [誤謬] Fehler *m*. -s, -; Irrtum *m*. -s, ¨er; Miss|griff (Fehl-) *m*. -〔e〕s, -e; Versehen *n*. -s, -; Druckfehler *m*. -s, -《ミスプリント》; Rechenfehler *m*. -s, -《計算の》; Schreibfehler *m*. -s, -《書き方の》; Tippfehler *m*. -s, -《タイプの》; Sprachfehler *m*. -s, -《語学・文法上の》; Taktfehler *m*. -s, -《駆引の》;〘俗〙Schnitzer *m*. -s, -/間違いなく(きっと) ganz gewiss; ganz bestimmt; sicherlich/間違いのない人 der zuverläßige Mann, -〔e〕s, ¨er (Leute)/間違いのない商売 das risikolose (solide) Geschäft, -〔e〕s, -e/間違いだらけの voller Fehler; fehlerhaft / 文法上の間違いを直す grammatische Fehler verbessern (korrigieren). ❷ [過失] Fehl|griff *m*. -〔e〕s, -e (-schuss *m*. -es, ¨e; -tritt *m*. -〔e〕s, -e). ❸ [事故] Unfall *m*. -〔e〕s, ¨e; Unglück *m*. -〔e〕s, -e. ❹ [けんか] Händel《*pl* いざこざ》; Streit *m*. -〔e〕s, -e/酔っぱらいが間違いをおこした Die Betrunkenen krakeelten auf der Straße. ❺ [男女間の] Dummheit *f*. -en; Seitensprung *m*. -〔e〕s, ¨e.

まちがえる 間違える ^{4}sich irren;〔einen〕Fehler (Schnitzer) machen; ^{4}sich versehen*; falsch machen《やり方を》; ^{4}sich täuschen《思い違い》; verkennen*^{4}《見損い》, verwechseln^{4}《取り違い》/意味(解釈)を間違える falsch aus|legen^{4}; missdeuten/言い間違える ^{4}sich versprechen*/書き方を間違える ^{4}sich verschreiben*/計算(数え方)を間違える ^{4}sich verrechnen; ^{4}sich verzählen/道を間違える irre|gehen* [s]; ^{4}sich verirren; ^{4}sich verlaufen*; ^{4}sich verfahren*《自転車・自動車などで》; den Weg verfehlen; vom Wege ab|kommen* [s]. ── 間違った falsch; irrig; irrtümlich; verfehlt; verkehrt; versehentlich; unrichtig/間違って falsch; fälschlich; irrigerweise; irrtümlich〔erweise〕; versehentlich; aus Versehen /間違っている falsch (nicht richtig) sein; ^{4}sich irren; Unrecht haben/間違いやすい leicht verkennbar; irreführend.

まぢかに 間近に nahe (dicht) bei^{3}; nahe bei der (zur) Hand; in der Nähe.

まちかねる 待ち兼ねる ersehnen^{4}; brennen*《*auf*^{4}》; kaum erwarten^{4} können;〔wie〕auf glühenden Kohlen sitzen*/待ちかねた lange ersehnt; erwartungsvoll/子供たちは休みを待ちかねている Die Kinder können die Ferien kaum erwarten. / 待ちかねたぞ Höchste Zeit, dass Sie kommen!

まちかまえる 待ち構える ^{4}sich bereit finden*《*zu*^{3}》; ^{4}sich in Bereitschaft halten*; auf|lauern^{3}《待ち伏せ》; auf dem Quivive sein (stehen*)《油断なく》.

まちくたびれる 待ちくたびれる von Warten müde sein. ⇨**まちあぐむ**.

まちこがれる 待ち焦がれる ⇨**まちかねる**.

まちじかん 待ち時間 Wartezeit *f*. -en.

まちじゅう 町中 die ganze Stadt/町中の評判だ Die ganze Stadt spricht davon./町中の人が出掛けた Die ganze Stadt war auf den Beinen (unterwegs).

まちどおしい 待ち遠しい ungeduldig warten《*auf*^{4}》; brennen*《*auf*^{4}》;〔wie〕auf glühenden Kohlen sitzen*《いらいらして》/お待ち遠さまでした Entschuldigen Sie bitte, dass ich Sie so lange habe warten lassen.

まちなみ 町並み Häuser《*pl*》in einer Flucht; Bauflucht *f*. -en; Straße *f*. -n.

マチネー Matinee *f*. -n.

まちはずれ 町外れ der Rand《-〔e〕s, ¨er》der Stadt; die nächste Umgebung《-en》der Stadt; Vorort *m*. -〔e〕s, -e/町外れに住む am Rande der Stadt wohnen.

まちぶせる 待ち伏せる auf der Lauer liegen*;〔im Hinterhalt〕lauern《*auf*^{4}》; auf|lauern^{3}《相手が来ることがわかっている時》.

まちぼうけ 待ちぼうけを食わせる d〔a〕rauf|setzen^{4}; sitzen lassen*^{4}; vergeblich warten lassen*^{4}.

まちまち geteilt; zusammenhanglos; mannig|fach (-faltig); verschieden〔artig〕; einander entgegengesetzt/意見がまちまちだ Die Meinung〔darüber〕sind geteilt (gehen〔weit〕auseinander).

まちわびる 待ち侘びる ⇨**まちくたびれる**.

まつ 松 Kiefer *f*. -n《Fichte *f*. -n; Föhre *f*. -n; Lärche *f*. -n も含む》‖ 松材 Kiefernholz *n*. -es, ¨er.

まつ 待つ ❶ [待ち受ける] warten《*auf*^{4}》; entgegen|sehen*^{3}; harren《*js* (^{2}*et*); *auf*^{4}》; ^{4}sich freuen《*auf*^{4} 楽しみにして待つ》/待ちに待った lang ersehnt; lang erwünscht/待てば海路の日和 Man muss nur zu warten wissen, so stellt sich das Segelwetter von selbst ein. ❷ [期待] erwarten^{4}; ersehnen^{4}; ^{3}sich versprechen*^{4}《*von*^{3}》/今か今かと待つ voller Erwartung sein; lange Hälse machen; vor ^{3}Ungeduld brennen*. ❸ [頼る] ^{4}sich verlassen*《*auf*^{4}》; bauen《*auf*^{4}》; rechnen《*auf*^{4}》; vertrauen《*auf*^{4}》.

まっか 真赤な hoch|rot (feuer-; knall-; puter-); brennend rot; karm〔es〕inrot/真赤になる über und über rot werden; bis über die Ohren erröten; einen roten Kopf bekommen*/真赤な嘘 eine grobe (faustdi-

まつかさ 松毬, 松笠 Kiefer(n)zapfen m. -s, -; Kienapfel m. -s, -.

まつかざり 松飾り der Kieferschmuck ((-[e]s, -e) zum Neujahrstag.

まつかぜ 松風 das Rauschen*, (Rascheln*; Säuseln*) ((-s) von Kiefern/〔音〕; der durch Kiefer(n)wipfel gehende Wind, -[e]s, -e.

まっき 末期 die letzte (abschließende) Periode, -n; Ausgang m. -[e]s, e; Ende n. -s, -n; Schluss m. -es, ...üsse; Endzeit f. -en/十八世紀末期に im Ausgang des 18. Jahrhunderts.

まっくら 真暗な stock|finster (-dunkel-); pech|finster(-dunkel-) ‖ 真暗闇 die vollkommene Finsternis; das tiefste Dunkel, -s; die Ägyptische Finsternis; die schwärzeste der Nächte.

まっくろ 真黒な pech|schwarz (kohl-; raben-; tief-); schwarz wie Ebenholz.

まつげ 睫毛(Augen)wimper f. -n ‖ さかさ睫毛 Trichiasis f. ...asen.

まつご 末期 Lebensende n. -s, -n; die letzte Stunde, -n; das letzte Stündlein, -s, -/ Sterbe|stunde (Todes-); die Zeit des Ablebens/末期の苦しみ Todes|qual f. -en (-kampf m. -[e]s, ...kämpfe)/末期の～ schmerz m. -es, -en, -weh n. -[e]s, -e/末期の水 das beim Sterben dargereichte (Abschieds)wasser, -s/末期に臨んで am Sterben.

まっこう 抹香 Räuch(er)pulver n. -s; Weihrauch m. -[e]s/抹香臭い nach Räuch(er)pulver (Weihrauch) riechend; weihrauchbeladen; 〔信心ぶる〕bigott; scheinheilig. ¶ 抹香鯨 Pottwal m. -[e]s, -e; Dögling m. -s, -e.

まっこう 真向から gerade ins Gesicht; in gerader Richtung; direkt (比喩的); gerade(wegs); geradezu; unmittelbar / 真向から吹いて来る Der Wind bläst gerade von vorne.

マッサージ Massage f. -n; das Massieren, -s/腕にマッサージをする js Arme (pl) massieren ‖ マッサージ師 Masseur m. -s, -e.

まっさいちゅう 真最中に mitten drin; auf dem Höhepunkt; in vollem Gang/激戦の真最中に mitten im heißen Kampf; inmitten des heißen Kampfes.

まっさお 真青な ❶ tief|blau (dunkel-)/真青な海 das tiefblaue Meer, -[e]s, -e; die ultramarinblaue See, -. ❷ 〔顔色〕 tod|blass (-bleich); toten|blass (-bleich); kreide|weiß (-blass; -bleich)/真青な顔色の leichenblasse Gesicht, -[e]s, -er/真青になる todblass werden; leichenblass aus|sehen*.

まっさかさま 真っ逆さまに kopfüber; das Oberste zu unterst; mit dem Kopf nach unten/真っ逆さまに落ちる das Oberste zu unterst gekehrt hinunter|stürzen [s].

まっさかり 真盛り die höchste Blüte; das reife Lebensalter; die besten Jahre des Lebens/真盛りである 1) in höchster Blüte sein (stehen*); in vollem Gang(e) sein. 2) 〔花が〕 in voller Blüte sein (stehen*) ⇒まんかい.

まっさき 真先の der (aller)erste* (vorderste*)/真先に als (aller)erster (vorderster); zuerst; an der Spitze; an erster Stelle/真先に来た人 der zuerst Angekommene*, -n, -n; der als erster Kommende*, -n, -n; der [Aller]erste, der da erschien/真先に彼の口を開いた Als erster nahm er das Wort.

まっさつ 抹殺 das Ausradieren, -s; Auslöschung f. -en; Ausstreichung f. -en; Verwischung f. -en; Austilgung f. -en 〔根絶〕/抹殺する aus|radieren*[4]; aus|löschen*[4]; aus|streichen*[4]; verwischen[4]; aus|tilgen[4].

まつじ 末寺 Zweig|tempel (Unter-) m. -s.

まっしぐら まっしぐらに jählings; geradeaus; sporn(s)treichs; stracks; stürmisch; umweglos; ungestüm; mit höchster (größter) Geschwindigkeit 《大速力で》/敵陣へまっしぐらに heftig gegen die feindliche Stellung an|rennen*[4]; [4]sich auf das feindliche Lager los|stürzen*.

まっしつ 末日 der letzte Tag, -[e]s, -e/世界の末日 der Jüngste Tag, -[e]s; das Jüngste Gericht, -[e]s; Weltende n. -s, -n.

まっしょうじき 真正直な ehrlich; geradsinnig; offenherzig; rechtschaffen/真正直な男だ Er ist die Ehrlichkeit selbst.

まっしょうしんけい 末梢神経 das peripherische Nervensystem, -s, -e; der peripherische Nerv, -s, -en.

まっしょうてき 末梢的 gering|fügig; belanglos; kleinlich; nichts sagend; trivial; unbedeutend/末梢的な事柄にこだわり過ぎる*[4] es mit Geringfügigkeiten allzu ernst meinen; [4]sich zu sehr mit Kleinlichkeiten befassen.

まっしろ 真白な ganz (unbefleckt; vollkommen) weiß; schnee|weiß (schloh-).

まっすぐ 真直ぐな ❶ gerade; aufrecht 〔垂直の〕. ❷ 〔正直な〕 ehrlich; aufrichtig; offenherzig; rechtschaffen. —— まっすぐに立つ aufrecht stehen*; [4]sich aufrecht halten*/まっすぐに行く geradeaus gehen* [s]; immer in gleicher Richtung (vorwärts-)gehen* [s]/まっすぐに申し立てる offen heraus sagen[4]; frisch von der Leber weg sprechen*[4]; das Kind beim [rechten] Namen nennen*.

まつせ 末世 dieses verdorbene (sittenlose; verderbte) Zeitalter, -s.

まっせき 末席 der letzte (hinterste) Sitz, -es, -e (Platz, -es, ...ätze)/末席を汚す ein bescheidenes Mitglied (-[e]s, -er) sein dürfen*; die Ehre haben, an einer Versammlung teilzunehmen.

まっせつ 末節 ❶ 〔詩などの〕 der letzte Vers, -es, -e; die letzte Strophe, -n; der letzte Paragraph, -en, -en. ❷ 〔細事〕 Klein|igkeit f. -en; Bagatelle f. -n; Lappalie f. -n/末節に拘泥する*[4] sich um *[4]Kleinigkei-

まっそん 末孫 Abkömmling *m.* -s, -; Nachkomme *m.* -n, -n; Nachkömmling *m.* -s, -e; Nachkommenschaft *f.* 《総称: 後裔》.

まった 待った Halt!/Warte!/待ったなしの勝負 der ernste Wettkampf, -(e)s, ¨-e; das Wettspiel 《-(e)s, -e》 ohne „Wart' mal!" (ohne Berühren*).

まつだい 末代 Nach|welt *f.* (-zeit *f.* -en); die kommenden (zukünftigen) Generationen 《*pl*》; die kommende Zeit; die nach uns Lebenden 《*pl*》/末代までも auf ewig; alle ⁴Zeit; durch ⁴Zeit und Ewigkeit; für immer; in alle Ewigkeit/人は一代名は末代 'Stirbt der Mensch, so gilt sein Name.'

まったく 全く ❶ 《全然》 ganz; gänzlich; ganz und gar; ausschließlich; durchaus; durch und durch; hundertprozentig; restlos; total; völlig; vollkommen; vollständig. ❷ 《少しも...ない》 nicht im Mindesten (Wenigsten); am Mindesten (Wenigsten); absolut (durchaus; ganz und gar; überhaupt) nicht/全くわからない Das kann ich gar nicht verstehen./Das ist mir ein vollkommenes Rätsel. ❸ 《まことに》 wirklich; wahrhaftig; wahrlich/全くのところ 《um》 die Wahrheit zu sagen/全くそうです Dem ist wirklich so./Da haben Sie vollkommen recht.

まつたけ 松茸 Kieferpilz *m.* -es, -e ‖ 松茸狩りの 狩り Suchen*' (*das* Sammeln)》 《-s》 von Kiefernpilzen/松茸狩りに行く in die Kieferpilze 《*pl*》 gehen* 《s》/松茸狩りをする Kieferpilze 《*pl*》 suchen (sammeln).

まったん 末端 Ende *n.* -s, -n; Endstück *n.* -(e)s, -e; Spitze *f.* -n; Zipfel *m.* -s, -. ‖ 末端機構 die äußerste Stelle 《-n》 einer Organisation; die kleinste Einheit 《-en》 einer Einrichtung.

マッチ Wettkampf *m.* -(e)s, ¨-e ⇨きょうぎ(競技) ‖ タイトルマッチ Titelkampf *m.* -(e)s, ¨-e.

マッチ Streich|holz (Zünd-) *n.* -es, ¨-er; Streich|hölzchen (Zünd-) *n.* -s, -/マッチの軸 Streich|holzstäbchen *n.* -s, -/マッチをする ein Streichholz an|zünden ‖ マッチ箱 Streichholzschachtel *f.* -n.

まっちゃ 抹茶 der pulverisierte (grüne) Tee, -s, -s.

マット Matte *f.* -n.

まっとうする 全うする vollbringen*⁴ 《vollenden⁴》, vollführen⁴; vollziehen*⁴); aus|führen⁴ (durch|-); erfüllen⁴; fertig bringen*⁴/zu ³Ende führen⁴; zustande (zu Stande) bringen*⁴/無事に全うする mit heiler Haut davon|kommen* 《s》; dem Tod(e) entrinnen* 《s》; sein Leben retten/終わりを全うする einen glücklichen (ruhigen; schönen) Lebensabend genießen*; seine Lebenstage in Frieden (friedlich) beenden; 使命を全うする seine Aufgabe erfüllen; seine Sendung zu Ende führen.

マットレス Matratze *f.* -n.

まつのうち 松の内 die ersten sieben Tage des Neujahr(e)s; Neujahrswoche *f.*

マッハ マッハ(係)数 《飛行速度の》 Machzahl *f.* -en.

まつば 松葉 Kiefernadel *f.* -n.

まっぱだか 真裸 die völlige (paradiesische) Nacktheit (Nudität); der völlig nackte Körper, -s, -《裸体》 der nackte (faser)nackt; mutternackt; völlig unbekleidet; wie Gott ihn erschaffen hat/真裸になる ¹sich völlig nackt aus|ziehen* (frei|ma- chen); sämtliche Kleider 《*pl*》 ab|streifen. 2) 《無一文に》 all seiner Habe verlustig gehen* 《s》; völlig mittellos werden/真裸にされる völlig entblößt (bloßgelegt) werden 《服などを》; all seiner Habe beraubt werden 《無一文にされる》.

まつばづえ 松葉杖 Krücke *f.* -n/松葉杖をついて歩く auf (an) ⁴Krücken gehen* 《s》.

まつばぼたん 松葉牡丹 《植》 Portulakröschen *n.* -s, -.

まつばやし 松林 Kiefern|wald *m.* -(e)s, ¨-er (-gehölz *n.* -es, -e; -holz *n.* -es, ¨-er; -schonung *f.* -en).

まつばら 松原 Kiefernhain *m.* -(e)s, -e; die mit Kiefern bestandene Straße, -n.

まつび 末尾に am Ende (Schluss).

まつびょう 末葉 Kiefern の 御前様様によろしく Ich möchte nicht versäumen, Sie zu bitten, Ihre verehrten Eltern zu grüßen.

まっぴら そんなことは真平(御免)だ Um keinen Preis tue ich so etwas./Das kann ich absolut nicht tun. ¶ ごめん.

まっぴるま 真昼間(に) am 《Gottes》 hellen (lichten) 《Mit》tage.

まっぷたつ 真二つに切る entzwei mitten durch|schneiden*⁴.

まつむし 松虫 eine Art Heimchen 《*n.* -s, -》.

まつむしそう 松虫草 Kopfblume *f.* -n.

まつやに 松脂 Kiefernharz *n.* -es, -e.

まつやま 松山 Kiefernhügel *m.* -s, -; die kiefernbestandene Anhöhe, -n.

まつり 祭, 祀 ❶ Feier *f.* -n; (Tempel)fest *n.* -(e)s, -e; Fest|tag (Freuden-) *m.* -(e)s, -e; Feierlichkeit *f.* -en; Festlichkeit *f.* -en; 《俗》 Fete *f.* -n. ❷ 《先祖の祀》 Kulthandlung 《-en》 zu Ehren der Ahnen. — 祭をする eine Feier begehen* (veranstalten); ein Fest begehen* (feiern; geben*). ❷ 《故人の》 *js* Todestag feiern; einen Toten gedenken*; 《das Gedächtnis》 eines Toten feiern. ¶ お祭騒ぎ die Feststimmung mit allem Drum und Dran; das feierliche Gepränge/お祭騒ぎをする der Feststimmung ihren gehörigen Ausdruck geben* (ver- leihen*).

まつりあげる 祭り上げる durch Schmeichelei eine Ehrenstellung annehmen lassen 《*jn*》; durch eine scheinbare Verehrung ein Ehrenamt bekleiden lassen* 《*jn*》.

まつりごと 政 Regierung *f.* -en; Politik *f.* -en; Verwaltung *f.* -en. ⇨せいじ(政治).

まつりゅう 末流 ❶ 《末裔》 Abkömmling *m.*

まつる 末裔 des bitteren (böse; üble) Ende, -s, -n; Katastrophe f. -n; Untergang m. -[e]s, ¨-e; Verhängnis n. ..nisses, ..nisse.

まつわる 纏わる 〔付きまとう〕 nach/laufen*⁴ 《jm》;〔巻きつく〕⁴sich schlingen 《um*》/…に纏わる話がある Man erzählt sich von XY, dass ….

まで 迄 ❶ bis* 《so lange; so weit》 bis⁴; bis zu³; bis nach³/ベルリンまで bis (nach) Berlin/何時まで bis wann/何時までも für immer/どこまで bis wohin/今まで bis jetzt; bisher; bisherig 《今までの》/明日まで bis morgen/世界の果てまでも bis ans Ende der Welt; bis auf den letzten Mann/夜中近(近く)まで bis gegen Mitternacht; bis nahe an Mitternacht/夜遅くまで bis spät in die Nacht/国境の向こうまで bis über die Grenze/数年前まで bis vor einigen Jahren/死に至るまで bis zum Tod/初めから終わりまで von Anfang bis Ende/一から十まで 〖比〗 von A bis Z/追って沙汰あるまで bis auf weiteres/僕が戻って来るまでずっとここにいなさい Bleib hier 《so lange》, bis ich zurückkomme./そこまでは知っています So weit ist mir bekannt. / So weit weiß ich davon./今日はそこまで So weit./ So viel für heute/《先生が言う》頭から爪先までじろじろ見た Er musterte ihn von oben bis unten 《vom Kopf bis Fuß》. ❷ 〔さえも〕 sogar; selbst/お母さんまでも彼には愛想をつかしている Sogar seine Mutter hat genug von ihm. / Selbst seine Mutter will mit ihm nichts mehr zu tun haben./足代までくれた Sogar das Fahrgeld gab er mir./それに雨まで降って来た Dazu kam noch Regen.

まてんろう 摩天楼 Wolkenkratzer m. -s, -; Hochhaus n. -es, ¨-er.

まと 的 Ziel n. -[e]s, -e; Zielscheibe f. -n 《射撃の》; Zweck m. -[e]s, -e 《目的》/羨望の的のもの der Gegenstand 《-[e]s, ¨-e》des Neides; das viel Beneidete*, -n/的を射当てる das Ziel treffen* (ins Ziel treffen*)/的を射外す das Ziel (ver)fehlen 《nicht treffen*》/的を射越す über das Ziel hinaus/schießen*/嘲笑の的となる die Zielscheibe des Spottes werden; von allen verhöhnt (verlacht) werden.

まど 窓 Fensterchen n. -[e]s, -er 《明かり》; Bullauge n. -s, -n 《船の丸窓》/窓から見る aus einem Fenster hinaus/sehen*⁴ (hinein/sehen*⁴) 《内部を》; durchs Fenster gucken⁴/窓は通りに面している Das Fenster geht auf die Straße (hinaus). ‖窓 □ Schalter m. -s, - 《郵便局・駅などの》.

まとい 纏 die altmodische Standarte 《-n》der Feuerwehr.

まどい 惑い Täuschung f. -en; Wahn m. -[e]s. ⇨まよい.

まどい 円居 ⇨だんらん.

まとう 纏う ❶ ⁴sich umwickeln 《mit³》; ⁴sich umhüllen 《mit³》; an/legen⁴ 《着る》; an/ziehen*⁴; ⁴sich bekleiden 《mit³》. ❷ 〖巻き付く〗 ⁴sich 〔herum〕schlingen* 《winden*》《um⁴》/かずらが木にまといつく Lianen winden sich um einen Baum 〔herum〕.

まどかけ 窓掛 Gardine f. -n 《Fenster》vorhang m. -[e]s, ¨-e; Blende f. -n 《窓の上に少し垂れている》; Jalousie f. -n 《日除け》.

まどガラス 窓ガラス Fensterscheibe f. -n.

まとまり 纏り ❶ 〖完結〗 Abschluss m. -es, ¨-e; Beendigung f. -en; Zusammenfassung f. -en. ❷ 〖統一〗 Vereinigung f. -en; Zusammenhang m. -[e]s, ¨-e; Ordnung f. -en 《紀律》; Zucht f. 《同上》/まとまりのない話 die zwecklose Rederei, -en; das allgemeine Gespräch, -e, -e/まとまりがない zusammenhang(s)los; unzusammenhängend; durcheinander; konfus/まとまりがつく zu einer Übereinstimmung gelangen; zum Abschluss kommen*⁶/まとまりがつかない zu keiner Übereinstimmung gelangen; keinen Abschluss finden*/まとまりをつける zusammen/fassen⁴; Verbindung her/stellen; in ⁴Ordnung bringen*.

まとまる 纏る ❶ 〖決定〗 abgeschlossen (beendigt; bestimmt; entschieden) werden; zum Abschluss gebracht werden/まとまった考えがない keinen bestimmten Gedanken haben; eine abgeschlossene (fertige) Meinung haben. ❷ 〖集まる〗 gesammelt (versammelt) werden. ❸ 〖完結〗 vollendet (vollbracht) werden. ❹ 〖整う〗 in ⁴Ordnung gebracht werden; geordnet werden/まとまった金 eine runde (beträchtliche) Summe m.

まとめる 纏める ❶ 〖決定〗 ab/schließen*⁴; beendigen⁴; bestimmen⁴; entscheiden⁴; zum Abschluss bringen*⁴. ❷ 〖集める〗 〔ver〕sammeln⁴/まとめて支払う alles auf einmal bezahlen; auf einem Brett bezahlen⁴/まとめて売る im Großen (im Ganzen, in Bausch und Bogen) verkaufen⁴. ❸ 〖完結する〗 vollenden⁴; vollbringen*⁴. ❹ 〖整える〗 in ⁴Ordnung bringen*⁴; ordnen⁴.

まとも まとも ❶ direkt; gerade ins Gesicht; unmittelbar gegenüber; frei heraus 《腹蔵なく》/人をまともに見られない nicht ins Gesicht sehen können* 《jm》. ❷ 〔真面目に〕 ernsthaft; in allem Ernst.

まどり 間取 Anordnung f. -en 《-en》 der Zimmer/この家は間取がよい Dieses Haus ist praktisch (zweckmäßig) gebaut.

マドロス Matrose m. -n, -n; Teerjacke f. -n; Seemann m. -[e]s, ..leute ‖マドロスパイプ Shagpfeife f. -n.

まどろみ Schlummer m. -s; Schläfchen n. -s.

まどろむ schlummern; dösen; leise (leicht) schlafen*; ein Schläfchen machen (halten*).

まどわく 窓枠 Fensterrahmen m. -s, -.

まどわす 惑わす irre|machen4. ⇨まよわす.

マトン Hammelfleisch n. -[e]s.

マドンナ Madonna f. (聖母の意ではpl なし) 聖母の意で[い]…nnen).

マナー Manieren (pl) ‖ テーブルマナー Tischmanieren (pl).

まないた 俎 Schneidebrett n. -[e]s, -er; Hack|klotz m. -es, ⸗e (-brett n. -[e]s, -er).

まながつお 真名鰹〔魚〕Bonite m. -n, -n.

まなつ 真夏 Hochsommer m. -s, -; die Mitte des Sommers.

まなづる 真名鶴 der Kranich (-[e]s, -e) mit weißem Nacken.

まなび 学びの道 das Lernen, -s; der Weg (-[e]s, -e) zur Wissenschaft/学びの友 Mitschüler m. -s, -; Klassenkamerad m. -s, -en; Studienfreund m. -[e]s, -e.

まなぶ 学ぶ lernen4; erlernen4; gelehrt werden (von3); 4Unterricht (Stunden (pl)) nehmen* (bei jm); nach|machen4 (jm とる).

マニア [事] Manie f. -n; die krankhafte Sucht, ⸗e; die leidenschaftliche Vorliebe, -n; der unwiderstehliche Drang, -[e]s; die wahre Leidenschaft; [人] der Besessene (Manische), -n, -n / 彼はダンスマニアである Er hat eine wahre Manie für das Tanzen. ‖ 映画マニア Film besessene m. -n, -n (-freund m. -[e]s, -e).

まにあう 間に合う ❶ [役に立つ] genügen; aus|kommen* Ⓢ; aus|reichen Ⓢ; hin|kommen* Ⓢ; 4sich behelfen* (mit3); zweckdienlich (zweckentsprechend) sein / これで間に合わねばなるまい Wir werden uns damit behelfen müssen. ❷ [時間に] rechtzeitig kommen* Ⓢ; beizeiten da sein; gerade noch zur Zeit kommen; noch im letzten Augenblick erwischen4 (やっと列車などに)/ 間に合うように出かける rechtzeitig ab|gehen* (ab|fahren*; ab|hauen*) Ⓢ. —間に合わない [役に立たない] nicht nützen; keinen Zweck haben; zwecklos sein. ❷ [時間に] zu spät kommen* Ⓢ; 4sich verspäten; verpassen4 (列車を).

まにあわせ 間に合わせ Notbehelf m. -[e]s, -e; Notlösung f. -en; Lückenbüße m. -n, -n / (穴埋め)/間に合わせの behelfsmäßig; vorübergehend; provisorisch; Behelfs-; Not-.

まにあわせる 間に合わせる ❶ [一時しのぎ] 4sich behelfen* (mit3); vorübergehend aus|kommen* Ⓢ (mit3). ❷ [時間・期日に] rechtzeitig; gerade (noch) zur Zeit sein (副詞的に用いる) とともに。

マニキュア Nagelpflege f. -n; Maniküre f. -n / マニキュアをしてもらう 4sich maniküren lassen* / 爪にマニキュアをする die Nägel maniküren ‖ マニキュア師 Handpflegerin f. -nnen; Maniküre.

まにし 真西へ genau nach 3Westen.

マニピュレーター [理] Manipulator m. -s, -en.

まにまに 随に willenlos (blindlings) folgend / 波のまにまに漂う sich von den Wellen treiben lassen*; den Wellen preisgeben sein / 運命のまにまに世を渡る als ein Spielzeug des Schicksals das Leben durchwandern.

マニュアル Manual m. -s, -e.

マニラ マニラ麻(紙、葉巻) Manila|hanf m. -[e]s / -papier n. -s, -e; -zigarre f. -n).

まにんげん 真人間の der anständige (biedere; ehrbare; solide; wackere) Mensch, -en, -en; der neue Mensch (改心者) / 真人間になる 4sich zum Bessern wandeln.

まぬがれる 免れる ❶ entkommen*3 Ⓢ; ent fliehen*3 Ⓢ; entgehen*3 Ⓢ; entrinnen*3 Ⓢ; entschlüpfen3 Ⓢ; gnädig davon|kommen* Ⓢ; los|werden4; 4sich los|machen (von3) / 危うく免れる mit knapper (genauer) Not entkommen* / ein knappes Entrinnen haben; mit heiler Haut entrinnen*3 / 危機一髪で免れた Das hätte ihn um Haaresbreite erwischt. Um ein Haar wäre es aus mit ihm gewesen. ❷ [免除] frei (befreit; verschont) sein (von3) / 兵役を免れる vom Militär(dienst) frei|kommen* (los|kommen) / 課税を免れる steuerfrei sein. ❸ [回避] 責任を免れる die Verantwortung ab|schütteln (für4) / 免れがたい unentrinnbar; unvermeidlich.

まぬけ 間抜け Trottel m. -s, -; Blödling m. -s, -e; Dummerjan m. -s, -e; Dumm|kopf (Schafs-) m. -s, ⸗e / 間抜けな trottelhaft; blöde; dumm; köpfig (schafs-); schwer von Begriff(en).

まね 真似 Nachahmung f. -en; Nachäffung f. -en; Nachmachung f. -en; Imitation f. -en / 真似る人 Nach|ahmer m. -s, -(-äffer m. -s, -) / 真似をする 1) ⇨まねる 2) [ふりをする] vor|täuschen4 (-|spiegeln4) (jm); (er)heucheln4; 4sich den Anschein geben*; simulieren4; tun4, als ob … / 真似事 (略式などの意) Vereinfachung f. -en; Verkleinerung f. -en / 結婚式の真似事 die Hochzeit (-en) in Miniatur (in verkleinertem Maßstabe).

マネー Geld n. -[e]s, -er ‖ マネーサプライ Geldmenge f. -n/マネーフロー Geldstrom m. -[e]s, ⸗e / マネーロンダリング Geldwäsche f. -n.

マネージャー Geschäftsführer m. -s, -; Manager m. -s, -; Veranstalter m. -s, - (主催の); Verwalter m. -s, -.

まねき 招き Einladung f. -en; Berufung f. -en; Aufforderung f. -en.

マネキン Mannequin n. -s, -s.

まねく 招く ❶ [招待] ein|laden* (jn); bitten4 (jn zu3) / お茶に招かれた Ich bin zum Tee eingeladen (worden). ❷ [ある事態を] herbei|führen; bewirken4; hervor|rufen*4; mit3 herbei|führen*; veranlassen4; verursachen4; zur Folge haben4 / 怒りを招く js Zorn auf 4sich laden*. ❸ [手招きする] [heran]winken (herbei|winken) (jn3). ❹ [呼び寄せる] herbei|rufen (jn); holen ((zu

³sich〕 kommen) lassen* 《jn》; schicken 《nach jm》.
まねる 真似る nach|ahmen³ (-|äffen³; -|bilden³; -|machen³); ab|gucken⁴ 《jm》; imitieren⁴; kopieren⁴; js ³Beispiel〔e〕 folgen [s]; und wie er sich räuspert und wie er spuckt 《一挙一動を》/…を真似て als ¹Nachahmung von³; um nachzuahmen; nach dem Muster (Vorbild) von³/彼の行いを真似るな Sein Betragen sollt ihr nicht zum Muster (Vorbild) nehmen. ¦ Sein Betragen soll euch nicht zur Nachahmung dienen (reizen; veranlassen). ⇨**まね**(真似をする).
まのあたり 目のあたり ❶ [相対に] ⁴Aug〔e〕 in ⁴Aug〔e〕; von Angesicht zu Angesicht. ❷ [その場で] an ³Ort und ³Stelle; zur Stelle; gerade dort, wo ¹et geschieht. ❸ [目前で] in js ³Gegenwart; vor seinen Augen; persönlich; unmittelbar/その惨事をまのあたりに見た Das Unglück spielte sich vor meinen Augen ab. ¦ Ich habe den Unfall mit meinen Augen gesehen.
まばたき 瞬き das Blinzeln*, -s; Wink m. -〔e〕s, -e 《ウインク》/瞬きする blinzeln; mit den Augen zwinkern; winken; [星など] funkeln; blinken; [灯火が] flackern; flattern/瞬きもせず見つめる an|starren⁴ (auf ⁴et (jn) starren) 〔ohne zu blinzeln〕.
まばゆい 眩い, 目映い blendend; grell/眩いばかりの明るさ die blendende Helle.
まばら 疎ら dünn; spärlich; gelichtet; schütter; vereinzelt; zerstreut; einzeln liegend (stehend)/疎らに散在する村々 zerstreut liegende Dörfer 《pl》/髪の毛が疎らになる Sein Haar lichtet sich.
まひ 麻痺 Lähmung f. -en; Anästhesie f.; Betäubung f. -en; Erstarrung f. -en; Paralyse f. -n/麻痺した gelähmt; anästhesiert; betäubt; erstarrt; paralysiert. ― 麻痺する lähmen; gelähmt (lahm gemacht; anästhesiert; betäubt; erstarrt; paralysiert) werden. ‖ 小児麻痺 Kinderlähmung f. -en/心臓麻痺 Kardioplegie f. -n.
まひがし 真東へ genau nach ³Osten.
まびきうんてん 間引き運転 verminderte Zugfolge, -n/間引き運転する Die Züge 《pl》 verkehren in größeren Abständen.
まびく 間引く lichten⁴.
まひる 真昼[に] [正午] in der Mittagszeit; am Mittag; mittags; Punkt mittags; [白昼] am 〔hellen (lichten)〕 Tage.
マフィア Ma〔f〕fia f. -s.
まぶか 帽子を目深にかぶる den Hut in die Augen (ins Gesicht) ziehen*.
まぶしい 眩しい blendend; grell/まぶしく光る blendend glänzen; schmerzhaft ins Auge strahlen/まぶしい陽光 der grelle Sonnenschein, -〔e〕s, -e/ぎらぎらする光でまぶしい Das grelle Licht blendet mich.
まぶす überziehen*⁴ 《mit³》; bestreichen*⁴ 《mit³》/まぶし銀の mit Silberüberzug; versilbert/菓子に砂糖をまぶす einen Kunchen über|zuckern.
まぶた 瞼 Augenlid n. -〔e〕s, -er.
まふたつ 真二つに mitten entzwei; gerade in zwei Teile auseinander gerissen (zerrissen).
まぶち 目縁 〔Augen〕lid n. -〔e〕s, -er.
まふゆ 真冬 der tiefste Winter, -s, -; die Mitte des Winters/真冬に mitten im tiefsten Winter.
マフラー das wollene Halstuch, -〔e〕s, ¨er; der wollene Schal, -s, -e. [消音装置] Schalldämpfer m. -s, -.
まほ 真帆の mit vollen (vom Wind gefüllten) Segeln.
まほう 魔法 Zauberei f. -en; die schwarze Kunst, ¨e; Hexerei f. -en; Hexenwerk n. -〔e〕s, -e; Magie f.; Zauber¦kunst (Hexen-; Höllen-; Schwarz-; Teufels-) f. ¨e; Zauberwesen n. -s/魔法を使う zaubern; Zauberei (Zauberkünste) treiben*; hexen ‖ 魔法使い Zaub〔e〕rer m. -s, -; Hexenmeister m. -s, -; Magier m. -s, -; Magiker m. -s, -; Zauber¦künstler (Hexen-; Höllen-; Schwarz-; Teufels-) m. -s, -/魔法瓶 Thermos¦flasche (Warmhalte-) f. -n.
マホガニー Mahagoni n. -s; Mahagonibaum m. -〔e〕s, ¨e 《木》; Mahagoniholz n. -es, ¨er 《材》.
マホメット Mohammed ‖ マホメット教 ⇨**かいきょう**(回教).
まぼろし 幻 Trugbild n. -〔e〕s, -er; Erscheinung f. -en; Gespenst n. -es, -er; Illusion f. -en; Phantom n. -s, -e; Vision f. -en/幻のような geisterhaft; gespenstig; visionär; traumhaft.
まま ❶ [意のまま] nach ³Belieben (Herzenslust); wie es jm beliebt/ままになるなら wenn alles nach meinem Sinn (nach mir) ginge …; wenn ich meinen Willen durchsetzen könnte …/思うままにやる alles so machen, wie man will; nach ³Gutdünken verfahren*. ❷ [そのまま] so, wie die Dinge sind (liegen; stehen)/帽子をかぶったままで mit aufgesetztem Hut; den Hut auf dem Kopf / 聞いたままを話す nach|erzählen⁴ 《jm》; das Gehörte treu wiederholen/元のままにしておく die Dinge 〔so〕 lassen*, wie sie sind; beim Alten lassen*⁴.
ままおや 継親 Stiefeltern 《pl》 《総称》; Stiefvater m. -s, ¨ 《男》; Stiefmutter f. ¨ 《女》.
ままこ 継子 Stiefkind n. -〔e〕s, -er 《総称》; Stiefsohn m. -〔e〕s, ¨e 《男》; Stieftochter f. ¨ 《女》/継子扱いにする stiefmütterlich behandeln 《jn》; links liegen lassen* 《jn》.
ままごと Haushaltspiel n. -〔e〕s, -e/ままごとのような wie ein Kinderspiel; in verkleinertem Maßstabe 《小規模の》/ままごとをして遊ぶ das Haushalten* spielen.
ままならぬ ⁴sich nicht nach js Willen fügend; schwer zu beherrschend/ままならぬ浮世 das Leben 《-s》 mit all seinen Schikanen.
ままはは 継母 Stiefmutter f. ¨.
ままよ dem sei nun, wie ihm wolle; wie dem auch sei.

まみえる ❶ eine Audienz haben 《bei *jm*》; in Audienz empfangen werden 《von *jm*》; ein Interview haben 《mit *jm*》. ❷ 〔仕える〕 dienen 《*jm*》.

まみず 真水 Süßwasser *n.* -s; das süße Wasser, -.

まみなみ 真南へ genau nach ³Süden.

-まみれ 血まみれの blut|befleckt 〈-bedeckt〉, -besprützt 〈-besudelt〉/泥まみれの kot|befleckt 〈-bedeckt〉, -besprützt 〈-besudelt〉 *od.* schlamm-.

まみれる bedeckt 〈befleckt; beschmiert; besudelt〉 werden 〈ほこりにまみれている mit dickem Staub überdeckt sein.

まむかい 真向いに gerade gegenüber (vorn); auf der gerade entgegengesetzten Seite/真向かいの家 das Haus 〈-es, ⸚er〉 gerade gegenüber; das auf der gerade entgegengesetzten Seite gelegene Haus.

まむし 蝮 Natter *f.* -n; (Kreuz)otter *f.* -n; Viper *f.* -n; Mamushi *f.* -s.

まめ 豆 ❶ Bohne *f.* -n; Erbse *f.* -n 《えんどう》; Sojabohne *f.* -n 《大豆》. ❷ 〔小型の〕 Miniatur-, Klein-; Knirps *m.* -es, -e; Klein-; Taschen- ‖ 豆自動車 Kleinauto *m.* -s, -s/豆戦艦 Taschenschlachtschiff *n.* -(e)s, -e/豆у (Eier)brikett *n.* -(e)s, -e/豆人形 Kleinpuppe *f.* -n/豆まきの Ritus 〈-, ..ten〉 des Bohnenstreuens/豆ランプ Kleinlampe *f.* -n.

まめ Blase *f.* -n; Bläschen *n.* -s, -; Schwiele *f.* -n 〈まめのできた Blase bekommen*, ³sich ⁴Blasen 〈*pl*〉 (am Fuß) laufen* 〈足に〉.

まめ まめな ❶ 〔達者〕 gesund; kernig; robust/まめでいる sich einer blühenden Gesundheit erfreuen; gesund und munter bleiben* 〈s〉. ❷ 〔活動的〕 lebhaft, energisch; (tat)kräftig; unermüdlich tätig/筆まめな人 der fleißige Briefschreiber, -s, -; derjenige* 〈-n, -n〉, der ⁴sich gern und oft hören lässt/口まめな人 der Beredte*, -n, -n; der Sprechgabte*, -n, -n/まめに働く wie die Bienen fleißig sein; rastlos arbeiten/実にまめな男だ Er hat Quecksilber im Leibe (im Hintern). Er ist das reine Quecksilber. ❸ 〔忠実な〕 redlich, aufrichtig; treu.

まめかす 豆粕 die ausgepresste Bohne, -n; Bohnenabfall *m.* -(e)s, ⸚e.

まめつ 摩滅 Verwischung *f.* -en; Abnutzung *f.* -en/摩滅する verwischt (abgenutzt) werden.

まもなく 間もなく ⇨ま〔間もなく〕.

まもの 魔物 ⇨ま〔魔〕.

まもり 守り ❶ 〔守護・防御〕 Schutz *m.* -es; Verteidigung *f.* -en; Wehr *f.* -en/守りを解く evakuieren⁴; räumen⁴/守りを固める verteidigungsarmee zurück|ziehen*. ❷ 〔護符など〕 Amulett *n.* -(e)s, -e; Talisman *m.* -s, -e/守り刀 Zauber|bild 〈Schutz-〉 *n.* -(e)s, -er/守り刀 das Schwert 〈-(e)s, -er〉 zur Selbstverteidigung; das schützende Schwert/守り袋 Amulett|beutel *m.* -s, -, 〈-etui *n.* -s, -s〉/守り本尊 Schutz|gott *m.* -(e)s, ⸚er

(-gottheit *f.* -en; -engel *m.* -s, -).

まもる 守る ❶ verteidigen⁴ 《防御》; [be-]schützen⁴ 《保護 gegen⁴; vor³》; bedecken⁴ 《援護》; eskortieren⁴ 《護衛》. ❷ 〔約束を〕 [ein]halten*⁴; inne|halten*⁴; treu bleiben*³〈s〉/彼は何時も約束を守る Er hält stets sein Wort 〈sein Versprechen〉. Er bleibt immer seinem Wort 〈Versprechen〉 treu. ❸ 〔規則など〕 befolgen⁴; beobachten⁴; gehorchen³; ⁴sich unterwerfen*³/彼は主義を守る人だ Er hält an seinem Grundsatz 〈seinen Grundsätzen〉 fest. Er beharrt bei seinem Prinzip./交通信号を守れ Befolgt die Verkehrszeichen!

まやかし Betrug *m.* -(e)s; Schwindel *m.* -s, -; Täuschung *f.* -en; Falsifikat *n.* -(e)s ‖ まやかし物 Fälschung *f.* -en; Falsifikat *n.* -(e)s; das Gefälschte* 〈Nachgeahmte*; Unechte*〉, -n.

まやく 麻薬 Rauschgift *n.* -(e)s, -e; Droge *f.* -n ‖ 麻薬中毒 Rauschgift|sucht 〈Drogen-〉 *f.* -/麻薬取引 Rauschgift|handel 〈Drogen-〉 *m.* -s/麻薬密売者 Rauschgiftvermittler *m.* -s, -/麻薬密輸入者 Rauschgiftschmuggler *m.* -s, -.

まゆ 繭 Kokon *m.* -s, -s; Seidenraupenpuppe *f.* -n/繭を糸に取る Kokons ab|winden*/繭を作る einen Kokon bilden; ⁴sich ein|spinnen*¹ ‖ 空繭 der durchbohrte Kokon/玉繭 Doppelkokon.

まゆ(げ) 眉(毛) [Augen]braue *f.* -n/太い眉毛 die starken (buschigen; dicken) [Augen]brauen/眉を上げる die [Augen]brauen heben* (hoch|ziehen*)/眉をひそめる eine finstere Miene machen; finster drein|schauen; die Stirn runzeln/眉を引く [Augen]brauen nach|ziehen* ‖ 眉墨 Augenbrauenstift *m.* -(e)s, -e.

まゆつばもの 眉唾物 Scheinding *n.* -(e)s, -e; Blendwerk *n.* -(e)s, -e.

まよい 迷い ❶ 〔疑惑〕 Zweifel *m.* -s, -. ❷ 〔当惑〕 Verlegenheit *f.* -en; Bestürztheit *f.* -en. ❸ 〔迷想・量見違い〕 [Sinnes]täuschung *f.* -en; Hirngespinst *n.* -es, -er; Illusion *f.* -en; Trugbild *n.* -(e)s, -er; Wahn *m.* -(e)s. ❹ 〔迷信〕 Aberglaube *m.* -ns. ❺ 〔感溺〕 Betörung *f.* -en; Vernarrtheit *f.* -en/迷いが覚める aus einem Wahn befreit 〈geheilt〉 werden; aus einem Traum erwachen 〈s〉; zu ³sich kommen* 〈s〉/迷いを醒まされる zur Vernunft zurückgebracht werden/迷いを醒まさせる *jo* Waliu zerstören; den Traum zerstören; an *js* Vernunft appellieren; zu ³sich kommen lassen* 《*jn*》; zur Vernunft zurück|bringen* 《*jn*》.

まよう 迷う ❶ 〔道に〕 ⁴sich verlaufen*; ⁴sich (ver)irren; irre|gehen* 〈s〉; den rechten Weg verlieren*; vom rechten Weg [ab]kommen* 〈s〉. ❷ 〔当惑する〕 verlegen sein; hilflos (ratlos) sein; ³sich viel Kopfzerbrechen machen; nicht ein noch aus (weder hin noch her) wissen*. ❸ 〔躊躇(ちゅう)・動揺〕 zaudern, zögern; schwanken; sich nicht entschließen können 《*zu*¹》; unschlüssig (unentschlossen; wan-

まよけ 魔除け Amulett *n.* -(e)s, -e; Zauberschmuck (Schutz-) *m.* -(e)s, -e.

まよなか 真夜中 Mitternacht *f.* ¨e; die tiefste Nacht/真夜中に mitternachts; mitternächtlich; in tiefster Nacht; mitten in der Nacht.

マヨネーズ Mayonnaise (Majonäse) *f.* -n.

まよわす 迷わす ❶ [誤らす] verführen; verleiten ⟨*jn*⟩; irreführen (-leiten) ⟨*jn*⟩. ❷ [誘惑する] versuchen; in ⟨Versuchung führen (bringen*)⟩ ⟨*jn*⟩; betören ⟨*jn*⟩; verlocken ⟨*jn*⟩. ❸ [心を奪う] berücken ⟨*jn*⟩; bestricken ⟨*jn*⟩; bezaubern ⟨*jn*⟩; *'es an|tun* ⟨*jm*⟩; faszinieren ⟨*jn*⟩. ❹ [当惑させる] in ⁴Verlegenheit bringen* ⟨*jn*⟩; verlegen machen ⟨*jn*⟩; aus dem Geleise bringen* ⟨*jn*⟩; verblüffen ⟨*jn*⟩.

マライ マライの malaiisch ‖ マライ語 Malaiisch *n.* -(s); die malaiische Sprache/マライ人 Malaie *m.* -n, -n/マライ半島 die malaiische Halbinsel; Malakka *n.* -s.

マラウイ Malawi *n.* -s/マラウイの malawisch ‖ マラウイ人 Malawiner *m.* -s, -.

マラソン Marathonlauf *m.* -(e)s, ¨e/十キロマラソン der 10 km-Langstreckenlauf (-Dauerlauf). ‖ マラソン選手 Marathonläufer *m.* -s, -.

マラリア Malaria *f.*/マラリアの Malaria-/マラリアにかかる von der Malaria infiziert (befallen) werden; an ³Malaria leiden* ‖ マラリア患者 der Malariakranke*¹.* -n, -n/マラリア熱 Malariafieber *n.* -s, -/マラリア療法 Malariakur *f.* -en/悪性マラリア die perniziöse Malaria.

まり 毬 [Spiel]ball *m.* -(e)s, ¨e/毬をつく ball (mit dem Ball) spielen.

マリ Mali *n.* -s/マリの malisch ‖ マリ人 Malier *m.* -s, -.

マリア [聖母マリア] (die Heilige Jungfrau) Maria.

マリオネット Marionette *f.* -n.

マリフアナ Marihuana *n.* -s/マリフアナを吸う Marihuana rauchen.

まりょく 魔力 ❶ Zauberkraft *f.* ¨e; die magische Kraft. ❷ [魅力] die bezaubernde (bestrickende) Kraft. — 魔力のある ❶ mit Zauberkraft (magischer Kraft) versehen. ❷ [魅力] die beza; bezaubernde (bestrickende) Kraft ausüben.

まる 丸 Kreis *m.* -es, -e; Ring *m.* -(e)s, -e; Rund *n.* -(e)s, -e; Zirkel *m.* -s, -. — 丸い ❶ [円] kreis|förmig (ring-); [kreis]rund; zirkular (zirkulär). ❷ [球形] kugel|förm|ig; sphärisch. — 丸く ❶ im Kreis[e] (Ring[e]; Zirkel). ❷ [円満に] auf friedliche Weise; friedfertig; in ³Frieden; ohne ⁴Reibung/丸く治める reibungslos erledigen* (bei|legen*); glatt in ⁴Ordnung bringen*⁴/問題は丸く収まった Die Angelegenheit ist gütlich gelöst worden.

まる- 丸- ¶ 丸二年 volle zwei Jahre.

まるあんき 丸暗記する ⁴Wort für ⁴Wort dem Gedächtnis ein|prägen⁴; rein mechanisch (geistlos; ohne nachzudenken) auswendig lernen*.

まるおび 丸帯 der Frauengürtel (-s, -) aus einem Stück.

まるがお 丸顔 das runde Gesicht, -(e)s, -er; das paus|backige (-bäckige) Gesicht (えぼちゃ).

まるき 丸木 der unbehauene Baumstamm, -(e)s, ¨e; das unbehauene Holz, -es, -er ‖ 丸木橋 Laufsteg *m.* -(e)s, -e/丸木舟 Einbaum *m.* -(e)s, ¨e; Kanu *n.* -s, -s.

マルク Mark *f.* ❖ ユーロ実施前のドイツの通貨単位 ‖ ドイツマルク Deutsche Mark (略: DM).

マルクス [Karl] Marx ‖ マルクス主義 Marxismus *m.* -/マルクス主義者 Marxist *m.* -en, -en/マルクス主義の marxistisch.

まるくび 丸首シャツ Polohemd *n.* -(e)s, -en.

まるごと ganz (und gar); gänzlich; ausschließlich; mit Haut und Haar; restlos; total; völlg.

まるぞん まる損になる einen völligen Verlust erleiden*; all seine Habe verlieren*.

まるた 丸太 [Holz]klotz *m.* -es, ¨e ‖ 丸太小屋 Blockhütte *f.* -n.

マルタ Malta *n.* -s/マルタの maltesisch ‖ マルタ人 Malteser *m.* -s, -.

まるだし まる出しの unbedeckt; unbekleidet; exponiert; hüllenlos; unverhüllt/いなかことばまる出しで mit unverkennbar mundartlichem Akzent; ungeniert Provinzialismen ⟨*pl*⟩ an den Tag legend.

マルチメディア Multimedia *n.* -(s).

まるっきり ⇨まるで.

まるつぶれ まる潰れだ völlig verdorben sein; einen vollständigen Misserfolg dar|stellen/面目もまる潰れになる völlig um seine Geltung kommen* ⟨s⟩; sein Ansehen vollständig verlieren*.

まるで durch und durch; absolut; durchaus; gänzlich; ganz und gar; hundertprozentig; total; völlig; vollkommen vollständig; [あたかも] als ob; als wenn/まるで分別がない kein Fünkchen von ³Intellekt haben*; keine Spur von ³Verstand haben*; einem ³Toten gleichen⁴/まるで死人に等しい mehr tot denn lebend; wie ein lebender Leichnam/それはまるで違う Das ist total anders.: Das schlägt in ein ganz anderes Fach./まるで話にならない Man ist einfach sprachlos!: Nichts ist absurder als das!

まるてんじょう 丸天井 Gewölbe *n.* -s, -; Wölbung *f.* -en; die bogenförmige Decke, -n.

まるどり まる取りにする das ganze Stück für sich nehmen*; ganz (allein) in der Hand haben*; gepachtet haben*; monopolisieren⁴; ausschließlichen Besitz ergreifen⁴ ⟨*von*³⟩.

まるのこ 丸鋸 Kreissäge *f.* -n.

まるのみ まる呑みにする ❶ gänzlich verschlingen* (verschlucken⁴); das ganze Stück hinunter|schlingen*. ❷ [学課を] ⁴sich überladen* (mit Lektionen); ⁴sich

まるぼちゃ mit Kenntnissen voll|pfropfen (ohne sie zu kritisieren).

まるぼちゃ 丸ぼちゃの paus:backig (-bäckig); mit rundlichen Wangen.

まるまげ 丸髷 der (die) Haarwulst (-[e]s, ¨e) der Frauen; die Marumage-Haartracht, -en.

まるまる まる損する einen vollständigen Verlust erleiden* ⇨そん. ¶ まるまるとした rundlich; beleibt; dicklich; drall; prall; stramm/まる太った子供 ein rundlich beliebtes Kind, -[e]s, -er.

まるみ 丸味 Rund n. -[e]s, -e; Rundheit f./丸味のある rundlich; mit ¹Rundungen.

まるめる 丸める ❶ (ab]runden⁴; rund machen⁴; ballen⁴; zum Ball formen⁴; Kugelform geben*³. ❷ [人を丸めこむ] um den Finger wickeln (jn); fertig werden (mit jm); Herr werden (jn); leicht zu lenken wissen* (jn); in seiner Gewalt haben (jn).

マルメロ [植] Quitte f. -n (木と実).

まるもうけ まる儲けをする mit einem vollen Gewinne heraus|kommen* [s]; volle Gewinne ein|streichen*; vollen Gewinn ziehen* (aus³).

まるやき まる焼き (動物の) das Braten* (-s) eines ganzen Tieres (行為); das als Ganzes gebratene Tier, -[e]s, -e (そのもの)/まる焼きをする das ganze Tier braten*.

まるやけ まる焼けになる völlig ab|brennen* (nieder|-) [s]; völlig durch ⁴Brand zerstört werden; in ⁴Asche gelegt werden; durch ⁴Schadenfeuer all sein ⁴Gut verlieren* (所有物全部を失う).

まるやね 丸屋根 Kuppel f. -n; Dom m. -[e]s, -e; das gewölbte Dach, -[e]s, ¨er.

まれ 稀に selten; rar; un]gewöhnlich (außer-); vereinzelt; knapp (少し); spärlich (同上); wenig (少ない); [前例のない] beispiellos; epochal; unerhört; ohnegleichen/稀に in großen Zwischenräumen; nur selten einmal/稀に見る学者 ein seltener Gelehrter*, -n; ein Gelehrter* von seltenen (außergewöhnlichen; vortrefflichen) Gaben/稀に見る存在だ Er ist ein weißer Rabe.

マレーシア Malaysia n. -s/マレーシアの malaysisch ‖ マレーシア人 Malaysier m. -s, -.

マレーはんとう マレー半島 die Malaiische Halbinsel.

マロニエ die (gemeine) Rosskastanie, -n.

まわし 回し [相撲の] Lendentuch (-[e]s, ¨er) eines Ringkämpfers.

まわしもの 回し者 Spion m. -s, -e; Agent m. -en, -en; Kundschafter m. -s, -; Späher m. -s, -.

まわす 回す ❶ (um]drehen⁴; kreisen lassen*⁴; rotieren lassen*⁴; wirbeln⁴. ❷ [順次に] herumgehen lassen*⁴; herum|reichen⁴. ❸ [回送] (weiter])befördern⁴; nach|schicken⁴ (手紙など). ❹ [送る] über]senden*(⁴)⁴; übermitteln⁴; schicken⁴. ❺ [転用] ersetzen⁴; ergänzen⁴. ❻ 向こうへ回す es mit einem Gegner auf|nehmen*.

まわた 真綿 die ungezwirnten Seidenfäden (pl); Florettseide f. -n/真綿で首を締める⁴Gewaltsamkeit durch äußere Liebenswürdigkeit verdecken.

まわり 回り ❶ [周囲] Umkreis m. -es, -e; Umfang m. -[e]s, ¨e; Peripherie f. -n/まわり[を] um ⁴et [herum]; rings|um[her] (rund-)/テーブルのまわりに座を占める um einen Tisch [herum] sitzen*. ❷ [付近] Umgebung f. -en; Umgegend f. -en; Nähe f. -n; Nachbarschaft f. -en. ❸ [回転] Umdrehung f. -en; Umlauf m. -[e]s, ¨e; Rotation f. -en. ❹ [巡行] Runde f. -n; Rundreise f. -n; Tour f. -en/ひとまわりして来る seine Runde machen. ❺ [流通・循環] Um|lauf (Kreis-) m. -[e]s, ¨e; Zirkulation f. -en/金のまわりが悪い Der Umlauf des Geldes stockt (ist gehemmt). ❻ [迂回] Um|weg (Ab-) m. -[e]s, -e; Abstecher m. -s, -/新宿回りで行こう Gehen wir über Shinjuku.

まわりあわせ 回り合わせ der glückliche Zufall, -[e]s, ¨e; Glücksfall m. -[e]s, ¨e; Geschick n. -[e]s, -e/回り合わせがよい(わるい) Glück (Unglück) haben; Dusel (Pech) haben/回り合わせがよかったのだ Da hast du (großes) Schwein gehabt!

まわりかいだん 回り階段 Wendeltreppe f. -n; die spiralförmige Treppe.

まわりくどい 回りくどい weitschweifig; ausführlich; (weit] ausholend; eingehend; in die Länge gezogen; mit Einzelheiten; umschweifig; umständlich; weitläufig/回りくどい言い方をする Umschweife (pl) machen; weitläufige Redensarten an|wenden*).

まわりどうろう 回り灯籠 die Laterne (-n) mit Drehbildern.

まわりぶたい 回り舞台 Drehbühne f. -n.

まわりみち 回り道 Um]weg (Ab-) m. -[e]s, -e; Abstecher m. -s, -/(遠い] 回り道をする einen (langen (weiten)) Umweg machen; einen (großen) Abstecher machen/そっちを通ると回り道になる Das da ist ein langer Umweg./Man macht einen weiten Umweg, wenn man diesen Weg nimmt.

まわりもち 回り持ち turnusmäßig; abwechselnd; der Reihe nach/議長は回り持ちにしよう Wir wollen einer nach dem anderen Vorsitzender sein.; Wir wollen nach der Reihe das Präsidium führen.

まわる 回る ❶ [回転] ⁴sich [her]drehen; rotieren (um⁴); (⁴sich [her]drehen; (⁴sich] wirbeln (v.i.のとき [s.h]). ❷ [循環] um|laufen* [s]; zirkulieren. ❸ [巡] die Runde machen; von einem Ort zum anderen gehen* [s]; [周遊] eine Rundreise machen.

まわれみぎ 回れ右 Rechtsumkehrt! (号令) Kehrt!/Ganze Abteilung kehrt!/回れ右をする ⁴sich kehren; Kehrt machen.

まん 万 ❶ zehntausend/幾万の人々 Zehntausende (pl) von Menschen. ❷ [概数] Myriade f. -n.

まん- 満- ¶ 満五年 volle fünf Jahre/満二

まんいち 万一 den äußersten Fall vorausgesetzt; wenn es etwa (der Fall) sein sollte, .../万一来なかったら gesetzt (angenommen), dass er nicht käme/万一の場合は im Notfall; im schlimmsten Fall(e); wenn es zum Schlimmsten kommen sollte/万一の事があっても sogar im schlimmsten Fall(e); selbst wenn das Schlimmste geschehen sollte.

まんいん 満員 übervoll; überfüllt; voll gestopft; 満員である übervoll (überfüllt); voll gestopft) sein; volles Haus haben (劇場が); wie Heringe gepackt sein (電車などが)/満員はすべのため Im Wagen sind wir wie Viecher zusammengepfercht. ‖満員札 das Aushängeschild (-(e)s, -er) „Voll besetzt!"

まんえつ 満悦 Befriedigung f. -en; Genugtuung f.; Zufriedenheit f./満悦する befriedigt (zufrieden) sein; ³sich genügen lassen*.

まんえん 蔓延 Umsichgreifen n. -s; Verbreitung f. -en/蔓延する um ⁴sich greifen*; ⁴sich verbreiten; anwachsend kein Ende finden*.

まんが 漫画 Karikatur f. -en; Comics (pl) Comicstrips (pl)/漫画にする karikieren; ins Lächerliche ziehen*⁴ ‖漫画家 Karikaturist m. -en, -en; Karikaturenzeichner m. -s, -.

まんかい 満開である in voller (höchster) Blüte stehen (stehen*); in schönster Blumenpracht sein (stehen*); voll aufgeblüht sein.

まんがん 満願 die Vollziehung (Erfüllung) eines Gelübdes.

マンガン Mangan n. -s (記号: Mn) ‖マンガン鉱 Manganerz n. -es, -e/マンガン酸 Mangansäure f. -n.

まんかんしょく 満艦飾を施す ❶ (艦船に) das ganze Kriegsschiff festlich beflaggen. ❷ (婦人が) ⁴sich auf|putzen; ⁴sich in ⁴Gala werfen*; Staat an|legen; Make-up (n. -s) an|wenden*.

まんき 満期 Ablauf m. -(e)s, ¨e; Fälligkeit f. -en (手形の); Verfall m. -(e)s; Verfallzeit f. -en/満期になる 1) (任期が) aus|dienen (兵役に); seine Dienstzeit beenden; seine Zeit zu Ende dienen (在職期限が満期になった Meine Dienstzeit ist abgelaufen. Meine Amtsperiode ist nun zu Ende. 2) (手形が) fällig werden; verfallen* ⓢ ‖満期日 Ablauf[s]tag (Fälligkeits-; Verfall-) m. -(e)s, -e/満期放免 die Entlassung (-en) nach abgesessener Strafe (nach verbüßter Strafzeit).

まんきつ 満喫する aus|kosten⁴ (durch|-); ⁴sich gütlich tun* (an³); ³sich nichts ab|gehen lassen*; ⁴sich nach Herzenslust weiden (an³); ⁴völlig genießen*⁴.

マングローブ (植) Mangrove f. -n.

まんげきょう 万華鏡 Kaleidoskop n. -s, -e.

まんげつ 満月 Vollmond m. -(e)s/昨晩は満月でした Gestern Abend hatten wir Vollmond.

まんこう 満腔の herzlich; innig; aus tiefster Seele (aus vollem Herzen; vom tiefsten Innern) kommend; vom ganzen Herzen (tief) empfunden/満腔の誠意を表する vom ganzen Herzen danken (jm für⁴).

マンゴー (植) Mango f. -nen; Mangopflaume f. -n; Mangobaum (-(e)s, ¨e (樹)).

まんざ 満座の中で vor allen Anwesenden (Versammelten); vor ²aller ²Augen.

まんさい 満載する voll geladen (beladen) sein (mit³); eine volle Ladung haben (von³); voll besetzt sein (von³) (車が)/鉄を満載して mit Eisenbarren (pl) voll beladen ‖満載喫水線 Vollast f. -en/満載喫水線 Tiefladelinie f. -n.

まんざい 漫才 der von einem Possenreißerpaar aufgeführte Schwank, -e; Possenreißerpaar n. -(e)s, -e (人).

まんざら 満更...ない nicht ganz (eben; gerade; immer; so) .../...ばかりでもない、まんざらわるくない nicht ganz schlecht (nicht ohne Reiz) sein; eine gewisse gute Seite haben /まんざら嫌いでもない nicht ganz abhold³ sein; ⁴sich nicht eben (gerade) abgestoßen fühlen (von³).

まんじ 卍 Hakenkreuz n. -(e)s, -e; Swastika f. -n.

まんしゅう 満州 Mandschurei f./満州の mandschurisch ‖満州語 Mandschu n. -(s)/満州人 Mandschu m. -(s), -(s).

まんじゅう 饅頭 der japanische Kuchen (-s, -) mit Bohnenmus darin ‖饅頭笠 der Kulihut (Tagelöhner-) (-(e)s, ¨e) aus ³Binsen.

まんじょう 満場 das ganze Haus, -es; der ganze Saal, -(e)s; die ganze Halle; die ganze Versammlung; die ganze Zuhörerschaft (満場一致で ein²mütig (-hellig; -stimmig); mit der Zustimmung aller Anwesenden; ohne dass ein Einziger dagegen wäre; ohne ⁴Widerspruch; wie ein Mann/満場の諸君 Meine Damen und Herren! Meine Herrschaften, die Sie hier versammelt sind!/満場の喝采を博する den stürmischen Beifall des gesamten Publikums hervor|rufen*; den brausenden Beifall aller Zuhörer aus|lösen).

マンション Appartment n. -s, -s; Mietwohnung f. -en (貸貸の); Eigentumswohnung f. -en (所有の).

まんじり まんじりともしない kein Auge zu|tun*; eine schlaflose Nacht verbringen*; die ganze Nacht ohne Schlaf (schlaflos) bleiben* ⓢ; durch die Nacht hindurch wach bleiben*.

まんしん 慢心 Dünkel m. -s; Anmaßung f. -en; Arroganz f.; Hochmut m. -(e)s; der falsche Stolz, -(e)s; Überheblichkeit f. -en/慢心する dükelhaft sein (auf⁴); ³sich an|maßen⁴; arrogant (hochmütig; überheblich) sein (auf⁴)/慢心を抱く falschen Stolz hegen (haben)/彼の慢心をなくさせてやろう Wir werden ihm den falschen Stolz schon austreiben.

まんしん 満身に am ganzen Körper; von Kopf bis Fuß; vom Scheitel bis zur Sohle／満身の力をこめて mit (unter) ³Aufgebot all seiner (letzten) Kräfte; aus allen Kräften; aus Leibeskräften; mit aller (ganzer) Gewalt.

まんせい 慢性の chronisch 《急性の対》; eingewurzelt; hartnäckig; langwierig; schleichend／慢性になる chronisch werden; einen chronischen Verlauf nehmen*; in einen chronischen Zustand über|gehen* Ⓢ; Wurzel fassen.

まんぜん 漫然と ziel-los (plan-; system-; zweck-); ohne ⁴Ziel; aufs Geratewohl; desultorisch; unmethodisch; unsystematisch; unzusammenhängend.

まんぞく 満足 Zufriedenheit f.; Befriedigung f. -en; Genügsamkeit f. 《知足》; Genugtuung f. -en; Herzensruhe f.; Satisfaction f. -en.／満足を与える zufrieden stellen 《jn》; befriedigen 《jn》; genügen 《jm》 Ⓢ jm Wunsch erfüllen; keinen Wunsch offen lassen*. — 満足な ❶ zufrieden; befriedigend; genügsam 《足るを知る》; genugtuend; herzensruhig. ❷ 《完全な》 vollständig; vollkommen. — 満足に genug; vollauf; zur Genüge; zur Zufriedenheit. — 満足して mit ³Zufriedenheit; zufrieden gestellt; befriedigt. — 満足する zufrieden sein (zufrieden gestellt; befriedigt; genügsam; herzensruhig) sein; ⁴sich zufrieden geben* 《mit》 甘んじる》.

まんだら 曼荼(陀)羅 Mandala n. -s, -s.

まんだん 漫談 das allgemeine (unzusammenhängende) Gespräch, -[e]s, -e; Plauderei f. -en; Geplauder n. -s, -; die zwecklose Rederei, -en‖時事漫談 das allgemeine (unzusammenhängende) Gespräch über die Zeitlage; die Plauderei über die Tagesfragen.

まんちゃく 瞞着 Betrügerei f. -en; Gaunerei f. -en; Prellerei f. -en; Schwindelei f. -en／瞞着する 《jn》 betrügen*; gaunern; prellen 《jn》 betrügen*《jn》.

まんちょう 満潮 [Hoch]flut f. -en‖満潮時 Flutzeit f. -en.

まんてん 満点 volle Punktzahl; die beste mögliche Zensur／満点をとる volle Punktzahl [erteilt] bekommen* (kriegen; [erteilt] haben).

マント Mantel m. -s, ⸚; Überrock m, -[e]s, ⸚‖防水マント der wasserdichte Mantel.

マンドリン Mandoline f. -n.

マントル ❶ 《ガスマントル》 [Gas]strumpf m. -[e]s, ⸚e. ❷ 《地殻の》 Mantel m. -s, ⸚.

マントルピース Kamin[gesims n. -es, -e [-mantel m. -s, ⸚].

まんなか 真中 Mitte f. -n; Herz n. -ens, -en; Mittel|punkt (Sammel-) n. -[e]s, -e; Zentrum n. -s, ..tren／まん中に in der Mitte; im Herzen (Mittelpunkt); inmitten²; mitten in³／まん中の in der Mitte befindlich; mittler; zentral／通りのまん中を mitten auf der Straße／的のまん中を射抜く mitten durch die Scheibe schießen*／髪をまん中で分ける den Scheitel in der Mitte haben (tragen*)／東京のまん中に住んでいます Ich wohne in der Mitte (im Zentrum) der Stadt Tokio.

まんねん 万年 zehntausend Jahre 《pl》; Ewigkeit f.; Zeitlosigkeit f.‖万年雪 Firn m. -[e]s, -e; Altschnee m. -s; der ewige Schnee.

まんねんひつ 万年筆 Füll[feder]halter m. -s, -; Füller m. -s, -.

まんびき 万引き Ladendiebstahl m. -[e]s, ⸚e; Ladendieb m. -[e]s, -e《人》／万引きを働く einen Ladendiebstahl begehen*; im Laden mausen⁴ (mopsen⁴; stibitzen⁴).

まんぴつ 漫筆 Gedankensplitter 《pl》; Allerlei f. -s, -s; Miszellaneen 《pl》; Miszellen 《pl》; das Vermischte* (Verschiedene*), -n; die vermischten Schriften 《pl》.

まんびょう 万病 allerlei Krankheiten 《pl》; alle Arten 《pl》 Krankheiten‖万病薬 Allheilmittel (Universal-; Wunder-) n. -s, -; das Mittel für alles; Panazee f. -n.

まんぴょう 漫評 der kritische Streifzug, -[e]s, ⸚e; die launenhafte Kritik, -en.

まんぷく 満腹 Sattheit f.; Sättigung f. -en; der volle Magen, -s／満腹なる satt werden; ⁴sich sättigen; ⁴sich satt ([voll] essen*; genug gegessen haben; den Appetit befriedigt haben‖満腹感 das Gefühl (-[e]s, -e) der Sattheit; Sättigungsgefühl n. -[e]s, -e.

まんべん 万遍なく gleichmäßig; eines wie das andere; über einen Kamm geschoren, uniform 《一様に》; unparteiisch 《平等に》; ausnahmslos 《漏れなく》; ohne ⁴Ausnahme 《同上》.

まんぼう 《魚》 Sonnenfisch m. -[e]s, -e.

マンホール Mannloch n. -[e]s, ⸚er.

まんまと glatt; direkt; geradezu; ohne weiteres／まんまと《くわされる》 glatt betrogen (angeführt) werden; einen bösen Hereinfall erleben; wehrlos ins Garn gehen* Ⓢ 《jm》; schwindeln lassen*《jm》.／まんまと逃げおおせる längst über alle Berge sein.

まんまる das vollkommene Rund, -[e]s, -e -e／まんまる。 vollkommen rund.

まんまん 満々たる voll 《von》; voller; bis zum Rande voll; überfüllt‖闘志満々の voll[er] Kampfgeist; kampflustig 《angriffs》／覇気満々 voll[er] Ehrgeiz; unternehmungslustig.

まんまん 漫々たる endlos (bis ins Endlose) ausgebreitet; grenzenlos; ohne ⁴Grenze; unbegrenzt／漫々たる水 die endlose Ausdehnung der Wasser.

まんめん 満面に笑みを湛えて über das ganze Gesicht lachend; mit vor ³Freude strahlender Miene.

マンモス 《動》 Mammut n. -s, -e (-s)‖マンモス企業 Mammutunternehmen n. -s, -／マンモス都市 Mammutstadt f. ⸚e.

まんゆう 漫遊 Vergnügungs[reise (Lust-)] f. -n; Tour f. -en／漫遊する eine Vergnügungsreise machen (unternehmen*) ‖ 漫遊客 der Vergnügungs¦reisende* (Lust-), -n, -n; Tourist *m.* -en, -en/世界漫遊者 Welt〔en〕bummler (Globetrotter) *m.* -s, -.

まんりき 万力 Schraub¦stock (Spann-) *m.* -〔e〕s, ¨-e; Kran *n.* -〔e〕s, ¨-e (-e); Winde *f.* -n《絞盤》; Ankerwinde《揚錨用》; Gangspill *n.* -〔e〕s, -e《同上》.

まんりょう 満了 Ablauf *m.* -〔e〕s, ¨-e; das Zu-Ende-bringen*, -s/満了する ab|laufen* [s]; zu Ende bringen*⁴. ⇨まんき

み

み 身 ❶[身体·心·自分·身分など] 身から出た錆 eigene Schuld, -en/身に余る光栄 eine unverdiente (zu große) Ehre, -n/身に覚えがある auf dem Gewissen haben⁴; ein schlechtes Gewissen haben/身にしみる *jm* zu ³Herzen gehen* [s]/身につける《着る》tragen*⁴; 〔³sich〕 an|ziehen*⁴/身の程を知らない überheblich (anmaßend) sein; ⁴sich selbst nicht kennen*/身の毛がよだつような haarsträubend/身を滅ぼす ⁴sich zugrunde (zu Grunde) richten/身を入れる ⁴sich widmen³; fleißig arbeiten《*an*³》/身を固める einen eigenen Herd (Haushalt) gründen/身を切るような寒さ eine schneidende Kälte/身を粉にして働く hart arbeiten; schuften/身を任せる ⁴sich *jm* hin|geben*; ⁴sich *jm* preis|geben*/身を持ち崩す verderben* [s]/身を捧げる ⁴sich opfern《*jm*; *für*⁴》/身を挺して mit eigener Lebensgefahr; auf eigene Gefahr/身を売る ⁴sich verkaufen; ⁴sich an|bieten*; ⁴sich prostituieren《売春》. ❷[肉] 身になる食物 nahrhafte (bekömmliche) Speise, -n/身をむしる《魚などの》Fleisch vom Knochen ab|lösen. ❸[樹心] Mark *n.* -〔e〕s. ❹[蓋(ふた)の対] Behälter *m.* -s, -《容器》. ❺[刀身] Klinge *f.* -n.

み 箕 Schwinge *f.* -n; Kornsieb *n.* -〔e〕s, -e/箕でふるう schwingen⁴; sieben⁴.

み 実 ❶[果実] Frucht *f.* ¨-e; Nuss *f.* Nüsse《堅果》; Beere *f.* -n《漿(しょう)果》/実を結ぶ Früchte bringen* (tragen*)/この木は実がならない Der Baum trägt keine Früchte. ❷[実質] Inhalt *m.* -〔e〕s, -e; Gehalt *m.* -〔e〕s, -e; Substanz *f.* -en/実のある inhalt¦reich (gehalt-); gehalt¦voll (inhalt-)/実のない inhalts¦los (-leer); gehalt¦los (-arm). ❸[汁の] Einlage *f.* -n.

ミ〘楽〙e *n.* -, -; mi.

みあい 見合結婚する durch Vermittlung heiraten.

みあきる 見飽きる ⁴sich satt sehen*《*an*³》; genug sehen*⁴/この絵はいくら見ても見飽きることがない Das Auge kann sich an diesem Gemälde nicht satt sehen.

みあげる 見上げる ❶[上を見る] hinauf|sehen* (-|blicken; -|schauen)《*zu*³》; empor|sehen* (-|blicken; -|schauen)《*zu*³》/見上げるような大男 ein Mann von ungewöhnlicher Größe. ❷[感嘆する] bewundern⁴; hoch schätzen⁴/見上げた行為 eine bewundernswerte Tat, -en.

みあたる 見当たる gefunden werden/それが見当たり次第 sobald man es gefunden hat/それは結局見当たらなかった Man konnte es doch nicht finden.¦Es ließ sich doch nicht finden.

みあわせる 見合わせる ❶[顔を] ⁴sich (einander) an|sehen*/私達は互に顔を見合わせた Wir sahen uns (einander) an. ❷[中止·延期] auf|geben*⁴; verzichten《*auf*⁴》; ab|lassen* (-|sehen*)《*von*³》; verschieben*⁴; auf|schieben*⁴/当分処罰は見合わせよう Wir wollen vorläufig von einer Bestrafung absehen./雨のため出発を見合わせた Wegen des Regens wurde die Abreise verschoben.

みいだす 見出す 〔aus|〕finden*⁴; ausfindig machen⁴; entdecken⁴《発見する》.

ミートボール ein 〔gebackenes〕 Fleischklößchen, -s, -; Frikadelle *f.* -n.

ミイラ Mumie *f.* -n/ミイラにする mumifizieren⁴; ein|balsamieren⁴/ミイラ取りがミイラになる ‚Nach Wolle ging schon mancher aus, und kam geschoren selbst nach Haus.'

みいり 実入り ❶[収穫] Ernte *f.* -n. ❷[収入] Einkommen *n.* -s, -; Einkünfte《*pl*》; Einnahme *f.* -n; Gewinn *m.* -〔e〕s, -e《利得》; Erwerb *m.* -〔e〕s, -e; Verdienst *m.* -〔e〕s, -e/実入りのよい vorteilhaft; einträglich; gewinnbringend (Gewinn bringend); lukrativ/彼は実入りがよい Er verdient viel.

みいる 見入る unverwandt an|sehen*⁴; gespannt zu|sehen*³.

みうけ 身受け Loskauf *m.* -〔e〕s, ¨-e; Auslösung *f.* -en/身受けする los|kaufen《*jn*》; aus|lösen⁴ ‖ 身受金 Lösegeld *n.* -〔e〕s, -er.

みうける 見受ける ❶[見かける] 〔zufällig〕 sehen*⁴; flüchtig erblicken⁴. ❷[見える] aus|sehen*; erscheinen*; scheinen*; den Anschein haben/身受けた所 anscheinend; wie es scheint; dem Anschein nach; scheinbar《見かけでは》.

みうごき 身動き Regung *f.* -en; Bewegung *f.* -en/身動きする ⁴sich regen; ⁴sich rühren; ⁴sich bewegen/身動きもできない kein Glied regen (rühren) können*; ⁴sich nicht bewegen können*/身動きもせずに regungslos; reglos.

みうしなう 見失う 〔aus den Augen〕 verlieren*⁴.

みうち 身内 ❶ Verwandtschaft *f.* -en; der

みうり 身売り *sich verkaufen (身体を); *sich für *et verpflichten (契約上); *sich jm (mit Haut und Haaren) verschreiben (政党などに).

みうち 身内 Verwandte*, -n, -n. ❷ [子分] Mitläufer m. -s, -; Leute (pl); die Seinigen (pl).

みえ 見え Aussehen n. -s; das Äußere*, -n; [劇] Pose f. -n; Positur f. -en/見えに own Eitelkeit/見えを張る an|geben*; groß tun*; prahlen/見えをきる [劇] *sich in Positur werfen* (setzen); posieren ‖ 見え坊 Geck m. -en, -en; ein eit(e)ler Mensch, -en, -en; Prahlhans m. -es, -e (ほら吹き).

みえがくれ 見え隠れ *sich verstecken und wieder hervorkommen; (…の跡を)〜につけるjn unbemerkt verfolgen.

みえすいた 見え透いた durchsichtig; fadenscheinig/見え透いた言いわけ eine faule Ausrede, -n/見え透いたうそ eine grobe (handgreifliche) Lüge, -n.

みえる 見える ❶ [目に映る] あそこに島が見えますよ Da sehen Sie eine Insel./ここから town 全体が見える Von hier aus sieht man die ganze Stadt./そのところの岸辺が見えてきた Da wurde die Küste meiner Heimat sichtbar./僕の時計が昨日から見えない Seit gestern kann ich meine Uhr nirgends finden. ❷ [思われる] [er]scheinen*; aus|sehen*/彼は正直そうに見える Er scheint ehrlich zu sein./彼は年より若く見える Er sieht jünger aus als er ist. ❸ [来訪] お客様がお見えになりました Ein Besuch ist da.

みおくり 見送り das Abschiednehmen*, -s/今日は彼を見送りに空港まで行ってきた Heute bin ich zum Flughafen gefahren, um mich von ihm zu verabschieden./彼は私を駅まで見送ってくれた Er begleitete mich bis zum Bahnhof.

みおくる 見送る ❶ [送別] *sich verabschieden (von*3); Abschied nehmen* (von*3). ❷ [目送] nach|blicken*3; mit den *3Augen folgen*3. ❸ [そのままにする] gehen lassen*4.

みおさめ 見納め einen letzten Blick, -[e]s, -e; Abschiedsblick m. -[e]s, -e/見納めをする zum letzten Mal (zum letzten Mal) an|sehen*4; einen letzten Blick werfen* (auf*4; nach*3)/君ともこれが最後の見納めです Dich werde ich nie wieder sehen können.

みおとす 見落とす übersehen*4.

みおとり 見劣りする schlechter aus|sehen* (im Vergleich zu*3); nach|stehen* (劣る).

みおぼえ 見覚え das Wiedererkennen*, -s; Erinnerung f. -en/見覚えのある bekannt; vertraut/見覚えのない unbekannt; fremd/見覚えがある wieder erkennen*4; *sich erinnern (an*4)/この本には見覚えがある Das Buch kenne ich./Ich habe dieses Buch schon einmal gesehen.

みおも 身重 ⇒にんしん.

みおろす 見下ろす ❶ hinab|sehen* (auf*4); hinunter|sehen* (auf*4); nieder|sehen* (auf*4). ❷ [軽蔑する] ⇒くだす.

みかい 未開 der unzivilisiert; roh; primitiv/未開の民族 ein unzivilisiertes (primitives) Volk, -[e]s, ⸗er.

みかいけつ 未解決の ungelöst; ungeklärt; unentschieden; schwebend/本件は未解決だ Die Sache ist noch nicht geklärt./Die Sache schwebt noch.

みかいたく 未開拓の ⇒みかいはつ.

みかいはつ 未開発の unkultiviert; unentwickelt; unerschlossen; unbebaut; wild.

みかえし 見返し [本の] Vorsatz m. -es, ⸗e.

みかえす 見返す ❶ [振り返る] (見返る). ❷ [見直す] nochmals an|sehen*4. ❸ [他人から見られたのに対して] js *4Blick erwidern. ❹ [報復] *sich durch seinen Erfolg revanchieren (an*3).

みかえる 見返る *sich um|sehen*; *sich um|drehen; zurück|blicken.

みがき 磨き Politur f. -en; das Polieren*, -s/磨きをかける polieren*4; verfeinern*4 (洗練する) ‖ 磨き粉 Polierpulver n. -s, -/磨き砂 Poliersand n. -[e]s, -.

みかぎる 見限る ⇒みはなす.

みかく 味覚 Geschmack m. -[e]s; Geschmackssinn m. -[e]s/味覚をそそるような appetitlich ‖ 味覚器官 Geschmacksorgan n. -[e]s, -e/味覚細胞 Geschmackszelle f. -n/味覚神経 Geschmacksnerv m. -s, -en.

みがく 磨く polieren*4; glätten*4; putzen*4; schleifen*4/歯を磨く [*sich] die Zähne putzen (bürsten)/靴を磨く Schuhe putzen/床をろうで磨く bohnern*4/腕を磨く *4sich trainieren.

みかくにん 未確認の unbestätigt ‖ 未確認情報 eine noch unbestätigte Nachricht, -en/未確認飛行物体 ein noch unbestätigter Flugobjekt, -[e]s, -.

みかけ 見掛け Schein m. -[e]s, -e; Aussehen n. -s; das Äußere*, -n; die äußere Erscheinung, -en/見掛けは外から見る; scheinbar/見掛けがよい(わるい) gut (schlecht) aus|sehen*/彼は見掛けほど利口ではない Er ist nicht so klug, wie er aussieht./彼は見掛け倒しだ Er sieht nur so aus./人は見掛けによらぬもの ,Der Schein trügt.'

みかげいし 御影石 Granit m. -[e]s, -e.

みかた 味方 Freund m. -[e]s, -e (友); Beistand m. -[e]s, ⸗e (助力者); Anhänger m. -s, - (追従者・信奉者); der Verbündete*, -n, -n (同盟者)/味方の部隊 unsere Truppe, -n/味方に引きへれる *sich gewinnen*4/彼は我々の味方だ Er ist auf unserer Seite./味方をする *sich auf js *3Seite stellen*; bei|stehen*3; js *3Partei nehmen*.

みかた 見方 Gesichtspunkt m. -[e]s, -e; Ansicht f. -en; Meinung f. -en; Denkweise f. -n (物の考え方)/それは見方の問題だ Das ist Ansichtssache./彼は違った見方をしている Er ist anderer Meinung./それは見方によって違う Es kommt darauf an, wie man es sieht.

みかづき 三日月 Mondsichel f. -n/三日月形の sichelförmig.

みがって 身勝手な egoistisch; selbstsüchtig/彼は身勝手ばかりする Er tut nur, was ihm beliebt.

みかねる 見兼ねる nicht mit ansehen können*4.

みがまえ 身構え Haltung f. -en; Stellung f.

みがまえる 身構える **4**sich in **4**Positur stellen (setzen); **4**sich auf **4**Positur ein|stellen; eine Stellung ein|nehmen*.

みがら 身柄 Person *f*. -en; Körper *m*. -s, - 《身体》/身柄を引き受ける die Sorge für *jn* übernehmen*/身柄を拘束する *jn* ein|sperren; *jn* verhaften.

みがる 身軽 leicht; beweglich; flink/身軽に leicht gekleidet.

みかわす 見交す **4**sich an|sehen*; Blicke wechseln 《mit *jm*》.

みがわり 身代り Stellvertreter *m*. -s, -; Sündenbock *m*. -[e]s, ⸚e《罪の》/身代りに立つ *jn* vertreten*.

みかん 蜜柑 Mandarine *f*. -n.

みかん 未完 noch nicht vollendet (fertig); unvollendet; unfertig (halb-)/未完 Fortsetzung folgt.《次号に続く》

みかんせい 未完成 ⇨ みかん(未完)/シューベルトの未完成交響曲 die Unvollendete Symphonie von Schubert.

みき 幹 Stamm *m*. -[e]s, ⸚e.

みぎ 右 rechte Seite, -n; die Rechte*, -n, -n/右の recht/右に rechts; auf der rechten Seite; zur Rechten; rechterhand/右へ曲がる rechts ein|biegen* ⓢ; nach rechts gehen*《歩く》/Rechts kehrt euch!/右向け右 Rechts um!/頭("、)右 Augen rechts!/クラスで彼の右に出る者はいない In der Klasse ist er der erste.

みぎうで 右腕 ¶ 彼は A 氏の右腕だ Er ist die rechte Hand von Herrn A.

みぎがわ 右側 die rechte Seite/右側に auf der rechten Seite/ドイツでは車は右側を通行する In Deutschland fährt man rechts. ¶ 右側通行 Rechts gehen!

みきかん 未帰還 noch nicht zurückgekommen ¶ 未帰還者 diejenigen, die ausgeblieben sind.

みぎきき 右利き rechthändig/右利きの人 Rechthänder *m*. -s, -.

ミキサー Mixer *m*. -s, - ¶ コンクリートミキサー Betonmischer *m*. -s, -.

みぎて 右手 die rechte Hand, ⸚e/右手に rechter ²Hand; zur rechten Hand.

みぎり 見切り ❶ Verzicht *m*. -[e]s, -e/見切りをつける verzichten 《auf* ⁴》; auf|geben*⁴; sich zurück|ziehen* 《von*³》. ❷ 《商品の》見切り品 Schleuderware *f*. -n; zurückgesetzte Ware, -n ¶ 見切り値段 Schleuderpreis *m*. -es, -e/見切り売り Ausverkauf *m*. -[e]s, ⸚e; Schleudergeschäft *n*. -[e]s, -e.

みぎり 砌り Zeit *f*. -en; Gelegenheit *f*. -en/…の砌りは wenn …; falls ….

みきる 見切る ❶ [見終わる] bis zu ³Ende sehen*⁴. ❷ [見限る] ⇨ みかぎる.

みぎわ 汀 Wasserrand *m*. -[e]s, ⸚er; Ufer *n*. -s, -; Strand *m*. -[e]s, ⸚e.

みきわめる 見極める ⇨ みさだめる.

みくだす 見下す von oben herab|sehen*⁴; verachten*.

みくびる 見くびる gering|schätzen⁴; nicht ernst nehmen*⁴; ³sich nichts machen 《aus³》; bagatellisieren⁴.

みくらべる 見比べる ⇨ ひかく.

みぐるしい 見苦しい hässlich; schlecht; schändlich; unwürdig/見苦しい振舞いをする ⁴sich schlecht benehmen*/見苦しい負け方をする eine schmähliche Niederlage erleiden*/彼は見苦しい服装をしていた Er war schändlich gekleidet.

ミクロコスモス Mikrokosmos *m*. -, -.

ミクロネシアれんぽう ミクロネシア連邦 Mikronesien *n*. -s/ミクロネシアの mikronesisch ¶ ミクロネシア人 Mikronesier *m*. -s, -.

ミクロン Mikron *n*. -s, -.

みけつ 未決 noch nicht entschieden; unerledigt; schwebend ¶ 未決監 Untersuchungsgefängnis *n*. -nisses, -nisse/未決勾留 Untersuchungshaft *f*. /未決囚 der Untersuchungsgefangene*, -n, -n.

みけっさい 未決済 offen [stehend]; unbezahlt 《未払いの》 ¶ 未決済勘定 die offene (offen stehende) Rechnung, -en.

みけねこ 三毛猫 eine dreifarbige Katze, -n.

みけん 眉間 Brauenschnittpunkt *m*. -[e]s/眉間に zwischen den beiden Brauen; auf der Stirn/彼は眉間に傷痕がある Er hat eine Narbe auf der Stirn.

みこ 巫女 Priesterin *f*. ..rinnen; Tempelmädchen *n*. -s, -.

みこし 神輿 die Sänfte (-n) für schintoistische ⁴Götter.

みこし 見越し Voraussicht *f*. -en; das Vorhersehen*, -s; Erwartung *f*. -en; Spekulation *f*. -en/見越しをつける vorauslsehen*⁴; vorher|sehen*⁴; erwarten*; spekulieren 《auf⁴》 ¶ 見越し買い(売り) Spekulationskauf (-verkauf) *m*. -[e]s, ⸚e/見越し輸入 die spekulative Einfuhr, -en.

みこしらえ 身拵え ⇨ みじたく.

みこす 見越す ⇨ みこし/…を見越して in ³Voraussicht² 《³Erwartung²》.

みごと 見事な [wunder]schön; glänzend; prächtig; ausgezeichnet; vortrefflich; 《俗》 prima/お見事! Prima gemacht!/彼はこの課題を見事に解決した Er hat die Aufgabe glänzend gelöst./彼は見事に失敗した Es ist ihm völlig misslungen./私は見事に落第した Ich bin glatt durchgefallen.

みこみ 見込み ❶ [有望・可能性] Hoffnung *f*. -en; Aussicht *f*. -en; Möglichkeit *f*. -en/将来への見込みが有望だ Die Aussicht in die Zukunft ist gut./この仕事は十分成功の見込みがある Das Geschäft hat [eine] gute Aussicht auf Erfolg./天気がよくなる見込みはまずありません Es ist kaum möglich, dass das Wetter besser wird. ❷ [見当] Meinung *f*. -en; Ansicht *f*. -en; Schätzung *f*. -en; Urteil *n*. -[e]s, -e/見込みをつける ³sich ein ⁴Urteil bilden 《über⁴》/私の見込みでは nach meiner ³Meinung (Schätzung); soviel ich es beurteilen kann/君の見込みはどうかね Wie meinst du darüber? ❸ [期待] Erwartung *f*. -en/見込み/見込みが外れる in seinen ³Erwartungen getäuscht

みこむ 見込む ❶[期待] erwarten*; hoffen⁴; ³sich versprechen**⁴/…を見込んで in der ⁴Erwartung (Hoffnung), dass …［当てにする］rechnen ⟨mit³; auf⁴⟩; ⁴sich verlassen ⟨auf⁴⟩. ❷[信用する] jm vertrauen; jm ⁴Vertrauen schenken.

みごろ 見頃 ▷ちょうど見頃である gerade die beste Zeit (Hochsaison) sein/桜は今が見頃です Jetzt ist die beste Zeit der Kirschblüten.

みごろし 見殺し ⇨みはなす.

みこん 未婚の unverheiratet; ledig.

ミサ Messe f. -n/ミサを行う eine Messe lesen (zelebrieren)/バッハのロ短調ミサ曲 die Hohe Messe in h-Moll von J.S.Bach.

みさい 未済の.

ミサイル Rakete f. -n; ein ferngelenktes Geschoss, -es, -e/ミサイルを発射する eine Rakete ab|schießen*/ミサイル迎撃システム Raketenabwehrsystem n. -e/ミサイル巡洋艦 Raketenkreuzer m. -s/ミサイル基地 Raketenabschussbasis f. ..basen/ミサイル発射台 Raketenabschussrampe f. -n/ミサイル兵器 Raketenwaffe f. -n/核ミサイル Atomrakete f.

みさお 操 f. ❶[一般に] Treue f.; Redlichkeit f. ❷[女性の] Treue (夫または愛人への); [処女性] Unschuld f.; Keuschheit f.; 操を守る (立てる) die Treue bewahren (halten*)/操を奪う jm die Unschuld nehmen* (rauben); jn vergewaltigen.

みさかい 見境 Unterscheidung f. -en/見境がつかない nicht unterscheiden können* ⟨zwischen³⟩; ⁴et von ³et⟩/彼は飲むと見境がなくなる Wenn er einmal betrunken ist, dann weiß er nicht, was er tut.

みさき 岬 Kap n. -s, -s; Landspitze (-zunge) f. -n.

みさげる 見下げる ⇨みくだす/見下げ果てた verächtlich; gemein; nichtswürdig.

みささぎ 陵 das kaiserliche Grab, -(e)s, ¨er; das kaiserliche Mausoleum -s, ..leen.

みさだめる 見定める fest|stellen⁴; konstatieren⁴; bestätigen⁴; ermitteln⁴.

みじかい 短い kurz/短くなる kürzer werden*/短く(する verkürzen⁴; kürzer machen⁴.

みじたく 身支度する ⁴sich an|ziehen* (服を着る); Toilette machen; ⁴sich fertig (bereit) machen ⟨für⁴ 準備をする⟩; ⁴sich aus|rüsten ⟨装備をする für⁴, zu³⟩.

みじまい 身仕舞 Toilette f. -n/身仕舞をする Toilette machen.

みしみし knackend (板などが); knirschend (足音などが); knisternd (足音・柱などが)/みしみし言う knacken; knirschen; knistern.

みじめ 惨め Elend n. -(e)s; Misere f. -n/みじめな elend; erbärmlich; miserabel; jämmerlich; armselig.

みじゅく 未熟な unreif; grün; unerfahren; ungeschickt ‖ 未熟児 Frühgeburt f. -en; ein vorzeitig geborenes Kind, -(e)s, -er/未熟者 der Unerfahrene*, -n, -n; Grünhorn n. -(e)s, ¨er; Anfänger m. -s, - ⟨初心者⟩.

みしょう 未詳の ⟨noch⟩ nicht bekannt (identifiziert) ‖ 作者未詳 Verfasser unbekannt; namenlos ⟨読人知らず⟩.

みしょうかん 未償還の noch nicht zurückbezahlt; rückständig.

みしょち 未処置の [仕事が] noch nicht fertig ⟨mit³⟩; [治療などが] noch nicht behandelt.

みしらぬ 見知らぬ unbekannt; fremd/見知らぬ人 der Unbekannte* (Fremde*), -n, -n.

みしり 見知り[越し]の [wohl] bekannt; [gut] bekannt/私は彼女とは見知り越しの仲です Ich bin ihr gut bekannt; Ich kenne sie gut./私は彼とはほんの顔見知りの程度です Ich kenne ihn nur flüchtig (von Ansehen).

みじろぐ 身じろぐ ⁴sich bewegen/彼は身じろぎ一つしなかった Er blieb ohne Bewegung (bewegungslos).

ミシン Nähmaschine f. -n/ミシンで縫う mit der ⁴Maschine nähen⁴ ‖ 電気ミシン eine elektrische Nähmaschine.

みじん 微塵 Stäubchen n. -s; Stückchen n. -s, -/微塵に砕ける in ⁴Stücke zerbrechen⁵/彼には後悔の色は微塵もなかった Er zeigte keine Spur von Reue.

みじんこ 微塵子 Wasserfloh m. -(e)s, ¨e.

みす 御簾 Bambusvorhang m. -(e)s, ¨e.

ミス ❶[過去・失策] Fehler m. -s, -; Missgriff m. -(e)s, -e/それは私のミスでした Das war mein Fehler. ❷[呼称] ミス日本 Miss Japan/ミスユニバース Miss Welt.

みず 水 ❶ Wasser n. -s, -/冷たい水 kaltes Wasser ⟨湯に対し⟩; Hochwasser n. -s, - ⟨出水⟩; Überschwemmung f. -en ⟨洪水⟩/水が出る ⟨川を水を主語として⟩ überschwemmen*; überfluten⁴/水を飲む Wasser trinken*; Wasser schlucken ⟨水泳中、または溺れて⟩/水で割る [mit Wasser] verdünnen⁴; verwässern⁴; pan(t)schen⁴ ⟨悪い意味で⟩/水をやる begießen*⁴; besprengen⁴ ⟨植物に⟩; tränken⁴ ⟨馬などに⟩/水っぽい wäss(e)rig/水っぽい酒 der wäss(e)rige Sake, -s/水の通⟨漏⟩らぬ wasserdicht; wasserfrei/たくさんの家が水につかった Viele Häuser standen unter Wasser. ❷[成句で] 水の泡となる ins Wasser fallen* ⟨s⟩; zu Wasser werden/水に流す das Vergangene vergangen sein lassen*; das Vergangene ruhen lassen*; das Gras wachsen lassen ⟨über⁴⟩; unter den Tisch fallen lassen*/水に流せ忘れろ! Schwamm drüber! Lass das Vergangene ruhen!/水のしたたるように美しい goldig; berauschend ⟨zum Fressen; zum Küssen⟩ schön/水も漏らさぬ防衛陣 die uneinnehmbare Verteidigungsanlage, -n/水をさす einen Keil treiben*; einen Zankapfel werfen* ⟨以上 zwischen⁴⟩/水を向ける jm auf den Zahn fühlen*; bei jm auf den

みずあか Busch klopfen／水を打ったように静かになる Ein Engel fliegt durchs Zimmer.

みずあか 水垢 Kesselstein m. -s《鉄工ム・ボイラーなどの》; Niederschlag m. -[e]s, -e; Bodensatz m. -es, -e.

みずあげ 水揚げ ❶［船荷の］das Abladen*, -s. ❷［売上・上り高］Erlös m. -es, -e; Bruttoertrag m. -[e]s, -e. ── 水揚げする ab|laden*[4]［荷を］; entjungfern*[4]［処女を］;'Schnittblumen 'Wasser auf|saugen lassen*［生花に］.

みずあそび 水遊び 水遊びをする planschern; plätschern'［水遊び場 Planschbecken n. -s, -〈浅いプールの様な〉.

みずあたり 水あたり Wasservergiftung f. -en／水あたりをする durch unbekömmliches Wasser Durchfall haben／当地で水あたりした Das Wasser hier ist mir sehr schlecht bekommen.

みずあび 水浴びする baden (im Wasser).

みずあめ 水飴 die weiche Karamelle, -n (ほう pl).

みすい 未遂 Versuch m. -[e]s, -e／未遂に unvollendet; versucht／暗殺計画は未遂に終わった Das Attentat wurde nicht ausgeführt.‖ 未遂犯 Versuchsstraftat f. -en／殺人未遂 Mordversuch m. -[e]s, -e／自殺未遂 Selbstmordversuch m. -[e]s, -e.

みずいらず 水入らず unter sich; für sich／水いらずで暮らす ungestört für sich leben〖夫婦 Ehepaar n. -[e]s, -e が(als)主語〗／水いらずで im Kreis der Familie／友人だけの水いらずの会合 eine geschlossene Gesellschaft (-en) unter Freunden; ein (ungestörtes) Beisammensein* (-s) im Kreis der Freunde.

みずいれ 水入れ Wasser|flasche f. -n (-kanne f. -n).

みずいろ 水色の hellblau.

みずうみ 湖 See m. -s, -n／そのホテルは湖に面している Das Hotel blickt auf den See.

みずえる 見据える an|starren*[4]; fixieren*[4].

みずおけ 水桶 Wassereimer m. -s, -; Pütze f. -n; Kelle f. -n／水桶一杯の eimervoll.

みずおと 水音 Plumps m. -es, -e; das Platschen*, -s／水音立てて〈ざぶんと〉Plump[s]!; Platsch!

みずかがみ 水鏡 Wasserspiegel m. -s, -／水鏡に映る 'sich im Wasser spiegeln／水鏡に映る*[4]et im Wasser spiegeln.

みずかき 水掻 Schwimmhaut f. -e; Tauch|flosse (Schwimm--) (f. -n)［zum Sporttauchen］.

みずかけろん 水掛論 das ewige Hin und Her, des -- und -[s]; die ewige Meinungsverschiedenheit, -en; der müßige Wortwechsel, -s;《俗》die ewige Tauziehen*, -s／水掛論をする darauf fest|stehen* und nie ein|räumen〖主語はpl 形で〗; ins Fass der Danaiden schöpfen［beim Wortstreit］.

みずかさ 水嵩 Wasser|höhe f. -n -|stand m. -[e]s, -e; -masse (f. -n)／水嵩がニメートル増した(減った)Das Wasser ist um 2 Meter gestiegen (gefallen).

みずがし 水菓子 Obst n. -[e]s ⇨くだもの(果物).

みずがめ 水瓶座［天］Wassermann m. -[e]s, -er.

みずから 自ら persönlich; in (eigener) Person; selbst; selber; eigenhändig［手渡し］; direkt［直接］; 自ら進んで aus eigenem Antrieb; aus freien Stücken; von sich aus.

みずぎ 水着 Badeanzug m. -[e]s, -e.

みずきり 水切りする［遊戯］Steine auf das Wasser hinaus laufen lassen*.

みずぎわ 水際 am Rand des Wassers (des Baches; des Brunnens)／水際へ an den Rand des Wassers／水際立った(立って) glänzend; tadellos; vorzüglich; perfekt.

みずくさ 水草 Wasserpflanze f. -n.

みずくさい 水臭い［よそよそしい］kühl; reserviert; zugeknöpft／水臭いことをするな Sei kein Frosch!［遠慮するな］; Mache keinen Kohl!［馬鹿げたまねするな、俺に対して］; Wollen Sie mich beleidigen?［気をわるくするよ］／水臭い奴だな［多少怒りを含めて］Du bist mir ein schöner Freund.／Das finde ich sehr nicht schön.

みずぐすり 水薬 die flüssige Arznei, -en; das flüssige Medikament, -[e]s, -e.

みずくみ 水汲みをする Wasser schöpfen (aus*[3]; mit*[3])／水汲みに行く Wasser holen.

みずぐるま 水車 Wasser|mühle f. -n (-rad n. -[e]s, -er).

みずけ 水気 Nässe f.; Feuchtigkeit f. -en; Saftigkeit f.［果実の］／水気のある wässe|rig; wasserhaltig; feucht; nass; saftig／水気のない trocken; dürr; saftlos.

みずげい 水芸 Wasserspielkunst f. -e.

みずけむり 水煙 Wasserwolke f. -n; Wasserstaub m. -[e]s, -e／水煙をたてる den Wasserstaub auf|wirbeln［たてるものが主語］／in Wasserwolken gehüllt sein〈つつまれる、滝などが〉.

みずごけ 水苔 Torfmoos n. -es, -e.

みずこし 水漉し Durchschlag m. -[e]s, -e; Sieb n. -[e]s, -e.

みずごす 見過ごす ⇨みのがす.

みずこし 水こぼし die Schüssel (-n) für Teereste; Wassereimer m. -s, -［洗面の水を棄てる］.

みずさいばい 水栽培 im Wasser wachsen lassen*[4].

みずさかずき 水杯 ein Trunk Wasser zum Abschied／水杯をかわす zum Abschied einen Trunk Wasser zu sich nehmen* (mit*[3]).

みずさきあんない 水先案内 Lotse m. -n. -n［人］; das Lotsen*, -s (すること)／水先案内する lotsen*[4]; ein|lotsen*[4]［港内へ］／水先案内をする lotsen*[4]［港外へ］‖ 水先案内船 Lotsenboot n. -[e]s, -e／水先案内料 Lotsengeld n. -[e]s, -e.

みずさし 水差し Kanne f. -n; Krug m. -[e]s, -e.

みずしごと 水仕事 das Waschen*, -s; Wäscherei f. -en; Küchenarbeit f. -en／水仕事で手があれる Die Hände werden wegen

みずしょうばい 水商売 Gast|gewerbe *n.* -s, - 《wirtschaft *f.* -en》/水商売は手堅い商売ではない、あたれば別だ Ein solides Geschäft ist das Gastgewerbe nicht, es sei denn, dass es glückt.

みずしらず 見ず知らずの völlig (total) fremd; niegesehen.

みずすまし 水澄し Wasser|spinne *f.* -n (-läufer *m.* -s, -).

みずぜめ 水攻め Wasserprobe *f.* -n 《拷問》; Überschwemmung *f.* -en 《洪水戦術》; das Abschneiden* 《-s》 der Wasserversorgung 《供給を絶つ》/水攻めにする mit Wasserprobe foltern⁴ (martern⁴); überschwemmen⁴; unter Wasser setzen⁴; jm die Wasserversorgung ab|schneiden*.

みずたま 水玉 Wassertropfen *m.* -s, - 《水滴》; Blase *f.* -n 《泡》‖ 水玉模様 das gepunktete Muster, -s, -.

みずたまり 水溜り Pfütze *f.* -n; Pfuhl *m.* -[e]s, -e; Lache *f.* -n.

みずため 水溜め Wasser|behälter *m.* -s, - (-becken *n.* -s, -; -reservoir *n.* -s, -s).

みずっぽい 水っぽい wäss[e]rig/この酒は水っぽい Dieser Reiswein enthält zu viel Wasser.

みずでっぽう 水鉄砲 Spritze *f.* -n; Wasserpistole *f.* -n/水鉄砲を打つ mit einer Wasserpistole auf jn spritzen.

みずてる 見捨てる auf|geben*⁴ 《放棄》; verlassen*⁴ 《退去》; im Stich lassen*⁴ 《見殺しにする》; sitzen lassen*⁴ 《女を》.

みずどけい 水時計 Wasseruhr *f.* -en.

みずとり 水鳥 Wasservogel *m.* -s, ".

みずはけ 水はけ Abfluss *m.* -es, "e/ここは水はけが悪い Das Wasser fließt hier schlecht ab./ここは水はけがよい Das Wasser hat hier einen guten Abfluss.

みずばしら 水柱 Wassersäule *f.* -n; Wasserstrahl *m.* -[e]s, -en 《噴水など》; Wasserhose *f.* -n 《竜巻》.

みずばな 水洟 der wäss[e]rige Nasenschleim, -[e]s, -e; der wäss[e]rige Rotz, -es/水洟が出る Die Nase läuft.

みずひき 水引 die Rot-Weiß-Schnur, "e 《紅白》; die Schwarz-Weiß-Schnur 《黒白》/水引をかける [mit einer Rot-Weiß-Schnur] geschenkfertig ein|wickeln.

みずびたし 水浸しになる unter Wasser stehen*; überflutet (überschwemmt) werden*/消防で家を水浸しにされた Von der Feuerwehr völlig begossen ist mein Haus triefend nass.

みずぶくれ 水ぶくれ Blase *f.* -n; Bläschen *n.* -s, -.

みずぶそく 水不足 Wasser|not *f.* (-mangel *m.* -s).

ミスプリント Druckfehler *m.* -s, -.

みずぼうそう 水疱瘡 Wasser|pocken (-blattern) (*pl*); Windpocken (*pl*).

みずぼらしい armselig; erbärmlich; miserabel.

みずまき 水撒き Begießung *f.* -en/水撒きをする [mit Wasser] begießen*⁴/通りに水撒きをする die Straße sprengen ‖ 水撒車 Sprengwagen *m.* -s, -.

みずまくら 水枕 Wasserkissen *n.* -s, -.

みずまし 水増しする mit ³Wasser verdünnen⁴; [株などを]erweitern⁴.

みずます 見澄ます genau beobachten⁴; ⁴sich versichern²; ⁴sich vergewissern⁴.

みすみす ¶ 目標間近にしてみすみす引返さねばならないWie schade, dass wir jetzt umkehren müssen, wo wir unser Ziel dicht (nahe) vor unseren Augen haben./彼は家が燃え落ちるのをみすみす見ているより他なかった Es blieb ihm nichts übrig, als hilflos zuzusehen, wie sein Haus in Flammen aufging.

みずみずしい 瑞々しい lebens|frisch (morgen-; tau-); blühend; frisch und gesund.

みずむし 水虫 Wasserläufer *m.* -s, - 《虫》; Fuß|pilz (Haut-) *m.* -es, -e 《病》.

みずもの 水物 Risiko *n.* -s, -s 《賭事》; Glückssache *f.* -n; das Spiel [-[e]s, -e] des Zufalls/この商売は水物ですからね Bei diesem Geschäft muss man Glück haben.

みする 魅する bezaubern⁴; behexen⁴; bestricken⁴; fesseln⁴ entzücken⁴.

みせ 店 Laden *m.* -s, "; Geschäft *n.* -[e]s, -e; Bude *f.* -n 《露店》/店を開く《開業》einen Laden eröffnen; ein Geschäft auf|machen/店を閉じる《閉業》einen Laden zu|machen; ein Geschäft auf|geben*/あの店は七時に閉める Das Geschäft schließt um 7 Uhr.

みせいねん 未成年 Minderjährigkeit *f.*; Unmündigkeit *f.*/未成年の minderjährig; unmündig/未成年の方は入場お断りします Jugentliche haben keinen Zutritt./未成年者 der Minderjährige*, -n, -n; der Jugendliche*, -n, -n 《十四歳から十八歳までの》.

みせかけ 見せかけ Aussehen *n.* -s; das Äußere*, -n; Schein *m.* -[e]s, -e/見せかけの scheinbar; angeblich; vorgeblich.

みせかける 見せかける ³sich den Anschein geben*⁴, [als ob ...]; vor|geben*⁴ vor|täuschen⁴; simulieren⁴/彼は金があるように見せかけているだけだ Er tut nur so, als ob er reich wäre./彼は病気を見せかけている Er simuliert die Krankheit.

みせがね 見せ金 Schaugeld *n.* -[e]s, -er.

みせじまい 店仕舞 Ladenschluss *m.* -es, "e/店仕舞する den Laden schließen*.

みせしめ 見せしめ Warnung *f.* -en 《警告》; Abschreckungsmittel *n.* -s, - 《威嚇手段》; Beispiel *n.* -[e]s, -e 《実例》; Lektion *f.* -en 《教訓》/これは将来の見せしめのためです Das soll eine Warnung für die Zukunft sein./この失敗は彼のための良い見せしめとなった Der Misserfolg war für ihn eine gute Lektion.

みせつける 見せつける ⇒みせびらかす

みせに 身銭を切る aus seiner eigenen Tasche drauf|legen (zahlen).

みせびらかす 見せびらかす zur ³Schau tragen*⁴; stolz zeigen*⁴; prahlen 《mit³》.

みせもの 見世物 Ausstellung *f.* -en; Schaustellung *f.* -en/見世物にする zur ³Schau stellen⁴; aus|stellen⁴; schau|stellen⁴ ‖ 見世物小屋 Schaubude *f.* -n/見世物

師 Schausteller *m.* –s, –.

みせる 見せる zeigen[3 4]; *jn* 〔an〕sehen lassen*[4]; aus|stellen[4] 《見世物として》/医者に見せる einen Arzt konsultieren/手の内を見せる *jn* in eine Sache (in ein Geheimnis) ein|weihen/おい, 見せろ Zeig's mal her!

みぜん 未然に防ぐ verhüten[4] 《例: ein [4]Unglück》; vor|beugen[3] 《例: einer [3]Gefahr》; zuvor|kommen*[3] [s]; im Keime ersticken[4].

みそ 味噌 Miso *n.* –s, –s.

みぞ 溝 ❶ Graben *m.* –s, ¨; Straßengraben *m.* –s, ¨; Rinne *f.* –n; Gosse *f.* –n 《下水への落とし口》. ❷ [条溝] 〖工·建〗 Nut〔e〕 *f.* ..ten; Riefe *f.* –n; Rille *f.* –n/溝をほる einen Graben graben* (ziehen*; aus|heben*); nuten[4]; riefen[4]; rillen[4]. ❸ [へだて] Riss *m.* –es, –e; Kluft *f.* ¨e/階級対立の溝 die Kluft der Klassengegenstände/彼らの間に深い溝ができた In ihre Freundschaft kam ein tiefer Riss.

みぞう 未曾有の beispiellos; unerhört; Rekord brechend 《記録破り》; einmalig; ohnegleichen; phänomenal 《希有の》; epochal 《画期的》/未曾有の大事業 das größte Unternehmen seit Menschengedenken.

みぞおち 鳩尾 Herz¦grube (Magen–) *f.* –n.

みそか 晦日 der letzte Tag des Monats/晦日払いする am Monatsende zahlen ‖ 大晦日 der letzte Tag des Jahres; Silvester *m.* –s.

みそぎ 禊 Abwaschung *f.* –en; Reinigung *f.* –en/禊をする [4]sich 〔im Wasser〕 ab|waschen* (reinigen).

みそくそ みそくそに言う schlecht reden 《*über*[4]》; schimpfen 《*über*[4]》; *jn* schimpfen 《面と向かって》.

みそこない 見損い Verkennung *f.* –en; ein falsches (irriges) Urteil, –s, –e.

みそこなう 見損う verkennen*[4]; falsch beurteilen[4]; missdeuten[4].

みそさざい 〖鳥〗 Zaunkönig *m.* –s, –e.

みそしき 未組織の unorganisiert ‖ 未組織労働者 ein unorganisierter Arbeiter, –s, –.

みそめる 見初める [4]sich beim ersten Anblick verlieben 《in *jn*》.

みぞれ 霙 Schlack *m.* –〔e〕s; Schneeregen *m.* –s, –/霙が降る Es schlack〔er〕t.

みそれる 見それる nicht 〔wieder|〕erkennen[4]/お見それ申してすみません Entschuldigen Sie, dass ich Sie nicht gleich erkannt habe!

〜みたい ❶ [...したい] möchte 〔gern〕 .../一度ドイツに行ってみたい Ich möchte gern einmal nach Deutschland gehen./彼に会ってみたいかい Möchtest du ihn sehen? ❷ [...のような] 《*conj*》 wie .../雪みたいに白い weiß wie Schnee/彼は子供みたいに振舞った Er benahm sich wie ein Kind.

みだし 見出し Index *m.* –〔es〕, –e (..dizes) 《索引》; Inhaltsverzeichnis *n.* ..nisses, ..nisse 《目次》; Überschrift *f.* –en 《標題》; Schlagzeile *f.* –n 《新聞の》 ‖ 見出しカード Kartei¦karte *f.* –n (–zettel *m.* –s, –)/見出し語 Stichwort *n.* –〔e〕s, ¨er/大見出し Schlagzeile 《新聞の》/小見出し Untertitel *m.* –s, –.

みだしなみ 身嗜み Toilette *f.* –n 《化粧》; Bildung *f.* –en 《教養》; Manieren 《*pl* 作法》/身嗜みのよい男 ein gepflegter Mann, –〔e〕s, ¨er 《外見》/彼は身嗜みがよい Er hat feine (gute) Manieren. 《作法》.

みたす 満たす ❶ [充満させる] füllen[4] 《*mit*[3]》; erfüllen[4] 《*mit*[3]》; ergänzen[4] 《不足分を》/盃をワインで満たす einen Becher (ein Glas) mit [3]Wein füllen. ❷ [満足させる] befriedigen[4] 《欲望·好奇心などを》; erfüllen[4] 《願望などを》; decken[4] 《需要などを》/空腹を満たす den Hunger befriedigen (stillen)/彼の願いは満たされた Sein Wunsch ist erfüllt worden.

みだす 乱す in [4]Unordnung (Verwirrung) bringen*/治安を乱す die öffentliche Ruhe stören / 風紀を乱す gute Sitten verderben*; gegen die guten Sitten verstoßen*/歩調を乱す aus dem Schritt kommen* [s]/規律を乱す die Disziplin verletzen/髪をふり乱して mit wirren (wilden) Haaren.

みたて 見立て ❶ [診断] Diagnose *f.* –n/見立て違い eine falsche Diagnose. ❷ [選択] Auswahl *f.* –en/仲々よいお見立てです Sie haben gut gewählt. ¦ Sie haben guten Geschmack. ❸ [判断] Urteil *n.* –s, –e; Gutachten *n.* –s, – 《鑑定》; Schätzung *f.* –en 《見積もり》/彼の見立てによれば nach seiner [3]Schätzung.

みたてる 見立てる ❶ [診断] diagnostizieren; eine Diagnose stellen. ❷ [選択] 〔aus|〕wählen[4]. ❸ [判断] beurteilen[4]; begutachten[4] 《鑑定する》; schätzen[4] 《見積もる》. ❹ [擬する] ⇨なぞらえる.

みたま 御霊 ❶ [死者の] Seele *f.* –n; Geist *m.* –〔e〕s, –er. ❷ [聖霊] der Heilige Geist.

みだら 淫らな anstößig; unanständig; unzüchtig; obszön; unmoralisch; unsittlich/淫らな振舞をする [4]sich anstößig (unanständig) benehmen*.

みだりに ❶ [勝手に] ohne [4]Erlaubnis. ❷ [理由なく] ohne [4]Grund. ❸ [ほしいままに] willkürlich. ❹ [むやみに] unbesonnen/みだりに生命を危険に曝してはならない Man soll sein Leben nicht nutzlos aufs Spiel setzen.

みだれ 乱れ Unordnung *f.* –en; Verwirrung *f.* –en; Unregelmäßigkeit *f.* –en 《不規則》; Störung *f.* –en 《故障》.

みだれかご 乱れ籠 der Korb (–〔e〕s, ¨e) zur Kleiderablage.

みだれがみ 乱れ髪 wirres (wildes) Haar, –〔e〕s, –e.

みだれる 乱れる in [4]Unordnung (Verwirrung) geraten* [s]/風紀が乱れる Die Sitten werden locker./歩調が乱れる aus dem Schritt kommen* [s]/髪が乱れる Das Haar gerät in Unordnung./規律が乱れる Die Disziplin wird locker./国が乱れる Im Land herrscht Unordnung./財政が乱れる Die Finanzlage verschlechtert sich.

みち 道, 路 ❶ [道路] Weg *m.* –〔e〕s, –e; Straße *f.* –n; Pfad *m.* –〔e〕s, –e 《小道》/道に迷う [4]sich verirren; [4]sich verlaufen*; den 〔rechten〕 Weg verlieren*/道を聞く *jn* nach dem Weg fragen/道を拓く den Weg bahnen/道を教える *jm* den Weg zeigen/道を作る eine Straße an|legen (bauen)/道を譲る *jm* aus dem Weg treten* [s]; beiseite treten* [s]; *jn* vor|gehen lassen*. ❷ [途中] 道で auf dem Wege; unterwegs. ❸ [方法] Weg *m.* -[e]s, -e; Mittel *n.* -s, -; Methode *f.* -n; Möglichkeit *f.* -en/他に道がない Es gibt keine andere Möglichkeit. ❹ [道徳] 道ならぬ恋 die verbotene Liebe, -n/道に背く gegen ^{4}Gesetz und ^{4}Moral verstoßen*; gegen die gute Sitte verstoßen*. ❺ [専門] その道の人 Fachmann *m.* -[e]s, ..leute; Spezialist *m.* -en, -en/彼はその道の大家だ Er ist eine Autorität auf seinem Spezialgebiet.

みち 未知の unbekannt; fremd/未知の人 der Unbekannte* (Fremde*), -n, -n ‖ 未知数〘数〙eine unbekannte Größe, -n.

みちあんない 道案内 Führung *f.* -en; Führer *m.* -s, -《人》; Begleiter *m.* -s, -《同伴者》; Wegweiser *m.* -s, -《道標》/道案内をする *jn* führen; *jn* begleiten; den Führer machen《für *jn*》.

みちがえる 見違える verwechseln^4《*mit*^{3} 混同する》; ^{4}sich versehen*《見あやまる》/あの兄弟は見違える程そっくりだ Die Brüder sehen sich zum Verwechseln ähnlich./彼女は見違える程美しくなった Sie ist so schön geworden, dass man sie nicht wieder erkennt.

みちくさ 道草をくう ^{3}sich unterwegs (auf dem Weg[e]) Zeit lassen*; bummeln.

みちしお 満潮 Flut *f.* -en.

みちじゅん 道順 Route *f.* -n; Weg *m.* -[e]s, -e/駅への道順を教えて下さいませんか Können (Könnten) Sie mir bitte sagen, wie man zum Bahnhof geht?

みちしるべ 道しるべ Wegweiser *m.* -s, -; Richtungsschild *n.* -[e]s, -er.

みちすじ 道筋 Route *f.* -n; Weg *m.* -[e]s, -e/彼の住居はこの道筋にある Seine Wohnung liegt an diesem Weg (an dieser Strecke).

みちづれ 道連れ der Mitreisende*, -n, -n; Reisegefährte *m.* -n, -n; Begleiter *m.* -s, -/旅は道連れ世は情 ‚Eine Hand wäscht die andere.'

みちならし 道均しをする ^{4}Straßen eb[e]nen ‖ 道均しローラー Straßen¦walze (Dampf-) *f.* -n

みちのり 道程 〔Weg〕strecke *f.* -n; Entfernung *f.* -en《距離》/ここから町までは長い道程です Von hier bis zur Stadt ist es ein weiter Weg

みちばた 道端に am Weg[e]; an der Straße; am Straßenrand; am Wegrand/道端の一本の木 ein Baum an der Straße.

みちはば 道幅 die Breite der ^{2}Straße; Straßenbreite *f.* -n.

みちひ 満干 ⇨**かんまん**(干満).

みちびき 導き Führung *f.* -en; Leitung *f.* -en.

みちびく 導く führen^4; leiten^4.

みちぶしん 道普請 Straßenbau *m.* -[e]s, -e; Straßenausbesserung *f.* -en《改修》/道普請をする Straßen bauen (aus|bessern).

みちみち 道々 auf dem Weg[e]; unterwegs/僕は道々君のことばかり考えていた Während ich ging, dachte ich nur an dich.

みちゃく 未着の noch nicht angekommen; noch unterwegs/この品物は未着です Die Waren sind noch nicht da. ¦ Die Waren sind noch unterwegs.《発送済》.

みちる 満ちる ❶ [充満] voll werden《*von*^{3}》; voll sein《*von*^{3}》; erfüllt sein《*mit*^{3}; *von*^{3}》/煙が部屋に満ちている Das Zimmer ist mit Rauch erfüllt. ❷ [満期] ab|laufen* [s]; herum sein/彼の刑期は既に満ちている Seine Strafzeit ist schon abgelaufen (herum). ❸ [潮が] 潮が満ちてくる Die Flut steigt (kommt). ❹ [月が] voll werden (sein); zu|nehmen*.

みつ 蜜 Honig *m.* -s/甘言蜜の如し süß wie ^{1}Honig reden.

みつうん 密雲 dichte (schwere) Wolken《*pl*》.

みっか 三日 drei Tage《三日間》; der dritte Tag《第三日》/三日おきに alle drei Tage/十一月三日 der dritte November/彼は何をやっても三日坊主だ Er wird jeder Arbeit schnell satt.

みつが 密画 Miniaturbild *n.* -[e]s, -er.

みっかい 密会 die geheime (heimliche) Zusammenkunft; Stelldichein *n.* -s (Rendezvous *n.* -)《男女の》/密会する ^{4}sich heimlich treffen*.

みつかど 三つ角 eine sich in drei Teile《*pl*》gabelnde Straße, -n.

みつかる 見付かる gefunden (gesehen; entdeckt) werden; ertappt (erwischt) werden《犯行の現場を》.

みつぎ 密議 eine geheime Beratung, -en; die Beratung (Besprechung, -en) hinter verschlossenen ^{3}Türen/密議する heimlich (bei verschlossenen Türen) beraten^4.

みつぎ 貢 Tribut *m.* -[e]s, -e; Abgabe *f.* -n/貢を課する(納める) einen Tribut auf|erlegen (zahlen).

みっきょう 密教 die esoterische Schule des Buddhismus.

みつぐ 貢ぐ Geld geben*^{3}; finanziell unterstützen^4. ⇨**みつぎ**(貢).

みつくろう 見繕う ⇨**みはからい**.

みっけい 密計 ein geheimer (heimlicher) Plan, -[e]s, ⸚e; Verschwörung *f.* -en《陰謀》.

みつげつ 蜜月 Honig¦mond *m.* -[e]s (-wochen《*pl*》); Flitterwochen《*pl*》/蜜月を過ごす die Flitterwochen verleben ‖ 蜜月旅行 Hochzeitsreise *f.* -n.

みつける 見つける ❶ [発見] finden*^{4}; ausfindig machen^4; entdecken^4《発見》; erfinden*^{4}《発明》; bemerken^4《気付く》; 《犯行の現場を》 ertappen^4 (erwischen^4)《*bei*^{3}》; suchen^4《*nach*^{3}, 捜す》. ❷ ⇨**みなれる**.

みつご 三つ子 ❶ [三歳の児] ein dreijähriges Kind, -[e]s, -er; ein kleines Kind《幼い子》/三つ子の魂百まで Die Seele des dreijährigen Kindes bleibt unveränderlich während des ganzen Lebens. ❷ [三生児] Drillinge《*pl*》.

みっこう 密航 die heimliche Überfahrt 〔ohne behördliche ⁴Erlaubnis〕/密航する heimlich (ohne behördliche ⁴Erlaubnis) mit|fahren* [s] ‖ 密航者 ein blinder Passagier, -s, -e.
みっこう 密行する heimlich gehen* [s]; heimlich patrouillieren《警察の》.
みっこく 密告 die 〔geheime〕 Anzeige, -n; Denunziation *f.* -en/密告する 〔heimlich〕 an|zeigen⁴; denunzieren⁴ ‖ 密告者 Anzeiger *m.* -s, -; Denunziant *m.* -en, -en.
みつじ 密事 Geheimnis *n.* ..nisses, ..nisse; Heimlichkeit *f.* -en/密事が露見した Die Heimlichkeiten kamen an den Tag.
みっし 密使 Geheimbote *m.* -n, -n; Emissär *m.* -s, -e.
みっしつ 密室 Geheimzimmer *n.* -s, -《秘密の部屋》; ein verschlossenes Zimmer《閉ざされた部屋》.
みっしゅう 密集する ⁴sich dicht 〔zusammen|〕scharen; in ³Scharen stehen*; ⁴sich 〔zusammen|〕drängen/密集した dicht gedrängt; geschlossen.
みっしょ 密書 Geheimschreiben *n.* -s, -.
ミッションスクール Missionsschule *f.* -n.
みっしり ⇨みっちり.
みっせい 密生する dicht wachsen* [s]; dicht stehen*.
みっせつ 密接な eng; nah; intim/密接な関係 eine enge (nahe) Beziehung, -en/密接な関係にある eng zusammen|hängen*《*mit*³》; in engen ³Beziehungen stehen*《*zu*³》.
みっそう 密葬 eine heimliche Bestattung/密葬する heimlich bestatten《*jn*》.
みつぞう 密造 die illegale Herstellung, -en; Schwarzherstellung *f.*/密造する schwarz (heimlich) her|stellen⁴/ビール(焼酎)を密造する heimlich Bier brauen (Branntwein brennen*).
みつぞろい 三揃い Anzug *m.* -〔e〕s, ⸚e.
みつだん 密談 eine geheime Besprechung, -en; ein geheimes Gespräch, -〔e〕s, -e; ein Gespräch (eine Besprechng) unter vier ³Augen《二人きりの》/密談する heimlich (unter vier Augen) besprechen*⁴.
みっちゃく 密着する kleben《*an*³》; haften《*an*³》‖ 密着印画〖写〗Kontaktkopie *f.* -n; Kontaktabzug *m.* -〔e〕s, ⸚e.
みっちり ❶ [熱心に] fleißig; eifrig; tüchtig/みっちり勉強する fleißig (tüchtig) arbeiten. ❷ [厳しく] streng; tüchtig/みっちり仕込む *jm* streng bei|bringen*⁴/みっちり叱る *jn* tüchtig aus|schelten*.
みっつう 密通 die wilde Ehe, -n; Betrug *m.* -〔e〕s; Ehebruch *m.* -〔e〕s, ⸚e; Liebeshandel *m.* -s, ⸚/密通する in wilder Ehe leben《*mit*³》; ehe|brechen*; seinen Mann (seine Frau) betrügen*《mit *jm*》; Ehebruch begehen*; einen 〔Haus〕freund haben.
みってい 密偵 Spion *m.* -s, -e; ein 〔heimlicher〕 Kundschafter, -s, -; Späher *m.* -s, -; Spitzel *m.* -s, -.
ミット Fanghandschuh *m.* -〔e〕s, -e.
みつど 密度〖理・数〗Dichte *f.* -n; Dichtheit *f.* -en; Dichtigkeit *f.* -en ‖ 密度計 Dichtemesser *m.* -s, -/人口密度 Bevölkerungsdichte.
みっともない hässlich; ungehörig; [不体裁] unanständig; liederlich《だらしない》; [みすぼらしい] ärmlich; elend; schäbig; [不名誉] schändlich; schmachvoll/みっともない行動 das ungehörige Benehmen, -s/みっともないぞ Schäme dich!
みつば 三つ葉 eine Art von ³Sellerie.
みつばい 密売 ein ungesetzlicher (illegaler) Handel, -s, ⸚; Schwarzhandel *m.* -s, ⸚/密売する heimlich (illegal; schwarz) verkaufen⁴.
みつばち 蜜蜂 〔Honig〕biene *f.* -n/蜜蜂の女王 Bienenkönigin *f.* ..ginnen/蜜蜂の巣 Bienenstock *m.* -〔e〕s, ⸚e.
みっぷう 密封する gut versiegeln⁴.
みっぺい 密閉する fest verschließen*⁴; hermetisch (luftdicht) verschließen*⁴《空気が入らぬように》.
みつぼう 密謀 Komplott *n.* -〔e〕s, -e; Verschwörung *f.* -en; Anschlag *m.* -〔e〕s, ⸚e; Intrige *f.* -n.
みつぼうえき 密貿易 Schmuggelei *f.* -en.
みつまた 三叉 Dreizack *m.* -〔e〕s, -e/三叉の dreizackig / 三叉の槍 ein dreizackiger Speer, -〔e〕s, -e.
みつめる 見詰める unverwandt an|sehen*⁴; an|starren⁴; starren《*auf*⁴》; an|glotzen⁴.
みつもり 見積もり Schätzung *f.* -en; Anschlag *m.* -〔e〕s, ⸚e; Überschlag *m.* -〔e〕s, ⸚e; Berechnung *f.* -en《計算》/私の見積もりでは nach meiner ³Schätzung ‖ 見積もり額 veranschlagte Kosten《*pl*》; Überschlagsrechnung *f.* -en.
みつもる 見積もる schätzen⁴; an|schlagen*⁴; veranschlagen⁴; überschlagen*⁴; berechnen⁴/費用を見積もる die Kosten überschlagen* (veranschlagen)/損害を見積もる einen Schaden schätzen/宝石の価値は数千ユーロと見積もられている Der Wert der Juwelen wird auf mehrere tausend Euro geschätzt.
みつやく 密約 das geheime Einvernehmen, -s; eine geheime Vereinbarung, -en; ein geheimer Vertrag, -〔e〕s, ⸚e (Pakt, -〔e〕s, -e)《密約協定》/密約を結ぶ einen geheimen Vertrag schließen*/密約する ⁴sich mit *jm* heimlich vereinbaren*《*über*⁴》.
みつゆにゅう 密輸入 Schmuggel *m.* -s; Schmuggelei *f.* -en/密輸入する ein|schmuggeln⁴ ‖ 密輸入者 Schmuggler *m.* -s, -/密輸入船 Schmugglerschiff *n.* -〔e〕s, -e/密輸入品 Schmuggelware *f.* -n.
みつりょう 密猟 Wilddieberei *f.* -en/密猟する wildern; wilddieben ‖ 密猟者 Wilddieb *m.* -〔e〕s, -e; Wilderer *m.* -s, -.
みつりん 密林 ein dichter Wald, -〔e〕s, ⸚er; Dickicht *n.* -〔e〕s, -e; Dschungel *m.* -s, -.
みつろう 蜜蝋 Bienenwachs *n.* -es.
みてい 未定の noch nicht bestimmt; 〔noch〕 unbestimmt (unentschieden; ungewiss) ‖ 未定稿 ein rohes (ungefeiltes) Manuskript, -〔e〕s, -e/演題未定 Das Thema

ミディ ミディスカート Midirock *m.* -(e)s, -.

みてとる 看て取る *jm* ˈet an|sehen⁴ 〈an|merken〉; merken⁴; erkennen⁴/私は彼が別人であることを即座に看て取った Ich sah sofort, dass er ein anderer Mensch war./彼は私の意図を一目で看て取った Er hat meine Absicht auf den ersten Blick gemerkt.

みとおし 見通し ❶ [洞察] Einsicht *f.* -en; Einblick *m.* -(e)s, -e. ❷ [先見] Voraussicht *f.* -en. ❸ [展望] Übersicht *f.* -en; Ausblick *m.* -(e)s, -e; Aussicht *f.* -en; Perspektive *f.* -n/将来への見通しまだ見通しが立たない Das ist noch nicht zu übersehen.

みとおす 見通す ❶ [洞察] ein|sehen⁴; durchschauen⁴ 〈見破る〉. ❷ [先見] voraus|sehen⁴ 〈vorher|-〉. ❸ [展望] übersehen⁴; eine Aussicht 〈einen Ausblick〉 haben.

みとがめる 見咎める *jn* ertappen 《*bei*³》; *jn* erwischen 《*bei*³》/彼は盗みの現場を見咎められた Er wurde bei einem Diebstahl erwischt (ertappt).

みどころ 見所 ⇨みこみ①.

みとどける 見届ける mit seinen eigenen ³Augen sehen⁴; ⁴sich überzeugen 《*von*³》; sich versichern¹.

みとめ 認め[印] Stempel *m.* -s, -.

みとめる 認める ❶ [見る] erblicken⁴; bemerken⁴; entdecken⁴/水平線上に島影を認める am Horizont eine Insel entdecken. ❷ [承認] an|erkennen⁴*》; zu|billigen³⁴》/ある人の権利を認める *jm* ein Recht zu|billigen. ❸ [認容] zu|geben³⁴; ein|räumen³⁴》/彼は自分の過ちを認めようとしなかった Er wollte nicht zugeben, dass er falsch gehandelt habe. ❹ [判定] für schuldig erklären¹/私はそれを嘘と認めざるをえない Ich muss das für eine Lüge erklären.

みどり 緑 Grün *n.* -s/緑色の grün/緑がかった grünlich/緑の黒髪 rabenschwarzes Haar, -s, -e.

みとりず 見取図 Skizze *f.* -n; Umriss[zeichnung] (Roh-) *f.* -en/見取図を作るeine Skizze machen (entwerfen*) 《*von*³》.

ミドルきゅう ミドル級 Mittelgewicht *n.* -(e)s, -e/ミドル級のボクサー Mittelgewichtler *m.* -s, -.

みとれる 見とれる entzückt an|sehen⁴》 〈zu|sehen*³》; bewundern⁴; in ³Bewunderung verloren sein/ぽかんと見とれる an|gaffen⁴/見とれるような entzückend; bezaubernd.

みな 皆 [*pron*] alles; alle 《*pl*》; jeder 《各人》; [*adv*] ohne ⁴Ausnahme; ausnahmslos; durchgehend》/皆で suo in allem; im Ganzen; insgesamt; zusammen/皆でいくらですか Was macht das [alles] zusammen?/皆で行こう Wir wollen alle zusammen gehen./皆さん Meine Damen und Herren!/皆さんお休みなさい Gute Nacht allerseits!/皆さんお揃いですか Sind Sie alle schon gekommen?/それは皆私が悪かったのです Das ein-zig und allein meine Schuld.

みなおす 見直す ❶ [再び見る] noch einmal an|sehen⁴*》. ❷ [好転] eine günstige Wendung (zum ³Besseren) bekommen* (nehmen*); ⁴sich erholen 《景気などが》; ⁴sich bessern 《景気・病気などが》. ❸ [評価し直す] anders (höher) ein|schätzen⁴/僕は彼を見直した Ich habe gelernt, ihn höher einzuschätzen. Ich habe ihn bisher unterschätzt.

みなぎる 漲る 《潮や川の水が》 an|schwellen* [s]; an|wachsen* [s]; über|fließen*》 《溢れる》; voll (erfüllt) sein 《満ちている》; herrschen 《支配する》/あたりには殺気が漲っていた Die Atmosphäre war voll von Mordlust.

みなげ 身投げをする ⁴sich ins Wasser werfen*.

みなごろし 皆殺し Massenmord *m.* -(e)s, -e; Gemetzel *n.* -s, -; Blutbad *n.* -(e)s, -er/皆殺しにする bis auf den letzten Mann hin|metzeln⁴; ohne ⁴Ausnahme vernichten⁴.

みなしご 孤児 Waise *f.* -n; Waisenkind *n.* -(e)s, -er/孤児の verwaist.

みなす 見做す an|sehen⁴》 《*für*⁴ 《*als*⁴》》; betrachten⁴ 《*für*⁴ 《*als*⁴》》; halten⁴* 《*für*⁴》/我々は彼を敵と見做している Wir betrachten ihn als unseren Feind.

みなと 港 Hafen *m.* -s, ⸚/港町 Hafenstadt *f.* -e.

みなみ 南 Süden *m.* -s; Süd *m.* -(e)s/南の südlich; Süd-/南に südlich; im ³Süden; südwärts 《南方に》; nach ³Süden 《同上》/この部屋は南向きだ Das Zimmer geht nach Süden. ‖ 南アメリカ Südamerika *n.* -s/南風 Südwind *m.* -(e)s, -e/南シナ海 südchinesisches Meer, -(e)s/南十字星 das Kreuz (-es) des Südens; südliches Kreuz, -es/南ドイツ Süddeutschland *n.* -s.

みなみアフリカ 南アフリカ Südafrika *n.* -s/南アフリカの südafrikanisch ‖ 南アフリカ人 Südafrikaner *m.* -s, -.

みなもと 源 ❶ [水源] Quelle *f.* -n. ❷ [起因] Ursprung *m.* -s, -e; Anfang *m.* -(e)s, -e; Ausgangspunkt *m.* -(e)s, -e/…に源を…に発する seinen Ursprung haben 《*in*³》; ent|springen*³ [s].

みならい 見習 Lehrling *m.* s, e, Lehrjunge *m.* -n, -n 《少年》; Lehrmädchen *n.* -s, - 《少女》/見習奉公する in der ³Lehre sein (stehen*) 《*bei*³》/見習に入る in die Lehre kommen* (treten*) [s] 《*bei*³》/見習に採用する in die Lehre nehmen*⁴ 《*an*³》 ‖ 見習期間 Lehrjahr *n.* -(e)s, -e; Lehrzeit (Probe-) *f.* -en.

みならう 見習う ❶ [習得する] erlernen⁴. ❷ [まねる] ³jn ³Beispiel folgen; sich an ⁴Muster nehmen*》 《*an*³》; nach|ahmen⁴.

みなり 身なり Kleidung *f.* -en 《服装》; die äußere Erscheinung, -en 《外見》/身なりに気をつける viel auf das Äußere geben*.

みなれる 見慣れる ⁴sich gewöhnt sein; vertraut sein 《*mit*³》/見慣れない unbekannt; fremd; neu.

ミニ ミニカー Minicar *m.* -s, -s／ミニスカート Minirock *m.* -(e)s, ⸗e.

みにくい 醜い hässlich; unschön／醜い顔 ein hässliches Gesicht, -(e)s, -er.

みにくい 見にくい schwer erkennbar; schlecht anzusehen; undeutlich《不明瞭な》; unleserlich《判読し難い》.

ミニチュア Miniatur *f.* -en.

みぬく 見抜く durchschauen[4]; erkennen[4].

みぬふり 見ぬ振りをする〔意識的に〕übersehen[4]; ein Auge (beide Augen) zu|drücken《大目に見る》.

みね 峰〔山の〕Gipfel *m.* -s, -／Spitze *f.* -n; Rücken *m.* -s, -／〔刃の〕Rücken.

みねうち 峰打ち der Hieb (-(e)s, -e) mit dem Schwertrücken.

ミネラルウォーター Mineralwasser *n.* -s, ⸗.

みの 蓑 Strohmantel *m.* -s, ⸗.

みのう 未納の Rückständig; noch nicht bezahlt ‖ 未納金 Rückstände《*pl*》; Rest *m.* -(e)s, -e.

みのうえ 身の上 ❶〔運命〕⇨うんめい. ❷〔境遇〕⇨きょうぐう／身の上話をする die Geschichte seiner [2]Vergangenheit erzählen／身の上相談欄〔俗〕Seufzerspalte *f.* -n／身の上を相談する jm über seine persönlichen Angelegenheiten konsultieren／身の上判断 Wahrsagung *f.* -en.

みのがす 見逃す ❶〔見落とす〕übersehen[4]. ❷〔大目に見る〕übersehen[4]／jm durch die Finger sehen*; ein Auge (beide Augen) zu|drücken.

みのけ 身の毛のよだつような gruselig; haarsträubend; furchtbar; schrecklich; grauenhaft／身の毛のよだつような話 Gruselgeschichte *f.* -n.

みのこす 見残す ❶〔見落とす〕übersehen[4]; nicht merken[4]. ❷〔見ずに残す〕unbesehen lassen[4]／時間の都合で最後の幕を見残してしまった Weil ich in Eile war, konnte ich leider den letzten Akt nicht sehen.

みのしろ 身の代〔金〕Lösegeld *n.* -(e)s, -er.

みのたけ 身の丈 Größe *f.* -n ⇨しんちょう〔身長〕.

みのまわり 身の回りをきれいに保つ [4]sich sauber (ordentlich) halten*／身の回り品 tägliche Gebrauchsgegenstände《*pl*》; persönliche Effekten《*pl*》.

みのむし 蓑虫 Sack|spinner *m.* -s, -(-träger *m.* -s, -).

みのり 実り Ernte *f.* -n; Frucht *f.* ⸗e《果実》／実りのない unfruchtbar／実りがいい (わるい) eine gute (schlechte) Ernte haben.

みのる 実る [4]Früchte《*pl*》tragen*; reif werden《同上》; reifen《同上》.

みば 見場 Aussehen *n.* -s; das Äußere*f. -n; Erscheinung *f.* -en; Anblick *m.* -(e)s, -e／見場がいい gut (schön) aussehen.

みばえ 見映えがするgut (schön; vorteilhaft) aus|sehen*; [4]sich ab|heben*《*von*[3]》／見映えがしない schlecht aus|sehen*; nicht zur Wirkung kommen*《s》.

みはからい 見計らい das Gutdünken《Belieben》; Ermessen; Erachten《*n*》; Urteil *n.* -s, -e／見計らいで nach [3]Gutdünken (Belieben)／それは君の見計らいに任せるよ Ich stelle es in dein Ermessen.

みはからう 見計らう nach [3]Gutdünken aus|wählen (entscheiden[3]).

みはつ 未発の⇨みせい.

みはつたつ 未発達の unterentwickelt.

みはなす 見放す jn auf|geben*; jn verlassen*; jn im Stich lassen*; den Rücken kehren.

みはば 身幅 die Breite (-n) eines Kleides.

みはらい 未払〔高〕Rückstand *m.* -(e)s, ⸗e; die rückständige (unbezahlte) Summe, -n／未払の rückständig; unbezahlt／勘定が未払である mit [3]Zahlungen im Rückstand sein.

みはらし 見晴らし Aussicht *f.* -en; Fernsicht *f.* -en; Ausblick *m.* -(e)s, -e／ここは見晴らしがよい Man hat von diesem Platz einen schönen Ausblick.／Von hier aus hat man eine herrliche Aussicht.

みはらす 見晴らす überblicken[4]; überschauen[4]; übersehen[4]; eine freie (weite) Aussicht haben《*über*[4]; *auf*[4]》.

みはり 見張り ❶〔警戒〕Bewachung *f.* -en; Aufsicht *f.* -en《監督》; Ausschau *f.* (Ausguck *m.* -(e)s, -e《展望》) ／見張りをする Wache halten*; bewachen[4]; Aufsicht führen《*über*[4]》; Ausschau (Ausguck) halten*／見張りに立つ Wache (auf dem Ausguck) stehen*. ❷〔人〕Wache *f.* -n; Wächter *m.* -s, -; Posten *m.* -s, -《哨（しょう）兵》; Aufseher *m.* -s, -《監督者》.

みはる 見張る ❶〔警戒〕auf|passen《*auf*[4]》; auf der Hut sein《*vor*[3]》. ⇨みはり❶. ❷〔目を〕starren; große Augen machen.

みびいき 身贔屓 Vetternwirtschaft *f.* -en; Nepotismus *m.* -.

みぶり 身振り Gebärde *f.* -n; Geste *f.* -n／身振りをする [4]Gebärde (Gesten) machen／彼女はその事件を身振りおかしく報告した Er begleitet seinen Bericht mit ausdrucksvollen Gesten.

みぶるい 身震い das Zittern*《(Er)beben*; Schaudern*》, -s; Schauder *m.* -s, -／身震いするような schauder|haft (-erregend); grauenhaft; grässlich; furchtbar; entsetzlich; schrecklich.—身震いする zittern; (er)beben*; schaudern; es schaudert jm／そのことを考えると今でも身震いがする Mir schaudert jetzt noch, wenn ich daran denke.

みぶん 身分 die soziale Stellung, -en; Stand *m.* -(e)s, ⸗e《階級》; Rang *m.* -(e)s, ⸗e《位階》／身分のある人 hohe Persönlichkeit, -en／身分にかかわる [3]Ehre in [4]Gefahr bringen*; jn kompromittieren／身分相応に暮らす seinem sozialen Stand gemäß leben／彼は結構な御身分だ Er ist beneidenswert.／Er hat es gut. ‖ 身分証明書 Personalausweis *m.* -s, -e.

みぼうじん 未亡人 Witwe *f.* -n.

みほん 見本 Probe *f.* -n; Muster *n.* -s, -; Exemplar *n.* -s, -e ‖ 見本市 Messe *f.* -n／見本刷 Probedruck *m.* -(e)s, -e; Andruck *m.* -(e)s, -e／見本帳 Musterbuch *n.* -s,

みまい ~er/商品見本 Warenprobe f. -n; Muster ohne Wert (郵便物の上書き).
みまい 見舞 Besuch m. -[e]s, -e (訪問); Erkundigung f. -en (問い合せ)/見舞を述べる seine Anteilnahme aus|drücken[3]/一発お見舞する jm eine (4Ohrfeige) verpassen ‖ 見舞客 Besuch m. -[e]s, -e; Besucher m. -s, -/見舞金 Schmerzensgeld n. -[e]s, -er (慰藉料)/見舞状 Beileidsbrief m. -[e]s, -e (死亡・災難などに対する); Erkundigungsbrief (問い合せの)/見舞品 Geschenk n. -[e]s, -e/病気見舞 Krankenbesuch.
みまう 見舞う besuchen[4]; einen Besuch ab|statten[3]; 4sich erkundigen (nach[3])/友人を病院に見舞う einen Freund im Krankenhaus besuchen/東京は昨夜地震に見舞われた Tokio wurde heute Nacht von einem Erdbeben betroffen.
みまもる 見守る an|sehen*[4]; aufmerksam zu|sehen*[3]; an|starren[4].
みまわす 見回す umher|sehen* (-|blicken); 4sich um|sehen* (-|schauen); um 4sich sehen* (blicken).
みまわり 見回り Runde f. -n; Rundgang m. -[e]s, -e; das Patrouillieren*, -s; Inspektion f. -en; [人] Wächter m. -s, -; Aufseher m. -s, -; Inspektor m. -s, -en; [数名よりなる] Patrouille f. -n; Streife f. -n.
みまわる 見回る streifen; patrouillieren; 4Runde machen; inspizieren.
みまん 未満 unter[3]; weniger (geringer) als[3]/十六歳未満の少年たち Jungen unter sechzehn [3]Jahren.
みみ 耳 ❶ [聴官] Ohr n. -[e]s, -en; Gehör n. -[e]s (聴覚)/耳が早い hellhörig sein/耳が痛い 4Ohrenschmerzen haben; ein böses (schlechtes) Gewissen haben (身におぼえがある)/耳が聞こえぬ taub sein/耳が肥えている ein gutes (feines) Ohr haben (für[4])/耳が遠い schwerhörig sein; schlecht hören (小)耳に挾む durch 4Zufall erfahren*[4]/耳に入れる mit|teilen[3]; ins Ohr sagen[3/4]/耳にする zu hören bekommen*[4]; erfahren*[4]/耳をそばだてて聞く [話] die Ohren auf|machen (auf|sperren)/耳を貸す sein Ohr leihen*[3]; 4Gehör schenken/耳を聾(ろう)するばかりの ohrenbetäubend/耳をそばだてる die Ohren spitzen/耳を澄まさせて聞く hin|horchen (auf[4]); aufmerksam zu|hören[3]/彼は右の耳が聞こえない Er ist auf dem rechten Ohr taub./君は音楽を聞く耳がある Du hast ein gutes (feines) Ohr für Musik./彼女は耳のつけ根まで真赤になった Sie wurde bis über die Ohren ganz rot./彼の声が今でも耳に残っている Ich höre jetzt noch seine Stimme. ❷ [端] Rand m. -[e]s, -er; Kante f. -n; Salband n. -[e]s (織物の); Eselsohr n. -[e]s, -en (書物のページの隅折り)/耳を揃えて返す den ganzen Betrag auf einmal zurückbezahlen.
みみあか 耳垢 Ohrenschmalz n. -es, -e.
みみあたらしい 耳新しい neu; fremd.
みみうち 耳打ちする jm ins Ohr sagen (flüstern[4]).

みみかき 耳掻き Ohrlöffel m. -s, -; Ohrenreiniger m. -s, -.
みみがくもん 耳学問 Hörensagenkenntnisse (pl).
みみかざり 耳飾り Ohrenschmuck m. -[e]s, -e; Ohrring m. -[e]s, -e.
みみざわり 耳障りな unangenehm [zu hören]; misstönend/耳障りな音だ Das Geräusch stört mich.
みみず Regenwurm m. -[e]s, -er ‖ みみず書き Kritzelei f. -en/みみず書きする kritzeln; schlecht schreiben*/みみず腫れ Strieme f. -n; Striemen m. -s, -.
みみずく Ohreule f. -n; Uhu m. -s, -s.
みみたぶ 耳朶 Ohrläppchen n. -s, -.
みみだれ 耳だれ Ohrenfluss m. -es, -e.
みみなる 耳鳴 Ohrensausen n. -s, -/僕は耳鳴りがする Die Ohren sausen mir. / Ich habe Geräusche in den Ohren.
みみなれる 耳慣れる ⇨きなれる.
みみより 耳寄りな話 eine willkommene Nachricht, -en.
みみわ 耳輪 Ohrring m. -[e]s, -e (klipp m. -s, -s); Ohrenschmuck m. -[e]s, -e (耳飾り).
みむく 見向く sehen* (nach[3]); den Blick richten (werfen*) (auf[4])/彼は私に見向きもしなかった Er würdigte mich keines Blickes. / Er warf keinen Blick auf mich.
みめ 目 Gesicht n. -[e]s, -er; Gesichtsbildung f. -en (-züge pl)/見目美しい schön; hübsch/見目より心 Schön ist, wer schön handelt.
みめい 未明に vor [3]Tagesanbruch.
ミモザ [植] Mimose f. -n.
みもち 身持 ❶ [品行] Betragen n. -s; Benehmen n. -s; Lebens|weise f. -n (-wandel m. -s, -)/身持がよい (わるい) ein solides (unsolides) Leben führen/身持のよい(わるい)人 ein solider (unsolider) Mensch, -en, -en. ❷ ⇨にんしん.
みもと 身元 [素性] Abstammung f. -en; Herkunft f. -e (家庭状況その他) persönliche Verhältnisse (pl) Personalien (pl)/身元不明の nicht identifiziert (pl)/身元が判明する identifiziert werden*/身元を証明する (確かめる) js Identität beweisen* (fest|stellen) ‖ 身元証明書 Personalausweis m. -es, -e; Identitätsnachweis m. -es, -e/身元保証人 Bürge m. -n, -n; Referenz f. -en (就職の際などの).
みもの 見物 Anblick m. -[e]s, -e (光景); ein schöner (sehenswerter) Anblick/Sehenswürdigkeit f. -en; Schauspiel n. -[e]s, -e; Spektakel n. -s, -/今後どうなるか見物だ Ich bin [mal] sehr gespannt, wie es weiter geht.
みや 宮 Tempel m. -s, - (神社); Prinz m. -en, -en (皇族)/…宮殿下 Seine (kaiserliche; Königliche) Hoheit Prinz … ⇨でんか (殿下).
みゃく 脈 ❶ [脈管・鉱脈] Ader f. -n; Gesteinsader f. -n. ❷ [脈搏] Puls m. -es, -e; Pulsschlag m. -[e]s, -e; das Pulsieren*, -s/脈をとる den Puls fühlen (jm)/脈を打つ pulsieren; Der Puls schlägt (hämmert;

みゃくどう 脈動 das Pulsieren*, -s; die pulsierende Bewegung, -en／大都会の脈動 der Puls(chlag) einer Großstadt.

みゃくはく 脈拍 ⇨みゃく②.

みゃくみゃく 脈々と lebendig; lebensvoll; lebhaft.

みゃくらく 脈絡 Zusammenhang m. -(e)s, =e; Verbindung f. -en; Verkettung f. -en; Verknüpfung f. -en／話の脈絡がなかった Er verlor den Faden in seiner Erzählung.

みやけ 宮家 die kaiserliche (königliche) Familie, -n; Haus (n. -es, =er) des Prinzen; Prinz m. -en, -en.

みやげ 土産 Geschenk n. -(e)s, -e《進物》Reiseandenken n. -s, -.《旅の》土産話をする von der Reise erzählen.

みやこ 都〔首都〕Hauptstadt f. =e; Residenzstadt f. =e; 〔大都会〕Großstadt f. =e; Metropole (Metropolis) f. ..polen; Weltstadt f. =e／都風のあか抜けした formgewandt／都落ちする die Stadt verlassen*; (4sich) von der Stadt flüchten／住めば都 ‚Eigen Nest ist stets das Beste.'

みやこどり 都鳥 Auster(n)fischer m. -s, -.

みやさま 宮様 Prinz m. -en, -en; Prinzessin f. ..zessinnen (妃).

みやすい 見易い leicht zu sehen; leicht sichtbar (verständlich); augenfällig (-scheinlich); offensichtlich; unverkennbar／見易い道理 die unverkennbare (offensichtliche) Wahrheit, -en／見易い場所 ein Platz (m. -es, =e), wo man gut sehen kann.

みやづかえ 宮仕え Hofdienst m. -(e)s, -e／宮仕えをする am (bei) Hof dienen; Staatsbeamter sein《役人》／すまじきものは宮仕え ‚Mit großen Herren ist nicht gut Kirschen essen.'

みやびた 雅びた elegant; fein; geschmackvoll; stilvoll; verfeinert.

みやぶる 見破る durchschauen⁴; erraten*⁴《秘密などを》; jm ins Herz sehen*《心中を》; am Gesicht (an den Augen) ab|lesen*⁴《顔付・目付で》.

みやまいり 宮参り des Säuglings erster Tempelbesuch, -(e)s, -e.

みやまがらす 深山鴉 Saatkrähe f. -n.

ミャンマー Myanmar n. -s／ミャンマーの myanmarisch ‖ ミャンマー人 Myanmare m. -n, -n; Myanmarin f. ..rinnen《女》.

ミュージカル Musical n. -s, -e; Operette f. -n;〔leichtes lustiges〕Singspiel, -(e)s, -e.

みよ 御代 Regierung f. -en／フリードリヒ大帝の御代に während (unter) der Regierung Friedrichs des Großen.

みょう 妙 ❶〔熟練・技量〕Geschick n. -(e)s, -e; Fertigkeit f. -en; Kniff m. -(e)s, -e; Kunstgriff m. -(e)s, -e; Talent n. -(e)s, -e／...に妙をえている viel Geschick haben 《in³》; eine hervorragende Fertigkeit besitzen*《in³》; bewandert sein《in³》;〔Eingeweihter* sein《in⁴》〕; um alle Geheimnisse wissen*. ❷〔玄妙〕Geheimnis n. ..nisses, ..nisse; Rätsel n. -s, -／自然の妙 die Geheimnisse (Rätsel; Wunder)《pl》der Natur. — 妙な ❶〔奇異な〕seltsam; absonderlich; kurios; merkwürdig; sonderbar; wunderlich／妙なことを言う etwas Seltsames* aus|sprechen*; von etwas Merkwürdigem reden／妙に聞こえる seltsam klingen*; 4sich sonderbar an|hören. ❷〔音色などの美しい〕köstlich; bezaubernd; göttlich schön; herrlich; himmlisch; vorzüglich; wunderbar (-voll).

みょうあん 妙案 Prachtidee f. -n; Kardinalgedanke m. -ns, -n; die ausgezeichnete (herrliche; prächtige) Idee, -n.

みょうおん 妙音 die vorzügliche (ausgezeichnete; vortreffliche) Musik; der wunderbare Laut, -(e)s, -e.

みょうが 茗荷 eine Art Ingwer (m. -s).

みょうが 冥加 der göttliche Beistand, -(e)s, =e; die Gnade (-n) Gottes; das größte Glück, -(e)s; Vorsehung f.／冥加に余る身の幸 Das nenne ich die höchste Gunst, die ich eigentlich gar nicht verdient habe.／命冥加な奴だ Da war ihm das Glück günstig, dass er wenigstens das nackte Leben retten konnte!

みょうぎ 妙技 die bewundernswerte (ausgezeichnete; außerordentliche; vortreffliche; vorzügliche) Geschicklichkeit (Kunst)fertigkeit; die verblüffende Leistung; die geschickte (gewandte) Bearbeitung《細工》.

みょうごにち 明後日 übermorgen.

みょうごねん 明後年 das übernächste Jahr, -(e)s.

みょうさく 妙策 der vorzügliche (ausgezeichnete; wohldurchdachte) Plan, -(e)s, =e; die glückliche Idee, -n／妙案を思いつく auf eine glänzende Idee kommen*⦅s⦆.

みょうじ 名字 Familien|name (Nach-; Zu-) m. -ns, -n.

みょうじょ 妙齢 ⇨みょうよう.

みょうしゅ 妙手 ⇨めいしん.

みょうじょう 明星 ❶〔金星〕Venus f.《明けまたは宵(に)の》／明けの明星 Morgenstern m. -(e)s; Luzifer m. -s／宵の明星 Abendstern m. -(e)s; Hesperus m. -. ❷〔比喩的〕Stern m. -(e)s, -e; Berühmtheit f. -en; Leuchte f. -n; Star m. -s, -s／劇界の明星 Bühnenstar m.

みょうだい 名代〔Stell〕vertreter m. -s, -; der Beauftragte* (Bevollmächtigte*; Delegierte*), -n, -n; Geschäftsträger m. -s, -; Repräsentant m. -en, -en; Sprecher m. -s, -;《スポークスマン》Wortführer m. -s, -;《同上》／...の名代を勤める als js ¹Vertreter auf|treten*⦅s⦆; repräsentieren (jn); js Rolle spielen.

みょうちょう 明朝 morgen früh.

みょうにち 明日 morgen; Morgen m. -《未

みょうばん 明礬 Alaun *m.* -s, -e/明礬石 Alaunstein *m.* -[e]s, -e/焼き明礬 der gebrannte Alaun.

みょうばん 明晩 morgen Abend (am Abend).

みょうみ 妙味 [Lieb]reiz *m.* -es; Zauber *m.* -s; Schönheit *f.*; Charme *m.* -s ⟨Scharm *m.* -s⟩; etwas Berückendes*. ..den/詩の妙味を解する *sich in dichterischen Zauber einfühlen können*; für den [Lieb]reiz der Dichtung aufgeschlossen sein; der Schönheit eines Gedichtes gutes Verständnis entgegenbringen können*.

みょうやく 妙薬 Sondermittel ⟨Eigen-; Haupt-; Spezial-⟩ *n.* -s, -; das gegebene ⟨allbekannte; erprobte; unfehlbare⟩ Mittel, -s, -; Spezifikum *n.* -s, ..ka.

みょうり 冥利 ⇨みょうり⟨冥加⟩.

みょうれい 妙齢 das blühende Alter, -s; Jugendblüte *f.*/妙齢の女子 das Mädchen ⟨-s, -⟩ im blühenden Alter; die holde Maid ⟨-e[n]⟩ in ihren zarten Siebzehn.

みより 身寄り Verwandtschaft *f.* -en; der Verwandte*, -n, -n ⇨みうち/私は身寄りも何もないものです Ich habe weder Freunde noch Verwandte.

みらい 未来 ❶ [将来] Zukunft *f.*; die kommende Zeit, -en; die späteren Tage ⟨*pl*⟩/未来の zukünftig; künftig/未来には in ³Zukunft/彼には輝かしい未来がある Er hat eine glänzende Zukunft./未来は青年のものだ Die Zukunft gehört der Jugend. ❷ [来世] Jenseits *n.* -; künftiges Leben *n.* -s. ❸ [文法] Futurum *n.* -s, ..ra; Futur[um] I ⟨eins⟩; Zukunft[sform] *f.* -en/未来永劫 in ³Ewigkeit; auf ewig; auf ⟨für⟩ immer/未来音楽 Zukunftsmusik *f.*/未来学 Futurologie *f.*/未来完了 Futurum exaktum; Futur[um] II ⟨zwei⟩; Vorzukunft[sform] *f.*/未来派 [美] Futurismus *m.*

ミリ ミリグラム Milligramm *n.* -[e]s, -e ⟨略: mg⟩/ミリバール Millibar *n.* -s, -s ⟨略: mbar⟩ ❖ 現在はヘクトパスカルを用いる/ミリメートル Millimeter *m.* ⟨*n.*⟩ -s, - ⟨略: mm⟩/ミリリットル Milliliter *n.* -s, - ⟨略: ml⟩.

みりょう 未了 unbeendet; unvollendet/審議未了の議案 unerledigte Vorlagen ⟨Anträge⟩.

みりょう 魅了する ⇨みりょする.

みりょく 魅力 Reiz *m.* -es, -e; Zauber *m.* -s, -; Charme *m.* -s; Anziehungskraft *f.* ⸚e/魅力のある reizend; bezaubernd; charmant; faszinierend.

みりん 味醂 gesüßter Sake, -s.

みる 海松 [植] eine Sorte der ²Grünalgen.

みる 見る ❶ [目に入る] ansehen*⁴; schauen*⁴. ❷ [よく見る] ansehen*⁴; anblicken⁴; anschauen*⁴; betrachten⁴. ❸ [認める] erblicken⁴; bemerken⁴. ❹ [観察] betrachten⁴; beobachten⁴. ❺ [見物・傍観] mit ansehen⁴ zusehen³; zuschauen³. ❻ [凝視] anstarren⁴. ❼ [見学] besichtigen⁴. ❽ [調査] nachsehen⁴. ¶ 見るからに augenscheinlich; offenbar/見る間に ⟨見る見る⟩ im Nu; augenblicklich; zusehends/見たことのない unbekannt; fremd; neu/見たところ anscheinend; scheinbar ⟨外見と内容とが違う場合⟩/私の見るところでは meines Erachtens; meiner ³Ansicht nach; nach meiner ³Meinung/だから見ても in jeder ³Hinsicht/フットボールの試合を見る dem Fußballspiel [beim Fußballspiel] zusehen*/映画⟨テレビ⟩を見る ³sich einen Film ⟨eine Fernsehsendung⟩ ansehen*/時計を見る auf die Uhr blicken ⟨sehen*⟩/私は彼がやってくるのを見た Ich sah ihn kommen./彼がどこにいるか見てきてください Sehen Sie nach, wo er ist!/見てごらん, あそこにヨット Guck mal an! Da ist ein Segelboot!/それ見ろ? Siehst du?

ミルク [Kuh]milch *f.*/ミルクで育てる mit ³Milch aufziehen*⁴ ¶ ココナッツミルク Kokosmilch/粉ミルク Trockenmilch; Milchpulver *n.* -s, -/コンデンスミルク kondensierte Milch; Kondensmilch.

ミレニアム Milennium *n.* -s, ..nien.

みれん 未練 [心残り] 未練がある⟨を残す⟩ nicht vergessen können*⁴; nicht verzichten können*⟨auf⟩⁴.

みわく 魅惑する ⟨*in* を目的語にして⟩ verführen; berücken; bestricken; betören; entzücken; faszinieren; fesseln; verliebt machen; verlocken; [魅力でとりこにする] bezaubern; bannen; behexen/魅惑的な verführerisch; berückend; bestrickend; betörend; entzückend; fesselnd; verlockend; üppig ⟨豊満な⟩; liebreizend wollüstig ⟨肉感的な⟩. ⇨みする.

みわけ 見分け Unterscheidung *f.* -en; Unterschied *m.* -[e]s, -e/見分けのつかない ununterscheidbar; nicht zu unterscheiden.

みわける 見分ける unterscheiden⁴⟨*von*³⟩; ³sich auskennen ⟨*in*³⟩; Bescheid wissen*⟨*in*³; *mit*³⟩; auseinanderhalten*⁴.

みわすれる 見忘れる nicht wiedererkennen*⁴; nicht gleich erkennen*⁴/お見忘れですか Können Sie mich nicht wiedererkennen?

みわたす 見渡す einen [guten] Überblick ⟨Ausblick; *von*³, *über*³⟩; den Blick schweifen lassen*; überblicken⁴; übersehen*⁴/見渡す限り soweit das Auge blicken kann/海を見渡す über das Meer hinblicken./ここから市場がよく見渡せる Hier haben wir einen guten Überblick über den Festplatz.

みんい 民意 Volkswille *m.* -en; die öffentliche Meinung, -en; die ⟨世論⟩.

みんえい 民営 ein privates Unternehmen, -s, -/民営の Privat-; Privatbank *f.* -en/民営化 Privatisierung *f.* -en/民営化する privatisieren⁴.

みんかん 民間 privat; zivil; Zivil-‖ 民間銀行 Privatbank *f.* -en/民間航空機 Zivilflugzeug *n.* -[e]s, -e/民間事業 ein privates Unternehmen, -s, -/民間人 Zivilist *m.* -en, -en/民間信仰 Volksglaube *m.* -ns,

みんぎょう -n/民間テレビ局 Privatfernsehen n. -s/民間伝説 Volkssage f. -n.

みんぎょう 民業 ein privates Geschäft, -(e)s, -e; ein privates Unternehmen, -s, -.

ミンク Nerz m. -es, -e.

みんけん 民権 Rechte (pl) des Volkes.

みんじ 民事 zivilrechtliche Angelegenheit, -en; Zivilsache f. -n ‖ 民事訴訟 Zivilklage f. -n (-prozess m. -es, -e).

みんしゅ 民主(的)の demokratisch ‖ 民主化 Demokratisierung f. -en/民主化する demokratisieren⁴/民主国家 ein demokratisches Land, -(e)s, ≃er/民主的国家 ein demokratischer Staat, -(e)s, -en/民主主義 Demokratie f. -n/民主主義者 Demokrat m. -en, -en/民主制度 ein demokratisches System, -s, -e/民主政党 eine demokratische Partei, -en/キリスト教民主同盟 〈ドイツの〉 Christlich-Demokratische Union 〈略: CDU〉/社会民主党〈ドイツの〉 Sozialdemokratische Partei Deutschlands 〈略: SPD〉.

みんしゅう 民衆 Volk n. -(e)s; Masse f. -n 〈大衆〉/民衆(的)な populär; volkstümlich; Volks-/民衆化する popularisieren⁴/民衆の敵 Volksfeind m. -(e)s, -e ‖ 民衆芸術 Volkskunst f. ≃e/民衆劇 Volksschauspiel n. -(e)s, -e/民衆大会 Volksversammlung f. -en.

みんしゅく 民宿 Pension f. -en.

みんじょう 民情 allgemeine Verhältnisse (pl) des Volkes.

みんしん 民心 Volks|gefühl n. -(e)s, -e (-stimmung f. -en).

みんせい 民生 Volksleben n. -s, -/民生の安定を計る ⁴sich um die öffentliche Wohlfahrt bemühen ‖ 民生委員 Fürsorger m. -s, - (-sorgerin f. -rinnen 〈女〉).

みんせん 民選 Volkswahl f. -en/民選の durch das Volk gewählt.

みんぞく 民族 Volk n. -(e)s, ≃er; Nation f. -en 〈国民〉; Volksstamm m. -(e)s, ≃e 〈種族〉; Ethnologie f. -n; Völkerkunde f. -n ‖ 民族意識 Nationalbewusstsein n. -s/民族移動〈ゲルマン民族の〉Völkerwanderung f. -en/民族音楽 Volksmusik f./民族学者 Ethnologe m. -n, -n/民族自決 die Selbstbestimmung des Volkes/民族主義 Nationalismus m. -/少数民族 Minderheit f. -en/少数民族問題 Minderheitenfrage f. -n.

みんぞく 民俗 Volks|sitte f. -n (-brauch m. -(e)s, ≃e) ‖ 民俗学 Volkskunde f. -n; Folklore f. -n/民俗学者 Folklorist m. -en, -en.

みんど 民度 das wirtschaftliche (kulturelle) Niveau 〈-s, -s〉 des Volkes.

みんぺい 民兵 Miliz f. -en 〈隊〉; Milizsoldat m. -en, -en 〈人〉.

みんぽう 民法 Bürgerliches Recht, -(e)s; Zivilrecht f. -(e)s ‖ 民法典 Bürgerliches Gesetzbuch, -(e)s, ≃er; Zivilgesetzbuch.

みんやく 民約 Gesellschaftsvertrag (Sozial-) m. -(e)s ‖ 民約説 Lehre (Theorie) f. -n) vom Gesellschaftsvertrag; Vertragslehre f. -n.

みんゆう 民有 Privatbesitz m. -es, -e/民有の privat; Privat-; in ³Privatbesitz ‖ 民有地 Privatgrundstück n. -(e)s, -e/民有鉄道 Privatbahn f. -en.

みんよう 民謡 Volkslied n. -(e)s, -er.

みんりょく 民力 Volkskraft f. ≃e.

みんわ 民話 Volksmärchen n. -s, -.

む

む 無 nichts; Nichts n. -. ── 無になる zunichte (zu Wasser) werden; ins Wasser fallen* §/すべての希望は無になった All meine Hoffnungen wurden zunichte. ── 無にする zunichte machen; verwerfen*⁴; kein Interesse zeigen 〈für⁴ 親切・申出などに〉/私の提案は無にされた Mein Vorschlag hat keine Gegenliebe gefunden. /彼は彼女の忠告を無にした Ihr Rat war bei ihm völlig erfolglos. /人の親切を無にするもんじゃない Man verschmähe (verwerfe) nicht das freundliche Angebot eines anderen.

むい 無為 das Nichtstun*, -s; Müßiggang m. -(e)s; das Drohnendasein*, -s; Tagediebere f. -en/無為な nichts tuend; müßig; tatenlos; faul/無為に暮らす ein müßiges Leben führen; seine Zeit tatenlos hin|bringen*; auf der Bärenhaut (auf dem Lotterbett; auf dem Faulbett) liegen*.

むい 無位 ohne ⁴Rang/無位無冠の人 eine Person ohne Amt (Rang) und Würden.

むいしき 無意識 Unbewusstsein f./無意識の unbewusst; unwillkürlich; triebhaft 〈衝動的に〉; instinktiv 〈本能的に〉; mechanisch 〈機械的・習慣的に〉/彼女は無意識にやってしまったのだ Sie tat es unwillkürlich. 〈万引などに〉.

むいそん 無医村 ein arztloses Dorf, -(e)s, ≃er.

むいちぶつ 無一物である vollständig blank sein; abgebrannt sein; keinen roten Heller [mehr] haben 〈懐中が〉; ohne ⁴Habseligkeiten (Hab und Gut) sein 〈財産が〉/焼き出されて全く無一物です Mein Haus ist abgebrannt und ich bin völlig besitzlos.

むいみ 無意味な sinnlos; bedeutungslos;

nichts sagend; zwecklos《何にもならぬ》; ungereimt; unsinnig; töricht《馬鹿げた》/無意味だ keinen Sinn (Zweck) haben.

むいん 無韻の reimlos; ungereimt; ohne ^{4}Reim ‖ 無韻詩 Blankvers *m.* -es, -e.

ムード Stimmung *f.* -en; Atmosphäre *f.* -n /ムードのある喫茶店 stimmungsvolle Konditorei, -en ‖ ムードミュージック Stimmungsmusik *f.*

むえき 無益 nützlos; unnutz. ⇨**むだ**.

むえん 無煙の rauch¦los (-frei; -schwach) ‖ 無煙炭 Anthrazit *m.* -[e]s.

むえん 無縁の墓 das Grab《-[e]s, ¨er》eines Unbekannten; das verwilderte Grab ‖ 無縁墓地 Friedhof《*m.* -[e]s, ¨e》für Familienlose.

むえん 無鉛の bleifrei ‖ 無鉛ガソリン bleifreies Benzin, -s.

むが 無我 Ekstase *f.* -n; Rausch *m.* -es, ¨e《恍惚(こう)》; Selbstlosigkeit *f.*《無私》; Selbstvergessenheit *f.*《忘我》/無我の ekstatisch; schwärmerisch; selbst¦los (-vergessen)/無我の境に入る in Ekstate geraten* [s]; in frommer Betrachtung versunken sein.

むかい 向いの(に) gegenüber¦liegend (-stehend); gegenüber^3《*präp*》; gegenüber《*adv*》/(筋)向いかの家 das Haus《-es, ¨er》gegenüber (schräg gegenüber)/郵便局の向かいの家 das Haus gegenüber der Post ‖ 向かい側 die gegenüberliegende Seite, -n /彼女は向かい側に住んでいる Sie wohnt gegenüber.

むがい 無蓋の offen; unverdeckt ‖ 無蓋車 der offene Wagen, -s, -《自動車》; Break *m.* (*n.*) -s, -s《馬車》; der offene Güterwagen《貨車》.

むがい 無害な harmlos; ungefährlich; nicht gefährlich; unschädlich.

むかいあう 向かい合う ^{3}*et* gegenüber|stehen* (-|liegen*); ^{4}sich ^{3}*et* gegenüber|stellen/向かい合って座る *jm* gegenüber|sitzen* /面と向かい合って von Angesicht zu Angesicht.

むかいかぜ 向かい風 Gegenwind *m.* -[e]s, -e; der Wind《-[e]s, -e》von vorn/向かい風だ Der Wind weht gegen uns./向かい風で航走する gegen den Wind (gerade in den Wind) segeln.

むかう 向かう ❶ [対抗] ^{4}sich widersetzen^3; widerstehen*^{3}; Widerstand leisten^3; entgegen|treten*^{3} (gegenüber|-) [s]; ^{4}sich entgegen|stellen^3 (gegenüber|-) (*od.* -|-setzen^3)/向かう所敵なし ^{4}alles* mit ^{3}sich weg|reißen*; Keiner kann *jm* Widerstand leisten. ❷ [行く] ^{4}sich richten《*nach*^{3}》; einen Weg ein|schlagen*《*nach*^{3}》; fort|gehen* [s]《*nach*^{3}》; Kurs nehmen*《*auf*^{4}》; los|ziehen*《*auf*^{4}》; ^{4}sich zu|wenden^3. ❸ [傾く] neigen《*zu*^{3}》; tendieren《*zu*^{3}》; eine Neigung (Tendenz) haben《*zu*^{3}》/快方に向かう Es geht *jm* besser.¦auf dem Weg zur Genesung sein/人心の向かう所を察す auf die Neigungen der Volksstimmung Acht geben*; darauf aufmerksam sein, wohin das Volk will. ❹ [面する] 鏡に向かう in einen Spiegel schauen (sehen*); vor einem Spiegel stehen*; vor einen Spiegel treten* [s]/机に向かう ^{4}sich an den Tisch setzen; am Tisch Platz nehmen*. ── …に向かって ❶ [方へ] gegen^4; auf^4 … [zu]; für^4; in [der] Richtung auf^4; nach^3 … [hin]. ❷ [対抗] gegen^4; entgegen^3; trotz$^{2(3)}$《逆って》/風に向かって行く gegen Wind gehen* [s]. ❸ [相対して] gegenüber^3; gegenüber¦-liegend^3 (-stehend^3); angesichts^2; Auge in Auge《*mit*^{3}》; von Gesicht zu Gesicht; vor$^{3(4)}$.

むかえ 迎えに行く *jn* abholen [gehen* [s]]《am Bahnhof 駅へ, vom Theater 劇場へ》; [hin|]gehen* [s], um *jn* [dort] zu treffen (begrüßen)《出迎え》/迎えにやる [hin|]schicken^4, um *jn* abzuholen; nach *jm* schicken^4《医者などを》; *jn* ab|holen lassen*/駅に誰か迎えに来ていますか Erwartet uns jemand auf dem Bahnhof?

むかえざけ 迎え酒を飲む Hundhaare auf|legen; eins gegen den Kater trinken*.

むかえび 迎え火 Willkommfeuer《*n.* -s》[am Allerseelentag].

むかえみず 迎え水を差す den Pumpenzylinder (das Zylindergehäuse) mit Wasser nach|füllen.

むかえる 迎える ❶ [お客などを] empfangen*^{4}; auf|nehmen*^{4}; [歓迎] begrüßen^4; willkommen heißen*^{4}; ein|laden*^{4}《招待》; berufen*^{4}《*zu*^{3} 招へい》; an|stellen^4《雇う》; schicken^4《*nach*^{3}》⇨**むかえ**/親切に迎えられる eine freundliche Aufnahme finden*《*bei*^{3}》; freundlich aufgenommen (empfangen) werden/人々に歓呼の声で迎えられる von der Menge begeistert begrüßt werden/後継者として(教授として)迎える *jn* zum Nachfolger (auf einen Lehrstuhl) berufen*. ❷ [意を] entgegen|kommen*^{3} [s]; nach|kommen*^{3} [s]; zuvor|kommen*^{3} [s]; berücksichtigen^4《顧慮に入れる》; nach *js* ^{3}Pfeife tanzen《盲従》. ❸ [妻を] *jn* zur Frau nehmen*; ^{4}sich vermählen《*mit*^{3}》. ❹ 敵を迎えうつ dem feindlichen Angriff begegnen [s]; dem Feind[e] entgegen|treten* [s].

むがく 無学 Unwissenheit *f.*; Ungelehrtheit *f.*/無学な unwissend; unbelehrt; unbelesen; ungebildet; analphabetisch.

むがくめんかぶ 無額面株 Aktie《*f.* -n》ohne Pari.

むかし 昔 ❶ die vergangenen (früheren; verflossenen; verwichenen) Zeiten (Tage)《*pl*》; das Frühere* (Gewesene*), -n; Gestern *n.* -s; Urzeit *f.* -en; Vergangenheit *f.* -en; Vorzeit *f.* -en; Altertum *n.* -s《古代》/昔から seit alten (undenklichen) Zeiten; seit (von) alters her; schon immer; von jeher/昔の alt; früher; gewesen; ur¦zeitlich (vor-); verflossen; vergangen; verwichen; altertümlich《古代の》; altfränkisch《古めかしい》; altmodisch《同上》/昔の人 die Alten*《*pl*》; die Menschen《*pl*》von alten Zeiten (von ehedem; von ehemals)/

む

昔の事 das Alte* (Frühere*; Gewesene*; Vergangene*), -n, -n/昔は今、今は昔; die alte Geschichte, -n/昔の我 das alte Ich, -[s]/昔ながらに wie früher; so wie es vor Jahr und Tag war/昔は昔、今は今 Lass das Vergangene ruhen!/昔も今も変わらぬ immer der Alte bleiben* ⓢ; immer ¹derselbe* (unverändert) bleiben*; gleich bleiben*; keine Veränderung zeigen/昔のバターはこんなものではなかった Die Butter von damals war total anders. ❷ [adv] damals; anno dazumal; einst; vor Jahr und Tag; vormals; weiland; zu Olims Zeiten/昔々 es war einmal …; in alter Zeit; vor alten Zeiten.

むかしかたぎ 昔気質 Konservativismus m. -; die konservative (beharrende) Gesinnung; das Festhalten* (-[e]s) am Alten (Überlieferten)/昔気質の konservativ (gesinnt); beharrend; beharrlich; am Alten (Überlieferten) festhaltend; von alter Schule (旧派)/昔気質の男だ Er klebt am Hergebrachten. | Er ist änderungsfeindlich.

むかしなじみ 昔なじみ der alte Bekannte*, -n, -n (Gefährte, -n, -n; Freund, -[e]s, -e; Kamerad, -en, -en).

むかしばなし 昔話 ❶ Sage f. -n; die alte Geschichte, -n; (Wunder)märchen n. -s, -. ❷ [思い出] Erinnerungen (pl)/昔話をする von etwas Altem sprechen*; etwas Vergangenes* zum Gesprächsstoff nehmen*.

むかしふう 昔風の altmodisch; altertümlich; altfränkisch; altväterisch; obsolet; überholt; veraltet; vorsintflutlich; zopfig; zu (übertrieben) konservativ (保守的な).

むかしもの 昔者 der rückständige Mensch, -en, -en; der alte Zopf, -[e]s, ⁼e; Fossil n. -s (物について).

むかつき Ekel m. -s; Brechreiz m. -es; Übelkeit f.

むかつく ⟨sich ekeln (vor)⟩; Ekel (Übelkeit) verspüren (empfinden); ⁴sich angeekelt (übel; widerwärtig) fühlen. ⇨**むかむか**.

むかっぱら むかっ腹を立てる in ⁴Wut geraten* ⓢ; vor ³Wut außer ⁴sich geraten* (platzen) ⓢ; auflfahren* ⓢ; aus der Haut fahren* ⓢ; wild (wütend; zornig) werden.

むかで 百足 Tausendfuß m. -es, ⁼e.

むかむか むかむかする ❶ Es ekelt mir (mich) (vor). | Es kehrt mir den Magen um. | Übelkeit empfinden* (verspüren). ❷ [立腹] Mir läuft die Galle über. | Mir kommt die Galle hoch.

むかん 無冠の帝王 der König (-s, -e) ohne Krone; der ungekrönte König.

むかんがえ 無考えな ⇨**ふんべつ**.

むかんかく 無感覚 ❶ [無知覚] Unempfindlichkeit f.; Empfindungslosigkeit f.; Abstumpfung f.; Apathie f. ❷ ⇨**むしじゅん**. —— 無感覚の unempfindlich; empfindungslos; abgestumpft; apathisch/無感覚になる unempfindlich werden/寒さには無感覚 Ich bin gegen Kälte unempfindlich.

むかんけい 無関係の beziehungslos (bezugs-; verbindungs-); fremd; nicht in ¹Beziehung (Verbindung) stehend; nicht zur Sache gehörig; unbeteiligt (an³); uninteressiert (an³; für⁴); unschuldig (an³ ³責任ない)/あの男とは無関係だ Das hat nichts mit ihm zu tun./それは君とは無関係だ Das liegt nicht in deinem (eigenen) Interesse.

むかんさつ 無鑑札の(で) ohne ⁴Erlaubnis (Autorisierung; Berechtigung; Freibrief; Genehmigung; Lizenz); unberechtigt; unerlaubt/無鑑札の運転者 der Fahrer (-s, -) ohne Führerschein.

むかんしょう 無干渉 Nichteinmischung f. -en.

むかんしん 無関心 Gleichgültigkeit f.; Indifferenz f.; Teilnahmslosigkeit f.; Unbekümmertheit f.; Uninteressiertheit f.; Nonchalance f. (無頓着)/無関心の gleichgültig; indifferent; teilnahmslos; unbekümmert; uninteressiert; nonchalant/彼は政治には無関心だ Er will nichts von Politik wissen.

むき むきになる leicht auflbrausen; gleich hitzig werden; in ⁴Feuer geraten* ⓢ.

むき 無期の indefinit; unbestimmt; uneingeschränkt ‖ 無期限延期 die Aufschub (Verschub) (-[e]s, ⁼e) auf unbestimmte Zeit; das Vertagen* (-s) auf unbestimmten Termin (会議など)/無期延期する auf unbestimmte Zeit auflschieben*⁴ (verschieben*⁴); auf einen unbestimmten Termin vertagen* (会議など)/無期刑 die Freiheitsstrafe (-n) auf unbestimmte Strafzeit.

むき 無機 anorganisch; unorganisch ‖ 無機界 die anorganische Welt/無機化学 die anorganische Chemie/無機化合物 die anorganische Verbindung, -en/無機酸 die anorganische Säure, -n/無機物 der anorganische (unorganische) Stoff, -[e]s, -e.

むき 向き ❶ [方向] Richtung f. -en/風の向き Windrichtung f. -en. ❷ [方位] Lage f. -n; Situation f. -en; der Standort m. -[e]s, -e (-platz m. -es, ⁼e)/向きを変える die Richtung ändern/家の向きが悪い Das Haus liegt in einer schlechten Lage. | Das Haus ist schlecht gelegen. ❸ [適合] Angemessenheit f.; Eignung f.; Geeignetheit f.; Geschmack m. -[e]s (趣味); Bedarf m. -[e]s (需要). ‖ …向きの angemessen³; geeignet (zu³); nach dem Geschmack (js); den Bedarf deckend/外人向きの dem Geschmack der Fremden (der Ausländer) (pl) entsprechend (gemäß)/夏向きの衣服 die Kleider (pl) für ⁴Sommergebrauch; die sommermäßige Kleidung, -en/向き向きがある je nach dem Geschmack verschieden sein; Das eine passt dem einen, das andere dem anderen.

むぎ 麦 Weizen m. -s (小麦); Gerste f. (大麦); Roggen m. -s (ライ麦); Hafer m. -s

むきあう 《燕麦(なぎ)》)/麦粉 Mehl *n.* -(e)s, -e/麦茶 Gerstentee *m.* -s,-/麦畑 Weizenfeld (Gersten-) *n.* -(e)s, -er.

むきあう 向き合う ⇨むかいあう.

むきげん 無期限の fristlos (termin-); unbestimmt ‖ 無期限社債 Schuldverschreibung auf unbestimmten Termin.

むきず 無傷の fehler|los (flecken-; makel-; tadel-); fehler|frei (einwand-); voll|endet (-kommen); vollwertig.

むきだし 剥き出しの nackt; ausgezogen; bar; bloß; entblößt; entkleidet; hüllenlos; offen; unbekleidet; [率直] frei|heraus; [frank und] frei; freimütig; offen; rückhaltlos; unbemäntelt; unbeschönigt; ungeschminkt; unverblümt/剥き出しにする freilegen⁴; aus|ziehen*⁴; entblößen⁴; entkleiden⁴; exponieren⁴ / そう剥き出しに言ったのでは気も晴れません Wenn du so sprichst, wie dir der Schnabel gewachsen ist, da hört doch schließlich die Gemütlichkeit auf.

むきだす 剥き出す ❶ bloß|legen⁴; entblößen⁴; enthüllen⁴; offen zeigen⁴. ❷ [歯を] blecken⁴; feixen⁴ [歯を剥き出して笑う]; grinsen [同上]. ❸[目を] glotzen; ³sich die Augen ⟨*pl*⟩ aus den Augen sehen*.

むきどう 無軌道の ❶ schienen|los (gleis-). ❷[行為の] abwegig; abweichend; exzentrisch/無軌道な生活 ein entgleistes Leben führen; von der moralischen Bahn ab|kommen* ⓈⒽ. ‖ 無軌道生活 das absonderliche Leben. -s.

むきみ 剥身 [貝の] das ⁴sich geschält habende Schaltier, -(e)s, -e ⟨例:Muschel⟩.

むきめい 無記名の nicht verzeichnete (eingeschrieben; eingetragen; registriert)/無記名式の in blanko; unausgefüllt; leer; offen/無記名投票で選ぶ durch geheime Abstimmung wählen ⟨*jn*⟩; geheim wählen ⟨*jn*⟩ ‖ 無記名委任状 Blankovollmacht *f.* -en; Blankovollmachtsbrief *m.* -(e)s, -e (-schein *m.* -(e)s, -e)/無記名公債 die nicht registrierte öffentliche Anleihe, -n, -n/無記名式裏書 Blankoindossament *n.* -(e)s, -e.

むきゅう 無窮 unendlich; endlos; ewig; grenzenlos (schranken-); unbegrenzt; unermesslich/無窮に immer (auf) für immer; auf ewig; in ⁴Äonen; in ⁴Zeit und Ewigkeit.

むきゅう 無休 ohne ⁴Feiertag (Ferien ⟨*pl*⟩)/年中無休の年始無休にて営業致します die vorzügliche Bedienung, bei der sowohl am Jahresende als auch Jahresanfang (-beginn) das Geschäft nicht geschlossen wird ‖ 年中無休 [新聞] das ganze Jahr hindurch täglich erscheinend; [業務] das ganze Jahr hindurch ohne Feiertag geöffnet.

むきゅう 無給の unbelohnt; unbesoldet; ehrenamtlich/無給で働く ohne ⁴Lohn (Gehalt; Sold) arbeiten (dienen; Dienst leisten).

むきょういく 無教育 Unerzogenheit *f.*; Mangel ⟨*m.* -s, ⸚⟩ an ³Erziehung, Ungebildetheit *f.*; Analphabetentum *n.* -s. — 無教育な unerzogen; an ³Erziehung mangelnd; ungebildet; analphabetisch. ‖ 無教育者 der Unerzogene*, der mangelhaft Erzogene*; Ungebildete*), -n, -n; Analphabet *m.* -en, -en.

むきょうそう 無競争 ohne Wettbewerb (Mitbewerb; Konkurrenz); ohne ⁴Wettbewerber (Mitbewerber; Konkurrenten).

むきりょく 無気力な kraft- und saftlos; mut|los (kraft-); ohnmächtig; unvermögend; matt ⟨müde*⟩.

むぎわら 麦藁 Stroh *n.* -(e)s ‖ 麦藁細工 Strohgeflecht *n.* -(e)s, -e/麦藁帽 Strohhut *m.* -(e)s, ⸚e; Kreissäge *f.* -n /⸚ ⟨かんかん帽⟩.

むきん 無菌の aseptisch; keimfrei; steril.

むく 向く ❶ ³sich richten ⟨*nach*³⟩ ³sich wenden¹*; entgegen|sehen*³ ⟨見ぬる⟩. ❷ [適する] passen*³; geeignet sein ⟨*zu*³⟩; dem Geschmack entsprechen*. ⇨むかう.

むく 剥く [皮を] ⟨ab⟩schälen⁴; ab|balgen⁴ (-|häuten⁴) ⟨人畜の⟩; ab|streifen⁴; enthülsen⁴ ⟨穀粒⟩; entrinden⁴ ⟨樹皮⟩; schälen⁴ ⟨バナナ・ミカンなど⟩. ❷ [むしり取る] rupfen⁴; Austern ⟨*pl*⟩ aus|machen⁴ ⟨牡蠣(かき)の殻を⟩.

むく 無垢の rein; keusch; nicht entweiht; unbefleckt; unschuldig/無垢の乙女 die keusche (unbefleckte; unschuldige) Jungfrau, -en /金無垢の das reine (echte; lautere) Gold, -(e)s.

むくい 報い ❶ [報酬] Lohn *m.* -(e)s, ⸚e; Belohnung *f.* -en; Ersatz *m.* -es; Vergütung *f.* -en; ⟨Wieder⟩vergeltung *f.* -en /…の報いで als natürliche Folge³ ⟨…の報いとして als Lohn ⟨Belohnung⟩ ⟨*für*⁴⟩. ❷[報復] ⟨Wieder⟩vergeltung; das Heimzahlen*, -s; Revanche *f.* -n / 悪事の報いの悪しきて面 So schlecht die Tat ist, so schnell und scharf ist die Vergeltung.

むくいぬ 尨犬 Pudel *m.* -s, -.

むくいる 報いる ❶ [労作などに] belohnen ⟨*jn mit*³⟩; ersetzen⁴ ⟨*durch*⁴⟩; vergüten⁴ ⟨*jm*⟩; ⟨wieder⟩vergelten⁴ ⟨*mit*³ 善・悪いずれにも⟩; heim|zahlen⁴ ⟨*jm*⟩/功労に報いる nach ⟨seinem⟩ Verdienst ⟨seinen Verdiensten⟩ belohnen ⟨*jn*⟩. ❷ [恩や仇(かたき)に] ⁴sich revanchieren / 忘恩で報いる seine Hilfe mit ⟨schnödem⟩ Undank lohnen ⟨*jm*⟩.

むくげ 尨毛 Daune *f.* -n; Flaum *m.* -(e)s; Flaumfeder *f.* -n ⟨-haar *n.* -(e)s, -e⟩/尨毛のような daunenhaft; flaumig; flaumhaarig; flaumweich ⟨むく毛のように柔らかい⟩.

むくげ 木槿 ⟨植⟩ Eibischstrauch *m.* -(e)s, ⸚er.

むくち 無口 Schweigsamkeit *f.*; Einsilbigkeit *f.*; Verschwiegenheit *f.*; Wortkargheit *f.*; Zugeknöpftheit *f.* — 無口な schweigsam; einsilbig; still; verschwiegen; wortkarg; zugeknöpft; zurückhaltend/無口な人 der Schweigsame* ⟨Einsilbige*⟩; Verschwiegene*; Wortkarge*; Zugeknöpfte*; Zurückhaltende*), -n, -n.

der stille Mensch, -en, -en.
むくどり 椋鳥〖鳥〗Star m. -[e]s, -e.
むくみ 〖An〗schwellung f. -en; Ödem n. -s, -e; Wassersucht f./むくみのある (an)geschwollen; ödematös; wassersüchtig.
むくむ (an)schwellen* 〖s〗; ödematös (wassersüchtig) werden.
むくむくした zottig/むくむくした犬 der zottige Hund, -[e]s, -e.
むぐら 葎〖植〗Klebkraut n. -[e]s, ¨er.
むくれる schmollen 《mit jm 人に対して》; murren 《über⁴》; maulen; das Maul (die Lippen) hängen lassen*; eine Schnute machen (ziehen*)/むくれ顔で mürrisch; eine Schnute (eine Flappe), einen Flunsch) ziehend.
むけ 向け nach³; für⁴/外国向け絹製品の Seidenwaren 《pl》 für das Ausland (zum Export).
むげ 無下に glatt; barsch; rundweg; kurz angebunden; ohne weiteres/そう無下にも断れなかった So glatt (ohne weiteres; rücksichtslos) konnte ich es nicht ablehnen.
むけい 無形の ❶ [形のない] gestaltlos (form-). ❷ [非物質的] stofflos (körperwesen-); immateriell; unkörperlich. ❸ [抽象的] abgezogen; abstrakt; rein bildlich. ❹ [精神的] geistig; spirituell. ❺ [目に見えない] unsichtbar. ‖ 無形文化財 das geistige Kulturgut, -[e]s, ¨er.
むげい 無芸な ungebildet; ohne Fertigkeiten (sein); im Naturzustand (sein)/多芸は無芸 Handsampel in allen Gassen, aber kein Meister (sein).
むけいかく 無計画の ohne ⁴Plan; aus dem Stegreif; unvorbereitet.
むけいけん 無経験 Unerfahrenheit f.; Erfahrungslosigkeit f.; Mangel 《m. -s》 an ³Erfahrung; Unvertrautheit f./無経験な unerfahren 《in ³》; erfahrungslos; an ¹Erfahrung mangelnd; unvertraut 《mit³》; grün 《未熟の》.
むけいこく 無警告で ohne (vorherige) Warnung; ungewarnt ‖ 無警告解雇 die Entlassung 《-en》 ohne Kündigung.
むけいさつ 無警察状態 Gesetzlosigkeit f.; der gesetzlose Zustand, -[e]s, ¨e; Anarchie f.; das allgemeine Drunter und Drüber; die allgemeine Auflösung; Staatsauflösung.
むけつ 無血革命 die blutlose Revolution, -en.
むげっしゃ 無月謝の gratis; publice《ドイツの大学の月謝なしの公開講義》.
むけっせき 無欠席の ständige (regelmäßige) Besuch, -[e]s, ¨e; das Nichtfehlen*, -s/彼は無欠席だ Er hat nie in der Schule gefehlt.
むける 向ける richten⁴《nach³》; drehen⁴《nach³》; lenken《auf⁴》; wenden(*)⁴《nach³; zu³》.
むける 剥ける ⁴sich [ab]schälen; die Haut (die Schale) ab]sondern;〖俗〗⁴sich aus]pellen.
むげん 無限 Unendlichkeit f.; das Unendliche*, -n; Unermesslichkeit f.; Ewigkeit f.《永遠》. ─ 無限の(に) unendlich; infinit; unermesslich; unbegrenzt; endlos; ewig; unerschöpflich《無尽蔵》/無限の権力 die unbegrenzte Macht, ¨e/無限大の unendlich groß; unendlich《記号: ∞》/無限小の unendlich klein; infinitesimal. ‖ 無限級数 die unendliche Reihe, -n/無限責任 die unbeschränkte Haftpflicht, -en.
むげん 夢幻 Träumerei f. -en; Fantasie f. -n; Fantasma n. -s, ..men/夢幻の 夢幻的な träumerisch; traumhaft/夢幻の世界 Traumwelt f. -en ‖ 夢幻楽 Fantasie/夢幻劇 Fantasie-Drama n. -s, ..men.
むこ 婿 ❶ Schwiegersohn m. -[e]s, ¨e; Eidam m. -[e]s, -e.〖古〗Bräutigam m. -s, -e/婿に行く、婿入りする js (eine) Erbtochter heiraten; als Schwiegersohn in eine Familie ein]heiraten ‖ 婿取り娘 Erbtochter f. ¨.
むごい 惨い grausam; erbarmungslos; unbarmherzig《無慈悲》; folternd; marternd《拷問的》. ⇨ざんこく.
むこう 向こう ❶ die andere (entgegengesetzte; gegenüberliegende) Seite, -n《向こう側》; die entgegengesetzte Richtung, -en《向こう側》; die andere Partei, -en (Gegenpartei)《先方》/向こうに [dort] drüben; auf der anderen (entgegengesetzten; gegenüberliegenden) Seite; jenseits² /二キロメートル向こうに zwei ⁴Kilometer entfernt/...の向こうに《彼方》jenseits²; drüben; über³/通りの向こうに über die Straße. 2)《向こう側》auf der anderen Seite/川の向こうに am anderen Ufer; über dem Fluss/向こう三軒両隣 js unmittelbare Nachbarschaft; der Nächste*, -n, -n; Nebenhausbewohner m. -s, -. ❷ [今後] demnächst; kommend/向こう十年間 [für] die nächsten (kommenden) zehn Jahre/向こう一週間の予定で出張する Ich bin auf acht Tage auf einer Dienstreise. ¶ ...の向こうを張る die Spitze bieten《jm》; es (Kampf) auf]nehmen*《mit jm》; konkurrieren; ⁴sich mit]bewerben; rivalisieren (wetteifern)《mit jm》.
むこう 無効 Ungültigkeit f.; Fruchtlosigkeit (Wirkungs-) f.; Nichtigkeit f.; Unwirksamkeit f. / 無 効 の ungültig; fruchtlos(wirkungs-); nichtig; unwirksam. ─ 無効になる ungültig (fruchtlos, wirkungslos; null und nichtig; unwirksam) werden; Ungültigkeit (Wirksamkeit) verlieren*; außer ⁴Kraft gesetzt werden. ─ 無効にする ungültig (fruchtlos; wirkungslos; null und nichtig; unwirksam) machen⁴; annullieren⁴; auf]heben**; außer Kraft setzen⁴. ‖ 無効切符 die ungültige (unbrauchbare) Fahrschein, -[e]s, -e《電車・バスなどの》; die ungültige (unbrauchbare) Fahrkarte, -n《列車の》/無効投票 die (rechts)ungültige Stimme, -n.
むこうきず 向こう傷 Stirnwunde f. -n; die auf die Stirn versetzte Wunde, -n.
むこうずね 向こう脛 Schienbein n. -[e]s, -e.

むこうはちまき 向こう鉢巻 になる ❶ den Kopf mit einem Handtuch, den Knoten vorn, umwinden*. ❷ [一心になる] ⁴sich auf|raffen (auf|rappeln).

むこうみず 向こう見ず Draufgängertum n. -s; Tollkühnheit f.; Verwegenheit f.; Wag(e)halsigkeit f./向こう見ずの draufgängerisch; tollkühn; verwegen; wag(e)halsig.

むこうもち 向こう持ち auf des anderen ⁴Kosten; indem der eine (die andere Seite) die Kosten bestreitet.

むごたらしい 惨たらしい grässlich; grauenhaft (-voll); gräulich; grausig; schauderhaft.

むこん 無根 grundlos; ohne ⁴Grund (Anhaltspunkt); unbegründet; unhaltbar; aus der Luft gegriffen/事実無根の話 die reine Erfindung, -en (Erdichtung, -en; Fiktion, -en); das tolle Märchen, -s, -.

むごん 無言 das (Still)schweigen*, -s; Stummheit f.; Schweigsamkeit f./無言の stumm; schweigsam; schweigend; wortlos; verschwiegen/無言の行 die geistige Übung ⟨-en⟩ durch Schweigen/無言のまなざし der stumme Blick, -[e]s, -e ‖ 無言劇 Pantomime f. -n.

むざい 無罪 Unschuld f.; Schuldlosigkeit f./無罪の unschuldig; schuldlos; frei von ³Schuld/無罪の宣告 Urteil ⟨n. -s, -e⟩ auf „unschuldig"/無罪になる freigesprochen (losgesprochen) werden; von einer Strafe befreit werden/無罪を申し立てる seine Unschuld behaupten; eine Tat ⟨in Verbrechen⟩ leugnen/無罪とする frei|sprechen* (los|-) ⟨jn⟩; von einer Strafe befreien ⟨jn⟩; eine Strafe erlassen* ⟨jm⟩ ‖ 無罪放免 Freispruch ⟨m. -[e]s⟩ ⟨Freisprechung f.; Unschuldserklärung f.⟩ (und Entlassung ⟨f.⟩).

むさく 無策 die Planlosigkeit (Kurzsichtigkeit; Mangelhaftigkeit) der Politik; die kümmerliche (unfähige) Politik/無策である Es mangelt der Politik an Schwung.

むさくい 無作為 aufs Geratewohl; zufällig/無作為の [付加語として] beliebig; zufällig ausgewählt/無作為抽出する Stichprobe nehmen*.

むさくるしい むさ苦しい dreckig; schmutzig; unrein; unsauber; verdreckt; staubig ⟨塵だらけの⟩; schäbig ⟨ぼろの⟩.

むさつ 無札で ohne ⁴Fahrkarte (Fahrschein).

むさべつ 無差別 Unterschiedslosigkeit f.; Gleichheit f. ⟨平等⟩; Unparteilichkeit f. ⟨公平⟩; Wahllosigkeit f. ⟨無選択⟩/無差別に扱う unterschiedslos (gleich; unparteilich) behandeln/ ⁴jn; keinen Unterschied machen ⟨zwischen³⟩.

むさぼる 貪る begehren ⟨nach³⟩; begierig sein ⟨nach³⟩; brennen* ⟨auf⁴⟩; gieren ⟨nach³⟩; ⁴sich gelüsten lassen* ⟨nach³⟩; heftig verlangen ⟨nach³⟩/貪り食う gefräßig (mit ⁴Heißhunger; unmäßig) essen*⁴; tüchtig (kräftig; wacker) fressen*⁴; 《俗》 tüchtig (kräftig; wacker) [in den Kuchen] ein|hauen*⁴; vertilgen⁴; verzehren⁴; wie in der Scheunendrescher (ein Wolf) fressen*⁴/暴利を貪る auf ungesetzlichen Gewinn aus sein; ⁴sich ungerechtfertigt bereichern; wuchern ⟨mit³⟩/本を貪るように読む das Buch (nur so; geradezu; förmlich) verschlingen*.

むざむざ ❶ ⟨仮借なく⟩ unbarmherzig; schonungslos. ❷ [みすみす] hilf|los (hoffnungs-; schutz-; wehr-); widerstands-. ❸ ⟨惜しげなく⟩ ohne ⁴Bedauern (Reue).

むさん 無産階級 Proletariat n. -[e]s, -e; die besitzlose Klasse; die Besitzlosen* ⟨pl⟩; [人] Proletarier m. -s, -; Prolet m. -en, -en; der Besitzlose*, -n, -n; der geringe Mann, -[e]s; der Mann aus dem niederen Volk.

むざん 無残な ❶ ⟨残酷⟩ grausam; erbarmungs|los ⟨mitleids-⟩; kaltblütig; unbarmherzig. ❷ ⟨不憫⟩ herzzerreißend; bejammernswert; mitleiderregend (Mitleid erregend); rührend/無残な最後を遂げる jämmerlichen Tod ⟨einen jämmerlichen Todes⟩ sterben* ⟨s⟩; ein tragisches Ende finden*.

むし 無私の selbst|los (-verleugnend); uneigennützig; unegoistisch; unparteiisch ⟨公平な⟩.

むし 虫 ❶ Insekt n. -s, -en ⟨昆虫⟩; Kerbtier n. -[e]s, -e; Gewürm n. -[e]s, -e ⟨総称的に虫類、虫けら⟩; Wurm m. -[e]s, -̈e; Larve f. -n; Raupe f. -n ⟨幼虫⟩; Motte f. -n ⟨しみ⟩; Grille f. -n ⟨こおろぎ⟩; Schädling m. -s, -e ⟨害虫⟩; Ungeziefer n. -s, - ⟨有害小動物⟩/虫の這うように langsam wie eine Schnecke; im Schneckengang/虫の食った wurmfräßig (-stichig); wurmig; madig; von Würmern zerfressen ⟨zernagt⟩/虫の音を聞く dem Zirpen* von Insekten zu|hören. ❷ ⟨虫気⟩ die Würmern zuzuschreibende Launenhaftigkeit ⟨bei Kindern⟩; die durch Würmer verursachte Mürrischkeit ⟨bei Kindern⟩; Nervosität f./虫が起きる launenhaftig ⟨mürrisch; nervös; verdrießlich⟩ werden ⟨wegen²⁽³⁾ Würmer(n)⟩. ❸ [腹の虫] Temperament n. -[e]s, -e; Gemüts|art f. -anlage f. -, -n/-stimmung f. -en; -verfassung f. -en); der innere Mensch, -en/腹の虫がおさまらない gar nicht befriedigt sein. ❹ [本の虫] Leseratte f. -n; Büchenwurm ⟨しみなどにも⟩. ❺ ⟨成句など⟩ 虫が知らせる eine Vorgefühl haben ⟨von³⟩; es ahnt ⟨jm⟩; es schwant ⟨jm; jn⟩/虫の知らせがあった Mir hat (Ich habe) nichts Gutes geahnt./虫の知らせ [Vor]ahnung f. -en; Vorempfindung f. -en; Vorgefühl n. -[e]s, -e/虫がつく von Würmern angefressen ⟨angenagt⟩ werden; einen geheimen Liebhaber haben ⟨娘に⟩/虫も殺さぬ scheinheilig; gleisnerisch; pharisäisch; Unschuld vortäuschend/虫のいい süchtig ⟨ich-⟩; egoistisch; eigennützig; selbstig; selbstisch/虫のいい話だ Es handelt sich dabei

むし um seine Selbstsucht (Ichsucht)./虫がよすぎる Da kennen wir ihn, den Egoisten! Das ist voller Selbstsucht (Ichsucht)./虫の居所が悪い schlechter ²Laune (Dinge) sein; Es ist jm griesgrämig zumute (zu Mute)./虫の息で in den letzten Zügen liegend; mit erlöschendem Atem; als ein ¹Kind des Todes; keuchend und röchelnd/虫の好かぬ unangenehm; abscheulich; abstoßend; ekelhaft; eklig; verhasst; widerwärtig/虫を殺す ⁴sich beherrschen*; ⁴sich überwinden*; ⁴sich unterdrücken; an ³sich halten*; kaltes (ruhig) Blut bewahren; seine Gefühle (pl) ersticken; sich im Zaum halten*.

むし 無視する nicht beachten⁴; außer Acht (unbeachtet) lassen*⁴; die kalte Schulter zeigen (jm); ignorieren⁴; keine Notiz nehmen* (von³); links liegen lassen*⁴; über die Achsel (die Schulter) an|sehen*⁴; über|gehen*⁴; übersehen*⁴; wie Luft behandeln (jn).

むじ 無地の ungemustert; ohne ⁴Muster; einfarbig; einfach/無地の布地 der ungemusterte Stoff, -(e)s, -e.

むしあつい 蒸し暑い schwül; feuchtwarm; drückend heiß; föhnig.

むしうり 虫売り Insekten|händler m. -s, -. (-verkäufer m. -s, -).

むしかえし 蒸し返し ❶ [食物を] das nochmalige Dämpfen* (Dünsten*; Schmoren*), -s. ❷ [著作などを] Neubearbeitung f. -en; Umarbeitung f. -en. ¶ またしても蒸し返しだ Immer wieder das alte Lied!

むしかえす 蒸し返す ❶ [食物を] aufs Neue (von neuem) dämpfen⁴ (dünsten⁴; schmoren⁴). ❷ [事柄を] auf|rühren⁴; wieder zur Sprache bringen*⁴; neu zum Bewusstsein bringen*⁴/嫌な話の蒸し返しは困る Man soll keine unerfreuliche (unerquickliche) Sache (Geschichte) nicht immer wieder aufrühren. ❸ [著作などを] neu (aufs Neue; von neuem) bearbeiten⁴; um|arbeiten⁴.

むしかく 無資格 das Fehlen* (-s) der Berechtigung (der Qualifikation); [Rechts-]unfähigkeit f. -en/無資格の unberechtigt; unqualifiziert; [rechts]unfähig/無資格である keine Berechtigung (Qualifikation; [Rechts]fähigkeit) haben (zu³)/無資格教員 der Lehrer (-s, -) ohne ⁴Berechtigung (Qualifikation).

むじかく 無自覚 Mangel (m. -s, ¨) an Selbstbewusstsein (Selbstgefühl; Selbstvertrauen); Unverantwortlichkeit f.; Gewissenlosigkeit f./無自覚な ohne Selbstbewusstsein; unverantwortlich.

むしがし 蒸菓子 der gedünstete (gedämpfte) Kuchen, -s, -.

むしがま 蒸釜 Dampfkessel m. -s, -.

むしくい 虫食い Wurmfraß n. -es/虫食いの wurmig; wurm|fräßig (-stichig); von Würmern angefressen (angenagt).

むしくだし 虫下し Wurm|mittel n. -s, -. (-arz[e]nei f. -en); das wurmabtreibende Mittel, -s, -.

むしけら 虫けら Gewürm n. -(e)s, -e; Würmchen n. -s, -.

むしけん 無試験 ohne ⁴Prüfung 《-en》(Examen n. -s, -mina).

むしず 虫酸が走る Sodbrennen (n. -s) haben (bekommen*); ⁴sich angeekelt (abgestoßen; angewidert) fühlen (行き嫌う)/顔を見ただけでも虫酸が走る Sein bloßer Anblick ist mir gegen den Strich.

むじつ 無実の罪で unter falscher Anklage; unter falschem Verdacht/無実の罪をきる fälschlich beschuldigt⁴ werden.

むじな 〖動〗Dachs m. -es, -e/同じ穴のむじなである mit jm (miteinander) unter einer ³Decke stecken.

むしば 虫歯 der faule (hohle) Zahn, -(e)s, ¨e; Zahn|fäule f. (-fäulnis f.); Karies f.

むしばむ 蝕む zerfressen*⁴; zernagen⁴; durch ⁴Fressen beschädigen⁴/蝕まれる von Würmern zerfressen (zernagt) werden; wurmfräßig (wurmstichig; wurmig) werden.

むじひ 無慈悲 Unbarmherzigkeit f.; Mitleidlosigkeit f./無慈悲の(に) erbarmungslos; unbarmherzig; herzlos; hartherzig; unerbittlich; schonungslos.

むしピン 虫ピン Stecknadel f. -n ❖「虫」は訳さのがいい。

むしぶろ 蒸風呂 Dampf|bad (Schwitz-) n. -(e)s, ¨-er.

むしぼし 虫干 [Sommer]lüftung f. -en/虫干する lüften⁴ (例: ⁴Kleider pl).

むしむし むしむしする schwül; feuchtwarm; drückend heiß; föhnig/今日はいやにむしむしする Heute ist es bedrückend schwül.

むしめがね 虫眼鏡 Lupe f. -n; Vergrößerungsglas n. -es, -er.

むしやき 蒸し焼きにする rösten*⁴; backen(*)⁴/《過去は弱変化することが多い》bräunen⁴ (gebräunt); gebacken; gebräunt.

むじゃき 無邪気 Einfalt f.; Arglosigkeit f.; Harmlosigkeit f.; Unschuld f.; Naivität f./無邪気な einfältig; arglos; harmlos; unschuldig; naiv.

むしゃくしゃ ❶ むしゃくしゃな [毛などが] zott(e)lig; struppig. ❷ 気がむしゃくしゃする in griesgrämiger Stimmung; düster; trübsinnig; unerfreulicher; verdrießlicher; widriger) Stimmung sein.

むしゃしゅぎょう 武者修行 das fahrende Rittertum, -s/武者修行者 der fahrende Ritter, -s, -. (abenteuernde).

むしゃにんぎょう 武者人形 Krieger|puppe (Ritter-) f. -n.

むしゃぶり 武者振り das eines echten Haudegens würdige Benehmen, -s; das martialische Wesen, -s.

むしゃぶりつく gewaltig (mit hartem Griff) fassen (packen) (jn); ⁴sich fest|klammern (an³); um|klammern (jn).

むしゃぶるい 武者震い Lampen|fieber (Rampen-) n. -s; das nervöse Zittern*, -s.

むしゃむしゃ むしゃむしゃ食う mampfen*

むしゅう 無臭の geruchlos; ohne ⁴Geruch.
むしゅうきょう 無宗教の religionslos; irreligiös; freigläubig; unkirchlich/私は無宗教です Ich bin ein Freidenker.
むしゅうにゅう 無収入 ⇨むしょとく.
むじゅうりょく 無重力 schwerelos; gewichtslos ‖ 無重力状態 Schwere:losigkeit (Gewichts-) f.
むしゅぎ 無主義 keine festen (sittlichen) Grundsätze (pl) habend; frei von festen (sittlichen) Grundsätzen.
むしゅくしゃ 無宿者 der Obdachlose*, -n, -n; Herumtreiber m. -s, -; Landstreicher m. -s, -; Strolch m. -(e)s, -e; Vagabund m. -en, -en.
むしみ 無滋味 Geschmacklosigkeit f.; Ungeschmack m. -(e)s; Flach:heit (Fad-) f.; Nüchternheit f.; Trockenheit f./無滋味の geschmacklos; flach; fad(e); geistesstumpf; nüchtern; prosaisch; trocken/無滋味な人 Alltags:mensch m. -en (-seele f. -n); Banause m. -n, -n; Philister m. -s, -; 《俗物》/無滋味です Ich finde keinen Geschmack (an¹). / Jeder Geschmack ist mir fern.
むじゅん 矛盾 Widerspruch m. -(e)s, ⁻e; Unvereinbarkeit f.; Unverträglichkeit f./矛盾した wider:spruchsvoll (-sprechend); unvereinbar/矛盾なく widerspruchslos; folgerichtig/ことばの矛盾 der Widerspruch in sich. — 矛盾する *et* widersprechen*; ³sich (einander) widersprechen* 〔互いに〕; in ¹Widerspruch stehen* 〔*mit*³; zu³〕; unvereinbar sein 〔*mit*〕. ‖ 矛盾律 Widerspruchsprinzip n. -s, ..pien.
むじょう 無性に übermäßig; über die Maßen; maßlos; unmäßig; blindlings 〔盲目的に〕/無性に悲しい Ich bin sehr traurig.
むしょう 無償で unentgeltlich; für nichts; gratis; um Gottes Lohn; umsonst.
むじょう 無常 Vergänglichkeit f.; Flüchtigkeit f.; Unbeständigkeit f.; Wandelbarkeit f./無常の vergänglich; flüchtig; unbeständig; wandelbar; zeitlich/世の無常を感じる die Eitelkeit des irdischen Lebens erkennen*/諸行無常 Alles ist vergänglich.
むじょう 無情 Mitleid(s):losigkeit (Gefühl-; Herz-) f./無情な mitleid(s):los (gefühl-; herz-); unbarmherzig. ⇨むじひ.
むじょう 無上の 〔aller〕höchst; best; 〔aller〕größt/無上の光栄 die allerhöchste Ehre.
むじょうけん 無条件の(で) bedingungslos (vorbehalt-); ohne ⁴Einwände; uneingeschränkt 〔無制限の〕; absolut 〔絶対的な〕/無条件で降伏する ⁴sich auf Gnade und Ungnade ergeben*; bedingungslos kapitulieren/無条件で承諾する vorbehaltlos an|nehmen*⁴ ‖ 無条件降服 die bedingungslose Kapitulation, -en.
むしょうぶ 無勝負 die unentschiedene (aufgeschobene; unausgefochtene) Spiel, -(e)s, -e; 《俗》ein totes Rennen, -s 〔競馬〕.

むしょく 無色の farblos; farbenfrei; ohne ⁴Farbe; achromatisch.
むしょく 無職でいる berufslos (arbeitslos; beschäftigungslos) sein; keinen Beruf (keine Arbeit; keine Beschäftigung) haben; nicht angestellt sein.
むしよけ 虫除け Insektenpulver n. -s, -.《粉末》
むしょぞく 無所属の unabhängig; parteilos; zu keiner Partei gehörig; selbstständig (selbständig) ‖ 無所属代議士 der parteilose Abgeordnete*, -n, -n; Independent m. -en, -en; der Unabhängige*, -n, -n.
むしょとく 無所得で ohne ⁴Einkommen (Einkünfte; Einnahmen; Bezüge) (pl).
むしりとる むしり取る ab|rupfen⁴ (-|pflücken⁴; -|zerren⁴; -|zupfen⁴).
むしりょく 無資力 Unbemitteltheit f.; Mittel:losigkeit (Besitz-; Vermögens-) f.
むしる rupfen⁴; pflücken⁴; zerren⁴; zupfen⁴/鶏の羽をむしる einen Hahn (an einem Hahn) rupfen.
むしろ 莚 die grobe 〔Stroh〕matte, -n.
むしろ vielmehr; 〔oder〕besser (richtiger); eher; lieber/恥をかくくらいならむしろ死んだ方がいい Ich ziehe den Tod der Schande vor.〔Eher sterben als der Spott der Welt sein./文化は国家によるよりもむしろすぐれた個人によって醸造されるDie Kultur wird weniger vom Staat als von hervorragenden Einzelnen gefördert.
むしん 無心 ❶ ⇨むじゃき. ❷ 〔金などの〕die dringende Bitte, -n; Zumutung f. -en; Erpressung f. -en/無心を言う dringend um ⁴Geld bitten* 〔*jn*〕; eine pekuniäre Hilfe zu|muten 〔*jn*〕; Geld erpressen 〔*von*〕 *jm*.
むじん 無人の境 die unbewohnte Gegend, -en; Niemandsland n. -(e)s, ⁻er/無人の境を行くが如く mühelos; spielend; wie vor dem Wind segeln; wie mit dem Strom schwimmen* ‖ 無人飛行機 das unbemannte (fernsteuerbare) Flugzeug, -(e)s, -e.
むしんけい 無神経 Unempfindlichkeit f.; Empfindungslosigkeit f.; Phlegma n. -s; Apathie f. 〔冷淡〕/無神経な unempfindlich; empfindungslos; phlegmatisch; apathisch/彼は無神経な男だ Er hat in der Tat ein dickes Fell.
むじんぞう 無尽蔵の unerschöpflich; unbegrenzt; voll unendlicher Fülle/無尽蔵の天産物(財力) die unerschöpflichen Naturprodukte (die unbegrenzten Mittel) (pl).
むしんろん 無神論 Atheismus m. - ‖ 無神論者 Atheist m. -en, -en.
むす 蒸す ❶ 〔ふかす〕dämpfen⁴. ❷ 〔罨⁴法〕bähen⁴. ❸ 〔蒸し暑い〕schwül (drückend heiß) sein.
むすい 無水の wasserfrei; kalziniert ‖ 無水アルコール absoluter Alkohol, -s, -e.
むすう 無数の zahllos (-reich); unzählbar; unzählig; ungezählt; wie Sand am Meer.
むずかしい ❶ 〔困難な〕schwierig; schwer;

むずかる beschwerlich; ermüdend; heikel; mühevoll; mühselig; peinlich; kompliziert 《こみ入った》／むずかしい問題 eine schwierige (schwere) Frage, -n／むずかしい立場 die heikle (bedenkliche; kitz(e)lige) Lage, -n (Situation, -en). ❷［疑わしい］ernst, fragwürdig; hoffnungslos; zweifelhaft／むずかしい病気 eine ernste (schwer zu heilende) Krankheit, -en／むずかしく考える *es (tod-)ernst meinen (*mit*³); ernst nehmen**⁴／元通りになるか否かはむずかしい Es fragt sich sehr, ob der frühere Zustand wiedererlangt werden kann. ❸［顔つきが］mürrisch; finster; sauer; unfreundlich; verdrießlich; verstimmt／むずかしい顔をする mürrisch aus|sehen* (drein|schauen); eine mürrische Miene auf|setzen. ❹ ⇨せめ

むずかしや むずかし屋 Nörgler m. -s, -; Meckerer m. -s, -; der schwer zufrieden zu stellende Mensch, -en, -en／あんなむずかし屋は嫌いだ So einen wählerischen Menschen kann ich nicht leiden.

むずかる quengeln; missmutig reden; weinerlich tun*.

むすこ 息子 Sohn m. -(e)s, ¨e; Knabe m. -n, -n (男児).

むずと kräftig; kraftvoll; energisch; aus allen Kräften／むずと掴 zu|packen³.

むすび 結び ❶ Knoten m. -s, -. ❷［結末］Schluss m. -es, -e; Ausgang m. -(e)s, ¨e; Ende n. -s, -n. ――結びの letzt; Schluss-／結びの一番(相撲の) die letzte Glanznummer im (japanischen) Ringkampf／結びの神 Liebes|gott (Ehe-) m. -(e)s, ¨er; Amor m. -s (ローマの); Hymen m. -s (ギリシャの); 結び Schleife f. -n; Verschlingung f. -en.

むすびあわせる 結び合わせる ⇨むすびつける

むすびつける 結びつける verknüpfen⁴; ver|binden⁴; ver|knoten⁴; ver|schlingen⁴; zusammen|binden⁴; kombinieren⁴.

むすぶ 結ぶ ❶［糸など］ver|knüpfen⁴; ver|binden⁴; ver|knoten⁴; ver|schlingen⁴; zusammen|binden⁴. ❷［締 結］(ab-)schließen* (einen Kontrakt); perfekt machen (einen Handel). ❸［終了］(be)end(ig)en*; (be)schließen*⁴; zu ³Ende bringen*; Schluss machen (*mit*³)／演説はこれで結んでいる Die Erzählung schließt hier. ❹［同盟］*sich verbünden (*mit*³); schließen* (einen Bund); konspirieren (共謀). ❺［連絡］ver|binden*⁴ (*mit*³)／都市は鉄道で結ばれている Die Städte sind durch (die) Eisenbahn (miteinander) verbunden. ❻［実を］tragen* (Früchte pl).

むずむず むずむずする ❶［むずがゆい］es juckt (*jm an*³); eine kribbelnde Empfindung spüren. ❷［もどかしい］ungeduldig sein*; voll Ungeduld sein*; brennen* (*auf*⁴); fieberhaft gespannt sein (*auf*⁴)／話したくてむずむずしている Es brennt *jm* (*jm*) auf der Zunge.

むすめ 娘 Tochter f. ¨; Mädchen n. -s, -(少女); Mädel n. -s, -(同上); Jungfer f. -n. ―― 娘らしい mädchenhaft; jungfräulich. ∥ 娘心 Mädchentum n. -s; Jungfernschaft f.; die holde Siebzehn"; das Alter ⟨-s, -⟩ der reifenden jungfräulichen Schönheit／娘時代 Mädchenjahre (pl)／おてんば娘 Jungfer Naseweis.

むせい 無声 stumm; laut|los (ton-; stimm-) ∥ 無声映画 der tonlose (stumme) Film, -(e)s, -e／無声音《音声》der stimmlose (ton-) Laut, -(e)s, -e; Hauchlaut m. -(e)s, -e／無声銃 das geräuschlose Gewehr, -(e)s, -e.

むせい 無性の geschlecht(s)los.

むせい 夢精 Pollution f. -en;《俗》Abgänger m. -s, -; Abläufer m. -s, -; Blindgänger m. -s, -／夢精した Mir ist einen abgelaufen.

むぜい 無税の steuer|frei (abgaben-); von Steuern unbelastet ∥ 無税品 die steuerfreie (abgabenfreie) Ware, -n.

むせいげん 無制限の unbeschränkt; unbedingt; unbegrenzt; uneingeschränkt; frei／無制限に ohne ⁴Einschränkung*; unbeschränkterweise.

むせいふ 無政府 Anarchie f. -n; das Fehlen⟨-s⟩ einer Regierung ∥ 無政府主義 Anarchismus m. -／無政府主義者 Anarchist m. -en, -en／無政府状態 der anarchische Zustand, -(e)s, ¨e; Staatsauflösung f. -en; das allgemeine Drunter und Drüber.

むせいぶつ 無生物 das leblose Wesen, -s, -; das Leblose* (Unorganische*), -n ∥ 無生物界 die unbeseelte Natur; die Welt der leblosen Dinge (der Leblosen).

むせいらん 無精卵 unbefruchtetes Ei, -(e)s, -er; Windei n. -(e)s, -er.

むせいりょく 無勢力の einfluss|los (bedeutungs-; kraft-; macht-; wirkungs-); ohnmächtig; unwirksam.

むせきしゃ 無籍者 der im Familien|register (Personen-) nicht Eingetragene*, -n, -n;《浮浪人》Landstreicher m. -s, -; Vagabund m. -en, -en.

むせきついどうぶつ 無脊椎動物 das wirbellose Tier, -(e)s, -e.

むせきにん 無責任 Verantwortungslosigkeit f.; Unverantwortlichkeit f.; Pflichtvergessenheit f.／無責任な verantwortungslos; unverantwortlich; pflichtvergessen／無責任に ohne ⁴Verantwortungsgefühl.

むせっそう 無節操な wankelmütig; flatterhaft; launisch; unbeständig; unstet; treulos (不実の).

むせびなく むせび泣く schluchzen; wimmern.

むせぶ 咽ぶ ⇨むせる／涙に咽ぶ in Tränen ersticken ⓢ (schwimmen*); in Tränen zerfließen* ⓢ. ⇨かんるい.

むせる 咽せる ersticken ⓢ; erstickt werden／茶に咽せる an Tee beinahe ersticken.

むせん 無線 die draht|lose Telegrafie; Funken|telegrafie (Radio-) (無線電信(術))／無線電信で drahtlos; durch ⁴Rundfunk (Radio); funkentelegrafisch/無線電信を打つ drahtlos telegrafieren; drahten; funken/無線電話をかける drahtlos telefonieren (fern|sprechen*) ‖ 無線回路 der drahtlose Stromkreis, -es, -e/無線〔電信〕装置 Telegrafenapparat *m.* -〔e〕s, -e/無線電信局 Funkstation *f.* -en; Sender *m.* -s, -/無線電信術 die drahtlose Telegrafie/無線電報 das drahtlose Telegramm, -〔e〕s, -e; Funktelegramm/無線電話 die drahtlose Telefonie; Funk¦telefonie (Radio-)/無線放送 Rundfunk *m.* -s; Rundfunksendung *f.* -en.

むせん 無銭飲食する ohne Geld in einem Wirtshaus essen* und trinken*; den Wirt um die Zeche betrügen*; ein Zechpreller sein / 無銭遊興する in einem Vergnügungslokal prassen, ohne die Kosten bestreiten zu können ‖ 無銭旅行 die Reise《-n》mit leerer Tasche; Vagabundentum *n.* -s/世界無銭旅行 das Globetrottertum《-s》ohne ^{4}Geld.

むそう 夢想〔Traum〕gesicht *n.* -〔e〕s, -e; Einbildung *f.* -en; Luftschloss *n.* -es, ¨er; Vision *f.* -en. ── 夢想する träumen《*von*^{3}》; Luftschlösser《*pl*》bauen; in den Wolken schweben; fantasieren《*von*^{3}》; ^{3}sich Illusionen machen. ‖ 夢想家 Träumer *m.* -s, -; Luftschlossbauer *m.* -s, -; Fantast *m.* -en, -en; Schwärmer *m.* -s, -; Visionär *m.* -s, -e.

むそう 無双の ⇨**むひ**.

むぞうさ 無造作に ohne ^{4}Umstände; direkt; einfach; geradezu; kurzerhand; ohne weiteres; schlecht¦hin (-weg); unmittelbar; fahrlässig《構わず》; gleichgültig《同上》; nonchalant《同上》/無造作に断わる ohne weiteres ab|schlagen*^{4}/無造作に承諾する mir nichts dir nichts einverstanden sein《*mit*^{3}》; auf der Stelle einwilligen《*in*^{4}》.

むだ 無駄 Vergeblichkeit *f.*; Leerlauf *m.* -〔e〕s, ¨e《徒労》; Nutz¦losigkeit (Frucht-) *f.*《無益》; [浪費・空費] Verschwendung *f.* -en; Vergeudung *f.* -en/無駄骨をおる ^{4}sich umsonst (vergebens) bemühen; ^{3}sich unnütze Mühe machen/無駄口をきく in den Wind reden; lauter dummes Zeug schwatzen《馬鹿話》. ── 無駄な(に) umsonst《*adv*》; frucht¦los (erfolg-; nutz-; zweck-); verschwenderisch《浪費》. ── 無駄にする mit ^{3}*et* verschwenderisch um|gehen* [s]; verschwenden^{4}《Geld 金を, Kohlen 石炭を, Zeit 時をなど》; vergeuden^{4}《Geld 金を, Zeit 時を,Kräfte 精力をなど》; zwecklos verwenden$^{(*)4}$ (gebrauchen^{4}); ^{4}*et* verderben lassen*《腐らせてしまう》. ── 無駄になる umsonst (vergeblich) sein; es hat keinen Zweck《zu 不定詞句》; in Nichts zerfließen* [s]; ungenutzt da|liegen*. ¶ ドイツ語をやっておいて無駄ではなかった Ich habe nicht umsonst Deutsch gelernt. /そりゃ時間を無駄にするだけだ Das ist bloße Zeitverschwendung! / これ以上先へ行っても無駄だ Es hat keinen Zweck, weiter zu gehen.

むたい 無体な ❶ grob; beleidigend; dreist; frech; impertinent/無体なことを言う Grobheiten《*pl*》sagen《*jm*》; beleidigen《*jn*》; zu nahe treten* [s]《*jm*》. ❷ gewalt¦sam (-tätig); gebieterisch; herrisch; zwingend /無体なことをする mit ^{3}Gewalt durch|setzen^{4}; mit aller Gewalt betreiben*^{4}; mit dem Kopf durch die Wand wollen*; forcieren^{4}. ‖ 無体財産 Inmaterialeigentümer《*pl*》.

むだづかい 無駄使い Verschwendung *f.* -en; Vegeudung *f.* -en/無駄使いする mit Geld verschwenderisch um|gehen* [s]; verschwenden^{4} (vergeuden^{4})《Geld 金を, Kräfte 労力を, Zeit 時間をなど》; Geld zum Fenster hinaus|werfen*/無駄使いをしない mit ^{3}*et* sparsam um|gehen* [s]; ^{4}*et* auf die hohe Kante legen.

むだん 無断で ohne Entschuldigung《無届》; ohne Erlaubnis (Genehmigung)《無許可》/無断で学校を休む ohne Entschuldigung von der Schule aus|bleiben*; die Schule schwänzen《さぼる》/無断で借用する ohne Wissen des Besitzers (Inhabers) von ^{3}*et* Gebrauch machen / 無断で出版する ohne Genehmigung der Urhebers (vom Inhaber des Urheberrechtes) verlegen^{4} (heraus|geben*^{4}) ‖ 無断欠席 das unentschuldigte Ausbleiben*, -s.

むたんぽ 無担保の(で) ungedeckt; ungesichert.

むち 鞭 Peitsche *f.* -n; Rute *f.* -n; Gerte *f.* -n《騎馬用》; Geißel *f.* -n/鞭をならす(ふる) mit der Peitsche knallen (die Peitsche schwingen*) ⇨**むちうつ**.

むち 無知 Unwissenheit *f.*《無学》; Unkenntnis *f.*《知らないこと》/無知な unwissend; ungebildet; einfältig/彼らは無知なもんだから in ihrer Unwissenheit《無学のために》; in ihrer Unkenntnis des Gesetzes《法律に》.

むち 無恥な schamlos; unverschämt《厚顔無恥の》/厚顔無恥にも否定する mit frecher Stirn leugnen^{4}.

むちうちしょう 鞭打ち症 Peitschensyndrom *n.* -s, -e.

むちうつ 鞭打つ peitschen^{4}; geißeln^{4}; *jm* einen Peitschenhieb versetzen; *jn* zu ^{3}*et* an|spornen《励ます》.

むちつじょ 無秩序 Unordnung *f.* -en; Wirrsal *n.* -〔e〕s, -e《混乱》; Wirrwarr *m.* -s《ごったがえし》; Chaos *n.* -; Tohuwabohu *n.* -〔s〕, -s《混沌》/無秩序の ungeordnet; unordentlich; verwirrt; chaotisch; planlos; regellos; unsystematisch.

むちゃ 無茶〔くちゃ〕な(に) ❶ [馬鹿な] albern; blöde; doof; ungereimt. ❷ [無思慮] unsinnig; leichtsinnig. ❸ [過度] unmäßig; ausschweifend《常軌を逸した》; wild; ungemein; unheimlich《べらぼう》. ❹ [混乱] durcheinander; drunter und drüber《*adv*》; das Unterste zuoberst (kehren); wirr; chaotisch. ❺ [がむしゃら] blindlings《盲目的に》; tollkühn ⇨**むぼう**(無謀)/むちゃく

ちゃに金を使う mit dem Geld verschwenderisch um|gehen* [s]; das Geld zum Fenster hinaus|werfen*/むちゃくちゃに食う wie ein Scheunendrescher fressen*^{4}/むちゃを言う Quatsch reden (verzapfen)/むちゃくちゃに安い lächerlich billig; spottbillig/むちゃを言うな Rede keinen Kohl./むちゃくちゃに高い値段だ Der Preis ist gesalzen./そりゃむちゃだよ Du treibst es zu bunt.《仕打ち》. ― むちゃくちゃにする alles durcheinander bringen*; verpfuschen^{4}《台なしに》.

むちゃくりく 無着陸飛行 Ohnehalt¦flug (Nonstop-) *m*. -[e]s, ⸚e/フランクフルトまでは無着陸です Wir fliegen bis nach Frankfurt ohne Zwischenlandung.

むちゅう 夢中 Entzückung *f*. -en; Verzücktheit *f*.; Ekstase *f*. -n《忘我・有頂天》; Erregung *f*. -en《興奮》; [理性を失う] Wahnsinn *m*. -[e]s; Raserei *f*.; [熱中] Begeisterung *f*.; Enthusiasmus *m*. -. ― [無我]夢中で ganz erregt (aufgeregt)《興奮して》; ganz begeistert; leidenschaftlich《情熱的》; [熱狂的] fieberhaft; erhitzt; [憑かれたように] hingerissen; wie besessen (verrückt); [理性を失ったように] wahnsinnig; rasend. ― 夢中になる ^{4}sich begeistern《*für*^{4}》; ^{4}sich für *jn* ein|nehmen lassen*《ある人に》; vor ^{3}*et* außer sich geraten* (sein) [s]《我を忘れる》; den Kopf verlieren*《思慮を失う》; [惚(ほ)れて] ^{4}sich in *jn* vernarren; ^{4}sich wahnsinnig verlieben; mitgerissen (hingerissen) werden《心を奪われる》; für *jn* (^{4}*et*) schwärmen《心酔》/いやもう無我夢中だった Ich wusste nicht, wo mir der Kopf stand./競輪に夢中である Er ist ganz verrückt auf Radrennen.

むちょう 無調の〘楽〙atonal ‖ 無調音楽 atonale Musik.

むちん 無賃で kostenlos; frei; gebühren¦-frei (spesen-); franko / 無賃乗車をする schwarz|fahren* [s] ‖ 無賃乗客 [不正の] Schwarzfahrer *m*. -s, -; der blinde Passagier, -s, -e.

むつう 無痛の schmerz¦los (-frei) ‖ 無痛分娩法 der Dämmerschlaf《-[e]s》zur Durchführung einer schmerzlosen Geburt.

むつき 襁褓 ❶ [うぶ着] Baby¦kleidchen (Kleinkind-) *n*. -s, -. ❷ [おしめ] Windel *f*. -n.

むっくり むっくり起きる auf|springen* (-|fahren*) [s]; auf die Füße springen* [s]; ^{4}sich schnell in die Höhe richten/むっくり脹れる an|schwellen* [s]; auf|quellen* [s]; ^{4}sich auf|blähen/むっくり肥えた drall; [wohl]beleibt; dick [und fett]; korpulent; plump; rund.

むつごと 睦言 Liebes¦gespräch *n*. -[e]s, -e (-geplauder *n*. -s, -); Kosewort *n*. -[e]s, -e《ふつう *pl*》; süße Liebesworte《*pl*》.

むっつり むっつりした mürrisch; murrsinnig; grämlich; griesgrämig; unwirsch; verschlossen《だんまりの》‖ むっつり屋 der Mürrische* (Murrsinnige*), -n, -n; Grämler *m*. -s, -; Grämling *m*. -s, -e; Murrkopf *m*. -[e]s, ⸚e; der Unwirsche*, -n, -n; der Verschlossene*, -n, -n《だんまり屋》.

むっと むっとする ❶ [蒸し暑い] dumpf[ig]; schwül; [すえ臭い] muffig; stockig. ❷ [怒る] gereizt werden; sauer reagieren.

むつまじい 睦まじい liebevoll; liebend; einträchtig; innig; vertraut; zärtlich/睦まじく暮らす in liebevoller Eintracht leben; in inniger Liebe zusammen|leben; in glücklicher Eheleben《夫婦が》; ^{4}sich [gut] vertragen*《mit *jm*》.

むて 無手で ❶ [武器なしで] unbewaffnet; ungerüstet; ohne ^{4}Waffen (Rüstung). ❷ [てぶらで] mit leeren Händen. ❸ [無資本] ohne ^{4}Kapital (Fonds; Geld[mittel]; Vermögen). ¶ 無手勝流 Kunstgriffe《*pl*》, ohne Waffen andere zu bezwingen.

むていけい 無定形の amorph; form¦los (gestalt-).

むていけん 無定見 Gesinnungslosigkeit *f*.; Opportunismus *m*. -/無定見の gesinnungslos; opportun.

むていこう 無抵抗 Widerstandslosigkeit *f*. /無抵抗で ohne ^{4}Widerstand zu leisten^{3}; ohne Einspruch zu erheben《*gegen*^{4}》‖ 無抵抗主義 der Grundsatz《-es, ⸚e》der Widerstandslosigkeit; das Prinzip《-s, ..-pien》, keinen Widerstand zu leisten.

むていしゃ 無停車の ohne ^{4}Aufenthalt.

むてき 無敵の unüberwindlich; unüberwunden; unübertreff¦bar (-lich); unübertroffen; unbesieg¦bar (-lich); unbesiegt ‖ 無敵艦隊 die [Große] Armada《スペインの》.

むてき 霧笛 Nebelhorn *n*. -[e]s, ⸚er.

むてっぽう 無鉄砲な draufgängerisch; tollkühn; verwegen; wag[e]halsig.

むでん 無電 Funktelegrafie *f*. -n; Radiotelegramm *n*. -[e]s, -e/無電で durch Funk; auf dem Funkweg ‖ 無電操縦 Fernsteuerung *f*. -en/無電台 Funkstelle *f*. -n/無電連絡 Funkverbindung *f*. -en.

むどう 無道 Tyrannei *f*. -en; Gottlosigkeit *f*. -en; Grausamkeit *f*. -en/無道な tyrannisch; gottlos; grausam; unmenschlich.

むとうせい 無統制の unbeaufsichtigt; unkontrolliert.

むとくてん 無得点 ohne ^{4}Punkte《*pl*》/両サッカーチームとも無得点に終わった Beide Mannschaften haben kein Tor erzielen können.

むとどけ 無届で ohne ^{4}[An]meldung ‖ 無届け欠席 das Fehlen*《-s》[in der Schule] ohne vorherige Meldung.

むとんちゃく 無頓着 Unbekümmertheit *f*.; Gleichgültigkeit *f*.; [Nach]lässigkeit *f*.; Nonchalance *f*.; Saumseligkeit *f*.; Unachtsamkeit *f*.《不注意》/無頓着な unbekümmert; gleichgültig; [nach]lässig; nonchalant; saumselig; unachtsam/無頓着である ^{4}sich nicht kümmern《*um*^{4}》; keine Notiz nehmen*《*von*^{3}》; alles gleich sein lassen*; gleichgültig sein《*gegen*^{4}》; wie Luft behandeln《*jn*》.

むないた 胸板 Brust *f*. ⸚e.

むなぎ 棟木 Firstbalken *m*. -s, -.

むなくそ 胸くそが悪い ekelhaft sein; Ekel erregend (ekelerregend) sein; eklig (abscheulich; widerlich) sein.

むなぐら 胸ぐらをとる bei der Brust packen (kriegen; zu|packen) ⟨*jn*⟩.

むなぐるしい 胸苦しい ⁴sich beklommen (bedrückt) fühlen; die Brust ist beklommen ⟨*in*⟩; ¹et beklemmt die Brust ⟨*jm*⟩.

むなげ 胸毛 Brusthaar *n*. -[e]s, -e/胸毛があらわに die Brusthaare entblößend.

むなさわぎ 胸騒ぎ Herzensangst *f*. =e; Bangigkeit *f*.; Beklommenheit *f*.; die innere Unruhe; die bange Vorahnung, -en (予感)/胸騒ぎがする Herzensangst haben; ⁴sich beklommen fühlen; von einer bangen Vorahnung geplagt werden.

むなざんよう 胸算用 Kopfrechnen *n*. -s; die Ausrechnung (Rechnung) im Kopf; Veranschlagung *f*. -en; Erwartung *f*. -en (期待)/胸算用をする im Kopf rechnen⁴; aus|rechnen⁴; veranschlagen⁴ (弱気化); erwarten⁴; die zu erwartende Summe (im Geheimen) kalkulieren; einen Überschlag machen.

むなしい 空しい ❶ [空虚]leer; eitel; gehaltlos (inhalts-); nichts dahinter. ❷ [無効] erfolglos (ergebnis-; frucht-; nutz-; zweck-); vergeblich/彼の努力も空しかった Er hat sich vergebens Mühe gegeben. Seine Bemühungen trugen gar keine Früchte./空しく時を過す die Zeit tot|schlagen* (müßig hin|bringen⁴; verdänteln; vertrödeln). —— 空しくなる ❶ [欠乏] ab|laufen*⁰; erlöschen*⁰; erschöpft werden; ⁵nichts werden; zur Neige gehen*⁰. ❷ ⇒しぬ.

むなはば 胸幅 Brustbreite *f*. -n.

むなもと 胸元 Herzgrube *f*. -n; Brust *f*. -.

むなやけ 胸焼け Sodbrennen *n*. -s; Pyrosis *f*.

むに 無二の einzig (in seiner Art); einmalig; einzigartig; ohnegleichen (sonder-); singulär; vereinzelt/無二無三に aus Leibeskräften; mit verzweifelten Anstrengungen ⟨*pl*⟩; was das Zeug hält/無二の親友 Busen|freund (Herzens-) *m*. -[e]s, -e; der beste (intimate; vertrauteste) Freund.

むにゃむにゃ 〜〔と〕言う murmeln.

むにんしょ 無任所大臣 der Minister ⟨-s, -⟩ ohne ⁴Portefeuille (Geschäftsbereich)/無任所公使 der zu keiner Gesandtschaft gehörige Gesandte⁴, -n.

むね 旨 ❶ [注意] Inhalt *m*. -[e]s, -e; Sinn *m*. -[e]s, -e/...する旨 mit dem Inhalt, dass ...; in dem Sinne, dass ...; dahin, dass .../アメリカはこの紛争に介入しない旨ホワイトハウスから言明があった Der Pressesprecher des Weißen Hauses hat sich dahin erklärt, dass sich Washington nicht in diese Verwicklungen einmischen möchte./兄から直ちに上京する旨のＥメールを受取った Mein älterer Bruder hat mir eine E-Mail geschickt mit dem Inhalt, er würde gleich nach Tokio kommen. ❷ [目的] Absicht *f*. -en; Ziel *n*. -[e]s, -e; Zweck *m*. -[e]s, -e/

...を旨とする beabsichtigen⁴; ab|zielen ⟨*auf*⁴⟩; bezwecken⁴; im Auge (Sinne) haben⁴; zielen ⟨*auf*⁴⟩/質素を旨とする größte (spartanische) Einfachheit üben/彼の旨とするところは成功だ Worauf er hinaus will, ist Erfolg. ❸ [命令] Befehl *m*. -[e]s, -e ⇒めい ⟨命⟩ ❸.

むね 胸 ❶ Brust *f*. =e (胸面); Brustkasten *m*. -s, = (胸腔); Busen *m*. -s, - (懐)/胸を張って ⁴sich in die Brust werfend/die Brust aufwerfend; ⁴sich brüstend/胸を並べて ⁴Brust an ³Brust; ⁴Seite an ³Seite; nebeneinander; parallel/胸が悪くなる 《気分が悪くなる》⁴Ekel erregen; es ekelt ⟨*jn*⟩; Es wird ekelhaft zumute (zu Mute) ⟨*jm*⟩. ❷ [心臓] Herz *n*. -ens, -en/胸に手をあてて ⁴Hand aufs Herz/私は胸がどきどきする Das (Mein) Herz klopft. ❸ [度量] 胸が広い(大きい) großmütig (großherzig) sein; hochsinnig (hochherzig) sein; Großmut haben. ❹ [胸中] Gemüt *n*. -[e]s, -er; Herz *n*. -ens, -en; Seele *f*. -n/胸がいっぱいになる vor ³Rührung nicht sprechen können*; *jm* ist die Kehle wie zugeschnürt /胸が張り裂ける思いがする Es ist *jm* zumute (zu Mute) ⟨*jm*⟩, als ob ihm die Brust zerspringen wollte./胸がすく ⁴sich Luft machen; Schadenfreude empfinden/彼の失敗を聞いて胸がすいた Als ich von seinem Misserfolg hörte, habe ich ihm ihm wirklich gegönnt./胸が躍った Das Herz hüpfte mir vor Freude (im Leibe)./胸に秘める im tiefsten Innern auf|bewahren⁴; für ⁴sich behalten*⁴; reinen Mund halten* ⟨*über*⁴⟩/胸に一物 etwas Böses* im Schild führen (im Sinne haben); einen Hintergedanken hegen/胸に応える zu Herzen gehen*⁰ ⟨*jm*⟩; sehr Leid tun* ⟨*jm*⟩; ⁴sich empfindlich getroffen fühlen ⟨*von*³⟩/胸に問う sein eigenes Gewissen fragen; eine Gewissensfrage machen ⟨*aus*³⟩/胸に浮かぶ ein|fallen* ⟨ˢ⟩ ⟨*jm*⟩; Ideen (Einfälle; Gedanken) ⟨*pl*⟩ haben; in den Sinn kommen* ⟨ˢ⟩; Ein Licht geht auf ⟨*jm*⟩/⁵sich einfallen lassen*⁴/胸を痛める ³sich Gedanken (Kummer; Sorgen) ⟨*pl*⟩ machen; ⁴sich ab|härmen; ⁴sich quälen; kein Auge schließen können* ⟨*vor*³⟩/胸を打たれる ergriffen (erschüttert*; hingerissen*) werden; einen tiefen Eindruck bekommen*/安堵の胸を撫でおろした Da ist mir ein Stein vom Herzen gefallen./Da atmete

むね 棟 [Dach]first *m*. -es, -e.

むねあげ 棟上げ das Richten* (Bauheben*), -s/棟上げが済んでから nach vollbrachtem Richten (Bauheben) ‖ 棟上式 Richtfest *n*. -[e]s, -e; Richt|schmaus (Hebe-) *m*. -es, -e.

むねあて 胸当 Brust|harnisch *m*. -es, -e -panzer *m*. -s, -; Küraß *m*. -, -e.

むねはば 胸幅の広い男 ein Mann ⟨*m*. -[e]s, -er⟩ mit einer breiten (mächtigen) Brust.

むねわりながや 胸割長屋 Mietskaserne *f*. -n.

むねん 無念 Gram *m*. -[e]s; Groll *m*. -[e]s;

むのう 無能[力] Unvermögen *n.* -s; Machtlosigkeit *f.*; Ohnmacht *f.*; Unfähigkeit *f.*; Untauglichkeit *f.*; Untüchtigkeit *f.*/無能な unvermögend; machtlos; ohnmächtig; unfähig; untauglich; untüchtig ‖ 無能力者 der Unvermögende*, -n, -n; Nichtskönner *m.*, -s, -.

むひ 無比の einzigartig; beispiellos; einmalig; ohnegleichen《名詞のあとにおかれる》; unvergleichlich; unübertrefflich; einzig 《in seiner Art》; ohne Vergleich /未曾有(ぞう)の ausnehmend《多少誇張して》/無比の業績 die beispiellose Leistung, -en / eine Leistung ohnegleichen/実に無比の美形だ Sie ist unvergleichlich schön. | Sie ist eine Frau von ausnehmender Schönheit.

むひょうじょう 無表情で ausdruckslos; nichts sagend.

むびょうそくさい 無病息災である kerngesund sein; auf der Höhe sein; in glänzender Form sein; wohlauf und rüstig sein《變鑠(さく)》.

むふう 無風[状態] Windstille *f.*; Flaute *f.* -n《なぎ》/無風のためヨットはほとんど動きが取れなかった Die Jacht machte infolge der Flaute (flauen Brise) fast keine Fahrt. ‖ 無風帯 Kalmenzone *f.*.

むふんべつ 無分別 Unbesonnenheit *f.* -en; Leichtsinn *m.* -[e]s《軽率》; Unvernunft *f.*《非常識》. ── 無分別な unbesonnen; gedankenlos《無思慮》; leicht|sinnig《-fertig》《軽率》; unvernünftig/無分別な奴だ Ist aber ein leichtsinniger Mensch (Bursche; Bruder)!

むほう 無法 Gesetzwidrigkeit *f.* -en《違法》; Rechtswidrigkeit *f.* -en; Unrecht *n.* -[e]s《不法》; [乱暴] Gewaltsamkeit *f.* -en; Gewalttätigkeit *f.* -en/無法な gesetz|widrig《-rechts-》; unrechtsmäßig; unrechtlich; unbefugt《越権の、みだりな》; unverbrecherisch; frevelhaft《不埒な》; gewaltsam《力ずく》; unerhört《法外な》; brutal《傍若無人》/それは無法ですよ Das ist doch keine Art!

むぼう 無謀な draufgängerisch; tollkühn; waghalsig; verwegen; unbesonnen《無思慮》/無謀なことをする einen Sprung ins Dunkle (Ungewisse) tun*《wagen》; in die Höhle des Löwen wagen《Ai意味では「思いきったことする」》/無謀な企て ein tollkühnes Unternehmen, -s, -.

むほうしゅう 無報酬で unentgeltlich; ohne ⁴Entgelt (Belohnung; Vergütung); um Gotteslohn; umsonst; gratis /《問合せに対する》御案内は無報酬でいたします Auskünfte werden unentgeltlich erteilt.

むほうしん 無方針の planlos; ziellos; unvorbereitet/無方針で ohne ⁴Vorhaben (Plan; Prinzip; Politik); aufs Geratewohl.

むぼうび 無防備の wehr|los《schutz-》; unbefestigt ‖ 無防備都市 die offene Stadt *f.*

むほん 謀反 [反逆] Verrat *m.* -[e]s; Verschwörung *f.* -en; Treubruch *m.* -[e]s, ⁻e. ❷ [反乱] Empörung *f.* -en; Aufruhr *m.* -s, -e; Aufstand *m.* -[e]s, ⁻e; Putsch *m.* -es, -e /謀反を企てる ⁴sich verschwören《gegen⁴; mit³》; [hinterlistige] Ränke schmieden (an|zetteln)《gegen⁴》陰謀 /謀反をする(起こす) ⁴sich empören《gegen⁴》; ⁴sich erheben*《gegen⁴》; auf|stehen*《s》《gegen⁴》; revoltieren《gegen⁴》‖ 謀反人 Verräter *m.* -s, -; Verschwörer *m.* -s, -; Empörer *m.* -s, -; Rebell *m.* -en, -en.

むみ 無味な ❶ [味のない] geschmack|los《salz-; würz-》; abgestanden; matt; ungewürzt. ❷ [無趣味] trocken; fade; platt; poesieloses; prosaisch; schal /無味乾燥をいう ohne ⁴Saft und ⁴Kraft.

むめい 無名の ❶ [名のない] namenlos; anonym; ohne ⁴Namen(snennung); unbenannt; ungenannt /無名の手紙が来た Ich habe einen anonymen Brief empfangen. ❷ [名の知れぬ] unbekannt; dunkel; obskur; ruhmlos /無名の士 ein Niemand *m.* -[e]s /無名作家 der unbekannte (unberühmte) Schriftsteller, -s, -/無名氏 Herr Ungenannt/無名戦士 der Unbekannte Soldat, -en, -en. ── 無銘の ohne ⁴Unterschrift [des Künstlers; des Herstellers]; unterschriftslos; nicht unterzeichnet; ungezeichnet.

むめんきょ 無免許の unbefugt; unberechtigt; unerlaubt; unkonzessioniert; ohne ⁴Befugnis (Berechtigung; Erlaubnis; Konzession) /無免許運転をする ohne Führerschein Auto fahren* ‖ 無免許医 Kurpfuscher *m.* -s, -.

むもう 無毛の haarlos; kahl ‖ 無毛症 Africhie *f.* -n.

むやみ むやみな ❶ [軽率] leichtsinnig; blind; übereilt; unbedacht; unbesonnen; unüberlegt. ❷ [過度] über|mäßig《un-》; ausschweifend; maßlos /むやみに働く wie ein Pferd arbeiten. ❸ [無差別] unterschiedslos; ununterschieden; ohne ⁴Unterschied /むやみに金を使う sein Geld zum Fenster werfen*.

むゆうびょう 夢遊病 Somnambulismus *m.* -; das Nachtwandeln*, -s; Mondsucht *f.* ‖ 夢遊病者 Somnambulist *m.* -en, -en; Nachtwandler *m.* -s, -; der Mondsüchtige*, *m.* -n, -n.

むよう 無用の ❶ [不要の] unnötig; entbehrlich; überflüssig /無用の心配をするな Mach' dir doch [deshalb; deswegen] keine unnötigen Sorgen! /心配無用だ Sei deshalb (deswegen) unbesorgt! ❷ [役に立たぬ] nutz|los《sinn-; zweck-》; unbrauchbar;

-むよう unnütz/無用の長物である zu ³nichts taugen (gut sein); ein lästiger Besitz sein. ❸ 〔用事のない〕nichts zu tun habend; unbeteiligt/無用の者入るべからず Unbeteiligte dürfen nicht herein!: Betreten (Eintritt) verboten! 《ともに掲示》.

-むよう 無用 ¶ 開放無用 Die Tür zuschließen!/天地無用 Umstürzen vermeiden!: Nicht stürzen!/通り抜け無用 Durchgang verboten!: Kein Durchgang!

むよく 無欲 Bedürfnislosigkeit (Anspruchs-) f.; Genügsamkeit f.; Uneigennützigkeit f./無欲な bedürfnislos (anspruchs-); genügsam; uneigennützig; frei von Habsucht.

むら 村 Dorf n. -[e]s, "er; Weiler m. -s, -; Krähwinkel n. -s, -; Nest n. -[e]s, -er ‖ 村人 Dorfbewohner m. -s, -; Dörfler m. -s, -; Dorfleute 《pl》/村役場 Gemeindehaus n. -es, -er.

むら ❶ 〔斑点〕 Fleck m. -[e]s, -e; Flecken m. -s, -e; Klecks m. -es, -e. ❷ 〔不同〕 Ungleichheit f.; Ungleichmäßigkeit f.; Unebenheit f.; Unregelmäßigkeit f./むらのない gleich(mäßig); eben; regelmäßig/むらのない仕事だ Die Arbeit ist gleichmäßig geraten. ❸ 〔気質の〕 Laune f.; Grille f. -n; Schrulle f. -n. —— むらな ❶ 〔斑点〕 fleckig; klecksig. ❷ 〔不同〕 ungleich(mäßig); uneben; unregelmäßig. ❸ 〔気質の〕 launenhaft (grillen-; schrullen-).

むらがる 群がる ⁴sich 〔zusammen〕scharen; ⁴sich 〔zusammen〕drängen; gruppieren; versammelt sein; zusammen⁴kommen⁽ˢ⁾; schwärmen 《動物》; es wimmelt 《von*》魚・虫など.

むらぎ むら気 der wunderliche Einfall, -[e]s, "e; Wunderlichkeit f. -en.

むらくも 叢雲 Gewölk n. -[e]s; Haufenwolke f. -n; Wolken|haufen m. -s (-gruppe f. -n; -masse f. -n).

むらさき 紫 Purpur m. -s; Lila m. -s 《藤色》; Lilafarbe f.; Veilchen|blau n. -s (-farbe f. 《すみれ色》); Violett n. -s 紫うまごやし《植》 Luzerne f. -n 紫キャベツ Rotkohl m. -[e]s/紫水晶 Amethyst m. -[e]s.

むらさめ 村雨 〔Regen〕schauer m. -s, -; 〔Regen〕guss m. -es, "e; der kurze, vorüber|gehende Regen, -s, -.

むらす 蒸らす dämpfen⁴; dünsten⁴; in ³Dampf (im Dampfbad) kochen⁴; schmoren⁴; fermentieren⁴ 《醱酵さす》.

むらすずめ 村雀 eine Schar (-en) Sperlinge (Spatzen) 《-n》; Sperlings|schar (Spatzen-) f. -en 《-schwarm m. -[e]s, "e》.

むらはちぶ 村八分 Ächtung f. -en; Verbannung f. -en.

むらむら 《…しようという考えがむらむらと起こる》einen unwiderstehlichen Drang haben, *et zu tun; Es reizt mich Ich-weiß-nicht-was.

むり 無理 Unrecht n. -[e]s; Unbill f.; Unfug m. -[e]s; Unvernünftigkeit f.; Zwang m. -[e]s 《強制》/無理もない verzeihlich 《許しうる》; erläßlich 《同上》; billig 《当然の》; ungezwungen 《いらぬの》; vernünftig 《わけのわかった》/無理算段をする Geld zusammen|kratzen; mit Ach und Krach (Müh' und Not) Geld auf|bringen* (auf|treiben*)/無理が通れば道理引っ込む Macht (Gewalt) geht vor Recht.: Wo die Unvernunft durchgeht, zieht sich die Vernunft zurück./それは無理です Da fordern (verlangen) Sie zu viel. —— 無理な unrecht 《不正》; unbillig 《不当》; unvernünftig 《不条理》; vernunftwidrig 《同上》; zwangsmäßig 《強制の》/無理な注文 Unmöglichkeit f. -en; eine unbescheidene Ansinnen, -s; die freche Forderung, -en; die harte Nuss, Nüsse; das starke Stück, -[e]s, -e; die starke Zumutung, -en. — 無理に gewaltsam; mit (durch) Gewalt (Zwang); wider *Willen; zwangsweise. ‖ 無理な Nötigung f. -en; Muss n. -; Zwang/無理心中 der bezwungene Doppelselbstmord, -[e]s, -e/無理取り 《強制》 die zwangsmäßige Forderung, -en; Erpressung f. -en; Erzwingung f. -en/無理難題 ein himmelschreiendes Unrecht/無理方程式 die irrationale Gleichung, -en.

むりかい 無理解 ❶ Verständnislosigkeit f.; Mangel 《m. -s, "》 an Verständnis (Verstehen*)/ Unverständnis n. ..nisses, ..nisse. ❷ 〔無情〕 Teilnahmslosigkeit f.; Hartherzigkeit f.; Teilnahmlosigkeit f. —— 無理解な ❶ verständnislos; an ³Verständnis (Verstehen*) mangelnd. ❷ 〔無情な〕gefühl|los (teilnahms-); hartherzig.

むりそく 無利息の unverzinslich; unverzinsbar; keine Zinsen bringend (tragend); passiv/無利息で金を貸す Geld ohne ⁴Zinsen (zinsfrei) aus|leihen* ‖ 無利息公債 die unverzinsliche Anleihe, -n.

むりょう 無量の unermesslich; unendlich; unzählbar; zahllos (end-)/目に無量の意味がこもっていた Ihre Augen sprachen Bände (sagten alles).

むりょう 無料の kostenlos (kosten)frei; ohne ⁴Bezahlung; unentgeltlich. —— 無料で für nichts; gratis; um Gottes ⁴Lohn; umsonst/無料である umsonst zukommen lassen⁴; kostenlos schicken⁴ (zu|senden*⁴) 《im》. ‖ 無料観覧券 Freibil|lett n. -[e]s, -e (-s); freie Eintrittskarte f. -n/無料宿泊所 Frei|logierhaus n. -es, "er (-stätte f. -n); das Asyl 《-s, -e》 für Obdachlose; die freie Herberge, -n/無料乗車券 Freifahrkarte f. -n, Freifahrschein m. -[e]s, -e 《市電・バス》/運賃無料の der freie Transport, -e, -e/運賃無料の frachtfrei/入場無料 der freie Eintritt (Zutritt); Eintritt (Zutritt) frei! 《掲示》/配達無料 die freie Lieferung, -en (Zustellung, -en). ⇨むちん.

むりょく 無力 Kraftlosigkeit (Macht-) f.; Ohnmacht f.; Unfähigkeit f.; Unvermögen n. -s/無力の kraft|los (macht-); ohnmächtig; unfähig; unvermögend.

むるい 無類 ⇨むひ.

むれ 群 ❶ Haufe(n) m. ..fens, ..fen 《Haufe

むれる はまれ); Gruppe *f.* -n; Menge *f.* -n; Schar *f.* -en; Partei *f.* -en 《党派》. ❷ [暴徒などの] Pöbelhaufe(n); Pöbel *m.* -s, -; Bande *f.* -n; Horde *f.* -n; Masse *f.* -n; Meute *f.* -n; Mob *f.* -n; Pack *m.* -(e)s; Rudel *n.* -s, -; Schar; Gesellschaft *f.* -《一味》. ❸ [美少女などの] ein Flor (*m.* -s) (Schwarm *f.* -(e)s, ⸚e) ⟨schöner Mädchen⟩; die glänzende Versammlung, -en. ❹ [獣の] (Vieh)herde *f.* -n; Koppel *f.* -n 《猟犬・馬など》; Meute *f.* -n 《猟犬》; Rudel *n.* -s, -《鹿・かもしか・狼など》; Trupp *m.* -s, -s 《ライオンなど》; Wurf *m.* -(e)s, ⸚e 《犬・豚などの一腹仔》. ❺ [鳥の] Volk *n.* -(e)s, ⸚er; Brut *f.* -n 《一腹の雛》; Hecke *f.* -n 《同上》; Kette *f.* -n 《野鳥の群れ》; 《以下飛鳥》 Flug *m.* -(e)s, ⸚e; Schar; Zug *m.* -(e)s, ⸚e. ❻ [虫類の] Schwarm; Wolke *f.* -n ⟨von Heuschrecken⟩. ❼ [魚の] Schule *f.* -n ⟨von Wal(fisch)en, von Tümmlern⟩; Schar; Zug/鯡の群 eine Schar Heringe.

むれる 蒸れる ❶ gedämpft; gedünstet; in Dampf (im Dampfbad) gekocht (geschmort) werden. ❷ muffig (dumpfig; mod(e)rig) werden 《かびる》; fermentieren 《発酵》/蒸れた muffig; dumpfig; mod(e)rig.

むろ 室 Keller *m.* -s, - 《穴》; Trockenraum *m.* -(e)s, ⸚e 《乾燥室》; Treib¦haus (Gewächs-; Warm-) *n.* -es, ⸚er 《温室》/室咲きの 花 Treibhausblume (Gewächs-; Warm-) *f.* -n.

むろん 無論 ⇨もちろん.

むんむん むんむんする [人いきれで] stickig; dumpf; erstickend; [暑さで] schwül; brütig.

め

め 芽 ❶ [芽・蕾] Knospe *f.* -n; Auge *n.* -s, -n/芽を摘む Knospen (*pl*) ab¦töten; im Keim ersticken⁴ 《比喩的》. ❷ [若芽] Spross *m.* -es, -e; Sprosse *f.* -n; Sprössling *m.* -s, -e. ❸ [幼芽・胚種] Keim *m.* -(e)s, -e. ¶ 芽が出る Knospen (Sprossen) (*pl*) treiben⁴; [auf]keimen §; auf¦schießen* §; [hervor]sprossen §; knospen; sprießen §/やっと芽が出た Er ist endlich auf einen grünen Zweig gekommen. ‖ 芽キャベツ Sprossen¦kohl (Rosen-) *m.* -(e)s, -e.

め 目 ❶ [目] Auge *n.* -s, -n/目の Augen-; Okular-/目の前(先) ⇨もくぜん/目の前の 前 vor seinen Augen; *jm* direkt vor Augen; vor seiner Nase; *jm* direkt vor der Nase; auf der Stelle/目の鋭い scharf blickend; adleräugig; mit kühnen (scharfen) Augen/目で知らせる mit den Augen ein Zeichen geben* (*jm*); mit Augenzwinken ⁴sich verständlich machen (*jm*); zu¦winken (*jm*)/目が回る es schwindelt (*jm*); schwindlig werden, ⁴sich schwindlig fühlen ⇨目を回す/目が回るように忙しい in atemloser Hast in ⁴Anspruch genommen werden; so voll beschäftigt sein, dass man keine Zeit (Ruhe) finden kann/目から火が出る vor seinen Augen scheint alles Funken (*pl*) zu stieben; Es flimmt *jm* vor den Augen./目に触れる dem Auge begegnen §; ins Auge fallen* § (springen* §; stechen*) §; erblickt werden; *js* Aufmerksamkeit auf ⁴sich ¦ziehen*/目に角を立てる finster drein¦schauen; finstere Blicke (*pl*) werfen*; die Stirn runzeln/目に見えぬ unsichtbar; ungesehen; den Blicken (den Augen) entrückt (entzogen); verborgen; versteckt/目に見えて bemerk¦bar (sicht-); [be]merk¦lich (sicht-); er¦kenn¦bar (wahrnehm-); bedeutend 《大いに》; zusehends 《見る見る》/目に見えて上達してきた Er hat sichtliche Fortschritte gemacht./目を離さぬ nicht aus dem Auge lassen*⁴; Blick heften (*auf*⁴); fixieren⁴; scharf an¦sehen*⁴; [scharf] ins Auge fassen*⁴/目を離す aus dem Auge lassen*⁴; den Blick wenden(¹) (*von*³)/anderswohin blicken/目をかける begünstigen (*jn*); gewogen sein (*jm*); große Stücke halten* (*von jm*); Gunst gewähren (*jm*); Gunst verschenken (*jm*); wohl wollen (*jm*)/目を見張って mit weit geöffneten (aufgerissenen) Augen; mit einem scharfen Blick/目を泣きつぶす ⁴sich blind weinen; ³sich die Augen aus¦weinen/目を皿のようにする mit ³Kulleraugen (Glotzaugen; Telleraugen)/目を皿のようにする ganz ¹Auge sein; ins Schauen ver¦loren sein; ⁴sich völlig auf das Schauen konzentrieren/目を楽します Augen er¦freuen (ergötzen); eine Augenweide (Augenlust) sein; einen erfreulichen (ergötzlichen) Anblick bieten*/目を通す flüchtig über¦blicken⁴; durch¦sehen*⁴; einen Blick (hinein)¦tun*/目をつぶる die Augen (*pl*) [zu]¦schließen* (zu¦machen); durch die Finger sehen* (大目に見る); ein Auge zu¦drücken (*bei*³) (同上). ❷ [視力] Gesicht *n.* -(e)s; Augenlicht *n.* -(e)s; Sehen* *n.* -s; Seh¦kraft *f.* (-vermögen *n.* -s)/目がよい(悪い) gute (schlechte) Augen (*pl*) haben; ein gutes (schlechtes) Sehvermögen haben/目が潰れる das Gesicht (Augenlicht) ver¦lieren*; blind (augenlos) werden; erblinden §. ❸ [注視] Aufmerksamkeit *f.*; Achtsamkeit *f.*; Wachsamkeit *f.*/目もくれずに ohne *jn* ⁴et eines Blickes zu würdigen; ohne einen Blick zu wer¦fen (*auf*⁴); keine Beachtung schenkend《jm》; ohne Aufmerksamkeit zu richten《auf⁴》/目に留る js Aufmerksamkeit auf ⁴sich ziehen* (lenken); ins Auge fallen* [s] (springen* [s]; stechen*)《jm》; js Blick fesseln/目をひく die Aufmerksamkeit auf ⁴sich ziehen* (lenken); ⁴sich bemerkbar (bemerklich) machen/目をつける ein Auge haben《auf⁴》; das Augenmerk richten《auf⁴》; im Auge behalten*⁴; mit den Blicken verfolgen⁴/八方へ目を配る auf der Hut sein; in ³Wachbereitschaft sein; wachsame Blicke um ⁴sich werfen*/目につく **1**) ⇨目に留る. **2**) [目に立つ] auf|fallen* [s]; in die Augen fallen* [s]《jm》; Aufsehen erregen; bemerkt (beachtet) werden; die Blicke an|ziehen*. ❹ [眼識] Kennerblick *m.* -[e]s, -e; Einsicht *f.* -en; Feingefühl *n.* -[e]s, -e; der innere Sinn, -[e]s, -e; Urteilskraft *f.* ‥e/目がきく, 高い, 肥えている ein Auge haben《für⁴》; ein [guter] Kenner sein; einen sicheren [Kenner]blick haben. ❺ [見地] Gesichts¦punkt (Stand-) *m.* -[e]s, -e; Auffassung *f.* -en; Denkweise *f.* -n; Einstellung *f.* -en/我々の目から見れば in unseren Augen; nach unseren Begriffen; von unserem Gesichtspunkt aus; um es nach uns zu beurteilen. ❻ [網などの] Masche *f.* -n; Auge. ❼ [碁盤の] Feld *n.* -[e]s, -er. ❽ [賽の] Punkt *m.* -[e]s, -e; Auge. ❾ [刻み] Zahn *m.* -[e]s, ‥e; Kerbe *f.* -n/目を立てる die Zähne《pl》an der Säge schränken. ❿ [織目] Gewebe *n.* -s, -; Textur *f.* -en; [編目] Stich *m.* -[e]s, -e/目があらい grob[maschig]; [木理] Maser *f.* -n; Maserung *f.* -en/目がつんでいる[木理] von feiner (gedrängter) Maserung sein; [織目] von feiner Textur (feiner Webart) sein. ⓫ [経験] Erfahrung *f.* -en; Erlebnis *n.* ..nisses, ..nisse / ひどい目にあう bittere (schlimme) Erfahrungen (Erlebnisse)《pl》haben《mit³》; schlimm (übel) dran sein; ein Lied zu singen wissen*《von³》/実にひどい目にあったよ Über das Erlebte habe ich wirklich viel zu klagen. ⓬ [目方] Gewicht *n.* -[e]s, -e/目が切れる nicht das [nötige (vorgeschriebene)] Gewicht haben; Es fehlt am [nötigen] Gewicht《³*et*》. ⓭ [慣用句] 目から鼻へ抜けるような人 ein Mensch《*m.* -en, -en》, der nicht von schlechten Eltern ist; der* das Graswachsen hört; der* superklug ist/目も当てられぬ[有様である] ein wahrer Jammer sein; einfach entsetzlich sein; ein schreckliches Bild bieten*/目に余ることをする es zu bunt treiben*/目に入れても痛くない wie seinen Augapfel hüten⁴/目にものをいわせる **1**) die Augen sprechen lassen*; mit den Augen winken. **2**) [秋波] Liebesblicke zu|werfen*《jm》; liebäugeln《mit jm》/目に物見せる etwas teuer bezahlen lassen*《jn》; [Gehorsam] lehren《jn》/これで目に物見せてやったぞ Ich denke, sie haben jetzt genug (sie haben jetzt ihren Denkzettel weg)./目の毒になる Tantalusqualen《pl》sein; verbotene Früchte《pl》sein/目のかたきにする Abscheu empfinden*《gegen⁴》; aus jm einen Todfeind machen/目の黒いうちは solange ich noch lebe; während ich noch leibe und lebe/目を眩ます **1**) blenden⁴; für ⁴nichts mehr Augen haben. **2**) [瞞す] Sand in die Augen streuen《jm》; beschwindeln《jn》; betrügen*《jn》; ein X für ein U vor|machen《jm》/目を丸くする große Augen machen und erstaunt sein; [an]starren⁴/目を回す in ⁴Ohnmacht (Bewusstlosigkeit) fallen* [s]; ohnmächtig (bewusstlos) werden/目を盗んで hinter *js* ³Rücken; auf ³Schleichwegen; heimlich; hinten [he]rum; verstohlen/目がさめるように美しい wunder¦schön (bild-)/目が覚める von einem Wahn befreit werden《迷いから》/目を覚ます wieder zur Vernunft kommen* [s]《比喩的》/目と鼻の先に in nächster (greifbarer; unmittelbarer) Nähe/…に目がない eine große Schwäche haben《für⁴》; eine besondere Vorliebe (Leidenschaft) haben《für⁴》; verfallen³ sein/ダンスに目のない男だ Er ist ein leidenschaftlicher Tanzliebhaber. ‖ 目の玉 Augapfel *m.* -s, ‥.

-め -目 ¶ 二幕目 der zweite Aufzug, -[e]s/五日目に am fünften Tag[e]/三つ目の横丁 die dritte Querstraße (Straßenecke)/角から何件目ですか Das wievielte Haus ist das von der Straßenecke?

-め ¶ 厚めにパンを切る Brot in etwas dicke Schnitten schneiden*/それを少なめに入れてくれ Gieß es in kleinerer Menge ein!

めあき 目明き ❶ der* sein Augenlicht hat; der* sehen kann. ❷ [文字の読める人] der* des Lesens Kundige*, -n, -n; der* lesen und schreiben kann; der Einsichtige*, -n, -n《識者》.

めあたらしい 目新しい neuartig; neu in seiner Art; noch nicht da gewesen; originell/目新しいものが好き ein Freund von etwas Neuartigem sein; eine Vorliebe für Neues (Neuartigkeiten) haben; etwas Neuartiges gern mögen*.

めあて 目当 ⇨もくてき.

めあわせる [結婚させる] [ver]heiraten⁴; seine Tochter unter die Haube (an den Mann) bringen*/娘を小説家にめあわせた Er hat seine Tochter einem Novellisten zur Frau gegeben.

めい 命 ❶ [運命] Schicksal *n.* -s, -e; Geschick *n.* -[e]s, -e; Verhängnis *n.* ..nisses, ..nisse. ❷ [生命] Leben *n.* -s, -/命旦夕に迫る Sein Leben ist im Erlöschen. ❸ [命令] Befehl *m.* -[e]s, -e; Anordnung *f.* -en; Anweisung *f.* -en/命により auf ⁴Befehl (Anordnung; Anweisung)/天の命 der Ratschluss《-es, ‥e》Gottes.

めい 銘 ❶ [銘記] [Grab]inschrift *f.* -en; Epitaph *n.* -s, -e; Epitaphium *n.* -s, ..phien《碑銘》. ❷ [作銘(刀・剣などの)] Signatur *f.* -en; [Namens]unterschrift *f.* -en. ❸ [名称] Handelsmarke *f.* -n. ❹ [座右の銘] Wahl¦spruch (Denk-; Kern-; Leit-) *m.* -[e]s, ‥e; Devise *f.* -n; Motto *n.* -s, -s.

めい 姪 Nichte *f.* -n.
めい 明 ¶ 彼には人を見る明がある Er besitzt viel Menschenkenntnis.
めいあん 明暗 Licht und Dunke; Licht und Schatten; Helldunkel *n.* -s; Nuance *f.* -n; Schattierung *f.* -en; Abschattung *f.* -en/《濃淡》‖ 明暗灯 Blinkfeuer *n.* -s, - 〈灯台の〉.
めいあん 名案 Prachtidee *f.* -n; der glückliche (ausgezeichnete; famose; prächtige; vorzügliche) Gedanke, -ns, -n/名案 が Da habe ich einen herrlichen (famosen) Plan.
めいおうせい 冥王星〔天〕Pluto *m.* -.
めいか 名家 ❶ ⇨めいもん. ❷《著名の人》der berühmte Mensch, -en, -en; Berühmtheit *f.* -en; der Mann 《-(e)s, -̈er》 von ³Ruf; Größe *f.* -n; Stern *m.* -(e)s, -e; Zelebrität *f.* -en. ❸ ⇨たいか(大家).
めいが 名画 Meistergemälde *n.* -s, -; das ausgezeichnete (vorzügliche) Gemälde, -s, -.
めいかい 明快な klar (klar und deutlich; klipp und klar; einleuchtend; handgreiflich; überzeugend 《説得的な》/明快な議論 schlagende Ausführungen 《*pl*》; triftige Worte 《*pl*》/明快な答弁 eine unmißverständliche Antwort, -en.
めいかく 明確 Bestimmtheit *f.* -en; Ausdrücklichkeit *f.* -en; Exaktheit *f.* -en; Genauigkeit *f.* -en/明確な bestimmt; ausdrücklich; exakt; fest umrissen; genau; präzis; zweideutig.
めいがら 銘柄 Warenzeichen *n.* -s, -; Art *f.* -en; Sorte *f.* -n ‖ 銘柄売買 der Verkauf 《-(e)s, -̈e》 nach Sorten.
めいかん 名鑑 (Namen)liste *f.* -n; Adreßbuch (Fernrspuch-) *n.* -(e)s, -̈er.
めいき 銘記する ³sich ein|prägen⁴; fest im Gedächtnis behalten**⁴; ins Gedächtnis ein|schreiben**⁴ (prägen⁴); tief in die Seele eindringen lassen**⁴.
めいき 明記する ausdrücklich (bestimmt; klar und deutlich; eindeutig; unzweideutig) erwähnen⁴ (an|geben**⁴; bezeichnen⁴; dar|legen⁴).
めいぎ 名義《js》Name *m.* -ns, -n/名義上の nominell; nominal; nur dem Namen nach; Namen-Schein-Soll; Namens-/名義上の社員 der nominelle Teilhaber, -s, - (Teilhaber, -s, -)/…の名義で im Namen²; namens/名義に係わる dem guten Namen schaden; den guten Ruf beeinträchtigen ‖ 名義書換え die Umschreibung 《-en》 auf einen anderen Namen/名義所得 das nominelle (nominale) Einkommen, -s, -/名義人 der nominelle (nominale) Vertreter, -s, -.
めいきゅう 迷宮 Labyrinth *n.* -(e)s, -e; Irrgarten *m.* -s, - -gänge 《*pl*》; -gebäude *n.* -s, -; -wege 《*pl*》; Verschlingungen 《*pl*紛糾》; verschlungene Wege 《*pl*》/事件は迷宮に入った Der Fall hat keinen Anhaltspunkt〔zu seiner Lösung〕mehr. Der Fall wird immer verwirrender.

めいきん 鳴禽 Singvogel *m.* -s, -̈; Sänger *m.* -s, - ‖ 鳴禽類 Singvögel 《*pl*》.
めいく 名句《文句》der schöne (goldene; weise) Spruch, -(e)s, -̈e (Ausdruck, -(e)s, -̈e); die schöne (bekannte; berühmte) Stelle, -n. ❷《詩歌》der schöne (ausgezeichnete; berühmte; vorzügliche) Vers, -es, -e.
めいくん 明(名)君 der weise (aufgeklärte; erleuchtete) Herrscher, -s, - (Landesherr, -n, -en); Monarch, -en, -en).
めいげつ 明(名)月 ❶〔よい月〕der helle (silberne) Mond, -(e)s, -e. ❷〔満月〕Vollmond *m.* -(e)s, -e; der volle Mond/仲秋の名月 Herbstvollmond.
めいげん 名言 die trefflichen Worte 《*pl*》; die schlagende Bemerkung, -en/千古の名言 die ewig gültigen (unsterblichen) Worte/それは名言だ Das ist trefflich bemerkt! Ausgezeichnete Bemerkung! ‖ 名言集 Lesefrüchte 《*pl*》; Blumenlese *f.* -n; Analekten 《*pl*》; die Auswahl trefflicher Worte.
めいげん 明言する ausdrücklich erklären⁴; deutlich dar|legen⁴; klar und deutlich aus|sprechen⁴¹.
めいこう 名工 Meister *m.* -s, -; Meisterhand 《*f.*》 der ausgezeichnete (hervorragende) Handwerker.
めいさい 明細 Einzelheit *f.* -en; Detail *n.* -s, -s/明細な(に) einzeln; detailliert;《詳細》ausführlich; genau/明細にわたって述べる ins Einzelne gehen*¹; bis in die kleinsten Einzelheiten schildern⁴ ‖ 明細書 Spezifikation *f.* -en; Einzelaufzählung *f.* -en.
めいさい 迷彩 Tarnung *f.* -en; Camouflage *f.* -n/迷彩を施す tarnen⁴ 《gegen⁴》.
めいさく 名作 Meister|stück *n.* -(e)s, -e - (werk *n.* -(e)s, -e: -arbeit *f.* -en)/ピカソ名作展 die Ausstellung der Meisterwerke von Picasso.
めいさつ 名刹 ein〔alt〕berühmter Tempel, -s, -.
めいさつ 明察 Einsicht *f.* -en;《明敏》Scharfsinn *m.* -(e)s -/御明察です Sie haben es richtig erraten.
めいさん 名産 Spezialität *f.* -en/カッコウ時計はシュヴァルツヴァルトの名産である Kuckucksuhren sind die Spezialität des Schwarzwaldes.
めいし 名士 eine berühmte Person (Persönlichkeit), -en; Berühmtheit *f.* -en.
めいし 名刺 Karte *f.* -n; Besuchs|karte (Namens-; Visit(en)-)/名刺を置く seine Karte ab|geben*⁴ 《bei *jm*》‖ 名刺入れ Visit(en)kartentablett *n.* -(e)s, -e/名刺型〔写〕Visit(en)kartenformat *n.* -(e)s, -e.
めいし 名詞〔文法〕Haupt|wort (Ding-) *n.* -(e)s, -̈er; Substantiv *n.* -s, -e/名詞の変化 die Flexion der Hauptwörter; Deklination *f.* -en. ❖ 動詞の変化は Konjugation.
めいじ 明示 die klare (deutliche) Darstellung, -en (Schilderung, -en); Veranschaulichung *f.* -en/明示する klar (deut-

めいじつ 名実 Name und Wesen; Ruf und wirkliches Können; nomen et omen/名実共にもわが名にあるように、その実を表しているWesen betrifft; in Wort und Tat; ebenso dem Ruf als auch dem wirklichen Können nach/名実相伴うBenennung und Bedeutung decken sich. ¦ Der Name besagt wohl schon. ¦ Name und Wesen entsprechen einander.

めいしゃ 目医者 ⇨**がんか**(眼科医).

めいしゅ 銘酒 ein Sake (*m.* -s, -s) von berühmter ³Marke《有名な》; ein Sake von guter ³Qualität《良質の》.

めいしゅ 盟主 Führer *m.* -s, -; die führende Macht, -/《国》.

めいしょ 名所 Sehenswürdigkeit *f.* -en; ein berühmter Ort, -[e]s, -e; ein berühmter Platz, -es, ⁼e/名所見物をする/⁴Sehenswürdigkeiten besichtigen/嵐山は紅葉の名所 Arashiyama ist ein berühmter Platz der herbstlichen Ahornbäume.

めいしょう 名称 Name *m.* -ns, -n; Bezeichnung *f.* -en; Benennung *f.* -en; Titel *m.* -s, -《称号・表題》/名称を付ける einen Namen geben*³ /名称を変更する den Namen ändern; lebenderen Namen geben*³.

めいしょう 名勝 ein landschaftlich schöner Ort, -[e]s, -e.

めいしょう 名将 ein hervorragender Feldherr, -n, -en《卓越した》; ein berühmter General, -[e]s, -e《有名な》.

めいじょう 名状しがたい unbeschreiblich; unsagbar; unsäglich; es jeder ²Beschreibung spottend; Man weiß keinen Namen dafür.

めいじる 命じる ❶《命令》 befehlen*³·⁴; einen Befehl geben* (erteilen) ⇨**めいれい**/良心の命じる所に従う der ³Stimme des Gewissens folgen [s]. ❷《任命》 ernennen*⁴ 〈*zu*³〉. ⇨**にんめい**.

めいじる 銘じる ⇨**めいきる**(銘記する).

めいしん 迷信 Aber|glaube (Irr-) *m.* -ns, -n/迷信を抱く gläubisch (-gläubisch) ‖ 迷信家 der Abergläubische, -n.

めいじん 名人 [Kunst]meister *m.* -s, -; der vollendete Künstler, -s, -《名人芸》; -; Meisterhand *f.* 《名手》; Virtuose *m.* -n, -n 《音楽などの》/《碁将棋》の名人 Goメーster (Schach-)/水泳の名人 der hervorragende Schwimmer, -s, -.

めいすう 命数 Lebensdauer *f.*; die Länge des Lebens; Schicksal *n.* -s, -e/《運命》/彼の命数は限られている Seine Tage sind gezählt./彼の命数は尽きた Seine Stunde hat geschlagen.

めいする 瞑する die Augen schließen* 《瞑目する》; zum ewigen Frieden ein|gehen*⁴ 《死ぬ》; in ³Frieden ruhen《地下に眠る》/もう瞑すべし Damit muss man sich zufrieden geben.

めいせい 名声 Ruhm *m.* -[e]s; [ein guter] Ruf, -[e]s; Ansehen *n.* -s/名声のある angesehen; bekannt; berühmt; populär《人気のある》/世界的名声をうたわれたピアニスト ein Pianist von ³Weltruf/彼は医者として名声を得た Er hat sich als Arzt einen Namen gemacht.

めいせき 明晰な(に) klar; deutlich/頭脳明晰である ein klarer Kopf sein; einen klaren Kopf haben/彼は言語明晰だ Er hat eine klare (verständliche) Aussprache.

めいそう 迷想 Wahn *m.* -[e]s, -e; Täuschung *f.* -en; Illusion *f.* -en.

めいそう 名僧 ein großer Priester, -s, -; Meister-Bonze *m.* -n, -n《仏教の》.

めいそう 瞑想 Meditation *f.* -en; Kontemplation *f.* -en; Betrachtung *f.* -en; das Nachsinnen* (Nachdenken*), -s/彼は瞑想に耽っている Er ist in Gedanken versunken. — 瞑想する meditieren 〈*über*³〉; nach|denken* 〈*über*³〉.

めいそうしんけい 迷走神経《医》 herumschweifender Nerv, -en; Vagus *m.* -, -gi.

めいだい 命題 [Lehr]satz *m.* -es, ⁼e; Behauptung *f.* -en《提題》.

めいだん 明断 die richtige (genaue) Entscheidung, -en; das klare (weise) Urteil, -s, -e.

めいちゃ 銘茶 eine erlesene Art Tee.

めいちゅう 命中 das Treffen*, -s/命中確実な treffsicher/命中する treffen*⁴; den rechten Fleck; ins Schwarze treffen* ‖ 命中数 Trefferzahl *f.* -en/命中弾 Treffer *m.* -s, -; Treffschuss *m.* -es, ⁼e.

めいちょ 名著 das ausgezeichnete (vorzügliche) Werk, -[e]s, -e《Buch, -[e]s, ⁼er》; Meister|stück (Glanz-) *n.* -[e]s, -e; Meisterwerk *n.* -[e]s, -e.

めいてい 酩酊 [Be]trunkenheit *f.* -en; Besoffenheit *f.* -en/酩酊している betrunken; besoffen; beschwipst;《俗》blau《酔う》/⁴sich betrinken*; ⁴sich besaufen*; ⁴sich beschwipsen*.⇨**すいする**《酔う》❶.

めいてんがい 名店街 der Passage《-n》der guten (berühmten) ²Fachgeschäfte.

めいど 冥途 Totenreich *n.* -[e]s, -e; das Reich der Schatten; Hades *m.* -; Orkus *m.* -/冥途の旅に上る ins Totenreich hinab|steigen*[s]; in ein besseres Reich abberufen werden; gen Himmel fahren*[s].

めいとう 名答 eine treffende (schlagfertige) Antwort, -en.

めいとう 名刀 Meisterschwert *n.* -[e]s, -er.

めいどう 鳴動 das Dröhnen* und Poltern*, des- und -s; das Donnern* und Beben*, des- und -s/鳴動する dröhnen und poltern; beben/泰山鳴動して鼠一匹 'Viel Lärm um nichts.' 'Viel Geschrei, wenig Wolle.'

めいにち 命日 Todes[gedenk]tag *m.* -[e]s, -e.

めいば 名馬 das edle Ross, -es, -e; das berühmte (temperamentvolle; vorzügliche) Pferd, -[e]s, -e.

めいはく 明白な klar; 〔klar und〕 deutlich; klipp und klar; augenscheinlich; einleuchtend; handgreiflich; offenbar; offensichtlich; unverkennbar / 明白になる klar 〔und deutlich〕 werden; klar gelegt (gemacht) werden; ins Klare kommen* [s]; ⁴sich klar heraus|stellen / 明白に mit ³Klarheit.

めいび 明媚 ¶ 風光明媚の地 die Gegend 《-en》 mit malerisch schöner Aussicht; die Landschaft 《-en》 voll malerischer Schönheit.

めいひつ 名筆 Schön¦schrift (Kunst-) *f.*; Kalligraphie *f.* 《書》; das ausgezeichnete (vorzügliche) Gemälde, -s, - 《画》.

めいびん 明敏な von hellem (klarem) Geist (Kopf); klar¦blickend (-sichtig); aufgeweckt / 明敏な男だ Er ist nicht auf den Kopf gefallen.

めいふく 冥福 die ewige Seligkeit, -en; das Glück 《-〔e〕s》 im Tod〔e〕/ 冥福を祈る für *js* ewige Seligkeit beten; die ewige Seligkeit wünschen 《*jm*》.

めいぶつ 名物 ❶ [名産] Sonder¦produkt (Spezial-) *n.* -〔e〕s, -e; Sonder¦erzeugnis (Spezial-) *n.* ..nisses, ..nisse; das charakteristische Produkt (Erzeugnis) 〔einer Gegend〕/ 名物にうまいものなし Alle Speise von lokalem Ruf schmecken nicht gut. / ここの名物は何ですか Was für ein Produkt ist für hier charakteristisch? ❷ [著名な物] Berühmtheit *f.* -en; Zelebrität *f.* -en ‖ 名物男 der berühmte Mensch, -en, -en; der Mann 《-〔e〕s, ⸚er》 von ³Ruf.

めいぶん 明文 [法律の] die ausdrückliche Bestimmung, -en; die eindeutige Feststellung, -en; die unzweideutige Darstellung, -en.

めいぶん 名文 Meisterprosa *f.*; der mustergültige (meisterhafte) Stil, -〔e〕s, -e; die glänzende (vortreffliche) Sprache ‖ 名文家 der Meister 《-s, -》 der Sprache; Sprach¦meister (Stil-) / あれほどの名文家はない Keiner meistert die Sprache glänzender als er.

めいぶん 名分 Pflichtgebot *n.* -〔e〕s, -e; die moralische (sittliche) Bindung, -en; das moralische Gebot; die Forderung 《-en》 der Gesellschaft / それでは名分が立たぬ Dadurch kann man sich nicht rechtfertigen. ¦ Das ist dem Pflichtgebot zuwider.

めいぼ 名簿 Namen¦liste *f.* -n (-buch *n.* -〔e〕s, ⸚er; -register *n.* -s, -); Namensverzeichnis *n.* ..nisses, ..nisse; Rolle *f.* -n / 名簿に載せる auf die Liste setzen⁴ (auf|nehmen*⁴); ins Register ein|tragen*⁴ / 名簿から除く aus der Liste streichen*⁴; aus dem Register entfernen / 名簿を作る eine Liste (ein Verzeichnis) auf|stellen; ein Register an|fertigen / 君の名が名簿に載ってない Dein Name fehlt in der Liste.

めいほう 盟邦 der verbündete Staat, -〔e〕s, -en; Bundesgenosse *m.* -n, -n.

めいぼう 名望 das hohe Ansehen, -s; die besondere Achtung; die hohe Geltung / 名望を失う sein gutes Ansehen (seinen guten Ruf) verlieren*; nicht mehr hoch angesehen werden ‖ 名望家 ein Mann 《*m.* -〔e〕s, ⸚er》 von hohem (großem) Ansehen; ein Mann von hoher (großer) Geltung; ein besonders geachteter Mann; der angesehenste Bürger, -s, -; die besseren Kreise 《*pl*》; Honoratioren 《*pl*》.

めいぼく 名木 der berühmte (kostbare; sehenswürdige) Baum, -〔e〕s, ⸚e.

めいみゃく 命脈 Leben *n.* -s, -; Lebenskraft *f.* ⸚e / 命脈を保つ am Leben sein (bleiben* [s]); zu leben haben / わずかに命脈を保つ kaum das nackte Leben (Dasein) fristen; kaum noch lebensfähig sein.

めいむ 迷夢 der leere (schöne) Wahn, -〔e〕s, -e; Einbildung *f.* -en; Illusion *f.* -en; Luftschloss *n.* -es, ⸚er; Trug¦bild (Traum-) *n.* -〔e〕s, -er / 迷夢がさめる aus einem Wahn gerissen werden; von einem Wahn befreit werden; ernüchtert werden; wieder zur Vernunft gebracht werden.

めいめい jeder*; jedermann, -s; ein jeder* / めいめいに jeder* für ⁴sich; einzel; individuell; gesondert; separat.

めいめい 命名 Benennung *f.* -en; Namengebung *f.* -en; Taufe *f.* -n / 命名する 〔be〕nennen* 《*jn*》; einen Namen geben* 《*jm*》; mit einem Namen belegen 《*jn*》; 〔auf einen Namen〕 taufen 《*jn*》 ‖ 命名式 Benennungsfeier *f.* -n; die feierliche Namengebung; Taufe.

めいめつ 明滅する blinken; flackern; flimmern; bald schimmern, bald erlöschen* [s] ‖ 明滅信号 Blinkfeuer *n.* -s, -.

めいもく 瞑目する ❶ [目を閉じる] die Augen 《*pl*》 〔zu|〕schließen* (zu|machen). ❷ [死ぬ] die Augen für immer schließen*; 〔im Herrn〕 entschlafen* (entschlummern) [s].

めいもく 名目 ❶ [名称] Titel *m.* -s, -; Bezeichnung *f.* -en; Name *m.* -ns, -n. ❷ [口実] Vorwand *m.* -〔e〕s, ⸚e; Ausflucht *f.* ⸚e; Vorschützung *f.* -en / …の名目の下に unter dem Vorwand, dass …; ⁴*et* vorschützend. ‖ 名目賃金 Bruttoeinkommen *n.* -s, -.

めいもん 名門 das adlige (distinguierte; edle; vornehme) Geschlecht, -〔e〕s, -er; die adlige (distinguierte; edle; vornehme) Familie, -n / 名門の出である von hoher (vornehmer) Geburt (Abkunft; Abstammung) sein; von altem Adel (einer adligen Familie) ab|stammen; im Purpur geboren sein 《王家に生まれる》.

めいやく 盟約 ❶ [誓約] Eid *m.* -〔e〕s, -e; Gelöbnis *n.* ..nisses, ..nisse; Gelübde *n.* -s, -; Schwur *m.* -〔e〕s, ⸚e. ❷ [同盟] Bund *m.* -〔e〕s, ⸚e; Bündnis *n.* ..nisses, ..nisse. ― 盟約する einen Bund (ein Bündnis) schließen* 《*mit*³》; ⁴sich verbünden 《*mit*³》.

めいやく 名訳 eine meisterhafte (gute; gelungene) Übersetzung, -en.

めいゆう 名優 ein großer (hervorragender) Schauspieler, -s, -.

めいよ 名誉 Ehre *f.* -n; Ruhm *m.* -〔e〕s; Glorie *f.* -n; ein guter Name, -ns, -n; ein guter Ruf, -〔e〕s/名誉の戦死を遂げる auf dem Feld der ²Ehre fallen* [s]; für das Vaterland fallen*/名誉を汚す *jn* um seine Ehre bringen*; Schande⁴ machen³/名誉を重んじる auf ⁴Ehre halten*; auf seine Ehre bedacht sein/私の名誉にかけて bei meiner Ehre ‖ 名誉会長(会員) Ehren¦präsident *m.* -en, -en (-mitglied *n.* -〔e〕s, -er)/名誉回復 Rehabilitation *f.* -en/名誉毀損 Ehrverletzung *f.* -en; Verleumdung *f.* -en/名誉教授 ein emeritierter Professor, -s, -en/名誉市民 Ehrenbürger *m.* -s, -/名誉職 Ehrenamt *n.* -〔e〕s, ¨er/名誉心 Ehr¦begierde *f.* -n (-geiz *m.* -es); Geltungsbedürfnis *n.* ..nisses, ..nisse/名誉博士 Ehrendoktor *m.* -s, -en.

めいり 名利 Ruhm und Reichtum; Ehre und Glück / 名利に汲々としている auf ⁴Ruhm und Reichtum (Ehre und Glück) aus (erpicht; versessen) sein/名利に恬(てん)淡である wenig auf ⁴Ruhm und Reichtum halten*; ⁴es nicht auf Ruhm und Reichtum ankommen lassen* (abgesehen haben); ³sich Ruhm und Reichtum nicht anfechten lassen* ❖ 以上 auf Ehre und Glück も用いる; über irdischen Dingen erhaben sein.

めいりょう 明瞭な(に) klar; deutlich; klar und deutlich/ことばを明瞭に発音する ein Wort klar 〔und deutlich〕 aus|sprechen*.

めいる 滅入る bedrückt (deprimiert; entmutigt; niedergebeugt; niedergedrückt; niedergeschlagen) sein; in gedrückter Stimmung sein; gar keinen Mut mehr haben / 近頃は気が滅入って仕方がない Dieser Tage fühle ich mich äußerst bedrückt.

めいれい 命令 Befehl *m.* -〔e〕s, -e; Anordnung *f.* -en; Anweisung *f.* -en《指図》; Dekret *n.* -〔e〕s, -e; Einschärfung *f.* -en《厳命》; Gebot *n.* -〔e〕s, -e; Geheiß *n.* -es; Instruktion *f.* -en《訓令》; Order *f.* -n; Verordnung *f.* -en; Weisung *f.* -en/命令で auf ⁴Befehl (Anordnung; Anweisung; Einschärfung; Instruktion; Order; Weisung); aufs Dekret (Gebot; Geheiß)/命令口調で im Befehlston〔e〕; im gebieterischen Ton〔e〕/命令どおりにする einem Befehl gehorchen (nach|kommen* [s])/命令を発する einen Befehl erlassen* (erteilen; geben*)/命令を実行する einem Befehl aus|führen (befolgen). ── 命令する befehlen*⁴; an|ordnen⁴; an|weisen*⁴; diktieren⁴; ein|schärfen⁴; gebieten*⁴; instruieren⁴; verordnen⁴; weisen*⁴《以上どれも *jm*》; beordern《*jn*》; heißen*⁴《*jn*》. ‖ 命令法〘文法〙Imperativ *m.* -s, -e; Befehlsform *f.* -en.

めいろ 迷路 Irrgang *m.* -〔e〕s, ¨e; Labyrinth *n.* -〔e〕s, -e/迷路に迷う ⁴sich im Irrgang (Labyrinth) verlaufen* (verirren).

めいろう 明朗な heiter; froh; fröhlich; munter/明朗な政治 eine ehrliche (redliche) Politik (Staatsführung).

めいろん 名論 eine ausgezeichnete (vorzügliche) Darlegung, -en (Ausführung, -en); ein wohl begründetes Argument, -〔e〕s, -e; die hervorragende Ansicht, -en (Meinung, -en).

めいわく 迷惑 Belästigung *f.* -en; Lästigkeit *f.* -en; Unannehmlichkeit *f.* -en/迷惑な belästigend; lästig; unangenehm/迷惑をかける belästigen⁴; lästig fallen*³ [s]; ⁴Unannehmlichkeiten bereiten³/迷惑をこうむる Unannehmlichkeiten bekommen*.

メイン メインストリート Hauptstraße *f.* -n/メインディッシュ Hauptgericht *n.* -〔e〕s, -e.

めうえ 目上の älter《年長の》; vorgesetzt《上役の》/目上の者 der Ältere*, -n, -n《年長者》; der Vorgesetzte*, -n, -n《上役》.

めうつり 目移りがする abgelenkt (zerstreut) werden《*von*³》/彼は新しいものに目移りがして困る Leider wird seine Aufmerksamkeit immer wieder durch neue Sachen abgelenkt.

メーカー Hersteller *m.* -s, -.

メーキャップ Schminke *f.* -n; Make-up *n.* -s, -s.

メーザー〘理〙Maser *m.* -s, -.

メーデー Maifeiertag *m.* -〔e〕s, -e.

メートル ❶ [尺度] Meter *n.* -s, -《略: m》/長さ三メートル幅一メートル 3 Meter lang, 1 Meter breit. ❷ [計器] Zähler *m.* -s, -; Messer *m.* -s, -/電気(ガス)のメートル Elektrizitätszähler (Gaszähler) *m.* -s, -. ¶ 大いにメートルを上げる in gehobener Stimmung sein. ‖ メートル法 metrisches System, -s.

メール メールボックス〘電算〙Mailbox *f.* -en/E メール E-Mail *f.* -s.

メガ メガトン Megatonne *f.* -n《略: Mt》/メガトン級爆弾 Megatonnenbombe *f.* -n/メガヘルツ Megahertz *n.* -, -.

めかくし 目隠し ❶ [目を覆うもの] Augenbinde *f.* -n; Scheuklappe *f.* -n《馬の》/目隠しをする *jm* die Augen verbinden*. ❷ [遮蔽物] Schirm *m.* -〔e〕s, -e《衝立》; Vorhang *m.* -〔e〕s, ¨e《窓の》. ❸ [遊び] Blindekuh *f.*

めかけ 妾 Nebenfrau *f.* -en; Beischläferin *f.* ..rinnen; Konkubine *f.* -n.

めがしら 眼頭が熱くなる Vor *js* Augen wird es verschwommen. ¦ *jm* ist weinerlich zumute (zu Mute).

めかす ⁴sich putzen; ⁴sich schmücken; ⁴sich fein (hübsch) machen/めかし立てて in vollem Putz (Staat).

めかた 目方 Gewicht *n.* -〔e〕s, -e/目方が増える(減る) an ³Gewicht zu|nehmen* (verlieren*)/目方を計る wiegen*/目方売りをする nach dem Gewicht verkaufen⁴/彼は目方が六十キロある Er wiegt 60 Kilogramm. ⇨め(目) ⑫.

めがね 眼鏡 ❶ Brille *f.* -n; 〔Augen〕glas *n.* -es, ¨er; Schutzbrille《魔除けその他目を保護するための》/眼鏡の縁《フレーム》 Brillen¦fassung *f.* -en (-gestell *n.* -〔e〕s, -e)/眼鏡の玉 Brillenglas/眼鏡の弦(つる) Bügel *m.* -s, -/眼鏡をかけた人 Brillenträger *m.* -s, -/眼鏡越しに über den Brillenrand 〔hin〕; über den Rand der Brille/眼鏡越しに見る über den

め

メガホン Megaphon n. -s, -e.

Brillenrand (die Brille) (hin)äugeln (blicken; schauen; sehen*)/眼鏡をかけて (die brillentragend; mit einer (aufgesetzten) Brille /眼鏡をかける(かけている，外す) eine Brille aufsetzen (tragen*, abllegen)/眼鏡をはずした目 die entblößten Augen (pl). ❷ [鼻眼鏡] (Nasen)klemmer m. -s, -; Kneifer m. -s, -; Zwicker m. -s, -. ❸ [片眼鏡] Monokel n. -s, -; Einglas. ❹ [長柄付] Lorgnette f. -n; Lorgnon n. -s, -s; Stiel|brille (-(ein)glas). ❺ [鑑識] Kenner|blick m. -(e)s, -e; das geistige Auge, -s, -n; Einsicht f.; Urteil n. -s, -e/...のお眼鏡にかなう Gnade finden* (vor jm); js Vertrauen besitzen* (genießen*); in Güte fertig werden (mit jm)/眼鏡にかなった人がいない Da ist keiner, den ich zu diesem Zweck gebrauchen kann. ❻ 眼鏡入れ(サック) Brillenfutteral n. -s, -e/眼鏡屋 Optiker m. -s, -/Optikus m. -, ..kusse; Brillen|macher (-hersteller) m. -s, -. (~を作る人); Brillenhändler m. -s, -. (~を売る人).

メガホン Megaphon n. -s, -e.
めがみ 女神 Göttin f. ..tinnen.
メガロポリス Megalopolis f. ..polen; Riesenstadt f. ..e.
めきき 目利き ❶ [品評] Beurteilung f. -en; Begutachtung f. -en (鑑定)/目利きをする beurteilen*; begutachten*. ❷ [品評者] Kenner m. -s, -; der Sachverständige*, -n, -n (その道の専門家).
メキシコ Mexiko n. -s/メキシコの mexikanisch | メキシコ人 Mexikaner m. -s, -.
めきめき rasch; schnell; sichtlich; zusehends; bemerklich; beträchtlich/めきめき大きくなる schnell wachsen*/めきめき進歩する rasche Fortschritte machen.
めくぎ 目釘 Schwertzapfen m. -s, -.
めくされ 目腐れ Triefauge f. -n, -n/目腐れ三文 Triefäugige*, -n, -n (人)/目腐れ金 eine lächerlich kleine Summe.
めくじら めくじらを立てる an|funkeln (jn) (にらみつける); sich um Kleinigkeiten (pl) kümmern (下らぬことに拘泥する).
めぐすり 目薬 Augen|mittel n. -s, - (-arznei f. -en; -pulver n. -s, - 《粉末》; -salbe f. -n, -n 《軟膏(う)》; -tropfen m. -s, - 《水薬》; -wasser n. -s, - 《同上》)/目薬をさす ein Augenmittel geben* (an|wenden(*))/二階から目薬 so verschwindend wenig sein, dass es nichts hilft; vollständig sinnlos (zwecklos) handeln.
めくそ 目くそ Augenbutter f.
めくばせ 目配せ Wink (m. -(e)s, -e) (mit den ³Augen)/目配せする jm mit den Augen winken.
めくばり 目配り Wachsamkeit f. -en; Aufmerksamkeit f. -en.
めぐまれた 恵まれた glücklich (-haft; selig); beglückt; segens|voll (-reich)/満たされない unglücklich (-haft; -selig); unbeglückt; unselig/私は恵まれた生活をしている Ich führe ein glückliches Leben. Mein Leben ist voll Glück.
めぐみ 恵み ❶ [天恵] Segen m. -s, -; Seg-

nung f. -en; Gnade f. -n. ❷ [慈悲] Barmherzigkeit f.; Wohl|tätigkeit (Mild-) f. [恩恵] Gunst f.; Huld f.; Geneigtheit f.; Gewogenheit f. ❹ [慈善] Liebeswerk n. -(e)s, -e; Nächstenliebe f. -n/恵みの心から durch Nächstenliebe; dank dem Liebeswerk(e). ❺ [施物] Almosen n. -s, - ; die milde Gabe, -n (Stiftung, -en); Liebesgabe f. -n (-geschenk n. -(e)s, -e)/恵みをこう Almosen (pl) (milde Gaben; milde Stiftungen; Liebesgaben) bitten* (jn).
めぐむ 恵む Almosen (pl) geben* (jm); aus ¹Menschenliebe geben*⁴ (jm); Liebesgaben (pl) schenken (jm); Wohltaten (pl) erweisen* (jm). ❷ [庇護] eine Gunst erweisen* (jm); sich huldreich (huldvoll) erweisen* (gegen jn).
めぐむ 萌む knospen; Knospen (pl) treiben* (an|setzen); auf|sprießen* (hervor-); keimen; Keime (pl) entwickeln; sprießen*⁵; sprossen [h.s].
めぐらす ❶ [囲む] umgeben*⁴; umringen⁴; umkreisen⁴; umschließen⁴; umzäunen⁴; umzingeln⁴/塀をめぐらす mit ³Mauern (pl) umgeben*⁴/きびすをめぐらす kehrt|machen. ❷ 謀(はかりごと)をめぐらす Ränke (pl) schmieden (spinnen*); Pläne (pl) machen (fassen); im Schilde führen⁴ (企てる).
めぐり 巡り ❶ [循環] Um|lauf (Kreis-) m. -(e)s, ∸e; Zirkulation f. -en/血のめぐりがよい(わるい) einen guten (schlechten) Blutkreislauf (eine gute (schlechte) Blutzirkulation) haben / 血のめぐりのわるい奴 Einfaltspinsel m. -s, -; Dummerjan (Dummrian) m. -s, -e; Tölpel m. -s, -. ❷ [回転] (Um)drehung f. -en; Revolution f. -en.
めぐりあう 巡り合う zufällig stoßen* (auf jn); durch ⁴Zufall treffen* (jn); zufällig zusammen|treffen* (mit jm).
めくる 捲る ❶ um|wenden(*)⁴; um|schlagen⁴/本の1ページをめくる die Seiten [eines Buches] um|wenden(*) (um|schlagen*); um|blättern. ❷ ⇨はぐる.
めぐる 巡る ⇨まわる ❷ das unvermeidliche Schicksal, -s, -e; Sterne (pl)/彼女の結婚生活を巡る問題 mit ihrem Eheleben verbundene Fragen; Angelegenheiten (pl), die ⁴sich auf ihre Ehe beziehen/...を巡って bezüglich²; betreffend²; betreffs²; hinsichtlich²; um⁴; wegen²(³).
めげず ¶ 暑さにめげず trotz der ³Hitze.
めさき 目先 ❶ [目の前] 目先では vor js ³Augen; jm vor der Nase/目先の利益 augenblicklicher Vorteil, -s, -e/彼は目先のことしか考えない Er kann nicht über die Gegenwart hinaussehen. ❷ [先見] 目先が利く weitblickend (weitsichtig) sein/目先の見えない kurzsichtig sein. ❸ [外見] 目先の変わった neu(artig); ungewöhnlich.
めざし 目刺 getrocknete Sardine, -n.
めざす 目指す zielen (auf⁴); bezwecken⁴; streben (nach²); beabsichtigen⁴/目指す目標に達する zum Ziel kommen* (gelangen)/入学試験合格を目指して猛勉強する

めざとい 目聡い scharfsichtig; aufmerksam／彼は目聡くもすぐにそれを見つけた Aufmerksam wie er war, bemerkte er es sofort.

めざまし 目覚し［時計］Wecker m. -s, -; Weckuhr f. -en／五時に目覚しをかける den Wecker auf 5 ⁴Uhr stellen.

めざましい 目覚しい beträchtlich; erstaunlich; glänzend／目覚しい業績 eine erstaunliche Leistung, -en／目覚しい進歩 ein überraschender Fortschritt, -(e)s, -e.

めざめる 目覚める auf|wachen ⓢ; erwachen ⓢ; wach werden／迷いから目覚める aus dem Wahn erwachen／性に目覚める geschlechtsreif werden／彼は性に目覚めた In ihm erwachte das Geschlecht.

めざわり 目障りである ein ¹Dorn im Auge sein; jm unangenehm sein; ¹j stören／どうもこの電気スタンドは目障りだ Diese Tischlampe stört mich irgendwie.

めし 飯 ❶［米飯］gekochter Reis, -es／飯を炊く Reis kochen／飯をよそう Reis in die Schale tun*. ❷［食事］Mahlzeit f. -en; Essen n. -s, -／飯を食う eine Mahlzeit halten*(ein|nehmen*); essen*; speisen／飯はすんだのか Hast du schon gegessen? ❸［生計］js tägliches Brot, -(e)s／飯が食えない／es Brot nicht verdienen können*.

めしあげる 召し上げる ⇨ぼっしゅう.

めしかかえる 召し抱える jn in ⁴Dienst (Stellung) nehmen*; jn an|stellen; jn engagieren.

めした 目下の untergeben (jm); untergeordnet (jm); subaltern／目下の者 der Untergebene* (Untergeordnete*; Subalterne*, -n, -n.

めしたき 飯炊き das Reiskochen, -s《事》; ［人］Küchenjunge m. -n, -n《男》; Küchenmädchen n. -s, -《女》; Koch m. -(e)s, ⸚e《料理人》; Köchin f. ..chinnen《女》.

めしだす 召し出す jn zu ⁴sich rufen*; jn zu ⁴sich kommen lassen*.

めしつかい 召使い Diener m. -s, -; Dienerin f. ..rinnen《女》; Dienstmädchen n. -s, -《お手伝いさん》.

めしべ［植］Stempel m. -s, -; Pistill n. -s, -e.

めじり 目尻 der äußere Augenwinkel, -s, -／目尻の皺 Krähenfuß m. ..es, ⸚e／目尻を下げる lüstern; drein|schauen; begehrliche Augen machen.

めじるし 目印［Kenn］zeichen n. -s, -; Merkmal n. -(e)s, -e／目印をつける kennzeichnen*.

めじろ 目白［鳥］der japanische Brillenvogel, -s, ⸚.

めじろおし 目白押しに dicht gedrängt／彼らは目白押しに並んでいた Sie standen dicht gedrängt nebeneinander.

めす 雌 Weibchen n. -s, -／雌の weiblich.

メス Skalpell n. -s, -; ein chirurgisches Messer, -s, -.

めずらしい 珍しい neu(artig); selten; ungewöhnlich; seltsam; sonderbar; wunderlich; merkwürdig／珍しく ungewöhnlich; ausnahmsweise／珍しい花 eine seltene Blume, -n／これは珍しい Das ist ja eine Überraschung!／何か珍しいこともありますか Haben Sie etwas Neues?／彼が病気とは珍しい Das ist ja merkwürdig, dass er krank ist.／今日は珍しく早いね Du kommst ja so früh heute.

めずらしがる 珍しがる ⁴sich interessieren (für⁴); interessiert sein (für⁴); neugierig sein (auf⁴); bewundern*.

メソジスト メソジスト教会 die Methodistenkirche／メソジスト教徒 Methodist m. -en, -en／メソジスト派 Methodismus m. -.

メソプラノ Mezzosopran m. -s, -e.

メソポタミア Mesopotamien n. -s／メソポタミアの mesopotamisch ‖メソポタミア人 Mesopotamier m. -s, -.

めそめそ めそめそ泣く schluchzen; leise vor ⁴sich hin weinen.

めだつ 目立つ auf|fallen*ⓢ; Aufmerksamkeit auf ⁴sich ziehen*; aus dem Rahmen treten*ⓢ; die Blicke (pl) an|ziehen*; ins Auge fallen*ⓢ (springen*ⓢ; stechen*)(jm); ⁴sich ab|heben* (von³)／目立つ色 die grelle (knallige; schreiende) Farbe, -n／目立たぬように damit man niemandes Aufmerksamkeit auf ⁴sich zieht; um Aufsehen zu vermeiden; auf stille (bescheidene) Weise／目立たない keine Aufmerksamkeit auf ⁴sich ziehen*; kein Aufsehen erregen; niemandes ⁴Blicke (pl) an|ziehen*; nicht ins Auge fallen*ⓢ (springen*ⓢ; stechen*); unbeachtet bleiben*ⓢ; genug zurück|treten* ⓢ／目立たぬように一番後にすわった Er setzte sich auf die letzte Bank, um nicht bemerkt zu werden.

めだて 目立 das Schränken*, -s／鋸の目立をする Zähne an der ³Säge schränken*; Sägezähne stellen.

めだま 目玉 Augapfel m. -s, ⸚／目玉をぎょろつかせる die Augen verdrehen (rollen); mit Glotzaugen blicken.

メダリスト Medaillenträger m. -s, -.

メダル Medaille f. -n; Denk|münze (Schau-) f. -n; Plakette f. -n ‖金メダル Goldmedaille.

メタン Methan n. -s ‖メタンガス Sumpfgas n. -es, -e.

めちゃめちゃ めちゃめちゃになる ❶ in ⁴Stücke (pl) gehen* (zerfallen*) ⓢ; kaputt|gehen*ⓢ. ❷［混雑］in ⁴Verwirrung (Unordnung; heilloses Durcheinander) gebracht werden; durcheinander geworfen werden; zugrunde (zu Grunde) gerichtet werden《破壊》.—— めちゃめちゃにする ganz (vollends) kaputt|machen／計画はめちゃめちゃになった Der Plan ist zu Wasser geworden.

メチルアルコール Methylalkohol m. -s.

メッカ Mekka n. -s, -.

めつき 目つき Blick m. -(e)s, -e; Auge n. -s, -n／暗いつらい目つき ein finsterer Blick／怖い目つき ein böser Blick／優しい目つき ein freundlicher (sanfter) Blick／あの子は母親によく似た目つきをしている Das Kind hat ähnliche

Augen wie seine Mutter.

めっき Plattierung *f.* -en/めっきする plattieren[4] ‖ 金めっき Vergoldung *f.* -en/金めっきする vergolden[4]; mit Gold überziehen[4]/銀めっき Versilberung *f.* -en/銀めっきする versilbern[4]; mit ³Silber überziehen[4].

めっきり bedeutend; bemerklich; beträchtlich; sichtlich/めっきり寒くなった Es ist sichtlich kalt geworden.

めっきん 滅菌 ⇨сtérilisation.

メッセージ Botschaft *f.* -en/メッセージを送る *jm* eine Botschaft senden[*] (zukommen lassen[*]).

メッセンジャー Bote *m.* -n, -n; Kurier *m.* -s, -e ‖ メッセンジャーボーイ Botenjunge *m.* -n, -n; Page *m.* -n, -n.

めっそう 滅相な unsinnig; verrückt; wahnsinnig/滅相もない Um Gottes willen! Das ist doch Wahnsinn! Sind Sie wohl verrückt?

めった ❶ [無暗] 彼にめったなことは言えない Man muss vorsichtig sein, wenn man mit ihm spricht./めったなまねをするな Lass dich nicht zu einer unüberlegten Handlung hinreißen! ❷ [まれ] 彼はめったに来ない Er kommt selten./こんな機会はめったにない Eine solche Gelegenheit kommt kaum wieder.

めつぶし Blendmittel *n.* -s, -/目潰しに砂を投げる als ⁴Blendmittel *n.* (zum Blenden) Sand werfen[*] (nach *jm*).

めつぼう 滅亡 Untergang *m.* -[e]s, ⁼e; Zusammenbruch *m.* -[e]s, ⁼e/第三帝国の滅亡 der Zusammenbruch des Dritten Reichs. — 滅亡する unter|gehen[*] ⓢ; zusammen|brechen[*] ⓢ; zugrunde (zu Grunde) gehen[*] — 滅亡させる zugrunde (zu Grunde) richten[4]; vernichten[4].

めつぼう 滅法に sehr; außergewöhnlich; furchtbar; schrecklich/滅法寒い furchtbar kalt/滅法安い außergewöhnlich billig; [俗] spottbillig.

メディア Media (*pl*).

めでたい ❶ Glück bringend (verheißend; versprechend; verkündend); gesegnet; segenbringend (Segen bringend); segensreich/めでたく mit ³Glück; mit glücklichem Ausgang (Ende); mit gutem Erfolg; erfolgreich/めでたく終末を告げる zu einem befriedigenden Abschluss kommen[*] ⓢ; mit ³Glück (Erfolg) enden; ein gutes Ende (einen guten Ausgang) nehmen[*]/おめでとう (挨拶) Ich gratuliere Ihnen! Ich beglückwünsche Sie! / クリスマスおめでとう Die besten Wünsche für ein frohes Weihnachtsfest! Frohe Weihnachten! /新年おめでとう Prosit Neujahr! Ein glückliches Neujahr! / Viel Glück im neuen Jahr! Viel Glück und alles Gute fürs neue Jahr! Ich wünsche Ihnen herzlich ein gutes neues Jahr! ❷ [愚鈍な] einfältig; albern; blöd[e]; ⑧ dämlich; doof; gimpelhaft; töricht/お目出たい男だ Er kann nicht bis drei zählen.

めでる lieben[4]; lieb (gern) haben[4]; für gut finden[*4]; schätzen[4]/めで慈しむ mit großer Liebe pflegen[4]; mit großer Sorgfalt hegen[4].../にめでて in Anerkennung[4]; aus Hochschätzung[2]; zuliebe[3]/平素の誠実にめでて今回は不問に付することとした Seiner sonstigen Ehrlichkeit zuliebe hat man für diesmal ein Auge zugedrückt.

めど [針孔] (Nadel)öhr *n.* -[e]s, -e; Auge *n.* -s, -n; [見通し] Plan *m.* -[e]s, ⁼e/まだめどが立たない Dafür hat man noch keinen festen Plan.

めどおり 目通り Audienz *f.* -en; Empfang *m.* -[e]s, ⁼e; Vorlassung *f.* -en/目通りを許す eine Audienz gewähren (vorgelassen) werden ⟪*jm*⟫/お目通りする eine Audienz erhalten[*] ⟪*jm*⟫/zur Audienz vorgelassen werden ⟪von *jm*⟫/目通りを許される Erlaubnis bekommen[*], vor jemandes Auge zu treten /目通り許さぬぞ Du sollst mir nie mehr unter die Augen treten.

めとる 娶る *jn* heiraten; *jn* zur Frau nehmen[*]; *jn* heim|führen.

メドレー [楽] Potpourri *n.* -s, -s; 【水泳】 Lagenstaffel *f.* -n ⟨リレー⟩.

メトロノーム Metronom *n.* -s, -e.

メニュー Speisekarte *f.* -n (-zettel *m.* -s, -).

メヌエット Menuett *n.* -s, -e.

めぬき 目抜きの場所 ein wichtiger Stadtteil, -[e]s, -e; Stadtmitte *f.* -n (都心); Geschäftsviertel *n.* -s, -/目抜きの大通り Hauptstraße *f.* -n; Geschäfts- -[s] -e.

めねじ 雌螺子 Schraubenmutter *f.* ⁼.

めのう 瑪瑙 【鉱】 Achat *m.* -[e]s, -e ‖ 縞瑪瑙 Onyx *m.* -es, -e /紅縞瑪瑙 Sardonyx *m.* -[es], -e.

めばえ 芽生え Schoss *n.* -es, -e; Schössling *m.* -s, -e; der junge Trieb, -[e]s, -e/愛の芽生え die keimende Liebe; das erste Erwachen der Liebe ⟨zwischen³⟩.

めばち 雌蜂 Bienenkönigin *f.* ‥ginnen; Weisel *m.* -s, -; Arbeiterin *f.* ‥rinnen (働き蜂).

めばな 目鼻がつく eine festere (bestimmtere) Form an|nehmen[*] (gewinnen[*]); ⁴sich fester (bestimmter) formen (gestalten) lassen[*]/目鼻をつける eine festere (bestimmtere) Form (Gestalt) geben[*] (verleihen[*]); fester (bestimmter) formen[4] (gestalten[4])/この仕事はまだ目鼻がついていない Die Arbeit hat weder Hand noch Fuß.

めばな 雌花 Pistillblume *f.* -n; die weibliche Blüte, -n.

めはなだち 目鼻だち (Gesichts)züge ⟨*pl*⟩; Gesichtsausdruck *m.* -[e]s, ⁼e (-bildung *f.* -en); Aussehen *n.* -s; Physiognomie *f.* -n/目鼻だちの整った wohlgeformt (wohl geformt); feingeschnitten; gutgebildet; von feiner Bildung.

めばり 目張り der auf einen Riss (eine Spalte) geklebte Papierstreifen, -s, -; die in die Ritzen (Fugen) gestopften Papierstücke ⟨*pl*⟩/目張りをする auf eine Tür Papierstreifen ⟨*pl*⟩ kleben, um den [Luft-]zug zu verhindern.

めぶんりょう 目分量 Augenmaß *n.* -es; die ungefähre Schätzung, -en/目分量で測る

mit den Augen messen*^{4}; nach bloßem Sehen 〔ungefähr〕 schätzen^{4}.

めべり 目減り Gewichts¦verlust *m.* -〔e〕s, -e (-abnahme *f.*); Flüssigkeitsverlust《樽の酒など》.

めぼし 目星 ❶ [目的] Ziel *n.* -〔e〕s, -e; Augenmerk *n.* -〔e〕s, -e / 目星をつける zielen《*auf*^{4}》; ^{4}es abgesehen haben《*auf*^{4}》; ^{4}es an|legen《*auf*^{4}》; ein wachsames Auge haben《*auf*^{4}》; sein Augenmerk richten《*auf*^{4}》. ❷ [眼病] der weiße Augenfleck, -〔e〕s, -e.

めぼしい 目ぼしい hauptsächlichst; vornehmst; wichtigst; Haupt-; kostbar《高価な》; kostspielig《同上》; wertvoll《価値多き》.

めまい 目眩がする Schwindel《*m.* -s, -》(Taumel *m.* -s, -) haben; schwind〔e〕lig sein; es schwindelt *jm* / 私はめまいがする Mir ist schwindlig (Mir schwindelt).

めまぐるしい schwindelerregend (Schwindel erregend); schwindelhaft.

めみえ 目見え ⇨**おめみえ**.

メモ Vermerk *m.* -〔e〕s, -e; Notiz *f.* -en / メモを取る ^{3}sich eine Notiz machen; notieren^{4}; auf|schreiben*^{4} ‖ メモ帳 Notizbuch *n.* -〔e〕s, ¨er.

めもと 目許 Auge *n.* -s, -n; Blick *m.* -〔e〕s, -e《目つき》; um die Augen《目の辺り》/ 可愛らしい目許 liebliche Augen / 彼女は目許が涼しい Sie hat schöne Augen.

めもり 目盛り Gradeinteilung *f.* -en; Graduation *f.* -en; Skala *f.* ..len / 目盛りをする graduieren^{4}; mit einer Gradskala versehen*^{4} / 目盛りがしてある graduiert sein ‖ 目盛りガラス管 Bürette *f.* -n; Messglas *n.* -es, ¨er.

めやす 目安 Maßstab *m.* -〔e〕s, ¨e《標準》; Ziel *n.* -〔e〕s, -e《目標》.

めやに 目やに Augenbutter *f.*

めらめら めらめら燃え上がる 〔empor|〕lodern [s]; auf|flammen [s].

メリーゴーラウンド Karussell *n.* -s, -e.

メリケンこ メリケン粉〔Weizen〕mehl *n.* -〔e〕s, -e.

めりこむ めり込む 〔ein|〕sinken* [s]; versinken* [s]; ein|fallen* [s] / 地中にめり込む in den Boden versinken*

メリット Vorteil *m.* -s, -e.

めりめり めりめりと krachend; mit einem Krach / めりめりいう krachen.

メリヤス Trikotage *f.* -n; Strick¦ware (Wirk-) *f.* -n / メリヤスのシャツ Trikothemd *n.* -〔e〕s, -en ‖ メリヤス機械 Strickmaschine *f.* -n.

メリンス Musselin *n.* -s, -e.

メロディー Melodie *f.* -n; Weise *f.* -n.

メロドラマ Melodrama *n.* -s, ..men.

メロン Melone *f.* -n.

めん 面 ❶ [顔] Gesicht *n.* -〔e〕s, -er / 面と向かって言う *jm* ins Gesicht sagen^{4}. ❷ [仮面] Maske *f.* -n / 面を被る eine Maske tragen*. ❸ [撃剣などの] Fechtmaske *f.* -n / 面を取られる einen Kopfhieb bekommen*. ❹ [表面] Oberfläche *f.* -n. ❺ [側面] Seite *f.* -n / 金銭の面では was Geld betrifft.

めん 綿 Baumwolle *f.* -n / 綿の baumwollen ‖ 綿ネル Baumwollflanell *m.* -s, -e / 綿ビロード Baumwollsamt *m.* -〔e〕s, -e.

めんえき 免疫 Immunität *f.* -n / 免疫の immun / 免疫になる immun werden / 免疫にする *jn* immunisieren.

めんえき 免役となる vom Militärdienst befreit werden.

めんか 綿花 Rohbaumwolle *f.* -n.

めんかい 面会 Besuch *m.* -〔e〕s, -e; Besprechung *n.* -en; Unterredung *f.* -en / 御面会の方がお見えになりました Sie bekommen einen Besuch. ── 面会する *jn* besuchen; *jn* sprechen*; *jn* sehen*; ^{4}sich unterreden《mit *jm*》. ‖ 面会時間 Sprechstunde *f.* -n / 面会謝絶 Besuchsverbot *m.* -〔e〕s, -e; „Keine Besuche"《貼札など》/ 面会人 Besucher *m.* -s, -; Besuch *m.* -〔e〕s, -e / 面会日 Empfangstag *m.* -〔e〕s, -e.

めんかやく 綿火薬 Schießbaumwolle *f.* -n.

めんかん 免官 Amtsenthebung *f.* -en ⇨**めんしょく**.

めんきょ 免許 Erlaubnis *f.* ..nisse; Genehmigung *f.* -en; Konzession *f.* -en; Lizenz *f.* -en; Zulassung *f.* -en / 免許する *jm* Konzession (behördliche Genehmigung) erteilen ‖ 免許証《自動車運転の》Führerschein *m.* -〔e〕s, -e / 免許状 Erlaubnisschein / 免許料 Lizenzgebühr *f.* -en.

めんくらう 面くらう verdutzt (verblüfft) sein.

めんざい 免罪 Begnadigung *f.* -en; Straferlass *m.* -es, -e; 〖カトリック〗Ablass *m.* -es, -e / 免罪する *jn* begnadigen; *jm* die Strafe erlassen*; 〖カトリック〗*jm* Ablass erteilen ‖ 免罪符 〖カトリック〗Ablassbrief *m.* -〔e〕s, -e.

めんし 綿糸 Baumwollgarn *n.* -〔e〕s, -e.

めんしき 面識 Bekanntschaft *f.* -en / 面識がある *jn* kennen*; bekannt sein《mit *jm*》/ あの人とはほんの少ししか面識がありません Ich kenne ihn nur flüchtig.

めんじて 免じて ¶ 私に免じて mir zuliebe; um meinetwillen / 私の功績に免じて aus ^{3}Rücksicht auf sein Verdienst.

めんじょ 免除 Befreiung *f.* -en; Erlassung *f.* -en; Erlass *m.* -es, -e / 免除する *jn* befreien《*von*^{3}》; *jm* erlassen*^{4}; *jm* ersparen^{4}.

めんじょう 免状 ❶ [卒業・終了証書] Reifezeugnis *n.* ..nisses, ..nisse《高等学校の》; Diplom *n.* -s, -e《大学の》. ❷ [免許状・許可証など] Erlaubnisschein *m.* -〔e〕s, -e ‖ 本(仮)免状 volle (provisorische) Erlaubnis *f.* ..nisse.

めんしょく 免職 Amtsenthebung *f.* -en; Entlassung *f.* -en / 免職する *jn* des Amtes entheben*; *jn* entlassen*.

めんじる 免じる ❶ [官職を] ⇨**めんしょく**. ❷ [税・罰などを] befreien *jn*《*von*^{3}》; *jm* erlassen*^{4}.

めんする 面する gegenüber|stehen*^{3} (-|liegen*^{3}); 〔hinaus|〕gehen*《*auf*^{4}》[s]; gehen* [s] (liegen*; sehen*)《*nach*^{3}》; an|stoßen*

めんずる 免ずる ⇒めんじる《名詞の後に置かれることが多い》; angesichts[2] /この部屋は南に面している Dieses Zimmer sieht (geht) nach Süden./危機に面して angesichts der [2]Gefahr; der [3]Gefahr gegenüber.

めんぜい 免税 Steuer|erlass (Zoll-) m. -es, -e; Steuer|freiheit (Zoll-) f. -en/免税になる steuerfrei (zollfrei) werden ‖ 免税品 steuerfreie (zollfreie) Waren.

めんせいひん 綿製品 Baumwoll|ware f. -n (-fabrikat n. -(e)s, -e).

めんせき 面積 Flächen|inhalt m. -(e)s, -e (-raum m. -(e)s, ¨e)/島は一万平方キロメートルある Die Insel streckt sich über 10 000 qkm.

めんせき 面責 ein persönlicher Verweis, -es, -e/面責する jm persönlich einen Verweis erteilen; jm ins Gesicht schelten* (schimpfen).

めんせきじょうこう 免責条項 die Klausel (-n), kraft deren j. aller [2]Verantwortung enthoben ist.

めんせつ 面接 ⇒めんかい.

めんぜん 面前で in [3]Gegenwart (js); vor den Augen (js); im Beisein (js)/公衆の面前で vor der Öffentlichkeit/私の面前で in meiner Gegenwart; vor meinen Augen.

めんそ 免訴 Freisprechung f. -en; Freispruch m. -(e)s, ¨e/免訴となる freigesprochen werden/免訴する jn freisprechen*.

めんそう 面相 Gesicht n. -(e)s, -er; Gesichtszüge (pl); Miene f. -n; Physiognomie f. -n.

メンタルテスト Intelligenzprüfung f. -en.

めんだん 面談 Besprechung f. -en; Unterredung f. -en; Interview n. -s, -s/面談する jn besprechen*; [4]sich besprechen* (mit jm); [4]sich unterreden (mit jm).

めんちょう 面疔 (Gesichts)furunkel n. -s, -.

めんつ 面子を立てる das Gesicht wahren (retten)/面子を失う das Gesicht verlieren*.

メンテナンス Wartung f. -en.

めんどう 面倒 Mühe f. -n; Bemühung f. -en; Belästigung f. -en; Beschwerde f. -en (厄介); Schwierigkeit f. -en (困難); Schererei f. -en; Unannehmlichkeit f. -en/面倒をかける jn bemühen; jn belästigen; jm zur Last fallen* [s]; jm [2]Unannehmlichkeiten bereiten/面倒を見る sorgen (für jn); [4]sich kümmern (um jn); [4]sich jn an|nehmen*/面倒になる müde (satt; überdrüssig) werden ([2]et (js); [2]et (jn) ...が). — 面倒な mühsam; mühevoll; belästigend; lästig; schwierig; unangenehm; kompliziert (複雑な).

メントール〖化〗Menthol n. -s.

めんどり 雌鳥 Henne f. -n; ein weibliches Huhn, ¨er.

めんば 面罵する jm ins Gesicht schimpfen.

メンバー Mitglied n. -(e)s, -er.

めんぴ 面皮を剥ぐ jn bloß|stellen; jn beschämen; jn blamieren.

めんぶ 面部 Gesichtsteil m. -(e)s, -e; Gesicht n. -(e)s, -er.

めんぷ 綿布 Baumwollstoff m. -(e)s, -e.

めんぼう 麺棒 Roll|holz (Nudel-) n. -es, ¨er.

めんぼう 綿棒〖医〗Wattesonde f. -n; Wattestäbchen n. -s, -.

めんぼく 面目 ❶ [名誉] Ehre f. -n; (ein guter) Ruf m. -(e)s, -e/面目なにに 面目なしに 面目なに 面目なしに beschämt; verschämt/面目を施す Ehre ein|legen (erwerben*)/面目を立てる js Ehre (Gesicht) retten (wahren)/面目を失う die Ehre (das Gesicht) verlieren*/これは私の面目にかかわる問題だ Es handelt sich um meine Ehre./面目ない Ich schäme mich. ❷ [様子] 面目を一新する [4]sich ganz verändern; wie neugeboren aus|sehen*.

めんみつ 綿密 Genauigkeit f. -en; Sorgfältigkeit f. -en/綿密に(な) genau; sorgfältig; mit [3]Sorgfalt.

めんめん 綿々として ununterbrochen; fortdauernd; pausenlos; fort und fort.

めんよう 綿羊 Schaf n. -(e)s, -e.

めんるい 麺類 Nudeln (pl).

も

も 藻 Alge f. -n; Wasserpflanze f. -n; Seegras n. -es, ¨er.

も 喪 Trauer f. -; Trauerzeit f. -en/喪中である Trauer haben (tragen*)/喪に服す(喪がある) 喪がある ため Trauer um jn an|legen (ab|legen)/喪を秘する vor|enthalten*, Trauer anzusagen.

～も ❶ [もまた, ...も...も] auch; ebenso; und (auch); nicht nur ..., sondern auch; sowie; sowohl ... als (auch) (... wie)/東京でも大阪でも in Tokio und (auch) in Osaka; sowohl in Tokio als auch in Osaka/科学書も文学書も wissenschaftliche Werke sowie schöne Literatur/姉ばかりか僕も nicht nur meine Schwester, sondern auch ich/君も行ってたの Bist du auch da gewesen?/僕は断った、僕の友達も Ich lehnte es ab, ebenso mein Freund. ❷ [さえも] auch [最高級とともに]; schon; selbst; sogar/ほんの少しでも auch die kleinste Summe/僕の方を見もしないで立ち去った Er ging fort, ohne mich auch nur an|zu|sehen./見ただけではほれぼれす

もう ❶ Schon der bloße Anblick entzückt./泥棒までもしたのか Hat er sogar gestohlen? ❷ […も…せぬ] weder ... noch ❖ 動詞は単数形がよい/彼も彼女も来なかった Weder er noch sie ist gekommen. ❸ [たとえ…とも] wenn auch; auch wenn《よしんば》; auch 《最高級とともに》/誰 (何, どこ) だろうとも wer (was, wo) auch immer/どんな金持ちでも der reichste ⇨どんな³, いかに《如何に》, たとえ. ❺ [たっぷり] gut; beträchtlich; reichlich; nicht weniger als; mehr als /一時間も待って eine gute (reichliche) Stunde warten 《auf⁴》/チユーロも出す reichlich 1 000 Euro aus|geben*/十人も食わせる(養う) nicht weniger als 10 Leute verpflegen (ernähren)/五万円もあれば十分だろう Etwa 50 000 Yen werden genügen.

もう ❶ [今や] jetzt; nun/もう行かなきゃ Jetzt muss ich gehen. ❷ [もはや] schon; bereits; längst/もう帰って来たのか Schon zurück? Schon wieder da?/もうだめだ Mit mir ist es [schon] aus./その件はもう前に打合わせずみだ Die Sache ist bereits früher besprochen worden./もう前から気がついていた Ich habe es längst gemerkt. ❸ [間もなく] bald; gleich/もう夜も更けるようだ Bald wird er kommen. ❹ [尚] noch/もう一度 noch einmal/もう少し noch ein wenig; noch ein bisschen/もう一度話したいことがある Noch eins möchte ich dir sagen./Noch ein Wort!/もう五分(五キロメートル)行かなきゃならない Wir müssen noch 5 Minuten (noch 5 Kilometer) gehen. ❺ [もう…ない] nicht mehr; nie mehr; nicht länger ❖ 打消しは kein*, nicht を用いてもよい/もう我慢ができない Ich kann es nicht länger ertragen./もうお前は子供じゃない Du bist kein Kind mehr./もう何も残っていない Es bleibt nichts mehr übrig./もうごめんよごめんだ Nie mehr, nie mehr!/もう心配はない Ich habe keine Angst mehr.

もうい 猛威 Raserei f. -en; das Toben (Tosen*), -s; Wut f./猛威を振う toben; tosen; rasen; wüten/怒涛が猛威を振う Die Brandung tost/Die Wellen toben.

もうか 猛火 das wütende Feuer, -s; der verheerende Brand, -[e]s, ⸚e.

もうがっこう 盲学校 Blinden|schule f. -n (-anstalt f. -en).

もうかる 儲かる ❶ [儲けのある] gewinnbringend (Gewinn bringend); einbringlich; einträglich; gewinnreich; lohnend; nutzbringend (Nutz bringend); profitabel; rentabel《以上名詞的付加的または主語としてともに》.《人を主語に》Gewinn heraus|schlagen⁴ 《aus³》; ein Geschäft (Geld) machen 《mit³》 ⇨もうける/これはそんなに儲かる(有利な)商売じゃない Das Geschäft ist nicht sehr einträglich/ここではそんなに儲からない Hier lässt sich nicht viel verdienen./千円儲かる 1 000 Yen gewinnen*《an³》/それでは全然儲からない Dabei ist gar nichts zu verdienen./儲かるという所で行かなかった The Sache warf nicht viel ab.

もうかん 毛管 Kapillare f. -n ⇨もうさいかん.

もうきん 猛禽 Raubvogel m. -s, ⸚.

もうけ 儲け Gewinn m. -[e]s, -e; Ertrag m. -[e]s, ⸚e; Nutzen m. -s, -; Profit m. -[e]s, -e; Verdienst m. -[e]s, -e/儲けが多い(少ない) (nicht) viel ab|werfen* (ein|bringen*); (nicht) viel Nutzen bringen*/大儲けをする《俗》Das war ein fetter Braten!/大した儲けにはならない Das bringt nicht viel ein./《俗》Davon wirst du nicht fett. ⇨もうける(儲け

もうけ 設け Anordnung f. -en; Vorbereitung f. -en/設けの席につく den für jn bestimmten (belegten) Platz ein|nehmen*.

もうげき 猛撃 der heftige Angriff, -[e]s, -e/猛撃する heftig an|greifen*⁴.

もうける 儲ける [金] gewinnen*⁴; verdienen⁴ 《an³》; erwerben*⁴; Geld machen 《mit³》; [利益] ein Geschäft machen 《mit³》; Gewinn machen 《bei³》; Gewinn heraus|schlagen⁴ 《an³》; Nutzen ziehen* 《aus³》/一割儲けて売る mit einem Nutzen (Gewinn) von 10% verkaufen⁴/彼は木材で相当儲けている Er hat von seinem Holz viel Nutzen./この値段で十分儲かるようにしてあります Die Preise sind so, dass sie einen hübschen Gewinn sichern./それで儲けるというつもりはないのだが… Wir wollen nichts dabei (daran) verdienen, aber ....

もうける 設ける ❶ [準備] an|ordnen⁴; arrangieren⁴/会合のために前もって席を belegen (frei|halten*). ❷ [定める] auf|stellen⁴; fest|legen⁴ 《例:⁴Regeln f. pl の規則を》; fest|setzen⁴ 《例:eine⁴ Bedingung 条件を》; ver|ordnen⁴ 《例:⁴die allgemeine Wehrpflicht 兵役制を》/…という規定が設けてあるので Die Bestimmungen schreiben vor, dass .... ❸ [設備] an|legen⁴ 《例:⁴Gas ガスを、einen Vorgarten 前庭を》; ein|richten⁴ 《例:⁴Leitungen 導管・架線を》. ❹ [設立] auf|stellen⁴ 《例:⁴einen Ausschuss 委員会を》; ein|richten⁴ 《例:⁴ein Institut 研究所を》; errichten⁴ 《例:⁴eine Stiftung 財団を》; gründen⁴ 《例:⁴einen neuen Lehrstuhl 新講座を》; auf die Beine bringen*⁴ (stellen⁴) 《例:⁴Einrichtungen 諸施設を》/一児を儲ける ein Kind zur Welt bringen*. ❺ 口実を設けて unter einem Vorwand; unter dem Vorwand, dass ....

もうけん 猛犬 der bissige Hund, -[e]s, -e/猛犬注意 Bissiger Hund!《掲示》.

もうこ 蒙古 die Mongolei/蒙古の mongolisch; mongoloid《蒙古人の》∥ 蒙古語 Mongolisch, das Mongolische*, -n/蒙古人 Mongole m. -n, -n, Mogolin f. ..linnen《女》/蒙古斑 Mongolenfleck m. -[e]s, -e.

もうこん 毛根 Haarwurzel f. -n.

もうさいかん 毛細管 Kapillare f. -n; Haarröhrchen s. -s, -; Kapillargefäß n. -es, -e《毛細血管》/毛細管現象 Kapillarität f.

もうし 孟子 Mengtse m. -s.

もうしあわせ 申し合せ Vereinbarung f. -en; Absprache f. -n; Abmachung f. -en; Verabredung f. -en; das Übereinkommen*, -s; Verständigung f. -en/《了解》/申し合せた通り wie verabredet (vereinbart); der Verab-

もうしあわせる 申し合わせたように wie verabredet.

もうしあわせる 申し合せる ⁴et mit jm (untereinander) vereinbaren; ⁴et (⁴sich) mit jm verabreden; ⁴et mit jm (miteinander) absprechen; ⁴et ab|machen 《mit³》/彼女と八時にここで会うように申し合せた Ich habe mich [mit ihr] verabredet, sie um 8 Uhr hier zu treffen.

もうしいれ 申し入れ Vorstellung f. -n/《異議・抗議》/申し入れる eine Vorstellung machen 《bei jm; über³》/外交機関を通じドイツ政府に申し入れをする auf diplomatischem Weg bei der deutschen Regierung vorstellig werden.

もうしうける 申し受ける ❶《受け取る》 empfangen*⁴; erhalten*⁴. ❷《あとを引き受ける》 übernehmen*⁴; weiter|machen⁴ ([führen⁴). ❸《所望》 verlangen*⁴; fordern⁴; in Anspruch nehmen*⁴.

もうしおくる 申し送る ❶《伝言》 aus|richten³⁴; bestellen⁴; sagen (aus|richten) lassen⁴; weiter|sagen⁴. ❷《事務・書類など》 weiter|leiten⁴ 《an⁴》.

もうしおくれ 申し遅れましたが was ich noch sagen wollte, ...; nicht zuletzt 《演説のときなど》.

もうしかねる 申しかねる Das ist schwer (kaum) zu sagen, dass ..../申しかねますがwenn ich Sie bitten dürfte.

もうしご 申し子 Wünschkind n. -[e]s, -er.

もうしこす 申し越す schreiben*⁴ 《jm; an jn》; mit|teilen³⁴; an|kündigen³⁴; [伝言を] jm sagen (ausrichten) lassen*⁴ 《伝言が主語》/お申し越しの書籍はもうお送りしました Das von Ihnen gewünschte Buch ist schon abgeschickt worden./お申し越し書籍到着しました Das von Ihnen angekündigte (in Aussicht gestellte) Buch ist eingegangen 《取次ぎより》.

もうしこみ 申込 (An)meldung f. -en; Angebot n. -[e]s, -e; Antrag m. -[e]s, ⁻e; Bestellung f. -en《注文》; Bewerbung f. -en《就職など》; Gesuch n. -[e]s, -e《申請》; das Buchen⁰, -s《飛行機など》; Reservierung f. -en《同上》; Abonnement n. -s, -s《予約》; Vorausbestellung f. -en《同上》; Herausforderung f. -en《決闘の》; Nennung f. -en《競技の》; Vorschlag m. -[e]s, ⁻e《提案》; Zeichnung f. -en《寄付・公債などの》/申込次第 auf [An]meldung; gegen Bestellung《予約》/...へ結婚の申込 Heiratsantrag m. -[e]s, ⁻e/申込は同封用紙を使うこと Die Anmeldung hat auf dem beigelegten Formular zu geschehen./参加申込みは...円を支払って頂きます《競技の場合》Eine Nenngebür von ... Yen ist zu entrichten./申込はお早く願います Bewerber müssen sich frühzeitig melden./広告に応じて申込が殺到した Eine große Zahl von Bewerber meldete sich auf das Inserat.《参加・就職の》‖ 申込締切り Meldeschluss m.《für⁴》 m. -es, ⁻e/申込書 [schriftliche] Anmeldung f. -en (Bewerbung, -en)/申込人 Anmelder (Antragsteller; Bewerber) m. -s, -; Subskribent m. -en, -en《予約注文者》; Zeichner m. -s, -《公債などの応募者》/申込用紙 Anmeldeschein m. -[e]s, -e; Antragsformular n. -s, -e; Meldezettel m. -s, -.

もうしこむ 申し込む ⁴sich 《⁴et》; an|melden; an|bieten*⁴; einen Antrag stellen; ⁴sich melden 《bei³》; ⁴sich bewerben* 《um⁴》; ein Gesuch richten 《an⁴》; abonnieren; subskribieren《以上 auf⁴》; 予約・購読を》/結婚を申し込む eine Heiratsantrag machen/千円の寄付を申し込む 1 000 Yen zeichnen 《für⁴》/新株を申し込む neue Aktien zeichnen/競技参加を申し込む ⁴sich zur Teilnahme an (für) einen Wettkampf melden/会見を申し込む⁴sich zu einem Interview an|melden/座席《列車・飛行機の》を申し込む einen Platz buchen lassen⁴/試合を申し込む jn zu einem Wettkampf (Kampfspiel; Wettspiel) heraus|fordern/援助を申し込む jm Hilfe an|bieten*.

もうしたて 申し立て Aussage f. -n; Angabe f. -n; Äußerung f. -en《意見の開陳》; Behauptung f. -en《主張》; Darlegung f. -en/証人の申し立てによれば nach Aussage (Angabe) des Zeugen/ある人に不利な申し立てをする gegen jn aus|sagen.

もうしたてる 申し立てる aus|sagen⁴; an|geben*⁴; ⁴sich äußern《über⁴》; behaupten⁴; dar|legen⁴; plädieren《für⁴ 法廷で》/異議を申し立てる Einspruch erheben*《gegen⁴》; Einwand vor|bringen*《gegen⁴》.

もうして 申し出 (An)meldung f. -en; Anerbietung f. -en; Angebot n. -[e]s, -e; Antrag m. -[e]s, ⁻e; Gesuch n. -[e]s, -e; Vorschlag m. -[e]s, ⁻e.

もうしでる 申し出る ⁴sich melden 《bei³; in³》; ⁴sich an|melden 《bei³》; 例:bei einem Klub クラブへ入会などを》; ⁴sich wenden 《an⁴》; 例:an das Büro 事務所へ》; ⁴sich bewerben*《bei jm um⁴》; 例:um eine Stellung 職・地位を求めて》; jm an|bieten*⁴《⁴sich; ⁴Hilfe 援助を》; vor|schlagen*⁴; beantragen⁴《提案・提議を》/新聞広告で二十人ばかりが申し出て来た Etwa 20 Personen haben sich auf das Zeitungsinserat gemeldet.

もうしぶん 申し分 Einwand m. -[e]s, ⁻e; Einspruch m. -[e]s, ⁻e ⇨いいぶん/申し分のない einwandfrei; tadellos.

もうじゃ 亡者 der Tote*, -n, -n; Geist m. -[e]s, -er《幽霊》‖ がりがり亡者 Erbsenzähler m. -s, -.

もうしゅう 猛襲 der heftige (ungestüme) Angriff, -[e]s, -e/猛襲する einen heftigen Angriff machen.

もうしゅう 妄執 Wahn m. -[e]s; Täuschung f. -en; Fimmel m. -s《偏執》; der bittere Groll, -[e]s《執念》.

もうじゅう 盲従 der blinde Gehorsam, -[e]s/盲従する blind[lings] gehorchen³.

もうじゅう 猛獣 das wilde Tier, -[e]s, -e. 《常識的には》Raubtier n. -[e]s, -e《学問的には大猫系も含まれる》.

もうしよう 申しよう ¶ 何ともお礼の申しようもな

もうしょう 猛将 der kühne (gewaltige) Held, -en, -en.
もうじょう 網状の netzartig; maschig.
もうしわけ 申し訳 ❶ ⇨いいわけ. ❷[謝罪] Abbitte f. -n; Entschuldigung f. -en; nur der Form wegen (halber); nur dem Namen nach; nur auf Äußerlichkeiten (nur auf Wirkung nach außen hin) bedacht / 死んで申し訳をする *et mit Tod büßen / 忘れていまして (遅くなりまして) 申し訳ありません Es tut mir Leid, dass ich es vergessen hatte (Entschuldigen Sie bitte für die Verspätung!).

もうしわたし 申し渡し ⇨いいわたす.

もうしん 妄信 der blinde Glaube, -ns, -n; Leichtgläubigkeit f.; Aberglaube m. -ns 〈迷信〉/ 妄信する leichtgläubig (abergläubig) sein; blind (blindlings) vertrauen$^{(3)}$ 〈auf^4〉.

もうしん 盲進する blindlings (draufgängerisch) rennen* [s] 〈in^4〉/ そうしてはいけない。やみくもに突き進むな Sei doch nicht so voreilig, stürze dich nicht nur in alles blindlings hinein, dir nichts nur stürzen 〈auf^4; in^4〉.

もうしん 猛進する drauflos|gehen* 〈auf^4〉/ 彼はほんとうの猪突猛進型だ Er ist ein richtiger Draufgänger.

もうすこし もう少し⇨すこし.

もうせい 猛省を促す jn ernstlich ermahnen 〈zu^3〉; jn aufs Strengste mahnen 〈zu^3〉; ins Gewissen reden.

もうせん 毛氈 Wolldecke f. -n / 毛氈を敷く eine Wolldecke legen 〈auf^4〉 ‖ 毛氈苔 Sonnentau m. -(e)s, -e.

もうぜん 猛然と wütend; wild; wie verrückt; wie ein Verrückter; wie der Teufel.

もうそう 妄想 Wahn m. -(e)s; Wahnvorstellung f. -en; 妄想にとらわれている sich befangen sein in einem Wahn befangen sein; ^{4}sich wähnen ‖ 誇大妄想 Größenwahn m. -(e)s, -e.

もうそう 孟宗(竹) Bambus m. ..busses / -busse; eine Bambusart 〈-en〉 mit engerem Knotenabstand.

もうだ 猛打 der heftige Schlag, -(e)s, "e / 猛打する stark schlagen*^{4}; den Ball heftig weg|schlagen* 〈野球〉‖ 猛打者 der gefährliche Schläger, -s, -.

もうちょう 盲腸 Blinddarm m. -(e)s, "e / 盲腸の手術をする die Blinddarmoperation aus|führen 〈医者が〉; den Blinddarm operieren lassen* 〈患者が〉; den Wurmfortsatz (die Appendix) heraus|sezieren (lassen*) 〈患者が〉‖ 盲腸炎 Blinddarmentzündung f. -en, -en; Appendizitis f. ..itiden; Typhlitis f. ..itiden / 盲腸虫様垂 Wurmfortsatz m. "e.

もうでる 詣でる einen Tempel besuchen; [聖地に] wallfahr[t]en [s] 〈zu^3〉; pilgern [s] →まいり.

もうとう 毛頭ない nicht im Geringsten; in keinerlei Beziehung (Hinsicht); nichts weniger als; beliebe nicht; nie und nimmer / 毛頭疑いない Es kommt jm nicht einmal der Schatten eines Zweifels. / あんな奴

に同情する気は毛頭ない Ich habe nicht das geringste Mitleid mit so einem Kerl.

もうどう 妄動する unbesonnen handeln ⇨けいきょ.

もうどうけん 盲導犬 Blindenhund m. -(e)s, -e.

もうねん 妄念 Wahn m. -(e)s; Einbildung f. -en / 妄念に捕われる in einem Wahn befangen sein / 妄念を去る einen Wahn zerstören.

もうばく 盲爆 Bombenteppichwurf m. -(e)s, "e; Blindabwurf 〈m. -(e)s, "e〉 (der Bomben).

もうばく 猛爆 der heftige Bombenangriff, -(e)s, -e.

もうはつ 毛髪 Haar n. -(e)s, -e 〈集合的意味のとき、例えば頭髪の場合は単数〉.

もうひつ 毛筆 Pinsel m. -s, -.

もうひょう 妄評 die oberflächliche (ungerechte; leichtfertige) Kritik, -en; die seichte Bemerkung, -en; Bekritt[e]lung f. -en 〈酷評〉‖ 妄評多謝 [Ich bitte um] Verzeihung (Entschuldigung) für meine unmaßgebliche Kritik!

もうふ 毛布 Wolldecke f. -n.

もうまい 蒙昧の unwissend; unaufgeklärt; ungebildet; unzivilisiert; unkultiviert.

もうまく 網膜 Netzhaut f.; Retina f. -e ‖ 網膜炎 Netzhautentzündung f. -en; Retinitis f. / 網膜剥離 Netzhautablösung f.

もうもう 濛々とLinen in Wolken / 濛々と立ちこめる in dicken Wolken steigen* [h.s.].

もうもく 盲目 Blindheit f. -en / 盲目の blind / 盲目的に blindlings; blind; ganz unbesonnen.

もうら 網羅する enthalten*^{4}; ein|schließen*^{4}; ein|begreifen*^{4}; umfassen^4; sammeln^4 / 一切も網羅して alles umfassend; komplett; von A bis Z / それで一切の可能性を網羅している Das schließt alle Möglichkeiten ein. / それで全て網羅してあります Alles ist darin von A bis Z [mit] enthalten.

もうれつ 猛烈な[と] heftig; rasend; stürmisch; ungestüm; wild; wütend; unbändig [制御しがたい]; feurig; hitzig 〈火のような〉/ 猛烈な愛撫 ungestüme Liebkosungen 〈pl〉/ 猛烈な怒り(憎しみ) der unbändige Zorn, -(e)s 〈Hass, -es〉/ 猛烈な勢いで火はもうひろがった Das Feuer breitete sich mit rasender Schnelligkeit aus.

もうろう 朦朧たる(として) dunkel; trüb; verschwommen; nebelhaft; diesig; nebelig; unbestimmt / 頭が朦朧としている ganz benommen sein.

もうろく 耄碌 Greisenblödsinn m. -(e)s, -e / 耄碌する alt und kindisch (vergesslich) werden ‖ 耄碌爺 der kindische (zerstreute) Greis, -es, -e.

もえあがる 燃え上がる auf|flammen [s]; auf|lodern [s]; Die Flamme loht (lodert).

もえうつる 燃えうつる 〈Haus m. などを主語として〉Feuer fangen*; 〈Feuer n. -s を主語として〉 um sich greifen*; ergreifen*^{4} / 火は隣家に燃えうつった Die Flammen ergriffen das nächste Haus.

もえがら 燃え殻 die ausgeglühte Kohle, -n《石炭の》; das ausgekohlte Holzstück, -[e]s, -e《やけぼっくり》; Asche *f.* -n《灰》.

もえぎいろ 萌黄色の gelbgrün.

もえきる 燃え切る aus|brennen* [s]《火が》; ab|brennen* [s]《ろうそくなどが》.

もえさし 燃えさし Stummel *m.* -s, -; Kerzenstummel《ろうそくの》; Zigarrenstummel《葉巻の》; das ausgekohlte Holzstück, -[e]s, -e《やけぼっくり》/燃えさしの halb verbrannt.

もえだす 燃え出す zu brennen an|fangen*; an|brennen* [s]; an|gehen* [s]; ⁴sich entzünden; Feuer fangen*; in Brand (Feuer) geraten* [s].

もえつく 燃えつく ⁴sich entzünden; Feuer fangen*/この木は燃えつきがわるい Das Holz will nicht anbrennen.

もえでる 萌え出る sprossen [s,h]; sprießen* [s]; neue Sprosse[n] (neue Sprösslinge) treiben*/木の芽が萌え出てきた Knospen sprießen hervor.

もえにくい 燃えにくい schlecht brennen*; nicht brennen wollen*; [*a.*] schwer (nicht) brennbar (entzündbar).

もえひろがる 燃えひろがる〘Feuer *n.* -s を主語として〙um ⁴sich greifen* (fressen*); ⁴sich weiter vorwärts fressen*.

もえやすい 燃え易い leicht brennen*; [*a.*] [ver]brennbar; leicht entzündbar.

もえる 燃える brennen*; flammen《炎をあげて》; flackern《ゆらゆらと》; lodern; lohen《炎々と》; knistern《ぱちぱちと》; züngeln《めらめらと》/燃えている in Flammen stehen*; entbrannt sein《*von*³ 感情が》/彼女の目は愛情に燃えていた Ihr Auge entflammte vor Liebe./彼は怒りに燃えている Er ist von Zorn entbrannt.

モーション Bewegung *f.* -en/モーションが遅い langsam sein/モーションをかける *jm* den Hof machen《女に》; *jm* Augen (Äugelchen) machen《媚(こ)を呈する》; *jm* um den Bart gehen* [s]《顧客に》.

モーゼ Moses *m.* Mosis/モーゼの十戒 die Zehn Gebote [Mosis].

モーター Motor *m.* -s, -en; Kraftmaschine *f.* -n/モーターをかける den Motor an|lassen* (an|werfen*)/モーターをとめる den Motor ab|stellen/モーターを分解する(あたためる, オーバーホールする) den Motor auseinander nehmen* (an|wärmen, überholen)/モーターをとめて(かけたままで) mit abgestellem (laufendem) Motor ‖ モーターボート Motorboot *n.* -[e]s, -e.

モータープール Parkplatz *m.* -es, ⸗e.

モーテル Motel *n.* -s, -s.

モード Mode *f.* -n ‖ モード雑誌 Modejournal *n.* -s, -e.

モーニング モーニング[コート] Cut[away] *m.* -s, -s.

モーニングコール Weckruf *m.* -[e]s, -e.

モーリシャス Mauritius *n.* -s/モーリシャスの mauritisch ‖ モーリシャス人 Mauritier *m.* -s, -.

モーリタニア Mauretanien *n.* -s/モーリタニアの mauretanisch ‖ モーリタニア人 Mauretanier *m.* -s, -.

モール Borte *f.* -n ‖ 金モール Goldborte *f.* -n/金モールの mit Goldborten gesäumt.

モールス モールス記号 Morsealphabet *n.* -[e]s, -e/モールス電信機 Morseapparat *m.* -[e]s, -e.

モカ [コーヒー] Mokka *m.* -s, -s.

もがく ❶ [努力] kämpfen《*für*⁴; *gegen*⁴; *mit*³》; ⁴sich ab|placken (ab|mühen). ❷ [抵抗] ⁴sich sträuben《*gegen*⁴》; an|kämpfen《*gegen*⁴》. ❸ [じたばた] ⁴sich [kümmern und] winden*; mit Händen und Füßen zappeln/もがいても無駄だ Da hilft kein Sträuben. ¦ Es hat keinen Zweck, weiter dagegen zu kämpfen.

もぎ 模擬 Imitation *f.* -en; Nachahmung *f.* -en ‖ 模擬試験 Examen *n.* -s, -; Prüfung *f.* -en ❖「模擬」を訳す要なし/模擬選挙 Probeabstimmung *f.* -en/模擬店 Bude *f.* -n.

もぎどう 没義道 Unmenschlichkeit *f.*; Hartherzigkeit *f.*/没義道な unmenschlich; entmenscht; hartherzig.

もぎとる もぎ取る *jm* ⁴*et* entreißen*; *jm* ⁴*et* entwinden*; ab|reißen*⁴.

もく 目 ❶ [項目] Position *f.* -en; Posten *m.* -s, -. ❷ [動物学の] Ordnung *f.* -en. ❸ [碁の] Stein *m.* -[e]s, -e; Feld *n.* -[e]s, -er《盤の目》.

もぐ pflücken⁴《果実などを》; ab|reißen*⁴; ab|brechen*⁴《折って》.

もくあみ 木阿弥 ¶ もとの木阿弥となる alles, was man gewonnen hat, verlieren*; das Nachsehen haben; in den Mond gucken《得る所なし》.

もくぎょ 木魚 der (das) hölzerne Gong, -s, -s.

もくげき 目撃する mit eigenen Augen sehen*⁴; ³sich (selbst) an|sehen*⁴; [Augen-] zeuge sein《*von*³》; als Zeuge zugegen sein《*bei*³》‖ 目撃者 Augenzeuge *m.* -n, -n《*von*³》.

もくげき 黙劇 Pantomime *f.* -n.

もぐさ Moxa *m.* -s, -.

もくざい 木材 Holz *n.* -es, ⸗er; Bauholz *n.* -es, ⸗er《建築用》‖ 木材商 Holzhandel *m.* -s, -《業》; Holzhändler *m.* -s, -《人》; Holzhandlung *f.* -en《店》/木材防腐 Kyanisation *f.*《発明者 Kyan より》/木材防腐をほどこす kyanisieren⁴.

もくさつ 黙殺する tot|schweigen*⁴; keine Notiz von ³*et* nehmen*; links liegen lassen*⁴; *jn* wie Luft behandeln.

もくさん 目算 ❶ [計算] Überschlag *m.* -[e]s, ⸗e《概算》; Kostenvoranschlag *m.* -[e]s, ⸗e; Kostenplan *m.* -[e]s, ⸗e. ❷ [当て] Voraussicht *f.* -en; Erwartung *f.* -en; Hoffnung *f.* -en; Annahme *f.* -n《仮定》/目算がはずれる *jn* enttäuschen〘目算が主語〙; ⁴sich täuschen《*in*³》.

もくし 黙示 Offenbarung *f.* -en/黙示を与える *jm* offenbaren⁴ ‖ 黙示録〘聖〙die Offenbarung Johannis.

もくし 黙視する übersehen*⁴; stillschweigend dulden^{4} (übergehen*^{4})/黙視できない ^{4}*et* nicht länger (nicht ruhig) mit ansehen können*.

もくじ 目次 Inhaltsverzeichnis *n.* ..nisses, ..nisse; Inhalt *m.* -〔e〕s, -e.

もくじゅう 黙従 die schweigende Ergebung, -en; Hinnahme *f.* -n/黙従する ^{3}*et* (in ^{4}*et*) schweigend ergeben*; hin|nehmen*^{4}; ^{3}sich gefallen lassen*^{4}.

もくず 藻屑 ¶ 海底の藻屑と消える das Grab in den Wellen finden*; ins Meer unter|gehen* [s].

もくする 目する *jn* (^{4}*et*) als *jn* (^{4}*et*) betrachten; *jn* (^{4}*et*) für *jn* (^{4}*et*) an|sehen*.

もくする 黙する ❶ [だまる] schweigen*; verstummen; den Mund halten*. ❷ [人に言わない] schweigen* 《*von*^{3}; *über*^{4}》; verschweigen*^{4}; für ^{4}sich behalten*^{4}; reinen Mund halten* 《*über*^{4}》.

もくせい 木犀 der japanische Liguster, -s, - ‖ 木犀草 Resede *f.* -n.

もくせい 木星 Jupiter *m.* -s.

もくせい 木製の hölzern; aus (von) Holz; Holz- ‖ 木製品 Holz¦ware *f.* -n (-arbeit *f.* -en).

もくぜん 目前で vor 〔*js*; den〕 Augen; vor der Nase; in *js* Gegenwart/目前へ vor die Augen; vor *jn*/目前の nahe bevorstehend; drohend/…を目前に控えて angesichts^{2}; im Angesicht^{2}/目前に迫る heran|kommen* [s]; im Anzug sein; drohen; herauf|ziehen* [s]; in der Luft liegen*.

もくぜん 黙然と schweigend; still; schweigsam; stumm.

もくそう 黙想 Einkehr *f.* -en; Betrachtung *f.* -en; das Nachdenken*, -s; Meditation *f.* -en/黙想する ^{4}sich in Gedanken vertiefen (verspinnen*); bei ^{3}sich Einkehr halten*.

もくそう 目送する *jm* (^{3}*et*) nach|sehen*; *jm* mit den Augen folgen.

もくぞう 木像 das hölzerne Bild, -〔e〕s, -er; die hölzerne Bildsäule, -n.

もくぞう 木造の hölzern; aus (von) Holz; Holz- ‖ 木造家屋 Holz¦haus *n.* -es, ¨er (-bau *m.* -〔e〕s, -ten)/木造部 Holzwerk *n.* -〔e〕s, -e.

もくそく 目測 Augenmaß *n.* -es, -e/目測では nach dem Augenmaß/目測する mit den Augen messen*^{4}.

もくだく 黙諾 die stillschweigende Einwilligung, -en ⇨**もっきょ**(黙許).

もくたん 木炭 Holz¦kohle (Zeichen-) *f.* -en ‖ 木炭画 Kohlezeichnung *f.* -en.

もくてき 目的 Zweck *m.* -〔e〕s, -e; Ziel *n.* -〔e〕s, -e; Absicht *f.* -en《所存》; Vorhaben *n.* -s, -《意図》; Vorsatz *m.* -es, ¨e《同上》; Objekt *n.* -〔e〕s, -e《目的物》/…の目的で um … zu《不定詞句》; mit der Absicht (dem Zweck) 〖zu をもつ不定詞句または dass …とともに〗; zwecks^{2}/…を目的とする zielen 《*auf*^{4}》; beabsichtigen^{4}; bezwecken^{4}/目的のない(もなく) ziellos; zwecklos; ohne Zweck 〔und Ziel〕/目的を達する(達しない) den Zweck (das Ziel) erreichen (verfehlen)/目的にかなう zweckmäßig sein; den Zweck erfüllen/それじゃ目的は達せられないよ So kommst du nicht zum Ziel./それが目ざす目的なのだ Das ist es, worauf ich ziele./目的のためには手段を選ばぬ Zur Erreichung des Ziels ist ihm jedes Mittel recht. ‖ 目的語 Objekt *n.* -〔e〕s, -e/目的地 Reiseziel *n.* -〔e〕s, -e; Bestimmungsort *m.* -〔e〕s, -e《行先・届け先》/目的論 Teleologie *f.* -n.

もくとう 黙祷 die stille Andacht, -en/黙祷する still beten《zu Gott *für*^{4}》; eine stille Andacht verrichten.

もくどく 黙読する still (vor ^{4}sich hin) lesen*$^{(4)}$《*in*^{3}》.

もくにん 黙認する ^{4}*et* stillschweigend durch|gehen lassen*; ^{4}*et* mit Stillschweigen über|gehen* [s]; über ^{4}*et* mit Stillschweigen hinweg|gehen* [s]. ⇨**もっきょ**(黙許).

もくねじ 木ねじ Holzschraube *f.* -n.

もくば 木馬 das hölzerne Pferd, -〔e〕s, -e; Schaukelpferd *n.* -〔e〕s, -e《子供の》; 〔Sprung〕pferd《体操の》; Karussel *n.* -s, -e (-s)《メリーゴーラウンド》.

もくはい 木杯 Holzschale *f.* -n.

もくはん 木版 Holzschneidekunst *f.* ¨e; Holzschnitt *m.* -〔e〕s《木版術》; Holzdruck *m.* -〔e〕s, -e; Xylographie *f.* -n《印刷》; Holzplatte *f.* -n《版木》‖ 木版画 Holzschnitt *m.* -〔e〕s, -e/木版師 Holzschneider *m.* -s, -.

もくひ 黙秘権を行使する das Recht zu verschweigen aus|üben (aus|nützen《利用する》); von Verschweigungsrecht Gebrauch machen.

もくひょう 目標 Ziel *n.* -〔e〕s, -e; Zielscheibe *f.* -n《標的》; Kampf¦ziel (Angriffs-) *n.* -〔e〕s, -e; Endziel *n.* -〔e〕s, -e《目的》; Merkzeichen *n.* -s, -《目じるし》/…を目標にして auf^{4}; nach^{3}《例:auf ^{4}*et* (*jn*) ab|zielen 目ざす; nach ^{3}*et* streben 努める》/…を目標にする zielen《*auf*^{4}; *nach*^{3}》; ^{3}sich ein Ziel setzen (stecken)《*auf*^{4}》/はっきりした目標を持っている klare Ziele haben/あの建物を目標にしていらっしゃい Gehen Sie auf das Gebäude da zu!

もくへん 木片 Holz¦stück *n.* -〔e〕s, -e (-splitter *m.* -s, -).

もくめ 木目 Maser *f.* -n; Faserung *f.* -en/木目のあらい(細い) grobmaserig (feinmaserig).

もくもく 黙々として schweigend, still, stumm; wortlos/黙々として語らない ^{4}sich in Schweigen hüllen; stumm bleiben* [s].

もぐもぐ 口をもぐもぐさせる muffeln/もぐもぐ言う mummeln; murmeln.

もくやく 黙約 ⇨**もっけい**(黙契).

もくようび 木曜日 Donnerstag *m.* -〔e〕s, -e.

もくよく 沐浴 das Baden*, -s; Abwaschung *f.* -en《身を清めるため》/沐浴する 〔^{4}sich〕 baden; ^{4}sich ab|waschen*/沐浴斎戒する seine Waschung verrichten.

もぐら 土竜 Maulwurf *m.* -〔e〕s, ¨e ‖ もぐら塚 Maulwurfshaufen *m.* -s, -.

も

もぐり ❶ das Tauchen*, -s《潜水》. ❷《違法の》もぐりの医者 Quacksalber *m*. -s, -/もぐりの商売 der schwarze Handel, -s, -/もぐりの酒場 Spelunke *f*. -, -/もぐりの学生 Schwarzhörer *m*. -s, -/もぐりの乗客 der blinde Passagier, -, -e; Schwarzfahrer *m*. -s, -/もぐりの schwarz; Schwarz-; nicht konzessioniert; unerlaubt ‖ もぐり商人 Schieber *m*. -s, -.

もぐりこむ もぐり込む kriechen* ⟨*in*⁴⟩; ⁴sich verkriechen* ⟨*in*⁴⟩; ⁴sich [ein]schleichen* ⟨*in*⁴⟩; ⁴sich verstecken ⟨*hinter*³; *zwischen*³⟩/寝床にもぐり込む ins Bett kriechen*.

もぐる 潜る tauchen ⟨s⟩ ⟨*in*⁴ 水中に⟩; ⁴sich verkriechen* ⟨*in*⁴; *unter*⁴⟩; unter|tauchen ⟨s⟩ ⟨*in*³⟩/犯罪者は大都会の地下に潜ってしまった Der Verbrecher ist in der Großstadt untergetaucht.

もくれい 黙礼する ⁴sich leicht verbeugen; nicken³; winken³; den Hut lüften.

もくれい 目礼する nicken³; winken³.

もくれん 木蓮 Magnolie *f*. -n.

もくろく 目録 Verzeichnis *n*. -nisses, -nisse; Aufstellung *f*. -en; Liste *f*. -n; [カタログ] Katalog *m*. -[e]s, -e; Prospekt *m*. -[e]s, -e; Inventar *n*. -s, -e《在庫品・財産などの》; Urkunde *f*. -n《伝授の》/目録を作る ein Verzeichnis auf|stellen (an|legen).

もくろみ 目論見 Plan *m*. -[e]s, =e; Vorhaben *n*. -s, -/ Vorsatz *m*. -es, =e; Absicht *f*. -en《積もり》; Programm *n*. -s, -e/ 目論見をいだいている He mit einem Plan (einem Vorhaben) um|gehen* ⟨s⟩/ その目論見が頭から去らない Dieser Plan liegt mir immer im Sinn. Ich denke immer an diesen Plan. ‖ 目論見書 Entwurf *m*. -[e]s, =e; Plan *m*. -[e]s, =e; Spezifikation *f*. -en《仕様書》.

もくろむ 目論む ⁴beabsichtigen⁴; ⁴sich vor|nehmen*⁴; vor|haben*⁴; ins Auge fassen⁴; im Sinn haben⁴.

もけい 模型 Modell *n*. -s, -e; Schablone *f*. -n; Miniatur *f*. -en/模型を作る ein Modell an|fertigen ⟨*nach*³⟩ ‖ 模型飛行機 Flugmodell *n*. -s, -e《プラモデルなど》; Fesselmodell《紐をつけて飛ばす》.

もげる los|gehen* ⟨s⟩; ab|fallen* ⟨s⟩; ab|brechen* ⟨s⟩《折れて》; ab|springen* ⟨s⟩《ボタンなど》; ab|bröckeln ⟨s⟩《くだけて》; weg|fallen* ⟨s⟩.

もこ 模糊たる(として) schleierhaft; verschwommen; dämmerig; nebelhaft; diesig; düsig.

もさ 猛者 Kanone *f*. -n; Elite *f*. -n.

モザイク Mosaik *n*. -s, -e/モザイクの床 Mosaikfußboden *m*. -s, =.

もさく 模索する tappen ⟨h.s⟩ ⟨*nach*³⟩; tasten ⟨*nach*³⟩/暗中模索する im Finstern (Dunkeln) tappen.

もさっと uninteressiert; interesselos; blasiert; träg.

モザンビーク Mosambik *n*. -s/モザンビークの mosambik[an]isch ‖ モザンビーク人 Mosambik[an]er *m*. -s, -.

もし wenn; falls; im Fall[e], dass ...; angenommen (vorausgesetzt), dass .../もし彼がいたら wenn er da ist/もしそうなら wenn dem so ist (wäre)/もし僕が君だったら (wenn ich) an deiner Stelle [wäre]/もしそういうことになるとしたら wenn so etwas geschehen sollte; sollte es so weit kommen/もしかすると möglicherweise; eventuell; unter Umständen; vielleicht; vermutlich/もしものことがあったら notfalls; nötigenfalls/もしくは oder; oder aber; beziehungsweise.

もし [呼び掛け] Hallo! Heda! He! Pst! Entschuldigen Sie! Verzeihung!/もしもし, どちら様でしょうか Hallo! Mit wem spreche ich?《電話口で》.

もじ 文字 Schrift *f*. -en; Buchstabe *m*. -n《まれに -n》, -n; Schriftzeichen *n*. -s, -; Charakter *m*. -s, -e; Hieroglyphe *f*. -n《象形文字》; Ideographie *f*. -n《表意文字》; Keilschrift *f*. -en《楔〔形〕文字》; Rune *f*. -n《ルーン文字》/文字の読めない人 Analphabet *m*. -en, -en; 文字通り buchstäblich; [wort]wörtlich《逐語的》/文字通りに解釈する buchstäblich aus|legen⁴/文字に拘泥(潔)する am Buchstaben hängen* (kleben)/大文字で印刷する fett (mit fetten Schriften) drucken / 文字通りすぎぬまぬに I Ich habe buchstäblich (im brutalen Sinne des Wortes) keinen trockenen Faden mehr am Leib. ‖ 大(小)文字 der große (kleine) Buchstabe / 頭文字を大(小)文字で書く groß|schreiben*⁴ (klein|schreiben*⁴).

もしお 藻塩 von getrockneten Algen gewonnenes Salz, -es, -e ‖ 藻塩草 **1)** Alge *f*. -n. **2)**[雑文集] Aufzeichnungen ⟨*pl*⟩; Causerien ⟨*pl*⟩.

もじばん 文字盤 [時計の] Zifferblatt *n*. -[e]s, =er.

もじもじ もじもじする [ためらう] zögern; zaudern; unentschlossen (unschlüssig) sein; [落ち着かない] unruhig sein/もじもじしながら zögernd; zaudernd; zaghaft.

もしゃ 模写 Kopie *f*. -n; Abschrift *f*. -en; Abbild *n*. -[e]s, -er《絵など》; Imitation *f*. -en《悪声》/模写する kopieren⁴; ab|schreiben*⁴; ab|malen⁴; nach|zeichnen⁴《絵など》.

もじゃもじゃ もじゃもじゃした zottig; buschig; struppig; ungekämmt《櫛(を)入れない》.

もしゅ 喪主 der [Haupt]leidtragende *m*. -n, -n/あの子供が喪主です Das Kind da ist der Leidtragende. ◆ 定冠詞を用いれば Haupt- は不要.

もしょう 喪章 Trauerbinde *f*. -n《-flor *m*. -s, -e》/喪章をつける einen Flor tragen*.

もじる ❶ [ねじる] ⁴um|drehen⁴. ❷ [歌など] parodieren⁴; travestieren⁴ ‖ もじり Parodie *f*. -n; Travestie *f*. -n.

もず 百舌 Würger *m*. -s, -; Neuntöter *m*. -s, -.

モスクワ Moskau *n*. -s.

モスリン Musselin *m*. -s, -e.

もぞう 模造 Nachahmung *f*. -en《-bildung *f*. -en》; -bau *m*. -[e]s《贋造》; Fälschung *f*. -en. —— 造する nach|ahmen⁴ (-|bauen⁴; -|bilden⁴); kopieren⁴. ‖ 模造紙

もだえる Nachahmung verboten!/模造者 Nachahmer *m*. -s, -; Fälscher *m*. -s, -/模造品 Nachahmung *f*. -en; Imitation *f*. -en.

もだえる 悶える ⁴sich [sehr] quälen (*mit*³); ⁴sich ab|härmen (*um*⁴); [身体] sich winden* 《*vor*³ 例:vor Schmerzen 苦痛で; vor Seelenqual 心痛で》.

もたげる 擡げる [er]heben*⁴; auf|heben*⁴; hoch|ziehen*⁴ 《例:mit Ketten 鎖で》/頭をもたげる den Kopf erheben*; ⁴sich geltend machen; [台頭] allmählich festen Fuß fassen 《地歩を占める》.

もだしがたく もだし難く schwer abzulehnen (abschlägig zu bescheiden) 《拒否しにくい》.

もたせかける 凭せ掛ける lehnen (*an*⁴).

もたせる ❶ [与える] geben*³; zukommen lassen*³⁴ /家をもたせる eine Familie (einen Haushalt) gründen lassen /花をもたせる einem anderen die Ehre lassen*/気をもたせる *jm* Höffnung lassen*. ❷ [持たせてやる] mit|geben*³⁴ /十分に金をもたせてやる *jm* genügend Geld mit|geben* /本状持参の者に書類をもたせてよこして下さい Geben Sie dem Überbringer dieses Briefes die Unterlagen mit! ❸ [負担させる] die Kosten tragen (bezahlen; bestreiten) lassen* 《費用を》; *jn* für ⁴*et* verantwortlich machen; die Verantwortung für ⁴*et* tragen (übernehmen) lassen* 《責任を》. ❹ [負担] 薬で身体をもたせる ⁴sich mit einer Arznei körperlich auf der Höhe halten*.

もたらす bringen*⁴; über|bringen*⁴. [ある結果を] bringen*⁴; herbei|führen*⁴; hervor|bringen*⁴; verursachen*⁴; zur Folge haben*⁴; mit ⁴sich bringen*⁴ 《随伴的に》.

もたれる 凭れる ❶ [よりかかる] ⁴sich [an]lehnen (*an*⁴); ⁴sich stützen (*an*⁴; *auf*⁴); ⁴sich verlassen* (*auf*⁴ たよりにする). ❷ [食物が] im Magen liegen*; schwer bekömmlich sein.

モダン モダンな modern.

モダニスト Modernist *m*. -en, -en.

モダニズム Modernismus *m*. -.

もち 餅 Reiskuchen *m*. -s; 餅をつく gedämpften Reis zu Kleister zerstampfen/餅屋は餅屋 Jede Sache hat ihren Fachmann. ‖ 餅 Bratreot *m*. [o]o, -o.

もち 持ち ❶ [耐久力] Haltbarkeit *f*.; Lebensdauer *f*./持ちがいい haltbar sein; [⁴sich] gut halten*/持ちがわるい [⁴sich] schlecht halten*/ sich schnell abltragen* 《衣類》. ❷ [...用] 男持ちの Herren-; für Herren/女持ちの Damen-; für Damen/女持ちの時計 Damenuhr *f*. -en. ❸ [負担] 費用各自自分持ちです Jeder bezahlt für sich.

もち 黐 Vogelleim *m*. -[e]s, -e /黐のような leimig/黐を塗る mit Vogelleim bestreichen*⁴.

もちあい 保[持]ちあいである [相場] In den Kursen keine Veränderungen. : Die Börse ist in ruhiger (fester) Haltung. ⇨もちあう.

もちあう 持ち合う ❶ zusammen|legen*⁴ 《Geld 金を出し合う》; *jn* als Teilhaber auf|nehmen* 《協力者とする》; 【商】einen Ring bilden. ❷ [相場] in ruhiger (fester) Haltung sein; ⁴sich halten*; ⁴sich stationär behaupten /相場(コーヒー相場)は持ち合っている Der Kurs (Kaffee) behauptet sich fest. ⇨もちあう.

もちあがる 持ち上がる ❶ ⁴sich heben*; ⁴sich aufheben lassen*/この石は持ち上がらない Dieser Stein lässt sich nicht aufheben. ❷ [事件] passieren [s]; ⁴sich ab|spielen*; geschehen* [s]; vor|fallen*⁴; es gibt*⁴ /何事が持ち上がったか Was ist [hier] passiert?/ひと騒動持ち上がりそうだ Es wird gleich etwas geben.

もちあぐむ 持ちあぐむ ⁴*et* hängt *jm* zum Hals heraus; genug haben (*von*³); nicht wissen*, was man mit ³*et* anfangen soll 《始末に困る》.

もちあげる 持ち上げる ❶ heben*⁴; auf|heben*⁴ (empor|-; hoch|-); erheben*⁴. ❷ [おだて] *jn* bis in den Himmel heben*; *jn* in den Himmel erheben*.

もちあじ 持味 der eigene Stil, -[e]s, -e; Eigenheit *f*. -en /人には各々その持味がある Jeder Mensch hat seinen eigenen Stil. /その俳優は持味を生かしている Der Schauspieler macht guten Gebrauch von seinem eigenen Zauber.

もちあるく 持ち歩く herum|tragen*⁴ (-|schleppen*); mit|schleppen*⁴ 《行く先々へ》 hin|tragen*⁴ (-|schleppen*⁴).

もちあわせる 持ち合せる ⁴*et* in Vorrat (vorrätig; auf Lager) haben (店などに); bei ⁴sich haben 《携帯》; verfügen (*über*⁴); zur Hand haben* (手許に) /もうほんの少ししか持ち合せていません Wir haben nur noch wenig vorrätig./ちょうど少しばかり持ち合せている Zufällig habe ich ein wenig Geld bei mir.

モチーフ Motiv *n*. -s, -e.

もちいる 用いる ❶ [使用] gebrauchen*⁴; Gebrauch machen (*von*³); ⁴sich bedienen²; an|wenden*⁴ (*zu*³); benutzen⁴ (*zu*³); verwenden*⁴ (*auf*⁴; *zu*³; *für*⁴); verwerten⁴ / 用いられなくなる außer Gebrauch kommen* 《*bei*³》; nicht mehr gebräuchlich sein/...を用いて mit³; durch⁴; mittels²; mit Hilfe (*von*³); durch Vermittlung (*von*³)/暴力を用いて mit roher Gewalt. ❷ [採用] an|nehmen*⁴; ein|gehen* [s] (*auf*⁴); entsprechen*³; folgen³ 《以上提案・意見・希望など》/忠告を用いる einen Rat an|nehmen* (berücksichtigen); einem Rat folgen (gehorchen). ❸ [雇用] an|stellen*⁴; ein|stellen*⁴; beschäftigen⁴; [in Dienst] nehmen*⁴/重く用いる *jm* eine wichtige Stelle geben*; *jn* für ein wichtiges Amt verpflichten.

もちいれる 持ち替える in die andere Hand (auf den anderen Arm) nehmen*⁴.

もちかえる 持ち帰る ⁴*et* mit|nehmen*; ⁴*et* nach Hause bringen* ❖ ⁴*et* に注意, *jn* ならば「連行」「送って行く」となる; ⁴*et* zurück|bringen*⁴ (「返却」の意にも); entleihen*⁴; aus|borgen*⁴ 《以上二語「借りて持ち帰る」の意》.

もちかける 持ち掛ける auf ⁴et das Gespräch bringen*; aufs Tapet (zur Sprache) bringen* 〔話を〕; ⁴sich mit ³et wenden* ⟨an⁴⟩; vor|legen* 〔願いなどを〕; jm ⁴et dar|legen (vor|tragen⁴) 〔計画などを〕/難題をもちかける jm in ein unmögliches Verlangen stellen; eine schwierige Angelegenheit aufs Tapet bringen*.

もちがし 餅菓子 Reiskuchen (m. -s, -) mit Füllung.

もちかた 持ち方 die Art (und Weise), ⁴et zu halten (fassen); greifen; Griff m. -[e]s, -e／間違った持ち方 der falsche Griff／心の持ち方 Gemüts|verfassung f. -art f. -en).

もちかぶ 持株 Aktienbesitz m. -es, -e ‖ 持株会社 Dachgesellschaft f. -en.

もちきり 持ち切り ¶ 彼女の噂で持ち切ったSie ist in aller Leute Munde.／町中での話で持ち切っている Die ganze Stadt spricht davon. Das ist jetzt Gesprächstadt. Die Spatzen pfeifen es von allen Dächern.

もちぐされ 持腐れ 宝の持ち腐れ／それは宝の持腐れだ Das heißt Perlen vor die Säue werfen.／Das ist für die Katze.

もちくずす 持ち崩す ¶ 身／男女狂いに身を持ち崩す durch vielerlei Liebeshändel stranden ⓢ (herunter|kommen*) 〔男狂いを女狂いは主語を男か女にして表す〕.

もちこす 持ち越す ❶ 〔放置〕liegen lassen*⁴; an|stehen lassen*⁴／仕事を今日まで持ち越してしまった Ich habe die Arbeit bis heute liegen lassen. ❷ 〔延期〕hinaus|schieben*⁴; auf|schieben*⁴; verschieben*⁴; vertragen⁴／商議は二か月後まで(来年まで)持ち越しになった Die Verhandlung ist um zwei Monate vertagt (bis zum nächsten Jahr[e] verschoben). ❸ 〔繰越〕über|tragen*⁴; herein|nehmen*⁴／去年から持ち越しの問題 die seit vorigem Jahr[e] schwebende Frage, -n. ❹ 未払い金の清算は新会社の方へお持ち越し願います Wir bitten Sie, die Abrechnung des Ausstandes auf die neue Firma zu übertragen.

もちこたえる 持ちこたえる 〔⁴sich〕 halten*; aus|halten*⁴; aus|dauern; behaupten*; stand|halten*; überleben*; überstehen*; durch|halten* 〔最後まで〕／戦場を持ちこたえる das Feld behaupten／戦局を持ちこたえる eine schwere Lage überstehen* 〔切り抜ける〕／要塞はこれ以上持ちこたえられない Die Festung ist nicht mehr zu halten.／部隊は援軍が来るまで持ちこたえた Die Truppen hielten stand, bis die Verstärkung kam. ⇨もつ❸.

もちごま 持駒 Stein (m. -[e]s, -e) (Figur (f. -en)) in der Hand; Leute (pl) 〔人員〕／あの男は持駒が豊富だ Leute hat er.

もちこむ 持ち込む ❶ 〔搬入〕hinein|bringen*⁴ (-|schaffen⁴; -|tragen⁴); herein|bringen* (-|schaffen⁴; -|tragen⁴). ❷ 〔提出〕vor|bringen*⁴; an|bringen*⁴ 〔苦情など〕; vor|legen*⁴ 〔請願など〕; vor|tragen*⁴ 〔問題など〕／機内(車内)に持ち込む ⁴et in die Maschine (in den Wagen) mit|nehmen*⁴／苦情を持ち込む eine Beschwerde an|bringen* ⟨bei³; über⁴⟩; ⁴sich beschweren ⟨bei³; über⁴⟩.

もちごめ 糯米 der (besonders klebrige) Reis (-es, -e) (für Reiskuchen) (pl は種類を示すとき).

もちさる 持ち去る fort|bringen*⁴ (-|schaffen⁴; -|tragen⁴); davon|tragen⁴; mit|ehmen⁴ 「もって行く」.

もちだす 持ち出す ❶ heraus|bringen*⁴ (-|tragen⁴); retten* 〔火事の時など〕; hinaus|bringen*⁴ (-|tragen⁴)⁴ ★heraus= 「中から手前へ」, hinaus- は「中から外へ」。❷ 〔持ち逃げする〕durch|brennen* ⓢ (mit³); greifen* ⟨in⁴⟩;in die Kasse (⁴sich) langen. ❸ 〔提出する〕vor|bringen*⁴; vor|legen*⁴; vor|tragen*⁴; aufs Tapet (zur Sprache) bringen* 〔話に〕; vor|schlagen*⁴ 〔提案する〕／ある件を会議に持ち出す eine Sache in einer Sitzung vor|tragen⁴／苦情〔異議〕を持ち出す eine Klage (Einspruch (gegen⁴)) erheben*. ❹ 〔費用が〕aus Eigenem bestreiten*⁴; aus eigenen Mitteln finanzieren⁴／少し大げさに; die Suppe aus|löffeln 「不始末をする」意で〕.

もちなおす 持ち直す ⁴sich erholen; wieder besser werden; ⁴sich bessern; eine Wendung zum Besseren nehmen* 〔事態が〕／商売が持ち直した Das Geschäft hat sich wieder erholt.／病人(相場)が持ち直した Der Kranke (Die Kurse) hat sich gebessert.

もちにげ 持ち逃げ mit ³et durch|gehen* (durch|brennen*) ⓢ; mit ³et entwischen (aus|kratzen); aus|reißen⁴ ⓢ 〔かっぱらい〕; mit|nehmen*⁴ 〔ちょろまかして〕; klauen⁴ 〔俗〕mausen*⁴.

もちぬし 持主 Besitzer m. -s, -; Eigentümer m. -s, -; Inhaber m. -s, -; Wirt m. -[e]s, -e 〔旅館、飲食店の〕; Herr m. -n, -en.

もちば 持場 ❶ Posten m. -s, - 〔部署〕; Amtsbereich m. -[e]s, -s は Bezirk m. -[e]s, -e 〔管区〕; Betätigungsfeld n. -[e]s, -er／持場を守る [auf dem] Posten stehen*／警官の持場 〔巡回の〕 Revier m. -s, -e／パトロールが持場を回っている Die Streife macht ihre Runde. ❷ 〔職務〕Amt n. -[e]s, ⸗er; Dienst m. -[e]s, -e／それは私の持場ではない Das liegt nicht auf meinem Gebiet.

もちはこび 持ち運び das Hintragen*, -s／持ち運びのできる tragbar; transportierbar; transportabel／持ち運びに便利な handlich; leicht tragbar.

もちはこぶ 持ち運ぶ hin|tragen*⁴ (fort|-) schaffen*⁴; hin|bringen*⁴.

もちふだ 持札 die Karten (pl) in der Hand.

もちぶん 持分 Anteil m. -[e]s, -e; Quote f. -n／分に応じた anteilmäßig (quoten-).

もちまえ 持前 Natur f. -en; Naturell n. -s, -e 〔天性・資性〕; Art f. -en 〔がら〕; Wesen n. -s, -; Wesensart f. -en 〔性格〕; Eigenschaft f. -en 〔特性〕; die angeborene Natur 〔生来の〕; angestammt 〔親ゆずりの〕; eigentümlich; wesenseigen 〔独特の〕／それは彼の持前だ Das liegt in seiner Natur.／So ist seine Art (sein Wesen). Das ist ihm angeboren.

もちまわる 持ち herum|tragen*⁴ (-|

もちもの 持物 ❶ [所有物] Besitz *m.* -es, -e; Eigentum *n.* -s, ̈-er; Habe *f.*; Hab und Gut *n.* des- und -[e]s; Habseligkeiten (*pl*). ❷ [携帯品] Sachen (*pl*)《ふつう物本形容詞とともに》; die persönlichen Effekten (*pl* 私物).

もちよる 持ち寄る bringen*⁴; mit|bringen*⁴ 《jeder; alle などが主語》.

もちろん 勿論[の] natürlich; selbst|verständlich〔-redend〕; gewiss; freilich ❖ 以上二語は往々にして aber, doch でうける; zweifellos; ohne ²Zweifel (疑いもなく); unbestreitbar; unumstößlich (争う余地のない); …は勿論のこと von ³*et* ganz zu ⁽ᵍᵉ⁾schweigen; abgesehen ⟨*von*³; *dass* …⟩／それは勿論だ Das versteht sich (ist von selbst).／Das liegt auf der Hand.《明々白々》／彼は今度の払いは勿論前の勘定もまだ払わない Er bezahlt die letzte Rechnung nicht nicht, geschweige denn die letzte.

もつ 持つ ❶ [所有] haben*⁴; besitzen*⁴; inne|haben⁴; verfügen ⟨*über*⁴⟩. ❷ [しっかり持つ or 手に持つ] haben*⁴; fest|halten*⁴／両手で持つ mit den Händen halten*⁴. ❸ [懐く] hegen⁴; haben*⁴; pflegen⁴ (心中に). ❹ [携帯] tragen*⁴; bei ³sich haben*⁴／持って来る mit|bringen*⁴; holen⁴ (取って来る)／持って行く mit|nehmen*⁴; mit|tragen*⁴. ❺ [受持] auf ³sich nehmen*⁴; übernehmen*⁴; verantwortlich sein ⟨*für*⁴⟩／ある職(地位)を持つ ein Amt (eine Stellung) bekleiden (inne|haben)／費用を持つ die Kosten tragen* (bestreiten)*; [zu seinen Lasten] übernehmen*⁴／五年生を持っている für Schüler der fünften Klasse verantwortlich sein. ❻ [保つ] ⁽⁴sich⁾ halten*; dauern; währen／布地(服)がよくもつ(もたない) Der Stoff (Der Anzug) hält gut (schlecht).／座を持たす das Gespräch unterhaltsam im Gang halten*《白けさせない》／この機械はどれくらいもちますか Was ist die Lebensdauer dieser Maschine?／病人は今晩はもつまい Der Kranke wird diese Nacht nicht überleben.

もっか 黙過する *jm* verzeihen*⁴; *jm* nach|sehen*⁴; *jm* über|sehen*⁴; durch|gehen lassen*⁴; ein Auge zu|drücken ⟨*bei*⟩; *jm* durch die Finger sehen*; mit Stillschweigen hinweg|kommen⁴⁽⁴*über*³⁾／そういうことは黙過できない So etwas ist nicht zu verzeihen.

もっか 目下 jetzt; augenblicklich; derzeit; gegenwärtig; zur Zeit／目下の jetzig; augenblicklich; derzeitig; gegenwärtig; bestehend／目下のところ jetzt; vorläufig; für jetzt; für den Augenblick; vorderhand／目下成行きを見守っている wie die Dinge jetzt stehen* (liegen*); unter den obwaltenden Umständen.

もっかん 木管 die hölzerne Röhre, -n ‖ 木管楽器 Holzblasinstrument *n.* -[e]s, -e.

もっきょ 黙許 die stillschweigende Einwilligung. -en ⟨*zu*³⟩／黙許する stillschweigend dulden⁴; eine stillschweigende Einwilligung geben*³ ⟨*zu*³⟩／五分ずつ大目に見る*fig*／やましいことを言わぬ. ⇨もっか(黙過する).

もっきん 木琴 Xylophon *n.* -s, -e.

もっけい 黙契 die stille Übereinkunft, ̈-e; das stillschweigende Einverständnis, ..nisses, ..nisse／黙契を結ぶ eine stille Übereinkunft (ein stillschweigendes Übereinkommen) treffen* ⟨*mit*³⟩／両者の間には黙契がある Es herrscht stillschweigendes Einverständnis zwischen beiden.

もっけのさいわい もっけの幸い das unerwartete (unvermutete) Glück, -[e]s; Sauglück *n.* -[e]s.

もっこう 黙考 das Nachdenken*, -s; das Nachsinnen*, -s／黙考する nach|denken*⁽³⁾ (-|sinnen*⁽³⁾ ⟨*über*⁴⟩)／*sich* versenken (verspinnen*) ⟨*in*⁴⟩.

もっこう 木工 Holzhandwerk *n.* -[e]s, -e; Holzhandwerker *m.* -s, -《人》[指物師] Schreiner *m.* -s, -; Tisch(l)er *m.* -s, -‖ 木工具 Handwerkzeug *n.* -[e]s, -e／木工品 Holzarbeit *f.* -en; Holzwaren (*pl*).

もっしょくし 没食子 Gallapfel *m.* -s, ̈-‖ 没食子酸 Gallapfelsäure *f.*

もったい 勿体ぶる(をつける) wichtig 〔vornehm〕 tun*; *sich wichtig machen; *sich auf|spielen; ³sich ein vornehmes Ansehen geben*／勿体ぶった(ぶって) wichtigtuend; wichtigtuerisch／えらく勿体ぶってやがる Er kommt sich ungemein wichtig vor.／Er ist ein eingebildeter Wichtigtuer.

もったいない 勿体ない ❶ [過分である] [all]zu gut sein; nicht wert² sein; unwürdig² sein／子供には勿体ない Das ist zu gut für Kinder.／こんなりっぱなものを頂いて勿体ない Solch ein prächtiges Geschenks bin ich nicht wert. ❷ [不敬] sündigen ⟨*an*³⟩; gottlos sein／神(親)に対して勿体ない Du sündigst an Gott (Eltern). ❸ [無駄] schade sein ⟨*um*⁴⟩／その金(その時間)が勿体ない Schade um das Geld (die Zeit)!／よせよ勿体ないじゃないか Nicht! Das ist noch zu gebrauchen. 《まだ使える》; Nein! Das ist eine Vergeudung! 《浪費だよ》. ―― 勿体なくも gnädigst.

もって 以て ❶ mit¹ 〔手段; 道具〕; durch⁴ 〔手段; 仲介〕; [ver]mittels(t)² 〔手段; 方法〕⇨で／策略を以て mit (durch) List; mittels(t) einer List; per List／これを以て見れば im Hinblick (mit Rücksicht) auf diese Umstände; unter diesen Umständen; aus diesem Sachverhalt. ❷ [同時] mit³; ab²; von³／五月一日を以って有効の法律 ein Gesetz (*n.* -es, -e) mit Wirkung vom 1. Mai／二十歳を以て mit 20 Jahren／新規定は一月一日を以て発効する Die neuen Bestimmungen treten ab 1. Januar (mit dem 1. 1.) in Wirkung (in Kraft). ❸ [の故で] wegen²⁽³⁾; durch⁴; infolge²; weil; da／その故をもって darum; deswegen; infolgedessen／学識を持って知られる wegen seiner Gelehrsamkeit

もってこい 持って来いの gerade geeignet 《zu³; für⁴》; wie von Gott berufen 《zu³》; wie geschaffen 《für⁴》; gerade richtig (passlich; tauglich)／この仕事には彼はもってこいだ Er ist für diese Arbeit gerade geeignet (wie geschaffen)／まさにもってこいの適材だ Er ist gerade der richtige Mann am richtigen Ort.／それはもってこいだ Das begrüße ich sehr.

もってのほか 以っての外 unerhört; unmöglich; unverzeihlich; ausgeschlossen; albern／以ってのほかだ Kommt nicht in Frage! Kein Gedanke! Ausgeschlossen!

もってまわった 持ってまわった weitschweifig (まわりくどい); gekünstelt; gesucht (わざとらしい).

もっと mehr; noch ❖ その他 besser, länger など形容詞の比較級を用いる／もっとずっと bei weitem; viel; weit／四十歳よりもっと上だ Er ist weit über vierzig.

モットー Motto n. -s, -s; Leit|spruch (Wahl-) m. -(e)s, ¨e; Kennwort n. -(e)s, ¨er.

もっとも 最も meist; größt; besonders 《特に》; äußerst; höchst 《非常に》／それが最もよいだろう Das wäre das Beste (am besten).／今まで見た中で最も美しい娘だ Das ist das schönste Mädchen, das ich je gesehen habe. Das ist ein schönes Mädchen, wie mir noch keines begegnet ist.

もっとも 尤も ❶ 《尤もな》 begreiflich; glaubhaft; natürlich; plausibel; verständlich／尤もだと思われる jm ⁴et plausibel machen／尤もらしい理由をつける eine ernste Miene auflsetzen／ご尤もです Sie haben recht. 《ご説通り》; Sie haben alle Ursache dazu. 《無理ない》; Ich verstehe Sie sehr gut. 《言うことは尤も》; Ich kann es mir sehr gut vorstellen. 《お察しできる》／彼がそういうのも尤もです Es ist natürlich, dass er es behauptet. Es ist ganz verständlich, warum er es behauptet. ❷ 《但し》 doch; allerdings; gleichwohl; jedoch／尤も大筋においてそれが正しいことは認めますよ Ich muss allerdings zugeben, dass es in der Hauptsache richtig ist.

もっぱら 専ら ❶ 《主に》 hauptsächlich; insbesondere (in erster Linie; vorwiegend; vornehmlich. ❷ 《全く》 ausschließlich; einzig und allein; ausnahmslos; lediglich; nur; völlig; vollkommen. ❸ 《何時も》 ständig; stets; dauernd; immer; immerzu; immer wieder. ❹ 《専ら》 unentwegt; unbeirrt; unerschütterlich／専ら家族のためのみに生きる ausschließlich für seine Familie leben／専ら彼の支持にたよる ständig auf seine Unterstützung angewiesen sein／専ら…に向かって努力する unbeirrt streben 《nach³》／権勢を専らにする die Herrschaft an ⁴sich reißen*／専らの噂だ Davon spricht jeder.

モップ Scheuerlappen m. -s, -; Mopp m. -s, -s; (Scheuer)wisch m. -(e)s, -e.

もつやく 没薬 Myrrhe f. -n.

もつれ 縺れ ❶ 《糸など》 Verhedderung f. -en; Verhaspelung f. -en; Verwicklung f. -en. ❷ 《紛糾》 Verwicklung f. -en; Verwirrung f. -en／靴紐がもつれた Der Schnürsenkel hat sich verheddert. ‖ 一もつれた髪 die verworrenen Haare (pl).

もつれる ⁴sich verheddern; ⁴sich verhaspeln; ⁴sich verknäueln. ❷ 《事柄》 ⁴sich verwickeln; ⁴sich verwirren 《糸・髪の場合にも》; aus dem Text kommen* 《論旨などが》. ❸ 《舌が》 Die Zunge ist jm gebunden (gelähmt). nicht richtig artikulieren können*; eine schwere Zunge haben 《ろれつがまわらぬ》.

もてあそぶ 弄ぶ mit jm 《³et》 spielen; sein Spiel mit ³et treiben* ; 《からかう・なぶる》 jn zum Besten haben; 《sich lustig machen 《über³》／彼女は彼（の感情）を弄んでいるのだ Sie spielt nur mit ihm. Sie treibt nur ihr Spiel mit seinen Gefühlen.

もてあます 持て余す nicht wissen*, was man mit jm 《³et》 anfangen soll; jm über den Kopf wachsen 《手に負えなくなる》／一家の持て余し者 das schwarze Schaf, -(e)s, -e／あいつには持て余しました I've had a lot of trouble with him. いろいろ Schereien mit ihm gehabt.／ドイツ語を持て余している Das Erlernen der deutschen Sprache geht über seine Kräfte.

もてなし Behandlung f. -en 《待遇》; Bewirtung f. -en 《供応》; Aufnahme f. -n 《接待》; Empfang m. -(e)s, ¨e 《同上》; Bedienung f. -en 《サービス》; Gastfreundschaft f. -en 《歓待》; Gastmahl n. -(e)s, -er 《供宴》／もてなしを受ける eine freundliche Aufnahme finden*; freundlich empfangen (aufgenommen) werden／何のおもてなしもできませんでした Die Bewirtung war leider bescheiden.

もてなす behandeln⁴; bewirten⁴; auflnehmen*⁴; bedienen⁴／厚くもてなす jn reichlich bewirten 《ご馳走する》; jm freundlich auflnehmen*; jm einen guten Empfang bereiten; jn gastfreundlich bedienen／もてなされる →もてなし.

もてはやす 持て囃す rühmen⁴; an|preisen⁴ 《吹聴する》; lobhudeln⁴; jn über den grünen Klee loben 《はめそやす》; jn in den Himmel heben* 《もち上げる》／もてはやされる 《上語を受動にするば》 in aller Munde sein; ⁴sich beliebt machen.

モデム Modem m. (n.) -s, -s.

モデラート モデラートで moderato.

もてる beliebt sein 《bei³》; gut angeschrieben sein 《bei³》; bei jm herzlich (warm) aufgenommen werden; js Gastfreundschaft (Gastfreundin) genießen* 《客として》; ⁴sich großer Beliebtheit bei Frauen (Männern) erfreuen 《異性に》; Salonlöwe sein 《社交界で》.

モデル Modell n. -s, -e; Akt m. -(e)s, -e 《ヌード》; Vorführdame f. -n 《ファッションモデル》; Mannequin [-kɛ̃ː] n. -s, -s 《同上》／モデルになる jm Modell (Akt) stehen* 《zu³》 例: zu einem Standbild 立像のために); jm als Mo-

もと dell zu seinem Roman (für die Hauptperson seines Romans) dienen 《小説の》モデルを使って描く nach einem Modell malen‖モデル小説 Schlüsselroman m. -s, -.

もと 許 bei³/誰それの許に滞在する(暮らす) bei jm weilen (wohnen)/親許に返す zu js Eltern schicken⁴/誰それの許で学ぶ bei jm Unterricht haben (studieren).

もと 下 unter³; unter⁴; mit³; in³/A 氏指揮の下に unter der Leitung des Dirigenten A/B 教授指導の下に学ぶ bei Professor B studieren ◆「指揮」は訳さないでよい ⇒もと³/圧制の下におく unter seine Herrschaft beugen⁴ (bringen⁴)/警察の監視の下にある unter ³Aufsicht der Polizei stehen*/了解の下に im Einverständnis (mit³); im Einvernehmen (mit³)/許可の下に mit js Erlaubnis (Genehmigung)/一撃の下に ersten Streiches; im einem Schlag(e); auf einen Streich; auf den ersten Hieb.

もと, 本 本 ❶ [起源] Ursprung m. -(e)s, =e; Anfang m. -(e)s, =e; Herkunft f. [素性]; Quelle f. -n. ❷ [原因] Ursache f. -n; Anlass m. -es, =e; Grund m. -(e)s, =e/元をただせば ursprünglich; anfangs; eigentlich; der Herkunft (Abkunft) nach/元をただす ⁴et bis zu seinem Ursprung verfolgen; einer Ursache nach|gehen* ⓢ 原因を/元に立ち帰って zum Ursprung zurück/元から gründlich; von Grund auf ⓢ 根本を/...である seinen Ursprung haben (in³); stammen (aus³); einer Ursache entspringen* ⓢ/...を元として auf Grund² (von³); /...を...の元とする〔基礎〕 ²et ⁴et zugrunde (zu Grunde) legen/...が...の元となっている ²et zugrunde (zu Grunde) liegen*. ❸ [資本] Kapital n. -s, -e (..lien); Selbstkosten (pl 原価); Geldanlage f. -n [投資]/元をかける (Geld) an|legen⁴ (in⁴); investieren⁴ (in⁴)/元をとる Kosten decken⁴/元を売る ohne ⁴Gewinn (zum Selbstkostenpreis) verkaufen⁴/元を切って売る mit Verlust (unter dem Selbstkostenpreis) verkaufen⁴/元も子もなくす vom Kapital und Zinsen kommen* ⓢ. ❹ [原料] Anfangsmaterial n. -s, ..lien; Grundbestandteil m. -(e)s, -e ⇒げんりょう. ❺ [以前] früher; ehemals; vormals; vorzeiten; einmal; 元の früher; ehemalig; vormalig; gewesen/元皇帝 der ehemalige (gewesene) Kaiser, -s, -.

もとい, 基 Grundlage f. -n; Grund m. -(e)s, =e; Fundament n. -(e)s, -e; Basis f. Basen/企業をしっかりした基におく das Unternehmen auf eine feste Basis (Grundlage) stellen.

もどかしい ungeduldig; unruhig; langweilig [冗長]/もどかしがる vor Ungeduld brennen*; (wie) auf glühenden Kohlen sitzen* (stehen*)/もどかしい件 die langweilige Sache, -, -n. ⇒むずむず②.

もとき, 本木 Stamm m. -(e)s, =e [幹]; das frühere Verhältnis, -nisses, -nisse [昔の恋などの]/本木にまさるうら木なし Die erste Liebe ist die Beste.

-もどき -weise; -artig; 《また 遊 び 》を使う》/主人(紳士)もどきで... Er spielt den Herrn und ..../役者もどきで schauspielerischerweise/彼女は役者もどきに振舞っているだけ Sie schauspielert nur.

もときん, 元金 Kapital n. -s, -e (..lien); Kapitalsumme f. -n; Anfangskapital.

モトクロス Geländefahrt ⟨f. -en⟩ mit dem Motorrad; Querfeldeinfahrt ⟨f. -en⟩ mit dem Motorrad.

もどし 戻し〔商〕Rabatt m. -(e)s, -e (auf⁴).

もとじめ 元締 Hauptmacher m. -s, - [ボス]; Hauptverwaltung f. -en; Stammhaus n. -es, =er [本社].

もどす 戻す ❶ [返す] zurück|geben*⁴; wieder|geben*⁴; wieder|bringen*⁴; zurück|erstatten⁴《返済》; zurück|senden*⁽⁴⁾; zurück|zahlen⁴《払い戻す》/元の場所に戻す ⁴auf den alten Platz stellen⁴; ⁴et an seinen Platz zurück|stellen⁴/糸のよりを戻す den Faden (das Garn) auf|drehen/商品を戻す《受取を拒んで》 Waren zurückgehen lassen*/フィルムを戻す 《写真の》 zurück|spulen*⁴/時計を五分戻す die Uhr 5 Minuten zurück|stellen; 話を本題に戻す (wieder) zur Sache kommen* ⓢ. ❷ [却下し却 下] ab|weisen*⁴ (zurück|-). ❸ [吐く] ⁴sich erbrechen* (übergeben); Ulrich rufen*; die Fische füttern 《船酔で》.

もとちょう 元帳 Hauptbuch n. -(e)s, =er/元帳に記入する in das Hauptbuch ein|tragen*⁴.

もとづく, 基く ❶ [起因する] kommen* ⓢ (von³); zurück|führen (auf⁴); ent|stehen* ⓢ (aus³); durch³; seine Ursache haben (in³); verursachen⁴ 《原因を主語として》. ❷ [根拠とする] beruhen (auf⁴); ⁴sich gründen (auf⁴); ⁴sich stützen (auf⁴); basieren (auf³); ⁴et zugrunde (zu Grunde) liegen 《基礎を主語として》. ❸ [準拠する] ³sich richten《nach³》/...に基き auf Grund⁽²⁾ 《von³》; gemäß³/契約第四条に基き gemäß Artikel 4 des Vertrags.

もとで, 元手 Kapital n. -s, -e (..lien); Geldanlage f. -n/元手を下ろす (Geld (ein Kapital)) an|legen⁴; investieren⁴; stecken⁴《以上 in⁴》/元手を出してやる finanzieren⁴ (für jn); die Geldmittel beschaffen (für⁴).

もととおり, 元通り(wie) früher; wie es war; in demselben Zustand wie früher.

もとね, 元値 Selbstkostenpreis m. -es, -e [原価]; Gestehungspreis [生産価]; Einkaufspreis; Anschaffungspreis (pl 仕入値). ⇒もとね(元- 木)

もとめ, 求め〔依頼〕Anliegen n. -s, -; Bitte f. -n; [要求] Forderung f. -en; Verlangen n. -s, -; Wunsch m. -(e)s, =e 《希望》; Nachfrage f. -n 《需要》; [注文] Bestellung f. -en; Auftrag m. -(e)s, =e/求めに応じて auf js Bitte (Verlangen, Wunsch) hin/求めに応じる js Forderung (js Wunsch) entgegen|kommen* ⓢ; js Anliegen (Wunsch) entsprechen*.

もとめる, 求める ❶ [請う・要求する] jn bitten* (um⁴); bei jm an|suchen (um⁴); jn er|suchen (um⁴); fordern⁴ (von jm); verlangen⁴ (von jm). ❷ [捜す] suchen⁽⁴⁾

もともと 《nach³》; forschen 《nach³》; ausfindig machen⁴; ermitteln⁴ /...を求めて auf der Suche 《nach³》/外国に幸福を求める sein Glück im Ausland versuchen (運だめし)/謎の答えを求める die Lösung eines Rätsels ermitteln. ❸ [買う・調達する] (³sich) kaufen⁴; (³sich) an|schaffen⁴; ³sich (jm) besorgen⁴ (verschaffen⁴); 《俗》organisieren⁴ (特に闇で).

もともと 元々 ❶ von Anfang an (初めから); [元来] eigentlich; ursprünglich; von früher her (前から); [生まれつき] angeboren; von Natur; von Haus(e) aus; der Herkunft nach (家柄)/もともとの毛並はいい方だろう Er ist wohl von gutem Stall./もともとあいつの言うことなんか信用してなかった Von Anfang an habe ich kein seinen Worten keinen Glauben geschenkt. ❷ [元通り] wie früher; wie es war/今そこなったのでもともとだ Auch wenn es mir nicht klappt, ich verliere nichts dabei.

もとゆい 元結い Haarband n. -[e]s, ⸚er.

もとより ❶ von Anfang an (はじめから); eigentlich; ursprünglich (元々); von Natur (生来) ⇨もともと. ❷ ⇨もちろん.

もどり 戻り Rückkehr f.; Rückweg m. -[e]s, -e (道)/戻り道で auf dem Rückweg; bei der Rückfahrt (Rückreise)(旅行などの)⎰戻り为を替手形 Rückwechsel m. -s, -. ⇨かえり.

もとる 悖る widersprechen*³; in Widerspruch stehen* (mit³); verstoßen* (gegen⁴); ab|weichen* (von³)/原則に悖る den Grundsätzen widersprechen*; von den Grundsätzen ab|weichen*/社会道徳 (良俗)に悖る gegen die öffentliche Moral (gegen die gute Sitte) verstoßen*.

もどる 戻る ❶ zurück|gehen* (戻って行く); zurück|kommen* [s] (戻って来る); zurück|kehren [s] (帰ってくる. 行く); kehrt|machen (引き返す); den Weg zurück|gehen* [s] (来た道を); [帰宅] heim|kehren [s]; nach Haus gehen*(kommen*) [s]; zurück|fahren [s] (乗物で); zurück|fliegen [s] (飛行機で); rückwärts gehen* (fahren*) [s] (逆行で)/宛先不明で手紙が戻って来た Der Brief ist als unzustellbar zurückgekommen./あとでもう一度この問題に戻ります Ich werde nachher wieder auf diese Frage zurückkommen. ❷ [捻り]に戻る ⁴sich ab|wickeln; ⁴sich lockern; zurück|springen* [s] (ばねが)/彼らの間にはまたよりがもどった 《友人・恋愛関係など》 Sie vertragen sich (miteinander) wieder.

モナコ Monaco (Monako) n. -s/モナコの monegassisch ‖ モナコ人 Monegasse m. -s, -n; Monegassin f. ..innen (女).

モニター Monitor m. -s, -en.

もぬけ もぬけのからだった Das Nest war leer./Da fand ich nur ein leeres Nest. / Der Vogel ist längst ausgeflogen.

もの 者 Person f. -en; Gestalt f. -en; Ding n. -[e]s, -e (軽蔑的には); Kerl m. -s, -e (奴)/...という者 ein gewisser Herr ...; eine gewisse Frau .../馬鹿者共が Ihr dumme Dinger!/うちの者共 meine Leute (部下・手下など).

もの 物 Ding n. -[e]s, -e; Sache f. -n; Gegenstand m. -[e]s, ⸚e (対象物); Körper m. -s, - (物体); [物質] Materie f. -n; Stoff m. -[e]s, -e (実質の); Objekt n. -[e]s, -e (物体・対象); Gestalt f. -en (姿・形のある); Zeug n. -[e]s, -e (何にでも用いる); 品物 f. -en (品質); Vernunft f. (物の道理); etwas. ❶ 物がいる ins Geld laufen* [s]; kostspielig sein; jm große Kosten verursachen/物わかる vernünftig (verständig) sein; mit ³sich reden lassen*/物のわかる人 der vernünftige (verständige) Mensch, -en, -en; der Vernünftige*, -n, -n/物にする ⁴et aus ³et machen; es dahin bringen*, dass...; es bringen* (zu³); in die Tat umsetzen⁴; wahr machen⁴; realisieren⁴/物になる aus ³et wird ⁴etwas; ⁴sich machen; es glücken (gelingen)*/あの若者は物になるだろう Der Junge wird nicht weit bringen (sich). /物にならない es nicht weit bringen*; nicht viel versprechen*; nicht in Erfüllung gehen* [s]; auf einen grünen Zweig kommen* [s]; nichts erreichen* 1) sprechen*; sagen. 2) [効力] wirken; einen Einfluss aus|üben (auf⁴); ⁴sich aus|wirken; ins Gewicht fallen* [s]; sprechen* (für⁴)/彼のことばが物をいう Sein Zuspruch wirkte./経験が物をいう Erfahrung macht viel aus./物ともせぬ jm nichts aus|machen; ³sich nichts machen (aus³); ³sich ⁴et anfechten lassen*/物をもせず ⁴et zum Trotz; ³et Trotz bietend; unbedeutend; geringfügig/物がない (わるい) (von³) guter (schlechter) Qualität sein/物が高い Die Preise liegen hoch. /こっちのものだ Jetzt haben wir jn (⁴et) in der Hand.

〜もの ❶ この二三日というもの diese zwei, drei Tage/子供だもの Er ist doch noch ein Kind./世の中はこうしたものだ Das ist (doch) nun einmal so in der Welt./...したいものだ Ich möchte gerne einmal .... / Ich hätte wohl Lust (dazu), .../...したいと思っていたものだ Ich hätte gerne einmal ... (p.p. 例) gemacht./それが昔は奇妙に思えたものだった Früher konnte es mir merkwürdig vorkommen./あの頃は毎晩金李でワインを飲んだものだった Damals pflegte ich zum Essen Wein zu trinken.

ものいい 物言い [抗議] Protest m. -[e]s, -e/物言いをつける Protest erheben* (gegen⁴); protestieren (gegen⁴).

ものいみ 物忌み Fasten n. -s, -; Abstinenz f. -en/物忌みをする fasten; abstinieren.

ものいり 物入り Aufwand m. -[e]s, ⸚e; Ausgabe f. -n; Auslage f. -n/物入りが大きい große [Geld]ausgaben haben. ⇨もの(物がいる).

ものうい 物憂い (物憂げに) ❶ [心が晴れない] betrübt; freudlos; melancholisch; schwermütig. ❷ [たいぎ] ermüdend; überdrüssig; träge; mühevoll.

ものうり 物売り Hausierer m. -s, - (戸別に来る); Höker m. -s, - (露店などの); Stra-

ものおき 物置 Rumpelkammer f. -n; Scheune f. -n; Schuppen m. -s, -.
ものおじ 物怖じする scheuen ⟨vor³⟩; schüttern dalstehen*; zaghaft sein.
ものおしみ 物惜しみ Geiz m. -es; Knauserei f. -es/物惜しみをする geizig (knauserig; knick(e)rig) sein; geizen ⟨mit³⟩; knausern ⟨mit³⟩ / 物惜しみをしない freigebig (großzügig) sein; ⁴et nobel geben*.
ものおぼえ 物覚え Gedächtnis n. ..nisses, ..nisse / 物覚えがよい（わるい）ein gutes (schlechtes) Gedächtnis haben/あなたの物覚えのよいのには驚きました Ich bewundere Sie wegen Ihres guten Gedächtnisses. / 物覚えの悪いことまるで全く頭だ Er hat ein Gedächtnis wie ein Sieb!
ものおもい 物思い Grübelei f. -en; das Nachdenken*, -s/物思いに沈む grübeln ⟨über⟩; in (tiefes) Nachdenken versinken*; ganz in Gedanken (in Gedanken versenkt) sein.
ものおもわしげ 物思わしげ（に） nachdenklich; betrübt; schwermütig; tiefsinnig; schmerzerfüllt; kummervoll.
ものがたい 物堅い ❶ [誠実・真面目] redlich; rechtlich; ordentlich. ❷ [道徳上] sittig; sittlich; tugendhaft. ❸ [贈答などに] aufmerksam; dienstwillig; zuvorkommend/物堅いにも程がある „O, rauer Tugend!"
ものがたり 物語 Erzählung f. -en; Schilderung f. -en ⟨描写的の⟩; Geschichte f. -n ⟨お話⟩; Fabel f. -n ⟨寓話⟩; Märchen n. -s, - ⟨童話⟩; Roman m. -s, -e ⟨小説⟩; [伝説] Legende f. -n; Sage f. -n; Episode f. -n ⟨エピソード⟩/物語風の（に） erzählend (erzählenderweise) ‖ イソップ物語 Äsops Fabeln ⟨pl⟩.
ものがたる 物語る erzählen⁴; schildern⁴; beschreiben*⁴; reden ⟨von³⟩; aus|führen ⟨詳述⟩; verraten*⁴ ⟨顔付などが⟩/面白おかしく物語る ⁴et in bunten Farben schildern/彼の顔付は非常な狼狽を物語っていた Seine Miene verriet tiefe Bestürzung.
ものがなしい 物悲しい schwermütig; melancholisch; betrübt; traurig.
ものぐさ 物ぐさ ❶ faul; nachlässig; bequem ⟨不精⟩; trödelig ⟨ぐず⟩; lässig ⟨なげやり⟩. ❷ [人] Faulpelz m. -es, -e; Faultier n. -[e]s, -e.
モノグラム Monogramm n. -s, -e.
モノクローム monochrom; einfarbiges Gemälde, -s, - ⟨単彩画⟩.
ものごころ 物心がつく an|fangen*, zu unterscheiden; so weit kommen* in die Sinne zu gebrauchen/物心のつく頃になって als ich so weit erwuchs, allmählich meine Sinne gebrauchen zu können/物心のつく頃から seitdem ich unterscheiden (denken) kann; von Kindesbeinen an.
ものごし 物腰 Mienieren ⟨pl⟩; Benehmen n. -s; Gehaben n. -s/物腰がしとやかな fein sittsam und bescheiden sein/ていねいな物腰で mit höflicher Haltung; zuvorkommend ⟨gegen⁴⟩.

ものごと 物事 Dinge ⟨pl⟩; Sache f. -n; Angelegenheit f. -en/物事に気のつく aufmerksam; dienstwillig; zuvorkommend; entgegenkommend; sorgsam ⟨行きとどいた⟩; vorsichtig ⟨慎重⟩; rücksichtsvoll ⟨考え深い⟩/物事に頓着しない *sich nicht kümmern ⟨um⁴⟩; den Dingen freien Lauf lassen* ⟨なりゆきまかせ⟩.
ものごのみ 物好みをする wählerisch sein; anspruchsvoll sein; mäklerisch sein ⟨口やかましい⟩.
ものさし 物差し Maßstab m. -[e]s, ⸗e; Linearmaßstab m. -[e]s, ⸗e; Bandmaß m. -es, ⸗e ⟨巻尺⟩; Dreikantenmaßstab m. -[e]s, ⸗e ⟨三角棒の⟩.
ものさびしい 物寂しい einsam; ⟨gott⟩verlassen; menschenleer; öde.
ものしり 物知り der Kenntnisreiche* (Gelehrte*), -n/物知りの kenntnisreich; gelehrt; belesen; beschlagen ⟨in³; auf³⟩/物知り顔に klugtuend; mit überlegener Miene; mit Kennerblick (Kennermiene)/なかなか物知りだ Er weiß viel./物知りぶる klugtuen; besser wissen wollen*/物知りぶる人 Besserwisser m. -s, -; Klugredner m. -s, -; Gescheittuer m. -s, -; 物知り博士 Doktor Allwissend m. -s (des -s, -).
ものずき 物好き Neugier[de] f. ⟨好奇⟩; Grille f. -n; Laune f. -n; Schrulle f. -n ⟨以上 気紛れ⟩; Exzentrizität f. -en ⟨風変わり⟩; Liebhaberei f. -en ⟨道楽⟩. — 物好きな neugierig; grillenhaft (launen-; schrullen-); exzentrisch; absonderlich/物好きにも aus Neugier; vorwitzigerweise/物好きで aus Spaß; zum Vergnügen / 物好きでこんなことできるもんか Aus Spaß kann man so etwas nicht tun.
ものすごい 物凄い schrecklich; entsetzlich; furchtbar; fürchterlich; grässlich; grauenhaft (-voll); schaudervoll; schauerlich; [気味わるい] unheimlich; haarsträubend; gruselig / 物凄くたくさんの贈物だった jm wurde ganze Menge geschenkt. /車は物凄い勢いでとばして行った Der Wagen sauste nur so dahin.
モノセックス Unisex m. -es.
モノタイプ Monotype f. -es.
ものたりない 物足りない mit ³et nicht ganz zufrieden sein; noch nicht recht befriedigt sein; Es fehlt etwas dabei./何だか物足りなさそうな顔付だな Du siehst doch nicht ganz befriedigt aus.
ものの [否定を伴って] sogar nicht; auch nur nicht; nicht einmal; kaum noch/ものの一分もじっとしていられない Sogar (Auch nur) 1 Minute kann er nicht ruhig bleiben./ものの三日分の食糧もなかった Wir hatten kaum noch für 3 Tage Lebensmittel./ものの百円でも彼には貸せない Ihm kann ich nicht einmal 100 Yen pumpen./ものの五分とたたぬうちに 5 Minuten sind seit dessen nicht vergangen, so ...
～ものの ¶ とは言うものの dennoch; doch noch; jedoch; dessen ungeachtet; [接続詞として] obgleich; obzwar; wenn auch.

ものほし 物干 Trockengerüst *n.* -[e]s, -e《台》; Trockengestell *n.* -[e]s, -e《架》; Trockenleine *f.* -n《綱》; Trockenstange *f.* -n《竿》‖ 物干ばさみ Wäscheklammer *f.* -n.

モノマニア Monomanie *f.* -n.

ものまね 物まね Imitation *f.* -en; Nachahmung *f.* -en ❖ 鳴声などの場合は stimmlich をつける/物まねする imitieren⁴; nach|ahmen⁴; nach|äffen⁴. ⇨まね.

ものみ 物見 Wachturm *m.* -[e]s, ⸚e《望楼》; Kundschafter *m.* -s, -《斥候》; das Aufsuchen* 《-s》 von Sehenswürdigkeiten《見物》/物見高い neugierig [wie eine Ziege; wie ein Fisch]/物見高い人 Maulaffe *m.* -n, -n; Gaffer *m.* -s, - ‖ 物見遊山 Vergnügungsreise *f.* -n.

ものもち 物持 der Vermögende* (Wohlhabende*), -n, -n.

ものものしい 物々しい theatralisch; überschwenglich; hochgespannt; superlativisch; übertrieben; weihvoll/物々しい警戒 die überspannte Bewachung, -en.

ものもらい 物貰い ❶ [乞食] Bettler *m.* -s, -; Landstreicher *m.* -s, -《浮浪人的な》. ❷ [眼病] Gerstenkorn *n.* -[e]s, ⸚er.

ものやわらか 物柔かな(に) mild; sacht; sanft; gelind; rücksichtsvoll; schonend; schonungsvoll; vorsichtig.

モノレール Einschienenbahn *f.* -en; Alweg-Bahn《跨座式》.

モノローグ Monolog *m.* -s, -e; Selbstgespräch *n.* -[e]s, -e.

ものわかれ 物別れになる enden, ohne das Ziel zu erreichen; ⁴sich nicht einigen können*.

ものわすれ 物忘れ Vergesslichkeit *f.* -en/物忘れをする vergesslich sein; zerstreut (abgelenkt) sein.

ものわらい 物笑いとなる ⁴sich lächerlich machen; zum Gespött werden; *jm* zum Gespött dienen/物笑いにする *jn* lächerlich machen; *jn* zum Gespött machen; *jn* dem Gelächter preis|geben*; *jn* auf den Arm nehmen*.

～ものを 〖hätte ... 不定形＋sollen (können) の形で〗 もっと勉強しておけばよかったものを Er hätte doch noch fleißiger arbeiten sollen.《やるべきだった》/友人に助力をたのめばよかったものを Er hätte seinen Freund um Hilfe bitten können.《やればできたのに》.

もはや 最早 ⇨もう②⑤.

もはん 模範 Vorbild *n.* -[e]s, -er; Muster *n.* -s, -; Beispiel *n.* -[e]s, -e《範例》/模範的 vorbildlich; mustergültig; musterhaft; Muster-/模範を示す *jm* ein [gutes] Beispiel geben*; *jm* mit gutem Beispiel voran|gehen* [s]/模範とする ³sich ein Beispiel (Muster) nehmen*《*an*³》; ³sich zum Vorbild nehmen*⁴/...を模範として nach dem Vorbild《*von*³》/あの人の態度は君たちの模範にはならないよ Sein Betragen soll euch nicht zur Nachahmung dienen. ‖ 模範経営 Musterbetrieb *m.* -[e]s, -e/模範試合 Schaukampf *m.* -[e]s, ⸚e/模範施設 Musteranstalt *f.* -en《学校など》/模範生 Musterschüler *m.* -s, -.

もふく 喪服 Trauer *f.*; Trauerkleidung *f.* -en (-kleid *n.* -[e]s, -er)/喪服の婦人 eine Dame《-n》in Trauer.

モヘア Mohair (Mohär) *m.* -s.

モペット Moped *n.* -s, -s.

もほう 模倣 Nachahmung *f.* -en; das Nachmachen*, -s; Nachbildung *f.* -en; Imitation *f.* -en; [悪い意味で] Nachahmerei *f.* -en; Nachmacherei *f.* -en/西洋建築の完全な模倣だ Das ist eine vollkommene Nachahmung der europäischen Bauart.
— 模倣する nach|ahmen⁽³⁾⁴ (-|machen⁽³⁾⁴; -|bauen⁴; -|bilden⁴); kopieren⁴; imitieren⁴. ‖ 模倣者 Nachahmer *m.* -s, - (-macher *m.* -s, -; -äffer *m.* -s, -)/模倣品 die nachgemachte Ware, -n; Nachbau *m.* -[e]s, -e《機械などの》; Kopie *f.* -n.

もまれる 揉まれる zerknittert (zerknüllt) werden《しわくちゃに》; hin und her gestoßen werden《人波に》; umhergeworfen werden《船が》; ertüchtigt werden《きたえられる》; [ein]gepaukt werden《叩き込まれる》/世の荒波に揉まれる in allen Stürmen des Lebens vieles erleben (viel erfahren*); im Leben die Hörner ab|laufen* (ab|stoßen*)/人波に揉まれる im Gewühl der Menge hin und her gestoßen werden.

もみ 樅 Tanne *f.* -n/樅の Tannen- ‖ 樅材 Tannenholz *n.* -es, ⸚er.

もみ 籾 Reis《*m.* -es》in Hülse ‖ 籾殻 Kaff *n.* -[e]s, -e; Spreu *f.*

もみあい 揉み合い Gedränge *n.* -s; Gewühl *n.* -[e]s; Rauferei *f.* -en.

もみあう 揉み合う ❶ [ひしめく] ⁴sich (aneinander) drängen; ⁴sich zusammen|drängen; drängeln; schwärmen [h,s]. ❷ [なぐり合う] [⁴sich] raufen《*mit*³》; ⁴sich prügeln《*mit*³》.

もみあげ 揉み上げ Koteletten《*pl*》.

もみけす 揉み消す [das Feuer] ersticken《火を》; [einen Skandal] vertuschen《醜聞を》.

もみじ ❶ [楓] Ahorn *m.* -s, -e. ❷ [紅葉] die rote (gelbe) Färbung [des Herbstlaubes]/森は千々のもみじに色どられている Die Wälder sind ganz mit der bunten Färbung des Herbstlaubes überzogen.

もみだす 揉み出す aus|drücken⁴《*aus*³》; aus|pressen⁴《*aus*³》/ぶどう汁を揉み出す den Saft aus der Traube aus|drücken.

もみで 揉み手をする ³sich die Hände reiben*.

もむ 揉む zerknittern⁴; zerknüllen⁴《紙などを》; zerzausen⁴《髪の毛を; 洗髪の時》; reiben*⁴《手を; 揉み手》; [あんまが] kneten⁴; massieren⁴; [鍛える] ertüchtigen⁴; pauken⁴《叩き込む; 教師が》; [気を] ⁴sich Gedanken machen《*über*》; sich sorgen《*um*⁴》; befürchten⁴《...となりはせぬかと》; ³sich Sorge machen《*um*⁴》/気を揉ませる beunruhigen⁴; beängstigen⁴; quälen⁴《じらす *mit*³; *durch*⁴》; reizen⁴《じらす》.

もめごと 揉めごと Unannehmlichkeit *f.* -en《トラブル》; Misshelligkeit *f.* -en《意見の相

違など》; [摩擦] Reiberei *f.* -en; Reibung *f.* -en; [不和] Hader *m.* -s; Zwist *m.* -〔e〕s, -e; [内輪の] Misshelligkeit (Reiberei; Zwietracht *f.*) innerhalb der Familie (der Partei) / ちょっと揉めごとがあってね Ich habe mir eine kleine Unannehmlichkeit zugezogen.

もめる 揉める ❶ [紛争] ^{4}sich nicht einigen können*; ^{4}sich auseinander setzen 《*mit*^{3}》; an|binden* 《*mit*^{3} 因縁をつける》; ^{4}sich reiben* 《*an*^{3}》; ^{4}sich entzweien 《*mit*^{3}》; in Zwist geraten* [s] 《*mit*^{3}》/ 夫婦間が揉めている Da sind Misshelligkeiten zwischen Mann und Frau. ❷ [気が] ^{4}sich beunruhigen 《*über*^{4}》; *jn* beängstigen (beunruhigen) 〘原因が主語〙; ^{4}sich auf|regen / 彼女が仲々帰って来ないので気が揉める Ihr langes Ausbleiben beunruhigt mich.

もめん 木綿 Baumwolle *f.* -n / 木綿の baumwollen; Baumwoll- ‖ 木綿糸 Baumwollzwirn *m.* -〔e〕s, -e / 木綿織物 Baumwollstoff *m.* -〔e〕s, -e (-zeug *n.* -〔e〕s, -e); Kattun *m.* -s, -e 《キャラコ》.

もも 桃 Pfirsich *m.* -es, -e; Pfirsichblüte *f.* -n 《花》/ 桃の節句 Pfirsichblütenfest *n.* -〔e〕s, -e; Mädchenfest *n.* -〔e〕s, -e ‖ 桃色 Rosa *n.* -s / 桃色の rosa〔farbig〕 ❖rosa はふつう無変化.

もも 股 〔Ober〕schenkel *m.* -s, -; Keule *f.* -n 《屠獣の》; Schinken *m.* -s, - 《ハムにする所》.

ももひき 股引 die lange Unterhose *f.* -n 〘ふつう *pl*〙.

ももんが 〘動〙Flughörnchen *n.* -s, -.

もや 靄 Dunst *m.* -〔e〕s, ⸚e; Nebel *m.* -s, -. ⇨**きり**(霧).

もやし Sojasprossen 《*pl*》 ‖ 豆もやし die gekeimten Bohnen 《*pl*》.

もやす 燃やす brennen*^{4}; verbrennen*^{4} / 情熱をもやす in heißer Liebe entbrennen* 《*zu*^{3}》.

もやもや もやもやした neb〔e〕lig; dunstig; trüb; unklar.

もゆる 燃ゆる思い die glühende (brünstige) Liebe, -n.

もよう 模様 ❶ [布地などの] Muster *n.* -s, -; Zeichnung *f.* -en; Aufdruck *m.* -〔e〕s, -e 《プリント》/ 模様をつける mustern^4; auf|drucken^4 《プリントする》/ 模様のついた布地 der gemusterte Stoff, -〔e〕s, -e. ❷ [様子] Aussehen *n.* -s; Aussicht *f.* -en 《見込》; [形勢] Stand 《*m.* -〔e〕s, ⸚e》〔der Dinge〕; Lage *f.* -n; Verlauf *m.* -〔e〕s, ⸚ 《経過》; [事情] Umstände 《*pl*》; Verhältnisse 《*pl*》/ 模様がえをする um|ändern^4; um|ordnen^4 《配置がえ》; um|bilden^4; um|organisieren^4 《改組》; um|bauen^4 《改築》; [変更] ab|ändern^4; verändern^4 / 模様次第で unter Umständen; 〔je〕 nach den Umständen; nach dem Verlauf der Dinge; je nachdem, wie der Wind weht 《風向き次第で》/ この模様では unter diesen Umständen; wie die Dinge 〔nun einmal〕 liegen; nach Lage der Sache. ❸ 空模様はどうですか Wie sieht das Wetter aus? / 雨(雪)模様です Es sieht nach Regen (Schnee) aus. / 荒模様です Es droht zu stürmen.

もよおし 催し Veranstaltung *f.* -en; Festlichkeit *f.* -en 《祝祭》; [余興] Vorstellung *f.* -en; Unterhaltung *f.* -en / …催しで veranstaltet 《*von*^{3}》.

もよおす 催す ❶ [集会など] veranstalten^4; ab|halten*^{4}; geben*^{4} / 舞踏会を催す einen Ball geben* (veranstalten); [上掲語の受動の他] …が催される statt|finden*. ❷ [招来する] machen; empfinden*^{4} / 空腹(嫌悪, 嘔吐)を催す Hunger (Abscheu, Ekel) empfinden* / 涙を催す zu Tränen gerührt werden / 産気を催す Die Wehen setzt ein. / 便意を催す ein (kleines, großes) Bedürfnis haben / それを見ると食欲を催す Das macht Appetit. ❸ [雨など] ⇨**もよう**③.

もより 最寄りの nächst; erst best (erstbest); in der Nähe; in der 〔nächsten〕 Nachbarschaft / 最寄りの交番 die nächste (erste beste) Polizeiwache, -n.

もらい 貰い Spende *f.* -n; Almosen *n.* -s, -; Scherflein *n.* -s, - 《乞食の》; Trinkgeld *n.* -〔e〕s, -er 《祝儀》.

もらいご 貰い子 Adoptivkind *n.* -〔e〕s, -er 《養子》; Pflegekind *n.* -〔e〕s, -er 《里子》/ 貰い子をする adoptieren^4; *jn* an Kindes Statt nehmen*.

もらいて 貰い手 Empfänger *m.* -s, - 《受取人》; Bewerber *m.* -s, -; Freier *m.* -s, - 《求婚者》/ 貰い手がない Niemand will es (ihn; sie) haben.

もらいなき 貰い泣きする aus Mitleid mit|weinen; zu Tränen gerührt werden.

もらいもの 貰い物 Geschenk *n.* -〔e〕s, -e; Gabe *f.* -n.

もらう 貰う ❶ [物を] bekommen*^{4} 《*von*^{3}》; kriegen^4 《*von*^{3}》; geschenkt bekommen*^{4} 《贈物として》; [受取る] erhalten*^{4}; empfangen*^{4}; adoptieren^4 《子供を》; erwerben*^{4} 《Verlagsrecht *n.* 版権などを手に入れる》/ 賞品を貰う den Preis gewinnen* (erhalten*) / たくさん給料を貰う ein hohes Gehalt beziehen* / 貸して(送って)貰う entliehen (zugeschickt) bekommen*^{4}. ❷ [...して貰う] ... lassen*^{4}; ^{3}sich ... lassen*^{4}; 〘*p.p.* + haben (wissen; sehen) + wollen (mögen) の形で〙/ それを君に説明して貰いたい Ich will es (möchte es gern) von dir erklärt haben (wissen). / 写真をとって貰う ^{4}sich fotografieren lassen* / ひげをそって貰う ^{3}sich den Bart rasieren lassen* / 子供を医者にみて貰う das Kind vom Arzt untersuchen lassen* / 彼に来て貰おう Lassen Sie ihn kommen. ¦ Wollen wir ihn hierher bestellen.

もらす 洩らす ❶ [液体・気体など] 〔aus〕sickern lassen*^{4}; ausrinnen lassen*^{4}; durchgehen lassen*^{4} / おしっこを洩らす in die Hose machen 《がまんできなくて》; 〔das Bett〕 nass machen 《寝小便》. ❷ [抜かす] aus|lassen*^{4}; weg|lassen*^{4}; fort|lassen*^{4}; übergehen*^{4} 《見・読み落とす》; überschlagen*^{4} 《見・読み・書き落とす》; überspringen*^{4} 《とばす》; überhören^4 《聞き洩らす》 ❖ 以上は「故意に」の意にも用いるから, 場

も

合によっては aus Versehen; versehentlich; irrtümlich を併用した方がはっきりする/細大洩らさず in (mit) allen Einzelheiten/一語書き洩らした Ich habe ein Wort [versehentlich] ausgelassen. ❷ [秘密を] verraten*4; enthüllen*4/それについては一言も洩らさなかった Davon hat er mir keine Silbe gesagt (nichts verraten). ❸ [言う] auslassen*4 《an³; gegen》; erwähnen*; sagen*/さんざん不満を洩らす seinen Ärger an jm 《³et》 auslassen* 《ある物・人に対して》; seinen Unwillen gegen ⁴et auslassen* 《あることに対する》/どうかと思うということを洩らした Er hat sein Bedenken darüber geäußert. ❹ [暗示] an|deuten; merken lassen*4; zu verstehen (zu spüren) geben*4; nahe legen⁴/辞意を洩らす die Absicht andeuten, das Amt niederzulegen.

モラトリアム Moratorium n. -s, -rien.

モラリスト Moralist m. -en, -en.

モラル Moral f. -en.

もり 森 Wald m. -[e]s, ⸚er; Forst m. -[e]s, -e《国有林・造林》; Hain m. -[e]s, -e《神社などの》.

もり 守り Kindermädchen n. -s, -/子守り/守りをする ein Kind warten; *sich um ein Kind kümmern*; nach einem Kind sehen*.

もり 銛 Harpune f. -n; Warfspeer m. -[e]s, -e/銛を打つ harpunieren*.

もり 漏り ⇒もれ1/雨漏りを防ぐ das Dach dichten.

もり 盛り Portion f. -en/盛りがよい(わるい) Die Portion ist groß (klein). /盛りをよくする reichlich vor|setzen*4/盛りだくさんの行事 die Veranstaltung 《-en》 mit viel Feierlichkeiten.

もりあがる 盛り上がる ⁴sich an|häufen《堆積して》; stählern (stämmig) mit Muskelfülle sein《筋肉が》; es geht hoch (munter) her《気分が》.

もりあげる 盛り上げる an|häufen; an|haufeln*; aufeinander setzen*; auf|häufen (-|schütten⁴).

もりかえす 盛り返す wieder zu Kräften kommen* s.; *sich erholen《株価などが》; einen Rückfall erleiden* (bekommen*)《人を主語にして》《病気が》; wieder den Boden gewinnen*/自動車工業は再び盛り返した Die Autoindustrie hat sich gut erholt. /病気が盛り返してきた Die Krankheit wurde rückfällig.

もりたてる 守りたてる unterstützen*; jm mit Rat und Tat bei|stehen*《zur Seite stehen*》.

もりばな 盛り花 Blumen 《pl》 angeordnet in einem Becken (Korb).

モリブデン Molybdän n. -s ∥ モリブデン鋼 Molybdänstahl m. -[e]s.

もりもり もりもりした腕の筋肉 pralle Muskeln 《pl》《複数にい用いることが多い》/もりもり働く emsig wie eine Ameise arbeiten; fleißig wie eine Biene sein/もりもり食べる gierig essen*⁴; wie in Scheunenmäher (wie ein Schwein) fressen*⁴.

もる 漏る《器などが主語》lecken; leck sein; [leck]laufen s.《漏れるものが主語》sickern s.; ein|sickern s.; durch|sickern s.; ent|weichen*/樽が漏る Das Fass läuft. ⇒もれる.

もる 盛る ❶ [積み上げる] auf|häufen 《-|schütten⁴》⇒もりあげる. ❷ [食物を] füllen⁴ 《mit³》; nach|füllen ³et füllen. ❸ [薬を] verschreiben*⁴《例:eine Arznei》/一服盛る ein Pulverchen in Getränk mischen《毒を》. ❹ [目盛りなどを] in Grad ein|kerben《刻み目をつけて》; mit einer Skala versehen*⁴.

モル 〔理〕Mol n. -[e]s, -e/モルの molar.

モルタル Mörtel m. -s, -/モルタルを塗る mörteln*; mit Mörtel bewerfen*⁴.

モルディブ die Malediven 《pl》/モルディブの maledivisch ∥ モルディブ人 Malediver m. -s, -.

モルヒネ Morphium n. -s ∥ モルヒネ常用者(中毒者) Morphinist m. -en, -en; der Morphiumsüchtige*, -n, -n/モルヒネ中毒 Morphinismus m. -.

モルドバ Moldawien (Moldau) n. -s.

モルモット Meerschweinchen n. -s, -/人をモルモットにする jn als Versuchskaninchen benutzen.

もれ 漏れ, 洩れ ❶ [水などの] Leck n. 《m.》 -[e]s, -e/洩れている箇所, 口/漏れがきている ein Leck bekommen*/漏れがある leck sein; leck laufen s./漏れをとめる dichten*⁴. ❷ [見落とし] das Übersehen 《-s》/洩れがある Ein Übersehen liegt vor.

もれきく 洩れ聞く zufällig hören; jm zu Ohren kommen* s./洩れ聞く所によれば wie ich höre; wie es mir zufällig zu Ohren kam.

もれなく 洩れなく ohne Ausnahme; ausnahmslos; samt und sonders; ohne Auslassung (Unterlassung, Weglassung); alle*; jeder*/洩れなく通知した Wir haben es [ohne Ausnahme] bekannt gegeben.

もれる 洩れる ❶ [液体・気体など] [aus]sickern s.; durch[s.]; durch|gehen* s.; lecken; [話声・光など]《場所を示す副詞とともに》 zu hören sein; zu sehen sein/樽が漏れる Das Fass läuft. ist leck; ist undicht. Das Fass läuft. ❷ [脱落] übergangen (ausgelassen; vergessen) werden; nicht bedacht werden/彼は招待に(昇進の選に)洩れた Er ist bei der Einladung (der Beförderung) ausgelassen (übergangen) werden. ❸ [秘密が] bekannt werden; durch|sickern s.; heraus|kommen*/その計画からはいろんな事が洩れている Von dem Plan ist schon allerhand durchgesickert. /秘密が洩れたらどうする Was wirst du tun, wenn das Geheimnis herauskommt. ❹ [口から] jm entschlüpfen*; über die Lippen kommen* s./不注意にもその言葉が口に洩れた Unvorsichtigerweise ist mir das Wort entschlüpft.

もろい 脆い spröde; blöde; brüchig; mürbe; zerbrechlich; empfindlich《機械など》. ❷ [情に] mitfühlend; zartbesaitet;

weichherzig; rührhaft; weinerlich《涙に》/女に脆い schwach (weich) gegen Frauen sein; [4]sich leicht mit einer Frau ein|lassen*/彼は今日は全く脆かった《相撲・ボクシングなどで》Er war heute ein völliger Versager. ¦ Seine Kraft hat heute völlig versagt.

もろく 脆くも負ける den Kampf einfach verlieren*《文句なく》; ohne weiteres besiegt werden《無造作に》; direkt geschlagen werden《よい所なく》.

もろこし 〖植〗Mohrenhirse *f.* -n.

モロッコ Marokko *n.* -s ‖ モロッコ皮 Marokkoleder *n.* -s, -/モロッコ人 Marokkaner *m.* -s, -.

もろて 両手 ¶ その提案に我々は両手をあげて賛成した Dieser Vorschlag hat unseren vollen Beifall gefunden.

もろとも 諸共に zusammen《*mit*[3]》; miteinander; gemeinsam; Arm in Arm; Hand in Hand/人馬諸共 der Reiter samt mit dem Pferd.

もろは 両刃の zweischneidig.

もろはだ 両肌脱ぐ das Oberhemd ab|streifen; [4]sich des Unterhemdes entledigen/両肌脱いで ohne Hemd; entblößten Oberkörpers.

もろびと 諸人 jeder*; alle; alle Welt.

もろもろ もろもろの verschieden; allerlei; all; von jeder Art; alle möglichen《*pl* の名詞の前に》.

もん 紋 Wappen *n.* -s, -/家の紋 Familienwappen/紋付の着物 Wappenkleid *n.* -〔e〕s, -er/菊の紋をつけている eine Chrysantheme im Wappen führen.

もん 門 ❶ Tor *n.* -〔e〕s, -e; Pforte *f.* -n/門に閂をかける das Tor verriegeln (zu|riegeln). ❷ [学塾] Schule *f.* -n/…の門に学ぶ bei *jm* in die Schule gehen* [s]; bei *jm* studieren[4]. ❸〖生〗Klasse *f.* -n.

もん 文なしである keinen roten Heller〔mehr〕haben; Pleite sein; *js* Beutel hat die Schwindsucht./文なしになる alles bis auf den letzten Heller (auf Heller und Pfennig) bezahlen; Pleite gehen* [s] (machen)/一文の価値もない keinen Heller wert sein.

もんえい 門衛 Pförtner *m.* -s, -; Wache *f.* -n《守衛》‖ 門衛所 Wachlokal *n.* -〔e〕s, -e; Schilderhaus *n.* -es, ¨er《哨舎》.

もんか 門下生 Schüler *m.* -s, - ⇨**もんじん**/…の門下である bei *jm* studieren[4] (studiert haben).

もんがいかん 門外漢 der Außenstehende*, -n, -n; Außenseiter *m.* -s, -; der Uneingeweihte*, -n, -n《局外者》; Laie *m.* -n, -n《非専門家》/そのことについては私は門外漢です Ich habe mit der Sache nichts zu tun.

もんがいふしゅつ 門外不出の nicht zu entleihen; im sicheren Hort geborgen.

もんがまえ 門構えの mit einem Tor〔versehen〕.

もんきりがた 紋切形の herkömmlich; stereotyp; formell; vorschriftsmäßig; gewohnheitsmäßig/紋切形のお座りなり口上 die stereotype Redensart, -en.

もんく 文句 ❶ Ausdruck *m.* -〔e〕s, ¨e; Worte《*pl*》; Redensart *f.* -en;〔Rede〕wendung *f.* -en; Bemerkung *f.* -en/うまい文句 der passende Ausdruck《適切》/いい文句 die schönen Worte《歌などの》/よけいな文句を言う unnötige Bemerkungen machen《言わないでもいいことを》. ❷ [不平・異論] Beschwerde *f.* -n; Einspruch *m.* -〔e〕s, ¨e《*gegen*[4]》; Einwand *m.* -〔e〕s, ¨e; Widerspruch *m.* -〔e〕s, ¨e/文句を言う Beschwerde führen《gegen *jn über*[4]》; [4]sich beschweren《bei *jm über*[4]》; Einspruch erheben*《*gegen*[4]》; Einwände vor|bringen*《*gegen*[4]》; ein|wenden*[4]《以上，異議・抗議》; murren《ぶつぶつ》; brummen《不平》/文句をつける beanstanden[4]; [あらさがし] nörgeln; bekritteln[4]/文句を言うな Keine Widerrede! ¦ Ach, faule Ausreden!《見えすいた言訳だ!》/文句はあるまい Hast du noch was zu sagen?/文句はありません Ich habe nichts zu sagen./あいつにいばられても文句はない Er darf ruhig darauf stolz sein./文句なく einfach《理屈ぬきで》; rundweg《きっぱりと》; völlig; auf und nieder《完全に》.

もんげん 門限 Torschluss *m.* -es, ¨e/門限ぎりぎりに noch kurz vor dem Torschluss.

もんこ 門戸 Tür *f.* -en/門戸を開放する *jm* alle Türen offen stehen lassen*; *jm* Tür und Tor öffnen/門戸を閉ざす die Tür schließen*《*gegen*[4]》‖ 門戸開放主義 die Politik《-en》(das Prinzip, -s, ..pien) der offenen Tür.

モンゴル Mongolei *f.* - ‖ モンゴル人 Mongole *m.* -n, -n; Mongolin *f.* ..linnen《女》.

もんさつ 門札 Türschild *n.* -〔e〕s, -er.

もんし 門歯 Schneidezahn *m.* -〔e〕s, ¨e.

もんし 悶死する aus Gram sterben* [s]; eines qualvollen Todes (einen qualvollen Tod) sterben* [s].

もんじゅ 文殊 ¶ 三人よれば文殊の知恵 ‚Vier Augen sehen besser als zwei.‘

もんしょう 紋章 Wappen *n.* -s, - ‖ 紋章学 Wappenkunde *f.* -n. ⇨**もん**(紋).

もんじん 門人 Schüler *m.* -s, -; Jünger *m.* -s, -; Anhänger *m.* -s, -/コッホの門人 ein Schüler von Koch.

モンスーン Monsun *m.* -s, -e.

モンスター Monster *n.* -s, -.

もんせき 問責 Rüge *f.* -n; Verweis *m.* -es, -e/問責する eine Rüge《*für*[4]》(einen Verweis《*wegen*[2(3)]》) erteilen[3]; *jn* zur Rede stellen; *jn* zur Rechenschaft ziehen*.

もんぜつ 悶絶する aus Gram (Qual) zusammen|brechen*; in krampfhaften Zuckung ohnmächtig werden.

もんぜん 門前に(へ) vor dem (das) Tor/門前市をなす großen Zulauf von Menschen haben《群集》; großen Zulauf von Kunden haben《商売繁盛》/門前払いを食わす den Empfang verweigern; *jn* zwischen Tür und Angel ab|fertigen; [居留守を使って] [4]sich verleugen lassen*《*vor*[3]》; für *jn* nicht zu Hause (zu sprechen) sein; [強意] *jm* die Tür vor der Nase zu|schlagen*/門前の小僧習わぬ経を読む ‚Wie die Alten sungen, so zwitschern auch die Jungen‘.

モンタージュ Montage *f.* -n ‖ モンタージュ写真 Fotomontage *f.* -n.

もんだい 問題 Frage *f.* -n《答·解決を要する》; Aufgabe *f.* -n《課題》; Problem *n.* -〔e〕s, -e《上記の両方の意で》; Thema *n.* -s, ..men (-ta)《論題》; [件] Angelegenheit *f.* -en; Sache *f.* -n; Gegenstand *m.* -〔e〕s, ⸚e《研究などの対象》/問題を出す *jm* eine Aufgabe geben* (stellen); eine Frage stellen (richten)《*an*⁴》; *jm* eine Frage vor|legen《提出する》/問題に答える eine Frage beantworten; eine Aufgabe (ein Problem; eine Frage) lösen《解く》/問題となる in Frage kommen* [s]; zur Sprache (Erörterung) kommen*; allgemeine Kritik hervor|rufen*; Aufsehen erregen/問題である zweifelhaft (fraglich) sein, ob ...《疑わしい》; Es ist noch die Frage, ob ....《わからない》; Es fragt sich, ob ....《...如何(いかん)の問題》/問題は...である, ...が問題である Die Frage ist, dass ....¦Es handelt sich《*um*⁴》.¦Es ist von ³*et* die Rede.¦Es kommt darauf an, ob ..../問題を解決する eine Frage lösen (klären); eine Frage erledigen (entscheiden*)/問題を審議する eine Frage (eine Sache) besprechen*/問題外である Es steht außer Frage (Zweifel), dass ....《確かである》; nicht zur Sache (hierher) gehören《本題ではない》; keine Rede sein《*von*³》/問題にならない nicht in Frage kommen* [s]/問題からはずれる entgleisen [s]; von dem Thema ab|kommen* [s]/色々な問題にわたる allerlei Fragen umfassen; alle Einzelheiten behandeln/問題の本 das besagte (betreffende) Buch, -〔e〕s, ⸚er《上述の·当該》; das in Frage stehende (viel besprochene) Werk, -〔e〕s, -e《話題の》/その問題はとり上げる必要はない Die Frage ist belanglos (gegenstandslos)./そりゃ問題になりますよ Darüber kann man geteilter Meinung sein. ‖ 問題劇 Problemdrama *n.* -s, ..men/試験問題 Prüfungsaufgabe *f.* -n/試験問題を作る Prüfungsaufgaben auf|stellen/時事問題 Zeitfrage *f.* -n; die aktuelle Frage.

もんちゃく 悶着 Auseinandersetzung *f.* -en; Reiberei *f.* -en; Szene *f.* -n; Gezänk *n.* -〔e〕s; Krach *m.* -〔e〕s, -e; Unstimmigkeit *f.* -en《ふつう *pl*》; Zwietracht *f.*/二人の間にひと悶着あったのです Es gab eine 〔scharfe〕 Auseinandersetzung (eine Szene) zwischen ihnen beiden./彼らの所はいつも悶着がある Bei ihnen herrschen immer Unstimmigkeiten.

もんちゅう 門柱 Torpfeiler *m.* -s, -.

もんてい 門弟 ⇨でし.

もんと 門徒 Anhänger *m.* -s, -; der Gläubige*, -n, -n; Jünger *m.* -s, -.

もんとう 門灯 Torlampe *f.* -n.

もんどう 問答 Frage und Antwort, der - und -/問答体で in Frage und Antwort/問答体で話が行われた Das Gespräch verlief in Frage und Antwort./問答する ein Gespräch in Frage und Antwort führen ‖ 問答無用 Keine Widerrede!

もんどり もんどり打つ um|kippen [s]; purzeln [s]; ⁴sich überschlagen* 〔und hin|fallen* [s]〕《倒れる》; einen Purzelbaum schlagen* (schießen*)《とんぼ返りをする》.

もんない 門内で(に) innerhalb des Tores/門内へ durch das Tor hinein.

もんばつ 門閥 Familie *f.* -n《家柄》; Geburt *f.* -en《生まれ》; Abstammung *f.* -en《家門》; [人を指して] ein Mann《*m.* -〔e〕s, ⸚er》von Familie; ein Mann von alten (hohen) Adel/門閥の生まれである von alter, guter Familie sein; von hoher Geburt (Abstammung) sein.

もんばん 門番 Pförtner *m.* -s, -; Torhüter *m.* -s, -; Portier *m.* -s, -s.

もんぶ 文部科学省 Ministerium für Bildung, Kultur, Sport, Wissenschaft und Technolnogie *n.* -s/文部当局 die 〔zuständige〕 Behörde《-n》für Erziehungswesen.

もんもう 文盲 Analphabet *m.* -en, -en《人》/文盲の analphabetisch.

もんもん 悶々の情 〔Seelen〕qual *f.* -en; Leiden *n.* -s, -/悶々の情に堪えない Qualen leiden*; viel zu leiden haben; *jm* ist so weh ums Herz.

モンローしゅぎ モンロー主義 Monroe-Doktrin *f.* -en.

や

や 矢 Pfeil *m.* -[e]s, -e;〔くさび〕Keil *m.* -[e]s, -e/矢のように pfeil|schnell (-geschwind); schnell wie der Wind;～を射る den Pfeil (Pfeile) schießen* (ab|schnellen; los|drücken)/~をつがえる den Pfeil (auf die Sehne) auf|legen. ¶ 矢も楯(も)たまらぬ [wie] auf glühenden Kohlen sitzen* (stehen*); wie auf Nadeln sitzen*/矢の催促をする drängend mahnen⁴(*um*⁴; *wegen*²⁽³⁾); *jn* dringend bitten* (*um*⁴)/光陰矢の如し ‚Die Zeit fliegt wie ein Pfeil.'

や 輻〔車輪の〕Speiche *f.* -n.

や 〔退官する〕das Amt nieder|legen; ⁴sich vom Amt (ins Privatleben) zurück|ziehen*; in den Ruhestand gehen* (treten*).

～や ❶ und; oder/あれやこれや dieses und jenes/春や秋かを知らず wenn die Frühling oder der Herbst da ist, …/妻や子供を連れて mit seiner ³Frau und seinen ³Kindern. ❷ […や否や] sobald …; kaum …, als …/私の顔を見るや否や彼女は部屋を出ていった Sobald sie mich gesehen hatte, verließ sie das Zimmer.; Kaum hatte sie mich gesehen, als sie das Zimmer verließ.

やあ aah! ach! oh! oh!/やあ大変だ O je! Mein Gott! Ach, du liebe Zeit! Donnerwetter!/やあ君か Ach, du bist es./やあハンス, 調子はどうだい Guten Tag, Hans! Wie geht's?

ヤード Yard *n.* -s, -s〔略: Yd, yd Yds.〕.

やい〔呼びかの〕he! heda!! hallo[h]!〔不快を示して〕pfui!: Mensch!/やい, 文句があるな He, hast du etwa was dagegen?

やいば 刃 ⇨ かたな/刃を合わる mit *jm* die Klinge kreuzen.

やいのやいの やいやい離したてる *jn* unter Gejohle necken (hänseln); *jn* aus|lachen;やいやい言う〔催促するよう〕drängend mahnen⁴(*um*⁴);やいのやいの言って支払いを迫る auf ⁴Zahlung (wegen der ²Bezahlung) drängen/やいやい立てる zur ³Eile drängen⁴/そんなにやいやい言わないでくれ Dränge (quäle) mich nicht so! Sei nicht so ungeduldig!

やいん 夜陰に乗じて unter dem Schutz der ⁴Dunkelheit; bei ³Nacht und Nebel.

やえ 八重の achtfach; achtfältig;〔植〕gefüllt/八重咲きの花 eine gefüllte Blume (Blüte), -n‖ 八重桜 eine gefüllte Kirschblüte, -n.

やえい 野営〔Feld〕lager *n.* -s, -; Biwak *n.* -s, -s; das Kampieren*, -s; Camping *n.* -s.── 野営するim Freien lagern; kampieren; zelten〔天幕にとまる〕.‖ 野営地 Lagerplatz *m.* -es, ⸚e; Camping|platz (Zelt-)〔キャンプ場〕.

やえむぐら 八重葎〔植〕Klebkraut *n.* -[e]s, ⸚er.

やおちょう 八百長 eine abgekartete Sache, -n/八百長をする ein abgekartetes Spiel spielen/二人は非常攻撃の矢面に立っている Die beiden stecken unter einer Decke.‖ 八百長試合 ein abgekartetes Spiel, -[e]s, -e.

やおもて 矢面 ¶ …の矢面に立つ ⁴sich aus|setzen/進んで非難攻撃の矢面に立つ ⁴sich freiwillig einer ³Kritik aus|setzen; keine Kritik scheuen.

やおや 八百屋〔商人〕Gemüse|händler (Grünkram-) *m.* -s, -; Gemüsemann *m.* -[e]s, ⸚er;〔店〕Gemüseladen *m.* -s, ⸚.

やおよろず 八百万の神 alle Götter und Göttinnen〔*pl.*〕.

やおら langsam; ruhig/やおら立ち上がる ⁴sich langsam〔von seinem Sitze〕erheben*.

やかい 夜会 Abendgesellschaft *f.* -en; Soiree *f.* -n‖ 夜会服 Abendkleid *n.* -[e]s, -er;〔女の〕; Abendanzug *m.* -[e]s, ⸚e〔男の〕.

やがい 野外 im Freien; unter freiem Feld; unter freiem Himmel‖ 野外演習 Gelände|übung (Felddienst-) *f.* -en/野外劇場 Freilichtbühne *f.* -n/野外撮影〔ロケーション〕Außenaufnahme *f.* -n.

やがく 夜学(校) Abendschule *f.* -n; Abendkursus *m.* -, ..kurse〔講習〕/夜学に通う eine Abendschule besuchen; an einem Abendkursus teil|nehmen*.

やかた 館 Schloss *n.* -es, ⸚er; Villa *f.* Villen〔別邸〕; Herren|haus *n.* -es, ⸚er (-sitz *m.*).

やかたぶね 屋形船 ein überdachtes Boot, -[e]s, -e.

やがて bald;〔これから先のことにだけ用いて〕demnächst; binnen kurzem; in nächster ³Zeit;〔専ら過去の叙述に用いて〕nach kurzem; kurz danach; nach einer kleinen Weile/やがては früher oder später〔おそかれ早かれ〕; auf die Dauer〔結局は〕; einst〔いつかは〕.

やかましい 喧しい ❶〔騒がしい〕geräuschvoll; lärmend; laut (Vorschrift, -en)/喧しい Sei (Seien Sie) still! Nicht so laut!/通りが喧しくて何も聞こえない Wegen des Straßengeräusches kann ich nichts hören. ❷〔厳格な〕streng; genau〔細かい〕/喧しい規則 eine strenge Regel, -n (Vorschrift, -en)/彼は生徒に対してひどく喧しい Er ist gegen seine Schüler sehr streng./父はお金のこととなるとても喧しい Mein Vater ist in Geldsachen sehr genau. ❸〔気むずかしい〕schwierig; wählerisch〔えり好みをする〕/食事に喧しい im Essen wählerisch sein. ❹〔世評が〕喧しい問題となる großes Aufsehen

やかましや 母はとても喧まし屋だ Meine Mutter ist sehr streng.

やから 族、輩 ¶ ⇨**なかま**／不逞(ﾃｲ)の輩 gottlose (ruchlose) Menschen 《*pl*》／ようなる solche Leute 《*pl*》; solches Gesindel, -s.

やかん 薬罐 Wasserkessel *m*. -s, ‖ 薬罐頭 Kahlkopf *m*. -[e]s, ⁼e ⇨**はげ**.

やかん 夜間 nachts; des Nachts; in der ³Nacht／夜間の nächtlich; Nacht- ¶ 夜間演習 Nachtübung *f*. -en／夜間勤務 Nachtdienst *m*. -[e]s, -e／夜間シフト Nachtschicht *f*. -en／夜間飛行場 Flutlicht *n*. -[e]s, -er 《競技場など》／夜間戦闘機 Nachtjäger *m*. -s, -／夜間飛行 Nachtflug *m*. -[e]s, ⁼e／夜間労働(作業) Nachtarbeit *f*. -en.

やき 夜気 Nachtluft *f*.; Abendluft *f*. 《晩の》.

やき 焼き das Brennen*, -s《陶器など》; das Braten*, -s《肉・魚など》; das Backen, -s《パンなど》／焼きを入れる《冶》härten⁴; tempern⁴; *jn* maßregeln (こらしめる). ¶ 俺も焼きが回ってきたよ Meine Kräfte lassen nach. Ich werde allmählich alt. Ich bin nicht mehr in Form (auf der Höhe). ‖ 九谷焼 Kutani-Porzellan *n*. -s, -e.

やぎ 山羊 Ziege *f*. -n《総称、特に雌山羊》;《方》Geiß *f*. -en／山羊がなく meckern ‖ 山羊皮 Ziegenleder *n*. -s, -／Kid *n*. -s, -s; Ziegenfell *n*. -[e]s, -e《毛皮》／山羊皮の手袋 Glacéhandschuh *m*. -[e]s, -e／山羊座《天》 Steinbock *m*. -[e]s, ⁼e／山羊ひげのある Ziegenbart *m*. -[e]s, ⁼e／山羊ひげの男 ein Mann 《*m*. -[e]s, ⁼er》 mit einem Ziegenbart／雄山羊 Ziegenbock *m*. -[e]s, ⁼e／仔山羊 Zicklein *n*. -s, -; Kitz *n*. -es, -e／Kitze *f*. -n.

やきいも 焼芋 geröstete Süßkartoffel, -n.

やきいん 焼印 Brandeisen *n*. -s, -; Brandzeichen *n*. -s, -《押されてできた烙印》／焼印を押す *jm* einbrennen*⁴. ⇨**らくいん**.

やきうち 焼討 Brandstiftung *f*. -en 《-legung *f*. -en》／焼討ちをかける ⁴Feuer an|legen; einen Brand stiften; durch ⁴Brandstiftung zerstören; in ⁴Brand stecken⁴.

やききる 焼き切る durch|brennen*⁴.

やききれる 焼き切れる durch|brennen*《s》／ヒューズが焼き切れた Die Sicherung ist durchgebrannt.

やきぐし 焼串 Spieß *m*. -es, -e／肉を焼串にさして焼く Fleisch am Spieß braten*.

やきぐり 焼栗 geröstete Kastanie, -n.

やきごて 焼き鏝 Brenneisen *n*. -s, -; Brennschere *f*. -n《毛髪用の》; Bügeleisen《アイロン》.

やきころす 焼き殺す *jn* 《zu ³Tode》verbrennen*／彼は生きながらにして焼き殺された Er ist lebendig verbrannt worden.

やきざかな 焼魚 ein gebratener Fisch, -[e]s, -e.

やきしお 焼塩 geröstetes Salz, -es.

やきすてる 焼き捨てる ab|brennen*⁴; weg|brennen*⁴; verbrennen*⁴.

やきたて 焼き立ての frisch gebacken《パン》; frisch gebraten《肉など》; frisch aus dem Ofen《オーブンから出したばかりの》／焼き立てのパン frisch gebrotes Brot, -es.

やきつくす 焼き尽くす vollkommen ab|brennen*⁴／火は町を焼き尽くした Das Feuer legte die ganze Stadt in Asche.

やきつけ 焼付け [焼き付けること] Abzug *m*. -[e]s, -e; das Abziehen*, -s; [焼き付けられた画面] Abzug *m*. -[e]s, -e; Kopie *f*. -n／写真を焼き付ける ⁴Bilder ab|ziehen* (kopieren)／胸に焼き付けられる ⁴sich *jm* ein|prägen.

やきとり 焼鳥 gebratenes Geflügel, -s, -; Hühnerbraten *m*. -s, -《鶏肉》.

やきなおし 焼き直し [作品などの] Nachbildung *f*. -en《-ahmung *f*. -en》; Kopie *f*. -n／焼き直す nachahmen⁴; kopieren⁴.

やきにく 焼肉 gebratenes Fleisch, -[e]s; Braten *m*. -s, -.

やきば 焼場 Krematorium *n*. -s, ...rien; Einäscherungshalle *f*. -n.

やきはらう 焼き払う nieder|brennen*⁴; brennen*⁴; in ⁴Schutt und Asche legen／村全部を焼きはらう das ganze Dorf nieder|brennen* 《in Schutt und Asche legen》.

やきぶた 焼豚 gebratenes Schweinefleisch, -[e]s; Schweinebraten *m*. -s, -.

やきまし 焼増 Abzug *m*. -[e]s, ⁼e／焼増しをする ein Bild ab|ziehen*／五枚焼増しをお願いします Ich möchte davon noch fünf Abzüge haben.

やきもき やきもきする [落ち着けない] nicht zur Ruhe kommen*《s》; nicht still sitzen können*; [待ちかねる] vor ³Ungeduld brennen*; [心配する] ³sich *mir* Sorge machen 《*über⁴*; *um⁴*》／そんなにやきもきするなよ Beruhige dich doch!; gib *jm* keine Ruhe lassen; *jn* vor Ungeduld brennen lassen*.

やきもち 焼餅 ❶ [焼いた餅] gerösteter Reiskuchen, -s, -. ❷ [嫉妬] Eifersucht *f*.／焼餅をやく eifersüchtig sein 《*auf⁴*》‖ 焼餅やき ein eifersüchtiger Mensch, -en.

やきもどし 焼戻し《冶》das Anlassen* (Tempern*), -s.

やきもの 焼物 Tonware *f*. -n; Keramik *f*. -en《総称》‖ とうじしょく ‖ 焼物師 Töpfer *m*. -s, -.

やきゅう 野球 Baseball *m*. -s／野球をする Baseball spielen ‖ 野球選手 Baseballspieler *m*. -s, -／野球場 Baseballplatz *m*. -es, ⁼e.

やぎゅう 野牛 Büffel *m*. -s, -.

やぎょう 夜業 Nachtarbeit *f*. -en; [夜勤] Nachtdienst *m*. -[e]s, -e《-schicht *f*. -en》／夜業をする nachts in der ³Nacht》arbeiten／彼は今日夜業のある日だ Er hat heute Nachtdienst (Nachtschicht).

やきょく 夜曲 Nachtmusik *f*.; Abendständchen *n*. -s, -; Serenade *f*. -n.

やきん 夜禽 ⇨**ちょう**《野鳥》.

やきん 夜勤 Nachtdienst *m*. -[e]s, -e 《-schicht *f*. -en》／今晩は夜勤だ Ich habe heute Nachtdienst ‖ 夜勤手当 Zulage 《*f*. -n》für den Nachtdienst.

やきん 冶金[学] Metallurgie *f*.; Hüttenkunde *f.*/冶金〔学〕の metallurgisch ‖ 冶金学者 Metallurge *m.* -n, -n.

やく 葯〘植〙Anthere *f.* -n; Staubbeutel *m.* -s, -.

やく 厄 Unglück *n.* -s; Unheil *n.* -s/厄を払う die bösen Geister vertreiben*.

やく 約 ❶ ⇨やくそく. ❷ ⇨りゃく. ❸ [およそ] ungefähr; etwa/約二週間で戻ってきます Ich komme in so etwa (ungefähr) 14 Tagen zurück. ❹ ⇨やくぶん(約分).

やく 訳 ⇨ほんやく ‖ 独(和)訳 deutsche (japanische) Übersetzung, -en (Übertragung, -en). ⇨やくす(訳す).

やく 役 ❶ [職務・任務] Amt *n.* -〔e〕s, ⸗er《公職》; Posten *m.* -s, -《職》; Stelle *f.* -n《地位》; Dienst *m.* -〔e〕s, -e《勤務》; Pflicht *f.* -en《義務》; Aufgabe *f.* -n《任務》/役につく(を退く) ein Amt an|treten* (nieder|legen). ❷ [役割] Rolle *f.* -n/役を演じる(引き受ける) eine Rolle spielen (übernehmen*)/彼にその役はつとまらない Das geht über seine Kräfte. ❸ [効用] 役に立つ nützen (nutzen); nützlich (von ³Nutzen) sein; brauchbar sein; tüchtig (tauglich) sein《有能な》/何の役にも立たない 〔gar〕 nichts nützen; 〔zu〕 nichts taugen/それは何の役に立つのか Wozu nützt das?/彼は何の役にも立たない人間だ Er taugt zu nichts. ¦ Er ist zu nichts zu gebrauchen./何かお役に立てることでもありましょうか Womit kann ich Ihnen dienen? ¦ Kann ich Ihnen irgendwie behilflich sein?

やく 焼く ❶ brennen*; verbrennen*⁴/書類を焼く Papiere verbrennen*/炭(陶器)を焼く Kohlen (Porzellan) brennen*. ❷ [食物を] braten*⁴《肉・魚を》; rösten⁴《焙る, トーストにする》; backen⁽*⁾⁴《パン・ケーキを》/この魚は煮て召し上がりますか, それとも焼きましょうか Möchten Sie den Fisch gekocht oder gebraten haben? ❸ [日光で皮膚を] ⁴sich von der ³Sonne abbrennen lassen*; ⁴sich in der ³Sonne braten lassen*. ❹ [写真を] ⇨やきつけ. ❺ [ねたむ] ⇨やきもち.

ヤク 〘動〙Jak *m.* -s, -s.

やぐ 夜具 Bettzeug *n.* -〔e〕s, -e.

やくいん 役員 Vorstands¦mitglied (Komitee-) *n.* -〔e〕s, -er《会社や委員会の》; Funktionär *m.* -s, -e《党の》‖ 役員会 Vorstand *m.* -〔e〕s, ⸗e; Komitee *n.* -s, -s《委員会》.

やくおとし 厄落としする die bösen ⁴Geister《*pl*》(das ¹Unheil) vertreiben*.

やくがく 薬学 Pharmazie *f.* -n; Arzneikunde *f.* -n ‖ 薬学部 die pharmazeutische Fakultät.

やくがら 役柄 von ²Amts wegen.

やくげん 約言する kurz zusammem|fassen⁴/これを約言すれば um es kurz zu sagen; kurz und bündig; in (mit) einem Wort.

やくご 訳語 Übersetzung *f.* -en/このことばには日本語の訳語はない Dieses Wort kann man nicht ins Japanische übersetzen. ¦ Für dieses Wort gibt es keinen entsprechenden Ausdruck im Japanischen.

やくざ やくざな nichtsnutzig; unbrauchbar; wertlos ‖ やくざ者 Nichtsnutz *m.* -es, -e; Lümmel *m.* -s, -; Lump *m.* -en, -en.

やくざい 薬剤 ⇨やくひん(薬品) ‖ 薬剤師 Apotheker *m.* -s, -; Pharmazeut *m.* -en, -en.

やくさつ 扼殺 Erwürgung *f.* -en; Erdrosselung *f.* -en/扼殺する *jn* erwürgen; *jn* erdrosseln.

やくしつ 薬室 ❶ ⇨やっきょく. ❷ [銃の] Patronenlager *n.* -s, -.

やくじほう 薬事法 Arzneimittelgesetz *n.* -es, -e.

やくしゃ 訳者 Übersetzer *m.* -s, -.

やくしゃ 役者 ❶ Schauspieler *m.* -s, -; Schauspielerin *f.* ..rinnen《女の》/旅役者の一座 eine wandernde Schauspielertruppe, -n/役者になる ¹Schauspieler〔in〕 werden; zur ³Bühne gehen* [s]. ⇨はいゆう. ❷ [器量] 彼のほうが君よりすべての点で役者が上だ Er ist dir in jeder Beziehung überlegen. ‖ 大根役者 ein schlechter Schauspieler/人気(花形)役者 ein populärer Schauspieler; Star *m.* -s, -s.

やくしょ 役所 Amt *n.* -〔e〕s, ⸗er; Amtsstelle *f.* -n; Behörde *f.* -n; Büro *n.* -s, -s《オフィス》/役所に勤めている bei einer ³Behörde arbeiten (angestellt sein) ‖ お役所風 Beamtenstil *m.* -〔e〕s; Bürokratismus *m.* -, ..-men.

やくじょ 躍如たる lebendig; lebhaft/彼の面目躍如たるものがある Das sieht ihm ähnlich. ¦ Das ist typisch er.

やくじょう 約定 ⇨ とりきめ ‖ 約定書 eine schriftliche Vereinbarung, -en; ein schriftlicher Vertrag, -〔e〕s, ⸗e.

やくしん 躍進する einen raschen Aufschwung nehmen*; große Fortschritte《*pl*》machen.

やくしん 薬疹 Arzneiexanthem *n.* -〔e〕s, -e.

やくす 訳す übersetzen⁴; übertragen*⁴《比較的自由に》/ドイツ語(日本語)に訳す ins Deutsche (Japanische) übersetzen⁴/正しく(間違って)訳す richtig (falsch) übersetzen⁴/次の文を日本語に訳せ Übersetzen Sie die folgenden Sätze ins Japanische!

やくす 約す ❶ ⇨やくそく. ❷ ⇨やくぶん(約分).

やくすう 約数〘数〙Divisor *m.* -s, -en; Teiler *m.* -s, -/〔最大〕公約数 〔größter〕 gemeinsamer Divisor (Teiler).

やくする 扼する beherrschen⁴.

やくせき 薬石効なく trotz aller ärztlichen Bemühungen.

やくそう 薬草 Arzneipflanze *f.* -n; Heilkraut *n.* -〔e〕s, ⸗er.

やくそく 約束 Versprechen *n.* -s, -; [申し合わせ] Verabredung *f.* -en; Vereinbarung *f.* -en/前世の約束 Bestimmung *f.* -en; Schicksal *n.* -s, -e/約束を果たす(守る) ein Versprechen erfüllen (halten*)/約束を取り消す sein Versprechen zurück|ziehen*/約束を破る ein Versprechen brechen*/約束どおりに wie versprochen; wie verabredet (vereinbart)/約束のお金 das versprochene Geld, -〔e〕s/約束の時刻(日)に zur verabredeten ³Zeit (am verabredeten Tag)/今晩

やくそくてがた 約束手形 ein eigener (trockener) Wechsel, -s, -/約束手形を振り出す einen eigenen (trockenen) Wechsel ausstellen.

やくだつ 役立つ ⇒やく(役)③.

やくちゅう 訳注 Anmerkung f. -en/訳注をつける übersetzen⁴ und erläutern⁴ (mit ³Anmerkungen versehen*⁴).

やくどう 躍動する hüpfen und springen* [h.s]; lebendig und rege sein.

やくとく 役得 mit einer ³Stelle verbundene Vorteile 《pl》.

やくどく 訳読 Übersetzung f. -en/訳読をする lesen*⁴ und übersetzen⁴.

やくどし 厄年 Unglücksjahr n. -[e]s, -e; das schwarze Jahr, -[e]s, -e; das unglückliche Alter, -s 《年齢》.

やくにん 役人 der Beamte*, -n, -n; Beamtin f. -,..tinnen 《女》/彼は外務省の役人だ Er ist [ein] Beamter des Auswärtigen Amtes. ‖ 役人根性 Beamtensinn m. -s; Bürokratismus m. -, ..men/役人生活 Beamtenleben n. -s.

やくば 役場 ❶ ⇒やくしょ. ❷ 〔町村役場〕Gemeindeamt n. -[e]s, ..ämter.

やくび 厄日 Unglückstag m. -[e]s, -e; ein schwarzer Tag, -[e]s, -e.

やくびょう 疫病 Epidemie f. -n; Seuche f. -n; Plage f. -n ‖ 疫病神 Plagegeist m. -[e]s, -er/彼は疫病神のようにきらわれる Jeder meidet ihn, als ob er die Krätze hätte. | Man macht einen großen Bogen um ihn.

やくひん 薬品 Arzneimittel n. -s, -; Medikament n. -[e]s, -e; Medizin f. -en ‖ 薬品中毒 Arzneimittelvergiftung f. -en.

やくぶそく 役不足に思う unzufrieden sein 《mit³》/これでは彼には役不足だ Diese Rolle ist ihm (für ihn) nicht gut genug.

やくぶつ 薬物 Arznei f. -en; Arzneimittel n. -s, -; Medikament n. -[e]s, -e ‖ 薬物アレルギー Arzneimittelallergie f. -en/薬物学者 Pharmakologe m. -n, -n/薬物療法 eine pharmazeutische Behandlung, -en; Pharmakotherapie f. -n.

やくぶん 約分 《数》das Kürzen*, -s/約分する [einen Bruch] kürzen; reduzieren.

やくぶん 訳文 Übertragung f. -en; Übertragung f. -en 《比較的自由な》/流麗な訳文 eine schöne Übersetzung.

やくほう 薬方 ⇒しょほう(処方).

やくほうし 薬包紙 Patronenpapier n. -s, -e.

やくみ 薬味 Gewürz n. -es, -e/薬味を入れる würzen⁴/このスープは薬味が強すぎる Die Suppe ist zu stark (scharf) gewürzt.

やくめ 役目 Pflicht f. -en; Amtspflicht f. -en 《職責》; Aufgabe f. -n 《任務》; Funktion f. -en 《機能》; Rolle f. -n 《役割》/役目を果たす seine Pflicht tun*; seine Aufgabe erfüllen⁴/お役目だけ [nur] aus ³Pflicht.

やくめい 役名 Amtsbezeichnung f. -en.

やくよう 薬用 medizinisch. ── 薬用にする als ³Arzneimittel (zu medizinischen ³Zwecken) gebrauchen⁴ (verwenden(*)⁴). ‖ 薬用植物 Arzneipflanze f. -n; Heilkraut n. -[e]s, ..er 《薬草》/薬用石鹸 medizinische Seife, -n.

やくよけ 厄除け Verhütung (f. -en) des Unglücks/厄除けのお守り Amulett n. -s, -e/厄除けのために um das Unglück zu verhüten/厄除けになる das Unglück verhüten; zur Verhütung des Unglücks dienen.

やぐら 櫓 Turm m. -[e]s, ..ürme; Gerüst n. -[e]s, -e 《足場》/櫓を組むör ein Gerüst (einen Turm) errichten ‖ 見張櫓 Wachtturm m. -[e]s, ..ürme.

やくりがく 薬理学 Arzneimittellehre f.; Pharmakologie f. ‖ 薬理学者 Pharmakologe m. -n, -n.

やぐるまそう 矢車草 《植》Kornblume f. -n.

やくろう 薬籠 Arzneikasten m. -s, -/自家薬籠中の物とする beherrschen⁴; ³sich bemächtigen² (beimeistern²); in der ³Hand haben⁴.

やくわり 役割 Rolle f. -n; Rollenverteilung f. -en 《役を割りふること》/重要な役割を演じる eine wichtige Rolle spielen/役割を決める Rollen verteilen.

やけ 自暴 Verzweiflung f./やけになる in ⁴Verzweiflung geraten* [s]/やけになって verzweifelt; aus ³Verzweiflung/やけ酒を飲む aus Verzweiflung trinken* (saufen*). ── やけに ungewöhnlich, ungemein/今日はやけにむし暑い日だ Es ist furchtbar schwül heute.

やけあと 焼け跡 Brand|stätte (-statt) f. ..stätten.

やけい 夜景 die Ansicht bei Nacht/夜景画 Nachtstück n. -[e]s, -e.

やけい 夜警 Nachtwache f. -n; Nachtwächter m. -s, - 《人》/夜警をする nachts ⁴Wache stehen*; den Nachtwächter machen. ⇒よばん(夜番).

やけいし 焼け石に水だ Das ist ein Tropfen auf einen heißen Stein.

やけおちる 焼け落ちる nieder|brennen* (ab|-) [s]; in ³Flammen auf|gehen* [s] 《炎上する》.

やけこがし 焼け焦がし ein eingebranntes Loch, -[e]s, ..er/ずぼんに焼け焦がしをつける in die Hosen ein ⁴Loch brennen*.

やけしぬ 焼け死ぬ verbrennen* [s]; im Feuer (in den ³Flammen) um|kommen* [s]. ⇒しょうし(焼死).

やけだされる 焼け出される durch ⁴Brand seine Wohnung verlieren*; ausgebombt werden 《空襲・爆撃で》.

やけつく 焼け付く brennend; glühend/焼け付くような暑さ eine glühende Hitze/太陽は焼け付くように照っていた Die Sonne brannte.

やけつち 焼け土 die abgebrannte Erde.

やけど 火傷 Verbrennung f. -en; Brandwunde f. -n; Verbrühung f. -en《熱湯による》/火傷のあと Brandnarbe f. -n/火傷をする ⁴sich verbrennen*; ⁴sich verbrühen《熱湯で》/手に火傷をする ³sich die Hand verbrennen*.

やけのこる 焼け残る vom Feuer verschont bleiben* ⓢ.

やけのはら 焼け野原 一面の焼け野原だった Alles lag in Schutt und Asche.

やけぼっくい 焼け棒杭に火がついた Die Liebe flammte wieder auf.｜Alte Liebe rostet nicht.《焼け棒杭は火がつきやすい》.

やける 焼ける ❶［燃える］ brennen*; ³Flammen stehen*; ［焼失する］ ab|brennen* ⓢ/家が焼けている(焼けた) Das Haus brennt (ist abgebrannt). ❷［加熱する］ glühen. ❸［料理］ 焼ける/肉はまだよく焼けていない Das Fleisch ist noch nicht ganz gar. ❹［日に］ von der ³Sonne verbrannt werden/君はすっかり日に焼けたね Du bist ja ganz braun. ❺［胸が］ Sodbrennen haben. ❻［色に］ ⁴sich färben(染める). ❼［嫉妬で］ eifersüchtig sein《auf⁴》. ❽［空が夕映えに］ erglühen ⓢ.

やけん 野犬 ein herrenloser (streunender) Hund, -e, -e｜野犬狩り Razzia f. -s (..zien)《auf streunende Hunde.

やご ［とんぼの幼虫］ Libellenjungfer f. -n.

やこう 夜行で行く mit dem Nachtzug fahren*ⓢ｜夜行車 Nachtmarsch m. -es, -e/夜行列車 Nachtzug m. -[e]s, ..züge.

やこう 夜光虫 Meerleuchte f. -n/夜光時計 Uhr (f. -en) mit ³Leuchtziffern/夜光塗料 Leuchtfarbe f. -n.

やごう 屋号 Firmenname m. -ns, -n.

やさい 野菜 Gemüse n. -s, -/野菜の栽培 Gemüse[an]bau m. -[e]s｜野菜サラダ Gemüsesalat m. -[e]s, -e/野菜炒め/野菜スープ Gemüsesuppe f. -n/野菜畑 Gemüsegarten m. -s, ..gärten.

やさおとこ 優男 ein schlanker (zarter; zierlicher) Mann, -[e]s, ..er《はっきりとした男》. ⇨なん.

やさがし 家捜し Haus[durch]suchung f. -en/家捜しをする eine Haussuchung vornehmen*, das Haus durchsuchen.

やさがた 優形 eine zarte Figur, eine zierliche Gestalt, -, en/優形の zart; zierlich; schlank《すらりとした》.

やさき 矢先 ...せんとする矢先に gerade (eben) in dem Augenblick (Moment), als (da) .../ちょうど彼に電話をかけようとしていた矢先当人の彼が入って来た Ich war gerade dabei, ihn anzurufen, da kam er selber herein.

やさしい 易しい leicht; einfach/やさしくする erleichtern⁴; vereinfachen⁴/この問題に答えやすくする Diese Frage ist leicht zu beantworten./やさしくはないさ Es ist nicht so einfach.

やさしい 優しい［親切な］ freundlich; gütig; ［柔和な］ mild[e]; sanft; ［難聴の］ anmutig; fein; zart/優しい目付きで mit mildem (sanftem) Blick/気だてのやさしい少女 ein gutherziges Mädchen, -s, -/優しい心の持ち主である ein gütiges Herz haben/優しくうなずきかける jm freundlich zu|nicken/優しく諭す jn gütig verwarnen/彼に優しくしてやってくれ Sei ihm gut!

やし 香具師 Schausteller m. -s, -《見世物師》; Marktschreier m. -s, -《大道商人》.

やし 椰子［植］ Kokospalme f. -n/椰子の実 Kokosnuss f. -es, ¨e｜椰子油 Kokosfett n. -[e]s.

やじ 野次 Zwischenruf m. -[e]s, -e/野次を Zwischenrufe unterbrechen*; dazwischen|rufen*/演説を野次で妨害する(野次る) eine Rede durch ⁴Zwischenrufe stören.

やじうま 野次馬 der Neugierige《Schaulustige》, -n, -n; ［群集］ Pöbelhaufe m. -ns, -n; Zaungäste《pl 人垣》/野次馬根性で aus ³Neugier.

やしき 屋敷 Wohnhaus n. -es, ¨er; Grundstück n. -s, -e《地所》｜屋敷町 Villenviertel n. -s, -.

やしない 養い子 Pflegekind n. -[e]s, -er/養い親［父親］ Pflegevater m. -s, ¨; ［母親］ Pflegemutter f. ¨; ［両親］ Pflegeeltern《pl》/養い手 Ernährer m. -s, -.

やしなう 養う ernähren⁴《食べさせる》; unterhalten⁴《扶養する》; auf|ziehen⁴《育て上げる》; groß|ziehen⁴《同上》; pflegen《養護・育成する》; fördern《保護・促進する》; aus|bilden《養成する》/家族を養う Familie ernähren (unterhalten*)/...の習慣を養う ³sich zur Gewohnheit machen⁴/体力を養う seinen Körper kräftigen (ertüchtigen).

やしゅ 野趣 Natur f. -, ländliche Stimmung, -/野趣のある naturhaft; ländlich.

やしゅう 夜襲 Nachtangriff m. -[e]s, -e/夜襲する nachts an|greifen⁴; den Nachtangriff unternehmen⁴《auf⁴》.

やじゅう 野獣 ein wildes Tier, -[e]s, -e; Bestie f. -n/野獣のような tierisch; bestialisch｜野獣主義(派)［美］ Fauvismus m. -/野獣性 Bestialität f. -, -en; tierische Art.

やしょく 夜色 Nachtfarbe f. -n. ⇨やけい(夜景).

やしょく 夜食 Imbiss m. -es, -e/夜食をとる nachts einen kleinen Imbiss ein|nehmen*. ⇨ゆうしょく(夕食).

やじり 鏃 Pfeilspitze f. -n.

やじる 野次る jn durch Zwischenrufe stören, jn necken (hänseln)《ひやかす》/野次り倒す jn nieder|schreien*.

やじるし 矢印 Pfeil m. -[e]s, -e.

やしろ 社［ein schintoistischer］ Tempel, -s, -《Schrein, -[e]s, -e》.

やしん 野心 ein hoher (unbescheidener) Wunsch, -es, ¨e; Ambition f. -en; Ehrgeiz m. -es《功名心》; ein böses Vorhaben, -s, -《悪だくらみ》/野心がある ehrgeizig; ehrgeizig; ambitiös/...の野心がある beabsichtigen⁴; vor|haben⁴｜野心家 ein ehrgeiziger (ambitiöser) Mensch, -en, -en; Intrigant m. -en, -en《陰謀家》.

やじん 野人［田舎者］ Landmann m. -[e]s,

leute; Bauer *m*. -n, -n《農夫》; [粗野な人] ein grober Mensch, -en, -en; Flegel *m*. -s, -; [自然児] Naturbursche *m*. -n, -n/野人の如く振舞う ⁴sich wie ein Bauer (Naturbursche) benehmen*.

やす Fischspeer *m*. -〔e〕s, -e.

やすあがり 安上がりである billig sein; preiswert sein《値うち》.

やすい 易い leicht; einfach/これ(わかり)易い leicht zerbrechlich (verständlich)/かぜをひき易い ³sich leicht erkälten/彼は近頃怒り易くなった Er wird neuerding leicht (gleich) böse./彼女はとかく無駄使いをし易い Sie neigt zur Verschwendung./この機械は使い易い Diese Maschine ist leicht zu handhaben./お易い御用です Das mache ich gern (mit Vergnügen)!

やすい 安い billig; preiswert; wohlfeil/安い給与 billiges (niedriges) Gehalt, -〔e〕s, ⸗er/安い値段で手に入れる billig kaufen⁴; preiswert erstehen*⁴/安くなる billiger werden/値段を安くする die Preise senken (herab|setzen); eine Summe am (vom) Preis ab|ziehen*《割引きする》/旅行には安くても五万円はかかるだろう Für die Reise wird man, auch wenn man es niedrig schätzt, fünfzigtausend Yen brauchen. ¶ 安からぬ心地がする ⁴sich nicht wohl fühlen; ⁴sich beunruhigen《*über*⁴》/お安くない仲である intime Beziehungen haben《*zu*³》; mehr als gut befreundet sein《*mit*³》.

やすうけあい 安請合いをする leichtfertig (ohne ⁴Überlegung) übernehmen*⁴ (versprechen*⁴); *jm* zu schnell sein ⁴Versprechen geben*/あまり安請合いしない方がいいですよ Überlegen Sie sich die Sache besser nochmals, bevor Sie Ja dazu sagen!

やすうり 安売り das Billigverkaufen*, -s; Ausverkauf *m*. -〔e〕s, ⸗e《庫払い》/安売りする billig (zu billigen ³Preisen) verkaufen⁴ ‖ 夏物(冬物)一掃大安売り Sommer¦schlussverkauf (Winter-) *m*. -〔e〕s, ⸗e.

やすげっきゅう 安月給 ein niedriger Monatslohn, -〔e〕s, ⸗e; niedriges Gehalt, -〔e〕s, ⸗er.

やすっぽい 安っぽい billig; wertlos; kitschig.

やすで 〖動〗Steinläufer *m*. -s, -; Schalenassel *f*. -n《さわると球状になるたまやすで》.

やすね 安値 ein billigerer (niedriger) Preis, -es, -e.

やすぶしん 安普請の家 ein billiges Gebäude, -s, -; ein unsolid gebautes Haus, -es, ⸗er.

やすまる 安(休)まる [気持が] ⁴sich beruhigen; [身体が] ⁴sich erholen; ⁴sich aus|ruhen/〔全然〕安まるひまがない〔gar〕keine Ruhe finden*; 〔gar〕nicht zur ³Ruhe kommen* [s].

やすみ 休み ❶ [休息] Ruhe *f*.; Ruhepause *f*. -n; Rast *f*. -en; [休養] Ausspannung *f*. -en; Erholung *f*. -en/休みなく ohne ⁴Pause; ununterbrochen/一時間の休みをとる eine Stunde Pause machen/さあ一休みしよう Machen wir jetzt eine〔kleine〕Pause! ❷ [休暇] Feiertag *m*. -〔e〕s, -e《休日》; Ferien《*pl* 学校などの休暇》; Urlaub *m*. -〔e〕s, -e《役所・会社・軍隊などの休暇》/休みを取る Urlaub nehmen*/明日は学校は休みだ Morgen haben wir schulfrei./今日は仕事は休みです Heute haben wir frei. ¦ Heute feiern wir./彼は今日は休みです Er fehlt heute.《欠席》/夏の休みには山に行きます In den Sommerferien fahren wir ins Gebirge. ‖ 休み時間 Pause *f*. -n.

やすむ 休む ❶ [休息する] ruhen; rasten; eine Rast machen; [休養する] ⁴sich aus|ruhen; ⁴sich erholen; 〔⁴sich〕aus|spannen; [休憩する] eine〔Ruhe〕pause machen; [休業する] feiern; fehlen《欠席する》; Urlaub nehmen*《休暇をとる》/学校を休む nicht zur Schule gehen* [s]; in der ³Schule fehlen/休め《号令》Rührt euch!/この店は今日は休んでいます Dieses Geschäft ist heute geschlossen. ❷ [就寝する] schlafen (zu (ins) Bett) gehen* [s]/お休みなさい Gute Nacht! ¦ Schlafen Sie gut (wohl)! ¦ Angenehme Ruhe!

やすめる 休める ruhen lassen*⁴; aus|ruhen⁴; beruhigen⁴《気持を》/身体を休める den Körper ruhen lassen*; ⁴sich aus|ruhen《*von*³》; ⁴sich erholen⁴《*von*³》; 〔⁴sich〕aus|spannen《緊張から》/目を休める Augen schonen/仕事の手を休める eine〔Ruhe〕pause machen.

やすもの 安物 eine billige Sache, -n; ein billiges Ding, -〔e〕s, -e.

やすやす 易々と ganz leicht; ohne jede ⁴Schwierigkeit (Mühe); mühelos/易々と勝つ einen Kampf ohne Mühe gewinnen*/こんな問題なんか易々と解けるさ Es ist ja kinderleicht, eine solche Frage zu lösen.

やすやど 安宿 ein billiges Hotel, -s, -s; ein billiges Gasthaus, -es, ⸗er; 〖俗〗Penne *f*. -n.

やすらか 安らかな(に) friedlich; ruhig; sanft/安らかな良心 ruhiges (gutes) Gewissen, -s/安らかに眠る ruhig schlafen*; in ³Frieden ruhen《死者の霊が》/安らかな生活を送る ruhige Tage verbringen*; ein ruhiges Leben führen.

やすらぎ 安らぎ Ruhe *f*./良心の安らぎ Ruhe des Gewissens/安らぎを見いだす(求める) ⁴Ruhe finden* (suchen). ⇨**あんてい**.

やすらぐ 安らぐ ⇨**あんてい**.

やすり 鑢 Feile *f*. -n; Raspel *f*. -n/鑢をかける feilen⁴; an|feilen⁴/窓格子を鑢で切断する die Fenstergitter durch|feilen ‖ 紙鑢 Schleif¦papier (Sand-; Schmirgel-) *n*. -s, -e.

やすりょうりや 安料理屋 ein billiges Lokal, -s, -e; ein billiges Restaurant, -s, -s.

やすんじる 安んじる ❶ [安心する] ⁴sich beruhigen; [満足する] ⁴sich begnügen; ⁴sich zufrieden geben*《*mit*³》. ❷ 安んじて [安心して] beruhigt; ruhig; ohne ⁴Sorge (Angst); [満足して] zufrieden; [安らかに] friedlich/私は今の境遇に安んじているわけではない Ich bin mit meiner jetzigen Lage nicht gerade zufrieden.

やせい 野性 Wildheit *f*. -en/野性的な wild;

naturwüchsig; unkultiviert/野性的な若者 Naturbursche *m.* -n, -n.

やせい 野生の wild; natur¦gewachsen (-wüchsig)/野生する wild wachsen* ‖ 野生植物 eine wilde Pflanze, -n/野生動物 ein wildes Tier, -[e]s, -e.

やせうで 痩せ腕 ein dünner (schwacher) Arm, -[e]s, -e/痩せ腕で大家族を養う mit seinen schwachen ³Kräften eine große Familie ernähren.

やせおとろえる 痩せ衰える [⁴sich] ab|zehren; ab|magern [s]; ⁴sich ab|härmen《心痛のために》/痩せ衰えた abgezehrt; abgemagert; abgehärmt.

やせがまん 痩せ我慢 unnötiges Heldentum, -s/痩せ我慢をする falschen Mut (falsche Begeisterung) auf|bringen*/痩せ我慢をすることはないぜ Du brauchst nicht so groß zu tun.

やせぎす 痩せぎすの mager; hager; dünn; dürr; schlank.

やせぐすり 痩せ薬 Entfettungsmittel *n.* -s, -.

やせこける 痩せこける ab|magern [s]/痩せこけた abgemagert/彼はすっかり痩せこけてしまった Er ist nur noch Haut und Knochen.

やせち 痩せ地 magerer Boden, -s, ¨; unfruchtbare Erde.

やせっぽち 痩せっぽちの abgemagert; mager; hager; dünn; klapperdürr/彼は痩せっぽちだ Er ist ganz dünn. ¦ Er ist ein klapperndes Skelett. ¦ Bei ihm kann man alle Rippen zählen.

やせほそる 痩せ細る ⇨**やせこける**.

やせる 痩せる mager (dünn; schlank) werden; ab|magern [s]; ⁴Fett verlieren*; ab|nehmen*《体重が軽くなる》; unfruchtbar (mager) werden《土地が》/病気で五キロ痩せました Ich habe wegen der Krankheit fünf Kilogramm abgenommen (verloren). ― 痩せた abgemagert; mager; hager; dünn; schlank; unfruchtbar《地味が》.

やせん 野戦 Feldkrieg *m.* -[e]s, -e; Feldzug *m.* -[e]s, ¨e ‖ 野戦病院 Feldlazarett *n.* -[e]s, -e.

やせん 夜戦 Nachtgefecht *n.* -[e]s, -e.

やそ 耶蘇 Jesus Christus *m.* ❖ 古くは二格: Jesu Christi, 三格:Jesu Christo, 四格:Jesum, Christum 呼格:Jesu Christe のように変化したが, 現在では二格以外は無変化にするのがふつうである. ⇨**キリスト**.

やそう 野草 Wiesengras *n.* -es, ¨er; eine wilde Pflanze, -n.

やそうきょく 夜想曲 〖楽〗 Nachtstück *n.* -[e]s, -e; Nocturne *n.* -s, -s (*f.* -s); Notturno *n.* -s, -s.

やたい 屋台 Verkaufsstand *m.* -[e]s, ¨e; Bude *f.* -n.

やたいぼね 屋台骨 Balkenwerk *n.* -[e]s, -e; Gebälk *n.* -s, -e; Gerüst *n.* -[e]s, -e; Gestell *n.* -s, -e; Grundlage *f.* -n《基礎》; Vermögen *n.* -s, -《財産》/屋台骨がしっかりしている eine feste Grundlage haben.

やたら やたらに [無考えに] ohne ⁴Überlegung; rücksichtslos; [無差別に] unterschiedslos; [無計画に] planlos; blindlings; [あっさりと] einfach; ohne weiteres; [過度に] maßlos; übermäßig ⇨**むやみ**/そうやたらに許可するわけにはゆかない Ich kann es nicht so ohne weiteres erlauben./やたらに俺のタオルを使わないでくれ Benutz doch nicht mein Handtuch, ohne mich zu fragen!

やちゅう 夜中 ⇨**よなか**.

やちょう 野鳥 ein wilder Vogel, -s, ¨; wildes Geflügel, -s《総称》.

やちょう 夜鳥 Nachtvogel *m.* -s, ¨.

やちん 家賃 [Haus]miete *f.* -n/家賃を払う die Miete bezahlen/家賃を上げる(下げる) die Miete erhöhen (senken)/お宅では家賃はいくら払っていますか Was zahlen Sie für Ihre Wohnung? ¦ Wie hoch ist Ihre Wohnungsmiete?/この家は家賃が月六万円です Für dieses Haus (Für diese Wohnung) zahle ich jeden Monat 60 000 Yen.

やつ 奴 ❶ [男] Kerl *m.* -[e]s, -e; Bursche *m.* -n, -n; Patron *m.* -s, -e/いかす奴 Prachtkerl *m.* -[e]s, -e; Prachtmensch *m.* -en, -en/いやな奴 ein unsympathischer (widriger) Kerl/あいつは全くいい奴さ Er ist ein patenter Kerl. ❷ [人物] Person *f.* -en; Geschöpf *n.* -e; Typ *m.* -s, -en/お前は恩知らずな奴だ Du bist ein undankbares Geschöpf./なんて不愉快な奴 So ein unangenehmer Mensch! ❸ [もの] Ding *n.* -[e]s, -er/でっかい奴 ein großes Ding.

やつあたり 八つ当たりする seinem Ärger ⁴Luft machen; seine Wut aus|lassen*《an *jm*》/それは八つ当たりというものさ Das ist ja an die falsche Adresse gegangen.

やつおり 八つ折判 Oktav *n.* -s, -e; Oktavformat *n.* -[e]s, -e/八つ折判の oktav/八つ折判の書物 ein Buch《*n.* -[e]s, ¨er》im Oktavformat.

やっか 薬科大学 eine pharmazeutische Hochschule, -n.

やっかい 厄介な beschwerlich; lästig; belästigend; mühsam/厄介払いをする los|werden*⁴; ³sich vom Hals[e] schaffen⁴/厄介をかける *jm* [viel] ⁴Mühe (Sorge) machen (verursachen); *jm* zur Last fallen* [s]/彼にはずいぶん厄介になった Er hat mir viel geholfen. ¦ Er hat sich um meine Sache viel Mühe gegeben./どうもご厄介になりました Ich danke Ihnen herzlich für Ihre Bemühungen./彼は家族の厄介者だ Er ist eine Last für seine Familie.

やっかん 約款 Klausel *f.* -n; Artikel *m.* -s, -.

やっき やっきとなる ⁴sich ereifern; in ⁴Eifer geraten* [s]/やっきとなって eifrig; mit großem Eifer/彼は私を説得しようとやっきになっていた Er war eifrig bemüht, mich dazu zu überreden.

やつぎばや 矢継早に in rascher ³Folge; schnell nach¦einander (hinter-)/矢継早に質問する *jm* ⁴Frage auf ⁴Frage stellen.

やっきょう 薬莢 Patrone *f.* -n/からの薬莢 Patronenhülse *f.* -n.

やっきょく 薬局 Apotheke *f.* -n; Offizin *f.* -en ‖ 薬局方 Arzneibuch *n.* -[e]s, ¨er;

Pharmakopöe *f.* -n/日本薬局方 das Japanische Arzneibuch.

やつぎり 八つ切[判] Oktav *n.* -s, -e《本の大きさ》.

ヤッケ Anorak *m.* -s, -s; Windjacke *f.* -n《ウインドブレーカー》.

やっこ 奴 Diener *m.* -s, -; Knecht *m.* -[e]s, -e/恋の奴 ein Sklave《*m.* -n, -n》der Liebe. ⇨やつ.

やつざき 八つ裂きにする in ^{4}Stücke zerreißen*^{4}; zerstückeln^4/貴様を八つ裂きにしてやりたい Ich könnte dich vor Wut zerreißen.

やつす [身を] ^{4}sich als ^{1}*et* verkleiden/物売りに身をやつして als Hausierer verkleidet/…に憂き身をやつす mit ^{3}Eifer nach|gehen*^{3} [s].

やっつけしごと やっつけ仕事 eine unsorgfältige (hingepfuschte) Arbeit, -en; Pfuscharbeit *f.* -en.

やっつける an|greifen*^{4}《攻撃する》; bezwingen*^{4}《屈服させる》; fertig machen^4《片づける》; fertig werden《*mit*^{3} 処理する》⇨**かたづける**/奴をやっつけろ Nieder mit ihm!/今に貴様をやっつけてやるからな Warte mal! Du wirst (kannst) noch was von mir erleben.

やつで 八手〖植〗Aralie *f.* -n; Handaralie *f.* -n.

やってくる やって来る ⇨**くる**.

やってのける fertig bringen*^{4}; zustande (zu Stande; zuwege (zu Wege)) bringen*^{4}/遂に彼はこの離れ業をやってのけた Endlich brachte er das Kunststück zuwege.¦Endlich gelang ihm das Kunststück.

やってみる versuchen^3 ⇨**こころみ**(試みる)/どれ一つやってみるか Wollen wir es einmal versuchen (probieren)?/できるだけのことはやってみましょう Ich werde alles tun, was möglich ist.

やってゆく weiter|kommen* [s]《前進する》; aus|kommen* [s]《*mit*^{3} どうにか間に合わせる》/十分やってゆける gut auskommen können*《*mit*^{3}》/仲よくやってゆく gut aus|kommen* [s]《*mit*^{3}》; ^{4}sich gut vertragen*《*mit*^{3}》/この金ではとてもやってゆけない Man kann mit diesem Geld gar nicht auskommen./彼とは一緒にやってゆけない Mit ihm ist nicht auszukommen.

やっと ❶ [ついに] endlich; schließlich/やっと今(今日)になって erst jetzt (heute)/やっと手紙が来た Der Brief ist endlich da./やっと最後に彼はそれを白状した Schließlich am Ende gestand er es./彼はやっと最近二十歳になったばかりだ Er ist erst neulich zwanzig [Jahre alt] geworden. ❷ [辛うじて] mit [knapper] ^{3}Mühe [und Not]; nur [so] eben gerade《ちょうど》/列車にやっと間に合いました Ich habe gerade noch den Zug erreicht./この給料でやっと暮らしてゆける Mit diesem Gehalt kann man gerade noch leben.

やっとこ Zange *f.* -n.

やっぱり ⇨**やはり**.

やつめうなぎ 八つ目鰻〖動〗Neunauge *n.* -s, -n.

やつれる ab|magern [s]; ^{4}sich ab|zehren; ^{4}sich ab|härmen《心労で》/やつれた abgemagert; abgezehrt; abgespannt《疲労して》; angegriffen《同上》; abgehärmt《心労で》/彼はやつれ果ててもはや昔日の面影がない Er ist nur mehr ein Schatten seines einstigen Selbst.

やど 宿 ❶ [住所] Wohnung *f.* -en. ❷ [宿泊場所] Aufenthalt *m.* -[e]s, -e; Unterkommen *n.* -s, -; Unterkunft *f.* ⸗e; [宿屋] Hotel *n.* -s, -s; Gasthof *m.* -[e]s, ⸗e; Gasthaus *n.* -es, ⸗er; Herberge *f.* -n/宿を捜す ein Unterkommen (eine Unterkunft) suchen; ein Hotel suchen/一夜の宿を請う *jn* um ein Nachtlager (um Unterkunft für eine Nacht) bitten*/お宿はどちらですか Wo wohnen Sie?¦Wo sind Sie untergekommen?

やとい 雇い口 Beschäftigung *f.* -en; Stelle *f.* -n/雇い人 der Angestellte*, -n, -n; Diener *m.* -s, -《召使い》; Arbeitnehmer *m.* -s, -《被傭者》/雇い主(手) Arbeitgeber *m.* -s, -/臨時雇い Aushilfe *f.* -n.

やといいれる 雇い入れる in ^{4}Dienst nehmen*^{4}; auf|nehmen*^{4}; ein|stellen^4; an|stellen^4; engagieren^4《特に芸術家・芸人などを》; an|heuern^4《船員を》/船を雇い入れる ein Schiff chartern.

やとう 野党 Oppositions¦partei (Gegen-) *f.* -en; Opposition *f.* -en《反対各党の総称》.

やとう 雇う ❶ ⇨**やといいれる**/…に雇われている bei *jm* im Dienst sein; bei *jm* angestellt sein/私はこの会社に運転手として雇われています Ich bin bei dieser Firma als Fahrer angestellt. ❷ [車・船を] mieten^4; chartern^4《特に船・飛行機を》/タクシーを雇う ein Taxi mieten.

やどがえ 宿替え Wohnungswechsel *m.* -s, -; Umzug *m.* -[e]s, ⸗e/宿替えする seine Wohnung wechseln; um|ziehen* [s]/別なホテルに宿替えする in ein anderes Hotel ziehen* (um|ziehen*) [s].

やどかり 〖動〗Einsiedlerkrebs *m.* -es, -e; Eremit *m.* -en, -en.

やどす 宿す ¶ …の種を宿す von *jm* ein Kind bekommen*; von *jm* schwanger sein.

やどちょう 宿帳 Fremden¦buch (Gäste-) *n.* -[e]s, ⸗er/宿帳に記名する ^{4}sich in das Fremdenbuch ein|tragen*.

やどちん 宿賃 Übernachtungskosten《*pl*》.

やどなし 宿なし Obdachlosigkeit *f.*/宿なしの obdachlos; ohne ^{4}Wohnung; heimatlos《故郷をもたぬ》/宿なしの犬 ein herrenloser Hund, -[e]s, -e/宿なしの人間 der Obdachlose*, -n, -n/僕らは宿なしだ Wir haben kein Zuhause.

やどや 宿屋 ⇨**りょかん**.

やどりぎ 寄生木 Mistel *f.* -n; [寄生植物] Schmarotzerpflanze *f.* -n; Schmarotzer *m.* -s, -.

やどる 宿る ❶ ⇨**とまる**(泊る). ❷ [寄生物が] schmarotzen《*bei*^{3}》. ¶ 正直の頭(こうべ)に神宿る Im Herzen eines ehrlichen (rechtschaffenen) Menschen wohnt Gott./池に宿る月 der Mond, der sich im Teich spiegelt.

やどわり 宿割り Quartierzuweisung *f.* -en; Zimmerverteilung *f.* -en; Einquartierung

やな ...en《軍隊》/宿割りをする jm das Quartier zu|weisen*; die Zimmer verteilen; jn ein|quartieren.

やな 簗《漁》Fischreuse f. -n.

やなぎ 柳《植》Weide f. -n/柳の木 Weidenbaum m. -[e]s, ¨e. ¶ 柳に風と受け流す gleichgültig auf|nehmen*⁴; gelassen hin|nehmen*. ‖ しだれ柳 Trauerweide f. -n.

やなぎごうり 柳行李 Weidenkoffer m. -s, -; Weidenkorb m. -[e]s, ¨e《バスケット》.

やなぎごし 柳腰である schmale Hüften haben; eine schlanke Figur haben; schlank sein.

やなみ 家並 Häuserreihe f. -n.

やに 脂［樹木の］Harz m. -es, -e; [目の] Augenbutter f./やにっこい harzig; klebrig/彼の指はたばこのやにで黄色くなっていた Er hatte nikotingelbe Finger.

やにさがる やに下る［気取る］³wichtig tun*; ³sich ein Ansehen geben*; [にやにやする] in ³sich hinein|lachen; grinsen.

やにょうしょう 夜尿症［nächtliches］Bettnässen, -s.

やにわに やにわに plötzlich; mit einem Mal; auf einmal; unerwartet《思いがけず》.

やぬし 家主 Hausbesitzer m. -s, -; Wohnungsvermieter m. -s, -.

やね 屋根 Dach n. -[e]s, ¨er/かわら(スレート, 藁)で屋根を葺く das Dach mit ³Ziegeln (Schiefer, Stroh) decken ‖ 屋根裏部屋 Dach|zimmer n. -s, - (-stube f. -n); Mansarde f. -n/屋根がわら Dachziegel m. -s, -/屋根屋(屋根ふき職人) Dachdecker m. -s, -.

やのあさって überübermorgen.

やば 矢場 Trainingsplatz《m. -es, ¨e》zum Bogenschießen; Schießbude (f. -n) für ⁴Bogenschützen.

やぶ 矢筈 Nock n. -[e]s, -e (f. -en).

やばね 矢羽 Befiederung f. -en.

やはり [...]もだ] auch; doch; trotzdem;［予想通り］wie erwartet (vorgesehen);［結局］schließlich (am Ende) doch/いまでもやはり immer noch; nach wie vor/やはりそうだったのか Also doch!/彼もやはり人間だ Er ist auch ein Mensch./やはり来てしまったよ Ich bin doch gekommen./やはりうまくゆかなかった Es hat doch nicht geklappt.

やはん 夜半に nachts; [mitten] in der ³Nacht; mitternachts; um ⁴Mitternacht/夜半まで bis tief in die Nacht.

やばん 野蛮 Barbarei f. -en; Rohheit f. -en; Wildheit f. -en/野蛮な barbarisch; roh; wild; unzivilisiert《未開の》/野蛮な振舞 ein rohes Betragen, -s/野蛮な行為 eine barbarische Tat, -en; Grausamkeit f. -en; Brutalität f. -en ‖ 野蛮人 Barbar m. -en, -en; ein wilder Mensch, -en, -en.

やひ 野卑な［俗な］gewöhnlich; vulgär;［乱暴な］grob; roh;［低劣な］gemein; niedrig;［無教養な］ungebildet; ungesittet/野卑な振舞 ein grobes Benehmen, -s/野卑なことばを使う ⁴sich einer gewöhnlichen (vulgären) ²Sprache (Ausdrucksweise) bedienen.

やぶ 藪 Busch m. -es, ¨e; Gebüsch n. -es, -e; Gesträuch n. -[e]s, -e; Gehölz n. -es, -e; Dickicht n. -[e]s, -e. ¶ 藪から棒に plötzlich; ganz unvermittelt/壁のドアは藪の中 Die Tür ins Haus fallen*《話・要求をもち出す》/藪をつついて蛇を出す《藪蛇になる》ein Wespennest stechen*(greifen*). ‖ 竹藪 Bambus|gehölz n. -es, -e (-dickicht n. -[e]s, -e).

やぶいしゃ 藪医者 ein ungeschickter (unfähiger) Arzt, -es, ¨e; Kurpfuscher m. -s, -; Quacksalber m. -s, -.

やぶいり 藪入り ein freier Tag {-[e]s, -e} für die Hausangestellten {, zweimal jährlich traditionell festgelegt}.

やぶく 破く ⇨やぶる.

やぶさか ¶ 私は...するにやぶさかではない Ich bin gerne bereit, ...

やぶにらみ 藪睨み das Schielen*, -s/藪睨みの目 Schielauge n. -s, -n/藪睨みである schielen.

やぶへび 藪蛇 ⇨やぶ.

やぶる 破る ❶[裂く] [zer]reißen*⁴/破り取る weg|reißen*⁴. ❷[こわす] [zer]brechen*⁴/破り破る（記録）を破る das Schweigen (einen Rekord) brechen*/錠前(手紙の封)を破る das Schloss (den Brief) auf|brechen*/平和を破る den Frieden stören/旧習を破る einen alten Brauch außer Acht lassen*; ⁴sich über alter Gepflogenheit hinweg|setzen/窓ガラスを破る eine Fensterscheibe zerschlagen* (ein|werfen*《物を投げて》)/約束を破る das Versprechen brechen*. ❸[法律を] verletzen*; übertreten*; verstoßen*《gegen》. ❹［負かす］jn besiegen (schlagen*)/彼を破るのは容易ではない Er ist nicht leicht zu schlagen.

やぶれ 破れ Riss m. -es, -e《裂け目》; Spalte f. -n《割れ目》/...の破れを繕う flicken*⁴.

やぶれかぶれ 破れかぶれ Verzweiflung f. -en/破れかぶれの verzweifelt/破れかぶれになって verzweifelt; aus ³Verzweiflung; mit dem Mut der ²Verzweiflung/破れかぶれになる ⁴Verzweiflung geraten* {s}; verzweifeln {s}.

やぶれた 破れた zerbrochen《こわれた》; zerrissen《裂けた》; zerschlissen《すり切れた》; abgenutzt《使い古した》; abgetragen《同上》; fadenscheinig《糸目の見えるようになった》/破れた恋 verlorene Liebe.

やぶれめ 破れ目 Riss m. -es, -e; Spalte f. -n; Öffnung f. -en《開いたところ》; Bresche f. -n《突破口》.

やぶれる 破れる ❶ zerreißen* {s}; zerbrechen* {s}/破れている《靴・服など》zerrissen sein; abgenutzt (abgetragen) sein ⇨やぶれた. ❷[挫折する] misslingen*; missglücken {s}/彼の夢は空しくも破れた Sein Traum ging leider nicht in Erfüllung.

やぶれる 敗れる verlieren*⁴; besiegt werden; eine Niederlage erleiden*《戦い(訴訟)に敗れる einen Kampf (einen Prozess) verlieren*/日本チームは敗れた Die japanische Mannschaft erleidet Niederlage. Japan

やぶん 夜分に nachts; [spät]abends/夜分おそくまで bis spät in die Nacht/夜分おそくお電話して申しわけありません Entschuldigen Sie den späten Anruf (die nächtliche Störung)!

やぼ 野暮な grob (粗野な); ungeschliffen 《磨きのかかっていない》; humorlos 《ユーモアのない》; bäurisch (田舎じみた); ungeschickt 《無器用な》; ungebildet 《教養のない》; taktlos 《心くばりのない》; geschmacklos 《趣味の悪い》; weltfremd 《世間知らずの》/彼は野暮な人間だ Er versteht keinen Witz. Er hat keinen Humor./野暮なことを言うな Rede nicht so dummes Zeug (solchen Quatsch)! ¦Sei nicht so humorlos (albern)!/言うだけ野暮だ Es hat keinen Zweck (Es lohnt sich nicht), das zu sagen.

やほう 野砲 Feld¦geschütz n. -es, -e (-kanone f. -n).

やぼう 野望 ⇨やしん.

やま 山 ❶ [山岳] Berg m. -[e]s, -e; Gebirge n. -s, - 《連山・山脈》; Höhe f. -n; Hügel m. -s, - 《丘陵》; Wald m. -[e]s, ¨er 《山林》/山の多い bergig; gebirgig/山に登る einen Berg besteigen*; auf einen Berg steigen* ⓢ ⇨とざん/山に行く in die Berge (in die Berge) gehen* (fahren*) ⓢ/山を下る den Berg hinab¦steigen* ⓢ; vom Berg (im Tal) hinab¦gehen* ⓢ/この夏は山で過ごした Diesen Sommer habe ich im Gebirge (in den Bergen) verbracht. ❷ [鉱山] Bergwerk n. -[e]s, -e; Mine f. -n; Zeche f. -n. ❸ [堆積] Haufen m. -s, -/山ほどのお金の大きな Haufen (eine große Menge; eine Stange) Geld / 私は山ほどの心配(借金)がある Ich habe eine Unmenge Sorgen (Schulden)./仕事が山のようにたまっていた Berge von Arbeit hatte sich aufgetürmt. ¦Die Arbeit hatte sich berg¦hoch getürmt. ❹ [機try] 山をかける spekulieren (auf⁴); es darauf ankommen lassen*/山はは外れてしまった Die Rechnung ging nicht auf. ❺ [頂点・絶頂] Höhepunkt m. -[e]s, -e; Gipfel m. -s, -《危機、たとえば病気の》/山をこえる die Krise überwinden*/ここがこの芝居の山です Hier liegt der Höhepunkt des Dramas. ❻ [終局] Endphase f. -n/そろそろ山が見えてきた Das Ende ist nicht mehr fern.

やまあらし 山あらし 〖動〗 Stachelschwein n. -[e]s, -e.

やまい 病 ⇨びょうき/病膏肓(ⓒⓘ)に入っている unheilbar (nicht leicht zu heilen) sein.

やまいぬ 山犬 ein wilder Hund, -[e]s, -e; Wolf m. -[e]s, ¨e 〖狼〗.

やまおく 山奥で[に] tief (mitten) im Berg (Wald)/山奥まで bis tief in den Berg (Wald) (hinein).

やまおとこ 山男 Bergsteiger m. -s, - 《登山家》; Bergbewohner (Wald-) m. -s, - 《山に住む人》; Holzfäller m. -s, - 《きこり》; Bergmann m. -[e]s, ..leute 《鉱夫》; Waldmensch m. -en, -en 《森の怪物》.

やまおろし 山下し Bergwind m. -[e]s, -e.

やまか 山火事 Waldbrand m. -[e]s, ¨e.

やまがら 山雀〖鳥〗Meise f. -n.

やまがり 山狩りする〈犯人を〉(einen Verbrecher) in den Bergen umstellen; ein Kesseltreiben veranstalten 《追い込み》.

やまくずれ 山崩れ Bergsturz m. -es, ¨e; Berg¦rutsch (Erd-) m. -[e]s, -e.

やまぐに 山国 Bergland n. -[e]s, ¨er; ein bergiges Land, -[e]s, ¨er.

やまけ 山気 Spekulationsgeist m. -[e]s 《投機心》; Unternehmungslust f. -《冒険心》; Ehrgeiz m. -es 《功名心》/山気のある spekulativ; unternehmungslustig; ehrgeizig /山気のない ehrgeizlos; ehrlich; rechtschaffen.

やまごえ 山越えする über den Berg gehen*.

やまごや 山小屋 Berghütte f. -n.

やまざくら 山桜 wilde Kirsche, -n.

やまざと 山里 Berg¦dorf (Wald-) n. -[e]s, ¨er/山里の人 Berg¦bewohner (Wald-) m. -s, -.

やまざる 山猿 ❶ [猿] Affe m. -n, -n. ❷ [田舎者] Waldaffe m. -n, -n 《文字通りにいって》; ein bäurischer (ungeschliffener) Mensch, -en, -en; Rüpel m. -s, -; Tölpel m. -s, -.

やまし 山師 [投機師] Spekulant m. -en, -en; [詐欺師] Schwindler m. -s, -; Scharlatan m. -s, -e; Hochstapler m. -s, - 《上流社会に出入りする》; [冒険家] Abenteurer m. -s, -.

やまじ 山路 ⇨やまみち.

やましい 疚しい ein böses (schlechtes) Gewissen haben/疚しいところがない ein gutes Gewissen haben.

やましぎ 山鴫〖鳥〗Waldschnepfe f. -n.

やまたかぼうし 山高帽子 Melone f. -n.

やまだし 山出しの bäurisch; ländlich; ungeschliffen 《洗練されていない》.

やまつなみ 山津波 ⇨やまくずれ.

やまづみ 山積みにする an¦häufen⁴ (auf¦-); auf¦türmen⁴.

やまて 山手 ⇨やまのて.

やまでら 山寺 Bergtempel m. -s, -; ein Tempel im Gebirge (Wald).

やまと 大和 Jamato (Yamato) n. -s; Japan n. -s/大和魂 die Seele des Japaners; die japanische Seele/大和撫子(ⓒ) ein japanisches Mädchen; eine japanische Frau, -en/大和民族 das japanische Volk, -[e]s.

やまどり 山鳥 Waldvogel m. -s, ¨; 〖鳥〗Kupferfasan m. -s, -e[n] 《雉(ⓒ)の一種》.

やまなり 山鳴り das Dröhnen* (-s) des Berges.

やまねこ 山猫〖動〗Wildkatze f. -n.

やまのかみ 山の神 ❶ [神] Berggott m. -[e]s, ¨er, Berggöttin f. -nen, -nen. ❷ [妻] 〖俗〗Hausdrache f. -n ⇨つま〈妻〉.

やまのて 山の手 ❶ [町の] der obenen Teil [der] Stadt; Oberstadt f./山の手に住むin der Oberstadt (im oberen Teil der Stadt) wohnen. ❷ [山近く]山の手に近いとこ

ろでは wo es gegen den Berg zugeht (zuführt).

やまのぼり 山登り das Bergsteigen*, -s; Bergsport *m.* -〔e〕s《スポーツとしての》/山登りをする einen Berg besteigen* (erklettern). ⇨とざん(登山).

やまば 山場 [最高潮] Höhepunkt *m.* -〔e〕s, -e; [危機] Krise *f.* -n/山場は過ぎた Die Krise ist schon vorbei.

やまばと 山鳩 Wildtaube *f.* -n.

やまばん 山番 Förster *m.* -s, - ‖ 山番小屋 Forsthaus *n.* -es, ⸚er.

やまびこ 山彦 Echo *n.* -s, -s. ⇨こだま.

やまびらき 山開き Saisonbeginn《*m.* -〔e〕s》für [4]Bergsteiger.

やまぶき 山吹 〖植〗Ranunkelstrauch *m.* -〔e〕s, ⸚er/山吹色の gold¦gelb (-glänzend).

やまぶし 山伏 Wanderpriester *m.* -s, -.

やまぶどう 山葡萄 wilde Weintraube, -n.

やままゆ 山繭 Kokon《*m.* -s, -s》einer wilden [2]Seidenraupe.

やまみち 山道 [小径] Bergpfad *m.* -〔e〕s, -e; Waldweg *m.* -〔e〕s, -e; [道路] Berg¦straße (Wald-) *f.* -n; [峠の] Pass *m.* -es, ⸚e.

やまもり 山盛りの(に) aufgehäuft; berg〔e〕¦-hoch (turm-); [容器に] überfüllt; übervoll /山盛りにする hoch auf|häufen[4] (-|schichten[4]); überfüllen[4]《*mit*[3]》/匙に山盛り一杯の砂糖 ein gehäufter Löffel Zucker.

やまやま 山々 ❶ ⇨やま. ❷ [大いに] 行きたいのは山々だが… Ich möchte freilich (natürlich; gewiss; sicher) sehr gehen, aber ....¦ Zwar habe ich große Lust, zu gehen, aber ....

やまゆり 山百合 eine wilde Lilie, -n.

やまわけ 山分けにする in gleiche [2]Teile teilen[4]《等分する》; halbieren[4]《二等分する》; gleichmäßig verteilen[4]《ひとしく分配する》/我々二人でその金を山分けにした Wir beide bekamen jeder die Hälfte von dem Geld.

やみ 闇 Dunkelheit *f.* -en; Dunkel *n.* -s; Finsternis *f.* ..nisse/闇の中で in der [3]Dunkelheit (Finsternis); im Dunkel/闇にまぎれて im (unter dem) Schutz der [2]Dunkelheit /闇から闇に葬る vertuschen[4]/一寸先は闇 Auch die nächste Zukunft liegt im Dunkeln. / 闇で買う(売る) schwarz kaufen[4] (verkaufen[4]).

やみあがり 病み上がりの体で noch schwach (kaum genesen) von seiner letzten [3]Krankheit.

やみいち 闇市 Schwarzmarkt *m.* -〔e〕s, ⸚e.

やみうち 闇討ち Überfall *m.* -〔e〕s, ⸚e/闇討ちをくわせる *jn* 〔in der [3]Dunkelheit〕 überfallen*.

やみくも 闇雲に ins Dunkle; blindlings; drauflos; aufs Geratewohl.

やみじ 闇路 ein dunkler Weg, -〔e〕s, -e/闇路を行く im Dunkeln gehen* [s].

やみしょうにん 闇商人 Schwarzhändler *m.* -s, -; Schieber *m.* -s, -.

やみしょうばい 闇商売 Schwarzhandel *m.* -s; Schiebergeschäft *n.* -〔e〕s, -e.

やみそうば 闇相場 Schwarzmarktpreis *m.* -es, -e / 闇相場で買う zu [3]Schwarzmarktpreisen kaufen[4].

やみつき 病みつきになる [4]*et* (von [3]*et*) nicht mehr lassen können*/それ以来彼はたばこが病みつきになった Seitdem kann er das Rauchen (vom Rauchen) nicht mehr lassen.

やみつく 病みつく ❶ [発病する] erkranken [s]; krank werden. ❷ ⇨やみつき.

やみとりひき 闇取引 Schwarzhandel *m.* -s; das Schieben*, -s/闇取引で heimlich; schwarz; ungesetzlich / 闇取引をする Schwarzhandel 〔be〕treiben*; mit *jm* heimlich verhandeln《闇交渉》/商品を闇取引する Waren schieben*.

やみよ 闇夜 eine dunkle (mondlose; gestirnlose) Nacht, ⸚e.

やむ 病む erkranken [s]; krank werden/…を病む leiden*《*an*[3]》/彼は胃(肝臓)を病んでいる Er ist magenkrank (leberkrank).

やむ 止む auf|hören; enden; zu [3]Ende kommen* [s]/風が止む Der Wind hört auf (legt sich)./すでに雨は止んでいた Der Regen hatte schon aufgehört.¦Es regnete nicht mehr. / 私は止むに止まれなかったのです Ich konnte es eben nicht lassen.¦Ich musste es.

やむをえない 止むをえない unvermeidlich《避けがたい》; unumgänglich《同上》; nötig《必要な》; notgedrungen《必要に迫られた》/止むえない事情で zwingender [2]Umstände halber/止むをえずに notgedrungen; unter dem Zwang der [2]Not/止むをえなければ wenn es nicht anders geht; wenn es nötig ist/どうしても止むをえなかったのです Es ging eben nicht anders.¦Es war halt nicht zu vermeiden./止むをえずよりきびしい処置をとった Ich sah mich gezwungen, strengere Maßnahmen zu ergreifen.

やめ 止め ⇨しゅうし(終止)/止めにする ⇨やめる/止めになる unterbrochen werden《中止》; aus|fallen* [s]《取りやめ》; ins Wasser fallen* [s]《計画などが》/金曜日の会合は止めになった Die für Freitag angesagte Zusammenkunft fiel aus.

やめさせる 止めさせる [中止] [4]*et* aufhören (einstellen) lassen*[4]; zu Ende bringen*[4]; [中断] *jn* [4]*et* unterbrechen lassen*; [解雇] *jn* entlassen*; *jm* kündigen/学校を止めさせる aus der [3]Schule entlassen*[4] (aus|schließen*[4])/官職を止めさせる seines Amtes entheben*[4] (entsetzen[4])/彼は無理やり職を止めさせられた Man hat ihn gezwungen, von seinem Amt zurückzutreten.

やめる 止める [中止する] auf|hören《*mit*[3]》; ein|stellen[4]; [中断する] ab|brechen*[4]; unterbrechen*[4]; [見合わせる] unterlassen*[4]; unterbleiben lassen*[4]; ab|sehen*《*von*[3]》; verzichten《*auf*[4]》; [放棄する] auf|geben*[4]; [廃止する] ab|schaffen[4]; [辞職・引退する] zurück|treten* [s]《*von*[3]》; [4]sich zurück|ziehen*《*von*[3]》/学校を止める die Schule verlassen*/酒(たばこ)を止める das Trinken (das Rauchen) auf|geben*/仕事を止める mit der [3]Arbeit (zu arbeiten) auf|hören/職を止める von seinem Posten zurück|treten* [s]/もう止めろったら Hör doch endlich auf!¦

やもうしょう 夜盲症 Nachtblindheit f.

やもめ Witwe f. -n/やもめの verwitwet ‖ やもめ暮らし Witwenschaft f.; Witwerschaft f.《男の》/男やもめ Witwer m. -s, -.

やもり【動】Gecko m. -s, -s; Haftzeher m. -s, -.

やや etwas; ein wenig (bisschen);［かなり］ziemlich/ややあって nach einer ³Weile/彼の容態はややよくなりました Es geht ihm jetzt etwas (ein bisschen) besser.

ややこしい kompliziert; verwickelt; schwierig／話をややこしくする die Sache komplizieren.

ややもすれば leicht《容易に》; oft《しばしば》; ややもすれば…がちである neigen《zu³》; geneigt sein《zu³》/ややもすればこうした誤ちを犯しやすい Man macht leicht einen solchen Fehler./彼女はややもすれば消費をしたがる Sie neigt zur Verschwendung.

やゆ 揶揄する ⇨からかう.

～やら ❶◆～や⓪.❷［不確実］誰(何)やら jemand (etwas)/何やらおかしなものの etwas Komisches／彼は過労やら栄養失調やらで病気になった Aus Überarbeit, Unterernährung usw. ist er krank geworden./どうやら雨が来るらしい Es scheint wohl bald zu regnen./ハンスは何をしているのやら Was Hans jetzt wohl tut?／彼の言うことは何やらやらさっぱりわからない Man kann ihn überhaupt nicht verstehen.／岡部さんやらが見えました Ein gewisser Herr Okabe ist da. ❸［噂］あの人は若くして亡くなったとやら Er soll früh (jung) gestorben sein.／町の様子もすっかり変わってしまったとやら Man sagt, in der Stadt sei alles ganz anders geworden.

やらい 矢来 Zaun m. -[e]s, ⁼e; Staket n. -[e]s, -e／矢来を張りめぐらす mit einem Zaun umgeben*⁴; umzäunen⁴.

やらい 夜来 seit gestern (heute) Nacht《昨夜以来》; seit der vorigen ³Nacht《前夜以来》／夜来の雨もようやく晴れた Der Regen, der die ganze Nacht hindurch geregnet hatte, hörte endlich auf.

やらかす ◆やる③／失策をやらかす einen Fehler begehen*; etwas falsch machen／また何をやらかしたんだ Was hast du denn wieder angerichtet (angestellt)?

やられる［打ち負かされる］besiegt werden《von jm》; eine Niederlage erleiden*;［殺される］ermordet werden《von jm》;［負傷する］verwundet werden; eine Verwundung erleiden*;［こわされる］beschädigt (zerbrochen; zerstört) werden;［一杯食わされる］belügt (betrogen) werden《von jm》;［盗まれる］um ⁴et bestohlen werden〖人が主語〗; jm das Seine gestohlen werden〖物が主語〗／病気にやられる einer ³Krankheit erliegen* ⓢ／雹〈ひょう〉(霜)にやられる《作物が》／彼に見事に一杯やられた Er hat mich schön hereingelegt.／Er hat mir einen schönen Streich gespielt.／先週隣りが泥棒にやられた In der letzten Woche ist bei unserem Nachbarn eingebrochen worden.

やり 槍 Speer m. -[e]s, -e; Spieß m. -es, -e; Lanze f. -n/槍の柄 der Schaft《-[e]s, ⁼e》des Speeres; Speerschaft m. -[e]s, ⁼e/槍の穂先 die Spitze《-n》des Speeres; Speerspitze f. -n／槍で突き刺す jn mit dem Speer (Spieß) durchbohren (durchstechen*)／槍を構える eine Lanze ein|legen（fällen）／槍を投げる den Speer werfen*.

やりあう やり合う ⁴sich streiten* (auseinander setzen)《mit³》／はげしいことばのやり合いになる in einen heftigen Wortwechsel geraten*《mit³》.

やりかえす やり返す［返答する］erwidern《auf⁴》;［反論する］widersprechen*³／負けずにやり返す ⁴sich nicht einschüchtern (zum Schweigen bringen) lassen*.

やりかけ やりかけの［始めかけた］angefangen; begonnen;［未完］noch nicht fertig; halbfertig; unvollendet／やりかけの仕事 eine angefangene (begonnene) Arbeit, -en/やりかけで止める auf halber ³Strecke auf|geben*⁴; halbfertig (halbwegs) liegen lassen*⁴／やりかけたばかりです Das habe ich eben (gerade) angefangen.

やりかた やり方 die Art und Weise; Methode f. -n《方法》／やり方を間違えれば falsch machen⁴; falsch handeln／いかにも彼らしいやり方だ Das sieht ihm ähnlich.／これが一番よい(簡単な)やり方だ Das ist das Beste (Einfachste)./それはやり方が悪いのだ Das liegt an der Methode.／すべてはやり方次第だ Es kommt alles darauf an, wie man es tut.／私には私のやり方がある Ich habe meine eigene Methode.／これが彼のやり方だ Das ist seine Art.

やりきれない やり切れない unerträglich《耐えがたい》; unmöglich《不可能な》; undurchführbar《実行不能の》／こう暑くてはやりきれない Diese Hitze ist endlich unerträglich.／これはやりきれない Das kann ich nicht aushalten.／Das ist mir zu viel.／月一万円ではとてもやりきれません Mit monatlich zehntausend Yen kann man gar nicht leben (kommt man gar nicht aus)./あの子のやりきれない Das Kind ist schrecklich.

やりくり やり繰りする［間に合わせる］aus|kommen* ⓢ《mit³》; ⁴sich behelfen*《mit³》;［乗り切る］hin|weg|kommen*《über⁴》;［とりあげる］fertig bringen*⁴;［節約して使う］haus|halten*《mit³》／金(時間)をやりくりする sparsam mit dem Geld (mit der Zeit) um|gehen*.

やりこめる やり込める zum Schweigen bringen*⁴; übereden《説得する》; besiegt《打ち負かす》.

やりすぎる やり過ぎる zu viel tun*; zu weit gehen* ⓢ／酒をやり過ぎる zu viel trinken*／仕事をやり過ぎる ⁴sich überarbeiten.

やりすごす やり過ごす ❶［飲食の度を］zu viel essen*（trinken*）; übermäßig essen*（trinken*⁴）.❷［人を］vorbeigehen (vor-

やりそこない やり損い Fehler m. -s, -; 《過失》Misserfolg m. -[e]s, -e /失敗》. ⇨しくじい.

やりそこなう やり損う einen Fehler begehen* (machen); jm misslingen* 『事柄を主語にして》/彼を説得しようと思ったのだが、やり損った Ich wollte ihn dazu überreden, aber es hat nicht geklappt.

やりだま 槍玉にあげる an|greifen*; kritisieren*; zur Zielscheibe ²et machen* /...の槍玉にあがる ²et zum Opfer fallen* s; ¹Opfer (zur Zielscheibe) ¹et werden / 彼がまっさきに槍玉にあがった Er war das erste Opfer. : Er kam als erster an die Reihe.

やりつける ⁴et gewohnt sein/やりつけた仕事 eine gewohnte Arbeit, -en.

やりっぱなし やり放し Nachlässigkeit f. -en; Schlamperei f. -en/やり放しの nachlässig; schlampig; unbekümmert 《無頓着な》/やり放しにする ⁴alles so herumliegen (herumstehen) lassen*; vernachlässigen*; ⁴sich nicht mehr kümmern 《um⁴》.

やりて やり手 ein fähiger (tüchtiger) Mensch, -en, -en; Könner m. -s, -.

やりとおす やり通す zu ³Ende bringen*⁴ (führen*); durch|führen*; fertig bringen*⁴; vollbringen*⁴; vollenden⁴.

やりとげる やり遂げる ⇨やりとおす.

やりとり やり取り Geben und Nehmen, des und -s; gegenseitige Beschenkung, -en 《贈物の》; [交換] Austausch m. -[e]s, -e; Wechsel m. -s, -/ことばのやり取り Wortwechsel m. -s, -/文通のやり取り Briefwechsel f. -n/ことば[手紙]のやり取りをする Worte (Briefe) wechseln 《mit jm》/名刺のやり取りをする Visitenkarten aus|tauschen.

やりなおす やり直す noch einmal machen*; erneut (von neuem) versuchen⁴ /すべてをはじめからやり直す ⁴alles von ³Anfang an wiederholen; alles von neuem an|fangen*/忘れかけていたドイツ語をやり直す sein Deutsch auf|frischen.

やりなげ 槍投げ 《運》Speerwerfen n. -s; Speerwurf m. -[e]s, -e/槍投げをする einen Speer werfen* ‖ 槍投げ選手 Speerwerfer m. -s, -.

やりにくい schwer; schwierig; 《扱いにくい》heikel/やりにくい立場にある in einer heiklen (unangenehmen) ³Lage sein /彼との交渉はなかなかやりにくい Es ist ziemlich schwer, mit ihm zu verhandeln. /軒は下手くそでちょっとやりにくい Das kann ich schlecht tun.

やりぬく やり抜く ⇨やりとおす.

やりば やり場 ⇒おきば[置き場]/目のやり場がない Man weiß nicht, wo man hinsehen (gucken) soll. /彼女は胸の思いのやり場がなかった Sie konnte ihr Herz nirgends ausschütten.

やる [進呈する] geben*³⁴ (schenken³⁴)/チップをやる jm ⁴Trinkgeld geben* /これ位やってもいいよ Du kannst es haben. ❷ [つかわす] schicken⁴; senden*⁴⁴/医者のところへ使いをやる[医者を呼びに]やる zu (nach) einem Arzt schicken. ❸ [する・行う] tun*⁴; machen⁴; treiben*⁴. [演じる] spielen⁴ /商売(スポーツ,音楽)をやる ein Geschäft (Sport, Musik) treiben* / 何をやっているんだい Was tust (machst) du da?/さあ、やれたら Nun aber los! : Fange doch endlich an!/できるがきってやってましょう Wir wollen mal versuchen (sehen), ob es geht. ❹ [...してあげる] コートを着むて(車に乗せて)やる jm in den Mantel (auf den Wagen) helfen*/彼女のために何かしてやりたい Ich möchte für sie irgendetwas tun. ❺ [飲む] 一杯やる eins trinken*.

やるせない [慰めようのない] trostlos; untröstlich; [重苦しい] beklommen; [無力な] hilflos; machtlos; ohnmächtig /やるせない憤り ohnmächtige Wut/やるせない日々を送る trostlose Tage verbringen*.

やれ{やれ} ach!; oh!/やれ嬉しや Oh, wie schön!/やれやれ有難い Gott sei Dank! : Wie erfreulich!/やれやれ、これで無事に彼女ともお別らか Gott sei dank! Nun wäre ich sie glücklich los!

やろう 野郎 Mann m. -[e]s, ¨-er; Kerl m. -[e]s, -e; Patron m. -s, -e/いやな野郎 ein unsympathischer Mann; ein fieser Kerl; ein unangenehmer Patron/馬鹿野郎め Dummkopf! : Du Flasche! / この野郎 Mensch, du!

やわやわ やわやわと sanft 《穏やかに》; langsam (ゆっくりと); allmählich 《徐々に》; sanft, aber zielbewusst 《執拗に》.

やわらかい 柔らかい(-く) mild; sanft; weich; zart /柔らかいクッション ein weiches Kissen, -s, - /柔らかい音色 ein weicher (sanfter) Ton, -s, ⁿe/この肉は柔らかい Dieses Fleisch ist zart (weich). /春の日差しは柔らかい Im Frühling sind die Sonnenstrahlen noch mild.

やわらぐ 和らぐ weich (mild) werden; nach|lassen* 《風・苦痛などが》/風が和らいだ Der Wind hat nachgelassen. /彼の気持もやっと和らいだ Er beruhigte sich endlich. : Er ließ sich endlich beschwichtigen.

やわらげる 和らげる [軟化] weich machen⁴; erweichen⁴; [緩和・軽減] mildern⁴; lindern⁴; [宥和] besänftigen⁴; beschwichtigen⁴; [音・色・光などを] dämpfen⁴ /怒りを和らげる den Zorn besänftigen (beschwichtigen)/声の調子を和らげる den Ton mildern/苦痛を和らげる Schmerzen 《pl》 mildern (lindern).

ヤンキー Yankee m. -s, -s.

やんごとない sehr vornehm; hochadlig /やんごとなきお方 ein sehr vornehmer Herr, -n, -en 《男》; eine sehr vornehme Dame, -n

やんちゃ やんちゃな schelmisch; schalkhaft; [行儀の悪い] unartig; ungezogen ‖ やんちゃ坊主 Schelm m. -[e]s, -e; Schalk m. -s, ¨-e (¨-e); ein unartiger (ungezogener) Junge, -n, -n.

やんや やんやと喝采する stürmischen (brausenden) Beifall klatschen; beklatschen⁴.

やんわり やんわりと mild; sanft; ohne ³Schärfe; mit seidenen Handschuhen.

ゆ

ゆ 湯 ❶［熱い水］warmes (heißes) Wasser, -s/湯をわかす Wasser kochen. ❷［風呂］Bad *n.* -〔e〕s, ¨er/湯に入る baden; ein Bad nehmen*/湯に行く zum Bad gehen* [s]/彼は熱い湯を好む Er badet gerne heiß. ⇨ふろ.

ゆあか 湯垢 Kesselstein *m.* -〔e〕s, -e.

ゆあがり 湯上りに nach dem Bad ‖ 湯上りタオル Badetuch *n.* -〔e〕s, ¨er.

ゆあたり 湯あたりする vom Baden flau werden.

ゆあつ 油圧 Öldruck *m.* -〔e〕s ‖ 油圧ブレーキ Öldruckbremse *f.* -n/油圧ポンプ Öldruckpumpe *f.* -n.

ゆあみ 湯浴 das Baden*, -s/湯浴する baden; ein Bad nehmen*.

ゆいいつ 唯一の einzig; einzigartig; alleinig; ohnegleichen/唯一の嗣子 dereinzige Erbe, -n, -n.

ゆいがどくそん 唯我独尊 Ich, der einzige Heilige. ⇨てんじょう(天上).

ゆいがろん 唯我論 Solipsismus *m.* -.

ゆいごん 遺言 der letzte Wille, -ns, -n; Testament *n.* -〔e〕s, -e; Vermächtnis *n.* ..nisses, ..nisse/遺言を書く ein Testament errichten (auf|setzen)/遺言を残す ein Testament hinterlassen*/遺言により durch Testament; letztwillig; testamentarisch/遺言で残す *jm* ⁴*et* testamentarisch vermachen; Vermächtnis. ── 遺言する ein Testament machen/遺言せずに死ぬ ohne ⁴Hinterlassung eines Testamentes (ohne 〔ein〕 Testament 〔zu hinterlassen〕) sterben* [s]. ‖ 遺言執行人 Testamentsvollstrecker *m.* -s, -/遺言者 Testator *m.* -s, -en/(自筆の)遺言状 das (eigenhändige) Testament.

ゆいしょ 由緒 Stammbaum *m.* -〔e〕s, ¨e; Stamm *m.* -〔e〕s, ¨e《家系》; Geschlecht *n.* -〔e〕s, -e; Blut *n.* -〔e〕s《血統》; Abkunft *f.* ¨e; Abstammung *f.* -en; Herkunft *f.* ¨e; Geschichte *f.* -n《来歴》/由緒ある aus gutem Geschlecht; von hoher Geburt; von guter (edler) Abkunft (Herkunft); in Geschichte (Sage) berühmt/由緒正しい in gerader Linie von *jm* abstammend/由緒正しい子孫 der legitime Nachkomme, -n, -n/この木には由緒がある Dieser Baum hat eine Geschichte. ¦ Mit dem Baum ist eine Geschichte verknüpft.

ゆいしんろん 唯心論 Spritualismus *m.* -; Idealismus *m.* -/唯心論的 spiritualistisch ‖ 唯心論者 Spritualist *m.* -en, -en.

ゆいのう 結納 Braut¦geschenk (Verlobungs-) *n.* -〔e〕s, -e/結納を取りかわす zum Zeichen des Verlöbnisses gegenseitig Geschenke geben*.

ゆいび 唯美的な ästhetizistisch ‖ 唯美主義 Ästhetizismus *m.* -/唯美主義者 Ästhet *m.* -en, -en.

ゆいぶつ 唯物的 materialistisch ‖ 唯物史観 die materialistische Geschichtsauffassung, -en; der historische Materialismus《史的唯物論》/唯物弁証法 die materialistische Dialektik/唯物論 Materialismus *m.* -/唯物論者 Materialist *m.* -en, -en.

ゆいめいろん 唯名論 Nominalismus *m.* -.

ゆいりろん 唯理論 Rationalismus *m.* -/唯理論的 rationalistisch ‖ 唯理論者 Rationalist *m.* -en, -en.

ゆう 勇 Mut *m.* -〔e〕s《勇気》; Tapferkeit *f.*《勇敢さ》; Kühnheit *f.*《同上》/勇を鼓する ⁴sich auf|raffen; Mut fassen.

ゆう 優《成績の》Eins *f.*/優をもらう eine Eins bekommen*.

ゆう 雄 ❶ ⇨おす(雄, 牡). ❷［英雄］Held *m.* -en, -en; ein großer Mann, -〔e〕s, ¨er. ❸［優越］Überlegenheit *f.*; Vorrang *m.* -〔e〕s/雄を競う um den Vorrang kämpfen.

ゆう 夕 ⇨ゆうべ(夕べ).

ゆう 言う ⇨いう.

ゆう 結う［髪を］³sich die Haare frisieren 〔lassen*〕; ³sich die Haare 〔in Zöpfe〕 flechten 〔lassen〕; *jm* das Haar (die Haare) machen《結ってやる》❖ lassen をつければ「結ってもらう」こと.

ゆうあい 友愛 Freundesliebe *f.* -n; Freundschaft *f.* -en; Brüderschaft *f.* -en; Kameradschaft *f.* -en ‖ 友愛結婚 Kameradschaftsehe *f.* -n.

ゆうい 優位 Oberhand *f.*; Übergewicht *n.* -〔e〕s, -e; Vorrang *m.*-〔e〕s; Oberwasser *n.* -s, -/優位にたつ Oberhand gewinnen*《über⁴》; Übergewicht bekommen*《über⁴》; Vorrang haben《über⁴》; Oberwasser kriegen《über⁴》/優位を保つ die Oberhand behalten* (haben)《über⁴》; vor|herrschen.

ゆうい 有為の fähig; begabt; befähigt; brauchbar; tauglich; tüchtig/有為の青年 der vielversprechende (viel versprechende; vielverheißende) Jüngling, -s, -e.

ゆういぎ 有意義な bedeutungsvoll; sinnvoll; inhaltsreich; bedeutsam/有意義な生活をする ein Leben mit Zweck und Ziel führen; seines Lebens Zweck und Ziel verfolgen/有意義な仕事 eine lohnende Arbeit, -en.

ゆういん 誘因 Anlass *m.* -es, ¨e; Veranlassung *f.* -en; die veranlassende (direkte) Ursache, -n; Antrieb *m.* -〔e〕s, -e; Anstoß *m.* -〔e〕s, ¨e《動因》; Beweggrund *m.* -〔e〕s, ¨e; Triebfeder *f.* -n《動機》/誘因となる Anlass geben*《*zu*³; zu 不定詞句》; veranlassen⁴; verursachen⁴; bewirken⁴;

ゆういん 誘引 Anlockung *f.* -en; das Herbei|führen⁴*, -/⁴誘引する an|locken⁴; herbei|führen⁴.

ゆううつ 憂鬱 Melancholie *f.* -n; Schwermut *f.*; Trübsinn *m.* -[e]s; Trübsal *f.* -e; Düsterkeit *f.*/憂鬱である in trüber Stimmung sein; ¹[tief] betrübt sein; ¹sich ganz trostlos fühlen/憂鬱になる ⁴sich betrüben (*über*⁴); schwermütig (düster; melancholisch) werden. ── 憂鬱な melancholisch; betrübt; elend; schwermütig; trostlos; trübsinnig/憂鬱な顔をする die Stirn in düstere Falten ziehen*; eine trübe Miene machen; ein Gesicht wie sieben Tage Regenwetter machen. ── 憂鬱症 Melancholie; Hypochondrie *f.*/憂鬱症の melancholisch; hypochondrisch/憂鬱症患者 Hypochonder *m.* -s, -; Melancholiker *m.* -s, -.《ふさぎ屋》

ゆうえい 遊泳 das Schwimmen*, -s, -/遊泳する schwimmen*. ‖ 遊泳禁止 Schwimmverbot *m.* -[e]s, -e/遊泳者 Schwimmer *m.* -s, -/遊泳術 Schwimmkunst *f.*/遊泳場 Schwimm|anstalt *f.* -en (-platz *m.* -es, ⸗e).
⇨すいえい、およぐ.

ゆうえき 有益な nützlich; lehrreich《教うる所多き》; aufschlussreich《啓発的》; brauchbar《有用な》; wertvoll《貴重な》/有益である nützen; nützlich sein/有益に使う aus|nutzen⁴ (-|nutzen⁴); ¹sich zunutze (zu Nutze) machen⁴.

ゆうえつ 優越 Überlegenheit *f.*; Übergewicht *n.* -[e]s《優勢》; Übermacht *f.* -《同上》; Vorrang *m.* -[e]s《優位》/優越した überlegen; überlegen sein; das Übergewicht (die Übermacht; den Vorrang) haben ‖ 優越感 Überlegenheitsgefühl *n.* -[e]s, -e.

ゆうえん 悠遠の fern; weit entfernt.

ゆうえん 優婉な anmutig; graziös; hübsch; elegant.

ゆうえんち 遊園地 [Kinder]spielplatz *m.* -es, ⸗e《子供の場》; Rummelplatz *m.* -es, ⸗e《見世物・乗物などの設備される》.

ゆうおうまいしん 勇往邁進する festen Schrittes marschieren *s*; kräftig vorwärts gehen* *s*.

ゆうか 有価の bewertbar; begebbar; börsenfähig; Wert- ‖ 有価証券 Wertpapier *n.* -s, -e.

ゆうが 優雅 ⇨ゆうび.

ゆうかい 誘拐 Entführung *f.* -en; Raub *m.* -[e]s, ⸗e/⁴誘拐する jn entführen; jn rauben. ‖ 誘拐事件 der Fall -[e]s, ⸗e eines Kindesraubes/誘拐者〈犯人〉Entführer *m.* -s, -; Menschen|räuber [Kindes-] *m.* -s, -.

ゆうかい 融解 [Ver]schmelzung *f.* -en; das Schmelzen, -s; ⁴融解する [ver]schmelzen* *s*; zergehen* *s*; zerfließen* *s* ‖ 融解点 Schmelzpunkt *m.* -[e]s, -e / 融解熱 Schmelzwärme *f.* -n.

ゆうがい 有蓋の gedeckt ‖ 有蓋貨車 ein gedeckter (geschlossener) Güterwagen, -s, -.

ゆうがい 有害な schädlich; abträglich; nachteilig; nicht gut/有害である schaden³; schädlich³ (abträglich³; nachteilig³) sein/それは有害無益だ Das bringt mehr Schaden als Nutzen. ‖ 有害生物 Schädling *m.* -s, -e/有害物質 Schadstoff *m.* -[e]s, -e.

ゆうがお 夕顔 eine Art Winde, die abends aufblüht.

ゆうかく 遊郭 Freudenviertel *n.* -s, -; Bordell *n.* -s, -e《俗》Puff *m.* (*m.*) -s, -e.

ゆうがく 遊学 Studienaufenthalt *m.* -[e]s, -e/遊学する zum Studienzweck gehen* *s* (*nach*³); ⁴studieren auf|halten* (*in*³).

ゆうかすみ 夕霞 Abenddunst *m.* -[e]s, ⸗e.

ゆうかぜ 夕風 Abendwind *m.* -[e]s, -e.

ゆうがた 夕方 Spätnachmittag *m.* -[e]s, -e; Abend *m.* -s, -e. ❖ 季節による때時の違いはあるが、だいたい午後6時以後10時、11時頃までをいい、それ以後は Nacht である/夕方に am Spätnachmittag; gegen ⁴Abend. ⇨よる（夜）.

ユーカリ《植》Eukalyptus *m.* -, -ten.

ゆうかん 勇敢 Tapferkeit *f.*; Kühnheit *f.*; Beherztheit *f.*/獅子奮迅の勇敢さで tapfer wie ein Löwe. ── 勇敢な(に) tapfer; kühn; beherzt; mutig; wacker; unerschrocken; wagehalsig《向こう見ずの》.

ゆうかん 夕刊 Abend|blatt *n.* -[e]s, ⸗er (-ausgabe *f.* -n; -zeitung *f.* -en)/朝日の夕刊 die Abendausgabe der Asahi.

ゆうかん 有閑階級 die Wohlhabenden (*pl*); Bonvivant *m.* -s, -s/有閑夫人〈マダム〉Lebedame *f.* -n.

ゆうき 勇気 Mut *m.* -[e]s; Kühnheit *f.* -en《大胆》; Tapferkeit *f.* -en《果敢》; Beherztheit *f.*; Mannhaftigkeit *f.*;《俗》Schneid *m.*/勇気のある mutig; beherzt; furchtlos; kühn; mannhaft; tapfer; wacker;《俗》schneidig/勇気のない mutlos; kleinmütig; hasenherzig; memmenhaft; feige/勇気をふるう den Mut fassen (auf|bringen*); ³sich ein Herz fassen/勇気を失う den Mut sinken lassen*; den Mut verlieren/勇気をつける *jm* Mut ge|ben* (ein|flößen; machen; zu|sprechen*)/勇気百倍する ⁴sich doppelt beherzt fühlen/それには勇気がいる Dazu gehört Mut./それを言う勇気がなかった Ich habe keinen Mut gehabt, es zu sagen.

ゆうき 有期の befristet; [zeitlich] begrenzt; Zeit- ‖ 有期公債 Tilgungsanleihe *f.* -n/有期懲役 die befristete Zuchthausstrafe, -n/有期賃貸借 Zeitpacht *f.* ⸗e/有期年金 Zeitrente *f.* -n.

ゆうき 有機の organisch ‖ 有機化学 die organische Chemie/有機水銀 organische Quecksilberverbindungen (*pl*)/有機体 Organismus *m.* -, -men/有機的関係 der organische Zusammenhang, -[e]s, ⸗e/有機肥料 organischer Dünger, -s, -/有機的物質 die organische Substanz, -en; die organi-

ゆうぎ schen Stoffe (pl); die organische Verbindung, -en 《化合物》/有機野菜栽培 biologisch-dynamischer Gemüsebau, -[e]s.

ゆうぎ 友誼 Freundschaft f. -en; Kameradschaft f. -en.

ゆうぎ 遊戯 Spiel n. -[e]s, -e; Unterhaltung f. -en 《娯楽》; Zeitvertreib m. -[e]s, -e 《暇つぶし》 spielerisch/遊戯的に spielerisch 遊戯する spielen ∥ 遊戯室 Spielzimmer n. -s, -/遊戯場 Spielplatz m. -es, "e; Spielhalle f. -n (パチンコなど娯楽施設のある)/遊戯本能 Spieltrieb m. -[e]s, -e.

ゆうきゃく 遊客 der Reisende*, -n, -n; Tourist m. -en, -en 《遊覧客》; Kurgast m. -[e]s, "e 《湯治客》; Bordellbesucher m. -, - 《色町の》.

ゆうきゅう 悠久 Ewigkeit f. -en; Unsterblichkeit f./悠久の ewig; stets und ständig; für immer.

ゆうきゅう 有給の bezahlt; besoldet ∥ 有給休暇 der bezahlte Urlaub, -[e]s, -e.

ゆうきゅう 遊休施設の die nicht ausgenutzte Betriebsanlage, -n/遊休資本 das brachliegende Kapital, -s, -e (..lien)/遊休物資 das brachliegende Material, -s, (..lien).

ゆうきょう 遊興 Belustigung f. -en; Lustbarkeit f. -en; Unterhaltung f. -en; das Vergnügen*, -s; Vergnügung f. -en; das Ausschweifen n. -s 《放蕩》; Klimbim m. (n.) -s 《どんちゃん騒ぎ》/遊興にふける einer Belustigung (der Ausschweifung) frönen; ausschweifen [s.h]; ein ausschweifendes Leben führen; in Saus und Braus leben; schwelgen und prassen. —— 遊興好きな vergnügungssüchtig; genusssüchtig.
—— 遊興する ⁴sich belustigen (an³; mit³); ⁴sich vergnügen (an³; mit³); auf den Bummel gehen [s] 《飲み歩き》; ein Zechgelage haben 《酒宴》/無銭遊興する die Zeche prellen 《飲み逃げ》; ohne ⁴Geld verzehren⁴. ∥ 遊興飲食税 Vergnügungs- und Zehrsteuer f. -n 《道楽者》/遊興の Vergnügungssüchtige*, -n, -; Genießer m. -s, -; Lüstling m. -s, -e 《道楽者》; Nachtschwärmer m. -s, -/遊興税 Lustbarkeitssteuer (Vergnügungs-), f. -n/遊興費 Belustigungsaufwand m. -[e]s 《出費》; Vergnügungsgeld n. -[e]s, -er 《金》.

ゆうきょう 幽境 die einsame Entlegenheit, -en; die einsame Gegend, -en; Erdenwinkel m. -s, -.

ゆうぎり 夕霧 Abendnebel m. -s, -.

ゆうきん 遊金 das tote Kapital, -s, -e (..lien); Umlaufskapital n. -s, -e (..lien); das unbenutzte Geld, -es, -er.

ゆうぐう 優遇 eine gute (freundliche) Behandlung, -en; Bevorzugung f. -en 《優先》; Begünstigung f. -en 《寵遇》/優遇する gut (freundlich) behandeln⁴; bevorzugen⁴; begünstigen⁴.

ゆうぐれ 夕暮 Abenddämmerung f. -en. ⇨ゆうやみ.

ゆうぐん 友軍 unsere (verbündeten) Truppen (pl).

ゆうぐん 遊軍 Reservetruppe f. -n; Reserve f. -n/遊飼 ⇨ゆうはん《夕飯》.

ゆうげ 夕餉 ⇨ゆうはん《夕飯》.

ゆうけい 有形の körperlich; konkret; materiell; [実在の] real; existent; seiend; wesenhaft/有形無形の materiell und immateriell; sichtbar und unsichtbar/有形無形の援助をする jm mit Rat und Tat zur Seite stehen* ∥ 有形界 (perliche) Welt, -en/有形財産 der materielle Vermögenswert, -[e]s, -e/有形物 die konkrete Gegenstand, -[e]s, "e.

ゆうげい 遊芸 unterhaltende Kunst, "e.

ゆうげき 遊撃戦 Guerillakrieg m. -[e]s, -e; Partisanenkampf m. -[e]s, "e/遊撃隊 ein fliegendes Korps, -, -.

ゆうげしき 夕景色 eine abendliche Landschaft, -en.

ゆうげん 幽玄な [奥深い] unergründlich tief; tiefgründig; [神秘的な] geheimnisvoll; mystisch.

ゆうげん 有限の begrenzt; beschränkt; endlich ∥ 有限会社 Gesellschaft (f. -en) mit beschränkter ³Haftung (略: GmbH)/有限数 endliche Zahl, -en/有限責任 die beschränkte Haftung, -en/有限責任の beschränkt haftend.

ゆうけんしゃ 有権者 der Berechtigte*, -n, -n 《一般》; [選挙の] der Wahlberechtigte* (Stimm-), -n, -n.

ゆうこう 有効 Gültigkeit f.; Geltung f. -en 《き目》Wirksamkeit f.; Wirkung f. -en; Effekt m. -[e]s, -e 《有効である》 gelten*; wirken; gültig sein; wirksam (effektiv) sein. —— 有効な geltend; gültig; rechtsgültig 《法律上》; wirksam; effektiv; wirkungsvoll; Nutz- /適切で有効な wirksam und passend/有効になる in Kraft treten* [s] 《法規などが》; Gültigkeit erlangen; wirksam werden/有効にする in Kraft setzen* in (zur) Geltung bringen*⁴; wirksam (geltend) machen⁴ /当日 (発行日限り)有効な gültig nur am betreffenden Tag (am Tage der Herausgabe) /七月一日より有効 gültig ab 1. Juli; mit Wirkung vom 1. Juli/時間を有効に使う seine (die) Zeit gut ausnutzen; die Zeit zweckmäßig an|wenden*(⁴) (verwenden(⁴). ∥ 有効期間 Gültigkeitsdauer f. /有効期間三か月 gültig für (auf) drei Monate /有効射程 die wirksame Schussweite, -n (Reichweite, -n) /有効力 Nutzleistung f. /有効需要 die effektive Bedarf, -[e]s / 有効証明 Gültigkeitsnachweis m. -es, -e/有効数字 die effektive Zahl, -en/有効投票 die gültige Stimme, -n.

ゆうこう 友好 Freundschaft f. -en. —— 友好的な freundschaftlich; in Freundschaft/友好的に auf freundschaftliche Weise; in freundschaftlichem Wege. ∥ 友好関係 das freundschaftliche Verhältnis, -nisses, ..nisse/友好関係を結ぶ zu jm in freundschaftliche Beziehung treten* [s]; mit jm freundschaftliche Beziehungen an|knüpfen /友好国 die befreundete Nation, -en; der befreundete Staat, -[e]s, -en.

ゆうこう 有功の verdienstlich; verdienstvoll ‖ 有功賞牌(ポウ) Verdienstmedaillon n. -s, -s.

ゆうごう 融合 Verschmelzung f. -en; Fusion f. -en/融合する verschmelzen*⁴ (mit³)/融合させる verschmelzen*⁴ (mit³); fusionieren⁴ (mit³). ⇨ゆうわ(融和).

ゆうこく 夕刻 ⇨ゆうがた.

ゆうこく 幽谷 das tiefe Tal, -(e)s, ¨er; Schlucht f. -en 〖詩〗⇨ゆう.

ゆうこく 憂国 die vaterländische Gesinnung, -en; Patriotismus m. -/憂国の士 Patriot m. -en, -en.

ユーゴスラビア Jugoslawien n. -s/ユーゴスラビアの jugoslawisch ‖ ユーゴスラビア人 Jugoslawe m. -n, -n; Jugoslawin f. ..winnen (女).

ゆうこん 雄渾な dynamisch; schwungvoll; kräftig.

ユーザー Nutzer m. -s, -; Benutzer; 〖電算〗Anwender m. -s, -; User m. -s, -.

ゆうざい 有罪 Schuld f.; Strafbarkeit f./有罪の schuldig; schuldhaft; sträflich/有罪の判決 Schuldsprechung f. -en/有罪を宣告する schuldig sprechen*⁴; für schuldig erklären*⁴ ‖ 有罪と決定する für schuldig befinden*⁴; schuldig geschieden sein.

ゆうさんかいきゅう 有産階級 die besitzende Klasse, -s; Bourgeoisie f. -/有産階級の人 der Besitzende* (Vermögende*; Wohlhabende*), -n, -n; Bourgeois m. -.

ユーザンス Usance f. -n; Gepflogenheit (f. -en) [im Geschäftsverkehr]; Handelsbrauch m. -(e)s, ¨e; Usanz f. -en〖スイス方言〗.

ゆうし 融資 Finanzierung f. -en; Darlehen n. -s, -; 〖貸付〗Investierung (Investition) f. -en/融資する finanzieren*; ein Darlehen geben*³; Geld (Kapital) anlegen (investieren). ‖ 融資会社 Finanzierungsgesellschaft f. -en.

ゆうし 遊資 das brachliegende (tote) Kapital, -s, -e (..lien).

ゆうし 雄姿 die stattliche (prächtige) Figur, -en (Gestalt, -en); die pompöse (imposante) Erscheinung, -en; das imponierende Gepränge, -s. -

ゆうし 勇士 der kühne Held, -en, -en; der tapfere Degen, -s, -.

ゆうし 有志(の者) der Interessierte* (Gleichgesinnte*, -n, -n); der Gönner m. -s, -; 〖支持者〗der Freiwillige*, -n, -n/有志一同で im Namen aller Gleichgesinnten (Unterstützer) / 有志の方々の参会を歓迎いたします Wer dafür Interesse hat, ist herzlich eingeladen.

ゆうし 有史 以来 seit Menschengedenken; ohne ⁴Vorgang in der Geschichte; in der Menschheitsgeschichte nie gesehen (noch nie vorgekommen)/有史以前の vorgeschichtlich.

ゆうし 雄視する von vorherrschendem Einfluss sein; schwer ins Gewicht fallen*〖S〗.

ゆうじ 有事の際に im Notfall; im Fall der Not.

ゆうしかい 有視界飛行 Sichtflug m. -(e)s, ¨e.

ゆうしかく 有資格教師 der konzessionierte Lehrer, -s, -/有資格者 der Berechtigte* (Qualifizierte*; Konzessionierte*), -n, -n; der Placierte*, -n, -n 〖予選を通過した者〗.

ゆうしき 有識者 der Intellektuelle* (Gebildete*), -n, -n; Kulturmensch m. -en, -en 〖文化人〗.

ゆうしゃ 勇者 Held m. -en, -en; der Tapfere*, -n, -n.

ゆうしゃ 優者 der Bessere* (Stärkere; Überlegene*), -n, -n.

ゆうじゃく 幽寂な einsam und totenstill.

ゆうしゅう 優秀な ausgezeichnet; hervorragend; [vor]trefflich; vorzüglich; 〖俗語で〗famos; prima 〖無変化〗/優秀な生徒 Musterschüler m. -s, -; Primus m. -, ..mi (..musse) 〖首席〗/優秀な成績で試験にうかる mit Auszeichnung die Prüfung bestehen*.

ゆうしゅう 憂愁 Trübsinn m. -(e)s; [Be]trübnis f. ..nisse; Melancholie f. -en; Schwermut f.; Traurigkeit f. -en/憂愁の trübsinnig; trübselig; düster; melancholisch; schwermütig; traurig/憂愁に閉ざされる tief betrübt sein; in Trübsinn (dem Trübsinn) verfallen*〖S〗; 〖俗〗Trübsal blasen*.

ゆうしゅう 有終の美をかざる mit Erfolg gekrönt sein; ‚Das Ende krönt das Werk.'

ゆうじゅうふだん 優柔不断 ein ewiges Hin und Her, eines -en -und -; Zauderhaftigkeit f. -en/優柔不断の(な) unschlüssig; unentschlossen; schwankend; zauderhaft; zögernd / 優柔不断である [ewig] unschlüssig sein (in³); eine unschlüssige Haltung ein|nehmen*; in seinen Entschlüssen schwankend sein.

ゆうしゅつ 湧出 する hervor|quellen*〖S〗(aus³); hervor|sprudeln 〖S〗(aus³) / 岩間から泉が湧出している Die Quelle sprudelt aus dem Felsen. ⇨わきでる.

ゆうじょ 遊女 Hure f. -n; Dirne f. -n; die Prostituierte, -n, -n; Buhlerin f. ..rinnen; Kurtisane f. -n 〖高等の〗.

ゆうしょう 優勝 Sieg m. -(e)s, -e; Meisterschaft f. -en/優勝を逸する hinter dem Sieger bleiben*/優勝旗を行う die Meisterschaft aus|tragen*. - 優勝する siegen (in³); als Sieger hervor|gehen*〖S〗(aus einem Wettkampf); den Sieg davon|tragen* (erkämpfen; erringen*); die Meisterschaft gewinnen* (erringen*); die Siegespalm erringen*; den ersten Platz nehmen* (in³ 一等); als Erster ans Ziel kommen*〖S〗; das Zielband zerreißen*(in³ 一着); ³sich die Goldmedaille holen 〖オリンピックで〗; Der Sieg krönt ihn. ‖ 優勝旗 Siegesfahne f. -n; Siegersflagge f. -n 〖特にヨットレースで〗/優勝試合 Meisterschaft f. -en; Meisterschaftstreffen m. -s, -; -spiel n. -(e)s, -e; 〖決勝戦〗Endkampf m. -(e)s, ¨e; Endlauf m. -(e)s,

ゆうしょう ″e; Entscheidung f. -en/優勝 Sieger m. -s, -; Meister m. -s, -/優勝者表彰式 Siegerehrung f. -en／優勝チーム Siegermannschaft f. -en; die siegreiche (sieggekrönte) Mannschaft, -en/優勝杯 Siegespokal m. -s, -e; Trophäe f. -n (トロフィー)/優勝杯を獲得する den Siegespokal erkämpfen (erringen*); ³sich den Siegespokal holen/優勝パレード Siegeszug m. -(e)s, ″e/優勝力士 Träger 〈m. -s, -〉der Meisterwürde im Ringkampf/優勝劣敗 das Überleben* (-s) des Tüchtigsten; die natürliche Zuchtwahl; -en/近ごろは優勝劣敗の世の中である Der Schwächere wird heutzutage immer beiseite gedrängt (gelassen; geschoben).

ゆうしょう 勇将 der tapfere (kühne) Feldherr, -n, -en/勇将の下に弱卒なし Wie der Feldherr, so die Leute.,Wie der Herr, so der Knecht.'

ゆうじょう 有償 Entschädigung f. -en; Ersatz|leistung (Gegen-) f. -en; Vergütung f. -en/有償の gegen eine Entschädigung (Ersatzleistung) ∥ 有償契約 Vertrag 〈m. -(e)s, ″e〉 unter der Bedingung einer Gegenleistung.

ゆうじょう 友情 Freundschaft f. -en; Kameradschaft f. -en; Freundschaftlichkeit f. -en/友情に厚い herzlich freundschaftlich ⟨zu³⟩; recht freundlich ⟨zu³⟩/友情を以て als Freund; freundschaftlich/友情を結ぶ(保っている) Freundschaft schließen* (halten*) ⟨mit³⟩/真実の変わらぬ友情を示す jm Beweise seiner wahren und unwandelbaren Freundschaf geben*.

ゆうしょく 夕食 Abendessen n. -s, -; Abendbrot n. -(e)s/夕食に招く jn zum Abendessen ein|laden* / 夕食を(共に)する ⟨mit jm⟩ zu Abend essen*/夕食を共にして頂ければ光栄です Es ist mir eine Ehre, wenn Sie zum Abendessen (bei mir) zu Gast sein wollen. ∥ 夕食後(前) nach (vor) dem Abendessen.

ゆうしょく 憂色濃い ³sich trübe (finstere) Sorgen machen ⟨über⁴; um⁴⟩; ³sich sehr betrüben ⟨über⁴⟩/憂色新た ³sich erneut Sorgen machen; ³sich erneut betrüben/憂色を帯びる sorgenvoll aus|sehen*/憂色を顔に浮べて die Stirn faltend (furchend; runzelnd); mit besorgter Miene.

ゆうしょく 遊食する müßig gehen* ⓢ; ein müßiges Leben führen; in den Tag hinein leben〈漫然と〉; auf der Bärenhaut (auf der faulen Haut; auf dem Lotterbett) liegen* ⟨のらくら⟩ ∥ 遊食者 Bärenhäuter m. -s, -; Müßiggänger m. -s, -; Tagedieb m. -(e)s, -e.

ゆうしょくじんしゅ 有色人種 der Farbige*, -n, -n; die farbige Rasse, -n.

ゆうじん 友人 Freund m. -(e)s, -e; 〈知人〉 der Bekannte*, -n, -n; Bekanntschaft f. -en 〈総称〉/友人のよしみで aus Freundschaft; um (der) Freundschaft willen/私の画家の友人 ein Freund von mir, der Maler ist/友人が多い viele Freunde haben; eine große Bekanntschaft haben.

ゆうじん 有人の bemannt ∥ 人宇宙ステーション eine bemannte Raumstation, -en.

ゆうしんろん 有神論 Theismus m. -/有神論の theistisch ∥ 有神論者 Theist m. -en, -en.

ゆうすい 幽邃の abgelegen und einsam/幽邃の地 der abgelegene einsame Platz, -es, ″e 〈Ort, (e)s, -e〉.

ゆうずい 雄蕊 Staubblatt n. -(e)s, ″er; Staubgefäß n. -es, -e; Stamen n. s, ..mina; Staubfaden m. -s, ″ 〈雄蕊の花糸〉.

ゆうずう 有数の führend; hervorragend; prominent; profiliert.

ゆうずう 融通 ❶〈金銭〉 Aushilfe f. -n 〈mit Geld〉; das geldliche Entgegenkommen, -s;〈俗〉 Pump m. -(e)s, -e;〈銀行などの貸付〉 Darlehen n. -s, -; das Darleihen*, -s;〈Geld〉anleihe f. -n 〈借入〉; Vorschuss m. -es, ″e 〈前貸し〉; 〈流通〉 Zirkulation f. -en. ❷〈人の〉Anpassungsfähigkeit f. -en; Anwendbarkeit f. -en; Elastizität f. -en; Geschmeidigkeit f. -en; Vielseitigkeit f. -en / 融通のきく〈人〉anpassungsfähig; elastisch; geschmeidig; taktisch; vielseitig; wendig / 融通のきかない〈人〉beschränkt; stur; starrsinnig; hartköpfig/融通のきかない奴だ Er ist steif wie ein Brett. 'Ist das ein Holzkopf! —— 融通する〈金で〉Geld verleihen* (aus|leihen*); darleihen*); 〈俗〉Geld|pumpen; Geld aus|helfen*³; Geld aus|legen ⟨für⁴ 立替える⟩; Geld vor|schießen* 〈前貸しする〉. ∥ 融通資本 Betriebskapital n. -s, -e ⟨..lien⟩/融通手形 Gefälligkeits|wechsel m. -s, - ⟨-akzept n. -(e)s, -e⟩.

ゆうすずみ 夕涼みする die Kühle des Abends (die Abendkühle) genießen*.

ユースホステル Jugendherberge f. -n.

ゆうする 有する haben*⁴; besitzen*⁴; im Besitz sein ⟨von³⟩; zu Eigen haben*⁴; innen|haben*⁴ ⇨もつ〈持つ〉.

ゆうせい 優勢 Überlegenheit f.; Oberhand f.; Übergewicht n. -s; Vorsprung m. -(e)s, ″e; Übermacht f. ″e/優勢をしめる die Oberhand (das Oberwasser; die Übermacht) gewinnen* ⟨über⁴⟩; einen bedeutenden Vorsprung gewinnen* ⟨vor³⟩/優勢を保つ das Übergewicht (die Oberhand) behaupten (behalten*); die Oberhand behalten*/優勢な Sieg 〈m. -(e)s, -e〉 nach Punkten. —— 優勢に überlegen* ⟨an³⟩; überwiegend; übermächtig; führend/優勢である überlegen* (übermächtig) sein ⟨an³⟩/優勢を占める die Oberhand (das Oberwasser; das Übergewicht) haben ⟨über⁴⟩.

ゆうせい 遊星 Planet m. -en, -en/遊星的 planetarisch.

ゆうせい 有声〈音声〉stimmhaft; weich 〈濁音の〉/有声発する stimmhaft (weich) aus|sprechen* ∥ 有声音 der stimmhafte Laut, -(e)s, -e/有声音化 Vokalization f. -en/有声子音 der stimmhafte Konsonant, -en, -en.

ゆうせい 有性の geschlechtlich ‖ 有性生殖 die geschlechtliche Fortpflanzung, -en.
— 優生学 Eugenik f.; Eugenetik 《まれ》/優生学上の eugenisch; eugenetisch 《まれ》‖ 優生結婚 die eugenische Heirat, -en/優生保護法 Sterilisierungsgesetz n. -es, -e.

ゆうぜい 郵税 Porto n. -s, -s (..ti); Postgebühr (Porto-) f. -en/この手紙は郵税不足です Der Brief ist unzureichend (nicht genügend) frankiert. ‖ 郵税先払い Nachnahme f. -n; Nachnahmesendung f. -en/郵税先払いで出す gegen (per) Nachnahme senden(*)⁴/郵税前払 Frankierung f.; Freimachung f./郵税未納 unfrankiert; nicht frankiert/郵税無料 Portofreiheit f./郵便無料の portofrei/不足郵税 Strafporto (Nach-) n. -s, -s.

ゆうぜい 遊説 Volks|rede (Wahl-) f. -n.
— 遊説する Volksreden (Wahlreden) [im Land(e)] halten*; als Volksredner (Wahlredner; Parteiwerber) durchwandern*⁴ (umher|ziehen*)/選挙区を遊説して回る in Wahlkreisen Volksreden halten*; den Wahlkreis bearbeiten. ‖ 遊説員 Volksredner (Wahl-) m. -s, -/遊説旅行 Werbefeldzug m. -(e)s, ⸚e.

ゆうぜい 有税 steuer|pflichtig (zoll-) ‖ 有税品 die zoll|pflichtige (steuer-) Sache, -n/有税品をお持ちですか Haben Sie etwas zu verzollen (versteuern)?

ゆうせつおん 有節音 《音声》 der artikulierte Laut, -(e)s, -e.

ゆうせん 優先の bevorrechtet; bevorrechtigt; bevorzugt; Vorzugs-; Vergünstigungs-/優先的に vorzugsweise; vorzüglich; vornehmlich ‖ 優先株 Vorzugsaktie f. -n; Prioritätsaktie f. -n/優先権 Vor[zugs]recht n. -(e)s, -e; Priorität f. -en; Bevorzugung f. -en/優先権を与える das Vor[zugs]recht (die Priorität) geben*³ (erteilen³); bevorrecht(ig)en⁴; bevorzugen⁴ (vor³); besonderen Vorrang geben*³ (vor³)/優先権を得る das Vor[zugs]recht [erteilt] bekommen* (haben)/優先権がある das Vorrecht genießen* (haben).

ゆうせん 有線 mit (per) Draht ‖ 有線テレビ Kabelfernsehen n. -s.

ゆうぜん 悠然として ⇨ゆうゆう.

ゆうぜん 油然として ausgiebig; reichlich; ergiebig/油然として湧く ausgiebig heraus|strömen [s] (sprudeln [s] (aus³)); brodeln über|quellen* [s]; Das Interesse wird plötzlich rege. (興味が).

ゆうぜんぞめ 友禅染 Seidenstoff 《m. -(e)s, -e》 mit Mustern 《von Blumen; Vögeln oder Landschaften》.

ゆうそう 郵送 Postsendung f. -en/郵送する mit der Post senden*⁴ (schicken⁴) ‖ 郵送無料 portofrei; franko/郵送料 Porto n. -s, -s (..ti); Postgebühr f. -en.

ゆうそう 勇壮な beherzt; heldenhaft; kühn; tapfer; wacker.

ゆうそく 有職(故実) Hofeiketikette f. -n; Hofsitte f. -n.

ゆうだ 遊惰な人間 ein fauler Mensch, -en, -en; Faulenzer m. -s, -/遊惰な生活を送る ein müßiges Leben führen; faulenzen.

ユーターン das Wenden*, -s, -.

ゆうたい 優待 die freundliche (bevorzugte) Behandlung, -en; Bevorzugung f. -en; 〔歓待〕 die freundliche Aufnahme f. -n; der sehr gute Empfang, -(e)s, ⸚e; Gastfreundlichkeit f. — 優待する bevorzugen⁴ (vor³); bevorzugt (sehr freundlich) behandeln⁴; [gast]freundlich empfangen*⁴; einen guten Empfang bereiten (für⁴).
— 優待される eine freundliche (herzliche; warme) Aufnahme finden* (bei³); sehr freundlich empfangen werden. ‖ 優待券 Ehren|karte (Frei-) f. -n; Rabattmarke f. -n (割引優待券).

ゆうたい 勇退 [freiwilliger] Rücktritt, -(e)s, -e. — 勇退する zurück|treten* [s] (von seinem Amt); von³ sich aus (freiwillig) auf sein Amt verzichten; ⁴sich zurück|ziehen* (vom Geschäft; von der Bühne); [退場] ⁴sich als Sieger vom Spiel zurück|ziehen*.

ゆうたい 有体の materiell ‖ 有体資産 Sachvermögen n. -s, -/有体動産 Habeligkeit f. -en; die bewegliche Habe/有体物 der materielle Gegenstand, -(e)s, ⸚e.

ゆうたい 有袋動物 Beuteltier n. -(e)s, -e/有袋類 Beuteltiere (pl).

ゆうだい 雄大な großartig; grandios; prächtig 《壮麗な》; überwältigend 《圧倒的な》; imposant 《堂々たる》.

ゆうだち 夕立 Regenschauer m. -s, -; Platzregen m. -s, - (はげしいにわか雨); Gewitter n. -s, - (雷雨).

ゆうだん 勇断 mutige Entscheidung 《-en》 treffen*.

ゆうだんしゃ 有段者 Titelinhaber m.

ゆうち 誘致 [An]lockung f. -en (誘い寄せること); Werbung f. -en (招致の宣伝)/誘致する [an]locken⁴; werben⁴; an|ziehen*⁴ (引きよせる) ‖ 誘致策 Lock|mittel (Werbe-) n. -s, -.

ゆうちょう 悠長な langsam 《のろい》; langmütig 《気長の·寛大な》; ruhig 《落ちついた》/悠長に構える ³sich ⁴Zeit lassen* (nehmen*).

ゆうづきよ 夕月夜 die mondhelle Nacht, ⸚e.

ゆうているい 有蹄類 Huftiere (pl).

ゆうてん 融点 Schmelzpunkt m. -(e)s, -e.

ゆうと 雄図 die kühne Vorhaben (Unternehmen), -s; Ehrgeiz m. -es/雄図空しく ohne seinen ehrgeizigen Traum in Erfüllung bringen zu können/雄図は空しかった Sein kühnes Unternehmen wurde zu Wasser.

ゆうとう 優等 Auszeichnung f. -en; Ehre f. -n; Vorzüglichkeit f. -en/優等の ausgezeichnet; vorzüglich/優等で試験に及第する die Prüfung mit Ehren (mit Auszeichnung) bestehen* ‖ 優等賞 Ehrenpreis m. -es, -e/優等生 Primus m. ..mi (..musse); der [Klassen]erste*, -n, -n; der beste

ゆうとう 遊蕩 Ausschweifung f. -en. ⇨どうらく

ゆうどう 誘導する führen⁴〈導く〉; leiten⁴〈同上〉; lenken⁴〈操縦する〉;【電】induzieren⁴;【数・化・医】ableiten⁴; derivieren⁴ ‖ 誘導コイル【電】Induktionsspule f. -n/誘導尋問 Suggestivfrage f. -n/誘導体【化】Derivat n. -[e]s, -e/誘導弾 ein ferngelenkter Flugkörper, -s, -; ein ferngelenktes Geschoss, -es, -e; Fernlenkkörper/誘導電気【電】Induktionselektrizität f. -en/誘導電流【電】Induktionsstrom m. -[e]s, ²e/誘導ミサイル Lenkrakete f. -n/誘導療法【医】Ableitungstherapie f.

ゆうどうえんぼく 遊動円木 Balkenschaukel f. -n.

ゆうとく 有徳の tugendhaft (-reich)/有徳の士 ein Mann (m. -[e]s, ²er) von Tugend; Tugendheld m. -en, -en.

ゆうどく 有毒な giftig; gifthaltig; toxisch; virulent ‖ 有毒ガス Giftgas n. -es, -e/有毒植物 Giftpflanze f. -n.

ユートピア Utopie f. -n; Idealland (Traumː) n. -[e]s, ²er/ユートピアの utopisch.

ゆうなぎ 夕凪 Windstille (f.) am Abend; Abendflaute f. -n.

ゆうに 優に reichlich; gut; hübsch/優にありあまる reichlich genug haben/優に千ユーロかかる reichlich 1 000 Euro kosten/優にまだ二時間かかる noch hübsch zwei Stunden dauern/優に八十キロは目方がある gut [und gern] 80 kg wiegen*/優に一時間は待った Wir haben eine gute Stunde gewartet.

ゆうのう 有能な fähig; befähigt; brauchbar; gewandt; tüchtig/有能の士 der fähige Kopf, -[e]s, ²e; der befähigte (fähige) Mensch, -en, -en.

ゆうばえ 夕映え Abendrot n. -[e]s, (-glühen n. -s; -schein n. -[e]s).

ゆうはつ 誘発する hervorrufen*⁴; verursachen⁴.

ゆうはん 夕飯 Abendessen n. -s, -; (-brot n. -[e]s; -mahlzeit f. -en)/夕飯に招く zum Abendessen einladen*⁴/夕飯を食べる zu Abend essen*.

ゆうひ 夕日 Abendsonne f. -n.

ゆうひ 雄飛 ‖ 海外に雄飛する mit ³Tatendrang nach ³Übersee gehen* [s]; sein Glück im Ausland versuchen.

ゆうび 優美 Anmut f.; Grazie f. -n/優美な(に) anmutig; graziös.

ゆうびるい 有尾類【動】Schwanzlurche (pl); Urodelen (pl).

ゆうびん 郵便 Post f. -en/郵便を配達する die Post austragen* (bestellen, zustellen)/郵便がきています Die Post ist da. — 郵便で mit der ³Post; per ⁴Post/郵便で送る mit der Post schicken⁴; per Post senden*⁴/手紙を郵便で出す einen Brief zur Post geben*⁴. ‖ 郵便受け Briefkasten m. -s, -/郵便為替 Postanweisung f. -en/郵便切手 Briefmarke f. -n; Postwertzeichen n. -s, -/郵便局 Postamt n. -[e]s, ²er; Post f. -en/郵便局員 der Postbeamte*, -n, -n/郵便検閲 Postzensur f. -en/郵便小包 Postpaket n. -[e]s, -e; Postgut n. -[e]s, ²er (7kg 以下); Päckchen n. -s, - (2kg 以下)/郵便私書箱 Postfach n. -[e]s, ²er/郵便車 Postwagen m. -s, -; Postauto n. -s, -s〈自動車〉/郵便制度 Postwesen n. -s/郵便貯金 Postsparkasse f. -n/郵便配達 Postbestellung f. -en (-zustellung f. -en)/郵便配達人 Briefträger m. -s, -; Postbote m. -n, -n/郵便番号 Postleitzahl f. -en/郵便はがき Postkarte f. -n/郵便馬車 Postkutsche f. -n (-wagen m. -s, -)/郵便物 Postsache f. -n/郵便法規 Postordnung f. -en/郵便ポスト Briefkasten (Post-, Brief-) m. -s, -/郵便屋 Briefträger m. -s, -/郵便料 Postgebühr f. -en; Porto n. -s/外(内)国郵便 ausländische (inländische) Post/軍事郵便 Feldpost f. -en/航空郵便 Luftpost.

ゆうぶ 勇武 Tapferkeit f.; Kühnheit f. -en; Mut m. -[e]s; Heldenhaftigkeit f. -en.

ユーフォー Ufo (UFO) n. (-s), -s; unbekanntes Flugobjekt, -[e]s, -e.

ゆうふく 裕福な wohlhabend; reich; begütert; bemittelt; vermögend/裕福な家庭に生まれる aus wohlhabender (reicher) ³Familie sein; mit einem silbernen Löffel geboren sein/裕福に暮らす im Überfluss leben; in guten ³Verhältnissen leben.

ゆうべ 夕べ Abend m. -s, -e/夏の夕べ Sommerabend m. -s, -e/モーツァルトの夕べ Mozart-Abend; Mozartabend.

ゆうべ 昨晩(夜) ❶〔昨晩〕gestern Abend. ❷〔昨夜〕gestern Nacht; heute Nacht《今日の真夜中零時以降》.

ゆうへい 幽閉 Einsperrung f. -en; Einschließung f. -en/幽閉する einsperren⁴; einschließen*⁴; jn der ²Freiheit berauben.

ゆうへん 雄編 ein großes Werk, -[e]s, -e; Meisterwerk n.

ゆうべん 雄弁 Redegewandtheit f.; Beredsamkeit f.; Zungenfertigkeit f./雄弁な redegewandt; beredt; zungenfertig/雄弁は銀、沈黙は金 Reden ist Silber, Schweigen ist Gold. ‖ 雄弁家 ein guter (gewandter) Redner, -s, -/雄弁術 Redekunst f.; Rhetorik f.

ゆうほ 遊歩 Spaziergang m. -[e]s, -e〔-gänge〕; Spazierengehen⁴; Promenade f. -n; das Promenieren⁴, -s. — 遊歩する spazieren gehen*; promenieren ⓢ. ‖ 遊歩甲板 Promenadendeck n. -[e]s, -s (-e)/遊歩道 Promenade f. -n; Spazierweg m. -[e]s, -e.

ゆうほう 友邦 das befreundete Land, -[e]s, ²er; Bundesgenosse m. -n, -n〔盟邦〕.

ゆうぼう 有望 hoffnungsvoll; aussichtsreich/前途有望の viel verheißend (-versprechend)/彼は前途有望だ Er hat eine große (glänzende) Zukunft.

ゆうぼく 遊牧 Nomadismus m. -; No-

ゆうみん 遊民 Tagedieb m. -[e]s, -e; Nichtstuer m. -s, -; Drohne f. -n/高等遊民 der beschäftigungslose Gebildete*, -n, -n.

ゆうめい 幽明 ¶ 幽明境を異にする ins Jenseits abberufen werden; das Zeitliche segnen.

ゆうめい 有名な berühmt (wegen²⁽³⁾; [wohl] bekannt (für⁴); namhaft 《著名な》; vielgenannt; viel besprochen; weit verbreitet; stadtbekannt 《町中で》; weltberühmt 《世界的に》; weltbekannt 《同上》; [悪名高い] allbekannt; berüchtigt; verrufen/有名な美人 die gefeierte Schönheit, -en/大阪では彼は有名だ In Osaka ist er bekannt (hat er einen Namen.)/彼は世界的に有名な学者だ Er ist im Weltruf eines Gelehrten./知らぬ人はいくらか有名だ《俗》Er ist bekannt wie ein scheckiger (bunter) Hund. ── 有名になる berühmt werden; ³sich einen Namen machen; Berühmtheit erlangen. 有名人 Berühmtheit f. -en.

ゆうめい 勇名をとどろかす ³sich einen Ruf erwerben* (wegen²⁽³⁾); ⁴sich eines Weltrufes erfreuen.

ゆうめいかい 幽冥界 Schattenreich n. -[e]s, -e; Schattenland n. -[e]s, ¨er; Hades m. -, - 《よみの国》; Jenseits n. -.

ゆうむじつ 有名無実の nur dem Namen (Titel) nach; Titular-; nominell/有名無実である nur dem Namen nach existieren ('et sein); nur auf dem Papier stehen*/有名無実の社長《俗》Frühstückspräsident m. -en, -en/有名無実の編集長《俗》Sitzredakteur m. -s, -e.

ユーモア Humor m. -s, まれに -e; Witz m. -es, -e/ユーモアに富む(のない) humorvoll (humorlos)/ユーモアを解する(解しない) (keinen) Humor haben ‖ ユーモア作家 Humorist m. -en, -en.

ゆうもう 勇猛な kühn; beherzt; furchtlos; unerschrocken; verwegen; wacker; wagemutig (-haisig) ‖ 勇猛心 der kühne Herz, -ens, -en; der kühne Geist, -es, -er (Mut, -[e]s)/勇猛心をふるい起こす keck frischen Mut fassen/勇猛心で張り切っている voll unzähmbaren Mutes sein.

ゆうもや 夕靄 Abenddunst m. -[e]s, ¨e.
ユーモラス humorvoll; humoristisch; spaßig.
ユーモリスト Humorist m. -en, -en.
ユーモレスク《楽》Humoreske f. -n.
ゆうもん 幽門《解》Pylorus m. -, ..ri; Magenpförtner m. -s, -.
ゆうやく 勇躍して mutig und stolz; in gehobener Stimmung.
ゆうやけ 夕焼け Abendrot n. -[e]s, -röte f. -, ..schein m. -[e]s, -e.
ゆうやみ 夕闇 Abenddämmerung f. -en; Abendgrauen n. -s; Halbdunkel (n. -s) (des Abends)/夕闇が迫る Es dämmert. Es fängt an düster (dunkel) zu werden./夕闇迫る頃 im Dämmerlicht; im Dämmerschein.

ゆうゆう 悠々たる(と) [落ち着いて] ruhig; gelassen; geruhsam; gefasst; unerschütterlich; [悠長] langsam; faul; gemächlich/悠々自適の日を送る ein geruhiges (geruhsames; beschauliches) Leben führen; zurückgezogen [aber zufrieden] leben; 《俗》seinen Kohl bauen/悠々閑として müßig; bequem.

ゆうよ 有余 mehr als; gut über/⁴三十有余年 vor mehr als dreißig Jahren/五百有余名の生徒 etwa fünfhundert Schüler oder mehr / 二時間有余 gut über zwei Stunden.

ゆうよ 猶予 Aufschub m. -[e]s, ¨e; Frist f. -en《延期》; Stundung f. -en《支払などの》; Verzögerung f. -en; Verzug m. -[e]s《遅滞》; Verspätung f. -en《遅延》/猶予なく unverzüglich; ohne ⁴Verzug; fristlos/⁴猶予を許さない keinen Aufschub dulden (leiden)/⁴sich nicht länger aufschieben lassen* / 一刻の猶予もできない Kein Augenblick ist zu verlieren./三日間の猶予を与える eine Frist von drei Tagen (noch drei Tage Frist) gewähren³ (bewilligen³). ── 猶予する aufschieben*⁸ (auf⁴) [s]; (die Zahlung) stunden; anstehen lassen*; fristen⁴; jm eine Frist geben* (gewähren); eine Gnadenfrist gewähren³ (für⁴ を). ‖ 猶予期間 Frist f. -en; Stundungsfrist f. -en《支払いの》; Gnadenfrist f. 《刑の》.

ゆうよう 悠容迫らざる gemessen; gesetzt; gelassen; beherrscht/悠容たる態度で(足どりで) in gemessener Haltung (mit gemessenem Schritt).

ゆうよう 有用な nützlich; dienlich; tauglich; zweckmäßig; Nutz-; [利用できる] brauchbar; verwendbar/有用な人材 der nützliche Mensch, -en, -en ‖ 有用植物 Nutzpflanze f. -n.

ゆうよく 遊弋する kreuzen; hin und her fahren*⁸/敵艦を求めて遊弋する auf der Suche nach der feindlichen Flotte hin und her fahren*.

ユーラシア Eurasien n. -s.

ゆうらん 遊覧 Vergnügungsreise f. -n《旅行》; Ausflug m. -[e]s, ¨e《遠足》; Rundfahrt f. -en《周遊》; Tour f. -en; [ちょっとした] Spritzfahrt (-tour). ── 遊覧する zum Vergnügen reisen [s]; eine Vergnügungsreise machen; einen Ausflug machen; eine Rundreise machen; Sehenswürdigkeiten besuchen. ‖ 遊覧案内 Reiseführer m. -s, -; 《人，または書名として》Fremdenführer m. -s, -《人，または書名として》/遊覧案内所 Reisebüro n. -s, -s/遊覧切符 Rundreisekarte f. -n/遊覧客 Tourist m. -en, -en; der Vergnügungsreisende*, -n, -n; Ausflügler m. -s, -/遊覧船 Rundfahrtschiff n. -[e]s, -e; Vergnügungsboot n. -[e]s, -e (-dampfer m. -s, -《大型》)/遊覧団体 Rei-

ゆうり 遊離 Abscheidung f. -en; Absonderung f. -en; Trennung f. -en/遊離した frei; abgeschieden; abgesondert; abgetrennt. ― 遊離する ⁴sich ab|scheiden* (von³); ⁴sich ab|sondern (von³); ⁴sich trennen (von³). ― 遊離させる ab|scheiden*⁴ (von³); ab|sondern⁴ (von³); trennen⁴ (von³). ‖ 遊離炭素 der freie Kohlenstoff, -(e)s.

ゆうり 有利な(に) vorteilhaft (für⁴); günstig³; ertragfähig (もうけになる)/有利な地位 die Oberhand vor jm sein/有利な地位に立つ Oberhand gewinnen* (erringen²) (über⁴)/あらゆる点で有利だ Das bietet allerhand Vorteile./彼の方が有利だ Er hat den Vorteil.

ゆうり 有理の [数] rational ‖ 有理式 der rationale Ausdruck, -(e)s/有理数 die rationale Zahl, -en.

ゆうりょ 憂慮 Sorge f. -n (um⁴); Besorglichkeit f. -en; Besorgnis f. -nisse; Angst f. ⸚e (不安); [懸念] das Bedenken*, -s; Befürchtung f. -en; Furcht f. /憂慮にたえぬ in Sorge ersticken; Schwere Sorgen drücken (plagen) jn. /憂慮すべき/危機的に beunruhigend /憂慮のあまり憔悴(しょうすい)する ⁴sich ab|härmen (um⁴). ― 憂慮する ⁴sich sorgen (um⁴); befürchten⁽⁴⁾; ⁴sich Sorgen (Gedanken) machen (um⁴; über⁴); besorgt sein (um⁴; über⁴); kein Auge schließen* können*. ⇨ゆうれい, うれえる.

ゆうりょう 遊猟 Jagd f. -en; Jägerei f. -en; Weidwerk n. -(e)s, -e/遊猟に行く auf die Jagd gehen* ⓢ. ― 遊猟する jagen ⓢ.ⓗ (auf⁴). ‖ 遊猟家 Jäger m. -s, -; Weidmann m. -(e)s, ⸚er/遊猟期 Jagdzeit f. -en/遊猟服 Jagdanzug m. -(e)s, -e/遊猟免状 Jagdschein m. -(e)s, -e.

ゆうりょう 優良な ausgezeichnet; hervorragend; [vor]trefflich; vorzüglich; von Qualität (上等な); auserlesen (よりぬき); erstklassig (一流の) ‖ 優良株 die [mündel]sicheren Papiere (pl)/優良馬(の馬) Vollblut n. -(e)s, -e; Vollblüter m. -s, -; Vollbluthengst m. -es, -e/優良品 Qualitätsware f. -n (-erzeugnis n. -nisses, -nisse)/(健康)優良児 das kräftige Kind (-(e)s, -er) (vom gesunden Blut).

ゆうりょう 有料の gebührenpflichtig; zollpflichtig; (nur) gegen Bezahlung/有料です Benutzung nur gegen Bezahlung/ (トイレなどの掲示) ‖ 有料駐車場 der gebührenpflichtige Parkplatz, -es, ⸚e/有料道路 die zollpflichtige Autostraße, -n; Zollstraße, -n/有料トイレ der gebührenpflichtige Abort, -(e)s, -e.

ゆうりょく 有力な [人について] einflussreich; angesehen; führend; gewichtig; maßgebend; [証拠など] sprechend; schlagend; überzeugend; zwingend/有力な援助 die kräftige Unterstützung, -en/有力な証拠 der überzeugende Anhalt, -(e)s, -e/有力な証拠 der schlagende Beweis, -es, -e/有力な容疑者 der wahrscheinliche Täter, -s, -. ‖ 有力者 die einflussreiche (maßgebende) Persönlichkeit, -en.

ゆうれい 幽霊 Gespenst n. -es, -er; Erscheinung f. -en; Geist m. -(e)s, -er; Phantom n. -s, -e; Spuk m. -(e)s, -e/幽霊のような geisterhaft; gespensterhaft; gespenstig; gespenstisch; spukhaft; spukig/幽霊が出る spuken (in³); gespenstern (in³); geistern (in³); um|gehen* ⓢ/あの家には幽霊が出る Es spukt in dem Haus da. Es geht in diesem Haus um. ‖ 幽霊会社 Schwindelfirma f. -firmen (-gesellschaft f. -en)/幽霊人口 die falsche Bevölkerung, -en/幽霊屋敷 Spukhaus n. -es, ⸚er.

ゆうれき 遊歴 Vergnügungsreise (Rundreise) f. -n; Rundfahrt f. -en; Tour f. -en. ― 遊歴する eine Vergnügungsreise (Rundreise) machen; durchreisen⁴. ‖ 遊歴客 Tourist m. -en, -en; der Vergnügungsreisende*, -n, -n.

ゆうれつ 優劣 Überlegenheit und Minderwertigkeit, der- -en und der -; Übergewicht und Rückständigkeit, des -(e)s und der -; Vor- und Nachteile (pl 長短); [一語のみで] Qualität f. -en; Güte f.; Wert m. -(e)s, -e; Vorzug m. -(e)s, ⸚e/優劣を争う ⁴sich messen* (mit³); jm den Vorrang streitig machen; konkurrieren (mit³)/優劣がない ebenbürtig; gleichwertig; gar nicht schlecht als .../二者の間にはほとんど優劣はない Zwischen den beiden ist fast kein Unterschied./仕事のでき栄えにも優劣がいろいろある Es ist ein Unterschied zwischen Arbeit und Arbeit.

ユーロ Euro m. -(e)s, -s ‖ ユーロコミュニスム Eurokommunismus m. -/ユーロ市場 Euromarkt m. -(e)s, ⸚e/ユーロダラー Eurodollar m. -s, -s/ユーロチェック Eurocheque m. -s, -s/ユーロ通貨 Eurowährung f. /ユーロビジョン Eurovision f.

ゆうわ 融和 Harmonie f. -n; Verträglichkeit f. /両国の融和をはかる versuchen, den versöhnlichen Bestrebungen (die Ansprüche) der beiden Mächte in Einklang zu bringen. ― 融和する harmonieren (mit³); miteinander(.); ⁴sich vertragen* (mit³); zusammen|passen.

ゆうわ 宥和 Befriedigung (f. -en) (durch Nachgeben); Aussöhnung f. -en; Versöhnung f. -en/宥和する ⁴sich untereinander (miteinander) aus|söhnen; ⁴sich versöhnen (mit³) ‖ 宥和政策 Versöhnungspolitik f. -en.

ゆうわく 誘惑 Verführung f. -en; Verlockung f. -en; Versuchung f. -en/大都会の誘惑 die Verlockungen der Großstadt, /誘惑的 verführerisch; verlockend/誘惑に勝つ der Verführung widerstehen*; den

ゆえ 故 Grund m. -(e)s, ¨e〖理由〗; Ursache f. -n〖原因〗; Beweggrund〖動機〗; Anlass m. -es, ¨e〖きっかけ〗; Umstand m.〖事情〗/ 故なく ohne (jeden) ⁴Grund; grundlos; ohne (allen) Anlass. ── 故に deshalb; deswegen; darum; daher; also; folglich〘従って〙; infolgedessen〘同上〙/ …の故に wegen²⁽³⁾; infolge²〘…の結果として〙; um ⁴wilIen〘…のために〙; weil …; da …/ 彼は病気の故に来られなかった Er konnte nicht kommen, weil er krank war. Wegen einer Krankheit konnte er nicht kommen. / 故あって mit (gutem) Grund; aus bestimmten (gewissen) ³Gründen; durch bestimmte (gewisse) Gründe〘事情があって〙; umstandehalber (umstands-)〘同上〙.

ゆえん 油煙 Lampen|ruß m. -es (-schwarz n. -es).

ゆえん 所以 Grund m. -(e)s, ¨e / これが…の所以である Das ist der Grund, warum ….

ゆか 床〖Fuß〗boden m. -s, ¨; Estrich m. -s, -e; Diele f. -n/床を張る dielen⁴; mit Brettern belegen⁴/床を掃除する den Fußboden putzen (reinigen)/床下に unter dem Fußboden ‖ 床板 Brett n. -(e)s, -er; Riemen m. -s, -; Diele f. -n/床張り Bodenbelag (Dielen-) m. -(e)s, ¨e; Bodentäfelung f.

ゆかい 愉快 Fröhlichkeit f.; Freudigkeit f. -en; Frohmut m. -(e)s; Frohsinn m. -(e)s; Heiterkeit f. -en; Lustigkeit f. -en; Vergnüglichkeit f. -en; die heitere, vergnügliche Stimmung, ─en/愉快である in froher (freudiger; gehobener) Stimmung sein/実に愉快だ Das ist eine Stimmung! Das ist ja großartig!/実に愉快だった Das war ein Vergnügen! Das war himmlisch! Das ging hoch her!/さぞ愉快だったでしょうね Das muss in lustig gewesen sein. ── 愉快な[に] fröhlich; freudig; aufgeräumt; heiter; lustig; vergnüglich; munter und vergnügt/愉快な集まり[仲間] die fröhliche Gesellschaft. -en/愉快に時を過す frohe (schöne; heitere) Stunden verbringen 〘*mit*³〙; eine frohe Zeit haben.

ゆかうんどう 床運動〖体操〗Bodenturnen n. -s.

ゆかげん 湯加減をみる die Temperatur des Bades prüfen.

ゆかしい 〖人の心をひく〗gewinnend; ansprechend; anziehend; einnehmend; 〖品のある〗vornehm; Achtung einflößend (gebietend); respektvoll; 〖かさにかからぬ〗unauffällig (-dringlich)/心のゆかしい edeldenkend; edelmütig.

ゆかしさ etwas Gewinnendes*; etwas Ansprechendes*; Edelmut m. -(e)s; Ehrerbietung f.

ゆかた 浴衣 Yukata m. -s, -s; das japanische Sommerkleid. -(e)s, -er.

ゆがみ 歪み Krümmung f. -en; Verbiegung f. -en; Verdrehung f. -en; Verzerrung f. -en; Verziehung f. -en.

ゆがむ 歪む krumm werden; ⁴sich verbiegen*; ⁴sich verdrehen; ⁴sich verziehen*; ⁴sich verzerren/彼の顔は苦痛のために歪んだ Sein Gesicht verzerrte sich vor Schmerz. /彼の根性は歪んでしまった Er ist schon verdorben.

ゆがめる 歪める krumm machen⁴; krümmen⁴; verbiegen*⁴; verdrehen⁴; verziehen*⁴/事実を歪める die Wahrheit (den Tatbestand) verdrehen/顔〔口元〕を歪める das Gesicht (den Mund) verziehen* (verzerren).

ゆかり Beziehung f. -en; Verbindung f. -en; Verwandtschaft f. -en〘親戚〙; Bekanntschaft f. -en〘知り合い〙/縁もゆかりもない jm wildfremd sein; gar keine Beziehung haben (unterhalten*)〘*mit*³〙; mit jm nichts zu tun haben.

ゆかん 湯灌する einen Leichnam waschen⁴; eine Leiche balsamieren〖香油を塗る〗.

ゆき 裄 Ärmellänge f. -n.

ゆき 雪 Schnee m. -s/雪が降る Es schneit. Es fällt Schnee. /雪が積もる Es liegt〔hoher; tiefer〕Schnee. /雪が降り積む Der Schnee häuft sich〔hoch〕. /雪が二十センチ積もっている Der Schnee liegt 20 Zentimeter hoch. /雪が消える〔解ける〕Der Schnee taut. Es taut./ Der Schnee schmilzt./雪がとまらう rein (weiß) wie〔frisch gefallener〕Schnee/雪のような schneeartig; schneeig/雪かき Schnee weg|schaufeln; Schnee〔aus dem Weg〕räumen/雪にいただいた mit Schnee bedeckt; schneebedeckt/雪に閉じこめられて vom Schnee eingeschlossen〔sein〕; eingeschneit〔sein〕; im ewigen Schnee und Eis/雪の吹きだまり Schneewehe f. -n/雪と墨などの相違 Unterschied m. -(e)s, -e wie Tag und Nacht/列車が雪で立往生した Der Zug war〔völlig〕eingeschneit./落花生の降るような Es schneit in dicken Flocken. ‖ 大雪 der starke Schneefall. -(e)s, ¨e/粉雪 Pulverschnee m. -s.

ゆき 行き Hinweg m. -(e)s, -e; Hinfahrt f. -en; Hinreise f. -n; Hinflug m. -(e)s, ¨e/行きは列車にする Hinreise mache ich mit dem Zug. : Hin fahre ich mit der Bahn. /行きは電車がかなり混んでいた Bei der Hinfahrt war die Bahn ziemlich voll./行きはよいよい、帰りはこわい kommend hin, das ist einfach. Einmal her, das ist schwer.

-ゆき -行き nach¹; nach … bestimmt/京都行急行 der D-Zug -(e)s, ¨e nach Kyoto/ヨーロッパ行きの飛行機 die Maschine〘-n〙nach Europa/どこ行きですか Wohin fahren Sie?〘電車の乗務車掌などに聞くとき〙; Wohin geht der Zug?〘この列車は…〙/あいつは近く刑務所行きだそうだ Bald kommt er ins Gefängnis.

ゆきあう 行き合う auf dem Weg(e) einander

ゆきあかり 雪明り Erhellung (f. -en) durch den liegenden Schnee/雪明りの道 der schneeerhellte Weg, -[e]s, -e.
ゆきあそび 雪遊びをする mit Schnee spielen.
ゆきあたりばったり 行きあたりばったり(の)(に) der ewige "Beste"; auf gut Glück; aufs Geratewohl; zufällig; wie es gerade kommt/行きあたりばったりでやる auf gut Glück tun*⁴; aufs Geratewohl versuchen*; es darauf ankommen lassen*; dem Zufall überlassen*⁴.
ゆきあたる 行き当たる treffen*⁴; begegnen*³ ⟨s⟩ (出合う); stoßen* ⟨an⁴ 突きあたる; auf⁴ 遭遇する⟩.
ゆきあらし 雪嵐 Schneesturm m. -[e]s, -̈e (-gestöber n. -s, -; -treiben n. -s.
ゆきおとこ 雪男 Schneemensch (m. -en, -en) (im Himalajagebiet); Yeti m. -s, -s.
ゆきおれ 雪折れ Schneebruch m. -[e]s, -̈e/雪折れる unter Schneelast brechen*/柳に雪折れなし ,Besser biegen als brechen.'
ゆきかう 行き交う hin und her gehen* ⟨s⟩ auf und ab wandern ⟨s⟩; umher|gehen* ⟨s⟩; ⁴sich umher|bewegen.
ゆきかえり 行き帰り das Hin und Zurück, des - und -[e]s.
ゆきがかり 行き掛かり上やむをえず unter dem Zwang der (bisherigen) Verhältnisse; weil das Rad der Entwicklung nicht mehr zurückgedreht werden kann; weil wir es als gegeben hinnehmen müssen/行き掛かりをすてる die Vergangenheit begraben sein lassen*; das Kriegsbeil begraben*/行き掛かり上やらざるをえないだろう Du hast A gesagt, nun musst du doch auch B sagen.
ゆきかき 雪掻き 〔道具〕 Schnee|pflug m. -[e]s, -̈e (-schaufel f. -n; -schippe f. -n; -schleuder f. -n, -); 〔人〕 Schnee|schipper m. -s, - (-räumer m. -s, -; -schaufler m. -s, -)/雪掻きをする Schnee räumen; Schnee wegschaufeln.
ゆきがけ 行き掛け 〔去りしなに〕 beim Abgang; beim Abschiednehmen; 〔途中で〕 auf dem Weg (nach³); unterwegs/行き掛けの駄賃に持って行く ⁴et beim Abgang mitkommen heißen*.
ゆきかぜ 雪風 Schneewind m. -[e]s, -e.
ゆきかた 行き方 〔しかた〕 Weg m. -[e]s, -e; Art und Weise, der - und -; Methode f. -n/それが唯一可能な行き方だ Das ist der einzig mögliche Weg./私には私の行き方がある Ich habe meinen eigenen Weg, es zu tun./私はあなたとは行き方が違うのだ Ich mache es anders als Sie.
ゆきがっせん 雪合戦 Schneeballschlacht f. -en/雪合戦をする ⁴sich schneeballen.
ゆきき 行き来 das Hin- und Hergehen*, des - und -s; Verkehr m. -s, - (交際の意にも); Umgang m. -[e]s, -̈e (つきあい)/行き来の人 Passant m. -en, -en; der Vorübergehende, -n, -n; Fußgänger m. -s, -/行き来する おうらい(往来), こうさい(交際).

ゆきくずれ 雪崩れ Schnee|bruch m. -[e]s, -̈e (-rutsch m. -[e]s, -e; -lawine f. -n). ⇨なだれ.
ゆきぐつ 雪靴 Schnee|schuh m. -[e]s, -e (-teller m. -s, -).
ゆきぐに 雪国 Schneeregion f. -en; das schneeige Gebiet, -[e]s, -e.
ゆきぐも 雪雲 Schneewolke f. -n.
ゆきぐもり 雪曇り nach Schnee aussehend wolkig (bedeckt).
ゆきくれる 雪暮れる [die Nacht を主語にして] auf dem Weg hernieder|sinken* ⟨s⟩ (herein|brechen*; herauf|ziehen*) ⟨s⟩; jn auf dem Weg überfallen* (überraschen)/行き暮れた旅人 der von der Dunkelheit überraschte Reisende*, -n, -n.
ゆきげしき 雪景色 die schneeige Landschaft, -en; Aussicht (f. -en) im Schnee.
ゆきさき 行き先 Reiseziel n. -[e]s, -e (旅の); Bestimmungsort m. -[e]s, -e (郵便物の); Bestimmungshafen m. -s, -̈ (船の); Endstation f. -en (列車の). ⇨ゆくさき.
ゆきすぎ 行き過ぎ Ausschreitung f. -en; Übertreibung f. -en; das Zuviel -s; これは行き過ぎだ Das geht (denn doch) zu weit. / Das nenne ich doch über das Ziel (hinaus)geschossen.
ゆきすぎる 行き過ぎる ❶ 〔通過〕 vorbei|gehen* ⟨s⟩; vorbei|fahren* ⟨s⟩; hinaus|gehen* ⟨s⟩ (über⁴). ❷ 〔過度〕 zu weit gehen* ⟨s⟩ (in⁴); zu weit treiben*⁴; über das Ziel (hinaus) schießen*/二三軒行き過ぎる zwei oder drei Häuser zu weit gehen* ⟨s⟩/その件では彼は少し行き過ぎた Er hätte die Sache in einem bisschen zu weit getrieben.
ゆきずり 行きずりの人 der zufällige Passant, -en, -en; der zufällige Vorübergehende, -n, -n.
ゆきぞら 雪空 Schneewetter n. -s, -; der schneeige Himmel, -s, -/雪空がある Ein Schnee droht. / Es sieht nach Schnee aus.
ゆきだおれ 行き倒れ行き倒れの人 der Tote* (-n) auf der Straße/行き倒れになる (aus Hunger) auf der Straße krepieren ⟨s⟩; auf der Straße ins Gras beißen*.
ゆきだまり 雪溜り Schneewehe f. -n (-verwehung f. -en).
ゆきだるま 雪達磨 Schneemann m. -[e]s, -̈er.
ゆきちがい 行き違い Missverständnis n. ...nisses, ..nisse (誤解); Verwechs[e]lung f. -en (とり違え); Unstimmigkeiten (pl.); Diskrepanz f. -en (くい違い)/行き違いになる ⁴sich kreuzen; ⁴sich über|schneiden*; an|einander vorbei|gehen* ⟨s⟩; ⁴sich (ein|ander) verfehlen/彼らの間には感情の行き違いがある Es gibt unter ihnen einen Knacks (Unstimmigkeiten) unter ihnen./手紙が行き違いになった Unsere Briefe haben sich gekreuzt./我々は行き違いになった Wir haben uns verfehlt. 《会いそこない》.
ゆきつけ 行きつけの Lieblings-; Haus-; Stamm-; regelmäßig besucht/行きつけのレストラン (飲み屋) Stammlokal n. -[e]s, -e (Stammkneipe f. -n)/行きつけの医

ゆきつぶて 雪つぶて Schneeball m. -(e)s, ⸚e.

ゆきつけ 行きつけ/行きつけの床屋 der Friseur (-s, -e), zu dem ich regelmäßig gehe/ここはおとら方の行きつけの所だ Hier verkehren häufig feine Leute.

ゆきづれ 雪づれ Schneeball m. -(e)s, ⸚e.

ゆきづまり 行きづまり [不振・不況] Stockung f. -en; Stillstand m. -(e)s; Flaute f. -n; [苦境] die ausweglose Lage, -n; der tote Punkt, -(e)s, -e; Sackgasse f. -n 《袋小路》/行詰りを打開する Mittel und Wege finden*, um die Stockung zu beseitigen; einen Ausweg aus der Stockung finden* (suchen)/彼の芸も行詰りだ Es ist aus mit seiner Kunst./この通りは行詰りだ Diese Gasse endet in einen Sack.

ゆきづまる 行きづまる stocken 〘s.h〙; stecken bleiben* 〘s〙; ⁴sich fest|fahren*; völlig festgefahren sein; nicht weiter kommen können*; ins Stocken kommen* (geraten)* 〘s〙; auf einen toten Punkt kommen*; an einen toten Punkt gelangen 〘s〙; in die Klemme (Patsche; Tinte; Zwickmühle; auf dem Pfropfen) sein; nicht (weder) aus noch ein wissen*/ことばに行き詰まる Das Wort (Die Zunge) stockt jm im Mund(e)./交渉は行き詰った Die Verhandlungen endeten auf einem toten Punkt. ⇨**ゆきなやむ**/彼の芸もそろそろ行き詰まった Er hat mit seiner Kunst seinen Höhepunkt überschritten. ⇨**ゆきづまり**.

ゆきどけ 雪解け das [Auf]tauen*, -s; Schneematsch m. -es, -e; ⁴schmelze f. -n/雪解けする Es taut. 〘s〙 Der Schnee schmilzt. ¶ 雪解け道 der matschige Weg, -(e)s, -e.

ゆきどころ 行き所 das Wohin*, -s; Unterkunft f. ⸚e; das Unterkommen*, -s/行き所がない Ich weiß nicht wohin. Ich habe noch keine Unterkunft.

ゆきとどく 行き届く ❶ [よく気がつく] aufmerksam sein; entgegenkommend (zuvorkommend) sein; dienstwillig sein; rücksichtsvoll sein; sorgfältig sein; umsichtig sein; vorausschauend sein. ❷ [完全] einwandfrei sein; tadellos sein; nichts zu wünschen übrig lassen*/行き届いたもてなし das gastfreie (gastfreundliche) Aufnahme, -n/行き届いた人だ Er ist ein aufmerksamer Mensch./Er hat zuvorkommendes Wesen./Er denkt immer an alles./準備はよく行き届いている Die Vorbereitung ist tadellos./Man hat es bei der Vorbereitung an nichts fehlen lassen./その家は手入れがよく行き届いている Das Haus ist tadellos gepflegt. — 行き届かない unaufmerksam; nachlässig; unbesonnen/それはみんな私の行き届かなさからだ Das liegt alles an meiner Unaufmerksamkeit./行き届かない所 Mangelhaftigkeit f. -en; Unvollständigkeit f. -en/私の行き届かない所に何かとぞご容赦願います Bei eventuellen Mangelhaftigkeiten [der Vorbereitung] bitte ich Sie freundliche Nachsicht zu haben./その仕事には行き届かない所が沢山あった Die Arbeit ließ noch viel zu wünschen übrig.

ゆきどまり 行き止まり Ende 《n. -s, -n》 der Straße; Sackgasse f. -n 《袋小路》/行き止まりの blind; ohne ⁴Ausgang/この路地は行き止りです Das ist hier eine blinde Gasse (Sackgasse). この路地はどんづまりだ Es geht hier nicht weiter.

ゆきなげ 雪投げ das Schneeballen*, -s. ⇨**ゆきがっせん**.

ゆきなやむ 行き悩む festgefahren sein; ⁴sich fest|fahren*; an einen toten Punkt gelangen 〘s〙; auf einen toten Punkt kommen* 〘s〙; in die Klemme (ins Stocken) kommen* (geraten)* 〘s〙/事は行き悩んだ Es stockt mit der Sache./Die Sache ist festgefahren./交渉は行き悩んだ Die Verhandlungen sind an einem toten Punkt gelangt.

ゆきのした 雪の下 《植》 Steinbrech m. -(e)s, -e.

ゆきのはだ 雪の肌 [婦人の] die schneeweiße Haut, ⸚e.

ゆきば 行き場がない Ich habe nirgendwohin.

ゆきはぐれる 行きはぐれる ⁴sich verlaufen*; ⁴sich verfahren* (車で); vom Weg (den Ort) verfehlen; vom Weg ab|kommen* 〘s〙; irrelgehen* 〘s〙/人ごみの中で彼に行きはぐれた Im Gewimmel habe ich ihn aus den Augen verloren.

ゆきふり 雪降り Schnee|fall m. -(e)s, ⸚e (-wetter n. -s, -)/ひどい雪降り der starke Schneefall.

ゆきみ 雪見 Schneeschau f. -en/雪見の宴を催す Schneeschau-Gelage geben* (ab|halten*; veranstalten)/雪見をする ³sich an der schneeigen Landschaft gütlich tun*.

ゆきみち 雪道 der schneebedeckte (schneeige) Weg, -(e)s, -e.

ゆきめがね 雪めがね Schneebrille f. -n.

ゆきもよう 雪模様 Schneewetter n. -s, -; das nach Schnee aussehende Wetter, -s, -; Schneeflocken-Muster n. -s, -《布地の》/雪模様である Es sieht nach Schnee aus. Ein Schnee droht.

ゆきやけ 雪焼け vom Schnee verbrannt (gebräunt) sein/雪焼けした顔 das von Schnee verbrannte Gesicht, -s, -er.

ゆきよけ 雪よけ Schneedach n. -(e)s, ⸚er; Schneemauer f. -n.

ゆきわたる 行き渡る ⁴sich verbreiten; ⁴sich aus|breiten; durchdringen*⁴; vor|herrschen 〘s〙; aus|reichen (十分にある)/一般に行き渡っている考え方 die im Allgemeinen vorherrschende Ansicht, -en/皆に行き渡るだけの食べ物がない Das Essen reicht zu allen nicht aus.

ゆきわりそう 雪割草 Leberblümchen n. -s, -.

ゆく 行く ❶ [おもむく] gehen* 〘s〙 (nach³; zu³; auf⁴; in⁴); ⁴sich begeben* (nach³; zu³; auf⁴); kommen* 〘s〙; fahren* 〘s〙 《車で nach³; zu³; mit³》; reisen* 〘s〙; fliegen* 〘s〙《飛行機で》. ❷ [去る] gehen* 〘s〙; fort|gehen* 〘s〙; weg|laufen* 〘s〙; ⁴sich entfernen;

verlassen*^{4}; auf|brechen* [s]; ab|fahren* [s]; ab|reisen [s]; 〖俗〗ab|hauen* [s]. ❸ [訪問] besuchen^4; auf|suchen^4; vor|sprechen* 《*bei*^{3}》; vorbei|kommen* [s] 《*bei*^{3}》. ❹ [徒歩で] zu Fuß gehen* [s]; laufen* [s]/電車で(列車で)行く mit der Bahn (mit dem Zug) fahren*/陸路(水路, 海路, 船)で行く zu Land (zu Wasser, zur See, zu Schiff) gehen* (reisen)/町へ(田舎へ, 駅へ, 郵便局へ, 学校へ, 大学へ, 戦場へ, 戦争に)行く in die Stadt (aufs Land, auf den Bahnhof, auf die Post, zur Schule, auf die (zur) Universität; ins Feld; in den Krieg) gehen*/買物に(泳ぎに, 釣に, 食事に, 寝に)行く einkaufen (schwimmen, angeln, essen, schlafen) gehen*/行きつ戻りつする hin und her (auf und ab) gehen*/今行きます Ich komme schon (gleich)./どこへ行ってた Wo kommst du her? ¦ Wo bist du gewesen?/あなたのお宅へ行きます Ich komme zu Ihnen. ¦ Ich komme bei Ihnen vorbei./ドイツに行ったことがありますか Sind Sie einmal in Deutschland gewesen?/この道はどこへ行くのですか Wohin führt dieser Weg?/銀行へ行くのはこれでいいでしょうか Kommt man so zur Bank?/三日前に行ってしまった Seit drei Tagen ist er weg. ❺ [過ぎつつある] 行く春 der scheidende Frühling, -s, -e/行く年を送る das alte Jahr aus|läuten (ab|läuten) 〔lassen*〕. ❻ [はこぶ] 万事うまく行った Alles ging glatt (gut).

ゆく 逝く sterben* [s]; die Augen für immer schließen*; hinüber|schlummern.

ゆくえ 行方 Aufenthalt *m.* -〔e〕s, -e/行方をくらます spurlos verschwinden* [s]; *jn* von der Spur ab|bringen* 《人をまく》/行方を捜す *jn* suchen; auf *jn* (nach *jm*) fahnden; auf der Suche nach *jm* sein/行方を突きとめる *jm* auf die Spur kommen* [s]; ausfindig machen^4/行方定めぬ旅 die Reise 《-n》 ohne ^{4}Ziel; die nomadenhafte Wanderung, -en/今ごろまでどこへ行方をくらましていたのか Wo haben Sie bis jetzt so lange gesteckt? ── 行方不明の vermisst; verschollen/戦争で行方不明になったと報ぜられた Er wurde im Krieg als vermisst gemeldet. ‖ 行方不明者 der Vermisste*, -n, -n.

ゆくさき 行く先 Reiseziel *n.* -〔e〕s, -e; Aufenthalt *m.* -〔e〕s, -e ⇨**ゆきさき**, **ゆくえ**; Zukunft *f.* ¨e 《将来》/行く先をさえぎる *jm* über den Weg laufen* [s]; *jm* in den Weg treten* [s] ⇨**ゆくて**/行く先々で wo man auch hinkommt; wohin man auch geht; wo auch immer/彼は行く先を言っていったか Hat er Ihnen gesagt, wohin er geht?

ゆくすえ 行く末 Zukunft *f.* ¨e; die kommende Zeit, -en/行く末を案じる ^{4}sich um *js* Zukunft sorgen; um die Zukunft besorgt sein/行く末のことをどう考えているんだ Wie denkst du denn deine Zukunft?/行く末は in Zukunft; am Ende; letzten Endes.

ゆくて 行く手 *js* Weg *m.* -〔e〕s, -e; die Richtung 《-en》, die man einschlägt/行く手をさえぎる(はばむ) *jm* den Weg verlegen; *jm* im Lichte (im Weg〔e〕) stehen*; *jm* den Weg versperren; ^{4}sich *jm* in den Weg stellen ⇨**ゆくさき**/行く手に光が見えた Ein Licht wurde vorne 〔vor uns〕 sichtbar.

ゆくゆく 行く行く wie man geht; auf dem Weg〔e〕; unterwegs/行く行くは in Zukunft; künftig; in künftigen Tagen (Zeiten); [いつかは] dereinst; eines Tages; [結局は] früher oder später; über kurz oder lang.

ゆくりなく zufällig; unerwartet〔erweise〕; von ungefähr; irgendwie; schicksalhaft.

ゆげ 湯気 〔Wasser〕dampf *m.* -〔e〕s, ¨e; Dunst *m.* -〔e〕s, ¨e/湯気が立つ(湯気を立てる) dampfen$^{(4)}$/スープから湯気が立っていた Die Suppe dampfte.

ゆけつ 輸血 Blutübertragung *f.* -en; Transfusion *f.* -en/輸血する Blut übertragen*^{3}; transfundieren^4.

ゆごう 癒合 ⇨**ゆちゃく**.

ゆこく 諭告 Zurechtweisung *f.* -en; Verweis *m.* -es, -e; Vorhalt *m.* -〔e〕s, -e; [役所からの] Bekanntmachung *f.* -en; Verkündigung *f.* -en. ── 諭告する *jn* zurecht|weisen* 《*wegen*$^{2(3)}$》; *jm* vor|halten*^{4}; amtlich bekannt machen^4 (verkünd〔ig〕en^4).

ゆざめ 湯冷めする nach dem Bad frieren* (frösteln).

ゆさん 遊山 Ausflug *m.* -〔e〕s, ¨e; Ausfahrt *f.* -en 《車での》; Landpartie *f.* -n; Spazierfahrt *f.* -en 《ドライブ》; Picknick *n.* -s, -e (-s); Tour *f.* -en; Vergnügungsreise *f.* -n 《旅行》/遊山に行く einen Ausflug (eine Landpartie) machen; aus|fahren* [s] 《*nach*^{3}》; picknicken; eine Tour machen ‖ 遊山客 Ausflügler *m.* -s, -; Urlauber *m.* -s, -; Sonntagsfahrer *m.* -s, -; der Ferienreisende*, -n, -n; Tourist *m.* -en, -en/遊山場所 Ausflugsort *m.* -〔e〕s, -e.

ゆし 諭旨 das Zuraten* (Zureden*), -s/諭旨免官になる auf *js* Zureden 〔hin〕 das Amt nieder|legen/諭旨退学になる auf *js* Zuraten die Schule verlassen*.

ゆし 油脂 Öl und Fett *n.* des - und -〔e〕s ‖ 油脂工業 Öl- und Fett- Industrie *f.* -n; [実際的には往々にして] Seifen- und Waschmittel- Industrie.

ゆし 油紙 Ölpapier *n.* -s, -e.

ゆしゅつ 輸出 Export *m.* -〔e〕s, -e; Ausfuhr *f.* -en/輸出の Export-; Ausfuhr-/武器の輸出を禁止する eine Ausfuhrsperre über die Waffen verhängen/輸出手続をする Ausfuhrformalitäten 《*pl*》 erfüllen/輸出を制限する die Ausfuhr beschränken ‖ 輸出額 Ausfuhrbetrag *m.* -〔e〕s, ¨e/輸出業 Exporteur *m.* -s, -e 《人》; Ausfuhrhandel *m.* -s, - 《商業》; Exportgeschäft *n.* -〔e〕s, -e 《店》; Exportfirma *f.* ..men 《会社》/輸出許可 Ausfuhr¦genehmigung *f.* -en (-bewilligung *f.* -en; -erlaubnis *f.* ..nisse)/輸出許可書 Ausfuhr¦schein *m.* -〔e〕s, -e (-bewilligung *f.* -en)/輸出禁止 Ausfuhrverbot *n.* -〔e〕s, -e/輸出減少 Ausfuhrrückgang *m.* -〔e〕s, ¨e/輸出港 Ausfuhrhafen *m.* -s, ¨/輸出商 Exportkaufmann *m.* -〔e〕s, ..leute; Ausfuhrhändler *m.* -s, -; Exporteur *m.*

-s, -e ⇨**輸出業**/輸出奨励 Förderung 《*f.* -en》 des Ausfuhrhandels/輸出奨励金 Ausfuhrprämie *f.* -n/輸出税 Ausfuhrzoll *m.* -[e]s, ¨e / 輸出制限 Ausfuhrbeschränkung *f.* -en/輸出超過 Ausfuhr¦überschuss (Export-) *m.* -es, ¨e; die aktive Handelsbilanz, -en/輸出手形 Exporttratte *f.* -n/輸出入 Ein- und Ausfuhr *f.* -en; Im- und Export *m.* -[e]s, -e/輸出品 Ausfuhr¦artikel (Export-) *m.* -s, -; Ausfuhrware *f.* -n/輸出貿易 Ausfuhrhandel *m.* -s/輸出向け注文 Auftrag 《*m.* -[e]s, ¨e》 zum Ausfuhrzweck/輸出割当 Ausfuhrkontingent *n.* -[e]s, -e; Exportquote *f.* -n.

ゆず 柚 Zitronsart *f.* -en.

ゆすぐ 濯ぐ waschen*^{4}; spülen^{4}.

ゆすぶる 揺すぶる schütteln^{4}; rütteln^{4}; schaukeln^{4}; schwingen*^{4}/揺すぶり起こす auf|schütteln^{4}; wach|rütteln^{4}/揺すぶり落とす herunter|schütteln^{4}; schütteln 《Obst vom Baum》/赤ん坊を揺すぶって寝かす den Säugling in den Schlummer (Schlaf) schaukeln (wiegen).

ゆすり 強請 Erpressung *f.* -en; Erpresser *m.* -s, - 《人》.

ゆずり 譲り ¶ 親譲りの von dem Vater (der Mutter) ererbt (geerbt); von Eltern vererbt; nach dem Vater (der Mutter) geschlagen (geartet)/父親譲りのよい所も悪い所も持っている Er ist von seinem Vater her erblich belastet.

ゆずりあい 譲合い die gegenseitige Einräumung, -en; das beiderseitige Zugeständnis, ..nisses, ..nisse; [妥協] Kompromiss *m.* (*n.*) -es, -e; Kuhhandel *m.* -s, - 《政治上の, 悪い意味で》/双方の譲合いにより問題は調整された Durch beiderseitige Einräumungen ist die Frage geregelt worden.

ゆずりあう 譲り合う gegenseitig ein|räumen^{4}; beiderseitig Zugeständnisse machen; einander auf halbem Weg[e] entgegen|kommen* [s]; gegenseitig einen Pflock (ein paar Pflöcke; ein Loch) zurück|stecken; [遠慮] gegenseitig Umstände machen; [妥協] einen Kompromiss ein|gehen* 《*mit*^{3}》.

ゆずりうけ 譲受け Übernahme *f.* -n; Erbschaft *f.* -en 《継承》 ‖ 譲受け人 Übernehmer *m.* -s, -; Empfänger *m.* -s, -; Rechtsnachfolger *m.* -s, -; 〖商〗 Indossatar *m.* -s, -e; 〖法〗 Zessionar *m.* -s, -e.

ゆずりうける 譲り受ける übernehmen*^{4} 《*von*^{3}》; *jm* ab|kaufen^{4} 《買い取る》; erwerben*^{4} 《*von*^{3}》; ererben^{4} 《*von*^{3} 相続する》/彼は父から相当な金を譲り受けた Er hat ein schönes Stück Geld von seinem Vater geerbt.

ゆずりわたし 譲渡し Übertragung *f.* -en; Abtretung *f.* -en; Übergabe *f.* -n; [手形の] das Begeben*, -s; Indossament *n.* -s, -e; [債権の] Zession *f.* -en ‖ 譲渡し証書 Abtretungs¦urkunde (Übertragungs-) *f.* -n/譲渡し人 der Übertragende* (Abtretende*), -n, -n; Indossant *m.* -en, -en.

ゆずりわたす 譲り渡す ⇨**ゆずる**①.

ゆする 強請る erpressen 《*jm* ^{4}*et*; ^{4}*et* aus (von) *jm*》; *jm* ab|drohen^{4}; *jm* ab|nötigen^{4}.

ゆする 揺する schütteln^{4}. ⇨**ゆすぶる**.

ゆずる 譲る ❶ [譲与・譲渡] übertragen*^{34}; übereignen^{34}; ab|treten*^{34}; zedieren^{34}; begeben*^{34} 《手形を》; [与える] geben*^{34}; schenken^{34}; *jn* bedenken* 《*mit*^{3}》; übergeben*^{34}; überlassen*^{34}; [売る] verkaufen^{34}; ^{4}sich entäußern^{2}; veräußern^{34}; [用立てる] zur Verfügung stellen^{34}/権利を譲る *jm* das Recht übertragen* (zedieren)/席を譲る *jm* seinen Platz ab|treten* (ein|räumen; überlassen*; zur Verfügung stellen)/安く譲る billig veräußern^{34}; billig zu Geld machen^{4}/王位を譲る〖König *m.*, Kaiser *m.* などを主語にして〗 für *jn* ab|danken (der Krone (dem Thron) entsagen; auf den Thron verzichten); *jm* den Thron überlassen* (übergeben*)/後進に道を譲る〖der Beamte などを主語にして〗 für den Nachwuchs (für junge Leute) ab|danken (sein Amt auf|geben*; Platz machen)/商売を譲る *jm* das Geschäft übertragen*/この書類のコピーをひとつ譲って頂けませんか Können Sie mir eine Kopie dieser Unterlage zugänglich machen? ❷ [譲歩] ein|räumen^{34}; zu|gestehen*^{34}; *jm* nach|geben*; zurück|weichen*^{4} / 一歩も譲らぬ keinen Schritt weichen* 《*von*^{3}》; ^{4}sich nicht von der Stelle rühren; nicht das Geringste (keinen Schritt) zurück|weichen*/かりに一歩を譲ってそれが本当だとしても zugegeben, dass es wahr ist; unter Annahme, dass es der Wahrheit entspricht/その点は譲ります Diesen Punkt gebe ich zu. ❸ [劣る] *jm* nach|stehen* 《*in*^{3}; *an*^{3}》; *jm* weichen* 《*in*^{3}; *an*^{3}; in Bezug *auf*^{4}》; *jm* nicht gleich|kommen* [s] / 学識にかけては何人にも譲らぬ Er steht an Gelehrsamkeit niemandem nach. ❹ [保留する] auf|schieben*^{4}/この問題はあとに譲ろう Diese Sache besprechen wir später. ¦ Auf diese Frage kommen wir später noch zurück.

ゆせいかん 輸精管 〖解〗 Samenleiter *m.* -s, -.

ゆそう 油槽 Ölbehälter *m.* -s, - ‖ 油槽機 Tankflugzeug *n.* -[e]s, -e/油槽車 Tankwagen *m.* -s, -/油槽船 Tanker *m.* -s, -; Tankschiff *n.* -[e]s, -e.

ゆそう 輸送 Transport *m.* -[e]s, -e; Beförderung *f.* -en; Verfrachtung *f.* -en; Spedition *f.* -en/輸送中である unterwegs sein; schwimmen* [s] 《船の場合》/輸送中の商品 die schwimmenden Waren 《*pl*》; Waren auf dem Transport. ── 輸送する transportieren^{4}; befördern^{4}; verfrachten^{4}; versenden*^{4}; spedieren^{4}. ‖ 輸送機 Transportflugzeug *n.* -[e]s, -e; Transporter *m.* -s, -; Frachtflugzeug *n.* -[e]s, -e/輸送船 Transporter *m.* -s, -; Transportschiff *n.* -[e]s, -e/輸送力 Transportfähigkeit *f.* -en/陸上(海上, 鉄道, 航空)輸送 Land¦transport (See-, Bahn-, Luft-).

ゆそうかん 油送管 Ölleitung f. -en.
ゆたか 豊かな(に) [豊富] reich 《an³》; reichlich; ergiebig; genügend; üppig; viel; in Hülle und Fülle; in Mengen; im Überfluss; [金持ち] reich; bemittelt; vermögend; wohlhabend/豊かな国 das reiche Land, -(e)s, ⸚er/豊かな人 der Wohlhabende*, -n, -n/豊かに暮らす in guten Verhältnissen leben; im vollen leben; aus dem vollen schöpfen; ins Volle greifen*;《俗》wie der Hase im Klee leben/六尺豊かな人 der sehr geachtete Mensch, -en, -en/ユーモア豊かな humorvoll.
ゆだく 油濁 Ölpest f.
ゆだねる 委ねる ❶ an|vertrauen³,⁴ (信頼して託する); überlassen*³,⁴ (裁量に任せる); jn beauftragen 《mit³》用件を委任する; jm Vollmacht geben*/彼は事件の調査を委ねられた Er ist beauftragt worden, den Fall zu untersuchen; Die Untersuchung des Falles hat man ihm überlassen. ❷ [身を] ⁴sich überlassen*³; ⁴sich hin|geben*³ (身を捧げる); sich ³mit ⁴sich ³in ⁴sich ³mit ⁴sich in 身を委ねる ⁴sich der ³Trauer überlassen*.
ユダヤ Judäa, -s/ユダヤの jüdisch ‖ ユダヤ人 Jude m. -n, -n; Jüdin f. ..dinnen《女》/ユダヤ人迫害 Judenverfolgung f. -en; Pogrom m. -en/ユダヤ人問題 Judenfrage f. -n/ユダヤ民族 Judenvolk n. -(e)s/反ユダヤ主義 Antisemitismus m. -/反ユダヤ主義者 Antisemit m. -en, -en; Judenfeind m. -(e)s, -e.
ゆだる 茹だる ⇨うだる.
ゆだん 油断 [不注意] Unachtsamkeit f.; Achtlosigkeit f.; Unaufmerksamkeit f.; Unvorsichtigkeit f. -en; [注意散漫] Zerstreutheit f.; [怠慢] Fahrlässigkeit (Nach-) f. -en/油断なく wachsam; aufmerksam; vorsichtig/油断は禁物である Sie müssen aufpassen (vorsichtig sein)./彼は油断がならぬ奴だ Er ist ein unberechenbarer Mensch. ⇨すき(隙). unachtsam (unaufmerksam; unvorsichtig; zerstreut) sein/油断せずに nicht auf|passen 《auf⁴》; unachtsam (unaufmerksam; unvorsichtig; zerstreut) wahren.
ゆたんぽ 湯たんぽ Wärmeflasche f. -n.
ゆちゃく 癒着 [医] Verwachsung f. -en; Verklebung f. -en; Adhäsion f. -en; 癒着する verwachsen* 《mit³》; zusammen|wachsen* ⓢ.
ゆっくり ❶ langsam; allmählich; nach und nach; schrittweise; Schritt für Schritt; [ろのろと] langwierig; schleppend; zögernd; zaudernd; im Schneckentempo; im Zeitlupentempo/ゆっくり歩く langsam gehen* ⓢ/ゆっくりする ⁴sich Zeit nehmen*; an ⁴sich heran|kommen lassen*/物が主語ﾞにすると結構のすEs hat keine Eile.《mit³》/時間のある限りゆっくりして下さい Bleiben Sie so lange, wie es Ihnen die Zeit erlaubt./今日はゆっくりできない Heute kann ich nicht lange bleiben. ❷ [落ち着いて] mit Muße; in (aller) Ruhe/ゆっくり相談しましょう Besprechen wir die Sache nachher in aller Ruhe. ❸ [くつろいだ] bequem; behaglich; ruhig; zwanglos/ゆっくり眠る ungestört (fest; lange; sanft; süß) schlafen*/ゆっくりなさい Machen Sie sich's bequem (behaglich)/ここではどうもゆっくりしない Man sitzt hier nicht so nett (bequem).
ゆったり ゆったりした(と) [のんびり・安楽に] bequem; behäbig; behaglich; gemächlich; ungezwungen; [落ち着き] gelassen; gesetzt; ruhig; [気持ちた] befriedigt; entspannt; zufrieden; [服が] bequem; weit/ゆったりと座る ⁴sich (auf einen Stuhl) bequem (weich) setzen/ゆったりとたばこをふかす behaglich rauchen (qualmen)/ゆったりと読書する ruhig vor ⁴sich hin lesen*/ゆったりした態度で in aller Gemütsruhe; gelassen/ゆったりする es ⁴sich bequem (behaglich) machen/ゆったりした気分でいる ⁴sich wie zu Hause fühlen.
ゆであがる 茹で上がる gar sein/じゃがいもはまだ茹で上がっていない Die Kartoffeln sind noch nicht gar.
ゆでたまご 茹で卵 ein gekochtes Ei, -s, -er ‖ 固ゆで卵 ein hart gekochtes (hartgesottenes) Ei.
ゆでる 茹でる kochen⁴; sieden*⁴/卵を茹でる ein Ei kochen (sieden*).
ゆでん 油田 [Erd]ölfeld n. -(e)s, -er ‖ 油田地帯 [Erd]ölgebiet n. -(e)s, -e.
ゆどうし 湯通し das Dämpfen, -s/湯通しをする dämpfen⁴.
ゆとり [Spiel]raum m. -(e)s, ⸚e; Spiel n. -(e)s, -e/ゆとりに [十分に(たっぷりと)、こころもちゆとりをとる] genügsam (reichlich, eine Idee) Spielraum lassen*/活動するだけのゆとりを与える jm freies Spiel lassen* (gewähren)/時間のゆとりがない knapp mit der Zeit sein/十五分のゆとりをみよう Gönnen wir uns fünfzehn Minuten mehr!/Lassen wir uns 15 Minuten Spielraum. ⇨よゆう.
ユニーク ユニークな einzig (in seiner Art)/ユニークのものである einzig da|stehen*.
ユニオンジャック Union Jack m. -s, -s.
ユニオンショップ der gewerkschaftspflichtige Betrieb, -(e)s, -e.
ユニセックス Unisex m. -(es).
ユニセフ UNICEF f. - (Internationaler Kinderhilfsfonds).
ユニット Einheit f. -en ‖ ユニット家具 Einbaumöbel (pl) (-mobiliar n. -s, -e)/ユニット加工 Set-Verarbeitung f. -en.
ユニバーサル ユニバーサルな universal.
ユニバシアード Universiade f. -n.
ユニホーム der einheitliche Sportanzug, -(e)s, ⸚e; die einheitliche Sportkleidung, -en; Uniform f. -en/そういうユニホームで im einheitlichen Sportanzug.
ゆにゅう 輸入 Einfuhr f. -en; Import m. -(e)s, -e; Einführung f. -en《文物制度など》/輸入の Import-/輸入された Einfuhr-; Einfuhrt-/輸入申請をする einen Antrag auf Importlizenz stellen⁴ (ein|reichen; vor|legen⁴)/輸入手続をする Einfuhrformalitäten (pl) erfüllen. —— 輸入する ein|

ゆにょうかん führen⁴ 《in⁴; von³》; importieren⁴ 《in⁴; von³》.∥輸入課徴金 Einfuhrsteuer f. -n; Sonderzoll m. -[e]s, ¨e/輸入許可 Einfuhrlizenz f. -en 《-erlaubnis f. -nisse》 《-genehmigung f. -en》/輸入禁止 Einfuhrverbot n. -[e]s, -e 《-sperre f. -n》/輸入港 Einfuhrhafen m. -s, ¨/輸入国 Einfuhrland n. -[e]s, ¨er/輸入商 Importeur m. -s, -e《人》; Einfuhrhandel m. -s, ¨《商業》/輸入商社 Importgeschäft n. -[e]s, -e《Hpt》; Importfirma f. -men《会社》/輸入申請書 Gesuch (n. -[e]s, -e) um Einfuhrlizenz; Antrag (m. -[e]s, ¨e) auf Einfuhrgenehmigung/輸入税 Einfuhrzoll m. -[e]s, ¨e/輸入制限 Einfuhrbeschränkung f. -en, ¨e; Die Einfuhr überwiegt die Ausfuhr/輸入手形 Importtratte f. -n/輸入品 Einfuhrartikel m. -s, -; Importe f. -n《特に輸入葉巻の意に》/輸入貿易 Einfuhrhandel m. -s/輸入免状(認可証) Einfuhrschein m. -[e]s, -e 《-lizenz f. -en》/輸入割当制度 das Quotensystem 《-s, -e》 der Einfuhr/外資輸入 Einführung des fremden Kapitals.

ゆにょうかん 輸尿管《解》Harnleiter m. -s, -; Ureter m.-s,-.

ユネスコ UNESCO f. (die Organisation für Bildung, Wissenschaft, Kultur und Kommunikation).

ゆのし 湯のしをかける mit Dampf plätten⁴.

ゆのはな 湯の花 Niederschlag (m. -[e]s, ¨e) in der heißen Quelle; Schwefelblumen (-blüten) (pl).

ゆのみ 湯呑 Tasse f. -n.

ゆび 指 Finger m. -s, -《手の》; Zehe f. -n《足の》/指の爪 Fingernagel m. -s, ¨/指の太さほどの fingerdick/指で数える an den ³Fingern abzählen⁴/指さし示す mit dem Finger (mit ³Fingern) zeigen (weisen*) 《auf⁴》/指をくわえて見ている neidisch zuschauen《わたしまじに》; ohnmächtig (machtlos) mitansehen müssen*《無力に》/指先が器用である geschickte Hände haben; handfertig sein ∥ 指先 Fingerspitze f. -n/親指 Daumen m. -s, -/薬指 Ringfinger/小指 der kleine Finger/中指 Mittelfinger/人差指 Zeigefinger.

ゆびおり 指折りの bedeutend; führend; prominent/彼は指折りの専門家だ Er ist einer* der besten (führenden) Fachgelehrten.

ゆびさす 指差す mit dem Finger (mit ³Fingern) zeigen (weisen*) 《auf⁴》.

ゆびざん 指算をする mit den Fingern zählen⁴.

ゆびぬき 指貫き Fingerhut m. -[e]s, ¨e.

ゆびわ 指輪 Ring m. -[e]s, -e; Fingerreif m. -[e]s, -e/ダイヤモンド(真珠)の指輪 Diamantring (Perlen-) m. -[e]s, -e/結婚(婚約)の指輪 Ehering (Verlobungsring)/指輪をはめる einen Ring an[stecken/指輪をしている einen Ring [am Finger] tragen*/指輪をはずす einen Ring vom Finger ziehen*/指輪を交換する Sie wechselten miteinander die Ringe.

ゆぶね 湯舟 Badewanne f. -n.

ゆみ 弓 Bogen m. -s, -; das Bogenschießen*, -s《弓術》/弓の柄 Bügel m. -s《弓の》/弓の弦(?) die (Bogen)sehne f. -n/弓に矢をつがえる [auf den Bogen] den Pfeil auflegen/弓を引く den Bogen spannen;《反抗》*sich jm widersetzen; *sich sträuben《gegen》; *sich empören《gegen》*/弓を射る den Pfeil abschnellen; Pfeile schießen*.

ゆみがた 弓形 Bogenform f. -en; Wölbung f. -en《アーチ状の》/弓形の bogenförmig; bögig; in Bogenform; gewölbt. ⇨ゆみなり.

ゆみず 湯水 ¶ 金を湯水のように使う mit dem Geld um *sich schmeißen*《werfen*》; Geld (mit vollen Händen) zum Fenster hinauswerfen*; viel Geld draufgehen lassen*; das Geld verpulvern (verbuttern).

ゆみづる 弓弦 [Bogen]sehne f. -n.

ゆみとりしき 弓取式 [相撲の] Siegerehrung (f. -en) durch Verleihung eines Bogens.

ゆみなり 弓なりの durchgebogen; gekrümmt; krumm ⇨ゆみがた/弓なりになる durchgebogen werden; krumm werden/弓なりにする durchbiegen*⁴/弓なりに反る *sich nach hinten biegen*; den Rücken krümmen*.

ゆみはりづき 弓張月 Mondsichel f. -n; der zunehmende (abnehmende) Mond, -[e]s, -e《上弦、下弦の月》.

ゆみや 弓矢 Pfeil und Bogen 《m.》 des -und -s/弓矢の神 Kriegsgott m. -[e]s, ¨er/弓矢の道当 das Bogenschießen, -s; die kriegerische Fertigkeit, -en; Rittertum n. -s, ¨er/弓矢とる身の ein Krieger m. -s, -.

ゆめ 夢 Traum m. -[e]s, ¨e; Fantasie f. -n《幻想》; Wahn m. -[e]s《妄想》/夢を見る träumen《von³》; einen Traum träumen (haben); es träumt jm 《von³》/夢で(に)見る ⁴et (jn) im Traum sehen*/夢から覚める aus dem Traum erwachen; aus dem Wahn erwachen《迷夢から》/夢をさます jm die Augen öffnen《迷夢から》/夢を破られる aus dem Traum gerissen werden (auf|schrecken*)《楽しいこい(い)夢を》/夢を見る時に美しい、甘い(甘定義させる)、甘い(bestigenden)、furchtbaren) Traum haben/夢みる心地がする in den Wolken schweben/夢が実現する Ein Traum geht in Erfüllung (erfüllt *sich)./夢は破れた Der Traum ist aus./夢のようだ Es ist wie ein Traum./夢のような traumhaft; traumartig; träumerisch/夢のない traumlos; fantasielos; prosaisch/夢には見たが現実には思いもよらなかった nicht im Traum daran denken*; Das fällt mir nicht im Traum ein./夢にも思わなかった Ich habe bei einem Traum nicht ausgedachten./こんなになろうとは(ここで会おう)とは夢にも思わなかった Ich habe ja nicht im Traum gedacht, dass es so kommt (Sie hier zu sehen)./夢とばかり喜んでいる Er ist heillos froh (heilfroh)./夢を語る „Träume sind Schäume." /人生は夢 „Das Leben ein Traum." ¶ 夢の国 Traumland n. -[e]s, ¨er/夢の世界 Traumwelt f. -en/青年時代の(世界旅行の)夢 der Traum der Jugend (einer Weltreise).

ゆめうつつ 夢うつつ Traumzustand *m.* -[e]s, ⁼e; Ekstase *f.* -, ⁼en/夢うつつで schlaftrunken; traum|verloren (-versunken); träumerisch; verträumt; im Halbschlaf; im Halbschlummern/夢うつつで in Halbschlaf fallen* (sinken*) s; in Ekstase geraten* s《*über*⁴》; Das kommt über *jn* wie ein Rausch./夢うつつの境 der Rausch (-es, ⁼e) des Entzückens (der Seligkeit).

ゆめごこち 夢心地 Traumzustand *m.* -[e]s, ⁼e; Ekstase *f.* -n/夢心地で in Ekstase sein; im Traumzustand; wie im Traum/夢心地の verträumt; träumerisch/夢[見]心地である ⁴sich wie im Traum fülren; in den Wolken schweben; im siebenten Himmel schweben《有頂天》.

ゆめじ 夢路をたどる in Morpheus' Armen liegen* (ruhen); schlafen*.

ゆめはんだん 夢判断 Traumdeutung *f.* -en; Traumdeuter *m.* -s, -《人》/夢判断をする einen Traum deuten/夢判断の本 Traumbuch *n.* -[e]s, ⁼er.

ゆめまくら 夢枕に立つ *jm* im Traum erscheinen* s《立つ人が主語》; ⁴et *jn* im Traum sehen*.

ゆめみ 夢見がよい einen schönen (wonnigen) Traum haben/夢見が悪い einen hässlichen (beängstigenden) Traum haben.

ゆめみごこち 夢見心地 ⇨ゆめごこち.

ゆめみる 夢見る träumen《*von*³》; ³sich ⁴*et* träumen lassen; fantasieren⁴》; ³sich aus|malen⁴/栄達を夢みる von einer glänzenden Laufbahn träumen/夢みて暮らす (過ごす) wie im Traum leben; die Zeit verträumen/そんなことを夢みたいなんて駄目だ So was sollst du dir nicht träumen lassen.

ゆめものがたり 夢物語 Traumgeschichte *f.* -n;[空想] Fantasterei *f.* -en; Träumerei *f.* -en/夢物語はまだ夢物語にすぎない Das liegt noch im Mond. Da fließt noch viel Wasser den Berg (die Donau; den Rhein) hinab (hinunter).《まだまだずっと先のこと》.

ゆめゆめ nie (und nimmer); niemals; auf keinen Fall; unter keinen Umständen; nicht im Mindesten (Geringsten).

ゆもと 湯元 Urquelle《*f.* -n》der heißen Quellen.

ゆや 湯屋 Badeanstalt *f.* -en; das öffentliche Bad, -[e]s, ⁼er.

ゆゆしい 由々しい ernst; gewichtig; kritisch/由々しき事態である Die Lage (Die Situation) ist sehr ernst.

ゆらい 由来 ❶[根源/出所] Ursprung *m.* -[e]s, ⁼e; Herkunft *f.* ⁼e; Quelle *f.* -n; Wiege *f.* -n《起源》; Ursache *f.* -n《原因》. ❷[来歴] Geschichte *f.* -n/それには由来を dazu gehört eine schöne Geschichte. ❸[もともと] eigentlich; ursprünglich. ―― 由来する seinen Ursprung nehmen* (haben《*in*³》); her|kommen* s《*von*³》; ⁴*et* entstammen s; her|rühren《*von*³》; ⁴sich her|leiten《*von*³》. 由来書 Geschichte *f.*

ゆらぐ 揺らぐ ⁴sich hin und her bewegen; flattern s,h《旗など》; flackern《炎が》; flimmern《微光が》; schwingen*《動揺》; we- hen《風に》/彼の信頼が揺らいだ Sein Vertrauen ist erschüttert.

ゆらめく 揺らめく ⇨ゆらぐ/ゆらめく旗 die flatternde (wehende) Fahne, -n.

ゆらゆら ゆらゆらした schwebend《中に浮いて》; langsam flatternd《旗などに》; flack[e]rig; flackernd《炎など》; wehend《風で》.

ゆらんかん 輸卵管[解] Eileiter *m.* -s, -.

ゆり 百合 Lilie *f.* -n; Lilienzwiebel *f.* -n《百合の球根》.

ゆりいす 揺いす Schaukelstuhl *m.* -[e]s, ⁼e.

ゆりうごかす 揺り動かす erschüttern⁴.

ゆりおこす 揺り起こす auf|rütteln⁴; auf|schütteln⁴; aus dem Schlaf rütteln (schütteln⁴); wach|rütteln⁴.

ゆりおとす 揺り落とす ab|schütteln⁴; herunter|schütteln⁴/ (|stellen⁴).

ゆりかえし 揺り返し Nachbeben *n.* -s, -《地震の》.

ゆりかご 揺り籠 Wiege *f.* -n.

ゆる 揺る schütteln⁴; rütteln⁴; schwingen*⁴《ゆすぶる》; schwenken⁴《ゆする》; schlenkern⁴《ぶらぶら》; schaukeln⁴《mit den Körper (mit den Armen) pendeln; wiegen⁴.

ゆるい 緩い lose; locker; [大きすぎる] weit; zu groß; [ゆるやかな] sanft; [速力] langsam; [きつくない] gelind[e]; sanft; mild; weich; großmütig; großzügig/ゆるい結び目 der lose Knoten, -s, -/ゆるい上り坂/下り坂 die sanfte Anhöhe (Gefalle), -n/ゆるい上り (下り)の sanft (leicht) ansteigend (absteigend)/ゆるいズボン die weite Hose, -n.

ゆるがす 揺がす schwenken⁴; schwingen⁴; erschüttern⁴; ins Wanken bringen⁴⁴/天地(世界)を揺るがす Himmel und Erde erschüttern; weltbewegend《*a.*》/世界を揺るがす大発明 eine die ganze Welt in Erstaunen gesetzte große Erfindung, -en.

ゆるがせ ゆるがせにする vernachlässigen⁴; versäumen⁴; unterlassen*⁴《おこたる》; nicht beachten⁴; hint an|setzen⁴ (-|stellen⁴).

ゆるぐ 揺るぐ Schwanken, wanken s,h; ins Schwanken (ins Wanken) kommen* s; unsicher (wankend) werden; erschüttert sein/揺らぎない unerschüttert; unwandelbar; felsenfest; unbeirrbar/信念が揺らぐ in seinem Glauben wankend werden.

ゆるし 許し[許可] Erlaubnis *f.* -..nisse; Gestattung *f.* -en; Bewilligung *f.* -en; Einwilligung *f.* -en; Zustimmung *f.* -en《同意》; [認可] Genehmigung *f.* -en; Lizenz *f.* -en; Autorisation《授権》; [容認] Entschuldigung *f.* -en; Verzeihung *f.* -en; [放免] Freilassung *f.* -; Freisprechung *f.* -en; Entlassung *f.* -en; [免除] Befreiung *f.* -en《放免の意にも》/許しを得て mit Einverständnis《*von*³》了解の下に》; mit Erlaubnis《*von*³》; unter Lizenz《*von*³》/許しを乞う um Erlaubnis (Entschuldigung) bitten*⁴ ⇨ きょか.

ゆるす 許す ❶[許可] erlauben³⁴; Erlaubnis geben⁰ be|willigen³⁴; gestatten³⁴; gewähren³⁴; zu|lassen*⁴《*zu*³》; [認可] ge-

ゆるみ

nehmigen⁴; gut|heißen*⁴; [同意] ein|willigen (in³); seine Einwilligung geben⁴ (zu³); zu|stimmen³ (in³); [免許] die Lizenz erteilen (vergeben⁴) (an⁴); autorisieren⁴ (mit³); [余裕] sich leisten⁴ : 天候か/天気なら wenn das Wetter es erlaubt/事情が許せば wenn die Umstände es erlauben/自他共に許した allgemein anerkannt und sich selbst auch dazu berufen fühlend/事は猶予を許さない Die Sache duldet keinen Aufschub./そんなぜいたくは私の収入が許さぬ So einen Luxus kann ich mir mit meinem Einkommen nicht leisten./それは彼の真心が許さない Das lässt seine Ehrlichkeit nicht zu. ❷ [宥恕] entschuldigen⁴; verzeihen*³⁴; vergeben*³⁴; durchgehen lassen*³⁴ 《大目に見る》⇨**みのがす**/許しがたい unentschuldbar, unverzeihlich; 過失を許す jm den Fehler verzeihen*; jm sein Vergehen vergeben*/そんな行為は許さない So ein Betragen ist nicht zu verzeihen. ❸ [免除する] befreien⁴ (von³); erlassen*³⁴. ❹ [放免する] frei|lassen*⁴; entlassen*⁴ (aus³); frei|sprechen*⁴/今度だけは許してやる Nur diesmal werden wir Sie freilassen.: Nur diesmal werden wir Sie stillschweigend durchgehen lassen. 《見逃す》. ❺ [心などを] vertrauen (auf⁴); jm volles Vertrauen schenken; ein grenzenloses Vertrauen setzen (auf⁴); ⁴sich an|vertrauen³ (in ganzes Zuversicht setzen (auf⁴)/許し合った仲 die in Treue innig zugetanen Geliebten (pl)/あの男に心を許すな Hüten Sie sich vor ihm.: Seien Sie vorsichtig mit ihm.

ゆるみ 弛み Lockerheit f.; Entspannung f. -en 《緊張の》; Schlaffheit f. 《気の》; Erschlaffung f. -en 《同上》; Laxheit f. -en 《精神の》.

ゆるむ ⁴sich lockern; locker werden; ⁴sich lösen; ⁴sich auf|lockern 《ほどけて来る》; nach|lassen*⁴ 《暑さ・元気・熱心さなどが》; erschlaffen 《気力が》; schlaff werden 《同上》; ⁴sich mildern 《苦痛などが》/ゆるんだ綱 das schlaffe Seil, -(e)s, -e/釘がゆるんだ Der Nagel löst sich (wird locker).

ゆるめる ❶ locker machen⁴; locker lassen*⁴; [auf]lockern⁴; nach|lassen*⁴; [緊張を] ab|spannen⁴; entspannen⁴; mildern⁴ 《罰などを》. ❷ [速度を] verlangsamen⁴; verringern⁴; langsamer fahren* ⓢ/ベルトをゆるめる den Gürtel auf|lockern/気をゆるめる ⁴sich entspannen/つかんだ手をゆるめる den Griff lockern/手綱をゆるめる die Zügel locker (lang) lassen* (nach|lassen*).

ゆるやか ゆるやかな ❶ lose; weit 《服など》/ゆるやかな上着 der weite Rock, -(e)s, -e. ❷ [寛大] mild(e); gelind(e); großmütig; großzügig; nachsichtig; mäßig; sanft /法規をゆるやかにする die gesetzlichen Bestimmungen mäßigen/ゆるやかな判決が下った Das Gericht urteilte mild. ❸ [速度の] langsam.

ゆるゆる ゆるゆると langsam; schleppend 《だらだらと》. ⇨**ゆっくり**.

ゆれ 揺れ Schwung m. -(e)s, ⁼e; das Schwingen*, -s; [車などの] das Rütteln*, -s; Gerüttel n. -s; das Schütteln*, -s; Stoß m. -(e)s, ⁼e 《衝撃的な》; [飛行機などの] das Schaukeln* (Wackeln*), -s; [船の] das Rollen (Schlingen*), -s 《ローリング》; das Stampfen*, -s 《ピッチング》; [その他] Erschütterung f. -en 《地震の》; das Beben*, -s; das Zittern*, -s 《細かいぶるぶるの》《他の語と~bewegung f. を結合させて具体的に》 Pendelbewegung f. -en 《振子の》; Schaukelbewegung f. -en 《ブランコの》.

ゆれる 揺れる wackeln; schwanken 《前後左右に》; wanken ⓢⓗ 《ぐらぐら》; schwanken 《動揺する》; schwingen* 《あちこちに》; schaukeln 《ぶらんこ・ふねなど》; flattern ⓢⓗ 《旗など》; flackern 《炎など》; flimmern 《ちらちらと》; rütteln 《車など》; das schütteln; beben; zittern 《ぶるぶると》; rollen 《船の横揺れ》; stampfen 《船の縦揺れ》; schlenkern 《振動》; fluktuieren 《変動》; oszillieren 《振動》; vibrieren 《ぶるぶると》/左右に揺れる nach rechts und links schwingen* (schaukeln)/前後に揺れる nach vorne und hinten wanken (wackeln)/風に揺れる wehen; im Wind flattern (flackern)/家が揺れるのを感じる Ich merke, dass das Haus wackelt.

ゆわかし 湯わかし Wasserkessel m. -s, - ‖ 湯沸し器 Warmwasserbereiter m. -s, -.

よ

よ 夜 Nacht f. ⁼e ⇨**よる**(夜)/夜な夜な ⁴Nacht für ⁴Nacht; jede ⁴Nacht/夜を日について ⁴Tag und Nacht /夜を徹して die ganze ⁴Nacht (hindurch)/ übernachten ⇨**よあかし**/夜が明けるEs wird Tag.: Der Tag bricht an./夜がふける Die Nacht rückt vor./夜がふけるまで bis spät in die Nacht.

よ 世 ❶ [世の中] Welt f. 《世界・世間》; Leben n. -s 《人生》/世の中で in der (dieser) ³Welt; im Leben /世にも不思議な物語 eine äußerst (höchst) seltsame (kuriose) Geschichte, -n/世に出る in die Welt kommen* ⓢ/世に順応する ⁴sich in die Welt schicken (世に知られずに終わる in der ³Welt unbekannt bleiben* ⓢ/世に問う《作品など を》veröffentlichen⁴; vor die Öffentlichkeit treten* [s] 《mit³》/世の荒波にもまれる im Strom der ²Welt getrieben werden/世をはばかる ⁴sich vor der ³Öffentlichkeit scheuen/世を去る diese Welt verlassen*; aus der ³Welt gehen* (scheiden*) [s]; sterben* [s]/世を捨てる der ³Welt entsagen (den Rücken kehren)/世を渡る ⇨よわたり/世の中というものはそういうものだ Die Welt ist nun einmal so./彼女は世をはかなんでいる Sie hat die Lust am Leben verloren. ❷ [時代] Zeit f. -en; Zeitalter n. -s, - ⇨じだい(時代)/世が世ならば zu einer anderen ³Zeit/世の推移とともに mit der ³Zeit/核分裂の世の中に im Zeitalter der ²Kernspaltung/世に逆行する gegen den Strom schwimmen* [s]/世の中の進歩に歩調を合わせる mit der ³Zeit ⁴Schritt halten*.

よ 余, 予 ich.

よ 余 über; mehr als ⇨よの/三十有余年 über (mehr als) 30 Jahre/余人でもない, A君が kein anderer (geringerer) als Herr A.

よあかし 夜明かしをする ❶ [一夜を明かす] übernachten; die Nacht verbringen*. ❷ ⇨てつや.

よあけ 夜明け Tagesanbruch m. -[e]s; Morgen¦dämmerung f. (-grauen n. -s); Sonnenaufgang m. -[e]s 《日の出》/夜明けに bei ³Tagesanbruch (Morgengrauen); in der ³Morgendämmerung; in den frühen ³Morgenstunden/新しい時代の夜明け der Anbruch 《-[e]s》 einer neuen ³Zeit/夜明けから夕暮まで vom Morgen bis zum Abend ‖ 夜明け前 vor dem Tagesanbruch (Sonnenaufgang).

よあそび 夜遊び Nachtschwärmerei f./夜遊びをする人 Nachtschwärmer m. -s, -/夜遊びにふける dem nächtlichen ³Vergnügen nach|gehen* [s]; ein reges Nachtleben führen.

よあつふく 与圧服 Druckanzug m. -[e]s, ¨e.

よあらし 夜嵐 ein nächtlicher Sturm, -[e]s, ¨e.

よあるき 夜歩きをする nachts (in der ³Nacht) herum|laufen* [s].

よい 酔い ❶ [酒の] Rausch m. -es; Betrunkenheit f. 《酩酊》/酔いがまわる ⁴sich betrinken* (berauschen); betrunken werden/酔いがさめる nüchtern werden/眠って酔いをさます ³sich den Rausch aus|schlafen*/すっかり酔いがまわったよ Ich bin jetzt ganz betrunken./彼は一度に酔いが出た Er war auf einmal betrunken. ❷ [乗物による] Bewegungskrankheit f. -en; Kinetose f. -n; Seekrankheit f. -en 《船酔い》.

よい 宵 Abend m. -s, -e/まだ宵の口に noch früh am Abend; in den frühen ³Abendstunden/宵の明星 Abendstern m. -[e]s.

よい gut; schön/よい機会 eine gute (günstige) Gelegenheit, -en/よい眺め ein schöner Anblick, -[e]s, -e/よい男 ein guter Mann, -[e]s, ¨er; ein schöner Mann 《美男子》/よい天気 gutes (schönes) Wetter, -s, -/よい按配に glücklicherweise; zum Glück/よい時期に zur richtigen Zeit; zu einem günstigen Zeitpunkt/よくなる besser werden/気分がよい ⁴sich wohl fühlen/私は気分がよくない Ich fühle mich nicht wohl. ¦ Mir ist schlecht (nicht wohl)./よいチャンスをたくみに捉える die günstige Chance aus|nützen/よい日本語を話す gutes Japanisch sprechen*/よい仕事をする gute Arbeit verrichten/それでよい Es ist gut so./もうよい Schon gut./早起きは健康によい Früh aufzustehen ist gesund./君が来てくれてよかった 〔Es ist〕 gut (schön; fein), dass du gekommen bist./彼は来なくてもよい Er braucht nicht zu kommen./あんなことを言わなければよかった So etwas hätte ich nicht sagen sollen./彼はもうとっくに来ていてもよさそうなものに Eigentlich sollte (müsste) er längst da sein./もう帰ってもよいです Sie können schon nach Hause gehen./すぐお帰りになった方がよいでしょう Sie gehen besser gleich nach Hause./それはやらない方がよい Das tut man besser nicht. ¦ Sehen Sie lieber davon ab!/私はどうしたらよいのでしょうか Was soll ich jetzt tun?/今晩お邪魔してもよいですか Darf ich heute Abend zu Ihnen kommen?/よいようになさってください Machen Sie es, wie Sie wollen!/明日雨が降らなければよいが Hoffentlich regnet es morgen nicht./帰ってもよいですか―ええ, よいです Darf ich gehen? — Ja, gut./それはどうでもよい Das ist gleichgültig (egal).

よいかげん よい加減に ⇨いいかげん.

よいごし 宵越しの金をもたない alles noch am selben Abend verjubeln (verschwenden).

よいざめ 酔ざめ das Nüchternwerden*, -s/酔ざめの水 ein Glas Wasser beim Nüchternwerden.

よいっぱり 宵っ張りをする bis spät auf|bleiben* [s]; 〔erst〕 spät schlafen (zu (ins) Bett) gehen* [s].

よいつぶれる 酔い潰れる ⁴sich um den Verstand (toll und voll) trinken*; ⁴sich kaputt trinken*; ⁴sich völlig betrinken* (besaufen*).

よいどれ 酔いどれ der Betrunkene*, -n, -n/酔いどれになる ⁴sich schwer betrinken*.

よいまつり 宵祭 Vorabend 《m. -s, -e》 〔eines Festes〕.

よいやみ 宵闇 Abenddämmerung f. -en/宵闇にまぎれて unter dem Schutz der abendlichen ²Dunkelheit. ⇨ゆうやみ.

よいよい Lähmung f. -en; [よいよいの人] der Lahme*, -s, -n/よいよいの lahm; gelähmt.

よいん 余韻 Nachklang m. -[e]s, ¨e; Nachhall m. -[e]s, -e/余韻のある nachklingend; [暗示的な] andeutend; vieldeutig; [意味深長な] inhalt[s]reich.

よう 洋 Ozean m. -s, -e; Meer n. -[e]s, -e/洋の東西を問わず 〔gleich〕 ob im Osten oder im Westen; sowohl im Osten als auch im Westen.

よう 瘍 〘医〙 Blutgeschwür n. -s, -; Furunkel m. (n.) -s, -; Karbunkel m. -s, -.

よう 用 ❶ [用事] Geschäft n. -[e]s, -e; [用件] Angelegenheit f. -en; Sache f. -n; [委託] Auftrag m. -[e]s, ¨e; [仕事] Arbeit f.

よう -en/緊急な用で wegen dringender ²Geschäfte/用を足す ein Geschäft (eine Angelegenheit / einen Auftrag) erledigen; eine Arbeit (eine Sache) verrichten; ein Geschäft (sein Bedürfnis; seine Notdurft) verrichten《用便する》/今日は用が〔たくさん〕あるIch habe heute etwas (viel) zu tun./明日はありません Morgen habe ich nichts zu tun./Morgen bin (habe) ich frei./今晩ご用がおありですか Haben Sie〔für〕heute Abend etwas vor?/ちょっと君に用があるんだ Ich habe etwas mit dir zu besprechen./君にはもう用はない Ich habe nicht mir nichts mehr zu tun./何の御用ですか Was wünschen Sie? : Was kann ich für Sie tun? : Worum handelt es sich? / 用もないのに邪魔しないでくれ Störe mich nicht unnötigerweise! ❷〔使用〕Gebrauch *m.* -[e]s, ¨e/家庭用(の)für ⁴Hausgebrauch/紳士〔婦人〕用の手袋 Handschuh (*m.* -[e]s, -e)〔Herren (Damen);Herrenhandschuh (Damenhandschuh)〕/種々な用に使われる für verschiedene Zwecke gebraucht werden. ⇨やく[役]

よう 要 Haupt|punkt *m.* -[e]s, -e -sache *f.* -n];das Wesentliche* (Wichtigste*), -n/要するに kurz [gefasst]; mit einem Wort; [結局のところ] am Ende; schließlich / 要を得ている das Wesentliche treffen* / 要をうまく言う kurz zusammen|fassen*; eine zusammenfassende Darstellung geben* / 要は……である Die Hauptsache ist, dass …… ; Es kommt auf⁴ …… an.: Es handelt sich um⁴ …… / 要はねばりが Wichtig ist, dass man die Sache nicht aufgibt. ⇨ひつよう,ようする.

よう 陽 positiv《陰に対して》/陰に陽に sowohl heimlich als auch offen.

よう 様 ❶ [比較] ……のような(に) wie / いつも〔昨年〕のように wie immer (im vorigen Jahr) / 子供〔小鳥〕のように wie ein Kind (Vogel) / 父が常々言っていたように wie mein Vater immer sagte / このように solch / solch ein*; so ein*; / どのような was für ein*; welch* / この〔どの〕ような方法で auf solche (welche) Weise; mit solchen (welchen) Methoden / このような人間(もの)はまだ見たことがない Ich habe einen solchen Menschen (so etwas) noch nicht gesehen. / どのようなクタイをお望みですか Was für eine Krawatte möchten Sie haben? / どうやら雨が降りそうな気配だ Es sieht nach Regen aus. / 彼は適任者のように思われる Er scheint mir der richtige Mann dafür zu sein. / まるで夢を見ているようだった Es war mir wie im Traume zumute (zu Mute). / Mir war, als ob ich träumte (als träumte ich). ❷ [目的] ……するように um …… +zu 不定詞; damit ……; auf dass …… / 時間に間に合うように rechtzeitig da zu sein / 私は忘れないようにすべてを書きとめた Ich schrieb alles auf, um es nicht zu vergessen (damit ich es nicht vergaß).

よう 幼にして schon früh (als Kind); in seiner ³Kindheit an.

よう 酔う ❶ [酒に] ⁴sich betrinken*; einen Rausch holen / 酔った betrunken; [俗] blau; besoffen (ひどく); beschwipst (軽く); angeheitert《同上》/ 彼はすっかり酔っている Er ist schwer betrunken.: Er ist ganz blau. ❷ [船に] seekrank werden; [俗] die ⁴Fische füttern / 酔った seekrank. ❸ [車,その他一般的に気分が悪くなるとき] krank werden [s]; ⁴sich unwohl (schlecht) fühlen / 僕は酔ってしまった Mir ist schlecht (nicht wohl). ❹ [夢中になる] ⁴sich berauschen lassen* (*von³*); ⁴sich berauschen (*an¹*); ⁴sich begeistern (*für⁴*); begeistert (berauscht) sein (*von³*) / 勝利[恋]に酔っている siegestrunken (liebestrunken) sein.

ようい 用意 Vorbereitung *f.* -en《準備》; Vorrat *m.* -[e]s, ¨e《たくわえ》; Ausrüstung *f.* -en《装備》; Vorsicht *f.*《用心》/ 用意周到な gut vorbereitet; vorsichtig; umsichtig; behutsam / 用意ができている vorbereitet (bereit); fertig sein (*auf⁴*) / 食事の用意はできた Das Essen ist fertig. / すべての用意はできていますEs ist alles bereit. / もう用意はいいか Bist du fertig (so weit)? / 用意する vor|bereiten*; Vorbereitungen treffen* (*auf⁴*); ⁴sich vor|bereiten (*für⁴*) / 旅行の用意をする eine Reise (⁴sich für eine Reise) vor|bereiten / 用意しておく bereit halten*⁴ / 金を用意しておくれ Halte für mich Geld bereit! ¶ 位置について,用意,どん《スタートの号令》Auf die Plätze [schon]! Fertig! Los!

ようい 容易な leicht; einfach; mühelos / 容易ならぬ bedenklich / 容易ならぬ事態 die bedenkliche Lage, -n / 容易にする erleichtern⁴; vereinfachen⁴ / それはきわめて容易なことだ Das ist kinderleicht (sehr einfach). / 彼を納得させるのは容易ではない Es ist nicht leicht (ganz einfach), ihn davon zu überzeugen.

よういく 養育 das Aufziehen (Großziehen*), -s / 養育する auf|ziehen*⁴ (groß|-).

よういん 要員 der nötige (benötigte) Arbeiter, -s, -; [総称的に] Personal *n.* -s, -e ‖ 地上要員 Bodenpersonal.

よういん 要因 Faktor *m.* -s, -en; Moment *n.* -[e]s, -e; [重要な原因] eine wichtige Ursache, -n; Hauptursache *f.* -n.

ようえき 溶液 Lösung *f.* -en ‖ 化学溶液 chemische Lösung / 濃[希薄]溶液 eine gesättigte (dünne) Lösung.

ようえき 腋腋〔腋〕Achsel *f.* -n.

ようえき 用益 Nutzung *f.* -en; Nutznießung *f.* -en ‖ 用益権 Nutzungsrecht *n.* -[e]s, -e; Nießbrauch *m.* -[e]s / 用益者 Nutznießer *m.* -s, -.

ようえん 妖艶な bezaubernd (bestrickend) schön.

ようおん 拗音 ein zusammengezogener Laut, -[e]s, -e.

ようか 養家 Adoptiveltern (*pl*).

ようが 洋画 ❶ [西洋絵画] die europäische Malerei; ein europäisches Gemälde, -s, -《個々の絵》. ❷ [外国映画] ein ausländischer Film, -[e]s, -e. ‖ 洋画入門 Einführung (*f.*) in die europäische Malerei.

ようが 陽画 [写] Positiv *n.* -s, -e.

ようかい 容喙 Einmischung *f.* -en; das

Dazwischenreden*, -s/容喙する ⁴sich ein|mischen (-|mengen) 《*in*⁴》; die Nase stecken 《*in*⁴》; dazwischen|reden/他人のことに容喙する ⁴sich in fremde Angelegenheiten ein|mischen.

ようかい 溶解 Auflösung *f.* -en; Lösung. ── 溶解する ❶ [*v.i.*] ⁴sich 〔auf|〕lösen 《*in*³》/砂糖は水に溶解する Zucker löst sich in Wasser. ❷ [*v.t.*]〔auf|〕lösen⁴《*in*³》. ‖ 溶解液 ⇨ようえき(溶液)/溶解剤 Lösungsmittel *n.* -s, -/溶解度(性) Auflösbarkeit *f.*/溶解力 Auflösungskraft *f.* ¨e.

ようかい 熔解 Schmelzung *f.* -en/熔解する schmelzen*⁴ 《*v.i.* のとき [s]》 ‖ 熔解炉 Schmelzofen *m.* -s, ¨.

ようかい 妖怪 Gespenst *n.* -es, -er; Ungeheuer *n.* -s, - 《怪物》.

ようがい 要害 ⇨ようさい(要塞)/自然の要害 eine natürliche Festung, -en/要害堅固の地 ein uneinnehmbarer Ort, -〔e〕s, -e.

ようかぐ 洋家具 europäisches Möbel, -s, -.

ようがく 洋楽 die europäische Musik/彼は洋楽ファンだ Er ist ein Liebhaber der europäischen Musik.

ようがし 洋菓子 Kuchen *m.* -s, - 《ケーキ》 ‖ 洋菓子屋 Kuchenbäckerei *f.* -en; Konditorei *f.* -en.

ようかぶつ 沃化物 〖化〗 Jodverbindung *f.* -en.

ようかん 洋館 ein Haus 《*n.* -es, ¨er》 im europäischen Stil; ein europäisches Gebäude, -s, -.

ようかん 羊羹 kandierter Bohnenkuchen, -s, -.

ようがん 溶岩 〖地〗 Lava *f.* ..ven ‖ 溶岩流 Lavastrom *m.* -〔e〕s, ¨e.

ようき 陽気 ❶ [天候] Wetter *n.* -s, -; Witterung *f.* -en; [季節] Jahreszeit *f.* -en/陽気にあてられる unter der ³Witterung (dem Wetter) leiden*/それは陽気のせいだ Das liegt am Wetter. ❷ [快活] Fröhlichkeit *f.*; Lustigkeit *f.*; Munterkeit *f.*; Heiterkeit *f.*; [上機嫌] Aufgeräumtheit *f.* ── 陽気な froh; fröhlich; lustig; munter; heiter; aufgeräumt/陽気な一座 eine fröhliche (lustige; heitere) Gesellschaft/人々は陽気に騒いでいた Es ging sehr lustig zu. ¦ Es ging munter her.

ようき 容器 Gefäß *n.* -es, -e; Behälter *m.* -s, -.

ようき 妖気が漂う Etwas 〔Seltsames〕 liegt in der ³Luft.

ようぎ 容儀を正す ⁴sich angemessen (korrekt) verhalten*.

ようぎ 容疑 ⇨けんぎ(嫌疑)/殺人の容疑で unter dem Verdacht des Mordes ‖ 容疑者 der Verdächtige*, -n, -n; der wahrscheinliche Täter, -s, -.

ようきが 用器画 technische Zeichnung, -en.

ようきゅう 要求 Forderung *f.* -en; Verlangen *n.* -s, -; Anspruch *m.* -〔e〕s, ¨e; [必要] Erfordernis *n.* ..nisses, ..nisse; [欲求] Bedürfnis *n.* ..nisses, ..nisse/時代の要求 die Erfordernisse der ²Zeit; die Forderung des Tages/要求に応じる einer ³Forderung (einem Anspruch) entsprechen*/要求を満たす eine Forderung erfüllen; einen Anspruch (ein Bedürfnis) befriedigen/要求を出す Forderungen (Ansprüche) stellen 《an *jn*》/要求を貫徹(拒絶)する eine Forderung durch|setzen (ab|lehnen)/それは少し要求が多過ぎるよ Das ist ja ein bisschen zu viel verlangt. ── 要求する ❶ fordern⁴; verlangen⁴; in ⁴Anspruch nehmen*⁴; beanspruchen⁴/賃上げを要求する eine Lohnerhöhung verlangen/服従を要求する Gehorsam fordern. ❷ [必要とする] erfordern⁴/この仕事には慎重さが要求される Diese Arbeit erfordert Vorsicht. ¦ Bei dieser Arbeit ist große Vorsicht erforderlich. ‖ 生理的要求 natürliches Bedürfnis.

ようぎょ 幼魚 Jungfisch *m.* -〔e〕s, -e; Fischchen *n.* -s, -; ein junger Fisch, -〔e〕s, -e.

ようぎょ 養魚 Fischzucht *f.*/ますの養魚 Forellenzucht *f.* ‖ 養魚家 Fischzüchter *m.* -s, -/養魚場 Fischzuchtanstalt *f.* -en/養魚地 Fischteich *m.* -〔e〕s, -e.

ようきょう 容共 die Duldung (Bejahung) des Kommunismus/彼は容共派だ Er sympathisiert mit dem Kommunismus. ‖ 容共政策 eine prokommunistische Politik; eine Politik, die den Kommunismus toleriert.

ようぎょう 窯業 Keramik¦industrie (Porzellan-) *f.* -en; Töpferei *f.* -en 《手工業的なもの》.

ようきょく 陽極 〖理〗 positiver Pol, -〔e〕s, -e; Pluspol; 〖電〗 Anode *f.* -n ‖ 陽極線 Anodenstrahlen 《*pl*》/陽極電圧 Anodenspannung *f.* -en/陽極電池 Anodenbatterie *f.* -n/陽極電流 Anodenstrom *m.* -〔e〕s, ¨e.

ようきょく 謡曲 No-Gesang *m.* -〔e〕s, ¨e 《朗詠》; Textbuch 《-〔e〕s, ¨er》 zum No-Spiel 《台本》.

ようぎん 洋銀 Neusilber *n.* -s.

ようぐ 用具 Gerät *n.* -〔e〕s, -e; Werkzeug *n.* -〔e〕s, -e; Utensilien 《*pl*》 ‖ 用具箱 Gerät〔e〕kasten *m.* -s, ¨/運動用具 Sportgerät/筆記用具 Schreibzeug.

ようけい 養鶏 Hühnerzucht *f.* -en/養鶏をする Hühner züchten; ³sich Hühner halten* ‖ 養鶏家 Hühnerzüchter *m.* -s, -/養鶏場 Hühner¦farm *f.* -en (-hof *m.* -〔e〕s, ¨e).

ようけつ 要訣 ⇨ひけつ(秘訣).

ようけん 用件 ⇨ようじ(用事)/御用件は何ですか Was kann ich für Sie tun?

ようけん 要件 ❶ [大切な用事] eine wichtige Angelegenheit, -en/緊急の要件で in einer dringenden (wichtigen) ³Angelegenheit. ❷ [必要な条件] eine notwendige Voraussetzung, -en; Vorbedingung *f.* -en.

ようげん 用言 ein deklinierbares Wort, -〔e〕s, ¨er.

ようこ 養狐 Fuchszucht *f.* -en ‖ 養狐場 Fuchsfarm *f.* -en.

ようご 用語 Ausdruck *m.* -〔e〕s, ¨e; Wort *n.* -〔e〕s, ¨er/用語に注意する bei der ³Wahl der ²Ausdrücke vorsichtig sein; ⁴sich

ようご 擁護 [保護] Schutz m. -es; Beschützung f. -en; [防衛] Verteidigung f. -en; [支持] Unterstützung f. -en/…の擁護のもとに unter dem Schutz⁽²⁾ 《von》). — 擁護する (be)schützen⁴; in ⁴Schutz nehmen⁴⁴; verteidigen⁴; unterstützen⁴/平和を擁護する den Frieden bewahren/憲法を擁護する die Verfassung schützen/立場を擁護する js ⁴Standpunkt unterstützen.∥擁護者 Beschützer m. -s, -; Verteidiger m. -s, -; Unterstützer m. -s, -/人権擁護 der Schutz der Menschenrechte.

ようご 養護 Pflege f. -n; Pflege und Erziehung. — 養護する in ⁴Pflege nehmen⁴⁴.∥養護学級 Sonderklasse f. -n.∥養護教諭 Pflegelehrer m. -s, -.

ようこう 洋行 Auslands|reise (Übersee-) f. -n/洋行中に auf der Auslandsreise/洋行する ins Ausland reisen ⓢ; nach Übersee gehen* ⓢ.

ようこう 陽光 Sonnen|schein m. -(e)s (-licht n. -(e)s)-strahl m. -(e)s, -en).

ようこう 要港 ein wichtiger Hafen, -s; Marineversorgungsstützpunkt m. -(e)s, -e 《海軍の》.

ようこう 要項 die wichtig(st)en Punkte (pl); Prospekt m. -(e)s, -e 《内容説明書》 ∥指導要項 Richtlinie f. -n.

ようこう 熔鉱炉 Schmelzofen m. -s, ∸; Hochofen 《特に製鉄用》.

ようこそ ようこそお訪ね下さいました Fein, dass Sie kommen! 《不意の訪問に対して》; Fein, dass Sie gekommen sind! 《約束の訪問に対して》; Seien Sie herzlich willkommen (gegrüßt)! 《同上》.

ようこん 幼根 [植][Keim]würzelchen n. -s, -.

ようさい 要塞 Festung f. -en; Feste f. -n/要塞を築く eine Festung bauen/要塞の濠 Festungsgraben m. -s, ∸.

ようさい 洋裁 Schneiderei f. -en; das Schneidern*, -s/彼女は洋裁ができる Sie kann schneidern.∥洋裁学校 Schneiderschule f. -n/洋裁師 Schneiderin f. ..rinnen 《女》/男子(婦人)服専門の洋裁師 Herrenschneider (Damenschneider); Herrenschneiderin (Damenschneiderin) f. 《女》.

ようざい 用材 Holzmaterial n. -s, ..lien; Material n. -s, ..lien 《材料一般》/この戸の用材は何か Aus welchem Holz ist die Tür gemacht? ∥建築用材 Bau|holz n. -es, ∸er (-material).

ようざい 溶剤 Schmelzmittel n. -s, -.

ようさん 養蚕 Seiden|zucht f. (-bau m. -es) ∥養蚕家 Seidenzüchter m. -s, -/養蚕業 Seidenzuchtindustrie f. -n.

ようし 容姿 Gestalt f. -en; Figur f. -en; Aussehen n. -s; das Äußere*, -n 《外形の》/彼女は容姿端麗 Sie hat eine schöne (feine; hübsche) Gestalt (Figur).

ようし 洋紙 europäisches Papier, -s, -e.

ようし 用紙 Formular n. -(e)s, -e; Formblatt n. -(e)s, ∸er ∥税金申告用紙 Steuerformular n. -(e)s, -e/投票用紙 Stimmzettel m. -s, -/申込(志願)用紙 Bewerbungsformular.

ようし 養子 Adoptivkind n. -(e)s, -er; Adoptivsohn m. -(e)s, ∸e 《息子》; Adoptivtochter f. ∸ 《娘》/養子にする adoptieren⁴ ∥養子縁組 Adoption f. -en.

ようし 要旨 ⇨ようてん(要点).

ようし 陽子 [理] Proton n. -s, -en.

ようじ 用事 Geschäft n. -(e)s, -e; [要件] Angelegenheit f. -en; [委託] Auftrag m. -(e)s, ∸e/商業上の ³Angelegenheit, in einer geschäftlichen ³Angelegenheit/用事がある beschäftigt sein/用事がたくさんある(何もない) viel (nichts) zu tun haben/用事で来ている ein Geschäft verrichten; eine Angelegenheit erledigen; einen Auftrag ausrichten/用事を果たさずに unverrichteter-dinge (-sache) /彼は用事があって来られない Er ist geschäftlich verhindert./私は田中さんの用事で参りました Ich komme im Auftrag des Herrn Tanaka.

ようじ 楊枝 Zahnstocher m. -s, -/楊枝を使う in den ³Zähnen stochern.

ようじ 幼児 ein kleines Kind, -(e)s, -er; Kleinkind n. -(e)s, -er; [乳児] Säugling m. -s, -e; Baby n. -s, -s ∥幼児キリスト Christkind n. -(e)s/幼児殺し Kindermord m. -(e)s, -e; Kindermörder m. 《犯人》.

ようじ 幼時 Kindheit f. /幼時に in der (seiner) ³Kindheit /幼時より von ³Kindheit an; von klein auf.

ようしき 様式 Stil m. -(e)s, -e; Stil|art f. -en (-form f. -en); die Art und Weise; [書式] Formular n. -s, -e ∥様式の stilistisch/様式化する stilisieren⁴ ∥様式論 Stil|kunde f. (-lehre f.); Stilistik f./ゴシック(ロマネクス)様式 der gotische (romanische) Stil/生活様式 Lebens|stil (-art; -weise) f. -n.

ようしき 洋式 der europäische Stil, -(e)s, -e/洋式の europäischen ²Stils; von europäischem Stil; europäisch.

ようしつ 洋室 ⇨ようま.

ようしゃ 容赦 [赦罪] Verzeihung f. -en; Entschuldigung f. -en; Vergebung f. -en, Pardon m. (n.) -s; [仮借] (Ver)schonung f. -en; Nachsicht f. /容赦なく ohne ⁴Schonung (Nachsicht); schonungslos (rücksichts-, -); [免恕せず] mit aller bitte um tausendmal um Entschuldigung (Verzeihung). — 容赦する jm verzeihen* (vergeben*⁴); jn (ver)schonen; mit jm ⁴Nachsicht haben (üben).

ようしゅ 洋酒 ausländisches (europäisches) alkoholisches Getränk, -(e)s, -e.

ようじゅ 幼樹 ein junger Baum, -(e)s, ∸e.

ようじゅつ 妖術 Zauberkunst f. -e; Zauberei f. -en; Schwarzkunst /妖術を使う Zauber treiben* ∥妖術師 Zauberer m. -s, -; Schwarzkünstler m. -s, -.

ようしゅん 陽春 ⇨はる(春).

ようしょ 要所 eine wichtige Stelle, -n; ein wichtiger Punkt, -(e)s, -e.

ようしょ 洋書 ein ausländisches (europäisches) Buch, -(e)s, ⸚er.

ようじょ 幼女 ein kleines Mädchen, -s, -.

ようじょ 養女 Adoptivtochter (Pflege-; Zieh-) f. -/養女にする als ⁴Tochter an|nehmen*⁴ (adoptieren⁴).

ようじょ 妖女 Hexe f. -n (魔女); Zauberin f. -rinnen (魔法使い).

ようしょう 幼少 Kindheit f.; Kindesalter n. -s/幼少の頃より von ³Kindheit (Kindesbeinen) an; von klein auf/彼は幼少の頃から既に近視であった Schon als Kind war er kurzsichtig.

ようしょう 要衝 Schlüsselpunkt m. -(e)s, -e; ein strategisch wichtiger Punkt, -(e)s, -e.

ようしょう 葉鞘 〔植〕Scheide f. -n.

ようじょう 養生 Gesundheitspflege f. -n; Hygiene f. (衛生); -en/〔修〕〜 aus gesundheitlichen ³Gründen/養生する seine Gesundheit in Acht nehmen*; auf seine Gesundheit bedacht sein‖食養生 Diät f. -n.

ようじょう 洋上 auf dem Ozean (Meer); auf der ³See/洋上二千メートルを飛ぶ 2 000 Meter über dem Ozean fliegen* ⓢ.

ようしょく 容色 Aussehen n. -s/彼女は容色がすぐれない Sie ist sehr schön (hübsch); Sie ist eine Schönheit./彼女の容色は今尚衰えていない Sie ist nach wie vor schön.

ようしょく 洋食 europäisches Essen, -s; europäische Küche f.‖洋食屋 ein europäisches Restaurant, -s, -s.

ようしょく 養殖 Zucht f.; Kultur f./牡蠣(かき)の養殖 Austernkultur f./鱒(ます)の養殖 Forellenzucht f. ── 養殖する züchten⁴.‖養殖真珠 Zuchtperle f. -n.

ようしょく 要職 eine wichtige Posten, -s, -; eine wichtige Stellung, -en; Schlüsselstellung (-position f. -en)/要職についている eine wichtige Stellung bekleiden (inne|haben*).

ようじん 要人 eine führende (wichtige) Person, -en (Persönlichkeit, -en)/彼はある政党の要人だ Er ist ein führendes Mitglied einer Partei.

ようじん 用心 Vorsicht f.; Behutsamkeit f.; 〔慎重〕Umsicht f.; Bedachtsamkeit f.; 〔注意〕Aufmerksamkeit f./用心深く vorsichtig, behutsam; umsichtig; bedachtsam; aufmerksam/用心のために vorsichtshalber; aus (zur) ³Vorsicht/用心して mit ³Vorsicht. ── 用心する vorsichtig sein; ⁴Vorsicht üben (walten lassen*); ⁴sich in Acht nehmen* 《vor³》; 〔注意する〕auf|passen 《auf⁴》; Acht geben* 《auf⁴》/その犬に用心しろ Nimm dich vor dem Hund in Acht!/御用心、自動車が来ますよ Vorsicht! Es kommt ein Anto!

ようじんぼう 用心棒 Leibwache f. -n (護衛); Rausschmeißer m. -s, - (酒場などの).

ようす 様子 ❶ 〔状態〕Zustand m. -(e)s, ⸚e; Lage f.; Umstand m. -(e)s, ⸚e; Verhältnis n. ..nisses, ..nisse/この様子では bei dieser ³Lage der ³Dinge/...の様子をさぐる erkunden⁴; aus|kundschaften⁴/戸口の様子をうかがう an der ³Tür lauschen/詳しい様子を知らせる jn über die näheren Umstände berichten/彼の様子はどうだい Wie steht es um ihn?/お仕事の様子はどうですか Was macht Ihre Arbeit?/様子がどうも変だ Da stimmt etwas nicht.｜Hier ist etwas nicht in Ordnung. ⇨ じじょう(事情). ❷ 〔外見〕Aussehen n. -s; Anschein m. -(e)s/雨が降りそうな様子だ Es sieht nach Regen aus./Es hat den Anschein, als wollte es regnen./彼女は君のことを怒っている様子だった Sie schien auf dich böse zu sein.

ようすい 用水 Gebrauchswasser n. -s, -‖用水池 Wasserreservoir n. -s, -e.

ようすい 羊水 Amnion|wasser (Frucht-) n. -s.

ようすこう 揚子江 Jangtsekiang m. -s.

ようずみ 用済みになる ❶ 〔用を済ませる〕fertig werden 《mit³》/君はもう用済みかい Bist du schon fertig (frei)? ❷ 〔もはや必要としない〕nicht mehr brauchen⁴ (nötig haben).

ようする 要する 〔必要とする〕brauchen⁴; nötig haben; benötigen⁴/この仕事には忍耐を要する Diese Arbeit erfordert (verlangt) Geduld.

ようするに 要するに kurz; kurz und gut; um es kurz zu sagen; alles in allem; 〔結局のところ〕am Ende; schließlich.

ようせい 要請 Ersuchen n. -s, -; Gesuch n. -(e)s, -e; 〔懇願〕Bitte f. -n; 〔要求〕〔Auf-〕forderung f. -en; Verlangen n. -s, -/...の要請により auf js ³Ersuchen (Verlangen). ── 要請する jn ersuchen (bitten*) 《um⁴》; von jm verlangen⁴.

ようせい 妖精 Elfe f. -n; 〔仙女〕Fee f. -n/水の妖精 Nix m. -e; Nixe f. -n (女の).

ようせい 養成 Aus|bildung (Heran-) f. -en; 〔訓練〕Schulung f. -en; 〔教育〕Erziehung f. -en/性格の養成 Charakterbildung. ── 養成する aus|bilden⁴ (heran|-); schulen⁴; erziehen*⁴/パイロット(商人)に養成する jn zum Flieger heran|bilden (jn als Kaufmann schulen).‖海員養成所 Seemannsschule f.-n.

ようせい 溶性 Auflösbarkeit f./溶性の auf|lösbar.

ようせい 陽性 positiv n.-s/ツベルクリンの反応は陽性だった Der Tuberkulintest verlief positiv.‖陽性反応 positive Reaktion, -en.

ようせき 容積 Rauminhalt m. -s, -e; Volumen n. -s, ..mina; Umfang m. -(e)s, ⸚e; Kapazität f. -en.

ようせつ 溶接 das Schweißen*, -s; Schweißung f. -en. ── 溶接する 〔zusammen|-〕schweißen⁴.‖溶接機 Schweiß|maschine f. -n (-brenner m. -s, -)/溶接工 Schweißer m. -s, -.

ようせつ 夭折 früher Tod, -(e)s; Frühtod m. -(e)s/夭折する jung sterben* ⓢ; einen frühen Tod finden*.

ようせん 用箋 Brief|papier n. -s, -e (bo-

ようせん 傭船［船を傭うこと］das Chartern*, -s;［傭った船］Charterschiff *n*. -[e]s, -e/傭船する ein Schiff mieten (chartern) ‖ 傭船契約 Chartervertrag *m*. -[e]s, *¨*-e.

ようそ 要素［成分］(ein wesentlicher) Bestandteil, -[e]s, -e; Element *n*. -[e]s, -e;［要因］wichtiger Umstand, -[e]s, *¨*-e; Faktor *m*. -s, -en; Moment *n*. -[e]s, -e.

ようそ 沃素 Jod *n*. -[e]s, -e/沃素を含んだ jodhaltig ‖ 沃素価 Jodzahl *f*./沃素酸 Jodsäure *f*. -n.

ようそう 様相［光景］Anblick *m*. -[e]s, -e; Aussehen *n*. -s; Bild *n*. -[e]s, -er;［局面］Phase *f*. -n/悲惨な様相を呈する einen elenden Anblick bieten*.

ようそう 洋装 europäische Tracht (Kleidung), -en / 洋装をする ˢsich europäisch kleiden.

ようだい 容態 Zustand *m*. -[e]s, *¨*-e; Befinden *n*. -s/彼の容態は思わしくない Es geht ihm nicht gut./病人の容態は悪化（好転）した Der Zustand des Kranken verschlechterte (besserte) sich./お母様の御容態はいかがですか Wie geht es Ihrer (Frau) Mutter?

ようだいぶる 容体ぶる ⇨もったい.

ようたし 用足しをする ❶ ein Geschäft besorgen (erledigen; verrichten);［買物など］Besorgungen (Einkäufe) machen/彼女は町に用足しに行った Sie ging in die Stadt, um einzukaufen. ❷［用便する］ein (großes) Geschäft verrichten《大便》; ein (kleines) Geschäft verrichten《小便》.

ようだてる 用立てる leihen*³⁴; vorschießen*³⁴［前貸しする］/五千円用立ててくれないか Kannst du mir 5 000 Yen leihen?

ようだん 用談 ein dienstliches (geschäftliches) Gespräch, -[e]s, -e; Besprechung *f*. -en; Unterredung *f*. -en / 用談する mit *jm* eine ⁴Angelegenheit besprechen*;［用談 jm unterreden］/私はこの件で彼と用談した Ich hatte mit ihm eine Besprechung über diese Angelegenheit.

ようだん 要談 ein wichtiges Gespräch, -[e]s, -e; eine wichtige Besprechung, -en (Unterredung, -en)/要談をする ein wichtiges Gespräch (Unterredung) haben《mit³》.

ようだんす 用箪笥 Schränkchen *n*. -s, -; Kommode *f*. -n.

ようち 用地 ein dafür erforderlicher (dazu nötiger) Platz, -es, *¨*-e; ein Grundstück (*n*. -s, -e), das dazu gebraucht wird ‖ 建築用地 Baustelle *f*. -n［-platz *m*. -es, *¨*-e］/鉄道用地 Bahngrundstück *n*. -[e]s, -e.

ようち 要地 ein wichtiger Ort, -[e]s, -e/戦略上の要地 ein strategisch wichtiger Punkt, -[e]s, -e.

ようち 幼稚な kindisch; infantil; noch unentwickelt《未発達の》⇨おさない/幼稚な質問 eine kindische Frage, -n.

ようち 夜討ち Nachtangriff *m*. -[e]s, -e/夜討ちをかける *jn* bei ³Nacht an|greifen*.

ようちえん 幼稚園 Kindergarten *m*. -s, *¨*-/幼稚園の保母 Kindergärtnerin *f*. ..rinnen.

ようちゅう 幼虫 Larve *f*. -n; Raupe *f*. -n《特に蝶の》/かぶと虫の幼虫 eine Larve des Käfers/キベリタテハの幼虫 eine Raupe des Trauermantels.

ようちょう 羊腸として走っている［道・川が］ˢsich schlängeln, im Zickzack laufen*［ᴢ］ˢsich im Zickzack winden*.

ようつい 腰椎 Lendenˡwirbel (Lumbal-) *m*. -s, - ‖ 腰椎穿刺（ᴛ） Lendenstich *m*. -[e]s, -e; Lumbalpunktion *f*. -en/腰椎麻痺 Lumbalanästhesie *f*.

ようつう 腰痛 Ledenschmerz *m*. -es, -en; Lumbago *f*.

ようてん 要点 Kernpunkt *m*. -[e]s, -e; Kern *m*. -[e]s, -e; Hauptsache *f*. -n/要点をつかむ(はずれる) den Kernpunkt treffen* (verfehlen)/そこが要点だ Das ist der Kern der Sache.

ようてん 陽転する positiv werden.

ようでんき 陽電気［理］positive Elektrizität, -en.

ようでんし 陽電子［理］Positron *n*.

ようと 用途 Verwendungszweck *m*. -[e]s, -e; Verwendungsmöglichkeit *f*. -en《可能な使用範囲》; Verwendung *f*. -en; Gebrauch *m*. -[e]s, *¨*-e《使用》; Benutzung *f*. -en《利用》/これの用途は何ですか Wozu gebraucht (benutzt) man das?/この薬の用途は広い Das Arzneimittel ist vielseitig verwendbar.

ようとう 羊頭を掲げて狗（⁶）肉を売る Hundefleisch für ⁴Hammelfleisch verkaufen; seine Erstgeburt für ein ⁴Linsengericht hin|geben*.

ようどう 陽動作戦 Ablenkungsmanöver *n*. -s, -; Ablenkungsversuch *m*. -[e]s, -e.

ようとじ 洋綴じ europäischer Einband, -[e]s, *¨*-e/洋綴じの本 ein Buch, *¨*-er) mit europäischem Einband/この本は洋綴じだ Das Buch ist in europäischem Stil eingebunden.

ようとして 杳として行方が知れない Er ist spurlos verschwunden.; Von ihm fehlt jede Spur.

ようとん 養豚 Schweinezucht *f*. ‖ 養豚家 Schweinezüchter *m*. -s, -/養豚場 Schweineˡfarm *f*. -en (-fˡhoːf. [e]s, *¨*-e).

ようにく 羊肉 Hammelfleisch (Schöpsen-) *n*. -[e]s/羊肉の蒸焼き Hammelˡbraten (Schöpsen-) *m*. -s, -.

ようにん 傭人 ⇨やとい.

ようにん 容認する ⇨きょよう(許容).

ようねん 幼年 Kindheit *f*.; Kinderjahre (*pl*)/幼年の頃から von ⁴Kind auf; von ⁴Kindesbeinen an/彼はもう幼年の域を脱している Er ist den Kinderschuhen schon entwachsen./私は彼女を幼年時代から知っていた Ich kannte sie von Kindesbeinen an.

ようばい 溶媒［化］Lösungsˡmittel (Löse-) *n*. -s, -.

ようび 曜日 Wochentag *m*. -[e]s, -e/今日は何曜日ですか — 月曜日です Welchen Tag (Wochentag) haben wir heute? — Heute

ようひし 羊皮紙 Pergament *n.* -[e]s, -e／羊皮紙の pergamenten／羊皮紙で装丁した羊皮紙装本 ein in ³Pergament gebundenes Buch, -[e]s, ¨er ‖ 模造羊皮紙 Pergamentpapier *n.* -s, -e.

ようひん 用品 Artikel *m.* -s, -〈品目〉; Gerät *n.* -[e]s, -e〈道具〉‖ 事務(家庭)用品 Büroartikel (Haushaltsartikel) *m.* -s, -／台所用品 Küchengerät *n.* -[e]s, -e.

ようひんてん 洋品店 Geschäft 〈*n.* -[e]s, -e〉 für ⁴Modeartikel.

ようふ 妖婦 Vamp *m.* -s, -s; eine verführerische Frau, -en.

ようふ 養父 Pflegevater (Adoptiv-) *m.* -s, ¨.

ようぶ 腰部 Hüfte *f.* -n ‖ 腰部骨折 Hüftknochen(bruch (Hüftbein-) *m.* -[e]s, -e.

ようぶ 要部 ein wichtiger Teil, -[e]s, -e; Hauptpunkt *m.* -[e]s, -e.

ようふう 洋風 europäischer Stil, -[e]s, -e／洋風の europäisch; im europäischen Stil／洋風に europäisch; im europäischen Stil; nach europäischer ³Art; auf europäische Weise／洋風建築の家 ein Haus 〈*n.* -es, ¨er〉 in europäischer Bauart.

ようふく 洋服 Anzug *m.* -[e]s, ¨e〈男子の〉; Kleid *n.* -[e]s, -er〈女子の〉／新しい洋服を着て in neuer Kleidung ‖ 洋服掛け Kleiderbügel *m.* -s, -／洋服地 Kleiderstoff *m.* -[e]s, -e／洋服ダンス Kleiderschrank *m.* -[e]s, ¨e／洋服屋 ⇨したて(仕立屋).

ようぶん 養分 Nahrung *f.* -en; Nährstoff *m.* -[e]s, -e ‖ 養分に富む nahrhaft.

ようへい 用兵 Truppenverwendung *f.* -en ‖ 用兵版(Taktik *f.* -en〈戦術〉; Strategie *f.* -n〈戦略〉.

ようへい 傭兵 Mietsoldat *m.* -en, -en; Söldner *m.* -s, -／Söldling *m.* -s, -e.

ようへい 葉柄〘植〙Blattstiel *m.* -[e]s, -e.

ようへん 葉片 Blatt *n.* -[e]s, ¨er.

ようべん 用便する sein Bedürfnis (seine Notdurft) verrichten, -／〘俗〙ein [großes (kleines)] Bedürfnis verrichten.

ようぼ 養母 Pflegemutter (Adoptiv-) *f.* ¨.

ようほう 用法〈使い方〉Gebrauchsweise (Anwendungs-) *f.* -n;〈使い方に関する指示〉Gebrauchsanweisung (Benutzungs-)vorschrift (Verwendungs-) *f.* -en／用法を誤る falsch gebrauchen⁴; einen falschen Gebrauch machen 〈*von*³〉／その用法を教えて下さい Sagen Sie mir, wie man es benutzen (gebrauchen) soll!

ようほう 養蜂 Bienenzucht *f.*; Imkerei *f.* -en ‖ 養蜂家 Bienenzüchter *m.* -s, -; Imker *m.* -s, -／養蜂場 Bienengarten *m.* -s, ¨.

ようぼう 容貌 Gesicht *n.* -[e]s, -er; Gesichtszüge 〈*pl*〉; Aussehen *n.* -s〈外見〉;〘詩〙Antlitz *n.* -es, -e／容貌魁偉(ミ゙)である ein imposantes Aussehen haben.

ようぼう 要望 Wunsch *m.* -[e]s, ¨e; Verlangen *n.* -s; Forderung *f.* -en〈要求〉; Nachfrage *f.* -n〈需要〉／要望に応える ³Wünschen nach|kommen* 〘s〙(entgegen|kommen* 〘s〙; entsprechen*; begegnen 〘s〙)／要望を満たす js ⁴Wunsch erfüllen／要望書を提出する schriftlich js ⁴Wunsch äußern.── 要望を verlangen⁴; fordern¹.

ようま 洋間 ein europäisches Zimmer, -s, -.

ようまく 羊膜 Schafhaut *f.* ¨e; Amnion *n.* -s, Amnien.

ようみゃく 葉脈 Blattader *f.* -n; Blattaderung *f.* -en; Blattrippe *f.* -n.

ようむ 要務 eine wichtige Angelegenheit, -en; ein dringendes Geschäft, -[e]s, -e／要務を帯びて mit einem wichtigen Auftrag; in dringenden ³Geschäften.

ようむ 用務 ⇨ようじ(用事).

ようむき 用向き ¶ 御用向きは何でしょうか Was kann ich für Sie tun?｜Was wollen (möchten) Sie?

ようめい 用命 Auftrag *m.* -[e]s, ¨e;〘注文〙Bestellung *f.* -en;〘命令〙Befehl *m.* -[e]s, -e／御用命により in Ihrem Auftrag; auf Ihre Bestellung hin／いかなる御用命にも直ちに応じます Jeder Auftrag wird sofort erledigt.

ようめい 溶明〘映〙das Einblenden*, -s.

ようもう 羊毛 [Schaf]wolle *f.* -n／羊毛製の [schaf]wollen／羊毛を刈る die Wolle von ³Schafen scheren*‖ 羊毛商人 Wollhändler *m.* -s, -／羊毛製品 Wollware *f.* -n.

ようもう 養毛剤 Haarwasser *n.* -s; Haarpflegemittel *n.* -s, -.

ようもく 要目 Hauptpunkt *m.* -[e]s, -e ‖ 教授要目 Richtlinien 〈*pl*〉 für den Unterricht.

ようやく 要約 Zusammenfassung *f.* -en; Resümee *n.* -s, -s／要約する zusammen|fassen⁴; resümieren⁴／これを要約すれば um es kurz zu fassen.

ようやく ❶〘漸次〙allmählich; langsam; nach und nach. ❷〘遂に〙endlich; schließlich; erst 〈...してはじめて〉／ようやくここまで漕ぎつけたよ Endlich sind wir so weit.／彼はすべてが終わってしまってからようやくやって来た Er kam erst, als alles vorbei war. ❸〘辛うじて〙mit knapper 〈³Mühe und ³Not〉; nur mühsam／ようやく手に入れた金 mühsam erworbenes Geld.

ようよう 洋々たる unendlich; weit／洋々たる大海 das weite (unendliche) Meer, -[e]s／彼の前途は洋々たるものだ Er hat eine große (glänzende) Zukunft.

ようらん 揺籃 Wiege *f.* -n／揺籃の地 Wiege; Geburtsort *m.* -[e]s, -e／揺籃の歌 Wiegenlied *n.* -[e]s, -er／マインツは印刷術の揺籃の地 Mainz ist die Wiege der Buchdruckerkunst.

ようりく 揚陸 Landung *f.* -en; Löschung *f.* -en〈荷揚げ〉.

ようりつ 擁立する unterstützen⁴; bei|stehen*³；〘王位に〙auf den Thron bringen*⁴; zur ³Krone verhelfen³.

ようりょう 要領〘要点〙Haupt|punkt (Kern-) *m.* -[e]s, -e; Kern *m.* -[e]s, -e;〘こつ〙Kniff *m.* -[e]s, -e; Handgriff *m.* -[e]s, -e／要領のよい返事 eine lakonische (treffende) Antwort, -en／彼はなかなか要領のよい

ようりょう 男だ Er ist ein ganz schlauer Kopf (Fuchs). /何て要領がわるいんだろう Wie kann man nur so ungeschickt sein! /彼に尋ねたが要領をえなかった Ich fragte ihn, bekam aber nichts Bestimmtes heraus. /何だかさっぱり要領をえない Man wird gar nicht klug daraus.

ようりょう 用量 Dosis (Dose) f. -.

ようりょう 容量 Kapazität f. -en; Fassungsvermögen n. -s; Aufnahmefähigkeit f. -en; [容積] (Körper)maß n. -es, -e ‖ 容量分析 [化] Maßanalyse f. -n.

ようりょく 揚力 [航] Auftrieb m. -[e]s, -e; Aufriebskraft f. ‖ 揚力係数 Auftriebsbeiwert m. -[e]s, -e.

ようりょくそ 葉緑素 [植] Chlorophyll n. -s; Blattgrün n.

ようれい 用例 Beispiel n. -s, -e.

ようれき 陽暦 Sonnenkalender m. -s, -.

ようろ 要路 ❶ [道] ein wichtiger Weg, -[e]s, -e; [幹線] Hauptlinie f. -n/交通の要路 Hauptverkehrsstraße f. -n; Verkehrsader f. -n. ❷ [地位] eine wichtige Stellung, -en; Schlüsselstellung f. -en (-position f. -en).

ようろう 養老 Altersfürsorge f. -n (-versorgung f. -en) ‖ 養老保険(年金) Altersversicherung f. -en (-rente f. -en).

ようろく 葉肋 [植] Blattrippe f. -n.

ヨーグルト Jog(h)urt (Yoghurt) m. (n.) -[s].

ヨーデル [楽] Jodel m. -s, - (=); Jodler m. -s, -; Jodelgesang m. -[e]s, =e/ヨーデルを歌う jodeln ‖ ヨーデル歌手 Jodler m. -s, -; Jodlerin f. -, -innen [女].

ヨード [化] Jod n. -[e]s 《記号: J》‖ ヨードカリ Jodkalium n. -s/ヨード銀 Jodsilber n. -s/ヨードチンキ Jodtinktur f. -en/ヨードフォルム Jodoform n. -s.

ヨーヨー [玩具] Jo Jo (Yo-Yo) n. -s, -s.

ヨーロッパ freie Zeit, -en; Freizeit f. -en; Muße f. -/余暇の利用 Freizeitgestaltung f. -en/仕事の余暇に in freien ³Stunden; in der ³Freizeit.

よか 予科 Vorbereitungskursus m. -, -kurse (予備課程); Vorbereitungsschule f. -n (予備学校).

ヨガ Joga (Yoga) m. -s.

よかく 余角 [数] Ergänzungswinkel m. -s, -.

よかぜ 夜風 Nachtwind m. -[e]s, -e; Nachtluft f. =e.

よかつ 余割 [数] Kosekans m. -, -《略: cosec》.

よからぬ 良からぬ nicht gut; böse; schlecht/よからぬ行為 eine ruch(lose) Tat, -en.

よかれあしかれ 良かれ悪しかれ wohl oder übel.

よかん 予感 [Vor]ahnung f. -en; Vorgefühl n. -[e]s, -e/いやな(不吉な)予感 eine schlimme (böse) Ahnung/予感がする ahnen⁴/僕はどうも彼がすぐに来そうな予感がする Ich habe so eine Ahnung, als ob er gleich kommt./彼女の予感если的中した Ihre Ahnung hat sich erfüllt.

よかん 余寒末だ去りやらず Die Kälte dauert noch an.

よき 予期 [期待] das Erwarten*, -s; Erwartung f. -en; [予見] Voraussicht f. /予期した(しない) (un)erwartet; (un)vorhergesehen/予期に反して wider ⁴Erwarten /...を予期して in der ⁴Erwartung, dass .../結果は予期以上であった Das Ergebnis übertraf alle meine Erwartungen. ⇨よそう(予想).

─── 予期する [期待する] erwarten⁴; [予見する] voraus|sehen*⁴; [計算に入れる] rechnen 《mit³》.

よぎ 余技 Nebenbeschäftigung f. -en; Hobby n.

よぎない 余儀ない unvermeidlich; unumgänglich; zwingend/余儀ない事情で zwingender ²Umstände halber/余儀なく notgedrungen; gezwungen/私は承諾することを余儀なくされてしまった Ich sah mich gezwungen, es zu akzeptieren./Es blieb mir nichts anderes übrig, als Ja zu sagen.

よぎしゃ 夜行列車 Nachtzug m. =[e]s, =e.

よきょう 余興 Unterhaltung f. -en/余興として zur ⁴Unterhaltung.

よきん 預金 Depositum n. -s, -ten; Spareinlage f. -n/銀行から預金をひき出す ⁴Geld von der Bank ab|heben*/銀行に預金がある Geld auf der Bank (auf dem Bankkonto) [liegen] haben. ─ 預金をする Geld unter|legen (hinter|legen; deponieren). ‖ 預金口座 Sparkonto n. -s, -ten (-s od. ...ti)/預金残高 Spargutshaben n. -s, -/預金者 Einleger (Hinter-) m. -s, -; Deponent m. -en, -en/預金証書 Depositenschein m. -[e]s, -e/預金証書名義人 Depositeninhaber m. -s, -/預金通帳 Sparbuch n. -[e]s, =er/預金利子 Depositen|zins (Haben-) m. -es, -en/定期預金 langfristige Geldeinlage/普通預金 täglich fällige (kündbare) Geldeinlage.

よく 欲 [物質欲] Habgier f.; Habsucht f.; Geiz m. -es; [欲望] Begierde f. -n; Begehren n. -s, -; Gier f.; Verlangen n. -s, -/欲の深い habgierig; habsüchtig; geizig; [欲のない] [寡欲の] anspruchslos; bescheiden; [物惜しみしない] freigebig; großzügig; [利己的でない] selbstlos; uneigennützig/欲にがくらむ ⁴sich durch den Mammon blenden lassen*; ⁴sich durch die Habgier verleiten lassen* 《zu³》/欲から離れて ohne dabei an ⁴sich zu denken; aus ³Uneigennützigkeit / 欲得ずくで aus ²Egoismus / 欲をいえば wenn man das noch verlangen kann; wenn das zumutbar ist/彼は欲の為かたまり Seine Habgier kennt keine Grenzen./大欲は無欲に似たり Zu große Gier bringt Ver-

よく lust. ‖ 金銭欲 Geldsucht f./権力欲 Machtanspruch m. -(e)s, ⸚e/知識欲 Wissbegierde f. -/名誉欲 Ruhmbegierde f. -.

よく 翼 ❶〔航空機の〕Flügel m. -s, -; Tragfläche f. -n. ❷〔兵〕Flügel m. -s, -; Flanke f. -n. ❸ 補助翼 Hilfsflügel m. -s, -; Flügel|klappe (Lande-) f. -n. ⇨つばさ.

よく ❶〔悪の反対に〕gut; schön; wohl/よくなる besser (schöner) werden; ⁴sich verbessern/よくする verbessern ⁴《改善》/人によくする jm ⁴Gutes tun*; ³sich ⁴jm freundlich zeigen/よれも悪しかれ wohl oder übel/彼は私のことをよく思っていない Er hat mich nicht gern. ┆ Er hat etwas gegen mich. 〔上手に〕gut; schön; geschickt/よくできました Sehr gut (schön)!/よくやった Gut gemacht!/あまりよくできません Ich kann es nicht so gut. ❸〔健康に〕gut; wohl/私は気分がよくない Es ist mir (Mir ist) schlecht (nicht wohl). ❹〔十分に・確かに〕gut; genau; gründlich; richtig/よく勉強(仕事をする,fleißig lernen*(arbeiten)/よく注意する (眠る) gut auf|passen (schlafen*)/よく考える ⁴sich genau überlegen*/君の言うことはよく判りません Ich habe Sie nicht gut (genau; richtig) nicht verstanden./よく知りませんんIch weiß es nicht genau./よく聞けよ Hör mal gut zu!┆Pass mal auf! ❺〔しばしば〕oft; öfters;〔時折〕manchmal; zuweilen; ab und zu/よくあることだ Das kommt oft (öfters) vor./彼はよく風邪をひく Er erkältet sich leicht. ❻〔感嘆〕よくそんなことが言えるのだ Wie kannst du so etwas sagen?/よく来られましたね Ich hätte es nicht für möglich gehalten, dass Sie kommen könnten./彼はよくあんなことが言えたものだ Dass er so etwas sagen konnte!

よく- 翌- nächst; folgend/翌朝(晩)am nächsten (folgenden) Morgen (Abend)/翌月(年)im nächsten (folgenden) Monat (Jahr)/翌早朝 in der ³Frühe (in den ersten Morgenstunden) des nächsten Tages; sehr früh am nächsten Tag/翌日 am nächsten (folgenden, anderen) Tag/翌週 in der nächsten (folgenden) ³Woche/翌々日 nach zwei ³Tagen; zwei ³Tage später; am übernächsten Tag/翌々年 nach zwei ³Jahren; zwei ⁴Jahre später; im übernächsten ³Jahr/僕達は翌二十日に出発した Am nächsten Tag, den war der zwanzigste (d. h. am zwanzigsten), machten wir uns auf den Weg.

よくあつ 抑圧 Unterdrückung f. -en; Unterjochung f. -en/抑圧する unterdrücken⁴; unterjochen⁴;〔抑制する〕beherrschen⁴; zurück|halten⁴.

よくさん 翼賛 Beistand m. -(e)s, ⸚e; Unterstützung f. -en/翼賛する jm bei|stehen*; jn unterstützen.

よくし 抑止する jn zurück|halten* (von³); jn hindern (an³; bei³).

よくしつ 浴室 Badezimmer n. -s, -.

よくじょう 浴場 Badeanstalt f. -en; Badehaus n. -es, ⸚er; Bad n. -(e)s, ⸚er ‖ 大衆浴場 eine öffentliche Badeanstalt; ein öffentliches Badehaus.

よくじょう 欲情〔性的欲望〕Begierde, -n;〔geschlechtliche〕Verlangen n. -s, -; Leidenschaft f. -en/欲情を刺激する jn erregen/js Begierde (Verlangen) reizen.

よくじょう 翼状の flügel|artig (-förmig).

よくする 浴する baden; ein Bad nehmen*/日光に浴する in der ³Sonne liegen*; ein Sonnenbad nehmen*/恩恵に浴する ⁴sich in js ³Gunst sonnen; jm〔ver〕danken⁴.

よくせい 抑制 Zurückhaltung f. -en; Unterdrückung f. -en〔抑圧〕Beherrschung f. -en; Zügelung f. -en/抑制する zurück|halten⁴; beherrschen⁴; unterdrücken⁴; zügeln⁴/怒り(興奮)を抑制する seinen Zorn (seine Erregung) unterdrücken.

よくそう 浴槽〔Bade〕wanne f. -n/浴槽に水を入れる Wasser in die〔Bade〕wanne ein|lassen*.

よくち 沃地 fruchtbares Land, -(e)s; fruchtbarer Boden, -s, ⸚.

よくでん 沃田 fruchtbares Reisfeld, -(e)s, -er.

よくど 沃土 fruchtbare Erde, -n; fruchtbarer Boden, -s, ⸚.

よくとく 欲得 Gewinnsucht f.; Eigennutz m. -es/欲得を離れた uneigennützig; selbstlos/欲得ずくの gewinnsüchtig; eigennützig/欲得ずくで aus ³Gewinnsucht (Habgier); aus ⁴Egoismus (Eigennutz).

よくばり 欲張り〔人〕der Habgierige*, -n, -n; Geizhals m. -es, ⸚e/欲張りの habgierig (-süchtig); geizig. ⇨よく〔欲〕.

よくばる 欲張る habgierig (habsüchtig) sein; geizen (mit³).

よくぼう 欲望 Begierde f. -n; Begier f.; Gelüste n. -s, -; Verlangen n. -s, -;〔欲求〕Bedürfnis n. -nisses, -nisse/欲望を満たす (押さえる) seine Begierde stillen (be)zähmen)/欲望をそそる js ⁴Begierde (Verlangen) reizen. ⇨よく〔欲〕.

よくめ 欲目 ein parteiischer Blick, -(e)s, -e;〔Gesichts〕punkt, -(e)s, -e); Voreingenommenheit f. -en/親の欲目で見るは durch die rosa Brille der ²Eltern sehen*⁴/彼女には母親としての欲目がある Sie ist als Mutter schon voreingenommen.

よくも よくもそんなことが主張できるね Wie kannst du so etwas behaupten?/畜生、よくもやりゃがったな Mensch, ich könnte dich ...!

よくや 沃野 fruchtbares Land, -(e)s.

よくよう 抑揚 Senkung (f. -en) und Hebung (f. -en);〔音の高低〕Tonhöhe f. -;〔こと・文章の〕Betonung f. -en; Akzent m. -(e)s, -e; Intonation f. -en; Satzmelodie f. -en/抑揚のない monoton/抑揚のない monoton/よ/抑揚をつけて話す mit richtigen Akzent akzentuieren*⁴/彼は抑揚のない話し方をする Er spricht ganz monoton. ‖ 抑揚符号 Akzentzeichen n. -s, -.

よくよう 浴用石鹸 Badeseife f. -n/浴用タオル Badetuch n. -(e)s, ⸚er.

よくよく よくよく考えた nach genauer Überle-

よくりゅう 抑留 zwanghafte Zurückhaltung, -en; Gefangenhaltung f. -en; Internierung f. -en. ── 抑留する zwangsweise zurück|halten*⁴; gefangen|halten*⁴; internieren*⁴/彼は五年間シベリアに抑留されていた Er war fünf Jahre in Sibirien in Gefangenschaft. ‖ 抑留者 der Gefangene* (Internierte*), -n/抑留収容所 der Gefangenenlager (Internierungs-) n. -s, -.

よけ 除け Schutz m. -es; Schutzmittel n. -s, -; Schirm m. -[e]s, -e/魔除けは悪い霊を追い払うためのものである es dient dazu, um die bösen Geister zu bannen‖風除け Windschutz (-schirm); Windschutzscheibe f. -n 〖自動車の風防ガラス〗/泥除け Kotflügel m. -s, -; Spritzbrett n. -[e]s, -er/日除け Sonnenblende f. -n (-schirm).

よけい 余計な [多い] viel; [多すぎる] zu viel; [不必要な] überflüssig; unnötig; unnütz; [追加分の] zusätzlich/余計な心配 unnötige Sorge, -n/余計な出費 zusätzliche Ausgabe, -n/Extraausgabe f. -n/余計な心配をする ³sich unnötigerweise Sorgen machen; ³sich unnötige (unnütze) Gedanken machen/百円余計に払う [um] 100 ⁴Yen zu viel zahlen/それはよけいなことだった Das war überflüssig (nichtig)./それだけ余計にお金がかかる Das kostet extra (zusätzlich)./余計なお世話だ Das ist meine Sache.

よける 避ける [さける] [ver]meiden*⁴; [かわす] aus|weichen*³ ⓢ; [道を譲る] jm aus dem Weg(e) weichen*⁴ ⓢ; beiseite treten*⁴ ⓢ; jm ⁴Platz machen; [防ぐ] ab|wehren*⁴/自動車(打撃)をよける einem Auto (Hieb) aus|weichen*.

よけん 予見する voraus|sehen*⁴; im Voraus wissen*⁴.

よげん 予言 Vorhersage f. -n; Voraussage f. -n; Prophezeiung f. -en; Prophetie f. -n; Weissagung f. -en/予言が的中する Die Vorhersage bewahrheitet sich. ── 予言する voraus|sagen*⁴; prophezeien*⁴; weissagen*⁴. ‖ 予言者 Prophet m. -en; Weissager m. -s, -/女予言者 Prophetin f. -nnen, Weissagerin f. -nnen.

よげん 余弦 〖数〗 Kosinus m. -, - (〖記号〗 cos).

よこ 横 [縦に対して] Quere f. -n; [側] Seite f. -n; [幅] Breite f. -n/横から von der ³Seite/横に [縦ではなく] quer; der ³Quere nach; in die ⁴Quere; [側へ] seitwärts; beiseite; [なら って] daneben/…の横に neben³.⁴/横に quer; seitlich/横になる横にlegen/横に置く beiseite legen⁴ 〖側にのける〗; daneben|stellen⁴ 〖ならべる〗/横を向く seitwärts den Blick (das Gesicht) ab|wenden(*¹) (von³); weg|sehen*/横にそれる daneben|gehen* ⓢ/話が横にそれる vom Gegenstand ab|schweifen ⓢ/首を横にふる den Kopf schütteln/このブールは縦二十五、横十メートルだ Das Schwimmbecken ist 25 Meter lang und 10 Meter breit./彼女は彼の横に腰をおろした Sie setzte sich neben ihn hin./横から口を出さないでくれ Rede doch nicht dazwischen!

よご 予後 〖医〗 Prognose f. -n/予後を診定する prognostizieren⁴/予後が良好である(思わしくない) einen günstigen (ungünstigen) Verlauf nehmen* 〖病気を主語にして〗.

よこあい 横合い Seite f. -n/横合いから von der ³Seite/横合いから口を出す dazwischen|reden; darein|reden; ⁴sich ein|mischen (in⁴).

よこあかり 横明り Seitenlicht n. -[e]s, -er.

よこあな 横坑 〖坑〗 Stollen m. -s, -.

よこいと 横糸 〖織〗 Einschlag m. -[e]s, "e; Einschuss m. -es, "e.

よこう 予行(演習) Probe f. -n; Vorübung f. -en/予行をする im Voraus üben*⁴; proben⁴; vor|üben¹.

よこおよぎ 横泳ぎ Seitenschwimmen n. -s.

よこがお 横顔 Profil n. -s, -e/横顔を描く jn im Profil zeichnen (malen).

よこがき 横書きする von links nach rechts schreiben*⁴.

よこがみやぶり 横紙破り [人] ein eigensinniger Mann, "er; Dickkopf m. -[e]s, "e/横紙破りの eigen|sinnig (-willig)/横紙破りをする seinen Willen gewaltsam durch|setzen; eigenwillig handeln.

よこぎ 横木 Quer|baum m. -[e]s, "e (-holz n. -es, "er)-balken m. -s, -; -stange f. -s, -latte f. -n).

よこぎる 横切る kreuzen⁴; überqueren⁴/道を横切る quer über die Straße gehen* ⓢ; die Straße überqueren⁴/砂漠を車で横切る über die Sandwüste fahren*ⓢ.

よこく 予告 vorherige Bekanntgabe, -n; Voranzeige f. -n; Vorankündigung f. -en; Voranmeldung f. -en/予告どおりに wie angekündigt/予告なしに ohne ⁴Ankündigung (Anmeldung); ohne vorherige ⁴Warnung. ── 予告する im Voraus bekannt geben*⁴; an|kündigen⁴; an|sagen/〖解雇〗 の解約)を予告する jm (im ⁴et) kündigen. ‖ 予告編 〖映画の〗 Voranzeige im Kinoprogramm, Vorspannfilm m. -[e]s, -e/予告新刊書の Ankündigungen (pl) der ²Neuerscheinungen.

よこぐるま 横車を押す ⇨よこがみやぶり

よこけい 横罫の linii[i]ert ◆ 「横」を訳さなくてもよい ‖ 横罫紙 linii(i)ertes Papier, -s, -e.

よこざま 横ざまに seitwärts.

よこじく 横軸 Querachse f. -n.

よこしま 邪な(に) unrecht; böse; schlecht; schlimm/邪な心 ein böses Herz, -ens, -en/邪な道 Irrweg m. -[e]s, -e/邪な考えを抱く auf unrechte (schlimme) Gedanken kommen*.

よこじま 横縞 Querstreifen m. -s, -/横縞の quer gestreift.

よこす ❶ 〖送る〗 her|schicken⁴/彼は使いをよこした Er hat einen Boten hierher ge-

よこす schickt./あれ以来彼は一度も手紙をよこさない Seitdem hat er mir kein einziges Mal geschrieben. ❷ [渡す] her|geben*⁴/金をよこせ Geld her!

よごす 汚す schmutzig machen⁴; beschmutzen⁴; verunreinigen⁴《特に空気や水を》; beflecken⁴《しみをつける》; beschmieren⁴《煤（ﾂ）や泥で》⇨けがす.

よこずき 横好き ‖ 下手の横好き ungeschickt, aber leidenschaftlich/彼のサッカーは下手の横好きだ Fußball spielt er zwar leidenschaftlich, aber leider ungeschickt.

よこすじ 横筋 Querstreifen m. -s, -/横筋のある quer gestreift.

よこせん 横線 eine waagerechte (horizontale) Linie, -n; Querstrich m. -[e]s, -e/横線をひく eine waagerechte Linie (einen Querstrich) ziehen*.

よこたえる 横たえる legen⁴; hin|legen⁴; nieder|legen⁴/身を横たえる ⁴sich hin|legen; ⁴sich nieder|legen.

よこたおし 横倒しになる seitwärts fallen* (um|kippen) ⓢ.

よこたわる 横たわる ❶ [動作] ⁴sich hin|legen; ⁴sich nieder|legen. ❷ [状態] liegen*/長々と横たわる ausgestreckt liegen*.

よこちょう 横町 Seitenstraße (Neben-) f. -n (od. -gasse f. -n); [進行方向に対して] Querstraße f. -n/二番目の横町を右に曲がる die zweite Querstraße nach rechts ein|biegen* ⓢ.

よこづけ 横付けに längsseits/横付けになっている längsseits [an der ³Brücke] liegen* [festgemacht sein]/横付けにする längsseits fest|machen⁴ (an|legen⁴) (an⁴).

よこ[っ]つら 横[っ]面 Backe f. -n, Wange f. -n/横[っ]面を張る jm eine Ohrfeige (Backpfeife) (Watsche) geben*; jn ohrfeigen.

よこ[っ]とび 横[っ]飛び Seitensprung m. -[e]s, ⸚e/横[っ]飛びする einen Seitensprung machen⁴; seitlings springen* ⓢ.

よこづな 横綱 ein japanischer Ringkampfmeister, -s, -/横綱格の meisterhaft.

よこっぱら 横っ腹 ⇨よこばら.

よこて 横手 seitwärts; seitlich; zur Seite; [傍らに] daneben; nebenan/…の横手に seitwärts²; an³; bei⁴; seiten³.

よごと 夜毎に ⁴Nacht für ⁴Nacht; jede ⁴Nacht; allnächtlich.

よこどなり 横隣に neben³,⁴/彼は私の横隣りにすわっていた[腰を下ろした] Er saß neben mir (Er setzte sich neben mich).

よこどり 横取りする jm weg|nehmen*⁴.

よこなが 横長の breiter als lang.

よこながし 横流しする auf den Schwarzmarkt bringen*⁴; maggeln⁴ ‖ 横流し品 Maggelware f. -n.

よこながれ 横流れ auf den ⁴Schwarzmarkt gelangen ⓢ.

よこなぐり 横殴りの雨 ein Regen, der von Seite her stiebt/横殴りに降る《雨が》Es regnet schräg und heftig.

よこなみ 横波 seitwärts aufprallende (auflaufende) Welle, -n (Woge, -n)/船は横波をくらった Die Woge traf das Schiff von der Seite.

よこね 横根《医》Bubo m. -s, -nen.

よこのり 横乗り Damensitz m. -es《自転車・馬などの》.

よこばい 横這いになる auf der ³Seite liegen*/[価格・生産などのカーブが] linear verlaufen ⓢ/横這いをする seitwärts kriechen* ⓢ; ⁴sich seitwärts fort|bewegen.

よこはば 横幅 Breite f. -n/横幅十メートル ²Meter breit/この布地の横幅はおよそ二メートルです Die Breite dieses Stoffes ist ungefähr zwei Meter.

よこばら 横腹 Seite f. -n; Flanke f. -n; Weiche f. -n/横腹が痛む Seitenstiche haben.

よこぶえ 横笛 Quer|flöte f. -n (-pfeife f. -n).

よこぶとり 横肥りの dick; untersetzt.

よこぶり 横降り‖ 雨が横降りに降る Der Regen fällt schräg.

よこぼう 横棒 Querstange f. -n ⇨よこぎ.

よこみち 横道にそれる [vom geraden Weg] ab|schweifen ⓢ.

よこむき 横向きになる ⁴sich seitwärts wenden*¹/横向きにする zur ⁴Seite wenden*(*)¹/横向きの写真 Profilaufnahme f. -n.

よこめ 横目 Seitenblick m. -[e]s, -e/横目で見る einen Seitenblick werfen*⁴ ⟪auf⁴⟫; schief an|sehen*⁴/…を横目で見ながら mit einem Seitenblick auf ⁴et.

よこもじ 横文字 europäische Schrift, -en/横文字は苦手だ Fremdsprachen sind meine Schwäche.

よこやり 横槍を入れる dazwischen|kommen* ⓢ; ⁴sich ein|mischen ⟪in⁴⟫; [話に] dazwischen|reden; darein|reden.

よこゆれ 横揺れ ⟪das⟫ Schlingern*, -/横揺れする schlingern.

よごれ 汚れ Schmutz m. -es; [しみ] Fleck m. -[e]s, -e/ Klecks m. -es, -e/汚れをとる einen Fleck entfernen ⟪von³⟫; [きれいにする] reinigen⁴; sauber machen⁴/ズボンの汚れをとる die Hosen reinigen/汚れっぽい leicht schmutzig werden.

よごれもの 汚れ物 [schmutzige (unsaubere)] Wäsche, -n/汚れ物を洗濯する schmutzige Wäsche waschen*.

よごれる 汚れる schmutzig werden/汚れて schmutzig; beschmutzt; verunreinigt; unsauber; befleckt [しみのついた]; 血に汚れた手 eine blutbefleckte (mit Blut befleckte) Hand, ⸚e/白いワイシャツは汚れやすい Weiße Oberhemden werden leicht schmutzig./彼の手は汚れている Er hat schmutzige Hände.《比喩的にも》.

よこれんぼ 横恋慕 Liebe (f.) zu einer fremden ¹Ehefrau (einem fremden Ehemann); Liebesverlangen (n. -s, -) zu einer verheirateten ³Frau (einem verheirateten Mann)/横恋慕する ⁴sich in eine Ehefrau (einen Ehemann) verlieben, eine verheiratete Frau (einen verheirateten Mann) lieben.

よざい 余財 überschüssiges Vermögen, -s, -; [貯金] zurück|gelegtes Geld, -[e]s, -er;

Spargeld n. -[e]s, -er.
よざい 余罪 noch andere Straftaten 〖pl〗/彼はなお余罪ある見込みだ Er ist noch anderer Straftaten verdächtig.
よさむ 夜寒 Nachtkälte f. -/冬の夜寒に in der kalten ³Winternacht.
よさん 予算 〔見積もり〕Voranschlag m. -[e]s, -e; 〔計画〕Budget n. -[e]s, -s; 〔政府の〕Etat m. -s, -s; Budget n. -s, -s/予算外の必ず通るBeratamtsmäßig/予算を超過する den Etat überschreiten*/予算を編成(審議)する den Haushaltsplan auf|stellen (beraten*)/予算を立てる einen Voranschlag machen; die Kosten (im Voraus) berechnen/予算が狂った Die Rechnung ging nicht auf.│ Man hat falsch kalkuliert. ‖ 予算案 Haushalt(s)plan m. -[e]s, "-e; Etat; Budget/予算委員会 Haushaltsausschuss m. -es, "-e/予算外支出 außeretatmäßige Ausgaben 〖pl〗/予算審議 Etatberatung f. -en/予算年度 Haushaltjahr n. -[e]s, -e/追加予算 Nachtragsetat; Zusatzbudget/通常(特別)予算 (außer)ordentlicher Haushaltsplan.
よし 葦〖植〗Schilf n. -[e]s, -e.
よし! Gut! | Schön!
よし ⇨たえ.
よし 由 ❶〔理由〕Grund m. -[e]s, "-e; 〔原因〕Ursache f. -, -n/…でなく ohne ⁴Grund (Ursache). ❷〔手段〕Mittel n. -s, -/知る由もない Es gibt kein Mittel, das herauszubekommen. ❸〔…の由〕man sagt, dass …; es heißt, dass …; wie ich höre, …/彼は重病の由 Er soll schwer krank sein./彼は明朝出発の由書きよこした Er hat mir geschrieben, dass er morgen früh abreist (abreise).
よじ 余事 das Übrige* (andere*), -n/余事にわたる (zur ⁴Sache) ab|schweifen 〖s〗/余事はさておき um zur ³Sache (zum eigentlichen Thema) zurückzukommen.
よじ 四次の 〖数〗biquadratisch ‖ 四次元 die vierte Dimension/四次方程式 biquadratische Gleichung, -en; Gleichung vierten ²Grades.
よしあし 善し悪し ⇨ぜんあく/…も善し悪しだ seine Vor- und Nachteile haben/結果の善し悪しは別として abgesehen davon, ob das Ergebnis gut oder schlecht ist.
よしきり 葦切〖鳥〗Schilfsänger m. -s, -.
よしず 葦簀 Schilfrohrjalousie f. -n.
よじつ 余日いくもない Es bleiben nur noch (mehr) wenige Tage.
よじのぼる よじ登る klettern 〖s〗 (auf⁴); er|klettern⁴/彼は猿のように屋根の上によじ登った Er ist wie ein Affe auf das Dach geklettert.
よしみ 誼み Freundschaft f. -en; freundschaftliche Beziehungen 〖pl〗/…と誼みを結ぶ mit jm Freundschaft schließen*/昔の誼みで aus alter Freundschaft; als alter Freund.
よしや ⇨たとえ.
よしゅう 予習 Vorbereitung f. -en; Vorübung f. -en/予習をする ⁴sich vor|bereiten (auf⁴; für⁴); vor|üben⁴; präparieren⁴/ドイツ語の予習をする ⁴sich auf eine Deutschstunde vor|bereiten; Deutsch präparieren.
よじょう 余剰 Überschuss m. -es, "-e; Überrest m. -[e]s, -e; Überbleibsel n. -s, -/余剰の überschüssig/余剰は一つなかった Es ist nichts übrig geblieben. ‖ 余剰労働力 überschüssige Arbeitskraft, "-e. ⇨じょうよ(剰余).
よしょく 余色 ⇨ほしょく(補色).
よじる ❶ verdrehen⁴; verbiegen*⁴. ❷ ⇨よじのぼる.
よじれる ⁴sich verdrehen; ⁴sich verbiegen.
よしん 予震 Vorbeben n. -s, -.
よしん 余震 Nachbeben n. -s, -.
よしん 予審 〔gerichtliche〕Voruntersuchung f. -en | 予審調書 Voruntersuchungsprotokoll n. -s, -e/予審判事 Untersuchungsrichter m. -s, -.
よじん 余燼 glimmendes Feuer, -s, -; glimmende Asche, -n, -/余燼はなお冷めやらなかった Das Feuer glimmte noch unter der Asche.
よじん 余人 ein anderer* 〔Mann, -[e]s, "-er〕; 〔女の場合〕eine andere* 〔Frau, -en〕; 〔複数の場合〕andere* 〔Leute〕/余人をもってかえがたい unersetzbar/それは余人ではできない Kein anderer könnte es machen.
よしんば ⇨たとえ.
よす 止す ⇨やめる.
よすが Mittel n. -s, -/…を偲ぶよすがに zum Andenken (zur Erinnerung) 〔an⁴〕.
よすてびと 世捨人 Einsiedler m. -s, -; Klausner m. -s, -; Eremit m. -en, -en/世捨人となる ⁴sich von der ³Welt zurück|ziehen*; ⁴Welt entsagen/世捨人の生活を送る ein zurückgezogenes Leben führen; zurückgezogen (einsam) leben.
よすみ 四隅 vier Ecken (Winkel) 〖pl〗.
よせ 寄席 Kabarett n. -s, -s (-e); Kleinkunstbühne f. -n; Brettl n. -s, -.
よせあつめ 寄せ集め Sammlung f. -en; 〔混合〕Mischung f. -en; Gemisch n. -es, -e; Gemengsel n. -s, -; Mischmasch m. -s, -, -e; Ragout n. -s, -s.
よせあつめる 寄せ集める sammeln⁴; zusammen|bringen*⁴ (-|tragen*⁴).
よせい 余勢 überschüssige Kraft, "-e/余勢で getragen von überschüssiger ³Kraft; in Schwung (Übereifer) der ²Tat.
よせい 余生 der Rest (-[e]s, -e) des Lebens; 〔晩年〕Lebensabend m. -s/彼は余生を田舎で過ごした Er verbrachte seine letzten Jahre auf dem Land.
よせがき 寄せ書き gemeinsames Schreiben, -s, -/寄せ書きをする gemeinsam (zusammen) schreiben*⁴.
よせぎ 寄木〔細工〕eingelegte Holzarbeit, -en.
よせざん 寄せ算 das Zusammenzählen*, -s; Addition f. -en/寄せ算をする zusammen|-

zählen^{4}; addieren^{4}.

よせつ 余切, 余接〖数〗Kotangens *m.* –, –《略: cot; cotg; ctg》.

よせつぎ 寄せ接ぎ〖園〗das Absäugeln*, –s; Ablaktation *f.* –en/寄せ接ぎする ab|säugeln; ablaktieren.

よせつける 寄せつける näher kommen lassen*^{4}/寄せつけない von ^{3}sich fern|halten*^{4}.

よせて 寄せ手 Angreifer *m.* –s, –.

よせる 寄せる ❶[近づく] näher kommen* [s]; heran|kommen* [s]; ^{4}sich nähern. ❷[近づける] näher bringen*^{4}; nähern^{4}/机を互いに(わきに)寄せる die Tische zusammen|rücken (beiseite rücken). ❸[加える] zusammen|zählen^{4}; addieren^{4}. ❹[集める] sammeln^{4}; versammeln^{4}; zusammen|bringen*^{4}/鼻に皺(しわ)を寄せる die Nase rümpfen/額に皺を寄せる die Stirn falten (runzeln). ❺[送る] senden$^{(*)4}$; schicken^{4}/書を寄せる *jm* einen Brief schicken; *jm* schreiben*. ❻[身を] bei *jm* wohnen. ❼[思いを] lieben^{4}; Zuneigung empfinden*《*zu*^{3}; *gegen*^{4}》.

よせん 予選 Vorwahl *f.* –en; [競技の] Vorkampf *m.* –[e]s, ⸚e; Vorrunde *f.* –n; Ausscheidungskampf *m.* –[e]s, ⸚e.

よそ 他所 ein anderer (fremder) Ort, –[e]s, –e/よその ander; fremd《見知らぬ》/よそで an einem anderen (fremden) Ort; andernorts; anderswo; auswärts《そとで》/よそへ an einen anderen (fremden) Ort; anderswohin; nach auswärts/よそから von einem anderen (fremden) Ort; anderswoher; von auswärts/よその人 der Fremde*, –n, –n/…をよそにする vernachlässigen^{4}; außer Acht lassen*^{4}/今日はよそで食事をします Wir essen heute auswärts./彼はきっとどこかよそにいるのだろう Er ist sicher irgendwo anders.

よそう 予想 [予期] Erwartung *f.* –en; das Erwarten*, –s; [予見] Voraussicht *f.*; [予言] Voraussage *f.* –n; [臆測] Vermutung *f.* –en; [見積もり] Schätzung *f.* –en; [希望] Hoffnung *f.* –en/予想通りに wie erwartet/予想外の unerwartet; unvorhergesehen/予想以上に(に反して) über (wider) ^{4}Erwarten/…を予期して in der ^{3}Erwartung (Voraussicht), dass …; in ^{3}Erwartung^{2}/僕の予想は外れた Meine Erwartungen (Hoffnungen) haben sich nicht erfüllt.¦Ich sehe mich in meinen Erwartungen getäuscht. —— 予想する[予期する] erwarten^{4}; [予見する] voraus|sehen*^{4}; [臆測する] vermuten^{4}; [見積もる] schätzen^{4}; [希望する] hoffen^{4}. ‖ 予想高 Voranschlag *m.* –[e]s, ⸚e.

よそう ❶ ⇨よそおう(装う)③. ❷[食物を] auf den Teller (in die Schale) tun*^{4}/自分でよそう ^{4}sich selbst bedienen.

よそおい 装い ❶[服装] Kleidung *f.* –en; Tracht *f.* –en; [飾り] Putz *m.* –es; Schmuck *m.* –[e]s/装いをこらして in vollem Putz. ❷[偽り] 装いの涙 vorgetäuschte Träne, –n. ⇨よそおう(装う)③.

よそおう 装う ❶ ⇨きる(着る)①. ❷ ⇨かざる(飾る). ❸[ふりをする] heucheln^{4}; vor|täuschen^{4}; simulieren^{4}/病気を装う ^{4}sich krank stellen; eine Krankheit vor|täuschen (simulieren)/平静を装う Gelassenheit heucheln/あれは装っているだけだ Er tut (stellt sich) nur so.

よそぎき よそ聞き ❶ ⇨うわさ. ❷ ⇨がいぶん(外聞).

よそく 予測する voraus|sehen*^{4}; rechnen《*mit*^{3}》/予測しがたい unvoraussehbar; unberechenbar/このことは予測していなかった Ich habe damit nicht gerechnet.¦Das habe ich nicht erwartet.

よそごと よそ事 eine fremde Sache, –n; eine fremde Angelegenheit, –en/まるでよそ事のように als ob es *jn* nichts anginge/あなた, これはよそ事ではありませんよ Das geht Sie an!

よそみ よそ見する woanders hin|sehen*; nicht Acht geben* (auf|passen)《*auf*^{4}》.

よそめ よそ目 fremde Augen《*pl*》; die Augen ^{2}anderer/よそ目にも auch für fremde ^{4}Augen; auch in den ^{3}Augen anderer/それはよそ目にも痛ましい光景だった Das war ein schmerzlicher Anblick.

よそゆき よそゆきの服 Sonntagsanzug *m.* –[e]s, ⸚e《男子の》; Sonntagskleid *n.* –[e]s, –er《女子の》/よそゆきの身なりをして festlich (vornehm) gekleidet/よそゆきの顔をする eine ernste (feierliche) Miene auf|setzen.

よそよそしい(く) kühl; distanziert; reserviert/よそよそしくする ^{4}sich kühl (reserviert) halten*; Distanz halten*; den Abstand wahren; *jm* die kalte Schulter zeigen.

よぞら 夜空 Nachthimmel *m.* –s, –.

よた 与太をとばす Quatsch (Unsinn) reden (erzählen).

よたか 夜鷹 ❶〖鳥〗Ziegenmelker *m.* –s, –. ❷[町の女] Strich¦mädchen (Straßen-) *n.* –s, –; Straßendirne *f.* –n.

よたく 余沢 bleibender Segen, –s, –.

よだつ ¶ 身の毛がよだつ Das Haar sträubt sich./身の毛のよだつような haarsträubend; entsetzlich; fürchterlich; schauerlich/身の毛のよだつ話 Schauer¦geschichte (Gräuel-) *f.* –n/身の毛をよだたせて mit sträubenden Haaren.

よたもの 与太者 Lümmel *m.* –s, –; Flegel *m.* –s, –; [乱暴者] Rowdy *m.* –s, –s; Rohling *m.* –s, –e; [未成年の] der Halbstarke*, –n, –n.

よたよた wack[e]lig; wackelnd; wankend; schwankend/よたよた歩き einschwankender Gang, –[e]s/よたよた歩く wackelnd (schwankend) gehen* [s]; watscheln [s]《鵞鳥などが》.

よだれ 涎 aus dem Mund fließender Speichel, –s; Geifer *m.* –s《この語はもっぱら憤怒・毒舌の象徴として用いられる》; 〖方〗Sabber *m.* –s/涎を垂らす Speichel [aus dem Mund] fließen lassen*; geifern; [欲しがる] ^{4}Heißhunger haben《*auf*^{4}》; begierig sein《*auf*^{4}》; neidisch sein《*auf*^{4}》/その事考えると涎が出てくる Wenn ich daran denke, läuft

mir das Wasser im Mund zusammen.
よだれかけ 涎掛け〔Sabber〕lätzchen (Geifer–) *n.* -s, -.
よだん 余談 ein anderes Gesprächsthema, -s, ..men (-ta); Abschweifung *f.* -en《話がわき道にそれること》/余談にわたる vom Thema (Gegenstand) ab|schweifen [s]/これは余談ですが nebenbei bemerkt; übrigens/余談はさておき um zur Sache (zu unserem Thema) zurückzukommen.
よだん 予断 ¶ 結果は予断を許さない Das Ergebnis ist noch nicht vorauszusehen. ⁞ Man muss das Ergebnis abwarten. ⇨**よそく**.
よち 余地〔Spiel〕raum *m.* -〔e〕s, ¨e/余地がない(十分にある) Es ist kein (genug) Raum da. /もはや考慮の余地はない Zur Überlegung bleibt kein Raum mehr./君の善意には疑いを入れる余地はない Es ist (besteht) kein Zweifel an deinem guten Willen./議論の余地はまだまだある Es bleibt noch viel zu diskutieren übrig.
よち 予知 das Vorherwissen* (Voraussehen*), -s/予知する im Voraus wissen*^{4}; vorher|wissen*^{4}; voraus|sehen*^{4}/地震を予知する ein Erdbeben voraus|sagen. ⇨**よほう**.
よちよち よちよち歩く trippeln [s].
よつ 四つに組む《難問などと》an|packen^4; in ^{4}Angriff nehmen*.
よつあし 四つ足(脚)の vierfüßig; vierbeinig /四つ足の動物 ein vierfüßiges Tier, -〔e〕s, -e; Vierfüß〔l〕er *m.* -s, -/四つ脚の机 ein vierbeiniger Tisch, -〔e〕s, -e.
よつおり 四つ折の zweimal gefalzt ‖ 四つ折判 Quart *n.* -〔e〕s, -e; Quartformat *n.* -〔e〕s, -e/四つ折判の書物 Quartband *m.* -〔e〕s, ¨e.
よつかど 四つ角 ❶ [四隅のかど] vier Ecken《*pl*》. ❷ [四つ辻]〔Straßen〕kreuzung *f.* -en;〔Straßen〕ecke *f.* -n《町角》; Kreuzweg *m.* -〔e〕s, -e《十字路》/四つ角を右に曲がる um die〔Straßen〕ecke nach rechts biegen* [s]/最初の四つ角を右に行きなさい Gehen Sie um die erste Ecke nach rechts!
よつぎ 世嗣 Erbe *m.* -n, -n; Nachfolger *m.* -s, -《後継者》.
よっきゃく 浴客 Badegast *m.* -〔e〕s, ¨e; Kurgast《湯治客》.
よっきゅう 欲求 Bedürfnis *n.* ..nisses, ..nisse; Verlangen *n.* -s; Begierde *f.* -n; [願望] Wunsch *m.* -〔e〕s, ¨e; [衝動] Trieb *m.* -〔e〕s, -e/生の欲求 das Verlangen nach dem Leben; Lebenswille *m.* -ns/欲求を満す ein Bedürfnis befriedigen (stillen) ‖ 欲求不満 unbefriedigtes Bedürfnis.
よつぎり 四つ切り Quart *n.* -s, -e ‖ 四つ切り判 Quartformat *n.* -〔e〕s, -e.
よつご 四つ子 Vierling *m.* -s, -e.
よつつじ 四つ辻 ⇨**よつかど**.
よつで 四つ手の vierhändig; vierarmig《燭台など》.
よって daher; darum; deshalb; deswegen; 〔und〕 so; also; folglich; infolgedessen/よって来るところ Ursache *f.* -n《原因》; Ursprung *m.* -〔e〕s, ¨e《起源》; Herkunft *f.* ¨e《由来》.
よって ❶[行為者] von^3; durch^4/警察によって逮捕される von der ^{3}Polizei verhaftet werden. ❷ [手段] durch^4; mit^3; mittels〔t〕^{2}/この薬によってなおす mit diesem Medikament heilen^4. ❸[原因] wegen$^{2(3)}$; von^3; durch^4; dank^3《...のお陰で》/ A 氏の御好意によって durch die Freundlichkeit von Herrn A/洪水によって durch die Überschwemmungen / 彼女は風邪によって来られない Sie kann wegen einer Erkältung nicht kommen. ❹ [準拠・順応] nach^3; gemäß^3; laut$^{2(3)}$; entsprechend^3 / あなたの御指示によって gemäß Ihren ^{3}Anordnungen/規定によって laut den ^{3}Bestimmungen/それは時と場合によって異なる Das ist verschieden je nachdem, wie der Fall liegt. ⁞ Es kommt auf die Umstände an.
ヨット Segelboot *n.* -〔e〕s, -e; Jacht *f.* -en; Jolle *f.* -n《小型の》/ヨットに乗る segeln [s] ‖ ヨット遊び das Segeln*, -s; Segel⁞sport (Jacht–) *m.* -〔e〕s/ヨット競技 Segelregatta *f.* ..tten.
よつば 四つ葉の vierblättrig/四つ葉のクローバー vierblättriger (vierteiliger) Klee, -s.
よつばい 四つ這いで auf allen vieren/四つ這いになる auf allen vieren kriechen* [s].
よっぱらい 酔払い der Betrunkene* (Besoffene*), -n, -n/酔払い運転をする unter dem Einfluss von ^{3}Alkohol fahren*.
よっぱらう 酔払う ^{4}sich betrinken*; ^{4}sich besaufen*/酔払った betrunken; besoffen; 〘俗〙blau/彼はぐてんぐてんに酔払っている Er ist sternhagelvoll betrunken. ⁞ Er ist ganz blau.
よつめ 四つ目の vieräugig ‖ 四つ目垣 Kreuz⁞zaum (Bambus–) *m.* -〔e〕s, ¨e.
よつゆ 夜露 Abendtau *m.* -〔e〕s; Tau der ^{2}Nacht.
よつわり 四つ割 Viertel *n.* -s, -《四分の一》; das Vierteln*, -s《四つ割すること》/四つ割にする vierteln^4; in vier ^{4}Stücke teilen^4.
よてい 予定 Vorherbestimmung *f.*; [計画] Plan *m.* -〔e〕s, ¨e; Programm *n.* -s, -e; [企画] Vorhaben *n.* -s, -; Absicht *f.* -en; [予想] Voraussicht *f.*; Erwartung *f.* -en/予定の vorherbestimmt; geplant; [計画通りの] planmäßig; programmmäßig; [予想された] vorher⁞gesehen (voraus–); erwartet/予定の通り wie vorher (im Voraus) bestimmt (festgelegt); wie geplant; planmäßig; programmäßig; [予想通り] wie vorhergesehen (erwartet)/予定を変更する das Programm〔ab|〕ändern/予定を立てる ^{3}sich einen Plan zurecht|legen; ein Programm auf|stellen/彼は明日ハンブルク着の予定だ Er wird voraussichtlich (aller Voraussicht nach) morgen in Hamburg ankommen./すべては予定通りに運んだ Es ging alles planmäßig vonstatten./彼は予定より早く来た Er kam früher als vorausgesehen (erwartet). / 今晩は何か御予定がおありですか Haben Sie heute Abend etwas vor?/それは予定に入れていなかった Damit haben wir nicht gerechnet. ⁞ Das war nicht vorge-

よ

よていちょうわ 予定調和 《Leibniz の》 prästabilierte Harmonie.

よとう 与党 Regierungspartei *f.* -en.

よどおし 夜通し die ganze ⁴Nacht (hindurch)/夜通し起きている die ganze Nacht auf|bleiben* ⓢ.

よとく 余得 überschüssiger Gewinn, -(e)s, -e/余得ある gewinnbringend (Gewinn bringend); lukrativ.

よとく 余徳 ❶ これも彼の善行の余徳だ Das verdankt man auch seinen guten Taten.

よどみ 淀み ❶ [停滞] Stockung *f.* -en; Stauung *f.* -en; Stillstand *m.* -(e)s; Stagnation *f.* -en; Reibung *f.* -en《摩擦》/淀みなく ohne ⁴Stockung (zu sprechen); reibungslos《摩擦なく》/淀みなくドイツ語を話す fließend Deutsch sprechen*. ❷ ⇨ちんでん. ‖ 淀み水 stehendes Gewässer, -s, -; Stauwasser *n.* -s.

よどむ 淀む [停滞する] stocken; ⁴sich stauen; still|stehen*; stagnieren/言い淀む stocken; stammeln; zögern《ためらう》/水が淀む Das Wasser steht.

よなか 夜中に in der Nacht; nachts/真夜中に mitten in der ³Nacht; um ⁴Mitternacht; mitternachts.

よなが 夜長 eine lange Nacht, ⸗e/秋の夜長に in den langen (endlosen) ⁴Herbstnächten.

よなべ 夜なべ Nachtarbeit *f.* -en/夜なべをする in der Nacht (bei Nacht) nachts) arbeiten.

よなよな 夜な夜な jede ⁴Nacht; allnächtlich.

よなれる 世慣れる die Welt kennen lernen/世慣れた welterfahren/世慣れた人 ein welterfahrener Mensch, -en; Menschenkenner *m.* -s, -/彼は世慣れていない) Er kennt das Leben (Er hat noch nichts von der Welt gesehen).

よにげ 夜逃げ nächtliche Flucht, -en; Flucht bei ³Nacht/夜逃げする bei ³Nacht fliehen* (durch|brennen* ⓢ).

よねつ 余熱 ❶ [あり余った熱] überschüssige Wärme. ❷ [熱の名残り] aufgespeicherte (anhaltende) Wärme; Wärme, die bleibt (sich hält).

よねん 余念 andere Gedanken (*pl*)/余念がない versunken sein (*in⁴*); ⁴sich vertiefen (*in⁴*); auf|gehen* ⓢ (*in³*)/[身を捧げる] ⁴sich widmen*; ⁴sich hin|geben**³/彼女は食事の支度に余念がない Sie beschäftigt sich eifrig damit, das Essen zuzubereiten.

よの 余の ander; 余のもの das andere*《Übrige》, -n; Rest *m.* -e. ⇨ほか(外, 他), よ(余).

よのなか 世の中 die Welt; [人生] Leben *n.* -s/世の中とはそうしたものだ So ist die Welt (das Leben)./僕は世の中がいやになった Ich habe keine Lust mehr, zu leben. ⇨せ(世).

よは 余波 Nachwirkung *f.* -en; Folge *f.* -n; Einfluss *m.* -es, ⸗e《影響》/…の余波を受ける beeinflusst werden (*von³*)/余波は現在にまで及んでいる Die Nachwirkungen sind bis jetzt spürbar.

よばい 夜這いをする nachts zu einer Frau schleichen* ⓢ.

よはく 余白 ein unausgefüllter Raum, -(e)s; Platz *m.* -es, ⸗e; Rand *m.* -(e)s《欄外》/余白に am Rand(e)/余白を残す ⁴Platz lassen*/余白を埋める den leeren Raum aus|füllen.

よばれる 呼ばれる ❶ ⇨よぶ(呼ぶ). ❷ [名付けられる] genannt werden; heißen*/カールと呼ばれる男 ein Mann namens Karl.

よばれる 招かれる ⇨しょうたい(招待)/お茶(晩飯)に招ばれる zum Tee (Abendessen) eingeladen werden/今晩彼女のところに招ばれている Heute Abend bin ich bei ihr eingeladen.

よばん 夜番 [事柄] Nachtwache *f.* -n; Nachtdienst *m.* -(e)s, -e《夜勤》; [人] Nachtwächter *m.* -s, -; Nachtportier *m.* -s, -s《ホテルなどの》/夜番をする Nachtwache halten*.

よび 予備 ❶ [取って置き] Reserve *f.* -n; Ersatz *m.* -es《補充》; Vorrat *m.* -(e)s, ⸗e《貯蔵》/この品物の予備はありますか Haben Sie davon noch mehr vorrätig? ❷ [準備] Vorbereitung *f.* -en ‖ 予備将校 Reserveoffizier *m.* -s, -e/予備会談 Vorkonferenz *f.* -en/予備金 Reservefonds *m.* -, -/予備軍 Reservetruppe *f.* -n/予備校 Vorbereitungsschule *f.* -n/予備交渉 Vorverhandlung *f.* -en/予備試験 Vorprüfung *f.* -en; Vorexamen *n.* -s, -《..mina》/予備選挙 Vorwahlen (*pl*)/予備タイヤ Reserverad (Ersatz⸗) *n.* -(e)s, ⸗er/予備段階 Vorstufe *f.* -n/予備タンク Reservetank *m.* -s, -s (-e)/予備知識 Vorkenntnisse (*pl*)/予備部品 Reserveteil (Ersatz⸗) *n.* -(e)s, -e/Vorrat *m.* -(e)s, ⸗e《貯蔵品》/予備兵 Reservist *m.* -en, -en.

よびあげる 呼び上げる auf|rufen*⁴; aus|rufen*⁴/名前を呼び上げる *jn* beim Namen auf|rufen*; *js* ⁴Namen aus|rufen*. ⇨よみあげる.

よびあつめる 呼び集める zusammen|rufen*⁴; herbei|rufen*⁴《呼び寄せる》; versammeln⁴《集合させる》.

よびいれる 呼び入れる herein|rufen*⁴; herein|locken⁴《おびき入れる》/彼を呼び入れてくれ Er soll herein kommen.

よびうり 呼び売りの商人 Ausrufer *m.* -s, -; Marktschreier *m.* -s, -; [行商人] Straßenhändler *m.* -s, -; ⸗Höker *m.* -s, -/道行く呼び売りの声 Rufe (*pl*) eines vorbeigehenden Straßenhändlers/呼び売りをする seine Waren an|preisen* (laut aus|rufen*).

よびおこす 呼び起こす auf|wecken⁴; erwecken⁴/一般の関心を呼び起こす allgemeines Interesse wecken⁴/記憶を呼び起こす in *jm* ⁴Erinnerungen erwecken/*jm* ins Gedächtnis rufen*⁴.

よびかえす 呼び返す ⇨よびもどす.

よびかける 呼び掛ける an|rufen*⁴; an|spre-

よびこ 呼子 Pfeife f. -n; Signalpfeifchen n. -s, -/呼子を鳴らす in eine Pfeife blasen*.

よびごえ 呼び声 [呼ぶ声] Ruf m. -[e]s, -e; Schrei m. -[e]s, -e. ❷ [評判・噂] Ruf; Gerücht n. -[e]s, -e; Leumund m. -[e]s; /次期総理大臣には彼より呼び声が高い Man spricht oft (viel) von ihm als dem nächsten Ministerpräsidenten.

よびこむ 呼び込む ⇨よびいれる.

よびすて 名前を呼び捨てにする jn einfach beim Namen nennen*.

よびだし 呼び出し ❶ ⇨さそい, かんゆう [勧誘]. ❷ [召喚] Aufforderung (f. -en) zum Erscheinen; 〖法〗 [Vor]ladung f. -en/呼び出しをかける auf|fordern⁴ zu erscheinen; (gerichtlich (polizeilich) vor|laden*⁴. ❸ [電信・電話の] [An]ruf m. -[e]s, -e. ❹ [相撲の] Ansager m. -s, -. ‖ 呼び出し期間 Ladungsfrist f./呼び出し状 schriftliche Aufforderung (Vorladung); Vorladungsschreiben n. -s, -/呼び出し信号 Rufsignal n. -s, -e/呼び出し番号 Rufnummer f. -n/呼び出し符号 Rufzeichen n. -s, -.

よびだす 呼び出す ❶ [外へ] heraus|rufen*⁴; heraus|locken⁴ (おびき出す)/彼を呼び出していただけますか Wollen Sie ihm sagen, dass er hierher kommen soll? ❷ [指定の場所へ] bestellen*⁴; auf|fordern⁴ zu erscheinen; zitieren⁴; vor|laden*⁴ [召喚する]/法廷(警察)へ呼び出す gerichtlich (polizeilich) vor|laden*⁴/ホテルに呼び出す ins Hotel bestellen*⁴. ❸ [土俵やリングに上に] auf|rufen*⁴. ❹ [電話口に] ans Telefon (an den Apparat) rufen*⁴. ❺ [霊や死人を] einen Geist (einen Toten) [herauf]beschwören.

よびたてる 呼び立てる ⇨よびよせる/どうもお呼び立ていたしましてすみません Es tut mir Leid, Sie hierher bemüht zu haben.

よびつける 呼びつける /ｕ ³sich kommen lassen*⁴ ⇨よびだす/学校に呼びつけられる zur Schule gerufen werden.

よびとめる 呼び止める an|halten*⁴ ⇨よびかける/タクシーを呼び止める ein ⁴Taxi an|halten* (herbei|winken)/警官に呼び止められる von einem Polizisten angehalten werden.

よびな 呼び名 Rufname m. -ns, -n/呼び名をウィリーという allgemein Willy genannt.

よびなれる 呼び慣れる /我々は彼女をそのように呼び慣れている Wir sind gewohnt, sie so zu nennen.

よびにくる 呼びに来る jn ab|holen [kommen* ⁵]/彼は3時に呼びに来る Er kommt mich um 3 Uhr abholen.

よびにやる 呼びにやる nach jm schicken; holen (rufen) lassen*⁴.

よびにゆく 呼びに行く jn abholen gehen* ⁵.

よびむかえる 呼び迎える kommen lassen*⁴ ⇨よびにやる.

よびもどす 呼び戻す zurück|rufen*⁴; ab|rufen*⁴ [召還する] /...の記憶を呼び戻す ³sich ins ⁴Gedächtnis zurück|rufen*⁴.

よびもの 呼び物 Hauptattraktion f. -en; Glanznummer f. -n ⟨サーカスなどの⟩.

よびょう 余病 eine neu hinzutretende Krankheit, -en; Komplikation f. -en/余病が出た Eine Komplikation ist eingetreten.

よびよせる 呼び寄せる [herbei]rufen*⁴; rufen (holen) lassen*⁴; kommen (bitten) lassen*⁴; jn zu ³sich bitten*⁴ ⟨丁重な表現⟩/電話で呼び寄せる telefonisch bestellen* (rufen lassen*⁴)/国から妻子を呼び寄せる seine Familie (seine Frau und seine Kinder) von der ¹Heimat kommen lassen*⁴.

よびりん 呼び鈴 Klingel f. -n; Glocke f. -n; Schelle f. -n/呼び鈴を鳴らす klingeln; schellen; an der ³Glocke (Schelle) ziehen*/呼び鈴を押す auf die Klingel drücken/玄関の呼び鈴が鳴った Es hat an der Tür geklingelt.

よぶ 呼ぶ ❶ [呼び寄せる・呼び求める] jn (nach jm) rufen*; holen*; bringen*⁴ [連れてくる] /[医者(タクシー)を呼ぶ einen Arzt (ein Taxi) rufen* (holen*) /助けを呼ぶ um ⁴Hilfe rufen*/お呼びですか Haben Sie mich gerufen (rufen lassen*⁴)? ⇨よびにやる. よびよせる. ❷ [名付ける] nennen*⁴⁴/裏切者と呼ぶ jn einen Verräter nennen*/⇨よばれる [呼ばれる]. ❸ ⇨よびおこす /人気を呼ぶ beliebt sein; große Popularität genießen*; ⁴sich ²Beliebtheit erfreuen.

よぶ 招ぶ ⇨しょうたい [招待] /客を招ぶ Gäste ein|laden*.

よふかし 夜更かしをする bis spät [in die Nacht] auf|bleiben* ⁵; [erst] spät ins (zu) ³Bett gehen* ⁵.

よふけ 夜更に spätnachts (in der ³Nacht); in später ³Nacht /こんな夜更に so spät in der Nacht.

よぶん 余分 [過剰] Übermaß n. -es; Zuviel n. -s; [剰余] Überschuss m. -es, -e; [残余] Rest m. -[e]s, -e /余分の überschüssig; Extra-/余分になる übrig bleiben* ⁵/その分だけ余分に金がかかります Das kostet extra. ⇨よけい.

よへい 余弊 das alte Übel, -s, -.

よほう 予報 Voraussage (Vorher-) f. -n; Prognose f. -n, —— 予報する voraus|sagen⁴; vorher|sagen⁴. ‖ 天気予報 Wettervorhersage f./pronóstico n./天気予報によると明日は雨だそうだ Nach der Wettervorhersage soll es morgen regnen.

よぼう 予防 Vorbeugung f. -en; Verhütung f. -en, Verhinderung f. -en; Schutz m. -es /予防の vorbeugend; verhütend; prophylaktisch; präventiv /病気を予防する einer ³Krankheit vor|beugen /事故を予防する ein Unglück verhüten (verhindern) /予防線を張る jm zuvor|kommen* ⁵. ‖ 予防医学 Präventivmedizin f./予防手段 Vorbeugungs[mittel (Verhütungs-; Schutz-) n. -s, -/予防接種 eine vorbeugende Impfung, -en; Schutzimpfung f. -en/予防戦争 Präventivkrieg m. -[e]s, -e/予防措置 Vorbeugungsmaßregel f. -n; Vorsichtsmaßnahme f. -n/予防注射 eine vor-

よぼう beugende Einspritzung, -en; Vorbeugungsinjektion (Schutz-) f. -en.

よぼう 与望を担う allgemeines Vertrauen genießen*/彼は人々の与望を担っている Man setzt große Hoffnungen auf ihn.

よほど ◊ かなり/その方がよほどよい Das ist viel (weit; bei weitem) besser./彼は四十歳をよほど越えている Er ist weit über 40 (Jahre alt)./彼はよほどの金持ちに違いない Er muss steinreich sein./よほど注意しなければいけませんよ Sie müssen sehr vorsichtig sein./彼女はよほど悩んだものと思う Ich glaube, sie hat sehr viel darunter gelitten./よほどすぐに家に帰ってしまおうかと思った Ich war nahe daran, sofort nach Hause zu gehen./Ich wäre fast (beinahe) gleich nach Hause gegangen.

よぼよぼ よぼよぼの altersschwach/よぼよぼのおやじ ein alter Trottel, -s, -/よぼよぼ歩く wackelnd gehen §.

よまわり 夜回り Nachtwächter m. -s, -.

よみ 読み das Lesen*, -s; [発音] Aussprache f. -n; [洞察] Einsicht f. -en/読みが深い einsichtsvoll.

よみあげる 読み上げる [声を出して] laut lesen*[4]; [読んで聞かせる] jm vorlesen*[4]; [列挙する] aufzählen*[4]; [読み終わる] zu ³Ende lesen*[4]; fertig lesen*[4].

よみあやまる 読み誤る falsch lesen*[4]; ⁴verlesen*[4].

よみあわせ 読み合わせ Kollation f. -en; Vergleich m. -[e]s, -e.

よみあわせる 読み合わせる kollationieren (mit³); [durch ⁴Lesen³] vergleichen*[4] (mit³).

よみうる 読み得る lesbar; leserlich.

よみおとす 読み落とす ⁴überlesen*[4]; beim Lesen nicht bemerken*[4]; übersehen*[4] (見落とす).

よみおわる 読み終わる zu ³Ende lesen*[4]; fertig lesen*[4]; ausl|esen*[4] (durch|-).

よみかえす 読み返す wieder (nochmals) lesen*[4]; [何度も] wiederholt (immer wieder) lesen*[4]/この本をもう一度読み返してごらんなさい Lesen Sie das Buch noch einmal (durch).

よみがえらせる 甦らせる wieder beleben*[4]; wieder lebendig machen*[4]; wieder ins Leben rufen*[4]; vom Tod[e] (von den ³Toten) erwecken*[4].

よみがえり 甦り das Wiederaufleben*, -s; Auferstehung f. -en; [再生] Wiedergeburt f. -en.

よみがえる 甦る ins Leben zurück|kommen* §; das Leben wieder|gewinnen*[4]; aus dem Tod[e] erwachen* §; auf|erstehen*/雨が降って草木が甦った Nach dem Regen waren die Gräser und die Bäume wie neu belebt./町には再び活気が甦った Neues Leben kam in die Stadt.

よみかき 読み書き das Lesen*, und Schreiben*, des - und -s -/読み書きを習う lesen und schreiben lernen/彼は読み書きすらできない Er kann nicht einmal lesen noch schreiben.

よみかた 読み方 die Art (-en) des Lesens; Lesart f. -en; [読むこと] das Lesen*, -s; [発音] Aussprache f. -n/それは読み方次第だ Es kommt darauf an, wie man liest.

よみきかせる 読み聞かせる jm vor|lesen*[4].

よみきる 読み切る ⇒よみおわる.

よみくだす 読み下す ⁴durch|lesen*[4]; zu ³Ende lesen*[4]/僕はその本を一気に読み下した Ich habe das ganze Buch in einem Zug gelesen.

よみこなす 読みこなす lesen* und verstehen*[4]/僕にはこの本は読みこなせない Das Buch ist mir zu schwer.

よみせ 夜店 Verkaufsstand (m. -[e]s, ⸚e) auf der abendlichen ³Straße.

よみち 夜道 der Weg (m. -[e]s, -e) durch die Nacht; Nachtweg m. -[e]s, -e/夜道の一人歩きは危険だ Es ist gefährlich, in der Nacht allein zu gehen (allein herumzulaufen).

よみちがえる 読み違える ⇒よみあやまる.

よみて 読み手 Leser m. -s, -; [語り手] Rezitator m. -s, -en; Erzähler m. -s, - 《物語の》.

よみで 読みで ¶この本は読みでがある Es lohnt sich, dieses Buch zu lesen. (読み甲斐がある); An diesem Buch kann man lange lesen. (部厚い本だ).

よみとる 読みとる jm ablesen*[4] (an|merken⁴)/私はそれを彼の目つきから読みとった Ich habe es ihm an den Augen angesehen.

よみなおす 読み直す ⇒よみかえす.

よみにくい 読みにくい schwer zu lesen; schwer lesbar (leserlich) (判読しにくい).

よみびと 読み人 Verfasser m. -s, -/読み人知らず Verfasser unbekannt/これは読み人知らずの歌である Ein Namenloser hat dieses Lied gedichtet.

よみふける 読み耽る ⁴sich vertiefen (versenken) (in⁴); たんどくす (耽読する).

よみもの 読み物 Lektüre f. -n/軽い (むずかしい) 読み物 eine leichte (schwierige) Lektüre/旅の読み物 Reiselektüre f. -n/何か読み物をお持ちですか Haben Sie etwas zu lesen bei sich?

よみやすい 読みやすい leicht zu lesen; [判読しやすい] leicht lesbar (leserlich)/この本は大変読みやすい Das Buch ist sehr leicht (zu lesen) (zu verstehen).

よむ 読む ❶ lesen*[4] (in³); [朗読する] vor|tragen*[4]; rezitieren[4]/読んで聞かせる jm vor|lesen*[4]/本を出して読む ein Buch laut lesen*[4]/急いで (ゆっくりと) 読む eilig (gierig) lesen*[4]/飛ばして斜めに読む querdurch lesen*[4]/行間を読む zwischen den ³Zeilen lesen*[4]/そのことは新聞で読みました Das habe ich in der Zeitung gelesen. ❷ [心中·顔色を] jm ab|lesen*[4] (an|merken⁴); jm (im⁴) Mienen (Augen) lesen*[4]/彼女は顔つきから彼の考えていることを読みとった Sie las ihm seine Gedanken am Gesicht ab. ❸ [詩を詠む] ein Gedicht machen (verfassen).

よめ [花嫁] Braut f. ⸚e; [妻] Frau f. -en; [息子の] Schwiegertochter f. ⸚; die junge Frau/嫁にもらう zur Frau nehmen*[4]/嫁にやる jm zur Frau geben*[4]/嫁をもらう (³sich)

よめ eine Frau nehmen*/嫁を捜す(世話する) ³他に(jm) eine Frau fürs Leben suchen/お嫁に行く ⁴sich verheiraten《mit jm》.

よめ 夜目にも明るい hell auch bei ³Nacht/夜目にもそれと見分ける auch in der Nachtdunkel deutlich zu sehen.

よめい 余命 ¶ 彼は余命いくばくもない Seine Tage sind gezählt. Er ist nahe am Tod《=》.

よめいり 嫁入り ⇨**けっこん**(結婚)/嫁入り前に vor dem Heiraten《嫁入り仕度(道具) Brautausstattung f. -en.

よめる 読める lesbar/読めない unlesbar/彼の字はほとんど読めない Seine Schrift ist kaum lesbar./この本はおもしろく読める Dieses Buch ist interessant zu lesen.; Das Buch liest sich gut.

よも 四方 ⇨**しほう**(四方).

よもぎ 蓬〔植〕Beifuß m. -es.

よもすがら 夜もすがら die ganze ⁴Nacht《hindurch》.

よもや よもやそんなことはあるまい Das ist doch nicht möglich.; Das wäre kaum möglich./君はよもや病気ではあるまいね Du bist doch nicht etwa krank?/よもやそんなとは思いも寄らなかった Das hätte ich nicht gedacht (gar nicht erwartet).

よもやま 四方山 verschieden; allerlei/四方山の話をする plaudern; ⁴sich über verschiedene Dinge unterhalten《=》.

よやく 予約 Vorbestellung f. -en; Reservierung f. -en《座席など》; Subskription f. -en《書物の》; Abonnement n. -s, -s《新聞・芝居の切符などの長期予約》. ― 予約する vorher bestellen⁴; vor|bestellen⁴; reservieren⁴; subskribieren⁴; abonnieren⁴. ‖ 予約金 Subskriptions|preis (Abonnements-) m. -es, -e; -e/予約者 Subskribent m. -en, -en; Abonnent m. -en, -en.

よゆう 余裕 ❶ Überfluss m. -es《過剰》; Überschuss m. -es《剰余》; [Spiel]raum m. -[e]s, "e《余地》/...に余裕がある Überfluss haben《=》; übrig haben/時間の余裕さえあれば wenn man nur genug Zeit hat[hätte]/私に三週間の余裕を与えて下さい Geben Sie mir einen Spielraum von drei Wochen!/自動車を買うだけの余裕はまだありません Einen Wagen kann ich mir noch nicht leisten. ❷ [気持の] innere Ruhe; Gelassenheit f./彼は気持の余裕を失わなかった Er ließ nicht aus der Ruhe bringen.; Er blieb ruhig.

よよ よよと泣き伏す ³in ⁴Tränen《Weinen》aus|brechen《=》《わっと泣き出す》; bitterlich weinen《悲しげに泣く》.

より 捻り Drehung f. -en; Verdrehung f. -en/...によりをかける Zusammendrehung f. -en/腕によりをかける ³sich viel ⁴Mühe geben《=》/よりを戻す zurück|drehen⁴; anders herum drehen⁴; [ほどく] auf|drehen⁴; [仲直りする] sich wieder versöhnen《mit³》.

より ¶ 依頼(命令)により auf js ³Bitte (Befehl)/御助力により mit Ihrer ³Hilfe/K氏の御親切により durch die Freundlichkeit von ³Herrn K/刑法第八十条により laut Paragraph 80《§80》des Strafgesetzbuches

/モーターの故障により wegen eines Motorschadens.

～より ❶〔から〕von³; ab³; aus³; 〔...以来〕seit³; 〔...以降〕ab³/七月一日より ab 1. Juli/子供の頃より von ³Kind auf; von ³Kindesbeinen an/東京よりの報道 die Nachricht aus Tokio/彼が出発してよりこの方 seit seiner ³Abreise. ❷ 〔比較級において〕als; denn/より美しい(大きい) schöner《größer》/彼は僕よりずっと若い Er ist viel jünger als ich./きょうはいつもより早く帰宅した Ich kam heute früher als sonst nach Hause./彼は芸術家というより人間として偉大だ Er ist als Mensch größer denn als Künstler. ❖ このように denn を als の重複を避けるために用いることが多い。❸ 〔以外〕als; außer/君より他には僕に友達はいないか Außer dir habe ich keinen Freund. : Du bist mein einziger Freund./それをするより他に残された道はなかった Es blieb mir nichts anderes übrig, als es zu tun. : Das war die einzige Möglichkeit./これより他には何もありません Ich habe sonst nichts.: Das ist alles.

よりあい 寄り合い Zusammen|kunft f. "e (-treffen n. -s, -); Versammlung f. -en/寄り合う zusammen|kommen*《-|treffen*》《=》《mit³》; ⁴sich versammeln.

よりあつまる 寄り集まる ⇨**よりあい**.

よりあわす 寄り合わす zusammen|drehen⁴; zwirnen⁴《糸を》.

よりいと 撚り糸 Zwirn m. -[e]s, -e; ein gezwirnter Faden, -s, "-.

よりかかり Lehne f. -n; Stütze f. -n《支え》.

よりかかる ⁴sich lehnen《an⁴; gegen⁴》; ⁴sich an|lehnen《an⁴》; [身を支える] ⁴sich stützen《auf⁴》/壁(支え)によりかかる ⁴sich an die Wand《gegen die Stütze》lehnen.

よりくず 撚りくず《Über]rest m. -[e]s, -e.

よりごのみ 選り好みする wählerisch《eigen》sein《in³》. ⇨**えりごのみ**.

よりすがる 寄り縋る ⁴sich an|klammern《an⁴》; ⁴sich fest|halten《an⁴》.

よりそう 寄り添う sich an jn schmiegen; dicht bei jm stehen*《sitzen*》.

よりだす 選り出す aus|er|wählen⁴; aus|lesen*⁴; aus|er|kiesen*⁴.

よりつく 寄り付く ³in die Nähe kommen*《=》; ⁴sich jm nähern/彼は近頃さっぱり寄り付かない[jetzt] kommt er gar nicht mehr./彼女には寄り付かない方がいい Halten Sie sich lieber fern von ihr!

よりどころ 寄り処〔An]halt m. -[e]s, -e; Stütze f. -n, [根拠] Grund m. -[e]s, "e. ⇨**てんきょ**(典拠).

よりどり 選り取り ⇨**せんたく**(選択)/選り取り自由です Sie haben die Wahl. : Wählen Sie nach Belieben! : Freie Wahl!

よりぬき 選り抜き Auswahl f. -en; Auslese f. -n; Elite f. -n/選り抜きの ausgewählt; auserwählt; auserlesen; auserkoren; exquisit.

よりぬく 選り抜く ⇨**よりだす**.

よりみち 寄り道 Umweg m. -[e]s, -e; Abstecher m. -s, -/寄り道する einen Umweg (Abstecher) machen/寄り道せずに di-

よりょく 余力が十分にある genug Kraft in ³Reserve haben; noch genug Kraft übrig haben/彼は余力を使い果していた Er war am Ende seiner Kräfte. Er hatte keine Kraft mehr.

よりより 寄り寄り ab und zu; dann und wann; von ³Zeit zu ³Zeit; gelegentlich.

よりわける 選り分ける sortieren⁴; klassifizieren⁴/⇨よりだす.

よる 夜 Nacht f. ⸗e; [晩] Abend m. -s, -e ❖ 季節による明暗や地域による多少の習慣の違いはあるが、だいたい夕方6時ごろから、10時、11時ごろまでを Abend と呼び、それ以後夜明けまでを Nacht である/夜の nächtlich; abendlich/夜に bei ³Nacht, in der ³Nacht; nachts; [晩に] am Abend; abends/夜遅く in später Nacht; spät in der Nacht; in den späten Abend; spätabends/夜遅くまで bis spät (in die Nacht)/昼も夜も ⁴Tag und ⁴Nacht; bei ³Tag und ³Nacht/今日 (昨日) の夜に heute (gestern) Nacht; heute (gestern) Abend ❖ ただし「昨夜」といっても零時以後のことであればかならず heute Nacht となる/夜の東京を Tokio bei Nacht/夜にならぬうちに bevor (ehe) es dunkel wird/夜になった Es wurde Nacht (Abend).

よる 選る ⇨えらぶ.

よる 撚る drehen⁴; [より合わす] zusammen|drehen⁴; zwirnen⁴/糸を縒る/縄を綯る ein Seil drehen.

よる 寄る ❶ [近寄る] ⁴sich nähern³; näher (in die Nähe) kommen*³ [s]; heran|kommen* [s] (an⁴)/わきに寄る beiseite treten* [s]; [場所を譲る] jm ³Platz machen/もっと寄れよ Komm (Tritt) näher heran! ❷ [立ち寄る] vorbei|kommen* [s] (bei³); besuchen⁴/一度ぜひお寄り下さい Kommen Sie einmal bei uns vorbei! ❸ [集まる] zusammen|kommen* [s]; ⁴sich versammeln/寄ると触ると jedes Mal; bei jeder ³Gelegenheit/彼らは寄ると触るとその事を話し合った Jedes Mal, wenn sie zusammenkamen, sprachen sie davon.

よる 因る ❶ [依存する] ab|hängen* (von³); abhängig sein (von³); an|kommen* [s] (auf⁴); ⁴sich richten (nach³)/場合によっては unter ³Umständen; eventuell; möglicherweise; allenfalls / それは君の考え方如何(いかん)による Es hängt von dir ab. Es kommt darauf an, wie du darüber denkst./それは時と場合によるよ Je nachdem. Es kommt darauf an. ❷ [基づく] beruhen (auf³); ⁴sich stützen (auf⁴)/⇨よれば、より.❸ [起因する] kommen* [s] (von³); stammen (von³); verursacht werden (von³); zuzuschreiben³ sein/彼の病気は酒の飲み過ぎによるものだ Seine Krankheit kommt vom Trinken./この失敗は彼の無知によるものだ Dieser Fehler ist seiner Unwissenheit zuzuschreiben. ❹ [頼る] greifen* (zu³); ergreifen*⁴; an|wenden(*)⁴; gebrauchen*⁴/武力に因る zu den Waffen greifen*; Gewalt an|wenden(*).

ヨルダン Jordanien n. -s/ヨルダンの jordanisch ‖ ヨルダン人 Jordanier m. -s, -.

よるべ 寄辺 Obdach n. -[e]s; Schutz m. -es; [知人] der Bekannte*, -n, -n; [友人] Freund m. -[e]s, -e; [親戚] der Verwandte*, -n, -n/寄辺のない obdach|los (heimat-); hilf-)/私は寄辺が全くない Ich bin auf mich allein angewiesen.

よれい 予鈴 das erste Klingelzeichen.

よれば nach³; laut²⁽³⁾; gemäß³; zufolge⁻³/天気予報によれば nach der ³Wettervorhersage/私の考えによれば nach meiner ³Meinung (Ansicht); meiner ³Meinung (Ansicht) nach; meines Erachtens / 彼の言うところによれば nach seiner ³Aussage; wie ich es von ihm erfahren habe.

よれよれ よれよれの zerknittert; zerknüllt; [すり切れた] schäbig; abgeschabt; [着古した] abgetragen/よれよれの服を着て in schäbiger ³Kleidung.

よれる 撚れる ⇨よじれる.

よろい 鎧 Harnisch m. -[e]s, -e; Panzer m. -s, -; (Ritter)rüstung f. -en/鎧兜(かぶと)に身を固める in voller ³Rüstung/鎧を着る(鎧を脱ぐ) den Harnisch (Panzer) an|legen (ab|legen)/鎧を着ている den Harnisch (Panzer) tragen*.

よろいど 鎧戸 Fensterladen m. -s, ⸗; [巻き上げ式の] Rollladen; Jalousie f. -n.

よろく 余禄 Vergütungen (pl); Bevorzugungen (pl)/彼は役職柄何かにつけ余禄がある Dank seiner Stellung stehen ihm jegliche Art von Bevorzugungen zu.

よろける ⇨よろめく.

よろこばしい 喜ばしい erfreulich/喜ばしい便り eine erfreuliche Nachricht, -en/それは大変喜ばしい Das freut mich sehr. Das ist sehr erfreulich.

よろこばす 喜ばす [er]freuen⁴; jm [eine] Freude bereiten³ [machen³].

よろこび 喜び ❶ Freude f. -n; Vergnügen n. -s, -; [大喜び] Entzücken n. -s; Begeisterung f. -en/喜びの余り vor ⁴Freude/大喜びする ⁴sich sehr freuen (über⁴)/喜びに顔を輝かせる vor Freude auf|strahlen/...して喜びに耐えない Es ist (macht) mir eine große Freude, ... ❷ [祝賀] Glückwunsch m. -[e]s, ⸗e; Gratulation f. -en/喜びを申し述べる jm ³Glückwünsche aus|sprechen (zu³); jn beglückwünschen (zu³); jm gratulieren (zu³)/謹んで新年のお喜びを申します Herzliche Glückwünsche zum Jahreswechsel (zum Neuen Jahr)!

よろこぶ 喜ぶ ⁴sich freuen (über⁴); froh (erfreut) sein (über⁴)/喜んで mit ³Freuden (Vergnügen); gern(e)/喜び勇んで mit großer Freude; mit Begeisterung; frischen ²Mutes/彼女に会ったらきっと喜ぶだろう Es wird ihn sicher freuen, ihn zu sehen./喜んで致します Ich tue es gern./彼女は外出するのを喜ばなかった Sie mochte nicht gern ausgehen.

よろしい ⇨よい/よろしい、それでは参りましょう Gut (Schön)! Dann gehen wir!/どうぞよろしく Es ist gut so./もうよろしい So ist es recht (richtig)./もうよろしい Schon genug (gut). Das genügt./私はどちらでもよろしいです Es ist mir ganz gleich (egal)./どうぞよろしいように Wie Sie wollen./もう行ってもよろしいですか Darf ich auch mitkommen?

よろしく お母様によろしく Grüßen Sie [mir] Ihre Mutter! Grüßen Sie Ihre Mutter recht schön von mir!／Viele Grüße an Ihre Mutter!／Richten Sie Ihrer Mutter meine Grüße aus!／父からくれぐれもよろしく言っていました Mein Vater lässt Sie herzlich grüßen. ❷ ⇨**てき**.

よろず ❶ [万] zehntausend. ❷ [あらゆること] alles; jedes／よろずのことに in allen ³Dingen; in jeder ³Sache／よろず代(²)までも in alle ⁴Ewigkeit; auf ewig; für immer／彼はよろず屋だ Er kann (weiß) alles.

よろめく schwanken; wanken; wackeln; taumeln; torkeln.

よろよろ よろよろと schwankend; wankend; wackelnd; taumelnd; torkelnd. ⇨**よろめく**.

よろん 世論 die öffentliche (allgemeine) Meinung, -en; Volksmeinung f. -en／世論に訴える an die Öffentlichkeit wenden(*); an das Volk appellieren／世論を調査する die öffentliche Meinung erforschen ‖ **世論調査** Meinungsforschung f. -en; Demopskopie f. -n; [アンケート] Umfrage f. -n. ⇨**せろん**(世論).

よわい 齢 Alter n. -s, -／彼は既に齢六十を越えていた Er war schon über 60 [Jahre alt].

よわい 弱い schwach; [虚弱な] schwächlich; gebrechlich; [病弱な] krank; kränklich; [脆い] zerbrechlich; brüchig; morsch; [長持ちしない] nicht haltbar; [酒・たばこに] leicht; mild; [気が] scheu; schüchtern; ängstlich; nachgiebig ⟨譲歩的⟩／彼は意志(胃)が弱い Er hat einen schwachen Willen (Magen)./彼女は身体が弱い Sie hat eine schwache Konstitution. / 僕は計算に弱い Rechnen ist meine Schwäche (meine schwache Seite). / 君の主張は論拠が弱い Deine Behauptung steht auf schwachen Füßen.

よわき 弱気 ❶ ⇨**よわごし**／弱気を出すな Lass dich nicht entmutigen! Kopf hoch! ❷ [株式] 相場は弱気だった Die Börse war schwach (flau).

よわごし 弱腰 eine schwache (nachgiebige) Haltung, -en／弱腰になる Lass nicht locker! Sei nicht nachgiebig!

よわさ 弱さ Schwäche f. -n／性格の弱さ die Schwäche des Charakters.

よわす 酔わす betrunken machen⁴; [陶酔させる] berauschen⁴; begeistern⁴; entzücken⁴; hin|reißen*⁴／聴衆は彼女に酔わされていた Die Zuhörer waren von seinen Worten hingerissen.

よわたり 世渡りする durch ⁴Leben gehen(*); durch die Welt gehen*; [粒々辛苦して] sich durchs Leben schlagen*／彼は世渡りが上手だ Er weiß zu leben.: Er weiß sich in die Welt zu schicken.

よわね 弱音を吐く [嘆く] klagen; jammern; [気を落とす] den Mut verlieren*; 彼は決して弱音を吐かない Er lässt nie den Kopf hängen.

よわまる 弱まる schwach (schwächer) werden; nach|lassen*／雨(抵抗)が弱まった Der Regen (Der Widerstand) ließ nach./速度が弱まる Die Geschwindigkeit vermindert sich.

よわみ 弱み Schwäche f. -n; die schwache Seite, -n; der schwache Punkt, -(e)s, -e; Blöße f. -n [隙]／弱みにつけ込む aus js ³Schwäche ⁴Vorteil ziehen*／弱みを見せる seine Schwäche zeigen*; ³sich eine Blöße geben*.

よわむし 弱虫 Schwächling m. -s, -e; Weichling m. -s, -e; Feigling m. -s, -e⟨卑怯者⟩; Angsthase m. -n, -n [臆病者の].

よわめる 弱める schwächen⁴／速力を弱める die Geschwindigkeit [ver]mindern (herab|setzen⁴).

よわよわしい 弱々しい schwach; schwächlich; gebrechlich; [力のない] kraftlos; [頼りない] hilflos; [かぼそい] dünn; zart／弱々しい子供 ein schwächliches Kind, -(e)s, -er／弱々しい声で mit schwacher (dünner) ³Stimme.

よわらせる 弱らせる ❶ [弱くする・疲らせる] schwächen⁴／健康を弱らせる die Gesundheit schwächen. ❷ [困らせる] jn in ⁴Verlegenheit (Notlage) bringen*.

よわりめ 弱り目に祟り目 ,Ein Unglück kommt selten allein.'

よわる 弱る ❶ [衰弱する] schwach (schwächer) werden; geschwächt werden／彼の力はすっかり弱っている Seine Kräfte sind erschöpft. ❷ [困惑する] verlegen werden; in ⁴Verlegenheit kommen* (geraten*) §／弱り果てている sehr (ganz) verlegen sein; in großer (arger) ³Verlegenheit sein; ³sich keinen Rat mehr wissen*.

よん 四 ⇨**し**(四)／**四発** vierfach／**四発の** ⟨飛行機など⟩ viermotorig／**四か国会議** Viererkonferenz f. -en／**四者会談** Vierergespräch n. -(e)s, -e／**四大国** vier Großmächte ⟨pl⟩.

よんどころない [不可避的] unvermeidlich; unumgänglich; [必然的な] notwendig／よんどころなく gezwungener|maßen (-weise); notgedrungen; ⁴Notwendigkeit, [いやいや] wider ⁴Willen; widerwillig／よんどころなかったので Es ließ sich nicht vermeiden. ／よんどころない事情で御招きをお断りせねばなりません Leider sind wir gezwungen, Ihre Einladung abzusagen.

よんりん 四輪 vierräd[e]rig ‖ **四輪駆動** Vierradantrieb m. -(e)s, -e.

ら

ラ《楽》a n. -, -; la.

-ら 等《名詞・代名詞の複数形を用いて表す》〔その他〕und andere [mehr]; und dergleichen [mehr]/子供等 Kinder (pl) Jungen(s) und Mädel(s) 《-s がつくのは俗語》/山田等 Yamada und andere/強盗、さぎ、すりその他そういった奴等 Einbrecher, Schwindler, Taschendieb und wie sie (dergleichen Leute) alle heißen.

ラード〔Schweine〕schmalz n. -es, -e.

ラーメン [中華そば] chinesische Nudel f. -n.

らい 雷 ⇨かみなり.

らい- 来- nächst; kommend/来月 der nächste Monat, -[e]s, -e/来週の今日 heute in acht Tagen.

-らい 来 seit[3] 《... her》/二三日来 seit einigen Tagen;《俗》seit paar Tagen/三年来東京にいます Ich bin (seit) drei Jahre[n] in Tokio. ❖ 動詞は現在形を用いる/五年来彼に会っていない Es sind fünf Jahre, dass ich ihn nicht gesehen habe./二十年来の大雪だ Das ist ein Schneefall, wie wir seit zwanzig Jahren (in diesen 20 Jahren) noch keinen erfahren haben.

らいい 来意 Besuchszweck m. -[e]s, -e/来意を尋ねる[告げる] fragen (melden), in welcher Angelegenheit man gekommen (man kommt).

らいう 雷雨 Gewitter n. -s, -; Gewitterregen (-schauer) m. -s, -/雷雨に襲われる von einem Gewitter überrascht werden/雷雨模様だ Ein Gewitter droht (zieht auf). ‖ Ein Gewitter zieht sich zusammen (steht am Himmel). / 雷雨がやって来る Ein Gewitter kommt. ‖ Ein Gewitter entlädt sich (geht nieder). 《ざあっと》/雷雨が過ぎ去る Das Gewitter zieht vorüber./雷雨をはらんだ gewitter|schwanger (-schwer); gewitterschwül/雷雨をはらんだ重苦しさ Gewitter|luft f. ⸚e (-schwüle f.).

らいうん 雷雲 Gewitterwolke f. -n.

らいえん 来援する zur Hilfe kommen*[3] [s]; Rettung bringen*[3]/来援を求める um Hilfe (Rettung; Verstärkung) bitten*[4].

ライオン Löwe m. -n, -n; Löwin f. ..nen 《め》.

ライカ Leica f. -s 《商品名》.

らいが 来駕を乞う jn bitten*, mich (uns) mit seinem Besuch zu beehren; Wir beehren uns, Sie zum Ball am Sonntag einzuladen《日曜の舞踏会に》.

らいかい 来会〔zu einer Versammlung〕 kommen*[s]《zu einer Veranstaltung》 besuchen; teil|nehmen*《an[3]》; anwesend sein《bei[3]》/会員は全部来会した Die Mitglieder sind in voller Zahl erschienen. ‖ 来会者 Teilnehmer m. -s, -; Besucher m. -s, -; Publikum n. -s《総称》/来会者が多数(少数)であった Teilnehmer waren sehr viel (nur wenig)《an Zahl》.

らいかん 来観する besuchen[4]; kommen* [s]《in[4]; zu[3]》; besichtigen[4]《工場・施設などを》‖ 来観者 Besucher m. -s, -; Gast m. -[e]s, ⸚e; Zuschauer m. -s, -《見物人》.

らいかん 雷管 Spreng|kapsel f. -n (-zünder m. -s, -); Zünd|hütchen (-käppchen) n. -s, -/雷管装置 Stoßaufgabevorrichtung f. -en.

らいきゃく 来客 Besucher m. -s, -; Besuch m. -[e]s, -e; Gast m. -[e]s, ⸚e/来客がある (einen) Besuch haben《現に》; (einen) Besuch (einen Gast) erwarten《これから》.

らいげき 雷撃する torpedieren*; mit (Luft-) torpedo[s] beschießen*[4] ‖ 雷撃機 Torpedoflugzeug n. -[e]s, -e.

らいげつ 来月 der nächste (kommende) Monat, -[e]s, -e/来月の今日 heute im nächsten Monat/遅くとも来月中には spätestens bis Ende nächsten Monats/来月にでもまた会いましょう Vielleicht im nächsten Monat treffen wir uns wieder.

らいこう 来航する zu See (mit dem Schiff) nach Japan kommen*[s]/ドイツ艦隊の来航 Japan-Besuch (m. -[e]s, -e) der deutschen Flotte.

らいさん 礼賛する an|beten[4]; bewundern[4] (bewundernd; verehrungsvoll) auf|sehen* (auf|schauen)《zu[3]》; lob|preisen[4]; verherrlichen[4]; vor|göttern[4].

らいしゅう 来週 die nächste (kommende) Woche/来週の(の) nächste Woche; in der nächsten Woche/来週の今日 heute in acht Tagen《at the Tage》/来週の月曜日に am nächsten Montag/再来週の今日 heute in (über) zwei Wochen.

らいしゅう 来襲 (der feindliche) Angriff, -[e]s, -e; Über|fall m. -[e]s, ⸚e《襲撃》; [迫りきっている場合は feindlich を付けて さす] Einfall m. -[e]s, ⸚e; Streifzug m. -[e]s, ⸚e; Invasion f. -en《侵入・入寇》; Bombenangriff m. -[e]s, -e《空襲》/敵の来襲に備えるための feindlichen Angriff Verteidigungsmaßregeln treffen*《ergreifen*; treffen*》.── 来襲する〔敵を主語にして〕an|greifen*[4]; bombardieren[4]《爆撃》; ein|fallen*[s]; über|fallen[4].

らいしん 来信 Brief m. -[e]s, -e; das Schreiben n.; Nachricht f. -en《以上 von...》; 《von》 ❖「来」は前置詞と動詞で表わす/来信がある Schreiben (pl) gehen (laufen) ein.《着く・届く》; einen Brief erhalten* (empfangen*)《受け取る》/もう長いこと彼から来信がない Er lässt schon lange nichts mehr

らいしん 来診を請う nach dem Arzt schicken; den Arzt holen (rufen*).

ライスカレー Indischer Curry *m.* (*n.*) -s; Curry mit Reis.

ライスペーパー Reispapier *n.* -s, -e.

らいせ 来世 Jenseits *n.* -; Leben 《*n.*》 nach dem Tod(e); das zukünftige Leben / 来世の存在を信じる an ein zukünftiges Leben glauben / 来世の冥福を祈る *jm* Segen im Jenseits wünschen.

ライセンス Lizenz *f.* -en ∥ ライセンス所有者 Lizenzträger *m.* -s, -/ライセンス版 Lizenzausgabe *f.* -n/ライセンス料 Lizenzgebühr *f.* -en.

ライター Feuerzeug *n.* -[e]s, -e.

らいだん 来談する *jm* vorsprechen*/明朝御来談を乞う Ich bitte Sie, morgen Vormittag bei mir vorzusprechen./本人直接来談のこと Persönlich erscheinen!/委細御来談の上 Näheres bei Ihrem Besuch bei mir./本件は御来談下されば立ち入ってお話しいたします Ich bin bereit, auf die Angelegenheit näher einzugehen, wenn Sie persönlich zu mir kommen.

らいちょう 雷鳥 Schneehuhn *n.* -[e]s, -̈er.

らいちょう 来聴する besuchen⁴; teilnehmen*《*an*³》; zu[hören³]; anwesend sein《*bei*³》; dabei sein ∥ 来聴者 Zuhörer *m.* -s, -; Teilnehmer *m.* -s, -; Besucher *m.* -s, - 〔総称〕 Zuhörerschaft *f.* -en; Publikum *n.* -s / 来聴者はすっかり引きずり込まれ感動した Die Zuhörer waren einfach mitgerissen (entzückt)./講演会には多数の来聴者があった Der Vortrag war sehr stark besucht.

らいでん 雷電 Donner und Blitz; Donnerschlag *m.* -[e]s, -̈e -[keil *m.* -[e]s, -e].

らいでん 来電 Telegramm *n.* -s, -e 《*von*³》; 〔外電〕Kabel *n.* -s 《*aus*³; *von*³》/ das Fernschreiben*, -s 〔テレタイプ〕/ ベルリン来電によれば nach einem Kabel aus Berlin; Ein Telegramm aus Berlin berichtet, dass .... ◆「来」は前置詞で表わす.

らいどう 雷同する blind(lings) folgen³ 〔h〕; blind glauben³; nach *js* Pfeife tanzen; *jm* nach dem Mund(e) reden ∥ 雷同者 blinde Anhänger (*pl*).

ライトきゅう ライト級 〔ボクシング〕Leichtgewicht *n.* -[e]s, -e ∥ ライト級選手 Leichtgewichtler *m.* -s, -/ライト級ボクシングの試合 Kampf 《*m.* -[e]s, -̈e》im Leichtgewicht.

ライトペン Leucht[stift *n.* -[e]s, -e(r) -stab *m.* -[e]s, -̈e].

らいにち 来日する Japan besuchen; in Japan an[kommen*〔s〕; nach Japan kommen* ∥ 目下来日中のD氏 Herr D, der jetzt zu Besuch in Japan ist (weilt)/彼の来日中 während seines Aufenthalt(e)s in Japan.

らいねん 来年 das nächste (kommende) Jahr *n.* -[e]s, -e/来年の今頃 nächstes Jahr um diese Zeit/来年の三月 März im nächsten Jahr.

らいはい 礼拝 ⇨**れいはい**(礼拝).

ライバル Gegner *m.* -s, -; Widerpart *m.* -[e]s, -e; Nebenbuhler *m.* -s, - 〔特に恋敵〕; Konkurrent *m.* -en, -en 〔競争相手〕; Mitbewerber *m.* -s, - 〔相手〕; Rivale *m.* -n, -n.

らいひん 来賓 Gast *m.* -[e]s, -̈e; Ehrengast *m.* -[e]s, -̈e 〔一般来賓者と区別するとき〕; Besucher *m.* -s, - ∥ 来賓室 Empfangszimmer *n.* -s, -/来賓席 Plätze 《*pl*》für Gäste; Nur für Gäste. 〔掲示〕/来賓名簿 Gästebuch *n.* -[e]s, -̈er.

ライフ ライフジャケット Rettungsweste *f.* -n; Schwimmweste *f.* -n/ライフスタイル Lebensstil *m.* -[e]s, -e/ライフワーク Lebenswerk *n.* -[e]s, -e/クオリティーオブライフ Lebensqualität *f.*

ライブ ライブで live ∥ ライブ放送 Livesendung *f.* -en/ライブコンサート Livekonzert *n.* -[e]s, -e.

ライブラリー Bibliothek *f.* -en.

ライフルじゅう ライフル銃 〔Repetier〕büchse *f.* -n.

らいほう 来訪 Besuch *m.* -[e]s, -e/来訪をうける einen Besuch empfangen* (an[nehmen]》〔訪問を断らないこと〕. ── 来訪する besuchen⁴; einen Besuch machen 《*bei*³》; *jm* einen Besuch ab[statten/来訪している auf 《³》/来訪者ある Besuch haben; einen Besucher erwarten 《einen Besuch warten).

ライむぎ ライ麦 Roggen *m.* -s, -.

らいめい 雷名を天下にとどろかす mit seinem Ruhm die Welt erfüllen; ungeheures Aufsehen (in der Welt) erregen 《*mit*³》.

らいめい 雷鳴 Donnergetöse *n.* -s, -; das Donnerrollen*, -s, -; Donnerhall *m.* -[e]s, -e ⇨**らいでん**雷電/雷鳴がとどろく Der Donner rollt (grollt)./雷鳴があった Es donnerte.

らいゆう 来遊 Besuch *m.* -[e]s, -e/来遊中のN氏 Herr N., der sich als Reisender hier aufhält (der reisenderweise hier weilt)/来遊する besuchen⁴; zu Besuch kommen* 《*nach*³》.

らいらく 磊落な unbefangen; freimütig; großmütig; nicht kleinlich; verwegen 〔大胆不敵〕/磊落な態度の人 ein Mann 《*m.* -[e]s, -̈er》von unbefangenem Auftreten.

ライラック 〔植〕[spanischer] Flieder *m.* -s, -; Lilack *m.* -s, -.

らいれき 来歴 〔履歴〕Lebenslauf *m.* -[e]s, -̈e; Laufbahn *f.* -en; Karriere *f.* -n; 〔事件などの経過〕Hergang *m.* -[e]s, -̈e; Verlauf *m.* -[e]s, -̈e; Entwicklung *f.* -en; Werdegang *m.* -[e]s, -̈e 〔起源・由来〕Herkunft *f.* -̈e; [Vor]geschichte *f.* -n/来歴をたずねる *js* Laufbahn (Vorgeschichte) durchackern (untersuchen) 〔人の〕; eine Angelegenheit zurück|verfolgen 〔事件の〕/彼の来歴は立派なものだ Er hat eine glänzende Laufbahn hinter sich.

ライン Linie *f.* -n.

ラインアップ Aufstellung 《*f.* -en》der

Mannschaft; Zusammensetzung《*f.* -en》〔der Mannschaft〕/ラインアップを発表する die Mannschaftsaufstellung an|sagen (an|kündigen; bekannt machen).

ラインがわ ライン川 der Rhein, -〔e〕s ❖ 定冠詞をつけて用いる.

ラウドスピーカー Lautsprecher *m.* -s, -.

ラウンジ Gesellschaftsraum *m.* -〔e〕s, ⸚e; 〔Hotel〕diele *f.* -n.

ラウンド Runde *f.* -n《ボクシング・ゴルフの》/一ラウンドは三分である Jede Runde zählt 3 Minuten.

ラオス Laos *n.* Laos'/ラオスの laotisch ‖ ラオス人 Laote *m.* -n, -n.

らく 楽 ❶ [安楽] Behaglichkeit *f.* -en; Bequemlichkeit *f.*; [苦痛の軽減] Erleichterung *f.* -en/楽になる〘人が主語〙⁴sich besser fühlen; 〘苦痛が主語〙 nach|lassen*; ⁴sich lindern/楽あれば苦あり ,Auf Gutes folgt Böses.' ¦ ,Man kann nicht immer auf Rosen gebettet bleiben.' ❷ [容易] Leichtigkeit *f.*; Mühelosigkeit *f.* ―― 楽な ❶ [心地よい] behaglich; bequem; angenehm; gemütlich《くつろいだ》/楽な暮らし das gute Leben, -s, -. ❷ [容易な] leicht; einfach/それは楽な仕事だ Das ist eine leichte Arbeit (kein Kunststück). ¦ Es ist mir ein Leichtes. ¦ Das macht nur leichte Mühe. ―― 楽に座る bequem sitzen*/楽に暮らす ein gutes Leben führen (haben); gut leben/暮らしが楽になる besser daran sein/気が楽になる Es fällt *jm* ein Stein vom Herzen. ¦ ⁴sich erleichtert fühlen/このことばを聞いて彼女は気が楽になった Diese Äußerung entlastete sie. /彼が相手なら楽だ Mit ihm kann man leichtes Spiel haben./どうぞお楽に Machen Sie sich's bitte bequem (wie zu Hause).

らくいん 烙印 Brandmal *n.* -〔e〕s, -e (⸚er); Stigma *n.* -s, -ta (..men)/烙印を押す brandmarken⁴; stigmatisieren⁴.

らくいん 落胤 das uneheliche Kind《-〔e〕s, -er》〔eines Adligen*〕.

らくいんきょ 楽隠居 Zurückgezogenheit《*f.* -en》mit reichlichem Altenteil; Ruhestand《*m.* -〔e〕s, ⸚e》mit einer hohen Pension; [人] Pensionär《*m.* -s, -e》mit einem hohen Ruhegehalt/楽隠居の身である zurückgezogen und behaglich leben; vom Altenteil sorgenfrei leben; gut pensioniert sein/楽隠居の身になる in den Genuss der Altersrente (des Altenteils) kommen* [s].

らくえん 楽園 Paradies *n.* -es, -e; Eden *n.* -s; Elysium *n.* -s《極楽》/地上の楽園 das Paradies der Erde/ここは怠け者の楽園だ Hier ist ein Paradies für Faulenzer.

らくがき 落書き Gekritzel *n.* -s, -; Kritzelei *f.* -en; Geschmier〔e〕 *n.* -〔e〕s; Schmiererei *f.* -en/落書きする hin|kritzeln⁴ (-|schmieren⁴)/落書きすべからず Nichts hinkritzeln hier!《掲示》.

らくご 落伍 das Zurückbleiben*, -s. ―― 落伍する zurück|bleiben* [s]《*in*³》; ab|fallen* [s]; zurück|fallen* [s]/半分も走らない中に彼は落伍した Schon auf halber Strecke fiel er ab./競争から落伍してはならぬ Wir dürfen hinter unserer Konkurrenz nicht zurückbleiben. ‖ 落伍者 Nachzügler *m.* -s, -; der Versprengte*, -n, -n《本隊から離れた離散兵》; [人生の] Versager *m.* -s, -; der Gestrandete*, -n, -n.

らくご 落語 die lustige 〔Kurz〕geschichte, -n ‖ 落語家 Beruferzähler《*m.* -s, -》der lustigen Kurzgeschichten; Conférencier *m.* -s, -s.

らくさ 落差〘工〙Gefälle *n.* -s, - ❖ relatives Gefälle (傾斜)と区別するときは absolutes Gefälle という; Höhenunterschied《*m.* -〔e〕s, -e》〔zweier Punkte〕;〘鉱〙〔die seigere〕 Sprunghöhe, -n《断層の落差》.

らくさつ 落札 Zuschlag *m.* -〔e〕s, ⸚e《競売の》. ―― 落札する ❶ Der Zuschlag erfolgt an *jn*. ❷ [物を主語にして] *jm* zugeschlagen werden; Der Auftrag wird *jm* vergeben (erteilt).《入札の場合》. ‖ 落札人 der Meistbietende*, -n, -n《競売》; der Mindestbietende*, -n, -n《入札》/落札値 Meistgebot *n.* -〔e〕s, -e; Mindestgebot *n.* -〔e〕s, -e.

らくじつ 落日 die untergehende Sonne, -n.

らくしゅ 落手 ❶ [失敗の手] Schnitzer *m.* -s, -. ❷ [受領] Empfang *m.* -〔e〕s, -e; Erhalt *m.* -〔e〕s. ―― 落手する empfangen*⁴; erhalten*⁴; 〘物が主語〙 an|kommen* [s]; ein|gehen* [s]; ein|laufen* [s]; ein|treffen* [s]/本月十日付の御書信確かに落手いたしました Ich bestätige den Empfang (Eingang) Ihres Schreibens vom 10. dieses Monats.

らくしゅ 落首 Spottgedicht *n.* -〔e〕s, -e; Schmähschrift《*f.* -en》〔von einem Unbekannten〕/落首する〔inkognito〕 ein Spottgedicht schreiben*《*gegen*⁴》.

らくしょう 楽勝 der leichte Sieg, -〔e〕s, -e/楽勝する ohne ⁴Mühe den Sieg davon|tragen*《*über*⁴》; leicht gewinnen*⁴《例: einen Kampf; eine Schlacht》.

らくじょう 落城 Fall《*m.* -〔e〕s, ⸚e》einer Festung; Übergabe《*f.*》einer Burg/落城する fallen* [s]; eine Festung über|geben*³/落城させる eine Festung zur Kapitulation zwingen*.

らくせい 落成 Vollendung *f.* -en; Fertigstellung *f.* -en. ―― 落成する vollendet (fertig gestellt) werden/新校舎は最近落成した Das neue Schulgebäude ist vor kurzem vollendet worden. ‖ 落成式 Einweihung *f.* -en/明日落成式がある Die Einweihung findet morgen statt.

らくせき 落籍する los|kaufen《*jn*》⇨みうけ.

らくせん 落選〔Wahl〕niederlage *f.* -n《選挙の》; Ausscheidung *f.* -en《コンクールなどの》; Ausmusterung *f.* -en《出品物の》. ―― 落選する eine Wahlniederlage erleiden*; zu *js* Nachteil aus|fallen* [s]〘Wahl *f.* (選挙)を主語にして〙; ausgeschieden (ausgemustert) werden; abgewiesen (nicht angenommen) werden《出品物が》; nicht bestehen*⁴《審査などで》/歌唱コンクールで落選した Sie ist beim Gesangwettbewerb ausgeschieden. ‖ 落選作品 das abgewiesene

らくだ 駱駝 Kamel n. -s, -e〈ひとこぶ〉; Dromedar n. -s, -e〈ひとこぶ〉; Trampeltier n. -s, -e〈ふたこぶ〉/こぶひとつ(ふたつ)の駱駝 das einhöckerige (zweihöckerige) Kamel/駱駝のこぶ(脂)〔Fett〕höcker m. -s, -.

らくだい 落第 Durchfall m. -[e]s, ⸚e; das Sitzenbleiben*, -s〔原級とめおる〕. ── 落第する durch|fallen* s (in³; bei³); nicht bestehen*⁴; sitzen bleiben*⁴; ausgemustert werden〔検査などではねられる〕/試験に落第する im Examen (bei der Prüfung) durch|fallen*/その品物は値打が悪いので落第だ Die Ware ist als minderwertig ausgemustert worden. ‖ 落第生 der Sitzengebliebene*, -s〔原級とめおる〕. Ungenügend〔無冠詞, 無変化で〕/落第点をとる eine ungenügende Zensur (Note) bekommen* (in³); mit Ungenügend bewertet werden/落第品〔商〕Ausschussware f. -n.

らくたん 落胆 Entmutigung f. -en; Enttäuschung f. -en〔失望〕; Verzagtheit f. ── 落胆する den Mut verlieren*; (sinken lassen*); verzagen (an³)/そう簡単に落胆してしまう男じゃない Er lässt sich nicht so ohne weiteres entmutigen./彼女はすっかり落胆している Sie ist ganz verzagt. ── 落胆させる entmutigen⁴; enttäuschen⁴.

らくちゃく 落着 Lösung f. -en; Regelung f. -en〔解決〕; Entscheidung f. -en〔決着〕; Abschluss (Beschluss) m. -es, die Ende n. -s, -n; Verständigung f. -en〔了解〕/落着をつける beend[ig]en⁴; erledigen⁴; beilegen⁴; schlichten⁴〔調停によって〕. ── 落着する gelöst (geregelt) werden; zu einer Entscheidung kommen* s; mit ³et zum Abschluss kommen* s/その件はうまく落着した Die Sache hat eine gute Lösung gefunden./Die Angelegenheit wurde glücklich geregelt./漸く落着した Endlich kam es zu einer Verständigung./紛争は調停により落着した Der Streit ist beigelegt worden.│Die Streitigkeiten sind friedlich geschlichtet worden.

らくちょう 落丁 das fehlende Blatt, -[e]s, ⸚er/六頁落丁がある Es fehlen 6 Seiten (im Buch).

らくてん 楽天的な optimistisch │ 楽天家 Optimist m. -en, -en/楽天主義 Optimismus m. -.

らくてんち 楽天地 Paradies n. -es, -e〔楽園〕;〔娯楽場〕Vergnügungsviertel n. -s, -〔娯楽街〕.

らくど 楽土 ⇨らくえん

らくのう 酪農〔業〕Molkerei f. -en; Milchwirtschaft f. -en ‖ 酪農場 Molkerei f. -en; Meierei f. -en/酪農製品 Milchprodukt n. -[e]s, -e.

らくば 落馬する vom Pferd fallen* (stürzen*) s.

らくばん 落盤〔Zu〕bruch m. -[e]s, ⸚e; das Zubruchgehen*, -s; Abbruch m. -[e]s, ⸚e〔高処ち〕; Einsturz m. -es, ⸚e/坑内に落盤があった Es hat sich ein Zubruch in der Grube ereignet. ── 落盤する zu Bruch gehen* s; ein|stürzen s; zusammen|brechen* s〔崩落〕.

ラグビー Rugby n. -; Rugby-Fußball m. -[e]s, ⸚e/ラグビーをする Rugby-(Fußball)spielen ‖ ラグビーチーム Rugbymannschaft f. -en.

らくめい 落命 Ableben n. -s/落命する den Tod finden*; ab|leben s; daran glauben müssen*; ins Gras beißen*; ums Leben kommen* s.

らくやき 楽焼 die handmodellierte Irdenware, -n.

らくよう 落葉 Laubfall m. -[e]s, ⸚e; die fallenden Blätter (pl 落ちる葉); die abgefallenen Blätter (pl 落ちた葉)/すっかり落葉したれんの木 die entlaubte Eller, -n. ── 落葉する〔葉 Blatt m. -[e]s, ⸚er "er が主語〕 fallen* s; ab|fallen* s;〔木 Baum m. -[e]s, ⸚e が主語〕⁴sich entblättern; ⁴sich entlauben. ‖ 落葉樹 Laub|baum m. -[e]s, ⸚e (-hölzer (pl))/落葉松 Lärche f. -n.

らくらい 落雷 Blitzschlag m. -[e]s, ⸚e/落雷する Der Blitz schlägt ein. (in³); vom Blitz getroffen werden〔場所が主語〕. ⇨かみなり.

らくらく 楽々と ohne weiteres〔無造作に〕; ohne jede Schwierigkeit〔難なく〕/楽々とすわる warm (und weich) sitzen*; in der Wolle sitzen*〔暮らしで〕⇨らく/楽々とやってのける mühelos tun*⁴ (schaffen*⁴)/これでやっと楽々とした Es fiel mir ein Stein vom Herzen.〔気持が〕/彼なら楽々とやってのける Das ist für ihn gar kein Kunststück (nur ein Kinderspiel).

ラグラン〔裁〕Raglan m. -s, -s.

らくるい 落涙する Tränen vergießen* (vor³); in Tränen aus|brechen* s〔にはらはら〕; in Tränen aufgelöst sein.

ラケット〔一般にテニス・卓球・バドミントンいずれも〕Schläger m. -s, -;〔特に区別するとき〕Tennisschläger m. -s, -; Racket m. -s, -s〔以上テニス〕; Tischtennisschläger m. -s, -;〔卓球〕; Schläger für das Federballspiel〔バドミントン〕.

〜らしい ❶〔らしく見える〕scheinen* (dass, zu 不定詞とともに); aus|sehen* (als ob と ともに); den Anschein haben; vor|kommen* s;〔たぶん〕anscheinend; scheinbar; vermutlich; wahrscheinlich; wohl/彼は病気らしい〔可能性が強い場合〕; Er ist scheinbar krank.〔可能性が弱い場合〕; Er ist anscheinend krank./雨になるらしい Es scheint zu regnen.│Es sieht nach (wie) Regen aus./事実はそうらしい Wahrscheinlich ist es doch der Fall./彼は気を悪くしているらしい Es scheint, dass er beleidigt ist./彼は僕を誤解したらしい Er scheint mich missverstanden zu haben./彼は嘘をつくらしい Er lügt wie gedruckt./教師らしく見える Er sieht wie ein Lehrer aus.〔教師か否かは不明〕; Dem Anschein nach ist er Lehrer.〔教師としか思えぬ〕/主人らしい人がそういった Ein

Mann, wahrscheinlich der Hausherr, hat es gesagt./君にはそうらしく思えるだけなんだよ Das kommt dir nur so vor. ❷ [相応] *jm* ähnlich sehen*/子供らしい kindlich; kindisch《子供っぽい・子供じみた》/男らしい mannhaft《雄々しい》; männlich《男性的な》/女らしい weiblich; weibisch《めめしい》/淑女らしい damenhaft/紳士らしい gentlemanlike《英語の借用》; anständig; vornehm/男らしく wie es ⁴sich einem Mann〔e〕 ziemt/女らしい女 eine holde Weiblichkeit, -en/彼女は女らしい所がちっともない Sie hat nichts Weibliches〔an sich〕./彼らしいやり方だ Das sieht ihm recht ähnlich./彼らしくないことをしたもんだ Das habe ich ihm gar nicht zugetraut./彼は少しばかり学者らしいところがある Er hat einen〔leichten〕Anflug von Gelehrsamkeit.

ラジウム〖化〗Radium *n.* -s《記号: Ra》/ラジウムを含む radiumhaltig ‖ ラジウムエマナチオン Radiumemanation *f.* -en/ラジウム線 Radiumstrahlen《*pl*》/ラジウム放射能 Radioaktivität *f.* -en/ラジウム療法 Radium¦behandlung *f.* -en (-heilverfahren *n.* -s, -).

ラジエーター Heizkörper *m.* -s, -; Kühler *m.* -s, -《自転車の》.

ラジオ Radio *n.* -s, -s;〔Rund〕funk *m.* -s; [器械] Radioapparat *m.* -〔e〕s, -e;〔Rund-〕funkgerät *n.* -〔e〕s, -e; Rundfunkempfänger *m.* -s, -《受信器》; Transistorradio *n.* -s, -s《トランジスタラジオ》/ラジオで放送する durch Rundfunk (Radio) übertragen*⁴《劇などを》; im Radio (Rundfunk) sprechen* (auf|treten* [s])《話す・出る》⇨**ほうそう**(放送)/ラジオをかける(きる) das Radio an|stellen *od.* an|drehen (ab|stellen *od.* ab|drehen)/ラジオを大きくする(小さくする) das Radio lauter (leiser) stellen/ラジオを聞く das Radio〔an|〕hören; dem Radio zu|hören/ラジオがかかっている Das Radio läuft./今日はラジオで何かよいものをやっていますか Was läuft (gibt es) heute Schönes im Radio?/今ラジオでは野球をやっています Die Baseballsendung ist jetzt im Gang〔e〕./それはラジオで聞いたことがある Das habe ich einmal im Radio gehört./ラジオのスポットアナウンス Radiodurchsage *f.* -n ‖ ラジオ解説者 Funkreporter *m.* -s, -; Kommentator *m.* -s, -en/ラジオ講座(演説) Radioklasse *f.* -n《*für*⁴》(Funkrede *f.* -n)/ラジオ新聞 Radiozeitung *f.* -en/ラジオゾンデ Radiosonde *f.* -n/ラジオ体操 Rundfunkgymnastik *f.*/ラジオ体操をする Rundfunkgymnastik üben/ラジオ聴取者 Rundfunkhörer *m.* -s, -; Hörerschaft *f.* -en《聴取者層》/ラジオ聴取料 Rundfunkgebühr *f.* -en/ラジオドラマ Hörspiel *n.* -〔e〕s, -e; Radiodrama *n.* -s, ..men/ラジオ番組 Rundfunk¦programm (Radio-) *n.* -s, -e/ラジオビーコン Funkbake *f.* -n/ラジオ放送 Rundfunk¦sendung (Radio-) *f.* -en; Rundfunk¦übertragung (Radio-) *f.* -en/ラジオ放送局 Radiostation *f.* -en; Rundfunksender *m.* -s, -.

らししょくぶつ 裸子植物 die Nacktsamigen*《*pl*》; Gymnospermen《*pl*》.

らしゃ 羅紗 Tuch *n.* -〔e〕s, -e (¨er); Woll¦stoff *m.* -〔e〕s, -e (-gewebe *n.* -s, -) ‖ 羅紗商 Tuchhändler *m.* -s, -.

らじょ 裸女 die nackte Frau, -en; Akt *m.* -〔e〕s, -e《モデルの》.

らじょう 螺状の spiral〔ig〕; schrauben¦förmig (spiral-).

らしん 羅針 Kompassnadel *f.* -n ‖ 羅針儀 Kompass *m.* -es, -e/羅針方位 Kompassstrich *m.* -〔e〕s, -e/羅針方位測定 Kompasspeilung *f.* -en/羅針方位盤 Kompassrose *f.* -n.

ラスク Zwieback *m.* -〔e〕s, ¨e.

ラスト ラストの letzt ‖ ラストシーン Schlussszene *f.* -n/ラストスパート Endspurt *m.* -〔e〕s/ラストスパートをかける den Endspurt machen; vor dem Ziel spurten/ラストチャンス die letzte Chance, -n.

ラズベリー Himbeere *f.* -n.

らせん 螺線 Schraube *f.* -n; Spirale *f.* -n《うずまき》/螺線形の schraubenförmig; spiralig ‖ 螺線階段 Wendeltreppe *f.* -n/螺線降下飛行 Gleitspiralflug *m.* -〔e〕s, ¨e.

らぞう 裸像 Nudität *f.* -en; die nackte Gestalt, -en.

らたい 裸体 der nackte Körper, -s, -; die nackte Gestalt, -en; [はだか] Nacktheit *f.* -en; Blöße *f.* -n; Nudität *f.* -en ⇨**はだか**/裸体の(で) nackt; bloß; unverhüllt;〖戯〗im Adamskostüm (Evaskostüm); wie Gott ihn erschaffen; im Naturzustand/裸体になる ⁴sich aus|kleiden; ⁴sich entblößen; ⁴sich entkleiden; ⁴sich frei machen; ⁴sich der ²Kleider entledigen/裸体のモデルで画く nach dem nackten Modell (nach dem Akt) zeichnen ‖ 裸体画 Akt *m.* -〔e〕s, -e; Nudität《像についても》/裸体主義 Nackt¦kultur (Freikörper-) *f.* -en; Nudismus *m.* -/裸体美 die nackte Schönheit, -en.

らち 埒が明く ⁴sich erledigen; erledigt werden (sein)/埒が明かない eine Schraube ohne ⁴Ende sein; ⁴sich in einem Circulus vitiosus bewegen; wie die (eine) Katze sein, die sich in den〔eigenen〕Schwanz beißt/埒を明ける erledigen⁴; ab|schließen*⁴/これで埒が明いた Die Sache erledigte sich hiermit. ¦ Damit ist (wurde) die Sache erledigt./埒もない dumm; töricht; albern; sinnlos/埒を越える(越えない) die Schranken übertreten* *od.* überschreiten* (⁴sich in Schranken halten*)/…の埒内(外)にある (nicht) im Rahmen〔einer Sache〕sein/本件はこの協定の埒内で論ぜらるべきものではない Diese Angelegenheit lässt sich im Rahmen dieses Abkommens nicht erörtern.

らち 拉致 Verschleppung *f.* -en/拉致する verschleppen⁴;〔gewaltsam〕ab|führen⁴; weg|führen⁴; entführen⁴《さらう》.

らっか 落下 Fall *m.* -〔e〕s, ¨e; das Fallen*, -s/落下する fallen* [s]; herab|fallen* (hinab|-; herunter|-; hinunter|-) [s]; zu Fall kommen* [s].

らっか 落花 das Abfallen*《-s》der Blüten; die abfallenden (abgefallenen) Blüten《*pl*

ラッカー Lack *m.* -[e]s, -e/ラッカーを塗る lackieren⁴.

らっかさん 落下傘 Fallschirm *m.* -[e]s, -e/落下傘で降下する mit Fallschirm ab|springen⁵ [s]/落下傘兵 Fallschirmjäger *m.* -s, -; Fallschirmspringer *m.* -s, -/[兵に限らず一般の場合にも用いる] 落下傘部隊 Fallschirm|truppe *f.* -n〔jägerdivision *f.* -en〕. 〔*f.* ˚e.〕

らっかせい 落花生 Erd|nuss (Kamerun?)

らっかん 落款 das Unterzeichnen* und Stempeln*, des- und -s; Unterschrift und Stempel, der- und -s/落款する unterzeichnen⁴ und [dazu] ab|stempeln⁴.

らっかん 楽観[主義, 論, 説] Optimismus *m.* -/楽観を許さない nicht so zuversichtlich sein; gar nicht so hoffnungsfreudig (hoffnungsvoll) sein; nicht so rosig sein. — 楽観的 optimistisch. — 楽観する optimistisch (zuversichtlich) sein; in rosigem Licht sehen*⁴; durch eine rosa Brille sehen*⁴/彼は物事を楽観しすぎる Er sieht alles von der günstigen Seite. Er erwartet stets nur einen guten Ausgang. Er ist ein unverwüstlicher Optimist.‖ 楽観論者 Optimist *m.* -en, -en.

らっきょう Schalotte *f.* -n; die kleine Zwiebel, -n.

らっこ〔動〕 Seeotter *m.* -n.

ラッシュアワー Haupt|verkehrszeit (Stoß-) *f.* -en〔ふつう *pl*〕.

らっする 拉する ⇨らち.

ラッセル ❶〔医〕 Rasselgeräusch *n.* -[e]s, -e; Rhonchus *m.* -, ..chi. ❷〔除雪車〕 Schneepflug *m.* -[e]s, ˚e.

らっぱ Trompete *f.* -n; Signalhorn *n.* -[e]s, ˚er〔号笛, 自動車のHupe *f.* -n〕; Blasinstrument *n.* -[e]s, -e〔広義〕/らっぱを吹く die Trompete blasen*; trompeten/らっぱばかり響く Die Trompeten schmettern./らっぱのひびき Trompetengeschmetter *n.* -s/らっぱの音 Trompetenstoß *m.* -es, ˚e〔合図の〕/起床(就寝)らっぱを吹く die Reveille (den Zapfenstreich) blasen*.〔…を〕らっぱ飲みをする [direkt] aus der Flasche trinken*⁴‖ らっぱ手 Trompeter *m.* -s, -.

らっぱかん らっぱ管〔解〕 Muttertrompete *f.* -n.

らっぱずいせん らっぱ水仙 Narzisse *f.* -n; Trompetenblume *f.* -n.

ラップタイム Rundenzeit *f.* -en; Durchgangszeit *f.* -en/第一周のラップタイムは五十二秒だった Die erste Runde wurde in 52 Sekunden gelaufen. Die ersten 400 Meter wurden in 52 Sekunden zurückgelegt.《四百メートルトラックの場合》.

らつわん 辣腕 das große Können*, -s; Leistungsfähigkeit *f.* -en〔商売上の〕; Klugheit *f.* -en/辣腕家は大きな能力を持っている über ein großes Können verfügen〔*in³*〕; sehr klug (geschickt, geschäftstüchtig) sein / 辣腕を振う klug um|gehen* [s] 〔*mit*〕; sein forsches (durchtriebenes) Wesen treiben*; sein Vermögen tüchtig ein|wirken〔*auf*⁴〕‖ 辣腕家 der sehr klug und [geschäfts]tüchtige Mann, -[e]s, ˚er (Leute); der außerordentlich fähige Mann.

ラテックス Latex *m.* -.

ラテン ラテン[語] das lateinisch/ラテン[語]化する latinisieren‖ ラテンアメリカ Lateinamerika *n.*/ラテン語 Latein *n.* -s, -; Lateinisch *n.*; das Lateinische*, -n; die lateinische Sprache, -n/ラテン語学者 Lateiner *m.* -s, -; Latinist *m.* -en, -en/ラテン文字 Lateinschrift *f.* -en; der lateinische Buchstabe, -ns, -n.

らでん 螺鈿 Perl|mutter *f.* -[mutt *n.* -[e]s, -].

ラトビア Lettland *n.* -[e]s/ラトビアの lettisch‖ ラトビア語 Lettisch *n.* -[e]s/ラトビア人 Lette *m.* -n, -n; Lettin *f.* ..tinnen〔女〕.

ラドン〔化〕 Radon *n.* -s〔記号: Rn〕.

らば 騾馬 Maul|tier *n.* -[e]s, -e〔-esel *m.* -s, -〕.

ラパゾール Profil|sohle (Gummi-) *f.* -n.

らふ 裸婦 Akt *m.* -[e]s, -e〔絵画の〕; die nackte Frau, -en〔裸の女〕.

ラブ Liebe *f.* -n‖ ラブフェア Liebschaft *f.* -en; Liebes|handel *m.* -s, - (-verhältnis *n.* ..nisses, ..nisse; -abenteuer *n.* -s, -; -affaire (-affäre) *f.* -n)/ラブシーン Liebes|szene *f.* -n/ラブレター Liebesbrief *m.* -[e]s, -e.

ラプソディー Rhapsodie *f.* -n.

ラベル Etikett *n.* -[e]s, -e; Zettel *m.* -s, -.

ラベンダー Lavendel *m.* -s, -‖ ラベンダー香水 Lavendelwasser *n.* -s.

ラボ〔Sprach〕labor *n.* -s, -s〔Sprach〕laboratorium *n.* -s, ..rien.

ラマ〔動〕 Lama *n.* -s.

ラマ 喇嘛〔僧〕 Lama *m.* -s/ダライラマ Dalai-Lama *m.* -s‖ ラマ教 Lamaismus *m.*/ラマ教徒 Lamaist *m.* -en, -en/ラマ寺院 Lamakloster *n.* -s, ˚.

ラム ラム酒 Rum *m.* -s, -s〔-e〕.

ラムネ Brause *f.* -n; Sprudel *m.* -s, -; Limonade *f.* -n.

ラルゴ〔楽〕 Largo *n.* -s (..ghi); largo〔ゆっくりと〕.

られつ 羅列する an|führen⁴〔*auf*-〕; auf|stellen⁴〔auf|zählen⁴〔*her*-〕.

ラン〔植〕 Lavandel *n.* -s, ˚er

らん 乱〔内乱〕 Bürgerkrieg *m.* -[e]s, -e; Aufruhr *m.* -[e]s; Aufstand *m.* -[e]s, ˚e; 〔反乱〕 Empörung *f.* -en; Revolte *f.* -n/乱を起こす einen Aufstand an|zetteln⁴/sich empören〔*gegen*⁴〕; zu den Waffen greifen*/乱が起こる in Aufruhr geraten* (kommen*) [s]/〔国・地方が主語〕 aus|brechen*/〔乱を〕乱をおさめる den Aufruhr (den Aufstand) unterdrücken (ersticken); eine Revolte nieder|werfen* (-|schlagen*).

らん 蘭 Orchidee *f.* -n.

らん 欄 Spalte *f.* -n‖ 欄外 ⇨らんがい/広告欄 Anzeigenteil *m.* -[e]s, -e/身の上相談欄〔俗〕 Seufzerspalte *f.* -n/文芸欄 Feuilleton *n.* -s, -s.

らんうん 乱雲 Nimbostratus *m.* -, -; zer-

らんおう 卵黄 Eigelb *n.* -(e)s; Dotter *m.* (*n.*) -s, -. ⇨きみ(黄身).

らんがい 欄外 (Papier)rand *m.* -(e)s, ¨er/ページの上下, のど, 小口の欄外 Kopfsteg (Fußsteg, Außensteg, Bundsteg) *m.* -(e)s, -e/欄外の書き込み Randbemerkung *f.* -en/欄外見出し Kolumnentitel *m.* -s, - (編・章などを記した).

らんかく 乱獲する rücksichtslos fangen*⁴.

らんがく 蘭学 Studium (*n.* -s, ...dien) der holländischen Sprache; Hollandkunde *f.* -n‖蘭学者 Holland|forscher *m.* -s, - (-kundler *m.* -s, -).

らんかん 欄干 Geländer *n.* -s, -; Fensterlehne *f.* -n (窓の); Brüstung *f.* -en (バルコニーの); Handlauf *m.* -(e)s, ¨e (手すり).

らんぎょう 乱行 Ausschweifung *f.* -en; Liederlichkeit *f.* ; die billige Vergnügung, -en《ふつう *pl*》; Prasserei *f.* -en.

らんきりゅう 乱気流 (Steig)bö (Aufwind-) *f.* /乱気流の bockig; böig.

ランキング Rang *m.* -(e)s, ¨e/ランキングを争う *jm* den Rang streitig machen*; *jm* den Rang streitig machen/ランキングがひとつ上（下）に einen Rang höher (unter) *jm* haben/ランキングが同じだ den gleichen Rang mit *jm* haben.

ランク ⇨ランキング.

らんくい 乱杭 der nicht gefluchtete Pfahlbau, -(e)s ‖乱杭歯 die unregelmäßige Zahnreihe, -n.

ランゲージラボ Sprachlabor *n.* -s, -s.

らんごく 乱国 der unruhige Staat, -(e)s, -en; das friedlose Land, ¨er.

らんさく 乱作 Vielschreiberei *f.* -en《小説などの》; Überproduktion *f.* -en — 乱作する allzu viel schreiben*⁴; viel zu viel malen (画) bzw. vielzuviele Filme drehen (映画).‖乱作家 Skribifax *m.* -(e)s, -e; Skritzler *m.* -s, -; Schmierer *m.* -s, -《特に画家》; der schreibfertige Produzent, -en, -en (映画). ⇨らんぞう.

らんざつ 乱雑 Durcheinander *n.* -s; Unordnung *f.* -en; Wirrwarr *m.* -s; Wust *m.* -(e)s, -e/ここは大変な乱雑さだ Hier herrscht eine fürchterliche Unordnung (ein wirres Durcheinander). — 乱雑な《に》unordentlich; ungeordnet; wirr; wüst; durcheinander《述語的にのみ》/乱雑にしておく wüst (durcheinander) liegen lassen*⁴; ungeordnet stehen lassen*. — 乱雑にする in Unordnung bringen*⁴/乱雑になる in Unordnung geraten* ⓢ; durcheinander gehen* ⓢ/乱雑である durcheinander liegen*; durcheinander (in Unordnung) sein.

らんし 乱視 Stabsichtigkeit *f.*; Astigmatismus *m.* -, ...men/乱視の stabsichtig; astigmatisch.

らんし 卵子《生》Ei *n.* -s, -er.

らんしゃ 乱射 (wilde) Schießerei, -en; Schuss 《*m.* -es, ¨e》ins Blaue/乱射する wild durcheinander schießen*⁴; ins Blaue hinein schießen*; blindlings feuern.

らんじゅく 爛熟 Übereife *f.*; Ausreifung *f.* -en/爛熟した überreif; ausgereift/爛熟期の文化《作品》die ausgereifte Kultur, -en (das ausgereifte Werk, -(e)s, -e). — 爛熟する überreif werden (sein); aus|reifen ⓢ.

らんしん 乱心 Wahnsinn *m.* -(e)s; Tobsucht *f.*; (die geistige) Umnachtung《精神錯乱》/乱心する in Wahnsinn (Tobsucht) (ver)fallen* ⓢ; von Wahnsinn befallen sein; in geistige Umnachtung fallen* (geraten*) ⓢ ‖乱心者 der Wahnsinnige* (Tobsüchtige); Geistesgestörte*, -n, -n.

らんすうひょう 乱数表 Zufallszahlentabelle *f.* -n.

らんせい 卵生 Oogamie *f.* -n; Ovi|parie *f.* /卵生の ov(oviv)ipar; Eier legend ‖卵生動物 die Eier legenden Tiere *pl.*

らんせい 乱世 die wildbewegten (chaotischen) Zeiten《*pl*》; das Zeitalter《-s, -》der politischen Unruhe.

らんせん 乱戦 Kampf《*m.* -(e)s, ¨e》in wüstem Durcheinander; die heftige Handgemenge, -n《白兵戦》; der hin und her wogende Kampf/乱戦になる zu einem wirren Kampf kommen* ⓢ; wirr durcheinander kämpfen.

らんそう 卵巣 Eierstock *m.* -(e)s, ¨e; Ovar *n.* -(e)s, -e; Ovarium *n.* -s, ...rien ‖卵巣切開 Ovariotomie *f.* -n/卵巣摘出 Ovariektomie *f.* -n/卵巣ホルモン Ovarialhormon *n.* -s, -e.

らんぞう 乱造 Überproduktion *f.* -en《つくりすぎ》; die planlose Fertigung (Erzeugung), -en/乱造する zu viel produzieren*; planlos fertigen⁴; leichthin bearbeiten⁴《粗製》; pfuschen.

らんだ 乱打する in schnellen Schlägen läuten《警鐘などを》; wild klopfen《*an*⁴; bitzen⁴》; Es regnet Schläge (Prügel)/鐘を乱打して大火を知らせる wild und heftig Feuer läuten.

ランタン ❶ Laterne *f.* -n; Lampion *m.* (*n.*) -s, -s. ❷《化》Lanthan *n.* -s《記号: La》.

ランチ ❶《昼食》Mittagessen *n.* -s, -; das zweite Frühstück, -(e)s, -e; Lunch *m.* -(e)s, -e; Gabelfrühstück *n.* -(e)s, -e/ランチを食べる zu Mittag essen*; frühstücken《特に外交用語として》; den Lunch nehmen*《ランチをとる》. ❷《はしけ》Motor|jacht *f.* -en; Barkasse *f.* -n; Pinasse *f.* -n《艦載艇》. ‖ランチタイム Mittagspause *f.* -n; Mahlzeit *f.* -en.

らんちきさわぎ 乱痴気騒ぎ Orgie *f.* -n; Saufgelage *n.* -s, -; der fidele Abend, -s, -e; 《男女間の》Szene *f.* -n/乱痴気騒ぎをする Orgien feiern; ein Saufgelage halten*; *jm* 《aus Eifersucht》eine Szene machen《痴話げんか》.

らんちょう 乱調 Missklang *m.* -(e)s, ¨e; 《楽》Disharmonie *f.* -n; Unregelmäßigkeit *f.* -en《相場の》; die starke Schwankung, -en《相場》; das Durcheinander, -s《混乱》/乱調になる⁴ sich verstimmen《調子が外れる》; unregelmäßig gehen* ⓢ; un-

ランデブー gleich schlagen*《脈搏が主語》; stark zu schwanken an|fangen*《相場》/この株相場は乱調だ Der Kurs dieser Papiere ist häufige Schwankungen unterworfen.

ランデブー Rendezvous *n*. -, -; Stelldichein *n*. -s, -/ランデブーをする ein Rendezvous mit *jm* haben.

らんとう 乱闘 ❶[殴り合い] wilde Balgerei, -en (Prügelei, -en; Rauferei, -en); wilde Tätlichkeit *f*. -en. ❷[乱戦] ⇨らんせん.

らんどく 乱読 [wahllose] Vielleserei, -en; Gelese *n*. -s/乱読する wahllos vieles lesen*; alles verschlingend lesen*.

ランドセル [Schul]ranzen *m*. -s, -; Tornister *m*. -s, -.《兵科の》.

ランナー Läufer *m*. -s, -; Renner *m*. -s, -.

らんにゅう 乱入 *sich* ⁴[hin]ein|drängen (*in*⁴); [hin]ein|dringen* [s] (*in*⁴); gewaltsam betreten*⁴; hinein|brechen* (*in*⁴)/乱入者 Eindringling *m*. -s, -e.

ランニング ❶[走ること] das Rennen (Laufen), -s. ❷[シャツ] das ärmellose Unterhemd, -[e]s, -er《下着》.

らんばい 乱売 zu Schleuderpreisen vertreiben*⁴; Dumping betreiben*⁴.

らんぱく 卵白 Eiweiß *n*. -es. ⇨しろみ.

らんばつ 乱伐 die rücksichtslose Abholzung, -en/乱伐する rücksichtslos ab|holzen⁴; ab|forsten⁴《例: einen Wald》; Bäume wahllos fällen.

らんばつ 乱発 die übermäßige Emission, -en / 乱発する überm äßig verschwenden《*an*⁴》; vergeuden⁴; vertun*⁴ 《*in*³; *mit*³》; verschleudern⁴.

らんはんしゃ 乱反射《理》die unregelmäßige Reflexion, -en.

らんぴ 乱費 Verschwendung *f*. -en; Vergeudung *f*. -en/乱費する verschwenden《*an*⁴》; vergeuden⁴; vertun*⁴《*in*³; *mit*³》; verschleudern⁴.

らんぴつ 乱筆 Kritzelei *f*. -en/乱筆お許し下さい Hoffentlich können Sie meine kritzige (schlechte) Schrift entziffern.

らんぶ 乱舞 wild umher|tanzen; wie verrückt tanzen/狂気乱舞する vor Freude außer *sich* geraten* und umher|hüpfen.

ランプ Lampe *f*. -n/ランプのかさ Lampenschirm *m*. -[e]s, -e/ランプのほや Lampenzylinder *m*. -s, -/ランプをつける (消す) die Lampe an|zünden (löschen*)/石油ランプ Öllampe/吊りランプ Hängelampe.

らんぼう 乱暴 Gewaltsamkeit *f*. -en; Gewalttat *f*. -en; Gewalttätigkeit *f*. -en《暴力》; Unfug *m*. -[e]s《あばれること》; Rohheit *f*. -en《粗暴》; Grobheit *f*. -en《洗練されていないこと》; Wildheit *f*. -en. — 乱暴な gewaltsam; gewalttätig; grob; roh; rücksichtslos《向こう見ず》; störrig《手に負えぬ》; zügellos; unfügsam《御しにくい》; wild/乱暴なことを言う Grobheiten sagen³; *sich* ganz unvernünftig äußern《筋の通らないことを *zu*³; *über*⁴》; wie ein Landsknecht fluchen《毒づく》/乱暴に扱う grob (unvorsichtig) behandeln⁴. — 乱暴する Gewalt an|tun*³; Unfug treiben*; *sich* wie ein Wilder gebärden; toben wie zehn nackte Wild (im Schnee)《暴れる》/乱暴者 Grobian *m*. -[e]s, -e; Rowdy *m*. -s, -s; Raufbold *m*. -[e]s, -e; der Wilde*, -n, -n《野蛮人》.

らんま 欄間 Oberfenster *n*. -s, -.

らんま 乱麻 Knäuel *m*. (*n*.) -s, -; Wirrwarr *m*. -s; Kuddelmuddel *n*. -s/乱麻の如し ein heilloser Wirrwarr sein*/快刀乱麻を断つ den gordischen Knoten zerhauen*.

らんまん 爛漫 [たる] in aller Pracht und Herrlichkeit; in voller (höchster) Blüte/爛漫たる桜花 Kirschbaum (*m*. -[e]s, *pl*. -bäume) in voller Blüte/爛漫と咲く in voller Blüte stehen*.

らんみゃく 乱脈な verwirrt; verworren; verheddert; [無計画な] planlos; unsystematisch; regelos/乱脈に陥る in [fürchterliche] Unordnung geraten* [s].

らんよう 乱用 Missbrauch *m*. -[e]s, =e/乱用する missbrauchen⁴; widerrechtlich verwenden*⁽⁴⁾/権利を乱用する ein Recht missbrauchen/職権乱用 Missbrauch der Amtsgewalt.

らんらん 爛々たる blitzend; glänzend《Auge *n*. -s, -n《目》とともに》.

らんりつ 乱立する ¶ 今度の選挙では候補者が乱立している Sehr viele Kandidaten bewerben *sich* [um einen Sitz] bei den bevorstehenden Wahlen.

り

り 利 ❶[利益] Vorteil *m*. -[e]s, -e; Vorzug *m*. -[e]s, =e; Gewinn *m*. -[e]s, -e; Nutzen *m*. -s, -; Ertrag *m*. -[e]s, =e; Profit *m*. -[e]s, -e/利がある gewinnbringend (Gewinn bringend); einbringlich; einträglich; nutzbringend (Nutz bringend); vorteilhaft; rentabel/利にさとい auf die Gewinnaussicht (auf eine Gewinnbeteiligung) erpicht sein*; berechnend [s]; wissen*, wo Barthel den Most holt/利にさとい人 der berechnende (geschäftstüchtige) Mensch, -en, -en/利を得る Gewinn ziehen*《*von*》; Nutzen ziehen*《*aus*³; *durch*⁴》; Vorteil ziehen*《*aus*³; *von*³》/利を得るのにきゅうきゅうとしている sehr gewinnsüchtig sein; auf eine Gewinnchance versessen sein/利を求める geldsüchtig (eigennützig) sein; ein sehr interessierter Mensch sein; auf seinen Vorteil bedacht sein/地の利を得る durch die geographische Lage begünstigt sein; geographisch günstig sein. ❷ [利子] Zins m. -es, -en, [利率] Zinsfuß m. -es, ¨e (-satz m. -es, ¨e)/その投資は五分の利を生む Die Geldanlage trägt 5% Zinsen./利を生む Zinsen abwerfen* (bringen*)/二分の利で貸す Geld auf Zins zum Satz von 2% ausleihen*[3]/五分利公債 Anleihe (f. -n) mit 5%. ❸ [勝利] Sieg m. -e, ¨e/戦い利あらず(あり) Das Kriegsglück hat ihm den Rücken gekehrt (ihn verlassen). (Das Kriegsglück war ihm hold (gnädig).)/時に利あらず Die Zeit war nicht gelegen.

り 理 [道理] Vernunft f.; Logik f.; [正当] Recht n. -[e]s, -e; [原理] Prinzip n. -s, -pien; Theorie f. -n/理が非でも wohl oder übel; gleichgültig wie/理にかなう(かなわない) vernunftmäßig; vernunftgemäß; Vernunftgründen zugänglich (vernunftwidrig; widersinnig)/理を非に曲げるを Schwarz Weiß (aus Weiß Schwarz) machen (wollen*)/五分の利を言わせる sich gerade sein lassen/《長いものにまかれる愈》/理を説く durch Vernunftgründe überzeugen; jm Vernunft ein|reden/彼の説にも一理ある Seine Meinung hat was für sich./彼がそう言うのも一理 Er hat guten Grund, es zu sagen.

リアウインドー Rückfenster n. -s, -.
リアエンジン Heckmotor m. -s, -en.
りあげ 利上げ Zinserhöhung f. -en/利上げする Zinsfuß m. erhöhen《例: von 2% auf 3%》.
リアリスト Realist m. -en, -en.
リアリズム Realismus m. -/リアリズムの realistisch.
リアルタイム 〖電算〗Echtzeit f.
リーグ Liga f. ..gen ‖ リーグ戦 Ligaspiel n. -[e]s, -e; Liga-Turnier n. -s, -e/大学リーグ戦 Universitätsligaspiel/六大学野球リーグ戦 Baseball-Ligaspiele zwischen sechs Universitäten. [m. -[e]s, ¨e.
リース リース《契約》 Pachtvertrag (Miet-)
リーダー ❶ [読本] Lesebuch n. -[e]s, ¨er. ❷ [指導者] Führer m. -s, -.
リード ❶ 〖楽〗Lied n. -[e]s, -er 《歌》. ❷ リードする [勝越し・導く] führen; die Führung nehmen* (haben)/日本の山田がリードしている Yamada, Japan, führt./僅かの差でリードする mit knapper Spanne führen; knapp vor jm stehen*/三点リードする 3 Punkten Vorsprung haben/一(二)艇身リードする mit einer Länge (mit zwei Längen) führen/五メートルリードされる 5 Meter zurückliegen*/一周リードする jn überrunden.
リール Garnrolle f. -n 《糸巻き》; Bandspule f. -n 《テープレコーダーの》; Filmrolle f. -n 《フィルムの》; Spinnrolle f. -n 《釣りざおの》.
りいん 吏員 der Beamte*, -n, -n.
りえき 利益 ❶ [利潤] Gewinn m. -[e]s, -e; Ertrag m. -[e]s, ¨e; Erträgnis n. -nisses, ..nisse; Marge f. -n 《マージン》; Rente f. -n 《財産・投資などから生じる》; Zinseinkommen n. -s, - (-erträge, -en)/pl 利子から生じる/の利益のある gewinnbringend (Gewinn bringend); gewinnreich; ertragreich; einträglich; rentabel; lohnend 《引合う》; wirtschaftlich 《経済的》/利益のない uneinträglich; gewinnlos/利益の少ない nur wenig Gewinn abwerfend; [4]sich kaum bezahlt machend/《十万円の利益を得る einen Gewinn (von hunderttausend Yen) erzielen (ein|streichen*)/利益の配分を受ける am Gewinn beteiligt sein; einen Gewinnanteil haben《von[3]》. ❷ [便益] Vorteil m. -[e]s, -e; Nutzen m. -s; Interesse n. -s, -n 《利害》/利益のある vorteilhaft; nutzbringend (Nutz bringend); günstig/利益のない nachteilig; ungünstig/利益に反する gegen js Interesse sein/…の利益のために zum Besten《von》; zugunsten[2]; zu js Vorteil; in js Interresse/利益を得る Nutzen ziehen*《aus[3]》; Vorteil ziehen* (haben)《aus[3]; von[3]》; einen Vorteil heraus|schlagen*《aus[3]》; jm zum Vorteil gereichen 《物が主語》/利益を与える für js Vorteil sorgen; 自分の利益を計る auf seinen Vorteil bedacht sein; einem sehr interessierten Mensch 《-en, -en》 sein. ‖ 利益配当 Dividende f. -n/利益配分 Gewinnverteilung f. -en (-beteiligung f. -en)/純利益金 Nettogewinn m. -[e]s, -e (-ertrag m. -[e]s, ¨e).

りえん 離縁 [夫婦の] Ehescheidung f. -en; [養子の] das Verstoßen*, -s/離縁する [4]sich scheiden lassen*《von[3]》; die Ehe auflösen; die Frau verstoßen 《妻を》; das Adoptivkind verstoßen 《養子を》‖ 離縁状 Scheidebrief m. -[e]s, -e.
りおち 利落ち dividendenlos (zinsen-) ‖ 利落ち債券 die dividendenlose (zinsenlose) Anleihe, -n.
りか 理科 [科学] Naturwissenschaft f. -en; [学部] naturwissenschaftliche Abteilung (Fakultät), -en ‖ 理科大学 die naturwissenschaftliche Hochschule, -n. ⇨ りがく.
りかい 理解 das Verstehen* (Begreifen*), -s; Verständnis n. -ses, ..nisse; Einsicht f. -en; [大っ腹] Großzügigkeit f.; Weitherzigkeit f./理解が早い(遅い) schnell (langsam) von Begriff sein; eine schnelle (langsame) Auffassungsgabe haben/一を聞いて十を知る ein feines (schlechtes) Ohr haben《für[4]》;〖俗〗eine kurze (lange) Leitung haben; klarsichtig (begriffsstutzig) sein/理解を示す jm Verständnis entgegen|bringen*/お互いの理解を深める [4]sich besser verständigen《von[3]; über[4]》; [4]sich besser kennen lernen/両国間の理解を深める beiden Staaten erzielen/理解のある der verständnisvolle Mensch, -en, -en/理解のある妻 die großzügige Frau, -en. ― 理解する verstehen*[4]; begreifen*[4]; [er]kennen*[4]; ein|sehen*[4]/音楽を理解する Verständnis für Musik haben; musikalisch sein/理解しうる verständlich; begreiflich; verständlich fassbar(leicht)/理解しやすい(にくい) leicht (schwer) zu verstehen; leicht (schwer) verständlich/誰にも理解できる ge-

りがい meinfasslich; gemeinverständlich;《俗》narrensicher. ¶ 彼は理解のおそい男だ Bei ihm fällt der Groschen pfennigweise. ‖ 理解力 Verstand m. -[e]s; Verständnis; Verstandeskraft f. ‖ (Auf)fassungsgabe f.; Fassungskraft f. ‖ 理解力 Begriffsvermögen n. -s, -.

りがい 利害 Belang m. -[e]s, -e; Interesse n. -s, -e;［利害得失］Vor- und Nachteile (pl);das Für und Wider, des - und -s/利害に関係のある an js Interesse stehen*（liegen*）; von［großem］Belang［Interesse］sein （für⁴）/利害関係のある Interesse haben （an³）/利害を共にする gemeinsame Interessen haben （mit³; an³）/双方の利害に関するin einem beiderseitigen Interesse gelegen sein/我々の利害は衝突しない Unsere Interessen laufen parallel./利害の衝突 Zusammenstoß m. -es, ..stöße der Interessen/各国の利害 die Interessen verschiedener Länder ‖ 利害関係者 Interessent m. -en, -en.

りかがく 理化学 Physik und Chemie, der - und - f.; 理化学研究所［Forschungs］institut (n. -[e]s, -e) für Physik und Chemie.

りがく 理学 Naturwissenschaft f. -en (［自然科学］Physik f.《物理学》)/理学の naturwissenschaftlich; physikalisch ‖ 理学界 die naturwissenschaftliche Welt, -en ‖ 理学博士 Doktor (m. -s, -en) der Naturwissenschaften (略: Dr. phil. nat.)/理学者 Naturwissenschaftler m. -s, -; Physiker m. -s, -/理学部 die naturwissenschaftliche Fakultät, -en.

りかん 離間 Entfremdung f. -en; Zwist m. -[e]s, -e; Spaltung f. -en/離間する entfremden⁴ (jm); Zwist säen; böses Blut verursachen (unter³)‖ 離間策 Entfremdungsmaßnahme f.

りき 力 ⇨ちから/十人力である so stark wie 10 Männer zusammen (wie ein Pferd).

りき 利器 ❶［刃物］Messerwaren (pl); Schneidewerkzeug n. -[e]s, -e; Waffe f. -n《武器》. ❷［便利なもの］Bequemlichkeit f.; die neuzeitliche, bequeme Einrichtung, -en / 文明の利器 die neuzeitlichen Bequemlichkeiten.

りきがく 力学 Dynamik f.;［動力学］Kinetik f.; die kinetische Dynamik;［静力学］Statik f. /力学上の naturwissenschaftl.; statisch.

りきさく 力作 Glanzstück (Kraft-) n. -[e]s, -e.

りきし 力士 Ring[kämpfer] m. -s, -; Kraftmensch m. -en, -en.

りきせつ 力説 nachdrücklich (mit ³Nachdruck) betonen⁴ (bemerken⁴); hervor|heben*⁴; unterstreichen*⁴; mit Wärme erörtern⁴.

りきせん 力戦 der unentwegte (harte, tapfere; unerbittliche) Kampf, -[e]s, ..kämpfe /力戦する hart; tapfer; unerbittlich kämpfen.

りきそう 力走 aus Leibeskräften (mit allen Kräften) rennen*; über Hals und Kopf laufen* (s).

りきそう 力漕する kräftig (mit allen (vollen) Kräften) rudern.

りきむ 力む ❶ seine Kräfte sammeln; alle Kräfte an|spannen; ²sich an|strengen /力んで mit ganzer Kraft; angestrengt. ❷［いばる］²sich breit machen (mit³). ❸ eine Air (ein Ansehen) geben* / 力みかえる eine kecke Miene auf|setzen.

りきゅう 離宮 Lustschloss n. -es, ..sser; Sommerpalast m. -[e]s, -e.

リキュール Likör m. -s, -e.

りきょう 離京する die Hauptstadt (Tokio) verlassen*; von der Hauptstadt (Tokio) weg|reisen (s).

りきりょう 力量［体力］Körper|stärke f. -n (-kraft f. -e);［手腕］Fähigkeit f. -en; Begabung f. -en; Talent n. -[e]s, -e; das Können*, -s /力量のある fähig; befähigt; talentiert.

りく 陸 Land n. -[e]s, -e (-er (-e); das feste Land /陸では nur zu Lande und zu Wasser/陸の方へ landein[wärts]; landwärts; ins Land hinein/陸に上がる an Land gehen* (⁴spazieren) (s)/陸を離れる landen⁴ ⇨ 上陸/陸に生じる(住む) auf dem Lande wachsen (s) (wohnen)/陸を離れる ⁴sich vom Land (los)machen/陸を認める das Land sehen* (sichten; zu Gesicht bekommen*)/陸を行く über ⁴Land (zu ³Lande) reisen (s).

りくあげ 陸揚げ［Aus]ladung f. -en; Landung f. -en;(od. das Löschen*, -s. — 陸揚げする landen⁴; aus|schiffen⁴; löschen⁴. ‖ 陸揚港 Landungs|hafen (Auslade-; Lösch-) m. -s, -/陸揚げ場 Landungs|platz (Auslade-; Lösch-) m. -es, -e (od. -ort m. -[e]s, -e)/陸揚げ費 Landungs|gebühren (Auslade-; Lösch-) (pl).

りぐい 利食い《株》Gewinn|sicherung f. -en ‖ 利食い売り Realisierungsverkauf m. -[e]s, -e /利食いする mit Gewinn verkaufen; Gewinne mit|nehmen*.

りくうん 陸運 Landtransport m. -[e]s, -e ‖ 陸運局 Landtransportamt n. -[e]s, -er.

りくかいくう 陸海空の Land-, Luft- und See- ‖ 陸海空軍 Land-, Luft- und Seetruppen［-einheiten］(pl).

りくかいぐん 陸海軍 Armee und Marine; Heer und Flotte ‖ 陸海軍人 Land und Seesoldat m. -en, -en.

りくぐん 陸軍 Armee f. -n; [Land]heer n. -[e]s, -e; Landmacht f. -e ‖ 陸軍のArmee-; Heer[es]-;／陸軍に勤めるている) bei der Armee (im Heer) dienen ‖ 陸軍元帥 Landmarschall m.《Seemacht に対し》/陸軍士官［Armee]offizier m. -s, -e /陸軍士官学校 Kriegsschule f. -n/陸軍省 Kriegsministerium n. -s, ..rien /《アメリカの》陸軍生徒 Kadett m. -en, -en/陸軍大学校 Kriegs|akademie (Militär-) f. -n /陸軍大臣 Kriegsminister m. -s, -.

りくじょう 陸上で auf dem［festen］Lande (Boden) ‖ 陸上競技 Leichtathletik f.; die [leicht]athletischen Wettspiele (pl)/陸上

りくじょうじえいたい 勤務 der Dienst ⟨-(e)s, -e⟩ zu Lande/陸上輸送 Landtransport m. -(e)s, -e.

りくじょうじえいたい 陸上自衛隊 Verteidigungsarmee f. -n.

りくせい 陸棲の auf dem Lande lebend ‖ 陸棲動物 Landtiere ⟨pl⟩.

りくぞう 陸送 Landtransport m. -(e)s, -e.

りくぞく 陸続と ununterbrochen; eines nach dem anderen; fortgesetzt; kontinuierlich; ohne ⁴Unterbrechung. ⇨そのぞく.

りくち 陸地 das (trockene) Land, -(e)s, ¨er 《⟨詩⟩》.

りくつ 理屈 Vernunft f. 《道理》; Wahrheit f. -(e)s 《真理》; Theorie f. -n 《理論》; Logik f. 《論理》; Argument n. -(e)s 《議論》; Sophisterei f. -en 《詭弁》; Spitzfindigkeit f. -en 《こじつけ》; Vernünftelei f. -en 《屁理屈》; das Räsonieren, -s 《理屈をこねまわすこと》; Vorwand m. -(e)s 《口実》/理屈っぽい spitzfindig; krittelig; räsonierend; sophistisch; vernünftelnd/理屈は抜きにしてohne zu ⁴vernünfteln; ⁴Vernünftelei beiseite/理屈が立たない ³sich selbst widersprechen*; mit (zu) ³sich selbst im Widerspruch stehen*; denkwidrig (folge-, vernunft-) sein; unlogisch sein/理屈にあう vernünftig (vernunftgemäß), denkrichtig; folgerichtig; richtig gedacht) sein/理屈のわかった人 ein vernünftiger Mensch, -en, -en/理屈をこねる seine Spitzfindigkeiten (Räsonierens, Krittelein, Vernünfteleien) entwickeln; räsonieren; kritteln; vernünfteln/理屈をつける nach einem vernünftigen Grund (Vernunftgrund) suchen; seine Gedanken zu entwickeln suchen (trachten)/理屈攻めにする mit ⁴Vernunftgründen bestürmen ⟨jn⟩; durch Vernunftgründe überzeugen ⟨jn⟩/なんとかかんとか理屈をつける ³sich einen Vorwand nach dem anderen aus|denken*; Ausflüchte ⟨pl⟩ machen; bald auf diese, bald auf jene Weise Vorwände gebrauchen/それは理屈に合わぬ Das ist ein Denkfehler./理屈と実行とは違う Etwas anderes ist die Theorie, etwas anderes die Praxis. ‖ 理屈屋 der spitzfindige (räsonierende; vernünftelnde) Mensch, -en, -en; Haarspalter m. -s, -; Kritteler m. -s, -; Sophist m. -en, -en/Wortklauber m. -s, -《字義の抹消に拘泥(ニੇル)する人》.

りくとう 陸稲 Bergreis (Hochland-) m. -es, -e 《pl は種類を示すとき》.

りくへい 陸兵 Landsoldat m. -en, -en; Landtruppen ⟨pl 部隊⟩.

リクライニングシート Liegesitz m. -es, -e.

りくろ 陸路 ❶ Überland(s)weg m. -(e)s, -e ⟨-route f. -n⟩; Landweg ⟨-route⟩. ❷〔陸路で〕über ⁴Land; zu Lande ‖ 陸路神戸へ行く über Land (zu Lande) nach Kobe gehen* ⟨s⟩ ⟨fahren* ⟨s⟩; reisen ⟨s⟩.

リケッチア〔生〕Rickettsien ⟨pl⟩.

りけん 利権 Recht n. -(e)s, -e 《既得権》; Vorrecht n. -(e)s, -e《特権》; Konzession f. -en《鉱山・鉄道などの》; Gewerbeberechtigung f. -en《産業上の》/利権の譲渡(回収) Übertragung (f. -en) (Rückgewinnung f. -en) der Vorrechte (Konzession) ‖ 利権争い Streit ⟨m. -(e)s, -e⟩ um eine Konzession/利権屋 Konzessions|kettenhändler m. -s, - ⟨-schacherer m. -s, -⟩.

りげん 俚言 Mundart f. -en; Slang m. ⟨n.⟩ -s, -s.

りげん 俚諺 Sprichwort n. -(e)s, ¨er; Spruch m. -(e)s, ¨e; Sentenz f. -en.

りこ 利己(心) Selbst|sucht (Eigen-/Ich-) f. ¨e; Eigennutz m. -es/-es/(と)(の)/利己的 selbst|süchtig (eigen-; ich-); eigennützig; selbstisch; selbstig ‖ 利己主義 Egoismus m. -/利己主義者 Egoist m. -en, -en; Selbst|ling (Ich-) m. -s, -e.

りこう 利口 klug; (auf)geweckt; findig; geistreich; gescheit; scharfsinnig/利口な klug ((auf)geweckt; findig; geistreich; gescheit; scharfsinnig) aussehen/利口ぶる klügeln; klug tun*; ³sich den Anschein geben*, als wäre man klug/利口ぶる人 Klügler m. -s, -/利口ぶるのはまぬ Weg mit deiner Klügelei!

りこう 履行 Aus|führung (Durch-) f. -en; Erfüllung f. -en; Verrichtung f. -en/履行する aus|führen⁴ (durch|-); erfüllen⁴; in die Tat um|setzen⁴; verrichten⁴ ‖ 契約を履行する einen Vertrag erfüllen.

りごう 離合 Treffen und Trennen, des- und -s/離合集散は世の常である Wir kommen nie zusammen, ohne wieder auseinander zu gehen/或党の離合集散 Amalgamierung und Entflechtung der politischen Parteien.

リコール リコール(の) Abberufungssystem n. -s, -e; das System ⟨-s, -e⟩ der Amtsenthebung auf Grund (aufgrund) eines Volksbegehrens.

りこん 離婚 ⇨りえん.

りさい 罹災 das Vom-Unglück-betroffen-werden (Von-einer-Naturkatastrophe-betroffen-werden), -s 《betroffen は heimgesucht を用いてもよい》 ‖ 罹災救助金 Hilfsfonds ⟨m. -, -⟩ für die vom Unglück (von einer Naturkatastrophe) Betroffenen*/罹災者 der vom Unglück (von einer Naturkatastrophe) Betroffene*, -n, -n; Opfer n. -s, - der Verunglückte*, -n, -n/罹災地 die vom Unglück (von einer Naturkatastrophe) betroffene (heimgesuchte) Gegend, -, -en.

りざい 理財 Finanz f. -en; Ökonomie f. -n; Volkswirtschaft f. -en/理財にたけている geschickt mit Geld umzugehen wissen* (verstehen*); ein tüchtiger Finanzmann (Geldmann) sein ‖ 理財家 Finanzier m. -s, -s; Finanz|mann (Geld-) m. -(e)s, ¨er 《..leute》/理財局 Finanzabteilung f. -en.

リサイクル Recycling n. -s/リサイクルする recyceln⁴/リサイクル可能な recycelbar; recyclingfähig.

リサイタル Vortrag m. -(e)s, ¨e/リサイタルを開く einen Vortrag veranstalten ‖ ピアノ

りさげ 利下げ den Zinsfuß erniedrigen (herab|setzen); die Zinsen vermindern.

りさつ 利札 ⇨りふだ.

りざや 利鞘 Verdienst|spanne (Gewinn-) f. -n; Marge f. -n. ⇨マージン.

りさん 離散 Zerstreuung f. -en; das Auseinandergehen*, -s/離散する sich zerstreuen; zertreut werden; auseinander gehen* ⓢ/一家は離散した Die ganze Familie ging in alle Himmelsrichtungen auseinander.

りし 利子 Zins m. -es, -en (-e)/六分の利子で zu 6 Prozent Zinsen/無利子で zins|frei (-los); ohne ⁴Zinsen/五分の利子で貸す zu 5 Prozent Zinsen aus|leihen*¹/六分の利子がつく 6 Prozent Zinsen tragen* (bringen*)/利子で生活する von den Zinsen leben*/利子を計算する die Zinsen berechnen/利子をつけて返す mit ³Zinsen zurück|geben*⁴/利子を生む Zinsen ab|werfen* (ein|bringen*); Zinsen kommen hinzu/利子計算 Zinsrechnung f. -en/利子支払日 Zinszahlungstag m. -(e)s, -e.

りじ 理事 Vorstand m. -(e)s, -e; Direktion f. -en (全体); Vorstandsmitglied n. -(e)s, -er; Ausschuss m. ..sses, ..sse; Direktor m. -s, -en; Geschäftsführer m. -s, -; Manager m. -s, -/理事側 Direktion f. -en; Geschäftsleitung f. -en (ともに総称)‖理事会 Direktorium n. ..s, ..rien; Direktorensitzung (Vorstands-) f. -en/理事会改選 Vorstandswahl f. -en/理事長 Vorstand; der Vorsitzende*, -n, -n.

りしゅう 履修 durch|machen⁴; absolvieren⁴/三年の課程を履修する einen Kursus (Kurse) von drei Jahren durch|machen (absolvieren).

りじゅん 利潤 Gewinn m. -(e)s, -e; Ertrag m. -(e)s, -e ⇨りえき①‖利潤統制 Gewinnkontrolle f. -n.

りしょう 離礁する ⁴sich von einer Klippe frei machen; ⁴sich flott machen.

りしょう 離床する auf|stehen* ⓢ 《起床》; auf die Beine kommen* ⓢ 《病人が》.

りしょく 利殖 die Aufspeicherung (-en) von ⁴Zinsen; Gelderwerb m. -(e)s.

りしょく 離職する den Beruf auf|geben*⁴; seine Entlassung nehmen*; zurück|treten* ⓢ 《von³》.

りす 〈動〉 Eichhörnchen n. -s, -.

りすい 利水 Bewässerung f. (Bewässerungs-) -en; Wasserzuführung f. -en‖利水工事 Bewässerungs|arbeit (Bewässerungs-) f. -en/利水施設 Bewässerungs|anlage (Bewässerungs-) f. -n.

りすう 里数 Meilen|länge f. -n (-zahl f. -en); Entfernung f. -en 《距離》.

リスト Liste f. -n.

リストラ リストラする gesund|schrumpfen⁴.

リズミカル リズミカルな rhythmisch.

リズム Rhythmus m. -, ..men‖リズム体操 die rhythmische Gymnastik.

リスリン 〈化〉 Glyzerin m. -s‖リスリン灌腸 Glyzerinklistier n. -s, -e.

りする 利する profitieren lassen*⁴ 《jn》; be-nützen lassen*⁴ 《jn》; Vorteil (Nutzen) ziehen lassen*⁴ 《jn》/己を利する ⁴sich zunutze (zu Nutze) machen⁴; ³sich Vorteil (Nutzen) ziehen* 《aus³》/利するところがある von Vorteil (Nutzen) sein; nützen³; zum Vorteil (Nutzen) gereichen³; gute Dienste leisten³/そんなことをしても利するところがない Das ist (zu) nichts nütze.

りせい 理性 Vernunft f./理性のある vernünftig; vernunftbegabt; mit Vernunft versehen/理性のない vernunft|los (-widrig); unvernünftig/理性的な rationalistisch; vernunftgemäß; vernünftlerisch (やや軽べつ的に)/理性に訴える an js ⁴Vernunft wenden*¹; ⁴es mit js Vernunft versuchen/理性の教える所に従う Vernunft an|nehmen*; den Vernunftgründen folgen/理性を備えた mit Vernunft begabt (versehen) sein/理性を失う die Vernunft verlieren*; nicht mehr der ²Vernunft Herr sein/君の行動は理性を欠いている Deinem Handeln fehlt es an ³Vernunft.

りせき 離籍する js Namen aus dem Familienregister entfernen (streichen) lassen*.

りそう 理想 Ideal n. -s, -e; Hochziel n. -(e)s, -e/理想を高い理想 das hohe (erhabene) Ideal/理想化する idealisieren⁴; verschönern⁴; verklären⁴/理想を抱く ein Ideal hegen (haben)/理想を実現する ein Ideal verwirklichen (in die Wirklichkeit um|setzen)/彼は理想を捨てた Er hat keine Ideale mehr.; Er hat seine Ideale aufgegeben. ‖理想界 die ideale Welt/理想郷 Utopia f./理想主義 Idealismus m./理想主義者 Idealist m. -en, -en/理想派 die idealistische Schule.

リゾート Ferienort m. -(e)s, -e.

りそく 利息 Zins m. -es, -en (-e). ⇨りし.

りそん 離村する vom Heimatdorf weg|ziehen* (aus|-) ⓢ‖《村が主語》⁴sich entvölkern.

りた 利他的 altruistisch‖利他主義 Altruismus m. -/利他主義者 Altruist m. -en, -en.

リターンマッチ Rückspiel n. -(e)s, -e; Revanchepartie f. ..tien.

りだつ 離脱する aus|treten* ⓢ 《aus³》; gehen* ⓢ 《von³》; verlassen*⁴; ab|fallen* ⓢ 《離れて落ちる》.

リタッチ Retusche f. -n; Überarbeitung f. -en; Ausbesserung f. -en/リタッチする retuschieren⁴; überarbeiten⁴; aus|bessern⁴.

りち 理知 Intellekt m. -(e); Verstand m. -(e)s; Intelligenz f. -en/理知的な(に) intelligent; vernünftig/理知的な容貌 das intelligente Gesicht, -(e)s, -er; der intelligente Gesichtsausdruck, -(e)s, ..drücke 《表情》.

リチウム Lithium n. -s 《記号: Li》‖リチウム電池 Lithiumbatterie f. -n/リチウム爆弾 Lithiumbombe f. -n.

りちぎ 律儀 Rechtschaffenheit f.; Ehrlichkeit f.; Einfältigkeit f. -en/律儀な

りつ rechtschaffen; ehrlich; treulich; gerecht; gewissenhaft; einfältig ‖ 律儀者 der rechtschaffene Mann, -(e)s, ⸚er; die rote (ehrliche) Haut, ⸚e 《善人》.

りつ 率 Verhältnis *n.* -nisses, -nisse; Satz *m.* -es, ⸚e; Rate *f.* -n; Index *m.* -(es), -e (..dizes)《係数》; Koeffizient *m.* -en, -en《同上》/...の率で in dem (Prozent)satz (Verhältnis) von ... zu/...の平均率で in dem Durchschnitts(prozent)satz (Durchschnittsverhältnis(se)) von ... zu/...の一定率で in dem festgesetzten (konstanten) (Prozent)satz (Verhältnis) von ... zu/...率を高(低)める das Verhältnis (die Rate; den Satz) erhöhen (erniedrigen) ‖ 屈折率 Brechungskoeffizient/結婚(出産)率 Heirats|verhältnis (Geburts-) *n.* -nisses, -nisse/死亡率 Sterblichkeit *f.*/百分率 Prozentsatz *m.* -es, ⸚e.

りつ 律 ❶《法》Satzung *f.* -en; Statut *n.* -(e)s, -en; Gesetz *n.* -es, -e. ❷《戒律》Gebot *n.* -(e)s, -e. ❸《詩の》Metrik *f.* -. ‖ 道徳律 Moralgesetz/不文律 das ungeschriebene Gesetz; Gewohnheitsrecht *n.* -(e)s, -e《慣習法》.

りつあん 立案 das Planen* (Entwerfen*), -s; das Pläne|machen* (Projekt-), -s; das Skizzieren* (Vorbereiten-), -s. ― 立案する planen*; entwerfen*⁴; einen Plan (ein Projekt) machen; skizzieren*⁴; vor|bereiten*⁴. ‖ 立案者 Planer *m.* -s, -; Pläne|macher (Projekt-) *m.* -s, -; Entwerfer *m.* -s, -; Vorbereiter *m.* -s, -.

りつき 利付き einschließlich ²Stückzinsen (*pl*); verzinslich / 8 分 6 厘の利付き債権 mit (zu) 8,6% verzinsliche Obligation, -n (verzinsliches Anleihepapier, -e).

りっきゃく 立脚する fußen (*auf*³); basieren (*auf*³); sich gründen (*auf*⁴); sich stützen (*auf*⁴)/...に立脚して auf dem Standpunkt stehend, dass ... ‖ 立脚地 Standpunkt (Gesichts-) *m.* -(e)s, -e; Blick|winkel (Gesichts-) *m.* -s, -; Standplatz *m.* -es, ⸚e《足場》; vom Gesichtspunkt aus, dass ... / 立脚地を異にする auf verschiedenen Standpunkten stehen*; von verschiedenen Blickwinkel (Gesichtswinkel) ein|nehmen*.

りっきょう 陸橋 Überführung *f.* -en; Viadukt *m.* [-], -(e)s, -e; die Brücke (-n) über ein Tal.

りっけん 立憲 Verfassungsgebung *f.* -en; das Geben (-s) einer Konstitution / 立憲の verfassungsmäßig; konstitutionell ‖ 立憲君主(民主)政体 die konstitutionelle (verfassungsmäßige) Monarchie, -n (Demokratie, -n)/立憲国 der konstitutionelle (konstitutionelle) Staat, -(e)s, -en; Verfassungsstaat *m.* -(e)s, -en/立憲政体 die verfassungsmäßige (konstitutionelle) Regierung, -en; das verfassungsmäßige (konstitutionelle) Gouvernement, -s, -s.

りっこう 力行 die angestrengte (intensive) Arbeiten*, -s; das unablässige (unablässliche) Sichbemühen*, -s (Bestreben*, -s)/動中力行の士 Er ist von sparsamer Natur und arbeitet mit allen Kräften. ― 力行する angestrengt (intensiv) arbeiten; ⁴sich unablässig (unablässlich) bemühen (bestreben); im Schweiße seines Angesichts schaffen.

りっこうほ 立候補 das Kandidieren* (Sich-bewerben*), -s; Kandidatur *f.* -en; Bewerbung *f.* -en/立候補を宣する erklären, dass einer kandidieren will; seine Kandidatur bekannt geben*/ 立候補する kandidieren; ⁴sich bewerben (*um*⁴); ⁴sich aufstellen lassen*; um den Sitz kämpfen; ⁴sich zur Wahl stellen.

りっしでん 立志伝中の人物 der aus eigener Kraft Emporgekommene*, -n, -n; Selfmademan *m.* -s, ..men.

りっしゅう 立秋 Herbstanfang *m.* -(e)s.

りっしゅん 立春 Frühlingsanfang *m.* -(e)s.

りっしょう 立証 Beweisführung *f.* -en; Bestätigung *f.* -en; Darlegung *f.* -en/立証する beweisen*⁴; einen Beweis führen; bestätigen*⁴; dar|legen*⁴ / 無罪を立証する seine Unschuld beweisen*.

りっしょく 立食 der im Stehen eingenommene Imbiss, -es, -e ‖ 立食パーティー Steh-party *f.* -s.

りっしん 立身(出世) das Emporkommen* (Vorrücken*), -s; das Vorwärts|kommen* (Weiter-), -s/立身(出世)する empor|kommen*; vor|rücken s; vorwärts kommen* (weiter|kommen) s; ⁴es weit (zu ³et) bringen*; Karriere machen; auf einen grünen Zweig kommen* s; ⁴sich in die Höhe schwingen*.

りっすい 立錐の余地もない gedrängt (gepfropft; gepresst) voll sein; wie die Heringe gepresst sein (sitzen; stehen*); eingepfercht sein; zusammengepfercht sein.

りっする 律する ❶《きめる》bestimmen⁴; fest|setzen⁴. ❷《法律で処断する》laut Gesetz entscheiden*⁴; Regeln (Vorschriften) an|wenden*⁴ (*auf*⁴).

りつぜん 慄然とする schaudern; erschau-dern s; von Grauen ergriffen werden.

りつぞう 立像 Standbild *n.* -(e)s, -er; Bildsäule *f.* -n; Statue *f.* -n / 小さい立像 Standbildchen *n.* -s, -; Bildsäulchen *n.* -s, -; Statuette *f.* -n.

りったい 立体 Körper *m.* -s, -; Kubus *m.* -, ..ben《立方体》/立体の stereo-; Körper- ‖ 立体化学 Stereochemie *f.*/立体感 die kubische Wirkung/立体幾何学 Stereometrie *f.*/立体交差点 eine niveaufreie Kreuzung, -en/立体戦 der dreidimensionale Krieg, -(e)s, -e/立体駐車場 Autosilo *m.* -s, -s/立体駐車場 Park|hochhaus *n.* -es, ⸚er/立体テレビ Stereofernseher *m.* -s, -/立体派 Kubismus *m.* -/立体派画家 Kubist *m.* -en, -en/立体描写 die kubische Darstellung, -en/立体放送 Stereosendung *f.* -en.

りったいし 立太子式 die (feierliche) Ernennung (-en) zum Thronfolger.

りっちじょうけん 立地条件 Ortsbedingung

りっとう 立冬 Winteranfang m. -[e]s.

りっどう 律動 die rhythmische Bewegung, -en.

リットル Liter n. (m.) -s 《m. は口語》／一リットル入りの瓶 eine 1 Liter enthaltende Flasche.

りっぱ 立派な herrlich; ausgezeichnet; exquisit; glänzend; majestätisch; prächtig; stattlich; vortrefflich; vollendet 《完成した》; kostbar 《金目の》; ehrbar 《敬うべき》; achtungswürdig 《同上》; vornehm 《高貴な》／立派な人 ein Mensch 〈-en, -en〉 von stattlichem Aussehen 《風采》 (von edlem Charakter 《人格》)／いつも立派ななりをしている Er ist immer vortrefflich gekleidet.／持ち場を守って立派な最期を遂げた Er ist auf seinem Posten eines herrlichen Todes gestorben.／立派なドイツ語を話す人です Er spricht ein ausgezeichnetes Deutsch.／立派にやってみせます Das werde ich mit tadellos ausführen.／日本チームは立派に勝った Die japanische Mannschaft hat einen herrlichen Sieg davongetragen.

りっぷく 立腹 Ärger m. -s, -; Verdruss m. -es, -e; Zorn m. -[e]s; Entrüstung f. -en 《憤慨》; Missvergnügen n. -s 《不興》. — 立腹させる ärgern 〈jn〉; ärgerlich (verdrießlich; zornig) machen 〈jn〉; Ärger (Verdruss, Zorn) bereiten 〈jm〉; verdrießen* 〈jn〉; entrüsten 〈jn 憤させる〉; missvergnügt machen 〈jn 不快にさす〉; Missvergnügen bereiten 〈jm 同上〉. — 立腹する ⁴sich ärgern 《über⁴》; es verdrießt jn; ⁴sich entrüsten 《über⁴》; ärgerlich (verdrießlich; zornig) werden 《über⁴》; entrüstet werden 《über⁴ 不興になる》; missvergnügt (Verdruss) haben 《mit³, über⁴》; in ⁴Zorn geraten* 《über⁴》.

りっぽう 立方 Kubikzahl f. -en; die dritte Potenz, -en／立方の kubisch; würfelförmig ‖ 立方根 Kubikwurzel f. -n; die dritte Wurzel, -n／立方体 Kubus m. -, - (..ben); Würfel m. -s, -; Hexaeder m. -s, - 《六面体》; Sechsflächner m. -s, - 《同上》／一立方メートル 1 Kubikmeter 《略: 1 cbm; 1 m³》／三メートル立方 3m hoch drei.

りっぽう 立法 Gesetzgebung f. -en; Legislation f. -en; Legislatur f. -en／立法の gesetzgebend (-geberisch); legislativ; Gesetzgebungs- ‖ 立法機関 das gesetzgebende (legislative) Organ, -e; die gesetzgebende (legislative) Gewalt／立法者 Gesetzgeber m. -s, -; Legislator m. -s, -en／立法の精神 der Geist -[e]s (der Sinn, -[e]s) der Gesetzgebung (Legislation)／立法部 die gesetzgebende Körperschaft, -en; Legislative f. -.

りつめ 理詰めの ausgeklügelt; vernünftelt／理詰めにする durch ⁴Vernunftgründe mundtot machen.

りつろん 立論 Beweisführung f. -en; Begründung f. -en; Argumentation f. -en／立論する einen Beweis ⟨-e⟩ führen; begründen⁴; argumentieren.

りてい 里程 Meilen|länge f. 〈-zahl f. -en〉 ‖ 里程標 Meilenstein m. -[e]s, -e.

リトアニア Litauen n. -s／リトアニアの litauisch ‖ リトアニア語 Litauisch n. -[e]s／リトアニア人 Litauer m. -s, -.

りとく 利得 Gewinn m. -[e]s, -e; Profit m. -[e]s, -e ‖ 不当利得 Wuchergewinn m. -[e]s, -e; Schieber|geschäft (Wucher-) n. -[e]s, -e; Schiebung f. -en; Preistreiberei f. -en.

リトグラフ Lithographie f. ❖ Lithograph m. -en, -en は「石版師」.

リトマス 《化》 Lackmus n. - ‖ リトマス試験紙 Lackmuspapier n. -s, -e.

リニアモーターカー Fahrzeug 〈n. -[e]s, -e〉 mit Linearbeschleunigungsantrieb; Magnetschwebebahn f.

りにゅう 離乳 Ablaktation f. -en; Absäugung f. -en; Entwöhnung f. -en／離乳する einen Säugling ab|laktieren (ab|säugen; entwöhnen) ‖ 離乳期 Ablaktationsperiode f. -n; Absäugungs|zeit (Entwöhnungs-) f. -en.

りにょう 利尿 Diurese f. -n; Harn|ausscheidung f. -en (-absonderung f. -en) ‖ 利尿剤 Diuretikum n. -s, ..ka; harntreibendes Mittel, -／利尿頻数 der 《krankhafte》 Harndrang, -.

りねん 理念 Idee f. -n／理念に富む ideereich ‖ 理念界 Ideenwelt f.

リノリューム Linoleum n. -s／リノリューム張りの台所 die Küche 〈-n〉 mit Linoleumbodenbelag／リノリュームを床に張る den Fußboden mit Linoleum belegen.

リハーサル Hauptprobe f. -n.

リバーシブル リバーシブルな reversibel.

りはつ 理髪 das Haarschneiden* (Frisieren*), -s; Frisur f. -en ‖ 理髪師 Friseur m. -s, -e; Friseuse f. -n 《女》; Barbier m. -s, -e; 《俗》 Verschönerungsrat m. -[e]s, -e／理髪店 Friseursalon m. -s, -s; Friseurladen m. -s, -.

りはつ 利発な aufgeweckt; gescheit. ⇨りこう

リハビリ〔テーション〕 《医》 Rehabilitation f. -en ‖ リハビリ〔テーション〕センター Rehabilitationszentrum n. -s, ..ren.

りばらい 利払い Zinszahlung f. -en ‖ 利払い停止 Einstellung 〈f. -en〉 der Zinszahlung.

りはん 離反 ❶ Entfremdung f. -en; Abtrünnigkeit f. -en; Entzweiung f. -en. ❷ 《謀反》 Empörung f. -en／離反する 1) ⁴sich jm entfremden; sich ab|fallen* ⟨s⟩ 《abspenstig werden》; ab|fallen* ⟨s⟩ 《von³》. 2) ⁴sich empören 《gegen⁴》.

りひ 理非 Recht und Unrecht n. des - und -[e]s／理非曲直を明らかにする das Recht und Unrecht klar|stellen; die wahren Tatsachen klären; die Sache beim rechten Namen nennen*／理非をわきまえる Recht von Unrecht unterscheiden können*; zurechnungsfähig sein／理非を論じる das Für und Wider einer Sache bereden／理非をただす ⁴et ins rechte Licht setzen (rücken).

リビア Libyen *n.* -s／リビアの libysch.

リヒテンシュタイン Liechtenstein *n.* -s／リヒテンシュタインの liechtensteinisch ‖ リヒテンシュタイン人 Liechtensteiner *m.* -s, -. ❖ Lichtenstein は Stuttgart 南方の小都市 Reutlingen 南郊の城.

りびょう 罹病 Erkrankung *f.* -en. ── 罹病する erkranken [s]; krank werden; [ある病気に] ³sich holen⁴; ³sich zu|ziehen*⁴〘以上病名を四格補足語とする〙. ‖ 罹病者 der Erkrankte* (Angegriffene*; Leidende*), -n, -n; Fall *m.* -[e]s, ⸚e／罹病率 der Prozentsatz《-es, ⸚e》der Erkrankung.

リビングキッチン Wohnküche *f.* -n.

リビングルーム Wohnzimmer *n.* -s, -.

りふじん 理不尽な vernunftwidrig; unvernünftig; ungerecht〔fertigt〕; unbillig; unfair.

りふだ 利札 Coupon (Kupon) *m.* -s, -s ‖ 利札付債権 Schuldschein《*m.* -[e]s, -e》mit Kuponbogen.

リフト Lift *m.* -[e]s, -e (-s); Fahrstuhl *m.* -[e]s, ⸚e《エレベーター》; Skilift *m.* -[e]s, -e (-s)《スキーリフト》.

リベート Rabatt *m.* -[e]s, -e／四パーセントのリベートで mit 4% Rabatt／リベートを与える Rabatt geben*³ (gewähren³).

りべつ 離別 Abschied *m.* -[e]s, -e《*von*³》; Trennung *f.* -en《*von*³》; [離婚] Scheidung *f.* -en; Ehescheiden *n.* -s, -／離別する ⁴sich trennen《*von*³》; ⁴sich scheiden lassen*《*von*³》.

リベット Niet *m.* -[e]s, -e; Niete *f.* -n／リベットでとめる〔ver〕nieten⁴.

リベリア Liberia *n.* -s／リベリアの liberianisch ‖ リベリア人 Liberianer *m.* -s, -.

りほう 理法 Gesetz *n.* -es, -e／自然の理法 Naturgesetz *n.* -es, -e.

リポート Bericht *m.* -[e]s, -e; Rapport *m.* -[e]s, -e; Referat *n.* -[e]s, -e.

リボかくさん リボ核酸 Ribosenukleinsäure *f.* -n《略: RNS》.

リボン〔Farb〕band *n.* -[e]s, ⸚er; Streifen *m.* -s, -《箱などをしばる》／リボンをつける mit einem Farbband (mit Bändern) schmücken⁴.

りまわり 利回り Zins¦fuß (-satz) *m.* -es, ⸚e; Zinstaxe *f.* -n／利回りがよい ⁴sich gut verzinsen〔lassen*〕; gute Zinsen《*pl*》ab|werfen* (tragen*)／五分の利回りになる ⁴sich mit (zu) 5% verzinsen〔lassen*〕; 5% Zinsen ab|werfen* (tragen*).

リムジン Limousine *f.* -n.

りめん 裏面 Kehr¦seite (Hinter-; Rück-) *f.* -n; die umgekehrte (hintere; andere) Seite, -n; Schattenseite《暗黒面》; Innenseite《内面》; die innere Seite《同上》／裏面で heimlich; hinter *js* ³Rücken; hinter den Kulissen (der Szene); im Geheimen／裏面の事情 die inneren Umstände《*pl*》; der innere Stand《-[e]s》der Dinge／裏面の策士 Drahtzieher *m.* -s, -; Hintermann *m.* -[e]s, ⸚er／裏面で操る den Draht ziehen*; den Hintermann spielen; im Geheimen am Gängelband führen《*jn*》／裏面を観察する die Kehrseite durchschauen; in die innere Seite hinein|sehen*／裏面を見よ Bitte wenden!／裏面に何事か潜んでいる Dahinter steckt etwas.／人生では裏面のこみいった事情を洞察することが往々必要である Im Leben kommt es oft darauf an, die verwickelten inneren Umstände zu durchschauen. ‖ 裏面工作 die geheimen Manipulationen《*pl*》／裏面史 die innere Geschichte, -n; die Geschichte der inneren Geheimnisse.

リモコン Fern¦steuerung (-bedienung) *f.* -en. ⇨えんかく(遠隔).

リヤカー Fahrradanhänger *m.* -s, -.

りゃく 略 Abkürzung *f.* -en; die abgekürzte Form, -en; Kurzform／略して abgekürzt (kurz)《*für*⁴》／…の略 die Abkürzung (die Kurzform) für⁴ …／略さずに書いて下さい Schreiben Sie alles ohne Abkürzungen nieder!

りゃくが 略画 Skizze *f.* -n; die flüchtige Zeichnung, -en／略画をかく skizzieren⁴; eine flüchtige Zeichnung machen／略画は簡単なようで難しい Gut skizzieren ist nicht so leicht, wie man im Allgemeinen annimmt.

りゃくぎ 略儀 Formlosigkeit *f.* -en; Ungezwungenheit *f.* -en／略儀ながら書面で御礼申し上げます Ich nehme mir die Freiheit, Ihnen brieflich zu danken.

りゃくげん 略言 die kurze (bündige) Zusammenfassung, -en (Inhaltsübersicht, -en)／略言すれば kurz〔gefasst〕; in kurzen Worten; um ⁴sich kurz auszudrücken (zu fassen). ── 略言する kurz (bündig) zusammen|fassen⁴; eine kurze (bündige) Inhaltsübersicht geben*《*über*⁴》; ⁴sich kurz aus|drücken (fassen).

りゃくご 略語 Abkürzung *f.* -en; Kurzwort *n.* -[e]s, ⸚er.

りゃくごう 略号 [電信のあて名] Drahtanschrift *f.* -en; Telegrammadresse *f.* -n; Drahtwort *n.* -[e]s, -e; [電報の指定] Dienstvermerk *m.* -[e]s, -e《例えば「ウナ」D, 慶弔 Lx のような》.

りゃくし 略史 die kurze (grob umrissene) Geschichte, -n; die historische Skizze, -n ‖ 中国略史 die Geschichte Chinas in groben Zügen.

りゃくじ 略字 das vereinfachte〔Schrift-〕zeichen, -s, -; das abgekürzte (einfachere)〔Ersatz〕wort, -[e]s, ⸚er; Ersatzschrift *f.* -en《別語代用》; Kurzschrift《速記用》／…の略字である die einfachere Form von … sein; das Zeichen … in einfacherer Form ersetzen.

りゃくしき 略式 Formlosigkeit *f.* -en; Ungezwungenheit *f.* -en／略式で ohne ⁴Formalitäten; sans façon／略式の formlos; ungezwungen ‖ 略式裁判 das abgekürzte Gerichtsverfahren, -s, -; Schnellverfahren; Standrecht *n.* -[e]s, -e《陣中の即決裁

りゃくしょう 略称 Akronym n. -s, -e〔例：NHK, FBIなど〕; Abkürzung f. -en〔例：東大, 慶大〕.

りゃくす 略す〔ver〕kürzen⁴; ab|kürzen⁴; aus|lassen*⁴〔fort|-; weg|-〕; ohne ⁴Formalitäten fertig werden《mit³》; vereinfachen⁴ / 略さずに 略さずに nicht gekürzt; ohne Auslassungen; nicht ohne Formalitäten; voll / 略さずに書いて下さい Bitte〔voll〕ausschreiben!

りゃくず 略図 Skizze f. -n〔Umriss〕zeichnung f. -en / …の略図を取る eine flüchtige Skizze entwerfen*《von³》; flüchtig skizzieren⁴.

りゃくせつ 略説 Ab|riss (Auf-; Um-) m. -es, -e; Überblick m. -[e]s, -e / 略説する einen Abriss geben*《über⁴》; im Wesentlichen dar|stellen⁴; kurz zusammen|fassen⁴.

りゃくだつ 略奪〔Aus〕plünderung f. -en; Erbeutung f. -en; Raub m. -[e]s,〔まれに -e〕. ― 略奪する〔aus〕plündern⁴; erbeutern⁴; rauben⁴. 略奪者〔Aus〕plünderer m. -s, -; Freibeuter m. -s, -; Räuber m. -s, -; Marodeur m. -s, -e /〔敗残兵が略奪するとき〕略奪物 Beute f. -n; Beutestück n. -[e]s, -e / …の Geplünderte*, n. np. Raub.

りゃくでん 略伝 die kurze (kurz gefasste) Lebensgeschichte, -n (Biografie, -n); die Lebensgeschichte (Biografie) in gedrängter Kürze.

りゃくふく 略服 Hauskleid n. -[e]s, -er〔-anzug m. -[e]s, ¨-e; -rock m. -[e]s, ¨-e; Neglige n. -s, -s; die zwanglose Kleidung, -en; Interimuniform f. -en〔仮制服〕/ 略服を着ている in Hauskleidung sein; ungezwungen sein.

りゃくぶん 略文 der abgekürzte Satz, ¨-e.

りゃくれき 略歴 die kurz umrissene Lebensgeschichte, -n〔Lebensbeschreibung, -en〕; der Lebenslauf -[e]s, ¨-e / in groben Zügen.

りゃっかい 略解 die ungefähre (flüchtige; grobe; oberflächliche) Darstellung, -en (Erklärung, -en).

りゃっき 略記する skizzieren⁴; kurz schildern⁴; eine kleine Schilderung geben*《von³》; in groben Zügen entwerfen*⁴.

りゆう 理由 Grund m. -[e]s, ¨-e; Anlass m. -es, ¨-e; Beweggrund《動機》; Motiv n. -s, -e〔同上〕; Veranlassung f. -en《きっかけ》; Ursache f. -n〔原因〕/ 理由のある wohl begründet; gut motiviert; berechtigt / 理由のない grundlos; unbegründet; unmotiviert; unberechtigt / …を理由に aus der Luft gegriffen / …の理由をもって aus dem Grunde, dass …; deswegen, weil …; wegen²⁽³⁾〔三格支配の前置詞〕/ 理由の立たぬ ohne ⁴Grund〔mit ³Unrecht〕bestehend / 理由にならぬ keinen vernünftigen Grund dar|stellen⁴ sein / 正当な理由から aus guten Gründen / 理由を述べる die Gründe an|geben*《dar|-

tun*》《zu³》/ …の理由を極める die Ursachen untersuchen《von³》/ 理由はわからないが彼は断って来た Er hat abgesagt, ich weiß nicht aus welchen Gründen. / 理由がある Mit Recht beharrt er auf seiner Meinung. / 彼が狂っていると信ずべき十分の理由がある Ich habe allen Grund zu glauben, dass er verrückt ist. / 嘆く理由はなにもない Ich habe keinerlei (keine) Gründe zum Jammern.

りゅう りゅうとした tadellos; adrett; elegant; hochfein; schmuck;〔то〕schick; stilvoll; tipptopp / りゅうとした恰好をする tadellos gekleidet sein.

りゅう 流 ❶〔流儀〕Art f. -en; Weise f. -n; Art und Weise; Methode f. -n; Stil m. -[e]s, -e. ❷〔流派〕Schule f. -n. ❸〔等級〕Klasse f. -n; Rang m. -[e]s, ¨-e /〔いちりゅう, にりゅう, さんりゅう〕一流ホテル das Hotel 《-s, -s》erster Klasse (ersten Ranges); das erstklassige (erstrangige) Hotel / 小笠原流 die Ogasawara-Schule / 自己流 seine eigene (eigentümliche) Art und Weise; Eigen|art (Sonder-); Eigentümlichkeit f. -en.

りゅう 竜 Drache m. -n.

りゅうあん 硫安 Ammoniumsulfat n. -[e]s.

りゅうい 留意する berücksichtigen⁴; Rücksicht (Bedacht) nehmen*《auf⁴》; besorgt sein《um⁴》; ⁴sich angelegen sein lassen*⁴.

りゅういき 流域 Fluss|gebiet (Strom-) n. -[e]s, -e / 利根川流域 die vom Tone durchflossenen Gebiete《pl》; die Gegend《-en》längs des Tone (dem Tone).

りゅういん 溜飲が下がる, 溜飲を下げる ❶ kein Sodbrennen《n. -s》mehr haben; vom Sodbrennen geheilt (kuriert) sein; Das Sodbrennen lässt nach. ❷〔痛快に思う〕seinem Herzen (Ärger; Zorn) Luft machen; ⁴sich seinem Zorn befreien; ⁴sich vom inneren Grimm befreit fühlen; Schadenfreude empfinden*《über⁴》.

りゅうか 硫化〔Ein〕schwefelung f.; das〔Ein〕schwefeln*, -s; Vulkanisation f. -en; Vulkanisierung f.; das Vulkanisieren*, -s. ― 硫化したein|schwefeln⁴; vulkanisieren⁴. / 硫化ゴム der《das》vulkanisierte《Radier》gummi, -s, -[s] / 硫化鉄 Schwefel|eisen n. -s〔-erz n. -es, -e; -kies m. -es〕/ 硫化硫黄酸 S f., 水素, 炭素》Schwefel-atsen n. -s〔 kalium n. -s, wasserstoff m. -[e]s, -kohlenstoff m. -[e]s, -e〕/ 硫化物 Sulfid n. -[e]s, -e; Schwefelverbindung f. -en.

りゅうかい 流会 das Nichtstattfinden*《das Nichtzustandekommen*》《-s》einer Versammlung; die Verschiebung《-en》einer Versammlung〔auf einen anderen Tag〕/ 流会になる Die Versammlung findet nicht statt (kommt nicht zustande〔zu Stande〕).〔auf einen anderen Tag〕verschoben werden.

りゅうがく 留学 das Studium《-s, ..dien》

im Ausland (im fremden Land)/留学を命ぜられる beordert werden, im Ausland (im fremden Land) zu studieren; befohlen werden (einen Befehl empfangen*), studienhalber nach dem (ins) Ausland zu gehen ‖ 留学生 der im Ausland (im fremden Land) Studierende*, –n, –n; studienhalber nach dem (im) Ausland Geschickte*, –n, –n.

りゅうかん 流汗 das Schwitzen*, –s; Transpiration *f.* –en; das Transpirieren*, –s ‖ 流汗淋漓(りんり)である in ³Schweiß〔wie〕gebadet sein; von Schweiß triefen⁽*⁾; Der Schweiß rinnt in Bächen. ¦ Der Schweiß fließt stromweise (strömt; rinnt) über das Gesicht. 《*jm*》; Schweißtropfen 《*pl*》 stehen* auf der Stirn 《*jm*》.

りゅうかん 流感 Grippe *f.* –n; Influenza *f.*

りゅうがん 竜眼〘植〙 Zwillingspflaumenbaum *m.* –〔e〕s, ⸚e.

りゅうき 隆起〔Erd〕erhebung *f.* –en; Bodenerhebung; Erhöhung *f.* –en; Wölbung *f.* –en; Auswuchs *m.* –es, ⸚e 《ぜい肉の》; Höcker *m.* –s, – 《丘状の》; Protuberanz *f.* –en 《突起》/隆起する ⁴sich erheben*; hervor|springen* [s] 《とび出す》; ⁴sich wölben; 〔⁴sich〕 aus|wachsen* 《sich のないとき [s]》; einen Höcker (eine Protuberanz) bilden.

りゅうぎ 流儀 Stil *m.* –〔e〕s, –e; Verfahrens¦-art (Behandlungs–) *f.* –en ⇨**りゅう**(流)/昔流儀の人々 Leute von altem Schlag (alten Schlages).

りゅうきへい 竜騎兵 Dragoner *m.* –s, –.

りゅうぐう 竜宮 Drachenpalast *m.* –〔e〕s; das Märchenschloss 《–es》 der Meerkönigin.

りゅうけい 流刑 ⇨**るざい**.

りゅうけつ 流血の惨事 Blut¦vergießen *n.* –s (–bad *n.* –〔e〕s); Metzelei *f.* –en 《虐殺》/流血の惨事があった Es ist viel Blut vergossen worden (geflossen).

りゅうげん 流言 das falsche (haltlose) Gerücht, –〔e〕s, –e; die falsche (haltlose) Aussage, –n; Ente *f.* –n 《新聞の》; Falschmeldung *f.* –en/流言を放つ ein falsches (haltloses) Gerücht verbreiten (umlaufen lassen*; in ⁴Umlauf bringen*⁴; unter die Leute bringen*⁴; umher|streuen) ‖ 流言飛語 die falschen (haltlosen) Gerüchte und Aussagen 《*pl*》.

りゅうこ 竜虎の争い der Kampf 《–〔e〕s, ⸚e》 zwischen „Drache und Tiger"; der verzweifelte (erbitterte) Kampf zwischen zwei Gleichstarken.

りゅうこう 流行 Mode *f.* –n; das Modische*, –n; der letzte Schrei, –〔e〕s, –e; der neueste Geschmack, –〔e〕s, ⸚e (〘戯〙⸚er); Zeitgeschmack; Fashion *f.*; Modetorheit *f.* –en 《一時的な》; Beliebtheit *f.* –en 《人気》; [病気・思想などの] das Überhandnehmen*, –s; Überhandnahme *f.*; das Umsichgreifen*, –s / 流行を追う人 Mode¦-mensch *m.* –en, –en (–herrchen *n.* –s, –; –narr *m.* –en, –en); [男性] Modeherr *m.* –n, –en; [女性] Mode¦dame *f.* –n (–närrin *f.* ..rinnen; –puppe *f.* –n)/文壇の流行児 der Löwe 《–n, –n》 der literarischen Welt (Kreise)/ほんの一時の流行 die vorübergehende (kurzlebige) Mode/流行に遅れる hinter der Mode zurück|bleiben* [s] (–|-sein); die Mode nicht mit|machen/流行のさきがけをなす der Vorbote (Vorläufer) der Mode sein; die Mode ins Leben rufen*/流行を追う mit der Mode gehen* [s]; der ³Mode gehorchen (folgen [s]); die Mode (alle Moden) mit|machen; der Mode nach|jagen [s]; auf die Mode versessen sein/流行を作り出す eine neue Mode auf|-bringen* (schaffen*; ins Leben rufen*); die Mode an|geben* (ein|führen); als erster die Mode auf|bringen*/大流行である 〔die〕 große Mode (ganz die Mode) sein; den großen Zeitgeschmack dar|stellen; völlig die Modewelt beherrschen; sehr beliebt sein; ⁴sich großer ²Beliebtheit erfreuen/最新流行である die neueste Mode (der letzte Schrei) sein; den neuesten Zeitgeschmack dar|stellen; der modernste Zeitstil sein/流行はすぐ変わる Die Moden ändern sich rasch. ¦ Keine Mode ist dauernd./町では鐘形の帽子が大流行だ Die Glockenform 〔des Hutes〕 ist Dernier Cri 〔beherrscht das Straßenbild〕. ── 流行の 〔neu〕modisch; nach der Mode; modegerecht; überhand nehmend; um ⁴sich greifend; epidemisch/流行遅れの aus der Mode gekommen; altmodisch; anno dazumal. ── 流行する [流行中] in 〔der〕 Mode sein; im Schwang〔e〕 sein; [流行し始める] in 〔die〕 Mode (in ⁴Schwang) kommen*/流行しなくなる aus der Mode (außer Mode) kommen* [s] (sein); keine Mode mehr sein. ── 流行させる in 〔die〕 Mode (in Schwang) bringen*⁴. ‖ 流行歌 Schlager *m.* –s, –; Gassenhauer *m.* –s, –; Modelied *n.* –〔e〕s, –er/流行歌手 Schlager¦sänger (Jazz–; Rundfunk–) *m.* –s, –/流行型 Mode¦form *f.* –en (–stil *m.* –〔e〕s, –e)/流行狂 Modesucht *f.* –en/流行語 Mode¦ausdruck *m.* –〔e〕s, ⸚e (–wort *n.* –〔e〕s, ⸚er)/流行作家 Mode¦schriftsteller *m.* –s, – (–dichter *m.* –s, –); der beliebte Schriftsteller (Dichter)/流行色 Modefarbe *f.* –n/流行性感冒 ⇨**りゅうかん**/流行創始 das Modeschaffen*, –s/流行地 der verseuchte (von einer epidemischen Krankheit heimgesuchte) Ort, –〔e〕s, –e/流行(服)地 Modestoff *m.* –〔e〕s, –e/流行病 Mode¦krankheit *f.* –en (–sucht *f.* –en); Epidemie *f.* –n 《伝染病》; die epidemische Krankheit, –en; Seuche *f.* –n/流行品 Mode¦artikel *m.* –s, – (–ware *f.* –n)/流行服 Mode¦tracht *f.* –en (–anzug *m.* –〔e〕s, ⸚e; –kleid *n.* –〔e〕s, –er)/流行婦人服店 Mode¦geschäft *n.* –〔e〕s, –e (–haus *n.* –es, ⸚er).

りゅうこつ 竜骨 Kiel *m.* –〔e〕s, –e/竜骨状の kielförmig/竜骨を据え付ける ein Schiff kielen/竜骨を修繕する den Kiel eines Schiff〔e〕s aus|bessern ‖ 竜骨台 Kielblock *m.* –〔e〕s, ⸚e/竜骨翼板 Kielgang *m.* –〔e〕s, ⸚e/

り

主竜骨 Hauptkiel/内(副)竜骨 der falsche (lose) Kiel; Afterkiel *m.* -〔e〕s, -e; Kielschwein *n.* -〔e〕s, -e.

りゅうさん 硫酸 Schwefel¦säure (Vitriol-) *f.*; Vitriolöl *n.* -〔e〕s/硫酸を含有する schwefel¦säurehaltig (vitriol-) ‖ 硫酸亜鉛 das schwefel¦saure (vitriol-) Zink, -〔e〕s; Zinkvitriol *m.* (*n.*) -s, -e/硫酸アンモニウム ⇨ **りゅうあん**/硫酸塩 Sulfat *n.* -〔e〕s, -e/硫酸紙 Pergamentpapier *n.* -s, -e/硫酸鉄 das schwefel¦saure (vitriol-) Eisenoxydul, -s; Eisenvitriol/硫酸銅 das schwefel¦saure (vitriol-) Kupfer, -s; Kupfervitriol/亜硫酸 die schweflige Säure/希硫酸 die verdünnte Schwefel¦säure (Vitriol-); das verdünnte Vitriolöl.

りゅうざん 流産 Fehlgeburt *f.* -en; Abortus *m.* -, -; Abort *m.* -es, -e. ── 流産する ❶ eine Fehlgeburt haben; fehl|gebären*; abortieren; eine Fehlgeburt (einen Abort〔us〕) herbei|führen (verursachen)《故意に》. ❷ [比喩的] fehl|schlagen*; missglücken [s]; keinen Erfolg haben; zu keinem Ergebnis kommen* [s]/彼の計画はみな流産した Alle seine Pläne sind zu Wasser geworden. ¦ Seine Pläne haben sich alle ergebnislos (fruchtlos) bewiesen.

りゅうさんだん 榴霰弾 Schrappnell *n.* -s, -e (-s); Schrappnell¦granate *f.* -n (-kugel *f.* -n)/榴霰弾の射撃 Schrappnellschuss *m.* -es, ¨e.

りゅうし 粒子 Partikel *f.* -n; Partikelchen *n.* -s, -《微粒子》.

りゅうしつ 流失する vom Strom〔e〕(von der Flut) weg¦gespült (fort-) (*od.* -gerissen; -geschwemmt; -getragen) werden.

リュージュ 〘運〙Rodel *m.* -s, -; Rodelschlitten *m.* -s, -.

りゅうしゅつ 流出 das Aus¦fließen* (-strömen*), -s; Ausfluss *m.* -es, ¨e; Ausströmung *f.* -en/正貨の流出 der Ausfluss des Metallgeldes (Hartgeldes) aus dem Land〔e〕/流出する aus¦fließen* (-|strömen) [s].

りゅうじょう 粒状の kornförmig; körnig; in ^{3}Kornform; granulär; granulös/粒状にする zerkörnern^{4}; granulieren^{4}.

りゅうず 竜頭 〔Aufzieh〕schraube *f.* -n; Aufziehknopf *m.* -〔e〕s, ¨e; Remontoir *n.* -s ‖ 竜頭巻時計 Remontoir¦uhr (Stellrad-) *f.* -en.

りゅうすい 流水 Fließwasser *n.* -s, -; das flileßende Wasser.

りゅうせい 隆盛 Gedeihen *n.* -s; das Florieren* (Prosperieren*), -s; das Empor¦kommen* (Vorwärts-), -s; Aufschwung *m.* -〔e〕s, ¨e《飛躍》; Aufstieg *m.* -〔e〕s, -e《興隆》/隆盛な gedeihend; gedeihlich; blühend; florierend; prosperierend; emporkommend (vorwärts kommend); aufschwingend; aufsteigend; in Blüte stehend/隆盛に赴く gedeihen* [s]; florieren; empor|kommen* (vorwärts kommen*) [s]; einen Aufschwung (Aufstieg) nehmen*; auf dem Weg〔e〕 zum Gedeihen sein/隆盛を極めている auf der Höhe des Gedeihens sein; in voller (höchster) Blüte sein (stehen*).

りゅうせい 流星 ❶ Stern¦schnuppe *f.* -n (-schuss *m.* -es, ¨e); Meteor *m.* -s, -e. ❷ [花火] Rakete *f.* -n.

りゅうせつ 流説 das falsche (haltlose) Gerücht, -〔e〕s, -e. ⇨**りゅうげん**.

りゅうぜつらん 竜舌蘭 Agave *f.* -n.

りゅうせんけい 流線型 Stromlinien¦form (Tropfen-) *f.* -en/流線型の stromlinienförmig (tropfenförmig); in ^{3}Stromlinienform/流線型にする eine Stromlinienform geben*^{3} ‖ 流線型自動車 Stromlinien¦wagen (Tropfen-) *m.* -s, - (*od.* -auto *n.* -s, -s).

りゅうぜんこう 竜涎香 Amber *m.* -s, -〔n〕; Ambra *f.* (*m.* (*n.*) -s).

りゅうそく 流速 Stromgeschwindigkeit *f.* -en ‖ 流速計 Stromgeschwindigkeitsmesser *m.* -s, -.

りゅうたい 流体 Flüssigkeit *f.* -en; Strömung *f.* -en ‖ 流体力学 Hydro¦dynamik *f.* (-mechanik *f.*).

りゅうだん 榴弾 Granate *f.* -n; Granatkugel *f.* -n ‖ 榴弾痕 Granattrichter *m.* -s, -/榴弾破片 Granat¦splitter *m.* -s, - (-stück *n.* -〔e〕s, -e)/榴弾砲 Haubitze *f.* -n/榴弾砲射撃 Granat¦feuer (Haubitzen-) *n.* -s, -.

りゅうだん 流弾 die verirrte Kugel, -n; der verlorene Schuss, -es, ¨e.

りゅうち 留置 Gewahrsam *m.* -〔e〕s, -e; Detention *f.* -en; Gefangenhaltung *f.* -en《拘留》; Haft *f.*《同上》/留置する in ^{4}Gewahrsam nehmen*《*jn*》; detenieren《*jn*》; gefangen halten*《*jn*》; in ^{3}Haft halten*《*jn*》‖ 留置権 Detentionsrecht *n.* -〔e〕s, -e/留置場 Gewahrsam; 〔Haft〕zelle *f.* -n.

りゅうちょう 流暢 Geläufigkeit *f.*; Sprach¦fertigkeit (Rede-) *f.* (*od.* -gewandtheit *f.*); Redefluss *m.* -es《能弁》. ── 流暢な(に) fließend; flüssig; geläufig; gewandt; perfekt/流暢な文章を書く in einem gewandten (klaren; leicht leserlichen) Stil〔e〕 schreiben*/流暢にドイツ語を話す fließend (flüssig; geläufig; gewandt; perfekt; ohne Stocken) Deutsch sprechen*; tadellos Deutsch beherrschen.

りゅうつう 流通 ❶ [貨幣の] Umlauf *m.* -〔e〕s, ¨e; Kurs *m.* -es, -e; Zirkulantion *f.* -en. ❷ [空気の] Lüftung *f.* -en; Ventilation *f.* -en; Luft¦wechsel *m.* -s, - (-erneuerung *f.* -en)/空気の流通がよい(わるい) gut (schlecht) gelüftet sein; eine gute (schlelchte) Lüftung haben/空気の流通をよくする einen Raum besser lüften (ventilieren); eine bessere Lüftung (Ventilation) bewirken (harvor|rufen*); frische Luft hereinkommen lassen*. ── 流通させる ❶ [貨幣を] umlaufen lassen*^{4}; in Umlauf bringen*^{4} (setzen^{4}). ❷ [空気を] lüften^{4}; ventilieren^{4}; 〔frische〕 Luft zu|führen《*in*^{4}》. ── 流通する um|laufen* [s]; in ^{3}Umlauf sein (stehen*); kursieren; im Kurs sein (stehen*); zirkulieren; in Zirkulation sein (stehen*). ‖ 流通貨幣 das umlaufende (kursierende; zirkulierende) Geld, -[e]s, -er; Umlaufs¦geld (-mittel *n.* -s, -; münze *f.* -n); das Geld in [3]Umlauf (im Kurse; in Zirkulation); Währung *f.* -en《通貨》/流通機構 Güter¦verteilungsmaschinerie (Waren-) *f.* -n/流通産業 Verteilungsindustrie *f.* -n/流通資本 das umlaufende (kursierende; zirkulierende) Kapital, -s, -e (..lien); Umlaufskapital/流通証券 Umlaufs¦papier *n.* -s, -e (-dokument *n.* -[e]s, -e)/流通性《手形などの》Verkäuflichkeit *f.*; Indossierbarkeit *f.*/流通手形 Umlaufswechsel *m.* -s, -; der Wechsel in Umlauf (im Kurs; in Zirkulation).

りゅうどう 流動 das Fließen* (Flüssigsein*; Im-Fluss-Sein*), -s. ── 流動する fließen* [s]; in (im) Fluss sein. ‖ 流動資産 das flüssige (bewegliche; umlaufende) Vermögen, -s/流動資本 das flüssige (bewegliche; umlaufende) Kapital, -s, -e (..lien); Umlauf[s]kapital/流動食 die flüssige Kost (Speise, -n)/流動性 Flüssigkeit *f.*; Fluidität *f.*; Liquidität *f.*; die flüssige Beschaffenheit (Natur)/流動体 Fluidum *n.* -s, ..da; der flüssige Köper, -s, -/流動(性)比率 Liquiditäts¦grad *m.* -[e]s, -e (-quote *f.* -n).

りゅうとうだび 竜頭蛇尾に終わる kräftig zu|packen[4], doch schlaff auf|geben*[4]; entschlossen drein|schlagen*, doch entmutigt nach|lassen*.

りゅうにゅう 流入 das Ein¦fließen* (Zu-), -s (*od.* -strömen*, -s); Ein¦fluss (Zu-) *m.* -es (*od.* -strömung *f.* -en); das Einmünden《川の》/外資の流入 der Zufluss (das Zufließen*; das Einströmen*) von (an) ausländischem Kapital/流入する ein|fließen* (zu|-) [s] (*od.* -|strömen [s]).

りゅうにん 留任 das Behalten*《-s》(das Nichtaufgeben*, -s) seines Amt[e]s (seines Postens; seiner Stellung); das [Ver-]bleiben*《-s》im Amt[e] (im Posten; in der Stellung). ── 留任する sein Amt (seinen Posten; seine Stellung) behalten* (nicht auf|geben*); im Amt[e] (im Posten; in der Stellung) [ver]bleiben* [s]. ‖ 留任運動 der Versuch《-[e]s, -e》, sein Amt (seinen Posten; seine Stellung) zu behalten (nicht aufzugeben); der Versuch, im Amte (im Posten; in der Stellung) zu [ver]bleiben.

りゅうねん 留年する sitzen bleiben* [s].

りゅうのう 竜脳〘薬〙Borneokampfer *m.* -s.

りゅうは 流派 Schule *f.* -n/古い流派の音楽家 ein Musiker《-s, -》[von] der alten Schule.

りゅうび 柳眉を逆立てる vor (aus) [3]Zorn die wohlgeformten weiblichen Augenbrauen hoch|ziehen*.

りゅうびじゅつ 隆鼻術 Rhinoplastik *f.* -en; die rhinoplastische Operation, -en.

りゅうひょう 流氷 Treibeis *n.* -es; das treibende (schwimmende) Eis; die treibende (schwimmende) Eismasse, -n; Eisberg *m.* -[e]s, -e《氷山》.

りゅうほ 留保 Vorbehalt *m.* -[e]s, -e; Reservation *f.* -en/…を留保して mit (unter) Vorbehalt[2] / 留保する vor|behalten*[4]《*jm*》; reservieren[4]《*jm*》; zurück|legen[4]《*jm* とっておく》.

りゅうぼく 流木 Treibholz *n.* -es, ⸚er/流木する Holz treiben* (flößen; hinab|schwemmen; triften) ‖ 流木場 Flößerei *f.* -en.

リューマチ Rheumatismus *m.* -, ..men; Rheuma *n.* -s《短縮形》/リューマチの rheumatisch/リューマチ様の rheumatoid/リューマチにかかっている Rheumatiker sein; einen rheumatischen Anfall haben; an [3]Rheumatismus (Rheuma) leiden*; vom Rheumatismus (Rheuma) befallen sein ‖ リューマチ患者 Rheumatiker *m.* -s, -; der Rheumatische*, -n, -n/リューマチ性疾患 Rheumatose (Reumatosis) *f.* ..sen/関節リューマチ Gelenkrheuma[tismus]/急性(慢性)リューマチ der akute (chronische) Rheumatismus; das akute (chronische) Rheuma/結核性リューマチ der tuberkulöse Rheumatismus; das tuberkulöse Rheuma.

りゅうよう 流用 die Verwendung《-en》zu einem anderen Zweck; Andersverwendung/流用する zu einem anderen Zweck[e] (anders) verwenden[(*)]/公金を流用する öffentliche Gelder《*pl*》unrechtmäßig (zu einem illegalen Zweck[e]) verwenden[(*)].

りゅうりゅう 粒々辛苦の im Schweiße seines Angesichts erworben (erarbeitet; verdient).

りゅうりゅう 隆々たる blühend; florierend; gedeihend; emporkommend; vorankommend; aufwachsend《増大する》; glanzvoll《輝かしい》/隆々たる名声 der glanzvolle (aufwachsende) Ruhm, -[e]s; die Höhe des Ruhm[e]s.

りゅうりょう 流量 Fluss *m.* -es, ⸚e; Strommenge *f.* -n ‖ 流量計 Strommesser *m.* -s, -.

りゅうりょう 嚠喨たる hell und laut [er]tönend (erschallend)/嚠喨と吹きならす hell und laut [er]tönen (erschallen) lassen* (blasen*[4]).

りゅうれい 流麗な flott und schön; flink und herrlich; glatt und elegant.

りゅうろ 流露 Ausfluss *m.* -es, ⸚e; Erguss *m.* -es, ⸚e《吐露》.

リュックサック Rucksack *m.* -[e]s, ⸚e;〘方〙Schnerfer *m.* -s, -.

りよう 俚謡 Ballade *f.* -n; Volkslied *n.* -[e]s, -er.

りよう 利用 Benutzung (Benützung) *f.* -en; Aus¦nutzung (-nützung)《搾取》; Auswertung *f.* -en《徹底的な》; Nutzanwendung *f.* -en《応用》; Nutzbarmachung *f.* -en; Verwertung *f.* -en/…を利用して mit (unter) [3]Benutzung (Benützung) von[3]/利用できる brauchbar. ── 利用する benutzen[4] (benützen[4]); aus|nutzen^4 (-|nützen^4); aus|werten^4; nutzbar machen^4; verwerten^4／人を利用する als Werkzeug benutzen (benützen)《*jn*》／人に利用される die Kastanien aus dem Feuer holen《für *jn*》／できるだけ機会を利用する möglichst viel aus einer Gelegenheit machen. ‖ 利用価値 Nutzwert *m*. -〔e〕s, -e／利用厚生 die Förderung der Volkswohlfahrt.

りょう 量 Menge *f*. -n; Quantität *f*. -en; Quantum *n*. -s, ..ten; die bestimmte (fixierte) Menge《定量》; die mäßige Menge《適量》／量を過ごす die mäßige Menge überschreiten*; übermäßig zu ^{3}sich nehmen*^{4}／食事の量を減らす weniger essen*^{4}; eine Entfettungskur machen／量より質 Qualität geht Quantität vor. ¦ Nicht vieles, sondern viel.／量を増して質を落とすことになった Die Zunahme an Quantität hatte die Abnahme an Qualität zur Folge.

りょう 寮《学校の》Studentenheim *n*. -〔e〕s, -e; Internat *n*. -〔e〕s, -e.

りょう 陵 Grab¦hügel (Erd-) *m*. -s, -; Grabmal *n*. -〔e〕s, -e (⸗er); der kaiserliche Grabhügel; Mausoleum *n*. -s, ..leen.

りょう 領〔Herrschafts〕gebiet *n*. -〔e〕s, -e; Besitz *m*. -es, -e; Domäne *f*. -n《御料地》; Leh〔e〕n *n*. -s《采邑》; Leh〔e〕ns¦besitz (-bezirk *m*. -〔e〕s, -e); Territorium *n*. -s, ..rien. ── 領する ein Gebiet (eine Domäne; einen Leh〔e〕nsbezirk; ein Territorium) regieren; über ein Gebiet (eine Domäne; einen Leh〔e〕nsbezirk; ein Territorium) herrschen; ein Gebiet besitzen*.

りょう 猟, 漁 ❶ [狩] Jagd *f*. -en; Jägerei *f*.; Birsch (Pirsch) *f*.《猟犬を伴う》; Hatz〔e〕 *f*. ..zen《同上》. ❷ [漁猟] Fischfang *m*. -〔e〕s; Fischerei *f*. ❸ [獲物]〔Jagd〕beute *f*. -n; Fang *m*. -〔e〕s; Zug *m*. -〔e〕s《魚の》／猟がある eine gute Beute (einen guten Fang) machen; einen geten Zug tun*《魚の》／猟が始まる Die Jagd geht auf (fängt an).／猟に出かける auf die Jagd gehen* [s]／猟をしている auf der Jagd sein／猟から帰る von der Jagd kommen* [s]／猟をする Jagd machen《*auf*^{4} 狙って》. ‖ 猟具 Jagd¦gerät (-zeug) *n*. -〔e〕s, -e／猟嚢(のう) Jagdtasche *f*. -n／猟場 Jagd¦bezirk *m*. -〔e〕s, -e (-gründe《*pl*》); Jägereien《*pl*》／猟馬 Jagdpferd *n*. -〔e〕s, -e.

りょう 良 gut《評点》／良をもらう die Note „gut“ bekommen*.

りょう 諒とする einverstanden sein《*mit*^{3}》; ^{4}sich einverstanden erklären《*mit*^{3}》; billigen^4; ein|gehen* [s]《*auf*^{4}》; gut|heißen*^{4}; ja sagen《*zu*^{3}》／とうとう私の意を諒とした Endlich hat er in meinen Plan eingewilligt.

りょういき 領域 Sphäre *f*. -n; Revier *n*. -s, -e; Gehege *n*. -s, -《囲内》. ⇨りょうぶん.

りょういん 両院 die beiden Häuser《*pl*》; das Ober- und Unterhaus, -es ‖ 両院協議会 das Verbindungskomitee《-s, -s》der beiden Häuser.

りょうえん 良縁 die gute Partie, -n; die wünschenswerte eheliche Verbindung, -en／良縁を求める ^{4}sich nach einer guten Partei um|sehen*; einen gut passenden Ehepartner finden wollen*.

りょうか 良貨 das gute (vollwertige) Geld, -〔e〕s, -er／悪貨は良貨を駆逐する Das schlechte (minderwertige) Geld vertreibt das gute (vollwertige).

りょうか 良家 ⇨りょうけ.

りょうか 寮歌 Lied《*n*. -〔e〕s, -er》des Studentenheims; Studentenlied *n*. -〔e〕s, -er ‖ 寮歌集 Kommersbuch *n*. -〔e〕s, ⸗er.

りょうが 凌駕する übertreffen*^{4}《*in*^{3}; *an*^{3}》; die Oberhand (Oberwasser) haben (bekommen*)《*über*^{4}》; in Schatten stellen^4; den Rang ab|laufen*^{3} [s]; überbieten*^{4}《*in*^{3}》; überflügeln^4《*in*^{3}》; überlegen^3 sein《*in*^{3}》; überragen^4《*in*^{3}》.

りょうかい 了解 Einverständnis *n*. ..nisses, ..nisse; Ein〔will〕igung *f*. -en; Einvernehmen *n*. -s; Übereinkommen *n*. -s; Übereinkunft *f*. ⸗e; Verständigung *f*. -en／…の了解を得て mit *js* ^{3}Einwilligung (Beistimmung; Zustimmung)／了解がつく zu einem Einverständnis kommen* (gelangen) [s]《mit *jm*》; einer Meinung sein; einig werden《mit *jm über*^{4}》; überein|kommen* [s] (-|stimmen)《mit *jm über*^{4}》／了解を得る *js* Einverständnis (Einwilligung; Verständigung) erlangen (erreichen; bekommen*)／了解を求める *js* Einverständnis (Einwilligung; Verständigung) zu erlangen (erreichen; bekommen) suchen; zu einem Einverständnis (einer Übereinkunft) zu kommen suchen. ── 了解する ein|verstehen*^{4} (-|willigen^4; -|vernehmen*^{4}).

りょうかい 領海 Territorial¦gewässer *n*. -s, - (-meer *n*. -〔e〕s, -e) ‖ 外国領海 das fremde Territorialgewässer／日本領海 das Territorialgewässer Japans.

りょうがえ 両替〔Geld〕wechsel *m*. -s, -; Ein¦wechs〔e〕lung (Um-) *f*. -en／両替店の会計台〔Geld〕wechseltisch *m*. -〔e〕s, -e. ── 両替する Geld〔ein|〕wechseln (um|-)《*gegen*^{4}》／五千円をドルに両替する 5000 Yen gegen Dollar〔ein|〕wechseln (um|-). ‖ 両替屋 [人]〔Geld〕wechsler *m*. -s, -; [店]〔Geld〕wechsel¦stube *f*. -n (-geschäft *n*. -〔e〕s, -e; -bank *f*. -en《銀行》);〔Geld-〕wechslerladen *m*. -s, ⸗／両替料 Wechselgebühr *f*. -en.

りょうがわ 両側 beide (die beiden) Seiten.

りょうかん 僚艦 Kamerad¦〔kriegs〕schiff (Geleit-) *n*. -〔e〕s, -e; Schwester〔kriegs〕schiff《姉妹艦》.

りょうかん 猟官 Ämter¦jagd (Stellen-) *f*. (*od*. -jägerei *f*.; -sucht *f*.) das Ämter¦jagen* (Stellen-), -s／猟官の nach Ämtern (Stellen) jagend (suchend) ‖ 猟官運動者 Ämter¦jäger (Stellen-) *m*. -s, -.

りょうがん 両岸 beide (die beiden)〔Fluss-〕ufer (Stromufer; Seeufer)《*pl*》／大西洋の両岸で auf〔den〕beiden Ufern des Großen Teichs (des Atlantiks; des Atlatischen Ozeans).

りょうがん 両眼 beide (die beiden) Augen

りょうき 猟期 Jagdzeit f. -en; Fischzeit《漁期》.

りょうき 僚機 Kamerad|flugzeug (Geleit-) n. -[e]s, -e (-maschine f. -n); Bruder|flug-zeug (-maschine)《兄弟機》.

りょうき 猟奇 der Hang (-[e]s) zur Groteske (zu etwas Absonderlichem)/猟奇的な grotesk; absonderlich; unnatürlich ‖ 猟奇心 die verkehrte Neugier[de]/猟奇心に駆られる人が少くない Es gibt nicht wenige Groteskenjäger./猟奇欲 die Sucht nach Groteske.

りょうき 量器 Messgerät n. -[e]s, -e; Messer m. -s, -.

りょうきょく 両極 die beiden Pole 《pl》‖ 両極端 die beiden äußersten Enden (Extreme) 《pl》/両極端は一致する Die beiden äußersten Enden berühren sich (einander). Die äußersten Gegensätze ziehen einander an.

りょうぎり 両切りの巻たばこ die Zigarette (-n)［ohne ⁴Filter (Mundstück)］.

りょうきん 料金 Gebühren 《pl》; Abgabe f. -n《公租》/料金を払う義務のある gebührenpflichtig/料金を取らずに ohne ⁴Gebühren (zu erheben); gratis; kosten|frei (-los); umsonst; unentgeltlich/料金を払う Gebühren 《pl》 zahlen (entrichten)/料金を取る Gebühren《pl》erheben*‖ 料金表 Gebühren|tabelle f. -n (-liste f. -n); -verzeichnis n. -nisses, -nisse); Tarif m. -s, -e/料金免除 Gebühren|erlass (-nachlass) m. -es, -e/料金免除の gebührenfrei; ohne ⁴Gebühren/郵便料金 Post|geld (Brief-) n. -[e]s, -er.

りょうくう 領空 Luftraum m. -[e]s, ⁼e ‖ 領空侵犯 Luftraumverletzung f. -en.

りょうぐん 両軍 beide (die beiden) Heere (Armeen)《pl》; beide (die beiden) Mannschaften《スポーツの》.

りょうけ 良家 die gute (achtbare; solide; unbescholtene; [wohl]anständige) Familie/良家の子女 die Kinder (Söhne und Töchter)《pl》einer guten Familie/良家の出である von einer guten Familie sein; aus einer guten Familie stammen.

りょうけい 良計 der gute Plan, -[e]s, ⁼e; das kluge Vorhaben, -s, -.

りょうけん 了見［考え］Gedanken m. -ns, -n; Idee f. -n; Anschauung f. -en; Auffassung f. -en; Meinung f. -en《所信》Absicht f. -en; Intention f. -en; Vorhaben. -s, -; Vorsatz m. -es, ⁼e; Wille[n] m. Willens, Willen《意志》; Zweck m. -[e]s, -e《目的》/了簡の悪い男だ Er handelt verkehrt./了簡してくれ Ich bitte dich um Entschuldigung (Verzeihung). ── 了簡違い ❶［考え違い］der falsche Gedanke[n]; die falsche Idee (Anschauung; Auffassung); Fehler m. -s, -;Irrtum m. -s, ⁼er; Lapsus m. -, -《錯誤》; Versehen n. -s, -. ❷［不心得］Fehltritt m. -[e]s, -e; das schlechte Benehmen (Betragen; Verhalten), -s; Unbesonnenheit f. -en《軽率》. ── 了簡違いをする ❶ einen falschen Gedanken (eine falsche Idee; Anschauung; Auffassung) haben; einen Fehler (Irrtum; Lapsus; ein Versehen) begehen* (machen*)⁴sich irren. ❷ einen Fehltritt tun*; ⁴sich schlecht benehmen* (betragen*; verhalten*); unbesonnen sein《軽率》; Unrecht tun*; unrichtig handeln.

りょうけん 猟犬 Jagd|hund (Hetz-; Spür-) m. -[e]s, -e; Rüde m. -n, -n.

りょうこう 良好な gut; erfolgreich; geglückt; günstig; gut geraten (ausgefallen, getroffen); hoffnungsvoll《有望な》; vielversprechend (viel versprechend)《見込みの多い》; vorteilhaft《有利な》/経過良好である glatt (gut; glücklich; ohne Zwischenfälle) verlaufen* ⓢ/成績良好である ein gutes Resultat (Ergebnis) haben (bekommen*); einen guten Erfolg haben (bekommen*); gut aus|fallen* ⓢ; eine gute Note (Zensur) bekommen* (erhalten*)《学校の》.

りょうさい 良妻 die gute (Haus)frau, -en; die treue Gattin, ..tinnen; eine Penelope ‖ 良妻賢母 die gute (Haus)frau (die treue Gattin) und weise Mutter/良妻賢母主義 der Grundsatz (-es)（das Prinzip, -s) der guten (Haus)frau (der treuen Gattin) und weisen Mutter.

りょうざい 良材 das gute Holz, -es, ⁼er《木材》; das gute Material, -s, ..lien《材料》; der gute (Roh)stoff (Werkstoff), -[e]s, -e《同上》; der tüchtige (brauchbare; fähige) Mensch, -en, -en《人》.

りょうさく 良策 der gute (kluge) Plan, -[e]s, ⁼e; die kluge Politik; das geschickte Vorgehen, -s.

りょうさつ 了察する berücksichtigen⁴; Rücksicht (Bedacht) nehmen* (auf⁴); in ⁴Betracht (Erwägung) ziehen*⁴/事情御了察下さい Wollen Sie bitte diesen Umständen Rechnung tragen!

りょうさん 量産 Massen|fabrikation (-fertigung; -produktion) f. -en; Serien|anfertigung (-fabrikation; -produktion) f. -en/量産する serien|weise fertigen⁴ (her|stellen⁴).

りょうし 猟師 Jäger m. -s, -; Jägersmann m. -[e]s, ..leute; Weidmann m. -[e]s, ⁼er; Fischer m. -[e]s, -《漁夫》.

りょうし 量子 Quant n. -s, -en; Quantenzahl f. -en ‖ 量子化学 Quantenchemie f./量子仮説 Quantenhypothese f. -n/量子軌道 Quantenbahn f. -en/量子収量 Quantenausbeute f./量子力学 Quantenmechanik f./量子論 Quantentheorie f.

りょうじ 療治 die [ärztliche] Behandlung, -en; Heilbehandlung; Kur f. -en; Operation f. -en《手術》/療治を受ける [ärztlich] behandelt werden; operiert werden《手術を》; eine [ärztliche] Behandlung (eine Kur) brauchen (nötig haben); ⁴sich einer Operation unterziehen*《手術名》. ── 療治する [ärztlich] behandeln (jn); kurieren (jn); operieren (jn); in [ärztliche] Behandlung nehmen* 《jn》; eine Operation vor|nehmen* 《an jm》. ‖ 荒療治 Pferdekur.

りょうじ 領事 Konsul *m.* -s, -e 《人》; Konsulat *n.* -(e)s/-e 《職》／領事の konsularisch ‖ 領事館 Konsulat *n.* -(e)s/-e／領事館員 das Mitglied (-[e]s, -er) eines Konsulat(e)s／領事館書記 Konsulatssekretär *m.* -s, -e／領事館官補 Konsulatsattaché *m.* -s, -s／総領事 Generalkonsul *m.* -s, -n 《人》／総領事館（職）／総領事館 Generalkonsulat *n.* -(e)s/-e／副領事 Vizekonsul *m.* -s, -n／名誉領事 Ehrenkonsul.

りょうしき 良識 der gesunde [Menschen-]verstand, -(e)s.

りょうしつ 良質 die gute Qualität (Beschaffenheit)／良質の von guter Qualität (Beschaffenheit) ‖ 良質品 Qualitätsware *f.* -n, -n.

りょうしゃ 寮舎 Studentenheim *n.* -(e)s, -e.

りょうしゅ 良種 Vollblut *n.* -(e)s; Vollblüter *m.* -s, -; das gute Zuchttier, -(e)s, -e 《種付の》‖ 良種馬 Vollblutpferd *n.* -(e)s, -e; das Pferd von [edler; guter; vornehmer] Rasse; das rassige Pferd.

りょうしゅ 領主 Leh(e)nsherr *m.* -n, -en.

りょうしゅう 領袖 Führer *m.* -s, -; die führenden Männer 《*pl*》／政党の領袖 die Führer (die führenden Männer) 《*pl*》 einer (politischen) Partei.

りょうしゅう 領収 Empfang *m.* -(e)s; Erhalt *m.* -(e)s; Erhaltung *f.* -en. —— 領収する empfangen*[4]; erhalten*[4]; bezahlt (quittiert) bekommen*[4]／金一万円正に領収しました Hiermit bestätige ich, dass ich 10000 (in Worten zehntausend) Yen empfangen (erhalten; bezahlt bekommen) habe. ‖ 領収者 Empfänger *m.* -s, -; Erhalter *m.* -s, -／領収証 Empfangsschein *m.* -(e)s, -e; Empfangsbescheinigung *f.* -en; Quittung *f.* -en／領収済 Bezahlt; Empfangen; Erhalten; Quittiert／領収通知 Empfangs|anzeige *f.* -n 《-bestätigung *f.* -en》.

りょうじゅう 猟銃 Jagd|gewehr *n.* -(e)s, -e 《-flinte *f.* -n, -n》.

りょうしょ 良書 das gute Buch, -(e)s, -̈er.

りょうしょう 良将 良 将 der [triegs]tüchtige Führer, -s, -; der kriegskundige General, -s, -e 《-̈e》.

りょうしょう 了承 了承する an|erkennen*[4] 《非分離にも用いる》; einverstanden sein 《mit[3]》; gelten lassen*[4]; zu|stimmen. ⇒しょうち（承知する）.

りょうじょう 猟場 Jagd|platz *m.* -es, -̈e 《-bezirk *m.* -(e)s, -e; -gebiet *n.* -(e)s, -e; -gründe 《*pl*》; -revier *n.* -s, -e》／猟場の番人 Jagd|hüter (Wild-) *m.* -s, -‖ 御猟場 das Kaiserliche Jagdgehege, -s, -; der Kaiserliche Wildpark, -s, -s.

りょうしょく 糧食 Proviant *m.* -(e)s, -e; Provision *f.* -en; Lebensmittel *n.* -s, - 《-Mundvorrat *m.* -(e)s; Ration *f.* -en 《軍当の》; Viktualien 《*pl*》; 《戯》Fressalien 《*pl*》／糧食を供する [ver]proviantieren 《*jn*》; mit Proviant (Lebensmitteln) versehen*[4] 《*jn*》.

りょうじょく 凌辱 ❶ 《侮辱》Beleidigung *f.* -en; Beschimpfung *f.* -en; Misshandlung *f.* -en; Insultation *f.* -en／凌辱を受ける eine Beleidigung (Beschimpfung; Misshandlung; Insultation) erdulden (ertragen*[4]; sich[3] gefallen lassen*[4]); über [4]sich ergehen lassen*[4]; unter einer Beleidigung (Beschimpfung; Misshandlung; Insultation) zu leiden haben. ❷ 《婦女暴行》Entehrung *f.* -en; Missbrauch *m.* -(e)s, -̈e; Schändung *f.* -en; Vergewaltigung *f.* -en; Entjungferung *f.* -en 《処女姦》; Schwächung *f.* -en 《同上》. —— 凌辱する 《侮辱》beleidigen 《*jn*》; beschimpfen 《*jn*》; misshandeln 《*jn*》; insultieren 《*jn*》. ❷ 《婦女暴行》entehren 《*jn*》; die Ehre rauben 《*jn*》; Gewalt an|tun*[4] 《*jn*》; missbrauchen 《*jn*》; schänden 《*jn*》; vergewaltigen 《*jn*》; entjungfern 《*jn* 処女姦》; schwächen 《*jn* 同上》.

りょうしん 両親 die Eltern 《*pl*》; Vater und Mutter／両親の愛 Elternliebe *f.*／両親を失う die Eltern (Vater und Mutter) verlieren*[4]; Eltern|loss werden; verwaist sein.

りょうしん 良心 Gewissen *n.* -s／良心上の事柄 Gewissens|sache *f.* -n 《-fall *m.* -(e)s, -̈e》／良心に忠実な, 良心的な gewissenhaft; mit gutem Gewissen／良心に恥じる行為 die schamlose (schändliche) Tat, -en; Schamlosigkeit *f.* -en; Schändlichkeit *f.* -en／良心の不安 Gewissens|bedenken *n.* -s 《-zwang *m.* -(e)s; -zweifel *m.* -s, -》／良心の自由 Gewissensfreiheit *f.*／良心の呵責（とが） Gewissens|angst *f.* 《-biss *m.* -es, -e 《ふつう *pl*》; -not *f.*; -pein *f.*; -qual *f.*; -wurm *m.* -(e)s, -̈e》／良心の命ずる所 der Befehl (-[e]s, -e) (der Ruf, -[e]s, -e; die Stimme, -n) des Gewissens／良心のない gewissenlos; ohne [alles] [4]Gewissen／良心の落ち着き Gewissensruhe *f.*／良心のために um des Gewissens willen／良心がない kein Gewissen haben; gewissenlos (ohne [alles] Gewissen) sein／良心に恥じない ein gutes (reines; ruhiges) Gewissen haben; nichts auf dem Gewissen haben／良心に背く gegen (wider) besseres [Wissen und] das Gewissen sein|tun, der [1]Stimme des Gewissens nicht folgen*[s]; den Anforderungen des Gewissens nicht entsprechen*／良心に訴える ins Gewissen reden 《*jm*》; [4]sich an *js* Gewissen wenden*[4]／aufs Gewissen fallen*[s] 《*jm*》; an *js* Gewissen appellieren／良心のやましさを感じる ein schlechtes (schlechtes) Gewissen haben; auf dem Gewissen haben*[4]; vom Gewissen gepeinigt (gequält) fühlen; Gewissensbisse 《*jm*》 fühlen／良心を麻痺させる sein Gewissen lähmen (betäuben; einschläfern lassen*[4])／それで良心はどうなんだ Wie ist es mit deinem Gewissen bestellt?／Ist das nicht gegen dein Gewissen?／Machst du dir kein Gewissen daraus, so zu handeln?

りょうせい 寮生 Pensionär *m.* -s, -e; Inter-

りょうせい 両性 die beiden Geschlechter (Genera) 《pl》/両性の zweigeschlechtig; bisexuell; zwitterhaft; zwittrig.

りょうせい 良性の〖医〗gutartig.

りょうせいるい 両棲類 die Amphibien《pl》; die Landwassertiere《pl》; die Lurche《pl》.

りょうたん 両端 beide (die beiden) Enden《pl》/両端を持す Wasser auf beiden Schultern tragen*; 〖俗〗'es mit keiner von beiden Seiten verderben wollen*. ⇨りょうはし.

りょうだん 両断する entzwei|schneiden*; in zwei Teile (Stücke) schneiden**/一刀両断の処置をとる kräftig zu|packen³ und rasch entscheiden**/ drastische Maßnahmen (Maßregeln)《pl》treffen** 《gegen》; bei der Entscheidung kein Zögern aufkommen lassen*; den gordischen Knoten zerhauen*.

りょうち 領地 ⇨りょうど.

りょうちょう 猟鳥 Jagdvogel m. -s, -.

りょうて 両手 beide (die beiden) Hände《pl》/両手ききの gleich geschickt mit beiden Händen; beidhändig; beide Hände gleich gut gebrauchend / 両手きの人 Beidhänder m. -s, -/両手に花 auf doppelte Weise beglückt sein; zwischen zwei schönen Damen sitzen*/両手を広げる beide Handteller öffnen 〖手のひらを〗.

りょうてんびん 両天秤にかける zweierlei Pläne haben; zwei Eisen (Bräute) (ein zweites Eisen) im Feuer haben; zwei Pläne〔zur Erreichung eines Zieles〕haben; unentschlossen bleiben*〖s〗/〖日和見〗/両天秤をかけると外れる 'Wer zwei Hasen zugleich hetzt, bekommt keinen.'

りょうど 領土〔Herrschafts〕gebiet (Hoheitsgebiet) n. -[e]s, -e; Territorium n. -s, ..rien; Domäne f. -/領土の territorial/領土の広い reich an 〔Herrschafts〕gebiet; länderreich / 領土を拡張する das〔Herrschafts〕gebiet erweitern (vergrößern)/王の領土は二に分割された Das Land (Gebiet) des Königs wurde in zwei Teile geteilt.
‖ 領土拡張政策 Territorialpolitik / 領土権 Territorialrecht n. -[e]s, -e / 領土侵略 der Raub 〔-[e]s, -e〕eines〔Herrschafts〕gebiet[e]s; Länderraub / 領土的野心, 領土欲 Länder|gier (-sucht) / 領土保全 die Aufrechterhaltung eines〔Herrschafts〕gebiet[e]s; die territoriale Sicherheit.

りょうとう 両刀 die beiden Schwerter (Degen; Säbel)《pl》‖ 両刀使い der zwei Schwerter (Degen; Säbel) führende Fechter, -s, -; der in zwei Dingen gleich Tüchtige*, -n, -n.

りょうどう 糧道 ‖ 敵の糧道を断つ dem Feind[e] den Nachschub〔-[e]s, -e〕(die Proviantzufuhr, -en) ab|schneiden*; die Hungerblockade verhängen〔über das feindliche Land〕.

りょうどうたい 良導体 der gute〔Wärme-〕leiter, -s, -.

りょうない 領内で(の) innerhalb des〔Herrschafts〕gebiet[e]s; Hoheitsgebiet; im Bereich[e]; auf dem Gebiet〔eines Landes〕.

りょうは 両刃の zweischneidig.

りょうはし 両端 beide (die beiden) Enden《pl》/両端に(で) an beiden Enden.

りょうひ 良否 Qualität f.; Beschaffenheit f.; Güte f.

りょうふう 涼風 der kühle (erfrischende) Wind, -[e]s, -e.

りょうぶた 両蓋の時計 Jagduhr f. -en; die Taschenuhr〔-en〕mit Deckel.

りょうぶん 領分 Machtbereich (Tätigkeits-; Wirkungs-) m. -[e]s, -e od. -kreis m. -es, -e); Domäne f. -/領土 Territorium n. -s, ..rien/領分を定める die Domäne (das Territorium; die Grenze) (die Größe) bestimmen (fest|legen; fixieren) / 領分争い Streit〔-[e]s, -e〕um Machtbereich; Territorialstreit m. -[e]s, -e/領分違い außerhalb des Machtbereichs liegen*; dem Machtkreis nicht an|gehen*.

りょうへいか 両陛下 Ihre Majestäten der Kaiser und die Kaiserin〖二人称として用いるときは Eure とする〗; Seine Majestät der Kaiser und Ihre Majestät die Kaiserin; Kaiserpaar n. -[e]s.

りょうほう 両方〖人〗beide*; 〖物〗beides*; 〔両者〕beide Parteien (Seiten); 〖否定〗keiner (keines) von beiden / 両方とも alle beide (alles beides) / 両方とも大切だ Beides ist wichtig. / 両方とも悪くない Keiner von beiden ist daran schuld. / 両方とも悪い道だ Der Weg ist in beiden Richtungen schlecht. / 両方とも譲らない Keine von beiden Parteien gibt nach.

りょうほう 療法 Kur f. -en; Heil|methode f. -n〔-verfahren n. -s〕; Therapie f. -n ‖ 飢餓(温泉)療法 Hungerkur (Badekur) / ショック療法 Schocktherapie.

りょうほう 良法 die gute Methode, -n; der wirksame Schritt, -[e]s, -e / 馬鹿退治の良法はない Gegen〔die〕Dummheit ist kein Kraut gewachsen.

りょうまつ 糧抹 Furage f.; Proviant〔m. -[e]s, -e〕(Mundvorrat m. -[e]s, ..räte) und Futter〔n. -s, -〕‖ 糧抹車 Furage|wagen (Proviant-) m. -s, -.

りょうみ 涼味 die erfrischende (erquickende) Kühle / 涼味ある飲物 Kühltrank m. -[e]s, -e; das kühle Getränk, -[e]s, -e; Schorle f. -n; 〖愛〗 Schorlemorle f. -n〔まれに n. -s, -s〕/ 緑陰で涼味を満喫する im grünen Schatten die Kühle völlig genießen*; *sich im Schatten grüner Bäume erfrischen (erquicken)/ ²Kühle in vollem Maße erfreuen.

りょうみん 良民 das ordnungsliebende (den Gesetzen gehorchende) Volk, -[e]s; der gute〔friedliche〕Bürger, -s, -.

りょうめん 両面 die beiden Seiten《pl》; Doppelseite f. -n; 〖比〗die zwei Gesichter《pl》; Doppelgesicht n. -[e]s, -er; Januskopf m. -[e]s, ..e/両面を観察する die beiden Seiten

りょうやく 良薬 Wundermittel n. -s, -; die wirksame (kräftige) Arznei, -en (Medizin, -en)/良薬は口に苦し ‚Gute Medizin schmeckt bitter'. ‚Ein bitterer Rat, ein wirksamer Rat'.

りょうゆう 両雄 die beiden Helden (Größen; Hauptfiguren; Kämpen; Löwen) 《pl》/両雄並び立たず Zwei Helden können nicht nebeneinander bestehen; ‚Zwei Hauptfiguren vertragen sich nicht.

りょうゆう 僚友 Kamerad m. -en, -en; Genosse m. -n, -n/Kollege m. -n, -n; Mitarbeiter m. -s, -.

りょうゆう 領有 Besitz m. -es; Besitznahme f. /...の領有に帰す in die Hände fallen⁵ [s] 《jm》; js 《jm zu》Besitz werden; den Besitzer wechseln; in js ⁴Besitz übergehen⁴ [s]; zulfallen⁵ 《jm》; angeschlossen werden⁴; einverleibt werden 《in⁴》. — 領有する besitzen*⁴; als Eigengut innelhaben*⁴ (in Händen haben⁴; sein Eigen nennen*⁴; herrschen 《über⁴》.

りょうゆう 良友 der gute (treue) Freund, -(e)s, -e; Busenfreund, -(e)s, -e 《親友》.

りょうよう 療養 (Heil)behandlung m. -en; Heilverfahren n. -s, -; Kur f. -en; Pflege f. -n/病気療養のため um die Gesundheit zu heilen (kurieren); zur Wiederherstellung seiner Gesundheit. — 療養する ⁴sich heilen (kurieren) lassen*; ⁴sich einer (Heil)behandlung unterziehen*; eine (Heil)behandlung (Kur) durchlmachen; seine Gesundheit wiederlherlstellen. ‖ 療養所 Heillanstalt f. -en (-stätte f. -n); Sanatorium n. -s, ...rien; Kranken|heim (Genesungs-) n. -(e)s, -e/自宅療養 Hausbehandlung; die Kur zu Hause.

りょうよう 両様 zwei(erlei) Weisen (Arten) 《pl》/両様に auf zwei(erlei) Weisen (Arten); in zwei(erlei) Weisen.

りょうよく 両翼 die beiden Flügel 《pl》/両翼をなす die beiden Flügel bilden (darlstellen; gestalten).

りょうり 料理 [調理] das Kochen* -s; Kocherei f.; Kochkunst f.; Küche f.; das Anrichten* (das Zubereiten*), -s; [調理品] Gericht n. -(e)s, -e; Kost f.; Speise f. -n; das Angerichtete⁴ (Zubereitete⁴), -n, -n/料理の火 Kochfeuer n. -s/料理のこつを知っている gut zu kochen verstehen*; ⁴sich auf das Kochen verstehen*《熟達》/料理がし上手である gut kochen. — 熟達する kochen⁴). ‖ 料理学校 Kochschule f. -n/料理台 Küchenltisch (Anrichte-) m. -(e)s, -e/料理道具 Koch|gerät (Küchen-) n. -(e)s, -e 《od. -geschirr》/料理人, Koch m. -(e)s, -e/Küchenmeister m. -s, - 《料理長》/料理場 Küche f. -n; Anrichte|zimmer n. -s, -/Küchenbulle m. -n, -n; Anrichter m. -s, -; Zubereiter m. -s, -; Küchenpersonal

-s, - 《総称的》/料理法 Kochkunst; die kulinarische Kunst/料理法の本 Kochbuch n. -(e)s, ¨er/料理屋 Gast|haus (Speise-; Wirts-) n. -es, ¨er; Gastlstätte f. -n (-wirtschaft f. -en); Restaurant n. -s, -s/料理用塩(砂糖) Kochsalz n. -es (Kochzucker m. -s, - 《pl は種類を示すとき》)/料理用ストーブ Kochofen m. -s, ¨/料理用スプーン Koch|löffel m. -s, - (-kelle f. -n)/一品料理 Eintopf m. -(e)s, ¨e; Eintopf|essen n. -s, -; -gericht n. -(e)s, -e/日本(西洋, 中国)料理 die japanische (europäische, chinesische) Küche (Speise, -n).

りょうりつ 両立 das Nebeneinander|bestehen* (Mit-; Zugleich-), -s 《od. -vorhandensein*, -s/das gleichzeitige Bestehen* (Vorhandensein*), -s; Koexistenz f.; Vereinbarkeit f. — 両立する nebeneinander (mit; zugleich) bestehen* (vorhanden sein); koexistieren; vereinbar sein 《mit³》/両立しがたい schwerlich (kaum) nebeneinander (mit; zugleich) bestehen (vorhanden sein) können*; schwerlich (kaum) koexistieren können*; schwerlich vereinbar sein 《mit³》.

りょうりょう 両々相俟(つ) ³Wechselbeziehung stehen*; aufeinander angewiesen (voneinander abhängig) sein; ‚Eine Hand wäscht die andere.'

りょうりん 両輪 die beiden Räder 《pl》 (an einem Wagen)/車の両輪の如し wie die beiden Räder an einem Wagen sein; ein Herz und eine Seele sein; gegenseitig (wechselseitig; reziprok) aufeinander angewiesen (voneinander) abhängig sein; wie die Kletten zusammenhängen.

りょかく 旅客 Fahr|gast (Flug-) m. -(e)s, ¨e; Passagier m. -s, -e; der Reisende*, -n, -n 《旅人》; Gast 《旅館の》. ‖ 旅客案内所 Auskunft f. -e; Auskunfts|büro (Informations-) n. -s, -s (od. -stelle f. -n)/旅客運賃 Fahr|geld n. -(e)s, -er (-gebühr f. -en; -preis m. -es, -e; -tarif m. -s, -e)/旅客係 der Auskunftsbeamte*, -n, -n/旅客機 Passagier|flugzeug (Verkehrs-) n. -(e)s, -e/旅客手荷物 Passagier|gepäck (Reise-) n. -(e)s, -e (od. -gut n. -(e)s, ¨er)/旅客手荷物預所 Gepäck|aufbewahrungsstelle f. -n(-annahme f. -n; -aufgabe f. -n)/旅客名簿 Passagier|liste f. -n/旅客輸送 Passagier|beförderung (Fahrgast-; Personen-) f. -en (od. -transport m. -(e)s, -e; -verkehr m. -s, -)/旅客列車 Personen|zug m. -(e)s, ¨e 《Güterzug 貨物列車 に対して》.

りょかん 旅館 Gast|haus n. -es, ¨er (-hof m. -(e)s, ¨e); Hotel n. -s, -s; Fremden|haus n. -es, ¨er/旅館の主人 Gasthausbesitzer (Gasthofs-) m. -s, -; Hotelier m. -s, -s; [Gast]wirt m. -(e)s, -e/旅館に泊まる in einem Gasthaus einlkehren [s] (ablsteigen* [s]; logieren; übernachten; Unterkunft finden*; wohnen)/旅館を営む ein Gasthaus führen.

りょきゃく 旅客 ⇨りょかく.

りょく 利欲 Gewinn|sucht (Hab-) f.; Habgier (Geld-) *f.* / 利欲が強い von der 〔schnöden〕 Sucht nach Vorteil getrieben werden; eine wahre Gier nach Gewinn haben / 利欲に目がくらむ [4]sich von Gewinnsucht (Habsucht) verblenden lassen*; Gewinnsucht (Habsucht) beraubt *jn* der [2]Einsicht.

りょくいん 緑陰 Laubschatten *m.* -s, -; der schattige (schattenreiche) Ort 《-〔e〕s, -e》 unter Bäumen.

りょくぎょく 緑玉 〖鉱〗 Smaragd *m.* -〔e〕s, -e.

りょくじゅ 緑樹 der grüne Baum, -〔e〕s, ⸚e.

りょくじゅほうしょう 緑綬褒賞 die Verdienstmedaille 《-n》 am grünen Band.

りょくち 緑地 die grüne Fläche, -n (Gegend, -en); der grüne Landstrich, -〔e〕s, -e ‖ 緑地帯 Grün¦streifen *m.* -s, - (-zone *f.* -n); Laubenkolonie *f.* -n 《大都会の》.

りょくちゃ 緑茶 der grüne Tee, -s.

りょくないしょう 緑内障 der grüne Star, -〔e〕s, -e; Glaukom *n.* -s, -e.

りょくひ 緑肥 Gründünger *m.* -s, -.

りょけん 旅券 〔Reise〕pass *m.* -es, ⸚e / 旅券の交付を申請する einen 〔Reise〕pass beantragen 《beantragte, beantragt》; [3]sich einen 〔Reise〕pass ausstellen lassen* / 旅券の期限を延長(更新)してもらう [3]sich einen 〔Reise-〕pass verlängern (erneuern) lassen* / 旅券を交付する einen 〔Reise〕pass aus|stellen 《*jm*》; mit einem 〔Reise〕pass versehen* 《*jn*》 / 旅券を検査する die Pässe kontrollieren (prüfen) / 旅券を提示する den Pass vor|zeigen 《*jm*》 / 旅券の期限がきれる(が無効になる) Der 〔Reise〕pass läuft ab (wird ungültig).

りょこう 旅行 Reise *f.* -n; das Reisen*, -s; Abstecher *m.* -s, - 《小旅行》; Ausflug *m.* -〔e〕s, ⸚e 《遠足》; Exkursion *f.* -en 《修学旅行》; Partie *f.* -n 《遊山》; Rundreise 《周遊》; Tour *f.* -en 《漫遊》; Wanderung *f.* -en 《徒歩旅行》 / 旅行好き Reiselust *f.*; Reiseonkel *m.* -s, - 《人》 / 旅行中である auf der Reise (auf [3]Reisen) sein / 旅行から帰る von einer (der) Reise zurück|kommen* [s] (zurück sein) / 旅行に出かける auf die Reise (auf [4]Reisen) gehen* [s]; ab|reisen [s]; eine Reise an|treten* / 旅行を企てる eine Reise planen (vor|bereiten). —— 旅行する reisen; eine Reise (einen Abstecher; Ausflug; eine Exkursion; Partie; Rundreise; Tour; Wanderung) machen. ‖ 旅行案内 Reise¦-〔hand〕buch *n.* -〔e〕s, ⸚er (-führer *m.* -s, -; -plan *m.* -〔e〕s, ⸚e); Baedeker *m.* -s, -; Kursbuch 《列車の時間表をのせた》 / 旅行家 Reiser *m.* -s, - 《大旅行者》; Tourist *m.* -en, -en 《漫遊者》; Globetrotter *m.* -s, - 《世界漫遊者》; Weltenbummler *m.* -s, - 《同上》 / 旅行かばん Reise¦tasche *f.* -n (-koffer *m.* -s, -; -sack *m.* -〔e〕s, ⸚e) / 旅行記 Reisebeschreibung *f.* -en / 旅行計画 Reiseplan *m.* -〔e〕s, ⸚e / 旅行社 Reisebüro *n.* -s, -s / 旅行者 der Reisende*, -n, -n / 旅行準備 die Vorbereitung 《-en》 zu einer Reise / 旅行損害保険 Reiseunfallversicherung *f.* -en / 旅行談 die Erzählung 《-en》 über eine Reise; Reisebericht *m.* -〔e〕s, -e / 旅行団体 Reisegesellschaft *f.* -en / 旅行手当 Reiseentschädigung *f.* -en / 旅行逗留先 Reiseaufenthaltsort *m.* -〔e〕s, -e / 旅行日記 Reisetagebuch *n.* -〔e〕s, ⸚er / 旅行日程 Reise¦route *f.* -n (-weg *m.* -〔e〕s, -e) / 旅行熱 Reisefieber *n.* -s, - / 旅行日和 Reisewetter *n.* -s, - / 旅行服 Reiseanzug *m.* -〔e〕s, ⸚e / 旅行目的地(先) Reiseziel *n.* -〔e〕s, -e / 旅行用小切手 Reisescheck *m.* -s, -s / 旅行用コート Reisemantel *m.* -s, ⸚ / 旅行用地図 Reisekarte *f.* -n / 旅行用品 Reise¦bedarf *m.* -〔e〕s (-besteck *n.* -〔e〕s, -e; -necessaire *n.* -s, -s) / 保養(海上, 観光, 研究, 外国, 空中, 休暇, 商用, 徒歩)旅行 Erholungs¦reise (See-, Vergnügungs-, Studien-, Auslands-, Luft-, Urlaubs-, Geschäfts-, Fuß-).

りょしゅう 旅愁 die Melancholie 《-n》 der Reise; die wehmütige Reise, -n.

りょじょう 旅情を慰める von den Eintönigkeiten einer Reise ab|lenken; die eintönige Stimmung während einer Reise unterbrechen* (auf|lockern).

りょそう 旅装 Reise¦anzug *m.* -〔e〕s, ⸚e 《服》 (-ausrüstung *f.* -en 《装備》) / 旅装を整える eine Reise vor|bereiten; Vorbereitungen zu einer Reise treffen*; [4]sich zu einer Reise fertig machen; [4]sich mit nötigem Reisebedarf versehen*.

りょだん 旅団 Brigade *f.* -n / 旅団を編成する eine Brigade auf|stellen ‖ 旅団長 Brigade¦chef *m.* -s, -s (-general *m.* -s, -e (⸚e); -kommandeur *m.* -s, -e); Brigadier *m.* -s, -s / 混成旅団 die gemischte Brigade.

りょっか 緑化 Aufforstung *f.* -en; 〔Wieder-〕anpflanzung *f.* -en ‖ 緑化運動 Aufforstungs¦bewegung (〔Wieder〕anpflanzungs-) *f.* -en.

りょてい 旅程 die zurückgelegte Strecke, -n (Entfernung, -en) 《既に通った》; die zurückzulegende Strecke (Entfernung) 《予定の》; Reise¦route *f.* -n (-strecke; -weg *m.* -〔e〕s, -e).

りょひ 旅費 Reise¦kosten (-gelder; -spesen) 《*pl*》.

リラ 〖植〗 der 〔spanische〕 Flieder, -s, -; Lila〔k〕 *m.* -s, -s.

りりく 離陸 Abflug *m.* -〔e〕s, ⸚e; Aufstieg *m.* -〔e〕s, -e; Start *m.* -〔e〕s, -s 《以上飛行機の》; das In-See-Stechen*, -s 《船の》 / 離陸する ab|fliegen* [s]; auf|steigen* [s]; starten [s]; in [4]See stechen* [s] / 機はたちまち離陸した Das Flugzeug ist im Nu vom Boden losgekommen.

りりしい 凜々しい schneidig; kraftvoll; mannhaft; mutig; voll〔er〕 Mut.

りりつ 利率 Zinsfuß *m.* -es, ⸚e / 高い(低い)利率で zu einem hohen (niedrigen) Zinsfuß / 利率を上げる(下げる) den Zinsfuß erhöhen (erniedrigen) ‖ 銀行(市場)利率 Bank¦zinsfuß (Markt-) / 法定(契約)利率 der gesetzliche (vertragsmäßige) Zinsfuß.

リリヤン Lilygarn *n.* -〔e〕s, -e.

リレー Staffel¦lauf *m.* -〔e〕s, ⸚e / 四百メートル

りれー der Viermalhundertmeterstaffellauf.

りれき 履歴 Lebenslauf *m.* -(e)s, ⸚e 《-geschichte *f.* -n》/ Vorleben *n.* -s 《前歴》/履歴が悪い einen schlechten Lebenslauf hinter sich haben; von schlechter Lebensgeschichte sein /履歴のよい人 ein Mensch 《*m.* -en, en》, der auf ein gutes Vorleben zurückblicken kann; ein Mensch mit guter Lebensgeschichte (Vergangenheit) /履歴書 Curriculum Vitae *n.* - -, ..la -; Lebenslauf.

りろ 理路整然たり folgerecht (folgerichtig; konsequent) sein /彼は理路整然と述べ立てた Er redete ganz logisch und zusammenhängend.

りろん 理論 Theorie *f.* -n/理論上 theoretisch; in der Theorie/理論的 theoretisch; der Theorie gemäß/理論と実際 Theorie und Praxis /理論家 Theoretiker *m.* -, -.

りん 燐 Phosphor *m.* -s 《記号: P》‖ 燐中毒 Phosphorvergiftung *f.* -en.

りん 鈴 Klingel *f.* -n; Glöckchen *n.* -s, -; Schelle *f.* -n; Zugglocke *f.* -n 《引き紐のついた》/鈴を鳴らす klingeln; schellen; die Glocke rühren《鈴を押す》; auf den Klingelknopf drücken.

りん 隣 Nachbarhaus *n.* -es, ⸚er; das nächste Haus; das Haus nebenan.

りんか 燐火 ⇒りんこう(燐光).

りんが 臨画 Nachzeichnung *f.* -en; Kopie *f.* -n.

りんかい 臨海 an der See (Küste) gelegen; am Meer; Küsten-; Strand- ‖ 臨海学校 Strandschule *f.* -n/臨海実験所 Strandlaboratorium *n.* -s, ..rien 《-versuchsanstalt *f.* -en》/臨海実習 die praktische Übung 《-en》am Strand.

りんかい 臨界圧力 der kritische Druck, -(e)s, ⸚e ‖ 臨界温度 die kritische Temperatur, -en/臨界角 Grenzwinkel *m.* -s, -/臨界高度 die kritische Höhe, -n/臨界状態 der kritische Zustand, -(e)s, ⸚e/臨界点 der kritische Punkt *m.* -(e)s, -e.

りんかいせき 燐灰石 《鉱》 Apatit *m.* -es, -e.

りんかく 輪郭 Umriss *m.* -es, -e; Außenlinie (Grenz-; Umriss-) *f.* -n; Kontur *f.* -en/輪郭のはっきりした klar (deutlich; genau) umrissen; scharf geschnitten /輪郭を描く die (äußeren) Linien zeichnen《zeichnen》; umreißen*[4]*; konturieren*[4]*; in kurzen Zügen darstellen*[4]* (entwerfen*[4]*) /輪郭をつける mit Umrissen versehen*[4]* /輪郭地図 Umrisskarte *f.* -n.

りんがく 林学 Forstkunde *f.* (-wissenschaft *f.*) ‖ 林学者 der Forstkundige*, -n, -n 《-wissenschaftler *m.* -s, -》/林学博士 Doktor 《*m.* -s, -en》der Forstkunde (Forstwissenschaft).

りんかんがっこう 林間学校 Waldschule *f.* -n; die Campingschule; die Sommerschule im Wald(e).

りんき 臨機《応変》 aus dem Stegreif gemacht; aus dem Boden gestampft; extemporiert; improvisiert《即興の》; opportun 《日和見的な》; wetterwendisch《定見のない》; proteusartig《千変万化する》/臨機応変の才 die Begabung 《-en》, sich in die jeweiligen Umstände zu fügen; die rasche Anpassungsfähigkeit, -en /臨機の処置 die behelfsmäßigen Maßnahmen 《*pl*》; Notlösung *f.* -en《間にあわせの解決》‖ 臨機応変主義 Opportunismus *m.* -; Mantelträgerei *f.* -en/臨機応変主義の人 Opportunist *m.* -en, -en; Mantelträger *m.* -s, -.

りんぎょう 林業 Forstwirtschaft *f.* -en 《-wesen *n.* -s》‖ 林業試験場 die Versuchsanstalt 《-en》 《das Laboratorium, -s, ..rien》 für Forstwesen.

りんきん 淋菌 Gonokokkus *m.* -, ..kokken.

リンク 《ゴルフ》 Golfplatz *m.* -(e)s, ⸚e /《スケート》 Schlittschuhbahn *f.* -en.

りんげつ 臨月 der Monat 《-(e)s, -e》 der Niederkunft/臨月に近い der Niederkunft entgegensehen*; den Gebärenabe nahe sein.

リンゲルちゅうしゃ リンゲル注射 die Injektion (Einspritzung) 《-en》 von Ringer-Lösung.

りんけん 臨検 Durchsuchung *f.* -en 《-schnüffelung *f.* -en; -stöberung *f.* -en》; Untersuchung *f.* -en; Visitation *f.* -en; Fahndungsstreife *f.* -n 《警察の手入れ》; Razzia *f.* -s 《..zien》 《同上》. ― 臨検する durchsuchen*[4]*; durchschnüffeln*[4]*; durchstöbern*[4]*; untersuchen*[4]*; visitieren*[4]*; eine Fahndungsstreife (Razzia) machen (unternehmen*) 《警察が手入れる》. ‖ 臨検官 der Untersuchungsbeamte*, -n, -n; Visitator *m.* -s, -en/臨検税関室 der durchsuchende (visitierende) Zollbeamte*, -n, -n/臨検捜索権 Durchsuchungsrecht (Untersuchungs-) *n.* -(e)s, -e.

りんご 林檎 Apfel *m.* -s, ⸚; Apfelbaum *m.* -(e)s, ⸚e 《木》 ‖ りんごケーキ Apfelkuchen *m.* -s, -/りんご酸 Apfelsäure *f.* -n/りんご酒 Apfelmost *m.* -es, -e 《-trank *m.* -(e)s, ⸚e; -wein *m.* -(e)s, -e》/りんごパイ Apfelstrudel *m.* -s, -.

りんこう 燐光 das phosphoreszierende Licht, -(e)s, ⸚er; Phosphoreszenz *f.* -en/燐光を発する phosphoreszieren ‖ 燐光体 der phosphoreszierende Körper -s, -.

りんこう 輪講する der Reihe nach auslegen*[4]* (ausdeuten*[4]*; interpretieren*[4]*).

りんこうせん 臨港線 Hafenbahn *f.* -en/臨港線の列車 Hafenbahnzug *m.* -(e)s, ⸚e.

りんこうせき 燐鉱石 Phosphatstein *m.*

りんごく 隣国 Nachbarland *n.* -(e)s, ⸚er 《-staat *m.* -(e)s, -en》; das benachbarte Land; der benachbarte Staat.

りんさく 輪作 Fruchtfolge *f.* -n 《-wechsel *m.* -s, -》/輪作畑 Wechselfeldbau *m.* -(e)s.

りんさん 燐酸 《化》Phosphorsäure *f.* -n/含燐酸の phosphorig /燐酸塩 Phosphat *n.* -(e)s, -e/燐酸石灰 der phosphorsaure Kalk, -(e)s, -e/燐酸ソーダ die (das) phosphorsaure Soda 《*n.* のとき -s》/燐酸肥料

Phosphatdünger *m.* -s, -.

りんじ 臨時 einst|weilig (zeit-); außer|gewöhnlich (-ordentlich); provisorisch; temporär; vorläufig; vorübergehend; [Aus]hilfs-; Behelfs-; Extra-; Not-/臨時にこうしておこう Zur Not soll das so bleiben. ‖ 臨時閣議 die außergewöhnliche Kabinettssitzung; -, -en; der außergewöhnliche Kabinettsrat, -[e]s/臨時休業 Extra|arbeitsruhe (Sonder-) *f.* -, -ruhetag *m.* -[e]s, -e; die zeitweilige (vorübergehende) Arbeitseinstellung, -en/臨時国会 Extra|parlamentssitzung (-session *f.* -, -en)/臨時歳出(歳入) Extra|staatsausgaben (Sonder-) *(pl)* *od.* -staatseinkünfte *(pl)*/臨時試験 Extra|examen *n.* -s, (..mina)/Sonderprüfung *f.* -, -en/臨時仕事 die zeitweilige (vorübergehende) Arbeit, -en; Gelegenheitsarbeit *f.* -, -en/臨時収入 Extra|einkommen *n.* -s, -/臨時政府 die provisorische Regierung, -en/臨時総会 Extra|plenarsitzung (-vollversammlung *f.* -en)/臨時増刊 Extra|nummer (Sonder-) *f.* -, -n; Extraausgabe *f.* -, -n (新聞の)/臨時費 Extra|ausgaben (Sonder-) *(od.* -kosten) *(pl)*/臨時雇(仕事) Gelegenheitsbeschäftigung *f.* -, -en; Extraarbeit *f.* -, -en; [人] der Gelegenheitsbeschäftigte*, -n, -n; Extra|arbeiter *m.* -s, -/臨時列車 Extra|zug (Sonder-) *m.* -[e]s, ¨e.

りんしつ 隣室 Neben|zimmer (Nachbar-) *n.* -s, - ; das Zimmer ⟨-s, -⟩ nebenan.

りんじゅう 臨終 Todes|stunde (Sterbe-) *f.* -, -n; die letzte Stunde, -n/臨終に sterbend; auf dem Totenbett[e]; beim Sterben (Hinscheiden; Tod[e]); in der Todesstunde (Sterbestunde); von hinnen gehend (scheidend).

りんしょうてき 臨床的 klinisch ‖ 臨床医 Kliniker *m.* -s, -/臨床講義 Klinik *f.* -, -en.

りんしょう 輪唱 Rundgesang *m.* -[e]s, ¨e/輪唱する im Rundgesang singen**.

りんじょう 臨場 Anwesenheit *f.*; [Da]bei|sein *n.* -s; Besuch *m.* -[e]s; Erscheinung *f.*; Gegenwart *f.*/臨場の警官 der anwesende (beiwohnende) Polizist, -en, -en/どうぞ御臨場の栄を賜わらん事を Erfreuen Sie uns bitte mit Ihrer kostbaren Gegenwart. ― 臨場する anwesend sein; dabei sein; besuchen⁴; erscheinen* ⓢ; gegenwärtig sein ⟨*bei³*⟩; seine Gegenwart schenken ⟨*jm* 臨場の栄を与える⟩/彼はどうしても臨場したがっている Er will unter allen Umständen mit dabei sein.

りんじょう 鱗状の schuppen|artig (-förmig); schuppig.

りんじょうかん 臨場感 Gefühl ⟨*n.* -[e]s, -e⟩, wirklich dabei zu sein (mitten drin zu sein)/臨場感のある mit richtiger Konzertsaal-Atmosphäre 〔音楽の場合〕/このステレオは臨場感がある Mit diesem Stereo fühlen wir uns wie im Konzertsaal.

りんしょく 各嗇 Knauserei *f.* -, -en; Geiz *m.* -es, -. ⇨けち.

りんじん 隣人 Nachbar *m.* -s ⟨-n⟩, -n; der Nächste*, -n, -n; Nebenhausbewohner *m.* -s, -; Zimmernachbar (隣家の人); Nachbarschaft *f.* -, -en (総称); Nachbarsleute *(pl* 同上*)*; die Anlieger *(pl* 同上*)*/隣人の誼 die gute Nachbarschaft; Nächstenliebe *f.* -, - (隣人愛).

リンス Haarspülmittel *n.* -s, -.

りんず 綸子 der gemusterte Satin, -s, -s.

りんせい 林政 Forst|politik *f.* -, -en (-verwaltung *f.* -, -en).

りんせき 臨席 Anwesenheit *f.*; Beisein *n.* -s; Gegenwart *f.*; Teilnahme *f.*; Überwachung *f.* -, -en/臨席の anwesend (gegenwärtig) sein; dabei sein; teil|nehmen* ⟨*an³*⟩; überwachen⁴. ‖ 臨席警官 der überwachende Polizeibeamte*, -n, -n.

りんせつ 隣接の benachbart; angrenzend; anliegend; anstoßend; nah[e]; in nächster Nähe befindlich ‖ 隣接町村 die benachbarten Ortschaften *(pl)*; die Ortschaften in der Umgebung.

りんせん 臨戦 die Teilnahme an einem Krieg (einer Schlacht). ― 臨戦する an einem Krieg (einer Schlacht) teil|nehmen*; an der Front sein. ‖ 臨戦準備 die Vorbereitung ⟨-, -en⟩ zu einer Operation; 臨戦地域 Kriegs|zone (Schlacht-) *f.* -, -n; das unter dem Kriegsrecht stehende (im Kriegszustand befindliche) Gebiet, -[e]s, -e.

りんち 隣地 das anstoßende Grundstück, -[e]s, -e.

リンチ das Lynchen, -s; Lynchjustiz *f.* -, -/リンチを加える lynchen ⟨*jn*⟩/リンチを受ける gelyncht werden.

りんてん 輪転 Umdrehung *f.* -, -en; Rotation *f.* -, -en ‖ 輪転機 Rotationsmaschine *f.* -, -n.

りんどう 林道 Waldweg *m.* -[e]s, -e.

りんどく 輪読 das Lesen* ⟨-s⟩ in einer bestimmten Reihenfolge; das abwechselnde Lesen* *n.* -s, -/輪読する in einer Reihenfolge lesen*; abwechselnd lesen**.

りんね 輪廻 Metempsychose *f.* -, -n; Seelenwanderung *f.* -, -en.

リンネル Leinen *n.* -s, -; Linnen *n.* -s, -; Leinwand *f.*/リンネルの下着 Leinenwäsche *f.* -/die leinenen Unterkleider *(pl)*.

リンパ Lymphe *f.* -, -/リンパ性の lymphatisch ‖ リンパ管〔解〕Lymphgefäß *n.* -es, -e/リンパ性体質(腺病質)die lymphatische Konstitution/リンパ腺〔解〕Lymphdrüse *f.* -, -n/リンパ腺炎 lymphadenitis *f.* -, ..tiden; Lymphdrüsenentzündung *f.* -, -en.

りんばつ 輪伐 die abwechselnde (teilweise) Abholzung, -, -en.

りんばんせい 輪番制 Kreislaufsystem *n.* -s, -e; das System, in dem einer nach dem anderen an die Reihe kommt.

りんびょう 淋病 Gonorrhöe *f.* -, -n; Tripper *m.* -s, -/ Armen|pflege *f.* -.

りんむかん 林務官 Förster *m.* -s, -; der Forstbeamte*, -n, -n.

りんや 林野 Wald und Feld, des - und -[e]s; Waldung und Gefilde, der - und -[e]s. ‖ 林野庁 das Verwaltungsamt ⟨-[e]s, ¨er⟩

りんらく 淪落 [Sitten]verderbnis f. ..nisse; Sitten|verfall m. -[e]s, Verderbtheit f.; Demoralisation f. -en/淪落の女 der gefallene Engel, -s, -; das gefallene Mädchen, -s, -; die verderbte Frau, -, -/淪落の淵に沈む ⁴sich in den Abgrund der [Sitten-]verderbnis stürzen; in die [sittlich] verderbte Gesellschaft geraten* ⓢ. — 淪落する sittlich verderben* (verfallen*) ⓢ.

りんり 倫理 Moral f. -en; Sittlichkeit f.; 倫理的 ethisch; sittlich; Sitten- ‖ 倫理学 Ethik f.; Sittenlehre f./倫理学者 Ethiker m. -s, -/倫理学 m. -s, -/倫理的批判 die ethische Kritik, -en; die Kritik vom Standpunkt der Sittenlehre aus/実践倫理 die praktische Ethik.

りんりつ 林立した dicht beieinander (aneinander) stehend; einen Wald darstellend (bildend) 《von³ マスト・煙突など》/林立する dicht beieinander (aneinander) stehen*; einen Wald dar|stellen (bilden)/港内にはマストが林立していた Im Hafen lag Schiff an Schiff. ¦ Man erblickte im Hafen einen Wald von Masten.

りんりん りんりんと鳴る bimmeln; klingeln; kling, klang! läuten.

りんりん 凛々 ¶ 勇気凛々たる schneidig; beherzt; mut|erfüllt (-voll); voll Mut; kuragiert.

りんれつ 凛烈な grimmig; beißend; schneidend/凛烈な寒気 die grimmige (beißende; schneidende) Kälte.

る

ルアー Köder m. -s, -.

るい 類 ❶ [種類] Art f. -en; Sorte f. -n; Gattung f. -en 《属》; Genus n. -, ..nera 《類》; Geschlecht n. -[e]s, -er; Klasse f. -n 《網》; Ordnung f. -en 《目》. ❷ [近似] Parallele f. -n; Äquivalent n. -[e]s, -e; Seiten|stück (Gegen-) n. -[e]s, -e; Artgenosse m. -n, -n 《同性質者》/類のない beispiellos; bahnbrechend; einmalig; nur einmal vorhanden; einzigartig; einzig in seiner Art; nicht dagewesen/類を以て集る ,Gleich und gleich gesellt sich gern.' Verwandtes ruft seinesgleichen.

るい 累 Unannehmlichkeit f. -en; Komplikation f. -en; Schererei f. -en; Schwierigkeit f. -en; Verdrießlichkeit f. -en; Verwicklung f. -en/他に累を及ぼす einen anderen in ⁴Unannehmlichkeiten (hinein)verwickeln; einem anderen Unannehmlichkeiten zu|fügen (bereiten; verursachen); einen anderen mit Scherereien quälen.

るい 塁 ❶ [城の] Brustwehr f. -en, Dieustung f. -en; (Festungs)wall m. -[e]s, ⸚e. ❷ [野球の] (Lauf)mal n. -[e]s, -er ‖ 塁審 der Schiedsrichter (-s, -) an einem Mal[e]/一[二, 三]塁 das erste (zweite, dritte) Mal/本塁 Schlagmal.

るいか 類化 Assimilation f. -en; Assimilierung f. -en; Angleichung f. -en/類化する ⁴sich assimilieren³; ⁴sich an|gleichen (an⁴).

るいか 累加 Anhäufung f. -en; Akkumulation f. -en; Ansammlung f. -en/累加する ⁴sich an|häufen; ⁴sich akkumulieren; ⁴sich an|sammeln; ⁴sich steigernd zu|nehmen*; progressiv zu|nehmen*.

るいく 類句 die sinnverwandte Redensart (-, -en) (Redewendung, -en); die synonymische Phrase, -en.

るいけい 累計 Gesamt|betrag (Total-) m. -[e]s, ⸚e (od. -summe f. -n).

るいけい 類型 Typus m. -, ..pen; Typ m. -s, -en; Grundform f. -en.

るいご 類語 Synonym n. -s, -e; das sinn|verwandte (-gleiche) Wort, -[e]s, ⸚er ‖ 類語辞典 das synonymische Wörterbuch, -[e]s, ⸚er.

るいじ 類似(点) Ähnlichkeit f. -en; Analogie f. -n; Gleichartigkeit f. -en; Verwandtschaft f. -en/類似の ähnlich³; analog(isch)³; gleichartig 《mit³》; verwandt 《mit³》. — 類似する ähnlich (analog(isch))³ sein; ähneln³; ³sich ähnlich sehen*; Ähnlichkeit haben 《mit³》; aus|sehen* 《wie》; erinnern 《an⁴》; gemahnen 《an⁴》; gleichartig sein 《mit³》; nach|arten³ (-|schlagen*³) ⓢ; verwandt sein 《mit³》.

るいしょ 類書 dergleichen Bücher 《pl》; Bücher 《pl》 dieser Art.

るいしょう 類焼 das von einem Brand Erfasstwerden*, -s/類焼を免れる von einem Brand verschont bleiben* ⓢ; nicht unter einem Brand gelitten haben ‖ 類焼家屋 das von einem Brand [mit] erfasste Haus, -es, ⸚er/類焼者 der von einem Brand Erfasste*, -n, -n; die das Opfer (-s, -) eines Brand[e]s.

るいじょう 累乗 Potenz f. ❖aⁿ ist a hoch n, n-te Potenz von a, または a zur n-ten (Potenz) と読む.

るいしん 累進 die stufenweise erfolgende Beförderung, -en; das progressive Auf|rücken*, -s/累進する stufenweise (von einem Amt zum höheren) befördert werden; ein progressives Aufrücken erleben; in eine immer höhere Stellung empor|kommen* ⓢ ‖ 累進課税 das progressive Besteuerungsverfahren, -s, -/累進税 die

progressive Steuer, -n; Progressivsteuer.
るいじんえん 類人猿 Anthropoid *m.* -en, -en; Menschenaffe *m.* -n, -n.
るいすい 類推 Analogie *f.* -n; Anlehnung *f.* -en/類推して nach Analogie《*von*³》; ⁴sich anlehnend《*an*⁴》/類推する analogisieren⁴; ⁴sich an|lehnen《an etwas Ähnliches》.
るいする 類する ähneln³; ähnlich³ sein (aus|sehen*³); nach|geraten*³ [s]; 〔von〕 ähnlicher Art sein.
るいせん 涙腺〘解〙Tränendrüse *f.* -n.
るいだい 累代 die aufeinander folgenden Generationen《*pl*》; Generation〔en〕 auf Generation〔en〕.
るいねん 累年 die aufeinander folgenden Jahre《*pl*》; jahraus, jahrein; ein Jahr um andere.
るいはん 累犯 Rückfall *m.* -〔e〕s, ⸚e/累犯加重の原則 das Prinzip der Straferschwerung (Strafverschärfung) im Rückfall.
るいべつ 類別 Einstufung *f.* -en; Klassifikation *f.* -en/類別する ein|stufen⁴《*in*⁴》; klassifizieren⁴《*in*⁴》.
るいらん 累卵の危きにある wie ein Haufen Eier jeden Augenblick zusammenstürzen können*; ⁴sich einer drohenden Gefahr ausgesetzt sehen*.
るいるい 累々〔として〕 aufeinander gehäuft (geschichtet; gestapelt; getürmt); haufenweise; in hellen Haufen/死屍累々として町を埋めた Auf den Straßen lagen Leichen in dichten Mengen.
るいれい 類例 Analogon *n.* -s, ..ga; der ähnliche Fall, -〔e〕s, ⸚e; das ähnliche Beispiel, -〔e〕s, -e/類例のない beispiellos; einmalig; einzig dastehend; einzig in seiner Art; ohnegleichen.
るいれき 瘰癧〘医〙Skrofulose *f.* -n; Skrofel *f.* -n/瘰癧の skrofulös; an³ Skrofeln erkrankt.
ルーズ ルーズな人 der lose (frivole; lockere; leichtfertige) Mensch, -en, -en.
ルーズリーフ Loseblattbuch *n.* -〔e〕s, ⸚er; Schnellhefter *m.* -s, -《バインダー》‖ ルーズリーフノート Ring|buch (Loseblätter-) *n.* -〔e〕s, ⸚er.
ルート Route *f.* -n; Weg *m.* -〔e〕s, -e/正規のルートで auf dem legalen Wege 〔der Verteilung〕/闇ルートで durch ⁴Schieberei; 〘俗〙 hinten 〔he〕rum/正規のルートに乗せる auf den legalen Weg 〔der Verteilung〕 bringen*⁴.
ルーブル Louvre *m.* -〔s〕 ‖ ルーブル宮 der Louvre-Palast, -es/ルーブル美術館 das Louvre-Museum, -s.
ルーブル 〔ロシアの貨幣〕 Rubel *m.* -s, -《略: Rbl.》.
ルーマニア Rumänien *n.* -s/ルーマニアの rumänisch ‖ ルーマニア人 Rumäne *m.* -n, -n.
ルーム Zimmer *n.* -s, - ‖ サンルーム Glasveranda *f.* ..dan/ベッドルーム Schlafzimmer.
ルール Regel *f.* -n/競技に関するルール Spielregel.
ルール ルール地方 Ruhrgebiet *n.* -〔e〕s.
ルーレット Roulett *n.* -〔e〕s, -e (-s).
ルクセンブルク Luxemburg *n.* -s/ルクセンブルクの luxemburgisch ‖ ルクセンブルク人 Luxemburger *m.* -s, -.
ルゴール ルゴール液 Lugolsche Jodlösung, -en.
るざい 流罪 Verbannung *f.* -en; Ausweisung *f.* -en; Exil *n.* -s, -e; Landesverweisung *f.* -en/流罪に処する zur Verbannung (zum Exil; zur Landesverweisung) verurteilen《*jn*》/俊寛は鬼界ヶ島へ流罪に処された Shunkan wurde nach der Insel Kikai verbannt. ‖ 流罪人 der Verbannte* (Exilierte*), -n, -n; der des Landes Ausgewiesene*, -n, -n.
るす 留守 [不在] Abwesenheit *f.*; das Ausbleiben*, -s; [留守居] das Zuhausebleiben* (Haushüten*), -s; [留守番] Haus|hüter (-wärter) *m.* -s, -/留守中に in (während) *js* Abwesenheit; ohne dass *j.* zu Hause ist; während *j.* ausbleibt (wegbleibt)/留守居をする das Haus hüten; den Haushüter (Hauswärter) spielen; zu Hause bleiben* [s]/留守にする(である) nicht zu Hause sein; abwesend (unterwegs) sein; vom Hause aus|bleiben* (weg|bleiben*) [s]/留守を頼む zum Haushüter (Hauswärter) bestellen《*jn*》; die Bewachung des Hauses während der Abwesenheit überlassen*《*jm*》/留守を使う ⁴sich verleugnen lassen*; angeblich fort sein; für eine bestimmte Person nicht „zu Hause sein"; nicht da sein wollen*/仕事をお留守にする die Arbeit vernachlässigen/いつ行っても留守だ Jedes Mal, wenn ich zu ihm komme, ist er nicht zu Hause./田中さんの他には誰が来ても留守だと言え Ich bin nur für Herrn Tanaka „zu Hause". ‖ 留守番電話 Anrufbeantworter *m.* -s, -.
ルックス〘理〙Lux *n.* -, -《略: lx》.
るつぼ 坩堝 Schmelztiegel *m.* -s, -.
るてん 流転 ❶ [輪廻] Metempsychose *f.* -n; Seelenwanderung *f.* -en/万物は流転する Alles wandelt sich fortwährend. ❷ [移動] herum|wandern (umher|-) (*od.* -|schwärmen; -|ziehen*) [s]; ⁴sich umher|treiben*; von einem Ort zum anderen wandern [s].
るにん 流人 der Verbannte* (Exilierte*), -n, -n/流人となる verbannt (exiliert) werden《*aus*³》; des Landes verwiesen werden.
ルネッサンス Renaissance *f.* -n ‖ ルネッサンス人 Renaissancemensch *m.* -en, -en/ルネッサンス様式 Renaissancestil *m.* -〔e〕s.
ルバーブ〘植〙Rhabarber *m.* -s, -.
ルビ〘印〙Parisienne *f.*/ルビを付ける mit Parisienne versehen*⁴.
ルビー Rubin *m.* -s, -e; der rote Korund, -〔e〕s, -e/ルビー色の rubin|farben (-farbig; -rot).
るふ 流布する 〔her〕um|gehen* (-|laufen*) [s]; im Umlauf sein; ⁴sich verbreiten; zirkulieren/奇怪な噂が世上に流布している Seltsame Gerüchte gehen unter dem Volk

um.

ルポルタージュ Reportage *f.* -n.

るり 瑠璃 Azur *m.* -s ‖ 瑠璃色 Azur¦blau (Himmels-) *n.* -s/瑠璃色の azur¦blau (himmels-).

るりはこべ 〘植〙Gauchheil *m.* -〔e〕s, -e.

るる 縷々 ausführlich; ausholend; breit; detailliert; eingehend; ins Detail gehend; mit Einzelheiten; umständlich; weitschweifig/縷々と説く ^{4}sich eingehend aus|sprechen* (aus|reden) 《über^{4}》.

るろう 流浪の民 Wandersvolk *n.* -〔e〕s. — 流浪する herum|wandern (umher|-) (*od.* -|-schwärmen; -|ziehen* [s]); ^{4}sich herum|treiben*; strolchen [s]; stromern; vagabundieren. ‖ 流浪生活 Wander¦schaft *f.* (-leben *n.* -s); Vagabundentum *n.* -s/流浪人〔Herum〕wand〔e〕rer (Umherwand〔e〕rer) *m.* -s, -; Herum¦schwärmer (Umher-) (*od.* -streicher; -treiber) *m.* -s, -; Wandersmann *m.* -〔e〕s, ..leute; Strolch *m.* -〔e〕s, -e; Stromer *m.* -s, -; Vagabund *m.* -en, -en.

ルワンダ Ruanda *n.* -s/ルワンダの ruandisch ‖ ルワンダ人 Ruander *m.* -s, -.

ルンバ Rumba *m.* -s, -s (専門用語としては *f.* -s).

ルンペン Landstreicher *m.* -s, -; Stromer *m.* -s, -; Vagabund *m.* -en, -en.

れ

レ 〘楽〙d *n.* -, -; re.

れい 令 [命令] Befehl *m.* -〔e〕s, -e; Anordnung *f.* -en; [法令] Verordnung *f.* -en; Vorschrift *f.* -en; Bestimmung *f.* -en; Gesetz *n.* -es, -e《法律》.

れい 礼 ❶ [挨拶] Gruß *m.* -es, ⸚e; Begrüßung *f.* -en; Salut *m.* -〔e〕s, -e《敬礼》; Verbeugung *f.* -en《おじぎ》/礼をする〔be-〕grüßen^{4}; ^{4}sich verbeugen《vor^{3}》; eine Verbeugung (einen Diener) machen; knicksen (einen Knicks machen)《女子が膝を曲げて》. ❷ [礼儀]〔die guten (feinen)〕Umgangsformen《pl》; die guten Manieren《pl》; Höflichkeit *f.* -en; Etikette *f.* -n/礼を欠く(失する) unhöflich sein/礼を尽くして sehr höflich; respektvoll/礼を尽くす *jm* eine Höflichkeit erweisen* (bezeigen)/礼を知らぬ人 der grobe (ungezogene) Mensch, -en, -en/彼は礼を知らぬ Er hat keine Manieren. ❸ [謝辞] Dank *m.* -〔e〕s; Dankbarkeit *f.* -en; [謝礼] Vergütung *f.* -en; Belonung *f.* -en; Honorar *n.* -s, -e; [お返し] Gegen¦gabe *f.* -n (-geschenk *n.* -〔e〕s, -e); 〘俗〙Revanche *f.* -n/礼を述べる danken^{3}《für^{4}》; Dank sagen^{3} (aus|sprechen*^{3})/お礼をする vergüten^{4}; entschädigen^{4}《für^{4}》; belohnen^{4}; das Honorar bezahlen^{3}; ^{4}sich revanchieren《〘俗〙お返し》/お礼の申し上げようもありません Ich weiß nicht, wie ich Ihnen danken soll./あの人にお礼のほうはどうしましょう Wie sollen wir seine Mühe vergüten./お礼には及びません Nichts zu danken! ⇨**れいまいり**.

れい 霊 Seele *f.* -n; Geist *m.* -〔e〕s, -er; [死者の] Lemure *m.* -n, -n《おもに *pl*》; Manen《pl》/霊を祭る die Seele des Verstorbenen als göttlich verehren (zum Gott weihen)/霊的 geistig; seelisch; spiritual/霊と肉 Leib und Geist; Geist und Körper.

れい 零 null; Null *f.* -en/零を一つ(二つ)つける《数に》eine Null (zwei Nullen) an die Zahl an|hängen; der Zahl ein Null (zwei Nullen) hinzufügen/二対零で勝つ(負ける) zwei zu null gewinnen* (verlieren*).

れい 例 ❶ [慣例] Gepflogenheit *f.* -en; Brauch *m.* -s, ⸚e; Gewohnheit *f.* -en; Sitte *f.* -n. ❷ [先例] Präzedenzfall *m.* -〔e〕s, ⸚e. ❸ [実例] Beispiel *n.* -〔e〕s, -e; Beispielsfall *m.* -〔e〕s, ⸚e; Vorbild *n.* -〔e〕s, -er《手本》; [場合] Fall *m.* -〔e〕s, ⸚e/同様の例 das gleiche Beispiel; derselbe (der gleiche) Fall/この様な例 so〔lch〕ein Fall/例のない beispiellos; ohne Beispiel/例をあげれば zum Beispiel; beispielsweise; um ein Beispiel anzuführen/例をあげる ^{4}*et* als Beispiel an|führen; ein Beispiel zu ^{3}*et* an|führen/例をあげて説明する ^{4}*et* an Beispiel zeigen (erklären)/例にならう dem Beispiel〔einer Person〕folgen; ^{4}sich an *jm* (^{3}*et*) ein Beispiel nehmen*/それは昔から例になっていることです Das ist ein Gepflogenheit von alters her. — 例の ❶ [いつもの] gewöhnlich; üblich/例の通り wie gewöhnilich; wie〔es〕üblich〔ist〕; wie immer/例になく ungewöhnlich〔erweise〕; ausnahmsweise/例の所で例の時間に会おう Treffen wir uns dort wie üblich zur gewohnten Stunde. ❷ [懸案の] in Frage. ❸ [既知の] bekannt; berühmt《皮肉に》/例の人 der Mann《-〔e〕s, Leute》in Frage; der bekannte Mann.

レイ [ハワイの] Lei-Schmuck *m.* -〔e〕s, -e.

レイアウト Layout *n.* -s, -s; Lageplan *m.* -〔e〕s, ⸚e; das Auslegen*, -s; Entwurf *m.* -〔e〕s, ⸚e.

れいいき 霊域 die heilige Anlage, -n《境内など》; der geheiligte Platz, -〔e〕s, ⸚e.

れいか 零下 unter Null; minus/零下二十度 zwanzig Grad unter Null; minus 20 Grad. ⇨**れいど**.

れいかい 霊界 die seelische Welt, -en; Schattenreich *m.* -〔e〕s, -e《冥界》.

れいかい 例会 die Rontine-Sitzung, -en《会議》; die regelmäßige Versammlung, -en; der ordentliche Abend, -s, -e ‖ 月例

会 die monatliche Versammlung (Sitzung).

れいがい 例外 Ausnahme *f.* -n/例外の Ausnahme-; außergewöhnlich/例外なく ausnahmslos; ohne Ausnahme/例外として ausnahmsweise / …は例外として es sei (wäre) denn, dass …『接続法第一、第二式を続ける、会話では直説法が多い』; wenn nicht …; außer, dass …; ausgenommen/『四格を前置する』; mit Ausnahme (*von*³); bis auf⁴ / …は例外とする eine Ausnahme machen (*mit*³; *bei*³); aus|nehmen*⁴; aus|schließen*⁴ (*von*³) / 例外のない規則はない "Keine Regel ohne Ausnahme."/あなたは例外としよう Wir machen bei (mit) Ihnen eine Ausnahme./この場合は例外だ Das ist ein Ausnahmefall.

れいがい 冷害 Frostschaden *m.* -s, -/作物はひどい冷害をうけた Die Ernte hat durch die Kälte schweren Schaden genommen.

れいかん 霊感 Eingebung *f.* -en (innere; plötzlich; göttlich); religiös などの形容詞とともに; Erleuchtung *f.*; Inspiration *f.* -en/霊感をうける ❖ Gott, Himmel, Geist などを主語にして「霊感を与える」と能動でいう: ein|geben*⁴; erleuchten⁴; inspirieren⁴; begeistern⁴ / 霊感をうけて行動する einer plötzlichen Eingebung (seiner inneren Eingebung) folgen.

れいき 冷気 Kälte *f.*; Kühle *f.*; das Frösteln*, -s/冷気を感じる Es ist mir kalt./冷気を催している Es wird (allmählich) kühl.

れいぎ 礼儀 Anstand *m.* -(e)s, ⸚e; Schicklichkeit *f.* -en; das gesellschaftliche Auftreten, -; Etikette *f.* -n; die guten Manieren (*pl*); Sitte *f.* -n; die guten (feinen) Umgangsformen (*pl*)/礼儀正しい höflich; wohlanständig; schicklich; sittsam; artig 《子供など》/礼儀正しく 『上記形容詞を副詞に用いる他』mit Anstand /礼儀を知らない unhöflich; grob/礼儀上 aus Höflichkeit (Schicklichkeit); als Anstand; anstandshalber; der ²Form wegen /礼儀を重んじる auf das anständige Benehmen (auf Anstandsform) viel Wert legen; auf Anstand halten*/礼儀を守る den Anstand wahren (sehen*) /礼儀を欠く den Anstand verletzen; kein Gefühl (keinen Sinn) für Anstand besitzen*/世間並の礼儀 der gute (übliche) Ton, -(e)s /それが世間並の礼儀 Das gehört zum guten (feinen) Ton, -(e)s /礼儀としてそうすべきだ(すぐきでは) Das erfordert der Anstand (Das verbietet schon der Anstand).

れいきゃく 冷却 Abkühlung *f.* -en. —— 冷却する (ab)kühlen⁴; aus|kühlen⁴ (十分に); durch|kühlen*⁴ (完全に); 【さめる】 ⁴sich aus|kühlen, kühl werden. ‖ 冷却器 Abkühler *m.* -s, -; Kühlanlage *f.* -n; Kühler *m.* -s, - (自動車の) /冷却期間 Abkühlungspause *f.* -n/冷却室 Kühlraum *m.* -(e)s, ⸚e.

れいきゅう 霊柩 Sarg *m.* -(e)s, ⸚e; Sarkophag *m.* -s, -e ‖ 霊柩車 Leichenwagen *m.* -s, -; Katafalk *m.* -s, -e.

れいきん 礼金 Honorar *n.* -s, -e; Entgelt *n.* -(e)s, -e.

れいぐう 冷遇 die schlechte Behandlung, -en; Ungastlichkeit *f.* —— 冷遇する schlecht (unwürdig) behandeln⁴; *jm* ungastlich (nicht gastfreundlich) sein; *jm* die kalte Schulter zeigen. —— 冷遇される schlecht behandelt werden; nicht freundlich aufgenommen werden; eine kühle Aufnahme finden*.

れいぐう 礼遇 die aufmerksame Behandlung, -en; die höfliche Aufnahme, -n / 礼遇する aufmerksam (zuvorkommend) behandeln⁴; höflich empfangen (auf|nehmen*⁴) ‖ 礼遇停止 Entzug (*m.* -(e)s des Privileg(ium)s.

れいけい 令兄 [あなたの] Ihr Herr Bruder ❖ 特に年上を強調するときのみ älter を形容詞としてつける。

れいけい 令閨 [あなたの] Ihre Frau Gemahlin.

れいけつ 冷血 kaltblütig; [冷酷な] fischblütig; gefühlskalt; gefühllos; herzlos; kaltherzig ‖ 冷血漢 der kaltblütige (herzlose; grausame) Mensch, -en, -en/冷血動物 Kaltblüter *m.* -s, -.

れいけん 霊験 Wunderkraft *f.* ⸚e; Wunder *n.* -s, -/霊験あらたかな wundertätig; Wunder tuend; wunderbar (überraschend) wirkend/霊験あらたかな薬 Wundermittel *n.* -s, -.

れいげん 例言 ⇨はんれい(凡例).

れいげん 霊験 ⇨れいけん.

れいげん 厳然な事実 die unerbittliche (unleugbare) Tatsache, -n.

れいこう 励行 Einhaltung *f.* -en 《厳密》; Durchsetzung *f.* -en (実施)/励行する [遵守する] streng befolgen⁴; *sich* halten* (*an*⁴); [実施する] durch|setzen⁴; geltend machen⁴ / 時間を励行する streng pünktlich sein.

れいこく 冷酷 Gefühllosigkeit *f.*; Herzlosigkeit *f.*; Kaltherzigkeit *f.*; Grausamkeit *f.*; Unbarmherzigkeit *f.* (無慈悲) /冷酷な gefühllos; herzlos; kaltherzig; grausam; unbarmherzig.

れいこく 冷刻 zur üblichen Zeit; zur festgelegten (vorgeschriebenen) Zeit 《定刻に》.

れいこん 霊魂 Seele *f.* -n; Manen (*pl*); Lemure *m.* -n, -n 《死者の》‖ 霊魂説 Animismus *m.* -/霊魂不滅 die Unsterblichkeit der Seele.

れいさい 例祭 Jahresfest *n.* -(e)s, -e 《feier の》; das ordentliche Fest, -(e)s, -e 《特別の大祭でないもの》.

れいさい 零細な gering; geringfügig; klein; unbedeutend; dürftig / 零細な(金額) die geringfügigen Beträge (*pl*) /零細の費用 die geringen Kosten (Spesen) (*pl*) ‖ 零細企業(農業) Kleinbetrieb *m.* -(e)s, -e; der kleinbäuerliche Betrieb, -(e)s, -e.

れいし 令姉 ⇨れいけい(令兄).

れいじ 例示 Erläuterung (*f.* -en) durch Beispiele /例示する beispielhaft zeigen⁴;

れいじ 零時 0 Uhr; 12 Uhr nachts; 24 Uhr; Mitternacht f.

れいしき 礼式 [儀式] Zeremonie f. -n; Förmlichkeit f. -en; Ritus m. -, ..ten 《特に宗教の》; Feierlichkeiten (pl) ; Liturgie f. -n《典礼》; [作法] Zeremoniell n. -s, -e; der feierliche Brauch, -(e)s, ..¨e 《れいしき/礼式通りに in zeremonieller Form; gemäß dem feierlichen Brauch.

れいじつ 例日 Alltag m. -(e)s, -e; Werktag (Wochen-) m. -(e)s, -e.

れいしょう 冷笑 das hohnische Lächeln*, -s; das Hohnlachen*, -s《冷笑する kalt lächelnd / 冷笑する höhnisch lächeln; hohn|lachen (über); jm höhnisch aus|lachen; verlachen*.

れいしょう 例証 Erläuterung (f. -en) durch Beispiele; Exemplifikation f. -en《例証する durch Beispiele erläutern⁴ (belegen⁴); beispielhaft zeigen⁴; bebildern⁴.

れいじょう 令状 [der schriftliche] Befehl, -(e)s, -e; [逮捕の] Haftbefehl m. -(e)s, -e; Steckbrief m. -(e)s, -e; [捜査の] Durchsuchungsbefehl m. -(e)s, -e《れいじょう/令状を発する einen Haftbefehl gegen jn erlassen*; 令状を執行する den Befehl aus|führen (vollziehen*).

れいじょう 令嬢 Tochter f. ¨; Fräulein n. -s, - 《(俗)-s》;[あなたの] Ihr Fräulein Tochter.

れいじょう 礼状 Dank|brief m. -(e)s, -e 《-schreiben n. -s, -.

れいじん 麗人 Schönheit f. -en; die Schöne*, -n, -n.

れいじん 伶人 Hofmusikant m. -en, -en; Musikus m. -, ..sizi.

れいすい 冷水 das kalte Wasser, -s 《冷水浴をする kalt baden (duschen); eine kalte Dusche nehmen*; 冷水摩擦をする eine kalte Abreibung, -en 《冷水摩擦をする ⁴sich kalt ab|reiben*; den Körper mit einem kalten Tuch ab|reiben⁴.

れいせい 冷静 Gemütsruhe f.; Fassung f. -en; Gefasstheit f.; Gelassenheit f.; Gesetztheit f.; Kaltblütigkeit f.《冷静を失う den Kopf verlieren*; aus der Fassung kommen*⟨s⟩; außer ⁴sich geraten*⟨s⟩; nervös werden⟨s⟩; 冷静になる ⁴sich fassen; gesetzt; gelassen sein; einen kühlen Kopf behalten*; (die) Fassung (ruhiges Blut) bewahren*. ─ 冷静な ruhig; beherrscht; gelassen; gesetzt; kaltblütig; [無頓着] leidenschaftslos; teilnahmslos; gleichgültig / 冷静に行動する ⁴sich kaltblütig benehmen* (あわてない/冷静に構える ⁴sich (sein Gefühl) beherrschen; ³sich nichts merken lassen* /冷静に考える ⁴sich 't et) in aller Ruhe überlegen /冷静に考えようとそうでないようだ Bei ruhiger Überlegung sieht das anders aus.

れいせい 霊性 Spiritualität f. -en; das Seelische*, -n /霊性の geistig; seelisch.

れいせつ 礼節 Sittlichkeit f.; die guten Manieren (Umgangsformen) (pl) .⇒れいぎ

れいせん 冷戦 der kalte Krieg, -(e)s, -e

れいぜん 冷然たる(として) kühl; kalt [wie eine Hundeschnauze]. ⇒れいたん.

れいぜん 霊前に供える für einen Seligen* dar|bringen*⁴ (opfern)⁴.

れいそう 礼装 ⇒れいふく.

れいぞう 冷蔵 Kühlhaltung f. -en. ─ 冷蔵する kühlen⁴; kühl halten*⁴; kalt stellen⁴; auf Eis legen⁴. ‖ 冷蔵庫 Kühlschrank (Eis-) m. -(e)s, ..¨e/冷蔵車 Kühlwagen m. -s, -/冷蔵装置 Kühlanlage f. -n.⇒れいとう.

れいそく 令息 [あなたの] Ihr Herr Sohn.

れいぞく 隷属する ⁴sich jm unter|ordnen (unterwerfen)⁴; untersteIlen⁴; jm untergeordnet (unterstellt) sein; abhängig sein⟨v.⟩⟨s⟩ ‖ 隷属地域 das abhängige Gebiet, -(e)s, -e.

れいだい 例題 [Übungs]aufgabe f. -n; Übung f. -en 《(表題として)/ 例題を課する Aufgaben geben*.

れいたん Kühle f.; Gefühllosigkeit f.; Gleichgültigkeit f./冷淡きわまる kalt wie eine Hundeschnauze (sein). ─ 冷淡な kalt; gefühllos; gefühlskalt; kaltschnäuzig; fischblütig 《冷血な》;[無関心な] gleichgültig; teilnahmslos /冷淡な態度をとる ⁴jm die kalte Schulter zeigen /頼んだのだが彼は全く冷淡だった Er blieb kalt bei meiner Bitte.

れいだんぼうそうち 冷暖房装置 Klimaanlage f. -n《冷暖房装置がある mit Klimaanlage versehen sein; klimatisiert sein.

れいち 霊地 das Heilige Land, -(e)s《パレスチナ》; der heilige (geheiligte, geweihte) Ort, -(e)s, -e; Heiligtum n. -s, ..¨er《教会·神社など》.

れいちがく 霊知学 Theosophie f.; die mystische Glaubenslehre, -n.

れいちょう 霊長《人間は万物の霊長である Der Mensch ist die Krone aller Schöpfungen. ❖ 但し die Krone der Schöpfung は「女」、die Herren der Schöpfung は「男」の意 ‖ 霊長類 Primaten (pl).

れいてい 令弟《あなたの》(令兄).

れいてん 零点 Null f. -; Nichts n. -; Nullpunkt m. -(e)s, -e/零点をとる《im Examen》keine Punkte bekommen* (《俗》bauen)⁴ können /零点で負ける punktlos (ohne Punktgewinn, ohne Gegentor 《サッカーで》; torlos 《同上》) verlieren* /学問的に見れはこの本は零点だ Der wissenschaftliche Wert des Buches ist gleich Null.

れいど 零度 Null f. ; null Grad 《m. -(e)s, -》; Null|punkt (Gefrier-) m. -(e)s, -e/零度以下に下がる unter Null sinken*⟨s⟩ /今日は零度だ Heute sind heute null Grad. / Das Thermometer steht heute auf Null. /零下十度です Es sind 10 Grad unter Null (minus 10 Grad). ❖ Heute sind ..., または Es sind ....

れいとう 冷凍 Kühl[halt]ung f. -en; Tiefkühlung f. -en. ─ 冷凍する [tief]kühlen⁴; ab|kühlen⁴; gefrieren*⁴《凍結》. ‖ 冷凍乾燥 Gefriertrocknung f. -en/冷凍機(装置) Kältemaschine f. -n; Tiefkühl|appa-

れいにく 霊肉 Leib und Seele, des -(e)s und der -; Geist und Körper, des - und -/霊肉の争い der Konflikt (-(e)s) zwischen Leib und Seele/霊肉の一致 die Einigkeit (-en) von Leib und Seele.

れいにく 冷肉 (der kalte) Aufschnitt, -(e)s, -e.

れいねん 例年 das gewöhnliche Jahr, -(e)s/平年 jedes Jahr, -(e)s/毎年/例年の des gewöhnlichen Jahres 《平年の》; (all-)jährlich 《毎年の》/例年の通り wie jedes Jahr; wie gewöhnlich/例年になく ungewöhnlich; anders als im gewöhnlichen Jahr/例年の通り今年も in diesem Jahr auch wie gewöhnlich/例年の温度 Durchschnittsjahrestemperatur f. -en/例年の二割増 zwanzigprozentige (20-prozentige) Erhöhung (Vermehrung) (20%iger Zuwachs) als bisheriger Jahresdurchschnitt/今夏は例年より三度高い In diesem Sommer ist es 3 Grad höher als gewöhnlich.

れいば 冷罵を浴びせる jn mit Spott und Hohn überschütten; mit jm Schindluder treiben*.

れいはい 礼拝 Andacht f. -en; Gottesdienst m. -(e)s, -e; Kult m. -(e)s, -e; Kultus m. -,..te/礼拝に赴く dem Gottesdienst beiwohnen/朝の(夕の)礼拝 Morgenandacht (Abendandacht) f. -en/礼拝の鐘がなる Die Glocken läuten zur Andacht. — 礼拝する eine Andacht halten* (verrichten); einen Gottesdienst abhalten*《牧師が執行する》。¶ 礼拝堂 Kapelle f. -n; Gotteshaus n. -es, -̈er; Kultstätte f. -n/礼拝者 Kirchenbesucher m. -s, -.

れいはい 零敗 Nullspiel n. -(e)s, -e; Nullpartie f. -n《テニスのラブゲーム》。 — 零敗する ohne Punktgewinn (punktlos) verlieren*[4]; ohne Gegentor (torlos) verlieren*[4]《サッカーで》。 — 零敗させる punktlos (torlos; vernichtend) schlagen*[4].

れいばい 霊媒 das spiritistische Medium, -s, ..dien.

れいひょう 冷評 die sarkastische Bemerkung, -en; Sarkasmus m. -, ..men/冷評する Kritik üben (an*[4]); eine sarkastische Bemerkung machen (über*[4]).

れいびょう 霊廟 Mausoleum n. -s, ..leen.

れいふく 礼服 ❶ [男用] Abend|anzug (Gesellschafts-) m. -(e)s, -̈e; der dunkle Anzug, -(e)s, -̈e《濃紺またはチャコールグレーの略式》; Stresemannanzug m. 《黒のシングル・縞ズボン》; Cutaway m. -s, -s《モーニング》; Smoking m. -s, -s《スモーキング》; Frack m. -(e)s, -̈e (-s)《燕尾服》; Gehrock m. -(e)s, -̈e《フロックコート》; Staatskleid n. -(e)s, -er; Galaanzug m.; Hofkleidung f. -en《宮中服》; [軍人用] Parade|uniform (Gala-) f. -en; Staat m. -(e)s, -en. ❷ [婦人用] Abend|kleid (Gesellschafts-) n. -(e)s, -er; Robe f. -n《裾長の》。¶ 礼服を Gala; in Frack/礼服に及ぼす Straßenanzug《招待状などの指定》/礼服着用のこと《具体的に指示する》 Schwarze Binde 《スモーキング》; Weiße Binde 《燕尾服》/礼服を着用する den Abendanzug tragen* (an|ziehen*).

れいふじん 令夫人 Ihre Frau Gemahlin/岡氏令夫人《手紙など》/岡氏及び同令夫人 Herr Oka und Frau Gemahlin《封筒の上書には Herrn ... とする》; gnädige Frau Oka, Sehr geehrter Herr Oka ❖ 手紙での呼びかけのときは女性を先にし、二行目の行に書くこと; Herr und Frau Oka《形式的場合》。

れいほう 霊峰 der heilige (geheiligte) Berg, -(e)s, -e.

れいほう 礼砲 Salve f. -n; Salut m. -(e)s, -e/礼砲を放つ eine Salve ab|feuern; Salut schießen*/礼砲二十一発を放って迎える als Ehrengruß eine Salve von 21 Schüssen ab|geben*[3].

れいぼうそうち 冷房装置 Klimaanlage f. -n. ❖ 「冷」「暖」の別はいない。 ⇨れいだんぼうそうち。

れいまい 令妹 [あなたの] Ihr Fräulein Schwester; [既婚者の場合] Ihre Frau Schwester ❖ 特に年下を強調するときのみ jünger を形容詞につけて。

れいまいり 礼詣りをする einen Tempel besuchen, um ein Dankgebet zu sprechen; [復讐(゛)] einen Revanchebesuch machen; mit jm Abrechnung halten*; sich revanchieren.

れいまわり 礼回りをする eine Runde machen, um sich zu bedanken.

れいみょう 霊妙 mysteriös; geheimnisvoll; orakelhaft; okkult; übernatürlich.

れいめい 黎明 Tagesanbruch m. -(e)s; Morgen|dämmerung f. -en (-grauen n. -s); Frühe f. 《早朝》/黎明に in den Morgengrauen (Tagesanbruch); in der Morgendämmerung; in aller Frühe/歴史の黎明期に in grauer Vorzeit/新時代の黎明期に im Anbeginn der neuen Epoche.

れいめい 令名 [der gute] Name, -ns, -n; Ansehen n. -s; [der gute] Ruf, -(e)s, -e/令名ある namhaft; angesehen; berühmt; bekannt/令名を馳せる sich einen Namen machen; seinem Namen Ehre machen《上にせしむ》/einen guten Namen (Ruf) haben/令名は承わっております Ihr werter Name ist mir bekannt.

れいやく 霊薬 Wundermittel n. -s, -; Elixier n. -s, -e/Allheilmittel《万能薬》。

レイヨン Reyon m. (n.) -, -; Kunstseide f. -n.

れいらく 零落 Untergang m. -(e)s; das Herabsinken*, -s; Ruin m. -s; Verarmung f. -en; Verfall m. -(e)s《衰微》/零落する unter|gehen*[s]; herab|sinken*[s]; arm werden*[s]; in Armut geraten*[s]; verfallen*[s]/零落ている in Armut leben; elend leben; das Leben fristen; in dürftigen Verhältnissen leben; eine Pechsträhne haben;

ruiniert sein; bessere Tage gesehen haben/零落した人 der Ruinierte*, -n, -n.

れいり 怜悧[な(である)] gescheit; ein klarer Kopf (sein).

れいれいしく 麗々しく prunkhaft; schnörkelhaft; schnörk[e]lig; prahlerisch.

れいろう 玲瓏たる klar und hell 《月・声など》; heiter《笑声》; 《玉質》.

レインコート Regenmantel m. -s, -.

レーザー Laser m. -s, -, ‖ レーザー光線 Laserstrahl m. -[e]s, -en.

レーシングカー Rennwagen m. -s, -.

レース ❶[競技] das Wettrennen*, -s, -; [Wett]lauf m. -[e]s, ¨e/レースをする um die Wette laufen* (rennen) [s]《馬など》/rudern 《ボート》; fahren* [s]《競輪など》; schwimmen* [s]《水泳》. ❷[編物の]Spitze f. -n 《ふつう pl》/レースをつける mit Spitzen besetzen (säumen)/レース編みをする Spitzen häkeln (klöppeln); weben*[¹]; stricken 《刺繡》/手あみのレースの genähte Spitze; Frivolitätenarbeit f. 《タッチング》. ‖ レース糸 Baumwollgarn (Klöppelgarn) n. -[e]s, -e/レースコース Rennbahn f. -, -en 《トラック》/対校レース Wettlauf m. zwischen [³]; gegen⁴; 前置詞のあと に学校名をおく》/百メートルレース 100-Meter-Lauf m. -[e]s, ¨e.

レーダー Radar m. (n.) -s, -s ‖ レーダースクリーン Radar[bild]schirm m. -[e]s, -e/レーダー装置 Radargerät n. -[e]s, -e/レーダー網 Radarwarnnetz n. -es, -e.

レート Satz m. -es, ¨e; Kurs m. -es, -e.

レーニンしゅぎ レーニン主義 Leninismus m.

レール Schiene f. -n; Gleis n. -es, -e/レールを敷く Schienen legen/レールからはずれる aus den Schienen springen* [s]《列車が主語》.

れきがん 礫岩 Konglomerat n. -[e]s, -e.

れきしする 轢死する tot|fahren*⁴ および轢死《有害な》/歴史に名を残す in die Geschichte eingehen* [s]《als》/歴史的な大学 Universität 《-en》, die einen lange Geschichte hinter sich hat/歴史上最大の人物 die größte Persönlichkeit 《-en》in der Geschichte/歴史は繰返す Die Geschichte wiederholt sich./...と歴史は記されている Es ist in der Geschichte verzeichnet, dass .... 歴史家 Geschichtsforscher m. -s, - (-schreiber m. -s, -/歴史学 Geschichtswissenschaft f. -/歴史小説 der historische Roman, -s, -e/歴史哲学 Geschichtsphilosophie f. -n/世界歴史 Weltgeschichte f. -n/日本歴史 die japanische Geschichte; Geschichte Japans.

れきしする 轢死する tödlich überfahren werden 《von³》. ⇒ひきころす.

れきじつ 暦日 Kalendertag m. -[e]s, -e.

れきせん 歴戦の勇士 der erfahrene Veteran, -en, -en.

れきぜん 歴然たる(として) klar; deutlich; eindeutig; offenbar; offensichtlich; augenfällig《顕著な》; augenscheinlich《証明する》; ersichtlich《見てとれる》; [議論の余地なき] unanfechtbar; unbestritten; unbestreitbar; unumstößlich; unverkennbar; unbezweifelbar/歴然たる事実 die unbestrittene Tatsache, -n.

れきだい 歴代の aufeinander (hintereinander) folgend/歴代の内閣 die aufeinander folgenden Kabinette《pl》‖ 歴代年 Chronik f. -en, / Annalen《pl》.

れきだん 轢断する überfahrend (durch Überfahren) ab|schneiden*⁴; durch|schneiden*⁴.

れきにん 歴任する hintereinander mehrere Ämter bekleiden (inne|haben*).

れきねん 暦年 Kalenderjahr n. -[e]s, -e.

れきほう 歴訪する[人を] einen nach dem anderen besuchen; [場所を] einen Ort nach dem anderen besuchen; eine Rundreise machen.

レギュラー [選手] der aktive Wettkämpfer (Spieler)《m. -s, -》[einer Mannschaft] ‖ レギュラーメンバー das aktive Mannschaftsmitglied, -[e]s, -er; [正会員] das ordentliche Mitglied, -[e]s, -er.

れきれき 歴々 profilierte Persönlichkeiten《pl》.

レグホン [鶏] Leghorn n. -s, -[s]《¨er》; Leghornhuhn n. -[e]s, ¨er.

レクリエーション Erfrischung f. -en; Erholung f. -en.

レコード ❶[記録] Rekord m. -[e]s, -e; Höchstleistung (Best-; Spitzen-) f. -en/レコード破りの rekordbrechend; bahnbrechend《破天荒の》/レコードを作る einen Rekord auf|stellen/レコードを破る einen Rekord brechen*/レコードを更新する einen Rekord verbessern/レコードを伸ばす(上回る) einen Rekord überbieten*/レコードを短縮する einen Rekord unterbieten*/現在のレコードを一秒縮める die bestehenden Rekord um eine Sekunde drücken/レコードを保持する einen Rekord halten*/タイレコードを作る einen Rekord ein|stellen/十一秒が僕の最高レコードだ 11 Sekunden ist meine Höchstleistung. ❷[音盤] Schallplatte f. -n; [Grammophon]platte; Langspielplatte《LP》/レコードをかける eine Platte auf|legen《音盤をのせる》; ein Platte spielen (laufen lassen*)/レコードの吹込み Schallplattenaufnahme f. -n/レコードに吹き込む auf|nehmen*⁴; aufnehmen lassen*⁴/レコード音楽 Schallplattenmusik f. -en/レコードコンサート Schallplattenkonzert n. -[e]s, -e/レコード保持者 Rekordinhaber (-halter) m. -s, -/オートレコードチェンジャー Plattenwechsler m. -s, - 《-wender m. -s, -》.

レザー Leder n. -s, - 《なめし皮》; Kunstleder n. -s, - 《人工皮革》.

レジ Kasse f. -n; Registrierkasse《器械》; Kassierer m. -s, - 《人》.

レシーバー Hörer *m.* -s, -《電話の》; Kopfhörer *m.* -s, -《頭につける》; Empfänger *m.* -s, -《ラジオなどの受信器》/《電話の》レシーバーを置く den Hörer auf|legen《切るために》; den Hörer ab|legen《横に・人を待たす時》/レシーバーを取り上げる den Hörer auf|nehmen* /サーバーとレシーバー〖運〗Aufschläger《*m.* -s, -》und Rückschläger《*m.* -s, -》.

レジスタンス Widerstand *m.* -[e]s, ⸚e; Resistenz *f.* -en.

レシプロエンジン Kolbenmaschine *f.* -n.

レジメ Resümee (Resümé) *n.* -s, -s; Zusammenfassung *f.* -en.

レストラン Restaurant *n.* -s, -; Gaststätte *f.* -n.

レズビアン Lesbe *f.* -n; Lesbierin *f.* ..rinnen; Tribade *f.* -n.

レスリング Ringkampf *m.* -[e]s, ⸚e; das Ringen*, -s/レスリングの選手 Ringkämpfer *m.* -s, -; Ringer *m.* -s, -.

レセプション Empfang *m.* -[e]s, ⸚e/レセプションを開く *jm* einen Empfang bereiten/レセプションがある Ein Empfang findet statt.《*bei*^{3}; *in*^{3}》.

レソト Lesotho *n.* -s/レソトの lesothisch ‖ レソト人 Lesother *m.* -s, -.

レター Brief *m.* -[e]s, -e ‖ レターペーパー Briefbogen *m.* -s, -.

レタス Kopfsalat *m.* -[e]s, -e.

れつ 列 Reihe *f.* -n; Rotte *f.* -n《隊伍の縦列》; Glied *n.* -[e]s, -er《隊列》; Zug *m.* -[e]s, ⸚e《行列》; [長蛇の列] Schlange *f.* -n; Queue *f.* -s; Linie *f.* -n《ライン》/列をつくる ^{4}sich in einer Reihe auf|stellen; eine Reihe bilden; ^{4}sich nebeneinander (hintereinander) an|reihen; Schlange stehen*《長蛇の列を》/列をはずす aus der Reihe treten* (kommen*) [s]/列を崩す aus der Reihe heraus|treten* [s]《列から離れる》; in Verwirrung geraten* [s]〖列が主語〗; aus der Reihe tanzen《勝手な行動をとる》/列を組んで進む in Reih' und Glied gehen* [s]《隊伍を組んで》; in einer Reihe (in Einzelreihen《一列縦隊で》; in Reihen zu dreien《三列縦隊で》; in Viererreihen《四列縦隊で》) marschieren (gehen*) [s]/列の先頭に立つ(列の一番あとから行く) eine Reihe eröffnen (schließen*)/列を整える in einer Reihe (in Reihen; in Reihen und Gliedern) ordnen/列を解く die Reihe auf|lösen (auf|brechen*)/列を突破する die Linie durchbrechen*/列を詰める(列の間隔を広くとる) die Reihe schließen* (öffnen)/一列(二列)に並ぶ ^{4}sich in einer Reihe (in zwei Reihen) auf|stellen/背の順に三列に並ぶ der Größe nach zu 3 Gliedern an|treten* [s]/二列横隊で in Doppelreihe.

れつあく 劣悪な schlecht; geringwertig; nichts wert; wertlos.

れっか 烈火の如く怒る auf|lodern〖怒り Zorn *m.* が主語〗; seinen Zorn entflammen〖物が主語〗; in Zorn zu *jm* entbrennen*; wutentbrannt sein/この振舞に彼は烈火の如く怒った Diese Handlung hat seinen Zorn mächtig entflammt.

レッカー レッカー車 Abschleppwagen *m.* -s, -.

れっかく 劣角 der kleinere Winkel, -s, -.

れっきとした ❶ [はっきりした・議論の余地のない] ⇨**れきぜん**. ❷ [正式の] rechtlich; rechtmäßig; rechtsgültig; regelrecht; legal/れっきとした妻 die rechtlich angetraute Frau, -en/れっきとした相続人 der rechtmäßige Erbe, -n, -n. ❸ [ちゃんとした] ordentlich; anständig/れっきとした人物 die ehrbare Person, -en; die gut gestellte Persönlichkeit, -en/それだってれっきとした仕事だ Das ist auch eine ordentliche Arbeit.

れっきょ 列挙 Aufzählung *f.* -en/列挙する auf|zählen^4; einzeln auf|führen^4; nacheinander auf|stellen^4; her|zählen^4; hintereinander nennen*^{4}.

れっきょう 列強 Weltmächte《*pl*》; Großmächte (-staaten)《*pl*》.

れっこく 列国 Mächte (Staaten; Länder)《*pl*》der Welt/列国の協調 das Konzert《-[e]s, -e》der Mächte ‖ 欧州列国 die europäischen Staaten.

れつざ 列座する anwesend sein ⇨**れっせき**/列座の人々 die Anwesenden*《*pl*》; die ganze Gesellschaft, -en.

れっし 烈氏寒暖計 Reaumur-Thermometer *n.* -s, -/烈氏八十度 80°(achtzig Grad) R.

れっしゃ 列車 Zug *m.* -[e]s, ⸚e/列車に乗る in den Zug ein|steigen* [s]/列車で行く mit der Bahn reisen (fahren*; gehen*) [s]《旅する》/列車から降りる aus dem Zug aus|steigen* [s]/列車に間にあう den Zug erreichen (erwischen); zum Zug zurecht|kommen* [s]/列車に遅れる den Zug verpassen (versäumen); zum Zug zu spät kommen* [s]/列車を運転する den Zug fahren*/五時の列車 der 5-Uhr-Zug; der 17-Uhr-Zug《午後の》/神戸行列車 Zug nach Kobe ‖ 列車係 der Zugaufsichtsbeamte*, -n, -n/列車事故 Eisenbahnunglück *n.* -[e]s, -e/列車乗務員 Zugpersonal *n.* -s, -e/列車妨害 Bahnhinderung *f.* -en/貨物列車 Güterzug/急行列車 D-Zug; Schnellzug/始発(終)列車 der erste (letzte) Zug/周遊列車 Rundreisezug/直行列車 der durchgehende Zug/上り列車 der Zug, der in Richtung Tokio fährt《日本で》❖ドイツにはない/普通列車 Personenzug; Bummelzug《鈍行》/夜行列車 Nachtzug/臨時列車 Sonderzug.

れっしゃ 劣者 der Minderwertige*, -n, -n.

れつじょ 烈女 die heldenhafte (tapfere; mutige; brave《けなげな》) Frau, -en.

れっしょう 裂傷 Risswunde *f.* -n.

れつじょう 劣情 die sinnliche Begierde, -n; die niedrigen Leidenschaften《*pl*》; Fleischeslust *f.* ⸚e; Lüsternheit *f.* -en/劣情を挑発する fleischliche Lüste erregen.

れっする 列する ❶ [列席する] anwesend sein《*bei*^{3}》⇨**れっせき**/会議に列する die Besprechung mit|machen. ❷ [比肩する] zählen《*zu*^{3}》; rechnen《*zu*^{3}》; ^{4}sich in eine Reihe stellen《*mit*^{3} 肩をならべる》/五大強国に列する zu fünf Großmächten zählen/彼は一流芸術家に列せられた Er wurde zu führenden Künstlern gerechnet./その国はつい数年前に

れ

レッスン Unterricht m. -[e]s, -e; Stunde f. -n/レッスンをうける jm Stunden geben*/ピアノのレッスンをうける bei jm Stunden [Unterricht] in Klavier nehmen*/ドイツ語のレッスンをうける bei jm deutschen Stunden (Stunden in [für] Deutsch) nehmen*.

れっせい 劣勢 Unterlegenheit f. (an³); Minderheit f. -en〔数が〕/劣勢の unterlegen (an Zahl 数が, an Kraft 力などが); 敵は数において劣勢である Die Gegner sind in der Minderheit.

れっせい 劣性 Minderwertigkeit f.; Inferiorität f. -/劣性の minderwertig; inferior; rezessiv〔遺伝の〕/劣性遺伝質 die rezessive Erbeigenschaft, -en.

れっせき 列席 Anwesenheit f. -en; Beteiligung f. -en. ── 列席する anwesend sein (bei³); dabei sein; teil|nehmen³ (an³; bei³); ²sich beteiligen (an³; bei³); bei|wohnen³/あの人に列席してもらう必要はない Seine Anwesenheit ist nicht notwendig. ‖列席者 der Anwesende*, -n, -n; Teilnehmer m. -s, -; Besucher m. -s, -; Gast m. -[e]s, ⸚e/多(少)数の列席者 die große (geringe) Besucherzahl, -en.

レッテル Etikett n. -[e]s, -e[n] (-s); Etikette f.; Zettel m. -s, -; Paket|zettel (Beklebe-) m. -s, -/レッテルを貼る etikettieren*; einen Zettel auf|kleben (auf⁴); ²et mit einem Zettel bekleben.

れつでん 列伝 Biografien (pl); Leben (pl).

れっとう 列島 Inselkette f. -n/千島列島 die Kurilen (pl).

れっとう 劣等な schlecht; minder|wertig (gering-); niedrig; von niedriger Qualität〔品質〕/品性の劣等な男 der Mann -[e]s, ⸚er von gemeiner (niedriger) Gesinnung ‖劣等感 Minderwertigkeits|gefühl n. -[e]s, -e (-komplex m. -es, -e)/劣等生 der schlechte Schüler, -s, -/劣等品 die schlechte Ware, -n; Waren (pl) von schlechter Qualität.

れっぷう 烈風 der heftige Wind, -[e]s, -e; Rö f. -n; der heftige Windstoß, -es, ⸚e/烈風にあおられて von heftigem Wind gejagt.

れつれつ 烈々たる inbrünstig; heißblütig; brennend heftig.

レディー Dame f. -n/レディーらしい damenhaft/レディーぶる die (feine) Dame spielen.

レディーメイド レディーメイドの fertig; gebrauchsfertig; Konfektions-/レディーメイドの服 Konfektions|kleid n. -[e]s, -er (-anzug m. -[e]s, ⸚e); das fertige Kleidungsstück, -[e]s, -e/僕のからだにレディーメイドはよく合うようにできている〔俗〕Ich habe eine gute Konfektionsfigur.

レトルト Retorte f. -n ‖レトルト食品 Fertiggericht n. -[e]s, -e.

レバー ❶〔肝臓〕Leber f. -n/レバーペーストLeberwurst f. ❷〔工〕Hebel m. -s, -/自動車のギヤレバー Schalthebel m. -s, -.

レパートリー Repertoir n. -s, -; Spielplan m. -[e]s, ⸚e.

レバノン Libanon m. -s (m. -[s])/レバノンのlibanesisch ‖レバノン人 Libanese m. -n, -n.

レビュー Revue f. -n.

レフ〔写〕Spiegelreflexkamera f. -s/一〔二〕眼レフ die einäugige (zweiäugige) Spiegelreflexkamera.

レフェリー Schiedsrichter m. -s, -.

レプリカ Replik f. -en.

レベル Niveau n. -s, -s;〔gleiche〕Höhe, -n; Stufe f. -n/レベルが高い(低い) in einem hohen (niedrigen) Niveau stehen*〔Kultur f., Bildung f. などが主語〕; auf hoher (niedriger) Stufe stehen* sein (in³, 例: in Bildung)〔人が主語〕; ein (kein) hohes geistiges Niveau haben〔人id主語〕/あるレベルに達する an ein Niveau heran|reichen/レベルを上げる(下げる) das Niveau heben* (herab|setzen)/レベル以上である unter dem Niveau sein/A と B とはレベルがちがう A und B stehen überhaupt nicht auf gleicher Stufe miteinander.; Man kann B mit A nicht gleichsetzen.

レポ Berichterstatter m. -s, -; Reporter m. -s, -;〔諜(ᵕ)報者〕Kundschafter m. -s, -; Spitzel m. -s, -.

レポート Bericht m. -[e]s, -e (über⁴); Meldung f. -en;〔兵〕Rapport m. -[e]s, -e; Protokoll n. -s, -e〔議事録など〕; Referat n. -[e]s, -e〔学生などに課する〕.

レモネード Zitronenlimonade f. -n.

レモン Zitrone f. -n; Zitronenbaum f. -[e]s, ⸚e〔木〕/レモン色の zitronengelb ‖レモンジュース Zitronensaft m. -[e]s, ⸚e.

れん ❶〔紙の単位〕Ries n. -[e]s, -e. ❷〔鎖〕Bande f. (von-); Volk n. -[e]s, ⸚er.

れんあい 恋愛 Liebe f. -; Liebschaft f. -en〔ラブアフェア〕/恋愛の神 Amor m. -s; Eros m. -. ── 恋愛する lieben⁴; ²sich verlieben (in⁴); verliebt sein (in⁴). ‖恋愛関係 Liebesverhältnis n. ..nisses, ..nisse/恋愛関係にある ein Liebesverhältnis mit jm haben;〔俗〕Die haben es miteinander./恋愛結婚 Liebesheirat f. -en/恋愛結婚する aus Liebe heiraten⁴/恋愛詩 Liebesgedicht n. -[e]s, -e/恋愛事件 Liebesangelegenheit f. -en (-handel m. -s, -)/恋愛小説 Liebes|roman m. -s, -e (-geschichte f. -n)/精神的恋愛 die platonische Liebe.

れんか 廉価 der billige (niedrige) Preis, -es, -e;〔廉価品〕Billig|ware/廉価な niedrig; preiswert; wohlfeil/廉価で売る billig (zu niedrigen Preis) verkaufen⁴‖廉価版 die wohlfeile Ausgabe, -n; Volksausgabe f. -n/廉価品 Ware (f. -n) zu verbilligtem Preis;〔見切品〕Ramsch m.; -es, -e; Schleuderware f. -n.

れんか 恋歌 Liebeslied n. -[e]s, -er; Minnesang m. -[e]s, ⸚e.

れんが 煉瓦 Ziegel m. -s, -; Back|stein m. -[e]s, -e (-Mauer-; -steine)/煉瓦を敷きつめる mit Ziegeln bedecken⁴/煉瓦を焼く Ziegel brennen*; ziegeln/煉瓦を積む mauern

れんが /煉瓦造りの mit Ziegeln gebaut/煉瓦造りの家 Backsteinbau m. -[e]s, -ten/煉瓦色の ziegel|farben (-rot). ‖ ～職 Ziegelbrecker m. -s, -; Maurer m. -s, -/煉瓦製造所 Ziegelei f. -en; Ziegelbrennerei f. -en/煉瓦塀 Mauer (f. -n) [aus Ziegelsteinen]/煉瓦屋 (製造人) Ziegel|brenner m. -s, - (-streicher m. -s, -)/煉瓦造りの Ziegel|ofen m. -s, -/化粧煉瓦 [die farbige] Kachel f. -n.

れんが 連歌 Versensspiel n. -[e]s, -e; Dialog (m. -[e]s, -e) in Versen.

れんかん 連関 ⇨ かんれん.

れんき 連記する verzeichnen⁴ (表・目録など に); hintereinander (nebeneinander) schreiben*⁴ (並べて書く); zusammen|schreiben*⁴ (mit|-). ‖ ～制 Pluralwahlsystem n. -s, -e.

れんきゅう 連休 zwei (drei) aufeinander folgende Feiertage (pl); zwei (drei) Feiertage hintereinander; langes (verlängertes) Wochenende, -s, -n.

れんぎょう [植] Forsythie f. -n.

れんきんじゅつ 錬金術 Alchemie (Alchimie) f. ‖ 錬金術師 Alchemist m. -en, -en.

れんげ 蓮華 ❶ [はすの花] Lotos m. -, -; Lotosblume f. -n. ❷ [れんげ草] der weiße Klee, -.

れんけい 連係 Zusammenarbeit f. -en; Mitwirkung f. -en/連絡 Verbindung f. -en/…と連係する in Gemeinschaft (mit³); unter Mitwirkung (von³); in Verbindung (mit³); in Zusammenarbeit (mit³)/…と緊密な連係がある gute Verbindung haben (mit³); in guter Verbindung stehen* (mit³); [俗] in Tuchfühlung stehen*; Tuchfühlung haben (mit³).

れんけつ 廉潔 Lauterkeit f.; Redlichkeit f.; Rechtlichkeit f.; Rechtschaffenheit f.; Unbestechlichkeit f. /廉潔な lauter; redlich; rechtlich; rechtschaffen; unbestechlich/廉潔な人(性格) der lautere Mensch, -en, -en (der lautere Charakter, -s, -e).

れんけつ 連結(部) Verbindung f. -en; An|schließung f. -en; Anschluss m. -es, -e; Kupplung f. -en (カプリング・列車の連結器); Kopplung f. -en (電気); Gelenk n. -s, -e (ジョイント). ― 連結する verbinden*⁴ (mit³); an|schließen*⁴ (mit³); [ver-] kuppeln (ver)koppeln⁴ (mit³); verketten⁴ (鎖で); verknüpfen⁴ (結んで)/食堂車を連結する den Speisewagen an|hängen (an⁴). ‖ ～器 die automatische Kupplung, -en/六両連結列車 der Zug (-[e]s, -e) mit 6 Wagen.

れんご 連語 die zweigliedrige Form, -en (Kind und Kegel; Mann und Maus の類).

れんこう 連行する ab|führen (jn); weg|führen (jn).

れんごう 連合 Vereinigung f. -en; Verbindung f. -en; Zusammenschluss m. -es, -e; [ユニオン] Verein m. -[e]s, -e; Verband m. -[e]s, -e; [同盟] Bund m. -[e]s, -e; Bündnis n. -nisses, -nisse; Allianz f. -en; [連] Koalition f. -en; [合同] Fusion f. -en. ― 連合の vereinigt; verbunden; verbündet; vereint; zusammengesetzt; alliiert. ― 連合する ⁴sich vereinigen (mit³); ⁴sich vereinen (mit³); ⁴sich verbinden* (verbünden) (mit³); ⁴sich zusammen|schließen* (in³; zu³); ⁴sich an|schließen* (an⁴ に相する); zusammen|wirken (行動を共にする)/連合して in gegenseitigem Einverständnis (handeln 行動する); vereint; vereinigt mit jm gegen jn (…と連合して…に当たる). ‖ 連合売出し der gemeinschaftliche Ausverkauf, -[e]s, -e/連合運動会 das gemeinsame Sportfest, -[e]s, -e/連合艦隊 Flotte f. -n ❖ 「連合」は訳さない, 各艦種の連合したものが Flotte/連合軍 die Alliierten (pl); die verbundenen Waffen (pl 各兵種の連合軍隊); der kombinierte (Kampf)verband m. -[e]s, -e/連合軍, 各国の混成軍/連合内閣 Koalitionsregierung f. -en/国際連合 die Vereinten Nationen (pl).

れんごく 煉獄 Fegefeuer n. -s, -; Purgatorium n. -s, ..rien.

れんこん 蓮根 Lotoswurzel f. -n.

れんさ 連鎖 Kette f. -n; Verkettung f. -en. ‖ 連鎖状球菌 Ketten|kokke f. -n (-kokkus m. ..kokken)/～反応 [理] Kettenreaktion f. -en/連鎖法 [数] Ketten|regel f. -n (-satz m. -es, -e -rechnung f. -en)/[論] Kettenschluss m. -es, -e (連鎖推理).

れんざ 連座 Verwicklung f. -en (連座させること); Mitschuld f. -en (an³)/連座する ⁴sich verwickeln; verwickelt (hineingezogen) werden (以上 in⁴).

れんさい 連載する in Fortsetzungen veröffentlichen⁴ (in³) (schreiben*⁴ (für⁴))/連載される in Fortsetzungen (abschnittsweise) veröffentlicht werden (erscheinen* ⓢ)/新聞に連載される jeden Tag in Fortsetzungen in der Zeitung erscheinen* ⓢ. ‖ 連載小説 Roman (m. -s, -e) in Fortsetzungen.

れんざん 連山 ⇨ れんぽう (連峰).

レンジ Gasherd m. -[e]s, -e (ガスレンジ); Elektroherd (電気式); Küchenherd (一般に台所用)/電子～ Mikrowellenherd m. -[e]s, -e.

れんじつ 連日 jeden Tag; Tag für Tag; täglich; von einem Tag zum anderen.

れんしゅう 練習 Übung f. -en (in³); Ein|übung f. -en; Schulung f. -en (訓練); Training n. -s, -s (スポーツ in³; für³); Probe f. -n (劇); Hauptprobe f. -n (リハーサル); Drill m. -s, -e (軍隊)/練習を始める das Training an|fangen*/練習を積んでいる gut trainiert (geschult; gedrillt) sein/練習不足である jm fehlt die (rechte) Übung./劇の練習をする die Probe ab|halten* (spielen)/猛練習をする ⁴sich einem strengen Training unterziehen*. ― 練習する üben⁴ (例: 他の楽器にも使われる); ⁴sich üben (auf der) Geige バイオリンを (auf dem) Klavier ピアノを (³sich) ein|üben⁴; ⁴sich ein|üben (in⁴; auf⁴); trainieren⁴; ⁴sich trainieren (auf⁴; für⁴); ⁴sich einem Training unterziehen* (unterwerfen); Probe spielen

《劇》. ── 練習させる *jm* ein|üben^4; trainieren^4; schulen^4 《仕込む》. ‖ 練習機(船) Schulflugzeug *n*. -〔e〕s, -e (Schulschiff *n*. -〔e〕s, -e)/練習試合 Freundschaftsspiel *n*. -〔e〕s, -e/練習所 Übungs¦raum *m*. -〔e〕s, ⸚e (-platz *m*. -es, ⸚e)/練習生 der Lernende*, -n, -n; Praktikant *m*. -en, -en; Seekadette *m*. -n, -n 《商船学校の》/練習帳 Schulheft *n*. -〔e〕s, -e/練習飛行 Übungsflug *m*. -〔e〕s, ⸚e; Schulflug *m*. -〔e〕s, ⸚e/練習問題 Übung *f*. -en; Übungsaufgabe *f*. -n.

れんしょ 連署 Mitunter¦zeichnung *f*. -en (-schrift *f*. -en)/保証人連署を以て unter Mitunterzeichnung des Bürgen*. ── 連署する mit|unterzeichnen^4; gemeinsam unterzeichnen^4. ‖ 連署人 der Mitunterzeichnete*, -n, -n; der Links¦unterzeichnete* (Rechts-), -n, -n.

れんしょう 連勝する ⇨**れんせん** / 三連勝する dreimal hintereinander gewinnen*^{4}.

れんじょう 恋情 Liebe *f*. -n; Zuneigung *f*. -en.

レンズ Linse *f*. -n; Objektiv *n*. -s, -e 《写真の》/レンズの中心 Linsenmitte *f*. -n/レンズを向ける die Kamera richten 《*auf*^{4}》/レンズを絞る ab|blenden$^{(4)}$ ‖ 凹レンズ Konkav¦linse (Zerstreuungs-) *f*. -n/拡大レンズ Lupe *f*. -n/合成レンズ Linsen¦system *n*. -s, -e (-kombination *f*. -en)/コンタクトレンズ Kontaktlinse *f*. -n/接眼レンズ Okular *n*. -s, -e/対物レンズ Objektiv *n*. -s, -e/凸レンズ Konvex¦linse (Sammel-) *f*. -n/望遠レンズ Fern¦objektiv (Tele-) *n*. -s, -e.

れんせい 練成する ertüchtigen^4; trainieren^4; aus|bilden^4.

れんせん 連戦する eine Schlacht nach der anderen kämpfen (liefern); mehrere Wettkämpfe hintereinander aus|tragen* 《試合の場合》/連戦連勝する eine Schlacht nach der anderen gewinnen*; Sieg über Sieg erringen* (erkämpfen); von Sieg zu Sieg schreiten* [s] ❖ その他目的語には Krieg *m*.; Schlacht *f*.; Partie *f*.; Spiel *n*. など文意に応じて用いる / 連戦連敗する eine Schlacht nach der anderen verlieren*; Niederlage auf Niederlage erleiden*.

れんそう 連想 Gedankenverbindung *f*. -en; Ideenverbindung; Assoziation *f*. -en /連想する assoziieren^4 《mit ^{3}*et*》.

れんぞく 連続 Fortsetzung *f*. -en; Aufeinanderfolge *f*. -n; Fortdauer *f*. 《持続》; Serie *f*. -n/連続的な(に) 〔fort〕laufend; fortdauernd; aufeinander folgend; hintereinander; kontinuierlich; serienweise; ununterbrochen/連続三週間 drei Wochen hintereinander. ── 連続する fort|laufen* [s] (-|dauern); aufeinander folgen [s]; ^{4}sich fort|setzen. ‖ 連続映画(放送劇) Film 《*m*. -〔e〕s, -e》 (Hörspiel *n*. -〔e〕s, -e) in Fortsetzung/連続番号 die laufende Nummer, -n.

れんたい 連隊 Regiment *n*. -〔e〕s, -er/連隊の Regiments-. ‖ 連隊旗 Regimentsfahne *f*. -n/連隊参謀 Regimentsstab *m*. -〔e〕s, ⸚e/連隊長 Regimentskommandeur *m*. -s, -e.

れんたい 連帯の(で) gemeinsam; gemeinschaftlich; gesamtschuldnerisch; solidarisch/連帯で金を借りる gemeinsam (gesamtschuldnerisch) Geld borgen 《*von*^{3}》 ‖ 連帯債務 Gesamtschuld *f*. -en/連帯責任 Gesamtverantwortung *f*. -en; die gemeinschaftliche (gesamtschuldnerische) Haftung, -en / 連帯保証 Gesamtbürgschaft *f*. -en; die solidarische (gesamtschuldnerische) Bürgschaft/連帯保証人 Solidar¦bürge (Gesamt-; Mit-) *m*. -n, -n/社会連帯 die soziale Solidarität, -en.

レンタカー Leihwagen *m*. -s, -; Miet¦auto *n*. -s, -s, (-wagen *m*. -s, -)/レンタカーを借りる ^{3}sich ein Auto (einen Wagen) mieten.

れんたつ 練達の士 Fachgröße *f*. -n; Kapazität *f*. -en; Virtuose *m*. -n, -n 《特に音楽で》; Veteran *m*. -en, -en.

レンタル Leasing *n*. -s, -s; Leasen *n*. -s, - 《動詞 leasen の名詞》 ‖ レンタル業 Verleih *m*. -〔e〕s, -e/レンタル業者 Verleiher *m*. -s, -/レンタルビデオ店 Videoverleih.

れんたん 練炭 Brikett *n*. -s, -s (-e)/練炭にする brikettieren^4.

れんち 廉恥 Redlichkeit *f*.; [廉恥心] Ehr¦gefühl *n*. -〔e〕s (-liebe *f*.)/廉恥を重んじる 〔streng〕 auf 〔seine〕 Ehre halten* (bedacht sein); keinen Fleck auf seiner Ehre dulden/廉恥心がない überhaupt keine Ehre im Leibe haben; keinen Funken Ehrgefühl im Leibe haben.

れんちゃく 恋着 Zuneigung *f*. -en; Vorliebe *f*./恋着する Zuneigung empfinden* 《*gegen*^{4}; *zu*^{3}》; Anhänglichkeit haben 《*für*^{4}》; eine Vorliebe haben (zeigen) 《für ^{4}*et*》.

れんちゅう 連中 Leute 《*pl*》; Gesellen 《*pl*》; Bande *f*. -n 《悪い意味で》; Gesellschaft *f*. -en; Kreis *m*. -es, -e; Zunft *f*. ⸚e./愉快な連中 die lustigen Gesellen/どうかと思う連中 die saubere Zunft/あの連中とはもう縁はない Wir sind geschiedene Leute./ああいう連中にはかかわらない方がいい Sie halten sich besser fern von dieser Bande./うちの連中はだらけてやがる Schlapp sind unsere (meine) Leute.

れんちょく 廉直 Rechtschaffenheit *f*. -en; Unbescholtenheit *f*. -en; Ehrgefühl *n*. -〔e〕s/廉直な ehrlich; aufrichtig; rechtlich; rechtschaffen; unbestochen; unbescholten/廉直の士 ein Mann 《*m*. -〔e〕s, ⸚er》 von Ehre.

れんてつ 練鉄 Schmiede¦eisen (Schweiß-) *n*. -s.

れんどう 連動する synchronisiert (gekuppelt) sein/連動させる synchronisieren^4; kuppeln^4 ‖ 連動機 Synchron¦maschine *f*. -n (-getriebe *n*. -s, -; -kupplung *f*. -en)/連動距離計(カメラの) gekuppelter Entfernungsmesser, -s, -/連動装置 Synchronisiereinrichtung *f*. -en; Gleichlaufgerät *n*. -〔e〕s, -e.

レントゲン レントゲン学者 Röntgenologe *m*. -n, -n/レントゲン写真 Röntgen¦aufnahme *f*.

れんにゅう 練乳 Kondensmilch *f.*

れんばい 廉売 Ausverkauf *m.* -[e]s, ¨e〔棚おろし・店じまいの〕; Ramschverkauf *m.* 〔見切品などの投売〕; Verkauf 《*m.* -[e]s, ¨e》 zu herabgesetzten (besonders niedrigen) Preisen〕/廉売する billig (zu Spottpreisen) verkaufen⁴; 〔das Warenlager〕 aus|verkaufen.

れんぱい 連敗する hintereinander besiegt werden 《*jm* erliegen*》; eine Niederlage nach der anderen erleiden*/三連敗する drei Spiele hintereinander verlieren*; dreimal hintereinander erliegen*.

れんぱつ 連発 das Hintereinanderschießen*, -s; Dauerfeuer *n.* -s〔機関銃のような〕/連発式の Selbstlade-; Mehrlade-; kombiniert 〔発砲の場合〕. — 連発する 〔schnell〕 hintereinander schießen*⁴ (feuern); 〔質問を〕 *jn* mit Fragen überschütten*; *jm* Fragen über Fragen stellen. ‖ 連発銃 Mehrlader *m.* -s, -; Repetierbüchse *f.* -n.

れんばん 連判 die gemeinsame Stempelung, -en (Unterzeichnung, -en)/連判する gemeinsam stempeln⁴ (unterzeichnen⁽⁴⁾); mit|unterzeichnen⁽⁴⁾/連判で gemeinsam; mit Unterschriften (Namenszügen) der Beteiligten ‖ 連判状 die Urkunde 《-n》 mit Namenszügen der Beteiligten.

れんぴれい 連比例 〔数〕das kontinuierliche Verhältnis, ..nisses, ..nisse.

れんびん 憐憫 das Erbarmen *n.*, -s 《*mit*³》; Mitleid *n.* -[e]s 《*mit*³》/憐憫の情を催す *sich erbarmen* 《²》, 〔原因が主語〕 *js* Mitleid erregen; 〔人が主語〕 Erbarmen fühlen 《*mit*³》; bemitleiden⁴.

れんぺい 練兵 Exerzierausbildung *f.* -en; das Exerzieren, -s; Drill *m.* -[e]s/練兵する exerzieren⁴; drillen⁴; 〔兵の側から〕 Exerzierausbildung (formale Ausbildung) haben; gedrillt werden ‖ 練兵場 Exerzierplatz *m.* -es, ¨e.

れんぼ 恋慕 Verliebtheit *f.* -en/恋慕する verliebt sein 《*in*⁴》; innig zugetan sein 《*jm*》; zu *jm* eine Neigung fassen; lieben⁴.

れんぽう 連峰 Gebirgskette *f.* -n; Höhenzug *m.* -[e]s, ¨e; Gebirge *n.* -s, -.

れんぽう 連邦 Bundesstaat *m.* -[e]s, -en; Föderation *f.* -en; Eidgenossenschaft *f.* -en〔スイスの〕; Union *f.* -en/連邦の Bundes-; föderativ; eidgenössisch; bundesstaatlich ‖ 連邦議会 Bundesrat *m.* -[e]s, ¨e/連邦検察官 Bundesanwalt *m.* -[e]s, ¨e/連邦検察局(庁) Bundesanwaltschaft *f.*/連邦主義(制度) Föderalismus *m.* -/連邦政府 Bundesregierung *f.* -en/イギリス連邦 das Britische Reich, des -n -[e]s/オーストラリア連邦 Australischer Staatenbund *m.* -[e]s/スイス連邦 die Schweizerische Eidgenossenschaft *f.*/ソビエト連邦 (1922-1991) Sowjetunion *f.*; die Union der Sozialistischen Sowjetrepubliken ⇒ソれん/ドイツ連邦共和国 die Bundesrepublik Deutschland, der - -.

れんま 練磨 Ertüchtigung *f.* -en; Stählung *f.* -en; Einübung *f.* -en. — 練磨する ertüchtigen⁴; stählen⁴²; zu besseren Leistung erziehen*⁴; ab|härten⁴ 《*gegen*⁴》/スポーツで身体を練磨する durch Sport den Körper stählen 〔通じ〕難に耐えるように練磨する *sich gegen Strapazen abhärten*.

れんめい 連盟 Bund *m.* -[e]s, ¨e; Liga *f.* ..gen〔スポーツのリーグ〕; Verband *m.* -[e]s, ¨e/...と連盟して verbündet 《*mit*³》; im Bunde 《*mit*³》 ‖ 経済連盟 Wirtschaftsverband *m.* -[e]s, ¨e/国際連盟 Völkerbund *m.* -[e]s, ¨e/陸上競技連盟 Leichtathletik-Verband *m.* -[e]s, ¨e.

れんめい 連名で gemeinsam; im Namen der Unterzeichneten ‖ 連名陳情書 das gemeinschaftliche Bittgesuch, -[e]s, -e.

れんめん 連綿たる(として) ununterbrochen; aufeinander folgend.

れんや 連夜 jede Nacht; alle Nächte ‖ 連日連夜 〔bei〕 Tag und Nacht.

れんよう 連用する fortdauernd 〔ein|〕nehmen*⁴《Arznei *f.* 薬を》.

れんらく 連絡 Verbindung *f.* -en 〔一般〕; Verknüpfung *f.* -en〔連結〕; Briefwechsel *m.* -s 〔文通による〕; Anschluss *m.* -es, ¨e 〔交通の〕; Knotenpunkt *m.* -[e]s, -e 〔鉄道などの接続点〕; Kontakt *m.* -[e]s, -e 〔接触〕; Liaison *f.* -s/この列車は接続が悪い Dieser Zug hat schlechten Anschluss./ちょうど彼からその連絡があった Gerade jetzt habe ich die Nachricht von ihm erhalten./連絡のある in Kontakt sein 《*mit*³》, in Verbindung stehen*《*mit*³》〔鉄道など〕 Anschluss haben 《*an*⁴; *zu*³》; 〔文通による〕 in (im) Briefwechsel stehen* 《*mit*³》/連絡をとって in gegenseitigem Einverständnis (im Einverständnis) miteinander/連絡をつける eine Verbindung mit *jm* auf|nehmen*; *sich* in Verbindung setzen 《*mit*³》; in Verbindung treten* 〔s〕《*mit*³》; Kontakt (Berührung; Fühlung) schaffen⁽*⁾ (her|stellen) 《*mit*³》/連絡を保つ in Kontakt stehen*《(bleiben*)》《*mit*³》; in Verbindung bleiben* 《*mit*³》/連絡をつける mit *jm* lösen; den Kontakt verlieren* 《*mit*³》. — 連絡する *jn* 《⁴*et*》 in Verbindung bringen*; mit|teilen³⁴; *jn* verständigen 《*von*³; *über*⁴》; durch|geben*⁴; weiter leiten⁴ 《*an*⁴》 ‖ 連絡員 Verbindungsmann *m.* -[e]s, ¨er 〔..leute〕/連絡駅 Anschlussstation *f.* -en/連絡会議 Besprechung *f.* -en, *zwischen*³》 ❖ 連絡は訳さない/連絡切符 die durchgehende Fahrkarte, -n, -n/連絡事務所 Verbindungsbüro *n.* -s, -s〔-stelle *f.* -n〕/連絡将校 Verbindungsoffizier *m.* -s, -e/連絡線 Verbin-

れんりつ 連絡線 Verbindungs|bahn f. -en (-linie f. -n)/連絡船 Fähre f. -n.

れんりつ 連立 Koalition f. -en; Bündnis n. ..nissen, ..nisse; Zusammenschluss m. -es, ⸚e 連立一次方程式 lineares Gleichungssystem, -s, -e/連立内閣 Koalitionskabinett n. -(e)s, -e (-regierung f. -en).

れんれん 恋々とする jm in Liebe zugetan sein《男女間》; ⁴sich [an]klammern《an⁴ 地位などに》.

ろ

ろ 絽 Seidengaze f. -n ‖ 絽縮緬(ちりめん) Kreppgaze.

ろ ³炉 der (häusliche) Herd, -(e)s, -e; Feuerstatt f. -n《一般的》; Kamin m. -s, -e《暖炉》; Ofen m. -s, ⸚.

ろ ⁴櫓 Ruder n. -s, -/櫓を操る Ruder hand|haben (handhabte, gehandhabt); rudern [h.s]《場所の移動を示すとき [s]》‖ 櫓臍(ろべそ) Dolle f. -n.

ロ【楽】h n. -, -|ロ短調 h-Moll f. -《記号: h》/ロ長調 H-Dur n. -《記号: H》.

ロイター ロイター通信社 Reuters n. -.

ロイドめがね Brille《f. -n》mit schwarzer ³Zelluloideinfassung.

ろう ³楼 (Aussichts)turm m. -(e)s, ⸚e ‖ 三層楼 der dreistöckige Turm. ⇨ろうかく.

ろう 蠟 Wachs n. -es, -e/蠟引きの ³Wachs überzogen (bestrichen)/蠟引き紙 Wachspapier n. -s, -e/蠟色の wachs|farben (-farbig)/蠟の wächsern ‖ 蠟細工 Wachsarbeit f. -en/蠟を引く mit ³Wachs überziehen*⁴ (bestreichen*⁴)/蠟を嚙むような äußerst nüchtern.

ろう 労 Mühe f. -n; Anstrengung f. -en; die harte Arbeit, -en; Bemühung f. -en《骨折り》; Mühsal f. -/労を厭わない keine Mühe scheuen; seine [eigenen] Bemühungen gering achten/労を惜しむ die Mühe scheuen; Bemühungen (pl) zu meiden suchen/…の労をとる ⁴sich die Mühe machen, zu …/…の労を惜しまない sich angelegen sein lassen*, zu …/…の労に酬いる ⁴sich für js ⁴Mühe erkenntlich zeigen; js Bemühungen an|erkennen*《非』離に用いる語》(belohnen)/N氏の労を多として記念品を呈するIn Anerkennung der Bemühungen von Herrn N. biete ich ihm ein Andenken an./労して功なし Große Mühe, kein Gewinn./調停の労をとって頂きたい Wollen Sie sich hier ins Mittel legen? Wollen Sie hier den Vermittler spielen?— 労する ³sich Mühe geben* ⟨mit¹; um²⟩; ⁴sich an|strengen; eine harte Arbeit auf ⁴sich nehmen*; sich ins Geschirr legen.

ろう ⁴廊 Korridor m. -s, -e; Galerie f. -n《回廊》; [Wandel]gang m. -(e)s, ⸚e《同上, Wohnungsbau》; Diele f. -n《屋内の歩廊》‖ Diele f. -n《廊下なす室》.

ろう 聾 Taubheit f./耳を聾するばかりの音 der betäubende Lärm, -(e)s.

ろう 牢に入れる ein|kerkern ⟨jn⟩. ⇨ろうごく.

ろう 老- ¶ 老首相 der alte Premierminister, -s, -.

ろうあ 聾啞 Taubstummheit f./聾啞の taubstumm ‖ 聾啞学校 Taubstummenanstalt f. -en/聾啞者の Taubstumme*, -n, -n/聾啞者教育家 Taubstummenlehrer m. -s, -.

ろうえき 労役 die harte Arbeit, -en; schweres (hartes) Stück Arbeit; Mühsal f. -e; Abplackerei f. -en.

ろうおく 陋屋 Bude f. -n; Schundbau m. -(e)s, -ten; das baufällige Haus, -es, -er; mein bescheidenes Häuschen, -s《拙宅》.

ろうか 廊下 Korridor m. -s, -e; (Durch-)gang m. -(e)s, ⸚e《Wohnungsbau》; Diele f. -n, -en; Foyer n. -s, -s《劇場の》; Galerie f. -n《回廊》; Diele f. -n《廊下なす部屋》/廊下伝いに母屋へ行ける Der Korridor führt zum Hauptgebäude.

ろうか 老化現象 Alters|erscheinung f. -en (-anzeichen n. -s, -).

ろうかい 老獪な gerieben; gerissen; durchtrieben; verschlagen; schlau wie ein Fuchs/老獪な狸親爺(おやじ) Der Alte ist mit allen Hunden gehetzt (mit allen Wassern gewaschen).

ろうかく 楼閣 Palast m. -(e)s, ⸚e; Schloss n. -es, ⸚er; das vielstöckige Gebäude, -s, - / 空中に楼閣を築く Luftschlösser (pl) bauen (errichten).

ろうがっこう 聾学校 Gehörlosenschule f. -n.

ろうがん 老眼【医】Presbyopie f.; Alters-sichtigkeit (Fern-; Weit-) f. ‖ 老眼鏡 die Brille ⟨-n⟩ für ⁴Alterssichtigkeit.

ろうきゅう 老朽 Abgenutztheit f.; Verbrauchtheit f.《物について》; Altersschwäche f.《人について》/老朽の alt und abgenutzt; alt und abgebraucht/老朽のために wegen ²⁽³⁾Abgenutztheit (Verbrauchtheit)《物について》; wegen ²⁽³⁾Altersschwäche《人について》‖ 老朽船 das alte und unbrauchbare Schiff, -(e)s, -e.

ろうぎん 朗吟 Rezitation f. -en/朗吟する rezitieren*.

ろうく 老軀 der altersschwache Leib, -(e)s, -er《Körper, -s, -》/老軀をひっさげて den altersschwachen Leib (Körper) an|strengend; trotz des hohen Alters.

ろうく 労苦 Mühseligkeit f. -en; Abquälerei f. -en; Strapaze f. -n/労苦を惜しまな

keine Mühseligkeit scheuen; ^{4}sich nicht um Mühseligkeiten kümmern.

ろうけつ 臈纈〔染め〕 Batik *m.* -s, -en (*f.* -en).

ろうご 老後 Lebens¦abend *m.* -s, -e (-herbst *m.* -[e]s, -e); die hohen Jahre《*pl*》/老後の用意に um gegen seinen Lebensabend versichert zu sein; um seinen Lebensabend in Sicherheit verbringen zu können / 老後を悠々自適して暮らす seinen Lebensabend (Lebensherbst) in angenehmer Ruhe verbringen*; ungestört seine hohen Jahre genießen*.

ろうこう 老巧な ⇨ろうれん.

ろうごく 牢獄 Kerker *m.* -s, -; Gefängnis ..nisses, ..nisse; Zuchthaus *n.* -es, ¨er; Verlies *n.* -es, -e《地下の》/牢獄に入れる ein|kerkern《*jn*》; in den Kerker (ins Gefängnis; Zuchthaus; Verlies) werfen* (stecken)《*jn*》/牢獄を出る aus dem Gefängnis entlassen werden ‖ 牢獄破り Ausbrecher *m.* -s, -.

ろうこつ 老骨に鞭打って trotz seines hohen Alters.

ろうざいく 蠟細工 ⇨ろう(蠟).

ろうさいほけん 労災保険 Unfallversicherung《*f.* -en》für ^{4}Arbeitnehmer.

ろうし 老子 Laotse *m.*/老子の教え Taoismus *m.* -.

ろうし 労資 Kapital und Arbeit, des -s und der -; Arbeitnehmer und -geber; Unternehmer und Angestellter* ‖ 労資協調 die gute Zusammenarbeit von Kapital und Arbeit.

ろうし 老死する im hohen Alter sterben* [s]; eines natürlichen Todes sterben*.

ろうし 牢死する im Gefängnis (als ^{1}Gefangener) sterben* [s].

ろうしゅう 陋習を破る Miss¦stände (Übel-)《*pl*》ab|schaffen (beheben*; aus dem Weg räumen)/旧来の陋習を打破せよ Nieder mit der althergebrachten Unsitte!

ろうじゅく 老熟 Altersreife *f.*; die altreife Geschicklichkeit / 老熟〔の域に達〕する zur Altersreife gelangen [s]; die altreife Geschicklichkeit erlangen.

ろうしゅつ 漏出する aus|rinnen* [s] (-|sickern [s]); entströmen [s]; lecken [s].

ろうじょ 老女 die alte Frau, -en; die Alte*, -n, -n.

ろうしょう 老少 Jung und Alt; Alt und Jung; Jugend und Alter ‖ 老少不定(ふじょう) die Unbeständigkeit des Lebens.

ろうじょう 老嬢 die alte Jungfer, -n.

ろうじょう 籠城 das Eingeschlossensein* (Abgesperrtsein*)《-s》in einer Burg; das Belagertsein*, -s/籠城する in einer Burg eingeschlossen (abgesperrt) sein; belagert sein ‖ 籠城軍 die in einer Burg eingeschlossene (abgesperrte; belagerte) Armee, -n.

ろうじん 老人 der alte Mann, -[e]s, ¨er; der Alte*, -n, -n; die alten Leute《*pl*》; die Alten*《*pl*》.

ろうすい 老衰 Abgelebtheit *f.*; Altersschwäche *f.*; Senilität *f.*; das Kindischwerden*, -s《ぼけること》/老衰する abgelebt (altersschwach; senil) werden; kindisch werden《ぼける》.

ろうすい 漏水 das Ausrinnen* (Aussickern*; Entströmen*; Lecken*)《-s》von Wasser.

ろうする 弄する spielen《*mit*^{3}》; nicht ernst nehmen*^{4}/策を弄する mit Kniffen (Kunstgriffen) um|gehen* [s]; manipulieren; zu Manipulationen greifen*.

ろうせき 蠟石 Alabaster *m.* -s.

ろうぜき 狼藉 [散乱] Durcheinander *n.* -s; 〖俗〗Kribskrabs *m.* (*n.*) -; Unordnung *f.*; Verwirrung *f.*; Wirrwarr *m.* -s; [乱暴] Gewaltsamkeit *f.* -en; Gewalttätigkeit *f.* -en; Rauferei *f.* -en; Unfug *m.* -[e]s/狼藉を働く Gewalt an|wenden$^{(*)}$ (gebrauchen); tätlich (handgreiflich) werden/狼藉を極める ^{4}sich 〔ungezügelt〕 aus|toben; ^{4}sich in Gewalttaten gehen lassen* ‖ 狼籍者 Rauf¦bold (Streit-) *m.* -[e]s, -e; der brutale Bursche, -n, -n; der Gewalttätige*, -n, -n; Raufer *m.* -s, -.

ろうそく 蠟燭 Kerze *f.* -n; 〔Wachs〕licht *n.* -[e]s, -er/蠟燭の燃えさし Lichtstump *m.* -[e]s, ¨e/蠟燭の灯 Kerzenlicht *n.* -[e]s, -er/蠟燭の光 Kerzenschein *m.* -[e]s, -e/蠟燭の芯 Kerzendocht *m.* -[e]s, -e/蠟燭をつける(消す) eine Kerze an|zünden (aus|löschen)/蠟燭を吹き消す eine Kerze aus|blasen*/蠟燭がちらちらする Die Kerze flackert./蠟燭が消える Die Kerze erlischt (verlischt)./蠟燭の蠟が垂れる Die Kerze trieft (tropft; läuft)./蠟燭の芯を切る eine Kerze schnäuzen (putzen) ‖ 蠟燭製造者 Kerzen¦gießer (-zieher) *m.* -s, -/蠟燭立 Kerzenhalter *m.* -s, -/蠟燭屋 Kerzenhändler *m.* -s, -/小蠟燭 Kerzchen *n.* -s, -.

ろうたい 老体 ❶ ⇨ろうく(老軀). ❷ der Alte*, -n, -n; Greis *m.* -es, -e.

ろうだん 壟断 Monopol *n.* -s, -e; Allein¦besitz *m.* -es, -e (-recht *n.* -[e]s, -e)/壟断する monopolisieren^4; ein (das) Monopol haben (besitzen*)《*auf*^{4}; *für*^{4}》; ganz (allein; ausschließlich) in der Hand haben^4; das ausschließliche Recht in Anspruch nehmen*《*auf*^{4}》‖ 壟断者 Monopolist *m.* -en, -en; Alleinbesitzer *m.* -s, -.

ろうちん 労賃 ⇨ちんぎん.

ろうづけ 鑞付け das Löten*, -s; Lötung *f.* -en/鑞付けの 〔an〕gelöter; zugelötet/鑞付けにする an|löten^4 (zu|-).

ろうでん 漏電 die Ableitung (Streuung)《-en》der Elektrizität / 漏電に起因する durch ^{4}Ableitung (Streuung) der Elektrizität (durch ^{4}Kurzschluss《ショート》) verursacht werden/漏電する Elektrizität entweicht. ¦ Die elektrische Leitung ist durchgebrannt.《ショート》.

ろうと 漏斗 Trichter *m.* -s, -/漏斗状の trichter¦förmig (-artig)/漏斗で満す durch den Trichter gießen*^{4} (füllen^4) ‖ 漏斗架 Trichter¦stativ *n.* -s, -e (-halter *m.* -s, -).

ろうどう 労働 Arbeit *f.* -en. —— 労働する

ろうどう arbeiten.‖労働運動 Arbeiterbewegung *f.* -en/労働階級 Arbeiterklasse *f.* -n; die arbeitende Klasse, -n/労働管理 Aribeiterkontrolle *f.* -n/労働貴族 Arbeiteraristokratie *f.* -n/労働基準 Arbeitsnorm *f.* -en/労働基準局 die Abteilung ⟨-en⟩ für Arbeitsnormen/労働強化 Arbeitsintensivierung *f.* -en (-verstäkung) /労働行政 Arbeitsverwaltung *f.* -en/労働協定 Arbeitsvertrag *m.* -[e]s, ⸗e (-kontrakt *m.* -[e]s, -e)/労働組合 Arbeitergewerkschaft *f.* -en (-genossenschaft *f.* -en; -verband *m.* -[e]s, ⸗e), Gewerkschaft[l]er *m.* -s, -; Genossenschaft[l]er *m.* -s, -/労働組合主義者 der Anhänger ⟨-s, -⟩ des Arbeitergewerkschaftssystems (-genossenschafts-; -verbands-)/労働組合法 Arbeitergewerkschaftsgesetz (-genossenschafts-; -verbands-) *n.* -es, -e/労働憲章 Arbeitsverfassung *f.* -en/労働市場 Arbeitsmarkt *m.* -[e]s, ⸗e/労働者 Arbeiter *m.* -s, -; Arbeitsmann *m.* -[e]s, ⸗er (..leute) /労働者教育 Arbeitererziehung *f.* -en (-bildungswesen *n.* -s)/労働者厚生施設 Arbeiterwohlfahrtseinrichtung *f.* -en/労働者独裁 Arbeiterdiktatur *f.* -en/労働者保護法 Arbeiterschutz *m.* -es, -e (-schutzrecht *n.* -[e]s, -e)/労働条件 Arbeitsbedingung *f.* -en/労働政策 Arbeitspolitik *f.* -en/労働戦線 Arbeitsfront *f.* -en/労働争議 Streik *m.* -[e]s, -s; Ausstand *m.* -[e]s, ⸗e; Arbeitseinstellung (-niederlegung) *f.* -en/労働代表 der Vertreter ⟨-s, -⟩ der Arbeiterschaft/労働団体 Arbeiterverein *m.* -[e]s, -e/労働調停法 Arbeitsvermittlungsgesetz *n.* -es, -e/労働者党 Arbeiterpartei *f.* -en/労働配置 Arbeitseinsatz *m.* -es, ⸗e/労働不足 Arbeitsmangel *m.* -s/労働分野 Arbeitsfeld *n.* -[e]s, -er/労働法 Arbeitsgesetz *n.* -es, -e/労働奉仕 Arbeitsdienst *m.* -[e]s, -e/労働問題 Arbeitsfrage *f.* -n/労働力 Arbeitskraft *f.* ⸗e/強制労働 Zwangsarbeit/婦人(少年)労働 Frauenarbeit (Jugend)/八時間労働 die achtstündige Arbeitszeit; Achtstundentag ⇨じかん.

ろうどう 郎党 Anhänger *m.* -s, -; Anhang *m.* -[e]s, ⸗e; Anhängerschaft *f.* -en; Gefolgschaft *f.* -en; Gefolge *n.* -s, -; die Sein[ig]en* ⟨*pl*⟩.

ろうどく 朗読 Vorlesung *f.* -en; das Vortrag *m.* -[e]s, ⸗e; Deklamation *f.* -en; Rezitation *f.* -en/朗読演説する bei der Rede sein Manuskript vorlesen*; vom Blatt ab|lesen*. ‖ 朗読する vorlesen*[4]; vortragen*[4]; deklamieren*[4]; rezitieren*[4]. ‖ 朗読法 Vortragskunst (Deklamations-; Rezitations-) *f.*

ろうにゃく 老若 Alt und Jung; Jung und Alt/老若を論ぜず ganz unbekümmert um das Alter; ob Alt ob Jung; ohne Rücksicht auf das Alter ‖ 老若男女 Alt und Jung, Männer ⟨*pl*⟩ und Frauen ⟨*pl*⟩; alles, was leibt und lebt; jedes Alter, jedes Geschlecht.

ろうにん 浪人 ❶ [浪士] der herrenlose [herumstreichende] Samurai, -/[失職者] der Arbeits|lose* (Beschäftigungs-;Erwerb-), -n, -n/浪人になる arbeits|los (beschäftigungs-; erwerb-) werden. ❷ [学生] der in der Eintrittsprüfung (im Eintrittsexamen) Durchgefallene*, -n, -n/浪人している **1)** arbeits|los (beschäftigungs-; erwerb-) sein (失職中). **2)** in der Eintrittsprüfung (im Eintrittsexamen) durchgefallen sein.

ろうにんぎょう 蠟人形 Wachs|figur *f.* -en (-puppe *f.* -n) ‖ 蠟人形館 Wachsfigurenhaus *n.* -es, ⸗er (-kabinett *n.* -s, -e); Panoptikum *n.* -s, ..ken.

ろうねん 老年 [Greisen]alter *n.* -s, -; Bejahrtheit *f.*; Greisentum *n.* -s; hohe Jahre ⟨*pl*⟩; Lebensabend *m.* -s, -e (-herbst *m.* -[e]s, -e).

ろうばい 狼狽 Bestürzung *f.* -en; Bestürztheit *f.*; Betroffenheit *f.*; Fassungslosigkeit *f.*; Konsternation *f.* -en; Verwirrtheit *f.*/私は狼狽を押し隠した Ich ließ mir nichts von meiner Bestürzung (mir meine Bestürzung nicht) anmerken. ‖ 狼狽した bestürzt; betroffen; aus der Fassung gebracht; fassungslos; konsterniert; verdattert; verwirrt; auf den Mund geschlagen; wie vor den Kopf geschlagen. — 狼狽する bestürzt (betroffen, aus der Fassung gebracht; konsterniert; verdattert; verwirrt) werden; auf den Mund (wie vor den Kopf) geschlagen sein/私はすっかり狼狽した Der Verstand steht mir still. / Ich bin starr.

ろうばい 臘梅 der japanische Nelkenpfeffer, -s, -.

ろうばん 牢番 Gefängnis|wärter (Gefangenen-) *m.* -s, -; Kerkermeister *m.* -s, -.

ろうひ 浪費 Verschwendung *f.* -en; Vergeudung *f.* -en; Verprassung *f.* -en; Prasserei *f.* -en; Verschleuderung *f.* -en. ‖ 浪費する verschwenden[4]; vergeuden[4]; verprassen[4]; verschleudern[4]; verschwenderisch um|gehen* ⟨s⟩ (*mit*[4])/勝負事に金を湯水のように浪費する das Geld verschwenden/金を湯水のように浪費する das Geld zum Fenster hinaus|werfen*[4] ‖ 浪費家 Verschwender *m.* -s, -; Vergeuder *m.* -s, -; Prasser *m.* -s, -.

ろうびょう 老病 Altersschwäche *f.*; Senilität *f.*; die Krankheit ⟨-en⟩ im Alter.

ろうふ 老父 der alte Vater, -s, ⸗.

ろうぼ 老母 die alte Mutter, -, ⸗.

ろうほう 朗報 die frohe (gute; schöne) Nachricht, -en.

ろうもん 楼門 Torhaus *n.* -es, ⸗er.

ろうや 牢屋 ⇨ろうごく.

ろうらく 籠絡する umgarnen ⟨*jn*⟩; berücken ⟨*jn*⟩; verlocken ⟨*jn*⟩; ins Garn locken ⟨*jn*⟩; in Versuchung führen ⟨*jn*⟩; ins Netze ziehen* (locken) ⟨*jn*⟩.

ろうりょく 労力 Mühe *f.* -n; Anstrengung *f.* -en; Bemühung *f.* -en/労力を省く ³sich Mühe (er)sparen; Mühe scheuen/非常に労力を費す große Mühe verwenden*¹ (*auf*⁴); ³sich viel Mühe geben* (machen) (*mit*³; *um*⁴)/労力も甲斐なかった Die vielen Mühen waren [zu] nichts nütze./彼は労力を惜しまなかった Er hat ⁴sich keine Mühe verdrießen.

ろうれつ 陋劣 な verächtlich; verachtungswürdig; charakterlos; elend; jämmerlich; lumpig; niederträchtig; kriecherisch (へつらった)/陋劣な手段を用いる ³sich verächtlicher Mittel (*pl*) bedienen; nach verächtlichen Mitteln greifen*; von verächtlichen Mitteln Gebrauch machen. ‖ 陋劣漢 der Verächtliche* (Verachtungswürdige)*; Charakterlose*; Elende*; Jämmerliche*), -n, -n; Lump *m.* -en, -en; der Niederträchtige*, -n, -n; Kriecher *m.* -s, -.(へつらう人).

ろうれん 老練な alterfahren; gut geübt; routiniert; im Dienst ergraut. ‖ 老練家 der Alterfahrene *m.* -n, -n; der gut Geübte*, -n, -n; der im Dienst Ergraute*, -n, -n; der Routinierte*, -n, -n; Veteran *m.* -en, -en.

ろうろう 朗々たる [声] hell klingend (tönend); voll klingend (wohl-) (*od.* -tönend); klangreich (-voll); silberklar.

ろえい 露営 Biwak *n.* -s, -e; Feld(nacht)-lager *n.* -s, -/露営する biwakieren; unter freiem Himmel lagern ‖ 露営地 Biwakplatz (Lager-) *m.* -es, -̈e.

ローカル regional; örtlich; lokal; Orts-; Lokal- ‖ ローカルカラー Lokalkolorit *n.* -(e)s/ローカル新聞 Lokalzeitung (Regional-) *f.* -en/ローカル線 Nebenbahn (Lokal-) *f.* -, -en; Nebenlinie (Lokal-) *f.* -, -n/ローカルニュース Lokalnachricht (Regional-) *f.* -en/ローカル放送 Lokalsendung (Regional-) *f.* -en.

ローション Lotion *f.* -en (-s); Gesichtswasser *n.* -s, -/ヘアローション Haarwasser *n.* -s, -.

ロース [牛肉] (Rinder)lendenstück *n.* -(e)s, -e.

ロースト Braten *m.* -s, - ‖ ローストチキン Brathühnchen *n.* -s, -/ローストビーフ Rinderbraten *m.* -s, -/Roastbeaf *n.* -s, -s/ローストポーク Schweinebraten.

ロータリー Kreisverkehr *m.* -s (-platz *m.* -es, -̈e); Kreisel *m.* -s, - ‖ ロータリー印刷機 Rotations(druck)maschine *f.* -, -n/ロータリー除雪車 Kreiselschneepflug *m.* -(e)s, -̈e.

ロータリーエンジン Drehkolbenmotor (Wankel-); Umlauf- *m.* -s, -en.

ロータリークラブ Rotary Club *m.* --(s), --s ‖ ロータリークラブ員 Rotarier *m.* -s, -.

ロードショー Premiere *f.* -n.

ロードマップ Autokarte *f.* -n; Straßenkarte *f.* -n.

ローヒール ローヒールの(靴) [Schuhe (*pl*)] mit niedrigen (flachen) [Absätzen].

ロープ Seil *n.* -(e)s, -e; Tau *n.* -(e)s, -e/ロープを伝って降りる mittels (mit Hilfe) eines Seil(e)s hinunterklettern [s] ‖ ロープウエー [Draht]seilbahn *f.* -en; Schwebebahn.

ローマ Rom *n.* -(e)s/ローマの/永遠の都ローマ das ewige Rom/ローマは一日にして成らず ‚Rom ist nicht an einem Tage erbaut worden.'/すべての道はローマに通ず ‚Alle (Viele) Wege führen nach Rom.' ‖ ローマカトリック(教) die römisch-katholische Kirche; der römische Katholizismus, -/ローマカトリック教徒 der römische Katholik, -en, -en/ローマ人 Römer *m.* -s, -/ローマ数字 die römische Ziffer, -n/ローマ帝国 das Römische Reich, -(e)s/ローマ法 die römische Recht, -(e)s/ローマ法王 Papst *m.* -es, -̈e/ローマ法王庁 Vatikan *m.* -s/神聖ローマ帝国 das Heilige Römische Reich Deutscher Nation/東ローマ帝国 das Oströmische Reich, des ..schen -s.

ローマじ ローマ字 das römische (lateinische) Schriftzeichen, -s, - (Alphabet, -(e)s, -e); der römische (lateinische) Buchstabe, -ns (-n), -n; Lateinschrift *f.*/ローマ字で綴る mit römischen (lateinischen) Schriftzeichen (in Lateinschrift) schreiben*/ローマ字化する romanisieren⁴ ‖ ローマ字論者 der Verfechter (-s, -) der Romanisierung.

ローラー Walze *f.* -n; (Lauf)rolle *f.* -n ‖ ローラースケーター Rollschuhfahrer *m.* -s, -/ローラースケーティング das Roll(schlitt)-schuhfahren; -s/ローラースケート靴 Roll(schlitt)schuh *m.* -(e)s, -e.

ロール ロールキャベツ Kohlroulade *f.* -n/ロールパン Brötchen *n.* -s, - (総称); [種類により] Weißbrötchen; Rundbrötchen; Schrippe *f.* -n; Knüppel *m.* -s, -; Semmel *f.* -n.

ローン Anleihe *f.* -n; Darlehen *n.* -s, -; Kredit *m.* -(e)s, -e/銀行ローン Bankkredit.

ろか 濾過 Filtration *f.* -, -en; das Durchseihen*, -; Filterung *f.* -en; das Filtern*, -/濾過する filtern⁴; filtrieren⁴ ‖ 濾過液 Filtrat *n.* -(e)s, -e; Filtricht *n.* -(e)s, -e; die filtrierte (durchseihte; gefilterte) Flüssigkeit, -en/濾過器 Filter *m.* -s, -; Filterapparat (Filtrier-) *m.* -(e)s, -e; Durchseiher *m.* -s, -/濾過紙 Filtrierpapier *n.* -s, -e.

ろく 六 sechs; Sechs *f.* -en; ein halbes Dutzend《半ダース》/六の sechste *der* (*die*; *das*); sechste*/六角 Hexagon *n.* -(e)s, -e (オーストリアで -en)/六位(桁)の sechsstellig/六角の hexagonal; sechseckig/六重(倍)の sechsfach (-fältig)/六枚屏風 sechsteilige [Wand]schirm, -(e)s, -e/六面体 Hexaeder *n.* -s, -/六面体の sechsflächner *m.* -s, -; Würfel *m.* -s, -/六三制 das Sechs-Drei-System《六三制》im Schulwesen/六分儀 Sextant *m.* -en, -en/六連発の sechsschüssig (-läufig)/六頭立ての sechsspännig/第六感 der sechste Sinn, -(e)s, -e/六倍する versechsfachen; mit sechs multiplizieren/六の六倍は三十六 Sechsmal sechs gleich (ist; macht) sechsunddreißig.

ろく 禄 Besoldung f. -en; Fixum n. -s, ..xa; Lehen n. -s, -/禄を食(¹)む eine Besoldung (ein Fixum) beziehen* (empfangen*); ein Lehen erhalten* (empfangen*)/禄盗人 der faulenzende (untätig bleibende) Angestellte*, -n, -n.

ろく 碌な(...い) [nicht] gehörig; [nicht] ordentlich; [nicht] passend; [nicht] tüchtig; 碌でなし Taugenichts m. -(es), -e; Nichtsnutz m. -es, -e; Tunichtgut m. -(-es)-, -e/碌でない nichts|nutzig (-nützig) -würdig); minderwertig; unbrauchbar; untauglich/碌な人間になるあい Aus ihm kann unmöglich ein anständiger Mensch werden. / あの男は何の知識もないのに偉ぶる Er spielt sich auf, ohne über irgend gediegene Kenntnisse zu verfügen. —— 碌に、碌々 kaum; knapp; spärlich; wenig/碌に本も読めない癖に obgleich er nur auf eine unbefriedigende Weise Bücher lesen kann; ohne auf imstande sein, befriedigende Weise Bücher lesen zu können/碌に考えないで ohne die gebührende Überlegung; ohne reiflich überlegt zu haben/碌に返事もしないで Er antwortet kaum. —— 碌として zweck|los (nutz-; sinn-); in den Tag hinein lebend; ohne es zu irgendetwas gebracht zu haben.

ろくおん 録音 Aufnahme f. -n. —— 録音する auf ⁴CD auf|nehmen* ⟨CDに⟩; auf ⁴Tonband auf|nehmen* ⟨テープに⟩; mit|schneiden*⁴ / 放送をテープに録音する Sendung ⟨-en⟩ auf ⁴Band mit|schneiden* ‖ 録音機 Kassettenrekorder m. -s, -; [Ton]aufnahme|apparat m. -[e]s, -e (-geräte f. -e); Tonbandgerät n. -[e]s, -e/録音技師 Toningenieur m. -s, -e; Tonmeister m. -s, -; Tontechniker m. -s, -/録音[Ton]aufnahmeraum m. -[e]s, ..-e/er/録音放送する[Ton]aufnahmen ⟨pl⟩ senden/弱音化録音 Liveaufzeichnung f. -en.

ろくがつ 六月 Juni m. -[s].

ろくじゅう 六十 sechzig/第六十 der (die; das) sechzigste*/六十歳代)の人 der Sechzigjährige*, -n, -n; Sechziger m. -s, -.

ろくしょう 緑青 Grünspan m. -(e)s.

ろくぼく 肋木 Sprossenwand f. -e; die schwedische Leiter. -n.

ろくまく 肋膜〔解〕Pleura ..ren; Rippenfell (Brust-) n. -[e]s, -/肋膜炎 Brustfell- ‖ 肋膜炎 Pleuritis f. ..tiden; Rippen|fellentzündung (Brust-) f. -en/乾性(湿性)肋膜炎にかかっているEr leidet an trockener (feuchter) Pleuritis./肋膜炎患者 Pleuritiker m. -s, -/肋膜肺炎 Pleuropneumonie f. -n; Rippenfell- und Lungenentzündung.

ろくろ 轆轤 Dreh|bank (Drechsel-) f. ..e; Drehscheibe f. -n (踏みろくろ) / ろくろで削る auf der Drehbank ab|schaben*⁴ /ろくろで細工する drechseln*⁴. ‖ 〔絞盤〕 Haspel f. -n (まれに m. -s, -); Winde f. -n. ろくろ工場 Drechslerei f. -en; Drechsel|mühle f. -n (-werkstatt f. ..stätten, -werkstätte f. -n)/ろくろ細工 Drechsler|arbeit f. -en (-ware f. -n)/木材にろくろ細工を施す in ³Holz drechseln/ろくろ師 Drechsler m. -s, -.

ろくろくび 轆轤首 das langhalsige Monstrum, -s, ..ren ⟨..ra); das Ungeheuer ⟨-s, - mit einem langen Hals.

ロケーション Außenaufnahme f. -n/ロケーションのシーン Außenaufnahmeszene f. -n/ロケーションに出かける auf ⁴Außenaufnahme gehen* ⟨s⟩.

ロケット Rakete f. -n ‖ ロケットエンジン Raketentriebwerk n./ロケット推進 Raketenantrieb m. -[e]s, -e/ロケット発射台 Raketenabschussrampe f. -n/ロケット飛行機 Raketenflugzeug n. -[e]s, -e/ロケット兵器 Raketenwaffe f. -n/ロケット燃料 Raketentreibstoff m. -[e]s, -e/三段式ロケット Dreistufenrakete f. -n.

ろけん 露顕 Entdeckung f. -en; Enthüllung f. -en/悪事が露顕する entdeckt (enthüllt) werden.

ロココ ロココ⟨様式⟩ Rokoko n. -⟨s⟩; Rokokostil m. -[e]s.

ろこつ 露骨な ❶ unbeschönigt; freimütig; ungeschminkt; unverblümt/露骨な人 der unbeschönigt (freimütig; ungeschminkt; unverblümt) Sprechende* (Handelnde*), -n, -n/露骨に言えば um es offen ⟨heraus⟩ zu sagen; offen gesagt; um das Kind beim rechten Namen zu nennen; um frisch von der Leber weg zu sprechen; ohne ein Blatt vor den Mund zu nehmen. ❷ 〔卑猥な〕 unanständig; obszön; saftig; schlüpfrig.

ろし 濾紙 ⇨ろか紙〔濾過紙〕.

ろじ 路地 Gasse f. -n; Gässchen n. -s, -; Durchgang m. -[e]s, -e/この路地は抜けられぬ Das ist eine Sackgasse (ein Sackgässchen).

ロシア Russland n. -s/ロシアの russisch/〔旧〕ロシアの帝政 Zarentum n. -s ‖ ロシア語 Russisch n. -[s]; das Russische*, -n; die russische Sprache/ロシア人 Russe m. -n, -n; Russin f. ..ssinnen ⟨女⟩; 〔戯〕Russki m. -[s], -[s]/〔旧〕ロシア皇帝 der Russische Kaiser, -s, -; Zar m. -en, -en/〔旧〕ロシア女帝 die Russische Kaiserin, -, -rinnen; Zarin f. ..rinnen/ソビエトロシア Sowjetrussland.

ろしゅつ 露出 Bloß|stellung f. -en (-legung) f. -en; Ent|blößung f. -en (-hüllung) f. -en/露出し、Belichtung f. -en 〔写真の〕. —— 露出している ❶ bloß|gestellt (-gelegt) sein; ent|blößt (-hüllt) sein; exponiert sein/〔鉱床〕 zutage (zu Tage) liegen*⁴ /露出した bloß|gestellt (-gelegt); ent|blößt (-hüllt); exponiert; belichtet 〔写真の〕. —— 露出する ❶ bloß|stellen⁴ (-|legen⁴); ent|blößen⁴ (enthüllen⁴) exponieren⁴; belichten⁴ 〔写真の〕. ❷ 〔鉱床〕 durch|brechen ⟨s⟩; zutage (zu Tage) treten ⟨s⟩. ‖ 露出過度(不足) Überbelichtung (Unterbelichtung) f./露出計 Belichtungsmesser m. -s, -/露出時間 Belichtungs|zeit f. (-dauer f.) -en/露出症 Ex-

hibitionismus *m.* –.
ろすいき 濾水機 Wasser¦filter (–seiher) *m.* –s, –.
ろせん 路線 Linie *f.* –n; Route *f.* –n/党の路線から逸脱する von der Parteilinie ab|weichen* [s] ‖ 外交路線 die außenpolitische Linie (Ebene).
ろだい 露台 Balkon *m.* –s, –s (–e).
ロちょう ロ調 〖楽〗H-Dur *n.* – 《長調, 記号: H》; h-Moll *n.* – 《短調, 記号: h》/ロ長調で in H.
ろちょうこつ 顱頂骨 〖解〗Scheitelbein *n.* –〔e〕s, –e.
ロッカー Schrank *m.* –〔e〕s, –e; Spind *n.* (*m.*) –〔e〕s, –e; Schließfach *n.* –〔e〕s, ⸚er ‖ ロッカールーム Zimmer 《*n.* –s, –》 mit ³Spinden (³Schließfächern).
ろっかん 肋間の Interkostal–; Zwischenrippen– ‖ 肋間筋 〖解〗Interkostal¦muskel (Zwischenrippen–) *m.* –s, –n/肋間神経痛 Interkostalneuralgie *f.* –n.
ロッキングチェア Schaukelstuhl *m.* –〔e〕s, ⸚e.
ロック Rock *m.* –〔s〕, –〔s〕; Rockmusik *f.* ‖ ロックバンド Rockband *f.* –s/ロックンロール Rock'n'Roll *m.* –s, –s.
ロックアウト Lockout *n.* (*m.*) –〔s〕, –s; Aussperrung *f.* –en.
ロッククライミング 〔Fels〕klettern *n.* –s, –; Kraxeln *n.* –s, –.
ろっこつ 肋骨 Rippe *f.* –n/肋骨を折る ³sich die Rippen brechen*.
ロット [生産単位] Partie *f.* –n.
ロッドアンテナ Stabantenne *f.* –n.
ろっぽう 六法 die sechs Grundgesetze 《*pl*》 ‖ 六法全書 die Sammlung der sechs Grundgesetze; die gesammelten sechs Grundgesetze.
ろてい 路程 die zurückzulegende Strecke, –n (Entfernung, –en).
ろてん 露店 〔Straßen〕bude *f.* –n; 〔Buden–〕stand (Verkaufs–) *m.* –〔e〕s, ⸚e/露店を出す eine 〔Straßen〕bude (einen 〔Buden〕stand; einen Verkaufsstand) auf|stellen ‖ 露店街 Budenstadt *f.* ⸚e; Marktbuden 《*pl*》/露店商 Buden¦leute 《*pl*》 (–verkäufer *m.* –s, –); Standkrämer *m.* –s, –.
ろてん 露天 das Freie*, –n; die freie Luft/露天掘り Tagebau *m.* –〔e〕s/露天で im Freien; in der freien Luft ‖ 露天風呂 Freibad *n.* –〔e〕s, ⸚er.
ろてん 露点 〖理〗Taupunkt *m.* –〔e〕s.
ろとう 路頭 Straßen¦seite (Weg–) *f.* –n; Straßen¦rand (Weg–) *m.* –〔e〕s, ⸚er/路頭に迷う an den Bettelstab kommen* [s]; als ¹Bettler umher|irren [s]; auf der Straße betteln; obdachlos werden/妻子を路頭に迷わせる seine Frau und seine Kinder an den Bettelstab bringen*; die Familie zugrunde (zu Grunde) richten/酒のため一家を路頭に迷わせた Er hat die ganze Familie auf die Straße hinausgetrunken.
ろば 驢馬 Esel *m.* –s, –.
ろばた 炉端 ⇨ろへん.
ロビー Foyer *n.* –s, –s; Vor¦halle (Wandel–) *f.* –n; Wandelgang *m.* –〔e〕s, ⸚e.
ロビング 〖テニス〗Lob *m.* –〔s〕, –s/ロビングを打つ einen Lob spielen (schlagen*).
ろへん 炉辺で am Feuerherd (Kamin) ‖ 炉辺談話 das Geplauder 《s, –》 (Geschwätz, –es, –e) am Feuerherd (Kamin).
ろぼう 路傍 Weg¦rand (Straßen–) *m.* –〔e〕s, ⸚er; Weg¦seite (Straßen–) *f.* –n/路傍の人 Passant *m.* –en, –en; Leute 《*pl*》 auf der Straße; der 〔Wild〕fremde*, –n. –n ‖ 路傍演説 Straßenpredigt *f.* –en; die Rede 《–n》 am Wege/路傍説教者 Straßen¦prediger (–redner) *m.* –s, –.
ロボット Roboter *m.* –s, –/ロボットのように働く wie ein Roboter arbeiten ‖ 産業用ロボット Industrieroboter.
ロボトミー Lobotomie (Leukotomie) *f.* –n.
ロマ ロマ書 Römerbrief *m.* –〔e〕s.
ロマ Rom *n.* –, Roma 《ジプシー》.
ロマネスク romanisch ‖ ロマネスク芸術様式 Romanik *f.*/ロマネスク風大寺院 der romanische Dom, –〔e〕s, –e.
ロマン Roman *m.* –s, –e.
ロマンしゅぎ ロマン主義 Romantik *f.* ‖ ロマン主義者 Romantiker *m.* –s, –.
ロマンス Liebes¦affäre *f.* –n (–abenteuer *n.* –s, –; –geschichte *f.* –n).
ロマンチック ロマンチックな romantisch/ロマンチックな雰囲気 die romantische Stimmung, –en.
ロム 〖電算〗ROM *n.* –〔s〕, –〔s〕.
ろめい 露命をつなぐ ⁴sich kümmerlich durch|schlagen*; ein kümmerliches Dasein führen; kümmerlich sein Leben fristen; kaum das liebe Brot zu essen haben.
ろめん 路面 Straßenoberfläche *f.* –n ‖ 路面改良 Straßenpflasterverbesserung *f.* –en/路面交通 Straßenverkehr *m.* –s/路面電車 Straßenbahn *f.* –en; Straßenbahnwagen *m.* –s, – 《車両》.
ろれつ 呂律が回らない stammeln; mit schwerer Zunge lallen; unartikuliert sprechen*.
ろん 論 ❶ Argument *n.* –〔e〕s, –e 《議論》; Beweisführung *f.* –en; Argumentation *f.* –en 《論証》; Diskussion *f.* –en 《討議》; Erörterung *f.* –en 《論究》; Debatte *f.* –n; Disput *m.* –〔e〕s, –e; Disputation *f.* –en 《以上論争》; Bemerkung *f.* –en 《評論》/論をまたない keiner Beweisführung bedürfen*; außer allem Zweifel sein; über alle Dispute erhaben sein/論より証拠 Ein Beweis macht alle Argumente zunichte. ¦ Beweise sind besser als Erörterungen./…を論ぜず gleichgültig, ob …; ohne Rücksicht 《*auf*⁴》; rücksichtslos 《*gegen*⁴》; unbekümmert 《*um*⁴》. ❷ [論文] Abhandlung *f.* –en; Dissertation *f.* –en; Essay *m.* (*n.*) –s, –s 《軽い論文》. ❸ [意見] Meinung *f.* –en; Ansicht *f.* –en/ここが論の分かれるところである Hier gehen die Meinungen auseinander. ❹ [問題] Frage *f.* –n; Problem *n.* –s, –e ‖ 学制改革論 die Frage (das Problem) der Schulreform/友情(自然)論 Gedanken 《*pl*》 über die Freundschaft (die Natur).

ろんがい 論外 außer ³Frage stehend; nicht in ⁴Frage kommend/そんなことは論外だ So etwas kommt hier gar nicht in Frage! Das gehört nicht zur Sache!

ろんぎ 論議 Diskussion *f.* -en; Debatte *f.* -n; Erörterung *f.* -en; Meinungsaustausch *m.* -(e)s/議論中 unter Diskussion sein; zur Diskussion stehen*. ── 論議する diskutieren⁽⁴⁾ (*über*⁴); debattieren⁽⁴⁾ (*über*⁴); erörtern⁴; Meinungen (*pl*) austauschen/これを詳細に論議すべきだ Das sollten wir einer ausführlichen Diskussion unterwerfen.

ろんきゃく 論客 Polemiker *m.* -s, -; der wissenschaftliche Streiter, -s, -.

ろんきゅう 論及する zu sprechen kommen* [s] (*auf*⁴); berühren⁴; ⁴sich beziehen* (*auf*⁴); Bezug nehmen* (*auf*⁴); erwähnen⁴.

ろんきょ 論拠 Beweis|grund *m.* -(e)s, ˝e (-mittel *n.* -s, -); die Grundlage (-n) (Basis, Basen) einer Beweisführung.

ロング ロングスカート ein langer Rock. -(e)s, ˝e/ロングドレス ein langes Kleid, -(e)s, -er/ロングライフミルク H-Milch *f.*

ろんご 論語 „Das Buch (-(e)s) der Gespräche" von Konfuzius/論語読みの論語知らず Gerade wer von hohen philosophischen Dingen spricht, versteht überhaupt nichts davon.

ろんこうこうしょう 論功行賞 die Belohnungsverleihung (-en) nach Maßgabe der Verdienste.

ろんこく 論告〘法〙Anklagerede *f.* -n/論告する eine Anklagerede halten*.

ろんし 論旨 ⇨ろんてん.

ろんしゃ 論者 Disputant *m.* -en, -en; Erörterer *m.* -s, -; Verfechter *m.* -s, -;《代弁者》Verfasser *m.* -s, -;《dieses Aufsatzes 筆者》/平和論者 Pazifist *m.* -en, -en; Friedens|freund *m.* -(e)s, -e (-prediger *m.* -s, -).

ろんしょう 論証 Beweisführung *f.* -en; Demonstration *f.* -en; der deutliche Beweis, -es, -e (*für*⁴)/論証する einen Beweis führen; demonstrieren⁴; deutlich beweisen*⁴.

ろんじる 論じる argumentieren; einen Beweis führen (liefern); diskutieren⁽⁴⁾ (*über*⁴); debattieren⁽⁴⁾ (*über*⁴); disputieren (*über*⁴)/人と論じ合う mit *jm* besprechen*⁴; mit *jm* über *et* diskutieren/論じ詰める durch ⁴Beweisführungen überzeugen (*jn* 説得); durch Beweisführungen zu der Schlussfolgerung gelangen [s] (論及).

ろんせつ 論説 ❶ Essay *m.* (*n.*) -s, -s; Aufsatz *m.* -es, -e; Betrachtungen (*pl* 時事問題の); kritischen Bemerkungen (*pl* 時事問題の); Gedanken (*pl*). ❷ 〘社説〙Leit|artikel *m.* -s, - (-aufsatz) -es, ˝e)/論説記者 Leit|artikelschreiber *m.* -s, -/論説欄 die Spalte (-n) für die Leitartikel.

ろんせん 論戦 Debatte *f.* -n; Wort|gefecht *n.* -(e)s, -e (-streit *m.* -(e)s, -e)/論戦を行う eine Debatte (ein Wortgefecht; einen Wortstreit) führen.

ろんそう 論争 Disput *m.* -(e)s, -e; Disputation *f.* -en; Wortstreit *m.* -(e)s, -e/論争する disputieren; gelehrt streiten*; einen Wortstreit führen.

ろんだい 論題 Thema *n.* -s, ..men (-ta); Gegenstand *m.* -(e)s, ˝e.

ろんだん 論壇 Kritiker|kreise (*pl*) (-welt *f.*)/論壇注目の的となる ein großes Aufsehen in den Kritikerkreisen (der Kritikerwelt) erregen.

ろんだん 論断 Schluss *m.* -es, ˝e; Schlussfolgerung *f.* -en; die letzte Konsequenz, -en. ── 論断する zum Schluss (zu der Schlussfolgerung) kommen* [s]; den Schluss (die Schlussfolgerung; die letzte Konsequenz) ziehen* (machen) (*aus*³)/明快に論断する klar und deutlich folgern⁴ (*aus*³)/一概に論断する eilige (vorschnelle) Schlüsse ziehen* (machen) (*aus*³).

ろんちょう 論調 Ton *m.* -(e)s, ˝e/der Auseinandersetzung /各紙は同様の論調で物価問題を論じている Zeitungen kommentieren (behandeln) die Preisfragen alle in gleichartigen Ton.

ろんてん 論点 Streitpunkt *m.* -(e)s, -e; der streitige (strittige; umstrittene) Punkt/論点を明らかにする den Streitpunkt auf|klären (klar|legen; dar|tun*); illustrieren⁴.

ロンド 〘楽〙Rondo (Rondeau) *n.* -s, -s/フィナーレはロンド形式である Das Finale ist in Rondoform gehalten (ist ein Rondo).

ろんなん 論難 die kritische Beurteilung, -en (einer ²Sache; *über*⁴); die angreifende Bemerkung, -en; Bekrittelei *f.* -en/論難する kritisch beurteilen⁴; angreifend bemerken⁴; bekritteln⁴.

ろんば 論破 Widerlegung *f.* -en; Entkräftung *f.* -en/論破する widerlegen⁴; entkräften⁴; des Irrtums überführen (*jn*).

ロンパース Spielanzug *m.* -(e)s, ˝e; Spielhöschen (Strampel-) *n.* -s, -/子供にロンパースをはかせる ein Kind einen Spielanzug tragen lassen*.

ろんぱん 論判 Debatte *f.* -n/論判する debattieren⁽⁴⁾ (*mit jm über* ⁴*et*).

ろんぴょう 論評 Besprechung *f.* -en; Kritik *f.* -en; Rezension *f.* -en/論評する besprechen*⁴; kritisieren⁴; rezensieren⁴.

ろんぶん 論文 Abhandlung *f.* -en; Aufsatz *m.* -es, ˝e; 〘Zeitungs〙Artikel *m.* -s, - (新聞の); Dissertation *f.* -en (博士号取得学位論文); Essay *m.* -s, -s (文学的な物); Traktat *m.* (*n.*) -(e)s, -e (学問上、特に宗教上の)/論文を作成する eine Abhandlung an|fertigen/論文を提出する eine Dissertation vor|legen³/論文をつづる einen Aufsatz schreiben* (verfassen)/卒業論文 Abschlussarbeit *f.* -en/博士論文 Doktor|arbeit (-dissertation).

ろんぽう 論法 Gedankengang *m.* -(e)s, ˝e; Logik *f.*/筋の通らない論法だ Darin ist keine Logik.

ろんぽう 論鋒 die Schärfe 《-n》 des Arguments; das scharfe Argument, -[e]s, -e; Überzeugungs|kraft (Überredungs-) f. ⁼e /論鋒を…に向ける die Schärfe des Arguments (das scharfe Argument) richten 《auf⁴》; ⁴sich mit scharfem Argument wenden⁽*⁾ 《gegen⁴》/彼の論鋒は鋭い Er bedient sich eines scharfen Arguments.

ろんり 論理 Logik f./論理学〔上〕の logisch/論理上 der Logik gemäß; vom logischen Stand|punkt (Gesichts-) aus; nach Denkgesetzen/論理的 logisch/それは論理に合わない Das widerspricht aller Logik (schlägt aller Logik ins Gericht). ‖ 論理学 Logik f.; Denklehre f./論理学者 Logiker m. -s, -.

わ

わ 和 ❶ [平和] Friede(n) *m*. ..dens, ..den/和を結ぶ Frieden schließen* 《*mit*³》/和を請う *jn* um Frieden bitten*. ❷ [和合] Eintracht *f*.; Harmonie *f*. -n/夫婦相和しているDas Ehepaar lebt in Eintracht./人の和があれば強い Einigkeit macht stark. ❸ [合計] Summe *f*. -n; Gesamtbetrag *m*. -(e)s, ⸚e 《金額》/和を求める die Summe ermitteln/二と二の和である Zwei und zwei ist (sind) vier.

わ 輪 [円形] Kreis *m*. -es, -e; Zirkel *m*. -s, -; [環] Ring *m*. -(e)s, -e; Öse *f*. -n; Glied *n*. -(e)s, -er; [車輪] Rad *n*. -(e)s, ⸚er; [たが] Fassband *n*. -(e)s, ⸚er; (Fass)reifen *m*. -s, -; [糸・縄などの] Schlinge *f*. -n; Schleife *f*. -n/輪形の蚊 eine Mücke in Kreis(ring-)/輪になって座る ⁴sich im Kreis setzen/輪になって立つ im Kreis stehen*/輪をつくる einen Ring (einen Kreis) schließen* (bilden)《*um*⁴》/輪形に結ぶ eine Schleife binden*/たばこの煙の輪をふく Ringe in die Luft blasen*/首になわの輪をかける 〈絞首〉 die Schlinge um den Hals legen/飛行機は大きく輪を描いて着陸した Das Flugzeug machte eine große Schleife und landete. ¶ 輪をかけて言う aus einer Mücke einen Elefanten machen; (³sich) den Mund voll|nehmen* 《自分のことを》; übertreiben*⁴.

-わ 一把 Bündel *n*. -s, -/新一把 Reisigbündel *n*. -s, -; ein Bündel Brennholz.

わあ Ach Gott! Großer Gott! Du lieber Himmel! Du meine Güte!/わあ大変 Herrje; Herrjemine/わあ驚いた Mein Gott, bin aber bestürzt (überrascht)!

ワークブック Übungsheft *n*. -(e)s, -e.

ワープロ ワープロソフト Textverarbeitungsprogramm *n*. -(e)s, -e.

ワールドカップ World;cup (Welt-) *m*. -s; Weltmeisterschaft *f*. en 〈略:WM〉

わいきょく 歪曲 Verdrehung *f*. -en; Entstellung *f*. -en. —する verdrehen⁴; entstellen⁴; *jm* das Wort im Mund um|drehen 《曲解する》

ワイシャツ Oberhemd *n*. -(e)s, -en.

わいしょう 矮小 zwerghaft; winzig klein; pygmähnlich.

わいせつ 猥褻 Unanständigkeit *f*. -en; Anstößigkeit *f*. -en; Schlüpfrigkeit *f*. -en; Unzüchtigkeit *f*. -en; Zweideutigkeit *f*. -en; Obszönität *f*. -en/猥褻な zotig; anstößig; schlüpf(e)rig; unanständig; unzüchtig; zweideutig; obszön; pornographisch/猥褻な本 das obszöne Buch, -(e)s, ⸚er; die Unzucht *f*. -/猥褻罪 Sittlichkeitsverbrechen *n*. -s, -/猥褻文学 Pornographie *f*. -n.

わいだん 猥談 Zote *f*. -n; der schlüpf(e)rige (zweideutige) Witz, -es, -e/猥談をする Zoten (zweideutige Witze) reißen*; über das menschliche Geheimnis lustig machen ‖ 猥談家 Zotenreißer *m*. -s, -.

ワイド ワイドショー Infotainment *n*. -s/ワイドスクリーン [映] Breitwand *f*. ⸚e.

ワイパー 《自動車などの》 Scheibenwischer *m*. -s, -.

ワイフ Frau *f*. -en; die bessere (Ehe)hälfte, -n.

わいほん 猥本 ein unzüchtiges Buch, -(e)s, ⸚er; Pornographie *f*. -n; Schmutzschrift *f*. -en.

ワイヤー Drahtseil *n*. -(e)s, -e 《ロープ》 ‖ ワイヤーブラシ Drahtbürste *f*. -n.

ワイルびょう ワイル病 die Weilsche Krankheit.

わいろ 賄賂 [行為] Bestechung *f*. -en; Korruption *f*. -en; [金品] Bestechungs;geschenk *n*. -(e)s, -e; -geld *n*. -(e)s, -er/賄賂のきく bestechlich; korrupt/賄賂を使う bestechen*⁴; *jn* (*jm* die Hände) schmieren; korrumpieren*⁴ ‖ 賄賂の額 eine Bestechungssumme an|bieten*³/賄賂をとる ⁴sich bestechen lassen*; in einer Bestechungsgeschenk an|nehmen*/彼には賄賂はきかない Er ist unbestechlich. Er lässt sich absolut nicht bestechen.

わいわい lärmend; ohrenbetäubend; geräuschvoll; schreiend/わいわい騒ぐ tosenden Lärm machen; großen Spektakel (Radau) machen; [あることについて] viel Wesens machen 《*von*³》/わいわい言う schreien*; krakeelen; toben/わいわい遊びて暮らすのが人生じゃない Das Leben ist nicht eitel Freude und Sonnenschein.

ワイン Wein *m*. -(e)s, -e/ワイングラス Weinglas *n*. -es, ⸚er/ワインセラー Weinkeller *m*. -s, -/ワインビネガー Weinessig *m*. -s/ワインリスト Weinkarte *f*. -n/赤ワイン Rotwein/白ワイン Weißwein.

わえい 和英 japanisch-englisch ‖ 和英辞典 die Japanisch-Englische Wörterbuch, -(e)s, ⸚er.

わおん 和音 Akkord *m*. -(e)s, -e.

わか 和歌 das einunddreißigsilbige Kurzgedicht, -(e)s; Tanka *n*. -, -/和歌をよむ ein Kurzgedicht verfassen.

わが 我が mein*; unser*/我が国 unser Land *n*. -(e)s, ⸚er/我が国で bei uns (zu Hause); daheim.

わかい 和解 Versöhnung *f*. -en; Ausgleich *m*. -(e)s, -e; Schlichtung *f*. -en; Vergleich *m*. -(e)s, -e; Kompromiss *m*. -es, -e/和解できない unversöhnlich 《*mit*³》/それが和解への提案です Das ist der Vorschlag zur

Güte. ── 和解する ⁴sich versöhnen 《mit³》; ⁴sich aus|söhnen 《mit³》; zu einem Ausgleich kommen* ⓢ; ⁴sich ab|finden* 《mit³》; auf einen Vergleich ein|gehen* ⓢ; ⁴einen Kompromiß ein|gehen*. ── 和解させる versöhnen⁴ 《mit³》; aus|söhnen⁴ 《mit³》; zu einem Ausgleich bringen*⁴; einen Vergleich zustande (zu Stande) bringen*. ‖ 和解者 Friedensstifter *m.* -s, -; Schlichter *m.* -s, -《調停者》/ 和解手続《法》Sühneversuch *m.* -[e]s, -e.

わかい 若い ❶ jung; jung an Jahren; jugendlich; halbwüchsig; heranwachsend; [比喩的に] blühend; in Flor, in der Blüte / 若い時に in seiner Jugend; in jungen Jahren; in seinen jungen Tagen/若い時から von Jugend auf (an); von jung auf/若いころ der junge Mensch, -en -en; der junge Mann, -[e]s, ⸗er (die jungen Leute); Jüngling *m.* -s, -e; Junge *m.* -n, -n; Bursche *m.* -n, -n; [女] die junge Frau, -en; [das junge] Mädchen, -s, -; [青少年] der Jugendliche, -n, -n; das junge Gemüse/気が若い若い気を持つ noch jung in Jahren (od im Alter) sein/《Herz *n.* が主語》auch im Alter noch jung bleiben ⓢ; von jugendlichem Geist sein/年の割に若い für sein Alter jung aus|sehen*; jünger als seine Jahre sein; jünger aus|sehen*, als er ist (実際より)/《Jugend will (muss) austoben. ❷ [年下] jünger/彼は私より五つ(ずっと)若い Er ist fünf Jahre (viel) jünger als ich. ❸ [未熟] unerfahren; unreif; grün; nicht trocken hinter den Ohren[e], /あいつはまだ若くて役にたたん Er ist noch ein grüner Junge und taugt nichts.

わかえだ 若枝 Schoss *m.* -es, -e; Schößling *m.* -s, -e.

わかがえり 若返り Verjüngung *f.* -en/若返りのやり方 Verjüngungsweg; ‖ 若返り法 Verjüngungskur *f.* -en.

わかがえる 若返る ⁴sich verjüngen; ⁴neu beleben/若返らせる verjüngen⁴; neu beleben⁴/若返ったような気がする ⁴sich wieder ganz jung fühlen; *jm* ist, als ob er wieder zu jugendlichen Kräften gekommen wäre.

わかぎ 若木 der junge Baum, -[e]s, ⸗e; Sprößling *m.* -s, -e.

わかぎみ 若君 der junge Prinz, -en, -en; der junge Fürst, -en, -en.

わかくさ 若草 das junge (frische) Gras, -es, ⸗er/若草もえる頃 die Saison (Zeit) des frischen Grüns (Grünen).

わかげ 若気 das junge (frische) Ungestüm *n.* -[e]s; Ungestüm 《*n.* -[e]s》 der Jugend/若気のあやまち Jugendsünde *f.* -n; die jugendliche (studentische) Dummheit, -en /若気のいたりで in jugendlichem Übermut (Ungestüm) /若気の放蕩をする ⁴sich in jugendlichem Übermut aus|toben (若気の放蕩の角がとれる ⁴sich die Hörner ab|laufen*.

わかさ 若さ Jugendlichkeit *f.*; Jugend *f.*/若さを保つ ⁴sich frisch und jung erhalten*.

わかさぎ《魚》Stint *m.* -[e]s, -e.

わかさま 若様 der junge Herr, -n, -en.

わかじに 若死 der frühzeitige Tod, -[e]s/若死にする jung sterben*⁴; in der Blüte der Jahre sterben* 《若い盛りに》.

わかしらが 若白髪になる verfrüht grau werden; vorzeitig graue Haare bekommen*/若白髪がある jung und schon grau meliert sein.

わかす 沸かす kochen⁴; sieden(*)⁴; heiß machen⁴/茶(コーヒー)を沸かす Tee (Kaffee) kochen; /風呂を沸かす den Badeofen heizen/青年の血を沸かす Sein junges Blut heiß machen 《vor》. /湯を沸かす Wasser heiß machen.

わかぞう 若造 der junge Bursche, -n; Bürschchen *n.* -s, -; [青二才] Milchbart *m.* -[e]s, -e; Gelbschnabel *m.* -s, ⸗.

わかだんな 若旦那 der junge Herr, -n, -en; Juniorchef *m.* -s, -s.

わかづくり 若作りする ⁴sich jugendlich zu|recht|machen 《化粧》; ⁴sich jugendlich heraus|putzen (kleiden) 《衣服》.

わかて 若手 Nachwuchs *m.* -es; das junge Personal, -s -e《会社などの》; der junge Lehrkörper, /《教員・教授たち》.

わかとう 我が党 unsere Partei, -en/我が党の士 unser Parteimitglied *n.* -[e]s, -er; Mitkämpfer *m.* -s, -; der Gleichgesinnte, -n, -n; Anhänger *m.* -s, -.

わかな 若菜 Grünes *n.* 《一・四格のみ》; das junge Grün, -s.

わかば 若葉 die jungen Blätter (*pl*); das frische Grün[e], /(.nen); das junge Laub, -[e]s《集合的に》/若葉が萌え始める Frische Blätter beginnen zu sprießen.

わかはげ 若禿になる noch jung eine Glatze bekommen*.

わがまま 我儘 [自分勝手] Eigensinn *m.* -[e]s -[-wille *m.*]; [利己] Eigennutz *m.* -es; Selbstsucht *f.*; Egoismus *m.* -; [恣意] Willkür *f.*; [気まぐれ] Laune *f.* -n/我儘をする seinen Kopf durch|setzen*; seinen Willen erzwingen*; nach eigener Willkür handeln《勝手なおこをする》/我儘させる *jm* seinen Willen lassen*; *js* Willkür preis|geben sein; verwöhnen⁴ 《子供》; tun lassen*,* was man will. ── 我儘な eigensinnig (-willig, -nützig); selbstsüchtig; egoistisch; willkürlich; launisch/我儘に育てる《das Kind》 verwöhnen⁴; verziehen*⁴ ‖ 我儘者 der Eigensinnige*, -n, -n; Egoist *m.* -en, -en/我儘者は自分の頭の中で ⁴sich haben; ein kleiner Eigensinn sein/我儘息子 der verwöhnte Junge, -n, -n.

わがみ 我が身 sich selbst; ich selbst; das Ich, -[s], -[s]; das Selbst /我が身を省みる ⁴sich innerlich prüfen; ⁴sich selbst betrachten; Innenschau halten*/ bei ³sich ein|kehren*/誰でも我が身が一番かわいい Jeder ist sich selbst der Nächste. /我が身をつねって人の痛さを知れ Wer im Glashaus sitzt, soll nicht mit Steinen werfen.

わかみず 若水 das erste Brunnenwasser 《-s》 am Neujahrsmorgen.

わかみどり 若緑 das frische Grün, -(e)s.

わかむらさき 若紫 Lila n. -s, -s／若紫の lila.

わかめ 若布 Seetang m. -(e)s, -e.

わかめ 若芽 die junge Knospe, -n; Sprössling m. -s, -e; Spross m. -es, -e.

わかもの 若者 Bursche m. -n, -n. ⇨**わかい**(若い).

わがもの 我が物 js Eigentum n. -s, ⸚er／我が物になる jm zuteil werden; jm zu|fallen* (zu|kommen*; anheim fallen*) (s)／我が物とする ⁴sich an|eignen*; in Besitz nehmen*⁴; zu Eigen machen; ⁴sich bemächtigen² (マスターする) meistern⁴; ⁴sich zu meister*; beherrschen⁴; bewältigen⁴《機械などを使いこなす》.

わがものがお 我が物顔で von seinem Wert überzeugt; keck und dreist; mit herrischem Auftreten (Gebaren)／我が物顔に振舞う der (großen) Herrn spielen; jm den Herrn zeigen／我が物顔をする tun*, als ob ¹ et ihm gehöre (als ob ¹ et sein Eigentum wäre).

わがや 我が家 das eigene Heim, -(e)s, -e; mein (unser) Haus n. -es, ⸚er／我が家で in eigenem Heim; bei mir zu Hause; daheim／我が家に帰りたい „Mein Haus, meine Welt."; ‚Eigener Herd ist Goldes wert.'

わからずや 分からず屋 der Halsstarrige* (Starrköpfige*), -n, -n; der Begriffsstutzige*, -n, -n; der unverbesserliche Kerl, -(e)s, -e; Holzkopf m. -(e)s, ⸚e (石頭).

わかり 分かり Verständnis n. -nisses, -nisse; das Verstehen* (Begreifen*), -s;／Fassungskraft n. -s／分かりのよい《頭のよい》aufgeweckt; gescheit; scharfsinnig; schlagfertig; nicht auf den Kopf gefallen (sein)／分かりのわるい《頭のわるい》schwer von Begriff(en) (sein); schwerfällig; stumpfsinnig; ein Brett vor dem Kopf haben／分かりの早い schnell von Begriff(en) (sein); ein feines Ohr haben (für⁴)／分かりがわるく langsam von Begriff(en) sein; eine lange Leitung haben; Bei dem fällt der Groschen pfennigweise. (= Er begreift sehr schwer.)

わかりきった 分かりきった klar (wie Kloßbrühe (wie dicke Tinte); augen|fällig (scheinlich); einleuchtend; hand|greiflich; offen|bar (-kundig); selbstverständlich; unverkennbar (まごうかたなき); (否定が できない) unbestreitbar; unleugbar／分かりきったこと die Sache liegt auf der Hand.／Das ist (liegt) doch klipp und klar.／Das versteht sich von selbst.

わかりにくい 分かりにくい schwer zu verstehen; schwer verständlich (begreiflich); unklar; schwierig; (読みにくい) schwer zu entziffern.

わかりやすい 分かり易い leicht zu verstehen; leicht fasslich; einleuchtend; gemeinverständlich 《誰にもわかる》; leicht; leserlich《読み易い》／分かり易く言えば um mich klar und deutlich auszudrücken; einfach gesagt.

わかる 分かる ❶ [了解・理解] verstehen*⁴; auf|fassen⁴; begreifen*⁴; erkennen*⁴; erfassen⁴ 《俗》kapieren*; ein|leuchten* 《物が主語》; [概念・内容などが] dahinter|kommen* ⟨s⟩; im Bild(e) sein《über¹》／分かったかい Hast du es verstanden？ ‖ Ist der Groschen gefallen？／ああ分かった Jetzt habe ich es. (謎を)erkannte？／Jetzt weiß ich.《思い出して》／…ということはよく分かる Ich sehe ein (verstehe; begreife), dass ..../自分の言うことを分からす ⁴sich verständlich (deutlich; begreiflich) machen／彼の言うことは分からない Ich kann ihn nicht verstehen. ‖ Er spricht nur in Rätseln.／彼という男はまだ分からない Ich bin noch nicht über ihn im Bild(e).／そのうちに分かりますよ Ich komme schon dahinter.／それじゃさっぱり分からない Ich kann daraus nicht schlau (klug) werden.／Das sind mir böhmische Dörfer.／あなたがくわしく説明してくれたので分かった Nach Ihren genauen Ausführungen wurde mir die Sache klar.／そんな言い訳しなくても分かっているよ Sie brauchen es nicht so zu er|klären, ich kenne den Schwindel. ❷ [想像する] ³sich vor|stellen⁴; ⁴sich ein|fühlen 《in³》; nach|empfinden*⁴; ⁴sich ein|fühlen⁴; mit|fühlen⁴; ³sich ein Bild (einen Begriff) machen 《von³》／彼の苦痛はよく分かるよ Ich kann ihm den Schmerz sehr gut nachfühlen. ‖ Seinen Schmerz kann ich mir sehr gut vorstellen.／君には分かるまい Du machst dir davon kein Bild. ‖ Hast du es kapiert？《皮肉》. ❸ [知る] wissen*⁴; kennen*⁴; ⁴sich aus|kennen 《in³; an³》; ⁴sich zurecht|finden* 《in³》／分かりません Ich weiß nicht.／分かってるよ Das kennen wir!《言訳無用》／どうしていか分からない Ich weiß nicht, was ich tun soll.／これで様子が分かった Jetzt weiß ich, wie der Hase läuft.／その辺の地理が分からない ⁴sich in der Gegend nicht zurecht|finden*／家の中の勝手が分からない ⁴sich in der Wohnung nicht aus|kennen／そんなこと分かるもんか Wer weiß？ ‖ Gott weiß! ❹ [~と分かる] finden*⁴; fest|stellen⁴; ⁴sich heraus|stellen; ⁴sich ergeben* 《aus³》; ⁴sich erweisen* 《als》; ersehen* 《aus³》; entnehmen*³⁴; identifiziert werden《身元が》／自分が間違っていることが分かった Ich finde, dass ich Unrecht habe.／彼の無実が分かった Seine Unschuld wurde festgestellt.／間違いだということは分かった Es stellte sich heraus, dass es ein Irrtum war.／それから…ということが分かる Daraus ergibt sich, dass ..../書面を見れば分かる通り wie aus dem Schreiben ersehen; wie Sie dem Schreiben entnehmen können／死者の身分はまだ分からない Der Tote ist noch nicht identifiziert.／噂はうそだと分かった Das Gerücht erwies sich als falsch. ❺ [認知する] erkennen*⁴／あなただと分かりました Ich habe Sie gleich erkannt.／声（歩き方）で誰それと分かる jn an der Stimme (an dem Gang) erkennen*. ❻ [評価できる] ein Auge (ein Ohr) haben 《für⁴》; Sinn haben 《für⁴》／音楽が分かる musikalisch sein; ein

Ohr für Musik (ein musikalisches Gehör) haben／彼はユーモアが全然分からない Für Humor hat er keinen Sinn. ¦ Der Sinn für Humor fehlt ihm völlig.／彼は馬が分かる男だ Er hat ein gutes Auge für Pferde. ❼ [道理などが] verständig sein; verständnisvoll sein; vernünftig sein／物(話)の分かる男 ein Mann《*m.* -〔e〕s, ¨er》von gesundem Verstand／物(話)の分からぬ人 Holzkopf *m.* -〔e〕s, ¨e; der bornierte Mensch, -en, -en／それなら話は分かる Das lässt sich hören. ❽ [予知する] voraus|sehen*^{4} (vorher|-); vorher|wissen*^{4}／それは今から分からない Das kann man nicht voraussehen.／どうなるか先のことは分からない Niemand weiß, was noch kommt.

わかれ 別(分か)れ ❶ [別離] Abschied *m.* -〔e〕s, -e; Trennung *f.* -en; Scheidung *f.* -en《おもに離婚》／別れに臨んで beim Abschied／別れの杯 Abschiedstrunk *m.* -〔e〕s, ¨e／別れのことば Abschiedsworte《*pl*》; Abschiedsansprache *f.* -n《挨拶》; Abschiedsrede *f.* -n《演説》／別れのつらさ Abschieds¦schmerz (Trennungs-) *m.* -es, -en／別れを告げる Abschied nehmen*《*von*^{3}》; auf Wiedersehen sagen; ^{4}sich trennen《*von*^{3}》; ^{4}sich verabschieden《*von*^{3}》; ^{4}sich empfehlen*／別れを惜しむ einen schweren Abschied nehmen*; den Abschied feiern／別れはつらい Scheiden tut weh.／別れ話が持ちあがっている von der Ehescheidung die Rede sein《*bei*^{3}》／それが長(なが)の別れとなった Und da habe ich ihn zum letzten Mal gesehen. ¦ Seitdem sehe ich ihn nie〔mehr〕. ❷ [分岐] Gabelung *f.* -en. ❸ [区分]〔Ab〕teilung *f.* -en; Teil *m.* -〔e〕s, -e; Gruppe *f.* -n; Sektor *m.* -s, -en. ❹ [分派] Abzweigung *f.* -en; Zweig *m.* -〔e〕s, -e; Zweigstelle *f.* -n; Tochterfirma *f.* -en. ❺ [号令] Wegtreten!

わかれでる 分かれ出る ^{4}sich ab|zweigen《枝などが》; auseinander gehen* [s]《道などが》.

わかればなし 別れ話 Scheidungsvorschlag *m.* -〔e〕s, ¨e《夫婦別れ》／別れ話を持ち出す die Scheidung beantragen* (vor|schlagen*)《*jm*》.

わかれみち 別れ道 Scheide¦weg (Neben-) *m.* -〔e〕s, -e; Gabelung *f.* -en《分岐点》.

わかれめ 別れ目 ❶ Scheidepunkt *m.* -〔e〕s, -e; [道の] Gabelung *f.* -en; Scheideweg *m.* -〔e〕s, -e. [鉄道] Weiche *f.* -n《ポイント》; Anschlussstation *f.* -en《駅》. ❷ [転機] Wende¦punkt (Entscheidungs-) *m.* -〔e〕s, -e／勝敗の別れ目 der Entscheidungspunkt eines Kampfes; der Wendepunkt zum Ausgang eines Kampfes.

わかれる 別(分か)れる ❶ [別離] ^{4}sich trennen; scheiden*; ^{4}sich verabschieden《以上 *von*^{3}》; auseinander gehen* [s]; Abschied nehmen*《*von*^{3}》; *jm* auf Wiedersehen sagen／別れて住む getrennt wohnen《*von*^{3}》／妻と別れる ^{4}sich von seiner Frau scheiden lassen*; ^{4}sich von seiner Frau trennen／友人と別れる von seinem Freund Abschied nehmen*; mit seinem Freund brechen*《絶交》／別れた妻 die geschiedene Frau, -en／我々は友として別れた Wir schieden als Freunde. ❷ [分散] auseinander gehen* (laufen*) [s]; ^{4}sich zerstreuen／群衆は四方八方に別れて行った Die Menge zerstreute sich in alle Richtungen.／彼の家庭は別れてちりぢりになった Seine Familienmitglierder sind völlig auseinander gelaufen. ❸ [分離] ab|zweigen; ^{4}sich gabeln《分岐》; auseinander gehen* [s]; ^{4}sich spalten$^{(*)}$; ^{4}sich teilen《分裂》／そこで道は分かれている Der Weg zweigt dort ab. ¦ Der Weg gabelt sich da.／その種族は三つに分かれた Das Geschlecht hat sich in drei Zweige gespalten (gespaltet).／それについては意見が大きく別れた Darüber gingen die Meinungen weit auseinander. ❹ [区分] ^{4}sich teilen; ^{4}sich unterscheiden*; eingeteilt werden《*in*^{4}》／町は五区に分かれている Die Stadt ist in fünf Bezirke eingeteilt.／聖書は二つの部分に分かれている Die Bibel besteht aus zwei Teilen.／その点で我々の意見が分かれるのだ Hierdurch unterscheiden sich unsere Ansichten.《相違》.

わかれわかれ 分かれ分かれに getrennt; einzeln／分かれ分かれになる auseinander kommen* [s] ⇨**わかれる**／人混みで分かれ分かれになってしまった Im Gedränge sind wir auseinander gekommen.

わかわかしい 若々しい herzlich jung; blühend jung; frisch und jung; lebensfrisch; jugendfrisch／若々しい娘 das blühende (lebensfrische) Mädchen, -s, -／若々しく見える herzlich jung aus|sehen*.

わかん 和漢 Japan und China／和漢の japanisch und chinesisch; japanisch-chinesisch／和漢の学に通じる der japanischen und chinesischen ^{2}Klassik (Literatur) kundig sein.

わき 和気 Eintracht *f.*; Harmonie *f.* -n; Verträglichkeit *f.*; die friedliche Stimmung, -en／和気あいあいたる家族 eine Familie in Frieden und Harmonie／和気あいあいとしている Eine friedliche Stimmung herrscht da. ¦ Sie leben in brüderlicher Eintracht.

わき 脇 ❶ [かたわら] Seite *f.* -n／脇を通る vorbei|gehen* (vorüber|-) [s]《*an*^{3}》／脇の店 der benachbarte Laden, -s, ¨; der Laden nebenan／川の脇の家 ein Haus《*n.* -es, ¨er》am Fluss. ❷ [よそ] der andere Ort, -〔e〕s, -e; woanders《*adv*》／脇を見る weg|sehen*; den Blick ab|wenden$^{(*)}$《目をそらす》／どこか脇へ行く woanders hin|gehen* [s]. ❸ [劇] Nebenrolle *f.* -n《脇役》; die zweite Hauptrolle, -n《能の》. —— 脇の an^{3}; neben^{3}; an der Seite《*von*^{3}》; seitlich《*a.*》; in der Nähe《*von*^{3}》; nahe《*an*^{3}》. —— 脇に, 脇へ [方向] an^{4}; neben^{4}; an die Seite《*von*^{3}》; seitab《*adv*》; seitwärts《*adv*》／脇に寄る beiseite treten* [s]; aus|weichen*^{3} [s]; auf die Seite gehen* [s]／一歩脇による einen Schritt seitwärts treten*／脇に置く beiseite setzen^{4}; [とりのけておく] beiseite legen^{4}; auf die Seite legen^{4}／人の脇にすわる neben *jm* sitzen*; *jm* zur Seite sitzen*; ^{4}sich neben *jn* setzen／話を脇にそらす das Gespräch lenken《von ^{3}*et*〔weg〕》／犬が主人の脇について走る Der Hund läuft neben seinem Herrn her.

わき 腋 Seite *f.* -n《脇腹》; Achsel *f.* -n《腋の下》／腋〔の下〕にかかえる unter dem Arm tragen*^{4}／腋の下 Achsel¦höhle *f.* -n (-grube *f.* -n).

わぎ 和議 Friedenskonferenz *f.* -en《講和談判》; Vergleich *m.* -〔e〕s, -e《債権者との》; Schlichtung *f.* -en《紛争の》／和議を申し込む einen Friedensvorschlag machen; einen Vergleich (eine Schlichtung) vor|schlagen*／和議を結ぶ Frieden (einen Vergleich) schließen*; ^{4}sich auf einen (ein) Kompromiss《*m.* (*n.*) -es, -e》einigen.

わきが Achselgeruch *m.* -〔e〕s, ¨e.

わきかえる 沸き返る sieden$^{(*)}$; kochen; brausen; gären$^{(*)}$; schäumen; wallen《以上比喩的意味にも》／血が沸き返る Das Blut braust heftig〔in den Adern〕.／しっとで胸が沸き返る Es kocht in mir vor Eifersucht.／そのニュースで全市が沸き返るような騒ぎになった Diese Nachricht brachte die ganze Stadt in Aufruhr (stellte die ganze Stadt auf den Kopf). ⇨**わく**(沸く).

わきげ 腋毛 Achselhaar *n.* -〔e〕s, -e.

わきたつ 沸き立つ ⇨**わきかえる**.

わきでる 湧き出る hervor|strömen [s]《*aus*^{3}》;〔heraus|〕quellen* [s]《*aus*^{3}》; hervor|sprudeln [s]《*aus*^{3}》／彼女の目から涙が湧き出た Tränen quollen ihr aus den Augen.

わきばら 脇腹 Seite *f.* -n／脇腹が(ちくちく)いたい Schmerzen (Stechen) in der Seite haben／手を脇腹にあてる die Hand in die Seite stemmen.

わきまえ 弁え [識別] Unterscheidung〔sfähigkeit〕*f.* -en; Urteilskraft *f.*; [分別] Vernunft *f.*; Verstand *m.* -〔e〕s; Verständnis *n.* ..nisses, ..nisse; Besonnenheit *f.*; der gesunde Sinn, -〔e〕s, -e／弁えのある(ない) (un)vernünftig; (nicht) verständig; (nicht) verständnisvoll; (un)besonnen; (nicht) zurechnungsfähig; urteilsfähig (urteilslos)／前後の弁えもなく außer sich geraten*《*von*^{3}》; den Kopf verloren; ganz verwirrt (verworren); völlig unbeherrscht;〔wie〕vom Teufel geritten／物事の弁えがある seine fünf (sieben) Sinne beisammen haben.

わきまえる 弁える [区別する] unterscheiden*〔können*〕《^{4}*et von*^{3}; *zwischen*^{3}》; auseinander halten*^{4}; [心得ている] ^{4}sich aus|kennen*《*in*^{3}; *über*^{4}》; Bescheid wissen*《*von*^{3}; *über*^{4}》; verstehen*^{4}; ^{4}sich verstehen*《*auf*^{4}》; wissen*《zu 不定詞句》／善悪をわきまえる Gutes und Böses unterscheiden*／礼儀を弁えている(いない) gute (keine) Manieren haben.

わきみ 脇見をする weg|sehen* ⇨**よそみ**.

わきみち 脇道 Ab¦weg (Neben-; Seiten-) *m.* -〔e〕s, -e; Abschweifung *f.* -en《話の》／脇道へそれる ab|biegen* [s]《*von*^{3}》; vom Thema ab|schweifen [s]《話が》.

わきめ 脇目もふらず mit Leib und Seele〔bei der Sache sein〕; unverdrossen; unentwegt; verbissen《*in*^{3}》; versessen《*auf*^{4}》／脇目もふらずに勉強する ^{4}sich der Arbeit mit Leib und Seele widmen; [がり勉] büffeln; ochsen.

わきやく 脇役 Nebenrolle *f.* -n／脇役として出演する eine Nebenrolle spielen.

わぎり 輪切りにする ^{4}*et* in Scheiben schneiden* ❖ この *et* は具体的には果物・大根など円(筒)形のものであるから in runden Scheiben とする必要はない.

わく 枠 ❶ [一般に] Rahmen *m.* -s, -;〔Ein-〕fassung *f.* -en; [形により] Winkelrahmen *m.* -s, -《四角》; Ovalrahmen *m.* -s, -《楕円形》; [荷造りなどの] Lattenkiste *f.* -n; [めがねの]〔Brillen〕gestell *n.* -〔e〕s, -e; Brillen〔ein〕fassung *f.* -en; [ししゅうの] Strickrahmen *m.* -〔e〕s, -; Tambur *m.* -s, -e; [糸巻わく]〔Garn〕rolle *f.* -n; Spule *f.* -n; [へり] Rand *m.* -〔e〕s, ¨er／窓の枠 Fensterrahmen *m.* -s, -／黒枠の封筒 Umschlag《*m.* -〔e〕s, ¨e》mit schwarzem Rand／枠にはめる ein|rahmem^4; ein|fassen^4《*mit*^{3}》; [型にはめる] über einen Leisten schlagen*^{4}. ❷ [範囲] Rahmen *m.* -s, -; Bereich *m.* -〔e〕s, -e／…の枠内で im Rahmen$^{(2)}$《*von*^{3}》; im Bereich$^{(2)}$《*von*^{3}》／普通の商取引の枠で im Rahmen des üblichen Geschäftsverkehrs／統制の枠からはずす vom Rahmen der Zwangsbewirtschaftung frei|geben*^{4}.

わく 沸く ❶ [沸騰] kochen; sieden$^{(*)}$／やかんの湯が沸いている Der Kessel siedet. ❷ [観衆などが] außer Rand und Band geraten* [s]; Beifall klatschen／彼のユーモラスな話に聴衆が沸いた Er erregte mit seinen witzigen Worten allgemeine Heiterkeit.《笑声》. ❸ [発酵] gären$^{(*)}$.

わく 湧く ❶ [湧出] quellen* [s]《*aus*^{3}》;〔heraus|〕sprudeln (her|-) [s]《*aus*^{3}》; heraus|strömen [s]《*aus*^{3}》; hervor|quellen* [s]《*aus*^{3}》／希望が彼の胸に湧いた Ihm stieg eine〔neue〕Hoffnung auf. ❷ [発生] wachsen* [s]《虫など》; ^{4}sich entwickeln《ガスなどが》.

わくせい 惑星 Planet *m.* -en, -en; Wandelstern *m.* -〔e〕s, -e／政界の惑星 ein besonderes Exemplar《-s, -e》in der politischen Welt ‖ 小惑星 Planetoid *m.* -en, -en.

ワクチン Vakzin *n.* -s, -e; Vakzine *f.* -n; Impfstoff *m.* -〔e〕s, -e ‖ ワクチン注射 Vakzination *f.* -en; Schutzimpfung *f.* -en／ワクチン注射をする(してもらう) vakzinieren^4 (^{4}sich vakzinieren lassen*)／生ワクチン Lebend¦vakzine *f.* -n (-impfstoff *m.* -〔e〕s, -e)／生ワクチン内服 Schluckimpfung *f.* -en.

わくでき 惑溺する ^{4}sich ergeben*^{3}; ergeben^3 sein; frönen^3; ^{4}sich hin|geben*^{3}; schwärmen《*für*^{4}》; schwelgen《*in*^{3}》; [女に] ^{4}sich vernarren (vergucken; verknallen)《*in*^{4}》; einen Narren fressen*《*an*^{3}》／酒に惑溺している dem Trunk ergeben sein／酒色に惑溺する dem Haus des Lasters frönen.

わくらん 惑乱する ^{4}sich verwirren$^{(*)}$; ver-

わ

わくわく wirrt (verworren) sein; aus dem Text gebracht werden; [取り乱す] den Kopf verlieren*; wild werden.

わくわく voll(er) Erwartung sein; sich auf|regen; aufgeregt sein; [Herz klopft 〈vor³〉] Lampenfieber haben [あがる] / 彼は喜びでわくわくした Das Herz hüpfte ihm vor Freude. / わくわくして klopfenden Herzens.

わけ 訳 ❶ [理由] Grund *m.* -[e]s, ¨e; das Warum*, -s 〈理由の〉; Ursache *f.* -n 〈原因〉; Anlass *m.* -es, ¨e; Veranlassung *f.* -en 〈誘因〉/訳があって aus einem gewissen Grund; aus irgendeinem Anlass/訳もなく ohne (allen) Grund; ohne allen (jeden) Anlass/訳を尋ねる nach dem Grund fragen; *⁴sich nach der Ursache erkundigen 〈bei³〉*; jn zur Rede stellen 《問責する》/どういう訳で warum; wieso; aus welchem Grund; aus welcher Ursache; weshalb; weswegen; wozu/...という訳で aus diesem Grund; Das ist der Grund, warum .... / Dies veranlasst mich 《zu 不定句令》. So sehe (fühle) ich mich veranlasst 《zu 不定句令》. /...する訳にもゆかない So wie es ist, ist es mir nicht möglich, dass .... Es besteht kein Anlass 《zu³; zu 不定句令》. Ich habe keinen Grund 《zu³; zu 不定句令》. / どういう訳か知らないがあいつが嫌いだ Ich kann ihn, ich weiß nicht warum, nicht leiden. / 彼がどうして怒っているのか訳がわからない Ich kann den Grund nicht einsehen, warum er böse ist. / 彼がそれを知っている訳がない Wie kann (sollte) er es wissen? / 彼には喜ぶ訳がある Er hat alle Ursache (allen (guten) Grund), froh zu sein. **❷** [意味] Bedeutung *f.* -en; Sinn *m.* -[e]s, -e / どうした訳で Was soll denn das (eigentlich) heißen (bedeuten)? / 何だあの話の訳がわからない Daraus kann ich nicht schlau (klug) werden. / Ich weiß nicht, was man damit gemeint hat (was er damit sagen wollte). / そんな訳があるものか / それにはどうも訳がありそうだ Er muss es nicht denn zu tun haben muss das diesem Geräusch? / 訳のわからない話 Rätsel *n.* -s, -; die undurchsichtige Angelegenheit, -en, -en. **❸** [事情・次第] Umstände (*pl*); Verhältnisse (*pl*); Sache *f.* -n; Dinge (*pl*); Fall *m.* -[e]s, ¨e; Sachverhalt *m.* -[e]s, -e 〈実情〉/そういう訳だから da das so ist; weil die Dinge so liegen / そういう訳なら wenn es so ist; wenn es der Fall ist. **❹** [道理] Vernunft (*f*); der vernünftige (vernunftlose) Mensch, -en, -en / 訳のわからないことを言う Unsinn (albernes Zeug) reden. — 訳のない leicht; einfach. ⇨わけない.

わけ 分け unentschieden ⇨ひきわけ.

わけいる 分け入る *⁴sich (durch)drängen 〈durch³〉*; *³sich einen Weg bahnen /* 群衆の中に(ジャングルの中に)分け入る *³sich einen Weg durch die Menge (durch den Urwald) bahnen.*

わけて 別分けて getrennt; gesondert; einzeln / 分けて置く *⁴*getrennt *⁴ab|legen*.

わけても [特に] besonders; insbesondere; in Sonderheit; vor allen Dingen; vor allem.

わけない 訳ない leicht; einfach; mühelos; kein Kunststück (keine Kunst) [sein] / 訳ないどころではない keineswegs leicht; nicht im Mindesten einfach / そんなこと訳ないよ Das ist ja gar kein Kunststück.

わけへだて 分け隔て Unterscheidung *f.* -en; Unterschied *m.* -[e]s, -e; Parteilichkeit *f.* -en 〈不公平〉; Vorliebe *f.* 〈ひいき〉 / 分け隔てなく ohne *⁴Unterscheidung*; unterschiedlos; unparteiisch; ohne Vorliebe / 分け隔てをする unterschiedlich behandeln*⁴*; benachteiligen*⁴* 《*zugunsten² 不利に*》 bevorzugen*⁴* 〈*vor³ 有利に*〉.

わけまえ 分け前 [An]teil *m.* -[e]s, -e; Portion *f.* -en; Kontingent *n.* -[e]s, -e 〈割り前〉/分け前にあずかる 〈sein〉 Anteil haben (erhalten*⁴*) 〈*an³*〉/分け前を与える als Anteil zu|teilen*⁴*/分け前は少なかった Mir fiel nur wenig zu. Es kam nur wenig auf meinen Teil.

わけめ 分け目 ❶ Scheidelinie *f.* -n 〈境界線〉; Trennungslinie *f.* 〈分割線〉; Zwischenlinie *f.* **❷** [形勢の] Entscheidung *f.* -en; Krise *f.* -n; Wendepunkt *m.* -[e]s, -e; der entscheidende Augenblick, -[e]s, -e / 天下分け目の戦い der entscheidende Schicksalskampf, -[e]s, ¨e.

わける 分ける ❶ [分割] teilen*⁴* 〈*in⁴*〉; trennen*⁴*; ab|teilen*⁴* 〈分け区分する〉; zerteilen*⁴* 〈ばらばらに〉; scheiteln*⁴* 〈髪を〉/半分に分ける in gleiche Teile teilen*⁴*/頭髪を右側(左側、真ん中)で分ける *³sich das Haar rechts (links; in der Mitte) scheiteln* / 部屋を仕切りで分ける den Raum durch einen Verschlag ab|teilen. **❷** [分離] [ab]trennen*⁴* 〈*von³*〉; ab|sondern*⁴* 〈*von³*〉/分けておく auf die Seite legen*⁴*; beiseite legen*⁴* / 石炭だけを分ける Kohle von Bergen lesen*⁴*; Kohle auf|bereiten. **❸** [分配] teilen*⁴* 〈*mit³*; *unter³*〉; auf|teilen*⁴* 〈*unter³*〉; aus|teilen*⁴* 〈*an⁴*〉; verteilen*⁴* 〈*an⁴*〉; zu|teilen³*⁴* / 貧民に金を分ける Geld an die Armen verteilen / 彼らはもうけを二人で分けた Sie teilten des Gewinn unter *³sich*. **❹** [区別・区分] ein|teilen*⁴* 〈*in⁴*〉; sortieren*⁴*; klassifizieren*⁴* 〈類別〉/本を五章に分ける das Buch in fünf Kapitel ein|teilen / 商品を品別に分ける Waren sortieren. — 分けられない unteilbar; untrennbar; unzertrennlich; unzerlegbar.

わごう 和合 Eintracht *f.*; Einigkeit *f.* -en; Einmütigkeit *f.*; Einklang *m.* -[e]s, ¨e; Harmonie *f.*; Friede(n) *m.* -ns, ..dens, ..den / 和合している eintrāchtig (einmütig) sein; im Einklang stehen* 〈*mit³*〉; in Fried und Freud sein 〈*mit³*〉. — 和合する harmonieren 〈*mit³*〉; *⁴sich vertragen** 〈*mit³*〉 / 和合して暮らす in Eintracht (einträchtig) leben / 夫婦はよく和合している Die beiden Eheleute harmonieren gut miteinander.

わゴム 輪ゴム Gummiring *m.* -[e]s, -e; Gummiband *n.* -[e]s, ¨er.

ワゴン [車] Kombiwagen *m.* -s, - 〈ステーションワゴン〉.

わざ 業、技 ❶ [行為] Tat *f.* -en; das Tun*,

-s; Handlung f. -en; [仕事] [Arbeits]leistung f. -en; Werk n. -[e]s, -e; [技術] Kunst f. ~e; das Können*, -s; Fertigkeit f. -en/それは容易な業ではない Das ist eine schwere Kunst (keine einfache Kunst)./それは人間業ではない Das ist eine übermenschliche Leistung./Er hat Übermenschliches geleistet./人間業ではできない《俗》Das ist ja nicht menschenmöglich. ❷ [曲芸・芸当] Leistung f. -en; Kunststück n. -[e]s, -e; Kunstgriff m. -[e]s, -e [こつ]/寝[立ち]業 Liegekampf (Stehkampf) m. -[e]s, ~e [柔道].

わさい 和裁 die japanische Schneiderei, -en.

わざと absichtlich; mit Absicht; geflissentlich; wissentlich; wissentlich [知り つつ]/わざと笑う ³sich zu einem Lächeln zwingen*/わざとしたのではない Das war nicht meine Absicht.;Es geschah ohne Absicht./ich meinte es nicht böse./Ich habe es nicht absichtlich getan. —— わざとらしい gekünstelt; gesucht; geziert, unnatürlich; gezwungen; übertrieben [誇張した]/わざとらしい笑い das gekünstelte (gezierte) Lächeln*, -s/その表現はわざとらしい Der Ausdruck ist gesucht.

わさび 山葵 Meerrettich m. -[e]s, -e. ¶ わさびのきいた mit Meerrettich scharf gewürzt; [比喩的] bitter [皮肉など]; pikant [しゃれなど]; gepfeffert [ことば]. ‖ わさびおろし Reibeisen n. -s, -/わさび漬け das im Meerrettich Eingemachte s, -n.

わざわい 災 Unheil n. -[e]s; Übel n. -s, -; Unglück n. -[e]s; Katastrophe f. -n [災難]; Schicksalsschlag m. -[e]s, ~e [不運]/災に遭う auf ein Unheil treffen*; Ein Unglück begegnet jm.; von einem Unheil (Unglück) getroffen werden*/災を招く ³sich ein Unglück herbeiführen/災をひき起こす Unheil an|richten an³; bringen*/災となる jm zum Unheil werden*/災を転じて福となす aus der Not eine Tugend machen/悪天候に災されて unter unglücklichen Unwettern.

わざわざ ❶ ⇒わざと. ❷ [ことさらに] extra; besonders; eigens; ausdrücklich/わざわざ～する es ³sich angelegen sein lassen* (zu 不定詞句)/わざわざお Mühe machen (zu 不定詞句)/彼はわざわざそれを言いに来てくれた Er kam eigens, um es mir zu sagen./そんなにわざわざやる事はないじゃないか Wozu sich's angelegen sein lassen, so was zu tun?/遠い所をわざわざお出で下さって有難うございます Das ist sehr nett von Ihnen, den langen Weg nicht gescheut und uns aufgesucht zu haben.

わし 和紙 das japanische Papier, -s, -e.

わし 鷲 Adler m. -s, -; [詩] Aar m. -s, -e/鷲の巣 Horst m. -[e]s, -e/鷲のように鋭い adleräugig ‖ 鷲鼻 Adlernase f. -n.

わしづかみ 鷲掴みにする draufios packen¹ (greifen*⁴).

わじゅつ 話術 Redekunst f. ~e; Rede[weise (Sprech-) f. -n; Sprechart f. -en/話術にたくみな redegewandt [sein]/話術にたくみな人 der gute Unterhalter, -s, -; der gewandte Gesellschaftler, -s, -; der gute Redner, -s, -.

わずか 僅か ⇒すこし/僅かな ❶ wenig; gering; geringfügig; klein; knapp; kümmerlich; kurz; spärlich; winzig; unbedeutend; unerheblich/僅かな給与 das knappe Gehalt, -[e]s, ~er/僅かな期間に in [ganz] kurzer Zeit; in einem kurzen Zeitraum/僅かな人数 nur wenig Leute; nur einige Mann stark [ほんの数人]/僅かのお金 wenig Geld; eine kleine Summe, -n/僅かな多数 eine knappe (geringe) Mehrheit, -en/僅かな収入 ein winziges Einkommen, -s, -/僅かの望みももうない Ich habe keinen (blassen) Schimmer mehr Hoffnung mehr. —— 僅か [に] nur; bloß [かろうじて]; kaum; ganz knapp; kümmerlich; dürftig/僅かに十円残すのみ Ich habe nur knapp noch zehn Yen [übrig]./食料品はもう僅か一週間 Wir haben kaum noch für eine Woche Lebensmittel.

わずらい 煩い ❶ [病] ⇒びょうき. ❷ [面倒] Schwierigkeiten (pl); Sorgen (pl); Scherereien (pl); Lästigkeit f. -en.

わずらう 煩う ❶ ⇒びょうき(病気にかかる)/目をわずらう an einer Augenkrankheit leiden*. ❷ [心配] ³sich Sorgen machen (um⁴) ⇒なやみ、しんぱい.

わずらわしい 煩わしい ❶ [めんどうな] lästig; ermüdend; quälend; verdrießlich/世の中が煩わしくなる vom Leben angewidert sein/それがだんだん煩しくなる Das wurde ihm allmählich lästig. ❷ [こみ入った] kompliziert; schwierig; verwickelt.

わずらわす 煩わす ❶ [手数をかける] belästigen⁴; jm Mühe machen/この件でひとつお手数を煩わしたいのですが Darf ich Sie in dieser Angelegenheit belästigen?/ホテルまでご足労を煩わしたい Darf ich Sie zu meinem Hotel bitten? ❷ [困らせる] quälen⁴; nicht in Ruhe lassen*⁴; schikanieren⁴; jm auf die Nerven gehen*¹ ⇒心を煩わす ³sich Gedanken machen (über⁴).

わする 和する [調和] harmonieren (mit³); ³sich vertragen* (mit³) 仲よくする; ³sich vertragen* (mit³); zusammen|passen (mit³) [しっくり合う]; [夫婦などが] eintrachtig leben; [歌に] [mit] ein|stimmen (in⁴) / 和して歌う im Chor singen*; in den Gesang (mit) ein|stimmen.

わすれがたみ 忘れ形見 ❶ [記念品] Angebinde n. -s, -. ❷ [遺児] das Kind f. -[e]s, -er] des Verstorbenen/[父の死後生まれた子] der Nachgeborene, -n, -n; [法] Postumus m. -, ..mi.

わすれがち 忘れがちな vergesslich; unaufmerksam/彼はとかくそれを忘れがちだ Er vergisst es leicht.

わすれっぽい 忘れっぽい vergesslich sein; leicht vergessen*⁴; ein schwaches (kurzes) Gedächtnis haben; ein Gedächtnis wie ein Sieb haben/忘れっぽい人 der ver-

わすれなぐさ 忘れな草 Vergissmeinnicht n. -[e]s, -e.

わすれもの 忘れ物 das Liegengelassene*, -n, -n; Fundsache f. -n《拾得物》/忘れ物をする liegen lassen*⁴/忘れ物をしないように Nichts liegen lassen! ‖ 忘れ物係 Fundbüro n. -s, -s ⟨-stelle f. -n⟩.

わすれる 忘れる ❶ vergessen*⁴;《俗》verschwitzen⁴;《俗》verbummeln⁴; aus dem Gedächtnis (aus der Erinnerung) verlieren*⁴; jm entfallen*⓪《思い出せぬ》sich nicht erinnern (können*)《an⁴》; sich nicht entsinnen²(können*)/習ったことを verlernen⁴/忘れ難い unvergesslich/忘れぬ中に言っておくが... Bevor ich (es) vergesse, möchte ich darauf hinweisen, dass .../言い忘れる vergessen*, es zu sagen (es auszurichten《伝言を》)/寸時も忘れないでいる immer im Gedächtnis behalten*⁴; nie vergessen*⁴/英語はすっかり忘れた Englisch habe ich vollkommen verlernt./名前を忘れた Der Name ist mir entfallen./仕事で飲食も忘れている Er vergisst über der Arbeit Essen und Trinken./御親切は決して忘れません Ich werde Ihre Freundlichkeit nie vergessen. ❷《思い出さないようにする》nicht mehr denken*《an⁴》;〔⁴sich〕 aus dem Sinn schlagen*⁴《bringen*⁴》/心配を忘れる die Sorgen ab|schütteln《vergessen*; verscheuchen; vertreiben*》/そんなことは忘れてしまえ Schlag dir das aus dem Sinn. ❸《置き忘れる》liegen lassen*; verlegen⁴/めがねをどこかに置き忘れた Ich habe meine Brille irgendwo liegen lassen (verlegt)./忘れずに ganz bestimmt/忘れずにそれを知らせて下さい Vergessen Sie bitte nicht, mich davon wissen zu lassen./忘れずに来るんだよ Du wirst ganz bestimmt kommen!/忘れられる in Vergessenheit geraten*⓪; aus dem Gedächtnis schwinden*⓪; ⁴sich vergessen*/彼女の姿がどうしても忘れられない Ihr Bild schwebt mir immer vor Augen./彼はまだあの旅行のことが忘れられないでいる Er zehrt immer noch von der Erinnerung an die Reise./そういうことはすぐ忘れられる Das vergisst sich schnell./そのことはとうに忘れられている Die Sache ist längst vergessen./ Die Angelegenheit ist schon längst in Vergessenheit geraten.

わせ 早稲 Frühreis m. -es/わせの frühreif; vorzeitig gereift.

わせい 和声《楽》Harmonie f. -n; Akkord m. -[e]s, -e《和音》.

わせい 和製の in Japan gemacht (hergestellt); einheimisch《国産の》.

ワセリン Vaselin n. -s; Vaseline f.

わせん 和船 ein Schiff (n. -[e]s, -e) japanischer Bauart.

わせん 和戦 Krieg und Friede(n)/和戦両様の構えをする ⁴sich für Krieg und Frieden vor|bereiten.

わた 綿 Watte f. -n/綿の木 Baumwoll-baum m. -[e]s, ..e/綿の実 Baumwollsame[n] m. ..mens, ..men/綿を入れる wattieren⁴; aus|polstern⁴. ¶ 綿のような雲 Schäfchenwolke f. -n/綿のように疲れる todmüde (hundemüde) sein; herunter|sein; kein Mensch mehr sein.

わた 腸 ⇨はらわた/魚(鳥)の腸をぬく einen Fisch (ein Geflügel) aus|nehmen* (aus|weiden).

わだい 話題 Gesprächs|gegenstand m. -[e]s, ..e ⟨-stoff m. -[e]s, -e; -thema n. ..men (-ta)⟩《Gesprächs- の代わりに Unterhaltungs- としても》; Unterhaltung f. -en《談話》/今日の話題 Zeitfrage f. -n; die aktuelle Frage, -n/話題にのぼる Rede kommt《auf⁴》⓪; die Rede sein《von³》⓪; in Gespräch (zur Sprache) kommen*⓪; miterwähnt werden;《世間の》in Gerede der Leute kommen*; in aller Leute Mund sein/話題にする das Gespräch bringen*《auf⁴》; ⁴sich mit jm über *et《von ³et》unterhalten*; sprechen*《von³》/話題を変える das Gespräch lenken《von³ ... weg; auf⁴ ... hin》; von etwas anderem sprechen*; ab|lenken《さしわりのある話などが出た場合》/話題が豊富である ein unerschöpfliches Thema (einen unerschöpflichen Stoff) für die Unterhaltung haben; nie um einen Unterhaltungsstoff verlegen sein; ein unterhaltsamer Plauderer (Erzähler) sein.

わたいれ 綿入れ der wattierte Kimono, -s ‖ 綿入れ夜具 Daunendecke f. -n.

わたうち 綿打ち Baumwollaufbereitung f. -en ‖ 綿打ち機械 Baumwollschläger m. -s, -; Watten|maschine (Aufbereit-) f. -n.

わたかまり 蟠り ❶《自分の心中に》Hemmung f. -en; Komplex m. -es, -e. ❷《他人に対する》Ressentiment n. -s, -s《gegenüber³》; Aufsässigkeit f.; Missgunst f.《auf⁴》⓪; die übelwollende Gesinnung, -en《gegenüber³》. ❸《他人との間に》Rückhalt m. -[e]s《隔意》/あれ以来我々の間に蟠りができた Seitdem herrscht ein Ressentiment zwischen uns. — 蟠りがある ❶《自分の心中に》innere Hemmungen haben; Komplexe haben. ❷《他人に対して》ein Ressentiment haben《gegenüber³》; jm aufsässig sein; Verdruss haben《mit³》. — 蟠りなく rückhaltlos; offen(herzig); geradezu.

わたくし 私 ❶《我》ich*./私の mein*/私たち wir*《pl》/私たちの unser*/私自身 ich selbst/私のもの mein(er); meine; mein(es); der (die; das) mein(ig)e/私の家族 die Mein(ig)en《pl》/私としては ich für mein Teil; ich persönlich; von mir aus; was mich (an)betrifft; meinethalben (-wegen); meinerseits/私にとってよい Von mir aus, ja! Meinetwegen, ich habe nichts dagegen./私のためならおかまいなく Machen Sie bitte meinetwegen keine Umstände./この帽子は私のではない、私のものもっと Dieser Hut ist nicht der meine (nicht mein). Meiner ist noch größer./この本は誰のか—私のです.

わたぐも 綿雲 Schäfchen(wolken) ⟨*pl*⟩.

わたげ 綿毛 Flaum *m*. -[e]s; Flaumfeder *f*. -n.

わたし 私, ⇨わたくし.

わたし 渡し ❶ ⟨渡船場⟩ Fähre *f.* -n. ❷ ⟨受渡し⟩ Übergabe *f.* -n; Lieferung *f.* -en; Ablieferung *f.* -en; Auslieferung *f.* -en. ❸ ⟨譲渡⟩ Übertragung *f.* -en ⟨権利などの⟩; Übergabe *f.* -n ⟨ライセンスなどの⟩; Abgabe *f.* -n ⟨製品の引渡し⟩.∥工場(港)渡し (Preis) ab Werk (ab Hafen) ⟨値段について⟩; frei Haus (Lieferung) frei Schiff; frei an Bord ⟨船荷⟩; (Lieferung) frei Eisenbahn ⟨鉄道便⟩.

わたしぶね 渡し船 Fähre *f.* -n /渡し船で送る in einer Fähre über|setzen⟨s⟩ ⟨四格とともに「渡す」の意味で⟩.

わたしもり 渡し守 Fährmann *m.* -[e]s, ¨er (..leute).

わたす 渡す ❶ ⟨手渡す⟩ aus|händigen³⁴; ein|händigen³⁴; ab|geben¹⁴; aus|folgen³⁴; verabfolgen³⁴; überreichen³⁴; zu|stellen³⁴; ⟨引き渡す⟩ liefern⟨*an*⁴⟩; aus|liefern³⁴; ab|liefern³⁴; ab|geben*³⁴ ⟨新築家屋・工場設備など⟩; an|vertrauen³⁴; überantworten³⁴ ⟨警察などに⟩ /泥棒を警察に引き渡す einen Dieb der ³Polizei überantworten³⁴ ⟨警察などに⟩ /贈り物を謹んで手渡す ein Geschenk überreichen ⟨ab|geben*⟩ /支払いと引きかえに証券を渡す Dokumente gegen Bezahlung aus|händigen. ❷ ⟨譲る⟩ übergeben*³⁴; überlassen*³⁴; übertragen*³⁴ /では鍵を渡しておきますよ ich übergebe (überlasse) Ihnen die Schlüssel ⟨*pl*⟩. ❸ ⟨架ぐ⟩ über|setzen⁴ ⟨*in*³; *mit*³; *über*⁴⟩; (hi)nüber|bringen*⁴ ⟨*an*⁴⟩. ❹ ⟨支払う⟩ aus|zahlen³⁴ ⟨給料などを⟩/賃金(分け前)を渡す jm. Lohn (seinen Anteil) aus|zahlen. ❺ ⟨かける⟩ 川に橋を渡す eine Brücke über den Fluss schlagen*⁴/溝に板を渡す eine Planke (ein Brett) über den Graben legen.

わたち 轍 Wagenspur *f.* -en.

わたり 渡り 渡り Übergang *m.* -[e]s, ¨e ⟨渡り廊下など⟩; [Vogel]zug *m.* -[e]s, ¨e ⟨鳥の⟩. ❷ 渡りに舟 Das ist Wasser auf seine Mühle. / Das ist Wind in sein Segel. /渡りをつける ⁴sich ⟨*jn*⟩ mit *jm* in Verbindung setzen; die Verbindung mit jm her|stellen (¹her|stellen); für *jn* ein gutes Wort bei *jm* ein|legen ⟨口をきいてやる⟩.

わたりあう 渡り合う die Waffen (die Degen) kreuzen ⟨*mit*³⟩; ⁴sich mit jm ⟨ordentlich⟩ auseinander setzen ⟨議論⟩; ⁴sich mit *jm* messen* ⟨一般にせり合う *in*³; *an*³⟩.

わたりいた 渡り板 Laufplanke *f.* -n ⟨-steg *m.* -[e]s, -e⟩.

わたりぞめ 渡り初め der erste Gang ⟨-[e]s, ¨e⟩ über die neue Brücke ⟨bei der Einweihung⟩.

わたりどり 渡り鳥 Zugvogel *m.* -s, ¨.

わたりもの 渡り者 der wandernde Geselle, -n, -n ⟨職人⟩; der wandernde Hausierer, -s ⟨行商人⟩; Vagabund *m.* -en, -en ⟨さすらい人⟩; ⟨俗⟩ Strolch *m.* -[e]s, -e ⟨浮浪人⟩; der Fremde*, -n, -n ⟨よそ者⟩.

わたりろうか 渡り廊下 Verbindungsgang *m.* -[e]s, ¨e.

わたる 渡る ❶ ⟨越える⟩ gehen* ⟨s⟩ ⟨*über*⁴⟩; fahren* ⟨s⟩ ⟨*über*⁴⟩; kommen* ⟨s⟩ ⟨*über*⁴⟩; ⟨向こう側へ⟩ hinüber|gehen* ⟨s⟩ ⟨*über*⁴⟩; hinüber|fahren* ⟨s⟩ ⟨こちら側へのときは herüber|- を前綴とする⟩/アメリカへ渡る nach Amerika gehen*⟨s⟩/橋を渡る über die Brücke gehen* (fahren*) /川を渡る über den Fluss fahren* (schwimmen* 泳いで; waten 歩いて) /道を横ぎって渡る quer über die Staße gehen*. ❷ ⟨渡来⟩ eingeführt werden ⟨*von*³; *in*⁴⟩; gebracht werden ⟨*von*³ ... *her*⟩. ❸ ⟨支給される⟩ geliefert werden; bezahlt (ausgezahlt) bekommen*⁴ ⟨金が⟩ /給金は渡りましたか Ist der Lohn schon ausgezahlt? ⟨人手に⟩ in andere Hände fallen* ⟨s⟩; in *js* Besitz über|gehen* ⟨s⟩ /この本は多くの人の手を渡って来た Das Buch war schon in vielen Händen. ❹ ⟨世間を⟩ das Leben führen; ³sich seinen Unterhalt verdienen; sein Leben fristen ⟨苦労して⟩.

わたる 亘る ⁴sich erstrecken ⟨*über*⁴⟩; ⁴sich aus|dehnen; reichen ⟨*bis zu*³; *an*⁴; *in*⁴⟩; umfassen⁴/五年に亘って fünf Jahre lang /三日(六回)に亘り drei Tage (sechsmal) hintereinander /詳細に亘る auf die Einzelne gehen*⟨s⟩; die Einzelheiten näher erörtern /詳細(全般)に亘る調査 die ins Einzelne gehende (umfassende) Nachforschungen ⟨*pl*⟩ /この記録は二年に亘る Diese Aufzeichnungen erstrecken sich über zwei Jahre. /その本は全分野に亘って書いてある Das Buch behandelt das ganze Gebiet.

ワックス Wachs *n.* -es, -e /ワックスを塗る wachsen*; mit Wachs ein|reiben*⁴ /スキーにワックスを塗る die Skier (Schier) wachsen*.

わっと わっと泣き出す in Tränen (in Weinen) aus|brechen* ⟨s⟩/わっと笑う in schallendes Gelächter aus|brechen* /わっとばかりに彼女は彼に抱きついた Ein Schrei, ⟨und⟩ sie fiel ihm um den Hals.

ワット Watt *n.* -s, - /百ワットの電球 Hundertwatt-Birne *f.* -n ∥ ワット時 Wattstunde *f.* -n.

ワッフル ⟨料⟩ Waffel *f.* -n.

ワッペン Abzeichen *n.* -s, -; Emblem *n.* -s, -e.

わどく 和独 japanisch-deutsch ∥ 和独経

わどめ 止め ⇨ブレーキ.

わな 罠 Falle *f.* -n; Fallgrube *f.* -n〔穴〕; Fallstrick *m.* -(e)s, -e〔なわ〕; Fußangel *n.* -s, -《鉄菱(ﾋｼ)》; Schlinge *f.* -n〔締め罠〕; 〔術策〕Trick *m.* -s, -; Masche *f.* -n; Machenschaft *f.* -en〔たくらみ〕/わなにかかる ⁴sich in der Schlinge fangen*/in die Falle gehen* (geraten*)〔比喩的にも〕/わなをかける eine Schlinge legen (*gegen*³); eine Falle auf|stellen (*gegen*³); 〔人に〕*jm* eine Falle stellen; *jn* in eine Falle locken.

わなげ 輪投げ das Reifenwerfen*, -s/輪投げをする Reifenwerfen spielen.

わなわな わなわな震える wie Espenlaub zittern; bebbeln; bibbeln; schlottern; schauern (*von*³)/全身わなわなと震える am ganzen Leib(e) (an allen Gliedern) zittern (beben).

わに 鰐 Krokodil *n.* -s, -e; Alligator *m.* -s, -en; Kaiman *m.* -s, -e‖鰐皮 Krokodilleder *n.* -s, -/鰐皮のハンドバッグ Krokodiltasche *f.* -n.

わにあし 鰐足 die auswärts gesetzten (einwärts gesetzten) Füße〔*pl* 外または〔内または〕〕/鰐足で歩く beim Gehen die Füße auswärts (einwärts) setzen; die Füße auswärts (einwärts) auf|setzen.

わにぐち 鰐口 ❶〔神社の拝殿にある〕Schelle 〈*f.* -n〉〔der Andachtshalle〕. ❷〔大口〕der breite Mund, -(e)s, ¨er; das breite Maul, -(e)s, ¨er.

ワニス Firnis *n.* ..nisses, ..nisse/ワニスを塗る firnissen; mit Firnis bestreichen*⁴ (-|streichen*⁴).

わび 詫び Entschuldigung *f.* -en; Abbitte *f.* -n/お詫びのようないい Ich wüsste keine Entschuldigung vorzubringen.‖詫状 Entschuldigungsbrief *m.* -(e)s, -e.

わびしい 侘しい〔みじめな〕ärmlich; armselig; elend; heruntergekommen; schäbig; miserabel;〔寂しい〕einsam; verlassen; vereinsamt; freundlos/侘しい暮らしをする kümmerlich sein Leben fristen; (ganz) zurückgezogen (abgeschieden) leben/読書は侘しいときの慰めとなる Einsam in trüben Tagen findet man Trost in Büchern.

わびずまい 侘住居 das zurückgezogene Leben, -s, -〔生活〕; der abgeschiedene Aufenthalt, -(e)s, -e〔住居〕/侘住居をする ⁴sich in die Einsamkeit zurück|ziehen*.

わびる 詫びる ⁴sich entschuldigen (*bei*³); *jm* Abbitte tun* (leisten); *jn* um Verzeihung bitten*.

わふう 和風 der japanische Stil, -(e)s, -e; die japanische Art, -en/和風の japanisch; im japanischen Stil; nach japanischer Art.

わふく 和服 die japanische Kleidung, -en; die japanische Tracht, -en〔和装〕; Kimono *m.* -s, -s/彼は和服を着ている Er kleidet sich japanisch./和服を着た女性 eine Frau (-en) in japanischer Tracht.

わぶん 和文 der japanische Satz, -es, ¨e; das Japanische/和文で書かれた〔契約など〕japanisch abgefasst/和文独訳 die Übersetzung (-en) aus dem Japanischen ins Deutsche/和文独訳する aus dem Japanischen ins Deutsche übersetzen*‖和文電報 Telegramm 〈*n.* -s, -e〉im Japanischen.

わほう 話法〔言〕Rede *f.* -n/話法の助動詞 Modalverb *n.* -s, -en/直接〔間接〕話法 direkte (indirekte) Rede.

わぼく 和睦〔和〕Versöhnung *f.* -en; Schlichtung *f.* -en〔調停による〕; Vergleich *m.* -(e)s, -e;〔講和〕Friede(n) *m.* ..dens, ..den; Friedensschluss *m.* -es, ¨e. — 和睦する ⁴sich versöhnen (*mit*³); ⁴sich aus|söhnen (*mit*³); auf einen Vergleich ein|gehen* (*mit*³); Frieden stiften (*mit*³); Frieden schließen* (*mit*³). — 和睦させる versöhnen*⁴ (*mit*³); aus|söhnen⁴ (*mit*³);〔紛争などを目的語にして〕schlichten*; vergleichen*; den Friedensabschluss vermitteln〔講和〕.

わほん 和本 das japanische Buch, -(e)s, ¨er;〔和とじの本〕das japanisch eingebundene Buch.

わめき(ごえ) 喚き(声)Schrei *m.* -(e)s, -e; Geschrei *n.* -s, -; Gebrüll *n.* -s.

わめく 喚く schreien*; brüllen; kreischen〔金切声で〕; lärmen〔叫喚〕; laut rufen*; einen Schrei aus|stoßen*; ein Geschrei erheben*.

わやく 和訳 die Übersetzung (-en) ins Japanische (*aus*³); die japanische Übersetzung, -en/和訳する ins Japanische übersetzen* (*aus*³)‖和訳聖書 die japanische Fassung (Übersetzung) der Bibel.

わよう 和洋 japanisch und europäisch‖和洋折衷 Zusammenfügung 〈*f.* -en〉des japanischen und europäischen Stil(e)s/和洋折衷の halb japanisch (und) halb europäisch.

わら 藁 Stroh *n.* -(e)s; Strohhalm *m.* -(e)s, -e〔藁茎〕; Streu *f.* -en〔家畜の敷藁〕/藁を敷く mit Stroh bedecken⁴/おぼれるものは藁をもつかむ Ein Ertrinkender greift nach einem Strohhalm.

わらい 笑い das Lachen*, -s; Lache *f.* -n; Gelächter *n.* -s, -; das Lächeln*, -s〔微笑〕; das Hohn|lachen* (-|lächeln), -s〔嘲笑〕; Heiterkeit *f.* -en〔寄席などの〕⇨おわらい/笑いがとまらない aus dem Lachen nicht heraus|kommen*〔5〕/笑いを押さえる ³sich das Lachen verbeißen*; ⁴sich des Lachens erwehren/笑いを引き起こす ein Gelächter hervor|rufen*/笑いを招く zum Gelächter werden; ⁴sich lächerlich machen/笑いを押さえられない ⁴sich vor Lachen nicht halten können*/皮肉な笑いを浮かべる ein sarkastisches Lächeln auf|setzen/忍び笑いする in ⁴sich hinein lachen;³sich ins Fäustchen (in den Bart) lachen〔ほくそ笑む〕.

わらいがお 笑い顔 das lächelnde Gesicht, -(e)s, -er/笑い顔して lächelnd; mit einem

わらいぐさ 笑い草 die Zielscheibe 《-n》 des Gelächters (des Spottes) / 笑い草になる ˋsich lächerlich machen; ausgelacht werden; *jn* auf den Arm nehmen* 《*jn* が笑い者になる人》/それはお笑い草だ Das ist zum Lachen.

わらいごえ 笑い声 das Lachen*, -s; Gelächter *n*. -s, -; Lachsalve *f*. -n 《笑いのとめき》; Heiterkeit *f*. 《哄（え）笑》.

わらいごと 笑いごとではない Es ist nicht (nichts) zum Lachen. Das ist kein Spaß.; Ich sage es nicht aus Spaß.; [たしなめ] Spaß (Scherz) beiseite!

わらいじょうご 笑い上戸 Lacher *m*. -s, -; der Lachlustige*, -n, -n; der lustige Trinker, -s - 《酒のみの》/ 笑い上戸の lachlustig.

わらいばなし 笑い話 Witz *m*. -es, -e; Humoreske *f*. -n.

わらいもの 笑い物 ⇒わらいぐさ.

わらう 笑う ❶ lachen; lächeln 《ほほえむ》; an|lachen⁴ 《笑いかける》; feixen 《にやりと》; kicheln 《くすくす》; glucksen 《ふくみ笑い》; grienen; grinsen 《歯をむき出して》; schmunzeln 《にやにやにっと》/笑い出す an|fangen* zu lachen; auf|lachen, los|lachen; in Lachen aus|brechen* ⓢ; eine Lache aus|schlagen*; [吹き出す] heraus|platzen; los|platzen / 笑いながら話す; lächelnd; strahlend / 笑いたいのをこらえる ³sich das Lachen ver|beißen* / 笑うべき lachhaft; [おどけた] drollig; putzig ⇒ ❷ / 笑う気になれぬ *jm* nicht lächerlich zumute (zu Mute) sein / 笑ってごまかす ⁴*et* mit einem Lachen (einem Scherz) ab|tun*; lachend über ⁴*et* hinweg|gehen* ⓢ / 笑って不機嫌を忘れる Ärger durch das Lachen verscheuchen / 笑いがにいられない (にやんまない); zu Lachen; / どっと笑う in ein schallendes Gelächter aus|brechen* ⓢ / 腹をかかえて笑う ³sich 《vor Lachen》 den Bauch (die Seiten) halten*; ⁴sich vor Lachen biegen* 《身体をよじらせる》; ³sich einen Ast lachen 《抱腹絶倒する》/ 腹の底から大口あけて笑う aus vollem Halse 《aus voller Brust》 lachen / 腹の痛くなる (腹の皮のよじれる)程笑う ⁴sich krank lachen; ⁴sich schief (schief; bucklig; krumm) lachen / 涙の出る程涙ラを lachen; so lachen, dass *jm* die Tränen kommen 《涙が出る》; くすくす; きゃっきゃっ; にこにこ; にへらへら 笑う ⇒げらげら, からからから, くすくす, きゃっきゃっ, にこにこ. ¶ 笑う門には福来る Dem Vergnügten lacht das Glück. ❷ [嘲笑する] lachen 《über》; spöttisch hinter aus|lachen⁴; belachen⁴; verlachen⁴; hohn|lachen 《Hohn lachen》 《über》 ◆ 過去に hohnlachte; lachte Hohn の二形がある. hohn|lächeln 《せせら笑う》 《über》 / 笑いものにする lächerlich machen / 笑うべき lächerlich; [馬鹿らしい] albern; blöde / 笑うべき ⁴sich lächerlich machen / さま見ろと笑う schadenfroh 笑わせる Es lächelt mich mit deiner Bemerkung nicht aus|lachen.

わらぐつ 藁靴 Strohschuh *m*. -[e]s, -e.

わらざいく 藁細工 Strohgeflecht *n*. -[e]s, -e.

わらじ 草鞋 Strohsandale *f*. -n / 草鞋ばきで in Strohsandalen / 草鞋をはく Strohsandalen an|ziehen*; ⁴sich Strohsandalen an|ziehen*; ⁴sich 《dünn》e machen 《逃亡》/ 草鞋をはいている Strohsandalen tragen* (an|haben*); auf der Walze sein 《旅に出ている》/ 草鞋を脱ぐ Strohsandalen aus|ziehen*; ab|steigen* ⓢ 《*bei*³; *in*³ 泊る》.

わらじむし 草鞋虫 《動》 Assel *f*. -n.

わらぞうり 藁草履 Strohsandale *f*. -n.

わらづと 藁苞 Strohhülle *f*. -n.

わらにんぎょう 藁人形 Strohpuppe *f*. -n 《-mann *m*. -[e]s, ⸚er》.

わらばい 藁灰 Strohasche *f*. -n.

わらばんし 藁半紙 《nicht holzfreies》 Papier, -s, -e.

わらび 蕨 《植》 Adlerfarn *m*. -[e]s, -e.

わらぶき 藁ぶきの strohbedacht / わらぶきの屋根 Strohdach *n*. -[e]s, ⸚er / わらぶきの家 Haus 《*n*. -es, ⸚er》 mit Strohdach; Strohhütte *f*. -n 《小屋》.

わらぶとん 藁布団 Strohmatratze *f*. -n 《-sack *m*. -[e]s, ⸚e》; Strohmatte *f*. -n 《マット》.

わらやね 藁屋根 Strohdach *n*. -[e]s, ⸚er.

わらわせる 笑わせる zum Lachen bringen*⁴; [面白がらせる] belustigen⁴ 《*mit*³》; fröhlich stimmen⁴ / 彼はフランス語を教えながら全く笑わせる Er lehrt Französisch? Da muss ich lachen 《Das ist zum Lachen》! / 笑わせるなよ Dass ich nicht lache.

わり 割 ❶ [割合] Verhältnis *n*. ..nisses, ..nisse; Proportion *f*. -en; Rate *f*. -n / ...の割合で zum Preis 《Kurs《e》; Satz《e》》 von³... 《値段・相場など》; im Verhältnis von³ ... ⇒ **わりあい**; / 頭割りで pro Kopf 《一人当たり》/ 頭割りにする [gleichmäßig] untereinander teilen⁴ / 月割で払う in Monatsraten bezahlen⁴ / 月割で買う auf Monatsraten kaufen⁴ / 一日百円の割で払う 100 Yen pro Tag bezahlen. ❷ [百分率] Prozent *n*. -[e]s, -e; Prozentsatz *m*. -es, ⸚e; v. H. 《vom Hundert》/年一割の利息 Zinsen 《*pl*》 zum Satz von 10 Prozent pro Jahr; Zinsenfuß 《*m*. -es, ⸚e》 von 10 Prozent jährlich. ❸ [割当] Anteil *m*. -[e]s, -e / 割のよい [有利な] günstig; vorteilhaft; [引き合う] lohnend; ˋsich bezahlt machend; [もうかる] einträglich; gewinnbringend 《Gewinn bringend》/ 割のわるい [不利の] ungünstig; nachteilig; benachteiligt; [引き合わぬ・やり甲斐のない] nicht lohnend; undankbar; [もうからぬ] uneinträglich; nicht gewinnbringend 《Gewinn bringend》 / 我々は割が悪い Da sind wir benachteiligt. Das heißt, dass wir den kürzeren 《Halm》 ziehen. / それでは割に合わない Das lohnt sich nicht. Das macht sich nicht bezahlt. / ...の割に... für⁴; in Anbetracht² / 年の割に背が高い Er ist für sein Alter groß. / 年の割に若く見える Er sieht jünger aus als er ist. / 仕事の割に賃金が安い Das Verhältnis zu der Arbeit ist der Lohn gering.

わりあい 割合 Verhältnis *n*. ..nisses, ..

わりあて 割当 Zuteilung f. -en〈配給など一般に〉; Zuweisung f. -en〈あてがい〉; Anteil m. -[e]s, -e〈割前〉; [商]Kontingent n. -[e]s, -e; Quote f. -n〈輸出入・負担金その他〉; Verteilung f. -en〈分配〉/割当額〈割前〉Gewinnanteil m. -[e]s, -e ‖ 割当額 Kontingent; Anteil / 割当制度 Zuteilungssystem n. -s, -e.

わりあてる 割り当てる zu|teilen⁴; zu|messen⁴; -weisen⁴; aus|teilen⁴; verteilen (auf⁴); [商]quotisieren⁴; kontingentieren⁴ / 割り当てられた仕事 die zugeteilte Arbeit, -en/割り当てられた時間 die zugemessene Zeit, -en / 部屋を割り当てる an|bringen⁴; jm ein Zimmer an|weisen* (zu|weisen*) / 役を割り当てる jm eine Rolle zu|teilen; Rollen verteilen / 皆さん部屋を割り当てられましたか Sind Sie alle untergebracht?

わりいん 割印 der Stempelabdruck (-[s], -̈e) auf zwei Ränder / とじ目に割印をおす auf den Saum (des Heftes) den Stempel ab|drucken.

わりかん 割勘 ⇨わりまえ / 割勘にする getrennte Kasse führen / 割勘にしよう Getrennte Rechnung! / Jeder bezahlt für sich.

わりきる 割り切る als geklärt betrachten⁴ / 割り切った態度 die selbstbewusste (resolute) Haltung, -en / 割り切った態度でいる entschieden (schlagkräftig; zielbewusst) vor|gehen*.

わりきれない 割り切れない ❶ nicht auf|gehen* [s]; unteilbar sein; [a.] aliquant; nicht aufgehend / 九は五で割り切れない 9 geht nicht in 5 auf. ❷［納得しかねる］nicht ganz zufrieden sein (können*) [an⁴]; jm nicht ganz gefallen wollen / 割り切れない気持ち Unzufriedenheit f. / 彼の弁解には割り切れないものがある Seine Erklärung will mir nicht ganz gefallen. Ich kann mit seiner Erklärung nicht ganz zufrieden sein. / その問題には理屈で割り切れないものがある Da liegt etwas in dieser Angelegenheit, was man nur mit Vernunft allein nicht regeln kann.

わりきれる 割り切れる (ohne ⁴Rest) auf|gehen* [s]; teilbar sein; [a.] aliquot; (ohne Rest) aufgehend / 偶数はみな二で割り切れる Alle geraden Zahlen gehen durch zwei geteilt auf.

わりこむ 割り込む ⁴sich hinein|drängen (in⁴; zwischen); ⁴sich hinein|zwängen (in⁴); [話に] jm drein|reden / [他人のことに] ⁴sich ein|mischen (ein|mengen) (in⁴) / 二人の間に割り込む ⁴sich zwischen die beiden hinein|zwängen / 人をかきわけて車内に割り込む ⁴sich durch die Menschenmenge hinein in den Wagen durch|drängen.

わりざん 割算 Division f. -en; das Teilen*, -s / 割算をする dividieren.

わりだか 割高 recht teuer (kostspielig).

わりだす 割り出す errechnen⁴; berechnen⁴; ermitteln⁴; [推断] folgern⁴ (von³; aus³); schließen*⁴ (aus³; von³) / この値段は現在のコストを基準として割り出してある Die Preise sind auf Grund der derzeitigen Kostenlage errechnet (ermittelt).

わりちゅう 割注 Anmerkung (f. -en) im Satz (zwischen den [Ab]sätzen).

わりつけ 割付 [印刷の] das Auslegen*, -s.

わりばし 割箸 das spaltbare Essstäbchen.

わりびき 割引 [Preis]ermäßigung f. -en; Preisabzug m. -[e]s, -̈e; Abschlag m. -[e]s, -̈e; [Preis]nachlass m. -es, -e; Verbilligung f. -en; Rabatt m. -[e]s, -e; Skonto (N. (n.) -s, -s; [手形の] Diskont m. -[e]s, -e / 少し割引できませんか―五分引きましょう Ist eine kleine Preisermäßigung nicht möglich? ― Wir geben Ihnen 5% Nachlass. / 五割引で mit 50% Rabatt / 手形の割引 Wechseldiskontierung f. -en. ―― 割引する (im Preis; den Preis) ermäßigen (herab|setzen); (vom Preis) nach|lassen*; einen [Preis]nachlass geben*; Rabatt geben* (gewähren) (auf Waren); diskontieren⁴ (手形) / 現金[即金]払いならば五パーセント割引します Wir gewähren 5% Rabatt bei Barzahlung (bei sofortiger Zahlung). / 価格は五トンまたはそれ以上(大量に)お買上の場合は割引いたします Die genannten Preise unterliegen einem Rabatt bei Abnahme von 5 Tonnen und darüber (in großer Menge). ―― 割引で mit einem Rabatt (von³); unter Nachlass (von³); zu ermäßigten Preisen / 割引なしで glauben⁴; mit einiger Vorsicht auf|nehmen*; alles nicht für bare Münze nehmen / 新聞記事は大いに割引して読まねばならない Sie sollen nur die Hälfte von dem glauben, was in der Zeitung steht. ‖ 割引券 Rabattmarke f. -n〈市場などの〉/割引債券 Diskontschuldschein m. -[e]s, -e / 割引乗車券 die ermäßigte Fahrkarte, -n / 割引手形 Diskont[o]wechsel m. -s, - / 割引歩合 Diskontsatz m. -es, -̈e / 再割引 Rediskont m. -[e]s, -e / 団体旅行の割引 Ermäßigung (f. -en) für Gesellschaftsreise.

わりふ 割符 Kerbholz n. -es, -̈er.

わりまえ 割前 Anteil m. -[e]s, -e; Zuteilung f. -en ⇨わりあて / 割前を払う js Anteil bezahlen / 獲物の割前をたくさんもらう einen großen (gebührenden) Anteil an der Beute erhalten* (bekommen*).

わりまし 割増 Zuschlag m. -[e]s, -̈e; Aufgeld n. -[e]s, -er; Aufschlag m. -[e]s, -̈e; Prämie f. -n〈特に株の〉; Prämien-. ―― 割増する zu|schlagen*⁴ (auf⁴); einen Zuschlag erheben*

わりもどし 〈für⁴〉; einen Aufschlag berechnen 〈auf⁴〉; Aufgeld (Prämien) geben*³. ¶ 割増賃貸 Zuschlag(s)gebühr f. -en/割増金 Prämie; Aufgeld/割増金付債券 Schuldschein 《m. -[e]s, -e》 mit Prämien.

わりもどし 割戻し Rückzahlung f. -en 《払い戻し》;《商》Rabatt m. -[e]s, -e 《戻し》¶ 割戻し金 die zurückzuzahlende (zurückgezahlte) Summe, -n; Rabatt.

わりもどす 割り戻す zurück|zahlen⁴《払い戻す》; einen Rabatt gewähren³ 《ein|räumen³; geben*³》; rabattieren⁴.

わりやす 割安な preiswert; wohlfeil; günstig.

わる 割る ❶ 〔こわす〕 brechen*⁴; knacken⁴; 〔こなごなに〕 zerbrechen*⁴; zerschellen*⁴; zerschellen*⁴/石を割る Steine hauen*¹/ガラスを割る Glasscheiben zerbrechen* (zerschlagen*; zerschmettern)/くるみを割る Nüsse knacken. ❷ 〔裂く〕 spalten(*)⁴; zerspalten(*)⁴; hacken⁴/まきを割る Brennholz spalten (hacken). ❸ 〔分割〕 teilen⁴《durch⁴; in⁴》; dividieren⁴《durch⁴》; halbieren⁴《二等分》/三つに(四つに、等分に) 割る*et in drei (vier, in gleiche Teile) teilen/五十割る二は二十五である Fünfzig (geteilt) durch zwei ist (macht) fünfundzwanzig./割ることができる(できない) ⇨**われる**.**われない**. ❹〔分離〕 trennen⁴; entzweien⁴; auseinander bringen*⁴/友人の仲を割る einen Keil zwischen die beiden Freunde treiben*; die Freunde auseinander bringen*. ❺ 〔酒など を薄める〕 verdünnen⁴《mit³》; verschneiden*⁴《mit³》; verwässern⁴《mit³》; mischen⁴《mit³》/ウイスキーを水で割って飲む Whisky mit Wasser trinken*/このワインは他で割ってある Der Wein ist verschnitten. 《口に合うように》. ❻ 〔以下になる〕 sinken* s《bis unter⁴》/相場は崩れて二百円を割った Die Kurse bröckelten ab bis unter 200 Yen./大綿株は額面を割っている Baumwolle steht (ist) unter Pari./それでは原価を割ってしまう Das deckt nicht (einmal) unsere Kosten (die Gestehungskosten; Selbstkosten). ¶ 腹を割って話す frisch (frei) von der Leber weg reden; offenherzig (freimütig) sprechen*.

わるあそび 悪遊び ❶ 〔いたずら〕 Schabernack m. -[e]s, -e; der böse (schlimme; übermütige) Streich, -[e]s, -e/Ausschweifung f. -en; Schwelgerei f. -en. ❷〔賭け事〕 悪遊びをする seinen weltlichen Lüsten frönen⁴; um Geld spielen.

わるい 悪い ❶ schlecht; übel; schlimm《困ったもの》; unrecht《不当・不正》; unanständig《けしからぬ》/悪いことをする etwas verbrechen* (不義を犯す); etwas Schlimmes verbrechen*《悪事を》; ein Unrecht begehen* (verüben); *sich vergehen*《an¹; gegen¹》; eine Dummheit machen《やらずもがなのことを》/悪い時に来た Du kommst zu ungelegen (unglücklichen) Zeit./悪い時に人が来た Der Besuch kam mir ganz ungelegen./悪いことはいいものだ,Gottes Mühlen mahlen langsam, mahlen aber trefflich fein.'／Es ist nicht so fein gesponnen, kommt doch an das Licht der Sonne./私が悪いのです Es liegt an mir. ¦ Ich bin daran schuldig./そりゃ君が悪い Du hast Unrecht. ¦ Es ist unrecht von dir./君に知らせなかったのは悪かった Es ist nicht recht von mir, Sie nicht wissen zu lassen./みんな自分が悪いのだ Du verdienst alles. ¦ Sie haben nur sich selbst die Schuld zuzuschreiben./なにも悪いことはしなかった Ich habe nichts verbrochen./いろいろ悪いことをして来た彼が Er hat schon manches verübt. ❷ 〔悪意のある〕 böse; boshaft; bösartig; 〔邪悪な〕 arglistig; heimtückisch; verrucht; berüchtigt 〔悪名高い〕/悪い人 der böse (üble) Mensch, -en, -en/あの人は評判が悪い Er hat einen schlechten (bösen; üblen) Leumund (Ruf). ¦ Er hat eine schlechte Presse《bei》. ❸ 〔有害な〕 schädlich; schädigend; verderblich; schadhaft 《悪くなった》/悪いところを直す schadhafte Stelle aus|bessern/その事件は悪い影響を残した Dieses Ereignis hat schädliche Nachwirkungen hinterlassen. ❹ 〔不吉な〕 böse; unglücklich; Unheil bringend (verkündend)/悪い知らせ die üble Nachricht, -en/日が悪かった Das war ein schwarzer Tag (ein Unglückstag). ❺〔醜い〕 hässlich; unangenehm; hausbacken (おそまつな)/悪いことばを使う hässliche Worte gebrauchen. ❻ 〔品質が〕 schlecht; minderwertig; wertlos; nichtig; 〔俗悪な〕 kitschig; banal; 〔くさった〕 verdorben; faul/悪くなった《悪くなりかけた》肉 faules (leicht angegangenes) Fleisch, -[e]s／安かろう悪かろう Billige Preise, schlechte Waren. ❼ 〔頭が〕 begriffsstutzig (-stützig); schwach; stumpfsinnig; beschränkt; dumm/頭が悪い einen dumpfen Kopf haben. ❽ 〔からだが〕 krank; nicht gesund; unpässlich; gebrechlich《虚弱》; hinfällig《弱い》/胃か悪い einen schlechten (schwachen; kranken) Magen haben/気分が悪い *sich unwohl fühlen/胸が悪い schwach auf der Brust sein (肺が); einen Ekel haben (吐き気)/病気が非常に悪い sehr ernst (schwer) krank sein/どこが悪いのですか Was fehlt Ihnen? ❾ 〔道が〕 schlecht; schlammig; dreckig (泥ねい); schwer passierbar (gangbar) 〔歩きにくい〕. ❿ 〔天気が〕 schlecht; grässlich; abscheulich; rau/悪い天気ですね《俗》Ein Sauwetter, was! ¦ Das ist aber ein schlechtes Wetter! ⓫ 〔故障のある〕 schlecht; nicht in Ordnung; fehlerhaft (mangel-)/どこか悪い所がある Etwas ist nicht in Ordnung. ¦ Irgendwo ist eine Störung. ¶ 悪いことに unglücklicherweise; Ein böser Zufall wollte es, dass ..../悪いことには was noch schlimmer ist; um die Sache zu verschlimmern/悪くても im schlimmsten Fall; selbst, wo er* am schlimmsten ist/悪くする verschlechtern⁴; verschlimmern⁴/悪くすると (aller)schlimmstenfalls; wenn es zum Schlimmsten kommt/悪くとる übel (krumm) nehmen*/

わるく言う(思う) schlecht sprechen* (denken*) 《von jm》／一杯やるのは悪くない Es ist (gar) nicht schlecht/kein schlechter Gedanken, ³sich eins zu genehmigen.／支払いの悪い客 der faule Kunde, -n, -n／それのどこが悪いのか Was ist daran auszusetzen?

わるがしこい 悪賢い schlau; füchsisch; gewitzigt; listig verschlagen; verschmitzt; [したたか者の] abgefeimt; durchtrieben; gerieben; gerissen.

わるぎ 悪気 die böse Absicht, -en; Übelwollen n. -s ⇨あい／悪気のない harmlos; arglos; unschädlich; [人のよい] gutherzig; gutmütig／悪気があってのではない Das war nicht meine Absicht. Das geschah ohne Absicht.

わるくち 悪口 die üble Nachrede, -n; Schmähung f. -en; Beschimpfung f. -en; Verleumdung f. -en／悪口を言う jm (über jn) schlecht sprechen*; schmähen⁽⁴⁾ 《auf⁴; über》; beschimpfen*; verleumden⁽⁴⁾; jn (etwas) Übles (Schlechtes) nachreden; auf (gegen; über; wider) jn lästern; nach|sagen³⁴／陰で人の悪口を言う jm hinter seinem Rücken schlecht sprechen* ⇨かげぐち／人の悪口を言いふらす üble (schlechte) Nachrede über jn verbreiten／あいつは高慢ちきだと悪口を言われている Es wird ihm hochmütiger Stolz nachgesagt.

わるさ 悪さ Schelmenstreich m. -[e]s, -e (-stück n. -[e]s, -e) ⇨いたずら.

わるずれ 悪ずれした mit allen Wassern gewaschen (mit allen Hunden gehetzt) (sein (werden); gerieben (durchtrieben) sein.

わるだくみ 悪巧み (Hein)tücke f. -n; Hinterlist f. -e; [陰謀] Machenschaft f. -en (ふつう pl); Ränke (pl); Intrige f. -en; [権謀術数] Kniffe und Ränke (pl); Kniffe und Pfiffe (pl) [謀議] (der heimliche) Anschlag, -[e]s, =e; Komplott n. -[e]s, -e／悪巧みをする Ränke (ein Komplott) schmieden; Anschläge machen 《auf⁴; gegen⁴》／悪巧みにたけた奴だ Er ist voller List und Ränke (voll List und Tücke).

わるぢえ 悪知恵 List f. -en; Verschlagenheit f.; Verschmitztheit f.; Schlauheit f. [よい意味にも用いる] abgefeimt; gerissen; gewitzigt; verschlagen; verschmitzt／悪知恵をつける jn herum|kriegen 《zu³》; jn an|stacheln (auf|hetzen) 《zu³》.

ワルツ Walzer m. -s, -／ワルツを踊る Walzer tanzen; walzen (s).

わるびれる 悪びれる ⁴sich genieren 《きまり悪がる》; ⁴sich scheuen 《ためらう》; ängstlich (furchtsam) 《zu schüchtern》; zaghaft sein 《おずおず》; verzagt sein 《気おくれ》／悪びれずに [落ち着いて] mit Anstand; gefasst; gelassen; [臆せずに] ohne ⁴Scheu; ungeniert; furchtlos; kühn.

わるふざけ 悪ふざけ Schabernack m. -[e]s, -e; Eulenspiegelei f. -en; Narretei f. -en／悪ふざけをする Schabernack treiben*; jm einen Schabernack spielen 《意地悪をする》.

わるもの 悪者 Bösewicht m. -[e]s, -er; Schuft m. -[e]s, -e; Schurke m. -n, -n ⇨あくにん／人を悪者にする jm die Schuld 《an³》 zu|schieben* (zu|schreiben*); jn zum Sündenbock machen／みずから悪者になる die Schuld 《an³》 auf ⁴sich nehmen*; ⁴sich zum Sündenbock machen; den Sündenbock spielen.

わるよい 悪酔いする jm schlecht bekommen* [s.]; nicht gut an|schlagen* 《bei jm》 [h.s.] 《酒が主語》; einen Kater haben 《ふつう酔い》 《人が主語》.

われ 我 ich n. -[s], -[s]; Selbst n. -／我々 wir; unsereiner 《我々のようなもの》／我に返る zu ³sich kommen* [s.]; zur Besinnung kommen*; das Bewusstsein erlangen; aus der Ohnmacht erwachen [s.]; [理性を取り戻す] zu Vernunft (Verstand) kommen*／我しもなく unwillkürlich／我を忘れる ⁴sich selbst vergessen*; außer ³sich geraten* [s.] 《vor³》／我を忘れて sich geraten (p.p.); ohne ⁴Nachdenken／我ながら恥かしい ⁴sich vor ³sich selbst (in die Seele hinein) schämen 《自分の失敗などをやったと思う》 Ich schmeichle mir, das gut gemacht zu haben.／我は怒りに我を忘れてその子をなぐってしまった Er ließ sich vom Zorn hinreißen, das Kind zu schlagen.

われ 割れ Bruchstück n. -[e]s, -e; Gebröckel n. -s, -. ⇨われめ.

われがち 我勝ちに逃げる Wer kann, rettet sich ohne Rücksicht auf andere.／我勝ちに席をとる ⁴sich [seine Ellenbogen gebrauchend] einen Platz reißen*.

われがね 破れ鐘 die rissige Glocke, -n／破れ鐘のような声でどなる mit donnernder Stimme rufen* [die Donnerstimme (Stentorstimme) erschallen lassen*].

われしらず 我知らず unbewusst; unwillkürlich; triebhaft [本能的に].

われなべ 破れ鍋 der rissige Topf, -[e]s, =e; die gebrochne Pfanne, -n／破れ鍋にとじぶた Gleich und gleich gesellt sich gern.

われめ 割れ目 Riss m. -es, -e; Sprung m. -[e]s, =e; Spalt m. -[e]s, -e; [岩・氷河などの] Spalte f. -n; Kluft f. =e; [堤防などの] Bruch m. -[e]s, =e; [解] Fissur f. -en／割れ目ができる einen Riss (einen Sprung) bekommen*.

われもの 割れ物 etwas Zerbrechliches*; ein zerbrechlicher Artikel, -s, -／割れ物注意 Vorsicht, zerbrechlich!

われる 割れる ❶ [割れ目ができる] (auf)springen* [s.]; bersten* [s.]; platzen [s.]; einen Riss (einen Sprung) bekommen*; klaffen 《口などが》; ⁴sich spalten⁽*⁾ 《氷などが》／口が割れる Die Lippen springen auf 《このた木はよく割れる(割れやすい)》 Das Brennholz spaltet sich gut. ❷ [酔が] (zer)brechen* [s.h.]; knacken; splittern [s.h.]; zerschellen 《こなごなに》／党派に意見が割れる ⁴sich in Parteien (in der Meinung) spalten／割れやすい zerbrechlich; brüchig; spröde. ¶ 割れるようなかっさいの stürmische (brausende; donnernde; frenetische) Beifall, -[e]s, -[e]s／割れるような頭痛 rasende Kopfschmerzen

わん 椀 Schale *f.* -n; Schüssel *f.* -n; Holzschüssel *f.* -n《木製》/椀に盛って出す in einer Schüssel auf|tragen*⁴/汁一椀 eine Schüssel Suppe.

わん 湾 Bucht *f.* -en; Bai *f.* -en; [大きな]Meerbusen *m.* -s, -; Golf *m.* -[e]s. -e; [入江] Einbuchtung *f.* -en/湾をなす ⁴sich ein|buchten; aus|buchten ‖ 東京湾 die Bucht von Tokio.

わんきょく 湾曲 Biegung *f.* -en; Bogen *f.* -s, -; Krümmung *f.* -en; Kurve *f.* -n; Windung *f.* -en 《うねり》. —— 湾曲する ⁴sich biegen*; ⁴sich krümmen/湾曲した krumm; [durch]gebogen; gekrümmt; gewunden.

わんこう 湾口 Buchteingang *m.* -[e]s, ^̈e.

わんこつ 腕骨《解》Handwurzelknochen *m.* -s, -; Handwurzel *f.* -n《全体》.

わんさ わんさと押しよせる in Menge zu|strömen [s]《zu³》; in Massen kommen* [s]; zu|drängen [s]《zu³》; ein Haufen Menschen などを主語として].

わんしょう 腕章 Arm|abzeichen (Ärmel-) *n.* -s, -; Armbinde *f.* -n.

ワンダーフォーゲル Wandervogel *m.* -s, ^̈.

わんぱく 腕白 Unart *f.* -en; Ungezogenheit *f.* -en/腕白な unartig; ungezogen; unbändig; flegelhaft ‖ 腕白小僧 ein unartiges Kind, -[e]s, -er; Bengel *m.* -s, -; Lausbub *m.* -en, -en; Spitzbube *m.* -n, -n; Unband *m.* -[e]s. -e (^̈e)/腕白時代 die spitzbübischen Jugendjahre《*pl*》; Flegeljahre《*pl*》.

ワンピース Kleid *n.* -[e]s, -er.

ワンマン das absolute Haupt, -[e]s, ^̈er; der alleinige Tonangeber, -s, -/ワンマンである den Ton an|geben*; die erste Geige spielen ‖ ワンマンカー Einmannbus *m.* ..busses, .. busse / ワンマン会社 die Einmanngesellschaft, -en.

わんりょく 腕力 Stärke《*f.* -n》[der Arme]; Körper|kraft (Muskel-) *f.* ^̈e; Gewalt *f.* -en《暴力》/腕力で mit [roher; nackter] Gewalt/腕力の強い Mumm in den Knochen haben; eine herkulische Kraft haben/腕力のある stark; kräftig/腕力を用いる mit Brachialgewalt vor|gehen*/[暴力・暴行] 腕力さたに及ぶ zu einer Schlägerei (Prügelei; Rauferei) kommen* [s]/彼はすぐ腕力に訴える Er hat eine lockere Hand. Seine Hand sitzt locker.

わんわん wauwau; blaff!/わんわん《犬》Wauwau *m.* -s, -s《小児語》/わんわん吠える laut bellen; blaffen; belfern.

を

〜を ¶ 襟がみをつかまえる beim Nacken packen (fassen; ergreifen*)《*jn*》/金を奪う das Geld rauben《*jm*》/コップに水を満たす ein ⁴Glas mit ³Wasser füllen; Wasser in ein Glas gießen*/背を叩く auf den Rücken klopfen (klapsen)《*jn*》/月を見る [³sich] den Mond an|sehen*/腕を傷つける am Arm eine Wunde bei|bringen*《*jm*》; *js* Arm verletzen.

Speisekarte　メニュー

Vorgerichte, Vorspeisen　前菜

Kalte Vorspeisen　冷前菜

Artischockenboden	アーティーチョーク
Fleischsalat	細切り肉のサラダ
Gänseleberpastete	鵞鳥(がちょう)のレバー(フォアグラ)のパテ
Geflügelsalat	鳥肉のサラダ
Gekochter Schinken	ボイルドハム
Geräuchertes Forellenfilet	鱒(ます)の燻(いぶし)製
Hausgeräucherte Lachsforelle	自家製燻製の鱒
Hering Hausfrauenart	酢漬けニシンのサワークリームソース
Krabbencocktail	小海老のカクテル
Malossol Kaviar	マロッソルキャビア
Matjesfilet	酢漬けニシンの切り身
Räucheraal	うなぎの燻製
Räucherlachs	スモークサーモン
Räucherschinken	燻製のハム
Rollmops	酢漬けニシンのピクルス・玉ねぎ巻き
Russische Eier	ロシア風卵サラダ

Warme Vorspeisen　温前菜

Blätterteigpastete	ヴォルオーヴァン(詰め物をした大きいパイ)
Königinpastete	鶏・マッシュルーム・トリュフ入りブーシェ(一口サイズ)
Ragout fin	ラグファン(パイのケースや貝殻に肉と野菜のホワイトソース煮込みを詰めたもの)
Weinbergschnecken	エスカルゴ

Suppen　スープ

Bohnensuppe	白いんげん豆のスープ
Blumenkohlsuppe	カリフラワーのスープ
Doppelte Rinderkraftbrühe	ダブルコンソメ
Eintopf, Suppentopf	ポトフ(肉・野菜・ベーコンの煮込み鍋)
Erbsensuppe	グリーンピースのスープ
Flädlesuppe	薄いクレープ状の生地を細切りにしたものを浮かべたスープ
Fischsuppe	魚のスープ(ブイヤベース風スープ)
Gemüsesuppe	野菜スープ
Gemüsecremesuppe	野菜のクリームスープ
Hühnerbrühe	鶏肉のコンソメ
Hamburger Aalsuppe	ハンブルク風うなぎのスープ(うなぎ・野菜・ドライフルーツ入り)
Heiße Biersuppe	ホットビールスープ
Kartoffelsuppe	ポテトスープ
Kraftbrühe	コンソメ
Kraftbrühe mit Ei	卵入りコンソメ
Kraftbrühe mit Mark	骨脂入りコンソメ
Leberknödelsuppe	レバー団子入りスープ
Leberspätzlesuppe	レバーヌードル入りスープ(シュヴァーベン地方の料理)
Linsensuppe	れんず豆のスープ
Ochsenschwanzsuppe	オックステールスープ
Klare Ochsenschwanzsuppe	澄んだオックステールスープ
Gebundene Ochsenschwanzsuppe	濃いオックステールスープ
Pichelsteiner Topf	ピッヘルシュタイナー・トップ(さいの目に切った肉と野菜の煮込み鍋)
Rinderbouillon	牛肉のブイヨン
Spargelcremesuppe	アスパラガスのクリームスープ
Tagessuppe	本日のスープ
Tomatensuppe	トマトスープ
Ungarische Gulaschsuppe	ハンガリー風グーラシュスープ(牛肉の煮込みスープ)
Zwiebelsuppe	オニオンスープ

Gratinierte Zwiebelsuppe　　　　　　　　　オニオングラタンスープ

Eierspeisen　　　　　　　　　　　　　　卵料理

Omlette　　　　　　　　　　　　　　　　　オムレツ
  Omlette mit Käse　　　　　　　　　　　　チーズ入りオムレツ
  Omlette mit Schinken　　　　　　　　　　ハム入りオムレツ
  Omlette mit Champignons　　　　　　　　マッシュルーム入りオムレツ
  Omlette Bauernart　　　　　　　　　　　田舎風オムレツ(炒めたベーコンとじゃがいも入り)
  Omlette Königinart　　　　　　　　　　　女王風オムレツ(鶏肉入り)
Rührei　　　　　　　　　　　　　　　　　　スクランブル・エッグ
Spiegelei　　　　　　　　　　　　　　　　目玉焼き

Fischgerichte　　　　　　　　　　　　　　魚料理

Aal in Kräutersauce　　　　　　　　　　　うなぎのハーブソース煮
Bachforelle　　　　　　　　　　　　　　　川鱒
Felchen in Pertersilienbutter gebraten　　鱒のパセリバター焼き
Fischfilet gebacken　　　　　　　　　　　魚のひらき身のフライ
Flußkrebse in Dillrahmsoße　　　　　　　ざりがにのディル入りクリームソースがけ
Forelle blau　　　　　　　　　　　　　　鱒の湯煮
Forelle Müllerinart　　　　　　　　　　　鱒のムニエル
Hecht　　　　　　　　　　　　　　　　　　川かます
Heilbutt vom Rost　　　　　　　　　　　　ひらめの蒸し焼き
Karpfen blau　　　　　　　　　　　　　　鯉の湯煮
Karpfen gebacken　　　　　　　　　　　　鯉のフライ
Schellfisch in süßer Senfsoße　　　　　　たらの甘からしソースがけ
Scholle gebraten　　　　　　　　　　　　かれいのバター焼き
  Nordseescholle　　　　　　　　　　　　　北海がれい
  Ostseescholle　　　　　　　　　　　　　バルト海がれい
Seezunge Müllerinart　　　　　　　　　　舌びらめのムニエル
Steinbutt　　　　　　　　　　　　　　　　いしがれい
Zanderfilet in Rießlingwein gedünstet　　淡水産すずきの白ワイン蒸し

Fleischgerichte　　　　　　　　　　　　　肉料理

Geflügel　　　　　　　　　　　　　　　　鳥肉

Brathähnchen, Brathändl　　　　　　　　　ローストチキン
Curry Huhn　　　　　　　　　　　　　　　カレー風味の鶏肉, ライス添え
Ente mit Äpfel- und Brotfüllung　　　　　ローストダックのりんご・パン・肉詰め
Entenbraten　　　　　　　　　　　　　　ローストダック
Gänsebraten　　　　　　　　　　　　　　鵞鳥のロースト(りんごと干しブドウ詰め)
Huhn auf Reis　　　　　　　　　　　　　鶏肉の水煮のオランデーズソースがけ, ライス添え
Hühnerfrikasse　　　　　　　　　　　　　細切りにした鶏肉のホワイトソース煮込み
Masthuhn　　　　　　　　　　　　　　　肥育鶏
Putersteak　　　　　　　　　　　　　　　七面鳥のステーキ

Kalb　　　　　　　　　　　　　　　　　　子牛

Cordon Bleu　　　　　　　　　　　　　　コルドンブルー(チーズとハムをはさんだ子牛のカツレツ)
Gebackenes Kalbshirn　　　　　　　　　子牛の脳髄のフライ
Geschnetzelte Kalbsnieren　　　　　　　子牛の腎臓のソース煮
Geschnetzeltes　　　　　　　　　　　　　子牛の細切り肉の白ワインソース煮
Kalbshaxe　　　　　　　　　　　　　　　子牛の骨付きすね肉のロースト
Kalbslebersteak　　　　　　　　　　　　子牛のレバーステーキ
Kalbsnierenbraten　　　　　　　　　　　子牛の腎臓つき腰肉のロースト
Kalbsragout　　　　　　　　　　　　　　子牛肉のホワイトソース煮込み
Kalbsrolle　　　　　　　　　　　　　　　子牛ロールの蒸し煮
Kalbsrückensteak　　　　　　　　　　　子牛のリブロースのステーキ
Kalbssteak　　　　　　　　　　　　　　　子牛肉のステーキ
Paprikaschnitzel, Zigeunerschnitzel　　　子牛の薄切り肉のカツレツ, パプリカソースがけ
Rahmschnitzel　　　　　　　　　　　　　子牛の薄切り肉のカツレツ, クリームソースがけ
Wienerschnitzel　　　　　　　　　　　　子牛の薄切り肉のウィーン風カツレツ

Rindfleisch　　　　　　　　　　　　　　牛肉

Beefsteak Tartar　　　　　　　　　　　　タルタルステーキ(生の牛ひき肉)
Chateaubriand　　　　　　　　　　　　　シャトーブリアン(ひれ肉ステーキ)

Deutsche Beefsteak	ドイツ風ビーフステーキ(牛肉のハンバーグ)
Filetsteak	ひれ肉のステーキ
Gulasch	グーラッシュ(ハンガリー風シチュー)
Pfeffersteak	ステーキの粒こしょう焼き
Rinderbraten	牛肉のロースト
Rinderroulade	牛肉の野菜ベーコン巻き煮込み
Rinderzunge	牛舌の煮込み
Rinderschmorbraten	牛肉の酸味ソース煮込み
Rinderfilet Stroganoff	牛肉のひれ肉のストロガノフ(細切り牛肉と野菜のソテーのサワークリーム煮)
Roastbeef	ローストビーフ
Rostbraten	牛肉のロースト
Rumpsteak	ランプステーキ
Sauerbraten	牛肉のマリネのロースト
Zwiebelrostbraten	牛肉のロースト, たまねぎのせ
Schweinefleisch	**豚肉**
Eisbein	アイスバイン(豚の頚骨(??)の塩ゆで)
Hackepeter	ハッケペーター(生の合びき肉, タルタルビーフステーキの変形, ベルリンや北ドイツの料理)
Kasseler Kotelette vom Grill	燻製ポークチョップの網焼き
Kasseler Rippenspeer mit Sauerkraut	骨付き豚肉の燻製の煮込み, ザウアークラウト添え
Schweinebraten	ローストポーク
Schweinshaxe	豚すね肉のロースト(バイエルン地方の料理)
Schweineschnitzel	豚の薄切り肉のカツレツ
Schweinekotelette Jägerart	豚のあばら肉のパン粉焼き, マッシュルームソースがけ
Schweinesteak	豚肉のステーキ
Schweinelendchen vom Grill	豚ロースのステーキ
Spanferkel	子豚の丸焼き
Sülzkotelette	ポークチョップのゼリー寄せ
Sonstiges	**その他の肉料理**
Falscher Hasenbraten	うさぎもどき(合びき肉のミートローフ)
Frankfurter Platte	フランクフルト風盛り合わせ(ソーセージ, 豚肉, レバー, ザウアークラウト)
Hammelkotelette	マトンチョップ
Königsberger Klopse	ボイルしたミートボール, レモンとケーパーのクリームソースがけ
Labskaus	ラブスカウス(塩漬けした牛肉のボイルしたもの・にしん・じゃがいもをつぶして混ぜた船乗り料理, 北ドイツの料理)
Lammbraten	ラムのロースト
Schlachtplatte	できたてのソーセージやボイルした豚肉の盛り合わせ
Spießchen	串焼き
Wild	**猟鳥獣の肉**
Fasan in Rotwein	きじの赤ワイン煮
Gefüllter Fasan	詰物をしたきじのロースト
Rebhühner mit Weintrauben	うずらのオーブン焼き, ブドウ添え
Wildgeflügel mit Burgunder	野鳥(うずら, きじ, やまばとなど)の赤ワイン煮
Gebratener Hasenrücken	うさぎの背肉のロースト
Hasenbraten	うさぎの丸焼き
Hasenpfeffer	ハーゼンペファー(香辛料をきかせたうさぎの煮込み料理)
Hirschragout	鹿のホワイトソース煮込み
Hirschsteak	鹿のステーキ
Gespickter Rehrücken	ベーコンを差したのろじかの背肉
Rehmedaillons	のろじかのひれ肉の円形ステーキ
Rehragout	のろじかのホワイトソース煮込み
Rehrückenbraten	のろじかの背肉のロースト
Rehschnitzel mit Pilzen	のろじかの薄切り肉のカツレツ, きのこソースがけ
Wildschweinbraten	いのししのロースト

Gemüsegerichte　　　　　　　　　　　野菜料理

Blindhuhn	野菜と豆のベーコン煮鍋(ヴェストファーレン地方の料理)
Himmel und Erde	じゃがいもとりんごを煮てつぶしたもの，ベーコンと玉ねぎ添え
Hoppelpoppel	ベーコン・玉ねぎ・じゃがいものオムレツ
Kartoffelpuffer mit Apfelmus	ポテトパンケーキのアップルソース添え
Leipziger Allerei	ライプツィヒ風野菜のホワイトソースごった煮
Stangenspargel	ゆでたホワイトアスパラガス

Kleine Gerichte　　　　　　　　　　スナック

Bockwurst	ボックヴルスト(豚肉のゆでソーセージ)
Bratwürste	グリルソーセージ
Gemischter Aufschnitt	ハム・ソーセージの盛り合わせ
Hausmacher Wurstplatte	自家製ソーセージの盛り合わせ
Käseplatte	チーズの盛り合わせ
Leberkäse	レバーケーゼ(細かくすりつぶした牛肉・豚肉を長方形にして蒸し焼きにしたもの，バイエルン地方の料理)
Nürnberger Bratwürstel mit Sauerkraut	ニュルンベルク風グリルソーセージ，ザウアークラウト添え
Presssack	プレスザック(豚の頭肉などをカットして固めたソーセージ)
Strammer Max	シュトラマー・マックス(バターパンに厚切りハムをのせ，さらに目玉焼きをのせたもの)
Sülze	アスピック料理(肉・魚などを軟骨のゼラチン質で固めたもの)
Vesperteller	ソーセージ盛り合わせ
Weißwürste	白ソーセージ(バイエルン地方の料理)
Wurstsalat	ソーセージサラダ
Wurstaufschnitt	ソーセージの盛り合わせ

Belegte Brote　　　　　　　　　　　オープンサンド

Belegtes Brot mit Emmenthaler	エメンタールチーズのオープンサンド
Belegtes Brot mit gekochtem Schinken	ボイルハムのオープンサンド
Belegtes Brot mit Käse	チーズのオープンサンド
Belegtes Brot mit Lachs	サーモンのオープンサンド
Belegtes Brot mit rohem Schinken	生ハムのオープンサンド
Belegtes Brot mit Sardellen	塩漬けアンチョビーのオープンサンド
Belegtes Brot mit Tartar	タルタルのオープンサンド
Belegtes Brot mit Wurst	ソーセージのオープンサンド

Toasts　　　　　　　　　　　　　　トースト

Filet auf Toast mit Champignons	ひれ肉とマッシュルームのトースト
Fischer Toast	マッシュルームとシュリンプのトースト
Jäger Toast	マッシュルームと肉とハムのトースト
Schweizer Toast	ハムとスイスチーズのトースト
Toast Hawaii	ハムとチーズとパイナップルのトースト

Beilagen　　　　　　　　　　　　　つけ合わせ

Bratkartoffeln	(薄切りまたはさいの目に刻んで)炒めたじゃがいも
Dillkartoffeln	塩ゆでしたじゃがいものディル添え
Kartoffelkroketten	ポテトコロッケ
Kartoffelpüree	マッシュポテト
Butterpüree	バターマッシュポテト
Sahnepüree	生クリーム和えマッシュポテト
Petersilienkartoffeln	塩ゆでしたじゃがいものパセリがけ
Pommes frites	フライドポテト
Salzkartoffeln	塩ゆでしたじゃがいも
Schwenkkartoffeln	じゃがいものソテー
Apfelrotkohl	赤キャベツとりんごの煮込み

Blumenkohl	カリフラワー
Bohnen	いんげん
Butter	バター
Kräuterbutter	ハーブ入りバター
Buttererbsen	グリーンピースのバター炒め
Karotten	にんじん
Kartoffelknödel	じゃがいも団子
Klöße, Knödel	団子、ダンプリング
Nudeln	ヌードル
Prinzessbohnen	青いんげん
Reis	ライス
Rosenkohl	芽キャベツ
Rote Bete	赤かぶ
Sauerkraut	ザウアークラウト(塩・香辛料に漬けて発酵させたキャベツ)
Semmelknödel	ゼンメルクネーデル(ちぎったゼンメル(パン)を水で柔らかくし、小麦粉・卵・香辛料などを加えて練って作った団子)
Senf	からし、マスタード
Süßer Senf	甘からし
Spätzle	シュペツレ(シュヴァーベン地方のヌードル)

Salat   サラダ

Endiviensalat	ちしゃのサラダ
Feldsalat	野ぢしゃのサラダ
Frühlingssalat	春野菜のサラダ
Gemischter Salat	ミックスサラダ
Grüner Bohnensalat	さやいんげんのサラダ
Gurkensalat	きゅうりのサラダ
Kartoffelsalat	ポテトサラダ
Kopfsalat	レタスサラダ
Krautsalat	キャベツサラダ
Rote-Bete-Salat	酢漬けの赤かぶのサラダ
Selleriesalat	セロリサラダ

Dessert, Nachspeisen, Süßspeisen   デザート

Eis, Eiscreme	アイスクリーム
Eisbecher	アイスクリームサンデー
Eiscocktail	ミックスアイス
Eistorte	アイスケーキ
Gemischtes Eis	ミックスアイス
Gemischtes Eis mit Schlagsahne	ミックスアイスのホイップクリーム添え
Vanilleeis mit heißen Himbeeren	バニラアイスのホットラズベリーソースがけ
Vanilleeis mit heißer Schokoladensauce	バニラアイスのホットチョコレートソースがけ
Vanilleeis mit flambierten Sauerkirschen	バニラアイスのフランベしたさくらんぼ添え
Ananas mit Sahne	パイナップルのホイップクリーム添え
Birne Helene	西洋梨とバニラアイスのチョコレートソースがけ
Erdbeeren Romanoff	いちごのロマノフ風(オレンジキュラソー入り、ホイップクリーム添え)
Kompott	コンポート
Apfelkompott	りんごのコンポート
Pflaumenkompott	すももコンポート
Gemischtes Kompott	ミックスコンポート
Obstsalat	フルーツサラダ
Pfirsich mit Sahne	モモのホイップクリーム添え
Haselnusscreme	ヘーゼルナッツのクリーム
Nusspudding	クルミのプリン
Rote Grütze	ローテグリュッツェ(赤果実のゼリー、バニラソースがけ、ハンブルク地方のデザート)
Schokoladenpudding	チョコレートプリン

Apfelpfannkuchen	りんごのパンケーキ
Apfelstrudel	アプフェルシュトルーデル(渦巻き型アップルパイ)
Apfelkuchen	アップルケーキ
Berliner Pfannkuchen	ベルリーナー(あんずやすもものジャム入りドーナッツ)
Baumkuchen	バウムクーヘン
Erdbeertorte	イチゴケーキ
Frankfurter Kranz	フランクフルター・クランツ(フランクフルト風王冠ケーキ)
Honigkuchen	蜂蜜のケーキ
Käsekuchen	ベークドチーズケーキ
Kirschkuchen	さくらんぼケーキ
Lebkuchen	レープクーヘン(蜂蜜としょうがを入れたクッキー)
Marzipan	マルチパン(すりつぶしたアーモンドの砂糖菓子)
Obsttorte	フルーツケーキ
Pflaumenkuchen	プラムケーキ
Schwarzwälder Kirschtorte	シュヴァルツヴェルダー・キルシュトルテ(シュヴァルツヴァルト風さくらんぼケーキ)
Streuselkuchen	シュトロイゼルクーヘン(小麦粉・砂糖・バターで作ったケーキ用の振りかけをかけたケーキ)
Windbeutel	ドイツ風シュークリーム

Getränke 飲み物

Flaschenwein	ボトルワイン
Schoppenwein	ショッペンワイン(ショッペン単位(½ l または ¼ l)で出されるワイン)
Weinkarte	ワインリスト
Bier vom Fass (Fassbier)	生樽ビール
Bier in Flaschen (Flaschenbier)	瓶ビール
Aperitif	アペリティーフ, 食前酒
Branntwein	火酒, ブランデー
Likör	リキュール
Schnaps	シュナップス, 火酒(アルコール度の高い蒸留酒)
Sekt	スパークリングワイン
Spirituosen	アルコール分の強い酒(蒸留酒など)
Alkoholfreie Getränke	ソフトドリンク
Erfrischungsgetränke	清涼飲料
Kaffee	コーヒー
Kännchen Kaffee (Tee)	ポット入りコーヒー(紅茶)
Tasse Kafee (Tee)	カップ入りコーヒー(紅茶)
Limonade	レモネード
Mineralwasser	ミネラルウォーター
Mineralwasser ohne Gas	炭酸抜きミネラルウォーター
Saft	ジュース
Apfelsaft	りんごジュース
Orangensaft	オレンジジュース
Tee	紅茶
Tee mit Milch	ミルクティー
Wasser	水

州と州都

ドイツ

州 / 州都

	州		州都
Baden-Württemberg	バーデン・ヴュルテンベルク	Stuttgart	シュトゥットガルト
Bayern	バイエルン	München	ミュンヒェン
Berlin	ベルリン	Berlin	ベルリン
Brandenburg	ブランデンブルク	Potsdam	ポツダム
Bremen	ブレーメン	Bremen	ブレーメン
Hamburg	ハンブルク	Hamburg	ハンブルク
Hessen	ヘッセン	Wiesbaden	ヴィースバーデン
Mecklenburg-Vorpommern	メークレンブルク・フォーアポンメルン	Schwerin	シュヴェリーン
Niedersachsen	ニーダーザクセン	Hannover	ハノーファー
Nordrhein-Westfalen	ノルトライン・ヴェストファーレン	Düsseldorf	デュッセルドルフ
Rheinland-Pfalz	ラインラント・プファルツ	Mainz	マインツ
Saarland	ザールラント	Saarbrücken	ザールブリュッケン
Sachsen	ザクセン	Dresden	ドレスデン
Sachsen-Anhalt	ザクセン・アンハルト	Magdeburg	マクデブルク
Schleswig-Holstein	シュレースヴィヒ・ホルシュタイン	Kiel	キール
Thüringen	チューリンゲン	Erfurt	エアフルト

オーストリア

	州		州都
Burgenland	ブルゲンラント	Eisenstadt	アイゼンシュタット
Kärnten	ケルンテン	Klagenfurt	クラーゲンフルト
Niederösterreich	ニーダーエーステライヒ	St. Pölten	ザンクト・ペルテン
Oberösterreich	オーバーエースタライヒ	Linz	リンツ
Salzburg	ザルツブルク	Salzburg	ザルツブルク
Steiermark	シュタイアーマルク	Graz	グラーツ
Tirol	チロル	Innsbruck	インスブルック
Vorarlberg	フォーアアールベルク	Bregenz	ブレゲンツ
Wien	ウィーン	Wien	ウィーン

スイス

	州		州都
Aargau	アールガウ	Aarau	アーラウ
Appenzell-Außerrhoden	アペンツェル・アウサーローデン	Herisau	ヘーリザウ
Appenzell-Innerrhoden	アペンツェル・インナーローデン	Appenzell	アペンツェル
Basel-Landschaft	バーゼル・ラントシャフト	Liestal	リースタール
Basel-Stadt	バーゼル・シュタット	Basel	バーゼル
Bern	ベルン	Bern	ベルン
Freiburg (Fribourg)	フライブルク (フリブール)	Freiburg (Fribourg)	フライブルク (フリブール)
Genf (Genève)	ジュネーブ	Genf (Genève)	ジュネーブ
Glarus	グラールス	Glarus	グラールス
Graubünden	グラウビュンデン	Chur	クーア
Jura	ユーラ	Delsberg (Delémont)	デレモン
Luzern	ルツェルン	Luzern	ルツェルン
Neuenburg (Neuchâtel)	ノイエンブルク (ヌーシャテル)	Neuenburg (Neuchâtel)	ノイエンブルク (ヌーシャテル)

Nidwalden	ニートヴァルデン	Stans	シュタンス
Obwalden	オプヴァルデン	Sarnen	ザルネン
St. Gallen	ザンクト・ガレン	St. Gallen	ザンクト・ガレン
Schaffhausen	シャフハウゼン	Schaffhausen	シャフハウゼン
Schwyz	シュヴィーツ	Schwyz	シュヴィーツ
Solothurn	ゾーロトゥルン	Solothurn	ゾーロトゥルン
Tessin (Ticino)	ティチーノ	Bellinzona	ベリンツォーナ
Thurgau	トゥーアガウ	Frauenfeld	フラウエンフェルト
Uri	ウーリ	Altdorf	アルトドルフ
Waadt (Vaud)	ヴァト (ヴォー)	Lausanne	ローザンヌ
Wallis (Valais)	ヴァリス (ヴァレー)	Sitten (Sion)	ジッテン (シオン)
Zug	ツーク	Zug	ツーク
Zürich	チューリヒ	Zürich	チューリヒ

履歴書の書き方

Misakicho 2-22-14
Chiyoda-ku
101-8371 Tokio/Japan

Lebenslauf

 Am 21. Mai 1978 wurde ich, Jiro Kamata, als zweiter Sohn des Studienrats Yoshio Kamata und seiner Frau Kiyo Kamata geb. Miyake in Tokio geboren.

 Von 1985 bis 1994 besuchte ich die Grundschule und die Mittelschule in Tokio. 1994 trat ich in die Hibiya-Oberschule ein, wo ich mit besonderem Interesse Englisch lernte. In der dreijährigen Schulzeit legte ich alle Prüfungen mit gutem Erfolg ab und ging 1997 von der Schule ab. In demselben Jahr bestand ich die Aufnahmeprüfung an der Universität Keio in Tokio. An der Universität widmete ich mich dem Studium der Wirtschaftslehre und der Fremdsprachen, besonders des Deutschen und Englischen. Im März 2001 schloss ich das Studium ab.

 Seit dem April 2001 bin ich als Reisender der Geschäftsabteilung des Sanseido Verlags tätig. Neben meinen beruflichen Erfahrungen habe ich auch gute Kenntnisse in Buchhaltung. Ich beherrsche Englisch in Wort und Schrift und spreche recht geläufig Deutsch.

Tokio, den 1. März 2003
Jiro Kamata

【注】
1. 自分が何を習得し、現在何ができるかという点に重点をおいて書く。
2. 最後の署名は自署する。
3. 必要あれば Ich gehöre der evangelischen Kirche an. (宗教関係), Ich habe die japanische Staatsangehörigkeit. (国籍) を生年のあとに書きそえる。
4. 結婚している場合は、例えば verheiratet seit dem 8. Dezember 2002 mit ... というふうに書く。

――簡条書き形式――

Lebenslauf

Name:	Jiro Kamata
Wohnort:	Misakicho 2-22-14
	Chiyoda-ku
	101-8371 Tokio/Japan
Geburtstag:	21. Mai 1978
Geburtsort:	Tokio
Eltern:	Yoshio Kamata, Studienrat
	Kiyo Kamata geb. Miyake, Hausfrau
Familienstand:	ledig
Schulausbildung:	1985-1994
	Grund- und Mittelschule in Tokio
	1994-1997
	Hibiya-Oberschule in Tokio
	1997-2001
	Studium der Wirtschaftslehre und der Fremdsprachen an der Universität Keio
Berufliche Laufbahn:	ab 2001 Tätigkeit als Reisender bei Sanseido Verlag (Tokio)
Fremdsprache:	Englisch sehr gut in Wort und Schrift
	Deutsch gut in Wort und Schrift

Tokio, den 1. März 2003
Jiro Kamata

手紙の書き方

1. 封筒の書式

```
Jiro Kamata
Misakicho 2-22-14
Chiyoda-ku                    ①                              Brief-
101-8371 Tokio/Japan                                          marke


                        Herrn
          ②             Dr. Erwin Schneider
                        Hubertusstraße 58
                        80639 München
                                                      Germany
```

【注】 1. ①の所には Drucksache (印刷物), Einschreiben (書留), Durch Eilboten (速達), Eigenhändig (親展), Photo, nicht knicken (写真在中, 禁折) などを記す.
2. ②の所には Luftpost (航空便), Per Schiff (船便) などを記す.
3. 「… 様方」は宛名の下に bei Herrn (Frau) … と書き, 「… 気付」は会社名などを前置詞なしで記す.
4. 宛名には Professor, Direktor などの肩書を必ずつける.
5. 「御中」も an など前置詞を用いず官庁名, 研究所名などをそのまま書く. 但し社名のときは Herrn にあたるところに Firma と書く.

2. 本文の様式

Jiro Kamata   Tokio, den 29. April 2003
Misakicho 2-22-14
Chiyoda-ku
101-8371 Tokio/Japan

Herrn
Dr. Erwin Schneider
Hubertusstraße 58
80639 München

Sehr geehrter Herr Dr. Schneider,
als Anlage übersende ich Ihnen 12 Abzüge von Aufnahmen, die ich während Ihres Aufenthaltes in Japan gemacht habe. Ich habe solche Bilder ausgesucht, die für Sie von Interesse sein könnten. Leider sind einige andere Aufnahmen nicht so gut geworden, so dass ich Ihnen sie nicht weitergeben kann.

                                             Mit freundlichen Grüßen
                                                      Ihr

                                                      Jiro Kamata

【注】 1. 親しい間柄では発信者, 受信者の住所は略すこともある.
2. 月名および年号(2003)のあとに Punkt を打たないこと.
3. 本文はじめの呼びかけは Sehr geehrter Herr …,/Sehr geehrte Frau…, 私信の場合は親疎により Sehr geehrter (verehrter) Herr …,/Lieber〔Herr〕… ,/Sehr geehrte (verehrte) Frau … ,/Liebe〔Frau〕… などとする. 肩書をつけたときは名前を省き Sehr geehrter Herr Professor,/などと書く. 但し Dr. は名前の一部とみなす. (Sehr geehrter Herr Dr. …)
よびかけのあとは(!)または(,)を打つ. (,)のときは本文は小文字で書き始める.
4. 結びは Hochachtungsvoll (公用), Mit freundlichen (herzlichen; den besten) Grüßen とし, その下に親疎により Ihr …/Dein … などと書く. 手紙の執筆者が女性の場合は Ihre …/Deine … などとする.
5. 追伸は PS または NS と記してから書く.

句　読　点

.	Punkt		-, =	Bindestrich
,	Komma, Beistrich		'	Apostroph, Auslassungszeichen
;	Semikolon, Strichpunkt		( )	runde Klammer*
:	Doppelpunkt, Kolon		[ ]	eckige Klammer*
?	Fragezeichen		〈 〉	spitze Klammer*
!	Ausrufezeichen		{ }	geschwungene Klammer*
„ "	} Anführungszeichen*,		*	Sternchen
» «	} Gänsefüßchen*		1), 2)	Fußnote eins (zwei)
‚ '	halbe Anführungszeichen*		…	Auslassungspunkte
—	Gedankenstrich		~	Tilde

【注】　* これらは例えば Anführungszeichen auf, Anführungszeichen zu というように読む.

文 法 表

I. 定冠詞と dieser 群

	定 冠 詞				dieser			
	m.	*f.*	*n.*	*pl.*	*m.*	*f.*	*n.*	*pl.*
1.	der	die	das	die	dieser	diese	dieses	diese
2.	des	der	des	der	dieses	dieser	dieses	dieser
3.	dem	der	dem	den	diesem	dieser	diesem	diesen
4.	den	die	das	die	diesen	diese	dieses	diese

〔注〕 jener, jeder, solcher, mancher, aller も dieser と同じ変化をする. 但し, jeder はふつう単数のみ.

II. 不定冠詞と mein 群

	不 定 冠 詞			mein			
	m.	*f.*	*n.*	*m.*	*f.*	*n.*	*pl.*
1.	ein	eine	ein	mein	meine	mein	meine
2.	eines	einer	eines	meines	meiner	meines	meiner
3.	einem	einer	einem	meinem	meiner	meinem	meinen
4.	einen	eine	ein	meinen	meine	mein	meine

〔注〕 dein, Ihr, sein, ihr, unser, euer, kein も mein と同じ変化をする.

III. 名 詞

1. 普通名詞

a) 無語尾型

	単 数	複 数
1.	der Lehrer	die Lehrer
2.	des Lehrer*s*	der Lehrer
3.	dem Lehrer	den Lehrer*n*
4.	den Lehrer	die Lehrer

	単 数	複 数
1.	der Vater	die Väter
2.	des Vater*s*	der Väter
3.	dem Vater	den Väter*n*
4.	den Vater	die Väter

b) -e 型

	単 数	複 数
1.	der Tag	die Tag*e*
2.	des Tag(*e*)*s*	der Tag*e*
3.	dem Tag	den Tag*en*
4.	den Tag	die Tag*e*

	単 数	複 数
1.	die Nacht	die Nächt*e*
2.	der Nacht	der Nächt*e*
3.	der Nacht	den Nächt*en*
4.	die Nacht	die Nächt*e*

c) -er 型

	単 数	複 数
1.	das Kind	die Kind*er*
2.	des Kind(*e*)*s*	der Kind*er*
3.	dem Kind	den Kind*ern*
4.	das Kind	die Kind*er*

	単 数	複 数
1.	das Haus	die Häus*er*
2.	des Haus*es*	der Häus*er*
3.	dem Haus	den Häus*ern*
4.	das Haus	die Häus*er*

d) -[e]n 型

	単 数	複 数
1.	die Frau	die Frau*en*
2.	der Frau	der Frau*en*
3.	der Frau	den Frau*en*
4.	die Frau	die Frau*en*

	単 数	複 数
1.	die Blume	die Blume*n*
2.	der Blume	der Blume*n*
3.	der Blume	den Blume*n*
4.	die Blume	die Blume*n*

e) -s 型

	単 数	複 数
1.	das Auto	die Autos
2.	des Autos	der Autos
3.	dem Auto	den Autos
4.	das Auto	die Autos

f) 男性弱変化

	単 数	複 数
1.	der Mensch	die Menschen
2.	des Menschen	der Menschen
3.	dem Menschen	den Menschen
4.	den Menschen	die Menschen

g) 特殊変化

	単 数	複 数
1.	der Name	die Namen
2.	des Namens	der Namen
3.	dem Namen	den Namen
4.	den Namen	die Namen

〔注〕 男性名詞の Funke, Gedanke, Glaube, Wille も同じ変化をする.

	単 数	複 数		単 数	複 数
1.	der Herr	die Herren	1.	das Herz	die Herzen
2.	des Herrn	der Herren	2.	des Herzens	der Herzen
3.	dem Herrn	den Herren	3.	dem Herzen	den Herzen
4.	den Herrn	die Herren	4.	das Herz	die Herzen

〔注〕 このほか, ギリシャ語, ラテン語からの外来語に特殊な複数語尾をとる語がある.

2. 固 有 名 詞

a) 人 名

	姓	名 *m.*	名 *f.*	姓 名	姓 ・ 名
1.	Moser	Adolf	Anna	Adolf (Anna) Moser	der 〔alte〕 Moser (Adolf)
2.	Mosers	Adolfs	Annas	Adolf (Anna) Mosers	des 〔alten〕 Moser (Adolf)
3.	Moser	Adolf	Anna	Adolf (Anna) Moser	dem 〔alten〕 Moser (Adolf)
4.	Moser	Adolf	Anna	Adolf (Anna) Moser	den 〔alten〕 Moser (Adolf)

〔注〕 1) s, ß, tz, x, z に終わる人名は, 古くは例えば Maxens のように, -ens を加えて 2 格を作ったが, 現在ではふつう von Max, des Max のようにする.
2) 定冠詞, 所有代名詞, 指示代名詞など, またはこれらと結びついた形容詞によって規定された人名は, 2 格において -s をつけない. des alten Mosers は古形.
3) 姓の複数の最もふつうの作り方は, die Mosers のように -s をつける. 名の複数には, Adolfe, Adolfs, Annas, Annen などのようにさまざまな作り方がある.

1.	Herr (Frau) Moser	〔Herr〕 Professor Doktor Moser	Kaiser Friedrich der Zweite
2.	Herrn (Frau) Mosers	〔Herrn〕 Professor Doktor Mosers	Kaiser Friedrichs des Zweiten
3.	Herrn (Frau) Moser	〔Herrn〕 Professor Doktor Moser	Kaiser Friedrich dem Zweiten
4.	Herrn (Frau) Moser	〔Herrn〕 Professor Doktor Moser	Kaiser Friedrich den Zweiten

〔注〕 定冠詞をつけると, 2 格は des Herrn Moser, des 〔Herrn〕 Professors Doktor Moser, des Kaisers Friedrich des Zweiten になる.

b) 地 理 名

	n.	*m.*	*f.*	*pl.*
1.	Deutschland (Bonn)	der Rhein (Brocken)	die Schweiz (Donau)	die Niederlande
2.	Deutschlands (Bonns)	des Rheins (Brockens)	der Schweiz (Donau)	der Niederlande
3.	Deutschland (Bonn)	dem Rhein (Brocken)	der Schweiz (Donau)	den Niederlanden
4.	Deutschland (Bonn)	den Rhein (Brocken)	die Schweiz (Donau)	die Niederlande

〔注〕 1) 地理名は一般に中性で, das Elsass のような少数の例外を除けば, 冠詞をつけない. しかし, 男性, 女性, 複数の地理名には必ず定冠詞がつく.

2) 中・男性の2格には -s をつける. しかし, 形容詞が添えられたときの2格は一定しない:
des schönen Deutschland(s).
3) s, ß, tz, x, z に終る地理名の2格は, 例えば Florenz' や Florenzens とするよりは, von Florenz または der Stadt Florenz とする方がよい. 定冠詞をつねに伴う地理名の場合には, des Elsaß (Elsasses), des Harzes, des Taunus のように, -es をつけたり全く語尾をつけなかったりして一定しない.
4) 都市名の形容詞は Bonner のように都市名に -er をつける. この種の形容詞は語尾変化しない.

IV. 指示・関係・疑問・不定代名詞

			指示代名詞[1]	関係代名詞	疑問代名詞[3]	不定代名詞[5]
単数	m.	1.	der	der, welcher	wer	man, jemand
		2.	dessen	dessen, dessen	wessen	eines, jemand(e)s
		3.	dem	dem, welchem	wem	einem, jemand(em)
		4.	den	den, welchen	wen	einen, jemand(en)
	f.	1.	die	die, welche		【注】1) 単独に使われたときの変化. 名詞の前に付加されて使われたときは, 定冠詞と同じ変化.
		2.	deren	deren, deren		2) 関係代名詞の先行詞としての形.
		3.	der	der, welcher		3) 単数形が複数の意味にも使われる.
		4.	die	die, welche		4) was の3・4格が前置詞と結合すると, ふつう wozu, worum のようになる. 但し, mit was のような形もある.
	n.	1.	das	das, welches	was	
		2.	dessen	dessen, dessen	(wessen)	
		3.	dem	dem, welchem	(was)[4]	
		4.	das	das, welches	was[4]	
複数	m.	1.	die	die, welche		5) jedermann は2格のみ語尾 -s をとる.
	f.	2.	deren, derer[2]	deren, deren		
		3.	denen	denen, welchen		
	n.	4.	die	die, welche		

V. 人称代名詞と再帰代名詞

			一人称	二 人 称		三 人 称		
				親 称	敬 称	m.	f.	n.
人称代名詞	単数	1.	ich	du	Sie	er	sie	es
		2.	meiner	deiner	Ihrer	seiner	ihrer	seiner
		3.	mir	dir	Ihnen	ihm	ihr	ihm
		4.	mich	dich	Sie	ihn	sie	es
	複数	1.	wir	ihr	Sie		sie	
		2.	unser	euer	Ihrer		ihrer	
		3.	uns	euch	Ihnen		ihnen	
		4.	uns	euch	Sie		sie	
再帰代名詞	単数	2.	meiner	deiner	Ihrer	seiner	ihrer	seiner
		3.	mir	dir	sich	sich	sich	sich
		4.	mich	dich	sich	sich	sich	sich
	複数	2.	unser	euer	Ihrer		ihrer	
		3.	uns	euch	sich		sich	
		4.	uns	euch	sich		sich	

VI. 形 容 詞

1. 格 変 化

		強 変 化			弱 変 化			混 合 変 化		
		m.	f.	n.	m.	f.	n.	m.	f.	n.
単数	1.	—er	—e	—es	—e	—e	—e	—er	—e	—es
	2.	—en	—er	—en	—en	—en	—en	—en	—en	—en
	3.	—em	—er	—em	—en	—en	—en	—en	—en	—en
	4.	—en	—e	—es	—en	—e	—e	—en	—e	—es

複	1.	—e	—en
数	2.	—er	—en
	3.	—en	—en
	4.	—e	—en

【注】 形容詞は, a) その前に規定詞がないとき, またはあってもそれが無変化のときは強変化し, b) その前に定冠詞あるいは同様の変化をする規定詞があるときは弱変化し, c) その前に不定冠詞あるいは同様の変化をする規定詞があるときは混合変化する. 但し, 不定冠詞は複数では消滅するから, そのときは形容詞は強変化する.

2. 比較変化

規則変化			不規則変化		
原級	比較級	最高級	原級	比較級	最高級
klein	kleiner	kleinst	groß	größer	größt
lang	länger	längst	gut	besser	best
heiß	heißer	heißest	hoch	höher	höchst
kurz	kürzer	kürzest	nah[e]	näher	nächst
alt	älter	ältest	viel	mehr	meist
dunkel	dunkler	dunkelst	wenig	weniger / minder	wenigst / mindest
weise	weiser	weisest			

VII. 数 詞

1. 基 数

0	null	14	vierzehn	70	siebzig
1	eins	15	fünfzehn	80	achtzig
2	zwei	16	sechzehn	90	neunzig
3	drei	17	siebzehn	100	[ein]hundert
4	vier	18	achtzehn	101	[ein]hundert[und]eins
5	fünf	19	neunzehn	234	zweihundertvierunddreißig
6	sechs	20	zwanzig	1 000	[ein]tausend
7	sieben	21	einundzwanzig	2 345	zweitausenddreihundert-fünfundvierzig
8	acht	30	dreißig		
9	neun	32	zweiunddreißig	10 000	zehntausend
10	zehn	40	vierzig	100 000	hunderttausend
11	elf	43	dreiundvierzig	1 000 000	eine Million
12	zwölf	50	fünfzig	2 000 000	zwei Millionen
13	dreizehn	60	sechzig		

年号の読み方　1969　neunzehnhundertneunundsechzig
　　　　　　　2003　zweitausenddrei

2. 序 数

1.	erst	8.	acht	21.	einundzwanzigst
2.	zweit	9.	neunt	30.	dreißigst
3.	dritt	10.	zehnt	32.	zweiunddreißigst
4.	viert	11.	elft	100.	hundertst
5.	fünft	12.	zwölft	214.	zweihundert[und]vierzehnt
6.	sechst	13.	dreizehnt	1000.	tausendst
7.	sieb(en)t	20.	zwanzigst	2001.	zweitausend[und]erst

【注】 1., 3., 8. を除き, 19. までは基数に -t を, 20. 以上は -st をつける. また数字で表わすときは 25. のように(.)を打つ.

3. 分数と小数

$\frac{1}{3}$ ein drittel (Drittel)　　　$\frac{1}{2}$ halb, die Hälfte

$\frac{3}{5}$ drei fünftel (Fünftel)　　$3\frac{1}{2}$ drei[und]einhalb

7,8901 sieben Komma acht neun null eins (小数点は (,) で書く)

【注】 分子には基数を, 分母には序数に -el をつけて用いる.

VIII. 副　詞

原　級	比較級	最高級	原　級	比較級	最高級
bald	eher	am ehesten	viel	mehr	am meisten
gern	lieber	am liebsten	gut	besser	am besten
oft	öfter	am öftesten	wohl		

IX. 動詞の変化

1. 基本形態

不定詞		haben	sein	werden	loben	kommen
			a) 直説法			
現在	ich	habe	bin	werde	lobe	komme
	du	hast	bist	wirst	lobst	kommst
	er, sie, es	hat	ist	wird	lobt	kommt
	wir	haben	sind	werden	loben	kommen
	ihr	habt	seid	werdet	lobt	kommt
	sie (Sie)	haben	sind	werden	loben	kommen
過去	ich	hatte	war	wurde	lobte	kam
	du	hattest	warst	wurdest	lobtest	kamst
	er, sie, es	hatte	war	wurde	lobte	kam
	wir	hatten	waren	wurden	lobten	kamen
	ihr	hattet	wart	wurdet	lobtet	kamt
	sie (Sie)	hatten	waren	wurden	lobten	kamen
現在完了	ich	habe gehabt	bin gewesen	bin geworden	habe gelobt	bin gekommen
	du	hast	bist	bist	hast	bist
	er, sie, es	hat	ist	ist	hat	ist
	wir	haben	sind	sind	haben	sind
	ihr	habt	seid	seid	habt	seid
	sie (Sie)	haben	sind	sind	haben	sind
過去完了	ich	hatte gehabt	war gewesen	war geworden	hatte gelobt	war gekommen
	du	hattest	warst	warst	hattest	warst
	er, sie, es	hatte	war	war	hatte	war
	wir	hatten	waren	waren	hatten	waren
	ihr	hattet	wart	wart	hattet	wart
	sie (Sie)	hatten	waren	waren	hatten	waren
未来	ich	werde haben	werde sein	werde werden	werde loben	werde kommen
	du	wirst	wirst	wirst	wirst	wirst
	er, sie, es	wird	wird	wird	wird	wird
	wir	werden	werden	werden	werden	werden
	ihr	werdet	werdet	werdet	werdet	werdet
	sie (Sie)	werden	werden	werden	werden	werden
未来完了	ich	werde gehabt haben	werde gewesen sein	werde geworden sein	werde gelobt haben	werde gekommen s.
	du	wirst	wirst	wirst	wirst	wirst
	er, sie, es	wird	wird	wird	wird	wird
	wir	werden	werden	werden	werden	werden
	ihr	werdet	werdet	werdet	werdet	werdet
	sie (Sie)	werden	werden	werden	werden	werden
			b) 接続法			
現在第1式	ich	habe	sei	werde	lobe	komme
	du	habest	sei(e)st	werdest	lobest	kommest
	er, sie, es	habe	sei	werde	lobe	komme
	wir	haben	seien	werden	loben	kommen
	ihr	habet	seiet	werdet	lobet	kommet
	sie (Sie)	haben	seien	werden	loben	kommen

			hätte	wäre	würde	lobte	käme	
現在	第2式	ich	hätte	wäre	würde	lobte	käme	
		du	hättest	wär(e)st	würdest	lobtest	käm(e)st	
		er, sie, es	hätte	wäre	würde	lobte	käme	
		wir	hätten	wären	würden	lobten	kämen	
		ihr	hättet	wär(e)t	würdet	lobtet	käm(e)t	
		sie (Sie)	hätten	wären	würden	lobten	kämen	
過去	第1式	ich	habe	sei	sei	habe	sei	
		du	habest	sei(e)st	sei(e)st	habest	sei(e)st	
		er, sie, es	habe	sei	sei	habe	sei	
		wir	haben	seien	seien	haben	seien	
		ihr	habet	seiet	seiet	habet	seiet	
		sie (Sie)	haben	seien	seien	haben	seien	
			(gehabt)	(gewesen)	(geworden)	(gelobt)	(gekommen)	
	第2式	ich	hätte	wäre	wäre	hätte	wäre	
		du	hättest	wär(e)st	wär(e)st	hättest	wär(e)st	
		er, sie, es	hätte	wäre	wäre	hätte	wäre	
		wir	hätten	wären	wären	hätten	wären	
		ihr	hättet	wär(e)t	wär(e)t	hättet	wär(e)t	
		sie (Sie)	hätten	wären	wären	hätten	wären	
			(gehabt)	(gewesen)	(geworden)	(gelobt)	(gekommen)	
未来	第1式	ich	werde	werde	werde	werde	werde	
		du	werdest	werdest	werdest	werdest	werdest	
		er, sie, es	werde	werde	werde	werde	werde	
		wir	werden	werden	werden	werden	werden	
		ihr	werdet	werdet	werdet	werdet	werdet	
		sie (Sie)	werden	werden	werden	werden	werden	
			(haben)	(sein)	(werden)	(loben)	(kommen)	
	第2式	ich	würde	würde	würde	würde	würde	
		du	würdest	würdest	würdest	würdest	würdest	
		er, sie, es	würde	würde	würde	würde	würde	
		wir	würden	würden	würden	würden	würden	
		ihr	würdet	würdet	würdet	würdet	würdet	
		sie (Sie)	würden	würden	würden	würden	würden	
			(haben)	(sein)	(werden)	(loben)	(kommen)	
未来完了	第1式	ich	werde	werde	werde	werde	werde	
		du	werdest	werdest	werdest	werdest	werdest	
		er, sie, es	werde	werde	werde	werde	werde	
		wir	werden	werden	werden	werden	werden	
		ihr	werdet	werdet	werdet	werdet	werdet	
		sie (Sie)	werden	werden	werden	werden	werden	
			(gehabt haben)	(gewesen sein)	(geworden sein)	(gelobt haben)	(gekommen s.)	
	第2式	ich	würde	würde	würde	würde	würde	
		du	würdest	würdest	würdest	würdest	würdest	
		er, sie, es	würde	würde	würde	würde	würde	
		wir	würden	würden	würden	würden	würden	
		ihr	würdet	würdet	würdet	würdet	würdet	
		sie (Sie)	würden	würden	würden	würden	würden	
			(gehabt haben)	(gewesen sein)	(geworden sein)	(gelobt haben)	(gekommen s.)	

2. 能動と受動

能動	直説法	現在		Ich lobe ihn
		過去		Ich lobte ihn
		現在完了		Ich habe ihn gelobt
		過去完了		Ich hatte ihn gelobt
		未来		Ich werde ihn loben
		未来完了		Ich werde ihn gelobt haben
	接続法	現在	第1式	Ich lobe ihn
			第2式	Ich lobte ihn
		過去	第1式	Ich habe ihn gelobt
			第2式	Ich hätte ihn gelobt
		未来	第1式	Ich werde ihn loben
			第2式	Ich würde ihn loben
		未来完了	第1式	Ich werde ihn gelobt haben
			第2式	Ich würde ihn gelobt haben

受動	直説法	現在		Er wird von mir gelobt
		過去		Er wurde von mir gelobt
		現在完了		Er ist von mir gelobt worden
		過去完了		Er war von mir gelobt worden
		未来		Er wird von mir gelobt werden
		未来完了		Er wird von mir gelobt worden sein
	接続法	現在	第1式	Er werde von mir gelobt
			第2式	Er würde von mir gelobt
		過去	第1式	Er sei von mir gelobt worden
			第2式	Er wäre von mir gelobt worden
		未来	第1式	Er werde von mir gelobt werden
			第2式	Er würde von mir gelobt werden
		未来完了	第1式	Er werde von mir gelobt worden sein
			第2式	Er würde von mir gelobt worden sein

3. 分 離 動 詞

不定詞	過去	過去分詞
ab|reisen ab*zu*reisen	reiste ... ab	ab*ge*reist
auf|stehen auf*zu*stehen	stand ... auf	auf*ge*standen

〖注〗 1) 前つづりにアクセントがある.
 2) zu 不定詞の zu, 過去分詞の ge が上記のように間に挿入される.
 3) 主文の定動詞として使われたときには, 前つづりが分離して文末におかれる:
  Du reist morgen früh *ab*.
  Reist du morgen früh *ab*?
  Reise morgen früh *ab*!

4. 話法の助動詞

不 定 詞		können	müssen	wollen	sollen	dürfen	mögen
現在	単数 ich	kann	muss	will	soll	darf	mag
	du	kannst	musst	willst	sollst	darfst	magst
	er, sie, es	kann	muss	will	soll	darf	mag
	複数 wir	können	müssen	wollen	sollen	dürfen	mögen
	ihr	könnt	müsst	wollt	sollt	dürft	mögt
	sie (Sie)	können	müssen	wollen	sollen	dürfen	mögen
過 去		konnte	musste	wollte	sollte	durfte	mochte
過去分詞		gekonnt	gemusst	gewollt	gesollt	gedurft	gemocht

〖注〗 完了時称形を作るときの過去分詞は, 他の動詞の不定詞を伴うときは不定詞と同形で Er *hat* mich loben *wollen*. のようになる.

分 綴 法

行末で単語を切らなければならないときは次の要領によって分ける. その際ハイフンはふつう - を用いる.

1. 原則として音綴 (Sprechsilbe) によって, つまり単語をゆっくりと発音したときに生じる息の自然な切れ目で分ける (従って Buch, mit, Aal, blau などの一音節の語は分けない):
   ge-ben, Ga-bel, Va-ter, Wör-ter, Trau-ung.
   ただし,
   a) 連続する子音字は最後のものを次行へ送る:
      Was-ser, Städ-te, Din-ge, Knos-pe, ges-tern, wach-sen, kämp-fen, Deut-sche ⇒2.4).
   b) 母音にはさまれた黙音の h は次行へ送る:
      ge-hen, wei-hen, frü-her.
   c) 合成語はまずその構成要素に従って分ける. ただしもはや合成語と感じられないものは, その限りではない:
      Hei-rats-an-zei-gen, Trans-ak-ti-on, voll-en-den; ただし ei-nan-der または ein-an-der, he-raus または her-aus, In-te-res-se または In-ter-es-se, Mai-nau または Main-au 《地名》.

2. 慣習上, 発音上から分けないもの

   1) 語頭の単一母音は分けてよいが, 語末の単一母音は分けない:
      a-ber, o-der, e-ben, Ü-bung; ただし Treu-e, Bo-a は誤り.
   2) qu は常に分けない:
      be-quem, Fre-quenz.
   3) 重母音字, 複母音字は分けない (変母音字 ä などを ae で代用したときも同じ):
      Me-er, Bo-ot, Zwe-ige; Va-eter 《＝Väter》 (以上は誤りの例).
   4) 一音に発音する ch, ck, sch, ph, rh, sh, th は一箇の子音字とみなす:
      Bü-cher, Brü-cke, Fi-scher, Nym-phe, Di-ar-rhöe, Bu-s$_h$el, Ka-tho-lik.
   5) 外来語中の複子音字, 一般に bl, br など (b, c, d, f, g, k, p, t, v と l との結合), 及び gn は最後のものを次行へ送るか, または一箇の子音字とみなす:
      Pub-li-kum または Pu-bli-kum, Quad-rat または Qua-drat, Zent-rum または Zen-trum, ig-no-rie-ren または i-gno-rie-ren.

3. その他の注意事項

   ß を ss で代用したときは ss を分ける:
   heis-sen 《ただし hei-ßen》.

不規則変化動詞表

1. この表にのっていない複合動詞，例えば erfinden の変化は，基礎動詞 finden について調べられたい．
   ただし，ratschlagen のように規則変化するものもあることに注意．
2. 現在直説法の変化は，特別な変化をするものだけをあげた．
3. (　)は別形を，〔　〕は省略可能を示す．
   なお，古は古語，方は方言，雅は雅語，俗は俗語，戯は戯語を示す．
4. 命令法は単数二人称のみをあげた．この項に線――のあるものは，命令法を欠くことを示す．
5. 不定詞の右肩に(*)印をつけたものは，意味・用法により規則変化もする動詞である．

不定詞	現在直説法	過去直説法 細字は接続法 II	過去分詞	命令法
backen(*) 焼く(パンなどを)	du bäckst (backst) er bäckt (backt)	backte (古 buk) backte (古 büke)	gebacken	back[e]!
befehlen 命令する	du befiehlst er befiehlt	befahl beföhle (befähle)	befohlen	befiehl!
beginnen 始める，始まる		begann begänne (begönne)	begonnen	beginn[e]!
beißen かむ	du beißt	biss bisse	gebissen	beiß[e]!
bergen 救助する，隠す	du birgst er birgt	barg bärge	geborgen	birg!
bersten 裂ける	du birst (古 berstest) er birst (古 berstet)	barst bärste	geborsten	(まれ) birst!
bewegen(*) …する気にさせる		bewog bewöge	bewogen	beweg[e]!
biegen 曲げる		bog böge	gebogen	bieg[e]!
bieten 差し出す	du bietest er bietet	bot böte	geboten	biet[e]!
binden 結ぶ	du bindest er bindet	band bände	gebunden	bind[e]!
bitten 頼む	du bittest er bittet	bat bäte	gebeten	bitt[e]!
blasen 吹く	du bläst er bläst	blies bliese	geblasen	blas[e]!
bleiben 留まる		blieb bliebe	geblieben	bleib[e]!
bleichen(*) 色あせる		blich bliche	geblichen	bleich[e]!
braten 焼く(肉を)	du brätst er brät	briet briete	gebraten	brat[e]!
brechen 折る，折れる	du brichst er bricht	brach bräche	gebrochen	brich!
brennen 燃える		brannte brennte	gebrannt	brenn[e]!
bringen 持って来る		brachte brächte	gebracht	bring[e]!
denken 考える		dachte dächte	gedacht	denk[e]!
dingen 雇う		dingte (dang) dingte (dänge)	gedungen (gedingt)	ding[e]!
dreschen 打穀する	du drisch[e]st er drischt	drosch (古 drasch) drösche (古 drätsche)	gedroschen	drisch!
dringen 押し進む		drang dränge	gedrungen	dring[e]!

不定詞	現　在 直　説　法	過　去 直　説　法 細字は接続法 II	過去分詞	命令法
dünken 思われる		dünkte (古 deuchte) dünkte (古 deuchte)	gedünkt (古 gedeucht)	——
dürfen …してもよい	*ich* darf *du* darfst *er* darf	durfte dürfte	gedurft (助動詞のとき dürfen)	——
empfangen 受け取る	*du* empfängst *er* empfängt	empfing empfinge	empfangen	empfang(e)!
empfehlen 推薦する	*du* empfiehlst *er* empfiehlt	empfahl empföhle (empfähle)	empfohlen	empfiehl!
empfinden 感じる	*du* empfindest *er* empfindet	empfand empfände	empfunden	empfind(e)!
erkiesen 選ぶ	*du* erkis(es)t *er* erkiest	erkor (erkieste) erköre (erkieste)	erkoren	erkies(e)!
essen 食べる	*du* isst *er* isst	aß äße	gegessen	iss!
fahren (乗物で)行く	*du* fährst *er* fährt	fuhr führe	gefahren	fahr(e)!
fallen 落ちる	*du* fällst *er* fällt	fiel fiele	gefallen	fall(e)!
fangen 捕える	*du* fängst *er* fängt	fing finge	gefangen	fang(e)!
fechten 戦う	*du* fichtst (俗 fichst) *er* ficht	focht föchte	gefochten	ficht!
finden 見出す	*du* findest *er* findet	fand fände	gefunden	find(e)!
flechten 編む	*du* flichtst (俗 flichst) *er* flicht	flocht flöchte	geflochten	flicht!
fliegen 飛ぶ		flog flöge	geflogen	flieg(e)!
fliehen 逃げる		floh flöhe	geflohen	flieh(e)!
fließen 流れる	*du* fließ(es)t	floss flösse	geflossen	fließ(e)!
fragen 尋ねる	*du* fragst (方 frägst) *er* fragt (方 frägt)	fragte (方 frug) fragte (方 früge)	gefragt	frag(e)!
fressen 食う	*du* frisst *er* frisst	fraß fräße	gefressen	friss!
frieren 氷結させる		fror fröre	gefroren	frier(e)!
gären(*) 発酵する		gor göre	gegoren	gär(e)!
gebären 生む	*du* gebärst (雅 gebierst) *sie* gebärt (雅 gebiert)	gebar gebäre	geboren	gebär(e)! (雅 gebier!)
geben 与える	*du* gibst *er* gibt	gab gäbe	gegeben	gib!
gedeihen 栄える		gedieh gediehe	gediehen	gedeih(e)!
gehen 行く		ging ginge	gegangen	geh(e)!
gelingen うまくゆく		gelang gelänge	gelungen	——

不定詞	現　在　直　説　法	過　去　直　説　法 細字は接続法 II	過去分詞	命令法
gelten 値する	du giltst er gilt	galt gölte (gälte)	gegolten	(まれ) gilt!
genesen 治る	du genes[es]t	genas genäse	genesen	genes[e]!
genießen 享受する	du genießt	genoss genösse	genossen	genieß[e]!
geschehen 起こる	es geschieht	geschah geschähe	geschehen	——
gewinnen 勝利を得る		gewann gewönne (gewänne)	gewonnen	gewinn[e]!
gießen 注ぐ	du gießt	goss gösse	gegossen	gieß[e]!
gleichen 似ている		glich gliche	geglichen	gleich[e]!
gleiten 滑る	du gleitest er gleitet	glitt glitte	geglitten	gleit[e]!
glimmen 微光を発する		glomm (glimmte) glömme (glimmte)	geglommen (geglimmt)	glimm[e]!
graben 掘る	du gräbst er gräbt	grub grübe	gegraben	grab[e]!
greifen つかむ		griff griffe	gegriffen	greif[e]!
haben 持っている	du hast er hat	hatte hätte	gehabt	hab[e]!
halten 保持する	du hältst er hält	hielt hielte	gehalten	halt[e]!
hängen(*) 掛かっている	du hängst er hängt	hing hinge	gehangen	häng[e]!
hauen 打ってかかる, 切る		haute (hieb) haute (hiebe)	gehauen (方 gehaut)	hau[e]!
heben 高める		hob (古 hub) höbe (古 hübe)	gehoben	heb[e]!
heißen 称する	du heiß[es]t	hieß hieße	geheißen	heiß[e]!
helfen 助ける	du hilfst er hilft	half hülfe (まれ hälfe)	geholfen	hilf!
kennen 知っている		kannte kennte	gekannt	kenn[e]!
klimmen よじ登る		klomm (klimmte) klömme (klimmte)	geklommen (geklimmt)	klimm[e]!
klingen 鳴る		klang klänge	geklungen	kling[e]!
kneifen つねる		kniff kniffe	gekniffen	kneif[e]!
kommen 来る	du kommst (古 kömmst) er kommt (古 kömmt)	kam käme	gekommen	komm[e]!
können …できる	ich kann du kannst er kann	konnte könnte	gekonnt (助動詞のとき können)	——
kriechen はう		kroch kröche	gekrochen	kriech[e]!
küren 〖詩〗選ぶ		kürte (kor) kürte (köre)	gekürt (gekoren)	kür[e]!
laden¹ 積む	du lädst er lädt	lud lüde	geladen	lad[e]!

不定詞	現在直説法	過去 直説法／細字は接続法 II	過去分詞	命令法
laden² 招く	*du* lädst (方 ladest) *er* lädt (方 ladet)	**lud** lüde	ge**laden**	lad(e)!
lassen ほっておく, …させる	*du* lässt *er* lässt	**ließ** ließe	ge**lassen** (助動詞のとき **lassen**)	lass(e)!
laufen 走る	*du* läufst *er* läuft	**lief** liefe	ge**laufen**	lauf(e)!
leiden 忍ぶ	*du* leidest *er* leidet	**litt** litte	ge**litten**	leid(e)!
leihen 貸す		**lieh** liehe	ge**liehen**	leih(e)!
lesen 読む	*du* liest *er* liest	**las** läse	ge**lesen**	lies!
liegen 横たわる		**lag** läge	ge**legen**	lieg(e)!
löschen⁽*⁾ 消える	*du* lischst *er* lischt	**losch** lösche	ge**loschen**	lisch!
lügen うそをつく		**log** löge	ge**logen**	lüg(e)!
mahlen 碾(ひ)く		**mahlte** mahlte	ge**mahlen**	mahl(e)!
meiden 避ける	*du* meidest *er* meidet	**mied** miede	ge**mieden**	meid(e)!
melken 乳をしぼる	*du* melkst (古 milkst) *er* melkt (古 milkt)	**melkte** (**molk**) melkte (mölke)	ge**molken** (ge**melkt**)	melk(e)! (古 milk!)
messen 測る	*du* misst *er* misst	**maß** mäße	ge**messen**	miss!
misslingen 失敗する		**misslang** misslänge	**misslungen**	—
mögen …かもしれない	*ich* mag *du* magst *er* mag	**mochte** möchte	ge**mocht** (助動詞のとき **mögen**)	—
müssen …せねばならない	*ich* muss *du* musst *er* muss	**musste** müsste	ge**musst** (助動詞のとき **müssen**)	—
nehmen 取る	*du* nimmst *er* nimmt	**nahm** nähme	ge**nommen**	nimm!
nennen 名づける		**nannte** nennte	ge**nannt**	nenn(e)!
pfeifen 笛を吹く		**pfiff** pfiffe	ge**pfiffen**	pfeif(e)!
pflegen⁽*⁾ たずさわる		**pflog** pflöge	ge**pflogen**	pfleg(e)!
preisen ほめる	*du* preis(es)t	**pries** priese	ge**priesen**	preis(e)!
quellen⁽*⁾ 湧き出る	*du* quillst *er* quillt	**quoll** quölle	ge**quollen**	(まれ) quill!
raten 推量する	*du* rätst *er* rät	**riet** riete	ge**raten**	rat(e)!
reiben 摩擦する		**rieb** riebe	ge**rieben**	reib(e)!
reißen 裂く	*du* reißt	**riss** risse	ge**rissen**	reiß(e)!
reiten 馬で行く	*du* reitest *er* reitet	**ritt** ritte	ge**ritten**	reit(e)!
rennen 駆ける		**rannte** rennte	ge**rannt**	renn(e)!
riechen 匂う		**roch** röche	ge**rochen**	riech(e)!
ringen ねじる, 格闘する		**rang** ränge	ge**rungen**	ring(e)!

不定詞	現 在 直 説 法	過 去 直 説 法 / 細字は接続法 II	過去分詞	命令法
rinnen 流れる		rann ränne (またrönne)	geronnen	rinn(e)!
rufen 呼ぶ		rief riefe	gerufen	ruf(e)!
salzen 塩漬けにする	du salz(es)t	salzte salzte	gesalzen (またgesalzt)	salz(e)!
saufen 水を飲む	du säufst er säuft	soff söffe	gesoffen	sauf(e)!
saugen(*) 吸う		sog (saugte) söge (saugte)	gesogen (gesaugt)	saug(e)!
schaffen(*) 創造する		schuf schüfe	geschaffen	schaff(e)!
schallen 響く		schallte (またscholl) schallte (またschölle)	geschallt (またgeschollen)	schall(e)!
scheiden 分ける	du scheidest er scheidet	schied schiede	geschieden	scheid(e)!
scheinen 輝く		schien schiene	geschienen	schein(e)!
scheißen くそをする	du scheißt	schiss schisse	geschissen	scheiß(e)!
schelten 叱る	du schiltst er schilt	schalt schölte	gescholten	schilt!
scheren(*) 刈る	du schierst (scherst) er schiert (schert)	schor (またscherte) schöre (またscherte)	geschoren (またgeschert)	scher(e)!
schieben 押し動かす		schob schöbe	geschoben	schieb(e)!
schießen 射る	du schießt	schoss schösse	geschossen	schieß(e)!
schinden 虐待する	du schindest er schindet	schindete (schund) schindete (schünde)	geschunden	schind(e)!
schlafen 眠る	du schläfst er schläft	schlief schliefe	geschlafen	schlaf(e)!
schlagen 打つ	du schlägst er schlägt	schlug schlüge	geschlagen	schlag(e)!
schleichen 忍び歩く		schlich schliche	geschlichen	schleich(e)!
schleifen(*) 研ぐ		schliff schliffe	geschliffen	schleif(e)!
schleißen 裂く	du schleißt	schliss (schleißte) schlisse (schleißte)	geschlissen (geschleißt)	schleiß(e)!
schließen 閉じる	du schließt	schloss schlösse	geschlossen	schließ(e)!
schlingen 巻きつける		schlang schlänge	geschlungen	schling(e)!
schmeißen(*) 投げる	du schmeißt	schmiss schmisse	geschmissen	schmeiß(e)!
schmelzen(*) 溶ける	du schmilzt er schmilzt	schmolz schmölze	geschmolzen	(また) schmilz!
schnauben 鼻息をたてる		schnaubte (schnob) schnaubte (schnöbe)	geschnaubt (geschnoben)	schnaub(e)!

不定詞	現在 直説法	過去 直説法 細字は接続法II	過去分詞	命令法
schneiden 切る	du schneidest er schneidet	schnitt schnitte	geschnitten	schneid(e)!
schrecken(*) 驚く	du schrickst er schrickt	schrak schräke	geschrocken	schrick!
schreiben 書く		schrieb schriebe	geschrieben	schreib(e)!
schreien 叫ぶ		schrie schriee	geschrien	schrei(e)!
schreiten (大またに)歩く	du schreitest er schreitet	schritt schritte	geschritten	schreit(e)!
schwären 化膿する	es schwärt (古 schwiert)	schwärte schwärte (古 schwöre)	geschwärt (古 geschworen)	schwär(e)! (古 schwier!)
schweigen 黙っている		schwieg schwiege	geschwiegen	schweig(e)!
schwellen(*) ふくれる	du schwillst er schwillt	schwoll schwölle	geschwollen	schwill!
schwimmen 泳ぐ		schwamm schwömme (schwämme)	geschwommen	schwimm(e)!
schwinden 消えうせる	du schwindest er schwindet	schwand schwände	geschwunden	schwind(e)!
schwingen 振る		schwang schwänge	geschwungen	schwing(e)!
schwören 誓う		schwor (古 schwur) schwüre (まれ schwöre)	geschworen	schwör(e)!
sehen 見る	du siehst er sieht	sah sähe	gesehen	sieh(e)!
sein ある	ich bin du bist er ist wir sind ihr seid sie sind	war wäre	gewesen	sei!
senden(*) 送る	du sendest er sendet	sandte (sendete) sendete	gesandt (「放送する」のとき gesendet)	send(e)!
sieden 煮えたつ	du siedest er siedet	siedete (sott) siedete (sötte)	gesiedet (gesotten)	sied(e)!
singen 歌う		sang sänge	gesungen	sing(e)!
sinken 沈む		sank sänke	gesunken	sink(e)!
sinnen 瞑(めい)想する		sann sänne (古 sönne)	gesonnen	sinn(e)!
sitzen すわっている	du sitzt	saß säße	gesessen	sitz(e)!
sollen …すべきである	ich soll du sollst er soll	sollte sollte	gesollt (助動詞のとき sollen)	—
spalten 割る	du spaltest er spaltet	spaltete spaltete	gespalten (gespaltet)	spalt(e)!
speien つばを吐く		spie spiee	gespien	spei(e)!
spinnen 紡ぐ		spann spönne (spänne)	gesponnen	spinn(e)!
spleißen 割る	du spleißt	spliss splisse	gesplissen	spleiß(e)!

不定詞	現　在　直　説　法	過　去　直説法／細字は接続法II	過去分詞	命令法
sprechen 話す	du sprichst er spricht	**sprach** spräche	gesprochen	sprich!
sprießen 芽ばえる	du sprieß(es)t	**spross** sprösse	gesprossen	sprieß(e)!
springen 跳ぶ		**sprang** spränge	gesprungen	spring(e)!
stechen 刺す	du stichst er sticht	**stach** stäche	gestochen	stich!
stecken(*) 刺さっている		**stak (steckte)** stäke (steckte)	gesteckt	steck(e)!
stehen 立っている		**stand** stünde (stände)	gestanden	steh(e)!
stehlen 盗む	du stiehlst er stiehlt	**stahl** stähle (また stöhle)	gestohlen	stiehl!
steigen 登る		**stieg** stiege	gestiegen	steig(e)!
sterben 死ぬ	du stirbst er stirbt	**starb** stürbe	gestorben	stirb!
stieben 飛散する		**stob (stiebte)** stöbe (stiebte)	gestoben (gestiebt)	stieb(e)!
stinken 臭い		**stank** stänke	gestunken	stink(e)!
stoßen 刺す	du stößt er stößt	**stieß** stieße	gestoßen	stoß(e)!
streichen 撫でる		**strich** striche	gestrichen	streich(e)!
streiten 争う	du streitest er streitet	**stritt** stritte	gestritten	streit(e)!
tragen 運ぶ	du trägst er trägt	**trug** trüge	getragen	trag(e)!
treffen 当たる	du triffst er trifft	**traf** träfe	getroffen	triff!
treiben 追いたてる		**trieb** triebe	getrieben	treib(e)!
treten 歩く	du trittst er tritt	**trat** träte	getreten	tritt!
triefen したたる		**triefte** (古 **troff**) triefte (古 tröffe)	getrieft (古 getroffen)	trief(e)!
trinken 飲む		**trank** tränke	getrunken	trink(e)!
trügen 欺く		**trog** tröge	getrogen	trüg(e)!
tun する	ich tue du tust er tut wir tun ihr tut sie tun	**tat** täte	getan	tu(e)!
verderben 堕落する	du verdirbst er verdirbt	**verdarb** verdürbe	verdorben	verdirb!
verdrießen 不愉快にする	du verdrießt	**verdross** verdrösse	verdrossen	verdrieß(e)!
vergessen 忘れる	du vergisst er vergisst	**vergaß** vergäße	vergessen	vergiss!
verlieren 失う		**verlor** verlöre	verloren	verlier(e)!
wachsen 発育する	du wächst er wächst	**wuchs** wüchse	gewachsen	wachs(e)!
wägen 量る		**wog (wägte)** wöge (wägte)	gewogen (gewägt)	wäg(e)!

不定詞	現　在 直　説　法	過　去 直　説　法 細字は接続法 II	過去分詞	命令法
waschen 洗う	*du* wäschst *er* wascht	**wusch** wüsche	**gewaschen**	wasch(e)!
weben(*) 織る		**webte (wob)** webte(wöbe)	**gewebt** (**gewoben**)	web(e)!
weichen(*) 譲歩する		**wich** wiche	**gewichen**	weich(e)!
weisen 指示する	*du* weis(es)t	**wies** wiese	**gewiesen**	weis(e)!
wenden(*) ほかへ向ける	*du* wendest *er* wendet	**wandte** wendete	**gewandt**	wend(e)!
werben 求める	*du* wirbst *er* wirbt	**warb** würbe	**geworben**	wirb!
werden 成る	*du* wirst *er* wird	**wurde** (まれ **ward**) würde	**geworden** (受動の助動詞のとき **worden**)	werd(e)!
werfen 投げる	*du* wirfst *er* wirft	**warf** würfe	**geworfen**	wirf!
wiegen(*) 目方を計る		**wog** wöge	**gewogen**	wieg(e)!
winden(*) 巻く	*du* windest *er* windet	**wand** wände	**gewunden**	wind(e)!
winken 合図する		**winkte** winkte	**gewinkt** (噉 **gewunken**)	wink(e)!
wissen 知る	*ich* weiß *du* weißt *er* weiß	**wusste** wüsste	**gewusst**	wisse!
wollen 欲する	*ich* will *du* willst *er* will	**wollte** wollte	**gewollt** (助動詞のとき **wollen**)	wolle!
wringen 絞る		**wrang** wränge	**gewrungen**	wring(e)!
zeihen とがめる		**zieh** ziehe	**geziehen**	zeih(e)!
ziehen 引く		**zog** zöge	**gezogen**	zieh(e)!
zwingen 強いる		**zwang** zwänge	**gezwungen**	zwing(e)!

〈コンサイス和独辞典〉
1966年4月10日　初版発行
1976年1月20日　第2版発行
〈新コンサイス和独辞典〉
2003年7月30日　初版発行

新コンサイス和独辞典

2008年1月20日　　第 3 刷発行

編　者	国松孝二（くにまつ・こうじ）
発行者	株式会社 三省堂 代表者 八幡統厚
印刷者	三省堂印刷株式会社
発行所	株式会社 三省堂

〒101-8371
東京都千代田区三崎町二丁目22番14号
電話　編集　(03) 3230-9411
　　　営業　(03) 3230-9412
振替口座　00160-5-54300
商標登録番号　412943
http://www.sanseido.co.jp/

〈新和独・1408 pp.〉

落丁本・乱丁本はお取替えいたします

ISBN978-4-385-12073-7

Ⓡ本書の全部または一部を無断で複写複製(コピー)することは，著作権法上での例外を除き，禁じられています．本書からの複写を希望される場合は，日本複写権センター(03-3401-2382)にご連絡ください．

新コンサイス独和辞典

最新情報を満載し、9万5千語を収録。新正書法を全面的に取り入れた初の独和。結合価を重視した語義記述、機能的な用例の配列。巻末に経済用語辞典、和独インデックス。

クラウン独和辞典

学習独和辞典のトップセラーの最新版。このクラス最大の6万4千項目を収録。コンピュータ、環境関係など新語を大幅に充実。新正書法を採用。「類語解説コラム」を新設。

デイリーコンサイス独和・和独辞典

独和は学習語彙・日常語彙6万1千項目、和独は日常表現に十分な5万5千項目を収録。ドイツの最新情報を映した的確な訳語、機能的な用例。新正書法表記を全面的に採用。

ジェム独和・和独辞典

手のひらサイズの本格的独和・和独の最新版。ドイツ語の最新情報を盛り込み、独和2万4千項目、和独2万3千項目収録。新正書法表記を採用。海外旅行、ビジネス、学習に最適。

グランドコンサイス英和辞典

わが国最大の36万項目収録。一般語からコンピュータ・科学・社会学・医学・法律・スポーツなど、現代社会のあらゆる専門語を最大限収録。俗語・現代用法・固有名詞も充実。

グランドコンサイス和英辞典

32万項目収録のわが国最大の和英データベース。日常語彙から、法律・経済などの人文系、動物・植物・医学などの科学系の専門用語、ビジネス用語、固有名詞などを網羅。

三省堂 Web Dictionary
http://www.sanseido.net/ 17タイトル170万語!

BERLIN

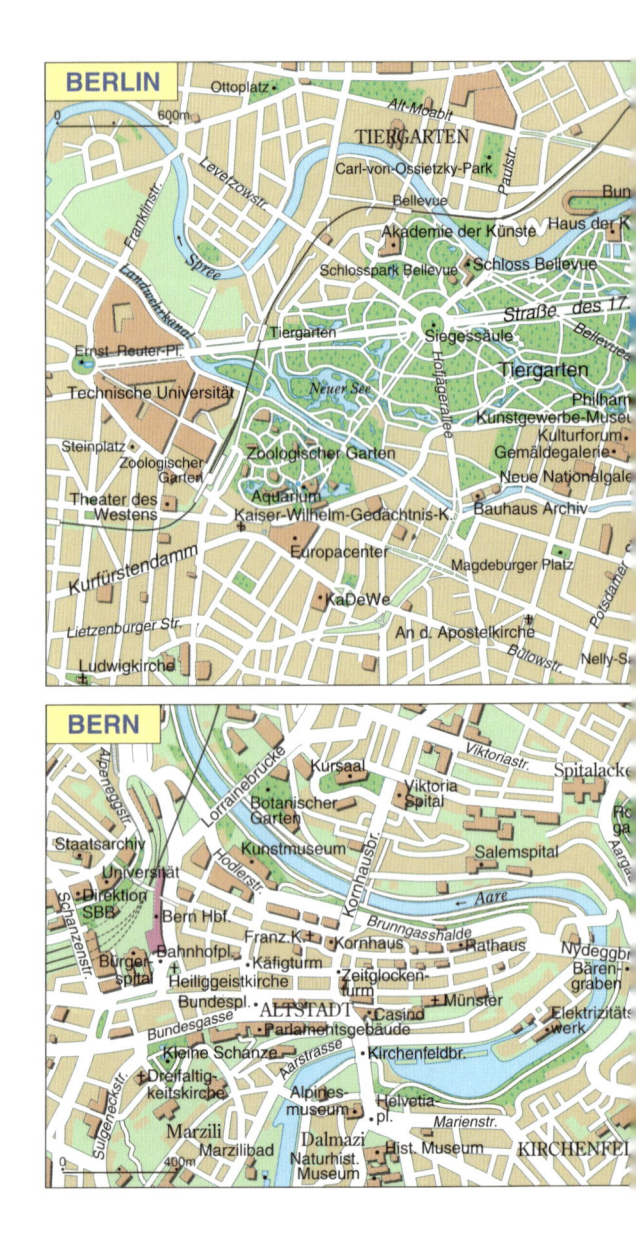

0 — 600m

Ottoplatz
Alt-Moabit
TIERGARTEN
Paulstr.
Leverowstr.
Carl-von-Ossietzky-Park
Bellevue
Bun
Frankfinstr.
Akademie der Künste
Haus der K
Spree
Schlosspark Bellevue • Schloss Bellevue
Landwehrkanal
Straße des 17.
Tiergarten
Bellevue
Siegessäule
Ernst-Reuter-Pl.
Hofjägerallee
Tiergarten
Technische Universität
Neuer See
Philharm
Kunstgewerbe-Museu
Steinplatz
Kulturforum
Zoologischer
Garten
Zoologischer Garten
Gemäldegalerie
Neue Nationalgale
Theater des
Westens
Aquarium
Kaiser-Wilhelm-Gedächtnis-K.
Bauhaus Archiv
Europacenter
Magdeburger Platz
Postdamer
Kurfürstendamm
KaDeWe
Lietzenburger Str.
An d. Apostelkirche
Bülowstr.
Nelly-S
Ludwigkirche

BERN

Alpeneggst.
Viktoriastr.
Spitalacke
Kursaal
Lorrainebrücke
Viktoria
Spital
Botanischer
Garten
Fic
ga
Staatsarchiv
Kunstmuseum
Salemspital
Aarga
Universität
Hodlerstr.
Direktion
SBB
Kornhausbr.
Aare
Schanzenstr.
Bern Hbf.
Brunngasshalde
Franz.K.
Kornhaus
Rathaus
Bürger-
spital
Bahnhofpl.
Käfigturm
Zeitglocken-
turm
Nydeggbr
Heiliggeistkirche
Bären-
graben
Bundespl.
ALTSTADT
Casino
Münster
Bundesgasse
Parlamentsgebäude
Elektrizitäts-
werk
Kleine Schänze
Kirchenfeldbr.
Aarstrasse
Dreifaltig-
keitskirche
Alpines-
museum
Helvetia-
pl.
Sulgeneckstr.
Marienstr.
Marzili
Dalmazi
Hist. Museum
KIRCHENFEL
Marzilibad
Naturhist.
Museum

0 — 400m